D1722656

DICCIONARIO

DE LAS LENGUAS ESPAÑOLA

Y ALEMANA

Fundado por el † Dr. Rudolf J. Slabý y el † Prof. Dr. Rudolf Grossmann

TOMO I

ESPAÑOL - ALEMÁN

con inclusión de las principales voces del lenguaje literario y corriente, de los términos de la ciencia y tecnología, del comercio y del ambiente cultural y político, con especial referencia a las relaciones germano-hispanas

Primera edición 1932 y segunda edición 1955 por el Dr. Rudolf J. Slabý
Tercera edición 1975 revisada por José Manuel Banzo y Sáenz de Miera
Cuarta edición 1994 revisada por el Dr. Carlos Illig

QUINTA EDICIÓN
ampliada y totalmente revisada por el
Dr. Carlos Illig

2001

OSCAR BRANDSTETTER VERLAG · WIESBADEN

WÖRTERBUCH
DER SPANISCHEN UND DEUTSCHEN SPRACHE

Begründet von † Dr. Rudolf J. Slabý und † Prof. Dr. Rudolf Grossmann

BAND I

SPANISCH - DEUTSCH

enthaltend den wichtigsten Wortschatz der modernen Schrift- und Umgangssprache sowie
die Fachausdrücke der verschiedenen Zweige der Wissenschaft und Technik, des Handels
und des kulturellen und politischen Lebens unter besonderer Berücksichtigung der
Beziehungen Deutschlands zur Spanisch sprechenden Welt

Erste Auflage 1932 und zweite Auflage 1955 von Dr. Rudolf J. Slabý
Dritte Auflage 1975 bearbeitet von José Manuel Banzo y Sáenz de Miera
Vierte Auflage 1994 bearbeitet von Dr. Carlos Illig

FÜNFTE AUFLAGE
neu bearbeitet und erweitert von

Dr. Carlos Illig

2001

OSCAR BRANDSTETTER VERLAG · WIESBADEN

Die Deutsche Bibliothek – CIP-Einheitsaufnahme

Ein Titeldatensatz für diese Publikation ist bei
Der Deutschen Bibliothek erhältlich

5. Auflage 2001

Copyright © 1953, 1957, 1973, 1989, 2001 by
OSCAR BRANDSTETTER VERLAG GMBH & CO. KG, WIESBADEN

Satz: Lieselotte Kuntze, Wiesbaden
Druck: Druckwerkstätte H. Kunze GmbH und Partner KG, Mainz-Hechtsheim
Buchbinderische Verarbeitung: Leipziger Großbuchbinderei Treuleben & Bischof GmbH

Library of Congress Catalog Card Number Af 28087

ISBN 3-87097-196-7

Printed in Germany

Prólogo

En el año 1932 fue publicada la primera edición (tomo español-alemán) del diccionario de las lenguas española y alemana de la entonces editorial Tauchnitz, obra que más tarde, bajo el nombre de "Slabý/Grossmann" (hoy Slabý/Grossmann/Illig), adquirió una fama poco común. Es testimonio de la competencia y el esmero con que los dos primeros autores pusieron mano a la obra y la llevaron a buen fin el hecho de que el diccionario fue considerado hasta nuestros días, y sigue siéndolo aún, como la obra estándar en este ámbito. Hispanistas, intérpretes, traductores y muchos otros usuarios, en número incontable, han buscado el consejo lingüístico en las páginas de este diccionario, y pocas veces fueron defraudadas las esperanzas de encontrar la respuesta. Creo, pues, que es más que deber de cortesía dar las gracias a las dos grandes autoridades de la lexicografía hispano-alemana y germano-española, Rudolf J. Slabý y Rudolf Grossmann, y expresarles el agradecimiento por su ingente labor.

Tras haber sido completada la obra por un suplemento (1955) y totalmente revisada (1975, por José Manuel Banzo y Sáenz de Miera), sale hoy a la luz, aumentada en unas 55 páginas, la 5ª edición del tomo español-alemán de este diccionario, de cuya revisión y modernización me había hecho cargo. La nueva edición, cuya finalidad consistía en actualizar el léxico completo, se ha concebido como las ediciones anteriores. Han sido eliminadas voces añejas, siempre con el prurito de hallar el justo medio entre vocablos en desuso completo y aquellos que, con un ligero tinte de anticuados, todavía siguen presentes en el lenguaje actual. Se dio entrada a nuevas voces, tanto en la terminología general como en la especializada y en particular en la de la informática. Han hallado su sitio también anglicismos que van obteniendo, aunque lentamente, carta de naturaleza en el lenguaje de hoy.

Lamento mucho que el fiel corrector y acompañante de las ediciones anteriores, Rudolf Langhans, fallecido en el entretanto, ya no pudo colaborar en la confección de la presente edición.

Conste mi gratitud a todos los que han prestado valiosa ayuda en la revisión del diccionario. Me complace hacer mención especial del apoyo incondicional que he recibido de la Editorial y del esmerado trabajo de los talleres gráficos, quienes no omitieron ningún esfuerzo para llevar a buen término la obra.

No en último lugar quiero dejar constancia de mi agradecimiento a todos aquellos que, con su crítica constructiva, sus sugerencias y observaciones, han prestado valiosa ayuda al autor. Deseo sinceramente y espero que esta edición halle la misma acogida y la misma resonancia que las anteriores.

Pero el mayor agradecimiento lo debo a mi mujer, cuya ayuda práctica y cuyo estímulo fueron el acicate y el motor para la realización de la obra.

Otoño de 2001   Carlos Illig

Vorwort

Im Jahr 1932 erschien die 1. Auflage (spanisch-deutscher Teil) des später als „Slabý/Grossmann" (heute Slabý/Grossmann/Illig) berühmt gewordenen Wörterbuchs der spanischen und deutschen Sprache im damaligen Tauchnitz-Verlag. Es zeugt von der Gediegenheit und Sorgfalt, mit denen die beiden Erstbearbeiter das Werk in Angriff nahmen und vollendeten, dass es bis in die jüngste Zeit hinein als das Standardwerk galt und noch heute gilt. Unzählige Hispanisten, Dolmetscher, Übersetzer und allgemein interessierte Benutzer haben bei ihm sprachlichen Rat gesucht und gefunden. Es ist daher angebracht, an dieser Stelle den beiden großen Männern der spanisch-deutschen und deutsch-spanischen Lexikographie für ihre Leistung zu danken.

Nach Ergänzung durch einen Nachtrag (1955) und einer ersten Neubearbeitung (1975, durch Herrn José Manuel Banzo y Sáenz de Miera besorgt) erscheint nunmehr die um 55 Seiten erweiterte 5. Auflage des von mir betreuten Werkes.

Es galten hier die gleichen Kriterien der Bearbeitung, deren vornehmliches Ziel die Aktualisierung des gesamten Wortschatzes war, wie in den vorherigen Auflagen: Streichung überholter Ausdrücke, wobei es galt, den rechten Mittelweg zwischen völlig veraltet und noch einigermaßen aktuell zu finden, und Aufnahme neuer Wörter und Begriffe sowohl aus der allgemeinen wie auch aus der Fachsprache, und hier insbesondere aus der Informatiksprache. Auch Anglizismen, die sich ganz allmählich Eingang in die spanische Sprache verschaffen, wurden berücksichtigt.

Leider konnte der inzwischen verstorbene treue Korrektor und Begleiter der früheren Auflagen, Rudolf Langhans, dem ich viel zu verdanken habe, nicht mehr an dieser Auflage mitarbeiten.

All denen, die mir bei der Neubearbeitung geholfen haben, bin ich zu Dank verpflichtet. Dem Verlag, der Setzerei und der Druckerei, die keine Mühe scheuten, um das Werk so gut wie möglich zu gestalten, und stets auf meine Wünsche eingingen, gilt ebenfalls mein herzlicher Dank.

Nicht vergessen möchte ich diejenigen, die durch konstruktive Kritik, durch zahlreiche Anregungen und Hinweise zur Vervollkommnung des Werkes beigetragen haben. Bei ihnen allen möchte ich mich bedanken und dabei der Hoffnung Ausdruck geben, dass auch diese Auflage die Resonanz der früheren findet.

Besonderen Dank aber schulde ich meiner Frau, deren tätige Hilfe und ständiger Zuspruch Ansporn und Motor für die Fertigstellung des Werkes waren.

im Herbst 2001   Carlos Illig

Indicaciones para el usuario – Hinweise für den Benutzer

I. Caracteres de imprenta empleados – Verwendete Schriftarten

Negrilla para indicar las voces guía que encabezan cada bloque así como las que se encuentran dentro del mismo (con inclusión de las referencias a otras voces guía). Además, para indicar la formación de un plural irregular.
Letra cursiva para indicar el género de la voz guía española así como las traducciones.
Letra romana común (fina) para indicar la clase de palabra de la voz guía, el género del sustantivo en la traducción, las abreviaturas, los grupos de palabras, modismo, giros etc. y los nombres científicos de plantas y animales.

Halbfett für das Stichwort sowohl am Kopf als auch innerhalb des Stichwortblocks (einschließlich der Verweise auf ein anderes Stichwort), ferner für die Angabe unregelmäßiger Pluralbildung.
Kursiv für die Genusangabe nach dem Stichwort sowie für die Übersetzungen.
Gewöhnliche Schrift für die Wortart des Stichworts, die Genusangabe der Substantive in der Übersetzung, die feststehenden Abkürzungen, die Wortgruppen, Redewendungen usw. sowie die wissenschaftlichen Namen von Pflanzen und Tieren.

II. Signos tipográficos – Typographische Zeichen

, separa varias traducciones más o menos equivalentes de la voz guía, sustituyéndose a veces por od
baliza *f Bake, Boje* f

, trennt sich mehr oder weniger deckende Übersetzungen; statt dessen auch od
baliza *f Bake, Boje* f

‖ separa varias traducciones que constituyen matices más o menos distintos de la voz guía, sustituyéndose a veces por bzw
ciego adj *blind* ‖ ⟨fig⟩ *verstopft (Rohr)* ‖ ⟨fig⟩ *blind, verblendet* ‖ . . .

‖ trennt weiter auseinander liegende Übersetzungen; statt dessen auch bzw
ciego adj *blind* ‖ ⟨fig⟩ *verstopft (Rohr)* ‖ ⟨fig⟩ *blind, verblendet* ‖ . . .

| a) divide la voz guía en radical y derivados (sin seguir las reglas de la división silábica). Dentro del bloque, el radical se sustituye por –, ⸚, ~ o ⸰~, según el caso.

b) para agrupar palabras que coinciden en una parte de sus componentes (también sin seguir las reglas de la división silábica)
ci|dra *f Zitronat* n . . . ‖ ~ cayote *Riesen-, Zentner|kürbis* m . . .

| a) trennt das Stichwort am Kopf des Stichwortblocks in Stamm und Ableitungen (nicht nach den Regeln der Silbentrennung), wobei der Stamm innerhalb des Stichwortblocks durch –, ⸚, ~ oder ⸰~ ersetzt wird

b) für mehrere aufeinander folgende Übersetzungen, wenn sie gemeinsame Bestandteile haben (ebenfalls nicht nach den Regeln der Silbentrennung)
ci|dra *f Zitronat* n . . . ‖ ~ cayote *Riesen-, Zentner|kürbis* m . . .

– repite la voz guía hasta el signo |
cicla|mino, –men *m,* **–ma** *f* ⟨Bot⟩ . . . ‖ **–mor** *m* . . .

– wiederholt das Stichwort bis zum Zeichen |
cicla|mino, –men *m,* **–ma** *f* ⟨Bot⟩ . . . ‖ **–mor** *m* . . .

~ a) repite la voz guía que encabeza el bloque aun cuando se halle dividida por |

b) repite dentro del bloque (es decir entre dos voces guía en negrilla) en su totalidad la voz guía precedeute aun cuando se halle dividida por | o conste tan sólo del derivado

c) repite en la indicación de un plural irregular, de una conjugación irregular o del abverbio la voz guía, en ciertos casos con cambio de una o de varias letras
cilindro *m* . . . ‖ ~ de freno
cincuen|ta num . . . ‖ **–tena** *f* . . . ‖ ◆ de una ~ de años
columpiar vt . . . ‖ ~se
nariz *f* [*pl* ~ces]
confiar [pres ~ío]
concienzudo adj . . . ‖ adv: ~amente

~ a) wiederholt das Stichwort am Kopf des Stichwortblocks, auch wenn es durch | abgetrennt ist

b) wiederholt innerhalb des Blockes (d. h. zwischen zwei halbfett gedruckten Stichwörtern) das ganze vorhergehende Stichwort, auch wenn dieses durch | abgetrennt oder abgeleitet ist

c) wiederholt in der Angabe eines unregelmäßigen Plurals, einer unregelmäßigen Konjugation oder des Adverbs das Stichwort, gegebenenfalls mit Änderung eines oder mehrerer Buchstaben
cilindro *m* . . . ‖ ~ de freno
cincuen|ta num . . . ‖ **–tena** *f* . . . ‖ ◆ de una ~ de años
columpiar vt . . . ‖ ~se
nariz *f* [*pl* ~ces]
confiar [pres ~ío]
concienzudo adj . . . ‖ adv: ~amente

⸰~, ⸚ indican que la mayúscula con que va impresa la voz guía ha de cambiarse en minúscula, o viceversa
chata *f* . . . ‖ la ⸰~ ⟨fam⟩ *der Tod*
Babieca *m* . . . ‖ ⸰~ *Einfaltspinsel,* . . .
cine|grafía *f* . . . ‖ ⸚landia *f* . . .

⸰~, ⸚ zeigen an, dass statt des großen Anfangsbuchstabens des Stichwortes kleiner Anfangsbuchstabe (und umgekehrt) zu wählen ist
chata *f* . . . ‖ la ⸰~ ⟨fam⟩ *der Tod*
Babieca *m* . . . ‖ ⸰~ *Einfaltspinsel,* . . .
cine|grafía *f* . . . ‖ ⸚landia *f* . . .

→	a) remite a una voz guía diferente o de distinta grafía, pero de significado idéntico **basket-ball** *m* → **baloncesto** **colobrí** *m* Arg → **colibrí**
	b) en las formas verbales (especialmente presente y pretérito), remite al infinitivo correspondiente **pongo** → **poner**
◆	señala el comienzo de modismos, giros etc. encabezados por una preposición **ballesta** *f* ... ‖ ◆ a tiro de ~ ...
◇	señala el comienzo de modismos, giros etc. verbales **baño** *m* ‖ ◇ dar un ~ ...
+	significa "empleado con", p.ej. (+ inf) = empleado con infinitivo
=	remite después de una abreviatura como voz guía a la voz escrita con todas sus letras **Ba** ⟨Abk⟩ = **bario**
△	Germanía, caló, lenguaje rufianesco (voz usada a veces como expresión popular)

→	a) verweist auf ein anderes oder anders geschriebenes, jedoch bedeutungsgleiches Stichwort **basket-ball** *m* → **baloncesto** **colobrí** *m* Arg → **colibrí**
	b) verweist bei verbalen Formen (besonders Präsens und Präteritum) auf den entsprechenden Infinitiv **pongo** → **poner**
◆	leitet Redewendungen usw. ein, die mit einer Präposition beginnen **ballesta** *f* ... ‖ ◆ a tiro de ~ ...
◇	leitet verbale Redewendungen usw. ein **baño** *m* ‖ ◇ dar un ~ ...
+	bedeutet „verbunden mit", z.B. (+ inf) = verbunden mit Infinitiv
=	verweist nach einer Abkürzung als Stichwort auf das ausgeschriebene Stichwort **Ba** ⟨Abk⟩ = **bario**
△	Gauner- und Zigeunersprache, manchmal auch volkstümlicher Ausdruck

III. Pronunciación, acentuación prosódica – Aussprache, Betonung

Como base se toma el sistema de la Association Phonétique Internationale, representando la x española mediante la χ griega, y la ch mediante č. La transcripción fonética de las voces guía españolas se indica sólo en los casos en que se aparta de las normas generales u ofrece lugar a dudas. Para los vocablos catalanes se atiende, por supuesto, a la pronunciación catalana. Los vocablos extranjeros (**amateur, team**, etc.) aparecen sin transcripción fonética, ya que muchas veces la pronunciación española de los mismos oscila desde la correcta extranjera hasta su completa asimilación a la del lenguaje coloquial común.

Véase también el cuadro "Signos fonéticos".

Zugrunde gelegt ist das System der Association Phonétique Internationale, wobei fürs Spanische das x durch das griechische χ und das ch durch č ersetzt wird. Die phonetische Umschrift wird bei den spanischen Stichwörtern nur ausnahmsweise dort gegeben, wo die Aussprache von den allgemeinen Regeln abweicht oder Zweifel zulässt. In katalanischen Wörtern kommt natürlich die katalanische Aussprache in Betracht. Bei Fremdwörtern (**amateur, team** usw.) ist keine Aussprachebezeichnung angegeben, da gerade in diesen Fällen die Aussprache im Spanischen stark schwankt zwischen korrekter Aussprache des Fremdwortes und umgangssprachlicher Assimilation.

Vergleiche auch die Tabelle „Phonetische Umschrift".

IV. Ortografía – Rechtschreibung

1. Por regla general, para las voces españolas se siguen las reglas del Diccionario de la Real Academia Española y de la Gramática de la Lengua Española de la misma institución.
   Van incluidas también otras voces usuales, pero no admitidas por la Real Academia o no contenidas en su diccionario.
   En todos estos casos, se observan las reglas precitadas.
   Popularismos y formas dialectales se transcriben fonéticamente. También se tienen en cuenta algunas peculiaridades de autores modernos, en cuyo caso se remite a la forma oficial.

2. La ortografía de las palabras alemanas (o de otra procedencia, pero utilizadas en alemán) se atiene a las normas del Duden conforme a la reforma de la ortografía alemana, vigente desde el 1° de agosto de 1998. En ocasiones se han incluido también formas regionales, p.ej. austríacas o suizas. En tales casos se indica su procedencia con la correspondiente abreviatura.

1. Spanische Wörter sind nach den Regeln des Wörterbuches der Real Academia Española und nach deren Grammatik der spanischen Sprache wiedergegeben.
   Weitere im allgemeinen Sprachgebrauch verwendete, von der Real Academia Española noch nicht angenommene bzw. in deren Wörterbuch nicht enthaltene Wörter werden ebenfalls berücksichtigt. Dabei wurden die oben erwähnten Regeln beachtet.
   Mundarten und volkstümliche Redewendungen werden phonetisch wiedergegeben. Orthografische Besonderheiten bei einigen modernen spanischen Autoren werden unter Verweis auf die richtige Schriftform berücksichtigt.

2. Die Rechtschreibung deutscher (oder andersstämmiger, jedoch im Deutschen benutzter) Wörter folgt im Allgemeinen dem Duden gemäß der am 1. August 1998 in Kraft getretenen Rechtschreibreform. Gelegentlich werden auch regionale Formen (z.B. aus dem österreichischen bzw. schweizerdeutschen Sprachraum) angegeben, wobei ihre Herkunft aus der entsprechenden Abkürzung zu ersehen ist.

V. Orden de los vocablos – Anordnung

1. Los vocablos están ordenados según las reglas del alfabeto español, que difiere en algunos puntos del internacional. Asi, la ñ (después de n) forma letra aparte.

2. Los nombres propios (patronímicos, toponímicos, de ciudades, etc.), las abreviaturas, las formas irregulares de flexión, así como las expresiones latinas se colocan alfabéticamente como si constituyeran palabras compuestas.

3. Aquellas voces, que aun ofreciendo idéntica grafía, tienen diferente origen, distinto género o diverso significado, aparecen por separado y precedidas de números volados.
   ¹acción f, ²acción f, ³acción f;
   ¹cobra f, ²cobra f, ³cobra m;
   ¹orden m, ²orden f

4. El orden dentro de cada artículo es, a grandes rasgos, el siguiente;
   a) Voz guía con mención de clase (adj, num, adv, vi, vt, vr, int, prep), género (de los sustantivos), flexión o régimen en su caso. Sigue a continuación la traducción. Si la voz guía no es de uso común, se la sitúa en su campo lingüístico por medio de indicaciones guiadoras (p. ej. [Hund], [in der Drogenszene] o de las abreviaturas fijas correspondientes, como ⟨fam⟩, ⟨fig⟩, ⟨lit⟩, ⟨Agr⟩, ⟨Ins⟩, ⟨Mus⟩, etc.). La localización geográfica se expresa mediante la abreviatura correspondiente, p. ej. Am, Span, Öst, Schw.

   b) Voz guía unida a sustantivo, adjetivo, etc., siendo preciso advertir que en general las preposiciones no se tienen en cuenta en el orden alfabético.
      agua f ... // ~ de abastecimiento ... ‖ ~ acídula
      carrera f ... ‖ ~ a campo traviesa ... ‖ ~ ciclista ...
   c) Giros verbales tras el verbo correspondiente. Asimismo modismos, refranes, etc.
   d) Giros o modismos en forma interrogativa o exclamativa.
   e) Plurales, según el mismo principio.
De todas estas reglas se han apartado, en casos concretos y por diversas razones de conveniencia, algunas excepciones.

1. Die Anordnung der Stichwörter erfolgt nach dem spanischen Alphabet, das in manchen Punkten vom internationalen Alphabet abweicht. So folgt z. B. ñ als selbständiger Buchstabe auf n

2. Eigennamen (Personen-, Länder-, Städtenamen usw.), Abkürzungen, unregelmäßige Flexionsformen sowie lateinische Wendungen werden immer als einheitliche Wortkomplexe betrachtet und erscheinen demnach an der entsprechenden alphabetischen Stelle laufend im Text eingereiht.

3. Stichwörter gleicher Schreibung, aber verschiedener Abstammung, verschiedenen Geschlechtes oder verschiedener Bedeutung werden durch hochgesetzte Zahlen vor dem Stichwort gekennzeichnet und getrennt angeführt.
   ¹acción f, ²acción f, ³acción f;
   ¹cobra f, ²cobra f, ³cobra m;
   ¹orden m, ²orden f

4. Die Reihenfolge innerhalb des Artikels ist in den Hauptzügen folgende;
   a) Stichwort mit Angabe der Wortart (adj, num, adv, vi, vt, vr, int, prep), des Geschlechts (der Substantive), der Flexion und der Rektion und gegebenenfalls auch der Aussprache. Es folgen die Übersetzungen. Gehört das Stichwort nicht der normalsprachlichen Gebrauchsebene an, so wird es durch eingrenzende Angaben, z. B. [Hund], [in der Drogenszene], oder durch feststehende Abkürzungen, wie z. B. ⟨fam⟩, ⟨fig⟩, ⟨lit⟩, ⟨Agr⟩, ⟨Ins⟩, ⟨Mus⟩ usw. gekennzeichnet. Die räumliche Zuordnung wird durch die entsprechenden Abkürzungen, z. B. Am, Span, Öst, Schw, angegeben.

   b) Stichwort verbunden mit Substantiv, Adjektiv usw., wobei die Präpositionen in der alphabetischen Anordnung der Beispiele nicht berücksichtigt werden.
      agua f ... // ~ de abastecimiento ... ‖ ~ acídula
      carrera f ... ‖ ~ a campo traviesa ... ‖ ~ ciclista ...
   c) Nach den betreffenden Verben geordnete Redensarten, gegebenenfalls auch Modismen, Sprichwörter usw.
   d) Redensarten und Modismen in Frage- bzw. Rufform.
   e) Mehrzahl nach demselben Prinzip.
In einigen Fällen schien es jedoch angebracht, von diesen Regeln abzuweichen.

VI. Clase de palabra, género, flexión, irregularidades, nombres científicos, etc. – Wortart, Geschlecht, Flexion, Unregelmäßigkeiten, wissenschaftliche Namen usw.

1. Género.
   a) Se indica siempre tras la voz guía española y tras su correspondiente traducción alemana. Si hay una serie de sustantivos del mismo género, sólo tras el último.
      capacidad f *körperlicher Inhalt, Umfang* m, *Weite* f
      En los ejemplos, expresiones coloquiales, etc., no se repite la indicación del género.
      letra f *Buchstabe* m ... ‖ ~ alemana *Fraktur* f,
      El género de la traducción sí se indica.

1. Genusbezeichnung.
   a) Das Geschlecht wird bei jedem spanischen Leitwort und seinen deutschen Übersetzungen angegeben; bei mehreren Entsprechungen mit dem gleichen Genus nur beim letzten Wort.
      capacidad f *körperlicher Inhalt, Umfang* m, *Weite* f
      In den spanischen Beispielen, umgangssprachlichen Wendungen usw. wird das Geschlecht jedoch weggelassen.
      letra f *Buchstabe* m ... ‖ ~ alemana *Fraktur* f,
      Das Geschlecht der Übersetzung wird jedoch angegeben.

b) En sustantivos femeninos españoles que comienzan con **a** o **ha** tónica, en que por razón de eufonía se les antepone el artículo masculino **el** o **un,** éste se indica.
agua *f* [el]; **águila** *f* [el]; **haya** *f* [el]

c) En los nombres propios geográficos que por lo común se usan precedidos de artículo, éste aparece.
Ebro *m* [Fluss]: el ~
Perú *m* ⟨Geogr⟩: el ~

2. Irregularidades, flexión, palabras derivadas, etc.

a) Plural y formas femeninas de sustantivos y adjetivos
No se indican explícitamente las formas del plural y del femenino si su formación es regular, aun cuando haya pérdida del acento en las palabras terminadas en **–án, –ás, –én, –és, –ín, –ís, –ón, –ós, –ún, –ús** al formarse el plural o la forma femenina. Se indica, en cambio, el plural cuando se desplaza la sílaba acentuada (p. ej. **régimen – regímenes**) o la forma femenina cuando ésta difiere de la formación normal. La forma femenina puede incluso constituir una voz guía independiente (p. ej. **actor – actriz**). En caso de ser invariable el lema en cuanto al género, se señala por *m/f* para sustantivos como p. ej. **solista** *m/f* o por *(m/f)* para adjetivos como p.ej. **cortés** adj *(m/f)*. En lo que respecta a las palabras terminadas en vocal acentuada **–á, –í, –ó, –ú,** se ha preferido, por existir muchos casos dudosos o excepciones, señalar la forma del plural, siempre que no sea regular. Es regular, pues, el plural si no hay indicación expresa (p. ej. **esquí – esquís**). Las palabras terminadas en **–é** forman el plural regular (p.ej. **café – cafés**). Va señalado igualmente el plural de palabras terminadas en diptongo **–ai, –ay, –ey, –oy** o en triptongo **–uey,** siempre que no formen el plural regular como **ley – leyes,** y también el de lemas terminados en **–z.** Estos forman el plural regular, pero con sustitución de la **–z** por **–c** (p. ej. **vez – veces**).
No van marcadas explícitamente las voces polisílabas llanas terminadas en **–s** (sola o precedida de otro consonante), como p.ej. **crisis**), o en **x** (con algunas excepciones), p.ej. **tórax,** ya que éstas carecen de forma de plural.
Quedan finalmente las palabras procedentes de otros idiomas que forman un plural completamente irregular (**complot – complots**). Tales formas del plural van señaladas.

b) En los verbos, aparecen las irregularidades importantes (mediante z/c, c/qu etc.) y asimismo las formas irregulares (→ **ir, haber, ser**). Si son compuestos, se remite a la forma simple.
componer [irr → **poner**]
Las formas irregulares de flexión pueden aparecer también como voces guía independientes.
voy → **ir; cayó** → **caer**

c) Los adverbios terminados en **–mente** o **–amente** (**grandemente, claramente**) aparecen en calidad de voz guía independiente (y por consiguiente, traducidos) sólo cuando su equivalencia alemana difiere notablemente de la voz que encabeza.

b) Bei weiblichen spanischen Substantiven, die mit betontem **a** bzw. **ha** beginnen und die aus Gründen des Wohlklangs den männlichen Artikel **el** bzw. **un** erhalten, wird dieser angegeben.
agua *f* [el]; **águila** *f* [el]; **haya** *f* [el]

c) Bei geografischen Eigennamen, die in aller Regel mit dem Artikel gebraucht werden, wird dieser angegeben.
Ebro *m* [Fluss]: el ~
Perú *m* ⟨Geogr⟩: el ~

2. Unregelmäßigkeiten, Flexionsangaben, Ableitungen usw.

a) Plural und weibliche Formen von Substantiven und Adjektiven.
Nicht angegeben sind der regelmäßig gebildete Plural und das regelmäßig gebildete Femininum. Das gilt auch für Wörter, die auf **–án, –ás, –én, –és, –ín, –ís, –ón, –ós, –ún, –ús** enden, deren Akzent bei der Bildung des Plurals und des Femininums verloren geht, Angegeben wird dagegen der Plural, wenn die akzenttragende Silbe sich verlagert (z. B. **régimen – regímenes**) oder das Femininum eines Lemmas unregelmäßig ist. Die weibliche Form eines Substantivs kann sogar in manchen Fällen als eigenes Stichwort erscheinen (z. B. **actor – actriz**). Bei unveränderlichem Genus wird dies angegeben, und zwar durch *m/f* für Substantive, wie z. B. **solista** *m/f*, und *(m/f)* für Adjektive, wie z. B. **cortés** adj *(m/f)*.
Wegen der zahlreichen Zweifelsfälle und Ausnahmen wurde bei Wörtern mit der Endung **–á, –í, –ó, –ú** die unregelmäßige Pluralbildung angegeben. Ohne nähere Angabe ist der Plural also regelmäßig (z. B. **esquí – esquís**). Wörter, die auf **–é** enden, sind stets regelmäßig (z. B. **café – cafés**). Vermerkt wurde auch die Mehrzahl von Wörtern, die auf Diphthong **–ai, –ay, –ey, –oy** oder auf Triphthong **–uey** enden, sofern sie keinen regelmäßigen Plural wie z. B. **ley – leyes** bilden. Angeben ist weiterhin die Mehrzahl von Wörtern, die auf **–z** enden; dieses wird dabei durch **–c** ersetzt (z. B. **vez – veces**).
Nicht angegeben ist die Pluralbildung von Wörtern, die auf der vorletzten Silbe betont sind und auf **–s** (allein oder mit vorangehendem Konsonant), wie z. B. **crisis**, oder auf **–x,** wie z. B. **tórax** (mit einigen Ausnahmen), enden, da diese Wörter keinen Plural kennen. Es sei schließlich noch auf Fremdwörter hingewiesen, die einen völlig unregelmäßigen Plural bilden (**complot – complots**). Diese Pluralformen sind angegeben.

b) Bei Verben steht jede bedeutende Unregelmäßigkeit (durch Zeichen z/c, c/qu usw.) oder Aufzählung der unregelmäßigen Formen (→ **ir, haber, ser**). Bei Zusammensetzungen wird auf die einfache Form verwiesen.
componer [irr → **poner**]
Unregelmäßige Flexionsformen können auch als selbständige Stichwörter erscheinen.
voy → **ir; cayó** → **caer**

c) Die Adverbien auf **–mente** oder **–amente** (**grandemente, claramente**) werden nur dann als besonderes Stichwort angeführt und übersetzt, wenn die deutsche Entsprechung von der des Stichworts erheblich abweicht.

3. Los aumentativos y despectivos (–azo, –ote, –ón, etc.) y los diminutivos (–ito, –illo, Ar –ico, Gal –iño, Extr Ast –ino, Sant –uco) constituyen un capítulo especialmente instructivo de los sustantivos españoles (**Carlos,** dim **Carlitos; Mercedes,** dim **Merceditas**), de los adjetivos (**quietecito, ordinariote**), de los adverbios (**poco,** dim **poquito; lejos,** dim **lejitos**) y aun de los gerundios (**callandito**). Se han tenido en cuenta, aunque muchas veces se señalen simplemente con su desinencia después de la voz guía.
dim: ~**ezuelo,** ~**ecito** ‖ desp o augm: ~**azo**

4. Nombres científicos. Los animales y plantas vienen en general con el nombre completo, es decir género y especie.
  ²**cárabo** *m* ⟨V⟩ *Waldkauz* m (Strix aluco) Si se trata de un nombre genérico que abarca varias especies (y siempre que éstas no vengan citadas), sólo con mención del género y la abreviatura latina spp (= species, especies). Si no ha sido posible determinar la especie concreta, con la abreviatura latina sp (= species, especie)
  ²**cárabo** *m* ... ‖ ⟨Ins⟩ *Laufkäfer* m (Carabus spp)
Las familias, órdenes, etc., aparecen también en latin entre paréntesis.
  carábidos *mpl* ⟨Ins⟩ *Laufkäfer* mpl (Caraboidea)
  caprifoliáceas *fpl* ⟨Bot⟩ *Geißblattgewächse* npl (Caprifoliaceae)

3. Augmentativa und Despektiva (–azo, –ote, –ón usw.) und Diminutiva (–ito, –illo, Ar –ico, Gal –iño, Extr Ast –ino, Sant –uco) werden als besonders lehrreiches Kapitel bei den spanischen Substantiven (**Carlos,** dim **Carlitos; Mercedes,** dim **Merceditas**), Adjektiven (**quietecito, ordinariote**), Adverbien (**poco,** dim **poquito; lejos,** dim **lejitos**) und sogar Gerundien (**callandito**) weitgehend berücksichtigt, wobei vielfach lediglich die betreffende Endung als Anhang an das betreffende Stichwort hinzugefügt wird.
dim: ~**ezuelo,** ~**ecito** ‖ desp bzw augm: ~**azo**

4. Wissenschaftliche Namen. Bei Tieren und Pflanzen steht normalerweise der vollständige wissenschaftliche Name, d. h. mit Bezeichnung der Gattung und Art.
  ²**cárabo** *m* ⟨V⟩ *Waldkauz* m (Strix aluco) Handelt es sich um eine mehreren Arten gemeinsame Gattungsbezeichnung, so steht lediglich die Gattungsbezeichnung vor der lateinischen Abkürzung spp (= species, Arten), falls diese Arten nicht einzeln angegeben werden. War eine Art nicht zu bestimmen, so erscheint die Gattungsbezeichnung vor der lateinischen Abkürzung sp (= species, Art)
  ²**cárabo** *m* ... ‖ ⟨Ins⟩ *Laufkäfer* m (Carabus spp)
Die Tier- und Pflanzenfamilien, -ordnungen usw. sind in Klammern mit der entsprechenden lateinischen Bezeichnung versehen.
  carábidos *mpl* ⟨Ins⟩ *Laufkäfer* mpl (Caraboidea)
  caprifoliáceas *fpl* ⟨Bot⟩ *Geißblattgewächse* npl (Caprifoliaceae)

VII. Pronunciación española – Aussprache im Spanischen

1. Vocales – Vokale
a) Vocales independientes – Einzelne Vokale

Pho-netische Dar-stellung	Schreib-art im Spa-nischen	Lautwert	Deutsche Beispiele	Spanische Beispiele
Repre senta-ción fonética	Grafía española	Valor fonético	Ejemplos en alemán	Ejemplos en español
a	a	reines offenes a a abierta	kurz: Fall, Barre, lassen lang: rasen, Bahre, fahl	kurz: parte, caldo mittellang: padre, paso lang: delgado, pasada
e	e	mittleres, halboffenes e e semiabierta	Fell, erhellen fehlen, hehlen	vendo, petate; salcedo, alameda
ɛ	e	offenes e e abierta	Mähre, gebären	perla, reina, perro
i	i	reines i i pura	Tier, dir	vida, tila; irá, sentirás
i̯	i	halb-geschlos-senes i i semicerrada	bin, mit, Mitte	virgen, virtud, hablilla
ɔ	o	offen abierta	Sonne, Sorte	polvo, torre, modo
o	o	halboffen semiabierta	Tor, Chor, vor	bota, todo In *And* und *Am* erhält das o in der Endung -ón oder -ión oft eine stark nasale Färbung.
u	u	geschlossen cerrada	Kur, Uhu	puro, seguro, vergüenza
–	u	nur ortho-grafisch in que, gue, gui sólo orto-gráfico en que, gue, gui		
y	y	(allein stehend) (indepen-diente)	= i	nur als Bindewort y = und

Semivocales – Halbvokale

i̯	i bzw y	in: ai (ay), ei (ey), oi (oy), uy	(i in) Mai	baile, doy, muy
u̯	u	in: au, eu, ou	(u in) Haus	causa, feudo, bou

b) Combinaciones vocálicas – Vokalverbindungen

1. Zweisilbig sind
a) alle Verbindungen von tonstarken Vokalen a, e, o untereinander: **trae, Danae; bacalao, ahora** (stummes h); **ralea, Eneas; ateneo, creo; boa, canoa, Guipúzcoa; héroe, corroe.**
b) Verbindungen von **a, e, o** mit betontem **í, ú**: **caí, creí; aún, saúco; transeúnte, reúno; coúnese; púa.**
2. Einsilbig sind:
a) die Vokalverbindungen von **a, e, o** (bzw. betontem **í, ú**) mit tonschwachem **i, u** (fallende Diphthonge **ai** = ai̯, **au** = au̯, **ei** = ɛi̯, **eu** = ɛu, **oi** = ɔi̯; **ou** = ou̯; **ui, uy** = ui̯), wobei der starke Vokal die Betonung trägt und der tonschwache ganz kurz gesprochen wird: **aire, caimán, hay, fray; causa, Cáucaso; carey, ley, leyereis, trataseis; neumático; seudo, feudo; boina, coima; voy, doy; couque; muy, ruido, Luis.**
b) Verbindungen von **i (y), u** miteinander oder mit **a, e, o** (steigende Diphthonge): **piano, hiato, patria; pie, hiena; Dios, Barrios; usual, guante, cual; cuenta, cuestión, luego, huelga, pues; cuota, cruor; cuyo, yuyo; ciudad, viudez.**
ie wird zweisilbig gesprochen, wenn **i** der Stammvokal des Verbums ist; **ri-eron, deslí-ese, frí-ese;** zweisilbig ist auch die Gruppe **ia** in **guiar** (*pres* **guío), fiar, criar, liar** usw. (dagegen einsilbig in **espa-ciar, apreciar** usw.); **io** in **brioso** (**ie** in **naviero** ist jedoch einsilbig).

3. Triphthonge. a) echte Triphthonge (Verbindungen von drei Vokalen) tragen meistens die Betonung auf dem mittleren Vokal: **buey, Paraguay** (mit betontem **e, a**); b) u n e c h t e oder z w e i s i l b i g e Triphthonge: **amortiguáis, despreciéis, comíais; Calatayud** (mit betontem **u**).

4. Z w e i g l e i c h e Vo k a l e verschmelzen bei rascher und familiärer Aussprache zu einem einzigen, der dann etwas gedehnter ausgesprochen wird: **leer, creer** (spr. lɛr, crɛr), **voy a leer un libro, no se puede creer, verse en** (spr. beˊrsen); **zoología, velo oscuro, cuatro ojos; portaaviones; Saavedra** (alle in sehr korrekter oder besonders betonender Aussprache getrennt artikuliert).

Etwas getrennt artikuliert werden Verbindungen mit eingeschaltetem **h: ataharre, matahambre.** Ganz getrennt gesprochen werden: **creencia, mohoso, loor; paseé.**

2. Consonantes y semiconsonantes – Konsonanten und Halbkonsonanten

b, v bezeichnet im Spanischen d e n s e l b e n Laut, der z w e i v e r s c h i e d e n e K l a n g f a r b e n a n n i m m t :

1. = deutsch **b** in Biene (b i l a b i a l e r, s t i m m h a f t e r Verschlusslaut):

a) im a b s o l u t e n Anlaut (Anfang eines Satzes oder nach jeder Pause im Sprechen sowie in allein stehenden Wörtern), bes. in Interjektionen (wobei die Stärke des Verschlusses je nach der Gemütsstimmung des Sprechenden, dem Sinne oder der Tonstärke des betreffenden Wortes stark schwankt): **¿Vendrás? ¡Bueno!** || **¡basta; ¡vaya;** (in despektierlichem Sinne ist der Verschluss am stärksten!).

b) nach **m** oder **n: también, tan bien** (dieselbe Aussprache); **un buen día** (spr. umbwɛndiˊa); **tranvía, cambia; San Benito, sambenito; varón, barón; convienes, con bienes; embotar, en votar; embestir, en vestir; embista, en vista; combino, con vino, convino** (*3 sg pret*) **con binóculo; invisible, sin bisar; anverso, Amberes.**

Pop wird das **b** in Verbindungen wie **sambenito** stark assimiliert (lokale Aussprache fast wie **sammenito**). In Verbindungen -bm- wird ein ganz kurzes implosives **b** gesprochen (**submarino**) oder dem nachfolgenden **m** gänzlich (bes. *pop*) assimiliert. Vor **t, s** klingt **b** wie **p: obtener** (spr. ɔptenɛˊr), **subteniente, ábside;** *pop* wird es oft unhörbar. In **obviar, subvención** usw. klingen beide Laute gleich (spr. oƀƀiaˊr). *Pop* wird in diesen Gruppen nur ein ƀ gesprochen.

2. als b i l a b i a l e r s t i m m h a f t e r R e i b e l a u t (ƀ) neutraler Färbung zwischen **b** und **v** (mit unvollkommenem Verschluss zwischen Ober- und Unterlippe) in sonstigen Fällen, besonders zwischen Vokalen: **cabaña, Habana, pavana; hube, tuve; rebelar, revelar** (dieselbe Aussprache!); **caver, caber; a bienes, avienes; pobre, cubrir; doble, hablar; broma, blusa; las bocas; por bruto; abdicar; Job, Jacob.** Vgl. süddeutsches **b** in **aber, lieber** usw.

Pop (bes. *Ar* und *Am*) wird das anlautende **b** vor **ue** durch **g** ersetzt (**güey = buey, güeno = bueno**). Besonders typische Beispiele sind im Wörterbuch als selbständige Stichwörter angeführt. *Pop And* od. △ hört man z. B. **orsequio** für **obsequio, tamién** für **también.**

c stellt zwei verschiedene Lautwerte dar:

a) vor **a, o, u** vor K o n s o n a n t und im A u s l a u t klingt es wie der nicht aspirierte deutsche k-Laut: **caro, cosa, Cuba, cocuyo; crecer, clase, conectar, acceder, lección** (spr. lɛkθjoˊn); **frac, arac, coñac** (*pop* schwindet es gänzlich).

Pop wird **-ct-** wie **t** gesprochen: **dotor** (für **doctor**), mundartlich (bes. *pop Madr*) auch wie θ: **aztor** (spr. aθtoˊr = **actor**). In der Gruppe **-cc-** wird kθ (*pop* auch nur θ) gesprochen; **acción, diccionario.** *Pop* hört man auch z. B. **arcidente** für **accidente.**

b) ähnlich wie *engl* th in thing, thunder, jedoch offener artikuliert (Anlehnung der Zungenspitze an den unteren Rand der oberen Schneidezähne mit starkem Hauch, wobei die Zungenspitze des Sprechenden bei richtiger Aussprache sichtbar werden muss): **Cecilia, Cervantes; cercar, crecer, cecear.**

And Extr und *Am* wird dieses **c** wie **s** gesprochen. *And pop* wird dagegen jedes **s** wie dieses θ ausgesprochen und in der phonetischen Schrift auch so wiedergegeben (z. B. bei Quintero: **ci, ceñó** statt **sí, señor**).

ch einheitlicher Laut (stimmlose palatale Affrikata), der annähernd dem deutschen **tsch** und genau dem ital. **c** in **cia, cio** entspricht; **muchacho, machucho, Chile, Sancho, checo.** In Ausdrücken, die auf französischen oder englischen Ursprung zurückzuführen sind, ersetzt es das französische **ch** oder das englische **sh; chófer** (*frz* **chauffeur**), **chic, chutar** (*engl* **shoot**).

d hat dreifachen Lautwert;

1. = deutsch **d** (stimmhafter dentaler Verschlusslaut) im absoluten Anlaut und nach **n, l: domingo; ¡dímelo!; endivia, un día** (gleich ausgesprochen wie **hundía**), **falda, caldo.**

2. = Reibelaut đ, in allen sonstigen Fällen, klingt fast wie das stimmhafte englische **th** in that, those (unvollkommener Verschluss zwischen Zungenspitze und Oberzähnen, Aussprache mit halboffenem Mund): **ha dado, cordal, cerdo.**

3. Im Wortauslaut wird dieses **d** fast oder gänzlich unhörbar (bes. in der Umgangssprache und in Madrid): **verdad, Madrid.** In einigen Provinzen (*Vall, Sal* und auch *pop Madr*) wird dieses **d** (bes. auch z. B. in **adquirir, adjetivo** usw.) fast so hörbar wie **c** vor **e, i.**

Es verstummt gänzlich in der populären (bes. auch städtischen) Aussprache der Endung oder Verbindung –**ado**, *vulg* auch in –**ido, –edo, –udo, –odo** usw. Verbindungen wie **adscribir** werden ohne **d** gesprochen und oft auch geschrieben.

f wie im Deutschen. *Pop*, bes. in Nordostspanien, ersetzt es das gelispelte spanische **c** oder **z.**

g stellt wie **c** z w e i v e r s c h i e d e n e L a u t w e r t e dar:

1. deutsches **g** in **gar** (mit vollkommenem Verschluss) im absoluten Satzanlaut, vor Konsonanten oder nach **n: gracias, gráfico, deglutir, diafragma; tango, fandango, charanga.**

2. norddeutsches **g** in „zutage" (mit unvollkommenem Verschluss zwischen Hinterzunge und Gaumen, als leichter Reibelaut) vor **a, o, u: daga, lago, (no) gustar.**

In den Gruppen **gua, guo** usw. (auch **hua, huo, cua, cuo**) wird das **u** nie als reiner Vokal, sondern als konsonantisches **u** (ähnlich *engl* **w** in **water**) gesprochen (z. B. **guagua, guano, vergüenza, atestiguo, argüir**).

    3. = deutsch **ch** in **Bach** vor **e, i** (Aussprache des spanischen **j**): **geografía, gitano, jorge.** Vgl. auch **j**.

    Pop steht es für **b** oder **h** in: **güeno, güerta, Güelva, agüela** (= **bueno, huerta, Huelva, abuela**).

    Orthografisches: a) Soll spanisches **g** vor **e, i** wie deutsches **g** ausgesprochen werden, so wird ein stummes **u** eingeschoben: **guerra, dengue, guinda.**

    b) Soll dieses **u** gesprochen werden, so wird es mit einem Trema versehen: **vergüenza, desgüe, argüir** (aber **arguyo**). In der Poesie können auch Wörter wie **suave, recua** zur Bezeichnung der Zweisilbigkeit der Gruppe **ua** mit einem Trema **süave, recüa**) versehen werden.

h   bleibt stets stumm: **haber, ahora, huerta, hueco, alcohol.**

    In einigen seltenen Fällen (z. B. in **hopo**) behält es doch seine frühere gehauchte Aussprache. Mundartlich (bes. *And, Extr, Am*) klingt es gehaucht, besonders vor anlautendem **ue** (**huelo**) oder überhaupt in jedem Fall, manchmal sogar wie **j**: **jocico** *And pop* = **hocico**.

j   in jeder Stellung = deutsches **ch** in **Bach** (ganz hinten artikuliert!): **Juan, Quijote, mujer, ajo, jarabe.** Vor **e, i** wird es oft (bes. *Am*) etwas weiter vorn artikuliert (jedoch n i e wie deutsches **ch** in **ich**!): **crujir, jijona.** Mundartlich, bes. *And*, ersetzt es oft (auch in der schriftlichen Wiedergabe, z. B. bei Quintero) das **h: jondo = hondo.** Vgl. auch **h**.

k   = deutsch **k** (ohne nachgesetzten Hauch!) kommt lediglich in einigen Fremdwörtern vor, die teilweise auch die Schreibweise mit **qu** zulassen: **kilo = quilo, kilómetro, kéfir, kaiser.**

l   wie deutsches **l**. *Pop* hört man **sirbar, carcular, farso, der cielo** für **silbar, calcular, falso, del cielo; dejalde** für **dejadle; cantinela** für **cantilena; só** für **sol, é** für **él; aluego** für **luego**.

ll   = einheitlicher Laut, Verschmelzung von **l+j** (nicht wie in „Bataillon", sondern wie ital. **paglia, migliore,** port. **olho, batalha**). Bei der Aussprache wird der Zungenrücken in seiner ganzen Breite an den Vordergaumen gelehnt, wobei die Luft an beiden Seiten (oder auch nur an einer Seite) der Zunge an den Mundwinkeln entströmt und die Stimmbänder ins Schwingen gebracht werden: **hallar, escollo** (zu unterscheiden von **aliar, escolio**!).

    Mundartlich, bes. *And* und *Am* (auch *pop Madr*), und bei nachlässiger Aussprache klingt dieser Laut wie deutsches **j** und wird auch phonetisch so wiedergegeben (z. B. bei Quintero: **chiquiyo, yaman** für **chiquillo, llaman**).

    Am klingt es in der *arg* Umgangssprache fast wie *frz* **j** in **Jean: callar, calle** (spr. kaʒ'ar, ka'ʒe).

m   wie deutsches **m**. Auslautendes **m** klingt immer (auch vor nachfolgendem Vokalanlaut!) wie **n: álbum** (… un), **memorándum** (… un). **Abraham** wird oft auch **Abrahán** geschrieben.

    Pop verstummt es in der Gruppe **-nm-: imenso** für **inmenso.**

n   klingt wie

    1. deutsches **n: nada, canana;**

    2. wie deutsches **ng** in **Ungarn** vor **c (k), qu, g, j** (nasaliert): **cinco, tanque; ponga, esponja** (*reg* auch in **un huerto, sin hueso**).

    Vor **b, v, p** wird es wie bilabiales **m** gesprochen: **tranvía, duunviro; tan poco, tampoco** (in der Aussprache gleichwertig), **San Vito** (spr. sambi'to), **San Benito, sambenito; en pie, sin par, un buen baile.**

    Bei zusammengeschriebenen Komposita wie **innato** wird **n** meistens getrennt artikuliert.

    Die Vorsilbe **trans-** wird gewöhnlich **tras** gesprochen und oft auch geschrieben.

    Vor **f** klingt das **n** wie labiodentales **m: enfermo, confuso.**

ñ   einheitlicher Laut: wie *it* **gn** in **Bologna**, *frz* **gn** in **Champagne.** Dieser Laut wird hervorgebracht durch Anlehnung der Zungenspitze an die unteren Schneidezähne, wobei die Luft bei verschlossenen Alveolen durch die Nase entströmt: **señor, ñoñez, niña, ñandú.**

p   wie im Deutschen, jedoch ohne jegliche Aspiration. Vor **s** und **t** bleibt das **p** stumm (**psicología, ptialina**). Für alle Wörter mit der Anfangsgruppe **psi…** läßt die Real Academia Española de la Lengua die Schreibung ohne **p** zu. In manchen Fällen wird das **p** nicht mehr geschrieben (**seudo-**).

qu   = deutsches **k** (ohne nachfolgenden Hauch), steht nur vor **e** oder **i** (→ die Entsprechung **c** vor **a, o, u**): **queja; quilo, quiosco** (auch **kilo, kiosco** geschrieben).

r   = 1. süddeutsches oder österreichisches (slawisches) **r** (alveolarer einfacher Zitterlaut); gesprochen durch kurzen Schlag der Zungenspitze an die oberen Schneidezähne, wenn es zwischen Vokalen im Silben- oder Wortauslaut steht (gleichwertig mit dem *it* oder *port* **r**: *it* **Roma**, *port* **Porto**).

    2. Im Wort- oder Silbenanlaut nach **n, l, s** wird es durch m e h r m a l i g e s R o l l e n der Zungenspitze hervorgebracht, wie der mit **rr** geschriebene spanische Laut: **rosa, honra, alrededor.**

    Pop klingt die Imperativendung *2 pl* wie **r: tomar** (für **tomad**), **iros** für **idos**).

    Pop verschwindet **r** zwischen Vokalen: **palgato** (= **para el gato**); **quiés** (= **quieres**), **mía** (= **mira**) und auch im Auslaut: **amó** (= **amor**), **señó** (= **señor**), **comé** (= **comer**), **comélo** (= **comerlo**), **menealo** (= **menearlo**), **tenella** (= **tenerla**).

rr Zungenspitzen-r mit mehrmaligem Zungenschlag (mehrmaligem R o l l e n d e r Z u n g e n s p i t z e): **carro, forro, Carrara.** (Streng zu scheiden sind z. B. **pero** von **perro, coro** von **corro, caro** von **carro, cero** von **cerro, torero** von **torrero**!)
Im Wortinneren wird in zusammengesetzten Wörtern, deren zweiter Bestandteil einen **r**-Anlaut hat, **rr** geschrieben (**greco + romano = grecorromano, Puerto Rico,** adj **portorriqueño**). → auch **r**.

s klingt ähnlich wie deutsches stimmloses **s** in **Ross, messen,** jedoch ohne Vorstrecken der Zungenspitze und ohne Lippenspannung.
Vor **b, d, l, m, n, r, v** wird das spanische **s** leicht stimmhaft: **las botas, desde, eslavo, mismo, mesnada, Israel, desviar.** Oft nimmt es in dieser Stellung eine leicht gutturale Färbung an.
Im Wortauslaut muß dieses **s** kurz und schwach artikuliert werden.
Vor **r, d** wird das **s** (bes. *pop*) fast unhörbar oder es klingt oft ähnlich wie **r** oder **j** (uvular oder guttural) durch Assimilation: **los ricos, dos reales** (*pop* = **lorricos, dorreales**), **las dos** (*pop* klingt es wie **lar dos** od. **las do,** auch **laj do,** J a é n : **las doj**). *And* verschwindet es im Auslaut oft gänzlich (phonetisch: **dó chico má = dos chicos más**).
Vor **c** wird *pop* oft das **s** gänzlich assimiliert: **ascender** (spr. asθɛndɛ′r od. *pop* aθɛndɛ′r).

t = deutsches **t**, jedoch ohne den norddeutschen Nachklang eines **h: tío, tatuaje.** Es darf nie mouilliert ausgesprochen werden, wie etwa in *frz* **tiens, Dieu.**

u (ü) konsonantischer Laut (Halbkonsonant), der vor Vokalen annähernd dem deutschen **u** in **Qual** und genau dem *engl.* **w** in **water** entspricht (phon. Bezeichnung w): **guardia, hueco, vergüenza, lingüístico, contiguo, guagua.**

v = spanisches **b** (→ dort). *Pop* hört man **amos** für **vamos.**

w kommt nur in Fremdwörtern vor und klingt wie deutsches **w** oder konsonantisches **u** (oft ähnlich wie in *engl* **water**): **Wifredo, water-polo, Westfalia.** Ab und zu sind Formen mit **w** oder **v** nebeneinander in Gebrauch: **Wenceslao** neben **Venceslao.**

x klingt 1. annähernd wie deutsches **x,** mit starker Assimilation des **k.** *Pop* klingt es ab und zu wie (stimmloses) **s: exacto, examen**
In **México** (*Am* Schreibart für *Span* **Méjico**) klingt es wie span. **j.**
2. wie deutsches stimmloses **s** vor Konsonanten: **extranjero, exponer, mixto, texto.**

y (i) konsonantischer Laut (Halbkonsonant), der vor Vokalen dem deutschen **j** entspricht: **yacer, yugo, yeso, yegua** (**ye** gespr. wie in **hierba**); **diez y ocho = dieciocho** (spr. djeθjo′čo).
And vertritt es in phonetisch wiedergegebenen Texten (Quintero usw.) lautlich das **ll** (→ dort).
Am (mit einigen Ausnahmen) klingt es wie **j** in *frz* **jour: yo, yegua**

z steht vor **a, o, u** und ist in der Aussprache identisch mit der des span. **c** vor **e** und **i: Zaragoza, macizo, cizaña, sazonar, azuzar.** Nur selten steht es in Wörtern nichtspanischen Ursprungs auch vor **e** oder **i: zinc** (auch **cinc** geschrieben, *pl* **zines** bzw. **cines**), **zeda** oder **zeta** (Name des span. Lautes **z**).
Vor stimmhaften Konsonanten wird es weicher (fast wie das **s** in deutsch **Rose**), oft mit gewisser Hinneigung zu guttural-nasaler Aussprache: **juzgado, Luzmela, diezmo, luz dorada.**
And, Extr, Am klingt es wie **s.**

VIII. Signos fonéticos – Phonetische Umschrift

1. Vocales – Vokale

Phonetische Darstellung / Representación fonética	Deutsche Beispiele / Ejemplos en alemán	Spanische Beispiele / Ejemplos en español
a	baden, Kabine; Fall	paño; bajo, malva; pecadora
ɛ	Bär, Polonaise; fest	perro; teja; ser, papel
e	fehlen, theologisch	queso, temor; húmedo
ə	Gebot, Mitte; Mittel, Vater	–
i	wie, Minute; mit	vida; silba; avisar
o	Rose, Komet	moda; posada; queso
ɔ	Sonne	gorra; flor: dogma; quesos
ø	schön, Zölibat; Chauffeur	–
œ	wölben	–
u	Ruder, Sudeten, Mutter	cura, cuñado; turco, punto; capítulo
y	kühn, Lyrik, dynamisch; Sünde, Rhythmus	–

Rein nasalierte Vokale erscheinen weder im Deutschen noch im Spanischen (→ jedoch **n**!)
Las vocales nasalizadas no aparecen ni en alemán ni en español (sin embargo → **n**)

2. Diptongos – Diphthonge („fallende" Diphthonge)

Phonetische Darstellung / Representación fonética	Deutsche Beispiele / Ejemplos en alemán	Spanische Beispiele / Ejemplos en español	Phonetische Darstellung / Representación fonética	Deutsche Beispiele / Ejemplos en alemán	Spanische Beispiele / Ejemplos en español
ai	Mai, Feier	baile, fray	ɔi	–	soy, boina
au̯	Bauer	causa	ɔy	Freude, läuten	–
ɛi̯	–	reina, rey	ɔu̯	–	Port Bou
ɛu̯	–	feudo	ui̯	pfui	muy, ruido

3. Semiconsonantes – Halbkonsonanten (in „steigenden" Diphthongen)

Phonetische Darstellung / Representación fonética	Deutsche Beispiele / Ejemplos en alemán	Spanische Beispiele / Ejemplos en español	Phonetische Darstellung / Representación fonética	Deutsche Beispiele / Ejemplos en alemán	Spanische Beispiele / Ejemplos en español
					aproximadamente como:
ja	Plagiat	rabia; (yacer)	wa	etwa: Qual	guardia, agua
jɛ	Patient	tierno; (yerno)	wɛ	etwa: Quelle	hueco, puerta
jɔ	Radio	edificio; (Nueva York)	wi	etwa: Quirl	lingüístico
ju	Radius	ciudad; (yugo)	wɔ	etwa: Quote	antiguo

4. Consonantes – Konsonanten

Phonetische Darstellung / Representación fonética	Deutsche Beispiele / Ejemplos en alemán	Spanische Beispiele / Ejemplos en español
h (Kehlkopfverschluss)	haben	hopo
b	Boot; Garbe; Ebbe	¡basta! hombre
ƀ	–	lobo; abrigo, árbol; abnegado; Job, viento, obvio
ç	ich	–
č	Peitsche; Chile	chico, muchacho
d	du; Troddel	¡dámelo! prenda, falda
đ	–	lado; madre, orden, admirable; libertad
f	Faden; viel; schaffen; Philosoph, Sappho; Kiew	fácil, huérfano
g	gehen, Ginster, Klage, Egge	guerra, rango
g	–	seguir, cargo; Magdalena;
gs	–	examen
χ	ach	rojo, regio, erraj
j	jeder; Lilie; Yacht	hierba, yerba (in *Am* übliche Schreibart); mayo [→ a Halbkonsonant j]
k	Kampf, Kind, Chor; Tag; Jagd	casa, querer, kilo, frac
ks	Examen	*Am* México
l	los, Kalk, fallen	lado, alba, azul
λ	[dtsch. Emaille = lj!]	llave (kastil. Ausspr.)
m	Mühe, Schmerz	madre; en pie; [auslautend. m = n: álbum (a'lƀun)]
n	nehmen, konnte	noche, cantar
ŋ	singen, Ungarn, denken	cinco, sangre, fingir
ɲ	[dtsch. Kampagne = nj!]	caña; ñandú; champaña
p	Polen; schlapp; ob; Abt, ebbt	padre, culpa; obtener; [ps- wird zu (s): psicología (sikɔlɔχi'a)]
r	Rose, Frieden; knurren	caro, huerta, dar
r̄	–	rubio; carro; honrado
s	müssen, Fuß; Swinemünde; Chance	sello, obispo, pasto
ʃ	schön; Stein; Scheck, Schick	chic
t	Ton, Thron; Rad	tarde; atlas; atmósfera
ts	Ziehen; Satz; Station; Intermezzo	–
v	Warze; Klavier	–
z	sehen, reisen, Linse	isla, rasgo, desde
ʒ	Journal	– (*Am reg* callar)
θ	–	razón, bizco, cruz
ð	–	juzgar, diezmo, Luzmela

IX. Reglas de acentuación del español – Grundregeln der spanischen Betonung

1. Jedes auf einen Vokal (oder einsilbigen Diphthong, d.h. Verbindung von **i, u** mit **e, a, o**), auf **n** (Endung der *3. plur* aller Zeitwörter in allen Zeiten) oder **s** (Pluralendung!) endende Wort hat den natürlichen Ton (ohne Bezeichnung) auf der vorletzten Silbe: **raro, carroza; patria, arduo, mutuo, atestiguo; serie, especie, tenue; hablan, comen, imagen, Carmen; Cervantes, Dolores, Burgos, cuadernos, libras, comprendes, hablasteis.**

Bei zweisilbigen Enddiphthongen (Verbindungen von **a, e, o**) ist demnach der vorletzte betont: **trae, cae; ea, ralea; boa, Bilbao, bacalao; creo, corroe.**

2. Jedes auf einen Konsonanten (außer **n, s**) oder halbvokalisches **y** (**ay, ey, oy, uy**) endende Wort ist auf der letzten Silbe betont: **amor, añil, merced, amoraduj, reloj, Garay, carey, bocoy, Ardanuy.**

3. Jede Abweichung von den obigen Regeln muss mit dem Akzent (Akut) auf der zu betonenden Silbe bezeichnet werden: **bajá** (aber *pl* **bajaes**), **biricú** (*pl* **biricúes**), **imágenes** (aber *sg* **imagen**), **dominé** (*I. sg pret,* zu unterscheiden von *1. pres subj* **domine** und vom Hauptwort **dómine** *m*!); **Cádiz, lápiz; fácil** (dieselbe Betonung und Akzentbezeichnung bleibt auch bei adverbiellen Ableitungen: **fácilmente, difícilmente,** die dann mit doppelter Betonung gesprochen werden; vgl. auch **decimoséptimo**); **país, raíz; espíritu; pésimo, acróstico, geografía** (aber **academia, electrotecnia**), **veintiún** (aber **veintiuno**), **ningún** (aber **ninguno**), **depón** (aber **pon**), **detén** (aber **ten**), **adiós** (aber **a Dios**), **jóvenes** (aber **joven**); **decírselo, díjomelo, reprochándoselo.** Vgl. jedoch **escribióle** (aus **escribió** + **le**, Beibehaltung der ursprünglichen Betonung). Weitere Beispiele: **pidióme, conmovíla, conquistólo, veráse** usw.

Die tonschwachen Vokale müssen in diesem Fall mit Akzent versehen werden: **varía, María, mío, ganzúa, grúa, baúl, transeúnte.**

Die Scheidung äußerlich gleichlautender Wörter durch den Akzent ist im Wörterbuch bei dem betreffenden Stichwort strengstens durchgeführt (**mi, mí; tu, tú; el, él; si, sí; se, sé; de, dé; como, cómo; mas, más; solo, sólo; cual, cuál; este, éste; aun, aún** usw.).

Nach der Stellung der betonten Silbe werden im Spanischen vier Wortklassen unterschieden:
1. Oxytona (agudas): **razón, perdiz, salir.**
2. Paroxytona (llanas, graves): **hermano, americano.**
3. Proparoxytona (esdrújulas): **máquina, rápido.**
4. Auf vierter oder fünfter Silbe betont (sobresdrújulas): **decíamelo, comiéndosemelo, acercándoseme, castíguesemelo.**

Die Tonschwankungen sind bei den betreffenden Stichwörtern im Wörterbuch genau angegeben.

X. División silábica – Silbentrennung
(en cuanto diverge de la alemana – sofern sie von der deutschen abweicht)

1. Die lautlich einheitlichen Konsonanten **ch, ll, rr** dürfen unter keinen Umständen getrennt werden: **mu-cha-cho, ca-lle, deta-llar; ca-rro, co-rrien-do, pe-rro, hie-rro, co-rroer, greco-rromano, polaco-rruso.**

2. Die Lautgruppen Konsonant + **l** und Konsonant + **r** werden nicht getrennt: **ha-blar, acla-ra, a-trás, ma-gra, con-tra.**

3. Einsilbige Diphthonge und Vokalverbindungen sind gleichfalls untrennbar: **mue-ve, cue-lo, huer-to, mu-tuo, na-ción, se-rie, hu-ye, cons-tru-yo.**

4. Verbindungen **s** + Konsonant werden immer auseinander gehalten: **Es-pa-ña, Es-par-ta, es-pí-ri-tu, es-ti-lo, as-pec-to, res-pe-to, his-pa-no, cons-ti-tu-ción, cons-truc-ción, cons-tar.**

5. Getrennt werden könnten auch zweisilbige Vokalverbindungen: **Ma-rí-a, con-ti-nú-o** (aber **conti-nuó** *3. sg pret,* **conti-nuo** *adj*), doch in der Praxis wird es vermieden, einen einzigen abgetrennten Vokal am Zeilenende oder am Anfang der nächsten Zeile stehen zu lassen (also besser **Ma-ría, conti-núo,** wie auch **Ama-lia** statt **A-malia**).

6. Zusammengesetzte Wörter, die noch als solche empfunden werden, zerfallen bei der Trennung in ihre Bestandteile: **nos-otros, vos-otros, re-unido, in-útil, in-novar, con-memorar** (jedoch **cons-pirar, trán-sito** usw.), **des-enterrar, des-interés, des-amor.**

Lista de abreviaturas de indicaciones gramaticales
Liste der Abkürzungen grammatischer Hinweise

A

abs	absolut, ohne näheres Objekt (sin complemento directo o indirecto)
acc	Akkusativ (acusativo)
act	aktiv (activo)
adj	Adjektiv (adjetivo) ‖ adjektivisch gebr. Partizip (participio en función de adjetivo)
adj/s	Adjektiv oder Substantiv (adjetivo o sustantivo)
adv	Adverb (adverbio) ‖ adverbielle Bestimmung (complemento adverbial)
art	Artikel (artículo)
augm	Vergrößerungsform (aumentativo)

C

coll	kollektiv, in kollektiver Bedeutung (en sentido colectivo)
comp	Komparativ (comparativo)
conj	Konjunktion (conjunción)

D

dat	Dativ (dativo)
def	unvollständiges Verb (verbo defectivo)
dim	Verkleinerungsform (diminutivo)

F

f ‖ f/adj	Femininum (femenino) ‖ Femininum (Substantiv oder Adjektiv) (sustantivo o adjetivo)
f[el]	Femininum, jedoch mit Artikel „el" (femenino con el artículo "el")
fut	Futurum, Zukunft (futuro)

G

gen	Genitiv (genitivo)
ger	Gerundium (gerundio)

I

imp	Imperativ (imperativo)
imperf	Imperfekt (imperfecto)
impers	unpersönlich (Verb) ([verbo] impersonal)
ind	Indikativ (indicativo)
indef	Indefinitpronomen (pronombre indefinido)
inf	Infinitiv (infinitivo)
int	Interjektion (interjección)
inv	unveränderlich (invariable)
irr	unregelmäßig (irregular)

M

m	Maskulinum (masculino)
m/adj	Maskulinum (Substantiv oder Adjektiv) (sustantivo o adjetivo)
m/f	unveränderlich für Maskulinum und Femininum bei Substantiven und Adjektiven (sustantivo y adjetivo del género común)
m (& f) m (& n) n (& m) n (& f) f (& m) f (& n)	Sustantiv mit schwankendem Geschlecht (sustantivo del género ambiguo)

N

n	Neutrum (neutro)
nom	Nominativ (nominativo)
num	Zahlwort (numeral)

P

part	Partizip (participio)
pass	Passiv (pasivo)
perf	Perfekt (perfecto)
pers	Person (persona)
pl	Plural (plural)
poss	possessiv (posesivo)
pp	Partizip Perfekt (participio pasado od pasivo)
ppr	Partizip Präsens (participio presente)
präf	Präfix (prefijo)
prep	Präposition (preposición)
pres	Präsens (presente)
pret	Präteritum (pretérito [perfecto])
pron	Pronomen (pronombre)
pron. dem	Demonstrativpronomen (pronombre demostrativo)
pron. pers	Personalpronomen (pronombre personal)
pron. poss	Possessivpronomen (pronombre posesivo)
pron. refl	Reflexivpronomen (pronombre reflexivo)
pron. rel	Relativpronomen (pronombre relativo)

R

reglm	regelmäßig (regular)

S

s	Substantiv (sustantivo)
s/adj	Substantiv oder Adjektiv (sustantivo o adjetivo)
sg	Singular (singular)
subj	Subjunktiv, Konjunktiv (subjuntivo)
suff	Suffix (sufijo)
sup	Superlativ (superlativo)

V

v.	Verb (verbo)
v. aux	Hilfsverb (verbo auxiliar)
v. impers	unpersönliches Verb (verbo impersonal)
vi	intransitives Verb (verbo intransitivo)
vi/r	intransitives Verb, auch reflexiv
vi/t	intransitives und transitives Verb (verbo intransitivo y transitivo)
voc	Vokativ (vocativo)
vr	reflexives Verb (verbo reflexivo o reflejo)
vt	transitives Verb (verbo transitivo)
vt/i	transitives und intransitives Verb (verbo transitivo e intransitivo)
vt/r	transitives Verb, auch reflexiv gebraucht (verbo transitivo, usado también como reflexivo)

Lista de las abreviaturas generales, geográficas y de tecnicismos
Liste der allgemeinen, geografischen und fachlich zuordnenden Abkürzungen

A

AAm	Anglo-Amerika (Angloamérica, América de habla inglesa)
Abk	Abkürzung (abreviatura)
a/c	alguna cosa, algo (etwas)
Acad	Von der Academia Española empfohlene Schreibung von Neologismen (grafía de neologismos recomendada por la Academia Española)
Agr	Landwirtschaft (agricultura)
Ak	Akustik (acústica)
Al	Álava
Alb	Albacete
alg.	alguien (jemand)
Ali	Alicante
allg	im allgemeinen Sinn (en sentido general)
Alm	Almería
altsp.	altspanisch
Am	Amerika (América) ‖ Amerikanismus (americanismo)
An	Anatomie (anatomía)
And	Andalusien (Andalucía)
Ant	Antillen (Antillas)
Anthrop	Anthropologie (antropología)
Ar	Aragón
arab	arabisch (árabe)
Arch	Architektur, Bauwesen (arquitectura, técnica edificatoria)
Archäol	Archäologie (arqueología)
Arg	Argentinien (Argentina)
Ast	Asturien (Asturias)
Astr	Astronomie (astronomía)
Astrol	Astrologie (astrología)
Atom	Atomphysik (física atómica)
Auto	Kraftfahrwesen (automovilismo)
Av	Ávila

B

Bact	Bakteriologie (bacteriología)
Bad	Badajoz
Bal	Balearische Inseln (Baleares)
barb	Barbarismus (barbarismo)
Barc	Barcelona
bask	baskisch (vasco, vascuence)
bes.	besonders (especialmente)
Bgb	Bergbau (minería)
Bibl	biblisch, in der Bibelsprache (bíblico, en el lenguaje de la Biblia)
Biol	Biologie (biología)
Bol	Bolivien (Bolivia)
Bot	Botanik (botánica)
Bras	Brasilien (Brasil)
Buchb	Buchbinderei (encuadernación)
Burg	Burgos
bzw	beziehungsweise (respectivamente)

C

Các	Cáceres
Các	Cádiz
Can	Kanarische Inseln (Islas Canarias)
Cant	Kantabrien (Cantabria)
Cast	Kastilien (Castilla)
Cat	Katalonien (Cataluña)
cat	katalanisch (catalán)
Chem	Chemie (química)
Chi	Chile
Col	Kolumbien (Colombia)
Com	Handel (comercio)

Cor	La Coruña
Córd	Córdoba
CR	Costa Rica
CReal	Ciudad Real
Cu	Kuba (Cuba)
Cue	Cuenca

D

d–e, d–r	deine (tu), deiner (tu)
d–s, d–m	deines (de tu), deinem (a tu)
d–n	deinen (tu)
desp	im herabsetzenden Sinn (despectivo)
Deut	Deutschland (Alemania)
deut	deutsch (alemán)
Dipl	Diplomatie (diplomacia)
Dom	Dominikanische Republik (República Dominicana)

E

e–e, e–r, e–s, e–m, e–n	eine, einer, eines, einem, einen (uno, una; de bzw. a uno; de bzw. a una)
EB	Eisenbahn(wesen) (ferrocarril[es])
Ec	Ecuador
El	Elektrizität (electricidad)
Elektron	Elektronik (electrónica)
engl	englisch (inglés) ‖ englisch ausgesprochenes Wort (voz con pronunciación inglesa)
et.	etwas (algo)
Ethol	Ethologie, Verhaltensforschung (etología)
euph	Euphemismus (eufemismo)
Extr	Extremadura

F

f.	für (para, por)
fam	familiär, vertraulich (familiar)
Fechtk	Fechtkunst (esgrima)
Fi	Fisch (pez)
fig	figürlich (sentido figurado)
figf	figürlich und familiär (figurado y familiar)
Fil	Philippinen (Filipinas)
Film	Filmwesen (cinematografía)
Flugw	Flugwesen (aviación)
Fort	Befestigungswesen (fortificación)
Fot	Fotografie (fotografía)
frz	französisch (francés) ‖ französisch ausgesprochenes Wort (voz con pronunciación francesa)

G

Gal	Galicien (Galicia)
gall	Gallizismus, dem Französischen nachgebildete (unspanische, aber allg. gebräuchliche) Form (galicismo)
Gen	Genetik (genética)
Geogr	Geografie (geografía)
Geol	Geologie (geología)
Ger	Gerona
gew.	gewöhnlich (generalmente)
Ggs	Gegensatz (contrario; antónimo)
Gr	Grammatik (gramática)
Gran	Granada
griech	griechisch (griego)
Guad	Guadalajara
Guat	Guatemala
Guip	Guipúzcoa

H

Her	Heraldik, Wappenkunde (blasón, heráldica)
Hist	historisch (histórico)
holl	holländisch (holandés)
Hond	Honduras
Huel	Huelva
Hues	Huesca
Hydr	Hydraulik, Wasserbau (hidráulica)

I

inc	inkorrekt (incorrecto)
Inform	Informatik (informática)
Ins	Insekt(enkunde) (insecto, entomología)
iron	ironisch (irónico)
it	italienisch (italiano) ‖ italienisch ausgesprochenes Wort (voz con pronunciación italiana)

J

jap	japanisch (japonés)
jd, jdm, jdn, jds	jemand (alguien) jemandem (a alguien) jemanden (a alguien), jemandes (de alguien)
Jgd	Jagd (caza)
Jh.	Jahrhundert (siglo)
joc	scherzhaft (jocoso)
jüd	jüdisch (judío)
Jur	Rechtswesen (jurisprudencia)

K

Kart	Kartenspiel (naipes)
Kath	katholisch, in der katholischen Kirche (católico, en la Iglesia católica)
k–e, k–r	keine (ninguna), keiner (ningún, ninguno)
k–s, k–m	keines (ningún, ninguno), keinem
k–n	(a ningún, a ninguno), keinen (a ningún, a ninguno)
Kochk	Kochkunst (cocina, arte culinario)
Kosm	Kosmetik (cosmética)
Ku	Kunststoffe (materias plásticas)
Kunst	Kunst(geschichte) (artes bzw historia del arte)

L

lat	lateinisch (latín)
Lér	Lérida
Ling	Linguistik (lingüística)
lit	literarischer Ausdruck, Ausdruck der gehobenen und der Schriftsprache (expresión literaria o libresca)
Lit	Literatur (literatura)
Log	Logik (lógica)
Logr	Logroño

M

Má	Málaga
Madr	Madrid
Mal	Malerei (pintura)
Mal	Mallorca
MAm	Mittelamerika (América Central)
Mar	Marine, Seewesen (marina)
Marr	Marokko (Marruecos)
Math	Mathematik (matemáticas)
m–e, m–r	meine (mi), meiner (de mi)
m–s, m–m	meines (de mi), meinem (a mi)
m–n	meinen (mi, a mi)
Med	Medizin (medicina)
Met	Metallurgie (metalurgia) ‖ Gießerei (fundición)
Meteor	Meteorologie (meteorología)
Mex	Mexiko (Méjico, México)
Mil	Militär (expresión militar)
Min	Mineralogie (mineralogía)

MK	Meereskunde (oceanografía)
mod	modern (expresión moderna)
Murc	Murcia
Mus	Musik[instrument] ([instrumento de] música)
Myth	Mythologie (mitología)

N

NAm	Nordamerika (Norteamérica)
Nav	Navarra
Neol	Neologismus, Neubildung (neologismo)
Nic	Nicaragua
np	Eigenname (nombre propio)

O

od	oder (o)
Okk	Okkultismus (ocultismo)
Ökol	Ökologie (ecología)
onom	Onomatopoetikon (voz onomatopoyética)
Opt	Optik (óptica)
Or	Orense
Öst	im österreichischen Sprachgebiet (en Austria)

P

P	Provinz
Päd	Pädagogik (pedagogía)
Pal	Palencia
Paläont	Paläontologie (paleontología)
Pan	Panamá
Pap	Papierindustrie (industria papelera)
Par	Paraguay
Parl	Parlamentsausdruck, parlamentarisch (lenguaje parlamentario)
Pe	Peru (Perú)
pej	pejorativ (peyorativo)
p.ex.	im weiteren Sinn (en sentido lato, por extensión)
Pharm	Pharmazeutik (farmacia)
Philol	Philologie (filología)
Philos	Philosophie (filosofía)
Phon	Phonetik (fonética)
Phys	Physik (física)
Physiol	Physiologie (fisiología)
Poet	Poetik, Dichtkunst (poética)
poet	poetisch, dichterisch (poético)
Pol	Politik (política)
Pont	Pontevedra
pop	populär, volkstümlich (popular)
port	portugiesisch (portugués)
Postw	Postwesen (correos)
PR	Puerto Rico
Prot	protestantisch, in der protestantischen Kirche (protestante, en la Iglesia protestante)
Psychol	Psychologie (psicología)

R

Radio	Rundfunk (radiodifusión)
Rak	Raketentechnik (técnica de los cohetes)
Raumf	Raumfahrt (astronáutica)
reg	Regionalismus, Provinzialismus, Lokalismus (regionalismo, provincialismo, localismo)
Rel	Religion (religión)
Rhet	Rhetorik, Redekunst (retórica)
Rö	Röntgentechnik (técnica de los rayos X)
RPl	Río de la Plata
russ	russisch (ruso)

S

s.	sich (se)
S	Sache (cosa; asunto)
Sal	Salamanca

SAm	Südamerika (América del Sur)
Sant	Santander
Sch	Schule, Schulsprache (escuela, lenguaje escolar)
Schw	im schweizerischen Sprachgebiet (en Suiza)
s–e, s–r	seine (su), seiner (de su),
s–s, s–m	seines (de su), seinen (a su),
s–n	seinen (su, a su)
Seg	Segovia
Sev	Sevilla
Sor	Soria
Soz	Soziologie (sociología)
Sp	Sport (deporte)
Span	Spanien (España)
sp., span	spanisch (español)
sp (p)	Art(en) (especie[s])
Spr	Sprichwort (proverbio)
Stud	Studentensprache, studentisch (lenguaje estudiantil)
StV	Straßenverkehr (circulación automóvil)
Südd	im süddeutschen Sprachgebiet (en la Alemania del Sur)

T

Tarr	Tarragona
Taur	Stierkampf (tauromaquia)
Tech	Technik (técnica)
Tel	Telegrafie, Telefon (telegrafía, telefonía)
Ter	Teruel
Text	Textilindustrie (industria textil)
Th	Theater (teatro)
Theol	Theologie (teología)
Tol	Toledo
Topogr	Topographie (topografía)
TV	Fernsehen (televisión)
Typ	Typografie, Buchdruckerei (tipografía)

U

u.	uno (einer)
u/c	una cosa (etwas)
Uhrm	Uhrmacherei (relojería)
Univ	Universität (universidad)
Ur	Uruguay
usw.	und so weiter (etcétera)

V

V	Vogel(kunde) (ave, ornitología)
Val	Valencia
Vall	Valladolid
Vd., Vds.	Sie (usted, ustedes)
Ven	Venezuela
Verw	Verwaltung (administración)
Vet	Veterinärwesen (veterinaria)
vgl.	vergleiche (compárese)
Vit	Vitoria
Vizc	Biskaya (Vizcaya)
vulg	vulgär (vulgar)

W

Wirtsch	Wirtschaft(swissenschaft) (economía, ciencias económicas)
Wiss	Wissenschaft, wissenschaftliche Bezeichnung (ciencias, término científico)

Z

Zam	Zamora
Zar	Saragossa (Zaragoza)
Zim	Zimmermannshandwerk, Schreinerei, Tischlerei (carpintería, ebanistería)
Zool	Zoologie (zoología)
Zss.	Zusammensetzung(en) (composición o composiciones, compuesto[s])
Ztg	Zeitung(swesen) (periodismo)

&	und (y): auch (también)

A

A, a *f* [= A, a, *pl* Aes, aes] *A, a* n
A ⟨Abk⟩ = **argón**
A. ⟨Abk⟩ = **aceptada** *(Wechsel)* ‖ **Alteza** ‖
aprobado *(Prüfungsnote)* ‖ **año**
a. ⟨Abk⟩ = **área** ‖ **arroba** ‖ **aviso**
(a) ⟨Abk⟩ = **alias**
a prep *an, auf, nach, in, mit, durch, von* ‖ 1.
Richtung, Ort, Entfernung: voy ~
Madrid *ich gehe od fahre nach Madrid* ‖ ~ la
mesa *bei Tisch* ‖ nos encontraremos ~ la entrada
del cine *wir treffen uns am Kinoeingang* ‖ 2.
Aufforderung: ¡~ comer! *zu Tisch!* ¡~ callar!
Ruhe! ¡~ ver si te callas de una vez! *jetzt halt
doch endlich d–n Mund!* ‖ 3.
Zeitbestimmung: ~ las dos *um 2 Uhr* ‖ ~ la
entrega *bei Einhändigung, bei Empfang* ‖ 4.
Grenze, Höhe: ~ la cintura *(bis) an die
Hüften* ‖ de pies ~ cabeza *von Kopf bis Fuß* ‖ 5.
Art und Weise: ~ pie *zu Fuß* ‖ ~ caballo *zu
Pferd* ‖ ~ la antigua *altmodisch* ‖ ~ elección, ~
elegir *wahlweise* ‖ ~ granel *haufenweise* ‖ *lose
(Schüttgut)* ‖ llover ~ cántaros *schütten* ‖ ~
simple vista *mit bloßem Auge* ‖ 6. Beziehung,
Ähnlichkeit, Entsprechung: saber ~
limón *nach Zitrone schmecken* ‖ ~ compás *im Takt*
‖ 7. Einteilung, Aufeinanderfolge: dos
~ dos *(zu) zwei und zwei* ‖ gota ~ gota
tropfenweise ‖ paso ~ paso *Schritt für Schritt* ‖ 8.
Gleichzeitigkeit: volvimos a casa ~ la caída
de la tarde *wir kehrten gegen Abend nach Hause
zurück* ‖ 9. Preis, Maß: ~ mil euros *zu tausend
Euro* ‖ ¿~ cómo? *wie teuer?* ‖ ~ escala
maßstäblich, nach Maßstab ‖ ~ bulto *aufs
Geratewohl* ‖ *in Bausch und Bogen* ‖ 10.
Bestimmung, Ursache: ~ beneficio *zum
Wohl* ‖ ~ su favor *zu s–n (ihren) Gunsten* ‖ ~
prueba de bombas *bombensicher* ‖ ~ prueba de
ladrones *einbruch(s)sicher* ‖ ~ ruegos de su madre
auf Bitten s–r (ihrer) Mutter ‖ 11. Mittel,
Werkzeug: ~ vuelta de correo *postwendend* ‖
escribir ~ máquina *auf der Maschine schreiben* ‖
~ nado *schwimmend* ‖ 12. Zielgerichtetheit:
entré ~ comprar un par de zapatos *ich ging hinein,
um ein Paar Schuhe zu kaufen* ‖ 13.
Adverbielle Bestimmung: ~ disgusto
ungern ‖ ~ decirlo así *sozusagen* ‖ 14.
Bestandteil einer Konjunktion: ~ pesar
de... *trotz...* ‖ 15. Ersatz eines
Bedingungssatzes: ~ no ser así *wenn es
nicht so ist, andernfalls* ‖ 16. Ergänzung des
Verbs **a)** acc *(Person od Personifizierung):*
respeta ~ tu padre *ehre d–n Vater* ‖ amo ~ la
patria *ich liebe das Vaterland* ‖ **b)** dat: dejó ~ él
gib es ihm (ihr) ‖ **c)** Abhängigkeitsverhältnis bei
Zeitwörtern: enseñar ~ escribir *schreiben lehren* ‖
jugar ~ los naipes *Karten spielen*
AA. ⟨Abk⟩ = **Alcohólicos Anónimos** ‖ **Altezas** ‖
Autores
   Aarón *m* np *Aaron* m ‖ **≈ico** adj *auf Aaron
bezüglich*
   a/b ⟨Abk⟩ = **a beneficio**
   ab. ⟨Abk⟩ = **abad** ‖ **abril**
   aba *f* [el] Ar Cat Val *ein Längenmaß* n *(etwa
2 m)*
   ababa *f* → **amapola** ‖ ⟨figf⟩ *Naivling,
Einfaltspinsel* m

ababaya *f* → **papayo**
ababol *m* → **amapola**
ababra *f* ⟨Bot⟩ *portugiesische Kürbisart* f
ab abrupto adv ⟨lat⟩ *plötzlich, un|vorbereitet,
–versehens,* ⟨lat⟩ *ex abrupto*
ababuy *m* Am ⟨Bot⟩ *(Art) Pflaumenbaum* m
(Ximenia americana)
abacá [*pl* ~**aes**] *m* ⟨Bot⟩ *Faserbanane* f (Musa
textilis) ‖ *Pisang-, Manila|hanf* m
abacado *m* → **aguacate**
abacal adj *(m/f) die Faserbanane betreffend* ‖
~ *m Faserbananenplantage* f
abace|ría *f Lebensmittel-, Krämer|laden* m ‖
–**ro** *m Lebensmittelhändler, Krämer* m
abacial adj *(m/f) Abt(s)-, äbtlich* ‖ *Abtei-*
abacisco *m Mosaikstein* m
ábaco *m Rechenmaschine* f ‖ *Rechenbrett* n ‖
Schaubild n ‖ *Nomogramm* n ‖ ⟨Arch⟩ *Abakus* m,
Kapitellplatte f ‖ ⟨Bgb⟩ *Waschtrog* m
abacora *f* → ¹**albacora**
abacorar vt Cu Ven *hetzen, jagen, treiben,
bedrängen* ‖ ~ vi Cu *eng umschlungen und
anstößig tanzen*
abacosa *f* ⟨Bot⟩ *Platterbse, Wicke* f
abactor *m Pferdedieb* m
¹**abad** *m Abt, Prior* m ‖ ⟨reg⟩ *Pfarrer* m ‖ ◇
como canta el ~, responde el sacristán (Spr) *wie
der Herr, so der Knecht* ‖ dábale arroz a la zorra el
~ ⟨pop⟩ *Beispiel eines in beiden Richtungen
lesbaren Satzes (Palindroms)*
²**abad** *m* ⟨Ins⟩ → **cantárida**
abada *f* ⟨Zool⟩ *Nashorn* n (→ **rinoceronte**)
abadavina *f* ⟨V⟩ *Grünfink* m (→ **verderón**)
abadejo *m* **a)** ⟨Fi⟩ *Pollack* m (Pollachius
pollachius) ‖ ⟨inc⟩ *Kabeljau, Dorsch* m (→
¹**bacalao**) ‖ **b)** ⟨V⟩ *Goldhähnchen* n (→
²**reyezuelo**) ‖ **c)** ⟨Ins⟩ → **cantárida**
aba|dengo adj *Abts-* ‖ ~ *m Belehnung* f *e–s
höheren Geistlichen, e–r Kirche* od *e–s Klosters
mit e–m Señorío* ‖ *Einkünfte* pl *e–s Abtes* ‖ –**desa** *f
Äbtissin* f ‖ Chi ⟨fam⟩ *Kupplerin* f ‖ ⟨pop⟩
Puffmutter f ‖ –**desco** adj *Abt(s)-* ‖ –**día** *f Abtei* f ‖
⟨reg⟩ *Pfarrhaus* n ‖ *Würde* f *e–s Abtes* ‖ Gal
Totengabe f ‖ –**diato** *m Abtei* f
ab aeterno ⟨lat⟩ adv *seit ewigen Zeiten*
abafo adj *ungefärbt*
abagó *m* Col *ausgewählter Anteil* m *(unter
Bauern)*
abaja|dero *m* ⟨Berg⟩ *Abhang* m ‖ –**dor** *m
Stallknecht* m ‖ *Handlanger, Hilfs-, Zu|arbeiter* m ‖
–**miento** *m Abstieg* m
abajar vt/i → **bajar**
abajeño *m* (& adj) Am *Tieflandbewohner* m ‖
Arg *Bewohner* m *Südargentiniens*
abajera *f* Arg *Satteldecke* f
abajino *m* (& adj) Chi Col *Bewohner* m *des
Nordens*
abajo adv *herunter, hinunter, hinab* ‖ *(nach)
unten* ‖ cuesta ~ *bergab* ‖ de arriba ~ *von oben
nach unten* ‖ de diez para ~ *unter zehn* ‖ los ~
firmantes *die Unterzeichneten, die
Endesunterzeichneten, die Unterfertigten* ‖ ¡~ las
armas! *die Waffen nieder!* ¡~ el tirano! *nieder mit
dem Tyrannen!*
abajote ⟨fam⟩ augm von **abajo**
abala *f* ⟨Bot⟩ Mex *Rote Mombinpflaume* f

abalallar vt Cu *bewegen* ‖ Cu *Pflanzen niederschlagen (Wind)* od *zer|treten, -trampeln (Tiere)*
abalanzar [z/c] vt **a)** *ausgleichen* ‖ **b)** *stoßen, schleudern* ‖ *~se s. stürzen* (a *in* acc) ‖ *herfallen* (sobre *über* acc) ‖ Arg *s. bäumen (Pferd)*
¹abalar vt *treiben (Vieh)*
²abalar vt Sal *bauschen, lockern* ‖ Gal León Sal *schwenken, schwingen,* ⟨fam⟩ *schlenkern* ‖ *wegrücken* ‖ *niederschlagen, zu Boden drücken*
abalaustrado adj *balustradenartig* ‖ *mit Balustrade versehen*
abalconado adj *mit Balkon (versehen)*
abaldesar vt *lohen, gerben*
abaldonar vt *schmähen, beleidigen* ‖ *herabsetzen*
¹abalear vt ⟨Agr⟩ *worfeln*
²abalear vt Am *(nieder)schießen*
¹abaleo m ⟨Agr⟩ *Worfeln* n ‖ *Worfelschaufel* f
²abaleo m Am *Erschießung* f
abalienación f *Entäußerung* f ‖ ⟨fig⟩ *Entfremdung* f
abalizamiento m ⟨Mar⟩ *Bebakung, Bojenauslegung, Betonnung* f ‖ ⟨Flugw⟩ *Befeuerung* f ‖ *~ de la ruta de aviación* f ⟨Flugw⟩ *Flugstreckenbefeuerung* f
abalizar [z/c] vt ⟨Mar⟩ *Bojen* (od *Baken) auslegen, be|tonnen, –baken* ‖ *~se* ⟨Mar⟩ *peilen*
¹aballar vt/i **a)** *bewegen* ‖ *das Vieh treiben* ‖ **b)** Sal *befördern, anfahren* ‖ **c)** Sal *lockern (Erde)*
²aballar vt ⟨Mal⟩ *die Farben verwischen*
aballestar vt *schleudern* ‖ ⟨Mar⟩ *schleppen, treideln (Schiff)* ‖ *an-, ein|ziehen, einholen, spannen (Tau, Trosse)*
abalorio m *kleine (Glas)|perle, –koralle* f ‖ *wertloser Schmuckgegenstand* ‖ ◇ *no valer un ~* ⟨fam⟩ *k–n Pfifferling wert sein*
abalserar vt Hond Mex *an|häufen, -schütten, stapeln*
abaluartar vt *mit Bollwerken versehen*
aba|nador m And Can *kleiner Blasebalg* m ‖ **–nar** vt/i *fächeln* ‖ And Can *mit dem Blasebalg anfachen (das Feuer)*
abanca|lamiento m *Abtreppen, Terrassieren* n ‖ **–lar** vt *abtreppen, terrassieren*
abanda adj ⟨Kochk⟩ *in Fischsud gekocht (Reis)*
abandalizar [z/c] vt *eine Rotte führen* ‖ *~* vi *s. zu e–r Bande zusammenschließen*
abande|rado m *Fahnenträger, Fähnrich* m ‖ ⟨allg⟩ *Wortführer, Anführer* m ‖ **–ramiento** m *Registrierung* f *e–s Schiffes* ‖ **–rar** vt *ausheben (Soldaten)* ‖ *mit Fahnen schmücken* ‖ ⟨Mar⟩ *eintragen* ‖ **–rizar** [z/c] vt *führen (e–e Rotte)* ‖ *in feindliche Gruppen spalten* ‖ *~se s. zusammenrotten* ‖ *s. absplittern (in Gruppen)* ‖ Am *e–r (politischen) Partei beitreten*
abando|nado adj *verlassen, einsam* ‖ *öd(e)* ‖ *verwahrlost,* [nur Person] *schlampig* ‖ *zügellos, haltlos* ‖ **–namiento** m → **–no** ‖ **–nar** vt *verlassen* ‖ *im Stich lassen,* ⟨fam⟩ *sitzen lassen* ‖ *überlassen* ‖ *aufgeben (Hoffnung)* ‖ *verzichten (auf ein Recht)* ‖ *abtreten (die Waren dem Versicherer)* ‖ ⟨Jur⟩ *abandonnieren (Rechte bei Seefracht)* ‖ *(sein Wort) brechen* ‖ ◇ *~ al viento* ⟨Mar⟩ *treiben lassen* ‖ *~ España Spanien verlassen* ‖ *~ los negocios s. vom Geschäftsleben zurückziehen* ‖ *~se* ⟨fig⟩ *den Mut verlieren* ‖ ⟨fig⟩ *s. vernachlässigen, s. gehen lassen* ‖ ⟨Bgb⟩ *erliegen, zum Erliegen* n *kommen* ‖ *~ a los vicios s. dem Laster ergeben* ‖ **–nismo** m *Verzichtpolitik* f ‖ *Neigung* f *zur Aufgabe von et.* ‖ **–nista** m/f *Verzichtpolitiker(in* f) m ‖ **–no** m *Verlassen, Aufgeben* n ‖ *Verlassenheit* f ‖ *Mutlosigkeit, Passivität* f ‖ *Liederlichkeit* f ‖ *Müßiggang* m ‖ *Verzicht* m ‖ *Verwahrlosung* f ‖ ⟨Jur⟩ *Abandon* m, *Verlassen* n, *Verlassung* f ‖

Besitzaufgabe, Dereliktion, Eigentumsaufgabe f ‖ *Abandon* m *(Zoll)* ‖ *~ de animales Aussetzung* f *von Tieren* ‖ *~ de la cosa* ⟨Jur⟩ *Besitzaufgabe* f ‖ *~ culpable (del cónyuge)* ⟨Jur⟩ *schuldhaftes, böswilliges Verlassen* n *(des Ehegatten)* ‖ *~ de familia* ⟨Jur⟩ *Verlassen* n *der Familie* ‖ *~ de niños* ⟨Jur⟩ *Kinderaussetzung* f, *Verlassen* n *von Kindern* npl ‖ *Verletzung* f *der Unterhaltspflicht gegenüber Kindern* ‖ *~ del partido Parteiaustritt* m ‖ *~ de la posesión* ⟨Jur⟩ *Besitzaufgabe* f ‖ *~ de la propiedad* ⟨Jur⟩ *Eigentumsaufgabe* f ‖ *~ de servicio (od de trabajo) sin excusa unentschuldigtes Fernbleiben* n *von der Arbeit* ‖ *~ de la víctima por parte del conductor Fahrerflucht* f
abanear vt Gal *bewegen* ‖ *schütteln*
abani|car [c/qu] vt *fächeln* ‖ ⟨fam⟩ *anpumpen* ‖ ⟨fam⟩ *ohrfeigen (→* **abofetear***)* ‖ **–cazo** m *Schlag* m *mit dem Fächer*
¹abanico m *Fächer* m ‖ *Pfauenschwanz* m ‖ *Kamin-, Ofen|schirm* m ‖ Ec *Feuerfächer* m ‖ *Strahlteiler* m *(e–r Spritze)* ‖ ⟨fig⟩ *Bandbreite* f, *Spektrum* n ‖ *~ eléctrico* Am *Lüfter, Ventilator* m ‖ ◆ *en ~ fächerförmig* ‖ ◇ *abrir el ~ das Rad schlagen (Pfau)*
²abanico m ⟨Typ⟩ *Bogenausleger* m ‖ *Typenkorb der Schreibmaschine* ‖ ⟨Mar⟩ *Hebezeug* n
³abanico m *Knast* m
abanillo m *Halskrause* f ‖ → **¹abanico**
abani|queo m *(starkes) Fächeln* n ‖ **–quería** f *Fächer|laden* m, *-fabrik* f
abano m *Fächer* m ‖ *(Art) Fliegenwedel* m ‖ *Ventilator* m
abantar vi Sal *über|kochen, -laufen* ‖ *s. brüsten, prahlen, angeben, großtun*
abanto adj *fahrig* ‖ *un|beholfen, -geschickt, plump, schwerfällig (Mensch)* ‖ *~* m ⟨V⟩ → **alimoche** ⟨V⟩ → **buitre** *negro* ‖ ⟨V⟩ *Geier* m *(in erweitertem Sinne)* ‖ ⟨fig⟩ *un|bedachter, -beholfener, -geschickter Mensch* m ‖ ◇ *estar ~* ⟨Taur⟩ *anfänglich benommen sein (Kampfstier)*
abañar vt ⟨Agr⟩ *sieben (Saatgut)*
¡abaos! → **abarse**
abarajar vt Nav *die Karten mischen* ‖ Arg *in der Luft fangen* ‖ Arg Ur *parieren, abwehren*
abarandar vt Dom ⟨fig⟩ *in Schranken halten*
abara|tamiento m *Verbilligung, Preis|minderung, -herabsetzung* f ‖ *~ de la vida Senkung* f *der Lebenshaltungskosten* ‖ **–tar** vt *verbilligen, den Preis herabsetzen* ‖ *verschleudern, billig verkaufen* ‖ *~* vi *im Preis fallen* ‖ *billiger werden*
abarbar vt [Imkerei] → **enjambrar**
abarbechar vt *brachlegen*
abarca f *Bauernschuh* m *(aus ungegerbter Rindshaut)* ‖ *Riemenschuh* m ‖ ⟨reg⟩ *Holzschuh* m
abar|cadura f, **–camiento** m *s von* **–car** ‖ **–car** [c/qu] vt *umfassen* ‖ *um|stellen, -zingeln* ‖ ⟨fig⟩ *in s. fassen, enthalten* ‖ *aufkaufen (Waren)* Mex und Am ⟨reg⟩ *hamstern* ‖ Ec *brüten (Henne)* ‖ ◇ *~ con la vista überschauen* ‖ *quien mucho –ca, poco aprieta* ⟨Spr⟩ *wer viel beginnt, zu nichts es bringt* ‖ **–cón** m *Deichselring* m *(am Wagen)*
abarcuzar [z/c] vt Sal *umfassen* ‖ Sal ⟨fig⟩ *begehren*
abaritona|do adj: *voz* **–da** *baritonartige Stimme*
abarloar vt ⟨Mar⟩ *sorren, anlegen, festbinden*
abarmón m ⟨Fi⟩ *Katzenhai* m (Scylliorhinus)
abarque m Ec *Brut* f *(Küken)*
abarqui|llado adj *(kahnförmig) gebogen* ‖ **–lladura** f, **–llamiento** m *Einschrumpfung* f *(Papier)* ‖ *Werfen* n *(Holz)* ‖ **–llarse** vr *einschrumpfen (Papier)* ‖ *s. werfen (Holz)*
abarracar [c/qu] vi ⟨Mil⟩ *in Baracken lagern* od *kampieren*

abarraga|namiento m eheähnliche Gemeinschaft (früher: *wilde Ehe*) f ‖ **–narse** vr *e–e eheähnliche Gemeinschaft,* (früher: *e–e wilde Ehe*) *eingehen,* 〈fam〉 *zusammenziehen*
abarra|jado adj Chi *kühn* ‖ *zänkisch* ‖ Per Chi *ausschweifend, zügellos* ‖ **–jar** vt/i *wegschleudern* ‖ *umrennen* ‖ *niederdrücken* ‖ Per *ver|kommen, -wahrlosen, –lottern, herunterkommen* ‖ Mex *umstürzen, zu Boden werfen* ‖ Ec Mex *hinausstürzen* ‖ Per *stolpernd hinfallen* ‖ **–jo** m Per *Stolpern* n ‖ tonto de ~ *erz-, stock-, stroh|dumm, saublöd*
abarran|cadero m *Abgrund* m, *Schlucht* f ‖ **–car** [c/qu] vt *auswaschen (Regen)* ‖ *auf Umwege bringen, in e–e schwierige Lage bringen* ‖ ~ vi 〈Mar〉 *auf Grund laufen, stranden* ‖ 〈fig〉 *in Schwierigkeiten kommen*
abarrar vt *heftig werfen*
abarredera f *Kehrbesen* m ‖ Alb *Brunnenhaken* m
abarrocado adj *barockartig*
abarro|tada f *Malille* f *(Lomberspiel)* ‖ **–tado** adj *voll gestaut, überfüllt* ‖ **–tamiento** m 〈fig〉 *Überfülle* f ‖ **–tar** vt *festbinden, knebeln* ‖ *füllen (Saal usw.)* ‖ *vollstopfen* (bes. *mit Waren*) ‖ 〈Mar〉 *vertäuen* ‖ Chi *monopolisieren (Waren)* ‖ **–te** m 〈Mar〉 *kleines Staugut* n ‖ **~s** mpl Am *Lebensmittel* npl, *Krämerwaren* fpl ‖ **–tería** f Am *Lebensmittel- und Krämerwaren|laden* m ‖ **–tero** m Am *Krämer, Trödler* m
abarse vr def *ausweichen* ‖ ¡ábate! (¡abaos!) *geh(t) aus dem Weg!*
abasia f 〈Med〉 *Abasie, Gehunfähigkeit* f
abásico adj → **abático**
abasíes mpl 〈Hist〉 *Abassiden* mpl
abas|tamiento m *Ver|sorgung, -proviantierung* f ‖ **–tante** adj *genügend* ‖ *passend* ‖ **–tanza** f *Überfluss* m ‖ **–tar** vt *ver|sehen, -sorgen, -proviantieren* ‖ ~ vi *genügen*
abastardar vi → **bastardear**
abaste|cedor m *Lieferant* m ‖ **–cer** [-zc-] vt *ver|sorgen, -proviantieren, beliefern* ‖ ~ de *víveres verproviantieren* ‖ **–cimiento** m *Versorgung* f ‖ *Belieferung* f ‖ ~ de aguas *Wasserversorgung* f ‖ ~ de corriente *Strom-, Kraft-, Energie|versorgung* f ‖ ~ deficiente *Unterversorgung* f ‖ ~ con gas a larga distancia *Ferngasversorgung* f ‖ ~ de luz *Lichtversorgung* f ‖ ~ de materias primas *Rohstoffversorgung* f
abastero m Chi Cu *Viehhändler und Händler* m *für Landesprodukte*
abastionar vt *mit Bollwerken befestigen*
abasto m *Proviant, Unterhalt* m ‖ *Zufuhr, Verproviantierung* f ‖ dar ~ a una ocupación *ein Geschäft versehen* ‖ no dar ~ *(mit) nicht fertig werden (können)* (a *mit*) ‖ no poder dar ~ a todos los encargos *nicht alle Aufträge ausführen können, nicht mit der Lieferung nachkommen* ‖ ~ adv Sal *reichlich*
abata|nado adj 〈fig〉 *erfahren, gescheit,* 〈fam〉 *helle* ‖ **–nador** m 〈Tech〉 *Walker* m ‖ ~ de fieltro *Filzwalker* m ‖ **–nadora** f *Walke, Walk-, Hammer-, Dick-, Filz|mühle* f ‖ **–nar** vt *walken (Tuch), durchwalken* ‖ 〈fig〉 *misshandeln, verprügeln*
abata|tado adj Arg *beschämt, eingeschüchtert* ‖ *verzagt, erschrocken* ‖ **–tar** vt Arg *einschüchtern* ‖ **~se** *verzagen, s. schämen* ‖ Can *in Verlegenheit geraten,* 〈fam〉 *durcheinander kommen*
¡ábate! → **abarse**
abate m *Abbé, Weltgeistlicher* m
abatí m Arg *Mais* m ‖ Arg Par *Maisschnaps* m
abatible adj *(m/f) zusammenklappbar, Klapp-*
abático adj 〈Med〉 *abatisch*
abatida f *Feldbefestigung* f *(Baumstämme)*
abatidamente adv *mutlos*

abati|dero m *Bett* n *e–s Entwässerungsgrabens* ‖ **–do** adj *nieder|gedrückt, -geschlagen, mutlos, entmutigt,* [stärker:] *niedergeschmettert* ‖ *verächtlich* ‖ *im Preis gesunken (Ware)* ‖ **–dura** f *Sturzflug* m *der Greifvögel* ‖ **–miento** m *Niederreißen* n ‖ *Erniedrigung* f ‖ *Hinfälligkeit* f ‖ 〈fig〉 *Niedergeschlagenheit* f ‖ 〈Flugw Mar〉 *Ab|trieb* m, *-trift* f ‖ ~ de árboles *Holz (ein)schlagen, Holzfällen* n, *Abholzung* f
abatir vt *umwerfen* ‖ *zu Boden drücken* ‖ *niederreißen, abreißen* ‖ *biegen* ‖ *herunterklappen* ‖ *niederwerfen* ‖ 〈Flugw〉 *ausfahren (Landeklappen)* ‖ 〈Flugw〉 *abschießen* ‖ 〈fig〉 *demütigen* ‖ 〈fig〉 *entmutigen* ‖ 〈Mar〉 *ausscheren* ‖ 〈Mar〉 *herunterfieren* ‖ 〈Mil〉 *niederkämpfen, abschießen* ‖ ◇ ~ la bandera *die Flagge streichen* ‖ ~ el rumbo 〈Mar〉 *vom Kurs abweichen* ‖ ~ vela *die Segel streichen* ‖ **~se** *zu Boden fallen* ‖ *herabstoßen (Vogel)* ‖ 〈fig〉 *mutlos werden, den Mut verlieren, verzagen* ‖ 〈Flugw〉 *abstürzen*
abatismo m *Macht* f *der Weltgeistlichen* ‖ 〈fig〉 *Priestermacht* f
aba|tojar vt Ar *Hülsenfrüchte schoten* ‖ **–yado** adj *beeren|ähnlich, -förmig, -artig*
abayuncar [c/qu] vt Cu *in Bedrängnis bringen, in die Enge treiben*
abazón f 〈Zool〉 *Backentasche* f
abderita(no)s mpl *Abderiten* mpl ‖ *aus Adra* (P Alm)
abdi|cación f *Abdankung* f ‖ 〈Thron〉 *Entsagung* f ‖ *Aufgabe* f *(von Rechten usw.), Verzicht* m *(auf Rechte usw.)* ‖ ~ de *od* a la corona *Thronverzicht* n, *Abdikation* f ‖ **–car** [c/qu] vt/i *abdanken* ‖ *(dem Thron) entsagen* ‖ *(ein Recht) aufgeben, (auf ein Recht) verzichten* ‖ ◇ ~ la corona *die Krone niederlegen* ‖ ~ de un derecho *ein Recht aufgeben, auf ein Recht verzichten*
abdomen m *Unterleib* m, *Abdomen* n 〈Zool〉 *Hinterleib* m *(der Gliederfüßer)* ‖ 〈fam〉 *Schmerbauch* m ‖ ~ agudo 〈Med〉 *akutes Abdomen* n
abdominal adj *(m/f) zum Unterleib gehörig, Unterleib(s)-* ‖ *Abdominal-, Bauch-*
abducción f 〈An〉 *Ab|duktion, -ziehung, Spreizung* f ‖ 〈Mil〉 *Abschwenken* n
abducir [-zc-, pret –uje] vt *entfernen* ‖ 〈An〉 *ab|duzieren, -ziehen*
abductor m 〈An〉 *Ab|duktor, -zieher, Abziehmuskel* m
abecé m *Abc, Alphabet* n ‖ *Grundbegriffe* mpl ‖ 〈figf〉 ¡es el ~! *das ist (doch) kinderleicht!* ‖ ◇ 〈figf〉 ¡no sabe ni el ~! *er hat k–n blassen Schimmer! er hat k–e Ahnung!*
abecedario m *Alphabet* n ‖ *Abc-Buch* n, *Fibel* f ‖ *alphabetische Reihenfolge* f ‖ ~ manual *Fingeralphabet* n *für Taubstumme*
abe|dul m 〈Bot〉 *Birke* f *(Betula spp)* ‖ *Birkenholz* n ‖ ~ común *Sand-, Weiß|birke* f (B. verrucosa) ‖ ~ pubescente *Haar-, Moor-, Schwarz|birke* f (B. pubescens) ‖ **–dular** m *Birkenwald* m
abe|ja f 〈Ins〉 *Biene, Imme* f ‖ 〈fig〉 *stets rührige, arbeitsame Person* f ‖ ~ albañila *Mauer-, Mörtel|biene* f (Chalicodoma sp) ‖ ~ carpintera *Holzbiene* f (Xylocopa sp) ‖ ~ machiega, ~ madre, ~ maes(tr)a, ~ reina *Bienenkönigin* f, *Weisel* m ‖ ~ de la miel *Honigbiene* f (Apis mellifica) ‖ ~ neutra, ~ obrera *Arbeitsbiene* f ‖ ◇ es una ~ *er ist bienenfleißig* ‖ estar como ~ en flor *s. pudelwohl* od *wie ein Fisch im Wasser fühlen* ‖ **–jar** m *Bienenstand* m ‖ *Bienenstock* m ‖ **–jarrón** m *Hummel* f ‖ *Brummfliege* f ‖ *Stechfliege, Bremse* f ‖ 〈fig〉 *Brummbär* m ‖ **–jaruco** m 〈V〉 *Bienenfresser* m (Merops apiaster)

|| ⟨fig⟩ *schwatzhafter Mensch* m || ⟨fig⟩
widerwärtiger Mensch m || **–jeo** *m Gewimmel* n
(der Menschenmenge) || **–jera** *f Bienenstand* m ||
⟨Bot⟩ *Melisse* f || **–jero** *m Imker* m || ⟨V⟩ →
–jaruco || ⟨V⟩ *Meise* f || **–jilla, –jita** *f* dim von
abeja || **–jón** *m Drohn* m, *Drohne* f || *Hummel* f ||
Raubwespe f || *Brummerspiel* n *(ein Kinderspiel)* ||
jugar al ~ con alg. *jdm verächtlich begegnen* ||
–jonear vi *flüstern, leise sprechen, wispern* || Col
Dom *brummen* || **–jorreo** *m Summen* n *der
Biene(n)* || ⟨fig⟩ *Stimmengewirr* n || **–jorro** *m
Hummel* f || ⟨fam⟩ *unfreundlicher* bzw *lästiger
Mensch* m || ~ de San Juan *od* sanjuanero
Maikäfer m (Melolontha melolontha) || **–juno** adj
Bienen-

Abel m np *Abel* m
abeldar vt → **beldar**
abella\|cado adj *gaunerhaft* || *spitzbübisch* ||
–carse [c/qu] vt *herunter-, ver\|kommen
(moralisch)*
abellotado adj *eichel\|ähnlich, -artig, -förmig*
abelmosco *m* ⟨Bot⟩ *Bisamstrauch,
Moschuseibisch* m (Abelmoschus moschatus =
Hibiscus abelmoschus)
abemo\|lar vt *in b-Moll setzen* || ◊ él -ló la voz
s–e Stimme wurde sanfter
Abencerrajes *mpl* ⟨Hist⟩ *Abencerragen* mpl
(maurisches Fürstengeschlecht)
abéndula *f Mühlradschaufel* f
abenuz [*pl* **~ces**] *m* ⟨Bot⟩ → **ébano**
aberenjenado adj *dunkelviolett*
aberración *f Verirrung* f || *Ab\|erration,
-weichung, -irrung* f || ⟨Biol⟩ *Abnormität* f || ⟨Opt⟩
Bildfehler m || *Abbildungsfehler* m, *Aberration* f ||
~ (mental) ⟨Med⟩ *Sinnesstörung* f || ~ de la aguja
magnética *Missweisung* f *(der Magnetnadel)* || ~
cromática ⟨Opt⟩ *Farbabweichung, chromatische
Abweichung* f || ~ cromosómica ⟨Gen⟩
Chromosomenaberration f || ~ esférica *od* de
esfericidad ⟨Opt⟩ *Öffnungsfehler* m, *sphärische
Abweichung* f || ~ extraaxial *Aberration* f
außerhalb der Achse || ~ refractiva
Brechungsabweichung f
aberrante adj *(m/f)* ⟨Biol⟩ *aberrant*
aberrar [-ie-] vi *ab\|irren, -weichen*
abertal adj *(m/f) rissig, zerspalten (Feld durch
Trockenheit)*
abertura *f Öffnen* n || *Öffnung* f || *Ausladung* f ||
Loch n || *Schlitz* m || *Spannbreite* f || *Eröffnung* f ||
Riss, Spalt m || *Erdspalte* f || *Bucht* f || *Maultiefe* f
(Schraubstock) || ⟨Jur⟩ *Testamentseröffnung* f ||
⟨fig⟩ *Offenherzigkeit* f || ~ acústica ⟨Mus Arch⟩
Schallloch n || ~ angular ⟨Fot⟩ *Winkelöffnung* f ||
~ del arco *Bogenöffnung, Spannweite* f || ~ de
cuenta *Kontoeröffnung* f || ~ de diafragma ⟨Opt⟩
Blendenöffnung f || ~ de entrada *Einwurföffnung* f
|| ⟨Mar⟩ *Ausfall* m *(bei Spanten)* || ⟨Flugw Mar⟩
Mannloch n || ~ estomatal ⟨Bot⟩ *Spaltöffnung* f ||
~ de exploración *Abtastungsöffnung* f *(Fernsehen)*
|| ~ de fuego ⟨Mil⟩ *Feuereröffnung* f || ~ germinal
⟨Bot⟩ *Keimöffnung* f || ~ del inducido ⟨El⟩
Anker\|bohrung, -luft f || ~ de la llave *Maulweite
des Schraubenschlüssels, Schlüsselweite* f || ~ de
mallas *Maschen\|größe, -weite* f ⟨Sieb⟩ || ~
numérica ⟨Opt⟩ *nummerische Apertur* f || ~ del
puente *Brückenöffnung, Spannweite* f || ~ de la
puerta de la caldera *Feuerloch* n || ~ de
ventilación *Lüftungsklappe* f || ~ visual ⟨Mil⟩
Sehschlitz m
abertzale *m baskisches nationalistisches
Denken* n || *baskischer Separatismus* m ||
baskischer Separatist m
abesana *f* → **besana**
abesón *m* ⟨Bot⟩ → **eneldo**

abestia(liza)do adj *ver\|tiert, -roht*
abetal *m* ⟨Bot⟩ *Tannenwald* m
abete *m* ⟨Bot⟩ → **abeto**
abético adj *Tannen-*
abe\|tinote *m Tannenharz* n || **–to** *m* ⟨Bot⟩ *Tanne*
f (Abies spp) || ~ balsámico → ~ resinífero ||
blanco *Weißtanne* f (Abies alba *od* pectinata) || ~
del Colorado *Koloradotanne* f (A. concolor) || ~
común → ~ blanco || ~ de Douglas *Douglasie* f
(Pseudotsuga mentiessi) || ~ falso *Fichte* f (Picea
abies) || ~ noble *Edel-, Blau\|tanne* f (A. procera) ||
~ pinsapo ⟨Bot⟩ *Spanische Tanne* f (Abies
pinsapo) || ~ resinífero *Balsamtanne* f (Abies
balsamo) || *Tannenholz* n || **–tuna** *f* Hues
Tannenschössling m || **–tunado** adj *harzig
teerartig* || **–tunar** vt → **embetunar**
abia *f* Al ⟨Bot⟩ *Heidelbeerstrauch* m ||
Heidelbeere f || ⟨Ins⟩ *Blattwespe* f
abibollo *m* Al ⟨Bot⟩ → **amapola**
abibute *m* ⟨V⟩ → **abubilla**
abierto pp/irr von **abrir** || adj *offen, frei* ||
geöffnet (Buch, Tür usw.) || ⟨fig⟩ *offenherzig* || ~
para la firma *zur Unterzeichnung offen* || ♦ a resto
~ *unbeschränkt* || ◊ estar ~ *klaffen, auf-,
offen\|stehen* || recibir con los brazos ~s *mit offenen
Armen empfangen* || ser ~ a nuevas ideas *für neue
Ideen empfänglich sein* || adv: ~**amente**
abietáceas *fpl* ⟨Bot⟩ *Nadelhölzer* npl
abiete *m* ⟨Bot⟩ → **abeto**
abietina *f* ⟨Chem⟩ *Abietin* n
abietino *m Abietin, Koniferin* n
Abigáil *f* np *Abigail* f
abiga\|rrado adj *(bunt)scheckig, bunt* ||
verworren, wirr, abstrus || **–rramiento** *m Buntheit*
f || *Unordnung, Verwirrung* f || **–rrar** vt
buntscheckig machen
abige\|ato *m* ⟨Jur⟩ *Viehraub* m || **–o** *m
Viehräuber* m
abigotado adj *schnurrbärtig, mit Schnurrbart*
abijar vt Col *hetzen (Hunde)*
ab initio ⟨lat⟩ adv *von Anfang an* || *seit eh und je*
ab intestato adv ⟨lat⟩ ⟨Jur⟩ *ohne Testament* ||
abintestato *m* ⟨Jur⟩ *gesetzliche Erbfolge* f || ◊
estar ~ ⟨fam⟩ *verwahrlost sein*
abio\|genesia, –génesis *f* ⟨Biol⟩ *Abiogenese,
Urzeugung, Selbstentstehung* f || **–logía** *f Abiologie*
f || **–sis** *f Abiose* f
abiótico adj ⟨Biol⟩ *abiotisch*
abiotrofia *f* ⟨Biol⟩ *Abiotrophie* f
ab irato ⟨lat⟩ adv *im Zorn*
abisagrar vt ⟨Tech⟩ *mit Scharnieren versehen*
abisal adj *(m/f)* ⟨Geogr⟩ *abyssisch, Tiefsee-*
abiselar vt → **biselar**
Abisi\|nia *f* ⟨Geogr⟩ (hoy **Etiopía**) *Abessinien* n
(heute *Äthiopien*) || **–nio** adj *abessinisch* || ~ *m
Abessinier* m
abis\|mado adj *in Trübsinn versunken* ||
geheimnisvoll || ~ en sus pensamientos *in
Gedanken versunken* || **–mal** adj *(m/f) Abgrund-,
abgründig* || ⟨fig⟩ *himmelweit (z. B. Unterschied)*
m || **–mar** vt *in e–n Abgrund stürzen* || ⟨fig⟩
demütigen || ⟨fig⟩ *verwirren, irremachen* || ◊ la
grandeza infinita del universo nos abisma *die
Größe des unendlichen Universums verwirrt unser
Denken* || *verbergen* || ~**se** *versinken* || Chi *staunen*
|| ~ en el dolor *s. dem Schmerz hingeben* || ~ en
reflexiones *ins Grübeln geraten* || **–mático** adj
abgrundtief || **–mo** *m Abgrund* m || *Tiefe* f || ⟨fig⟩
Hölle f || ⟨fig⟩ *Unergründlichkeit* f
abisopelágico adj ⟨Geogr⟩ *abyssopelagisch*
abi\|tadura *f Umwickeln, Knebeln* n || **–tar** vt
⟨Mar⟩ *knebeln*
abitón *m* ⟨Mar⟩ *(Anker)Beting* f, *Betingshölzer*
npl
abizcochado adj *zwieback\|ähnlich, -artig*

abjudicar [c/qu] vt ⟨Jur⟩ *gerichtlich absprechen*
abju|ración *f Abschwörung* f ‖ *Widerruf* m ‖ **–rar** vt *abschwören* ‖ *ableugnen* ‖ *widerrufen*
ablación *f* ⟨Med⟩ *operative Abtragung od Entfernung* f ‖ *Wegnahme* f ‖ ⟨Geol Raumf⟩ *Schmelzkühlung, Ablation* f ‖ ~ *de la retina* ⟨Med⟩ *Netzhautablösung* f
ablac|tación *f Ablaktation* f, *Abstillen* n ‖ **–tar** vt *abstillen, entwöhnen (ein Kind)*
abladera *f Fassdaubenhobel* m
ablana *f* Ast → **avellana**
ablanda|brevas, –hígos *m* ⟨fam⟩ *unbrauchbarer Mensch, Nichtsnutz, Taugenichts* m, *Niete, Flasche, Nulpe, Null* f
ablan|damiento *m Erweichung* f ‖ **–dar** vt *erweichen, weich machen* ‖ *mildern* ‖ *schmelzen* ‖ *boken (Hanf, Flachs)* ‖ *enthärten (Wasser)* ‖ ⟨fig⟩ *verweichlichen* ‖ ⟨fig⟩ *beschwichtigen, rühren* ‖ Arg Ur ⟨Auto⟩ *einfahren* ‖ [Reitkunst] *locker lassen (Zügel)* ‖ ◇ ~ *con (od por el) calor durchweichen* ‖ ~ vi *nachlassen (Wind)* ‖ **~se** *s. besänftigen (lassen)* ‖ *nachlassen (Wind)*
ablande *m* Arg Ur ⟨Auto⟩ *Einfahren* n
ablandecer [-zc-] vt *erweichen*
abla|nedo *m* Ast → **avellanedo** ‖ **–no** *m* Ast → **avellano**
ablativo *m* ⟨Gr⟩ *Ablativ* m
ablator *m* ⟨Agr⟩ *Schwanzschere* f *für Schafe*
ablegado *m Ablegat, Legatvikar* m
ablefaria *f* ⟨Med⟩ *Ablepharie* f
abléfaro adj *lidlos*
ablentar vt Al Ar *fortwehen (vom Wind)*
ableo *m* ⟨Fi⟩ *Hasel* m (Leuciscus leuciscus) ‖ *Plötze* f, *Rotauge* n (Leuciscus rutilus)
ablepsia *f* ⟨Med⟩ *Blindheit* f ‖ → **amaurosis**
ablución *f Abwaschen* n ‖ *(rituelle) Waschung* f ‖ ⟨Kath⟩ *Ablution* f
abluir vt/i *reinigen*
ablusado adj *blusig, blusenartig* ‖ *weit geschnitten*
abne|gación *f Selbst|verleugnung, -losigkeit, Entsagung* f ‖ *Opferbereitschaft* f ‖ **–gado** adj *opferbereit* ‖ *selbstlos* ‖ **–gar** [–ie–, g/gu] vt/i *verzichten, Verzicht leisten (auf* acc) *(& vr), entsagen* (dat)
abo|bado adj *dumm, einfältig* ‖ *verdummt* ‖ **–bamiento** *m Verdummung* f ‖ **–bar** vt *verdummen, dumm machen* ‖ **~se** vr *dumm werden*
abo|billa *f,* And **–billo,** Can **–bito** *m* → **abubilla**
abobra *f* ⟨Bot⟩ → **brionia**
¹abocado adj *nahe* ‖ (estar) ~ *a una catástrofe e–r Katastrophe entgegen(sehen) od entgegen(gehen)* ‖ ~ *a la muerte dem Tode nahe*
²abocado adj *firn, süffig (Wein)* ‖ *halbtrocken (Sherry)*
³abocado adj *eingedrückt (Sattel)*
abo|camiento *m* s von **–car** ‖ **–canar** vi Ast *auf|klaren, s. -klären (Wetter)* ‖ ⟨Mar⟩ → **–car** ‖ **–car** [c/qu] vt *umfüllen (Gefäß)* ‖ *mit dem Maul packen (Jagdhund)* ‖ *gießen* ‖ ⟨Mil⟩ *(das Geschütz) richten* ‖ ◇ ~ *a führen zu, münden in* ‖ ~ *un puerto m* ⟨Mar⟩ *e–n Hafen an|laufen od -steuern, in e–n Hafen einlaufen* ‖ **~se:** ~ *con alg. s. mit jdm besprechen*
abocar|dado adj *ausgeschweift, erweitert* ‖ **–dador** *m Rohraufweiter* m ‖ **–dar** vt *ausschweifen, erweitern, aufbördeln (e–e Öffnung)* ‖ *abspitzen (Beton)*
abocastro *m* Pe *Scheusal, Ungeheuer, Monster* n
abocatero *m* Gal ⟨Bot⟩ → **¹aguacate**
abocelado adj ⟨Arch⟩ *rundförmig*
abocetar vt ⟨Mal⟩ *skizzieren*

abochor|nado adj *beschämt* ‖ *schwül* ‖ **–nar** vt *erhitzen* ‖ *versengen (Sonnenhitze)* ‖ ⟨fig⟩ *erzürnen* ‖ ⟨fig⟩ *tief beschämen* ‖ **~se** *schwül werden* ‖ ⟨fig⟩ *in Zorn geraten* ‖ ⟨fig⟩ *tief erröten* ‖ ⟨fig⟩ *s. schämen*
aboci|nado adj *trompetenförmig* ‖ *ausgeweitet (Gewehrlauf)* ‖ ~ *m:* ~ *de entrada* ⟨Hydr⟩ *Einlauftrompete* f ‖ **–namiento** *m:* ~ *de salida Auslaufkonus* m ‖ **–nar** vt/i *ein Rohr trompetenförmig ausschweifen* ‖ ⟨fig⟩ *auf das Gesicht fallen* ‖ ⟨figf⟩ *auf die Schnauze fallen* ‖ **~se** Chi *s. lockern, locker werden (Radnabe)*
abo|fado adj *schwammig* ‖ *(auf)gedunsen* ‖ **–farse** vr *quellen, schwammig werden*
abofetear vt *ohrfeigen*
abo|gacía *f Anwaltschaft* f, *Anwaltsberuf* m ‖ **–gada** *f* ⟨Rechts⟩*Anwältin* f, Öst Schw *Advokatin* f ‖ *Sachwalterin* f ‖ ⟨fig⟩ *Vermittlerin* f ‖ ⟨fig⟩ *Fürsprecherin* f ‖ **–gadear** vi ⟨fam⟩ *den Anwalt spielen* ‖ **–gaderas** Am, **–gaderías** *fpl* Pe *listige Überredung* f, ⟨fam⟩ *Kniff* m ‖ **–gadesco** adj *auf den Anwalt od die Anwaltstätigkeit bezüglich* ‖ **–gadillo** *m Winkeladvokat* m
abogado *m* ⟨Rechts⟩*Anwalt,* Öst Schw *Advokat* m ‖ ⟨fig⟩ *Vermittler* m ‖ ⟨fig⟩ *Fürsprecher* m ‖ ~ *defensor Verteidiger* m ‖ ~ *del diablo Advocatus Diaboli, Anwalt* m *des Teufels* ‖ ~ *de Dios Advocatus Dei, Anwalt* m *Gottes* ‖ ~ *del Estado Span Rechtsvertreter* m *des Staates* ‖ ~ *estrella Staranwalt* m ‖ ~ *firmón als Strohmann fungierender Rechtsanwalt* m ‖ ~ *de oficio Pflichtverteidiger* m ‖ ~ *de pantalla, s. de poyete Winkeladvokat* m ‖ ~ *sin pleitos* ⟨figf⟩ *verlorene Existenz* f ‖ ~ *de secano* ⟨joc⟩ *Winkeladvokat* m ‖ ◇ *actuar de abogado del diablo den Advocatus Diaboli spielen* ‖ *ser un* ~ *de (las) causas perdidas* ⟨fam⟩ *s. für unnütze od aussichtslose Dinge einsetzen*
abogalla *f* Sal *großer Gallapfel* m
abogar [g/gu] vt/i *plädieren, vor Gericht ver|teidigen, -treten* ‖ ~ *por una idea e–n Gedanken verfechten, s. für e–n Gedanken einsetzen*
abolengo *m Abstammung, Herkunft* f
abolición *f Abschaffung* f ‖ ⟨Jur⟩ *Aufhebung* f *eines Urteils* ‖ ~ *de la esclavitud Abschaffung* f *der Sklaverei*
abolicionis|mo *m* ⟨Hist⟩ *Abolitionismus* m ‖ **–ta** *m/f Abolitionist(in* f), *Gegner(in* f) m *der Sklaverei (bzw der bestehenden Gesetze)*
abolir vt [def *nur in den Formen mit* -i- *gebräuchl.*] *abschaffen, aufheben* ‖ *deferir no es* ~ *aufgeschoben ist nicht aufgehoben*
abo|llado adj *ver|bogen, -beult (Blech, Hut)* ‖ **–lladura** *f Beule* f, *Höcker* m *im Metall* ‖ *getriebene Arbeit* f ‖ ~ *del melocotonero* m ⟨Bot⟩ *Kräuselkrankheit* f *der Pfirsichbäume* ‖ **–llar** vt *ein-, ver|beulen* ‖ *ausbauchen* ‖ *treiben (Metall)* ‖ **~se** *s. verbeulen (Blech)* ‖ **–llón** → **abolladura** ‖ ~ *m Baumknospe* f ‖ **–llonar** vt *treiben (Metall)* ‖ ~ vi *getriebene Arbeit machen, treiben*
abolorio *m Abstammung* f
abol|sado adj *gefältelt* ‖ *bauschig* ‖ **–sar** vt *bauschen* ‖ **~se** *s. bauschen*
abomaso *m* ⟨Zool⟩ *Fett-, Lab|magen, vierter Magen* m *(der Wiederkäuer)*
abom|bado adj *bauchig, gewölbt* ‖ Am *angefault (Fleisch)* ‖ Arg ⟨fam⟩ *unbesonnen* ‖ ~ *m Ausbauchung, Schweifung* f, *Schweifen* n ‖ **–bamiento** *m Ausbauchung, Schweifung* f, *bauchiger Wulst* m ‖ Am ⟨fig⟩ *Trübung* f ‖ **–bar** vt *ausbauchen, bombieren, schweifen, wölben* ‖ *auf|blähen, -blasen* ‖ ⟨fam⟩ *betäuben* ‖ **~se** *s. ausbuchten* ‖ Arg ⟨fam⟩ *s. beschwipsen* ‖ Am *faulen (Lebensmittel)*

abomi|nable adj *(m/f) abscheulich, scheußlich,* *gräulich* ‖ **–nación** *f Abscheu* m, *Verabscheuung* f ‖ *Gräuel* m ‖ **–nar** vt/i *ver|wünschen, -fluchen* ‖ ~ *de algo verabscheuen*

abona|ble adj *(m/f) zahlbar (Summe)* ‖ *fällig (Wechsel)* ‖ **–do** adj *wohlhabend, reich, vermögend* ‖ *kreditwürdig* ‖ *fällig (Wechsel)* ‖ *glaubwürdig (Zeuge)* ‖ es ~ *para ello er ist fähig, es zu tun (meist negativ)*

¹abonado *m Abonnent, Teilnehmer, Bezieher* m ‖ ⟨El⟩ *Stromabnehmer* m ‖ ~ *de teléfonos Fernsprechteilnehmer* m

²abonado *m* ⟨Agr⟩ *Düngen* n, *Düngung* f ‖ ~ *artificial künstliche Düngung* ‖ ~ *de cobertera Kopfdüngung* f ‖ ~ *de fondo Grund-, Krumen|düngung* f ‖ ~ *de superficie Düngerauflage* f

abonador *m (Rück)Bürge* m

abonadora *f* ⟨Agr⟩ *Düngerstreuer* m

abonanzar [z/c] vi *s. aufheitern, s. beruhigen (Wetter)* ‖ *s. legen (Sturm)* ‖ ⟨fig⟩ *s. entschärfen (Lage, Krise)*

¹abonar vt **a)** *zahlen, vergüten* ‖ ~ *en cuenta gutschreiben (auf e–m Konto)* ‖ **b)** *billigen, gutheißen* ‖ *für jdn bürgen* ‖ *verbessern* ‖ *rechtfertigen* ‖ *für sicher halten* ‖ **c)** *abonnieren*

²abonar vt/i *düngen*

abonaré *m Schuldschein* m

abonarse vr *(s.) abonnieren* (a *auf* acc)

abonero *m* Mex *Straßenhändler* m

¹abono *m* **a)** *Gutschrift, Vergütung* f ‖ *Teilzahlung f* ‖ ~ *en cuenta Gutschrift* f ‖ **b)** *Bürgschaft* f ‖ *Verbesserung* f ‖ **c)** *Abonnement* n ‖ *Zeitkarte* f ‖ ~ *anual Jahresabonnement* n ‖ ~ *a un diario Zeitungsabonnement* n ‖ ~ *al teatro Theaterabonnement* n ‖ ~ *al teléfono Fernsprechanschluss* m ‖ ~ *a turno* ⟨Th⟩ *Teilabonnement* n ‖ *tomar un* ~ *(s.) abonnieren*

²abono *m* ⟨Agr⟩ *Düngung* f ‖ *Düngemittel* n, *Dünger* m ‖ ~ *animal tierischer Dünger* f ‖ ~ *artificial Kunstdünger* m ‖ ~ *cálcico Kalkdünger, Düngekalk* m ‖ ~ *de cloaca Abortdünger* m ‖ ~ *fosfatado Phosphatdüngemittel* n ‖ ~ *líquido Jauche* f ‖ ~ *mixto Mischdünger* m ‖ ~ *nitrogenado Stickstoffdünger* m ‖ ~ *potásico Kalidünger* m ‖ ~ *pulverizado Düngpulver* n ‖ ~ *químico Kunstdünger* m, *chemisches Düngemittel* ‖ ~ *semilíquido Gülle* f ‖ ~ *vegetal pflanzlicher Dünger* m ‖ ~ *verde Gründünger* m

aboqui|llado adj *mundstückförmig* ‖ *mit Mundstück* f ‖ **–llar** vt *mit e–m Mundstück versehen* ‖ *keilförmig durchlochen* ‖ ⟨Arch⟩ *ausschweifen*

abor|dable adj *(m/f)* ⟨Mar⟩ *zum Landen geeignet* ‖ *zugänglich (Person)* ‖ *erschwinglich (Preis)* ‖ **–daje, –do** *m* ⟨Mar⟩ *Entern* n ‖ *Anbordtreiben* n ‖ *Aneinanderprallen* n ‖ **–dar** vt ⟨Mar⟩ *entern, rammen* ‖ *ansegeln* ‖ *(er)stürmen* ‖ ⟨fig⟩ *an|reden, -sprechen, -reißen, -schneiden* ‖ ◇ ~ *un asunto espinoso e–e heikle Sache angehen* ‖ ~ *una cuestión e–e Frage anschneiden* ‖ ~ *las negociaciones in Verhandlungen treten* ‖ ~ *un tema ein Thema anreißen* ‖ vi ⟨Mar⟩ *landen* ‖ *zusammenstoßen, aneinander prallen* ‖ *anlegen*

aborigen adj *(m/f) einheimisch (Tier, Pflanze)* ‖ *bodenständig* ‖ ~ *m/f Ureinwohner(in* f) m

aborlonado adj Col Chi Ec *streifig, rinnig (Tuch)* ‖ *gerippt (Papier)*

aborrachado adj *hochrot*

aborrajar vt Col ⟨Kochk⟩ *panieren*

aborras|cado adj *dem Sturm ausgesetzt* ‖ ⟨fam⟩ *betrunken* ‖ **–carse** [c/que] vr *stürmisch werden (Wetter)*

aborre|cer [-zc-] vt *verabscheuen, hassen,* ⟨fam⟩ *nicht ausstehen od riechen können* ‖ *belästigen* ‖ *langweilen* ‖ ◇ ~ *sus huevos die Eier (od das Gelege) verlassen (Vögel)* ‖ ~ *de muerte tödlich hassen* ‖ ~**se** *s. langweilen* ‖ *die Geduld verlieren* ‖ **–cible** adj *(m/f) abscheulich, scheußlich* ‖ **–cido** adj *verhasst* ‖ ⟨figf⟩ *gelangweilt* ‖ **–cimiento** *m Abscheu, Hass* m ‖ *Abneigung* f

aborregarse [g/gu] vr *s. mit Schäfchenwolken* fpl *bedecken (Himmel)* ‖ *s. kräuseln (Meer)* ‖ ⟨fig⟩ *im Herdengeist aufgehen, mit der Herde laufen* ‖ *ver|dummen, -blöden*

aborricarse [c/qu] vr ⟨fam⟩ *ver|dummen, -blöden*

aborronar vi Ast *Unkraut* n *zum Verbrennen anhäufen*

aborta|dora *f:* ~ *clandestina* ⟨fam⟩ *Engelmacherin* f ‖ **–miento** *m* → *aborto* **abor|tar** vt/i *e–e Fehlgeburt haben, abortieren* ‖ *verwerfen (Vieh)* ‖ ⟨Inform⟩ *abbrechen* (z. B. *Programmlauf)* ‖ ~ vi ⟨fig⟩ *misslingen* ‖ *hacer* ~ *una moción e–n Gesetzesantrag zu Fall bringen* ‖ **–tera** *f* ⟨pop⟩ *Engelmacherin* f ‖ **–tín** *m* Ar *zu früh geborenes Tier* n ‖ **–tista** *m/f Befürworter(in* f) m *der Straffreiheit für Abtreibung* ‖ **–tivo** adj *vorzeitig geboren* ‖ *abtreibend* ‖ ⟨fig⟩ *verkümmert* ‖ ~ *m Abtreibungsmittel, Abortivum* n ‖ **–to** *m* ⟨Med⟩ *Fehlgeburt* f ‖ *Abort(us)* m ‖ *Abtreibung* f *(unerlaubt)* ‖ *Schwangerschaftsabbruch* m *(mit Indikationsstellung)* ‖ ⟨Zool⟩ *Verwerfen* n ‖ ⟨fig⟩ *Ausgeburt* f ‖ ⟨fig⟩ *Machwerk* n ‖ ~ *criminal (unerlaubte od gesetzwidrige) Abtreibung* f ‖ ~ *embrional embryonaler Abort* m ‖ ~ *epizoótico* ⟨Zool⟩ *seuchenhaftes Verwerfen* n ‖ ~ *espontáneo spontaner Abort* m ‖ ~ *fetal fetaler Abort* m ‖ ~ *habitual habitueller Abort* m ‖ ~ *inminente drohender Abort* m ‖ ~ *provocado Abtreibung* f ‖ ~ *séptico septischer Abort* m ‖ ~ *tubárico Tubarabort* m ‖ ~ *de las vacas* ⟨Zool⟩ *Verkalben* n ‖ ~ *de las yeguas* ⟨Zool⟩ *Verfohlen* n ‖ **–tón** *m zu früh geborenes Tier* n ‖ *Breitschwanz* m *(Lammfell)*

aborujar vt *knäueln* ‖ *knüllen*

abosar vt Am *an|greifen, -fallen*

abostezar [z/c] vi Chi → **bostezar**

abota|gado adj *ge|dunsen, -schwollen, wulst(art)ig* ‖ **–gamiento** *m Geschwulst, Anschwellung* f ‖ *Gedunsenheit* f ‖ **–garse** [g/gu] vr *anschwellen* ‖ ⟨fig⟩ *stumpf werden* ‖ ⟨fig⟩ *gleichgültig werden*

abotargarse [g/gu] vr ⟨fam⟩ → **abotagarse**

abotijado adj *angeschwollen*

abotinado adj *halbstiefelförmig*

aboto|nador *m Knopfhaken* m ‖ **–nadura** *f Knopfgarnitur* f ‖ **–nar** vt *an-, zu|knöpfen* ‖ ~ vi ⟨Bot⟩ *(Knospen) treiben, knospen* ‖ Nic ⟨fig⟩ *schmeicheln*

above|dado adj *gewölbt, bogenförmig gebogen* ‖ **–dar** vt ⟨Arch⟩ *(über)wölben, (ein)wölben* ‖ *Bogen od Wölbungen absprengen*

ab ovo ⟨lat⟩ adv ⟨fig⟩ *von Anfang an*

aboyar vt ⟨Mar⟩ *aufbojen, Bojen auslegen* ‖ ~ vi *im Wasser treiben*

abozalar vt *(e–n Maulkorb) anlegen*

abozar [z/c] vt ⟨Mar⟩ *abstoppen (Ankerkette), mit Ketten fangen*

abra *f* [el] *Bai, Bucht* f ‖ *Engpass* m ‖ *Schlucht* f ‖ *Riss* m *in der Erde* ‖ Am *Fenster-, Tür|flügel* m ‖ Arg *Lichtung* f

abracada|bra *m Abrakadabra* n ⟨& fig⟩ ‖ **–brante** adj *(m/f)* ⟨fam⟩ *toll, ver|rückt, -wirrend* ‖ *situación* ~ *schleierhafte Lage, rätselhafte Situation, völlig verworrene Lage* f

abra|cadera *f* Col Cu Pe *Umklammerung* f *des Gegners* ‖ *Clinch* m ‖ **–car** [c/qu] vt Am *umgürten*

Abra|ham, –hán *m* np *Abraham* m

abrahonar vt ⟨fam⟩ *(jdn) fest in die Arme schließen*
abranquio adj ⟨Zool⟩ *kiemenlos*
abra\|sado adj *brennend heiß* ‖ ⟨fig⟩ *hitzig* ‖ **–sador** adj ⟨fig⟩ *brennend, verzehrend* ‖ *sengend (Hitze)* ‖ **–samiento** m *Verbrennen* n ‖ *Brand* m ‖ **–sar** vt *anzünden* ‖ *ausdörren* ‖ *in Glut bringen* ‖ ⟨fig⟩ *vergeuden* ‖ ⟨fig⟩ *erzürnen* ‖ ⟨fig⟩ *beschämen* ‖ ◇ *la impaciencia me abrasa* ⟨fig⟩ *ich brenne vor Ungeduld* ‖ ~ vi *brennen (Sonne)* ‖ **~se** *s. entzünden* ‖ *verbrennen* ‖ ◇ ~ *de sed vor Durst vergehen* od ⟨fam⟩ *umkommen* ‖ ~ *vivo* ⟨fam⟩ *vor Hitze vergehen*
abra\|sión f ⟨Med⟩ *Ausschabung* f ‖ ⟨Geol⟩ *Abrasion* f ‖ ⟨Tech⟩ *Ab\|nutzung* f, *-rieb, Verschleiß* m ‖ **–sivo** m *Schleif\|mittel, -pulver* n ‖ *(runde) Zwinge, Klammer* f ‖ *Bügel* m ‖ ⟨Typ⟩ *(geschweifte) Klammer* f
abravar vt Ant *(an)reizen*
abraxas m *Abraxas* m *(Zauberwort)*
abrazada f *Umarmung* f
abrazadera f ⟨Tech⟩ *Schelle* f ‖ ~ *aislante Isolierschelle* f ‖ ~ *de cable Kabelschelle* f ‖ ~ *del cañón* ⟨Mil⟩ *Rohr\|muffe, -schelle* f ‖ ~ *de fijación Befestigungsschelle* f ‖ ~ *de manguera Schlauch\|klemme, -schelle* f ‖ ~ *de polea Rollenbügel* m ‖ ~ *de puesta a tierra Erdungsschelle* f ‖ ~ *de resorte Federschelle* f ‖ ~ *de seguridad Sicherheitsbügel* m ‖ ~ *semirredonda Bügelschelle* f ‖ ~ *de sujeción Halte-, Klemm\|schelle* f ‖ ~ *de tope* ⟨EB⟩ *Anschlag-, Fang\|bügel* m ‖ ~ *de tubo Rohrschelle,*
△ **abrazado** m *Gefangene(r)* m
abra\|zamiento m *Umarmung* ‖ **–zar** [z/c] vt *um\|armen, -fassen* ‖ *um\|schlingen, -klammern* ‖ *umkreisen* ‖ *ergreifen (e–n Beruf)* ‖ ⟨fig⟩ *um\|geben, -ringen* ‖ ⟨fig⟩ *an\|nehmen, -hangen (e–r Meinung)* ‖ ⟨fig⟩ *in Angriff nehmen, aufnehmen (Arbeit)* ‖ ⟨fig⟩ *enthalten, in s. fassen* ‖ ~ *de una ojeada mit e–m Blick um-, er\|fassen, übersehen* ‖ ~ *un partido s. e–r Partei anschließen* ‖ **~se** *s. anklammern, s. anhängen* (a *an* acc)
abrazo m *Umarmung* f ‖ ◇ *dar un* ~ *a alg. jdn umarmen* (acc)
abre m ⟨Bot⟩ → *abro*
abrebalas m ⟨Text⟩ *Ballen\|öffner, -brecher* m ‖ ~ *con pedales Muldenballenbrecher* m
abre\|boca m *Aperitif* m ‖ Arg *sehr zerstreuter Mensch* m ‖ Arg ⟨fam⟩ *Gimpel, Trottel* m ‖ **–bocas** m ⟨Med⟩ *Mundsperrer* m ‖ **–botellas** m *Flaschenöffner* m ‖ **–cajas** m *Kistenöffner, Nagelzieher* m ‖ **–cartas** m *Brieföffner* m ‖ **–coches** m *Bedienstete(r)* m, *der die Türen vorfahrender Wagen öffnet*
ábrego m ⟨Meteor⟩ *Süd-, Südwest\|wind* m
abrelatas m *Dosen-, Büchsen\|öffner* m
¡abrenuncio! ⟨fam⟩ *Gott bewahre!*
abre\|ojos m Al ⟨Bot⟩ *Dornige Hauhechel* f *(Ononis spinosa)* ‖ Ar ⟨Bot⟩ *Stachelnuss* f *(Tribulus terrester)* ‖ Ar ⟨Bot⟩ *Purzeldorn* m ‖ **–ostras** m *Austern\|öffner* m, *-messer* n ‖ **–puño** m ⟨Bot⟩ *Flockenblume* f *(Centaurea sp)* ‖ *(Acker)Hahnenfuß* m *(Ranunculus arvensis)* ‖ *Ackerkratzdistel* f *(Cirsium)*
abresurcos m ⟨Agr⟩ *Furchenzieher* m
abre\|vadero m ⟨Agr⟩ *(Vieh)Tränke, Schwemme* f ‖ **–var** vt *(das Vieh) tränken* ‖ *einweichen (Felle)* ‖ **~se** *saufen*
abre\|viación f *Kürzung* f ‖ *Kurzfassung* f ‖ **–viadamente** adv *kurz gefasst* ‖ *im Auszug* ‖ **–viamiento** m *Kurzform* f ‖ **–viar** vt *ab-, ver\|kürzen* ‖ *zusammenfassen* ‖ ~ *un plazo e–e Frist abkürzen* ‖ **–viatura** f *Abkürzung* f ‖ ◆ *en* ~ *kurz gefasst*

abrevios mpl Cu *Gerät, Handwerkszeug* n
abrezar [z/c] vt Sal *wiegen (Kind in der Wiege)*
abriboca m *Gimpel, zerstreuter Mensch* m
abribonarse vr *zum Gauner werden, ver\|kommen, -lumpen*
abricanto m ⟨Zool⟩ → ¹*bogavante*
abri\|damiento m *(Ver)Laschung* f ‖ **–dar** vt *anflanschen*
abridero adj *leicht zu öffnen(d) (Früchte)* ‖ ~ m *Frühpfirsich* m
abridor m ⟨allg⟩ *Öffner* m ‖ ⟨Agr⟩ *Okulier-, Pfropf\|messer* n ‖ ⟨Text⟩ *Reißwolf* m ‖ *Reißwolfarbeiter* m ‖ *Baumwollöffner* m ‖ ~ *de rodadas* ⟨Agr⟩ *Spurlockerer* m
abridora f ⟨Text⟩ *Reißwolf, Öffner* m ‖ ~ *de balas Ballenöffner* m ‖ ~ *de capullos Kokon\|öffner* m, *-wattenmaschine* f ‖ ~ *de cilindro Trommelöffner* m ‖ ~ *con pedales Muldenballenbrecher* m ‖ ~ *preliminar Vor\|öffner, -schläger* m ‖ ~ *de trapos Lumpen\|reißer* m, *-reißmaschine* f
abri\|gadero m *Zufluchtsstätte* f ‖ **–gador** adj *Schutz-* ‖ *warm (Kleidung)* ‖ ~ m Mex *Hehler* m ‖ **–gaño** m *Wetterdach* n ‖ *windgeschützte Stelle* f ‖ ⟨fig⟩ *Zuflucht* f
abrigar [g/gu] vt *vor Wind und Wetter schützen* ‖ *beherbergen* ‖ *warm halten, zudecken (mit Kleidern)* ‖ ⟨Mar⟩ *kalfatern* ‖ ⟨fig⟩ *beschützen* ‖ ⟨fig⟩ *hegen (Gefühle, Pläne)* ‖ ◇ ~ *una esperanza s. e–r Hoffnung hingeben* ‖ ~ *una intención et. vorhaben* ‖ **~se** *s. zudecken* ‖ *s. warm anziehen* ‖ *¡~!* ⟨Mil⟩ *volle Deckung!*
abrigo m *Mantel* m ‖ *Umhang* m, *Cape* n ‖ *Schutzort* m ‖ *Obdach* n, *Verwahrung* f ‖ ⟨Mil⟩ *Unterstand* m ‖ ⟨fig⟩ *Schirm, Schutz* m ‖ ~ *de caballero Herrenmantel* m ‖ ~ *corte sastre eng anliegender Damenmantel* m ‖ ~ *de entretiempo leichter Mantel, Übergangsmantel* m ‖ ~ *del filón* Mex ⟨Bgb⟩ *Flözmächtigkeit* f ‖ ~ *para municiones Munitions\|nische* f, *-unterstand* m ‖ ~ *de pieles Pelzmantel* m ‖ ~ *reversible Wendemantel* m ‖ ~ *de señora Damenmantel* m ‖ ~ *subterráneo (unterirdischer) Bunker, Schutzraum* m ‖ ◆ *al* ~ *de geschützt gegen* ‖ *al* ~ *de las crecidas hochwasserfrei* ‖ *al* ~ *de la intemperie wetter\|fest, -beständig, witterungsbeständig* ‖ *este tío es de* ~ *bei dem ist Vorsicht am Platze, der Kerl kann gefährlich sein* od ⟨fam⟩ *ist nicht ohne* ‖ *de mal* ~ *kalt, unwirtlich*
ábrigo m → *ábrego*
abril m *April* m ‖ ⟨fig⟩ *Jugend* f ‖ ◆ *en* ~ *aguas mil etwa: Aprilwetter* ‖ *estar hecho* od *parecer un* ~ *gut* od *flott aussehen* ‖ *una muchacha de dieciocho* ~*es* ⟨fig⟩ *ein Mädchen von achtzehn Lenzen* ‖ **–eño** adj *April-, den Monat April betreffend*
abrillantador m *Glättwerkzeug* n ‖ *Poliermittel* n ‖ *Edelsteinschleifer* m
abrillantar vt *(Diamanten) schleifen* ‖ *auf Hochglanz bringen* ‖ *wienern* ‖ *glätten* ‖ *Leder bestoßen* ‖ ⟨fig⟩ *Glanzlichter aufsetzen*
abrimiento m *Öffnung* f
¹abrir [pp/irr **abierto**] vt *öffnen, eröffnen, anfangen (Laden, Sitzung, Subskription, laufende Rechnung, Unterrichtskurs)* ‖ *auf\|drehen, -machen, -schlagen (durch)brechen* ‖ *bauen (Kanal, Tunnel)* ‖ *durchlöchern* ‖ *um\|brechen, -ackern (Land)* ‖ *(Lupe) aufweiten* ‖ *anlegen, bahnen (Wege)* ‖ *anregen (Appetit)* ‖ *legen (Grund)* ‖ *ausschreiben (Wettbewerb)* ‖ *erschließen (Absatzgebiete)* ‖ *aufschlagen (ein Buch)* ‖ *festsetzen (Preise)* ‖ ◇ ~ *el baile den Tanz eröffnen* ‖ ~ *un boquete (Mauer) durch\|schlagen, -brechen, einstoßen* ‖ ~ *los brazos die Arme*

ausbreiten ‖ ~ brecha ⟨Mil⟩ *e–e Bresche schlagen* ‖ ~ calle *Platz machen* ‖ ~ el circuito ⟨El⟩ *den Stromkreis öffnen* ‖ ~ un comercio *ein Geschäft anfangen* od *eröffnen* ‖ ~ el cuerpo a alg. de una puñalada *jdm e–n (tiefen) Dolchstoß versetzen* ‖ ~ la discusión *die Aussprache* od *Diskussion eröffnen* ‖ ~ una nueva era *ein neues Zeitalter eröffnen* ‖ ~ la espita *zapfen (Bier)* ‖ ~ la espita de gas *das Gas andrehen* ‖ ~ con escoplo *aufmeißeln* ‖ ~ por escoriación *aufritzen* ‖ ~ expediente contra alg. *ein (Dienststraf)Verfahren gegen jdn einleiten* ‖ ~ una exposición *e–e Ausstellung eröffnen* ‖ ~ con formón *aufstemmen* ‖ ~ el fuego ⟨Mil⟩ *das Feuer eröffnen* ‖ ~ por fusión *aufschmelzen* ‖ ~ una galería ⟨Bgb⟩ *e–n Stollen vortreiben* ‖ ~ los gases a fondo *Vollgas geben* ‖ ~ a golpes *aufschlagen* ‖ ~ el grifo de gas *das Gas andrehen* ‖ ~ a hachazos *aufhacken (mit der Axt)*, *aufhauen* ‖ ~ la mano ⟨fig⟩ *bestechlich sein* ‖ ~ la marcha *vorangehen* ‖ ~ los ojos *die Augen aufschlagen* ‖ ~ tanto ojo, ~ los ojos ⟨fig⟩ *große Augen machen* ‖ ~ (el) paso *Platz machen* ‖ ~ con palanqueta *mit e–m Brechwerkzeug aufbrechen*, *ausheblen* ‖ ~ de par en par *weit* od *ganz öffnen* ‖ ~ un pozo *e–n Brunnen abteufen* ‖ ~ a presión *auf│drücken*, *-brechen* ‖ ~ la sesión *die Sitzung eröffnen* ‖ ~ por soldadura *auf-*, *los│schweißen* ‖ ~ un túnel *e–n Tunnel bauen* ‖ ~ la válvula *das Ventil öffnen* ‖ ~ la votación *die Abstimmung eröffnen* ‖ ♦ a medio ~ *halb geöffnet* ‖ en un ~ y cerrar de ojos ⟨fig⟩ *im Nu* ‖ ◇ abre el día *der Tag hellt s. auf* ‖ esta puerta abre mal *diese Tür lässt s. schlecht öffnen* ‖ las ventanas abren al (od sobre el) jardín *die Fenster gehen nach dem Garten hinaus* ‖ ~se *s. öffnen (Blüten)* (& vi) ⟨Med⟩ *aufgehen* ‖ *aufgehen (Fenster)* ‖ *sein Herz ausschütten* ‖ ~ paso *s. durchdrängen* ‖ *waten* ‖ *s. e–n Weg bahnen* ‖ ⟨fig⟩ *s. durchhelfen* ‖ ~ de piernas ⟨vulg⟩ [Frau] *zum Geschlechtsverkehr bereit sein*

²abrir [pp **abierto**] vi ⟨Meteor⟩ *auf│klären*, *s. -klären (Wetter)*

abro m ⟨Bot⟩ *Paternostererbse* f (Abrus precatorius)

abrocar [c/qu] vt *aufspulen*

abro│chador m *Knopf│haken*, *-zieher*, *Stiefelknöpfer* m ‖ **–chadura** f, **–chamiento** m *Zu│knöpfen*, *-haken* n ‖ **–char** vt *zu│knöpfen*, *-haken*, *-schnallen* ‖ *zuschnüren* ‖ Chi Mex *festnehmen*, *packen* ‖ ~ el cinturón de seguridad *den Sicherheitsgurt anschnallen* ‖ ~se Chi *handgreiflich werden* ‖ Ec *schelten* ‖ Ec *bestrafen*

abro│gación f *Abschaffung, Aufhebung, Außerkraftsetzung* f, *Widerruf* m ‖ **–gar** [g/gu] vt *abschaffen, aufheben, widerrufen (Gesetz)* ‖ **–gatorio** adj *abschaffend*

abrojal m ⟨Bot⟩ *Distel-, Dorn│feld* n

abrojín m ⟨Zool⟩ *Stachel-, Leisten│schnecke* f (Murex trunculus)

¹abrojo m ⟨Bot⟩ *Purzel│distel* f, *-dorn* m ‖ ⟨Bot⟩ *Stachelnuss* f (Tribulus spp)

²abrojo m *Fußangel* f ‖ ⟨Jgd⟩ *Fuchseisen* n

³abrojo m *Leiden* n, *Kummer* m ‖ ~s mpl ⟨Mar⟩ *blinde Klippen* fpl ‖ ⟨fig lit⟩ *Mühsal* f

abrojoso adj *voll Disteln*

abroma f ⟨Bot⟩ *Kakaomalve* f (Abroma augustum)

abromado adj ⟨Mar⟩ *neb(e)lig, dunstig*

abroncar [c/qu] vt ⟨fam⟩ *erzürnen* ‖ *anwidern*

abroquelado adj ⟨Bot⟩ *schildförmig*

abroquelar vt ⟨Mar⟩ *gegenbrassen* ‖ ~se ⟨fig⟩ *s. schützen* ‖ *s. verschanzen*

abrótano m ⟨Bot⟩ *Eberraute* f (Artemisia abrotanum)

abrotoñar vi ⟨Bot⟩ *ausschlagen, knospen*

abru│mador adj *drückend* ‖ *erschöpfend (Arbeit)* ‖ **–mar** vt ⟨fig⟩ *bedrücken* ‖ ⟨fig⟩ *(mit Geschäften) überhäufen* ‖ ⟨fig⟩ *be│lästigen*, *-helligen* ‖ ◇ ~ de *(od con) trabajo mit Arbeit überlasten* ‖ ~se *neb(e)lig werden (Wetter)*

abrupción f ⟨Med⟩ *Querbruch* m *mit abstehenden Bruchenden*

abrupto adj *steil, jäh, schroff, abrupt*

abrutado adj *viehisch* ‖ *liederlich* ‖ *brutal, roh, vertiert*

abruzarse [z/c] vr *s. (ver)neigen* ‖ Dom *handgreiflich werden*

Abruzos mpl ⟨Geogr⟩: los ~ *die Abruzzen*

abs. ⟨Abk⟩ = **absolución**

Absalón m np *Absalom* m

absceso m ⟨Med⟩ *Abszess* m ‖ ~ amigdalino *Tonsillarabszess* m ‖ ~ cerebeloso *Kleinhirnabszess* m ‖ ~ fecal *Kotabszess* m ‖ ~ glandular *Drüsenabszess* m ‖ ~ hepático *Leberabszess* m ‖ ~ peritonsilar *Peritonsillarabszess* m ‖ ~ pulmonar *Lungenabszess* m ‖ ~ purulento *Eitergeschwulst* f

abscisa f ⟨Math⟩ *Abszisse* f

abscisión f ⟨Med⟩ *Ab-, Heraus│lösung* f

absenta f *Absinth* m *(Getränk)*

absentismo m *(häufiges) Fernbleiben von der Arbeit* ‖ *(gewohnheitsmäßiges) Fernbleiben der Großgrundbesitzer von ihren Gütern, Absentismus* m

ábsida, ábside m (& f[el]) ⟨Arch⟩ *Apsis* f ‖ *Rund-, Chor│haupt* n *e–r Kirche*

absin│tio m → **ajenjo** ‖ **–tismo** m ⟨Med⟩ *Absinthismus* m

¡ábsit! ⟨lat⟩ ⟨fam⟩ *Gott bewahre!*

absolución f *Los-, Frei│sprechung* f, ⟨Jur⟩ *Freispruch* m ‖ *Absolution, Sündenvergebung* f, *Ablass* m ‖ ~ a beneficio de duda, ~ por falta de pruebas ⟨Jur⟩ *Freispruch* m *aus Mangel an Beweisen* ‖ ~ general ⟨Rel⟩ *Generalablass* m ‖ ~ por inculpabilidad comprobada ⟨Jur⟩ *Freispruch* m *wegen erwiesener Unschuld* ‖ ~ de la instancia ⟨Jur⟩ *einstweilige Entbindung* f *der Anklage* ‖ ◇ dar la ~ *die Absolution erteilen*

absolu│ta f *kategorische Behauptung* f ‖ dar la ~ a alg. *jdm e–n Korb geben* ‖ *jdn abweisen* ‖ *jdn feuern* ‖ tomar la ~ ⟨Mil⟩ *den Abschied nehmen* ‖ **–tamente** adv *absolut, durchaus* ‖ ⟨fam⟩ *keineswegs* ‖ Arg *durchaus nicht* ‖ ~ nada *gar nichts* ‖ hablando ~ *allgemein gesagt* ‖ **–tismo** m *Absolutismus* m ‖ ~ despótico *despotischer Absolutismus* m ‖ ~ ilustrado *aufgeklärter Absolutismus* m ‖ **–tista** adj *(m/f) absolutistisch* ‖ ~ m/f *Absolutist(in* f) m *(Anhänger(in* f) *des Absolutismus)* ‖ **–tización** f *Verabsolutierung* f ‖ **–to** adj *eigenmächtig* ‖ *unumschränkt, absolut* ‖ *unabhängig* ‖ *unumgänglich* ‖ *gebieterisch* ‖ ⟨Chem⟩ *rein* ‖ ⟨Gr⟩ *absolut* ‖ ♦ en ~ *entschieden* ‖ *keineswegs, unter k–n Umständen* ‖ de ~a necesidad *absolut notwendig* ‖ lo ~ ⟨Philos⟩ *das Absolute*

absolutorio adj ⟨Jur⟩ *freisprechend*

absol│vederas fpl ⟨fam⟩ *(allzu große) Bereitwilligkeit e–s Beichtvaters, Ablass zu erteilen* ‖ tener buenas ~ *allzu nachsichtig sein (Beichtvater)* ‖ *zu viel durchgehen lassen* ‖ **–ver** [-ue-] vt *frei-, los│sprechen* ‖ *(Sünden) vergeben* ‖ *lösen (Frage, Zweifel)* ‖ *vollständig ausführen*

absorbente adj *(m/f) fesselnd* ‖ *saugfähig, absorbierend* ‖ *Saug-* ‖ ⟨fig⟩ *stark in Anspruch nehmend* ‖ *verzehrend*

absor│ber vt *auf-, ein│saugen, verschlucken* ‖ *fesseln, ganz in Anspruch nehmen* ‖ *abfangen* ‖ *abschirmen* ‖ ⟨fig⟩ *auf-, ver│brauchen* ‖ ⟨Phys⟩ *absorbieren* ‖ ⟨Physiol⟩ *resorbieren* ‖ *aufnehmen* ‖

auffangen (Rückstoß) ‖ ~ la atención ⟨fig⟩ *die Aufmerksamkeit fesseln* ‖ ~ todas las energías ⟨fig⟩ *alle Kraft in Anspruch nehmen* ‖ ~**se** ⟨fig⟩ *s. vertiefen* (en *in* acc) ‖ *resorbieren* ‖ **–bibilidad** *f Absorbierbarkeit* f ‖ **–bible** adj *(m/f) ab-, re\sorbierbar* ‖ **–ción** *f Aufsaugung, Verzehrung* f ‖ *Aufnahme, Ab\sorption, -sorbierung* f ‖ ⟨Phys⟩ *Absorption* f ‖ ⟨Physiol⟩ *Resorption* f ‖ ~ de calor *Wärme\entzug* m, *-absorption, -aufnahme* f ‖ ~ de capitales *Kapitalabschöpfung* f ‖ ~ de carbono *Kohlenstoffaufnahme* f ‖ ~ de luz *Lichtabsorption* f ‖ ~ de potencia *Leistungsaufnahme* f ‖ ~ de una sociedad por un trust *Vertrustung* f ‖ ~ térmica *Wärme\aufnahme, -absorption, -bindung* f ‖ ~ de trabajo *Arbeits\aufnahme* f, *-aufwand* m
absor\tar vt *entzücken, verwundern, fesseln* ‖ **–to** adj *entzückt, hingerissen,* ⟨fam⟩ *ganz weg* ‖ *versonnen, in Gedanken versunken*
abstemio adj *enthaltsam, mäßig, abstinent* ‖ ~ *m Abstinenzler* m
abs\tención *f Entsagung, Verzichtleistung* f ‖ *Abstinenz* f ‖ ~ electoral, ~ de votar *Stimm-, Wahl\enthaltung* f ‖ **–tencionismo** *m* ⟨Pol⟩ *Sich-Heraushalten* n ‖ *Wahlmüdigkeit* f ‖ *Stimmenthaltung* f ‖ **–tencionista** *m/f Nichtwähler(in* f) m ‖ **–tenerse** [irr → **tener**] vr *s. enthalten* (gen) ‖ *verzichten auf* (acc), *absehen (de von)* ‖ ~ de votar *s. der Stimme enthalten, Stimmenthaltung üben*
abster\gente adj *(m/f)* ⟨Med⟩ *(wund)reinigend* ‖ ~ *m (wund)reinigendes Mittel* n ‖ **–ger** [g/j] vt *reinigen* ‖ **–sión** *f (Wund)Reinigung* f ‖ **–sivo** adj *reinigend*
absti\nencia *f Enthaltsamkeit, Mäßigkeit, Enthaltung* f ‖ *Abstinenz* f ‖ *Fasten* n ‖ ~ de consumo *Konsumverzicht* m ‖ ~ sexual *sexuelle Enthaltsamkeit* f ‖ **–nente** adj *(m/f) enthaltsam, mäßig* ‖ ~ *m/f Abstinenzler(in* f) m
abstrac\ción *f Außerachtlassung* f ‖ *Abziehung* f ‖ ⟨Philos⟩ *Verallgemeinerung, Abstraktion* f ‖ *abstrakter Begriff* m ‖ ~ hecha de... *abgesehen von...* (dat) ‖ **–tismo** m [Kunstrichtung] *abstrakte Kunst* f ‖ **–tivo** adj *abstrakt* ‖ **–to** adj *abstrakt* ‖ *begrifflich, theoretisch* ‖ *abgesondert* ‖ ◆ lo ~ ⟨Philos⟩ *das Abstrakte* ‖ en ~ *abstrakt betrachtet*
abs\traer [irr → **traer**] vt *abziehen, abstrahieren* ‖ ~ vi *absehen (de von)* ‖ ~**se** *s. in s. selbst versenken* ‖ *s. vertiefen in* (acc) ‖ **–traído** adj *in Gedanken versunken, weltentrückt*
abstruso adj *verborgen, dunkel* ‖ *abstrus, unverständlich, kraus* ‖ *kompliziert* ‖ *verworren*
absuelto pp/irr von **absolver** ‖ adj *frei, ledig*
absur\didad *f Ungereimtheit, Albernheit* f, *Unsinn* m ‖ *Widersinn* m ‖ **–do** adj *absurd, albern, unsinnig* ‖ *widersinnig* ‖ ~ *m Absurdität, Ungereimtheit* f, *Blödsinn* m ‖ *Widersinn* m
abubilla *f* ⟨V⟩ *Wiedehopf* m (Upupa epops)
abubo *m* Ar ⟨Bot⟩ *kleine, wohlschmeckende Birne* f
abu\chear vt/i *(aus)pfeifen* ‖ ⟨fam⟩ *buhen* ‖ **–cheo** *m Buhruf* m ‖ *Buhrufen* n ‖ ⟨fam⟩ *Pfeifkonzert* n
Abu Dhabi *m* ⟨Geogr⟩ *Abu Dhabi* n
abue\la *f Großmutter* f ‖ *Ahnfrau* f ‖ ⟨fig⟩ *alte Frau* f ‖ ~ materna (paterna) *Großmutter mütterlicherseits (väterlicherseits)* ‖ ◇ ¡cuénteselo a su ~! *das machen Sie e–m anderen weis!* ‖ ¡que lo haga tu ~! ⟨fam⟩ *sieh zu, wie du zurechtkommst! das ist dein Bier!* ‖ no tener ~ *s. selbst beweihräuchern, s. selbst ein Loblied singen* ‖ **–lastro** *m Stiefgroßvater* m
¹abuelita *f* dim von **abuela** ‖ *Oma, Omi* f
²abuelita *f* Chi *Kindermütze* f
³abuelita *f* Col ⟨Art⟩ *Taube* f
abuelo *m Großvater* m ‖ ⟨fig⟩ *alter Mann* m ‖

△ *Chef, Boss* m ‖ ⟨figf⟩ *Genickhaar* n ‖ ~ materno (paterno) *Großvater* m *mütterlicherseits (väterlicherseits)* ‖ ◇ ¡toma que ni ~! ⟨fam⟩ *das ist aber gelungen!* ‖ ~**s** mpl *Großeltern* pl ‖ *Vorfahren* mpl
abu\hado adj *angeschwollen, aufgedunsen* ‖ **–hamiento** *m* ⟨An⟩ *Schwellung* f
abuhardillado adj *mansardenartig*
abulense adj/s *(m/f) aus Ávila* (P Av) ‖ *auf Ávila bezüglich*
abulia *f Willenlosigkeit, Willensschwäche* f ‖ ⟨Med⟩ *Abulie, Willenslähmung* f
abúlico adj *willensschwach* ‖ ~ *m willensschwacher Mensch*
abul\tado adj *groß, stark, massiv, dick* ‖ *sperrig, platzraubend* ‖ *aufgeworfen (Lippe)* ‖ ⟨fig⟩ *übertrieben* ‖ **–tamiento** *m Aufhäufung* f ‖ *Vergrößerung* f ‖ *Haufen* m, *Menge* f ‖ **–tar** vt *vergrößern* ‖ *erweitern* ‖ ⟨fig⟩ *übertreiben* ‖ ~ vi *viel Raum einnehmen, aufwerfen* ‖ *auftragen (in der Tasche)*
abun\damiento *m Überfluss* m ‖ ◇ a mayor ~ *mit desto stärkerer Berechtigung* ‖ *noch dazu* ‖ **–dancia** *f Überfluss* m, *Fülle* f ‖ *Reichtum* m ‖ ~ excesiva *Überfülle* f ‖ ◆ con ~, en ~ *in Hülle und Fülle* ‖ de la ~ del corazón habla la boca ⟨Spr⟩ *wes das Herz voll ist, des geht der Mund über* ‖ ◇ nadar en la ~ *im Geld schwimmen*
abun\dancial adj *(m/f)* ⟨Gr⟩ *e–n Begriff in sehr hohem Grade ausdrückend* ‖ **–dante** adj *(m/f) ausgiebig, reichlich* ‖ adv: ~**mente**
abundar vi *reichlich vorhanden sein* ‖ ~ en dinero *im Geld schwimmen, steinreich sein* ‖ ~ en la opinión de alg. *mit jdm e–r Meinung sein* ‖ ~ en su sentido *hartnäckig auf s–r Meinung bestehen* ‖ ~ más que las moscas en verano *wie Sand am Meer vorhanden sein* ‖ lo que abunda, no daña ⟨Spr⟩ *viel Gutes schadet nicht*
abundoso adj ⟨lit⟩ → **abundante**
abuñolar [-ue-] vt *rund formen* ‖ *locker backen* ‖ ⟨fam⟩ *zerknüllen*
¡abur! ⟨fam⟩ *leben Sie wohl! leb(e) wohl! lebt wohl! tschüs!*
aburar vt *ab-, ver\brennen*
aburgue\sado adj *verbürgerlicht* ‖ ⟨desp⟩ *spießig, kleinbürgerlich, spießerhaft* ‖ **–samiento** *m Verbürgerlichung* f ‖ **–sarse** vr *ver\bürgerlichen* ‖ ⟨desp⟩ *verspießern*
aburra\da *f* Mex *Stute* f *zur Maultierzucht* ‖ **–do** adj *eselhaft* ‖ ⟨fig⟩ *dumm, blöd(e)*
aburrarse vr ⟨fam⟩ *ver\rohen, -tieren*
aburrición *f* ⟨fam⟩ → **aburrimiento** ‖ Am *Abneigung, Antipathie* f, *Hass* m
abu\rrido adj *mürrisch, miss\mutig, -launisch, -vergnügt* (estar) ‖ *langweilig* (ser, z. B. *Theatervorstellung*) ‖ **–rridor** adj *langweilig* ‖ **–rrimiento** *m Verdruss* m ‖ ⟨fig⟩ *Überdruss* m, *Langeweile* f ‖ *Unannehmlichkeit* f ‖ ◇ ¡qué ~! *wie langweilig!* ‖ **–rrir** vt *langweilen, belästigen* ‖ *anekeln* ‖ ⟨fam⟩ *(Geld) vertun* ‖ ~**se** *s. langweilen* ‖ *überdrüssig werden* (de gen) ‖ ~ como una ostra, ~ como sapos ⟨fam⟩ *s. zu Tode langweilen*
aburujar vt → **aborujar**
abusado adj Guat Mex *wachsam, aufmerksam* ‖ *listig*
abusador adj Chi *missbrauchend*
abu\sar vt/i *missbrauchen* ‖ *täuschen, hintergehen* ‖ ◇ ~ de alg. *jdn ausnehmen* od *schröpfen* ‖ ~ de una chica *ein Mädchen missbrauchen* od *vergewaltigen* ‖ ~ en los precios *zu hohe Preise nehmen, die Preise zu hoch ansetzen* ‖ **–sión** *f Missbrauch* m ‖ *Unbill* f ‖ *Aberglaube* m ‖ **–sionero** adj *abergläubisch* ‖ **–sivo** adj *missbräuchlich* ‖ *unnütz* ‖ ◇ estos precios son ~s *diese Preise sind unverschämt*

hoch‖ –so m Missbrauch m ‖ Unfug m ‖ ~ de
autoridad Amtsmissbrauch m, Missbrauch m der
Amtsgewalt ‖ Ermessensüberschreitung f ‖ ~ de la
bebida Alkoholmissbrauch m ‖ ~ de confianza
Vertrauens\bruch, -missbrauch m ‖ ⟨Jur⟩
Veruntreuung f ‖ ~ sexual sexueller Missbrauch m
‖ ~ de derecho ⟨Jur⟩ Rechtsmissbrauch m ‖ ~s
deshonestos ⟨Jur⟩ schwere Unzucht f ‖ unzüchtige
Handlungen fpl ‖ ~ grave grober Unfug m ‖ ~ de
menores od niños Kindesmissbrauch m ‖ ~ de
pabellón Flaggenmissbrauch m (Völkerrecht) ‖ ~
de poder Ermessensmissbrauch m ‖ ◇ ¡es un ~!
⟨fam⟩ da hört (s.) doch alles auf! ‖ **–són** adj
missbrauchend, ausnutzend ‖ ~ m ⟨fam⟩ Nassauer,
Schnorrer, Schmarotzer m
  abuzarse [z/c] vr s. bäuchlings hinwerfen
  abyec|ción f Verworfenheit f ‖
Niederträchtigkeit f ‖ **–to** adj verworfen ‖
ver\werflich, -achtenswert
  a.c. ⟨Abk⟩ = **año corriente** ‖ ⟨Pharm⟩ **antes de
las comidas**
  a/c ⟨Abk⟩ = **a cargo** ‖ año corriente ‖ al
cuidado ‖ a cuenta
  Ac ⟨Abk⟩ = **actinio**
  A.C. (od. **A.d.C.**) ⟨Abk⟩ = **Año de Cristo** ‖
antes de Cristo
  ac. ⟨Abk⟩ = **acusativo**
  Ac. (od **Acad.**) ⟨Abk⟩ = **academia**
  acá adv hier ‖ hierher ‖ heran ‖ hierzulande ‖ ◆
más ~ herwärts, diesseits ‖ näher heran ‖ por ~
hinwärts ‖ hier(orts) ‖ hierdurch ‖ ~ y a(cu)llá hie
und da ‖ de ~ para allá hin und her ‖ sin más ~ ni
más allá ohne weiteres, geradeaus ‖ ¡ven ~! komm
her! ‖ ¿de cuándo ~? seit wann?
  acabado adj vollendet, vollkommen fertig,
erledigt ‖ verdorben (Gesundheit) ‖ kraftlos ‖ ~ de
llegar soeben angekommen ‖ ~ de pintar frisch
gestrichen ‖ ~ a medida auf Maß bearbeitet ‖ ~
en torno gedreht (Oberflächenzustand) ‖ ~ m
Nachbehandlung f ‖ Fertigbearbeitung,
Zurichtung f ‖ Fertigdrehen n ‖ ⟨Text⟩ Appretur f ‖
adv: **–amente**
  acaba|dor m ⟨Text⟩ Wollfeinstrecker m ‖ **–dora**
f ⟨Text⟩ Finishmaschine f ‖ ⟨Arch⟩ Fertiger m ‖ ~
de caminos od firmes Straßen-, Decken\fertiger m
‖ ~ de capas bituminosas Schwarzdeckenfertiger
m ‖ ~ sobre orugas Raupenfertiger m ‖ ~
universal Universal-, Mehrzweck\fertiger m
  acabalar vt vervollständigen
  acaba|lladero m Gestüt n ‖ Beschälplatz m ‖
Beschälzeit f ‖ **–llado** adj: nariz ~a Habichtsnase f
‖ **–llar** vt be\springen, -schälen (Pferd, Esel) ‖
aufeinander stellen
  acaballerado adj eingebildet ‖ vornehm
aussehend
  acabamiento m Vollendung f ‖ Tod m, Ende n ‖
⟨fig⟩ Verfall, Niedergang m
  acabanzas fpl Mancha Erntedankfest n
  acabar vt beend(ig)en, vollenden, ausführen ‖
(ab)schließen ‖ fertig machen ‖ verbrauchen,
erschöpfen ‖ (Gesundheit) zerstören ‖ erlangen,
zuwege bringen ‖ quälen, plagen ‖ letzte Hand
anlegen ‖ ◇ ~ con alg. von jdm et. erreichen ‖ ~
bien (mal) gut (schlecht) ausgehen ‖ ~ la
construcción de algo et. ausbauen ‖ ~ de imprimir
⟨Typ⟩ ausdrucken ‖ ~ la laminación ⟨Met⟩ fertig
walzen ‖ ~ un taladro nachbohren, fertig bohren ‖
~ vi enden ‖ ausgehen ‖ schließen ‖ sterben,
vergehen ‖ es cosa de nunca ~ das nimmt ja kein
Ende! ‖ antes que acabes, no te alabes ⟨Spr⟩ man
soll den Tag nicht vor dem Abend loben ‖ se acabó
lo que se daba (por cinco) ⟨fam⟩ und damit basta!
‖ jetzt ist alles aus! ‖ se acabó la caña Cu jetzt ist
alles aus ‖ ¡acabáramos! na also! endlich! ‖ ¡y se
acabó! jetzt ist (aber) Schluss! und damit basta!

in Verb. mit Präpositionen:
1. in Verb. mit **con**: ~ con alg. mit jdm
fertig werden ‖ jdm den Garaus machen ‖ ¡esto
acabará conmigo! das werde ich nicht mehr
aushalten! ‖ ¡este hombre acaba con la paciencia de
un santo! dieser Mann bringt den friedfertigsten
Menschen zur Verzweiflung! ‖ el mucho ajetreo
acabó con él die ewige Plackerei war sein
Verderb(en) ‖ ~ con a/c et. vernichten od vertilgen
2. in Verb. mit **de** + inf: soeben et. getan od
verrichtet haben ‖ vollends et. tun ‖ ~ de comer
zu Ende gegessen haben ‖ ~ de escribir fertig od
zu Ende schreiben ‖ fertig geschrieben haben ‖
aufhören zu schreiben ‖ no acaba de gustarme das
gefällt mir nicht ganz ‖ acaba de llegar er (sie, es)
ist soeben angekommen ‖ acaba de publicarse
soeben erschienen (Buch) ‖ ¡acaba de parir! ⟨fig
pop⟩ sprich dich doch einmal aus! ‖ no ~ de
gustar nicht ganz gefallen ‖ no ~ de entender nicht
verstehen können ‖ ¡es el cuento de nunca acabar!
⟨fam⟩ das ist e–e nicht enden wollende
Geschichte! immer dasselbe Lied!
3. in Verb. mit **en**: ~ en bien gut ausgehen
‖ ~ en punta spitz zulaufen ‖ ~ en vocal ⟨Gr⟩
vokalisch enden, auf Vokal enden
4. in Verb. mit **por**: acabó por comprender
er (sie, es) sah es endlich (schließlich, am Ende)
ein ‖ acabarás por arruinarte du wirst dich zum
Schluss noch zugrunde (& zu Grunde) richten ‖
dejar por ~ unvollendet lassen
  Gerundium: ~ afilando fertig schleifen ‖
acabaron peleando es endete bei ihnen mit e–m
Streit ‖ acabó diciendo que ... er (sie, es) sagte zum
Schluss, dass ... ‖ (en) acabando de comer gleich
nach dem Essen
  acabe m PR Erntefest n auf den
Kaffeeplantagen ‖ Col Vollendung f
  acabestrar vt anhalftern (Vieh)
  acabijo m ⟨fam⟩ Vollendung f, Ende n
  acabildar vt ⟨meist pej⟩ Stimmen sammeln (für
e–n bestimmten Zweck)
  acabiray m ⟨Zool⟩ → iribuacabiray
  acabose m: es el ~ ⟨fam⟩ damit ist es aus, das
ist das Letzte, jetzt ist's zappenduster!
  acabronado adj ziegenbockähnlich
  acachar vt Arg ⟨vulg⟩ fangen, einfangen
  acachetear vt (jdn) ohrfeigen
  acacia f ⟨Bot⟩ Akazie f ‖ ~ gomífera
Gummiakazie f (Acacia nilotica) ‖ ~ de tres
espinas Gleditschie, Christus\akazie f, -dorn m
(Gleditsia triacanthos)
  acacina f ⟨Pharm⟩ Akaziengummi m (& n)
  acacio m Arg Chi ⟨Bot⟩ Akazie f
  aca|demia f Akademie, gelehrte Gesellschaft f ‖
Sitzung f von Akademiemitgliedern ‖
(Fach)Hochschule f ‖ Privatlehranstalt f ‖ ⟨Mal⟩
Aktzeichnung f ‖ ~ de baile Tanzschule f ‖ ~ de
Bellas Artes Akademie f der Schönen Künste ‖ ~
de canto Gesangschule f ‖ ~ de Ciencias
Akademie f der Wissenschaften ‖ ~ (superior) de
comercio (höhere) Handelsschule f ‖ ~ de guerra
→ ~ militar ‖ ~ de idiomas Sprach/(en)schule f,
-institut n ‖ ~ militar früher: Kriegsschule, heute:
Offiziersschule f ‖ Real ~ Española (de la Lengua)
Königliche Span. Akademie f (für
Sprachforschung) ‖ **–démico** adj akademisch ‖
⟨fig⟩ steif, gezwungen ‖ ~ m Mitglied n einer
Akademie ‖ ~ de número ordentliches Mitglied n
(e–r Akademie) ‖ adv: **~amente** **–demicista** m/f
→ **–démico**
  acae|cedero adj möglich ‖ **–cer** [-zc-] v. impers
geschehen, s. ereignen ‖ **–cimiento** m Ereignis n,
Begebenheit f
  acafresna f ⟨Bot⟩ Eberesche f, Vogelbeerbaum
m (Sorbus sp)

acahual *m* Mex ⟨Bot⟩ *(Art) Sonnenblume* f ‖ Mex *Unkraut* n
acajú *(pl* ~úes) *m* → **anacardo**
acalabrotar vt ⟨Mar⟩ *schlagen (Kabel)*
acalambrarse vr *s. verkrampfen*
acalasia *f* ⟨Med⟩ *Achalasie* f
acalculia *f* ⟨Med⟩ *Akalkulie* f
acaldar vt Sant *regeln, ordnen* ‖ *Ordnung schaffen*
acalefo *m* ⟨Zool⟩ *Qualle* f ‖ ~s *mpl Quallen* fpl (Scyphozoa)
acalenturarse vr ⟨Med⟩ *Fieber bekommen, fiebrig werden*
acalia *f* ⟨Bot⟩ *Eibisch* m (Althaea officinalis)
acallar vt *zum Schweigen bringen* ‖ ⟨fig⟩ *stillen (Hunger)* ‖ ⟨fig⟩ *beschwichtigen* ‖ ⟨fig⟩ *zufrieden stellen* ‖ ~se *s. beruhigen*
acalo|rado adj *hitzig, heftig, erhitzt* ‖ *gereizt* ‖ adv: ~**amente** ‖ **–ramiento** *m Erhitzung* f ‖ ⟨fig⟩ *Aufwallung* f ‖ *Eifer* m ‖ **–rar** vt *erhitzen* ‖ ⟨fig⟩ *ermutigen* ‖ ⟨fig⟩ *aufregen* ‖ ~se *warm werden* ‖ *s. erhitzen* ‖ *in Wut geraten*
acalugar vt Gal Sal *beruhigen* ‖ *streicheln*
acamarse vr *s. legen (Saaten)*
acamastrado adj ⟨fam⟩ *verlottert*
acamellado adj *kamelartig*
acampa|da *f Zeltlager* n ‖ **–do** *m Camper, Zelt(l)er, Lagerteilnehmer* m ‖ **–miento** *m Campen, Zelten, Lagern* n
acampa|nado adj *glockenförmig* ‖ **–nar** vt *glockenförmig arbeiten (Rock)*
acampar vi *campen, zelten, lagern* ‖ ⟨Mil⟩ *lagern, Lager beziehen* ‖ *kampieren* ‖ ~se ⟨Mil⟩ *ein Lager beziehen*
acampo *m Weideplatz* m ‖ Gal *Brachfeld* n
acampsia *f* ⟨Med⟩ *Gelenksteifheit* f
ácana *f*[el] ⟨Bot⟩ *Akanabaum* m (Laubordonnusia albescens) ‖ *Akanaholz* n ‖ ◆ de ~ And *erstklassig,* ⟨fam⟩ *prima*
acana|lado adj ⟨Tech⟩ *hohlgerieft, gerippt* ‖ *ausgekehlt* ‖ ~ *m Kannelierung, Auskehlung* f, *Riffeln* n ‖ *Rips* m *(Tuch)* ‖ ~ de una polea *Kalibrierung* f *einer Seilrolle* ‖ **–lador** *m Kehl-, Hohlkehlen-, Fugen-, Sims|hobel* m ‖ **–ladura** *f Rille, Riefe* f ‖ *(Aus)Kehlung, Riefelung* f ‖ **–lar** vt *auskehlen, kannelieren, riefeln, rillen, riffeln*
acanallado adj *pöbelhaft* ‖ *verroht, tierisch* ‖ *niederträchtig*
acandilado adj *öllampenähnlich*
acanelado adj *Zimt-,* ‖ *zimtfarben* ‖ *nach Zimt schmeckend*
acanga *m* ⟨V⟩ *Perlhuhn* n
acanillado adj *streifig (Tuch)* ‖ *gerippt (Papier)*
acansinarse vr *träge od faul werden*
acanta *f Dorn* m
acantá|ceas *fpl* ⟨Bot⟩ *Akanthusgewächse* npl (Acanthaceae) ‖ **–ceo** adj ⟨Bot⟩ *distelartig*
acantalear v. impers Ar *hageln* ‖ Ar *in Strömen regnen*
acantarado adj ⟨fam⟩ *erz-, stroh|dumm*
acantilado adj *steil, abschüssig* ‖ ~ *m steil abfallendes Gelände* n ‖ *Fels(en)-, Steil|küste* f, *Kliff* n, *Steilwand* f
acanto *m* ⟨Bot⟩ *Akanthus, Bärenklau* m (Acanthus mollis) ‖ ⟨Arch⟩ *Blattverzierung* f, *Akanthus* m, *Säulenlaubwerk* n
acantocarpo adj ⟨Bot⟩ *stachelfrüchtig, mit stach(e)ligen Früchten*
acantocéfalo *m* ⟨Zool⟩ *Hakenwurm* m
acantoma *m* ⟨Med⟩ *Akanthom* n, *Hautgeschwulst* f
acanto|namiento *m* ⟨Mil⟩ *(Orts)Unterkunft* f, *(Stand)Quartier* n ‖ **–nar** vt ⟨Mil⟩ *einquartieren* ‖ **–narse** vr ⟨Mil⟩ *ins Quartier rücken, Quartier beziehen*

acantopterigios *mpl* ⟨Fi⟩ *Stachelflosser* mpl *(Knochenfische)*
acantosis *f* ⟨Med⟩ *Akanthose* f, *Stachelbecken* n
acanturo *m* ⟨Fi⟩ *Seebader, Schnäpperfisch* m (Acanthurus chirurgus)
acanutado adj *röhren-, tüten|förmig*
acañonear vt → **cañonear**
acapa|rador *m Aufkäufer* m ‖ ⟨fam⟩ *Hamsterer* m ‖ **–ramiento** *m Hortung* f ‖ ⟨fam⟩ *Hamstern* n ‖ **–rar** vi/t *anhäufen, aufkaufen* ⟨fam⟩ *hamstern* ‖ ⟨fig⟩ *mit Beschlag belegen (jdn)* ‖ ◇ ~ la atención *die Aufmerksamkeit auf s. lenken* ‖ ~ todas las miradas *alle Blicke auf s. ziehen* ‖ ~ la palabra *niemanden zu Wort kommen lassen* ‖ ~ el poder *die Macht an s. reißen*
acaparrar vt *verstecken* ‖ ~se *s. (heimlich) verständigen (con mit)*
acaparrosado adj *vitriolfarbig*
acápite *m* Am *Absatz* m *(in e–m Text)*
acapizarse [z/c] vr Ar ⟨fam⟩ *s. im Zweikampf umklammern* ‖ Ar ⟨fam⟩ *zu nahe kommen (z. B. beim Tanzen)*
acapnia *f* ⟨Med⟩ *Bergkrankheit* f
acaponado adj: voz ~a *Kastraten-, Fistel|stimme* f
acapuch(in)ado adj *kuttenförmig*
acapullado adj *kokon|förmig, -artig*
acapulqueño adj/s *aus Acapulco* ‖ *auf Acapulco bezüglich*
acaracolado adj *schneckenförmig* ‖ *lockig (Haar)*
acarame|lado adj *mit Karamellzucker überzogen* ‖ ⟨fig⟩ *zuckersüß* ‖ **–lar** vt *in Zucker sieden* ‖ ~se ⟨fam⟩ *zuckersüß tun* ‖ ⟨fam⟩ *Süßholz raspeln*
acarapachado adj PR *dunkeläugig*
acardenalar vt *grün und blau schlagen* ‖ *quetschen* ‖ ~se *Flecken bekommen*
acardenillado adj *grünspanfarbig*
acar|dia *f* ⟨Med⟩ *Fehlen* n *des Herzens* ‖ **–dio** *m Akar|diacus, -dier* m
acarear v/t *(jdm) trotzen* ‖ ⟨Jur⟩ *(jdn e–m anderen) gegenüberstellen*
acariasis *f* ⟨Med⟩ *Aka|riasis, -rinose* f ‖ ⟨Agr⟩ *Akarinose, Kräuselkrankheit* f *der Rebe*
acariciar vt *liebkosen, streicheln,* ⟨fam⟩ *hätscheln* ‖ *hegen (Idee, Plan)*
acaricida *m Akarizid, Milbenvertilgungsmittel* n
acáridos *mpl* ⟨Zool⟩ *Milben* fpl
acariñar vt Arg Chi Pe *streicheln*
aca|rio adj *kernlos (Zelle)* ‖ **–riosis** *f* → **–riasis**
acarnerado adj *schafähnlich* ‖ *ramsnäsig (Pferd)*
ácaro *m* ⟨Zool⟩ *Milbe* f ‖ ~ del folículo piloso *Haarbalgmilbe* f ‖ ~ del queso *Käsemilbe* f
acarpo adj ⟨Bot⟩ *ohne Frucht*
acarraladura *f* Chi Pe *Laufmasche* f
acarralarse vr *einlaufen (Stoff)*
acarrarse vr *den Schatten bei großer Hitze suchen*
acarre|adizo adj *zum Transport geeignet* ‖ **–ador** *m Fuhrmann, Kärrner* m ‖ **–ar** vt *transportieren, befördern* ‖ *ab-, weg|rollen* ‖ *anfahren* ‖ *ein|fahren, -bringen (Ernte)* ‖ *verursachen (Schaden)* ‖ **–o** *m Beförderung* f *(zu Land, zu Wasser)* ‖ *An-, Zu|fuhr* f ‖ ⟨Inform⟩ *Überlauf* m ‖ ⟨Mil⟩ *Nachschub* m, *Versorgung* f, *Fuhrwesen* n ‖ ~ de basuras *Müllabfuhr* f ‖ ~ fluvial *Auflandung, Anschwemmung* f ‖ ⟨Geol⟩ *natürliche Kolmation* f ‖ ~ hidráulico *Spültransport* m ‖ ~s glaciales *glaziale Ablagerung* f ‖ ~ de los ríos en el fondo del cauce *Geschiebe|führung, -wanderung* f, *-transport* m ‖ ~ de tierras *Bergeförderung* f

acarroñar vt Col *einschüchtern* ‖ **~se** *verfaulen* ‖ Col *verzagen*
acarto|nado adj *kartonartig* ‖ ⟨Text⟩ *eingeschrumpft* ‖ ⟨fig⟩ *mager* ‖ **–narse** vr *einschrumpfen* ‖ ⟨fig⟩ *abmagern, hager werden*
acase|rado adj Am *zugelaufen (Hund)* ‖ *~ m* Chi Pe *Stammkunde* m ‖ **–rarse** vr Chi Pe *Kunde werden* ‖ ◇ *~ con* alg. *mit jdm vertraut werden* ‖ *jdn lieb gewinnen*
acaso adv *zufälligerweise* ‖ *vielleicht, etwa* *(so)gar* ‖ *~ venga vielleicht kommt er* ‖ *¿~? vielleicht?* ‖ si *~ höchstens* ‖ por si *~ wenn etwa, im Falle dass, falls* ‖ *auf alle Fälle* ‖ más vale un por si *~ que un quién pensara* ⟨Spr⟩ *Vorsicht ist besser als Nachsicht* ‖ *~ m Zufall* m ‖ ◆ al *~ aufs Geratewohl* ‖ por *~ zufällig*
acastañado adj *kastanienbraun*
acastillado adj *schlossartig*
acastorado adj *biberpelz|ähnlich, -artig*
acataléctico adj ⟨Poet⟩ *akatalektisch (mit vollständigem Versfuß endend)*
aca|tamiento m *Ehrfurcht, Hochachtung* f ‖ *Folgsamkeit* f ‖ **–tar** vt ⟨*ver)ehren* ‖ *beachten* ‖ *(jdm) huldigen* ‖ *befolgen, gehorchen* (dat) ‖ ◇ *~ abajo gering schätzen* ‖ *~ instrucciones Weisungen befolgen*
acata|rrado adj *verschnupft* ‖ **–rrar** vt Mex ⟨pop⟩ *belästigen, plagen* ‖ **~se** s. *erkälten, e–n Schnupfen bekommen* ‖ Pe ⟨pop⟩ s. *beschwipsen*
acatarsia f *Un|reinlichkeit, -reinheit* f
acateno adj *kettenlos (Fahrrad)*
acates m ⟨lit⟩ *treuer Freund* m
acatexia f ⟨Med⟩ *Inkontinenz* f
acatisia f ⟨Med⟩ *Akathisie, Sitzangst* f
acato m *Ehrfurcht* f ‖ ◇ *darse ~ de algo et. gewahr werden* ‖ *hacer ~ billigen* ‖ *loben*
acatólico adj *nicht katholisch, akatholisch* ‖ *~ m Nichtkatholik, Akatholik* m
acatu adv And *hier*
¡acaucau! Pe int *au!*
acauda|lado adj *wohlhabend, reich, vermögend* ‖ **–lar** vt *(Vermögen) sammeln* (& fig)
acaudi|llador m *(An)Führer* m ‖ **–llamiento** m *Führung* f ‖ **–llar** vt *(an)führen, befehligen, an der Spitze stehen*
acaule adj ⟨Bot⟩ *stengellos*
Aca|ya f ⟨Geogr⟩ *Achaia* n ‖ **ᵃyo** adj *achäisch* ‖ *~ m Achäer* m
acayú [pl **~úes**] m RPl *Mahagoni|baum* m, *-holz* n
acc. ⟨Abk⟩ = **aceptación**
¹acceder vi *beitreten* (dat) ‖ *beipflichten, zustimmen, willfahren* (dat), *einwilligen in* (acc) od *zu* (inf) ‖ ◇ *~ a una petición e–r Bitte entsprechen*
²acceder vi *gelangen, Zugang haben* ‖ ◇ por esta puerta se accede a la sala *durch diese Tür gelangt man in den Saal*
acce|sibilidad f *Zugänglichkeit* f ‖ *Zutritt(smöglichkeit* f) m ‖ **–sible** adj *(m/f) zugänglich* ‖ ⟨fig⟩ *leutselig, umgänglich* ‖ *verständlich (Text, Buch)* ‖ *erschwinglich (Preis)* ‖ **–sión** f *Beitritt* m ‖ *Zustimmung* f ‖ ⟨lit⟩ *Beischlaf* m, *Begattung* f ‖ ⟨Jur⟩ *Besitzergreifung* f ‖ ⟨Jur⟩ *Akzession, Anlandung* f, *Zuwachs* m ‖ *Akkreation* f, *Anwachsen* n *(e–s Staatsgebietes)* ‖ ⟨Med⟩ *Fieberanfall* m ‖ *~ en bienes inmuebles, ~ de mueble a inmueble* ⟨Jur⟩ *Verbindung* f *e–r beweglichen Sache mit e–m Grundstück* ‖ *~ al poder Machtübernahme* f ‖ *~ al trono Thronbesteigung* f ‖ ◇ adquirir por *~* ⟨Jur⟩ *durch Verbindung* od *Vermischung erwerben*
accesional adj *(m/f) anfallsartig*
¹acceso m *Zugang* m ‖ *Zutritt* m ‖ *An-, Auf|fahrt* f ‖ *Besteigung* f *(Berg)* ‖ ⟨Inform⟩ *Zugriff* m ‖ *~ caminero* od *carretero Straßenzufahrt* f ‖ *~ directo*

⟨Inform⟩ *Direktzugriff* ‖ *~ libre freier Zugang* m ‖ *~ al mar Zugang* m *zum Meer* ‖ *~ al poder Macht|übernahme, -ergreifung* f ‖ *~ a la universidad Zugang* m *zum Hochschulstudium*
²acceso m *Anfall* m (& Med) ‖ *~ de cólera Wut|anfall, -ausbruch, Zornesausbruch* m ‖ *~ furioso* od *de furia Tobsuchtsanfall* m ‖ *~ de gota Gichtanfall* m ‖ *~ palúdico Malariaanfall* m ‖ *~ de tos Hustenanfall* m
³acceso m: *~ carnal* ⟨lit⟩ *Begattung* f, *Beischlaf* m
acce|sorias fpl *Nebengebäude* npl ‖ **–sorio** adj *nebensächlich, Neben-, akzessorisch* ‖ *~ m Zubehör* n ‖ *Nebensache* f ‖ *~s mpl Zubehörteile* npl ‖ *Armaturen* fpl ‖ *(Mode)Accessoires* npl ‖ *~ para conductos de vapor Dampfarmaturen* fpl ‖ *~ para tubería Rohrleitungsarmaturen* fpl ‖ *~ resistentes a los ácidos säurebeständige Armaturen* fpl
acciden|tado adj *verunglückt* ‖ *unpässlich* ‖ *aufgeregt, unruhig* ‖ *hüg(e)lig, holp(e)rig, uneben (Land)* ‖ *~ m Verunglückte(r)* m, *Unfallopfer* n ‖ *Unfallgeschädigte(r)* m ‖ **–tal** adj *(m/f) zufällig* ‖ *unwesentlich, nebensächlich* ‖ *vorübergehend ein Amt bekleidend* ‖ *~ m* ⟨V⟩ *Irrgast* m ‖ adv: *~mente* ‖ **–tar** vt *gefährden* ‖ **~se** *verunglücken, e–n Unfall erleiden*, ⟨schw⟩ *verunfallen* ‖ **–te** m *Zufall, Zwischenfall* m ‖ *Unwesentliche(s)* n ‖ ⟨Med⟩ *Zwischenfall* m ‖ ⟨Gr⟩ *Endung* f ‖ ⟨Mus⟩ *Vor-, Versetzungs|zeichen* n ‖ ⟨Philos⟩ *Akzidens* n ‖ *~ de alcance Auffahrunfall* m ‖ *~ de auto(móvil) Autounfall* m ‖ *~ de aviación Flugzeugunglück* n ‖ *~ de circulación Verkehrs|unfall* m ‖ *~ en la construcción Baustellen-, Betriebs|unfall* m ‖ *~ ferroviario (Eisen)Bahnunglück* n ‖ *~s del terreno Geländeunebenheiten* fpl ‖ *~ de trabajo Arbeitsunfall* m ‖ *~ de tráfico* od ⟨meist Am⟩ *tránsito Verkehrsunfall* m ‖ *campaña contra ~s Unfallverhütungsfeldzug* m ‖ *dispositivo de seguridad contra ~s Unfallschutzvorrichtung* f ‖ ◆ *bajo los ~s del vino in der Gestalt des Weines (das Blut Christi)* ‖ *por ~ zufällig*
¹acción f *Handlung, Tat* f ‖ *Tätigkeit* f ‖ *Betätigung* f ‖ *Action* f ‖ *Wirkung* f, *Einfluss* m ‖ *Bewegung* f ‖ ⟨Mal⟩ *Körperhaltung, Pose* f ‖ ⟨Mil⟩ *Kriegstat* f ‖ ⟨Mil⟩ *Gefecht, Treffen* n ‖ *~ amortiguadora* ⟨Chem⟩ *Pufferwirkung* f ‖ *~ antitóxica* ⟨Pharm⟩ *Gegengiftwirkung* f ‖ *~ aspiradora Saugwirkung* f ‖ *~ Católica Katholische Aktion* f ‖ *~ de contacto Kontaktwirkung* f ‖ *~ de contramedida* ⟨Mil⟩ *Gegenmaßnahme* f ‖ *~ disolvente* ⟨Chem⟩ *Lösevermögen* n ‖ *~ diurética diuretische* od *harntreibende Wirkung* f ‖ *~ estimulativa Reizwirkung* f ‖ *~ explosiva Sprengwirkung* f ‖ *~ de gracias Dank|gebet* n, *-sagung* f ‖ *~ de guerra Kriegshandlung* f ‖ *~ inhibidora* ⟨Biol Med⟩ *inhibitorische* od *hemmende Wirkung* f ‖ *~ local* ⟨Med⟩ *lokale Wirkung* f ‖ *~ de masa* od *de las masas* ⟨Chem⟩ *Massenwirkung* f ‖ *~ noble edle* od *rühmliche Tat* f ‖ *~ refleja* ⟨Biol⟩ *Reflexwirkung* f ‖ *~ retardada* ⟨Pharm⟩ *Retardwirkung* f, ⟨El⟩ *verzögerte Wirkung* f ‖ *~ sacrílega frevelhafte Tat* f ‖ *~ tampón* ⟨Chem⟩ *Pufferwirkung* f ‖ *~ terapéutica* ⟨Med⟩ *therapeutische Wirkung, Heilwirkung* f ‖ *~ torpe ungeschickte Handlung* f ‖ *Unzucht* f ‖ ◆ *de ~ directa unmittelbar* od *direkt wirkend* ‖ *~ instantánea* od *inmediata sofort wirkend* ‖ *schnell auslösend* ‖ *de ~ prolongada mit Langzeitwirkung* f ‖ ◇ *beber las acciones de* alg. ⟨fig⟩ *jdm auf den Fersen sein*
²acción f ⟨Jur⟩ *(gerichtliche) Klage* f ‖ *Rechtsanspruch* m ‖ *~ accesoria en una acción pública Nebenklage* f ‖ *~ civil Zivilklage* f ‖ *~*

coercitiva *Zwangsaktion* f ‖ ~ de cognición
Feststellungsklage f ‖ ~ confesoria *Klage* f *auf
Anerkennung* od *Ausübung dinglicher Rechte* ‖ ~
constitutiva *Gestaltungsklage* f ‖ ~ cuanto minoris
⟨lat⟩ *Minderungsklage* f ‖ ~ de cumplimiento
Erfüllungsklage f ‖ ~ por daños y perjuicios
Schadenersatzklage f ‖ ~ declarativa
Feststellungsklage f ‖ ~ denegatoria *Abwehrklage*
f ‖ ~ de desahucio *Räumungsklage* f ‖ ~ de
devolución *Rückerstattungsklage* f ‖ ~ de
difamación *Verleumdungsklage* f ‖ ~ directa
(contra el asegurador) *unmittelbarer Anspruch* m
(gegen den Versicherer) ‖ ~ de divorcio
Scheidungsklage f ‖ ~ emanada de delito *Klage* f
aus unerlaubter Handlung ‖ ~ estimatoria
Minderungsklage f ‖ ~ hereditaria *Erbschaftsklage*
f ‖ ~ de impugnación *Anfechtungsklage* f ‖ ~ de
incidentes *Zwischenfeststellungsklage* f ‖ ~
indemnizatoria *Schadenersatzklage* f ‖ ~
inhibitoria *Klage* f *auf Unzuständigerklärung* ‖ ~
de la legitimidad, ~ de la filiación legítima
Anfechtung f *der Ehelichkeit* ‖ ~ negatoria
Eigentumsstörungsklage f ‖ ~ de nulidad
Nichtigkeitsklage f ‖ ~ de omisión
Unterlassungsklage f ‖ ~ pauliana
Anfechtungsklage f ‖ ~ penal *Strafklage* f ‖ ~
persecutoria de la cosa *Herausgabeklage* f ‖ ~ de
petición de herencia *Erbschaftsklage* f ‖ ~
petitoria *petitorische Klage* f ‖ ~ posesoria
Besitz(schutz)klage, possessorische Klage f ‖ ~
real *dingliche Klage* f ‖ ~ de reclamación de
estado *Klage* f *auf Feststellung des
Personenstands* ‖ ~ de reconocimiento de
paternidad *Klage auf Anerkennung der
Vaterschaft, Abstammungsklage* f ‖ ~ recursoria
Rückgriffs-, Regress\klage f ‖ ~ redhibitoria
Wandlungsklage f ‖ ~ reivindicatoria
Eigentumsherausgabe-, Besitzentziehungs\klage f ‖
~ rescisoria *Aufhebungsklage* f ‖ ~ de resolución
del contrato de arriendo *Mietaufhebungsklage* f ‖
~ resolutoria *Aufhebungsklage* f ‖ ~ de restitución
Rückerstattungsklage f ‖ ~ por silencio
administrativo *Untätigkeitsklage* f
   ³acción f ⟨Com⟩ *Aktie* f ‖ *Anteil(schein)* m ‖ Chi
Lotterielos n ‖ ~ antigua *alte Aktie* ‖ ~ de disfrute
Genuss\schein m, *-aktie* f ‖ ~ de fundador
Gründeraktie f ‖ ~ gratuita *Gratisaktie* f ‖ ~
(completamente) liberada *(voll) eingezahlte Aktie* f
‖ ~ de mina(s) *Kux* m ‖ ~ nominativa (vinculada)
(vinkulierte) Namensaktie f ‖ ~ nueva *junge Aktie*
f ‖ ~ ordinaria *Stammaktie* f ‖ ~ original
Stammaktie f ‖ ~ al portador *Inhaberaktie* f ‖ ~
preferente *od* de prioridad *Vorzugs-,
Prioritäts\aktie* f ‖ ~ de la primera emisión, ~
primitiva *Stammaktie* f ‖ ~ de voto plural
Mehrstimmrechtsaktie f
   accionado m *Gebärdenspiel* n
   accionamiento m ⟨Tech⟩ *Antrieb* m ‖ ~ angular
Winkel\trieb, -antrieb m ‖ ~ bilateral
doppelseitiger Antrieb m *(mit großer Kraft)* ‖ ~ a brazo *Handantrieb*
m *(mit großer Kraft)* ‖ ~ por cable *Seil(be)trieb* m
‖ ~ por cigüeñal *Kurbelantrieb* m ‖ ~ continuo
stufenloser Antrieb ‖ ~ por correa *Riemenantrieb*
m ‖ ~ por cremallera *Zahnstangenantrieb* m ‖ ~
directo *direkter, unmittelbarer Antrieb* m ‖ ~ a
distancia *Fernantrieb* m ‖ ~ doble
Zwillingsantrieb m ‖ ~ por (todos) los ejes ⟨Auto⟩
Allradantrieb m ‖ ~ por el eje posterior
Hinter\radantrieb, -achsantrieb m ‖ ~ eléctrico
elektrischer Antrieb ‖ ~ por excéntrica
Exzenterantrieb m ‖ ~ por fricción
Reibungsantrieb ‖ ~ gemelo *Zwillingsantrieb* m
‖ ~ hidráulico *Druckwasserantrieb, hydraulischer
Antrieb* m ‖ ~ por horquilla *Gabelantrieb* m
(Seilbahn) ‖ ~ individual *Einzelantrieb* m ‖ ~ por

manivela *Kurbelantrieb* m ‖ ~ a mano, ~ manual
Hand\antrieb, -betrieb m, *-betätigung* f ‖ ~
mecánico *Maschinenantrieb, mechanischer
Antrieb* m ‖ ~ por motor *Motor-, Kraft\antrieb* m ‖
~ neumático *Druckluftantrieb* m ‖ ~ oscilante
Pendel\antrieb m, *-getriebe* n ‖ ~ por palanca
Hebelantrieb m ‖ ~ por pedal *Fuß\antrieb,
-betrieb* m ‖ ~ principal *Hauptantrieb* m ‖ ~ por
repulsión *Rückstoß-, Reaktions\antrieb* m ‖ ~
reversible *Umkehrantrieb* m ‖ ~ por ruedas
dentadas *Zahnradantrieb* m ‖ ~ sincrónico
Synchronantrieb m ‖ ~ por tornillo sin fin
Schneckenantrieb m ‖ ~ por vapor *Dampfantrieb*
m ‖ ~ por volante *Handradantrieb* m
   accionante m/f ⟨Jur⟩ *Kläger(in* f) m
   accio\nar vt/i *wirken, einwirken* ‖ *gestikulieren*
‖ ⟨Tech⟩ *antreiben, betätigen* ‖ ~ a distancia
fernbetätigen ‖ ~ el freno *die Bremse betätigen* ‖
~ una petición ⟨Jur⟩ *e–n Antrag (bei der Behörde)
stellen* ‖ **–nariado** m *die Aktionäre* mpl ‖ **–nista**
m/f *Aktionär(in* f) m ‖ ~ censor de cuentas
rechnungsprüfender Aktionär(in f),
Abschlussprüfer(in f) m
   accípitre m ⟨V⟩ *Sperber* m
   accipítridos mpl ⟨V⟩ *Greifvögel* mpl
(Accipitridae)
   accisa f ⟨Hist⟩ *Akzise, Verbrauchs-* od
Verkehrs\steuer f
   accitano adj/s *aus Guadix* (P Gran) ‖ *auf
Guadix bezüglich*
   accs. ⟨Abk⟩ = **acciones**
   ace m ⟨Sp⟩ [Tennis] *As* n
   ace\bal m, **–beda** f, **–bedo** m *mit Stechpalmen
bewachsener Ort* m ‖ **–bo** m ⟨Bot⟩ *Stechpalme* f
(Ilex aquifolium)
   acebolladura f *Kernschäle* f *(Holz)*
   acebu\che m ⟨Bot⟩ *Wilder Öl-* od *Oliven\baum*
m (Olea europaea silvestris) ‖ **–china** f *wilde Olive*
f
   acecha\dera f *Anstand* m ‖ *Hinterhalt* m ‖ **–dor**
m *Späher, Spion* m
   acechanza f → **asechanza**
   acechar vt *spähen, (be)lauern* ‖ *nachstellen*
(dat) ‖ ~ la ocasión *nach e–r günstigen
Gelegenheit ausspähen* ‖ ~ vi *lauschen, lauern
aceche* m ⟨Chem⟩ *Vitriol* n
   ace\cho m *Lauern, Horchen, Aufpassen* n ‖
Hinterhalt m, *Lauer* f ‖ ◆ al ~, en ~ *auf der
Lauer* ‖ ◇ estar al ~ ⟨Jgd⟩ *auf dem Anstand sein* ‖
–chón adj *horchend, spähend* ‖ ~ m *Späher, Spion*
m
   acecinar vt *(Fleisch) pökeln, selchen, einsalzen
und räuchern* ‖ **-se** ⟨fig⟩ *mager werden*
   ace\dar vt *säuern* ‖ ⟨fig⟩ *erbittern* ‖ **-se** *sauer
werden* ‖ *umschlagen (Bier, Wein)* ‖ *verwelken
(Pflanzen)*
   acedera f ⟨Bot⟩ *Sauerampfer* m (Rumex
acetosa) ‖ ~ alpina *Alpenampfer* m (Rumex
alpina) ‖ ~ crespa ⟨Bot⟩ *Krauser Ampfer* m
(Rumex crispus)
   acederaque m ⟨Bot⟩ *Zimtbaum* m
(Cinnamomum sp) ‖ *Zerdrachbaum* m (Melia
azedarach)
   acederilla f ⟨Bot⟩ *Waldsauerklee* m (Oxalis
acetosella) ‖ *kleiner Sauerampfer* m (Rumex
acetosella)
   acedia f Chi *Faulheit* f
   ¹acedía f *Säure* f ‖ *Magensäure* f ‖ ⟨Med⟩
Sodbrennen n, *Pyrose* f ‖ ⟨fig⟩ *Bitterkeit* f
   ²acedía f ⟨Fi⟩ *Flunder* f (Platichtys flesus)
   ace\do adj *sauer* ‖ *herb* ‖ ⟨fig⟩ *griesgrämig* ‖
–doso adj → **ácido**
   acefa\lia, –lía f, **–lismo** m ⟨An⟩ *Kopflosigkeit* f
   acéfalo adj ⟨An⟩ *kopflos, ohne Kopf, azephal* ‖
⟨fig⟩ *führerlos*

acei|tada *f* ⟨Kochk⟩ *(Art) Ölgebäck* n ‖ ⟨fam⟩ *Ölschmierung* f ‖ **–tado** adj *ge|schmiert, -ölt* ‖ *ölgar (Leder)* ‖ ~ *m Ölschmierung* f ‖ **–tador** *m Öler* m ‖ **–taje** *m Ölung* f ‖ **–tar** vt *ölen, schmieren* ‖ *mit Öl bestreichen (Brot)*
aceite *m Öl* n ‖ ~ *ácido saures Öl* n ‖ ~ alcanforado *Kampferöl* n ‖ ~ alimenticio *Speiseöl* n ‖ ~ de alquitrán *Teeröl* n ‖ ~ animal *tierisches Öl* n ‖ ~ de almendras *Mandelöl* n ‖ ~ de asafétida *Stinkasantöl* n ‖ ~ de ballena *Walratöl* n ‖ ~ de baño *Badeöl* n ‖ ~ de beleño *Bilsenkrautöl* n ‖ ~ de bergamota *Bergamottöl* n ‖ ~ bruto *Rohöl* n ‖ ~ para el cabello *Haaröl* n ‖ ~ de cacao *Kakaobutter* f ‖ ~ de cantáridas *Spanischfliegenöl* n ‖ ~ de cañamones *Hanföl* n ‖ ~ de castor Am → ~ de ricino ‖ ~ de chaulmugra *Chaulmogra-, Gynokardium|öl* n ‖ ~ de colza *Rüböl* n (aus Brassica campestris) ‖ *Rüb-, Raps|öl* n (aus Brassica napus) ‖ ~ combustible *Heiz-, Brenn|öl* n ‖ ~ comestible *Speiseöl* n ‖ ~ crudo *Rohöl* n ‖ ~ dextrógiro *rechtsdrehendes Öl* n ‖ ~ Diesel *Diesel|öl* n, *-kraftstoff* m ‖ ~ de engrase *Schmieröl* n ‖ ~ esencial *ätherisches Öl* n ‖ ~ de esperma *Spermazetiöl* n ‖ ~ de espliego *Lavendelöl* n ‖ ~ fenicado *Karbolöl* n ‖ ~ de filmarón *Filmaronöl* n ‖ ~ de fusel *Fuselöl* n ‖ ~ de girasol *Sonnenblumenöl* n ‖ ~ de hígado de bacalao *Lebertran* m ‖ ~ de hoja de cedro *Zedernblätteröl* n ‖ ~ de ilang-ilang *Ylang-Ylang-Öl* n ‖ ~ de linaza *Leinöl* n ‖ ~ lubri(fi)cante *Schmieröl* n ‖ ~ de madera *Holzöl* n ‖ ~ de madera de cedro *Zedernholzöl* n ‖ ~ de menta *Pfefferminzöl* n ‖ ~de mesa *Tafelöl* n ‖ ~ mineral *Mineralöl* n ‖ ~ de mostaza *Senföl* n ‖ ~ de nabina *Rübsenöl* n ‖ ~ de nabo *Rüböl* n ‖ ~ de nueces *Nussöl* n ‖ ~ de oliva *Olivenöl* n ‖ ~ de palma *Palmöl* n ‖ ~ pesado *Schweröl* n ‖ ~ de pescado *Fischtran* m ‖ ~ de resina *Tallöl* m ‖ ~ de ricino *Rizinusöl* n ‖ ~ de rosas *Rosenöl* n ‖ ~ de ruda *Rautenöl* n ‖ ~ secante *Trockenöl* n ‖ ~ de soja *Sojaöl* n ‖ ~ solar *Sonnenöl* n ‖ ~ de trementina *Terpentinöl* n ‖ ~ usado *Altöl* n ‖ ~ vegetal *Pflanzenöl* n ‖ ~ virgen *kaltgepresstes Öl* n ‖ ~ de vitriolo *Oleum* n, *rauchende Schwefelsäure* f ‖ ~ volátil *ätherisches Öl* n ‖ ~ yodado *Jodöl* n ‖ ◇ echar ~ al fuego ⟨fig⟩ *den Zorn od Hass schüren, Öl ins Feuer gießen* ‖ echar ~ a la lámpara ⟨fig⟩ *s–n Bauch pflegen* ‖ caro como ~ de Aparicio ⟨fam⟩ *gepfeffert, sündhaft teuer* ‖ quien ~ mesura, las manos se unta ⟨Spr⟩ *wer Pech anfasst, besudelt s.* ‖ la noticia cundió como mancha de ~ *die Nachricht verbreitete s. wie ein Lauffeuer* ‖ ~**s** *mpl Ölarten* fpl, *Öle* npl ‖ ~ etéricos *ätherische Öle* npl ‖ ~ grasos *Fettöle* npl
acei|tera *f Ölkrug* m ‖ *Ölfläschchen* n ‖ *Schmier-, Öl|kanne* f, *Öler* m ‖ *Ölhändlerin* f ‖ ~**s** *fpl Essig- und Öl|ständer* m ‖ **–tería** *f Ölfabrik* f ‖ *Ölladen* m
¹aceitero adj *Öl-* ‖ ~ *m Ölmüller* m ‖ *Ölhändler* m ‖ *Ölhorn* n *der Schäfer*
²aceitero *m* ⟨Ins⟩ *Ölkäfer, Maiwurm* m (Meloé proscarabeus)
acei|tillo *m dünnes, schlechtes Öl* ‖ Am *Riechöl* n ‖ **–tón** *m dickes Öl* ‖ **–toso** adj *ölig, ölhaltig*
aceitu|na *f Olive* f ‖ ~ aliñada *eingemachte Olive* ‖ ~ gordal *Riesenolive* f ‖ ~ manzanilla *Manzanillaolive* f ‖ ~ de mesa *Tafelolive* f ‖ ~ de la Reina And *Riesenolive* f ‖ ~s rellenas de anchoas *mit Anschovis gefüllte Oliven* fpl ‖ ◇ llegar a las ~s ⟨fam⟩ *zu spät kommen* ‖ tener la suerte de las ~s ⟨fam⟩ *ein gewinnendes Äußeres haben* ‖ **–nado, –nil** adj *(m/f) olivenbraun, olivfarben* ‖ **–nera** f Extr *Zeit* f *der Olivenernte* ‖ **–nero** *m Olivenpflücker* m ‖ *Olivenhändler* m ‖ **–no** *m* ⟨Bot⟩ *Öl-, Oliven|baum* m

acela|jado adj *wolkig, bewölkt* ‖ **–jarse** vr *s. bewölken (Himmel)*
acele|ración *f Beschleunigung, Eile* f ‖ *Geschwindigkeitszunahme* f ‖ *Zeitraffung* f *(Film)* ‖ ~ angular *Dreh-, Winkel|beschleunigung* f ‖ ~ anormal *Durchgehen* n ‖ ~ de la caída *Fallbeschleunigung* f ‖ ~ de la gravedad, ~ de la gravitación *Schwere-, Erd|beschleunigung* f ‖ ~ inicial *Anfangsbeschleunigung* f ‖ ~ retardatriz ⟨Mil⟩ *Verzögerung* f *der Geschossbewegung* ‖ ~ de rotación *Drehbeschleunigung* f ‖ ~ suplementaria *Nachbeschleunigung* f ‖ **–rado** adj *schnell, rasch* ‖ adv: ~**amente**
acele|rador adj *beschleunigend, antreibend* ‖ ~ *m* ⟨An⟩ *Treibmuskel* m ‖ ⟨Aut⟩ *Gas|pedal* n, *-hebel* m ‖ ~ (de partículas) *circular bzw lineal* ⟨Phys⟩ *Kreis- bzw Linear(Teilchen)Beschleuniger* m ‖ ◇ pisar el ~ *auf das Gaspedal treten, Gas geben* ‖ **–ramiento** *m* → **aceleración** ‖ *Hast, Eile* f ‖ **–rante** *m Beschleuniger* m ‖ **–rar** vt/i *beschleunigen* ‖ *schneller fahren* ‖ ⟨fig⟩ *fördern* ‖ ◇ ~ el motor ⟨Auto⟩ *den Motor aufdrehen, Gas geben* ‖ ~ el paso *schneller gehen* ‖ **–rativo** adj *beschleunigend* ‖ **–ratriz** adj: fuerza ~ *Beschleunigungskraft* f ‖ **–rógrafo** *m* ⟨Phys⟩ *Akzelerograph* m ‖ **–rómetro** *m* ⟨Flugw⟩ *Beschleunigungsmesser* m, *Akzelerometer* n ‖ ~ de choque ⟨Flugw⟩ *Stoßakzelerometer* n ‖ ~ de lectura máxima ⟨Flugw⟩ *Höchstbeschleunigungsmesser* m ‖ **–rón** *m plötzliches Beschleunigen* ‖ ◇ arrancar con un ~ *e–n Kavalierstart machen*
acelga *f* ⟨Bot⟩ *Mangold* m (Beta vulgaris)
acémila *f Saum-, Last|tier* n ‖ ⟨figf⟩ *Dummkopf, Esel* m
acemi|lería *f Stall* m *für Lasttiere* ‖ **–lero** *m Maultierführer* m
acemi|ta *f Kleienbrot* n ‖ **–te** *m Grießmehlsuppe* f
acen|drado adj *ge|läutert, -reinigt* ‖ ⟨Met⟩ *geläutert* ‖ ⟨fig⟩ *makellos* ‖ *innig (Liebe)* ‖ **–drar** vt *läutern, reinigen* ‖ *vervollkommnen* ‖ ⟨Met⟩ *läutern*
acenefa *f* → **cenefa**
acenestesia *f* ⟨Med⟩ *Acenästhesie* f
acen|sar, –suar [pres ~úo] vt *besteuern* ‖ *mit e–m Erbzins belasten*
acento *m (Rede) Ton* m, *Betonung* f ‖ *Nachdruck* m ‖ *Tonfall* m ‖ *nicht ganz korrekte Aussprache* ‖ *regionale bzw fremdartige Aussprache* ‖ ⟨fig⟩ *Betonung* f ‖ ⟨Gr⟩ *Akzent* m ‖ ~ agudo *Akut* m ‖ ~ circunflejo *Zirkumflex* m ‖ ~ declamatorio *schwülstiger Ton* m ‖ ~ dinámico *Druckakzent* m ‖ ~ dolorido *(poet) Klageton* m ‖ ~ gráfico *grafischer Akzent* m ‖ ~ grave *Gravis* m ‖ ~ de intensidad → ~ dinámico ‖ ~ rítmico *Tonakzent* m ‖ ~ silábico *Silbenakzent* m ‖ ~ sincero *aufrichtiger Ton* m ‖ ~ tónico *Silbenakzent* m ‖ ◇ poner ~ en algo *et. betonen od hervorheben*
acentor *m* ⟨V⟩: ~ alpino *Alpenbraunelle* f (Prunella collaris) ‖ ~ común *Heckenbraunelle* f (P. modularis)
acen|tuación *f* ⟨Gr⟩ *Betonung, Akzentuierung* f ‖ **–tual** adj *(m/f) Akzent-* ‖ **–tuar** [pres ~úo] vt *betonen* ‖ *hervorheben* ‖ *verstärken, intensivieren* ‖ *verschärfen* ‖ ~**se** ⟨fig⟩ *s. bemerkbar machen* ‖ *s. verschärfen*
ace|ña *f Wassermühle* f ‖ *Mühldamm* m ‖ *Schöpfrad* n ‖ **–ñero** *m Müller* m
acepción *f Bedeutung* f *e–s Wortes* ‖ *Einzelbedeutung* f *bei Polysemie* ‖ ♦ sin ~ de personas *ohne Ansehen der Person*
acepilladora *f* ⟨Tech⟩ *Hobelmaschine* f ‖ ~ de cantear, ~ de cantos *Kantenhobelmaschine* f ‖ ~ de engranajes cónicos *Kegelradhobelmaschine* f ‖

~ de moldurar *Kehl(hobel)maschine* f ‖ ~ de un montante *Einständerhobelmaschine* f ‖ ~ de dos montantes *Zweiständerhobelmaschine* f ‖ ~ de planchas *Plattenhobelmaschine* f ‖ ~ de rodillos *Walzenhobelmaschine* f
acepi|lladuras *fpl Hobelspäne* mpl ‖ **–llar** vt *hobeln* ‖ *(aus)bürsten* ‖ *ab-, aus|hobeln* ‖ *abrichten (Holz)* ‖
acep|table adj *(m/f) annehmbar* ‖ ⟨fam⟩ *willkommen* ‖ ◇ ~ *para ambas partes für beide Teile annehmbar* ‖ adv: ~**mente** **–tación** *f Annahme* f ‖ *Annahmevermerk* m ‖ *Anerkennung* f, *Beifall* m ‖ *Akzept* n, *Wechselannahme* f ‖ ~ a beneficio de inventario ⟨Jur⟩ *Erbschaftsannahme* f *unter Beschränkung der Nachlasshaftung durch Inventarerrichtung* ‖ ~ del donatario ⟨Jur⟩ *Annahme* f *durch den Beschenkten* ‖ ~ de la herencia ⟨Jur⟩ *Annahme* f *der Erbschaft* ‖ ~ por el honor de la firma, ~ honoraria, ~ por intervención *Ehrenakzept* n ‖ ~ de la obra como realizada en buena y debida forma ⟨Jur⟩ *Abnahme* f ‖ ~ parcial *Teilakzept* n ‖ ~ pura y simple ⟨Jur⟩ *uneingeschränkte Annahme* f ‖ **–tador** ⟨Phys⟩ *Akzeptor* m ‖ *Annehmer* m ‖ **–tante** *m/f (Wechsel)Akzeptant(in* f) m ‖ ⟨Jur⟩ *Akzeptant(in* f) m
acep|tar vt *annehmen* ‖ *billigen* ‖ *zulassen* ‖ *(e–n Wechsel) akzeptieren, annehmen* ‖ ◇ ~ la herencia ⟨Jur⟩ *die Erbschaft annehmen* ‖ ~ la devolución de mercancía *Ware zurücknehmen* ‖ **–to** adj *angenehm, willkommen* ‖ *angenommen (auf Wechsel)* ‖ ~ en blanco *Blankoakzept* n ‖ **–tor** m *Annehmer* m ‖ ⟨Phys⟩ *Akzeptor* m
ace|quia *f Bewässerungsgraben* m ‖ *Wasser|graben, -kanal* m ‖ *Gerinne* n ‖ **–quiador** *m Kanalbauer* m ‖ **–quiaje** *m* Murc *Bewässerungsgeld* n ‖ **–quiar** vt *mit Bewässerungskanälen versehen* ‖ **–quiero** *m Bewässerungskanalaufseher* m
acera *f Bürgersteig, Geh|steig, -weg* m ‖ ⟨Arch⟩ *Verblendstein* m ‖ *Häuserreihe* f ‖ ~ de los nones (pares) *Straßenseite* f *mit den ungeraden (geraden) Nummern* ‖ ~ volada, ~ en saledizo *ausgekragter Fußweg* m *(auf e–r Brücke)* ‖ de la ~ de enfrente, de la otra ~ ⟨euph⟩ *von der anderen Partei, von der Konkurrenz, vom anderen Ufer (homosexuell)*
aceración *f* ⟨Met⟩ *Verstählung* f ‖ *Stahlbildung* f
acerado adj ⟨Met⟩ *gestählt, stählern* ‖ ⟨fig⟩ *schneidig, beißend, scharf* ‖ ~ m → **aceramiento**
¹**acerar** vt ⟨Met⟩ *verstählen* ‖ ⟨fig⟩ *stählen, stärken, kräftigen*
²**acerar** vt ⟨Arch⟩ *Bürgersteige anlegen*
acer|bamente adv ⟨fig⟩ *streng, grausam* ‖ **–bidad** *f Herbheit* f ‖ ⟨fig⟩ *Strenge, Schärfe* f ‖ **–bo** adj *herb* ‖ *beißend (Kritik)* ‖ ⟨fig⟩ *streng, grausam* ‖ ⟨fig⟩ *sauertöpfisch, mürrisch*
acerca adv: ~ de *betreffend, in bezug auf* (acc) **acer|camiento** *m Annäherung* f ‖ **–car** [c/qu] vt *nähern, näher bringen* ‖ ⟨Mil⟩ *heranziehen (Reservren)* ‖ ~ el fuego al blanco ⟨Mil⟩ *s. heranschießen* ‖ ~**se** *s. nähern* ‖ *nahen* ‖ ⟨Mil⟩ *anrücken* ‖ ⟨Mil⟩ *s. heranarbeiten*
acerdesa *f* ⟨Min⟩ *Manganit* m
acere|ría *f* ⟨Met⟩ *Stahl|werk* n, *-hütte* f ‖ ~ con carga caliente *Schmelzbetrieb* m *mit heißem Einsatz* ‖ ~ con carga fría *Schmelzbetrieb* m *mit ausschließlich kaltem Einsatz* ‖ ~ con hornos eléctricos *Elektrostahlwerk* n ‖ ~ con oxiconvertidores *Aufblasstahlwerk* n ‖ **–rista** *m/f Stahl|fachmann, -fachfrau* f, *Stahlwerker(in* f) m ‖ *Stahlindustrielle(r)* m
acería *f* → **acerería**
acer|ico, –illo *m Nadelkissen* n

acerina *f* ⟨Fi⟩ *Kaulbarsch* m (Acerina cernua)
acerino adj ⟨poet⟩ *stählern*
acerista *m/f* → **acererista**
acero *m Stahl* m ‖ *Stahlwaffe* f ‖ *Schwert* n ‖ ~ aleado *legierter Stahl* m ‖ ~ alto en carbono *hochgekohlter Stahl* m ‖ ~ bajo en carbono *niedriggekohlter Stahl* m ‖ ~ Bessemer *Bessemerstahl* m ‖ ~ al boro *Borstahl* m ‖ ~ al carbono *Kohlenstoffstahl* m ‖ ~ al cobalto *Kobaltstahl* m ‖ ~ colado *Stahlguss* m ‖ ~ al convertidor *Konverterstahl* m ‖ ~ al crisol *Tiegelstahl* m ‖ ~ al cromo *Chromstahl* m ‖ ~ al cromo-níquel *Chromnickelstahl* m ‖ ~ dulce *Flussstahl* m ‖ ~ duro *Hartstahl* m ‖ ~ fino *Edelstahl* m ‖ ~ de herramientas *Werkzeugstahl* m ‖ ~ inoxidable *nichtrostender Stahl* m ‖ ~ al manganeso *Manganstahl* m ‖ ~ Martin *Siemens-Martin-Stahl* m ‖ ~ al níquel *Nickelstahl* m ‖ ~ perfilado *Formstahl* m ‖ ~ pudelado *Puddelstahl* m ‖ ~ rápido *Schnell(dreh)stahl* m ‖ ~ refractario *warmfester Stahl* m ‖ ~ resistente a los ácidos *säurefester Stahl* m ‖ ~ para resortes *Federstahl* m ‖ ~ al silicio *Siliziumstahl* m ‖ ~ templado *gehärteter Stahl* m ‖ ~ Thomas *Thomasstahl* m ‖ ~ para tornos automáticos *Automatenstahl* m ‖ ~ al tungsteno *Wolframstahl* m ‖ ~ para válvulas *Ventilstahl* m ‖ ~ al vanadio *Vanadiumstahl* m ‖ ◇ ¡vuelva el ~ a la vaina! ⟨fam⟩ *lassen wir es beim Alten! begraben wir das Kriegsbeil!* ‖ ~**s** mpl ⟨fig⟩ *Mut* m ‖ ⟨fam⟩ *Appetit* m
acerola *f* ⟨Bot⟩ *Vogelbeere, Azarolbirne* f
acerol(l)o *m* ⟨Bot⟩ *Azaroldorn* m, *Welsche Mispel* f (Crataegus azarolus)
acerón *m* ⟨Bot⟩ *Königskerze* f (Verbascum sp)
acerrar [-ie] vt ⟨pop⟩ *greifen, packen*
acérrimo adj sup von ²**acre** ⟨fig⟩ *sehr hartnäckig, zäh* ‖ ⟨fig⟩ *erbittert*
acerrojar vt *abriegeln*
acer|tado adj *triftig* ‖ *klug, sinnreich* ‖ *treffend, richtig* ‖ adv: ~**amente** **–tante** *m/f Gewinner(in* f) m ‖ **–tar** [-ie] vt/i *(das Ziel, das Rechte) treffen* ‖ *erraten* ‖ *finden, antreffen* ‖ *(das Spiel) gewinnen* ‖ ◇ acertó (con) la casa *er (sie, es) fand das Haus, das er (sie, es) suchte* ‖ ~ la elección *die richtige Wahl treffen* ‖ vi *erraten, das Richtige treffen* ‖ *Erfolg haben* ‖ *richtig urteilen* ‖ ◇ ~ errando *unverhofften Erfolg haben* ‖ acierta en todo *er (sie, es) hat in allem e–e glückliche Hand* ‖ ~ a (inf) *zufällig et. tun* ‖ no acierto a realizarlo *ich bringe es nicht fertig* ‖ *ich begreife es nicht* ‖ no acierto a hablar *ich bringe kein Wort hervor* ‖ acertó a pasar *er (sie, es) ging gerade vorbei* ‖ **–tijo** *m Rätsel* n ‖ ¡**–tótilis!** *rate einmal! (in der Kindersprache)* ‖ ⟨fam⟩ *endlich einmal!*
¹**aceruelo** *m mittelgroßer Sattel* m
²**aceruelo** *m Nadelkissen* n
acerval adj *(m/f):* argumento ~ ⟨Log⟩ *Doppelschluss* m
acervo *m Haufen, Stapel* m ‖ *Überlieferungs-, Kultur|gut* n ‖ ⟨fig⟩ *Erbe* n ‖ ⟨Jur⟩ *Erb(schafts)|masse* f, *-gut* n
acescencia *f Stich* m *e–r Säure*
acetabularia *f* ⟨Bot⟩ *Acetabularia, Schirmchenalge* f (Acetabularia mediterranea)
¹**acetábulo** *m* ⟨Bot⟩ *Fruchtboden* m ‖ *Blütenkelch* m
²**acetábulo** *m* ⟨Hist⟩ *Essigvase* f *(der alten Römer)*
acetaldehído *m* ⟨Chem⟩ *Acetaldehyd* m
acetato *m* ⟨Chem⟩ *essigsaures Salz* n, *Acetat* n ‖ ~ de alúmina *essigsaure Tonerde* f ‖ ~ *de* aluminio *Aluminiumacetat* n ‖ ~ amónico *Ammoniumacetat* n ‖ ~ básico *basisches Acetat* n ‖ ~ butílico *Butylacetat* n ‖ ~ de celulosa f *Zelluloseacetat* (fachspr.: *Celluloseacetat*) n ‖ ~

de cinc Zinkacetat n ‖ ~ de cobre Kupferacetat n ‖ ~ de etilo Áthylacetat (fachspr.: Ethylacetat) n ‖ ~ isopropílico Isopropylacetat n ‖ ~ metílico Methylacetat n ‖ ~ sódico Natriumacetat n ‖ ~ de zinc → ~ de cinc
   acético adj ⟨Chem⟩ essigsauer, Essig-
   acetificación f ⟨Chem⟩ Essiggärung f
   acetilcelulosa f ⟨Chem⟩ Acetylzellulose f (fachspr.: Acetylcellulose) f
   aceti|leno m ⟨Chem⟩ Acetylen n ‖ **-lizar** [–zc–] vt ⟨Chem⟩ acetylieren ‖ **-lo** m ⟨Chem⟩ Acetyl n
   aceto|na f ⟨Chem⟩ Aceton n ‖ **–nemia** f ⟨Med⟩ Acetonämie f ‖ **–nuria** f ⟨Med⟩ Acetonurie f
   acetosa f → acedera
   acetoso adj Essig- ‖ nach Essig schmeckend
   acetre m (kupferner) Schöpfeimer m ‖ kleiner Weihwasserkessel m
   acevia f ⟨Fi⟩ Zwergzunge f
   ace|zar [z/c] vi keuchen ‖ heftig (nach et.) verlangen od (et.) begehren ‖ **–zo** m Keuchen n
   achabacanado adj grob, geschmacklos, platt ‖ pöbelhaft
   achacar [c/qu] vt jdm et. zuschreiben ‖ ◊ ~ la culpa a alg. die Schuld auf jdn schieben
   achacillarse vr Ar ⟨Agr⟩ niederschlagen (Getreide)
   acha|cosamente adv voll Gebrechen ‖ **–coso** adj kränklich, siech, gebrechlich ‖ anfällig ‖ fehlerhaft
   ¡achachay! Ec brr, ist das (aber) kalt! ‖ Col bravo!
   achafla|nado adj schrägkantig ‖ ~ m Ab|schrägung, -fasung, Schräg|fläche, -kante f ‖ **–nadora** f Abkantmaschine f ‖ **–nar** vt ausschrägen, nach innen erweitern (Bau) ‖ ab|fasen, -kanten, -schrägen, -stumpfen
   achagrinado adj chagrinartig (Leder)
   achagual m Mex ⟨Bot⟩ Sonnenblume f (Helianthus annuus)
   achajuanarse vr Col s. bei großer Hitze überanstrengen (Vieh)
   ¡achalau! Pe int toll!
   ¡achalay! Arg int toll! wunderbar!
   achampañado adj champagnerartig
   achancharse vr ⟨Am⟩ s. schämen
   achantado adj: tener a alg. ~ ⟨fam⟩ jdn unter s–r Fuchtel haben
   achantar vt einschüchtern ‖ demütigen ‖ ~ la muy ⟨pop⟩ den Mund halten ‖ **–se** s. einschüchtern lassen, s. ducken ⟨fam⟩ kalte Füße bekommen ‖ s. drücken
   achaparrado adj ⟨fig⟩ klein, untersetzt (Person)
   achaparrarse vr strauchartig werden (Baum) ‖ ⟨fig⟩ verkümmern
   achapinarse vr Guat s. an Guatemalas Lebens|art anpassen
   achaque m Kränklichkeit f, Gebrechen n, Unpässlichkeit f ‖ Anfall m ‖ ⟨Med⟩ Beschwerde f, Unwohlsein n ‖ ⟨fam⟩ Tage mpl (Menstruation) ‖ ⟨Jur⟩ Geldstrafe f ‖ ⟨fig⟩ Angelegenheit f ‖ ⟨fig⟩ üble Angewohnheit f ‖ Vorwand m ‖ ~(s) de amores Liebesangelegenheiten fpl ‖ ~(s) de la edad od de la vejez Altersbeschwerden fpl ‖ ♦ con ~s de ... unter dem Vorwand, dass ...
   achaquiento adj kränklich, siech
   ¡achará! int MAm schade!
   acharado adj eifersüchtig
   acharcado adj sumpfig, morastig
   achares mpl Eifersucht f ‖ ◊ dar ~ eifersüchtig machen, zur Eifersucht anstacheln
   acharolado adj lack(leder)artig
   acha|tado adj abgeplattet ‖ ~ m Ab|flachung, -plattung f ‖ **–tamiento** m Ab|flachung, -plattung f ‖ **–tar** vt ab|flachen, -platten, platt drücken

achatarr|ar vt verschrotten ‖ **–amiento** m Verschrottung f
acheta f ⟨Ins⟩ Baumgrille f ‖ Zikade f (→ cigarra)
achí adv Chi → así
achi|cado adj kindisch ‖ eingeschüchtert ‖ **–cador** m ⟨Mar⟩ Wasserschaufel f, Schöpfwerk n ‖ ⟨Bgb⟩ Pumpenarbeiter m ‖ **–car** [c/qu] vt verkleinern ‖ ⟨fig⟩ einschüchtern, demütigen ‖ (das Wasser aus Schiffen, Bergwerken usw) aus|pumpen, -schöpfen ‖ ⟨Mar⟩ lenzen, lenzpumpen, ösen ‖ **~se** ⟨fig⟩ s. einschüchtern lassen ‖ ⟨fam⟩ klein werden
achicha|rradero m der Sonne ausgesetzter Ort m ‖ ⟨fam⟩ Brutkasten m ‖ **–rrar** vt anbrennen, zu stark braten ‖ ⟨fig⟩ durchlöchern (mit Kugeln) ‖ ⟨fig⟩ (jdm) sehr zusetzen, (jdm) die Hölle heiß machen ‖ Am zerknüllen
achicharse vr Cu s. betrinken
achichicle m Mex Chi Stalaktit m
achicopalarse vr Mex s. grämen ‖ ⟨fam⟩ klein werden
achico|ria f ⟨Bot⟩ Zichorie f (Cichorium sp) ‖ ~ tostada gebrannte Zichorie f, Zichorienkaffee m ‖ **–rial** m Zichorienfeld n
achiguarse [gu/gü] vr Chi s. krümmen, s. werfen (Holz) ‖ Arg Chi ⟨fam⟩ Bauch ansetzen
achilar vt Col demütigen
achilenado adj wie ein Chilene
achinado adj Am → aindiado ‖ Arg pöbelhaft ‖ RPl von gelb-rötlicher Gesichtsfarbe
achinar vt Am ⟨pop⟩ entmutigen ‖ ~se mutlos werden
achinelado adj pantoffelförmig
achinero m Guat Trödler m
achingar [g/gu] vt Am verkürzen, kürzer machen (bes. Kleider)
ach(i)ote m ⟨Bot⟩ Orleanstrauch m (Bixa orellana) ‖ Orlean m, Annatto n (Lebensmittelfarbstoff)
¹achique m ⟨Mar⟩ Auspumpen n des Wassers, Lenzen, Ösen n
²achique m ⟨Sp⟩ [Fußball] Abseitsfalle f
achiquillado adj Chi knabenhaft
achiquitar vt Am verkleinern
achira f ⟨Bot⟩ Montevideo-Pfeilkraut n (Sagittaria montevidensis) ‖ Essbares Blumenrohr (Canna edulis)
achirarse vr Col s. bewölken (Himmel)
achirlarse vr Arg bestürzt sein
¡achís! int hatschi!
achis|pado adj ⟨fam⟩ beschwipst, ange|säuselt, -heitert, -dudelt ‖ **–par** vt ⟨fam⟩ beschwipst machen ‖ **~se** ⟨fam⟩ s. beschwipsen, e–n Schwips bekommen od ⟨fam⟩ kriegen
acho|cadura f Stoß m ‖ **–car** [c/qu] vt stoßen, schlagen
achocharse vr ⟨fam⟩ kindisch werden (im Alter), vertrotteln
achoclonarse vr Chi zusammenlaufen, s. zusammenrotten (Menschenmenge)
achocolatado adj schokoladenbraun
acholado adj mit dem Aussehen e–s cholo
acholar vt Chi Pe ⟨pop⟩ beschämen ‖ **~se** Arg e–n Sonnenstich bekommen ‖ Chi Pe s. schämen
acholloncarse [c/que] vr Chi → acuclillarse
achoque m → ajolote
achorizado adj bratwurstähnlich ‖ geräuchert (Wurst)
achubascarse [c/qu] vr ⟨Mar⟩ s. mit Regenwolken überziehen (Himmel)
achuchado adj: la vida está muy ~a ⟨pop⟩ das Leben ist hart od schwer (geworden)
achuchar vt zerquetschen, erdrücken ‖ (auf-)hetzen, reizen ‖ And ⟨fam⟩ betasten ‖ ⟨fam⟩

befummeln, abdrücken ‖ ⟨fam⟩ *betatschen* ‖ *(auf jdn) hetzen (Hunde)* ‖ ~ vi Arg Ur *vor Kälte zittern*

  achuchararrar vt Am *hetzen* ‖ Chi *ebnen* ‖ ~se Mex ⟨fig⟩ *den Mut verlieren*

  achuchón m *Druck, Stoß* m *(mit den Armen)* ‖ *Unwohlsein* n, *leichte Erkrankung* f

  ¡achuchuy! Am int *schade!*

  achucu|tar vt M Am *niederschlagen, demütigen, erniedrigen* ‖ Guat *welken* ‖ *s.*

  abnutzen ‖ **–yar** vt MAm *demütigen, einschüchtern*

  achuicarse [c/qu] vr Chi *s. zurückziehen, s. schämen*

  achul(ap)ado adj *spaßhaft, geckenhaft* ‖ *dreist, keck* ‖ ⟨pop⟩ *kess* ‖ *prahlerisch, angeberisch* ‖ *ganovenhaft* ‖ *zuhälterhaft*

  achumado adj Arg *betrunken*

  achunchar vt Bol Chi Ec Pe *beschämen*

  achune f Al ⟨Bot⟩ *Brennessel* f

  achuñuscar [c/qu] vt Chi *zerquetschen* ‖ *demütigen, beschämen* ‖ ~se *zusammenschrumpfen*

  achura f Arg *Magen* m, *Eingeweide* npl *(e–s Rindes)* ‖ ~s fpl *Innereien* pl

  achurar vt Arg *aus|weiden, -nehmen (geschlachtetes Vieh)* ‖ Arg *er-, nieder|stechen* ‖ *abstechen*

  achurrar vt Pan *zer|treten, -quetschen*

  achurruscar vt Am *zusammendrücken*

  achuzar [z/c] vt Nav *hetzen auf* (acc) *(Hunde)*

  aciago adj *un|heilvoll, -glückbringend*

  acial m *Lippenbremse* f *(für Tiere)* ‖ Guat Ec *Peitsche* f

  acialazo m Guat Ec *Peitschenschlag* m

  aciano m ⟨Bot⟩: ~ *menor Kornblume* f (Centaurea cyanus)

  acíbar m ⟨Bot⟩ *Aloe* f (Aloë spp) ‖ *Aloesaft* m ‖ ⟨fig⟩ *Unannehmlichkeit, Bitternis* f

  acibarar vt *mit Aloe versetzen* ‖ ⟨fig⟩ *verbittern*

  aciberar vt *pulverisieren, zer|mahlen, -pulvern*

  acica|lado adj ⟨fam⟩ *nett, geschniegelt* ‖ *herausgeputzt* ‖ **–lador** m *Polierer* m ‖ *Polierholz* n ‖ **–ladura** f, **–lamiento** m *Polieren, Schleifen* n ‖ ⟨figf⟩ *Putz* m, *Eleganz* f ‖ **–lar** vt *(Messer, Degen usw.) reinigen, polieren* ‖ *verputzen (Wand)* ‖ ~se ⟨fam⟩ *s. herausputzen*

  acicate m *maurischer (einstach(e)liger) Sporn* ‖ ⟨fig⟩ *An|sporn, -trieb, -reiz* m

  acíclico adj *azyklisch*

  acícula f ⟨Bot⟩ *Nadel* f

  acicular adj *(m/f) nadel|artig, -spitzig, -förmig* ‖ ⟨Bot⟩ *nadelförmig (Blatt)*

  acidalio adj *die Göttin Venus betreffend*

  acidemia f ⟨Med⟩ *Acidose, Acidität* f *des Blutes*

  acidez [pl ~ces] f *Säure* f ‖ *Säuregehalt* m, *Acidität* f ‖ ~ *gástrica Magensäure* f ‖ ~ *del terreno Bodensäure* f ‖ ~ *del vino Weinsäure* f *(als Eigenschaft)*

  acidia f *Trägheit, Faulheit* f

  acidífero adj *säurehaltig*

  acidifi|cable adj *(m/f) säuerbar, säuerungsfähig* ‖ **–cación** f *Säuerung* f ‖ ~ *excesiva Übersäuerung* f ‖ **–cador, –cante** adj *(m/f) säuernd* ‖ ~ m *Säurebildner* m ‖ **–car** [c/qu] vt *säuern, mit Säure versetzen*

  aci|dimetría f ⟨Chem⟩ *Azidimetrie, Säuremessung* f ‖ **–dímetro** m ⟨Chem⟩ *Säuremesser* m ‖ ~ *gástrico Magensaftacidometer* m

  acidioso adj *faul, träge*

  ácido adj *sauer* ‖ ~ m ⟨Chem⟩ *Säure* f ‖ [in der Drogenszene] *LSD* n ‖ ~ *acético Essigsäure* f ‖ ~ *acetilsalicílico Acetylsalicylsäure* f ‖ ~ *aminobenzoico Aminobenzoesäure* f ‖ ~ *anhidro*

wasserfreie Säure f ‖ ~ *arsénico Arsensäure* f ‖ ~ *arsenioso arsenige Säure* f ‖ ~ *benzoico Benzoesäure* f ‖ ~ *bórico Borsäure* f ‖ ~ *canfórico Kampfersäure* f ‖ ~ *carbónico Kohlensäure* f ‖ ~ *cinámico Zimtsäure* f ‖ ~ *cítrico Zitronensäure* f ‖ ~ *clorhídrico Salzsäure* f ‖ ~ *clórico Chlorsäure* f ‖ ~ *desoxirribonucleico Desoxyribonukleinsäure* f ‖ ~ *estánnico Zinnsäure* f ‖ ~ *esteárico Stearinsäure* f ‖ ~ *fénico Karbolsäure* f ‖ ~ *fórmico Ameisensäure* f ‖ ~ *fosfórico Phosphorsäure* f ‖ ~ *graso Fettsäure* f ‖ ~ *hidrocianico Blau-, Cyanwasserstoff|säure* f ‖ ~ *isocianhídrico,* ~ *isoprúsico Isocyansäure* f ‖ ~ *isocianúrico Isocyanursäure* f ‖ ~ *láctico Milchsäure* f ‖ ~ *málico Apfelsäure* f ‖ ~ *mangánico Mangansäure* f ‖ ~ *manganoso manganige Säure* f ‖ ~ *muriático* [veraltet] → *clorhídrico* ‖ ~ *nicotínico Nikotinsäure* f ‖ ~ *nítrico Salpetersäure* f ‖ ~ *pícrico Pikrinsäure* f ‖ ~ *piroleñoso Holzessigsäure* f ‖ ~ *prúsico Blau-, Cyanwasserstoff|säure* f ‖ ~ *ribonucleico Ribonukleinsäure* f ‖ ~ *sacárico Zuckersäure* f ‖ ~ *salicílico Salicylsäure* f ‖ ~ *silícico Kieselsäure* f ‖ ~ *de soldar Lötsäure* f ‖ ~ *sulfhídrico Schwefelwasserstoff* m ‖ ~ *sulfúrico Schwefelsäure* f ‖ ~ *sulfuroso schweflige Säure* ‖ ~ *tartárico Wein(stein)säure* f ‖ ~ *úrico Harnsäure* f

  acidofilia f ⟨Med⟩ *Acidophilie* f

  acidófilo adj *acidophil*

  acidómetro m → **acidímetro**

  acidorresisten|cia f *Säure|beständigkeit, -festigkeit* f ‖ **–te** adj *(m/f) säure|beständig, -fest*

  acidosis f ⟨Med⟩ *Acidose* f

  acidular vt *(schwach) säuern (Flüssigkeit)*

  acídulo adj *säuerlich*

  acierto m *Treffen* n *(des Ziels)* ‖ *Treffgenauigkeit* f ‖ *Treffer* m *(& fig)* ‖ ⟨fig⟩ *Erfolg* m ‖ ◆ *con* ~ *geschickt* ‖ *richtig, treffend*

  aciguar [gu/gü] vi Sal *rasten*

  aciguatado adj *bleich(süchtig), blass*

  aciguatar vt And *lauern, spionieren* ‖ ~se Mex Cu Mex *blöd werden, verblöden* ‖ PR ⟨fam⟩ *traurig werden*

  aci|je m ⟨Chem⟩ *Vitriol* n ‖ **–joso** adj *vitriolhaltig*

  ácimo adj → **ázimo**

  acimu|t m ⟨Astr⟩ *Azimut* n *(& m)* ‖ ~ *magnético Azimut* m *(& n) der Magnetnadel* ‖ **–tal** adj *(m/f) azimutal*

  acináceo adj ⟨Biol⟩ *azinös, traubenförmig*

  acinesia f ⟨Med⟩ *Akinesie, Bewegungs|hemmung, -unfähigkeit* f

  ación f *Steigbügelriemen* m

  acionera f *Schnalle* f *des Steigbügelriemens*

  acipado adj *dicht (Tuch)*

  acipenser m ⟨Fi⟩ *Stör* m (Acipenser sturio)

  aciprés m → **ciprés**

  acirate m ⟨Agr⟩ *erhöhter Grenzrain* m ‖ *Pfad* m *zwischen zwei Baumreihen*

  acirón m Ar ⟨Bot⟩ *Ahorn* m (Acer)

  acitara f *(Sattel)Decke* f, *Überwurf* m ‖ *Brückengeländer* n ‖ *Außenwand* f

  acitrón m *Zitronat* n

  acivilarse vt Chi *Zivilehe schließen*

  ACJ ⟨Abk⟩ = **Alianza Mundial de Asociaciones Cristianas de Jóvenes**

  acl. ⟨Abk⟩ = **actual**

  acla|mación f *Beifallsruf* m, *Zujauchzen* n ‖ ◆ *por* ~ *durch Zuruf, per Akklamation* ‖ **–mador** m *Beifallsrufer* m ‖ **–mar** vt *(jdm) Beifall zujubeln* od *spenden* ‖ *(jdn) dringend bitten* ‖ *anlocken (Geflügel)* ‖ ◇ ~ *por jefe durch Zuruf zum Führer wählen* ‖ **–matorio** adj *Beifalls-*

aclamídeo adj ⟨Bot⟩ *achlamydeisch, ohne Blütenhülle*
acla|ración *f Aufklärung, Erläuterung* f ‖ *Aufhellung, Erhellung* f ‖ ◆ *para una ~ zur Klärung (e–r Frage)* ‖ **–rada** *f* ⟨Mar⟩ *Blink* m ‖ **–rado** *m Ausspülen* n *der Wäsche* ‖ **–rador** m *Er|klärer, -läuterer* m ‖ **–rar** vt *klar machen, aufklären* ‖ *klären (Flüssigkeit)* ‖ *(ab)spülen* ‖ *ausspülen (Wäsche)* ‖ *(aus)lichten (e–n Wald)* ‖ ⟨fig⟩ *aufklären, erhellen* ‖ *erläutern (Begriffe, Worte)* ‖ *auf den Punkt bringen (in der Besprechung, Diskussion usw.)* ‖ *~* vi *auf|klaren, s. -hellen (Wetter)* (& vr) ‖ *anbrechen (Tag)* ‖ **~se** (la garganta) *s. räuspern* ‖ *s. aufhellen (Gesicht)* ‖ **–ratorio** adj *auf-, er|klärend* ‖ **–readora** *f* ⟨Agr⟩ *Vereinzelungsmaschine* f ‖ **–recer** [-zc-] vt → **aclarar** ‖ **–reo** *m* ⟨Agr⟩ *Ver|einzeln, -ziehen* n
aclavelado adj *nelken|ähnlich, -artig*
aclima|table adj *(m/f) akklimatisierbar* ‖ **–tación** *f Akklimatisierung, Eingewöhnung* f ‖ **–tar** vt *akklimatisieren* ‖ *~se s. eingewöhnen* ‖ ⟨fig⟩ *heimisch werden*
aclínico adj *aklinisch*
aclocar [-ue-, c/qu] vi: → **enclocar** ‖ **–se** ⟨fig⟩ *s. bequem zurechtsetzen, s. rekeln*
aclorhidria *f* ⟨Med⟩ *Achlorhydrie* f, *Salzsäuremangel* m *(Magensaft)*
acloropsia *f* ⟨Med⟩ *Achloropsie* f
acme *f*[el], **acmé** *f* ⟨Biol⟩ *Akme* f, *Höhepunkt* m ‖ ⟨Med⟩ *Akme* f, *Fastigium, Gipfel, Höhepunkt* m *(e–r Krankheit)*
acné, acne *f* ⟨Med⟩ *Akne, Haut|finne* f, *-ausschlag* m ‖ *~ alérgica allergische Akne* f ‖ *~ brómica Bromakne* f ‖ *~ clórica Chlorakne* f ‖ *~ profesional Gewerbeakne* f ‖ *~ rosácea Rosa|cea, -zea* ‖ *~ yódica Jodakne* f
acobar|dado adj *kleinmütig, verzagt, eingeschüchtert* ‖ **–damiento** *m Einschüchterung* f ‖ **–dar** vt *einschüchtern* ‖ *~se verzagen, den Mut verlieren*
acobrado adj *kupferfarben*
acocarse [c/qu] vr *Würmer bekommen (Obst)*
acocear vt *auskeilen, mit den Hinterfüßen treten (Pferde)* ‖ ⟨fig⟩ *mit Füßen treten*
acocham|brado adj Mex *verschmutzt* ‖ **–brar** vt Mex *ver|schmutzen, -unreinigen*
acocharse vr *s. kauern*
acochinar vt ⟨fam⟩ *abmurksen* ‖ *einschüchtern* ‖ ⟨fam⟩ *grob beleidigen* ‖ ⟨vulg⟩ *zur Sau machen*
acoclarse vr Ar *s. hocken, s. kauern*
aco|dado adj *knieförmig* ‖ *gebogen* ‖ *~ m* ⟨Arch⟩ *Kröpfung* f ‖ *Verkröpfung* f *(der Kurbelwelle)* ‖ **–dadura** *f Krümmen* n, *Krümmung* f (z.B. *e–r Röhre)* ‖ ⟨Agr⟩ *Absenken* n ‖ ⟨Med⟩ *Abknickung* f ‖ **–dalar** vt *abstützen* ‖ ⟨Bgb⟩ *abspreizen* ‖ **–dar** vt *mit dem Ell(en)bogen (auf)stützen* ‖ ⟨Ableger⟩ *einsenken* ‖ ⟨Agr⟩ *absenken* ‖ ⟨Arch Tech⟩ *kröpfen* ‖ *~se s. auf den Ell(en)bogen stützen*
acoderar vt ⟨Mar⟩ *quer vor Anker legen* ‖ Chi *ein Schiff an e–m anderen vertäuen*
acodiciar vt *lüstern machen, Begehren entflammen* ‖ *~se s. gelüsten lassen (nach* dat)
acodillar vt *ellenbogenförmig biegen*
acodo *m Ableger, Fechser, Setzling* m ‖ ⟨Agr⟩ *Absenker* m ‖ ⟨Arch⟩ *vorspringender Schlussstein* m *(e–s Gewölbes)*
acoge|dizo adj *leicht aufzunehmen(d)* ‖ *anlehnungsbedürftig (Person)* ‖ **–dor** adj *einladend, gemütlich* ‖ *gastfreundlich, gewinnend, liebenswürdig* ‖ *~ m Aufnehmer, Beschützer* m
aco|ger [g/j] vt *aufnehmen, empfangen* ‖ ⟨fig⟩ *gutheißen* ‖ ⟨fig⟩ *beschützen* ‖ ◇ *~ bien a uno jdn freundlich aufnehmen* ‖ *~se s. flüchten (a zu)* ‖ *(jds*

Ansicht) beipflichten ‖ ◇ *~ a algo s. auf et. berufen* ‖ *~ a alg. s. an jdn halten* ‖ *s. unter jds Schutz stellen* ‖ *~ a sagrado s. an e–n geweihten Ort flüchten* ‖ **–geta** *f Zufluchtsort* m ‖ **–gida** *f Aufnahme* f, *Empfang* m ‖ *Zufluchtsort* m ‖ *Zuflucht* f, *Schutz* m ‖ *An|stauung, -sammlung* f ‖ ◇ *dispensar favorable ~ freundlich aufnehmen* ‖ **–gido** *m* [veraltet] *Armenhäusler* m ‖ **–gimiento** *m Aufnahme* f, *Empfang* m
acogo|lladamente adv *heimlich* ‖ *voreilig* ‖ **–llar** vt *(die zarten Pflanzen) mit Stroh zudecken* ‖ *~se Köpfe ansetzen (Kohl)* ‖ *Schößlinge treiben (Baum)* (& vi)
acogombrar vt → **acohombrar**
acogotar vt *durch e–n Genickstoß töten* ‖ *im Genick packen* ‖ ⟨fig⟩ *klein-, unter|kriegen* ‖ ⟨fig⟩ *plagen, quälen* ‖ Chi *überraschen*
acohombrar vt *häufeln (Pflanzen)*
acojinar vt *(durch)steppen* ‖ *polstern*
acojo|nado adj ⟨pop⟩ *ängstlich, feige* ‖ *~ m Feigling* m ‖ **–namiento** *m* ⟨pop⟩ *Einschüchterung* f ‖ **–nante** adj *(m/f)* ⟨pop⟩ *beeindruckend, imponierend* ‖ *unglaublich* ‖ *furchterregend* ‖ **–nar** vt ⟨pop⟩ *einschüchtern* ‖ **–narse** vr ⟨pop⟩ *Angst bekommen, s. einschüchtern lassen* ‖ → **cojones**
aco|lada *f* ⟨Typ⟩ *Akkolade* f, *geschweifte Klammer* f ‖ *Akkolade* f *(beim Ritterschlag od bei e–r Ordensverleihung)* ‖ ◇ *dar la ~ zum Ritter schlagen* ‖ *bei e–r Ordensverleihung feierlich umarmen* ‖ **–lar** vt ⟨Her⟩ *vereinigen (Wappen)*
acol|chado *m Steppzeug* n, *Polsterung* f ‖ Arg *Steppdecke* f ‖ **–char** vt *steppen* ‖ *(aus)wattieren* ‖ *polstern*
acolia *f* ⟨Med⟩ *Acholie* f
acolitar vt Col *Kinder verwöhnen*
acólito *m* ⟨Kath⟩ *Ako|luth, -lyth* m ‖ *Ministrant, Messdiener* m ‖ ⟨fam⟩ *Gefährte, Helfershelfer*, ⟨iron⟩ *getreuer Schatten* m
aco|llador *m* ⟨Mar⟩ *Sorrtau* n ‖ **–llar** [-ue] vt ⟨Mar⟩ *sorren* ‖ ⟨Mar⟩ *mit Werg verstopfen (Fugen)* ‖ ⟨Agr⟩ *häufeln (Pflanzen)*
acolla|rado adj *geringelt, Ringel- (von Tieren, bes. Vögeln)* ‖ **–rar** vt *(e–m Hund) ein Halsband (e–m Pferd) das Kummet anlegen* ‖ ⟨Jgd⟩ *(Jagdhunde) koppeln* ‖ *~se Am handgemein werden (con mit)*
acollonar, –se → **acojonar, –se**
acología *f* ⟨Med⟩ *Heilmittellehre* f
acombado *m* ⟨Tech⟩ *Aufbauchung* f
acomedido adj Am *dienstbeflissen* ‖ *gefällig*
acomedirse [-i-] vr Am *s. zur Hilfe anbieten*
acome|tedor *m Angreifer* m ‖ **–ter** vt/i *an|greifen, -fallen* ‖ *unternehmen, in Angriff nehmen* ‖ *s. stürzen auf* (acc) ‖ *wagen* ‖ *befallen (Schlaf, Gefühl, Versuchung)* ‖ *angehen (Sache, Angelegenheit)* ‖ *berühren (in der Rede)* ‖ ⟨Tech⟩ *s. anschließen (an* acc) ‖ *er-, an|stürmen, -greifen* ‖ ◇ *~ hace vencer frisch gewagt ist halb gewonnen* ‖ **–tida** *f*, **–timiento** *m Angriff* m ‖ *Unternehmung* f ‖ *Inangriffnahme* f ‖ ⟨El⟩ *Lichtanschluss* m ‖ ⟨Tech⟩ *Rohrmündung* f ‖ **–tida** *de agua (gas, luz) Wasser- (Gas-, Licht-)anschluss* m ‖ **–tividad** *f Streit-, Angriffs|lust* f ‖ ⟨fig⟩ *Draufgängertum* n
acomo|dable adj *(m/f) tauglich* ‖ *anpassungsfähig* ‖ **–dación** *f Anpassung(sfähigkeit)* f ‖ *Unterbringung* f ‖ ⟨Physiol⟩ *Akkommodation* f ‖ ⟨Tech⟩ *Einbauvorrichtung, Anbringung* f ‖ **–dadamente** adv *bequem* ‖ *ordnungsgemäß* ‖ **–dadizo** adj *leicht anzupassen(d)* ‖ *fügsam* ‖ *leicht zu befriedigen(d)* ‖ **–dado** adj *geeignet, passend* ‖ *wohlhabend* ‖ *behäbig* ‖ *bequem* ‖ *gemächlich, auskömmlich (Leben)* ‖ *billig, wohlfeil* ‖ **–dador** *m Vermittler* m ‖ **–dador** *m Platzanweiser* m ‖ ⟨Th⟩ *Logenschließer* m ‖ **–damiento** *m Anpassen* n ‖ *gütlicher Vergleich* m

acomodar vt *ordnen, in Ordnung bringen* ||
anbringen || *stellen, setzen* || *(jdn) unterbringen,*
versorgen || *(e–n Streit) beilegen* || ~ vi *passen,*
behagen || *Platz anweisen* || *(jdm) e–e Stelle*
verschaffen || *übereinkommen* || **~se** *s. schicken, s.*
fügen || *s. zurechtsetzen* || ⟨Jur⟩ *s. vergleichen (mit*
den Gläubigern) || ◇ ~ a las circunstancias *s. in*
die Lage fügen || ~ de … *s. versehen mit …* (dat)
acomo│daticio adj *sehr anpassungsfähig* || ◆ en
sentido ~ *figürlich* || **–dativo** adj → **–dadizo** || **–do**
m Bequemlichkeit f || *Gelegenheit* f || *Anstellung,*
Stelle f || *Unterkunft* f || *Auskommen* n || *Versorgung*
f
  acompa│ñado adj *bei│liegend, -gelegt* || ⟨fam⟩
belebt (Ort) || Cu *betrunken* || ◆ ~ de … *in*
Begleitung von … || *Ec* ⟨Kochk⟩ *Beilage* f ||
–ñador *m Begleiter* m || **–ñamiento** *m Begleitung* f
|| *Gefolge* n || *Gefolgschaft* f || *Geleit* n || ⟨Th⟩
Komparsen mpl || ~ a la morada eterna ⟨fig⟩
Beisetzung f || ~ de orquesta ⟨Mus⟩
Orchesterbegleitung f || **–ñanta** f
Gesellschafterin f || **–ñante** *m/f Begleiter(in* f) m,
Begleitperson f || *Reisebegleiter(in* f) m || ⟨Auto⟩
Beifahrer(in f) m
  acompañar vt/i *(jdn) begleiten* || *(jdm) als*
Kenner beistehen || *(jdm) Gesellschaft leisten* ||
⟨Com⟩ *beilegen, einschließen* || ◇ ~ el importe al
pedido *den Betrag der Bestellung beifügen* || ~ a
primera vista ⟨Mus⟩ *aus dem Stegreif begleiten* ||
~ de *(od* con) pruebas *durch Beweise erhärten* || ~
a alg. en el sentimiento *jdm sein Beileid*
aussprechen
  acompa│sado adv ⟨Mus⟩ *nach dem Takt* || ⟨fig⟩
wohlgeordnet || *gemessen, langsam* || **–sar** vt
ab│zirkeln, -passen || *anpassen*
  acomple│jado adj *voller Komplexe* || **–jar** vt
⟨bes. fam⟩ *(jdm) Komplexe bzw Hemmungen*
verursachen || **~se** ⟨fam⟩ *Komplexe bzw*
Hemmungen bekommen
  acomunarse vr *s. verbünden* (con *mit)*
  aconchabarse vr → **conchabarse**
  aconchar vt *gegen et. anlehnen, stemmen* ||
⟨Mar⟩ *(Schiff) ans Ufer treiben (Wind)* || ⟨Mar⟩
auflaufen || **~se** ⟨Taur⟩ *s. an die Bretterwand*
stemmen (Stier) || Am ⟨fam⟩ *nassauern,*
schmarotzen
  acondicio│nado adj: bien (mal) ~ *gut (schlecht)*
beschaffen (Waren), in guter (schlechter)
Verfassung, ⟨fig⟩ *von guter (schlechter) Gemütsart*
|| aire ~ *Klimaanlage* f || **–nador** *m:* ~ (de aire)
Klimaanlage f || **–namiento** *m Konditionieren* n ||
Auf-, Zu│bereitung f || **–nar** vt *bilden, gestalten* ||
herrichten || *konditionieren* || *klimatisieren* ||
anrichten, zubereiten (Speisen)
  acondro│plasia f ⟨Med⟩ *Achondroplasie* f ||
–plástico adj *achondroplastisch*
  aconfesional adj *(m/f) konfessionslos* || *nicht*
konfessionsgebunden || **–idad** f
Konfessionslosigkeit f
  acongo│jadamente adv *mit Betrübnis* || **–jado**
adj *bekümmert* || *ver│grämt, -härmt* || **–jar** vt
betrüben || *beklemmen* || **~se** *s. ängstigen*
  aconitina f ⟨Chem⟩ *Akonitin* n
  acónito *m* ⟨Bot⟩ *Akonit* n, *Eisenhut* m
(Aconitum spp)
  aconse│jable adj *(m/f) ratsam, empfehlenswert* ||
–jado adj: mal ~ *übel beraten, unbesonnen* ||
–jador *m,* **–jante** *m/f Ratgeber(in* f), *Berater(in* f)
m || **–jar** vt *(jdm) raten, (Rat) erteilen, (jdn)*
beraten || **~se:** ~ con *(od* de) uno *s. (bei jdm) Rat*
(ein)holen (dat) || ~ mejor *s. eines Besseren*
besinnen || tengo que aconsejarme con la almohada
ich muss (erst) einmal die Sache überschlafen
  aconsonantar vt *in Reime bringen* || ~ vi *s.*
reimen

aconstitucional adj *(m/f)* ⟨Jur⟩
verfassungswidrig
  aconte│cedero adj *was s. ereignen kann* || **–cer**
[–zc–] v. impers *s. ereignen, vorkommen* || *hacer y*
~ ⟨fam⟩ *s–e Drohungen verwirklichen* || **–cimiento**
m Ereignis n, *Begebenheit* f || *Erlebnis* n
  acontentar vt Ar *befriedigen*
  acontraltado adj *mit Altstimme, Alt-*
  acopa adj adv Mex *an│gebracht, -genehm* || ◇
caer *(od* llegar *od* venir) ~ Mex *sehr gelegen*
kommen
  aco│pado adj *becherförmig (Huf)* ||
baumkronenförmig || **–pador** *m Treibhammer* m ||
–par vt ⟨Agr⟩: ~ un árbol *die Kronenbildung e–s*
Baumes künstlich beeinflussen || ~ vi *Kronen*
bilden
  acopetado adj *schopfartig*
  aco│piador *m Aufkäufer, Anhäufer* m || **–piar** vt
an│häufen, -sammeln || *aufkaufen* || **–pio** *m Vorrat*
m || *Aufkauf* m || *Anhäufung* f || ~ de datos
Erfassen n *von Daten* || ◇ hacer ~ de valor *s–n*
ganzen Mut zusammennehmen
  aco│plado adj *ge│koppelt, -kuppelt* || *angehängt*
(Anhänger) || ~ m Arg Chi *Anhänger* m ||
–pladura f ⟨Zim⟩ *Zusammenfügen* n
  ¹acoplamiento *m* ⟨Tech⟩ *(feste) Kupplung* f || ~
articulado *Gelenkkupplung* f || ~ de árbol, ~ axial
Wellenkupplung f || ~ cardán *Kardankupplung* f ||
~ cónico *Konuskupplung* f || ~ corredizo
Schiebekupplung f || ~ desembragable
ausrückbare Kupplung f || ~ por deslizamiento
Schiebekupplung f || ~ extensible *Ausdehnungs-,*
Verlängerungs│kupplung f || ~ fijo *feste Kupplung*
f || ~ heterodino *Heterodynschaltung* f || ~ de
manguera *Schlauchkupplung* f || ~ de manguito
Schalen-, Hülsen-, Muffen│kupplung f || ~ de
pernos *Bolzenkupplung* f || ~ por reacción
Rückkopplung f || ~ del remolque ⟨Auto⟩
Anhängerkupplung f || ~ reversible
Umkehrkupplung f || ~ de seguridad
Sicherheitskupplung f || ~ de vástago
Stangenkupplung f
  ²acoplamiento *m Paarung* f
  ¹acoplar vt *koppeln, kuppeln* || *anpassen,*
aneinander passen od fügen || *paarweise*
zusammen│stellen od -fügen || *(Tiere) aussöhnen* || ◇
~ por las bridas ⟨Tech⟩ *anflanschen* || ~ los cables
directamente *die Kabel durchschalten* || ~
retroactivamente *rückkoppeln*
  ²acoplar vt *paaren (Tiere)* || **~se** *s.*
zusammentun || *s. paaren* || *s. liebgewinnen*
  acoqui│namiento *m Einschüchterung* f || **–nar**
vt ⟨fam⟩ *(jdn) einschüchtern* || **~se** ⟨fam⟩ *den Mut*
verlieren, s. einschüchtern lassen
  acoralado adj *korallenartig* || *korallenrot*
  acorar vt *be│trüben, -klemmen* || **~se** ⟨Bot⟩ *welk*
werden, absterben
  acora│zado adj *gepanzert* || ~ *m Panzer│schiff*
n, *-kreuzer* m || ~ de batalla, ~ de combate
Schlachtschiff n || ~ de bolsillo *Taschenkreuzer* m
|| ~ de línea *Linienschiff* n || **–zar** [z/c] vt *panzern*
  acorazonado adj *herzförmig*
  acor│chado adj *(korkartig) eingetrocknet,*
(ein)geschrumpft || **–char** vt *mit Kork auslegen* ||
mit Korken verschließen || **~se** *korkartig werden* ||
einschrumpfen || ⟨fig⟩ *abstumpfen (Gewissen,*
Sinne) || *einschlafen, taub werden (Glied)*
  ¹acordada f *Beweisdokument* n || ⟨Jur⟩
gerichtliche Anweisung f || Mex *Fahne* f
  ²acordada f *Kurvenlineal* n
  acorda│damente adv *ein│mütig, -stimmig* || **–do**
adj *einmütig beschlossen* || ~ *m Gerichtsbeschluss*
m
  ¹acordar [-ue-] vt *entscheiden, beschließen,*
e–n Beschluss fassen || *vereinbaren* || *bewilligen* ||

zugestehen ‖ in Einklang bringen, vergleichen ‖ befehlen, vorschreiben ‖ ~ vi beistimmen ‖ übereinstimmen ‖ ~se ein Abkommen treffen ‖ s. vergleichen (con mit) ‖ ~ s. einigen (con mit)
²**acordar** [-ue] vt erinnern, in Erinnerung bringen ‖ ◇ hacer ~ a alg. bzw algo an jdn bzw et. erinnern (acc) ‖ ~se s. erinnern ‖ ~ de alg. bzw algo s. an jdn bzw et. erinnern, e–r Sache gedenken ‖ si mal no me acuerdo wenn ich mich recht entsinne ‖ si te he visto, no me acuerdo etwa: Undank ist der Welt Lohn
³**acordar** [–ue–] vt ⟨Mus⟩ stimmen ‖ ⟨Tel⟩ abstimmen
acorde adj übereinstimmend ‖ einmütig ‖ ⟨Mus⟩ harmonisch ‖ ~ m ⟨Mus⟩ Akkord, Einklang m ♦ a los ~s de la música zu den Klängen der Musik
acordelar vt mit e–r Schnur abstecken
acordemente adv einstimmig
acordeón m ⟨Mus⟩ Akkordeon n, Ziehharmonika f ‖ ♦ en ~ ziehharmonikaartig
acordeo|na f Ur Akkordeon n ‖ –**nista** m/f Akkordeonspieler(in f) m
acordinarse vr Ec ⟨Mus⟩ im Duo singen od spielen
¹**acordonado** adj schnurförmig, ab|geriegelt, -gesperrt (von der Polizei, von Truppen) ‖ umzingelt ‖ Mex schlank, schmächtig (Tier)
²**acordonado** adj gerändelt ‖ randriert ‖ Rändel-, Kordel-
acordonador m Rändelmaschine f zum Münzen
acordonamiento m Einschnürung f ‖ Verschnürung f ‖ Ab|riegelung, -sperrung, Um|stellung, -zingelung f ‖ Truppenkette f ‖ ~ policíaco Polizei|kordon m, -kette f
¹**acordonar** vt mit e–m Strick (um)binden, abgrenzen ‖ ab|riegeln, -sperren ‖ um|stellen, -zingeln ‖ ⟨Mil⟩ (durch e–e Truppenkette) einschließen od umzingeln
²**acordonar** vt rändeln
acores mpl ⟨Med⟩ Flechtenausschlag m der Kinder
acorn(e)ar [-ue-] vt/i mit den Hörnern stoßen
ácoro m ⟨Bot⟩ Kalmus m, Magenwurz f (Acorus calamus)
acorra|ladamente adv hastig, verwirrt ‖ –**lamiento** m Einpferchung f ‖ Bedrängnis f ‖ –**lar** vt einpferchen ‖ in die Enge treiben ‖ (jdm) den Weg verstellen ‖ einkreisen ‖ ⟨fig⟩ einschüchtern ‖ ⟨Jgd⟩ eingattern (Wild) ‖ ⟨Mil⟩ einschließen, abschnüren ‖ (jdn) aus der Fassung bringen ‖ ~se in Furcht geraten
aco|rrer vt zu Hilfe kommen od eilen, helfen, unterstützen ‖ ~ vi herbeieilen ‖ –**rro** m Hilfe f, Beistand m
acor|tadizos mpl Abfälle mpl beim Schneiden ‖ –**tamiento** m s von –**tar** ‖ ~ de jornada Verkürzung f der Arbeitszeit ‖ –**tar** vt ver-, ab|kürzen ‖ vermindern ‖ abschneiden (Weg) ‖ ♦ ~ el paso langsamer gehen ‖ ~ la vela ⟨Mar⟩ das Segel einziehen ‖ ~ vi kürzer werden (Tage) ‖ ~se ⟨fig⟩ stocken (im Reden)
acortejarse vr PR in eheähnlicher Gemeinschaft leben, ⟨fam⟩ zusammenleben
acorvar vt krümmen, biegen
acorzar [z/c] vt Ar (ver)kürzen
aco|sadamente adv heftig, ungestüm, stürmisch ‖ –**sador** m hartnäckiger Verfolger m ‖ Hetzer m ‖ –**samiento** m Verfolgung f ‖ Anfeindung f ‖ Hetze f ‖ –**sar** vt heftig verfolgen, hetzen, treiben (Pferd) ‖ ⟨fig⟩ verfolgen ‖ peinigen, quälen ‖ (jdn) bedrängen, in die Enge treiben ‖ (jdm) zusetzen ‖ ◇ ~ a preguntas mit Fragen bestürmen od ⟨fam⟩ löchern
acosijar vt Mex → agobiar
acosmismo m ⟨Philos⟩ Akosmismus m

acoso m Hetze, Verfolgung, Bedrängnis f ‖ ~ sexual sexuelle Belästigung f
acos|tada f Ausruhen n, Rast f ‖ –**tado** adj liegend ‖ ⟨Her⟩ nebenstehend ‖ –**tamiento** m Niederlegen n ‖ Vergütung f
acostar [-ue-] vt zu Bett bringen ‖ näher heran|bringen, -rücken ‖ ~ vi ⟨Mar⟩ an die Küste gelangen, anlegen ‖ ~se s. niederlegen ‖ zu Bett gehen ‖ s. (der Küste) nähern ‖ ◇ ~ con alg. mit jdm schlafen (koitieren)
acostillado adj gerippt
acostum|bradamente adv gewohntermaßen ‖ –**brado** adj gewohnt ‖ gewöhnt (a an acc) ‖ gewöhnlich ‖ ◇ mal ~ verwöhnt ‖ –**brar** vt (an)gewöhnen ‖ ~ vi gewohnt sein, pflegen ‖ ◇ acostumbro salir ich pflege auszugehen ‖ ~se s. (an)gewöhnen ‖ vertraut werden (a mit) ‖ s. anpassen
¹**aco|tación** f, –**tamiento** m Rand|note, -bemerkung, Glosse f ‖ ⟨Th⟩ Bühnenanweisung f
²**aco|tación** f Grenzscheidung, Abgrenzung f ‖ Einfried(ig)ung f ‖ Einhegen n ‖ Maßeintragung, Bemaßung f ‖ –**tada** f eingefriedetes Grundstück n ‖ eingefriedigte Baumschule f ‖ –**tado** adj abgegrenzt, eingefriedet ‖ –**tamiento** m Abgrenzung, Einfried(ig)ung f ‖ ⟨EB⟩ Bankett n
¹**acotar** vt mit Randbemerkungen versehen ‖ beziffern (Akten) ‖ bemaßen
²**acotar** vt ⟨Top⟩ abmarken ‖ einfrieden, durch Grenzzeichen grenzen ‖ ⟨fig⟩ begrenzen
³**acotar** vt ⟨Agr⟩ (Bäume) kappen
acotarse vr s. e–r Gerichtsbarkeit entziehen ‖ s. in Sicherheit bringen
acote m ⟨Agr⟩ Düngen n des bestellten Feldes ‖ ⟨Bot⟩ Orleansstrauch m (Bixa orellana) ‖ Mex ⟨Bot⟩ Flaschenkürbispflanze f
acotejar vt Am ordnen
acotile|dóneas fpl ⟨Bot⟩ Nackt|keimer, -samer mpl ‖ –**dóneo** adj ⟨Bot⟩ samenlappenlos
acotillo m Schmiede-, Zuschlag|hammer m
acoyundar vt anjochen (Ochsen)
acr. ⟨Abk⟩ = acreedor
acra f [el] Morgen m Land (40,47 Ar)
acracia f ⟨Med⟩ → astenia ‖ ⟨Pol⟩ Akratie, Anarchie f
acras m ⟨Bot⟩ Sapotillbaum m (Achras = Manilkara zapota)
ácrata adj (m/f) akratisch, anar|chistisch, -chisch ‖ ~ m/f Anarchist(in f) m
¹**acre** m Acre m
²**acre** adj scharf, herb ätzend ‖ ⟨fig⟩ derb, rau, schroff, unliebenswürdig
Acre m ⟨Geogr⟩ Acregebiet n
acrecen|cia f Zuwachs m, Vermehrung, Zunahme f ‖ –**tar** [-ie-] vt ver|mehren, -größern ‖ ◇ ~ la productividad die Produktivität steigern ‖ ~se zunehmen
acre|cer [-zc-] vt vermehren ‖ ◇ ~ a alg. ⟨Jur⟩ jdm anwachsen ‖ –**cimiento** m Zu|wachs m, -nahme f ‖ ⟨Jur⟩ Zuwachsrate n ‖ Anwachs m, Anwachsung f (Erbrecht)
acredi|tado adj geachtet, angesehen ‖ renommiert, e–n guten Ruf genießend (Firma usw.) ‖ einflussreich ‖ bewährt, kompetent ‖ beglaubigt (Diplomat) ‖ behördlich bestallt (Amtsperson) ‖ ◇ estar ~ cerca de … akkreditiert sein bei … ‖ –**tamiento** m ⟨Jur⟩ Glaubhaftmachung f ‖ –**tar** vt in guten Ruf bringen ‖ Ansehen verleihen (dat) ‖ rechtfertigen ‖ bekräftigen ‖ verbürgen (e–m Konto) gutschreiben ‖ beglaubigen (Botschafter) ‖ glaubhaft machen ‖ in Mode bringen ‖ ◇ ~ la identidad od la personalidad (Jur) s. ausweisen (können) ‖ ~se s. bewähren ‖ s. ausweisen ‖ s. Ansehen erwerben, s. profilieren ‖ ◇ ~ (para) con alg. jds Vertrauen gewinnen ‖ ~ con algo s. durch

et. Ansehen erwerben ‖ ~ *de loco so handeln, dass man für einen Narren gehalten wird* ‖ **–tivo** *m:* ~ de cheque *Kreditscheck* m
acreedor adj *anspruchsberechtigt* ‖ *(e–r Sache) würdig* od *sie verdienend* ‖ ◇ ~ a la gratitud de la patria *um das Vaterland verdient* ‖ ~ *m Gläubiger* m ‖ ~ anticrético ⟨Jur⟩ *Nutzungspfandgläubiger, antichretischer Gläubiger* m ‖ ~ concursal ⟨Jur⟩ *Insolvenzgläubiger* m ‖ ~ ejecutante ⟨Jur⟩ *Vollstreckungsgläubiger* m ‖ ~ embargante ⟨Jur⟩ *Arrestgläubiger* m ‖ ⟨Jur⟩ *Pfändungsgläubiger* m ‖ ~ en herencia ⟨Jur⟩ *Nachlassgläubiger* m ‖ ~ hipotecario ⟨Jur⟩ *Hypothekengläubiger* m ‖ ~ pignoraticio ⟨Jur⟩ *Pfandgläubiger* m ‖ ~ preferente, ~ privilegiado ⟨Jur⟩ *bevorrechtigter Gläubiger, Vorzugsgläubiger* m ‖ ~ principal *Hauptgläubiger* m ‖ ~ de la quiebra ⟨Jur⟩ *Insolvenzgläubiger* m ‖ ~ solidario ⟨Jur⟩ *Gesamtgläubiger* m ‖ ◇ ser ~ de una cantidad *eine Summe guthaben*
   acreencia *f* Am *Guthaben* n
   acremente adv *scharf* ‖ *derb*
   acrescente adj *(m/f)* ⟨Bot⟩ *fortwachsend (Kelch)*
   acrianzar vt *erziehen*
   acri\|bador *m (Korn)Sieber* m ‖ **–badura** *f (Durch)Sieben* n ‖ *Siebrückstand* m ‖ **–baduras** *fpl Aussiebsel* n ‖ **–bar** vt *(durch)sieben* ‖ ⟨fig⟩ *sichten*
   acribia *f Akribie* f
   acribillar vt *wie ein Sieb durchlöchern* ‖ ⟨fig⟩ *bedrängen, plagen, quälen (Gläubiger)* ‖ ◇ murió acribillado a balazos *er (sie, es) starb im Kugelhagel* ‖ ~ a preguntas *mit Fragen überschütten* od ⟨fam⟩ *löchern*
   acrídido *m* ⟨Ins⟩ *Heuschrecke* f
   acridio *m* → **acrídido**
   acrilato *m* ⟨Ku⟩ *Acrylat* n
   acrílico adj ⟨Ku⟩ *Acryl-*
   acrilo *m* ⟨Ku⟩ *Acryl* n
   acrimi\|nación *f Beschuldigung, Anklage* f ‖ **–nar** vt *beschuldigen, anklagen* ‖ *e–e schlimme Deutung geben* (dat)
   acrimo\|nia *f Schärfe, Bitterkeit* f ‖ ⟨fig⟩ *Bitterkeit* f ‖ ⟨fig⟩ *Heftigkeit, Schroffheit* f ‖ **–nioso** adj *scharf, herb* ‖ ⟨fig⟩ *beißend, ätzend*
   acriollarse vr Am *die Lebensweise der Kreolen annehmen* ‖ *die Lebensart der Einheimischen e–s Landes annehmen*
   acris *m* ⟨Zool⟩ *Heuschreckenfrosch* m (Acris gryllus)
   acriso\|lado adj: vida ~a *untadeliges Leben* n ‖ **–ladamente** adv *rein* ‖ **–lamiento** *m Läuterung* f ‖ *Reinheit* f ‖ **–lar** vt ⟨Met⟩ *läutern (& fig)* ‖ ⟨fig⟩ *ver\|vollkommnen, -feinern* ‖ **~se** ⟨fig⟩ *s. bewähren*
   acrista\|lado, –lamiento *m Verglasen* n ‖ **–lar** vt *verglasen*
   acristianar vt → **cristianar**
   acrítico adj *unkritisch*
   acritud *f Schärfe, Säure, Bitterkeit* f ‖ *Versprödung* f *(Eisen, Stahl)* ‖ ~ de decapado *Beizsprödigkeit* f
   acroamático adj *akroamatisch*
   acrobacia *f Akrobatik* f ‖ ~ aérea ⟨Flugw⟩ *Kunstflug* m
   acróbata *m(f) Akrobat(in* f), *Seiltänzer(in* f) m
   acrobático adj *akrobatisch*
   acrobatismo *m* ⟨Flugw⟩ *Kunstflug* m
   acrocefalia *f* ⟨Med⟩ *Akrozephalie, Spitzschäd(e)ligkeit* f
   acrofobia *f* ⟨Med⟩ *Höhenangst* f
   acroleína *f* ⟨Chem⟩ *Akrolein* n
   acromasia *f* ⟨Med⟩ *Achromasie, Farbenfehlerhaftigkeit* f
   acro\|mático adj ⟨Opt⟩ *achromatisch, farblos, unbunt* ‖ **–matismo** *m Achromatismus* m, *Achromasie* f

acroma\|topsia *f* ⟨Med⟩ *Achromatopsie, Farbenblindheit* f ‖ **–tóptico** adj *farbenblind* ‖ ~ *m Farbenblinde(r)* m
   acromegalia *f* ⟨Med⟩ *Akromegalie* f, *Spitzenwuchs* m
   acro\|mial *(m/f)*, **–miano** adj ⟨An⟩ *Schulterhöhen-* ‖ **–mion** *m Schulterhöhe* f
   acroparestesia *f* ⟨Med⟩ *Akroparästhesie* f
   acrónimo *m Akronym* n
   ácrono adj *zeit\|los, -unabhängig*
   Acrópolis *f Akropolis* f ‖ ~ *f Hochburg* f ‖ *Bollwerk* n
   acróstico adj: ⟨Poet⟩ (verso) ~ *Akrostichon* n
   acrostolio *m* ⟨Mar⟩ *Schiffsschnabel* m ‖ *Gallionsfigur* f
   acrotera *f* ⟨Arch⟩ *Giebelverzierung, Akroterie* f
   acrotismo *m* ⟨Med⟩ *Akrotismus* m, *Pulslosigkeit* f
   acta *f* [el] *Sitzungsbericht* m ‖ *Schriftsatz* m ‖ ⟨Jur⟩ *Akte* f ‖ ⟨Jur⟩ *Urkunde, Niederschrift* f, *Protokoll* n ‖ ~ de Algeciras ⟨Hist⟩ *Algeciras-Generalakte* f *(1906)* ‖ ~ de acusación ⟨Jur⟩ *Anklageerhebung* f ‖ ~ de canje de ratificaciones *Protokoll* n *über den Austausch der Ratifizierungsurkunden* ‖ ~ de cesión ⟨Jur⟩ *Zessionsurkunde* f ‖ ~ de constitución *f Gründungs\|akte, -urkunde, Verfassung* f ‖ ~ de depósito de ratificaciones *Protokoll* n *über die Hinterlegung der Ratifizierungsurkunden* ‖ ~ ejecutoria ⟨Jur⟩ *vollstreckbare Urkunde* f ‖ ~ final *Schlussakte* f ‖ ~ Final de Helsinki *Schlussakte* f *von Helsinki* ‖ ~ de firma *Unterzeichnungsprotokoll* n ‖ ~ fiscal *Betriebsprüfungsbericht* m ‖ ~ general *Generalakte* f ‖ ~ de matrimonio ⟨Jur⟩ *Heiratsurkunde* f, *Trauschein* m ‖ ~ matriz *Urschrift* f ‖ ~ de nacimiento ⟨Jur⟩ *Geburts-, Abstammungs\|urkunde* f ‖ ~ notarial *notarielle Urkunde* f ‖ ~ de notificación ⟨Jur⟩ *Zustellungsurkunde* f ‖ ~ de notoriedad ⟨Jur⟩ *Offenkundigkeitsurkunde* f ‖ ~ de protesto *Protesturkunde* f ‖ ~ de revisión *Prüfbericht* m *(Bilanz)* ‖ ~ de (la) sesión *Sitzungsprotokoll* n, *Verhandlungsniederschrift* f ‖ ~ sumaria *Kurz\|bericht* m, *-protokoll* n ‖ ~ taquigráfica *stenografische Niederschrift* f ‖ *ausführliches Protokoll* n ‖ ◇ levantar ~ *das Protokoll aufnehmen* ‖ **~s** *fpl Akten* fpl ‖ *Beschlüsse* mpl ‖ *Lebensbeschreibungen* fpl *der Heiligen* ‖ ~ del congreso *m Kongressbericht(e)* m(pl)
   actinia *f* ⟨Zool⟩ *Seerose* f (Actinia sp)
   actínico adj ⟨Opt⟩ *aktinisch*
   actinida *f* ⟨Bot⟩ *Kiwi* f
   actinidad *f Aktinität, Lichtstrahlenwirkung* f
   actinio *m* ⟨Ac⟩ ⟨Chem⟩ *Actinium* n
   actinógrafo *m* ⟨Phys⟩ *Aktinograph* m
   actinolita *f* ⟨Min⟩ *Strahlstein, Aktinolith* m
   acti\|nometría *f* ⟨Phys⟩ *Aktinometrie, Strahlenmessung* f ‖ **–nómetro** *m* ⟨Phys⟩ *Aktinometer* n, *Strahlenmesser* m ‖ ⟨Fot⟩ *Belichtungsmesser* m
   actino\|mices, –miceto *m Aktinomyzet, Strahlenpilz* m ‖ **–micina** *f* ⟨Pharm⟩ *Actinomycin* n ‖ **–micosis** *f* ⟨Agr⟩ *Kartoffelschorf* m ‖ ⟨Med Vet⟩ *Aktinomykose, Strahlenpilzkrankheit* f ‖ **–mórfico, –morfo** adj *aktinomorph*
   actinón *m* ⟨An⟩ ⟨Chem⟩ *Actinon* n
   actinoterapia *f* ⟨Med⟩ *Aktino-, Strahlen\|therapie* f
   actinouranio *m* ⟨Chem⟩ *Actinouran* n
   actitar vt Ar *weiter\|geben, -leiten (Verwaltung)*
   actitud *f Stellung, Haltung* f ‖ *Gebaren* n ‖ ⟨Mal⟩ *Körperstellung* f ‖ *Benehmen* n ‖ *Handlungsweise* f ‖ ~ conminativa *drohende Haltung* f ‖ ~ destinada a imponer ⟨Ethol⟩

Imponier|gehabe, -verhalten n ‖ ~ expectante
abwartende Haltung f ‖ ~ firme *feste Haltung* f ‖
~ hostil *feindselige Haltung* f ‖ ~ intransigente
unnachgiebige Haltung f ‖ ~ iracunda *zorniges*
Gebaren n ‖ ~ retraída *Zurückhaltung, Reserve* f ‖
~ teatral *(theatralische) Pose* f ‖ ◇ mudar de ~
sein Verhalten ändern
  activación *f Antrieb* m, *Förderung* f ‖ ⟨allg⟩
Aktivierung f ‖ ⟨Inform⟩ *Aktivierung, Auslösung* f
  activador *m Beschleuniger, Aktivator* m ‖
Anreger m
  acti|vamente adv *energisch, tatkräftig* ‖ *eifrig* ‖
–var vt *in Tätigkeit setzen* ‖ *antreiben* ‖ *in Gang*
bringen ‖ *fördern, beschleunigen* ‖ *vorantreiben* ‖
anregen (z.B. *Fantasie*) ‖ *beleben, fördern* ‖
be|treiben, -sorgen ‖ ⟨Inform⟩ *anklicken*
  actividad *f Tätigkeit* f ‖ *Wirksamkeit,*
Geschäftigkeit, Betriebsamkeit f ‖ *Lebhaftigkeit* f ‖
Heftigkeit f ‖ *Beschäftigung* f ‖ *Erwerb* m ‖
Aufgabenkreis m ‖ ~ administrativa
Verwaltungs|tätigkeit f, *-handeln* n ‖ ~ de combate
m Gefechtstätigkeit f ‖ ~ comercial
Geschäftstätigkeit f ‖ ~ contraria al objet(iv)o de
las vacaciones *dem Urlaubszweck*
widersprechende Erwerbstätigkeit f ‖ ~ febril
fieberhafte Tätigkeit f ‖ ~ lucrativa
gewinnbringende Tätigkeit f ‖ ~ mercantil
Handelsgewerbe n ‖ ~ profesional secundaria
Nebengewerbe n ‖ ~ sindical *gewerkschaftliche*
Betätigung f ‖ ~ suplementaria
Neben|beschäftigung, -tätigkeit f ‖ ◇ entrar en ~
wirksam werden ‖ ~**es** *fpl:* ~ propagandísticas
Propaganda- bzw Werbetätigkeit f ‖ ~ subversivas
staatsfeindliche (od *umstürzlerische*) *Umtriebe*
mpl ‖ *(Hetz- und) Wühl|arbeit* f
  acti|vismo *m Aktivismus* m ‖ **–vista** *m/f*
Aktivist(in f) m ‖ **–vo** adj *tätig* ‖ *wirksam* ‖
tatkräftig ‖ *fleißig* ‖ *heftig* ‖ *aktiv (Beamter)* ‖ ~ *m*
Haben n, *Aktiva* npl ‖ ~ en circulación
Betriebskapital n ‖ ~ de la quiebra
Insolvenzmasse f
  acto *m Handlung, Tat* f, *Werk* n ‖ ⟨Th⟩ *Aufzug,*
Akt m ‖ *Aufsatz* m *(Schulübung)* ‖ *Urkunde* f ‖
öffentliche Feierlichkeit ‖ ~ administrativo ⟨Jur⟩
Verwaltungsakt m ‖ ~ de agresión
Angriffshandlung f ‖ ~ poco amistoso [meist Pol]
unfreundlicher Akt m ‖ ~ anulable ⟨Jur⟩
aufhebbarer Verwaltungsakt m ‖ ~ de apertura
Eröffnungsfeier(lichkeit) f ‖ ~ carnal *Beischlaf* m ‖
~ de clausura *Schlussfeier* f ‖ ~ colectivo ⟨Jur⟩
Gesamtakt m ‖ ~ de comercio *Handelsgeschäft* n ‖
~ de comisión ⟨Jur⟩ *Begehungshandlung* f ‖ ~ de
conciliación ⟨Jur⟩ *Sühneversuch* m ‖ ⟨Jur⟩
(gerichtlicher) Ausgleich m ‖ ~ no conforme a
derecho ⟨Jur⟩ *rechtswidriger Verwaltungsakt* m ‖
~ conmemorativo *Gedenkfeier* f ‖ ~ conservatorio
⟨Jur⟩ *Sicherungsmaßnahme* f ‖ ~ constitutivo (de
derecho) ⟨Jur⟩ *rechtsgestaltender Verwaltungsakt*
m ‖ ~ continuo *sogleich, unverzüglich* ‖ ~ de
contrición ⟨Theol⟩ *Reueakt* m ‖ *die vollkommene*
Reue f ‖ ~ de cumplimiento ⟨Jur⟩
Erfüllungsgeschäft n ‖ ~ declarativo (de derecho)
⟨Jur⟩ *feststellender Verwaltungsakt* m ‖ ~
defectuoso ⟨Jur⟩ *fehlerhafter bzw rechtswidriger*
Verwaltungsakt m ‖ ~ delictivo ⟨Jur⟩ *strafbare*
Handlung f ‖ ~ deshonesto ⟨Jur⟩ *unzüchtige*
Handlung f ‖ ~ de disposición ⟨Jur⟩ *Verfügung* f,
Verfügungsgeschäft n ‖ ~ de dominio *Verfügung* f
‖ *hoheitliche Handlung* f ‖ ~ de ejecución ⟨Jur⟩
Erfüllungsgeschäft n ‖ ⟨Jur⟩ *Ausführungshandlung*
f *(Strafrecht)* ‖ ~ ejecutivo ⟨Jur⟩
Vollstreckungshandlung f ‖ ~ fallido (Psychol)
Fehlleistung f ‖ ~ fundacional *Gründungsakt* m ‖
~ graciable ⟨Jur⟩ *Gnaden|akt, -erweis* m ‖ ~ de
guerra *Kriegshandlung* f ‖ ~ heroico *Heldentat* f ‖

aufopfernde Handlung f ‖ ~ en honor de un
difunto *Trauerfeier* f *für e–n Verstorbenen* ‖ ~
ilegal ⟨Jur⟩ *fehlerhafter bzw rechtswidriger*
Verwaltungsakt ‖ ~ ilícito ⟨Jur⟩ *unerlaubte*
Handlung f ‖ ~ impugnado ⟨Jur⟩ *angefochtener*
Akt m ‖ ~ inherente al desempeño de sus
funciones ⟨Jur⟩ *Amtshandlung* f ‖ ~ irreflexivo
Kurzschlusshandlung f ‖ ~ jurídico ⟨Jur⟩
Rechtshandlung f ‖ *Rechtsgeschäft* n ‖ ~ oficial
feierlicher Staatsakt m ‖ ~ pecaminoso *sündhafte*
Tat f ‖ ~ personal ⟨Jur⟩ *nicht vertretbare*
Handlung ‖ ~ político (del Gobierno)
Regierungsakt m ‖ ~ preparatorio ⟨Jur⟩
Vorbereitungshandlung f *(Strafrecht)* ‖ ~ procesal
⟨Jur⟩ *Prozesshandlung* f ‖ ~ punible ⟨Jur⟩
Strafhandlung f ‖ ~ reflejo (Biol Physiol) *Reflex*
m ‖ ~ relativo al ejercicio del cargo ⟨Jur⟩
Amtshandlung f ‖ ~ de sabotaje *Sabotageakt* m ‖
~ sexual *Beischlaf* m ‖ ~ solemne *Feierlichkeit* f ‖
~ de terrorismo *Terrorakt* m, *terroristische*
Handlung f ‖ ~ translativo de propiedad ⟨Jur⟩
Eigentum übertragende Rechtshandlung f ‖ ~
unilateral ⟨Jur⟩ *einseitige (Rechts)Handlung* f,
einseitiger Akt m ‖ ~ de venganza *Racheakt* m ‖ ~
viciado ⟨Jur⟩ *rechtswidriger Verwaltungsakt* m ‖ ~
de violencia *Gewalt|akt* m, *-handlung* f ‖ ~ de
voluntad *Willensäußerung* f ‖ ~ de votar
Wahlvorgang m ‖ ◆ en ~ *in der Lage et. tun zu*
können ‖ en ~ de zwecks (gen) ‖ en el ~ *auf*
frischer Tat ‖ *unverzüglich, auf der Stelle* ‖ en el ~
de morir *in der Todesstunde* ‖ en ~ de servicio *im*
Dienst ‖ ◇ quedarse en el ~ ⟨fam⟩ *plötzlich*
sterben ‖ hacer ~ de presencia *anwesend sein* ‖ *s.*
kurz blicken lassen ‖ *in Erscheinung treten* ‖ ~**s**
mpl *Verhandlungsschriften* fpl *eines Konzils* ‖ ~
de los Apóstoles *Apostelgeschichte* f ‖ ~
concluyentes ⟨Jur⟩ *konkludente Handlungen* fpl ‖
~ deshonestos ⟨Jur⟩ *unzüchtige Handlungen*
fpl ‖ ~ deshonestos graves ⟨Jur⟩ *schwere Unzucht*
f ‖ ~ deshonestos con niños ⟨Jur⟩ *Unzucht* f
mit Kindern ‖ ~ deshonestos con personas en
relación de dependencia ⟨Jur⟩ *Unzucht* f *mit*
Abhängigen
  ¹actor *m Schauspieler* m ‖ ⟨fig⟩ *Schauspieler,*
Simulant m ‖ ~ dramático ⟨Th⟩ *Tragödie,*
dramatischer Schauspieler m ‖ primer ~ ⟨Th⟩
Hauptdarsteller m ‖ ~ de reparto *od* secundario
Nebendarsteller m
  ²actor adj ⟨Jur⟩ *klagend* ‖ ~ *m Kläger* m ‖ ~
demandante ⟨Jur⟩ *Kläger* m ‖ ~ reconvencional
⟨Jur⟩ *Widerkläger* m
  actora *f* ⟨Jur⟩ *Klägerin* f
  actriz [*pl* –**ces**] *f Schauspielerin* f
  actua|ción *f Betätigung* f ‖ *Tätigkeit* f ‖
Funktion f ‖ *Amtsführung* f ‖ *Prozessführung* f,
Auftreten n ‖ *(Amts)Verrichtung* f ‖ *Verhandlung* f ‖
Geschäftsführung f ‖ ⟨Th⟩ *(Gast)Spiel* n ‖ ~
administrativa ⟨Jur⟩ *Verwaltungs|tätigkeit* f,
-handeln n ‖ ~ en directo ⟨TV⟩ *Live-Auftritt* m ‖
~ del gatillo *Eingriff* m *der Klinke* ‖ **–ciones** *fpl*
⟨Jur⟩ *Prozessführung* f, *Schriftverkehr* m *mit dem*
Gericht
  actuado adj *(ein)geübt, erfahren*
  actual adj *(m/f) gegenwärtig, jetzig, aktuell* ‖
wirksam ‖ *reell (Wert)* ‖ ◆ del ~ *dieses Monats,*
d.M.
  actuali|dad *f Gegenwart* f ‖ *die Zeitumstände*
mpl ‖ *aktuelle Angelegenheit* f ‖ *Tatsache* f ‖ ◆ en
la ~ *gegenwärtig* ‖ *heutzutage* ‖ de gran ~ *sehr*
aktuell ‖ *hochaktuell* ‖ ◇ estar de ~ *in Mode sein* ‖
–dades *fpl:* ~ semanales *Wochenschau* f *(Kino)* ‖
–zación *f Aktualisierung* f (& Ling) ‖ ~ de las
pensiones *Rentenanpassung* f ‖ **–zar** [z/c] vt
aktualisieren (& Ling), *der Gegenwart anpassen,*
auf den neuesten Stand bringen

actualmente adv *gegenwärtig* ‖ *heutzutage* ‖ *zurzeit* ‖ *wirklich, tatsächlich*
actuar [pres ~úo] vt *zustande (& zu Stande) bringen* ‖ *einleiten (Prozess)* ‖ *betätigen, (ein)wirken* ‖ ◊ ~ el trinquete *einklinken, einschnappen lassen* ‖ ~ vi: ~ de apoderado *als Bevollmächtiger auftreten* ‖ ~ de intérprete *als Dolmetscher fungieren* ‖ ~ de mediador *m* ‖ *vermitteln* ‖ ~ en nombre ajeno ⟨Jur⟩ *in fremdem Namen auftreten* ‖ ~ como testigo ⟨Jur⟩ *als Zeuge aussagen* ‖ ~se *zustande (& zu Stande) kommen*
actua|rial adj *(m/f) den Versicherungssachverständigen betreffend* ‖ **–rio** *m Gerichtsschreiber, Aktuar* m ‖ *Urkundsbeamter* m ‖ *Protokollführer* m ‖ ~ de seguros *Versicherungs|sachverständiger, -mathematiker* m
acuache *m* Mex *Kumpel* m
acuadrillar vt *(Rotten) anführen* ‖ *Rotten bilden*
acuafortista *m/f Radierer(in* f) m
acuajaronar vt *zum Gerinnen bringen*
acua|nauta *m/f Aquanaut(in* f) m ‖ **–náutica** *f Aquanautik* f
acuantiar [pres ~ío] vt *(ab)schätzen* ‖ *Größe, Höhe* od *Umfang (e–r Sache) festsetzen*
acuapar *m* ⟨Bot⟩ *Sandbüchsenbaum* m (Hura crepitans)
acua|planar vi ⟨Flugw⟩ *wassern, auf dem Wasser niedergehen* ‖ **–planing** *m Aquaplaning* n ‖ **–plano** *m Wasserski-, Surf|brett* n
acuarama *m Delphinarium* n
acua|rela *f Aquarell(bild)* n ‖ **–relista** *m/f Aquarellmaler(in* f) m
acuario *m Aquarium* n ‖ *Aquarienhaus* n ‖ *Wasserbehälter* m ‖ ~ marítimo *Seeaquarium* n ‖ ~ ⟨Astr⟩ *Wassermann* m
acuariófilo *m Aquarianer* m
acuarística *f Aquaristik* f
acuaro *m* ⟨Ins⟩ *Wasserläufer* m
acuar|telado adj *geviertteilt* ‖ ⟨Her⟩ *geviert, in vier Felder unterteilt* ‖ **–telamiento** *m* ⟨Mil⟩ *Einquartierung* f ‖ **–telar** vt *einquartieren* ‖ *kasernieren* ‖ *parzellieren (Boden)*
acuartillado adj *überkötig (Gang eines Pferdes)*
acuate *m* Mex *Wassernatter* f (Natrix spp)
acuático, acuátil adj *(m/f) im Wasser lebend, Wasser-*
acuatin|ta *f Aquatinta* f ‖ **–tista** *m/f Aquatintaradierer(in* f) m
acuatizar [z/c] vi Am ⟨Flugw⟩ *wassern, auf dem Wasser niedergehen*
acubado adj *tonnenförmig*
acuchamado adj Ven *entmutigt* ‖ *traurig* ‖ *mutlos*
acucharado adj *löffelförmig*
acuchi|llado adj *zer|fetzt, -hauen* ‖ *geschlitzt (Stoff mit farbiger Unterlage)* ‖ ⟨fam⟩ *ge|rissen, -rieben* ‖ ⟨fig⟩ *gewitzigt, verschmitzt* ‖ ~ *m Schleifen* n *(Holzboden, Parkett)* ‖ **–llador** *m Raufer, Raufbold* m ‖ **–llar** vt *mit einem Messer verwunden, töten* ‖ *er-, nieder|stechen* ‖ *abspänen (Eisen), schleifen (Holzboden, Parkett)* ‖ **–se** *mit Messern aufeinander losgehen* ‖ *s. balgen, s. raufen*
acucia *f Fleiß* m ‖ *Eifer* m ‖ *Begierde* f
acucia|damente adv *mit heißem Bemühen* ‖ **–dor** adj →̣ **–nte** ‖ ~ *m Hetzer, Treiber* m ‖ **–miento** *m Antrieb* m ‖ **–nte** adj *(m/f) dringend, brennend* ‖ *heikel*
acu|ciar vt *an|spornen, -stacheln, -regen* ‖ *treiben* ‖ *aufhetzen* ‖ *heftig verlangen* ‖ ~se *eilen* (& vi) ‖ **–cioso** adj *fleißig, emsig, eifrig* ‖ *voll(er) Begierde*
acuclillarse vr *s. niederkauern, s. hocken*

acudi|dero *m* Ar *Sammelpunkt* m ‖ **–miento** *m Herbeieilen* n ‖ *Zuhilfeeilen* n
acudiente *m* ⟨Col Pan⟩ *Tutor* m
acudir *herbei-, hinzu|eilen* ‖ *s. einstellen (e–n Ort) häufig besuchen* ‖ *dem Zügel gehorchen (Pferd)* ‖ ◊ ~ a alg. *s. an jdn (um Hilfe) wenden* ‖ ~ en auxilio *zu Hilfe eilen* ‖ ~ ante el juez *m* ⟨Jur⟩ *vor Gericht treten* ‖ ~ a la memoria *ins Gedächtnis kommen* ‖ ~ en queja ⟨Jur⟩ *Beschwerde einlegen* ‖ ~ con un *(od* al) remedio *zu e–m Mittel greifen* ‖ ~ a las urnas *wählen* od *zur Wahl gehen* ‖ el juego *od* naipe le acude a él *er hat Glück im Spiel*
acueducto *m Aquädukt* m, *Wasserleitung* f ‖ *Umlauf* m *(Leitung bei Schleusen und Docks)* ‖ ⟨An⟩ *Wassergang, Verbindungskanal* m ‖ ~ con compuertas *Sieb* n (& m) *mit Zugschützen* ‖ *Deichschleuse* f ‖ **~-sifón** *Düker* m
ácueo adj *wäss(e)rig, Wasser-*
acuerdado adj *schnurgerade*
acuerdo *m Abkommen* n ‖ *Übereinkunft* f ‖ *Übereinkommen* n ‖ *Verständigung* f ‖ *Vereinbarung, Einigung* f ‖ *Bescheid* m, *Entscheidung, Verwaltungsverfügung* f ‖ *Vorsatz* m, *Absicht* f ‖ *Erinnerung* f ‖ *Be|sinnung* f, *-wusstsein* n ‖ *Beschluss, Erlass* m ‖ ~ adicional *Zusatzabkommen* n ‖ ~ de administración fiduciaria ⟨Jur⟩ *Treuhandabkommen* n ‖ ~ administrativo *Verwaltungsvereinbarung* f, *Ressortabkommen* n ‖ ~ aduanero *Zollabkommen* n ‖ ~ aéreo *Luftfahrtabkommen* n ‖ ~ amigable *freundschaftliche Übereinkunft* f, *gütlicher Vergleich* m ‖ ~ de aplicación *Durchführungsabkommen* n ‖ ~ de arbitraje *Schiedsabkommen* n ‖ ~ de arriendo *Pachtabkommen* n ‖ ~ básico *Rahmenabkommen* n ‖ ~ colectivo de conciliación ⟨Jur⟩ *Schlichtungsvereinbarung* f ‖ ~ comercial *Handelsabkommen* n ‖ ~ de compensación *Clearingabkommen* n ‖ ~ complementario *Ergänzungsabkommen* n ‖ ~ de congelación *Stillhalteabkommen* n ‖ ~ de cooperación *Kooperationsabkommen* n ‖ ~ cuatripartito *Viermächte-, Vierer|abkommen* n ‖ ~ cultural *Kulturabkommen* n ‖ ~ acerca del depósito internacional de modelos o muestras industriales ⟨Jur⟩ *Abkommen* n *über die internationale Hinterlegung gewerblicher Modelle (od Muster)* ‖ ~ de ejecución *Durchführungsabkommen* n ‖ ~ especial *Sonderabkommen* n ‖ ~ en forma simplificada *Abkommen* n *in vereinfachter Form* ‖ ~ General sobre las Tarifas Arancelarias y el Comercio (GATT) *Allgemeines Zoll- und Handelsabkommen (GATT)* ‖ ~ sobre doble imposición *Doppelbesteuerungsabkommen* n ‖ ~ intergubernamental *Regierungsabkommen* n ‖ ~ interino *Zwischenabkommen* n ‖ ~ monetario *Währungsabkommen* n ‖ ~ Monetario Europeo *Europäisches Währungsabkommen* n ‖ ~ naval *Flottenabkommen* n ‖ ~ de navegación *Schifffahrtsabkommen* n ‖ ~ de pagos *Zahlungsabkommen* n ‖ ~ parcial *Teilabkommen* n ‖ ~ pentapartito *Fünfmächteabkommen* n ‖ ~ de pesca *Fischereiabkommen* n ‖ ~ preliminar *Vorvereinbarung* f ‖ ~ de préstamo-arriendo *Leih- und Pacht|abkommen* n ‖ ~ radiofónico *Rundfunkabkommen* n ‖ ~ regional *Regionalabkommen* n ‖ ~ resolutorio del recurso de reposición ⟨Jur⟩ *Widerspruchsbescheid* m ‖ ~ suplementario *Zusatzabkommen* n ‖ ~ tetrapartito *Viermächte-, Vierer|abkommen* n ‖ ~ tripartito *Dreimächte-, Dreier|abkommen* n ‖ ~ de tutela *Treuhandabkommen* n ‖ ~ unánime *Einstimmigkeit* f ‖ ~ verbal *mündliche Vereinbarung* f ‖ ~ de

voluntades ⟨Jur⟩ *Willenseinigung* f ‖ ◆ ¡de ~!
einverstanden! okay! ‖ de ~ con ... *in
Einvernehmen mit* ... ‖ de ~ con sus instrucciones
Ihren Weisungen gemäß ‖ de común ~ *ein|mütig,
-vernehmlich, in gegenseitigem Einvernehmen* ‖
por ~ de la junta general *durch Beschluss der
Hauptversammlung* ‖ ◇ estar de ~ en el precio
über den Preis einig sein ‖ estar en su ~ *bei
Sinnen sein, s–e fünf Sinne beisammenhaben* ‖
ponerse de ~ *s. einigen* ‖ tomar (un) ~, quedar de
~ *e–n (gemeinsamen) Beschluss fassen,
beschließen, s. entscheiden* ‖ volver de su ~ *s–e
Meinung ändern* ‖ volver en su ~ *wieder zu s.
kommen* ‖ ~s de Evian ⟨Hist⟩ *Abkommen n von
Evian (1962)* ‖ ~ entre organismos especializados
de la ONU *Abkommen n zwischen
Sonderorganisationen der UNO* ‖ ~ de Munich
⟨Hist⟩ *Münchener Abkommen* n *(1938)*
   acueste m ⟨pop⟩ *Beischlaf* m
   acuícola adj *(m/f) Wasser-* ‖ animal m (planta f)
~ *Wasser|tier* n, (-pflanze f)
   acui|cultivo m, **–cultura** f *Meerestier- und
Fischzucht* f
   acuidad f *Spritzigkeit* f ‖ *Heftigkeit* f *(Schmerz)*
‖ *Schärfe* f *(der Sinne)*
   acuífero adj *wasserführend*
   acui|tadamente adv *mit Kummer* ‖ **–tar** vt
betrüben, Kummer bereiten ‖ ~**se** *Kummer haben* ‖
s. ängstigen
   ácula f [el] ⟨Bot⟩ *Kerbel, Hühnerfuß* m (Scandix
sp)
   aculado adj ⟨Her⟩ *aufgerichtet (Ross)*
   acular vt *mit dem Rücken anlehnen an* (acc) ‖
zum Hufen bringen (Zugtier) ‖ (fam) *in die Enge
treiben* ‖ ~**se** *achtern auflaufen (Schiff)*
   aculeado adj ⟨Bot Ins Zool⟩ *stach(e)lig*
   aculebrearse vr ⟨fig⟩ *hinwelken (Saaten)*
   aculeoso adj *stechend (Tier)*
   acultu|ración f ⟨Ethnol⟩ *Akkulturation* f ‖ **–rar**
vt *akkulturieren*
   acullá adv *dort, dorthin, jenseits* ‖ ◆ acá y ~
hier und dort
   acumetría f ⟨Med⟩ *Audiometrie* f
   acúmetro m ⟨Med⟩ *Audiometer* n
   acumi|nado adj *(scharf) zugespitzt* ‖ **–noso** adj
⟨Bot⟩ *zugespitzt*
   acumu|chamiento m Chi ⟨pop⟩ *An|häufung,
-sammlung* f ‖ **–charse** vr *e–n Haufen bilden
(Leute)*
   acumu|lación f *An-, Auf|häufung* f ‖
Kumulierung f ‖ *Ämterhäufung* f ‖ *Zinshäufung* f,
Zinseszins m ‖ ⟨Geol⟩ *Akkumulation, Aufschüttung*
f ‖ *Stauung* f ‖ ~ de acciones ⟨Jur⟩
Anspruchshäufung f ‖ ⟨Jur⟩ *Klagehäufung,
Klagenverbindung* f ‖ ~ de agua
Wasser(auf)speicherung f ‖ ~ de capitales
Kapitalanhäufung f ‖ ~ de cargos *Ämterhäufung* f
‖ ~ de corriente ⟨El⟩ *Stromspeicherung* f ‖ ~ de
energía *Energie(auf)speicherung* f ‖ ~ de intereses
Auflaufen n *von Zinsen, Zinshäufung* f ‖ ~ para el
riego *Bewässerungsspeicherung* f ‖ **–lado** adj
aufgehäuft ‖ **–lador** m *Aufhäufer* m ‖ ⟨El Tech⟩
Akkumulator m ‖ ~ de carga rápida
Schnellaufladeakkumulator m ‖ ~ de día
Tagesspeicher m ‖ ~ hidráulico *hydraulischer
Akkumulator, Flüssigkeitsakkumulator* m ‖ ~ de
plomo *Bleiakkumulator* m ‖ ~ térmico
Wärmeakkumulator m ‖ ~ de vapor
Dampfspeicher m
   acumu|lar vt *an-, auf|häufen* ‖ *kumulieren* ‖
*(mehrere Ämter und Besoldungen) in s–r Person
vereinigen* ‖ *an-, bei|fügen* ‖ ⟨El⟩ *(auf)speichern* ‖
◇ ~ tropas ⟨Mil⟩ *Truppen zsf massieren* ‖ ~**se** *s.
(an)häufen* ‖ **–lativo** adj *anhäufend* ‖ *zu anderen
Rechten hinzukommend*

   acunar vt *wiegen (Kind)*
   acu|ñación f *Münzprägung* f, *Geldprägen* n ‖
Prägen n (& fig) ‖ **–ñado** m *Prägen* n ‖ *Gepräge* n
‖ **–ñador** m *Münzer, Präger* m ‖ *Treibkeil* m ‖
–ñadora f *Präge(stanz)maschine* f ‖ ~ de moneda
Münzprägemaschine f
   ¹acuñar vt *münzen, prägen (Geld)* ‖ ⟨fig⟩
prägen
   ²acuñar vt *ver-, fest|keilen*
   acuo|cultivo m ⟨Bot⟩ *Hydrokultur* f ‖ **–sidad** f
Wäss(e)rigkeit f ‖ *Wasserreichtum* m ‖ **–so** adj
wasserähnlich ‖ *saftig (Früchte)* ‖ *wäss(e)rig),
wasserhaltig, Wasser-*
   acupun|tor m ⟨Med⟩ *Akupunkteur* m ‖ **–tura** f
Akupunktur f
   acuradamente adv *sorgfältig, akkurat*
   acurru|cado adj *zusammengekauert* ‖ **–carse**
[c/qu] vr *s. niederhocken* ‖ *zusammenkauern* ‖ *s.
ducken* ‖ *s. fest einwickeln*
   acusa|ción f ⟨Jur⟩ *An|klage, -zeige* f ‖ *An-,
Be|schuldigung* f ‖ *Klageschrift* f ‖ ~ falsa *falsche
Anschuldigung, Falschbeschuldigung* f ‖ **–do** adj
ausgeprägt ‖ *scharf* ‖ ~ m ⟨Jur⟩ *Angeklagte(r)* m ‖
–dor m ⟨Jur⟩ *Angeber* ‖ *(An)Kläger* m ‖ ~ privado
⟨Jur⟩ *Nebenkläger* m
   acusar vt/i *an|klagen, -klagen, be|schuldigen,
-zichtigen* ‖ *an|zeigen, -geben, -deuten, verraten* ‖
kundgeben ‖ *aufweisen (Abnahme)* ‖ ⟨Kart⟩
ansagen ‖ ◇ ~ a alg. de un delito ⟨Jur⟩ *jdn wegen
einer Straftat anklagen* ‖ ~ conformidad *sein
Einverständnis mitteilen* ‖ ~ firmeza *Festigkeit
zeigen* ‖ ~ el golpe *Wirkung zeigen* od *bekunden* ‖
~ recibo ⟨Com⟩ *den Empfang bestätigen* ‖ ~**se**
beichten
   acusativo m ⟨Gr⟩ *Akkusativ, Wenfall* m
   acusato|ria f ⟨Jur⟩ *Anklageschrift* f ‖ **–rio** adj
Klage-
   acuse m ⟨Kart⟩ *Ansagen* n ‖ ~ de recibo ⟨Com⟩
Empfangs|anzeige, -bestätigung f
   acu|setas, –sete m Am ⟨fam⟩ *Petze, Klatsche* f ‖
–sica f/m ⟨fam⟩ *Petze, Klatsche* f *(Schülersprache)*
   acusón adj ⟨fam⟩ *anklägerisch* ‖ ~ m ⟨Sch⟩
⟨fam⟩ *Petze, Klatsche* f
   acús|tica f *Akustik, Schalllehre* f ‖ **–tico** adj
akustisch, das Gehör, den Schall betreffend ‖ ~ m
Hörrohr n
   acutángulo adj *spitzwink(e)lig*
   acutí [pl ~íes, ~ís] m Arg Par ⟨Zool⟩ *Aguti,
Goldhase, Guti* m (Dasyprocta aguti)
   adacción f *Zwang* m
   ad acta ⟨lat⟩ *zu den Akten, erledigt*
   a|dactilia f ⟨Med⟩ *Adaktylie f, Fehlen* n *von
Fingern bzw Zehen* ‖ **–dáctilo** adj *ohne Finger
bzw Zehen*
   ¹adagio m *Spruch* m, *Sprichwort* n
   ²adagio m ⟨Mus⟩ *Adagio* n
   adaguar vi *trinken (Vieh)*
   adala f ⟨Mar⟩ *Pumpendahl* m
   Adalberto m np *Adalbert* m
   adalid m *Anführer* m ‖ ⟨fig⟩ *Vorkämpfer* m
   △ **adaluno, –ní** adj *aus Madrid*
   adamado adj *weibisch, zart* ‖ *niedlich* ⟨fam⟩
piekfein ‖ ⟨pop⟩ *aufgedonnert* ‖ *(viel)geliebt*
   adamascado adj *damastartig gewebt* ‖ ~ m:
~ de lino *Leinendamast* m
   adámico adj *Adams-*
   adamiento adj ⟨poet⟩ *diamanten*
   adamitas mpl *Adamiten* mpl *(Sekte)*
   Adán m np *Adam* m ‖ ~ *Lumpenkerl* m ‖
Waschlappen m ‖ ⟨pop⟩ *Lumpazi* m ‖ ◇ estar
hecho un ~ ⟨fig⟩ *in Lumpen herumlaufen*
   adánico adj → **adámico**
   adap|ción f → **adaptación** ‖ **–tabilidad** f
Anpassungs|fähigkeit f, *-vermögen* n ‖ **–table** adj
(m/f) anpassungsfähig ‖ *anwendbar* ‖ ~ al terreno

geländegängig ‖ **–tación** f An\passen n, -passung f
‖ Adaptation f ‖ Angleichung f ‖ Gleichschaltung f
‖ Bearbeitung f ‖ Umarbeiten n ‖ Umbau m ‖ ~ a
la carretera ⟨Auto⟩ Straßenlage f ‖ ~ de la
carretera al terreno Einbindung f der Straße in die
Landschaft ‖ ~ cinematográfica Verfilmung,
Filmbearbeitung f (z. B. e–s literarischen Werkes)
‖ ~ de curvas ⟨Arch⟩ Anpassung f von Kurven ‖ ~
de la economía Wirtschaftsanpassung f ‖ ~
escénica ⟨Th⟩ Bühnenbearbeitung f ‖ ~ fisiológica
physiologische Anpassung ‖ ~ funcional
funktionelle Anpassung ‖ ~ a la luz Hellanpassung
f ‖ ~ a la oscuridad Dunkelanpassung f ‖
–tadamente adv auf (e–e) passende Art ‖ **–tado**
adj angepasst ‖ ~ a la forma formgerecht ‖ **–tador**
m ⟨Fot⟩ Adapter m ‖ Passstück n ‖ ~ de escariador
Reibahlenaufsatz m
    adaptar vt anpassen ‖ gleichschalten ‖
anbringen, einfügen ‖ umbauen ‖ ⟨Tel⟩ abgleichen
‖ bearbeiten ‖ ◇ ~ a la pantalla für den Film
bearbeiten ‖ **~se** passen ‖ s. aneinander
schmiegen ‖ ◇ ~ a las circunstancias s. in die
Verhältnisse fügen
    adaptómetro m Adaptometer n
    adaptor m → **adaptador**
    adaraja f ⟨Arch⟩ Verzahnung f, Zahnstein m
    adarce m Meersalzkruste f ‖ Sprudelsalz n
    adarga f ⟨Hist⟩ mandelförmiger Schild,
Normannenschild, (ovaler) (Leder)Schild m
    adarme m Quentchen n, Spur f ‖ ◆ por ~
knapp ‖ ◇ me importa un ~ das ist mir völlig
schnuppe ‖ no tiene un ~ de vergüenza er (sie, es)
schämt s. kein bisschen
    adarve m Mauer-, Wehr\gang m, Glacis m vor
Festungsanlagen ‖ ⟨Arch⟩ Mauerabsatz m
    ad calendas graecas ⟨lat⟩ auf
Nimmermehrstag, nie, ad calendas graecas
    addenda m ⟨lat⟩ Nachträge mpl, Addenda npl
    adecentar vt anständig machen, verfeinern ‖
~se s. anständig betragen od kleiden ‖ ⟨fam⟩ s.
fein machen
    ade\cuación An\passung, -gleichung f ‖ **–cuado**
adj angemessen, passend, geeignet ‖ adv:
~amente ‖ **–cuar** vt anpassen ‖ **~se** s. anpassen
    adefagia f ⟨Zool⟩ Gefräßigkeit f
    adéfago adj ⟨Zool⟩ gefräßig
    adefe\ciero, –siero adj ⟨Am⟩ lächerlich
aufgemacht, in e–m lächerlichen Aufzug ‖ ~ m
lächerlich aufgemachter Mensch m ‖ Witzfigur f
    adefesio m Unsinn m ‖ Ungereimtheit f ‖
lächerlicher Aufzug m ‖ ⟨fam⟩ lächerliche Person
f ‖ ⟨fam⟩ Vogelscheuche f ‖ ◇ hablar ~s ⟨fig⟩
Unsinn reden ‖ hecho un ~ ⟨fam⟩ wie e–e
Vogelscheuche
    adehala f Trinkgeld n ‖ Draufgabe f ‖ Zugabe f
‖ Gehaltszulage f
    adehesar vt in Weideland verwandeln
    Adelaida f np Adelaide f
    adelan\tadamente adv im voraus ‖ **~tado** adj
vorgerückt ‖ fortgeschritten (Schüler) ‖
ausgezeichnet ‖ ◇ pagar por ~ voraus(be)zahlen ‖
ir ~ vorgehen (Uhr) ‖ ⟨Hist⟩ m Adelantado m ‖
Statthalter m ‖ Oberrichter m ‖ ⟨bes. lit⟩ Pionier
m
    adelantamiento m Vorrücken n ‖ ⟨StV⟩
Überholen n, Überholvorgang m ‖ ⟨fig⟩ Fortschritt
m ‖ Beförderung f ‖ ~ antirreglamentario, ~ no
reglamentario verkehrswidriges Überholen
(Fahrzeug)
    adelantar vt vorrücken ‖ vorwärtsbringen ‖
beschleunigen ‖ vorausschicken ‖ fördern ‖
vorverlegen ‖ vorschießen (Geld) ‖ vorstellen
(Uhr) ‖ fortschreiten ‖ Fortschritte machen ‖
über\treffen, -holen ‖ ⟨Auto⟩ überholen ‖ ⟨fig⟩
vervollkommnen ‖ ⟨fig⟩ fortschreiten ‖ ◇ ~ por la

derecha ⟨Auto⟩ rechts überholen ‖ ~ la paga auf
das Gehalt Vorschuss geben ‖ ~ vi früher kommen
‖ gedeihen ‖ vorgehen (Uhr) ‖ vorrücken (Zeit) ‖
im Voraus bemerken ‖ ◇ el enfermo adelanta
mucho dem Kranken geht es viel besser ‖ el niño
no adelanta mucho en clase das Kind kommt in der
Klasse nicht recht vorwärts ‖ **~se** vorrücken,
weiterkommen ‖ vorangehen ‖ vorgehen (Uhr) ‖
⟨Jur⟩ vortreten ‖ zuvorkommen ‖ überholen ‖ s.
er\dreisten, s. -kühnen ‖ ◇ ~ a alg. jdn überholen
(& fig) ‖ jdn überrunden ‖ ~ a los demás die
übrigen übertreffen ‖ ~ al deseo de alg. dem
Wunsch jds zuvorkommen ‖ ¡así no se adelanta
nada! so erreicht man gar nichts!
    adelante adv vor(wärts) ‖ voran, voraus, weiter
vorn ‖ nachher ‖ ◆ en ~ weiter, vorwärts ‖
künftig(hin) ‖ de ahora od de aquí (en) ~, de hoy
en ~ in Zukunft, von nun an ‖ de allí en ~ von da
an ‖ más ~ weiter vorn ‖ weiter hinten, später (im
Buch) ‖ später (zeitlich) ‖ ◇ ir ~ vorwärtskommen
‖ ⟨Mil⟩ vorrücken ‖ echar ~, ir ~ fortfahren,
weitergehen ‖ estar para adelante od p'alante ⟨pop⟩
schwanger sein ‖ hacerse ~ vortreten ‖ llevar ~
fördern ‖ durchsetzen ‖ sacar ~ durchbringen ‖
salir ~ vorwärtskommen ‖ seguir ~
weitergehen ‖ ¡~! los! auf, auf! ‖ vorwärts! ‖
herein!
    adelanto m Vorgehen n (Uhr) ‖ Vorschuss m ‖
Fortschritt m ‖ ⟨Auto⟩ Überholvorgang m ‖ **~s**
mpl Errungenschaften fpl
    adel\fa f ⟨Bot⟩ Oleander, Rosenlorbeer m
(Nerium oleander) ‖ Oleanderholz n ‖
Lorbeerseidelbast (Daphne laureola) ‖ ◇ ser como
la ~ ⟨fig⟩ schön, aber falsch sein (Frau) ‖ **–fal** m
Oleanderhain m
    adelfia f ⟨Bot⟩ Adelphie f
    adélfico adj ⟨poet⟩ bitter, herzlos
    adelfilla f ⟨Bot⟩ Seidelbast m (Daphne sp) ‖
Weidenröschen n (Epilobium sp)
    adelfogamia f ⟨Bot⟩ Adelphogamie f
    adelga\zamiento m Ab\magerung, -nahme f
(Gewicht) ‖ Verdünnung f ‖ Verjüngung f (e–r
Säule, e–s Schaftes usw) ‖ adj (m/f)
schlankmachend ‖ ~ m Schlank\heitsmittel n,
⟨fam⟩ -macher m ‖ **–zar** [z/c] vt dünner machen ‖
verdünnen ‖ (fig) ausklügeln ‖ weich machen
(Wasser) ‖ ~ vi ab\magern, -nehmen ‖ schlank od
dünner werden
    Adelia f np Adele f
    adema f → **ademe**
    ademador m ⟨Bgb⟩ Stempelsetzer, Stollenbauer
m
    ade\mán m Gebärde f ‖ Handbewegung f ‖
(äußere) Haltung f ‖ stummes Spiel n ‖ ~
amenazar drohende Haltung f ‖ ~ pensativo
nachdenkliche od ernste Miene f ‖ ◆ en ~ de …
im Begriff zu …, bereit zu … ‖ **–manes** mpl
Manieren fpl ‖ ◇ hacer ~ Anstalten machen
    ademar vt ⟨Bgb⟩ verstreben
    además adv außerdem, überdies, übrigens ‖
ferner ‖ ~ de außer, neben (dat)
    ademe m ⟨Bgb⟩ Schachtzimmerung f,
Grubenstempel m
    Aden m [Stadt] Aden n
    ade\nalgia f ⟨Med⟩ Drüsenschmerz m ‖ **–nitis**
⟨Med⟩ Adenitis, Drüsenentzündung f
    adeno\carcinoma m ⟨Med⟩ Adenokarzinom n,
Drüsenkrebs m ‖ **~esclerosis** f → **–sclerosis** ‖
–grafía f Adenographie f ‖ **–ide** adj adenoid,
drüsen\artig, -ähnlich ‖ **~ma** m Adenom n,
Drüsenepithelgeschwulst f ‖ **–malacia** f
Adenomalazie, Drüsenerweichung f ‖ **–matoso**
adenomatös ‖ **–patía** f Adenopathie,
Drüsenerkrankung f ‖ **–sarcoma** m Adenosarkom
n ‖ **–sclerosis** f Adenosklerose, Drüsenverhärtung f

adenosina *f* ⟨Physiol⟩ *Adenosin* n
adenota *m* ⟨Zool⟩ *Wasserbock* m (Adenota sp)
adenotomía *f* ⟨Med⟩ *Adenotomie,
Drüsen|ausschneidung, -entfernung* f
adensar vt *dichter machen*
adentado adj *gezähnt, ausgezackt*
adentellar vt *die Zähne (in et.) einbeißen ‖
zähnen, verzahnen ‖ (aus)zacken ‖* ~se ⟨fig⟩ *s.
erzürnen*
adentrar vi *durchdringen ‖* ~se *hineingehen,
eindringen*
adentro adv *hinein ‖ darin(nen) ‖ inwendig ‖
innerlich, nach innen ‖* ◇ mar ~ *seewärts ‖* tierra
~ *landeinwärts ‖* ser (muy) de tierra ~ ⟨figf⟩ *e–e
Landratte sein ‖* ser muy de ~ en a/c *in e–r Sache
sehr bewandert sein ‖* ¡~! *herein! ‖* ~s *mpl das
Gewissen ‖* en sus ~ *innerlich ‖* para sus ~ *in s–m
Innern, für s.*
adepto *m* (& adj) *Eingeweihte(r), Adept* m *‖
Aspirant* m *‖ Schüler, Jünger* m *‖ Anhänger* m *‖ Fan*
m *‖* ~ de lo natural ⟨iron⟩ *Gesundheitsapostel* m
adere|zado adj *günstig ‖* **–zador** *m Falzhobel* m
‖ **–zamiento** *m Zubereitung* f *‖ Ausrüstung* f *‖* **–zar**
[z/c] vt *anordnen, zurechtmachen, herrichten ‖
führen, richten ‖ ausrüsten ‖ kochen, zu|richten ‖
-bereiten (Speisen) ‖ würzen ‖ aufputzen ‖
appretieren (Stoff) ‖* ⟨fig⟩ *verbrämen ‖* ◇ ~ el
tabaco *Tabak beizen ‖* ~se *s. zurechtmachen*
aderezo *m Zubereitung* f *der Speisen ‖ Appretur*
f *der Leinwand ‖ Appreturleim* m *‖ Ausrüstung* f *‖
Anordnung* f *‖ Zubehör, Gerät* n *‖ Putz, Schmuck* m
‖ Pferdegeschirr n *‖* ⟨Kochk⟩ *Salatsoße* f, *Dressing*
n *‖* ⟨Text⟩ *Appretur* f *‖* ⟨fig⟩ *Verbrämung* f *‖* ~ de
casa *Hausgerät* n *‖* ~ de escribir *Schreibzeug* n *‖*
~s *mpl Gerätschaften* fpl *‖ Schmucksachen* fpl
adeu|dado adj *verschuldet ‖ schuldig ‖*
–damiento *m Verschuldung* f *‖ Schuldbetrag* m,
Schuld f, **–dar** vt *schulden, schuldig sein ‖ (e–n
Betrag) ‖ zollpflichtig sein ‖ belasten, zu Lasten
schreiben (e–n Posten) ‖ in Rechnung stellen,
berechnen ‖* ◇ ~ en cuenta *dem Konto belasten ‖*
~ el embalaje *die Verpackung berechnen ‖* ~ vi *s.
verschwägern, verwandt werden ‖* ~se *in Schulden
geraten ‖* **–do** *m Schuld* f *‖ Schuld|summe* f,
-posten m *‖ Abgabe* f *‖ Zollabgabe* f, *Zoll* m *‖* ~
en cuenta *Anrechnung* f
adhe|rencia *f Anhang* m *‖ Anhängsel* n *‖
An|kleben, -haften* n *‖ Nebengebäude* n *‖
Klebrigkeit* f *‖ Beitritt(serklärung* f) m *‖* ⟨Auto⟩
Bodenhaftfähigkeit f *(der Reifen), Haftvermögen* n
‖ ⟨Phys⟩ *Adhäsion* f *‖* ⟨Med⟩ *Adhäsion, Anhaftung,
Durchwachsung, Haftung, Verwachsung* f *‖* ⟨fig⟩
Anhänglichkeit f *‖* ⟨fig⟩ *Verbindung* f *‖* ~ del
núcleo ⟨El⟩ *Kleben* n *des Kerns ‖* **–rente** adj *(m/f)
an|hängend, -haftend ‖ adhärent ‖ verbunden ‖
Neben- ‖* ⟨Med⟩ *anhaftend, verwachsen ‖* ~ *m
Anhänger* m *‖ Zutat* f *‖* ~s *mpl Zubehör* n
adherir [-ie/i-] vi *an|haften, -kleben ‖ anhangen
‖ bei|stimmen, -pflichten ‖* ~se *mitmachen, mit von
der Partie sein ‖* ◇ ~ (& adherir) a un acuerdo
e–m Beschluss zustimmen ‖ ~ (& adherir) a un
partido *e–r Partei beitreten* od *in e–e Partei
eintreten ‖* ~ (& adherir) a un tratado *e–m Vertrag
beitreten*
adhesión *f Anhaften* n *‖ Anschluss, Beitritt* m *‖*
⟨Phys⟩ *Adhäsion* f *‖* ⟨fig⟩ *Beistimmung* f *‖* ⟨fig⟩
Anhänglichkeit f, *Vertrauenskundgebung* f *‖* ~ a
un partido *Beitritt* m *zu e–r Partei ‖* ~ a un tratado
Beitritt zu e–m Vertrag
adhe|sividad *f An|hänglichkeit,
-haftungs(fähigkeit)* f *‖ Haft|festigkeit* f, *-vermögen*
n *‖ Griffigkeit* f *(Straßendecke) ‖* **–sivo** adj *adhäsiv,
anhaftend, Heft-, Haft- ‖* ⟨fig⟩ *beistimmend ‖* ~ *m
Haftmittel* n *‖* ~ para fibras *Faserkitt* m *‖* ~ para
suelas *Sohlenkleber* m

adhibir vt Ar *vereinigen ‖ hinzufügen*
ad hoc adv ⟨lat⟩ *ausdrücklich ‖ eigens zu
diesem Zweck ‖ speziell bezugnehmend auf diese
Frage*
adiabáti|ca *f Adiabate* f *‖* **–co** ⟨Bot Phys⟩ adj
adiabatisch
adiado adj *anberaumt (Termin)*
adiáfano adj *undurchsichtig*
adiaman|tado adj *diamantartig ‖
diamantförmig ‖* **–tar** vt *mit Diamanten besetzen*
adiamiento *m Anberaumung* f *e–s Termins*
adianto *m* ⟨Bot⟩ *Frauenhaar* n (Adiantum
capillus-veneris)
adiar [pres ~ío] vt *anberaumen (Termin)*
adiatérmano adj *adiatherman*
adicción *f:* ~ a díe ⟨lat⟩ ⟨Jur⟩ *(Art) bedingter
Verkauf*
¹adición *f Hinzufügen* n *‖ Zusatz* m, *Beigabe* f *‖
(Rand)Note* f *‖* ⟨Math⟩ *Addieren, Zusammenzählen*
n *‖* ⟨Jur⟩ *Nachtrag* m *(zu e–m Testament) ‖* ⟨Arch⟩
Anfügung f, *bündiger Stoß* m *‖* ~ de aleación *f
Legierungszusatz* m *‖* ~ para alta presión
Hochdruckzusatz m *(Schmieren)*
²adición *f:* ~ de la herencia *Erbschaftsantritt* m
adicio|nal adj *(m/f) Zusatz- ‖ nachträglich,
zusätzlich ‖* **–nar** vt *hinzufügen ‖ addieren,
zusetzen*
adic|tivo adj *Sucht erzeugend, zur Sucht
führend ‖* **–to** adj *ergeben, zugetan ‖ zugeteilt (e–r
Behörde) ‖* ~ a las drogas *rausch(gift)süchtig,
süchtig ‖* ~ a un partido *e–r Partei angehörig ‖* ~
m Anhänger m *‖ Partei|gänger, -genosse* m
adiestrado adj *eingearbeitet ‖ dressiert*
adies|trador *m Unterweiser* m *‖
(Tier)Abrichter, Dompteur* m *‖* **–tramiento** *m
Unterweisung* f *‖ Anlernen* n, *Ausbildung* f *(von
Arbeitskräften) ‖ Schulung* f *‖ Dressur* f *(von
Tieren) ‖* **–trar** vt *unterweisen ‖ zureiten (Pferd) ‖
führen, leiten ‖ an|leiten, -lernen, schulen ‖* ~se *s.
üben ‖* ◇ ~ en los deportes *s. sportlich üben*
adietar vt *jdm e–e Diät vorschreiben, auf Diät
setzen ‖* ~se *e–e Diät befolgen*
adifés adv/adj Guat *schwierig, beschwerlich ‖*
~ adv Ven *absichtlich*
adi|namia *f* ⟨Med⟩ *Adynamie, allgemeine
Körperschwäche* f *‖* **–námico** adj ⟨Med⟩
adynamisch, kraftlos
adinerado adj *vermögend, begütert*
adinerar vt Ar *zu Geld machen ‖* ~se *reich
werden*
adintelado adj ⟨Arch⟩ *abgeplattet (Bogen)*
¡adiós! int (fam) *tschüs! ‖ grüß Gott! leben Sie
od leb(e) od lebt wohl! auf Wiedersehen!* ⟨fam⟩
*das ist e–e schöne Bescherung! ‖ es ist aus damit!
‖* ¡~, mi dinero! ⟨iron⟩ ⟨fam⟩ *mein Geld ist futsch;
ade, mein (gutes) Geld! ‖* ¡~, Madrid, que te
quedas sin gente! *ironischer Nachruf hinter einem
unwillkommenen Gast ‖* ~ *m Lebewohl* n,
Abschied m *‖* ◇ dar el ~ *Lebewohl sagen*
adipal adj *(m/f) fett*
adipo|cele ⟨Med⟩ *Adipozele* f, *Fett-,
Eingeweide|bruch* m *‖* **–cira** *f* ⟨Med⟩ *Adipocire* f,
Leichenwachs m
adipógeno adj *adipogen, fettbildend*
adipo|ma m ⟨Med⟩ *Lipom* n, *Fettgeschwulst* f *‖*
–sidad *f Fettleibigkeit* f *‖* **–sis** *f* ⟨Med⟩ *Adipositas,
Fett|leibigkeit, -sucht* f *‖* ~ car|diaca, –díaca
Herzverfettung f, *Mastfettherz* n *‖* **–so** adj
fetthaltig, aus Fett bestehend
adipsia *f* ⟨Med⟩ *Adipsie* f, *Durstmangel* m
adir [nur inf] vt ⟨Jur⟩ *an|treten, -gehen
(Erbschaft) ‖* ◇ ~ la herencia ⟨Jur⟩ *die Erbschaft* f
annehmen
adi|tamento *m Hinzufügung* f *‖ Zusatz* m *‖
Zulage* f *‖ Beilage* f *‖* **–tivo** adj ⟨Gr⟩ *zugesetzt ‖*

⟨Math⟩ *additiv* ‖ ~ *m* ⟨Chem⟩ *Wirkstoff* m, *Additiv*
n ‖ ~ de sobrepresión *Hochdruckwirkstoff* m
  adiva *f* ⟨Zool⟩ *Adive* f, *Goldschakal* m (Thos
aureus)
  adivi\na *f Wahrsagerin* f ‖ ⟨fam⟩ *Rätsel* n ‖
–nación *f Wahrsagerei* f ‖ **–nador** *m Wahrsager* m
‖ *Errater* m ‖ **–naja** *f* ⟨fam⟩ *Rätsel* n ‖ **–nanza** *f*
Rätsel n ‖ *Wahrsagerei* f ‖ **–nar** vt *vorhersehen* ‖
wahr-, weis\sagen ‖ *(er)raten* ‖ *ergründen* ‖ *lösen*
(ein Rätsel) ‖ ◇ ~ a lo lejos *in der Ferne*
(undeutlich) erkennen ‖ ~ el pensamiento
Gedanken lesen ‖ **–natorio** adj *(hell)seherisch,*
divinatorisch ‖ *Seher-* ‖ *Wahrsage-* ‖ *die*
Wahrsagerei betreffend ‖ **–no** *m Wahrsager* m ‖
Hellseher m
  adj. ⟨Abk⟩ = **adjunto**
  adjeti\vación *f* ⟨Gr⟩ *Adjektivierung* f ‖
–vadamente adv *adjektivisch* ‖ **–val** adj *(m/f)*
adjektivisch ‖
–var vt ⟨Gr⟩ *adjektivieren* ‖ *adjektivisch*
gebrauchen
  adjetivo adj ⟨Gr⟩ *adjektivisch* ‖ ~ *m Adjektiv,*
Eigenschaftswort n ‖ ~ calificativo *attributives*
Adjektiv n ‖ ~ comparativo *vergleichendes*
Adjektiv n ‖ ~ numeral *Zahladjektiv* n ‖ ~
sustantivado *substantiviertes Adjektiv* n ‖ ~ verbal
Verbaladjektiv n
  adjudi\cación *f* ⟨Jur⟩ *Zuerkennung* f ‖
Zuwendung f ‖ *Zuteilung* f ‖ *Adjudikation* f ‖
Zuschlag m *(öffentliche Ausschreibung)* ‖ ~ de
mano libre *freihändige Vergabe* f ‖ ~ en pago
Überweisung f *an Zahlungs Statt* ‖ ~ para pago
Überweisung f *zur Einziehung* ‖ **–car** [c/qu] vt
zuerkennen (gerichtlich) ‖ *zusprechen* ‖ *vergeben* ‖
zuwenden ‖ ~ al mejor postor *dem Meistbietenden*
zuschlagen ‖ ~se *s. an\eignen,*
-maßen ‖ *erringen (Sieg)* ‖ **–catario** *m*
Meistbietende(r), Er\steigerer, -steher m ‖ **–cativo**
adj ⟨Jur⟩ *zuerkennend*
  adjun\ción *f Hinzufügung* f ‖ ⟨Jur⟩ *Verbindung* f
von beweglichen Sachen ‖ **–tar** vt ⟨Com⟩
beiliegend senden ‖ *anfügen*
  adjunto adj *bei-, hinzu\gefügt* ‖ *als Anlage (in*
e–m Brief) ‖ ~ adv *hiermit, bei\liegend, -folgend* ‖
an\liegend, -grenzend, inliegend ‖ ~ *m An-,*
Bei\lage f (e–s Briefes) ‖ *Beifügung* f ‖
Hilfsbeamte(r) m ‖ *Stellvertreter* m ‖ *Amtshelfer* m
‖ ⟨Gr⟩ *Adjektiv* n
  adjutor *m Aushelfer* m ‖ *Amtsgehilfe* m
  adlátere *m Adlatus* m
  ad líbitum [li'bitun] ⟨lat⟩ adv *nach Belieben,*
ad libitum
  adminículo *m* ⟨Jur⟩ *Behelf* m ‖ *Hilfsmittel* n ‖
⟨fam⟩ *kleine Sache* f
  ¹administración *f Verwaltung,*
Geschäftsführung f ‖ *Zeitungsexpedition,*
Administration f ‖ *Amt* n ‖ ~ *Regierung* f ‖ ~
autónoma *Span autonome Verwaltung* f *(der*
autonomen Regionen Spaniens) ‖ ~ de los bienes
del hijo ⟨Jur⟩ *Vermögensverwaltung* f *für das Kind*
‖ ~ central *Hauptverwaltung* f ‖ ~ cuatripartita de
Berlín ⟨Hist⟩ *Viermächteverwaltung* f *von Berlin* ‖
~ económica *Wirtschaftsführung,*
Finanzverwaltung, Steuerbehörde f ‖ ~ fiduciaria
treuhänderische Verwaltung f ‖ ~ forzosa ⟨Jur⟩
Zwangsverwaltung f ‖ ~ de hacienda
Finanzverwaltung f ‖ ~ de la herencia ⟨Jur⟩
Nachlassverwaltung f ‖ ~ de justicia
Justizverwaltung f ‖ *Rechtspflege* f ‖ *(Ausübung*
der) Gerichtsbarkeit f ‖ ~ de Loterías *span.*
staatliche Lotterieverwaltung f ‖ ~ municipal
Gemeinde-, Stadt\verwaltung f ‖ ~ pública
öffentliche Verwaltung f ‖ ~ de la quiebra ⟨Jur⟩
Konkursverwaltung f
  ²administración *f* ⟨Med⟩ *Verabreichung,*

(Ein)Gabe, Verabfolgung, Darreichung f ‖ ~
intraarterial (intramuscular, intravenosa, oral,
parenteral) *intraarterielle (intramuskuläre,*
intravenöse, orale, parenterale) Verabreichung f
Spendung f (z. B. *der Sakramente*)
  administrado *m Bürger* m ‖
  administrador *m Verwalter* m ‖
Geschäftsführer m ‖ ⟨Hist⟩ *Verweser* m ‖ ~ de
archivos ⟨Inform⟩ *Dateimanager* m ‖ ~ de la
herencia ⟨Jur⟩ *Nachlassverwalter* m ‖ ~ de la
quiebra ⟨Jur⟩ *Insolvenzverwalter* m
  ¹administrar vt *verwalten* ‖ *bekleiden (Amt)* ‖
einteilen (Kräfte, Geld) ‖ ~ la justicia *Recht*
sprechen, (jdm.) Gerechtigkeit widerfahren lassen
  ²administrar vt ⟨Med⟩ *verabreichen, eingeben,*
verabfolgen ‖ *spenden* (z. B. *Sakramente*) ‖
versetzen (Schlag) ‖ ◇ ~ veneno a alg. *jdm Gift*
geben
  administrati\vista *m/f Verwaltungsfach\mann*
m, *-frau* f, *-jurist(in* f *)* m ‖ **–vo** adj *Verwaltungs-,*
verwaltungstechnisch
  admi\rable adj *(m/f) wunderbar* ‖ *vortrefflich* ‖
bewunderungswürdig ‖ adv: **–mente** ‖ **–ración** *f*
Bewunderung f ‖ *Verwunderung* f, *Staunen* n ‖ *das*
Bewunderte (Person, Gegenstand) ‖ **–rado** adj
bewundert, sehr beliebt ‖ *verzückt* ‖ *sonderbar* ‖
erstaunt ‖ **–rador** *m Bewunderer* m ‖ *Anbeter* m ‖
–rando adj *bewunderns\wert, -würdig* ‖
–rante *m* ⟨Gr⟩ *Ausrufungszeichen* n ‖ **–rar** vt
be\wundern, -staunen ‖ *in Verwunderung*
setzen ‖ *billigen, rühmen* ‖ ~se *s. verwundern (de*
über), s. wundern, staunen ‖ **–rativo** adj
bewundernd
  admi\sibilidad *f Zulässigkeit* f ‖ **–sible** adj *(m/f)*
zulässig ‖ *annehmbar*
  ¹admisión *f Zulassung* f ‖ *An-, Auf\nahme* f ‖
Anstellung f ‖ *Einstellung* f ‖ ~ a prueba ⟨Jur⟩
Zulassung f *zum Beweis* ‖ ~ en *Beitritt* m *zu* ‖ ~
en la comunidad doméstica *Aufnahme* f *in die*
häusliche Gemeinschaft ‖ ~ de nuevos miembros
Aufnahme od *Zulassung* f *neuer Mitglieder*
  ²admisión *f* ⟨El Tech⟩ *Aufnahme, Zuführung* f,
Einlass, Zufluss m ‖ ⟨El⟩ *Stromaufnahme* f ‖ ~ de
aceite *Ölzuführung* f ‖ ~ de aire *Luftzufuhr* f ‖ ~
axial *axiale Beaufschlagung* f ‖ ~ de combustible
Brennstoffzufuhr f ‖ ~ nominal *Nennaufnahme* f ‖
~ radial *Radialbeaufschlagung* f ‖ ~ total
Vollbeaufschlagung f
  admi\tancia *f* ⟨El⟩ *Admittanz* f, *Scheinleitwert*
m ‖ **–tido** adj *angenommen, zugelassen* ‖ *mal* ~
ungern genommen
  admitir vt *an-, auf\nehmen* ‖ *gestatten,*
erlauben ‖ *zulassen, dulden* ‖ *zugeben, einräumen*
(Irrtum) ‖ *übernehmen (Bestellungen)* ‖ ◇ ~ a alg.
jdn einstellen ‖ ~ en cuenta *in Zahlung nehmen* ‖
~ la demanda ⟨Jur⟩ *der Klage* f *stattgeben* ‖ ~ un
hecho ⟨Jur⟩ *e–e Tatsache zugestehen* ‖ ~ el
mordiente *Beize* f *annehmen* ‖ ~ en pago *in*
Zahlung nehmen ‖ ~ el recurso ⟨Jur⟩ *dem*
Rechtsmittel stattgeben ‖ el asunto no admite
dilación *die Sache darf nicht in Verzug geraten* ‖ el
pago no admite más demora *ein weiterer*
Zahlungsaufschub ist nicht möglich ‖ no se
admiten propinas *kein Trinkgeld!* ‖ una opinión
generalmente admitida *e–e allgemein anerkannte*
Ansicht od *Meinung* f
  admixtión *f Gemisch* n
  admón. ⟨Abk⟩ = **administración**
  admonición *f (Er)Mahnung* f ‖ *Warnung* f ‖
Verweis m
  admonitorio adj *ermahnend*
  ADN ⟨Abk⟩ = **ácido desoxirribonucleico**
  ad nútum adv ⟨lat⟩ *nach Belieben*
  adoba *f Ar* → **adobe**
  ado\bado adj *gar (Leder)* ‖ *ge\pökelt, -beizt* ‖ ~

m Schmorfleisch n ‖ *Pökelfleisch* n ‖ *Sauerbraten* m ‖ **–bar** vt *anrichten, zubereiten* ‖ *zurichten (Speisen)* ‖ *schönen (Wein)* ‖ *pökeln (Fleisch)* ‖ *einlegen* (z. B. *Gurken*) ‖ *beizen (Wild)* ‖ *gerben, abbeizen, zurichten (Leder)* ‖ *ausbessern, wiederherstellen* ‖ ⟨fig⟩ *vorbereiten* ‖ ⟨fig⟩ *verprügeln* ‖ ⟨fig⟩ *verbrämen* ‖ ◇ ~ *en blanco weiß gerben* ‖ ~ *con corteza mit Rinde gerben*
ado\|be *m Luftziegel, Lehmstein* m ‖ **–bera** *f Luftziegelform* f ‖ *Luftziegelwerk* n ‖ Mex *Form* f *für ziegelförmigen Käse* ‖ Mex *ziegelförmiger Käse* m ‖ Arg ⟨fig⟩ *großer Fuß* m ‖ **–bería** *f Luftziegelwerk* n ‖ *Leder\|gerberei, -zurichterei* f
¹adobo *m* ⟨Kochk⟩ *Zubereitung* f *der Speisen* ‖ *Marinade* f ‖ *Pökelbrühe* f ‖ *Pökelfleisch* n ‖ *Schmorfleisch* n ‖ *Beize* f
²adobo *m Gerben* n ‖ *Zurichten* n *des Leders*
adoce\|nado adj ⟨fig⟩ *alltäglich, mittelmäßig (Dutzendware), Dutzend-* ‖ **–namiento** *m Zählen* n *nach Dutzenden* ‖ ⟨fig⟩ *Geringschätzung* f ‖ **–nar** vt ⟨fig⟩ *geringschätzen*
adoctri\|namiento *m Belehrung, Unterweisung* f ‖ *Schulung* f ‖ **–nar** vt *belehren, unterweisen* ‖ *schulen*
adolecer [-zc-] vi *krank sein* ‖ *krank werden* ‖ *leiden* (dat) ‖ ◇ ~ *de muchos defectos viele Fehler haben* ‖ **–se** *Mitleid haben* (de *mit*)
adoles\|cencia *f Jugend(zeit)* f *(von der Pubertät bis zum Erwachsenenalter)* ‖ ⟨allg⟩ *Jünglings-, Backfisch\|alter* n, *Teenagerzeit* f ‖ **–cente** adj *(f/m) Jünglings-* ‖ *halbwüchsig* ‖ *jung* ‖ *neu* ‖ ~ *m/f junger Mann* m ‖ *junges Mädchen* n ‖ *Jüngling* m ‖ ⟨Med⟩ *Adoleszent* m ‖ ⟨Deut Jur⟩ *Jugendliche(r)* m (14–18 *Jahre*); *Heranwachsende(r)* (18–21 *Jahre*) ‖ ~s *mpl Jugendliche(n)* mpl
Adolfo *m* np *Adolf* m
adolorido adj → **dolorido**
adonde adv *wohin* ‖ *wo* ‖ ~ *quiera wo (wohin) es auch sei, wo immer*
adónde adv *direkt fragend:* ¿~ *bueno? wohin (des Weges)?*
adondequiera adv → **(a)donde quiera**
adonecer [-zc-] vi Al *leisten* ‖ *s. weiten, nachgeben*
adónico adj ⟨Poet⟩ *adonisch (Vers)*
¹adonis *m* ⟨Bot⟩ *Adonisröschen* n ‖ ~ *de otoño Herbst-Adonisröschen* n (Adonis annua) ‖ ~ *vernal Frühlings-Adonisröschen* n (A. vernalis)
²adonis *m Cocktail* m *aus Sherry und Wermut*
Adonis *m* np ⟨Myth⟩ *Adonis* m ‖ ~ *m* ⟨fig⟩ *Adonis, schöner Mann* m
adop\|ción *f Adoption* f, [früher] *Annahme* f *an Kindes Statt* ‖ *Aneignung* f ‖ *Schutzbündnis* n ‖ ~ *de una ley Verabschiedung* f *eines Gesetzes* ‖ ~ *del orden del día Annahme* f *der Tagesordnung* ‖ **–cionismo** *m* ⟨Rel⟩ *Adoptianismus* m ‖ **–tado** adj *Adoptivkind, angenommenes Kind* n ‖ **–tador** *m,* **–tante** *m/f Adoptiv\|vater* m bzw *-mutter* f ‖ *Adoptierende(r)* m ‖ **–tar** vt *adoptieren,* [früher] *an Kindes Statt annehmen* ‖ ⟨fig⟩ *annehmen, gutheißen* ‖ ⟨fig⟩ *s. aneignen* ‖ *s. zu eigen machen* (z. B. *e–n fremden Brauch*) ‖ *e–n Beschluss fassen* ‖ ◇ ~ *una actitud e–e Haltung einnehmen* ‖ ~ *un acto administrativo e–n Verwaltungsakt erlassen* ‖ ~ *un acuerdo e–n Beschluss fassen* ‖ ~ *una enmienda e–n Abänderungsantrag annehmen* ‖ ~ *una ley ein Gesetz verabschieden* ‖ ~ *una medida e–e Maßnahme ergreifen* ‖ ~ *un medio zu e–m Mittel greifen* ‖ ~ *una moción e–n Antrag annehmen* ‖ ~ *el orden del día die Tagesordnung annehmen* od *genehmigen* ‖ ~ *una opinión distinta e–e andere Meinung haben* od *vertreten* ‖ ~ *una resolución e–n Entschluss fassen, e–e Entschließung annehmen* ‖ **–tivo** adj *Adoptiv-, Wahl-*

ado\|quín *m Pflasterstein* m ‖ Pe *Eiswürfel* m ‖ ⟨fig⟩ *Tölpel, Ignorant* m ‖ ⟨fig⟩ *Flegel* m ‖ ~ *de asfalto Asphaltplatte* f ‖ ~ *de escoria Schlackenpflasterstein* m ‖ ~ *de granito Granitpflasterstein* m ‖ ~ *mosaico Mosaikpflasterstein* m ‖ ~ *redondeado Katzenkopf* m ‖ ~ *de señalización Markierungsstein* m *(Fahrbahnen)* ‖ **–quinado** *m Pflaster* n ‖ *Pflastern* n, *Pflasterung* f ‖ ~ *de ladrillo Klinkerpflaster(decke* f) n ‖ ~ *de madera Holzpflaster* n ‖ ~ *de piedra (Natur)Steinpflaster(decke* f) n ‖ **–quinador** *m Steinsetzer, Pflasterer* m ‖ **–quinar** vt *pflastern* ‖ ◇ sin ~ *ungepflastert*
ado\|rable adj *(m/f) anbetungswürdig* ‖ ⟨fam⟩ *göttlich, reizend* ‖ **–ración** *f Anbetung, Adoration* f ‖ *Verehrung* f ‖ *leidenschaftliche Liebe* f ‖ ~ *de los Reyes Dreikönigsfest* n ‖ **–rador** *m Anbeter, Adorant* m ‖ *Verehrer* m ‖ ~ *del sol Sonnenanbeter* m ‖ **–rar** vt/i *anbeten, adorieren* ‖ *verehren, ehren (Gott)* ‖ *küssen (Kruzifix)* ‖ ⟨fig⟩ *heiß lieben, vergöttern, abgöttisch lieben* ‖ **–ratorio** *m Bethaus* n ‖ *Kapelle* f ‖ **–ratrices** *fpl Nonnen* fpl *des Ordens* "Esclavas del Santísimo Sacramento"
adorme\|cedor adj *einschläfernd* ‖ ⟨fig⟩ *einlullend* ‖ ⟨fig⟩ *betäubend* ‖ **–cer** [-zc-] vt *ein\|schläfern, -lullen (ein Kind)* ‖ ⟨fig⟩ *zum Schweigen bringen* ‖ ⟨fig⟩ *besänftigen, stillen* ‖ *beschwichtigen* ‖ **~se** *einschlafen* ‖ ⟨fig⟩ *taub werden, einschlafen (Glieder)* ‖ ⟨fig⟩ *(in Lüsten) schwelgen* ‖ **–cimiento** *m Einschläfern* n, *Schlummer* m ‖ *Schlaftrunkenheit* f
adormidera *f* ⟨Bot⟩ *Schlafmohn, Mohn* m (Papaver somniferum) ‖ *Mohnkopf* m ‖ *Mohnsame(n)* m ‖ ~ *ciega Schließmohn* m (Papaver inapertum)
adormilado adj *schläfrig*
adormi\|larse, –tarse vr *einnicken, halb einschlafen*
ador\|namiento *m* (Aus)*Schmücken* n ‖ **–nar** vt *schmücken, (ver)zieren, putzen* (& fig) ‖ ⟨fig⟩ *verbrämen* ‖ ◇ ~ *con (od* de) *flores mit Blumen ausschmücken, bestreuen* ‖ ~ *con relieves metálicos mit Buckeln versehen* ‖ **~se** *s. schmücken, s. putzen* ‖ ⟨fig⟩ *s. auszeichnen* ‖ ◇ ~ *con plumas ajenas s. mit fremden Federn schmücken* ‖ **–nista** *m/f Dekorationsmaler(in* f) m ‖ **–no** *m Schmuck, Zierrat, Putz* m, *Ornament* n ‖ ~ *marginal Randverzierung* f ‖ ~ *metálico Metallputz* m ‖ ~ *de remate Schlussverzierung* f ‖ ◇ *estar de* ~ *zur Zierde vorhanden sein* ‖ ⟨figf⟩ *nichts leisten* ‖ ⟨fig⟩ *(völlig) überflüssig sein (Person)*
¹adornos *mpl Accessoires* pl ‖ ~ *para funerales Begräbnisschmuck* m ‖ ~ *de Navidad Christbaum-, Weihnachts\|schmuck* m ‖ ~ *de repostería* ⟨figf⟩ *kitschige Verzierungen* fpl
²adornos *mpl* ⟨Bot⟩ *Springkraut* n, (Garten)*Balsamine* f (Impatiens balsamina)
adorote *m* SAm *Tragbahre* f *für Lasttiere*
adosar vt *anlehnen* ‖ *anbauen* ‖ *heranrücken* ‖ *kitten (Keramik)* ‖ **~se** *s. anlehnen* (a *an*), *s. aufstützen* ‖ ~ *s. Rücken an Rücken stellen*
adovelado *m* ⟨Arch⟩ *Wölbung* f
ad pedem litterae ⟨lat⟩ adv *buchstäblich*
adquirente *m/f Erwerber(in* f) m
adqui\|rido adj *erworben* ‖ **–ridor** *m Erwerber* m ‖ **–r(i)ente** *m/f Erwerber(in* f) m ‖ **–rimiento** *m* → **adquisición** ‖ **–rir** [-ie-] vt *er\|werben, -langen, gewinnen* ‖ *kaufen, anschaffen* ‖ *annehmen (e–e Gewohnheit)* ‖ ⟨fig⟩ *s. aneignen* ‖ ◇ ~ *carta de naturaleza eingebürgert werden* ‖ ~ *práctica Geläufigkeit erwerben, Übung bekommen* ‖ ~ *por usucapión* ⟨Jur⟩ *ersitzen* ‖ ~ *velocidad auf Touren kommen (Motor)*

adquisi|ción f *Erwerb, Ankauf, Bezug* m ‖
Er|werbung, -stehung ‖ ~ de corriente ajena ⟨El⟩
Fremdstrombezug m ‖ ~ de datos ⟨Inform⟩
Datenerfassung f ‖ ~ derivada ⟨Jur⟩ *abgeleiteter*
Rechtserwerb m ‖ ~ "a non domino" ⟨Jur lat⟩
Erwerb m *vom Nichtberechtigten* ‖ ~ de (la)
nacionalidad ⟨Jur⟩ *Erwerb* m *der*
Staatsangehörigkeit ‖ ~ originaria ⟨Jur⟩
ursprünglicher Rechtserwerb m ‖ ~ del terreno
Boden-, Grundstücks|kauf, Grunderwerb m ‖ ◇
hacer una buena ~ *e–n guten Kauf machen* (& fig)
‖ **–dor** m *Erwerber* m ‖ **–vidad** f *gesteigerte*
Kauflust f ‖ **–tivo** adj *kaufkräftig* ‖ **–torio** adj
Erwerbs-, Kauf-
   ¹adra f[el] *Reihenfolge* f
   ²adra f[el] *Gemeindebezirk* m, *Stadtviertel* n
   ³adra f[el] Al *Frondienst* m, *persönliche*
Leistung f
   adraganto m ⟨Bot⟩ *Tragant* m
   adral m *Runge* f ‖ *Bordwand* f ‖ ~ de reja ‖
Gitterbordwand f
   adrar vt Sal *Bewässerungswasser zuteilen*
   adrede adv *absichtlich*
   ad rem adv ⟨lat⟩ *zur Sache*
   adre|nal adj *(m/f)* ⟨An⟩ *adrenal* ‖ ~ f
Nebenniere f ‖ **–nalina** f ⟨Physiol⟩ *Adrenalin* f
   adrial adj *(m/f)* Sal *seitlich, Seiten-*
   adrián m *hervorstehender Knöchel an der*
großen Zehe ‖ *Elsternnest* n
   Adriano m np *Hadrian* m
   adriático adj ⟨Geogr⟩ *adriatisch* ‖ ~ m: (Mar)
~ *Adria* f, *Adriatisches Meer*
   adrizar [z/c] vt ⟨Mar⟩ *aufstellen, senkrecht*
stellen
   adrogar [g/gu] vt ⟨Jur⟩ *adoptieren,* [früher] *an*
Kindes Statt annehmen
   adro|lla f *Betrug* m, *Übervorteilung* f *(beim*
Kauf) ‖ **–llero** m *Nepper* m
   adscribir vt *zuteilen* ‖ *zuschreiben* ‖ *zueignen* ‖
endgültig bestimmen ‖ ~se *zufallen*
   adscrip|ción f *Zuteilung, Ernennung* f ‖ **–ticio**
adj *zugeteilt* ‖ **–to, adscrito** pp/irr von **adscribir**
   Adser|beyán m ⟨Geogr⟩ *Aserbaidschan* n ‖
–beyano adj *aserbaidschanisch* ‖ ~ m
Aserbaidschaner m
   adsor|ber vt ⟨Phys⟩ *adsorbieren* ‖ **–ción** f
Adsorption f ‖ **–bibilidad** f *Adsorbierbarkeit* f ‖
–bible adj *(m/f) adsorbierbar*
   ad|stricción f → **astricción** ‖ **–stringente** adj
(m/f) → *astringente* ‖ **–stringir** vt → **astringir**
   ad súmmum [su'mun] ⟨lat⟩ adv *höchstens*
   ¹aduana f *Zoll* m ‖ *Zollgebühr* f ‖ *Zollamt* n ‖
Zollverwaltung f ‖ *Zollwesen* n ‖ *(Art) Würfelspiel*
n ‖ ⟨fig⟩ *guter Aussichtspunkt* m ‖ ~ diferencial
Differentialzoll m ‖ ~ interior *Binnenzoll* m ‖ ~
marítima *Hafenzoll* m ‖ ~ de reexportación
Rückzoll m ‖ ~ uniforme *Einheitszoll* m ‖ ◇
despachar en la ~ *verzollen* ‖ pasar por todas las
~s ⟨fam⟩ *sehr gerieben sein, mit allen Wassern*
gewaschen sein
   △**²aduana** f *Bordell* n
   adua|nal adj *(m/f)* Guat → **–nero** ‖ **–nar** vt
verzollen ‖ **–nero** adj *Zoll-, den Zoll betreffend* ‖ ~
m *Zoll|beamte(r), -aufseher* m
   aduar m *Zeltdorf* n *der Araber* od *Zigeuner* ‖
Am *Indianerlager* n
   aducción f *Adduktion* f ‖ ~ de agua
Wasserzuleitung f
   aducir [-zc-, pret ~je] vt *hinzufügen* ‖
(Beweise) beibringen ‖ ~ alegaciones ⟨Jur⟩
Anregungen geben ‖ *Vorstellung erheben* ‖ *Stellung*
nehmen
   aductor adj ⟨An⟩ *Adduktor-* ‖ ~ m *Adduktor,*
Anziehmuskel m ‖ ~es de la glotis ⟨An⟩
Glottisschließer mpl

   aduendado adj *kobold-, troll|artig*
   adueñarse vr s. *bemächtigen* (de gen), s.
aneignen (acc) ‖ *(et.) erwerben* ‖ una inmensa
tristeza se adueñó de él *unendliche Traurigkeit*
befiel od *überwältigte ihn*
   adufa f Val *Schleuse* f
   adufe m *maurische Schellentrommel* f ‖ ⟨figf⟩
Schwätzer m
   aduja f ⟨Mar⟩ *Bucht* f *einer Seilrolle* ‖ *einzelne*
Wicklung f *e–s Kabels*
   adujar vt ⟨Mar⟩ *(ein Tau) aufschießen*
   adu|lación f *Schmeichelei, Lobhudelei* f ‖ ~
servil *Speichelleckerei* f ‖ **–lador** adj
schmeichlerisch ‖ ~ m *Schmeichler* m ‖ **–lancia** f
Ven → **adulación** ‖ **–lante** adj *(m/f)* Col Ven →
adulador ‖ **–lar** vt/i *(jdm) schmeicheln* ‖ ⟨pop⟩
(jdm) um den Bart gehen
   adu|larescencia f ⟨Min⟩ *Adulareszenz* f ‖ **–laria**
f ⟨Min⟩ *Adular* m
   adulatorio adj *schmeichelnd*
   adulcir vt *süßen*
   adu|lete adj Pe → **adulón** ‖ **–lo** m Chi Guat
⟨pop⟩ *Schmeichler,* ⟨pop⟩ *Speichellecker* m ‖ **–lón**
adj *(fam) lobhudelnd, katzbuckelnd* ‖ ~ m *(fam)*
Lobhudler, (großer) Schmeichler m, *(fam)*
Speichellecker m
   adulta f *Erwachsene* f
   adulte|ración f *(fig) Fälschung, Verfälschung* f
(von Wein, Milch usw.) ‖ *Panschen* n *(Wein)* ‖
Verfremdung f ‖ **–rado** adj *gefälscht, unecht* ‖
–rador m *Verfälscher* m ‖ ~ del vino
Wein|verfälscher, -panscher m ‖ **–rar** vi
ehebrechen, Ehebruch begehen ‖ ~ vt *(fig)*
fälschen, verfälschen (Wein usw.) ‖ *panschen*
(Wein) ‖ *verfremden* ‖ ~se vr *verderben* ‖
umschlagen (Wein) ‖ ◇ no –rado *unverfälscht* ‖
–rino adj *Ehebruchs-, ehebrecherisch* ‖ *im*
Ehebruch gezeugt ‖ ⟨fig⟩ *falsch, nachgemacht* ‖
–rio m *Ehebruch* m
   adúltero adj *ehebrecherisch* ‖ ⟨fig⟩ *ver|fälscht,*
-dorben ‖ *verderbt (Sprache)* ‖ ~ m
Ehebrecher m
   adultez f *Erwachsenenalter* n ‖ *Mannesalter* n ‖
Mannhaftigkeit f
   adulto adj *er-, aus|gewachsen,* ‖ *voll entwickelt*
‖ *voll-, groß|jährig* ‖ *reif (Alter)* ‖ ~ m
Erwachsene(r) m
   adul|zamiento m *Weichmachen* n *(Stahl)* ‖
Enthärtung f *(Wasser)*
   ¹adulzar [z/c] vt *weich machen, geschmeidig*
machen (Eisen) ‖ *enthärten (Wasser)*
   ²adulzar [z/c] vt *süßen* ‖ *(fig) versüßen*
   adulzorar vt *versüßen* ‖ *mildern*
   adum|bración f ⟨Mal⟩ *Schatten* m,
Schattierung f ‖ **–brar** vt *schattieren*
   adunar vt *ver|ein(ig)en, -sammeln*
   aduncirrostro adj ⟨V⟩ *krummschnäb(e)lig*
   adunco adj *krumm gebogen, hakig gekrümmt*
   adundarse vr MAm *betäubt werden*
   adunia adv *reichlich, in Überfluss*
   ad únum [u'nun] ⟨lat⟩ *bis zum Letzten*
   adustez f *Barsch-, Schroff|heit* f
   adusto adj *heiß (Landstrich)* ‖ ⟨fig⟩ *barsch,*
unwirsch, mürrisch ‖ Arg *unbeugsam*
   ad valórem [balo'rɛn] ⟨lat⟩ adv *dem Wert nach,*
⟨lat⟩ *ad valorem*
   advección f ⟨Meteor⟩ *Advektion,*
Lufthorizontalbewegung f
   adve|nedizo adj *fremd, zugereist* ‖ *hergelaufen* ‖
⟨Biol⟩ *adventiv* ‖ ~ m *Fremdling* m ‖
Emporkömmling m ‖ **–nidero** adj *zukünftig* ‖
–nimiento m *Ankunft* f ‖ *Antritt* m *e–r Würde* ‖
Regierungsantritt m ‖ *Thronbesteigung* f ‖
Menschwerdung f *des Heilandes* ‖ *Ankunft* f
Christi ‖ ◇ esperar a uno como el santo ~ ⟨fam⟩

jdn sehnlichst erwarten ‖ **–nir** [irr → **venir**] vi
(hinzu)kommen ‖ *vorkommen, s. zutragen*
adventaja *f* ⟨Jur⟩ *Präzipuum* n ‖ *Vorausanteil* m
adventicio *adj fremd* ‖ *hinzukommend* ‖
unverhofft ‖ *wild wachsend* ‖ ⟨Bot⟩ *Schmarotzer-* ‖
Adventiv-
adventis|mo *m* ⟨Rel⟩ *Adventismus* m ‖
–ventista *m/f Adventist(in* f) m
adventual *adj (m/f) Advents-*
adveración *f Attest* n ‖ *Bescheinigung* f
adverar *vt* ⟨Jur⟩ *rechtmäßig beglaubigen*
adver|bial *adj (m/f)* ⟨Gr⟩ *adver|bial, -biell* ‖
adv: ~**mente** **–bio** *m Adverb, Umstandswort* n ‖
~ *de afirmación Adverb* n *der Bejahung* ‖ ~ *de*
cantidad Quantitätsadverb n ‖ ~ *diminutivo*
Verkleinerungsadverb n (z. B. *lejitos aus lejos)* ‖ ~
de lugar Ortsadverb n ‖ ~ *de modo Modaladverb*
n ‖ ~ *de negación Adverb* n *der Verneinung* ‖ ~ *de*
tiempo Zeitadverb n
adver|samente *adv widersetzlich* ‖ *ungünstig* ‖
–sario *m Gegner, Widersacher* m ‖ ~**s** *mpl*
Sammelbuch n ‖ ⟨Jur⟩ *Gegenpartei* f ‖ **–sativo** *adj*
⟨Gr⟩ *adversativ, entgegenstellend, gegensätzlich* ‖
–sidad *f Missgeschick, Unglück* n ‖
Widerwärtigkeit f ‖ *Widrigkeit* f ‖ *missliche Lage* f
‖ **–so** *adj widrig, feindlich* ‖ *entgegenstehend,*
Gegen-
adver|tencia *f Benachrichtigung, Nachricht* f ‖
Bekannt-, Kund|machung f ‖ *Ermahnung, Warnung*
f ‖ *Bemerkung, Note* f, *Hinweis* m ‖ *Vorwort* n *in*
e–m Buch ‖ ~ *preliminar Vorbemerkung* f ‖ **–tidor**
m Melder, Meldeapparat m ‖ ~ *de incendios*
Feuermeldeapparat, Brand-, Feuer|melder m ‖
–tivo *adj klug, bedachtsam* ‖ *erfahren* ‖
gewitzigt ‖ *adv:* ~**amente** ‖ **–timiento** *m*
Erinnerung, Warnung f ‖ *Bemerkung* f ‖
Bekanntmachung f
advertir [-ie/i-] *vt bemerken, wahrnehmen* ‖
betrachten ‖ *in Betracht ziehen* ‖ *aufmerksam*
machen auf (acc) ‖ *benachrichtigen* ‖ *warnen* ‖
unterrichten, lehren ‖ *(jdm) raten* ‖ ~ *vi:* ~ *en a/c*
auf et. Acht geben ‖ ~ *contra algo vor et. warnen* ‖
~**se** *gewahr werden*
Adviento, ~ *m Advent* m ‖ *Adventszeit* f ‖ ◇
estar en ~ ⟨fam⟩ *e–n leeren Magen haben*
advocación *f Widmungsname* m ‖
Widmungstitel m *(e–r Kirche)* ‖ ◇ *bajo la* ~ (de)
⟨Rel⟩ *unter Anrufung* (gen)
adya|cencia *f Angrenzen* n, *Nähe* f ‖ **–cente** *adj*
(m/f) an|grenzend, -liegend
adyuvante *adj (m/f) helfend*
aechar *vt* → **ahechar**
aedo *m* ⟨Lit⟩ *Sänger* m ‖ *Epiker* m
△**aellas** *fpl Schlüssel* mpl
aequo → **ex aequo**
aera|ción *f Lüftung, Durch-, Aus-, Be|lüftung* f ‖
Luftwirkung f ‖ **–miento** *m* ⟨Bgb⟩ *(Be)Wetterung,*
Wetter|versorgung, -führung f
aerastenia *f* ⟨Med⟩ *Fliegerneurose* f
aeremia *f* ⟨Med⟩ *Aerämie* f, *Aeroembolismus*
m, *Taucher-, Caisson|krankheit* f
aéreo *adj luftartig, Luft-* ‖ *luftig* ‖ ⟨fig⟩ *leer,*
nichtig ‖ *ätherisch*
aeri-, aero- *präf Luft-* ‖ *Flug-*
aerícola *adj (m/f) in freier Luft lebend (Tiere,*
Pflanzen)
aerífero *adj luftleitend*
aerifi|cación *f Luftbildung* f ‖ **–car** [c/qu] *vt*
⟨Chem⟩ *in Luft od Gas verwandeln*
aerobic, aeróbic *m Aerobic* n
aero|bio *adj* ⟨Biol⟩ *aerob, auf Sauerstoff*
angewiesen ‖ ~ *m Aero|bier, -biont* m ‖ **–biosis** *f*
Aerobiose f
aerobista *m/f* Arg *Jogger(in* f) m
aerobús *m Airbus* m

aerocargador *m* Am *Wind|motor* m,
-kraftmaschine f
aerocele *m* ⟨Med⟩ *Aerozele, Luftgeschwulst* f
aeroclub *m Aeroclub, Flugverein* m
aerodeslizador *m Luftkissen|fahrzeug, -boot* n,
-bahn f
aerodi|námica *f Aerodynamik* f ‖ **–námico** *adj*
stromlinienförmig, windschnittig, aerodynamisch ‖
–no *m Luftfahrzeug* n *schwerer als Luft*
aerodromo, aeródromo *m Flugplatz* m ‖
Flughafen m ‖ ~ *de alternativa Ausweichflughafen*
m
aeroespacial *adj (m/f) Luft- und Raumfahrt*
betreffend
aerofagia *f* ⟨Med⟩ *Aerophagie* f, *Luftschlucken*
n
aerófano *adj durchsichtig*
aerofaro *m Erkennungsfeuer* n *(Flughafen)*
aerófilo *adj luftliebend (Bakterien)*
aero|filtro *m Luftfilter m (& n)* ‖ **–fobia** *f*
⟨Med⟩ *Aerophobie, Luftscheu* f ‖ *Flugangst* f
aeróforo *adj* → **aerífero**
aero|fotografía *f Luftfotografie* f ‖
Luft|aufnahme f, *-bild* n ‖ **–fotogrametría** *f*
Aerofotogrammetrie, Luftbildmessung f
aerofreno *m Luftbremse* f
aerogenerador *m Windkraftwerk* n
aerógeno *adj aerogen (Bakterie)*
aerografía *f Luftbeschreibung* f ‖ ⟨Tech⟩ *Arbeit*
f *mit dem Aerograf, Farb|spritzen, -spritzverfahren*
n
aerograma *m Aerogramm* n
aerolínea *f Fluglinie* f ‖ ~**s** *fpl Fluggesellschaft* f
aerolito *m Meteorit* m
aero|logía *f Aerologie* f ‖ **–lógico** *adj*
aerologisch
aeromarítimo *adj Luft- und Seefahrt betreffend*
aeromecánica *f Aeromechanik* f
aeromedicina *f Aero-, Luftfahrt|medizin* f
aerómetro *m Aerometer* n
aeromiel *f* → **maná**
aeromode|lismo *m Flug(zeug)modellbau* m ‖
–lista *m/f Flug(zeug)modellbauer(in* f) m
aeromotor *m Luftmotor, Aeromotor* m ‖
Windmotor m
aeromoza *f* Am *(Luft)Stewardess* f ‖ **–mozo** *m*
Am *(Luft)Steward* m
aero|nato *adj im Luftfahrzeug geboren* ‖ **–nauta**
m/f Luftschiffer(in f) m ‖ **–náutica** *f*
Luftfahrt(kunde) f ‖ **–náutico** *adj Luftfahrt-* ‖
–naval *adj Luft- und See-* ‖ **–nave** f *Luft|fahrzeug,*
-schiff f
aeroneurosis *f* ⟨Med Flugw⟩ *Aeroneurose* f
aeronomía *f* ⟨Geogr⟩ *Aeronomie* f
aeropirata *m Luftpirat* m
aeroplano *m* [veraltet] *Flugzeug* n
aero|portado *adj* → **–transportado**
aeropostal *adj (m/f) Luftpost-*
aeropublicidad *f Luftwerbung* f
aeropuerto *m (Verkehrs)Flughafen* m
aero|rruta *f* → **–vía**
aerosalón *m Aerosalon* m, *Luftfahrtausstellung* f
aeroscala *f Zwischenlandungsflugplatz* m
aeroscopia *f Luftuntersuchung* f
aeroscopio *m Apparat* m *zur Messung des*
Staubgehaltes der Luft
ae|rosfera, -rósfera *f Aerosphäre* f
aerosol *m* ⟨Chem⟩ *Aerosol* n
aerosonda *f* ⟨Meteor⟩ *Aerosonde* f
aero|stación *f Luftschifffahrt* f ‖ *Luftschiffwesen*
n ‖ **–stata** *m Luftschiffer* m ‖ **–stática** *f Aerostatik* f
‖ **–stático** *adj aerostatisch*
aeróstato *m Luft-, Fessel|ballon* m ‖
aerostatisches Luftfahrzeug n *(leichter als Luft)*
aerotaxi *m Lufttaxi* m

aero|tecnia, –técnica *f Lufttechnik f*
aeroterapia *f* ⟨Med⟩ *Aerotherapie, Luftkur f*
aeroterrestre *adj Luft- und Bodenfahrt betreffend*
aerotranspor|tado *adj auf dem Luftweg befördert* ‖ **–tar** *vt auf dem Luftweg befördern*
aerotrén *m Luftkissenzug m*
aerotropismo *m* ⟨Biol⟩ *Aerotropismus m*
aerovía *f Flugroute f, Luftweg m* ‖ *Luftlinie f*
aeru|gíneo, –ginoso *adj rostfarbig*
aeta *m Aete m (Eingeborener eines philippinischen Bergvolks)*
a/f. (Abk) = **a favor**
afa|bilidad *f Leutseligkeit f* ‖ *Freundlichkeit f* ‖ *Entgegenkommen n* ‖ **–bilísimo** *adj sup von* **–ble** ‖ **–ble** *adj (m/f) leutselig, umgänglich, gesellig* ‖ *freundlich, zuvorkommend* ‖ *adv:* **~mente**
afaccionado *adj: bien (mal) ~ schön (hässlich) aussehend (Gesicht)*
afacetado *adj facettenförmig geschliffen*
áfaco *adj linsenlos (Auge)*
afaenar *vt Arg schlachten* ‖ *Arg* ⟨pop⟩ *jdn umbringen*
afagia *f* ⟨Med⟩ *Aphagie f*
afamado *adj berühmt* ‖ ◇ *mal ~ berüchtigt*
afamar *vt berühmt machen*
afamiliado *adj Dom verschwägert*
afán *m Plage, Mühe, Plackerei f* ‖ *Sorge f* ‖ *Trachten, Streben n* ‖ *Gier f* ‖ *Arbeit, Geschäftigkeit f* ‖ *Drang, Eifer m* ‖ *~ de estudios Lerneifer m* ‖ *~ de gloria Ruhmesdrang m* ‖ *Ruhm|sucht, -begierde f* ‖ *~ de lucro Gewinn|absicht f, -streben n* ‖ *~ de independencia Unabhängigkeitsstreben n* ‖ *~ de notoriedad Geltungs|bedürfnis, -streben n* ‖ *~ de producir sensación Sensationssucht f* ‖ ◆ *con ~ eifrig, mit Eifer*
afa|nadamente *adv eifrig, mit Eifer* ‖ *mühsam* ‖ **–nado** *adj eifrig (arbeitend)* ‖ **–nador** *m Mex Reinigungsarbeiter m* ‖ **–nar** *vt (jdn) quälen, belästigen* ‖ *~ vi s. plagen* ‖ ⟨vulg⟩ *mitgehen lassen, klauen, stemmen* ‖ *MAm Geld verdienen* ‖ *~se s. abmühen* ‖ ⟨fam⟩ *schuften, s. abrackern (en, por, um, für, wegen)*
afanípteros *mpl* ⟨Ins⟩ *Flöhe mpl (Aphaniptera)*
afano *adj glanzlos*
afanoso *adj arbeitsam, fleißig, emsig* ‖ *mühsam, beschwerlich* ‖ *adv:* **~amente**
afantasmado *adj gespensterhaft*
afaquia *f* ⟨Med⟩ *Aphakie, Linsenlosigkeit f*
afaro|lado *adj e–r Laterne ähnlich* ‖ **–larse** *vr Chu Chi Pe aus der Haut fahren*
afasia *f* ⟨Med⟩ *Aphasie, Sprachstörung f* ‖ ⟨fig⟩ *Unentschlossenheit f*
afásico *adj aphasisch, sprachgestört*
afatar *vt Ast Gal (an)schirren*
afea|dor *m Tadler m* ‖ **–miento** *m Ver|unstaltung, -schandelung f* ‖ *Tadel m*
afear *vt entstellen, verunstalten* ‖ *schänden, beflecken* ‖ *anschwärzen* ‖ *ver|denken, -übeln* ‖ *tadeln*
afeblecerse [-zc-] *vr abmagern* ‖ *schwach werden*
afebril *adj (m/f)* ⟨Med⟩ *afebril, fieberlos*
¹afección *f (Zu)Neigung f* ‖ *Gemütserregung f, Affekt m*
²afección *f Leiden n, schädliche Einwirkung f* ‖ *~ cardiovascular* ⟨Med⟩ *Herz- und Kreislauf|krankheit f* ‖ *~ pulmonar* ⟨Med⟩ *Lungenleiden n* ‖ *~ renal* ⟨Med⟩ *Nierenleiden n* ‖ *~ sentimental Empfindelei f*
afechar *vt Extr abschließen*
afec|tabilidad *f Empfindlichkeit, Erregbarkeit f* ‖ **–table** *adj (m/f) erregbar* ‖ **–tación** *f Unnatürlichkeit, Verstellung f* ‖ *gezwungenes*

Betragen n ‖ *Getue n, Affektiertheit, Ziererei f* ‖ *Überspanntheit f*
afectado *adj ge|ziert, -künstelt, -sucht, affektiert* ‖ *betrübt* ‖ *~ de un achaque mit e-m Leiden behaftet* ‖ *~ betroffen (por von dat)* ‖ *~ por el lock-out ausgesperrt (Arbeitnehmer)* ‖ *adv:* **~amente**
afectar *vt vorgeben* ‖ *s. stellen (als ob), s. verstellen* ‖ *(er)heucheln, zur Schau tragen* ‖ *betreffen* ‖ *einverleiben, schlagen (a zu)* ‖ *zu e–m gewissen Zweck bestimmen* ‖ *rühren, bewegen* ‖ *in Frage stellen* ‖ ⟨Med⟩ *befallen, angreifen* ‖ *für steuerpflichtig erklären* ‖ ◇ *~ a ... betreffen, anlangen, s. beziehen auf ...* ‖ *beeinträchtigen* ‖ *schädigen* ‖ *~ ignorancia s. unwissend stellen* ‖ *~se in Gemütsbewegung geraten* ‖ *s. grämen*
afec|tibilidad *f Empfindlichkeit, Erregbarkeit f* ‖ **–tísimo** *adj sup von* **–to** ‖ *hochachtungsvoll, sehr ergeben (Briefschluss)* ‖ **–tividad** *f Gemütsbewegung f* ‖ *Affektivität f* ‖ *Liebebedürftigkeit f* ‖ **–tivo** *adj Gemüts-* ‖ *empfindsam*
afecto *adj geneigt, zugetan, ergeben, gewogen* ‖ *bestimmt (a zu)* ‖ *angewiesen auf (acc)* ‖ *mit Vorbehalt erteilt (Pfründe)* ‖ *abgaben-, steuer|pflichtig* ‖ *sehr ergeben (Briefschluss)* ‖ *zugeteilt (e–r Behörde)* ‖ *~ de un mal von e–r Krankheit befallen* ‖ *~ m Gemütsbewegung f* ‖ *Stimmung f* ‖ *Zuneigung f* ‖ *Gewogenheit f, Wohlwollen n* ‖ *Affekt m* ‖ *Krankheitsanfall m* ‖ *Anhänger m* ‖ ◇ *tener ~ a alg. jdm gewogen sein, jdn lieb haben od gern haben*
afectuo|sidad *f Herzlichkeit, Zärtlichkeit, Wohlgewogenheit f* ‖ **–so** *adj herzlich, lieb, zärtlich, wohlgewogen, gefühlvoll* ‖ *rührend* ‖ *adv:* **~amente**
afei|tada *f Am* ⟨reg⟩ *Rasur f* ‖ **–tado** *m Rasur f* ‖ *~ húmedo Nassrasur f* ‖ **–tadora** *f Rasierapparat m* ‖ *Trockenrasierer m* ‖ **–tar** *vt rasieren* ‖ *schminken* ‖ *(das Haar) kräuseln* ‖ *schmücken, putzen* ‖ *stutzen, beschneiden (Pflanzen, Stierhörner)* ‖ ◇ *sopla un viento que afeita (fam) es geht ein schneidender Wind* ‖ *~se s. rasieren* ‖ *s. schminken*
afeite *m Putz m* ‖ *Schminke f* ‖ *Pomade f* ‖ *Schönheitsmittel n* ‖ ◆ *sin ~s ungeschminkt*
afeitón *m* ⟨Meteor⟩ *Nordwind m*
afelio *m* ⟨Astr⟩ *Sonnenferne f, Aphel n*
afel|pado *adj plüschartig* ‖ ⟨fig⟩ *samtartig* ‖ ⟨Bot⟩ *filzig* ‖ **–par** *vt plüschartig verarbeiten*
afeltrar [-ie-] *vt verfilzen*
afemi|nación *f Verweichlichung f* ‖ **–nado** *adj weibisch* ‖ *weichlich, verweichlicht* ‖ *weibisch zärtlich* ‖ *~ m Weichling m* ‖ **–namiento** *m →* **–nación** ‖ **–nar** *vt weibisch machen, verweiblichen* ‖ *verweichlichen* ‖ **–narse** *vr weibisch werden* ‖ *verweichlichen*
aferente *adj (m/f)* ⟨An⟩ *afferent, zuführend (Gefäß)*
aféresis *f* ⟨Gr⟩ *Aphärese f* ‖ ⟨Med⟩ *Amputation f*
aferrado *adj* ⟨fam⟩ *hartnäckig, halsstarrig* ‖ *adv:* **~amente**
afe|rramiento *m Anpacken n* ‖ *Zupacken n* ‖ *Trotz m* ‖ *Verbissenheit f* ‖ *Verrannt-, Verbohrt|heit f in (acc) e–e Idee* ‖ **–rrar** *vr anpacken, festhalten* ‖ ⟨Mar⟩ *auswerfen (Anker), ankern* ‖ ⟨Mar⟩ *einziehen (Segel)* ‖ *~ vi Grund fassen (Anker)* ‖ *~se beharren (auf et. dat), s. an et. klammern* ‖ ◇ *~ a (od con, od en) su opinión* ⟨fig⟩ *auf s–r Meinung hartnäckig bestehen*
aferrucharse *vr Col s. anklammern*
aferruzado *adj jähzornig* ‖ *schlecht gelaunt*
aferventar *vt Ast kochen*
afestonado *adj girlandenförmig (gewunden)* ‖ *mit Girlanden geschmückt* ‖ ⟨Bot⟩ *geschweift*

afeu|damiento m *Zuneigung, Freundschaft* f ‖ **–darse** vr *s. befreunden, ein Bündnis schließen*
affmo(s) ⟨Abk⟩ = **afmo(s)**
Afga|nistán m ⟨Geogr⟩ *Afghanistan* n ‖ ≈**ni** m [Währungseinheit] *Afghani* m (Abk = Af) ‖ ≈**no** adj *afghanisch, aus Afghanistan* ‖ ~ m *Afghane(r)* m (& *Hund*)
afian|zador m *Bürge* m ‖ *Stützkeil* m ‖ **–zamiento** m *Stütze* f ‖ *Sicherung* f ‖ *Bürgschaft* f ‖ ~ de la paz *Festigung* f *des Friedens* ‖ ~ de un régimen *Festigung* od *Konsolidierung* f *e–s Regimes* ‖ **–zar** [z/c] vt *(ver)bürgen, für et. stehen* ‖ *packen, festnehmen* ‖ *festhalten* ‖ *stemmen, stützen* ‖ ⟨Mil⟩ *schultern (Gewehr)* ‖ ◇ ~ a alg. *s. für jdn verbürgen* ‖ ~ en algo *in et. bekräftigen* ‖ ~ con tornillos anschrauben ‖ ~se *fest werden* ‖ *s. stützen* ‖ *s. (be)festigen*
afiche m *Am Plakat* n
afición f *Zuneigung, Liebe* f ‖ *Vorliebe* f ‖ *Eifer* m ‖ *Dilettantentum* n ‖ *Liebhaberei* f ‖ *Steckenpferd, Hobby* n ‖ ⟨Taur⟩ *Vorliebe* f *für Stierkämpfe* ‖ ⟨Taur⟩ *Anhängerschaft* f ‖ ◇ ~ ciega razón ⟨Spr⟩ *Liebe macht blind* ‖ ◆ por ~ aus *Liebhaberei, als Hobby* ‖ ◇ *tener mucha* ~ a algo *ein großer Liebhaber von et. sein*
aficio|nado adj *zugetan, geneigt, (stets) aufgelegt* (a *zu*) ‖ ~ a chanzas *Spaß liebend* ‖ adv: ~**amente** ‖ ~ m *Liebhaber, Kunstfreund* m ‖ *(sachverständiger) Amateur, Dilettant, Kenner* m ‖ ⟨Fot⟩ *Amateurfotograf* m ‖ ⟨Kochk⟩ *Hobbykoch* m ‖ ⟨Mal⟩ *Hobbymaler* m ‖ ⟨Mus⟩ *Musikliebhaber* m ‖ ~ al deporte *Sportliebhaber* m ‖ ~ a los libros *Bücherliebhaber* m ‖ ~ a la música *Musikliebhaber* m ‖ ~ a los toros *Stierkampfbegeisterte(r)* m ‖ ~ a levantarse tarde *der gern spät aufsteht* ‖ **–nar** vt *Liebe einflößen* (a *zu*) ‖ *geneigt machen* ‖ *gewinnen für* (acc) ‖ ~**se** *Zuneigung fassen* (a *zu*) ‖ *s. gewöhnen* ‖ ⟨fam⟩ *s. et. angewöhnen* ‖ ◇ ~ a (*od de*) alg. *s. in jdn verlieben* ‖ ~ a la pintura *e–e Leidenschaft für die Malerei entwickeln*
afidávit m *Affidavit* n, *eidesstattliche Erklärung* f
afídido ⟨Ins⟩ m *Blattlaus* f ‖ ~s mpl ⟨Ins⟩ *Blattläuse* fpl (Aphididae)
afiebrarse vr *Am Fieber bekommen*
afieltrado adj *filzartig*
afijo m ⟨Gr⟩ *Affix* n
afila|cuchillos m *Messerschärfer* m ‖ **–dera** m *Schleif-, Wetz|stein* m ‖ **–dero** adj: (piedra) ~a *Schleif-, Wetz|stein* m ‖ **–do** adj *scharf, geschliffen* ‖ *fein, zart* ‖ *spitz* ‖ ~ m *Schleifen* n ‖ *(An)Schliff* m ‖ ~ en bisel *Schrägschliff* m, *wechselseitiger Schliff (der Zähne e–r Säge)* ‖ ~ derecho *Geradschliff* m ‖ ~ inclinado *Schrägschliff* m ‖ ~ a máquina *Maschinenschliff* m ‖ ~ plano *Planschliff* m ‖ ~ preliminar *Vorschleifen* n
¹afilador m *Schleifer* m ‖ *Streichriemen* m *für Rasiermesser* ‖ Chi *Wetzstein* m ‖ ~ ambulante *Scherenschleifer* m ‖ ~ de cuchillos *Messerschärfer* m ‖ ~ de herramientas *Werkzeugschleifer* m ‖ ~ de lápices *Bleistiftspitzer* m
²afilador m *Arg Par Ur jemand, der gern flirtet*
afila|dora f *Schleif-, Schärf|maschine* f ‖ ~ de brocas ⟨Bgb⟩ *Bohrerschärfmaschine* f ‖ ~ para cuchillas de cepillo *Hobelmesserschleifmaschine* f ‖ **–dura** f *Schleifen, Wetzen* n
afilalápices m *Bleistiftspitzer* m
afilamiento m *Schleifen* n ‖ *Abmagern* n *(im Gesicht od an den Fingern)*
¹afilar vt *schärfen, schleifen, wetzen* ‖ *spitzen (Bleistift)* ‖ *enthaaren (Häute)* ‖ ◇ ~ la voz *s. überschlagen (Stimme)* ‖ ~ la guadaña *die Sense dengeln*

²afilar vi *Arg Par Ur flirten* ‖ Chi ⟨vulg⟩ *bumsen, vögeln, ficken*
afilarse vr *schmal werden (Gesicht)*
afile m *Am Anmachen* n
afilia f ⟨Bot⟩ *Blattlosigkeit* f
afi|liación f *Aufnahme* f *in eine Körperschaft* od *Partei* ‖ *Beitritt* m ‖ *Mitgliedschaft, Zugehörigkeit* f ‖ ~ obligatoria *Mitgliedschaftszwang* m ‖ **–liado** adj *ange|gliedert, -schlossen* ‖ *zugehörig* ‖ ◇ ~ a un sindicato *gewerkschaftlich organisiert* ‖ ~ m *Mitglied* m ‖ **–liar** [pres ~io, seltener: ~ío] vt *in e-e Körperschaft aufnehmen* ‖ ~**se** *s. schlagen* (a *zu*) ‖ *eintreten (in e–e Gemeinschaft)* ‖ *beitreten, Mitglied werden* (a *bei*)
afiligranado adj *filigranartig* ‖ *fein ausgeführt* ‖ *klein, schmächtig (Statur)* ‖ *zierlich (Stil)* ‖ *fein (Gesichtszüge)*
áfilo adj ⟨Bot⟩ *blattlos*
afilón m *Wetzstahl* m ‖ *Streichriemen* m
afilosofado adj *scheinphilosophisch, s. philosophisch gebend*
afín adj *verschwägert* ‖ *angrenzend* ‖ *ähnlich, analog* ‖ *verwandt (Begriff)* ‖ ⟨Chem Math Philos⟩ *affin* ‖ ~ m *Schwager* m
afina|ción f *Verfeinerung* f ‖ *Vollendung, Vervollkommnung* f ⟨Met⟩ *Läuterung* f *der Metalle* ‖ *Frischarbeit* f, *Frischen* n, *Vered(e)lung* f ‖ ⟨Mus⟩ *Stimmen* n *der Instrumente* ‖ ◇ *tocar con* ~ ⟨Mus⟩ *richtig intonieren* ‖ **–damente** adv *sehr genau* ‖ ⟨fig⟩ *sehr fein* ‖ **–do** m → **–ción** ‖ ~ de superficies *Oberflächenvered(e)lung* f ‖ **–dor** m *Verfeinerer* m ‖ ⟨Mus⟩ *(Klavier)Stimmer* m ‖ ⟨Mus⟩ *Stimm|hammer,*
-schlüssel m ‖ **–dora** f *Schleifmaschine* f
afinar vt *verfeinern* ‖ *vervollkommnen, ausgleichen* ‖ *ein-, an|passen* ‖ ⟨Met⟩ *frischen, feinen, veredeln* ‖ ⟨Tech⟩ *feinstbearbeiten* ‖ *wetzen, schleifen* ‖ ⟨Chem⟩ *abtreiben, läutern* ‖ ⟨Mus⟩ *stimmen (Instrumente)* ‖ *tonrein spielen* bzw *singen* ‖ *(jdm) feinere Sitten beibringen* ‖ ~ vi ⟨Mus⟩ *genau intonieren, stimmen* ‖ *richtig spielen* bzw *singen* ‖ ~**se** ⟨fig⟩ *feiner werden*
afincar [c/qu] vi *Grundbesitz erwerben* ‖ ~**se** *s. niederlassen, ansässig* od *sesshaft werden* ‖ ⟨fig⟩ *Wurzeln schlagen, heimisch werden*
afine adj → **afín**
afinería f ⟨Met⟩ *Hütte* f ‖ *Hüttenwesen* n
afinidad f *Affinität* f ‖ ⟨fig⟩ *Ähnlichkeit, Beziehung* f ‖ *Verschwägerung* f ‖ *Verwandtschaft* f ‖ ⟨fig⟩ *Freundschaft* f ‖ ~ electiva *Wahlverwandtschaft* f ‖ ~ electrónica ⟨Chem⟩ *elektronische Affinität* f ‖ ~ de caracteres *Wesensverwandtschaft* f ‖ ~ química *chemische Affinität* f ‖ ~ residual ⟨Chem⟩ *residuale Affinität* f ‖ ~ tisular ⟨An⟩ *Gewebeaffinität* f ‖ ◇ *guardar* ~ *verwandt sein (con mit)*
afino m ⟨Met⟩ *Metallläuterung, Veredlung* f ‖ *Affination* f ‖ *Frischen* n ‖ ~ electrolítico *elektrolytische Raffination* f *(Metalle)* ‖ ~ incompleto *Rohfrischen* n ‖ ~ neumático *Windfrischen* n
afir|mación f *Bejahung* f ‖ *Versicherung* f ‖ *Behauptung* f ‖ *Bekräftigung* f ‖ *Bestätigung* f ‖ ⟨Gr⟩ *Aussagesatz* m ‖ ~ bajo juramento ⟨Jur⟩ *eidliche Aussage* f ‖ ~ de sí mismo *Selbst|behauptung, -bestätigung* f ‖ **–madero** m Chi *Stütze* f, *Stützbalken, Träger* m ‖ **–mado** adj *fest* ‖ *fest sitzend (Reiter)* ‖ ~ m *Befestigung* f *(Straße)* ‖ *Pflasterweg* m ‖ ~ de la calzada (caminera) *Fahrbahnbefestigung*
~ silicatado *Wasserglasdecke* f, *Silikatmakadam* m ‖ ~ del suelo *Bodenbefestigung* f ‖ adv: ~**amente**
¹afirmar vt *behaupten* ‖ *bestätigen, versichern* ‖ *bejahen* ‖ ⟨Jur⟩ *beschwören, erhärten*

befestigen, festmachen || *sichern* || *stützen* || *verfestigen (Straße)* || ~ el rostro *ein ernstes Gesicht machen* || ~**se** *feststellen* || *s. behaupten* || *s. stützen* || *auf einer Aussage bestehen* || ⟨Mar⟩ *an Stärke zunehmen (Wind)*
²**afirmar** vt Chi *herunterhauen (e–e Ohrfeige)* || *(ver)prügeln*
afirma|tiva *f Bejahung* || *bejahende Antwort* f || *Zu|stimmung, -sage* f || *Einwilligung* f || **–tivamente** adv *bejahend* || *bekräftigend* || *bejahendenfalls* || ◇ responder ~ (a) *et. bejahen* || **–tivo** adj *bejahend* || *bekräftigend* || ◆ en caso ~ *bejahendenfalls*
afirolar vt *putzen, schmücken*
afistulado adj *fistelähnlich* || *mit Fisteln*
aflagelado adj ⟨Zool⟩ *geißellos*
aflamencado adj *zigeunerhaft* || *den Flamenco (Tanz) nachahmend* || ⟨fig pop⟩ → **achula(pa)do**
aflatarse vr Chi Hond *an Blähungen leiden* || Guat Hond *traurig werden*
aflato *m Hauch, Wind* m || ⟨fig⟩ *Eingebung* f
aflautado adj *flöten|artig, -tönig* || *wie Sopran tönend (Stimme)*
aflechado adj ⟨Bot⟩ *pfeilförmig*
aflicción *f Betrübnis, Trübsal* f || *Leid* n, *Kummer* m || *Kränkung* f
aflictivo adj *betrübend*
aflicto pp/irr von **afligir**
afligido adj *traurig, betrübt* || adv: ~**amente**
afligir [g/j] vt *be|trüben, -kümmern, Sorge bereiten* || *kränken, quälen, peinigen* || *heimsuchen* || ~ a alg. *jdm nahe gehen, leid tun* || ~**se** *s. grämen*
aflijo *m* Ec *Betrübnis, Trübsal* f || *Leid* n, *Kummer* m
aflogístico adj *feuerfest* || ⟨Med⟩ *entzündungshemmend* || ~ *m* ⟨Med⟩ *entzündungshemmendes Mittel* n
aflojadora *f* Ur *leichtlebige Frau* f
aflojar vt *entspannen* || *nach|lassen, -geben* || *lösen* || *lockern (Strick, Saite)* || ~ (la mosca) ⟨fam⟩ *den Beutel ziehen, zahlen, Geld lockermachen* || ~ un tornillo *e–e Schraube lösen* || ~ el vientre *Stuhlgang haben* || ~ vi *nachlassen (Fieber)* || *erschlaffen* || *(im Studium) nachlassen* || ~**se** *flau werden, abflauen (Geschäfte)* || *s. lockern, locker werden (Schraube)* || Chi *furzen* || ◇ se le ha aflojado un tornillo ⟨fig⟩ *bei ihm (ihr) ist e–e Schraube locker*
aflo|rado adj *blühend* || *geblümt* || **–ramiento** *m Zutagetreten* n (& fig) || ⟨Geol⟩ *Aus|biss, -strich* m, *-gehende(s)* n || **–rar** vt *verfeinern, läutern (Mehl, Korn)* || ~ vi *anstehen, zutage* (& *zu Tage*) *treten* (Erz) (& fig) || *ans Tageslicht kommen*
afluen|cia *f Zufluss* m || *Zulauf, Andrang* m || ⟨fig⟩ *Redestrom, Wortschwall* m || ⟨fig⟩ *Redegewandtheit, Beredsamkeit* f || ~ de capital *Kapitalzufluss* m || ~ de dinero *Geldzufluss* m || ~ de refugiados *Zustrom* m *von Flüchtlingen, Flüchtlingsstrom* m || ~ del viento *Zuströmen* n *der Luft (Ofen)* || **–te** adj *(m/f) zuströmend, einmündend* || ⟨fig⟩ *redselig, wortreich* || ⟨fig⟩ *redegewandt* || ~ *m Nebenfluss* m
afluir [-uy-] vi *zu-, herbei|strömen* || *einmünden (Fluss)* || ⟨fig⟩ *zufließen* || ◇ los extranjeros afluyen a Sevilla *die Ausländer besuchen scharenweise Sevilla*
aflujo *m Andrang* m, *Zu|strömen* n, *-fluss* m || *Andrang, Zulauf* m || ~ de sangre *Blut|andrang* m, *-zufuhr* f
aflús adv → **flux**
afluxionarse vr Cu Col *s. erkälten* || MAm *anschwellen*
afmo(s). ⟨Abk⟩ = **afectísimo(s)**
afoetear vt Col *(ver)prügeln, peitschen*

afofar vt *locker machen* || ~**se** *schwammig werden (Fleisch)* || *quellen*
afogarar vt *sengen (die Hitze das Getreide)*
afoliado adj ⟨Bot⟩ *blattlos*
afo|llado *m Falte* f, *Bausch* m *(bei e–m schlecht sitzenden Kleid)* || **–llador** *m* Mex *Bälgetreter* m || **–llar** [-ue-] vt *mit dem Blasebalg anblasen* || ⟨fig⟩ *balgförmig falten* || ~**se** *s. auflockern (Mauerwerk)*
afondar vt *versenken (Schiff)* || ~ vi *versinken, untergehen (Schiff)* || ~**se** *s. setzen (wie Hefe)* || *sinken (Schiff)* (& vi)
afonía *f Aphonie, Stimm-, Sprach|losigkeit* f
afónico adj *aphonisch, stimm-, ton|los* || *stockheiser* || ◇ volverse *od* ponerse ~ *heiser werden*
áfono adj *stimm-, ton|los*
afo|rado adj *bevorzugt, Sonderrechte genießend* || *geeicht* || **–rador** *m Eichmeister* m || *Taxator* m || *Pegel, Wasserstandsanzeiger* m || **–ramiento** *m* →
aforo *m Zollwertermittlung* f || ⟨Jur⟩ *Verleihung* f *von (Sonder)Rechten*
¹**aforar** vt *(die Ware für den Zoll) ein-, ab|schätzen* || *eichen* || *taxieren* || ⟨Jgd⟩ *Spuren lesen*
²**aforar** [-ue-] vt ⟨Jur⟩ *(Sonder)Rechte verleihen*
aforia *f* ⟨Med⟩ *Unfruchtbarkeit* f
afo|rismo *m Aphorismus, Lehrspruch* || *Sinn-, Gedanken|spruch* m || *Gedankensplitter* m || **–rístico** adj *aphoristisch, sentenzartig (Redeweise)*
aforo *m Eichung* f || *Eichmaß* n || *zollamtliche Abschätzung, Zollwertermittlung* f || *Fassungsvermögen* n (z. B. Stadion) || *(Gesamtzahl* f *der) Plätze* mpl *(Theater, Kino usw.)* || *Wassermengenbestimmung* f *(Fluss)* || ~ y pago de aduana *Verzollung* f
aforragaitas *m (joc) Kleinigkeitskrämer* m
afo|rrar vt *füttern (Kleider)* || *mit Pelz füttern, verbrämen* || *überziehen, beschlagen* || *in Papier einschlagen (Buch)* || ~**se** *s. dick od warm anziehen* || ~ bien ⟨fam⟩ *reichlich essen und trinken* || ⟨fam⟩ *mächtig reinhauen* || ¡afórrese usted con ello! ⟨desp⟩ *lassen Sie s. damit ausstopfen!* || **–rro** *m (Unter)Futter* n || ⟨Mar⟩ *Taubekleidung* f
afortinar vt Mex *kräftigen, stärken*
a fortiori adv ⟨lat⟩ *um so mehr*
afortu|nadamente adv *glücklicherweise* || **–nado** adj *glücklich, beglückt* || *begütert, wohlhabend* || *stürmisch (Wetter)* || ~ *m Gewinner* m *(in der Lotterie usw)* || *Glückspilz* m || **–nar** vt *beglücken*
afosarse vr ⟨Mil⟩ *s. verschanzen*
afoscarse [c/qu] vr ⟨Mar⟩ *diesig od dunstig werden* || ⟨fig⟩ *mürrisch od übelgelaunt werden*
afótico adj ⟨Bot⟩ *aphotisch*
afototrópico adj ⟨Biol⟩ *aphototropisch*
afragatado adj ⟨Mar⟩ *fregattenähnlich*
afrai|lado adj *mönchsartig, mönchisch* || **–lar** vt *(Bäume) stutzen* || ~**se** *Mönchsmanieren annehmen*
afrancesado adj ⟨Hist⟩ *französisch gesinnt* || *französelnd* || ~**s** mpl ⟨Hist⟩ mpl *Französlinge, Anhänger* mpl *des Königs Joseph Bonaparte in Spanien*
afrance|samiento *m Nachahmung* f *franz. Art (Mode, Stil)* || **–sarse** vr *französische Sitten annehmen*
afranelado adj *flanellartig*
afranjado adj *zerfranst*
afrasia *f* ⟨Med⟩ *Aphrasie* f
afre|charse vr Chi *kleiensüchtig werden (Vieh)* || **–chero** *m* Arg ⟨V⟩ *Kleienfink* m || **–chillo** *m* Feinkleie f || **–cho** *m* Kleie f || *Futtermehl* n || **–choso** adj *kleiehaltig, kleiig*
afrenillar vt ⟨Mar⟩ *die Ruder anbinden*
afren|ta *f Schimpf* m, *Schmach, Be|schimpfung,*

-leidigung f || *Schmähwort* n || *Ehrverlust* m || ~ al honor *Ehrenkränkung* f || **–tado** adj PR *unverschämt, schamlos* || **–tar** vt be|*leidigen, -schimpfen* || *erniedrigen, entehren* || ~*se s. mit Schmach bedecken* || *s. schämen* (de gen) || **–toso** adj *schimpflich, schmachvoll* || *schändlich, beschämend, ehrenrührig* || adv: ~**amente**
afreñir vt Sant *Erdklumpen* mpl *zerkleinern*
afresado adj *erdbeerähnlich*
afreza f *Köder* m *für Fische*
África f[el] ⟨Geogr⟩ *Afrika* n || ~ Central *Zentralafrika* || ~ del Norte *Nordafrika* || ~ Occidental *Westafrika* || ~ Oriental *Ostafrika* || ~ del Sur *Südafrika*
africada f ⟨Gr⟩ *Affrikata* f
afri|**cana** f *Afrikanerin* f || **–cander** m *Afrika(a)nder* m || **–canismo** m *Afrikanismus* m || **–canista** m/f *Afrikanist(in* f), *Afrikaforscher(in* f) m || **–canística** f *Afrikanistik* f || **–canización** f *Afrikanisierung* f
¹africano adj *afrikanisch* || ~ m *Afrikaner* m
²africano m *schwarzer Marmor* m *mit weißen und roten Streifen*
áfrico adj *afrikanisch* || ~ m ⟨Meteor⟩ *Südwind* m
africochar vt RD ⟨vulg⟩ *umbringen*
afrijolar vt Cu *erschießen*
afrikaans m ⟨Ling⟩ *Afrikaans* n
afro- präf *afro-, afrikanisch*
afro|**americano** adj *afroamerikanisch* || ~ m *Afroamerikaner* m || **–asiático** adj *afro-asiatisch* || **–cubano** adj *afrokubanisch*
afrodisia f ⟨Med⟩ *Aphrodisie* f, *gesteigerter Geschlechtstrieb* m
afro|**disíaco, –disiaco** adj *den Geschlechtstrieb steigernd* || ~ m *Aphrodisiakum, den Geschlechtstrieb steigerndes Mittel* n
Afrodita f np ⟨Myth⟩ *Aphrodite* f
afrómetro m *Schaum(wein)messer* m
afronitro m *Mauersalpeter* m
afrontar vt *gegenüberstellen* || *bekämpfen* || *trotzen* (dat) || ⟨Med⟩ *anpassen (Wundränder)* || ◇ ~ el peligro *der Gefahr trotzen* || ~ vi *gegenüberstehen* || ~*se s. begegnen* || *s. streiten*
afrontilar vt Mex *an den Hörnern festbinden (Rind)*
afrutado adj *fruchtig (Wein)*
afta f [el] ⟨Med⟩ *Aphthe* f || ~ contagiosa *od* epizoótica ⟨Vet⟩ *Maul- und Klauen|seuche, Aphtenseuche* f
after-shave m ⟨Kosm⟩ *After-shave* n
af.ᵗᵒ, afto. ⟨Abk⟩ = **afecto**
aftoso adj *aphthös*
a fuer (de) adv *kraft, infolge von*
afuera adv *(dr)außen* || *von außen* || *hinaus* || *äußerlich* || *außerdem, überdies* || ◆ de ~ *von auswärts* || *¡~! hinaus!* || ~**s** fpl *Um|gebung, gegend* f || *Vorort* m
afue|**rano, –reno, –rino** adj Am *fremd* || ~ m *Fremde(r)* m
afueras fpl ⟨fam⟩ *Kalkböden* mpl *im Sherrygebiet* n
afuetear vt Am *prügeln, peitschen*
afufa f: tomar las ~s ⟨fam⟩ *s. aus dem Staub machen*
afu|**far** vi ⟨fam⟩ *ent|fliehen, -weichen* || ⟨fam⟩ *ausreißen* || (& vr) || **–fárselas** vr *s. aus dem Staub machen* || ⟨pop⟩ *abhauen* || **–fólas** ⟨fam⟩ *er hat Reißaus genommen* || **–fón** m ⟨fam⟩ *Ausreißen, Entwischen* n
afujia f Col *Verlegenheit, Bedrängnis* f
afusilar vt Mex → **fusilar**
afusión f ⟨Med⟩ *Guss* m, *Sturzbad* n
afuste m ⟨Mil⟩ *Lafette* f || ~ automotor *Selbstfahrlafette* f || ~ biflechado *Spreizlafette* f

afutrarse vr Chi *s. herausputzen* || *s. hübsch machen*
ag. ⟨Abk⟩ = **agosto**
Ag ⟨Abk⟩ = **plata**
agá m ⟨Hist⟩ *Aga* m *(früherer türkischer Titel)*
agabachado adj ⟨fam⟩ *französische Art und Weise nachahmend*
agabanado adj *regenmantelartig*
agachada f And Arg *List* f, *Kniff* m || And *Niederbücken* n || Chi *Bückling* m
agachadiza f ⟨V⟩ *Moor-, Wasser|schnepfe* f || ~ común *Bekassine* f (Gallinago gallinago) || ~ chica *Zwergschnepfe* f (Lymnocryptes minima) || ~ real *Doppelschnepfe* f (G. media || ◇ hacer la ~ ⟨fam⟩ *s. ducken*
agachadizo adj *was s. verstecken kann*
agachado adj Ec PR *plebejisch, pöbelhaft* || MAm *heimtückisch, verschlagen* || Cu Mex ~ m *wissentlich betrogener Ehemann* m || *Kuppler* m
agachaparse vr And → **agazaparse**
agachar vt ⟨fam⟩ *beugen, krümmen* || ~*se s. ducken* (& fig), *s. niederkauern* || *s. bücken*
agache m Col *Flunkerei* f || *List* f || ◆ de ~ Ec *zweitklassig, von minderem Wert*
agachón m Mex *Mitwisser* m || *Hahnrei* m
agafar vt *fassen, packen*
agaitado adj *dudelsackähnlich*
agaje m Ven *Verpackung* f || ⟨fig⟩ *Kopf* m
agalactia f ⟨Med⟩ *Agalaktie* f, *Milch(sekretions)mangel* m
agaláctico adj *milchabtreibend*
agalbanado adj ⟨fam⟩ → **galbanoso**
agalgado adj *windhundähnlich* || *schlank*
agalibar vt ⟨Mar⟩ *mallen*
agalla f *Galle* f, *Gallapfel* m || *Knopper* f || *Schraube* f *am Erdbohrer* || Am *Geiz* m || Pe *Geriebenheit* f || *Hinterlist* f || ~ del cuello ⟨Agr⟩ *Wurzelkropf* m, *Krongalle* f (Agrobacterium tumefaciens) || ◇ quedarse de la ~ ⟨fam⟩ *in die Patsche geraten* || ~**s** fpl *(Fisch)Kiemen* fpl || ⟨An⟩ *Mandeln* fpl || ⟨Med⟩ *Angina, Mandelentzündung* f || ⟨fam⟩ *Mut* m, *Tapferkeit* f || Am *Geiz* m || Pe *Gerissen-, Verschlagen|heit* f || Ec *Bootshaken* m || ◇ coger a uno por las ~ ⟨fam⟩ *(jdn) am Kragen packen* || tener (muchas) ~ ⟨figf⟩ *Mut haben, furchtlos sein* || ⟨fam⟩ *Schneid haben* || Col Ec Ven *knaus(e)rig sein*
agalladero adj Cu *übertrieben* || ⟨fam⟩ *protzig*
¹agallado adj *gallnussartig*
²agallado adj Arg Chi PR *stattlich, stramm, kräftig*
agallar vt Col *begehren* || PR *s. in die Brust werfen*
agallegado adj *nach Sprache und Art der Galicier*
agallinarse vr ⟨fam⟩ *Manschetten kriegen*
agalludo adj Col Ven *knaus(e)rig, geizig* || Chi *tückisch* || RPl *entschlossen, furchtlos* || *mutig*
agalmatolita f ⟨Min⟩ *Agalmatolith* f
agáloco m *Agaloch-, Paradies|holz* n || *Aloeholz* n
ágama m ⟨Zool⟩ *Agame* f || ~ de los colonos *Siedleragame* f (Agama agama)
Agame(m)nón m np ⟨Lit⟩ *Agamemnon* m
agamí [pl ~**íes**] m ⟨V⟩ *Trompetervogel, Agami* m (Psophia crepitans)
agamia f ⟨Biol⟩ *Agamie* f, *geschlechtslose Fortpflanzung* f || ⟨Bot⟩ *Agamie, Geschlechtslosigkeit* f
agámico adj *geschlechtslos*
agamitar vi ⟨Jgd⟩ *fiepen*
ágamo adj ⟨Bot⟩ *geschlechtslos* || ⟨fig⟩ *ledig*
agamu|**zado** adj *gemsfarben* || *fett-, sämisch|gegerbt* || **–zar** [z/c] vt *sämisch gerben*
agañitata f ⟨V⟩ → **aguzanieves**

agañotar vt Extr León *den Hals zudrücken*
agapanto *m* ⟨Bot⟩ *Schmucklilie, Liebesblume* f
(Agapanthus africanus)
ágape *m Agape* f, *Liebesmahl* n *(der ersten
Christen)* ‖ *Festessen* n ‖ ⟨fig⟩ *Gelage* n
agapornis *m* ⟨V⟩ *Unzertrennliche(r)* m
(Agapornis spp)
agar-agar *m Agar-Agar* m (& n) ‖ ~ *de
cultivos Nähragar* m (& n)
agarbado adj →* **garboso**
agarban⎪zado adj *kichererbsen⎪farbig, -förmig* ‖
⟨fig⟩ *trivial, plump* ‖ **–zar** [z/c] vi Murc *sprießen,
knospen (Pflanzen)*
agarbarse vr →* **agacharse**
agarbillar vt ⟨Agr⟩ *(in Garben) binden, garben*
agardamarse vr Al *wurmstichig werden (Holz)*
agarduñar vt ⟨pop⟩ *stehlen*
agareno adj *maurisch, mohammedanisch* ‖ ~ *m
Maure, Mohammedaner* m
agargantar vt *(aus)kehlen*
agaricales *mpl* ⟨Bot⟩ *Blätter-, Lamellen⎪pilze*
mpl
agárico *m* ⟨Bot⟩ *Blätterpilz* m (Agaricus sp) ‖
~ *blanco Lärchenschwamm* m ‖ ~ *purgante
Lärchenpilz* m ‖ ~ *yesquero Feuerschwamm* m
aga⎪rrada *f* ⟨fam⟩ *Wortwechsel, Zank* m ‖ ⟨fam⟩
Krach m ‖ *(in Straßenbahn usw.) Handgriff* m,
Armschlaufe f ‖ **–rradera** *f* ⟨Mar⟩ *Ankerplatz* m ‖
◇ *tener buenas* ~s ⟨fig⟩ *gute Beziehungen haben* ‖
–rradero *m Griff, Henkel, Stiel* m ‖ *Haltering* m ‖
⟨fig⟩ *gute Beziehungen* fpl ‖ *Vorwand* m ‖
Stützpunkt m ‖ ⟨Mar⟩ *(guter) Ankergrund* m ‖
–rradiño *m galicischer Tanz* m ‖ **–rrado** adj *fest
anklebend* ‖ ⟨fam⟩ *starrköpfig* ‖ ⟨fam⟩ *knaus(e)rig,
geizig* ‖ ⟨fam⟩ *eng umschlungen (beim Tanz)* ‖ ◇
estar bien ~ ⟨fam⟩ *gute Beziehungen haben* ‖ *tener
una tos* ~a *e–n hartnäckigen Husten haben* ‖
–rrador *m Polster* m *am Griff des Bügeleisens* ‖
Arg *Schafscherergehilfe* m ‖ Chi Ec Pe *scharfes
alkoholisches Getränk* n
agarra⎪fador *m Korbfüller* m *in Ölmühlen* ‖
–far vt ⟨fam⟩ *ergreifen, derb anpacken* ‖ ~**se**
⟨fam⟩ *handgemein od handgreiflich werden*
agarrante adj *(m/f)* ⟨fam⟩ *knaus(e)rig*
agarrao *m* ⟨pop⟩ *Tanz, Schieber* m
aga⎪rrar vt *greifen, (an)packen* ‖ *anhaken,
befestigen* ‖ ⟨Mar⟩ *(den Anker) festhaken* ‖ ⟨fam⟩
ergreifen, befallen (Krankheit) ‖ ◇ *agarró un
fuerte catarro* ⟨fig⟩ *er (sie, es) bekam e–n starken
Schnupfen* ‖ ~ *al toro por los cuernos* ⟨fig⟩ *den
Stier bei den Hörnern packen* ‖ ~ *al vuelo in der
Luft auffangen* ‖ ~ *de od por an* ..., *od bei* ... ‖ ~
vi ⟨Mar⟩ *greifen, fassen (Anker)* ‖ ~**se**
anklammern, s. festhalten ‖ *haftenbleiben* (z. B.
Teig an den Fingern) ‖ ⟨Kochk⟩ *anbrennen* ‖ *s.
festfressen (Maschinen)* ‖ ⟨fam⟩ *handgemein
werden* ‖ ◇ ~ *a algo como pretexto et. (als
Entschuldigung) vorschieben* ‖ ~ *a un clavo
ardiendo* ⟨fig⟩ *s. an e–n Strohhalm klammern* ‖
tener donde ~ *üppige Formen haben (Frau)* ‖
¡agárrate! *erschrecke nicht! setz dich! (bei der
Überbringung e–r Nachricht)* ‖ **–rre** ⟨Auto⟩
Haften n *der Reifen* ‖ →* **–rradero** ‖ **–rro** *m
Ergreifen, Anpacken* n ‖ *Raub* m ‖ **–rrón** *m* ⟨fam⟩
Am Derbes Anpacken n ‖ Am *Wortwechsel* m ‖
–rroso adj Mex *sauer* ‖ *zusammenziehend*
agarro⎪tamiento *m Einschlafen* n *(der Glieder)*
‖ ⟨Tech⟩ *Festfressen* n ‖ **–tar** vt *knebeln* ‖ *drücken,*
⟨fig⟩ *be⎪klemmen, -drücken* ‖ *gefühllos machen
(Glieder)* ‖ ⟨Tech⟩ *das Festfressen verursachen*
⟨Hist⟩ *garrotieren* ‖ ~**se** *einschlafen, gefühllos
werden (Glieder)* ‖ ⟨Tech⟩ *s. festfressen*
agarrotear vt And *vom Baum abschlagen
(Früchte)*
agasajar vt *freundlich aufnehmen* ‖

wohlwollend behandeln ‖ *(gut) bewirten* ‖
beschenken ‖ *(jdn) feiern*
agasajo *m freundliche Aufnahme, Bewirtung* f ‖
Leutseligkeit f ‖ *Geschenk* n ‖ *Einstand* m
agástrico adj ⟨Zool⟩ *agastrisch, magenlos*
Ágata *f* np *Agathe* f
ágata *f* [el] *Achat* m ‖ ~ *abigarrada Buntachat*
m ‖ ~ *calcedonia weißer Achat* m ‖ ~ *cornalina
roter Achat* m ‖ ~ *obsidiana isländischer Achat* m
‖ ~ *ónix Achatonyx* m
agateador *m* ⟨V⟩ *Baumläufer* m (Certhia spp) ‖
~ *común Gartenbaumläufer* m (C. brachydactyla)
‖ ~ *norteño Waldbaumläufer* m (C. familiaris)
agatino adj *achatfarben* ‖ *achat⎪artig, -ähnlich*
agatizarse [z/c] vr ⟨Mal⟩ *Glanz annehmen*
agau⎪chado adj Arg Chi *nach Art e–s Gaucho* ‖
–charse vr RPl *die Art der Gauchos annehmen*
agauja *f* León *Bärentraube, Sandbeere* f
(Arctostaphylos uva-ursi)
agavan⎪za *f Hagebutte* f ‖ **–zo** *m* ⟨Bot⟩ *Hecken-,
Hunds⎪rose* f (Rosa canina)
agave ⟨Bot⟩ *Agave* f (Agave spp) ‖ *Aloehanf* m
‖ ~ *fibrosa Faseragave* f ‖ ~ *sisal Sisalagave* f
agavi⎪llado adj ⟨Agr⟩ *in Garben gebunden* ‖
⟨pop⟩ *gaunerhaft* ‖ **–llador** *m* ⟨Agr⟩ *Garbenbinder*
m ‖ **–dora** *f Garben⎪bindemaschine* f, *-binder* m ‖
~ *a brazo Handbinder* m ‖ ~ *mecánica
Bindemaschine* f ‖ ~ *de paja Strohbinder* m ‖ **–llar**
vt *(in Garben) binden, schichten, garben* ‖ ◇ ~ *el
heno das Heu in Schobern aufstellen* ‖ ⟨fig⟩ *auf
jdn e–n tiefen Eindruck machen* ‖ ~**se** ⟨fam⟩ *s.
zusammenrotten*
agazapar vt ⟨fam⟩ *fassen, packen* ‖ ~**se** ⟨fam⟩
s. verstecken ‖ *s. ducken* ‖ *s. auf die Hinterfüße
stellen (Pferde)*
age- →* auch **aje-**
agencia *f Agentur, Vertretung* f ‖ *Büro* n,
Geschäftsstelle f ‖ *Geschäftsbesorgung* f ‖ Chi
Leihamt n ‖ ~ *de aduanas Zollagentur* f ‖ ~ *de
anuncios Annoncenbüro* n ‖ ~ *auxiliar Nebenstelle*
f ‖ ~ *de banco Bankzweigstelle* f ‖ ~ *central
Zentral⎪agentur, -stelle* f ‖ ~ *de colocación od de
colocaciones Stellen⎪nachweis* m, *-
vermittlungsbüro* n ‖ ~ *comercial Handels⎪agentur*
f, *-büro* n, *-vertretung* f ‖ ~ *de consigna de buques
Reederei-, Schiffs⎪agentur* f ‖ ~ *consular
Konsularagentur* f ‖ ~ *de Control de Armamentos
Amt* n *für Rüstungskontrolle* ‖ ~ *de detectives
Detektei* f ‖ ~ *de distribución Verkaufsagentur* f ‖
~ *de emigración Auswanderungs⎪büro* n, *-stelle* f ‖
~ *Europea de Energía Nuclear Europäische
Kernenergie-Agentur* f *(ENEA)* ‖ ~ *exclusiva
Alleinvertretung* f ‖ ~ *en el extranjero
Auslandsvertretung* f ‖ ~ *de fletamento* ⟨Mar⟩
Verfrachtungsbüro n ‖ ~ *de información
Nachrichten⎪agentur* f, *-büro* n ‖ ~ *de informes od
de informaciones Auskunftei* f ‖ ~ *inmobiliaria
Grundstücks-, Immobilien⎪maklerbüro* n ‖ ~
marítima Schifffahrtsagentur f ‖ ~ *matrimonial
Ehe(vermittlungs)institut* n ‖ ~ *de patentes
Patentbüro* n ‖ ~ *de prensa Presseagentur* f ‖ ~
principal Haupt⎪agentur, -niederlassung f ‖ ~ *de
publicidad Werbeagentur* f ‖ ~ *de referencias
Auskunftei* f ‖ ~ *de seguro Versicherungsagentur* f
‖ ~ *de transportes Speditions⎪firma* f, *-geschäft* n ‖
~ *de viajes Reisebüro* n
agen⎪ciar vt *be⎪treiben, -sorgen* ‖ *verschaffen* ‖
⟨fam⟩ *erreichen* ‖ ⟨fam⟩ *heranschaffen* ‖ ⟨pop⟩
schaukeln, managen ‖ **–ciárselas**: *agénciatelas
como puedas sieh zu, wie du zurechtkommst! sieh
zu, wo du bleibst!* ‖ **–ciero** adj Am *betriebsam* ‖ ~
m Am *Inhaber* m *e–r Agentur* ‖ Arg *Losverkäufer*
m ‖ Chi *Inhaber m e–s Leihhauses* ‖ **–cioso** adj
betriebsam, rührig
¹agenda *f Taschen-, Notiz⎪buch* n ‖

Terminkalender m ‖ *Tagesordnung* f ‖ ~ de
bolsillo *Taschenkalender* m ‖ ~ de gastos
Ausgabenbuch n
²agenda f [ein Papierformat] *Format 14×32 cm*
agenesia f ⟨Med⟩ *Agenesie* f, *Bildungsmangel*
m, *Fehlen* n *e–r Organanlage* ‖ *Sterilität* f ‖
Impotenz f
agenitalismo *m* ⟨Med⟩ *Agenitalismus* m
agen|tado adj PR Dom *wichtigtuerisch* ‖
–tamiento *m* Dom *Aufgeblasenheit* f ‖ **–tarse** vr
Dom *es zu et. bringen*
¹agente *m Agent, Vertreter* m ‖ *Geschäftsführer*
m ‖ *Vermittler* m ‖ *Makler* m ‖ *Korrespondent* m ‖
⟨Jur⟩ *Täter* m *(Strafrecht)* ‖ ~ administrativo
Angestellte(r) m ‖ *Beamter* m ‖ *Bedienstete(r)* m ‖
~ de aduanas *Zollagent* m ‖ ~ artístico m
Impresario m ‖ ~ de la autoridad *Polizeibeamte(r)*
m ‖ ~ de bolsa *Börsenmakler* m ‖ ~ de la Brigada
de Investigación Criminal (Span) *Kriminalbeamter*
m, ⟨pop⟩ *Kriminaler* m ‖ ~ de cambio
Börsenmakler m ‖ ~ de cambio y bolsa
Börsenmakler m (Span) ‖ ~ de la circulación
(städtischer) Verkehrspolizist m ‖ ~ comercial
Handelsagent m ‖ *Handelsmakler* m ‖
Handelsvertreter m ‖ ~ de compra *Kaufagent* m ‖
~ consular *Konsularagent* m ‖ ~ diplomático
diplomatischer Vertreter m ‖ ~ de divulgación
agrícola *landwirtschaftlicher Berater* m ‖ ~
ejecutivo ⟨Jur⟩ *Gerichtsvollzieher* m ‖ ~
encubierto *verdeckter Ermittler* m ‖ ~ exclusivo
Alleinvertreter m ‖ ~ de fincas rústicas
Grundstücksmakler m ‖ ~ fiscal *Finanzbeamte(r)*
m ‖ ~ forestal *Forstangestellte(r)* m ‖ ~ de la
fuerza pública *Polizeibeamte(r)* m ‖ *Polizist* m ‖
Schutzmann m ‖ ~ general *Generalagent* m ‖ ~
inmobiliario *Grundstücks-, Immobilien|makler* m ‖
~ local *Platzagent* m ‖ ~ marítimo *Schiffsmakler*
m ‖ ~ mediador *Handelsmakler* m ‖ ~ de
negocios *Handlungsagent* m ‖ ~ de orden público
Polizist m ‖ ~ de policía *Polizist* m ‖ ~ de la
policía secreta *Geheimpolizist* m ‖ ~ (oficial) de la
propiedad industrial *Patentanwalt* m ‖ ~
provocador *Lockspitzel* m, *Agent provocateur* m
(frz) ‖ *Gelegenheitsursache* f ‖ ~ de publicidad
Werbeagent m ‖ *Akquisiteur* m ‖ ~ receptor
Abnehmer m ‖ ~ de seguridad *Polizist* m ‖ ~ de
seguros *Versicherungsagent* m ‖ ~ de transportes
Spediteur m ‖ ~ de transportes marítimos
Seespediteur m
²agente *m Agens* n, *wirkender Stoff* m ‖
treibende Kraft f ‖ ⟨Philos⟩ *Agens* n (& m) ‖ ⟨Med⟩
Erreger m ‖ ~ anticongelante *Gefrierschutzmittel*
n ‖ ~ antipiojos *Entlausungsmittel* n ‖ ~ de
apresto ⟨Text⟩ *Appreturmittel* n ‖ ~ de blanqueo
⟨Chem Text⟩ *Bleichmittel* n ‖ ~ de carga ⟨Ku⟩
Füllstoff m ‖ ~ de contaminación ⟨Ökol⟩
Schmutzstoff m ‖ ~ de decapado *Beizmittel* n ‖ ~
decolorante ⟨Chem Text⟩ *Bleichmittel* n ‖ ~ de
descomposición *Fäulniserreger* m ‖ ~ espumoso
Schaumlöschmittel n ‖ ~ fijador *Fixiermittel* n ‖ ~
extintor *Feuerlöschmittel* n ‖ ~ de fundición
⟨Met⟩ *Schmelzmittel* n ‖ ~ humectante
Netz-, Benetzungs|mittel n ‖ ~ oxidante ⟨Chem⟩
Oxydationsmittel n ‖ ~ patógeno ⟨Med⟩
(Krankheits)Erreger m ‖ ~ contra la polilla
Motten(schutz)mittel n ‖ ~ de polución ⟨Ökol⟩
Schmutzstoff m ‖ ~ químico *chemischer Wirkstoff*
m ‖ ~ reductor ⟨Chem⟩ *Reduktionsmittel* n ‖ ~
refrigerante *Kühlmittel* n ‖ ~ terapéutico
Therapeutikum, Arzneimittel, Medikament n ‖ ~
térmico *Heizmittel* n
ageotropismo *m* ⟨Biol⟩ *Ageotropismus* m
agérato *m* ⟨Bot⟩ *Leberbalsam* m (Ageratum sp)
¹agermanarse vr *s. e–r Gaunerbande*
anschließen

²agermanarse vr *deutsches Wesen annehmen*
agestado adj: bien (mal) ~ *schön (hässlich)*
aussehend (Gesicht)
agestarse vr *s. gebärden*
ageusia f ⟨Med⟩ *Ageusie,*
Geschmacksempfindungslosigkeit f
agi- → auch **aji-**
agibílibus *n* ⟨fam⟩ *Geschicklichkeit* f, *Geschick*
n ‖ *Lebensgewandtheit* f ‖ ⟨fam⟩ *gescheite Person*
f, ⟨fam⟩ *Schlaumeier* m
agible adj *(m/f) machbar, durchführbar*
agigan|tado adj *riesenhaft, riesig* ‖ ⟨fig⟩
ungeheuer ‖ **–tar** vt ⟨fig⟩ *ungeheuer vergrößern,*
übertreiben ‖ **~se** *ungeheuer groß werden*
agigotar vt ⟨Kochk⟩ *ein Hackfleischgericht*
zubereiten
ágil adj *(m/f) behend, flink, beweglich*
agilar vi Cu ⟨pop⟩ *es eilig haben*
agílibus *n* → **agibílibus**
agili|dad f *Behendigkeit, Gewandtheit* f ‖
Beweglichkeit f ‖ ~ en los dedos *Fingerfertigkeit* f
‖ **–mógili** *m* ⟨pop⟩ *Gewandtheit* f ‖ *Anmut, Grazie* f
‖ **–tar** vt → **–zar** ‖ **–zación** f *Beschleunigung,*
Flexibilisierung f ‖ **–zar** [z/c] vt *beschleunigen,*
flexibilisieren, vereinfachen
ágilmente adv *flink, lebhaft*
aginar vi ⟨fam⟩ *s. abzappeln*
agio *m Agio, Aufgeld* n ‖ *Börsenspekulation* f ‖
–taje *m Agio, Aufgeld* n ‖ *Agiotage* f ‖
Börsenspekulation f ‖ **–tista** *m/f Börsen|spieler(in*
f), *-spekulant(in* f), *Agiotist(in* f), *Jobber(in* f) m
agita|ción f *heftige Bewegung, Aufregung,*
Unruhe f ‖ *Wogen* n *(Meer)* ‖ *Wedeln* n *(Schwanz)*
‖ ⟨fig⟩ *Agitation* f | *Hetze* f ‖ ~ del ánimo
Gemütsbewegung f ‖ ~ política *politische*
Agitation od Hetze f ‖ ~ popular *Gärung,*
Volksverhetzung f ‖ *Gärung* f *im Volke* ‖ **–ciones**
fpl: ~ electorales *Wahlumtriebe* mpl
agitado adj *aufgeregt* ‖ *außer s. geraten* ‖ *erregt*
‖ *bewegt* ‖ *stürmisch (See, Sitzung)*
¹agitador *m Agitator, Hetzer* m ‖ *Wühler,*
Ruhestörer m ‖ ~ político *(politischer) Agitator,*
(Volks)Aufwiegler, Hetzer m
²agitador *m* ⟨Chem⟩ *Rühr|apparat* m, *-werk* n,
Rührer m ‖ ⟨Chem⟩ *Schüttelglas* n ‖ ~ de
laboratorio *Laborrührer* m ‖ ~ oscilante
Schwingrührwerk n ‖ ~ rotatorio *Kreiselrührer* m
agitanado adj *zigeuner|haft, -artig*
agitar vt *(hin und her) bewegen* ‖ *rühren,*
umrühren, rütteln ‖ *schütteln* ‖ *schwenken*
(Fähnchen, Wein od Weinbrand im Glas) ‖
schwingen (Fahne) ‖ *wedeln (mit dem Schwanz)* ‖
⟨fig⟩ *(die Massen) erregen* ‖ ⟨fig⟩ *beunruhigen,*
erschüttern ‖ ◇ *agítese antes de usarlo* (Pharm)
vor Gebrauch schütteln! ‖ ~ vi *agitieren, Unruhe*
provozieren ‖ **~se** ⟨fam⟩ *s. sträuben* ‖ **–tato** adj
⟨Mus it⟩ *bewegt, lebhaft*
aglobación f *Anhäufung* f
aglome|ración f *Anhäufung, Zusammenballung*
f ‖ *Menschenmenge* f, *Gedränge* n ‖
Agglomeration f ‖ *Ballungsraum* m ‖ ⟨Tech⟩
Brikettierung f ‖ ⟨Met⟩ *Sinterung* f ‖ **–rado** adj
angehäuft, zusammengepresst ‖ *knäuelförmig* ‖
dicht aneinander sitzend (Blätter, Früchte) ‖ ~ *m*
Presskohle f ‖ ⟨Geol⟩ *Agglomerat, Konglomerat* n
‖ *Knäuelbildung* f ‖ ~ de cemento y amianto
Asbestzement m ‖ ~ de corcho *Presskork* m ‖ ~ de
turba *Torfbrikett* n ‖ **~s** mpl *Briketts* npl,
Presskohlen fpl ‖ **–radora** f *Brikettpresse* f ‖
–rante *m Bindemittel* n ‖ **–rar** vt *zusammen-,*
an|häufen ‖ *zusammentragen* ‖ ⟨Met⟩ *sintern* ‖
⟨Tech⟩ *brikettieren* ‖ **~se** *s. anhäufen, s.*
zusammenballen ‖ *s. ansammeln, s. stauen* ‖
zusammenbacken
aglosia f ⟨Biol Med⟩ *Aglossie, Zungenlosigkeit* f

agluti|nación f An|heften, -kleben n ||
Agglutination, Bindung f || ⟨fig⟩ Verschmelzen n ||
⟨Met⟩ Sintern n || ⟨Med⟩ Zusammenheilen n || ⟨Gr⟩
Anfügen n von Wörtern || ~ del carbón Backen n
der Kohle || –nante adj (m/f) Binde-, Klebe- ||
⟨Med⟩ zusammenheilend, anheftend ||
agglutinierend (Sprache) || ~ m ⟨Med⟩
Heftpflaster n || Bindemittel n || ~ adhesivo
Klebstoff m, Klebemittel n || ~ de colores
Farbenbindemittel n || ~ para machos (de
fundición) Kernbindemittel n || ~ de polvo
Staubbindemittel n || ~ rápido Schnellbinder m ||
~ en seco Trockenbinder m || –nar vt ver-, an-,
auf|kleben, kleistern, ⟨fam⟩ pappen || ansetzen
(Wörter) || in s. vereinen (Ämter usw.) || ~se
anheilen, zusammenwachsen || zusammenbacken ||
–nativo adj ⟨Med⟩ agglutinierend || –ninas fpl
⟨Med⟩ Agglutinine npl || –nógeno m ⟨Med⟩
Agglutinogen n
agna|ción f Seitenverwandschaft f ||
Blutsverwandtschaft f || Verwandtschaft f (im
Mannesstamm) || –do adj blutsverwandt || ~ m
Seitenverwandte(r) m || Blutsverwandte(r) m der
männlichen Linie || Agnat m || –ticio adj agnatisch
agnición f Anagnorisis f, das Erkennen e–r
Person (im Drama)
agnocasto m ⟨Bot⟩ Keuschbaum, Mönchspfeffer
m (Vitex agnus-castus)
agnosia f ⟨Med⟩ Agnosie f
agnosticismo m ⟨Philos⟩ Agnostizismus m
agnóstico adj ⟨Philos⟩ agnostisch || ~ m
Agnostiker m
agnus, agnusdei m ⟨lat⟩ Andachtsbild n, das
Lamm Gottes darstellend || ⟨Kath⟩ Agnus Dei n
ago|biador adj mühselig, (er)drückend || –biar
vt beugen, krümmen || ⟨fig⟩ (unter)drücken || ⟨fig⟩
überhäufen (mit Arbeit) || ~se s. bücken || ◇ ~ por
los años altersschwach werden || –bio m Druck m
e–r Last || Beugen, Bücken n || ⟨fig⟩ Überhäufung f
(mit Arbeit) || ⟨fig⟩ Mühsal f || ⟨fig⟩ Last f
agolar vt ⟨Mar⟩ → amainar
agolletar vt am Hals(e) packen
agol|pamiento m An-, Auf|häufung f || Andrang
m || Auflauf m || –par vt anhäufen || ~se
zusammen|laufen, s. -rotten || plötzlich eintreten, s.
plötzlich äußern (Schmerzen) || hin|schießen,
-strömen (Blut) || ⟨fig⟩ s. überstürzen
agonal adj (m/f) ⟨Hist⟩ agonal
agonía f Todeskampf m, Agonie f || Todesstunde
f || ⟨fig⟩ Angst, Pein f || ⟨fig⟩ Sterbensangst f || ⟨fig⟩
heftiger Wunsch m || ⟨fig⟩ Untergang m (z. B. e–s
Reiches)
agónico adj mit dem Tod(e) ringend,
Todes(kampf)-
agonioso adj ⟨fam⟩ begehrend, fordernd
agonista m ⟨An Pharm⟩ Agonist m || ⟨Sp⟩
Wettkämpfer m
agonístico adj zu den Wettkämpfen gehörig
agoni|zante adj (m/f) mit dem Tod(e) ringend ||
⟨fig⟩ heftig begehrend || ~ m/f Sterbende(r) m f ||
~s mpl Bruderschaft f zur Tröstung Sterbender ||
–zar [z/c] vt wahrsagen || schwarzsehen ||
⟨fig⟩ unken || ⟨fig⟩ raten, mutmaßen || –rero adj
wahr-, weis|sagend || unheilverkündend ||
Gebet beistehen || ⟨fam⟩ quälen, peinigen, ⟨fam⟩
löchern (a alg. jdn acc) || ~ vi im Sterben od in
Agonie liegen || mit dem Tod(e) ringen || allmählich
schwinden (Licht) || ⟨fig⟩ in Ängsten sein
agonizos mpl PR ⟨vulg⟩ Belästigungen fpl ||
Beschwerden fpl
agono m ⟨Fi⟩ Steinpicker m (Agonus
cataphractus)
ágora f[el] ⟨Hist⟩ Agora f
agorafobia f ⟨Med⟩ Agoraphobie, Platzangst f
ago|rar [-üe-] vt wahrsagen || schwarzsehen ||
⟨fam⟩ unken || ⟨fig⟩ raten, mutmaßen || –rero adj
wahr-, weis|sagend || unheilverkündend ||
Unglücks- || ~ m Wahrsager m || Unglücksvogel m
|| Schwarzseher m
agorgojarse vr ⟨Agr⟩ von Kornkäfern (bzw.
deren Larven) befallen werden
agorzomar vt Mex hetzen || ermüden || ~se
Mex entmutigt werden || s. grämen
agos|tadero m Alm f || Sommerweide f || –tado
adj trocken, dürr || ~ m Umgraben n e–s
Weinberges || –tamiento m s. von –tar || ~ de la
uva Holzreife f (Trauben)
agostar vt austrocknen, versengen (Sonne) ||
Unkraut umgraben (im August) || And Land zum
Weinanbau umgraben || ◇ ~ en flor ⟨fig⟩ im Keim
ersticken || ~ vi im August ernten || auf den
Stoppeln weiden (Vieh) || ~se verdorren || ⟨fig⟩
schwinden, in nichts zerfließen (Hoffnungen,
Reichtümer)
agosteño adj → agostizo
agostero adj August- || ~ m Erntearbeiter m
agostía f Beschäftigung f von Erntearbeitern
agostizo adj im August geboren, schwächlich
(bes. von Tieren)
agosto m August m || Ernte(zeit) f || ◇ hacer su
~ (od agostillo) ⟨fig⟩ sein Schäfchen ins Trockene
bringen, s–n Schnitt machen || no es cada día ~ ni
vendimia ⟨Spr⟩ alle Tage ist kein Sonntag
ago|table adj (m/f) versiegbar || nicht
erneuerbar (Rohstoff) –tación, –tadura f
Erschöpfung f, Versiegen n || –tado adj erschöpft
(& fig) || abgespannt || vergriffen (Buch) ||
ausverkauft (Ware, Eintrittskarten) || ◇ estoy
completamente ~ ich bin vollkommen fertig ||
–tador adj erschöpfend (Arbeit) || –tamiento m
Erschöpfung, Entkräftung f || Aufbrauchen n ||
Versiegen n || Beendigung f (Strafrecht) || ⟨Bgb⟩
Wasserhaltung, Entwässerung f, Auspumpen n || ~
de los recursos internos Erschöpfung f der
innerstaatlichen Rechtsmittel (Völkerrecht) || ~ del
terreno (Agr) Bodenmüdigkeit f
agotar vt aus|schöpfen, -trocknen || erschöpfen
(Boden, Geduld) || ausverkaufen (Ware) ||
aufbrauchen (Vorrat) || ⟨fig⟩ durchbringen
(Vermögen) || ◇ ~ un campo ⟨Agr⟩
(Feld)Raubbau m treiben || ~ el cáliz del
sufrimiento ⟨fig⟩ den Kelch des Leidens bis zur
Neige leeren || ~ el orden del día die
Tagesordnung erschöpfen || ~ la paciencia de alg.
jds Geduld strapazieren || ~ todos los recursos
⟨fig⟩ kein Mittel unversucht lassen || ~se leer
werden || s. erschöpfen || eintrocknen, versiegen
(Quelle) || ausbrennen (Batterie) || ⟨Bgb⟩ erliegen,
zum Erliegen kommen || ausgehen (Vorräte) || ◇ el
libro está agotado das Buch ist vergriffen
agotes mpl besonderer Stamm aus dem Tal von
Baztán (Nav)
agovía f Bast-, Esparto|schuh m
agozcado adj mopsartig (Hund)
agrá m MAm Verdruss m, Unannehmlichkeit f
agracejina f ⟨Bot⟩ Beere f der Berberitze
agracejo m ⟨Bot⟩ Berberitze f, Sauer-,
Essig|dorn m (Berberis vulgaris) || nichtreifende
Traube || And Fallolive f
agra|ceño adj agrestartig || wild wachsend
(Rebstock) || herb, sauer || –cera f Agrestflasche f ||
–cero adj nicht vollständig reifend (Birnen) || nie
reifend (Traube) || wild (Weinstock)
agraciado adj anmutig, gefällig || glücklich,
be|glückt, -gnadet || ◇ salir ~ gewinnen (Los) || ~
m Gewinner m (Los)
agraciar vt (jdm) Anmut od ein gefälliges
Aussehen verleihen (dat) || bestallen, patentieren ||
(eine Strafe) umwandeln || ~ a uno con una cruz
jdm ein Ehrenkreuz verleihen || ~ vi Sal gefallen
agracillo m → agracejo
agra|dabilísimo adj sup von –dable || –dable

adj *(m/f) gefällig* ‖ *angenehm, anmutig* ‖ *gemütlich* ‖ *erfreulich* ‖ *freundlich* ‖ ⟨fam⟩ *nett* ‖ ~ al gusto *wohlschmeckend* ‖ adv: ~**mente** ‖ –**dar** vi *gefallen, behagen* ‖ *angenehm sein, genügen* ‖ ~**se:** ~ de algo *an et. Gefallen finden*
agrade|cer [-zc-] vt *mit Dank anerkennen* ‖ ◇ eso no lo agradezco a nadie *das habe ich niemandem zu verdanken* ‖ ~ vi *s. dankbar erweisen* ‖ *ergiebig, lohnend sein* ‖ –**cido** adj *dankbar, erkenntlich* ‖ ⟨fig⟩ *ergiebig (Erdreich)* ‖ ◇ ser ~ *dankbar sein* ‖ estar ~ *jdm Dank wissen, jdm zu Dank verpflichtet sein* ‖ –**cimiento** m *Dank* m ‖ *Dankbarkeit* f ‖ ◇ aceptar con ~ *dankend annehmen*
agrado m *Anmut* f, *Liebreiz* m ‖ *gefälliges Wesen* n ‖ *Vergnügen, (Wohl)Gefallen* n ‖ *Belieben, Gutdünken* n ‖ ◇ con ~ *mit Behagen, mit Vergnügen, gern* ‖ ser del ~ de alg. *jdm gefallen, genehm sein*
agrafe m → ¹**grapa**
agrafia f ⟨Med⟩ *Agrafie, Schreibunfähigkeit* f
ágrafo adj ⟨Med⟩ *schreibunfähig*
Agrajes m np ⟨Lit⟩ *Gestalt aus "Amadís de Gaula"*
agra|madera f, –**mador** m ⟨Text⟩ *Flachsbreche* f ‖ *Hanfbreche* f
agramaduras fpl ⟨Text⟩ *Schäbe* f
Agramante np → **campo**
agramar vt ⟨Text⟩ *brechen (Flachs, Hanf)* ‖ ⟨fig⟩ *schlagen*
agramatical adj *(m/f)* ⟨Gr⟩ *ungrammatisch*
agramiza f ⟨Text⟩ *Schäbe* f ‖ Ar *Flachsbreche* f ‖ Ar *Hanfbreche* f
agramón m ⟨Bot⟩ → **fresno**
agran|damiento m *Vergrößerung, Erweiterung* f ‖ *Ausbau* m ‖ –**dar** vt *vergrößern, erweitern* ‖ *größer erscheinen lassen* ‖ ⟨fig⟩ *im Rang erhöhen* ‖ ~**se** *an Größe zunehmen*
agranelar vt *(Leder) abnarben*
agranitado adj *granitartig*
¹**agranujado** adj *spitzbübisch, schurkisch* ‖ *verlumpt*
²**agranujado** adj *körnig*
agranujar vt *körnig machen*
agranujarse vr *ver|kommen, -lottern*
agranulocitosis f ⟨Med⟩ *Agranulozytose* f
agrariano adj → **agrario**
agrario adj *Agrar-, Ackerbau-* ‖ *landwirtschaftlich* ‖ *Feld-*
agrarismo m *Agrarismus* m
agra|vación f, –**vamiento** m *Erschwerung* f ‖ *Verschärfung* f *der Strafe* ‖ ⟨Med⟩ *Verschlimmerung* f ‖ ~ de la situación ⟨Pol⟩ *Verschärfung* f *der Lage* ‖ –**vante** adj *(m/f)* ⟨Jur⟩ *erschwerend, strafverschärfend (Umstand)* ‖ ~ m ⟨Jur⟩ *strafverschärfender Umstand* m ‖ –**var** vt *erschweren* ‖ *verschärfen (Strafen)* ‖ *verschlimmern (Lage)* ‖ *erhöhen (Risiko)* ‖ *(mit Steuern) belasten* ‖ *überlasten* ‖ *übertreiben* ‖ ~**se** *schlimmer, ärger werden (Lage)* ‖ *s. verschlimmern (Krankheit)* ‖ –**vatorio** adj ⟨Jur⟩ *erschwerend (Umstände)*
agra|viado adj *beleidigt* ‖ ~ m ⟨Jur⟩ *Verletzte(r)* m ‖ –**viador** adj *beleidigend* ‖ ~ m ⟨pop⟩ *Gewohnheitsverbrecher* m
agraviar vt *be|leidigen, -schimpfen* ‖ *(jdm) Unrecht antun* ‖ *verschlimmern (Lage)* ‖ *verschärfen (Strafe)* ‖ ~**se** *et. übel nehmen* (acc), *s. beleidigt fühlen (por durch* acc) ‖ ⟨Jur⟩ *ein höheres Gericht anrufen*
agra|vio m *Be|leidigung, -schimpfung* f ‖ *zugefügtes Unrecht* n ‖ ⟨Jur⟩ *Beeinträchtigung* f ‖ ⟨Jur⟩ *Beschwerde* f ‖ ♦ sin ~ de nadie *ohne jdm zu nahe treten zu wollen* ‖ ◇ deshacer ~s *Beleidigungen rächen* ‖ –**vión** adj Chi *empfindlich,*

heikel (Person) ‖ –**vioso** adj *beleidigend, schimpflich*
agraz [pl ~ces] m *Sauerwein, Agrest, Saft* m *von unreifen Trauben* ‖ *unreife* od *nichtreifende Traube* f ‖ *Herbling* m ‖ *Agrestgetränk* n ‖ ⟨fig⟩ *Verdruss, Ärger* m ‖ Cord → **bérbero** ‖ ♦ en ~ *unreif (Traube, Obst)* ‖ ⟨fig⟩ *noch unvollendet, im Werden begriffen* ‖ ⟨lat⟩ *in spe* ‖ ◇ echar a alg. el ~ en el ojo *jdm Unangenehmes sagen*
agra|zada f *Agrestgetränk* n ‖ *gezuckerter Sauerwein* m ‖ –**zar** [z/c] vt *mit Sauerwein versetzen* ‖ ⟨fig⟩ *jdn ärgern* ‖ ~ vi *sauer, herb sein* ‖ –**zón** m ⟨Bot⟩ *Wildtraube* f ‖ *nichtreifende Traube* f ‖ *wilde Johannisbeere* f ‖ Al → **bérbero** ‖ ⟨fig⟩ *Verdruss* m
agre adj Sal → **agrio**
agrecillo m → **agracejo**
agredir vt *angreifen, an-, über|fallen*
agregación f *Anhäufung* f ‖ *Hinzufügung* f ‖ *Beitritt* m ‖ ⟨Chem⟩ *Aggregation* f
¹**agregado** adj *hinzugefügt, beigegeben* ‖ *zugeteilt (Beamter)* ‖ ~ m *zugeteilter Beamter, Vertragsbeamte(r)* m ‖ *Attaché* m ‖ *Am Pächter, Mieter* m ‖ ~ aéreo *Luftattaché* m ‖ ~ de agricultura *Landwirtschaftsattaché* m ‖ ~ científico *Wissenschaftsattaché* m ‖ ~ comercial *Handelsattaché* m ‖ ~ cultural *Kulturattaché* m ‖ ~ diplomático *Attaché* m ‖ ~ económico *Wirtschaftsattaché* m ‖ ~ financiero *Finanzattaché* m ‖ ~ laboral *Arbeitsattaché* m ‖ ~ militar *Militärattaché* m ‖ ~ naval *Marineattaché* m ‖ ~ de prensa *Presseattaché* m
²**agregado** m *Aggregat* n, *Zugabe* f ‖ ⟨Chem Math⟩ *Aggregat* n ‖ ⟨Arch⟩ *Zuschlag* m *(zum Beton)*
agreganduría f *Amt e–s profesor agregado*
agregar [g/gu] vt *beigesellen* ‖ *beigeben, hinzufügen* ‖ *anhäufen* ‖ *einverleiben, schlagen (zu)* ‖ *(in eine Körperschaft) aufnehmen* ‖ ⟨Arch⟩ *anbauen* ‖ *zuteilen (e–n Beamten)* ‖ ~**se** a alg. s. *zu jdm gesellen, s. an jdn anschließen*
agremán m *Besatz* m (z.B. *für Damenmäntel)*
agremiación f *Zunftbildung* f ‖ *Eingliederung* f *in e–e Gesellschaft*
agremiarse vr *e–e Zunft bilden, s. in e–r Innung zusammenschließen*
agreño adj *ländlich* ‖ ⟨Bot⟩ *Feld-*
agresión f *(unvermuteter) Angriff, Überfall* m ‖ *Aggression* f ‖ ~ aérea *Luftangriff* m ‖ ~ interespecífica ⟨Ethol⟩ *interspezifisches Aggressionsverhalten* n ‖ ~ intraespecífica ⟨Ethol⟩ *intraspezifisches Aggressionsverhalten* n ‖ ~ no provocada *nicht provozierter Angriff* m
agre|sividad f *herausforderndes Wesen* n, *Aggressivität, Angriffslust* f ‖ ⟨Ethol⟩ *Aggressionstendenz* f ‖ –**sivo** adj *angriffslustig, aggressiv, angreifend* ‖ *beleidigend, herausfordernd* ‖ *hitzig, ungestüm* ‖ ~ m: ~ químico *chemischer Kampfstoff* ‖ adv: ~**amente**
agresor m *Angreifer* m ‖ *Aggressor* m ‖ *Herausforderer* m
agreste adj *(m/f) ländlich, bäu(e)risch* ‖ ⟨Bot⟩ *wild (wachsend)* ‖ *unwegsam (Gelände)* ‖ ⟨fig⟩ *roh, ungeschliffen, grob* ‖ ⟨fig⟩ *herb*
agrete adj *(m/f) säuerlich* ‖ ~ m *(angenehm) säuerlicher Geschmack* m
agriado adj *sauer geworden* ‖ ⟨fig⟩ *verbittert*
agriamente adv ⟨fig⟩ *herb, hart* ‖ ⟨fig⟩ *bitter(lich)*
agriar vt *säuern* ‖ *spröde machen (Eisen)* ‖ ⟨fig⟩ *erbittern, reizen, ärgern* ‖ ⟨fig⟩ *trüben* ‖ ~ m ⟨Bot⟩ *Zedrachbaum* m (Melia azedarach) ‖ ~**se** *sauer werden* ‖ *umschlagen (Wein)* ‖ ⟨fig⟩ s. *ärgern*
agrícola adj *(m/f) landwirtschaftlich*

(Erzeugnis) ‖ *ackerbautreibend* ‖ *Agrar-,
Ackerbau-* ‖ *Land-* ‖ ~ *m Landwirt* m
agricul|tor *m Landwirt, Bauer* m ‖ ~ de (la)
montaña *Bergbauer* m ‖ **–tura** *f Ackerbau,
Feldbau* m ‖ *Landwirtschaft* f ‖ ~ de montaña
Berg-, Höhen|landwirtschaft f ‖ ~ tropical
Tropenlandwirtschaft f
agridulce adj *(m/f) süß-sauer*
agriera *f Magenverstimmung* f ‖ Am
Sodbrennen n, *Magensäure* f
agrietado adj ⟨Bot⟩ *ge|rissen, -platzt,
-sprungen, klüftig* ‖ ◇ ~ longitudinalmente
langrissig
agrietarse vr *Risse bekommen (Bau), rissig
werden*
agrifolio *m* ⟨Bot⟩ *Stechpalme* f (Ilex
aquifolium)
agrilla *f* ⟨Bot⟩ → **acedera**
agrillado adj **a)** *grillenartig* ‖ **b)** *gefesselt*
agrillo adj dim von **agrio** ‖ ~ *m säuerlicher
Geschmack*
agrilo *m* ⟨Ins⟩ *Prachtkäfer* m ‖ ~ del peral
Birnbaumprachtkäfer m (Agrilus sinuatus)
agrimen|sor *m Feld-, Land|messer, Geometer* m
‖ ~ de minas Am *Grubenmesser, Markscheider* m
‖ **–sura** *f Ver-, Feld|messung, Geodäsie,
Feldmesskunde* f
agrimonia *f* ⟨Bot⟩ *Odermennig* m (Agrimonia
eupatoria)
agringarse [g/gu] vr Arg Chi Mex *die Art der
Amerikaner annehmen*
agrio adj *sauer* ‖ *bitter, herb, scharf* ‖ *holp(e)rig
(Gelände)* ‖ *schroff, steil* ‖ *spröde (Metall)* ‖ *streng
(Strafe)* ‖ ⟨Mal⟩ *unharmonisch* ‖ ⟨fig⟩
sauertöpfisch, rauh ‖ ⟨fig⟩ *unfreundlich* ‖ ~ *m
saurer Fruchtsaft* m ‖ **~s** *mpl Zitrusfrüchte* fpl,
Agrumen pl ‖ ◇ mascar las ~as ⟨fig⟩ *s–e Wut
verbeißen*
agrión *m* ⟨Vet⟩ *Flussgalle* f ‖ ⟨Ins⟩ *Gebänderte
Prachtlibelle* ‖ (Calopteryx splendens) ‖ ~ azul
⟨Ins⟩ *Azurjungfer* (Coenagrium pulchellum)
agriónido *m* ⟨Ins⟩ *Federlibelle* f (Platycnemis
pennipes)
agrior *m* Arg *Magensäure* f
agrioso adj Cu *süß-sauer* ‖ *sauer*
agripado adj Am *an Grippe erkrankt*
agripalma *f* ⟨Bot⟩ *Herzgespann* n (Leonurus
sp)
agriparse vr Am *an Grippe erkranken*
agripnia *f* ⟨Med⟩ *Agrypnie, Schlaflosigkeit* f
agri|sado adj *gräulich* ‖ **–ar** adj *in Grau hüllen*
‖ *grau in grau malen* ‖ **–setado** adj ⟨Text⟩
grisailleartig
agriura *f* MAm *Magensäure* f
agro *m Land* n *(im Gegensatz zur Stadt)* ‖ Gal
Ackerland n, *das verschiedenen Eigentümern
gehört* ‖ ~-⟨präf⟩ *Land-*
agro|logía *f Agrologie, Ackerbaukunde* f ‖
–lógico adj *agrologisch, ackerbaukundlich* ‖
–nometría *f Agronometrie* f ‖ **–nomía** *f
Landwirtschafts-, Acker|baukunde* f ‖
Agrar|wissenschaft, -lehre f ‖ **–nómico** adj
landwirtschaftlich, ackerbaukundlich
agrónomo adj *Agrar-* ‖ ~ *m Landwirt,
Agronom* m ‖ *Agrarwissenschaftler* m ‖ ~ asesor
landwirtschaftlicher Berater m
agropecuario adj *Landwirtschaft und Viehzucht
betreffend*
agropiro *m* Arg ⟨Bot⟩ *Kriechende Quecke* f
(Triticum repens)
agroquímica *f Agrikultur-, Agro|chemie* f
agrostis *f* ⟨Bot⟩ *Straußgras* n (Agrostis spp)
agrostología *f* ⟨Bot⟩ *Gräserkunde* f
agroturismo *m Ferien auf dem Bauernhof,
Landferien* pl

agrum(el)ar vt *zum Gerinnen bringen* ‖ ~**se**
gerinnen ‖ *klumpig, molkig werden (Milch)*
agrumos *mpl Agrumen* pl, *Zitrusfrüchte* fpl
agru|pación *f Gruppierung, Vereinigung* f ‖
⟨Pol⟩ *Gruppe* f ‖ *Zusammenschluss* m ‖
Arbeitsgemeinschaft f ‖ ⟨Mil⟩ *gemischter Verband*
m ‖ *Untergruppe* f ‖ *Abteilung* f ‖ ~ de empresas
Konzern m ‖ ~ de intereses
Interessengemeinschaft f ‖ ~ intercomunal *od*
intermunicipal *Gemeindeverband* m ‖ ~ de música
de cámara *Kammermusikensemble* n ‖ ~ de
posiciones ⟨Tel⟩ *Platzzusammenschaltung* f ‖ ~
profesional *Berufsverband* m ‖ **–pado** *m Gruppen*
fpl *in e–m Gemälde* ‖ **–pamiento** *m Gruppierung* f
‖ ⟨Com⟩ *Sammelladung* f ‖ ⟨Mil⟩ *Massierung* f
agrupar vt *gruppieren* ‖ *zusammenstellen,
einteilen, ordnen* ‖ ~ bajo un epígrafe *unter e–n
gemeinsamen Nenner bringen* ‖ ~**se** *Gruppen
bilden* ‖ *zusammenkommen* ‖ *s. versammeln*
agrura *f Säure, Herbe, Bitterkeit* f ‖ *saurer
Obstsaft* m ‖ ⟨fig⟩ *sauertöpfisches Wesen* n
agt. ⟨Abk⟩ = **agosto**
¡agú! int Am *haha!*
agua *f*[el] *Wasser* n ‖ ⟨Chem⟩ *wäss(e)rige
Lösung* f ‖ *Regen* m ‖ *Leck* n *(Schiff)* ‖ ⟨fig⟩ *Tränen*
fpl ‖ ⟨fig⟩ *unnützes Ding* n ‖ ⟨fig⟩ *Gunst* f, *Glück* n
‖⟨Arch⟩ *Neigung* f *(e–s Daches)* ‖ ~ de
abastecimiento *Leitungs-, Brauch|wasser* n ‖ ~
acídula, ~ agria *Säuerling, Sauerbrunnen* m ‖ ~
de adsorción *Adsorptionswasser* n ‖ ~ de
alcantarilla *Abwässer* npl ‖ ~ de alhucema
Lavendelwasser n ‖ ~ de alimentación ⟨Tech⟩
Speisewasser n ‖ ~ amarga *Bitterwasser* n ‖ ~
amoniacal *Ammoniakwasser* n ‖ ~ ardiente Chi
Branntwein m ‖ ~ de arroz *Reiswasser* n ‖ ~
artesiana *artesisches (Grund)Wasser* n ‖ ~ de
azahar *Orangen-, Pomeranzen|blütenwasser* n ‖ ~
bautismal *Taufwasser* n ‖ ~ de beber *Trinkwasser*
n ‖ ~ bendita *Weihwasser* n ‖ ~ blanca *Bleiwasser*
n ‖ *essigsaure Tonerde* f ‖ ~ blanda *weiches
Wasser* n ‖ ~ boricada *Borwasser* n ‖ ~ de
borrajas ⟨fig⟩ *unwichtige Sache, Lappalie,
Kleinigkeit* f ‖~ capilar, ~ de capilaridad
Kapillarwasser n ‖ ~ de cara Ec *Gesichtswasser* n
‖ ~ de Carabaña *abführendes Heilwasser* n *aus
Carabaña* ‖ ~ cenagosa *(od* corrompida)
Schmutzwasser n ‖ ~ de cerrajas → ~ de borrajas
‖ ~ de circulación ⟨Auto⟩ *Kühlwasser* n ‖ ~ de
clor(ur)ada *Chlor-, Bleich|wasser* n ‖ ~ de coco
Kokosmilch f ‖ ~ (de) colonia *Kölnisch Wasser,
Kölnischwasser* n ‖ ~ común *Brunnenwasser* n ‖
~ de condensación *Kondenswasser* n ‖ ~
congelada *Eiswasser* n ‖ ~ corriente *fließendes
Wasser, Leitungswasser* n ‖ ~ cosmética
Gesichtswasser n ‖ ~ de cristalización ⟨Chem⟩
Kristallwasser n ‖ ~ cruda *hartes Wasser* n ‖ ~
decantada *geklärtes Wasser* n ‖ ~ delgada *weiches
Wasser* n ‖ ~ dünne *wäss(e)rige Lösung* f ‖ ~
dentífrica *Zahn-, Mund|wasser* n ‖ ~ desferrizada
enteisentes (Trink)Wasser n ‖ ~ destilada
destilliertes Wasser n ‖ ~ dulce *Süß-, Trink|wasser*
n ‖ ~ dura *hartes Wasser* n ‖ ~ de espliego
Lavendelwasser n ‖ ~ estancada *Stauwasser,
stehendes Gewässer* n ‖ ~ esterilizada
sterilisiertes Wasser n ‖ ~ de estiércol
Jaucheflüssigkeit f, *Sickersaft* m ‖ ~ fenicada
Karbolwasser n ‖ ~ ferruginosa *eisenhaltiges
Wasser* n ‖ ~ de flores de saúco
Holunderblütenwasser n ‖ ~ fluvial *Flusswasser* n
‖ ~ de frambuesas *Himbeerwasser* n ‖ ~ de fregar
Spülwasser n ‖ ~ fresca *Frischwasser* n ‖ ~ de
fuente *Brunnen-, Quell|wasser* n ‖ ~ fuerte
Scheidewasser n ‖ [Kunst] *Stich* m ‖ ~ para
gargarismos *Gurgelwasser* n ‖ ~ gaseosa *Soda-,
Selters|wasser* n ‖ ~ gorda *hartes Wasser* n ‖ ~ del

grifo *Leitungswasser* n ‖ ~ de infiltración *Sickerwasser* n ‖ ~ jabonosa *Seifenwasser* n ‖ ~ de lavanda *od* lavándula *Lavendelwasser* n ‖ ~ de lavar *Waschwasser* n ‖ ~ de leche *Molke* f ‖ ~ de limón *Limonade* f ‖ ~ de lluvia, ~ llovediza *Regenwasser* n ‖ ~ (de) manantial *Quellwasser* n ‖ ~ mansa *stilles Gewässer* n ‖ ⟨fig⟩ *stille Wasser* npl ‖ ~ de mar *Meerwasser* n ‖ ~ de mina *Grubenwasser* n ‖ ~ mineral *Mineralwasser* n ‖ ~ mineromedicinal *Heilwasser* n ‖ ~ muerta *stehendes Gewässer* n ‖ *Sumpfwasser* n ‖ ⟨Mar⟩ *Sodwasser* n ‖ ~ de nafa, ~ naf, aguanafa *Pomeranzenblütenwasser* n ‖ ~ nieve *Schneewasser* n ‖ ~ nueva ⟨reg⟩ *frisches Wasser* n ‖ ~ oxigenada *Wasserstoffperoxid* n ‖ ~ pesada ⟨Chem⟩ *schweres Wasser* n ‖ ~ de pie *Quellwasser* n ‖ ~ pluvial *Regenwasser* n ‖ ~ potable *Trinkwasser* n ‖ ~ "no potable" *„kein Trinkwasser"* ‖ ~ de pozo *Brunnenwasser* n ‖ ~ del radiador ⟨Auto⟩ *Kühl(er)wasser* n ‖ ~ refrigerante *Kühlwasser* n ‖ ~ regia ⟨Chem⟩ *Königswasser* n ‖ ~ remansada *Stauwasser* n ‖ ~ represada *Stauwasser* n ‖ ~ resurrectora *Lebenswasser* n *(Zaubermittel)* ‖ ~ de río *Flusswasser* n ‖ ~ de rosas *Rosenwasser* n ‖ ~ salada *Salzwasser* n ‖ ~ de salazón *Lake* f ‖ ~ salina *Sole, Salzlösung* f ‖ ~ salobre *Brackwasser* n ‖ ~ salutífera *Heil\wasser* n, *-quelle* f ‖ ~ de Seltz *Selters-*, p. ex *Soda\wasser* n ‖ ~ sobrante *Überwasser* n ‖ ~ de socorro *Nottaufe* f ‖ ~ subterránea *Grundwasser* n ‖ ~ termal *thermales Wasser* n ‖ ~ tibia *lauwarmes Wasser* n ‖ ~ timolada *Thymolwasser* n ‖ ~ tofana *starkes, arsenhaltiges Gift* n ‖ ~ tónica *Tonic Water* n ‖ ~ de valeriana *Baldrianwasser* n ‖ ~ de la vida *Lebenswasser* n *(Zaubermittel)* ‖ ~ viva *fließendes Wasser* n ‖ ⟨Mar⟩ *Leckwasser* n ‖ ~ yodada *Jodwasser* n ‖ ♦ a prueba de ~ *wasserdicht* ‖ ~ abajo *stromabwärts* ‖ ~ arriba *stromaufwärts* ‖ como ~ ⟨fig⟩ *in Hülle und Fülle* ‖ como (el) ~ de mayo *wie ein Geschenk des Himmels* ‖ claro como el ~ ⟨fig⟩ *sonnenklar* ‖ más claro, ~ ⟨fam⟩ *das ist sonnenklar* ‖ ◇ ahogarse en un vaso de ~ ⟨figf⟩ *s. wegen jeder Lappalie aufregen* ‖ *s. nicht zu helfen wissen, hilflos sein* ‖ el ~ se alza *es hört auf zu regnen* ‖ bailar el ~ delante de alg. ⟨fam⟩ *jdm ins Gesicht hinein schmeicheln* ‖ bailarle a uno el ~ ⟨fam⟩ *jdm um den Bart gehen* ‖ ser ~ pasada ⟨fam⟩ *Schnee von gestern sein* ‖ que no has de beber, déjala correr ⟨Spr⟩ *mische dich nicht in fremde Angelegenheiten! kehre vor der eigenen Tür!* ‖ cambiar el ~ al canario *od* a los garbanzos *od* a las olivas ⟨pop⟩ *pinkeln* ‖ coger ~ en cesto ⟨fig⟩ *s–e ganze Arbeit für die Katz machen* ‖ sin decir ~ va ⟨fam⟩ *unver\mutet, -sehens, -hofft* ‖ *mir nichts, dir nichts* ‖ desear como el ~ de mayo ⟨fig⟩ *sehnlichst herbeiwünschen* ‖ echar el ~ ⟨fig⟩ *taufen* ‖ echar ~ en el mar ⟨figf⟩ *Eulen nach Athen tragen, s. unnütz bemühen* ‖ echar *(od* botar*)* al ~ ⟨Mar⟩ *(ein Schiff) vom Stapel lassen* ‖ echarle a uno un jarro de ~ ⟨figf⟩ *jdm e–e kalte Dusche verabreichen* ‖ *e–m Streitenden den Mund stopfen* ‖ estar con el ~ hasta la boca *(od* hasta el cuello*)* ⟨fig⟩ *s. in großer Gefahr (od Not) befinden* ‖ *große finanzielle Schwierigkeiten haben* ‖ estar hecho un ~ ⟨fam⟩ *in Schweiß gebadet sein, schwitzen* ‖ estar como el pez en el ~ ⟨figf⟩ *s. wohl fühlen (wie ein Fisch im Wasser), wie die Made im Speck leben* ‖ guárdate del ~ mansa ⟨Spr⟩ *stille Wasser sind tief* ‖ del ~ mansa me libre Dios, que de la brava me guardo yo ⟨Spr⟩ *stille Wasser sind tief* ‖ nadie puede decir de esta ~ no beberé ⟨Spr⟩ *man soll nie et. beschwören* ‖ hacer ~ ⟨Mar⟩ *ein Leck bekommen, lecken* ‖ ⟨Mar⟩ *Wasser einnehmen* ‖ hacer ~ por algo ⟨fig⟩ *großtun, prahlen (mit et.)* ‖

se le hace ~ la boca ⟨fam⟩ *das Wasser läuft ihm (ihr) im Munde zusammen* ‖ hará ~ *es wird regnen* ‖ llevarse el ~ a su molino ⟨fig⟩ *in die eigene Tasche wirtschaften* ‖ ~ pasada no mueve molino ⟨Spr⟩ *aus den Augen, aus dem Sinn* ‖ *was gewesen ist, ist gewesen* ‖ mudar el ~ a las aceitunas *od* a las castañas ⟨pop⟩ *pinkeln* ‖ parece que no enturbia el ~ ⟨figf⟩ *er (sie, es) sieht aus, als ob er (sie, es) kein Wässerchen trüben könnte* ‖ parecerse como dos gotas de ~ ⟨fig⟩ *einander ähnlich sehen wie ein Ei dem anderen* ‖ sacar ~ de las piedras ⟨fig⟩ *der (die) macht alles zu Geld* ‖ tomar de atrás el ~ ⟨figf⟩ *weit ausholen* ‖ tomar el ~ ⟨Mar⟩ *ein Leck stopfen* ‖ ¡~ va! *Kopf weg!* ‖ ⟨fam⟩ *Vorsicht! (beim Reden)* ‖ volverse ~ de borrajas ⟨fig⟩ *vereitelt werden* ‖ ⟨fig⟩ *nichts werden (aus et.)* (z. B. *Hoffnungen)* ‖ ~s *fpl Gewässer* n ‖ *Wässerung* f *im Gewebe (Moiré)* ‖ *Wasser* n *der Edelsteine* ‖ *Mineralwasser* n ‖ *Harn* m ‖ ⟨Mar⟩ *Kielwasser* n ‖ *Schiffsroute* f ‖ ~ abajo, ~ arriba *strom\abwärts, -aufwärts* ‖ ~ contaminadas *verseuchte Gewässer* npl ‖ ~ costeras *Küstengewässer* npl ‖ ~ fecales *Abwässer* npl ‖ ~ freáticas *Grundwasser* n inmundas → ~ fecales ‖ ~ incrustantes *absetzende Gewässer* npl ‖ ~ interiores *Binnengewässer* npl ‖ ~ (marítimas) interiores *(maritime) Eigengewässer* npl ‖ ~ jurisdiccionales *Hoheitsgewässer* npl ‖ ~ mayores *Stuhlgang* m ⟨Mar⟩ *Springflut* f ‖ ~ menores *Harn, Urin* m ‖ ⟨Mar⟩ *(gewöhnliche) Flut* f ‖ ~ minerales acídulas *Sauerbrunnen, Säuerling* m ‖ ~ navegables *schiffbare Gewässer* n ‖ ~ negras *Schmutzwasser* n ‖ ~ pluviales *Regenwasser* n ‖ ~ residuales *od* de salida *Abwässer* npl ‖ ~ superficiales *Oberflächenwasser* n ‖ ~ termales *warme Heilquelle(n)* ‖ *Thermalbad* n ‖ ~ territoriales → ~ jurisdiccionales ‖ ~ vivas ⟨Mar⟩ *Flut* f ‖ ♦ con ~, de ~ *gewässert (Gewebe)* ‖ entre dos ~ *unschlüssig* ‖ ◇ hacer ~ *harnen, Wasser lassen* ‖ *s–e Notdurft verrichten* ‖ pescar en ~ turbias ⟨fig⟩ *im Trüben fischen* ‖ seguir las ~ de alg. ⟨fig⟩ *jdm nachspüren*

aguacatal *m* ⟨Bot⟩ *Aguacate-Hain* m ‖ Guat *Aguacate-Baum, Avocadobaum* m

¹aguacate *m* ⟨Bot⟩ *Aguacate-Baum, Avocadobaum* m (Persea spp) ‖ *Avocado(-Birne* f) m

²aguacate *m* Guat *verzagter od ängstlicher Mensch* m

aguacatero adj CR *hungrig* ‖ Guat *begütert* ‖ ⟨Bot⟩ *Aguacate-Baum, Avocadobaum* m

aguacella *f* Ar *Schneewasser* n

aguaceral *m* Col PR *Guss-, Platz\regen, Regenguss* m

aguacero *m* *Guss-, Platz\regen, Regenguss* m ‖ ⟨fig⟩ *Flut* f *von Schlägen, Beleidigungen usw.* ‖ *(großer) Ärger* m

aguacha *f* ⟨fam⟩ *Pfützenwasser* n

aguachacha MAm *schlechter Fraß* m ‖ *Gesöff* n

¹aguachar vt *mit zu viel Feuchtigkeit anfüllen* ‖ *ersäufen (Gelände)*

²aguachar *m* *Pfütze, Lache* f

³aguachar vt Chi *zähmen, bändigen*

¹aguacharse vr *ersäufen (Ländereien)*

²aguacharse vr *(jdn) durch Schmeicheleien od Geschenke für s. gewinnen*

³aguacharse vr Arg *zu dick werden*

aguacharnar vt *verschlammen* ‖ *ersäufen (Gelände)*

aguache *m* Mex *kleine Wasserschlange* f ‖ Mex *Kamerad, Kumpan* m

agua\chentarse vr Cu *wäss(e)rig werden (Obst)* ‖ **–chento** adj *wäss(e)rig (Obst)* ‖ *ausgelaugt* ‖ **–chil** *m* Mex *wäss(e)rige Ajisuppe* f

aguachinangarse vr Col *die Mexikaner nachahmen*
aguachinar vr Ar Sal *verschlammen* ‖ *ersäufen (Gelände)* ‖ *tränken (Vieh)*
aguachirle *f Fusel, billiger Schnaps* m ‖ ⟨fam⟩ *Gesöff* n ‖ ⟨fam⟩ *Blümchenkaffee, Muckefuck* m ‖ ⟨fig⟩ *Schmarren* m ‖ **–chirri** *f Can gehaltloses Essen* od *Getränk* n
aguacibera *f Berieselungswasser* n
aguada *f Wasserplatz* m, *Tränke* f ‖ ⟨Mar⟩ *Wasservorrat* m ‖ *Wasserfarbe* f ‖ *Aquarell, Gemälde* n *in Wasserfarben* ‖ ⟨Bgb⟩ *Wasserweg* m ‖ *Wassereinbruch* m ‖ (pintura a la) ~ ⟨Mal⟩ *Gouache* f ‖ ◇ hacer ~ ⟨Mar EB⟩ *Wasser einnehmen*
aguadar vt Guat *(ver)wässern*
aguadeño m Col *Strohhut* m
agua|deras *fpl Handschwingen* fpl *der Vögel* ‖ Agr Sal *Entwässerungsgraben* m ‖ *Holzgestell* n *mit Fächern zum Fortbringen von Wasserkrügen auf Mauleseln* ‖ **–dero** adj *wasserdicht (Kleid)* ‖ ~ m *(Vieh)Tränke* f ‖ *Trinkplatz* m *(des Wildes)* ‖ *Flößstelle* f *für Floßholz* ‖ *Wasser|träger, -verkäufer* m ‖ **–dija** *f Wundwasser* n
aguadito m Chi *Branntwein* m *mit Wasser*
aguado adj *gewässert, verdünnt (Wein)* ‖ *ver|fangen, -schlagen (Pferd)* ‖ Guat *schwach, hinfällig* ‖ ~ m *Wassertrinker* m ‖ *Wasserzusatz* m ‖ Chi *Branntwein* m *mit Wasser* ‖ Ven *saftiges, aber geschmackloses Obst* n
agua|dor *Wasser|träger, -verkäufer* m ‖ Mex *Wasseraufseher* m ‖ **–ducho** m *Guss-, Platz|regen, Regenguss* m ‖ *starker Wasserstrom* m ‖ *Trinkbude* f ‖ *Aquädukt* m ‖ *Schöpfrad* n ‖ **–dulce** m CR *Honigwasser* n ‖ **–dulcera** *f Col Imbiss* m ‖ **–dura** *f* ⟨Vet⟩ *Spat* m *(bes. der Pferde)* ‖ **–fiestas** *m/f* ⟨fig⟩ *Störenfried, Spielverderber(in* f) m ‖ **–florida** *f Can Kölnischwasser* n ‖ **–fresquera** *f Mex Verkäuferin* f *von Erfrischungen*
agua|fuerte *m Ätzkunst* f ‖ *Radierung* f ‖ *Kupfer- bzw Stahl|stich* m ‖ ◇ grabar al ~ *radieren* ‖ **–fuertista** *m/f Radierer(in* f) m ‖ *Kupfer- bzw Stahl|stecher(in* f) m ‖
aguagriero m Mancha *Kurgast* m *(Sauerbrunnen)*
aguai|tar vt Ar Nav Am *auf-, be|lauern* ‖ ~se Guat *s. niederkauern* ‖ **–tada** *f Blick* m ‖ ◇ echar una ~ *e–n Blick werfen* ‖ **=te** m *Belauern* n ‖ ◆ al od en ~ *auf der Lauer* ‖ ◇ ponerse al ~ *s. auf die Lauer legen*
aguajaque m *Fenchelharz* n
aguajas *fpl* ⟨Vet⟩ *Mauke* f
aguaje m *Trinkplatz* m *des Wildes* ‖ *Tränke* f ‖ *Wasserstelle* f ‖ *Springflut* f ‖ ⟨Mar⟩ *hoher Seegang* m ‖ ⟨Mar⟩ *Wasservorrat* m *an Bord* ‖ ⟨Mar⟩ *Kielwasser* n ‖ Am ⟨fam⟩ *Verweis* m, *Kopfwäsche* f ‖ Guat Ec *Guss-, Platz|regen, Regenguss* m ‖ *Pfütze, Lache* f ‖ PR Dom *Lüge, Schwindelei* f, *Betrug* m
aguajear vi Dom *viel Aufhebens machen* ‖ *lügen, schwindeln, ein X für ein U vormachen*
aguají *[pl* ~**íes**] Cu ⟨Fi⟩ *Zackenbarsch* m *(Serranus* sp) ‖ ⟨Kochk⟩ *Sauce* f *mit Ajipfeffer und Knoblauch*
aguajirarse vr Cu *s. demütigen* ‖ *verzagen* ‖ *mürrisch werden*
aguajoso adj *wäss(e)rig*
agualate n Col *dünne Trinkschokolade* f
△ **agualó** m *Richter* m
agua|llevado m Ar *Kanalreinigung* f *(durch Abschlämmen)* ‖ **–lluvia** *f Regen-, Wolken|wasser* n ‖ **–mala** *f* ⟨Zool⟩ *Meduse, Qualle, Seenessel* f ‖ **–manil** m *Handbecken* n *mit Wasserkanne zum Händewaschen* ‖ *Waschbecken* n ‖ *Waschgestell* n ‖ ⟨Rel⟩ *Aquamanile* n ‖ **–manos** m *Wasser* n *zum*

Händewaschen ‖ *Waschbecken* n ‖ **–mar** m ⟨Zool⟩
→ **aguamala** ‖ **–marina** *f Aquamarin* m ‖ **–melado** adj *mit Honigwasser getränkt* ‖ **–miel** *f Met* m, *Honigwasser* n ‖ *Zuckerwasser* n ‖ Mex *(gegorener) Agavensaft* m ‖ **–nafa** *f Murc Orangen-, Pomeranzen|blütenwasser* n
aguanal m ⟨Agr⟩ Al *Entwässerungsgraben* m
aguanés adj Chi *an beiden Seiten gleichfarbig, mit verschiedenfarbigem Rücken und Bauch (Rindvieh)*
¹**aguanieve** *f Schneewasser* n
²**aguanieve** *f Pe Volks|weise* f, *-tanz* m
aguanieves *f* ⟨V⟩ *Bachstelze* f (Motacilla alba)
aguano|sidad *f im Körper* s. *ansammelndes Wasser* ‖ **Wassersucht** f ‖ **–so** adj *wäss(e)rig, gewässert* ‖ *morastig* ‖ Am *saftig, aber ohne Geschmack, geschmacklos (Obst)*
aguantaderas *fpl Ausdauer, Geduld* f ‖ ◇ tener malas ~ *schnell die Geduld verlieren*
aguan|tar vt/i *ertragen, (er)dulden, aushalten* ‖ *ab-, zurück|halten* ‖ ⟨Mar⟩ *spannen (schlaffes Tau)* ‖ ◇ ~ burlas *Spaß verstehen* ‖ ~ con algo et. *aushalten, ertragen* ‖ ~ mecha ⟨fam⟩ *alles geduldig ertragen* ‖ ~ mucho ⟨fam⟩ *e–n breiten Rücken, Buckel haben* ‖ ~ vi León s. *beeilen* ‖ el ancla no aguanta ⟨Mar⟩ *der Anker hält nicht* ‖ el papel todo lo aguanta ⟨fam⟩ *Papier ist geduldig* ‖ no aguanta pulgas *er (sie, es) lässt* s. *nicht auf die Schippe nehmen* ‖ ~se ⟨fig⟩ s. *beherrschen, s. zurückhalten* ‖ ◇ ¡aguántate! *halt dich zurück! beherrsche dich!* ‖ **–te** m *Ausdauer, Geduld* f ‖ *Widerstandsfähigkeit* f ‖ *Durchhaltevermögen* n ‖ *Kraft* f ‖ *Trotz* m ‖ ◆ de mucho ~ *sehr widerstandsfähig* ‖ **–tón** adj Am *sehr geduldig* ‖ ~ m *Geduldsmensch* m
aguao m Ec *wäss(e)rige Reisbrühe*
aguapié m *Trester-, Nach|wein* m ‖ *Quellwasser* n
aguar vt *(ver)wässern (Wein)* ‖ *verderben (Freude)* ‖ *Unangenehmes mildern* ‖ Hond *tränken (Vieh)* ‖ *ins Wasser werfen* ‖ ◇ ~ la fiesta ⟨fam⟩ *die Freude stören, das Spiel verderben* ‖ ~se s. *mit Wasser füllen (Ort, Stelle)* ‖ ⟨figf⟩ *ins Wasser fallen* ‖ *verdorben werden (Fest, Spiel)*
aguará m ⟨Zool⟩ *(Art) amerikanischer Fuchs* m (Canis jubatus)
aguaraibá m ⟨Bot⟩ *Peruanischer Pfefferbaum, Falscher Pfeffer* m (Schinus molle)
aguarangarse vr Arg *grob* od *bäu(e)risch werden*
aguara|pado adj Ven *schwach gesüßt (Flüssigkeit)* ‖ *zuckerrohrbranntweinfarben* ‖ **–parse** vr PR s. *mit Zuckerrohrbranntwein betrinken*
aguar|dada *f Warten, Erwarten* n ‖ **–dadero** m ⟨Jgd⟩ *Anstand* m
aguardar vt/i *(er)warten* ‖ *abwarten* ‖ *e–e Frist gewähren* ‖ ◇ ~ a alg. *auf jdn warten*
aguar|dentera *f Branntweinflasche* f ‖ **–dentería** *f Branntweinausschank* m ‖ ⟨fam⟩ *Destille* f ‖ ⟨fam⟩ *Schnapsladen* m ‖ **–dentoso** adj *branntweinartig, Branntwein-*
aguardiente m *Branntwein* m ‖ ⟨fam⟩ *Schnaps* m ‖ ~ alemán *Jalapatinktur* f ‖ ~ de arroz *Arrak* m ‖ ~ de caña, ~ de azúcar *Zuckerrohrbranntwein, Rum* m ‖ ~ de Dantzig *Danziger Goldwasser* n ‖ ~ francés *Franzbranntwein* m ‖ ~ de grano *od* trigo *Kornbranntwein, Korn* m ‖ ~ de orujo *Tresterschnaps, Grappa* m
aguardillado adj *dachbodenartig, mansardenähnlich*
aguardo m ⟨Jgd⟩ *Anstand* m ‖ Sal *Warten* n
aguarear vi Mex *in Strömen regnen*
aguarería *f Ur schlechtes* od *unheilverkündendes Vorzeichen* n

aguaribay *m* → **aguaraibá**
aguarico adj Ec *nackthalsig (Hühnerrasse)*
aguarilla *f* ⟨Bot⟩ → **aguavilla**
aguarimo *m* ⟨Zool⟩ *langschwänziger Affe* m
aguarote *m* Ven *Tresterwein* m, *Gesöff* n ‖ ⟨figf⟩ *Firlefanz* m
aguarrada *f* Pal *kurzer Nieselregen* m ‖ ~s *fpl kurzer Strichregen* m *im Frühling*
aguarrás *m* *Terpentinöl* n, ⟨fam⟩ *Terpentin* n (& m)
aguasado adj Am *dumm, naiv* ‖ *einfältig* ‖ *bäu(e)risch*
aguasal *f* *Salzlösung* f ‖ **–ar** vt *(dem Vieh) Salzlösung geben* ‖ Col *s. betrinken*
aguasarse vr Chi *ver|dummen, -bauern, stumpfsinnig werden* ‖ Chi *verrohen*
aguasol *m* ⟨Bot⟩ *Rost* m *der Kichererbse* ‖ Mex *Maisstoppel* f
aguatado *m* *Wattierung* f
aguatal *m* Ec *Pfütze, Lache* f
aguatarse vr Chi *verschlammen* ‖ Chi *s. werfen (Holz)* ‖ *durchhängen*
aguate *m* And ⟨fam⟩ *wäss(e)riges Getränk*
¹aguatero *m* Am *Wasserträger* m ‖ Arg Chi *Wasserverkäufer* m
²aguatero *m* Par ⟨V⟩ *Wasserschnepfe* f
aguatinta *f* → **acuatinta**
aguatle *m* Mex ⟨Bot⟩ *Steineiche* f (Quercus ilex)
agua|tocha *f* *Wasserpumpe* f ‖ *(Feuer)Spritze* f ‖ **–tocho** *m* Murc *Sumpfloch* n ‖ **–turma** *f* ⟨Bot⟩ *Topinambur* m (& f), *Erd|birne, -schocke, Weißwurzel* f (Helianthus tuberosus) ‖ **–tusar** vt CR *entreißen*
agua|verde *m* ⟨Zool⟩ *Grüne Meduse (Meerstern)* ‖ **–viento** *m* *Regensturm* m ‖ **–villa** *f* ⟨Bot⟩ *Bärentraube* f (Arctostaphylos uva-ursi)
aguay-miní [*pl* ~íes] *f* Arg ⟨Bot⟩ *Sapote* f (Lucuma = Pouteria = Calocarpum sp)
aguayo adj Mex *rau* ‖ ~ *m* Mex *derber Stoff* m
aguayungar vt Col *paaren*
aguaza *f* *von den Bäumen abgezogener Saft* m ‖ *Geschwulstwasser* n
agua|zal *m* *Wasserlache, Pfütze* f ‖ *durch Regen überflutetes Gelände* n ‖ **–zar** [z/c] vt *ver|sumpfen, -schlämmen, ersäufen (Gelände)*
aguazo *m* ⟨Mal⟩ *Gouache, Guasch* f
agua|zul, –zur *m* → **algazul**
agudez [*pl* ~ces], **agudeza** *f* *Schärfe* f ‖ *Heftigkeit* f *(Schmerz)* ‖ ⟨fig⟩ *Scharfsinn, Geist* m ‖ *Witz, Geistesblitz* m, *geistreicher Einfall* ‖ ⟨fig⟩ *Schnelligkeit* f ‖ ~ *auditiva Hörschärfe* f ‖ ~ *ratonil Gewandtheit bzw Schlauheit* f *(ohne allzugroße Intelligenz)* ‖ ~ *visual Seh|schärfe, -kraft* f
agudizar [z/c] vt *zuspitzen* ‖ ~se *s. verschlimmern (Krankheit)* ‖ ⟨fig⟩ *aufflammen*
agudo adj *spitz* ‖ *scharf* ‖ *stechend* ‖ ⟨fig⟩ *scharfsinnig, geistreich, witzig* ‖ *heftig, stechend (Schmerz)* ‖ *scharf (Geruch)* ‖ *scharf, fein (Gehör)* ‖ *rasch, schnell* ‖ *laut, gellend (Stimme)* ‖ *durchdringend (Schrei)* ‖ ⟨Gr⟩ *auf der letzten Silbe betont (Wort)* ‖ ⟨Med⟩ *akut (Krankheit)* ‖ ⟨Mus⟩ *hoch* ‖ *schrill* ‖ ~ *de ingenio scharfsinnig, geistreich* ‖ *spitzfindig* ‖ ~ *selectivo* ⟨El⟩ *trennscharf, abstimmscharf* ‖ (acento) ~ ⟨Gr⟩ *Akut* m ‖ (voz) ~a *auf der letzten Silbe betontes Wort, Oxytonon* n ‖ adv: ~**amente**
¡agué! int MAm *hallo!*
Agueda *f* np *Agathe* f
agüeitar vt Am *auf-, be|lauern*
agüela *f* ⟨fam⟩ → **abuela** ‖ *ärmelloser Mantel* m, *Cape* n

agüelo *m* ⟨fam⟩ → **abuelo**
agüera *f* *Bewässerungsgraben* m *(für Regenwasser)*
agüerarse vr Sal *blasse Färbung bekommen (Saaten)*
agüe|rías *fpl* RP *Vorbedeutung* f ‖ **–rista** *m/f* Col *abergläubischer Mensch* m
agüero *m* *Vorbedeutung* f ‖ *An-, Vor|zeichen* n ‖ ◆ *de mal* ~ *Unheil verkündend*
ague|rrido adj *kriegstüchtig, abgehärtet* ‖ **–rrirse** vr ⟨fig⟩ *s. abhärten* ‖ *s. an den Krieg gewöhnen*
agüetas *fpl* Murc *schlechter Tresterwein* m
aguijabueyes *m* *Kuhhirt* m
agui|jada, –jadera *f* *Stachelstecken* m *(zum Antreiben des Viehs), Ochsenstachel* m ‖ ⟨Agr⟩ *Stützstock* m *(des Pflügers)* ‖ **–jador** *m* *Viehtreiber* m ‖ **–jar** vt *stacheln, anspornen* ‖ ⟨fig⟩ *(an)treiben, aufmuntern* ‖ ◇ ~ *el paso schneller gehen, s–n Schritt beschleunigen* ‖ **–jón** *m* *Stachel* m, *Spitze* f ‖ *Sporn* m ‖ *Bienenstachel* m ‖ *Insektenstachel* m ‖ *Blumenstachel* m ‖ ⟨fig⟩ *An|sporn, -trieb* m ‖ ◇ *dar coces contra el* ~ ⟨fig⟩ *wider od gegen den Stachel löcken* ‖ **–jonado** adj *mit e–m Stachel versehen* ‖ **–jonazo** *m* *Stachelstich* m ‖ *Spornstich* m ‖ **–joneador** *m* *Viehtreiber* m ‖ **–jonear** vt *(an)stacheln* ‖ *spornen* ‖ ⟨fig⟩ *an|spornen, -stacheln* ‖ *beunruhigen*
¹águila *f*[el] ⟨V⟩ *Adler* m ‖ ⟨poet⟩ *Aar* m ‖ *mex. Goldmünze* f ‖ *Zehndollarstück* n *(in Gold)* ‖ ⟨fig⟩ *Genie* n ‖ ⟨fig⟩ *gerissener Mensch* m ‖ ⟨fig⟩ *gerissener Dieb* m ‖ Am ⟨fig⟩ *Betrüger* m ‖ Chi *(Art) Papierdrachen* m ‖ ~ *bicéfala* ⟨Her⟩ *Doppeladler* m ‖ ~ *calzada Zwergadler* m (Hieraetus pennatus) ‖ ~ *culebrera Schlangenadler* m (Circaetus gallicus) ‖ ~ *imperial Kaiseradler* m (Aquila heliaca) ‖ ~ *marina Seeadler* m (Haliaeetus albicilla) ‖ ~ *moteada Schelladler* m (A. clanga) ‖ ~ *perdicera Habichtadler* m (H. fasciatus) ‖ ~ *pescadora Fischadler* m (Pandion haliaetus) ‖ ~ *pomerana Schreiadler* m (A. pomarina) ‖ ~ *rapaz Raubadler* m (A. rapax) ‖ ~ *real Steinadler* m (A. chrysaetos) ‖ ◆ *de* ~ *no nace paloma* ⟨Spr⟩ *Adler brüten k–e Tauben aus* ‖ ◇ *ser un* ~ *sehr gescheit, aufgeweckt sein* ‖ *mit allen Wassern gewaschen sein* ‖ *no ser ningún* ~ ⟨fam⟩ *das Pulver nicht (gerade) erfunden haben*
²águila *f*[el] ⟨Fi⟩ *Adlerrochen* m (Myliobatis aquila)
³águila *f*[el] [ein Papierformat]: ~ *mayor Format 74×105 cm* ‖ ~ *menor Format 60×94 cm*
aguilando *m* → **aguinaldo**
aguilarse vr Ar *s. räkeln od rekeln*
agui|leña *f* ⟨Bot⟩ *Akelei, Adlerblume* f (Aquilegia sp) ‖ **–leño** adj *adler|artig, -ähnlich* ‖ ⟨fig⟩ *lang, hager (Gesicht)* ‖ **–lera** *f* *Adler|nest* n, *-horst* m ‖ **–lilla** *f* dim von **¹águila** ‖ ⟨V⟩ *Turmfalke* m (Falco tinnunculus) ‖ Am ⟨fam⟩ *Betrüger* m ‖ **–lita** *m* Mex *Polizeibeamte(r)* m
aguilón *m* augm von **¹águila** ‖ *Kranausleger* m ‖ ⟨Arch⟩ *Dachgiebel* m ‖ ~ *acampanado Glockengiebel* m
aguilonia *f* Al ⟨Bot⟩ *Zaunrübe* f (Bryonia sp)
aguilucho *m* ⟨V⟩ *junger Adler, Jungadler* m ‖ *Zwergadler* m (→ **¹águila**) ‖ *Weihe* f (Circus spp) ‖ ~ *cenizo Wiesenweihe* f (C. pygargus) ‖ ~ *lagunero Rohrweihe* f (C.aeruginosus) ‖ ~ *pálido Kornweihe* f (C. cyaneus) ‖ ~ *papialbo Steppenweihe* f (C. macrourus)
aguín *m* ⟨bask⟩ ⟨Bot⟩ *Barttanne* f
aguinaldo *m* *Angebinde, Weihnachts-, Neujahrs|geschenk* n ‖ ⟨fig⟩ *Belohnung* f ‖ ⟨fig⟩ *Sonderzulage* f

agüío *m* ⟨V⟩ *Organist* m (Tanagra spp)
aguiscar *vt* Can *an|spornen, -treiben*
agüista *m/f Bade-, Kur|gast* m
agüita *f* Chi Ec *Tee* m *aus Heilkräutern* ‖ ◇ estar como el ~ *auswendig können*
aguizgar [g/gu] *vt* ⟨fam⟩ *an|spornen, -treiben*
¹aguja *f Nadel* f ‖ *Ätznadel* f ‖ *Brosche* f ‖ *Grammofonnadel* f ‖ *Haarnadel* f ‖ *Hutnadel* f ‖ *Schmucknadel* f ‖ *Uhrzeiger* m ‖ *Zünglein* n *(an der Waage)* ‖ ⟨Mar⟩ *Kompass* m, *-nadel* f ‖ ~ acanalada *Hohlnadel* f ‖ ~ acimutal, ~ azimutal *Azimut(al)-, Peil|kompass* m ‖ ~ de bitácora ⟨Mar⟩ *Steuerkompass* m ‖ ~ de bordar *Sticknadel* f ‖ ~ de brújula *Kompassnadel* f ‖ ~ de calcetar *Stricknadel* f ‖ ~ capotera *dicke Nähnadel* f ‖ ~ colchonera *Steppnadel* f ‖ ~ de coser *od* de costura *Nähnadel* f ‖ ~ de croché *Häkelnadel* f ‖ ~ de embalar *Packnadel* f ‖ ~ de encuadernador *Heftnadel* f ‖ ~ escariadora *Räumnadel* f ‖ ~ de flotador *Schwimmernadel* f ‖ ~ de gancho *Häkelnadel* f ‖ ~ de gramófono *Grammofonnadel* f ‖ ~ de hacer punto *Stricknadel* f ‖ ~ histológica ⟨Med⟩ *Mikroskopiernadel* f ‖ ~ horaria *Stundenzeiger* m ‖ ~ hueca ⟨Med⟩ *Hohlnadel* f ‖ ~ iman(t)ada *Magnetnadel* f ‖ ~ de inoculación ⟨Med⟩ *Impfnadel* f ‖ ~ jalmera *Sattlernadel* f ‖ ~ de labores de punto *Stricknadel* f ‖ ~ lar|dera, -dosa *Spicknadel* f ‖ ~ de ligadura ⟨Med⟩ *Unterbindungsnadel* f ‖ ~ magnética *Magnetnadel* f ‖ ~ magnética flotante *schwimmende Magnetnadel* f ‖ ~ de marcar *Reißnadel* f ‖ ~ de marear *Schiffs-, Steuer-, Peil|kompass* m ‖ ~ de mechar *od* mechera *Spicknadel* f ‖ ~ de (hacer) media *Stricknadel* f ‖ ~ náutica ⟨Mar⟩ *Schiffs-, Steuer-, Peil|kompass* m ‖ ~ palpadora *Tastnadel* f ‖ ~ de percusión *od* percutora *Zündnadel* f ‖ ~ de preparaciones microscópicas *Präpariernadel* f ‖ ~ de (hacer) punto *Stricknadel* f ‖ ~ de referencia *Merk-, Markier|zeiger* m ‖ ~ de reloj *Uhrzeiger* m ‖ ~ salmera, ~ saquera *Sack-, Pack|nadel* f ‖ ~ de sutura ⟨Med⟩ *Heftnadel* f ‖ ~ para vacunar ⟨Med⟩ *Impfnadel* f ‖ ~ de vela *Segelnadel* f ‖ ~ de zurcir *Stopfnadel* f ‖ ◇ alabar uno sus ~s *s–e Ware loben od preisen* ‖ buscar una ~ en el pajar ⟨figf⟩ *e–e Stecknadel im Heuhaufen suchen* ‖ conocer *od* entender *od* saber la ~ de marear *e–e Sache aus dem Effeff beherrschen od können od verstehen, s. in e–r Sache auskennen* ‖ meter ~ y sacar reja ⟨figf⟩ *mit der Wurst nach der Speckseite werfen*
²aguja *f* ⟨EB⟩ *Weiche* f ‖ ~ aérea *Fahrdrahtweiche* f ‖ ~ automática *automatische Weiche* f ‖ ~ basculante *Klappweiche* f ‖ ~ de cambio de vía *Weiche* f ‖ ~ de descarrilamiento *Entgleisungsweiche* f ‖ ~ doble *Doppelweiche* f ‖ ~ de maniobras *Rangierweiche* f ‖ ~ de punta biselada *stumpfe Weiche* f ‖ ~ de vía *Weiche* f ‖ ◇ cambiar *od* poner las ~s *die Weichen stellen*
³aguja *f* ⟨Bot⟩: ~ de pastor *Nadelkerbel, Venuskamm* m (Scandix pectenvenris) ‖ ⟨Fi⟩ *Hornhecht, Grünknochen* m (Belone belone) ‖ *Halbschnäbler* m (Hemirhamphus fluviatilis) ‖ ⟨V⟩ *Schnepfe* f (Limosa spp) ‖ ~ colinegra *Uferschnepfe* f (L. limosa) ‖ ~ colipinta *Pfuhlschnepfe* f (L. lapponica)
⁴aguja *f* ⟨Kochk⟩: ~ de ternera *Kalbfleischpastete* f
⁵aguja *f* ⟨Arch⟩ *Turmspitze* f, *Spitzturm* m ‖ ~ de torre *Turmspitze* f ‖ ⟨Hydr⟩ *Wehrnadel* f ‖ ~ de presa *Wehrnadel* f
 agujador *m* Chi *Nadelbüchse* f
 agujas *fpl* ⟨Typ⟩ *Quetschfalten* fpl
 agujazo *m Nadelstich* m
 agujer(e)ar *vt durchlöchern* ‖ *lochen* ‖

(durch)bohren ‖ ~ con el formón *stemmen* ‖ ~se *löch(e)rig werden* ‖ *wurmstichig od brüchig werden*
¹agujero *m Loch* n, *Öffnung* f ‖ *Guckloch* n ‖ *Brunnenloch* n ‖ ⟨vulg⟩ *Loch* n, *Fotze* f ‖ ⟨Arch⟩ *Lichtöffnung* f ‖ ⟨Tech⟩ *Bohr-, Schuss-, Spreng|loch* n ‖ ~ alargado *Langloch* n ‖ ~ de alimentación *Einfüllöffnung* f ‖ ~ ciego *Blind-, Grund-, Sack|loch* n ‖ ~ de colada ⟨Met⟩ *(Ab)Stichloch* n ‖ ~ condiloideo ⟨An⟩ *Hinterhauptloch* n ‖ ~ cuneiforme ~ de cuna *Keilloch* n ‖ ~ de drenaje *Entwässerungs-, Sicker|schlitz* m, *Dränloch* n ‖ ~ de engrase *Schmierloch* n ‖ ~ de ensayo *Probe-, Sondierungs|loch* f ‖ ~ de hombre *Mannloch* n ‖ ~ de inyección *Aus-, Ein|pressloch* n ‖ ~ negro ⟨Astr⟩ *schwarzes Loch* n ‖ ~ oblongo *Langloch* n ‖ ~ occipital ⟨An⟩ *Hinterhauptloch* n ‖ ~ de ozono *Ozonloch* n ‖ ~ pasante *Durchgangsloch* n ‖ ~ de perforación *Bohrloch* n ‖ ~ de roscada *Gewindeloch* n ‖ ~ de sangría ⟨Met⟩ *(Ab)Stichloch* n ‖ ~ de sondaje, ~ de sondeo *Schürf-, Kontrollbohr|loch* n ‖ ~ de taladro *Bohrung* f, *Bohrloch* n ‖ ~ de toma *Zapfloch* n *(Fässer)* ‖ ~ de trabajo *Arbeits|loch* n, *-tür, -öffnung* f ‖ ~ de trepanación ⟨Med⟩ *Bohrloch* n ‖ ~ vertebral ⟨An⟩ *Wirbelloch* n ‖ ~ de visión ⟨Tech⟩ *Seh-, Visier|loch* n ‖ escucha al ~, y oirás de tu mal y del ajeno ⟨Spr⟩ *der Horcher an der Wand hört s–e eigne Schand* ‖ ~s sacros ⟨An⟩ *Kreuzbeinlöcher* npl
²agujero *m Nadelbüchse* f ‖ *Nadelkissen* n
¹agujeta *f Schnür|senkel, -riemen, Senkel* m ‖ ⟨Mil⟩ *Achselschnur* f ‖ Ec *Stricknadel* f ‖ And *Hut-, Haar|nadel* f ‖ Cu Ven *Dorn* m *e–r Schnalle*
²agujeta *f* ⟨V⟩ *Schlammläufer* m ‖ ~ escolopácea *Großer Schlammläufer* m (Limnodromus scolopaceus) ‖ ~ gris *Schlammläufer* m (L. griseus)
agujetas *fpl Muskelkater* m, *Stechen od Reißen* n *in den Gliedern*
 aguje|tería *f Nadlerei* f ‖ **–tero** *m Riemenmacher,* ⟨reg⟩ *Riemer* m ‖ *Nadelmacher* ‖ Arg Col *Nadelbüchse* f
¹agujón *m Packnadel* f ‖ *große Stecknadel* f ‖ *Hutnadel* f
²agujón *m* ⟨Fi⟩ *Große Seenadel* f (Syngnathus acus) ‖ ~ menor *Kleine Seenadel* f (S. rostellatus)
 agujoso adj *nadelförmig*
 agujuela *f großer Tapeziernagel* m
 agún *m* ⟨Mus⟩ *Gong* m (& n)
 aguñar *vt* Sal *kratzen* ‖ Sal *stehlen*
 aguo|sidad *f Wäss(e)rigkeit* f ‖ **–so** adj *wäss(e)rig*
 ¡agur! ⟨fam⟩ *leben Sie od leb(e) od lebet wohl*
 agusajo *m* Col *lästiger Lärm* m
 agusa|nado adj *wurmstichig* ‖ *madig* ‖ *von Raupen befallen* ‖ *geköpert (Wäsche)* ‖ **–narse** vr *wurmstichig bzw madig werden*
 agustín adj: pan ~, mosto ~ *feines Gebäck aus verdicktem Weinmost mit Mehlzusatz*
 Agustín *m* np *Augustin* m
 agustinianismo *m* ⟨Rel⟩ *Augustinuslehre* f
 agustino, agustiniano adj *augustinisch, Augustiner-* ‖ *m Augustiner(mönch)* m
 agutí [*pl* ~íes, ~ís] *m* ⟨Zool⟩ *Aguti, Goldhase, Guti* m (Dasyprocta aguti) ‖ *Paka* n (Cuniculus sp)
 agu|zadera *f Wetzstein* m ‖ *Stelle, an der Keiler die Hauer wetzen* ‖ **–zado** adj *spitz, spitzig* ‖ **–zadura** *f Schleifen, Schärfen* n ‖ *Messerschneide* f
 aguzanieves *f* ⟨V⟩ *Bachstelze* f (Motacilla alba)

aguzar [z/c] vt *schleifen, wetzen* ‖ *(zu)spitzen* ‖ ⟨fig⟩ *aufmuntern, anreizen* ‖ ◇ ~ *el ingenio* ⟨fam⟩ *den Geist anstrengen* ‖ ~ *los oídos* ⟨fig⟩ *die Ohren spitzen*
aguzonazo *m heftiger Degenstoß* m
¡ah! int *ach! oh!* ‖ *¡~ de la casa! Hallo, ist jemand im Hause?*
Ahasvero *m np Ahasver* m *(der ewige Jude)*
ahebrado adj *fas(e)rig, faserähnlich*
ahe|chadura *f Sieben, Aussieben* n ‖ *~s fpl Siebstaub* m ‖ **–char** vt *(aus)sieben* ‖ *worfeln (Korn)* ‖ **–cho** *m Schwingen, Worfeln* n
aheleado adj *gallenbitter* ‖ **–lear** vt *(et.) gallenbitter machen* ‖ ⟨fig⟩ *betrüben, (et.) vergällen* ‖ ~ vi *gallenbitter sein*
ahelgado adj *mit ungleichen Zähnen (versehen)*
ahem|brado adj *weibisch* ‖ *weichlich, verweichlicht* ‖ ~ *m Weichling* m ‖ **–brar** vt *weibisch machen, verweiblichen* ‖ *verweichlichen* ‖ **–brarse** vr *weibisch werden* ‖ *verweichlichen*
aherrojar vt *fesseln* ‖ *anketten* ‖ ⟨fig⟩ *be-, unter|drücken*
aherrumbrarse vr *(ver)rosten, rostig werden, einrosten* ‖ *eisenfarbig werden* ‖ *Eisengeschmack annehmen*
ahí adv *da, dort(hin)* ‖ *hier(in)* ‖ ~ *arriba da hinauf, daher, hieraus* ‖ *por ~ dadurch* ‖ *dort durch* ‖ *dorthin* ‖ *in der Nähe* ‖ *ungefähr* ‖ *de por ~* ⟨fam⟩ *alltäglich, gewöhnlich* ‖ *nicht weit her* ‖ *de ~ que ... daher kommt es, dass ...* ‖ *de ~ se deduce que ... daraus folgt, dass ...* ‖ *daraus lässt s. schließen* ‖ *¡~ está la cosa! das ist des Pudels Kern* ‖ *darin liegt die Erklärung* ‖ *~ me las den todas* ⟨fam⟩ *das ist mir einerlei, das ist mir egal oder* ⟨pop⟩ *Wurs(ch)t* ‖ *¡~ va! sieh da! jetzt kommt's!* ‖ *¡~ verá Vd.!* ⟨fam⟩ *wie soll ich Ihnen das sagen?* ‖ *¡~ se verá!* ⟨fam⟩ *das wird e–e saubere Geschichte geben! (Ausdruck der Verlegenheit)* ‖ *¡hasta ~ podíamos llegar!* ⟨figf⟩ *das fehlte gerade noch! he ~ todo das ist alles* ‖ *200 euros o por ~ um die 200 Euro herum, so um die 200 Euro*
ahidalgado adj *edel, ritterlich* ‖ *ad(e)lig*
ahigadado adj *leberfarbig* ‖ ⟨fig⟩ *tapfer*
ahigado adj *feigen|ähnlich, -artig* ‖ *feigenförmig*
ahi|jada *f Patenkind* n ‖ **–jadero** *m Sal Wurfplatz* m *(der Schafherden)* ‖ *Extr Weideplatz* m, *(Vieh)Weide* f ‖ **–jado** *m Patenkind* n ‖ ⟨fig⟩ *Schützling* m ‖ **–jar** vt *adoptieren*, [früher] *an Kindes Statt annehmen* ‖ *(als Kind) unterschieben* ‖ *(e–r Schafmutter ein Lamm) zum Säugen beigeben* ‖ ⟨fig⟩ *unterstellen* ‖ ⟨fig⟩ *beschützen* ‖ ~ vi *Junge werfen* ‖ *Schösslinge treiben*
ahijuna int Arg Chi *Donnerwetter! (Ausdruck von Zorn, Bewunderung od Überraschung)*
ahilado adj *schwach und gleichmäßig (Wind)*
ahilamiento *m* → **ahílo**
ahilar vt *in Reihe aufstellen, ordnen* ‖ *stocken, Fäden ziehen* ‖ ~ vi *hintereinander gehen* ‖ *~se dünn od mager werden, abmagern* ‖ *kahmig od schimm(e)lig werden* ‖ *verkümmern, spierig werden (Pflanzen)* ‖ *hoch aufschießen (dicht gepflanzte Bäume)*
ahilerar vt Am *in e–r Reihe aufstellen*
ahílo *m Ohnmacht, Entkräftung* f ‖ *Schimmel* m *am Brot*
ahima *m* Am *Zauberer, Magier* m
ahin|cado adj *heftig* ‖ *eifrig, nachdrücklich* ‖ adv: *~amente* ‖ **–car** [c/qu] vt *dringend bitten, anliegen* ‖ *drängen* ‖ Sant *fest anziehen (Schuhe)* ‖ ~ vi *beharren (en in, bei, auf dat), bestehen auf (acc)* ‖ *~se s. beeilen,* ⟨fam⟩ *s. ranhalten* ‖ ~ *en algo s. an et. klammern od festhalten*

ahínco *m Eiferer* m, *eifriges Bestreben* ‖ *dringende Bitte* ‖ *Nachdruck* m ‖ ◆ *con ~ eifrig*
ahistórico adj *ahistorisch, nicht historisch*
ahi|tar vt *mit Marksteinen begrenzen* ‖ ~ vt/i *überfüttern* ‖ *Überdruss erregen* ‖ **–tarse** vr *s. überessen* ‖ ⟨fig⟩ *überdrüssig werden (gen) von (dat)* ‖ **–tera** *f* ⟨fam⟩ *starke Magenüberladung* f ‖ **–to** adj *überdrüssig, angeekelt* ‖ ~ *m Magenüberladung* f
ahobachonado adj ⟨fam⟩ *faul, träge*
ahocicar [c/qu] vi ⟨Mar⟩ *vorlastig sein (Schiff)* ‖ ⟨fig⟩ *schmollen* ‖ ~ vt *die Schnauze in den Dreck stecken (zur Strafe für nicht stubenreine Hunde und Katzen)*
ahocinarse vr *zwischen Bergen und Schluchten eingeengt werden (Flüsse)*
ahoga|damente adv *voller Bedrängnis* ‖ **–dera** *f herbe Birne* f ‖ Ven *Spornstoß* m *gegen den Hals e–s Hahnes* ‖ **–dero** adj *erstickend* ‖ ~ *m überfüllter Raum* m ‖ *Kehlriemen* m *(am Zaumzeug)* ‖ ⟨fig⟩ *Geschäftsandrang* m ‖ And *eng anliegende Krawatte* f ‖ **–dizo** adj *leicht zu ersticken(d)* ‖ *erstickend* ‖ *sauer und herb (Birne)* ‖ *schwer zu schlucken(d)* ‖ *leicht sinkend (Holz)*
ahogado adj *ertrunken* ‖ *erstickt* ‖ *eng, dumpf (Raum)* ‖ *unterdrückt, dumpf (Schrei)* ‖ *vom erdrosselten Vieh (Fleisch)* ‖ ⟨Mar⟩ *unter Wasser liegend* ‖ ◇ *estar (od verse) ~* ⟨fig⟩ *s. in schwieriger (meist finanzieller) Lage befinden* ‖ ~ *m Ertrunkene(r)* m ‖ *Ertränkte(r)* m ‖ *Erstickte(r)* m
ahoga|dor adj *erstickend* ‖ ~ *m Ersticker* m ‖ *Schirm|ring, -schoner* m ‖ **–miento** *m s.* von **ahogar**
ahogar [g/gu] vt *er|drosseln, -würgen, -sticken* ‖ *er|tränken, -säufen* ‖ *(aus)löschen (Feuer)* ‖ ⟨fig⟩ *bedrängen* ‖ *beilegen (e–n Streit)* ‖ *versengen (durch allzu große Sonnenhitze)* ‖ *(auslöschen)* ‖ ⟨fig⟩ *quälen* ‖ ◇ ~ *una rebelión en flor od en brote e–n Aufstand im Keim(e) ersticken* ‖ ~ *sus penas en alcohol s–e Sorgen im Alkohol ertränken* ‖ ~ vi *ersticken (Pflanzen)* ‖ *~se ertrinken* ‖ *ersticken* ‖ ⟨fig⟩ *s. ängstigen* ‖ *s. er|tränken, -säufen* ‖ ⟨pop⟩ *ersaufen* ‖ *er|sticken (Getreide durch Unkraut)* ‖ ⟨Mar⟩ *Wasser über den Bug bekommen (Schiff)* ‖ ⟨fig⟩ *s. sehr ängstigen* ‖ ◇ *~ en un vaso de agua* ⟨fig⟩ *s. wegen jeder Lappalie aufregen* ‖ *s. nicht zu helfen wissen, hilflos sein*
ahogo *m Ersticken* n ‖ *Atemnot* f ‖ ⟨fig⟩ *Gedränge* n ‖ *Angst, Beklemmung* f ‖ *Not(lage)* f ‖ *Geldnot* f
aho|guijo *m* ⟨Vet⟩ *Bräune* f *der Pferde* ‖ **–guí** *m* ⟨fam⟩ *Atemnot* f ‖ *Erstickungsanfall* m
ahon|damiento *m s* von **–dar(se)** ‖ **–dar** vt *vertiefen, aus|höhlen, -graben* ‖ ⟨Bgb⟩ *teufen* ‖ ⟨fig⟩ *ergründen* ‖ ~ vi *tief eindringen* ‖ ⟨fig⟩ *grübeln* ‖ *~se auf den Grund sinken* ‖ **–de** *m* → **ahondamiento**
ahora adv *jetzt, nun* ‖ *soeben* ‖ *gleich, auf der Stelle* ‖ *¡~ bien! wohlan!* ‖ *nun, also* ‖ *unter dieser Voraussetzung, demnach* ‖ ~ *más nun erst recht* ‖ ~ *mismo eben erst* ‖ *so|gleich, -fort* ‖ ~ *pues nun aber* ‖ *desde ~, de ~ en adelante von nun an, in Zukunft el ~ die Gegenwart* ‖ *por ~ für jetzt* ‖ *einstweilen* ‖ *vorläufig* ‖ ~ *... o ... es sei nun ... oder* ‖ ~ *... ~ ... bald ..., bald* ‖ *sowohl ... als auch ...*
ahorca *f* Ven *Geschenk* n *zum Namens- bzw Geburts|tag*
ahor|cadizo adj *reif für den Galgen* ‖ **–cado** adj: *verse ~* ⟨fam⟩ *s. in misslicher Lage befinden* ‖ ⟨fam⟩ *in der Klemme sitzen* ‖ ~ *m Erhängte(r)* m ‖ *Gehenkte(r)* m ‖ ◇ *no hay que mentar la soga en casa del ~* ⟨Spr⟩ *im Hause des Gehenkten spricht man vom Stricke nicht!* ‖ *~s mpl Hond*

Halbstiefel, Schnürschuh m ‖ **–cadora** *f* Guat Hond ⟨Ins⟩ *(Art) große Wespe* f
  ahorcajarse vr *rittlings sitzen* ‖ *s. rittlings setzen*
  ahorcar [c/qu] vt *aufhängen, (er)hängen* ‖ ◇ ~ *de un árbol an e–m Baum aufhängen* ‖ ~ los *hábitos die (Mönchs)Kutte abwerfen* ‖ ⟨fig⟩ *et. an den Nagel hängen* ‖ ⟨fig⟩ *umsatteln* ‖ *a la fuerza* ahorcan ⟨Spr⟩ *man muss der Not gehorchen* ‖ *da kann man nichts machen* ‖ *mit Gewalt geht alles* ‖ ~**se** *s. erhängen* ‖ ⟨fig⟩ *s. ängstigen* ‖ ⟨pop joc⟩ *heiraten*
  ahorita, ahoritica adv Am dim von **ahora** ‖ ~ nomás Am *sofort*
  ahormar vi *e–r Form anpassen* ‖ *bilden, zustutzen* ‖ *über den Leisten schlagen (Schuhe)* ‖ *austreten (Schuhe)* ‖ ⟨fig⟩ *in Ordnung bringen* ‖ ⟨figf⟩ *(jdm) den Kopf zurechtsetzen*
  ahornado adj *trocken, altbacken (Brot)*
  ahornagarse [g/gu] vr *durch die Sonnenglut ausdorren (Getreide, Erde)*
  ahornar vt → **enhornar** ‖ ~**se** *von außen verbrannt und von innen nicht ausgebacken werden (Brot)*
  ahorquetarse vr Ur *s. rittlings setzen* ‖ *rittlings sitzen*
  ahorqui|llado adj *gabelförmig, gegabelt* ‖ **–llar** vt *mit Gabeln stützen (Obstbäume)* ‖ *gabelförmig biegen* ‖ ~**se** *s. gabelförmig teilen, s. gabeln*
  aho|rrado adj *jeglichen Zwanges ledig, frei* ‖ *arbeit(s)sparend* ‖ **–rrador** adj *sparsam, haushälterisch* ‖ ~ *m Sparer* m ‖ **–rrar** vt *(er)sparen* ‖ ⟨fig⟩ *sparen (Zeit, Kraft)* ‖ *schonen (Kleid)* ‖ ⟨fig⟩ *ersparen, verschonen* ‖ ⟨Hist⟩ *(e–n Leibeigenen od Sklaven freilassen)* ‖ ~**se** *s. schonen* ‖ ◇ ~ de alg. *s. jdn vom Hals(e) schaffen* ‖ ~ (de) ropa Ar *Kleider ablegen* ‖ no ahorrárselas con nadie *(fam) niemanden verschonen, ohne Rücksicht handeln, kein Blatt vor den Mund nehmen*
  ahorra|tiva *f Sparsamkeit* f ‖ *Ersparnis* f (Öst & n) ‖ **–tivo** adj *übermäßig sparsam* ‖ *knaus(e)rig, geizig* ‖ Ec *faul, träge*
  ahorría *m Befreiung, Erlösung* f
  ahorrista m/f Arg *Sparer(in* f) m
  ahorro *m Sparsamkeit* f ‖ *Ersparnis* f (Öst & n) ‖ *Sparen* n, *Spartätigkeit* f ‖ *Einsparung* f ‖ *Sparwesen* n ‖ Ar *Einzelgänger* m ‖ ~ de combustible *Kraftstoffersparnis* f ‖ ~ de coste *Kosten|ersparnis, -einsparung* f ‖ ~ de divisas *Deviseneinsparung* f ‖ ~ energético *Energieeinsparung* f ‖ ~ escolar *Schulsparen* n ‖ ~ forzoso *Zwangssparen* n ‖ ~ de mano de obra *Arbeitskräfteersparnis* f (Öst & n) ‖ ~ de material *Materialeinsparung* f ‖ ~ obligatorio *Zwangssparen* n ‖ ~ con privilegio fiscal *steuerbegünstigtes Sparen* n ‖ ~ de tiempo *Zeit|ersparnis* f (Öst & n), *-einsparung* f ‖ ~vivienda *m Bausparen* n ‖ ~ voluntario *freiwilliges Sparen* n ‖ ~**s** *mpl Ersparnisse* fpl
  aho|yado adj *grubenähnlich* ‖ **–yadura** *f Ausgraben* n ‖ *Grube* f ‖ **–yar** vt *(aus)höhlen, Löcher od Gruben machen in* (dat *od* acc)
  A(h)rimán *m np Ahriman* m
  ahuata *m Am Schlangenbaum* m *(dessen Frucht als Gegengift gegen den Biss der Klapperschlange gilt)*
  ahuate *m* Hond Mex Nic ⟨Bot⟩ *sehr feiner Dorn* m
  ahuatentle *m* Mex *Bewässerungsgraben* m
  ahuatoso adj Hond Mex *distelartig*
  ahuchar vt *in e–e Sparbüchse tun* ‖ ⟨fig⟩ *aufbewahren (Geld)* ‖ *zusammensparen* ‖ ⟨fam⟩ *auf die hohe Kante legen* ‖ Col *an|spornen, -treiben* ‖ Col *plattdrücken*

  ahuchear vt *heranpfeifen*
  ahue|cado adj *hohl, ausgehöhlt* ‖ *locker, aufgelockert* ‖ *affektiert tief (Stimme)* ‖ ⟨fig⟩ *stolz, eingebildet* ‖ ~ *m* ⟨Kunst⟩ *Cloisonné* n ‖ **–cador** *m Reifrock* m ‖ *Hohlmeißel* m ‖ **–camiento** *m* s von **–car** ‖ ~ del suelo ⟨Agr⟩ *Bodenauflockerung* f ‖ **–car** [c/qu] vt *aushöhlen* ‖ *(auf)lockern (Erde)* ‖ *aufblähen* ‖ *weiten* ‖ *faltig machen (Kleider)* ‖ ⟨Tech⟩ *aussparen* ‖ ◇ ~ con la broca ⟨Tech⟩ *hohlbohren* ‖ ~ el ala *(fam) s. drücken, entschlüpfen* ‖ ⟨pop⟩ *s. aus dem Staub machen* ‖ ~ la voz *mit (unnatürlich) tiefer Stimme sprechen* ‖ *stärker, lauter sprechen* ‖ ~**se** ⟨fig⟩ *s. aufblähen* ‖ *dicktun, angeben*
  ahuerar vt *vereiteln (Pläne)*
  ahue|sado adj *knochenfarben* ‖ *knochenhart* ‖ **–sarse** vr Chi *unverkäuflich werden,* ⟨fam⟩ *zum Ladenhüter werden (Ware)* ‖ Chi *verderben* ‖ Guat *bis auf die Knochen abmagern* ‖ ⟨fam⟩ *Manschetten haben*
  ahue|vado adj *eiförmig* ‖ **–var** vt *mit Eiweiß klären (Wein)* ‖ ~ vi Mex *Eier legen* ‖ Cu *s. unanständig bewegen (beim Tanzen)* ‖ ~**se** Pan Pe *verzagen* ‖ *verdummen*
  ahuizote *m* Mex → **ajolote** ‖ ⟨fig⟩ *lästiger Mensch* m ‖ CR *Hexerei* f
  ahulado *m* Am *wasserdichter Stoff* m
  ahu|mada *f* ⟨Mar⟩ *Signalfeuer, Rauchsignal* n *an der Küste* ‖ **–mado** adj *rauchig, verräuchert* ‖ *geräuchert* ‖ *rauchfarben* ‖ Cu *betrunken* ‖ **–madura** *f,* **–mado** *m Räuchern, Selchen* n
  ahumar vt *(be)räuchern, ausräuchern* ‖ Öst Südd *selchen* ‖ ⟨fam⟩ *anschwärzen* ‖ ⟨fam⟩ *betrunken machen* ‖ ~ vi *rauchen* ‖ ~**se** *s. mit Rauch bedecken* ‖ *vom Rauch schwarz werden* ‖ *Rauchgeschmack* m *annehmen (Speisen)* ‖ ⟨fam⟩ *s. betrinken*
  ahumear vt Sal *rauchen*
  ahunche *m* Col *Abfall, Rest* m
  ahupar vt → **aupar**
  ahurragado adj ⟨Agr⟩ *schlecht bestellt (Acker)*
  ahusado adj *spindelförmig*
  ahuyentar vt *ver|jagen, -scheuchen, -treiben* ‖ ⟨fig⟩ *bezähmen (Leidenschaften)* ‖ ~**se** *entfliehen*
  ai, aí *m* ⟨Zool⟩ *Kapuzenfaultier* m (Bradypus cuculliger) ‖ *(Art) Lama* n (→ ²**llama**)
  ¡aida! int Al *Rufwort der Kuhhirten*
  aigrete *m* Arg *Aigrette* f
  AIIC ⟨Abk⟩ → **Asociación Internacional de Intérpretes de Conferencia**
  ¡aijuna! int Arg Chi → **ahijuna**
  ailanto *m* ⟨Bot⟩ *Götterbaum* m (Ailanthus altissima)
  ailuro *m* ⟨Zool⟩ *Katzenbär, Kleiner Panda* m (Ailurus fulgens)
  aimará adj Bol Pe *die Aimara-Indianer betreffend* ‖ ~ *m Aimara-Indianer* m ‖ *Sprache der Aimara-Indianer*
  aimbirés *m brasilianischer Indianerstamm* m
  ain *m* Marr *Quelle* f, *Brunnen* m
  aína adv *rasch, schnell, flott* ‖ *leicht* ‖ *fast, beinahe*
  aínas adv → **aína** ‖ no tan ~ *nicht so leicht (bzw schnell), wie man glaubt*
  aindamáis adv ⟨fam joc⟩ *außerdem*
  aindiado adj Am *indianer|ähnlich, -artig*
  aino *m Ainu* m
  airado adj *jähzornig, aufbrausend* ‖ *liederlich (Leben)* ‖ adv: ~**amente**
  airampo *m* ⟨Bot⟩ *Opuntie* f, *Feigenkaktus* m (Opuntia sp)
  airar vt *er|zürnen, -bittern*
  airazo *m* augm von **aire**
  airbag *m* ⟨Auto⟩ *Airbag* m
  ¹aire *m Luft* f ‖ *Wind* m ‖ *Luftzug* m ‖

Atmosphäre f ‖ ⟨Bgb⟩ *Wetter* n ‖ ⟨Mus⟩ *Takt* m, *Tonmaß* n ‖ *Tempo* n ‖ *Arie* f ‖ *Melodie* f ‖ *Lied* n ‖ *Gangart* f *(Reittier)* ‖ ⟨fig⟩ *Anstand* m ‖ *Äußeres, Ansehen* n ‖ *Gestalt, Art* f ‖ *Miene, Gebärde* f ‖ *Gesichtszüge* mpl ‖ *Anschein* m ‖ *Anmut, Grazie* f ‖ *Eitelkeit, Einbildung* f ‖ ⟨fam⟩ *Schlaganfall* m ‖ ~ acondicionado *klimatisierte Luft* ‖ ~ adicional *Zusatz-, Neben|luft* f ‖ ~ ambiente *umgebende Luft, Außenluft* f ‖ ~ aspirado, ~ de aspiración *Ansaugluft* f *(Motor)* ‖ ⟨Med⟩ *Einatmungsluft* f ‖ ~ caliente *Warm-, Heiß|luft* f ‖ ~ callejero *Gassenhauer* m ‖ ~ colado *(kalte) Zugluft* f ‖ ~ de combustión *Verbrennungsluft* f ‖ ~ complementario *Zusatzluft* f ‖ ~ comprimido *Druck-, Press|luft* f ‖ ~ contrario *Gegenwind* m ‖ ~ desecado ⟨Bgb⟩ *getrocknete Luft* f ‖ ~ encerrado *eingeschlossene Luft* f ‖ ~ enrarecido *verbrauchte od verdorbene od schlechte Luft* f ‖ ~ de escape *Abluft* f ‖ ~ espirado *Ausatmungsluft* f ‖ ~ de expulsión *Spülluft* f *(Motor)* ‖ ~ exterior *Außenluft* f ‖ ~ de familia *Familienähnlichkeit* f ‖ ⟨fig⟩ *Ähnlichkeit* f ‖ ~ fresco *Frischluft* f ‖ ⟨Bgb⟩ *Frischwetter* n ‖ ~ de importancia *hochwichtige Miene* f ‖ ~ inspirado *Einatmungsluft* f ‖ ~ de limpieza *Spül|luft* f ‖ ~ líquido *flüssige Luft* f ‖ ~ mananero *Morgenluft* f ‖ ~ de matón *rauflustiges od händelsüchtiges Wesen* n ‖ ~ de mina ⟨Bgb⟩ *Wetter* n ‖ ~ nuevo *Frischluft* f ‖ ~ movido *bewegte Luft* f ‖ ~ pesado ⟨Bgb⟩ *matte Wetter* npl ‖ ~ popular *Volks|weise* f, *-lied* n ‖ *Volksgunst* f ‖ ~ de salida *Abluft* f ‖ ~ (de) soplado *Blasluft* f ‖ ~ de suficiencia *anmaßendes Wesen, eingebildetes Gebaren* m ‖ ~ de taco ⟨fig⟩ *Frechheit* f ‖ ~ tempestuoso *Gewitterluft* f ‖ ~ viciado *ver|brauchte, -dorbene, schlechte Luft* f ‖ ~ vicioso ⟨Bgb⟩ *gebrauchte Wetter* npl ‖ ♦ al ~ *a jour gefasst (Edelsteine)* ‖ ⟨fig⟩ *in die Luft hinein (reden), unüberlegt* ‖ al ~ *libre unter freiem Himmel* ‖ ⟨fam⟩ *bei Mutter Grün* ‖ con ~ *lebhaft, mit Heftigkeit* ‖ con ~ acondicionado *mit Klimaanlage* ‖ de buen ~ *gut gelaunt* ‖ de mal ~ *übel od schlecht gelaunt* ‖ en el ~ ⟨fig⟩ *flugs* ‖ por el ~ *auf dem Luftweg* ‖ ¡~! *Am* ⟨pop⟩ *Platz da! schnell!* ‖ ◊ azotar el ~ ⟨fam⟩ *ohne Sinn arbeiten, die Zeit totschlagen* ‖ coger un ~ *s. erkälten* ‖ creerse de ~ ⟨fam⟩ *alles blindlings glauben* ‖ dar con ~ ⟨fig⟩ *heftig schlagen, laut schreien* ‖ darle a uno ~ ⟨fam⟩ *e–n Herzschlag bekommen* ‖ darle a uno el ~ de a/c ⟨fam⟩ *et. mutmaßen* ‖ darse *(od darle)* ~ a alg. ⟨fam⟩ *jdm ähneln* ‖ dejar a uno en el ~ ⟨fam⟩ *jdn prellen od hintergehen* ‖ echar al ~ ⟨fig⟩ *entblößen* ‖ *(e–n Körperteil)* ‖ echar una cana al ~ ⟨figf⟩ *s. e–n vergnügten Tag machen, bummeln gehen* ‖ estar en el ~ ⟨fig⟩ *k–e feste Anstellung haben* ‖ *unentschieden sein* ‖ *in der Schwebe sein* ‖ estar con el pie en el ~ ⟨fam⟩ *im Begriff sein wegzugehen*, ⟨pop⟩ *s. gerade auf die Socken machen wollen* ‖ *in Ungewissheit sein* ‖ fabricar en el ~, hacer castillos de *(od* en el*)* ~ ⟨fam⟩ *Luftschlösser bauen* ‖ *auf Sand bauen* ‖ *Grillen fangen* ‖ guardarle *(od llevarle)* el ~ a alg. ⟨fam⟩ *s. der Art eines anderen anpassen* ‖ *s. in jds Launen fügen* ‖ hablar al ~ ⟨fam⟩ *tauben Ohren predigen* ‖ hace ~ *es ist windig, es zieht* ‖ no hace ~ *es weht kein Lüftchen* ‖ hacer ~ a alg. ⟨fig⟩ *jdn fächeln* ‖ *jdm zur Last fallen* ‖ hay corriente de ~ *es zieht* ‖ hender un cabello en el ~ ⟨fam⟩ *Haarspaltereien treiben* ‖ herir el ~ con los lamentos ⟨fig⟩ *herzzerreißend jammern* ‖ llevar el ~ ⟨Mus⟩ *Takt halten* ‖ el ~ se lleva las palabras ⟨fig⟩ *man braucht die Worte nicht ernst zu nehmen* ‖ matarlas en el ~ *schlagfertig sein* ‖ mudar (de) ~ *(od ~s) das Klima wechseln* ‖

⟨figf⟩ *die Tapeten wechseln* ‖ ⟨fig joc⟩ *entfliehen* ‖ mudarse a cualquier ~ ⟨fam⟩ *sehr wetterwendisch sein, s–n Mantel od sein Mäntelchen nach dem Wind(e) hängen od drehen, ein Wendehals sein* ‖ múdase el ~ ⟨fig⟩ *die Umstände ändern s.* ‖ ofenderse del ~ ⟨fam⟩ *s. über jede Kleinigkeit ärgern, s. über die Fliege an der Wand ärgern* ‖ ser ~ ⟨fig⟩ *Luft sein* ‖ *ohne Bedeutung sein* ‖ substanzlos sein ‖ sustentarse del ~ ⟨fig⟩ *von der Luft leben* ‖ temerse del ~ ⟨fig⟩ *s. vor jeder Kleinigkeit fürchten* ‖ tener ~ de persona decente *anständig aussehen* ‖ tener ~ de superioridad *überlegen wirken* ‖ tener buen (mal) ~ *gut (schlecht) aussehen* ‖ tener la cabeza llena de ~ ⟨fam⟩ *sehr eingebildet sein* ‖ tirar al ~ *in die Luft schießen* ‖ tomar el ~ ⟨fig⟩ *frische Luft schöpfen, spazieren gehen* ‖ tomarle *od* cogerle el ~ algo ⟨fam⟩ *hinter et. kommen* ‖ tomarse del ~ ⟨fig⟩ *s. gleich beleidigt fühlen* ‖ vivir del ~ *von der Luft leben* ‖ ~s mpl *Sitten, Manieren* fpl ‖ *Luftreich* n ‖ *Atmosphäre* f ‖ *Klima* n ‖ ⟨fam⟩ *Einbildung* f ‖ ~ nativos *Heimatklänge* mpl ‖ por los ~ *flugs* ‖ ♦ andar por los ~ ⟨figf⟩ *unsichtbar sein* ‖ beber los ~ *schmachten (por nach)*, ⟨fam⟩ *in jdn ganz verschossen od verknallt sein* ‖ cambiar de ~ *e–e Luftveränderung vornehmen* ‖ ⟨figf⟩ *die Tapeten wechseln* ‖ ⟨fig⟩ *den Wohnort wechseln* ‖ ⟨fig pop⟩ *s. aus dem Staub machen* ‖ darse ~ de gran señor *den großen Herrn spielen, großtun* ‖ mudar ~ → cambiar de ~ ‖ tomar los ~ *in die Sommerfrische gehen* ‖ ¿qué ~ le traen por acá? *welcher Zufall führt Sie hierher?*

²aire m ⟨Zool⟩ *Schlitzrüssler* m (Solenodon sp)
aire|ación f, **–ado** m *Lüften* n, *Lüftung, Belüftung* f ‖ ~ del heno *Heubelüftung* f ‖ ~ del terreno *Bodendurchlüftung* f ‖ **–ador** m *Ventilator, Lüfter* m ‖ **–amiento** m → **aireación** ‖ **–ar** vt *(aus)lüften* ‖ *der Luft aussetzen* ‖ *schwingen (Korn)* ‖ belüften *(Heu)* ‖ **~se** *Luft schöpfen, an die (frische) Luft gehen* ‖ *Zugluft bekommen* ‖ *s. erkälten* ‖ **–cillo, –cito** m *dim von* **aire**
airedale terrier m [Hund] *Airedaleterrier* m ‖
aireo m *Lüftung* f
airera f *Logr starker Wind* m
airí [*pl* ~**íes**] m ⟨Bot⟩ *Airipalme* f
airón m ⟨V⟩ *Fischreiher* m (Ardea cinerea) ‖ *Reiherbusch* m *(Kopfputz)*
airosidad f *Anmut, Grazie* f ‖ *Eleganz* f
airoso adj *luftig, windig* ‖ ⟨fig⟩ *zierlich* ‖ *anmutig, graziös* ‖ ⟨fig⟩ *elegant, fesch, schmuck* ‖ ⟨fig⟩ *würdevoll* ‖ ⟨fig⟩ *ruhmstrahlend* ‖ ◊ salir ~ de una empresa *et. würdevoll beenden, bei et. glänzend abschneiden* ‖ adv: **–amente**
aisa f *Arg Bol Pe* ⟨Bgb⟩ *Einsturz* m *in e–m Bergwerk*
aisla|cionismo m *Isolationismus* m ‖ **–cionista** adj *(m/f) isolationistisch* ‖ m/f *Isolationist(in* f*)* m
ais|lado adj *vereinzelt* ‖ *vereinsamt* ‖ *abgesondert* ‖ *isoliert* ‖ *abge|legen, -schieden (Ort)* ‖ *einzeln stehend (Haus)* ‖ ⟨Arch⟩ *frei stehend* ‖ ⟨El⟩ *isoliert* ‖ ~ contra el ruido *schall|dicht, -sicher* ‖ ~ térmicamente *wärmeisoliert* ‖ adv: **–amente** ‖ **–lador** adj *isolierend* ‖ ~ m ⟨El⟩ *Isolator* m ‖ *Isoliermittel* n ‖ ⟨Phys⟩ *Isolierstuhl* m ‖ ~ de aceite *Ölisolator* m ‖ ~ de anclaje *Abspann-, Verankerungs|isolator* m ‖ ~ de antena *Antennenisolator* m ‖ ~ de apoyo *Stütz-, Trag|isolator* m ‖ ~ de cadena *Eier(isolatoren)kette* f ‖ ~ de campana *Glockenisolator* m ‖ ~ delta *Delta-Isolator* m, *Deltaglocke* f ‖ ~ de entrada *Einführungsisolator* m ‖ ~ esférico *Kugelisolator* m ‖ ~ extremo *Endisolator* m ‖ ~ pasapanel

Durchführungsisolator m ‖ ~ de péndulo *Hänge-, Pendel\isolator* m ‖ ~ prensahílo ⟨El⟩ *Klemmisolator* m ‖ ~ suspendido → ~ de péndulo ‖ ~ tensor *Spannisolator* m ‖ ~ terminal *Endisolator* m ‖ ~ de vidrio *Glasisolator* m ‖ **–ladura** *f Isolierung* f ‖ **~lamiento** *m Vereinzelung* f ‖ *Einsamkeit* f ‖ *Abgeschiedenheit* f ‖ ⟨fig⟩ *Hilflosigkeit* f ‖ ⟨El Psychol⟩ *Isolierung* f ‖ ~ acústico *Schalldämpfung* f ‖ ~ antifrigorífico, ~ contra el frío *Kälteisolierung* f ‖ ~ calorífugo *Wärme\schutz* m, *-isolation* f ‖ ~ por corcho *Korkisolierung* f ‖ ~ fibroso *Faserstoffisolierung* f ‖ ~ de goma *Gummiisolierung* f ‖ ~ por gutapercha *Guttaperchaisolierung* f ‖ ~ térmico *Wärme\dämmung, -isolierung* f, *-schutz* m ‖ **–lante** adj *(m/f):* (material) ~ ⟨El⟩ *Isolier\material* n, *-stoff* m
  aislar vt *vereinzeln, absondern, isolieren* ‖ ◇ ~ con pinzas ⟨Med⟩ *beklemmen* ‖ ⟨fig⟩ *vereinsamen, entfernen* ‖ ⟨Arch⟩ *frei stellen* ‖ ⟨Phys⟩ *isolieren* ‖ **~se** ⟨fig⟩ *s. zurückziehen (vom Verkehr)* ‖ ⟨fig⟩ *s. einkapseln*
  aislatorio adj *Isolier-*
  aizkolari *m* ⟨bask⟩ *Teilnehmer* m *am Holzfällerwettstreit (bei baskischen Volksfesten)*
  ¡ajá! int *ja, ja! richtig so! gut so!* ‖ *nur zu!*
  ajabardar vt/i *nachschwärmen (Bienen)*
  ajabeba *f* ⟨Mus⟩ *maurische Flöte* f
  ajacho *m* Bol *Getränk* n *aus Maisbranntwein und Ajipfeffer*
  ajada *f* ⟨Kochk⟩ *(Art) Knoblauch\brühe, -tunke* f
  ajadizo adj *leicht knitternd*
  ¡ajajá! int ⟨fam⟩ *ah! (Behagen)* ‖ *na also!, hört, hört! (Zustimmung, Überraschung)*
  ajambado *m* MAm *gefräßiger Mensch, Vielfraß* m ‖ MAm adj *tölpelhaft*
  ajamiento *m* s von **ajar(se)**
  ajamonarse vr ⟨fam⟩ *Fettpolster ansetzen, mollig werden (Frau)* ‖ Am *zusammenschrumpfen*
  ¹!ajar *m Knoblauchfeld* n
  ²ajar vt *betasten* ‖ *zer\knittern, -knüllen* ‖ *blind machen (Spiegel)* ‖ ⟨fig⟩ *beschimpfen, verunglimpfen* ‖ ⟨figf⟩ *herunter\machen, -putzen* ‖ ⟨fig⟩ *quälen* ‖ ⟨fig⟩ *dämpfen (den Stolz)* ‖ **~se** *s. abnutzen* ‖ *verblühen, welken* ‖ *runz(e)lig werden (Haut)* ‖ ⟨fig⟩ *s. kränken*
  ajaraca *f* ⟨Arch⟩ *Schlingenverzierung* f
  ajarafe *m Hochfläche* f, *Plateau* n ‖ *hohes und breites Gelände* ‖ *Veranda* f ‖ *Söller* m
  ajardina\do, –miento *m Anlage* f *von Gärten* ‖ *Begrünung* f ‖ **–nar** vt *gartenmäßig od als Garten anlegen* ‖ *begrünen*
  ajarquia *f östlich gelegener Stadt- od Dorfteil* m
  ajaspajas fpl ⟨fam⟩ *Lappalie* f
  ¹aje *m Kränklichkeit* f, *Gebrechen* n ‖ ◇ andar lleno de ~s *dauernd ein anderes Wehwehchen haben*
  ²aje m ⟨Bot⟩ *Jamswurzel* f (Dioscorea sp) ‖ Pe *Süßkartoffel, Batate* f ‖ Ant ⟨allg⟩ *essbare Pflanzenknolle*
  ³aje *m* ⟨Ins⟩ *(Art) Schildlaus* f
  ajea *f* ⟨Bot⟩ *(Art) Beifuß* m, *(Art) Edelraute* f (Artemisia sp)
  ajear vi *ziepen, ängstlich schreien (Rebhuhn)*
  ajedrea *f* ⟨Bot⟩ *Pfeffer-, Bohnen\kraut* n (Satureja hortensis)
  aje\drecista m/f *Schachspieler(in* f) m ‖ **–drecístico** adj *Schach-, auf das Schachspiel bezüglich* ‖ **–drez** [pl ~ces] *m Schach(spiel)* n ‖ *Schachbrett* n ‖ **–drezado** adj *schachbrettartig (gewürfelt), schwarz und weiß getäfelt*
  ajenar vt → **enajenar**
  ajeniar vt Am *s. et. aneignen*

  ajenjo *m* ⟨Bot⟩ *Wermut, Absinth* m (Artemisia absinthium) ‖ *Wermut\wein, -schnaps* m ‖ *Absinth* m *(Getränk)* ‖ ⟨fig⟩ *Bitterkeit* f
  ajeno adj *andern gehörend, fremd* ‖ *verschieden* ‖ ⟨fig⟩ *unpassend* ‖ ⟨fig⟩ *ermangelnd, frei (von)* ‖ ⟨fig⟩ *unkundig* (gen) ‖ *widersprechend, nicht gemäß* (dat) ‖ ~ de ... *frei von ...* ‖ ~ de (la) verdad *unwahr, verlogen* ‖ lo ~ *das Fremde* ‖ ◇ estar ~ de algo *k–e Nachricht von et. haben* ‖ estar ~ de sí ⟨fig⟩ *s. selbst vergessen* ‖ ⟨fig⟩ *außer s. sein* ‖ ser ~ a algo *mit et. nichts zu tun haben* ‖ muy ~ de hacer algo *weit entfernt, et. zu tun*
  ajenuz [pl ~ces] *m* ⟨Bot⟩ *Schwarzkümmel* m, *Jungfer* f *im Grünen* (Nigella damascena)
  ajeo *m Ziepen* n *(ängstlicher Schrei der Rebhühner)*
  ajerezado adj *dem Sherry ähnlich*
  ajero *m Knoblauchhändler* m ‖ *Eigentümer* m *e–s Knoblauchfeldes*
  ajesuitado adj *jesuitisch* ‖ ⟨fig⟩ *scheinheilig*
  ajete *m* ⟨Bot⟩ dim von **ajo** ‖ *junger Knoblauch* m ‖ *Porree* m (Allium porrum) ‖ *Knoblauchbrühe* f
  ajetrear vt *hetzen, antreiben,* ⟨fam⟩ *fertig machen* (z. B. *durch viel Arbeit*) ‖ *zermürben* ‖ **~se** ⟨fam⟩ *s. die Füße ablaufen* ‖ ⟨pop⟩ *s. die Absätze schief laufen* ‖ *s. plagen, s. schinden*
  ajetreo *m Mühe* f ‖ *Belästigung* f ‖ *Plackerei* f ‖ ⟨fam⟩ *Schufterei* f
  ají [pl ~íes, SAm ⟨fam⟩ ~ices] *m Ajipflanze* f *(am Pfefferstrauch)* ‖ *Ajipfeffer* m (Capsicum annuum) ‖ ◇ ponerse como un ~ Chi ⟨figf⟩ *puterrot werden (Gesicht)*
  ajiaceite *m* ⟨Kochk⟩ *Sauce* f *aus Knoblauch und Öl, Ailloli* n
  ajiaco *m* Am ⟨Kochk⟩ *Sauce* f *mit Ajipfeffer* ‖ *Eintopfgericht* n *mit Ajipfeffer* ‖ Cu *Lärm* m ‖ ◇ ponerse como ~ Chi *übel gelaunt bzw wütend werden*
  ajiche adj Guat *mager, kümmerlich*
  ajicola *f (Art) Vergolderleim* n
  ajicuervo *m* Al ⟨Bot⟩ *(Art) Wiesenlauch* m (Allium sp nigrum)
  ajigo\lear vt Mex *drängen* ‖ **–lones** mpl Guat Mex Salv *Druck* m, *Eile* f
  ajigotar vt ⟨fam⟩ *klein zerstückeln*
  ajilar vt Ven *an der Angel anbeißen (Fisch)*
  ajilgueramiento *m* Chi *stieglitzartiges Aussehen des Kanarienvogels durch Kreuzung* ‖ *Nachahmung* f *des Stieglitzgesangs durch den Kanarienvogel*
  ajilimoje, ajilimójili *m* ⟨fam⟩ *scharfe Pfeffersauce* f ‖ ⟨fig⟩ *Wirrwarr* m ‖ ♦ con todos sus ~s ⟨figf⟩ *mit allem, was drum- und dranhängt* ‖ *mit allem Drum und Dran*
  ajillo *m* Mancha *ein Kartoffelgericht* n ‖ ♦ al ~ *in Öl mit Knoblauch gebraten* ‖ ◇ ser el ~ de todas las salsas ⟨fig⟩ *ein Tausendsassa sein* ‖ *ein Hansdampf in allen Gassen sein* ‖ *zu allem zu gebrauchen sein*
  ajimez [pl ~ces] *m* ⟨Arch⟩ *Bogenfenster* m *mit Zwischenpfosten*
  ajipuerro *m* ⟨Bot⟩ *Wilder Lauch* m
  aji\sera *f* Col ⟨Bot⟩ *Ajipflanze* f ‖ **–zal** *m Ajifeld* n
  ajo *m* ⟨Bot⟩ *Knoblauch* m (Allium sativum) ‖ *Knoblauchzehe* f ‖ *Knoblauchbrühe* f ‖ Cu *Paprika* m ‖ ⟨figf⟩ *Schminke* f ‖ ⟨figf⟩ *derber Ausdruck* m ‖ *unsauberes Geschäft* n ‖ *Klüngel* m ‖ ~ de Ascalonia → ~ de chalote ‖ ~ ca(sta)ñete *Blutknoblauch* m ‖ ~ cebollino *Schnittlauch* m (Allium schoenoprasum) ‖ ~ de chalote *Aschlauch* m, *Schalotte* f (Allium ascalonicum) ‖ ~ morisco *Schnittlauch* m ‖ ~ de oso *Weinbergs-,*

Bären-, Hunds\lauch n (Allium ursinum) ‖ ~
porro, ~ puerro Lauch, Porree m (Allium
porrum) ‖ harto de ~s ⟨figf⟩ Bauernlümmel,
Flegel m ‖ ◇ andar en el ~ ⟨fig⟩ s. mit
unsauberen od zweifelhaften Geschäften abgeben
‖ mit e–r Sache et. zu tun haben, dahinterstecken
‖ ¡bueno anda el ~ ⟨fig⟩ das ist e–e schöne
Geschichte! ‖ echar ~s ⟨fam⟩ fluchen ‖ estar en el
~ von der Sache wissen, Mitwisser sein ‖ fuerte
como un ~ ⟨fig⟩ rüstig, kräftig ‖ hacer morder el
~ a alg. ⟨figf⟩ jdn herabsetzen od entwürdigen ‖
oler a ajo ⟨figf⟩ mit Schwierigkeiten verknüpft
sein, nicht ganz einfach sein ‖ pelar el ~ Nic
⟨pop⟩ sterben ‖ quien se pica, ~s come ⟨Spr⟩ ein
getroffener Hund bellt! wen's juckt, der kratze s. ‖
soltar ~s ⟨fam⟩ fluchen ‖ villano harto de ~s →
harto de ~s
   ¡ajo! ¡ajó! (od ¡ajó, taita!) Redensart, um
kleine Kinder zum Sprechen zu ermuntern
   ajoaceite m → ajiaceite
   ajoarriero m ⟨Kochk⟩ ⟨Art⟩ aragonisches und
baskisches Stockfischgericht n
   ajobar vt auf dem Rücken tragen
   ajobero adj Trag- ‖ ~ m Lastträger m ‖
Auflader m
   ajobilla f ⟨Zool⟩ Tellmuschel f (Tellina sp)
   ajobo m Last, Bürde f
   ajole m ⟨Fi⟩ Ajolefisch m (Stachelflosser)
   ajolín m ⟨Ins⟩ Bunte Ritterwanze f (Lygaeus
equestris)
   ajolio m Ar → ajiaceite
   ajolote m Mex ⟨Zool⟩ Axolotl, Querzahnmolch
m (Amblystoma spp)
   ajonje m Vogelleim m
   ajonjear vi Col hätscheln
   ajon\jera f, –jero m ⟨Bot⟩ Knorpellattich m
(Chondrilla sp)
   ajonjo m Vogelleim m ‖ gran → ajonjera
   ajonjolí [pl ~íes] m ⟨Bot⟩ Sesam m (Sesamum
indicum) ‖ Sesamsamen m
   ajonuez [pl ~ces] m ⟨Kochk⟩ Sauce f aus
Knoblauch und Muskatnuss
   ajoqueso m ⟨Kochk⟩ Gericht n aus Käse und
Knoblauch
   ajorca f Armband n
   ajordar vi Ar laut sprechen ‖ schreien
   ajornalar vt auf Tagelohn verpflichten
   ajorrar vt a) ziehen ‖ b) gewaltsam treiben
(Mensch od Vieh) ‖ c) PR belästigen, quälen
   ajotar vt Guat an\spornen, -treiben ‖ Cu
verachten ‖ vi Cu schamrot werden ‖ ~se Mex
verweichlichen, weibisch werden
   ajuanetado adj mit hervorstehendem Knöchel
an der großen Zehe
   ajuar m Aussteuer, Brautausstattung f ‖
Ausstattung f, Hausrat m, Haus- bzw
Küchen\geräte npl
   ajuarar vt ausstatten ‖ möblieren
   ajudiado adj judenähnlich ‖ ⟨fig⟩ erschrocken
   ajuglarado adj troubadourähnlich,
minnesängerhaft
   ajui\ciado adj ver\nünftig, -ständig ‖ –ciar vt
(jdn) zur Einsicht od zur Vernunft bringen ‖
verurteilen
   aju\mado adj betrunken ‖ ◇ estar algo ~
beschwipst, ange\säuselt, -heitert, -gedudelt sein ‖
–marse vr ⟨fam⟩ s. beschwipsen ‖ s. betrinken
   ajuncia f Col Angst, Not f
   ajuntar vt ⟨pop⟩ → juntar ‖ [Kindersprache]
befreundet sein ‖ ~se in eheähnlicher
Gemeinschaft leben, ⟨fam⟩ zusammenziehen
   ajupar vt Pan hetzen, an\spornen, -treiben
   ajustable adj (m/f) verstellbar ‖ ~ en altura
höhenverstellbar
   ajus\tadamente adv rechtmäßig ‖ –tado adj

passend, richtig ‖ ordentlich ‖ gerecht, billig ‖ eng
anliegend (Kleidung) ‖ –tador m ⟨Tech⟩
Ein\richter, -steller, Werkzeugeinsteller m ‖ ⟨Typ⟩
Umbrecher, Metteur m ‖ [veraltet] Mieder,
Leibchen n ‖ Cu Büstenhalter m ‖ ~ de cardas
⟨Text⟩ Kardensetzer m ‖ ~ de herramientas
⟨Tech⟩ Werkzeugeinsteller m ‖ ~ de pliegos ⟨Typ⟩
Bogengeradeleger m ‖ –tamiento m → ajuste
   ajustar vt ein\richten, -passen, an\gleichen,
-passen ‖ ⟨Tech⟩ ein\richten, -stellen, justieren,
nachspannen ‖ passend machen (z. B. Kleid) ‖
ausmachen (Preis) ‖ ver\einbaren, -abreden ‖
abrechnen ‖ abschließen (Rechnung, Vertrag) ‖
verpflichten (Dienstpersonal) ‖ anlehnen (Tür) ‖
⟨Typ⟩ umbrechen ‖ ⟨Mar⟩ spleißen ‖ ◇ ~ cuentas
con alg. mit jdm abrechnen ‖ ~ las cuentas die
Rechnungen abschließen ‖ ~ las páginas ⟨Typ⟩
(die Seiten) umbrechen ‖ ~ los precios die Preise
angleichen ‖ ~ vi genau (zusammen)passen ‖ ~se
s. verabreden, übereinkommen ‖ ~ a alg. od algo
s. nach jdm od et. richten, s. jdm anbequemen ‖
~ el cinturón ⟨fig⟩ den Gürtel enger schnallen ‖
⟨Flugw⟩ s. anschnallen ‖ ~ estrechamente ⟨Tech⟩
eng anliegen
   ajuste m An\passung, -gleichung f ‖ ⟨Tech⟩
Ein\richtung, -stellung ‖ Justierung f ‖
Nachspannen n ‖ Passung f, Sitz m ‖
Übereinkunft, Ver\einbarung, -abredung f ‖
Abrechnung f, Abschluss m ‖ Verpflichtung f ‖
⟨Typ⟩ Umbruch m ‖ ~ con los acreedores
Vergleich m mit den Gläubigern ‖ ~ de altura
Höhenverstellung f ‖ ~ por contracción
Schrumpfsitz m ‖ ~ de cuentas ⟨fig⟩ Abrechnung
f ‖ ~ de deslizamiento Schiebesitz m ‖ ~ de la
economía Wirtschaftsanpassung f ‖ ~ de
encendido Zündungseinstellung f ‖ ~ de filete
Gewindepassung f ‖ ~ fino Feinpassung f ‖ ~ de
herramientas Werkzeugeinstellung f ‖ ~ horizontal
Waagerechtverstellung f ‖ ~ indeterminado
Übergangspassung f ‖ ~ móvil Spielpassung f ‖
~ de precisión Fein\einstellung, -justierung f ‖ ~
prensado Presspassung f ‖ ~ en profundidad
⟨Tech⟩ Tiefeneinstellung f ‖ ~ de rosca
Gewindepassung f ‖ ~ de útiles
Werkzeugeinstellung f ‖ ~ de válvulas
Ventileinstellung f ‖ ~ de vídeo ⟨TV⟩
Rasterverformungsentzerrung f ‖ ◇ ~ más vale mal
~ que buen pleito ⟨Spr⟩ besser ein magerer
Vergleich als ein fetter Prozess
   ajustero m Col Bauunternehmer m
   ajusti\ciado m Hingerichtete(r), Gehenkte(r) m
‖ –ciamiento m Hinrichtung f ‖ –ciar vt
hinrichten
   al = a + el a) als dat, b) als acc (bei
Personen od personifizierten Begriffen), c) als
Satzteilvertretung: ~ escribir beim Schreiben
   Al ⟨Abk⟩ → aluminio
   ¡ala! int los! auf geht's!
   ala f [el] Flügel, Fittich m ‖ ⟨Sp⟩
Flügelstürmer m ‖ ⟨Mil⟩ Glied n, Reihe f ‖
⟨Flugw⟩ Tragfläche f, Flügel m ‖ ⟨Mil⟩ Flanke f
eines Festungswerkes ‖ ⟨Arch⟩ Flügel m (von
Gebäuden), Anbau ‖ Schiff n einer Kirche ‖
⟨An⟩ Nasenflügel m ‖ Ohrläppchen n ‖ ⟨An⟩
Leberlappen m ‖ ⟨Mar⟩ Leesegel n ‖ (Hut)Krempe
f ‖ ⟨Tech⟩ Schaufel f, Flügel m ‖ ⟨Auto⟩ Kotflügel
m ‖ ⟨Tech⟩ Schenkel m ‖ ⟨fig⟩ Flügel m (Partei) ‖
~ ajustable ⟨Flugw⟩ Verstellflügel, verstellbarer
Flügel m ‖ ~ de babor ⟨Flugw⟩ Backbordflügel,
linker Flügel m ‖ ~ batiente ⟨Flugw⟩ Schlagflügel
m ‖ ~ central ⟨Flugw⟩ Mittelflügel m ‖ ~
combada gewölbter Flügel m ‖ ~ delantera
⟨Flugw⟩ Vorderflügel m ‖ ~ delta ⟨Flugw⟩ Delta-,
Dreiecks\flügel m ‖ Flugdrache m ‖ ~ derecha
⟨Flugw⟩ → ~ de estribor ‖ ~ derecha de un

partido *rechter Flügel e–r Partei* ‖ ~ de un
edificio *Gebäudeflügel* m ‖ ~ de enlace
Anschlussflügel m ‖ ~ del esfenoides ⟨An⟩
Keilbeinflügel m ‖ ~ de estribor ⟨Flugw⟩
Steuerbordflügel, rechter Flügel m ‖ ~ exterior,
~ extrema ⟨Flugw⟩ *End-, Außen\flügel* m ‖ ~
extrema *Endflügel* m *(Gebäude)* ‖ ~ en forma de
flecha *pfeilförmiger Flügel* ‖ ~ de hélice ⟨Flugw
Mar⟩ *Schrauben\flügel* m, *-blatt* n ‖ ~ inferior
⟨Flugw⟩ *Unterflügel, unterer Flügel* m ‖ ~
izquierda ⟨Flugw⟩ → ~ de babor ‖ ~ izquierda
de un partido *linker Flügel* m *e–r Partei* ‖ ~
lateral ⟨Arch⟩ *Seiten-, Neben\flügel* m ‖ ~ de
molino *Mühlenflügel* m ‖ ~ paralela
Parallelflügel m *(Brücke)* ‖ ~ posterior ⟨Flugw⟩
Hinter(deck)flügel m ‖ ~ de puente *Brückenflügel*
m ‖ ~ replegable ⟨Flugw⟩ *Hochklappflügel,
hochklappbarer Flügel* m ‖ ~ rotatoria ⟨Flugw⟩
Umlaufflügel m ‖ ~ superior ⟨Flugw⟩ *Oberflügel,
oberer Flügel* m ‖ ~ sustentadora ⟨Flugw⟩
Tragflügel m ‖ ◇ ahuecar el ~ *(fig pop) s. aus
dem Staub machen* ‖ arrastrar el ~ ⟨figf⟩ *den Hof
machen* ‖ *schwach auf den Beinen sein* ‖ *krank
sein* ‖ meterse bajo el ~ de alg. ⟨fig⟩ *bei jdm
Schutz suchen* ‖ mil del ~ ⟨pop⟩ *tausend Peseten*
‖ tocado del ~ ⟨fam⟩ *nicht ganz dicht* ‖ ~**s** *mpl*
⟨Mar⟩ *Beisegel* npl ‖ ⟨Flugw⟩ *Tragwerk* n ‖ ⟨fig⟩
Dreistigkeit f ‖ ⟨fig⟩ *Einbildung* f ‖ ⟨fig⟩ *Schutz* m
‖ ~ talares ⟨Myth⟩ *Fersenflügel, Flügelschuhe*
mpl *(des Merkur)* ‖ ◇ batir de ~ *mit den Flügeln
schlagen* ‖ caérsele a alg. las ~ (del corazón)
⟨fig⟩ *den Mut verlieren* ‖ cortarle a uno las ~
⟨fig⟩ *jdn entmutigen,* ⟨fam⟩ *jdm die Flügel stutzen*
‖ dar ~, poner ~ a uno ⟨fig⟩ *jdn ermutigen,
aufmuntern* ‖ faltar ~ *para hacer algo nicht dem
Mut haben, et. zu tun* ‖ tener plomo en las ~
⟨fig⟩ *schwer krank sein* ‖ ⟨fig⟩ *in e–r schwierigen
Lage sein* ‖ tomar ~ *Mut fassen* ‖ ⟨fam⟩ *dreist
werden* ‖ volar con las propias ~ *auf eigenen
Füßen stehen, flügge sein*
   Alá *m* np *Allah* m
   alabado *m Motette* f *zum Lob des Heil.
Sakraments* ‖ Mex *frommes Lied der Landarbeiter
vor und nach der Arbeit* ‖ ◇ al ~ Chi
frühmorgens
   ala\bancero adj *lobrednerisch, schmeichelnd* ‖
–bancioso *prahlerisch, angeberisch*
   alabandina f ⟨Min⟩ *Manganblende* f,
Alabandin n
   alabanza f *Lob* n, *Preis* m ‖ *Lobrede* f ‖ digno
de ~ *lobenswert* ‖ la ~ propia envilece *Eigenlob
stinkt*
   alabar vt *loben, preisen, rühmen* ‖
verherrlichen ‖ ◇ alabo la llaneza (iron) *genieren
Sie sich nicht!* ‖ ~**se** de ... *s. rühmen* (gen) ‖ *s.
einbilden auf* ... (acc) ‖ *sehr zufrieden sein mit
... (dat)* ‖ ◇ nadie se alabe, hasta que acabe
⟨Spr⟩ *man soll den Tag nicht vor dem Abend
loben*
   ala\barda f *Hellebarde* f ‖ ⟨Th⟩ *Claque* f ‖ ◇
arrimar la ~ ⟨figf⟩ *s. selbst einladen* ‖ **–bardazo**
m *Hellebardenstoß* m ‖ **–bardero** m *Hellebardier*
m ‖ ⟨Th⟩ *Claqueur* m
   alabas\trado, alabástrico, –troso adj
alabasterartig ‖ **–trina** f *dünne Alabasterscheibe* f
‖ **–trino** adj *alabastern* ‖ *alabasterweiß*
   alabastro m *Alabaster* m ‖ ⟨fig poet⟩
blendende Weiße f ‖ ~ yesoso *Alabastergips* m ‖
   álabe m *Schaufel* f, *schaufelartiges Gefäß* n ‖
hängender Ast m ‖ *Traufziegel* m ‖ ⟨Flugw⟩
Querruder n ‖ *Propeller-, Luftschrauben\blatt* n ‖
Mühlradschaufel f ‖ ~ de difusor
Diffusorschaufel f ‖ ~ director *(Turbinen)*
Leitradschaufel f ‖ ~ de hélice *Luftschrauben-,
Propeller\blatt* n ‖ ~ de rueda hidráulica

Wasserradschaufel f ‖ ~ de rueda móvil
Laufradschaufel f ‖ ~ de turbina
Turbinenschaufel f ‖ ~**s** *mpl Beschaufelung* f,
Schaufeln fpl *(Turbine)*
   ala\beado adj *krumm, gebogen* ‖ *geworfen
(Holz)* ‖ ⟨Flugw⟩ *verwunden* ‖ **–bear** vt *krümmen,
biegen (Oberfläche)* ‖ ~ (el ala) ⟨Flugw⟩ *(den
Flügel) verwinden* ‖ ~**se** *krumm werden* ‖ *s.
werfen (Holz)* ‖ **–beo** m *Werfen* n *des Holzes,
Verwerfung, Krümmung* f *(Holz)* ‖ ⟨Arch⟩
Krümmung f ‖ ⟨Flugw⟩ *Verwindung* f
   alabiado adj *ungleich ausgeprägt (Münzen)*
   alacate m Mex *(Bot) Kürbis* m
   alacena f *Wandschrank* m ‖ *Fensternische* f ‖
Am *Speisekammer* f
   alacet m Ar ⟨Arch⟩ *Grundmauern* fpl
   △ **alachar** vt *finden, entdecken*
   alaco m MAm *unnützes Zeug*
   alacrado adj *siegellackähnlich*
   ¹alacrán m ⟨Zool⟩ *Skorpion* m ‖ ~ cebollero
⟨Ins⟩ *Maulwurfsgrille,* Öst Südd *Werre* f
(Gryllotalpa vulgaris) ‖ ~ marino ⟨Fi⟩ *Flughahn*
m (Dactylopterus volitans) ‖ ~ de la patata ⟨Ins⟩
Raupe f *des Totenkopf(e)s* ‖ ◇ picado del ~ ⟨figf⟩
verliebt ‖ *krank* ‖ *verkommen* ‖ ⟨figf⟩
geschlechtskrank ‖ no le fiaría (ni) un saco de
alacranes *(fam) dem würde ich nicht über den
Weg trauen*
   ²alacrán m *Kinnkettenhaken* m *(am Zaumzeug)*
   alacranado adj *skorpionartig* ‖ ⟨fig⟩ *angesteckt*
   alacrancillo m *(Bot) am. Skorpionklette* f ‖ Cu
Sonnenwende f (Heliotropium spp)
   alacranera f *Skorpionnest* n ‖ *Ort* m, *wo es
von Skorpionen wimmelt* ‖ ⟨Bot⟩ *Skorpionskraut* n
(Coronilla scorpioides)
   alacridad f *Lebhaftig-, Munter\keit* f ‖
Unternehmungslust f
   alactaga f ⟨Zool⟩ *Pferdespringer* m (Alactaga
major)
   alada f *Flügelschlag* m
   aladares mpl *Seiten-, Schläfen-,* (joc)
Schmacht\locken fpl
   aladear vt Eç *beiseite legen* ‖ Ec ⟨fig⟩ *(jdn)
links liegen lassen*
   aladica f ⟨Ins⟩ *geflügelte Ameise* f
   aladierna f ⟨Bot⟩ *Immergrüner Wegedorn,
Kreuzdorn* m (Rhamnus alaternus)
   alado adj *flügelartig* ‖ *geflügelt* ‖ ⟨fig⟩ *ge-,
be\flügelt* ‖ ⟨fig⟩ *schnell, beschwingt*
   aladrería f And ⟨Agr⟩ *Ackergeräte* npl
   aladro m ⟨Agr reg⟩ *Pflug* m
   aladroque m → **boquerón**
   alafia f *Gnade* f ‖ ◇ pedir ~ *(fam) um Gnade
bitten*
   alafre adj *(m/f)* Ven *elend, verachtenswert,
unwürdig*
   álaga f [el] ⟨Bot⟩ *(Art) Berberweizen* m ‖
Spelz, Spelt, Dinkel m
   alagadizo adj *leicht zu überschwemmend
(Gelände)* ‖ *sumpfig*
   alagarse [g/gu] vr *überschwemmt werden
(Erdreich)*
   alagartado adj *eidechsenartig* ‖ *buntscheckig* ‖
Guat *geizig, kleinlich, knaus(e)rig*
   alajú [pl ~**ues**] m *Honigkuchen* m ‖
Lebkuchen m
   alalá [pl ~**aes**] m *nordspan. Volksweise* f
(Galicien)
   ALALC ⟨Abk⟩ = *Asociación
Latinoamericana de Libre Comercio*
   alalia f ⟨Med⟩ *Alalie, Sprachlosigkeit* f
   alalimón m *(Art) Knabenspiel* n *mit Gesang* ‖
◇ hacer algo ~ ⟨fam⟩ *et. zusammen od mit
vereinten Kräften tun*
   álalo adj *sprachlos*

alama *f*[el] Ar *Gold-* od *Silber\stoff* m *mit Seide*

alamán adj *alemannisch* ‖ ~ *m Alemanne* m ‖ el ~ *das Alemannische, der alemannische Dialekt*

alamar *m Achselschnurschleife* f ‖ *Brustschnüre* fpl ‖ *fransenartige Verzierung* f ‖ *Litze* f ‖ ~**es** *mpl Fransenbesatz* m

alam\bicado adj ⟨fig⟩ *kärglich zugemessen, knapp* ‖ ⟨fig⟩ *haarspalterisch, spitzfindig* ‖ ⟨fig⟩ *ge\künstelt, -ziert* ‖ adv: ~**amente** ‖ **–bicar** [c/qu] vt *abziehen, destillieren* ‖ *läutern* ‖ ⟨fig⟩ *ausklügeln, tüfteln* ‖ *spitzfindig untersuchen* ‖ ⟨fig⟩ *knapp zumessen* ‖ ⟨fig⟩ *übermäßig feilen (Stil, Sprache)* ‖ ⟨fig⟩ *scharf kalkulieren*

alam\bique *m* ⟨Chem⟩ *Destillier\kolben* m, *-blase, Retorte* f ‖ ◆ por ~ ⟨fig⟩ *spärlich* ‖ **–biquería** *f Am Spirituosenfabrik* f

alambor *m* ⟨Arch⟩ *ungleich behauener Balken* m ‖ *Böschung* f *(Festung)*

alam\brada *f Schutzgitter* n ‖ ⟨Mil⟩ *Draht\verhau* m, *-gitter* n, *Drahtsperre* f ‖ ~ *de espino,* ~ *de púas Stacheldrahtverhau* m ‖ ~**s** *fpl* ⟨Mil⟩ *Drahthindernisse* npl ‖ **–brado** adj *drahtartig (Faden)* ‖ ~ *m Draht\netz, -geflecht* n ‖ *Draht\umzäunung* f, *-zaun* m ‖ *Stacheldrahtzaun* m ‖ **–brar** vt *mit Draht um\ziehen, -flechten* ‖ *mit e–m Drahtzaun versehen* ‖ ~ vi ⟨Meteor⟩ *aufklaren*

alambre *m Draht, Metalldraht* m ‖ ⟨Buchb⟩ *Heftdraht* m ‖ ~ *de acero Stahldraht* m ‖ ~ *aislado isolierter Draht* m ‖ ~ *de alma Seelendraht* m ‖ ~ *blando weicher Draht* m ‖ ~ *de cable Seillitze* f ‖ ~ *para cables Seildraht* m ‖ ~ *de cobre Kupferdraht* m ‖ ~ *con caucho Gummiaderdraht* m ‖ ~ *conductor Leitungsdraht* m ‖ ~ *de conmutación Schaltdraht* m ‖ ~ *para coser* ⟨Buchb⟩ *Heftdraht* m ‖ ~ *chato Flachdraht* m ‖ ~ *cuadrado Vierkantdraht* m ‖ ~ *esmaltado Emaildraht, emaillierter Draht* m ‖ ~ *de espino Stacheldraht* m ‖ ~ *en espiral Spiraldraht* m ‖ ~ *de florista Blumendraht* m ‖ ~ *fusible* ⟨El⟩ *Schmelzdraht* m ‖ ~ *galvanizado verzinkter Draht* m ‖ ~ *macizo Volldraht* m ‖ ~ *para muelles Federdraht* m ‖ ~ *perfilado Profil-, Form\draht* m ‖ ~ *plano Flachdraht* m ‖ ~ *principal* ⟨Tel⟩ *Hauptdraht* m ‖ ~ *de púas Stacheldraht* m ‖ ~ *recubierto,* ~ *revestido umwickelter Draht* m ‖ ~ *de sección circular Runddraht* m ‖ ~ *de soldar Schweißdraht* m ‖ ~ *telegráfico Telegrafendraht* m ‖ ~ *tensor* ⟨Flugw⟩ *Verspannungs\draht* m, *-kabel* n

alam\brear(se) vi/r *an dem Drahtgeflecht des Käfigs reißen (gefangener Vogel)* ‖ **–brecarril** *m Am Drahtseilbahn* f ‖ **–brera** *f Draht\geflecht, -gitter* n ‖ *Drahtkäfig* m ‖ *Drahtglocke* f *(für Speisen)* ‖ *Fliegenfenster* n ‖ ~ *de chimenea Ofenschirm* m ‖ **–brero** *m Drahtzieher* m ‖ ~ *ambulante Siebmacher, Kesselflicker, Öst Rastelbinder* m

alámbrico adj ⟨Tel⟩ *Draht-* ‖ *drahtgebunden*

alam\brillo *m Cu* ⟨Bot⟩ *Farnkraut* n ‖ **–brino** adj *draht\ähnlich, -artig*

alambrista *m/f Seiltänzer(in* f) m

alameda *f Pappelpflanzung* f ‖ *Pappelallee* f ‖ *Allee, Baumallee* f ‖ *öffentliche Anlage* f

álamo *m* ⟨Bot⟩ *Pappel* f ‖ *Pappelholz* n ‖ *Ulme* f ‖ ~ *del Canadá Kanadische Pappel* (P. canadensis) ‖ ~ *canescente Graupappel* f (P. canescens) ‖ ~ *de Elche Euphratpappel* f (P. euphratica) ‖ ~ *de Italia Pyramidenpappel* f (P. nigra var. italica) ‖ ~ *negro Schwarzpappel* f (P. nigra) ‖ ~ *temblón Zitterpappel, Espe* f (P. tremula)

alamor *m* ⟨Bot⟩ *Wilder Safran* m

alampar(se) vi/r *Heißhunger haben* ‖ *s. heftig*

sehnen (por nach) ‖ ◇ ~ *por comer (por beber) nach Speise (nach Trank) lechzen*

alamud *m (Schub)Riegel* m

alancear vt *Lanzenstiche versetzen, mit der Lanze verwunden* ‖ ~ vi *mit der Lanze kämpfen*

alandrearse vr *trocken, starr und weiß werden (Seidenraupen)*

¹alano *m* ⟨Hist⟩ *Alane* m

²alano adj: (perro) ~ *Hatzhund* m

alante adv ⟨pop⟩ = **adelante**

alantiasis *f* ⟨Med⟩ → **botulismo**

alantoides *m* ⟨An⟩ *Allantois* f, *Urharnsack* m

alantotoxina *f* ⟨Med⟩ *Botulinustoxin, Wurstgift* n

alanzado adj *lanzenförmig*

¹alar adj *Flügel-* ‖ ⟨Med⟩ *Achsel-*

²alar *m Trauf-, Ab\dach* n ‖ ⟨Jgd⟩ *Steckgarn* n △ **³alar** vi *gehen* ‖ *schreiten* ‖ ~**se** *fortgehen*

alárabe, ¹alarbe adj → **árabe**

alarbe adj *(m/f)* ⟨fig⟩ *brutal, roh* ‖ *ungeschlacht, unkultiviert*

alarde *m Prahlerei, Angeberei, Großtuerei* f ‖ *Renommierstück* n ‖ ⟨Mil⟩ *Heerschau* f ‖ ⟨Mil⟩ *Waffenappell* m ‖ ◇ *hacer* ~ *prahlen, angeben, großtun, prunken (de mit)*

alar\dear vi *prahlen, angeben, großtun, prunken (de mit)* ‖ **–deo** *m Prahlerei, Angeberei, Großtuerei* f ‖ ◇ *hacer* ~ *de algo mit et. prahlen* ‖ **–doso** adj *prahlerisch, angeberisch, großtuerisch, prunkhaft*

alargada *f abgesenkte Rebranke* f ‖ *Zirkelansatz* m ‖ ⟨Mar⟩ *Sichlegen* n *des Windes*

alar\gadera *f Ar Reb\schößling, -fechser* m ‖ ⟨Chem⟩ *Einsatzrohr* n *(an der Retorte)* ‖ **–gado** adj *groß, weit ausgedehnt* ‖ ⟨fig⟩ *weit, entfernt* ‖ ⟨fig⟩ *lang, mager (Gesicht)* ‖ **–gamiento** *m Längung, Erweiterung, Dehnung* f ‖ *Zunahme* f, *Wachsen* n *(Tage)* ‖ *Verlängerung* f ‖ ⟨Filmw⟩ *Zeitlupenverfahren* n ‖ ~ *magnético* ⟨El⟩ *magnetische Dehnung* f ‖ ~ *de rotura* ⟨Arch⟩ *Bruchdehnung* f

alárgama *f* ⟨Bot⟩ *Harmalkraut* n, *Steppen-, Harmel\raute* f (Peganum harmala)

alargar [g/gu] vt/i *verlängern, länger machen* ‖ *ausdehnen* ‖ *aufschieben* ‖ *vergrößern, erweitern* ‖ *erhöhen (Lohn)* ‖ *reichen (Gegenstände)* ‖ *öffnen (die Hand)* ‖ *ausstrecken (Arm)* ‖ *recken (Hals)* ‖ *nachlassen (Seil)* ‖ *abtreten, überlassen* ‖ *erhöhen (Vergütung)* ⟨Mar⟩ *umschlagen (Wind)* ‖ ◇ ~ *la bolsa* (figf) *den Beutel ziehen* ‖ ~ *el brazo den Arm ausstrecken* ‖ ~ *el paso den Schritt beschleunigen* ‖ ~**se** *länger werden* ‖ *zunehmen, wachsen (Tage, Nächte)* ‖ *s. in die Länge ziehen (Sitzung)* ‖ ◇ ~ *en el discurso in der Rede abschweifen*

alargas fpl Sal *allzu große Vertraulichkeit* f ‖ *allzu große Nachgiebigkeit* f ‖ ◇ *tomarse muchas* ~ ⟨fam⟩ *s. zuviel herausnehmen*

Alarico *m* np ⟨Hist⟩ *Alarich* m

alari\da *f Ge\töse, -schrei* n ‖ **–dar** vi *schreien, heulen* ‖ **–do** *m Ge\schrei, -heul* n ‖ *Schrei* m ‖ *Getöse* n ‖ ⟨Hist⟩ *Kriegsgeschrei n der Mauren* ‖ ◇ *dar un* ~ *e–n Schrei ausstoßen* ‖ *dar* ~**s** *schreien, heulen*

alarife *m Bau-, Oberbau\meister* m ‖ *Schachtmaurer* m ‖ *Arg gescheiter Mensch* m ‖ *Schelm, Gauner* m

alarma *f* ⟨Mil⟩ *Waffenruf* m ‖ *Notruf, Alarm* m ‖ ⟨fig⟩ *plötzlicher Schreck, Bestürzung* f ‖ *Sorge, Angst, Unruhe* f ‖ ⟨Tel⟩ *Wecker* m ‖ ~ *aérea Flieger-, Luft\alarm* m ‖ ◇ *dar la* ~ *Alarm schlagen* ‖ *auf e–e Gefahr aufmerksam machen* ‖ *falsa* ~ *blinder Alarm* m ‖ *último grado de* ~ *höchste Alarmstufe* f

alar\mador, –mante adj *(m/f) erschreckend* ‖

bestürzend ‖ *be|unruhigend (Nachricht), -sorgt machend* ‖ **–mar** vt *alarmieren, erschrecken* ‖ **~se** ⟨fig⟩ *s. beunruhigen, besorgt werden (por wegen* gen) ‖ ⟨pop⟩ *verduften, abhauen*
alármega → **alárgama**
alar|mismo m *Panikmache* f ‖ **–mista** adj *(m/f) Panik erzeugend, Gerüchte schürend* od *nährend* ‖ ~ *m/f Gerüchte-, Panik|macher(in* f) m
alasita f Bol *kleine dörfliche Verkaufsmesse* f
alastrarse vr ⟨Jgd⟩ s. *ducken (Wild)*
a látere ⟨lat⟩ ⟨fam⟩ *Adlatus* m ‖ ⟨Kath⟩ *Legat* m *a latere*
alaterna m ⟨Bot⟩ *(Art) Olive* f
alaterno m ⟨Bot⟩ → **aladierna**
△ **alatés** m *Zuhälter-* od *Diebes|gehilfe* m
ala|tón m ⟨Bot⟩ Ar *Frucht* f *des Zürgelbaums* ‖ **–tonero** m ⟨Bot⟩ Ar *Zürgelbaum* m (Celtis australis)
aláudidas fpl ⟨V⟩ *Lerchen* fpl (Alaudidae)
Álava f [Stadt und Provinz in Spanien] *Álava* n
ala|vense *(m/f),* **–vés** adj/s *aus Álava* ‖ *auf Álava bezüglich*
alavesa f ⟨Hist⟩ *kurze Lanze* ‖ *Spieß* m
alazán adj *rötlich, fuchsrot* ‖ ~ m *Fuchs (Pferd)* ‖ ~ *boyuno Rotfuchs* m ‖ ~ *claro Weiß-, Licht|fuchs* m ‖ ~ *dorado Goldfuchs* m ‖ ~ *morcillo Schwarzfuchs* m ‖ ~ *roano Rotschimmel* m ‖ ~ *tostado Kohl-, Brand-, Schweiß|fuchs* m
alazana f *Ölpresse* f
alazo m *Flügelschlag* m
alazor m ⟨Bot⟩ *Saflor* m, *Färberdistel* f (Carthamus tinctorius)
alba f[el] *Tagesanbruch* m, *Morgendämmerung* f ‖ ⟨Kath⟩ *Albe* f, *Chorhemd* n ‖ *Morgenglocke* f ‖ ◇ *al* ~, *al quebrar* od *rayar* od *reír* od *romper el* ~ *bei Tagesanbruch* ‖ *estar entre dos* ~s ⟨fig⟩ *beschwipst, ange|säuselt, -heitert, -dudelt sein*
albacea m *Testamentsvollstrecker* m ‖ ~ *fiduciario Treuhänder* m ‖ ~ *legítimo gesetzlicher Testamentsvollstrecker* m
albaceazgo m *Amt* n *des Testamentsvollstreckers* ‖ *Testamentsvollstreckung* f
Albace|te f [Stadt und Provinz in Spanien] *Albacete* n ‖ **–tense** *(m/f),* **–teno, –teña** adj *aus Albacete* ‖ *auf Albacete bezüglich*
¹albacora f ⟨Fi⟩ *Weißer Tunfisch* (Germo alalunga)
²albacora f ⟨Bot⟩ *Frühfeige* f
albada f *Morgenstunde* f ‖ ⟨Mus⟩ *Morgenständchen* n ‖ ⟨Poet⟩ *Aubade* f, *Tagelied* n ‖ Ar ⟨Bot⟩ *Seifenkraut* n (Saponaria sp)
albahaca f ⟨Bot⟩ *Basilikum* n, *Basilie* f, *Basilienkraut* (Ocimum basilicum)
albaha|quero m *Blumentopf* m ‖ *Basilienhändler* m ‖ **–quilla** f ⟨Bot⟩ *e–e Basilienart*
albaicín m *Ortsteil* m *mit Gefälle*
△ **albaire** m f[a] *Ei* n
△ **albanado** adj *eingeschlafen*
albando adj *glühend (Eisen)*
albanega f *Haar|haube* f, *-netz, Häubchen* n ‖ ⟨Jgd⟩ *Kaninchenschlinge* f
¹albanés adj *albanisch* ‖ ~ m *Albaner* m ‖ *Arnaut* m *(bei den Bulgaren und Türken)* ‖ *el* ~ *die albanische Sprache, das Albanische*
△ **²albanés** m *Spielwürfel* m
Albania f ⟨Geogr⟩ *Albanien* n
albano adj ⟨Hist⟩ *aus Alba Longa*
albanokosovar(o) m *Kosovoalbaner* m
alba|ñal m *Abzugsgraben* m, *Kloake, Abflussrinne* f, *Abwasserkanal* m ‖ *Morast, Pfuhl* m ‖ ◇ *salir por el* ~ ⟨figf⟩ *(bei e–r*

Unternehmung) scheitern ‖ **–ñalero** m/adj
Kloaken-, Gruben|räumer m ‖ **–ñar** m → **–ñal** ‖ ⟨fig⟩ *Verschwendung* f
alba|ñil m *Maurer* m ‖ **–ñila** f ⟨Ins⟩ *Mörtelbiene* f (Chalicodoma muraria) ‖ **–ñilería** f *Maurerhandwerk* n ‖ *Mauerwerk* n
albaquía f *Rest, Rückstand* m *(bei e–r Zahlung)*
¹albar adj *(m/f) weiß (von Tieren, Pflanzen)*
²albar vt *weißsieden (Münzen)*
³albar m *hüg(e)liges, weißliches Geestland* n
albarada f *unverputzte Mauer* f
albarán m *Vermietungs-, Miet|zettel* m *(am Balkon* od *am Fenster* od *an der Tür e–s Hauses* ‖ ⟨Com⟩ *Lieferschein* m ‖ ⟨Com⟩ *Empfangsbestätigung* f ‖ ⟨allg⟩ *Urkunde* f, *Schein* m
albarazado m Mex *Mischling* m *(zwischen* jenízaro *und* china)
albarazo m ⟨Med⟩ *(Art) Flechte* f
albarca f Sant *(Art) Holzschuh* m
albarcoque m → **albaricoque**
albarda f *Pack-, Saum|sattel* m ‖ *Speckschnitte* f *zum Spicken* ‖ ⟨fig⟩ *Dummkopf* m ‖ ◇ *llevar la* ~ ⟨fig⟩ *viel ertragen* ‖ *eso es poner dos* ~s *a un burro* ⟨figf⟩ *das ist doppelt gemoppelt!* ‖ *se vino* od *se volvió la* ~ *a la barriga der Schuss ging nach hinten los*
¹albardado adj *auf dem Rücken anders gefärbt als am übrigen Leib* (bes. *vom Rindvieh)*
²albardado adj Bask Cant Nav *paniert (Fisch, Fleisch)*
albardán m *Possenreißer* m
albardar vt → **enalbardar**
albardear vt Hond *sehr plagen, belästigen, jdm zusetzen* ‖ Mex *ein wildes Pferd zähmen*
albar|dela f *Schulsattel* m *für junge Pferde* ‖ **–dería** f *Sattlerei* f ‖ **–dero, –donero** m *Sattler* m
¹albardilla f *Schulsattel* m *zum Einreiten* ‖ *Schutzleder* n *der Schafscherer* ‖ *ledernes Schulterkissen* n *der Wasserträger* ‖ *Polster* m *am Griff des Bügeleisens*
²albardilla f ⟨Arch⟩ *Mauer|vordach* n, *-abdeckung* f ‖ *Abdachung* f *von Gartenbeeten* ‖ ⟨EB⟩ *Ablauf-, Brems|berg* m
³albardilla f ⟨Kochk⟩ *Mischung* f *aus geschlagenen Eiern und Paniermehl* ‖ *kleine Speckschnitte* f *zum Spicken* ‖ And *(Art) Gebackene(s)* n
⁴albardilla f *Winterwolle* f *der Schafe*
albardi|llado adj *sattelförmig* ‖ ~ m *Bedachung* f ‖ **–llar** vt *(e–e Mauer) be|dachen, -kappen*
albar|dín m ⟨Bot⟩ *(Art) Pfriemengras* n (Stipa spp) ‖ **–dinar** m *Pfriemengraslandschaft* f
albardón m augm von **albarda** ‖ *Reitsattel* m *in Saumsattelform* ‖ Arg Bol *Anhöhe* f *im Überschwemmungsgebiet* ‖ Am *Teichdamm* m ‖ Hond *Mauerabdeckung* f ‖ *Abdachung* f
albardonería f → **albardería**
albardonero m → **albardero**
albarejo adj *weiß (Weizen, Brot)* ‖ → **¹candeal**
albarela f *(essbarer) Pappelpilz* m
albareque m ⟨Art⟩ *Sardinennetz* m
alba|rico, –rigo adj *weiß (Weizen, Brot)* ‖ ~ m → **¹candeal**
albari|coque m ⟨Bot⟩ *Aprikose* f, Öst *Marille* f ‖ *Aprikosenbaum* m ‖ ~ *de Toledo gesprenkelte Aprikose* ‖ **–coquero** m *Aprikosenbaum* m (Prunus armeniaca)
¹albarillo m ⟨Bot⟩ *kleine, weiße Aprikose* f
²albarillo m ⟨Mus⟩ *(Art) Gitarrenbegleitung* f *in schnellem Tempo* ‖ ◇ *ir por el* ~ ⟨fig⟩ *über|eilt, -stürzt ausgeführt werden*

albariño *m leichter Wein* m *aus Galicien*
alba|riza *f Salz|see, -teich* m ‖ *And hüg(e)liges, weißliches Geestland* n ‖ **–rizo** adj *weißlich* ‖ ~ *m weißliches Geestland* n
albarrada *f Kühlkrug* m ‖ *Trockenmauer* f ‖ *Umzäunung od Mauer* f *aus Erde od Stein* ‖ Ec *Teich* m ‖ *Zisterne* f
albarrana adj: (cebolla) ~ *(kleine) Meerzwiebel* f
albarraniego *m* ⟨Art⟩ *Schäferhund* m
albarrano *m* Ar *Zigeuner* m
albarraz *[pl ~ces] m* ⟨Med⟩ ⟨Art⟩ *Flechte* f ‖ ⟨Bot⟩ *Läuse|kraut* n, *-wurz* f (Pedicularis spp)
albarrazado adj *rötlichschwarz*
albatros *m* ⟨V⟩ *Albatros* m ‖ ~ *cabecigrís Graukopfalbatros* m (Diomedea chrysostoma) ‖ ~ *clororrinco Gelbnasenalbatros* m (D. chororhynchos) ‖ ~ *sombrío Rußalbatros* m (Phoebetria palpebrata) ‖ ~ *viajero Wanderalbatros* m (D. exulans)
albayalde *m Bleiweiß, Kremser Weiß* n ‖ *weiße Schminke* f ‖ ~ *rojo Bleimennige* f
albazano adj *dunkelbraun (Pferd)*
albazo *m* Pe *Morgenständchen* n ‖ Mex *Kriegshandlung* f *im Morgengrauen* ‖ Mex *Diebstahl* m *bei Tagesanbruch*
¹**albear** *m weiße Erde* f
²**albear** vi/t *weißlich durchschimmern* ‖ And Can *weißen (Wand)*
³**albear** vi Arg *früh aufstehen*
albedrío *m (freier) Wille* m ‖ *freies Ermessen* n ‖ *Willkür* f ‖ *ungeschriebenes Gesetz* n, *-geschriebener Rechtsbrauch* m ‖ *libre* ~ *freier Wille* m ‖ ◆ al ~ *freiwillig, un|abhängig, -beeinflusst* ‖ a su ~ *nach s–m (ihrem) Belieben* ‖ ◇ rendir el ~ *s. e–m fremden Willen unterwerfen*
albedro m Ast ⟨Bot⟩ → **alborto**
albéitar *m Tierarzt* m
albeitería *f Tierheilkunde* f ‖ *Tierarztberuf* m
albel|dadero *m* Al ⟨Agr⟩ *Worfelplatz* m ‖ **–dar** vt *worfeln*
albellón *m* → **albollón**
albenda *f* ⟨reg⟩ *Vorhang* m
albendera *f* ⟨fam⟩ *Müßiggängerin* f
albengala *f* ⟨Text⟩ *Nesseltuch* n *(zur Anfertigung von Turbanen)*
albéntola *f enges Fischfangnetz* n
¹**alberca** *f offener Sammelbrunnen* m ‖ *Zisterne* f, *gemauerter Wasserbehälter* m ‖ Mex *Schwimmbecken* n ‖ ◆ en ~ *noch ohne Dach (Gebäude)*
²**alber|ca** *f Hanfröste* f ‖ **–car** [c/qu] vt Ar *rösten (Hanf)*
albérchiga *f* → **albérchigo**
alberchigal *m* ⟨Bot⟩ *Frühpfirsichplantage* f
albérchigo *m* ⟨Bot⟩ *Frühpfirsich(baum)* m (Prunus sp) ‖ *Herzpfirsich* m ‖ ⟨reg⟩ *Aprikose* f
alberchiguero *m* ⟨Bot⟩ *Frühpfirsichbaum* m
albercoque *m* → **albaricoque**
alber|gar [g/gu] vt *beherbergen, aufnehmen* ‖ *Unterkunft* f *bieten od gewähren* ‖ ⟨fig⟩ *beschützen* ‖ ~**se** *einkehren, absteigen (Hotel usw.), s. niederlassen* (& vi) ‖ **–gue** *m Herberge* f ‖ *Unterkunft* f ‖ *Obdach* n, *Zufluchtsstätte* f ‖ *Asyl* n ‖ *Lager* n *(Tier)* ‖ ⟨fig⟩ *Schutz* m ‖ ~ *alpino Berg|hütte, -baude* f ‖ ~ *de esquí Skihütte* f ‖ ~ *juvenil Jugendherberge* f ‖ ~ *nacional de carretera* (Span) *staatliche (Straßen)Raststätte* f ‖ **–guero** *m Gastwirt, Herbergsvater* m
albero adj → **albar** ‖ ~ *m Kreideboden* m ‖ *Tellerwischtuch* n ‖ Sal *Aschenwinkel* m *in der Küche*
alberque *m* → ¹**alberca**
alberquero *m Teich- und Zisternen|aufseher* m ‖ *Brunnenmeister* m

albertita *f* ⟨Min⟩ *Albertit* m
Alberto *m* np *Albert* m
albeto *m Perlenessenz* f
albica *f weiße Erde* f
albi|cante *(m/f)*, **álbido** adj *weißlich* ‖ **–cie** *f Weiße* f, *weiße Farbe* ‖ **–color** adj *weißfarbig*
albigense *m* ⟨Hist Rel⟩ *Albigenser* m
albillo adj: (uva) ~*a Gutedeltraube* f ‖ ~ *m Wein* m *aus Gutedeltrauben*
albín *m* ⟨Min⟩ *(rote Freskofarbe aus) Hämatit* m
albina *f Salzsee* m ‖ *Lagunensalz* n ‖ *Fischaugenstein* m
albi|nismo *m* ⟨Med Biol⟩ *Albinismus* m ‖ **–no** adj ⟨Med Biol⟩ *albinotisch, Albino-* ‖ ~ *m* ⟨Med Biol⟩ *Albino* m ‖ ⟨Zool⟩ *Kakerlak* m ‖ Mex *Mischling* m *zwischen Morisko und Spanier in od umgekehrt* ‖ **–nótico** adj *albinotisch*
Albión *f* ⟨lit⟩ *Albion* n
albis → in **albis**
albita *f* ⟨Min⟩ *Albit, weißer Feldspat* m
albitana *f Schutzzaun* m *um Pflanzen* ‖ ⟨Mar⟩ *Binnensteven* m
albo adj ⟨bes. poet⟩ *(perl)weiß* ‖ *weißglühend (Eisen)*
alboaire *m* ⟨Arch⟩ *Fliesenverzierung* f *im Kuppelinneren maurischer Bauten*
albo|gue *m* ⟨Mus⟩ *Dudelsack* m ‖ ⟨Art⟩ *Hirtenpfeife, Schalmei* f ‖ **–guear** vt *Albogue spielen*
alb(oh)ol *m* ⟨Bot⟩ *Ackerwinde* f (Convolvulus spp) ‖ ⟨Art⟩ *Salzkraut* n
alboka *m* ⟨Mus⟩ *bask. Instrument* n *(Art Schalmei od Dudelsack)*
albolga *f* Ar ⟨Bot⟩ *Bockshornklee* m (Trigonella foenum graecum)
albolita *f Albolit* m
albollón *m Abzugsgraben* m, *Siel* m (& n)
albóndiga, albondiguilla *f Fleischklößchen* n ‖ *Knödel, Kloß* m ‖ ⟨pop⟩ *Popel* m
alboquerón *m* ⟨Bot⟩ ⟨Art⟩ *Levkoje* f (Malcolmia africana)
albor *m Weiß* n, *weiße Farbe* f ‖ *Morgendämmerung* f ‖ ~**es** *mpl* ⟨fig⟩ *Anfang* m ‖ ◆ los ~ *de la vida* ⟨fig⟩ *die Jugendjahre* npl ‖ en los ~ *de la humanidad beim Erwachen der Menschheit*
alborada *f Tagesanbruch* m ‖ ⟨Mil⟩ *Kriegshandlung* f *im Morgengrauen* ‖ ⟨Mil⟩ *Weckruf* m ‖ ⟨Mil⟩ *Morgenwache* f ‖ ⟨Mus⟩ *Morgenständchen* n ‖ (Mus Poet) *Aubade* f, *Tagelied* n ‖ (bes. in Gal) *volkstüml. Musikstück* n *im Sechsachteltakt* ‖ Mex *Prozession* f
¹**albórbola** *f Jubelgeschrei* n ‖ *fröhlicher Lärm* m ‖ *freudiges Lärmen* n
²**albórbola** *f Blase* f *(beim Kochen)*
alborear vi *Tag werden, dämmern, tagen*
alborga *f Bast-, Esparto|schuh* m
albornía *f Schüsselchen* n *aus Steingut*
albornoz *[pl ~ces] m Bademantel* m ‖ *Burnus, Kapuzenmantel* m
alborocera *m* ⟨Bot⟩ Ar ⟨Bot⟩ → **alborto** ‖ *Frucht* f *des Erdbeerbaumes*
alboronía *f* ⟨Kochk⟩ *Gericht* n *aus gehackten Tomaten, Eierfrüchten, Kürbis und span. Pfeffer*
alboroque *m Maklergebühr* f ‖ *Vergütung* f *(für Vermittlerdienste)* ‖ ⟨reg⟩ *Leikauf* m *(Umtrunk nach Vertragsabschluss)*
alboro|tadizo adj *unruhig, leicht aufgeregt* ‖ **–tado** adj *aufgeregt* ‖ *wirr* ‖ *unbesonnen, kopflos* ‖ *zerzaust (Haar)* ‖ adv: ~**amente** ‖ **–tador** adj *lärmend, randalierend* ‖ ~ *m Randalierer, Krawallmacher, Krakeeler* m ‖ *Ruhestörer, Störenfried* m ‖ *Aufwiegler, Unruhestifter* m ‖ **–tapueblos** *m* → **–tador** ‖ *Stimmungskanone, Betriebsnudel* f

alborotar vt *beunruhigen, stören* ‖ *empören, aufwiegeln* ‖ ~ vi *schreien, lärmen, randalieren, Krawall machen, krakeelen* ‖ *~se Angst bekommen* ‖ *s. empören* ‖ *in Zorn geraten* ‖ *erschrecken* ‖ Chi *s. bäumen (Pferd)*
  alboroto *m Lärm, Radau* m ‖ *Tumult* m ‖ *Besorgnis* f ‖ *Aufstand* m, *Empörung* f, *Aufruhr* m ‖ ~ *nocturno nächtliches Lärmen* n ‖ *nächtliche Ruhestörung* f
  ¹alborotos mpl Mex *Vergnügen* n, *Freude* f ‖ Pe *Trubel* m
  ²alborotos mpl Am ⟨Kochk⟩ *(Art) Maisgericht* n ‖ Guat Hond ⟨Kochk⟩ *Gebäck* n *aus Maismehl und Honig*
  alboroza f Ar *Frucht* f *des Erdbeerbaumes*
  albo|rozado adj *freudig, vergnügt* ‖ adv: ~**amente** ‖ **–rozar** [z/c] vt *mit Freude erfüllen, (jdn) sehr erfreuen* ‖ *aufheitern* ‖ *~se jubeln, jauchzen* ‖ *entzückt sein* ‖ **–rozo** m *Freude, Fröhlichkeit* f, *Entzücken* n, *Jubel* m
  albortante m *Laternenpfahl* m ‖ *Beleuchtungsmast* m
  albor|to, –zo m ⟨Bot⟩ *Erdbeerbaum* m (Arbutus unedo)
  alboyo m Gal *Vordach* n ‖ *Schuppen* m
  albraque m *Sumpf|strecke* f, *-ort* m
  albriciar vt *e–e gute Nachricht bringen*
  albricias fpl *Botenlohn* m ‖ ◇ *dar ~ den Überbringer e–r frohen Nachricht beschenken* ‖ *ganar las ~* ⟨fig⟩ *der erste Überbringer einer frohen Botschaft sein* ‖ ¡~! *m–e Glückwünsche! gute Nachricht!*
  albuces mpl *Schaden* fpl *an einer Wasserkunst*
  albudeca f *Wassermelone* f *minderer Qualität*
  albufera f Val Mall *Strand-, Salzwasser|see* m ‖ *Lagune, Tidelagune* f
  albugíneo, albuginoso adj ⟨Zool⟩ *ganz weiß*
  albugo m ⟨Med⟩ *Albugo* f, *Leukom* n, *weißer Hornhautfleck* ‖ *Leukochynie! Weißfärbung* f *des Nagels*
  albuhera f → **albufera** ‖ *Zisterne* f
  álbum [a'lbun] m *Album, Gedenkbuch* n ‖ *Sammelbuch* n ‖ ~ *de delincuentes Verbrecheralbum* n ‖ ~ *de dibujo Zeichenbuch* n ‖ ~ *de discos Schallplattenalbum* n ‖ ~ *familiar Familienalbum* n ‖ ~ *de fotos, ~ de fotografías, ~ de retratos Bilder-, Foto|album* n ‖ ~ *de sellos postales Briefmarkenalbum* n ‖ ~ *de tarjetas postales Postkartenalbum* n
  albumen m *Eiweiß* n ‖ ⟨Bot⟩ *Keimhülle* f
  albúmina f ⟨Chem⟩ *Albumin* n, *Eiweißstoff* m ‖ ~ *sérica* ⟨Physiol⟩ *Serumalbumin* n
  albumi|nado, albumíneo adj ⟨Chem⟩ *eiweißhaltig* ‖ **–nar** vt *mit Eiweißstoff behandeln (Papier)* ‖ **–nato** m ⟨Chem⟩ *Albuminat* n ‖ ~ *de hierro* ⟨Chem⟩ *Eisenalbuminat* n ‖ **–nímetro** m *Albuminimeter* n ‖ **–noide** m *Albuminoid* n ‖ **–noideo** adj *albuminoid, albuminartig* ‖ **–nómetro** m → **–nímetro** ‖ **–noso** adj *albuminös, eiweißhaltig* ‖ **–nuria** f ⟨Med⟩ *Albuminurie, Proteinurie* f
  ¹albur m ⟨Fi⟩ *Ukelei, Laube* f (Alburnus spp)
  ²albur m *die zwei erstgezogenen Karten* fpl *im Montespiel* ‖ ⟨fig⟩ *Wagnis* n *(beim Kartenspiel)* ‖ ◇ *correr un ~* ⟨fig⟩ *s. e–m Verlust* od *e–r Gefahr aussetzen* ‖ *et. wagen* ‖ **–es** mpl ⟨Kart⟩ *Alburespiel* n ‖ Mex *Wortspiel* n ‖ PR *Lügen* fpl
  albura f ⟨lit⟩ *(blendende) Weiße* f ‖ *Eiweiß* n ‖ *Splintholz* n ‖ *Splintfäule* f ‖ *Holzsplint* m
  alburente adj ⟨Kart⟩ *dünnfas(e)rig (Holz)*
  alburero m *Alburesspieler* m
  alburiar vt CR *be|trügen, -rücken*
  ¹alburno m ⟨Bot⟩ → **albura**
  ²alburno m ⟨Fi⟩ → **¹albur**
  alburoso adj ⟨Bot⟩ *splinthaltig* ‖ *blendendweiß*

albuz [pl ~**ces**] m *Brunnenrohr* n
  alca f [el] ⟨V⟩ *Alk* m ‖ ~ *común* ⟨V⟩ *Tordalk* m (Alca torda)
  alcaba|la f ⟨Hist⟩ *Verkaufssteuer* f ‖ **–lero** m *Einnehmer* m *der Verkaufssteuer*
  alcabela f *Abstammung* f, *Geschlecht* n ‖ *Haufe(n)* m, *Bündel* n
  alcabor m Murc *Wölbung* f *eines Backofens*
  alcacel m ⟨Bot⟩ → **alcacer**
  alcacer m ⟨Bot⟩ *grüne Gerste* ‖ *Grünfutter* n ‖ *Mengkorn* n ‖ *Futterfeld* n ‖ Ar → **alfalfa** ‖ ◇ *le retoza el ~* ⟨fam⟩ *ihn sticht der Hafer* ‖ *er schlägt* od *haut über die Stränge*
  ¹alcachofa f ⟨Bot⟩ *Artischockenpflanze* f (Cynara scolymus) ‖ *Artischocke* f ‖ ◇ *estar más ancho que una ~* ⟨figf⟩ *s. sehr wohl und behaglich fühlen*
  ²alcachofa f ⟨Tech⟩ *Saugkorb* m *(an e–r Pumpe)* ‖ *Filterkopf* m *(e–r Saugspritze)*
  ³alcachofa f ⟨Hydr⟩ *Einlaufrechen* m
  ⁴alcachofa f Chi *Ohrfeige* f
  ⁵alcachofa f ⟨V⟩ *Unterschwanzflaum* m *der Hühner(vögel)*
  alcacho|fado adj *artischockenförmig* ‖ ⟨fig⟩ *geblümt (Stoff)* ‖ ~ m *Artischockengericht* n ‖ **–fal, –far** m *Artischockenfeld* n ‖ **–far** vt ⟨fig⟩ *aus|breiten, -weiten* ‖ **–fera** f *Artischockenpflanze* f ‖ *Artischockenverkäufer* f ‖ **–fero** adj ⟨Bot⟩ *Artischocken tragend* ‖ ~ m *Artischockenverkäufer* m
  alca|haz [pl ~**ces**] m *Vogelhaus* n, *Voliere* f ‖ *Geflügelhof* m ‖ **–hazar** [z/c] vt *einpferchen (Geflügel)*
  alcahue|ta f *Kupplerin* f ‖ ⟨figf⟩ *Hehlerin* f ‖ ⟨figf⟩ *Klatschbase* ‖ **–te** m *Kuppler* m ‖ *Zuhälter* m ‖ ⟨figf⟩ *Hehler* m ‖ ⟨figf⟩ *Zwischenträger* m *(Person)* ‖ *Spitzel, Zuträger* m ‖ ⟨Th⟩ *Zwischenaktvorhang* m ‖ **–t(e)ar** vt *verkuppeln, durch Kuppelei verführen* ‖ ⟨fig⟩ *(ver)hehlen* ‖ ⟨figf⟩ *tückisch verlangen* ‖ ⟨figf⟩ *verleumden* ‖ ~ vi *Kuppelei treiben* ‖ **–tería** f *Kuppelei* f ‖ *Kupplerwesen* n ‖ ⟨figf⟩ *Hehlerei* f
  alcaico adj ⟨Poet⟩ *alkäisch*
  alcai|de m ⟨Hist⟩ *Burg-, Schloss|vogt* m ‖ *Kerkermeister* m ‖ *Aufseher* m *beim Kornverkauf* ‖ ⟨fig⟩ *Schutz* m ‖ ~ *de la cárcel Leiter* m *e–r Strafanstalt, Gefängnisvorsteher* m ‖ **–desa** f *weibl. Form von* alcaide
  alcaidía f *Burgvogtei* f ‖ *Amtsstelle* f *e–s* alcaide
  alcairía f Sal *Landgut* n
  alcalá [pl ~**aes**] m ⟨Mil⟩ *Burg* f, *Schloss* n, *fester Platz* ‖ Ar *Moskitonetz* n, *Mückenvorhang* m
  alcalaíno adj/s *aus Alcalá de Henares* (P Madr) ‖ *auf Alcalá de Henares bezüglich*
  alcaldada f *Gewaltstreich* m *e–s Alkalden* ‖ *Amtsanmaßung* f, *Übergriff* m ‖ *alberner Ausspruch*
  ¹alcalde m *Bürgermeister* m ‖ *Gemeindevorsteher* m ‖ Deut *Bürger-* bzw *(in Stadtkreisen) Oberbürger|meister* bzw *Stadt-* bzw *(in Stadtkreisen) Oberstadt|direktor* m ‖ ~ *de barrio Ortsvorsteher, Bezirksbürgermeister* m ‖ *en funciones amtierender Bürgermeister* m ‖ *~-gobernador de Berlín Regierender Bürgermeister* m *von Berlin* ‖ ~ *mayor Oberbürgermeister* bzw *Oberstadtdirektor* m ‖ ~ *del mes de eneo* ⟨figf⟩ *eifriger Neuling* m ‖ *pedáneo etwa: Gemeindevorsteher* m ‖ ⟨Hist⟩ *(ungelehrter) Ortsrichter* m
  ²alcalde m *Vortänzer* m ‖ *(Art) Kartenspiel* n
  alcal|deño, –desco adj ⟨fam iron⟩ *wie ein Dorfrichter, vogtmäßig* ‖ **–desa** f *weibl. Form von* alcalde ‖ **–día** f *Kanzlei* f, *Amt* n, *Amtsbezirk* m

e–s Bürgermeisters ‖ *Bürgermeisteramt* n, *Stadt-, Gemeinde|verwaltung* f ‖ *Rathaus* n ‖ ◇ *hacerse cargo de la ~ das Amt des Bürgermeisters übernehmen*
alcalemia f ⟨Med⟩ *Alkal(i)ämie* f
alcalescen|cia f ⟨Chem⟩ *Alkaleszenz* f ‖ **–te** adj *(m/f) alkalisierend*
álcali m ⟨Chem⟩ *Alkali* n
alca|lígeno adj ⟨Chem⟩ *laugen-, alkali|bildend* ‖ *~ m Laugen-, Alkali|bildner* m ‖ **–limetría** f *Alkali|messung, -metrie* f ‖ **–limétrico** adj *alkalimetrisch* ‖ **–límetro** m *Alkalimesser* m ‖ **–linidad** f *Alkalinität* f ‖ **–linizar** [z/c] vt *alkalisieren* ‖ **–lino** adj *alkalisch* ‖ *~ cáustico ätzalkalisch* ‖ **–linotérreo** adj *Erdalkali-* ‖ **–lización** f *Alkalisieren* n ‖ **–lizar** [z/c] vt *alkalisieren*
alca|ller m *Töpfer* m ‖ *Töpferwerkstatt, Töpferei* f ‖ **–llería** f *Töpferware* f
alcaloide m ⟨Chem⟩ *Alkaloid* n
alcalosis f ⟨Med⟩ *Alkalose* f
alcamonero adj Ven *zu-, auf|dringlich, s. aufdrängend, vorlaut*
alcamonías fpl *Gewürzkörner* npl ‖ ⟨figf⟩ *Kuppeleien* fpl ‖ ⟨figf⟩ *Klatschereien* fpl
alcana f ⟨Bot⟩ → **alheña**
¹alcance m *Reichweite* f, *Bereich* m ‖ *Sehweite* f ‖ ⟨Tech⟩ *Ausladung* f, *Bereich* m ‖ ⟨Tech⟩ *Schuss-, Trag|weite* f ‖ ⟨Mar⟩ *Tragweite* f ‖ ⟨Radio⟩ *Reichweite* f ‖ ⟨fig⟩ *Bereich* m ‖ ⟨fig⟩ *Tragweite* f (z. B. *e–r Entscheidung*) ‖ *~ del ángulo de incidencia* ⟨Flugw⟩ *Anstellwinkelbereich* m ‖ *~ de aplicación Anwendungs|bereich* m, *-gebiet* n ‖ *~ de audibilidad, ~ de audición Hörbereich* m ‖ *~ de avance Vorschubbereich* m ‖ *~ de capacidad Leistungsbereich* m ‖ *~ cercano Nahbereich* m ‖ *~ de chispas* ⟨El⟩ *Schlagweite* f *von Funken* ‖ *~ efectivo* ⟨El⟩ *wirksame Reichweite* f ‖ *~ de giro Dreh-, Schwenk|bereich* m ‖ *~ de llamada* ⟨Tel⟩ *Rufweite* f ‖ *~ de medición Messbereich* m ‖ *~ óptico optische Reichweite* f ‖ *~ de peligro Gefahren|bereich* m, *-zone* f ‖ *~ de protección Schutzbereich* m ‖ *~ de proyección Wurfweite* f ‖ *~ próximo Nahbereich* m ‖ *~ de un proyectil Schussweite* f ‖ *~ radar Radarweite* f ‖ *~ de recepción* ⟨Tel⟩ *Empfangsbereich* m ‖ *~ de rotación Dreh-, Schwenk|bereich* m ‖ *~ de sonido Tonbereich* m ‖ *~ de sujeción Spannbereich* m ‖ *~ de trabajo Arbeits|bereich* m, *-feld, -gebiet* n ‖ *~ de velocidades Drehzahlbereich* m ‖ *~ de la vista Sehweite* f ‖ *~ de la voz Hörweite* f ‖ ◆ *al ~ de todo el mundo) leicht od allgemein verständlich* ‖ ⟨jedermann⟩ *zugänglich* ‖ *al ~ de la mano im Handbereich, in Reichweite, griffbereit* ‖ *de poco ~ unbedeutend* ‖ ◇ *dar ~ a alg.* ⟨fig⟩ *jdn einholen* ‖ *jdn ertappen od überraschen* ‖ *guardar fuera del ~ de los niños für Kinder unzugänglich aufbewahren* ‖ *poner al ~ de … zugänglich machen* (dat) ‖ *~s mpl* ⟨fig⟩ *Fähigkeit, Begabung* f, *Verstand* m, *Talente* npl ‖ Guat *Verleumdungen* fpl ‖ ◇ *ir a* (od en) *los ~ de u/c* ⟨fig⟩ *im Begriff sein, et. zu erreichen* ‖ *irle* (od andarle) *a uno a* (od en) *los ~ jdm auf dem Fuße folgen, jdm auf den Fersen sein* ‖ ⟨fig⟩ *jdm nachspähen* ‖ *tener pocos ~ beschränkt, einfältig sein,* ⟨fam⟩ *k–n Grips haben, nicht hell (auf der Platte) sein*
²alcance m *Verfolgen, Nachsetzen* n ‖ ⟨Com⟩ *Fehlbetrag* m, *Defizit* n ‖ *Kassenbestand* m ‖ ⟨Mil⟩ *Überschuss* m *vom Lohn*
³alcance m ⟨Ztg⟩ *letzte Meldung* ‖ Am *Extrablatt* n
⁴alcance m ⟨Vet⟩ *Knochenauftreibung* f
⁵alcance m *Eilpost* f

alcancía f *(irdene) Sparbüchse* f ‖ Chi Guat Hond *Opferstock* m ‖ ⟨fig vulg⟩ *Möse, Muschi* f ‖ *~s fpl* ⟨Hist⟩ *Büchsenwerfen* n *(Ritterspiel)*
alcandía f ⟨Bot⟩ *Mohrenhirse* f, *Sorgho* m (Sorghum vulgare)
alcandial m *Mohrenhirsefeld* n
alcandora f *Signalfeuer* n
alcanfor m *Kampfer* m ‖ → **alcanforero** ‖ CR *Kuppler* m
alcanfo|rada f ⟨Bot⟩ *Kampferkraut* n ‖ **–rado** adj: *aceite ~ Kampferöl* n ‖ **–rar** vt *kampfern* ‖ **–rato** m ⟨Chem⟩ *kampfersaures Salz* n ‖ **–rero** m *Kampferbaum* m (Cinnamomum camphora)
alcántara f *Kasten* m *am Samtwebstuhl* ‖ Cu *Wasserkrug* m
alcantarilla f dim von **alcántara** ‖ *Abwasserkanal* m ‖ *Abzugsgraben, (Wasser)Durchlass* m ‖ *Steg* m ‖ *kleine, schmale Brücke* f ‖ *überwölbte Abzugsrinne* f ‖ Mex *Trinkwasserzisterne* f
alcantari|llado m *Kanalisation* f, *Kanalsystem* n *(e–r Stadt)* ‖ *Entwässerungsanlage* f ‖ *überwölbte Wasserleitung* f ‖ **–llar** vt *kanalisieren* ‖ *entwässern* ‖ *mit Abzugsrinnen versehen* ‖ **–llear** vt → **–llar** ‖ **–llero** m *Kanalarbeiter* m
alcantarino adj *aus Alcántara* (P Các) ‖ *auf Alcantara bezüglich* ‖ *~ m Ritter* m *des Alcántaraordens*
alcanzable adj *(m/f) erreichbar*
alcan|zadizo adj *leicht zu erlangen(d)* ‖ *leicht zugänglich* ‖ *leicht zu greifen(d) od zu erreichen(d)* ‖ **–zado** adj *notleidend, bedürftig* ‖ Col *müde* ‖ ◇ *andar* (od *estar*) *~* ⟨fam⟩ *knapp bei Kasse sein* ‖ *~ de fondos verschuldet* ‖ *quedar ~ Schuldner bleiben*
alcanzadura f ⟨Vet⟩ *Knochenauftreibung* f
alcanzar [z/c] vt *einholen, erreichen, ereilen* ‖ ⟨fam⟩ *kriegen* ‖ *mitkriegen (Gesprochenes)* ‖ *(mit der Hand) hinlangen, reichen (geben)* ‖ ⟨fig⟩ *er|halten, -langen* ⟨fig⟩ *begreifen, verstehen* ‖ ⟨fig⟩ *vermögen, das Vermögen haben, et. zu tun* ‖ ⟨fig⟩ *zum Ziel gelangen* ‖ ⟨fig⟩ *erleben* ‖ *erlebt od gesehen od gekannt haben* ‖ *(mit dem Gewehr) treffen* ‖ ⟨fig⟩ *angehen, betreffen* ‖ ◇ *~ a alg. en días* ⟨fig⟩ *jdn überleben* ‖ *~ a alg. de razones* ⟨fig⟩ *jdn durch Gründe überzeugen* ‖ *~ fama Ruhm erlangen* ‖ *~ la madurez erwachsen werden* ‖ *~ la mayoría de edad volljährig werden* ‖ *~ el quórum beschlussfähig sein* ‖ *~ vi langen* ⟨fig⟩ *genügen, ausreichen* ‖ ⟨fig⟩ *zuteil werden, zufallen* ‖ *reichen, Tragweite haben (Geschütz)* ‖ ⟨fig⟩ *vermögen* ‖ *das Vermögen haben, et. zu tun* ‖ ⟨fig⟩ *einen Saldo (bei jdn) guthaben* ‖ ◇ *si alcanza, no llega* ⟨fig⟩ *es ist sehr knapp* ‖ *5 000 euros no alcanzan 5 000 Euro genügen nicht* ‖ *no alcanzo a leer sin gafas ohne Brille kann ich nicht lesen* ‖ *~se s. treten, s. streichen (von Pferden)* ‖ *no se me alcanza es will mir nicht in den Kopf* ‖ *quedar od salir alcanzado* ⟨fig⟩ *Schuldner bleiben (bei e–m Rechnungsabschluss)*
alcanzativo m Guat *Verleumder* m
alcañizano adj/s *aus Alcañiz* (P Ter) ‖ *auf Alcañiz bezüglich*
alca|parra f ⟨Bot⟩ *Kapernstrauch* m (Capparis spinosa) ‖ *Kaper* f ‖ **–parral** m *Kapernfeld* n ‖ **–parrera** f ⟨Bot⟩ → **–parra** ‖ *Kapernverkäuferin* f ‖ *Kaperngefäß* n ‖ **–parro** m → **–parra** ‖ **–parrón** m *Kaper* f ‖ *große Kaper* f
alcaparrosa f → **caparrosa**
alcaraceño adj/s *aus Alcaraz* (P Alb) ‖ *auf Alcaraz bezüglich*
alcaraván m ⟨V⟩ *Triel* m (Burhinus oedicnemus)

alcaravea f ⟨Bot⟩ *Feld-, Wiesen\kümmel,
Kümmel* m (Carum carvi)
alcarceña f ⟨Bot⟩ *Erve(nlinsepflanze)* f
(Vicia sp)
alcarchofa ⟨Bot⟩ → **¹alcachofa**
alcarcil m And → **alcaucil**
alcaría f Sal *Landgut* n
alca\rracero m *Verkäufer* m *von Kühlkrügen* ‖
Gestell n *für Kühlkrüge* ‖ **–rraza** f *Kühlkrug* m,
poröses Kühlgefäß n ‖ **–rrazal** m *Gestell* n *für
Kühlkrüge*
alcarreño adj/s *aus La Alcarria* (Cast) ‖ *auf La
Alcarria bezüglich*
alcarria f *flaches, grasarmes, dürres Hochland*
n ‖ **~s** Guad *Frühlingsregen* m
alcartaz [pl **~ces**] m *Papiertüte* f
¹alcatifa f *feiner Teppich* od *Wandteppich*
²alcatifa f ⟨Arch⟩ *Bettung* f
alcatona f *Abputzhammer* m
¹alcatraz [pl **~ces**] m ⟨V⟩ *Basstölpel* m (Sula
bassana)
²alcatraz [pl **~ces**] m ⟨Bot⟩ *Aron(s)stab* m
(Arum sp)
³alcatraz [pl **~ces**] m Ec ⟨joc⟩ *Stadtrat* m
(Person)
¹alcaucil m ⟨Bot⟩ *Wilde Artischocke* ‖
Artischocke f
²alcaucil m Arg *Kuppler* m
alcaudón m ⟨V⟩ *Würger* m (Lanius spp) ‖ **~**
chico Schwarzstirnwürger m (L. minor) ‖ **~**
común Rotkopfwürger m (L. senator) ‖ **~**
dorsirrojo Neuntöter m (L. collurio) ‖ **~** *isabel
Isabellwürger* m (L. isabellinus) ‖ **~** *núbico
Maskenwürger* m (L. nubicus) ‖ **~** *real
Raubwürger* m (L. excubitor)
alcayata f *Wandhaken* m ‖ *Kleiderhaken* m ‖
Haken-, Ösen\nagel m
alcazaba f ⟨Hist⟩ *maurische Festung* f ‖ ⟨Hist⟩
befestigte Oberstadt f
¹alcázar m *Alkazar* m ‖ *Festung* f, *befestigtes
Schloss* n ‖ ⟨Hist⟩ *maurisches Stadtschloss* n,
maurischer Palast m
²alcázar m ⟨Mar⟩ *Achterdeck* n
alcazuz [pl **~ces**] m ⟨Bot⟩ → **regaliz**
alc.ᵈᵉ ⟨Abk⟩ = **¹alcalde**
¹alce m ⟨Zool⟩ *Elch* m, *Elen(tier)* n (Alces
alces)
²alce m **a)** *abgehobene Karten* fpl ‖ **b)** Cu
Aufladen n *des geernteten Zuckerrohrs* ‖ **c)** ⟨Typ⟩
Zusammentragen n
alcedón m → **alción**
alchub m Ar *Zisterne* f
Alcibíades np *Alkibiades* m
álcidos mpl ⟨V⟩ *Alken* mpl
alción m ⟨V⟩ *Eisvogel* m (Alcedo atthies)
alcionismo m ⟨lit⟩ *Ausgeglichenheit* f,
Wohlbefinden n
alcireño adj/s *aus Alcira* (P Val) ‖ *auf Alcira
bezüglich*
alcista adj *(m/f)* ⟨Com⟩ *steigend* ‖ [Börse]
Hausse- ‖ **~** m/f [Börse] *Haussespekulant(in* f),
Haussier m ‖ *Preistreiber(in* f) m
¹alcoba f *Alkoven* m, *Nebengemach* n ‖
Schlafzimmer n
²alcoba f *Schere* f *der Waage*
³alcoba f → **¹jábega**
alcocarra f *Geste, Grimasse* f
alcohofilia f *Alkohol-, Trunk\sucht* f
alcohol m *Alkohol, Weingeist* m ‖
alkoholhaltiges Getränk n ‖ *Sprit* m ‖ **~** *absoluto
reiner, absoluter Alkohol* m ‖ **~** *alcanforado
Kampferspiritus* m ‖ **~** *amílico Amylalkohol* m ‖
~ *anhidro wasserfreier Alkohol* m ‖ **~** *bruto
Rohspiritus* m ‖ **~** *bencílico Benzylalkohol* m ‖ **~**
butílico Butylalkohol m, *Butanol* n ‖ **~** *caprílico*

Kaprylalkohol m ‖ **~** *combustible
Alkoholkraftstoff* m ‖ **~** *desnaturalizado
denaturierter Alkohol* m ‖ **~** *elevado höherer
Alkohol* m ‖ **~** *etílico Äthylalkohol* m, *Äthanol* n ‖
~ *fenicado Karbolspiritus* m ‖ **~** *de fermentación
Gärungsalkohol* m ‖ **~** *fórmico Ameisenspiritus*
m ‖ **~** *de grano Kornalkohol* m ‖ **~** *impuro
unreiner Alkohol* m ‖ **~** *isopropílico
Isopropylalkohol* m ‖ **~** *de madera,* **~** *metílico
Methyl-, Holz\alkohol* m ‖ **~** *de maíz Maisgeist* m
‖ **~** *de menta Pfefferminztropfen* mpl ‖ **~**
ordinario Äthylalkohol (fachspr.: *Ethyl-)* m ‖ **~**
propílico Propylalkohol m ‖ **~** *de quemar
Brennspiritus* m ‖ **~** *rectificado rektifizierter
Alkohol* m ‖ **~** *en la sangre Blutal\kohol* m ‖ **~**
solidificado Hartspiritus m ‖ **~** *de trementina
Terpentinalkohol* m ‖ **~** *vínico Wein-,
Äthyl\alkohol* m, *Äthanol* n ‖ ◆ *sin* **~** *alkoholfrei*
‖ **~es** mpl *Alkoholarten* fpl ‖ **~** *fuertes
Hochprozentige(s)* n
¹alcoholado adj *mit dunklen Rändern um die
Augen (Rindvieh usw.)*
²alcoholado m ⟨Pharm⟩ *alkoholische Essenz* f
alcoho\lar vt *mit Alkohol versetzen* ‖ ⟨Mar⟩
teeren ‖ **–lato** m ⟨Chem⟩ *Alkoholat,
Alkoholpräparat* n ‖ **–lemia** f *Alkohol(spiegel)* m
im Blut ‖ **–lera** f *Alkoholfabrik* f ‖
Alkoholfläschchen n ‖ **–lero** adj *Alkohol-* ‖ **~** m
Erzeuger bzw Verkäufer m *von Alkohol* ‖ **–licidad**
f *Alkoholgehalt* m *(der Getränke)*
alcohólico adj *Alkohol-, alkoholisch* ‖
trunksüchtig ‖ **~** m *Alkoholiker, Trinker* m ‖ **~s**
Anónimos Anonyme Alkoholiker mpl
alcoho\lificación f ⟨Chem⟩ *Alkoholisierung* f ‖
–limetría f *Alkoholometrie* f ‖ **–límetro** m
Alkoholometer n, *Alkoholmesser* m ‖ **–lismo** m
Alkoholismus m ‖ *Alkoholmissbrauch* m,
Trunksucht f ‖ *Alkoholvergiftung* f ‖ **–lización** f
Alkoholisierung f ‖ *Alkoholzusatz* m ‖ **–lizado** adj
alkoholisiert ‖ *trunksüchtig* ‖ **–lizar** [z/c] vt
alkoholisieren, mit Alkohol versetzen ‖ *spritzen
(Wein)* ‖ **–lómetro** m → **–límetro**
alcolla f *große Glasflasche* f
alcor m *Hügel* m, *Anhöhe* f
alco\rán m ⟨Rel⟩ *Koran* m ‖ **–ránico** adj *zum
Koran gehörig* ‖ **–ranista** m/f *Korangelehrte(r* m)
alcorce m Ar *Kürzen* n, *Verkürzung* f ‖ Ar
Richtweg m ‖ *Abkürzungsweg* m
alcor\nocal m *Korkeichenwald* m ‖ **–noque** m
⟨Bot⟩ *Kork\baum* m, *-eiche* f (Quercus suber) ‖
(pedazo de) **~** ⟨fam⟩ *Dummkopf, Einfaltspinsel* m
‖ ⟨pop⟩ *Dussel* m ‖ **–noqueño** adj *korkartig,
Kork-*
¹alcorque m *Kork* m ‖ *Schuh* m *mit Korksohle*
²alcorque m [Gärtnerei] *Vertiefung* f *um e–e
Pflanze (zur Wasseraufnahme)*
alcor\za f *Zuckerguss* m ‖ *mit Zuckerguss
überzogener Kuchen* m ‖ **–zado** adj *mit
Zuckerguss überzogen* ‖ ⟨figf⟩ *schmalzig* ‖ *süßlich*
‖ **–zar** [z/c] vt *(Figuren) aus Zuckerteig herstellen*
‖ *mit Zuckerguss* od *Eiszucker überziehen* ‖ ⟨fig⟩
reinigen, schmücken ‖ Ar *verkürzen* ‖ **~se** ⟨figf⟩
s. zieren ‖ ⟨figf⟩ *milde Seiten aufziehen*
alcotán m ⟨V⟩ *Baumfalke* m (Falco subbuteo) ‖
◇ *más ligero que un* **~** ⟨fig⟩ *pfeilschnell, schnell
wie der Blitz* od *wie ein geölter Blitz*
alcotana f *Doppelspitzhammer* m *der Maurer*
alcoyano adj/s *aus Alcoy* (P Ali) ‖ **~** *auf Alcoy
bezüglich*
alcribís m ⟨Tech⟩ *Düse* f
alcubilla f *Wasser\turm* m, *-schloss* n
alcucero adj ⟨fam⟩ *naschhaft* ‖ *lecker*
alcuco m Arg ⟨Kochk⟩ *Gericht* n *aus Weizen
und Safran*

alcudia *f Hügel* m, *Anhöhe* f
alcur|nia *f Geschlecht* n, *Abstammung* f ‖
⟨fam⟩ *Brut* f ‖ ◆ de noble ~ *von ad(e)liger
Herkunft* ‖ **–niado** adj *von ad(e)liger Herkunft*
  alcuza *f Ölkrug* m ‖ Pe Ec ⟨fam⟩ *Essig- und
Ölgestell* n, *Menage* f
alcuzada *f Fassungsvermögen* n *e–s Ölkruges*
alcuzcuz [*pl* ~**ces**] *m* ⟨Kochk⟩ *Kuskus* m
(nordafrikanisches Gericht)
aldaba *f Tür|klopfer, -klöpfel* m ‖
Sicherheitsriegel m ‖ *Griff* m, *Handhabe* f ‖
Mauerring m *(zum Anbinden von Reit- und
Last|tieren)* ‖ ~**s** *fpl* ⟨vulg⟩ *Titten* fpl ‖ ◇
agarrarse a buenas ~s ⟨figf⟩ *s. e–r mächtigen
Gönnerschaft erfreuen* ‖ tener buenas ~s
mächtige Gönner (bzw gute Beziehungen) haben
alda|bada *f Anklopfen* n *mit dem Türklopfer* ‖
⟨fig⟩ *plötzlicher Schreck* m ‖ **–bazo** *m starker
Schlag* m *mit dem Türklopfer* ‖ **–bear** vi *mit dem
Türklopfer (an)pochen* ‖ **–beo** *m wiederholtes
Klopfen* n *mit dem Türklopfer*
aldabía *f* ⟨Zim⟩ *Querbalken* m *in e–r
Zwischenwand*
alda|billa *f Riegel, Schließhaken* m ‖ **–bón** *m*
augm von **aldaba** ‖ *Griff* m, *Handhabe* f *(an
Koffern usw)* ‖ **–bonazo** *m Schlag* m *mit dem
Türklopfer* ‖ ⟨fig⟩ *Paukenschlag, aufrüttelnde(r)
Schlag* m ‖ ◇ dar un ~ a alg. ⟨fig⟩ *jdn ernstlich
warnen* ‖ eso fue un ~ ⟨fig⟩ *das war ein Schuss
vor den Bug*
aldana *f* Col *Suppenknochen* m
aldea *f Dorf* n, *Weiler* m ‖ ~ infantil
Kinderdorf n ‖ ~ de vacaciones *Feriendorf* n ‖ ◇
con otro ¡ea! llegaremos a la ~ ⟨figf⟩ *wir haben
es gleich geschafft!* ‖ **–na** *f Bäuerin* f ‖
Bauernmädchen n ‖ **–niego** adj *dörflich* ‖ ⟨fig⟩
bäu(e)risch, grob ‖ **–nismo** *m Wort* n od *Wendung*
f *der Bauernsprache* ‖ *Bauernart* f ‖ ⟨pej⟩
Bauernschläue f ‖ **–no** adj *dörflich, bäuerlich,
Dorf-* ‖ *ländlich* ‖ ⟨fig⟩ *grob, bäu(e)risch* ‖ adv:
~**amente** ‖ ~ *m Dorfbewohner, Dörfler* m ‖
Landmann m, *Bauer* m
aldehído *m* ⟨Chem⟩ *Aldehyd* m ‖ ~ acético
Acetaldehyd m ‖ ~ fórmico *Formaldehyd* m
aldehuela *f* dim von **aldea** ‖ *Dörfchen* n
aldeón *m*, **aldeorra** *f*, **aldeorri(o)** *m* ⟨desp⟩
kleines, unansehnliches Dorf n ‖ ⟨fam⟩
Krähwinkel m ‖ ⟨fam⟩ *(gottverlassenes) Nest, Kaff*
n
alderredor adv → **alrededor**
aldinegro *m* ⟨Taur⟩ *mit schwarzem
Unterkörper (Stier)*
aldino adj: (letra) ~a ⟨Typ⟩ *Aldineschrift* f
(nach Aldo Manucio)
aldiza *f* → **aciano** menor
aldostero|na *f* ⟨Physiol⟩ *Aldosteron* m ‖ **–nismo**
m ⟨Med⟩ *Aldosteronismus* m
aldraguero adj Ar *klatschsüchtig* ‖
streitsüchtig
¡ale! int *auf! los!*
alea *f* ⟨Rel⟩ *Koranvers* m
álea jacta est ⟨lat⟩ *der Würfel ist gefallen*
alea|bilidad *f* ⟨Met⟩ *Legierbarkeit* f ‖ **–ble** adj
(m/f) legierbar ‖ **–ción** *f Legierung* f ‖
Glockenmetall n ‖ ~ de aluminio
Aluminiumlegierung f ‖ ~ binaria, ~ de dos
componentes *Zweistofflegierung* f ‖ ~ de cobre
Kupferlegierung f ‖ ~ colada de acero
Stahlgusslegierung f ‖ ~ dura *Hartlegierung* f ‖
~ de fundición *Gusslegierung* f ‖ ~ de hierro
Eisenlegierung f ‖ ~ maleable *Knetlegierung* f ‖
~ de metal ligero *Leichtmetalllegierung* f ‖ ~
metálica *Metalllegierung* f ‖ ~ de plomo
Bleilegierung f ‖ ~ refractaria *feuerfeste
Legierung* f

aleada *f Flügelschlag* m
¹alear vt ⟨Met⟩ *legieren* ‖ ⟨Chem⟩ *versetzen*
²alear vi *flattern, die Flügel schwingen* ‖ ⟨fig⟩
Atem holen ‖ ◇ ir aleando ⟨figf⟩ *s. erholen,
genesen*
aleatorio adj *vom Zufall abhängig, dem Zufall
überlassen, aleatorisch* ‖ *gewagt, risikoreich* ‖
⟨Jur⟩ *aleatorisch*
alebrestado pp von **alebr(est)arse** ‖ ~ *m* Am
Schürzenjäger m
alebr(est)arse vr → **alebronarse**
alebronarse vr *s. wie ein verfolgter Hase
ducken* ‖ ⟨fig⟩ *in Furcht geraten, verzagen* ‖
⟨fam⟩ *die Ohren hängen lassen*
aleccio|nador adj *lehrreich* ‖ **–namiento** *m
Unter|richtung, -weisung* f ‖ *Abrichtung* f *(Tiere)* ‖
–nar vt *lehren, unter|richten, -weisen* ‖ *abrichten
(Tiere)*
alece *m* → **boquerón** ‖ ⟨Kochk⟩ *Gericht* n *aus
der Leber verschiedener Fische*
alecharse vr *milchartig werden*
aleche *m* ⟨Fi⟩ → **boquerón**
alechugado adj *lattichähnlich* ‖ *gefältelt
(Kragen)*
alechugar vt *fälteln, kräuseln*
alechuguinado adj ⟨fam⟩ *stutzer-, gecken|haft*
¹alecrín *m* ⟨Fi⟩ *Tigerhai* m (Galeocerdus
cuvieri)
²alecrín *m* ⟨Bot⟩ *Wandelröschen* n (Lantana
sp) ‖ Am *(Art) Mahagonibaum* m
alectriomaquia *f Hahnenkampf* m
aleda *f* → **cera** aleda
aledaño adj *angrenzend, Grenz-* ‖ *zum
Gemeindebezirk gehörig (Gelände)* ‖ ~ *m Grenze*
f ‖ ~**s** *mpl An|lieger, -rainer* mpl ‖ *Umgebung* f
alefangino adj ⟨Med⟩ *abführend*
alefriz [*pl* ~**ces**] *m* ⟨Mar⟩ *Kielfalz* m
alega|ción *f* ⟨Jur⟩ *Anführung* f *e–r Beweisstelle*
‖ ⟨Jur⟩ *Beweisschrift* f ‖ ~ de culpabilidad
Schuldigerklärung f ‖ ◇ hacer –ciones
Ehehindernisse geltend machen ‖ *Vorstellung* f
erheben ‖ *Stellung nehmen* ‖ *Anregungen geben
(Verwaltungsverfahren)* ‖ **–dor** adj Am
*streit|lustig,
-süchtig*
alegajar vt Chi *(Papier) bündeln*
alegamar vt *verschlämmen* ‖ ~**se** *s.
verschlämmen*
ale|gamiento *m* → **–ganza**
aleganarse vr → **alegamarse**
alegantina *f* Can *Klatsch|base, -tante* f
ale|ganza *f Anführung* f *e–r Beweisstelle* ‖
–gar [g/gu] vt *anführen (e–e Stelle in e–m Buch
usw.)* ‖ *vor Gericht behaupten* ‖ *(als Beweis)
beibringen* ‖ ◇ ~ en defensa del reo *zugunsten
(& zu Gunsten) des Angeklagten anführen* ‖ ~ un
derecho *s. auf ein Recht berufen* ‖ ~ vi *vor
Gericht verteidigen, plädieren* ‖ **–gato** *m* ⟨Jur⟩
Verteidigungsschrift f ‖ ⟨Jur⟩ *Schriftsatz* m ‖ ⟨allg⟩
Plädoyer n ‖ Am *Streit*
m
alegoría *f Allegorie* f ‖ *Gleichnis* n
alegórico adj *sinnbildlich, allegorisch* ‖ adv:
~**amente**
alego|rista *m/f Allegoriendeuter(in* f) m ‖
–rizar [z/c] vt/i *versinnbildlichen, bildlich
auslegen*
alegoso adj Pe *zänkisch, streitsüchtig*
alegra *f* ⟨Mar⟩ *Pumpenbohrer* m
¹alegrador *m Spaßmacher, Possenreißer* m
²alegrador *m* ⟨Tech⟩ *Vorbohrer* m
³alegrador *m* ⟨fam⟩ *Fidibus* m
alegradores *pl* ⟨Taur⟩ *Banderillas* fpl,
Wurfpfeile mpl
alegradura *f* ⟨Med⟩ *Schaben* n

¹alegrar vt *erfreuen, aufheitern* ‖ *schüren (Feuer)* ‖ *putzen (Licht)* ‖ ⟨fig⟩ *beleben, verschönern* ‖ ⟨Taur⟩ *(den Stier) reizen, aufhetzen* ‖ Ar ⟨Jur⟩ *nutznießen* ‖ ~**se** *s. freuen* ‖ ⟨fam⟩ *s. e–n Rausch antrinken, s. beschwipsen,* ⟨fam⟩ *s. e–n andudeln, s. die Nase begießen* ‖ ~ de ... *s. freuen über* ... (acc)
²alegrar vt ⟨Mar⟩ *(ein Tau) fieren, abfieren, ausstechen* ‖ *ausweiten (Loch)* ‖ ⟨Med⟩ *schaben*
alegre adj *(m/f) fröhlich, vergnügt, ausgelassen* ‖ *froh, munter, lustig* ‖ *heiter, lachend, sonnig (Himmel)* ‖ *lebhaft (Farbe)* ‖ *froh (Nachricht)* ‖ ⟨fig⟩ *tüchtig (im Spiel)* ‖ ⟨figf⟩ *ange|säuselt, -heitert, -dudelt, beschwipst* ‖ ⟨fig⟩ *anstößig, frei, locker (Erzählung, Lebensweise)* ‖ ~ de cascos ⟨fig⟩ *leichtsinnig, unbesonnen* ‖ ◇ *estar más ~ que unas castañuelas außer s. vor Freude sein* ‖ ⟨fam⟩ *quietschvergnügt sein* ‖ *ser más ~ que unas castañuelas* ⟨fam⟩ *e–e Frohnatur sein, stets fröhlich sein* ‖ adv: ~**mente**
aleg|rete adj dim von **alegre** ‖ **–reto** *m* ⟨Mus⟩ *Allegretto* n
¹alegría *f Freude, Fröhlichkeit, Heiterkeit, Ausgelassenheit* f ‖ *Vergnügen* n ‖ *Munterkeit* f ‖ *Schwips* m ‖ △ *Kneipe* f ‖ ⟨Mus⟩ *andalusischer Volkstanz* ‖ ~ *span. Frauenname* ‖ ~ de vivir *Lebensfreude* f ‖ ◇ *grito de ~ Freudenruf* m ‖ ◇ *es para mí ocasión od motivo de singular alegría* ... *es ist mir e–e große Freude zu* ...
²alegría *f* ⟨Bot⟩ *Sesam* m (Sesamum spp)
³alegría *f* ⟨Kochk⟩ *(Art) Gewürzkuchen* m
alegrías *fpl* ⟨vulg⟩ *Dinger* npl *(Geschlechtsorgane des Mannes)*
alegro adj ⟨Mus⟩ *allegro, rasch, feurig* ‖ ~ *m* ⟨Mus⟩ *Allegro* n
alegrón *m* augm von **¹alegría** ‖ ⟨fam⟩ *plötzliche Freude* f ‖ *Strohfeuer* n ‖ ~ adj Ec *beschwipst, ange|säuselt, -heitert, -dudelt* ‖ ~ *m* Mex *Schürzenjäger* m ‖ ◇ *darse un ~* ⟨fam⟩ *s. e–n guten Tag machen*
alegrona adj Am *leichtlebige Frau* f
alegroso adj *hocherfreut, freudestrahlend*
aleja *f* Murc *Geschirrbord* n
alejamiento *m Entfernung* f ‖ *Zurückgezogenheit* f
Alejandría *f* [Stadt] *Alexandria* n
alejandrino adj *aus Alexandria* ‖ *alexandrinisch (Alexandria bzw Alexander den Großen betreffend)* ‖ ~ *m Bewohner* m *von Alexandria* ‖ ⟨Lit⟩ *Alexandriner* m
Alejandro *m* np *Alexander* m ‖ ~ Magno *Alexander der Große*
alejar vt *entfernen* ‖ *weit weg schicken* ‖ *in die Flucht jagen, vertreiben* ‖ ◇ ~ del buen camino *vom rechten Weg abbringen* ‖ ~**se** *s. entfernen, abrücken* ‖ *weg-, fort|gehen* ‖ ~ de la verdad *die Wahrheit umgehen*
alejijas *fpl* ⟨Kochk⟩ *Gerstenmehlbrei* m
Alejo *m* np *Alex* m
alejur *m* ⟨Kochk⟩ *Honigkuchen* m ‖ *Lebkuchen* m
ale|llado adj *einfältig, blöd(e)* ‖ ⟨fig⟩ *verblüfft* ‖ **–lamiento** *m Ver|dummung, -blödung* f ‖ *Verdutztheit* f ‖ **–lar** vt *verdummen* ‖ ⟨fig⟩ *verblüffen* ‖ ~**se** *dumm od einfältig werden, verblöden* ‖ ⟨fig⟩ *verdutzt werden*
aleleví [pl ~íes] *m* Al *Versteckspiel* n ‖ ◆ al ~ Ruf m *beim Versteckspiel*
alelí [pl ~íes] → **alhelí**
alelo *m* ⟨Gen⟩ *Allel, Allelogen* n
alelomorfo adj ⟨Gen⟩ *allelomorph*
¹aleluya *m Hallelujah* n, *Lobgesang* m ‖ *Frohlocken* n, *Freude* f ‖ *frohe Nachricht* f ‖ *Osterzeit* f ‖ ◇ *comer ~s* ⟨fam⟩ *nichts zu essen haben, Not leiden* ‖ *estar de ~ jubeln, frohlocken*

²aleluya *f Bilderbogen* m ‖ *Heiligenbild* n ‖ ⟨fam⟩ *Schinken* m, *Machwerk* n, *Sudelei, Pinselei* f ‖ *Reimerei* f, *stümperhafte Verse* mpl ‖ ⟨figf⟩ *sehr magere Person* f ‖ *sehr mageres Tier* n
³aleluya *f* Ant Col Ec Pe *Vorwand* m ‖ *Schelmerei, Schlauheit* f
⁴aleluya *f* ⟨Bot⟩ *Sauerklee* m (Oxalis acetosella) ‖ ⟨Bot⟩ *e–e Eibischart* f (Hibiscus sabdariffa)
⁵¡aleluya! int *halleluja! heil!*
alema *f (Bewässerungs)Wasseranteil* m
alemán adj *deutsch* ‖ ~ *m Deutscher* m ‖ el ~ *die deutsche Sprache, das Deutsche* ‖ alto ~ *Hochdeutsch* n ‖ alto ~ antiguo *Althochdeutsch* n ‖ alto ~ moderno *Neuhochdeutsch* n ‖ bajo ~ *Niederdeutsch, Plattdeutsch* n ‖ ~ medio *Mitteldeutsch* n
aleman(d)a *f*, **alemán** *m* ⟨Mus⟩ *Allemande* f, *deutscher Tanz, Ländler* m
Alemania *f* ⟨Geogr⟩ *Deutschland* n ‖ ~ del Este *Ostdeutschland* n ‖ Gran ~ ⟨Hist⟩ *Großdeutschland* n ‖ ~ guillermina ⟨Hist⟩ *wilhelminisches Deutschland* n ‖ ~ nacionalsocialista ⟨Hist⟩ *nationalsozialistisches Deutschland* n ‖ ~ naci, ~ nazi ⟨Hist⟩ *Nazideutschland* n ‖ ~ del Norte *Norddeutschland* n ‖ ~ occidental, ~ del Oeste *Westdeutschland* n ‖ ~ oriental *Ostdeutschland* n ‖ ~ del Sur *Süddeutschland* n
alemánico adj *alemannisch* ‖ *deutsch*
alemanita *f* ⟨vulg⟩ *Wichsen* n *(Masturbieren)*
alemanote *m* ⟨desp⟩ *Deutscher,* Öst *Piefke* m
alemaña *f* ⟨pop⟩ → **alimaña**
alén *m Elle* f *(Maß)*
alendar [-ie-] vi Burg *atmen* ‖ *hauchen*
alenguado adj ⟨Bot⟩ *zungenförmig* ‖ ⟨fig⟩ *geschwätzig*
alenón *m* ⟨Pharm⟩ *Süßmandelöl* n
alentada *f* ⟨fam⟩ *Atemzug* m ‖ ◆ de una ~ ⟨figf⟩ *in e–m Atemzug*
alen|tado adj *mutig, tapfer* ‖ *stolz, herausfordernd* ‖ *unermüdlich* ‖ **–tador** adj *ermutigend* ‖ **–tar** [-ie-] vt *aufmuntern, ermutigen* ‖ *jdm Hoffnung einflößen* ‖ ~ vi *atmen* ‖ ⟨fig⟩ *s. erholen* ‖ ⟨fig⟩ *leben* ‖ ~**se** *Mut fassen*
alentoso adj → **alentado**
¹aleonado adj *fahl, falb*
²aleonado adj And Chi *aufrührerisch*
aleonar vt Chi *aufstacheln (Volk)*
alepantamiento *m* Ec *Zerstreutheit, Unachtsamkeit* f
alepín *m* ⟨Text⟩ *Alepin* m
alepruces *mpl* Col *hässliche Vögel* mpl
alera *f* Ar ⟨Arg⟩ *(Dresch)Tenne* f
alerce *m* ⟨Bot⟩ *Lärche* f, *Lärchenbaum* m (Larix sp) ‖ *Lärchenholz* n ‖ ~ del Japón *Japanische Lärche* f (Larix kaempferi)
alérgeno *m* ⟨Med⟩ *Allergen* n
aler|gia *f* ⟨Med⟩ *Allergie* f ‖ ~ por contacto *Kontaktallergie* f ‖ ~ medicamentosa *Arzneimittelallergie* f ‖ ~ polínica ⟨Med⟩ *Pollenallergie* f, *Heufieber* n ‖ **–gista** *m/f* → **–gólogo**
alérgico adj ⟨Med⟩ *allergisch* ‖ ~ *m Allergiker* m ‖ ◇ *ser ~ a algo allergisch reagieren auf et.* (& fig)
alergi|zación *f* ⟨Med⟩ *Allergisierung* f ‖ **–zante** adj *(m/f) allergisierend* ‖ **–zar** [z/c] vt *allergisieren*
alergógeno adj → **alérgeno**
alergología *f* ⟨Med⟩ *Allergologie* f
alergólogo *m* ⟨Med⟩ *Allergologe* m
alergometría *f* ⟨Med⟩ *Allergometrie* f
alergosis *f* ⟨Med⟩ *Allergose, allergische Krankheit* f

¹alero m *Dachtraufe* f ‖ *Trauf-, Wetter|dach* n ‖
Schutz-, Ab|dach n ‖ *Dachvorsprung* m ‖ *Rand* m
eines Tellers ‖ *Kotflügel* m ‖ ⟨Sp⟩ *Außenläufer* m
‖ ◆ en el ~ *in Gefahr, verloren zu gehen*
²alero adj: ciervo ~ ⟨Jgd⟩ *junger Hirsch* m,
der noch nicht besprungen hat
 alerón m ⟨Flugw⟩ *Querruder* n, *Flügelklappe* f
‖ ⟨Auto⟩ *Spoiler* m ‖ ~ de aterrizaje ⟨Flugw⟩
Landeklappe f
 aleros mpl *Spritzleder* n *e–r Kutsche*
 aler|ta adv *wachsam, aufmerksam* ‖ ◇ andar
od estar (ojo) ~ *ein wachsames Auge haben, auf
der Hut sein* ‖ ponerse oído ~ ⟨fam⟩ *die Ohren
spitzen* ‖ ¡~! *Achtung!* ‖ *auf!* ‖ *Vorsicht!* ‖ ~ f (&
m) *Warnung* f, *Alarm* m ‖ *Wachsamkeit* f ‖ ~
aérea *Luftalarm* m ‖ ◇ dar la ~ *warnen,
alarmieren, Alarm schlagen* ‖ **–tado** adj Col →
–to ‖ **–tar** vt *warnen, alarmieren* ‖ ◇ ~ a la
policía *die Polizei benachrichtigen* ‖ **–to** adj
aufmerksam, wachsam ‖ *aufgeweckt* ‖ adv:
~**amente**
 alerzal m *Lärchenwald* m
 ale|sadora f *Bohrwerk* m ‖ ~ de precisión
Feinbohr|maschine f, *-werk* n ‖ **–sar** vt *bohren*
 alesia f ⟨Bot⟩ *Schneeglöckchenbaum* m
(Halesia spp)
 alesna f *Pfriem* m, *Ahle* f ‖ ⟨Typ⟩
Punkturspitze f
 alesnado adj *pfriemförmig, spitzig* ‖ Ven *mutig*
 aleta f dim von **ala** ‖ *(Fisch)Flosse* f ‖ ⟨Arch⟩
Anbau, Flügel m ‖ *Brückenrampe* f ‖ *Nasenflügel*
m ‖ ⟨Auto⟩ *Kotflügel* m ‖ ⟨Tech⟩ *Finne* f ‖ *Flosse*
‖ ⟨Sp⟩ *Schwimmflosse* f ‖ *Kühl-, Heiz|rippe* f ‖
⟨Text⟩ *Spinnflügel* m ‖ ⟨Flugw⟩ *Steuerflosse* f ‖
⟨EB⟩ *Schienensohle* f ‖ *Schaufel* f *am Mühlrad* ‖
~ amortiguadora *Dämpferflügel* m
(Messinstrument) ‖ ~ de buceo *Schwimmflosse* f ‖
~ dividida ⟨Flugw⟩ *gesperrte Flosse* f ‖ ~
estabilizadora ⟨Flugw⟩ *Stabilisierungsflosse* f ‖ ~
extensible *streckbare Klappe* f ‖ ~ de flecha
⟨Flugw⟩ *gewölbter Hilfsflügel* m ‖ ~ hidrométrica
Wassermessflügel, Flügelzähler m,
Woltmannscher Flügel m ‖ ~ hipersustentadora
⟨Flugw⟩ *Klappe* f, *Hilfsflügel* m ‖ ~ inductora
giratoria *Kraftlinienleithülse* f *(Zündmagnet)* ‖ ~
de molino de viento *Windmühlenflügel* m ‖ ~
plana ⟨Flugw⟩ *flache Klappe* f ‖ ~ ranurada
⟨Flugw⟩ *geschlitzte Klappe* f ‖ ~ regulable
⟨Flugw⟩ *Trimmklappe* f ‖ ~ servo ⟨Flugw⟩
Querrudermaschine f ‖ ~ transversal *Quer|rippe*
f, *-gurt* m ‖ ~ de ventilador *Ventilatorflügel* m ‖
~s fpl *Floßfedern* fpl ‖ ⟨Mar⟩ *Bugsprietsbacken*
fpl ‖ ~ anales ⟨Fi⟩ *Afterflossen* fpl ‖ ~ de capota
⟨Flugw⟩ *Motorhaubenklappe* f ‖ ~ caudales ⟨Fi⟩
Schwanzflossen fpl ‖ ~ dorsales ⟨Fi⟩
Rückenflossen fpl ‖ ~ natatorias ⟨Fi⟩
Schwimmflossen fpl ‖ ~ pectorales ⟨Fi⟩
Brustflossen fpl ‖ ~ pelvianas, ~ ventrales ⟨Fi⟩
Bauchflossen fpl
 aletada f *Flügelschlag* m ‖ *Flossenschlag* m
 aletar|gado adj *in Schlafsucht versunken* ‖ ◇
estar como ~ ⟨fig⟩ *teilnahmslos, abgestumpft sein*
‖ **–gador** adj *betäubend* ‖ **–gamiento** m
Schlafsucht, Lethargie f ‖ ⟨fig⟩ *Teilnahmslosigkeit*
f ‖ **–gar** [g/gu] vt *einschläfern, betäuben* ‖
verweichlichen ‖ ~**se** *in Schlaf versinken* ‖
erschlaffen
 aletazo m *Flügelschlag* m ‖ Cu Chi
Faustschlag m, *Ohrfeige* f ‖ Hond *Diebstahl* m ‖
Betrug m
 ale|tear vi *flattern (Vogel)* ‖ *die Flossen
bewegen (Fisch)* ‖ ⟨fig⟩ *mit den Armen rudern* od
um s. schlagen ‖ ⟨fig⟩ *die Arme schwingen* ‖ Cu
⟨fam⟩ *knapp bei Kasse sein* ‖ ◇ ir aleteando ⟨fig⟩
s. wohler fühlen (Kranker) ‖ **–teo** *Flügelschlag* m

‖ *Flügelschlagen* n ‖ *Flattern* n ‖ ⟨fig⟩ *(heftiges)
Herzklopfen* n ‖ ~ auricular ⟨Med⟩ *Vorhofflattern*
n
 aleto m *Fischadler* m (Pandion haliaetus)
 aletón m ⟨Flugw⟩ *Querruder* n
 aletría f Murc *Nudeln* fpl
 aleu|cemia f ⟨Med⟩ *Aleukämie* f ‖ **–cémico** adj
aleukämisch
 aleurona f *Aleuron* n ‖ *Gluten* n, *Kleber* m
 Aleut(in)as ⟨Geogr⟩ fpl *Aleuten* (..e–u..) pl
(Inseln)
 aleve adj → **alevoso**
 alevilla f ⟨allg⟩ *kleiner Nachtfalter* m
 ale|vín, –vino m ⟨Fi⟩ *Fischbrut* f *(zur
Vermehrung e–s Flussfischbestandes)* ‖ *Setzfisch*
m ‖ ⟨fig⟩ *unerfahrener Mensch, Neuling* m ‖ ⟨fig⟩
Anfänger m ‖ ⟨fig⟩ *Grünschnabel, Greenhorn* m ‖
–vinaje m *Fischzucht* f
 alevosía f *Treulosigkeit, Tücke* f ‖ *Hinterlist,
Heimtücke* f ‖ *Verrat* m ‖ *Anschlag* m *auf das
Leben* ‖ ◆ con ~ *hinterlistig, heimtückisch*
 alevoso adj/s *treulos, arg-, hinter|listig* ‖
heimtückisch, verräterisch, meuchelmörderisch ‖
adv: ~**amente**
 alexia f ⟨Med⟩ *Alexie* f, *Leseunvermögen* n
 alexifármacos mpl ⟨Pharm⟩ *Gegen|gifte, -mittel*
npl
 aleya f ⟨Rel⟩ *Koranvers* m
 alezna f Al Logr Nav ⟨Bot⟩ *Schwarzer Senf* m
(Brassica nigra)
 aleznado adj *pfriemförmig*
 alezo m *Wickelbinde* f *für Wöchnerinnen und
Neugeborene*
 alfa f [el] *griech.* α (A), *Alpha* n ‖ ~ y omega
⟨fig⟩ *der Anfang und das Ende, das A und O*
 alfaba f *Alfaba* f *(Stück Land = ungef. 55 Ar)*
 alfábega f ⟨Bot⟩ → **albahaca**
 alfabético adj *alphabetisch, alphabetisch
geordnet* ‖ ◆ por orden ~, alfabéticamente *in
alphabetischer Reihenfolge*
 alfabe|tización f *Alphabetisierung* f ‖
Bekämpfung f *des Analphabetentums* ‖ **–tizado**
adj *des Lesens und Schreibens kundig* ‖ **–tizar**
[z/c] vt *alphabetisieren, alphabetisch ordnen* ‖
das Analphabetentum bekämpfen ‖ **–to** m
Alphabet, Abc n ‖ ~ Braille *od* de los ciegos
Blinden-, Braille|alphabet n ‖ ~ Morse
Morsealphabet m ‖ ~ de los sordomudos
Taubstummenalphabet n
 alfagra f *Wassergraben* m
 alfaguara f *wasserreiche, sprudelnde Quelle* f
 alfajor m *Gewürzkuchen* m
 alfalaca f Cu *Bauernschuh* m *(aus ungegerbter
Rindshaut)*
 alfal|fa f ⟨Bot⟩ *Luzerne* f, *Schneckenklee* m
(Medicago sativa) ‖ ~ falcada *Sichelluzerne* f (M.
falcata) ‖ ~ rústica *Sandluzerne* f (M. sativa) ‖
–fal, ¹–far m *Luzernenfeld* n ‖ **²–far** vt Arg Chi
Luzerne säen ‖ **–fe** m → **alfalfa** ‖ **–fez** m Ar →
alfalfa
 alfana f *starkes, feuriges Pferd* n
 alfandoque m SAm *(Art) süßes Backwerk* n ‖
(Art) Gewürzkuchen m
 alfanega f *Decke* f *aus weißem Wieselfell*
 alfaneque m ⟨V⟩ *Wüsten-, Berber|falke* m
(Falco pelegrinoides)
 alfan|jado adj *(krumm)säbelförmig* ‖ **–jazo** m
Hieb m *mit einem Krummsäbel*
 ¹alfanje m *Krummsäbel* m
 ²alfanje m ⟨Fi⟩ *Schwertfisch* m (Xiphias
gladius)
 alfanumérico adj ⟨Inform⟩ *alphanumerisch*
 alfaque m ⟨Mar⟩ *Sandbank* f
 alfaquí [pl ~**íes**] m *mohammedanischer
Gesetzeskundige(r)* m

¹alfar *m Töpferwerkstatt* f ‖ *Töpferton* m
²alfar vi *(im Galopp) die Vorhand zu hoch
heben (Pferd)*
alfaraz [*pl* ~**ces**] *m* ⟨Hist⟩ *arabisches
Kriegspferd* n
¹alfarda *f* Ar *Wassersteuer* f ‖
Wassernutzungsrecht n
²alfarda *f (Art) Frauenschmuck* m
³alfarda *f* ⟨Arch⟩ *Binde-, Zug|balken* m
alfar|dar vt/i Ar *(Land)* n *e–r
Bewässerungsgenossenschaft anschließen* ‖ **–dero**
adj Ar *Wassersteuereinnehmer* m ‖ **–dilla** *f* Ar
Wassersteuerzuschlag m
¹alfardón *m* Ar ⟨Tech⟩ *Lünzscheibe* f, *Halsring*
m
²alfardón *m* Ar *Wasser|steuer, -gebühr* f
alfareme *m arab. Kopfbedeckung* f, *Schleier* m
alfare|ría *f Töpferwerkstatt* f ‖ *Töpferarbeit* f ‖
Töpferware f ‖ *Töpferladen* m, *Töpferei* f ‖ **–ro** *m
Töpfer, Hafner* m
alfarfera *f* ⟨V⟩ *Pieper* m (Anthus)
¹alfarje *m Quetschbecken* n *in den Ölmühlen*
²alfarje *m Tafelwerk* n, *Vertäfelung* f
alfarjía *f* ⟨Zim⟩ *Holzbalken* m ‖ *Kantholz* n
(10 × 14 cm)
alfarma *f* ⟨Bot⟩ → **alharma**
alfarnate *m* Extr *sehr ungepflegter Mensch* m
alfeizar [z/c] vt *ausschrägen*
alféizar *m Tür-, Fenster|laibung (-leibung)* f ‖
Fenster|bank f, *-lehne* f, *-brett* n ‖ ⟨Arch⟩
Anschlagmauer, Aufschrägung f
alfendoz [*pl* ~**ces**] *m* Ar *Süßholz* n ‖ *Lakritze* f
‖ → **regaliz**
alfénido *m Neusilber, Argentan* n
alfeñi|cado adj *süßlich* ‖ ⟨fig⟩ *zimperlich* ‖
–car [c/qu] vt *mit Zuckerteig überziehen* ‖ **~se**
⟨figf⟩ *s. schniegeln* ‖ *s. affektiert benehmen* ‖
stark abmagern
¹alfeñique *m Zuckermandelstange* f ‖ ⟨fam⟩
Zuckergebäck n
²alfeñique *m* And ⟨Bot⟩ *Baldrian* m (Valeriana
officinalis)
³alfeñique *m zarte, schwächliche Person* f ‖
Ziererei f, *feines Getue* n
alferazgo *m* ⟨Mil⟩ *Leutnantsrang* m
¹alferecía *f* ⟨Mil⟩ *Leutnantsrang* m
²alferecía *f* ⟨Med⟩ *Fallsucht* f *der Kinder* ‖
Epilepsie f
alférez [*pl* ~**ces**] *m* ⟨Mil⟩ *Leutnant* m ‖ ⟨Hist⟩
Fahnenträger, Fähnrich, Kornett m ‖ Bol Pe
Gemeindeamt n *in Indianerdörfern* ‖ Bol Col
Kostenträger m *e–s Festes* ‖ Guat Hond
vertrauliche Anrede f ‖ **~** *alumno
Offiziersanwärter* m ‖ **~** *de fragata* ⟨Mar⟩
Leutnant m *zur See* ‖ **~** *de navío* ⟨Mar⟩
Oberleutnant m *zur See*
alferga *f* Ast *Fingerhut* m
alferraz [*pl* ~**ces**] *m* ⟨Jgd⟩ *Stoßfalke* m
alficoso adj *hellweiß*
alficoz [*pl* ~**ces**] *m* ⟨Bot⟩ → **cohombro**
alfil *m Läufer* m *(im Schachspiel)*
¹alfiler *m Stecknadel* f ‖ *Schmuck-,
Ansteck|nadel* f ‖ *Brosche* f ‖ *Wäscheklammer* f ‖
Aufsteck|nadel f ‖ △ *Schnappmesser* n ‖ **~** *de
corbata Krawattennadel* f ‖ **~** *de criandera* Cu
Sicherheitsnadel f ‖ **~** *de gancho* Am
Sicherheitsnadel f ‖ **~** *de nodriza* Col
Sicherheitsnadel f ‖ **~** *de seguridad* Am
Sicherheitsnadel f ‖ ◇ *allí no cabía un* **~** ⟨figf⟩
*dort war es gestopft voll, dort hätte keine
Stecknadel zu Boden fallen können* ‖ **–es** *mpl
Nadel-, Taschen|geld* n ‖ *Nadelspiel* n *der Kinder*
‖ **♦** *de veinticinco* **~** ⟨figf⟩ *in vollem Staat,
ausstaffiert, ge|schniegelt und -bügelt* ‖ *para* **~**
⟨fig⟩ *Trinkgeld* n *(für weibl. Bedienstete)* ‖

prendido con **~** *aufgesteckt* ‖ ⟨fig⟩ *wenig
beständig, nicht dauerhaft* ‖ ⟨figf⟩ *unzuverlässig,
oberflächlich* (z. B. *Gedächtnis*)
²alfiler *m* ⟨Bot⟩ *Reiherschnabel* (Erodium spp)
³alfiler *m* Col Cu ⟨Kochk⟩ *Lendenstück* n
alfilera *f* Col Cu *Lendenstück* n
alfile|rar vt *mit Nadeln feststecken* ‖ **–razo**
(Steck)Nadelstich m ‖ ⟨fig⟩ *herausfordernder
Blick* m ‖ ⟨fig⟩ *Nadelstich* m, *Stichelwort* n
¹alfilerera *f* And *Nadelbüchse* f
²alfilerera *f* And ⟨Bot⟩ *Frucht* f *der Geranie*
alfilerero *m Nadelmacher* m
alfilerillo *m* Arg Chi *Futterpflanze* f ‖ Arg
⟨Bot⟩ *Reiherschnabel* m (Erodium spp) ‖ Mex
langstacheliger Kaktus m (Pereskia sp) ‖ Mex
Tabaksschädling m (Insekt)
alfiletero *m Nadelbüchse* f
alfitete *m (Art) Mehlteig* m ‖ *Mehlteigsuppe* f
alfitión *m Schädelbruch* m
alfolí [*pl* ~**íes**] *m Kornspeicher* m ‖
Salzniederlage f
alfombra *f Teppich, Fuß|teppich* m, *-matte* f ‖
Tischdecke f ‖ *Bettvorleger* m ‖ *Läufer* m ‖ ⟨poet⟩
Teppich m *der Flur* ‖ **~** *continua Läufer* m ‖ **~**
de escalera Treppenläufer m ‖ **~** *de flores
Blumenteppich* m ‖ **~** *de nudo geknüpfter Teppich*
m ‖ **~** *de oratorio Gebetsteppich* m ‖ **~** *de pelo
Haargarnteppich* m
alfom|brado adj *teppichartig, geblümt* ‖ **~** *m
Teppichbelag* m ‖ **–brar** vt *mit Teppichen belegen*
‖ **–brero** *m Teppich|knüpfer, -wirker, -weber* m ‖
Tapezierer m
¹alfombrilla *f* dim von **alfombra** ‖ *kleiner
Fußteppich* m ‖ *Bettvorleger* m
²alfombrilla *f* ⟨Med⟩ *masernähnliche
Krankheit* f ‖ Col Guat *(Art) Pocken* fpl
alfombrista *m/f Teppichhändler(in* f) m ‖
Teppichleger(in f) m ‖ *Teppichrestaurator(in* f) m
alfóncigo *m* ⟨Bot⟩ *Pistazienbaum* m (Pistacia
vera) ‖ *Pistazie* f
alfóndiga *f* Ar Sal → **alhóndiga**
alfondoque *m* SAm *(Art) süßes Backwerk* n
alfonsia *f* ⟨Bot⟩ *(Art) Palme* f
alfon|sino, –sí [*pl* **–íes**] adj *auf König Alfons*
(meist *Alfons XII.*) *bezüglich, alfonsinisch* ‖ **~** *m
alte spanische Münze* f ‖ **~sismo** *m* ⟨Hist⟩
*politische Bewegung zugunsten des Königs Alfons
XII.* (im Gegensatz zum carlismo)
Alfonso *m* np *Alfons* m
alforfón *m* ⟨Bot⟩ *Buchweizen* m (Fagopyrum
sp) ‖ *Buchweizenkorn* n
alforín *m* Murc *Olivenbehälter* m *(in
Ölmühlen)*
alforja *f Ruck-, Quer|sack* m ‖ *Satteltasche* f ‖
Reisesack m ‖ *Jagdtasche* f ‖ *Wegzehrung* f,
Proviant m ‖ ⟨Mar⟩ *Stropp* m ‖ ◇ *pasarse a la
otra* **~** ⟨figf⟩ Chi *unhöflich werden, über die
Stränge schlagen* ‖ *¡qué pretensión, ni qué* **~**!
⟨fam⟩ *welche (unverschämte) Anmaßung!* ‖ *¡qué*
~! ⟨fam⟩ *so was Dummes!* ‖ *para ese viaje no se
necesitaban* **~s** ⟨fam⟩ *das war der Mühe nicht
wert* ‖ *sacar los pies de las* **~s** ⟨figf⟩ *die
Schüchternheit ablegen, aus s. herausgehen* ‖
unverschämt od dreist werden
alfor|jado adj *buck(e)lig, höckerig* ‖ **–jar** vt
(den Vorrat) in den Quersack tun od stecken ‖
~se *s. warm anziehen* (& vi) ‖ **–jero** *m Hersteller*
od *Verkäufer* m *von Ruck-, Reise|säcken* ‖
Proviantmeister m ‖ *bettelnder Laienbruder* m
e–s Ordens
alforjón *m* augm von **alforja** ‖ → **alforfón**
alforjudo adj Chi *dumm, einfältig*
alforro|char vt Ar *Hühner aufscheuchen* ‖
–cho *m* Ar *Huhn* n
alforza *f Einschlag, Saum* m *(Ärmel, Rock)* ‖

Mex *Ziersäumchen* n ‖ ⟨figf⟩ *Narbe* f, *Schmiss* m
‖ la ~ ⟨fig joc⟩ *das Innerste des Herzens*
alforzar [z/c] vt *mit e–m Einschlag versehen
(Frauenkleid), einfalten*
alfoz [*pl* ~**ces**] *m (& f) Landschaft,
Gemarkung* f ‖ *Bezirk, Kreis* m ‖ *Eng-, Berg\pass*
m ‖ Sant *Landschaft* f *außerhalb der Ortschaften*
alga *f* [el] ⟨Bot⟩ *Alge* f ‖ ~ marina *Seetang* m
Algaba *f Wald, Forst* m
algabarra *f Holz-, Hammer\keil* m
algabeño adj/s *aus La Algaba* (P Sev) ‖ *auf La
Algaba bezüglich*
algáceo adj *algen\artig, -ähnlich*
algadara *f* → **algarrada**
¹**algaida** *f Versandung, Düne* f ‖
Dünenlandschaft f
²**algaida** *f Busch\holz* n, *-wald* m
algaido adj And *mit Zweigen od Stroh bedeckt*
algalaba *f* ⟨Bot⟩ *Wilde Rebe* f
¹**algalia** *f* ⟨Zool⟩ *Zibetkatze* f (Viverra zibetha)
‖ *Zibet* m ‖ ⟨Bot⟩ *Bisamblume* f (Hibiscus
abelmoschus = Abelmoschus moschatus)
²**algalia** *f* ⟨Med⟩ *Blasenkatheter* m
alga\liar vt *mit Bisam parfümieren* ‖ **–liero** *m
Parfümliebhaber* m
¹**algara** *f dünnes Häutchen* n (*am Ei od an der
Zwiebel*)
²**algara** *f* ⟨Hist⟩ *berittener Streif- und
Plünderungs\zug* m *der Araber*
¹**algara\bán** *m* And (joc) *Araber* m ‖ **–bía** *f
arab. Sprache* f ‖ ⟨figf⟩ *Kauderwelsch* n ‖ ⟨figf⟩
verworrenes Geschrei, Gezeter n, *Wirrwarr* m
²**algarabán** *m* ⟨Bot⟩ *Augentrost* m (Euphrasia
officinalis)
algarabiado adj *des Arabischen kundig*
algaracear vi Guad *leicht, in feinen Flocken
schneien*
algarada *f* ⟨Mil⟩ *plötzlicher Angriff* m ‖ ⟨fig⟩
Husarenstreich m ‖ ⟨Hist⟩ *Reitertrupp* m ‖ ⟨fig⟩
Getöse n, *Spektakel* m ‖ ~ *estudiantil
Studentenkrawall* m
algarazo *m* Ar *Regenguss* m
algarbe *m* ⟨Meteor⟩ *Westwind* m
algarero m/adj *Schreier, Schreihals* m
algarrada *f* ⟨Taur⟩ ⟨Art⟩ *Stierkampf* m *mit der
Lanze (im Freien)* ‖ *das s. öffentlich abspielende
Einsperren* n *der Kampfstiere in die Zwinger* ‖
Jungstierkampf m
alga\rroba *f Johannisbrot, Karube* n (Frucht) ‖
⟨Bot⟩ *Algarobas-, Wick\linse* f (Vicia articulata) ‖
Cu *Mangrovenwurzel* f ‖ **–rrobal** *m Pflanzung* f
von Johannisbrotbäumen ‖ **–rrobero, –rrobo** *m*
⟨Bot⟩ *Johannisbrotbaum* m (Ceratonia siliqua) ‖
~ *loco Judasbaum* m (Cercis siliquatrum) ‖
–rrobilla *f* ⟨Bot⟩ *Algarobas-, Wick\linse* f ‖
–rrobillo *m* Arg *Johannisbrot* n *(Frucht)*
algasia *f Beschwerden* fpl, *Schmerz* m
algavaro *m* ⟨Ins⟩ ⟨Art⟩ *Bockkäfer* m
(Cerambyx sp)
algazara *f* ⟨Hist⟩ *Kriegsgeschrei* n *der Mauren*
‖ *Lärm* m, *Getöse* n ‖ ⟨fig⟩ *Freudengeschrei* n
algazaroso adj Ven *lustig, fröhlich, lärmend*
algazul *m* ⟨Bot⟩ *Salz\kraut* n, *-strauch* m
(Salsola kali) ‖ *Salzkrautasche* f ‖ *Mittags-,
Faser\blume* f (Mesenbrianthemum sp)
algébena *f* Murc *irdene Schüssel* f
álgebra *f* [el] *Algebra* f ‖ ~ *superior höhere
Algebra* f
algebraico, algébrico adj *algebraisch, die
Algebra betreffend*
alge\brar vt [veraltet] ⟨Med⟩ *(Knochen)
einrenken* ‖ **–brista** m/f a) *Algebraiker(in* f) m ‖
b) [veraltet] ⟨Med⟩ *Knocheneinrenker(in* f) m
algecería *f* → **yesería**

algecireño adj/s *aus Algeciras* (P Cád) ‖ *auf
Algeciras bezüglich*
algente adj *(m/f)* (poet) *eiskalt*
algesia *f* ⟨Med⟩ *Algesie, Schmerzhaftigkeit* f
algésico adj ⟨Med⟩ *schmerzhaft*
algesímetro *m* ⟨Med⟩ *Algometer, Algesimeter*
n, *Schmerzempfindlichkeitsmesser* m
algez [*pl* ~**ces**] *m* → **aljez**
algia *f* ⟨Med⟩ *Schmerz* m
álgico adj *auf den Schmerz bezüglich*
algidez [*pl* ~**ces**] *f* ⟨Med⟩ *Eiseskälte* f ‖ ~
cadavérica ⟨Med⟩ *Totenkälte* f
álgido adj *gefrierend* ‖ *eisig* ‖ *nördlich,
nordisch* ‖ *Kälte ertragend* ‖ [ungenau] ⟨Med⟩ *das
kritische Stadium e–r Krankheit betreffend*
algo pron/adv *etwas* ‖ *ein wenig* ‖ ~ *así como
etwa, ungefähr* ‖ ~ *es* ~ *et. ist besser als gar
nichts* ‖ ~ *qué ein wenig* ‖ ⟨fam⟩ *et. Rechtes* ‖
¡*esto sí que es algo! das lässt s. hören!* ‖ *hay* ~
que ver es gibt et. zu sehen ‖ *más vale* ~ *que
nada* ⟨fam⟩ *wenig ist besser als nichts* ‖ *por* ~
nicht ohne Grund, aus gutem Grund ‖ *por* ~ *se
empieza* ⟨Spr⟩ *etwa: aus wenig kann viel werden!
viele Wenig machen ein Viel*
algoaza *m Waschhaus* n
algo\dón *m Baumwolle* f ‖ *Baumwollstaude* f ‖
Baumwollzeug n ‖ *Watte* f ‖ ~ *blanco Schirting,
Hemdenkattun* m ‖ ~ *en bruto ungereinigte
Baumwolle* f ‖ ~ *colodión Kollodiumwolle* f,
Kolloxylin n ‖ ~ *en crudo Rohbaumwolle* f ‖ ~
desmotado gezupfte Baumwolle f ‖ ~ *despepitado
entkörnte od egrenierte Baumwolle* f ‖ ~ *dulce
Zuckerwatte* f ‖ ~ *estíptico Nasenwatte* f ‖ ~
explosivo Schießbaumwolle f, *Pyroxylin* n ‖ ~ *de
fibra corta (larga) kurz-(lang)stapelige Baumwolle*
f ‖ ~ *para forro Futterkattun* m ‖ ~ *fulminante*
→ ~ *explosivo* ‖ ~ *hidrófilo (Verband[s]-),
(Wund-)\Watte* f ‖ ~ *mercerizado merzerisierte
Baumwolle* f ‖ ~ *pólvora* → ~ *explosivo* ‖ ~ *de
pulir Polierwatte* f ‖ ~ *en rama Rohbaumwolle* f ‖
~ *sucio ungereinigte Baumwolle* f ‖ ~ *de vendaje
Verbandwatte* f ‖ ◆ *de* ~ *baumwollen* ‖ **–dones**
mpl *Ohrenbaumwolle* f ‖ ◇ *estar criado entre* ~
⟨fig⟩ *verzärtelt erzogen sein* ‖ *verhätschelt,* ⟨fam⟩
verpäppelt sein
algodo\nado adj *baumwollartig* (bes. *Wolken*) ‖
–nal *m Baumwollstaude* f ‖ *Baumwoll\pflanzung*
f, *-feld* n ‖ **–nar** vt *mit Baumwolle füttern,
wattieren, ausstopfen* ‖ ~**se** *flaumig, weichhaarig
werden (Pflanzen)* ‖ **–ncillo** *m* ⟨Bot⟩
Seidenpflanze f (Asclepias spp) ‖ Mex ⟨Med⟩
Diphtherie f ‖ **–nera** *f Wattebehälter* m ‖ **–nería** *f*
Baumwollspinnerei f ‖ **–nero** adj *Baumwoll-* ‖ ~
m Baumwollpflanzer m ‖ *Baumwollhändler* m ‖
⟨Bot⟩ *Baumwollstrauch* m (Gossypium spp)
algodonita f Chi *Kupfererz* n (Fundort:
Algodón)
algodo\nización *f Kotonisierung* f ‖ **–nizar**
[z/c] vt *kotonisieren*
algodonosa *f* ⟨Bot⟩ *Diotis* f (Diotis
candidissima)
algodonoso adj *wollig, Wollen-* ‖
baumwollhaltig ‖ *pelzig, stockig (Früchte)*
algofilia *f* ⟨Med⟩ *Algophilie* f, *Masochismus* m
Algol *n* ⟨Inform⟩ *algol* m
algolagnia *f* ⟨Med⟩ *Algolagnie,
Schmerz\geilheit,
-wollust* f
al\gología *f* ⟨Bot⟩ *Algologie, Algenkunde* f ‖
–gólogo *m Algologe, Algenforscher* m
algómetro *m* ⟨Med⟩ *Algometer, Algesimeter* n,
Schmerzempfindlichkeitsmesser m
algor *m* ⟨Med⟩ *Fieberfrost* m ‖ ~ *de la muerte
Totenkälte* f
algorfa *f* ⟨Agr⟩ *Kornboden* m

algo|ritmia f ⟨Math⟩ *Zahlenrechnen* n ‖
–rítmico adj ⟨Math⟩ *algorithmisch* ‖ **–ritmo** m
⟨Math⟩ *Algorithmus* m
algorra f Chi *Hautausschlag* m *bei Säuglingen*
algosis f ⟨Med⟩ *Algose, Algenkrankheit* f
algoso adj *voller Algen, algenbedeckt*
algotro pron Am *jd anderer*
¹alguacil m *Gerichtsdiener* m ‖
Gerichts|vollstrecker, -vollzieher m ‖ *Amtsdiener*
m ‖ ⟨Hist⟩ *Polizist* m ‖ ⟨iron⟩ *Häscher, Büttel* m ‖
~ *del campo Feldhüter* m ‖ ◇ *tener más hambre*
que un ~ ⟨fam⟩ *e–n Bärenhunger haben*
²alguacil m ⟨Zool⟩: ~ (de moscas) *Spring-,*
Hüpf|spinne f (Salticus scenicus)
alguaci|lesa f *weibl. Form von* alguacil ‖
–lesco adj *nach Art e–s Gerichtsdieners*
¹alguacilillo m ⟨Taur⟩ *Alguacil* m, *berittener*
Platzräumer m
²alguacilillo m → **²alguacil**
alguarín m Ar *kleine Vorratskammer* f
alguaza f Ar *(Tür) Angel* f ‖ *Scharnier* n
alguese m And ⟨Bot⟩ → **agracejo**
alguien pron *jemand*
alguinio m Ar *große Kiepe* f *(zur Trauben-*
und Obst|ernte)
algún adj *(statt alguno, nur vor männlichen*
Hauptwörtern) irgendeiner, ein gewisser ‖
mancher ‖ ~ *día manchen Tag* ‖ *e–s Tages, einst* ‖
~ *hombre ein gewisser Jemand* ‖ ~ *otro*
irgendein anderer ‖ ~ *poco*, ~ *tanto ein wenig* ‖
~ *tiempo einige (gewisse) Zeit* ‖ *en* ~ *modo*
einigermaßen
¹alguno adj *jemand* ‖ *mancher* ‖ *(irgend)einer*
usw. ‖ *gewisser* ‖ ~ *que otro einige, ein paar, der*
e–e oder andere ‖ ~a *vez bisweilen, gelegentlich*
‖ *sin decir cosa* ~a *ohne ein Wort zu sagen* ‖ ¡de
(od en) *manera* ~! *keineswegs!*
²alguno pron. indef *jemand* ‖ *einiges* ‖ ¿ha
llamado ~? *hat es geklopft, hat jd gerufen?* ‖
¿*tienes dinero? tengo* ~ *hast du Geld? ich habe*
etwas ‖ ~s *einige, etliche*
alhábega f → **albahaca**
alhacena f Mancha Mur: → **alacena**
alha|ja adj Arg Ec *angenehm* ‖ ~ f *Juwel,*
Kleinod n ‖ *Schmuck, Zierrat* m ‖ *Hausgeräte* npl
‖ ⟨fig⟩ *wertvoller Besitz* m ‖ *Pracht|stück,*
-exemplar n ‖ ⟨figf⟩ *prächtiger Mensch* m ‖ ⟨iron⟩
Errungenschaft f, *Schatz* m ‖ ¡buena ~! ⟨iron⟩ *ein*
nettes Früchtchen! ‖ **–jado** adj Col *reich* ‖ **–jar** vt
mit Kostbarkeiten ausstatten ‖ *möblieren*
(Wohnung) ‖ **–jera** f Chi Arg *Schmuckkassette* f ‖
–jero m Mex → **alhajera**
alhajito adj Ec *angenehm*
alhajú [pl ~ues] m *Honigkuchen* m ‖
Lebkuchen m
Alhambra f *Alhambra* f *(Palast in Granada)*
alhambrilla f *kleine rote, quadratförmige*
Fliese f
alhámega f → **alharma**
alhamel m And *Last-, Saum|tier* n ‖ And
Viehtreiber m ‖ *Maultiertreiber* m ‖ *Fuhrmann* m
alhamí [pl ~íes] m *niedrige, meist geflieste*
Steinbank f
alhandal m → **coloquíntida**
alharaca f *ungestüme Gefühlsäußerung* f ‖
Gezeter n ‖ *viel Lärm um nichts* ‖ ◇ *sin* ~s *ni*
bambollas ohne großes Aufheben, ohne viel
Aufheben(s), ohne viel Aufheben zu machen
alharma, alhárgama f ⟨Bot⟩ *Harmalkraut* n,
Steppen-, Harmel|raute f (Peganum harmala)
alhelear vi *oberflächlich zerdrücken*
(Weintrauben)
alhelí [pl ~íes] m ⟨Bot⟩ *Levkoje* f ‖
Levkojenstock m (Matthiola incana) ‖ ~ *amarillo*
Goldlack m (Cheiranthus cheiri)

alheña f ⟨Bot⟩ *Rainweide* f, *Liguster* m
(Ligustrum vulgare) ‖ *Hennastrauch* m (Lawsonia
inermis) ‖ *Henna, Alhenna* f *(Farbe)* ‖ *Mehltau,*
Rost, Brand m ‖ ◇ *hecho* (una) ~ *od molido*
como una ~ ⟨fig⟩ *ganz zerschlagen,* ⟨fam⟩ *total*
k.o. (vor Anstrengung)
alheñarse vr *brandig werden (Getreide)*
alhidada f → **alidada**
alho m Fil *Reisstampfer* m
alhoja f → **alondra**
alhol|va f ⟨Bot⟩ *Bockshornklee* m (Trigonella
foenum graecum) ‖ **–var** m *Bockshornkleefeld* n
alhóndiga f *öffentlicher Korn|speicher* m,
-lager n ‖ *Getreidehalle* f ‖ *Getreidemarkt* m
alhondigaje m Mex *Lagerung* f
alhorma f ⟨Hist⟩ *Maurenlager* n
alhorre m *Darmausscheidung* f *Neugeborener,*
Kindspech n ‖ *Schorf, Grind* m *Neugeborener* ‖
Augenbutter f ‖ ◇ ¡ya te curaré el ~! ⟨fam⟩ *du*
kriegst gleich eine! (Drohung für unartige
Kinder)
alhoz [pl ~ces] m → **alfoz**
alhucema f ⟨Bot⟩ → **espliego**
alhucemilla f ⟨Bot⟩ *Spi(e)ke* f (Lavandula
spica)
alhuceña f ⟨Bot⟩ *Senfkohl* m, *Rauke* f (Eruca
sativa)
alhumajo m ⟨reg⟩ *Fichtennadeln* fpl
aliabierto adj *mit ausgebreiteten Flügeln*
aliacán m → **ictericia**
aliáceo adj *knoblauchartig*
aliado adj *verbündet* ‖ ⟨Pol⟩ *alliiert* ‖ ~ m
Verbündete(r), Bundesgenosse m ‖
Verschwägerte(r) m ‖ ~s mpl ⟨Pol⟩ *Alliierte* mpl
alia|dofilia f ⟨Hist⟩ *Alliiertenfreundlichkeit* f
(1914–18) ‖ **–dófilo** adj *alliiertenfreundlich* ‖ ~ m
Anhänger m *der Alliierten* ‖ **–dofobia** f
Alliiertenfeindlichkeit f *(1914–18)* ‖ **–dófobo** adj
alliiertenfeindlich ‖ ~ m *Alliiertengegner* m
aliaga f → **aulaga**
aliaje m → **aleación**
aliancista m/f Chi *Anhänger(in* f) m *e–r*
Allianz
alianza f *Bündnis* n, *Bund* m, *Allianz* f ‖
Verbindung f ‖ *Schwägerschaft* f ‖
Verschwägerung f ‖ *Ehe-, Trau|ring* m ⟨fig⟩
Verbindung f Chi *alkoholisches Mischgetränk* n
‖ ~ *defensiva Verteidigungs-, Schutz-,*
Defensiv|bündnis n ‖ ~ *mundial Welt|allianz* f,
-bund m ‖ ~ *Mundial de Asociaciones Cristianas*
de Jóvenes Christliche Vereine Junger Menschen
(Abk = CVJM) ‖ ~ *ofensiva y defensiva Schutz-*
und-Trutz-Bündnis n ‖ *triple* ~ *Dreibund* m
aliar [pres ~ío] vt *(miteinander ver)binden od*
-knüpfen ‖ *zusammenfügen* ‖ *vereinigen* ‖
aufeinander abstimmen (z. B. *Farben)* ‖ ~**se** s.
anschließen (con *od* an) ‖ *s. verbinden* ‖ *s.*
vereinigen
aliara f *Trinkhorn* n
aliaria f ⟨Bot⟩ *Knoblauchsrauke* f (Alliaria
officinalis)
alias [Abk (a)] adv *genannt, alias, anders (bei*
Verbrecherspitznamen) ‖ ~ m *Spitzname* m ‖
Beiname m
alibambán m Fil ⟨Bot⟩ *Essigbaum* m
(Bauhinia spp)
álibi m ⟨Jur⟩ → **coartada**
aliblanca f Col *Faulheit* f ‖ Cu ⟨Bot⟩ *(Art)*
wilde Taube f
aliblanco adj *mit weißen Flügeln*
alible adj *(m/f) nahrhaft*
alicácabo m → **alquequenje**
alicaído adj *flügellahm* ‖ ⟨fig⟩ *schwach,*
kraftlos ‖ *mutlos* ‖ *heruntergekommen*
alicáncano m Ar ⟨Ins fam⟩ *Flügellaus* f

alicanco m, **alicancro** m → **alicrejo**
¹**alicante** m *(Art)* Nougat m
²**alicante** m, **alicántara** f ⟨Zool⟩ Sand-,
Horn|otter f (Vipera ammodytes) ‖
Stülpnasenotter f (Vipera latastei)
Alicante m [Stadt und Provinz in Spanien]
Alicante n
alicantina f ⟨fam⟩ List f ‖ Verschlagenheit f
alicantino adj/s aus Alicante ‖ auf Alicante
bezüglich
alica|tado m Fliesenbelag m (im arab. Stil) ‖
Kacheltäfelung f ‖ –tar vt mit Fliesen auslegen
alicate m PR Kumpan m
alicates mpl (& sg) Greif-, Beiß-, Kneif-,
Biege-, Draht|zange f ‖ ~ aislantes od aislados
Isolierzange f ‖ ~ de boca(s) plana(s) Flachzange
f ‖ ~ combinados od universales
Kombi(nations)zange f ‖ ~ cortaalambres
Draht|schere f, -schneider m ‖ ~ cortauñas
Nagelzange f ‖ ~ de corte Kneif-, Schneid|zange f
‖ ~ de electricista Elektrikerzange f ‖ ~
pelacables Abisolierzange f ‖ ~ planos
Flachzange f ‖ ~ universales
Kombi(nations)zange f
aliciente m Lock-, Reiz|mittel n, Köder m ‖
⟨fig⟩ Lockung, Anziehungskraft f
alicorado adj Col beschwipst, ange|säuselt,
-heitert, -dudelt
alicorear vt MAm schmücken, verzieren
alicor|tado adj mit gestutzten Flügeln ‖ ⟨fig⟩
entmutigt ‖ –tar vt die Flügel stutzen (dat) ‖ ⟨Jgd⟩
flügeln ‖ ⟨fig⟩ entmutigen ‖ ⟨fig⟩ zurücksetzen
alicorto adj Al flügellahm ‖ ⟨fig⟩ kraftlos
alicrejo m Guat Hond Schindmähre f, ‖ MAm
altes Gerümpel n ‖ CR hässlicher, schlott(e)riger
Mensch m
alicuanta adj (m/f) ⟨Math⟩ aliquant, nicht
aufgehend, mit Rest teilend
alícuota adj (m/f) ⟨Math⟩ aliquot, ohne Rest
teilend
alicurco adj Chi ⟨fam⟩ verschmitzt
alidada f Alhidade f, Diopterlineal n
alienable adj (m/f) ⟨Jur⟩ veräußerlich,
übertragbar
alienación f Entäußerung f ‖ Verzückung f ‖
⟨Pol Philos⟩ ⟨fig⟩ Entfremdung f ‖ ⟨Jur⟩
Veräußerung f ‖ ⟨Med⟩ Geisteskrankheit f
alie|nado adj geisteskrank, irr(e) ‖
übertreibend ‖ ~ m Irrsinnige(r),
Geistesgestörte(r) m ‖ Lobhudler m ‖ –nar vt
veräußern ‖ ⟨Pol Philos⟩ entfremden ‖ ~se s.
entäußern (gen)
alienia f ⟨Med⟩ Alienie f, Milzmangel m
alieníeno adj fremd, unnatürlich
alienista m/f (& adj) Psychiater(in f) m
aliento m Atem, Hauch m ‖ ⟨fam⟩ Puste f ‖
Geruch m ‖ ⟨fig⟩ Mut m, Kraft f ‖ ~ creador
Schaffensdrang m ‖ Schaffenskraft f ‖ ~ fétido
übel riechender Atem m ‖ ◆ de pocos ~s ⟨fig⟩
kümmerlich ‖ anspruchslos ‖ de un ~ ⟨fig⟩ in
e–m Zug, ohne Unterbrechung ‖ sin ~ außer
Atem, atemlos ‖ ◇ cobrar ~ wieder zu Atem
kommen ‖ dar los últimos ~s ⟨fig⟩ den Geist
aufgeben ‖ recobrar ~, reponer → cobrar ~ ‖
tomar ~ verschnaufen, Atem schöpfen
alifafe m ⟨fam⟩ Alltagsgebrechen n ‖ ~s mpl
⟨Vet⟩ Gallen fpl (bei Pferden)
alifara f Ar Gastmahl n
alifático adj ⟨Chem⟩ aliphatisch
alífero m → alígero
aliforme adj (m/f) flügelförmig
aligación f Mischung, Verbindung f
aligato m Fil Flugasche f
aligátor m ⟨Zool⟩ Alligator m (Alligator spp)
alige|ramiento m Erleichterung, Verminderung

f ‖ –rar vt erleichtern, entlasten ‖ lindern,
mäßigen ‖ beschleunigen ‖ (ver)kürzen ‖ ⟨Mar⟩
ausladen, löschen (ein Schiff) ‖ ◇ ~ de lastre
Ballast abwerfen ‖ ~ el paso den Schritt
beschleunigen ‖ ~ vi eilen ‖ ~se leichter werden
‖ s. vermindern ‖ ~ de ropa s. leichter kleiden ‖ s.
frei machen
alígero adj ⟨poet⟩ be-, ge|flügelt ‖ schnell,
rasch
aligonero m → almez
aligustre m ⟨Bot⟩ Rainweide f, Liguster m
(Ligustrum vulgare)
¹**alijador** m adj erleichternd ‖ ~ m ⟨Mar⟩
Leichter(schiff n) m ‖ ⟨Mar⟩ Schauermann m
²**alijador** m ⟨Text⟩ Baumwollreiniger m
¹**alijar** vt/i ⟨Mar⟩ (ab)leichtern, ausladen,
löschen ‖ (Schmugglerware) f an Land bringen
²**alijar** vt ⟨Text⟩ enthülsen, reinigen
(Baumwolle) ‖ schleifen (Holz)
³**ali|jar** m Brachfeld n, Brache f ‖ Zeltdorf n
der Araber od Zigeuner ‖ Gehöft n ‖ Gebirgsland
n ‖ –jarar vt Brachland n zum Anbau verteilen ‖
–jarero m Übernehmer m von Ödland zum Anbau
alijo m ⟨Mar⟩ Lösch|en n, -ung f, Leichtern n,
Leichterung f ‖ Schmuggelware f
alilaya f Col faule Ausrede f
ali|maña f ⟨Jgd⟩ Raubzeug n ‖ Tier n (in der
Kanzelsprache) ‖ ⟨fig⟩ Ungeziefer n ‖ mala ~
⟨fig⟩ elender Wicht m ‖ ⟨pop⟩ (grober) Kerl m ‖
–mañero m Raubtierjäger m
alimentación f Ernährung, Verpflegung f ‖
Fütterung f ‖ ⟨Tech⟩ Speisung, Beschickung,
Aufgabe, Zu|fuhr, -führung f ‖ Durchladen n
(Feuerwaffe) ‖ ⟨Jur⟩ Lebensunterhalt m ‖ ~
adicional Zusatznahrung f ‖ ~ de aceite
Ölzuführung f ‖ ~ de agua Wasserzufuhr f ‖ ~
animal tierische Nahrung f ‖ ~ de los animales
(Ver)Fütterung f ‖ ~ automática ⟨Tech⟩
automatische Beschickung f ‖ ~ de batería Batteriespeisung f
Selbstfütterung f ‖ ~ de caldera Kesselspeisung f ‖ ~ de carbón
Bekohlung f ‖ ~ de calor Wärmezufuhr f ‖ ~ de
combustible Brennstoff|zufuhr, -zuführung f ‖ ~
completa ⟨Agr⟩ Vollfütterung f ‖ ~ de
conservación ⟨Agr⟩ Erhaltungsfütterung f ‖ ~ de
corriente Stromversorgung f ‖ ~ cruda Rohkost f ‖
~ deficitaria Unterernährung f ‖ ~ de energía
Kraftversorgung f ‖ ~ de entretenimiento ⟨Agr⟩
Erhaltungsfütterung f ‖ ~ forzosa
Zwangsernährung f ‖ ~ por gravedad Zuführung f
mit Gefälle ‖ ~ infantil Kinderernährung f ‖
Kindernahrung f ‖ ~ insuficiente Unterernährung
f ‖ ~ a mano Hand|aufgabe, -beschickung f ‖ ~
de material Werkstoff-, Material|zuführung f ‖ ~
naturista Rohkost f ‖ ~ nutritiva Nährkost f ‖ ~
de presión Druckzuführung f ‖ ~ para la
producción ⟨Agr⟩ Leistungsfütterung f ‖ ~ de
régimen Reform-, Diät|kost f ‖ ~ sana gesunde
Ernährung f ‖ ~ por sonda ⟨Med⟩
Sonden|ernährung, -fütterung f ‖ ~ de vapor
Dampf|zufluss, -zutritt m, -zuführung f ‖ ~
vascular ⟨Med⟩ Gefäßversorgung f ‖ ~ vegetal
Pflanzenkost, pflanzliche Nahrung bzw.
Ernährung f ‖ ~ vegetariana vegetarische Kost f
alimen|tador m ⟨Tech⟩
Beschickungsvorrichtung f, Aufgeber, Beschicker
m Zuführer m ‖ ⟨El⟩ Speise|kabel n, -leiter m ‖ ~
de alambre único ⟨Radio⟩ eindrahtiger
Speiseleiter m ‖ ~ de algodón Baumwollspeiser
m ‖ ~ celular Zellenrad|speiser, -aufgeber,
-beschicker m ‖ ~ cilíndrico Walzen|speiser,
-beschicker m ‖ ~ por empuje
Schubaufgabe(-vorrichtung) f ‖ ~ de lana
Wollaufleger m ‖ ~ múltiple ⟨El⟩ mehrfacher
Speiseleiter m ‖ ~ para silos Silo|beschicker,

-speiser m ‖ –tal adj *(m/f) zur Ernährung dienend*
‖ –tante *m Nährstoff* m ‖ *Ernährer* m
alimen|tar vt *ernähren, verpflegen, beköstigen*
‖ 〈Tech〉 *beschicken, zu|bringen, -führen, speisen,*
aufgeben ‖ *unterhalten (Feuer)* ‖ *füttern (Tiere)* ‖
〈Jur〉 *unterhalten, Unterhalt gewähren, Unterhalt*
leisten ‖ 〈Tech〉 *(die Dampfkessel) speisen* ‖ 〈Met〉
beschicken ‖ 〈fig〉 *nähren, schüren*
(Leidenschaften) ‖ ◇ ~ con datos *mit Daten*
füttern (Computer) ‖ ~se vr *s. ernähren* ‖ –tario
adj *Ernährungs-, die Ernährung betreffend* ‖
–ticio adj *Nähr-, ernährend* ‖ –tista *m/f* 〈Jur〉
Unterhaltsberechtigte(r m) f ‖ –tividad *f*
Nahrungstrieb m
   alimento *m Nahrung, Speise, Kost* f, *Lebens-,*
Nahrungs|mittel n ‖ 〈fig〉 *Heiz-, Brenn|stoff* m ‖
〈fig〉 *Nahrung* f ‖ ~ para niños *Kindernährmittel*
n ‖ ~ de régimen *Diätkost* f ‖ ~s *mpl* 〈Jur〉
(Lebens)Unterhalt m, *Alimente* pl,
Unterhaltszahlungen fpl ‖ *Tagegelder* npl ‖
Pflegegelder npl ‖ ~ adecuados a la posición
social del alimentado 〈Jur〉 *standesgemäßer*
Unterhalt m
   alimentoso adj *nahrhaft, nährend*
   alimentoterapia *f* 〈Med〉 *Diättherapie* f
   a límine 〈lat〉 adv *kurzerhand, von vornherein*
‖ *ohne Prüfung in der Sache*
   alimoche *m* 〈V〉 *Schmutzgeier* m (Neophron
percnopterus)
   alimón *m: torear al ~* 〈Taur〉 *den Stier hetzen,*
indem zwei Stierkämpfer diesem e–n Mantel
vorhalten ‖ al ~ 〈allg〉 *gemeinsam, mit vereinten*
Kräften
   alimonarse vr *gelblich werden (Krankheit*
einiger Bäume)
   alindado adj 〈fam〉 *geckenhaft*
   alindamiento *m Begrenzung* f ‖ *Vermarkung* f
   ¹alindar vt *ab-, be|grenzen* ‖ *vermarken* ‖ ~ vi:
~ con ... *grenzen an* ... (acc)
   ²alindar vt *herausputzen, verschönern*
   alinderar vt Chi *abstecken, begrenzen*
   alindongarse [g/gu] vr Sal *s. übermäßig*
putzen
   aline|ación *f Aufstellung f in gerader Reihe* ‖
Ausrichtung f ‖ *Abstecken, Richten* n ‖ 〈Pol〉
Gleichschaltung f ‖ 〈Typ〉 *Schriftlinie* f ‖ 〈Agr〉
Flucht, Fluchtlinie, Bauflucht f ‖ Sp *Aufstellung* f
(e–r Mannschaft) ‖ ~ del muro *Mauerflucht* f ‖
–ado adj *fluchtrecht* ‖ 〈Pol〉 *gleichgeschaltet* ‖ ~
a la derecha (izquierda) *rechts- (links-)bündig* ‖
–amiento *m Aus|richtung f, -richten* n ‖ 〈Arch〉
Fluchtlinie f ‖ –ar vt *ab|messen, -stecken* ‖ *in*
gerader Linie aufstellen, ausrichten ‖ 〈Arch〉
einfluchten ‖ 〈Mil〉 *antreten lassen* ‖ 〈Sp〉
aufstellen (Mannschaft od Spieler) ‖ 〈Typ〉 *in*
Linie bringen ‖ ~se 〈Mil〉 *s. ausrichten* ‖ 〈Pol〉
(e–m Block) beitreten (Staat) ‖ ¡~! 〈Mil〉 *richt'*
euch!
   aliñado adj *geschmückt, zurechtgemacht* ‖ ~ m
Ven *gewürzter Branntwein* m
   aliñador *m* Chi *Knocheneinrenker* m
   aliñar vt *schmücken, verzieren* ‖ *bereiten,*
zurechtmachen ‖ *zubereiten (Speisen)* ‖
an|machen, -richten (z. B. Salat) ‖ 〈fig〉
verbrämen ‖ Chi *einrenken (Knochen)* ‖ ~se *s.*
putzen ‖ –ño *m Schmuck, Putz* m, *Verzierung* f ‖
Zierlichkeit f ‖ *Geräte* npl 〈bes. Agr〉 ‖ 〈Kochk〉
Speisezubereitung f ‖ *Speisewürze* f ‖ *Dressing* n ‖
〈fig〉 *Verbrämung* f ‖ –ñoso adj *ge|schmückt,*
-putzt ‖ *sorgsam, fleißig*
   alioli *m* Ar → ajiaceite
   alio|nado adj Chi *aufwieglerisch* ‖ –nar vt Chi
aufwiegeln
   alionín *m* 〈V〉 *Blaumeise* f (→ herrerillo
común)

   alípede adj *(m/f)* 〈poet〉 *an den Füßen beflügelt*
   alípedo adj → alípede ‖ ~ m 〈Zool〉
Fledermaus f
   alipe|garse vr CR 〈fam〉 *s–e Nase in fremde*
Angelegenheiten stecken ‖ –go m MAm 〈pop fig〉
Schmarotzer m ‖ MAm *Zugabe f (für den Käufer)*
   aliquebrado adj *flügellahm* ‖ 〈fig〉 *mutlos*
   ¹alirón *m Jubelschrei* m *der Zuschauer bei*
Sportveranstaltungen
   ²alirón *m* Ar *gerupfter Flügel* m
   alirrojo adj *mit roten Flügeln*
   ali|sado adj *glatt* ‖ ~ m 〈Glätten n ‖ –sador *m*
Polierer, Schleifer m ‖ *Glättholz* n ‖ *Abreiber* m
der Buchbinder ‖ 〈Typ〉 *Vorreiter, Glätter* m ‖
Polierstein m ‖ Ven *feiner Kamm* m ‖ –sadura *f*
Polieren, Glätten n ‖ ~s *mpl Schleifspäne* mpl
   ¹alisar *m, aliseda f Erlen|busch* m, *-gehölz* n ‖
   ²alisar vt *glätten* ‖ *glatt feilen* ‖ *glatt streichen*
(das Haar) ‖ *ebnen* ‖ *rollen, mangeln (Wäsche)* ‖
schichten (Holz) ‖ ◇ ~ con esmeril *abschmirgeln*
‖ ~ la piel *die Haut glätten*
   alisios adj/pl: vientos ~ 〈Mar〉 *Strich-,*
Passat|winde mpl
   alis|ma *f* 〈Bot〉 *Froschlöffel* m (Alisma spp) ‖
–matáceas fpl 〈Bot〉 *Froschlöffelgewächse* npl
(Alismataceae)
   aliso *m* 〈Bot〉 *Erle* f, *Erlenbaum* m (Alnus spp) ‖
‖ *Erlenholz* n ‖ ~ blanco Seg *Birke* f (→ &
abedul) ‖ ~ común *Schwarzerle* f (Alnus
glutinosa) ‖ ~ gris *Grauerle* f (A. incana) ‖ ~ de
Italia *Neapolitanische Erle* f (A. cordata) ‖ ~
negro → ~ común
   alis|tado adj *gestreift* ‖ ~ m 〈Mil〉
angeworbener Soldat, Söldner m ‖ Dom *Soldat* m
des untersten Ranges ‖ –tador *m* 〈Mil〉 *Werber* m
‖ –tamiento *m Einschreibung, Aufzeichnung* f ‖
〈Mil〉 *(An-)Werbung* f ‖ *Musterung* f ‖ *Jahrgang*
m ‖ 〈Mar〉 *Anheuerung* f ‖ –tar vt *bereitstellen* ‖
einschreiben, aufzeichnen ‖ 〈Mil〉 *anwerben* ‖
mustern ‖ ~se 〈Mil〉 *s. anwerben lassen* ‖
gemustert werden ‖ *Soldat werden*
   alite|ración *f* 〈Poet〉 *Alliteration* f, *Stabreim,*
Anlautreim m ‖ *Paronomasie* f
(Zusammenstellung ähnlich klingender Wörter) ‖
–rado adj *alliterierend, mit Stabreim*
   ¹alitierno *m* 〈Bot〉 → aladierna
   ²alitierno adj *schwachflüg(e)lig* ‖ 〈fig〉 *zart*
   alitranca *f* Chi *(Hinter)List* f
   alitúrgico adj: días ~s 〈Kath〉 *Tage* mpl *ohne*
Kirchendienst
   alivia|dero *m Überlauf* m *(bei Talsperren,*
Gewässern usw.) ‖ *Mühlsteinhebel* m ‖ ~
controlado *gesteuerter Überlauf* m ‖ ~ de fondo
Grund|ablass,
-auslass m ‖ ~ de superficie
Oberflächen(Hochwasser-)Entlastungsanlage f,
freier Überlauf m ‖ –dor adj *lindernd* ‖ ~ m
Mühleisen n *im Mühlrad*
   aliviar vt *erleichtern* ‖ *entlasten* ‖ 〈fig〉
mäßigen ‖ *lindern* ‖ *beschleunigen* ‖ 〈pop〉 *klauen,*
mausen ‖ ◇ ~ el paso *den Schritt beschleunigen*
‖ ~ del trabajo a alg. *jdm (e-r) Arbeit abnehmen*
‖ ~ vi *schneller gehen, schneller arbeiten* ‖ ~se
nachlassen (Schmerzen) ‖ *s. erholen* ‖ ¡que se
alivie! *gute Besserung!* ‖ ¡~! 〈pop〉 *angenehme*
Unterhaltung! ‖ 〈fam〉 *adieu! machen Sie's gut!*
   alivio *m Erleichterung, Linderung* f ‖ *Erholung*
f ‖ 〈Arch〉 *Entlastung* f ‖ ~ de luto *Halbtrauer* f
〈Hist〉 *Austrauer* f ‖ ~ se ~ Chi *(et.) mit*
fremder Hilfe tun ‖ ser de ~ 〈fam〉 *intrigant od*
ränkesüchtig sein ‖ tener un catarro de ~ *sehr*
stark erkältet sein, 〈fam〉 *e–e dicke Erkältung*
haben
   alizar *m Fliesenbelag* m ‖ *Kachel, Fliese* f ‖
Fliesenband n

alizarina *f* ⟨Chem⟩ *Alizarin, Krapprot* n
aljaba *f Köcher* m
aljadrez [*pl* ~ces] *m* ⟨Mar⟩ *Lukengitter* n
aljama *f Maurenviertel* n ‖ *Moschee* f ‖
Maurenversammlung f ‖ *Judenviertel* n ‖
Synagoge f ‖ *Judenversammlung* f
aljamel *m* And → **alhamel**
alja|mía *f* ⟨Hist Lit⟩ *Schriften* fpl *in span.*
Sprache mit arab. od *hebr. Buchstaben* ‖
Bezeichnung f *der span. Sprache durch die
Mauren* ‖ **–miado** adj (& m) *maur.-span.
sprechend* ‖ *in span. Sprache mit arab.* od *hebr.
Buchstaben geschrieben* ‖ **–miar** vi *e–n span. Text
mit arab.* od *hebr. Buchstaben schreiben* ‖ ⟨fig⟩
gebrochen sprechen ‖ ⟨figf⟩ *kauderwelschen*
aljez [*pl* ~ces] *m Gipsstein* m
aljibe *m Zisterne* f, *Sammelbrunnen* m *für
Regenwasser* ‖ ⟨Mar⟩ *Süßwasserboot* n ‖
Wassertank m ‖ ⟨Mar⟩ *Öltanker* m, *Tankschiff* n ‖
Am Ziehbrunnen m ‖ Col *Quelle* f, *Brunnen* m ‖
Abfluss m ‖ **~s** mpl ⟨Mar⟩ *Wasserbehälter* mpl
aljofaina *f* → **jofaina**
aljófar *m kleine, unregelmäßig geformte Perle*
f ‖ *Samenperle* f ‖ ⟨poet⟩ *Tautropfen* m ‖ ⟨fig⟩
Träne f ‖ **~es** mpl ⟨poet⟩ *Perlzähne* mpl
aljofarar vt *mit Perlen verzieren* od *besticken*
aljofi|fa *f Scheuerlappen* m, *Schrubbtuch* n ‖
–far vt *scheuern*
aljonje *m Vogelleim* m
aljonjolí *m* → **ajonjolí**
aljor *m Gipsstein* m
aljorozar vt Cu Ven *weiß anstreichen, tünchen*
aljuba *m Mantel* m *(der Mauren)*
aljuma *f* And ⟨Bot⟩ *Schössling, Trieb* m ‖
Fichten- od *Tannen|nadel* f
allá adv *dort, da (weniger präzise als allí)* ‖
dorthin ‖ *damals* ‖ *ehemals* ‖ *jenseits* ‖ ~ *se las
arregle* od *avenga* od *componga* od *haya* ⟨fam⟩ *er
(sie, es) mag* od *soll sehen, wie er (sie, es) fertig
wird* od *zurechtkommt* ‖ ~ *en mi juventud damals
in m–r Jugend* ‖ *¡*~ *películas!* ⟨fam⟩ *mir ist es
egal* od *Wurs(ch)t* ‖ ~ *en Rusia dahinten* od
irgendwo in Russland ‖ ~ *en tiempos de
Maricastaña Anno Tobak, Anno dazumal* ‖ *¡*~ *Vd:
das ist Ihre Sache! das ist Ihr Bier!* ‖ *¡*~ *va! da
haben Sie!* ‖ *¡*~ *va eso! da kommt's! (als
Warnung), hier ist es!* ‖ *¡*~ *voy! ich komme
gleich!* ‖ ◊ *de* ~ *von dort* ‖ *más* ~ *weiter weg* ‖
jenseits ‖ *el más* ~ *das Jenseits* ‖ *muy* ~ *sehr
weit entfernt* ‖ *no muy* ~ *nicht weit her, nicht
sehr gut* ‖ *no andar* od *ser* od *estar muy* ~ *nicht
weit her sein, nicht sehr gut sein* ‖ *no está muy* ~
*er (sie, es) ist nicht auf der Höhe, er (sie, es)
fühlt s. nicht so gut* ‖ *no está muy* ~ *con su
hermano er (sie, es) versteht s. nicht sehr gut mit
s–m (ihrem) Bruder* ‖ *¡*~ *se fue! fort war er (sie,
es)!* ‖ *pasar más* ~ *das Maß überschreiten* ‖ *por*
~ *dorthin, in dieser Richtung* ‖ *tan* ~ *so weit*
allamararse vr ⟨fam⟩ *s. begeistern*
allanado adj *ausgeglichen*
allanamiento *m (Ein)Ebnen, Gleichmachen* n ‖
Behebung f *(von Schwierigkeiten)* ‖ *Beseitigung* f
(von Hindernissen) ‖ *Leutseligkeit* f ‖
Er|läuterung, -klärung f ‖ *Ausgleich* m ‖
Hausfriedensbruch m ‖ ⟨Jur⟩ *Mex
Haus(durch)suchung* f ‖ ⟨Jur⟩ *Heimsuchung* f ‖
Anerkenntnis f *(Prozessrecht)* ‖ ~ *de morada*
⟨Jur⟩ *Hausfriedensbruch* m ‖ ~ *por funcionario
Hausfriedensbruch* m *im Amt*
allanar vt *(ein)ebnen, gleichmachen, planieren*
‖ *(ein Gebäude) niederreißen* ‖ ⟨fig⟩ *schlichten,
beschwichtigen* ‖ ⟨fig⟩ *beseitigen (Hindernisse)* ‖
⟨fig⟩ *erleichtern* ‖ *erstürmen* ‖ *überwinden,
besiegen* ‖ ◊ ~ *el camino a uno* ⟨fig⟩ *jdm den
Weg ebnen* ‖ ~ *una casa* ⟨Jur⟩ *Hausfriedensbruch*

begehen ‖ ⟨Jur⟩ *amtlich in ein Haus eindringen,
e–e Haussuchung vornehmen* ‖ **~se** *s.
unterwerfen* (dat) ‖ *s. fügen, s. bequemen* (a *in*
acc) ‖ ⟨Jur⟩ *anerkennen (Prozessrecht)* ‖ *s.
vergleichen* ‖ *auf Standesvorrechte verzichten* ‖
einstürzen (Gebäude) ‖ ◊ ~ *a todo s. in alles
ergeben* od *fügen*
allane *m* Mex *Planieren, Ebnen* n
allantarse vr Dom *s. aufhalten*
allariz [*pl* ~ces] *m gemustertes Leinen* n *aus
Allariz (Gal)*
allega *f Beschäftigung* f ‖ *verwickelte
Angelegenheit* f
allegación *f Beitrag* m ‖ *Hinzufügung* f
allega|dera *f* Sal ⟨Agr⟩ *(Art) Rechen* m ‖ **–dizo**
adj *wahllos zusammengerafft* ‖ *aus Geiz
zusammengescharrt (Geld)*
¹allegado adj *dicht anliegend, nächstgelegen*
²allegado adj *ähnlich* ‖ *befreundet* ‖ *verwandt* ‖
nahestehend (z. B. *e–r Partei*) ‖ ~ *m
Verwandte(r), Vertraute(r)* m ‖ *Freund* m ‖
Gesinnungsgenosse m ‖ Chi *Dauergast* m ‖
allega|dor adj *sammelnd, anhäufend* ‖ ~ *m*
⟨Agr⟩ *Rechen* m, *Harke* f ‖ **–miento** *m
(An)Sammeln* n ‖ *Zusammenfluss* m *(von
Gewässern)*
allegancia *f* → **allegamiento**
allegar [g/gu] vt *sammeln, anhäufen* ‖
(an-)nähern ‖ *hinzufügen* ‖ *zusammentragen* ‖
⟨Agr⟩ *(das gedroschene Getreide) auf Haufen
legen* ‖ **~se** *s. nähern* ‖ *hinzukommen* ‖ *s.
anschließen* ‖ *s. anschmiegen*
alle|greto adv ⟨Mus⟩ → **alegreto** ‖ **–gro** adv →
alegro
allende adv *jenseits* ‖ *außerdem, überdies* ‖ ~
de außer ‖ ~ *el río jenseits des Flusses*
allí adv *da, dort* ‖ *da-, dort|hin* ‖ *damals* ‖ ◆
de ~ *daher, hieraus* ‖ *de* ~ *a poco kurz darauf* ‖
desde ~ *von da, von diesem Ort* ‖ *hasta* ~ *bis
dahin* ‖ *aquí …,* ~ *…, da …, dort* ‖ *¡*~ *está! da
ist er (sie)!* ‖ *ser hasta* ~ ⟨fig⟩ *hervorragend sein*
alló *m* Am ⟨V⟩ *Ara* m (Ara)
allo|za *f grüne (od bittere) Mandel* f ‖ **–zar**
[z/c] *m Mandelbaumhain* m ‖ **–zo** *m* ⟨Bot⟩
(wilder) Mandelbaum m (→ **almendro**)
alma *f*[el] *Seele* f ‖ *Geist* m ‖ *Gemüt* n ‖ ⟨fig⟩
Gefühl n ‖ ⟨fig⟩ *Wesen* n, *Person* f ‖ ⟨fig⟩
seelische Kraft f ‖ ⟨fig⟩ *Ausdruck* m, *Begeisterung*
f ‖ ⟨fig⟩ *Hauptsache, Triebfeder* f ‖ *Beseelung* f,
Ausdruck m ‖ *Kern* m *(e–r Sache)* ‖ *Seele* f
(Geschütz, Gewehr) ‖ *Stimmholz* n, *Stimme* f *an
der Geige* ‖ ⟨Met⟩ *Kern* m ‖ ⟨Arch⟩ *Stütz|holz* n,
-balken m ‖ ⟨Arch⟩ *Stützmauer* f ‖ ⟨Arch⟩ *Steg* m
(auch Brücke) ‖ *Wange* f *(Treppe)* ‖ ~ *atravesada*
⟨fig⟩ *hartherziger, grausamer Mensch* m ‖ ~ *de
caballo gewissenloser Mensch* m ‖ ~ *de Caín* →
~ *atravesada* ‖ ~ *de cántaro,* ~ *de Garibay* ⟨figf⟩
Einfaltspinsel, Tropf m ‖ ~ *de Dios* (fam)
herzensguter Mensch m, *e–e Seele* f *von Mensch* ‖
~ *de Judas* → ~ *atravesada* ‖ *el* ~ *del negocio*
⟨fig⟩ *der wahre Grund* ‖ ~ *en pena Seele* f *im
Fegefeuer* ‖ ⟨figf⟩ *Gespenst* n, *umherirrender
Geist* m ‖ ⟨fig⟩ *ungeselliger Mensch* m ‖ ~
trauriger, melancholischer Mensch m ‖ ~
racional vernunftbegabte Seele f ‖ ~ *virgen
unschuldige Seele* f ‖ *buen* ~ ⟨fig⟩ *rechtschaffene,
treue Seele* f ‖ *hijo de mi* ~ *mein Herzchen!
(Koseausdruck)* ‖ *ni* ~ *k–e Menschenseele* ‖ ◆
como ~ *que lleva el diablo* ⟨fam⟩ *mit rasender
Schnelligkeit, wie von Furien gehetzt
(davonlaufen)* ‖ *auf Teufel komm' raus* ‖ *con* ~
mit Feuer, seelenvoll ‖ *con* ~ *(y vida)* ⟨fam⟩ *von
Herzen gern* ‖ *con toda mi* ~ *von ganzem Herzen*
‖ *aus Leibeskräften* ‖ *en el* ~ *lebhaft* ‖ *en mi* ~
bei m–r Seele ‖ *¡*~ *mía! ¡mi* ~*! mein Herz! mein*

Liebling! ‖ ¡su ~ en su palma! ⟨fig⟩ *das mag er (sie, es) verantworten* ‖ solita su ~ Arg *mutterseelenallein* ‖ ◇ abrir el od su ~ *s. (jdm) anvertrauen* ‖ *s. aussprechen* ‖ agradecer con *(od* en) el ~ ⟨fig⟩ *herzlich danken* ‖ arrancarle a u. el ~ *jdn zutiefst verwunden* ‖ *jdn umbringen* ‖ caérsele a u. el ~ a los pies *mutlos werden* ‖ darle a u. el alma *ahnen* ‖ dar *od* entregar el ~ (a Dios) ⟨fig⟩ *den Geist aufgeben, sterben* ‖ dar el ~ al diablo ⟨fig⟩ *rücksichtslos vorgehen* ‖ dolerle a uno el ~ ⟨fig⟩ *großes Leid fühlen* ‖ *(e–r S.) leid sein* ‖ echar el ~ ⟨fig⟩ *s. abarbeiten* ‖ ⟨fam⟩ *s. abrackern* ‖ echar(se) el ~ a las espaldas ⟨fig⟩ *ohne Rücksicht auf Gewissen od Moral vorgehen; sein Gewissen einschläfern od einlullen* ‖ encomendar el ~ *das Sterbegebet beten* ‖ entregar el ~ (a Dios) *den Geist aufgeben, sterben* ‖ estar con el ~ en la boca ⟨fig⟩ *Todesangst haben* ‖ *mit dem Tod(e) ringen* ‖ es un Juan de buen ~ ⟨fam⟩ *er ist ein guter Kerl* ‖ hablar al ~ ⟨fig⟩ *frei od frisch von der Leber weg reden* ‖ írsele a uno el ~ tras a/c ⟨fig⟩ *et. sehnlichst herbeiwünschen* ‖ llegarle a uno al ~ ⟨fig⟩ *lebhaft bereuen* ‖ *jdn sehr rühren* ‖ *jdn tief ergreifen, jdm zu Herzen gehen* ‖ *s. tief verletzt fühlen (wegen gen)* ‖ llevar tras sí el ~ ⟨fig⟩ *unwiderstehlich sein* ‖ *gleichgültig sein* ‖ padecer como un ~ en pena ⟨fig⟩ *unsäglich leiden* ‖ eso me parte el ~ *das bricht mir das Herz* ‖ paseársele a alg. el ~ por el cuerpo ⟨figf⟩ *träge, faul, schlaff, gelassen sein* ‖ perder el ~ ⟨fig⟩ *ewig verdammt werden* ‖ pesarle a uno en el ~ a/c ⟨fam⟩ *et. zutiefst bereuen* ‖ poner en algo el ~ entera *mit Leib und Seele bei et. sein* ‖ rendir el ~ (a Dios) *den Geist aufgeben, sterben* ‖ romperle a uno el ~ ⟨fam⟩ *jdm das Lebenslicht ausblasen,* ⟨fam⟩ *jdm das Genick brechen,* ⟨pop⟩ *jdm den Schädel einschlagen* ‖ sacar el ~ de pecado (a uno) ⟨fig⟩ *(jdm) et. entlocken, abschleichen* ‖ lo siento en el ~ *ich bedauere es lebhaft od zutiefst, es tut mir in der Seele weh* ‖ tener el ~ bien puesta ⟨fig⟩ *vor nichts zurückschrecken* ‖ *das Herz auf dem rechten Fleck haben* ‖ tener el ~ en un hilo ⟨fig⟩ *Todesangst haben* ‖ tener el ~ en la mano ⟨fig⟩ *offenherzig handeln od reden* ‖ tener el ~ entre los dientes ⟨fig⟩ *Todesangst empfinden* ‖ tener más ~s que un gato ⟨fig⟩ *ein zähes Leben haben* ‖ tener mucha ~ ⟨fig⟩ *vor nichts zurückschrecken* ‖ no tener ~ ⟨fig⟩ *herzlos od grausam sein* ‖ *gleichgültig gegenüber anderen sein* ‖ tocarle a uno en el ~ ⟨fig⟩ *jdn rühren, jdm ans Herz gehen, jdm nahegehen* ‖ traer el ~ en la boca ⟨fig⟩ *sehr betrübt sein* ‖ volverle a uno el ~ al cuerpo ⟨fig⟩ *neuen Mut schöpfen* ‖ *jdn aus e–r großen Gefahr herausreißen* ‖ ~s *fpl Seelen* fpl *(Einwohner)*

almacén m *(Kauf)Laden* m ‖ *Kauf-, Waren\haus* n (meist pl) ‖ *Lager(haus), Magazin* n‖ *Niederlage* f ‖ *gelagerte Erzeugnisse* npl, *Lagerbestände* mpl ‖ *Speicher* m ‖ *Lagerraum* m ‖ *Kammer* f *(Schusswaffe, Ausrüstung, Bekleidung)* ‖ *Bunker* m ‖ ⟨Mar⟩ *Wassertank* m ‖ ⟨Fot⟩ *Wechselkassette* f *(für Schallplatten)* ‖ *Rollfilmkasten* m ‖ ⟨Typ⟩ *Magazin* n ‖ Am *Lebensmittelgeschäft* n ‖ *Aufbewahrungsraum* m ‖ ~ de la aduana *Lagerhaus* n *im Zollfreigebiet* ‖ ~ al por mayor *Großhandlung* f ‖ ~ de carbón ⟨EB⟩ *Banse* f, *Kohlenbansen* m ‖ ~ frigorífico *Kühlhaus* n ‖ ~ de frutas *Obstschuppen* m ‖ ~ de herramientas *Werkzeugmagazin* n ‖ ~ de libros *Büchermagazin* n ‖ ~ de música *Musikalienhandlung* f ‖ ◆ en ~ *auf Lager, vorrätig* ‖ los efectos en ~ *Lager\bestand, -vorrat* m ‖ gastar (mucho) ~ ⟨fig⟩ *viel Worte um nichts verlieren* ‖ quedar en ~ *unverkauft (auf Lager)*

bleiben ‖ ~**cenes** *mpl*: grandes ~ *Kauf-, Waren\haus* n
almacenado m → **almacenaje**
almace\naje m *Lagerung, Aufspeicherung, Einlagerung* f, *Einlagern* n ‖ *Lagern* n ‖ *Lagermiete* f ‖ (derechos de) ~ *Lager\geld* n, *-gebühr* fpl
–namiento m *Aufspeichern, Lagern* n, *Bevorratung, Einlagerung, Lagerhaltung* f ‖ *(Ein)Speichern* n ‖ ⟨Inform⟩ *Speicherung* f ‖ ~ de armas atómicas *Lagerung* f *von Atomwaffen* ‖ ~ obligatorio *Einlagerungspflicht* f ‖ ~ de productos alimenticios *Bevorratung* f *von Lebensmitteln* ‖ **–nar** vt *aufspeichern, (ein)lagern* ‖ *in e–m Lager aufbewahren* ‖ *(ein)speichern* ‖ ⟨Inform⟩ *speichern* ‖ ⟨fig⟩ *beherbergen, bergen* ‖ ~**se** vr ⟨fam⟩ *s. anhäufen* ‖ **–nero** m *Magazinverwalter, Lageraufseher* m ‖ Am *Lebensmittelhändler* m ‖ **–nista** m/f *Besitzer(in* f *)* m *e–s Warenlagers, Lagerhalter(in* f *)* m ‖ *Lagerhausverwalter(in* f *)* m ‖ Arg → **almacenero** ‖ *Magazinaufseher(in* f *)* m ‖ *Ladenverkäufer(in* f *)* m ‖ ~ de papel *Papier(groß)händler(in* f *)* m
almaceno adj → **amaceno** ‖ ~ m ⟨Bot⟩ *e–e Pflaumenbaumart* f
¹**almáciga** f *Mastix* m ‖ *(Fenster)Kitt* m
²**almáciga** f *Baumschule* f ‖ *Treib-, Mist\beet* n
³**almáciga** m/f Pe *dunkelhäutiger Mischling* m
almacigado adj Pe *von dunkelhäutiger Rasse*
almacigar [g/gu] vt *mit Mastix parfümieren od räuchern*
almácigo m ⟨Bot⟩ *Mastixbaum* m ‖ *Pflanz(en)beet* n ‖ *Baumschule* f ‖ *Treib-, Mist\beet* n
alma\mádana, -mádena f *(langstieliger) Steinhammer* m
almadeneta f dim von **almádana**
alma\día f *Rindenkahn* m *der Neger* ‖ *Boot* n *der Indianer* ‖ *Fähre* f ‖ *Floß* n ‖ **–diar** vi *mit od auf e–r Fähre u. Fluss überqueren* ‖ ~**se** *schwind(e)lig werden* ‖ **–diero** m *Floßführer* m
almádina f → **almádana**
alma\draba f *Tunfischerei* f ‖ *Tunfischnetz* n ‖ *Tunfischfanggründe* mpl ‖ *Tunfischfangzeit* f ‖ **–drabero** adj *zur Tunfischerei gehörig* ‖ ~ m *Tunfischer* m
alma\dreña f *Holzschuh* m ‖ **–dreñero** m *Holzschuhmacher* m
almágana f Hond *Steinhammer* m ‖ Hond *fauler, träger Mensch* m
almaganeta f → **almádana**
almagesto m ⟨Astr Hist⟩ *Almagest* m *(Handbuch der Astronomie)*
almagra f → **almagre**
alma\gral m *ockerreiche Gegend* f ‖ **–grar** vt *mit Ocker od Rötel färben* ‖ ⟨fig⟩ *in üblen Ruf bringen* ‖ ⟨vulg⟩ *blutig schlagen od hauen* ‖ **–gre** m *Ocker, Rötel* m, *Roterde* f ‖ ⟨fig⟩ *Brandmal* n ‖ *Wundmal* m
almagreño adj/s *aus Almagro* (P CReal) ‖ *auf Almagro bezüglich*
almagrera f ⟨Bgb⟩ *Rötelfundgrube* f
almaizar m *maurische Kopfbedeckung* f *aus Gaze* ⟨Kath⟩ *Schultertuch, Humerale* m
almaizo m → **almez**
almajal m *Salzkrautfeld* n ‖ *sumpfige Niederung* f *am Meer*
almajara f *Baumschule* f *(mit Treibhäusern)* ‖ *Mist-, Treib\beet* n
almaje m Al *Großviehherde* f *e–r Gemeinde*
almalafa f *maurischer Oberrock* m
alma máter ⟨lat⟩ *Alma mater* f
almana\que m *Almanach, Kalender* m ‖ *Jahrbuch* n ‖ ~ náutico *nautisches Jahrbuch* n ‖ ◇ salir vendiendo ~ Arg ⟨fam⟩ *sehr oft abgewiesen werden* ‖ hacer ~s ⟨fig⟩ *tiefsinnig*

brüten ‖ *spintisieren* ‖ **–quero** *m Kalenderverkäufer* m
almandina *f* ⟨Min⟩ *Almandin* m *(Eisentongranat)*
almánguena *f* ⟨Min⟩ → **almagre**
almanta *f Furchenrain* m ‖ ◇ *poner a* ~ *(Weinstöcke) dicht und unregelmäßig pflanzen* ‖ *Treibbeet* n
almarga *f Mergel\grube* f, *-vorkommen* n
almario *m* → **armario** ‖ ⟨fig joc⟩ *Körper* m
¹almarjal *m* ⟨Bot⟩ *Salzkrautstrauch* m ‖ *Salzkrautfeld* n
²almarjal *m Moor* n, *Sumpf* m
almarjo *m* ⟨Bot⟩ *Salzkraut* n (Salsola sp)
almarrá [*pl* **–aes**] *Baumwollkamm* m
¹almártaga *f Blei\glätte* f, *-oxid* n
²almártaga *f Stallhalfter* m
³almártaga *f Am Schurke* m
almás\tica, –tiga *f*, **–te(c)** *m Mastix* m
almática *f* Mex *Dalmatika* f, *Messgewand* n
almatriche *m Bewässerungsgraben* m
almazaque *m* Ar *Mastix* m
almaza\ra *f Ölmühle* f ‖ **–rero** *m Ölmüller* m
almazarrón *m Ocker, Rötel* m, *Roterde* f
almea *f Almee* f, *Tänzerin im Orient* ‖ *Storax\balsam* m bzw *-rinde* f
alme\ja *f* ⟨Zool⟩ *essbare Muschel* f (z.B. *Teppichmuschel* f [Taper decussatus], *Venusmuschel* f [Venus gallina]) ‖ ⟨vulg⟩ *Möse, Muschi* f ‖ **–jar** *m Muschelkultur* f ‖ *Muschelbank* f
almena *f (Mauer)Zinne, Mauerzacke* f ‖ ⟨Her⟩ *Zinke, Kerbe* f
alme\nado adj *zinnenförmig, Zinnen-, ausgezackt* ‖ ⟨Her⟩ *gekerbt* ‖ **–naje** *m Zinnenwerk* n, *Mauerkrönung* f ‖ *Arbeit* f *in Zacken (an Kleidern, usw.)*
¹almenara *f* ⟨Mil⟩ *Signalfeuer, Feuerzeichen, Fanal* n
²almenara *f* Ar *Ab\laufgraben* m *e–s Bewässerungsgrabens, -leitungsgraben* m
almendra *f Mandel* f ‖ *Mandelkern* m ‖ *Kern* m *des Steinobstes* ‖ *Zuckermandel* f ‖ *mandelförmiger Diamant* m ‖ *runder Pflasterstein* m ‖ ⟨fig⟩ *Quintessenz* f, *Kern* m *(e–r Sache)* ‖ ⟨fam⟩ *Kiesel* m, *kleiner, runder Stein* m ‖ ⟨fam⟩ *Kopf, Verstand* m ‖ Murc *Seidenraupenkokon* m *erster Qualität* ‖ ~ *amarga Bittermandel* f ‖ ~ *de cacao Kakaobohne* f ‖ ~ *en cáscara Mandel* f *in der Schale* ‖ ~ *dulce Süßmandel* f ‖ ~ *mollar Krach-, Knack\mandel* f ‖ ~ *peladilla geschälte und überzuckerte Mandel* f ‖ ◆ *de la media* ~ ⟨fam⟩ *zimperlich (Frau)* ‖ ~**s** *fpl Leuchter\gehänge* n, *-behang* m ‖ ~ *garapiñadas gebrannte und überzuckerte (od gesalzene) Mandeln* fpl ‖ ◇ *saber a* ~ *nach Mandeln schmecken* ‖ ⟨fig⟩ *sehr gut schmecken*
almen\drada *f* ⟨Kochk⟩ *Mandelmilch* f *mit Zucker* ‖ *Sauce* f *aus zerstoßenen Mandeln und Eiern* ‖ ◇ *dar una* ~ *a alg.* ⟨figf⟩ *jdm et. Schmeichelhaftes sagen* ‖ **–drado** adj *mandelförmig* ‖ ~ *m* ⟨Kochk⟩ *(Art) Mandelteig* m ‖ *Mandelgebäck* n, *Makrone* f ‖ Pe ⟨Kochk⟩ *Mandelgericht* n ‖ **–dral** *m Mandelbaumpflanzung* f ‖ ⟨Bot⟩ *Mandelbaum* m ‖ **–drar** vt *mit Mandeln belegen* ‖ **–drate** *m* ⟨Kochk⟩ *(Art) Mandelgericht* n ‖ **–drera** *f* ⟨Bot⟩ *Mandelbaum* m ‖ ◇ *florecer la* ~ ⟨figf⟩ *frühzeitig ergrauen* ‖ **–drero** *m* ⟨Bot⟩ *Mandelbaum* m ‖ *Gefäß* n *od Teller* m *mit Mandeln zum Nachtisch* ‖ **–drilla** *f* dim von **–dra** ‖ *Trümmergestein* n ‖ *Kiessand, Schotter* m ‖ *Nusskohle* f ‖ *Schlosserfeile* f *mit mandelförmiger Spitze* ‖ **–drillo** *m zähes Holz* n *für Brunnenröhren* ‖ **–drino** *m trockener Mandelkuchen* m ‖ **–dro** *m* ⟨Bot⟩ *Mandelbaum* m

(Prunus amygdalus) ‖ **–drolón** *m* Mancha →
–druco ‖ **–drón** *m philippinischer Mandelbaum* m ‖ **–druco** *m grüne Mandel* f *mit der ersten Schale*
almenilla *f Arbeit* f *in Zacken an Kleidern, Vorhängen usw.*
Alme\ría *f* [Stadt und Provinz in Spanien]
Almería n ‖ **–riense** adj/s *(m/f) aus Almería* ‖ *auf Almería bezüglich*
almete *m Sturmhaube* f, *(Stech)Helm* m
almez [*pl* ~**ces**] *m* ⟨Bot⟩ *Zürgelbaum* m (Celtis australis) ‖ *Zürgelholz* n ‖ ~ *americano Abendländischer Zürgelbaum* m (C. occidentalis)
almeza *f Frucht* f *des Zürgelbaum(e)s*
almiar *m* ⟨Agr⟩ *Heu-, Stroh\schober* m, Öst Schw Südd *Triste*, Nordd *Feime, Dieme* f
almiarar vt ⟨Agr⟩ *Heu* n *in Schober setzen*
almibar *m* (Arg *f*) *Zuckerseim* m ‖ *Honigseim, Sirup* m ‖ *süßer Fruchtsaft* m ‖ ◇ *hecho un* ~ ⟨fig⟩ *zuckersüß* ‖ *salbungsvoll* ‖ *heuchlerisch*
almiba\rado adj *zuckersüß* ‖ ⟨fig⟩ *süßlich, liebedienerisch, heuchlerisch* ‖ **–rar** vt *in Zucker einmachen* ‖ ⟨figf⟩ *Honig um den Bart schmieren* ‖ ⟨fig⟩ *becircen, mit Schmeicheleien umgarnen*
almicantarat *f* ⟨Astr⟩ *Azimutalkreis* m
almi\dón *m Stärke* f, *Stärkemehl* n ‖ *Kraftmehl* n ‖ ~ *animal tierische Stärke* f ‖ ~ *de arroz Reisstärke* f ‖ ~ *brillante,* ~ *de brillo Glanzstärke* f ‖ ~ *florido blühende Stärke* f ‖ ~ *de harina Mehlstärke* f ‖ ~ *de papa* Am, ~ *de patata Kartoffelstärke* f ‖ ◇ *poner od dar* ~ *stärken* ‖ *tener poco* ~ *wenig gestärkt sein (Wäsche)* ‖ **–donado** adj *gestärkt (Wäsche)* ‖ ⟨fig⟩ *steif* ⟨figf⟩ *geckenhaft* ‖ ⟨pop⟩ *ge\schniegelt und -bügelt* ‖ **–donar** vt *(Wäsche) stärken* ‖ ◆ *sin* ~ *ungestärkt* ‖ **–donería** *f Stärkefabrik* f ‖ **–donero** adj *stärkehaltig*
△ **almi\for** *m Pferd* n ‖ **–fora** *f Maultier* n ‖ **–forero** *m Pferde- und Maultier\dieb* m
almila *m Gran Töpferofen* m
¹almilla *f Jäckchen* n ‖ *Leibchen* n ‖ *Unterjacke* f ‖ *Bruststück* n *vom Schwein*
²almilla *f Zapfen* m *(am Zimmerwerk)*
almimbar *m Moscheekanzel* f, *Mimbar* m
alminar *m Minarett* n
almiquí [*pl* ~**íes**] *m* ⟨Zool⟩ *Schlitzrüssler* m (Solenodon cubanus)
almiranta *f Admiral-, Flagg\schiff* n ‖ *weibliche Form von* almirante
almirantazgo *m Admiralität* f ‖ *Admiralsrang* m ‖ *Admiralitätsgericht* n
almirante *m Admiral* m ‖ And ⟨fig⟩ *Schwimmmeister* m ‖ Gran ~ *Großadmiral* m
almirez [*pl* ~**ces**] *m* ⟨Kochk⟩ *(metallener) Mörser* m
almizcate *m* ⟨Arch⟩ *Zwischenhof* m
almiz\clado adj: *rata* ~a *Moschusratte* f (→ **almizclera**) ‖ **–clar** vt *mit Moschus durchduften* ‖ *stark durchduften* ‖ **–cle** *m Moschus, Bisam* m ‖ Hond *Federfett* n *gewisser Vogelarten* ‖ **–cleña** *f Bisam-, Moschus\blume* f (Centaurea moschata) ‖ **–cleño** adj *nach Bisam duftend* ‖ **–clera** *f* ⟨Zool⟩ *Bisam\rüssler* m, *-spitzmaus* f (Desmana moschata) ‖ *Pyrenäen- Bisam\spitzmaus* f (Galemys pyrenaicus) ‖ **–clero** adj *Bisam-* ‖ ~ *m Moschustier* m (Moschus moschiferus)
almo adj ⟨poet⟩ *schaffend, nährend* ‖ *gütig, wohlwollend* ‖ *hehr, ehrwürdig*
almocáber *m* Marr *Friedhof* m
almocafre *m Jät\hacke, -haue* f ‖ *Furchenzieher* m
almocárabe(s) *m(pl)* ⟨Arch⟩ *schleifenförmige, geschlungene Verzierung* f
almoceda *f* Nav *zweitägiges Bewässerungsrecht* n

almocrí [pl ~íes] m Vorleser m in der Moschee
almodrote m Sauce f aus Öl, Knoblauch, Käse, usw. ‖ ⟨figf⟩ Gemengsel, Allerlei n, Mischmasch m ‖ ⟨figf⟩ Sammelsurium n
almofía f Waschbecken n
almofrej m Kissenüberzug m
almofrez [pl ~ces] m Am → **almofrej**
almogávar m (& adj) ⟨Hist⟩ Soldat m e–r zu Streifzügen in feindlichem Gebiet ausgebildeten Truppe ‖ expedición de los ~es Streifzug m der Aragonier und Katalanen in Griechenland und Kleinasien (14. Jh.)
almogavarear vi ⟨Hist⟩ Streifzüge mpl in feindlichem Gebiet unternehmen
almohada f Kissen, Polster n ‖ Kopfkissen n ‖ Kissenüberzug m ‖ ~ de aire, ~ neumática Luft|polster, -kissen n ‖ ~ de arena Sandkissen n ‖ ~ eléctrica Heizkissen n ‖ ◇ consultar algo con la ~ ⟨figf⟩ et. überschlafen ‖ dar (la) ~ ⟨der Gemahlin eines span. Granden) beim ersten Empfang der Königin das Kissen zum Sitzen reichen (als Zeichen ihrer neuen Würde) ‖ la mejor ~ es una conciencia tranquila ⟨Spr⟩ ein gutes Gewissen ist ein sanftes Ruhekissen
almohades mpl ⟨Hist⟩ Almohaden mpl (islamische Sekte und Dynastie)
almohadilla f kleines Kissen n ‖ Nähkissen n ‖ Watteeinlage f (in Kleidern) ‖ Stempelkissen n ‖ Wulst m am Kummet ‖ Sattelkissen n ‖ ⟨Arch⟩ Wulststein m im Mauerwerk ‖ Bossenquader m ‖ Volutenpolster n (an der ionischen Säule) ‖ ~ de alunizaje [Raumfahrt] Landeteller m ‖ ~ eléctrica Heizkissen n ‖ ~ de engrase ⟨EB⟩ Schmierkissen n ‖ ~ de freno Brems|klotz m, -backe f ‖ ~ frotante ⟨El⟩ Reibkissen n ‖ ~ hidráulica Wasserkissen n ‖ ~ hinchable ⟨Auto⟩ Airbag m ‖ ~ neumática Luftkissen n ‖ ~ de oro ⟨Buchb⟩ Goldpolster n ‖ ~ de plástico Kunststoffkissen n ‖ ~ de tinta Stempelkissen n ‖ ◇ cantar a la ~ ⟨figf⟩ zum eigenen Vergnügen singen
almohadi|llado adj ⟨Arch⟩ mit Bossenwerk ausgeführt ‖ ~ m Polsterung f ‖ ⟨Arch⟩ Bossenwerk n, Bossage f ‖ **–llamiento** m Polsterung f ‖ **–llar** vt ausfüllen, polstern
almohadón m Kissen, Ruhekissen n ‖ Wagenkissen n ‖ Keil-, Sofa|kissen n ‖ ⟨Arch⟩ oberer Grundstein m eines Bogens
almohatre m ⟨Chem⟩ Salmiak m
almo|haza f Striegel m ‖ **–hazar** [z/c] vt striegeln
almojábana f ⟨Kochk⟩ Käsekuchen m ‖ Gebäck n aus Butter, Zucker und Eiern
almojaya f ⟨Arch⟩ Querriegel m (am Gerüst) ‖ eingemauerte Gerüststange f
¹almona f And Seifensiederei f
²almona f ⟨Fi⟩ Fangort m der Alse
almondera f Al grobes Hanfzeug n
almóndiga f → **albóndiga**
almo|neda f Versteigerung, Auktion f ‖ Ausverkauf m ‖ gerichtlicher Verkauf m ‖ **–ned(e)ar** vt öffentlich versteigern ‖ **–nedista** m/f Auktionator(in f) m
almorabes mpl → **almocárabes**
almora|bú Ar, **–duj** m ⟨Bot⟩ Majoran m (→ **mejorana**)
almorávides mpl ⟨Hist⟩ die Almoraviden (islamische Sekte und Dynastie in Spanien)
almorejo m ⟨Bot⟩ Borstenhirse f (Setaria spp)
almorí [pl ~íes] m Honig|teig, -kuchen m
almo|rranas fpl ⟨Med⟩ Hämorr|hoiden, -iden fpl ‖ **–rranado, –rraniento** adj/s mit Hämorr|hoiden, -iden behaftet
almorta f ⟨Bot⟩ (Edel)Platterbse f (Lathyrus

sativus) ‖ ~ de los prados Wiesenplatterbse f (Lathyrus pratensis)
almorzada f zwei Hände voll (Maß) ‖ Mex Mittagessen n
almorzar [-ue-, z/c] vi zu Mittag essen (veraltend &: frühstücken) ‖ ◇ vengo almorzado ich habe schon zu Mittag gegessen (veraltend &: ich komme vom Frühstück, ich habe schon gefrühstückt)
almotacén m Eichmeister m ‖ Eichamt n ‖ Marr Marktaufseher m
almotace|nazgo m Eichamt n ‖ Eichmeisterberuf m ‖ **–nía** f Eichgebühr f ‖ Eichmeisterberuf m ‖ Eichamt n ‖ Fischbörse f
almotroste m Am → **armatoste**
almud m gebietsweise unterschiedliches Trockenmaß n (z.B. 1 celemín od ¹/₂ fanega od ¹/₁₆ arroba) bzw 1,76 l (Navarra) od 4,625 l (Kastilien) bis zum 27,25 l ‖ **–ada** f Stück Land n zur Aussaat eines almud Korn
almudí [pl ~íes], **almudín** m öffentlicher Kornspeicher m ‖ Ar Kornmaß = 6 cahices
almuecín, almuédano m ⟨Rel⟩ Muezzin m, Gebetsrufer m (im Islam)
almuercear vt Guat (Mittag)Essen n (an die Landarbeiter) verteilen
almuerce|ra f Mex Straßenverkäuferin f ‖ **–ro** m Pe Imbissverkäufer m
almuérdago m ⟨Bot⟩ Mistel f (→ **muérdago**)
almuerzo m Mittagessen (veraltend &: Frühstück n) ‖ [veraltend] Gabelfrühstück, zweites Frühstück n ‖ [festlich] Diner n ‖ ~ escolar gratuito kostenlose Schulspeisung f ‖ ~ frugal bescheidene Mahlzeit ‖ einfaches (Mittag)Essen n ‖ ~ de trabajo Arbeits-, Besprechungs|essen n ‖ ◇ tomar (el) ~ → **almorzar**
almunia f Gehöft n
almurca f Ölhefe f
almuzara f And Acker|feld, -land n
alna f [el] Elle f
alnado m [veraltet] Stief|sohn m, -kind n
alno m ⟨Bot⟩ → **aliso**
alo m Mex Ara m
¡aló! int Am hallo!
alobadado adj ⟨Vet⟩ pestbeulig (Tiere)
aloballar vt jdn zu Boden werfen
alóbroge m ⟨Hist⟩ Allobroger m
alobunado adj wolfsähnlich (bes. in der Haarfarbe)
alocado adj un|besonnen, -überlegt ‖ verrückt
alocar [c/qu] vt um den Verstand bringen ‖ ~se Pe Ven den Verstand verlieren
alocinesia f ⟨Med⟩ Allokinese f
alocroísmo m Farbwechsel m
alocromasia f ⟨Phys⟩ Farbwechsel m ‖ ⟨Med⟩ Allochromasie f
alóctono adj fremd ‖ ⟨Geol⟩ allochthon
alocución f Anrede, (feierliche) Ansprache f ‖ kurze Rede f
alocuo adj nicht sprechend, stumm
aloda f Ar ⟨V⟩ → **alondra**
alo|dial adj (m/f) ⟨Jur⟩ freieigen, allodial ‖ **–dio** m Freigut, Allod n
áloe, aloe m ⟨Bot⟩ Aloe f (Aloë spp) ‖ Aloesaft m ‖ Aloeholz n
alogamia f ⟨Biol⟩ Allogamie, Fremd|befruchtung, ⟨Bot⟩ -bestäubung f
alógamo adj ⟨Bot⟩ allogamisch
alógeno adj fremdländisch ‖ fremdrassisch ‖ allogen
alógico adj unlogisch, widersinnig
aloico adj: ácido ~ ⟨Chem⟩ Aloesäure f
aloja f ⟨Art⟩ Met m ‖ Arg Bol Chicha f (meist Maisbranntwein)
alo|jado m ⟨Mil⟩ Einquartierte(r) m ‖ Chi Gast

m ‖ **–jamiento** m *Unterkunft* f ‖ *Unterbringung* f ‖ *Wohnung* f, *Quartier* n ‖ ⟨Mar⟩ *Raum* m *zwischen zwei Laderäumen (e–s Schiffes)* ‖ ⟨Mil⟩ *Einquartierung* f ‖ ⟨Mil⟩ *Truppenlager* n ‖ ⟨Tech⟩ *Lagerung* f, *Lager* n ‖ ⟨Tech⟩ *Einbau* m ‖ ~ colectivo *Gemeinschaftsunterkunft* f ‖ ~ de ganado *Aufstallen* n ‖ ~s para el ganado *Stallbauten* mpl, *Stallungen* fpl ‖ ~ para obreros *Arbeiterunterkunft* f ‖ ~ del personal *Personalunterkunft* f

   alojar vt *beherbergen, unterbringen, lagern* ‖ ⟨Mil⟩ *einquartieren* ‖ *ein|lassen, -stecken* ‖ ⟨Tech⟩ *einbauen* ‖ ~ otra parte *ausquartieren* ‖ ~ vi *wohnen* ‖ ~se *absteigen (Hotel usw.)* ‖ *(ein)ziehen, s. niederlassen* ‖ ⟨fig⟩ *s. festsetzen,* ⟨fam⟩ *s. einnisten (Gedanke)* ‖ *Wohnung* od *Quartier beziehen* ‖ ⟨Mil⟩ *s. einquartieren* ‖ *s. niederlassen* ‖ *steckenbleiben (Kugel)*

   aloje|ría f *Trinkhalle* f *für Met* ‖ **–ro** m *Methersteller* m ‖ *Metverkäufer* m

   alojí m Am → **alojamiento**

   alolalia f ⟨Med⟩ *Fehlsprechen* n

   alomado adj *mit gebogenem Kreuz (von Pferden)*

   ¹alomar vt ⟨Agr⟩ *rigolen*

   ²alomar vt *(die Hinterhand) tiefer setzen (beim Pferd)* ‖ ~se *s. kräftig entwickeln (Pferd)*

   alombar vt Al ⟨Agr⟩ *rigolen*

   alometría f ⟨Biol⟩ *Allometrie* f

   alomor|fia f ⟨Biol Chem⟩ *Allomorphie* f ‖ **–fo** adj *allomorph (& Ling)* ‖ ~ m ⟨Ling⟩ *Allomorph* n

   alón adj *mit (großen) Flügeln* ‖ *breitkrempig (Hut)* ‖ ~ m *gerupfter Flügel* m

   △ **alonar** vt *salzen* ‖ *würzen*

   alondra f ⟨V⟩ *Lerche* f ‖ ~ común *Feldlerche* f (Alauda arvensis) ‖ ~ cornuda *Ohrenlerche* f (Eremophila alpestris) ‖ ~ de Dupont *Dupont-Lerche* f (Chersophilus duponti) ‖ ~ ibis *Wüstenläuferlerche* f (Alaemon alaudipes)

   alon|gamiento m *Verlängerung* f ‖ *Entfernung* f ‖ *Aufschub* m ‖ **–gar** [g/gu] vt *verlängern* ‖ *ausdehnen, aufschieben, verzögern* ‖ *entfernen* ‖ ~se *ausdehnen*

   alonsito m Ur ⟨V⟩ *Töpfervogel* m (Furnarius rufus)

   alonso m adj *großkörnig (Weizen)* ‖ ~ m ⟨Bot⟩ *Berberweizen* m

   Alonso m np *Alfons* m

   alópata adj: (médico) ~ *Allopath* m

   alo|patía f ⟨Med⟩ *Allopathie* f ‖ **–pático** adj *allopathisch*

   alopecia f ⟨Med⟩ *Alopezie* f, *Haar|ausfall, -schwund* m

   alopécuro m ⟨Bot⟩ *Fuchsschwanz* m (Alopecurus sp)

   alopelágico adj ⟨Biol MK⟩ *allopelagisch*

   alopoliploi|de adj (m/f) ⟨Biol MK⟩ *allopolyploid* ‖ **–dia** f ⟨Biol⟩ *Allopolyploidie* f

   aloque adj (m/f) *hellrot* ‖ ~ m *hellroter Wein* m

   aloquecerse [-zc-] vr → **enloquecerse**

   aloquiria f ⟨Med⟩ *Allocheirie, Empfindungsstörung* f

   alorarse vr Chi *e–e braune Gesichtsfarbe bekommen (von Sonne und Wind)*

   alorritmia f ⟨Med⟩ *Allorhythmie* f

   alosa f ⟨Fi⟩ *Finte* f (Alosa fallax)

   alosna f → **ajenjo**

   alotígeno adj ⟨Min⟩ *allothigen*

   alotriosmia f ⟨Med⟩ *Allotriosmie, Heterosmie* f

   alotropía f ⟨Chem⟩ *Allotropie* f

   alotropismo m ⟨Chem⟩ → **alotropía**

   aloya f Al ⟨V⟩ → **alondra**

   aloyobiogénesis f ⟨Biol Gen⟩ *Alloiobiogenese* f, *Generationswechsel* m

   ¹alpaca f ⟨Zool⟩ *Alpaka* n (Lama pacos) ‖ *Alpakawolle* f ‖ *Alpakahaare* npl ‖ *Alpakagewebe* n, *Mohär* od *Mohair* m *(Stoff)*

   ²alpaca *Neusilber,* [früher] *Alpaka* n

   alpañata f *Glättleder* n *(der Töpfer)*

   alpar|cería f ⟨fam⟩ → **aparcería** ‖ Ar *Klatschsucht* f ‖ **–cero** adj Ar *klatschsüchtig*

   alparga|ta f *Hanfschuh* m ‖ *Stoffschuh* m *mit Hanfsohle* ‖ *Leinenschuh* m *mit Bastsohle* ‖ *Turnschuh* m ‖ *Kletterschuh* m ‖ **–tado** adj *wie ein Hanfschuh gemacht* ‖ **–tería** f *Hanfschuhfabrik* f ‖ *Hanfschuhladen* m ‖ *Hanfschuhe* mpl ‖ **–tero** m *Hanfschuhmacher* m ‖ *Hanfschuhverkäufer* m ‖ **–tilla** f *dim von* **alpargata** f ⟨fam⟩ *Schmeichelkatze* f ‖ **–tucho** m Col *armer Teufel* m

   alpatana f And *(Acker)Gerät* n ‖ *Handwerkszeug* n ‖ *Gerümpel* n

   alpechín m *Ölhefe* f ‖ Am *jede Art von Obst-* od *Pflanzen|saft* m ‖ Chi *Saft* m *der Orangenrinde*

   alpechinero adj/s *aus Sanlúcar* (P Cád) ‖ *auf Sanlúcar bezüglich*

   alpen|de, –dre m ⟨Arch⟩ *Vor-, Wetter-, Treppen|dach* n ‖ *Pultdach* n ‖ *Bauhütte* f ‖ *(Geräte)Schuppen* m

   alpérsico m *Herzpfirsich* m

   Alpes mpl ⟨Geogr⟩: los ~ *die Alpen* ‖ ~ *Centrales Zentral-Alpen* ‖ ~ *Marítimos Seealpen* ‖ ~ *Occidentales Westalpen* ‖ ~ *Orientales Ostalpen*

   alpestre adj (m/f) *Alpen-* ‖ *Hochgebirgs-* ‖ *alpenartig, bergig* ‖ ⟨fig⟩ *rau, unfruchtbar*

   álpico adj → **alpestre**

   alpícola adj (m/f) ⟨Bot⟩ *in den Alpen heimisch, Alpen-*

   alpígena m *Alpenbewohner* m

   alpi|nismo m *Berg|sport* m, *-steigen* n, *Alpinismus* m ‖ **–nista** m/f *Bergsteiger(in* f), *Alpinist(in* f) m ‖ **–no** adj *Alpen-, alpin* ‖ ~ m ⟨Mil⟩ *Gebirgsjäger* m

   alpispa f Can ⟨V⟩ *Bachstelze* f ‖ → **²lavandera**

   alpiste m ⟨Bot⟩ *Kanariengras* n (Phalaris canariensis) ‖ *Kanariensaat* f ‖ *Kanarienfutter* n ‖ ◇ dejar a uno ~ ⟨fam⟩ *jdn mit leeren Händen abziehen lassen* ‖ no tener (ni para) ~ ⟨fig⟩ *bettelarm sein* ‖ allí me dan el ~ ⟨figf⟩ *dort verdiene ich m–e Brötchen*

   alpistela, alpistera f ⟨Kochk⟩ *Kuchen* m *aus Sesam, Mehl und Ei*

   alpistelado adj *beschwipst, ange|säuselt, -heitert, -dudelt*

   alpoldras fpl ⟨reg⟩ *Balken* mpl *(zum leichteren Übergang über Flüsse an die Furten gelegt)*

   alporchón m Murc *Haus* n, *in dem Berieselungswasser versteigert wird*

   alquequenje m ⟨Bot⟩ *Judenkirsche, Lampionblume* f *(Strauch)* (Physalis alkekengi) ‖ *Judenkirsche* f *(Frucht)*

   alquería f *(Bauern)Hof* m, *Bauern-, Land|gut* n ‖ Val *Landhaus* n

   alquermes m *Kermesbeersaft* m ‖ *Kermesmus* n ‖ ⟨Pharm⟩ *Kermeslatwerge* f ‖ → **quermes**

   alquez [pl ~ces] m *Weinmaß* = 12 cántaras (192 Liter)

   alquezar m *Gran Anschluss* m *an e–n Fluss zu Bewässerungszwecken*

   alquibla f ⟨Rel⟩ *Blickrichtung* f *beim Beten (Islam)*

   alquicel m *weißer, maurischer Mantel* m

   alquifol m *Glasurmasse* f *der Töpfer*

   alquil m *Leihgebühr* f ‖ *Besoldung* f

alquila|ble adj *(m/f) zu (ver)mieten* ‖ **–dizo** adj/s *(ver)mietbar* ‖ ⟨fig⟩ *bestechlich, käuflich* ‖ **–dor** *m Vermieter* m ‖ *Verpächter* m ‖ *Verleiher* m ‖ *Mieter* m ‖ ~ *de coches Wagenvermieter* m ‖ **–miento** *m Vermieten* n ‖ *Miete* f
alqui|lar vt *vermieten* ‖ *verpachten* ‖ *verleihen* ‖ *mieten* ‖ ◇ *estar por* ~ *zu vermieten sein (Wohnung)* ‖ *se alquila zu vermieten* ‖ ~**se** *s. verdingen* (con *bei*), *e–e Arbeit annehmen* ‖ **–ler** *m Miete* f, *Miet|zins, -preis* m ‖ *Vermietung* f ‖ *Verpachtung* f ‖ *Verleih* m ‖ ~ *de autos Autoverleih* m ‖ ~ *usurario Wuchermiete* f ‖ ◇ *dar en* ~ *vermieten* ‖ *subir el* ~ *die Miete erhöhen*
alquilo *m* ⟨Chem⟩ *Alkyl* n
alquilón adj ⟨desp⟩ *(ver)mietbar* ‖ ⟨desp⟩ *käuflich* ‖ *Ec Mieter* m ‖ *Pächter* m ‖ ~ *m* ⟨fam⟩ *Mietwagen* m
alquimia *f Alchimie* f
alquimila *f* ⟨Bot⟩ *Frauenmantel* m (Alchemilla spp)
alquimista *m/f Alchimist(in* f), *Goldmacher(in* f) m
alqui|tara *f Destillierkolben* m ‖ **–tarado** adj *destilliert* ‖ ⟨fig⟩ *ausgefeilt (Stil)* ‖ **–tarar** vt *destillieren* ‖ ⟨fig⟩ *fast übermäßig feilen (Stil, Sprache)*
alquitira *f* ⟨Bot⟩ *Tragant* m (Astragalus sp)
alqui|trán *m Teer* m ‖ ⟨fig⟩ *Hitzkopf* m ‖ ~ *animal Knochen-, Tier|teer* m ‖ ~ *caliente Heißteer* m ‖ ~ *de carretera Straßenteer* m ‖ ~ *deshidratado entwässerter Teer* m ‖ ~ *de destilación lenta od seca Schwelteer* m ‖ ~ *esquistoso Schieferteer* m ‖ ~ *frío Kaltteer* m ‖ ~ *hidrófugo Wetterteer* m ‖ ~ *de alto horno Hochofenteer* m ‖ ~ *de hulla Steinkohlenteer* m ‖ ~ *de madera Holzteer* m ‖ ~ *mineral Berg-, Mineral|teer* m ‖ ~ *de turba Torfteer* m ‖ ~ *vegetal Holzteer* m ‖ **–tranado** adj *teer|haltig, -artig, geteert* ‖ ~ *m Teer|dach, -pflaster* n ‖ *Teerung* f, *Teeren* n ‖ **–tranadora** *f Teer(spritz)gerät* n ‖ ~ *de calles,* ~ *de carreteras Straßenteermaschine* f ‖ **–tranar** vt *teeren* ‖ ⟨Mar⟩ *(ein)teeren*
alquitrele *m* Cu PR *Kuppler* m
alrededor adv *rings|herum, -umher* ‖ ~ *de ungefähr, etwa, zirka, circa* ‖ *um ... herum* ‖ *llegó* ~ *de las nueve er (sie, es) kam gegen neun Uhr* ‖ ~**es** *mpl Um|gebung, -gegend* f
alredor adv ⟨pop⟩ → **alrededor**
alrota *f Wergabfall* m
A L. R. P. de V. M. ⟨Abk⟩ **= a los reales pies de Vuestra Majestad**
alruna *f* ⟨Bot⟩ *Alraune* f (→ **mandrágora**)
Alsacia *f* ⟨Geogr⟩ *Elsass* n ‖ ~**-Lorena** *f Elsass-Lothringen* n
alsaciano adj *elsässisch* ‖ ~ *m Elsässer* m
álsine *f* ⟨Bot⟩ *Miere* f (Minuartia = Alsine spp)
alt. ⟨Abk⟩ = **altura**
¹**alta** adj *heiß, läufig (weibl. Tier)* ‖ *rossig (Stute)*
²**alta** *f*[el] ⟨Med⟩ *Entlassungsschein* m ‖ ⟨Mil⟩ *Eintrittsschein* m, *Patent* n ‖ ⟨Mil⟩ *Krankenschein* m ‖ *Anmeldung* f *beim Finanzamt* ‖ *Anmeldeformular* n ‖ *Anmeldung* f *bei e–r Berufskammer* ‖ ~ *de contribución Steueranmeldung* f ‖ ◇ *dar de* ~ ⟨Mil⟩ *in den aktiven Dienst aufnehmen* ‖ *(aus e–m Krankenhaus) als geheilt entlassen* ‖ *gesund schreiben (e–n Kranken)* ‖ *darse de* ~ *s. einschreiben lassen, als Mitglied eintreten* ‖ *estar en* ~ *Am e–n guten Ruf haben* ‖ *ser* ~ *aufgenommen werden (in den Militärdienst)*
³**alta** *f*[el] *alter spanischer Tanz* m
altabaca *f* And ⟨Bot⟩ *(Art) Salzstrauch* m

altabaque *m Arbeitskörbchen* n
altabaquillo *m* ⟨Bot⟩ *(Acker)Winde* f (Convolvulus arvensis)
altaico adj *altaisch*
altamandría *f* And ⟨Bot⟩ *Vogelknöterich* m (Polygonum aviculare)
altamar *f* ⟨Mar⟩ *hohe See* f
altamente adv *höchst, äußerst, hochgradig, sehr* ‖ ~ *confidencial streng vertraulich* ‖ ~ *explosivo hochexplosiv* ‖ ~ *tóxico hochgiftig* ‖ ~ *volátil hochflüchtig*
Altamira *f* → **Cuevas** de ~
altamisa *f* ⟨Bot⟩ → **artemis(i)a**
alta|nería *f Hochmut* m, *hochfahrendes Wesen* n ‖ *Höhe* f, *obere Regionen fpl* ‖ *hoher Flug* m *(der Vögel)* ‖ *Beize* f, *Falkenjagd* f ‖ ◇ *meterse en* ~**s** ⟨figf⟩ *s. in Dinge einmischen, von denen man nichts versteht* ‖ **–nero** adj *hochfliegend (Greifvögel)* ‖ ⟨fig⟩ *hochmütig, stolz*
altano adj: *viento* ~ ⟨Mar⟩ *abwechselnder See- und Land|wind* m
¹**altar** *m Altar* m ‖ *Altarbild* n ‖ *Priester|amt, -tum* n, *Kirche(nmacht)* f ‖ ⟨Bgb Met⟩ *Feuer-, Fuchs|brücke* f ‖ ⟨Bgb⟩ *Erzader* f ‖ ⟨Bgb⟩ *Flöz* n ‖ *el* ~ *y el trono Religion und Monarchie* f ‖ ~ *de campaña Feldaltar* m ‖ ~ *lateral Seitenaltar* m ‖ ~ *mayor Hoch-, Haupt|altar* m ‖ ~ *portátil Feldaltar* m ‖ ◇ *conducir od llevar al* ~ ⟨fig⟩ *zum Altar führen, heiraten* ‖ *llevar a od poner en los* ~**es** *heiligsprechen* ‖ ⟨fig⟩ *hochloben,* ⟨fam⟩ *über den grünen Klee loben*
²**altar** vt Am ⟨pop⟩ *hochstellen, erhöhen*
altaricón adj ⟨fam⟩ *hoch gewachsen und stämmig (Mensch)*
altarreina *f* ⟨Bot⟩ *Schafgarbe* f (Achillea millefolium)
altavoz *[pl* ~**ces]** *m* ⟨Radio⟩ *Lautsprecher* m ‖ ~ *de bocina Trichterlautsprecher* m ‖ ~ *de caja Gehäuselautsprecher* m ‖ ~ *de disco,* ~ *plano (Groß) Flächenlautsprecher* m
altea *f* ⟨Bot⟩ *Eibisch* m (→ *auch* **malvavisco**)
altearse vr *s. erheben (Land, Gelände)*
alterabilidad *f Ver|änderlichkeit, -änderungsfähigkeit* f
alterable adj *(m/f) veränderlich, wandelbar*
alteración *f (Ver)Änderung, Verwandlung* f ‖ *Ab-, Um|änderung* f ‖ *Be|einträchtigung, -schädigung, Entstellung* f ‖ *Verfälschung* f ‖ *Aufregung, Beunruhigung* f ‖ *Zerrüttung* f *(Gesundheit)* ‖ *Entstellung* f *(Wahrheit)* ‖ *Verstümmelung* f *(Text)* ‖ *Verblassen* n *(Farben, Schriftzüge)* ‖ *Unruhen fpl, Aufstand* m ‖ *Streit, Hader* ‖ *Ärger, Unwille* m ‖ ⟨Philos⟩ *Selbstentfremdung* f ‖ ⟨fig⟩ *Bestürzung* f ‖ ~ *de la demanda* ⟨Jur⟩ *Umwandlungs-, Abänderungs|klage* f ‖ ~ *del estado civil* ⟨Jur⟩ *Veränderung* f *des Personenstandes* ‖ ~ *de lindes* ⟨Jur⟩ *Verrückung* f *von Grenzsteinen, Grenzverrückung* f ‖ ~ *de moneda* ⟨Jur⟩ *Münzverfälschung* f ‖ ~ *del orden de u/c Veränderung* f *der Ordnung bzw der Reihenfolge von et.* ‖ ~ *del orden público öffentliche Ruhestörung* f ‖ ~ *de los rasgos fisionómicos Entstellung* f *der Gesichtszüge* ‖ ~ *de términos* → ~ *de lindes* ‖ ~ *de la verdad Entstellung* f *der Wahrheit*
alte|radizo adj *leicht verderblich* ‖ *veränderlich, unstet* ‖ **–rado** adj *ver|ändert, -wandelt* ‖ *verschlechtert, be|einträchtigt, -schädigt, verdorben, entstellt* ‖ *verfälscht* ‖ *beunruhigt* ‖ *angegriffen, zerrüttet (Gesundheit)* ‖ *entstellt (Wahrheit)* ‖ *verstümmelt (Text)* ‖ ⟨fig⟩ *bewegt, gerührt* ‖ *zornig, aufgebracht* ‖ *durcheinander* ‖ Col *durstig* ‖ **–rante** adj *(m/f) verändernd* ‖ **–rar** vt *ver|ändern, -wandeln* ‖ *ab-, um|ändern* ‖ *be|einträchtigen, -schädigen,*

entstellen ‖ *verfälschen* ‖ *aufregen, beunruhigen* ‖ *angreifen, zerrütten (Gesundheit)* ‖ *entstellen (Wahrheit)* ‖ *verstümmeln (Text)* ‖ ⟨Mus⟩ *(e–e Note) durch Vorzeichnung ändern* ‖ ◊ ~ el orden de u/c *et. in Unordnung bringen, die Ordnung bzw die Reihenfolge von et. ändern* ‖ ~**se** in Unruhe geraten ‖ *s. aufregen od ärgern* (por über acc) ‖ *sauer werden (Milch usw.)* ‖ *verderben (Lebensmittel usw.)* ‖ Col Durst m *haben* ‖ **–rativo** adj *(ver)ändernd*
alter|cación f → **–cado** ‖ **–cado** m *Wortwechsel, Zank, Streit* m, *Auseinandersetzung* f ‖ **–cador, –cante** m *streitsüchtiger Mensch,* ⟨fam⟩ *Streithammel* m ‖ **–car(se)** [c/qu] vi/r *streiten, in e–n Wortwechsel geraten*
alter ego ⟨lat⟩ *anderes Ich* n ‖ *sehr vertrauter Freund,* ⟨fam⟩ *Intimus* m
alter|nable adj *(m/f) abwechselbar* ‖ **–nación** f *Abwechs(e)lung* f, *Wechsel* m ‖ ⟨El⟩ *Polwechsel* m ‖ **–nado** adj *abwechselnd* ‖ ⟨Bot⟩ *wechselständig* ‖ **–nador** m ⟨El⟩ *Wechselstromgenerator* m ‖ ~ asincrónico trifásico *Asynchron-Drehstromgenerator* m ‖ ~ bifásico *Zweiphasen(wechselstrom)generator* m ‖ ~ de corriente monofásica alterna *od* Am alternada *Einphasen(wechselstrom)generator* m ‖ ~ heteropolar *Wechselpolgenerator* m ‖ ~ homopolar *Gleichpol(wechselstrom)generator* m ‖ ~ sincrónico *Synchrongenerator* m ‖ ~ de volante *Schwungradgenerator* m ‖ **–nadora** f ⟨fam⟩ *Bardame* f ‖ **–nancia** f *Abwechs(e)lung* f, *Wechsel* m ‖ ⟨El⟩ *Polwechsel* m ‖ ⟨Ling⟩ *Alternanz* f ‖ Murc *Umgang* m *(mit Menschen)* ‖ ~ de generaciones ⟨Gen⟩ *Alloiobiogenese* f, *Generationswechsel* m ‖ **–nante** adj *(m/f) (ab)wechselnd*
alternar vt *abwechseln* ‖ *abwechselnd pflanzen, bestellen, säen usw.* ‖ ⟨Math⟩ *versetzen, ablösen* ‖ ◊ ~ el trabajo con el descanso *abwechselnd arbeiten und ausruhen* ‖ ~ vi *abwechseln, abwechselnd vorkommen, stattfinden usw.* ‖ *(mit jdm) Umgang pflegen, (mit jdm) verkehren* ‖ *(Gäste) animieren (in der Bar)* ‖ *(mit jdm) in Wettstreit treten* ‖ ⟨Mil⟩ *s. ablösen* ‖ ~ con alg. *en el servicio abwechselnd mit jdm Dienst tun* ‖ ~ de igual a igual *auf gleichem Fuß verkehren* ‖ ~ con personas de nota *mit einflussreichen Personen Umgang haben*
alternativa f *Alternative, Wechselwahl* f ‖ *Dilemma* n ‖ *Entscheidung* f ‖ *Schicht* f *(im Dienst)* ‖ ⟨Jur⟩ *Abwechslungsrecht* n ‖ ◊ dar la ~ ⟨Taur⟩ *als Matador zulassen* ‖ tomar *od* recibir la ~ ⟨Taur⟩ *feierlich als Matador aufgenommen werden* ‖ ~**s** fpl *Wetter|wechsel, -umschlag* m
alternativo adj *abwechselnd* ‖ adv: ~**amente** *turnusweise, abwechselnd, im Turnus* ‖ *schichtweise, in Schichten*
alterne m ⟨pop⟩ *Aufreißen, Anmachen* n ‖ *Animieren* n *der Gäste (durch Bardamen usw.)*
alternifloro adj ⟨Bot⟩ *wechselblütig*
alterno adj *abwechselnd* ‖ ⟨Bot⟩ *wechselständig*
alternomotor m ⟨El⟩ *Wechselstrommotor* m
altero m Mex *Haufen, Stoß* m
alterón m *Mauer* f ‖ *Hügel* m ‖ Murc *Anhöhe* f ‖ Col *Haufen, Stoß* m
alteza f *Höhe, Erhabenheit* f ‖ *Würde* f ‖ ~ *Hoheit* f *(Titel)* ‖ *Durchlaucht* f *(Titel)* ‖ ~ de miras *edle Gesinnung* f ‖ ~ Real *Königliche Hoheit* f ‖ ~ Serenísima *Hoheit* f, *Serenissimus* m *(ehem. Kronprinzentitel in Spanien)*
alti|bajar vi *e–n Glückswechsel erleiden* ‖ **–bajo** m *Hochquart* f *(Fechthieb)* ‖ ~**s** fpl ⟨fam⟩ *Geländeunebenheiten* fpl ‖ ⟨figf⟩ *Glückswechsel* m ‖ ⟨fam⟩ *Auf und Ab* n

altilla|no m Col *Hochebene* f ‖ **–nura** f *Hoch|ebene* f
altillo m *Hügel* m, *kleine Anhöhe* f ‖ *Oberschrank* m ‖ *Schrankaufsatz* m ‖ *Hochlager* n *(im Laden* od *in der Werkstatt)* ‖ Pe *Halb-, Zwischen|geschoss* n ‖ Arg Ec *Dachstube* f
altico, altito m dim von **alto**
altilocuencia f *erhabener Stil, Schwung* m ‖ → **grandilocuencia**
altilocuente *(m/f)*, **altílocuo** adj *hochtrabend (Rede, Stil)* → **grandilocuente**
altimetría f *Höhenmessung, Hypsometrie* f ‖ ~ acústica *Schallhöhenmessung, Echometrie* f
altímetro m *Höhenmesser* m, *Altimeter* n ‖ ~ de radar *Radarhöhenmesser* m
alti|pampa f Arg Bol *Hochebene* f ‖ **–planicie** f *Hochebene* f ‖ **–plano** m Am *(peruanisch-bolivianisches) Hochland* n ‖ **–puerto** m *Flugplatz* m *im bergigen Gelände*
altiricón adj ⟨fam⟩ *sehr hochgewachsen*
altisa f ⟨Ins⟩ *Erdfloh* m (Phyllotreta sp)
altísimo adj sup von ¹**alto** ‖ el ~ *der Allerhöchste, Gott* m
altisonante *(m/f)*, **altísono** adj *erhaben, prachtvoll tönend* ‖ *hochtönend* ‖ *hochtrabend (Stil)*
altitono adj *mit (od in) hohem Ton*
altitud f *Höhe* f ‖ *Höhenlage* f ‖ *Höhe* f *über dem Meeresspiegel* ‖ → auch **altura**
alti|vecer [-zc-], **–var** vt *stolz* od *hochmütig machen* ‖ ~**se** *stolz werden* ‖ **–vez** [pl ~**ces**], **–veza** f *Stolz, Hochmut* m ‖ **–vo** adj *stolz, hochmütig* ‖ ~**amente** adv
altívolo adj *(fig) hochtrabend*
¹**alto** adj *hoch, erhöht* ‖ *groß von Gestalt* ‖ ⟨Geogr⟩ *Ober-, Hoch-* ‖ *hoch (Ton)* ‖ *tief (Meer)* ‖ *Hochwasser* n *führend (Fluss)* ‖ *spät im Jahr fallend (Festtag)* ‖ *laut, hell (Stimme)* ‖ *beweglich (Fest)* ‖ *edel, vornehm, hoch gestellt, erhaben* ‖ ⟨fig⟩ *vor|züglich, -trefflich* ‖ *tief, gründlich* ‖ *schwerwiegend (Verbrechen)* ‖ *teuer, hoch (Preis)* ‖ ⟨fig⟩ *vorgerückt (Stunde)* ‖ ⟨fig⟩ *schwierig, schwer* ‖ *(in der Drogenszene) high* ‖ ~ alemán *hochdeutsch* ‖ el ~ Aragón ⟨Geogr⟩ *Oberaragonien* n ‖ ~a Autoridad f *Hohe Behörde* f ‖ la ~a Baviera ⟨Geogr⟩ *Oberbayern* n ‖ ~ brillo ⟨Mal⟩ *Hochglanz* m ‖ ~a Comisaría f *Hochkommissariat* n ‖ ~ Comisario m *Hochkommissar* m ‖ ~a Comisión f *Aliada Alliierte Hohe Kommission* f ‖ ~a consideración f *Hochachtung* f ‖ ~a costura f *führende Modehäuser* npl, *die Haute Couture* ‖ ~ de cuerpo *von hoher Gestalt* f ‖ la ~a edad media *das Hochmittelalter* n ‖ ~a finanza f *Hochfinanz* f ‖ ~a frecuencia f *Hochfrequenz* f ‖ ~ horno m *(Met) Hochofen* m ‖ *Flut* f ‖ ~ Mando m *Oberkommando* n ‖ ~a mar f *offene, hohe See* f ‖ ~a montaña f *Hochgebirge* n ‖ las ~s Partes Contratantes *die Hohen Vertragsschließenden Parteien* ‖ ~a política f *hohe Politik* f ‖ ~a presión f *Hochdruck* m ‖ en relieve *Hochrelief* m ‖ el ~ Rin [Fluss] *der Oberrhein* m ‖ ~a sociedad *vornehme Gesellschaft* f, *die oberen Zehntausend* ‖ ~a tensión f *Hochspannung* f ‖ ~a traición *Hochverrat* m ‖ ♦ a ~as horas de la noche ⟨fig⟩ *spät in der Nacht, zu vorgerückter Stunde* ‖ de lo ~ *von oben herab* ‖ en ~a voz *laut* ‖ de ~ bordo *hochbordig (Schiff)* ‖ ⟨fam⟩ *von Rang, hoch gestellt* ‖ en ~as instancias *an höherer Stelle, höheren Ort(e)s* ‖ ◊ estar ~ [in der Drogenszene] *high sein* ‖ llevar la cabeza ~a *den Kopf hoch tragen* ‖ *niemandes Blick scheuen* ‖ tener en ~a estima *hoch|achten, -schätzen* ‖ El de lo ~ *der Allerhöchste*
²**alto** adv *oben* ‖ *hoch* ‖ *laut* ‖ ♦ de ~ abajo

von oben nach unten ‖ en ~ *oben* ‖ *nach oben* ‖
por ~ ⟨fig⟩ *auf Schleichwegen* ‖ echar por ~
⟨fig⟩ *übertreiben* ‖ pasar por ~ *über et.*
hinweggehen ‖ *et. übergehen, vergessen, nicht
erwähnen, übersehen* ‖ hablar ~ *laut sprechen* ‖
⟨fig⟩ *freimütig sprechen*
³alto *m Höhe* f *(im Gegensatz zu Länge und
Breite)* ‖ *oberer Stock* m, *oberes Stockwerk* n ‖
Hügel m, *Anhöhe* f ‖ ⟨Mus⟩ *Alt* m, *Altstimme* f ‖
⟨Mus⟩ *Bratsche* f ‖ una vara de ~ *e–e Elle hoch* ‖
~s *mpl obere Stockwerke* npl ‖ ~ y bajos ⟨fig⟩
Glückswechsel m, *Wechselfälle* mpl *des Lebens* ‖
⟨fam⟩ *Auf und Ab* n ‖ por todo lo ~ *mit allem
erdenklichen Luxus,* ⟨fam⟩ *mit allem Drum und
Dran*
⁴alto *m Haltmachen* n, *Halt* m ‖ *Pause* f ‖ *Rast*
f ‖ ⟨Mil⟩ *Haftbefehl* m ‖ ◇ dar el ~ *Halt rufen* ‖
hacer ~ *Halt machen, anhalten* ‖ *rasten* ‖ hacer
~ en ... *die Aufmerksamkeit lenken auf ...* (acc) ‖
¡~! *halt! still!* ‖ ¡~ ahí! ¡~ allá! *halt bzw haltet
bzw halten Sie ein!* ‖ ¡~ de ahí *(od aquí)! fort
von hier!* ‖ ~ el fuego ⟨Mil⟩ *Waffenruhe* f ‖
Waffenstillstand m ‖ ¡~! ¿quién vive? ⟨Mil⟩ *Halt!
Wer da?*
⁵alto *m* Chi Mex *Menge* f, *Haufen* m
alto|cúmulo *m* ⟨Meteor⟩ *Altokumulus* m, *hohe
Haufenwolke* f ‖ **–estrato** *m* ⟨Meteor⟩ *Altostratus*
m, *hohe Schichtwolke* f
altoparlante *m* Am *Lautsprecher* m (→ *auch*
altavoz*)
altor *m Größe* f *e–s Körpers*
altorrelieve *m Hochrelief* n
alto|zanero *m* Col *Eckensteher* m ‖ **–zano** *m
kleiner Berg* od *Hügel* m, *Anhöhe* f ‖ *hoch
gelegener Teil* m *e–r Stadt* ‖ Am *Kirchenvorplatz,
Vorhof* m
altramuz [*pl* **–ces**] *m* ⟨Bot⟩ *Lupine* f (Lupinus
spp) ‖ ~ amarillo *Gelbe Lupine* f (L. luteus) ‖ ~
azul *Blaue Lupine* f (L. angustifolius) ‖ ~ blanco
Weiße Lupine f (L. albus) ‖ ~ dulce, ~ forrajero
Süßlupine f
altruis|mo *m Altruismus* m, *Nächstenliebe,
Selbstlosigkeit* f ‖ *Uneigennützigkeit* f ‖ **–ta** *adj
(m/f) altruistisch, selbstlos* ‖ ~ *m/f Altruist(in* f)
m
altura *f Höhe* f ‖ *Scheitelpunkt* m ‖ ⟨Math⟩
Höhe, Höhenlinie f ‖ ⟨Typ⟩ *Schrifthöhe* f ‖ *Höhe* f
auf der See ‖ ⟨Astr⟩ *Höhe* f *(der Gestirne)* ‖
Gipfel m, *Spitze* f ‖ ⟨fig⟩ *Vortrefflichkeit,
Vollkommenheit* f ‖ *Erhabenheit* f ‖ *Himmelreich* n
‖ ~ alcanzada *Steighöhe, erreichte Höhe* f ‖ ~
angular ⟨Radio⟩ *Winkelhöhe* f ‖ ~ aparente ⟨Astr
Top⟩ *scheinbare Höhe* f ‖ ~ de aprieto
Spannhöhe f ‖ ~ de arranque ⟨Arch⟩
Kämpferhöhe f ‖ ~ de aspiración *Saughöhe* f ‖ ~
barométrica *Luftdruck-, Barometer|stand* m ‖ ~
del blanco *Zielhöhe* f ‖ ~ de caída *Fall-, Gefäll-,
Sturz|höhe* f, *Druckgefälle* n, *Niveauunterschied*
m ‖ ~ calculada ⟨Flugw⟩ *Nenn-,
Normalfahrt|höhe* f ‖ ~ de carga *Belastungs-,
Füll|höhe* f ‖ *Ladehöhe* f ‖ ~ de construcción
Bauhöhe f ‖ ~ de despejo *lichte Höhe,
Durchfahrtshöhe* f ‖ ~ de diente ⟨Tech⟩
Zahn|höhe, -tiefe f ‖ ~ del ecuador *Äquatorhöhe* f
‖ ~ de elevación *Steig-, Förder-, Hub|höhe* f ‖ ~
de embalse *Stauhöhe* f ‖ ~ de escalonado
Staffelmaß n *(zwischen Fahrbahnkanten e–r
Autobahn)* ‖ ~ de imposta ⟨Arch⟩ ~ de arranque ‖ ~
de impulsión (de la bomba) *Druckhöhe* f *(der
Pumpe)* ‖ ~ libre sobre el suelo ⟨Auto⟩
Bodenfreiheit f ‖ ~ manométrica *manometrische
Höhe* f ‖ ~ de la marea *Fluthöhe* f ‖ ~ meridiana
Meridianhöhe f ‖ ~ navegable → ~ de paso (de
un puente) ‖ ~ del ojo *Augenhöhe* f ‖ ~ de paso
del muelle *Federsteigung, Ganghöhe* f ‖ ~ de

paso (de un puente) *lichte Höhe, Durchfahrtshöhe*
f *(e–r Brücke)* ‖ ~ del piso, ~ entre pisos
Geschoss-, Stockwerks|höhe f ‖ ~ de radiación
⟨Radio⟩ *Strahlungshöhe* f ‖ ~ de régimen
⟨Flugw⟩ *Normalfahrthöhe* f ‖ ~ sobre el nivel del
mar *Höhe über dem Meeresspiegel, Höhenlage* f ‖
~ de seguridad ⟨Flugw⟩ *Sicherheitshöhe* f ‖ ~
del sol *Sonnen|höhe* f, *-stand* m ‖ ~ tope de
funcionamiento ⟨Flugw⟩ *Betriebsgipfelhöhe* f ‖ ~
útil ⟨Arch⟩ *lichte Höhe* f ‖ ~ de velocidad ⟨Hydr⟩
Geschwindigkeitshöhe f ‖ ~ verdadera ⟨Top⟩
wahre Höhe f ‖ ~ viva del agua ⟨Hydr⟩ *Gefälle* n
‖ ~ de vuelo ⟨Flugw⟩ *Flughöhe* f ‖ ◇ estar a la
~ de su tiempo ⟨fig⟩ *auf der Höhe der Zeit sein* ‖
no estar a la ~ de la situación ⟨fig⟩ *der Lage
nicht gewachsen sein* ‖ perder ~ *an Höhe
verlieren (Flugzeug)* ‖ quedar a la ~ del betún
⟨figf⟩ *e–e erbärmliche Rolle spielen* ‖ rayar a
gran ~ ⟨fig⟩ *hervorragend sein* ‖ tomar ~ *Höhe
gewinnen, steigen (Flugzeug)* ‖ ⟨Mar⟩ *die
Sonnenhöhe nehmen* ‖ **~s** *fpl:* Dios de las ~ *Gott
im Himmel* ‖ a estas ~ *jetzt (, da es schon so weit
ist)* ‖ *so, wie die Dinge liegen*
altureño *m* PR *Binnenland-* od *Berg|bewohner*
m
¹alúa *f* ⟨Mar⟩ *Lee* f
²alúa *f* Arg *(Art) Leuchtkäfer* m
aluato *m* ⟨Zool⟩ *Roter Brüllaffe, Aluate* m
(Alouatta ursina)
alu|bia *f* ⟨Bot⟩ *(Schmink-* od *Brech)Bohne* f
(Phaseolus sp) ‖ **~s** *fpl* ⟨fam⟩ *der
Lebensunterhalt,* ⟨fam⟩ *die Brötchen* ‖ **–biar** *m*
(Brech)Bohnenfeld n
aluciar vt *glätten, wichsen* ‖ **~se** *s.
herausputzen*
aluci|nación *f* ⟨Med⟩ *Sinnestäuschung,
Halluzination* f ‖ *Wahn|gebilde* n, *-vorstellung* f ‖
Faselei, Träumerei f ‖ **–nadamente** adv
täuschend, blendend ‖ **–nado** adj ⟨Med⟩ *an
Sinnestäuschungen* od *Halluzinationen leidend* ‖
⟨fam⟩ *verrückt* ‖ ⟨fam⟩ *platt, baff* ‖ **–ador** adj
sinnestäuschend, halluzinierend ‖ *blendend* ‖ ~ *m
Blender* m ‖ **–nante** adj *(m/f)* ⟨figf⟩ *sehr
beeindruckend, verblüffend, unglaublich* ‖ *toll* ‖ ◇
¡esto es ~! *das ist einfach Spitze,* ⟨pop⟩ *echt irre!*
alucinar vt *blenden, verblenden* ‖ *hintergehen,
täuschen* ‖ ⟨fig⟩ *fesseln, bannen* ‖ **~se** *s. täuschen*
‖ *s. blenden lassen* ‖ ~ en el examen *bei der
Prüfung die Ruhe,* ⟨fam⟩ *den Kopf verlieren*
alucine *m:* ¡esto es un ~! ⟨fam⟩ *das ist ein
tolles Ding! das ist 'ne Wucht! da setzt du dich
hin!*
aluci|nógeno adj ⟨Med⟩ *halluzinogen* ‖ ~ *m
halluzinogenes Gift, Halluzinogen* n ‖ **–nosis** *f
Halluzinose* f
alucón *m* ⟨V⟩ *Zwergohreule* f (→ **¹autillo**)
aluchamiento *m* Pe *Ringen* n
alud *m Lawine* f, *Schneesturz* m ‖ ~ de gente
⟨fig⟩ *Menschenmenge* f ‖ ~ de palabras ⟨fig⟩ *Flut*
f *von Worten, Wortschwall* m ‖ ~ de piedras
Steinschlag m ‖ ~ de rocas *Steinlawine* f,
Felsrutsch m
aluda *f* ⟨Ins⟩ *geflügelte Ameise* f
aludel *m Aludel* m *(für die Gewinnung von
Quecksilber)*
alu|dido adj *auf den s.* od *auf das s. et. bezieht*
‖ ~ *m: el der Vor-, der Obenerwähnte* ‖ *darse
por* ~ *auf s. beziehen* ‖ *no darse por* ~ *s. nicht
betroffen fühlen* ‖ *so tun, als ob man nicht
gemeint sei* ‖ **–dir** vt *anspielen, hinweisen* (a *auf*
acc) ‖ *andeuten* (a u/c *et.*) ‖ *s. beziehen auf* (acc)
aludo adj *großflüg(e)lig*
aluego adv ⟨pop⟩ → **luego**
aluengar [g/gu] vt *verlängern*
alueñar(se) vt/r → **alejar(se)**

alufrar vt Ar *von weitem sichten* od *entdecken*
alujar vt Am *polieren, glänzend machen*
alum *m* Ar Murc *Alaun* m (→ **alumbre**)
¹alumbrado adj *mit Alaun behandelt* od *getränkt*
²alumbrado adj ⟨fam⟩ *beschwipst, ange|säuselt, -heitert, -dudelt*
³alumbrado adj *aufgeklärt* ‖ ⟨Theol⟩ *erleuchtet, verzückt* ‖ ~s mpl ⟨Rel⟩ *Lichtbrüder, Illuminaten* mpl
⁴alumbrado adj *be-, er|leuchtet* ‖ ~ *m Erleuchtete(r)* m
⁵alumbrado *m Beleuchtung* f ‖ *Erleuchtung* f ‖ ⟨Flugw Mar⟩ *Befeuerung* f ‖ ⟨fig⟩ *Licht* n ‖ ~ de automóvil(es) *Kraftfahrzeugbeleuchtung* f ‖ ~ de bicicleta(s) *Fahrradbeleuchtung* f ‖ ~ de las calles *Straßenbeleuchtung* f ‖ ~ de despacho → ~ de oficina ‖ ~ direccional *gerichtete Beleuchtung* f ‖ ~ eléctrico *elektrische Beleuchtung* f ‖ ~ de emergencia *Notbeleuchtung* f ‖ ~ de escalera *Treppenbeleuchtung* f ‖ ~ de escena, ~ de escenario *Bühnenbeleuchtung* f ‖ ~ de estacionamiento ⟨Auto⟩ *Parkleuchte* f ‖ ~ exterior *Außenbeleuchtung* f ‖ ~ de gálibo ⟨Auto⟩ *Begrenzungsleuchte* f ‖ ~ de gas *Gasbeleuchtung* f ‖ ~ interior *Innenbeleuchtung* f ‖ ~ de matrícula ⟨Auto⟩ *Kennzeichen-, Nummern(schild)|beleuchtung* f ‖ ~ natural *Tageslichtbeleuchtung* f ‖ ~ de oficina *Bürobeleuchtung* f ‖ ~ de la pista de aterrizaje ⟨Flugw⟩ *Landebahnbeleuchtung* f ‖ ~ de la placa ⟨Auto⟩ → ~ de matrícula ‖ ~ de población, ~ de posición ⟨Auto⟩ *Standlicht* n ‖ ~ publicitario *Reklamebeleuchtung* f ‖ ~ público *Straßenbeleuchtung* f ‖ ~ de remolque *Anhängerbeleuchtung* f ‖ ~ de seguridad *Notbeleuchtung* f ‖ ~ de techo *Deckenbeleuchtung* f ‖ ~ de urgencia *Notbeleuchtung* f
alumbrador *m Be-, Er|leuchter* m
¹alumbramiento *m Beleuchtung* f ‖ *(Vor-)Leuchten* n ‖ ~ (de aguas) *Quellen|erschließung* f, *-fund* m ‖ ⟨fig⟩ *Täuschung* f
²alumbramiento *m Entbindung, Geburt, Niederkunft* f
alumbranoche *m* ⟨Ins⟩ *Johanniskäfer, Leuchtwurm* n (→ auch **luciérnaga**)
alumbrante *m/f* ⟨Th⟩ *Beleuchter(in* f) m
¹alumbrar vt *er-, be|leuchten, erhellen* ‖ *aufhellen* (& fig) ‖ *aufleuchten lassen (Gesicht)* ‖ *(den Weinstock) nach der Lese lüften* ‖ ⟨fig⟩ *(unterirdische Quellen) erschließen, fündig bohren* ‖ *(jdm) (heim)leuchten* ‖ ⟨fig⟩ *aufklären, belehren* ‖ ⟨figf⟩ *jdm ein Licht aufstecken* ‖ Arg ⟨vulg⟩ *jdm sein Geld unter die Nase halten* ‖ ~ vi *leuchten, scheinen*
²alumbrar vt/i *gebären, entbinden, niederkommen*
³alumbrar vt *mit Alaun behandeln* od *tränken*
alumbrarse vr ⟨fam⟩ *s. beschwipsen, s. e–n an|säuseln* od *-heitern*
alumbre *m* ⟨Chem⟩ *Alaun* m ‖ ~ amoniacal *Ammonium-, Ammoniak|alaun* m ‖ ~ anhidro *entwässerter Alaun* m ‖ ~ cristalizado en filamentos → ~ de pluma ‖ ~ fibroso *fas(e)riger Alaun* m ‖ ~ de hierro *Eisenalaun* m ‖ ~ de pluma *Feder|alaun* m, *-weiß, -salz* n, *schwefelsaures Zink* n ‖ ~ potásico *Kalinit, Kalialaun* m ‖ ~ de roca *Berg-, Fels-, Stein|alaun* m
alumbrera *f Alaunbruch* m ‖ *Alaunwerk* n
alúmbrico adj ⟨Min⟩ *alaunhaltig*
alumbroso adj *alaunartig* ‖ *alaunhaltig*
alúmina *f reine Tonerde* f, *Aluminiumoxid* n

alumi|nado adj *alaunhaltig* ‖ **–nar** *m Alaunbruch* m ‖ **–nato** *m Aluminat* n ‖ ~ de sosa *Natriumaluminat* n
alu|miniar vt *aluminisieren* ‖ **–mínico** adj *alaunhaltig, Alaun-, Aluminium-* ‖ **–minífero** adj *aluminium-, alaun|haltig* ‖ **–minita** *f* ⟨Min⟩ *Aluminit* m ‖ **–minio** *m* (Al) ⟨Chem⟩ *Aluminium* n ‖ **–minoso** adj → **alumínico** ‖ **–minotermia** *f* ⟨Chem⟩ *Aluminothermie* f
alumnado *m Schülerschaft* f ‖ Am *Internat, Alumnat* n ‖ Chi *Schule, Unterrichtsanstalt* f
alumno *m Schüler* m ‖ *Student* m ‖ *Zögling* m ‖ *Alumne* m ‖ ~ de escuela primaria *Grundschüler* m ‖ ~ externo *Externe(r), externer Schüler* m ‖ ~ interno *Interne(r), Internatsschüler* m ‖ *Assistenz-,* Öst *Sekundar|arzt* m *(im Krankenhaus)* ‖ ~ de las musas *Musensohn* m ‖ ~ medio pensionado *halbinterner Schüler* m *(e–s Schülerheims)* ‖ ~ piloto *Flugschüler* m ‖ ~ predilecto *Lieblingsschüler* m ‖ ~ de la universidad *Student* m
alunado adj ⟨Med⟩ *mondsüchtig* ‖ *verdorben (Speck)* ‖ ⟨Vet⟩ *verschlagen (Pferd)* ‖ ⟨fig⟩ *grillenhaft* ‖ ⟨fig⟩ *wunderlich*
alunar vt ⟨Mar⟩ *(die Segel) killen* ‖ ~ vi *[Raumfahrt]* → **alunizar** ‖ ~se *ab- und zu|nehmen, unbeständig sein* ‖ *faul werden, verderben (Speck)*
alunarado adj *mit großen, runden Flecken*
alunífero adj *alaunhaltig*
alunita *f* ⟨Min⟩ *Alunit, Alaunstein* m
aluni|zaje *m* [Raumf] *Mondlandung* f ‖ **–zar** [z/c] vi *auf dem Mond landen*
alu|sión *f An|spielung, -deutung* f ‖ ~ personal *persönliche Anspielung* f ‖ **–sivo** adj *anspielend, hindeutend* (a *auf* acc) ‖ *bezüglich* (a *auf* acc) ‖ *anzüglich*
alustrar vt → **lustrar**
alu|vial adj *(m/f) alluvial* ‖ *angeschwemmt (Land)* ‖ **–vión** *f Alluvion, An|landung, -schwemmung, Anspülung* f ‖ ⟨Geol⟩ *Alluvium, Schwemmland* n ‖ *Überschwemmung, Wasserflut* f ‖ ⟨fig⟩ *An|drang, -sturm* m ‖ ~ de extranjeros *Ausländerflut* f ‖ ~ de palabras *Rede-, Wort|schwall* m ‖ ◇ *hubo un ~ de críticas es hagelte Kritik*
aluvional adj *(m/f)* → **aluvial**
aluzar [z/c] vt Mex *beleuchten, erhellen* ‖ Mex PR *ein Ei im Gegenlicht prüfen*
Álvaro *m* np *Alvaro* m
alveario *m* ⟨An⟩ *äußerer Gehörgang* m
¹álveo *m* ⟨An⟩ *Hohlraum* m ‖ *Zahnhöhle* f ‖ ~ de la uña *Nagelbett* n
²álveo *m Flussbett* n
alveo|lado adj *zellenförmig, grübchenförmig, zellig, wabenförmig* ‖ **–lar** adj *zellenförmig* ‖ ⟨An⟩ *alveolär* ‖ ⟨An⟩ *mit Hohlräumen versehen* ‖ ⟨Phon⟩ *alveolar*
alveolitis *f* ⟨Med⟩ *Alveolitis, Knochenhautentzündung* f *an den Zahnfächern*
alvéolo, alveolo *m Grübchen* n ‖ *Zelle, Bienenzelle* f ‖ ⟨An⟩ *Zahn-, Kiefer|höhle, Alveole* f ‖ *Endbläschen* n *der Lunge* ‖ ⟨Bot⟩ *Grübchen, Fach* n ‖ ⟨Bot⟩ *Fruchtboden* m ‖ ⟨Zool⟩ *Alveole* f, *Zahnfach* n ‖ ⟨Tech⟩ *Zelle* f ‖ ~ glandular ⟨An⟩ *Drüsenalveole* f
alverja *f* → **arveja** ‖ Sant Can Am ⟨Bot⟩ *Erbse* f (→ **guisante**)
alverjado *m* Chi *Erbsengericht* n
alverjón *m* ⟨Bot⟩ *Mohrenerbse, Narbonner Wicke* f
alviflujo *m* ⟨Med⟩ *Durchfall* m
alvino adj *zum Unterleib gehörig, Unterleibs-*
alvo *m Bauch* m, *-gegend* f ‖ ⟨An⟩ *Gebärmutter* f

1¡alza! int *auf, auf! los geht's!* ‖ *unglaublich!*
2alza *f*[el] *Erhöhung, Steigerung* f ‖
Preis\steigerung f, *-aufschlag* m ‖ *Schuheinlage* f
‖ *[Börse] Hausse* f ‖ ~ *ilícita de precios
Preistreiberei* f ‖ ~ *de precios Preis\anstieg,
-auftrieb* m, *-erhöhung* f ‖ ~ *de la tarifa
Tariferhöhung* f ‖ ◇ *jugar al* ~, *especular sobre
el* ~ *auf Hausse spekulieren*
3alza *f*[el] *Hebel, Hebebaum* m ‖ *Schleusentor*
n
4alza *f*[el] *Visier* n *(am Gewehr)*
alza\coches *m* ⟨Auto⟩ *Wagenheber* m ‖ **–cola** *f*
⟨V⟩ *Heckensänger* m (Cercotrichas galactotes) ‖
–cristales *m* ⟨Auto⟩ *Fensterheber* m ‖ **–cuello** *m*
⟨Kath⟩ *Kollar* n, ⟨Prot⟩ *Beffchen* n ‖ ⟨Mil⟩
Ringkragen m
1alzada *f Stock-*, *bzw Band\maß* n *des Pferdes*
‖ *Widerristhöhe* f
2alzada *f* ⟨Jur⟩ *Berufung* f
3alzada *f* Ast *(Sommer)Bergweide, Alm* f
alza\damente adv *et. höher im Preis* ‖
pauschal, im Großen (und) Ganzen ‖ **–dero** *m* Ast
Gal *Geschirrbord* n ‖ **–deros** *mpl Arbeitstracht* f
der Mönche ‖ **–dizo** adj *leicht emporzuheben*
1alzado adj *empört* ‖ Arg Chi Mex PR
hochmütig, herausfordernd ‖ Mex *grob, scheu* ‖
Am *verwildert (Haustier)*
2alzado adj *bankrott (betrügerisch)*
3alzado adj *Pauschal-* ‖ ◇ *precio a tanto* ~
Pauschalpreis m
4alzado *m* **a)** ⟨Arch⟩ *(Höhen)Aufriss* m *(e–s
Gebäudes), Vertikalprojektion, Ansicht* f ‖ ⟨Arch⟩
Schwung m *(e–s Bogens)* ‖ *erhabenes Schnitzwerk*
n ‖ ~ *lateral Seitenansicht* f ‖ ~ *topográfico
Geländeaufnahme (Vermessung)*
5alzado *m* ⟨Typ⟩ *Aufhängen* n *(der
Druckbogen)*
6alzado *m* Am *verwildertes Haustier* n
alzados *mpl für den Notfall zurückgelegte
Sachen* fpl
alza\dor *m* ⟨Typ⟩ *Anlegeapparat* m ‖ **–dora** *f*
Arg *Kindermädchen* n ‖ **–dura** *f Emporheben* n ‖
erstes Bestellen n *(e-s Ackers)* ‖ **–fuelles** *m*/f *(fig)
Schmeichler* m ‖ Am *Denunziant, Petzer* m
1alzamiento *m Erhöhung* f, *Emporheben* n ‖
Höhergebot n *(bei e–r Versteigerung)*
2alzamiento *m Aufstand* m, *Erhebung* f ‖ ~ *en
armas bewaffneter Aufstand* m ‖ ~ *Nacional Span*
⟨Hist⟩ *Nationale Erhebung* f (1936)
3alzamiento *m* ⟨Jur⟩ **a)** *Aufhebung* f *(e–s
Gesetzes od e–s Verbotes)* ‖ *Widerruf* m ‖ ~ *del
embargo Aufhebung* f *des Arrests* ‖ **b)**
Beiseiteschaffen n *(von Vermögen od pfändbarer
Güter)* ‖ *betrügerischer Bankrott* m
4alzamiento *m* Arg *heftiger Kopfschmerz* m
alza\paño *m Vorhanghalter* m ‖ **–pelo** *m* Guat
feiger (Kampf)Hahn m ‖ *schüchterner Mensch* m
‖ **–pié** *m Fußangel* f ‖ *Fußschemel* m ‖ **–prima** *f
Hebel, Hebebaum* m ‖ *Keilstück* n ‖ **–primar** vt
mit dem Hebel heben ‖ ⟨fig⟩ *anspornen*
1alzar [z/c] *vt/i auf-, empor\heben* ‖ *erhöhen,
höher machen* ‖ *erheben (Stimme)* ‖ *nach oben
richten (Blick)* ‖ *hoch halten (Hostie od Kelch)* ‖
auftreiben (Wild) ‖ *einbringen (Ernte)* ‖ *abheben
(Karten)* ‖ *bauen, errichten (Gebäude)* ‖ ⟨fig⟩
preisen, rühmen ‖ *unterlegen (Gegenstand, Tisch
usw.)* ‖ ~ *el ancla* ⟨Mar⟩ *die Anker lichten* ‖ ~ *el
codo zuviel trinken,* ⟨fam⟩ *zu tief ins Glas gucken*
‖ ~ *de eras ernten, das Korn einbringen* ‖ ~ *el
gallo* ⟨figf⟩ *den Kopf hoch tragen, die Nase hoch
tragen* ‖ *aufbegehren* ‖ ~ *el grito schnauzen* ‖
drohen ‖ *s. beschweren* ‖ *klagen* ‖ ~ *los hombros
die Achseln zucken* ‖ ~ *la mano* ⟨fig⟩ *mit der
Hand drohen* ‖ *s–e Hand (von jdm) abziehen* ‖ ~
la palabra des gegebenen Wortes entbinden ‖ ~ *el*

picaporte aufklinken (Tür) ‖ ~ *el rastrojo* ⟨Agr⟩
Stoppeln stürzen ‖ ~ *los reales die Zelte
aufschlagen* ‖ ~ *(por) rey zum König ausrufen* ‖
~ *velas* ⟨Mar⟩ *unter Segel gehen* ‖ ⟨fig⟩ *s. mit s–r
Habe aus dem Staub machen, abhauen* ‖ ~ *el
vuelo davonfliegen* ‖ *entfliehen,* ⟨figf⟩ *auf und
davon gehen* ‖ ⟨fam⟩ *hoch hinauswollen* ‖ ⟨fam⟩
*flügge werden, s. unabhängig machen, s.
abnabeln* ‖ vi ~ *s. aufklären (Wetter)*
2alzar [z/c] vt *fortschaffen, wegnehmen* ‖ ⟨fam⟩
mitgehen lassen ‖ *verbergen, aufheben* ‖
absondern ‖ *ab\decken, -tragen (Tisch)* ‖
einstellen (Arbeit) ‖ ~ *la casa* ⟨fig⟩ *ausziehen, die
Wohnung wechseln* ‖ ~ *la tienda das Geschäft
aufgeben*
3alzar [z/c] vt *widerrufen* ‖ *aufheben (Gesetze,
Belagerung, Bann)* ‖ ~ *un embargo preventivo*
⟨Jur⟩ *e–n Arrest aufheben*
4alzar [z/c] vt *in Aufruhr od Empörung
versetzen* ‖ *bei Gewinn das Spiel nicht fortsetzen*
5alzar [z/c] vt ⟨Typ⟩ *(den Buchblock)
zusammentragen*
6alzar [z/c] vt ⟨Agr⟩ *brachen, zum ersten Mal
bestellen*
1alzarse [z/c] vr *aufstehen, s. erheben* ‖ *s.
aufrichten* ‖ *hervorragen* ‖ *s. empören, aufstehen
(Volk)* ‖ *s. auf die Fußspitzen stellen* ‖ *steigen, in
die Höhe gehen (Preis)* ‖ ⟨Flugw⟩ *abheben* ‖ ◇ ~
con el santo y la limosna ⟨fig⟩, ~ *con los fondos
mit der Kasse durchgehen* ‖ ~ *sobre los estribos
s. in die Bügel stellen (Reiter)* ‖ ~ *a mayores* ⟨fig⟩
s. überheben ‖ *prahlen, groß-, dick(e)\tun* ‖ ~ *de
la medianía überdurchschnittlich sein*
2alzarse [z/c] vr ⟨Jur⟩ *Beschwerde bzw
Berufung einlegen, Einspruch erheben*
3alzarse [z/c] vr *betrügerisch bankrott machen*
4alzarse [z/c] vr Am *davonlaufen (Haustiere)* ‖
verwildern (Haustiere)
5alzarse [z/c] vr Col *s. betrinken*
alzo *m* Guat Hond *Diebstahl* m ‖ Guat Hond
Hahnenkampf m
Am ⟨Abk⟩ = **americio**
ama *f* [el] *Herrin* f ‖ *Eigentümerin, Besitzerin* f
‖ *Hausfrau* f ‖ *die Herrin (im Verhältnis zu den
Dienstboten)* ‖ *Hausherrin* f ‖ *Haushälterin* f ‖
oberste Bedienstete f in e–m Hause ‖ *Amme* f ‖
Domina (Prostituierte) ‖ ~ *de brazos* MAm Col
PR *Kinderfrau* f ‖ ~ *de casa Haus\frau, -hälterin*
f ‖ ~ *de cría (Säug)Amme* f ‖ ~ *de gobierno
Haushälterin, Wirtschafterin* f ‖ ~ *de leche* → ~
de cría m ‖ ~ *de llaves Haushälterin* f ‖ ~ *seca
Kinderfrau* f ‖ ~ *de teta* ⟨pop⟩ → ~ *de cría*
ama\bilidad *f Liebenswürdigkeit,
Freundlichkeit* f ‖ *Zuvorkommenheit* f ‖ *Güte* f ‖
Entgegenkommen n ‖ ◇ *tenga Vd. la* ~ *(de …)
haben Sie die Güte, seien Sie so freundlich (zu
…)* ‖ ¡*qué* ~! *wie freundlich!* ‖ **–bilísimo** adj sup
von **amable** ‖ **–ble** adj *(m/f) liebenswürdig,
lieblich* ‖ *gütig* ‖ *entgegenkommend* ‖ ~ *para con
alg. liebenswürdig zu jdm* ‖ ~ *en el trato
leutselig, umgänglich* ‖ adv: ~**mente**
amaceno adj/s → **damasceno**
amachado adj *männlich, mannhaft*
amachambrar vt Chi PR ⟨Zim⟩ →
machihembrar **–se** bes Am *e–e eheähnliche
Gemeinschaft eingehen,* ⟨fam⟩ *zusammenziehen*
amachar vt Col *ver\einigen, -binden* ‖ ~**se**
Mex *hartnäckig werden* ‖ *s. hartnäckig weigern*
amachet(e)ar *mit der Machete zerhauen* od
kleinschlagen
amachinarse vr Chi Col Mex *e–e eheähnliche
Gemeinschaft eingehen,* ⟨fam⟩ *zusammenziehen* ‖
Guat Pan *s. einschüchtern lassen, verzagen*
amacho adj MAm *hervorragend, tapfer* ‖
solide (Sache)

amachorrar vt Ur *unfruchtbar machen (weibliche Tiere)* ‖ **~se** *unfruchtbar werden (weibliche Tiere)*
amacigado adj *gelbfarben*
amación f *leidenschaftliche Liebe* f *(in der Mystik)*
amacizar [z/c] vt Col Mex *festmachen, befestigen* ‖ Col MAm *ausfüllen, stopfen*
amacollar(se) vi/r *buschig, breit werden (Bäume)*
amadamado adj ⟨fam⟩ *weibisch*
Amadeo m np *Amadeus* m ‖ *~ m frühere span. Münze*
Amadís (de Gaula) m *Held* m *e–s span. Ritterromans* ‖ ⟨fig⟩ *sehr galanter Mensch* m
amador m *Liebhaber, Verehrer* m *(bes fig)*
amadríade f ⟨Myth⟩ *Dryade, Baum-, Wald\nymphe* f ‖ ⟨Zool⟩ *Mantelpavian, Hamadryas* m (Papio hamadryas)
amadrigar [g/gu] vt ⟨fig⟩ *gut aufnehmen (besonders jdn, der es nicht verdient)* ‖ **~se** *s. verkriechen* (& ⟨fig⟩)
amadrinadora f Pe *Kupplerin* f
amadrinar vt *Patenstelle annehmen (Frau), Patin werden bei* (dat) ‖ ⟨fig⟩ *bemuttern* ‖ Am *an die Leitstute gewöhnen (junge Pferde)* ‖ ⟨Mar⟩ *zwei Gegenstände miteinander vertäuen* ‖ **~se** *s. gegenseitig unterstützen* ‖ Am *s. gern an e–m Ort aufhalten (Vieh)* ‖ *koppeln*
amadroñado adj *erdbeerbaum\ähnlich, -artig*
amaes\tradamente adv *meister\haft, -lich* ‖ **–trado** adj *erfahren, bewandert* ‖ *schlau, gerieben* ‖ *abgerichtet (Tier)* ‖ **–trador** m *Dompteur* m ‖ **–tradura** f *Schlauheit, List* f ‖ **–tramiento** m *Unter\richt* m, *-weisung* f ‖ *Ab\richten* n, *-richtung, Dressur* f ‖ **–trar** vt *unter\richten, -weisen* ‖ *abrichten, dressieren* ‖ *zureiten (Pferd)* ‖ *modeln, formen* ‖ *schulen, unterweisen*
amafiarse vr Mex *s. verschwören*
amagamiento m Col → **amago** ‖ Am *tiefe, enge Schlucht* f
amagar [g/gu] vt *drohen mit* ‖ *tun, als ob man schlagen wollte* ‖ Ar *verstecken* ‖ ~ vi *drohen, bevorstehen (Unglück, Krankheit)* ‖ *Vorboten zeigen (Krankheit)* ‖ *e–e drohende Gebärde machen* ‖ ◇ ~ *y no dar* ⟨fam⟩ *drohen und nicht ausführen* ‖ *versprechen und nicht halten* ‖ **~se** *s. verstecken* ‖ ⟨fam⟩ *s. ducken*
amagatorio m Ar *Versteck* n
amagnético adj *unmagnetisch*
amago m *drohende Gebärde, Miene* f ‖ *Drohung* f ‖ *Anzeichen* n ‖ *Vorbote* m *(e–r Krankheit)* ‖ ~ *de desfallecimiento Ohnmachtsanwandlung* f ‖ ~ *de incendio Feuerausbruch* m ‖ *Feuergefahr* f
ámago m *bitterer Bienenhonig* m ‖ ⟨fig⟩ *Ekel* m
amai\nar vt ⟨Bgb⟩ *(Kübel) aufziehen* ‖ *nachlassen (e–n Strang)* ‖ ⟨fig⟩ *beschwichtigen (Zorn)* ‖ ⟨Mar⟩ *(Segel) streichen od reffen (Segel)* ‖ ~ vi ⟨Mar⟩ *abflauen, s. legen (Wind)* ‖ ⟨fig⟩ *abstehen, Abstand nehmen von* (& vt) ‖ ⟨fig⟩ *nachlassen (Wind, Wünsche)* ‖ **–ne** m ⟨Mar⟩ *Streichen* n *e–s Segels*
amaitinar vt *be\lauern, -spitzeln*
amaizar vi Col *reich werden, s. bereichern*
amajadar vt *einpferchen* ‖ ~ vi *im Pferch weiden, übernachten (Vieh)*
amajanar vt *mit Steinhaufen begrenzen*
amalado adj *krank, kränklich*
amalar vi *krumm werden*
¡amalaya! int Am → **¡ojalá!**
amalditarse vr Chi *den Bösewicht spielen*
amalear vt Col Ec *krank werden*
amalezarse [z/c] vr Can *welken*

amalga\ma f ⟨Chem⟩ *Amalgam* n, *Quecksilberlegierung* f ‖ ~ *de plata Silberamalgam* n ‖ ⟨fig⟩ *Gemisch* n, *Verquickung* f ‖ **–mación** f *Amalgam\ierung, -ation* f ‖ ⟨fig⟩ *innige Vermischung* f *zweier Körper* ‖ **–mar** vt *verquicken, amalgamieren, mit Quecksilber versetzen* ‖ ⟨fig⟩ *Verquickung* f ‖ ⟨fig⟩ *untereinander mengen, vermengen* ‖ *vereinigen* ‖ **~se** ⟨fig⟩ *s. ver\binden, -schmelzen* ‖ ⟨fig⟩ *vernarben (Wunden)*
amalignarse vr ⟨reg⟩ *s. heftig erzürnen, in heftigen Zorn geraten*
amallarse vr *im Netzgarn hängen bleiben (Fisch)* ‖ Chi *bei Gewinn das Spiel nicht fortsetzen*
Ámalos mpl ⟨Hist⟩ *Amaler, Amelungen* mpl *(ostgotisches Königsgeschlecht)*
amalvezarse [z/c] vr Ar *lüstern werden (nach)*
amamantar vt *säugen, stillen* ‖ ⟨fig⟩ *nähren* ‖ ⟨fig⟩ *erziehen* ‖ ◇ ~ *con malas doctrinas* ⟨fig⟩ *(jdm) schlechte Lehren geben*
amanal m Mex *Zisterne* f ‖ *Teich* m
amancay m ⟨Bot⟩ *Inkalilie* f (Alstroemeria spp)
amance\bado adj *in eheähnlicher Gemeinschaft (früher: in wilder Ehe* f, ⟨lit⟩ *im Konkubinat* n) *lebend* ‖ **–bamiento** m *Eingehen* n *e–r eheähnlichen Gemeinschaft (früher: wilde Ehe* f, ⟨lit⟩ *Konkubinat* n) ‖ **–barse** vr *e–e eheähnliche Gemeinschaft (früher: wilde Ehe* f, ⟨lit⟩ *Konkubinat* n) *eingehen*
amancillar vt *beflecken* ‖ ⟨fig⟩ *ent\ehren, -würdigen* ‖ *tadeln*
amane\cer [-zc-] vi *tagen, Tag werden* ‖ *bei Tagesanbruch ankommen* ‖ *s. bei Tagesanbruch an e–m Ort bzw in e–r bestimmten Verfassung befinden* ‖ ⟨fig⟩ *anfangen s. zu zeigen, zum Vorschein kommen* ‖ ⟨poet⟩ *erhellen* ‖ ◇ *amanecerán días mejores es werden bessere Zeiten kommen* ‖ *amaneció con dolores de cabeza er (sie, es) wachte (morgens) mit Kopfschmerzen auf* ‖ *amaneció en Madrid am (nächsten) Morgen befand er s. in Madrid* ‖ *a tal hora te amanezca* ⟨iron⟩ *das nächste Mal musst du früher aufstehen* ‖ ~ m *Tagesanbruch* m, *Morgengrauen* n ‖ *Morgen* m ‖ ♦ *al* ~ *bei Tagesanbruch* ‖ *la hora del* ~ *Morgenstunde* f ‖ **–cida** f *Morgenfrühe* f ‖ ♦ *a la* ~, *de* ~ *frühmorgens*
amane\rado adj *ge\ziert, -künstelt* ‖ *geschraubt, affektiert (Stil)* ‖ *manieriert (Kunst)* ‖ Am *zuvorkommend* ‖ *bien* ~ *gut erzogen* ‖ **–ramiento** m *geziertes Wesen* n, *Affektiertheit* f ‖ ⟨Mal⟩ *Manier* f ‖ **–rarse** vr *Manieren annehmen, affektiert werden* ‖ *s. geschraubt ausdrücken*
amanezca f Mex *Morgenfrühe* f
amangua\la f Col *Verschwörung* f ‖ **–larse** vr Col *s. verschwören*
amaniatar vt → **maniatar**
amanita f ⟨Bot⟩ *Knollenblätterpilz* m (Amanita spp) ‖ ~ *faloide Grüner Knollenblätterpilz* m (A. phalloides) ‖ ~ *matamoscas Fliegenpilz* m (A. muscaria)
amano\jado adj *bündelförmig* ‖ **–jar** vt *in Bündel binden, bündeln* ‖ Pan *den Tanzpartner umschlingen*
aman\sa f Chi *Zähmung* f ‖ *Besänftigung* f ‖ **–sador** m Am *Tierbändiger, Dompteur* m ‖ Am *Picador* m ‖ *Schlichter* m *(e–s Streits)* ‖ **–saje** m Ec ‖ **–samiento** m *Zähmung* f ‖ *Besänftigung* f ‖ **–sar** vt *zähmen, bändigen* ‖ ⟨fig⟩ *be\zähmen, -sänftigen* ‖ **~se** *sanft werden* ‖ *s. besänftigen* ‖ **–se** m Ec Col → **–samiento**
amantar vt ⟨fam⟩ *jdn zudecken*
amante adj (m/f) *liebevoll, zärtlich* ‖ *liebend* ‖ ~ *del hogar häuslich* ‖ ~ *de los libros*

Bücherliebhaber m ‖ ~ *de la paz fried\liebend,*
-fertig ‖ ~ *m Liebhaber, Geliebter* m, ⟨fam⟩
Schatz m ‖ ~ *f Liebhaberin, Geliebte* f, ⟨fam⟩
Schatz m ‖ *Freundin* f ‖ *los* ~s *de Teruel*
(Liebespaar aus der span. Literatur)
  amanteniente adv *mit aller Gewalt*
  amantero m *Schauer(mann)* m
  amanuense m/f *(Ab)Schreiber(in* f) m ‖
  Schreib\gehilfe m, *-gehilfin, -kraft* f
  amanzanar vt Arg *(ein Grundstück* [Öst: *e–n*
  Grund]) *zur (Häuserblock-)Bebauung einteilen*
  amañar vt *geschickt zu Werke gehen* (meist
  pej) ‖ ⟨fam⟩ *deichseln* ‖ *Geschick* n *haben* ‖
  fälschen (Bücher usw.) ‖ Gal Ast *ordnen, in*
  Ordnung bringen ‖ ~**se** s. *die Mittel zum Zweck*
  verschaffen, s. einarbeiten ‖ *geschickt zu Werk(e)*
  gehen
  amaño m *Ge\schick* n, *-schicklichkeit* f ‖
  Anstelligkeit f ‖ *Kniff, Trick* m ‖ *Schlauheit* f ‖ ~**s**
  Ränke mpl, *List* f, *Intrigen* fpl ‖ *Handwerkszeug* n
  ‖ *Mittel und Wege zur Ausführung (e–r Sache)*
  amapola f *Feldmohn* m, *Klatsch\rose, -mohn* m
  (Papaver rhoeas) ‖ ◇ *ponerse rojo como una* ~
  ⟨fig⟩ *tief erröten,* ⟨fam⟩ *knallrot werden*
  amapolarse vr ⟨figf⟩ *tief erröten,* ⟨fam⟩
  knallrot werden
  amapuches mpl Cu *Werkzeug* n ‖ *Besitzungen*
  fpl ‖ ⟨fam⟩ *Plunder* m ‖ Ven *Ziererein* fpl
  amar vt/i *lieben, lieb haben* ‖ *schätzen, achten*
  ‖ *gern haben, Wohlgefallen finden an* (dat) ‖ ◇ ~
  de corazón von Herzen od herzlich lieben ‖
  hacerse ~ s. *beliebt machen* ‖ ~ *al prójimo como*
  a sí mismo den Nächsten wie s. selbst lieben ‖ *el*
  que a feo ama, hermoso le parece ⟨Spr⟩ *Liebe*
  macht blind ‖ ~**se** *einander lieben*
  amáraco m ⟨Bot⟩ *Majoran* m (→ **mejorana**)
  amaraje m ⟨Flugw⟩ *Wasserlandung,*
  Wasserung f, *Wassern* n ‖ ~ *forzoso*
  Wassernotlandung, Notwasserung f
  ¹amaranto m ⟨Bot⟩ *Amarant* m, *Tausendschön*
  n, *Fuchsschwanz* m (Amaranthus spp) ‖
  Amarant-, Purpur\holz n
  ²amaranto m ⟨V⟩ *Amarant* m (Lagonosticta
  spp)
  amarar vi ⟨Flugw⟩ *wassern, auf dem Wasser*
  niedergehen
  amarchantarse vr Cu Ven *Stammkunde* m *(e–s*
  Geschäftes) werden
  amarcigado adj Pe *leicht dunkelhäutig*
  amarecer vt → **amorecer**
  amarela f ⟨Bot⟩ *(Art) Enzian* m (→ **genciana**)
  amarescente adj *(m/f) ein wenig bitter*
  amarete m Arg *(Art) Zuckergebäck* n
  amarfilado adj *elfenbein\ähnlich, -artig*
  amargaleja f ⟨Bot⟩ *Schlehe f (Frucht)* (→
  endrina)
  amar\gar [g/gu] vi *bitter sein od schmecken* ‖
  ~ vt *verbittern* ‖ ⟨fig⟩ *(jdm) Verdruss, Kummer*
  bereiten ‖ *kränken* ‖ ◇ ~ *la vida* ⟨fig⟩ *das Leben*
  verbittern ‖ **–go** adj *bitter* ‖ *herb* ‖ *schmerzlich,*
  peinlich ‖ ⟨fig⟩ *erbittert, barsch* ‖ *verärgert* ‖
  unwirsch ‖ *beißend, beleidigend (Spott)* ‖ ~ *como*
  el diablo ⟨figf⟩ *gallenbitter* ‖ adv: –**amente** ‖ ~
  m Bitterkeit f ‖ *bitterer Geschmack* m ‖ *Getränk* n
  aus Bittermandeln ‖ *Bitterlösung* f (bes. *als*
  Zusatz zum Wermutwein) ‖ Mex *Branntwein* m
  mit Aufguss aus Apfelsinenschalen ‖ RPl
  ungesüßter Matetee m ‖ ~**s** mpl *bittere Arzneien*
  fpl
  amar\gón m ⟨Bot⟩ *Löwenzahn* m (→ **diente** de
  león) ‖ **–gor** m *Bitterkeit* f ‖ *bitterer Geschmack*
  m ‖ *Herbheit* f ‖ ⟨fig⟩ *Kummer, Verdruss* m ‖ ◇
  quitarse el ~ *de la boca* (fig) s. *e–n Wunsch*
  erfüllen ‖ **–goso** adj *bitter* ‖ ⟨fig⟩ *schmerzlich,*
  unangenehm ‖ *erbittert, barsch* ‖ ~ *m* ⟨Bot⟩ →

  serbal ‖ **–guear** vt ⟨fig⟩ *anhaltend verbittern* ‖ ~
  vi Ur *ungesüßten Matetee trinken* ‖ **–guera** m
  Bitterkraut n ‖ **–guero** m And *Brachfeldspargel* m
  ‖ **–guillo** m ⟨Kochk⟩ *(Art) Mandelgebäck* n ‖
  –gura f *Bitterkeit, Herbheit* f ‖ ⟨fig⟩ *Kummer,*
  Verdruss m ‖ *Verbitterung* f ‖ ◇
  traer a alg. por la calle de la ~ *jdm das Dasein*
  verbittern, jdm das Leben schwer machen, jdm
  Kummer bereiten
  amari\cado, -conado adj *weibisch* ‖ *in der Art*
  e–s Schwulen ‖ **–conarse** vr *schwul werden*
  amarilis f ⟨Bot⟩ *Amaryllis, Belladonnalilie* f
  (Amaryllis belladonna)
  amari\lla f ⟨Vet⟩ *Leberbrand* m *der Schafe* ‖
  ⟨figf⟩ *Goldmünze* f ‖ **–llazo** adj *blassgelb,*
  gelblich ‖ **–llar** vi Am → **–llear** ‖ **–llear** vt *gelb*
  färben ‖ ~ vi *gelb werden, s. gelb färben* ‖ *gelb*
  od *gelblich sein* ‖ *gelb durchschimmern* ‖
  ver\blassen, -bleichen ‖ s. *färben (Laub)* ‖ **–llecer**
  [-zc-] vi *gelb erscheinen, vergilben, gelb werden* ‖
  –llejo adj *gelblich* ‖ **–llento** adj *fahlgelb, gelblich,*
  mit gelbem Stich ‖ *blässlich* ‖ **–lleo** m *gelbe*
  Färbung f ‖ *gelbes Durchschimmern* n ‖ **–llez** [pl
  ~**ces**] f *gelbe Färbung* f ‖ *gelbliche Hautfarbe* f ‖
  Blässe f ‖ *Gelbsucht* f *(des Weines)* ‖ ~ *de la*
  remolacha ⟨Agr⟩ *Vergilbungskrankheit* f *der*
  Zuckerrübe
  amarillo adj *gelb, hellgelb* ‖ *blass, bleich* ‖
  sensationslüstern (Presse) ‖ ~ *m das Gelb* n,
  gelbe Farbe f ‖ ⟨fam⟩ *Streikstörer* m ‖ PR Dom
  reife Banane f ‖ ~ *ácido Säuregelb* n ‖ ~
  anaranjado Orangengelb n ‖ ~ *de azufre*
  Schwefelgelb n ‖ ~ *de barita Barytgelb* n ‖ ~ *de*
  cadmio Kadmiumgelb n ‖ ~ *canario Kanariengelb*
  n ‖ ~ *como la cera quitte(n)gelb* ‖ ~ *de cinc*
  Zink-, Zitronen-, Samt\gelb n ‖ ~ *de cromo*
  Chromgelb n ‖ ~ *dorado,* ~ *de oro Goldgelb* n ‖
  ~ *de Nápoles Neapelgelb* n *(Bleiantimonat)* ‖ ~
  sucio trübgelblich ‖ ~ *verdoso gelbgrün* ‖ ~ *de*
  París ‖ ~ *de cromo* ‖ ~ *de Verona*
  Veronesergelb n
  amarillor m → **amarillez**
  amarilloso adj → **amarillento**
  amariposado adj *schmetterlingsartig* ‖ ⟨fig⟩
  verweichlicht (Mann) ‖ *weibisch (Mann)*
  amaritud f → **amargor**
  amarizaje m → **amaraje**
  ¹amarizar [z/c] vi Am → **amarar**
  ²amarizar [z/c] vi Sal *Mittagsruhe halten*
  (Vieh)
  amarizarse [z/c] vr s. *paaren (Schafe)*
  amaro m ⟨Bot⟩ *Muskatsalbei* m (f) (Salvia
  sclarea)
  amaromar vt → **amarrar**
  amarra f ⟨Mar⟩ *Trosse* f, *Vertäuungstau* n,
  Fangleine f ‖ ⟨Mar⟩ *(Anker)Tau* n ‖ [Reitkunst]
  Martingal m ‖ ~**s** fpl *Beziehungen* fpl, *Protektion*
  f ‖ ◇ *tener buenas* ~ *gute Beziehungen haben,*
  mächtige Gönner haben
  amarradera f Col Pe → **amarra**
  ama\rradero m ⟨Mar⟩ *Anlege-,*
  Festmache\platz m ‖ ⟨Mar⟩ *Sorring* m ‖ ⟨fig⟩
  Hindernis n ‖ **–rradijo** m Am *schlecht*
  gebundener Knoten m ‖ **–rrado** adj Chi ⟨fig⟩
  plump, schwerfällig ‖ ⟨fig⟩ *hartnäckig* ‖ ⟨fig⟩
  knaus(e)rig ‖ Ven *mürrisch (Gesicht)* ‖ **–rradura**
  f ⟨Mar⟩ *Ankern, Sorren* n ‖ **–rraje** m ⟨Mar⟩
  Ankergeld n
  amarrar vt ⟨Mar⟩ *mit Seilen, Tauen befestigen,*
  festbinden, vertäuen ‖ *fesseln* ‖ *festschnallen* ‖
  ⟨Mar⟩ *sorren* ‖ ⟨Agr⟩ *Garben* fpl *binden* ‖ ~ vi
  ⟨Kart⟩ *die Volte schlagen* ‖ Cu Mex *Vorkehrungen*
  fpl *treffen* ‖ Chi *vereinbaren, lernen* ‖ ⟨figf⟩ *eifrig*
  studieren, lernen ‖ ~**se** ⟨Mar⟩ s. *vertäuen* ‖ ◇
  amarrársela Am ⟨fam⟩ s. *betrinken*

amarrazón f ⟨Mar⟩ *Tauwerk* n
amarre m ⟨Mar⟩ *Ankern, Sorren* n ‖
Verankerung f ‖ ⟨Kart⟩ *Volteschlagen* n
amarrete adj Arg *knaus(e)rig, knick(e)rig*
amarrido adj *traurig, melancholisch, betrübt*
amarro m → **amarra**
amarrón m ⟨desp fam⟩ *Büffler, Streber* m
(Student)
amar|telado adj *sehr verliebt* ‖ **–telamiento** m
⟨fam⟩ *(innige) Verliebtheit* f ‖ **–telar** vt ⟨fam⟩
herzen, liebkosen ‖ *eifersüchtig machen* ‖ **~se**
⟨fam⟩ s. *leidenschaftlich verlieben*
amarti|llado adj *gespannt (Pistole usw.)* ‖ Ur
fix und fertig, bereit ‖ **–llar** vt *hämmern* ‖
spannen (Pistole usw.)
amarulencia f *Bitternis* f
amasa|ble adj *(m/f) knetbar* ‖ **–dera** f *Backtrog*
m ‖ *Knetmaschine* f, *Kneter* m ‖ **–dero** m
Knetstube f ‖ **–dor** m *Kneter* m ‖Am *Bäcker* m ‖
–dora f *Knetmaschine* f ‖ ~ de arcilla
Lehm\mühle,
-knetmaschine f ‖ ~ de mortero *Mörtel\mischer*
m, *-mischmaschine* f ‖ **–dura** f, **–jo** m *Kneten* n ‖
Teig m ‖ *Brotbacken* n ‖ **–miento** m *Sammeln,*
Zusammenbringen n ‖ *Kneten* n ‖ ⟨Med⟩ *Massage*
f
amasande|ría f Chi Col Ven *kleine Bäckerei* f
‖ **–ro** m Chi Col *Bäcker* m
amasar vi/t *einrühren (Teig, Mörtel)* ‖ *kneten*
(Teig) ‖ *backen (Brot)* ‖ *anmachen (Mörtel)* ‖
⟨Med⟩ *massieren* ‖ ⟨figf⟩ *vorbereiten, einleiten* ‖
⟨pej⟩ *ein dubioses Geschäft vorbereiten* ‖ *häufen*
(Geld, Reichtümer) ‖ ◇ ~ el pastel ⟨fig⟩ *Ränke*
schmieden, Intrigen spinnen
amasia f *Geliebte* f ‖ ⟨lit⟩ *Konkubine* f ‖ **–to** m
Mex Pe *eheähnliche Gemeinschaft (früher: wilde*
Ehe f, ⟨lit⟩ *Konkubinat* n)
amasijo m *Teig* m ‖ *Kneten* n ‖ *Knetmasse* f ‖
And *Backstube* f ‖ ⟨figf⟩ *Mischmaschine* m ‖ ⟨fig⟩
Arbeit f ‖ ⟨fam⟩ *unsauberes Geschäft* n,
Machenschaften fpl ‖ *Klüngel* m ‖ *Chaos* n,
Wirrwarr m *(von Ideen)*
amasillar vt *ankitten, mit Kitt befestigen*
amastia f ⟨Med⟩ *Amastie* f, *Brustdrüsenmangel*
m
amata f Ec *durch Satteldruck wund geriebene*
Stelle, Sattelwunde f
amate m ⟨Bot⟩ *mexikanischer Feigenbaum* m
amateur m *Amateur, Liebhaber* m
amatista f *Amethyst* m ‖ *Amethystkolibri* m ‖
~ oriental *orientalischer Amethyst* m *(Korund)*
ama|tividad f *Liebestrieb* m ‖ **–tivo** adj *Liebe*
einflößend ‖ *zur Liebe neigend* ‖ **–torio** adj *Liebe*
einflößend ‖ *erotisch* ‖ *Liebes-*
amatrerado adj *listig, tückisch*
amatronarse vr *matronenhaft werden*
amaurosis f ⟨Med⟩ *Amaurose, Erblindung* f,
schwarzer Star m
amaxofobia f ⟨Med⟩ *Amaxophobie,*
Wagen\krankheit, -scheu f
amayuela f ⟨Zool⟩ → **almeja**
amazacotado adj ⟨fam⟩ *plump, schwerfällig* ‖
überladen, voll gestopft (& fig)
¹amazona f *Amazone* f ‖ *Reiterin* f ‖ ⟨fig⟩
Mannweib n ‖ *(langes) Reitkleid* n *(der Frauen)* ‖
Straußenfeder f *(für einen Damenhut)*
²amazona f ⟨Ins⟩ *Kaisermantel* m
³amazona f ⟨V⟩ *Amazonenpapagei* m
(Amazona œstiva)
Amazonas m *Amazonenstrom* m ‖ *Amazonas* n
(bras. Staat)
amazonense adj/s *(m/f) aus dem*
Amazonasgebiet
ama|zónico, -zonio adj *den Amazonas*
betreffend ‖ *Amazonen-*

amazonita f ⟨Min⟩ *Amazonenstein, Amazonit*
m
amb. ⟨Abk⟩ = **ambiguo**
ambages mpl ⟨fig⟩ *Umschweife* pl *im Reden* ‖
~ y rodeos *lauter Umschweife* ‖ ◆ sin ~
unverhohlen ‖ *hablar sin* ~ *kein Blatt vor den*
Mund nehmen, freiheraus sprechen, freiweg s–e
Meinung sagen
ambagioso adj *mehrdeutig* ‖ *irrig*
ámbar m *Bernstein* m ‖ *Amber* m, *Ambra* f
(Ausscheidung des Pottwals) ‖ ⟨Bot⟩ *Bisamblume*
f (→ **abelmosco**) ‖ ~ amarillo *Bernstein* m ‖ ~
gris grauer Amber m ‖ ~ negro *Gagat, Jet(t)* m ‖
◆ el vino es un ~ ⟨figf⟩ *der Wein ist wie Öl*
amba|rado adj *bernsteinartig* ‖ **–rcillo** m ⟨Bot⟩
Bisamblume f ‖ **–rina** f ⟨Chem⟩
Ambarin n ‖ ⟨Bot⟩ *Bisamblume* f (→ **abelmosco**)
‖ Am ⟨Bot⟩ *Grindkraut* n ‖ **–rino** adj *Bernstein-* ‖
Amber- ‖ *bernsteinfarben* ‖ *nach Ambra duftend*
ambas fpl → **ambos**
Amberes m [Stadt] *Antwerpen* n
amberino adj/s *aus Antwerpen* ‖ *auf*
Antwerpen bezüglich
ambi|ciar vt ~ **–cionar** ‖ **–ción** f *Ehrgeiz* m ‖
Herrschsucht f ‖ *Streben* n, *Eifer* m ‖ *Anspruch* m
‖ ⟨fam⟩ *Gefräßigkeit* f ‖ ◆ sin ~ *anspruchslos* ‖
–cionar vt *eifrig erstreben, sehnlichst wünschen* ‖
beanspruchen ‖ **–cioso** adj *ehrgeizig, ambitiös* ‖
strebsam ‖ *hochfliegend* ‖ *anspruchsvoll* ‖ ⟨fam⟩
gefräßig
ambi|dextro, –diestro adj *gleich geschickt mit*
beiden Händen ‖ ~ m *Beidhänder* m
ambientación f *Anpassung (bzw Gewöhnung)*
f *an die Umwelt* ‖ *Luftverbesserung* f
¹ambientador adj *luftverbessernd* ‖ ~ m
Raumspray, Luftverbesserer m
²ambientador m ⟨Film⟩ *Filmarchitekt* m
ambien|tal adj *(m/f) Umwelt-* ‖ **–tar** vt *die Luft*
verbessern ‖ *Atmosphäre* f *verleihen* (dat) ‖
Stimmung f *geben* (dat) ‖ ~ s. *eingewöhnen* ‖ s.
der Stimmung anpassen ‖ **~se** ~ a alg. *jdn*
einführen ‖ **–te** adj *umgebend, naheliegend* ‖ ~ m
(die uns) umgebende Luft f ‖ *Um\welt, -gebung* f
(& fig) ‖ *Milieu* n ‖ ⟨Mal⟩ *Pleinair, Freilicht* n ‖
Atmosphäre, Stimmung f ‖ Arg Chi *Raum* m,
Zimmer n ‖ ~ *cuidado gepflegte Atmosphäre* f ‖
~ familiar *Familienkreis* m ‖ ~ de firmeza *feste*
Tendenz f *(Börse)* ‖ ~ rural *ländliches Milieu* n ‖
~ de trabajo *Arbeits-, Betriebs\klima* n ‖ ◇ gustar
del ~ familiar s. *im Kreis der Familie wohl*
fühlen ‖ dar ~ *Stimmung hineinbringen* od ⟨fam⟩
in die Bude bringen ‖ aquí hay buen ~ *hier ist*
die Stimmung gut, ⟨fam⟩ *hier ist was los* ‖ tener
mal ~ *k–n Zuspruch od k–n Widerhall finden*
ambigú [pl **–úes**] m ⟨Kochk⟩ *Büfett* n ‖ *Imbiss*
m ‖ *Theaterbüfett* n
ambi|güedad f *Zweideutigkeit* f, *Doppelsinn* m,
Ambiguität f ‖ **–guo** adj *zweideutig, doppelsinnig*
‖ ⟨Gr⟩ *beiderlei Geschlechts, doppelgeschlechtig* ‖
zweifelhaft ‖ *unschlüssig* ‖ adv: ~**amente**
ambil m Col *Tabaksaft* m
ambilado m Ven *armer Teufel* m ‖
Pantoffelheld m
ambilátero adj *doppelseitig*
ambiopía f ⟨Med⟩ *Doppelsichtigkeit* f
ambi|rar vt *(Kautabak) mit Tabakbeize*
versetzen ‖ **–re** Am *gekochte Tabakbeize* f
ambisexualidad f *Ambisexualität* f
ámbito m *Um\kreis, -fang* m ‖ *abgegrenzter*
Raum m ‖ *Bereich* m, *Gebiet* n ‖ ~ de aplicación
⟨Jur⟩ *Geltungsbereich* m ‖ ~ de escalera
Treppenbreite f ‖ ~ de una ley ⟨Jur⟩
Geltungsbereich m *e–s Gesetzes* ‖ ~s *oficiales*
offizielle Kreise mpl ‖ ~ de vigencia → ~ de
aplicación

ambivalen|cia f Ambivalenz, Doppelwertigkeit f ‖ ~ afectiva affektive Ambivalenz f ‖ –te adj (m/f) ambivalent
ambla f Passgang m ‖ –dor m Passgänger m (Pferd) ‖ –dura f → ambla
amblar vi im Passgang gehen (Pferd)
amblehuelo m zweipfündige Wachskerze f
ambleo m dreipfündige Wachskerze f ‖ Kerzenständer m (für diese Kerze)
ambliopía f ⟨Med⟩ Amblyopie, Verminderung f der Sehschärfe, Augenverdunk(e)lung, Stumpfsichtigkeit f, Trübsehen n
amblípodos mpl [Paläozoologie] Amblypoden mpl
amblótico adj ⟨Med⟩ abtreibend
¹ambo m Ambo m, Doppeltreffer m im Lotto
²ambo m Herrenanzug m ‖ Chi Hose und Weste f aus gleichem Stoff
amboceptor m ⟨Med⟩ Ambozeptor m (Seitenkettentheorie)
¹ambón m Ambo m, Seitenkanzel f
²ambón m ⟨Bot⟩ indischer Mispelbaum m
¹ambos, ~as adj pl beide ‖ ~ a dos, ~as a dos alle beide, beide zugleich
²ambos m philipp. Hohlmaß n
ambozada f Can → almorzada
ambrosía, ambrosia f Ambrosia, Götterspeise f ‖ ⟨Bot⟩ Ambrosienkraut n (Ambrosia spp) ‖ ⟨fig⟩ köstliche Speise f
ambro|siano adj ambrosianisch ‖ –sino adj nach Ambrosia schmeckend
am|brucia f Mex Cu, –bucia f Chi Gefräßigkeit f, (Heiß)Hunger m
ambuesta f → almorzada
ambulación f Gehen, Herumwandeln n
ambulacro m Gang, Chorgang m ‖ ⟨Zool⟩ Ambulakrum n, Ambulakralanhang m
ambu|lancia f Ambulanz, Hilfsstation, Sanitätswache f ‖ Feldlazarett n ‖ Unfallhilfe f ‖ Kranken-, Ambulanz|wagen m ‖ ~ de correos Bahnpost f ‖ Bahnpostamt n ‖ ~ volante ⟨Mil⟩ fliegendes Feldlazarett n ‖ –lante adj (m/f) wandernd, umherziehend, Wander- ‖ fahrend, reisend ‖ unstet ‖ wanderlustig ‖ ~ m: ~ de Correos Bahnpostschaffner m
ambu|lar vi umherziehen ‖ ⟨poet⟩ lustwandeln, spazieren (gehen) ‖ –lativo adj wanderlustig, unstet ‖ –latorio adj ohne festen Wohnsitz ‖ ⟨Zool⟩ ambulatorisch ‖ ⟨Med⟩ ambulant (Behandlung) ‖ ~ m Ambulanz f
ambustión f ⟨Med⟩ Kauterisation f ‖ Ven Verbrennung f
AME (Abk) = Acuerdo Monetario Europeo
ame|ba f ⟨Zool⟩ Amöbe f ‖ –biasis f ⟨Med⟩ Amöbiasis, Amöbenkrankheit f
amedrentar vt einschüchtern ‖ ~se den Mut verlieren, verzagen
amedu|lado, –lar adj (m/f) marklos ‖ amedullär
amelar vi Honig bereiten (Bienen)
amelco|chado adj a) Cu zärtlich, verliebt ‖ b) Am blond ‖ –char vt Am Süßigkeiten fpl eindicken ‖ ~se Cu Entgegenkommen n heucheln ‖ Cu s. verlieben
amel|ga f ⟨Agr⟩ Ackerbeet n, Furchenrain m ‖ –gado adj zweiwüchsig (Saat) ‖ ~ m Ar Vermarkung f ‖ –gar [g/gu] vt gleich weite Saatfurchen ziehen ‖ Ar (die Grenzen) abmarken
amelia f ⟨Med⟩ Amelie f, Fehlen n von Gliedmaßen
amelocotonado adj pfirsich|ähnlich, -farben
amelonado adj melonen|artig, -förmig ‖ ⟨fig⟩ geistig beschränkt ‖ ⟨fig⟩ ver|liebt, -schossen, -knallt

amembrillado adj quitten|ähnlich, -farben
¹a|mén m Amen n ‖ ◇ decir siempre ~ zu allem ja und amen sagen ‖ en un decir ~ ⟨figf⟩ im Nu ‖ ¡~! amen! ja, so sei es! ‖ meinethalben! ‖ –menes mpl: llegar a los ~ kurz vor Schluss ankommen
²amén! ~ de adv ausgenommen (acc) ‖ außer (dat) ‖ neben (dat) ‖ ~ eso außerdem ‖ ~ que … ungeachtet dass …
amenaza f (Be)Drohung f ‖ ~ con un mal sensible Drohung f mit e–m empfindlichen Übel ‖ ~ de guerra Kriegsdrohung f ‖ ~ inminente unmittelbar drohende Gefahr f ‖ ~ contra la paz Friedensbedrohung, Bedrohung f des Friedens ‖ ~ de violencia Gewaltandrohung f ‖ ♦ bajo la ~ de una pena ⟨Jur⟩ unter Androhung e–r Strafe
amena|zador, –zante adj (m/f) drohend, Droh- ‖ ◇ con aire ~ mit drohender Miene ‖ ~ m (Be)droher m ‖ –zar [z/c] vt (an-)drohen (dat) ‖ warnen, bedrohen (acc) ‖ ◇ ~ a uno con el pleito jdm mit Klage drohen ‖ ~ a alg. con algo jdn mit et. bedrohen ‖ ~ intereses vitales lebenswichtige Interessen npl od Lebensinteressen npl bedrohen ‖ la casa amenaza ruina das Haus droht zu verfallen ‖ el puente amenaza ruina die Brücke droht einzustürzen ‖ el tiempo amenaza con llover es sieht nach Regen aus ‖ más son los amenazados que los acuchillados ⟨Spr⟩ es wird nichts so heiß gegessen, wie es gekocht wird
amenguar [gu/gü] vt beeinträchtigen, schmälern ‖ ⟨fig⟩ entehren, diffamieren
amenia f ⟨Med⟩ Amenorrhö(e) f, Ausbleiben n der Regel
ame|nidad f Annehmlichkeit f ‖ Lieblichkeit f ‖ ⟨fig⟩ Anmut, Grazie f ‖ Gemütlichkeit f ‖ Reiz m ‖ –nizar [z/c] vt anmutig, angenehm, freundlich gestalten ‖ unterhaltend machen (Gespräch) ‖ verschönern ‖ ◇ ~ con la música mit Musik unterhalten (Fest) ‖ –no adj anmutig, lieblich ‖ reizend, zierlich ‖ ansprechend ‖ unterhaltsam (Stil, Gespräch) ‖ ~amente adv annehmlich, lieblich
amenorrea f ⟨Med⟩ Amenorrhö(e) f, Ausbleiben n der Regel
amentáceas fpl ⟨Bot⟩ Kätzchenblüter mpl
¹amento m ⟨Bot⟩ Kätzchen n ‖ ~ de sauce Weidenkätzchen n
²amento m Schuhriemen m ‖ Kinnriemen m am Helm
amenudear vi Col krähen
ameo m ⟨Bot⟩ Ammei n (Ammi majus)
amerar vt (Flüssigkeiten fpl) mischen ‖ durchsickern (Flüssigkeit) ‖ Ar mit Wasser mischen (Wein) ‖ ~se Wasser aufnehmen
amerengado adj ⟨Kochk⟩ baiserartig (Gebäck) ‖ ⟨fig⟩ zuckersüß (Worte) ‖ ⟨fig⟩ affektiert, geziert
América f ⟨Geogr⟩ Amerika n ‖ ~ Central Mittelamerika n ‖ ~ Hispana Spanisch-Amerika n ‖ ~ Latina Lateinamerika n ‖ ~ del Norte Nordamerika n ‖ ~ del Sur (Am auch Sud) Südamerika n
ameri|cana f Amerikanerin f ‖ (Herren-)Jacke f, (Herren)Jackett n, Sakko m ‖ ⟨fam⟩ gemischter Trank m aus Fruchtsirup ‖ Am sechssitziger Kutschwagen m ‖ ~ (de) sport Sportjacke f ‖ –canada f ⟨typisch amerikanische Veranstaltung od Show f ‖ –canismo m Vorliebe f für das Amerikanische ‖ national-amerikanische Literaturströmung f ‖ amer. Redewendung f ‖ Amerikanismus m ‖ –canista m/f Amerikanist(in f) m ‖ Amerikaforscher(in f) m ‖ –canística f Amerikanistik f ‖ –canización f Amerikanisierung f ‖ –canizar [z/c] vt amerikanisieren ‖ ~se Cu nordamer. Sitten annehmen ‖ –cano adj (ibero-bzw nord)amerikanisch ‖ ~ m (Ibero- bzw

Nord)Amerikaner m ‖ ⟨pop⟩ *in Amerika reich gewordener Spanier* m
americio *m* **(Am)** ⟨Chem⟩ *Americium* n
amerindio adj *indianisch* ‖ ~ *m Indianer* m
ameritado adj Am *verdienstvoll* ‖ Col PR *vorerwähnt*
amerizar [z/c] vi →⁺ **amarar**
amestizado adj *mischlings\ähnlich, -artig*
ametábolo adj ⟨Zool⟩ *ohne Metamorphose*
ametalado adj *metallähnlich* ‖ *metallisch klingend*
ametra\llador adj *mit Maschinengewehrfeuer beschießend* ‖ ~ *m Maschinengewehrschütze, MG-Schütze* m ‖ ~ *de a bordo* ⟨Flugw⟩ *Bordschütze* m ‖ **–lladora** *f Maschinengewehr, MG* n ‖ *Maschinengewehrstellung* f ‖ **–llar** vt *mit Maschinengewehrfeuer beschießen*
ametría *f Missverhältnis* n ‖ ⟨Med⟩ *Fehlen* n *der Gebärmutter*
amétrope adj ⟨Med⟩ *an Ametropie leidend*
ametropía *f* ⟨Med⟩ *Ametropie* f
ameyal *m* ⟨Mex⟩ *Abwässerungsgraben* m *e–r Zisterne* ‖ *Filtergrube* f
amezquinarse vr *s. beklagen*
ami *m* ⟨Bot⟩ →⁺ **ameo**
amia *f* ⟨Fi⟩ *Amia, Schlammfisch* m (Amia calva)
amian\tina *f Asbestgewebe* n ‖ **–to** *Asbest* m ‖ ~ *coposo,* ~ *escamoso Flockenasbest* m ‖ ~ *leñoso,* ~ *ligniforme Holzasbest* m ‖ ~ *platinado Platinasbest* m ‖ ~ *en plumas Strahlasbest* m ‖ ~ *sedoso Seidenasbest* m
amianto-cemento *m Asbestzement* m
amiantosis *f* ⟨Med⟩ *Asbestose* f
ami\ba *f* →⁺ **ameba** ‖ **–biasis** *f* ⟨Med⟩ *Amöbiasis, Amöbenkrankheit* f ‖ **–bo** *m* →⁺ **ameba**
amical adj *(m/f) freundschaftlich*
amicísimo adj sup. von **amigo**
ami\da *f* ⟨Chem⟩ *Amid* n ‖ **–dina** *f* ⟨Chem⟩ *Amidin* n
amielinado adj ⟨An⟩ *marklos (Nervenfaser)*
¹**amiga** *f Freundin* f ‖ *Bekannte* f ‖ ⟨fam⟩ *Geliebte* f ‖ *Freundin* f, *mit der ein Mann eheähnlich zusammenlebt* ‖ ~ *fuerte feste Freundin* f ‖ vgl. auch **amigo**
²**amiga** *f:* ~ *de noche* ⟨Bot⟩ Mex *Tuberose* f (Polianthes tuberosa)
ami\gabilidad *f Freundschaftssinn* m ‖ **–gable** adj *(m/f) freundschaftlich* ‖ *friedlich* ‖ ~ *componedor* ⟨Jur⟩ *Schiedsrichter* m ‖ ~ *composición* ⟨Jur⟩ *Schlichtung, Vergleich* m, *gütliche Vereinbarung* f ‖ adv: ~**mente** ‖ **–gacho** *m* augm von **amigo** ‖ *Kumpan, Spezi* m ‖ *guter Freund* m ‖ **–gar** [g/gu] vt *befreunden* ‖ ~**se** *e–e eheähnliche Gemeinschaft* m (früher: *wilde Ehe* f ⟨lit⟩ *Konkubinat* n) *eingehen* ‖ ⟨fam⟩ *s. befreunden* (con *mit* dat) ‖ **–gazo** *m* Am *(guter, lieber) Freund, Kamerad* m
amígdala *f* ⟨An⟩ *Mandel, Tonsille* f ‖ ~ *del cerebelo Kleinhirnmandel* f ‖ ~ *faríngea Rachenmandel* f ‖ ~ *palatina Gaumenmandel* f ‖ ~ *tubaria Tubenmandel* f
amigdalectomía *f* ⟨Med⟩ *Tonsillektomie* f
amigdálico adj: *ácido* ~ ⟨Chem⟩ *Mandelsäure* f
amigdalina *f* ⟨Chem⟩ *Amygdalin* n
amigda\lino, –loide adj *Mandel-* ‖ *amygdaloid, mandelförmig* ‖ **–litis** *f* ⟨Med⟩ *Mandelentzündung* f ‖ **–lotomía** *f* ⟨Med⟩ *Tonsillotomie* f ‖ **–lótomo** *m* ⟨Med⟩ *Mandelmesser* n
amigo adj *befreundet* ‖ *freundschaftlich* ‖ ⟨fig⟩ *zugetan, geneigt* ‖ ◇ *tender una mano* ~*a a uno jdm e–e hilfreiche Hand bieten* od *reichen* ‖ ~ *m Freund* m ‖ p.ex *Bekannter* m ‖ *Liebhaber* m ‖ *Freund, mit dem e–e Frau eheähnlich lebt*

zusammenlebt; Lebensgefährte m ‖ *Geschäftsfreund* m ‖ ⟨Bgb⟩ *Aufzug* m ‖ ~ *de lo ajeno* ⟨fam⟩ *Dieb* m ‖ ~ *del alma Busenfreund* m ‖ ~ *hasta las aras Freund* m, *soweit es Religion und Gewissen erlauben* ‖ ~ *del asa Busenfreund* m ‖ ~ *fuerte fester Freund* m ‖ ~ *de la infancia Freund aus der Kinderzeit, Jugendfreund* m ‖ ~ *íntimo Busen-, Herzens\freund, Intimus* m ‖ ~ *hasta la muerte Freund* m *auf Leben und Tod* ‖ ~ *de todo el mundo Allerweltsfreund* m ‖ ~ *del orden ordnungsliebend* ‖ ~ *de pelillo Freund* m *aus Eigennutz* ‖ ~ *a toda prueba (alt)erprobter Freund* m ‖ ~ *de sí mismo Egoist* m ‖ ~ *de taza Freund* m *aus Eigennutz* ‖ ~ *de todos Allerweltsfreund* m ‖ ~ *de la verdad Wahrheitsfreund* m ‖ *wahrheitsliebend* ‖ ~ *de toda la vida uralter Freund* m ‖ ~ *de vino Freund* m *aus Eigennutz* ‖ ◇ *ser* ~ *de a/c et. gern tun, gern haben* ‖ ~**s** *mpl:* ~ *de uña y carne* ⟨figf⟩ *Busenfreunde* mpl, *dicke Freunde* ‖ ◇ *hacerse* ~ *s. befreunden* ‖ *tener cara de pocos* ~ ‖ ⟨fig⟩ *ein unfreundliches Gesicht haben* ‖ ¡*tan* ~ *como antes! wir bleiben die alten (doch gute) Freunde!* ‖ *a muertos y a idos no hay* ~ ⟨Spr⟩ *Tote und Abwesende sind stets die Leidtragenden (der Abwesende muss Haare lassen)* ‖ *en tiempo de higos, no faltan* ~ ⟨Spr⟩ *siedet der Topf, so blühet die Freundschaft*
ami\gocracia *f* →⁺ **amiguismo**
ami\gote *m* augm ⟨fam⟩ *von* **amigo** ‖ *Spezi, Kumpan, Kumpel* m ‖ **–guero** adj Am *schnell Freundschaften schließend* ‖ **–guismo** *m Vetternwirtschaft* f, *Nepotismus* m ‖ **–go** ‖ **–guita** *f* ⟨fam⟩ *liebe kleine Freundin* f ‖ ⟨fam⟩ *Geliebte* f
amiláceo adj *stärkehaltig, Stärke-*
amilamia *f* Al *gütige Fee* f
amila\nado adj *dem Milan ähnlich* ‖ *eingeschüchtert, feige* ‖ **–namiento** *m Verzagen* n, *Furcht* f ‖ *Einschüchterung* f ‖ **–nar** vt *einschüchtern* ‖ **–narse** vr *in Furcht geraten, verzagen*
amilasa *f* ⟨Chem⟩ *Amylase* f
Amílcar Barca *m* np ⟨Hist⟩ *Hamilkar Barkas* m
amílico adj *Amyl-* ‖ *aus Stärkemehl bereitet*
amillaramiento *m Schätzung* f *zur Steuererhebung*
amilo *m Amyl* n
amiloide(o) adj *stärke(mehl)ähnlich*
amilogénesis *f* ⟨Bot⟩ *Stärkebildung* f
amilosis *f* ⟨Biol⟩ *Amylose* f
amino\ácido *m* ⟨Chem⟩ *Aminosäure* f ‖ **–benceno** *m Aminobenzol, Anilin* n ‖ **–fenol** *m Aminophenol* n ‖ **–plasta** *f Aminoplast* m
aminoración *f Verminderung* f ‖ ~ *del salario Lohnkürzung* f
aminorar vt *vermindern* ‖ ◇ ~ *la marcha* ⟨Auto⟩ *die Geschwindigkeit verringern, langsamer fahren*
amiostenia *f* ⟨Med⟩ *Myasthenie, Muskelschwäche* f
amistad *f Freundschaft* f ‖ *Liebe* f ‖ *Zuneigung* f ‖ *Freundschaftsbezeigung, Gunst* f ‖ *Bekanntschaft* f ‖ *Liebesverhältnis* n ‖ ◇ *hacer od trabar* ~ *Freundschaft schließen* ‖ **–es** *fpl Bekanntenkreis* m ‖ ◇ *hacer* ~ *Freunde gewinnen* ‖ *hacer las* ~ *s. aussöhnen* ‖ *romper las* ~ *die Freundschaft aufkündigen, s. verfeinden, s. entzweien* (con *mit*)
amis\tado adj *befreundet* ‖ **–tar** vt *befreunden, versöhnen* ‖ ~**se** *s. aussöhnen* ‖ *s. befreunden* (con *mit*) ‖ **–toso** adj *freundschaftlich* ‖ *gütlich (Vergleich)* ‖ adv: ~**amente** *gütlich, auf gütlichem Weg(e)*

amito *m* ⟨Kath⟩ *Achseltuch* n *des die Messe lesenden Priesters*
ami|tosis *f* ⟨Biol⟩ *Amitose* f ‖ **–tótico** adj *amitotisch*
ammoterapia *f* ⟨Med⟩ *Sandbadtherapie, Psammotherapie* f
amnesia *f* ⟨Med⟩ *Amnesie* f, *Gedächtnis|ausfall, -schwund* m
amnésico adj ⟨Med⟩ *an Amnesie leidend*
amnícola adj *(m/f)* ⟨Biol⟩ *am Flussufer wachsend* od *lebend*
amniografía *f* ⟨Med⟩ *Amniographie* f
amnios *m* ⟨An⟩ *Amnion* n, *Fruchtwasserhaut* f ‖ ⟨Bot⟩ *Samensaft* m
amnioscopia *f* ⟨Med⟩ *Amnioskopie* f
amnio|tas *fpl*, **–tos** *mpl* ⟨Zool⟩ *Amnioten* pl
amniótico adj *amniotisch, Fruchtwasser-*
amniotomía *f* ⟨Med⟩ *Amniotomie* f
amnis|tía *f Amnestie* f ‖ *Begnadigung* f ‖ **–tiar** [pres ~ío] vt *amnestieren* ‖ *begnadigen*
amo *m Herr, Hausherr, Gebieter* m ‖ *Haushaltungsvorstand* m ‖ *Eigentümer, Besitzer* m ‖ *Dienstherr* m ‖ *Nuestro* ~ ⟨figf⟩ Col Chi Mex *die geweihte Hostie* ‖ *der Herr (Gott)* ‖ ◇ *ser el* ~ *del cotarro* ⟨figf⟩ *das große Wort führen* ‖ Vd. *es* ~ *de hacerlo es steht Ihnen frei, es zu tun* ‖ *ser* ~ *de la situación Herr der Lage sein* ‖ *tal* ~, *tal criado* ⟨Spr⟩ *wie der Herr, so der Knecht*
amo|blado adj: *casa* ~*a* Arg *Absteig(e)quartier, Stundenhotel* n ‖ **–blar** [-ue-] vt → **amueblar**
¹amodita *f* ⟨Zool⟩ *Sand-, Horn|otter* f (Vipera ammodytes)
²amodita *f* ⟨Bot⟩ *Tragant* (Astragalus spp)
amodo|rrado adj *schläfrig* ‖ *verschlafen* ‖ **–rramiento** *m große Schläfrigkeit* f ‖ *Schlaftrunkenheit* f ‖ *Benommenheit* f ‖ ⟨fam⟩ *Katzenjammer* m ‖ **–rrarse** vr *schläfrig werden* ‖ *verdrießlich werden*
amófi|la *f* ⟨Ins⟩ *Sandwespe* f (Ammophila sabulosa) ‖ **–lo** adj ⟨Biol⟩ *auf sandigem Boden lebend* bzw *wachsend*
amogollarse vr PR *s. verwickeln, s. verwirren*
amohecerse [-zc-] vr → **enmohecerse**
amohinar vt *aufbringen, ärgern, verdrießen* ‖ ~*se unwillig* od *verdrießlich werden*
amohosarse vr Am → **enmohecerse**
amoja|mamiento *m Ab|magerung* f, *-magern* n ‖ *Dürre* f ‖ **–mar** vt *(Tunfische) einsalzen* od *trocknen* ‖ ~*se* ⟨fig⟩ *zusammenschrumpfen* ‖ *mager werden*
amojo|nador *m Grenzscheider* m ‖ **–namiento** *m Vermarkung* f ‖ **–nar** vt *mit Grenzsteinen bezeichnen, vermarken* ‖ *ab|grenzen, -stecken, trassieren*
¹amojosado adj Am *verschimmelt*
²amojosado *m* Arg *großes Messer der Gauchos*
amojosarse vr Am → **enmohecerse**
amok *m Amoklauf* m
amoladero adj: (piedra) ~*a Schleifstein* m
amolado adj *geschliffen* ‖ Chi pop *lästig, zudringlich* ‖ ⟨fam⟩ *belästigt (worden)* ‖ *ruiniert* ‖ ~ *m Schliff* m ‖ ~ *basto Rauschliff* m ‖ ~ *en húmedo Nass|schleifen* m, *-schliff* m
amo|lador *m Schleifer* m ‖ ⟨fam⟩ *zudringlicher Mensch* m, *Ekel* n ‖ **–ladora** *f Schleifmaschine* f ‖ ~ *angular Winkelschleifmaschine* f ‖ ~ *automática de fresas Fräserschärf-, Fräserschärf|automat* m ‖ ~ *de pavimentos Fußbodenschleifmaschine* f ‖ ~ *de piedras Steinschleifmaschine* f ‖ **–ladura** *f Schleifen, Wetzen* n ‖ ~*s fpl Schleifstaub* m
amolanchín *m Schleifer* m
amolar [-ue-] vt *schleifen, wetzen* ‖ ⟨figf⟩

(jdm) beschwerlich od *lästig fallen* ‖ ~ vi ⟨Mus fam⟩ *stümperhaft spielen* ‖ ~*se* ⟨vulg⟩ *Unannehmlichkeiten* fpl *haben* od *aushalten* ‖ ⟨fam⟩ *in der Patsche sitzen*
amol|dable adj *(m/f) anpassungsfähig* ‖ **–dadura** *f (Ab)Modelung* f, *Modellieren* n ‖ **–damiento** *m Anpassung* f ‖ **–dar** vt *(ab)formen, modeln* ‖ ⟨fig⟩ *gestalten* ‖ *anpassen* (a *an* acc) ‖ ~*se. modeln, s. bilden* ‖ ◇ ~ *a las circunstancias s. den Verhältnissen anpassen*
amole *m* Mex *Seifenbaumgewächs* n
amollar vi *nachgeben*
amollecer [-zc-] vt/i *erweichen*
amolosar vi Chi *verschimmeln*
amonama *f* Ec *Honigwabe* f *e–r unter der Erde bauenden Bienenart*
amonarse vr ⟨fam⟩ *s. beschwipsen, s. e–n an|säuseln* od *-dudeln* ‖ *s. betrinken*
amondongado adj *kaldaunenähnlich* ‖ ⟨fig⟩ *feist*
amone|dación *f Münzprägung* f ‖ **–dado** adj ⟨fam⟩ *reich, wohlhabend* ‖ *geprägt (Geld)* ‖ **–dar** vt *münzen, prägen*
amones|tación *f Ermahnung, Verwarnung* f (& sp) ‖ *Heiratsaufgebot* n ‖ *richterliche Vorladung* f ‖ ~ *pecuniaria* Am *gebührenpflichtige Verwarnung* f ‖ **–taciones** fpl *kirchliches Aufgebot* n ‖ ◇ *correr las* ~ *das Aufgebot bestellen* ‖ *aufgeboten werden* ‖ **–tador** *m Warner, Mahner* m ‖ **–tar** vt *erinnern, ermahnen* ‖ *zurechtweisen, tadeln, verwarnen* ‖ *warnen* ‖ *(Brautpaare) aufbieten* ‖ *(Neupriester) in der Kirche aufbieten* ‖ ~*se aufgeboten werden (Brautpaar)*
amonguillarse vr PR *verzagen*
amonia|cal *(m/f)*, **–cado** adj *ammoniakhaltig, Ammoniak-* ‖ *Ammonium-*
amo|niaco, –níaco adj *ammoniakhaltig* ‖ ~ *m Ammoniak* n ‖ *Salmiakgeist* m ‖ *Ammoniakharz* n ‖ ~ *anhidro wasserfreies Ammoniak(gas)* n ‖ ~ *cálcico Kalkammoniak* n ‖ ~ *cáustico Ammoniak, Ätzammoniak* n ‖ ~ *líquido flüssiges Ammoniak* n
amónico adj *Ammon(ium)-*
amoniemia *f* ⟨Med⟩ *Ammoniämie* f
amonio *m* ⟨Chem⟩ *Ammonium* n
amoni|ta, *f*, **–tes** *m* ⟨Min⟩ *Ammonit* m
amonitratos *mpl* ⟨Agr⟩ *Ammoniumnitratdünger* m
amonización *f* ⟨Bot Chem⟩ *Ammonisierung* f
amontar vt *ver|jagen, -scheuchen* ‖ ~ vi/r *entfliehen* ‖ *in die Berge fliehen*
amontillado adj: (vino) ~ *feiner, heller Sherry* m *(nach Art des Montilla* P *Córd)*
amonto|nadamente adv *haufenweise* ‖ **–nado** adj *ge|schichtet, -stapelt, angehäuft* ‖ ⟨pop⟩ → ‖ ◇ ~ *el estiércol* ⟨Agr⟩ *Mist stapeln* ‖ ~ *el heno das Heu in Haufen setzen* ‖ ~*se s. häufen* ‖ *zusammenlaufen (Menschen)* ‖ *s. zusammentun, um jdn zu überfallen* ‖ ⟨figf⟩ *zornig, unwillig werden* ‖ *s. ärgern* ‖ ⟨figf⟩ *e–e eheähnliche Gemeinschaft* (früher: *wilde Ehe* f, ⟨lit⟩ *Konkubinat* n) *eingehen* ‖ Mex *zu mehreren überfallen*
amoñar vi Chi *e–e Haube f bekommen (Vögel)*
¹amor *m Liebe, Zuneigung, Anhänglichkeit* f ‖ *Liebschaft* f ‖ *große Sehnsucht* f ‖ *Geliebte(r* m) f, *Liebling* m ‖ *Sanftmut* f *Einwilligung, Zustimmung* f ‖ *Lust* f, *Genuss* m ‖ *Hingabe* f ‖ ~ *brujo Liebeszauber* m ‖ ~ *conyugal Gattenliebe* f

‖ ~ cortés ⟨Hist poet⟩ *Minne* f, *höfischer Frauendienst* m ‖ ~ filial *Kindesliebe* f ‖ ~ fraterno *Bruder- bzw Schwesterliebe, Geschwisterliebe* f ‖ ~ a la independencia *Unabhängigkeitsdrang* m ‖ ~ lésbico *lesbische Liebe* f ‖ ~ a la libertad *Freiheitsliebe* f ‖ ~ libre *freie Liebe* f ‖ ~ maternal *Mutterliebe* f ‖ ~ mentido *erheuchelte Liebe* f ‖ ~ mío *Liebling* m, *Geliebte(r* m) f *(als Kosewort)* ‖ ~ odio *Hassliebe* f ‖ ~ paternal *Vaterliebe* f ‖ ~ a la patria, ~ patrio *Vaterlandsliebe* f ‖ ~ platónico *platonische Liebe* f ‖ ~ al prójimo *Nächstenliebe* f ‖ ~ propio *Eigenliebe* f ‖ *Stolz* m ‖ *Selbstbewusstsein* n ‖ ~ de sí mismo *Eigenliebe* f ‖ ~ tarifado *käufliche Liebe* f ‖ ~ a *od* de la verdad *Wahrheitsliebe* f ‖ ◆ al ~ del fuego *od* de la lumbre *am Feuer* ‖ *am Herd* ‖ a su ~ *nach s–m (ihrem) Belieben* ‖ en ~ y compaña ⟨fam⟩ *in Frieden und Eintracht* ‖ por ~ a alg. *jdm zuliebe* ‖ por ~ al arte *aus Liebhaberei* ‖ *umsonst* ‖ *ohne Gegenleistung* ‖ por ~ de … *wegen* … ‖ por ~ de Dios *um Gottes willen* ‖ por ~ de mí *um meinetwillen* ‖ ◇ hacer (el) ~ a alg. *jdm den Hof machen* ‖ ⟨fam⟩ *mit jdm flirten od poussieren* ‖ hacer el ~ con alg. *mit jdm flirten od poussieren* ‖ ⟨pop⟩ *mit jdm schlafen (Geschlechtsverkehr haben)* ‖ ~ con ~ se paga ⟨Spr⟩ *Liebe verlangt Gegenliebe* ‖ ~es mpl *Liebschaften* fpl, *Liebelei* f ‖ *Liebesworte* npl ‖ ~ de contrabando ⟨fam joc⟩ *geheime Liebschaft* f ‖ ◆ con mil ~ *herzlich gern* ‖ mis ~ *mein Liebster, m–e Liebste*
²amor m ⟨Bot⟩: ~ de hortelano *Klettenlab-, Kleb|kraut* n (Galium aparine)
³amor m ⟨Mar⟩: dar ~ *schlaff sein (Tau)*
amoraduj m ⟨Bot⟩ → **mejorana**
amoragar [g/gu] vt *Fische und Weichtiere am Strand braten*
amoral adj *(m/f) amoralisch, sittenlos*
amora|lidad f *Sittenlosigkeit* f ‖ **–lismo** m *Amoralismus* m *(Philos. von Stirner und Nietzsche)*
amora|tado adj *schwarzblau, dunkelviolett* ‖ **–tarse** vr *dunkelviolett werden*
¹amorcillado adj *blutwurstähnlich*
²amorci|llado adj *verheddert (beim Sprechen)* ‖ **–llarse** vr *s. verheddern od verhaspeln (beim Sprechen)*
amorcillo m *Amor, Kupido* m ‖ ⟨fig⟩ *Liebelei* f
amordazar [z/c] vt *knebeln* ‖ ⟨fig⟩ *unschädlich machen* ‖ ⟨fig⟩ *mundtot machen*
amorecer [-zc-] vt *decken (bei Schafen)* ‖ ~ vi *brünstig werden (Schafe)*
amorfia f *Formlosigkeit* f ‖ ⟨Phys⟩ *Amorphie* f
amorfinismo m ⟨Med⟩ *Morphiumabstinenzsyndrom* n
amorfino m Ec ⟨Art⟩ *Tanz und Gesang*
amorfo adj *formlos* ‖ *amorph*
amorgonar vt Ar *Weinreben absenken, fechsen*
amoricones mpl ⟨fam⟩ *Liebeleien, Liebkosungen* fpl
amorío m ⟨fam⟩ *Liebeln* n, *Liebelei* f
amoriscado adj *den Mauren ähnlich*
amormado adj *rotzig, an Rotz erkrankt (Pferd)*
amormío m ⟨Bot⟩ *Liebeskraut* n
amorochado adj Ven *nahe gelegen* ‖ *verbunden*
amo|rosidad f *Verliebtheit* f, *verliebtes Wesen* n ‖ **–roso** adj *verliebt* ‖ *amourös* ‖ *zärtlich, liebenswürdig* ‖ *liebevoll, liebreich* ‖ *Liebes-* ‖ *zum Anbau tauglich (Feld)* ‖ *locker (Stein), mild, weich (Erde)* ‖ *weich, sanft (von körperlichen Gegenständen)* ‖ ⟨fig⟩ *sanft (Wetter)* ‖ ~ (para) con sus padres *zärtlich zu s–n Eltern* ‖ ~ adv ⟨Mus⟩ ⟨it⟩ *zärtlich, innig* ‖ adv: **–amente**
amorrado adj ⟨fam⟩ *maulend, schmollend*

¹amorrar vi ⟨fam⟩ *den Kopf hängen lassen* ‖ ⟨fam⟩ *maulen, schmollen*
²amorrar vi ⟨Mar⟩ *auf den Strand laufen, stranden, vorlastig sein (Schiff)*
amorrarse vr ⟨pop⟩ *s. besaufen*
amorriñarse vr *Heimweh bekommen, traurig od melancholisch werden* ‖ Sal *schwach, krank werden* (bes. *Vieh)*
amorronar vt ⟨Mar⟩ *(die Flagge) in Schau wehen lassen (Notsignal)*
amorrongarse [g/gu] vr Cu *s. einschüchtern lassen, in Furcht geraten*
amortajador m *Leicheneinkleider* m
amortajadora f *Stoß-, Zapfenloch|maschine* f
amortajar vt *ins Leichentuch hüllen, (e–e Leiche) einkleiden, zudecken* ‖ *verstecken*
amorte|cer [-zc-] vt/i *(Begierden) abtöten* ‖ **~se** *in tiefe Ohnmacht fallen, ohnmächtig werden* ‖ ⟨fig⟩ *verwelken* ‖ **–cimiento** m *Milderung, Dämpfung* f ‖ *tiefe Ohnmacht* f
amortigua|ción f *Dämpfung, Abschwächung* f ‖ ~ por aceite *Öldämpfung* f ‖ ~ por aire comprimido* → ~ *neumática* ‖ ~ *en caucho Gummi(ab)federung* f, *-aufhängung, -lageri ●; f* ‖ ~ *electromagnética* ⟨El⟩ *elektromagnetische Dämpfung* f ‖ ~ *específica* ⟨El⟩ *spezifische Dämpfung* f ‖ ~ *hidráulica Flüssigkeitsdämpfung* f ‖ ~ *de la luz Lichtdämpfung* f, ⟨Auto⟩ *Ab|blendung* f, *-blenden* n ‖ ~ *neumática, Luft|federung* f, *-dämpfung* f ‖ ~ *del ruido Geräuschdämpfung* f ‖ ~ *del sonido Schall|dämpfung, -dämmung* f ‖ **–do** adj *er|storben, -loschen* ‖ *gedämpft* ‖ ~ *con muelles abgefedert* ‖ no ~ *ungedämpft* ‖ ⟨Radio⟩ *mit voller Lautstärke*
amortigua|dor m *Dämpfer* m, *Dämpfungsvorrichtung* f ‖ ~ *de balanceo* ⟨Flugw⟩ *transversaler Dämpfer* m ‖ ~ *de caucho Gummi|puffer, -stoßdämpfer* m ‖ ~ *de chispas* ⟨El⟩ *Funkendämpfer* m ‖ ~ *de choque* ⟨Mar⟩ *Fender* m ‖ ~ *de choques Stoß|dämpfer, -fänger* m ‖ ~ *de dirección* ⟨Auto⟩ *Lenkungsdämpfer* m ‖ ~ *de faro* ⟨Auto⟩ *Abblendvorrichtung* f ‖ ~ *por fricción Reibungsstoßdämpfer* m ‖ ~ *hidráulico hydraulischer Stoßdämpfer* m ‖ ~ *por muelles Federstoßdämpfer* m ‖ ~ *neumático Luftpuffer* m ‖ ~ *oleoneumático Öldruckstoßdämpfer, Ölluftstoßfänger* m ‖ ~ *de oscilaciones Schwingungsdämpfer* m ‖ ~ *regulable einstellbarer Stoßdämpfer* m ‖ ~ *de resortes Federpuffer* m ‖ ~ *del ruido Schalldämpfer* m ‖ **–miento** m *Mildern, Dämpfen* n ‖ *Abfederung* f ‖ ~ *de vibraciones Schwingungsdämpfung* f
amortiguar [gu/gü] ⟨allg⟩ *dämpfen, mildern, lindern, abschwächen* ‖ *(ab)töten (Begierden) dämpfen (Licht, Farben)* ‖ *mildern, lindern (Schmerz)* ‖ *abschwächen, parieren (Hieb)* ‖ *betäuben (Fische mit Hilfe von Kräutern)* ‖ *abblenden (Scheinwerfer, Licht)* Chi *abbrühen (Gemüse)* ‖ **~se** *ersterben, allmählich verlöschen* ‖ *nachlassen, s. legen (Sturm, Zorn)*
amorti|zable adj *(m/f) amortisierbar, tilgbar (Renten)* ‖ *rückzahlbar (Kredit)* ‖ **–zación** f *Tilgung, Ablösung, Amortisierung (einer Rente), Abschreibung* f ‖ *Ab-, Rück|zahlung* f *(von Darlehen)* ‖ *Entschuldung* f ‖ **–zar** [z/c] vt *amortisieren, tilgen (Renten, Schulden)* ‖ *zur Toten Hand veräußern (Grundstück)* ‖ *aufheben (Amtsstellen)* ‖ ◇ ~ por depreciación, ~ por desvalorización ⟨Com⟩ *abschreiben, entwerten, absetzen* ‖ *abbauen (Beamtenstellen)*
amos|cado adj ⟨fam⟩ *aufgebracht, gereizt* ‖ **–car** [c/qu] vt *(Fliegen) abwehren, verscheuchen* ‖ **~se** ⟨fig⟩ *unwillig od ärgerlich werden,* ⟨fam⟩

aus der Haut fahren, einschnappen ‖ Cu Mex *in Verlegenheit geraten*
amosquilarse vr *den Fliegen entfliehen (Vieh)*
amostachado adj *schnurrbärtig*
amosta|zado adj ⟨fig⟩ *erzürnt, verärgert* ‖ **–zar** [z/c] vt ⟨fam⟩ *reizen, erzürnen* ‖ *~***se** *aufgebracht werden* ‖ Ec Hond PR *erröten* ‖ *s. schämen* ‖ *ärgerlich werden*
amotape *m* Pe *blauer Baumwollstoff* m
amotetarse vr Nic *s. gruppieren*
amoti|nado adj *meutern, auf|ständisch, -rührerisch* ‖ *~ m Meuterer, Auf|ständische(r), -rührer* m ‖ **–nador** adj *auf|wieglerisch, -rührerisch* ‖ *~ m Aufwiegler* m ‖ **–namiento** *m Aufwiegeln* n ‖ *Aufruhr* m, *Meuterei* f ‖ **–nar** vt *aufwiegeln* ‖ ⟨fig⟩ *aus der Fassung f bringen* ‖ *verwirren* ‖ *~***se** *s. empören, meutern* ‖ *aufsässig werden* ‖ *s. zusammenrotten*
amo|ver [-ue-] vt *absetzen, des Amtes entheben* ‖ **–vible** adj *(m/f) ab|schaffbar, -setzbar* ‖ *austauschbar* ‖ *widerruflich, versetzbar* ‖ **–vilidad** *f Absetzbarkeit* f ‖ *Widerruflichkeit* f
¹ampalagua *f* Arg ⟨Zool⟩ *Boa, Riesenschlange* f
²ampalagua *m* Arg Ur *Vielfraß* m
ampalaya *f* ⟨Bot⟩ *(Art) Balsamine* f
ampara Ar Nav *Beschlagnahme* f *beweglicher Güter*
ampa|rado adj *geschützt* ‖ **–rador** *m Beschützer* m ‖ **–rar** vt *(be)schützen, (be)schirmen, decken, verteidigen* ‖ Ar *mit Beschlag belegen, beschlagnahmen (bewegliche Güter)* ‖ ⟨Mar⟩ *fest anstemmen* ‖ *~***se** *s. unter jds Schutz begeben* ‖ *s. verteidigen* ‖ *s. schützen* ‖ ◇ *~* con alg. *jds Schutz* m *in Anspruch nehmen* ‖ **–ro** *m Schutz* m, *Verteidigung* f ‖ *Unterstützung* f ‖ Ar *gerichtliche Beschlagnahme* f ‖ Al Ar *un ~ ein bisschen von e–r Sache* ‖ △ *Verteidiger* m *des Gefangenen* ‖ ♦ al *~* de *... unter dem Schutz von ...*
Amparo *f* np span. *Frauenname*
ampelis *m* ⟨V⟩ *Seidenschwanz* m (Bombycilla spp) ‖ *~* americano *Zedernvogel* m ‖ *~* europeo *Seidenschwanz* m
¹ampelita *f Erdharz* n, *Bergtorf* m
²ampelita *f Zeichenschiefer* m, *schwarzer Tonschiefer* m
ampelo|grafía *f Weinrebenlehre* f ‖ *Rebsortenkunde* f ‖ **–terapia** *f* ⟨Med⟩ *Traubenkur* f
ampe|raje *m* ⟨El⟩ *Stromstärke, Amperezahl* f ‖ **–r(e)** *m →* **amperio**
amperímetro *m* ⟨El⟩ *Amperemeter* n, *Strommesser* m ‖ *~* de bolsillo *Taschenamperemeter* n ‖ *~* registrador *Stromschreiber* m
amperio *m* ⟨El⟩ *Ampere* n ‖ *–***hora** *m Amperestunde* f ‖ **–horímetro** *m Amperestundenzähler* m ‖ **–minuto** *Ampereminute* f ‖ *–***s-vueltas** *Amperewindungen* fpl
△ **ampio** *m* Öl n
amplexicaulo adj ⟨Bot⟩ *stängelumfassend (Blatt)*
amplia|ción *f Ausdehnung, Erweiterung* f ‖ *Ausbau* m ‖ ⟨Fot⟩ *Vergrößerung* f ‖ *Erweiterungsbau, Anbau* m ‖ *~* de capital *Kapitalaufstockung* f ‖ *~* de la demanda ⟨Jur⟩ *Klageerweiterung* f ‖ *~* de la hipoteca ⟨Jur⟩ *Erweiterung* f *der Hypothek* ‖ *~* parcial ⟨Opt⟩ *Einzelvergrößerung* f ‖ *~* de la protección ⟨Jur⟩ *Ausdehnung* f *des Schutzes* ‖ **–dor** *m* ⟨Mal⟩ *Pantograph, Storchschnabel* m ‖ **–dora** *f* ⟨Fot⟩ *Vergrößerungsapparat* m
ampliamente adv *weitläufig, ausführlich, eingehend* ‖ *reichlich*
ampliar [pres *~*ío] vt *ausdehnen, weitern* ‖

ausbauen ‖ *ausarbeiten (Thema)* ‖ *ver|größern, -mehren* ‖ ⟨Fot⟩ *vergrößern* ‖ ◇ *~* estudios s. *fortbilden*
ampliativo adj *erweiternd*
ampli|ficación *f Erweiterung* f ‖ *weitere Ausführung* f *(sprachlich, künstlerisch)* ‖ ⟨Phys⟩ *Vergrößerung* f ‖ ⟨Radio⟩ *Verstärkung* f ‖ *~* de entrada ⟨Radio⟩ *Eingangsverstärkung* f ‖ *~* lineal ⟨Radio⟩ *lineare Verstärkung* f ‖ *~* longitudinal ⟨Opt⟩ *Längsverstärkung* f ‖ *~* del sonido *Schallverstärkung* f ‖ *~* ultrasonora ⟨Radio⟩ *Überschallverstärkung* f ‖ **–ficador** adj *ver|stärkend, -größernd* ‖ *ausdehnend, erweiternd* ‖ *~ m* ⟨Radio⟩ *Verstärker* m ‖ *Vergrößerer* m ‖ *~* a. f., *~* de alta frecuencia *HF-Verstärker, Hochfrequenzverstärker* m ‖ *~* de antena *Antennenverstärker* m ‖ *~* de audibilidad ⟨Tel⟩ *Abhörverstärker* m ‖ *~* de audiofrecuencia ⟨Tel⟩ *Hörfrequenzverstärker* m ‖ *~* de cables *Kabelverstärker* m ‖ *~* en cascadas *Kaskadenverstärker* m ‖ *~* compensador *Ausgleichsverstärker* m ‖ *~* de cordón ⟨Tel⟩ *Schnurverstärker* m ‖ *~* doble *Zweifach-, Zweiröhren|verstärker* m ‖ *~* electrónico *Elektronenverstärker* m ‖ *~* de escucha ⟨Tel⟩ *Abhörverstärker* m ‖ *~* de baja frecuencia *Niederfrequenzverstärker* m ‖ *~* de frecuencia intermedia *Zwischenfrequenz-, Superheterodyn|verstärker* m ‖ *~* intermedio ⟨Tel⟩ *Zwischenverstärker* m ‖ *~* de línea *Leitungsverstärker* m ‖ *~* de medición *Messverstärker* m ‖ *~* de micrófono *Mikrofonverstärker* m ‖ *~* de potencia *Leistungsverstärker* m ‖ *~* de radiodifusión *Rundfunkverstärker* m ‖ *~* de recepción *Empfangsverstärker* m ‖ *~* de resistencia ⟨Radio⟩ *Widerstandsverstärker* m ‖ *~* de resonancia *Ton-, Resonanz|verstärker* m ‖ *~* de salida, *~* final *Endverstärker* m ‖ *~* del sonido ⟨Tel⟩ *Lautverstärker* m ‖ *~* superheterodino *Superheterodyn-, Zwischenfrequenz|verstärker* m ‖ *~* de tensión *Spannungsverstärker* m ‖ *~* de válvulas electrónicas *Elektronenröhrenverstärker* m ‖ **–ficar** [c/qu] vt *erweitern, ausdehnen* ‖ ⟨Phys⟩ *vergrößern* ‖ ⟨Radio⟩ *verstärken* ‖ *~* el volumen *die Lautstärke erhöhen,* ⟨fam⟩ *das Gerät lauter stellen (Radio)* ‖ **–ficativo** adj *ver|stärkend, -größernd, ausdehnend, erweiternd*
amplio adj *ausgedehnt, weit, weit|gehend, -läufig* ‖ *umfassend* ‖ *geräumig, umfangreich* ‖ *ausführlich* ‖ *reichlich (Mittel)* ‖ ◇ ser *~* de espíritu *weitsichtig sein, e–e weitreichende Sicht der Dinge haben* ‖ para más *~*s informes, dirigirse a ... *Näheres (zu erfahren) bei ...*
amplísimo adj sup von **amplio**
amplitud *f Weite, Breite, Ausdehnung* f ‖ *Ausführlichkeit* f ‖ *Amplitude* f, *Scheitelwert* m, *Ausschlag(weite* f) m ‖ ⟨Astr⟩ *Gestirnweite* f ‖ ⟨Mil⟩ *Kurvenlänge* f *(der Geschossbahn)* ‖ ⟨Opt⟩ *Spielraum* m *für Belichtung* ‖ ⟨Phys⟩ *Schwingungsweite* f ‖ *~* de acomodación ⟨Opt⟩ *Akkommodationsbreite* f ‖ *~* del arco ⟨Arch⟩ *Bogenöffnung* f ‖ *~* de avance ⟨Auto⟩ *Verstellbereich* m *der Zündung* ‖ *~* de corriente *Stromamplitude* f ‖ *~* de desviación *Ausschlag(weite* f) m ‖ *~* doble ⟨El⟩ *Schwingungsbreite* f ‖ *~* de la flecha ⟨Arch⟩ *Pfeilhöhe* f *der Durchbiegung, Durchbiegungsbetrag* m ‖ *~* de horizonte *Weit|sicht* f, *-blick* m ‖ *Scharfblick* m ‖ *~* de línea ⟨TV⟩ *Zeilenbreite* f ‖ *~* de (la) marea *Flut|höhe, -größe* f, *-intervall* n, *Tide-, Gezeiten|hub* m ‖ *~* de miras ⟨fig⟩ *Weit|blick* m, *-sicht* f ‖ *Scharfblick* m ‖ *~* de las oscilaciones del péndulo *Pendelausschlag* m ‖ *~* del sonido *Tonstärke* f

ampo *m blendende Weiße* f || *Schneeflocke* f ||
◆ como el ~ *(od los ampos) de la nieve* ⟨fig⟩
schneeweiß
ampoa *f* Chi →* **ampolla**
ampolla *f* ⟨Med⟩ *(Brand-, Hitz-, Haut-)Blase* f
|| ⟨Arch Pharm Zool⟩ *Ampulle* f || *Wasserblase* f ||
langhalsiges, bauchiges Fläschchen n, *Phiole* f ||
(Glüh)Birne f || ⟨Met⟩ *Lunker* m, *Blase* f || ⟨Atom⟩
Kolben m || ⟨Kath⟩ *Messkännchen* m || ~ *de*
congelación Frostbeule f || ~ *de gas Gas|pore,*
-blase f || ~ *sensorial* ⟨Zool⟩ *sensorische Ampulle*
f || ~ *de vidrio Glasblase* f || ~s *fpl* ⟨Kath⟩
Messkännchen npl || *Essig- und Öl|ständer* m ||
levantar ~ ⟨fam⟩ *Aufsehen erregen, Staub*
aufwirbeln
ampo|llado adj *voll Blasen* || *geschwollen* ||
phiolenartig || **–llar** adj *blasenförmig* ||
phiolenförmig || ~ vt *mit Blasen bedecken* ||
auflockern, erweitern || *aushöhlen* || ~**se** *s. mit*
Blasen bedecken || ⟨fig⟩ *schuften, s. abrackern* ||
–lleta *f* dim von **ampolla** || *Sanduhr* f || *Eieruhr* f
|| Chi *Glühbirne* f || ◇ tomar *od no soltar la* ~
⟨figf⟩ *niemanden zu Wort kommen lassen (in der*
Unterhaltung) || *immer dazwischenreden* || **–llón**
adj Pe *müßig, untätig*
ampón adj *kurz und dick, stämmig, untersetzt* ||
ausgehöhlt
amprar vt Ar *entleihen, (jdn) anborgen*
ampu|losidad *f Schwulst* m, *Schwülstigkeit* f
(bes. *im Stil)* || **–loso** adj *hochtrabend, schwülstig,*
ausladend, weitschweifig (Stil) || ⟨Mus⟩ *breit*
ampurdanés adj/s *aus El Ampurdán* (Cat) ||
auf El Ampurdán bezüglich
ampu|tación *f* ⟨Med⟩ *Amputation, Abnahme* f
(e–s Gliedes) || *Ablösen* n *(e–s Gliedes)* || ⟨fig⟩
Verstümm(e)lung f || ⟨fig⟩ *Beschneidung,*
Verkürzung f || **–tado** adj *amputiert* || ~ *m*
Amputierte(r) m || **–tar** vt ⟨Med⟩ *amputieren, (ein*
Glied) abnehmen || ⟨fig⟩ *wegschaffen* || ⟨fig⟩
beschneiden || ⟨fig⟩ *verstümmeln (Text)*
Amsterdam [... a'n] [Stadt] *m Amsterdam* n
amuchachado adj *knabenhaft, jugendlich*
amuchar vt Am ⟨pop⟩ →* **aumentar**
amue|blamiento *m Möblierung* f || **–blado** *m*
adj *möbliert* || ~ *m Einrichtung* f *(Möbel)* || Ur
Absteige f || **–blar** vt *(aus)möblieren, mit Möbeln*
ausstatten, einrichten
amuer|mado adj ⟨fam⟩ *gelangweilt* || *schläfrig*
(unter Drogeneinfluss) || **–mar** vt/i ⟨fam⟩
langweilen || *schläfrig werden (unter*
Drogeneinfluss)
amuescar vt *auskerben*
amugamiento *m Abmarkung* f
amugro|namiento *m Absenken* n *(Weinrebe)* ||
–nar vt *Weinreben absenken, fechsen*
amuinar vt Mex *ärgern*
amujar vt Arg Chi →* **amusgar**
amuje *m* ⟨Fi⟩ Sal *Sälmling, junger Salm* m
amujera|do adj *weibisch, frauenhaft* ||
verweichlicht || **–miento** *m Verweichlichung* f
amular vt *(er)würgen* || ~ vi *unfruchtbar sein*
|| ~**se** Sal *s. erzürnen, böse werden* || *unfruchtbar*
werden (Stute) || Mex *untauglich für die Arbeit*
werden || Mex *unbrauchbar werden* || Am ⟨fam⟩
bockig werden
amulatado adj *mulatten|artig, -haft*
amuleto *m Amulett* n, *Talisman* m
amunicio|namiento *m* ⟨Mil⟩
Munitionsversorgung f || **–nar** vt *mit Munition*
versorgen
amunucarse [c/qu] vr Chi ⟨fam⟩ *böse werden*
|| *unwillig werden*
amuñecado adj *puppenhaft*
amura *f* ⟨Mar⟩ *Halsen* fpl, *Backe* f *eines*
Segels || ⟨Mar⟩ *Bug* m || ~s *fpl Halsenlöcher* npl

amurada *f* ⟨Mar⟩ *e–e der inneren Längsseiten*
eines Schiffes, Schanzkleid n
amurallar vt *mit Mauern umgeben, einmauern*
|| ◇ *se amuralló en su silencio* ⟨fig⟩ *er (sie, es)*
verharrte in Schweigen
amurar vt/i ⟨Mar⟩ *(die Halsen) zusetzen* ||
⟨Mar⟩ *anluven*
amur|car [c/qu] vi *mit den Hörnern stoßen*
(Stier) || **–co** *m Hörnerstoß* m *(Stier)* || **–cón** *m*
⟨fam⟩ *jähzorniger Mensch* m
amurillar vt *(die Erde an den Bäumen)*
anhäufeln || Ven *mit Erde beschütten (Pflanzen)* ||
(Erde) häufeln
amu|rrarse vr Chi Hond *schläfrig werden* ||
verdrießlich werden || **–rriarse** vr ⟨reg⟩ *e–n*
Katzenjammer kriegen
amurriñarse vr →* **amorriñarse**
amurruñarse vr Ven *s. gegenseitig liebkosen,*
⟨fam⟩ *schmusen*
amusco adj *dunkelbraun*
amusgar [g/gu] vt/i *(die Ohren) anlegen*
(Pferde und Stiere) || ⟨fig⟩ *den Kopf vor Scham*
senken || ~**se** Col Hond *s. schämen* || Arg
nachgeben
amusia *f* ⟨Med⟩ *Amusie* f
amustiar vt *verwelken*
An ⟨Abk⟩ = **actinón**
Ana *f* np *Anna* f
¹ana *f*[el] *Elle* f, ⁴/₅ *Vara (etwa 1 m)*
²ana. ⟨Abk⟩ →* **antífona**
³ana adv ⟨Pharm⟩ *von jedem gleich viel (auf*
Rezepten)
anabap|tismo *m* ⟨Rel⟩ *Anabaptismus* m ||
–tista adj *(m/f)* Wiedertäufer- || ~ *m/f*
Anabaptist(in f), *Wiedertäufer(in* f) m
anabasis, anábasis *f Kriegszug* m *(von der*
Küste) nach dem Binnenland, Anabasis f || *la* ~
de Jenofonte ⟨Hist⟩ *die Anabasis von Xenophon*
anabático adj ⟨Meteor⟩ *anabatisch,*
aufsteigend (von Winden) || ⟨Med⟩ *anabatisch,*
steigend (Fieber)
anabiosis *f* ⟨Biol⟩ *Anabiose* f, *Wiederaufleben*
n
anabióticos mpl ⟨Pharm⟩ *Anabiotika* npl
anábola *f* ⟨Med⟩ *Erbrechen* n
anabolia *f* ⟨Ins⟩ *Köcherfliege* f
ana|bólico adj ⟨Biol Physiol⟩ *anabolisch* || ~
m Anabolikum n || **–bolismo** *m Anabolismus,*
Aufbau, Stoffansatz m || **–bolizante** *m Anabolikum*
n
anacantinos mpl ⟨Fi⟩ *Weichflossenstrahler* mpl
anacarado adj *perlmutter|farben, -ähnlich*
anacardo *m* ⟨Bot⟩ *Acajou-, Kaschu|baum* m
(Anacardium occidentale) || *Cashew-, Acajou|nuss*
f, *Cashew-, Acajou|kern* m
anacidez *[pl* ~ces] *f* ⟨Med⟩ *Anacidität* f
anaclorhidria *f* ⟨Med⟩ *Achlorhydrie* f,
Salzsäuremangel m
anaco *m* Pe Bol *(Art)* *Überwurf* m *(der*
Indianerinnen) || Col *Lumpen, Fetzen* m || Am
⟨fam⟩ *Schlitzrock* m
anacoluto *m* ⟨Gr⟩ *Anakoluth* n
anaconda *m* ⟨Zool⟩ *Anakonda* f
(Riesenschlange)
anacora *f* ⟨Mus⟩ *Jagdhorn* m
anaco|reta *m Einsiedler, Klausner, Anachoret*
m || **–rético** adj *ein|siedlerisch, -siedler*
anacre|óntica *f* ⟨Poet⟩ *anakreontisches Lied* n
|| **–óntico** adj *anakreontisch*
ana|crónico adj *anachronistisch, zeitwidrig,*
unzeitgemäß || **–cronismo** *m Anachronismus* m ||
⟨fig⟩ *alter Kram* m
anacu|sia, –sis *f* ⟨Med⟩ *völlige Taubheit* f
ánade *m/f* [el] ⟨V⟩ *Enterich, Erpel* m, *Ente* f ||
entenartiger Vogel m || **–friso** *Schnatterente* f

(Anas strepera) ‖ ~ rabudo *Spießente* f (A. acuta)
‖ ~ real *Stockente* f (A. platyrhynchos) ‖ ~
silbón *Pfeifente* f (A. penelope) ‖ ~ silvestre
Wildente f
   ana|dear vi *watscheln (wie eine Ente)* ‖ **–deja,**
–dina *f,* **–dino, –dón** *m kleine Ente* f
   anadiplosis *f* ⟨Rhet⟩ *Anadiplo|se, -sis* f
(Epanalepse)
   anadipsia *f* ⟨Med⟩ *Anadipsie* f ‖ *großer Durst*
m
   anaero|bio adj ⟨Biol⟩ *anaerob* ‖ **–bionto** *m*
Anaerobiont m ‖ **–biosis** *f Anaerobiose* f
   anafe *m tragbarer Ofen, Kanonenofen* m ‖
Kohlenbecken n
   anafi|láctico adj ⟨Med⟩ *anaphylaktisch* ‖
–laxia *f Anaphylaxie* f
   anáfora *f* ⟨Rhet⟩ *Anapher, Anaphora* f
   anaforesis *f* ⟨Phys⟩ *Anaphorese* f
   anafórico adj *mit Wasserantrieb*
   anafre *m* → **anafe**
   anafrodi|sia *f* ⟨Med⟩ *Anaphrodisie* f ‖
Frigidität f *(bei der Frau)* ‖ **–siaco, –síaco** *m*
⟨Pharm⟩ *Anaphrodisiakum* n ‖ **–ta** *m*/f ⟨Med⟩
ohne Geschlechtstrieb ‖ *frigid(e) (Frau)*
   anagalis *m* ⟨Bot⟩ *Ackergauchheil* m (Anagallis
arvensis)
   anagénesis *f* ⟨Biol⟩ *Anagenese* f
   anáglifo *m Relief* n ‖ ⟨Phys⟩ *Anaglyphe* f,
Raumbild n ‖ *Stereofotografie* f
   anagnórisis *f* ⟨Lit⟩ *Wiedererkennung* f *(im*
Drama)
   anagogía *f* ⟨Rel⟩ *mystische Deutung* f ‖
Erhebung f *der Seele zu Gott*
   anagra|ma *m Anagramm* n,
Buchstabenversetzung f ‖ **–mático** adj *das*
Anagramm betreffend ‖ **–mista** *m*/f
Anagrammist(in f) m
   anahora adv Pe *so|fort, -gleich*
   anal adj *(m*/f) *After-* ‖ *Steiß-* ‖ *anal*
   analáctico adj ⟨Astr Fot Phys⟩ *anallaktisch*
   analectas *fpl* ⟨Lit⟩ *Analekten* pl, *ausgewählte*
Aufsätze mpl
   analéptico adj ⟨Med⟩ *analeptisch,*
wiederbelebend ‖ ~ *m Analeptikum,*
wiederbelebendes Mittel n
   anales *mpl Jahrbücher* npl, *Annalen* pl
   analfa|betismo *m Analphabetentum* n ‖
Analphabetismus m ‖ ⟨allg⟩ *Mangel* m *an*
Allgemeinbildung ‖ **–beto** adj *des Schreibens und*
Lesens unkundig ‖ ~ *m Analphabet* m ‖ ⟨fig⟩
ungebildeter Mensch m
   anal|gesia *f* ⟨Med⟩ *An|algesie, -algie,*
Schmerzunempfindlichkeit f ‖ **–gésico** adj
analgetisch, schmerzstillend ‖ ~ *m Analgetikum,*
schmerzstillendes Mittel n
   análisis *m Analyse* f ‖ *Untersuchung* f ‖
Zergliederung f ‖ *Auswertung* f ‖ *Untersuchung* f
‖ *Zerlegung* f ‖ *kritische Beurteilung* f ‖ ⟨Math⟩
Analysis f ‖ ⟨Tel TV⟩ *Abtastung* f ‖ ~ *por*
activación Aktivierungsanalyse f ‖ ~ *de agua*
Wasserprobe f ‖ ~ *de albúmina Eiweiß|probe,*
-untersuchung f ‖ ~ *de arbitraje Schiedsanalyse* f
‖ ~ *capilar Kapillaranalyse* f ‖ ~ *colorimétrico*
⟨Chem⟩ *kolorimetrische Analyse, Farbenanalyse* f
‖ ~ *por combustión Verbrennungsanalyse* f ‖ ~
conceptual *Begriffsanalyse* f ‖ ~ *cromatográfico*
chromatographische Analyse f ‖ ~ *cualitativo*
qualitative Analyse f ‖ ~ *cuantitativo quantitative*
Analyse f ‖ ~ *de decantación Schlämmanalyse* f
(Bodenkunde) ‖ ~ *documentario Beweisanalyse* f
‖ ~ *electoral Wahlanalyse* f ‖ ~ *elemental*
Elementaranalyse f ‖ ~ *espectral Spektralanalyse*
f ‖ ~ *de la explotación,* ~ *de explotaciones*
Betriebsanalyse f ‖ ~ *de factores*
Faktorenzerlegung f ‖ ~ *de gas(es) Gasanalyse* f

‖ ~ *por gotas Tüpfelanalyse* f ‖ ~ *granulométrico*
Siebanalyse f ‖ ~ *gravimétrico Gewichtsanalyse* f
‖ ~ *individual Einzel|bestimmung, -analyse* f ‖ ~
inorgánico anorganische Analyse f ‖ ~ *isotópico*
Isotopenanalyse f ‖ ~ *de la leche*
Milch|untersuchung, -prüfung f ‖ ~ *del mercado,*
~ *de los mercados Marktanalyse,*
Absatzforschung f ‖ ~ *de la mezcla Gemisch-,*
Mischungs|analyse f ‖ ~ *orgánico organische*
Analyse f ‖ ~ *de orina Harnanalyse* f ‖ ~
ponderal Gewichtsanalyse f ‖ ~ *promedial,* ~
promedio, ~ *por término medio*
Durchschnittsbestimmung f ‖ ~ *químico*
chemische Analyse f ‖ ~ *reductivo* ⟨Psych⟩
reduktive Analyse f ‖ ~ *de sangre*
Blutuntersuchung f ‖ ~ *por sedimentación*
Schlämmanalyse f ‖ ~ *del terreno* ⟨Agr⟩
Bodenanalyse f ‖ ~ *de texto* ⟨Ling⟩ *Textanalyse* f
‖ ~ *del tráfico Verkehrsanalyse* f ‖ ~ *vectorial*
Vektoranalyse f ‖ ~ *por vía húmeda (seca)*
Analyse auf nassem (trockenem) Wege ‖ ~
volumétrico *Maßanalyse, volumetrische Analyse* f
‖ ◆ *en último* ~ ⟨fig⟩ *letzten Endes* ‖ *nach*
reiflicher Überlegung
   ¹analista *m*/f *Annalist(in* f), *Chronist(in* f) m
   ²analista *m*/f *Analytiker(in* f) m ‖ ~ *de*
sistemas *Systemanalytiker(in* f) m
   analítica *f* ⟨Philos⟩ *Analytik* f ‖ ⟨Med⟩ *die*
Analysen (z. B. Blut, Urin) ‖
Laboruntersuchungen fpl
   analítico adj *analytisch, zergliedernd* ‖ adv:
~**amente:** ~ *puro* ⟨Chem⟩ *analysenrein*
   anali|zable adj *(m*/f) *analysierbar* ‖ **–zador** adj
analysierend, zergliedernd ‖ ~ *m Analysator,*
Analytiker m ‖ ~ *de armónicos* ⟨Phys⟩
Oberwellenabtaster m ‖ ~ *de (los) gases de*
escape *Auspuffgasprüfer* m ‖ ~ *de gases de humo*
Rauchgasprüfer m ‖ ~ *de imágenes* ⟨TV⟩
Bildzerleger m ‖ **–zar** [z/c] vt *analysieren,*
zerlegen ‖ *untersuchen* ‖ *zergliedern* ‖ ⟨Math⟩
auflösen ‖ ~ *químicamente chemisch untersuchen*
   ana|logía *f Analogie, Entsprechung,*
Ähnlichkeit f ‖ *ähnlicher Fall* m ‖ **–lógico** adj
ähnlich, analog, entsprechend, übereinstimmend ‖
verwandt (Begriffe usw.) ‖ ⟨Inform⟩ *analog* adv:
~**amente**
   analogis|mo *m* ⟨Log⟩ *Analogie-,*
Ähnlichkeits|schluss m ‖ **–ta** *m*/f *Analogist(in* f) m
   análogo adj *ähnlich, analog, entsprechend,*
übereinstimmend ‖ ~ *m Ähnliches,*
Entsprechendes n
   anamartesia *f Sündlosigkeit, Tadellosigkeit* f
   anamita adj/s *(m*/f) *annamitisch*
   anam|nesia, -sis *f* ⟨Med⟩ *Anamnese,*
Krankheitsgeschichte f
   anamorfosis *f Anamorphose* f, *Wandlungsbild* n
   ananá(s) ⟨Bot⟩ *m Ananaspflanze* f ‖ *Ananas* f
(Ananas comosus)
   ¡ananay! int Bol Ec Pe *ach wie schön!*
entzückend!
   ananto adj ⟨Bot⟩ *blütenlos*
   anapelo *m* ⟨Bot⟩ *Eisenhut* m, *Akonit* n (→
auch **acónito)**
   anapesto *m* ⟨Poet⟩ *Anapäst* m *(Versfuß)*
   ana|quel *m* (Kasten) *Fach* n, *Schrank-,*
Quer|brett n ‖ ~**es** *mpl Fachwerk* n ‖ **–quelería** *f*
Fachwerk n ‖ *Laden|schrank* m, *-gestell* n ‖ *Regal*
n
   anaran|jado adj *orange(nfarben)* ‖ ~ *m*
Orangegelb n ‖ **–jear** vt *mit Apfelsinen bewerfen*
   anarcosindical|ismo *m Anarchosyndikalismus*
m ‖ **–ista** *m*/f *Anarchosyndikalist(in* f) m
   anarivel *m* Arg *(Renn)Bahn* f
   anarquía *f Anarchie* f ‖ ⟨fig⟩ *Gesetzlosigkeit* f
‖ ⟨figf⟩ *Durcheinander* n ‖ *Unordnung* f

anárquico adj *anarchisch, gesetzlos* ||
anarchistisch || ⟨fig⟩ *zügellos, ungezügelt* || adv:
~amente
anar|quismo *m Anarchismus* m || ⟨fig⟩
Unordnung, Zügellosigkeit f || –quista adj *(m/f)*
anarchistisch || ~ *m/f Anarchist(in* f),
Umstürzler(in f) m || –quizar [z/c] vt *die*
Anarchie (bzw *den Anarchismus) verbreiten*
anasarca *f* ⟨Med⟩ *Anasarka, Hautwassersucht*
f
anascote *m* ⟨Text⟩ *dünner Wollstoff* m
¹anastasia *f* ⟨Bot⟩ *Beifuß* m (Artemisia
vulgaris)
²anastasia *f* ⟨fam⟩ *staatliche Zensur* f
Anastasio *m* np *Anastasius* m
anastático adj *anastatisch*
anastig|mático *m* ⟨Opt⟩ *anastigmatisch* ||
–matismo *m Anastigmatismus m*
anasto|mizarse [z/c] vr ⟨Biol Med⟩
anastomisieren || –mosis *f* Anastomose f
anástrofe *f* ⟨Gr⟩ *Anastrophe* f *(Verkehrung der*
Wortfolge)
anata *f Annate* f, *jährlicher Ertrag* m
anatema *m Bannfluch, Kirchenbann* m,
Anathem n, *Exkommunikation* f || ⟨fig⟩ *Fluch* m,
Verwünschung f || ◇ *lanzar el* ~ *contra alg.* *den*
Bannfluch gegen jd schleudern || –tización *f*
Anathematisierung, Exkommunizierung f || –tizar
[z/c] vt *mit dem Kirchenbann belegen,*
anathematisieren || ⟨fig⟩ *verdammen,*
exkommunizieren
a nativitate ⟨lat⟩ adv *von Geburt an*
anatocismo *m Anatozismus, Zinseszins* m
Anatolia *f* ⟨Geogr⟩ *Anatolien* n
anatolio adj *anatolisch* || ~ *m Anatolier* m
ana|tomía *f Anatomie, Zergliederung* f || ⟨fam
pop⟩ *Körperbau* m || ⟨fig⟩ *sorgfältige*
Untersuchung f || ~ *comparada vergleichende*
Anatomie f || ~ *patológica pathologische*
Anatomie f || ~ *topográfica topographische*
Anatomie f || ¹–tómico adj *anatomisch* || *dem*
Körper angepasst, körpergerecht || adv: ~amente
|| –tomista *m/f*, ²–tómico *m Anatom* m ||
–tomismo *m Anatomismus* m || –tomizar [z/c] vt
zer|gliedern, -legen, sezieren || *präparieren* ||
⟨Mal⟩ *anatomisch genau darstellen* ||
–tomopatológico adj *pathologisch-anatomisch*
anatopismo *m Unordnung* f, *Durcheinander* n
anatoxina *f Anatoxin, formoliertes Toxin* n
ana|veaje *m* ⟨Flugw⟩ *Landung* f *auf e–m*
Flugzeugträger || –vear vi *auf e–m*
Flugzeugträger landen
anavia *f* Rioja *Heidelbeerstrauch* m
(Vaccinium myrtillus)
anay *m* Fil ⟨Ins⟩ *Termite* f
¹anca *f* [el] *Kruppe* f || ⟨figf⟩ *Hinterbacken* m
des Menschen || ⟨Mar⟩ *Windviering* f || ~ *de rana*
⟨Kochk⟩ *Froschschenkel* m || ◇ *no ser* ~ *de rana*
⟨fam⟩ *gescheit sein* || ~s fpl *Gesäß* n || *Hinterteil,*
Kreuz n *der Tiere* || a (las) ~ (de) *rückwärts* (od
hinten) aufsitzend (auf dat) || ⟨fig⟩ *mit Hilfe* (gen)
|| ◇ *ir en* ~ *rückwärts* (od *hinten) aufsitzen* ||
⟨fam⟩ *zueinander gehören* || *no sufrir* ~ ⟨fig⟩ *s.*
nichts gefallen lassen || *volver* ~ ⟨figf⟩ *umkehren*
²anca *f*[el] Pe *gerösteter Mais* m
anca|na *f* Pe *Gefäß* n *zum Rösten von*
Maisgebäck || –no *m* Pe *Gläschen* n *Chicha, zu*
dem der Wirt die Gäste einlädt
ancara *f* Arg Pe *trockene Kürbisschale* f
ancarse [c/qu] vr Pe *s. hinter jdm auf die*
Kruppe e–s Pferdes setzen
ancestral adj *(m/f) uralt* || *von den Vorfahren*
überliefert
△ ancha *f*[el] *(Groß)Stadt* f
anchamente adv *weitläufig, ausführlich*

ancheta *f kleines Warenangebot* n || *wenig*
einträgliches od *schlechtes Geschäft* n || *leichter*
Gewinn, Profit m || Arg Bol *dummes Gerede* n ||
¡buena ~! Mex ⟨fig⟩ *schöne Bescherung!*
anchi *m* Chi *Mehl* n *aus gekeimter Gerste* bzw
gekeimtem Weizen
anchicorto adj *breit und kurz*
ancho adj *breit* || *weit, geräumig* || *ergiebig*
(Land) || *großzügig, stolz* || *klaffend (Wunde)* || *a lo*
~ *nach der Breite* || ~ *de boca mit breitem Mund*
|| ~ *de vía* → *anchura de vía* || ¡–a es Castilla!
⟨fam⟩ *handle bzw handelt bzw handeln Sie nach*
Belieben! || ◇ *estar (od ponerse) muy* ~ ⟨figf⟩
großtun, s. viel einbilden, ⟨fam⟩ *s. aufblähen* || *el*
cargo le viene muy ~ *er ist s–m Amt nicht (recht)*
gewachsen || *el traje le viene muy* ~ *der Anzug*
ist ihm zu weit || *estar* od *encontrarse* od *sentirse a*
sus ~as || *s. sehr wohl* od *behaglich fühlen* || ~
adv: *sentirse* ~ *s. frei* od *unbeschwert fühlen* || ~
m Breite f || ~ *de banda* ⟨Radio⟩ *Bandbreite* f
(der Frequenz) || ~ *de la calzada Fahrbahnbreite*
f || ~ *de la cinta Bandbreite* f || ~ *de columna*
⟨Typ⟩ *Spalten-, Kolonnen|breite* f || ~ *de la correa*
Gurtbreite f || ~ *de corte Schnittbreite* f || ~ *del*
diente Zahnbreite f || ~ *de entalladura*
Schlitzbreite f || ~ *interior lichte Weite* f || ~
limitado Verkehrsverbot n *für Fahrzeuge über e–e*
bestimmte Breite || ~ *de labor Arbeitsbreite* f || ~
de mallas Maschenweite f || ~ *mínimo*
Mindestbreite f || ~ *normal* ⟨EB⟩ *Normal-,*
Regel-, Vollbahn|spur f || ~ *de la rendija Spalt* m,
Spaltweite f || ~ *de rodada* ⟨Flugw⟩ *Spur* f *des*
Fahrgestells || ~ *total Gesamtbreite* f || ~ *de*
trabajo Arbeitsbreite f || ~ *útil Nutzbreite* f || ~ *de*
vía ⟨EB⟩ *Spurweite, (Gleis)Spur* f || *Radstand* m ||
◇ *darse uno tantas en* ~ *como en largo* ⟨fig⟩
volle Freiheit genießen
ancho|a, –va *f* ⟨Fi⟩ *Sardelle* f (Engraulis
encrasicola) || *[gesalzen, im Handel] An(s)chovis* f
|| ~ *de fondo* ⟨Fi⟩ *Lachshering* m (Maurolicus
muelleri)
anchoar vt *Oliven* fpl *mit Anschovis füllen*
anchoveta *f* Pe ⟨Fi⟩ *(Art) Sardine* f (Engraulis
ringens)
anchuelo adj dim *von ancho*
anchu|ra *f*, [veraltet] anchor *m Breite* f ||
Weite f || *Brustweite* f *(des Pferdes)* || *Spannweite*
f *(e–r Brücke)* || ⟨Text⟩ *Bahn* f *(Breite e–s Stoffes)*
|| ⟨fig⟩ *Ungeniertheit* f || ⟨fig⟩ *Zwanglosigkeit* f ||
~ *de construcción Baubreite* f || *de(l) edificio*
Gebäudetiefe f || ~ *de explanación Baubreite* f ||
~ *de extremo a extremo Gesamtbreite* f || ~ *en el*
fondo Sohlenbreite (Kanal) || ~ *de giro escala*
Rissbreite f || ~ *de labor* ⟨Text⟩ *Arbeitsbreite* f ||
~ *de llanta Felgenbreite* f || ~ *de paso*
Durchfluss, Licht|weite f *(Brücke)* || ~ *de* (la)
puerta Türweite, || ~ *de la rendija Spaltweite* f ||
~ *de tablón Besäumbreite* f *(bei Brettern)* || ◆ *a*
mis (tus, sus) ~s *frei, zwanglos, bequem* || *con* ~
breit, seit || ⟨fig⟩ *frei, bequem* || ◇ *tiene sus* ~s *er*
(sie) hat sein (ihr) gutes Auskommen || –roso adj
weit, geräumig
ancia|na *f* *Greisin, alte Frau* f || –nidad *f*
hohes Alter n, *Altersjahre* npl || *Ancienität* f || ◆
por ~ *nach dem Dienstalter* || –no adj *alt,*
hochbetagt, greis || ~ *m Greis* m ||
Kirchenälteste(r) m *in apostolischen Zeiten* || ~
decrépito ⟨fam⟩ *Tattergreis,* ⟨pop⟩ *Grufti* m || ~s
mpl: los ~ *die Ältesten der Ritterorden* ||
Mitglieder npl *des Sanhedrins*
ancila *f* ⟨poet⟩ *Sklavin* f
ancipital adj *(m/f)* ⟨Med⟩ *zweiköpfig* || ⟨fig⟩
zweifelhaft
ancla *f* [el] *(Schiffs)Anker* m || ⟨Arch⟩
Mauerklammer f || △ *Hand, Pfote* f || ~ *de*

amarre *Hafen-, Vertäu|anker* m ‖ ~ *de barlovento*
Luvanker m ‖ ~ *de capa Seeanker* m ‖ ~ *de las*
correas Pfettenanker m ‖ ~ *de emergencia Am*
Not-, Rettungs|anker m ‖ ~ *de esperanza*
Notanker m ‖ ~ *flotante Treib-, See|anker* m ‖ ~
de flujo Flutanker m ‖ ~ *de fondo See-,*
Tief|anker m ‖ ~ *de galga Bei-, Katt|anker* m ‖ ~
de horma Notanker m ‖ ~ *de horquilla*
Gabelanker (Mauerwerk) m ‖ ~ *de leva*
Buganker m ‖ ~ *para muro* ⟨Arch⟩ *Maueranker*
m ‖ ~ *de paraguas Pilzanker* m ‖ ~ *de patente*
Patentanker, stockloser Anker m ‖ ~ *de popa*
Heck-, Warp|anker m ‖ ~ *de proa Buganker* m ‖
~ *de reflujo Ebbeanker* m ‖ ~ *de remolque*
Schleppanker m ‖ ~ *de respeto,* ~ *de socorro*
Not-, Rettungs|anker m ‖ ~ *de tierra Wallanker* m
‖ ~ *de viga* ⟨Arch⟩ *Balken-, Stich-, Zug|anker* m,
Schlauder f ‖ ◇ *estar al* ~ ⟨Mar⟩ *vor Anker*
liegen ‖ *echar* ~s ⟨Mar⟩ *Anker werfen* ‖ *levar* ~s
⟨Mar⟩ *die Anker lichten*
   ancla|dero *m Anker|platz, -grund* m ‖ **–do** adj
⟨Mar⟩ *vor Anker liegend* ‖ ~ *m Verankerung* f ‖
–je *m Ankern* n, *Verankerung* f ‖ *Ankerplatz* m ‖
Ankergeld n ‖ ~ *por adherencia Haftverankerung*
f ‖ ~ *de balaustre* ⟨Arch⟩ *Gebäudestütze* f ‖ ~ *de*
la bóveda Gewölbeniederhalter m ‖ ~ *de cable,*
~ *de los cables Kabelverankerung* f
(Brückenbau) ‖ ~ *de carril Schienenverankerung,*
Schienenklemme f *gegen Verrutschen (zur*
Befestigung) ‖ ~ *extremo Endverankerung* f
(Seilbahn) ‖ ~ *de muros* ⟨Arch⟩ *Maueranker* m ‖
~ *del pilote Pfahlverankerung* f ‖ ~ *transversal*
Querverankerung f ‖ ~ *de vías*
Schienenverankerung f
   anclar vi ⟨Mar⟩ *ankern* ‖ ~ vt *ankern* ‖
verankern ‖ ⟨Arch⟩ *mit e–m Anker versehen,*
ausstatten ‖ ~**se** ⟨fig⟩ *s. festsetzen* ‖ *s. einnisten*
   anclillo *m* Al *Hausflur* m
   anclote *m* ⟨Mar⟩ *Wurfanker* m
   ancón *m kleine Bucht* f ‖ Ar *hervorstehende*
Hinterbacke f *bzw Hüfte* f ‖ Mex *Ecke* f ‖ Col
Gebiet n *zwischen zwei Hügeln* ‖ Pr *Art Floß* n
   anconada *f* → **ancón**
   anconaje *m* PR *Floßgeld* n
   ancóneo *m* ⟨An⟩ *Knorrenmuskel* m
   anconitano adj/s *aus Ancona (Italien)* ‖ *auf*
Ancona bezüglich
   áncora *f* [el] ⟨Mar⟩ *(Schiffs)Anker* m ‖ *Anker*
m *in der Uhr* ‖ ⟨fig⟩ *Anhalt, fester Punkt* m ‖ ~
de salvación, ~ *de esperanza* ⟨fig⟩ *Rettungsanker*
m, *Zuflucht* f
   anco|raje *m* ⟨Mar⟩ *Ankern* n ‖ **–rar** vi →
anclar
   ancorca *f* ⟨Mal⟩ *Ocker* m, *gelbe Tonerde* f ‖
Ockergelb n
   ancorería *f Ankerwerkstätte* f
   ancosa *f* Bol *Probe* f *e–s Getränkes*
   ancua *f* Arg Chi *geröstetes Maisgebäck* n ‖
–na *f* Arg → **ancua** ‖ *Mischung* f *aus Mais- und*
Johannisbrot|mehl
   ancuco *m* Bol *Konfekt* n *aus Mandeln und*
Honig
   ancudo adj *mit großen Hinterbacken bzw*
großem Hinterteil
   ancusa *f* ⟨Bot⟩ *Ochsenzunge* f (Anchusa
officinalis)
   ancuviña *f* Chi *Indianergrab* n
   anda *f*[el] Am → **andas**
   ¡anda! int **a)** *ach! da schau her! nanu! na so*
was! ‖ **b)** *los! nur zu! vorwärts! schnell! husch,*
husch! ¡anda, di! *jetzt sag's doch! sag's doch*
endlich! ‖ ¡anda y que te den pomada! ¡anda y
que te ondulen! ¡anda y que te zurzan! *rutsch mir*
den Buckel runter! ⟨vulg⟩ *leck mich am Arsch!*
   andábata *m* ⟨Hist⟩ *Blindfechter* m

   andada *f Dörrbrot* n ‖ Ar *Weideplatz* m ‖ Am
Gehen n ‖ Am *Wegstrecke* f ‖ ~**s** *fpl* ⟨Jgd⟩
Wildspuren, Fährten fpl ‖ ◇ *volver a las* ~ ⟨fig⟩
in e–e schlechte Gewohnheit zurückfallen ‖ ⟨fam⟩
wieder sündigen
   anda|deras *fpl Lauf|gitter* n, *-stall* m ‖ ◇
poder andar sin ~, *no necesitar* ~ ⟨fig⟩ *fremder*
Hilfe nicht bedürfen, s. allein zu helfen wissen ‖
–dero adj *wegsam, gut begehbar, gangbar* ‖
befahrbar ‖ *hin und her laufend*
   ¹andado adj *ausgetreten (Weg)* ‖ *begangen*
(Straße) ‖ *(ab)getragen (Kleider)* ‖ *alltäglich,*
gewöhnlich ‖ ~ *m* Hond *Gangart* f ‖ ◇ *no se*
puede desandar lo ~ ⟨fig⟩ *man kann Geschehenes*
nicht ungeschehen machen
   ²andado *m* ⟨fam⟩ *Stiefkind* n ‖ *Stiefsohn* m
   anda|dor adj *leichtfüßig* ‖ ~ *m Fußgänger* m ‖
Bote m ‖ *Müßiggänger, Flaneur* m ‖
Neuigkeitskrämer m ‖ *Lauf|gitter* n, *-stall* m ‖
Pfad m *zwischen Gartenbeeten* ‖ ◇ *es buen* ~ *er*
ist gut zu Fuß ‖ ~**es** *mpl Gängelband* n ‖ ◇ *poder*
andar sin ~, *no necesitar* ~ ⟨fig⟩ *fremder Hilfe*
nicht bedürfen, s. allein zu helfen wissen ‖ **–dura**
f Gang m ‖ *Weg* m ‖ *Gangart* f
   andagrú *[pl* ~**ués]** *m* Col ⟨Zool⟩ *(Art) Affe* m
   ¡ándale! int MAm Mex ⟨fam⟩ *los! auf, auf!*
   andalón adj MAm Mex *gut zu Fuß* ‖ ~ *m*
MAm *leichtfüßiges Pferd* n
   andalotero *m* Al *Müßiggänger* m
   Andalucía *f* ⟨Geogr⟩ *Andalusien* n (historische,
heute autonome Region in Spanien)
   andalucismo *m andalusische*
Spracheigentümlichkeit f ‖ *Liebe* f *zu Andalusien*
   andalucita *f* ⟨Min⟩ *Andalusit* m
   anda|lusí adj ⟨Hist⟩ *das maurische Andalusien*
od *Spanien betreffend* ‖ **–luz** *[pl* ~**ces]** adj
andalusisch ‖ ~ *m Andalusier* m ‖ *el* ~ *das*
Andalusische ‖ **–luzada** *f* ⟨fam⟩ *Aufschneiderei,*
Prahlerei f ‖ *Übertreibung* f ‖ *kommerziell-*
folkloristische Veranstaltung mit andalusischem
Tanz und Gesang
   anda|miada *f,* **–miaje** *m* ⟨Arch⟩ *(Bau)Gerüst* n
‖ *Arbeitsbühne* f, *Laufsteg* m ‖ *Gerüsthöhe* f ‖ ~
de carenaje Kielbank f ‖ ~ *de excavación* (Bgb)
Abteufgerüst n ‖ ~ *de montaje Aufstellungs-,*
Montage|gerüst n ‖ ~ *sobre pontones*
Prahmgerüst n ‖ ~ *para el revestimiento del pozo*
⟨Bgb⟩ *Schachtstuhl* m ‖ ~ *voladizo fliegendes*
Gerüst n ‖ **–miar** vi *ein Gerüst aufstellen*
   andamio *m* ⟨Arch⟩ *Baugerüst* n ‖ *Schaugerüst*
n, *Tribüne* f ‖ *Laufsteg* m ‖ ⟨Mar⟩ *Stelling* f ‖
⟨fam⟩ *Schuh* m ‖ ~ *de caballete Bockgerüst* n ‖ ~
colgado, ~ *colgante Hänge|gerüst* n, *-rüstung* f ‖
~ *de escalera Leitergerüst* n ‖ ~ *escuadrada*
Fachwerkgerüst n ‖ ~ *de grada Hellinggerüst* n ‖
~ *de madera Holzgerüst* n ‖ ~ *metálico Stahl-,*
Rohr|gerüst n, ‖ ~ *de silla Stuhlgerüst* n ‖ ~
suspendido Hängegerüst n ‖ ~ *del vertedero*
Wehrsteg m ‖ ~ *(en) voladizo fliegendes Gerüst* n
‖ ~ *sobre zancos Stangengerüst* n
   ¹andana *f Reihe* f *aneinander stoßender Dinge*
‖ *Regal* n *zur Seidenraupenzucht* ‖ *Gehweg* m ‖
⟨Mar⟩ *Breitseite* f ‖ ⟨Arch⟩ *Fries* m ‖ *Schrankfach*
n ‖ Col Dom PR *hervorstehender Zahn* m
   ²andana *f:* ◇ *llamarse* ~ ⟨fam⟩ *sein*
Versprechen ableugnen ‖ *me llamo* ~ ⟨fam⟩ *mein*
Name ist Hase (, ich weiß von nichts)
   andanada *f* ⟨Mar⟩ *Salve* f *e–r Breitseite,*
Breitseitensalve f ‖ ⟨Taur⟩ *gedeckter Platz*
(zweiter Rang) m *in der Stierkampfarena* ‖
Aufeinanderfolge, Serie f ‖ ⟨figf⟩ *derber Verweis*
m ‖ *Ungereimtheit* f ‖ *una* ~ *de improperios e–e*
Schimpfkanonade f ‖ ◆ *por* ~s Arg *in Hülle und*
Fülle ‖ ◇ *soltar a alg. una* ~ *jdm e–n derben*
Verweis erteilen ‖ ⟨fam⟩ *jdn anschnauzen*

andancia *f* And Am → **andancio** ‖ MAm *Glück* n ‖ *Ereignis* n ‖ MAm *Müßiggang* m
andancio *m leichte, seuchenartige Krankheit* f ¡andanda! Sal pop → ¡anda!
¡andandito! ¡andando! Mex ¡**ándele!** int *auf geht's! los! nur zu! vorwärts! schnell! husch, husch!*
andaniño *m Lauf|gitter* m, *-stall* n
andante adj *(m/f) wandernd* ‖ *herumziehend* ‖ *unstet* ‖ mal ~ *unglücklich* ‖ ~ *m* ⟨it⟩ ⟨Mus⟩ *Andante* n ‖ ~ adv ⟨it⟩ ⟨Mus⟩ *andante, et. langsam*
andantesco adj *die fahrenden Ritter betreffend*
andantino *m* ⟨it⟩ ⟨Mus⟩ *Andantino* n
andanza *f Zufall* m ‖ *Geschick, Schicksal* n ‖ *Reise* f ‖ *Gangart* f ‖ ⟨fig⟩ *Abenteuer* n ‖ buena ~ *Glück* n ‖ mala ~ *Unglück* n
¹**andar** [-uve-] vt *durch|gehen, -laufen, -fahren* ‖ *durch|reiten, -fliegen* ‖ *zurücklegen (Wegstrecke)* ‖ ◇ ~ cinco kilómetros *fünf Kilometer zurücklegen* ‖ ~ tierras ⟨fig⟩ *in der Welt herumwandern*
~ vi **a)** *gehen, schreiten* ‖ *fahren, reiten* ‖ *im Gange sein, laufen (Uhr, Maschine)* ‖ *funktionieren* ‖ *umlaufen (Gerüchte usw.)* ‖ *ver|laufen, -gehen,
-rinnen (Zeit)* ‖ ⟨Mar⟩ *fahren* ‖ *segeln* ‖ ⟨Mar⟩ *ab|halten, -fallen* ‖ *s. benehmen* ‖ ◇ ~ suelto *frei herumlaufen (Tier)* ‖ ¡anda en buen(a) hora! ¡anda con Dios! *Gott befohlen! lebe wohl!* ‖ anda el diablo suelto ⟨fam⟩ *od* en Cantillana ⟨fam⟩ *der Teufel ist los* ‖ ¡anda enhoramala! ⟨figf⟩ *scher dich fort! hau ab! verschwinde!* ‖ ¡anda a freír espárragos! ¡anda a paseo! ¡anda y que te den pomada! ¡anda y que te zurzan *od* ondulen! ⟨figf⟩ *mach, dass du fortkommst! troll dich!* ‖ ¡andando! ⟨fam⟩ *vorwärts! (also) los! schnell! auf geht's!* ‖ andando el tiempo *mit der Zeit* ‖ allí andan duendes *dort spukt es* ‖ todo se andará *es wird noch alles gut werden* ‖ mal me andarán las manos si … *es müsste nicht mit rechten Dingen zugehen, wenn …* ‖ ande yo caliente y ríase la gente *die (eigene) Bequemlichkeit geht über alles* ‖ ¡ándele! Mex ⟨fam⟩ *schnell! los! ab!*
b) ⟨fam⟩ *sein* ‖ *s. fühlen (wohl, unwohl)* ‖ *s. befinden* ‖ *s. aufhalten (Ort)* ‖ *vorhanden sein* ‖ ~ alegre *gut aufgelegt od vergnügt sein* ‖ *guter Dinge sein* ‖ *froh sein* ‖ ~ bien *s. wohl fühlen* ‖ *gutgehen (Arbeit od Geschäft)* ‖ ~ bien de salud, ~ bueno *gesund sein, gesundheitlich nicht zu klagen haben* ‖ ~ derecho *rechtschaffen handeln* ‖ ~ despistado *zerstreut sein* ‖ *nichts begriffen haben* ‖ *auf dem Holzweg sein* ‖ ~ hecho una cuba *sternhagelvoll sein* ‖ ~ hecho una lástima *total heruntergekommen sein* ‖ *schwer mitgenommen sein* ‖ *todkrank sein* ‖ ~ mal de dinero *knapp bei Kasse sein* ‖ ~ preocupado *Sorgen haben* ‖ *s. Gedanken machen* ‖ andan rumores *man sagt, man raunt, es gehen Gerüchte um*
c) in Verb. mit Gerundium (mit durativer Bedeutung): ~ andando *zu Fuß gehen* ‖ ~ buscando *suchen* ‖ ~ escribiendo un libro *ein Buch in Arbeit haben* ‖ ~ hablando mal de todos *von allen Leuten schlecht reden* ‖ ~ haciendo algo *dabei sein, et. zu tun* ‖ ~ tropezando *(dauernd) stolpern* ‖ ⟨fig⟩ *(laufend) Fehler machen*
d) in Verb. mit Präpositionen:
1) in Verb. mit **a:** ~ a *s. bemühen (et. zu erreichen)* ‖ ~ a las bonicas ⟨fam⟩ *s. kein Bein ausreißen* ‖ ~ a la briba *s. dem Müßiggang ergeben,* ⟨fam⟩ *ein Lotterleben führen* ‖ ~ a derechas ⟨fig⟩ *rechtschaffen handeln* ‖ ~ ~ a golpes, ~ a la greña *s. prügeln, s. herumbalgen* ‖

~ a gritos *schreien, herumschreien* ‖ ~ a palos → ~ a golpes ‖ ~ al paso *im Schritt gehen* ‖ ~ a pedradas *s. mit Steinen bewerfen* ‖ ~ a pie *zu Fuß gehen* ‖ ~ a puñadas, ~ a puñetazos *s. mit Faustschlägen traktieren* ‖ ~ a la que salta ⟨fam⟩ *in den Tag hinein leben* ‖ ~ a salto de mata *fliehen, die Flucht ergreifen* ‖ ~ a tiros *Schüsse wechseln, s. beschießen* ‖ ~ a una ⟨fig⟩ *einverstanden sein, s. einig sein* ‖ ~ a vueltas con algo *s. mit et. herumschlagen*
2) in Verb. mit **con** *od* **sin:** ~ con algo *mit et. (herum)hantieren* ‖ ~ con alg. *mit jdm verkehren* ‖ ~ con atención → ~ con cuidado ‖ ~ con bromas *Spaß machen* ‖ ~ con cuidado, ~ con ojo *vorsichtig sein, Vorsicht walten lassen* ‖ ~ con los pies descalzos *barfuß gehen* ‖ ~ sin recelo *nicht misstrauisch sein, ohne Arg sein, unbesorgt sein* ‖ ~ con rodeos *Umschweife machen, um die Sache herumreden* ‖ ~ con el tiempo *mit der Zeit gehen* ‖ dime con quién andas y te diré quién eres ⟨Spr⟩ *sage mir, mit wem du gehst, und ich sage dir, wer du bist* ‖ ~ sin trabajo *arbeitslos sein*
3) in Verb. mit **de:** ~ de bureo ⟨pop⟩ *s. (herum)amüsieren* ‖ ~ de la Ceca a la Meca *von Pontius zu Pilatus laufen* ‖ ~ de juerga *e–n draufmachen*
4) in Verb. mit **detrás:** ~ detrás de hinter *e–r Frau od e–m Mann her sein* ‖ ~ detrás de alg. *jdn verfolgen*
5) in Verb. mit **en:** ~ en algo *s. an et. s. zu schaffen machen* ‖ ~ en bicicleta *Rad fahren* ‖ ~ en el cajón *in der Schublade herumkramen* ‖ *s. zu schaffen machen* ‖ ~ en cosas del cine *mit dem Film(wesen) et. zu tun haben* ‖ ~ en dimes y diretes ⟨figf⟩ *streiten, s. herumzanken* ‖ ~ en ello *s–e Hand im Spiel haben* ‖ ~ en pleitos *prozessieren* ‖ siempre anda en pleitos *er ist ein Prozesshansel* ‖ ~ en pretensiones *anspruchsvoll sein, Ansprüche stellen* ‖ ~ en los treinta años *etwa dreißig Jahre alt sein*
6) in Verb. mit **por:** ~ por los quince años *etwa fünfzehn Jahre alt sein* ‖ ~ por las nubes **a)** *über den Wolken wandeln, weltfremd bzw zerstreut sein* ‖ ⟨fam⟩ *geistig weggetreten sein* ‖ **b)** *sündhaft teuer sein* ‖ ~ por las ramas ⟨fam⟩ *s. in Lappalien od Kleinigkeiten verlieren*
7) in Verb. mit **tras:** ~ tras algo *versuchen, et. zu erlangen trachten od versuchen* ‖ ~ tras alg. *hinter jdm her sein*
~**se** vr *gehen, schreiten* ‖ *losgehen, s. losmachen, s. (ab)lösen* ‖ ◇ no ~ con chiquitas ⟨fam⟩ *Nägel mit Köpfen machen* ‖ ~ en los ojos *s. die Augen mit den Fingern reiben*
²**andar** [-uve-] vt MAm *tragen (z. B. Kleidung)*
³**andar** *m Gang* m, *Gangart* f (& pl) ‖ *Vorgangsweise* f ‖ *Boden, Estrich* m ‖ ⟨Mar⟩ *Fahrt* f, *Weg* m *(des Schiffes)* ‖ Gal *Stockwerk* n *(e–s Hauses)* ‖ a largo ~ *mit der Zeit* ‖ a mal ~ *schlimmstenfalls, im ungünstigsten Fall* ‖ a más ~ *schnell, rasch* ‖ a eiligst, schleunigst ‖ a todo ~ *höchstens, im besten Falle* ‖ a todo ~ → a más ~ ‖ ⟨Tech⟩ *mit voller Kraft* ‖ a un ~ *auf gleicher Höhe*
andaraje *m Ziehvorrichtung* f *e–r Stampfwalze*
andaras *m* Pe ⟨Mus⟩ *indianische Flöte* f
andaraz [pl ~**ces**] *m* Cu ⟨Zool⟩ *Baum-, Lanzen-, Stachel|ratte* f *(Capromys spp)*
andareguear vi Col *zwecklos hin und her laufen*
andarica *f* Ast ⟨Zool⟩ *kleine, essbare Seekrebsart* f
anda|riego adj *schnell-, leicht|füßig* ‖ *umherstreichend* ‖ *wanderlustig* ‖ *wandernd und bettelnd* ‖ *schnell trabend (Maultier)* ‖ ~ *m guter Fußgänger* m ‖ *Müßiggänger* m ‖ ◇ ser buen ~

gut zu Fuß sein ‖ ser muy ~ *gern laufen* od
wandern ‖ **–rín** *m* (& adj) *Läufer* m ‖
passionierter bzw *schneller Fußgänger* m
  andarines *mpl Schrot, Büchsenschrot* m (& n)
‖ *Kügelchen* npl *aus Nudelteig*
  andarina *f* → **andorina**
  andarivel *m Fährseil* n ‖ ⟨Mar⟩ *Gittertau* n ‖
⟨Mar⟩ *Spanntau* n, *Ausholer* m ‖ ⟨Mar⟩ *Gangseil*
n ‖ Arg *(Ab)Sperrseil* n ‖ ~**es** *mpl* Mex *Wirrwarr*
m, *Durcheinander* n ‖ Col *Verzierungen* fpl Hond
Pflasterheber m
  andarrío *m* Bad *angeschwemmter Gegenstand*
m ‖ ⟨fam⟩ *verachtenswerter Mensch* m
  andarríos *m* ⟨V⟩ *Wasserläufer* m (Tringa spp)
‖ ~ *bastardo Bruchwasserläufer* m (T. glareola) ‖
~ *chico Flusswasserläufer* m (T. hypoleucos) ‖
~ *grande Waldwasserläufer* m (T. ochropus) ‖
~ *maculado Amerikanischer Uferläufer* m
(T. macularia) ‖ ~ *del Terek Terekwasserläufer*
m (Xenus cinereus) ‖ *Bachstelze* f
(→ ²**lavandera**) ‖ Extr *Eisvogel* m (→ **martín**
pescador)
  andas *fpl Sänfte* ‖ *Trag-, Toten\bahre* f ‖
Traggestell n *für Heiligenfiguren (bei*
Prozessionen) ‖ ◇ en ~ y en volandas ⟨fig⟩ *im*
Nu ‖ llevar a alg. en ~ ⟨fig⟩ *jdn mit*
Samthandschuhen anfassen
  andavete *m* Bol *Einliterkrug* m *für Chicha*
  andel *m Fahrspur* f
  ¡ándele! Mex ⟨fam⟩ *schnell! los!*
  andén *m Geh-, Fußgänger\weg* m (z. B. *auf*
e–r Brücke) ‖ ⟨EB⟩ *Bahnsteig* m ‖ *Geländergang*
m ‖ *Uferstraße* f ‖ *Emporenkirche* f ‖ *Fach, Brett*
n *(in e–m Schrank)* ‖ Guat Hond *Bürgersteig* m ‖
~ de llegada ⟨EB⟩ *Ankunftsbahnsteig* m ‖ ~ de
salida ⟨EB⟩ *Abfahrtsbahnsteig* m ‖ ~ de trasbordo
Verladerampe f ‖ **andenes** *mpl* And ⟨Agr⟩
Terrassen fpl
  andenería *f* Pe ⟨Agr⟩ *Terrassenanbau* m
  andera *f Klosterdienerin* f
  andero *m Sänftenträger* m
  anderoba *m* Ven *Carapabaum* m (Carapa spp)
  Andes *mpl* ⟨Geogr⟩: los ~ *die Anden*
  andesi\na *f* ⟨Min⟩ *Andesin* m ‖ **–ta** *f* ⟨Geol⟩
Andesit m
  andinis\mo *m* SAm *Berg\sport* m, *-steigen* n,
Hochgebirgssport m ‖ **–ta** *m/f Bergsteiger(in* f) m
  andino adj *Anden-, aus dem Andengebiet*
  ándito *m Umgang* m *(e–s Gebäudes), Galerie*
f *(an e–m Haus)* ‖ *Fußgängerweg* m *(auf e–r*
Brücke) ‖ *Gehsteig* m
  andolina *f* → **andorina**
  and\ón *m* ⟨fam⟩ *guter Fußgänger* m ‖ Col Cu
Ven *Pferd* n, *das im Laufen ausdauernd ist* ‖ **–ona**
f ⟨fam⟩ *gute Fußgängerin* f
  andorga *f* ⟨fam⟩ *Wanst, Bauch* m ‖ ◇
llenar(se) la ~ ⟨fam⟩ *s. den Wanst vollschlagen*
  andorina *f Schwalbe* f (→ **golondrina**)
  andorra *f* ⟨fam⟩ *Müßiggängerin* f
  Andorra *f* ⟨Geogr⟩ *Andorra* n ‖ ~**no** adj *aus*
Andorra ‖ ~ *m Andorraner* m
  andorre\ar vi ⟨fam⟩ *herumbummeln* ‖ **–ro** *m*
Müßiggänger m
  andosco *m*/adj *zweijähriges Schaf* n,
zweijährige Ziege f
  andradita *f* ⟨Min⟩ *Andradit* m
  andrado *m* Burg *Stiefkind* n
  andragogía *f Erwachsenenbildung* f
  andra\jero *m Lumpensammler* m ‖ **–jo** *m*
Lumpen, Hader, Fetzen m ‖ ◇ estar hecho un ~
⟨figf⟩ *schlecht und lumpig gekleidet sein* ‖ **–joso**
adj *lumpig, zerlumpt, abgerissen*
  andrehuela *f* Córd ⟨Bot⟩ *Wassermelone* f
  andrena *f* ⟨Ins⟩ *Erdgrabbiene* f (Andrena sp)
  Andrés *m* np *Andreas* m

  andri\na *f* ⟨Bot⟩ → **endrina** ‖ **–no** *m* ⟨Bot⟩ →
endrino
  androceo *m* ⟨Bot⟩ *Androzäum* n, *Gesamtheit* f
der Staubblätter e–r Blüte
  androcracia *f Männerherrschaft* f
  an\drofilia *f Androphilie* f ‖ **–drófilo** adj
androphil ‖ **–drofobia** *f Männerscheu* f ‖
–drófobo adj *männerscheu*
  androfonomanía *f* ⟨Med⟩ *Androphonomanie* f
‖ *Amok* m
  andrógenos *mpl* ⟨Physiol⟩ *Androgene* npl
  an\droginia *f* ⟨Biol⟩ *Androgynie* f,
Scheinzwittrigkeit f ‖ **–drógina** adj *androgyn* ‖
⟨Bot⟩ *androgyn, monözisch, zwitt(e)rig* ‖
scheinzwitt(e)rig
  androide *m Androide* m
  an\drología *f* ⟨Med⟩ *Andrologie,*
Männerheilkunde f ‖ **–drológico** adj *andrologisch*
‖ **–drólogo** *Androloge, Facharzt* m *für*
Männerheilkunde
  andrómeda *f* ⟨Bot⟩ *Gränke, Lavendel-,*
Rosmarin\heide f (Andromeda polifolia)
  andrómina *f* ⟨fam⟩ *List* f ‖ ~**s** *mpl* ⟨fam⟩
Ausflüchte fpl
  andro\morfo adj *andromorph* ‖ **–pausia** *f*
⟨Med⟩ *Klimakterium* n *des Mannes, Andropause* f
  andro(e)sterona *f* ⟨Med⟩ *Androsteron* n
  andujareño adj/s *aus Andújar* (P Jaén) ‖ *auf*
Andújar bezüglich
  andulencia *f* Sal → **andancia**
  andullo *m gerolltes Tabakblatt* n ‖
Handtrommel f ‖ Ant Mex Ven *Kautabakmasse* f
  andurriales *mpl abgelegene Gegend* f (& sg) ‖
¿Vd. por estos ~? ⟨fam⟩ *wie kommen Sie denn*
hierher?
  anduve → ¹**andar**
  anea *f* ⟨Bot⟩ *Rohrkolben* m (Typha spp) ‖
⟨Bot⟩ *Schwertlilie* f (Iris spp) ‖ *Schilfrohr* n *(zum*
Flechten von Stuhlsitzen)
  aneaje *m Ellenmaß* n
  ¹**anear** vt *mit der Elle messen, nach Ellen*
messen
  ²**anear** vt Sant *(Kinder) wiegen*
  ³**anear** *m Rohrkolbenfeld* n ‖
Sch ertlilienpflanzung f
  aneblar [-ie-] vt → **anieblar**
  anécdota *f Anekdote* f, *Geschichtchen* n
  anec\dotario *m Anekdotensammlung* f ‖
–dótico adj *anekdo\tisch, -tenhaft* ‖ *un\wesentlich,*
-erheblich, irrelevant ‖ *beiläufig* ‖ **–dotista** *m/f*
Anekdotenerzähler(in f) m
  aneciarse vr *ver\dummen, -blöden*
  anedir vt Chi *hinzufügen*
  ¹**anega** *f* ⟨Bot⟩ *Dill* m (Anethum graveolens)
  ²**anega** *f philipp. Hohlmaß* n *(3 Liter)*
  anega\ción *f Ertränken* n ‖ *Über\schwemmen* n,
-schwemmung f ‖ **–dizo** adj *leicht zu*
überschwemmen(d) (Gelände) ‖
Überschwemmungen ausgesetzt ‖ ~ *m leicht zu*
überschwemmendes Gelände n ‖ **–do** adj
wassergesättigt ‖ ⟨Mar⟩ *vorlastig (Schiff)* ‖ ~ en
llanto tränenüberströmt ‖ **–miento** *m* →
anegación
  anegar [g/gu] vt/i *ertränken* ‖ *unter Wasser*
setzen, überschwemmen ‖ *be\lästigen, -drücken* ‖
überlasten ‖ ◇ ~ en sangre *blutig unterdrücken* ‖
~**se** *ersaufen* ‖ *ertrinken* ‖ ⟨Mar⟩ *untergehen* ‖ ~
en lágrimas ⟨fig⟩ *in Tränen zerfließen*
  anegociado adj *in zahlreiche Geschäfte*
verwickelt
  ane\jar vt *bei-, an\fügen* ‖ **–jo** adj *angefügt,*
verbunden ‖ *einverleibt* ‖ *zugehörig* ‖ *beiliegend* ‖
~ *m Tochterkirche* f ‖ *Tochter-, Filial\gemeinde* f
‖ *Anbau* m, *Nebengebäude* n ‖ *Dependance* f
(Hotel) ‖ *Bei-, An\lage,* f *(e–s Briefes)* ‖ *Beiheft* n

(Zeitschrift) ‖ *Filiale* f ‖ *Ortsteil* m *(e–r Gemeinde)* ‖ *Kirchspiel* n ‖ ⟨Jur⟩ *Nebensache* f
aneldo m ⟨Bot⟩ → **eneldo**
anélidos *mpl* ⟨Zool⟩ *Ringelwürmer, Anneliden* mpl
anemia f ⟨Med⟩ *Anämie, Blutarmut* f ‖ ~ aplástica *aplastische Anämie* f ‖ ~ *hemolítica hämolytische Anämie* f ‖ ~ perniciosa *perniziöse Anämie* f ‖ ~ sideropénica *Eisenmangelanämie* f ‖ ~ tóxica *toxische Anämie* f ‖ ~ tropical *Tropenanämie* f
anemiante adj *(m/f) anämisierend*
anémico adj ⟨Med⟩ *anämisch, blutarm* ‖ ⟨fig⟩ *arm, dürftig* ‖ ~ m ⟨Med⟩ *Anämiker* m
anemo|cordio m ⟨Mus⟩ *Windharfe* f ‖ **–coria** f ⟨Bot⟩ *Anemochorie* f ‖ **–filia** f ⟨Bot⟩ *Anemophilie, Windblütigkeit* f
anemófilo adj ⟨Bot⟩ *anemophil, windblütig*
anemogamia f ⟨Bot⟩ *Anemogamie, Windbestäubung* f
ane|mografía f *Anemographie* f ‖ m *Anemograph, Windschreiber* m, *Schreibanemometer* n ‖ **–mómetro** m *Anemometrie, Windmessung* f ‖ **–mómetro** m *Anemometer* n, *Windmesser* m ‖ ~ de casquetes en cruz ⟨Flugw⟩ *Schalenkreuzanemometer* n ‖ ~ térmico *Hitzedrahtanemometer* n
anémona, anemon|a, –e f ⟨Bot⟩ *Anemone* f, *Küchenschelle* f, *Windröschen* n (Anemone sp) ‖ ~ de los bosques, ~ campestre *Buschwind|rose,* f, *-röschen* n, *Kuckucks-, Oster-, April|blume* f (A. nemorosa) ‖ ~ grande *Großes Windröschen* n (A. sylvestris) ‖ ~ narciso *Berghähnlein* n (A. narcissiflora) ‖ ⟨Zool⟩: ~s de mar *Seeanemonen* fpl (Actiniaria)
anemoscopio m *Anemoskop* n, *Wind|zeiger, -geschwindigkeitsmesser* m
anemotropismo m ⟨Biol⟩ *Anemotropismus* m
anen|cefalia f ⟨An⟩ *Anenzephalie* f, *Gehirnfehlen* n ‖ **–céfalo** adj *(ge)hirnlos*
anepigráfico adj *ohne Inschrift (Medaille usw.)*
anequín: a *(od* de) ~ adv *stückweise Bezahlung* f *der Schafschur*
anergia f ⟨Med⟩ *Anergie* f
aneritropsia f ⟨Med⟩ *Anerythropsie, Protanopie, Rotblindheit* f
anerobio adj → **anaerobio**
aneroide m ⟨Phys⟩ *Aneroid(barometer)* n
anes|tesia f ⟨Med⟩ *Anästhesie, Unempfindlichkeit, Empfindungslosigkeit* f ‖ ⟨Med⟩ *Anästhesie, Narkose, Betäubung* f ‖ ~ por conducción *Leitungsanästhesie* f ‖ ~ cutánea *Hautunempfindlichkeit* f ‖ ~ por embriaguez *Rauschnarkose* f ‖ ~ espinal → ~ raquídea ‖ ~ general *Vollnarkose, allgemeine Betäubung* f ‖ ~ intravenosa *Venenanästhesie* f ‖ ~ local *Lokalanästhesie* f ‖ ~ lumbar → ~ raquídea ‖ ~ medular *Rückenmarksanästhesie* f ‖ ~ mixta *Mischnarkose* f ‖ ~ raquídea *Spinal-, Lumbal|anästhesie* f ‖ ~ regional *Regionalanästhesie* f ‖ ~ sacral *Sakralanästhesie* f ‖ ~ superficial *Rauschnarkose* f ‖ **–tesiar** vt ⟨Med⟩ *anästhesieren, betäuben* ‖ **–tésico** adj *anästhetisch, betäubend* ‖ m *Anästhetikum, Narkose-, Betäubungs|mittel* n ‖ **–tesiología** f ⟨Med⟩ *Anästhesiologie* f ‖ **–tesista** m/f ⟨Med⟩ *Anästhesist(in* f), *Narkose(fach)|arzt* m, *-ärztin* f
aneto m Ar ⟨Bot⟩ *Dill* m (Anethum graveolens)
aneurisma m *Aneurysma* n ‖ ~ de la aorta *Aortenaneurysma* n ‖ ~ linfático *Lymphgefäßerweiterung* f
ane|xidad f ⟨Jur⟩ *Zugehörigkeit* f ‖ **–xión** f *Annexion, Einverleibung* f (z. B. *e–s Gebietes),* *Anschluss* m ‖ *Verknüpfung* f ‖ **–x(ion)ar** vt

annektieren, einverleiben (bes. Land) ‖ **–xionismo** m *Annexionismus* m, *Einverleibungspolitik* f ‖ **–xionista** adj *m/f Anschluss-* ‖ ~ *m/f der (die) e–e Anschlusspolitik betreibt*
anexitis f ⟨Med⟩ *Adnexitis, Entzündung* f *der Gebärmutteradnexe*
anexo adj *angeschlossen* ‖ *verbunden, verknüpft* ‖ *beiliegend, angeschlossen* ‖ ~ m *Bei-, An|lage* f *(e–s Briefes)* ‖ *Anbau* m ‖ *Filiale* f ‖ *Seitengebäude* n ‖ ⟨Jur⟩ *Nachtrag, Zusatz* m ‖ ~s mpl ⟨Com⟩ *einschlägige Artikel* mpl ‖ ⟨Med⟩ *Adnexe* mpl, *Anhangsgebilde* npl *der Gebärmutter*
anfetamina f ⟨Pharm⟩ *Amphetamin* n
anfiartrosis f *Amph(i)arthrose* f, *Wackel-, Halb|gelenk* n
anfibio adj *amphibisch* ‖ ⟨fig⟩ *zweifelhaft, schwankend, mehrdeutig* ‖ *Amphibie* f, *Lurch* m ‖ *froschartiges Tier* n ‖ *Zwitterwesen* n (& fig) ‖ ~s mpl ⟨Zool⟩ *Lurche* mpl (Amphibia)
anfíbol m ⟨Min⟩ *Amphibol* m, *Hornblende* f
anfibolita f ⟨Min⟩ *Amphibolit, Hornblendefels* m
anfibología f *Amphibolie, Zweideutigkeit, Mehrdeutigkeit* f, *Doppelsinn* m
anfíbraco adj *auf den Amphibrachys bezüglich* ‖ ~ m ⟨Poet⟩ *Amphibrachys* m *(Versfuß)*
anficar|pia f ⟨Bot⟩ *Amphikarpie* f ‖ **–po** adj ⟨Bot⟩ *amphikarp* ‖ *doppelfrüchtig*
anfictiones mpl ⟨Hist⟩ *Amphiktyonen* mpl
anfigonia f ⟨Biol⟩ *Amphigonie, Fortpflanzung* f *durch Befruchtung*
anfímacro m ⟨Poet⟩ *Amphi|macer, -mazer* m *(Versfuß)*
anfión m *Opium* n
anfioxo m ⟨Fi⟩ *Lanzettfischchen* n (Branchiostoma = Amphioxus lanceolatus)
anfípodos mpl ⟨Zool⟩ *Flohkrebse* mpl, *Amphipoden* mpl (Amphipoda)
anfipróstilo m ⟨Arch⟩ *Amphiprostylos* m (Amphisbaena spp)
anfiscios mpl *Zweischattige* mpl *(Tropenbewohner)*
anfi|teatral adj *(m/f) im Halbkreis aufsteigend* ‖ **–teatro** m *Amphitheater* n ‖ ⟨Th⟩ *Rang* m ‖ *Hörsaal* m ‖ *Zuhörer* mpl ‖ ⟨Taur⟩ *Stierarena* f ‖ ~ anatómico ⟨Med⟩ *Seziersaal* m
anfi|trión m ⟨figf⟩ *Gastgeber, Wirt, Hausherr* m ‖ **–triona** f *Gastgeberin, Dame* f *des Hauses*
ánfora f[el] *Amphora* f ‖ Mex *Wahlurne* f ‖ ~s fpl: las ~ ⟨Kath⟩ *die heiligen Ölgefäße* npl
anfótero adj ⟨Chem⟩ *amphoter*
anfrac|tuosidad f *Krümmung, Unebenheit* f ‖ *(e–s Weges)* ‖ *Aushöhlung* f ‖ ⟨An⟩ *Gehirnfurche* f ‖ ~es mpl ⟨An⟩ *Gehirnwindungen* fpl ‖ **–tuoso** adj *krumm, holp(e)rig (Straße)*
anganillas fpl Ar *Frauen- Quer|sattel* m ‖ Ar → **aguaderas**
angaria f ⟨Hist⟩ *Frondienst* m ‖ ⟨Mar⟩ *Angarie, Beschlagnahme* f *fremder Schiffe in Hoheitsgewässern (gegen Entgelt)* ‖ *Beschlagnahme* f *von beweglichem Feindesgut*
angarilla f Chi Ec *Tragbahre* f ‖ ◇ echar la ~ Cu *s. unrechtmäßig (ein Geschäft) aneignen* ‖ ~s fpl *Tragbahre* f ‖ *Krankentrage* f ‖ *aus Stricken od Bast geflochtene Tragkörbe* mpl *(für Lasttiere)* ‖ *Menage* f, *Essig- und Öl|gestell* n
anga|rillada f *Last* f *auf e–r Tragbahre* ‖ **–rillón** m *großer Tragkorb* m ‖ *Fuhre* f, *Trans|portwagen* m
angaripolas fpl *geschmacklose, kitschige Verzierungen* fpl *(an Frauenkleidern)*
ángaro m ⟨EB⟩ *Signallicht* n *an der Einfahrt in den Bahnhof*
angarria f Col ⟨fam⟩ *schwächlicher Mensch* m
angas fpl Chi: por ~ o por mangas ⟨fam⟩ *um jeden Preis, so oder so*

angazo m *Fanggerät* n *für Meeresgetier* ‖ *Ast* Gal *Rechen* m, *Harke* f ‖ *Ar Jäthacke* f
¹ángel m *Engel* m ‖ ⟨fig⟩ *Anmut* f, *Charme* m ‖ ~ *bueno* ⟨fig⟩ *Beschützer* m ‖ ⟨fig⟩ *gütiger Engel* m ‖ ~ *caído gefallener Engel, Engel* m *der Finsternis* ‖ ~ *custodio,* ~ *de la guarda od* guardián *Schutzengel* m ‖ ~ *exterminador Würg(e)engel* m ‖ ~ *de luz* ⟨fig⟩ *Beschützer* m ‖ ⟨fig⟩ *gütiger Engel* m ‖ ~ *malo* ⟨fig⟩ *Verführer* m ‖ ~ *de las tinieblas Engel* m *der Finsternis* ‖ ~ *tutelar Schutzengel* m ‖ *el* ~ *der Erzengel Gabriel* ‖ ◇ *tener* ~ *anmutig sein* ‖ *charmant sein*
²ángel m ⟨Fi⟩ *Meerengel* m (Squatina squatina)
³ángel m ⟨Am⟩ *Handmikrophon* n
Ángel m np *span. Männername*
Ángela f np *Angela* f ‖ ¡~ *María!* ⟨fam⟩ *ach so! ach, du liebe Güte!*
angelar vi *Hond seufzen*
Ángeles [Stadt]: *Los* ~ *Los Angeles (USA)* ‖ *Los Angeles (Chile)*
angélica f ⟨Bot⟩ *Engelwurz* f (Angelica archangelica) ‖ ⟨Med⟩ *Abführtee* m ‖ ~ *carlina* → ajonjera
Angélica f np *Angelika* f
angeli|cal adj *engel|haft, -rein* ‖ *Engels-, Engel-* ‖ adv: ~**mente** ‖ **–co** m ⟨fig⟩ *kleines, liebes Kind* n
angélico adj *(m/f) engel|haft, -rein, himmlisch*
ange|lito m dim von **¹ángel** ‖ *Engelchen* n ‖ ⟨fig⟩ *reizendes* (bzw *armes*) *Kind* n ‖ ⟨fig⟩ *eben verstorbenes Kind* n ‖ RPl ⟨iron⟩ *Unschuldsengel* m ‖ RPl ⟨iron⟩ *Missetäter, ruchloser Mann* m ‖ ◇ *estar con los* ~s ⟨figf⟩ *nicht bei der Sache sein, zerstreut sein* ‖ **–lizarse** [z/c] vr *nach engelgleicher Vollkommenheit streben* ‖ **–lolatría** f *Angelolatrie, Engelanbetung* f ‖ **–lología** f *Angelologie, Lehre* f *von den Engeln* ‖ **–lón** m augm von **¹ángel** ‖ ~ *de retablo* ⟨figf⟩ *dickwangiger, untersetzter Mensch* m ‖ ⟨fam⟩ *Posaunenengel* m ‖ **–lote** m augm von **¹ángel** ‖ ⟨figf⟩ *pausbäckiges Kind* n ‖ ⟨fam⟩ *Dickerchen* n ‖ ⟨fig⟩ *schlichter und gutmütiger Mensch* m ‖ ⟨Fi⟩ *Meerengel* m (Squatina squatina)
ángelus m *Angelus* n *(Gebet zur Heiligen Jungfrau)* ‖ *Angelusläuten* n
angeo m Col *Draht|gewebe, -netz* n
angevino adj/s *aus (dem Hause) Anjou* ‖ *aus Angers*
angina f [meist pl] ⟨Med⟩ *Angina, Halsentzündung* f ‖ ~ *de pecho* ⟨Med⟩ *Stenokardie* f, *Angina* f *pectoris,* [veraltet] *Brustenge, Herzbräune* f ‖ ~s fpl ⟨vulg⟩ *Titten* fpl
anginosis f ⟨Med⟩ *Anginose* f
angioblasto m ⟨Biol⟩ *Angioblast* m
angio|cardiopatía f ⟨Med⟩ *Angiokardiopathie* f ‖ **–grafía** f *Angiographie, Röntgen-Gefäßdarstellung* f ‖ **–grama** m *Angiogramm, Röntgenbild* n *von Blutgefäßen* ‖ **–ide** adj *angioid, blutgefäßähnlich* ‖ **–logía** f *Angiologie* f, *Lehre* f *von den Blut- und Lymphgefäßen* ‖ **–ma** m *Angiom* n, *Gefäßgeschwulst* f ‖ **–neurosis** f *Angio|neuropathie, -neurose* f ‖ **–patía** f *Angiopathie, Gefäßerkrankung* f ‖ **–plastia** f *Angioplastie* f ‖ **–sarcoma** m *Angiosarkom* n ‖ **–sclerosis** f *Angiosklerose, Gefäßverhärtung* f ‖ **–scopia** *Angioskopie* f ‖ **–spasmo** m *Gefäßkrampf* m
angiospermas mpl ⟨Bot⟩ *Angiospermen* pl, *Bedecktsamer* mpl, *bedecktsamige Pflanzen* fpl
angla f [el] *Vorgebirge* n ‖ *Kap* n
△ **anglal** adv = **adelante**
anglesita f ⟨Min⟩ *Anglesit* m, *Vitriolblei(erz)* f *Bleiglas* n
anglicado adj *englisch beeinflusst*

angli|canismo m ⟨Rel⟩ *Anglikanismus* m ‖ **–cano** adj *anglikanisch* ‖ ~ m *Anglikaner* m
anglicismo m *Anglizismus* m ‖ *Vorliebe* f *für englisches Wesen*
ánglico adj *die Angeln betreffend* ‖ *das Englische betreffend*
an|glista m/f *Anglist(in* f) m ‖ **–glística** f *Anglistik* f
¹anglo adj *englisch*
²anglo adj *englisch (die Engel betreffend)*
anglo|americano adj *anglo-, nord|amerikanisch* ‖ **–árabe** adj *angloarabisch (Pferd)* ‖ ~ m *Angloaraber, angloarabisches Vollblut* n *(Pferd)* ‖ **–boer** adj: *la guerra* ~ ⟨Hist⟩ *der Burenkrieg* m
anglofilia f *Anglophilie* f
anglófilo adj *anglophil, englandfreundlich*
anglofobia f *Anglophobie* f
angló|fobo adj *anglophob, englandfeindlich* ‖ **–fono** adj *englischsprechend*
anglo|hablante adj *(m/f) englischsprechend* ‖ **–manía** f *Anglomanie, übertriebene Vorliebe* f *für alles Englische* ‖ **–parla** f ⟨desp⟩ *mit Anglizismen durchsetzte Sprache* ‖ **–sajón** adj *angelsächsisch* ‖ ~ m *Angelsachse* m ‖ *oft auch Bezeichnung für Briten und US-Amerikaner* ‖ *die angelsächsische Sprache*
angofrasia f ⟨Med⟩ *Angophrasie* f
¹angola adj Arg *dumm, einfältig*
²angola f Hond *saure Milch* f
³angola f Arg *birnenförmiger Kürbis* m
Ango|la f ⟨Geogr⟩ *Angola* n ‖ **–leño** adj *angolanisch* ‖ ~ m *Angolaner* m
angollo m Bol *Maisbrei* m
angor m ⟨Med⟩ *Engegefühl* n ‖ → **angina** de pecho ‖ Murc *Angst* f
angora m a) *Angora|katze, -ziege* f ‖ b) *Angorawolle* f
angorra f *Stück Fell* n *als Fußschutz der span. Bauern*
angos|tamente adv *mit Knappheit, beschränkt* ‖ **–tar** vt *verengen* ‖ ~**se** s. *verengen (& vt)* ‖ ~**tillo** m Sev *enge Gasse* f ‖ **–to** adj *eng, schmal* ‖ *knapp* ‖ And *schmächtig*
¹angostura f *Enge, Verengung* f ‖ *Schlucht* f, *Engpass* m ‖ *Meerenge* f
²angostura f *Angostura* m *(Likör)*
angra f *Bucht* f
angrelado adj ⟨Her⟩ *gespitzt*
angström, ångström m (Å) ⟨Phys⟩ *Ångström* n, *Ångströmeinheit* f
angú m CR Pan *Fleischbrühe* f *mit Bananenbrei*
anguarina f *Bauernmantel* m ‖ *Regenumhang* m
anguí [pl ~íes] f ⟨pop⟩ *Zwiebel (Uhr)*
angüiforme adj *(m/f) schlangenförmig*
¹anguila f ⟨Fi⟩ *(Fluss)Aal* m (Anguilla anguilla) ‖ ~ *de cristal Glasaal* m ‖ ~ *a la marinera marinierter Aal* m ‖ ~ *de mar Nacktsandaal* m (Gymmammodites semisquamatus)
²anguila f ⟨Mar⟩ *Schlittenbalken* m
Anguila f ⟨Geogr⟩ *Anguilla* n
angui|lada f *Menge* f *Aale* ‖ **–lado** adj *aalähnlich* ‖ **–lera** f *Aalbehälter* m ‖ *Aal|netz* n, *-korb* m ‖ **–lero** adj: *cesto* ~ *Aalkorb* m ‖ **–liforme** adj *(m/f) aalförmig* ‖ **–lilla** f *kleiner Bewässerungsgraben* m ‖ **–lo** m Sant *kleiner, junger Meeraal* m
anguilón m ⟨Arch⟩ *Giebel* m
anguílula f ⟨Fi⟩ *Älchen* n ‖ ⟨Zool⟩ *(Essig-, Kleister)Älchen* n (Anguilulla aceti) ‖ ~ *del fresal Erdbeerälchen* n (Aphelencus fragariae) ‖ ~ *de las raíces Wurzelälchen* n (Heterodera radicicola) ‖ ~ *de la remolacha*

Kartoffelälchen n (Heterodera rostochiensis) ‖ ~ del tallo *Stock-, Stängel\älchen* n (Tylencus sp) **angula** *f* ⟨Fi⟩ *Jung-, Glas\aal* m ‖ ~s *fpl Gericht* n *aus jungen Aalen* **angu\lado** adj *eckig, kantig* ‖ **–lar** adj *(m/f) eckig, wink(e)lig, Winkel-* ‖ adv: ~**mente** *winkelförmig* **angulema** *f Hanfleinwand aus Angouleme* ‖ ◇ hacer ~s ⟨fam⟩ *kriechend schmeicheln* ‖ ~ [Stadt] *Angouleme (Frankreich)* **anguliforme** adj *(m/f) winkelförmig* **ángulo** *m Ecke* f, *Winkel* m ‖ *Kante* f ‖ ⟨Math⟩ *Winkel* m ‖ ⟨fig⟩ *Blickwinkel* m, *Perspektive* f ‖ ~ abarcador ⟨Fot⟩ *Bildwinkel* m ‖ ~ de abertura *Öffnungswinkel* m ‖ ~ abrazado *Umschlingungswinkel* m ‖ ~ acimutal, azimutal ⟨Astr⟩ *Azimutal-, Abweichungs\winkel* m ‖ ~ agudo *spitzer Winkel* m ‖ ~ de ajuste *Einstellwinkel* m ‖ ~ de aleta ⟨Flugw⟩ *Hilfsflügelwinkel* m ‖ ~ de aleteo ⟨Flugw⟩ *Schlagwinkel* m ‖ ~ alternativo *Wechselwinkel* m ‖ ~ de alza ⟨Mil⟩ *Visierwinkel* m ‖ ~ de aterrizaje ⟨Flugw⟩ *Lande-, Ausroll\winkel* m ‖ ~ de avance *Voreilwinkel* m ‖ ~ de bloqueo ⟨Uhrm⟩ *Lenkbarkeitswinkel* m ‖ ~ de buzamiento ⟨Geol⟩ *Fallwinkel* m ‖ ~ de cabeceo ⟨Flugw⟩ *Stampfwinkel* m ‖ ~ de caída *Fallwinkel* m ‖ ~ de calado *Voreilwinkel* m ‖ ~ cardiodiafragmático ⟨An⟩ *Herz-Zwerchfell-Winkel* m ‖ ~ cardiohepático ⟨An⟩ *Herz-Leber-Winkel* m ‖ ~ central *Mittelwinkel* m ‖ ~ complementario *Ergänzungs-, Komplement\winkel* m ‖ ~ de conos ⟨Flugw⟩ *Kegelwinkel* m ‖ ~ de contacto *Berührungswinkel* m ‖ ~ correspondiente *korrespondierender Winkel* m ‖ ~ cortante *Schneidenwinkel* m *(Dreherei)* ‖ ~ de corte *Schnittwinkel* m ‖ ~ costal ⟨An⟩ *Rippenwinkel* m ‖ ~ de cruzamiento ⟨EB⟩ *Kreuzungswinkel* m ‖ *Scherenwinkel* m ‖ ~ de la cuña *Keilwinkel* m ‖ ~ de depresión ⟨Top⟩ *Depressionswinkel* m ‖ ~ diedro *Flächenwinkel* m ‖ ~ de descenso *Fallwinkel* m *(Geschoss)* ‖ ~ de deslizamiento *Gleitwinkel* m ‖ ~ de desviación *Abweichungs-, Ausschlag\winkel* m ‖ ⟨Opt⟩ *Ablenkwinkel* m ‖ ⟨Radio⟩ *Winkelfehler* m ‖ ~ de directividad ⟨Radio⟩ *Richtfähigkeitswinkel* m ‖ ~ de divergencia *Zerstreuungswinkel* m ‖ ~ de elevación ⟨Top⟩ *Erhöhungswinkel* m ‖ ~ de emergencia ⟨Opt⟩ *Austrittswinkel* m ‖ ~ entrante *einspringender Winkel* m ‖ ~ de la escápula ⟨An⟩ *Schulterblattwinkel* m ‖ ~ esférico *Kugelwinkel* m ‖ ~ estrábico ⟨Med⟩ *Schielwinkel* m ‖ ~ externo *Außenwinkel* m ‖ ~ facial ⟨An⟩ *Gesichtswinkel* m ‖ ~ de fase ⟨El⟩ *Phasenwinkel* m ‖ ~ de fresar *Fräswinkel* m ‖ ~ de fricción *Reibungswinkel* m ‖ ~ de giro *Lenkungswinkel* m ‖ ~ de la imagen ⟨Opt⟩ *Bildwinkel* m ‖ ~ de incidencia ⟨Opt⟩ *Einfall(s)winkel* m ‖ ⟨Math⟩ *Schneidwinkel* m ‖ ~ de inclinación *Neigungswinkel* m ‖ ⟨Bgb⟩ *Fallwinkel* m ‖ ⟨Auto⟩ *Einschlagwinkel* m ‖ ~ interno *Innenwinkel* m ‖ ~ de intersección *Schnittwinkel* m ‖ ~ libre *Freiwinkel* m ‖ ~ límite *Grenzwinkel* m ‖ ~ mandibular ⟨An⟩ *Kieferwinkel* m ‖ ~ de mira ⟨Mil⟩ *Visierwinkel* m ‖ ~ muerto *toter Winkel* m ‖ ~ del objetivo ⟨Fot⟩ *Linsenwinkel* m ‖ ~ de oblicuidad (de las ruedas delanteras) ⟨Auto⟩ *Einschlagwinkel* m *(der Vorderräder)* ‖ ~ obtuso *stumpfer Winkel* m ‖ ~ óptico *Gesichtswinkel* m ‖ ~ opuesto *Gegenwinkel* m ‖ ~ de planeo, ~ de planeado ⟨Flugw⟩ *Gleit(flug)winkel* m ‖ ~ de polarización ⟨Opt⟩ *Polarisationswinkel* m ‖ ~ de posición ⟨Astr⟩ *Positions-, Stand\winkel* m ‖ ~ de proyección *Wurfwinkel* m ‖ ~ de quilla ⟨Flugw⟩ *Kielwinkel* m ‖ ~ recto *rechter Winkel* m ‖ ~ de

reflexión *Abstrahlungswinkel* m ‖ ⟨Opt⟩ *Reflexions-, Rückstrahlungs\winkel* m ‖ ~ de refracción ⟨Opt⟩ *Brechungs\winkel* m ‖ ~ de salida *Austritts-, Ausfall\winkel* m ‖ ⟨Auto⟩ *Sturzwinkel* m *(Rad)* ‖ ~ saliente *vorspringender Winkel* m ‖ ~ de separación *Grenzwinkel* m *(Beleuchtung)* ‖ ~ suplementario *Supplementwinkel* m ‖ ~ de tiro ⟨Mil⟩ *Schusswinkel* m ‖ ~ torácico ⟨An⟩ *Thoraxwinkel* m ‖ ~ de torsión *Drill-, Torsions-, Dreh\winkel* m ‖ ~ del útero ⟨An⟩ *Uterushorn* n ‖ ~ vertical *Scheitelwinkel* m ‖ ~ de viraje *Lenkungswinkel* m ‖ ~ visual, ~ vivo *Gesichtswinkel* m ‖ ◇ tener el ~ facial muy obtuso ⟨fig⟩ *sehr blöde sein* ‖ ~s adyacentes *anliegende Winkel* mpl ‖ ~s alternos *Wechselwinkel* mpl ‖ ~s opuestos por el vértice *Scheitelwinkel* mpl **angulómetro** *m Winkelmesser* m **anguloso** adj *(viel)wink(e)lig* ‖ *eckig (Gesicht)* ‖ *kantig* **¹angurria** *f* ⟨fam⟩ *schmerzhaftes Harnen* n **²angurria** Am ⟨pop⟩ → **angustia** **³angurria** *f* ⟨fam⟩ Am *Gefräßigkeit* f ‖ *Hunger* m ‖ SAm *Geiz* m **angurriento** adj SAm *geizig, knaus(e)rig* △ **angustí** *f Finger* m **angustia** *f Angst* f ‖ *Be\klemmung, -trübnis, Qual* f ‖ *Kummer* m, *Leid* n ‖ ⟨Med⟩ *Gefühl* n *der Beengung* ‖ And *Übelkeit* f ‖ ⟨pop⟩ *Kerker* m ‖ ~ mortal *Todesangst* f ‖ ~ precordial ⟨Med⟩ *Präkordialangst* f ‖ ~ vital ⟨Philos Psychol⟩ *Lebensangst* f **Angustia** *f np span. Frauenname* **angus\tiado** adj *ängstlich, verängstigt* ‖ *eingeengt, be\engt, -drückt* ‖ Mex *kurz, eng* ‖ ⟨fig⟩ *geizig, filzig, engherzig, knaus(e)rig* ‖ **–tiador, –tiante** adj *(m/f) Angst einflößend* ‖ *be\klemmend, -drückend* ‖ **–tiar** vt *ängstigen, quälen* ‖ ~**se** s. *ängstigen* ‖ s. *quälen* **angustifolio** adj ⟨Bot⟩ *schmalblätt(e)rig* **angustioso** adj *beängstigend* ‖ *beklemmend* ‖ *angstvoll, verängstigt, ängstlich* ‖ adv: ~**amente** **angustirrostro** adj ⟨V⟩ *schmalschnäb(e)lig* **anhe\lante** adj *(m/f)* s. *sehnend (nach dat)* ‖ *sehnsüchtig* ‖ *keuchend* ‖ ~ vi *keuchen* ‖ **–lar** vt *heiß begehren, streben (nach dat), eifrig wünschen* ‖ *ersehnen* **anhélito** *m Kurz-, Schwer\atmigkeit* f **anhelo** *m Sehnsucht, Begierde* f ‖ *Sehnen, Trachten, Verlangen* n (de *nach*) ‖ ~ de saber *Wissensdurst* m, *Wissbegierde* f ‖ ♦ con ~ *sehnlichst* ‖ *eifrig* ‖ ~s mpl: ~ viajeros *Reiselust* f **anhelo\samente** adv *sehnlichst* ‖ **–so** adj a) *sehnsüchtig* ‖ *ersehnt* ‖ *eifrig* ‖ b) *be\klemmend, -engend* ‖ c) *schweratmig, keuchend* **anhidremia** *f* ⟨Med⟩ *Anhydrämie, Bluteindickung* f **anhídrido** *m* ⟨Chem⟩ *Anhydrid* n ‖ ~ acético *Essigsäureanhydrid* n ‖ ~ arsénico *Arsenpentoxid* n ‖ ~ arsenioso *Arsentrioxid, Arsenik* n ‖ ~ carbónico *Kohlen\säureanhydrid, -dioxid* n ‖ ~ nítrico *Distickstoffpentoxid* n ‖ ~ sulfúrico *Schwefeltrioxid* n ‖ ~ sulfuroso *Schwefeldioxid* n **anhidrita** *f* ⟨Min⟩ *Anhydrit* m **anhidro** adj ⟨Chem⟩ *wasserfrei* ‖ *entwässert* **anhidrogenado** adj *wasserstoffarm* **anhidrosis** *f* ⟨Med⟩ *Anhidrose* f **aniaga** *f* Murc *Jahreslohn* m *der Landarbeiter* ‖ Murc *kleines Stück* n *Land* **Aníbal** *m* np *Hannibal* m **anidamiento** *m Nisten* n ‖ ⟨Med⟩ *Einnistung* f **anidar** vt *nisten lassen* ‖ ⟨fig⟩ *beherbergen, unterbringen* ‖ ⟨Inform⟩ *verschachteln* ‖ ~ vi

nisten ‖ *horsten (Greifvögel)* ‖ ⟨fig⟩ *wohnen* ‖
⟨fam⟩ *hausen* ‖ ⟨fig⟩ *s. festsetzen* (z. B. *Gedanke)*
‖ ◇ andar anidando ⟨figf⟩ *der Niederkunft*
entgegensehen (Frau)
   anidiar vt Sal *weiß tünchen* ‖ ~se Sal *s.*
kämmen
   anieblar vt *vernebeln, umwölken* ‖ *ver|finstern,*
-dunkeln ‖ ~se *neb(e)lig werden* ‖ Ar *verdummen*
‖ ⟨Agr⟩ *vom Mehltau befallen werden*
   aniego m → **anegación**
   aniejo adj And → **añejo**
   anihi|lación *f,* **–lamiento** *m* → **aniquilamiento**
‖ ~ de la personalidad *Zerstörung* f *der*
Persönlichkeit ‖ **–lar** vt → **aniquilar**
   anilida *f* ⟨Chem⟩ *Anilid* n *(Säureamidderivat*
des Anilins)
   anili|na *f* ⟨Chem⟩ *Anilin* n ‖ **–smo** *m Anilismus*
m, *Anilinvergiftung* f
   anilla *f (Metall)Ring* m ‖ *Gardinenring* m ‖
Turnring m ‖ *Serviettenring* m ‖ *Bauchbinde* f
(Zigarre) ‖ ⟨Mar⟩ *Schiffsring* m ‖ ~s *fpl Ringe*
mpl *(Turngeräte)*
   ani|llado adj *aus mehreren Ringen bestehend* ‖
geringelt ‖ *geriffelt* ‖ ⟨V⟩ *beringt* ‖ ~ *m* →
   anillamiento ‖ ⟨Her⟩ *Ankerkreuz* n ‖ ~s *mpl*
⟨Zool⟩ *Ringelwürmer* mpl (Annelida) ‖
   –llamiento *m Beringung* f ‖ **–llar** vt *ringeln,*
kräuseln ‖ *mit e–m Ring durchziehen* ‖ *beringen*
(Vögel) ‖ **–llejo, –llete** *m* dim von **anillo**
   anillo *m Ring, Reif* m ‖ *Fingerring* m ‖
Kettenring m ‖ *Griff* m *(eines Schlüssels)* ‖
Radbeschlag m ‖ *Ring* m, *Windung* f *einer*
Schlange ‖ *Glied* n *e–s Gliederfüßers* ‖
Bauchbinde f *(Zigarre)* ‖ *Locke* f *(Haar)* ‖ ⟨Mar⟩
Auge n *(eines Taues)* ‖ ~ aislador *Isolierring* m ‖
~ de ajuste *Stell-, Pass|ring* m ‖ ~ de alianza
Trau-, Ehe|ring m ‖ ~ anual *Jahresring* m *(beim*
Holz) ‖ ~ de apoyo *Stützring* m ‖ ~ arterial
⟨Zool⟩ *arterieller Ring* m ‖ ~ bencénico ⟨Chem⟩
Benzolring m ‖ ~ de boda *Trau-, Ehe|ring* m ‖ ~
de brida *Flanschring* m ‖ ~ de cabo ⟨Mar⟩ *Bucht*
f *(e–r Taurolle)* ‖ ~ de calibre, ~ calibrador
Lehrring m ‖ ~ de círculo *Kreisring* m ‖ ~
colector ⟨El⟩ *Schleifring* m ‖ ~ colector de aceite
⟨Auto⟩ *Ölabstreifring* m ‖ ~ constrictor ⟨An⟩
Schnürring m ‖ ~ corredor ⟨Text⟩ *Läufer, Reiter*
m, *Fliege, Mücke* f, *Ohr* n ‖ ~ de costumbres
Gewohnheitstier n ‖ ~ crural ⟨An⟩ *Schenkelring*
m ‖ ~ elástico *Federring* m, *federnde*
Unterlegscheibe f ‖ ~ del émbolo *Kolbenring* m ‖
~ de engrase, ~ engrasador *Schmier-, Öl|ring* m
‖ ~ episcopal → ~ pastoral ‖ ~ faríngeo ⟨An⟩
Rachen-, Schlund|ring m ‖ ~ de freno *Bremsring*
m ‖ ~ hernial *od* herniario ⟨Med⟩ *Bruchring* m ‖
~ inguinal *Bauch-, Leisten|ring* m ‖ ~ de junta
Dichtring m ‖ ~ de lubri(fi)cación *Schmier-,*
Öl|ring m ‖ ~ lunar *Mondring* m, *Ringfäule* f
(Holz) ‖ ~ de muelle *Sprengring* m ‖ ~ nupcial
Trau-, Ehe|ring m ‖ ~ de objetivo ⟨Fot⟩
Objektivring m ‖ ~ pastoral *Bischofsring* m ‖ ~
para las patas ⟨V⟩ *Fußring* m ‖ ~ pelviano
Beckenring m ‖ ~ de refuerzo *Versteifungsring* m
‖ ~ de rodamiento de bolas *Kugellager-,*
Lauf|ring m ‖ ~ de sello, ~ de sellar *Siegelring*
m ‖ ~ de tenazas *Zangenring* m ‖ ~ de torbellino
⟨El⟩ *Wirbelring* m ‖ ~ umbilical ⟨An⟩ *Nabelring*
m *(der Leibesfrucht)* ‖ ~ de unión ⟨El⟩
Verbindungsring m ‖ ◆ de ~ ⟨fig⟩ *nur dem Titel*
nach (Ehrentitel) ‖ ◇ venir como ~ al dedo ⟨figf⟩
wie gerufen kommen ‖ *wie angegossen sitzen* ‖ ~s
mpl *Radkränze* mpl *(der Mühlräder)* ‖ ~ de
Saturno ⟨Astr⟩ *Saturnring* mpl ‖ ◇ no se me caen
los ~ con eso ⟨figf⟩ *mir fällt deswegen kein Stein*
aus der Krone
   ánima *f* [el] *Seele* f (bes. *die Seele im*

Fegefeuer) ‖ *Seele, Bohrung* f, *leeres Innere* n
(e–s Gegenstandes) ‖ ~ bendita, ~ del
purgatorio, ~ en pena *Seele* f *im Fegefeuer* ‖ ◇
descargar el ~ de alg. ⟨fig⟩ *jds Letzten Willen*
ausführen ‖ ¡en mi ~! *bei m–r Seele!*
(Schwurformel) ‖ ~s *fpl:* a las ~ *beim*
Abendgeläut ‖ ⟨fig⟩ *abends*
   ani|mación *f Be|seelung, -lebung* f ‖ *Anziehen*
n, *Belebung* f *(Konjunktur)* ‖ ⟨fig⟩ *Feuer* n,
Lebhaftigkeit f ‖ *lebhafter Verkehr* m ‖ *große*
Menschenmenge f ‖ *reges Leben* n, ⟨fam⟩ *Betrieb*
m ‖ ~ de la demanda ⟨Com⟩ *Nachfragebelebung*
f ‖ ~ de los negocios *Geschäftsbelebung* f ‖ ~ de
los precios *Anziehen* n *der Preise* ‖ ◇ traer ~
⟨fam⟩ *Leben in die Bude bringen* ‖ **–mado** adj
beseelt ‖ ⟨fig⟩ *belebt, munter, angeregt, lebhaft*
(Gesellschaft) ‖ *besucht ·lebendig* ‖ *verkehrsreich*
(Straße) ‖ *rege (Verkehr)* ‖ ~ por el deseo de …
von dem Wunsche beseelt, in dem Bemühen, in
dem Bestreben, be|müht, -strebt zu … ‖ **–mador**
m Animateur m ‖ *Entertainer* m ‖ *Conférencier* m
‖ *Stimmungsmacher* m ‖ **–madora** *f Animateurin* f
‖ *Ansagerin* f *(im Rundfunk, bei bunten Abenden*
usw.) ‖ *Alleinunterhalterin* f *(Sängerin, Tänzerin)*
‖ *Animierdame* f
   animadversión *f Abneigung* f, *Groll* m ‖
Abscheu m ‖ *Missbilligung* f, *Tadel* m ‖
Feindschaft f ‖ ~ al trabajo *Arbeitsscheu* f
   animal adj *(m/f) tierisch, animalisch, Tier-* ‖
sinnlich ‖ ⟨fig⟩ *roh, tölpelhaft* ‖ ~ *m Tier* n ‖ *Vieh*
n ‖ ⟨figf⟩ *Dummkopf* m ‖ *Grobian* m ‖ ~ acuático
Wassertier n ‖ ~ de bellota *Schwein* n ‖ ⟨fig⟩
rauer Mensch, Grobian m ‖ ~ de carga *Trag-,*
Last|tier m ‖ ~ de casta *Zuchttier* n ‖ ~ de caza
⟨Jur⟩ *jagdbares Tier* n ‖ ~ de cuatro orejas ⟨fam⟩
Ochs, Stier m ‖ ~ dañino *(tierischer) Schädling*
m ‖ ~ destetado *abgesetztes Tier* n ‖ ~ diurno
Tagtier n ‖ ~ doméstico *Haustier* n ‖ ~ de
experimentación, ~ de laboratorio *Versuchstier* n
‖ ~ fabuloso *Fabeltier* n ‖ ~ de lana *Wolltier* n ‖
~ de macelo, ~ de matadero *(Stück) Schlachtvieh*
n ‖ ~ nocivo *(tierischer) Schädling* m ‖ ~ de
pasto *Weidetier* n ‖ ~ de pedigrí *Herdbuchtier* n ‖
~ de presa *Raubtier* n ‖ ~ de raza (pura)
reinrassiges Tier n ‖ ~ salvaje *wildes Tier* n ‖ ~
de sangre caliente *Warmblüter* m ‖ ~ de sangre
fría *Kaltblüter* m ‖ ~ de silla *Reittier* n ‖ ~
territorial *territoriales Tier, Reviertier* n ‖ ~
testigo *Kontrolltier* n ‖ ~ de trapo *Stofftier* n ‖
~es *mpl:* ~ de asta *Hornvieh* n ‖ ~ de ceba
Mast|vieh n, *-tiere* npl ‖ ~ dañinos *schädliche*
Tiere mpl ‖ ~ fósiles *fossile Tiere* npl ‖ ~ de
renta *Nutz-, Wirtschafts|vieh* n ‖ ~ reproductores,
~ de reproducción *Zucht|vieh* n, *-tiere* npl ‖ ~
sueltos *Wildwechsel* m *(Verkehrszeichen)* ‖
freilaufende Tiere npl ‖ ~ de tiro, ~ de tracción
Zug|vieh n, *-tiere* npl ‖ ~ de trabajo *Arbeits|vieh*
n, *-tiere* npl ‖ ~ unicelulares *einzellige Tiere* npl,
Einzeller mpl, *Protozoen* npl ‖ ~ útiles *Nutztiere*
npl
   anima|lada *f* ⟨fig⟩ *dumme, rohe Handlung* f,
Eselei f ‖ ⟨fam⟩ *dummer Streich* m ‖ Arg
Viehherde f ‖ **–laje** *m* Ven *Viehherde* f ‖ *Tierherde*
f ‖ **–lazo** *m* augm von **animal**
   animálculo *m (mikroskopisch kleines) Tierchen* n
   anima|lejo, –lito *m* dim von **animal** ‖ **–lidad** *f*
Tierheit, Tiernatur f, *tierisches Wesen* n ‖
Lebenskraft f ‖ **–lización** *f Vertiefung* f ‖
Umwandlung in tierischen Stoff ‖ **–lizar** [z/c] vt
animalisieren ‖ ⟨fig⟩ *auf die Stufe e–s Tieres*
stellen ‖ **–lizarse** [z/c] vr *in tierische Bestandteile*
übergehen ‖ ⟨fig⟩ *vertieren* ‖ **–lucho** *m* ⟨desp⟩
hässliches Tier n ‖ ⟨fam⟩ *Biest* n
   animar vt *be|seelen, -leben* ‖ ⟨fig⟩ *anfeuern* ‖
ermuntern ‖ *ermutigen* ‖ *anregen* ‖ *animieren* ‖ ~

la conversación *die Unterhaltung anregen* ‖ ~ la
tierra *die Erde bevölkern, beseelen* ‖ ~se vr *in
Stimmung kommen* ‖ *Leben bekommen, s.
aufraffen* ‖ *Mut fassen*
anime *m* ⟨Bot⟩ *Heuschrecken-, Kopal\baum* m
(Hymenaea courbaril) ‖ *Animeharz* n,
amerikanischer Kopal m
animero *m Almosen für Seelenmessen
einsammelnder Mönch* m
anímico adj *psychisch, seelisch* ‖ *Seelen-*
animis|mo *m* ⟨Philos Rel⟩ *Animismus* m ‖ –ta
m/f Animist(in f) m
ánimo *m Geist* m ‖ *Seele* f ‖ *Gemüt* n ‖
Gesinnung f ‖ *Tapferkeit* f, *Mut* m ‖ *Wille* m,
Absicht f ‖ *Gedanke* m, *Idee* f ‖ ⟨fig⟩ *Lust* f,
Verlangen n ‖ ~ combativo *Kampfgeist* m ‖ ~ de
defraudar ⟨Jur⟩ *Betrugsabsicht* f ‖ ~ de donar, ~
de liberalidad ⟨Jur⟩ *Schenkungsabsicht* f ‖ ~ de
lucro *Gewinn\absicht* f,
-streben n ‖ ⟨Jur⟩ *Bereicherungsabsicht* f ‖ ~
varonil *Mannhaftigkeit* f ‖ ¡buen ~! *Kopf hoch!* ‖
◆ con ~ de ... *mit der Absicht zu* ... ‖ sin ~ de
lucro *gemeinnützig* ‖ ◇ (de)caer de ~ *den Mut
verlieren* ‖ cobrar ~ *Mut fassen* ‖ dilatar el ~
aufatmen ‖ ensanchar el ~ *Mut schöpfen* ‖
esparcir el ~ *s. zerstreuen* ‖ estar en ~ de algo
willens sein, et. zu tun; et. vorhaben ‖ dar *(od
infundir)* ~ *Mut einflößen* ‖ hacer ~ de ... *die
Absicht haben zu* ... ‖ hacerse el ~ *s. abfinden* ‖
perder el ~ *den Mut verlieren* ‖ tener ~ de ... *die
Absicht haben zu* ... ‖ no tener ~ de lucro *nicht
gewinnorientiert sein* ‖ no tengo ~ para ello *ich
bin seelisch dazu nicht in der Lage* ‖ ¡buen ~!
Kopf hoch! ‖ ~s mpl: tener ~s para ... *fähig sein
zu* ... ‖ ¡~! *Mut!* ‖ *auf! munter! los!*
ani|mosidad *f Groll* m, *Erbitterung* f ‖
Abneigung, Animosität f ‖ *Gereiztheit* f ‖
Feindschaftsgefühl n, *Feindseligkeit* f ‖ –moso adj
tapfer, mutig, beherzt ‖ *tatkräftig* ‖ adv: ~amente
ani|ñado adj *kindisch* ‖ *kindlich* ‖ –ñarse vr *s.
kindisch betragen*
anión *m* ⟨Phys⟩ *Anion* n
aniquila|ción *f* → **aniquilamiento** ‖ –dor adj
vernichtend ‖ ~ *m Vernichter* m ‖ –miento *m
Vernichtung, Zerstörung* f ‖ ~ económico
wirtschaftliche Zerstörung f ‖ –r vt *vernichten,
zerstören, zunichte machen* ‖ *ausrotten* ‖ ⟨fig⟩
zugrunde richten ‖ ~se *zunichte werden* ‖ ⟨fig⟩ *s.
tief demütigen*
aniridia *f* ⟨Med⟩ *Aniridie* f, *Fehlen* n *der
Regenbogenhaut, Irismangel* m
¹anís *m* ⟨Bot⟩ *Anis* m (Pimpinella anisum) ‖
Aniskorn n ‖ *Aniskonfekt* n ‖ *Anislikör* n ‖ ~
doble *Doppelanis* m *(Likör)* ‖ ~ escarchado
Eisanis, Kristallanis m ‖ ~ estrellado *Sternanis* m
‖ ◇ ahí está un grano de ~ ⟨iron⟩ *wirklich, das
ist ja sehr wichtig* ‖ no es (un) grano de ~ *das ist
sehr wichtig!* ‖ ⟨fam⟩ *das ist kein Pappenstiel* ‖
llegar a los ~es ⟨figf⟩ *zu spät zu e–r
Veranstaltung kommen* ‖ no valer un anís *k–n
Pfifferling wert sein*
²anís *m* Col *Energie, Kraft* f
ani|sado adj *Anis-, mit Anis versetzt* ‖ ~ *m
Anisbranntwein* m ‖ –sal *m* Chi *Anisfeld* n ‖ –sar
vt *mit Anis versetzen, würzen* ‖ ~ *m Anisfeld* n
aniscuria *f* ⟨Med⟩ *Enurese* f, *unwillkürliches
Harnlassen, Bettnässen* n
anisete *m Anislikör* m ‖ *Anisgeist* m
anisocoria *f* ⟨Med⟩ *Anisokorie,
Pupillenungleichheit* f
anisófilo adj ⟨Bot⟩ *ungleichblätt(e)rig*
anisogamia *f* ⟨Biol⟩ *Anisogamie* f
ani|sotropía *f* ⟨Phys Bot⟩ *Anisotropie* f ‖
–sótropo adj ⟨Phys⟩ *anisotrop, doppeltbrechend*
△ **anispa** *f Wespe* f

Anita *f* np *Anita* f
anito *m* Fil *Hausgötze* m
anivelar vt → **nivelar**
aniversario adj *alljährlich, jährlich* ‖ ~ *m
Geburtstag* m ‖ *Jahresfeier* f, *Jahresgedächtnis* n
‖ *Jahrestag* m ‖ *Seelen-, Toten\messe* f *am
Jahrestag des Hinscheidens* ‖ *Todestag* m ‖
Jubiläum n ‖ ~ de fundación *Stiftungsfest* n
¡anjá! int Cu *gut! brav!* ‖ *jawohl!*
anjana *f* Sant *Nixe* f
anjeo *m* ⟨Art⟩ *Segeltuch* n, *grobe Leinwand* f
annamita adj → **anamita**
ano *m* ⟨An⟩ *After* m ‖ ~ artificial, ~
preternatural ⟨Med⟩ *Kunstafter, künstlicher After*
m
anobio ⟨Zool⟩ *Holz\wurm, -käfer* m, *Totenuhr* f
(Anobium punctatum)
anoche adv *gestern nacht* ‖ *gestern abend* ‖
antes de ~ *vorgestern abend*
anoche|cedor adj/s *spät zu Bett gehend* ‖ ⟨figf⟩
Nachteule f ‖ –cer [-zc-] v. impers *Nacht werden*
‖ *dunkel werden* ‖ ~ vi *mit Einbruch der Nacht
(irgendwo) eintreffen* ‖ Ar ⟨fam⟩ *s. ducken* ‖ ◇
~le a alg. en alg. parte ⟨fam⟩ *irgendwo von der
Nacht ereilt werden* ‖ ~ *m Abenddämmerung* f,
Abend m ‖ *Dunkelwerden* n ‖ *Nachtzeit* f ‖ al *od
en* ~ *bei Einbruch der Nacht, in der Dämmerung*
‖ –cida *f Abenddämmerung* f ‖ *Abendzeit* f ‖
–cido adv Sant *bei der Abenddämmerung* f
anódico adj *anodisch, Anoden-*
anodinia *f* ⟨Med⟩ *Schmerzlosigkeit* f
anodino adj *schmerzstillend, lindernd* ‖ ⟨fig⟩
einfältig, geistlos ‖ ⟨fig⟩ *nichtssagend* ‖ ⟨fig⟩
harmlos ‖ ⟨fig⟩ *gemütlich* ‖ ~ *m* ⟨Med⟩
schmerzstillendes Mittel n ‖ ~ de Hoffmann
Hoffmannstropfen mpl
ánodo *m* ⟨Phys⟩ *Anode* f ‖ ⟨El⟩ *positive
Elektrode* ‖ ~ auxiliar *Hilfsanode* f ‖ ~ de
ignición *Zündanode* f
anodoncia *f* ⟨Med⟩ *Anodontie, Zahnlosigkeit* f
anoea, anoesia *f* ⟨Med⟩ *Idiotie* f
anofeles *m* ⟨Ins⟩ *Malariamücke* f (Anopheles)
anolis *m* ⟨Zool⟩ *Anolis* m ‖ ~ de la Carolina
Rotkehlanolis m (Anolis carolinensis)
anómala *f* ⟨Ins⟩ *Junikäfer* m (Anomala dubia)
anomalía *f Regelwidrigkeit, Unregelmäßigkeit,
Anomalie* f
anómalo adj *regelwidrig, unregelmäßig,
anomal* ‖ *abweichend* ‖ *sonderbar*
anomuros mpl ⟨Zool⟩ *Mittelkrebse* mpl
(Anomura)
anón *m* ⟨Bot⟩ → **¹anona** ‖ Guat ⟨Med fam⟩
Kropf m
¹anona *f* ⟨Bot⟩ *Flaschenbaum* m (Anona
muricata) ‖ ⟨Bot⟩ *Frucht* f *des Flaschenbaums* ‖
Honigapfel m ‖ MAm ⟨fig⟩ *Dummkopf* m
²anona *f Lebensmittelvorrat* m ‖
Lebensmittelbewirtschaftung f
anonadación *f* → **anonadamiento**
anona|dado adj *zerknirscht* ‖ ⟨fig⟩ *verwundert,
erstaunt* ‖ *gedemütigt* ‖ –damiento *m Vernichtung*
f ‖ *Zerknirschung* f ‖ ⟨fig⟩ *Verwunderung* f,
Erstaunen n ‖ *Demütigung* f ‖ ⟨fig⟩ *demutvolle
Selbstvernichtung vor Gott* ‖ –dado adj
zerknirscht ‖ ⟨fig⟩ *verwundert, erstaunt* ‖
gedemütigt ‖ –dar vt *ausrotten, gänzlich
vernichten* ‖ *niederschmettern* ‖ ⟨fig⟩ *verringern,
schmälern* ‖ ⟨fig⟩ *demütigen* ‖ ⟨fig⟩ *erdrücken,
gänzlich entmutigen* ‖ ~se *s. demütigen*
anonimato *m Anonymität* f ‖ ◇ guardar el ~
anonym bleiben ‖ permanecer en el ~, vivir en el
~ *anonym bleiben od leben* ‖
anónimo adj *namenlos, ungenannt, anonym* ‖
adv: ~amente ‖ ~ *m Ungenannte(r), Anonymus*
m ‖ *Anonymität* f ‖ *anonymer Brief* m

anopluros *mpl* ⟨Zool⟩ *echte Läuse* fpl
(Anoplura)
anopsia *f* ⟨Med⟩ *Anopsie, Anopie* f, *Nichtsehen*
n
anorak *m Anorak* m
ano|rexia *f* ⟨Med⟩ *Anorexie, Appetitlosigkeit* f ‖
–rexígenos *mpl Appetitzügler* mpl, *anorexigene*
Mittel npl
anorgánico *adj anorganisch*
anor|mal *adj (m/f) regelwidrig, abnorm(al),*
ano(r)mal ‖ *krankhaft* ‖ ~ *(m/f) geistig*
Behinderte(r m) f ‖ *nicht normaler Mensch* ‖
–malidad *f Regelwidrigkeit, Abnormität,*
Anomalie f
anorqui(di)a *f* ⟨Med⟩ *Anorchidie, Anorchie* f,
Fehlen n *der Hoden*
anortar *vi s. be|decken od -wölken (Himmel*
durch Nordwind)
anortita *f* ⟨Min⟩ *Anorthit* m
anorza *f* ⟨Bot⟩ *Weiße Zaunrübe* f (Bryonia
alba)
anos|mático *adj anosmatisch* ‖ **–mia** *f*
Anosmie, Geruchsinnverlust m
anostosis *f* ⟨Med⟩ *Anostose* f,
Knochenschwund m
ano|tación *f Anmerkung, Notiz* f ‖
Randbemerkung f ‖ ~ *de una cancelación*
Löschungsvormerkung f *(im Grundbuch)* ‖ ~
preventiva ⟨Jur⟩ *Vormerkung* f ‖ **–tadora** *f*
⟨Filmw⟩ *Skriptgirl* n ‖ **–tar** *vt anmerken, mit*
Anmerkungen versehen, aufzeichnen ‖ *eintragen*
(in ein Register) ‖ *verbuchen* ‖ *erläutern* ‖ ~ *de*
conformidad ⟨Com⟩ *gleich lautend buchen* ‖ ~
una orden ⟨Com⟩ *e–e Bestellung* f *vormerken*
anovaria *f* ⟨Med⟩ *Eierstockmangel* m
anovelado *adj romanhaft*
anovula|ción *f* ⟨Med⟩ *Anovulation* f ‖ **–torio**
adj anovulatorisch ‖ *ovulationshemmend* ‖ ~ *m*
Ovulationshemmer m
anoxemia *f* ⟨Med⟩ *Anoxämie* f,
Sauerstoffmangel m *(im Blut)*
anquera *f* Mex *Satteldecke* f
anquerita *f* ⟨Min⟩ *Ankerit* m
anqueta *f* dim von **¹anca** ‖ ◇ *estar alg. de*
media ~ *nur auf e–r Gesäßbacke sitzen*
anquiderribado *adj mit hohem Kreuz und*
einfallenden Hinterbacken (Pferd und Maultier)
an|quiloglosia *f* ⟨Med⟩ *Ankyloglosson* n,
Zungenverwachsung f ‖ **–quílope** *m* ⟨Med⟩
Gerstenkorn n
anqui|losamiento *m* ⟨Med⟩ *Ver|steifung,*
-knöcherung f ‖ ⟨fig⟩ *Erstarrung* f ‖ **–losarse** *vr*
⟨Med⟩ *steif werden, verknöchern* ‖ ⟨fig⟩ *starr*
werden (Glieder) ‖ ⟨fig⟩ *verkümmern* ‖ ⟨fig⟩
stecken bleiben (in s–r Entwicklung) ‖ **–losis** *f*
⟨Med⟩ *Gelenksteifheit, Starrheit, Versteifung,*
Ankylose f ‖ ~ *por adherencias*
Gelenkverwachsung f ‖ ~ *de la cadera*
Hüftankylose f ‖ ~ *senil Altersversteifung* f
anquilos|toma *m* ⟨Zool⟩ *Gruben-, Haken|wurm*
m (Ankylostoma sp) ‖ **–tomiasis** *f* ⟨Med⟩
Ankylostomiasis, Hakenwurm|krankheit f, *-befall*
m
anqui|muleño *adj mit rundem Kreuz (Pferd*
und Maultier) ‖ **–rredondo** *adj mit runden Hüften*
(Pferd und Maultier) ‖ **–seco** *adj mit dürren*
Hüften (Pferd und Maultier)
Anquises *m* np *Anchises* m
△ **anro** *m Ei* n
ansa *f* Ar *Griff, Henkel* m
Ansa *f*[el] *Hanse, Hansa* f, *Hansebund* m
ansar *m* Sant *Uferplatz* m *am Mühlgerinne*
ánsar *m* ⟨V⟩ *(wilde) Gans* f (Anser spp) ‖
Gänserich, Ganter m ‖ ~ *campestre Saatgans* f
(A. fabalis) ‖ ~ *careto chico Zwerggans* f (A.

erythropus) ‖ ~ *careto de Groenlandia,* ~ *careto*
grande Blässgans f (A. albifrons) ‖ ~ *común*
Graugans f (A. anser) ‖ ~ *doméstico Hausgans* f
‖ ~ *nival Schneegans* f (A. caerulescens) ‖ ~
piquicorto Kurzschnabelgans f (A.
brachyrhynchus)
ansarería *f Gänsestall* m
ansarino *adj gänseartig* ‖ *Gänse-* ‖ ~ *m*
Gänseküken n
ansarón *m Gans* f ‖ *Gänseküken* n
Anschluss *m* ⟨Hist⟩ *Anschluss* m *(Österreichs*
1938)
anseático *adj hanseatisch*
Anselmo *m* np *Anselm* m
anserino *adj:* piel ~a *Gänsehaut* f
ansí *adv* pop → **así**
ansia *f*[el] *Angst, Ängstlichkeit* f ‖ *Qual,*
Beklemmung f ‖ *Kummer* m ‖ *Übelkeit* f ‖
Begierde, Sehnsucht f ‖ ~ *de poder Machthunger*
m ‖ ~ *respiratoria* ⟨Med⟩ *Atemnot* f ‖ ~ *de saber*
Wissbegierde f ‖ ~ *de trabajar Arbeitswut* f ‖ ~
de venganza Rachsucht f ‖ ◆ *con* ~ *mit*
Ungestüm ‖ ~**s** *fpl* ⟨Med⟩ *Brechreiz* m ‖ ~ *de*
muerte Todesangst f, *Schrecken* mpl *des Todes*
ansiar [pres ~ío, seltener: ~io] *vt sehnlich*
begehren, ersehnen (acc), *s. nach et. sehnen* (dat)
‖ ~ *vi:* ~ *por … s. sehnen nach …*
ansiático *adj* Col *Übelkeit erregend*
ansiedad *f (Seelen)Angst, Beklemmung* f ‖
innere Unruhe f
ansina *adv* ⟨pop⟩ → **así**
ansiolítico *adj* ⟨Med⟩ *angstlösend* ‖ ~ *m*
Anxiolytikum, angstlösendes Mittel n
ansión *m* Sal *Heimweh* n ‖ *Traurigkeit* f
ansioso *adj begierig, heftig wünschend* ‖ *gierig*
(de *nach)* ‖ *ängstlich, beklommen* ‖ ~ *de erpicht*
auf (acc) ‖ ~ *de lucha kampflustig* ‖ ~ *por la*
comida essgierig ‖ *adv:* ~**amente**
ansotano *adj/s aus dem Ansotal* (P Hues) ‖ *auf*
das Ansotal bezüglich
ant. ⟨Abk⟩ = **anterior** ‖ **antiguo**
¹anta *f*[el] ⟨Zool⟩ *Elch* m, *Elen(tier)* n (Alces
alces) ‖ Bol *Tapir* m
²anta *f*[el] ⟨Arch⟩ *Eckpfeiler* m ‖ ⟨Archäol⟩
Menhir m
antaga|lla *f* ⟨Mar⟩ *Kreuztreff* n ‖ **–llar** *vt* ⟨Mar⟩
reffen
anta|gónico *adj gegnerisch* ‖ *Gegensatz*
bildend (a *zu), widerstreitend* ‖ *feindlich* ‖
antagonistisch ‖ **–gonismo** *m Entgegenwirken* n ‖
Gegenstreben n, *Gegnerschaft* f ‖ *Widerstreit* m ‖
Antagonismus m ‖ ~ *bacteriano*
Bakterienantagonismus m ‖ ~ *racial*
Rassen|gegensatz, oft: *-hass* m ‖ **–gonista** *adj*
(m/f) Gegen-, gegenteilig ‖ ⟨Med⟩ *antagonistisch,*
gegenwirkend ‖ ~ *m/f Gegner(in* f),
Widersacher(in f) m ‖ *Gegenspieler(in* f) m ‖
Nebenbuhler(in f) m ‖ ⟨Med⟩ *Antagonist* m
antainar *vi* Ast *s. beeilen*
an|talgia *f* ⟨Med⟩ *Schmerzlosigkeit* f ‖ **–tálgico**
m Antalgikum, schmerzstillendes Mittel n
antamilla *f* Sant *irdene Pfanne* f
antana *f* → **²andana**
antanino *adj* Sal *kränklich*
anta|ñada *f* ⟨fam⟩ *alte Nachricht* f ‖ **–ñazo** *adv*
⟨fam⟩ *sehr lange her* ‖ **–ño** *adv im vorigen Jahr,*
im Vorjahr ‖ p. ex *früher, in früheren Jahren,*
schon lange her, ehemals, einst ‖ **–añón** *adj*
sehr alt
antara *f* Bol Pe ⟨Mus⟩ *indianische Flöte* f
antarca *adv:* caer ~ Arg → **antarcarse**
antarcarse *vr* Arg *auf den Rücken fallen*
antártico *adj antarktisch* ‖ *Südpol-*
Antártida *f* ⟨Geogr⟩ *Antarktis* f
¹ante ⟨Zool⟩ *Elch* m, *Elen(tier)* (Alces alces) ‖

Elenleder n ‖ *Sämisch-, Wild\leder* n ‖ *Lederzeug* n ‖ ⟨Zool⟩ *Büffel* m (→ auch **búfalo**) ‖ *Büffelleder* n
²ante prep *vor, eher als* ‖ *vor* (dat), *im Beisein, in Gegenwart* (gen) ‖ *angesichts* (gen) ‖ ~ *mí vor mir* ‖ ~ *todo,* ~ *todas cosas zuerst, vor allem, vor allen Dingen, zunächst* ‖ ~ *este estado de cosas bei dieser Sachlage; so wie die Dinge liegen*
³ante m *Vor\speise* f, *-gericht* n ‖ Pe *(Art) Erfrischungsgetränk* n ‖ Guat *(Art) Sirup* m ‖ Mex *Biskuitchaudeau* n
anteado adj *blassgelb (wie Sämischleder)* ‖ Mex *beschädigt (Ware)*
antealtar m *Altar(vor)platz* m
ante\anoche adv *vorgestern abend* ‖ **–anteanoche** adv *vorvorgestern abend* ‖ **–anteayer** adv *vorvorgestern* ‖ **–antier** ⟨fam⟩ → **–anteayer** ‖ **–ayer** adv *vorgestern* ‖ ~ *noche vorgestern abend*
antebrazo m ⟨An⟩ *Unterarm* m ‖ *Vorarm* m *(Pferd)*
anteburro m ⟨Zool⟩ *mexikanischer Tapir* m (Tapirella bairdi)
ante\cama f *Bett\vorleger* m, *-vorlage* f ‖ **–cámara** f *Vorzimmer* n ‖ *Vorhalle* f ‖ *Vorkammer* f *(des Dieselmotors)* ‖ ⟨Mar⟩ *Vorkajüte* f ‖ ~ *de aire Luftschleuse* f ‖ **–capilla** f ⟨Rel⟩ *Vorkapelle* f ‖ **–cedencia** → **ascendencia** ‖ **–cedente** adj *(m/f) früher, vorig* ‖ ~ *m* ⟨Log⟩ *Vordersatz* m ‖ ⟨Gr⟩ *Beziehungswort* n ‖ ⟨Math⟩ *Vorderglied* n ‖ *Präzedenzfall* m ‖ ~s *mpl Vorleben* n, *frühere Lebensumstände* mpl ‖ ⟨Med⟩ *frühere Krankheiten* fpl ‖ ~ *penales Vorstrafen* fpl ‖ ◆ *sin* ~ *ohne nennenswertes Vorleben* n ‖ *beispiellos, unerhört* ‖ *sin* ~ *penales nicht vorbestraft* ‖ ◊ *estar en* ~ *im Bilde sein, über die Vorgänge unterrichtet sein* ‖ *poner a alg. en* ~ *jdm den Zusammenhang klarmachen* ‖ *jdm die Vorgeschichte erzählen* ‖ *tener* ~ *penales vorbestraft sein* ‖ **–cedentemente** adv *früher, vormals* ‖ **–ceder** vt → **preceder** ‖ **–cesor** m *Vorgänger* m ‖ *Vorläufer* m ‖ *Vorfahr* m ‖ ~es *mpl Vorfahren* mpl ‖ **–clásico** adj *vorklassisch*
anteco m ⟨Geogr⟩ *Antöke* m
ante\cocina f *Vorküche* f *(Raum vor der Küche)* ‖ **–coger** [g/j] vt *vor s. hertreiben* ‖ Ar *vor der Zeit pflücken (Früchte)* ‖ **–columna** f ⟨Arch⟩ *alleinstehende Vorsäule* f ‖ **–coro** m *Vorchor* m ‖ **ᴬcristo** m → **Anticristo** ‖ **–cuerpo** m ⟨Arch⟩ *Vorbau* m
ante\data f *Zurückdatierung* f ‖ *zurückgesetztes Datum* n ‖ ◊ *poner* ~ *zurückdatieren* ‖ **–datar** vt *zurückdatieren* ‖ **–decir** [irr → **decir**] vt → **predecir** ‖ **–despacho** m *Vorzimmer* n *(e–s Amtszimmers)* ‖ **–día, de** ~ adv *e–n oder wenige Tage vorher* ‖ **–dicho** adj *obengenannt, obig, vorbenannt* ‖ *lo* ~ *das vorher Gesagte*
ante díem adv ⟨lat⟩ *vor der Zeit* ‖ *rechtzeitig (vor dem Termin)*
ante\diluviano adj *vorsintflutlich (& fig)* ‖ **–félico** adj *gegen Sommersprossen wirkend* ‖ ~ *m Sommersprossenmittel* n ‖ **–fija** f, **–fijo** m *Stirnziegel* m ‖ **–firma** f *der Unterschrift vorangesetzte Höflichkeitsformel* f ‖ *Voransetzung* f *des Ehrentitels od der Amtsbezeichnung in Schriftstücken* ‖ **–foso** m ⟨Mil⟩ *Außengraben* m ‖ **–grada** f ⟨Mar⟩ *Vorhelling* f ‖ **–guerra** f *Vorkriegszeit* f ‖ **–histórico** adj → **prehistórico**
ante\iglesia f *Vorhof* m *einer Kirche* ‖ *Pfarrkirche* f *(in einigen baskischen Dörfern)* ‖ *baskischer Dorf* n ‖ *baskischer Gemeindebezirk* m ‖ **–islámico** adj → **preislámico**
ante\jardín m *Vorhof* m *e–s Gartens* ‖ **–juicio** m ⟨Jur⟩ *Vorverhör* n ‖ *Vorverfahren* n

antelación f *Vorausgehen* n ‖ *Vorzug* m ‖ *Vorwegnahme* f ‖ ◆ *con* ~ *im Voraus* ‖ *vorher* ‖ *vorzeitig, verfrüht* ‖ *con la debida* ~ *rechtzeitig* ‖ *con la máxima* ~ *(posible) so (früh)zeitig wie möglich*
antelio m ⟨Meteor⟩ *Gegensonne* f
antellevar vt Mex *überfahren*
antemano m: *de* ~ *im Voraus*
antemeridiano adj *vormittägig*
ante merídiem ⟨lat⟩ adv *vormittags*
antemural f ⟨Mil⟩ *Vormauer* f *vor e–r Festung, Schutzmauer* f ‖ ⟨fig⟩ *Schutz, Hort* m
antena f ⟨Ins⟩ *Fühlhorn* n, *Fühler* m ‖ ⟨Radio⟩ *Antenne* f ‖ ⟨Mar⟩ *Lateinrahe* f ‖ ~ *aérea Frei-, Hoch\antenne* f ‖ ~ *de alero Dachrinnenantenne* f ‖ ~ *antiestática störungsarme Antenne* f ‖ ~ *auxiliar Behelfsantenne* f ‖ ~ *blindada abgeschirmte Antenne* f ‖ ~ *buscarradar Radarsuchantenne* f ‖ ~ *de cinta Bandantenne* f ‖ ~ *colectiva Gemeinschaftsantenne* f ‖ ~ *colgante Hängeantenne* f ‖ *Schleppantenne* f ‖ ~ *de compensación Abgleich-, Ausgleich-, Abstimmungs\antenne* f ‖ ~ *de cuadro Rahmenantenne* f ‖ ~ *cuarto de onda Viertelwellenantenne* f ‖ ~ *dieléctrica dielektrische Antenne* f ‖ ~ *difusora Ausstrahlantenne* f ‖ ~ *de dípolo Dipolantenne* f ‖ ~ *dirigida od direccional od directiva Richtantenne* f ‖ ~ *emisora Sendeantenne* f ‖ ~ *exterior Außen-, Frei\antenne* f ‖ ~ *incorporada eingebaute Antenne* f ‖ ~ *interior Innen-, Zimmer\antenne* f ‖ ~ *para ondas ultracortas Ultrakurzwellenantenne, UKW-Antenne* f ‖ ~ *parabólica Parabolantenne* f ‖ ~ *en paraguas Schirmantenne* f ‖ ~ *provisional Behelfsantenne* f ‖ ~ *de radar Radarantenne* f ‖ ~ *radiogoniométrica Peilantenne* f ‖ ~ *receptora Empfangsantenne* f ‖ ~ *sintonizada abgestimmte Antenne* f ‖ ~ *telescópica Teleskopantenne* f ‖ ~ *de televisión Fernsehantenne* f ‖ ~ *trifilar Dreidrahtantenne* f ‖ ~ *tubular Rohrantenne* f ‖ ◊ *llevar un tiempo en* ~ ⟨Radio TV⟩ *einige Zeit auf dem Programm stehen* ‖ *poner en* ~ *auf das Programm setzen* ‖ ~s *fpl:* ⟨pop⟩ *Ohren* npl, *Lauscher* mpl
antenacido adj *zu früh geboren*
¹antenado adj *mit Fühlern versehen*
²antenado m *Stiefkind* n
antenoche adv *vor dem Abend, am späten Nachmittag*
antenombre m *dem Namen vorhergehende Benennung (wie Don, San)*
antenupcial adj *vorehelich*
anteo\jera f *Brillenfutteral* n ‖ ~s *fpl Scheuklappen* fpl *(der Pferde)* ‖ **–jero** m *Brillenmacher* m
anteojo m *Fern\glas, -rohr* n ‖ *Augenglas* n ‖ ~ *astronómico astronomisches Fernrohr* n ‖ ~ *binóculo Doppelfernglas* n ‖ ~ *de larga vista Fernglas* n ‖ ~ *monóculo einfaches Fernrohr* n ‖ ~ *panorámico Rundblickfernrohr* n ‖ ~ *prismático Feldstecher* m, *Prismenglas* n ‖ ~ *de teatro Theaterglas, Opern\glas* n, ⟨fam⟩ *-gucker* m ‖ ◊ *mirar las cosas con* ~ *de aumento* ⟨figf⟩ *et. lange vorausahnen* f ⟨figf⟩ *et. übertreiben* ‖ ~s *mpl Fernglas* n ‖ *Feldstecher* m ‖ *Theaterglas, Opern\glas* n, ⟨fam⟩ *-gucker* m ‖ *(Augen)Brille* f ‖ *Scheu\klappen* fpl, *-leder* npl ‖ *Stielbrille* f ‖ ⟨EB⟩ *Glasfenster* n *im Lokomotivführerstand* ‖ ⟨fig⟩ *Schweinsohren* npl *(Gebäck)*
anteón m ⟨Bot⟩ *Klette* f (Arctium = Lappa sp)
ante\pagar [g/gu] vt *voraus(be)zahlen* ‖ **–palco** m *Vor\lage* f, *-raum* m *einer Theaterloge* ‖ **–pasado** adj *vorher geschehen* ‖ ~ *m Vorfahr, Ahnherr, Ahne* m ‖ *Vorgänger* m ‖ *los* ~s *die*

Ahnen mpl ‖ **–patio** m ⟨Arch⟩ *Vorhof* m ‖
–pechado adj *mit e–r Brüstung versehen* ‖
–pecho m *Brüstung, Brustlehne* f ‖ *Fensterbrett* n
‖ *niedrige Mauer* f ‖ ⟨Mil⟩ *Brustwehr, Vorschanze*
f ‖ ⟨Mar⟩ *Schiffsgeländer, Schanzkleid* n, *Reling* f
‖ *Lehne* f *am Kutschersitz* ‖ ⟨Bgb⟩ *Erzgang* m ‖
Brustriemen m *(der Pferde)* ‖ **–penúltimo** adj
drittletzt ‖ ~**a** f ⟨Gr⟩ *vorvorletzt, drittletzte Silbe* f
anteponer [irr –→ **poner**] vt *vor|anstellen,*
-ziehen (& fig), *den Vorrang einräumen* (a *vor*
dat) ‖ ◇ ~ *el deber al placer die Pflicht dem*
Vergnügen voranstellen ‖ ~**se** s. *voranstellen*
antepor|ta(da) f ⟨Typ⟩ *Schmutz-, Vor|titel* m ‖
–tal m ⟨Arch⟩ *Vordertor* n
ante|posición f *Voranstellung* f ‖ *Einräumung* f
des Vorrangs ‖ *Bevorzugung* f ‖ **–proyecto** m
vorläufiger Entwurf, Vorentwurf m ‖ *Vorplan* m ‖
~ *de contrato Vertragsvorentwurf* m ‖ **–puerta** f
Vortür f ‖ *Türvorhang* m ‖ ⟨Mil⟩ *Vortor* n *einer*
Festung
¹antepuerto m ⟨Mar⟩ *Vor-, Außen|hafen* m
²antepuerto m *Felspass* m
antequerano adj/s *aus Antequera* (P Má) ‖ *auf*
Antequera bezüglich
antera f ⟨Bot⟩ *Staubbeutel* m, *Anthere* f
antérico m ⟨Bot⟩ *Graslilie* f (Anthericum spp)
ante|rior adj *(m/f) vorher gehend, früher* ‖
vorig, vorherig ‖ *Vorder-* ‖ *el domingo* ~ *am*
vorigen Sonntag ‖ mi ~ ⟨Com⟩ *mein voriges od*
letztes Schreiben ‖ ~ a … *früher als …* (nom) ‖
~ a *la fecha unter e–m früheren Datum* ‖
–rioridad f *Vorzeitigkeit* f ‖ *Frühersein* n ‖
Priorität f ‖ *Vorrang* m ‖ *früheres Datum* n ‖
Amtsalter n ‖ *Rang* m *nach Dienstjahren* ‖ ◆ con
~ *vorher, früher* ‖ *vorzeitig* ‖ **–riormente** adv
früher (als), vorher ‖ *weiter oben*
antero m *Sämisch- od Wild|lederarbeiter* m
antes 1. adv: **a)** *vorher, vorhin* ‖ *eher, früher* ‖
vormals, ehemals ‖ *de* ~ *vorig, ehemalig* ‖ *cuanto*
~, *lo* ~ *posible baldmöglichst, möglichst bald* ‖
poco ~ *kurz vorher, kurz zuvor* ‖ *desde mucho* ~
seit langem ‖ **b)** im a d v e r s a t i v e n S i n n :
lieber, eher ‖ *vielmehr, im Gegenteil* ‖ ~ (bien)
vielmehr ‖ ~ *morir que vivir mal lieber sterben*
als elend leben ‖ ~ *hoy que mañana lieber heute*
als morgen ‖ *no le debe nada,* ~ (bien) *es su*
acreedor er (sie) schuldet ihm (ihr) nichts,
sondern (er, sie) ist vielmehr sein (ihr) Gläubiger
2. adj *vorherig* ‖ *el día* ~ *am vorherigen Tag,*
am Tag vorher ‖ *una hora* ~ *e–e Stunde vorher*
3. ~ *de als* P r ä p. **a)** ~ *de hora vor der Zeit,*
vorzeitig ‖ ~ *del mediodía vormittags.* **b)** v o r
I n f.: *poco* ~ *de estallar la guerra kurz vor*
Kriegsausbruch. **c)** v o r p a r t i z i p i a l e r
K o n s t r u k t i o n : ~ *de acabada la revisión vor*
Abschluss der Revision
4. ~ *de ayer* –→ **anteayer** ‖ *de anoche* –→
anteanoche
5. ~ *de que …* ⟨als conj⟩ *bevor …, ehe …*
ante|sacristía f *Vorsakristei* f ‖ **–sala** f *Vorsaal*
m, *Vorzimmer* m ‖ ◇ *hacer* ~ *im Vorzimmer*
warten, antichambrieren ‖ *hallarse en la* ~ *de*
algo kurz vor et. stehen ‖ **–salazo** m Chi *langes*
Warten n ‖ **–solera** f *Vorboden* m *(Abdeckung der*
Flusssohle vor e–m Wehrkörper) ‖ **–trén** m Am
Vordergestell n *(am Wagen)* ‖ ⟨Agr⟩ *Vorderkarren*
m *(am Pflug)* ‖ **–ver** [irr –→ **ver**] vt *zuerst sehen,*
voraussehen ‖ **–víspera** f *vorvoriger Tag* ‖ *Tag* m
vor dem Vorabend (e–s Festes)
anti- präf adj *anti-, -feindlich, -heilend*
antiabortista m/f *Abtreibungsgegner(in* f) m
antiácido adj *säure|fest, -beständig* ‖
säureneutralisierend
antiadherente adj *(m/f) Antihaft-*
antiaéreo adj ⟨Mil⟩ *Flugzeugabwehr-,*

Fliegerabwehr-, Flak-, Luftschutz- ‖ ~ m
Flakgeschütz n
antialcohólico adj *alkoholfeindlich* ‖
antialkoholisch
antiamericanismo m *Antiamerikanismus* m
antiar m *Upasgift* n *(Pfeilgift)*
antiarrugas adj *(m/f):* crema ~ *Faltencreme* f
antiartístico adj *kunstfeindlich* ‖ *geschmacklos*
antiartrítico adj ⟨Med⟩ *antiarthritisch* ‖ ~ m
Antiarthritikum n
antiasmático adj ⟨Med⟩ *Asthma lindernd* ‖ ~
m *Antiasthmatikum, Asthmamittel* n
anti|atómico adj *atomfeindlich* ‖ **–atomista** m/f
Atomgegner(in f) m
antiautoritario adj *antiautoritär*
antibala(s) adj *(m/f) kugelsicher*
antibautista m/f *Antibaptist(in* f) m
antibelicista m/f *Kriegsgegner(in* f) m,
Pazifist(in f) m
anti|bioterapia f ⟨Med⟩ *Antibiotikabehandlung*
f ‖ **–biótico** adj ⟨Med⟩ *antibiotisch* ‖ ~ m ⟨Med⟩
Antibiotikum n
antiblanco adj *europäerfeindlich* ‖ *gegen die*
weiße Rasse gerichtet
antiblenorrágico adj ⟨Med⟩
antiblenorrhagisch ‖ ~ m *Antiblenorrhagikum,*
⟨pop⟩ *Trippermittel* n
antibo m ⟨Arch⟩ *Versteifung* f
antibrillo adj *(m/f) blendfrei*
antiburgués adj *antibürgerlich, gegen alles*
Bürgerliche od gegen das Establishment gerichtet
anticalcáreo adj *entkalkend*
anticalórico adj *hitze|fest, -beständig* ‖ ~ m
Wärmeschutz m
anticanceroso adj *krebsverhütend, gegen den*
Krebs (gerichtet)
anticaño adj Hond *uralt*
anticapitalista adj *(m/f) antikapitalistisch* ‖ ~
m/f *Antikapitalist(in* f) m
anticariense adj/s *(m/f) aus Antequera* (P Ma) ‖
‖ *auf Antequera bezüglich*
anticarro adj ⟨Mil⟩ *Panzerabwehr-*
anticaspa adj m *Schuppenmittel* n
anticatarral adj/s *(m/f) Schnupfen heilend* bzw
lindernd
anticátodo m *Antikathode* f *(e–r Röntgenröhre)*
anticatólico adj *antikatholisch*
antichoque adj *(m/f) stoßsicher*
anticíclico adj *antizyklisch*
anticiclón m ⟨Meteor⟩ *Antizyklone* f,
Hoch(-druckgebiet), (barometrisches) Hoch n
anticientífico adj *wissenschaftsfeindlich*
antici|pación f *zeitliches Vorgreifen* n ‖
Vorwegnahme, Vorausnahme f ‖ *Vorempfang* m ‖
Vorschuss m ‖ *Voraus(be)zahlung* f ‖ ⟨Astr⟩
Vorrücken n ‖ ⟨Mus⟩ *Antizipation* f, *Vorschlag* m
‖ ⟨Rhet⟩ *Antizipation* f ‖ ~ *de la financiación*
Vorfinanzierung f ‖ ◆ con ~ *im Voraus* ‖ con un
día de ~ *e–n Tag vorher* ‖ con mucha ~ *lange*
vorher ‖ *aviso con un mes de* ~ *monatliche*
Kündigung f ‖ **–pada** f *verräterischer Überfall* m
‖ *Ausfall, Vorstoß* m *(beim Fechten)* ‖
–padamente adv *vorher, im Voraus* ‖ **–pado** adj
vorläufig ‖ *vorher gehend* ‖ *voreilig, verfrüht* ‖ ◆
por ~ *im Voraus*
anticipar *verfrühen, vorläufig geben* ‖
vorverlegen, früher ansetzen ‖ *vorgreifen* (dat),
voraus-, vorweg|nehmen ‖ *vorauszahlen* ‖
vorschießen (Geld) ‖ *vorausschicken* ‖
beschleunigen ‖ *zuvorkommen* (dat) ‖ *früher*
ansetzen ‖ ◇ ~ *el día de la marcha den*
Abmarschtag vorverlegen ‖ ~ *gracias* s. *im*
Voraus bedanken, im Voraus danken ‖ ~ vi
zuvorkommen (dat) ‖ ~**se** *vorhergehen,*
vorauseilen ‖ s. *früher einstellen, früher eintreten,*

s. früher bemerkbar machen || *vorgreifen* (dat) || *s. beeilen* || *vorzeitig kommen* || *s. übereilen* || ◇ ~ a los acontecimientos *den Ereignissen vorgreifen* || ~ a los tiempos *s–r Zeit voraus sein* || ~ a hacer algo *et. zu früh tun* || mi rival se me anticipó *mein Gegner ist mir zuvorgekommen*
anticipo *m* **a)** *zeitliches Vorgreifen* n || **b)** *Vorschuss* m, *Vorauszahlung* f
anticívico adj *staatsfeindlich, nicht der Bürgerpflicht entsprechend*
anticleri|cal adj *(m/f) antiklerikal, kirchenfeindlich* || ~ m *Antiklerikale(r), Kirchenfeind* m || **–calismo** m *Antiklerikalismus* m || *Kirchenfeindlichkeit* f
anticlinal adj *(m/f) sattelförmig* || ~ m ⟨Geol⟩ *Sattel* m, *Antiklinale, Antikline* f
anticoagulante adj *(m/f)* ⟨Med⟩ *gerinnungshemmend* || ~ m *gerinnungshemmendes Mittel, Antikoagulans* n
anticohesor m ⟨El⟩ *Gegenfritter, Antikohärer* m
anticolérico adj *gegen die Cholera (Mittel)*
anticolonialis|mo m *Antikolonialismus* m || **–ta** adj *(m/f) antikolonialistisch* || ~ m/f *Antikolonialist(in* f) m
anticomunis|mo m *Antikommunismus* m || **–ta** adj *(m/f) antikommunistisch* || ~ m/f *Antikommunist(in* f) m
anti|concepción f *Empfängnisverhütung* f || **–concepcional, –conceptivo** adj *empfängnis-, schwangerschafts|verhütend, antikonzeptionell* || ~ m *schwangerschaftsverhütendes Mittel, Antikonzipiens* n || **–concepcionismo** m *Empfängnis-, Schwangerschafts|verhütung* f || **–conformismo** m *Nonkonformismus* m || **–conformista** adj *(m/f) nonkonformistisch* || – m/f *Nonkonformist(in* f) m
anticongelante adj *(m/f) vor Frost schützend* || ~ m *Frostschutzmittel* n
anti|constitucional adj *(m/f) verfassungs|feindlich, -widrig* || **–constitucionalidad** f *Verfassungsfeindlichkeit* f
anticorrosivo adj *korrosions|fest, -beständig* || ~ m *Korrosions-, Rost|schutzmittel* n || *Säureschutzmittel* n
anti|cresis f ⟨Jur⟩ *Antichre|sis, -se* f, *Nutzungspfand* n || *Nutzungspfandrecht* n *(an Grundstücken)* || **–cresista** m/f *Nutzungspfandgläubiger(in* f) m || **–crético** adj ⟨Jur⟩ *antichretisch*
anti|cristiano adj *christenfeindlich, antichristlich* || **=cristo** m *Antichrist* m
anti|cuado adj *ver|altet, -altend, antiquiert, altmodisch* || *(& Wort, Gesetz usw.) eingewurzelt* || **–cuar** [cu/cü] vt *als veraltet einstufen bei betrachten* || *~se veralten, aus der Mode kommen* || **–cuariado** m **a)** *Antiquariat* n, *antiquarischer Buchhandel* m || **b)** *Antiquitäten* fpl, *Antiquitäten|handel, -laden* m || **–cuario** m **a)** *Antiquar* m || **b)** *Antiquitätenhändler* m || **–cuco** adj CR Hond Nic *uralt*
anticuerpo m ⟨Med⟩ *Antikörper* m
antideflagrante adj *(m/f) explosions|geschützt, -sicher*
anti|démócrata m/f *Antidemokrat(in* f), *Gegner(in* f) m *der Demokratie* || **–democrático** adj *anti-, un|demokratisch* || **–democratismo** m *Antidemokratismus* m
antideportivo adj *unsportlich* || ⟨fig⟩ *unfair*
antidepresivo adj ⟨Med⟩ *antidepressiv, depressionslösend* || ~ m *Antidepressivum, depressionslösendes Mittel* n
antideslizante adj *(m/f) rutsch|fest, -sicher* || ~ m *Gleitschutz* m
antideslumbrante adj *(m/f) blendfrei* || ~ m *Blendschutz* m

antidetonante adj *(m/f) klopf|fest, -frei* || ~ m *Antiklopfmittel* n
antidiabético adj ⟨Med⟩ *antidiabetisch* || ~ m *Antidiabetikum* n, *blutzuckersenkende Substanz* f
antidiftérico adj ⟨Med⟩ *antidiphtherisch* || ~ m *Diphtheriemittel* n
antidinástico adj *dynastiefeindlich*
antidiurético m ⟨Pharm⟩ *Antidiuretikum* n
antidog|mático adj *antidogmatisch, dogmenfeindlich* || **–matismo** m *Antidogmatismus* m
antidoping adj *(m/f) Antidoping-*
antídoto m ⟨Med⟩ *Gegengift, Antidot* n || ⟨fig⟩ *Gegenmittel* n
antidroga adj *(m/f) Drogenbekämpfungs-*
antiecológico adj *umweltschädlich*
antieconómico adj *unwirtschaftlich* || *wirtschaftsfeindlich* || *wirtschaftsfremd*
antielectrodo m *Gegenelektrode* f
antiemético m adj ⟨Med⟩ *den Brechreiz stillend* || ~ m ⟨Med⟩ *Antemetikum, Antimetikum, Mittel* n *gegen Erbrechen*
anti|encandilante adj/s *(m/f) Am* → **–deslumbrante**
antier adv fam → **anteayer**
antiespañol adj *spanienfeindlich*
antiespasmódico adj ⟨Med⟩ *spasmolytisch, krampflösend* || ~ m *Spasmolytikum, Antispasmodikum, krampflösendes Mittel* n
antiespumante adj *(m/f) die Schaumbildung verhindernd, schaumbremsend* || ~ m *Schaumbremsmittel* n
antiestético adj *un|ästhetisch, -schön, hässlich*
antiestrés adj *(m/f) stressvorbeugend*
antieurope|ísta adj *(m/f) antieuropäisch* || *den Europagedanken ablehnend* || *EU-feindlich* || **–ismo** m *antieuropäische Haltung* f || *EU-Feindlichkeit* f
antifármaco m ⟨Med⟩ *Antidot, Gegengift* m
anti|fascismo m *Antifaschismus* m || **–fascista** m/f *Antifaschist(in* f) m
antifaz m *[pl ~ces] Gesichts-, Augen|maske, Larve* f
antifebril adj *(m/f)* ⟨Med⟩ *fiebersenkend* || ~ m *Antipyretikum, fiebersenkendes Mittel* n
antifemi|nismo m *Antifeminismus* m || **–nista** m/f *Antifeminist(in* f) m
antiflogístico adj ⟨Med⟩ *antiphlogistisch, entzündungshemmend* || ~ m *Antiphlogistikum, entzündungshemmendes Mittel* n
antífona f ⟨Kath⟩ *Antiphon* f
¹anti|fonal, ¹–fonario m ⟨Kath⟩ *Antiphonar* n
²anti|fonal, ²–fonario m ⟨pop⟩ *Hintern* m
antífrasis f ⟨Rhet⟩ *Antiphrase* f
antifricción m ⟨Tech⟩ *Lagermetall* n
antifútbol m ⟨Sp⟩ *Antifußball* m
antigás adj *Gas(schutz)-*
antigenicidad f ⟨Med⟩ *Antigenizität* f
antígeno m ⟨Med⟩ *Antigen* n
antigramatical adj *(m/f) ungrammatisch, den Regeln der Grammatik zuwiderlaufend*
antigripal adj *(m/f)* ⟨Med⟩ *gegen Grippe wirkend* || ~ m *Grippemittel* n
antigrisú adj *(m/f)* ⟨Bgb⟩ *schlagwettersicher*
Antigua y Barbuda f ⟨Geogr⟩ *Antigua und Barbuda* n
anti|gualla f *alte Schartere* f *(altes Buch)* || ⟨fam⟩ *Schmöker* m || ⟨fam⟩ *alter Schinken* m || *alte Klamotten* fpl || *alter Plunder* m || **~s** fpl *Antiken, Antiquitäten* fpl || *Trödelkram* m || ⟨figf⟩ *Zopf, veraltete Gebräuche* mpl, *alter Kram* m usw. || ⟨figf⟩ *olle Kamellen* fpl || **–guamente** adv *in alter Zeit* || *früher, ehemals* || **–guar** [gu/gü], **–guarse** [gu/gü] → **–cuar, –cuarse**
antigubernamental adj *(m/f) regierungsfeindlich* || *oppositionell*

antigüedad *f Altertum* n ‖ *Vorzeit* f ‖ *die Alte Welt* ‖ *Altertümlichkeit* f ‖ la ~ *clásica das klassische Altertum, die Antike* ‖ ~ en el servicio *Dienstalter* n ‖ ~es *fpl Antiquitäten* fpl ‖ *Antiken* fpl, *alte Kunstdenkmäler* npl ‖ *Antiquitätensammlung* f
antiguo adj *alt, langjährig* ‖ *alt, im Dienst ergraut* ‖ *altmodisch* ‖ *alt, bejahrt* ‖ *antik* ‖ *ehemalig* ‖ ~ Testamento *Altes Testament* n ‖ montado *od* chapado a la ~a fam *alt|modisch, -fränkisch* ‖ ◆ de ~ *von alters her* ‖ de muy ~ *seit sehr langer Zeit* ‖ en lo ~ *vor langer Zeit* ‖ *ehemals* ‖ ~ m *älterer Schüler od Student* m ‖ ~s mpl *(die) Alten* ‖ *(die) alten Schriftsteller* fpl ‖ ◆ como decían los ~ *wie die Alten od die Klassiker sagten*
antihalo adj ⟨Fot⟩ *lichthoffrei*
antihelio m → **antelio**
antihelmíntico m ⟨Med⟩ *Wurmmittel, Anthelminthikum* n
antihemorrágico adj ⟨Med⟩ *blutstillend* ‖ ~ m *blutstillendes Mittel* n
antihéroe m ⟨Lit⟩ *Antiheld* m
antihidrótico adj ⟨Med⟩ *schweißverhütend* ‖ ~ m *schweißverhütendes Mittel* n
antihigiénico adj *unhygienisch* ‖ *unsauber*
antihipertensivo adj *den Blutdruck senkend* ‖ ~ m *Anthypertensivum* n, *Bluthochdruckmittel* n
antihistamínico adj ⟨Med⟩ *antihistaminisch* ‖ ~ m *Antihistaminikum* n
antihumanitario adj *wider die Menschlichkeit*
antihumano adj *inhuman, unmenschlich, menschenfeindlich*
antiimperialismo m *Antiimperialismus* m
antiincrustante adj *(m/f) Kesselstein verhütend* ‖ ~ m *Kesselsteinverhütungsmittel* n
antiinflamatorio adj ⟨Med⟩ *entzündungshemmend* ‖ ~ m *entzündungshemmendes Mittel* n
antiintelectual adj *(m/f) intellektuellenfeindlich*
antiirritante adj *(m/f) reizlindernd*
antiju|ridicidad *f Rechtswidrigkeit* f ‖ **–rídico** adj *rechtswidrig*
antilegal adj *(m/f) gesetzwidrig*
antillano adj/s *von den Antillen* ‖ *auf die Antillen bezüglich*
Antillas fpl ⟨Geogr⟩ *die Antillen* ‖ ~ Mayores *Große Antillen* ‖ ~ Menores *Kleine Antillen*
anti|logía *f Widerspruch* m *(im Wortlaut)* ‖ **–lógico** adj *widerspruchsvoll* (→ auch *ilógico*)
antílope m ⟨Zool⟩ *Antilope* f
anti|luético adj ⟨Med⟩ → **–sifilítico**
antimacasar m Am *Schondeckchen* n *(für Sessel usw.)* ‖ *Schonbezug* m
antimagnético adj *antimagnetisch*
Antimaquiavelo m *Antimachiavell* m *(Schrift Friedrichs des Gr. gegen Machiavelli)*
antimateria *f* ⟨Phys⟩ *Antimaterie* f
antimicrobiano adj ⟨Med⟩ *antimikrobiell*
antimilita|rismo m *Antimilitarismus* m ‖ **–rista** adj *(m/f) antimilitaristisch* ‖ ~ m *Antimilitarist(in f)* m
antimonárquico adj *antimonar|chisch, -chistisch*
anti|moniato m ⟨Chem⟩ *Antimonat* n ‖ ~s mpl *Antimonsalze* npl ‖ **–monio** m ⟨Sb⟩ *Antimon* n ‖ **–monioso** adj *antimonig, spießglanzhaltig*
antimonopolio adj *(m/f) Antitrust-*
antimoral adj *(m/f) unmoralisch, sittenfeindlich* ‖ **–ismo** m *Antimoralismus* m
antinacional adj *(m/f) antinational, den Interessen der Nation zuwiderlaufend*
antinatural adj *(m/f) naturwidrig, widernatürlich*

antineurálgico adj ⟨Med⟩ *antineuralgisch, analgetisch* ‖ ~ m *Analgetikum* n
antineutrón m ⟨Phys⟩ *Antineutron* n
antiniebla adj *(m/f) Nebel-* (z. B. *Nebelscheinwerfer*)
anti|nomia *f Antinomie* f, *Widerspruch* m ‖ **–nómico** adj *die Antinomie betreffend*
antinuclear adj *(m/f) gegen die Atomkraft gerichtet* ‖ ~ m/f *Atom-, Kernkraft|gegner(in* f) m
antioccidental *(m/f)* adj ⟨Pol⟩ *antiwestlich*
antiofídico adj *gegen Schlangengift (Mittel)* ‖ ~ m *Schlangenbissmittel* n
antiope *f* ⟨Ins⟩ *Trauermantel* m
Antioquia *f* [Stadt] *Antioquia* n
Antioquía *f* [Stadt] ⟨Hist⟩ *Antiochia* n
antiorgástico m ⟨Med⟩ *Beruhigungsmittel* n
antiotanista adj *(m/f) gegen die NATO gerichtet* ‖ ~ m/f *NATO-Gegner(in* f) m
antioxidante m *Antioxidations-, Rostschutz|mittel* n
antipalúdico adj ⟨Med⟩ *gegen Malaria wirkend* ‖ ~ m *Malariamittel* n
anti|papa m *Gegenpapst* m ‖ **–papista** adj *(m/f) papstfeindlich, gegen den Papst gerichtet* ‖ ~ m/f *Papstfeind(in* f) m
antipara *f (Licht)Schirm* m, *Ofenschirm* m ‖ *spanische Wand* f ‖ ⟨Art⟩ *Gamasche* f
anti|parasitario adj *schädlingsbekämpfend, antiparasitarisch* ‖ ~ m *Schädlingsbekämpfungsmittel* n ‖ ⟨Med⟩ *Antiparasitikum* n ‖ **–parásito** adj *(funk)entstört* ‖ ⟨Radio⟩ *Störschutz* m
antiparlamentario adj *antiparlamentarisch*
antiparras fpl ⟨fam⟩ *Brille* f
antipartícula *f* ⟨Phys⟩ *Antiteilchen* n
anti|patía *f Widerwille* m, *(natürliche) Abneigung, Antipathie* f ‖ *Unverträglichkeit* f ‖ **–pático** adj *unsympathisch* ‖ *zuwider, widerwärtig* ‖ *unausstehlich* ‖ *unverträglich (Farben)* ‖ *abstoßend (Charakter)*
antipatinador m *Gleitschutz* m
antipatizar [z/c] vi Am *Abneigung* f *empfinden od zeigen*
anti|patriota m *Antipatriot, unpatriotischer Mensch* m ‖ **–patriótico** adj *unpatriotisch* ‖ **–patriotismo** m *Antipatriotismus* m
antipecas adj *(m/f) gegen Sommersprossen (Mittel)* ‖ ~ m *Sommersprossenmittel* n
antipedagógico adj *unpädagogisch*
antipendio m *Antependium* n *(am Altar)*
anti|peristáltico adj ⟨Med⟩ *antiperistaltisch* ‖ **–peristaltismo** m *Antiperistaltik* f
antipertita *f* ⟨Min⟩ *Antiperthit* m
antipirético adj ⟨Med⟩ *fiebersenkend* ‖ ~ m *Antipyretikum, fiebersenkendes Mittel* n
antipocar [c/qu] vt/i Ar *(e–e Zahlungspflicht) anerkennen*
antípoda adj *völlig entgegengesetzt* ‖ ~ m *Antipode* m ‖ ⟨fig⟩ *Widerspiel* m ‖ ⟨fig⟩ *Gegenteil* n (de *von*) ‖ en los ~s ⟨fig⟩ *weit weg* ‖ ⟨figf⟩ *wo der Pfeffer wächst*
antipoético adj ⟨Poet⟩ *gegen die Regeln der Dichtkunst verstoßend*
antipolilla adj *(m/f) motten|echt, -sicher*
antipolo m *Gegenpol* m
antipopular adj *(m/f) volksfeindlich*
antiprofesional adj *(m/f) berufswidrig*
antiproteccion|ista m/f *Gegner(in* f) m *des Protektionismus* ‖ **–ismo** m *Antiprotektionismus* m
antipútrido adj *fäulnis|verhütend, -verhindernd*
anti|quísimo adj sup von **antiguo** ‖ *uralt* ‖ **–quismo** m → **arcaísmo**
antirrábico adj ⟨Med⟩ *gegen die Tollwut wirkend* ‖ ~ m *Tollwutmittel* n

antirrac|ista adj *(m/f) antirassistisch* ‖ ~ *m/f Antirassist(in* f) m
antirradar adj *(m/f) radarstörend*
anti|rreflector adj *(m/f) entspiegelt, vergütet, mit Antireflexbelag (optisches Glas)* ‖ **–rreflejo** adj *blendfrei*
antirreglamentario adj *vorschriftswidrig* ‖ *dienstwidrig* ‖ ⟨StV⟩ *verkehrswidrig*
antirreligioso adj *religionsfeindlich*
antirrepublicano adj *republikfeindlich* ‖ ~ *m Antirepublikaner, Republikgegner* m
antirreumático adj ⟨Med⟩ *antirheumatisch* ‖ ~ *m Antirheumatikum, Rheumamittel* n
antirrevolucionario adj *gegen-, konter|revolutionär*
antirrobo *m Diebstahlschutz* m
anti|semita *m Antisemit, Judenfeind* m ‖ **–semítico** adj *antisemitisch, judenfeindlich* ‖ **–semitismo** *m Antisemitismus* m, *Judenfeindschaft* f
anti|sepsia f ⟨Med⟩ *Antisepsis* f ‖ **–séptico** adj *antiseptisch, keimtötend* ‖ ~ *m Antiseptikum, keimtötendes Mittel* n
antisifilítico adj *antisyphilitisch* ‖ ~ *m Anti|syphilitikum, -lu(et)ikum* n
antisísmico adj *erdbebensicher (Bau)*
antisocial adj *(m/f) asozial, der Gesellschaft(sordnung) feindlich* ‖ *unsozial*
antistrofa f ⟨Poet⟩ *Antistrophe* f
antisubmarino adj *den U-Boot-Kampf* bzw *die U-Boot-Abwehr betreffend*
antisudo|rífico, -ral adj *(m/f)* ⟨Med⟩ *schweißhemmend* ‖ ~: *m Antihidrotikum, schweißhemmendes Mittel* n
antisuero *m* ⟨Med⟩ *Anti-, Immun|serum* n
antitanque adj *Panzerabwehr-, Pak-*
antitérmico adj *Wärmeschutz-*
antiterror|ista adj *(m/f) Antiterror-* ‖ **–ismo** *m Antiterrorismus* m
antítesis f *Gegensatz* m, *Antithese* f
antitetánico adj ⟨Med⟩ *antitetanisch* ‖ ~ *m Tetanusmittel* n
antitético adj *antithetisch, gegensätzlich*
antitífico adj ⟨Med⟩ *gegen den Typhus wirkend* ‖ ~ *m Typhusmittel* n
antitotali|tario adj *antitotalitär* ‖ **–tarismo** *m Antitotalitarismus* m
anti|tóxico adj ⟨Med⟩ *antitoxisch, entgiftend* ‖ **–toxina** f ⟨Med⟩ *Antitoxin* n
antitrust adj *(m/f) Antitrust-*
antituberculoso adj ⟨Med⟩ *gegen Tuberkulose wirkend* ‖ ~ *m Tuberkulosemittel* n
antitumoral adj *(m/f) tumorhemmend*
antitusígeno adj *hustenstillend* ‖ ~ *m Hustenmittel* n
antivariólico adj ⟨Med⟩ *gegen Pocken wirkend* ‖ ~ *m Pockenmittel* n
antivelo *m* ⟨Fot⟩ *Schleierschutz* m
antivenéreo adj ⟨Med⟩ *gegen Geschlechtskrankheiten wirkend* ‖ ~ *m Mittel* n *gegen Geschlechtskrankheiten*
antocianina f *Blatt-, Anthok|blau, Zyanin* n ‖ ~s *fpl Anthocyane* npl
antófago adj ⟨Zool⟩ *blütenfressend*
antofilita f ⟨Min⟩ *Anthophyllit* m
antoideo adj *blütenförmig*
anto|jadizo adj *launenhaft, grillenhaft* ‖ *lüstern* ‖ **–jado** adj *launisch, lüstern* ‖ **–jarse** vr: ◇ *se me antoja es gelüstet mich, ich habe Lust zu* ‖ *es fällt mir (gerade) ein* ‖ *es kommt mir so vor, als ob …* ‖ *es scheint mir* ‖ *se me antoja que va a llover mir scheint, es wird regnen*
antojera f →* **anteojera**
antojitos mpl Mex →* **tapas**
antojo *m Laune, Grille* f, *Einfall* m ‖ ⟨fam⟩

Flause f ‖ *Muttermal* n ‖ *Gelüsten* n (z. B. *von schwangeren Frauen)* ‖ *Gutdünken, Belieben* n ‖ *Vorurteil* n ‖ **~s** *mpl Muttermale* npl
△ **antojos** *mpl Handschellen* fpl
antolar *m* Cu *Spitzeneinsatz* m
Antolín *m* np *Antolin* m
antolita f ⟨Min⟩ *Antholit* m
antología f ⟨Lit⟩ *Anthologie, Gedichtsammlung, Sammlung* f *von Gedichten* od *Musikstücken* ‖ *Blütenlese* f
Antón *m* np *Anton*
Antonia f np *Antonie* f
antoniano, antonino m/adj ⟨Rel⟩ *Antonier* m *(Mönch)*
antonimia f ⟨Rhet⟩ *Antonymik* f
antónimo *m Antonym, Gegensatzwort* n
Antonio *m* np *Anton(ius)* m
antono|masia f *Antonomasie* f ‖ ♦ *por ~, –másticamente* adv *schlechthin, par excellence* ‖ **–mástico** adj *antonomastisch*
antónomo *m: ~ del manzano* ⟨Ins⟩ *Apfelblütenstecher* m (Anthonomus pomorum) ‖ *~ del peral Birnknospenstecher* m
Antoñito, Antoñuelo *m* np dim von **Antonio**
antor|cha f *Fackel, Leuchte* f (& fig) ‖ *Läuterkessel* m ‖ *~ electrónica Elektronenfackel* f ‖ *~ resinosa Pechfackel* f ‖ **–chero** *m Fackelständer, Halter* m *für Fackeln*
antozo(ari)os *mpl* ⟨Zool⟩ *Blumenpolypen* mpl, *Anthozoen* npl (Anthozoa)
antraceno *m Anthrazen* n
antracita f *Anthrazit* m
antracnosis f ⟨Agr⟩ *Anthraknose, Schwarzfleckenkrankheit , schwarzer Brenner* m *(bei Pflanzen)*
antracosis f ⟨Med⟩ *Anthrakose, Kohlenstaublunge* f
antraquinona f ⟨Chem⟩ *Anthrachinon* n
ántrax *m* ⟨Med⟩ *Karbunkel* m
antro *m Höhle, Grotte* f ‖ *Abgrund* m ‖ *berüchtigtes Lokal* od *Haus* n ‖ *~ de corrupción* ⟨fig⟩ *Lasterhöhle* f ‖ *~ pilórico* ⟨An⟩ *Magenmundhöhle* f
antrópico adj *menschlich, zum Menschen gehörend*
antro|pocéntrico adj *anthropozentrisch* ‖ **–pocentrismo** *m Anthropozentrimus* m ‖ **–pofagia** f *Anthropophagie, Menschenfresserei* f ‖ *Kannibalismus* m *(bei Menschen)* ‖ **–pófago** *m Menschenfresser, Anthropophage* m ‖ **–pofobia** f *Anthropophobie, Menschenscheu* f ‖ *Menschenhass* m ‖ **–pófobo** adj *anthropophob* ‖ **–pogenia** f *Anthropogenie, Menschenentstehung(slehre)* f ‖ **–poide** adj *(m/f) menschenähnlich* ‖ ~ *m Menschenaffe* m ‖ **–polatría** f *Menschenkult* m ‖ **–pología** f *Anthropologie* f, *Naturgeschichte* f *des Menschen* ‖ **–pólogo** *m Anthropologe* m ‖ **–pometría** f *Anthropometrie, Menschenmaßlehre* f *polizeilicher Erkennungsdienst* m ‖ **–pométrico** adj *anthropometrisch* ‖ **–pomorfismo** *m Anthropomorphismus* m ‖ **– pomorfo** adj *anthropomorph(isch), menschlich gestaltet, menschenähnlich* ‖ **–ponimia** f *Namenkunde* f ‖ **–posofia** f ⟨Philos⟩ *Anthroposophie* f ‖ **– pósofo** adj ⟨Philos⟩ *anthroposophisch* ‖ ~ *m Anthroposoph* m ‖ **–poteismo** *m* ⟨Rel⟩ *Antropotheismus* m
antrue|jada f *Fastnachtspossen* m ‖ *derber Spaß, Possen* m ‖ **–jo** *m Fastnacht* f, *Karneval, Fasching* m
antuerpia adj Pe *sehr ungeschickt (Mensch)*
antuerpiense adj/s *(m/f) aus Antwerpen* ‖ *auf Antwerpen bezüglich*
antuviada f ⟨fam⟩ *plötzlicher Schlag* m

antuvión m ⟨fam⟩ *plötzlicher Schlag* m ‖ *unerwartete Begebenheit* f ‖ *Gießbach* m ‖ *Schlucht* f ‖ ◇ de ~ ⟨fam⟩ *un|vermutet, -versehens, plötzlich* ‖ *überraschend*
anual adj *(m/f) jährlich* ‖ *(ein)jährig* ‖ *Jahres-*
anualidad f *jährliche Wiederkehr* f ‖ *Jahres|gehalt* m, *-einkommen* n ‖ *Jahreszahlung* f ‖ *Jahresbetrag* m ‖ *Jahresgebühr* f ‖ *Jahresrate, Annuität* f ‖ *Jahresrente* f ‖ ~ de amortización *Tilgungsannuität* f
anualmente adv *(all)jährlich*
anuario m *Jahrbuch* n, *Kalender* m ‖ *Adressbuch* n ‖ ~ de crecidas *Hochwasserstatistik* f ‖ ~ estadístico *statistisches Jahrbuch* n ‖ ~ de la nobleza *Adelskalender, „Gotha"* m ‖ ~ telefónico *Telefonbuch* n
anub(arr)a|do adj *wolkig, bewölkt* ‖ *wolkenförmig* ‖ **–miento** m *Bewölkung* f
anu|blado *bewölkt* ‖ **–blar** vt *bewölken* ‖ ⟨fig⟩ *in den Schatten stellen* ‖ *verdunkeln* ‖ ~ el juicio ⟨fig⟩ *die Urteilskraft trüben* ‖ **~se** s. be-, s. *um|wölken* ‖ ⟨fig⟩ *welken* ‖ ⟨fig⟩ *misslingen* ‖ ⟨fig⟩ s. *trüben*
anucar [c/qu] vt Arg *entwöhnen, abstillen (Säugling)*
anu|damiento m, **–dadura** f s von **–dar** ‖ *Ver|knotung, -knüpfung* f ‖ **–dado** adj *geknüpft* ‖ ~ a mano *handgeknüpft (Teppich)* ‖ **–dadora** f *Knüpferin* f *(Arbeiterin)* ‖ ⟨Text⟩ *Knüpf-, Knot|maschine* f ‖ **–dar** vt *(ver)knoten* ‖ *verschnüren* ‖ *(an)knüpfen, befestigen, anbinden* ‖ ⟨fig⟩ *ver|einigen, -binden* ‖ ⟨fig⟩ *anknüpfen* ‖ ⟨fig⟩ *wieder aufnehmen (Beziehungen)* ‖ ~ la amistad *die Freundschaft fester knüpfen* ‖ ~ la conversación *das Gespräch wieder aufnehmen* ‖ **~se** *im Wachstum zurückbleiben* ‖ *stecken bleiben* ‖ *Knorren ansetzen (Bäume)* ‖ ◇ la voz se le anudó (en la garganta) ⟨fig⟩ *die Stimme versagte ihm (ihr)*
anudrido adj Sal *erschöpft, entkräftet*
anuen|cia f *Zunicken* n ‖ *Zustimmung, Einwilligung* f ‖ **–te** adj *(m/f) zustimmend* ‖ *willfährig*
anuir [-uy-] vi *bejahend winken* ‖ *einwilligen*
anulabilidad f *Annullierbarkeit* f ‖ ⟨Jur⟩ *Anfechtbarkeit* f
anu|lable adj *(m/f) umstoßbar* ‖ *annullierbar, anfechtbar* ‖ *aufhebbar* ‖ **–lación** f *Aufhebung* f ‖ *Annullierung* f ‖ *Abbestellung* f ‖ ⟨Jur⟩ *Nichtigkeitserklärung* f ‖ *Niederschlagung* f *(e–s Verfahrens)* ‖ *Rücknahme* f *(bei rechtswidrigen Verwaltungsakten)* ‖ ~ de la inscripción *Abmeldung* f, *Rücktritt* m ‖ ~ de una marca *Löschung* f *e–s Zeichens (Urheberrecht)* ‖ ~ del matrimonio *Aufhebung* f *der Ehe* ‖ ~ de una orden *od* de un pedido ⟨Com⟩ *Abbestellung, Stornierung* f *e–s Auftrags* ‖ ~ del permiso de conducir *Entziehung* f *der Fahrerlaubnis*
¹anular vt *für null und nichtig erklären, annullieren* ‖ *aufheben, umstoßen (Urteil)* ‖ *streichen (Kredit)* ‖ *tilgen (Schuld)* ‖ *abbestellen (Antrag)* ‖ *abstempeln* ‖ *entwerten* ‖ ◇ ~ un gol *ein Tor nicht geben* ‖ ~ el matrimonio ⟨Jur⟩ *die Ehe aufheben* ‖ ~ una medida *e–e Maßnahme rückgängig machen* ‖ ~ el permiso de conducir a alg. *jdm die Fahrerlaubnis entziehen* ‖ ~ una sentencia ⟨Jur⟩ *ein Urteil aufheben* ‖ ~ una visita *e–n Besuch* m *absagen* ‖ **~se** ⟨fig⟩ s. *demütigen*
²anular adj *(m/f) Ring-* ‖ *ringförmig*
anulativo adj ⟨Jur⟩ *aufhebend, annullierend*
anulete m ⟨Her⟩ *Ring* m
ánulo m ⟨Bot Zool⟩ *Ring* m
anuloso adj *geringelt* ‖ *ringförmig*
anun|ciación f *Anzeige, Ankündigung* f ‖ ~ (de

Nuestra Señora) ⟨Kath⟩ *Mariä Verkündigung* f ‖ ~ span. *Frauenname* ‖ **–ciador** adj *anzeigend* ‖ *an-, ver|kündigend* ‖ **–ciante** m *Aufgeber e–r Anzeige, Inserent* m *(e–r Zeitung usw.)*
anunciar vt/i *(öffentlich) bekannt geben, od machen, verkünd(ig)en, ankündigen* ‖ *anzeigen, melden* ‖ *anmelden (Person)* ‖ *(in e–r Zeitung) anzeigen, inserieren, annoncieren* ‖ *verheißen* ‖ *vorhersagen* ‖ ⟨Radio⟩ *ansagen,* [Nachricht] *durchsagen* ‖ *ausschreiben (Stelle)* ‖ **~se** s. *anmelden lassen*
anuncio m *Anzeige* f ‖ *Meldung* f ‖ *Bekanntmachung* f ‖ *Zeitungsanzeige* f ‖ *Reklame* f ‖ *Verheißung* f ‖ *Vorher|sagung, -sage* f ‖ *Vorzeichen* n ‖ ⟨fig⟩ *Vorbote* m ‖ ~ aéreo *Himmelsschrift* f ‖ ~ cifrado *Chiffreanzeige* f ‖ ~ de empleo *Stellenanzeige* f ‖ ~ luminoso *Leucht-, Licht|reklame* f ‖ ~ publicitario *Werbeanzeige* f ‖ ~ televisado *Fernsehreklame* f ‖ *Fernsehansage* f ‖ **~s** mpl: ~ económicos *Kleinanzeigen* fpl ‖ ~ por palabras *Wortanzeigen* fpl
anuo adj ⟨Bot⟩ *jährlich* ‖ *jährig*
anu|resis, –ria f ⟨Med⟩ *Anurie, Harnverhaltung* f
anuro adj ⟨Zool⟩ *ungeschwänzt* ‖ **~s** mpl ⟨Zool⟩ *Froschlurche* mpl (Anura *pl*)
anverso m *Bild-, Vorder|seite* f *e–r Münze* ‖ ◆ al ~ *auf der Vorderseite*
anzolar vt *angeln*
¹anzuelo m *Angelhaken* m ‖ ⟨fig⟩ *Köder* m, *Lockmittel* n ‖ ◇ echar el ~ *die Angel auswerfen* (& fig) ‖ ~ morder el ~ ⟨fig⟩ *anbeißen* ‖ *auf den Leim gehen* ‖ picar (en) el ~ ⟨fig⟩ *anbeißen, (darauf) hereinfallen* ‖ roer el ~ ⟨fig⟩ s. *od s–n Kopf aus der Schlinge ziehen* ‖ tragar el ~ ⟨fig⟩ *auf den Leim gehen*
²anzuelo m ⟨Kochk⟩ *(Art) Backwerk* n
aña f [el] Al Sant Vizc *Amme* f ‖ ~ seca Al Sant Vizc *Kinderfrau* f
añacal m *Backbrett* n, *auf dem das Brot ins Haus gebracht wird*
añada f *Jahreswitterung* f ‖ *Erntejahr* n ‖ *Jahresernte* f ‖ [Wein] *Jahrgang* m ‖ ⟨Agr⟩ *Wechselfeld* n
aña|dido m *Zusatz* m ‖ *Hinzugefügtes* n ‖ *Haareinlage* f ‖ ⟨Typ⟩ *Nachtrag* m *zum Text* ‖ **–didura** f *Zusatz* m, *Beigabe, Zusatz* f ‖ *Zugabe* f *beim Einkauf* ‖ *Zuwachs* m ‖ ⟨Tech⟩ *Ansatzstück* n ‖ ~ del cuajo *Zusetzen* n *von Lab (Molkerei)* ‖ ◆ por ~ *(noch) obendrein, außerdem* ‖ **–dir** vt/i *hinzu|fügen, -tun* ‖ *hinzurechnen* ‖ *vergrößern, erweitern* ‖ *verlängern* ‖ *annähen* ‖ ◇ a esto hay que ~ que ... *dazu kommt, dass ...*
añafea f *Packpapier* n
añafil m *lange maurische Trompete* f ‖ *Bläser* m *des añafil*
añagaza f ⟨Jgd⟩ *Lockvogel* m ‖ ⟨fig⟩ *Lockung* f, *Lockvogel, Köder* m ‖ ⟨fig⟩ *Finte* f *im Spiel*
añal adj *(m/f) jährlich* ‖ *(ein)jährig* ‖ m *Opfer* n *(zum Jahrgedächtnis e–s Verstorbenen)*
añalejo m *kirchliche Agende, Messordnung* f
añangostarse vr Col s. *ducken*
¡añañay! int Chi *bravo!* ‖ *gut so!*
añapa f a) And Arg *Karobengetränk* n ‖ b) Arg *Johannisbrotmehl* n ‖ ◇ hacer ~ ⟨fam⟩ *zer|schlagen, -stückeln*
añares mpl Ur *Jahre* pl
añás, añas f ⟨Zool⟩ PR *Skunk* m, *Stinktier* n (→ **²mofeta**)
añas|car [c/qu] vt ⟨fam⟩ *(Plunder) auflesen, zusammenklauben* ‖ ⟨fam⟩ *in Unordnung bringen, durcheinanderbringen, verwirren* ‖ **–co** m *Ver|wirrung, -wicklung* f
añe|jamiento m *Ab|lagern* n, *-lagerung* f *(Wein)* ‖ **–jarse** vr *ablagern (Wein)* ‖ *mit dem*

Alter an Güte gewinnen od *verlieren (Wein, Lebensmittel)* ‖ **–jo** adj *alt* ‖ *alt, überjährig (Wein)* ‖ *veraltet* ‖ *alteingewurzelt (Laster)* ‖ *althergebracht (Brauch)* ‖ *überholt*
añico *m* Ar *Jährchen* n ‖ ◇ *tener sus ~s* ⟨fam⟩ *nicht mehr ganz jung sein*
añicos *mpl Scherben* fpl, *Fetzen, Splitter* mpl, *Bruchstücke* npl, *Brocken* mpl ‖ ◇ *hacer ~ in kleine Stücke zerbrechen, zerreißen* ‖ *kurz und klein schlagen,* ⟨fam⟩ *zerteppern* ‖ *~ quedar uno hecho añicos* ⟨fam⟩ *total erschöpft od k.o. sein, am Boden zerstört sein* ‖ *hacerse ~* ⟨fam⟩ *s. kaputtmachen (bei e–r Tätigkeit)*
añidir vt Sor →* **añadir**
añil *m* ⟨Bot⟩ *Indigo(pflanze* f, *-strauch)* m (Indigofera spp) ‖ *Indigo\farbe* f, *-blau* n ‖ **–ar** vt *mit Indigo färben*
añina *f Lammwolle* f *der ersten Schur*
año *m Jahr* n ‖ *Jahrgang* m ‖ ⟨fig⟩ *übermäßig lange Zeit* f ‖ ⟨fig⟩ *die Person, die am Silvesterabend durch das Los für das nächste Jahr zum Ritter* od *zur Dame des Mitlosenden bestimmt wird* ‖ *~ abundante* ⟨Agr⟩ *ertragreiches Jahr* n ‖ *~ académico akademisches Jahr* n ‖ *~ agrícola Landwirtschaftsjahr* n ‖ *Erntejahr* n ‖ *~ de aprobación Probejahr* n *(z.B. in e–m Orden)* ‖ *~ astral* ⟨Astr⟩ *Sternjahr* n ‖ *~ bisiesto Schaltjahr* n ‖ *~ civil Kalenderjahr* n ‖ *~ bueno* ⟨Agr fam⟩ *ertragreiches Jahr* n ‖ *~ de común Jahr von 365 Tagen* ‖ *~ de construcción Baujahr* n ‖ *~ corriente ~, ~ en curso das laufende Jahr* ‖ *~ eclesiástico Kirchenjahr* n ‖ *~ económico Rechnungs-, Geschäfts-, Wirtschafts\jahr* n ‖ *~ escolar Schuljahr* n ‖ *~ estadístico statistisches Jahr* n ‖ *~ de gracia das Jahr des Heils* ‖ *~ jubilar* od *de jubileo* ⟨Kath⟩ *Jubeljahr* n ‖ *~ lectivo Vorlesungsjahr* n ‖ *~ (de) luz* ⟨Astr⟩ *Lichtjahr* n ‖ *~ mariano* ⟨Kath⟩ *Marienjahr* n ‖ *~ nuevo Neujahr* n ‖ *~ pobre Hungerjahr* n ‖ *~ de práctica Probejahr* n ‖ *Praktikantenjahr* n ‖ *~ de prioridad Prioritätsjahr* n *(Urheberrecht)* ‖ *~ de prueba Probejahr* n ‖ *~ sabático etwa: Forschungsfreisemester* n ‖ *~ sideral, sidéreo siderisches Jahr* ‖ *~ solar Sonnenjahr* n ‖ *~ de vida Lebensjahr* n ‖ *~ tras ~ Jahr für Jahr, jahraus, jahrein* ‖ *~ y vez ein Jahr ums andere* ‖ *el ~ de cuarenta, el ~ de la nan(it)a* od *de la pera* od *de la polca* (figf) *als der Großvater die Großmutter nahm, Anno dazumal, Anno Tobak* ‖ *el ~ que viene, el ~ próximo das nächste Jahr* n ‖ ♦ *entre ~ während des Jahres* ‖ *estar de buen ~* ⟨fam⟩ *dick und rund sein* ‖ *gut aussehen* ‖ *ganar ~* ⟨fig⟩ *ein Schuljahr überspringen* ‖ *die Jahresprüfung bestehen* ‖ *pasar ~ die Jahresprüfung bestehen* ‖ *perder ~ die Jahresprüfung nicht bestehen* ‖ *sacar el vientre de mal ~* ⟨fam⟩ *wieder zu Wohlstand kommen* ‖ *¡mal ~ para él!* ⟨fam⟩ *der Teufel soll ihn holen! verdammt soll er sein!* ‖ *un ~ con otro im Jahresdurchschnitt* ‖ *~s mpl Geburtstag* m ‖ *~ de baja natalidad geburtenschwache Jahrgänge* mpl ‖ *~ de desarrollo Entwicklungsjahre* npl ‖ *~ juveniles die Jugendjahre* npl ‖ *~ pobres* ⟨Agr⟩ *Hungerjahre* npl ‖ ♦ *a sus ~ in s–m Alter* ‖ *de ~ älter, älter* ‖ *de pocos ~ jung* ‖ *dentro de cien ~, todos calvos* ⟨fig⟩ *in fünfzig Jahren ist alles vorbei* ‖ *por aquellos ~ in jener Zeit* ‖ *¡por muchos ~!* *m–e Glückwünsche!* ‖ ◇ *cumplir los ~ s–n Geburtstag erleben, Geburtstag haben* ‖ *dar los ~ Glück zum Geburtstag wünschen* ‖ *Dios guarde a Vd. muchos ~ Gott schenke Ihnen ein langes Leben! (übliche Schlussformel in span. offiziellen Schriftstücken)* ‖ *entrado en ~ älter, bejahrt* ‖ *hace ~, ~, ha vor Jahren* ‖ *jugar los ~* ⟨fam⟩ *bloß zum Zeitvertreib spielen* ‖ *con los ~*

vienen los engaños ⟨Spr⟩ *mit den Jahren kommen die Enttäuschungen* ‖ *sus ~ le pesan er merkt das Alter* ‖ *quitarse ~ s. jünger ausgeben, als man ist; mit dem Alter schwindeln, das eigentliche Alter (durch Worte bzw falsche Angaben) drücken* od *herabsetzen* ‖ *todos los ~ jedes Jahr, alljährlich*
añoblo *m* ⟨Agr⟩ →* **añublo**
añojal *m* ⟨Agr⟩ *Wechselfeld* n
añojo *m,* **añoja** *f jähriges Rind* n
añoñar vt Pe PR *verwöhnen, liebkosen*
año\ranza *f Sehnsucht* f ‖ *Heimweh* n ‖ *wehmütige Erinnerung* f *(de an acc)* ‖ *~ de … Sehnsucht nach …* ‖ ♦ *con ~ sehnsüchtig* ‖ **–rar** vt *sehnlichst verlangen, wünschen* ‖ *innig ersehnen* ‖ vi *Sehnsucht, Heimweh empfinden* ‖ *s. sehnen nach (dat), nachtrauern (dat)* ‖ *wehmütig klagen*
añoso adj *bejahrt, alt, betagt*
añu\blarse vr ⟨Agr⟩ *brandig werden (Getreide)* ‖ **–blo** *m Kornbrand* m
añudar(se) vt/r →* **anudar(se)**
añusgar [g/gu] vi *ersticken* ‖ *s. verschlucken* ‖ ⟨fig⟩ *zornig werden* ‖ *~se unwillig, böse werden*
aojada *f* Col *Halb-, Giebel\fenster* n
ao\jadura *f,* **–jamiento** *m* →* **aojo** ‖ **–jo** vt **a)** *anschauen* ‖ **b)** *durch den bösen Blick behexen* ‖ ⟨fig⟩ *verderben, zugrunde (& zu Grunde) richten* ‖ **–jo** *m Behexung durch den bösen Blick* ‖ *böser Blick* m ‖ ⟨fig⟩ *Blendwerk* n
aoristia *f Zweifel* m, *Unschlüssigkeit* f
aoristo *m* ⟨Gr⟩ *Aorist* m
aorta *f* ⟨An⟩ *Aorta* f ‖ *~ abdominal Bauchaorta* f ‖ *~ torácica Brustaorta* f
aórtico adj ⟨An⟩ *Aorten-*
aortitis *f* ⟨Med⟩ *Aortitis, Entzündung* f *der Aorta*
aorzado adj *krugförmig*
ao\vado adj *eirund, oval* ‖ **–var** vi *Eier legen* ‖ *laichen (Wassertiere)*
aovillarse vr ⟨fig⟩ *s. (zusammen)kauern, s. zusammenrollen*
AP ⟨Abk⟩ = **Alianza Popular**
ap. ⟨Abk⟩ = **aparte** ‖ **apóstol** ‖ **apostólico**
¹apa adv Chi *auf den Schultern*
²¡apa! int Mex *nanu! was ist denn da los?*
apabilar vt *(den Docht zum Brennen) absengen* ‖ Ar *betäuben (üblen Geruch)* ‖ vi *langsam erlöschen (Kerze)* ‖ *~se* ⟨fig⟩ *den Mut verlieren* ‖ ⟨fig⟩ *abmagern*
apa\bullamiento *m* →* **–bullo**
apa\bullar vt ⟨fam⟩ *platt drücken* ‖ *plattdrücken* ‖ ⟨fig⟩ *verwirren, durcheinander bringen* ‖ ⟨fig⟩ *erdrücken (mit Beweisen)* ‖ ⟨fig⟩ *zum Schweigen bringen,* ⟨fam⟩ *das Maul stopfen* ‖ **–bullo** *m* ⟨fam⟩ *Plattdrücken* n
apacen\tadero *m Weideplatz* m ‖ **–tamiento** *m Weiden* n ‖ *Hütung* f ‖ *Vieheintrieb* m *(auf die Weide)* ‖ **–tar** [-ie-] vt *weiden, auf die Weide führen, hüten (Vieh)* ‖ ⟨fig⟩ *belehren* ‖ ⟨fig⟩ *unterweisen* ‖ Pe ⟨fig⟩ *be\sänftigen, -ruhigen* ‖ ⟨fig⟩ *nähren, schüren* ‖ *~se auf die Weide gehen*
apa\che *m Apache (Indianerstamm)* ‖ [veraltend] *Apache, Ganove* m *(in der Großstadt)* ‖ ◇ *parecer un ~* ⟨fam⟩ *sehr verwildert, aussehen* ‖ **–chetero** *m* Bol *Straßenräuber* m
apachu\rrado adj Col Cu Mex *untersetzt* ‖ **–rrar** vt →* **despachurrar**
apaci\bilidad *f Sanftmut* f ‖ *Leutseligkeit* f ‖ *Friedfertigkeit* f ‖ *Gemütlichkeit* f ‖ *Milde* f ‖ **–bilísimo** adj sup von **–ble** ‖ **–ble** adj *(m/f) sanftmütig, mild* ‖ *lieblich, anmutig* ‖ *gemütlich* ‖ *leutselig* ‖ *ruhig, mild (Wetter)* ‖ *angenehm* ‖ adv: *~mente*
apaci\guador adj *beschwichtigend* ‖ m *Friedensstifter* m ‖ **–guamiento** *m Besänftigung* f

‖ *Beschwichtigung* f ‖ **–guar** [gu/gü] vt *be|sänftigen, -ruhigen, -schwichtigen* ‖ *versöhnen* ‖ *dämpfen (Aufruhr usw.)* ‖ *stillen (Hunger)* ‖ *Frieden stiften* ‖ *zufrieden stellen* ‖ ~ *los ánimos die Gemüter beruhigen* ‖ ~**se** *s. beruhigen* ‖ *nachlassen (Gewitter)*
apadrinar vt *Patenstelle* f *annehmen (bei* dat*)* ‖ (Hist) *als Zeuge* od *Sekundant dienen* ‖ (fig) *(jdm) beistehen* ‖ *jdn beim Einreiten e–s Pferdes begleiten* ‖ *(jdn) verteidigen* ‖ *(jdn) begünstigen* od *fördern* ‖ (figf) *(jdn) unter s–e Fittiche nehmen* ‖ et. *gutheißen*
apagabroncas m (pop) *Rausschmeißer* m
apaga|chispas m *Funkenlöscher* m ‖ **–da** f Am → **apagamiento** ‖ **–dizo** adj *schlecht* od *schwach brennend* ‖ *leicht lösbar*
apagado adj *erloschen (Licht, Blick)* ‖ *glanzlos, matt* ‖ (fig) *verloschen, blass* ‖ (fig) *mutlos* ‖ (fig) *leise, schwach, gedämpft (Töne)* ‖ *dumpf (Stimme)* ‖ *ver|blichen, -schossen (Farbe)* ‖ *er|storben, -loschen (Gefühl)*
apaga|dor m *Löschhütchen* n *(für Kerzen)* ‖ (Mus) *(Schall-)Dämpfer* m ‖ **–incendios** m *Feuerlöscher* m ‖ **–luz** m *Löschhorn* n *(für Kerzen)* ‖ **–miento** m *Auslöschen* n ‖ **–penol** m (Mar) *Nockgording* f
apagar [g/gu] vt *(aus)löschen* ‖ *stillen, beschwichtigen* ‖ *löschen (Kalk)* ‖ *aus|schalten,* (fam) *-machen (Licht)* ‖ *mildern (Farben)* ‖ ⟨Ak Mus⟩ *dämpfen* ‖ ⟨Mal⟩ *abdämpfen* ‖ *stillen (Durst)* ‖ *löschen (Koks, Kalk)* ‖ ⟨Mar⟩ *reffen (Segel)* ‖ (fig) *ausrotten* ‖ ~ *los bríos* ⟨fig⟩ *den Mut benehmen* ‖ ¡apaga y vámonos! (figf) *jetzt langt's aber! Schluss der Vorstellung!*
Schluss mit dem Blödsinn! ‖ ~**se** *ruhig werden* ‖ *erlöschen* ‖ *verklingen* ‖ *verblassen (Farbe)* ‖ *ausgehen (Feuer)* ‖ (fig) *langsam und friedlich sterben*
apagavelas m *Löschhütchen* n *(für Kerzen)*
¹**apagón** m *Stromausfall* m
²**apagón** adj Chi Cu Mex → **apagadizo**
apagullar vt ⟨fam⟩ → **apabullar**
apainelado adj ⟨Arch⟩ *gekröpft (Bogen)*
apaisado adj *in Querformat (Bücher, Gemälde)* ‖ ⟨Arch⟩ *liegend (Fenster)*
apaisanarse vr Am *die Art der Landbewohner annehmen, verbauern*
apajado adj *strohfarben*
apajarado adj ⟨fam⟩ *leicht verrückt* ‖ *überspannt* ‖ Chi *leichtsinnig, unbesonnen* ‖ ◇ *estar* ~ ⟨fig⟩ *nicht ganz dicht sein, eine Meise haben*
apala f Cu Chi ⟨Text⟩ *Stoff* m *mit erdfarbenen Streifen*
apalabrar vt *besprechen, verabreden* ‖ *irgendwohin bestellen* ‖ ~**se** *s. verabreden* ‖ *s. absprechen* (con *mit*)
apalanca|dero m *Versteck* m ‖ **–do** adj *versteckt*
apalancamiento m *Aushebeln* n
¹**apalancar** [c/qu] vt *aushebeln, e–n Hebel ansetzen*
²**apalancar** [c/qu] vt *verstecken*
³**apalancar** [c/qu] vt Logr *stehlen, klauen*
apalastrarse vr MAm *s. verausgaben* ‖ Can *Angst bekommen* ‖ Col MAm *ohnmächtig werden*
apa|leador m *Schläger, Raufbold* m ‖ **–leamiento, –leo** m *Durchprügeln, Schlagen* n
¹**apalear** vt *schlagen, prügeln* ‖ *klopfen (Teppich), ausklopfen (Kleidungsstück)* ‖ ~ *un árbol e–n Baum mit Stangen schlagen (um die Früchte zu ernten)*
²**apalear** vt ⟨Agr⟩ *umschaufeln, worfeln (Korn)* ‖ ~ *los duros* od *las pesetas Geld schaufeln* od *scheffeln, sehr reich sein*

apalearse vr Dom ⟨fam⟩ *s. ein Gläschen genehmigen*
¹**apaleo** m *Herunterschlagen* n *(Oliven, Obst) mit der Stange*
²**apaleo** m ⟨Agr⟩ *Worfeln (Korn)*
apampar vt Arg *betrügen* ‖ ~**se** Arg *ver|dummen, -blöden*
apancle m Mex *Wasserrohr* n ‖ *Abwässerungsgraben* m
apandar vt ⟨fam⟩ *klauen, mausen, stibitzen* ‖ *verheimlichen*
apan|dillador m *Aufrührer* m ‖ **–dillarse** vr *s. zusammenrotten*
apandorgarse [g/gu] vr *dick, schwerfällig werden (Frauen)*
apanga|do m Am *Tölpel, Dummkopf* m ‖ **–larse** vr Col *verdummen* ‖ *verzagen*
apaninarse vr Mex *s. eingewöhnen*
apanojado adj *rispenförmig* ‖ (fig) *rotblond*
apanta|llado adj Mex *dumm, einfältig* ‖ ~ *m* ⟨Radio⟩ *Abschirmung* f ‖ ⟨Fot⟩ *Maskierung* f ‖ **–llar** vt ⟨Tel⟩ *abschirmen* ‖ Mex *in Staunen versetzen*
apantanarse vr *sumpfig werden, versumpfen (Boden)*
apanteonarse vr Chi *verarmen*
apantle m Mex *Wasserrinne* f
apañacuencos m Ar ⟨fam⟩ *Topfflicker* m ‖ *Schreihals* m
¹**apañado** adj *tuch|ähnlich, -artig*
²**apañado** adj *ge|wandt, -schickt, anstellig* ‖ fix ‖ *passend* ‖ *brauchbar* ‖ *schmuck, zierlich (Mädchen)* ‖ ◇ ¡estamos bien ~! *das ist e–e schöne Geschichte!* ‖ *jetzt sitzen wir schön in der Patsche!*
¹**apañar** vt *zu-, vor|bereiten* ‖ *ausbessern, reparieren,* ⟨fam⟩ *flicken* ‖ *zurechtmachen* ‖ *schmücken* ‖ ~**se** *s. zurechtmachen* ‖ *zurechtkommen* ‖ *s. aus der Affäre ziehen* ‖ *s. bequemen, s. fügen*
²**apañar** vt ⟨fam⟩ *ergreifen, packen* ‖ *stehlen* (fam) *stibitzen, klauen* ‖ *zusammenkratzen (Geld)* ‖ *es geschickt anstellen*
apañárselas *(damit) zurechtkommen* ‖ *s. zu helfen wissen* ‖ *s. aus der Affäre ziehen*
¹**apaño** m ⟨fam⟩ *Flicklappen* m ‖ *Flicken* m ‖ *Besatz, Schmuck* m ‖ ◇ el asunto tiene ~ ⟨fam⟩ *die Sache ist nicht zu ändern* od *nicht zu retten*
²**apaño** m *Zu|griff* m, *-greifen* n ‖ *Wegnahme* f ‖ *Stehlen* n ‖ *Geschicklichkeit* f ‖ ◇ *tener buenos* ~s ⟨fam⟩ *Geschick haben*
³**apaño** m ⟨pop⟩ *Liebhaber* m ‖ ⟨pop⟩ *Geliebte* f ‖ ⟨pop⟩ *Liebesverhältnis* n ‖ ⟨fam⟩ *(guter) Job* m
¹**apañuscar** [c/qu] vt *zer|knittern, -knüllen* ‖ Ven *zusammendrücken*
²**apañuscar** [c/qu] ⟨fam⟩ *stehlen, klauen, stibitzen*
apapachar vt Mex *streicheln, verhätscheln*
apapagayado adj *papageienähnlich*
apara m ⟨Zool⟩ *Gürteltier* n (Dasypus spp)
aparador m *Anrichte* f, *Kredenztisch* m ‖ *Schanktisch* m ‖ *Werkstatt* f ‖ ⟨Com⟩ *Auslage* f, *Schaufenster* n ‖ Ar *Küchengeschirrständer* m ‖ ◇ *estar de* ~ ⟨fig⟩ *in Erwartung e–s Besuches geputzt sein (Frau)*
¹**aparar** vt ⟨allg⟩ *richten, zu-, vor|bereiten, schmücken* ‖ ⟨Agr⟩ *ebnen, richten (Gartenbeet)* ‖ ⟨Agr⟩ *jäten* ‖ *schälen und zubereiten (Obst)* ‖ *decken (Tisch)* ‖ ~**se** *s. vorbereiten, s. richten, s. putzen*
²**aparar** vt *im Flug auffangen* ‖ *aufhalten, um (et.) aufzufangen (Hände, Schürze)* ‖ ◇ ¡apare Vd.! *da! da haben Sie!*
³**aparar** vt *Schuhschäfte nähen*
¹**aparatarse** vr *s. herausputzen, s. aufdonnern*

²**aparatarse** vr *im Anzug sein (Regen, Gewitter)* ‖ *s. bewölken (Himmel)*
aparatero adj Al Ar Chi → **aparatoso**
¹**aparato** m *Apparat* m (& fig), *Gerät* n ‖ *Vorrichtung* f ‖ *Instrument* n ‖ ⟨An⟩ *Apparat* m ‖ ⟨Med⟩ *(mechanischer) Apparat* m *(als Heilmittel)* ‖ ⟨vulg⟩ *Ding* n *(männliche Genitalien)* ‖ kurz für: *Fernsprecher* m ‖ kurz für: *Flugzeug* m ‖ ~ de abonado ⟨Tel⟩ *Fernsprechanschluss* m ‖ ~ de aire caliente *Heißluftapparat* m ‖ ~ de alarma *Alarmvorrichtung, Warngerät* n ‖ ~ de ampliación ⟨Fot⟩ *Vergrößerungsapparat* m ‖ ~ automático *Selbstanlasser* m ‖ ~ automático de moneda *Münzautomat* m ‖ ~ de cajón ⟨Fot⟩ *Kastenkamera* f ‖ ~ de calefacción *Heizapparat* m ‖ ~ a chorro llano *Flachstrahlregner* m ‖ ~ circulatorio ⟨An⟩ *Kreislaufapparat* m ‖ ~ conectable a la red *Netzanschlussgerät* n ‖ ~ crítico ⟨Lit⟩ *kritischer Apparat* m ‖ ~ de despacho de bebidas *Ausschankapparat* m ‖ ~ digestivo ⟨An⟩ *Verdauungs|apparat, -traktus* m ‖ ~ de dirección de tiro ⟨Mil⟩ *Zielgerät* n ‖ ~ doméstico *Haushaltsgerät* n ‖ ~ emisor ⟨Radio⟩ *Sender, Sendeapparat* m ‖ ~ de escucha ⟨Tel⟩ *(Ab)Hör-, (Ab)Horch|gerät* n ‖ ~ fotocopiador *Fotokopiergerät* m ‖ ~ fotográfico *Fotoapparat* m ‖ ~ frigorífico *Gefrierapparat, Kälteapparat* m ‖ ~ fumígeno *Raucherzeuger* m ‖ ~ genital ⟨An⟩ *Geschlechtsapparat* m ‖ ~ de gimnasia ⟨Sp⟩ *Turngerät* n ‖ ~ de gobierno → ~ de mando ‖ ~ heliográfico, ~ de heliocalco ⟨Typ⟩ *Lichtpausapparat* m ‖ ~ indicador *(An)Zeigegerät* n ‖ ~ interno ⟨Tel⟩ *Haus-, Betriebs|fernsprecher* m ‖ ~ de irrigación del inodoro *Klosett|spülung* f, *-spülapparat* m ‖ ~ lanzacable, ~ lanzacuerda ⟨Mar⟩ *Leinenwurfapparat* m ‖ ~ para limpiar semillas *Saatgutreiniger* m ‖ ~ de lluvia artificial *Regenapparat, (Be)Regner, Sprinkler* m ‖ ~ locomotor ⟨An⟩ *Bewegungs|apparat* m, *-organe* npl ‖ ~ de mando *Kommando-, Steuer|apparat* m, *Steuerung* f ‖ ⟨Mar⟩ *Rudermaschine* f ‖ ~ de medición *Messgerät* n ‖ ~ de mesa ⟨Tel⟩ *Tisch|apparat* m, *-telefon* n ‖ ~ morse *Morse|apparat, -telegraf* m ‖ ~ ortopédico *orthopädischer Apparat* m ‖ ~ de oxicorte *Schneidbrenner* m ‖ ~ del partido ⟨Pol⟩ *Parteiapparat* m ‖ ~ de pie *Fußlampe* f ‖ ⟨Fot⟩ *Atelierkamera* f ‖ ~ principal de abonado ⟨Tel⟩ *Hauptanschluss* m ‖ ~ de protección antigás *Gasschutzgerät* n ‖ ~ de od para proyecciones *Projektor, Projektionsapparat, Bildwerfer* m ‖ ~ de puesta en marcha ⟨El⟩ *Anlasser* m ‖ ~ de puntería ⟨Mil⟩ *Richt-, Ziel|gerät* n ‖ ~ de radio *Radioapparat* m, *Rundfunkgerät* n ‖ ~ de ráfagas (Meteor) *Böenschreiber* m ‖ ~ de rayos X, ~ radiológico *Röntgenapparat* m ‖ ~ receptor ⟨Tel⟩ *Aufnahme|gerät* n, *-apparat* m ‖ ~ reflex ⟨Fot⟩ *Spiegelreflexkamera* f ‖ ~ registrador *Registrierapparat, Schreiber* m, *Schreibgerät* n ‖ ⟨Tel⟩ *Schreibempfänger* m ‖ ~ para reproducciones ⟨Fot⟩ *Reproduktionsapparat* m ‖ ~ reproductor ⟨An⟩ *Geschlechtsapparat* m ‖ ~ respiratorio ⟨An⟩ *Atmungsorgane* npl ‖ ~ de salvamento *Rettungsgerät* n ‖ ~ sensorial ⟨An⟩ *Sinnesorgane* npl ‖ ~ de sintonización ⟨Radio⟩ *Abstimmapparat* m ‖ ~ de soldadura autógena *Autogenschweißgerät* n ‖ ~ supletorio *Zusatzgerät* n ‖ ~ telegráfico *Telegrafenapparat* m ‖ ~ de televisión *Fernsehgerät* n, *Fernseher* m ‖ ~ de toma, ~ tomavistas *Filmkamera* f, *Film(aufnahme)apparat* m, *(Bild)Aufnahmegerät* n ‖ ~ transmisor ⟨Radio⟩ *Sender, Sendeapparat* m ‖ ~ universal *Mehrzweckgerät* n ‖ ~ urinario ⟨An⟩ *Harnorgane* npl ‖ ~ volador *Fluggerät* n ‖ ◆ por los ~s *dem Anschein nach, vermutlich*

²**aparato** m *Beschaffenheit* f, *Kennzeichen* n ‖ *Begleiterscheinung* f ‖ *weitläufige Umstände* mpl ‖ *Pomp, Prunk* m
aparatoso adj *prächtig, prunkvoll* ‖ ⟨fig⟩ *über|trieben, -treibend* ‖ *spektakulär* ‖ ⟨fam⟩ *protzig, knallig* ‖ *Aufsehen erregend, spektakulär*
apar|cadero m *Parkplatz* m ‖ ~ subterráneo *Tiefgarage* f ‖ ~ vigilado *bewachter Parkplatz* m ‖ **–cador** m *Parker* m ‖ *Parkplatzwächter* m ‖ **–camiento** m *Par|ken*, Schw *-kieren* n ‖ →
aparcadero ‖ **–car** [c/qu] vt/i *par|ken*, Schw *-kieren* ‖ ⟨fig⟩ *hintanstellen (Frage, Diskussionspunkt usw.)* ‖ *bis auf weiteres zur Seite legen* ‖ ◇ ~ en batería *quer parken* ‖ ~ en línea *längs parken*
apar|cería f *Genossenschaft, Erwerbsgesellschaft* f ‖ ⟨Jur⟩ *Halb-, Teil|pacht, Anteilwirtschaft* f, *Teilbau* m ‖ ~ pecuaria *Viehpacht* f ‖ **–cero** m *Mitbeteiligte(r)* m ‖ ⟨Jur⟩ *Halb-, Teil|pächter* m ‖ Ar *Hehler* m ‖ Ar *Unruhestifter* m ‖ Arg *Kunde* m ‖ Am ⟨pop⟩ *Kumpan* m
apare|amiento m *Paarung* f ‖ **–ar** vt *(paarweise) anordnen* ‖ *paaren (bes. Tiere)*
apare|cer [-zc-] vi *(unvermutet) erscheinen, zum Vorschein kommen* ‖ *auftauchen* ‖ *hervortreten* ‖ *s. zeigen* ‖ *hervorsprießen (Pflanzen)* ‖ *erscheinen, veröffentlicht werden (Buch, Zeitschrift)* ‖ ◇ ~ en el Registro de la Propiedad *im Grundbuch eingetragen sein, aus dem Grundbuch ersichtlich sein* ‖ ~ frente a terceros ⟨Jur⟩ *nach außen (od Dritten gegenüber) hervortreten* ‖ allí –cen espectros *dort spukt es* ‖ ~ (~se) entre sueños *im Schlaf erscheinen* ‖ ¡ya apareció aquello! ⟨fam⟩ *da haben wir es!* ‖ **–cido** m *Gespenst* n ‖ *Erscheinung* f, *Geist* m ‖ **–cimiento** m *Erscheinung* f
apare|jado adj *passend* ‖ *zweckmäßig* ‖ *tauglich, tüchtig* ‖ ◇ *llevar* ~ ⟨fig⟩ *zur Folge haben* ‖ *mit s. bringen* ‖ ~ m *Pferdegeschirr* n ‖ **–jador** m ⟨Arch⟩ *Baumeister* m ‖ ⟨Mar⟩ *Takelmeister* m ‖ **–jar** vt *zu-, vor|bereiten* ‖ *schmücken* ‖ *zu-, her|richten* ‖ *an|schirren, -spannen (Pferd)* ‖ *satteln (Pferd)* ‖ ⟨Mal⟩ *grundieren* ‖ ⟨Mar⟩ *(auf)takeln, mit Segelwerk ausrüsten* ‖ *–se s. zurüsten* ‖ *sorgfältig gekleidet gehen* ‖ ◇ ~ a …, ~ para … *s. rüsten zu …* od *für …*
aparejería f Cu *Pferdegeschirrgeschäft* n
¹**aparejo** m *Vorbereitung, Zurüstung* f ‖ *Vorkehrungen* fpl, *Hilfsmittel* npl
²**aparejo** m *Pferdegeschirr* n ‖ *Packsattel* m ‖ Pe *Damensattel* m
³**aparejo** m ⟨Mal⟩ *Grundierung* f
⁴**aparejo** m ⟨Med⟩ *Wundverband* m
⁵**aparejo** m ⟨Mar⟩ *Tau-, Takel|werk* n ‖ *Segelwerk* n, *Takelung* f ‖ ⟨Flugw⟩ *Leinenwerk* n
⁶**aparejo** m ⟨Tech⟩ *Hebezeug* n ‖ *Flaschenzug* m ‖ ~ de cadena *Kettenflaschenzug* m ‖ ~ diferencial *Differentialflaschenzug* m ‖ ~ de cuatro ramales *Vierseilflaschenzug* m ‖ ~ de doble ramal *Zweiseilflaschenzug* m
⁷**aparejo** m ⟨Arch⟩ *Ziegel-, Mauer|verband m* ‖ ~ de chimenea m *Schornsteinverband* m ‖ ~ a tizón *Binder-, Strecker|verband* m, *Ziegelwerk* n *mit horizontaler Ziegelstellung* ‖ **–s** mpl *Gerätschaften* fpl, *Handwerkszeug* n ‖ *Zubehör* n ‖ *Schiffs-, Fischerei|gerät* n ‖ *Angelgerät* n ‖ ~ de dibujo *Zeichengerät* n
aparen|tar vt *vor|spiegeln, -geben* ‖ *(mit* inf*) s. stellen, als ob; so tun, als ob* (+ subj) ‖ ~ indiferencia *s. unbeteiligt stellen* ‖ ~ tranquilidad *s. ruhig stellen* ‖ ◇ *no –ta la edad que tiene er (sie, es) sieht nicht so alt aus, wie er (sie, es) ist* ‖ **–te** adj *anscheinend* ‖ *scheinbar* ‖ *geschickt*,

passend ‖ *sichtbar, augenscheinlich* ‖ ⟨Jur⟩ *offenkundig* ‖ ⟨pop⟩ *hübsch, schön* ‖ *ir muy* ~ ⟨fam⟩ *aufgedonnert gehen* ‖ ⟨fam⟩ *sehr repräsentativ erscheinen* ‖ *la persona más* ~ del pueblo *die angesehenste Person des Dorfes* ‖ ~**temente** adv *offenbar* ‖ *dem Anschein nach* ‖ *wahrscheinlich*
aparición f *Erscheinung* f ‖ *Erscheinen* n *(e–s Werkes)* ‖ *Auf\tauchen, -treten* n ‖ *Ausbruch* m *(Krankheit)* ‖ *Vision* f ‖ *Gespenst* n ‖ *Erscheinung* f *Christi (Fest)* ‖ ◇ hacer su ~ *zum Vorschein kommen, s. zeigen*
apariencia f *(An)Schein, äußerer Schein* m ‖ *Aussehen* n, *Erscheinung, Erscheinungsform* f ‖ *Wahrscheinlichkeit* f ‖ *Trugbild* n ‖ ◆ en ~ *dem Anschein nach* ‖ *según todas las* ~ *allem Anschein nach* ‖ ◇ ~**s** fpl *Theaterdekoration* f ‖ salvar las ~ *den Schein (nach außen hin) wahren* ‖ las ~ engañan *der Schein trügt* ‖ ⟨fig⟩ *Kleider machen Leute*
aparquí [pl ~**íes**, ~**ís**] m Pe *geflickte Decke* f
aparrado adj *weit ausladend (Baum)* ‖ *beleibt, untersetzt (Mensch)*
aparragarse vr Chi Hond →* **achaparrarse**
aparrandado adj CR *betrunken* ‖ ⟨pop⟩ *besoffen*
aparrar vt ⟨Agr⟩ *(Zweige) waagerecht ziehen*
aparro\quiado adj *eingepfarrt* ‖ *besucht (Laden)* ‖ –**quiar** vt *Kunden verschaffen* ‖ ~**se** *Pfarrkind* n *e–r Pfarrkirche werden*
aparta f Arg Chi *Trennung, Sortierung* f *(von Vieh)* ‖ Am *abgesetztes Jungvieh* n ‖ ◆ de ~ ⟨Agr⟩ Col *entwöhnt, abgesetzt*
apartadamente adv *getrennt, separat* ‖ *heimlich*
¹**apartadero** m *Ausweich\stelle, -bucht* f ‖ ⟨EB⟩ *Abstellgleis* n ‖ *Weide\platz* m, *-stelle* f *längs der Landstraße*
²**apartadero** m ⟨Taur⟩ *Platz* m *zur Aussonderung der Kampfstiere* ‖ Mex *Aussonderung* f *(von Vieh)*
³**apartadero** m ⟨Text⟩ *Wollsortierraum* m
aparta\dijo m *Nebenraum* m ‖ *beiseite gelegter Teil* m ‖ *abgesondertes Häufchen* n ‖ *Fach* n *in einem Schreibtisch* ‖ ◇ hacer ~**s** *auseinander nehmen (z. B. Bündel)* ‖ –**dizo** adj *trennbar* ‖ *un\wirsch, -gesellig* ‖ *menschenscheu* ‖ ~ m *Verschlag* m ‖ *abgetrennter Raum* m
¹**apartado** adj *abgelegen, weit* ‖ *verschieden* ‖ *enthoben (des Amtes)*
²**apartado** m *Verschlag* m ‖ *Hinterzimmer* n, *abgetrennter Raum* m ‖ *Brieffach* n ‖ *Post(schließ)fach* n ‖ ~ de correos *Post(schließ)fach* n
³**apartado** m ⟨allg⟩ *Sortieren* n ‖ *Aussonderung* f *von Vieh (& von Kampfstieren)*
⁴**apartado** m ⟨Met⟩ *Scheiden* n ‖ Mex *Scheideanstalt* f
¹**apartador** m ⟨allg⟩ *Sortierer* m ‖ ⟨Agr⟩ *Schafzähler* m ‖ ~ de ganado *Viehsortierer* m ‖ △ *Viehdieb* m
²**apartador** m ⟨Text⟩ *Wollsortierer* m
aparta\mento m *Appartement* n *(meist als Eigentumswohnung)* ‖ *Wohnung* f *(oft als Ferienwohnung)* ‖ ~ de alquiler *Mietwohnung* f ‖ ~ en propiedad horizontal *Eigentumswohnung* f ‖ ~ de vacaciones od de veraneo *Ferienwohnung* f ‖ –**miento** m *Entfernung* f ‖ *Absonderung, Trennung* f ‖ *Sortierung* f *einsamer Ort* m ‖ *Wohnraum* m, *Zimmer* n ‖ ⟨Jur⟩ *Verzichten* n, *Klagerücknahme* f ‖ ~ de ganado *Viehdiebstahl* m ‖ ~ del mundo *Zurückgezogenheit* f *(von der Welt)* ‖ ~ de meridiano *Meridianbreite* f ‖ ⟨Top⟩ *Meridianabweichung* f ‖ ◇ hacer ~ ⟨Jur⟩ *Verzicht leisten* ‖ ⟨Jur⟩ *die Klage zurücknehmen*

apartar vt *absondern, trennen* ‖ *abwenden (die Augen)* ‖ *wegschaffen, entfernen* ‖ *beiseite legen* ‖ *zurücklegen (Geld)* ‖ *abrücken, wegschicken* ‖ *absondern* ‖ *sortieren (Wolle)* ‖ *scheiden (Metalle)* ‖ ⟨fig⟩ *abbringen* (de *von* dat) ‖ *(von e–r Verbindlichkeit) lossprechen* ‖ ◇ ~ casa *e–n gesonderten Haushalt zu führen anfangen* ‖ ~ la paja del grano ⟨fig⟩ *die Spreu vom Weizen (ab)sondern (od trennen)* ‖ ~ la mano ⟨fig⟩ *die Hand abziehen* ‖ ~ de sí *von s. weisen* ‖ ~**se** (& vi) *s. entfernen* ‖ *aus dem Weg gehen, Platz machen* ‖ *beiseite treten* ‖ *s. trennen* ‖ *auseinander laufen* ‖ *verzichten* (de *auf* acc) ‖ ◇ ~ de lo convenido *dem Vereinbarten nicht nachkommen* ‖ ~ de lo justo *vom (Wege des) Rechten abweichen* ‖ ~ a un lado *s. abseits stellen* ‖ *beiseite treten* ‖ ~ del tema *vom Thema abkommen od abschweifen* ‖ *apartándose de in Abweichung von* ‖ ¡apártate! *weg da! mach Platz!* ‖ no ~ de ... ⟨fig⟩ *nicht abgehen von ...*
aparte adj *Extra-, besondere(r)* ‖ ~ adv *beiseite, seitwärts* ‖ *abgesondert* ‖ *abseits* ‖ *getrennt* ‖ *extra* ‖ *von weitem* ‖ ⟨Th⟩ *für s., beiseite* ‖ ~ de ... *abgesehen von ...* ‖ ~ de eso *außerdem, überdies* ‖ ~ de que ... *abgesehen davon, dass ...* ‖ ◇ dejar ~ *beiseite lassen,* übergehen ‖ *(dejando) hablillas* ~ *abgesehen von Gerüchten* ‖ esto ~ *das nebenbei* ‖ hacer ~ ⟨Typ⟩ *einziehen* ‖ *punto y* ~ *(Punkt und neuer) Absatz* m *(beim Diktieren)* ‖ ~ m ⟨Th⟩ *Aparte, zur Seite Gesprochenes* n ‖ *Absatz* m *(in Druck und Schrift)* ‖ ⟨fig⟩ *Flüstern* n ‖ Am *Viehaussonderung* f
apartheid m ⟨Hist⟩ *Apartheid* f *(Südafrika)* ‖ ⟨fig⟩ *Rassentrennung* f
aparthotel m *Aparthotel* n
aparti\dismo m *Parteilosigkeit* f ‖ –**dar** vt *(für jdn) Partei ergreifen* ‖ ~**se** *s. e–r Gruppe anschließen*
apartijo m →* **apartadijo**
apart\otel m →* –**hotel**
aparvade\ra f ⟨Art⟩ *Rechen* m ‖ –**ro** m *Burg (Art) Rechen* m
aparvar vt *(Garben) schichten* ‖ ⟨fig⟩ *anhäufen* ‖ ⟨fig⟩ *sammeln*
apasanca f ⟨Zool⟩ *Vogelspinne* f *(Avicularia avicularia)*
apasio\nado adj *leidenschaftlich* ‖ *verliebt* ‖ *eifrig zugetan* ‖ *passioniert* ‖ ⟨Med⟩ *leidend, krank (Körperteil)* ‖ ~ por ... *eingenommen für ...* ‖ adv: ~**amente** ‖ ~ m ⟨fam⟩ *Liebhaber* m ‖ *Anhänger, Parteigänger* m ‖ *Begeisterte(r)* m ‖ △ *Gefängnisdirektor* m ‖ ◇ ser un ~ del arte *ein leidenschaftlicher Kunstliebhaber sein* ‖ –**namiento** m *leidenschaftliche Teilnahme od Liebe* f ‖ *Begeisterung* f ‖ –**nante** adj *(m/f) erregend, aufwühlend* ‖ *anreizend* ‖ –**nar** vt *(für s.) leidenschaftlich erregen, anreizen* ‖ *mitreißen* ‖ ~**se**: por ... *s. erwärmen für ...* ‖ *Partei ergreifen für ...* ‖ *s. leidenschaftlich einsetzen für ...*
apasito adv Cu *langsam* ‖ Cu *leise*
apasote m ⟨Bot⟩ *Gänsefuß* m (Chenopodium spp)
apastar vt →* **apacentar**
apaste m Guat Hond Mex *großer irdener Henkelnapf* m
apastillado adj Mex *rosigweiß*
apatanado adj *bäu(e)risch, grob*
apatía f *Unempfindlichkeit, Gefühllosigkeit* f ‖ *Teilnahmslosigkeit* f ‖ *Apathie* f ‖ *Stumpfsinn* m
apático adj *apathisch, gleichgültig, stumpf, teilnahmslos*
apatita f ⟨Min⟩ *Apatit* m
apátrida m adj *staatenlos* ‖ *heimat-, vaterlands\los* ‖ ~ m *Staatenlose(r)* m ‖

Heimatlose(r) m ‖ ~ nato *Staatenlose(r)* m *von Geburt, staatenlos Geborene(r)* m
apatronarse vr Chi *e–e Stelle als Dienstbote annehmen* ‖ Chi *e–e eheähnliche Gemeinschaft* (früher: *wilde Ehe* f, ⟨lit⟩ *Konkubinat* n) *mit e–m Mann eingehen*
apatura f ⟨Ins⟩ *Schillerfalter* m (Apatura iris)
apa|tusca f Ar *(Art) Wurfspiel* n *der Knaben* ‖ **–tuscar** [c/qu] vt *(hin)schmieren, (hin)sudeln* ‖ **–tusco** m ⟨fam⟩ *Putz, Zierrat* m ‖ *Gerät* n ‖ ⟨fig⟩ *Vogelscheuche* f ‖ Ven *Betrügerei, Schwindelei* f
apayasarse vr *s. wie ein Hanswurst benehmen*
apea f *Fessel* f, *Spannstrick* m *(für Pferde)* ‖ **~s** fpl ⟨Bgb⟩ *Fördergerüst* n
ape|adero m ⟨EB⟩ *Nebenstation, Haltestelle* f ‖ ⟨EB⟩ *Bahnsteig* m ‖ *Trittstein* m *zum Besteigen des Pferdes* ‖ ⟨fig⟩ *Absteig(e)quartier* n ‖ **–ado** m *mit Stützen versehene Mauer od Wand, Versteifung* f ‖ **–ador** m *Feldmesser* m ‖ ~ *de minas Markscheider, Grubenmesser* m
apealar vt Am *mit dem Lasso zu Fall bringen (ein Tier)*
¹apear vt *herunterheben* ‖ *absitzen helfen (vom Pferd)* ‖ *absetzen, verdrängen (von e–m Amt)* ‖ *abbringen (von e–r Absicht od Meinung)* ‖ *fällen (Baum)* ‖ ◇ ~ *el tratamiento den (gebührenden) Titel vorenthalten od weglassen* ‖ **~se** *ab-, aus|steigen* ‖ ⟨fig⟩ *anderen Sinnes werden* ‖ *an|kommen, -langen* ‖ ◇ ~ *de algo* ⟨fig⟩ *von et. abkommen* ‖ ~ *del caballo absitzen* ‖ ~ *por la cola vom Pferd abgeworfen werden* ‖ ⟨figf⟩ *Ungereimtheiten sagen* ‖ ~ *de su burro* ⟨figf⟩ *s–n Irrtum einsehen*
²apear vt *überwinden (Schwierigkeit)*
³apear vt **a)** *durch e–n Stein od Keil sichern (Fahrzeug)* ‖ *stützen (baufälliges Gebäude usw.)* ‖ ~ *un puente e–e Brücke abfangen* ‖ **b)** *fesseln (Pferd)*
⁴apear vt *ver|messen, -marken (Feld)* ‖ ~ *el terreno das Gelände vermessen*
⁵apear vt MAm *tadeln, kritisieren*
⁶apear vi Cu Mex *mit den Händen essen*
¹apechar vi → **¹apechugar**
²apechar vt PR *(ein Kind) stillen, (e–m Kind) die Brust geben*
³apechar vt MAm *abschließen (Tür)*
¹apechugar [g/gu] vt *an die Brust drücken* ‖ Am *gewaltsam schütteln* ‖ ~ vi *mit der Brust stoßen*
²apechugar [g/gu] vt *widerwillig annehmen, ungern einwilligen (in et.)* ‖ ~ *con algo et. über s. ergehen lassen,* ⟨fam⟩ *in den sauren Apfel beißen* ‖ ~ *con todo s. mit allem abfinden*
³apechugar [g/gu] vi *stehlen, klauen*
apechugarse vr ⟨pop⟩ *s. betrinken*
apedarse vr Arg Ur *s. betrinken*
apeda|zado m *Anstückelung* f ‖ **–zar** [z/c] *ausbessern, flicken, aneinanderstückeln* ‖ *zerstückeln*
apedioscopio m ⟨Opt⟩ *Apädioskop* n
apedre|adero m *Spielplatz m für Kinder, wo sie s. mit Steinen bewerfen* ‖ **–ado** adj *buntscheckig* ‖ *blatternarbig* ‖ **–amiento, –o** m *Steinigen* n, *Steinigung* f ‖ **–ar** vt *steinigen, mit Steinen bewerfen* ‖ ⟨fig⟩ *derb kränken* ‖ ~ vi *hageln* ‖ **~se** *verhageln* ‖ *durch Hagel zerstört werden (Rebenpflanzungen, Getreide usw.)*
ape|gaderas fpl Rioja ⟨Bot⟩ *Große Klette* f (Arctium lappa spp) ‖ **–gado** adj ⟨fam⟩ *anhänglich, zugetan* ‖ ~ *al terruño bodenständig, mit der Scholle verbunden, erdverbunden* ‖ adv: **~amente** ‖ **–garse** [g/gu] vr ⟨fig⟩ *Zuneigung fassen (a zu)*
apego m ⟨fig⟩ *Anhänglichkeit, Zuneigung* f ‖ ~ *al terruño Liebe zur Scholle, Heimatliebe* f ‖

Verbundenheit f *mit der Scholle* od *dem Heimatboden* ‖ ◇ *cobrar* od *tomar* ~ *a alg. od a algo jdn od et. liebgewinnen*
apegostrar vt Sal *Zuneigung fassen* ‖ Mex *kleben*
apegualar vt Arg Chi *mit e–m Bindegurt halten (Tier, Gepäck usw.)*
apelable adj *(m/f)* ⟨Jur⟩ *wogegen man Berufung erheben kann, berufungsfähig* ‖ *anfechtbar*
apelación f ⟨Jur⟩ *Berufung* f ‖ *Beschwerde* f ‖ ~ *adhesiva* ⟨Jur⟩ *Anschlussberufung, Anschließung* f ‖ ◆ *sin* ~ ⟨fig⟩ *rettungslos, unwiderruflich* ‖ ◇ *interponer* ~ ⟨Jur⟩ *Berufung einlegen*
¹apelado adj *von gleicher Farbe (Vieh, Pferd)*
²apelado m ⟨Jur⟩ *Berufungsbeklagte(r)* m
ape|lador m ⟨Jur⟩ → **–lante**
apelambrado m *Enthaarung* f *(Felle)*
apelambrar vt *(Felle) äschern, enthaaren*
apelante m/f ⟨Jur⟩ *Berufungskläger(in* f) m ‖ *Beschwerdeführer(in* f) m ‖ *Rechtsmittelberechtig|te(r)* m, *-te* f ‖ ~ *por adhesión* ⟨Jur⟩ *Anschlussberufungskläger(in* f) m ‖ *Anschließen|de(r)* m, *-de* f
¹apelar vi ⟨Jur⟩ *Berufung einlegen* ‖ *Beschwerde einlegen* ‖ *e–n Appell richten an, appellieren an* ‖ ~ *a e–e Botschaft richten an* (acc) ‖ ~ *a Hilfe suchen bei* (dat) ‖ ⟨fig⟩ *s–e Zuflucht nehmen* (a *zu*) (& vr) ‖ *s. beziehen auf* (acc) ‖ ~ *a los buenos sentimientos de alg. jds Mitgefühl zu erwecken suchen* ‖ ~ *a la fuga die Flucht ergreifen* ‖ ~ *a otro medio zu e–m anderen Mittel greifen* ‖ ◇ ~ *contra* (od *de*) *una sentencia* ⟨Jur⟩ *gegen ein Urteil Berufung einlegen* ‖ ~ *a un tribunal ein Gericht anrufen*
²apelar vi *von derselben Hautfarbe sein (Vieh, Pferd)*
apelativo adj: *(nombre)* ~ m *Gattungsname* m ‖ Am *Familienname* m
¹apeldar, –las vi ⟨fam joc⟩ *s. aus dem Staub machen*
²apeldar vi Sal *s. zusammentun*
¹apelde m ⟨fam⟩ *Entwischen* n
²apelde m ⟨Rel⟩ *Glockengeläut n vor Tagesanbruch (in Franziskanerklöstern)*
apelgararse vr And ⟨fam⟩ *auf den Hund kommen*
apellado adj *klumpenförmig*
apelli|damiento m *(Be)Nennung* f ‖ *Zuruf* m, *Anrufung* f ‖ ⟨Mil⟩ *Aufgebot* n ‖ **–dar** vt/i *(be-)nennen* ‖ *an|rufen, -flehen* ‖ *aufrufen* ‖ *ausrufen* ‖ ⟨Mil Hist⟩ *einberufen* ‖ ⟨Jur⟩ *die erste Berufung einlegen* ‖ **~se** *heißen (mit Familiennamen)*
apellido m *Zu-, Familien|name* n ‖ *Beiname* m ‖ *Spitzname* m ‖ ⟨Mil⟩ *Aufgebot* n ‖ *Geschrei* n, *Ruf* m ‖ *Aufruf* m ‖ ~ *de guerra Losungswort* n ‖ ~ *de soltera Mädchenname* m *(e–r Frau)*
apellinarse vr Chi *hart werden, erhärten*
apelma|zado adj *fest, nicht locker* ‖ *klumpig, klitschig (Brot)* ‖ ⟨fig⟩ *kompakt* ‖ ⟨fig⟩ *plump, träg(e)* ‖ ⟨fig⟩ *dickfellig* ‖ ⟨fig⟩ *unausstehlich* ‖ **–zar** [z/c] vt *zusammenpressen* ‖ ⟨fig⟩ *belästigen* ‖ **~se** *dicht, klumpig werden, s. zusammenballen* (z. B. *Schnee*) ‖ *s. verfilzen* ‖ ⟨fig⟩ *unausstehlich werden*
apeloto|namiento m *Klumpenbildung* f ‖ ~ *de gente Menschengedränge* n ‖ **–nar** vt *zu e–m Knäuel aufwickeln, zusammenballen* ‖ **~se** *s. zu Klumpen ballen* ‖ ⟨Mil⟩ *e–n Schwarm bilden* (& vi) ‖ ⟨fig⟩ *s. drücken, s. schmiegen* (a *an* acc) *(Kind)* ‖ ⟨fig⟩ *zusammenkauern*
apena adv [veraltet] → **apenas**
apenamiento m Ar *Erröten* n ‖ *Beschämung* f
apenar vt *mit Kummer erfüllen* ‖ *bekümmern* ‖

schmerzen ‖ Ar *mit e–r Geldstrafe belegen* ‖ ~ vi Col Hond Mex *erröten* ‖ ~**se** vr *s. sorgen (por um)* ‖ Am *s. schämen*
¹apenas adv *mühsam* ‖ *kaum, beinahe nicht* ‖ ◇ ya ~ se oye su voz *man hört kaum noch s–e Stimme*
²apenas conj *sobald, kaum* ‖ ~ hubo entrado ... *kaum war er eingetreten* ...
apencar [c/qu] vt/i ⟨fam⟩ →² **apechugar**
apendejado adj Ant *schüchtern, feige*
apéndice m *Anhang, Nachtrag, Zusatz* m ‖ ⟨fig⟩ *Zugabe* f ‖ ⟨fig⟩ *Ergänzungsband* m ‖ ⟨fig⟩ *ständig begleitende Person* f, ⟨fam⟩ *Schatten* m ‖ ~ del ala ⟨Flugw⟩ *Flügelstummel* m ‖ ~ caudal *Schwanz, Schwanzanhang* m ‖ ~ (neo)cecal *(od vermiforme) Wurmfortsatz* m *des Blinddarms* ‖ ~ xifoides ⟨An⟩ *Schwertfortsatz* m ‖ ~s *mpl Ergänzungs-, Supplement*‖*bände* mpl (z. B. *e–s Konversationslexikons)*
apendi‖**cectomía** f ⟨Med⟩ *Appendektomie, Entfernung* f *des Wurmfortsatzes des Blinddarms* ‖ –**citis** f ⟨Med⟩ *Appendizitis,* ⟨fam⟩ *Blinddarmentzündung* f ‖ –**cular** adj *appendikulär*
apendículo m ⟨An Bot⟩ *Läppchen* n
Apenino(s) m(pl) ⟨Geogr⟩ *Apenninen* mpl
¹apensionarse vr *s. (für jdn) bemühen od einsetzen*
²apensionarse vr Chi *traurig od trübsinnig werden*
apeñuscar [c/qu] vt *anhäufen* ‖ *zer*‖*knüllen, -knittern* ‖ ~**se** *e–n Haufen bilden*
¹apeo m *Ab-, Aus*‖*steigen* n ‖ *Absitzen* n
²apeo m *Überwindung* f *(e–r Schwierigkeit)*
³apeo m *Abstützen* n *(e–s Gebäudes)* ‖ *(Ab)Fangen* n *(e–r Brücke)* ‖ *Fesseln* n *(e–s Pferdes*
⁴apeo m *Feldvermessung, Abmarkung* f ‖ ~ y *deslinde Abgrenzung* f
⁵apeo m MAm *Tadeln* n, *Kritik* f
⁶apeo m *Fällen (e–s Baumes)*
apeonado adj Chi *bäu(e)risch geworden*
apeonar vi *schnell laufen (Rebhuhn, Vogel)*
apeorar vt Ec PR *verschlimmern*
apepsia f ⟨Med⟩ *Apepsie* f, *Fehlen* n bzw *Ausfall* m *der Verdauungsfunktion des Magens*
apéptico adj *apeptisch*
apequenado adj Chi *drollig, witzig*
apequenarse vr Chi *s. der Bestrafung durch heftige Bewegungen entziehen (Kind)*
ape‖**rado** adj And *ausgestattet (Bauernhof)* ‖ –**rador** m *Stellmacher, Wagenbauer* m ‖ *Wirtschaftsaufseher, Guts*‖*inspektor, -verwalter* m ‖ *Oberknecht* m ‖ ⟨Bgb⟩ *Steiger* m ‖ –**rar** vt *herstellen, erzeugen (Geräte)*
apercancarse [c/qu] vr Chi *schimmeln, schimm(e)lig werden*
apercepción f ⟨Philos Psychol⟩ *Erkennungsvermögen* n, *(bewusste) Wahrnehmung, Apperzeption* f
aperchar vt Chi *aufhäufen, stapeln*
aper‖**cibido** adj *bereit* (a *zu* dat *od* inf) ‖ *fertig* ‖ ~ a disparar ⟨Mil⟩ *schussbereit* ‖ –**cibimiento** m *Zurüstung, Veranstaltung* f ‖ *Vorbereitung* f ‖ *Erinnerung, Mahnung* f ‖ *Warnung* f ‖ ⟨Jur⟩ *Mahnung* f ‖ *Aufforderung* f
¹apercibir vt *(be)merken, wahrnehmen* ‖ ⟨Philos Psychol⟩ *apperzipieren* ‖ ~**se** *gewahr werden*
²apercibir vt *(vor)bereiten, bereitlegen* ‖ *ausrüsten* ‖ ~**se** *s. bereithalten* ‖ ~ a ... od para ... *s. rüsten zu* ... ‖ ~ contra ... *Vorkehrungen treffen gegen* ...
³apercibir vt *mahnen* ‖ *warnen* ‖ ⟨Jur⟩ *verwarnen*
apercollar [-ue-] vt ⟨fam⟩ *beim Kragen fassen,*

packen ⟨fam⟩ *das Genick brechen, den Hals umdrehen* ‖ ⟨fig⟩ *heimlich wegschaffen* ‖ ⟨fig⟩ *stibitzen*
aperdigonado m ⟨Agr⟩ *Schrotschusskrankheit* f (Clasterosporium carpophilum)
apereá m ⟨Zool⟩ *Meerschweinchen* n (Cavia sp)
apergami‖**nado** adj *pergamentartig* ‖ *lederartig (Gesichtshaut)* ‖ ⟨fig⟩ *zusammengeschrumpft* ‖ –**nar** vt *pergamentieren* ‖ ~**se** ⟨figf⟩ *zusammenschrumpfen*
apergollar vt Mex *(ein Tier) am Hals anbinden* ‖ *beim Kragen packen* ‖ *einsperren*
aperiódico adj *aperiodisch* ‖ *mit gedämpften Schwingungen*
aperitivo adj *appetitanregend* ‖ ~ m *Aperitif* m ‖ *appetitanregender Happen* m ‖ *appetitanregendes Getränk* n
aperlado adj *perlartig* ‖ *perlfarbig*
apernar vt [-ie-] ⟨Jgd⟩ *(das Wild) bei den Läufen fassen (von Jagdhunden)*
apero m *Acker-* bzw *Handwerks*‖*gerät* n ‖ *Zug-, Acker*‖*vieh* n ‖ *Schäferhütte* f ‖ *Schafhürde* f, *Pferch* m ‖ Arg *(feines) Pferdegeschirr* n ‖ *Sattel* m ‖ ~**s** *mpl (Handwerks)Geräte* npl ‖ ~ de *cultura forestal Forstkulturgeräte* npl ‖ ~ de *descarga Schiffslösch-, Entladungs*‖*gerät* n ‖ ~ de *enganche Anhängegeräte* npl ‖ ~ de *labranza Ackergeräte* npl ‖ ~ de *minería Gezähe* n ‖ *Grubenbedarf* m ‖ ~ *para la preparación del suelo Bodenbearbeitungsgeräte* npl ‖ ~ de *silvicultura* → ~ de *cultura forestal* ‖ ~ de *trabajo Arbeitsgeräte* npl
ape‖**rreado** adj *mühsam, lästig* ‖ *qualvoll* ‖ *hektisch (Arbeitstag)* ‖ –**rreamiento** m → –**rreo** ‖ –**rrear** vt *mit Hunden hetzen* ‖ ⟨figf⟩ *quälen, belästigen* ‖ ~**se** ⟨fam⟩ *s. abrackern* ⟨fam⟩ *schmachten (tras nach)* ‖ *hartnäckig bestehen (auf* dat*)* ‖ –**rreo** m ⟨fam⟩ *Belästigung* f ‖ Murc *Müdigkeit* f
aperrillar vt *spannen (Gewehrhahn)*
aperruchar vt Dom *zusammendrücken* ‖ *zer*‖*knittern, -knüllen*
apersogar [g/gu] vt *(ein Tier) anbinden*
aperso‖**nado** adj: bien ~ *von gutem Aussehen* ‖ –**narse** vr *persönlich erscheinen* ‖ *s. melden, s. einstellen* ‖ ⟨Jur⟩ *persönlich als Partei erscheinen*
apertu‖**ra** f ⟨allg⟩ *Öffnung* f ‖ *Öffnung* f *(für neue Ideen od Ansichten)* ‖ *Eröffnung* f *(e–s Testaments, Theaters, Geschäfts usw.)* ‖ *Eröffnungszug* m *(beim Schach)* ‖ *Anlegung* f ‖ *Durchbruch* m *(Straße)* ‖ *Durchstich* m *(Tunnel)* ‖ *Beginn* m (z. B. *von Lehrveranstaltungen)* ‖ ~ de *la bolsa Börsenbeginn* m ‖ ~ de *un crédito Eröffnung* f *e–s Kredits* ‖ ~ *del curso Semester-, Schul*‖*beginn* m ‖ ~ de *hostilidades Eröffnung* f *der Feindseligkeiten* ‖ ~ de *la instrucción previa* ⟨Jur⟩ *Eröffnung* f *der Voruntersuchung* ‖ ~ a *la izquierda* ⟨Rel Pol⟩ *Öffnung* f *nach links* ‖ ~ del *juicio* ⟨Jur⟩ *Eröffnung* f *der Verhandlung* ‖ ~ del *plenario* ⟨Jur⟩ *Eröffnung* f *des Hauptverfahrens* ‖ ~ de *la quiebra* ⟨Jur⟩ *Konkurseröffnung* f ‖ ~ de *una sesión Eröffnung* f *e–r Sitzung* ‖ ~ *solemne feierliche Eröffnung* f ‖ ~ de *la sucesión* ⟨Jur⟩ *Erbfall* m, *Eröffnung* f *der Erbfolge* ‖ ⟨Jur⟩ *testamentaria,* ~ *del testamento Testamentseröffnung* f ‖ ~ al *tráfico,* ~ al *tránsito Verkehrsübergabe, Freigabe* f *für den Verkehr* ‖ ~ de *la vista* ⟨Jur⟩ *Eröffnung* f *der Hauptverhandlung* ‖ ~ de *la votación Eröffnung* f *der Abstimmung* ‖ –**rismo** m ⟨Pol⟩ *Politik* f *der Öffnung*
apesa‖**dumbrado** adj *sehr traurig, tief betrübt* ‖ –**dumbrar** vt *tief bekümmern* ‖ ~**se** *betrübt werden, s. schweren Kummer machen (con, por, de wegen* gen)

apesantez *f Schwerelosigkeit* f
apesarado adj *betrübt, kummervoll* ‖
–ramiento *m Betrübtheit* f ‖ –rar vt →
apesadumbrar
apesgar [g/gu] vt *belasten, drücken* ‖ ~se *s.*
senken
¡**apesta!** int Chi *verdammt noch mal!*
apes|tado adj *verpestet* ‖ *von der Pest*
angesteckt ‖ ~ *de géneros* ⟨Com⟩ *mit Waren*
überfüllt ‖ –tamiento *m Verpesten* n ‖ –tar vt
⟨Med⟩ *die Pest einschleppen* ‖ *verpesten* ‖ ⟨fig⟩
anstecken, verderben (Sitten) ‖ ⟨fig⟩ *belästigen,*
langweilen acc ‖ ⟨fam⟩ *jdm auf den Wecker fallen*
‖ ⟨fig⟩ *anekeln* ‖ ~ vi *e–n (pestartigen) Gestank*
verbreiten ‖ ◇ ~ a *alcohol e–e Fahne haben,*
nach Alkohol stinken ‖ ~ a brea *nach Teer*
riechen ‖ *hiede que apesta es stinkt wie die Pest* ‖
~se *verpestet werden* ‖ Chi ⟨pop⟩ *verkümmern* ‖
Col ⟨pop⟩ *s. erkälten*
apestillar vt Chi *festhalten* ‖ *umklammern* ‖ PR
einführen
apestoso adj *stinkend* ‖ *widerlich, eklig*
apéta|lo adj ⟨Bot⟩ *blütenblattlos, ohne*
Blumenkrone, apetal ‖ –las *fpl* ⟨Bot⟩
Kelchblumen, Apetalen fpl
apete|cer [-zc-] vt *wünschen, s. sehnen (nach),*
begehren ‖ ~ vi *gelegen kommen, zusagen* ‖ ◇ no
me apetece *ich habe k–n Appetit darauf* ‖ ⟨fig⟩
ich habe k–e Lust (zu inf*)* ‖ –cibilidad *f*
Schmackhaftigkeit f ‖ –cible adj *(m/f) wünschens-,*
begehrens|wert ‖ *schmackhaft, appetitlich* ‖ ◇
poco ~ *unappetitlich* ‖ –cido adj *begehrt, gesucht*
‖ *willkommen*
apetencia *f Appetit* m ‖ *Verlangen* n ‖
Begierde, Lust (& sexuell) ‖ *Trieb* m ‖ ⟨fig⟩
Ansporn m ‖ ~ *de gloria Ruhmesdrang* m,
Ruhmsucht f ‖ ~s *fpl Gelüste* npl
ape|tite *m Appetitanreger* m ‖ ⟨fig⟩ *Ansporn,*
Reiz m ‖ –titivo adj *schmackhaft, appetitlich* ‖
–tito *m Esslust* f, *Appetit* m ‖ *Gelüst, Verlangen*
n, *Begierde* f ‖ *Drang* m ‖ ⟨fig⟩ *Reizmittel* n ‖ ~
bestial Riesen-, Mords|hunger m ‖ ~ *carnal (lit)*
Fleischeslust f ‖ ~ *de libertad Freiheitsdrang* m ‖
~ *de saber Wissens|drang, -durst* m ‖ ~ *sensual*
Sinnlichkeit f ‖ ◇ *abrir el* ~ *den Appetit öffnen* ‖
~s *mpl: los* ~ *de la carne (lit) die fleischlichen*
Gelüste npl ‖ –titoso adj *schmackhaft, appetitlich*
‖ *anziehend, verführerisch* ‖ *einladend* ‖
naschhaft, begehrlich ‖ adv: ~amente
ápex *m Apex* m, *Spitze* f ‖ *Helmspitze* f ‖
~solar ⟨Astr⟩ *Apex* m *der Sonne*
apezonado adj *brustwarzenartig*
apezuñarse vr *s. mit den Hufen feststemmen*
(von Huftieren)
apiadar vt *bemitleiden* ‖ ~ vi *Mitleid erregen*
‖ *Mitleid fühlen (de* mit*)* ‖ ~se *Mitleid haben (de*
mit*)* ‖ *s. erbarmen* (gen)
apianar vt *mildern, senken (Stimme)*
apiaradero *m Viehzählung* f
apical adj *(m/f)* ⟨Bot Zool Med Phon⟩ *apikal*
apica|rado adj *schelmisch, gaunerhaft,*
gerieben, durchtrieben ‖ –rarse vr *zum Gauner*
werden
ápice *m Gipfel* m, *Spitze* f ‖ *Zungenspitze* f ‖
⟨fig⟩ *Geringfügigkeit* f, *Tüpfel* n ‖ *Winzig-,*
Nichtig|keit f ‖ ⟨Gr⟩ *Akzent* m, *Tonzeichen* n ‖
⟨Phon⟩ *Zungenspitze* f ‖ ⟨fig⟩ *Angelpunkt* m *(e–r*
Sache) ‖ ◇ *no falta* ~ ⟨fig⟩ *es fehlt kein*
Tüpfelchen ‖ *no ceder un* ~ ⟨fig⟩ *um k–n*
Zollbreit nachgeben ‖ *estar en los* ~s *de a/c* ⟨figf⟩
e–e Sache gründlich verstehen ‖ *die Sache voll im*
Griff haben ‖ *sein Handwerk verstehen*
apicectomía *f* ⟨Med⟩ *Apikotomie* f
apichonado adj Chi *verliebt*
apichu *m* Pe *Kartoffelpflanze* f

apícola adj *(m/f) bienenzüchterisch* ‖ *Imker-,*
Bienenzucht-
api|colisis, –cólisis *f* ⟨Med⟩ *Apikolyse* f
apículo *m Spitzchen* n ‖ *feine Zuspitzung* f
api|cultor *m Bienenzüchter, Imker* m ‖
–cultura *f Bienenzucht, Imkerei, Apikultur* f
ápidos *mpl* ⟨Ins⟩ *Körbchensammlerbienen* fpl
(Apidae pl) ‖ *bienenartige Insekten* npl
api|lado adj *ge|stapelt, -schichtet* ‖ –lador *m*
Stapler m ‖ ~ *de chapas Blechstapler* m ‖ ~ *de*
hojas, ~ *de pliegos* ⟨Typ⟩ *Planausleger* m ‖ ~ *de*
mano Handstapler m ‖ –ladora *f*
Schoberhäufmaschine f ‖ –lamiento *m An-,*
Auf|häufen n ‖ *Stapelung, Schichtung* f ‖ –lar vt
auf|schichten, -häufen, stapeln, übereinander
legen ‖ –lo *m* Mex ⟨pop⟩ *Haufen* m
¹**apilonar** vt Arg *stapeln*
²**apilonar** vt Arg ⟨fig⟩ *vertagen*
apimplarse vr ⟨fam⟩ *s. (leicht) betrinken*
apimpollarse vr *Knospen bzw Schösslinge*
treiben
api|ñado adj *(tannen)zapfenähnlich* ‖
geschlossen (Kohl, Lattich) ‖ *dichtbeerig*
(Trauben) ‖ *dicht gedrängt* ‖ –ñamiento *m*
Gedränge n ‖ –ñar vt *zusammendrängen,*
schichten ‖ ~se ⟨fig⟩ *s. zusammendrängen*
(Menschenmenge) ‖ –ñonado adj Mex
pinienkernfarben ‖ *etwas dunkelhäutig (Mensch)*
¹**apio** *m* ⟨Bot⟩ *Sellerie,* [veraltet] *Eppich,*
Zeller m (Apium graveolens) ‖ *más verde que el*
~ ⟨fig⟩ *giftgrün*
²**apio** *m* ⟨pop⟩ *Schwule(r)* m, *Tunte* f
apiojarse vr Murc *von Blattläusen befallen*
werden
apiolar vt *e–m Falken Fußriemen anlegen* ‖
Läufe mpl *zusammenbinden (dem erlegten Wild)* ‖
⟨fam⟩ *packen* ‖ ⟨fam⟩ *gefangen nehmen* ‖ ⟨fam⟩
totschlagen
apiparse vr ⟨fam⟩ *viel trinken und essen* ‖
⟨fam⟩ *s. den Bauch voll schlagen*
apiporrarse vr Burg Sal *s. voll essen,*
schlemmen
apique *m* ⟨Bgb⟩ Col *Schacht* m
apir *m* Chi *Bergmann* m
apiramidado adj *pyramidenförmig*
api|rético adj ⟨Med⟩ *fieberfrei* ‖ ~ *m*
Apyretikum, Fiebermittel n ‖ –rexia *f*
Fieberfreiheit, Abfieberung, Apyrexie f
apirularse vr Chi *s. sonntäglich putzen*
apiso|nado *m Stampfen* n ‖ *Unterbau* m
(Straße) ‖ ~ *de arcilla Lehmstampfen* n ‖ ~ *de*
cal y arena Kalk-Sand-Stampfbau m ‖ ~ *de*
estiércol ⟨Agr⟩ *Festtreten* n *des Mistes* ‖ ~ *a*
mano Handstampfung f ‖ ~ *con rodillos*
Walzverdichtung f, *Abwalzen* n ‖ ~ *del terreno*
⟨Agr⟩ *Bodenverdichtung* f ‖ –nador *m Stampfer*
m ‖ ~ *neumático Pressluftstampfer* m ‖ –nadora
f Straßenwalze f ‖ *Stampfmaschine* f ‖ ~ *de vapor*
Dampf(straßen)walze f ‖ –namiento *m Stampfen*
n ‖ –nar vt *feststampfen* ‖ *einrammen* ‖ *walken*
apiste adj Hond *geizig*
api|tar vt Sal *Hirtenhunde* mpl *hetzen* ‖ –to *m*
Sal *Schrei* m
apito|nado adj ⟨fam⟩ *reizbar, empfindlich* ‖
–nar vt *mit dem Horn durchstoßen* ‖ ~ vi
hervorbrechen, sprießen (Knospen) ‖ *Hörner*
ansetzen (Vieh) ‖ *die Eierschale anpicken, um zu*
schlüpfen (Küken, Jungvögel) ‖ ~se (figf) *s.*
herumzanken ‖ ⟨fam⟩ *krakeelen*
apívoro adj *bienenfressend*
apizarrado adj *schieferartig* ‖ *schieferfarben*
apla|camiento *m Besänftigung* f ‖ *Linderung* f
‖ *Versöhnung* f ‖ –car [c/qu] vt *be|sänftigen,*
-ruhigen ‖ *versöhnen* ‖ *beschwichtigen* ‖ *lindern* ‖
mildern ‖ *stillen (Hunger)* ‖ ◇ ~ *la sed den Durst*

stillen od *löschen* ‖ ~**se** *s. beruhigen* ‖ *s.*
legen,
nachlassen (Sturm)
 aplacentados *mpl* ⟨Zool⟩ *Aplazentalier* mpl
 apla|cerado adj *seicht (See)* ‖ **–cible, –ciente**
adj *(m/f) angenehm, gefällig* ‖ **–cimiento** *m*
Vergnügen n
 aplana|calles *m/f* Pe (fam) *Müßiggänger(in* f)
m ‖ **–dera** *f Pflasterramme* f ‖ **–do** adj *platt, flach*
‖ ⟨Fot⟩ *wenig kontrastreich, flau (Negativ)* ‖ ~ *m*
Abflachung f ‖ **–dor** *m Planierhammer* m ‖
Polierstahl m ‖ ⟨Typ⟩ *Klopfholz* n ‖ **–dora** *f* Am
Straßen|walze f, *-planierer* m ‖ ~ *automotriz*
Kraftwalze f ‖ ~ *de bacheo Walze* f *für*
Flickarbeiten ‖ **–miento** *m (Ein)Ebnen,*
Planieren n, *(Ein)Ebnung* f ‖ *Abplatten* n ‖ ⟨EB⟩
Einsinken n *(des Unterbaus)* ‖ ⟨fig⟩
Niedergeschlagenheit f
 aplanar vt *(ein)ebnen, planieren* ‖ *platt*
machen ‖ *glätten, schlichten* ‖ *walzen (Straße)*
breiten ‖ ⟨figf⟩ *in Verlegenheit bringen, setzen* ‖
bestürzen ‖ *mutlos machen* ‖ ~**se** *einstürzen*
(Gebäude) ‖ *verfallen* ‖ ⟨fig⟩ *die Lebensfreude*
verlieren (Kranker) ‖ ⟨fig⟩ *den Mut verlieren* ‖
⟨fig⟩ *verfallen*
 aplanchar vt →** planchar** ‖ ~ vi Chi *(fam)*
sitzen bleiben, ein Mauerblümchen sein (Mädchen
beim Tanz)
 aplanético adj ⟨Opt⟩ *aplanatisch*
 aplasia *f* ⟨Med⟩ *Aplasie* f, *angeborenes Fehlen*
n *e–s Organs*
 aplasmocitosis *f* ⟨Med⟩ *Aplasmozytose* f
 aplastada *f* ⟨Flugw⟩ *Durchsacken* n
 aplastamiento *m Plattdrücken* n,
Zerquetschung f ‖ *Stauchen* n ‖ ~ *de una rebelión*
Zerschlagung f *e–s Aufstandes*
 aplastante adj *(m/f) vernichtend,*
überwältigend
 aplastapapeles *m* Am *Briefbeschwerer* m
 aplastar vt *platt drücken, zer|treten,*
-quetschen, -malmen ‖ *ausbreiten (Walzwerk)* ‖
⟨fig⟩ *tot-, fertig|machen, erledigen* ‖
niederschlagen ‖ ~**se** *s. zusammendrücken* ‖
einstürzen ⟨Flugw⟩ *durch|sacken, -fallen,*
abfallen
 aplastia *f* ⟨Med⟩ *Heißhunger, unstillbarer*
Hunger m
 aplástico adj ⟨Med⟩ *aplastisch, von Geburt an*
fehlend
 aplatanarse vr *s. gehen lassen* ‖ *faul,*
liederlich werden ‖ *verdummen* ‖ *den Ehrgeiz*
verlieren ‖ Cu Fil PR *heimisch werden* ‖ PR *den*
Ehrgeiz verlieren
 aplau|dido adj *beliebt, gefeiert (Schauspieler)* ‖
–dir vt *(jdm) Beifall (Applaus) spenden,*
klatschen, applaudieren (dat) ‖ *loben, preisen* ‖
begrüßen, billigen ‖ ◇ *aplaudo* tu decisión *ich*
begrüße d–n Entschluss ‖ la pieza ha sido muy
aplaudida ⟨Th⟩ *das Stück hat sehr gefallen* ‖ **–so**
m Beifall m, *Beifallklatschen* n ‖ *Zustimmung* f ‖
~ *atronador stürmischer Beifall* m ‖ ~
clamoroso, ~ *estrepitoso donnernder Beifall* m ‖
~**s** *nutridos starker Beifall* m ‖ ~ *unánime*
einstimmiger Beifall m ‖ ◇ *oír* ~ *Beifall ernten* ‖
merecedor od *digno de* ~ *lobenswert*
 aplayar vi *über die Ufer treten (Fluss)*
 apla|zamiento *m Fristverlängerung* f ‖ ⟨Jur⟩
Vorladung f ‖ *Zahlungsfrist* f ‖ *Stundung* f ‖
Vertagung f ‖ ~ *de la ejecución de pena* ⟨Jur⟩
Vollstreckungsaufschub m ‖ **–zar** [z/c] vt *vorladen*
‖ *(Zeit und Ort) anberaumen* ‖ *aufschieben,*
stunden ‖ *vertagen* ‖ *verlängern (Wechsel)* ‖ Am
durchfallen lassen (Prüfling) ‖ ◇ ~ *el debate die*
Verhandlung ver|tagen od *-schieben* ‖ ~ no es
abandonar ⟨Spr⟩ *aufgeschoben ist nicht*
aufgehoben

 aplebeya|do adj *pöbelhaft* ‖ **–miento** *m*
Verpöbelung, Plebejisierung f
 apli|cabilidad *f Anwendbarkeit* f ‖ **–cable** adj
(m/f) anwendbar (a auf acc) ‖ **–cación** *f*
Anwendung f ‖ *Gebrauch* m ‖ *Verwendung* f *(e–r*
Summe) ‖ *Verwendungszweck* m ‖ ⟨Med⟩ *Anlegen*
n *(e–s Verbandes), Verabreichung* f *(e–r Spritze)* ‖
Schmuck, Besatz m *(an Frauenkleidung)* ‖
Applikation f ‖ *Bestimmung* f ‖ *(gerichtliche)*
Zuerkennung f ‖ ⟨fig⟩ *Fleiß* m, *Beflissenheit* f ‖ ~
de fórceps ⟨Med⟩ *Zangenanlegung* f ‖ ~ *de*
medidas coercitivas ⟨Pol⟩ *Anwendung* f *von*
Zwangsmaßnahmen ‖ ~ *de la mención de reserva*
Anbringung f *des Schutzvermerks (Urheberrecht)*
‖ ~ *de la pena* ⟨Jur⟩ *Strafzumessung, Bemessung* f
der Strafe ‖ *Strafanwendung* f ‖ ~ *de pintura*
Auftragen n *von Farbe* ‖ ~ *práctica*
Nutzanwendung f ‖ ◆ *de* ~ *a partir de … (Jur)*
gültig ab … ‖ **–cadero** adj → **–cable** ‖ **–cado** adj
⟨fig⟩ *fleißig, strebsam* ‖ *angewandt (Wissenschaft)*
 aplicar [c/qu] vt *(dar)auflegen* ‖ *anlegen,*
auflegen (e–n Verband) ‖ *aufnähen, applizieren*
(Kleiderschmuck) ‖ *auftragen (Salbe, Farbe,*
Lack) ‖ *verabreichen (Spritze)* ‖ ⟨fig⟩ *an-,*
ver|wenden, gebrauchen ‖ ⟨fig⟩ *(jdm) et. zumuten*
‖ ⟨fig⟩ *bestimmen, widmen* ‖ ⟨figf⟩ *geben,*
versetzen (Ohrfeige) ‖ *zuschreiben* ‖ ⟨Jur⟩
zuerkennen ‖ ◇ ~ *el freno die Bremse anziehen,*
bremsen ‖ ~ *masilla kitten* ‖ ~ *el oído*
(aufmerksam) zuhören ‖ ~ *el procedimiento de*
urgencia das Dringlichkeitsverfahren anwenden ‖
~ *tasas de compensación Ausgleichsteuern* fpl
erheben ‖ ~**se** *s. befleißigen* ‖ *s. verlegen* (a *auf*
acc) ‖ *s. hingeben* (dat) ‖ ~ *s. gelten für …*
acc ‖ *s. beziehen auf … acc* ‖ ~ *a los estudios*
den Studien mit Fleiß nachgehen ‖ *esto se*
aplicará mutatis mutandis das gilt sinngemäß
 aplique *m Aufsatz* m ‖ ⟨Th⟩ *Zusatzkulisse* f,
Ergänzungsstück n *(e–r Bühnendekoration)* ‖
Wandleuchte f
 ¹aplomado adj *bleifarben*
 ²aplomado adj *senk-, lot|recht*
 ³aplo|mado adj *gediegen, fest* ‖ ⟨fig⟩
schwerfällig (Stil) ‖ ⟨fig⟩ *ver|nünftig, -ständig,*
umsichtig, ernst ‖ **–mamiento** *m Lotung* f
 ¹aplomar vt *aus-, ver|bleien*
 ²aplomar vt ⟨Arch⟩ *(ab)loten, absenkeln* ‖
senkrecht stellen ‖ ⟨fig⟩ *beschweren, drücken* ‖ ~
vi *senkrecht stehen*
 ¹aplomarse vr *einstürzen, zusammenbrechen*
(Bauwerk)
 ²aplomarse vr *(fam) vernünftig werden* ‖
Sicherheit (im Auftreten usw.) bekommen,
selbstbewusst werden
 ³aplomarse vr Am *(fam) s. schämen*
 aplomo *m Nachdruck* m ‖ *Takt* m, *Sicherheit* f
im Auftreten ‖ *Umsicht* f, *Ernst* m ‖ *Triftigkeit* f ‖
⟨Mus⟩ *Taktsicherheit* f ‖ *Beinstellung* f *(Pferd)* ‖
Lot n ‖ ◆ *con* ~ *mit Nachdruck, mit*
Selbstbewusstsein ‖ ◇ *perder el* ~ *kleinlaut*
werden
 aployar vt Dom *verderben,* ⟨fam⟩
kaputtmachen ‖ Dom *töten*
 aplustro *m* ⟨Hist⟩ *Achterstevenzierrat m (des*
römischen Kriegsschiffs)
 ap|nea *f* ⟨Med⟩ *Apnoe* f, *Atemstillstand* m ‖
–noico adj *apnoisch*
 apneumia *f* ⟨Med⟩ *Apneumie* f, *angeborenes*
Fehlen n *der Lunge*
 apneusis *f* ⟨Med⟩ *Apneusis* f
 ápoca *f* Ar ⟨Jur⟩ *Quittung* f
 apocado adj ⟨fig⟩ *kleinmütig, verzagt* ‖
schüchtern ‖ ⟨fig⟩ *geizig, karg* ‖ ⟨fig⟩ *gemein,*
niedrig (Herkunft) ‖ adv: ~**amente**
 Apoca|lipsis *m Apokalypse, Offenbarung* f *des*

Johannes ‖ los cuatro jinetes del ~ *die vier Apokalyptischen Reiter* mpl ‖ ⁼**líptico** adj *apokalyptisch* ‖ ⟨fig⟩ *geheimnisvoll, dunkel (Stil)* ‖ ⟨fig⟩ *grauenhaft*
apocamiento m *Ver|ringerung, -kleinerung* f ‖ *Kleinmut* m ‖ *Verzagtheit* f ‖ ⟨fig⟩ *Schüchternheit* f ‖ ⟨fig⟩ *Niedergeschlagenheit* f
apocar [c/qu] vt *ver|ringern, -kleinern* ‖ ⟨fig⟩ *einschränken* ‖ ⟨fig⟩ *entmutigen* ‖ ⟨fig⟩ *herabsetzen* ‖ ⟨fig⟩ *demütigen* ‖ ◇ ~ *las velas* ⟨Mar⟩ *Segel* npl *reffen* ‖ ~**se** ⟨fig⟩ *s. erniedrigen* ‖ *s. einschüchtern (lassen)* ‖ *verzagen, den Mut verlieren*
apocarpo adj ⟨Bot⟩ *apokarp, getrenntfrüchtig*
apó|cema, –cima f ⟨Med⟩ → *pócima*
apochinarse vr Mex *s. ausfasern (Stoff)*
apochincharse vr Cu *s. vollessen* ‖ Mex *ein Verlangen befriedigen*
apochongarse vr Arg *verzagen, s. entmutigen lassen*
apócopa f ⟨Ling⟩ → **apócope**
apoco|pado adj ⟨Ling⟩ *am Ende verkürzt* ‖ **–par** vt *apokopieren, am Ende verkürzen*
apócope f ⟨Ling⟩ *Apokope, Endverkürzung* f *(e–s Wortes)* ‖ ⟨Mus⟩ *Apokope* f
apocoyado adj Nic *niedergeschlagen*
apócrifo adj *verborgen, heimlich* ‖ *unecht, falsch* (& fig) ‖ *apokryph* ‖ *untergeschoben* ‖ *fabelhaft, erdichtet* ‖ (libro) ~ *Apokryph* n
apocromático adj ⟨Opt⟩ *apochromatisch*
apo|dado adj *e–n Spitznamen führend* ‖ **–damiento** m *Spott-, Spitz|name* m ‖ **–dar** vt *mit e–m Spitznamen belegen* ‖ ⟨fam⟩ *(um)taufen* ‖ ⟨fam⟩ *benamsen*
apode|rado m adj *bevollmächtigen* ‖ ~ m *Bevollmächtigte(r)* m ‖ *Prokurist* m ‖ *Mandatar* m ‖ ⟨Taur Mus⟩ *Impresario, Agent, Manager* m ‖ ~ *especial* ⟨Jur⟩ *Handlungsbevollmächtigte(r)* m ‖ ~ *general Generalbevollmächtigte(r)* m ‖ ~ *procesal* ⟨Jur⟩ *Prozessbevollmächtigte(r)* m ‖ ◇ *constituir* ~ *e–e Vollmacht geben, Vollmacht erteilen* dat ‖ **–ramiento** m *Vollmacht* f ‖ *Bevollmächtigung* f ‖ **–rante** m/f *Vollmachtgeber(in* f) m
apoderar vt *bevollmächtigen* ‖ *in den Besitz setzen* ‖ ~**se** *s. bemächtigen* (de gen), *Besitz m ergreifen (von)* ‖ ⟨Mil⟩ *nehmen, erobern, besetzen* ‖ *(die Kunden) abspenstig machen* ‖ ◇ ~ *de la palabra das Wort an s. reißen*
apodia f ⟨Med⟩ *Apodie* f, *angeborenes Fehlen e–s* bzw *beider Füße*
apodícti|ca f ⟨Log⟩ *Apodiktik, Lehre* f *vom Beweis* ‖ **–co** adj *apodiktisch, unwiderleglich*
apodo m *Spitz-, Spott|name* m ‖ ◇ *sacar (un)* ~ ⟨fam⟩ *e–n Spitznamen erfinden* ‖ ⟨fam⟩ *umtaufen* (para alg. jdn)
ápodo adj ⟨Zool⟩ *apod, fußlos* ‖ ~**s** mpl *Apoden* pl, *Fußlose* mpl
apódosis f ⟨Rhet⟩ *Nachsatz* m, *Apodosis* f
apoenzima f ⟨Physiol⟩ *Apoenzym* n
apófige f ⟨Arch⟩ *Apophysis* f *(e–r Säule)*
apófisis f ⟨An⟩ *Knochenfortsatz* m, *Apophyse* f ‖ ~ *basilar Zapfenfortsatz* m ‖ ~ *coracoides Rabenschnabelfortsatz* m ‖ ~ *coronoides Kronenfortsatz* m ‖ ~ *espinoso Dornfortsatz* m ‖ ~ *estiloide Griffelfortsatz* m ‖ ~ *mastoides Warzenfortsatz* m ‖ ~ *palatina Gaumenfortsatz* m ‖ ~ *pterigoides Flügelfortsatz, Gaumenflügel* m ‖ ~ *vertebral Wirbelfortsatz* m ‖ ~ *yugular Drosselfortsatz* m
apofisitis f ⟨Med⟩ *Apophysitis* f
apofonía f ⟨Ling⟩ *Ablaut* m
apogamia f ⟨Bot⟩ *Apogamie* f
apogeo m ⟨Astr⟩ *Apogäum* n, *größte Erdferne* f *des Mondes* od *e–s Satelliten* ‖ ⟨fig⟩ *Höhepunkt,*

Zenit, Gipfel m ‖ ◇ *estar en su* ~ ⟨fig⟩ *auf dem Gipfel (des Ruhmes, der Macht usw.) stehen*
apógrafo m *Ab-, Nach|schrift, Kopie* f
apolilla|do adj *wurmstichig (Holz)* ‖ *von Motten zerfressen* od *befallen* ‖ **–dura** f *Mottenfraß* m ‖ *Holzwurmfraß* m ‖ **–miento** m → **–dura** ‖ **–r** vt *zer-, ange|fressen werden (von Motten, Holzwürmern usw.)*
apolinar adj *(m/f)* ⟨poet⟩ → **apolíneo** ‖ **–ismo** m ⟨Rel⟩ *Apollinarismus* m
apolíneo adj *apollinisch* ‖ ⟨fig⟩ *maßvoll, harmonisch*
apolismar vt Am *quetschen* ‖ CR *faulenzen* ‖ Cu Guat PR *(in der Entwicklung) zurückbleiben* ‖ CR PR Ven *verzagen, s. einschüchtern lassen, den Mut verlieren*
apo|liticismo m *mangelndes politisches Bewusstsein* n ‖ *Parteilosigkeit* f ‖ **–lítico** adj *a-, un|politisch* ‖ **–litismo** m → **–liticismo**
apollardarse vr ⟨pop⟩ *verdummen*
apolo m ⟨Ins⟩ *Apollo(falter)* m (Parnassius apollo)
Apolo m np *Apollo* m ‖ ~ *schöner Jüngling* (bzw *Mann*)
apo|logética f *Verteidigung, Rechtfertigung, Apologetik* f ‖ **–logético** adj *rechtfertigend, verteidigend, apologetisch* ‖ **–log(et)izar** [-zc-] vt *verteidigen* ‖ **–logía** f *Rechtfertigungs-, Schutz|rede, Verteidigung(srede), Apologie* f ‖ *Verteidigungsschrift* f ‖ ~ *de delitos Verherrlichung* f *von Straftaten* ‖ **–lógico** adj *auf die Lehrfabel bezüglich, apologisch, Gleichnis-, Fabel-* ‖ **–logista** m/f *Apologet(in* f), *Verteidiger(in* f) m ‖ ⟨fig⟩ *Ehrenretter(in* f) m
apólogo adj → **apológico**
apo|lónida, -lonida m/f ⟨fig⟩ *Dichter(in* f), *Poet* m ‖ ~ m *Lehrfabel* f ‖ *Gleichnis* n ‖ *Apolog* f
apoltro|nado adj *faul, träg(e)* ‖ **–namiento** m *Faulenzen, Nichtstun* n ‖ **–narse** vr *faul, bequem werden* ‖ *faulenzen* ‖ *liederlich werden* ‖ *den sittlichen Halt verlieren* ‖ ⟨fam⟩ *verlottern*
apolvillarse vr Chi *brandig werden (Getreide)*
apomazar vt *mit Bimsstein abreiben, (ab)bimsen*
apomorfina f ⟨Chem⟩ *Apomorphin* n
apóndrigo m *Feldsalat* m (Valerianella spp)
aponeurosis f ⟨An⟩ *Aponeurose, Flächensehne* f
apontizar [z/c] vi *auf dem Landedeck des Flugzeugträgers landen*
apontocar [c/qu] vt *stützen*
apo|plejía f ⟨Med⟩ *Apoplexie* f, *Schlag (Anfall)* m ‖ ~ *de los cerezos Baumsterben* n, *Valsakrankheit* f (Valsa leucostoma) ‖ **–plético** adj *apoplektisch, zu Schlaganfällen neigend* ‖ ~ m *Apoplektiker* m
apopocharse vr Col *s. sättigen*
apoquinar vt ⟨fam⟩ *(ungern) bezahlen,* ⟨fam⟩ *berappen,* ⟨pop⟩ *blechen*
apor|cado n ⟨Agr⟩ *Häufeln* n ‖ **–cadora** f *Häufelpflug, Häufler* m ‖ **–cadura** f *Häufeln* n
¹**aporcar** [-ue, c/qu] vt ⟨Agr⟩ *(an)häufeln* ‖ *mit Erde beschütten (Pflanzen)*
²**aporcar** [-ue, c/qu] vt Guat *beschämen*
aporeo m *Aporie* f
aporisma m ⟨Med⟩ *Bluterguss* m, *Ekchymose* f
aporracear vt And → **aporrear**
aporrar vi ⟨fam⟩ *stecken bleiben, verstummen* ‖ *sprachlos sein*
aporratar vt Chi *monopolisieren*
apo|rreado adj ⟨fam⟩ *arm, erbärmlich, jämmerlich* ‖ *abgefeimt* ‖ ⟨fam⟩ *gerieben* ‖ ~ m Cu ⟨Kochk⟩ *(Art) Gericht* n *aus Rindfleisch und Tomaten* ‖ **–rreador** m *Treibfäustel, schwerer Schlägel* m ‖ **–rreadura** f, **–rreamiento** m

Prügeln n, *Prügelei* f ‖ **–rrear** vt *schlagen, (ver)prügeln* ‖ *schleppen* ‖ *belästigen* ‖ *Fliegen verscheuchen* ‖ Arg *mit Argumenten schlagen* ‖ ◇ ~ *las teclas* (fam) *elend Klavier spielen, auf dem Klavier herumhacken* ‖ **~se** *s. herumprügeln* ‖ ⟨fig⟩ *s. abarbeiten* ‖ ⟨fam⟩ *s. abrackern* ‖ **–rreo** m *Prügeln* n ‖ *Prügelei, Schlägerei* f ‖ ⟨fig⟩ *Plackerei* f ‖ → **–rreamiento**
aporretado adj *kurz und dick,* ⟨fam⟩ *wurstig (Finger)*
apor|tación f *Zubringen* n ‖ *Anteil* m, *Einlage* f ‖ *Beitrag* m ‖ *Beibringung* f ‖ *Speisung* f ‖ *Eingebrachtes* n *(in die Ehe)* ‖ *eingebrachtes Kapital* n ‖ *Stammeinlage* f *(bei Kapitalgesellschaften)* ‖ *stille Einlage* f ‖ ~ *en especie Sacheinlage* f ‖ ~ *del patrono a los subsidios por enfermedad Krankengeldzuschuss* m ‖ *aportaciones personales* ⟨fig⟩ *persönliche Mitwirkung, Teilnahme* f ‖ ~ *suplementaria Nachschuss* m ‖ **–tadera** f *Tragkorb* m *(der Saumtiere)* ‖ **–tadero** m *Sammelplatz* m
¹aportar vt ⟨Jur⟩ *(in die Ehe) einbringen, einlegen* ‖ *bei|steuern, -tragen* ‖ *veranlassen* ‖ ◇ ~ *capital Kapital beisteuern* ‖ ~ *la prueba* ⟨Jur⟩ *den Beweis erbringen* (od *liefern* od *führen*)
aporte m *Zufluss* m ‖ *Beitrag* m ‖ *Eingebrachtes* n ‖ Am *Pfand* n ‖ ~ *de capital Geschäfts-, Kapital|einlage* f ‖ ~ *forzado Pflichteinlage* f ‖ *Pflichtbeitrag* m
aportillar vt *durchbrechen (Mauer), e–e Bresche schlagen in* (acc) ‖ *zerbrechen* ‖ **~se** *einstürzen, bersten (Mauer)*
aporuñar vt Chi *horten (Geld, Wertsachen)* ‖ **~se** Chi *enttäuscht werden*
aposen|taderas fpl And *Hinterbacken* fpl ‖ **–tador** m *Beherberger* m ‖ ⟨Mil⟩ *Quartiermacher* m ‖ ~ *mayor de palacio Haushofmeister* m *des königlichen Palastes* ‖ **–tamiento** m s von **–tar** ‖ **–tar** vt *beherbergen* ‖ *unterbringen* ‖ ◇ ~ *las tropas* ⟨Mil⟩ *Quartier machen* ‖ **~se** *s. niederlassen, ansässig werden* ‖ *Wohnung* f *nehmen* ‖ ⟨Mil⟩ *s. einquartieren, ins Quartier rücken*
aposento m *Raum* m ‖ *Zimmer* n ‖ ⟨lit⟩ *Gemach* n ‖ *Wohnung* f ‖ *Herberge* f ‖ *Beherbergung* f ‖ ⟨Mil⟩ *Quartier* n ‖ ◇ *dar* ~ *a alg. jdn beherbergen* od *unterbringen*
aposesionarse vr → **posesionarse**
aposi|ción f ⟨Gr⟩ *Apposition, Beisatz* m ‖ *Anlagerung* f ‖ **–tivo** adj *appositiv, Appositions-*
apósito m ⟨Med⟩ *Wundverband* m ‖ ~ *higiénico Damenbinde* f
aposporia f ⟨Bot⟩ *Aposporie* f
aposta, apostadamente adv ⟨fam⟩ *absichtlich, mit Willen,* ⟨reg⟩ *mit Fleiß*
aposta|dero m *Posten* m ‖ ⟨Mil⟩ *Sammelplatz* m ‖ ⟨Mar⟩ *Wachtstation* f ‖ ⟨Mar⟩ *Kriegshafen* m ‖ ⟨Mar⟩ *Marinestation* f ‖ ⟨Mar⟩ *Flottenstützpunkt* m ‖ **–dor** m *Wettende(r)* m
apostal m Ast *Stauwasser* n *im Fluss mit ergiebigem Fischbestand*
¹apostar [-ue-] vt *(ver)wetten* ‖ ~ vi ⟨fig⟩ *wetten* ‖ *wetteifern* ‖ ◇ ~ *a correr um die Wette laufen* ‖ ~ *por un caballo auf ein Pferd wetten* ‖ *apuesto* (a) *que sí ich wette, dass dem so ist* ‖ **~las**, *apostárselas a* (od *con*) *uno* ⟨fam⟩ *mit jdm wetten, wetteifern* ‖ *jdn herausfordern* ‖ *jdn bedrohen*
²apostar vt ⟨Mil⟩ *aufstellen (Posten)* ‖ **~se** ⟨Mil⟩ *e–e Stellung einnehmen, s. aufstellen* ‖ ⟨Jgd⟩ *auf den Anstand gehen*
apostasía f *Abtrünnigkeit, Apostasie* f, *Abfall* m *vom (christlichen) Glauben*

após|tata m *Abtrünnige(r), Apostat* m ‖ *Juliano el* ~ *Julian(us) Apostat, Julian der Abtrünnige* ‖ **–tatamente** adv *treubrüchig*
apostatar vi *abtrünnig werden* ‖ ⟨fig⟩ *aus e–m Orden austreten* ‖ ⟨fig⟩ *das Bekenntnis, die Weltanschauung* od *die Partei wechseln* ‖ ◇ ~ *de la fe vom Glauben abfallen*
apos|tema f ⟨Med⟩ *Abszess* m, *Geschwür, Apostema* n ‖ **–temar** vi ⟨Med⟩ *geschwürig werden* ‖ ◇ *no se le apostema nada* ⟨figf⟩ *er (sie, es) kann kein Geheimnis bewahren* ‖ **~se** *schwären, eitern*
a posteriori ⟨lat⟩ adv *a posteriori* ‖ *nachträglich* ‖ *aus der Wahrnehmung gewonnen*
apostilla f *Randbemerkung, Glosse, Apostille* f ‖ *Erläuterung* f ‖ *Zusatz* m ‖ *Postille, Predigtsammlung* f ‖ ⟨fig⟩ *schriftliche Empfehlung* f
apostillar vt *mit Randbemerkungen versehen, glossieren* ‖ *erläutern*
apóstol m *Apostel, Sendbote* m ‖ *Heidenbekehrer* m ‖ ⟨fig⟩ *Verfechter, begeisterter Vorkämpfer* m ‖ *el* ~ *der hl. Paulus* ‖ *el* ~ *de España der hl. Jakob (Santiago)* ‖ *el* ~ *de las gentes der hl. Paulus, der Heidenapostel*
apo|stolado m *Apostel|amt* n, *-würde* f, *Apostolat* n ‖ ⟨fig⟩ *Ausbreitung* f *(e–r Lehre)* ‖ ⟨fig⟩ *hoher Beruf* m, *würdige Aufgabe, Sendung* f ‖ ⟨fig⟩ *Propagandafeldzug* m *(de für)* ‖ ~ *laical* od *seglar Laienapostolat* n ‖ ◇ *hacer* ~ *por una idea e–e Idee verfechten* ‖ **–stólicamente** adv *nach den apostolischen Lehren* ‖ ⟨fam⟩ *in Armut* ‖ ⟨fam⟩ *schlicht, einfach* ‖ **–stolicidad** f *Apostolizität* f ‖ **–stólico** adj *apostolisch* ‖ *päpstlich* ‖ ~ m Span ⟨Hist⟩ *Mitglied* n *e–r ultrakonservativen katholischen Partei im 19. Jh.* ‖ **–stolizar** [z/c] vt *bekehren (zum Christentum)*
apostrofar vt ⟨Rhet⟩ *s. plötzlich an jdn wenden, jdn anreden* ‖ *be|nennen, -titeln* ‖ ⟨fam⟩ *jdn hart anfahren* ‖ ⟨Gr⟩ *mit e–m Auslassungszeichen versehen, apostrophieren* ‖ **~se** *s. beschimpfen*
apóstro|fe m/f ⟨Rhet⟩ *Apostrophe, (feierliche) Anrede* f ‖ ⟨fig⟩ *Schmährede* f ‖ ⟨fig⟩ *Verweis* m ‖ **–fo** m ⟨Gr⟩ *Apostroph* m, *Auslassungszeichen* n
apostura f *gefälliges Äußeres* n ‖ *Haltung* f ‖ *Anstand* m
apote adv ⟨pop⟩ *im Überfluss*
apotecio m ⟨Bot⟩ *Apothecium* n, *Fruchtbehälter* m *der Schlauchpilze*
apotegma m *Denk-, Sinn|spruch* m, *Apophthegma* n
apotema n ⟨Math⟩ *Inkreisradius* m *(e–s regulären Polygons)*
apote|ósico, –ótico adj ⟨poet⟩ *verklärt* ‖ **–osis** f *Vergötterung* f ‖ *Verklärung, Apotheose* f ‖ ⟨fig⟩ *große Ehrenbezeugungen* fpl ‖ ⟨fig⟩ *Gipfel, Höhepunkt* m ‖ ~ *final prächtiges Schlussbild* n *(e–s Bühnenstückes, & fig)*
apoterapia f ⟨Med⟩ *Nachkur* f
apotincarse [c/qu] vr Chi *s. niederkauern*
a potiori ⟨lat⟩ adv *vom Stärkeren her* ‖ *von der Hauptsache her, nach der Mehrzahl*
apotrarse vr RP *wütend werden*
apotrerar vt Chi ⟨Landbesitz) *in Weideplätze aufteilen* ‖ Cu *Vieh* n *in Gehege treiben*
apoya|brazos m *Armlehne* f ‖ **–cabeza** m ⟨Auto⟩ *Kopfstütze* m
apoyadura f *Milchandrang* m *im Euter bzw in den Zitzen (beim Säugen)*
apoyamano m *Armstütze* f ‖ ⟨Mal⟩ *Malerstock* m
apoyar vt ⟨allg⟩ *(unter)stützen* ‖ ⟨Bgb⟩ *abstreben, mit Strebepfeilern versehen* ‖ *lagern (Maschine)* ‖ ⟨fig⟩ *be|gründen, -legen (Meinung,*

Antrag, Gesuch) ‖ ⟨fig⟩ *begünstigen, fördern* ‖ ⟨fig⟩ *stützen, helfen* ‖ ⟨fig⟩ *beistehen, zur Seite stehen* ‖ ⟨fig⟩ *ver|teidigen, -fechten* ‖ ⟨fig⟩ *Nachdruck legen auf, betonen* ‖ ◇ ~ con citas mit Zitaten belegen ‖ ~ el codo en la mesa *s. mit dem Ellbogen auf den Tisch stützen* ‖ ~ una moción *e–n Antrag unterstützen* ‖ ~ la palanca ⟨Flugw⟩ *den Steuerknüppel drücken* ‖ ~ vi *s. (auf)stützen, s. auflehnen, s. anlehnen* ‖ *schwer aufliegen* ‖ *drücken* ‖ ◇ ~ sobre una nota ⟨Mus⟩ e–n Ton aushalten ‖ ~se: en … *s. stützen auf …* acc ‖ *ruhen auf … dat* ‖ *s. berufen auf …* acc ‖ ◇ ~ en el bastón *s. auf den Stock stützen* ‖ ~ contra la pared *s. an die Wand lehnen*
  apoyatura *f* ⟨Mus⟩ *Appoggiatur, Appoggiatura* f, *Vorschlag* m ‖ *(Unter)Stützung* f
  apoyito *m* Can *Nickerchen* n
  apoyo *m Stütze* f ‖ *Lehne* f ‖ *Armlehne* f ‖ *Fensterlehne* f ‖ ⟨Tech⟩ *Unterlage* f ‖ *(Stütz)Lager* n, *Buchse, Büchse* f ‖ ⟨Gr⟩ *Betonen* n *(e–r Silbe)* ‖ ⟨fig⟩ *Stütze, Hilfe* f ‖ ⟨fig⟩ *Unterstützung* f, *Rückhalt, Beistand* m ‖ ⟨Mil⟩ *Deckung* f ‖ ~ aéreo ⟨Mil⟩ *Luftwaffenunterstützung* f ‖ ~ de báscula *Kipplager* n ‖ ~ de caballete *Bockstütze* f ‖ ~ de cable *Tragseilauflager* n ‖ ~ colgante *Hängebock* m ‖ ~ sobre columna *Ständerauflage* f ‖ ~ del eje *Achslager* n ‖ ~ elástico, ~ flexible *federnde Auflagerung* f *(Brücke)* ‖ ~ empotrado *eingespannte Auflagerung* f ‖ ⟨Tel⟩ Am *Mauerbügel* m ‖ ~ fijo *festes Auflager* n ‖ ~ flotante *schwimmende Stütze* f ‖ ~ (en forma) de gancho ⟨Tel⟩ *Hakenstütze* f ‖ ~ de horquilla ⟨Auto⟩ *Gabelstütze* f ‖ ~ para la mano *Vor-, Auf|lage* f ‖ *Armstütze* f ‖ ~ moral *moralischer Halt* m ‖ ~ de motocicleta *Fußraste* f ‖ ~ de portahélice ⟨Mar⟩ *Wellenbock* m ‖ ~ de talón ⟨EB⟩ *Zungendrehstuhl* m ‖ ~ sobre tejado ⟨Tel⟩ *Dach|ständer* m, *-gestänge* n ‖ ~ del timón *Deichsel-, Gabel|stütze* f ‖ ~ de ventana *Fenster-, Sohl|bank* f ‖ *Fensterbrüstung* f ‖ ~ vertical *Stehlager* n *(Brücke)* ‖ ~ de (las) vigas *Balken|auflager* n, *-auflagerung, -stützung* f ‖ ◆ con el ~ de … *gestützt auf die Empfehlung von …* ‖ ◇ *prestar* ~ a alg. *jdm beistehen, jdn unterstützen*
  apozar [z/c] vt *durch Balken abteilen* ‖ ~se Sant Col Chi *s. in Pfützen sammeln (Wasser)*
  apparatchik *m Apparatschik* m
  apraxia *f* ⟨Med⟩ *Apraxie* f
  apré adv ⟨fam⟩ *blank, abgebrannt*
  apre|ciabilidad *f Schätzbarkeit* f ‖ **–ciable** adj *(m/f)* **a)** *schätzbar, berechenbar* ‖ *preiswürdig* ‖ *achtbar, schätzenswert* ‖ *beachtlich, nennenswert* ‖ *wahrnehmbar* ‖ ⟨Phys⟩ *wägbar* ‖ **b)** *verehrt, geehrt (im Briefstil)* ‖ *~ por el oído hörbar* ‖ **–ciación, –ciadura** *f Schätzung, (Wert)Bestimmung* f ‖ *Abschätzung* f ‖ **–ciación** *f:* ~ de la prueba ⟨Jur⟩ *Beweiswürdigung* f ‖ ~ de un testimonio según conciencia ⟨Jur⟩ *freie Bewertung* f *e–r Aussage* ‖ ~ del trabajo *Arbeits|beurteilung, -bewertung* f ‖ **–ciado** adj *schätzbar* ‖ *hoch geschätzt, geehrt (im Briefstil)* ‖ *poco* ~ *nicht geachtet* ‖ **–ciador** *m Schätzer, Taxator* m
  apreciar vt *(ab)schätzen, taxieren, den Preis bestimmen, veranschlagen* ‖ *bewerten* ‖ ⟨Med⟩ *diagnostizieren* ‖ *feststellen (e–e Verletzung)* ‖ ⟨fig⟩ *wahrnehmen (Geräusch usw.)* ‖ ⟨fig⟩ *beurteilen* ‖ ⟨fig⟩ *zu schätzen wissen* ‖ ⟨fig⟩ *achten, hoch schätzen* ‖ ⟨fig⟩ *abschätzen* ‖ ⟨fig⟩ *anerkennen* ‖ ◇ ~ en mucho *hoch schätzen* ‖ la distancia la aprecio en 100 metros *ich schätze die Entfernung auf 100 m* ‖ ~ por los hechos *nach den Taten beurteilen*
  apre|ciativo adj *schätzend, Schätzungs-, Wert-*

‖ **–cio** *m (Ab)Schätzung, Preisbestimmung* f ‖ *Be|wertung, -urteilung* f ‖ *Ermessen* n ‖ *Würdigung* f ‖ ⟨fig⟩ *Hochschätzung* f ‖ ⟨fig⟩ *Achtung* f ‖ ⟨fig⟩ *Wert* m ‖ ◇ tener a uno en gran ~ *jdn hoch schätzen*
  aprehen|der vt *fassen, ergreifen* ‖ *an s. nehmen, in Besitz nehmen, Besitz ergreifen (von et.)* ‖ *verhaften, festnehmen* ‖ *ertappen* ‖ *beschlagnahmen* (meist *Schmuggelware*) ‖ ⟨Philos⟩ *wahrnehmen* ‖ **–sible** adj *(m/f) ergreifbar* ‖ *verständlich, fasslich*
  ¹aprehensión *f Ergreifung, Festnahme, Inbesitznahme, Ansichnahme, Besitzergreifung* f *(& Jur)* ‖ ⟨Jur⟩ *Verhaftung* f ‖ *Beschlagnahme* f (meist *Schmuggelware*) ‖ ⟨Philos⟩ *Wahrnehmung* f
  ²aprehensión *f Vor|urteil* n, *-eingenommenheit* f

  aprehensivo adj *wahrnehmungsfähig* ‖ *Verstandes-* ‖ *ängstlich, besorgt*
  aprehen|so pp/irr von **–der** ‖ **–sor** *m Ergreifer* m
  apre|miadamente adv *unter Zwang* ‖ **–miador** adj *bedrückend* ‖ ~ *m Unterdrücker* m ‖ *Mahner* m ‖ **–miante** adj *bedrückend (Lage)* ‖ *erbittert (Worte)* ‖ *dringend* ‖ **–miar** vt *drücken, drängen* ‖ *zwingen, anhalten (a zu)* ‖ *gerichtlich mahnen* ‖ ~ vi *dringend sein* ‖ ◇ el tiempo apremia *die Zeit drängt*
  apremio *m Zwang* m, *Zwangsmittel* n ‖ *Bedrückung* f, *Druck* m ‖ *amtliche Aufforderung, Mahnung* f ‖ *Mahngebühren* fpl ‖ *Verzugszinsen* mpl *(für Steuern)* ‖ ⟨Jur⟩ *Verwertung, Pfandverwertung* f ‖ ◆ por ~ de tiempo *aus Zeitmangel* ‖ por vía de ~ *im Zwangs|weg, -verfahren*
  apren|dedor adj *gelehrig* ‖ ~ *m gelehrig(er Mensch)* ‖ **–der** vt/i *(er)lernen* ‖ *erfahren* ‖ *(et.) vermuten* ‖ *im Gedächtnis behalten* ‖ Logr *lehren, beibringen* ‖ ◇ ~ (para) carnicero *das Fleischerhandwerk erlernen* ‖ ~ a leer *lesen lernen* ‖ ~ de (od con) maestro *bei e–m Lehrer lernen* ‖ ~ (de memoria) *auswendig lernen* ‖ difícil de ~ *schwer zu (er)lernen* ‖ ~se *auswendig lernen*
  apren|diz *[pl ~ces] m Lehr|ling, -junge* m ‖ ⟨Neol⟩ *Auszubildende(r)* (Kurzform: *Azubi*) m ‖ ⟨fam⟩ *Anhänger, Neuling* m ‖ ~ de brujo *Zauberlehrling* m ‖ ~ de comercio *Handlungslehrling, kaufmännischer Lehrling* m ‖ ~ de zapatero ⟨fam⟩ *Schusterjunge* m ‖ ◇ entrar de ~ *in die Lehre kommen* ‖ falta ~ *Lehrling gesucht* ‖ **–dices** mpl *Lehrlinge* mpl ‖ ⟨Neol⟩ *Auszubildende* (Kurzform: *Azubis*) mpl ‖ *Nachwuchskräfte* fpl ‖ **–diza** *f Lehrmädchen* n ‖ ⟨Neol⟩ *Auszubildende* (Kurzform: *Azubi*) f ‖ *Anfängerin* f ‖ **–dizaje** *m Lehre, Lehr|zeit* f, *-jahre* npl ‖ *Ausbildung* f ‖ ⟨fig⟩ *Anfänge, erste Versuche* mpl ‖ ~ en la explotación familiar *Lehre f im eigenen Betrieb* ‖ ~ en explotación ajena *Fremdlehre* f ‖ ◇ poner en ~ *in die Lehre geben*
  apren|sador *m (Tuch)Presser* m ‖ **–sar** vt → *prensar* ‖ ⟨fig⟩ *bedrücken, pressen* ‖ *(hin)eindrücken* ‖ *pressen (Tuch)* ‖ ⟨fig⟩ *bedrücken*
  ¹aprensión *f* **a)** *leere Einbildung* f ‖ *Furcht, Besorgnis* f ‖ *falsche Vorstellung* f ‖ *Angst(vorstellung)* f ‖ **b)** *Rücksichtnahme, Aufmerksamkeit* f ‖ ◇ *carente de* ~ *skrupellos* ‖ coger ~ a algo *et. nicht mehr mögen bzw leiden können* ‖ tener la ~ de que *et. befürchten, e–e böse Ahnung haben* ‖ tener poca ~ *leichtfertig sein*
  ²aprensión *f* ⟨Jur⟩ *Ergreifung, Verhaftung* f ‖ *Beschlagnahme* f
  aprensivo adj *schwierig zu behandeln(d),*

⟨fam⟩ *heikel* ‖ *misstrauisch, furchtsam* ‖
kleinmütig ‖ *überängstlich besorgt (um die
Gesundheit)* ‖ *rücksichtsvoll*
apre|sador *m* ⟨Mar Hist⟩ *Kaper, Kaperer* m ‖
Seeräuber m ‖ **–samiento** *m* ⟨Mar Hist⟩ *Prise,
Seebeute* f ‖ *Kaperei* f ‖ **–sar** vt *fangen, packen
(Raubtiere)* ‖ *verhaften, gefangen nehmen* ‖ ⟨Mar
Hist⟩ *kapern, erbeuten, aufbringen* ‖ **–sasondas** *m*
⟨Bgb⟩ *Sondenfänger* m
apresor *m* ⟨Mar⟩ → **apresador** *m*
après-ski, apresquí *m Après-ski* n
apres|tadora *f Zuricht-, Appretur|maschine* f ‖
–tar vt *zu|bereiten, -rüsten* ‖ *appretieren (Stoff)* ‖
⟨Mil⟩ *bereitstellen* ‖ **~se** *s. bereitmachen* od *s.
anschicken* (a *zu*) ‖ ◊ ~ a la defensa *s. auf die
Verteidigung vorbereiten, s. für die Verteidigung
rüsten* ‖ **–to** *m Zu|bereitung, -rüstung* f ‖
Vorbereitung f ‖ ⟨Mil⟩ *Bereit|stellung, -schaft* f ‖
Einrichtung f ‖ ⟨Text⟩ *Appretur, Ausrüstung,
(Textil)Vered(e)lung* f
apresu|radamente adv *in Eile, eilig* ‖ **–rado**
adj *eilig, beschleunigt* ‖ *voreilig* ‖ **–ramiento** *m
Eile* f ‖ *Hast* f ‖ *Eilfertigkeit* f ‖ *Beschleunigung* f
‖ ◆ con ~ *eilig, hastig*
apresurar vt *(zur Eile) drängen, antreiben* ‖
beschleunigen (e–e Sendung) ‖ ◊ ~ el paso
schneller gehen ‖ ~ vi *eilen, s. sputen,
vor(aus)eilen* ‖ **~se** *s. beeilen* ‖ ◊ ~ a venir *eilig
kommen* ‖ ~ por llegar a tiempo *s. beeilen, um
nicht zu spät zu kommen* ‖ me apresuro a acusarle
recibo (de …) ⟨Com⟩ *ich beeile mich, Ihnen den
Empfang (von …) anzuzeigen* ‖ apresúrate
despacio Eile mit Weile
apre|tadamente adv *eng, knapp* ‖ **–tadera** *f
Riemen, Strick* m ‖ **~s** *fpl* ⟨figf⟩
Überzeugungsgründe mpl ‖ *Überredungsversuche*
mpl ‖ **–tadero** *m* ⟨Med⟩ *Bruchband* n ‖ **–tado** adj
eng, knapp ‖ *straff* ‖ *dicht, fest* ‖ *dicht (Reihe)* ‖
gedrängt (Schrift) ‖ ⟨fig⟩ *schwer* ‖ *gefährlich* ‖
dringend, drückend ‖ ⟨fam⟩ *karg, knaus(e)rig,
geizig* ‖ ◊ estar muy ~ ⟨figf⟩ *in großer
Bedrängnis sein* ‖ andar muy ~ de tiempo ⟨fig⟩
k–e Zeit haben, es sehr eilig haben ‖ ~ m
Nachziehen n *(Schraube)* ‖ **–tador** *m
Spannvorrichtung* f ‖ *Rammer, Steinsetzer* m ‖
ärmelloses Wams, Leibchen n ‖ *Leibbinde* f *für
kleine Kinder* ‖ ⟨Typ⟩ *Schutzleisten* fpl *für
Bogenballen* ‖ **–tadura** *f Zusammendrücken* n ‖
Drücken n ‖ *Druck* m ‖ *Gedränge* n
apretar [-ie-, Am auch regelm.] vt ⟨allg⟩
(an)drücken ‖ *pressen, drücken* ‖ *drücken (Hitze)*
‖ *die Sporen geben* ‖ *(an)stacheln* ‖ *kneifen* ‖
zusammenpressen ‖ *quälen (Schmerz), drücken* ‖
anziehen (Schraube, Bremse) ‖ *ballen (Fäuste)* ‖
festklemmen ‖ ⟨fig⟩ *festbinden* ‖ ⟨fig⟩ *in die Enge
treiben, Druck ausüben* ‖ *(jdm) hart zusetzen* ‖
⟨fig⟩ *ängstigen* ‖ ⟨fig⟩ *anspornen* ‖ ⟨fig⟩ *dringend
bitten, drängen auf* (acc) ‖ *viel verlangen (bei der
Prüfung)* ‖ ◊ ~ el acelerador *den Gashebel
(durch)treten* ‖ ~ entre los brazos *in die Arme
schließen* ‖ ~ las clavijas *die Wirbel anziehen
(Geige)* (& fig) ‖ ~ los dientes *die Zähne
zusammenbeißen* (& fig) ‖ ~ el freno *die Bremse
durchtreten* ‖ ~ la mano *die Hand drücken* ‖ ~ el
pedal del gas *den Gashebel (durch)treten* ‖ ~
(con) las piernas *Schenkel(hilfe) geben (Reitkunst)*
‖ ~ el puño *die Faust ballen* ‖ ~ un tornillo *e–e
Schraube anziehen* ‖ ~ vi *drücken, fest
aufdrücken* ‖ *heftiger werden (Regen, Gewitter)* ‖
dringend sein (Geschäfte) ‖ ◊ ~ a correr
davonlaufen, losrennen ‖ apretó a nevar *es fing
an, dicht zu schneien* ‖ el calor aprieta *die Hitze
wird drückend* ‖ ~ con uno ⟨fam⟩ *auf jdn
losgehen, jdn anfallen* ‖ ~ mucho ⟨fam⟩ *es zu
weit treiben* ‖ ~ de soleta, ~ los talones ⟨fam⟩

davonlaufen ‖ ¡aprieta! ⟨fam⟩ *nur immer zu!* ‖
unglaublich! was Sie sagen! ‖ *schön langsam!* ‖
~se *s. zusammenziehen* ‖ *s. eng anschließen
(Soldaten)* ‖ *s. drängen* ‖ *enger werden*
apre|tón *m heftiger Druck* m ‖ *Gedränge* n ‖
⟨fam⟩ *Bedrängnis* f ‖ *heftiger Angriff, heftiger
Stoß* m ‖ ⟨fam⟩ *heftiger Stuhldrang* m ‖ ⟨fam⟩
kurzer und schneller Lauf, Trab m ‖ ⟨Mal⟩
Hervorhebung f *(durch dunklere Färbung)* ‖ ~ de
manos *Händedruck* m ‖ **–tujar** vt ⟨fam⟩
zerknautschen ‖ *sehr drücken, drängen, drängeln*
‖ **–tujón** *m* ⟨fam⟩ *Drängeln* n ‖ ⟨fam⟩ *Drücken* n ‖
–tura *f Gedränge* n ‖ *Enge* f ‖ *Einschnürung* f ‖
enger Raum m ‖ *Beengung* f *(in Kleidern)* ‖ ⟨fig⟩
Bedrängnis, Not f ‖ **~s** *fpl Eile* f ‖ *Lebensmittel-
bzw Geld|knappheit* f
aprevenir [irr → venir] vt And Gol Guat →
prevenir
apriesa adv ⟨pop⟩ → **aprisa**
aprieta|papel *m Papier|andrücker, -haltebügel*
m *(Schreibmaschine)* ‖ **–tuercas** *m
Schraubenschlüssel* m
aprieto *m Gedränge, Drängen* n ‖ ⟨fig⟩
Bedrängnis f ‖ ⟨fig⟩ *Engpass* m ‖ ⟨fig⟩ *drückende
Not* f ‖ ⟨fam⟩ *Klemme* f ‖ ◊ estar en un ~ *in der
Klemme sitzen* ‖ poner a alg. en un ~ *jdn in
Verlegenheit bringen*
aprimar vt *verfeinern* ‖ *vollenden*
a priori ⟨lat⟩ adv *von vornherein, a priori*
aprio|rismo *m* ⟨Philos⟩ *Apriorismus* m ‖ **–rista**
m/f Anhänger(in f) m *des Apriorismus* ‖ **–rístico**
adj *aprioristisch*
aprisa adv *schnell, geschwind* ‖ ¡~! *rasch!
los!*
apris|car [c/qu] vt *einpferchen* ‖ **–co** *m Pferch*
m ‖ *(Schaf)Hürde* f
aprisio|namiento *m* a) *Gefangennahme* f ‖ b)
Einspannung f, *Festklemmen* n ‖ **–nar** vt
verhaften, einkerkern ‖ ⟨fig⟩ *ein-, fest|klemmen* ‖
⟨fig⟩ *festbinden* ‖ ⟨fig⟩ *bestricken* ‖ ⟨poet⟩ *fesseln*
aproado adj ⟨Mar⟩ *vor(der)lastig*
aproar vi ⟨Mar⟩ *Kurs nehmen* (a *auf* acc) ‖
⟨fig⟩ *fahren (nach)*
apro|bación *f Billigung, Genehmigung,
Gutheißung, Anerkennung* f ‖ *günstige Aufnahme*
f ‖ *Zustimmung* f, *Einvernehmen* n ‖
Druckerlaubnis f ‖ *Probezeit* f ‖ ◊ ~ de un balance
Genehmigung f *e–r Bilanz* ‖ ~ de la gestión del
consejo de administración *Entlastung* f *des
Verwaltungsrates* ‖ ~ judicial ⟨Jur⟩ *gerichtliche
Bestätigung* f ‖ ~ de una ley *Verabschiedung* f
e–s Gesetzes ‖ ~ por mayoría *mehrheitliche
Zustimmung* f ‖ ~ del presupuesto
Verabschiedung f *des Haushalts* ‖ ◊ su propuesta
tiene *od* merece nuestra ~ *Ihr Vorschlag findet
unseren Beifall* ‖ **–bado** adj ⟨allg⟩ *zugelassen*, Öst
approbiert, bestanden (bei e–r Prüfung) ‖ ~ m
Bestanden n *(Prüfungsnote)* ‖ **–bador** *m
Beifallspender* m ‖ **–bante** *m Beipflichter* m ‖
Bücherzensor m ‖ **–banza** *f* ⟨fam⟩ → **–bación**
aprobar [-ue-] vt/i *billigen, gutheißen* ‖
beipflichten (Meinung, Lehre) ‖ *(jdm) Beifall
spenden* ‖ *bestehen, approbieren (Prüfung)* ‖ ◊ ~
el acta de la sesión *das Protokoll der Sitzung
genehmigen* ‖ ~ todas las asignaturas *in allen
Unterrichtsfächern bestehen (Prüfung)* ‖ ~ con la
cabeza *zunicken* ‖ ~ una cuenta *e–e Rechnung für
richtig (an)erkennen* ‖ ~ un curso *ein Studienjahr
od e–n Kurs mit Erfolg absolvieren* ‖ ~ una ley
ein Gesetz verabschieden ‖ *ein Gesetz beschließen*
‖ ~ una moción *e–n Antrag annehmen* ‖ ~
plebiscitariamente, ~ por plebiscito *et. durch
Volksabstimmung billigen*
apro|bativo, –batorio adj *beifällig, billigend,
zustimmend*

¹**aproches** *mpl* ⟨Mil⟩ *Außenwerke* npl ‖ ⟨Mil⟩ *Laufgräben* mpl ‖ *Annäherungsgräben* mpl ‖ *Belagerungsarbeiten* fpl
²**aproches** *mpl* Bol → **alrededores**
apron|tamiento *m schnelle Anschaffung, Lieferung* f ‖ *Beschaffung* f ‖ *Bereitstellung* f ‖ **–tar** *vt schnell anschaffen, liefern* ‖ *bereitstellen* ‖ *beschaffen* ‖ *bar erlegen (Geld)* ‖ ⟨Mil⟩ *mobilmachen (Truppen)* ‖ ~ vi Ur *plötzlich od unversehens erscheinen od auftauchen*
   apronte *m* Arg Chi *Probelauf m (Rennpferde)*
   apro|piabilidad *f Aneignungsfähigkeit* f ‖ **–piable** adj *(m/f) aneignungsfähig* ‖ **–piación** *f Zu-, An|eignung* f ‖ *Okkupation* f ‖ *Anpassung* f ‖ ~ *de objetos hallados* ⟨Jur⟩ *Fundunterschlagung* f ‖ ~ *indebida* ⟨Jur⟩ *Unterschlagung* f ‖ ~ *indebida por funcionario* ⟨Jur⟩ *Amtsunterschlagung* f ‖ **–piadamente** adv *auf geeignete Art* ‖ **–piado** adj *geeignet, angemessen, sachdienlich, passend* ‖ *triftig* ‖ **–piar** vt *anpassen* ‖ *zu|eignen, -erkennen* ‖ ◇ ~ *para sí für s. anpassen* ‖ **~se** *s. aneignen* ([de] a. et. acc)
   apropincuarse [c/qu] vr *s. nähern (meist joc)*
   aprosexia *f* ⟨Med⟩ *Aprosexie, Aufmerksamkeitsschwäche* f
   aprovecer [-zc-] vi Ast *Fortschritte* mpl *machen*
   aprove|chable adj *(m/f) nutzbar, nützlich* ‖ *brauchbar* ‖ *verwertbar* ‖ ⟨Bgb⟩ *abbauwürdig* ‖ **–chadamente** adv *auf nützliche od ersprießliche Art* ‖ **–chado** adj *aufgeweckt, geschickt* ‖ *findig* ‖ ⟨fam⟩ *fix* ‖ *gelehrt* ‖ *fortgeschritten (Lernen, Kunst usw.)* ‖ *fleißig (Schüler)* ‖ *übertrieben sparsam* ‖ *gut ausgenutzt* ‖ ◇ *salir ~ wohlgeraten (Kind)* (& iron) ‖ *es un ~* ⟨desp⟩ *er nutzt andere (schamlos) aus* ‖ *con ~a condición* ⟨Sch⟩ *mit Erfolg* ‖ **–chamiento** *m Nutzen, Vorteil m* ‖ *Ausnützung* f ‖ *Benutzung, Auswertung* f ‖ ⟨Jur⟩ *Nutznießung* f ‖ *Fortschritt m* ‖ *Vervollkommnung* f ‖ *Erfolg m* ‖ ~ *de aguas Wassernutzung* f ‖ ~ *de aguas residuales Abwasserverwertung* f ‖ ~ *de basuras Müllverwertung* f ‖ ~ *del calor Wärmeausnutzung* f ‖ ~ *de chatarra Schrottverwertung* f ‖ ~ *de desperdicios Abfallverwertung* f ‖ ~ *pacífico de la energía nuclear friedliche Nutzung* f *der Kernenergie* ‖ ~ *de(l) espacio Platz-, Raum|ausnutzung* f ‖ ~ *forestal Waldnutzung* f ‖ ~ *del gas de escape Abgasverwertung* f ‖ ~ *de pastos Weidewirtschaft* f ‖ ~ *de los recursos hidráulicos wasserwirtschaftliche Erschließung* f *(e–s Gebietes)* ‖ ~ *del suelo,* ~ *del terreno,* ~ *de la tierra Bodennutzung* f
   aprovechar vt *benutzen* ‖ *Nutzen ziehen (aus)* ‖ *anwenden, gebrauchen* ‖ *ausnutzen (Zeit)* ‖ ⟨Mar⟩ *(an)luven (zur vollen Ausnutzung des Windes)* ‖ ◇ ~ *la candidez de alg. jds Naivität ausnutzen* ‖ ~ *una ocasión e–e Gelegenheit wahrnehmen od (aus)nutzen* ‖ ~ vi *nützen, helfen* ‖ ⟨fig⟩ *Nutzen bringen* ‖ ⟨fig⟩ *vorwärtskommen* ‖ *¡que aproveche! guten Appetit!* ‖ *wohl bekomm's!* ‖ ~ *en los estudios im Lernen vorwärtskommen* ‖ *no ~ para nada unbrauchbar sein* ‖ **~se** *s. zunutze (& zu Nutze) machen, s. bedienen* ‖ *s. vervollkommnen* ‖ ◇ ~ *de alg.* ⟨fig⟩ *jdn ausnützen, ausbeuten* ‖ *missbrauchen (e–e Frau)*
   aprovisio|namiento *m Ver|sorgung, -proviantierung* f ‖ *Zufuhr* f ‖ *Eindeckung* f ‖ ⟨Mil⟩ *Verpflegung* f ‖ ~ *de aguas Wasserversorgung* f ‖ ~ *de materias fisibles Versorgung* f *mit spaltbarem Material* ‖ **–nar** vt *ver|sehen, -proviantieren (mit)* ‖ *beliefern, ver|pflegen, -sorgen* ‖ *durchladen (Gewehr)* ‖ **~se:** ~ *de s. eindecken mit, s. verproviantieren mit* ‖ ◇ ~ *de gasolina tanken*

aproxima|ción *f Annäherung, Näherung* f ‖ ⟨Math⟩ *Näherungswert* m ‖ *(in der span. Lotterie) Kleingewinn* m, *der auf die restlichen Nummern des den Haupttreffer enthaltenden Hunderts entfällt, Trostprämie* f ‖ ~ *automática* ⟨Tech⟩ *Selbstzustellung* f ‖ ~ *oscilante Schwinganschlag* m ‖ **–damente** adv *ungefähr, etwa, cirka, zirka, ca.* ‖ **–do** adj *nächstgelegen, nächster* ‖ *annähernd* ‖ *ungefähr (Berechnung)*
   aproximar vt *(ab)nähern, heranführen* ‖ *näher bringen (od stellen)* ‖ **~se** *s. nähern, nahen* ‖ ⟨Mil⟩ *anrücken, s. heranarbeiten* ‖ *aufziehen (Gewitter)* ‖ ~ *por el lado derecho* ⟨Auto⟩ *von rechts kommen* ‖ *la hora decisiva se aproxima die entscheidende Stunde naht (od rückt heran)*
   aproxima|tivamente adv → **–damente** ‖ **–tivo** adj *ungefähr, annähernd*
   aprudenciado adj Am *vorsichtig*
   aprudenciarse vr Am *s. mäßigen, vorsichtig sein od handeln*
   ápside *m* ⟨Astr⟩ *Apside* f
   aptamente adv *auf geschickte Art (und Weise)*
   aptar vt *anpassen*
   apterígidas *fpl* ⟨V⟩ *Kiwis* mpl *(Apterygidae)*
   apterigógenos *mpl* ⟨Ins⟩ *Urinsekten* npl, *Apterygoten* pl *(Apterygota pl)*
   aptérix *m* ⟨V⟩ *Kiwi* m *(Apteryx spp)*
   áptero adj ⟨Ins⟩ *ungeflügelt, apterygot* ‖ ~ *m ungeflügeltes Insekt* n
   aptitud *f Fähigkeit, Befähigung* f ‖ *Eignung* f ‖ *Geschick* n ‖ *Tauglichkeit* f ‖ *natürliche Veranlagung* f ‖ ~ *para conducir vehículos* ⟨Auto⟩ *Eignung* f *zum Führen von Fahrzeugen* ‖ ~ *para el engorde Mastfähigkeit* f *(Tierzucht)* ‖ ~ *para los idiomas Sprachbegabung* f ‖ ~ *lechera Milchleistung* f *(Tierzucht)* ‖ ~ *probatoria* ⟨Jur⟩ *Beweisgeeignetheit* f ‖ ~ *para la procreación Fortpflanzungsfähigkeit* f ‖ ~ *profesional berufliche Befähigung od Eignung* f
   apto adj *fähig, befähigt* ‖ *tauglich, geschickt (para zu)* ‖ *brauchbar* ‖ ~ *para menores* ⟨Filmw⟩ *jugendfrei* ‖ ~ *para navegar* ⟨Mar⟩ *seetüchtig* ‖ ~ *para el servicio* ⟨Mil⟩ *(dienst)tauglich* ‖ ~ *para trabajar arbeitsfähig* ‖ ◇ *ser ~ para todo alles machen können, zu allem fähig sein* ‖ **~amente** adv *auf geschickte Art (und Weise)*
   apud (lat) prep *bei (im Werk von):* ~ *Cervantes bei Cervantes*
   apuesta *f Wette* f ‖ *Wettbetrag m* ‖ *Einsatz m* ‖ **~s** *mutuas deportivas Toto* m ‖ ♦ *de* ~, *por* ~, *sobre* ~ ⟨fam⟩ *um die Wette* ‖ ◇ *hacer una* ~ *wetten*
   apuesto adj *ausgeschmückt* ‖ *schmuck* ‖ *nett* ‖ ⟨fam⟩ *sauber* ‖ *stolz* ‖ adv: **~amente**
   apulgarar vi *mit dem Daumen drücken* ‖ **~se** *Stockflecken bekommen (feuchte Wäsche)*
   apulso *m* ⟨Astr⟩ *Berührung* f
   apunado adj ⟨Arg⟩ *bergkrank, an Bergkoller erkrankt* ‖ ⟨fig⟩ *erschöpft, schwach, abgemagert*
   apunarse vr Am *an Berg|koller od -krankheit erkranken, an der Soroche(berg)krankheit erkranken*
   ¹**apuntación** *f Notierung, Aufzeichnung* f
   ²**apuntación** *f Zielen, Richten (Schusswaffe)*
   ³**apuntación** *f* ⟨Mus⟩ *Musikschrift* f ‖ *Arrangement* n
   ⁴**apuntación** *f Anteilschein* m *an e–m Lotterielos*
   ¹**apuntado** adj *aufgeschrieben, notiert, vermerkt* ‖ ◇ *como queda* ~ *wie gesagt, wie vereinbart*
   ²**apuntado** adj *spitz, zugespitzt*
   ¹**apuntador** *m* ⟨Th⟩ *Souffleur* m
   ²**apuntador** *m* ⟨Mil⟩ *Richt|kanonier, -schütze* m
   ¹**apuntadora** *f* ⟨Th⟩ *Souffleuse* f

²**apuntadora** f ⟨Tech⟩ *Spitzmaschine* f ‖ ~ de
alambre *Drahtanspitzmaschine* f
 apunta|lamiento m *Abstützen* n ‖ ⟨Bgb⟩
Gruben|ausbau m, *-zimmerung* f ‖ ~ de galerías
Strecken|ausbau m, *-zimmerung* f ‖ ~ de hierro
Stahlausbau m ‖ **–lar** vt ⟨Arch⟩ *(ab)stützen,
abfangen* ‖ *abspreizen* ‖ *verstreben, absteifen* ‖
⟨Bgb⟩ *mit Stempeln abstützen, zimmern,
verstreben* ‖ ⟨Tech⟩ *(e–n Keil) unterlegen*
 apun|tamiento m ⟶ **–tación** ‖ ⟨Jur⟩
Aktenauszug m ‖ ⟨Jur⟩ *Terminanberaumung* f
¹**apuntar** vt **a)** *aufschreiben, notieren,
vermerken* ‖ *eintragen (z. B. in e–e Liste)* ‖ **b)**
andeuten, zu verstehen geben ‖ *hinweisen auf* ‖
unterstreichen, hervorheben ‖ **c)** *auf e–e Karte
setzen (im Spiel)*
²**apuntar** vi *s. zeigen, s. einstellen, s.
bemerkbar machen* ‖ *auftauchen* ‖ *aufbrechen
(Blütenknospe)* ‖ *sprießen (Bart)* ‖ ◇ *al ~ el día
bei Tagesanbruch, beim Morgengrauen* ‖ le
apunta el bozo *ihm sprießt der (erste) Flaum*
³**apuntar** vt/i *richten auf (Schusswaffe)* ‖ *in
Anschlag bringen (Gewehr)* ‖ *zielen* ‖ *aufs Korn
nehmen* ‖ *zeigen (z. B. Kompassnadel)* ‖ *mit dem
Finger deuten auf …* ‖ ~ y no dar *versprechen
und nicht halten* ‖ ◇ ¡apunten! ⟨Mil⟩ *legt an!*
⁴**apuntar** vt *(zusammen)heften* ‖ *provisorisch
miteinander verbinden od anbringen* ‖ ⟨fam⟩
flicken, stopfen
⁵**apuntar** vt *(an)spitzen*
⁶**apuntar** vi ⟨Th⟩ *soufflieren* ‖ ⟨Sch⟩ *vorsagen*
⁷**apuntar** vt ⟨Jur⟩ *anberaumen (Termin)* ‖ *in
Auszug bringen*
¹**apuntarse** vr *s. eintragen* ‖ ~ a un partido
⟨fam⟩ *in e–e Partei eintreten* ‖ ¡apúntame en esa
lista! *da bin ich dabei! ganz d–r Meinung!*
²**apuntarse** vr *e–n Stich bekommen,
umschlagen (Wein)* ‖ ⟨fam⟩ *e–n leichten Rausch
bekommen*
¹**apunte** m *Notiz, Anmerkung* f ‖ *Eintragung* f ‖
⟨Mal⟩ *Skizze* f ‖ *Skriptum* n ‖ ~ del natural *Skizze*
f *nach der Natur* ‖ **b)** ⟨Kart⟩ *der einzelne Satz auf
e–e Karte* ‖ **c)** *Punkt* m *(bei e–r Prüfung)*
²**apunte** m *Zielen* n ‖ *Richten* n
³**apunte** m ⟨Th⟩ *Souffleur* m ‖ *Stichwort* n *des
Souffleurs* ‖ *Soufflierbuch* n
⁴**apunte** m *Schelm* m ‖ *Original* n
 apuntillar vt ⟨Taur⟩ *(dem Stier) den
Genickstoß geben*
 apuñadar vt Ar ⟶ **apuñear**
 apuña|lado adj *dolchförmig* ‖ **–lar** vt *(jdm)
Dolchstöße versetzen* ‖ *(jdn) erdolchen,
niederstechen* ‖ **–lear** vt Col Chi ⟶ **–lar**
 apu|ñar vt *mit der Faust packen, schlagen* ‖ ~
vi *die Hand od die Faust ballen* ‖ **–ñear** vt ⟨fam⟩
mit der Faust schlagen ‖ ⟨fam⟩ *prügeln* ‖ **–ñegar**
[g/gu] vt Ar *mit der Faust schlagen* ‖ ⟨fig⟩
zerdrücken ‖ ⟨fig⟩ *erzürnen* ‖ Arg *zanken,
streiten*
 apuñetear vt *mit den Fäusten schlagen*
 apuñuscar vt Chi Pe ⟶ ¹**apañuscar** ‖ Guat
Hond *s. anhäufen*
 apupar vt Ec *auf dem Rücken tragen*
 apuracabos m *Halter* m *für Kerzenstummel*
 apura|ción f *Erschöpfung* f, *Aufbrauchen* n ‖
Läuterung f ‖ ⟶ **apuro** ‖ **–damente** adv ⟨fam⟩
präzis(e), zur rechten Zeit ‖ ⟨fam⟩ *soeben, genau*
‖ Arg Chi Pe *eilig, überstürzt*
¹**apurado** adj *in Verlegenheit, verlegen, in e–r
heiklen Lage* ‖ *erschöpft* ‖ *arm, mittellos* ‖
schwierig, heikel ‖ ~ de medios *in
Geldverlegenheit, knapp bei Kasse* ‖ ◇ estar
(muy) ~ *in (großer) Bedrängnis od Not sein*
²**apurado** adj *sorgfältig* ‖ ⟨fam⟩ *scharf
ausrasiert*

³**apurado** adj Arg Chi *eilig, geschäftig* ‖ ◇
estar ~ *es eilig haben*
 apurador m ⟶ **apuracabos** ‖ *lästig, lästiger
Mensch* m
 apuralápices m *Bleistiftverlängerer* m
 apuranieves f ⟨V⟩ *Bachstelze* f (Motacilla
alba)
 apurar vt *reinigen, läutern* ‖ *erschöpfen,
aufbrauchen* ‖ *genau untersuchen, erwägen* ‖
erschöpfen (Geduld) ‖ *beenden* ‖ ⟨Jur⟩ *erschöpfen*
‖ ⟨fig⟩ *belästigen* ‖ *(jdn) zum Äußersten treiben* ‖
⟨fam⟩ *ausrauchen (Zigarre)* ‖ ⟨fam⟩ *scharf
ausrasieren* ‖ *austrinken, leeren* ‖ *zur Eile
drängen* ‖ Am *zwingen* ‖ ◇ ~ la copa del dolor
hasta las heces ⟨fig⟩ *den Kelch des Leidens bis
zur Neige leeren* ‖ ~ responsabilidades *die
Schuldigen zur Verantwortung ziehen* ‖ ~ vi
drängen ‖ *eilig bzw drückend sein* ‖ ~se *s.
grämen, s. quälen, s. betrüben* ‖ *s. zu Herzen
nehmen* ‖ Arg Chi *s. beeilen* ‖ ◇ ~ por poco ⟨fig⟩
gleich den Mut verlieren ‖ ¡no se apure! *nur
langsam!* ‖ *k–e Sorge! haben Sie k–e Angst!*
 apure m: ir de ~ ⟨fam⟩ *zur Neige gehen*
 apurismado adj Ec *schwächlich, kränklich*
 apuro m *Kummer, Gram* m ‖ *unangenehme
Lage* f ‖ *Bedrängnis* f ‖ *Dürftigkeit* f ‖
(Geld)Verlegenheit f ‖ *Not* f ‖ Am *Drängen* n ‖
Am *Eile* f ‖ ◇ me da ~ ⟨fam⟩ *das ist mir
peinlich* ‖ Vd. me pone en un ~ *Sie bringen mich
in e–e heikle Lage* ‖ sacar a alg. de un ~ *jdm aus
der Patsche helfen* ‖ tener ~ Am *in Eile sein, es
eilig haben*
 apurrir vt Ast Sant *(e–m entfernt Stehenden)
et. reichen*
 apurruñar vt Am *zerknüllen*
 aquaplaning m ⟨Auto⟩ *Aquaplaning* n
 aquebrazarse vr Ar *rissig werden (Hand,
Fuß)*
 aquejar vt *drängen, in die Enge treiben* ‖ ⟨fig⟩
quälen, betrüben (z. B. Krankheit)
 aquejumbrarse vr Cu Guat *s. beklagen*
¹**aquel, aquella, aquello** [aquél, aquélla *wenn
alleinstehend ohne* s] pron *dem jener, jenes* ‖ *der,
die, das dort* ‖ *dortig* ‖ *der-, die-, das|jenige* ‖
dort befindlich ‖ un aquél (joc) *Dingsda* ‖ con el
aquél de que … (pop) *unter dem Vorwand, dass
…* ‖ todo aquél que … *jeder, der …* ‖ como
aquello de … *wie die Geschichte von …* ‖ *wie
man zu sagen pflegt* ‖ ◇ tener un aquél ⟨fam⟩ *das
gewisse Etwas haben, Pfiff haben* ‖ ¡ya pareció
aquello! ⟨fam⟩ *da haben wir es!*
²**aquel** m ⟨fam⟩ *Reiz* m, *Anmut, Grazie* f ‖
⟨fam⟩ *das gewisse Etwas* n ‖ *Pfiff, Schick* m ‖ ◇
habla con mucho ~ ⟨fam⟩ *er (sie, es) spricht sehr
unterhaltend od witzig*
 aquelarre m *Hexensabbat* m ‖ *Lärm* m
 aquellar vt (~se vr) ⟨fam⟩ *(ein Verb)
verhüllen (wenn man den genauen Ausdruck nicht
kennt oder nicht verwenden will)*
 aquende adv ⟨lit⟩ *diesseits* ‖ ~ el río *diesseits
des Flusses*
 aquenio m ⟨Bot⟩ *Achäne, Schließfrucht* f *(der
Korbblütler)*
 aqueo adj ⟨Hist⟩ *achäisch* ‖ *altgriechisch,
griechisch* ‖ ~s mpl ⟨Hist⟩ *die Achäer*
 aquerarse vr Sor *wurmstichig werden (Holz)*
 aquerenciarse vr *s. (irgendwo) eingewöhnen* ‖
◇ ~ a un lugar *s. an einem Ort heimisch
machen, gern aufhalten (von Tieren)*
 aqueridarse vr PR *e–e eheähnliche
Gemeinschaft* (früher; *wilde Ehe* f, ⟨lit⟩
Konkubinat n) *eingehen*
 Aqueronte m np ⟨Myth⟩ *Acheron* m
(Unterweltsfluss der griechischen Mythologie) ‖
⟨fig⟩ *Hölle* f

aquese (~sa, ~so) pron dem ⟨poet⟩ →⁺ ese
aqueste pron dem ⟨poet⟩ →⁺ este
áqueta f ⟨Ins⟩ Zikade f (→⁺ ¹cigarra)
aquí adv hier ‖ hierorts, hierzulande ‖
(hier)her ‖ jetzt ‖ ~ abajo hier auf Erden, ⟨poet⟩
hienieden ‖ ~ cerca, cerca de ~ hier in der Nähe
‖ ~ estoy, ⟨lit⟩ heme ~ hier bin ich ‖ de ~ daher,
daraus ‖ von dieser Zeit an ‖ von hier, hiesig ‖ no
soy de ~ ich bin nicht von hier, ich bin hier
fremd ‖ ~ mismo gerade hier, hierselbst ‖ auf der
Stelle ‖ de ~ a un poco bald ‖ de ~ a (od en)
ocho días heute in acht Tagen ‖ de ~ en adelante
von nun an, von jetzt an ‖ de ~ para allí hin und
her ‖ de ~ (es) que … daher (kommt es, dass …)
‖ desde ~ von hier aus ‖ estoy de eso hasta ~
⟨pop⟩ es steht mir bis hier, ich habe es satt, es
hängt mir zum Hals(e) heraus! ‖ hasta ~ bis
hier(her) ‖ bis jetzt ‖ ~ para entre los dos unter
uns gesagt ‖ por ~ hier|her, -hin ‖ hierdurch ‖
daraus, dadurch ‖ ~ está la dificultad darin liegt
die Schwierigkeit ‖ ~ fue Troya ⟨fig⟩ hier ist die
Unglücksstätte ‖ puesto ~ ⟨Com⟩ ab hier ‖ ¡~!
aufgepasst! Achtung! ‖ ¡he ~! ¡ve ~! ¡ved ~! siehe, siehe da! seht
da! ¡helos ~! da sind sie! ‖ ¡tú, por ~! du hier! ‖
¡ven ~! komm her! ‖ ~ te cojo, ~ te mato frisch
gefangen, frisch gefangen
    aquiescencia f Einwilligung, Zustimmung f
(zu)
    aquietar vt be|ruhigen, -sänftigen ‖ ~se s.
zufriedengeben
    aquifolio m ⟨Bot⟩ Stechpalme f (Ilex
aquifolium)
    aquila|tamiento m s von –tar ‖ –tar vt (Gold,
Edelsteine) prüfen ‖ den Feingehalt bestimmen ‖
⟨fig⟩ läutern ‖ ⟨fig⟩ prüfen, erproben ‖ ⟨fig⟩
richtig einschätzen
    aquilea f ⟨Bot⟩ (Schaf)Garbe f (Achillea spp)
    Aquiles m np Achilles m
    aquiliano adj ⟨Jur⟩ aquilisch, außervertraglich
    aquilino adj ⟨poet⟩ Adler- (→⁺ aguileño)
    aquillado adj kielförmig ‖ mit langem bzw
breitem Kiel (Schiff)
    aqui|lón m ⟨lit⟩ Norden, Nordpol m ‖ ⟨Meteor⟩
Nordwind m ‖ –lonal adj (m/f) nördlich ‖ ⟨fig⟩
kalt, winterlich (Wetter)
    aquimia f ⟨Med⟩ mangelnde Chymusbildung f
    Aquisgrán m [Stadt] Aachen n
    aquistar vt erobern ‖ erlangen
    aquitano adj aquitanisch ‖ ~ m Aquitanier m
    aquivo adj →⁺ aqueo
    ¹ara f[el] (Opfer)Altar m ‖ Altarstein m ‖ ◆ en
~s de la justicia um der Gerechtigkeit willen ‖ en
(las) ~s de la patria auf dem Altar des
Vaterlandes, dem Vaterland zum Opfer ‖ ◇
acogerse a las ~s de alg. s. unter jds Schutz
stellen
    ²ara m ⟨V⟩ Ara m (Ara spp)
    árabe adj (m/f) arabisch ‖ ~ saudita adj
saudiarabisch ‖ ~ m Araber m ‖ die arabische
Sprache f, das Arabische n ‖ (figf) Flegel m
    arabesco adj arabisch (Stil) ‖ ~ m Arabeske f,
Schnörkel m
    Arabia f ⟨Geogr⟩ Arabien n ‖ ~ Feliz das
glückliche Arabien ‖ Pétrea das steinige
Arabien ‖ ~ Saudita Saudi-Arabien n
    arábide m ⟨Bot⟩: ~ de los Alpes Gänsekresse
f (Arabis albida)
    ará|bigo, –bico, adj arabisch ‖ ~ m Araber m
‖ die arabische Sprache f, das Arabische n ‖ ◇
hablar en ~ (figf) s. unverständlich ausdrücken
    arabinosa f ⟨Chem⟩ Arabinose f
    arabio adj →⁺ arábigo
    ara|bismo m Arabismus, arabischer Ausdruck
m ‖ –bística f Arabistik f ‖ –ista m/f Arabist(in f)

m ‖ –bización f Arabisierung f ‖ –bizar [z/c] vt
arabisieren
    arable adj (m/f) anbaufähig, urbar, pflügbar
(Land)
    arac m Arrak m
    aráceas fpl ⟨Bot⟩ Aronstabgewächse npl
(Araceae)
    arácnidos mpl ⟨Zool⟩ Spinnentiere,
spinnenartige Tiere npl, Arachn(o)iden pl
    aracnodactilia f ⟨Med⟩ Arachnodaktylie,
Spinnenfingrigkeit f
    arac|noide adj arachnoid, spinnenähnlich ‖
spinnwebartig ‖ ~s f ⟨An⟩ Arachnoidea,
Spinngewebshaut f (des Gehirns) ‖ –nología f
Arachnologie, Spinnenkunde f ‖ –nólogo m
Arachnologe, Spinnen|forscher, -kundiger m
    arada f Ackern, Pflügen n ‖ Joch n (altes
Feldmaß) ‖ umgepflügtes Land n ‖ Sal Ackerzeit f
    arado m ⟨Agr⟩ Pflug m ‖ Pflügen, Ackern n ‖
Col (Gemüse) Garten m ‖ ~ alternativo
Wechselpflug m ‖ ~ aporcador Häufelpflug,
Häufler m ‖ ~ de arrastre Anhängepflug m ‖ ~
automóvil Motorpflug m ‖ ~ de bancales
Beetpflug m ‖ ~ basculante Kipppflug m ‖ ~ de
bastidor Rahmenpflug m ‖ ~ binador Hackpflug
m ‖ ~ de canteros Am Beetpflug m ‖ ~ común
Schwingpflug m ‖ ~ de desfonde Tiefkultur-,
Umbruch|pflug m ‖ ~ de discos Scheibenpflug m
‖ ~ de drenaje Dränpflug m ‖ ~ escarificador
Saatpflug m ‖ ~ excavador Grabenpflug m ‖ ~
de manceras Stelzpflug m ‖ ~ de motor
Motorpflug m ‖ ~ de nieve Schneepflug m ‖ ~
patatero Kartoffel(rode)pflug m ‖ ~ rastrojero
Schälpflug m ‖ ~ de reja Scharpflug m ‖ ~ de
remolque Gespann-, Zieh|pflug m ‖ ~ de subsuelo
Untergrund|pflug, -lockerer m ‖ ~ de tiro
Gespann-, Zieh|pflug m ‖ ~ topo Maulwurfpflug
m ‖ ~ de tracción →⁺ ~ de tiro ‖ ~ de tractor
Schlepper-, Trecker|pflug m ‖ ~ de zapa
Maulwurfpflug m ‖ ~ universal Universalpflug m
‖ ~ viñero, ~ vitícola Weinbergpflug m ‖ ◇ no
prende de ahí el ~ ⟨figf⟩ nicht darin liegt die
Schwierigkeit
    ¹arador m ⟨Agr⟩ Pflüger m ‖ Ackers-,
Land|mann m
    ²arador m ⟨Zool⟩ Milbe f ‖ ~ de la sarna
Krätzmilbe f (Sarcoptes scabiei)
    aradura f Pflügen, Ackern n
    Aragón m ⟨Geogr⟩ Aragonien n (historische,
heute autonome Region in Spanien)
    aragonés m/adj Aragonier, Aragonese m ‖
aragonesische Mundart f ‖ –nesismo m
aragonesische Spracheigentümlichkeit f
    aragonito m ⟨Min⟩ Aragonit m
    araguato m ⟨Zool⟩ Am Brüllaffe m
    ara|lia f ⟨Bot⟩ Aralie f (Aralia spp) ‖ –liáceas
fpl ⟨Bot⟩ Efeugewächse npl (Araliaceae)
    arambel m Tapetenleinwand f ‖ ⟨pop⟩ Behang
m ‖ ⟨fig⟩ Lumpen m ‖ ⟨fig⟩ Fetzen m
    arambol m Pal Vall Treppengeländer n
    arameo adj ⟨Hist⟩ aramäisch ‖ ~ m Aramäer
m
    aramio m Brachfeld n ‖ ◇ estar de ~
brachliegen (Feld)
    arán m ⟨Bot⟩ Al Schlehdorn m (Prunus
spinosa) ‖ Schlehe f
    arana f Betrug m ‖ Lüge f ‖ ⟨fam⟩ Schmu m
    arancanga m Hond ⟨V⟩ Wellensittich m
    aran|cel m ⟨Zoll⟩Tarif m ‖ Preistabelle f ‖
Gebührentabelle f ‖ ⟨fig⟩ Liste f, Verzeichnis n ‖
⟨fig⟩ Richtschnur f ‖ ~ de abogado
Gebührenordnung f für Rechtsanwälte ‖ ~
aduanero Zolltarif m ‖ ~ preferencial
Präferenzzoll(satz) m ‖ ~ prohibitivo Sperrzoll m
‖ ~ protector od proteccionista Schutzzoll m ‖

–celar vt Am *bezahlen* ‖ Guat *(Stamm)Kunde werden* ‖ –celario adj *tarifmäßig* ‖ *Gebühren-* ‖ *Zoll-*
arándano *m Heidelbeerstrauch* m (Vaccinium myrtillus) ‖ *Heidel-, Blau\beere* f ‖ ~ *americano Moos-, Cran\beere* f (V. macrocarpon) ‖ ~ *encarnado Preiselbeere* f (V. vitis-idaea) ‖ ~ *de los pantanos Rauschbeere* f (V. uliginosum)
¹arandela *f* ⟨Tech⟩ *Unterlegscheibe* f ‖ ~ *de abanico Fächerscheibe* f ‖ ~ *de fieltro Filz(unterleg)scheibe* f ‖ ~ *Grover od de muelle Federring* m ‖ ~ *pasador Splintscheibe* f ‖ ~ *prensaestopas Stopfbuchsenscheibe* f ‖ ~ *de seguridad Sicherungsscheibe* f ‖ ~ *roscada Gewindering* m ‖ ⟨Mar⟩ *Pfortluke* f ‖ ⟨Hist⟩ *Brechscheibe* f *(an der Lanze)* ‖ ⟨Agr⟩ *Schutzring* m *(am Baum)* ‖ *Tischlampe* f
²arandela *f* Al ⟨V⟩ *Schwalbe* f
³arandela *f* Col *Umschweife* pl ‖ *Ausflucht* f, *Vorwand* m, *Ausrede* f
arandillo *m* ⟨V⟩ *Rohrsänger* m (Acrocephalus spp)
arandino adj/s *aus Aranda del Duero* (P Burg) ‖ *auf Aranda del Duero bezüglich*
arandisita *f* ⟨Min⟩ *Arandisit* m
aranero *m Lügner, Betrüger* m
aranés adj/s *aus dem Arántal (span. Pyrenäen)* ‖ *auf das Arántal bezüglich*
arangorri *m* ⟨Fi⟩ *Meersau* f (Scorpaena scrofa)
Aranjuez *m* [Stadt] *Aranjuez* n (P Madr)
¹araña *f* ⟨Zool⟩ *Spinne* f ‖ ~ *de agua Wasserspinne* f (Argyroneta aquatica) ‖ ~ *cazadora Jägerspinne* f (Lycosa spp) ‖ *Mauerspinne* f (Salticus scenicus) ‖ ~ *común* → ~ *doméstica* ‖ ~ *de cruz Kreuzspinne* f (Araneus diadematus) ‖ ~ *doméstica Hausspinne* f (Tegenaria domestica) *(in Mittelmeerländern: Teutana triangulosa)* ‖ ~ *podadora Am* → *podadora* ‖ ~ *zancuda Laufspinne* f (Pholcus sp ‖ *Holocenmus* sp) ‖ *fälschlich: Weberknecht* m (→ *segador* ⟨Zool⟩) ‖ ◇ *picóme una* ~ *y atéme una sábana* ⟨figf⟩ *viel Lärm um nichts, aus e–r Mücke e–n Elefanten machen*
²araña *f Lüster, (Arm)Kronleuchter* m
³araña *f* ⟨Jgd⟩ *Vogelnetz* n
⁴araña *f* ⟨Bgb⟩ *Verästelung* f *im Gestein*
⁵araña *f* ⟨pop⟩ *Nutte* f
⁶araña *f* Chi *leichter Wagen* m *(Einspänner)*
⁷araña *f* ⟨Fi⟩ *Petermännchen* n ‖ ~ *de mar Seespinne* f (Maja squinado)
Araña np: *parecerse al capitán* ~ *fam*⟩ *(jdm) zu e–r Sache raten, die man selbst nie tun würde*
ara\ñada *f Menge* f *von Spinnen* ‖ *Kratzwunde* f ‖ –ñador *m* ⟨Mus fam⟩ *schlechter Spieler, Kratzer* m ‖ –ñamiento *m* (Zer)Kratzen n
ara\ñar vt *(zer)kratzen, aufkratzen* ‖ *schrammen* ‖ *(auf)ritzen (z. B. Glas)* ‖ *auf\reißen, -wühlen* ‖ ⟨fig⟩ *zusammen\kratzen, -scharren* ‖ *Arg stehlen* ‖ ~ vi *kratzen* ‖ *(fam) schlecht spielen, kratzen* ‖ ~se *s. leicht verletzen* ‖ –ñazo *m Kratzwunde* f ‖ ⟨fig⟩ *leichte Wunde* f ‖ *Schramme* f ‖ ⟨fig⟩ *Stichelwort* m ‖ ◇ *sacar los ojos a* ~s *die Augen auskratzen* ‖ –ñil adj *Spinnen-* ‖ –ño *m (Zer-)Kratzen, Aufkratzen* n ‖ *Kratzwunde* f ‖ ⟨fig⟩ *leichte Wunde* f
¹arañón *m große Spinne* f
²arañón *m* ⟨Bot⟩ Ar *Schlehdorn* m (Prunus spinosa)
arañoso adj *spinnenartig*
ara\ñuela *f* dim von –ña ‖ ⟨Bot⟩ *Jungfer im Grünen, Braut* f *in Haaren* (Nigella damascena) ‖ –ñuelo *m Saat-, Obst\spinne* f ‖ *Zecke, Schaflaus* f ‖ ~ *del manzano* ⟨Agr⟩ *Apfelbaumgespinstmotte* f (Hyponomenta malinella) ‖ ~ *de la vid*

Bekreuzter Traubenwickler m (Polychrosis botrana)
arao *m* ⟨V⟩: ~ *aliblanco Gryllteiste* f (Cepphus grylle) ‖ ~ *de Brünnich Dickschnabellumme* f (Uria lomvia) ‖ ~ *común Trottellumme* f (U. aalge)
arapaima *m* ⟨Fi⟩ *Arapaima* m (Arapaima gigas)
aráquida *f Erdnuss* f
¹arar *m* ⟨Bot⟩ *Wacholder* m (→ **enebro**) ‖ *Afrikanische Lärche* f
²arar vt *(be)ackern, umackern* ‖ ⟨fig⟩ *(be)kratzen* ‖ ~ vi *ackern, pflügen* ‖ ⟨fig⟩ *scharf blicken, um s. sehen* ‖ ⟨Mar⟩ *los sein (Anker)* ‖ ⟨Mar⟩ *den Grund streifen (Schiff)* ‖ ~se *s. runzeln*
ararao adj Dom *schwarzweiß gestreift (Tier)*
ararut *m* ⟨Bot⟩ *Pfeilwurz* f (Maranta arundinacea)
arasnia *f* ⟨Ins⟩ *Landkärtchen* n
¹arate *m Lästigkeit, Dummheit* f ‖ *Glück* n
△ ²arate *m die Tage* mpl *(Menstruation)*
aratinga *f* ⟨V⟩ *Aratinga* m
araucano adj *araukanisch* ‖ ~ *m Araukaner* m *(Indianer)*
araucaria *f* ⟨Bot⟩ *Araukarie, Andentanne* f (Araucaria araucana) ‖ *Araukarie, Zimmer-, Norfolk\tanne* f (A. excelsa)
arauja *f* ⟨Bot⟩ *Schwalbenwurz* f (Araujia sericifera)
arazá [*pl* –aes] *f* ⟨Bot⟩ *Gua(ya)ve* f (Psidium guajava)
arbellón *m Abflussrinne* f
arbi\trable adj *(m/f) eigenmächtig* ‖ *willkürlich* ‖ *schiedsgerichtlich beilegbar* ‖ –tración *f* ⟨Jur⟩ *Schiedsspruch* m ‖ –trador adj: *(juez)* ~ *m Schiedsrichter, Schiedsmann* m ‖ –traje *m Schiedsspruch* m ‖ *Schiedsgerichtsbarkeit* f ‖ *Schiedsverfahren* n ‖ ⟨Sp⟩ *Schiedsrichteramt* n ‖ *Schlichtung* f ‖ ⟨Com⟩ *Arbitrage, Kursberechnung* f ‖ ~ *obligatorio verbindliche Schiedsgerichtsbarkeit* f ‖ –tral adj *(m/f) schiedsgerichtlich* ‖ *schiedsgerichtlich beilegbar* ‖ *Schieds(gerichts)-* ‖ –tram(i)ento *m* ⟨Jur⟩ *Schiedsverfahren* n ‖ *Schiedsrichteramt* n ‖ –trar vt *(e–n Schiedsspruch) fällen, schlichten* ‖ *ausfindig machen* ‖ *besteuern* ‖ ⟨Com⟩ *schätzen auf* ‖ *arbitrieren* ‖ *frei entscheiden* ‖ ◇ ~ *medios Mittel bewilligen* ‖ ~ vi *als Schiedsrichter entscheiden* ‖ *grübeln, s. den Kopf zerbrechen* ‖ –trariedad *f Willkür(herrschaft)* f ‖ *Eigenmächtigkeit* f ‖ *Übergriff* m ‖ –trario adj *arbiträr, willkürlich* ‖ *eigenmächtig* ‖ *unumschränkt (Macht)* ‖ *schiedsgerichtlich* ‖ (→ **arbitral**) ‖ –trativo adj *willkürlich* ‖ –tratorio adj *schiedsgerichtlich*
arbitrio *m freier Wille* m ‖ *unbeschränkter Wille* m ‖ *Willkür* f ‖ *Gutdünken, eigenes Ermessen* n ‖ *Unbeständigkeit* f ‖ *Schiedsspruch* m ‖ *Hilfs\mittel* n, *-quelle* f, *Ausweg* m ‖ *Abgabe, Steuer* f ‖ ⟨Mar⟩ *Gissung* f ‖ ♦ *al* ~ *nach Willkür* ‖ ◇ *lo dejamos al* ~ *de Vd. wir überlassen es Ihrem Gutdünken, wir stellen es in Ihr Ermessen* ‖ ~s mpl *Steuer* f, *Gebühren* fpl ‖ ~ *municipales städtische Abgaben* fpl, *Stadtzoll* m, *Gemeindesteuern* fpl
arbitrista *m/f* ⟨Com⟩ *Börsen-, Kurs\spekulant(in* f) m ‖ *Plänemacher(in* f), *Schwindler(in* f) m
árbitro *m adj unumschränkt, frei* ‖ *eigenwillig, arbiträr* ‖ ~ *m Schiedsrichter* m (& Sp) ‖ *Kampfrichter* m *(Judo)* ‖ *Ringrichter* m *(Boxen)* ‖ *Vermittler, Schlichter* m ‖ *unumschränkter Herr, Gebieter* m ‖ *(juez)* ~ *Schiedsrichter* m
¹árbol *m* ⟨Bot⟩ *Baum* m ‖ ~ *de adorno* ‖ *Zier-, Garten\baum* m ‖ ~ *de amor Judasbaum* m

(Cercis siliquastrum) ‖ ~ de benjuí *Benzoebaum* m (Styrax spp) ‖ ~ del caucho *Parakautschukbaum* m (Hevea brasiliensis) ‖ ~ de la ciencia del bien y del mal ⟨fig⟩ *Baum* m *der Erkenntnis* ‖ ~ del clavo *Gewürznelkenbaum* m (Syzygium aromaticum) ‖ ~ del coral *Korallenstrauch* m (Erythrina crista-galli) ‖ ~ enano *Zwergbaum* m ‖ ~ en emparrado, ~ en espaldera *Spalierbaum* m ‖ ~ foliado *Laubbaum* m ‖ ~ forestal *Waldbaum* m ‖ ~ frondoso *dicht belaubter Baum* m ‖ *Laubbaum* m ‖ ~ frutal *Obstbaum* m ‖ ~ gigante *Riesenbaum* m ‖ ~ de goma laca, ~ gomero *Gummi(lack)baum* m (Ficus elastica) ‖ ~ de la lluvia *Regenbaum* m (Pithecellobium saman) ‖ ~ de Navidad *Weihnachtsbaum* m ‖ ~ del pan *Brot(frucht)baum* m (Artocarpus spp) ‖ ~ del Paraíso ~ *Ölweide* f (Elaeagnus angustifolia) ‖ ~ perenne *immergrüner Baum* m ‖ ~ del té *Teestrauch* m (Thea sinensis) ‖ ~ de las trompetas *Trompetenbaum* m (Catalpa bignonioides) ‖ ~ de la vida *Lebensbaum* (Thuja occidentalis) ‖ ⟨fig⟩ *Baum* m *der Erkenntnis* ‖ ◊ del ~ caído todos hacen leña ⟨Spr⟩ *wenn der Baum fällt, bricht jedermann Holz*
²**árbol** m ⟨Tech⟩ *Welle* f, *Baum* m ‖ *Achse* f ‖ *Spindel* (z.B. *der Wendeltreppe)* ‖ ~ acodado *gekröpfte Welle* f ‖ ~ cardán *Kardan-, Gelenk|welle* f ‖ ~ cigüeñal *Kurbelwelle* f ‖ ~ de contramarcha *Vorgelegewelle* f ‖ ~ de desembrague *Ausrückwelle* f ‖ ~ del diferencial *Ausgleich-, Differential|welle* f ‖ ~ de dirección *Lenksäule* f ‖ ~ de embrague *Kupplungswelle* f ‖ ~ de levas *Nockenwelle* f ‖ ~ mandado *Abtriebswelle, getriebene Welle* f ‖ ~ de mando *Antriebswelle* f ‖ ~ de marcha atrás *Rücklaufwelle* f ‖ ~ motor *Antriebswelle* f ‖ ~ principal *Hauptwelle* f ‖ ~ secundario *Nebenwelle* f ‖ ~ de transmisión *Transmissions-, Antriebs|welle* f ‖ ⟨Auto⟩ *Gelenk-, Kardan|welle* f
³**árbol** m ⟨Mar⟩ *Mast* m ‖ ~ mayor *Hauptmast* m ‖ ~ de trinquete *Flockmast* m ‖ ~ portahélice *Schraubenwelle* f ‖ ⟨Flugw⟩ ~ de hélice *Propellerwelle* f
⁴**árbol** m ⟨Zool⟩: ~ de coral *Korallenbaum* m
⁵**árbol** m ⟨fig⟩ Chi *Kleiderständer* m ‖ ~ de costados *Stammbaum* m ‖ ~ de la Cruz (poet) *Kreuz* n *Christi* ‖ ~ genealógico *Stammbaum* m, *Ahnentafel* f
⁶**árbol** m ⟨An⟩: ~ bronquial *Bronchialbaum* m
⁷**árbol** m ⟨Typ⟩ *Kegelhöhe* f *(der Lettern)*
arbo|lado adj *baumreich, bewaldet* ‖ *mit Bäumen bepflanzt* ‖ ~ m *Baumgarten* m ‖ *Baumallee* f ‖ *Baumbestand* m ‖ *Bewaldung* f ‖ ⟨fam⟩ *baumlanger Kerl* m ‖ **–ladura** f ⟨Mar⟩ *Mastenwerk* n, *Bemastung* f
arbolar vt/i *auf|pflanzen, -richten (Fahne, -Kreuz)* ‖ *anlehnen* ‖ *emporheben* ‖ ⟨Mar⟩ *hissen (Flagge)* ‖ ⟨Mar⟩ *bemasten* ‖ ◊ ~ la cola *den Schwanz aufrichten (Tier)* ‖ ~**se** s. *bäumen (Pferde)*
arbolario adj *unbesonnen, leichtsinnig* ‖ ~ m *unbesonnener Mensch, Leichtfuß, Luftikus* m
arbo|lecer [-zc-] vi → **arborecer** ‖ **–leda** f *Baum|gang* m, *-allee* f ‖ *Baumpflanzung* f ‖ *Waldstück* n ‖ **–ledo** m *Baumpflanzung* f ‖ **–lejo, –leto** m dim von ¹**árbol** ‖ ⟨Jgd⟩ *Leimrutenbäumchen* n ‖ **–lillo** m dim von ¹**árbol** ‖ And *Leimrutenbäumchen* n ‖ ⟨Mar⟩ *Spiere* f ‖ **–lista** m/f *Baumzüchter(in* f) m ‖ *Baumhändler(in* f) m
arbollón m *Abfluss* m *(e–s Teiches)*
arbore|cer [-zc-] vi *i. s. baumartig verästeln* ‖ **–cico** m dim von ¹**árbol**
arbóreo adj *baumähnlich* ‖ *Baum-*

arbores|cencia f *Heranwachsen* n *des Baumes* ‖ *Verästelung, baumartige Verzweigung* f ‖ **–cente** adj *(m/f) baumartig (wachsend)*
arborícola adj *(m/f) baumbewohnend* ‖ ~ m/f *Baumbewohner(in* f) m
arbori|cultor m *Baumzüchter* m ‖ **–cultura** f *Baumzucht* f ‖ **–forme** adj *(m/f) baumförmig* ‖ **–sta** m/f *Baumzüchter(in* f) m ‖ **–zación** f ⟨Min⟩ *baumförmige Bildung* f *von Kristallen* ‖ ⟨An⟩ *Verzweigung* f *der Kapillargefäße, Besenreiser* mpl ‖ ⟨Bot⟩ *Aufforstung* f ‖ **–zar** [z/c] vi *Bäume pflanzen* ‖ ~ vt *aufforsten*
arbotante m ⟨Arch⟩ *Strebe|bogen, -pfeiler, Schwibbogen* m ‖ ⟨Mar⟩ *Luvbaum* m ‖ ~**s** mpl ⟨Mar⟩ *Spieren* fpl
arbúsculo m *Bäumchen* n ‖ *Staude* f
arbustivo adj *strauch-, stauden|artig*
arbusto m *Strauch, Busch* m ‖ *Staude* f
¹**arca** f [el] *Truhe* f ‖ *Kasten* m, *Kiste* f ‖ *Geld|kasse* f, *-schrank, Panzerschrank* m ‖ *Brunnenbecken* n ‖ *Fischbehälter* m ‖ ~ de agua *Wasserturm* m ‖ *Zisterne* f ‖ ~ de la Alianza *Bundeslade* f ‖ ~ de caudales *Geld|schrank* m, *-kassette* f ‖ ~ cerrada ⟨fig⟩ *verschlossener Charakter* m ‖ ~ del diluvio, ~ de Noé *Arche* f *Noah* ‖ ⟨Zool⟩ *Archenmuschel* f (Arca noae) ‖ ~ del pan (fam) *Bauch, Wanst* m ‖ ~ del testamento *Bundeslade* f ‖ ◊ es un ~ cerrada (figf) *er (sie, es) ist ein Buch mit sieben Siegeln* ‖ el buen paño en el ~ se vende ⟨Spr⟩ *gute Ware verkauft s. von selbst* ‖ ~**s** fpl *(die königl.) Schatzkammer* f
²**arca** f [el] ⟨An⟩ *Weiche* f
arcabu|cear vi ⟨Hist⟩ *schießen* ‖ **–cería** f *Musketen-, Gewehr|feuer* n ‖ **–cero** m *Arkebusier, Büchsenschütze* m ‖ *Musketier* m
arcabuco m *Dickicht* n ‖ **–so** adj *mit Dickicht bewachsen*
arca|buz [pl **–ces**] m ⟨Hist⟩ *Arkebuse, kleine Muskete, Hakenbüchse* f ‖ *Feuerrohr* n ‖ **–buzazo** m *Büchsenschuss* m ‖ *Büchsenschussverletzung* f
arcachofa f (pop) → ¹**alcachofa**
¹**arcada** f *Säulen-, Bogen|gang* m ‖ *Arkade* f ‖ ⟨Arch⟩ *Bogenwölbung* f ‖ ⟨Arch⟩ *Brückenbogen* m ‖ ⟨An⟩ *Bogen* m ‖ ⟨Mus⟩ *Bogenstrich* m
²**arcada** f ⟨Med⟩ *Magenverkrampfung* f *vor dem Erbrechen*
árcade, arcadio adj *arkadisch* ‖ ~ m *Arkadier* m
Arcadia f ⟨Geogr⟩ *Arkadien* n
arcádico adj *arkadisch*
arcaduz [pl **–ces**] m *Brunnenrohr* n ‖ *Eimer* m *an e–r Wasserkunst* ‖ *Schöpfeimer* m *am Wasserrad* ‖ ⟨fig⟩ *Kniff, Dreh, Trick* m
ar|caico adj *altertümlich* ‖ ⟨fam⟩ *altmodisch, veraltet* ‖ *archaisch* ‖ ⟨Geol⟩ *Archaikum-* ‖ ~ m ⟨Geol⟩ *Archaikum* n ‖ **–caísmo** m *veralteter Ausdruck* m, *veraltetes Wort* n, *Archaismus* m ‖ **–caísta** m/f *Altertümler(in* f) m ‖ **–caizar** [z/c] vi *e–n alten Stil nachahmen, altertümeln*
arcanamente adv *von arcano*
arcángel m *Erzengel* m
arcano adj *verborgen, geheim* ‖ ~ m *Geheimnis, Arkanum* n ‖ ⟨fig⟩ *verschlossener Charakter* m
arcar [c/qu] vt *(die Wolle) schlagen* ‖ ~**se** s. *krümmen*
arcazón m And *Bach-, Korb|weide* f
arce m *Ahorn* m (Acer spp) ‖ ~ menor *Feldahorn* m (A. campestre) ‖ ~ de Montpellier *Französischer Ahorn* m (A. monspessulanum) ‖ ~ plateado *Silberahorn* m (A. saccharinum) ‖ ~ real *Spitzahorn* m (A. platanoides)
arcea f *Ast* ⟨V⟩ *Waldschnepfe* f (Scolopax rusticula)
arcedia|nato m *Erzdiakonat* n ‖ **–no** m *Erz|diakon, -dechant* m

arcedo *m Ahornwald* m ‖ *Ahornpflanzung* f
arcén *m Rand, Bord* m ‖ ⟨StV⟩ *Leitplanke* f
(seitlich) ‖ *Brüstung* f *am Ziehbrunnen* ‖
(Berg)Abhang m
  archero *m* ⟨Hist⟩ *Hatschier, Bogenschütze* m
(altspan. Gardesoldat)
  archi... präf *Ober-, Haupt-, Erz-, Ur-* (& s) ‖
sehr, über- (& adj)
  archibebe *m* ⟨V⟩ *Wasserläufer* (Tringa spp) ‖
~ claro *Grünschenkel* m (T. nebularia) ‖ ~
común *Rotschenkel* m (T. totanus) ‖ ~ fino
Teichwasserläufer m (T. stagnatis) ‖ ~ grande
Waldwasserläufer m (T. ochropus) ‖ ~ patigualdo
chico *Gelbschenkel* (T. flavipes) ‖ ~ patigualdo
grande *Großer Gelbschenkel* (T. melanoleuca)
  archi|bribón *m* ⟨fam⟩ *Erzgauner* m ‖
–centenario adj *uralt* ‖ **–cofrade** *m Erzbruder* m
‖ **–cofradía** *f Erzbruderschaft* f ‖ **–diablo** *m* ⟨joc⟩
Erzteufel m ‖ **–diácono** *m Erzdechant,*
Archidiakon m ‖ **–diócesis** *f Erz|diözese* f, *-bistum*
n ‖ **–ducado** *m Erzherzogtum* n ‖ **–ducal** adj *(m/f)*
erzherzoglich ‖ **–duque** *m Erzherzog* m ‖
–duquesa *f Erzherzogin* f ‖ **–episcopal** adj *(m/f)*
erzbischöflich ‖ **–fonema** *m* ⟨Phon⟩ *Archiphonem*
n ‖ **–fundido** adj *Am vollständig bankrott* ‖
–ganzúa *m* ⟨fam⟩ *Löwe* m, *großes Tier* n ‖
–mandrita *m Archimandrit* m ‖ **–millonario** *m*
Multimillionär m, *Milliardär* m
  archi|pámpano *m* ⟨fam joc⟩ *Großmogul* m,
hohes Tier n *(Person)* ‖ ⟨fam⟩ *Herr* m *Von und Zu*
‖ **–piélago** *m Inselgruppe* f, *Archipel* m ‖ **–pobre**
m ⟨joc⟩ *Erzbettler* m ‖ **–preste** *m Erzpriester* m ‖
–sabido adj *sattsam bekannt* ‖ **–sensible** adj *(m/f)*
überempfindlich
  archi|vador *m* ⟨Com⟩ *Briefordner* m ‖
Briefschrank m ‖ *Aktenmappe* f ‖ *Hefter* m ‖ **–var**
vt *im Archiv aufbewahren* ‖ *zu den Akten nehmen,*
ab|legen, -heften ‖ ⟨Com⟩ *ordnen, in den*
Briefordner einreihen ‖ *aufbewahren* ‖ ⟨fam⟩ *ad*
acta legen ‖ *ablegen (Akten)* ‖ *Am* ⟨fam⟩
ein|sperren, -kerkern ‖ **–vero, –vista** *m/f*
Archivar(in f), *Archivbeam|te(r)* m, *-tin* f ‖
Urkundsbeam|te(r) m, *-tin* f
  ¹archivo *m Archiv* n *(Dokumentensammlung)* ‖
Ablage f ‖ ⟨fig⟩ *heimliches Versteck* n ‖ ~
colgante *Hängeregistratur* f ‖ ~ fotográfico
Bildarchiv n ‖ ~ General de la Corona de Aragón
Span *Archiv* n des *Königreichs Aragón (in*
Barcelona) ‖ ~ General de Indias Span
spanisches Indienarchiv n *(in Sevilla, mit den*
Akten der Kolonialverwaltung in Amerika) ‖ ~
General del Reino *(od* de la Corona) de Castilla
(~ General de Simancas) Span *Archiv* n des
Königreichs Kastilien (in Simanca) ‖ ~ Histórico
Nacional de Madrid Span *Nationalhistorisches*
Archiv n *(mit den Akten der span. Krone und*
zahlreicher kirchlicher Institutionen)
  ²archivo *m* ⟨Inform⟩ *Datei* f ‖ ~ compartido
gemeinschaftliche Datei f ‖ ~ de cintas
magnéticas Bandarchiv n ‖ ~ de datos *Datendatei*
f ‖ ~ *de imágenes Bilddatei* f ‖ ~ de programas
Programmdatei f ‖ ~ *de texto Textdatei f* ‖ ~
original *Ausgangs- od Ursprungs|datei* f
  archivología *f Archivkunde* f
  archivolta *f* ⟨Arch⟩ *Stirn-, Haupt|bogen* m,
Archivolte f ‖ ⟨Arch⟩ *Traufleiste* f
  arciforme adj *(m/f) bogenförmig*
  arcifinio *m Gebiet* n *mit natürlichen Grenzen*
(Berge, Flüsse usw.)
  arciláceo adj *tonfarbig*
  arcilla *f Ton* m, *Tonerde* f ‖ ~ acética
essigsaure Tonerde f ‖ ~ de alfarero *Töpfer-,*
Backstein-, Ball|ton m ‖ ~ árida →~ magra ‖ ~
calcárea *kalkhaltiger Ton, Kalkton* m ‖ ~ cocida
gebrannter Ton m ‖ ~ esquistosa *Schieferton* m ‖

Tonschiefer m ‖ ~ grasa *hochplastischer Ton,*
fetter Ton m ‖ ~ jabonosa *Seifenton* m ‖ ~ para
ladrillos *Ziegel|ton* m, *-erde* f ‖ ~ magra *magerer*
Ton, Magerton m ‖ ~ plástica *plastischer Ton,*
Formton m ‖ ~ (de) porcelana *Porzellanerde* f ‖
~ refractaria *feuerfester Ton* m, *Schamotte* f ‖ ~
roja *Lehm* m
  arcilloso adj *tonhaltig* ‖ *tonig, tonartig, lehmig*
  arción *m* → **ación**
  arcipre|stado *m Ar* → **–stazgo** ‖ **–stazgo** *m*
Würde f *e–s Erzpriesters* ‖ *Sprengel* m *e–s*
Erzpriesters ‖ **–ste** *m Erzpriester* m
  ¹arco *m* ⟨Arch⟩ *Bogen* m ‖ ~ adintelado
Flachbogen m ‖ ~ de aligeramiento → ~ de
descarga ‖ ~ alzado *Stelzbogen* m ‖ ~ anular
Kranzbogen m ‖ ~ apainelado *Korbbogen* m ‖ ~
árabe, arábigo *Hufeisenbogen* m ‖ ~ articulado
Gelenkbogen m ‖ ~ de carena *Tudorbogen* m ‖ ~
de celosía *Fachwerkbogen* m ‖ ~ cimbrado
Halbkreis-, Zirkel-, Rund|bogen m ‖ ~ de
descarga *Entlastungsbogen* m ‖ ~ gótico
Spitzbogen, gotischer Bogen m ‖ ~ de herradura
→ ~ árabe ‖ ~ de medio punto → ~ cimbrado ‖
~ ojival → ~ gótico ‖ ~ de puente
Brückenbogen m ‖ ~ realzado *Stelzbogen* m ‖ ~
rebajado *Flachbogen* m ‖ ~ triunfal, ~ de triunfo
Triumphbogen m
  ²arco *m* ⟨An⟩ *Bogen* m ‖ ~ alveolar ⟨An⟩
Zahnhöhlenbogen m ‖ ~ branquial *Kiemenbogen*
m ‖ ~ cigomático *Jochbogen* m ‖ ~ crural
Leistenband n ‖ ~ maxilar *Kieferbogen* m ‖ ~ del
paladar *Gaumenbogen* m ‖ ~ pubiano
Schambogen m ‖ ~ senil *Greisenbogen* m ‖ ~
superciliar *Augenbrauenbogen* m ‖ ~ vertebral
Wirbelbogen m
  ³arco *m Bogen* m *(Schusswaffe)*
  ⁴arco *m* ⟨Mus⟩ *Geigenbogen* m
  ⁵arco *m* ⟨El⟩ *Stromabnehmer-, Fahrdraht|bügel*
m ‖ ~ voltaico *Lichtbogen* m
  ⁶arco *m* ⟨Math⟩ *Bogen* m ‖ ~ coseno
Arkuskosinus m ‖ ~ cotangente *Arkustangens* m ‖
~ seno *Arkussinus* m ‖ ~ tangente *Arkustangens*
m
  ⁷arco *m* ⟨Mar⟩ *Bogen, Boog* m ‖ *Rahe* f ‖ ~
aquillado *Kielgang* m
  ⁸arco *m* ⟨Meteor⟩: ~ iris, ~ celeste, ~ de San
Martín *Regenbogen* m
  ⁹arco *m* ⟨fig⟩: ~ de iglesia *e–e harte Nuss* f
  arcobricense adj/s *(m/f) aus Arcos de la*
Frontera (P Cád) ‖ *auf Arcos de la Frontera*
bezüglich
  arcón *m* augm von **¹arca** ‖ *Munitionskasten* m
  arcon|tado *m Archontat* n ‖ **–te** *m Archont* m
  arcoplasma *m* ⟨Biol⟩ *Archoplasma* n
  arcosa *f* ⟨Min⟩ *Arkose* f *(feldspatreicher*
Sandstein)
  árctico adj → **ártico**
  arcuado adj *bogenförmig*
  ¹arda *f* [el] → **ardilla**
  ²arda *f* [el] And *Meeresleuchten* n
  ardalear vi *k–e vollen Beeren bekommen*
(Weinstock)
  árdea *f* ⟨V⟩ *Triel* m (→ **alcaraván**)
  Ardenas *fpl* ⟨Geogr⟩ *Ardennen* pl
  arden|tía *f* a) *Hitze, Glut* f ‖ *Eifer* m ‖ b)
Sodbrennen n ‖ c) ⟨Mar⟩ *Meeresleuchten* n ‖
–tísimo adj sup von **ardiente**
  ardeola *f* ⟨V⟩ *Rallenreiher* m (Ardeola
ralloides)
  arder vt *(ver)brennen* ‖ ~ vi *brennen,*
angezündet sein ‖ *in Flammen stehen* ‖
verbrennen ‖ *(er)glühen* ‖ *verrotten (Dünger)* ‖
phosphorartig leuchten (Meer) ‖ ⟨fig⟩ *entbrennen*
‖ ⟨fig⟩ *entbrannt sein* ‖ ⟨fig poet⟩ *lodern* ‖ ⟨fig
poet⟩ *(er)glänzen* ‖ *rasen (vor Wut)* ‖ ⟨fig⟩ *wüten*

(Krieg) ‖ *verrotten (Mist)* ‖ ◊ ~ en guerra ⟨fig⟩ *von der Flamme des Krieges verzehrt werden (Land)* ‖ una casa ardiendo *ein brennendes Haus* ‖ ¿y a ti? ¿qué te arde? Mex *was geht dich das an?* ‖ la cosa está que arde ⟨figf⟩ *die Sache ist äußerst brenzlig* ‖ la cosa va que arde ⟨figf⟩ *die Sache klappt vorzüglich* ‖ estoy que ardo en deseos de algo ⟨fig⟩ *ich vergehe wirklich vor Begierde nach et.*, ⟨fam⟩ *ich bin ganz wild nach et.* bzw *auf et.* ‖ ~se *vor Hitze bzw Kälte vergehen (Getreide usw.)* ‖ ◊ ~ en un candil ⟨figf⟩ *sehr stark sein (Wein, Worte usw.)* ‖ ~ de cólera *in Zorn, in Wut entbrennen*
ardeviejas *f* ⟨fam⟩ *Spanischer Ginster* m (→ **aulaga)**
ardid *m (Arg)List* f, *Kniff, Trick* m ‖ *Kunstgriff* m ‖ ~ de guerra *Kriegslist* f ‖ ~**es** *mpl Ränke* mpl
ardideza *f Kühnheit, Unerschrockenheit* f
¹ardido adj *durch Hitze verdorben (Korn, Früchte usw.)* ‖ *dachbrandig (Tabak)*
²ardido adj [veraltet] *mutig, kühn* ‖ Am *beleidigt, böse*
ardidoso adj Arg *geschickt* ‖ *schlau*
ardiente adj *(m/f) brennend (& fig)* ‖ *heiß, glühend* ‖ ⟨fig⟩ *feurig, heftig* ‖ ⟨fig⟩ *inbrünstig* ‖ ⟨Mar⟩ *luvgierig* ‖ ⟨poet⟩ *hochrot* (z. B. *Blüte*) ‖ adv: ~**mente**
ardilla *f* ⟨Zool⟩ *Eichhörnchen* n (Sciurus vulgaris) ‖ ~ voladora *Flughörnchen* n (Petaurista) ‖ ⟨figf⟩ *unruhige Person* f ‖ ◊ más listo que una ~ ⟨figf⟩ *sehr geschäftig, gewandt* ‖ *flink wie ein Wiesel*
¹ardimiento *m Brennen* n, *Brand* m
²ardimiento *m* ⟨fig⟩ *Unerschrockenheit, Kühnheit* f, *Mut* m
ardiñal adj *(m/f) brennbar*
ardiondo adj *voller Mut*
ardita *f* Col Ven → **ardilla**
ardite *m* Cat Nav ⟨Hist⟩ *kleine Scheidemünze* f ‖ ⟨fig⟩ *Deut, Pfifferling* m ‖ ◊ no vale un ~ ⟨figf⟩ *es ist keinen Pfifferling wert* ‖ no falta un ~ ⟨figf⟩ *es fehlt kein Härchen* ‖ no se me da un ⟨fig⟩ ~ *es ist mir ganz egal* od *piepegal*
ardor *m stechende Hitze, Glut* f ‖ ⟨fig⟩ *Glanz, Schimmer* m ‖ ⟨fig⟩ *Liebesglut* f ‖ ⟨fig⟩ *lebhaftes Ungestüm* n ‖ *Eifer* m ‖ *Mut* m, *Tapferkeit* f ‖ ~ belicista *Kriegslust, -lüsternheit* f ‖ ~ de estómago ⟨Med⟩ *Sodbrennen* n ‖ ~ del sol *Sonnenglut* f ‖ ◆ en el ~ de la batalla *(od del combate)* ⟨fig⟩ *in der Hitze des Gefechts*
ardorada *f (plötzlich) Schamröte* f
ardoroso adj *heiß, brennend, glühend* ‖ ⟨fig⟩ *feurig* ‖ *hitzig, lebhaft* ‖ adv: ~**amente**
arduidad *f Schwierigkeit, Mühe* f
arduo adj *schwierig, mühselig* ‖ ⟨poet⟩ *abschüssig*
ardura *f* Al *Not, Angst* f
ardurán *m* ⟨Bot⟩ *Mohrenhirse* f (Sorghum dochna)
¹área *f*[el] ⟨allg⟩ *(Ober)Fläche* f, *Flächeninhalt* m ‖ *Raum* m, *Gebiet* n ‖ *Ar* n (& m) *(Flächenmaß)* ‖ Am *Betätigungsfeld* n ‖ ⟨Agr⟩ *Anbaufläche* f ‖ *Ackerfläche* f ‖ *Tenne* f ‖ ~ de cultivo *Anbaufläche* f ‖ ~ de una finca agraria *Betriebsfläche* f ‖ ~ útil *od utilizable Nutzfläche* f ‖ ~ verde *Grünfläche* f
²área *f*[el] ⟨Com Pol⟩ *Raum* m, *Gebiet* n ‖ ~ aduanera *Zollgebiet* n ‖ ~ conflictiva *Spannungs|gebiet, -feld* n ‖ ~ de distribución *Verbreitungsgebiet, Areal* n (& Bot Zool) ‖ ~ del dólar *Dollarblock* m ‖ ~ económica *Wirtschaftsraum* m ‖ ~ euro *Eurozone* f ‖ ~ de la libra (esterlina) *Sterling|block* m, *-zone* f ‖ ~ libre comercio *Freihandelszone* f ‖ ~ monetaria *Währungsgebiet* n

³área *f*[el] ⟨Arch⟩ *Baufläche* f ‖ *Bauplatz* m, *-stelle* f ‖ ~ de corrimiento *Rutsch(ungs)gebiet* n ‖ ~ edificada *bebaute Fläche* f
⁴área *f*[el] ⟨Sp⟩ *Raum* m, *Fläche* f ‖ ~ de castigo *Strafraum* m ‖ ~ de juego *Spielfeld* n ‖ ~ de meta *Torraum* m ‖ ~ de penalty *Strafraum* m
⁵área *f*[el] ~ de descanso [Autobahn] *Rastplatz* m ‖ ~ de maniobra *od* de rodadura *od* de aterrizaje y despegue [Flugw] *Rollfeld* n ‖ ~ de servicio [Autobahn] *Raststätte* f ‖ *Autobahnmeisterei* f
⁶área *f*[el] ⟨Math⟩: ~ del círculo *Kreisfläche* f
areaje *m Vermessen* n *nach dem Ar*
areca *f* ⟨Bot⟩ *Areka-, Betelnuss|palme* f (Areca catechu)
are|caidina, –caína *f* ⟨Chem⟩ *Arekaidin* n
arefacción *f Trockenwerden, Austrocknen* n
arel *m* ⟨Agr⟩ *Getreidesieb* n ‖ **–ar** vt *(Korn) sieben*
arena *f Sand* m ‖ *sandige Gegend* f ‖ *Streusand* m ‖ ⟨Taur⟩ *Arena* f ‖ ⟨fig⟩ *Kampfplatz* m ‖ ⟨fig⟩ *Reitbahn* f ‖ ⟨fig⟩ *Meeresufer* n ‖ ~ asfáltica *Asphaltsand* m ‖ ~ de cuarzo, ~ cuarzosa *Quarzsand* m ‖ ~ del desierto *Wüstensand* m ‖ ~ fina *Feinsand* m ‖ ~ fluvial *Flusssand* m ‖ ~ gorda *od* gruesa *Grob-, Schotter|sand* m ‖ ~ de mar *See-, Meer|sand* m ‖ ~ de moldeo ⟨Met⟩ *Formsand* m ‖ ~ movediza *Flug-, Schwimm-, Treib|sand* m ‖ ~ de playa *Küsten-, Strand|sand* m ‖ ~ de revocar *Putzsand* m ‖ ~ de río *Flusssand* m ‖ ~ seca *Streusand* m ‖ ~ yesosa *Gipssand* m ‖ ◊ edificar en ~ ⟨fig⟩ *auf Sand bauen* ‖ sembrar en ~ ⟨fig⟩ *unnütz arbeiten* ‖ ~**s** *fpl* ⟨Med⟩ *Grieß* m
arenáceo adj *sandig* ‖ *sandhaltig*
aren|nación *f* ⟨Med⟩ *Sandbad* m ‖ **–nal** *m (Flug)Sandfläche* f ‖ *Sandgrube* f ‖ **–nar** vt *mit Sand bestreuen* ‖ *mit Sand reiben* od *putzen*
arenaria *f* ⟨Bot⟩ *Strandhafer* m (Ammophila arenaria)
aren|cado adj *heringsartig* ‖ ⟨fig⟩ *dürr, mager* ‖ **–cón** *m* augm von **–que**
aren|nería *f Sandgrube* f ‖ **–nero** *m Sandgräber* m ‖ *Sandkärrner* m ‖ *Sandhändler* m ‖ *Sandkasten* m *auf der Lokomotive* od *im Straßenbahnwagen* ‖ ⟨Taur⟩ *Sandstreuer* m *(der blutige Stellen am Boden mit Sand bestreut)*
¹arenga *f (An)Rede, Ansprache* f ‖ ⟨figf⟩ *lästiges Reden, langes Gerede, Gewäsch* n ‖ Chi *Wortgefecht* n ‖ ◊ echar una ~ ⟨fam⟩ *e–e Ansprache halten* ‖ ⟨figf⟩ *e–e Standpauke halten*
²arenga *f* ⟨Bot⟩ *Zucker-, Areng|palme* f (Arenga saccharifera)
aren|gador *m (Gelegenheits)Redner* m ‖ **–gar** [g/gu] vt *(jdn) anreden* ‖ *e–e Ansprache halten an* (acc) ‖ ⟨figf⟩ *abkanzeln* ‖ ~ vi *e–e Ansprache halten* ‖ *palavern*
arenícola adj *(m/f) sandbewohnend* ‖ ~ m *Sandbewohner* m ‖ ⟨Zool⟩ *Sandwurm* m (Arenicola marina)
aren|nilla *f Streusand* m ‖ *Formsand* m ‖ *Feinsand* m ‖ ~**s** *fpl* ⟨Med⟩ *Grieß* m ‖ *Blasen-, Harn|grieß* m ‖ ~ biliares *fpl Gallengrieß* m ‖ ~ renales *fpl Nierengrieß* m ‖ ~ urinarias *Blasen-, Harn|grieß* m ‖ **–nillero** *m Streusandbüchse* f ‖ **–nisca** *f Sandstein* m ‖ ~ jurásica ⟨Geol⟩ *Jurasandstein* m ‖ ~ margosa *Mergelsandstein* m ‖ ~ num(m)ulítica ⟨Geol⟩ *Nummulitsandstein* m ‖ ~ roja reciente ⟨Geol⟩ *niederer roter Sandstein* m ‖ **–nisco** adj ⟨Geol⟩ *sandig, sandhaltig* ‖ **–nita** *f Sandkorn* n ‖ **–noso** adj *sandig, sandreich* ‖ *sandhaltig*
aren|que *m* ⟨Fi⟩ *Hering* m (Clupea harengus) ‖ ~ ahumado *Bück(l)ing, geräucherter Hering* m ‖ ~ arrollado *Rollmops* m ‖ ~ en escabeche, ~ a la

marinera *marinierter Hering* m ‖ ~ fresco *grüner,
frischer Hering* m ‖ ~ frito *Brathering* m ‖ ~ con
lechecilla(s) *Milchner* m ‖ ~ salado *Salzhering* m
‖ ~ en salmuera *Hering* m *in Salzlake* ‖ **–quera** *f
Herings(fang)netz* n
areóla *f* (An) *Warzenhof* m ‖ *kleiner
(Haut)Bezirk* m, *Feldchen* n, *Areola* f ‖ (Bot)
Areole f ‖ ~ mamaria *Brustwarzenhof* m ‖ (Med)
entzündlicher roter Kreis m *um die Pusteln*
  areolitis *f* (Med) *Areolitis, Entzündung* f *des
Brustwarzenhofes*
  areometría *f Aräometrie* f
  areómetro *m Senkwaage* f, *Aräometer* n
  areopagita *m* (Hist) *Richter* m *des Areopags* ‖
(fig) *unbestechlicher Richter* m
  areópago *m* (Hist) *Areopag* m ‖ ~ (fig)
Versammlung f *ehrwürdiger Männer*
  areopicnómetro *m* (Phys) *Aräopyknometer* n
  areosístilo adj (Arch) *aräosystyl*
  areóstilo adj (Arch) *aräostyl, weitsäulig*
  arepa *f* Ven *(Art) Mais|kuchen* od *-fladen* m ‖
Col Ven (fig) *tägliches Brot* n
  arepe|ra *f* Ven *Müßiggängerin* f ‖ Col Ven
Lesbe f ‖ **–ro** *m* Ven *Tölpel, Dummkopf* m
  arepique *m* Col *Art Milchreis* m
  arequi|pa *f* Pe *Milchgericht* n ‖ Col Mex
Milchreis m ‖ **–peño** adj/s *aus Arequipa* (Pe) ‖ *auf
Arequipa bezüglich*
  ares: ~ y mares (fig) *Wunder, -werke* npl ‖ ◇
hacer ~ (fig) *wahre Wunder* npl *vollbringen*
  ¹aretín *m* (Bot) *Mannstreu* f (Eryngium spp)
  ²aretín *m* a) Arg (Med) *Milchschorf* m ‖ b)
(Vet) *Mauke* f
  arete *m* dim von *aro* ‖ *Ohrring* m ‖ *Zierring* m
  aretino adj/s *aus Arezzo* (Italien) ‖ *auf Arezzo
bezüglich*
  arévacos mpl (Hist) *Einheimische* mpl *der
römischen Provinz Hispania Tarraconensis*
  ar|fada *f* (Mar) *Stampfen* n *des Schiffes* ‖ **–far**
vi *stampfen (Schiff)*
  ¹arga|dillo, –dijo *m* a) (Text) *Haspel, Weife* f ‖
◇ andar en el ~ *in der Patsche sein* ‖ b) Ar
großer Weidenkorb m
  ²arga|dillo, –dijo *m* (fam) *Zappel|fritz,
-philipp*
  argado *m listiger Streich* m, *Eulenspiegelei* f
  argalia *f* (Med) *Katheter* m, *Sonde* f
  argallera *f Kesselhaken* m, *Böttchersäge* f
  argamen|del *m (von e–m Kleid
herabhängender) Lappen* m ‖ *Lumpen, Fetzen* m ‖
–dijo *m* (fam) *Kleinigkeiten* fpl *zum Putz* ‖
Kleinkram m ‖ (fam) *Drum und Dran* n
  arga|masa *f (Kalk)Mörtel* m ‖ **~** de barro
Lehmmörtel m ‖ **–masado** *m Mörtelmasse* f ‖
–masar vt *(Kalk) zu Mörtel anrühren* ‖ **–masilla** *f*
dim von **–masa** ‖ **–masón** *m abgefallenes
Mörtelstück* n
  argamula *f* And (Bot) *Ochsenzunge* f
(Anchusa spp)
  argán *m* (Bot) *Eisenholz* n (Argania spp)
  árgana *f*[el] Ar (Tech) *Kran* m ‖ **~s** *fpl
Tragkörbe* mpl *für Lasttiere* ‖ *Tragbahre* f
  arganco *m* (Mar) *Ankerring* m
  argandeño *m* (Mar) *Anker|ring* m, *-öse* f,
-auge n, *-kettenschäkel* m
  △ **argandó** adj *bewaffnet*
  árgano *m* →* *árgana* f
  argavieso *m Wolkenbruch, Platzregen* m
  argayo *m Gesteinsbrocken* m *(bei Steinschlag)*
‖ ~ de nieve Ast *Schneelawine* f
  Argel *m* [Stadt] *Algier* n
  argelaga *f* Ar (Bot) *Spanischer Ginster* m (→
aulaga)
  Arge|lia *f* (Geogr) *Algerien* n ‖ **=lino** adj
algerisch ‖ **~** *m Algerier* m

  argén *m Silber* n ‖ (Her) *silberner Grund* m ‖
(fig pop) *Geld* n
  argent *m* Ar *Silber* n
  argen|tado adj *versilbert* ‖ (poet) *silberfarben*
‖ **–tal** adj *silberhaltig* ‖ **–tán** *m Neusilber* n ‖ **–tar**
vt *versilbern* (& fig) ‖ **–tato** *m Argentat* n,
Silberverbindung f ‖ ~ de yodo
Jodsilberverbindung f
  argénteo adj *silbern* ‖ *versilbert* ‖ (fig)
silberschimmernd ‖ (poet) *silberfarben*
  argentería *f Silberarbeit* f ‖ *Silbergeschirr* n ‖
(fig) *Silberklang* m
  argéntico adj *Silber-*
  argentífero adj *silberhaltig*
  argentina *f* (Bot) *Odermennig* m (Agrimonia
spp) ‖ (Fi) *Glasauge* n (Argentina sphyraena) ‖ ~
mayor *Goldlachs* m (Argentina silus) ‖ (Ins)
Silberfischchen n (→ auch **lepisma**)
  Argentina *f* (Geogr) *Argentinien* n
  argentinismo *m Argentinismus* m *(e–e nur im
argentinischen Spanisch vorkommende
sprachliche Erscheinung)*
  ¹argentino adj *silber|artig, -rein* ‖ *silbern* ‖
Silber- ‖ *silberhell* (Stimme)
  ²argen|tino adj *argentinisch, aus Argentinien* ‖
~ *m Argentinier* m ‖ *argentinische Mundart* f ‖
argentinische Goldmünze f *(5 Goldpesos)* ‖ **–tita** *f*
(Min) *Silberglanz* m ‖ **–to** *m* (poet) *Silber* n ‖ ~
vivo *Quecksilber* n ‖ **–tómetro** *m* (Fot)
Silbermesser m ‖ **–toso** adj (Chem) *mit Silber
vermischt*
  argila, argilla *f* →* *arcilla*
  argilícola adj *auf Ton lebend*
  argiloso adj →* *arcilloso*
  argírico adj *silberartig, Silber-*
  argi|riasis *f,* **–rismo** *m* (Med) *Silbervergiftung,
Argyrie* f ‖ **–rita** *f* (Min) *Silberglanz* m ‖ **–rofilia**
f Argyrophilie, Anfärbbarkeit f *durch Silber* ‖
–rófilo adj *argyrophil, mit Silber anfärbbar* ‖
–roide *m* (Art) *Neusilber* n ‖ **–rosa** *f* (Min)
Silberglanz m ‖ **–rosis** *f* (Med) *Argyrose* f
  argivo adj/s *argivisch* ‖ *altgriechisch*
  ¹argo pron An (pop) →* **algo**
  ²argo *m* →* **argón**
  ¹argolla *f Metallring* m ‖ *Angelring* m ‖
Bügelschraube, Zugöse f ‖ *Halseisen* n ‖ *Ringel-,
Krocket|spiel* n ‖ *(Art) Halsschmuck* m ‖
(Gürtel)Ring m *(am Fallschirm)* ‖ (fig) *Pranger*
m ‖ Am (fam) *Trauring* m (Arg vulg) *Fotze* f ‖
~ abrazadera (Arch) *Klammer* f ‖ ◇ echar una ~
a alg. (fig) *s. jdm verpflichten* ‖ **~s** *fpl* (reg)
Handschellen fpl
  ²argolla *f* PR *einflussreiche Clique* f
  argo|llar vt *mit e–m Ring befestigen* ‖ (fig)
jdm das Heiratsversprechen geben ‖ **–llón** *m*
augm von **argolla**
  árgoma *f* [el] (Bot) *Stechginster* m (Ulex sp)
  argomal *m Ginsterfeld* n
  argón *m* (Ar) (Chem) *Argon* n
  ¹argonauta *m Argonaut* m ‖ (fig) *erfahrener
Seemann* m
  ²argonauta *m* (Zool) *Papierboot* n (Argonauta
argo)
  argos *m* (V) *Argusfasan* m (Argusianus
argus)
  Argos *m* np (Myth) *Argus* m ‖ (fig)
wachsamer Hüter m
  argot *m Argot, Rotwelsch* n ‖ *Gaunersprache* f
‖ (fig) *Berufs- bzw Standes|sprache* f
  Argovia *f* (Geogr) *Aargau* m
  argu|cia *f* (Arg)List, *Spitzfindigkeit* f ‖ (Jur)
Schikane f ‖ **–cioso** adj *spitzfindig*
  argüe *m Winde* f, *Hebezeug* n
  argue|llado adj Ar *schmächtig* ‖ **–llarse** vr Ar
schwächlich werden (durch Krankheit)

árgue|nas, –ñas *fpl Reisesack* m ‖ *Tragbahre* f ‖ *Tragkörbe* mpl ‖ *Satteltaschen* fpl
argüidor *m Gegner, Bestreiter* m
argüir [-uy-] vt *schließen, folgern* (de *aus*) ‖ *anführen, vorbringen* ‖ *andeuten, schließen lassen auf* (acc) ‖ *beweisen* ‖ *bestreiten, anfechten* ‖ ◇ ~ a uno de algo *jdm et. vorwerfen* ‖ ~ vi *streiten, argumentieren*
argullo *m Burg Stolz* m
argumen|tación *f Beweisführung, Begründung, Argumentation* f ‖ *Beweis* m ‖ *Vernunftschluss* m ‖ ◇ entrar en argumentaciones *s. in Erörterungen einlassen* ‖ **–tar** vi *Schlüsse ziehen, schließen, folgern* ‖ *Gegengründe anführen* ‖ *argumentieren* ‖ *Schlüsse ziehen* ‖ **–tativo** adj *argumentativ* ‖ **–tista** m/f *Opponent(in* f)*, Gegner(in* f) m ‖ *streitsüchtiger Mensch, Diskutierer(in* f) m ‖ *Widerspruchsgeist* m
argumento *m (Vernunft)Schluss* m ‖ *Beweis(grund), Grund* m ‖ *Argument* n ‖ *Schlussfolgerung* f ‖ ⟨Mus⟩ *Thema* n ‖ *Merkmal, Zeichen* n ‖ ⟨Math⟩ *Argument* n ‖ ⟨Astr⟩ *Abweichung* f ‖ ⟨Th⟩ *Argument* n, *Inhalt* m *e–s Textbuches, e–r Oper, e–s Aktes* ‖ *Inhaltsangabe* f ‖ *Thema* n ‖ ⟨Th Film⟩ *(Opern)Text, Filmtext* m, *Drehbuch* n ‖ ⟨fig⟩ *Ausrede* f ‖ ~ de Aquiles *schlagender Beweis* m ‖ ~ a báculo ⟨lat fam⟩ *Prügelbeweis* m ‖ ~ capcioso *trügerisches Argument* n ‖ ~ cornuto *Doppelschluss* m, *Dilemma* n ‖ ~ flaco *schwaches Argument* n, *unzureichender Grund* m ‖ ~ ad hóminem ⟨lat⟩ *handgreiflicher Beweis* m ‖ ~ tumbativo ⟨fam⟩ *durchschlagendes Argument* n ‖ ◇ pasar a ~s fuertes ⟨fig⟩ *schwere Geschütze auffahren*
argumentoso adj ⟨fig⟩ *streitsüchtig*
arguyente adj *(m/f) durch Schlüsse beweisend, ausführend*
aria *f* [el] ⟨Mus⟩ *Arie, Melodie* f*, Lied* n ‖ ~ de bravura ⟨Mus⟩ *Bravour|arie* f, *-stück* n
Ariadna *f* np ⟨Myth⟩ *Ariadne* f
aribe *m Hond frühreifes, aufgewecktes Kind* n
arica *f Ven wilde Biene* f
aricar [c/qu] vt *sehr oberflächlich pflügen* ‖ *rigolen, rajolen*
arid|ecer [-zc-] vt *austrocknen* ‖ *ausdörren* ‖ ~se *ausdorren* (& vi) ‖ **–ez** *[pl* ~ces*] f Dürre, Trockenheit* f *des Erdbodens* ‖ ⟨fig⟩ *Trockenheit, Langweiligkeit* f ‖ ⟨fig⟩ *Sprödigkeit* f
árido adj *dürr, ausgetrocknet* ‖ *trocken, wüstenhaft, arid* ‖ *unfruchtbar (Boden)* ‖ ⟨fig⟩ *undankbar (Thema)* ‖ ⟨fig⟩ *trocken, langweilig* ‖ ⟨fig⟩ *spröde* ‖ ~ *m Zusatz-, Magerungs|mittel* n ‖ *Zuschlagstoff* m ‖ ~s mpl *Trockenfrüchte* fpl
aridura *f* ⟨Med⟩ *Abzehrung* f
Aries *m* ⟨Astr⟩ *Widder* m
arieta *f* dim von **aria**
ariete *m* ⟨Mil Hist⟩ *Mauerbrecher* m, *Sturmbock, Wurfwidder* m ‖ ⟨Tech⟩ *Ramme* f, *Widder* m ‖ *(Schiff* n *mit) Rammsporn* m ‖ ⟨fig⟩ *Angriffsmittel* n ‖ ~ hidráulico *hydraulischer Widder, Stoßheber* m ‖ ⟨Sp fig⟩ *Mittelstürmer* m
arietino adj *widderkopfähnlich*
arije adj *(m/f) rotbeerig (Traube)*
arijo adj ⟨Agr⟩ *locker (Erde)*
arillo *m kleiner Reif, Ring* m ‖ *Ohrring* m ‖ *steife Einlage* f *im Halskragen der Geistlichen* ‖ ◇ hacer entrar a uno por el ~ ⟨figf⟩ *jdn zu der eigenen Meinung bekehren*
¹arilo *m* ⟨Bot⟩ *Arillus* m
²arilo *m* ⟨Chem⟩ *Aryl* n
Arimán *m* np → **Ahrimán**
arimez *[pl* ~ces*] m* ⟨Arch⟩ *Erker* m
arincarse [c/qu] vr *Chi Verstopfung bekommen*
ario adj *arisch* ‖ ~ *m Arier* m *(beide in der*

historischen und der politischen, insbes. antisemitischen Bedeutung)
arísaro *m* ⟨Bot⟩ *Mönchskappe* f
arisblanco adj *weißgrannig (Weizen)*
ariscarse [c/qu] vr *barsch werden* ‖ *zornig werden* ‖ PR *entfliehen*
arisco adj **a)** *wild, unbändig (Tier)* ‖ *barsch, wider|spenstig, -borstig (Person)* ‖ **b)** PR Cu Mex *furchtsam, ängstlich*
arisi *m gemahlener Reis* m
¹arista *f* ⟨Bot⟩ *Granne, Ährenspitze* f*, Bart* m *(Ähre)*
²arista *f (Schnitt)Kante* f ‖ *Grat* m*, Schneide* f ‖ *Schärfe* f ‖ ⟨Math⟩ *Schnittlinie* f *zweier Flächen* ‖ *Schneide* f *(des Säbels)* ‖ *Wegsaum* m ‖ *Bergkamm* m ‖ ~ de alero ⟨Arch⟩ *Vordachkante* f ‖ ~ del alma *Stegkante* f ‖ ~ biselada *abgeschrägte Kante* f ‖ ~ cortante *Schneidkante, Bahn* f *(an e–m Schneidwerkzeug)* ‖ ~ culminante de un cristal *Polkante* f *e–s Kristalls* ‖ ~ delantera *Vorderkante* f ‖ ~ hidrográfica *Grundwasserspiegel* m ‖ ~ longitudinal *Längskante* f ‖ ~ muerta *(Seiten)Fase* f ‖ ~ roma *stumpfe Kante* f ‖ ~ de soldadura ⟨Met⟩ *Schweißkante* f ‖ ~ del terraplén ⟨EB⟩ *Dammkrone* f ‖ ~ de yunque *Ambossrand* m ‖ ~ viva *scharfe Kante* f
aristado adj ⟨Bot⟩ *grannig*
aristarco *m* ⟨fig⟩ *strenger Kunstrichter* bzw *Kritiker* m
Arístides *m* np *Aristides* m
aristiforme adj *(m/f) grannenförmig*
aris|tín, –tino *m* ⟨Vet⟩ *Mauke* f
Arístipo *m* np *Aristippos* m
aris|tocracia *f Aristokratie* f ‖ *Adelsherrschaft* f ‖ *Adel* m ‖ ⟨fig⟩ *vornehme Gesellschaft* f ‖ *Vorzüglichkeit* f ‖ **–tócrata** *m Aristokrat* m ‖ *Edelmann, Ade(e)liger* m ‖ ⟨fig⟩ *feiner, gebildeter Mensch* m ‖ **–tocrático** adj *aristokratisch* ‖ *ad(e)lig* ‖ ⟨fig⟩ *fein, gebildet* ‖ ⟨fig⟩ *auserlesen* ‖ adv: ~amente ‖ **–tocratizar** [z/c] vt *zum Aristokraten machen, adeln*
Aris|tófanes *m* np ⟨Hist⟩ *Aristophanes* m ‖ **=tofanesco, =tofánico** adj *in der Art des Aristophanes*
aristoloquia *f* ⟨Bot⟩ *Osterluzei* f *(Aristolochia clematitis)*
¹arist|ón *m* ⟨Arch⟩ *Baukante, Rippe* f ‖ **–ones** mpl *Stufenkanten* fpl *(e–r Treppe)*
²aristón *m* ⟨Mus⟩ *Ariston* m
aristoso adj ⟨Bot⟩ *grannig* ‖ *kantig*
Aris|tóteles *m* np ⟨Hist⟩ *Aristoteles* m ‖ **–totélico** adj *aristotelisch* ‖ *in der Art des Aristoteles*
aristotípico adj: papel ~ ⟨Fot⟩ *Aristopapier* n
aritmé|tica *f Arithmetik, Rechenkunst* f ‖ ~ comercial *kaufmännisches Rechnen* n ‖ ~ superior *höhere Arithmetik* f ‖ **–tico** adj *arithmetisch, Rechen-* ‖ ~ *m Rechenkünstler* m ‖ *Arithmetiker* m
aritmógrafo *m Rechenmaschine* f
aritmo|logía *f* ⟨Math⟩ *Arithmologie* f ‖ **–mancia** *f Arithmomantie, Zahlenwahrsagerei, Wahrsagerei* f *aus Zahlen* ‖ **–manía** *f* ⟨Med⟩ *Arithmomanie* f, *krankhafter Zählzwang* m
aritmómetro *m Rechenmaschine* f
△ **arjulejar** vt *wegraffen*
¹arlequín *m* ⟨Th⟩ *Harlekin* m ‖ *Hanswurst, Harlekin* m ‖ *Harlekinkleid* n ‖ ⟨fig⟩ *lächerliche Person* f
²arlequín *m gemischtes Eis* m
arlequi|nada *f* ⟨fig⟩ *toller Streich* m, *Harlekinade* f ‖ ⟨fig⟩ *Kasperltheater* n ‖ **–nado** adj *buntscheckig* ‖ **–nesco** adj *hanswurstartig* ‖ *possenreißerisch*

arlo m ⟨Bot⟩ *Sauerdorn* m, *Bereritze* f (Berberis vulgaris) ‖ *zum Trocknen aufgehängte Traube* f
arlota *f Wergabfall* m
arlote *m* Al Ar *ungepflegter, schlampiger Mensch* m
arma *f* [el] *Waffe* f ‖ *Truppengattung* f ‖ *Waffengattung* f ‖ (→ **armas**) ‖ ⟨Zool⟩ *Horn* n *bzw Krallen* fpl *usw.* ‖ ⟨vulg⟩ *Schwanz* m *(Penis)* ‖ ~ de acompañamiento *Begleitwaffe* f ‖ ~ aérea *Luftwaffe* f ‖ ~ antiaérea *Flak* f ‖ ~ anticarro *Pak* f ‖ ~ arrojadiza *Wurfwaffe* f ‖ ~ atómica *Atomwaffe* f ‖ ~ automática *Maschinenwaffe* f ‖ ~ blanca *blanke Waffe, Stoßwaffe* f ‖ *Seitengewehr* n ‖ ~ de a bordo *Bordwaffe* f ‖ ~ de combate a corta distancia *Nahkampfwaffe* f ‖ ~ contundente *Stoßwaffe* f ‖ ~ cortante, ~ de corte *Hiebwaffe* f ‖ ~ del crimen *Mord-, Tat|waffe* f ‖ ~ defensiva *Verteidigungs-, Schutz-, Abwehr|waffe* f ‖ ~ de dos filos *zweischneidiges Schwert* n ⟨& fig⟩ ‖ ~ de fuego *(Hand)Feuer-, Schuss|waffe* f ‖ ~ homicida *Mordwaffe* f ‖ ~ de infantería *Infanterie* f ‖ ~ negra *Fechtwaffe* f ‖ ~ ofensiva *Angriffswaffe* f ‖ ~ portátil *Handwaffe* f ‖ ~ de precisión *Präzisionswaffe* f ‖ ~ secreta *Geheimwaffe* f ‖ ~ de tiro rápido *Schnellfeuerwaffe* f ‖ ~ utilizada para el hecho ⟨Jur⟩ *Mord-, Tat|waffe* f ‖ ◊ enfilar un ~ *e–e Waffe richten* (hacia *auf* acc) ‖ ponerse en ~ ⟨figf⟩ *s–e Vorkehrungen treffen* ‖ rendir el ~ ⟨Mil⟩ *e–e Ehrenbezeigung* f *vor dem Allerheiligsten erweisen* ‖ rendir ~s *die Waffen strecken* (& fig) ‖ tocar (al) ~ ⟨Mil⟩ *Alarm blasen* ‖ ~s fpl ⟨Mil⟩ *Truppengattung* f ⟨Mil⟩ *Ausrüstung* f ‖ *Kriegshandwerk* n ‖ *Wappen* n ‖ *Wappenschild* m ‖ ⟨Tech⟩ *Armatur* f ‖ ⟨fig⟩ *Verteidigungsmittel* npl ‖ *Verteidigungsmittel* npl *der Tiere* ‖ ~ ABC *ABC-Waffen* fpl ‖ ~ de aniquilamiento *Vernichtungswaffen* fpl ‖ ~ arrojadizas *Wurfwaffen* fpl ‖ ~ combinadas *verbundene Waffen* fpl ‖ ~ convencionales *konventionelle* od *herkömmliche Waffen* fpl ‖ ~ de destrucción en masa *od* masivas *Massenvernichtungs|waffen* fpl od *-mittel* npl ‖ ~ disuasivas *Abschreckungswaffen* fpl ‖ ~ envenenadas *vergiftete Waffen* fpl ‖ ~ estratégicas *strategische Waffen* fpl ‖ ~ a la funerala *mit gesenkten Waffen (zum Zeichen der Trauer)* ‖ ~ ligeras *leichte Waffen* fpl ‖ ~ nucleares *Kernwaffen* fpl ‖ ~ perforantes *panzerbrechende Waffen* fpl ‖ ~ pesadas *schwere Waffen* fpl ‖ ~ tácticas *taktische Waffen* fpl ‖ ~ técnicas *technische Waffen* fpl ‖ ~ teledirigidas *Fernlenk-, Fern|waffen, ferngelenkte Waffen* fpl ‖ ~ termonucleares *thermonukleare Waffen* fpl ‖ ~ V *V-Waffen* fpl ‖ ◊ alzarse en ~ *s. empören* ‖ descansar (sobre) las ~ *Gewehr bei Fuß stellen, um zu ruhen* ‖ estar sobre las ~ ⟨Mil⟩ *unter den Waffen stehen* ‖ hacer ~ *kämpfen, Krieg führen* (& fig) ‖ hacer sus primeras ~ ⟨fig⟩ *mit s–r Laufbahn anfangen* ‖ hacer uso de las ~ *zu den Waffen greifen* ‖ hacerse a las ~ ⟨fig⟩ *der Not gehorchen* ‖ llegar a las ~ *handgreiflich werden* ‖ pasar por las ~ *(standrechtlich) erschießen* ‖ poner en ~ *zu den Waffen rufen* ‖ probar las ~ ⟨fig⟩ *jdn auf die Probe stellen* ‖ rendir las ~ ⟨Mil⟩ *die Waffen strecken* ‖ ser de ~ tomar ⟨figf⟩ *resolut, energisch sein* ‖ *streitbar sein* ‖ mujer de ~ tomar ⟨fig⟩ *Xanthippe* f, ⟨fam⟩ *Dragoner* m ‖ tomar (las) ~ ⟨Mil⟩ *zu den Waffen greifen* ‖ ¡a las ~! *zu den Waffen! ‖ ans Gewehr! ‖ an die Gewehre!* ‖ ¡apunten ~! *legt an!* ‖ ¡~ al hombro! *das Gewehr über!* ‖ ¡descansen ~! *Gewehr ab!*
armada *f (Kriegs)Flotte, Kriegsmarine* f ‖

Seestreitkräfte fpl ‖ ⟨Jgd⟩ *Gesamtheit* f *der Treiber*
armadía *f Floß* n
armadijo *m Schlinge, Falle* f *für Vögel und Getier* ‖ *Mausefalle* f
△ **armadilla** *f fremdes Geld* n, *mit dem man spielt*
armadillo *m* ⟨Zool⟩ *Gürteltier, Armadill* n (Dasypodidae spp)
¹armado adj *bewaffnet, gerüstet* ‖ *ausgestattet, versehen* (de *mit* dat) ‖ ⟨Tech⟩ *armiert, bewehrt* ‖ *be|schlagen, -setzt* ‖ *gespickt (Backhuhn)* ‖ Mex ⟨figf⟩ *gut bei Kasse* ‖ ⟨vulg⟩ *mit e–m Ständer (mit erigiertem Penis)* ‖ ~ hasta los dientes *bis an die Zähne bewaffnet* ‖ a mano ~a *mit bewaffneter Hand,* ⟨fig⟩ *gewaltsam*
²armado *m Geharnischte(r) (bei Prozessionen in der Karwoche)*
³armado *m* Guat ⟨Zool⟩ *Gürteltier, Armadill* n (→ **armadilla**)
⁴armado *m* Arg *hand-* od *selbst|gedrehte Zigarette* f
¹armador *m (Schiffs)Reeder* m ‖ *Ausrüster* m ‖ *Heuerbaas* m *(für Wal- und Dorsch|fänger)* ‖ *Kaper, Korsar* m
²armador *m Waffenrock* m ‖ Bol Chi *Weste* f ‖ Ec *Kleiderhaken* m
armadura *f (Ritter)Rüstung* f ‖ *Waffenrüstung* f ‖ ⟨Tech⟩ *Rüststücke* npl, *Armatur* f ‖ *Beschlag* m, *Beschläge* mpl, *Fassung* f ‖ *Gestell* n ‖ *Gerüst* n ‖ *Gerippe* n *(Bau)* ‖ ⟨Zim⟩ *Zimmerwerk* n ‖ ⟨Zim⟩ *Dach|stuhl* m, *-werk* n ‖ ⟨Arch⟩ *Fachwerk* n ‖ *Hülle, Umkleidung* f ‖ *Verstärkung* f ‖ *(Brillen)Fassung* f ‖ ⟨An⟩ *Knochengerüst* n ‖ ⟨Taur⟩ *Gehörn* n ‖ *del ala (Flugw) Flügel-, Tragflächen|gerippe* n ‖ ~ articulada *Gelenkbolzenfachwerk* n ‖ ~ de la bobina ⟨El⟩ *Spulenkörper* m ‖ ~ de caldera *Kesselarmatur* f ‖ ~ de cama *Bettgestell* n ‖ ~ de condensador ⟨Radio⟩ *Kondensator|belag* m, *-belegung* f ‖ ~ de corbata *Krawatteneinlage* f ‖ ~ diagonal *Diagonal|bewehrung, -armierung* f ‖ ~ de fleje *Eisenbandbewehrung* f ‖ ~ de hierro *Eisenbewehrung* f ‖ ~ de imán *Magnetanker* m ‖ ~ del macho *Kerneisen* n ‖ ~ de polea *Rollenbügel, Block* m ‖ ~ de portaescobillas ⟨El⟩ *Bürstenjoch* n ‖ ~ del relevador *Relaisanker* m ‖ ~ de techo *Dachgerippe* n ‖ ~ de tijera ⟨Zim⟩ *scherenförmiger Träger* m
armajal *m Moor* n, *Sumpf* m
armaje *m* Arg *Sparrenwerk, Gerippe* n
armajo *m* ⟨Bot⟩ *Salzkraut* n (Salsola soda, Halogeton sativum *und andere*)
armamento *m Rüsten* n ‖ ⟨Mil⟩ *Ausrüstung* f ‖ ⟨Mil⟩ *Bewaffnung, Rüstung* f ‖ ⟨Mar⟩ *Bemannung* f ‖ ⟨Mar⟩ *Schiffsgerät* n ‖ *Bestückung* f ‖ ~ atómico *~ nuclear Atom-, Nuklear|rüstung* f
Armando *m* np *Hermann* m
armañac *m Armagnac* m *(Weinbrand)*
armar vt/i *(be)waffnen, (aus)rüsten* (con *mit*) ‖ *beschlagen, (ver)stählen* ‖ *bewehren (Magnet)* ‖ *spannen (Bogen)* ‖ *montieren, aufstellen (Maschine)* ‖ *aufstellen (Fallen, Netze)* ‖ *legen (Schlingen, Fallstricke)* ‖ *aufschlagen (Bett, Zelt)* ‖ *anrichten (Tisch)* ‖ *aufkrempen (Hut)* ‖ ⟨Tech⟩ *armieren, bewehren, mit Stahleinlagen versehen* ‖ *zudrehen (Schrauben)* ‖ ⟨Mil⟩ *panzern* ‖ ⟨Mar⟩ *bemannen* ‖ ⟨Mar⟩ *bestücken* ‖ *in Dienst stellen* ‖ ⟨fig⟩ *kräftigen, stärken* ‖ ⟨fig⟩ *versorgen, ausrüsten* ‖ ⟨fig⟩ *versehen* (de *mit*) ‖ ⟨fig⟩ *verursachen* ‖ ⟨fig⟩ *veranstalten* ‖ ◊ ~ alboroto *randalieren* ‖ ~ la bayoneta *das Bajonett* (od *das Seitengewehr*) *aufpflanzen* ‖ ~ bronca *Streit anfangen, Händel suchen,* ⟨pop⟩ *Stunk machen* ‖ ~ caballero *zum Ritter schlagen* (a alg. *jdn* acc) ‖

~ camorra *Streit anfangen, Händel suchen,* ⟨pop⟩ *Stunk machen* ‖ ~ cizaña *Zwietracht stiften* ‖ ~ la clave ⟨Mus⟩ *vorzeichnen* ‖ ~ la de Dios es Cristo *e–n Riesenaufruhr verursachen* ‖ ~ escándalo *Skandal machen* ‖ ~ la espoleta ⟨Mil⟩ *den Zünder scharf machen* ‖ ~ jaleo *randalieren* ‖ ~ un pleito *e–n Streit anfangen* ‖ ~ un puente *e–e Brücke schlagen* ‖ ~ una tienda (de campaña) *ein Zelt aufschlagen* ‖ ~la ⟨fam⟩ *Krawall schlagen* ‖ ~ vi *(zum Krieg) rüsten* ‖ *zueinander passen (Kleidungsstücke)* ‖ *s. stützen* ‖ *aufliegen* ‖ ~se *s. (be)waffnen, s. rüsten (& fig)* ‖ *s. versehen, s. wappnen (de mit)* ‖ *im Anzug sein (Sturm)* ‖ ⟨Taur⟩ *s. zum Endstich vorbereiten* ‖ ⟨vulg⟩ *steif werden (Penis)* ‖ Am *störrisch werden (Pferd)* Mex *s. mit Geld versehen* ‖ MAm *s. sträuben* ‖ ◇ ~ un lío *ganz durcheinanderkommen, in Verwirrung geraten* ‖ ~ de paciencia *s. mit Geduld wappnen* ‖ ~ de valor *s. mit Mut wappnen, s–n Mut zusammennehmen*
  armario *m Schrank, Spind,* Öst Schw *Kasten* m ‖ ~ archivo *Aktenschrank* m ‖ ~ clasificador de gavetas *Schubladenaktenschrank* m ‖ ~ de dos cuerpos *Doppelschrank* m ‖ ~ empotrado *Einbauschrank, eingebauter Schrank* m ‖ ~ frigorífico *Kühlschrank* m ‖ ~ de luna *Spiegelschrank* m ‖ ~ de pared *Wandschrank* m ‖ ~ de persiana *Rollschrank* m ‖ ~ para ropa blanca *Wäscheschrank* m ‖ ~ ropero *Kleiderschrank* m ‖ ~ suspendido *Hängeschrank* m ‖ ~–vitrina *m Glasschrank* m
  armatoste *m ungefüges Möbelstück* n ‖ *Klotz* m ‖ *unförmiges Gerät* n ‖ *Schlinge, Falle* f *(für Tiere)* ‖ ⟨fig⟩ *plumper, dicker Mensch, Tollpatsch* m
  armazón *f* (& *m*) *Zimmerwerk, Gesparre* n ‖ *Gerüst* n ‖ *Rahmen* m ‖ ⟨Tech⟩ *Gestell* n, *Armatur* f ‖ *Rahmenkonstruktion* f ‖ *(Beton)Armierung, Bewehrung* f ‖ *(Eisen)Beschlag* m ‖ ⟨Mar⟩ *Schiffsgerippe* n ‖ ⟨Mar⟩ *Stauraum* m ‖ ⟨Flugw⟩ *Luftschiffsgerippe* n ‖ Am *Fachwerk* n ‖ *(Geschirr)Bord* n ‖ Chi Pe *Regale* npl *(in e–m Laden)* ‖ ~ de anteojos *Brillenfassung* f ‖ ~ de bobinas ⟨El⟩ *Spulenkasten* m ‖ ~ de cama *Bettstelle* f ‖ ~ de corredera ⟨Zim⟩ *Schiebefensterrahmen* m ‖ ~ de flotadores ⟨Flugw Mar⟩ *Schwimmergestell* n ‖ ~ de gafas *Brillenfassung* f ‖ ~ ósea *Knochengerüst* n ‖ ~ de polea *Scheibengehäuse* n ‖ ~ de sierra *Sägebock* m ‖ ~ de (la) silla *Sattelbaum* m ‖ ~ de soporte *Traggerüst* n ‖ ~ de la turbina *Turbinengehäuse* n
  armella *f Ring-, Ösen|schraube, Schraub-, Zug|öse f*
  Arme|nia *f* ⟨Geogr⟩ *Armenien* n ‖ =**nio** *adj armenisch* ‖ ~ *m Armenier* m
  armería *f Rüstkammer* f, *Zeughaus* n ‖ *Waffenmeisterei* f ‖ *Waffenschmiede(kunst)* f ‖ *Waffenhandlung* f ‖ *Waffen|sammlung* f, *-museum* n ‖ *Wappen|buch* n, *-rolle* f ‖ *Wappenkunde* f ‖ *Wappenzeichen* n
  armero *m Waffenschmied* m ‖ *Waffenhändler* m ‖ *Waffenhersteller* m ‖ *Gewehrständer* m ‖ *Werkzeugschrank* m ‖ ⟨Mil⟩ *Waffengerüst* n
  armi|fero, -gero *(poet) waffenführend* ‖ ⟨fig⟩ *kriegerisch* ‖ ~ *m Schildknappe* m
  armilla *f* ⟨Zim⟩ *Zapfenverband* m ‖ ⟨Arch⟩ *Schaftring* m *(der Säule)*
  armillar *adj: esfera* ~ ⟨Astr⟩ *Armillarsphäre* f
  Arminio *m np Armin, Hermann* m
  armi|ñado *adj Hermelin-* ‖ *hermelinweiß* ‖ *mit Hermelin besetzt* ‖ –**ño** *m* ⟨Zool⟩ *Hermelin* n (*Mustela erminea*) ‖ *Hermelin(pelz)* m
  armisticio *m Waffenruhe* f ‖ *Waffenstillstand* m ‖ ◇ *pactar (od concertar)* el ~ *den Waffenstillstand schließen*

  armón *m Scherbalken* m ‖ ◇ *poner los armones* ⟨Mil⟩ *aufprotzen*
  armonía *f* ⟨Mus⟩ *Harmonie(lehre)* f ‖ *Akkordfolge* f ‖ *Wohl|laut, -klang* m ‖ *Ebenmaß* n ‖ ⟨fig⟩ *Ausgeglichenheit* f ‖ ⟨fig⟩ *Einklang* m, *Harmonie* f ‖ ⟨fig⟩ *Eintracht, Übereinstimmung* f, *Frieden* m ‖ ~ celestial *Sphärenmusik* f ‖ ◇ *vivir* en ~ *friedlich zusammenleben* ‖ *in Eintracht leben*
  armó|nica *f Mundharmonika* f ‖ –**nico** *adj harmonisch* ‖ ⟨fig⟩ *passend, entsprechend* ‖ *einträchtig* ‖ *(tono)* ~ ⟨Mus⟩ *harmonischer Oberton* m ‖ *adv:* ~**amente**
  ar|monio, –mónium *m* ⟨Mus⟩ *Harmonium* n
  armo|nioso *adj harmonisch, wohlklingend* ‖ ⟨fig⟩ *übereinstimmend, harmonisch* ‖ ⟨fig⟩ *ausgeglichen* ‖ *adv:* ~**amente** ‖ –**nización** *f Harmonisierung, Angleichung* f ‖ ~ de las fechas *Abstimmung* f *der Termine* ‖ ~ de los tipos de aduanas *Angleichung* f *der Zollsätze* ‖ –**nizar** [z/c] *vt* ⟨Mus⟩ *(ein Tonstück) harmonisieren* ‖ ⟨fig⟩ *in Einklang bringen (mit), aufeinander abstimmen* ‖ *vi* ⟨fig⟩ *in Einklang stehen*
  armorial *m Wappen|buch* n, *-rolle* f
  armoricano *adj armorikanisch, aus Armorika (= Bretagne)*
  armuelle *f* ⟨Bot⟩ *Melde* f (*Atriplex spp*) ‖ ⟨Bot⟩ → **bledo** ‖ ⟨Bot⟩ → **orzaga**
  ARN ⟨Abk⟩ = *ácido ribonucleico*
  arnacho *m* ⟨Bot⟩ → **gatuña**
  arnaco *m* Col *Plunder, alter Kram* m
  arnaúte *adj/s* → ¹**albanés**
  arnés *m Sielengeschirr* n ‖ ⟨Sp⟩ *Kletterausrüstung* f ‖ ⟨Flugw⟩ *Gurtzeug* m *(der Fallschirmspringer)* ‖ ⟨Hist⟩ *Harnisch, Panzer* m ‖ *arneses de montar* ⟨figf⟩ *Reit|zeug, -geschirr* n, *Beschirrung* f ‖ ~ para cazar *Jagd|gerät* n, *-ausrüstung* f ‖ ◇ *blasonar del* ~ ⟨fig⟩ *aufschneiden, großtun*
  árnica *f[el]* ⟨Bot⟩ *Arnika* f, *Wohlverleih* m (*Arnica sp*)
  ¹aro *m Ring, Reif(en)* m ‖ *Bügel* m ‖ *Serviettenring* m ‖ *Schlagreifen* m ‖ *Tischrahmen* m ‖ *Seitenteile* npl *einer Kiste* ‖ *Spielreif* m *(der Kinder)* ‖ Arg Chi *Ohrring* m ‖ Cu Ven *Fingerring* m ‖ ~ de ajuste *Passring* m ‖ ~ electrocrómico (de Newton) ⟨Opt⟩ *Farbenring* m ‖ ~ de émbolo ⟨Auto⟩ *Kolbenring* m ‖ ~ de engrase *Schmierring* m ‖ ~ de guarnición *Dichtring* m ‖ ~ de llanta ⟨Auto⟩ *Felgenring* m ‖ ~ de pistón ⟨Auto⟩ *Kolbenring* m ‖ ~ de presión *Druckring* m ‖ ~ rascaceite ⟨Auto⟩ *Ölabstreifring* m ‖ ~ de violín *Zarge* f ‖ ◇ *entrar por el* ~, *pasar por el* ~ ⟨fig⟩ *s. fügen* ‖ *s. ducken* ‖ *nicht umhin können (et. zu tun)* ‖ *aufs Wort parieren* ‖ ~s *mpl Reifenspiel* n ‖ ~ de cebolla ⟨Kochk⟩ *Zwiebelringe* mpl
  ²aro ⟨Bot⟩ **a)** *Aronstab* m (*Arum maculatum*) ‖ **b)** ~ de Etiopía *Zimmerkalla* f (*Zantedeschia aetiopica*)
  ³¡aro! *int* Arg Bol Chi Pe *Zuruf* m, *mit dem Vortragende, Sänger od Tänzer aufgefordert werden, e–e Pause einzulegen, um etwas zu trinken*
  aroma *f Blüte* f *der Duftakazie* ‖ ~ *m Duft(stoff), Wohlgeruch* m ‖ *Aroma* n, *Blume* f, *Bukett* n *(des Weines)*
  aro|mado *adj wohlriechend, aromatisch* ‖ *aromatisiert, mit Aroma versehen* ‖ –**mal** *m* Cu *Duftakazienfeld* n ‖ –**mar** *va* → **aromatizar** ‖ –**mático** *adj duftend, wohlriechend, aromatisch* ‖ *Kräuter-* ‖ –**matización** *f Würzung* f ‖ ⟨Chem⟩ *Aromatisierung* f ‖ –**matizar** [z/c], –**matar** *vt würzen, wohlriechend machen (& fig),* *aromatisieren* ‖ ⟨Chem⟩ *aromatisieren* ‖ –**mo** *m*

⟨Bot⟩ *Duftakazie, Farnesische Akazie* f (Acacia farnesiana)
aromoso adj → **aromático**
aron *m* ⟨Bot⟩ → **²aro**
arpa *f* [el] *Harfe* f ‖ *Gebäckform* f ‖ ~ eolia *Äolsharfe* f ‖ ~ de pedales *Pedalharfe* f ‖ ◇ *tronar como* ~ vieja ⟨figf⟩ *ein elendes und plötzliches Ende nehmen*
arpado adj *harfenähnlich* ‖ ⟨poet⟩ *lieblich singend (Vogel)* ‖ *ausgezackt*
ar|padura *f Kratzwunde* f ‖ **–par** vt/i *(zer)kratzen* ‖ *zerreißen*
arpaz [*pl* ~**ces**] adj *(m/f) raubgierig*
arpe|giar vt/i ⟨Mus⟩ *arpeggieren* ‖ **–gio** *m* ⟨Mus⟩ *Arpeggio* n
arpella *f* ⟨V⟩ *Rohrweihe* f (Circus aeruginosus)
arpende *m altes spanisches Flächenmaß (1250 m²)*
arpenta *f Morgen* m *(Feldmaß)*
arpeo *m Enter-, Wurf|haken* m *(zum Festmachen zweier Schiffe)*
¹arpía *f* ⟨Myth⟩ *Harpyie* f ‖ ⟨fig⟩ *boshaftes, hässliches, mageres Weib* n ‖ ⟨fig⟩ *habsüchtiger Mensch* m
²arpía *f* ⟨V⟩ *Harpye* f, *Haubenadler* m (Harpya harpya)
arpilla *f (Staub)Decke* f
arpi|llar vt Mex *(in Packtuch) einschlagen* ‖ **–llera** *f Sackleinen* n ‖ *Pack|tuch, -linnen* n
arpiña *f* Ec *Diebstahl* m
arpista *m/f Harfenspieler(in* f) m ‖ Mex ⟨fig⟩ *Stibitzer, Langfinger* m
arpón *m Harpune* f ‖ ⟨Arch⟩ *Eisenklammer, Krampe* f ‖ ⟨Taur⟩ *Banderillaspitze* f *mit Widerhaken*
arpo|nado adj *harpunen|ähnlich, -förmig* ‖ **–nazo** *m Harpunen|schuss od -wurf* m ‖ **–n(e)ar** vt/i *harpunieren, mit Harpunen schleudern od fischen* ‖ ⟨fig⟩ *aufgabeln* ‖ **–nero** *m Harpunenmacher* m ‖ *Harpunen|fischer, -werfer* m
¹arqueada *f* ⟨Med⟩ *Brechreiz* m
²arqueada *f* ⟨Mus⟩ *Bogenstrich* m
arque|ado adj *bogenförmig, gewölbt, gekrümmt* ‖ **–ador** *m Eich(meist)er, Vermesser* m ‖ *Wollschläger* m ‖ **–aje** *m Eichen, Vermessen* n *(e–s Schiffes)* ‖ *Tonnengehalt* m, *Tonnage* f *(e–s Schiffes)*
arqueano *m* ⟨Geol⟩ → **arqueozoico**
¹arquear vt *biegen, wölben* ‖ *(Wolle) fachen* ‖ ◇ ~ las cejas *die Brauen hochziehen* ‖ ⟨fig⟩ *große Augen machen; die Stirn runzeln* ‖ ~ el lomo ⟨fig⟩ *e–n Buckel machen (Tier)* ‖ ~ vi *Übelkeit, Brechreiz empfinden* ‖ ~**se** ⟨Mar⟩ *versacken* ‖ *aufwerfen (Brett)* ‖ s. *krümmen*
²arquear vt/i *eichen, (den Tonnengehalt) messen* ‖ Chi *Kassenabschluss machen*
arquego|niades *fpl* ⟨Bot⟩ *Archegoniaten* pl ‖ **–nio** *m Archegonium* n
arquencéfalo *m* ⟨Zool⟩ *Archenzephalon, Urhirn* n
¹arqueo *m Wölbung, Krümmung* f ‖ *Wölben* n
²arqueo *m Kassenabschluss* m ‖ *Kassen|revision* f, *-sturz, Kassastandnachweis* m
³arqueo *m* ⟨Mar⟩ *Schiffsvermessung* f ‖ *Tonnengehalt* m, *Tonnage* f
arqueolítico adj *altsteinzeitlich*
arqueo|logía *f Archäologie, Alterstumskunde* f ‖ **–lógico** adj *archäologisch* ‖ ⟨fig⟩ *veraltet, alt*
arqueólogo *m Archäologe, Altertumsforscher* m
arqueópterix *m* [Paläozoologie] *Archäopteryx* f (& m)
arqueozoico *m* ⟨Geol⟩ *Archäozoikum* n
arquería *f* ⟨Arch⟩ → **¹arcada**

¹arquero *m Kastenmacher, Truhenbauer, Schreiner* m
²arquero *m Kassierer (in Klöstern)* ‖ *Schatzmeister* m
³arquero *m Bogenschütze* m ⟨& Hist⟩
⁴arquero *m* Pe ⟨Sp⟩ *Torwart* m
arqueta *f* a) *Schatulle* f, *Kästchen* n ‖ b) *Sammelgraben* m ‖ ⟨Arch⟩ *Brunnenstube* f ‖ *Sickerkasten* m
arquetar vt *(Wolle) fachen*
arque|típico adj *archetypisch, urbildlich* ‖ *vorbildlich, mustergültig* ‖ **–tipo** *m Urbild* n, *Archetyp* m ‖ *Vorbild* n ‖ ⟨Bot⟩ *Urbild* n
arquibanco *m Kastenbank* f
arqui|diócesis *f Erzdiözese* f ‖ **–episcopal** adj *erzbischöflich* ‖ **–fonema** *m* ⟨Ling⟩ *Archiphonem* n
arquilla *f Kutschbock* m ‖ *Kistchen* n
Arquíloco *m* np *Archilochos* m ‖ ~ *m* ⟨Poet⟩ *archilochischer Vers* m
Arquímedes *m* np *Archimedes* m
arquimesa *f Schreibtisch* m *mit Fächern, Schreibschrank* m ‖ *Sekretär* m
arquitec|to *m Architekt* m ‖ ⟨fig⟩ *Erbauer* m ‖ ~ cinematográfico *Filmarchitekt* m ‖ ~ decorador, ~ de interiores *Innenarchitekt* m ‖ ~ de jardines *Gartenarchitekt* m ‖ ~ paisajista *Landschaftsgestalter* m ‖ ~ técnico *Baumeister* m ‖ **–tónico** adj *baukünstlerisch, architektonisch* ‖ *Bau-* ‖ **–tura** *f Baukunst, Architektur* f ‖ *Bauart* f ‖ ⟨fig⟩ *Gefüge* n, *Bau* m ‖ ~ funcional *funktio|nalistische od -nelle Architektur* f, *Zweckbau* m ‖ ~ gótica *gotische Baukunst* f ‖ ~ hidráulica *Wasserbaukunst* f ‖ ~ interior *Innen|architektur, -dekoration, Raumgestaltung* f ‖ ~ naval *Schiffbau* m ‖ ~ paisajista *Landschaftsgestaltung* f ‖ ~ utilitaria → ~ funcional
arqui|trabe *m* ⟨Arch⟩ *Architrav* m ‖ ~ saliente ⟨Maur⟩ *vorspringender Architrav* m ‖ ~ transversal ⟨Zim⟩ *Querarchitrav* m ‖ **–volta** *f* → **archivolta**
arra *f*[el] → **arras** *fpl*
arrabá [*pl* ~**aes**] *m arab. Bogenverzierung* f *(an Fenstern und Türen)*
arra|bal *m Vorstadt* f ‖ *eingepfarrter Ort* m ‖ (joc) *der Hintere* ‖ ~**es** *mpl Außenviertel* npl, *Peripherie* f *(e–r Stadt)* ‖ *Umgebung* f *(e–r Stadt)* ‖ **–balera** *f* ⟨fig⟩ *ordinäres Weib* n ‖ **–balero** adj *vorstädtisch* ‖ ⟨desp⟩ *ordinär, vulgär* ‖ ~ *m Vorstädter* m
arrabiatar vt Am → **rabiatar** ‖ ⟨fig⟩ Col *(et.) kritiklos annehmen*
arrabio *m* ⟨Met⟩ *(Hochofen)Roheisen* m
arracacha *f* Am *(Art) Petersilie* f (Arracacia spp)
arraca|chá, –chada *f* Col ⟨fig⟩ *Albernheit* f ‖ **–cho** *m* Col *einfältiger Mensch* m
arracinchado adj *(fam joc) gebunden* ‖ *besorgt* ‖ *besessen*
¹arracada *f Ohr|gehänge* n, *-ring* m ‖ ◇ *le está como a la burra las* ~s ⟨figf⟩ *es steht ihm (ihr) wie dem Affen ein Schlips*
²arracada *f* ⟨Mar⟩ *Bügel* m *des Klüvers*
³arracada *f* ⟨Typ⟩ *Aussparung* f *im Satz (für e–e spätere Einfügung)*
arraci|mado adj *dicht aneinander liegend (wie Traubenbeeren)* ‖ *dicht gedrängt (Menschen)* ‖ *traubenförmig* ‖ **–marse** vr s. *(wie Traubenbeeren) zusammendrängen* ‖ *schwärmen (Bienen)*
¹arraclán *m* ⟨Bot⟩ *Faulbaum* m, *Pulverholz* n (Rhamnus frangula)
²arraclán *m* Ar Sal ⟨Zool⟩ *Skorpion* m (→ auch **¹escorpión**)

arráez [*pl* ~áeces] *m* 〈Fi〉 *Leiter* m *des Tunfischfangs*
arraigadas *fpl* 〈Mar〉 *Pütting* f (& n), *Püttingtaue* npl
arrai|gado adj 〈fig〉 *eingewurzelt (Gewohnheit)* ‖ 〈fig〉 *bodenständig* ‖ 〈fig〉 *ansässig* ‖ 〈fig〉 *verstockt, unverbesserlich, eingewurzelt* ‖ ~ *m* 〈Mar〉 *Sorren* n ‖ adv: ~**amente** ‖ **–gar** [g/gu] vt/i *Wurzel fassen, (ein-, ver)wurzeln* ‖ *Wurzel(n) schlagen lassen* ‖ 〈fig〉 *s. (ein-, ver)wurzeln, einreißen (Laster)* ‖ *s. festsetzen (Gewohnheit, Irrtum)* ‖ ~**se** *Wurzel(n) schlagen* ‖ *s. ansässig machen* ‖ *heimisch werden* ‖ ◇ dejar ~ los abusos 〈fig〉 *Missbräuche* mpl *aufkommen lassen* ‖ **–go** *m Einwurzelung* f, *Wurzelfassen, Wurzel(n)schlagen* n ‖ *Ansässigkeit* f ‖ *liegende Güter* npl, *Liegenschaften* fpl ‖ *Grundstück* n ‖ ◇ tener ~ 〈fig〉 *Einfluss* od *Macht haben*
arralar vi *dünn werden* ‖ ~ vt 〈Agr〉 *einzeln verziehen* ‖ Am *lichten (Pflanzungen)*
arramblar vt *anschwemmen (von Waldbächen)* ‖ *versanden, mit Schwemmsand bedecken (Fluss)* ‖ 〈fig〉 *mit Gewalt fortreißen* ‖ ~ vi: ~ con algo *et. an s. reißen* ‖ ~ con todo 〈fam〉 *s. über alles hinwegsetzen* ‖ *alles an s. reißen* ‖ ~**se** *versanden, s. mit Schwemmsand bedecken (Fluss)*
arramplar vt 〈fam〉 *alles an s. reißen* (→ **arramblar**)
arrancaclavos *m Nagelzieher* m
arran|cada *f plötzliches Drauflosgehen* n *(Pferd, & fig)* ‖ *plötzliche Zunahme* f *der (Fahr)Geschwindigkeit* f ‖ *plötzlicher Start, Kavalier(s)start* m ‖ 〈Mar〉 *plötzliches Absegeln* n ‖ **–cadera** *f Glocke* f *des Leittieres* ‖ **–cadero** *m Ablaufstelle* f 〈Sp〉 *(Start)platz* m ‖ *Ausgangspunkt* m ‖ Ar *stärkster Teil* m *des Flintenlaufes* ‖ **–cado** adj 〈figf〉 *heruntergekommen, verarmt* ‖ **–cador** *m Anlasser, Starter m (Motor)* ‖ ~ automático 〈El〉 *Selbstanlasser* m ‖ ~ auxiliar *Hilfsanlasser* m ‖ ~ inversor, ~ reversible *Umkehranlasser* m ‖ **–cadora** *f* 〈Agr〉 *Roder* m, *Rodemaschine* f ‖ ~ de patatas *Kartoffelroder* m ‖ ~ de raíces *Wurzelroder* m ‖ ~ de remolachas *Rübenroder* m ‖ **–camiento** *m*, **–cadura** *f* s von **–car** ‖ ~ del lino *Flachsraufen* n ‖ ~ de vides, etc.) *Ausmerzung* f *(von Rebstöcken usw.)*
arrancapinos *m* 〈figf〉 *Knirps, Dreikäsehoch* m
arrancapuntas *m Nagelzieher* m
arrancar [c/qu] vt *aus-, ab|reißen* ‖ *ausbrechen, entwurzeln* ‖ *(aus)ziehen (Zähne)* ‖ *abbeißen* ‖ 〈Agr〉 *roden* ‖ 〈fig〉 *losreißen* ‖ 〈fig〉 *entreißen* ‖ 〈fig〉 *entlocken* ‖ 〈fig〉 *er|pressen, -zwingen, abnötigen* ‖ *anlassen (Motor)* ‖ ◇ ~ el alma a alg. (pop) *jdm das Lebenslicht ausblasen* ‖ ~ una confesión *ein Geständnis erzwingen* ‖ –una promesa a alg. *jdm ein Versprechen abringen* ‖ ~ de raíz *entwurzeln* ‖ ~ patatas *Kartoffeln roden* ‖ ~ virutas *zerspanen* ‖ ~ vi *e–n Anlauf nehmen, zu laufen anfangen* ‖ *anfahren, starten* ‖ *an|laufen, -springen (Maschine, Motor)* ‖ *anziehen (Zugtier)* ‖ *anfallen (Stier)* ‖ *losgehen (Person)* ‖ *anfangen, s. zu wölben (Gewölbe)* ‖ 〈Mar〉 *die Fahrt beschleunigen (Schiff)* ‖ 〈fig〉 *abzweigen* ‖ 〈fam〉 *herrühren (de von), stammen, s–n Anfang nehmen* ‖ 〈fam〉 *fortgehen* ‖ 〈fam〉 *losbrausen* ‖ ~ hacia atrás 〈Auto〉 *zurück|stoßen, -setzen* ‖ ~**se** Mex 〈fam〉 *sterben*
¹arranchar vt 〈Mar〉 *(die Segel od Schoten) festspannen, anziehen, brassen* ‖ 〈Mar〉 *nahe vorbeifahren an* (dat)
²arranchar vt Am *(jdm et.) gewaltsam wegnehmen, wegschnappen*
³arranchar vt *(Unordentliches* n) *aufräumen*

⁴arranchar vi Chi *s. zum Essen treffen*
arrancharse vr 〈Mil〉 **a)** *lagern* ‖ Am *e–n Rancho errichten* (& vi) ‖ *s. irgendwo vorübergehend (oft unerwünscht) niederlassen* ‖ **b)** Ur *e–e eheähnliche Gemeinschaft (früher: wilde Ehe* f, 〈lit〉 *Konkubinat* n) *eingehen*
arranciarse vr *ranzig werden*
arrancón *m* Mex *plötzliches Drauflosgehen* n ‖ Col *Kummer* m ‖ Col *Heftigkeit, Begeisterung* f ‖ Col *Abschied* m
¹arranque *m Losreißen, Entwurzeln* n ‖ *heftiger Stoß* m ‖ *Ansprengen* n *(e–s Pferdes)* ‖ *Anfahren* n *(Fahrzeug)* ‖ *An|laufen, -springen (Maschine, Motor)* ‖ *Anlasser* m *(Motor)* ‖ *Start* m ‖ *Anlauf* m ‖ 〈An〉 〈Bgb〉 *Gewinnung* f ‖ 〈fig〉 *Aufwallung, Heftigkeit* f ‖ 〈fig〉 *Anwandlung* f *(von Zorn usw.)* ‖ 〈fig〉 *Entschlusskraft* f ‖ 〈fig〉 *schlagfertiger Einfall* m ‖ ~ automático *selbsttätiges Anlaufen* n ‖ ~ final 〈Sp〉 *Spurt* m ‖ ~ con el pie *Kickstarter* m *(Motorrad)* ‖ ~ de piedra *Abbau* m *(Steinbruch)* ‖ ~ sin sacudidas *stoßfreier Anlauf* m ‖ ~ de virutas 〈Tech〉 *Spanabhebung* f ‖ ◆ al primer ~ *beim ersten Anlauf* m ‖ ◇ tener ~ 〈figf〉 *Entschlusskraft* f *haben* ‖ tomar ~ *Anlauf nehmen (beim Springen)* (& fig) ‖ ~**s** mpl 〈fig〉 *Heftigkeit* f
²arranque *m Ausgangspunkt, Anfang* m ‖ *Ansatz* m *(e–s Gliedes, e–s Muskels usw.)* ‖ ~ de ala 〈Flugw〉 *Flügelansatz* m ‖ ~ de la bóveda 〈Arch〉 *Gewölbeanfang* m
¹arranquera *f* Can Cu Mex *Geldmangel* m
²arranquera *f* Mex *schmales Brett* n
arrapar vt 〈vulg〉 *packen, entreißen*
arrapiezo *m Lumpen, Fetzen* m *an e–m Kleid* ‖ 〈fig〉 *Lump* m ‖ 〈fig〉 *Gassenjunge, Bube* m, 〈fam〉 *Lausejunge* m
arrapo *m Lumpen, Fetzen* m ‖ *Kleinigkeit* f ‖ *Lappalie* f
arras *fpl* An-, *Hand|geld* n ‖ *Anzahlung* f ‖ *Haftgeld* n ‖ *Span* 〈Jur〉 *Brautgeld* n ‖ 〈Hist〉 *Brautgabe* f *(13 Münzen)*
arrasado adj *atlasartig* ‖ *(ein)geebnet* ‖ *zerstört* ‖ *übervoll* ‖ ◆ con ojos ~s en *(od* de) *lágrimas mit Tränen in den Augen*
arrasar vt *(ein)ebnen (Acker)* ‖ *schleifen, dem Boden gleichmachen, abtragen, niederreißen (Festung)* ‖ *zerstören, verheeren* ‖ *bis an den Rand anfüllen* ‖ *(Korn) beim Messen abstreichen* ‖ ~ una plaza 〈Mil〉 *e–e Festung schleifen* ‖ ~**se** *s. aufhellen (Himmel)* (& vi) ‖ ~ en *(od* de) *lágrimas* 〈fig〉 *in Tränen ausbrechen* od *zerfließen*
arrascachimeneas *m* Logr *Schornstein-, Kamin|feger* m
arrascar Al Burg Sor *kratzen*
arrastracarteles *m* 〈Flugw〉 *Werbeflugzeug* n
arrastrada *f* 〈fam〉 *Schlampe* f, *Nutte* f
arrastra|dera *f Schleppseil* n ‖ 〈Flugw〉 *Schlepp-, Führungs|seil* n ‖ 〈Mar〉 *Unterleesegel* n ‖ 〈EB〉 *Hemmschuh* m ‖ **–dero** *m Holzweg* m *(zur Holzabfuhr)* ‖ 〈Taur〉 *Ausgang* m *zum Fortschleppen der getöteten Tiere* ‖ Mex *Spielhölle* f ‖ **–dizo** adj *ausgetreten (Weg)*
arrastra|do adj/s *mitgenommen (por von)* ‖ *abgeschleppt (durch)* ‖ 〈figf〉 *kümmerlich, armselig* ‖ 〈figf〉 *liederlich* ‖ 〈figf〉 *gerieben, tückisch* ‖ ~ *m Herumtreiber, heruntergekommener Mensch* m ‖ *Ramsch* m *(Kartenspiel)* ‖ ◇ andar ~ 〈figf〉 *in der größten Dürftigkeit leben* ‖ adv: ~**amente** ‖ **–miento** *m* s von **arrastrar**
arrastrar vt *schleifen* ‖ *fortschleppen* ‖ *abschleppen* ‖ *ziehen (Wagen)* ‖ *mit|reißen, -nehmen* ‖ *nach s. ziehen (Konsequenz)* ‖

fortreißen ‖ *abschwemmen (Wasser)* ‖ *an Land schwemmen* ‖ ⟨fig⟩ *(jdn) zu s–n Ansichten herüberziehen* ‖ *jdn (zu et.) verleiten* ‖ ◇ ~ el ala ⟨figr⟩ *verliebt sein* ‖ ~ coche ⟨figf⟩ *reich, wohlhabend sein* ‖ ~ a la orilla *ans Land spülen* ‖ ~ por los suelos ⟨fig⟩ *mit Dreck bewerfen* ‖ *entwürdigen* ‖ ~ por tierra *zu Boden werfen* ‖ traer a alg. arrastrado ⟨figf⟩ *jdm höchst beschwerlich fallen* ‖ ~ vi *kriechen* ‖ ⟨Kart⟩ *Trumpf ausspielen* ‖ *ziehen (Figur)* ‖ Mex ⟨Agr⟩ *eggen* ‖ ◇ *trabajar arrastrando* ⟨fam⟩ *ungern, liederlich arbeiten* ‖ ~se s. *fortschleppen, kriechen, s. erniedrigen* ‖ ⟨fig⟩ *kriechen,* ⟨fam⟩ *Speichel lecken*
¹arrastre m *Fort|reißen, -schleppen* n ‖ *Zugkraft* f ‖ *Einbringen* n *der Zuckerrohrernte* ‖ *Holzabfuhr* f *(aus dem Wald)* ‖ *angeschwemmte Erde* f ‖ *Schleppen* n *von Fischernetzen* ‖ ⟨Taur⟩ *Fortschleppen* n *des getöteten Stiers* ‖ ⟨Geogr⟩ *Geschiebe* n ‖ ~ de cadena ⟨Tech⟩ *Kettenschluss* m ‖ ~ de forma ⟨Tech⟩ *Formschluss* m ‖ ~ de fricción ⟨Tech⟩ *Reibungsschluss* m ‖ ~ de fuerza ⟨Tech⟩ *Kraftschluss* m ‖ ◇ *estar para el* ~ ⟨fam⟩ *dem Ende nahe sein* (& fig) ‖ *schrottreif sein* ‖ (servicio de) ~ ⟨Taur⟩ *(Personal zum) Fortschleppen* n *der getöteten Tiere* ‖ ~s mpl: ~ de los glaciares *Moräne(n)kies* m, *Gletschergeschiebe* n
²arrastre m ⟨Kart⟩ *Trumpfausspielen* n
³arrastre m Mex *Silbererzmühle* f
arrastrero m ⟨Fi⟩ *Trawler* m
arrate m *Pfund* n *von 16 Unzen*
arrato|nado adj *von Mäusen zernagt* ‖ **–narse** vr Guat *kümmerlich wachsen (Pflanzen)*
arrayador m Ec *Streichholz* n (z. B. *zum Kornmessen)*
arra|yán m ⟨Bot⟩ *(Braut)Myrte* f (Myrtus communis) ‖ **–yanal** m *Myrtenfeld* n
arra(ya)z m → **arráez**
¡arre! int *hü! hott! (Zuruf, um Lasttiere anzutreiben)* ‖ ¡~ allá! ⟨fam⟩ *scher dich zum Teufel!* ‖ ~ m And *Esel* m ‖ And p. ex *Reittier* n
arrea f Am *Koppel* f *(Lasttiere)*
¹arreada f Arg Chi Mex Ur *Viehdiebstahl* m
²arreada f Arg Par *Einziehen* n *zum Militärdienst*
arreador m a) Am *lange Treibpeitsche* f b) And *Aufseher* m *der Landarbeiter*
²arrear vt *(die Last-, Zug|tiere) antreiben* ‖ ⟨fig pop⟩ *treiben* ‖ Am *(Vieh, Menschen, Sachen) rauben, entführen* ‖ Cu *führen, befördern* ‖ ~ un golpe ⟨pop⟩ *e–n verpassen* ‖ ~ vi ⟨pop⟩ s. *beeilen* ‖ *schnell gehen (bzw fahren)* ‖ ~ demasiado ⟨fig⟩ *stark übertreiben* ‖ ¡arrea! int ⟨pop⟩ *schnell! geschwind!* ⟨fam⟩ *nanu!*
²arrear vt *(aus)schmücken* ‖ *ausrüsten*
arreba|ñadura f ⟨fam⟩ *Zusammenraffen* n ‖ ~s fpl *Resteessen* n ‖ *Speisereste, Brosamen* fpl ‖ **–ñar** vt *zusammenraffen* ‖ *aufessen* ‖ *leer essen (Teller)* ‖ ⟨fig⟩ *ent-, weg|reißen*
arreba|tadizo adj *übereilt, unbesonnen, impulsiv* ‖ **–tado** adj *hingerissen, begeistert, entzückt,* ⟨fam⟩ *ganz weg* ‖ *hochrot (Wangen)* ‖ *glühend (Gesicht)* ‖ *ungestüm, heftig* ‖ *übereilt* ‖ *jähzornig* ‖ adv: ~amente ‖ **–tador** adj *hinreißend, begeisternd, entzückend* ‖ ~ m *Entführer, Räuber* m ‖ **–miento** m *Entzücken* n, *Verzückung, Begeisterung* f ‖ *Ekstase* f ‖ **–tar** vt *mit Gewalt entreißen* ‖ *rauben* ‖ *wegraffen (Tod)* ‖ ⟨fig⟩ *hinreißen, begeistern, entzücken* ‖ ◇ ~ de (od entre) las manos *aus den Händen reißen* ‖ ~ la vida a alg. jdn ums Leben bringen ‖ ~se *außer s. geraten* ‖ s. *ereifern* ‖ *aufbrausen* ‖ in *Begeisterung geraten* ‖ *zu schnell gar werden bzw anbrennen (Gericht)* ‖ *von der Hitze verbrannt*

werden (Ernte) ‖ ◇ ¡no se arrebate Vd.! *ereifern Sie s. nicht!*
arrebatiña f *Aufraffen* n ‖ *Rauferei* f ‖ ◇ *andar a la* ~ ⟨fam⟩ s. *(um et.) reißen* od *raufen*
arrebato m *heftige Gemütsbewegung, Anwandlung* f ‖ *Erregung* f ‖ *Verzückung* f ‖ *Entzücken* n, *Begeisterung* f ‖ ~ y obcecación f ⟨Jur⟩ *Affekt* m ‖ ◆ en estado de ~ *im Zustand der Erregung* ‖ *im Affekt*
arrebiatar vt Ven → **rabiatar**
arrebol m *(rote Färbung* f *der Wolken bei der) Morgen-* bzw *Abend|röte* f ‖ *rote Schminke* f ‖ (poet) *Röte* f ‖ ~ vespertino *Abendröte* f ‖ **~es** mpl *Morgen-* bzw *Abend|röte* f
arrebo|lada f *sonnenbestrahltes rotes Gewölk* n ‖ *Morgen-* bzw *Abend|röte* f ‖ **–lado** adj *rötlich, rosig (Backen, Wolken)* ‖ **–lamiento** m s von **–lar** ‖ **–lar** vt *rot färben* ‖ *röten* ‖ *rot schminken* ‖ **~se** (poet) s. *röten* ‖ s. *rot schminken* ‖ Col s. *entrüsten* ‖ s. *empören* ‖ Ven s. *schmücken*
arrebollarse vr Ast s. *herabstürzen*
arrebozar [z/c] vt *verschleiern* ‖ **~se** e–e *Traube bilden (Ameisen, Bienen)*
arrebu|jadamente adv ⟨fig⟩ *undeutlich, verwirrt* ‖ *übereilt* ‖ **–jar** vt *zer|knittern, -knüllen (Wäsche usw.)* ‖ *unordentlich hineinstopfen* ‖ *einwickeln, verhüllen* ‖ **~se** s. *(in die Bettdecken) einwickeln* ‖ ⟨fam⟩ s. *einmummeln*
arrebuñar vt pop → **arrebujar**
arrecadar vt Sal *in Sicherheit bringen* ‖ *aufbewahren*
¹arrecharse vr Ven *in Zorn geraten*
²arrecharse vr Col *schlüpfrig werden*
arrecho adj Al Burg Sor *aufrecht, feurig* ‖ MAm *mutig* ‖ Am *geil*
arrechucho m ⟨fam⟩ *plötzlich eintretendes leichtes Unwohlsein* n ‖ *Anfall* m ‖ ⟨fam⟩ *Koller* m, *heftige Anwandlung* f
arreciar vi *stärker werden, zunehmen (Wind, Fieber)* ‖ **~se** *stärker werden*
arrecido adj *vor Kälte erstarrt, klamm, starr*
arreci|far vt And *(e–n Weg) pflastern* ‖ **–fe** m *Fahrbahn, Straßendecke* f, ⟨reg⟩ *Fahrdamm* m, [veraltet] *Chaussee* f ‖ ⟨Mar⟩ *(Felsen)Riff* n, *blinde Klippen* fpl ‖ ~ de coral, ~ coralino *Korallenriff* n
arrecirse vr [def, *nur Formen mit* -i-] *erstarren (vor Kälte)*
arredilar vt *einpferchen (Vieh)*
arredomado adj *listig, gescheit*
arredondear vt → **redondear**
arredrar vt *zurückstoßen* ‖ *erschrecken* ‖ *entfernen* ‖ ⟨fig⟩ *(jdm) Furcht einjagen* ‖ **~se** *verzagen* ‖ *zurückweichen* ‖ *zurückscheuen* ‖ *Angst bekommen,* ⟨fam⟩ *kalte Füße bekommen*
arredro adv *(nach) hinten, rückwärts*
arrega|zado adj ⟨fig⟩ *aufgeworfen, umgestülpt (Nase)* ‖ **–zar** [z/c] *aufstülpen* ‖ *raffen, schürzen (Rock)* ‖ **~se** s. *aufschürzen*
arre|gladamente adv ⟨fig⟩ *ordnungsgemäß* ‖ ~ a *gemäß, nach, laut* ‖ **–glado** adj *ordentlich, regelrecht* ‖ ◇ *estar* ~ ⟨figf⟩ *fertig, erledigt sein*
arreglar vt *regeln, (an)ordnen* ‖ *zurechtmachen, einrichten, trimmen* ‖ *bestimmen, festsetzen* ‖ *abschließen, ausgleichen (Rechnung)* ‖ *machen (Zimmer)* ‖ *bereiten* ‖ *stellen, richten (Uhr)* ‖ *ausbessern, überholen* ‖ *herrichten, vorbereiten, präparieren* ‖ ⟨Mus⟩ *arrangieren* ‖ ⟨Th⟩ *bearbeiten* ‖ *festsetzen (Preis)* ‖ Chi *kastrieren, verschneiden* ‖ ⟨Typ⟩ Am *zurichten, druckreif machen* ‖ ◇ ~ una *controversia e–n Streit(fall) schlichten* od *beilegen* ‖ ~ las cuentas con alg. *mit jdm abrechnen* (& fig) ‖ ~se s. *einigen in* (dat) ‖ s. *herrichten* ‖ s. *schminken* ‖ s. *zurechtmachen* ‖ *Wetter besser werden* ‖ s.

aufhellen, aufklären ‖ ◇ ~ con el acreedor *s. mit dem Gläubiger vergleichen* ‖ ~ el pelo *s. frisieren* ‖ ~ a la razón *zur Einsicht kommen* ‖ arreglárselas ⟨fam⟩ *s. (aus e–r schwierigen Lage) heraushelfen* ‖ *mit et. fertig werden, et. einzurichten wissen* ‖ *s. zurechtfinden* ‖ ¡arréglate! *hilf dir selbst!* ‖ ¡allá se las arregle! ⟨fam⟩ *soll er (sie, es) doch – aber ohne mich!* ‖ ¡ya me arreglaré con él! ⟨fam⟩ *mit dem werde ich schon fertig (werden)!*

arre|glista *m/f* ⟨Mus⟩ *Arrangeur(in* f), *Bearbeiter(in* f) m ‖ **–glito** dim von **arreglo** ‖ ⟨fam⟩ *Zusammenleben* n *(eheähnlich)* ‖ **arreglo** *m Regel, Richtschnur* f ‖ *(An)Ordnung, Regelung* f ‖ *Einrichtung* f ‖ *Abmachung* f ‖ *Vereinbarung, Absprache* f ‖ *Beilegung* f ‖ *Bestimmung* f ‖ *Bearbeitung f (Buch)* ‖ *Bezahlung* f *(Rechnung)* ‖ ⟨Mus⟩ *Arrangement* n, *Bearbeitung* f ‖ ⟨Typ⟩ *Zurichtung* f ‖ *Abrechnung* f *(& fig)* ‖ ⟨Jur⟩ *Vergleich* m ‖ *Abkommen* n ‖ ⟨fam⟩ *Zusammenleben* n *(eheähnlich)* ‖ ~ arbitral *schiedsgerichtliche Beilegung* f ‖ ~ de cuentas *Abrechnung* f *(& fig)* ‖ ~ judicial *gerichtliche Beilegung* f ‖ ♦ con ~ a *gemäß* (dat) ‖ *laut, nach* ‖ con ~ a las leyes *nach Maßgabe des Gesetzes* ‖ ◇ la cosa no tiene ~ *das ist nicht wieder gutzumachen* ‖ *dem ist nicht abzuhelfen* ‖ vivir con ~ *sein Auskommen haben*

arre|gostarse vr ⟨fam⟩ *Behagen finden an* (dat) ‖ **–gosto** *m* ⟨fam⟩ *Behagen* n

arrejacar [c/qu] vt ⟨Agr⟩ *rigolen, rajolen*

¹**arrejaco** *m* ⟨V⟩ *Mauersegler* m (Apus apus)

²**arrejaco** *m* ⟨Fi⟩ →**arrejaque**

arejada *f* ⟨Agr⟩ *Pflugreitel* m

arrejaque *m* ⟨Fi⟩ *dreizinkige Harpune* f

arrejerar vt ⟨Mar⟩ *mit drei Ankern festmachen (zwei vorn, einer achtern)*

arre|jón *m* Chi *Wagnis* n ‖ **–jonado** adj Chi *waghalsig*

arrejuntarse vr ⟨fam⟩ *e–e eheähnliche Gemeinschaft* (früher: *wilde Ehe* f, ⟨lit⟩ *Konkubinat* n) *eingehen*

arrelde *m Gewicht* n *von 4 Pfund*

arrelingarse [g/gu] vr Chi ⟨fam⟩ *s. herausstaffieren* (→ **acicalarse**)

arrellanarse vr *s. bequem zurechtsetzen* ‖ ⟨fig⟩ *sich's bequem machen*

arrellenarse vr Am ⟨barb⟩ →**arrellanarse**

arre|mangado adj *aufgeschürzt (Kleid, Rock)* ‖ *gerafft* ‖ *hochgestreift, aufgekrempelt (Ärmel)* ‖ ⟨fig⟩ *aufgeworfen (Lippen)* ‖ **–mangar** [g/gu] vt *auf|streifen, -schürzen* ‖ ~se *s. die Ärmel aufstreifen* ‖ *die Hosen umkrempeln* ‖ ⟨figf⟩ *s. schnell entschließen* ‖ ⟨fig⟩ *s. aufraffen, s. zusammenreißen* ‖ **–mango** *m Auf-, Hoch|streifen* n ‖ *Schurz* m ‖ *Umgekrempelte(s)* n ‖ ◇ tener ~ ⟨figf⟩ *resolut sein*

arremedar vt *nachahmen*

arreme|tedero *m* ⟨Mil⟩ *Angriffspunkt* m ‖ **–tedor** *m Angreifer* m ‖ **–ter** vt *an|greifen, -fallen* ‖ *an|treiben, -spornen (Pferd)* ‖ ~ vi *losstürzen auf* (acc) ‖ ⟨figf⟩ *unangenehm auffallen* ‖ ~ al *(od* con, contra el) enemigo *den Feind angreifen, überfallen* (acc) ‖ ~ con el rival *über s–n Gegner herfallen* ‖ **–tida** *f*, **–timiento** *m Angriff, Überfall* m ‖ *Ansturm* m ‖ *Anlauf* m *des Pferdes*

arremoli|nado adj *wirbelähnlich* ‖ *schichtenweise gelegt (Getreide)* ‖ **–nar** vt *wirbeln* ‖ ⟨fig⟩ *Menschenmengen* fpl *anziehen* ‖ ~ vi *wirbelartig wehen* ‖ ~**se** ⟨fig⟩ *Wirbel bilden* ‖ ⟨fig⟩ *s. drängen (Menschenmenge)* ‖ ⟨fig⟩ *zusammenlaufen*

arrempujar vt *(fort)stoßen, fortschieben* ‖ *auf-, zu|stoßen (Tür)* ‖ ⟨fam⟩ *schubsen*

arremue(s)co *m* Col ⟨fam⟩ *Geschmuse* n

arrendable adj *(m/f) vermietbar* ‖ *verpachtbar*

arren|dadero *m Halfterring* m *an der Krippe* ‖ **–dado** adj *zügelfromm*

arrendador *m* ⟨Jur⟩ *Vermieter* m ‖ *Verpächter* m ‖ ⟨pop⟩ *Mieter, Pächter, Pachtnehmer* m

arrendajo *m* ⟨V⟩ *Häher* m ‖ ~ común *Eichelhäher* m (Garrulus glandarius) ‖ ~ de los abetos *Tannenhäher* m (Nucifraga caryocatactes) ‖ ~ funesto *Unglückshäher* m (Perisoreus infaustus) ‖ *Spottdrossel* f (→ **sinsonte**) ‖ ⟨figf⟩ *Nachäffer* m ‖ ⟨figf⟩ *Nachäffung* f ‖ ◇ ser el ~ de alg. ⟨fig⟩ *jdm auffallend ähnlich sein*

arren|damiento *m Pacht* f ‖ *(Ver)Pachtung* f ‖ *Pachtzins* m, *Miete* f ‖ *Vermietung* f ‖ *Mietzins* m ‖ ~ de avión *Chartervertrag* m ‖ ~ de buque *Chartervertrag* m ‖ ~ de disfrute de fruto *Pacht* f ‖ ~ en especie *Naturalpacht* f ‖ ~ de una explotación agrícola *Hof-, Guts|pacht* f ‖ ~ en metálico ⟨Jur⟩ *Geldpacht* f ‖ ~ a plazo fijo *Zeitpacht* f ‖ ~ contra presentación de trabajo *Arbeitspacht* f ‖ ~ rústico *Landpacht* f ‖ *Pacht, Verpachtung* f ‖ ~ urbano *Miete* f ‖ ~ vitalicio *Vitalpacht, Pacht* f *auf Lebenszeit* ‖ ◇ dar en ~ *verpachten* ‖ *vermieten* ‖ tomar en ~ *pachten* ‖ *mieten* ‖ en ~ *pacht- bzw miet|weise* ‖ **–dante** *m Pächter, Mieter* m

¹**arrendar** [-ie-] vt *(ver)pachten* ‖ *(ver)mieten* ‖ no le arriendo la ganancia ⟨fig⟩ *ich möchte nicht in s–r Haut stecken*

²**arrendar** [-ie-] vt *an den Zügel gewöhnen (Pferd)* ‖ *zügeln (Pferd)* ‖ ⟨fig⟩ *zähmen* ‖ ⟨fig⟩ *festhalten*

³**arrendar** [-ie-] vt *nach|äffen, -ahmen*

arrendatario adj: compañía ~a *Handelsgesellschaft* f, *die ein Staatsmonopol gepachtet hat, Monopolgesellschaft* f ‖ ~ m *Pächter* m ‖ *Mieter* m ‖ *Dienstberechtigter* m *(im Dienstvertrag)*

arrendaticio adj *zur Pacht od Miete gehörend* ‖ *Pacht-, Miet-*

arrenquín *m* Am *Leitpferd* n ‖ Chi *Sattelknecht* m ‖ Chi ⟨fig⟩ *aufdringlicher Mensch* m

¹**arreo** *m Putz* m ‖ ~s mpl *Pferdegeschirr* n ‖ *Reitzeug* n ‖ *Zubehör* n ‖ Arg Chi Ven *Koppel* f ‖ *Lasttiere* npl

²**arreo** adv *ununterbrochen* ‖ *schnell*

³**arreo** *m* Chi *Antreiben* n *der Last- und Zug|tiere*

arrepachingarse [g/gu] vr ⟨fam⟩ *s. bequem und nachlässig hinsetzen, s. rekeln*

arrepápalo *m* ⟨Art⟩ *(Pfann)Kuchen* m

arrepasarse vr *hin und her laufen*

arrepen|tida *f reuige Sünderin, Büßerin* f ‖ ~s fpl *büßende Schwestern* fpl *(Nonnenorden)* ‖ **–tido** adj *reuig, bußfertig* ‖ ◇ estar ~ de algo *et. bereuen* ‖ casado y ~ etwa: *spät zur Einsicht gekommen* ‖ **–timiento** *m Reue* f ‖ *Buße* f ‖ *Halslocke* f *der Frauen* ‖ ⟨Mal⟩ *Korrektur* f ‖ ~ activo ⟨Jur⟩ *tätige Reue* f ‖ **–tirse** [-ie/i-] vr *Reue fühlen* ‖ *betreuen (de algo et.)* ‖ ~ de un contrato etc *e–n Rückzieher machen* ‖ ~ de sus pecados *s–e Sünden bereuen* ‖ ¡se arrepentirá! ⟨fam⟩ *das wird er noch bereuen! das soll er noch bereuen!*

arrepiso pp/irr von **arrepentir(se)**

arrepticio adj *vom Teufel besessen*

arrequesonarse vr *gerinnen (Milch)*

arrequín m → **arrenquín**

arrequintar vt Am *fest|schnüren, -binden* ‖ *spannen (Seil)*

arrequives mpl ⟨fam⟩ *Putz, Schmuck* m ‖ ⟨fam⟩ *Staat* m ‖ ⟨fig lit⟩ *Umstände* mpl, *Erfordernisse* npl ‖ ♦ con todos sus ~ ⟨fig⟩ *in vollem Putz od Staat*

arres|tado adj *in Haft genommen, verhaftet* ‖ *mutig, unerschrocken* ‖ ⟨fam⟩ *schneidig* ‖ ~ *m* **Arrestant** *m* ‖ **–tar** vt *verhaften* ‖ *festnehmen, einkerkern* ‖ *in Gewahrsam nehmen* ‖ ~**se:** ~ a … *s. heranwagen an …* (acc) ‖ ~ a todo *vor nichts verzagen*
    arresto *m* Haft f ‖ ⟨Mil⟩ *Verhaftung* f, *Arrest* m ‖ ~ *domiciliario* Hausarrest *m* ‖ ~ de menores ⟨Jur⟩ *Jugendarrest* m ‖ ~ *mayor* Span ⟨Jur⟩ *Gefängnisstrafe* f *(1–6 Monate)* ‖ ~ *menor* Span ⟨Jur⟩ *Gefängnisstrafe* f *(1–30 Tage)* ‖ ~ *policíaco polizeilicher Gewahrsam* m ‖ ~**s** *mpl* ⟨fam⟩ *Schneid* m ‖ ◊ tener ~ *mutig sein,* ⟨fam⟩ *Schneid haben*
    arretranca *f* Am *Schweifriemen* m *der Pferde* ‖ Col Ec Mex *Wagenbremse* f
    arretrancos *mpl* Col Cu *Zugtiergeschirr* n
    arrevolver vt And Col → **revolver**
    arrezafe *m Distelfeld* n
    arrezagar [g/gu] vt *auf|schürzen, -streifen* ‖ *(empor)heben*
    arria *f*[el] *Zug* m *hintereinander gehender Maultiere, Koppel* f *Maultiere*
    arriada *f* ⟨Mar⟩ *Segelstreichen* n ‖ *Überschwemmung* f *(e–s Flusses)*
    arria| nismo *m* ⟨Rel⟩ *Arianismus* m, *Lehre des Arius* (Arrio) ‖ **–no** adj *arianisch* ‖ ~ *m* Arianer m
    ¹arriar [pres -ío] vt/i *ein-, nieder|holen (Flagge)* ‖ ⟨Mar⟩ *streichen (Flagge)* ‖ *einziehen (Segel)* ‖ ⟨Mar⟩ *(ab)fieren, ausstechen* ‖ *lockern, ablaufen lassen (Tau)* ‖ ◊ ~ en banda ⟨Mar⟩ *fallen lassen* ‖ ~ los botes ⟨Mar⟩ *die Boote fieren* od *niederlassen* ‖ ~ un cabo ⟨Mar⟩ *e–e Leine loswerfen* ‖ ~ por el chicote ⟨Mar⟩ *schlippen lassen* ‖ ~ un mastelero ⟨Mar⟩ *e–e Stange streichen* ‖ ~ una vela ⟨Mar⟩ *ein Segel streichen* od *reffen* ‖ ¡arría! ⟨Mar⟩ *fiert weg!* ‖ *fallt ab!* ‖ *werft los!*
    ²arriar [pres ~ío] vt *überschwemmen* ‖ And ⟨fam⟩ *herunterhauen (e–e Ohrfeige)* ‖ ~**se** *überschwemmt* ‖ *überschwemmt werden*
    arriate *m Garten-, Blumen|beet* n, *Rabatte* f ‖ *Rohrgatter* n *in Gärten*
    arriaz [*pl* ~**ces**] *m Degengriff* m ‖ *Schwertkreuz* n
    arriba adv *oben, darüber, darauf* ‖ *obenan* ‖ *nach oben hinauf* ‖ *über, mehr, länger* ‖ de ~ *von oben herab* ‖ *von Gott* ‖ Arg *unentgeltlich* ‖ ~ de *über, mehr als* ‖ de ~ abajo *von oben bis (bzw nach)* unten ‖ ⟨fig⟩ *von oben herab* ‖ ⟨fig⟩ *völlig, ganz und gar* ‖ de mil euros ~ *von tausend Euro an* ‖ ~ en el aire *hoch in der Luft* ‖ hacia ~ *aufwärts* ‖ hasta ~ *bis oben* ‖ lo de ~ *was darüber ist (Geld, Maß usw.)* ‖ la parte de ~ *der obere Teil* ‖ por ~ *von oben* ‖ *oberhalb* ‖ el ~ *dicho* od *citado der oben Erwähnte* od *Genannte* ‖ ◊ eso se me hace cuesta ~ ⟨fam⟩ *das ekelt mich an, dazu habe ich k–e Lust* ‖ está todo patas ~ ⟨figf⟩ *es herrscht e–e völlige Unordnung* ‖ tendrá de setenta años para ~ *er (sie, es) ist wohl über siebzig* ‖ tomar a/c desde ~ ⟨fig⟩ *bei et. sehr weit ausholen* ‖ venir de ~ *von oben, von Gott kommen* ‖ volver lo de ~ abajo ⟨fam⟩ *das Unterste zuoberst kehren* ‖ ¡~! *nur zu! auf! aufstehen!*
    arri|bada *f Landung* f, *Einlaufen* n ‖ ◊ llegar de ~ *forzosa e–n Hafen als Nothafen anlaufen* ‖ **–baje** *m,* **–bada** *f* ⟨Mar⟩ *(An)Landen, Einlaufen* n ‖ **–bano** *m* Chi Pe *Bewohner* m *der südlichen Provinzen*
    arri|bar vi *ankommen* ‖ ⟨Mar⟩ *landen, einlaufen* ‖ ⟨Mar⟩ *abfallen, Abdrift haben* ‖ ⟨fig⟩ *s–n Zweck erreichen* ‖ ◊ ~ en un puerto a causa del mal tiempo ⟨Mar⟩ *wegen des Unwetters in*

e–n Hafen einlaufen ‖ ~**se** *landen, einlaufen* ‖ **–bazón** *f (andrängender) Fischschwarm* m *(in den Küstengewässern)* ‖ Am *Andrang* m
    arribeño adj Am *aus dem Hochland* ‖ ~ m Am *Hochlandbewohner, Hochländer, Bergbewohner* m
    arri|bismo *m Karrierismus* m ‖ *(ehrgeiziges, rücksichtsloses) Strebertum* n ‖ **–bista** *m/f Karrierist(in* f*)* m ‖ *Parvenü, Emporkömmling, Streber(in* f*)* m ‖ *Arrivist, Erfolgsritter* m
    arribo *m Ankunft* f ‖ ⟨Mar⟩ *Einlaufen* n
    arribota adv ⟨fam⟩ augm von **arriba**
    ¹arricés *m Steigriemenschnalle* f
    ²arricés *m* Ven *verachtungswürdiger, unbedeutender Mensch* m
    arricete *m* ⟨Mar⟩ *Riff* n
    arridar vt ⟨Mar⟩ *anholen*
    arriendar vt Ven *an den Zügel gewöhnen (Pferd)*
    arriendo *m Pacht* f ‖ *(Ver)Pachtung* f ‖ *Miete* f ‖ *(Ver)Mietung* f ‖ *Pachtzins* m ‖ ~ de fincas pequeñas *Kleinpacht* f
    arriera *f* Am ⟨Ins⟩ *Blattschneiderameise* f (Atta spp)
    arrie|raje *m Frachtfuhrwesen* n ‖ *Fuhrleute* mpl ‖ **–ría** *f Frachtfahren* n ‖ *Maultiertreiber-* bzw. *Fuhrmanns|gewerbe* f ‖ **–ro** *m Maultiertreiber* m ‖ *Fuhrmann* m
    arries|gado adj *gefährlich, riskant* ‖ *waghalsig, unbesonnen* ‖ *dreist* ‖ adv: ~**amente** ‖ **–gar** [g/gu] vt *wagen, aufs Spiel setzen, riskieren* ‖ ~ un pleito *es auf e–n Prozess ankommen lassen* ‖ ~**se** *s. (e–r Gefahr) aussetzen* ‖ *s. bloßstellen* ‖ ◊ ~ a … *s. wagen an …* (acc) ‖ ~ en una empresa dudosa *s. in ein unsicheres Geschäft einlassen* ‖ **–gón** *m* Chi *große Waghalsigkeit* f
    arrimadera *f* Dom *Annäherung* f
    arrima|dero *m Lehne* f ‖ *Stütze* f ‖ *Wandtäfelung* f ‖ ⟨Zim⟩ *Stuhlbrett* n ‖ **–dillo** *m (Art) Wurfspiel* n *(der Knaben)* ‖ ⟨Arch⟩ *Ver|täfelung, -kleidung* f *in Brusthöhe* ‖ **–dizo** adj ⟨fig⟩ *schmarotzerisch* ‖ ~ m *Schmarotzer* m
    arrimado *m* adj *nahe* ‖ *in eheähnlicher Gemeinschaft (früher: in wilder Ehe* f*,* ⟨lit⟩ *Konkubinat* n*) lebend* ‖ ~ a la cola ⟨fam⟩ *geistig beschränkt* ‖ ~ a su dictamen ⟨fig⟩ *auf s–e Meinung versessen*
    arrima|dor *m großes Holzscheit* n *im Kamin, an das die übrigen Holzstücke angelehnt sind* ‖ **–dura** *f Anlehnung* f ‖ *Annäherung* f
    arrimante *m* Bol *Pächter* m
    arrimapliegos *m* ⟨Typ⟩ *Bogenanleger* m
    arrimar vt *anlehnen* ‖ *anstemmen* ‖ *stützen* ‖ *heran|drücken, -führen* ‖ *(an)nähern* ‖ *hinzufügen* ‖ *anhängen* ‖ ⟨fig⟩ *beiseite legen* ‖ ⟨fig⟩ *zurücksetzen, übergehen (bei Beförderungen)* ‖ ⟨fam⟩ *versetzen (Schlag, Stoß)* ‖ ⟨Arch⟩ *abstützen* ‖ ⟨Mar⟩ *stauen, schichten* ‖ ◊ ~ el bastón ⟨fig⟩ *den Oberbefehl niederlegen* ‖ ~ el hombro *(al trabajo)* ⟨fam⟩ *s. ins Zeug legen* ‖ *s. mächtig anstrengen* ‖ ⟨fam⟩ *tüchtig mit anpacken* ‖ ~ una paliza a alg. (pop) *jdn durchprügeln* ‖ ~ vi *s. (an)lehnen* ‖ *an-, vor|fahren (mit e–m Wagen)* ‖ ~**se** *s. an-, auf|lehnen* ‖ *s. nähern* ‖ *dicht herantreten (a an* acc*)* ‖ *s. stellen (a an* acc*)* ‖ *s. aneinander schmiegen* ‖ *auf Tuchfühlung gehen* ‖ ~ *eng umschlungen tanzen* ‖ ⟨fig⟩ *e–e oberflächliche Kenntnis von e–r Sache erlangen* ‖ ⟨Taur⟩ *s. furchtlos dem Stier nähern* ‖ Arg *s. einstellen, erscheinen* ‖ ⟨fig⟩ *in eheähnlicher Gemeinschaft (früher: in wilder Ehe* f*,* ⟨lit⟩ *Konkubinat* n*) leben* ‖ ◊ ~ a alg. *s. auf jds Seite schlagen* ‖ *jds Gunst suchen* ‖ ⟨fam⟩ *s. an jdn heranmachen* ‖ ~ al sol que más calienta ⟨fig⟩ *sein Mäntelchen nach dem Wind hängen* ‖ al que

a buen árbol se arrima, buena sombra le cobija
⟨Spr⟩ *gute Beziehungen muss man haben!*
¹arrimo *m Annäherung f, Nahebringen* n ‖
enges Umschlingen n *beim Tanzen* ‖ ⟨fig⟩ *Stütze,*
Lehne f ‖ ⟨fig⟩ *Gunst f, Schutz* m ‖ *Brandmauer f*
‖ ⟨fig⟩ *Lieblingsaufenthalt* m ‖ *eheähnliche*
Gemeinschaft (früher: *wilde Ehe* f, ⟨lit⟩
Konkubinat n) ‖ ◆ al ~ de *im Schutze von*
²arrimo *m* Cu *Grenzgemäuer* n
  arrimón *m Gaffer auf der Straße, Tagedieb,*
Müßiggänger, Nichtsnutz m ‖ ⟨fam⟩ *Schmarotzer*
m ‖ ◇ estar de ~ ⟨fam⟩ *(auf jdn) lange warten* ‖
⟨fam⟩ *s. die Beine in den Leib stehen*
  arrinco|nado *adj* ⟨fig⟩ *verlassen und vergessen*
‖ *abgelegen, (welt)verloren* ‖ **–namiento** *m*
Zurück-, Ein|gezogenheit f ‖ **–nar** vt *in e–n*
Winkel stellen, legen ‖ ⟨fig⟩ *übergehen*
(bei Beförderungen) ‖ ⟨fig⟩ *in die Enge*
treiben ‖ ⟨fig⟩ *ab-, weg|legen* ‖ ⟨fam⟩
ad acta legen ‖ ⟨fig⟩ *beiseite drängen,*
zurückdrängen ‖ ⟨fig⟩ *vernachlässigen* ‖ ⟨figf⟩
zum alten Eisen werfen ‖ ~se *s. zurückziehen*
(alte Menschen)
  arrindín *m* Ven *mageres Tier* n
  arriñonado *adj nierenförmig*
  arrios|tramiento, –trado *m Ver|spannung,*
-strebung f ‖ *Absteifung f* ‖ *Verband* m
(Brückenbau) ‖ ~ anular ⟨Arch⟩ *Ringverspannung*
f ‖ ~ de cable *Seilverspannung* f ‖ ~ de
cumbrera, ~ de caballete *Firstverbindung* f ‖ ~
de lacete *Schlingverband* m ‖ ~ lateral
Seitenverspannung f ‖ ~ longitudinal
Längsverband m ‖ ~ contra el viento
Windverband m ‖ **–trar** vt *aus-, ver|steifen,*
verstreben ‖ *abspreizen* ⟨Arch⟩ *spreizen* ‖
⟨Flugw⟩ *Flügel abfangen* ‖ ~ la línea ⟨El⟩ *die*
Leitung abspannen
¹arriscado *adj kühn, verwegen, beherzt* ‖ *stolz,*
dünkelhaft ‖ *frisch, munter* ‖ *stattlich*
²arriscado *adj felsig, schroff, klippig*
³arriscado *adj* Col Chi Mex *aufgestülpt (Nase,*
Hut)
  arris|camiento *m Kühnheit* f ‖ *Tatkraft* f ‖ **–car**
[c/qu] vt *wagen*
¹arriscarse vr *an Felsklippen abstürzen (Vieh)*
²arriscarse vr ⟨fig⟩ *wichtig tun, s. aufblasen*
³arriscarse vr ⟨fig⟩ *wütend werden, s. ärgern,*
zornig werden
⁴arriscarse vr Pe Sal *s. herausputzen, s. mit*
größter Sorgfalt kleiden, ⟨fam⟩ *s. herausdonnern*
  arrisco *m Gefahr* f ‖ *Waghalsigkeit f*
  arriscocho *adj* Col *aufrührerisch*
  arritmia *f* ⟨Med⟩ *Arrhythmie* f ‖ ⟨allg⟩
unregelmäßige Bewegung, Arrhythmie f ‖
  arrítmico *adj arrhythmisch*
  arritran|ca *f breiter Riemen* m ‖ ~s *fpl* Chi
geschmackloser Schmuck, ⟨fam⟩ *Firlefanz* m ‖
–co *m* Can Cu Pe *unnützer Plunder* m
  arrivismo *m* → **arribismo**
  arrizar vt [z/c] ⟨Mar⟩ *reffen (Segel)* ‖
vertäuen (an Bord)
    arroaz [*pl* ~ces] *m* ⟨Zool⟩ *Delphin* m (→
¹delfín)
  arroba *f* Arro|ba, -be f, = *11,502 Kilogramm* ‖
Ar = 12½ *Kilogramm* ‖ ◆ por ~s *in Hülle und*
Fülle ‖ ◇ echar por ~s *übertreiben* ‖ llevar la
media ~ *Profit machen*
¹arrobado *adj ent-, ver|zückt*
²arrobado *adj nach Arroben gemessen*
  arro|badizo *adj leicht zu begeistern(d)* ‖
–bador *adj entzückend* ‖ **–bamiento** *m Entzücken*
n, *Verzückung, Ekstase* f ‖ *Erstaunen* n ‖ **–bar** vt
ent-, ver|zücken ‖ **–barse** vr *in Verzückung*
geraten
¹arrobero *adj e–e Arroba schwer*

²arrobero *m Bäcker* m *für e–e*
Gemeinschaftsküche
  arrobeta *f* Ar *Ölmaß* n = 7,7 *Kilogramm*
  △ **arrobiñar** vt *zusammenraffen*
  arrobo(s) *m(pl) Verzückung f*
  arrocado *adj spindelförmig* ‖ *aufgeschlitzt,*
weit (Ärmel)
  arrocero *adj* Reis- ‖ ~ *m Reisbauer* m ‖ ⟨fam⟩
großer Reisesser m
  arroci|nado *adj klepperähnlich* ‖ ⟨fig⟩ *einfältig*
‖ **–nar** vt Arg *vollständig zähmen (Pferd)* ‖ ~se
⟨fam⟩ *s. blind verlieben* ‖ *ver|dummen, -blöden*
  arrodajarse vr CR *s. im Schneidersitz*
niederlassen
  arrodilla|da *f* Sal Chi *Niederknien* n ‖ *Kniefall* m
  arrodillar vt *knien lassen* ‖ ~se *niederknien*
(& vi) ‖ *s. niederwerfen*
  arrodri|gar [g/gu], **–gonar** vt *(Weinstöcke)*
anpfählen
  arrogación *f Zuneigung* f ‖ ⟨Jur⟩ *Adoption,*
[früher] *Annahme f an Kindes Statt* ‖ ⟨Jur⟩
Anmaßung f ‖ *Aneignung f* ‖ ~ de funciones, ~
de un cargo ⟨Jur⟩ *Amtsanmaßung f*
  arrogan|cia *f Dünkel m, Anmaßung f* ‖
Arroganz f ‖ *Stolz* m ‖ *Aufgeblasenheit* f ‖ **–te** *adj*
anmaßend, arrogant, vermessen, dünkelhaft ‖
stolz ‖ *forsch, schneidig* ‖ *tapfer* ‖ *dreist* ‖
großsprecherisch ‖ ◆ de ~ belleza *von stattlicher*
Schönheit (Frau) ‖ *adv:* ~mente
  arro|gar [g/gu] vt *an s. reißen* ‖ ⟨Jur⟩
adoptieren, [früher] *an Kindes Statt annehmen* ‖
~se *s. aneignen* ‖ *s. anmaßen* ‖ *s. ungebührlich*
beimessen ‖ ◇~ funciones, ~ un cargo *s. ein Amt*
anmaßen
  arrojadera *f* Ven *Erbrechen* n
  arroja|dizo *adj leicht zu werfen, Wurf-,*
Schleuder- ‖ **–do** *adj* ⟨fig⟩ *mutig, kühn* ‖ ⟨Arch⟩
vorstehend ‖ *adv:* ~amente
  arrojamiento *m Schleudern, Werfen* n ‖ ◆ ~
sin blanco ⟨Flugw⟩ *Blindabwurf* m *(Bomben)*
  arro|jar vt *(weg)werfen, (fort)schleudern* ‖
hinaus|jagen, -werfen ‖ *ausschütten* ‖ *vergießen*
(hervor)treiben (Knospen) ‖ *ausstrahlen (Licht)* ‖
sprühen (Feuer) ‖ *von s. geben, verbreiten*
(Geruch) ‖ *abwerfen (Nutzen)* ‖ *ergeben (Resultat)*
‖ *erbrechen* ‖ ◇ ~ arena *besanden* ‖ ~ bombas
Bomben (ab)werfen ‖ ~ un grito *e–n Schrei*
ausstoßen ‖ ~ contra el suelo *auf den Boden*
werfen ‖ ~ de sí ⟨fig⟩ *von s. weisen, wegjagen* ‖
~ vi *s. erbrechen* ‖ Ast *den Ofen zum Glühen*
bringen ‖ ~se *s. stürzen* (a *auf* od *in,* acc) ‖ *s.*
erdreisten, s. erkühnen ‖ ◇ ~ al mar *s. ins Meer*
stürzen ‖ ~ a alg. *auf jdn losstürzen* ‖ ~ al suelo
s. hin-, s. nieder|werfen ‖ ~ con el paracaídas *mit*
dem Fallschirm abspringen ‖ ~ de a/c *s. von et.*
herabstürzen ‖ ~ por *od* de la ventana *s. aus dem*
Fenster stürzen ‖ ~ sobre ... acc *herfallen über ...*
acc ‖ **–jo** *m* ⟨fig⟩ *Verwegenheit,*
Unerschrockenheit f, Schneid m, Draufgängertum
n ‖ ◆ con ~ *furchtlos*
  arrolla|do *m* ⟨Text⟩ *(Auf)Wicklung f* ‖ Chi
Rollfleisch n *(vom Schwein)* ‖ Arg Chi Pe
Rindsroulade f ‖ ~ de amortiguación
Dämpfungswicklung f ‖ ~ de barras ⟨El⟩
Stabwicklung f ‖ ~ de bobinas ⟨El⟩
Spulenwicklung f ‖ ~ del electroimán
Magnetwicklung f ‖ ~ del inducido ⟨El⟩
Ankerwicklung f ‖ ~ de tejido ⟨Text⟩ *Roller,*
Wickler m ‖ ~ de transformador ⟨El⟩
Transformatorwicklung f ‖ ~ sobre molde ⟨El⟩
Schablonenwicklung f ‖ **–dor** *adj wickelnd* ‖ ⟨fig⟩
unaufhaltsam ‖ ~ m ⟨Text⟩ *Abzugswalze f* ‖
⟨Tech⟩ *Wickler* m ‖ **–dora** *f* ⟨Text⟩
Auswickelmaschine f ‖ **–miento** *m*
(Be)Wick(e)lung f, (Be)Wickeln n ‖ ~ anular ⟨El⟩

Ringwicklung f ‖ ~ auxiliar ⟨El⟩ *Hilfswicklung* f ‖
~ bifilar *Doppelfadenwicklung, bifilare Wicklung*
f ‖ ~ de circuito múltiple ⟨El⟩
Vielfachkreiswicklung f ‖ ~ de dos circuitos ⟨El⟩
Duplexwicklung f ‖ ~ combinado ⟨El⟩
Kompound-, Verbund|wicklung f ‖ ~ en
derivación ⟨El⟩ *Nebenschlusswicklung* f ‖ ~ del
estator ⟨El⟩ *Ständer-, Stator|wicklung* f ‖ ~ de
excitación ⟨El⟩ *Erregerwicklung* f ‖ ~ del
inductor, ~ del campo ⟨El⟩ *Feldwicklung* f ‖ ~ a
mano ⟨El⟩ *Handwicklung* f ‖ ~ en serie ⟨El⟩
Haupt-, Reihenschluss|wicklung f ‖ ~ de tambor
⟨El⟩ *Trommelwicklung* f
　¹arrollar vt *auf-, zusammen|rollen, -wickeln* ‖
fort|rollen, -wälzen ‖ *wegreißen* ‖ *fortschwemmen*
‖ *fortwehen* ‖ *überfahren* ‖ *s. hinwegsetzen über*
(acc) ‖ ⟨fig⟩ *über|wältigen, -winden* ‖ ⟨fig⟩
niederzwingen ‖ ⟨fig⟩ *misshandeln* ‖ *zum*
Schweigen bringen ‖ *unverhofft angreifen (Stier)* ‖
Am aufschürzen (Rock) ‖ *aufkrempeln (Ärmel)* ‖
◊ ~ al contrario, ~ al enemigo *den Gegner*
nieder|zwingen, -werfen ‖ ~se *s. ringeln*
　²arrollar → **arrullar**
　arromadizar vt *Stockschnupfen* m *verursachen*
‖ ~se *an Stockschnupfen erkranken*
　arroman|zado adj ⟨Lit⟩ *romanisiert, romanisch*
‖ **–zar** [z/c] vt *in Romanzenform bringen* ‖
[veraltet] *ins Spanische übertragen*
　arronar vt Sant *wiegen (ein Kind)*
　arronzar [z/c] vt ⟨Mar⟩ *(die Anker) lichten* ‖
~ vi ⟨Mar⟩ *ablaufen, s. nach der Windseite legen*
　arropadijos mpl Ven *Schlafdecken* fpl
　arropado adj: vino ~ m *eingekochter Wein* m
　arropamiento m s von **¹arropar**
　¹arropar vt *(be)kleiden, bedecken*
　²arropar vt *mit Mostsirup versetzen (Wein)*
　arroparse s. *zudecken* ‖ ◊ *arrópese con ello*
⟨fam⟩ *damit soll er (sie, es) selig werden!* ⟨pop⟩
das kann er (sie, es) s. an den Hut stecken!
　arrope m *Mostsirup* m ‖ *Honigseim* m ‖ Am
(Art) Obstkuchen m
　arropeas fpl *Fußschellen* fpl ‖ *Fesseln* fpl
　arropera f *Mostsiruptopf* m
　arropía f *verdickter Honig* m ‖ And
Honigkuchen m
　arroró m Arg Can *Wiegenlied* n
　△ **arrosar** vt *einwickeln* ‖ *zusammenfügen*
　arros|trado adj: bien ~ *schön aussehend* ‖
–trar vt *(jdm) trotzen, (jdm) die Stirn bieten* ‖ ◊
~ la muerte ⟨fig⟩ *dem Tod(e) trotzen* ‖ ~ vi: ~
los peligros *den Gefahren trotzen* ‖ ~se *s. wagen*
(a *an* acc)
　arrotado adj Chi *wie ein Landstreicher*
aussehend
　arrow-root m → **arrurruz**
　arroya|da f, **–dero** m *Bachschlucht* f ‖ *Bachtal*
n ‖ *Hohlweg* m ‖ **–r** vt *Gelände auswaschen*
(Regen)
　arroyarse vr ⟨Arg⟩ *vom Rost befallen werden*
(Pflanzen)
　arroyo m *Bach* m ‖ *Bachbett* n ‖ *Rinnstein* m ‖
Straßenrinne, Gosse f ‖ *Straßenmitte* f,
unbefestigte Fahrbahn f ‖ ⟨fig⟩ *Strom* m ‖ ~
cantor (poet) *murmelnder Bach* m ‖ ◊ *plantar od*
poner en el ~ ⟨fig⟩ *(jdn) auf die Straße setzen od*
werfen ‖ *venir od salir del* ~ *aus der Gosse*
kommen
　arroyue|la f ⟨Bot⟩ *Blutweiderich* m (Lythrum
salicaria) ‖ **–lo** m *Bächlein, Rinnsal* n ‖ Col
Kugelspiel n
　arroz [pl ~ces] m ⟨Bot⟩ *Reis* m, *Reispflanze* f
(Oryza spp) ‖ *Reisgericht* n ‖ ~ con cáscara
ungeschälter Reis, Naturreis m ‖ ~ sin cáscara,
~ descascarillado *geschälter Reis* m ‖ ~ con
leche *Milchreis* m ‖ ~ a la marinera *ein*

Fischgericht n *mit Reis* ‖ ~ negro *schwarzer Reis*
m ‖ ~ perlado *Perlreis* m ‖ ~ picón, ~
quebrantado *Bruchreis* m ‖ ~ pulido *glasierter,*
polierter Reis, Weißreis m ‖ ~ reventón *Puffreis*
m ‖ ⟨fam⟩ ~ y gallo muerto *Lukullus-,*
Schlemmer|mahl n ‖ ~ con tenedor *etepetete* ‖ ~
a la valenciana *valencianischer Reis* m, *Paella* f
　arrozal m *Reisfeld* n
　arruar [pres ~úo] vi *grunzen (Wildschwein)*
　arruchar vt *mittellos machen, (an den*
Bettelstab bringen
　arrufadura f ⟨Mar⟩ *(Deck)Sprung* m,
Erhöhung f *des Schiffsdecks*
　¹arrufar vi *(die Zähne) blecken (Hund)*
　²arrufar vi ⟨Mar⟩ *e–n Sprung haben*
　arrufarse vr *e–n Buckel machen (Katze)* ‖
dicktun, s. brüsten ‖ And Ven *wütend werden*
　arrufia|nado adj *zuhälterisch, Zuhälter-* ‖
–narse vr *zum Zuhälter werden,*
Zuhältermanieren annehmen
　arrufo m ⟨Mar⟩ *Sprung* m
　arru|ga f *Runzel, Falte* f ‖ *Falte* f *(im Stoff,*
Papier usw.) ‖ ◊ *hacer* ~s *Falten werfen* ‖ *lleno*
de ~s, *surcado de* ~s *runz(e)lig, gefurcht (Stirn)*
‖ **–gado** adj *runz(e)lig* ‖ *zusammengeschrumpft* ‖
zerknüllt (Papier usw.) ‖ *zerknittert (Kleidung)*
　arrugar [g/gu] vt *falten, fälteln (Papier usw.)* ‖
zerknittern (Kleidung) ‖ *plissieren* ‖ *(die Stirn)*
runzeln ‖ *rümpfen (Nase)* ‖ Cu *belästigen* ‖ ~se
zusammenschrumpfen ‖ *knittern (Stoff)* ‖ Mex *s.*
einschüchtern lassen ‖ *erstaunen*
　arrui|nado adj *an den Bettelstab gebracht* ‖
⟨fam⟩ *verkommen, ruiniert* ‖ ◊ *estar* ~ *ruiniert*
sein ‖ *abgewirtschaftet haben* ‖ **–nar** vt *einreißen,*
umstürzen ‖ ⟨fig⟩ *ruinieren* ‖ *zerstören* ‖
verderben ‖ *zerrütten* ‖ ~se ‖ ◊ ~ *un espectáculo* ⟨Th⟩
e–e Vorstellung schmeißen ‖ ~se *zugrunde (& zu*
Grunde) gehen ‖ *verfallen* ‖ *s. zugrunde (& zu*
Grunde) richten ‖ *zusammen|fallen, -stürzen*
　arru|llador adj *schmeichelnd, liebkosend* ‖
einlullend ‖ *einschläfernd* ‖ *beschwichtigend* ‖ ~
m *Schmeichler* m ‖ **–llamiento** m *Ein|lullen,*
-wiegen n ‖ **–llar** vt ⟨fig⟩ *ein|lullen, -wiegen* ‖
⟨fig⟩ *(mit Liebe) bestricken,* ⟨fam⟩ *Süßholz*
raspeln (a. alg. bei jdm) ‖ ~(se) vi ⟨fig⟩ *girren,*
gurren wie die Turteltauben, turteln ‖ *(mit jdm)*
schäkern ‖ ⟨figf⟩ *liebeln, turteln* ‖ **–llo** m
(Ein)Wiegen n ‖ *Wiegenlied* n ‖ *Girren, Gurren* n
der Tauben ‖ ⟨fig⟩ *Liebeln* n
　arruma f ⟨Mar⟩ *Laderaum* m ‖ Chi *Stapel* m
(z. B. *von Büchern)*
　arrumaco m ⟨fam⟩ *Naserümpfen* n ‖ ⟨fam⟩
Geschmuse n ‖ ~s mpl ⟨fam⟩ *geschmackloser*
Schmuck m ‖ *Schäkerei* f
　arru|maje m ⟨Mar⟩ *Stauung* f ‖ **–mar** vt
schichten, (ver)stauen, stapeln ‖ ~se *s. bedecken*
(Himmel) ‖ **–mazón** f ⟨Mar⟩ *Stauen* n ‖ ⟨Mar⟩
Gewölk n, *Wolkenbildung* f *am Horizont*
　arrumbamiento m ⟨Mar⟩ *Ortung,*
Ortsbestimmung, Peilung f
　¹arrumbar vt *abstellen* ‖ *wegräumen* ‖ ⟨fam⟩
ausrangieren, zum alten Eisen werfen ‖
(Weinfässer) in Reihen aufstellen ‖ And *abfüllen*
(Wein) ‖ ⟨fig⟩ *abtrumpfen* ‖ ⟨fig⟩ *jdn zum*
Schweigen bringen, ⟨fam⟩ *(jdm) das Maul stopfen*
‖ ⟨fig⟩ *(jdn) ignorieren*
　²arrumbar vt/i ⟨Mar⟩ *(die Küste) (an)peilen* ‖
den Kurs festlegen ‖ ~a … *Kurs* m *nehmen auf …*
(acc)
　arrumbarse vr *s. anhäufen*
　arrume m *Haufen* m
　arruncharse Am *s. (zusammen)knäueln*
　arrunzar [c/z] vt Pe *stehlen*
　arrurruz [pl ~ces] m *Pfeilwurz(el)* f (Maranta
arundinacea) ‖ *indisches Stärkemehl* n

arrutar vt *(Vögel) erschrecken*
arsáfraga *f* ⟨Bot⟩ *Merk* m (Sium spp)
arsenal *m* ⟨Mar⟩ *Schiffs|arsenal, -zeughaus* n ‖ *Zeughaus* n ‖ *Waffenlager* n ‖ *Rüstkammer* f ‖ *Marinewerf* f ‖ ◇ es un ~ de conocimientos ⟨fam⟩ *er ist ein Ausbund an Gelehrsamkeit*
arse|nato *m* ⟨Chem⟩ *Arsenat* n ‖ **–niado** adj
arsenhaltig ‖ **–niasis** *f*, **–nicismo** *m* ⟨Med⟩ *Arsenvergiftung* f ‖ **–niato** *m* ⟨Chem⟩ *Arsenat* n ‖ **–nical** adj *arsenhaltig*
arsénico adj ⟨Chem⟩ *Arsen-* ‖ ~ *m* (As) *Arsen* n ‖ ~ blanco *Arsenik* n ‖ ~ rojo *Rauschgelb* n
arse|nífero adj ⟨Chem⟩ *arsenführend* ‖ **–nioso** adj *arsenig* ‖ **–nito** *Arsenit* n ‖ **–niuro** *m Arsenid* n
arsenolita *f* ⟨Min⟩ *Arsenolith* m
arsense adj/s *(m/f) aus Azuaga* (P Bad) ‖ *auf Azuaga bezüglich*
arsina *f* ⟨Chem⟩ *Arsin* n
arsis *f*[el] (Poet) *Hebung, Arsis* f *(im Versmaß)*
arsolla *f* ⟨Bot⟩ → **arzolla**
arsonvalización *f* ⟨Med⟩ *hochstromige Elektrotherapie* f
art. ⟨Abk⟩ = **artículo**
arta *f*[el] ⟨Bot⟩ *Wegerich* m (Plantago spp)
artanita *f* ⟨Bot⟩ *Alpenveilchen, Saubrot* n (Cyclamen europaeum)
artar vt Ar *(et.) benötigen*
art déco *m* ⟨Kunst⟩ *Art déco* m (& n)
arte *m* (& *f*[el]) *Kunst* f ‖ *Kunstwerk* n ‖ *Kunstlehre* ‖ *Gewandtheit, Fertigkeit* f ‖ *Wissenschaft* f ‖ *Kunstgriff* m, *List* f ‖ *Vorrichtung, Maschine* f ‖ *Vorsicht* f ‖ *Handwerk* n ‖ *Fischnetz* n ‖ *Art, Weise, Klasse* f ‖ ~ amatorio *Liebeskunst* f ‖ ~ barroco *barocke Kunst* f ‖ ~ bélico *Kriegskunst* f ‖ ~ cinegético *Jagdkunst, Jägerei* f ‖ ~ cinematográfico *Filmkunst* f ‖ ~ coreográfico *Tanzkunst* f ‖ ~ culinaria *Kochkunst* f ‖ ~ decadente, ~ degenerado *entartete Kunst* f ‖ ~ decorativo *Kunstgewerbe* n, *angewandte od dekorative Kunst* f, *Design* ‖ ~ divinatorio *Wahrsagekunst* f ‖ ~ dramático *Schauspielkunst* f ‖ ~ ecuestre *Reitkunst* f ‖ ~ escénico *Bühnenkunst* f ‖ ~ de escribir *Schreibkunst* f ‖ *Kalligraphie* f ‖ ~ estatuario *Bildgießerei* f ‖ ~ figurativo *gegenständliche Kunst* f ‖ ~ gótico *gotische Kunst* f ‖ ~ guiñolesco *Marionettenspiel* n ‖ ~ industrial *Kunstgewerbe* n ‖ ~ mágica *Zauberei, Magie* f ‖ ~ métrica *Metrik, Verslehre* f ‖ ~ militar *Kriegskunst* f ‖ ~ mudo *Stummfilmkunst* f ‖ ~ nuevo *Jugendstil* m ‖ ~ de la pantalla *Filmkunst* f ‖ ~ pictórico *Malkunst* f ‖ ~ poética *Poetik* f ‖ ~ popular *Volkskunst* f ‖ ~ románico *romanische Kunst* f ‖ ~ rupestre *Höhlenmalerei* f ‖ *Felsbilder* npl ‖ ~ suasorio *Überzeugungs- bzw Überredungs|kunst* f ‖ el ~ de Talía ⟨fig⟩ *die Dichtkunst* ‖ el ~ de Terpsicore ⟨fig⟩ *das Tanzen* ‖ *der Tanz* ‖ el ~ de torear *die Stierkampfkunst, die Kunst des Stierkämpfens* ‖ el ~ de verlas venir ⟨pop⟩ *das Kartenspiel* ‖ ◆ de buen ~ *gern, mit Freuden* ‖ de mal ~ *un|gern, -freundlich* ‖ por ~ de birlibirloque *od encantamiento wie durch Zauberhand* ‖ por ~ del diablo *mit Hilfe des Teufels* ‖ sin ~ ⟨fam⟩ *unbeholfen* ‖ ◇ ser del ~ *vom Fach sein* ‖ tener (buen) ~, *darse* ~ *geschickt* (bzw. *gescheit) sein* ‖ no tener ~ ni parte en … *nichts zu tun haben mit …* ‖ **~s** *fpl: las bellas* ~ *die schönen Künste* ‖ las ~ liberales *die freien Künste* fpl ‖ ~ marciales *Kampfsport* m *(Judo usw.)* ‖ ~ mecánicas *(Kunst-)Handwerk* n ‖ las ~ plásticas *die bildenden Künste* fpl ‖ ~ tipográficas, ~ gráficas *Buchdruckerkunst* f ‖ ~ útiles *Kunstgewerbe* n ‖ malas ~ *unwürdige, niederträchtige Mittel* npl ‖ ◇ quien tiene ~, va

por todas partes ⟨Spr⟩ *Handwerk hat goldenen Boden*
artefacto *m Apparat* m ‖ *Zaubermaschine* f ‖ *Artefakt* m ‖ ⟨iron⟩ *Möbel* n ‖ *(kleine, selbstfabrizierte) Bombe* f ‖ **~s** *mpl:* ~ de iluminación ⟨Mil⟩ *Beleuchtungsgerät* n
artejo *m* ⟨An⟩ *Knöchel* m, *(Finger)Gelenk* n ‖ ⟨Zool⟩ *Glied* n *der Gliederfüßer* ‖ ⟨Bot⟩ *Knoten* m *(Rohr, Stängel)*
artel *m* ⟨Hist⟩ *Artel* n, *landwirtschaftliche Genossenschaft* f *der sowjetischen Kollektivwirtschaft*
Artemisa ⟨Myth⟩ *Artemis, Diana* f
artemis(i)a *f* ⟨Bot⟩ *Beifuß* m (Artemisia spp) ‖ *Mutterkraut* n (Chrysanthemum parthenium) ‖ ~ bastarda *(Schaf)Garbe* f (Achillea spp)
arteria *f* ⟨An⟩ *Arterie, Schlag-, Puls|ader* f ‖ ⟨fig⟩ *Hauptverkehrs|straße, -ader* f ‖ ~ carótida *Kopfschlagader* f ‖ ~ cerebral *Hirnschlagader* f ‖ ~ cervical *Halsschlagader* f ‖ ~ coronaria *Kranzschlagader* f ‖ ~ femoral *Oberschenkelschlagader* f ‖ ~ humeral *Armschlagader* f ‖ ~ sacra *Kreuzbeinschlagader* f
arteria *f Kniff* m, *Verschlagenheit* f ‖ ◆ con ~ *hinterlistig*
arterial adj *(m/f) Pulsader-, arteriell*
arteriectomía *f* ⟨Med⟩ *Arteriektomie, Arterienresektion* f
arterio|grafía *f* ⟨Med⟩ *Arteriographie* f ‖ **–la** *f* ⟨An⟩ *Arteriole* f ‖ **–logía** *f* ⟨Med⟩ *Arteriologie* f ‖ **–patía** *f* ⟨Med⟩ *Arteriopathie, Arterienerkrankung* f ‖ **–(e)sclerosis** *f* ⟨Med⟩ *Arteriosklerose,* ⟨fam⟩ *Arterienverkalkung* f ‖ **–(e)sclerótico** adj ⟨Med⟩, *arteriosklerotisch* ‖ ~ *m* ⟨Med⟩ *Arteriosklerotiker* m ‖ **–so** adj ⟨An⟩ → **arterial** ‖ *arterienreich* f ‖ **–venoso** adj ⟨An⟩ *arteriovenös*
arteritis *f* ⟨Med⟩ *Arteriitis, Arterienentzündung* f
artero adj *listig, schlau*
artesa *f (Back)Trog* m ‖ *Mulde* f ‖ *Einbaum* m *(Baumkahn)* ‖ *basculante Kipptrog* m ‖ ~ de amasar *Bäckermulde* f ‖ ~ de colada ⟨Met⟩ *Gießwanne, Zwischenpfanne* f ‖ ~ de enjuagar *Spülbottich* m ‖ ~ de evaporación *Dampfpfanne* f ‖ ~ de lavado *Waschbottich* m ‖ ~ del puente *Trog* m *der Brücke* ‖ ◆ en forma de ~ *trog-, mulden|förmig*
artesa|nado *m Handwerkerstand* m ‖ *Handwerkerschaft* f ‖ **–nal** adj *handwerklich, Handwerks-* ‖ **–nía** *f (Kunst-)Handwerk* n ‖ *Handwerkerstand* m ‖ *Handwerkerschaft* f, *das Handwerker* mpl ‖ ◆ de ~ *Handarbeit* f ‖ ◇ eso es de ~ ⟨figf⟩ *das ist ein wahres Kunstwerk* ‖ **–no** *m (Kunst)Handwerker* m
artesiano adj *artesisch*
artesón *m Scheuerfass* n, *Waschtrog* m ‖ *Bottich* m ‖ *Winzerbütte* f ‖ ⟨Arch⟩ *Felder-, Kassetten|decke* f
arteso|nado adj *getäfelt* ‖ ~ *m Tafelwerk* m, *Täfelung, Kassettierung* f ‖ **–nar** vt *e–e Decke (aus)täfeln*
artica *f* Ar → **artiga**
ártico adj *nördlich, arktisch* ‖ *Nord-*
¹articulación *f* ⟨An⟩ *Knochenfügung* f ‖ *Gelenk* n ‖ *Gliederung* f ‖ ⟨Bot⟩ *Knie* n, *Abzweigung* f ‖ *Glied* n, *Gelenkverbindung* f *(e–r Maschine)* ‖ *Verbinden, Gliedern* n ‖ *Abzweigung* f ‖ ~ (de) cardán *Kardangelenk* n ‖ ~ del codo ⟨An⟩ *Ellbogengelenk* n ‖ ~ cruciforme, ~ de cruceta *Kreuzgelenk* n ‖ ~ escapulohumeral ⟨An⟩ *Schultergelenk* n ‖ ~ esférica *Kugelgelenk* n ‖ ~ fija *festes Gelenk* n ‖ ~ giratoria *Drehgelenk* n ‖ ~ de gorrón → ~ de perno ‖ ~ de guía *Führungsgelenk* n ‖ ~ de horquilla *Gabelgelenk* n ‖ ~ de perno *Bolzengelenk* n ‖ ~ de pivote *Zapfengelenk* n ‖ ~ de rodilla, ~ de la rótula

⟨An⟩ *Kniegelenk* n ‖ ~ de torsión *Drehgelenk* n ‖
~ universal *Universalgelenk* n ‖ ~ vertebral ⟨An⟩
Wirbelgelenk n
²articulación f ⟨Gr⟩ *Laut* m ‖ *Lautverbindung* f
‖ *Lautbildung, Artikulation* f ‖ *Verständlichkeit* f ‖
(deutliche) Aussprache f ‖ ~ de consonante
Konsonantenverständlichkeit f ‖ ~ oclusiva
Verschlusslaut m ‖ ~ silábica
Silbenverständlichkeit f ‖ ~ vibrante *Vibrant* m ‖
~ vocálica *Vokalverständlichkeit* f ‖ ~ de˙ la voz
Tonfall m
articu|ladamente adv *deutlich, klar gegliedert*
‖ **–lado** adj *gegliedert* ‖ *Gelenk-* ‖ *Glieder-* ‖
gelenkig ‖ *aufklappbar* ‖ *beweglich* ‖ *verstellbar* ‖
⟨fig⟩ *klar, deutlich, vernehmbar* ‖ ~ m ⟨Jur⟩
rechtliches Beweismittel n ‖ *Artikel* mpl *(e–s
Gesetzes)* ‖ ~s mpl *Gliedertiere* npl, *Artikulaten*
pl (Articulata)
¹articular adj *(m/f) artikulär, ein Gelenk
betreffend*
²articu|lar vt *durch Gelenke ineinander fügen*
‖ *gliedern* ‖ *deutlich aussprechen* ‖ *sagen,
hinzufügen* ‖ *(Beweismittel) vorlegen* ‖ *in
Paragraphen* od *Artikel aufgliedern* ‖ ⟨Jur⟩
formulieren (Paragraphen) ‖ **–lista** m/f
Artikelschreiber(in f) m
¹artículo m *Artikel* m *(z. B. in e–r Zeitschrift)* ‖
~ editorial, ~ de fondo *Leitartikel* m ‖ ~
difamatorio *verleumderischer Artikel* m ‖ ~
incendiario *Hetzartikel* m ‖ ~ de periódico
Zeitungsartikel m
²artículo m *Artikel, Paragraph* m *(z. B. in e–m
Gesetzeswerk)* ‖ *Artikel* m, *Stichwort* n *(in e–m
Nachschlagewerk)* ‖ *Abschnitt* m
³artículo m ⟨Gr⟩ *Artikel* m, *Geschlechtswort* n
‖ ~ determinado *bestimmter Artikel* m ‖ ~
indeterminado *unbestimmter Artikel* m
⁴artículo m ⟨An⟩ *Gelenk, Glied* n *(& von
Insekten)*
⁵artículo ⟨Rel⟩: ~ de fe *Glaubenssatz* m ‖ ~
de (la) muerte *Todes|stunde* f, *-kampf* m
⁶artículo m [Handelsware] *Artikel* m, *Ware* f,
Fabrikat, Erzeugnis n ‖ ◇ *formar* od *hacer* ~ de
algo *e–r Sache widersprechen* ‖ *hacer el* ~ *s–e
Ware herausstellen* od *loben* ‖ ⟨fig⟩ *zur Geltung
bringen* ‖ *trabajar el* ~ *die Ware vertreiben* ‖ ~s
mpl: ~ de actualidad *Saison-, Mode|artikel* mpl ‖
~ comerciales, ~ de comercio *Handelswaren* fpl
‖ ~ de consumo *Verbrauchs-, Konsum|güter* npl ‖
~ de gran consumo *Massenartikel* m ‖ ~ de
deporte *Sportartikel* mpl ‖ ~ de despacho
Bürobedarf m ‖ ~ de devolución
Kommissionsartikel mpl ‖ ~ de exportación
Export|artikel mpl, *-waren* fpl ‖ ~ de fantasía
Modewaren fpl, *modisches Zubehör* n ‖ ~
fotográficos *Foto|bedarf* m, *-artikel* mpl ‖ ~
frágiles *zerbrechliche Waren* fpl ‖ ~ de hilo
Leinenwaren fpl ‖ ~ de importación
Import|artikel mpl, *-waren* fpl ‖ ~ invendibles
un|verkäufliche, -absetzbare Waren fpl ‖
Remittenden fpl ‖ ⟨fam⟩ *Ladenhüter* mpl ‖ ~ de
lujo *Luxusartikel* mpl ‖ ~ manufacturados
Fertigerzeugnisse npl ‖ ~ de marca
Markenartikel mpl ‖ ~ de mercería *Kurzwaren*
fpl ‖ ~ de metal *Metallwaren* fpl ‖ ~ de moda
Modeartikel mpl ‖ ~ de primera necesidad *Artikel*
mpl *des täglichen Bedarfs* ‖ ~ de novedad
Modeartikel mpl ‖ ~ de oficina *Bürobedarf* m ‖
~ de piel *Lederwaren* fpl ‖ ~ de propaganda
Werbe- od *Reklame|artikel* mpl ‖ ~ de punto
Strickwaren, Trikotagen fpl ‖ ~ de recuerdo
Andenkenartikel mpl, *Souvenirs* npl ‖ ~ sanitarios
Sanitätsartikel mpl ‖ ~ semimanufacturados
Halb|fertigerzeugnisse, -fabrikate npl ‖ ~ de serie
Serien-, Massen|artikel mpl ‖ ~ de temporada

Saison|artikel mpl, *-waren* fpl ‖ ~ de tocador
Toilettenartikel mpl, *Kosmetika* npl ‖ ~ de uso
doméstico *Haushaltswaren* fpl
△ **artifara** m *Brot* n
artífice m *Künstler* m ‖ *Kunsthandwerker* m ‖
⟨fig⟩ *Urheber* m ‖ ◇ *cada uno es* ~ de su fortuna
⟨Spr⟩ *jeder ist s–s Glückes Schmied*
artifi|cial adj *(m/f) künstlich* ‖ *Kunst-* ‖ *unecht*
‖ *nachgemacht* ‖ adv: ~**mente** ‖ **–ciero** m ⟨Mil⟩
Feuerwerker m ‖ **–cio** m *Kunst(fertigkeit)* f ‖
Maschine f ‖ *Kunststück* n ‖ ⟨fig⟩ *Kunstgriff* m ‖
Blendwerk n ‖ ⟨fam⟩ *Kniff* m ‖ *Ränke* pl ‖ ~s de
fuego *Feuerwerk* n ‖ **–cioso** adj *künstlich,
kunstreich* ‖ *gekünstelt* ‖ *unnatürlich* ‖ ⟨fig⟩
verschmitzt
arti|ga f ⟨Agr⟩ *Roden* n, *Rodung* f ‖
Urbarmachung f ‖ **–gar** vt *roden* ‖ *urbar machen*
arti|llado m ⟨Mil⟩ *(Artillerie)Bestückung* f ‖
–llar vt *bestücken*
artillería f ⟨Mil⟩ *Artillerie* f ‖ *Geschütz(e)* n ‖
~ de acompañamiento *Begleitartillerie* f ‖ ~
antiaérea *Flugabwehr-, Flak|artillerie* f ‖ ~
antitanque, ~ anticarro *Panzerabwehrartillerie* f ‖
~ de apoyo *Unterstützungsartillerie* f ‖ ~ de
asalto *Sturmartillerie* f ‖ ~ de campaña, ~ de
batalla *Feldartillerie, leichte Artillerie* f ‖ ~ de
costa *Küstenartillerie* f ‖ ~ gruesa *schwere
Artillerie* f ‖ ~ ligera *leichte Artillerie* f ‖ ~ de
marina *Schiffsartillerie* f ‖ ~ de montaña
Gebirgsartillerie f ‖ ~ motorizada
Kraftzugartillerie f ‖ ~ de (un) navío *Bestückung*
f *mit Geschützen* ‖ ~ pesada *schwere Artillerie* f ‖
~ de posición *Stellungsartillerie* f ‖ ~ de sitio
Belagerungsartillerie f ‖ ~ de tiro curvo
Steilfeuerartillerie f ‖ ~ de tiro rápido
Schnellfeuerartillerie f
¹artillero m ⟨Mil⟩ *Artillerist, Kanonier* m ‖
Feuerwerker m ‖ ~ apuntador *Richtkanonier* m
²artillero m *Bol* ⟨pop⟩ *Trunkenbold* m
artilugio m *Machwerk* n ‖ ⟨fam⟩ *Trick, Kniff* m
‖ *Werkzeug* n
artimaña f *Tierfalle* f ‖ *Betrügerei* f ‖ ⟨fam⟩
Kunstgriff m, *(Arg)List* f ‖ ⟨fig⟩ *Kniff* m ‖ ⟨fam⟩
Nepp m
artimón m ⟨Mar⟩ *Fock* f
artinita f ⟨Min⟩ *Artinit* m
artiodáctilo adj ⟨Zool⟩ *artiodaktyl* ‖ ~s mpl
⟨Zool⟩ *Paarzeher* mpl (Artiodactyla)
artista adj *(m/f) kunstreich, Künstler-* ‖ ~ m/f
Künstler(in f) m ‖ ⟨fig⟩ *Lebenskünstler(in* f) m ‖
~ de cine, ~ de la pantalla *Filmschauspieler(in*
f) m ‖ ~ de circo *(Zirkus)Artist(in* f) m ‖ ~
ecuestre *Kunstreiterin* f ‖ ~ de transformaciones
Verwandlungskünstler(in f) m ‖ ◇ *este jugador es
un* ~ *del balón* ⟨Sp⟩ *dieser Spieler ist ein
Ballvirtuose* ‖ *un* ~ *consumado ein vollendeter* od
erstklassiger Künstler m
artístico adj *künstlerisch* ‖ *Kunst-* ‖ adv:
~**amente**
art nouveau m ⟨Kunst⟩ *Art nouveau* m
¹arto m ⟨Bot⟩ *Bocksdorn* m (Lycium sp) ‖
Dorn m
²arto adj ⟨pop⟩ → **¹alto**
artolas fpl *Doppel|sitz* m *(auf e–m Pferd* od
Maultier), -sattel m ‖ *Packsattel* m
artralgia f ⟨Med⟩ *Arthralgie* f, *Gelenkschmerz*
m
   artrectomía f ⟨Med⟩ *Arthrektomie,
Gelenkresektion* f
artrítico adj ⟨Med⟩ *arthritisch* ‖ ~ m
Arthritiker m
artri|tis f ⟨Med⟩ *Arthritis, Gelenkentzündung* f
‖ ~ alérgica *allergische Arthritis* f ‖ ~ reumática
rheumatische Arthritis f ‖ **–tismo** m *Arthritismus*
m

artro|desis f ⟨Med⟩ *Arthrodese,
Gelenkversteifung* f ‖ **–lito** m *Arthrolith* m,
Gelenk|körper m, *-maus* f ‖ **–logía** f *Arthrologie,
Lehre* f *von den Gelenken* ‖ **–lúes** f *Arthrolues,
syphilitische Gelenkerkrankung* f ‖ **–patía** f
Arthropathie, Gelenkerkrankung f
artrópodos mpl ⟨Zool⟩ *Gliederfüßer* mpl,
Arthropoden pl (Arthropoda)
artrosco|pia f ⟨Med⟩ *Arthroskopie* f ‖ **–pio** m
Arthroskop n
artrosis f ⟨Med⟩ *Arthrose* f ‖ ⟨An⟩ *Gelenk* n
artrotomía f ⟨Med⟩ *Arthrotomie,
Gelenkeröffnung* f
Arturo m np *Arthur* m ‖ → **Artús** ‖ ⟨Astr⟩
Arktur(us) m
Artús m np *Artus* m *(Sagenfigur)*
Aruba f ⟨Geogr⟩ *Aruba* n
arugas fpl ⟨Bot⟩ *Mutterkraut* n (Matricaria
spp)
arundense adj/s *(m/f)* aus *Ronda* (P Má) ‖ *auf
Ronda bezüglich*
arundíneo adj *zum Schilfrohr gehörend
Schilfrohr-*
aruñón m *(fam)* *Kratzer* m
arúspice m ⟨Hist⟩ *Haruspex* m
aruspicina f ⟨Hist⟩ *Haruspizium* n,
Wahrsagung f *aus den Eingeweiden*
arve|ja f ⟨Bot⟩ *Platterbse, Wicke* f (Vicia spp)
‖ *Erbse* f (Pisum sativum) ‖ **–jal** m *Wickenfeld* n ‖
–jo m *(Platt)Erbse* f ‖ **–jón** m ⟨Bot⟩ *And
(Edel)Platterbse* f ‖ **–jona** f *Wicke* f
arvense adj *(m/f)* ⟨Bot Zool⟩ *Feld-, Acker-* ‖
unter der Saat wachsend
ar|vícola adj *(m/f)* *feld-, acker|bewohnend* ‖ ~
m ⟨Zool⟩ *Scher-, Moll|maus* f (Arvicda sp) ‖
–vicultura f *Getreideanbau* m
arz. ⟨Abk⟩ = **arzobispo**
arzobis|pado m ⟨Rel⟩ *Erzbistum* n ‖ *Würde* f
e-s Erzbischofs ‖ **–pal** adj *(m/f)* *erzbischöflich* ‖
–po m *Erzbischof* m
arzolla f ⟨Bot⟩ *Spitzklette* f ‖ *grüne Mandel* f
mit der ersten Schale
arzón m *Sattel|baum, -bogen* m
¹as m *As* n, *Größe* f, *Meister, Champion* m ‖
⟨fam⟩ *Kanone* f, *toller Kerl* m ‖ ⟨vulg⟩ *Hintern* m
‖ *un* ~ *de la pantalla* e–e *Leinwandgröße* f, *ein
Filmstar* m ‖ *un* ~ *del* puñetazo *ein Meister* m
des Boxrings ‖ *un* ~ *del volante* *ein großartiger
Fahrer, ein Meisterfahrer*
²as m ⟨Kart⟩ *As* n ‖ *Würfelseite mit* e–m *Auge*
³as m ⟨Hist⟩ *As* m *(altrömische Münz- und
Gewichtseinheit)*
As ⟨Abk⟩ = **arsénico**
¹asa f[el] *Henkel, Griff* m ‖ *Ohr* n ‖ ⟨fig⟩
Anlass, Vorwand m ‖ ◇ *ser* (muy) *del* ~
⟨fam⟩ *(jds) vertrauter Freund sein,
dazugehören* ‖ *tener a* alg. *por el* ~ *(figf)* jdn *in
der Hand haben*
²asa f[el] ⟨Bot⟩ *Asant* m ‖ ~ *fétida* →
asafétida
³asa f[el] *And* → **acebo**
asá adv: *así que* ~ *sowieso* ‖ *así o* ~ *so oder
so* ‖ *völlig egal*
asacar [c/qu] vi ⟨pop⟩ *erfinden, aus den
Fingern saugen* ‖ *vorgeben*
asación f *Braten* m ‖ ⟨Pharm⟩ *Abkochung* f *im
eigenen Saft*
asacristanado adj *mit den Eigenschaften* e-s
Sakristans
asadero adj *Brat-, zum Braten geeignet* ‖ ~ m
sehr heißer od *brütend heißer Ort*
¹asado adj *gebraten* ‖ ~ m *Braten* m ‖
gebratenes Fleisch n ‖ ~ *arrollado Rollbraten* m ‖
~ *de buey Rinds-, Rinder|braten* m ‖ ~ *de
carnero Hammelbraten* m ‖ ~ *de cerdo*

Schweinebraten m ‖ ~ *de cordero Lammbraten* m
‖ ~ *de ganso Gänsebraten* m ‖ ~ *de liebre
Hasenbraten* m ‖ ~ *a la parrilla Rostbraten* m ‖
~ *de ternera Kalbsbraten* m ‖ ~ *de vaca* → ~
de buey
²asado adv → **así** ‖ *así o* ~ ⟨fam⟩ *so oder so,
gleichwie*
asa|dor m *Bratspieß* m ‖ *Bratofen* m ‖ *Grill* m
‖ ⟨fig⟩ *Schwert* n ‖ ◇ *echar toda la carne en el* ~
(figf) alle Trümpfe ausspielen ‖ *parece que (se)
come* ~es *(figf) er geht, als hätte er einen
Ladenstock verschluckt* ‖ **–dura** f *Ge|schlinge,
-kröse* n, *Innereien* fpl ‖ *Leber und Lunge* f ‖
⟨pop⟩ *Lahmarschigkeit* f, *Phlegma* n ‖ ~ *de
gallina Hühnerklein* n ‖ ◇ *echar las* ~s → *echar
los bofes*
asaet(e)ar vt *mit Pfeilen beschießen* bzw *töten*
‖ ⟨fig⟩ *bombardieren, belästigen* (con, a *mit*) ‖ ~
a preguntas mit Fragen bedrängen
asafétida f ⟨Bot⟩ *Stinkasant, Teufelsdreck* m
(Ferula sp)
asainetado adj ⟨Th⟩ *schwankähnlich* ‖ →
¹sainete
asala|riado m *Lohn|arbeiter, -empfänger* m ‖
Arbeitnehmer m ‖ ~s mpl: ~ *(de una empresa)
Belegschaft* f, *Personal* n ‖ **–riar** vt *entlohnen* ‖
auf die Lohnliste setzen ‖ *besolden*
asalmonado adj *lachsfarben*
asal|tador m *Angreifer* m ‖ **–tante** m →
–tador ‖ **–tar** vt *angreifen* ‖ *an,-, über|fallen* ‖
⟨Mil⟩ *(be-)stürmen, erstürmen* ‖ ⟨Mil⟩ *ausfallen* ‖
⟨Mil⟩ e–n *Vorstoß machen* ‖ ⟨fig⟩ *anwandeln
(Zweifel)* ‖ ⟨fig⟩ *befallen (Tod, Zweifel)* ‖ ⟨fig⟩
bestürmen (Gedanken)
asalto m *Angriff, Überfall* m ‖ *Raubüberfall* m
‖ ⟨Mil⟩ *Angriff, Sturm* m, *Sturmlaufen* n,
Erstürmung f ‖ ⟨Mil⟩ *Vorstoß, Einbruch* m ‖ *Gang*
m *(beim Fechten)* ‖ *Runde* f *(Boxkampf)* ‖
Karnevalsfest n ‖ *unerwartetes Eindringen* n *von
Maskengruppen in befreundete Privathäuser (in
Spanien üblicher Faschingsscherz)* ‖ ~ *a mano
armada bewaffneter Raubüberfall* m ‖ ⟨fig⟩
~ ⟨Mil⟩ *Sturm laufen* ‖ *tomar por* ~ *erstürmen,
im Sturm nehmen* (& fig)
asam|blea f *Versammlung, Zusammenkunft* f ‖
Landtag m, *Parlament* n ‖ *Konferenz* f ‖ ⟨Mil⟩
Vergatterung f, *Zapfenstreich* m, *Sammeln* n ‖ ~
anual Jahresversammlung f ‖ ~ *de ciudadanos
Gemeindeversammlung* f ‖ ~ *constituida en
comité Gesamtausschuss* m ‖ ~ *constituyente
verfassunggebende Versammlung* f ‖ ~ *consultiva
beratende Versammlung* f ‖ ~ *de diputados
Abgeordnetenversammlung* f ‖ ~ *de la empresa
Betriebsversammlung* f ‖ ~ *Federal
Bundesversammlung* f ‖ ~ *de Francfort* ⟨Hist⟩
Frankfurter Nationalversammlung f *(1848)* ‖ ~
general Generalversammlung f ‖
Hauptversammlung f *(Vereine,
Handelsgesellschaften)* ‖ *Vollversammlung* f
(UNO) ‖ ~ *legislativa gesetzgebende
Versammlung* f ‖ ~ *nacional
Nationalversammlung* f ‖ ~ *plenaria
Vollversammlung* f ‖ **–bleísta** m/f
Versammlungsteilnehmer(in f) m ‖ *Am
Parlamentarier(in* f) m
asar vt *braten, rösten* ‖ ◇ ~ *bien durchbraten*
‖ ~ *en la parrilla auf dem Rost braten* ‖ ~ *a
preguntas (figf) mit Fragen bombardieren* bzw.
belästigen ‖ ~se: ~ *vivo* ⟨fig⟩ *vor Hitze
vergehen,* ⟨fam⟩ *schmoren*
asarabácara f → **ásaro**
asardinado adj *aus schräg liegenden Ziegeln
(Mauerwerk)*
asarero m ⟨Bot⟩ *Schleh-, Schwarz|dorn* m
(Prunus spinosa)

asargado adj ⟨Text⟩ *sergeartig*
asariar vt CR *beschämen*
asarina *f* ⟨Bot⟩ *Löwenmaul* n (Antirrhinum asarina)
ásaro *m* ⟨Bot⟩ *Haselwurz* f (Asarum europaeum) ‖ ~ europeo *Europäische Haselwurz* f
△ **asaselo** *m Vergnügen* n
△ **asaúra** *f Phlegma* n, *Langsamkeit, Trägheit* f
asaz adv ⟨poet⟩ *genug* ‖ *sehr, allzu* ‖ →
bastante
asbes|to *m* ⟨Min⟩ *Asbest* m ‖ –**tosis** *f* ⟨Med⟩ *Asbestose* f
ascalonia *f* ⟨Bot⟩ *Schalottenzwiebel* f ‖ *Schalotte* f (Allium ascalonicum)
áscari *m* ⟨Mil Hist⟩ *Askari* m
as|cáride *f*, **áscari** *m* ⟨Zool⟩ *Spulwurm* m, *Askaris* f (Ascaris lumbricoides) ‖ –**caridiasis,** –**cariasis** *f* ⟨Med⟩ *Aska|ridiasis, -riasis, Spulwurmkrankheit* f ‖ –**cáridos** *mpl* ⟨Zool⟩ *Spulwürmer* mpl
ascenden|cia *f aufsteigende Verwandtschaftslinie* f ‖ *Ahnen, Vorfahren* mpl ‖ *Ab|kunft, -stammung* f ‖ –**te** adj *(m/f) aufsteigend*
ascen|der [-ie-] vt/i *besteigen* ‖ *hinaufsteigen auf* (acc) ‖ *hinauffahren, bergauf fahren* ‖ ⟨Bgb⟩ *auf-, aus|fahren* ‖ ⟨fig⟩ *befördern (im Amt)* (a *zu*) ‖ ~ vi *höher steigen, aufrücken, befördert werden (im Amt)* ‖ ~ a ⟨Com⟩ *s. belaufen auf* (acc) ‖ ⟨Flugw⟩ *(auf)steigen* ‖ –**diente** adj *(m/f) aufsteigend* ‖ ~ *m Übergewicht, Ansehen* n ‖ *(moralischer) Einfluss* m ‖ ~**s** *mpl Blutsverwandte* mpl *in aufsteigender Linie* ‖ *Ahnen* mpl
ascen|sión *f Auf|steigen* n, *-stieg* m ‖ *Besteigung* f ‖ *Erhebung* f *zu e–r Würde* ‖ *Thronbesteigung* f ‖ ~ *de un globo Aufstieg m e–s Luftballons* ‖ ~ (del Señor) *Christi Himmelfahrt* f ‖ –**sional** adj *(m/f) Aufwärts-, Auftriebs-* ‖ –**sionista** *m/f Berg-, Gipfel|besteiger(in* f) m ‖ *Ballonfahrer(in* f) m ‖ *Luftschiffer(in* f) m ‖ ⟨Kath⟩ *Aszensionist* m
ascen|so *m Aufstieg* m *(& Sp)* ‖ *Anstieg* m ‖ *Steigung* f ‖ ⟨fig⟩ *Beförderung* f *(im Amt)* ‖ ~ *por antigüedad Beförderung* f *nach dem Dienstalter* od *nach Anciennität* ‖ ~ *de la presión Druckanstieg* m ‖ –**sor** m *(Personen)Aufzug, Fahrstuhl, Lift* m ‖ ⟨Tech⟩ *Elevator* m ‖ ~ *con doble mando,* ~ *con doble control Doppelsteuerungsfahrstuhl* m ‖ ~ *eléctrico elektrischer Aufzug* m ‖ ~ *de paternóster,* ~ *de rosario Paternoster(aufzug), Umlaufaufzug* m
ascensorista *m/f Aufzug-, Fahrstuhl|führer(in* f), *Liftboy* m ‖ *Aufzugsmechaniker(in* f) m
asceta *m/f Asket(in* f) m ‖ *Büßer(in* f) m *(& fig)*
ascéti|ca *f Askese* f ‖ –**co** adj *asketisch* ‖ *büßend*
ascetismo *m Askese* f ‖ *erbauliches Leben* n ‖ *Entsagung* f ⟨Rel⟩ *As|ketik, -zetik* f
ascitis *f* ⟨Med⟩ *Aszites, Bauchwassersucht* f
ascle|piadeo adj ⟨Poet⟩: (verso) ~ *asklepiadischer Vers* m ‖ –**pias** *f* ⟨Bot⟩ *Seidenpflanze* f (Asclepias spp)
asco *m Ekel* m, *Übelkeit* f ‖ *Brechreiz* m ‖ ⟨fig⟩ *Widerwille(n), Ekel* m ‖ ⟨figf⟩ *Furcht, Angst* f ‖ ◊ *es un* ~, *da* ~ ⟨figf⟩ *es ekelt e–n an* ‖ *¡ese libro es un* ~! *dieses Buch ist abstoßend!* ‖ *dieses Buch ist k–n Pfifferling wert!* ‖ *escupir de* ~ *vor Ekel ausspucken* ‖ *tomar* ~ *a a/c s. ekeln vor et.* ‖ *estar hecho un* ~ ⟨fam⟩ *wie ein Schwein aussehen, dreckig sein* ‖ *¡qué* ~! *pfui!* ‖ *hacer* ~**s** ⟨figf⟩ *s. zieren, zimperlich tun* ‖ *verachten, für niedrig erachten*
ascogonio *m* ⟨Bot⟩ *Askogon* n

ascomicetos *mpl* ⟨Bot⟩ *Askomyzeten* pl, *Schlauchpilze* mpl
asconder vi ⟨pop⟩ → **esconder**
ascosidad *f Unflätigkeit* f
ascua *f*[el] *Kohlenglut* f, *Glühfeuer* n ‖ *Glut* f *(& fig)* ‖ ◊ *arrimar al* ~ *su sardina* ⟨figf⟩ *auf s–n Vorteil bedacht sein* ‖ *estar hecho un* ~, *echar* ~**s** ⟨figf⟩ *Feuer und Flamme sein* ‖ *estar en od sobre* ~**s** ⟨figf⟩ *wie auf glühenden Kohlen sitzen* ‖ *pasar como sobre* ~**s** ⟨fig⟩ *über et. hinweghuschen* ‖ *ponerse como una* ~ *de oro* ⟨figf⟩ *s. herausputzen* ‖ *sacar el* ~ *con mano de gato od con mano ajena* ⟨fig⟩ *durch e–n anderen die Kastanien aus dem Feuer holen lassen* ‖ *ser un* ~ *de oro glänzen, blitzsauber sein* ‖ *como gato por* ~**s** ⟨figf⟩ *eiligst und ängstlich* ‖ *¡~s! int verdammt (noch mal)! Donnerwetter!*
asea|do adj *reinlich* ‖ *niedlich, nett, zierlich* ‖ *sauber* ‖ adv: ~**amente**
asear vt *verzieren, (aus)putzen* ‖ *herausstaffieren* ‖ ~**se** *s. putzen* ‖ ⟨fam⟩ *s. richten, s. zurechtmachen*
ase|chador *m Verfolger* m ‖ –**chanza** *f Falle, Schlinge, Hinterlist* f ‖ ~**s** *fpl Ränke* mpl ‖ ◊ *tender* ~ *a alg. jdm nachstellen* ‖ ⟨fig⟩ *Fallen stellen, Ränke schmieden* ‖ –**char** vt *(jdm) nachstellen, Schlingen* fpl *legen*
asedado adj *seiden|artig, -weich, -ähnlich*
ase|diar vt ⟨Mil⟩ *belagern* ‖ ⟨fig⟩ *einschließen, umgeben* ‖ ◊ ~ *a preguntas mit Fragen bestürmen* ‖ ~ *con pretensiones amorosas mit Liebesanträgen verfolgen* ‖ –**dio** *m* ⟨Mil⟩ *Belagerung* f ‖ ⟨fig⟩ *Verfolgung* f
asegla|ramiento *m Verweltlichung* f ‖ –**rarse** vr *weltlichen Charakter annehmen, verweltlichen (Priester)*
asegundar vt *wiederholen, hinzufügen*
asegu|ración *f Versicherung* f ‖ –**rado** adj *gesichert, sicher befestigt* ‖ *versichert* ‖ ~ *m Versicherte(r), Versicherungsnehmer* m ‖ ~ *obligatorio Pflichtversicherte(r)* m ‖ –**rador** *m Versicherer* m ‖ –**ramiento** *m (Ver)Sicherung* f ‖ ~ *de la herencia* ⟨Jur⟩ *Sicherung* f *des Nachlasses* ‖ ~ *de las huellas Spurensicherung* f ‖ ~ *de la prueba* ⟨Jur⟩ *Beweissicherung* f ‖ –**ranza** *f Sal Sicherheit, Geborgenheit* f
asegurar vt *ver-, zu|sichern* ‖ *versprechen* ‖ *verbürgen* ‖ ⟨Com⟩ *versichern* ‖ *überzeugen* ‖ *behaupten* ‖ *festnehmen* ‖ *festmachen, befestigen* ‖ *beschützen* ‖ *sichern (Gewehr)* ‖ ~ *con alfileres mit Nadeln anstecken od anheften* ‖ ◊ ~ *con candado mit e–m Vorhängeschloss sichern* ‖ ~ *con clavijas hendidas versplinten* ‖ ~ *con chavetas verkeilen* ‖ ~ *con grapas od grampas verklammern* ‖ ~ *con pernos mit Bolzen befestigen* ‖ ~ *contra el robo gegen Diebstahl versichern* ‖ ~**se** *s. (ver)sichern* ‖ *e–e Versicherung abschließen* ‖ *s. verlassen auf* (acc) ‖ *s. überzeugen (von), s. vergewissern (de gen)* ‖ *beständig werden (Wetter)*
aseidad *f* ⟨Theol Philos⟩ *Aseität, absolute Unabhängigkeit* f *Gottes*
aselarse vr Sal *s. zum Schlafen niedersetzen (Hühner)*
asélidos *mpl* ⟨Zool⟩ *Wasserasseln* fpl
asemejar(se) vi/r *ähneln, ähnlich sehen*
asemia *f* ⟨Med⟩ *Asemie, Verständigungsunfähigkeit* f
asendere|ado adj *ausgetreten (Wege)* ‖ ⟨fig⟩ *geplagt* ‖ *erfahren, gewitzigt* ‖ –**ar** vt *(Wege) bahnen* ‖ *verfolgen* ‖ ⟨fig⟩ *betrüben, plagen* ‖ ⟨fig⟩ *hetzen*
asengladura *f* ⟨Mar⟩ → **singladura**
asenso *m Beifall* m, *Zustimmung* f ‖ ◊ *dar su* ~ *gutheißen, einwilligen, zustimmen*

asenta|da *f Sitzung f* ‖ ◆ *de una ~* ⟨figf⟩ *auf einmal, auf e–n Hieb, in e–m Zug* ‖ **–deras** *fpl* ⟨fam⟩ *Gesäß n* ‖ **–dillas** adv: *a ~ im Quer-, im Damen|sitz (Reiten)*
asentado pp *dauerhaft* ‖ *beständig* ‖ ⟨fig⟩ *von gesetztem Betragen, gesetzt, vernünftig* ‖ *solide* ‖ *ruhig* ‖ ⟨Mar⟩ *getrimmt (Schiff)* ‖ ◇ *bien ~ wohl begründet* od *fundiert* ‖ *bien ~ wohl fundiert* ‖ ◇ *dar por ~ als ausgemacht betrachten*
¹asentador *m Groß-, Zwischen|händler m*
²asentador *m Streich-, Abzieh|riemen m (für Rasiermesser)*
³asentador *m Steinsetzer m* ‖ ⟨EB⟩ *Streckenarbeiter m*
asentamiento *m Niederlassung, (An)Siedlung f* ‖ ⟨Jur⟩ *Besitznahme f* ‖ ⟨fig⟩ *Klugheit, Vernunft f*
¹asentar [-ie-] vt *ab-, nieder|setzen, (ab)stellen* ‖ *hinsetzen* ‖ *festsetzen* ‖ *legen (Fundament)* ‖ *ansiedeln* ‖ *versetzen (Schlag)* ‖ *einfassen (Edelsteine)* ‖ *festmachen* ‖ *ansetzen (Waren)* ‖ *glätten* ‖ *abziehen (Rasiermesser)* ‖ *abschließen (Vertrag)* ‖ *verabreden* ‖ *behaupten* ‖ ⟨Mar⟩ *absetzen* ‖ ◇ *~ bien su baza* ⟨figf⟩ *s. auf s–n Vorteil verstehen* ‖ *~ el guante a alg., ~ la mano a alg.* ⟨figf⟩ *jdn züchtigen* ‖ *~ el pie fest auftreten* ‖ *~* vi *s. setzen, s. niederlassen* ‖ *ruhen* ‖ *passen* ‖ *ein Abkommen treffen*
²asentar [-ie-] vt ⟨Com⟩ *buchen* ‖ *ein|tragen, -schreiben* ‖ ⟨Jur⟩ *übereignen (Schuldnerbesitz)* ‖ *~ de conformidad gleichlautend buchen*
³asentar [-ie-] vt *glätten* ‖ *abziehen (Rasiermesser)*
asentarse [-ie-] vr *s. niederlassen (& fig)* ‖ *s. setzen (Flüssigkeiten, Bau)* ‖ *im Magen liegen (bleiben) (unverdaute Speise)* ‖ *s. aufklären, aufklaren (Wetter)*
asen|timiento *m Einwilligung, Zu-, Bei|stimmung f* ‖ **–tir** [-ie-/i] vi *zu-, bei|stimmen, beipflichten* ‖ **–tista** *m/f Bauunternehmer(in f) m* ‖ *Verpflegungslieferant(in f) m (an Großabnehmer)* ‖ *Heereslieferant(in f) m*
aseñorado adj *herrschaftlich* ‖ ⟨fig⟩ *die feinen Leute nachahmend,* ⟨iron⟩ *hochfein*
aseo *m Sauberkeit f* ‖ *Reinlichkeit f* ‖ *Nettigkeit, Zierlichkeit f* ‖ *Putz m* ‖ *Badezimmer n* ‖ *~ personal Körperpflege, Toilette f* ‖ ◆ *con ~ nett, zierlich* ‖ *los ~s* mpl ⟨fam⟩ *die Toiletten* fpl
asépalo adj ⟨Bot⟩ *asepal, kelchblattlos*
asepsia *f* ⟨Med⟩ *Asepsis, Keimfreiheit f* ‖ *Aseptik, keimfreie (Wund)Behandlung f*
aséptico adj ⟨Med⟩ *aseptisch, keim-, fäulnis|frei*
asequible adj *(m/f) möglich, tunlich* ‖ *erreichbar*
aserción *f Behauptung, Aussage f*
aserra|dero *m Säge(mühle) f* ‖ *Sägeplatz m* ‖ **–dizo** adj *Säge-,* ‖ **–do** adj *sägeförmig* ‖ *ausgezackt (Blätter)* ‖ **–dor** *m Holz|säger, -schneider m* ‖ **–dura** *f Sägen n* ‖ *Sägeschnitt m* ‖ *~s* fpl *Sägespäne* mpl ‖ **–duría** *f Sägemühle f*
ase|rrar [-ie-] vt *(durch)sägen, entzweisägen* ‖ ◇ *~ al hilo Langholz n sägen* ‖ *~* vt/i ⟨figf⟩ *fiedeln, kratzen, schlecht geigen* ‖ **–rrería** *f Sägemühle f* ‖ **–rrín** *m Säge|späne* mpl, *-mehl n*
aserruchar vt Col Chi Pe Hond *(durch)sägen, entzweisägen*
aser|tar vt *be|haupten, -teuern, -jahen* ‖ **–tivo** adj *be|hauptend, -teuernd, -jahend* ‖ adj: *~amente* ‖ **–to** *m Be|hauptung, -teuerung f* ‖ *Aussage f* ‖ **–tor** *m Verfechter, Befürworter m* ‖ **–torio** adj *bekräftigend, assertorisch*
asesar vi *klug, verständig werden, Vernunft annehmen* ‖ *~* vt *jdn zur Vernunft bringen*
asesi|nar vt *ermorden* ‖ ⟨fig⟩ *quälen, peinigen* ‖ ⟨fig⟩ *treulos behandeln* ‖ **–nato** *m*

(Meuchel)Mord m ‖ *~ en masa Massenmord m* ‖ *~ jurídico Justizmord m* ‖ *~ por robo Raubmord m* ‖ *~ premeditado vorsätzlicher Mord m* ‖ *~ ritual Ritualmord m* ‖ *~ sádico, ~ con estupro Lustmord m* ‖ **–no** *m (Meuchel)Mörder m* ‖ ⟨fam⟩ *Pfuscher m* ‖ ⟨fam⟩ *Gauner m* ‖ *~ de escritorio Schreibtischtäter m* ‖ *~ a sueldo (Berufs)Killer, gedungener Mörder m* ‖ ◇ *gritar "al ~" Zeter und Mordio schreien*
asesor *m Ratgeber m* ‖ *Gerichtsbeisitzer, Assessor m* ‖ *Berater m* ‖ ⟨Typ⟩ *asesor m* ‖ *~ agrícola landwirtschaftlicher Berater m* ‖ *~ de empresas Unternehmensberater m* ‖ *~ financiero Finanzberater m* ‖ *~ fiscal Steuerberater m* ‖ *~ ganadero Zuchtwart m* ‖ *~ de inversiones Anlageberater m* ‖ *~ jefe* ⟨Typ⟩ *Cheflektor m* ‖ *~ jurídico Syndikus, Rechtsberater m* ‖ *~ militar Militärberater m* ‖ *~ técnico Fachberater, technischer Berater m*
asesora *f:* *~ del hogar Chi Hausgehilfin f*
asesoramiento *m Beratung f* ‖ *~ ambulante Wanderberatung f* ‖ *~ de empresas Unternehmensberatung f* ‖ *~ por expertos fachmännische Beratung f* ‖ *~ fiscal Steuerberatung f*
aseso|rar vt *(jdm) raten, mit Rat beistehen, (jdn) beraten* ‖ *~se beratschlagen* ‖ ◇ *~ con alg. s. bei jdm Rat holen* ‖ **–ría** *f Amt und Gehalt* bzw. *Amt n e–s Beisitzers oder Beirats* ‖ *Beratungs|büro n* bzw *-stelle f*
asestadero *m* Ar *Ort m der Mittagsruhe*
¹asestar vt *versetzen (Schlag)* ‖ *werfen (Stein)* ‖ *~ (el tiro) zielen, (ein Geschütz) richten (auf acc), abkommen, anvisieren* ‖ *abgeben (Schuss)*
²asestar [-ie-] vi Ar Sal *Mittagsruhe halten*
aseve|ración *f Versicherung, Behauptung f* ‖ **–rar** vt *versichern, be|haupten, -teuern* ‖ **–rativo** adj Am *bejahend*
asexual *(m/f)*, **asexuado** adj *asexual, geschlecht(s)los* ‖ **–idad** *f* ⟨Med Psychol⟩ *Asexualität, Ungeschlechtlichkeit f*
asfal|tado adj *asphaltiert* ‖ *~ m Asphaltbelag m, Asphaltierung f* ‖ *Asphalt m* ‖ **–tar** vt *asphaltieren*
asfáltico adj *Asphalt-*
asfalto *m Asphalt m (Asphalt)Bitumen n* ‖ *~ colado Gussasphalt m* ‖ *~ comprimido Stampfasphalt m* ‖ *~ depurado gereinigter Asphalt m* ‖ *~ frío Kaltasphalt m* ‖ *~ natural Naturasphalt m*
asfíctico adj *Erstickungs-*
asfigmia *f* ⟨Med⟩ *Pulslosigkeit f*
asfi|xia *Asphyxie f* ‖ *Erstickung f* ‖ ◇ *morir de ~ ersticken* ‖ **–xiado** adj *erstickt* ‖ ⟨fig⟩ *Schwarzseher, Pessimist m* ‖ **–xiante** adj *(m/f) ersticken[d]* ⟨fig⟩ *schwül* ‖ [Luft] *stickig* ‖ **–xiar** vt *ersticken* ‖ *~se ersticken*
asfódelo *m* ⟨Bot⟩ *Affodill, Asphodill m (Asphodelus spp)*
asgo → **asir**
¹así adv *so, auf diese Art* ‖ *also, folglich* ‖ *so viel* ‖ *demnach, daher* ‖ *mithin, also* ‖ *auch, ebenso* ‖ *a decirlo ~ sozusagen* ‖ *~ ... ~ soso, leidlich, mittelmäßig* ‖ *~ ... como ... soso, leidlich, mittelmäßig* ‖ *~ como ~, ~ que ~ sowohl ... als auch ...* ‖ *~ como ..., ~ que ... sowieso, allenfalls, ohne weiteres* ‖ *~ como ..., ~ que ... sobald ... (als) ‖ ~ es que ... daher ..., folglich ..., also ...* ‖ *~ mismo auf gleiche Weise* ‖ *zugleich auch* ‖ *~ no más soso, leidlich, mittelmäßig* ‖ Am *so ohne weiteres; mir nichts, dir nichts* ‖ *~ que asá* ⟨⟨fam⟩ ~ que asado⟩, *~ o ~ so oder so, gleich wie* ‖ ⟨fam⟩ *gehupft wie gesprungen* ‖ *~ sea amen, es werde wahr* ‖ *~ y todo dessen-, dem|ungeachtet,*

trotzdem ‖ *immerhin* ‖ tanto es ~ que … *kurz und gut,* … ‖ (un pastel) ~ de grande *ein so großer (Kuchen)* ‖ *¿~,* ~, me abandonas? *du verlässt mich also?* ‖ ¡cómo ~! *wieso! ist es möglich?* ‖ ¡ni tanto ~! *nicht im Geringsten!*
²así conj **a)** i n W u n s c h s ä t z e n : ~ Dios te ayude *Gott möge dir beistehen!* ‖ ¡~ lo maten!, ¡~ lo aspen! ⟨vulg⟩ *er soll verrecken!* **b)** i n K o n z e s s i v s ä t z e n : ~ lo mates, no cede *auch wenn du ihn totschlägst, wird er doch nicht nachgeben* **c)** i n K a u s a l s ä t z e n (auch bei der Gegenüberstellung): ese hombre, ~ como tiene limitados medios, tiene limitado poder *da dieser Mann (einerseits) über beschränkte Mittel verfügt, ist seine Macht (andererseits) auch beschränkt* **d)** i n T e m p o r a l s ä t z e n (bei unmittelbarer Aufeinanderfolge): ~ que llegó *sobald er (sie, es) ankam* ‖ ~ como él llegue, partiremos *sobald er ankommt, reisen wir ab* ‖ *sobald er kommt, gehen wir*
Asia *f*[el] ⟨Geogr⟩ *Asien* n ‖ ~ Central *Zentralasien* n ‖ ~ Menor *Kleinasien* n
asiaticismo *m* Vorliebe f *für asiatische Sitten, Gebräuche usw.*
asiático adj *asiatisch* ‖ ~ *m Asiat* m
asibilar vt ⟨Phon⟩ *assibilieren*
asicar vt Dom *belästigen, quälen*
asi|damente adv *in enger Verbindung* f ‖ **–dero** *m (Hand)Griff, Halter, Henkel* m ‖ *Haltegriff* m *(im Fahrzeug)* ‖ *Heft* n ‖ ⟨fig⟩ *Vorwand, Anlass* m ‖ ⟨fig⟩ *Anhabe* f ‖ ⟨fig⟩ *Halt* m ‖ ⟨fig⟩ *Blöße* f ‖ ◇ *tener buenos* ~s ⟨fig⟩ *einflussreiche Beziehungen haben* ‖ **–do** adj ⟨Mar⟩ *glatt (Küste)* ‖ ◇ *estar* ~ *a alg.* ⟨fam⟩ *jdm nicht von der Seite weichen*
asidonense adj/s *(m/f) aus Medinasidonia* (P Cád) ‖ *auf Medinasidonia bezüglich*
asi|duidad *f Pünktlichkeit, Regelmäßigkeit* f ‖ *Fleiß, Eifer* m, *Emsigkeit* f ‖ *Stetigkeit* f ‖ ~es *fpl Aufmerksamkeiten* fpl ‖ *dauerndes Bemühen* n ‖ **–duo** adj *emsig, eifrig* ‖ *beharrlich, ausdauernd, stetig, pünktlich* ‖ *regelmäßig beiwohnend* od *teilnehmend (Sitzungen)* ‖ *anhaltend, häufig* ‖ *dienstbeflissen, strebsam* ‖ adv: ~*amente*
¹asiento *m* **a)** *Sitz* m ‖ *Sitz|gelegenheit* f, *-platz* m ‖ *(örtliche) Lage* f ‖ *richtige Lage, Stellung* f ‖ ~ *anatómico körpergerechter Sitz* m ‖ ~ del *catapultable* ⟨Flugw⟩ *Schleudersitz* m ‖ ~ del *conductor Fahrersitz* m ‖ ~ *delantero Vordersitz* m ‖ ~ *expulsable* ⟨Flugw⟩ *Schleudersitz* m ‖ ~ *ocupado belegter Platz* m ‖ ~ *plegable,* ~ *rebatible Klappsitz* m ‖ ~ *posterior,* ~ *trasero Rücksitz, Fond* m ‖ ~ *proyectable* ⟨Flugw⟩ *Schleudersitz* m ‖ ~ *de rejilla geflochtener Stuhlsitz* m ‖ ◇ *ceder el* ~ *a alg. jdm den Platz frei machen, jdm s–n Platz anbieten* ‖ *no calentar* el ~ *nicht lange bleiben (z. B. in e–m Amt)* ‖ *s. nicht lange aufhalten* ‖ *de un* ~ *einsitzig* ‖ *de dos* ~s *zweisitzig* ‖ *estar de* ~ *s. häuslich niedergelassen haben, ansässig sein* ‖ *hacer* ~ *s. aufhalten* ‖ *no le hace buen* ~ *la comida das Essen bekommt ihm (ihr) schlecht* ‖ *pegársele a alg.* el ~ *nicht gehen, nicht gehen wollen, am Stuhl kleben bleiben* ‖ *tener buen* ~ *e–n guten Sitz haben (Reitkunst)* ‖ *tomar asiento s. setzen* ‖ *s. niederlassen, ansässig werden* ‖ **b)** ~ *m Amt* n, *Stelle* f, *Posten* m ‖ *Platz, Wohnsitz, Aufenthalt* m
²asiento *m* ⟨Tech⟩ *Lagerung* f, *Lager* n ‖ *Auflager (Brücke)* n ‖ *Ruhe-, Stütz|punkt* m ‖ *Sitz* m ‖ ~ *deslizante Gleitsitz* m ‖ ~ *giratorio Laufsitz* m ‖ ~ *fijo Festsitz* m ‖ ~ *móvil Bewegungssitz* m ‖ ~ *prensado Presssitz* m
³asiento *m* ⟨Arch⟩ *Schichtung* f *(der Steine)* ‖ *Mörtelschicht* f ‖ *Stabilität* f ‖ *Senkung* f *(e–s Gebäudes)*

⁴asiento *m* ⟨Mar⟩ *Trimm* m ‖ *Steuerlastigkeit* f ‖ ~ de un buque *Trimmlage* f *e–s Schiffes*
⁵asiento *m Boden* m *(e–s Gefäßes)* ‖ *Bodensatz* m
⁶asiento *m* ⟨fig⟩ *Gesetztheit* f, *gesetztes Wesen* n ‖ *Beständigkeit* f, *Dauer* f
⁷asiento *m* **a)** ⟨Com⟩ *Buchung* f, *Posten* m ‖ *Eintragung* f ‖ ~ en otra cuenta ⟨Com⟩ *Umbuchung* f ‖ ~ erróneo ⟨Com⟩ *irrtümliche Buchung, Falschbuchung* f ‖ ~ de la pena ⟨Jur⟩ *Straffestsetzung* f ‖ ~ de presentación *Eingangsvermerk* m *(Grundbuch)* **b)** *Liefervertrag* m
⁸asiento *m Gebisslücke* f *(Pferd)*
⁹asiento *m Fleischseite* f *(des Leders)*
¹asientos *mpl Gesäß* n, *Hintern* m
²asientos *mpl Besatz* m *(an Hemdsärmeln)*
asigna|ción *f Verleihung* f *e–s Amtes* ‖ *Bestimmung* f ‖ *Anweisung* f ‖ *Zu|teilung, -weisung* ‖ *Los* n, *Anteil* m ‖ *(Geld)Bezüge* mpl ‖ *(Amts)Gehalt* n ‖ ~ por carestía de vida, ~ por encarecimiento de la vida *Teuerungs|zuschlag* m, *-zulage* f ‖ ~ de divisas *Devisenzuteilung* f ‖ ~ especial *Sonderzuwendung* f ‖ ~ de ingresos a fines específicos *Zweckbestimmung* f von *Einnahmen* ‖ ~ mensual ⟨Stud⟩ *Wechsel* m ‖ ~ de tráfico *Verkehrsumlegung* f ‖ **–do** *m* ⟨Hist⟩ *Assignate* f
asig|nar vt *anweisen, bestimmen* ‖ *zu|weisen, -teilen, überweisen* ‖ *(Gehalt) festsetzen* ‖ ⟨Inform⟩ *zuweisen* ‖ ◇ ~ a la reserva *der Rücklage zuweisen* ‖ **–natario** *m Assignatar, Empfänger* m ‖ Am ⟨Jur⟩ *gerichtlich anerkannter Erbe* m ‖ **–natura** *f (Lehr)Fach* n ‖ *Unterrichtsgegenstand* m ‖ *Lehrgang, Kurs* m ‖ ~ básica *Kern-, Haupt|fach* m ‖ ~ comercial *Handelsfach* n ‖ ~ facultativa *Wahlfach* n ‖ ~ obligatoria *Pflichtfach* n ‖ ~ optativa *Wahlfach* n ‖ ~ pendiente *noch nicht bestandenes Fach* n ‖ ~ secundaria *Nebenfach* n ‖ ◇ *aprobar una* ~ *in e–m Fach bestehen (bei der Prüfung), absolvieren (ein Fach)*
asigún Am ⟨pop⟩ → **según**
asilado *m* ⟨Pol⟩ *Asyl|bewerber, -suchende(r), Asylant* m ‖ *unter Asylschutz Stehende(r)* m ‖ *Insasse* m *e–s Heimes*
¹asilar vt ⟨Pol⟩ *Asyl gewähren* (dat) ‖ *in ein Heim (z. B. für Alte, Kranke, Obdachlose usw.) aufnehmen*
²asilar vt ⟨Agr⟩ *silieren* ‖ *in Korngruben verwahren (Frucht)*
asilarse vr *s–e Zuflucht nehmen* (en *zu*) ‖ *Asyl suchen* (en *bei*)
asilenciar vt Guat *verschweigen*
¹asilo *m* **a)** *Asyl* n, *Zufluchtsort* m ‖ *Freistätte* f ‖ *Heim* m (z. B. *für Alte, Kranke, Obdachlose, Waisen usw.*), (früher: *Armen-, Waisen|haus* n *usw.*) ‖ ~ de alienados *Heil- und Pflege|anstalt für Geisteskranke,* [früher] *Irrenanstalt* f ‖ ~ para ancianos *Altenheim* n ‖ ~ para bebedores *Trinkerheil|anstalt, -stätte* f ‖ ~ de ciegos *Blinden|anstalt* f, *-heim* n ‖ ~ de trabajo *Arbeitshaus* n *(Strafrecht)* ‖ ◇ sin ~ *obdachlos*
²asilo *m Asyl* n, *Asylgewährung* f ‖ ~ diplomático *diplomatisches Asyl* n ‖ ~ interno *inneres Asyl* n ‖ ~ político *politisches Asyl* n
³asilo *m* ⟨Ins⟩ *Raubfliege* f (Asilus crabroniformis)
asilve|strado adj *verwildert (Pflanze, Tier)* ‖ **–strarse** vr *verwildern*
asimetría *f Mangel* m *an Ebenmaß, Unebenmäßigkeit, A-, Un|symmetrie* f
asimétrico adj *a-, un|symmetrisch, ungleichartig*
asimiento *m Greifen, Anpacken* n ‖ ⟨fig⟩ *Neigung, Anhänglichkeit* f

asimi|lable adj *(m/f) angleichbar* ‖
assimilierbar ‖ **–lación** *f Assimi|lierung, -lation,
Gleichmachung* f ‖ *Angleichung* f ‖ *Anartung* f ‖
⟨Phys⟩ *Aneignung, Einverleibung* f ‖ *Verdauung* f
‖ *geistige Verarbeitung, Aneignung* f ‖
Assimilierung f, *völliges Aufgehen* n,
Eingliederung f *(Menschen)* ‖ ⟨Gr⟩ *Assimilation* f
‖ **–lar** vt *assimilieren, angleichen* ‖ *vergleichen,
gleichstellen* (a *mit*) ‖ *eingliedern* ‖ *geistig
verarbeiten* ‖ ⟨Gr⟩ *angleichen, assimilieren* ‖ ~ a
*los nacionales (Ausländer) mit den eigenen
Staatsbürgern gleichstellen* ‖ ~*se s. aneignen,
einverleiben* ‖ *s. vergleichen* (a *mit*) ‖ *s.
angleichen* ‖ *s. assimilieren* ‖ *aufgehen* (a *in*) ‖ *s.
zu eigen machen* ‖ *s. die Nährstoffe aneignen,
zuführen, verarbeiten (Körper)* ‖ **–lativo** adj
aneignend ‖ *angleichend* ‖ **–lista** adj *(m/f)* ⟨Pol⟩
Assimilations-
   asimina f ⟨Bot⟩ *Rahm-, Zucker|apfel, Süßsack*
m (Annoma squamosa)
   asimismo adv *ebenso* ‖ *auch, ebenfalls* ‖
zugleich
   asimplado adj *dumm aussehend* ‖ *einfältig*
   asín, asina adv ⟨fam⟩ → *así*
   asin|crónico adj *asynchron, nicht gleichzeitig,
entgegenlaufend* ‖ **–cronismo** m *asynchroner
Ablauf* m ‖ *asynchrone Bewegung* f
   asíncrono adj → *asincrónico*
   asindético adj *knapp (Stil)* ‖ ⟨Gr⟩ *unverbunden,
asyndetisch*
   asíndeton m ⟨Gr⟩ *Asyndeton* n
   asi|nergia f ⟨Med⟩ *Asynergie* f ‖ **–nérgico** adj
asynergisch
   asínino adj → *asnino*
   asintomático adj ⟨Med⟩ *symptom|frei, -los*
   asíntota f ⟨Math⟩ *Asymptote* f
   asintótico adj ⟨Math⟩ *asymptotisch*
   asir vt [asgo, ases etc.] *ergreifen, packen,
(an)fassen* ‖ ◇ ~ *de los cabellos an den Haaren
packen* ‖ ~ *por la mano bei der Hand ergreifen* ‖
~ vi *fassen* ‖ *Wurzel fassen* (od *schlagen),
wachsen (Pflanzen)* ‖ ~*se s. festhalten* (a, de, *an*
dat) ‖ ⟨fig⟩ *in e–n Wortwechsel geraten,
handgemein werden* ‖ ~ a una ideología *auf e–r
Ideologie beharren* ‖ ~ al terreno ⟨Mil⟩ *s. ans
Gelände klammern* ‖ ~ de ... *s. anklammern an
...* (acc) ‖ *s. festhalten an* (dat) ‖ ⟨fig⟩ *zum
Vorwand nehmen*
   Asiria f ⟨Hist⟩ *Assyrien* n
   asi|rio adj *assyrisch* ‖ ~ m *Assyrier* m ‖ *das
Assyrische* n ‖ **–riología** *f Assyriologie* f ‖
–riológico adj *assyriologisch* ‖ **–riólogo** *m
Assyriologe* m
   Asís m [Stadt] *Assisi* n
   asísmico adj *erdbeben|sicher, -fest*
   ¹asistencia *f Anwesenheit* f, *Beisein* n ‖ la ~
die Anwesenden
   ²asistencia *f Beistand* m, *Hilfe* f ‖ *Betreuung,
Fürsorge* f ‖ *Unterhalt* m ‖ *Bedienung, Pflege,
Wartung* f ‖ ~ casera *od* domiciliaria *häusliche
Pflege* f ‖ ~ a los ciegos *Blindenfürsorge* f ‖ ~
en domicilio → ~ casera ‖ ~ a las embarazadas
Schwangerenfürsorge f ‖ ~ en la educación
Erziehungsbeihilfe f ‖ *Ausbildungsförderung* f ‖ ~
al enfermo *Krankenpflege* f ‖ ~ espiritual
geistlicher Beistand m ‖ ~ facultativa → ~
médica ‖ ~ hostil *neutralitätswidrige Dienste* mpl
(Völkerrecht) ‖ ~judicial ⟨Jur⟩ *Rechtshilfe* f ‖ ~
judicial gratuita ⟨Jur⟩ *Prozesskostenhilfe* f (früher:
Armenrecht n) ‖ ~ a la juventud *Jugend|hilfe,*
(früher: *-fürsorge* f) ‖ – letrada ⟨Jur⟩ *Beistand* m
durch e–n Rechtsanwalt ‖ ~ marítima
Hilfeleistung f *auf hoher See* ‖ ~ en materia
penal ⟨Jur⟩ *Rechtshilfe* f *in Strafsachen* ‖ ~ a la
maternidad *od* a la madre *Mutterschutz* m ‖ ~

médica *ärztlicher Beistand* m ‖ ~ a los menores
→ ~ a la juventud ‖ ~ a los mutilados de guerra
Kriegsopferversorgung f ‖ ~ a los parados
Arbeitslosen|hilfe, (früher: *-fürsorge* f) ‖ ~
pública *öffenliche Fürsorge* f ‖ ~ pública
domiciliaria *beamtete Ärzteschaft* f ‖ ~ sanitaria
Gesundheitsversorgung f ‖ ~ social *Sozialhilfe* f ‖
Wohlfahrtspflege f ‖ ◇ prestar ~ facultativa
ärztliche Hilfe leisten, ärztlich behandeln (a alg.
jdn)
   ³asistencia *f* a) Chi *Unfallstation* f ‖ b) Col
Speisehaus n ‖ c) Col Chi *Gästehaus* n
   asistencias fpl ⟨Jur⟩ *Alimente* pl,
Unterhaltszahlungen fpl
   asisten|ta *f* a) *Aufwarte-, Putz-, Zugeh|frau,
Stundenhilfe* f ‖ *Raumpflegerin* f ‖
(Aushilfs)Dienstmädchen n ‖ b) ~ social
Sozialarbeiterin, Fürsorgerin f ‖ **–te** *m/f* a)
Anwesende(r), Teilnehmer(in f) m ‖ b)
Assistent(in f) m ‖ *Gehil|fe* m, *-fin* f ‖ *Wärter,
Kranken|wärter* od
-pfleger m ‖ *Hilfspriester* m ‖ ⟨Mil⟩
Offiziersbursche, Putzer m ‖ ~ a prácticas
Praktikant(in f) m ‖ ~ *durante el plazo de prueba
Bewährungshelfer(in* f) m *(Strafrecht)* ‖ ~ social
Sozialarbeiter(in f) m ‖ ~ técnicosanitaria
Arzthelferin f ‖ ~*s* mpl: *los* ~ *die Anwesenden,
die Teilnehmer*
   asistidora *f* ⟨fam⟩ *Aufwartefrau* f
   asistimiento m Sal *Dienst, Beistand* m, *Hilfe* f
   asistir vt *(jdm) beistehen, helfen* ‖ *(jdm)
behilflich sein* ‖ *(jdm) aushelfen* ‖ *(jdm) aus der
Not helfen* ‖ *ärztlich behandeln* ‖ *(jdn) bedienen,
(jdm) aufwarten* ‖ *(jdm) zur Seite stehen* ‖ *(jdm)
als Zeuge dienen (bei Feierlichkeiten)* ‖ ◇ ~ a
los enfermos die Kranken pflegen ‖ ~
facultativamente ärztlich behandeln ‖ ~ vi
zugegen, anwesend sein ‖ *s. einfinden, erscheinen*
‖ *teilnehmen* (a an dat) ‖ *besuchen (Schule)* ‖
⟨Kart⟩ *Farbe bekennen* ‖ ◇ *le asiste la razón er
(sie, es) hat Recht* ‖ ~ al instituto *das
Gymnasium besuchen* ‖ ~ a una reunión *an e–r
Veranstaltung teilnehmen* ‖ asistido por ordenador
computergestützt
   asis|tolia *f* ⟨Med⟩ *Asystolie* f ‖ **–tólico** adj
asystolisch
   askenazi *[pl* **–is**], **–zí** *[pl* **–íes**] m *Aschkenasi* m
*(Bezeichnung für die ost- und mitteleuropäischen
Juden)*
   asma *f*[el] ⟨Med⟩ *Asthma* n ‖ ⟨Vet⟩
Dämpfigkeit f ‖ ~ bronqual *Bronchialasthma* n ‖
~ car|diaca, –díaca *Herzasthma* n ‖ ~ del heno
Heu-, Gräser|asthma n
   asmático adj ⟨Med⟩ *asthmatisch, kurzatmig* ‖
⟨Vet⟩ *dämpfig* ‖ ~ m *Asthmatiker* m
   asna *f*[el] *Eselin* f
   asnacho m ⟨Bot⟩ *Hauhechel* f (ononis spinosa)
   asnada *f* ⟨fig⟩ *Eselei* f
   asnados mpl ⟨Bgb⟩ *Strebepfeiler* mpl
   asnal adj *(m/f) eselhaft, -artig, Esel-* ‖
–mente adv *eselhaft* ‖ ⟨fam⟩ *bestialisch, brutal* ‖
⟨fig⟩ *dumm*
   asne|ar vi Chi *eselhaft handeln* ‖ ~ vt Chi
(jdn) e–n Esel nennen, (jdm) Dummheit vorwerfen
‖ **–dad** *f* ⟨fam⟩ *Eselei, Dummheit* f ‖ **–jón** *m*
(augm *od* desp von **asno**) *großer Esel* m ‖ **–ría** *f
Herde* f *Esel* ‖ ⟨figf⟩ *Eselei* f
   asnico m Ar dim von **asno** ‖ *Bratspießgabel* f
   ¹asnillo *m Bock* m *(Gestell)*
   ²asnillo *m* ⟨Ins⟩ *Moderkäfer* (Staphylinus
olens)
   asnino adj ⟨fam⟩ *eselhaft, Esel-*
   asno *m* ⟨Zool⟩ *Esel* m (Equus asinus) ‖ ⟨fig⟩
Dummkopf m ‖ ~ *cargado de letras* ⟨fig⟩
gelehrter Esel, Scheingelehrter m ‖ ~ doméstico

Hausesel m ‖ ~ silvestre *Wildesel* m ‖ ◇ apearse
de su ~, caer de su ~ ⟨figf⟩ *s–n Irrtum einsehen*
‖ no ver tres en un ~ ⟨fam⟩ *kurzsichtig sein* ‖
parecerse al ~ de Buridán ⟨fig⟩ *unschlüssig sein* ‖
tener la cabeza de ~ ⟨fam⟩ *starrköpfig sein*
asobarcar [c/qu] vt ⟨fam⟩ →ᐩ **sobarcar**
asocairarse vr ⟨Mar⟩ *Schutz vor dem Sturm
suchen* ‖ ⟨fig⟩ *s–e Pflicht zu umgehen suchen*
asocar vt Cu →ᐩ **azocar**
asocarronado adj *schelmisch*
asociación f *Verein* m ‖ *Ver|einigung, -bindung*
f ‖ *Genossenschaft* f ‖ *Gilde* f ‖
Handels|genossenschaft, -gesellschaft f ‖ ~
agrícola *Bauernverband* m ‖ ~ de beneficencia
Wohltätigkeitsverein m ‖ ~ comercial
Handelsgenossenschaft f ‖ ~ con capacidad
jurídica *rechtsfähiger Verein* m ‖ ~ de
consumidores *Verbraucherverband* m ‖ ~ʾ de
Control Técnico *Technischer Überwachungsverein
(TÜV)* ‖ ~ económica *wirtschaftlicher Verein* m ‖
~ʾ Europea de Libre Cambio (EFTA) *Europäische
Freihandelsassoziation* f *(EFTA)* ‖ ~ de fines
ideales *Idealverein* m ‖ ~ʾ Fonética Internacional
Weltlautschriftverein m ‖ ~ de hinchas *Fanclub*
m ‖ ~ de ideas *Gedanken|verbindung, -verkettung*
f ‖ ~ inscrita *eingetragener Verein (e.V.)* ‖ ~ de
intereses *Interessengemeinschaft* f ‖ ~ʾ
Internacional de Intérpretes de Conferencia
(AIIC) *Internationaler Verband* m *der
Konferenzdolmetscher* ‖ ~ Internacional para la
protección de la Propiedad Industrial *Vereinigung*
f *für gewerblichen Rechtsschutz (IVfgR)* ‖ ~ʾ
Internacional de Universidades *Internationaler
Universitäts-Verband, Hochschulverband* m ‖ ~
de labradores *Bauernverband* m ‖ ~ʾ
Latinoamericana de Libre Comercio
Lateinamerikanische Freihandelsvereinigung f ‖
~ molecular ⟨Chem⟩ *Molekül-Assoziation* f ‖ ~
musical *Musikverein* m ‖ ~ obrera
Arbeiterverband m ‖ ~ patronal, ~ de patronos
Arbeitgeberverband m ‖ ~ de plantas
Pflanzengesellschaft f ‖
Pflanzenvergesellschaftung f ‖ ~ de la prensa
Pressevereinigung f ‖ ~ profesional
Berufsverband m ‖ ~ (reconocida) de utilidad
pública *gemeinnütziger Verein* m ‖ ~ registrada
eingetragener Verein m *(e.V.)* ‖ ~ sin capacidad
jurídica *nicht-rechtsfähiger Verein* m
asocia|cionismo m *Vereinswesen* n ‖ **–do** m/adj
Gesellschafter, Partner, Teilhaber m ‖ *Mitglied* n ‖
Genosse m
asocial adj *(m/f) asozial, gemeinschafts|fremd,
-unfähig* ‖ *gesellschaftsschädigend* ‖ ~ *m
Asoziale(r)* m
asociamiento m *Vereinigung* f ‖
Zusammenschluss m
asociar vt *zu-, bei|gesellen* ‖ *assoziieren* ‖ ⟨fig⟩
ver|einigen, -binden ‖ *in (Gedanken)Verbindung
bringen* (a, con *mit*) ‖ ~**se** *e–e
(Handels)Gesellschaft bilden* ‖ *s. zusammentun* (a,
con *mit*)
asocio m Am *Vereinigung* f ‖ *Verband* m ‖
Zusammenarbeit f ‖ ◆ en ~ con ... *in
Zusammenarbeit mit ...*
asola|ción f *Verwüstung, Zerstörung* f ‖ **–dor**
adj *ver|wüstend, -heerend* ‖ ~ m *Verwüster* m ‖
–miento m *Verwüstung, Zerstörung* f
asolanarse vr *verdorren (Früchte) unter dem
Einfluss des Solanowindes* (→ᐩ ²**solano**)
asolapar vt ⟨Arch⟩ *stufenweise übereinander
legen (Ziegel)* ‖ ⟨Tech⟩ *überlappen*
asolar [-ue-] vt *niederreißen, schleifen* ‖
verheeren, zerstören ‖ *verwüsten (Flüssigkeiten)* ‖
veröden
¹**asolarse** [-ue-] vr *s. setzen (Flüssigkeiten)*

²**asolarse** vr *(von der Sonne) ver|dorrt, -sengt
werden (Saat)*
asoldar [-ue-] vt *in Sold nehmen, besolden* ‖
dingen ‖ ~**se** *Sold beziehen*
asole|ada f Am *Sonnenstich* m ‖ **–ado** adj
⟨fam⟩ *plump, ungeschickt* ‖ **–ar** vt *der
Sonnenhitze aussetzen* ‖ ~**se** *s. sonnen* ‖ *s. von
der Sonne bräunen lassen* ‖ *verdorren (Pflanzen)*
‖ *ausdörren (Früchte, Getreide)* ‖ Mex *e–n
Sonnenstich bekommen (Tiere)* ‖ **–o** m *Sonnen* n
asollamar vt Chi *(ver)sengen* ‖ *absengen
(Geflügel)*
asoma|da f *plötzliches, kurzes Erscheinen* n ‖
Stippvisite f ‖ **–do** adj ⟨fam⟩ *beschwipst,
ange|säuselt, -heitert, -dudelt*
asomagado adj Ec *s–n Rausch ausschlafend* ‖
schläfrig
asomar vt *zum Vorschein bringen* ‖
hinausstrecken ‖ *zeigen* ‖ ◇ ~ la cabeza *den Kopf
hervorstrecken, zeigen* ‖ ~ vi *hervorgucken* ‖ *zum
Vorschein kommen, auftauchen* ‖ ~**se** *s. zeigen,
erscheinen* ‖ *zum Vorschein kommen* ‖ *s.
abzeichnen* ‖ *hinaussehen (zum Fenster usw.)* ‖
⟨fam⟩ *s. beschwipsen* ‖ Am *s. von ferne
bemerkbar machen* ‖ ◇ ~ a *od* por la ventana *s.
aus dem Fenster lehnen, zum Fenster
hinausschauen* ‖ ⟨EB⟩ "es peligroso ~ al
exterior" „*nicht hinauslehnen!*" ‖ estar asomado
a buena ventana ⟨fam⟩ *gute Aussicht haben*
asomático adj *asomatisch* ‖ ⟨Philos⟩ *körperlos,
unkörperlich*
asom|bradizo adj *furchtsam, scheu* ‖ **–brado**
adj *erstaunt* ‖ **–brar** vt *beschatten, verdunkeln* ‖
⟨fig⟩ *bestürzen, in Staunen od in Schrecken
versetzen* ‖ *verwundern* ‖ ~**se** *erschrecken* ‖ *s.
wundern, staunen (de über acc)* ‖ **–bro** m *Schreck*
m ‖ *Entsetzen* n ‖ *(Er)Staunen* n ‖ *Gegenstand* m
der Bewunderung ‖ ◇ ~ *de mujer e–e tolle od
umwerfende Frau* ‖ **–broso** adj *erstaunlich* ‖
entsetzlich ‖ *verblüffend* ‖ adv: ~**amente**
asomnia f ⟨Med⟩ *Asomnie, Schlaflosigkeit* f
asomo m *An|schein* m, *-zeichen* n ‖ *Andeutung*
f ‖ *Vermutung* f ‖ *Argwohn* m ‖ *Anflug* m (& fig) ‖
Touch m ‖ ◇ ni ~ Am ⟨fam⟩ *k–e Spur* ‖ ni por ~
⟨fam⟩ *nicht im entferntesten, kein Gedanke daran,
nicht die Spur, beileibe nicht*
asonada f *Auflauf* m, *Zusammenrottung* f ‖
Aufbruch m
asonan|cia f ⟨Mus⟩ *Einklang* m, *Harmonie* f
(& fig) ‖ *Assonanz* f ‖ ◇ tener ~ con ... *in
Einklang stehen mit ... (dat)* ‖ **–tar** vi *Assonanzen
bilden* ‖ **–te** adj ⟨Poet⟩ *assonierend, vokalreimend*
‖ *ähnlich lautend, anklingend* ‖ ~ m *Assonanz* f
asonar [-ue-] vi *assonieren, gleichen Ausklang
haben (Endworte)* ‖ ~**se** *s. zusammenrotten*
asoporarse vr Guat *schläfrig werden od sein*
asordar vt *betäuben, taub machen* ‖ *(jdm) in
den Ohren dröhnen*
¹**asorocharse** vr SAm *an der Bergkrankheit
erkranken*
²**asorocharse** vr Chi ⟨fig⟩ *erröten*
asortado adj *beglückt, glücklich*
asortir vt ⟨Waren⟩ *sortieren*
asotanar vt *unterkellern (Gebäude)*
aspa f[el] **a)** *Andreaskreuz, liegendes Kreuz* n
‖ **b)** *Windmühlenflügel* m ‖ **c)** ⟨Text⟩ *Haspel* f (&
m) ‖ ~**s** fpl: ~ de Borgoña *Burgundisches Kreuz*
n ‖ ~ *Fahnenzeichen der span. Traditionalisten*
²**aspa** f[el] Arg *Bol Ur Ven Horn* n *(des Viehs)*
aspacín adv *León* →ᐩ **despacio**
aspa|dera f ⟨Text⟩ *Haspel* m/f ‖ **–do** adj
andreaskreuzähnlich ‖ ⟨figf⟩ *in e–r zu engen
Jacke steckend, eingezwängt* ‖ ~ m ⟨Text⟩
Haspeln n ‖ **–dor** m ⟨Text⟩ *Haspel* f (& m) ‖
Haspler m *(Arbeiter)* ‖ ~ de algodón

Baumwoll|haspler, -weifer m ‖ ~ de madejas
Fitzer m
aspálato *m* ⟨Bot⟩ *Rhodiserdorn* m (Aspalathus spp)
aspam(i)ento *m* Arg →* **aspaviento**
aspar vt ⟨Text⟩ *auf-, ab|haspeln* ‖ *ans Kreuz schlagen* ‖ ⟨figf⟩ *kränken* ‖ *plagen* ‖ ~**se** ⟨fig⟩ *s. dehnen, s. recken* ‖ *s. winden (vor Wut* od *Schmerzen)* ‖ ◇ ~ a gritos ⟨fig⟩ *ein Zetergeschrei erheben, Zeter und Mordio schreien*
asparagina *f* ⟨Chem⟩ *Asparagin* n
aspaven|tado adj *erschreckt* ‖ **–tar** [-ie-] vt *(jdm) Furcht einflößen* ‖ ~ vi *Furcht empfinden* ‖ ~**se** *s. sehr erschreckt gebärden* ‖ **–tero, –toso** *m* ⟨fam⟩ *Gebärdenmacher, Faxenschneider* m ‖ *aufgeregter Mensch* m
aspaviento *m Gebärde* f od *Ausruf* m *(des Schreckens, des Verdrusses, der Verwunderung)* ‖ *Gezeter, aufgeregtes Getue* n, *Faxen* fpl, ⟨fam⟩ *Wirbel* m ‖ ◇ hacer muchos ~s ⟨fam⟩ *viel Aufhebens machen* (de *von)*
aspeado adj *(arbeits)müde* ‖ *todmüde*
¹aspecto *m Anblick* m ‖ *Aussehen* n ‖ *Ansicht, Erscheinung* f, *Aspekt* m ‖ *Blick-, Gesichts|punkt* m ‖ *Blick|richtung* f, -winkel m ‖ ~ de conjunto *Perspektive* f ‖ ~ frontal *Stirnansicht* f ‖ ~ lateral *Seitenansicht* f ‖ *Blick(punkt)* m ‖ ♦ a(l) primer ~ *auf den ersten Blick* ‖ ◇ tener buen ~ *gesund, gut aussehen*
²aspecto *m* ⟨Astr Astrol Gr⟩ *Aspekt* m ‖ ~ trino *Gedrittschein* m
aspe|rear vi *herb schmecken* ‖ **–reza** *f Rauheit, Härte* f ‖ *Unebenheit* f *(eines Geländes)* ‖ ⟨Geol⟩ *Griffigkeit* f *(der Steine)* ‖ *Rauheit, Sprödigkeit* f *(der Stimme)* ‖ *Heiserkeit* f ‖ *Herbheit, Bitterkeit* f ‖ *Strenge, Härte* f ‖ *holp(e)rige Schreibart* f ‖ *mürrisches Wesen* n ‖ *derber Ausdruck* m
asperger vt →* **asperjar**
asper|ges *m Besprengung* f *(mit Weihwasser)* ‖ ⟨figf⟩ *Weihwasserwedel* m ‖ ◇ quedarse ~ ⟨fam⟩ *s. in seiner Hoffnung getäuscht sehen,* ⟨fam⟩ *in die Röhre gucken* ‖ *mit langer Nase abziehen müssen* ‖ **–gilo** *m Aspergillus, Kolben-, Gießkannen|schimmel (Pilz)* m (Aspergillus spp) ‖ **–gilosis** *f* ⟨Med⟩ *Aspergillose, Kolben-, Gießkannen|schimmelkrankheit* f
aspérgula *f* ⟨Bot⟩ *Klettenlab-, Kleb|kraut* n (Galium aparine)
aspe|ridad *f* →* **–reza** ‖ **–riego** *m* ~ *Renetteapfelbaum* m, *Renette* f ‖ **–rilla** f →* ⟨Bot⟩
aspérula ‖ **–rillo** *m säuerlicher Nachgeschmack* m
asperjar vt *(allg) (be)sprengen* ‖ ⟨Kath⟩ *mit Weihwasser besprengen*
asper|mático adj ⟨Med⟩ *aspermatisch, samenlos* ‖ **–matismo** *m Asper|matie* f, *-matismus* m, *Fehlen* n *des Samenergusses* ‖ **–mia** *f* ⟨Med⟩ *Aspermie* f, *Erguss* m *ohne Samenfäden*
áspero adj *rau, hart* ‖ *uneben, holp(e)rig (Gelände)* ‖ *schroff, steil* ‖ *struppig* ‖ *rau (Jahreszeit)* ‖ ⟨fig⟩ *herb (Geschmack)* ‖ *rau (Stimme)* ‖ *hart (Wort)* ‖ *spröde (Haut)* ‖ ⟨fig⟩ *widerlich, schroff, barsch* ‖ ~ para el gusto *herb schmeckend* ‖ ~ de condición *von rauem Gemüt* ‖ adv: ~**amente**
asperón *m Sand-, Schleif|stein* m ‖ ~ carbonífero ⟨Geol⟩ *Kohlensandstein* m
aspérrimo adj sup von **áspero**
asper|sión *Be|spritzung, -sprengung, Aspersion* f ‖ aspersiones de vapor ⟨Med⟩ *Dampfspray* m ‖ **–sor** *m Rasensprenger* m ‖ *Sprinkler* m ‖ ~ circular *Kreisregner* m ‖ ~ sectorial *Sektorenregner* m ‖ **–sorio** *m Spreng-, Weih|wedel* m
aspérula *f* ⟨Bot⟩ *Waldmeister* m (Asperula odorata)

asperura *f* →* **aspereza**
áspic *m* ⟨Kochk⟩ *Aspik* m
áspid(e) *m* ⟨Zool⟩ *Aspisviper* f (Vipera aspis) ‖ *(ägyptische* bzw. *indische) Natter* od *Viper* f
aspidistra *f* ⟨Bot⟩ *Schusterpalme, Schildblume* f (Aspidistra sp)
aspidobranquios *mpl* ⟨Zool⟩ *Schildkiemer* mpl
aspilla f And *hölzener Messstab* m *für Flüssigkeiten*
aspillera *f* ⟨Mil⟩ *Schießscharte* f ‖ ⟨Tech⟩ *Schürloch* n
aspira|ción *f Einatmen, Atemholen* n ‖ *An-, Ein|saugen* n ‖ ⟨Phon⟩ *Aspi|ration* f, *-rieren* n ‖ ⟨Theol⟩ *Streben, Sehnen* n *der Seele zu Gott* ‖ ⟨Mus⟩ *Luftpause* f ‖ ⟨fig⟩ *Trachten, Streben, Sehnen* n ‖ *Hoffen* n ‖ *Wunsch* m ‖ *Ehrgeiz* m ‖ **–do** adj: letra ~a ⟨Gr⟩ *Hauchlaut* m ‖ **–dor** *m Staubsauger* m ‖ *Sauger, Sauglüfter, Exhaustor* m ‖ *Absorber, Absorptionsapparat* m ‖ ~ de agua y polvo *Nass/Trockensauger* m ‖ ~ de aire *Luftsauger* m ‖ ~ centrífugo *Zentrifugalexhaustor* m ‖ ~ de polvo *Staubsauger* m ‖ ~ soplador *Laub- und Abfall|sauger* m ‖ **–dora** *f Staubsauger* m
aspi|rante adj *(m/f)* an-, ein|saugend, Saug- ‖ ~ e implemente *saugend und drückend* ‖ ~ m *Bewerber* m ‖ *Anwärter, Aspirant* m ‖ ~ a oficial ⟨Mil⟩ *Offiziersanwärter, Fahnenjunker* m ‖ ~ a la sucesión ⟨Jur⟩ *Erbanwärter* m ‖ ~ al título *Titelanwärter* m (& Sp) ‖ **–rar** vt *einziehen (Luft)* ‖ *einatmen* ‖ *auf-, ein|saugen* ‖ ⟨Gr⟩ *aspirieren, behauchen* ‖ ~ vt/i *bezwecken, abzielen auf* (acc) ‖ ◇ ~ a *streben, trachten (nach)* ‖ *s. bewerben* (a *um)* ‖ ~ raba a su mano *er hielt um sie an* ‖ no –ro a tanto *m–e Ansprüche sind nicht hoch* ‖ **–rativo** adj ⟨Gr⟩ *hauchend*
aspirina *f* ⟨Med⟩ *Aspirin* n
asplenia *f* ⟨Med⟩ *Asplenie* f, *Fehlen* n *der Milz*
aspra *f*[el] Gal *Bergkette* f
asque|ado adj *angeekelt* ‖ **–ar** an|ekeln, -widern ‖ ~ vi *Ekel empfinden* od *äußern* ‖ **–rosidad** *f Ekelhaftigkeit* f ‖ ⟨fam⟩ *Schweinerei* f ‖ **–roso** adj *ekelhaft, wider|wärtig, -lich* ‖ *unflätig* ‖ *obszön* ‖ adv: ~**amente**
asquena|zi, –zí *m* →* **askena|zi, –zí**
asquiento adj Col Ec →* **asqueado**
asta *f*[el] *Lanze* f ‖ *(Lanzen)Schaft* m ‖ *Stange* f *(e–r Fahne, e–s Geweihs)* ‖ *Horn* n *(des Rindviehs)* ‖ ⟨Mal⟩ *Pinselstiel* m ‖ ⟨Mar⟩ *Topp* m ‖ *Ankerschaft* m ‖ ◇ darse de las ~s ⟨fam⟩ *aneinander geraten* ‖ dejar a uno en las ~s del toro ⟨figf⟩ *jdn im Stich lassen* ‖ estar a media ~ *auf halbmast wehen (Flagge)*
astabatán *m* ⟨Bot⟩ Al *Andorn* m (Marrubium vulgare)
astacicultura *f Flusskrebszucht* f
ástaco *m* ⟨Zool⟩ *Edel-, Fluss|krebs* m (Astacus fluvialis)
astado adj *schaft|ähnlich, -artig* ‖ *gehörnt* ‖ ⟨Bot⟩ *spießförmig* ‖ ◇ el ~ ⟨Taur⟩ *der Stier* m
astasia *f* ⟨Med⟩ *Astasie* f, *astatischer Zustand* m
astático adj ⟨Phys⟩ *astatisch*
astatino, astatio, ástato *m* (At) ⟨Chem⟩ *Astat, Astatin* n
asteatosis *f* ⟨Med⟩ *Asteatose* f
astenia *f* ⟨Med⟩ *Asthenie* f ‖ *Kraftlosigkeit, Schwäche* f (& fig)
asténico *f* ⟨Med⟩ *asthenisch* ‖ *die Asthenie* bzw. *den Astheniker betreffend* ‖ ~ m *Astheniker* m
astenopia *f* ⟨Med⟩ *Asthenopie, Sehschwäche* f
ásteo adj *schaftartig*
áster *m* ⟨Bot⟩ *Aster* f (Aster spp) ‖ ~ alpino *Alpenaster* f (A. alpinus)

astereognosis *f* ⟨Med⟩ *Astereognosie, Tast|blindheit, -lähmung* f
aste|ria *f* ⟨Min⟩ *Sternstein* m ‖ **–rismo** *m* ⟨Min Phys⟩ *Asterismus* m
asterisco *m (Noten)Sternchen, Sternzeichen* n (*)
asternal adj *(m/f):* costilla ~ ⟨An⟩ *kurze, falsche Rippe* f
asteroi|de *m Planetoid, Asteroid* m ‖ *Sternschnuppe* f ‖ **–deos** *mpl* ⟨Zool⟩ *Seesterne* mpl (Asteroiden)
asterónimo *m durch Sternchen verhüllter Name* m (z. B. ***)
astifino adj *mit feinen und dünnen Hörnchen (Stier)*
astigitano adj/s *aus Écija* (P Sev) ‖ *auf Écija bezüglich*
astig|mático adj ⟨Med⟩ *astigmatisch* ‖ **–matismo** *m* ⟨Med⟩ *Astigmatismus* m ‖ **–mómetro** *m* ⟨Med⟩ *Astigm(at)ometer* n
astil *m Axtstiel* m ‖ *Stiel* m ‖ *Pfeilschaft* m ‖ *Waagebalken* m ‖ *Federkiel* m
asti|lla *f (Holz)Splitter, Span* m ‖ *Lade* f *am Webstuhl* ‖ ~ *de piedra Steinsplitter* m ‖ ~ *de vidrio Glassplitter* m ‖ ~ *muerta* ⟨Mar⟩ *Totholz* n ‖ ◆ sin ~ *splitterfrei* ‖ *de tal palo, tal* ~ ⟨Spr⟩ *der Apfel fällt nicht weit vom Stamm* ‖ ◇ *hacer* ~s *holzen* ‖ hacer ~ (de) a/c ⟨figf⟩ *et. zer|schlagen, -stören, zu Kleinholz machen* ‖ *sacar* ~ ⟨figf⟩ *Nutzen ziehen, zu e–r Sache kommen* ‖ **–llar** vt/i *zersplittern* ‖ *spalten (Holz)* ‖ Mex *zerstören* ‖ **–llarse** vr *absplittern* ‖ *abschiefern* ‖ **–llazo** m *Verletzung* f *durch e–n Splitter* ‖ *Krachen* n *(des Holzes beim Springen)*
asti|llero *m* ⟨Mar⟩ *(Schiffs)Werft* f, *Dock* n ‖ *Helling* f ‖ *Wehrgestell* n ‖ Mex *Holzschlag, zum Holzfällen bestimmter Teil* m *des Waldes* ‖ ◇ estar en ~ (fam) s. *glänzend verstehen* ‖ poner a alg. en ~ (fig) *jdm eine hohe Würde verleihen* ‖ **–llón** *m* augm von **–lla** ‖ **–lloso** adj *splitt(e)rig, Splitter-*
asto|mia *f* ⟨Med⟩ *Astomie* f, *Fehlen* n *des Mundes* ‖ **–mo, ástomo** adj *astomat, mundlos*
astorgano adj/s *aus Astorga* (P León) ‖ *auf Astorga bezüglich*
astracán *m Astrachan* m, *Astrachan|leder* n, *-leinwand* f ‖ *Persianer(mantel)* m
Astracán *m* [Stadt] *Astrachan* n
astracanada *f* (fam) *fantastisches, derb-komisches Theaterstück* n, *Revue* f ‖ *grober Witz* m
¹astrágalo *m* ⟨Bot⟩ *Tragant* m (Astragalus spp)
²astrágalo *m Halsring, Reif* m ‖ ⟨Arch⟩ *Astragal, Hals-, Säulen|ring* m
³astrágalo *m* ⟨An⟩ *Sprungbein* n
¹astral *m* Ar *Handbeil* n
²astral adj *(m/f) Stern(en)-*
astreñir [e/i] vt → **astringir**
astricción *f* ⟨Med⟩ *Zusammenziehen* n
astrictivo adj → **astringente**
astrífero adj *(poet) sternübersät, bestirnt*
astrild *m* ⟨V⟩ *Astrild* m
astrin|gencia *f* ⟨Med⟩ *zusammenziehende Beschaffenheit* f ‖ → **astricción** ‖ **–gente** adj *(m/f) zusammenziehend, adstringierend (Mittel)* ‖ ~ *m Adstringens* n ‖ **–gir** [g/j] vt *zusammenziehen* ‖ (fig) *zwingen, nötigen* (a *zu*)
astriñir vt → **astringir**
astro *m Gestirn* n, *Stern* m ‖ (fig) *Stern* m *(Künstler)* ‖ (fig) *Star* m ‖ ~ *circumpolar* ⟨Astr Mar⟩ *Zirkumpolargestirn* n ‖ ~ *luciente* ⟨Astr⟩ *selbstleuchtendes Gestirn* m ‖ ~ *oscuro* ⟨Astr⟩ *dunkler Himmelskörper* m ‖ el ~ *de la noche* (poet) *der Mond* ‖ el ~ *rey* (poet) *die Sonne*
astro|física *f Astrophysik* f ‖ **–físico** adj

astrophysikalisch ‖ **–fotografía** *f Sternfotografie* f ‖ **–fotometría** *f Astrophotometrie* f ‖ **–grafía** *f Astrographie, Sternbeschreibung* f ‖ **–ide** *f* ⟨Math⟩ *Astroide, Sternkurve* f ‖ ⟨Biol⟩ *Astroid* n ‖ **–labio** *m* ⟨Astr⟩ *Astrolabium* n ‖ **–latría** *f Astrolatrie, Sternverehrung* f ‖ **–lito** *m Meteorstein* m ‖ **–logía** *f Sterndeuterei, Astrologie* f ‖ **–lógico** adj *astrologisch*
astrólogo *m Sterndeuter, Astrologe* m
astro|nauta *m/f Astronaut(in* f), *(Welt)Raumfahrer(in* f) m ‖ **–náutica** *f Astronautik, (Wissenschaft von der) Raumfahrt* f ‖ **–náutico** adj *astronautisch* ‖ **–nave** *f (Welt)Raumschiff* n
astro|nomía *f Astronomie, Sternkunde* f ‖ ~ *descriptiva darstellende Astronomie* f ‖ ~ *esférica sphärische Astronomie* f ‖ ~ *gravitacional Gravitationsastronomie* f ‖ ~ *de posición Positionsastronomie* f ‖ ~ *ptolemaica ptolemäische Astronomie* f ‖ **–nómico** adj *astronomisch* ‖ (figf) *astronomisch, sehr hoch (Zahlen, Preise usw.)* ‖ adv: ~**amente**
astrónomo *m Astronom* m
astrosfera *f* ⟨Biol⟩ *Astrosphäre* f
astroso adj *ekelhaft* ‖ *schmutzig, unreinlich* ‖ *schlampig, verlottert* ‖ (fig) *elend, schlecht, schäbig* ‖ adv: ~**amente**
△ **astruja** *f Pflug* m
△ **astruje** *m Amboss* m
astu|cia *f Geriebenheit, Schlauheit* f ‖ *Tücke, Hinterlist, Arglist* f ‖ *List* ‖ ◇ ~ *a dominar a la fuerza List siegt über Kraft* ‖ **–cioso** adj → **–to**
astur adj → **asturiano**
asturcón *m Wildpferd* n *in den Bergen Asturiens*
asturia|nismo *m Asturianismus* m, *asturische Spracheigentümlichkeit* f ‖ **–no** adj *asturisch* ‖ ~ *m Asturier* m
Asturias *fpl* ⟨Geogr⟩ *Asturien* n (historische, heute autonome Region in Spanien)
asturicense adj/s *(m/f) aus Astorga* (P León) ‖ *auf Astorga bezüglich*
astuto adj *arglistig, gerieben, smart* ‖ *verschlagen* ‖ *schlau* ‖ adv: ~**amente**
asú ⟨pop⟩ → **así**
asuana *f Pe Gefäß* n *für Chicha* (→ ³**chicha**)
asu|biadero *m Sant Unterschlupf* m *(bei Regen)* ‖ ~**biarse** vr Sant *s. unterstellen (bei Regen)*
asubio adv: ◇ estar ~ Sant *Obdach gegen Regen haben*
asueto *m halber* od *ganzer Ferientag* m *der Schüler* ‖ *Ruhe-, Feier|stunde* f ‖ ◇ dar ~ *freigeben*
asumir vt *zu s. nehmen, s. aneignen* ‖ *auf-, über|nehmen* ‖ *ergreifen* ‖ ⟨Jur⟩ *vor eine höhere Instanz ziehen* ‖ ◇ ~ *el cumplimiento* ⟨Jur⟩ *die Erfüllung übernehmen* ‖ ~ *la defensa de un acusado* ⟨Jur⟩ *die Verteidigung e–s Angeklagten übernehmen* ‖ ~ *una deuda* ⟨Jur⟩ *e–e Schuld übernehmen* ‖ ~ *la garantía die Garantie übernehmen* ‖ ~ *el poder* ⟨Pol⟩ *die Macht ergreifen* ‖ ~ *la responsabilidad die Verantwortung* od *Haftung übernehmen*
asunción *f Übernahme* f ‖ *Beförderung* f *zu e–r sehr hohen Würde* ‖ ~ (cumulativa) *de deuda* ⟨Jur⟩ *(kumulative) Schuldübernahme* f, *Schuldbeitritt* m ‖ ~ *de cumplimiento* ⟨Jur⟩ *Erfüllungsübernahme* f ‖ ~ *privativa de deuda* ⟨Jur⟩ *befreiende Schuldübernahme* f
Asunción *f* ⟨Rel⟩ *Mariä Himmelfahrt* f ‖ span. *Frauenname* ‖ *m* [Stadt] *Asunción* n
asuncionista *m* ⟨Rel⟩ *Ordensgeistliche(r)* m *der Kongregation von Mariä Himmelfahrt, Assumptionist* m

asunto pp/irr von **asumir** ‖ ~ *m Stoff, Gegenstand* m ‖ *Anlass* m, *Veranlassung* f ‖ *Geschäft* n ‖ *Angelegenheit*, ⟨fam⟩ *Geschichte* f ‖ *Sache* f ‖ ⟨Lit⟩ *Thema* n ‖ *Idee* f, *Motiv* n (z. B. *e–s Bildes*) ‖ ⟨Jur⟩ *Sache* f, *Verfahren* n ‖ ~: *Betr:, Betreff:, Betrifft:* ‖ ~ criminal ⟨Jur⟩ *Strafsache* f ‖ el ~ en cuestión *die bewusste* (od *besagte*) *Angelegenheit* f ‖ ~ financiero *Geldangelegenheit, Finanzsache* f ‖ ~ de honor *Ehren|sache* f, *-handel* m ‖ ~ judicial *Rechtssache* f ‖ ~ de negocios *geschäftliche Angelegenheit* f ‖ ~ pecuniario *Geldangelegenheit* f ‖ ~ de película *Film|Stoff* m, *-motiv* n ‖ ~ peliculable *für die Verfilmung geeignete Vorlage* f ‖ ~ penal *Strafsache* f ‖ ~ picante *Pikanterie, Anzüglichkeit* f ‖ ~ principal *Hauptsache* f ‖ ~ privado *Privatangelegenheit* f ‖ *eigenes Anliegen* n, *eigene Sache* f ‖ ¡y ~ concluido! ⟨fam⟩ *und Schluss damit! und damit basta!* ‖ ◇ *dormir sobre algún* ~ ⟨figf⟩ *et. gründlich überlegen, s. et. in aller Ruhe durch den Kopf gehen lassen* ‖ es un ~ de faldas ⟨fam⟩ **a)** *das ist Frauensache* ‖ **b)** *das ist e–e Weibergeschichte* ‖ tocar de cerca un ~ ⟨fig⟩ *in e–r Sache sehr bewandert sein* ‖ ~s *mpl Sachen, Angelegenheiten* fpl, *Geschäfte* npl ‖ ~ de la comunidad *Angelegenheiten* fpl *der Gemeinschaft* ‖ ~ no despachados *Unerledigte(s)* n ‖ ~ exteriores *auswärtige Angelegenheiten* fpl ‖ ~ particulares *Privatgeschäfte* npl ‖ ~ de sucesión *Erbschaftssachen* fpl ‖ ~ de trámite *Routineangelegenheiten* fpl

asu|ra f *Unruhe, Angst* f ‖ **-rar** vt *anbrennen lassen (eine Speise)* ‖ ~**se** *anbrennen (Speise)* ‖ *verdorren (Saaten)* ‖ ⟨fig⟩ *s. beunruhigen (por über)* ‖ → **asarse** ‖ *Sant durch den Südwind verdorren (Wiesen, Pflanzen)*

asurcano adj *angrenzend* (de *an* acc), *Nachbar-* ‖ ~ *m Furchennachbar* m *(bei der Feldbestellung)*

asuso adv *nach oben, hinauf*

asus|tadizo adj *furchtsam, schreckhaft, scheu, ängstlich* ‖ **-tado** adj **a)** *erschrocken* ‖ **b)** Pe *zurückgeblieben (Kind)* ‖ **-tar** vt *erschrecken, ängstigen* ‖ ⟨fam⟩ *bange machen* (dat) ‖ ◇ *-ta de bonita que está* ⟨fam⟩ *sie ist verdammt hübsch* ‖ ~**se** *s. fürchten, s. ängstigen (de vor* dat) ‖ ◇ ~ de *(od* con, por) *algo über et. erschrecken*

at ⟨Abk⟩ = *atmósfera técnica*

At ⟨Abk⟩ = *astatino, astatio, ástato*

¹**ata** f[el] ⟨Bot⟩ *Zistrose* f (Cistus sp)

²**ata** f[el] Am *Kopf-, Trag|wulst* m

atabaca f *And* → **atarraga**

¹**atabacado** adj *tabakfarben*

²**atabacado** adj Bol → **empachado**

ata|bal m *maurische Kesselpauke* f ‖ *kleine Trommel* f ‖ *Tamburin* n ‖ *Pauken-, Trommel|schläger* m ‖ **-balear** vi *pauken* ‖ *trommeln* ‖ *mit den Vorderfüßen stampfen (Pferd)* ‖ *mit dem Finger* od *den Fingern (auf den Tisch) trommeln* ‖ **-balero** m *Paukenschläger, Trommler* m

atabanado adj: *caballo* ~ *Schwarzschecke* m

atabe m *Luftloch* n *(Rohr)*

atabernado adj: *vino* ~ *Schankwein* m

ata|bladera f ⟨Arg⟩ *flache Egge* f *(aus Holz)* ‖ **-blar** vt *eggen*

atacadera f *Stopfer,* ⟨Bgb⟩ *Pfropf* m *zum Verstopfen des Bohrloches*

ataca|do adj ⟨figf⟩ *kleinmütig, verzagt* ‖ *zaudernd, zögernd* ‖ ⟨fig⟩ *karg, filzig* ‖ **-dor** m *Angreifer* m ‖ ⟨Mil⟩ *Ansetzer* m ‖ **-nte** m/f *Angreifer(in* f) m

atacar [c/qu] vt *angreifen* ‖ *an-, fest|binden, anschnüren* ‖ *zu|knöpfen, -schnüren* ‖ *anspannen (Zugtiere)* ‖ *einpressen* ‖ *eintreiben* ‖ *voll stopfen* ‖

⟨Mil⟩ *(die Geschützladung) aufsetzen* ‖ ⟨Mil⟩ *angreifen* ‖ *befallen (Krankheit, Schlaf)* ‖ ⟨Chem⟩ *an|fressen, -greifen* ‖ ⟨Mus⟩ *(e–n Ton) ansetzen* ‖ *(e–n Gesang) anstimmen* ‖ ⟨fig⟩ *in Angriff nehmen, anfangen* ‖ ⟨fig⟩ *anfechten, bekämpfen* ‖ ⟨fig⟩ *in die Enge treiben* ‖ ◇ ~ bien la plaza ⟨fam⟩ *tüchtig zulangen (bei Tisch)* ‖ ~ con ácidos ⟨Chem⟩ *ätzen* ‖ ~ vi ⟨Mus⟩ *ansetzen* ‖ ⟨Mus⟩ *ohne Unterbrechung weiterspielen* ‖ ⟨figf⟩ *einhauen (tüchtig essen)* ‖ ~**se** *s. zuknöpfen*

ataché m *Aktenkoffer* m

atacola f *[Pferdegeschirr] Schweifriemen* m

atáctico adj *unregelmäßig* ‖ ⟨Ku⟩ *ataktisch (Polymer)*

ataderas fpl ⟨fam⟩ *Strumpfbänder* npl

¹**atadero** m *Bindeband* n ‖ *Bindering, Haken* m *(zum Festbinden)* ‖ Mex *Strumpfband* n ‖ ◇ *eso no tiene* ~ ⟨fig⟩ *das ist leeres Geschwätz, das ist völlig sinnlos*

²**atadero** m ⟨fig⟩ *Verlegenheit* f ‖ *Hindernis* n

atadijo m ⟨fam⟩ *unordentlich geschnürtes Päckchen* n ‖ *Verschnürung* f *e–s Päckchens*

ata|dor m ⟨Agr⟩ *Garbenbinder* m ‖ ~**es** mpl *Mützenbänder* npl *der Kinder* ‖ **–dora** f *Binderin* f ‖ ⟨Agr⟩ *(Garben)Bindemaschine* f ‖ ~ de haces *Garbenbinder* m ‖ **–dura** f *Band* n ‖ *Knoten* m ‖ ⟨Med⟩ *Binde* f, *Verband* m ‖ *Bindung, Verschnürung* f ‖ ⟨fig⟩ *Verbindung* f ‖ ⟨fig⟩ *Zwang* m ‖ ~**s** fpl *Fesseln* fpl (& fig) ‖ *Gebundensein* n ‖ *las dulces* ~**s** *del amor die zarten Bande* npl *der Liebe*

atafagar [g/gu] vt *betäuben* ‖ ⟨fam⟩ *belästigen, löchern, aus dem Häuschen bringen*

atafea f *Übersättigung* f

atafetanado adj ⟨Text⟩ *taft|artig, -ähnlich*

atagatos m ⟨fam⟩ *Elende(r), Wicht* m

ataguía f *Spundwand* f, *Fangdamm* m ‖ ⟨Tech⟩ *Achslagersteg* m ‖ ~ con cubrejuntas *Stulpwand, überlappte Bretterwand* f ‖ ~ de doble pared *Kastenfang-, Koffer|damm* m ‖ ~**s** fpl *Gründämme* mpl

ataharre m *[Pferdegeschirr] Schweifriemen* m

atahona f → **tahona**

atahorma f ⟨V⟩ *Schlangenadler* m (Circaetus gallicus)

ataire m *Fries* m *(an Tür* od *Fenster)*

¹**ataja** m Arg → **ataharre**

²**ataja** m Cu *flüchtiger Täter* m

ataja|da f Chi *Nebenweg* m ‖ **–dero** m *Wasserführung* f ‖ **–dizo** m *Verschlag* m, *Scheidewand* f ‖ *abgetrennter Raum* m

atajador m Mex Chi *Lasttiertreiber* m

atajar vt *abschneiden, (ver)sperren (Weg)* ‖ *abdämmen (Wasser)* ‖ ⟨fig⟩ *(im Reden) unterbrechen, (jdm) ins Wort fallen* ‖ ⟨fig⟩ *zurück-, ab|halten (de von)* ‖ ⟨fig⟩ *verkürzen* ‖ *bezeichnen (Sätze, Worte, Stellen in e–m Text, die ausfallen sollen)* ‖ ⟨fig⟩ *bezwingen* ‖ ⟨fig⟩ *parieren (Fechten)* ‖ ◇ ~ *el resuello a alg.* Am *jdn abmurksen* ‖ ~ vi *e–n kürzeren Seitenweg einschlagen* ‖ ~**se** *vor Bestürzung verstummen, kleinlaut werden* ‖ And *s. betrinken*

ataja|sangre m Col *eine Lianeart* f ‖ **–solaces** m ⟨fam⟩ *Freudenstörer* m

¹**atajo** m *Neben-, Seiten|weg* m ‖ *Abkürzungsweg* m ‖ *Abkürzung* f ‖ Am *Viehherde* f ‖ ~ de bribones *Haufe(n) Spitzbuben* mpl ‖ *Gaunerbande* f ‖ ◇ *echar por el* ~, *tomar el* ~, *coger* ~**s** *den kürzesten Weg einschlagen* (& fig) ‖ *no hay* ~ *sin trabajo* ⟨Spr⟩ *ohne Fleiß kein Preis* ‖ *salir al* ~ *jdn in s–r Rede* od *im Gespräch unterbrechen*

²**atajo** m Am *Viehherde* f ‖ ~ de bribones *Haufe(n)* m *Spitzbuben, Gaunerbande* f

atalajar vt *an-, ein|spannen*

¹atalaje m *Gespann* n ‖ *Pferdegeschirr* m
²atalaje m ⟨figf⟩ *(Braut)Ausstattung, Aussteuer*
f
atalanta f ⟨Ins⟩ *Admiral* m (Vanessa atalanta)
¹atalantar vi *behagen, zusagen, gefallen* ‖
gelegen kommen
²atalantar vt *betäuben*
atala|ya f *Warte* f, *Wartturm, Wachtturm,
Luginsland, einsamer Hügel* m ‖ *Aussichtsturm* m
‖ ⟨fig⟩ *Position* f, *die Übersicht verleiht* ‖ ~ m
(Turm)Wächter m ‖ **–yador** m (& adj)
Turmwächter m ‖ ⟨fig⟩ *Späher* m ‖ ⟨fig⟩ *Späher,
Auskundschafter* m ‖ **–yar** vt/i *erspähen* ‖
beobachten ‖ ⟨fig⟩ *spüren, spähen* ‖ **~se** *erspähen*
atalu|dadura f *Böschungshobel* m ‖
Böschungshobeln n *(Tätigkeit)* ‖ **–dar** vt
abdachen, böschen ‖ **–zar** [z/c] vt → **ataludar**
atamán m ⟨Hist⟩ *Ataman, Kosakenhetman* m
atamiento m *Verknüpfung* f ‖ *Verpflichtung* f ‖
⟨fig⟩ *Kleinmut* m, *Befangenheit* f
¹atanasia f ⟨Bot⟩ *Rainfarn* m (Chrysanthemum
[Tanacetum] vulgare)
²atanasia f ⟨Typ⟩ *Mittel* f *(Schriftgrad)*
Atanasio m np *Athanasius* m
atanco m *Hindernis* n (→ **atranco**)
atanor m *Brunnenröhre* f ‖ *Rinnsal* n ‖
Dränagerohr n
¹atanquía f ⟨Text⟩ *Seidenwerg* n ‖ *Flockseide* f
²atanquía f *Enthaarungssalbe* f
ata|ñedero adj *betreffend, angehend* ‖ **–ñer** vt
*Sal (ein scheu gewordenes Tier) auf-,
zurück|halten* ‖ ~ vi def *[nur 3.* pers pres]
betreffen, angehen ‖ en lo que atañe *(od* en lo
atañente) a *hinsichtlich* (gen) ‖ eso no me atañe
das geht mich nichts an
atapialar vt Ec *um-, zu|mauern*
atapierna f *Strumpfband* n
atapuzar [z/c] vt Ven *voll stopfen* ‖ *(be)laden*
¹ataque m ⟨allg⟩ *Anfall* m *(Wut usw.)* ‖ *Befall*
m *(Insekten usw.)* ‖ ⟨Med⟩ *(Krankheits)Anfall* m ‖
⟨fam⟩ *Schlaganfall* m ‖ ~ de asma *Asthmaanfall*
m ‖ ~ furioso, ~ de ira *Wutanfall* m ‖ de nervios
Nervenzusammenbruch m ‖ ~ de tos *Hustenanfall*
m
²ataque m ⟨Mil⟩ *Angriff* m ‖ *Überfall* m ‖ ~
aéreo *Luftangriff* m ‖ ~ a baja altura
Tief(flieger)angriff m ‖ ~ armado *bewaffneter
Angriff* m ‖ ~ con armas nucleares
Kernwaffenangriff m ‖ ~ de diversión
Ablenkungsangriff m ‖ ~ envolvente
Umfassungsangriff m ‖ ~ fingido *Scheinangriff*
m, *Finte* f ‖ ~ de flanco *Flankenangriff* m ‖ ~ de
frente, ~ frontal *Frontalangriff* m ‖ ~ fulgurante
blitzschneller Angriff m ‖ ~ imprevisto *Überfall*
m ‖ ~ ininterrumpido *rollender Angriff* m ‖ ~
nocturno *Nachtangriff* m ‖ ~ en picado
Sturzkampfflugzeugangriff, Stukaangriff m ‖ ~
preventivo *Präventivschlag* m ‖ ~ por sorpresa
Überraschungsangriff m ‖ ~ en tenaza
Zangen|bewegung f, *-angriff* m ‖ ~ terrorista *od*
de terror *Terrorangriff* m ‖ ◇ desatar *od*
desencadenar un ~ *e–n Angriff ansetzen* ‖ pasar
al ~ *zum Angriff übergehen* ‖ expuesto a ~s
aéreos *luftangriffbedroht* ‖ preparar para el ~ *zum
Angriff bereitstellen* ‖ rechazar un ~ *e–n Angriff
abweisen (od abwehren)*
³ataque m ⟨Tech⟩ *Eingriff* m *(Werkzeug)*
⁴ataque m ⟨Mus⟩ *Ansatz, Einsatz* m (& Phon)
⁵ataque m ⟨Chem⟩ *Ätzen* m, *Ätzung* f ‖
Korrosion f ‖ ~ por corrosión *Korrosionsfraß* m ‖
~ químico *chemische Einwirkung* f, *chemischer
Angriff* m
⁶ataque m ⟨Geol⟩ *Zerfressen* n ‖ ~ de la costa
(por el mar) *Abbruch* m *der Küste (durch das
Meer)*

atar vt *(an-, ver-, zu)binden* ‖ *zuknöpfen* ‖
anknüpfen ‖ *schnüren* ‖ ⟨fig⟩ *hemmen, hindern* ‖
◇ ni ata, ni desata ⟨figf⟩ *er (sie, es) weiß s. k–n
Rat* ‖ *er (sie, es) hat nichts zu sagen* ‖ ~ a alg.
jdn (stark) beanspruchen ‖ ~ cabos ⟨fig⟩ *folgern,
Rückschlüsse ziehen*, ⟨fam⟩ s. *e–n Reim auf et.
machen* ‖ ~ corto a alg. ⟨figf⟩ *jdn im Zaum
halten, jdn kurz halten* ‖ ~ las ideas *die
Zusammenhänge od Gedankengänge ordnen* ‖ ~
de pies y manos *an Händen und Füßen fesseln* ‖
~ a un tronco *an e–n Baum binden* ‖ ~ las vides
die Reben (an)binden ‖ **~se** s. *verbinden* ‖ ⟨fig⟩ *in
Bestürzung geraten* ‖ ⟨fig⟩ *verlegen werden* ‖
⟨Flugw⟩ s. *anschnallen* ‖ ~ a una opinión s. *e–r
Meinung anschließen*
ataracea f → **taracea**
ataráctico adj *ataraktisch, beruhigend* ‖ ~ m
Ataraktikum n
ataranta|do adj *von der Tarantel gestochen* ‖
⟨figf⟩ *un|ruhig, -stet* ‖ *erstaunt* ‖ *entsetzt* ‖ ⟨fig⟩
betäubt ‖ **–miento** m *Betäubung* f ‖
atarantar vt *betäuben* ‖ *außer Fassung
bringen*
¹atarantarse vr *in Bestürzung geraten* ‖ *die
Ruhe verlieren* ‖ Col Chi *übereilt handeln*
²atarantarse vr Guat Mex s. *beschwipsen*
atarascado adj ⟨fam⟩ *verrückt*
ataraxia f ⟨Philos⟩ *Seelen-, Gemüts|ruhe,
Leidenschaftslosigkeit, Ataraxie* f ‖ *Gleichmut* m ‖
⟨Med⟩ *Ataraxie* f
¹atarazana f *Schiffszeughaus* n ‖
Seilerwerkstatt f
²atarazana f And *Weinniederlage* f
atarazar [z/c] vi *zerbeißen* (→ **tarazar**)
atardecer [-zc-] vi *Nachmittag werden* ‖ *Abend
werden* ‖ *dämmern* ‖ ~ m *Abenddämmerung* f ‖
Anbruch m *der Nacht* ‖ ◆ al ~ *am od gegen
Abend, abends*
atareado adj *geschäftig* ‖ *vielbeschäftigt* ‖ ◇
estar muy ~ *sehr beschäftigt sein*
atarear vt *(mit Arbeit) überhäufen* ‖ *(jdm) e–e
Arbeit (auf)geben* ‖ **~se** *angestrengt arbeiten* ‖
⟨fam⟩ *schuften, s. abrackern* ‖ s. *in die Arbeit
stürzen* ‖ ◇ ~ con *(od* en) los negocios *eifrig s–n
Geschäften nachgehen*
atareco m Can *nutzloses Zeug* n, *Plunder* m
atarjea f *bedeckte Abzugsrinne* f ‖ Pe
Wasser|turm m, *-werk* n ‖ Am *Kabelkanal* m ‖ ~
bufa *Zug-, Luft|loch* n *(Mauer)* ‖ ~ tubular ⟨EB⟩
Röhrendurchlass m
atarquinarse vr s. *beschmutzen*
atarraga f ⟨Bot⟩ *Alant* m (Inula spp)
atarragar [g/gu] vt *(das Hufeisen) passend
schmieden* ‖ Ven *festnageln*
atarragarse [g/gu] vr Mex s. *voll essen, s.
übersättigen*
atarra|ya *Wurfgarn* n *der Fischer* ‖ **–yar a)** Ec
Pe *mit dem Wurfgarn fischen* ‖ **b)** PR *aufgreifen,
festnehmen*
atarrillarse vr Ve *e–n Sonnenstich bekommen*
ataru|gamiento m s von **–gar** ‖ **–gar** [g/gu] vt
⟨Zim⟩ *verpflöcken* ‖ *spunden* ‖ *einkeilen* ‖ ⟨fig⟩
voll stopfen ‖ *voll laden* ‖ ⟨fig⟩ *aus der Fassung
bringen* ‖ ⟨fig⟩ *zum Schweigen bringen* ‖ **~se**
⟨figf⟩ *aus der Fassung geraten*, ⟨figf⟩ s. *voll
laden* ‖ ⟨fam⟩ s. *verschlucken* ‖ *verlegen
schweigen* ‖ ◇ se me atarugó en la garganta ⟨fig
reg⟩ *er (sie, es) liegt mir im Magen* ‖ ⟨fig⟩ *die
Sache liegt mir (schwer) im Magen*
atasa|jado adj ⟨fam⟩ *auf e–m Pferd
ausgestreckt liegend* ‖ **–jar** vt *(Fleisch) in Stücke
schneiden, zer|legen, -schneiden*
atasca|dero m *Kotpfütze* f ‖ *schlammige
Wegstelle* f ‖ ⟨fig⟩ *Hemmung* f ‖ ⟨fig⟩ *Hindernis* n
‖ **–do** adj Murc *starrköpfig* ‖ **–miento** m →

atasco ‖ ⟨Mil Tech⟩ *(Lade)Hemmung* f ‖ ⟨Tech⟩ *Festfressen* n
atas|car [c/qu] vt ⟨Mar⟩ *kalfatern* ‖ *zustopfen, zuspunden (Ritzen)* ‖ *verstopfen (Löcher)* ‖ ⟨fig⟩ *hemmen* ‖ *Schwierigkeiten* fpl *machen* ‖ ~se *s. verstopfen (Röhren)* ‖ *s. (fest)klemmen, s. festpressen* ‖ ⟨fig⟩ *s. in e–n misslichen Handel verwickeln* ‖ *im Schlamm stecken bleiben* ‖ *s. festfahren* ‖ *s. verhaspeln* ‖ ◇ ~ *en el barro im Schlamm stecken bleiben* ‖ ~ *de comida s. überessen* ‖ *se le atascó la frase* ⟨pop⟩ *er konnte nicht ausreden* ‖ –co *m* ⟨fig⟩ *Hindernis* n ‖ *Verstopfung* f ‖ *Verklemmung* f ‖ ⟨StV⟩ *Verkehrsstauung* f, *Stau* m ‖ –coso adj Mex *unbefahrbar (Weg)* ‖ –que *m* → atasco ‖ –quería *f* Murc *Starrköpfigkeit, Hartnäckigkeit* f ‖ *Stauung* f

¡atatay! int Ec *pfui Deibel!*

ataúd *m* Sarg m ‖ *Leichenbahre* f ‖ ◇ *meter en el* ~ *einsargen*
ataudado adj *sargähnlich*
atau|jía *f damaszierte Arbeit, Damaszierung, Tauschierung* f ‖ –jiado adj *tauschiert, damasziert*
ataviar [pres ~ío] vt *putzen, schmücken* ‖ ~se *s. putzen* ‖ *s. herausstaffieren,* ⟨fam⟩ *s. herausputzen, s. auftakeln* ‖ ◇ ~ *con lo ajeno s. mit fremden Federn schmücken*
atávico adj *atavistisch, rückgeartet* ‖ ⟨fig⟩ *(ur)alt, überholt* ‖ *patriarchalisch*
atavío *m Putz, Schmuck* m ‖ *Kleid* n, *Kleidung* f ‖ *Schmucksache* f ‖ ⟨fam⟩ *Aufmachung* f
atavismo *m Atavismus* m, *Rückschlagbildung* f, *Rückschlag* m ‖ ◆ *por* ~ *durch Vererbung*
atayotarse vr Pe *erbleichen, bleich werden*
ataxia *f* ⟨Med⟩ *Ataxie, Störung* f *der Bewegungskoordination*
ate *m* Mex *Quittengelee* n (& m) ‖ *Fruchtpaste* f
atecomate *m* Mex *Trinkglas* n
atecorralar vt Mex *mit Steinen einfrieden*
atediar vt *langweilen* ‖ *an|ekeln, -widern*
ate|ísmo *m Atheismus* m, *Gottlosigkeit, Gottleugnung* f ‖ –ísta adj *(m/f)* → ateo ‖ –ístico adj *atheistisch*
ateje *m* ⟨Bot⟩ *e–e Raublattbaumart* f (Cordia sp)
atejonarse vr Mex *s. ducken*
atelabo *m* ⟨Arg Ins⟩ *Rebstecher, Zigarrenwickler* m (Byctiscus betulae)
atelaje *m* ⟨Mil⟩ *Gespann* m, *Bespannung* f
atelec|tasia *f* ⟨Med⟩ *Atelektase* f ‖ –tático adj *atelektatisch, vermindert lufthaltig*
atelia *f* ⟨Med⟩ *Atelie* f, *Fehlen* n *der Brustwarzen*
atembarse vr Col *verblüfft werden*
atemorizar [z/c] vt *einschüchtern* ‖ *erschrecken* ‖ ~se *erschrecken (de, por vor dat)*
atempa Ast *Viehweide* f *in e–r Niederung*
atemperar vt *mäßigen, mildern* ‖ *temperieren* ‖ *anpassen* ‖ *richten (a nach)* ‖ ~se *s. fügen*
atemporal adj *(m/f) zeitlos*
atemporalado adj *Sturm-*
atena|cear vt → –zar
Atenas *f* [Stadt] *Athen* n ‖ ~ *Castellana* ⟨fig⟩ *Salamanca (span. Stadt)*
atena|zado adj *zangenähnlich* ‖ –zar [z/c] vt *(mit e–r Zange) zwicken od packen* ‖ *abkneifen* ‖ ⟨fig⟩ *in die Enge treiben* ‖ ⟨fig⟩ *quälen, peinigen*
aten|ción *f Aufmerksamkeit, Achtsamkeit, Achtung* f ‖ *Höflichkeit, Zuvorkommenheit, Gefälligkeit* f ‖ *Auffassungsvermögen* m ‖ *Sorgfalt* f ‖ *Bedienung, Wartung* f ‖ ⟨Mil⟩ *Pferdepflege* f ‖ ~ *al cliente Kundenbetreuung* f ‖ ~ *facultativa,* ~ *médica ärztliche Betreuung* f ‖ ~ *a los niños Kinderbetreuung* f (z.B. *in Kaufhäusern od bei*

Großveranstaltungen) ‖ ~ *sostenida Spannung* f ‖ ~ *al visitante Gästebetreuung* f ‖ ◇ *digno de* ~ *beachtenswert* ‖ *falta de* ~ *Unaufmerksamkeit, Nachlässigkeit* f ‖ *falto de* ~ *unaufmerksam* ‖ ◆ *a la* ~ *de zu Händen von* ‖ *en* ~ *a mit Rücksicht auf* ‖ ◇ *llamar la* ~ *a alg. jdn zur Ordnung rufen* ‖ *llamar la* ~ *de alg. jdn aufmerksam machen (sobre auf* acc*)* ‖ *Aufmerksamkeit erregen* ‖ *aus dem Rahmen fallen* ‖ *poner* ~ *aufpassen, achten (en auf* acc*)* ‖ *poner* ~ *en el trabajo sorgfältig arbeiten* ‖ *prestar* ~ *aufpassen (en auf* acc*)* ‖ ¡~! *Achtung! Vorsicht!* ‖ –ciones fpl *Beschäftigungen* fpl, *Geschäfte* npl ‖ *Gebühren* fpl ‖ *Verpflichtungen* fpl ‖ ◇ *deshacerse en* ~ *überaus aufmerksam od liebenswürdig sein* ‖ *tener* ~ *con alg. jdm gegenüber sehr zuvorkommend sein*
aten|dedor *m* ⟨Typ⟩ *Korrektor* m ‖ –dencia *f Betreuung, Pflege* f ‖ *Beachtung* f
¹aten|der [-ie-] vt *be|achten, -rücksichtigen* ‖ *betreuen, warten, pflegen* ‖ *s. kümmern (a um)* ‖ *bedienen (Gast, Kunde)* ‖ *behandeln (Patienten)* ‖ *abwarten, harren* ‖ ~ *a los deseos de la clientela den Wünschen der Kundschaft entgegenkommen* ‖ *atiende por el nombre de ... er (sie) hört auf (den Namen) ...* ‖ ~ *a sus obligaciones s–n Verpflichtungen nachkommen* ‖ ~ *un plazo e–e Frist einhalten* ‖ ~ *a su subsistencia s–n Lebensunterhalt bestreiten* ‖ ~ vi *aufmerksam sein* ‖ *aufpassen, achtgeben (a auf* acc*)* ‖ *bedacht sein (a auf* acc*)* ‖ *(zu)hören* ‖ ¡atienda Vd.! *passen Sie auf!*
²atender [-ie-] vt ⟨Com⟩ *einlösen (Wechsel)*
³atender [-ie-] vt ⟨Typ⟩ *Korrektur lesen*
aten|dible adj *(m/f) beachtlich* ‖ –dido adj *be|achtet, -rücksichtigt* ‖ *bedient* ‖ Mex SAm *höflich, aufmerksam* ‖ ◇ *mal* ~ *vernachlässigt, liederlich*
Atenea *f* ⟨Myth⟩ *(Pallas) Athene* f
atenebrarse vr ⟨poet⟩ *s. verfinstern*
ateneísta *m/f Athenäumsmitglied* n
Ateneo *m Athenäum* n *(Gelehrtenverein)*
atenerse [irr → tener] vr: ~ *a ... s. halten an ...* (acc), *s. richten nach ...* ‖ ◇ ~ *a la letra de la ley,* ~ *literalmente a la ley s. an den Buchstaben des Gesetzes halten* ‖ ~ *a lo seguro auf sichere Boden stehen* ‖ *saber a qué* ~ *auf dem Laufenden sein* ‖ *mit s. im Reinen sein* ‖ *wissen, woran man ist*
ateniense adj *(m/f) aus Athen* ‖ ~ *m Athener* m
atenorado adj: ⟨voz⟩ ~a *Tenorstimme* f
atenta|do adj *vorsichtig* ‖ *leise* ‖ *behutsam, besonnen* ‖ ~ *m Anschlag* m, *Freveltat* f, *Attentat* n ‖ *Rechtsbruch* m ‖ ~ *contra las buenas costumbres Verstoß* m *gegen die guten Sitten, Sittenwidrigkeit* f ‖ ~ *a la propiedad Eigentumsvergehen* n ‖ ~ *contra el pudor Sittlichkeitsvergehen* n ‖ *unzüchtige Handlung* f ‖ ~ *suicida Selbstmordattentat* n ‖ ~ *contra la seguridad del Estado Staatsgefährdung* f ‖ ~ *contra la vida de alg. Anschlag* m *gegen jds Leben* ‖ *Mordversuch* m ‖ ~ *contra la vida de un Jefe de Estado Angriff* m *auf das Leben e–s Staatsoberhauptes* ‖ ~ *contra la seguridad del Estado Staatsgefährdung* f ‖ –dor *m Attentäter* m
atentamente adv *aufmerksam, höflich* ‖ ~ *suyo, le suyo ..., le saluda* ~ *... mit vorzüglicher Hochachtung ..., hochachtungsvoll ...* (Briefschluss)
¹atentar vt/i *ein Attentat (auf jdn) begehen* ‖ *s. vergreifen an* (dat) ‖ *et. gegen die bestehende Ordnung unternehmen* ‖ ⟨fig⟩ *verletzen* (acc) ‖ ◇ ~ *contra las buenas costumbres gegen die guten Sitten verstoßen* ‖ ~ *contra alg. jdm nach dem Leben trachten* ‖ ~ *contra los fundamentos de la*

vida política *die Grundlagen* fpl *des staatlichen Lebens angreifen* ‖ ~ contra la vida de uno *jds Leben gefährden*
²atentar vi Chi *(herum)tappen*
aten|tatorio adj *antastend, beeinträchtigend, verletzend* ‖ *frevelhaft* ‖ ◇ ~ contra la dignidad humana *menschenunwürdig* ‖ **–tismo** *m Attentismus* m, *Politik* f *des Abwartens* ‖ **–to** adj *aufmerksam, rücksichtsvoll* (con *gegen* acc, zu jdm) ‖ *sorgfältig* ‖ *ergeben* (bes. *in Briefen*) ‖ *achtsam* ‖ *höflich* ‖ adv: ~ a que ... *in Erwägung, dessen, dass* ... ‖ *mit Rücksicht darauf dass* ... ‖ *da*
atentón *m* Chi *Be|fühlen, -tasten* n
atenu|ación *f Verdünnung* f ‖ *Abschwächung* f ‖ *Milderung, Linderung* f ‖ ⟨Jur⟩ *mildernder Umstand* m ‖ ⟨Chem⟩ *Verdünnung* f ‖ ⟨El⟩ *Schwächung* f ‖ ⟨Fot⟩ *Vergilbung* f ‖ ~ residual ⟨Tel⟩ *Restdämpfung* f ‖ **–ado** adj *gedämpft, (ab)geschwächt* ‖ *verdünnt* ‖ **–ador** *m* ⟨El⟩ *Abschwächer* m ‖ ~ de potencial ⟨El⟩ *Potentialabschwächer* m ‖ **–ante** adj *mildernd* ‖ ⟨Jur⟩ *strafmildernd* ‖ ~ *m* ⟨Jur⟩ *mildernder Umstand* m ‖ **–ar** [pres ~úo] vt *schwächen, mildern* ‖ *vermindern* ‖ *abklingen* ‖ ⟨Chem⟩ *verdünnen*
ateo adj *atheistisch, gottlos* ‖ ~ *m Atheist* m ‖ *Gottlose(r), Gottesleugner* m
ateperetarse vr Am *in Verwirrung geraten* ‖ *kopflos handeln* ‖ *betäubt werden*
atepocate m Mex ⟨Zool⟩ *Kaulquappe* f
atercianado adj ⟨Med⟩ *vom Dreitagefieber befallen*
aterciopelado adj *samt|artig, -weich, plüschartig*
atere|cerse [-zc-] vr Sant → **aterirse** ‖ **–cido** adj Sant → **aterido**
aterillado adj *zerstoßen*
ate|rido adj *starr, erstarrt (vor Kälte)* ‖ **–rimiento** *m Erstarren* n *(vor Kälte)* ‖ **–rirse** vr def *vor Kälte erstarren*
atér|mano, –mico adj ⟨Phys⟩ *atherman, undurchlässig für Wärmestrahlen, wärmeundurchlässig*
atero *m* ⟨Bgb⟩ *Gehilfe* m *(der Wasser und Lebensmittel besorgt)*
atero|ma *m* ⟨Med⟩ *Atherom* n, *Grützbeutel* m ‖ **–matosis** *f* ⟨Med⟩ *Atheromatose* f ‖ **–sclerosis** f ⟨Med⟩ *Atherosklerose* f
aterrada *f* ⟨Flugw Mar⟩ *Landung* f ‖ *Annäherung* f *an das Land* ‖ *Ansteuerung* f
aterrador adj *erschreckend, schrecklich, bestürzend, niederschmetternd*
aterrajar vt *bohren (Gewinde)*
aterraje *m* ⟨Flugw Mar⟩ *Landung* f
aterramiento *m Niederwerfen* n ‖ *Schrecken* m, *Bestürzung* f ‖ *Verlandung* f *(Häfen, Seen)*
¹aterrar vt *bestürzen* ‖ *erschrecken, bestürzt machen* ‖ ⟨fig⟩ *entmutigen* ‖ *niederschmettern* ‖ ~se *s. entsetzen*
²aterrar [-ie-] vt *zu Boden werfen, (um)stürzen* ‖ *zerstören* ‖ *mit Erde bedecken* ‖ *dicht über dem Boden führen (Sense usw.)* ‖ ⟨Bgb⟩ *verschütten* ‖ *erden (Antenne)* ‖ ~ vi ⟨Flugw Mar⟩ *landen* ‖ ⟨Mar⟩ *s. dem Land nähern* ‖ ~se *(an)landen*
aterrazar [z/c] vt *terrassenförmig anordnen, Terrassen bilden*
aterrear [-ie-] vt ⟨Bgb⟩ *(taubes Gestein) abkippen*
aterrillarse vr ⟨Med⟩ *e–n Sonnenstich erleiden*
aterri|zaje *m* ⟨Flugw⟩ *Landung* f, *Landen* n ‖ ~ con avería(s) *Bruchlandung* f ‖ ~ a ciegas *Blindlandung* f ‖ ~ con daños *Bruchlandung* f ‖ ~ forzoso *Notlandung* f ‖ ~ instrumental *Instrumentenlandung* f ‖ ~ intermedio

Zwischenlandung f ‖ ~ nocturno *Nachtlandung* f ‖ ~ sobre panza, ~ ventral *Bauchlandung* f ‖ ~ suave *weiche Landung* f ‖ ~ contra viento *Gegenwindlandung* f ‖ ~ con mala visibilidad *Schlechtwetterlandung* f ‖ ~ sin visibilidad *Blindlandung* f, *Landung* f *bei schlechter Sicht* ‖ **–zar** [z/c] vi *landen, niedergehen, aufsetzen (Flugzeug)* ‖ ◇ ~ corto *zu früh zur Landung ansetzen* ‖ ~ largo *über die Landungsstelle hinausschießen* ‖ ~ suavemente *glatt landen*
aterronar vt *zu Erdschollen* od *zu Klumpen zerteilen* ‖ ~se *schollig werden* ‖ *gerinnen*
aterrorizar [z/c] vt *in Schrecken versetzen, terrorisieren*
ateruro *m* ⟨Zool⟩ *Quastenstachler* m (Atherurus sp)
¹atesar vi Cu *schnell davoneilen*
²atesar vt ⟨Tech⟩ *(ver)steifen* ‖ Am *straffen*
ateso|ramiento *m* s von **–rar** ‖ **–rar** vt *Schätze (an)sammeln, horten (& fig)* ‖ ⟨fig⟩ *in s. vereinigen (gute Eigenschaften)* ‖ *horten*
atesta|ción *f Attest* n, *Bescheinigung* f, *schriftliches Zeugnis* n ‖ ⟨Jur⟩ *Zeugnis-, Zeugen|aussage* f ‖ **–do** adj *bockig, dickköpfig* ‖ ~ *m Zeugnis* n ‖ *Attest* n ‖ *Protokoll* n ‖ ◇ instruir el ~ ⟨Jur⟩ *den Tatbestand aufnehmen*
¹atestar [-ie-] vt *(an)fallen, voll stopfen (de mit)* ‖ ⟨figf⟩ *überhäufen* ‖ *nach-, auf|füllen (Wein)* ‖ ~se ⟨figf⟩ *s. voll stopfen* ‖ atestado de gente *gedrängt voll,* ⟨fam⟩ *gerammelt voll (Raum)*
²atestar vt *bescheinigen, attestieren* ‖ *(be)zeugen* ‖ *bekunden* ‖ ◇ venir atestando ⟨fam⟩ *fluchend und tobend kommen* ‖ ⟨fam⟩ *herumschimpfen*
atesti|guación *f,* **–guamiento** *m* ⟨Jur⟩ *Zeugenaussage* f ‖ **–guar** [gu/gü] vt *bescheinigen, attestieren* ‖ *(be)zeugen* ‖ *bekunden*
ate|tado adj *zitzenförmig, brustwarzenähnlich* ‖ **–tar** vt *säugen (von Tieren), stillen*
atetillar vt *(Bäume) mit e–r Erdscheibe umgeben*
atetosis *f* ⟨Med⟩ *Athetose* f
ateuco *m* ⟨Ins⟩ *Heiliger Pillen|käfer, -dreher* m (Scarabeus sacer) ‖ → **¹escarabajo**
ate|zado adj *(kohl)schwarz* ‖ *sonnenverbrannt (Haut)* ‖ *braun, dunkel (Gesichtsfarbe)* ‖ **–zamiento** *m* s von **–zar** ‖ **–zar** [z/c] vt *schwärzen* ‖ ~se vr *bräunen (Haut)* ‖ *s. verfinstern* ‖ *schwarz werden*
atibar vt *(mit Erde) zuschütten* ‖ Am *stauen*
atiborrar vt *(mit Flockwolle) ausstopfen* ‖ ⟨figf⟩ *voll laden, voll stopfen, voll pfropfen (mit Essen)* ‖ ~se ⟨figf⟩ *s. voll essen, s. voll pumpen (de mit)*
atibumar vt Am *sättigen*
Ática *f*[el] ⟨Geogr⟩ *Attika* f
aticismo *m attisches Wesen* n ‖ *Attizismus* m, *feiner Geschmack* m *(im Ausdruck)*
¹ático adj *attisch, athenisch* ‖ *fein, geschmackvoll (Sprache, Ausdruck)* ‖ ~ *m attische Mundart* f
²ático *m* ⟨Arch⟩ *Attika* f ‖ *Dachgeschoss* n ‖ *Attikawohnung* f, *Penthouse* n
³ático *m* ⟨An⟩: ~ del oído *Kuppelraum* m
atiemposo adj Dom *sehr gelegend kommend*
atie|samiento *m Absteifung* f ‖ **–sar** vt *festmachen, steif machen, spannen, straffen* ‖ ~se *steif werden*
atifle *m irdener Dreifuß* m *(der Töpfer)*
atigrado adj *getigert*
atigronarse vr Ven *s. verschanzen*
atija|ra *f Belohnung, Vergütung* f ‖ *Ware* f ‖ *Handel* m ‖ *Fracht* f ‖ **–rero** *m Überbringer* m ‖ *Transporteur* m
Atila *m* np *Attila* m

atilda|do adj *nett, zierlich, sauber* ‖ *adrett* ‖ *heraus\geputzt, -staffiert* ‖ *elegant, tadellos gekleidet* ‖ **–dura** *f,* **–miento** *m Putz* m, *Nettigkeit, Zierlichkeit* f
¹atildar vt *(auf)putzen*
²atildar vt *tadeln, kritisieren* ‖ *zurechtweisen, maßregeln*
³atildar vt ⟨Gr⟩ *mit e–r Tilde versehen*
atildarse ⟨figf⟩ *s. (heraus)putzen*
ati|nado adj *richtig, triftig, treffend* ‖ ◇ *anda* ~ *en ello darin hat er recht* ‖ adv: ~**amente** ‖ **–nar** vt/i *treffen (beim Schießen)* ‖ *ausfindig machen* ‖ *finden* ‖ *(et.) richtig erraten* ‖ *zufällig (das Gesuchte) finden* ‖ ◇ ~ *al blanco ins Ziel treffen* ‖ ~ (con) *richtig treffen, erraten* ‖ ~ *a pasar zufällig vorbeigehen*
atincar [c/qu] vt *Col auf Glanz glätten*
atíncar *m* ⟨Min⟩ *Borax, Tinkal* m
atinente adj *(m/f) be\treffend, -züglich, in Frage kommend*
atin|gencia *f Erlangung* f ‖ *Geschicklichkeit* f ‖ *Mex Verhältnis* n, *Beziehung* f ‖ *Mex Treffsicherheit, Geschicklichkeit* f ‖ *Pe Pflicht* f ‖ **–gido** adj *Chi niedergeschlagen*
atiparse vr *s. voll essen*
atipia *f* ⟨Biol Med⟩ *Atypie, Regelloskeit* f
atipicidad *f Abweichung* f *vom Typus, Unregelmäßigkeit* f ‖ ⟨Jur⟩ *Mangel* m *an Tatbestand*
atípico adj ⟨Biol Med⟩ *atypisch, unregelmäßig, vom Typus abweichend*
ati|plado adj: *voz* ~*a Diskantstimme* f ‖ **–plarse** ⟨Mus⟩ *zum Diskant übergehen* ‖ ⟨fig⟩ *pfeifend werden, versagen, umkippen, schrill werden (Stimme im Zorn)*
atipo *m* ⟨Zool⟩ *Tapezierspinne* f (Atypus spp)
ati|putarse vr *Col* → **–parse**
atiquizar [z/c] vt *Hond derb tadeln*
atirantar vt *straffen, straff spannen* ‖ *versteifen (mit Querbalken)*
atiriciarse vr *an Gelbsucht erkranken*
atis|badero *m Guck-, Schau\loch* n ‖ **–bador** *m Aufpasser, Späher* m ‖ **–badura** *f, –bamiento m Aufpassen, Lauern, Spähen* n ‖ **–bar** vt/i *aufpassen, (be)lauern* ‖ *aus-, er\spähen* ‖ *(aus)forschen* ‖ **–bo** *m Aufpassen, Spähen* n ‖ *(An)Schein* m ‖ *Anzeichen* n ‖ *Spur* f ‖ ~**s** *mpl:* ~ *de esperanza Hoffnungsschimmer* m
atisuado adj *mit Gold od Silber durchwirkt* ‖ *gold-, silber\stoffähnlich*
¡atiza! int *Donnerwetter! da schau her!*
atizacandiles adj *neugierig* ‖ *zudringlich* ‖ ~ *m/f Naseweis* m ‖ *Hetzer(in* f) m
atiza|dero *m Schür\haken* m, *-eisen* n ‖ *Schürloch* n ‖ **–dor** *m Stech-, Schür\eisen* n, *Feuerhaken* m ‖ ⟨fig⟩ *(Auf)Hetzer,* ⟨fam⟩ *Ohrenbläser* m ‖ ⟨Th⟩ *Lampenputzer* m ‖ **–dura** *f, –miento m Schüren* n
atizar [z/c] vt/i *(an)schüren, stochern (Feuer)* ‖ ⟨fig⟩ *(auf)hetzen, anfachen* ‖ ⟨fig⟩ *schüren (Hass)* ‖ ⟨fig⟩ *versetzen (Schläge)* ‖ *le atizó un puntapié* ⟨fam⟩ *er gab ihm e–n Fußtritt* ‖ ~**se** ⟨fam⟩ *s. herumbalgen* ‖ ◇ ~ *un trago,* ~ *un lamparillazo* ⟨figf⟩ *s. e–n hinter die Binde kippen*
atizonarse vr *brandig werden (Getreide)*
atlante *m* ⟨Arch⟩ *Atlas, Gebälk-, Gesims\träger* m
Atlante *m* ⟨Myth⟩ *Atlas* m (Riese)
atlántico adj *atlantisch* ‖ ~ *m* ⟨Geogr⟩ *Atlantik* m
Atlántida *f Atlantis* f *(sagenhaftes Land)*
atlan|tismo *m positive Einstellung* f *zur Nato* ‖ **–tista** *m/f NATO-Anhänger(in* f) m
¹atlas *m Atlas* m, *Landkartensammlung* f ‖ ~ *anatómico anatomischer Atlas* m ‖ ~ *de bolsillo Taschenatlas* m ‖ ~ *geográfico*

Landkartensammlung f, *geografischer Atlas* m ‖ ~ *lingüístico Sprachatlas* m ‖ ~ *portátil Handatlas* m
²atlas *m* ⟨An⟩ *Atlas* m
³atlas *m* ⟨Ins⟩ *Atlasfalter, Pappelspinner* m (Stilpnotia salicis)
¹Atlas *m* ⟨Geogr⟩ *Atlas* m, *Atlasgebirge* n
²Atlas *m* ⟨Myth⟩ *Atlas* m
atleta *m Athlet* m ‖ *Athletiker* m ‖ ⟨fig⟩ *Riese* m ‖ ⟨fig⟩ *entschiedener Verteidiger* m
atlético adj *athletisch* ‖ ⟨fig⟩ *von starkem, kräftigem Körperbau* ‖ ⟨fig⟩ *sportlich*
atletismo *m Athletik* f ‖ ~ (ligero) *Leichtathletik* f ‖ ~ *pesado Schwerathletik* f, *Kraftsport* m
atloideo adj ⟨An⟩ *Träger-*
atm ⟨Abk⟩ = **atmósfera física**
at|mometría *f Atmometrie, Verdunstungsmessung* f ‖ **–mómetro** *m Atmometer* n (& m) ‖ *Verdunstungsmesser* m
atmólisis *f* ⟨Chem⟩ *Atmolyse* f
atmósfera *f Atmosphäre* f, *Luft-, Dunst\kreis* m ‖ ⟨Phys⟩ *Atmosphäre* f ‖ ⟨fig⟩ *Luft, Atmosphäre* f ‖ ⟨fig⟩ *Wirkungs\kreis* m, *-sphäre* f ‖ ⟨fig⟩ *Stimmung* f ‖ ⟨fig⟩ *Umgebung* f ‖ ⟨fig⟩ *Umwelt* f ‖ *(Höhen)Luft* f ‖ ~ *controlada* ⟨Tech⟩ *Schutzgas* n ‖ ~ *de estufa Bruthitze* f ‖ ~ *física* ⟨Phys⟩ *physikalische Atmosphäre* f ‖ ~ *de recelo Milieu* n *od Welt* f *des Misstrauens* ‖ ~ *técnica* ⟨Phys⟩ *technische Atmosphäre* f
atmosférico adj *atmosphärisch*
atoar vt ⟨Mar⟩ *schleppen* ‖ *bugsieren* ‖ *warpen, verholen* ‖ *treideln*
atoba *f Murc Luftziegel, Lehmstein* m
ato|cha *f* ⟨Bot⟩ *Esparto(gras), Pfriemengras* m (Stipa tenacissima) ‖ ⟨Bot⟩ *Spanischer Ginster* m (Genista hispanica) ‖ **–chado** adj *Sant ver\dummt, -blödet* ‖ **–chal** *m Espartofeld* n ‖ **–char** *(mit Espartogras) füllen* ‖ *(aus)polstern* ‖ ⟨Mar⟩ *gegen den Mast wehen (Segel)* ‖ ~**se** ⟨Mar⟩ *s. verklemmen* ‖ *Sant ver\dummen, -blöden* ‖ **–chón** *m Esparto\rohr, -gras* n
atocia *f* ⟨Med⟩ *Atokie, Unfruchtbarkeit* f *der Frau*
atoci|nado adj ⟨figf⟩ *speckig, feist (Person)* ‖ **–nar** ⟨figf⟩ *meuchlerisch ermorden* ‖ ⟨pop⟩ *abmurksen*
¹atocinarse vr ⟨figf⟩ *aus der Haut fahren*
²atocinarse vr ⟨figf⟩ *s. (un)sterblich verlieben*
atocle *m Mex fruchtbarer Boden* m
atojar vt *Cu hetzen, reizen (Tiere)*
atol *m Cu Guat Ven* → **atole**
¹atole *m Atolli* n *(mex. Gericht aus Maismehl, Milch und Zucker)* ‖ *Getränk* n *aus geraspelter Yucca* ‖ ◇ *dar* ~ *con el dedo a uno Mex* ⟨fig⟩ *jdn an der Nase herumführen* ‖ *tener sangre de* ~ *MAm* ⟨fig⟩ *Fischblut* n *haben*
²atole *m Mex* ⟨Art⟩ *Volks\tanz* m *bzw. -lied* n
ato|lería *f Atolliverkauf* m ‖ *Atolliausschank* m ‖ **–lillo** *m CR Hond Brei* m *aus Maismehl, Eiern und Zucker* ‖ *Mex* ⟨Art⟩ *Atolli* n *für Kinder und Kranke* ‖ ~**s** *mpl Am harntreibender Trank* m
atolladal, atolladar *m Extr* → **atolladero**
atolladero *m Pfütze, Sumpflache* f ‖ ⟨fig⟩ *Patsche* f ‖ ⟨fig⟩ *Verlegenheit* f ‖ ◇ *sacar del* ~ ⟨figf⟩ *aus der Patsche ziehen*
atollarse vt *stecken bleiben (en in), s. festfahren (& fig)* ‖ ⟨figf⟩ *in Verlegenheit geraten* ‖ *s. in e–e unangenehme Sache zu sehr einlassen*
atolón *m Atoll* n, *ringförmige Koralleninsel* f
atolon|drado vt *leichtfertig* ‖ *unbesonnen, leichtsinnig* ‖ *unvernünftig* ‖ *übereilt* ‖ *unvorsichtig* ‖ adv: ~**amente** ‖ **–dramiento** *m Betäubung, Verwirrung* f ‖ ⟨fig⟩ *Unbesonnenheit* f ‖ *Übereilung* f ‖ **–drar** vt *betäuben* ‖ *in*

Verwirrung bringen, verwirren ‖ ~**se** *betäubt
werden* ‖ *in Verwirrung geraten*
  atomicidad *f Valenz, Wertigkeit* f ‖ *Zahl* f *der
Atome e–s Moleküls* ‖ *Atomizität* f
  atómico adj *atomar* ‖ *Atom-, Kern-, Nuklear-* ‖
→ *auch* **nuclear**
  ato|mismo *m* ⟨Philos⟩ *Ato|mismus* m, *-mistik* f
‖ **–mista** *m/f* **a)** ⟨Philos⟩ *Atomist(in* f) m ‖ **b)**
Atomforscher(in f) m ‖ **–mística** *f* ⟨Philos⟩
Atomismus m ‖ **–místico** adj ⟨Philos⟩ *atomistisch*
‖ **–mización** f *Atomisierung* f ‖ *Sprühen, Nebeln* n
‖ *Zersplitterung* f ‖ **–mizador** *m Nebelgerät* n,
Nebler m ‖ *Schaumnebelspritzer* m ‖ *Sprühgerät* n
‖ *Spray-, Sprüh|dose* f, *Zerstäuber* m ‖ **–mizar**
[z/c] vt *atomisieren, in Atome auflösen* (& fig) ‖
zerstäuben ‖ *sprühen, nebeln* ‖ ⟨fig⟩ *völlig
zerschlagen* ‖ ~ *un argumento* ⟨fig⟩ *ein Argument
zer|rupfen* od *-pflücken*
  átomo *m Atom* n ‖ ~ *excitado angeregtes
Atom* n ‖ ~ *identificable markiertes Atom* n ‖ ~
ionizado ionisiertes Atom n ‖ ~ *mesónico
Mesoatom* n ‖ ~ *radiactivo radioaktives Atom* n ‖
~ *trazador Traceratom* n ‖ ◇ *ni un* ~ ⟨fig⟩ *nicht
die Spur*
  átomo-gramo *m* ⟨Phys⟩ *Grammatom* n
  atona *f Schaf* n, *das ein fremdes Lamm säugt*
  ato|nal adj *(m/f)* ⟨Mus⟩ *atonal* ‖ **–nalidad** f
Atonalität f ‖ **–nalista** *m/f Atonalist(in* f) m
  atondar vr *treiben (Pferd)*
  atonía f ⟨Med⟩ *Atonie, Abgespanntheit,
Schlaffheit, Erschlaffung* f ‖ ⟨fig⟩ *Unlust,
Lustlosigkeit* f, *mangelnder Antrieb* m ‖ ~
car|diaca, -díaca Herzschlaffheit f ‖ ~ *fecal
Stuhlträgheit* f ‖ ~ *gástrica Magenatonie* f ‖ ~
intestinal Darmatonie f ‖ ~ *muscular
Muskelerschlaffung* f
  atonicidad   *f*   ⟨Med⟩   *Attonität,
Bewegungslosigkeit* f
  atónico adj ⟨Med⟩ *atonisch, abgespannt,
erschlafft* ‖ ⟨Gr⟩ *unbetont, tonlos*
  atónito adj *erstaunt, bestürzt, ver|blüfft, -dutzt*
  átono adj ⟨Gr⟩ *unbetont, tonlos*
  aton|tado adj *dumm, albern* ‖ *verdutzt* ‖
benommen ‖ **–tamiento** *m Betäubung* f ‖
Benommenheit f ‖ *Dummheit* f ‖ **–tar** vt *betäuben*
‖ *dumm* (⟨fam⟩ *verdreht) machen* ‖ ~**se** *verdutzt
werden* ‖ *einfältig* (od *kindisch) machen* ‖
verdummen ‖ **–tolinar** vt ⟨fam⟩ → **–tar**
  atopadizo adj *Ast gemütlich* ‖ *stark besucht,
beliebt (Ort)*
  atoque *m Ar Schmuck, Putz* m
  atoquillado adj *haubenartig*
  ¹atorar [-ue-] vt *in Scheite spalten (Holz)*
  ²atorar vt *verstopfen*
  ³atorar vi *Mex e–e Arbeit aufnehmen, an die
Arbeit gehen*
  atorarse vr *stecken bleiben* (z. B. *im Schlamm)*
‖ *in der Kehle zurückbleiben (Gräte)* ‖ *s.
verschlucken*
  atormentar vt *foltern, peinigen* ‖ ⟨fig⟩ *plagen,
quälen* ‖ *belästigen* ‖ *(jdm) auf die Nerven gehen*
‖ ~**se** *s. ängstigen*
  atornasolado adj *Col Chi* → **tornasolado**
  atorni|llador *m Schrauben|dreher, -zieher* m ‖
–llar vt *(fest)schrauben* ‖ ⟨fig⟩ *(jdn) festnageln* ‖
(jdn) unter Druck setzen ‖ *Am (jdn) belästigen,
drängen, treiben*
  atoro *m Chi Hindernis* n ‖ *Bedrängung* f
  atorón *m Mex* ⟨StV⟩ *Stau* m
  atorozonarse vr *an Darmentzündung
erkranken (Pferd)*
  atorrante *m Arg Müßiggänger, Taugenichts* m
‖ ⟨fam⟩ *Pennbruder, Penner* m
  atorrar vi *Arg umherstrolchen, herumlungern*
  atortajar vt *Arg* → **atortujar**

  atorto|lado adj *turteltaubenähnlich* ‖ **–lar** vt
⟨fam⟩ *einschüchtern* ‖ *verwirren* ‖ ~**se** ⟨fam⟩ *s.
verlieben*
  ator|tujar, –tillar vt *platt zusammendrücken*
  atorunarse vr *Chi Ur mürrisch werden*
  atosi|gamiento *m* ⟨fig⟩ *Quälerei, Belästigung* f
‖ **–gar** [g/gu] vt *vergiften* ‖ ⟨fig⟩ *plagen, quälen* ‖
hetzen, drängen, treiben ‖ *verfolgen* ‖ *in jdn
dringen*
  atotolli *m Mex* ⟨V⟩ *Wasserhuhn* n
  atotumarse vr *Col betäubt werden*
  atóxico adj *giftfrei, ungiftig*
  ¹atrabancado adj *Ven verschuldet*
  ²atrabancado adj *Mex triebhaft handelnd,
unbesonnen*
  atrabancar [c/qu] vt/i *(Hindernisse* npl)
überwinden
  ¹atrabanco *m* ⟨fam⟩ *Pfuscherei* f
  ²atrabanco *m Cu Dom Hindernis* n
  atra|biliario adj ⟨fam⟩ *griesgrämig* ‖ *reizbar,
mürrisch* ‖ **–bilis** *f* ⟨Med⟩ *schwarzgallige
Flüssigkeit* f ‖ ⟨fig⟩ *Griesgrämigkeit* f
  ¹atracada *f* ⟨Mar⟩ *Anlegen* n, *Landung* f *an der
Pier*
  ²atracada *f Cu Mex Überladung* f *des Magens*
  ³atracada *f Cu Pe Streit, Zank* m
  atraca|dero *m* ⟨Mar⟩ *Landungs-, Anlege|platz*
m, *Pier* f ‖ **–dor** *m Räuber* m
  ¹atracar [c/qu] vt/i ⟨Mar⟩ *anlegen, festmachen*
‖ ⟨Mar⟩ *längsseits holen* ‖ *längsseits ziehen* ‖
⟨Mar⟩ *entern* ‖ *annähern, näher rücken an* (acc) ‖
¡~! ⟨Mar⟩ *längsseits kommen!* ‖ ◇ ~ *un buque
ein Schiff entern* ‖ ~ *con bichero* ⟨Mar⟩ *staken*
  ²atracar [c/qu] ⟨fam⟩ *(jdn) voll stopfen,
überladen*
  ³atracar [c/qu] vt/i *(jdn) an-, über|fallen* ‖ *And
Arg Chi Mex prügeln*
  ⁴atracar [c/qu] vt ⟨fam⟩ *reizen, hetzen*
  ¹atracarse [c/qu] vr *s. nähern (Fahrzeug)*
  ²atracarse [c/qu] vr *s. den Magen überladen
(de mit)*
  atrac|ción *f Anziehung* f ‖ *Zugkraft* f ‖ ⟨fig⟩
Sehenswürdigkeit f ‖ ⟨fig⟩ *Reiz* m ‖
Anziehungskraft f ‖ ⟨Gr⟩ *Lautassimilation* f ‖ ⟨fig⟩
Glanznummer f ‖ ~ *capilar Kapillarität* f ‖ ~
local Sehenswürdigkeit f od *besonderer
Anziehungspunkt* m *des Ortes* ‖ ⟨Top⟩
Ortsanziehung f ‖ ~ *de personal de otras
empresas Abwerbung* f ‖ ~ *terrestre Erdanziehung*
f ‖ ~ *de la tierra Erd|anziehungskraft, -schwere* f
‖ ◇ *ejercer* ~ *sobre alg.* ⟨fig⟩ *jdn anziehen* ‖
–ciones fpl *Varieté-, Kabarett|vorstellung* f
  atraco *m (Raub)Überfall* m ‖ ~ *al banco
Banküberfall* m ‖ ~ *a mano armada bewaffneter
Überfall* m
  ¹atracón *m Am* ⟨Mar⟩ *Landung* f *an der Pier*
  ²atracón *m Überladung* f *des Magens* ‖ ◇
darse un ~ ⟨fam⟩ *s. überladen, zuviel essen, s.
den Bauch voll schlagen*
  ³atracón *m Chi starker Stoß* m
  atractivo adj *anziehend, reizend* ‖ *charmant* ‖
attraktiv ‖ *m Anziehungsmittel* n ‖ *Lockmittel* n
‖ *(Lieb)Reiz* m ‖ *Charme* m
  atractriz adj ⟨Phys⟩ *anziehend*
  atraer [irr → **traer**] vt *anziehen, an s. ziehen* ‖
anziehen (Magnet) ‖ *herbeiziehen* ‖ ⟨fig⟩
verursachen ‖ ⟨fig⟩ *herbeiwünschen (Rache usw.)*
‖ ⟨fig⟩ *(herbei)locken* ‖ ⟨fig⟩ *gewinnen, s.
verschaffen* ‖ ⟨fig⟩ *für s. einnehmen, gewinnen* ‖
◇ ~ *a alg. por medio de promesas jdn durch
Versprechungen ködern* ‖ ~ *a la gente zugkräftig
sein, ziehen (Ware)* ‖ ~**se** ⟨fig⟩ *s. gegenseitig
gefallen*
  atrafa|gado adj *mit Geschäften überhäuft* ‖
–gar [g/gu] vi *s. abmühen* ‖ *ermüden*

atragan|tamiento m Verschlucken n ‖ **–tar** vt ⟨fig⟩ (jdn) plagen, (jdm) zusetzen ‖ ~**se** s. verschlucken ‖ ⟨fig⟩ in der Rede steckenbleiben ‖ s. abrackern, schuften ‖ ◇ ~ con una espina s. an e–r Gräte verschlucken ‖ Fulano se me atraganta ⟨figf⟩ ich kann Herrn Soundso nicht ausstehen od ⟨fam⟩ nicht verknusen ‖ se le atragantan las matemáticas ⟨figf⟩ er (sie, es) hat keine Ader für die Mathematik
   atraillar vt zusammen-, an|koppeln ‖ verfolgen (Wild) ‖ ⟨fig⟩ bändigen
   atraimiento m Anziehung f ‖ ⟨fig⟩ Lockung f
   atramentar vt ⟨Tech⟩ atramentieren (zur Verhütung von Korrosion und Rostbildung)
   atramojar vt Col ⤳ **atraillar**
   atramparse vr in e–e Falle od Schlinge geraten ‖ s. verstopfen (Röhre) ‖ zu|springen, -schnappen (Türschloss) ‖ ⟨figf⟩ in Verlegenheit geraten
   atrampillar vt klemmen (z.B. Finger) ‖ PR jdn zu mehreren an- od über|fallen
   atramuz [pl ~ces] m ⟨Bot⟩ ⤳ **altramuz**
   atranca|dura f, **–miento** m s von **¹atrancar**
   ¹atrancar [c/qu] vt ver|riegeln, -rammen, verstopfen (Röhre) ‖ ~**se** s. verriegeln ‖ ⟨Tech⟩ s. festfressen ‖ ◇ ~ en el lodo im Stamm stecken bleiben
   ²atrancar [c/qu] vt über|springen, -fliegen (beim Lesen) ‖ ~ vi ⟨fam⟩ große, weite Schritte machen
   atranco, atranque m Verstopfung f e–r Röhre ‖ Hindernis n ‖ ⟨fam⟩ Patsche f
   atrapamoscas m Fliegenfalle f ‖ ⟨Bot⟩ Sonnentau m (Drosera) ‖ ⟨V⟩ ⤳ **papamoscas**
   atrapañar vt Ar in e–n Hohlsaum einziehen ‖ ⟨fig⟩ s. et. schnell vom Hals(e) schaffen
   atrapaondas m ⟨Radio⟩ Wellenfänger m
   atrapar vt ⟨fam⟩ einholen, erwischen ‖ ⟨fam⟩ packen, festnehmen ‖ ⟨fam⟩ ergattern ‖ (ein)fangen ‖ ⟨figf⟩ einwickeln ‖ erreichen, durchsetzen ‖ ⟨figf⟩ (jdn) foppen ‖ ⟨Radio⟩ fangen (Wellen) ‖ ◇ ~ al vuelo im Flug(e) fangen
   atraque m ⟨Mar⟩ Anlegen n, Landung f an der Pier ‖ ~ de un puente Brückenpfeiler m
   atraquina f ⤳ **²atracón**
   atrás adv (nach) hinten, rückwärts ‖ zurück ‖ vorher, früher ‖ weiter vorn, früher (in e–m Buch) ‖ años ~ vor (einigen) Jahren ‖ de ~, por ~ von hinten ‖ ◇ la cosa viene de ~ ⟨figf⟩ die Sache hat tiefere Wurzeln ‖ echar ~ Am s. rückwärts bewegen ‖ echarse ~ ⟨fig⟩ e–n Rückzieher machen ‖ echarse ~ el pelo s. das (fallende) Haar hinaufschlagen ‖ hacerse ~ zurücktreten ‖ hacerse de ~ rückwärts gehen ‖ quedarse ~ zurückbleiben, nicht vorwärtskommen, nicht mitkommen ‖ ⟨fig⟩ et. nicht vollkommen verstehen ‖ volverse ~ ⟨fig⟩ sein Wort zurücknehmen od brechen ‖ ¡vuelva Vd. ~! kehren Sie um! ‖ ¡~! zurück! zurücktreten! ⟨Mil⟩ kehrt! ‖ ¡~ a todo vapor! ¡~ a toda máquina! Volldampf m zurück!
   atrasado adj zurückgeblieben ‖ rückständig ‖ verschuldet ‖ alt, veraltet ‖ ♦ ~ de noticias der et. längst Bekanntes noch nicht weiß, ⟨figf⟩ hinter dem Mond lebend ‖ de moda ~a altmodisch (Kleid) ‖ ◇ andar ~, ir ~, estar ~ nachgehen (Uhr) ‖ estar ~ con los pagos mit der Zahlung im Rückstand sein
   atrasar vt auf-, hinaus|schieben ‖ in Rückstand od in Verzug bringen ‖ ver|langsamen, -zögern ‖ zurückstellen (e–e Uhr) ‖ zurück|setzen (Datum), -datieren ‖ am Vorwärtskommen hindern ‖ ⟨fig⟩ aufhalten, hemmen ‖ ~ vi im Rückstand sein ‖ nachgehen (Uhr) (& vr) ‖ ~**se** zurückbleiben, s. verspäten ‖ Arg Col Schaden nehmen (Gesundheit) ‖ e–n Verlust erleiden (Geld) ‖ Col

Chi zurückbleiben (Entwicklung) ‖ Chi erkranken ‖ s. verletzen
   atraso m Zurückbleiben n ‖ Verspätung f ‖ Aufschub m ‖ Rückstand m e–r Zahlung ‖ Rückgang m (& fig) ‖ Rückständigkeit f ‖ ◇ el tren lleva ~ (od llega con ~) der Zug hat Verspätung ‖ ~**s** mpl Rückstände mpl einziehen
   atravesado adj schräg, quer ‖ ein wenig schielend (Blick) ‖ quer sehend ‖ verdreht (Augen) ‖ ⟨fig⟩ falsch, heimtückisch ‖ gekreuzt (Tier) ‖ ◇ ‖ ⟨fam⟩ tener a alg. ~ (en la garganta) jdn nicht ausstehen od ⟨fam⟩ verknusen können ‖ ~ de una bala von e–r Kugel durchbohrt ‖ ~ m And Mulatte m ‖ Mestize m ‖ Bastard m (Tier)
   atravesar [-ie-] vt/i durch|fahren, -queren, -kreuzen, -fliegen, -fließen ‖ über|schreiten, -queren ‖ quer über den Weg legen ‖ gehen, führen (a durch, über et.) ‖ hindurch-, hinüber|gehen ‖ über e–n Fluss setzen ‖ fahren über (acc) ‖ in die Quere legen (Balken) ‖ herunterschlucken (e–n Bissen) ‖ (jdm) in die Rede fallen ‖ durchbohren ‖ durchstechen ‖ durchschießen ‖ ⟨Kart⟩ ein|setzen, -stechen, wetten ‖ ⟨fam⟩ täuschen, blenden ‖ ⟨fam⟩ hamstern ⟨Mar⟩ bei|legen, -drehen ‖ ⟨fig⟩ durchkreuzen, vereiteln (Plan) ‖ durchmachen (Krise) ‖ ◇ ~ 1000 euros um 1000 Euro (im Spiel) wetten ‖ ~ el pie die Füße übereinander schlagen, kreuzen ‖ ~ la calzada die Fahrbahn überschreiten od überqueren ‖ ~ una viga e–n Balken einziehen ‖ las circunstancias por que atraviesa la exportación die gegenwärtige Lage des Exports ‖ la industria atraviesa una crisis espantosa die Industrie steht in e–r furchtbaren Krise ‖ no poder ~ a una persona ⟨fig⟩ jdn nicht ausstehen können ‖ ~**se** jdm in die Quere kommen ‖ ⟨fig⟩ im Hals stecken bleiben (z.B. Gräte, Worte) ‖ ⟨fig⟩ in die Rede fallen ‖ ⟨fig⟩ s. in ein Geschäft einmischen ‖ in Streit geraten ‖ (um)gesetzt werden (Geld im Spiel) ‖ ⟨Mar⟩ anluven ‖ ◇ atravesársele a uno alg. ⟨figf⟩ jdn nicht ausstehen können ‖ atravesársele a uno un nudo en la garganta ⟨figf⟩ nicht reden können (vor Schrecken) ‖ atravesársele a uno las palabras in der Rede stocken (vor Angst) ‖ ⟨fam⟩ e–n Kloß im Hals haben
   atravieso m Chi Hügel m ‖ Bergsattel m ‖ Einsatz m (im Spiel)
   atrayente adj (m/f) anziehend ‖ (ver)lockend ‖ attraktiv
   atrazar [z/c] vt Ar durch Ränke od Intrigen zuwege bringen
   atraznalar vt Ar ⤳ **atresnalar**
   atre|char vi PR e–e Abkürzung f (Weg) nehmen ‖ **–cho** m Abkürzung f (Weg) ‖ Pfad m ‖ Steilhang m
   atrecista m/f ⟨Th⟩ Requisiteur(in f) m
   ¹atreguado adj mondsüchtig, lunatisch ‖ grillenhaft
   ²atreguado adj ⟨Mil⟩ Waffenstillstand haltend ‖ ⟨fig⟩ verschoben, auf später verlegt
   atreguar [gu/gü] vi ⟨Mil⟩ Waffenstillstand gewähren ‖ ⟨fig⟩ verschieben, auf später verlegen ‖ Aufschub gewähren
   atremia f ⟨Med⟩ Atremie f
   atrendar vt Ar in Erbpacht f geben
   atrenzo m Am missliche Lage, ⟨fig⟩ Klemme f
   atrepsia f ⟨Med⟩ Atrepsie, Säuglingsdystrophie f
   atresia f ⟨Med⟩ Atresie f ‖ ~ anal Afterverschluss m ‖ ~ cervical Gynatresie f ‖ ~ tricuspídea Trikuspidalatresie f ‖ ~ vaginal Scheidenverschluss m
   atresnalar vt ⟨Arg⟩ (Garben) aufschichten
   atrever vt ermutigen ‖ ~**se** wagen zu (inf), s. erdreisten ‖ keck werden ‖ ◇ ~ a (inf) (es) a algo

s. an et. (acc) *heranwagen* ‖ ~ con alg. *s. an jdn heranwagen* ‖ *mit jdm anbinden* ‖ ~ a *protestar zu protestieren wagen* ‖ ~ con todo el mundo ⟨fam⟩ *es mit jedem aufnehmen* ‖ no me atrevo a afirmarlo *das möchte ich nicht behaupten* ‖ no ~ *s. nicht (ge)trauen, (es) nicht wagen (, et. zu tun)* ‖ si puedo atreverme a decirlo *wenn ich so sagen darf*
   atrevi|do adj *dreist, keck, kühn* ‖ *gewagt, heikel (Theaterstück usw.)* ‖ *verwegen* ‖ *riskant, waghalsig* ‖ *wagemutig* ‖ Arg *unverschämt* ‖ adv: ~**amente** ‖ ~ *m:* este tío es un ~ *das ist ein frecher Kerl* ‖ **–miento** *m Kühnheit* f ‖ *Dreistigkeit, Unverschämtheit* f ‖ *Verwegenheit* f
   atrez(z)o ⟨it⟩ *m* ⟨Th⟩ *Ausstattung* f, *Requisiten* npl
   atrezzista *m* → **atrecista**
   atrial adj *(m/f)* ⟨Med⟩ *auf den Herzvorhof bezüglich*
   atri|bución f *Beimessung, Zurechnung* f ‖ *Zuwendung* f ‖ *Zuteilung* f ‖ *Aufbürdung* f ‖ *Verleihung* f *(Preis)* ‖ *Vergebung* f *(Arbeiten)* ‖ *Befugnis, Kompetenz* f ‖ *Geschäftskreis* m, *Wirkungsfeld* n ‖ *Zumutung* f ‖ ◆ *por* ~ *zuständigkeitshalber* ‖ **–buciones** *fpl Befugnisse, Kompetenzen* fpl ‖ *Aufgabenkreis* m ‖ *Amtsgewalt* f ‖ *Zuständigkeitsbereich* m ‖ *Wirkungsfeld* n ‖ *Geschäftskreis* m ‖ *Kompetenzkonflikt* m ‖ dentro de sus ~ *innerhalb s–r (ihrer) Befugnisse* ‖ esto sobrepasa mis ~ *dafür bin ich nicht zuständig* ‖ **–buir** [-uy-] vt *er-, zu|teilen* ‖ *verleihen* ‖ *zu|erkennen, -sprechen* ‖ *zuschreiben, bei|messen, -legen* ‖ *auf et. zurückführen* ‖ *zuschieben (Schuld)* ‖ *zumuten* ‖ *(jdn) et. aufbürden, (jdn) anschuldigen* ‖ *vergeben (Arbeit)* ‖ ◇ ~ a alg. un cargo *jdm ein Amt übertragen* ‖ ~ fe *Glauben beimessen* ‖ debemos ~ lo a un error de cuenta *wir müssen es e–m Rechenfehler zuschreiben* ‖ ~se *s. anmaßen (Recht)*
   atribu|lación f → **tribulación** ‖ **–lado** adj *betrübt* ‖ *angstvoll* ‖ **–lar** vt *Kummer, Sorge machen* ‖ *betrüben* ‖ ~**se** *s. betrüben*
   atribu|tivo adj *beilegend, zueignend* ‖ ⟨Gr⟩ *attributiv* ‖ **–to** *m Attribut* n, *Eigenschaft* f ‖ *(Kenn)Zeichen, Merkmal* n ‖ *Sinnbild* n ‖ ⟨Gr⟩ *Attribut* n, *Beifügung* f ‖ *Titel* m ‖ ~s típicos del delito ⟨Jur⟩ *Tatbestandsmerkmale* npl
   ¹atrición f ⟨Kath⟩ *Zerknirschung, bittere Reue* f
   ²atrición f ⟨Med⟩ *Quetschwunde* f
   atricionismo *m* ⟨Kath⟩ *Attritionismus* m
   atrico|mia f ⟨Med⟩ *Haarausfall* m ‖ **–sis** f ⟨Med⟩ *Atri|chie, -chose, Haarlosigkeit* f
   atril *m (Schreib-, Lese-) Pult* n ‖ *(Noten)Pult* n, *Notenständer* m ‖ ⟨Typ⟩ *Manuskripthalter* m
   atrillar vt *(aus)dreschen* ‖ ⟨fig⟩ *züchtigen*
   atrincar [c/qu] vt Chi *festbinden* ‖ ~**se** Mex *s. versteifen (en auf acc)* ‖ atrincárselas ⟨fam⟩ Mex *s. betrinken*
   atrinche|rado adj ⟨fig⟩ *fest auf s–r Meinung beharrend* ‖ **–ramiento** *m* ⟨Mil⟩ *Verschanzung* f ‖ *Schanze* f ‖ **–rar** vt ⟨Mil⟩ *verschanzen* ‖ **–rarse** vr ⟨Mil⟩ *s. verschanzen, s. eingraben* ‖ ⟨fig⟩ *hartnäckig bestehen (en auf dat)* ‖ *s. nach außen verschließen*
   atrinchilar vt Am *in die Enge treiben*
   atrio *m Atrium* n, *Innenhof* m ‖ *Vorhalle* f *(e–s Gebäudes)* ‖ *Vorhof* m *(e–r Kirche)* ‖ *Vordach* n *(vor dem Einfahrtstor der Haustür)* ‖ *Diele* f ‖ ⟨An⟩ *Atrium* n, *(Herz)Vorhof* m ‖ **–ventricular** → **auriculoventricular**
   atrípedo adj ⟨poet Zool⟩ *schwarzfüßig*
   atri|quia, –quiasis f → **atricosis**
   atriquinarse vr Col *s. erniedrigen*
   atrirrostro adj ⟨V⟩ *schwarzschnäb(e)lig*

atrito adj *zerknirscht, reumütig*
   atrochar vi *auf e–m Pfad gehen* ‖ *e–e Abkürzung (Weg) nehmen*
   atrocidad f *Scheußlichkeit, Grausamkeit* f, *Greuel* m ‖ ⟨fam⟩ *Unmenge* f, *Übermaß* n ‖ ¡qué ~! ⟨fam⟩ *unerhört! was Sie (nicht) sagen!* ‖ ~es de la guerra *Kriegsgreuel* mpl ‖ ◇ decir ~es *fpl die unglaublichsten Dinge sagen* ‖ hacer ~es *die unerhörtesten Dinge tun*
   atro|fia f ⟨Med⟩ *Atrophie* f, *Schwund* m, *Verkümmerung* f ‖ ~ adiposa *Fettschwund* m ‖ ~ celular *Zellschwund* m ‖ ~ cerebral *Hirnatrophie* f ‖ ~ fisiológica *physiologische Atrophie* f ‖ ~ gástrica *Schrumpfmagen* m ‖ ~ muscular *Muskelschwund* m ‖ ~ óptica *Sehnerven|schwund* m, *-atrophie* f ‖ ~ senil *Altersschwund* m ‖ ~ xeroftálmica *Bindehautaustrocknung* f ‖ **–fiarse** vt ⟨Med⟩ *verkümmern, absterben (& fig)*
   atrófico adj ⟨Med⟩ *atrophisch, abzehrend, darrsüchtig*
   atrofoder|ma, –matosis f ⟨Med⟩ *Hautatrophie* f
   ¹atrojar vt *einfahren (Ernte)* ‖ *speichern*
   ²atrojar vt Mex *zum Schweigen bringen*
   ¹atrojarse vr Mex *k–n Ausweg finden*
   ²atrojarse vr Cu Mex *s. beruhigen (Pferd)*
   atrompetado adj *ausgebaucht*
   atrona|do adj *un|besonnen, -bedachtsam, kopflos* ‖ **–dor** adj *donnernd* ‖ *betäubend*
   atronar [-ue-] vt *(durch Lärm) betäuben* ‖ *(mit Lärm) erfüllen* ‖ ⟨Taur⟩ *(durch e–n Stoß ins Genick) töten* ‖ ~**se** *durch e–n Donner betäubt werden*
   atroncarse [c/qu] vr *unbeweglich bleiben*
   atropa f ⟨Bot⟩ *Tollkirsche, Belladonna* f (Atropa belladonna)
   atro|pado adj *dicht, nahe beisammen (Bäume, Pflanzen)* ‖ *angehäuft (Gras)* ‖ **–par** vt *an-, auf|häufen (Gras)* ‖ *anhäufen (Farben)* ‖ *hinzu|fügen, -bauen* ‖ *zusammenrotten, um s. scharen, versammeln* ‖ ~**se** *s. zusammenrotten*
   atropella|damente adv *hastig, mit Hast, übereilt* ‖ ◇ hablar ~ *s. im Reden überstürzen* ‖ **–do** adj *übereilt* ‖ *hastig* ‖ **–dor** m *rücksichtsloser Mensch* ‖ *Bedrücker* m ‖ **–miento** *m Über|stürzung* f, *-eilung* f ‖ *Niederrennen* n ‖ *Beleidigung* f ‖ *Beeinträchtigung* f ‖ *Bedrückung* f
   atropellaplatos f ⟨fam joc⟩ *ungeschicktes Dienstmädchen* n, *Trampel* m (& n)
   atrope|llar vt *über den Haufen rennen, über-, um|rennen* ‖ *überfahren* ‖ *s. hinwegsetzen über* (acc) ‖ ⟨fig⟩ *(jdn) anfahren, (auf jdn) auffahren* ‖ *umwerfen, kollidieren* ‖ *(jdn) (tätlich) anfassen* ‖ *(jdn) Gewalt antun* ‖ *schänden, vergewaltigen* ‖ ⟨fam⟩ *anpöbeln* ‖ ◇ ~ los años *Schul-, Dienst|jahre überspringen* ‖ ~ vi *s. übereilen* ‖ ◇ ~ por *con) todos los inconvenientes s. über alle Hindernisse od Schwierigkeiten hinwegsetzen* ‖ ~**se** *s. übereilen* ‖ *s. überstürzen* ‖ *im Reden übersprudeln* ‖ ◇ ~ *en las acciones übereilt handeln* ‖ **–llo** *m An-, Auf|fahren, Niederrennen* n, *Zusammenstoß* m ‖ *Verkehrsunfall* m *(durch Überfahren)* ‖ *Gewalttätigkeit* f ‖ *Ungerechtigkeit* f ‖ *Beschimpfung* f ‖ ⟨fam⟩ *(An)Pöbelei* f
   atropina f ⟨Chem⟩ *Atropin* n
   atropo *m* León *Haufe(n)* m
   átropos *m* ⟨Ins⟩ *Totenkopf* m *(Schmetterling)* (Acherontia atropos)
   Átropos f ⟨Myth⟩ *Atropos* f *(e–e Parze od Moira)*
   atroz [pl ~**ces**] adj *(m/f) abscheulich, gräulich* ‖ *grausam, unmenschlich* ‖ ⟨fam⟩ *ungeheuer, riesig* ‖ ⟨fam⟩ *furchtbar* ‖ ◇ tengo un hambre ~ ⟨fam⟩ *ich habe e–n furchtbaren Hunger* ‖ adv: ~**mente**

atruchado adj *forellenähnlich* ‖ *gesprenkelt, halbiert, meliert*
atruhanado adj *liederlich, lumpig*
atta *m* ⟨Ins⟩ *Blattschneiderameise* f
attaché *m Aktenkoffer* m
atto. ⟨Abk⟩ = atento
atucunar vt Hond *voll stopfen (Behälter)* ‖ ~se *s. voll essen*
atuendo *m Prunk* m, *Pracht* f ‖ *Volkstracht* f ‖ *Kleidung* f ‖ Sal *alter Kram* m ‖ ~s *mpl* Al *Eselgeschirr* n
atufadamente adv *zornig*
¹atufado adj *verärgert, erzürnt, aufgebracht*
²atufado adj *durch Kohlengase vergiftet*
³atufado adj Bol Ec *verwirrt*
atufar vt *ärgern, erzürnen, aufbringen* ‖ ~se *s. ärgern, böse werden*
¹atufarse vr *e–n Stich bekommen, stichig werden (Wein)* ‖ *e–n schlechten Geruch bzw Geschmack annehmen (Lebensmittel)*
²atufarse vr ⟨fam⟩ *s. durch Kohlengase vergiften*
³atufarse vr Bol Ec *in Verwirrung geraten*
⁴atufarse vr Guat *hochmütig werden*
atufo *m* ⟨fam⟩ *Zorn* m
atún *m* ⟨Fi⟩ *Tunfisch* m (Thunnus thynnus) ‖ ~ en conserva *Tunfischkonserve* f ‖ ◊ es un pedazo de ~ ⟨figf⟩ *er ist ein großer Dummkopf* ‖ ir por ~ y a ver al duque ⟨Spr⟩ *zwei Fliegen mit e–r Klappe schlagen wollen* ‖ nadar como un ~ ⟨figf⟩ *ein sehr guter Schwimmer sein* ‖ ⟨fig⟩ *sehr gescheit sein* ‖ tendido como un ~ ⟨figf⟩ *müßig hingestreckt*
atu|nara f *Tunfischbank* f ‖ *Tunfischerei* f ‖ –nera f *Tunfischnetz* n ‖ –nero *m Tunfischfänger* m *(Schiff)* ‖ *Tunfischer* m ‖ *Tunfischhändler* m
atupa f Ec *von Kornbrand befallener Maiskolben* m
aturar vt Ar *(ein Tier) zum Stehen bringen* ‖ Sal *dauern* ‖ ⟨fig⟩ *klug, vernünftig handeln*
aturbonarse vt *s. mit Regenwolken bedecken (Himmel)*
aturnear vi Sal *brüllen (Stier)*
aturdi|do adj *betäubt* ‖ *erstaunt* ‖ *unbesonnen* ‖ *unbedachtsam, leicht|sinnig, -fertig* ‖ *kopflos* ‖ *verblüfft* ‖ ⟨fam⟩ *baff, platt* ‖ –miento *m Betäubung* f ‖ ⟨fig⟩ *heftige Überraschung* f ‖ *Verwirrung* f ‖ ⟨fig⟩ *Taumel* m ‖ *Unbesonnenheit* f ‖ *Einfalt* f ‖ ⟨Med⟩ *Schwindelanfall* m *(mit Betäubung)*
aturdir vt *betäuben* ‖ ⟨fig⟩ *in Erstaunen setzen* ‖ ⟨fig⟩ *aus der Fassung bringen, verblüffen* ‖ ~se *betäubt weden* ‖ ⟨fig⟩ *erstaunen*
aturquesado adj *türkisfarben*
aturrar vt Sal *betäuben* ‖ ~se Guat *welken*
aturriar vt Sal → aturrar
aturru|llado adj *unbesonnen* ‖ *sprachlos* ‖ –llamiento *m s* von –llar ‖ –llar vt ⟨fam⟩ *einschüchtern, außer Fassung bringen* ‖ *verwirren* ‖ ~se ⟨fam⟩ *sprachlos bleiben* ‖ *außer Fassung geraten*
aturuxo *m (jodlerähnlicher) Jauchzer* m *bei galicischen Liedern*
atusar vt *(die Haare) scheren, schneiden* ‖ *beschneiden (Bäume)* ‖ *stutzen, glatt kämmen (Haare)* ‖ ~se ⟨fig⟩ *s. herausputzen* ‖ ~ el bigote *s. den Schnurrbart streichen*
atu|te *m* ⟨Chem⟩ *Zinkoxid* n ‖ –tía f *Zinkoxidgemisch* n
atutiplén adv ⟨fam⟩ → tutiplén
Au ⟨Abk⟩ = oro
auca f[el] *Gans* f (→ ganso, oca) ‖ *Gänsespiel* n
auca f[el] Bol *breitkrempiger Hut* m
audacia f *Kühnheit, Verwegenheit* f ‖ ◆ con ~ *kühn, dreist*

audaz [*pl* ~ces] adj *kühn, gewagt* ‖ *verwegen, vermessen, dreist, keck, frech* ‖ adv: ~mente
audiatur et altera pars ⟨lat⟩ *auch die Gegenpartei soll angehört werden*
audibilidad f *Hörbarkeit* ‖ *Vernehmbarkeit* f
audible adj *(m/f) hörbar* ‖ *vernehmbar* ‖ adv: ~mente
¹audición f *Hören, Abhören* n ‖ *Hörbarkeit* f ‖ *Gehör* n, *Gehörsinn* m ‖ ⟨Mus⟩ *Musikaufführung* f ‖ ⟨Radio⟩ *Rundfunkkonzert* n ‖ *Funkstunde* f ‖ *Empfang* m ‖ *Übertragung* f ‖ *künstlerische Wortdarbietung* f ‖ *Rezitationsabend* m ‖ ⟨Tel⟩ *Verständigung* f ‖ ⟨Th⟩ *(Probe)Vorstellung* f
²audición f ⟨Jur⟩ *Anhörung, (Gerichts)Verhandlung* f ‖ *Vernehmung* f *(Zeuge)* ‖ ~ de las partes ⟨Jur⟩ *Parteivernehmung, Einvernehmen* n *der Parteien* ‖ ~ de los interesados ⟨Jur⟩ *Anhörung* f *der Beteiligten* ‖ ~ de testigos ⟨Jur⟩ *Zeugenvernehmung* f
audiencia f *Anhörung* f, *Anhören, Gehör* n ‖ *Audienz* f, *Empfang* m, *Vorladung* f ‖ *Audienz|zimmer* n, *-saal* m ‖ *Gerichtssaal* m ‖ *Gerichtshof* m ‖ *Justizpalast* m ‖ ~ de despedida *Abschiedsaudienz* f ‖ ~ del deudor ⟨Jur⟩ *Anhörung* f *des Schuldners* ‖ ~ privada *Privataudienz* f ‖ ~ provincial Span etwa: *Landgericht* n ‖ ~ pública *öffentliche Audienz* f ‖ *öffentliche Sitzung* f ‖ ~ territorial Span etwa: *Oberlandesgericht* n ‖ ◊ dar ~ a alg. *jdm Gehör erteilen, jdn vorlassen* ‖ encontrar ~ en alg. *bei jdm Gehör od Anklang finden* ‖ pedir ~ *e–e Audienz erbitten* ‖ recibir a alg. en ~ *jdm Audienz geben od gewähren, jdn in Audienz empfangen* ‖ tener ~ → encontrar ~ ‖ ~s *fpl Einvernahme* f *(vor Gericht)*
audífono, audiófono *m* ⟨Med⟩ *Schallverstärker* m *(Instrument), Schwerhörigengerät, Audiphon* n ‖ ⟨Tel⟩ *Hörer* m
audímetro *m* ⟨Med⟩ → audiómetro
audiofrecuencia f ⟨Radio⟩ *Nieder-, Ton-, Hör|frequenz* f
audiograma *m* ⟨Med⟩ *Audiogramm* n
audiolibro *m Hörbuch* n
au|diología f ⟨Med⟩ → otología ‖ –diólogo *m* → otólogo
audio|metría f ⟨Med⟩ *Gehör|messung, -prüfung, Audiometrie* f ‖ –métrico adj *audiometrisch*
audiómetro *m* ⟨Med⟩ *Hörschwellenmessgerät, Audiometer* m ‖ ~ de gramófono *Schallplattenaudiometer* m ‖ ~ de ruido *Geräuschspannungsmesser* m
audioprótesis f ⟨Med⟩ *Hörprothese* f
audiovisual adj *audiovisuell*
audi|tivo adj *(Ge)Hör-* ‖ ~ *m* ⟨Tel⟩ *Hörer* m ‖ –tor *m Beisitzer* m ‖ *Kriegs-, Feld|richter* m ‖ Am *Buchprüfer* m ‖ ~ interno *Innenrevisor* m ‖ ~ de nunciatura *Auditor* m *e–r Nuntiatur* ‖ –toría f *Stand-, Kriegs|gericht* n ‖ *Wirtschaftsprüferpraxis* f ‖ –torio adj ⟨An⟩ *Gehör-* ‖ ~ *m Zuhörerschaft* f ‖ *Zuhörerraum* m ‖ *Hörsaal* m, *Auditorium* n ‖ *Gerichtssaal* m ‖ *Audienzsaal* m
augar vi Am ⟨pop⟩ → ahogar
auge *m höchster Gipfel, Scheitelpunkt* m ‖ ⟨Astr⟩ *Erdferne* f ‖ ⟨fig⟩ *Gipfel* m ‖ *Erweiterung, Zunahme* f ‖ *Aufschwung* m, *Ausweitung* f ‖ *Konjunkturanstieg* m ‖ ~ económico *Wirtschaftsexpansion* f ‖ ◊ estar en ~ ⟨fig⟩ *blühen* ‖ *tomar* ~ *e–n Aufschwung erleben*
augita f ⟨Min⟩ *Augit* m ‖ ~-glauconita f ⟨Min⟩ *Augit|grünstein, -diorit* m
augur *m* ⟨Hist⟩ *Augur, Wahrsager* m ‖ ⟨fig⟩ *Augur, Prophet* m
auguración f ⟨Hist⟩ *Vogeldeutung* f

augu|rar vt *wahr-, voraus|sagen, prophezeien* ‖
–rio *m Vorbedeutung* f, *Vor-, An|zeichen* n ‖ ◆ *de
mal* ~ *unheil|verkündend, -voll* ‖ ◇ ser de buen
~ *Glück* n *verkünden*
Augsburgo *m* [Stadt] *Augsburg* n
augus|tal adj *(m/f) Augustus-* ‖ *kaiserlich* ‖ **–to**
adj *erhaben, ehrwürdig* ‖ *vornehm, edel* ‖ adv:
~**amente**
Augusto *m Augustus* m *(Kaiser)* ‖ np
August(us) m ‖ ~ ⟨fam⟩ *Clown, August,
Hanswurst* m
aula *f*[el] *Hörsaal* m, *Aula* f ‖ *Klasse* f,
Klassenzimmer n ‖ *Schule* f
aula|ga *f* ⟨Bot⟩ *Stechginster* m (Ulex
auropaeus) ‖ **–gar** m *Ginsterfeld* n
áulico adj *Hof-,* ‖ ~ *m Höfling* m
aullador adj ⟨Zool⟩: (mono) ~ *m Brüllaffe* m
(Alouatta palliata)
au|llar vi *heulen (von Wölfen und Hunden)* ‖
brüllen, heulen (& fig) ‖ **–llido** *m Geheul* n ‖
Heulen n ‖ ◇ dar ~s *heulen*
aúllo *m* → **aullido**
aumenta|ble adj *(m/f) vergrößerungs-,
vermehrungs|fähig* ‖ **–ción** *f Vermehrung* f ‖
⟨Mus⟩ *Augmentation* f ‖ **–do** adj: sexta ~a ⟨Mus⟩
übermäßige Sexte f ‖ **–dor** *m Vermehrer* m ‖ ~ de
presión *Druckverstärker* m ‖ ~ de válvula
⟨Radio⟩ *Röhrenverstärker* m
aumen|tar vt *ver|mehren, -größern, erweitern* ‖
weitläufig ausführen, umschreiben ‖ *übertreiben,
vergrößern* ‖ *vergrößern (Mikroskop)* ‖ *aufstocken
(Kapital)* ‖ *steigern, erhöhen* (z. B. *Gehalt, Miete)*
‖ *(Preis) erhöhen* ‖ *aufbessern (Gehalt)* ‖
vermehren (Kräfte) ‖ ⟨Radio⟩ *verstärken* ‖ ~ el
intercambio comercial *den Handelsverkehr
steigern* ‖ ~ el tipo de interés *den Zinssatz
erhöhen* ‖ ~ vi *s. mehren* ‖ *zunehmen, steigen,
wachsen* (de *um*) ‖ *teurer werden, anziehen
(Preise)* ‖ ~ de volumen *an Umfang zunehmen* ‖
blähen ‖ ~**se** *s. vermehren* ‖ *zunehmen* ‖ **–tativo**
adj ⟨Gr⟩ *steigernd, verstärkend* ‖ ~ *m* ⟨Gr⟩
Vergrößerungswort n ‖ **–to** *m Ver|mehrung,
-größerung, Erweiterung* f *Zu|nahme* f, *-wachs*
m ‖ *Zusatz* m ‖ *Zuschlag* m ‖ *Zulage* f ‖
Preis|steigerung, -erhöhung f ‖ ⟨Radio⟩
Verstärkung f ‖ ~ *abusivo de los precios
Preistreiberei* f ‖ ~ de capital *Kapitalerhöhung* f
‖ ~ del consumo *Mehrbedarf* m ‖ ~ de familia
Familienzuwachs m ‖ ~ de gastos
Kostenerhöhung f ‖ ~ de impulsión
Schubsteigerung f *(Rakete)* ‖ ~ de los ingresos
Mehreinkommen n ‖ ~ de las mamas ⟨Med⟩
Brustvergrößerung f ‖ ~ de peso
Gewichtszunahme f ‖ ~ de población
Bevölkerungszunahme f ‖ ~ de porte ⟨Com⟩
Frachtzuschlag m ‖ ~ de precio *Preis|anstieg* m,
-erhöhung f ‖ ~ de presión *Druckanstieg* m ‖ ~
de rendimiento *Leistungssteigerung, Mehrleistung*
f ‖ ~ de renta *Mieterhöhung* f ‖ ~ de salario *od*
sueldo *Lohn- od Gehalts|erhöhung* f ‖ ~ de las
ventas *Absatzsteigerung* f ‖ ◇ ir en ~ *zunehmen* ‖
⟨fig⟩ *aufwärts gehen* ‖ ~**s** *mpl Vermögenszuwachs*
m ‖ *Gehaltszulage* f
aun conj *sogar* ‖ *auch* ‖ ~ *así bei alledem,
trotzdem, auch so noch* ‖ ~ *cuando wenn auch* ‖
selbst wenn ‖ *obwohl, ob|gleich, wenn-* ‖ ni ~
nicht einmal ‖ ni aun la mitad *nicht einmal die
Hälfte*
aún adv *noch* ‖ ~ no *noch nicht* ‖ ◇ ¿no ha
venido ~? *ist er noch nicht gekommen?*
aunar vt *ver|binden, -einigen* ‖ ~**se** *s.
verbünden*
aunque conj *ob|schon, -gleich, -wohl, und
wenn, wenn auch, wenngleich; trotzdem, dass ...* ‖
~ *más wenn auch noch so sehr* ‖ ~ no venga

auch wenn er (sie, es) nicht kommt ‖ ~ enfermo,
iré (oft: vendré) *obwohl ich krank bin, werde ich
doch kommen*
¡aupa! **¡aúpa!** int ⟨fam⟩ *auf! auf! (Zuruf für
Kinder)* ‖ ◇ tiene un catarro de ~ *er (sie, es) ist
sehr stark erkältet* ⟨fam⟩ *er (sie, es) hat e–e dicke
Erkältung* ‖ comimos de ~ ⟨fam⟩ *wir haben
exzellent gegessen, das Essen war spitze* ‖
pasamos un miedo de ~ *wir hatten wahnsinnig
Angst*
aupar vt ⟨fam⟩ *(ein Kind) emporheben* ‖ *loben,
preisen* ‖ *zum Aufstehen ermuntern (Kinder)* ‖ Am
auf den Rücken nehmen (Last)
au pair adv *au pair*
¹aura *f*[el] *frische Luft* f *Lufthauch* m,
Lüftchen n ‖ ⟨poet⟩ *Zephirluft* f, *sanfter Wind* m ‖
Duft, Hauch m ‖ ⟨fig⟩ *Gunst(bezeugung)* f ‖ ~
popular *Volksgunst* f
²aura *f*[el] ⟨Med⟩ *Aura* f
³aura *f*[el] ⟨V⟩ *Truthahngeier* m (Cathartes
aura)
⁴aura adv ⟨pop⟩ → **ahora**
au|ramina *f* ⟨Chem⟩ *Auramin* n ‖ **–rantina** *f
Aurantin* n ‖ **–rato** *m Aurat* n
aurelia *f* ⟨Zool⟩ *Ohrenqualle* f (Aurelia aurita)
Aurelia *f* np *Aurelia* f
aurelianense adj *(m/f) aus Orléans
(Frankreich)* ‖ *auf Orléans bezüglich*
Aureli(an)o *m* np *Aurel(ius)* m
áureo adj *golden, goldfarben, vergoldet* ‖
goldartig
aureola, auréola *f Aureole* f, *Heiligenschein*
m, *Glorie, Strahlenkrone* f *Nimbus* m,
Ehrenkrone f ‖ ⟨fig⟩ *Ruhm* m ‖ *Lichtkranz* m ‖
⟨Fot⟩ *Lichthof, Hof* m ‖ ⟨An Med⟩ ~ **aréola** *f* ‖
⟨Astr⟩ *Hof* m ‖ ⟨El⟩ *Aureole, Lichthülle* f ‖ ~
metamórfica ⟨Geol⟩ *Kontakthof* m
aureo|lado adj *e–n Heiligenschein tragend* ‖
goldfarbig ‖ ~ de azul *blau gerändert* ‖ **–lar** vt
mit e–m Nimbus umgeben
aureomicina *f* ⟨Pharm⟩ *Aureomycin* f
aurgitano adj/s *aus Jaén* (Stadt und Provinz) ‖
auf Jaén bezüglich
áurico adj *(poet) golden* ‖ *goldhaltig*
¹aurícula *f* ⟨An⟩ *Atrium* n, *(Herz)Vorhof* m
²aurícula *f* ⟨Bot⟩ *Aurikel* f, *Öhrchen* n
(Primula auricula)
auricular adj *(m/f) Ohren-* ‖ ~ *m* ⟨Tel⟩
(Kopf)Hörer m, *Muschel* f ‖ ~ piezoeléctrico
Piezoempfänger, Kristallkopfhörer m ‖ ◇
descolgar el ~ *abhängen (Fernsprechhörer)* ‖
~**es** *mpl* ⟨Radio⟩ *Kopfhörer* m
auriculoventricular adj *(m/f)* ⟨An⟩
*atrioventrikular, zum Vorhof und zur Herzkammer
gehörig*
auriense adj/s *(m/f) aus Orense* (Stadt und
Provinz) ‖ *auf Orense bezüglich*
auri|fero adj *goldhaltig* ‖ ⟨Bot⟩ *goldglänzend* ‖
–fico adj *in Gold verwandelnd*
auriga *m* ⟨poet⟩ *Wagenlenker* m ‖ *Kutscher* m
‖ ⟨Astr⟩ *Fuhrmann* m
aurígero adj *goldhaltig*
aurimelo *m* Pe ⟨Bot⟩ *Aprikose* f
aurino adj *goldfarben*
aurísono adj *(poet) klingend wie Gold*
aurista *m/f* → **otólogo**
aurívoro adj *(poet) goldgierig*
aurochs *m* ⟨Zool⟩ *Ur-, Auer|ochs* m (Bos
primigenius)
aurona *f* ⟨Bot⟩ *(Art) Eberraute* f (Artemisia
spp)
¹aurora *f Morgenröte* f ‖ *Morgenstunde* f,
Morgen m ‖ ⟨fig⟩ *Anfang* m ‖ ⟨fig⟩ *Röte* f *der
Wangen* ‖ ~ boreal ⟨Astr⟩ *Nordlicht* n ‖ ~ de la
vida *Jugendzeit* f ‖ ◆ de color de ~ *rosafarben* ‖

◇ despunta *od* rompe la ~ *der Tag bricht an* ‖ ~ es la amiga de las musas 〈Spr〉 *Morgenstund hat Gold im Mund*
²aurora f 〈Ins〉 *Aurorafalter* m (Anthocharis cardamines)
³aurora f Mex *(Art) Klettervogel* m
Aurora f 〈Myth〉 *Aurora* f ‖ np *Aurora* f
auroral adj *(m/f) auf die Morgenröte bezüglich* ‖ *anfänglich*
aurragado adj 〈Agr〉 *schlecht bestellt (Acker)*
aurrescu m *ein bask. Volkstanz*
aurúspice m → **arúspice**
auscul|tación f 〈Med〉 *Auskultation* f, *Abhorchen* n ‖ ~ *inmediata Abhorchen* n *mit dem Ohr* ‖ ~ *mediata Abhorchen* m *mit dem Stethoskop* ‖ ~ *ultrasonora Ultraschallprüfung* f (& Tech) ‖ **–tar** vt 〈Med〉 *auskultieren, abhorchen* ‖ 〈fig〉 *sondieren, ergründen (Meinung usw.)*
ausencia f *Abwesenheit* f ‖ *Trennung* f ‖ 〈Jur〉 *Verschollenheit* f ‖ *Ausbleiben* n ‖ *Nichterscheinen* n ‖ *Fehlen* n ‖ *Mangel* m, *Ausbleiben* n ‖ 〈Med〉 *Absence, Absenz, Denkpause* f ‖ ~ *congénita angeborenes Fehlen* n ‖ ~ *legal* 〈Jur〉 *Verschollenheit* f ‖ ~ *de ruidos Geräuschlosigkeit* f ‖ ~ *del trabajo Arbeitsversäumnis* n ‖ ◇ *brillar por su* ~ 〈fig〉 *durch Abwesenheit glänzen* ‖ *hacer* ~ *s. auf einige Zeit entfernen* ‖ *en* ~ *del gato se divierten los ratones* 〈Spr〉 *wenn die Katze fort ist, tanzen die Mäuse auf dem Tisch* ‖ ~*s causan olvido (larga* ~ *causa el olvido)* 〈Spr〉 *aus den Augen, aus dem Sinn* ‖ *guardar* ~ *(jdm) in der Ferne die Treue halten* ‖ *hacer buenas (malas)* ~*s gut (abfällig) (von jdm) reden (in s–r Abwesenheit)* ‖ *tener buenas (malas)* ~*s einen guten (üblen) Leumund haben* ‖ ~*s fpl Geistesabwesenheit, Zerstreutheit* f ‖ *tiene* ~ *er (sie, es) ist (zeitweilig) geistesabwesend*
ausen|tado adj → **ausente** ‖ **–tar** vt *entfernen* ‖ ~*se s. wegbegeben, weggehen, abreisen* ‖ *s. entfernen* ‖ *fernbleiben* ‖ ~ *del país natal das Heimatland verlassen* ‖ **–te** adj *abwesend, entfernt* ‖ *verschollen* ‖ ~ *de ánimo,* ~ *de lo que le rodea geistesabwesend* ‖ ~ *de sí mismo ohne an s. selbst zu denken* ‖ **–tismo** m → **absentismo** ‖ *Reisewut* f
ausetano adj/s *aus Vich* (P Lér) ‖ *auf Vich bezüglich*
ausiano adj *auf den katalanischen Dichter Ausias March (1397–1459) bezüglich*
Ausias m np *Hosea (Prophet)*
ausol m MAm *Riss* m *in vulkanischem Gebiet* ‖ Salv *Geysir, Geiser* m
auspi|ciar va Am *fördern, unterstützen* ‖ **–cio** m *Vorbedeutung* f, *Anzeichen* n ‖ *Schutz, Beistand* m, *Gunst* f ‖ ~*s mpl: bajo los* ~ *de alg. gestützt auf jds Empfehlungen* ‖ *unter jds Protektorat od Schirmherrschaft* ‖ *buenos (malos)* ~ *gute (böse) Vorzeichen* npl
auspicioso adj *günstig* ‖ *Erfolg versprechend* ‖ *Glück verheißend*
austenita f 〈Met〉 *Austenit* m (γ-Eisen)
auste|ridad f *Strenge, Härte* f, *Ernst* m ‖ *mürrisches Wesen* n ‖ *Kasteiung* f ‖ 〈fig〉 *Schmucklosigkeit* f ‖ 〈fig〉 *Nüchternheit* f ‖ **–ro** adj *streng, ernst* ‖ *mürrisch* ‖ *zurückgezogen* ‖ *sauer, herb (Geschmack)* ‖ *nüchtern (Raum)* ‖ *schmucklos (Gebäude)* ‖ adv: ~**amente**
austinita f 〈Min〉 *Austinit* m
¹austral adj *(m/f) südlich, Süd-*
²austral m [Währungseinheit] *Austral* m (A)
Austra|lasia f 〈Geogr〉 *Australasien* n ‖ **–lia** f 〈Geogr〉 *Australien* n ‖ **=liano, =liense** adj *(m/f)*
australiano adj ‖ *aus Australien* ‖ ~ m *Australier* m
australino adj/s *aus Südchile* ‖ *auf Südchile bezüglich*

australopiteco m 〈Anthrop〉 *Australopithecus* m
Austria f[el] 〈Geogr〉 *Österreich* n ‖ *Alta* ~ *Oberösterreich* n ‖ *Baja* ~ *Niederösterreich* n ‖ ~*-Hungría* 〈Hist〉 *Österreich-Ungarn* n ‖ *los* ~*s* 〈Hist〉 *spanische Linie der Habsburger*
austríaco, austriaco adj *österreichisch* ‖ *aus Österreich* ‖ ~ m *Österreicher* m
austrino adj 〈Hist〉 *auf das Haus Habsburg bezüglich*
austro m 〈Meteor〉 *Südwind* m ‖ *Süden* m
austroasiático adj *südasiatisch*
austró|filo adj *österreichfreundlich* ‖ **–fobo** adj *österreichfeindlich*
austro-húngaro adj 〈Hist〉 *österreichisch-ungarisch* ‖ ~*-Hungría* f 〈Hist〉 *Österreich-Ungarn* n
autala f 〈Ins〉 *Zünsler* m (Hautala ruralis)
aután m 〈Meteor〉 *[ein Wind] Autan* m
autarquía f *Autarkie* f ‖ *Selbstgenügsamkeit* f ‖ *Selbstversorgung* f
autárquico adj *autarkisch*
auténtica f *beglaubigte Abschrift* f
autenti|cación f *Beglaubigung* f ‖ **–car** [c/qu] vt *beglaubigen, (öffentlich) beurkunden, legalisieren* ‖ **–cidad** f *Glaubwürdigkeit, Rechtsgültigkeit* f ‖ *Authentizität, Echtheit* f ‖ ◇ *dar fe de* ~ *beglaubigen*
auténtico adj *glaubwürdig* ‖ *echt, authentisch* ‖ *rechtsgültig, beglaubigt*
¹autillo m 〈V〉 *Zwergohreule* f (Otus scops)
²autillo m 〈Hist Rel〉 *Sonderspruch* m *des Glaubensgerichtes (Inquisition)*
autis|mo m 〈Psychol〉 *Autismus* m ‖ ~ *infantil precoz* 〈Med〉 *frühkindlicher Autismus* m ‖ **–ta** m *Autist* m
autístico adj 〈Med〉 *autistisch*
¹auto- präf *selbst-, eigen-, auto-* ‖ *Selbst-, Eigen-, Auto-, Aut-* ‖ *Auto-, Kraftfahr-*
²auto m 〈Jur〉 *richterlicher Ausspruch* m ‖ *richterliche Verfügung* f ‖ *Bescheid* m ‖ *amtlicher Befehl bzw Beschluss* m ‖ ~ *de comparecencia Ladung* f *(zum Termin)* ‖ ~ *de entrada y registro* 〈Jur〉 *Durch-, Haus|suchungsbefehl* m ‖ ~ *de fe* 〈Hist〉 *öffentlich vollzogenes Urteil* n *des Glaubensgerichtes, Ketzerverbrennung, Autodafé* n ‖ ~ *judicial Prozesssache* f ‖ ~ *de prisión Haftbefehl, Steckbrief* m ‖ ◇ *hacer* ~ *de fe de algo* 〈fig〉 *et. ins Feuer werfen, et. verbrennen* ‖ ~*s mpl* 〈Jur〉 *(Prozess)Akten* fpl ‖ *Prozessunterlagen* fpl ‖ *Prozesshandlungen* fpl ‖ *Gerichtshandlungen* fpl ‖ ◇ *constar de od en* ~ *durch Gerichtsakten nachgewiesen, bewiesen sein* ‖ *estar en (los)* ~ 〈figf〉 *auf dem Laufenden sein* ‖ *poner a uno en* ~ 〈fig〉 *jdn einweihen* ‖ *ponerse en (los)* ~ *de s. von ... unterrichten* ‖ *el día de* ~ 〈Jur〉 *am inkriminierten Tage*
³auto m 〈Lit〉 *Auto, Mysterienspiel* n ‖ ~ *sacramental einaktiges Mysterienspiel* n
⁴auto m Kurzform für **automóvil** ‖ ~ *de carreras Rennauto* n ‖ ~ *de pedales Tretauto* n
auto|abastecimiento m *Selbstversorgung* f ‖ *Selbstbedienungsladen* m ‖ **–acusación** f ‖ *Selbst|anklage, -beschuldigung* f ‖ **–adhesivo** adj *selbst|haftend, -klebend* ‖ **–afirmación** f *Selbstbestätigung* f ‖ **–alarma** f *automatischer Alarm* m ‖ **–ambulancia** f *Krankenwagen* m ‖ **–análisis** m *Selbstanalyse* f ‖ ~ *exagerado Nabelschau* f ‖ **–aprendizaje** m *Selbstunterricht* m ‖ **–arrancador** m 〈El〉 *Selbst|anlasser, -starter* m ‖ **–aspiración** f *Selbstansaugung* f ‖ **–aspirante** adj *(m/f) selbstansaugend* ‖ **–ayuda** f *Selbsthilfe* f ‖ **auto|banco** m *Autoschalter* m *(bei Banken)* ‖ **–barredera** f *Straßenkehrmaschine* f ‖ **autobio|grafía** f *Selbst-, Auto|biografie* f ‖

–gráfico adj *zur Selbstbiografie gehörig,*
autobiografisch
  auto|bloqueo *m Selbstsperrung* f ‖ **–bomba** *f*
Motorspritze f ‖ **–bombo** *m Selbst|lob,*
-beweihräucherung f ‖ **–bronceador** *m*
Selbstbräuner m
  auto|bús *m Autobus, Omnibus* m ‖ ~ escolar
Schulbus m ‖ ~ articulado *Gelenkbus* m ‖ ~
urbano *Stadtbus* m
  auto|cama *m* ⟨EB⟩ *Autoreisezug* m ‖ **–camión**
m Last(kraft)wagen, Laster m ‖ **–capacidad** *f*
⟨Radio⟩ *Eigenkapazität* f ‖ **–car** *m Reise-,*
Überland|bus m ‖ **–caravana** *f Wohn-,*
Reise|mobil n ‖ **–carenamiento** *m*
Selbsttrockenlegung f ‖ **–carista** *m/f*
Busreisende(r m) f ‖ **–carpia** *f Autokarpie* f ‖
–carril *m* →* **–rriel** Bol Chi Nic →* **–vía** ‖
–cartera *f* [Börse] *Portfeuille, Portfolio* n ‖
–catálisis *f* ⟨Chem⟩ *Autokatalyse* f ‖
  auto|cebador, –cebante adj *(m/f)*
selbstansaugend (Pumpe) ‖ **–céfalo** adj
autokephal ‖ **–censura** *f Selbstzensur* f ‖
–centrante adj *(m/f) selbstzentrierend* ‖ **–choque**
m (Auto)Skooter m ‖ **–cine** *m Autokino* n ‖ **–clave**
f ⟨Chem⟩ *Autoklav, Dampfkochkessel* m ‖
  auto|coagulación *f* ⟨Chem⟩ *Autokoagulation* f ‖
–cocedor *m Kochkiste* f ‖ **–colimación** *f* ⟨Opt⟩
Autokollimation f ‖ **–compasión** *f Selbstmitleid* n
‖ **–compatible** adj *(m/f)* ⟨Bot⟩ *selbstverträglich* ‖
–complacencia *f Selbstgefälligkeit* f ‖
–condensación *f* ⟨Phys⟩ *Selbstkondensation* f ‖
–conducción *f* ⟨El⟩ *Selbstleitung* f ‖ **–confesión** *f*
Selbstbekenntnis n ‖ **–confianza** f *Selbstvertrauen*
n ‖ **–conservación** *f Selbsterhaltung* f ‖
–contratación *f* ⟨Jur⟩ *Selbstkontrahieren, In-sich-*
Geschäft n ‖ **–contrato** *m Selbstkontrahieren* n ‖
–control *m Selbstbeherrschung* f ‖ **–convertidor**
m ⟨El⟩ *Selbstumformer* m ‖ **–corrector** adj
selbst|korrigierend, -regulierend
  autocracia *f Autokratie* f
  autócrata *m Autokrat* m
  autocrático adj *autokratisch*
  auto|crítica *f Selbstkritik* f ‖ **–criticarse** vr
Selbstkritik üben ‖ **–crítico** *selbstkritisch* ‖
–crómico, –cromo adj *autochrom*
  autóctono adj *eingeboren, autochthon, Ur-* ‖
~s mpl *Ureinwohner* mpl
  auto||decisión *f* →* determinación ‖ **–defensa** *f*
Selbstverteidigung f ‖ **–degradación** *f*
Selbsterniedrigung f ‖ **–demolición** *f*
Selbstzertrümmerung f ‖ **–denuncia** *f*
Selbstanzeige f ‖ **–depuración** f *(biologische)*
Selbstreinigung f ‖ **–descarga** *f Selbstentladung* f ‖
–descargante adj *(m/f) selbstentladend* ‖
–destrucción *f Selbstzerstörung* f ‖ **–destructivo**
adj *selbstzerstörerisch* ‖ **–determinación** *f*
Selbstbestimmung f ‖ **–didactа**, m (& **–didacta**
(m/f) Autodidakt m ‖ **–didáctica** *f Selbstunterricht*
m ‖ **–didáctico** adj *autodidaktisch* ‖ **–dinámico**
adj *selbstwirkend, autodynamisch* ‖ **–dino** *m*
⟨Radio⟩ *Autodyn, Schwingaudion* n ‖ **–dirección** *f*
Selbst|steuerung, -lenkung f ‖ **–dirigido** adj
selbst|gesteuert, -gelenkt ‖ **–disciplina** *f*
Selbst|zucht, -disziplin f ‖ **–disolución** *f*
Selbstauflösung f (z. B. *e–r politischen Partei*) ‖
–disolverse vr *s. von selbst auflösen* (z. B. *e–e*
politische Partei) ‖ **–disparador** *m* ⟨Fot⟩
Selbstauslöser m ‖ **–disparo** *m unbeabsichtigtes*
Losgehen n ‖ **–dominio** *m Selbstbeherrschung*
f
  autódromo *m Auto|drom* n, *-rennbahn* f, *Ring*
m (z. B. *Nürburgring*)
  auto|ecología *f* ⟨Ökol⟩ *Autoökologie* f ‖
–edición *f* ⟨Inform⟩ *Desktop Publishing* n ‖
–editor *m Selbstverleger* m ‖ **–educación** *f*

Selbsterziehung f ‖ **–elogio** *m Selbstlob* n ‖
–emisión *f Selbststrahlung* f ‖
Feldelektronenemission f ‖ **–encendedor** *m*
Selbstzünder m *(am Motor)* ‖ **–encendido** *m*
Selbstzündung f ‖ **–enfoque** *m* ⟨Fot⟩ *Autofokus* m
‖ **–engrasador** *m* ⟨Auto Tech⟩ *Selbstschmierer* m ‖
–erotismo *m Autoerotik* f
  auto|escuela *f Fahrschule* f ‖ **–estabilizador**
adj *selbststabilisierend* ‖ **–esterilidad** *f*
Selbststerilität f ‖ **–estima** *f Selbsteinschätzung* f ‖
–estop *m* →* autostop ‖ **–estopista** *m/f* →*
autostopista
  auto|excitación *f* ⟨El⟩ *Selbst-, Eigen|erregung* f
‖ **–exploración** *f Selbstanalyse* f ‖ **–expreso** *m*
⟨EB⟩ *Autoreisezug* m
  autofagia *f* ⟨Biol⟩ *Autophagie* f
  autófago adj ⟨Biol⟩ *autophag, selbstfressend*
  auto|fecundación *f* ⟨Biol⟩ *Selbstbefruchtung* f
‖ **–ferro** *m* Col *Schienenbus* m ‖ **–filia** *f* ⟨Psychol⟩
Selbst-, Eigen|liebe, Autophilie f ‖
–financiamiento *m Selbst-, Eigen|finanzierung* f ‖
–fónico adj: disco ~ *selbstbesprochene Platte* f
  auto|gamia *f* ⟨Biol⟩ *Autogamie,*
Selbstbefruchtung f
  autógamo adj ⟨Biol⟩ *autogam,*
selbstbefruchtend
  autogénesis *f* ⟨Biol⟩ *Autogenese* f
  autógeno adj *autogen* ‖ *ursprünglich* ‖
selbsttätig
  auto|gestión *f Selbstverwaltung* f ‖ **–giro** *m*
Tragschrauber m, *Autogiro* n ‖ **–glorificación** *f*
Selbstverherrlichung f ‖ **–gnosis** *f* ⟨Philos⟩
Selbsterkenntnis, Autognosie f ‖ **–gobierno** *m*
Selbstverwaltung f ‖ *Selbstregierung* f ‖ **–gol** *m*
⟨Sp⟩ *Eigentor* n ‖ **–grabado** *m* ⟨Typ⟩ →*
huecograbado ‖ **–grafía** *f Auto(litho)grafie* f ‖
Steindruck m ‖ **–gráfico** adj *autografisch,*
eigenhändig
  autógrafa *f* ⟨Ins⟩ *Gammaeule* f
  autógrafo adj *eigenhändig geschrieben (Brief*
usw.) ‖ *in der Urschrift* ‖ ~ *m Urschrift* f,
Original, Autograf n ‖ *Autogramm* n ‖
Umdruckpresse f
  auto|heterodino adj ⟨Radio⟩ *selbstüberlagernd*
‖ **–hipnosis** *f Autohypnose* f
  auto|ico adj ⟨Bot⟩ *autoisch* ‖ **–ignición** *f*
Selbstzündung f ‖ **–incompatible** adj *(m/f)* ⟨Bot⟩
selbstunverträglich (Befruchtung) ‖ **–inculparse**
vr *s. selbst bezichtigen* ‖ **–inducción** *f* ⟨El⟩
Selbstinduktion f ‖ **–inductancia** *f* ⟨El⟩
Selbstinduktivität f ‖ **–infección** *f* ⟨Med⟩
Selbstansteckung, Autoinfektion f ‖ **–inflamación**
f ‖ *Selbstentzündung* f ‖ **–injerto** ⟨Med⟩ *Autoplastik*
f ‖ *Selbstaufpfropfung* f ‖ **–inmolarse** vr *s. selbst opfern* ‖ **–inmune** adj
(m/f) ⟨Med⟩ *autoimmun* ‖ **–inmunidad** *f* ⟨Med⟩
Autoimmunität f ‖ **–inmunopatía** *f* ⟨Med⟩
Autoimmunkrankheit f ‖ **–intoxicación** *f* ⟨Med⟩
Selbstvergiftung, Autointoxikation f ‖
–justificación *f Selbstrechtfertigung* f ‖
  auto|latría *f Selbstvergötterung* f ‖ **–lesión** *f*
Selbstverstümmelung f ‖ **–limitación** *f*
Selbstbeschränkung f ‖ **–limpiante** adj *(m/f)*
selbstreinigend ‖ **–lisis** *f* ⟨Med⟩ *Autolyse* f ‖
–lubri(fi)cación *f Selbstschmierung* f ‖
–lubri(fi)cante adj *(m/f) selbstschmierend* ‖
–luminoso adj *selbstleuchtend*
  automación *f* →* automatización
  automarginado *m Aussteiger* m
  autómata *m Automat* m ‖ *Maschinen|mensch,*
-automat m (& fig) ‖ (iron) *Maschine* f ‖ ⟨fig⟩
willenloses Werkzeug n
  auto|mática *f Jukebox* f ‖ *Selbstladepistole* f ‖
–maticidad *f Automatismus* m, *automatische*
Wirkung(sweise) f ‖ **–mático** adj *automatisch,*

selbsttätig ‖ ⟨fig⟩ *mechanisch, unwillkürlich (Bewegung)* ‖ adv: **~amente** ‖ **–matismo** *m Unwillkürlichkeit, maschinenmäßige Tätigkeit* f ‖ ⟨Psychol⟩ *Automatismus* m ‖ ⟨Tech⟩ *Selbsttätigkeit* f, *selbsttätiges Arbeiten* n ‖ **–matización** *f Automatisierung, Automation* f ‖ *vollautomatische Fertigung* f ‖ **–matizar** [z/c] vt *automatisieren* ‖ **–medicación** *f Selbstmedikation* f ‖ **–medonte** *m* ⟨poet⟩ *Wagenlenker* m ‖ Am *Mietwagenchauffeur* m ‖ **–mercado** *m* Ven *Supermarkt* m ‖ **–moción** *f Kraftfahrzeugwesen* n ‖ **–modelismo** *m Kraftfahrzeugmodellbau* m ‖ **–motor** adj ⟨Tech⟩ *s. selbst bewegend, zum Selbstbetrieb* ‖ Am *Kraft|wagen* m, *-fahrzeug* n ‖ **–motriz** [*pl* **~ces**] *f elektrischer Triebwagen* m **automóvil** adj *(m/f) s. selbstfahrend* ‖ ~ *m Auto(mobil)* n, *Kraft-, Motor|wagen* m, ⟨fam⟩ *Auto* n ‖ ~ *acorazado od* blindado *Panzerwagen* m ‖ ~ *de alquiler Mietwagen* m ‖ ~ *cisterna Tankwagen* m ‖ ~ *de carreras Rennwagen* m ‖ ~ *de deporte Sportwagen* m ‖ ~ *de línea Linienbus* m ‖ ~ *de repartir Lieferwagen* m ‖ ~ *de segunda mano Gebrauchtwagen* m ‖ ~ *Touren(kraft)wagen, Personenkraftwagen, Pkw* m ‖ ~ *para todo terreno Geländewagen* m ‖ ~ usado *Gebrauchtwagen* m **automovilis|mo** *m Automobilsport* m ‖ *Kraftfahrwesen* n ‖ **–ta** *m/f Auto-, Kraft|fahrer(in* f) m **automovilístico** adj *Automobil-, Kraftfahrzeug-* **automutilación** *f* ⟨Med⟩ *Selbst|verstümmelung, -mutilation* f **auto|nomía** *f Autonomie, Selbst|regierung* f, *-verwaltung* f ‖ *Unabhängigkeit, Selbständigkeit* f ‖ *Selbstbestimmung* f ‖ *Eigengesetzlichkeit* f ‖ *Aktionsradius* m *(Geschoss)* ‖ ~ *de las partes* ⟨Jur⟩ *Parteiautonomie* f ‖ ~ *tarifaria Tarifautonomie* f ‖ ~ *universitaria Autonomie* f *der Hochschulen* ‖ *Universitätsselbstverwaltung* f ‖ ~ *de la voluntad* ⟨Jur⟩ *Willensfreiheit* f ‖ ~ *de vuelo* ⟨Flugw⟩ *Flug-, Reich|weite,* f ‖ *Flugdauer* f ‖ **–nómico** adj *autonom(isch)* ‖ *auf die Autonomie bezüglich* ‖ **–nomista** adj *(m/f) autonomistisch* ‖ ~ *m/f Autonomist(in* f) m **autónomo** adj *autonom* ‖ *selbständig, unabhängig, eigengesetzlich* **auto|obligarse** vr *s. selbst verpflichten* ‖ **–oxidación** *f* ⟨Chem⟩ *Autoxidation* f **autopiloto** *m* ⟨Flugw⟩ *Autopilot* m **autopista** *f Autobahn* f ‖ ~ *de información* ⟨Inform⟩ *Datenautobahn* f ‖ ~ *de peaje gebührenpflichtige Autobahn* f ‖ ~ *urbana Stadtautobahn* f **auto|plastia** *f* ⟨Med⟩ *Autoplastik* f ‖ **–plástico** adj *autoplastisch* ‖ **–polinización** *f* ⟨Bot⟩ *Selbstbestäubung* f ‖ **–portante** adj *(m/f) selbsttragend* ‖ **–propulsado** adj *mit Selbstantrieb* ‖ **–propulsión** *f Selbstantrieb* m ‖ **–protección** *f Selbstverteidigung* f **autopsia** *f* ⟨Med⟩ *Obduktion, Autopsie, Nekropsie, Sektion, Leichen(er)öffnung* f ‖ ⟨fig⟩ *eingehende Untersuchung* f ‖ ◇ *practicar la* ~ *die Obduktion vornehmen* **auto|psicosis** *f* ⟨Med⟩ *Autopsychose* f ‖ **–pullman** *m Luxus-Reisebus* m ‖ **–quirla** *f* ⟨Med⟩ *Selbstverstümmelung* f **autor** *m Urheber, Schöpfer* m ‖ *Verfasser, Schriftsteller, Autor* m ‖ *(An)Stifter* m ‖ *Erfinder, Entdecker* m ‖ ⟨Jur⟩ *Täter* m ‖ *Anstifter* m ‖ ⟨Ökol⟩ *Verursacher* ‖ ~ *de un atentado Attentäter* m ‖ ~ *de cabecera Lieblings|schriftsteller, -dichter, -autor* m ‖ ~ *clásico Klassiker, klassischer Autor* m ‖ ~ *del daño* ⟨Jur⟩ *Schädiger* m ‖ ~ *de sus días* ⟨fam⟩ *sein (ihr) Vater* m ‖ ~

dramático Dramatiker m ‖ ~ *de un delito* ⟨Jur⟩ *Täter* m ‖ ~ *de una moción Antragsteller* m ‖ ~ *de óperas Opernkomponist* m ‖ ~ *presunto* ⟨Jur⟩ *mutmaßlicher Täter* m ‖ ~ *trágico od de tragedias Tragödien- od Trauerspiel|dichter* m **autoría** *f* ⟨Jur⟩ *Täterschaft* f ‖ ~ *mediata mittelbare Täterschaft* f ‖ ~ *moral Urheberschaft, Anstiftung* f **autori|dad** *f Ansehen* n, *Autorität* f ‖ *Gewalt, Macht, Machtbefugnis* f ‖ *Herrschaft* f ‖ *Machtvollkommenheit* f ‖ *Amtsgewalt* f ‖ *Obrigkeit, Behörde* f ‖ *Befugnis* f ‖ *Präsident* m *beim Stierkampf* ‖ ⟨fig⟩ *Gewährsmann* m ‖ *maßgebliche Person* f ‖ *Gewicht* n, *Einfluss* m ‖ *zwingende Kraft* f *(Gesetz)* ‖ ~ *absoluta unumschränkte Gewalt* f ‖ ~ *acusadora* ⟨Jur⟩ *Anklagebehörde* f ‖ ~ *administrativa Verwaltungsbehörde* f ‖ ~ *civil Zivilbehörde* f ‖ ~ *consular Konsularbehörde* f ‖ ~ *de control Aufsichtsbehörde* f ‖ ~ *(la) cosa juzgada* ⟨Jur⟩ *Rechtskraft* f ‖ ~ *ejecutiva vollziehende Gewalt; Exekutive* f ‖ ~ *del Estado Staatsgewalt* f ‖ ~ *federal Bundes|gewalt, -behörde* f ‖ ~ *inferior untere od nachgeordnete Behörde* f ‖ ~ *judicial Justiz-, Gerichts|behörde* f ‖ ~ *legislativa gesetzgebende Gewalt; Legislative* f ‖ ~ *local Ortsbehörde* f ‖ ~ *militar Militärbehörde* f ‖ ~ *paternal väterliche Gewalt* f ‖ ~ *patria* ⟨Jur⟩ *elterliche Gewalt* f ‖ ~ *portuaria Hafenbehörde* f ‖ ~ *pública Staatsgewalt* f ‖ ~ *del puerto Hafenbehörde* f ‖ ~ *sanitaria Gesundheitsbehörde* f ‖ ~ *superior obere od übergeordnete Behörde* f ‖ ~ *de tutela(s),* ~ *tutelar Vormundschaftsbehörde* f ‖ ◆ *de (su) propia* ~ *eigenmächtig* ‖ ◇ *pasado en* ~ *de cosa juzgada* ⟨Jur⟩ *rechtskräftig geworden* ‖ **–es** *fpl: competentes zuständige Behörden* fpl ‖ ~ *de edificación Baubehörden* fpl ‖ ~ *de ocupación Besatzungsbehörden* fpl ‖ ~ *de tráfico Straßenverkehrsbehörden* fpl ‖ **–tario** adj *autoritär* ‖ *despotisch, rechthaberisch, herrisch, gebieterisch* ‖ **–tarismo** ⟨Pol⟩ *m autoritäre Staatsform* f ‖ *Lehre* f *des autoritären Staates* ‖ *Autoritätsmissbrauch* m ‖ **–tativo** adj *maßgebend, Autoritäts-* **autori|zación** *f Genehmigung, Ermächtigung* f ‖ *Bevollmächtigung* f ‖ *Autorisation* f (z. B. *e-r Übersetzung*) ‖ *Be|fähigung, -rechtigung* f ‖ *Beglaubigung* f ‖ ~ *de circulación Zulassung* f *(e-s Fahrzeugs)* ‖ ~ *condicional bedingte Genehmigung* f ‖ ~ *de entrada Einreisegenehmigung* f *(für Asylanten usw.)* ‖ ~ *especial Sondergenehmigung* f ‖ ~ *excepcional Ausnahmegenehmigung* f ‖ ~ *judicial gerichtliche Beurkundung* f ‖ ~ *marital Zustimmung* f *des Ehemannes* ‖ ~ *notarial notarielle Beurkundung* f ‖ ~ *obligatoria Genehmigungspflicht* f ‖ ~ *previa Vorwegbewilligung* f ‖ ~ *(por escritura) pública öffentliche Beurkundung* f ‖ ~ *de residencia Aufenthaltsgenehmigung* f ‖ ~ *tácita stillschweigende Genehmigung* f ‖ ~ *de trabajo Arbeitsgenehmigung* f ‖ **–zado** adj *ermächtigt* ‖ *befugt* ‖ *zuständig* ‖ *qualifiziert* ‖ *zugelassen* ‖ *angesehen* ‖ *glaubwürdig* ‖ *einflussreich (Kritiker)* ‖ **–zar** [z/c] vt *bevoll-, er|mächtigen, berechtigen, autorisieren* ‖ *beglaubigen* ‖ *bekräftigen* ‖ *genehmigen* ‖ *gutheißen* ‖ *beurkunden* ‖ *erlauben, zulassen, gestatten* ‖ *billigen* ‖ *zustimmen* ‖ ~ *con su firma durch Unterschrift bestätigen* **auto|rradio** *m Autoradio* n ‖ **–rradiografía** *f Autoradiografie* f ‖ **–realización** *f Selbstverwirklichung* f ‖ **–rreduplicación** *f* ⟨Biol⟩ *Autoreduplikation* f ‖ **–rregadera** *f (Straßen)Sprengwagen* m ‖ **–rregistrador** adj *selbst schreibend, registrierend* ‖ **–rregulación** *f Selbstregelung* f ‖ **–rrelato** *m Selbstbesprechung* f

(e–s Werkes) ‖ **–rretención** *f Selbst\hemmung, -sperrung* f ‖ **–rretrato** *m* ⟨Mal⟩ *Selbstbildnis* n ‖ **–rriel** *m Schienenbus* m ‖ *Dieseltriebwagen* m ‖ **–rrotación** *f* ⟨Flugw⟩ *Eigendrehung* f
autorzuelo *m* ⟨desp⟩ dim von **autor**
auto\sacrificio *m Selbstaufopferung* f ‖ **–satisfacción** *f Selbstzufriedenheit* f ‖ **–satisfecho** adj *mit s. selbst zufrieden* ‖ **–scopia** *f* ⟨Med⟩ *Autoskopie* f ‖ **–scópico** adj *autoskopisch* ‖ **–servicio** *m Selbstbedienung* f ‖ *Selbstbedienungsladen* m ‖ **–sexual** adj *(m/f)* **autosexuell** ‖ **–sexualismo** *m Autosexualismus* m
auto\stop *m Autostop* m ‖ ◇ *hacer ~ Autostop machen, per Anhalter fahren od reišen* ‖ **–stopista** *m/f Anhalter(in* f) m
auto\suficiencia *f Selbstgenügsamkeit* f ⟨Com Pol⟩ *Autarkie, Selbstversorgung* f ‖ **–sugestión** *f Selbstbeeinflussung, Autosuggestion* f ‖ **–sustentador** adj *selbsttragend*
auto\tipia *f* ⟨Typ⟩ *autotypischer Lichtdruck* m ‖ **–tomía** *f* ⟨Zool Vet⟩ *Selbstverstümmelung (bei Tieren), Autotomie* f ‖ **–toxina** *f Autotoxin, Eigengift* n ‖ **–transformador** *m* ⟨El⟩ *Spartransformator* m ‖ **–transporte** *m Kraftfahrzeugverkehr* m ‖ **–trasplante** *m* ⟨Med⟩ *Autoplastik* f ‖ **–trén** *m* ⟨EB⟩ *Autoreisezug* m ‖ **–trineo** *m Motorschlitten* m ‖ **–trofía** *f* ⟨Bot⟩ *Autotrophie* f ‖ **–trófico, –trofo** adj ⟨Bot⟩ *autotroph, s. selbständig von anorganischen Stoffen ernährend* ‖ **–tropismo** *m* ⟨Biol⟩ *Autotropismus* m
auto\vacuna *f* ⟨Med⟩ *Autovakzine* f, *Eigenimpfstoff* m ‖ **–vía a)** *m Schienenbus, Dieseltriebwagen* m ‖ **b)** *f (Auto)Schnellstraße* f
autumnal adj *(m/f) herbstlich*
auvernia *f* ⟨Bot⟩ *Zitronenstrauch* m (Aloysia citrodora)
Auvernia *f* ⟨Geogr⟩ *die Auvergne*
[1]auxiliar vt *jdm helfen, beistehen, Beistand leisten*
[2]auxiliar adj *(m/f) helfend, mitwirkend* ‖ *Hilfs-, Neben-, Zweig-* ‖ *Beistell- (Möbel)* ‖ *~ m Helfer, Gehilfe* m ‖ *Hilfsperson* f ‖ *Hilfsmittel* n ‖ *untergeordneter Mitarbeiter* m ‖ *Hilfsbeamte(r)* m ‖ [Schule und Universität] *Vertreter* m *e–r Lehrperson* ‖ *~ de vuelo Steward* m bzw *Stewardess* f
auxilio *m Hilfe* f, *Beistand* m ‖ *Unterstützung* f ‖ *~ en carretera Straßenwacht* f ‖ ◇ *acudir en ~ de alg. jdm zu Hilfe kommen* ‖ *pedir ~ um Hilfe rufen* ‖ *prestar ~ Hilfe leisten* ‖ *primeros ~s erste Hilfe* f
a/v ⟨Abk⟩ = **a [1]vista**
Av. ⟨Abk⟩ = **[1]avenida**
avacado adj *kuhartig*
avahar vt *dämpfen* ‖ *~ vi ausdunsten* ‖ ⟨Bot⟩ *verdorren (& fig)*
aval *m Aval* m, *Wechselbürgschaft* f ‖ *Bürgschaft* f
avalancha *f Lawine* f ‖ ⟨fig⟩ *An\häufung* f, *-drang* m ‖ *Unmenge* f ‖ ⟨fig⟩ *Flut* f
avalar vt/i *(e–n Wechsel) garantieren* ‖ *e–e Wechselbürgschaft* f *leisten* ‖ *bürgen* ‖ *kontrollieren*
avalen\tonado adj *raufboldmäßig* ‖ *groß\sprecherisch, -mäulig* ‖ **–t(on)arse** vr *renommieren,* ⟨fam⟩ *angeben*
avalista *m/f Wechselbürge* m
ava\lorar vt *(be)werten* ‖ *(den Wert e–r Sache) schätzen, bestimmen* ‖ ⟨fig⟩ *ermutigen* ‖ **–luación** *f (Ab)Schätzung* f ‖ **–luador** *m Am Schätzer* m ‖ **–luar** [pres *~úo*] vi *(ab)schätzen* ‖ **–lúo** *m (Ab)Schätzung, (Be)Wertung* f
[1]avance *m Vorrücken* n ‖ ⟨Mil⟩ *Vorstoß, Angriff, Vormarsch* m, *vordringen* n ‖ *(Geld)Vorschuss* m, *Vorauszahlung* f ‖ *Anzahlung*

f ‖ ⟨Tech⟩ *Vorschub* m ‖ ⟨Com⟩ *Bilanz* f ‖ *(Kosten)Voranschlag* m ‖ *Chi ein Ballspiel* n ‖ *Mex Plünderung* f ‖ *~ acelerado Eil\gang, -vorschub* m ‖ *~ angular Winkelvoreilung* f ‖ *~ automático Selbstzustellung* f ‖ *~ de barrenado Bohrvorschub* m ‖ *~ de la broca Bohrvorschub* m ‖ *~ de caja Kassenvorschuss* m ‖ *~ de la cinta de la máquina de escribir Farbbandtransport* m *der Schreibmaschine* ‖ *~ de la chispa Zündverstellung, Zündungsvorverstellung* f ‖ *discontinuo Sprungvorschub* m, *Sprung-, Spring\schaltung* f ‖ *~ al od del encendido* ⟨Auto⟩ *Früh-, Vor\zündung* f ‖ *~ de las escobillas* ⟨El⟩ *Bürstenvorschub* m ‖ *~ informativo* ⟨Radio TV⟩ *Nachrichtenüberblick* m ‖ *~ intermitente* → *~ discontinuo* ‖ *~ longitudinal Längsvorschub* m ‖ *~ a mano Handvorschub* m ‖ *~ de marcha en vacío Leerlaufvorschub* m ‖ *~ de mesa Tischvorschub* m ‖ *~ de las obras* ⟨Arch⟩ *Bau\fortschritt* m, *-tempo* n ‖ *~ del papel Papiervorschub* m ‖ *~ de película* ⟨Fot⟩ *Filmtransport* m ‖ *~ de precisión Fein\vorschub* m, *-zustellung* f ‖ *~ del presupuesto Haushaltsvoranschlag* m ‖ *~ rápido* ⟨Tech⟩ *Eil-, Schnell\vorschub, -gang* m ‖ *~ transversal Quervorschub* m ‖ *~ vertical Tiefenvorschub* m ‖ ◇ *hacer ~ a alg.* ⟨fig⟩ *jdm entgegenkommen*
[2]avance *m Vor\schau, -anzeige* f ‖ *~ de programas* ⟨Radio TV⟩ *Programmvorschau* f ‖ *~ de resultados* ⟨allg Wirtsch⟩ *Zwischenbericht* m
avante adv *Sal vorwärts* ‖ ◇ *virar por ~* ⟨Mar⟩ *durch den Wind wenden*
avantrén *m* ⟨Mil⟩ *Protzwagen* m ‖ *Protze* f ‖ ⟨EB⟩ *Vorzug* m ‖ *Lenkgestell* n
avan\zada *f* ⟨Mil⟩ *Vor\feld, -gelände* n ‖ *Vorhut* f, *Voraustrupp* m ‖ **~s** *fpl* ⟨Mil⟩ *Vorposten* mpl ‖ **–zadilla** *f* ⟨Mil⟩ *kleiner Spähtrupp* m ‖ *Stoßtrupp* m ‖ **–zado** adj *vorgerückt* ‖ *vorgeschritten (Krankheit, Alter, Arbeit)* ‖ *vorgeschoben (Posten)* ‖ *fortgeschritten* ‖ *kühn, fortschrittlich (Ideen)* ‖ ◆ *a una hora ~a zu vorgerückter Stunde* ‖ *de edad ~a hochbetagt, bejahrt, in vorgeschrittenem Alter* ‖ *~ m Fortschrittler* m
[1]avanzar [z/c] vt *vorwärtsbringen, fördern, vor\rücken, -schicken, -strecken, näher schicken* ‖ *vorausschicken (andeuten)* ‖ *vorstrecken (Geld)* ‖ *~ vi vorwärts gehen, vorrücken* ‖ *weitergehen* ‖ *weiterkommen* ‖ *vorankommen (im Beruf)* ‖ *vorspringen (Gebäude)* ‖ *fortschreiten* ‖ *Cu s. übergeben, s. erbrechen* ‖ *Mex stehlen, rauben* ‖ ◇ *arraströndose vorwärts kriechen* ‖ *~ combatiendo* ⟨Mil⟩ *vorstoßen* ‖ *~ cuerpo a tierra* ⟨Mil⟩ *robben* ‖ *~ por saltos* ⟨Mil⟩ *s. sprungweise vorarbeiten* ‖ *~se vor\rücken, -gehen* ‖ *s. nähern*
[2]avanzar [z/c] vi *Cu s. übergeben*
[3]avanzar [z/c] vi *Mex stehlen, rauben*
avanzo *m Bilanz* f ‖ *Vorschuss* m, *Angeld* n ‖ *Kostenvoranschlag* m
ava\ramente adv → **riciosamente** ‖ **–ricia** *f Geiz* m, *Habsucht* f ‖ *Knauserei* f ‖ **–riciosamente** adv *geizig, knaus(e)rig* ‖ **–ricioso, –riento** adj *geizig, filzig, knaus(e)rig* ‖ *~ m Geizhals, Knauser* m
avariosis f ⟨Med⟩ *Syphilis, Lues* f
ava\rismo *m Sparsystem* n ‖ **–ro** adj *geizig, filzig, knaus(e)rig* ‖ *~ de gloria ruhmsüchtig* ‖ *~ de palabras wortkarg* ‖ *~ m Geizhals, Knauser* m
avasa\llador adj *überwältigend* ‖ *herrisch* ‖ **–llar** vt *unter\werfen, -jochen*
avascular adj *(m/f)* ⟨Med⟩ *avaskulär, ohne Blutgefäße*
avatar *m* ⟨Rel⟩ *Verkörperung* f *Vischnus (Brahmanismus)* ‖ *Verwandlung* f ‖ *Veränderung* f ‖ **~es** *mpl* ⟨fam⟩ *Schwierigkeiten* fpl ‖ *Wechselfälle* mpl ‖ *Abenteuer* npl

¹ave m (~ María) ⟨lat⟩ *Ave Maria* n ‖ ¡~! *ach du liebe Güte!* ‖ ◆ en un ~ ⟨fam⟩ *im Nu*
²ave f[el] *Vogel* m, *Geflügel* n ‖ ~ acuátil, ~ acuática *Wasservogel* m ‖ ~ agorera f *Unglücksvogel* m ‖ ~ de albarda ⟨fam⟩ *Esel* m ‖ ~ brava *wilder Vogel* m ‖ ~ can(t)ora *Singvogel* m ‖ ~ carnicera *Greifvogel* m ‖ ~ corredora *Laufvogel* m ‖ ~ divagante *umherstreifender Vogel* m ‖ ~ fría → **avefría** ‖ ⟨fig⟩ *geistig träger Mensch* m ‖ ~ lira *Leierschwanz* m (Menura novohollandiae) ‖ ~ migrativa, ~ migratoria *Zugvogel* m ‖ ~ de mal agüero, ~ de mal augurio ⟨figf⟩ *unheilverkündende Person* f, *Unglücksrabe* m ‖ ~ negra *Arg* ⟨fig⟩ *Winkeladvokat* m ‖ ~ nocturna *Nachtvogel* m ‖ ⟨figf joc⟩ *Nacht|eule* f, *-schwärmer* m ‖ ~ ominosa *Unglücksvogel* m ‖ ~ del Paraíso **a)** ⟨V⟩ *Paradiesvogel* m ‖ **b)** ⟨Bot⟩ *Paradiesvogelblume, Strelitzie* f (Strelitzia reginae) ‖ ~ de paso *Zugvogel* m (& fig) ‖ ~ predadora, ~ de presa, ~ rapaz, ~ de rapiña *Greifvogel* m ‖ ⟨fig⟩ *Geier, Hai* m *(Mensch)* ‖ ~ de río *Flussvogel* m ‖ ~ roquera *Felsenvogel* m ‖ ~ secretario *Sekretär* m (Sagittarius serpentarius) ‖ ~ sedentaria *Jahresvogel* m ‖ ~ silvestre *wilder Vogel* m ‖ ~ de las tempestades *Sturmvogel* m ‖ ~ tonta *Goldammer* f (Emberiza citrinella) ‖ ⟨fig⟩ *leicht zu hintergehender Mensch* m ‖ ~ trepadora *Klettervogel* m ‖ ~ zancuda *Stelzvogel* m ‖ ~ zonza → ~ tonta ‖ ~s fpl *zahmes Geflügel* n ‖ ~ de adorno *Ziervögel* mpl ‖ *Ziergeflügel* n ‖ ~ cautivas *Käfigvögel, gefangene Vögel* mpl ‖ ~ de caza *Beizvögel* mpl ‖ ~ de corral *Geflügel* n ‖ ~ de cría *Zuchtvögel* mpl ‖ *Zuchtgeflügel* n ‖ ~ domésticas *(Haus)Geflügel* n ‖ ~ exóticas *exotische Vögel* mpl ‖ ◇ las ~ por las plumas se conocen ⟨Spr⟩ *an den Federn erkennt man den Vogel* ‖ ser (como) un ave *schnell od leichtfüßig sein* ‖ *pfeilschnell sein*
³ave f[el] *PR Schwule(r)* m
AVE ⟨Abk⟩ = **Alta Velocidad Española**
avecasina f *Chi* ⟨V⟩ *Schnepfe* f
avechucho m *hässlicher Vogel* m ‖ ⟨fig fam⟩ *ungestalter Mensch* m, *Vogelscheuche* f
avecilla f dim von **²ave** ‖ ~ de las nieves *Bachstelze* f (Motacilla alba)
avecinar vt *annähern* ‖ ~se *s. nähern* ‖ →
avecindarse
avecin|damiento m *Einbürgerung* f ‖ *Einbürgerungsort* m ‖ **-darse** vr *s. einbürgern* ‖ *s. häuslich niederlassen*
avefría f ⟨V⟩ *Kiebitz* m (Vanellus vanellus) ‖ ~ espolada *Spornkiebitz* m (V. spinosus)
avejen|tado adj *alt aussehend* ‖ **-tarse** vr *vorzeitig altern*
aveji|gado adj *blasig, voller Blasen* ‖ **-gar** [g/gu] vi *Blasen bilden, Blasenbildung verursachen* ‖ ~se *Blasen ziehen*
avellana f ⟨Bot⟩ *Haselnuss* f ‖ *And Extr Murc Erdnuss* f
¹avellanado adj *haselnussähnlich* ‖ *haselnussfarben* ‖ ⟨fig⟩ *runz(e)lig, zusammengeschrumpft*
²avellana|do m ⟨Tech⟩ *(Ver)Senken* n ‖ **-dor** m *Senker* m, *Krauskopf* m ‖ ~ de forma *Formsenker* m ‖ ~ de punta *Spitzsenker* m
avella|nal m → **²-nar**
¹avellanar vt/i ⟨Tech⟩ *(ver)senken*
²avellanar m ⟨Bot⟩ *Haselgebüsch* n
avellanarse vr *zusammenschrumpfen* (z. B. *Haut*)
avellanate m ⟨Kochk⟩ *Haselnussgericht* n
avella|neda f, **-nedo** m *Haselbusch* m ‖ **-nera** f *Haselstaude* f ‖ **-no** m ⟨Bot⟩ *Haselnussstrauch* m, *Haselstaude* f (Corylus avellana) ‖ ~ turco *Baumhasel* f (C. colurna) ‖ *Haselholz* n

avemaría, ave María f *Englischer Gruß* m, *Ave Maria* n ‖ *Angelusläuten* n ‖ ◆ al ~ *beim Abenddämmern* n ‖ en un ~ *im Nu* ‖ saber u/c como el ~ ⟨fig⟩ *et. gründlich kennen* ‖ ¡~ (Purísima)! *(Ausruf des Staunens) ach du liebe Güte!* ‖ *Gruß beim Eintritt in ein Haus*
avena f ⟨Bot⟩ *Hafer* m (Avena sativa) ‖ *Haferkorn* n ‖ ⟨poet⟩ *Hirtenflöte* f ‖ ~ alta → ~ elevada ‖ ~ amarilla *Goldhafer* m (Trisetum flavescens) ‖ ~ caballuna *Fahnenhafer* m (A. orientalis) ‖ ~ desnuda *Sandhafer, Nackter Hafer* m (A. nuda) ‖ ~ elevada *Glatthafer* m, *Französisches Raygras* m (Arrhenatherum elatius) ‖ ~ forrajera *Futterhafer* m ‖ ~ loca, ~ morisca *Flug-, Wind|hafer* m (A. fatua) ‖ ~ mondada *(Hafer)Graupen* fpl, *Hafergrütze* f ‖ ~ oriental *Fahnenhafer* m (A. orientalis) ‖ ~ paniculada *Rispenhafer* m ‖ ~ quebrantada *Hafergrütze* f ‖ ~ rubia *Goldhafer* m (Trisetum flavescens) ‖ ~ vellosa *Flammhafer* m (A. pubescens)
avenado adj ⟨fam⟩ *verrückt, toll*
ave|nal m, **-nera** f *Haferfeld* n
ave|namiento m *Entwässerung, Dränage, Dränung, Trockenlegung* f *(durch Gräben)* ‖ **-nar** vt *entwässern, dränieren, trockenlegen (durch Gräben)* ‖ ⟨Bgb⟩ *sümpfen*
¹avenate m *Hafertrank* m
²avenate m *And Wahnsinnsanfall* m
avenenar vt → **envenenar**
ave|nencia f *Vertrag* m, *Übereinkunft* f ‖ *Lohn* m ‖ *Eintracht* f ‖ *Einigung* f ‖ *Vergleich* m ‖ **-nible** adj *(m/f) verträglich* (con *mit*)
¹avenida f *Avenue, Allee* f ‖ *Prachtstraße* f ‖ *Zugang* m ‖ *Anfahrt* f ‖ ⟨fig⟩ *Weg* m ‖ ~ de circunvalación *Ringstraße* f ‖ *Ring* m ‖ la Quinta ~ *Fifth Avenue (New York)*
²avenida f *Hochwasser* n, *Wasserwuchs* m ‖ *Überschwemmung* f ‖ *Flut* f ‖ *Zustrom* m ‖ ⟨fig⟩ *Zusammenströmen* n ‖ *Andrang* m
³avenida f *Ar Übereinkunft* f
avenido adj *einig, ausgesöhnt* ‖ bien ~ *einig* ‖ mal ~ *uneinig* ‖ nulo y no ~ *null und nichtig*
avenidor adj *vermittelnd* ‖ ~ m *Vermittler* m
avenir [irr → **venir**] vt *einigen* ‖ *vergleichen* ‖ vi *geschehen* ‖ ~se *s. vergleichen* ‖ *s. vertragen* ‖ *einig werden* ‖ *s. schicken, passen* ‖ *s. anpassen* ‖ *s. bequemen* (con *zu*) ‖ ◇ ~ a todo *s. in alles schicken* ‖ allá se las avenga ⟨fam⟩ *er (sie, es) mag sehen, wie er (sie, es) fertig wird, das ist seine (ihre) Sache,* ⟨fam⟩ *das ist sein (ihr) Bier*
avenoso adj *haferartig*
¹aventado adj ⟨fig⟩ *windig, unbesonnen*
²aventado adj *Col Pe mutig, kühn*
³aventado adj *Ven e–s gewaltsamen Todes gestorben*
aven|tador m ⟨Agr⟩ *Worfschaufel* f ‖ *Fächer* m *zum Anfachen des Feuers* ‖ *Fliegenwedel* m ‖ **-tadora** f *Getreideschwinge* f, *Windsichter* m ‖ ~ centrífuga *Fliehkraftscheider, Zentrifugalsichter* m ‖ **-tadura** f ⟨Vet⟩ *Geschwulst* f *der Pferde*
aventa|jado adj *vorzüglich, ausgezeichnet* ‖ *begabt (Schüler)* ‖ *bevorzugt* ‖ *stattlich (Wuchs)* ‖ ~ m ⟨Hist⟩ *Soldat* m *mit erhöhter Löhnung* ‖ **-jar** vt *(jdn) übertreffen, (jdm) zuvorkommen* ‖ *be|vorzugen, -günstigen* ‖ ~ a sus condiscípulos en aplicación *s–e Mitschüler an Fleiß übertreffen* ‖ ~ vi *Vorzüge haben* ‖ ~se *s. hervortun*
aventapastores m ⟨Bot⟩ *Herbstzeitlose* f (→ **azafrán** de los prados)
aventar [-ie-] vt *Luft zuführen* ‖ *Luft zufächeln* ‖ *anfachen (Feuer)* ‖ *worfeln, schwingen (Getreide)* ‖ *fortwehen (vom Wind)* ‖ ⟨figf⟩ *fortjagen, an die frische Luft setzen* ‖ *Cu (Kaffee) worfeln* ‖ *Cu Mex Pe werfen, schmeißen*

¹**aventarse** [-ie-] vr ⟨fam⟩ *davonlaufen, s.*
davonmachen, ⟨fam⟩ *abhauen*
²**aventarse** [-ie-] vr Extr *zu riechen anfangen*
(Fleisch)
³**aventarse** [-ie-] vr Col *s. (auf jdn) stürzen*
aventón m Mex *Ruck* m
¹**aventura** f *Abenteuer* n ‖ *Erlebnis* n ‖
unerwartetes Ereignis n ‖ *Wagnis, Wagestück* n ‖
Zufall m ‖ ~ *amorosa Liebesabenteuer* n ‖ ~s
bélicas kriegerische Abenteuer npl ‖ ~ *galante*
galantes Abenteuer n ‖ ◇ a la ~ *aufs*
Geratewohl, auf gut Glück ‖ ◇ decir la buena ~
a alg. *jdm die Zukunft voraussagen*
²**aventura** f Cu *vierte Maisernte (des Jahres)*
aventu|radamente adv *gewagt* ‖ **–rado** adj
gewagt ‖ *unsicher* ‖ *riskant* ‖ **–rar** vt *e–r Gefahr*
aussetzen ‖ *wagen* ‖ *aufs Spiel setzen* ‖ *hinwerfen,*
versetzen (im Gespräch) ‖ ◇ aventuró dos pasos
hacia adelante *er (sie, es) trat vorsichtig zwei*
Schritte vor ‖ ~**se** *s. e–r Gefahr aussetzen* ‖
Gefahr laufen ‖ (s.) wagen ‖ s. einlassen (en *auf*
acc) ‖ ~ en un terreno resbaladizo, ~ en un
camino peligroso ⟨fig⟩ *s. aufs Eis wagen* ‖ quien
no se -ra no pasa la mar ⟨Spr⟩ *frisch gewagt ist*
halb gewonnen; wer nicht wagt, der nicht
gewinnt
¹**aventurero** adj *abenteuerlich, waghalsig* ‖
⟨Mil⟩ *zusammengerafft (Truppen)* ‖ ~ m
Abenteurer, Glücksritter m ‖ *Landstreicher* m
²**aventurero** adj Mex ⟨Agr⟩ *nicht in der*
üblichen Jahreszeit angebaut ‖ ~ m Mex ⟨Agr⟩
auf dürrem Boden eingesäter Weizen m
³**aventurero** m Mex *landwirtschaflicher*
Gelegenheitsarbeiter m
aventurina f ⟨Min⟩ *Aventurin* n
average m adj *durchschnittlich, mittelmäßig*
(Ware) ‖ ~ m *Average* m ‖ *Mittelwert* m, *Mittel* n
‖ *Havarie* f
avergon|zado adj *schamhaft, verschämt,*
beschämt ‖ **–zar** [-üe-, z/c] vt *beschämen, erröten*
machen ‖ ~**se** *s. schämen, erröten*
¹**avería** f ⟨Mar⟩ *Havarie* f, *Seeschaden* m ‖
⟨fam⟩ *Schaden* m, *Beschädigung* f ‖
Transportschaden m ‖ ⟨Radio⟩ *Störung* f ‖ ⟨Tech⟩
Versagen n, *Defekt* m ‖ *Panne* f ‖ ⟨Flugw⟩ *Bruch*
m ‖ ⟨pop⟩ *schwere Geschlechtskrankheit* f ‖ Chi
Unglücksfall m ‖ ~ *por el agua Wasserschaden* m
‖ ~ *de la carga Ladungsschaden* m ‖ ~ *común →*
~ *gruesa* ‖ ~ *de cubierta* ⟨Mar⟩ *Deckschaden* m ‖
~ *del fondo* ⟨Mar⟩ *Bodenschaden* m ‖ ~ *por el*
fuego Feuerschaden m ‖ ~ *gruesa,* ~ *general*
⟨Mar⟩ *große Havarie* f, *Generalschaden* m ‖ ~
insignificante unbedeutender Schaden m, *leichte*
Beschädigung f ‖ ~ *de (la) máquina*
Maschinenschaden m ‖ ~ *marítima Seeschaden* m
‖ ~ *de(l) motor Motorschaden* m ‖ ~ *particular*
besondere Havarie f ‖ ~ *sencilla,* ~ *simple*
einfache Havarie f
²**avería** f *Hühnerhaus* n ‖ *Schwarm* m *Vögel*
ave|riado adj *durch Seewasser beschädigt*
(Ware) ‖ *fehlerhaft, beschädigt, defekt, schadhaft* ‖
verdorben (Waren, Obst) ‖ ⟨pop⟩ *kränklich, siech*
‖ ⟨pop⟩ *schwer geschlechtskrank* ‖ ⟨fig⟩
mitgenommen ‖ **–riar** [pres ~ío] vt *beschädigen* ‖
verderben ‖ ~**se** ⟨Mar⟩ *Havarie erleiden* ‖ ⟨fam⟩
verderben
averigua|ción f *Untersuchung* f ‖
Nachforschung f ‖ *Feststellung* f ‖ *Ermitt(e)lung* f
‖ ~ *de los hechos* ⟨Jur⟩ *Feststellung* f *des*
Tatbestandes ‖ **–damente** adv *gewiss, bestimmt* ‖
–dor m *Untersucher* m ‖ **–miento** m →
averiguación
averiguar [gu/gü] vt *untersuchen* ‖ *feststellen* ‖
ermitteln ‖ *ausfindig machen* ‖ *ergründen* ‖ ◇ ~
el paradero de alg. *jds Aufenthaltsort ermitteln*

averío m *Schwarm* m *Vögel* ‖ *Geflügelbestand* m
averno m ⟨Myth⟩ *Unterwelt* f ‖ ⟨poet⟩ *Hölle* f
averroís|mo m ⟨Philos⟩ *Averroismus* m, *Lehre*
f *des Averroes* ‖ **–ta** m/f *Averroist(in* f) m
averrugado adj *warzig*
aversión f *Abneigung* f ‖ *Widerwille* m ‖
Aversion f
avestrucismo m *Vogel-Strauß-Politik* f
avestruz [pl ~ces] m ⟨V⟩ *Strauß* m (Struthio
camelus) ‖ ⟨figf⟩ *Dummkopf* m ‖ ~ *de América*
→ **ñandú** ‖ ~ *de Australia* ⟨V⟩ *Kasuar* m
(Casuarius spp)
avetado adj *geädert, streifig*
avetarda f → **avutarda**
averorillo m ⟨V⟩ *Zwergrohrdommel* f
(Ixobrychus minutus)
avetoro m ⟨V⟩ *Rohrdommel* f ‖ *Große*
Rohrdommel f (Botaurus stellaris) ‖ ~ *lentiginoso*
Amerikanische Rohrdommel f (B. lentiginosus)
aveza f ⟨Ar⟩ *Plattererbse, Wicke* f
ave|zado adj *gewohnt* ‖ Am *erfahren* ‖ Am *e–r,*
der den Rummel kennt ‖ **–zar** [z/c] vt
angewöhnen ‖ ~**se** *s. gewöhnen, s. (an)gewöhnen*
(a *an* acc)
avezón m ⟨Bot⟩ *Dill* m (Anethum graveolens)
aviación f *Flugwesen* n ‖ *Luftfahrt, Fliegerei* f
‖ ~ *civil Zivilluftfahrt* f ‖ ~ *comercial*
Handelsluftfahrt, gewerbliche Luftfahrt f ‖ ~
deportiva Sportfliegerei f, *Sportflugwesen* n ‖ ~
marítima Seeflugwesen n ‖ *Marineluftfahrt* f ‖ ~
militar Heeresflugwesen n ‖ *Luftwaffe* f ‖ ~ *naval*
→ ~ *marítima* ‖ ~ *táctica taktische Luftwaffe* f ‖
~ *terrestre Landflugwesen* n ‖ ~ *de transporte*
Verkehrsluftfahrt f ‖ ~ *a vela Segelflugwesen* n ‖
Segelfliegen n
aviado adj: estar ~ ⟨fam⟩ *übel dran sein* ‖
estamos (bien) ~s *da sind wir schön*
hereingefallen!
¹**aviador** m *Flieger* m ‖ ~ *civil Verkehrsflieger*
m ‖ ~ *de combate Kampfflieger* m
²**aviador** m ⟨Tech⟩ ⟨Art⟩ *Bohrer* m
³**aviador** m Am *Geldverleiher* m
⁴**aviador** m Am *Schwule(r)* m
¹**aviar** [pres ~ío] vt *vorbereiten, ausrüsten, für*
die Reise vorbereiten ‖ *fertig machen* ‖ ⟨fam⟩
herausputzen ‖ ⟨fam⟩ *fördern, betreiben* ‖ ⟨fam⟩
(die nötigen Mittel) hergeben ‖ ⟨Mar⟩ *klarieren* ‖
◇ ~ *el paso den Schritt beschleunigen* ‖ ¡vamos
aviando! ⟨fam⟩ *nur zu! munter!* ‖ ~se: ~ *para*
salir *s. zur Abreise anschicken*
²**aviar** (m/f), **–io** adj *Geflügel-* (bes. *im*
Zusammenhang mit Krankheiten)
aviario m *Vogelhaus* n, *Voliere* f ‖ *Sammlung* f
ausgestopfter Vögel
aviatorio adj *auf das Flugwesen bezüglich,*
Flug-, Flieger-
avica f Al ⟨V⟩ *Goldhähnchen* n (Regulus spp)
Avicena m np ⟨Hist⟩ *Avicenna* m ‖ ◇ *más*
mató la cena, que sanó ~ *Enthaltsamkeit ist der*
beste Arzt
avícola adj (m/f) *Geflügel-*
avicular adj (m/f) *Vogel-*
avicul|tor m *Vogel-, Geflügel|züchter* m ‖
–tura f *Vogel-, Geflügel|zucht* f
ávidamente adv *(be)gierig*
avidez [pl ~ces] f *Gier, Gefräßigkeit* f ‖
Begierde f ‖ ◆ con ~ *gierig*
ávido adj *gierig* ‖ *lüstern* ‖ *gefräßig* ‖ ~ *de*
sangre blutgierig
aviejado adj *alt aussehend* ‖ *gealtert*
aviejarse vr → **avejentarse**
avien|ta f ⟨Arg⟩ *Kornschaufeln* n ‖ **–to** m
Wurfschaufel f ‖ *Strohgabel* f
avieso adj *schief, verkehrt* ‖ *krumm* ⟨fig⟩
boshaft, tückisch ‖ ⟨fam⟩ *verdreht*

avi|fauna *f Vogelwelt* f ‖ –fáunico adj *auf die Vogelwelt bezüglich*
avilantez [*pl* ~ces] f *Vermessenheit* f ‖ *Niederträchtigkeit* f
Ávi|la *f* [Stadt und Provinz in Spanien] *Ávila* n ‖ ⁼lés adj/s *aus Ávila* (Stadt und Provinz) ‖ *auf Ávila bezüglich* ‖ ⁼lesino adj/s *aus Avilés* (P Ov) ‖ *auf Avilés bezüglich*
avilla|nado adj *grob, bäu(e)risch, ungeschliffen* ‖ –namiento *m* s von –nar(se) ‖ –narse vr *gemeine Sitten annehmen* ‖ ⟨fig⟩ *ver|bauern, -rohen*
avinado adj *weinartig* ‖ ⟨fig⟩ *betrunken*
avinagrado adj *essigsauer* ‖ ⟨fig⟩ *mürrisch, sauertöpfisch*
avinca *f* Am *Art Kürbis* m
Aviñón *m* [Stadt] *Avignon* n
avío *m Ausrüstung* f ‖ *Mundvorrat* m *der Hirten* ‖ *Wegzehrung* f ‖ Am *Vorschuss* m *zur Betreibung von Acker- od Berg|bau* ‖ Pe *Sattel* m *und Geschirr* n ‖ ¡al ~! ⟨fam⟩ *jeder an s–e Arbeit!* ‖ ~s *mpl Werkzeug* n ‖ *Gewürz* n ‖ ~ *de escribir Schreib|geräte* npl, *-zeug* n ‖ ~ *de afeitar Rasierzeug* n ‖ ~ *de pesca Fischereigerät* n
avio|car *m* ⟨Flugw⟩ *Kurzstreckenflugzeug* n ‖ –fobia *f Flugangst* f
¹avión *m* ⟨V⟩ *Schwalbe* f ‖ ~ *común Mehlschwalbe* f (Delichon urbica) ‖ ~ *roquero Felsenschwalbe* f (Hirundo rupestris) ‖ ~ *zapador Uferschwalbe* f (Riparia riparia) ‖ Mex *Purpurschwalbe* f (Progne purpurea)
²avión *m Flugzeug* n ‖ ~ *de acompañamiento Begleitflugzeug* n ‖ ~ *de ala alta Hochdecker* m ‖ ~ *de ala baja Tiefdecker* m ‖ ~ *ambulancia Sanitätsflugzeug* n ‖ ~ *anfibio Wasser-Land-Flugzeug, Amphibienflugzeug* n ‖ ~ *antisubmarino,* ~ *de lucha antisubmarina U-Boot-Such- und -Vernichtungsflugzeug* n ‖ ~ *de artillería Artillerieflugzeug* n ‖ ~ *bimotor zweimotoriges Flugzeug* n ‖ ~ *biplano Doppeldecker* m ‖ ~ *biplaza Zweisitzer* m ‖ ~ *birreactor zweimotoriges Düsenflugzeug* n ‖ ~ *de bombardeo,* ~ *bombardero Bombenflugzeug* n, *Bomber* m ‖ ~ *de búsqueda y salvamento Such- und Rettungs|flugzeug* n ‖ ~ *de caza Jagdflugzeug* n, *Jäger* m ‖ ~ *cazabombardero Jagdbomber* m ‖ ~ *cisterna Tankflugzeug* n ‖ ~ *cohete Raketenflugzeug* n ‖ ~ *sin cola Nurflügelflugzeug* n ‖ ~ *de combate Kampfflugzeug* n ‖ ~ *comercial Verkehrsflugzeug* n ‖ ~ *correo Post-, Kurier|flugzeug* n ‖ ~ *de chorro Düsenflugzeug* n ‖ ~ *deportivo Sportflugzeug* n ‖ ~ *de despegue vertical Senkrechtstarter* m ‖ ~ *embarcado Schiffsflugzeug* n ‖ ~ *de entrenamiento Schulflugzeug* n ‖ ~ *escolta Geleitflugzeug* n ‖ ~ *escuela Schulflugzeug* n ‖ ~ *estratégico strategischer Bomber* m ‖ ~ *de exploración Aufklärungsflugzeug* n ‖ ~ *gigante Riesenflugzeug* n ‖ ~ *de instrucción Schulflugzeug* n ‖ ~ *interceptor Abfangjäger* m ‖ ~ *de línea Linien|flugzeug* n *od -maschine* f ‖ ~ *de mando delantero Entenflugzeug* n ‖ ~ *de la marina Marineflugzeug* n ‖ ~ *monomotor einmotoriges Flugzeug* n ‖ ~ *monoplano Eindecker* m ‖ ~ *monoplaza Einsitzer* m ‖ ~ *nocturno Nachtjäger* m ‖ ~ *nodriza Tankflugzeug* n ‖ ~ *de paletas Schaufelflugzeug* n ‖ ~ *pato Entenflugzeug* n ‖ ~ *en picado Sturzkampfflugzeug* n, *Stuka* m ‖ ~ *postal Postflugzeug* n ‖ ~ *(de propulsión) a chorro Düsenflugzeug* n ‖ ~ *publicitario Reklame- od Werbe|flugzeug* n ‖ ~ *de reacción,* ~ *reactor Düsenflugzeug* n ‖ ~ *de reconocimiento Aufklärungsflugzeug* n ‖ ~ *de reconocimiento del terreno Erkundungsflugzeug* n ‖ ~ *remolcador od*

de remolque Schleppflugzeug n ‖ ~ *robot ferngesteuertes Flugzeug* n ‖ ~ *de salvamento en el mar Seenotflugzeug* n ‖ ~ *de socorro Rettungsflugzeug* n ‖ ~ *supersónico Überschallflugzeug* n ‖ ~ *tanque Tankflugzeug* n ‖ ~ *teledirigido ferngesteuertes Flugzeug* n ‖ ~ *tetramotor viermotoriges Flugzeug* n ‖ ~ *torpedero Torpedoflugzeug* n ‖ ~ *de turbohélices Turbopropellerflugzeug* n ‖ ~ *de turborreactor Turboflugzeug* n ‖ ~ *a od de vela Segelflugzeug* n, *Segler* m ‖ ~ *zángano Drohne* f
avioneta *f Klein-, Sport|flugzeug* n
aviónica *f* ⟨Flugw⟩ *Avionik* f
avirrostro adj/s *mit e–m Vogelgesicht*
avisabebés *m* ⟨inv⟩ *elektrischer Babysitter* m
avi|sado adj *klug, schlau* ‖ *vorsichtig* ‖ mal ~ *übel beraten, unklug handelnd* ‖ –sador *m Botengänger, Laufbursche* m ‖ ⟨Tel⟩ *Melder* m ‖ *Drilling* m *(in der Mühle)* ‖ ~ *de densidad de humo Rauchdichtemelder* m ‖ ~ *de incendios Brand-, Feuer|melder* m ‖ ~ *del nivel del agua Wasserstandsmelder* m ‖ ~ *de pérdida de velocidad* ⟨Flugw⟩ *Durchsackmeldegerät* n ‖ ~ *de rotura de alambre Drahtbruchmelder* m ‖ –sar vt/i *(jdn) benachrichtigen, unterrichten* ‖ *(jdm et.) melden* ‖ *erinnern (an* acc*)* ‖ *(jdm) raten* ‖ *(jdm) e–n Verweis erteilen* ‖ *(jdn) warnen* ‖ *(jdm) kündigen, (jdm) die Kündigung aussprechen* ‖ Arg *bestätigen (Empfang e–s Briefes usw.)* ‖ Am *werben, inserieren* ‖ ◇ ~ *con ocho días de anticipación mit e–r Frist von e–r Woche kündigen* ‖ ~ vt/i Am *(in e–r Zeitung) anzeigen, inserieren*
¡avisón! ⟨fam⟩ *vorsehen! Vorsicht!*
¹aviso *m Nachricht, Kunde* f ‖ *Benachrichtigung* f ‖ *Bescheid* m ‖ *Anzeige, Meldung* f ‖ *Erinnerung* f ‖ *Ratschlag* m ‖ *Wink, Hinweis, Fingerzeig* m ‖ *Warnung* f ‖ *Verweis* m ‖ *Sorgfalt* f ‖ *Vorsicht* f ‖ *Kündigung* f ‖ Am *Zeitungsanzeige* f, *Inserat* n ‖ ~ *de abono Gutschriftanzeige* f ‖ ~ *de adeudo,* ~ *de cargo Lastschriftanzeige* f ‖ ~ *de bomba Bombendrohung* f ‖ ~ *de comparecencia* ⟨Jur⟩ *Ladung f (zum Termin)* ‖ ~ *de conformidad* ⟨Inform⟩ *Quittierung* f ‖ ~ *de despedida Entlassung(sschreiben* n*)* f ‖ ~ *de embarque* ⟨Mar⟩ *Verschiffungsbescheinigung* f ‖ ~ *de envío Versandanzeige* f ‖ ~ *de llamada* ⟨Tel⟩ *Gesprächsaufforderung* f ‖ ~ *de tierra* ⟨El⟩ *Erdschlussmeldung* f ‖ ~ *de tormenta* ⟨Meteor⟩ *Sturmwarnung* f ‖ *salvo* ~ *en contrario* ⟨Com⟩ *Widerruf vorbehalten* ‖ ◆ *según* ~ ⟨Com⟩ *laut Bericht* ‖ *sin más* ~ *ohne weitere Benachrichtigung* ‖ ◇ *andar (od estar) sobre* ~ *auf der Hut sein* ‖ *dar od pasar* ~ *a alg. jdn benachrichtigen, wissen lassen*
²aviso *m* ⟨Mar⟩ [veraltet] *Aviso* m *(leichtes Kriegsschiff)*
avis|pa *f* ⟨Ins⟩ *Wespe* f ‖ ⟨fig⟩ *sehr schlanke Frau* ‖ ⟨figf⟩ *gehässiger Mensch, Zankteufel* m, *Ekel* n ‖ ⟨figf⟩ *schlauer, kluger Mensch* m ‖ ⟨fig⟩ *Lästerer* m ‖ ~ *abejera* ⟨Ins⟩ *Bienenwolf* m (Philantus triangulum) ‖ ~ *alfarera Pillenwespe* f (Eumenes coarctata) ‖ *Töpferwespe* f (Trypoxylon figulus) ‖ ~ *de la arena od arenícola Sandwespe* f (Ammophila sabulosa) ‖ *Sandknotenwespe* f (Cerceris arenaria) ‖ ~ *común Feldwespe* f (Vespa vulgaris) ‖ ~ *gigante de la madera Riesenholzwespe* f (Sirex gigas) ‖ –pado adj ⟨fam⟩ *schlau, aufgeweckt* ‖ Chi *erschrocken* ‖ –par vt *stacheln, antreiben (Pferd)* ‖ ⟨figf⟩ *gewitz(ig)t machen* ‖ *aufklären* ‖ *umherspähen* ‖ Chi *erschrecken* ‖ –pero *m Wespennest* n ‖ *Wespenschwarm* m ‖ ⟨Med⟩ *Anthrax* m ‖ *Wabengeschwür* n ‖ ⟨figf⟩ *verwickeltes Geschäft* n

‖ ◇ he hurgado en un ~ ⟨figf⟩ *ich habe in ein Wespennest gestochen, der Teufel ist los* ‖ **–pita** *f* ⟨Ins⟩ Cu *Ameisenwespe* f (Mutilla) ‖ **–pón** *m* ⟨Ins⟩ *Hornisse* f (Vespa crabo) ‖ *e–e große Wespe* f ‖ **–porear** vt Col *erschrecken, aufscheuchen*
avispachupu *m* Pe ⟨Med⟩ *Siebfurunkel* m (& n)
avistar vt *(von weitem) erblicken* ‖ *~se zu e–r Besprechung zusammenkommen* (con *mit*)
avitaminosis *f* ⟨Med⟩ *Avitaminose* f
avitelado adj *velin-, pergament|artig*
avitua|llamiento *m Versorgung* f ‖ *~ en especie* ⟨Mil⟩ *Naturalverpflegung* f ‖ **–llar** vt ⟨Mil⟩ *verproviantieren, mit Lebensmitteln versorgen*
aviva|damente adv *mit Lebhaftigkeit* ‖ **–do** *m vorherige Reinigung* f *(e–s zu vergoldenden Gegenstandes)* ‖ **–dor** *m* ⟨Zim⟩ *Falzhobel* m
avivar vt *beleben* ‖ *an|fachen, -schüren (Feuer)* ‖ ⟨fig⟩ *verstärken (Licht)* ‖ *avivieren (Seide)* ‖ *auffrischen (Metall)* ‖ *polieren (Möbel)* ‖ ⟨fig⟩ *ermuntern, entflammen* ‖ ◇ ~ *el paso schneller gehen*
¹avivarse vr *munter werden, aufleben*
²avivarse vr *schlüpfen (Seidenraupen)*
avizor adj *lauernd* ‖ *forschend* ‖ *spähend* ‖ *ojo ~ mit Vorbedacht* ‖ ◇ *estar ~ auf der Hut sein* ‖ *~ m Späher* m ‖ *~es mpl △ Augen* npl
avizorar vt/i *(umher)spähen* ‖ *lauern* ‖ ⟨Mil⟩ *(das Gelände) erkunden*
avocar [c/qu] vt *vor e–n höheren Gerichtshof ziehen*
avocastro *m* Chi *sehr hässlicher Mensch* m
avocatero *m* ⟨Bot⟩ → **¹aguacate**
avoceta *f* ⟨V⟩ *Säbelschnäbler* m (Recurvirostra avosetta)
avogalla *f* ⟨Bot⟩ *Gallapfel* m
avolcanado adj *vulkanisch*
ávora, avora ⟨Bot⟩ *Öl-, Avora|palme* f (Elaeis oleifera)
avorazado adj Mex *habsüchtig*
avu|go *m* ⟨Bot⟩ *Holzbirne* f ‖ **–guero** *m Holzbirnbaum* m ‖ **–gués** *m* Rioja *Bärentraube* f
¹avulsión *f Abschwemmung* f
²avulsión *f* ⟨Med⟩ *Ab-, Aus|riss* m
avúnculo *m Onkel* m *(mütterlicherseits)*
avu|tarda, –casta *f* ⟨V⟩ *Trappe* f ‖ *Großtrappe* f (Otis tarda) ‖ *~ menor Zwergtrappe* f (O. tetrax)
¡ax! int *au! aua!*
axial adj *(m/f) axial, achsrecht, in der Achs(en)richtung, Achsen-* ‖ **–idad** *f Achsigkeit, Axialität* f
axiforme adj *(m/f) achsförmig*
axil adj *(m/f)* → **axial**
axi|la *f* ⟨An⟩ *Achselhöhle* f ‖ **–lar** adj *(m/f) Achsel-* ‖ *axillar, zur Achselhöhle gehörend* ‖ ⟨Bot⟩ *axillar, achsel-, winkel|ständig*
axinita *f* ⟨Min⟩ *Axinit* m
axio|logía *f* ⟨Philos⟩ *Wertlehre, Axiologie* f ‖ **–lógico** adj *axiologisch* ‖ **–ma** *m Axiom* n ‖ **–mático** adj *unbestreitbar, axiomatisch*
axiómetro *m* ⟨Mar⟩ *Ruderzeiger* m, *Axiometer* n
¹axis *m* ⟨An Zool⟩ *Axis, zweiter Halswirbel* m ‖ *Axis* m, *Achse, Mittellinie* f
²axis *m* ⟨Zool⟩ *Axishirsch* m (Axis axis)
axoideo adj *Axis-*
axolante *m* ⟨Zool⟩ → **ajolote**
axolotl *m* Mex ⟨Zool⟩ → **ajolote**
axón *m* ⟨An Zool⟩ *Axon* n
axono|metría *f* ⟨Math⟩ *Axonometrie* f ‖ **–métrico** adj *axonometrisch*
¹ay! int *ach! oh!* ‖ *¡ay, ay, ay! mein Gott!* ‖ *¡~ de mí! wehe mir!* ‖ *~es mpl Wehklagen* n ‖ ◇ *dar ~ laut klagen, Klagelaute von s. geben*

²ay *m* ⟨Zool⟩ *Faultier* n
³ay adv Am ⟨pop⟩ → **ahí**
aya *f*[el] *Kinderfrau* f ‖ *Erzieherin* f
ayate *m* Mex ⟨Text⟩ *(Art) feiner Stoff* m
ayato|lá, –lah *m Ajatollah* m
ayayay *m* Cu *sentimentaler Volksgesang* m
ayear vt *jammern, wehklagen*
ayeaye *m* ⟨Zool⟩ *Aye-Aye* m, *Fingertier* n (Daubentonia madagascariensis)
ayer adv *gestern* ‖ ⟨fig⟩ *neulich* ‖ ⟨fig⟩ *ehemals* ‖ ◆ *de ~ acá, de ~ a hoy seit gestern* ‖ *seit (sehr) kurzer Zeit* ‖ *~ (por la) mañana (tarde, noche) gestern morgen (nachmittag, abend)* ‖ *~ m: el ~ de la vida die Jugendzeit* f
ayermado adj *wüst, öd(e)*
ayo *m Hofmeister, Erzieher* m ‖ ⟨fam⟩ *Hauslehrer* m
ayocote *m* Mex ⟨Bot⟩ *große (Schmink)Bohne* f
ayote *m* MAm ⟨Bot⟩ *Kürbis* m ‖ ◇ *dar ~s a alg.* Guat ⟨fig⟩ *jdm e–n Korb geben*
ayoteste *m* Mex *Gürteltier, Armadill* n
¹ayuda *f Hilfe* f ‖ *Beistand* m, *Unterstützung* f ‖ *Fürsorge* f ‖ *Beihilfe* f ‖ *Gunst* f ‖ *Hilfe* f *(Reitkunst)* ‖ *Wasserträger m (bei Herden)* ‖ ⟨Mar⟩ *Hilfs-, Sicherungs|tau* n ‖ *~ administrativa Amtshilfe* f ‖ *~ en carretera Straßenwacht* f ‖ *~ de costa Geldunterstützung* f, *Kostenbeitrag* m ‖ *~ al desarrollo Entwicklungshilfe* f ‖ *~ para la educación Erziehungsbeihilfe* f ‖ *~ estatal staatliche Beihilfe, Staatshilfe* f ‖ *~ exterior, ~ al extranjero Auslandshilfe* f ‖ *~ financiera Finanzhilfe, finanzielle Unterstützung* f ‖ *~ a fondo perdido verlorener Zuschuss* m ‖ *~ para la formación profesional Ausbildungsbeihilfe* f ‖ *~ a los países en desarrollo Entwicklungshilfe* f ‖ *~ a los refugiados Flüchtlingshilfe* f ‖ *~ de remolcador Schlepphilfe* f ‖ *~ técnica technische Hilfe* f ‖ *~ de vecino* ⟨fam⟩ *fremde Hilfe* f ‖ ◆ *con ~ de … mithilfe (& mit Hilfe), vermittels …* (gen) ‖ ◇ *acudir en ~ de alg. jdm zu Hilfe kommen od eilen* ‖ *llamar a alg. en su ~ jdn zu Hilfe rufen* ‖ *~s fpl Hilfen* fpl *(Reitkunst)*
²ayuda *m* ⟨Amts⟩*Gehilfe* m ‖ *~ de cámara Kammerdiener* m
³ayuda *f* ⟨Med⟩ *Einlauf* m, *Klistier* n
ayudador *m Helfer* m
ayudan|ta *f Gehilfin* f (bes. *in e–r Mädchenschule)* ‖ **–te** *m Hilfsbeamte(r)* m ‖ *Assistent, Gehilfe* m ‖ *Hilfe* f, *Helfer* m ‖ *Hilfslehrer* m ‖ *~ de campo* ⟨Mil⟩ *Flügeladjudant* m ‖ *~ de cátedra etwa: wissenschaftlicher Assistent* m ‖ *~ de laboratorio Laborant* m ‖ *~ técnico Betriebsassistent* m ‖ *~ e–s Hilfsbeamten* m ‖ ⟨Mil⟩ *Adjutantenstelle* f
ayudar vt *(jdm) helfen, beistehen, (jdn) unterstützen* ‖ *fördern* ‖ *~ vi beitragen* (a *zu*) ‖ *erleichtern, begünstigen* ‖ *behilflich sein* (a alg. *jdm*) ‖ ◇ *~ a misa bei der Messe ministrieren* ‖ *~ a bien morir (jdm) in der letzten Stunde beistehen* ‖ *~se s. zu helfen wissen* ‖ *einander helfen*
ayuga *f* ⟨Bot⟩ *Kriechender Günsel* m (Ajuga reptans)
ayu|nador *m Faster, Fastende(r)* m ‖ *Hungerkünstler* m ‖ **–nar** vi *fasten* ‖ *die Fasten halten* ‖ *nüchtern bleiben* ‖ ⟨fig⟩ *enthaltsam leben, s. enthalten (e–s Genusses)* ‖ **–nas:** en *~ nüchtern, auf nüchternem Magen* ‖ ◇ *estar (od quedarse) en ~* ⟨figf⟩ *bei e–r Sache leer ausgehen* ‖ *nicht wissen, wovon die Rede ist; nichts mitkriegen; nicht(s) kapieren* ‖ **–no** adj *nüchtern* ‖ *s. enthaltend* ‖ *freiwillig entbehrend* ‖ *~ de noticias* ⟨fig⟩ *ohne Nachrichten, nicht informiert* ‖ *ahnungslos* ‖ *~ m Fasten* n ‖ ◇ *observar un régimen de ~ e–e Hungerkur machen*

|| ser más largo que un día de ~, durar más que un día de ~ *e–e Ewigkeit dauern, kein Ende nehmen wollen*
¹ayuntamiento *m Ver|einigung, -sammlung* f || *Rat-, Gemeinde|haus* n || *Gemeinde* f || *Gemeindeverwaltung* f || *Stadtverwaltung* f || *Magistrat* m || *Gemeinderat* m
²ayuntamiento *m:* ~ *(carnal) Begattung* f, *Beischlaf* m
ayuso adv *hinunter, abwärts*
ayus|tar vt ⟨Mar⟩ *(ver)spleißen, splissen* || **–te** *m* ⟨Mar⟩ *Splissing* f
azaba|chado adj *gagatähnlich* || **–che** *m* ⟨Min⟩ *Gagat, Jet(t)* m || *Pechkohle* f || ⟨V⟩ *Gagatvogel* m
azabara *f* → **áloe**
aza|cán *m Wasserträger* m || *Gehilfe* m *für niedere Arbeiten* || ◊ *estar hecho un* ~, *trabajar como un* ~ ⟨fam⟩ *wie ein Pferd arbeiten* || ⟨pop⟩ *schuften* || **–caya** *f Schöpfrad* n || *Gran Wasserrohr* n
azache adj ⟨Text⟩: *seda* ~ *Florettseide* f
aza|da *f Hacke, Haue* f || *Karst* m *(zweizinkig)* || ~ *aporcadora Handhäufler* m || ~ *para cunetas Drän-, Stech|spaten* m || ~ *para estiércol Misthacke* f || ~ *para patatas Kartoffelhacke* f || ~ *rotatoria Hackfräse* f || **–dada** *f,* **–dazo** *m Spatenstich, Karsthieb* m || **–dico** *m Ar Garten-, Jät|hacke* f || **–dilla** *f Garten-, Jät|hacke* f || **–dón** *m Hacke, Haue* f, *Karst* m *mit schmalem und gebogenem Grabscheit* || *(Art) Spaten* m || ~ *de brazo Hand|hacke, -hackmaschine* f || ~ *de pico Rodehacke* f || ~ *de tractor Schlepperhacke* f || **–dona** *f Sant* → **azadón** || **–donada** *f Hieb* m *mit dem Karst* || **–donar** vt *behacken, umgraben* || **–donazo** *m Karst|hieb, -stich* m || **–donero** *m Karstarbeiter* m
azafata *f (Luft)Stewardess* f || *Hostess* f || ⟨Hist⟩ *Kammerzofe* f || *Hofdame* f *der Königin* || ~ *de exposición Ausstellungs|hostess* f || ~ *de tierra Boden|hostess* f
azafate *m flaches, fein geflochtenes Körbchen* n || ⟨fam⟩ *Kredenzteller* m || *Teebrett* n
¹azafrán *m* ⟨Bot⟩ *(Echter) Safran* m *(Crocus sativus)* || *Safranblüte* f || *Staubgefäß* n *der Safranblüte (Gewürz)* || *Safranfarbe* f || *Mex* ⟨Bot⟩ *Schmetterlingsstrauch* m *(Buddleja spp)* || ~ *bastardo Saflor* m, *Färberdistel* f *(Carthamus tinctorius)* || ~ *de especia Safranblüten fpl* || ~ *de los prados Herbstzeitlose* f *(Colchicum autumnale)* || ~ *romí* → ~ *bastardo*
²azafrán *m* ⟨Mar⟩ *Ruderblatt* n
azafra|nado adj *safrangelb* || *rot (Haar)* || **–nal** *m Safranfeld* n || **–nar** vt *mit Safran färben bzw würzen* || **–nero** *m Safranzüchter* m
azaga|dero, –dor *m Weg, Pfad* m *für das Vieh*
azagaya *f Wurfspieß* m
azahar *m Orangen-, Zitronen|blüte* f || *Mex Apfelsine* f || ~ *del monte* ⟨Bot⟩ *Mex Styraxbaum* m *(Styrax sp)*
azaharillo *m süße Feigenart* f *der Kanarischen Inseln*
azainado adj *treulos, hinterlistig*
azalá *m* ⟨Rel⟩ *mohammedanisches Gebet* n
azalea *f* ⟨Bot⟩ *Aza|lee, -lie* f *(Azalea spp)*
azambado adj *mulattenähnlich*
azanahoriate *m in Zucker eingelegte Mohrrübe* f || ⟨figf⟩ *geziertes Benehmen* n
azándar *m And* → **sándalo**
azanoria *f* ⟨Bot⟩ → **zanahoria**
azar *m unvermutete Begebenheit* f || *blinder Zufall* m || *Unglück* n *im Spiel* || ⟨fig⟩ *Risiko* n || **~es** *mpl Wechselfälle mpl* || *Zufälligkeiten fpl* || ◆ *al* ~ *aufs Geratewohl, blindlings* || *por* ~ *durch Zufall, zufällig* || *vielleicht*
ázar *m And Ahorn* m *(Acer sp)*

azarar vt *erschrecken* || *(jdm) den (bösen) Blick zuwerfen* || **~se** *im Spiel verlieren* || *erschrecken* || *Col erröten*
azarbe *m Bewässerungsrinne* f, *Drängraben* m
azarcón *m Mennige* f || ⟨Mal⟩ *kräftige Orangefarbe* f
azarearse vr *Guat Hond erschrecken* || *erröten* || *Chi s. erzürnen, böse werden (con auf* acc)
azarero *m* → **lauroceraso**
azaro|lla *f* ⟨Bot⟩ *Ar Vogelbeere, Azerolbirne* f || **–llo** *m* ⟨Bot⟩ *Ar Azerol-, Vogelbeer|baum* m, *Eberesche* f *(Sorbus sp)*
azaroso adj *unheilvoll* || *gewagt, gefährlich, riskant*
azaya *f* ⟨Bot⟩ *Gal Schopflavendel, Welscher Lavendel* m *(Lavandula stoechas)*
azcarrio *m Al* ⟨Bot⟩ *Ahorn* m *(Acer spp)*
azona *f Wurfspieß* m
azeotrópico adj *azeotrop*
Azerbai|yán *m* ⟨Geogr⟩ *Aserbaidschan* n || **–baiyano** adj *aserbaidschanisch* || ~ *m Aserbaidschaner* m
azerí [*pl* ~**íes**] adj/s → **azerbayano**
aziliense adj *(m/f):* (período) ~ *m Azilien* n *(Kulturgruppe der Mittleren Steinzeit)*
ázimo adj *ungesäuert (Brot)* || *azymisch*
azimut *m* → **acimut**
azinas *fpl* ⟨Chem⟩ *Azine* pl
azna|cho, –llo *m* ⟨Bot⟩ *Rotfichte* f || *(Zwerg)Fichte* f || *Rotfichtenholz* n || ⟨Bot⟩ *Heuhechel* f
azo|ar vt ⟨Chem⟩ *mit Stickstoff sättigen, aufsticken, nitrieren* || **–ato** *m* ⟨Chem⟩ *Nitrat* n
azocalar vt *Chi mit e–r Fußleiste versehen (Wand)*
azocar [c/qu] vt ⟨Mar⟩ *an|ziehen, -binden (Taue usw.)* || *Cu (et.) zu fest anbinden*
azocolorante *m Azofarbstoff* m
ázoe *m* → **nitrógeno**
azoemia *f* ⟨Med⟩ *Azotämie* f
azofaifa *f* → **azufaifa**
azófar *m Rotguss* m
azoga|do adj *quecksilberartig* || ⟨figf⟩ *unruhig, beweglich* || *zapp(e)lig* || *zitterkrank* || ⟨Bgb, Med⟩ *quecksilberkrank (von Quecksilberdämpfen)* || ◊ *temblar como un* ~ ⟨figf⟩ *wie Espenlaub zittern (vor Angst)* || **–miento** *m Belag* m *mit Quecksilber* || *Quecksilbervergiftung* f || ⟨fig⟩ *große Unruhe und Furchtsamkeit* f
¹azogar [g/gu] vt *mit Quecksilber bestreichen* || *belegen (Spiegel)* || **~se** ⟨fam⟩ *zu zittern anfangen* || ⟨fig⟩ *zappeln, überängstlich sein* || *s. mit Quecksilber vergiften*
²azogar [g/gu] vt *löschen (Kalk)*
¹azogue *m Quecksilber* n || *Belag* m *(Spiegel)* || ⟨figf⟩ *unruhiger Mensch, Zappelphilipp, Quirl* || **²azogue** *m Marktplatz* m
azoguero *m* ⟨Bgb⟩ *Amalgamiermeister* m
azoico adj: ⟨Chem⟩ *salpeter-, stickstoff|haltig* || ⟨Geol⟩ *azoisch* || (período) ~ ⟨Geol⟩ *Azoikum* n
azolar [-ue-] vt *dechseln*
azolea, –lia *f* ⟨Bot⟩ *Azolia* f *(Azolla sp)*
azol|var vt *verstopfen (Röhre)* || **–ve** *m Schluff* m || *Mex verstopfende Rückstände mpl (Röhre)*
azolla *f* → **azolea**
azonzar [z/c] vt *Am dumm machen, verdummen* || *betäuben*
azoospermia *f* ⟨Med⟩ *Azoospermie* f
azopilotado adj *(fau) anfällig*
azor *m* ⟨V⟩ *(Hühner)Habicht, Taubenfalke* m *(Accipiter gentilis)*
azora *f Sure* f, *Korankapitel* n
azora|da *f Col* || **–miento** *m,* **–do** adj *bestürzt* || **–miento** *m Schrecken* m, *Bestürzung* f
azorar vt *erschrecken* || *ängstigen* || *verwirren* ||

⟨fig⟩ *reizen, ermutigen* ‖ ~**se** *in Angst* od
Verwirrung geraten
  azorenco *m* Salv *Dummkopf, Tölpel* m
  Azores *mpl* ⟨Geogr⟩ *Azoren* pl
  azoriniano adj *auf den span. Schriftsteller*
„Azorín" (José Martínez Ruiz) (1874–1967)
bezüglich
  azorocarse [c/qu] vr *Hond s. fürchten* od
ängstigen ‖ *erschrecken*
  azoramiento *m Benommenheit* f
  ¹**azorrarse** vr *e–n schweren Kopf haben,*
benommen sein
  ²**azorrarse** vr ⟨pop⟩ *auf den Strich gehen*
  azorrea *f* ⟨Med⟩ *Azotorrhö(e)*
  ¹**azorrillar** vt Mex *in s–r Gewalt haben* ‖ *(jdn)*
erniedrigen ‖ ~ vi Mex *den Mut verlieren, s.*
einschüchtern lassen
  ²**azorrillar** vi Mex *gerinnen (Milch)*
  azotacalles *m/f* ⟨figf⟩ *Müßiggänger(in* f) m
  azotada *f Peitschenhieb* m ‖ *Auspeitschung* f
  ¹**azotado** adj *bunt* (bes. *von Blumen*) ‖
buntscheckig
  ²**azota|do, -dor** *m Geißler, Geißelbruder,*
Flagellant m
  azotaina *f* ⟨fam⟩ *Tracht* f *Prügel*
  azota|lenguas *f* And ⟨Bot⟩ *Klette* f (Arctium
sp) ‖ **–miento** *m Peitschen* n ‖ **–perros** *m*
Hundetreiber m *(der Hunde aus der Kirche jagt)*
  azotar vt *geißeln, peitschen* ‖ *(ver)prügeln* ‖ ◇
~ *el aire* ⟨fig⟩ *s. vergeblich Mühe geben* ‖ *la*
lluvia le azota la cara der Regen peitscht ihm ins
Gesicht
  azotato *m:* ~ *de amoníaco* ⟨Chem⟩
Ammoniumnitrat n
  azo|tazo *m Peitschen-, Ruten|hieb* m ‖ *Schlag,*
Klaps m *mit der Hand auf das Gesäß* ‖ **–te** *m*
Peitsche, Geißel f ‖ *Rute* f ‖ *Peitschenhieb* m ‖
⟨fig⟩ *Geißel, Landplage* f ‖ ~**s** *mpl Tracht* f
Prügel ‖ ◇ *dar* ~ *a* alg. ⟨fam⟩ *jdn verprügeln*
(bes. *Kinder*) ‖ ~ *y galeras* ⟨figf⟩ *ordinäre,*
eintönige Kost f
  azotea *f Flachdach* n, *Söller* m ‖ *überdachter*
Fenstererker m ‖ *Galerie* f ‖ *Altan, Balkon* m ‖
~*-jardín Dachgarten* m, *Terrasse* f ‖ ◇ *no estar*
od no andar bien de la ~ *nicht ganz dicht sein*
  azotera f Am *vielsträngige Peitsche* f ‖ *Am*
Peitschenhieb m
  azotina *f* ⟨fam⟩ → **azotaina**
  azoturia *f* ⟨Med⟩ *Azoturie*
  azre *m* ⟨Bot⟩ → **arce**
  azteca adj: *aztekisch* ‖ ~**s** *mpl Azteken* mpl
  azua *f* → ³**chicha**
  azucapé *m* (Art) *Süßigkeit* f *aus Zucker*
  azúcar *m* (& *f) Zucker* m ‖ ⟨fig⟩ *Süßigkeit* f ‖
~ *de bambú Bambusrohrzucker* m ‖ ~ *blanco*
Raffinade f ‖ *feiner weißer Puderzucker, weißer*
Farin m ‖ ~ *en bruto Rohzucker* m ‖ ~ *cande,* ~
candis Kandiszucker m ‖ ~ *de caña Rohrzucker*
m ‖ ~ *cortadillo,* ~ *cuadradillo Würfelzucker* m ‖
~ *dextrógiro rechtsdrehender Zucker* m ‖ ~
dorado Kochzucker m ‖ ~ *de fécula Stärkezucker*
m ‖ ~ *de flor* → ~ *blanco* ‖ ~ *forrajero*
Futterzucker m ‖ ~ *de fruta Fruchtzucker* m,
Fruktose f ‖ ~ *de leche Milchzucker* m, *Laktose* f
‖ ~ *de leña Holzzucker* m ‖ ~ *levógiro*
linksdrehender Zucker m ‖ ~ *de madera*
Holzzucker m ‖ ~ *de malta Maltose* f ‖ ~ *molido*
Streuzucker m ‖ ~ *moreno,* ~ *negro Melassen-,*
Farin|zucker m ‖ ~ *de palmera Palmzucker* m ‖
~ *de piedra grober Kristallzucker* m ‖ ~ *de pilón*
Hutzucker m ‖ ~ *de plomo* ⟨Chem⟩ *Blei|zucker*
m, *-acetat* n ‖ ~ *en polvo Streu-, Puder|zucker* m
‖ ~ *refinado Raffinade* f ‖ ~ *sin refinar*
Rohzucker m ‖ ~ *de remolacha Rübenzucker* m ‖
~ *sanguíneo* ⟨Med⟩ *Blutzucker* m ‖ ~

semirrefinado brauner Zucker m ‖ ~ *en terrones*
Würfelzucker m ‖ ~ *de uva Traubenzucker* m,
Glucose f ‖ ~ *de vainilla Vanillezucker* m ‖ ~**es**
mpl Zuckerarten
  azuca|rado adj *zuckersüß* (& fig) ‖
zuckerhaltig ‖ *gezuckert, zuck(e)rig* ‖ ~ *m*
Zuckern n *(des Weines)* ‖ **–rar** vt *(über)zuckern* ‖
zuckern (Wein) ‖ ⟨figf⟩ *versüßen* ‖ ~**se** *s. in*
Zuckerschleim verwandeln ‖ **–rera** *f Zuckerdose* f
‖ *Am Zuckerfabrik* f ‖ **–rería** *f Zuckerfabrik* f ‖
–rero *f zuckerhaltig* ‖ *Zucker-* ‖ ~ *m Konditor* m
‖ *Zuckerstreuer m (Tischgerät)* ‖ *Zuckerdose* f ‖
–rí adj And *gezuckert, zuckersüß* ‖ **–rillo** *m*
leichtes schwammiges Zuckergebäck n *in Stangen*
(zum Wasserversüßen)
  azucena *f* ⟨Bot⟩ *Weiße Lilie* f (Lilium
candidum) ‖ ~ *de agua Sal Seerose* f ‖ ~ *de*
fuego Feuerlilie f (Lilium bulbiferum) ‖ ~ *de*
mar, ~ *marina,* ~ *de playa Meerlilie* f
(Pancratium maritimum) ‖ ~ *purpúrea*
Türkenbund m (Lilium martagon) ‖ ~ *roja* → ~
de fuego ‖ ~ *rosa Belladonnalilie* f (Amaryllis
belladonna) ‖ ◇ *perder la* ~ ⟨fig⟩ *die*
Jungfräulichkeit verlieren
  azuche *m* ⟨Tech⟩ *Pfahlschuh* m
  azud *m,* **azuda** *f Wasserpumpe* f *zur*
Feldberieselung, Wasser-, Schöpf|rad n ‖
Stauschleuse f, *Flusswehr* n
  azuela *f Dechsel* f ‖ *Hacke, Krummhaue* f ‖ ~
(de carpintero) Zimmermannsdechsel f
  azufai|fa *f* ⟨Bot⟩ *Rote Brustbeere* f ‖ **–fo** *m*
Roter Brustbeerbaum m, *Jujube* f (Ziziphus
jujuba)
  azu|frado adj *schwefelartig* ‖ *schwef(e)lig* ‖
geschwefelt ‖ *schwefelgelb* ‖ ~ *m Schwefeln* n
(des Weines) ‖ **–fral** *m Schwefelgrube* f ‖ **–frar** vt
schwefeln (z. B. *Wein*) ‖ *in Schwefel tauchen* ‖
–fre *m* (S) *Schwefel* m ‖ ~ *amorfo amorpher*
Schwefel m ‖ ~ *en barras Stangenschwefel* m ‖ ~
combinado gebundener Schwefel m ‖ ~ *en estado*
libre freier Schwefel m ‖ ~ *oxigenado*
Schwefeloxid n ‖ ~ *plástico plastischer Schwefel*
m ‖ ~ *sublimado Schwefel|blüte, -blume* f ‖
~ *vegetal Bärlappsamen* m, *Hexenmehl* n ‖
~ *virgen Jungfernschwefel* m ‖ **–frera** *f*
⟨Bgb⟩ *Schwefelgrube* f ‖ **–froso** adj
schwefelhaltig
  ¹**azul** adj *blau* ‖ ~ *m Blau* n, *blaue Farbe* f ‖
~ *añil Indigoblau* n ‖ ~ *Berlín* → ~ *de Prusia* ‖
~ *celeste Himmelblau* n ‖ ~ *claro hellblau* ‖ ~
(de) cobalto Kobaltblau n ‖ ~ *de esmalte*
Schmelzblau n ‖ ~ *de girasol Saftblau* n ‖ ~ *de*
lavado, ~ *de lavandería Wasch-, Neu|blau* n ‖ ~
marino marineblau ‖ ~ *de metileno Methylenblau*
n ‖ ~ *de montaña Kupfer|blau* n, *-lasur* f ‖ ~
Nilo Nilblau n ‖ ~ *de noche nachtblau* ‖ ~
oscuro dunkel-, tief|blau ‖ ~ *pálido blass-,*
licht|blau ‖ ~ *de Prusia Berliner Blau,*
Preußischblau n ‖ ~ *real Königsblau* n ‖ ~ *sólido*
echt-, stabil|blau ‖ ~ *turquí Türkisblau* n ‖ ~
ultramar(ino) Ultramarinblau n ‖ ~ *zarco*
hellblau ‖ ◇ *revenir al* ~ ⟨Met⟩ *blau anlassen* ‖
⟨fam⟩ *me dieron el* ~ ⟨fig⟩ *ich habe e–n blauen*
Brief bekommen
  ²**azul** *f* (Ins): ~ *bipuntada Zahnflügel-Bläuling*
m (Meleageria daphnis)
  azu|lado, –leante *(m/f)* adj *bläulich* ‖ **–lar** vt
blau färben ‖ **–lear** vi *ins Blaue spielen*
  azule|jar vt *kacheln, fliesen, mit Fliesen*
belegen ‖ **–jería** *f Beruf* m *des Fliesenlegers* ‖
–jero *m Fliesenleger* m ‖ *Fliesenhersteller* m
  ¹**azulejo** adj *bläulich* ‖ ~ *m Am blauweißes*
Pferd m
  ²**azulejo** *m Fliese* f ‖ *Kachel* f ‖ *Wandplatte* f ‖
Ofenkachel f

³**azulejo** m ⟨Bot⟩ *Kornblume* f (Centaurea
cyanus)
⁴**azulejo** m ⟨V⟩ *Bezeichnung für viele
blaugefiederte Vögel* ‖ *Bienenfresser* m (Merops
apiaster) ‖ *Blauer Kardinal* m (Guiraca caerulea)
‖ *Indigofink* m (Passerina cyanea)
azu|lenco adj *bläulich* ‖ **–lete** m *bläulicher
Glanz* m ‖ Ar *Waschblau* n ‖ **–lillo** m Ven
Waschblaulösung f ‖ **–lino** adj *ins Blaue spielend*
‖ **–lona** f ⟨V⟩ ⟨Art⟩ *Taube* f *der Antillen* ‖ **–loso,
–lino** adj *bläulich*
    azulgrana adj *(m/f) blaurot* ‖ *auf den FC
Barcelona bezüglich* ‖ ∼ *m/f Anhänger(in* f) m
des FC Barcelona
    azumagarse [g/gu] vr Chi *verschimmeln* ‖
rostig werden (Metalle)
    azumbrado adj ⟨fam⟩ *beschwipst,
ange|säuselt,
-heitert, -dudelt*
    azumbre f *Flüssigkeitsmaß (etwa 2 Liter)*
    azuquita Am ⟨fam⟩: estar de ∼ *rundum
zufrieden sein*
    azur adj/s ⟨Her⟩ *blau* ‖ *azurn, azurblau*
    azurita f ⟨Min⟩ *Azurit* m, *Bergblau* n
    azurumbado adj Guat Hond *unbesonnen,
leichtsinnig* ‖ Mex *beschwipst, ange|säuselt,
-heitert, -dudelt*
    azut m Art →̇ **azud**
    azu|zador m *Hetzer, Scharfmacher* m ‖ ∼ *de
un partido Einpeitscher* m *e–r Partei* ‖ **–zar** [z/c]
vt *(an)ketten (Hunde)* ‖ ⟨fig⟩ *necken, reizen* ‖
–zón m ⟨figf⟩ *Hetzer, Zwietrachtstifter* m

B

B, b f [= Be, be, pl Bes, bes] *B*, *b* n ‖ b por b *haarklein, mit allen Einzelheiten*
b. ⟨Abk⟩ = **bajo** ‖ **bar**
B ⟨Abk⟩ = **boro**
Ba ⟨Abk⟩ = **bario**
¹baba f *Schleim, Geifer* m ‖ *Schleim* m *(von Tieren und Pflanzen)* ‖ ◇ *caérsele a uno la* ∼ ⟨figf⟩ *mit offenem Mund starren* ‖ *entzückt schauen* ‖ *(un)sterblich* od *bis über beide Ohren verliebt sein, vernarrt sein* ‖ *mala* ∼ *Neid* m ‖ *Missgunst* f ‖ ◇ *cambiar* ∼s *knutschen* ‖ *echar* ∼s *geifern* ‖ *tener mala* ∼ *ein mieser* od *übler Kerl sein*
²baba f Col Ven ⟨Zool⟩ *Brillenkaiman* m (Caiman crocodylus)
baba|dor, –dero m *(Kinder)Lätzchen* n ‖ *–ssú* [*pl* ∼ués] m Bras ⟨Bot⟩ *Riesenpalme* f ‖
babastibias m ⟨fam⟩ Ec *Tölpel, Pantoffelheld* m
¹babaza f *Schaum, dicker Schleim* m
²babaza f ⟨Zool⟩ *Weg-, Nackt|schnecke* f (Limax spp)
babayo m Ast Am *Tölpel* m
babazorro adj *aus Alava* ‖ Ar *derb* ‖ ∼ m ⟨fam⟩ *Grünschnabel* m, *Rotznase* f
babear vi *geifern* ‖ ⟨figf⟩ *(un)sterblich* od *bis über beide Ohren verliebt sein* ‖ *übertreiben, hofieren,* ⟨figf⟩ *(um e–e Frau) herumscharwenzeln*
Ba|bel *Babel* ‖ ∼ m (& f) ⟨figf⟩ *Wirrwarr* m, *Durcheinander* n, *Unordnung* f ‖ *Sprachverwirrung* f ‖ **≠bélico** adj ⟨fig⟩ *wirr, verworren, unverständlich*
babe|o m *Geifern* n ‖ *–ra* f *Kinnstück* n *am Helm* ‖ *–ro* m *(Kinder)Lätzchen* n ‖ ⟨fam⟩ *Grünschnabel* m
babeurre m *Buttermilch* f
babi m ⟨fam⟩ ⟨Text⟩ *Kittel* m *für Kinder* ‖ *Arbeitskittel* m ‖ → **babero**
Babia f *Babia* f, *Berggegend in León* ‖ ◇ *estar en* ∼ ⟨figf⟩ *zerstreut* od *geistesabwesend sein, an et. anderes denken, nicht bei der Sache sein*
babichas fpl Mex *Überreste* mpl
Babieca m ⟨Lit⟩ *Name des Rosses des Cid* ‖ ∸ *Einfaltspinsel, Dummkopf* m (& adj)
babilar m *Klapperstock* m *in der Mühle*
babilejo m Col *(Maurer)Kelle* f
babilla f *Kniescheibe* f *(des Vierfüßers)* ‖ ⟨Kochk⟩ *Keule* f ‖ Mex *Kallus* m, *Knochenschwiele* f
Babi|lonia f ⟨Hist⟩ *Babylon* n ‖ ∸ ⟨figf⟩ *Unordnung, Verwirrung* f ‖ **≠lónico** adj *babylonisch* ‖ ⟨fig⟩ *lärmend, geräuschvoll* ‖ *prächtig* ‖ *wirr* ‖ ⟨fig⟩ *verderbt* ‖ **–lonio** adj *babylonisch* ‖ ∼ m *Babylonier* m
babi|ney m Am *Pfütze* f ‖ *morastiger Boden* m ‖ *Schlammloch* n
babirusa m ⟨Zool⟩ *Hirscheber, Babiru(s)sa* m (Babirussa babirussa)
babismo m ⟨Rel⟩ *Babismus* m
babitonto adj *erzdumm*
bable m *Bable* n *(asturische Mundart)* ‖ p.ex *Platt* m
babor m ⟨Mar⟩ *Backbord* n ‖ ♦ ¡a ∼ *todo! hart Backbord!*
¹babosa f ⟨Zool⟩ **a)** *Weg-, Nackt|schnecke* f

(Limax spp) ‖ **b)** Ven *Geiferschlange* f ‖ **c)** ⟨Taur⟩ *harmloser Stier* m
²babosa f ⟨Fi⟩ *Seeschmetterling* m (Blennius ocellaris)
³babosa f ⟨Bot⟩ **a)** *Malvasier|rebe, -traube* f ‖ **b)** *Samenzwiebel* f ‖ *Blumenzwiebel* f ‖ **c)** *Brackendistel* f
⁴babosa f Col Cu ⟨Vet⟩ *Leberseuche* f *des Rindviehs (und deren Erreger)*
babosada f MAm Mex *verachtenswerte Person* bzw *Sache* f ‖ Guat *Dummheit* f ‖ *Schüchternheit* f
babosear vt/i *(be)geifern* ‖ ⟨figf⟩ *(un)sterblich* od *bis über beide Ohren verliebt sein (con in* acc) ‖ ⟨Typ⟩ *schmutzen* ‖ Mex *betasten* ‖ *(jdn) verspotten* ‖ Guat *betrügen* ‖ Nic *blödeln* ‖ Guat *auf den Straßen herumlaufen*
baboseo m *Geifern* n ‖ ⟨figf⟩ *Hofieren, Beschwatzen* n
babosilla f ⟨Zool⟩ *Weg-, Nackt|schnecke* f (Limax spp)
baboso adj *geifernd* ‖ *stotternd, stammelnd* ‖ ⟨figf⟩ *sinnlos verliebt* ‖ ⟨figf⟩ *leicht entflammbar* ‖ Am *dumm, tölpelhaft* ‖ *gauner|haft, -isch* ‖ Pe *kraftlos* ‖ ∼ m ⟨Fi⟩ → **babosa** ‖ ⟨figf⟩ *Grünschnabel* m, *Rotznase* f ⟨fam⟩ *Schmuser* m
baboyana f Cu ⟨Zool⟩ *e–e kleine Eidechse* f
babucha f *Pantoffel* m *(ohne Kappe)* ‖ *Babusche* f ‖ Mex *Damenschuh* m *aus Tuch mit Lederspitzen* ‖ ∼s fpl Cu *breite Hosen* fpl ‖ ◇ *ir a* ∼ *huckepack getragen werden*
babuino m ⟨Zool⟩ *Babuin* m (Papio cynocephalus) ‖ ⟨fig⟩ *hässlicher* od *dummer Mensch* m
babujal m Cu *Dämon* m
babunuco m Cu *Tragwulst* f *(der Neger)*
baby m *Baby, Kind* n ‖ ∼-**boom** m *Babyboom* m ‖ ∼-**crack** m *Pillenknick* m ‖ ∼-**sitter** m *Babysitter* m
¹baca f ⟨Bot⟩ *Beere* f *(vom Lorbeerbaum, Wacholder usw.)* ‖ *Kettenring* m
²baca f ⟨Auto⟩ *(Dach)Gepäckträger* m ‖ [*veraltet*] *Kutschkasten* m
³baca f Am ⟨EB⟩: *dar* ∼ *rückwärts fahren*
⁴baca f *Kettenglied* n
¹bacalada f *Klippfisch* m
²bacalada f ⟨pop⟩ *Schmieren* n *(Bestechen)*
baca|ladero adj *Kabeljau-* ‖ ∼ m *Kabeljaufangschiff* n ‖ **–ladilla** f ⟨Fi⟩ *Blauer Wittling* m
¹baca|lao, -lla [selten:] **–llao** m *Kabeljau, Dorsch* m (Gadus morrhua) ‖ *(frisch getrocknet:) Stockfisch* m ‖ *(gesalzen getrocknet:) Klippfisch* m ‖ ∼ *al pil-pil* ⟨Kochk⟩ *baskisches Kabeljaugericht* n ‖ ∼ *del Polo Polardorsch* m ‖ ∼ *frescal frischer Kabeljau* m ‖ ∼ *(noruego) salado Laberdan* m ‖ ♦ *como un* ∼ ⟨fam⟩ *klapperdürr* ‖ ◇ *cortar el* ∼, *partir el* ∼ ⟨fig⟩ *die Oberhand gewinnen* ‖ *das Regiment führen, das Zepter schwingen* ‖ *den Ton angeben, die erste Geige spielen*
²bacalao m Chi *Geizhals* m
¹bacán m Arg Bol *Zuhälter, Lude* m
²bacán m Arg ⟨pop⟩ *reicher Mann* m ‖ Arg Par *Persönlichkeit* f

³**bacán** m Cu ⟨Kochk⟩ *Maispastete* f
bacanal f ⟨fig⟩ *lärmendes Trinkgelage* n ‖ ~**es**
fpl Bacchanalien npl, *Bacchusfeste* npl
bacanora f Mex *Pulqueschnaps* m
bacante f *Bacchantin* f ‖ ⟨fig⟩ *betrunkenes* bzw
lüsternes Weib n
bácara f ⟨Bot⟩ *Muskatsalbei* m (& f) (→ auch
amaro)
bacará m ⟨Kart⟩ *Bakkarat* n
bacciforme adj *(m/f)* ⟨Bot⟩ *beerenförmig*
bacelar m *Weinlaube* f
bacera f ⟨Vet⟩ *Milzbrand* m
baceta f *Stock* m *(im Kartenspiel)*
bacha|ta f Cu PR *lärmendes Vergnügen* n ‖
–**tear** vi s. *lärmend vergnügen,* ⟨pop⟩ *e–n*
draufmachen
ba|che m *Unebenheit* f *des Weges* ‖
(ausgefahrene) Radspur f ‖ *Schlagloch* n *(im*
Pflaster) ‖ ⟨Flugw⟩ *Fallbö(e)* f, *(fam) Luftloch* n ‖
⟨fig⟩ *Tiefpunkt* m, *Schwierigkeit* f ‖ ~ *aéreo*
Fallbö(e) f, *(fam) Luftloch* n ‖ –**cheado** adj *mit*
vielen Schlaglöchern (Straße) ‖ –**chear** vt
Schlaglöcher ausbessern (in e–r Straße)
¹**bachicha** m Mex *Zigarettenstummel* m
²**bachich|a, –e** m Arg Chi *(Spottname für)*
Italiener m bzw *für das Italienische* n
bachi|ller m *Abiturient* m ‖ ⟨figf⟩ *Schwätzer* m
‖ –**llera** f ⟨figf⟩ *Blaustrumpf* m ‖ *Schwätzerin* f ‖
–**llerada** f *leere Schwätzerei* f ‖ –**llerarse** vr *die*
Reifeprüfung machen ‖ –**llerato** m *Abitur* n,
Reifeprüfung, Öst Schw *Matura* f ‖ ~ *unificado y*
polivalente (BUP) Span *Abitur* n *ohne*
Hochschulreife ‖ ~ *(unificado y polivalente) con*
curso de orientación universitaria (COU) *Abitur* n
mit Hochschulreife
bachille|rear vi *(fam) in den Tag*
hineinschwatzen, klug reden ‖ Mex *(jdn ständig)*
mit dem Doktortitel anreden ‖ –**ría** f *(fam) leeres*
Ge|schwätz n, *-schwätzigkeit* f ‖ *(fam) Unsinn* m,
dummes Zeug n ‖ –**ro** adj *geschwätzig* ‖ ~ m
Schwätzer m
bachina f Mex *Zigarettenstummel* m
bachure f adj Ven *säbelbeinig*
bacía f *Becken* n, *Napf* m ‖ ~ *de barbero*
Barbierbecken n
baciforme adj *(m/f) beerenförmig*
báciga f ⟨Kart⟩ *Dreiblatt* n
baci|lar adj *(m/f) stabförmig* ‖ *stängelig* ‖
Bazillen- ‖ –**lemia** f ⟨Med⟩ *Bazillämie* f ‖
–**liforme** adv *(m/f) stäbchen-, bazillen|förmig,*
Stäbchen- ‖ –**lo** m ⟨Med⟩ *Bazillus* m ‖ ~ *búlgaro*
Joghurtbazillus m ‖ ~ *coli Kolibakterium* m ‖ ~
diftérico Diphtheriebazillus m ‖ ~ *gasógeno*
Gasbazillus m ‖ ~ *tetánico Tetanusbazillus* m ‖ ~
tífico Typhusbazillus m ‖ –**losis** f ⟨Med⟩ *Bazillose*
f ‖ –**luria** f ⟨Med⟩ *Bazillurie* f
¹**bacín** m *Nachtgeschirr* m ‖ *Stechbecken* n ‖
⟨pop⟩ *Scheißkerl* m
²**bacín** m *(fam)* ⟨Gaffer⟩ m
baci|na f → –**neta** ‖ –**nero** m *Almosensammler*
m ‖ –**neta, –nilla** f *kleines Becken* n ‖
Almosenbecken n
¹**bacinete** m ⟨An⟩ *Becken* n
²**bacinete** m ⟨Hist⟩ *Sturm|haube* f, *-hut* m ‖
Pickelhaube f ‖ *Sturmhaubenträger* m
bacini|ca Chi Col Pe, –**lla** f Cu *kleiner*
Nachttopf m
bacitracina f ⟨Pharm Med⟩ *Bacitracin* n
background m Am *Background* m *(geistiger*
Hintergrund)
Baco m ⟨Myth⟩ *Bacchus* m *(der Weingott)* ‖
⟨figf⟩ *Wein* m
bacón, bacon m *Bacon* m
baconar vt *salzen und räuchern (Fisch)*
baconi|ano adj ⟨Philos⟩ *baconisch* ‖ –**(an)ismo**

m ⟨Philos⟩ *Baconismus* m, *Lehre* f *Francis*
Bacons
bacoreta f ⟨Fi⟩ *Thonine* f
bacteria f *Bakterie* f, *Bakterium* n, ‖ ~ *aerobia*
aerobe Bakterie f ‖ ~ *anaerobia anaerobe*
Bakterie f ‖ ~ *avirulenta avirulente Bakterie* f ‖
~ *intestinal Darmbakterie* f ‖ ~ *luminosa*
Leucht-, Photo|bakterie f ‖ ~ *patógena*
krankheitserregende Bakterie f ‖ ~ *piógena*
Eiterbakterie f ‖ ~ *de prueba Testbakterie* f ‖ ~
saprofita saprophytäre Bakterie f ‖ ~ *de test* →
~ *de prueba* ‖ ~ *tóxica toxische Bakterie* f
bacte|riano, –rial *(m/f)*, **bactérico** adj
bakteriell, Bakterien- ‖ –**ricida** adj *(m/f)*,
bakterizid, keimtötend ‖ ~ m *Bakterizid* n
bacte|riemia f ⟨Med⟩ *Bakteriämie* f ‖ –**riofagia**
f *Bakteriophagie* f ‖ –**riófago** adj/s *bakteriophag* ‖
–**riolisis, –riólisis** f *Bakteriolyse* f ‖ –**riolítico** adj
bakteriolytisch ‖ –**riología** f *Bakteriologie* f ‖
–**riológico** adj *bakteriologisch* ‖ –**riólogo** m
Bakteriologe m ‖ –**riosis** f *Bakteriose* f ‖
–**riostasis** f *Bakteriostase* f ‖ –**riostático** adj
bakteriostatisch ‖ –**riotoxina** f *Bakteriotoxin* n ‖
–**riuria** f *Bakteriurie* f
baculiforme adj *(m/f) stabförmig* (& Biol)
báculo m *Stab, Stock* m ‖ ⟨Mar⟩ *Jakobsstab* m
‖ ⟨fig⟩ *Stütze* f ‖ ~ *episcopal,* ~ *pastoral Hirten-,*
Bischofs|stab m ‖ ~ *de la vejez* ⟨fig⟩ *Altersstütze*
f

bada|jada f *Glockenschlag* m ‖ ⟨figf⟩ *albernes*
Geschwätz n ‖ –**jazo** m *Glockenschlag* m ‖ –**jear**
vi ⟨figf⟩ *in den Tag hineinreden, (fam) quasseln* ‖
–**jo** m [León: –**llo**⟩ *Glockenschwengel, Klöppel* m
‖ ⟨figf⟩ *alberner Schwätzer* m
Bada|joz m [Stadt und Provinz in Spanien]
Badajoz n ‖ –**jocense, –joceño** adj/s *aus Badajoz*
‖ *auf Badajoz bezüglich*
badal m Ar *Fleisch* n *des Schlachtviehs an*
Schultern und Rippen
badalonés adj/s *aus Badalona* (P Barc) ‖ *auf*
Badalona bezüglich
badallar vi Ar *gähnen*
badán m *Rumpf* m *(e–s Tieres)*
badana f *gegerbtes Schafleder* n ‖
Schweißband n *(am Hut)* ‖ ⟨Buchb⟩ *Basane* f ‖
hirschlederartiger Stoff m ‖ ⟨fig⟩ *einfältiger*
Mensch m ‖ *media* ~ ⟨Buchb⟩ *Halbfranzband* m ‖
◇ *zurrar la* ~ a alg. ⟨figf⟩ *jdm das Fell gerben,*
jdn durchprügeln
badaza f Cu *Haltegriff (in Fahrzeugen)*
¹**badea** f *wäss(e)rige Melone* bzw *Gurke* f ‖
⟨figf⟩ *gehaltlose Sache* f ‖ ⟨figf⟩ *träger Mensch* m
‖ ⟨figf⟩ *Waschlappen* m ‖ *más simple que una* ~
Col *saudumom*
²**badea** f SAm ⟨Bot⟩ *Riesengranadilla* f
(Passiflora quadrangularis)
badén m *natürliche Regenrinne* f ‖ *(unter der*
Straße verlegt) Abzugskanal m ‖ ⟨StV⟩ *Querrinne*
f
baderna f ⟨Mar⟩ *Serving* f
badián m ⟨Bot⟩ **a)** *Badian* m, *Sternmagnolie* f
(Magnolia stellata) ‖ **b)** *Echter Sternanis* m
(Illicium verum)
badil m *Schürkelle, Feuerschaufel* f ‖
Schüreisen n ‖ *Rührkelle* f
badi|la f *Feuerschaufel* f *für das Kohlenbecken*
‖ *Ofenschaufel* f ‖ ◇ *dar a uno con la* ~ *en los*
nudillos ⟨reg⟩ *jdn derb anfahren, rügen,* ⟨fam⟩
jdm auf die Finger klopfen ‖ –**lejo** m *Maurerkelle*
f
badín m ⟨Flugw⟩ *Fahrtmesser* m
badina f Ar *Pfütze* f
bádminton m ⟨Sp⟩ *Badminton* n
badomía f *Unsinn* m
¹**badulaque** adj *lügnerisch* ‖ ~ m *Lügner,*

Schwindler m ‖ *Dümmling, Dummerjan, Dummkopf, Einfaltspinsel* m
²badulaque m *(Art) Schminke* f
badulaquear vi *Schurkereien treiben*
baf(f)le m ⟨Radio⟩ *Lautsprecherbox* f
¹baga f *Samenkapsel* f *des Flachses*
²baga f Ar *(Pack)Strick* m
baga|je m *Gepäck* n ‖ ⟨Mil⟩ *(Feld)Gepäck* n ‖ *Lasttier* n ‖ *Tross* m ‖ ~ *intelectual geistiges Rüstzeug* n ‖ **–jería** f *großer Haufen Gepäck* ‖ **–jero** m *Pack-, Tross|knecht* m
bagamán m Col Dom *Land-, Stadt|streicher* m
bagar [g/gu] vi *Samen ansetzen (Flachs)*
bagasa f *Nutte* f
¹bagatela f *Kleinigkeit, Bagatelle* f ‖ *Lappalie* f
²bagatela f Chi Pe *(Art) Tafelbillard* n
bagatelizar vt *bagatellisieren, ver|harmlosen, -niedlichen, herunterspielen*
bagazo m *Bodensatz* m ‖ *Trester* m, *Pressrückstände* mpl ‖ *Bagasse* f, *Zuckerrohrabfall* m ‖ Cu PR ⟨fig⟩ *minderwertiger Bursche* m ‖ ~ *de aguardiente Schlempe* f
bago m Sal *Hürde* f, *Acker* m ‖ *(Wein-)Traubenkern* m
¹bagre f ⟨Fi⟩ *Bagrewels* m (Silurus spp)
²bagre m Am *lästiger Mensch* m ‖ *widerlicher Kerl* m ‖ *hässliche Person* f ‖ *hässliches Weib* n, ⟨fig⟩ *Vogelscheuche* f ‖ CR *Nutte* f
³bagre m Am *kluger Kopf* m
¹bagual adj *(m/f) wild (Vieh)* ‖ Arg Bol *nicht gezähmtes od zugerittenes Pferd* n
²bagual adj *(m/f) dumm, blöd* ‖ ~ m Am *grober Kerl* m
³bagual m Arg *ein Volks|lied* n od *-gesang* m
¹bagualada f Arg *Pferdeherde* f
²bagualada f Arg *Un-, Blöd|sinn* m, *dummes Zeug* n
bagualón adj *halb gezähmt (Pferd)*
baguarí [pl ~íes] m ⟨V⟩ *Amerika-Nimmersatt* m (Mycteria americana)
baguio m Fil ⟨Meteor⟩ *Wirbelsturm* m
bagullo m Sal *Traubenschale* f
¡bah! int *bah! ach was!*
Bahamas fpl ⟨Geogr⟩ *Bahamas* pl
bahareque m Col *aus Bambus und Lehm hergestellte Wand* f
baharí [pl ~íes] m ⟨V⟩ *(Art) Baumfalke* m
bahía f ⟨Mar⟩ *Bai, Bucht* f ‖ ~ *de esclusa* ⟨Tech⟩ *Vorschleuse* f
bahorrina f ⟨fam⟩ *Schmutz, Unrat* m ‖ ⟨figf⟩ *Gesindel* n
Bahrein m ⟨Geogr⟩ *Bahrain* n
baht m [Währungseinheit] *Baht* m (Abk = B)
bahúno adj *niederträchtig, gemein, niedrig*
bai bai int [Jugendspr.] *tschüss*
baifo m Can *Zicklein* n
¹baila f *Tanz* m ‖ *Tanzbelustigung* f
²baila f ⟨Fi⟩ *Meersau* f (Scorpaena scrofa)
baila|ble adj *(m/f)* ⟨Mus⟩ *tanzbar* ‖ ~ m ⟨Th⟩ *Tanzstück* n, *Tanz* m ‖ *Tanzplatte* f ‖ ~ *de moda Tanzschlager* m ‖ **–dero** m ⟨reg⟩ *Tanzplatz* m ‖ **–dor** m (pop **-or**) *Volks- bzw Flamenco|tänzer* m ‖ **–dora** f (pop **–ora** f) *Volks- bzw Flamenco|tänzerin* f
bailar vt/i *(vor)tanzen* ‖ *kreisen* ‖ *tänzeln (Pferd)* ‖ ⟨Typ⟩ *locker sein (Satz)* ‖ ⟨Tech⟩ *Spiel haben* ‖ ⟨fig⟩ *s. innerlich erregen* ‖ ⟨pop⟩ *stehlen, klauen,* ⟨fam⟩ *stibitzen* ‖ ◇ ~ *el agua delante* ⟨figf⟩ *s. zerreißen, um (jdm) zu gefallen od (jdn) zu bedienen* ‖ ~ *al compás de alg.* ⟨fig⟩ *nach jds Pfeife tanzen* ‖ ~ *con la más fea (fig) den sauren Apfel beißen (müssen)* ‖ ~ *al son que se toca* ⟨figf⟩ *mit den Wölfen heulen, das*

Mäntelchen nach dem Wind hängen ‖ *sacar a* ~ *zum Tanz auffordern* ‖ *¡que baile!* ⟨pop⟩ *fort mit ihm! (ihr!) ab!* ‖ *¡que me quiten lo bailado! was ich hab', das hab' ich!* ‖ *¡otro que tal baila!* ⟨figf⟩ *auch so e–r! noch e–r von der Sorte!*
¹bailarín m *Tänzer* m ‖ *Eintänzer* m
²bailarín m ⟨Ins⟩ *Wirbelkäfer* m
³bailarín m Chi ⟨V⟩ *Tanzvogel* m
bailarina f *Tänzerin* f ‖ *joven* ~ *Ballettratte* f
¹baile m *Tanz* m ‖ *Tanzkunst* f ‖ *Tanzfest* n, *Ball* m ‖ *Tanzstück, Ballett* n ‖ ~ *de botón od cascabel gordo,* ~ *de candil volkstümliche Belustigung* f, ⟨fam⟩ *Schwof* m ‖ *Bauerntanz* m ‖ ~ *del copeo (aus der Jota entstandener) Tanz* m *aus Mallorca* ‖ ~ *de disfraces Maskenball* m ‖ ~ *de etiqueta Galaball* m ‖ ~ *de fantasía Am Kostümball* m ‖ ~ *guerrero Kriegstanz* m ‖ ~ *de máscaras Maskenball* m ‖ ~ *popular,* ~ *regional Volkstanz* m ‖ ~ *de puntas Spitzenball* m ‖ ~ *de San Vito* ⟨Med⟩ *Veitstanz* m ‖ ~ *de salón,* ~ *de sociedad Gesellschaftstanz* m
²baile m ⟨Hist⟩ *Amtmann* m ‖ *Amtsrichter* m ‖ *Landvogt* m ‖ *Schultheiß* m
bailecito m dim von **baile**
Bailén m [Stadt] *Bailén* n
bailete m ⟨Th⟩ *Tanzeinlage, kurze Tanzvorführung* f
bailía f *Amtmannschaft* f
bailón adj ⟨fam⟩ *tanzlustig*
bailongo m ⟨fam⟩ *Schwof* m
bailote|ar vi *hüpfen, hopsen,* ⟨pop⟩ *schwofen* ‖ **–o** m s von **–ar** ‖ ~ *de las ruedas* ⟨Auto⟩ *Flattern* n *der Lenkräder*
bainita f ⟨Met⟩ *Bainit* m
baja f *Fallen, Sinken* n ‖ *Geschäftsrückgang* m, *Flaute* f ‖ *Steuernachlass* m ‖ *Preisrückgang* m ‖ *Baisse* f *(Börse)* ‖ *Tod(esfall)* m ‖ ⟨Mil⟩ *Fehl-, Verlust|liste* f ‖ *Verlust, Kriegsverlust* m ‖ ⟨Mil⟩ *Lazarettschein* m ‖ *Entlassung* f *(aus dem Dienst)* ‖ *Entlassungsschein* m ‖ ⟨Mar⟩ *sinkende Flut, Ebbe* f ‖ Cu *Absicht* f, *Vorhaben* n ‖ *Abnahme* f ‖ ~ *de contribución Steuerabmeldung* f ‖ ~ *de los cursos Kursrückgang* m ‖ ~ *de precios Preis|sturz, -fall* m ‖ ◇ *dar* ~ *an Wert sinken (Sache)* ‖ *dar de* ~ ⟨Mil⟩ *als abwesend od fehlend vermerken* ‖ *aus der Rangliste streichen (Beamte)* ‖ ⟨fig⟩ *für krank od untauglich erklären,* ⟨pop⟩ *krank schreiben* ‖ *ausscheiden, streichen* ‖ *abmelden* ‖ *ausschließen* ‖ ◇ *darse de* ~ ⟨fig⟩ *austreten, s. streichen lassen (aus e–m Verein, e–r Liste usw.)* ‖ *dar de* ~ *provisional* ⟨Mil⟩ *zurückstellen (bei der Musterung)* ‖ *estar en* ⟨fig⟩ *im Rückgang begriffen sein* ‖ *estar de* ~ *por enfermedad krank geschrieben sein* ‖ *jugar a la* ~*, especular a la* ~ *auf Baisse spekulieren (Börse)* ‖ *seguir en* ~ *immer im Abnehmen sein* ‖ *ser* ~ ⟨Mil⟩ *s–n Abschied genommen haben* ‖ *entlassen worden sein* ‖ *ausgetreten sein* ‖ *los precios tienden a la* ~ *die Preise neigen zum Fallen* ‖ ~**s** fpl ⟨Mil⟩ *Kriegsverluste* mpl
bajá [pl **–aes**] m *Pascha* m (& fig)
bajaca f Ec *Haarschleife* f
baja|da f *Hinabsteigen* n, *Abstieg, Hinabmarsch* m ‖ *(Berg)Abhang* m, *-halde* f ‖ *abschüssiges Gelände* n ‖ *abschüssige Straße* f ‖ ⟨Arch⟩ *abschüssiges Gewölbe* n ‖ ⟨Flugw⟩ *Herunter-, Nieder|gehen* n ‖ ⟨Bgb⟩ *Einfahrt* f ‖ ⟨Sp⟩ *Abfahrt* f ‖ ⟨vulg⟩ *Fellatio* f *bzw Cunnilingus* m ‖ ~ *a los abismos od a los infiernos die Höllenfahrt* ‖ ~ *de aguas Fallrinne* f ‖ ~ *de antena* ⟨Radio⟩ *Antennenableitung* f ‖ ~ *de bandera Zählbeginn der Streckengebühr in Taxen* ‖ **–dero** m Sal *abwärtsführender Weg* m ‖ **–dizo** adj *gangbar*

bajagua *f* Mex *schlechter Tabak* m
bajalato *m Paschalik* n ‖ *Paschawürde* f
△ **bajamanero** *m Dieb* m
baja|mano adv *unter dem Arm* ‖ **–mar** *f* ⟨Mar⟩
Tief-, Niedrig|wasser n, *Ebbe* f ‖ **–mente** adv
niederträchtig ‖ *verächtlich* ‖ **–muelles** *m* Chi
(Art) Magenbitter m ‖ **–nte** *m:* ~ de aguas
Fallrinne f ‖ ~ de tubo *Abflussrohr* n
bajar vt *herab-, herunter|nehmen* ‖ *herab-,*
herunter|lassen ‖ *herunterbringen* ‖
heruntersenken ‖ *herunterschlagen (Rockkragen)* ‖
fallen lassen (Rock) ‖ *bücken, neigen* ‖
herab|setzen, -drücken (Preis) ‖ *ab|ziehen,*
-rechnen ‖ *dämpfen, senken (Stimme)* ‖ *senken*
(Fieber) ‖ *niederschlagen (Augen)* ‖ Arg Cu
bezahlen ‖ ◇ ~ un bote ⟨Mar⟩ *ein Boot fieren* ‖
~ los bríos → ~ el gallo ‖ ~ la cabeza *den Kopf*
senken ‖ ⟨fig⟩ *nachgeben* ‖ ⟨fig⟩ *s. demütigen* ‖
⟨fig⟩ *s. schämen* ‖ ~ la cuesta *e–n Abhang*
hinabsteigen (od hinunter|gehen bzw -fahren) ‖ ~
el gallo *od* los humos (a alg.) ⟨fig⟩ *(jds) Stolz*
beugen, ⟨fam⟩ *(jdm) die Flügel stutzen* ‖ *(jdn)*
demütigen ‖ ~ las luces *abblenden (& Auto)* ‖
⟨fig⟩ *den Stolz beugen* ‖ ~ la mano ⟨fig⟩ *milder*
verfahren ‖ ~ los ojos *die Augen niederschlagen*
od senken ‖ *zu Boden schauen* ‖ ~ las orejas
⟨figf⟩ *demütig nachgeben* ‖ *(fam) ducken* ‖ ~ un
programa *(Inform) ein Programm herunterladen* ‖
~ el punto a a/c ⟨fig⟩ *et. mäßigen* ‖ la vista → ~
los ojos ‖ ~ vi *sinken* ‖ ~ *herunter-, hinab|gehen*
‖ *hinunterfahren (e–n Strom)* ‖ *ab-, aus|steigen*
(aus dem Wagen) ‖ *fallen (Barometer, Preise)* ‖
leiser werden (Stimme) ‖ *nachlassen, abnehmen* ‖
ver|bleichen, -schießen (Farben) ‖ *landen*
(Flugzeug) ‖ ⟨Bgb⟩ *einfahren* ‖ ◇ *bajando bergab*
(gehend) ‖ ~ a la calle *auf die Straße*
(hinunter)gehen ‖ le han bajado las carnes *er (sie,*
es) ist mager geworden ‖ ~ del cielo *vom Himmel*
(herab)kommen ‖ ~ del monte, ~ río *zu Tal*
fahren ‖ ~ a tierra ⟨Mar⟩ *an Land steigen* ‖ ~se
s. herunterlassen, hinunter-, herab|steigen ‖
absteigen (vom Pferd) ‖ *aus|steigen (aus dem*
Wagen) ‖ *s. bücken* ‖ *s. senken* ‖ *sinken* ‖ ⟨fig⟩ *s.*
mäßigen ‖ *s. herabwürdigen, s. erniedrigen* ‖
⟨vulg⟩ *e–n blasen* ‖ Arg *absteigen (Hotel)*
bajareque *m* Cu PR *ärmliche Hütte* f ‖ Am
Pfahlwand f *mit lehmgebundenem Rohrgeflecht*
  bajativo *m* Arg *(Gläschen* n*) Verdauungslikör*
m
  bajel *m* ⟨poet⟩ *(See)Schiff* n
  baje|ño adj Arg *aus der Tiefebene* ‖ **–ra** *f* Mex
MAm *Grumpen* pl *(Tabak)* ‖ allg *schlechter*
Tabak, fam *Knaster* m ‖ Am ⟨fig⟩ *Null, Niete* f
(Person) ‖ **–ro** adj *Unter-*
  ¹bajete *m (fam) Knirps* m
  ²bajete *m* ⟨Mus⟩ *Bariton* m
  bajeza *f Niedertächtigkeit* f ‖ *Erbärmlichkeit* f
‖ *Demut* f ‖ ~ de ánimo *Kleinmut* m ‖
Schüchternheit f
  bajial *m* Am ⟨Mar⟩ *Meeresstelle* f *mit vielen*
Untiefen und Sandbänken ‖ Mex Pe Ven *Tiefland*
n *(mit Winterüberschwemmung)*
  bajini(s) adv: *halblaut* ‖ *heimlich, unter der*
Hand
  bajío *m* ⟨Mar⟩ *Untiefe, Sandbank* f ‖ Am
Tiefland n ‖ ◇ dar (un) ~ *an Gunst od Macht*
verlieren ‖ *auf Hindernisse stoßen*
  bajista adj *(m/f)* ⟨Com⟩ *fallend* ‖ *Börse*
Baissie- ‖ ~ *m/f Baissespekulant*(in f), *Baissier* m
‖ *Preisdrücker*(in f) m ‖ ⟨fig⟩ *Miesmacher*(in f) m
  bajito adj/adv dim von **bajo**
  ¹bajo adj *niedrig, tief (gelegen)* ‖ *klein (von*
Wuchs) ‖ *kurzfüßig (Tiere)* ‖ *platt, dünn* ‖
ge|bückt, -senkt ‖ *gesenkt (Kopf, Augen)* ‖
tieferliegend (Land) ‖ *seicht (Ufer, Strand)* ‖ *matt*

(Farben) ‖ ⟨fig⟩ *schlecht* ‖ *tief (Ton)* ‖ *leise*
(Stimme) ‖ *früh fallend (Fest)* ‖ *platt (Stil)* ‖
wertlos ‖ ⟨fig⟩ *knechtisch* ‖ ⟨fig⟩ *niedrig, gemein* ‖
⟨fig⟩ *niederträchtig* ‖ el ~ *alemán das*
Niederdeutsche ‖ el ~ Aragón *Niederaragonien* n
‖ la ~a Baviera *Niederbayern* n ‖ ~ de cuerpo
von niedriger Statur, untersetzt ‖ ~a Edad
media *Spätmittelalter* n ‖ ~ de estatura *von*
kleiner Gestalt, kleinwüchsig ‖ ~ fondo ⟨Mar⟩
seichte Stelle, Untiefe f ‖ ~s fondos ⟨fig⟩
Unterwelt f ‖ ~a frecuencia *Niederfrequenz* f ‖ ~
latín f *Vulgärlatein* n ‖ ~ de ley *geringhaltig*
(Gold, Silber) ‖ ~ monte *Unterholz* n ‖ los Países
~s *die Niederlande* pl ‖ el ~ Pirineo *die unteren*
Pyrenäen ‖ ~ *relieve Basrelief* n ‖ el ~ Rin *der*
Niederrhein ‖ ~a tensión ⟨El⟩ *Niederspannung* f ‖
de ~ fondo *seicht (Fluss)* ‖ por lo ~ ⟨fig⟩ *unter*
der Hand, verstohlen(ermaßen) ‖ *leise*
  ²bajo adv *(nach) unten* ‖ *unten, darunter* ‖
weiter unten ‖ *medio tono* ~ ⟨Mus⟩ *e–n halben*
Ton tiefer ‖ ◆ *por* ~ *unten* ‖ ◇ *hablar* ~ *leise*
sprechen
  ³bajo prep *unter (Richtung, Bewegung:* acc,
Zustand, Ruhe: dat*)* ‖ ~ *este concepto in dieser*
Bedeutung ‖ ~ *la condición de que … unter der*
Bedingung, dass … ‖ ~ *el interés de … zum*
Zinssatz von … ‖ ~ *juramento unter Eid* ‖ ~
mano heimlich, unter der Hand
  ⁴bajo *m Niederung* f, *Tiefland* n ‖ *Tal(gelände)*
n ‖ ⟨Mar⟩ *Untiefe, Sandbank* f ‖ *Pferdehuf* m ‖
Bass m, *Bassstimme* f ‖ *Basssänger* m ‖
Bassinstrument n ‖ *Bassgeige* f ‖
Bassgeigenspieler m ‖ Am Chi *Erdgeschoss* n ‖ ~
cantante Bassbariton m ‖ ~ *cifrado bezifferter*
Bass m ‖ ~ *continuo* ⟨Mus⟩ *Generalbass* m ‖ ~
profundo tiefer Bass m ‖ ◇ *dar* ~ *ausgehen*
(Wein im Fass)
  ¹bajoca *f* Murc *grüne Bohne* f
  ²bajoca *f* Murc *tote, vertrocknete Raupe* f *des*
Seidenspinners
  ¹bajón *m* ⟨Mus⟩ *Fagott* n ‖ *Bassflöte* f ‖
Basssänger, Bassist m
  ²bajón *m* ⟨figf⟩ *großer Verlust* m ‖ *starker bzw*
plötzlicher Rückgang m ‖ *plötzlicher Einbruch* m
(z. B. gesundheitlich, an der Börse ‖ *Niedergang*
m ‖ *Einbuße* f ‖ ◇ *dar un* ~ ⟨figf⟩ *viel einbüßen* ‖
nachlassen ‖ *herunterkommen*
  ¹bajonazo *m Kickser bzw falscher Ton* m *e–s*
Fagotts
  ²bajonazo *m* ⟨Taur⟩ *Halsstich* m
  ³bajonazo *m Rückgang, Einbruch* m, *starkes*
Nachlassen n
  bajo|ncillo *m* ⟨Mus⟩ *Alt-, Diskant-,*
Tenor|fagott n ‖ **–nista** *m/f* Fagott|ist(in f),
-bläser(in f) m
  bajorrelieve *m Basrelief* n
  ¹bajos mpl *die vier Füße des Pferdes*
  ²bajos mpl *Dessous* pl
  bajoventre *m Unterbauch(gegend* f*)* m
  bajuelo adj dim von **bajo**
  bajujo adv: por lo ~ Chi → por lo **bajo**
  baju|no adj *gemein, niedrig* ‖ *rüpelhaft* ‖ **–ra** *f*
Niedrigkeit f ‖ *seichte Stelle, Untiefe* f ‖
Küstennähe f ‖ → **pesca**
  bakalao *m schrille, monotone Musik* f
  bakelita *f* → **baquelita**
  baking *m* PR *Backpulver* n
  ¹bala *f (Kanonen-, Flinten)Kugel* f ‖ *Geschoss*
n ‖ ~ de cañú *Kanonenkugel* f ‖ ~ *dumdum*
Dumdumgeschoss n ‖ ~ *perdida verlorene Kugel*
f ‖ ⟨fig⟩ *Leichtfuß* m ‖ ⟨fig⟩ *Lebemann* m ‖ ⟨fig⟩
wilder Junge m, *Range* f ‖ ~ *trazadora*
Leuchtkugel f ‖ ◆ *como una* ~, *como las* ~s
⟨figf⟩ *pfeilschnell, im Nu, im Handumdrehen* ‖ ni
a ~ Am *unter k–n Umständen*

²**bala** f *(Waren)Ballen* m ‖ *Ballen Papier (10 Ries)*
balas *fpl Faschingskügelchen* npl
bala|ca f MAm Ec Ur, **–cada** f Arg Ec *Großtuerei, Prahlerei* f ‖ **–cear** vt Mex *plänkeln* ‖ *beschießen* ‖ **–cera** f Am *Geplänkel* n, *Schießerei* f
¹**balada** f ⟨Lit⟩ *Ballade* f
△ ²**balada** f *Abkommen* n, *Übereinkunft* f
baladí [pl ~íes] adj *wertlos, gering, unbedeutend* ‖ cosa ~ *Kleinigkeit, Lappalie* f
baladrar vi *schreien, heulen*
baladre m ⟨Bot⟩ *Oleander, Rosenlorbeer* m (Nerium oleander)
bala|drero m ⟨fam⟩ *Schreihals* m ‖ **–dro** m *Ge|schrei, -heul, -zisch* n ‖ **–drón** adj *großsprecherisch, angeberisch* ‖ ~ m *Angeber, Aufschneider, Prahlhans* m ‖ **–dronada** f *Angeberei, Aufschneiderei* f
bala|dron(e)ar, –drear vi ⟨fam⟩ *großtun, großschnauzig tun, prahlen*
balagar m Ast *Strohschober* m
¹**bálago** m *(Winter)Stroh* n *für das Vieh* ‖ *Dachstroh* n ‖ ◇ *zurrar a uno el* ~ ⟨fam⟩ *jdn tüchtig durchprügeln*
²**bálago** m *fetter Seifenschaum* m
balagre m Hond → **bejuco**
balaju adj PR *mager und hässlich*
balaj(e) m *violettfarbener Rubin* m
balalaica f ⟨Mus⟩ *Balalaika* f
¹**balance** m *(Hin- und Her)Schwanken* n ‖ ⟨Mar⟩ *Rollen, Schlingern* n *(des Schiffes)* ‖ ⟨fig⟩ *Unsicherheit* f ‖ Cu *Schaukelstuhl* m
²**balance** m *Bilanz* f ‖ *Handelsbilanz* f ‖ *Bücherabschluss* m ‖ *Saldo* m ‖ *Abgleichstange* f ‖ ~ *acreedor Kreditorensaldo* m ‖ ~ *anual Jahresabschluss* m ‖ ~ *de caja Kassen|bilanz* f, *-abschluss* m ‖ ~ *de cierre Abschlussbilanz* f ‖ ~ *de comprobación Probebilanz* f ‖ ~ *en déficit Verlustabschluss* m ‖ ~ *energético Energiehaushalt* m ‖ ~ *final Endsaldo* m ‖ ~ *metabólico,* ~ *del metabolismo* ⟨Physiol Med⟩ *Stoffwechselbilanz* f ‖ ~ *nuevo Saldovortrag* m ‖ ~ *nutritivo* ⟨Physiol⟩ *Nährstoffhaushalt* m ‖ ~ *pasivo Unterbilanz* f ‖ ~ *de pérdidas y ganancias Gewinn-und-Verlust-Rechnung* f ‖ ◇ *hacer* (el) ~ *Bilanz aufstellen, ziehen* ‖ **–ceador** m Arg *(Ab)Schätzer* m ‖ **–cear** vt *abwägen* ‖ *ins Gleichgewicht bringen* ‖ ~ vi *schaukeln, s. wiegen* ‖ ⟨fig⟩ *schwanken, unentschlossen sein* ‖ ⟨fig⟩ *zaudern* ‖ ⟨Mar⟩ *schlingern, rollen (Schiffe)* ‖ **–ceo** m *Schwanken, Wanken* n ‖ *Pendeln* n ‖ ⟨Mar Flugw⟩ *Schlingern, Rollen* n ‖ Am *Auswuchten* n ‖ ⟨fig⟩ *Abwägen, Wiegen* n ‖ ⟨fig⟩ *Schwanken* n ‖ ⟨fig⟩ *Zaudern* n ‖ ~ *de frecuencia* ⟨El⟩ *Frequenzrollen* n ‖ **–cero** m → **balanzario**
balancia f ⟨Bot⟩ And *Wassermelone* f ‖ *weiße Rosinentraube* f
¹**balancín** dim von **balanza** ‖ ⟨Tech⟩ *Kipphebel* m ‖ ⟨Tech⟩ *Schwungarm* m ‖ *Deichselquerholz* n ‖ *Prägestock* m *(Münze)*
²**balancín** m *Schaukelstuhl* m, *Gartenschaukel* f ‖ *Schaukelpferd* n ‖ *Balancierstange* f *(des Seiltänzers)* ‖ ⟨Mar⟩ *Ausleger* m
¹**balancines** mpl ⟨Mar⟩ *Baumgiek* n
²**balancines** mpl ⟨Ins⟩ *Schwingkölbchen* npl *(der Zweiflügler)*
balan|dra f ⟨Mar⟩ *Kutter* m ‖ **–drán** m *weiter Oberrock* m ‖ ◇ *sacudir el* ~ *a uno* ⟨fig⟩ *jdn durchprügeln* ‖ **–drista** m/f *Jollensegler(in* f) m ‖ **–dro** m ⟨Mar⟩ *Jolle* f
balanitis f ⟨Med⟩ *Balanitis, Eichelentzündung* f
bálano, bala|no m ⟨An⟩ *Eichel* f ‖ ⟨Zool⟩ *Seepocke, Meereichel* f (Balanus balanoides) ‖

–noglósidos mpl ⟨Zool⟩ *Balanoglossiden, Eichelwürmer* mpl (Helminthomorpha)
¹**balanza** f *Waage* f ‖ *Waagschale* f ‖ ⟨fig⟩ *Abwägung, Vergleichung* f ‖ ~ ⟨Astr⟩ *Waage* f ‖ Am *Balancierstange* f *(des Seiltänzers)* ‖ ~ *automática Schnellwaage* f ‖ ~ *de cuadrante,* ~ *de cruz Balkenwaage* f ‖ ~ *de ensayos* ⟨Chem⟩ *Probierwaage* f ‖ ~ *de muelle,* ~ *de resorte Federwaage* f ‖ ~ *para papel Papierwaage* f ‖ ~ *pediátrica Kinderwaage* f ‖ ~ *de precisión hermética* ⟨Flugw⟩ *Abdichtdruckwaage* f ‖ ~ *pública Stadtwaage* f ‖ ~ *romana Schnellwaage* f *mit Laufgewicht* ‖ ~ *de torsión Drehwaage* f ‖ ~ *veloz Schnellwaage* f ‖ ◆ *como la* ~ *en el fiel* ⟨fig⟩ *haarklein* ‖ ◇ *estar en* ~ ⟨fig⟩ *im Zweifel sein* ‖ *poner en* ~ ⟨fig⟩ *in Frage stellen* ‖ *überlegen, abwägen* ‖ *torcer la* ~ ⟨fig⟩ *e–e neue Lage schaffen* ‖ *den Ausschlag geben*
²**balanza** f *(Handels)Bilanz* f ‖ ~ *comercial Handelsbilanz* f ‖ ~ *de divisas Devisenbilanz* f ‖ ~ *de pagos Zahlungsbilanz* f
balan|zario m *Münzwäger* m ‖ **–zón** m augm von ¹**balanza** ‖ *Schmelztiegel* m
balaquear vi Am *angeben, großtun, großschnäuzig tun, prahlen*
balaquero m Am *Prahlhans, Aufschneider* m
balar vt/i *blöken* ‖ *meckern (Ziege)* ‖ *schmälen (Reh)* ‖ *röhren (Hirsch)* ‖ ◇ ~ *por algo* ⟨figf⟩ *nach et.* (dat) *lechzen* ‖ ⟨figf⟩ *nach et.* (dat) *schreien*
¹**balarrasa** m ⟨figf⟩ *Leichtfuß, Liederjan* m ‖ *Lebemann* m
²**balarrasa** m *starker Schnaps,* ⟨pop⟩ *Rachenputzer* m
balas|tar vt ⟨EB⟩ *beschottern* ‖ **–tera** f *Schottergrube* f ‖ *Schotterhaufen* m ‖ **–to, –te** m *Schotter, Kies* m ‖ ⟨EB⟩ *Schotterbett* n, *Bettung* f
balata f ⟨Bot⟩ *Balatabaum* m (Mimusops balata) ‖ *Balata* f
balate m *schmaler Abhang* m ‖ *Außenrand* m *e-s Bewässerungskanals*
balaustra|da f *Balustrade* f, *Säulengeländer* n ‖ *Brüstung, Brustlehne* f ‖ **–do** adj *mit e–m Säulengeländer umgeben* ‖ *durchbrochen*
ba|laustre, –laústre m *Geländersäule* f
balay(o) m Am ⟨Com⟩ *Binsenkorb* m
balazo m *Gewehr-, Flinten-, Kanonen|schuss* m ‖ *Schusswunde* f ‖ ◇ *cosido a* ~s *von Kugeln durchlöchert* ‖ *matar de un* ~ *erschießen* ‖ *matar de un solo* ~ *mit e–m Schuss töten* bzw *erlegen* ‖ *pegarse un* ~ *s. e–e Kugel durch den Kopf jagen* ‖ *ser un(o)* ~ Chi ⟨figf⟩ *sehr rührig* od *aktiv sein, s. tummeln*
balboa m [Währungseinheit] *Balboa* m (Abk = B/.)
balbu|cear vi → **–cir** ‖ **–cencia** f, **–ceo** m *Stammeln, Stottern* n ‖*Gestammel* n ‖ *Lallen* n ‖ **–ciente** adj *(m/f) stotterig* ‖ *lallend* ‖ **–cir** [c/z] vi [def, nur inf und part pres] *stammeln, stottern* ‖ *lallen,* [von Kindern] *babbeln*
balbusardo m ⟨V⟩ *Fischadler* m (→ auch **águila** *pescadora*)
Balcanes mpl ⟨Geogr⟩ *Balkanländer* npl, *Balkan* m ‖ **balcánico** adj *balkanisch, Balkan-* ‖ **balcani|zación** f ⟨Pol⟩ *Balkanisierung* f ‖ **–zar** [z/c] vt ⟨Pol⟩ *balkanisieren* ‖ ⟨fig⟩ *zerstückeln*
balcarrotas fpl Mex *langes Schläfenhaar* n *der Indianer* ‖ Col *Koteletten* npl, *Backenbart* m
bal|cón m *Balkon* m ‖ ⟨Arch⟩ *Erker* m ‖ ⟨Th⟩ *Balkonsitz* m ‖ ⟨fig⟩ *Aussichtspunkt* m ‖ Chi *Plattform* f *e–s Eisenbahnwagens* ‖ ⟨pop⟩ *Balkon* m *(Busen)* ‖ **–conaje** m *Balkonreihe* f ‖ *Balkonbau* m ‖ **–concillo** m dim von **–cón** ‖ ⟨Taur⟩ *Sitzplatz* m *oberhalb des Stierstalles*

balconear vi ⟨fam⟩ SAm *spähen* ‖ Guat *fensterln*
¹balda f *Schrank-* od *Wandschrank\brett* n
²balda f Ar Val *Türklopfer* m
baldado adj *müde, k.o., gliederlahm*
baldanza f: de ~ ⟨fam⟩ *müßiggängerisch*
balda\quín, -quino m *Thronhimmel, Baldachin* m ‖ *Altarhimmel* m
baldar vt *lähmen, gliederlahm machen* ‖ ⟨Kart⟩ *abtrumpfen* ‖ ⟨fig⟩ *(jdm) e–e große Unannehmlichkeit bereiten* ‖ ⟨fam⟩ *(jdn) rupfen* ‖ ◇ ~ a alg. a palos ⟨fam⟩ *jdn windelweich schlagen, jdn grün und blau schlagen* ‖ ~se vr *gliederlahm werden*
¹balde m *(Brunnen)Eimer* m ‖ ⟨Mar⟩ *lederner Wassereimer* m
²balde adv: de ~ *umsonst, unentgeltlich, kostenlos, gratis* ‖ en ~ *umsonst, vergeblich* ‖ estar de ~ *nichts zu tun haben, beschäftigungslos sein* ‖ *überflüssig sein* ‖ Col *arbeitslos sein* ‖ ¡no de ~! MAm *ach so!, ja, ja!*
baldear vt ⟨Mar⟩ *(das Deck) waschen*
¹baldeo m ⟨Mar⟩ *Reinschiff* n
²baldeo m *Säbel* m
baldés m *feines Schafleder* n ‖ *Handschuhleder* n
baldío adj *unangebaut, öd(e), brach(liegend)* ‖ ⟨fig⟩ *eitel, leer* ‖ *zwecklos* ‖ *dem Müßiggang ergeben* ‖ *haltlos* ‖ adv: ~amente ‖ ~ m *Ödland* n ‖ *Brachfeld* n ‖ *Gemeindeanger* m ‖ ⟨fig⟩ *Vagabund, Landstreicher* m
¹baldo adj Col *gliederlahm*
²baldo m/adj ⟨Kart⟩ *Fehlkarte* f
baldón m *Schimpf* m, *Schande* f ‖ *Schandfleck* m ‖ *Beschimpfung, Schmährede* f ‖ el ~ de la familia *das schwarze Schaf (der Familie)*
baldon(e)ar vt *öffentlich beschimpfen, schmähen*
baldorro m Ar *Türklopfer* m
baldo\sa f *(Boden)Fliese* f ‖ *Gehwegplatte* f ‖ ~ plástica *Kunststofffliese* f ‖ –sado m Am *Fliesenboden* m ‖ –sar vt *mit Fliesen belegen* ‖ –sín m, –silla f dim von –sa: *kleine Bodenfliese* f ‖ *Wandfliese* f ‖ *Fliese* f ‖ *Kachel* f
baldrag(az)as m ⟨fam⟩ *schwacher, feiger Mensch* m ‖ ⟨fam⟩ *Schwächling, Feigling* m ‖ ⟨fam⟩ *gutmütiger Tropf* m
baldraque m ⟨fam⟩ *wertlose Sache* f
baldrufa f *kleiner Kreisel* f *(Spielzeug)*
¹balduque m *Aktenschnur* f
²balduque m Col *Gürtelmesser* n
baleadoras fpl Am → **boleadoras**
¹balear adj *(m/f) balearisch, von den Balearen* ‖ ~ m *Baleare* m ‖ *die balearische Mundart (des Katalanischen), das Balearische* n
²balear vt Am *(auf jdn bzw et.) schießen* ‖ *(jdn) anschießen* ‖ MAm SAm *erschießen* ‖ Chi ⟨Mil pop⟩ *beschießen, plänkeln (mit)* ‖ ~se s. *bewerfen (z.B. mit Schneebällen)*
Baleares [Provinz und autonome Region in Spanien]: las ~ *die Balearen*
ba\lénidos mpl ⟨Zool⟩ *Glattwale* mpl (Balenidae) ‖ –lenoptéridos mpl *Furchenwale* mpl (Balenopteridae)
¹baleo m *kleiner Teppich* m ‖ *Espartomatte* f *als Feuerfächer* ‖ Sal *Besengras* n
²baleo m Am *Geplänkel* n, *Schießerei* f
bale\ría f, –río m ⟨Mil⟩ *Kugel-, Geschoss\vorrat* m
¹balero m *Kugelzange* f ‖ *Kugelgießform* f
²balero m Am ⟨reg⟩ → **¹boliche**
³balero m Arg ⟨pop⟩ *Schädel* m
bali adj Marr *alt(ertümlich)*
△ **baliche** m *Schwein* n
balido m *Geblök(e), Blöken* n *(Schaf)* ‖

Meckern n *(Ziege)* ‖ *Schmälen* n *(Reh)* ‖ *Röhren* n *(Hirsch)*
balín m dim von **bala** ‖ *Flintenschrot* m *(& n)* ‖ *Posten* m ‖ *kleinkalibriges Geschoss* n
balista f ⟨Hist⟩ *Wurfmaschine* f
balísti\ca f *Ballistik* f ‖ –co adj *ballistisch*
bali\tadera f ⟨Jgd⟩ *Fiepe* f ‖ –t(e)ar vi *oft blöken* od *meckern* od *schmälen* od *röhren* (→ **balar**)
bali\za f ⟨Mar Flugw⟩ *Bake, Boje* f ‖ *Leuchtfeuer* n ‖ ~ de amaraje *Ansegelungstonne* f ‖ ~ de delimitación *Grenzbake* f ‖ ~ fondeada *Seemarke* f ‖ ~ luminosa *Leuchtbake* f ‖ ~ de recalada *Ansegelungstonne* f ‖ ~s fpl: ~ de aeródromo *Flugplatzzeichen* npl ‖ ~ de obstrucción *Hindernisfeuer* npl ‖ ~ aéreo ⟨Flugw⟩ *schwimmendes Seezeichen* n ‖ –zaje m ⟨Mar⟩ a) *Hafengebühr* f b) *Betonnung* f ‖ –zamiento m: ~ luminoso de la línea *(od de la ruta)* ⟨Flugw⟩ *Befeuerung der Flugstrecke, Streckenbeleuchtung* f ‖ ⟨StV⟩ *Lichtanlage* f *(bei Bauarbeiten)* ‖ –zar [z/c] vt ⟨Mar Flugw⟩ *Bojen* od *Baken auslegen, be\tonnen, -taken*
balle\na f ⟨Zool⟩ *Wal* m ‖ *Fischbein* n ‖ *Korsettstange* f ‖ ⟨figf⟩ *Dickwanst* m ‖ ⟨pop⟩ *Tonne* f *(Frau)* ‖ ~ azul ⟨Zool⟩ *Blauwal* m (Balaenoptera musculus) ‖ ~ enana *Zwergglattwal* m (Neobalaena marginata) ‖ ~ de Groenlandia *Grönland-, Nord\wal* m (Balaenida mysticetus) ‖ ~ vasca *Südkaper* m (Eubalaena glacialis) ‖ –nato m ⟨Zool⟩ *Jungwal* m ‖ –nera f *Wal(fang)boot* n ‖ –nero adj *Wal-, Walfang-* ‖ *Wal(fisch)fänger* m ‖ *Walfangschiff* n
¹ballesta f *Armbrust* f ⟨Hist⟩ *Wurfmaschine* f ♦ a tiro de ~ *weit vom Schuss, in ziemlich großer Entfernung* ‖ ⟨Tech⟩ *Blattfeder* f
²ballesta f *Vogelfalle* f
balles\tada f, –tazo m *Armbrustschuss* m ‖ –tear vt *mit der Armbrust verwunden* ‖ *mit der Armbrust schießen auf* (acc)
balles\tero m *Armbrust-, Bogen\schütze* m ‖ –tilla f dim von –ta ‖ *Wurfangel* f ‖ ⟨Art⟩ *Fischgerät* n ‖ ⟨Astr⟩ *Jakobsstab* m ‖ ♦ de *(od a la)* ~ ⟨Taur⟩ *mit e–m raschen Degenstich (den Stier töten)*
ballet [pl ballets] m *Ballett* n ‖ ~ acuático *Wasserballett* n
ballico m ⟨Bot⟩ *Rai-, Ray\gras* n (Lolium perenne) ‖ ~ italiano *Italienisches Raygras* n (L. multiflorum)
ballueca f ⟨Bot⟩ *Windhafer* m (Avena fatua) (→ **avena**)
balne\ario adj *Bade-, Kur-* ‖ ~ m *Bade-, Kur\ort* m ‖ *Bade-, Kur\haus* n ‖ Arg ⟨pop⟩ *Badeanstalt* f ‖ ~ climatológico *Luftkurort* m ‖ –ología f *Balneologie, Bäderkunde* f
balneoterapia f *Balneotherapie, Heilbadbehandlung* f
balom\pédico adj [veraltet] ⟨Sp⟩ *Fußball-* ‖ –pié [veraltet] m *Fußball(spiel* n) m
balón m augm von **²bala** *großer (Waren)Ballen* m ‖ *Luftball* m ‖ *Spielball* m ‖ *Ballspiel* n ‖ *kugelförmige Flasche* f *mit langem Hals* ‖ *Gasbehälter, Ballon* m ‖ ~ de destilación *Destillierkolben* m ‖ ~ fuera de banda ⟨Sp⟩ *Ausball* m ‖ ~ de fútbol *Fußball* m ‖ ~ de papel *Papierballen* m *von 24 Ries*
balonar vt ⟨Med⟩ *ballotieren*
balon\cestista m/f ⟨Sp⟩ *Basketball-, Korbball\spieler(in* f) m ‖ –cesto m ⟨Sp⟩ *Basket-, Korb\ball* m ‖ –et m ⟨Flugw⟩ *Ballonett* n ‖ –manista m ⟨Sp⟩ *Handballspieler(in* f) m ‖ –mano m ⟨Sp⟩ *Handball(spiel* n) m ‖ –volea m ⟨Sp⟩ *Volleyball* m

balo|ta *f Kugel f (zum Abstimmen)* ‖ **–tada** *f* [Reitkunst] *Ballotade* f ‖ **–taje** *m* Am *Ballotage, Kugelung, Abstimmung* f *mit Kugeln* ‖ **–tar** vi *ballotieren, mit Kugeln abstimmen*

¹balsa *f Floß* n ‖ *Fähre* f ‖ ~ flotante *Floßsack* m ‖ ~ de salvamento *Rettungsfloß* n ‖ ~ volante *Pendelfähre* f

²balsa *f Wasserpfütze* f, *Tümpel* m ‖ *Wasserbecken* n *(für Bewässerung)* ‖ *Öltresersumpf* m ‖ ◇ estar como una ~ de aceite ⟨figf⟩ *ganz still, ruhig sein* ‖ ser una ~ de aceite ⟨fig⟩ *e–e Friedensinsel sein*

³balsa *f* SAm ⟨Bot⟩ *Balsabaum* m (Ochroma lagopus)

⁴balsa *f* Am *törichter Einfall* m

balsadera *f Floßfähre* f ‖ *Floß|platz* m, *-lände* f

balsa|mar vt *(ein)balsamieren* ‖ **–mera** *f Balsambüchse* f ‖ **–mero** *m Balsambaum* m

balsámico adj *balsamisch* ‖ *Balsam-*

balsa|mina *f* ⟨Bot⟩ *Balsamine* f, *Springkraut* n (Impatiens balsamina) ‖ *Balsam|apfel* m, *-gurke* f (Momordica balsamina) ‖ **–mita** *f* ⟨Bot⟩ → **jaramago**

bálsamo *m Balsam* m, *Harzsalbe* f ‖ ⟨fig⟩ *Linderung* f, *Trost* m ‖ ⟨fig⟩ *Balsam* m, *Heilung* f ‖ ~ del Canadá *Kanadabalsam* m ‖ ~ de copaiba *Kopaivabalsam* m ‖ ~ de Perú *Perubalsam* m ‖ ~ de Tolú *(kolumbianischer) Tolubalsam* m ‖ ~ vulnerario *Wundbalsam* m ‖ ◇ es un ~ ⟨fig⟩ *es ist ein wahrer Nektar (von Weinen)*

balse|ar vt *(e–n Strom) auf e–m Floß überschreiten* ‖ ~ vi Col *obenauf schwimmen* ‖ **–ro** *m Flößer* m ‖ *Fährmann* m ‖ *Floßflüchtling* m ‖ **–te** *m* Ar *kleine Pfütze* f

balso *m* ⟨Mar⟩ *Hisstau* n ‖ Col *leichtes Holz* n

balsón *m* Mex *Lagune* f

balsopeto *m* ⟨fam⟩ *Quersack* m, *den man auf der Brust trägt*

bal|soso, –sudo adj Ec *schwammig, weich*

báltico adj *baltisch, Ostsee-* ‖ ~ *m Ostsee* f

baluarte *m Bollwerk* n, *Bastei, Bastion* f (& fig) ‖ ⟨fig⟩ *Schutzwehr* f

baluma *f* ⟨Mar⟩ *Segeltiefe* f

balum|ba *f* ⟨fam⟩ *Kram* m ‖ Ar *Unordnung* f, *Wirrwarr* m ‖ Am *Durcheinander* n ‖ **–bo** *m sperriger Gegenstand* m

balurdo *m* Arg *Schwindelpaket* n

baluquero *m* Am *Falschmünzer* m

¹bamba *f Glücksstoß* m *beim Billard* ‖ *Zufallstreffer* m ‖ ♦ ni en ~ *unter k–n Umständen*

²bamba *f* ⟨Kochk⟩ *Windbeutel* m

³bamba *f* Cu *ein Tanz* m

⁴bamba *f* And *Schaukel* f

⁵bamba *f* MAm *Silbermünze* f *(1 Peso bzw Ven ¹/₂ Peso)*

bambalear(se) vi/r *schwanken, s. hin und her bewegen* ‖ ⟨fig⟩ *wackeln, wanken*

bamba|lina *f* ⟨Th⟩ *Soffite, Bühnendecke* f ‖ **–linón** *m* ⟨Th⟩ *Soffitengardine* f

bambalúa *m* Am ⟨fig⟩ *fauler Flegel* m

¹bambarria *m*/adj ⟨fam⟩ *Einfaltspinsel* m

²bamba|rria *f, –zo m* ⟨fam⟩ *Fuchs* m *(beim Billardspiel)*

bambino *m* Chi RPl ⟨it⟩ → **niño**

bambión *m* Sal *Stoß* m

bambita *f* Guat *Münze* f = (¹/₂ *real*)

bamboa *f* Guat Pan ⟨Bot⟩ → **bambú**

bambo|chada *f* ⟨Mal⟩ *groteskes Gemälde* n ‖ **–che** *m* ⟨fam⟩ *kleiner Dickwanst* m

bambolada *f* Murc *Bö(e)* f, *plötzlicher Windstoß* m

bambo|lear vi *schaukeln, schwingen, schlenkern* ‖ *baumeln* ‖ **~se** *schwanken,*

schaukeln ‖ ⟨fig⟩ *wackeln, wanken* ‖ **–leo** *m Schwanken, Schaukeln* n ‖ *Wackeln* n

bambo|lla *f Prunk, Pomp* m ‖ *Prunksucht* f ‖ Col Mex Pe PR *Aufschneiderei, Prahlerei* f ‖ ◇ echarla de ~ ⟨fig⟩ *protzig tun* ‖ **–llero** adj ⟨fam⟩ *prunksüchtig, protzig*

bambú [*pl* ~**úes**] *m* ⟨Bot⟩ *Bambus* m, *Bambus|rohr, -schilf* n, *-stock* m (Bambusa arundinacea)

bambuco *m* Col ⟨Art⟩ *Volkstanz* m

bambudal *m* Ec *Bambushain* m

bambuquear vi Col *Bambuco tanzen*

bamburé *m* ⟨Zool⟩ *Riesenkröte* f

bamburrete adj Ven *dumm, blöd(e)*

bambusáceas *fpl Bambusarten* fpl

ban *m* ⟨Hist⟩ *Ban m (Kroatien)*

ba|nal adj *(m/f) alltäglich, platt, gewöhnlich, abgedroschen, banal* ‖ **–nalidad** *f Alltäglichkeit, Banalität* f

bana|na *f Banane* f (→ ²**plátano**) ‖ ⟨El⟩ *Bananenstecker* m ‖ **–nal, –nar** *m* CR Guat Am ⟨reg⟩ *Bananenplantage* f ‖ **–nero** adj *Bananen-* ‖ *Bananenstaude* f ‖ *Bananenschiff* n

¹banano adj Col *lästig, nervtötend*

²banano *m Bananenstaude* f

banas|ta *f großer, länglicher Korb* m ‖ *Tragkorb* m ‖ **–tada** *f ein Korbvoll* m

¹banastero *m Korbflechter* m

△ **²banastero** *m Kerkermeister* m

banastilla *f* dim von **banasta** ‖ *Geschenkkorb* m

¹banasto *m runder Korb* m

△ **²banasto** *m Knast* m

Banato *m* ⟨Geogr⟩ *Banat* m

banausía *f* ⟨fam⟩ *Alltäglichkeit* f

¹banca *f Schemel, Tritt* m ‖ *(Holz)Bank* f *(ohne Rückenlehne)* ‖ Am *Sitzbank* f ‖ *Verkaufstisch* m *(auf dem Markt)* ‖ *(Obst- und Gemüse)Stand* m ‖ *Waschbank* f ‖ *Krämertisch* m

²banca *f Diskont-, Wechsel|bank* f ‖ *Bankwelt* f ‖ *Banking* f ‖ Am *Spielbank* f ‖ ⟨Kart⟩ *Bank* f *(Roulette, Kartenspiel usw.)* ‖ ◇ hacer saltar la ~ *die Bank sprengen* ‖ tener ~ Arg ⟨figf⟩ *Einfluss haben*

³banca *f* Ec Fisch *zug* m, *-bank* f

⁴banca *f* Fil *(Art) Kanu* m

⁵banca *f:* ~ de hielo *Eisberg* m

bancable adj *(m/f) bankfähig*

¹bancada *f* ⟨Mar⟩ *Ruderbank* f

²bancada *f* ⟨Bgb⟩ *Schacht-, Abbau|stufe* f ‖ ⟨Arch⟩ *(Stück) Mauerwerk* n

³bancada *f* ⟨Tech⟩ *Maschinenbett, Gestell* n, *(Grund)Platte, Basis* f ‖ ~ de torno *Drehmaschinenbett* n

bancal *m Terrassenbeet, (Garten)Beet* n ‖ *Sandlage* f

banca|rio adj *bankmäßig* ‖ *Bank-* ‖ **–rrota** *f* [nicht fachspr.] *Bankrott* m, ⟨fam⟩ *Pleite* f (& fig) ‖ ⟨fig⟩ *Zusammenbruch* m ‖ ⟨fig⟩ *Verlust* m *des Ansehens* ‖ ~ fraudulenta *betrügerischer Bankrott* m ‖ ◇ hacer ~, declararse en ~ *Konkurs machen*, ⟨fam⟩ *bankrott werden, Pleite machen* ‖ **–rrotero** *m*, **–rrotista** *m*/*f Bankrotteur(in* f) m

¹banco *m* Bank, *Sitzbank* f ‖ *Querbank* m ‖ ⟨Mar⟩ *Ruderbank* f ‖ ⟨Pol⟩ *Sitz* m, *(Sitz)Bank* f ‖ ~ de los acusados ⟨Jur⟩ *Bank* f *der Angeklagten, Anklagebank* f ‖ ~ azul Span, ~ del gobierno *Ministerbank* f ‖ ♦ de pata *(od de pie)* de ~ ⟨figf⟩ *unsinnig, absurd, verrückt, hirnrissig* ‖ ◇ herrar o quitar el ~ *s. so oder so entscheiden* ‖ **~s** *mpl Stangen* fpl *am Pferdegebiss*

²banco *m Werk|bank* f, *-tisch* m, *Arbeitsbank* f ‖ ~ de ajustador *Schlosserbank* f ‖ ~ de estirar *Ziehmaschine* f ‖ ~ de ensayo, ~ de prueba(s) *Prüf-, Versuchs|stand* m ‖ ~ de torno

Drehmaschinenbett n ‖ ~ de trefilar *Drahtziehmaschine* f
³banco m **a)** *Bank* f, *Bank\haus, -geschäft* n ‖ *Bankgebäude* n ‖ ~ agrícola *Landwirtschafts-, Agrar\bank* f ‖ ~ central *Zentralbank* f ‖ ~ Central Europeo *Europäische Zentralbank* f ‖ ~ comercial *Handelsbank* f ‖ ~ de crédito *Kreditbank* f ‖ ~ depositario *Depositenbank* f ‖ ~ de descuento *Diskontbank* f ‖ ~ directo *Direktbank* f ‖ ~ de emisión *Noten-, Zentral\bank* f ‖ ~ de España *Spanische Staatsbank* f ‖ ~ federal *Bundesbank* f ‖ ~ de giros *Girozentrale* f ‖ ~ hipotecario *Hypothekenbank* f ‖ ~ industrial *Industrie-, Gewerbe\bank* f ‖ ~ inmobiliario *Bodenkreditbank* f ‖ ~ Internacional de Pagos *Bank* f *für Internationalen Zahlungsausgleich* ‖ ~ Internacional de Reconstrucción y Fomento *Internationale Bank* f *für Wiederaufbau und Wirtschaftsförderung* ‖ ~ Mundial *Weltbank* f ‖ ~ nacional *National-, Staats\bank* f ‖ ~ de préstamo *Darlehens-, Leih\bank* f ‖ *Pfandhaus* n ‖ ~ de transferencias *Girozentrale* f ‖ ~ vitalicio *Rentenbank* f ‖ ◇ tener dinero en el ~ *Geld auf der Bank haben*
⁴banco m *Bank* f *(Aufbewahrungs- und Abgabe\einrichtung)* ‖ ~ de datos ⟨Inform⟩ *Datenbank* f ‖ ~ de esperma *Samenbank* f ‖ ~ genético od de genes *Genbank* f ‖ ~ de huesos *Knochenbank* f ‖ ~ de ojos *Augenbank* f ‖ ~ de sangre *Blutbank* f ‖ ~ de semen → ~ de esperma ‖ ~ terminológico *Terminologiebank* f ‖ ~ de datos *Datenbank* f
⁵banco m ⟨Geol⟩ *Bank* f, *Lager* n, *Schicht* f ‖ *Stein\lager* n, *-schicht* f ⟨Bgb⟩ *Flöz* n ‖ ⟨Arch⟩ unterer *Mauervorsprung* m ‖ ⟨Mar⟩ *Sandbank, Untiefe* f ‖ *Senklot* n ‖ *Schwarm* m *(Fische), Fisch\bank* f, *-zug* m ‖ ~ de hielo *Eisbank* f ‖ *Packeis* n ‖ ~ de ostras *Austernbank* f
⁶banco m ⟨Zool⟩ ⟨Art⟩ *Raupenschmarotzer* m △ **⁷banco** m *Knast* m
bancocracia f *dominierender Einfluss* m *der Banken*
¹banda f *Schärpe, Binde* f ‖ *Band* n ‖ *Streifen* m ‖ *Gurt* m ‖ *Ordensband* n ‖ ⟨Mil⟩ *Feldbinde* f ‖ Am ⟨Taur⟩ *Schärpe* f ‖ ⟨Kath⟩ *Amikt* m, *Humerale, Schultertuch* n ‖ ~ presidencial Am *Präsidentenschärpe* f *(Amtsabzeichen e–s Staatspräsidenten)*
²banda f *Streifen* m ‖ ⟨Fot⟩ *Streifen* m *am Bild* ‖ ⟨Radio⟩ *Band* n ‖ *Welle* f ‖ *Bande* f *(Billard)* ‖ ⟨StV⟩ *Fahrspur* f ‖ ~ de absorción ⟨Opt⟩ *Absorptionsband* n ‖ ~ ciudadana ⟨Radio⟩ *CB-Funk* m ‖ ~ de frecuencia(s) ⟨Radio⟩ *Frequenz\bereich* m, *-band* n ‖ ~ de imágenes ⟨Film⟩ *Bildfläche* f ‖ ~ de ondas cortas (medias, largas) ⟨Radio⟩ *Kurzwellen (Mittelwellen-, Langwellen)bereich* m ‖ ~ de rodadura, ~ de rodamiento ⟨Auto⟩ *Lauffläche* f *des Reifens* ‖ ~ sonora ⟨Film⟩ *Tonstreifen* m
³banda f *Bande* f ‖ *Trupp* m, *Schar* f ‖ [Verbrecher] *Gang* f ‖ *Partei* f ‖ *Schwarm* od *Zug* od *Flug* m *(Vögel)*
⁴banda f ⟨Mus⟩ *Kapelle* f ‖ ~ de baile *Tanzkapelle* f ‖ ~ militar *Militärkapelle* f ‖ ~ municipal *städtische Musikkapelle* f
⁵banda f *Seite* f *(& e–s Flusses od Schiffes)* ‖ ◆ de la ~ de acá *diesseits des Flusses* ‖ ◇ caer en ~ *krängen* ‖ dar la ~ *krängen* ‖ *Schlagseite haben* ‖ dar a la ~ *kielholen*
⁶banda f: de ~ ⟨fam⟩ *ganz, auf einmal* ‖ de ~ a ~ *durch und durch* ‖ ◇ cerrarse a la ~ s. *hartnäckig weigern,* ⟨fam⟩ *stur auf s–r Meinung beharren, s. (gegen et.) sperren*
bandas fpl **a)** ~ de dibujo *Comic strips* pl ‖ **b)** ~ de protección ⟨StV⟩ *Leitplanken* fpl

bandada f *Zug, Schwarm* m *Vögel*
bandaje m *Bandage* f ‖ ⟨Auto⟩ *Bereifung* f ‖ ~ macizo *Vollgummibereifung* f ‖ ~ neumático *Luftbereifung* f ‖ ~s gemelos *Zwillingsreifen* mpl
bandala f ⟨Text⟩ *Bandala* f
bandalla f Arg *Verbrecher, Missetäter, Gauner* m ‖ *Bösewicht* m
bandazo m ⟨Mar⟩ *Überholen* n ‖ *Krängung* f
¹bandeado adj *gestreift*
²bandeado adj Am *schwer verwundet*
¹bandear vt/i *schaukeln* ‖ *schwingen (ein Seil)* ‖ *e–n Fluss durchqueren*
²bandear vi Am And *(durch)bohren*
³bandear vi s. *durchs Leben schlagen* ‖ *ein Lebenskünstler sein* ‖ s. *Leben fristen*
⁴bandear MAm *verfolgen* ‖ Am *schwer verwunden*
bandearse vr *lavieren* ‖ s. *durchschlängeln*
¹bandeja f *Tablett* n ‖ *herausnehmbare Einlage* f, *Einlegefach* n *(im Koffer)* ‖ *Steige, Horde* f *(Obst, Gemüse)* ‖ ⟨Tech⟩ *(Auffang)Schale* f ‖ ⟨Auto⟩ *Ölwanne* f ‖ Mex *Waschschüssel* f ‖ *Ablegekorb* m *(im Büro)* ‖ ~ de horno *Backblech* n ‖ ◇ servir en ~ *fix und fertig übergeben* ‖ servir en ~ de plata *alle Wege zur Erreichung e–s Zieles ebnen*
²bandeja f Chi *Mittelstreifen* m *(e–r Straße)*
bandeleta f: ~ de propaganda ⟨Postw⟩ *Werbestempel* m
bandeo m ⟨Jgd⟩ *Weidwundschuss* m
bandera f *Fahne* f, *Banner* n ‖ *Flagge* f ‖ ⟨lit⟩ *Banner, Panier* n *(& fig)* ‖ ⟨Mil⟩ *Trupp* m, *Truppenabteilung* f ‖ ⟨Hist⟩ *Fähnlein* n *(& fig)* ‖ Span *taktische Einheit* f *der Afrika-Legion* ‖ ~ amarilla *gelbe Flagge* f ‖ [am Strand] *gefährlich* ‖ ~ blanca *weiße Fahne* f *(& fig)* ‖ ⟨fig⟩ *Schlichtung* f *(einer Zwistigkeit)* ‖ ~ de combate ⟨Mar⟩ *Kriegsflagge* f ‖ ~ de la compañía de navegación ⟨Mar⟩ *Reedereiflagge* f ‖ ~ de la cruz gamada *Hakenkreuzfahne* f ‖ ~ de la Cruz Roja *Rotkreuzflagge* f ‖ ~ estrellada *Sternenbanner* n ‖ ~ de la hoz y el martillo *Fahne* f *mit Hammer und Sichel* ‖ ~ nacional *Nationalfahne* f ‖ ~ negra *Piraten-, Freibeuter\flagge* f ‖ ⟨fig⟩ *Feindschaft* f ‖ ~ de parlamento *Parlamentärflagge, weiße Flagge* f ‖ ~ presidencial *Präsidentenflagge* f ‖ ~ roja *rote Fahne* f ‖ *Pulver-, Sprengstoff\flagge* f ‖ *rote Flagge* f ‖ [am Strand] *Baden verboten!* ‖ ~ roja y gualda, ~ rojigualda *Rot-Gelb-Rot-Fahne* f *(span. Nationalfahne)* ‖ ~ de señales *Signalflagge* f ‖ ~ del sol naciente *Sonnenbanner* n *(Japan)* ‖ ~ de la svástica → ~ de la cruz gamada ‖ ~ tricolor *Trikolore* f ‖ *grüne Flagge* ‖ ~ verde [am Strand] *gefahrlos* ‖ ◇ arbolar la ~ *die Fahne hissen* ‖ arriar la ~ *die Fahne einholen* ‖ batir la ~ *izar la ~ die Fahne hissen* ‖ llevarse la ~ ⟨fig⟩ *den Sieg davontragen, den Sieg an s–e Fahnen heften* ‖ poner la ~ *den Richtkranz setzen (auf e–m Neubau)* ‖ rendir la ~ ⟨Mar⟩ *die Flagge dippen (zum Gruß)* ‖ ◆ a ~s desplegadas *mit fliegenden Fahnen* ‖ ⟨fig⟩ *mit Ehren und Erfolg* ‖ ⟨Mil⟩ *mit allen Ehren (salir abziehen)* ‖ bajo ~ *falsa unter falscher Flagge* ‖ de ~ ⟨fam⟩ *prima, toll, super, dufte*
bandería f *Partei* f ‖ *Parteilichkeit* f ‖ *Clique* f
¹banderilla f ⟨Taur⟩ *Banderilla* f *(kleiner, im Stierkampf verwendeter Spieß)* ‖ ⟨Typ⟩ *Anhängestück* n ‖ Mex *Prellerei* f ‖ ~ de fuego ⟨Taur⟩ *Banderilla* f *mit Schwärmern* ‖ ◇ clavar od poner a uno una ~ ⟨figf⟩ *jdm gegenüber e–e heftige Bemerkung machen* ‖ *jdm e–n bösen Streich spielen,* ⟨fam⟩ *jdm eins auswischen*
²banderilla f ⟨Bot⟩ *Prächtiger Salbei* m *(Salvia splendens)*

banderi|llazo m Col Mex Pe ⟨fam⟩ *Pump* m ‖
Schwindel, Betrug m ‖ **–llear** vt/i *den Stier mit
Banderillas reizen od treffen* ‖ **–llero** m ⟨Taur⟩
Banderillero m
bande|rín dim von **bandera** ‖ ⟨Mil⟩
Feldzeichen n ‖ *Feldzeichenträger* m ‖
Signalflagge f ‖ *Wimpel* m ‖ ⟨Mil⟩ *Hilfsausbilder*
m ‖ ⟨Auto⟩ *Stander* m ‖ ~ *de córner* ⟨Sp⟩
Eckfahne f ‖ ~ *(de enganche)* ⟨Mil⟩ *Werbestelle
für Rekruten, Rekrutenwerbestelle* f ‖ **–rita** f
(Signal)Flagge f ‖ **–rizo** adj *parteigängerisch* ‖
wild, aufgeregt ‖ ~ m *Parteigänger* m ‖ *Anhänger*
m
¹banderola f *(Lanzen)Fähnchen* n ‖ ⟨Mar⟩
Wimpel m ‖ ⟨Top⟩ *Absteckfähnchen* n
²banderola f Arg *Oberlicht* n *über Türen od
Fenstern*
bandi|daje m *Rowdytum* n ‖ *Banditen|tum,
-unwesen* n ‖ **–do** m *Rowdy* m ‖ *Bandit,
(Straßen)Räuber* m ‖ *Wegelagerer* m ‖ ⟨Jur⟩
flüchtiger Angeklagter m
¹bando m *öffentliche Bekanntmachung* f ‖
feierliche Ausrufung f ‖ *Erlass* m ‖ *Verbannung* f,
Bann m ‖ ~ *del ayuntamiento,* ~ *de la alcaldía
öffentlich verkündigte Anordnung* f *e–r
Gemeinde- od Stadt|verwaltung* ‖ ◇ *echar (un)* ~
e–n Befehl öffentlich bekannt machen bzw
ausrufen
²bando m *Partei* f ‖ *Parteilichkeit* f ‖ *Bande* f ‖
◇ *ser del otro* ~ *von der anderen Partei* od *dem
anderen Ufer sein (homosexuell)*
³bando m *Fischzug* m ‖ *Schwarm* m *(Fische,
Vögel)* ‖ ~ *de perdices* ⟨Jgd⟩ *Volk* n, *Kette* f
Rebhühner
¹bandola f Pe ⟨Taur⟩ *Muleta* f *des
Stierkämpfers*
²bandola f Ven *kurzgriffige Knotenpeitsche* f
bandolas pl ⟨Mar⟩ *Notmasten* mpl
¹bandolera f *Bandelier, Schultergehänge* n ‖
⟨Mil⟩ *Schulter-, Brust|riemen* m ‖ *Pistolenhalfter*
n ‖ ◇ *colgado en* ~ *quer umgehängt*
²bandole|ra f *Räuberbraut* f ‖ **–rear** vi Cu Pe
PR *sein Räuberunwesen treiben*
bandole|rismo m *Räuber-, Banditen|(un)wesen*
n ‖ **–ro** m *(Straßen)Räuber, Bandit* m ‖
Wegelagerer m ‖ ⟨fig⟩ *elender Mensch* m
bandolín m ⟨Mus⟩ *(Art) Mandoline* f
¹bandolina f ⟨Mus⟩ *Mandoline* f
²bandolina f *Haarfestiger* m
bando|lón m ⟨Mus⟩ *Bassmandoline* f ‖ **–neón**
m *Bandoneon* m ‖ **–neonista** m/f
Bandoneonspieler(in f) m
bandu|jo m *dicke, grobe Wurst* f ‖ **–llo** m
⟨fam⟩ *Wanst* m ‖ *Ge|schlinge, -kröse* n ‖ ⟨fam⟩
Bauch m
bandu|rria f ⟨Mus⟩ *Bandurria, (12saitige)
spanische Gitarre* f ‖ **–rrista** m/f
Bandurriaspieler(in f) m
bandylita f ⟨Min⟩ *Bandylith* m
bang m (supersónico) *(Überschall)Knall* m
banga f *Brotpalme* f
Bangladesh m ⟨Geogr⟩ *Bangladesch* n
banglo m *Färbekraut* n
banjo m Am ⟨Mus⟩ *Banjo* n, *Negergitarre* f
bánova f Ar *Bettdecke* f
banquero m *Bankier* m ‖ *Wechsler* m ‖
Bankhalter m *beim Spiel*
¹banqueta f *(Fuß)Schemel* m ‖
Schusterschemel m ‖ *Fußbänkchen* n ‖ *Bank* f
ohne Rückenlehne ‖ *Kutschbock* m
²banqueta f *Bankett* n *(Straßenbau)* ‖ *Kamm* m
(Stausee) ‖ Guat Mex *Bürgersteig* m
banque|te m dim von **¹banco** ‖ *Bankett,
Fest|essen, -mahl* n ‖ ~ *de bodas Hochzeitsmahl*
n ‖ ~ *de despedida Abschiedsessen* n ‖ ~ *funeral*

Leichen-, Toten|mahl n ‖ ~ *de gala Fest|essen* n,
-tafel f, *Galadiner* n ‖ ◇ *dar od ofrecer un* ~ *ein
Bankett veranstalten* ‖ **–teado** adj Ec *frech,
unverschämt* ‖ **–tear** vi *schmausen, festlich tafeln,*
⟨fam⟩ *schlemmen*
banquetín m dim von **¹banco** bzw von
¹banqueta ‖ ~ *de tijera Klappstuhl* m
banquillo m dim von **¹banco** ‖ *Bänkchen* n,
Fußschemel m ‖ ⟨Sp⟩ *Ersatzbank* f ‖ ⟨Jur⟩
Anklagebank f ‖ Ec ⟨pop⟩ *Schaffott* n ‖ ~ *de los
acusados Anklagebank* f
banquisa f *Eis|bank* f bzw *-feld* n
bantú [pl ~**úes**] adj *bantuisch* ‖ ~ m
Bantu(neger) m ‖ *die Bantusprache* f, *das Bantu*
n
banzo m *Holm* m *(Leiter usw.)* ‖ *Tragstange* f
(der Sänfte) Spannholz n *(Stickrahmen)*
banzón m *Glaskugel* f *(zum Spielen)*
baña f *Suhle, Suhllache* f
baña|dera f Arg *Badewanne* f ‖ **–dero** m *Suhle*
f ‖ **–do** ~ adj *gebadet* ‖ ~ *en sudor
schweißgebadet* ‖ ◆ *con los ojos* ~s *en lágrimas
mit tränenüberströmten Augen* ‖ ~ m Am
Sumpfgebiet n ‖ **–dor** m **a)** *Bade|hose* f bzw
-anzug m ‖ **b)** *Bad, Spülgefäß* n ‖ **c)** *Bademeister*
m ‖ Ec *Badegast* m ‖ **–dora** f *Badefrau* f
bañar vt *(aus)baden* ‖ *in eine Flüssigkeit
tauchen* ‖ *be-, ab|spülen* ‖ *schwemmen,
überziehen, glasieren (de, en mit) (Backwerk
usw.) be|streichen, -schmieren* ‖ *tränken (con, de
mit)* ‖ *be|feuchten, -netzen* ‖ *bescheinen (Sonne)* ‖
bespülen (Ufer usw.) ‖ ⟨Fot⟩ *wässern (Platten)* ‖
⟨fig⟩ *über|füllen, -fluten* ‖ **~se** vr *(s.) baden* ‖ *e–e
Bäderkur machen* ‖ Cu *ein Glücksbind sein* ‖ ~
en agua de rosas ⟨fig⟩ *in Wonne schwimmen* ‖
¡*anda a bañarte! hau ab! mach, dass du
wegkommst!*
bañe|ra f *Badewanne* f ‖ *Badenäpfchen* n *(für
Vögel usw.)* ‖ *Badefrau* f ‖ **–ro** m *Bademeister* m
bañezano adj/s *aus La Bañeza* (P León) ‖ *auf
La Bañeza bezüglich*
bañil m ⟨Jgd⟩ *Suhle* f
bañista m/f *Badegast* m ‖ *Kurgast* m ‖
Badende(r m) f
¹baño m *Bad* n ‖ *Baden* n ‖ *Bade|platz, -ort* m
‖ *Badeanstalt* f ‖ *Badewanne* f ‖ *Badezimmer* n ‖
Am *WC* n ‖ ⟨Tech⟩ *Bad* n ‖ *Überzug* m, *Glasur* f
von Zucker usw. ‖ ⟨fig⟩ *oberflächliche Kenntnis* f
‖ ⟨fam⟩ *Anstrich* m ‖ Col *Waschbecken* n ‖ ~ *de
agua madre Solbad* n ‖ ~ *de aire Luftbad* n ‖ ~
(de animales) Schwemme f ‖ ~ *de arena Sandbad*
n ‖ ~ *de asiento Sitzbad* n ‖ ~ *de barro Moor-,
Schlamm|bad* n ‖ ~ *de burbujas Sprudelbad* n ‖ ~
clarificador ⟨Fot⟩ *Klärbad* n ‖ ~ *de chorro Gieß-,
Sturz|bad* n ‖ ~ *completo Vollbad* n ‖ ~ *de
decapado Beize* f, *Beizbad* n ‖ ~ *de duración
Dauerbad* n ‖ ~ *espumoso Schaumbad* n ‖ ~ *de
fango(s) Moor-, Schlamm|bad* n ‖ ~ *fijador* ⟨Fot⟩
Fixierbad n ‖ ~ *galvánico Galvanisierbad* n ‖ ~
de inmersión Tauchbad n ‖ ~ *intestinal* ⟨Med⟩
Darmbad n ‖ ~ *jabonoso Seifenbad* n ‖ ~ *local
Lokalbad* n ‖ ~ *de multitudes od en la multitud
Bad* n *in der Menge* ‖ ~ *(de) María Heiz-,
Wasser|bad* n ‖ ~ *de oro
Goldbad* n ‖ ~ *de pies Fußbad* n ‖ ~ *de revelado*
⟨Fot⟩ *Entwicklungsbad* n ‖ ~ *ruso russisches
Dampfbad* n ‖ ~ *de sales Salzbad* n ‖ ~ *de
sangre* ⟨fig⟩ *Blutbad* n ‖ ~ *de sol Sonnenbad* n ‖
~ *de sudor Schwitzbad* n ‖ ~ *de sumersión
Tauchbad* n ‖ ~ *turco türkisches Bad* n ‖ ~ *de
vapor Dampfbad* n ‖ ~ *vir(ofij)ador* ⟨Fot⟩
Ton(fixier)bad n ‖ ◇ *dar un* ~ *baden* ‖ *dar un* ~
a alg. (bes. Sch) jdm zeigen, was man kann ‖ **~s**
mpl *Heilbad* n ‖ *Badeanstalt* f ‖ *Badeort* m ‖ ◇
tomar ~ *e–e Badekur machen*

²**baño** m ⟨Hist⟩ *Bagno* m *(Kerker* m *für Schwerverbrecher)*
bañomaría m *Heiz-, Wasser|bad* n
bao m ⟨Mar⟩ *(Deck)Balken* m, *Saling* f ‖ ~ de los palos ⟨Mar⟩ *Quersaling* f
baobab m ⟨Bot⟩ *Baobab, Affenbrotbaum* m (Adansonia digitata)
baptis|mo m ⟨Rel⟩ *Baptismus* m ‖ **–ta** adj *(m/f)* ⟨Rel⟩ *baptistisch* ‖ ~ *m/f Baptist(in* f) m ‖ **–terio** m *Taufbecken* n, *Taufstein* m ‖ *Baptisterium* n, *Tauf|kirche, -kapelle* f
baque(tazo) m *Aufschlag e–s fallenden Körpers,* ⟨fam⟩ *Plumps* m
baqueano adj/s → **baquiano**
baquear vi ⟨Mar⟩ *mit der Strömung segeln*
baquelita f ⟨Ku⟩ *Bakelit* n
baquero adj: (sayo) ~ m *langes, rückwärts offenes Kinderkleid* n
baque|ta f *Gerte, Rute* f ‖ *Reit|gerte, -peitsche* f ‖ ⟨Arch⟩ *Rundstab* m ‖ *Fenstersprosse* f ‖ ⟨Mil⟩ *Lade-, Wisch|stock* m ‖ ◇ *tratar a (la)* ~ ⟨figf⟩ *rücksichtslos behandeln* ‖ ~s fpl ⟨Mil⟩ *Trommelschlegel* mpl ‖ ◇ *correr* ~ *Spießruten laufen* ‖ **–tazo** m *Rutenschlag* m ‖ *(Lade)Stockschlag* m ‖ ◇ *echar a* ~ *limpio, echar a* ~s ⟨figf⟩ *(jdn) mit Gewalt an die Luft setzen, (jdn) gewaltsam hinauswerfen* ‖ **–teado** adj *an Strapazen bzw Schikanen gewöhnt* ‖ *zäh* ‖ Ec *frech, unverschämt* ‖ **–tear** vt *Spießruten laufen lassen* (& fig) ‖ *(Wolle) klopfen* ‖ ⟨fig⟩ *plagen* ‖ **–tero** m *Rutengänger* m
baquía f Am *genaue Kenntnis* f *e–r Landschaft* ‖ Am *Ge|schicklichkeit, -wandtheit* f ‖ ♦ de ~ → **baquiano**
baquiano adj *erfahren, s. gut auskennend* ‖ *ortskundig* ‖ ⟨fig⟩ *geschickt* ‖ ~ m *Führer, Wegweiser* m (bes. *in unwegsamen Gegenden* od *in den südam. Pampas)*
baquiar [pres –ío] vt Mex *abrichten*
báquico adj *bacchisch* ‖ ⟨fig⟩ *Wein-, Trink-*
báqui|ra f, **–ro** m ⟨Zool⟩ Col Ven *Nabelschwein* n (→ **pécari, saíno**)
¹**bar** m *(Art)Lokal* n *mit Ausschank von Getränken* bzw *Verabreichung von Tapas* od *kleinen Mahlzeiten, meist an der Theke, oft Treffpunkt zum Aperitif)* ‖ *Schankraum* m ‖ ~-restaurante *Bar-Restaurant* n ‖ ~ *automático Automatenrestaurant* n *Schnell|gaststätte* f, *-imbiss* m
²**bar** m ⟨Phys⟩ *Bar* n
barahúnda f *Lärm, Tumult, Radau* m ‖ *Wirrwarr* m
bara|ja f *Spiel* n *Karten* ‖ ⟨fam⟩ *Spielkarte* f ‖ ⟨fig⟩ *Durcheinander* n ‖ ◇ *echarse en la* ~ ⟨fig⟩ *sein Vorhaben aufgeben* ‖ ~s fpl *Streit, Zank* m ‖ ◇ *jugar con dos* ~ ⟨figf⟩ *ein doppeltes Spiel treiben* ‖ **–jadura** f → **–je**
¹**barajar** vt/i *(die Karten) mischen* ‖ ⟨fig⟩ *durcheinanderbringen, verwirren* ‖ *das Für und (das) Wider erwägen* ‖ ⟨reg⟩ *zanken* ‖ ~ *nombres Namen handeln (von Kandidaten)* ‖ ~ *números mit Zahlen jonglieren* od *um s. werfen* ‖ *paciencia y* ~ ⟨fam⟩ *Geduld! nur langsam!* ‖ *abwarten und Tee trinken!* ‖ ~**se** ⟨fam⟩ *zanken* ‖ Am ⟨fam⟩ *verrückt werden*
²**barajar** vt/i Arg Par Ur *in der Luft* od *im Flug fangen* ‖ Arg Chi Ur *Schläge abwehren*
³**barajar** vt [Reitkunst] *zügeln*
Barajas *(Flughafen) Barajas (bei Madrid)*
baraje m *Kartenmischen* n
barajo m Chi (pop) → **badajo** ‖ ¡~! Col Cu Pe *Donnerwetter!*
barajus|tar vt Col Ven *auseinandersprengen (Viehherde)* ‖ MAm Ven *anfangen, unternehmen* ‖

–te m Col Hond Ven *Ausbrechen* n *(Tiere)* ‖ Col *Wutausbruch* m ‖ Ven → **badajo**
baran|da f *Geländer* n *mit Brustlehne, Gitter* n ‖ *Bande* f *am Billard* ‖ ◇ *echar de* ~ ⟨fam⟩ *aufschneiden* ‖ *übertreiben* ‖ **–dal** m ⟨Arch⟩ *Geländerschwelle* f ‖ **–dilla** f Chi *Kommunionbank* f ‖ **–dilla** f, **–daje, –dado** m *Gitter, (Brücken)Geländer* n ‖ ⟨Mar⟩ *Reling* f ‖ ⟨Taur⟩ *Balkonsitzreihe* f ‖ Mex *Steg* m, *Notbrücke* f ‖ ~ *de protección* ⟨Arch⟩ *Schutzgeländer* n ‖ ~s fpl bzw mpl Chi *Wagenleiter* f
barangay m Fil *Ruderbarke* f ‖ Fil *Sippe* f *von etwa 50 Eingeborenen-* od *Mischlings|familien unter e–m Oberhaupt*
¹**barata** f *Billigkeit* f ‖ *Tausch* m ‖ *Wuchergeschäft* n ‖ Mex *Ausverkauf* m, *Ramschgeschäft* n ‖ ♦ *a la* ~ *unordentlich*
²**barata** f Chi Pe ⟨Ins⟩ *(Küchen)Schabe* f
bara|tamente adv ⟨fig⟩ *leicht, mühelos* ‖ **–tear** vt *unter dem Preis verkaufen, ver|ramschen, -schleudern* ‖ ~ vi *feilschen* ‖ **–tería** f ⟨Jur⟩ *betrügerischer Tauschhandel* m ‖ *Dutzendware* f ‖ ⟨Mar⟩ *Baratterie* f ‖ **–tero** m *Einnehmer* m *(der Abgabe vom Spielgewinn)* ‖ *Boss* m *(e–r Spielhölle)* ‖ Chi Ec (pop) *Feilscher* m ‖ Am *Ramscher* m
barati|ja f *Kleinigkeit* f *von unbedeutendem Wert* ‖ ~s fpl *Plunder, Ramsch* m ‖ *Nippsachen* fpl ‖ **–llero** m *(Kleider)Trödler* m ‖ **–llo** m *Ausschuss-, Trödel|ware* f, *Ramsch* m ‖ *Plunder* m ‖ *Trödelmarkt* m
bara|tísimo adj *spottbillig* ‖ **–to** adj/adv *billig, wohlfeil* ‖ *preis|günstig, -wert* ‖ ⟨fig⟩ *billig* ‖ ⟨fig⟩ *leicht* ‖ ♦ *a precio* ~ *zu niedrigem Preis, billig* ‖ *de* ~ *unentgeltlich, umsonst* ‖ *costar* ~ *billig sein* ‖ *lo* ~ *es caro wohlfeiler Markt, teurer Markt* ‖ *dar de* ~ ⟨figf⟩ *gutwillig zugestehen* ‖ *echar a* ~ ⟨fam⟩ *et. gleichgültig behandeln* ‖ ~ m *Verkauf zu niedrigem Preis, Ausverkauf* m, *Ramschgeschäft* n ‖ ◇ *cobrar el* ~ ⟨figf⟩ *e–e Schreckensherrschaft ausüben* ‖ *die Abgabe (vom Spielgewinn) einziehen* ‖ *hacer* ~ *eine Ware verschleudern*
baratón m MAm *(Art) (Absteck)Spaten* m
báratro m (poet) *Hölle* f
baratujales mpl Dom *billiges Zeug* n ‖ *Trödelware* f
baratura f *Billigkeit* f
baraúnda f → **barahúnda**
baraustar vt *richten* bzw *parieren (Waffe)*
¹**barba** f *Kinn* n ‖ *Bart* m ‖ *Granne, Spelze* f *(an Ähren)* ‖ *Kehllappen* m (z.B. *des Hahnes)* ‖ *Ziegenbart* m ‖ *Bart* m *e–r Vogelfeder* ‖ ~ de *ballena Fischbein* n ‖ ~ *cerrada,* ~ *corrida,* ~ *entera Vollbart* m ‖ ~ *inglesa Backenbart* m ‖ ~ *honrada* ⟨fig⟩ *ehrenwerte Person* f ‖ ~ *en punta Spitzbart* m ‖ ~ *rala dünn wachsender Bart, spärlicher Bart* m ‖ ~ *de vieja spitzes Kinn* n ‖ ♦ ~ *a* ~ *von Angesicht zu Angesicht* ‖ *a* ~ *reg(al)ada in Hülle und Fülle* ‖ *a la* ~, *en* las ~s *de alg. in jds Gegenwart, jdm zum Trotz* ‖ *por* ~ *auf den Kopf, auf die Person, pro Kopf,* ⟨fam⟩ *pro Nase* ‖ *¡por* od *para mi* ~*! bei m–r Seele! (Eidesformel)* ‖ ◇ *andar con la* ~ *sobre el hombro* ⟨fig⟩ *in Furcht und Vorsicht leben* ‖ *andar con la* ~ *por el suelo* ⟨fig⟩ *steinalt sein (Mann)* ‖ *dar la* ~ *die Verantwortung übernehmen* ‖ *echar la* ~ *a remojar* ⟨fig⟩ *durch andrer Menschen Schaden klug werden* ‖ *estar con la* ~ *a remojo* ⟨fig⟩ *sehr im Druck (bzw in Eile) sein* ‖ *hacer la* ~ *a uno jdn rasieren, barbieren* ‖ ⟨fig⟩ *jdn über den Löffel balbieren* ‖ ⟨figf⟩ ⟨figf⟩ *jdm Böses nachsagen* ‖ Mex ⟨fig⟩ *jdm um den Bart gehen,* Südd *das Goderl kratzen* ‖ *llevar a uno por la* ~ ⟨figf⟩ *jdn an der Nase herumführen*

‖ mentir por la (mitad de la) ~ ⟨figf⟩ *frech,*
unverschämt lügen ‖ temblarle a uno la ~ ⟨fig⟩
Angst haben ‖ ~s *mpl Bart* m ‖ *Papierfasern* fpl ‖
ungleicher Rand m *(an Papier, Bücherseiten usw.)*
‖ *Fahne* f *des Federkiels* ‖ Am *Bart* m *des*
Maiskolbens ‖ *Fasern* fpl *der Kokosnussschale* ‖
~ de chivo ⟨figf⟩ *Ziegenbart* m (& Bot) ‖ ~ de
hielo *(herunterhängende) Eiszapfen* mpl ‖ ~ de
macho ⟨figf⟩ *Ziegenbart* m ‖ ◊ echar a las ~ u/c
⟨fig⟩ *(jdm) et.*
unter die Nase reiben, vorhalten ‖
subirse a las ~ de uno ⟨figf⟩ *jdm über den Kopf*
wachsen ‖ tener buenas ~ ⟨figf⟩ *entschlossen sein*
‖ *hübsch sein (Frau)* ‖ tener pocas ~ ⟨fig⟩
unerfahren sein ‖ eso tiene (ya) ~ ⟨fam⟩ *das ist*
e–e längst bekannte Geschichte
    ²**barba** m ⟨Th⟩ *Alter* m, *Schauspieler* m, *der*
die Väterrollen spielt
    ³**barba** f ⟨Ins⟩ *Schwarmtraube* f *(Bienen)* ‖
oberste Abteilung f *des Bienenstocks*
    ⁴**barba** f ⟨Bot⟩ *Granne, Spelze* f *(an Ähren)* ‖
~ de Aarón *Aronswurzel* f ‖ ~ de cabra
Bocksbart m (Tragopon spp) ‖ ~ cabruna
Wiesenbocksbart m (Tragopon pratensis) ‖ ~
española *Greisenbart* m, *Spanisches Moos* n
(Tillandsia usneoides) ‖ ~s *fpl Wurzelfasern* fpl
    ⁵**barba** f ⟨Mar⟩ *Ansatz* m, *Bewachsung* f *(am*
Schiffsboden) ‖ ~s *fpl Bugankertrossen* fpl
    Barba Azul *Ritter Blaubart (Märchengestalt)*
⟨Hist Lit⟩ *Beiname des Marschalls Gilles de Rais*
(1404[?]–1440)
    barbacana f ⟨Mil⟩ *Brustwehr* f *e–s Walles* ‖
⟨Mil⟩ *Schießscharte* f ‖ *Wasserablaufloch* n *(im*
Mauerwerk) ‖ ⟨Mil⟩ *Barbakane, vorgeschobene*
Stellung f *(zur Verteidigung von Brücken usw.)*
    barba|coa, –cuá f *Barbecue* n, *Gartengrill* m ‖
Grillfest n *im Freien* ‖ *Grillfleisch* n ‖ Guat Mex
Holzrost m *zum Grillen* ‖ Am *Fruchtspeicher* m ‖
Am *Liegestatt* f *aus Geflecht* ‖ Am *Pfahlbau* m
    ¹**barbada** f *Kinnkette* f *am Zaumzeug* ‖
Kinnriemen m *am Hut*
    ²**barbada** f ⟨Fi⟩ *Seequappe* f ‖ ~ común
Dreibärtelige Seequappe f (Gaidopsarus
mediterraneus)
    ³**barbada** f ⟨reg⟩ *Radau, Krach* m, *Getöse* n
    barbado adj *bärtig* ‖ ⟨Bot⟩ *barthaarig* ‖ ~ m
⟨Agr⟩ *Senker* m ‖ *Setzling* m ‖ *Wurzeltrieb* m
    Barbados m ⟨Geogr⟩ *Barbados* n
    ¹**barbar** vi *e–n Bart bekommen*
    ²**barbar** vi ⟨Bot⟩ *Wurzeln treiben*
    Bárbara f np *Barbara* f ‖ Santa ~ ⟨Mar⟩
Pulverkammer f
    barbárico adj *Barbaren- ‖ barbarisch*
    barba|ridad f *Barbarei, Grausamkeit* f ‖
Ungeheuerlichkeit f ‖ ⟨fam⟩ *Unmenge* f ‖ ⟨fam⟩
Heidengeld n ‖ ⟨Th⟩ *Reißer* m ‖ una ~ de duros
⟨fam⟩ *ein Haufen Geld* ‖ ¡qué ~! *welche*
Ungeheuerlichkeit! unglaublich! ‖ ◊ cuesta una
~ ⟨fam⟩ *es kostet ein Heidengeld* ‖ decir ~es
⟨fam⟩ *Unsinn reden* ‖ **–rie** f ⟨fig⟩ *Barbarei, Roheit*
f ‖ *Grausamkeit* f ‖ **–rismo** m ⟨Gr⟩
Sprachwidrigkeit f, *Barbarismus* m ‖ ⟨fam⟩
Barbarei, Roheit f ‖ **–rizar** [z/c] vi ⟨fam⟩ *Unsinn*
reden
    bárbaro adj *barbarisch, Barbaren- ‖ grausam*
‖ ⟨fig⟩ *wild, ungebildet* ‖ ⟨fig⟩ *roh, grob* ‖ ⟨fig⟩
verwegen, dreist ‖ ⟨Gr⟩ *sprachwidrig* ‖ ¡qué ~!
ungeheuerlich! ‖ ◊ pasarlo ~ *s. köstlich*
amüsieren ‖ ~ m *Barbar* m ‖ *Wüterich* m ‖
roher Mensch m ‖ ⟨fam⟩ *toller Kerl* m ‖ adv:
~amente
    Barbarroja m *Rotbart* m ‖ ⟨Hist⟩ *(Kaiser)*
Barbarossa m
    barbas|trense *(m/f)*, **–trino** adj/s *aus Barbastro*
(P Hues) ‖ *auf Barbastro bezüglich*
    barbato adj: cometa ~ *Bartkomet* m

    barbaza f augm von ¹**barba**
    barbear vi: ◊ pasar barbeando la orilla ⟨Mar⟩
dicht am Ufer fahren ‖ ~se ⟨fam⟩ *auf s–r*
Meinung beharren
    barbe|chada f ⟨Agr⟩ *Brachfeld* n ‖ **–char** vt
⟨Agr⟩ *brachlegen* ‖ **–chazón** f ⟨Agr⟩ *Brachzeit* f ‖
–chera f ⟨Agr⟩ *frisch gehacktes Feld* n ‖
Brachland n ‖ *Brachzeit* f ‖ **–cho** m ⟨Agr⟩
Brachen n ‖ *Brachfeld* n, *Brache* f ‖ *frisch*
geackertes Stoppelfeld n ‖ ~ completo *Schwarz-,*
Voll|brache f ‖ ~ de corto plazo m *Halbbrache* f ‖
◊ estar de ~ *brachliegen*
    barbelado adj ⟨gall⟩ alambre ~ *Stacheldraht*
m
    barbe|ra f Arg *herber, dunkler Wein* m ‖ **–ría** f
[veraltet] *Barbier-, Rasier|stube* f ‖ ⟨allg⟩
Friseurgeschäft n ‖ **–ril** adj *(m/f)* ⟨fam⟩
Barbier(s)-
    ¹**barbero** m [veraltet] *Barbier, Bader* m ‖ ⟨allg⟩
Herrenfriseur m ‖ *Barbier-, Friseur|beruf* m
    ²**barbero** m Al [Fischerei] *Barbenfangnetz* n
    ³**barbero** m Mex ⟨fig⟩ *Schmeichler* m
    barbi adj ⟨fam⟩ *toll, super ‖ nett, sympathisch*
    barbián adj/s ⟨fam⟩ *mutig, dreist* ‖ ⟨fam⟩
stramm, schick (Person)
    barbi|blanco adj *weißbärtig* ‖ **–cacho** m
Kinnband n *am Männerhut* ‖ **–cano** adj
graubärtig ‖ **–castaño** adj *mit kastanienbraunem*
Bart, braunbärtig ‖ **–corto** adj *kurzbärtig* ‖
–cubierto adj *vollbärtig* ‖ **–espeso** adj *mit*
dichtem Bart ‖ **–hecho** adj *frisch rasiert* ‖ ⟨fig⟩
tüchtig ‖ **–lampiño** adj *dünnbärtig* ‖ *flaum-,*
milch|bärtig ‖ ⟨figf⟩ *unerfahren* ‖ ~ m ⟨figf⟩
Gelbschnabel, Neuling m ‖ **–lindo, –lucio** adj *mit*
e–m schönen Bart ‖ ⟨fig⟩ *weibisch, süßlich* ‖
geckenhaft ‖ *eitel* ‖ ~ m *Geck* m ‖ **–luengo** adj
mit langem Bart
    barbi|lla f adj Col *dünn-, milch|bärtig* ‖ ~ m
Kinn n, *Kinnspitze* f ‖ *Bartspitze* f ‖ ⟨Fi⟩ *Barteln,*
Bartfäden pl fpl ‖ doble ~ *Doppelkinn* n ‖ **–llera**
f *Kinn-, Gesichts|binde* f *der Leichen* ‖ **–llón** m
⟨Fi⟩ *Bartfaden* m ‖ **–moreno** adj *braunbärtig* ‖
–negro adj *schwarzbärtig* ‖ **–poniente,**
–pungente adj ⟨fam⟩ *flaumbärtig* ‖ ⟨figf⟩
unerfahren
    barbiquejo m → **barboquejo**
    barbiquiú m → **barbacoa**
    barbi|rrapado adj *rasiert* ‖ **–rrojo** adj
rotbärtig ‖ **–rrubio** adj *blondbärtig* ‖ **–rrucio** adj
graubärtig ‖ **–taheño** adj *rotbärtig* ‖ **–teñido** adj
mit gefärbtem Bart
    barbitiste m ⟨Ins⟩ *Sägeschwanzheuschrecke* f
(Barbitistes serricauda)
    barbitonto adj *dümmlich aussehend*
    barbi|túrico adj ⟨Med⟩ *Barbitur-* ‖ ~ m
Barbiturat n ‖ **–turismo** m *Barbiturismus* m
    ¹**barbo** m *Barbe* f, *Bartfisch* m (Barbus
barbus) ‖ ~ de mar ⟨Fi⟩ *Seebarbe* f (Mullus
barbatus)
    ²**barbo** m ⟨Vet⟩ *Dasselbeule* f
    barbole|ta f Bras *Schmetterling* m ‖ **–tear** vi
Ur *flatterhaft sein*
    bar|bón m a) *langbärtiger Mann* m ‖ ⟨figf⟩
alter(nder) Mann m ‖ ⟨figf⟩ *Laie(nbruder)* m *im*
Kartäuserorden m ‖ b) *Ziegenbock* m ‖ **–bona** adj
bärtige (Frau)
    barboquejo m *Kinn-, Sturm|riemen* m ⟨bes.
Mil⟩ ‖ *Sturmband* n *am Hut*
    barbo|so adj *bärtig* ‖ **–tar** vt/i *(hin)murmeln,*
in den Bart brumme(l)n (od *murmeln)* ‖ **–te** m
Arg *Lippenpflock* m, *in die Unterlippen gebohrtes*
Silberstäbchen n *bestimmter Indianerstämme* ‖
–tear → **–tar** ‖ **–teo** m *Gemurmel, Brumme(l)n* n
    barbotina f *Schlicker* m *(Keramik)*
    barbuchín adj Guat *dünnbärtig*

¹barbudo adj *bärtig, behaart* ‖ ~ *m bärtiger Mann* m
²barbudo m ⟨Bot⟩ *Setzling* m
³barbudo m Ant *Bartfisch* m
bárbula f ⟨Zool Bot⟩ *Bärtchen* n
barbu|lla f ⟨fam⟩ *verworrenes Geschrei* n ‖ *Stimmengewirr* n ‖ **–llar** vi ⟨fam⟩ *verwirrt sprechen, schreien* ‖ *brabbeln, brumme(l)n* ‖ **–llón** m/adj ⟨fam⟩ *Nuschler,* ⟨fam⟩ *Brabbelfritze* m
barbuquejo m → **barboquejo**
¹barca f *Barke* f, *(Fischer)Boot* n, *Kahn,* ⟨poet⟩ *Nachen* m ‖ *Fährgeld* n ‖ *Fähre* f, *Fährboot* n ‖ ~ *de pasaje Fähre* f, *Fährboot* n
²barca f ⟨Text⟩ *Trog* m ‖ *Kufe* f *(Färberei)*
barca|da f *Kahnladung* f ‖ *Kahnfahrt* f ‖ *Boots|ladung* bzw *-fahrt* f ‖ **–je** m *Fracht-* bzw *Fähr|geld* n ‖ *Kahnfrachtbeförderung* f ‖ *Bootstransport* m
barcal m ⟨Mar⟩ *(kleine) Schiffsplanke* f ‖ *Fressnapf, Kübel* m ‖ *Trog* m ‖ *Messgefäß* n *für Wein*
barca|rola f ⟨Mus⟩ *Gondellied* n, *Barkarole* f ‖ *Seemannslied* n ‖ **–rrón** m *großes, hässliches Schiff* n ‖ **–za** f *Barkasse* f ‖ *Leichter* m ‖ *großes, flaches Boot* n ‖ *Lade-, Hafen|recht* n ‖ ~ *de desembarco Landungsschiff* n ‖ ~ *vivienda Hausboot* n ‖ **–zo** m augm von **barco**
Barcelo|na f [Stadt und Provinz in Spanien] *Barcelona* n ‖ **≞nés** adj *aus Barcelona* ‖ ~ *m Barcelonese* m ‖ **–nista** adj *(m/f) auf den FC Barcelona bezüglich* ‖ ~ *m/f Anhänger(in* f) n *des FC Barcelona*
barchilo adj Arg *schiefergrau*
barchilón m Am *Krankenpfleger* m ‖ Bol *Kurpfuscher* m
barchilla f Val *(Art) Trockenmaß* n
barcia f *Sieb|mist* m, *-abfälle* mpl *(Getreide)*
barcina f And Mex *Netzsack* m ‖ And *Strohbund* n
barcino adj *graurötlich (Rindvieh)* ‖ ~ *m* Arg *Opportunist* m
bar|co m *Barke* f, *Boot* n ‖ *Fluss-, See|schiff* n ‖ *kleine Schlucht* f ‖ ~ *de alto porte Seeschiff* n ‖ ~ *de altura (bajura) Hochsee(Küsten)Schiff* n ‖ ~ *auxiliar Tender* m ‖ ~(-)*avión Tragflügelboot* n ‖ ~ *ballenero Walfangschiff* n ‖ ~ *de cabotaje Küstenschiff* n ‖ ~ *de carga Frachtschiff* n ‖ ~ *de comercio Handelsschiff* n ‖ ~ *de contenedores Containerschiff* n ‖ ~ *fantasma Gespensterschiff* n ‖ ~ *faro Feuerschiff* n ‖ ~ *fluvial Fluss-, Binnen|schiff* n ‖ ~ *de fondo de cristal Glasbodenboot* n ‖ ~ *frigorífico Kühlschiff* n ‖ ~ *de guerra Kriegsschiff* n ‖ ~ *de línea Liner* m ‖ ~ *de línea de lujo Luxusliner* m ‖ ~ *mercante Handelsschiff* n ‖ ~ *meteorológico Wetterschiff* n ‖ ~ *de un (de dos) palo(s) Ein(Zwei)Master* m ‖ ~ *de pasaje Passagierschiff* n ‖ ~ *de patrulla,* ~ *patrullero Vorpostenboot* n ‖ ~ *de pesca,* ~ *pesquero Fischerboot* n ‖ ~ *petrolero Tankschiff* n ‖ ~ *de remo(s) Ruderboot* n ‖ ~ *de salvamento Bergungsschiff* n ‖ ~ *de transporte Transportschiff* n, *Truppentransporter* m ‖ ~ *de vapor Dampfschiff* n ‖ ~ *de vela Segelschiff* n, *Segler* m ‖ ~ *vivienda Hausboot* n ‖ ◇ *ir en* ~ *Boot fahren* ‖ **–cón** m *Leichter(prahm)* m
¹barda f *Dornenkrönung* f *auf Mauern* ‖ *Reisigdach* n ‖ Ar *Einzäunung* f *durch e–e Dornenhecke* ‖ Sal *junge Eiche* f ‖ ◇ *aún anda el sol en las* ~s ⟨fig⟩ *noch ist nicht aller Tage Abend*
²barda f ⟨Mar⟩ *dichter, drohender Wolkenstreif* m
³barda f ⟨Hist⟩ *Rossharnisch* m
bardago m Can *grober Mensch* m
bardaguera f *Korbweide* f (Salix spp)

bardaje m *passiver Schwule(r)* m
bardal m *Dornenhecke* f ‖ *(Dorn)Gebüsch* n ‖ ◇ *saltando* ~*es* ⟨fig⟩ *über Stock und Stein, Hals über Kopf* (salir *davonlaufen*)
bardana f ⟨Bot⟩ *Klette* f (Aretium spp) ‖ ~ *menor Spitzklette* f (Xanthium spp)
bardar vt *abdachen (mit Reisig)*
bardasca f *(Spieß)Gerte* f
bardero m *Reisigsammler* m
bardo m ⟨Hist⟩ *(keltischer) Barde* m ‖ ⟨fig⟩ *Sänger, Dichter* m
bardoma f Ar *Schmutz, Kot* m
baremo m *Rechentabelle* f ‖ *Satz-, Tarif|tabelle* f *(Gebühren usw.)* ‖ *Verrechnungsschlüssel* m ‖ *Rechenbuch* n *(mit Ergebnissen)*
barestesia f ⟨Med⟩ *Barästhesie* f
bargueño m *geschnitztes* od *eingelegtes (aufklappbares) Möbelstück* n ‖ *(Art) Sekretär* m *mit vielen Schubladen und Fächern, früher bes. in Bargas* (P Tol) *erzeugt* ‖ *(Art) Kommode* f
barí adj ⟨pop⟩ *ausgezeichnet,* ⟨fam⟩ *enorm, großartig*
baria f [Maßeinheit des Druckes] *Bar* n
baribal m ⟨Zool⟩ Am *Schwarzbär, Baribal* m (Ursus americanus)
barinés m Ven ⟨Meteor⟩ *Nordostwind* m
bario m **(Ba)** ⟨Chem⟩ *Barium* n
barisfera f ⟨Geol⟩ *Barysphäre* f
barista f Am *Bardame* f
bari|ta f ⟨Chem⟩ *(Ätz)Baryt* m, *Bariumoxid* n ‖ **–tina** f *Schwerspat, Baryt* m ‖ *Bariumsulfat* n
baritel m *(Pferde)Göpel* m
barítono m ⟨Mus⟩ *Bariton(sänger)* m ‖ *(Art) Gitarre* f
barján m ⟨Geogr⟩ *Barchan* m, *Sicheldüne* f
barjoleta adj Mex *dumm, einfältig*
barjuleta f *Ranzen, Tornister* m
bar|loa f ⟨Mar⟩ *Spring-, Borg|tau* n ‖ **–loar** vt ⟨Mar⟩ *sorren, festbinden*
barlo|ventear vi ⟨Mar⟩ *lavieren, (auf)kreuzen* ‖ ⟨figf⟩ *bummeln* ‖ **–vento** m ⟨Mar⟩ *Luv(seite)* f ‖ ♦ *de* ~ ⟨Mar⟩ *leewärts*
barman m *Bar|keeper, -mixer* m
Bar.ⁿᵃ (Abk) = **Barcelona**
barnabita m/adj ⟨Rel⟩ *Barnabit(ermönch)* m
barnacla f ⟨V⟩: ~ *canadiense Kanadagans* f (Branta canadensis) ‖ ~ *cariblanca Weißwangengans* f (B. leucopsis) ‖ ~ *carinegra Ringelgans* f (B. bernicla) ‖ ~ *cuellirroja Rothalsgans* f (B. ruficollis)
barniz [pl ~*ces*] m *Firnis, Lack* m ‖ *(Porzellan)Glasur* f ‖ *(flüssige) Schminke* f ‖ ⟨Typ⟩ *Druckerschwärze* f ‖ ⟨fig⟩ *oberflächliche Kenntnis* f, *Anstrich* m ‖ ~ *al aceite Öllack* m ‖ ~ *de acrilo Acryllack* m ‖ ~ *adhesivo Filmklebelack* m ‖ ~ *aislante* (El) *Isolierlack* m ‖ ~ *alcohólico Spirituslack* m ‖ ~ *asfáltico Asphaltlack* m ‖ ~ *brillante Glanzlack* m ‖ ~ *caseoso* ⟨Med⟩ *Haut-, Käse|schmiere* f ‖ ~ *copal Kopallack* m ‖ ~ *cristal Eisblumenlack* m ‖ ⟨Fot⟩ *Glasfirnis* m ‖ ~ *de estufa Einbrennlack* m ‖ ~ *de fondo Grund(ier)lack* m ‖ ~ *del Japón Japanlack* m ‖ ~ *para latón Messinglack* m ‖ ~ *de lustre Glanzlack* m ‖ ~ *para madera Holzlack* m ‖ ~ *marino Schiffslack* m ‖ ~ *para metal Metallack* m ‖ ~ *negativo Negativlack* m ‖ ~ *nitrocelulósico Nitro(zellulose)lack* m ‖ ~ *opaco Mattlack* m ‖ ~ *de pistola Spritzlack* m ‖ ~ *protector Schutzlack* m ‖ ~ *de pulimento Polier-, Politur|lack* m, *Politur* f ‖ ~ *secante Trockenfirnis* m ‖ ~ *sintético Kunstharzlack* m ‖ ~ *de* (od para las) *uñas Nagellack* m ‖ ◇ *tiene sólo un* ~ *de cultura (er) ist nur halb gebildet*
barni|zada f Am, **–zado** m *Lackierung* f,

Firnissen n ‖ *Anstrich* m ‖ **–zador** m *Lackierer* m ‖ **–zaje** m a) ⟨Taur⟩ *Zurechtmachen* n *der verwundeten Pferde für den nächsten Picador* ‖ b) ⟨Mal⟩ *Vernissage* f ‖ **–zar** [z/c] vt *firnissen, lackieren, glasieren*
ba|**rógrafo** m *Barograph* m ‖ **–rograma** m *Barogramm* n ‖ **–rometría** f *Barometrie, Luftdruckmessung* f ‖ **–rométrico** adj *barometrisch*
barómetro m *Barometer* n, *Luftdruckmesser* m ‖ ⟨fig⟩ *Barometer* n, *Indikator, Anzeiger* m ‖ ~ aneroide *Aneroidbarometer* n ‖ ~ de mercurio *Quecksilberbarometer* n ‖ ~ metálico *Dosenbarometer* n ‖ ~ registrador → **barógrafo** ‖ ◇ el ~ sube (baja) *das Barometer steigt (fällt)*
barón m *Freiherr, Baron* m
baro|**nesa** f *Baronin* f ‖ *Freiin* f, *Freifräulein* n ‖ **–nesita** f *Baronesse* f ‖ **–net(e)** m ⟨engl⟩ *Baronet* m ‖ **–nía** f *Baronie, Freiherrschaft* f ‖ *Freiherrn|würde* f bzw -*stand* m
baro|**scopio** m ⟨Phys⟩ *Baroskop* n ‖ **–sensibilidad** f ⟨Med⟩ *Wetterfühligkeit* f ‖ **–sensible** adj ⟨Med⟩ *wetterfühlig*
barque|**ar** vt/i *mit e–m Kahn (od Boot) überführen (bzw über e–n Fluss) fahren* ‖ **–ro** m *Kahnführer, Fährmann* m ‖ **–ta** f dim von **barca** ‖ *Verpackungsschale* f *(für Lebensmittel)* ‖ **–te** m, **barquía** f *Fischerboot* n ‖ *Fischernetz* n
barquichuelo m dim von **barco**
¹**barquilla** f dim von **barca** ‖ *Ballon|gondel* f, -*korb* m
²**barquilla** f *Waffeleisen* n
³**barquilla** f ⟨Mar⟩ *Logtafel* f
¹**barquillero** m *Waffel|bäcker* bzw -*verkäufer* m ‖ *Waffeleisen* n
²**barquillero** m ⟨Mar⟩ *Boots-, Jollen|führer* m
barquillo m *Waffel* f
barquín m *Schmiedeblasebalg* m
barquinar vt *mit dem Blasebalg anfachen*
barqui|**nazo** m ⟨fam⟩ *Fall, Aufschlag,* ⟨fam⟩ *Plumps* m *e–s fallenden Körpers* ‖ *Auflaufen* n *(Schiff)* ‖ ⟨fig⟩ *Torkeln* n *(e–s Betrunkenen)* ‖ And Ec *Schlingern* n *(Schiff)* ‖ **–no** m *(Wein)Schlauch* m

¹**barra** f *(Eisen)Stange* f, *(Eisen)Stab* m ‖ *Stab* m ‖ *Schiene* f ‖ *Barren* m ‖ *(Gold-, Silber)Barren* m ‖ *Seifenriegel* m ‖ *Hebebaum* m ‖ *Balken* m ‖ *Querstrich* m *(Maschinenschrift)* ‖ ⟨Mus⟩ *Taktstrich* m ‖ ⟨Mus⟩ *Wiederholungszeichen* n, *Repetition* f ‖ *Querholz* n *am Klavier* ‖ *Schranke* f ‖ ⟨Text⟩ *Streifen* m *(Fehler)* ‖ *Theke* f ‖ *Bar* f ‖ ⟨Her⟩ *Schräglinksbalken* m ‖ Am ⟨Bgb⟩ *Kux* m ‖ Am *Fußblock* m *für Sträflinge* ‖ Am ⟨Mar⟩ *Eisen* n *(Fessel)* ‖ ~ de acoplamiento *Kupplungsstange* f ‖ *Spurstange* f *(Motor)* ‖ ⟨Agr⟩ *Anhängeschiene* f ‖ ~ de bar *Theke* f ‖ ~ de carmín (para los labios) *Lippenstift* m ‖ ~ colectora ⟨El⟩ *Sammelschiene* f ‖ ~ combustible ⟨Atom⟩ *Brennstab* m ‖ ~ de conexión ⟨El⟩ *Verbindungsschiene* f ‖ ~ de control ⟨Atom⟩ *Steuer-, Regel|stab* m ‖ ~ cortadora ⟨Agr⟩ *Mähbalken* m ‖ ~ de dirección ⟨Auto⟩ *Lenksäule* f ‖ ~ de equilibrio ⟨Sp⟩ *Schwebebalken* m ‖ ~ espaciadora *Leertaste* f *(an der Schreibmaschine)* ‖ ~ fija ⟨Sp⟩ *Reck* n ‖ ~ guadañadora ⟨Agr⟩ *Mähbalken* m ‖ ~ imantada *Stabmagnet* m ‖ ~ de labios *Lippenstift* m ‖ ~ magnética *Magnetstab* m ‖ ~ de menús ⟨Inform⟩ *Menüleiste* f ‖ ~ de pan *Stange* f *Brot,* ⟨fam⟩ *französisches Brot* n ‖ ~ de paso a nivel ⟨EB⟩ *Schranke* f ‖ ~ de pegar od de pegamento *Klebestift* m ‖ ~ de remolque *Abschleppstange* f ‖ ~ de título(s) ⟨Inform⟩ *Titelleiste* f ‖ ~ transversal *Querstange* f ‖ ◆ a ~; de ~ a ~ ⟨fig⟩ *durch und durch, von e–r Seite zur anderen* ‖ ◇ estirar la ~ ⟨fig⟩ s. *die größte*

Mühe geben, ⟨pop⟩ s. *am Riemen reißen* ‖ llevar a la ~ a uno ⟨fig⟩ *jdn zur Rechenschaft ziehen* ‖ tener (mucha) ~ Ar ⟨fam⟩ *sehr frech sein* ‖ tirar a la ~ *Krieg spielen (Barrenspiel)* ‖ ¡qué ~! Ar *wie unverschämt!* ‖ ~s fpl: ~ de celosía *Gitterstäbe* mpl ‖ ~ y estrellas *Sternenbanner* n (USA) ‖ ~ del inducido ⟨El⟩ *Ankereisen* n ‖ ~ ómnibus de generadores ⟨El⟩ *Generatorsammelschienen* fpl ‖ ~ ómnibus de alimentadores ⟨El⟩ *Speisesammelschienen* fpl ‖ ~ paralelas ⟨Sp⟩ *Barren* m ‖ ~ de socorro ⟨El⟩ *Hilfsschienen* fpl ‖ ◆ a ~ derechas *ohne Lug und Trug* ‖ sin daño de ~ ⟨fig⟩ *ohne Schaden für s. od andere* ‖ ◇ pararse en ~ ⟨fig⟩ *müßig dastehen* ‖ sin pararse en ~ *rücksichtslos,* ⟨fam⟩ *ohne Rücksicht auf Verluste* ‖ *entschlossen*
²**barra** f ⟨Jur⟩ *Gerichtsschranken* fpl ‖ Mex *Anwaltskammer* f ‖ SAm *Zuschauer* mpl *(bei Gerichtsverhandlungen)* ‖ ◇ llevar a alg. a la ~ *jdn vor Gericht bringen*
³**barra** f Arg *Freundeskreis* m, *Gruppe* f *von Freunden* ‖ Am *Fanclub* m
⁴**barra** f Chi *Wurfscheibenspiel* n
⁵**barra** f RPl Ven *Flussmündung* f ‖ *Sandbank* f
Barra|bás m np *Barabbas* m ‖ ~ ⟨figf⟩ *Bösewicht* m ‖ **=basada** f ⟨fam⟩ *mutwilliger Streich* m ‖ ⟨fam⟩ *Schandtat* f
barra|**ca** f *Bauernhütte, Baracke* f ‖ *Baracke, Notwohnung* f ‖ Murc Val *Bauernhaus* n *von typischer Bauart* ‖ Arg *Holzhandlung* f ‖ Span *Elendswohnung* f ‖ Am *Lagerhaus* n ‖ Ec *Marktstand* m ‖ **–cón** m augm und desp von **barraca** ‖ *Schau-, Schieß|bude* f *(bei Kirmes usw.)*
barracuda f ⟨Fi⟩ *Barrakuda, Pfeilhecht* m (Sphyraena spp)
barrado adj *schräg geteilt, mit Schräglinksbalken (Wappen)*
barragán m ⟨Text⟩ *Barchent* m ‖ *Barchentmantel* m
barraga|**na** f [veraltet] *Konkubine* f ‖ **–nería** f *eheähnliche Gemeinschaft* f *(früher: wilde Ehe* f, ⟨lit⟩ *Konkubinat* n)
barrajar vt Arg *zu Boden werfen, stürzen* ‖ Mex *hinausstürzen*
barran|**ca** f → **barranco** ‖ Am *Steilufer* n *e–s Flusses* ‖ ◇ conseguir u/c por zancas o ~s ⟨fam⟩ *e–e Sache um jeden Preis erlangen* ‖ **–cal** m *schluchtenreiche Gegend* f ‖ **–co** m *Barranco* m *(nach außen durchbrechende Schlucht)* ‖ *Wasserriss* m ‖ *Engpass* m ‖ *Steilhang* m ‖ ⟨fig⟩ *Hindernis* n ‖ ◇ no hay ~ sin atranco ⟨Spr⟩ *ohne Fleiß kein Preis* ‖ **–coso, –quero** adv *voll Schluchten*
barra|**ní** [pl ~**íes**] m Marr *Ausländer* m ‖ **–no** m Murc *Fremde(r)* m
barranquismo m ⟨Sp⟩ *Canyoning* n
barrañón m Extr *Futtertrog* m *aus Holz*
barra|**que** adv: a traque ~ ⟨fam⟩ *zu jeder Zeit* ‖ **–quear** vt *knurren*
barra|**quero** m Murc Val *Besitzer* m *e–r* barraca ‖ **–queta** f Val *Badehäuschen* n ‖ **–quete** m Dom ⟨fam⟩ *pummeliges Kind* n ‖ **–quismo** m Span *Problem* m *der Elendswohnungen* ‖ *Existenz* f *von Elendswohnungen* ‖ *Slumwesen* n ‖ **–quista** m/f *Bewohner(in* f) m *e–r Elendswohnung*
barrar vt *mit Lehm verschmieren, beschmutzen* ‖ (→ **embarrar**)
barreal m → **barrizal**
barrear vt *verramme(l)n* ‖ *sperren* ‖ Ar *(durch)streichen*
barreda f *Schranke* f ‖ *Umzäunung* f ‖ *Absperrung* f
barrede|**ra** f *Straßenkehrmaschine* f ‖ *Schlepp-, Zugnetz* n ‖ ~s fpl ⟨Mar⟩ *Beisegel* npl ‖

–ro adj *wegfegend* ‖ *Schlepp-* ‖ ~ *m Bäckerbesen, Ofenwisch* m *der Bäcker*
barredor *m Auskehrer, Feger* m
barreduela *f* And *kleiner Platz* m *(meist nur mit e–m Zugang)*
barre|dura *f (Aus)Kehren, Fegen* n ‖ ~**(s)** *(pl) Kehricht m (& n)* ‖ ~(s) de las calles *Straßenabraum* m ‖ **–lotodo** *m/f* ⟨figf⟩ *Schnüffler(in* f) m ‖ ⟨fam⟩ *Allesverwerter(in* f) m ‖ **–minas** *m* ⟨Mar⟩ *Minenräumboot* n
¹barrena *f Stangenbohrer* m ‖ *(Spreng)Bohrer, Stein-, Gesteins|bohrer* m ‖ ⟨Arch⟩ *Erdbohrer* m ‖ ~ anular ⟨Zim⟩ *Ringbohrer* m ‖ ~ de carpintero *Holzbohrer* m ‖ ~ de centrar *Zentrierbohrer* m ‖ ~ helicoidal *Schneckenbohrer* m ‖ ~ hueca *Kernbohrer* m ‖ ~ de mano *Handbohrer* m ‖ ~ sacamuestras ⟨Bgb⟩ *Kernbohrer* m
²barrena *f* ⟨Flugw⟩ *Trudelbewegung* f, *Trudeln* n *des Flugzeugs* ‖ ~ horizontal *Rolle* f ‖ ~ invertida *Rückentrudeln* n ‖ ◇ entrar en ~ *(ab)trudeln*
barre|nado adj ⟨fam⟩ *halb verrückt* ‖ *närrisch* ‖ ~ *m Bohren* n ‖ *Bohrung* f ‖ ~ a golpe ⟨Bgb⟩ *Stoßbohrung* f ‖ **–nador** *m:* ~ del maíz ⟨Agr Ins⟩ *Maiszünsler* m ‖ **–nadora** *f* ⟨Tech⟩ *Gesteinsbohrmaschine* f ‖ **–nadura** *f Einschnitt* m *(von Holzbohrkäfern)* ‖ **–nar** vt *(an-, aus-, durch)bohren*
¹barrenar vt *(an-, aus-, durch)bohren* ‖ ⟨fig⟩ *vereiteln (Absichten)* ‖ ⟨fig⟩ *gedanklich durchdringen* ‖ ⟨fig⟩ *missachten (Gesetze)* ‖ ~**se:** ◇ ~ la sien con el índice ⟨fig⟩ *s. an die Stirn tippen,* ⟨fam⟩ *e–n Vogel zeigen*
²barrenar vi ⟨Flugw⟩ *(ab)trudeln*
barrendero *m Straßenkehrer* m
barre|nero *m Bohrerhersteller* m ‖ ⟨Bgb⟩ *(Sprengloch)Bohrer* m ‖ **–nilla** *f Spund-, Ansteck|bohrer* m
¹barrenillo *m Knorren* m *im Baum*
²barrenillo *m* ⟨Ins⟩ *Holzbohrkäfer* m *(Bostrychus* spp) ‖ *Splintkäfer* m *(Lyctus* spp) ‖ *Borkenkäfer* m *(Ips* spp)
³barrenillo *m Starrköpfigkeit, Sturheit* f
barreno *m (großer) Bohrer* m ‖ *(Spreng)Bohrloch* n ‖ ⟨fig⟩ *Eigendünkel* m ‖ ⟨figf⟩ *Grille, Marotte* f ⟨Chi⟩ ⟨fig⟩ *Halsstarrigkeit* f ‖ ◇ llevarle el ~ a alg. ⟨figf⟩ Mex *jdm nach dem Mund reden*
¹barre|ño *m,* **–ña** *f Lehmschüssel* f ‖ *Schaff* n, *Kübel* m *(aus Lehm)* ‖ *Spülbecken* n
²barreño *m* Guat *ein Volkstanz* m
barrer vt *(aus)kehren, weg|kehren, -fegen* ‖ *wegspülen* ‖ ⟨fig⟩ *säubern, reinmachen (de von)* ‖ ⟨fig⟩ *mit s. fortreißen* ‖ ⟨Mil⟩ *lichten, wegfegen (durch Kanonenfeuer)* ‖ *Gase spülen (Motor)* ‖ ~ vi *kehren* ‖ ◆ al ~ Arg *wahllos* ‖ *en gros* ‖ ◇ ~ hacia dentro ⟨figf⟩ *auf den eigenen Vorteil bedacht sein* ‖ ~ con todo ⟨figf⟩ *reinen Tisch machen* ‖ ~**se** Mex *scheuen (Pferd)*
¹barrera *f Lehmgrube* f ‖ *Schrank* m *(für irdene Töpfe usw.)* ‖ *Taubhalden* fpl *(Salpetergewinnung)*
²barrera *f Schranke* f, *Schlagbaum* m ‖ ⟨Mil⟩ *Verhau* m ‖ ⟨Mil⟩ *Sperre* f ‖ ⟨Sp⟩ [Fußball] *Mauer* f ‖ ⟨Taur⟩ *Schranke* f, *erster Platz* m ‖ ⟨fig⟩ *Barriere* f, *Hindernis* n, *Einhalt* m ‖ ⟨fig⟩ *Grenze, Begrenzung* f ‖ ⟨fig⟩ *Schutz* m ‖ ~(s) aduanera(s) *Zollschranken* fpl ‖ ~ aérea *Luftsperre* f ‖ ~ anticarros *od* antitanques *Panzersperre* f ‖ ~(s) arancelaria(s) *Zollschranke(n)* f(pl) ‖ ~ de arrecifes ⟨Geol Mar⟩ *Barrierenriff* n ‖ ~ biológica *biologische Schranke* f ‖ ~ de globos (cautivos) ⟨Flugw⟩ *(Fessel)Ballonsperre* f ‖ ~ levadiza *Schlag(baum)schranke* f ‖ ~ lingüística *Sprachbarriere* f ‖ ~ de luz *Lichtschranke* f ‖ ~

de paso a nivel ⟨EB⟩ *Schranke* f ‖ (anti)submarina *U-Boot-Sperre* f ‖ ~ de seguridad ⟨Flugw⟩ *Schutzsperre* f ‖ ~ sónica, ~ del sonido ⟨Flugw⟩ *Schallmauer* f ‖ ◇ salir a ~ ⟨fig⟩ *s. dem öffentlichen Gerede aussetzen* ‖ ver los toros desde la ~ ⟨figf⟩ *als Unbeteiligter od als Zuschauer dabeisein* ‖ ~**s** *fpl* ⟨EB⟩ *Schranken* fpl ‖ ~ raciales *Rassenschranken* fpl ‖ ◇ el pensamiento no tiene ~ *Gedanken sind zollfrei*
¹barrero *m Töpfer* m ‖ *Sumpf* m
²barrero *m* → **barrizal** ‖ SAm *salpeterhaltiger Boden* m
barresuelo *m* Dom *untere Blätter* npl *der Tabakspflanze, Grumpen* pl
¹barreta *f* dim von **barra** ‖ *Unterfütterung* f *(bei Schuhen)*
²barreta *f* And *in Würfeln geschnittener Honigkuchen* m
³barreta *f* Mex *Spitzhacke* f
barrete|ar vt *(mit Eisen) sichern* ‖ **–ro** *m* ⟨Bgb⟩ *Hauer* m
barretina *f* katalan. *(phrygische) Mütze* f ‖ *Zipfelmütze* f
barriada *f Teil* m *e–s Stadtviertels* ‖ *Stadtviertel* n ‖ Pe *Elendsviertel* n
barrial adj *(m/f)* Mex *tonig* ‖ ~ *m* Arg *Lehmboden* m
barri|ca *f Barrique, Tonne* f, *(Stück)Fass, Gebinde* n ‖ **–cada** *f Barrikade, Straßensperre* f ‖ ⟨Mil⟩ *Verhau* m ‖ ◇ levantar ~s *Barrikaden* fpl *errichten*
barri|da *f* Am ⟨reg⟩, **-do** *m (Aus)Kehren* n ‖ *Kehricht* m (& n) ‖ *Spülung* f *(Zweitaktmotor)* ‖ ◇ servir lo mismo para un ~ que para un fregado ⟨figf⟩ *Mädchen für alles sein*
barri|ga *f* ⟨fam⟩ *Bauch, Wanst* m ‖ *Bauch* m *od Wölbung* f *e–s Gefäßes* ‖ *Ausbuchtung, Durchbiegung* f *(Wand)* ‖ ~ descomunal *gewaltiger Bauch* m ‖ ~ de hipopótamo *od* de mastodonte ⟨figf⟩ *unmäßig dicker Bauch* m ‖ ◇ cargar la ~ ⟨vulg⟩ *ein Kind machen* ‖ echar ~ ⟨fam⟩ *Bauch ansetzen* ‖ encoger la ~ *den Bauch einziehen* ‖ estar con la ~ a la boca *od* al cuello ⟨fig pop⟩ *hochschwanger sein* ‖ hinchar la ~ ⟨fig⟩ *s. auf|blasen od -spielen* ‖ rascarse la ~ ⟨figf⟩ *Däumchen drehen* ‖ sacar la ~ de mal año *s. den Wanst vollschlagen* ‖ tener ~ ⟨pop⟩ *schwanger sein* ‖ ~ gruesa *no engendra entendimiento* (Spr) *ein voller Bauch studiert nicht gern* ‖ **–gón,** **–gudo** adj ⟨fam⟩ *dickbäuchig* ‖ ~ *m Dickwanst* m ‖ Ant *Kind* n ‖ **–guera** *f Bauchgurt* m *(Pferd)*
ba|rril *m (kleines) Fass, Fässchen* n, *kleine Tonne* f ‖ *Barrel* n *(Maß für Erdöl)* ‖ ~ para el agua de lluvia *Regentonne* f ‖ ~ de duelas *Daubenfass* n ‖ **–rrila** *f* Sant *bauchiger Krug* m *mit engem, kurzem Hals* ‖ **–rrilaje** Mex, **–rrilamen** *m Vorrat* m *an Fässern, Fässer* npl ‖ *Fasswerk* n ‖ **–rrilejo** *m* dim von **barril**
barrile|ría *f Böttcherei* f ‖ *Fasswerk* n ‖ → **barrilamen** ‖ **–ro** *m Böttcher* m ‖ *Fassbinder* m
¹barrilete *m* dim von **barril** ‖ ⟨Zim⟩ *Klammer-, Bank|haken* m ‖ *Trommel* f *(Revolver)* ‖ ⟨Uhrm⟩ *Feder|haus, -gehäuse* n ‖ ⟨Opt⟩ *Rohr* n, *Tubus* m ‖ ⟨Fot⟩ *Schlitten* m ‖ ⟨Mus⟩ *Mundstückaufsatz* m *an der Klarinette* ‖ ⟨reg⟩ *Papierdrachen* m ‖ ⟨Mar⟩ *Kreuzknoten* m
²barrilete *m* ⟨Zool⟩ *Winkerkrabbe* f *(Uca tangeri)* ‖ *essbare Schere* f *der Winkerkrabbe*
¹barrilla *f* ⟨Bot⟩ *Salz|kraut* n, *-strauch* m *(Salsola* sp) ‖ ⟨Bot⟩ *Glasschmalz, Queller* m *(Salicornia* sp) ‖ ⟨Bot⟩ *So|da, -da* f *(Suaeda maritima)* ‖ ~ de Alicante ⟨Bot⟩ *Salzkraut* n *(Halogeton sativum)* ‖ ~**s** *fpl Salzkrautasche* f
²barrilla *f* Bol Pe *gediegenes Kupfer* n

barri|llar *m Salzkrautfeld* n ‖ *Sodasiederei* f ‖
–llero adj: plantas ~as *Sodapflanzen* fpl
barrillos *mpl Eiterbläschen* npl, *Pickel* mpl
(im Gesicht)
barrio *m Stadt|viertel* n, *-teil* m ‖ *Ortsteil* m ‖
Vorstadt f ‖ *Nebengemeinde* f ‖ ~ *bajo*
Elendsviertel n ‖ ~s *bajos Unterstadt* f ‖
Vergnügungsviertel npl ‖ ~chino ⟨fig⟩ etwa: *Kiez*
m, *Rotlichtviertel* n ‖ ~ de los calvos ⟨joc⟩
Friedhof m ‖ ~ excéntrico, ~ extraviado ⟨fig⟩
Außenviertel n ‖ ~ comercial *Geschäftsviertel* n ‖
~ judío ⟨Hist⟩ *Judenviertel* n ‖ ~ Latino ⟨frz⟩
Quartier m *Latin (Paris)* ‖ ~ pobre *Elendsviertel*
n ‖ ~ residencial (meist: *gehobenes*) *Wohnviertel*
n ‖ ◇ estar de ~ *in einfachem Hauskleid*
einhergehen ‖ irse *od* marcharse al otro ~ ⟨fig⟩
sterben ‖ mandar al otro ~ ⟨pop⟩ *ins Jenseits*
befördern, um die Ecke bringen ‖ **–tero** adj Cu
pöbelhaft, plebejisch
barris|car [c/qu], **–quear** vt/i And *schnell,*
eifrig kehren ‖ **–co** *m*: a ~ *in Bausch und Bogen*
barrista *m/f* ⟨Sp⟩ *Barrenturner(in* f) m
barrita *f* dim von **barra** ‖ *Lippenstift* m
barri|tar vi *trompeten (Elefant)* ‖ **–to** *m*
Trompeten n *(Elefant)*
barrizal *m Lehmboden* m ‖ *Sumpf, Morast* m
¹barro *m (Straßen)Schlamm* m ‖ *Sumpf(boden)*
m ‖ *Ton, Lehm* m ‖ *Kitt* m, *keramische Masse* f ‖
Töpferwaren fpl ‖ ⟨fig⟩ *wertloses Ding* od *Zeug* n
‖ ⟨fig⟩ *Geld* n, ⟨fam⟩ *Moos* n ‖ ~ cocido
gebrannter Ton m ‖ *Terrakotta* f ‖ ~ flexible
Modellierton m ‖ ~ glacial ⟨Geol⟩ *Geschiebelehm*
m ‖ ◇ hacer un ~ Arg ⟨fig⟩ *e–n Bock schießen* ‖
eso no es ~ ⟨figf⟩ *das ist nicht zu verachten* ‖
das ist sehr ernst zu nehmen ‖ *das ist ein starkes*
Stück! ‖ **–s** *mpl feines Töpfergeschirr* npl ‖
Tonfiguren, Nippsachen fpl *aus Ton*
²barro *m Unebenheiten* f *der gegerbten Haut* ‖
Pickel m *(im Gesicht)* ‖ ⟨Vet⟩ *Beule* f ‖ ~s *mpl*
Finnen fpl
barro|co adj *barock (Stil)* ‖ ⟨fig⟩ *verschroben,*
überspannt ‖ ~ *m Barock* m (& n) ‖ **–quismo** *m*
barocke Art f, *Barock* n ‖ ⟨fig⟩ *Verschrobenheit,*
Überladung f ‖ ⟨fig⟩ *Schrulle* f
barrón *m* augm ⟨fam⟩ von **¹barra** und von
¹barro ‖ ⟨Bot⟩ *Strandhafer* m (Ammophila
arenaria)
¹barroso adj *kotig, lehmig* ‖ *lehmfarben* ‖
bräunlich, rötlich, scheckig (Vieh)
²barroso adj ⟨Med⟩ *finnig* ‖ *pick(e)lig*
barrote *m dicke Eisenstange* f ‖
Sicherungsstange f
barrotero *m* Mex *Kellnergehilfe* m
barrotín *m* ⟨Mar⟩ *Schiffsrippe* f
barrudo adj Ar *dreist, keck*
barrueco *m Barockperle* f
barrullo *m* Ec *Wirrwarr, Klamauk* m ‖ *Lärm,*
Krach m
barrumbada *f* ⟨fam⟩ *protzige Rede* f ‖
Angeberei, Aufschneiderei, Prahlerei f ‖
protzenhafte Verschwendung f ‖ ◇ echar ~s
⟨fam⟩ *flott leben*
barrun|tar vt *ahnen, merken, mutmaßen* ‖
vorhersehen ‖ *wittern (Gefahr)* ‖ **–tativo** adj
un|bestimmt, -deutlich, erahnt ‖ ◇ tengo una
impresión ~ *ich habe das unbestimmte Gefühl* ‖
–te *m* ~ **–to** ‖ **–to** *m Mutmaßung, Vermutung* f ‖
Ahnung f ‖ *Vorgefühl* n ‖ *Anzeichen* n, *Spur* f ‖
Witterung f *(e–r Gefahr)* ‖ ◇ en ~s de la muerte
im Vorgefühl des Todes
barto|la *f* ⟨fam⟩ *Schmerbauch* m ‖ ◆ a la ~
⟨fam⟩ *flegelhaft* ‖ *sorglos* ‖ **–lear** vi Chi ⟨fam⟩
faulenzen ‖ **–lillo** *m (Rahm)Pastetchen* n
bartolina *f* Mex PR *enge Gefängniszelle* f
Bartolomé *m*, ⟨fam⟩ **Bartolo** np *Bartolomäus* m

bartolón *m* Hond *Bienenstock* m *(der*
schwarzen Honigbiene)
bartul(e)ar vi Chi *grübeln*
bártulos *mpl* ⟨fig⟩ *Besitzungen* fpl ‖ ⟨fam⟩
Kram, Plunder m ‖ ◇ coger *od* liar los ~ ⟨figf⟩
s–e (Sieben)Sachen packen ‖ ⟨pop⟩ *sterben*
baru|llento *m/*adj RPl ⟨fam⟩ → **–llero** **–llero**
m Ränkeschmied, Hetzer m ‖ *Wirrkopf* m ‖ **–llo** *m*
⟨fam⟩ *Wirrwarr, Klamauk* m ‖ *Lärm, Krach* m ‖
◆ a ~ *in großen Mengen, im Überfluss*
bar|za *f* Ar *Brombeerstrauch* m (→ **zarza**) ‖
–zal *m* Am *Sumpf, Morast* m
¹barzón *m Bummel, zielloser Spaziergang* m ‖
◇ dar *od* hacer barzones *bummeln, ziellos*
spazieren
²barzón *m* ⟨Agr⟩ *Deichselring* m *am Pflug*
barzonear vi *bummeln, ziellos spazieren*
¹basa *f* ⟨Arch⟩ *Säulenfuß* m, *Basis* f ‖ *Sockel* m
‖ ⟨fig⟩ *Grund(bestandteil)* m ‖ *Grundlage* f ‖
⟨Arch⟩ *Grundmauer* f
²basa *f* Ar *Wasserpfütze* f ‖ *Vertiefung* f *im*
Boden
basal adj *(m/f) Grund-* ‖ ⟨Bot Zool⟩ *basal*
basáltico adj *Basalt-*
basalto *m* ⟨Geol⟩ *Basalt* m
basamento *m* ⟨Arch⟩ *Grund|lage, -mauer,*
Basis f ‖ ⟨Arch⟩ *Fußgestell* n ‖ *Unterbau* m ‖
Stützenfundament n *(Bergbahn)* ‖ *Sockel* m ‖ ~ de
cabria ⟨Bgb⟩ *Hebebockgrube* f
basanita *f* ⟨Geol⟩ *Basanit* m
basar vt *(be)gründen* (& fig) ‖ *stützen* (sobre
auf dat) ‖ ⟨Arch⟩ *(den Grund) ausmauern* ‖ ◇
estar basado *beruhen* (en *auf* dat) ‖ ~**-se** ⟨fig⟩
fußen (en *auf* dat) ‖ *bauen* (en *auf* acc)
basáride *f* ⟨Zool⟩ *Katzenfrett* m (Bassariscus
astutus)
basbolero *m* ⟨Sp⟩ *Baseballspieler* m
¹basca *f* ⟨Vet⟩ *Tollwutanfall* m ‖ ⟨fam⟩
Wutanfall m
²basca(s) *f(pl) Brechlust* f ‖ *Schwindel* m,
Ohnmacht f ‖ ⟨figf⟩ *plötzlicher Anfall* m ‖ ◇ ha
tenido una ~ *es ist ihm übel geworden* ‖ le entran
~s *es wird ihm (ihr) übel, er (sie, es) muss s.*
übergeben
basco|sidad *f Unrat, Schmutz* m ‖
Ekelhaftigkeit f ‖ Ec *Zote* f ‖ **–so** adj *an Brechreiz*
leidend ‖ Col Ven *ekelhaft* ‖ ~ *m* Ec *unflätiger*
Mensch m
báscula *f Waage* f ‖ *Hebelwaage* f ‖ ⟨Fort⟩
Hebel, Hebebaum m ‖ ⟨Fot⟩ *Kipprahmen* m ‖ ~
automática *automatische Personenwaage* f ‖ ~
decimal *Dezimalwaage* f ‖ ~ instantánea
Schnellwaage f ‖ ~ médica *Medizinalwaage* f ‖ ~
de pesada continua *Durchlaufwaage* f ‖ ~
pesapersonas *Personenwaage* f ‖ ~ de plataforma
Brückenwaage f ‖ ~ de precisión, *Präzisions-,*
Feineinstell|waage f ‖ ~ de puente *Brückenwaage*
f ‖ ~ de suspensión *Hängewaage* f
bascu|lador *m* ⟨Auto EB⟩ *Kipper* m ‖ ⟨Bgb⟩
Wipper m ‖ **–lante** adj *(m/f) kippbar* ‖ *Kipp-* ‖ ~
m ⟨El⟩ *Kippschalter* m ‖ **–lar** adj *wippen,*
schwingen ‖ *kippen* ‖ **–lero** *m* [früher]
Waagemeister m
base *f Basis, Grundlage* f ‖ *Grundfläche* f *(e–s*
Körpers) ‖ *Bodenplatte, Bettung* f ‖ ⟨Arch⟩
Fußgestell n ‖ ⟨Chem⟩ *Base* f ‖ ⟨Mal⟩ *Grundfarbe*
f ‖ ⟨Math⟩ *Grund|linie, -seite, -zahl* f ‖ ⟨Mil⟩
Basis f, *Stützpunkt* m ‖ ⟨Pol⟩ *Basis* f ‖ ⟨Top⟩
Standlinie, Basis f ‖ ~ aérea ⟨Flugw⟩
Flugstützpunkt m ‖ ~ aeronaval *Seeflughafen* m ‖
~ de cálculo *Kalkulationsbasis* f ‖ ~ del cerebro
⟨An⟩ *(Ge)Hirnbasis* f ‖ ~ de conocimientos
Wissensbasis f ‖ ~ del cráneo *Schädel|basis* f,
-grund m ‖ ~ de datos ⟨Inform⟩ *Daten|bank,*
-basis f ‖ ~ de discusión *f Diskussionsgrundlage*

f ‖ ~ imponible *zu versteuerndes Einkommen* n ‖
~ de lanzamiento *Abschussbasis* f *(Raketen)* ‖ ~
naval ⟨Mar⟩ *Flottenstützpunkt* m ‖ *Arsenal* n ‖ ~
de negociaciones *Verhandlungsgrundlage* f ‖ ~ de
operaciones ⟨Mil⟩ *Operationsbasis* f ‖ ~ de radar
Radarstützpunkt m ‖ ~ submarina ⟨Mar⟩ *U-Boot-
Stützpunkt* m ‖ ~ sustentación *Untergestell* n ‖
Traggerüst n ‖ ♦ a ~ de ... *auf Grund von* ... ‖ a
~ de bien ⟨fam⟩ *sehr gut, ausgezeichnet,* ⟨fam⟩
prima ‖ caer por la ~ *im Grundsatz falsch sein
(Argumentation usw.)* ‖ comimos a ~ de bien
⟨fam⟩ *wir haben sehr gut gegessen*
   base-ball *m* → **béisbol**
   Basedow: enfermedad de ~ ⟨Med⟩ *Basedow-
Krankheit* f
   basicidad *f* ⟨Chem⟩ *Basizität* f
   básico adj *grundlegend, Grund-* ‖ ⟨Chem⟩
basisch, Basen-
   basi|dial adj *(m/f)* ⟨Biol⟩ *basidial* ‖ *–dio m*
⟨Bot⟩ *Basidi|um* n, *-e* f ‖ *–diolíquenes mpl* ⟨Bot⟩
Basidiomoosflechten fpl ‖ *–diomicetos mpl* ⟨Bot⟩
Basidiomyzeten pl, *Ständerpilze* mpl
   basilar adj *(m/f) auf die Basis bezüglich* ‖
⟨Bot⟩ *grundständig* ‖ ⟨Med⟩ *basilar* ‖ ~ *m* ⟨An⟩
Keilbein n ‖ *~es mpl (Bau)Grund* m
  △ **basilea** *f Galgen* m
   Basilea *f* [Stadt] *Basel* n
   ¹**basílica** *f* ⟨Arch⟩ *Basilika* f
   ²**basílica** *f* ⟨An⟩ *Basilika* f
   basilicón *m* ⟨Med⟩ *Königssalbe* f
   basil(i)ense adj *(m/f) aus Basel* ‖ ~ *m/f
Basler(in* f) m
   Basilio *m* np *Basilius* m ‖ ~ *m/*adj ⟨Rel⟩
Basilianermönch m
   basilisco *m* ⟨Myth⟩ *Basilisk* m ‖ ⟨Zool⟩
Basilisk m (Basiliscus spp) ‖ ⟨Hist Mil⟩
Feldschlange f ‖ ◇ *estar hecho un* ~ ⟨figf⟩ *voller
Wut sein*
   basket-ball *m* → **baloncesto**
   ba|sofilia *f* ⟨Med⟩ *Basophilie* f ‖ *–sófilo* adj
basophil ‖ *–sofobia f Basophobie* f
   basquear vi *Übelkeit verspüren* ‖ ~ vt
anekeln, Übelkeit verursachen
   basquiña *f Baskine* f, *Frauenrock* m
(baskische Nationaltracht)
   basset *m* [Hund] *Basset* m
   ¹**basta** *f Heftnaht* f ‖ *Steppnaht* f ‖ *Abnäher* m
   ²**basta** *f* Al *(Art) Reitsattel* m
   ³¡**basta**! int *basta! genug!*
   bastante adj *hinlänglich, aus-, zureichend,
genügend* ‖ lo ~ *genug* ‖ ~ adv *genug* ‖ *ziemlich*
‖ ~ bien *ziemlich gut* ‖ ◇ *nunca tiene* ~ *er (sie,
es) ist nie satt, nie zufrieden* ‖ ~ *dinero ziemlich
viel Geld* ‖ *dinero* ~ *Geld genug* ‖ adv: *~mente*
   bastante|ar vi ⟨Jur⟩ *e–e Vollmacht beglaubigen*
od bestätigen ‖ *–o m* ⟨Jur⟩ *Beglaubigung od
Bestätigung f e–r Vollmacht* ‖ *–ro m Beamte(r)* m,
der die Vollmacht des Anwalts prüft
   bastar vi *hinreichen, genug sein, genügen,
langen* ‖ *reichlich vorhanden sein* ‖ ◇ *basta con
... (& inf) es reicht zu ... (& inf)* ‖ *basta con
verlo es genügt, ihn (es) zu sehen* ‖ *eso me basta
das genügt mir* ‖ *basta y sobra* ⟨fam⟩ *genug und
übergenug* ‖ *~se: el país se basta para sus
necesidades das Land deckt s–n Bedarf aus s.
selbst* ‖ ~ y *sobrarse s. selber helfen können bzw
s. selber zu helfen verstehen*
   bastar|da *f Bastard-, Vor|feile* f ‖ ⟨Typ⟩ →
–dilla ‖ *–deamiento m* ⟨Biol Gen⟩ *Bastardierung*
f ‖ *Art- bzw Rassen|kreuzung* f ‖ ⟨fig⟩ *Entartung* f
‖ ⟨fig⟩ *Verfälschung* f ‖ *–dear* vt *kreuzen (Arten,
Rassen)* ‖ ~ vi *ausarten* ‖ *aus der Art schlagen* ‖
entarten ‖ *degenerieren* ‖ ⟨fig⟩ *verfälschen* ‖ *–día
f un-, außer|eheliche Geburt* f ‖ *Ent-, Ab|artung* f
‖ ⟨fig⟩ *Gemeinheit, Niederträchtigkeit* f

   ¹**bastardilla** *f* ⟨Typ⟩ *Kursivschrift* f
   ²**bastardilla** *f* ⟨Mus⟩ *(Art) Flöte* f
   bastar|dización *f* ⟨Gen⟩ → *–deamiento*
   ¹**bastardo** adj *Bastard-* ‖ *ausgeartet* ‖ *unecht,
falsch, After-* ‖ *entartet* ‖ *verfälscht* ‖ *un-,
außer|ehelich* ‖ ⟨fig⟩ *niederträchtig, schändlich* ‖
Misch- ‖ *Zwitter-* ‖ ~ *m Bastard, Bankert* m ‖
Mischling m ‖ *un-, außer|eheliches Kind* n
   ²**bastardo** *m* ⟨Mar⟩ *Racktau* n
   ³**bastardo** *m* ⟨Zool⟩ *Boaschlange* f
   ¹**baste** *m Pausche* f
   ²**baste** *m Steppnaht* f
   ³¡**baste**! → ³¡**basta**!
   bastear vt *reihen* ‖ *steppen* ‖ *verloren heften*
   baste|dad, –za *f Roheit, Ungeschliffenheit,
Plumpheit* f
   basterna *f* ⟨Hist⟩ *Pferdesänfte* f
   bastero *m Saumsattler* m
   Bastián *m* np *Bastian* m ‖ *Sebastian* m
   bastida *f* ⟨Mil Hist⟩ *Sturmbock* m, *Roheit,
Ungeschliffenheit* f ‖ *Plumpheit* f
   bastidor *m (Wagen-, Stick-, Fenster)Rahmen* m
‖ *(Wagen)Gestell* n ‖ ⟨Flugw⟩ *Rahmen* m ‖ ⟨El⟩
Gestell n ‖ ⟨Film⟩ *Flachdekor* n ‖ *Kassette* f ‖ Col
Chi *Rollvorhang* m ‖ ~ *del flotador* ⟨Mar Flugw⟩
Schwimmergestell n ‖ *~es mpl* ⟨Th⟩ *Kulissen,
Schiebewände* fpl ‖ ◇ *entre* ~ ⟨fam⟩ *hinter den
Kulissen* ‖ ⟨fig⟩ *im Geheimen*
   ¹**bastilla** *f Saum, Umschlag* m *am Rand des
Tuches*
   ²**bastilla** *f Zwingburg* f
   Bastilla *f Bastille* f *(in Paris)* ‖ *toma de la* ~
Erstürmung f *der Bastille*
   bastimen|tar vt *verproviantieren* ‖ *–to m*
⟨Mar⟩ *Fahrzeug, Schiff* n ‖ *~(s) (de boca)
Proviant* m
   bastión *m* ⟨Mil⟩ *Bastei, Bastion* f, *Bollwerk* n ‖
⟨Pol fig⟩ *Hochburg* f
   ¹**basto** adj *grob, roh* ‖ ⟨fig⟩ *ungeschliffen,
plump*
   ²**basto** *m Packsattel* m ‖ Am *Sattelkissen* n
   ³**basto** *m* ⟨Kart⟩ *Eichel* f
   bastón *m Stock, Stab, Stecken* m ‖ *Wanderstab*
m ‖ *Spazierstock* m ‖ *Feldherrnstab* m ‖
Tabaksrolle f ‖ *Amtsstab* m ‖ ⟨Mar⟩ *Giekbaum* m ‖
⟨Flugw⟩ *Steuerknüppel* m ‖ ⟨Her⟩ *Pfahl* m ‖ Sal
Schössling od Stiel m *der jungen Eiche* ‖ ~ *de
alpinista Alpenstock* m ‖ ~ *(de) estoque
Stockdegen, Degenstock* m ‖ ~ *de golf
Golfschläger* m ‖ ~ *de mando Amtsstab* m ‖
Kommandostab m ‖ ~ *de mariscal Marschallstab*
m ‖ ~ *de montaña Alpenstock* m ‖ ~ *de nudos
Knotenstock* m ‖ ~ *(de) paraguas Schirmstock* m ‖
~ *de vainilla Vanillestange* f ‖
◇ *dar* ~ *al vino den Wein peitschen, umrühren* ‖
empuñar el ~ ⟨fig⟩ *den Befehl übernehmen,
haben* ‖ *meter el* ~ *(en)* ⟨fig⟩ *vermitteln*
   basto|nada *f* ~ *–nazo* ‖ ⟨Hist⟩ *Bastonade,
Prügelstrafe* f ‖ *–nazo m Stockschlag* m ‖
Stockstreiche mpl ‖ *~s mpl* ⟨fam⟩ *Prügel* mpl
   baston|cillo, –cito *m* dim von **bastón** ‖
schmale Tresse f ‖ ~ *de algodón Wattestäbchen* ‖
~ *de vainilla Vanillestange* f
   basto|near vt *mit dem Stock schlagen* ‖
peitschen (den Wein) ‖ ⟨fig⟩ *diktatorisch regieren*
‖ ~ vi Sal *Eichentriebe abweiden (Vieh)* ‖ *–neo m
Geräusch* n *von Stockschlägen* ‖ *–nera f (Schirm-
und) Stockständer* m ‖ *–nero m Stockmacher* m ‖
Stabträger, Zeremonienmeister m ‖ ⟨Hist⟩
Stockmeister m *(im Gefängnis)* ‖ *Ven Zuhälter* m
   basu|ra *f Müll* m ‖ *Kehricht* m (& n) ‖ *Unrat*
m ‖ *Pferdemist, Dünger* m ‖ Am *Tabak* m *der
schlechtesten Sorte, Kraut* n ‖ *–do Haus(halts)müll* m ‖ ◇ *nuclear Atommüll* m ‖ ◇
hablar ~ ⟨pop⟩ *dumm quatschen* ‖ *–ral m Am
Müll|abladeplatz* m, *-deponie* f ‖ *–rear* vt ⟨vulg⟩

RPl *besiegen* ‖ *umbringen* ‖ ⟨pop⟩ *umlegen* ‖ RPl
plattdrücken ‖ **–rero** *m* **a)** *Müll\werker*, ⟨fam⟩
-mann, ⟨reg⟩ *-kutscher* m ‖ ⟨desp⟩ *Mistbauer* m ‖
b) *Müll\abladeplatz* m, *-deponie* f ‖ *Abfallhaufen*
m ‖ *Abfallgrube* f ‖ *Misthaufen* m ‖ **–rilla** *f* CR
böser Blick m ‖ **–rita** *f* Cu ⟨pop⟩ *Trinkgeld* n ‖
Am *Kleinigkeit* f ‖ *Lappalie* f
Basutolandia *f* ⟨Geogr⟩ (hoy **Lesotho**)
Basutoland n (heute *Lesotho*)
¹bata *f* *Schlaf-*, *Haus\rock* m ‖ *Hauskleid* n,
Kittel m *für Frauen* ‖ ⟨fam⟩ *Haus- bzw*
Strand\kleid n *(der Frauen)* ‖ *(Arbeits)Kittel* m ‖
~ blanca *weißer Kittel* m *(der Ärzte, Apotheker*
usw.) ‖ ~s blancas ⟨fam⟩ *Ärzte* mpl, ~ de mañana
Krankenhauspersonal n ‖ ~ de mañana
Morgenrock m ‖ ~ de noche *Schlafrock* m ‖ ◆ de
~ *im Hauskleid* ‖ *im Morgenrock*
²bata *m* Fil *Kind* n ‖ ⟨Hist⟩ *junger*
eingeborener Diener m
³bata *f* Chi *Wäscheschlegel* m
batacazo *m* *Aufschlag beim Fallen*, ⟨fam⟩
Plumps, heftiger Fall m ‖ ⟨fig⟩ *Fehlschlag* m ‖
Fiasko n ‖ Arg *unerwarteter Erfolg*,
Glücks(zu)fall m ‖ ◇ dar *(od pegar)* un ~ ⟨fam⟩
der Länge nach hinfallen ‖ ⟨fig⟩ *stürzen bzw*
gestürzt werden
bata\clán *m* Arg *Revuetheater* n ‖ **–clana** *f* Arg
Revuegirl n
batahola *f* ⟨fam⟩ *Ge\schrei*, *-töse* n, *Krach* m
¹batalla *f* ⟨Mil⟩ *(Feld)Schlacht* f ‖ *Kampf* m ‖
⟨Mal⟩ *Schlachtgemälde* n ‖ *Ritterspiel* n ‖
Sattelsitz m ‖ *Hobelsohle* f ‖ ⟨fig⟩ *Hader, Streit* m
‖ ~ aérea *Luftschlacht* f ‖ ~ de almohadas
Kissenschlacht f ‖ ~ de aniquilamiento
Vernichtungsschlacht f ‖ ~ campal *Feld-*,
Haupt\schlacht f ‖ ⟨fig⟩ *Prügelei, Schlägerei* f ‖ ~
de cerco *Kesselschlacht* f ‖ ~ de confeti
Konfettischlacht f ‖ ~ decisiva (defensiva)
Entscheidungs- (Abwehr)\schlacht f ‖ ~ de
desgaste *Zermürbungsschlacht* f ‖ ~ electoral
Wahlkampf m ‖ ~ de flores *Blumenkorso* m ‖ ~
de material *Materialschlacht* f ‖ ~ de las
Naciones Völkerschlacht f *(bei Leipzig 1813)* ‖ ~
naval *Seeschlacht* f ‖ ~ de ruptura
Durchbruchsschlacht f ‖ ~ de Sadowa *Schlacht* f
von Königgrätz (1866) ‖ ~ sangrienta *blutige*
Schlacht f ‖ ◆ de ~ ⟨figf⟩ *für den Alltag* ‖
strapazierfähig (Kleidung, Stoff) ‖ en orden de ~
⟨Mil⟩ *in Schlachtordnung* ‖ ◇ dar *(od librar)* ~
e–e Schlacht liefern ‖ ⟨fig⟩ *die Stirn bieten* ‖
dar la ~ *kämpfen, den Kampf aufnehmen* ‖ ganar
(perder) la ~ *die Schlacht gewinnen (verlieren)* ‖
presentar (la) ~ *die Schlacht anbieten* ‖ ⟨fig⟩ *s.*
zum Kampf stellen ‖ ~ ganada, general perdido
Undank ist der Welt Lohn
²batalla *f* ⟨Auto⟩ *Achsabstand* m
bata\llador adj *kriegerisch* ‖ *kämpferisch* ‖
⟨fig⟩ *streitsüchtig* ‖ ~ *m Kämpfer* m ‖
Fechtmeister m ‖ ⟨fig⟩ *streitsüchtiger, zänkischer*
Mensch m ‖ **–llar** vi *kämpfen, streiten* ‖ ⟨fig⟩
Worte scharf wechseln ⟨fig⟩ *schwanken, zaudern*
‖ **–llero** *m* Mex ⟨fam⟩ *Faselhans* m
¹batallón *m* ⟨Mil⟩ *Bataillon* n ‖ ⟨fig⟩ *Schar* f ‖
~ disciplinario *Strafbataillon* n ‖ ~ de reserva
Ersatzbataillon n ‖ ~ de transmisiones
Nachrichtenabteilung f ‖ ◇ tenía un ~ de amigos
⟨fig⟩ *er hatte e–e (Un)Menge Freunde*
²batallón adj: cuestión ~a ⟨fam⟩ *Streitfrage* f
batán *m* ⟨Text⟩ *(Tuch) Walke* f ‖ *Walkmaschine*
f ‖ *Walkmühle* f ‖ Chi ⟨pop⟩ *Färberei* f ‖ Ec Pe
Mahlstein m ‖ Col *Mühe* f
¹batan(e)ar vt ⟨Text⟩ *walken* ‖ ⟨fam⟩
(durch)walken, verprügeln
²batan(e)ar vt *klopfen (Teppich, Matratzen*
usw.)

¹batanero *m* ⟨Ins⟩: adj: abejorro *(od*
escarabajo) ~ *Walker* m (Polyphylla fullo)
²batanero *m* *Walkmüller* m
bataola *f* → **batahola**
bataraz [*pl* ~**ces**] adj Arg *bleigrau mit weißen*
Flecken (Huhn)
batasuno *m* Span *Anhänger von Herri*
Batasuna (bask. Separatistenverband)
¹batata *f* ⟨Bot⟩ *Süßkartoffel, Batate* f (Ipomoea
batatas)
²batata *f* Arg *Schüchternheit* f
³batata *m* Am *Tölpel, Simpel, Dummkopf* m
bata\tal, **–tar** *m* *Batatenfeld* n
batatazo *m* *heftiger Schlag* m *beim Fallen* ‖
⟨fig⟩ *Miss-, Fehl\griff* m ‖ Chi *unverhofftes Glück*
n ‖ Arg Chi Pe *Sieg* m *e–s Außenseiters*
(Pferderennen)
batato adj Col *von schwarzvioletter*
Hautfarbe
bátavo *m/adj Bataver, Holländer* m
batayola *f* ⟨Mar⟩ *Hängemattenkasten* m
¹bate *m* ⟨EB⟩ *Stopfhacke* f
²bate *m* ⟨Sp⟩ *Baseballschläger* m
³bate *m* Cu *Schnüffler* m
batea *f Kredenzteller* m ‖ *(lackiertes) Teebrett*
n ‖ *Tablett* n ‖ *Mulde* f, *kleiner Trog* m ‖ ⟨Mar⟩
Prahm m ‖ ⟨EB⟩ *(flacher, offener) Güterwagen* m
‖ SAm *Mulde* f *(zum Goldwaschen)* ‖ Pe
Wasch\bütte f, *-zuber* m
bateaguas *m* *Wasserschenkel* m *(am Fenster)*
bateíta *f* MAm *klatschsüchtiger Mensch* m
batel *m* *(Schiffer)Kahn, Nachen* m
bate\lada *f* ⟨Mar⟩ *Schiffslast* f ‖ **–lera** *f runder*
Strohhut m ‖ **–lero** *m Kahnführer, Schiffer* m ‖ los
~s del Volga *die Wolgaschiffer* mpl ‖ **–lón** *m*
SAm *Art Kanu* n *zum Befahren von*
Stromschnellen
batemar *m* ⟨Mar⟩ *Schegg* n
bateo *m* ⟨fam⟩ *Taufe* f
¹batería *f* ⟨El⟩ *Batterie* f ‖ ~ de ánodos
Anodenbatterie f ‖ ~ de compensación
Pufferbatterie f ‖ ~ de disparo *Auslösebatterie* f ‖
~ de filamento *Heizbatterie* f ‖ ~ recargable
wiederaufladbare Batterie f ‖ ~ seca
Trockenbatterie f ‖ ~ solar *Sonnenbatterie* f ‖ ◇
cargar la ~ *die Batterie (auf)laden*
²batería *f* ⟨Mil⟩ *Batterie* f ⟨Mil⟩
Geschützstand m ‖ ⟨Mil⟩ *Mauereinbruch* m,
Bresche f ‖ ⟨Mar⟩ *Stück-, Geschütz\pforte* f ‖ ~
antiaérea, ~ de la D.C.A. *Flakbatterie* f ‖ ~ de
campaña *Feldbatterie* f ‖ ~ de cohetes (de costa)
Raketen- (Küsten)batterie f ‖ ~ de montaña
Gebirgsbatterie f ‖ ~ de plaza *Festungsbatterie* f
‖ ◆ en ~ *aufgefahren (Artillerie)*
³batería *f Reihe* f ‖ *große Anzahl* f ‖ ⟨Mus⟩
Schlagzeug n ‖ *Schlagzeuger* m ‖ ⟨Th⟩
Rampenlichter npl ‖ ⟨Tech⟩ *Batterie, Reihe* f ‖ ~
de cocina (esmaltada) *(Email-)Küchengeschirr* n ‖
~ de cría de polluelos *Kükenbatterie* f ‖ ~ de
lavabos *Reihenwaschanlage* f ‖ ~ ponedora
Legebatterie f ‖ ~ de preguntas *Schwall* m
Fragen ‖ una ~ de proyectos *e–e Menge Projekte*
‖ ~ de tintaje ⟨Typ⟩ *Farbwerk* n ‖ ◆ en ~
nebeneinander
⁴batería *f* ⟨fig⟩ *heftige Erregung* f ‖ ⟨fig⟩
Belästigung(en) f(pl) ‖ ⟨fig⟩ *Lästigkeit,*
Zudringlichkeit f
baterista m/f ⟨Mus⟩ *Schlagzeuger(in* f) m
batero *m Hersteller* m *von Hausröcken*
batey *m* PR *Vorhof* m
batial adj *(m/f)*: zona ~ ⟨Geol MK⟩
Bathyalzone f
batibo\lear vt Dom *gestikulieren* ‖ **–leo** *m*
⟨fam⟩ *Lärm, Radau* m
bati\borrillo, **–burrillo** *m* ⟨fam⟩ *Mischmasch* m

m, *Gemansche* n ‖ *Durcheinander* n, *völlige Unordnung* f
batic m ⟨Text⟩ *Batik* m (& f)
baticabeza m ⟨Ins⟩ *Schnell-, Spring\käfer, Schmied* m (→ **elatéridos**)
batición f Cu *Schlagen* n
batico\la f *Schweifriemen* m *(Pferd)* ‖ Am *Lendenschurz* m ‖ **–learse** vr Ven ⟨fig⟩ s. *aufplustern, s. wichtig tun*
bati\da f *Treibjagd* f (& fig) ‖ ⟨Mil⟩ *Streife* f ‖ *Razzia* f, *Streifzug* m *(der Polizei)* ‖ *Platzregen* m ‖ Cu StD *Angriff* m *(Hahnenkampf)* ‖ Cu *Angriff* m ‖ **–dera** f **a)** *Rührschaufel* f ‖ **b)** *Zeidel-, Imker\messer* m ‖ **–dero** m *holp(e)riger Fahrweg* m ‖ *Stuckern* n ‖ *ständiges Schlagen od Klappern* n ‖ ⟨Mar⟩ *Schegg* n ‖ ⟨Mar⟩ *killendes Segel* n ‖ ⟨fig⟩ *vielbesuchter Ort* m ‖ **~s** mpl *Spritzborde* mpl ‖ ◇ *guardar los* ~s ⟨figf⟩ *Vorsichtsmaßregeln* fpl *treffen*
batido adj *gebahnt, ausgetreten (Fußweg)* ‖ *ausgefahren (Fahrweg)* ‖ *schillernd (Seidenstoff)* ‖ ~ m *Schütteln* n ‖ *Shake* m, *Mixgetränk* n ‖ *eingerührter Teig* m ‖ *Eierschnee* m ‖ *geschlagenes Eigelb* n ‖ *geschlagene Eier* npl ‖ ⟨El⟩ *Überlagerung* f ‖ ⟨Arch⟩ *Estrich* m *aus Ton, Lehm usw.*
¹batidor m *Schnee\schläger, -besen* m ‖ *Quirl* m ‖ *(Butter-, Teig-)Stößel* m ‖ ~ *de huevos Schneeschläger* m ‖ [veraltet] *Schlagholz* n *der Wäscherinnen* ‖ ⟨Agr⟩ *Dreschflegel* m ‖ ⟨Text⟩ *Schläger* m ‖ *großzahniger, weiter Kamm* m ‖ ~ *de oro Goldschläger* m
²batidor m ⟨Jgd⟩ *Treiber* m ‖ ⟨Mil⟩ *Kundschafter* m
bati\dora f *Rühr\maschine* f, *-werk* n ‖ *Butterkneter* m ‖ *Mixer* m ‖ **–dura(s)** ⟨Tech⟩ *Hammerschlag* m
batiente adj *schlagend* ‖ ~ m *Falz, Anschlag* m ‖ *Fenster- bzw Tür\flügel* m ‖ *Rahmenschenkel* m *e–r Tür* ‖ *Traufplatte (am Fenster)* ‖ *Dämpfer* m *(am Klavier)* ‖ ⟨Mar⟩ *Felsenklippe* f, *Deich* m *(an dem s. die Wellen brechen)*
batiesfera f → **batisfera**
bati\fondo m Arg *Lärm, Tumult* m ‖ *Wirrwarr* m ‖ **–grafía** f ⟨MK⟩ *Tiefseeforschung, Bathygraphie* f ‖ **–hoja** m *Blechschmied* m ‖ *Silber-, Gold\schläger* m
batik m ⟨Text⟩ *Batik* m (& f)
batimento m ⟨Mal⟩ *Schlagschatten* m
ba\timetría f ⟨MK⟩ *Bathymetrie, Tiefenmessung* f ‖ **–tímetro** → **batómetro**
batimiento m *Münzprägen* n ‖ *Schlagen* n ‖ ⟨Mil⟩ *Beschuss* m
batín m *Kasack* m ‖ *(kurzer) Hausrock* m ‖ *(Friseur)Kittel* m
batintín m *Gong* m
batiporte m ⟨Mar⟩ *Drempel* m, *Stückpforte* f
¹batir vt/i *schlagen (Metall, Trommel, Takt)* ‖ *hämmern* ‖ *ausklopfen* ‖ *rütteln* ‖ *rühren, kneten (Teig)* ‖ *schlagen (Eier, Sahne)* ‖ *quirlen* ‖ *unmittelbar bescheinen (Sonne)* ‖ *bespülen, anbranden (an* acc*)* ‖ *an\wehen, -blasen (Wind)* ‖ *prasseln, trommeln (Regentropfen)* ‖ *durchkämmen (das Haar)* ‖ *einreißen (Gebäude, Zelt)* ‖ *schwenken (Fahne)* ‖ ⟨Mil⟩ *(mit schwerem Geschütz) beschießen* ⟨Mil Jgd⟩ *durchstreifen, erkunden (Gelände)* ‖ ⟨Mil⟩ *schlagen, besiegen* ‖ ⟨Jgd⟩ *treiben, mit Treibern jagen* ‖ *münzen, prägen (Geld)* ‖ *kalt schmieden (Metalle)* ‖ *peitschen (Boden)* ‖ *schlagen (mit den Flügeln)* ‖ ⟨Mus⟩ *den Takt angeben* ‖ *(mit der Trommel) schlagen* ‖ *(heftig) schlagen (Herz)* ‖ Ar Nav *(et.) herunterwerfen* ‖ Am *(fort)schleudern* ‖ Chi Guat Pe *spülen (Wäsche)* ‖ ◇ ~ *el agua por la ventana das Wasser aus dem Fenster hinausschütten* ‖ ~

las alas mit den Flügeln schlagen (Vogel) ‖ ~ *la catarata* ⟨Med⟩ *den Star stechen* ‖ ~ *el cobre* ⟨fig⟩ *das Eisen schmieden, solange es heiß ist* ‖ ⟨fig⟩ *kämpfen, s. schlagen* ‖ ~ *leche buttern* ‖ ~ *oro Gold schlagen* ‖ ~ *palmas (Beifall) klatschen* ‖ ⟨figf⟩ *kämpfen, s. schlagen* ‖ ~ *el parche* ⟨figf⟩ *auf die Pauke hauen* ‖ **~se** s. *schlagen* ‖ *kämpfen* ‖ *herabstoßen (Greifvogel)* ‖ ⟨fig⟩ *heftig reden, streiten* ‖ ~ *en duelo od en desafío s. schlagen (im Zweikampf), s. duellieren* ‖ ~ *en retirada den Rückzug antreten*
²batir vt/i Am ⟨pop⟩ *anzeigen, denunzieren* ‖ Arg s. *für schuldig erklären,* ⟨pop⟩ *beichten*
batíscafo m ⟨MK⟩ *Bathyskaph* m
batisfera f ⟨MK⟩ *Bathysphäre* f
batista f ⟨Text⟩ *Batist* m
batitermógrafo m ⟨MK⟩ *Bathythermograph* m
bato m *Tölpel, Einfaltspinsel* m
batofobia f ⟨Med⟩ *Tiefenangst, Bathophobie* f
batojar vt/i *(das Obst) vom Baum schlagen*
batología f ⟨Rhet⟩ *unnütze Wiederholung* f
batollar vt/i Arg → **batojar**
batómetro m ⟨MK⟩ *Tiefenmesser* m, *Tiefseelot, Batho-, Bathy\meter* n
batón m Am *weiter Morgenrock* m *(für Frauen)*
batra\cio m *Lurch* m ‖ **–comiomaquia** f ⟨Lit⟩ *Batrachomyomachia* f, *Froschmäusekrieg* m ‖ **~s** mpl ⟨Zool⟩ *Froschlurche und Blindwühlen* pl, *Batrachier* mpl (Batrachomorpha)
batuar m ⟨Text⟩ *Klopfwolf* m
batu\car [c/qu], **–quear** vt *heftig schütteln* ‖ ⟨fig⟩ *fälschen*
batuda f *Trampolinsprünge* mpl
Batue\cas: *Las* ~ *span. Tal bei Hurdes* (P Sal) ‖ ◇ *estar en las* ~ ⟨figf⟩ *nicht bei der Sache sein* ‖ *parece que viene de las* ~ *er hat rohe, ungeschliffene Sitten* ‖ **~co** m ⟨figf⟩ *Tölpel, Tollpatsch, Dummkopf* m ‖ *Flegel* m
batuque m Am *Lärm* m, *Getöse* m
batu\rra f *aragon(es)ische Bäuerin* f ‖ **–rrada** f *Bauernschlauheit* f ‖ *Bauernstreich* m ‖ ⟨fig⟩ *Rüpelei* f
baturrillo m ⟨fam⟩ *Mischmasch* m *(Speisenzubereitung)* ‖ ⟨fam⟩ *Kauderwelsch* n ‖ ⟨fam⟩ *Gemansche* n
baturro adj *aragon(es)isch* ‖ ⟨fig⟩ *rau und hartnäckig* ‖ *dickköpfig* ‖ *bauernschlau* ‖ *bäu(e)risch* ‖ *ungeschliffen* ‖ ~ m *aragon(es)ischer Bauer* m ‖ ⟨allg⟩ *Arago\nier, -nese* m ‖ ⟨fig⟩ *raubeiniger, hartnäckiger Mensch* m ‖ ⟨fig⟩ *ungeschlachter, einfältiger Mensch* m
batuta f *Taktstock* m ‖ ⟨Mus⟩ *Takt* m ‖ *bajo la* ~ *de … ⟨Mus⟩ unter der Leitung von … (Orchester)* ‖ ◇ *llevar la* ~ ⟨figf⟩ *e–n Verein usw. führen* ‖ ⟨fig⟩ *den Ton angeben* ‖ *das Regiment führen, die Hosen anhaben (Frau)*
baud(io) m ⟨Inform⟩ [Maßeinheit] *Baud* n (& *in der Telegrafie)*
baúl m *Koffer* m ‖ *Truhe* f *mit gewölbtem Deckel* ‖ *Schrankkoffer* m ‖ Am ⟨Auto⟩ *Kofferraum* m ‖ ⟨figf⟩ *Bauch, Wanst* m ‖ ~ *mundo großer Reisekoffer* m ‖ ~ *perchero Kleiderkoffer* m ‖ ◇ *cargar el* ~ ⟨fig⟩ *die Schuld schieben (a auf* acc*)* ‖ ⟨figf⟩ s. *den Wanst voll schlagen* ‖ *hacer el* ~ *den Koffer packen* ‖ *henchir od llenar el* ~ ⟨figf⟩ s. *rund und satt essen,* ⟨fam⟩ *sein Ränzchen füllen*
baule m Chi *Koffer* m
baulero m *Koffer\hersteller bzw -händler* m
bauprés m ⟨Mar⟩ *Bugspriet* n/m
bau\sa f *Müßiggang* m ‖ *Flegelhaftigkeit* f ‖ **–sador** m Pe *Faulenzer* m ‖ **–sán** m *Strohmann* m ‖ ⟨fig⟩ *Einfaltspinsel* m ‖ Am ⟨reg⟩ *Faulenzer* m ‖ **–sano** m Salv *Faulenzer* m

bautis|mal adj *(m/f) Tauf-* ‖ ◊ *administrar las aguas* ~*es a alg. jdn taufen* ‖ **–mo** *m Taufe* f ‖ *~ del aire* ⟨Flugw fig⟩ *Jungfernflug* m ‖ *~ in artículo mortis* —• *~ de urgencia Nottaufe* f ‖ *~ de fuego* ⟨Mil fig⟩ *Feuertaufe* f ‖ *~ de sangre Bluttaufe* f *(der Märtyrer)* ‖ *~ de socorro,* ~ *de urgencia Nottaufe* f ‖ ◊ *romperle a uno el* ~ ⟨fam⟩ *jdm den Kopf einschlagen* ‖ **–ta** *m/f Täufer(in* f) m ‖ *San Juan* ~, *el* ~ *Johannes der Täufer* ‖ ⟨fam⟩ *Privatchauffeur* m ‖ **–terio** —•
baptisterio
bauti|zado *m Täufling* m ‖ *Getaufte(r)* m ‖ **–zar** [z/c] vt *taufen* ‖ ⟨fig⟩ *benennen* ‖ ⟨figf⟩ *(jdn) umtaufen (mit e–m Spitznamen)* ‖ ⟨joc⟩ *bespritzen* ‖ ◊ *~ el vino* ⟨figf⟩ *den Wein taufen* od *pan(t)schen* ‖ *~ a los novatos den Neulingen (bes. Rekruten* od *Studenten) e–n Streich spielen* ‖ **–zo** *m Taufe* f ‖ *Tauffeier* f
bauxita *f* ⟨Min⟩ *Bauxit* m
bauza *f Holzscheit* n
bauzado *m* Sant *Bedachung* f *(e–r Hütte)*
bauzón *m* Ast Sal *Murmel* f, *Klicker* m
bávaro adj *bay(e)risch* ‖ *~ m Bayer* m
Baviera *f* ⟨Geogr⟩ *Bayern* f ‖ *~ Chi e–e Bierart* ‖ *Alta* ~, *Baja* ~ *Ober-, Nieder|bayern* n
baya *f* ⟨Bot⟩ *Beere* f ‖ *Feldlilie* f ‖ *~ de nieve* ⟨Bot⟩ *Schneebeere* f (Symphoricarpos albus)
bayabe *m* Cu *(dicker) Strang* m ‖ ◊ *dar ~ Chi festbinden*
bayadera *f Bajadere* f
bayajá [*pl* ~**aes**] *m* Cu *kreuzweise gestreiftes Tuch* n
¹bayal adj: (lino) *~ Herbstflachs* m
²bayal adj *(m/f) unbewässert*
³bayal *m Mühlsteinhebel* m
bayarte *m Tragbahre* f
baye|ta *f* ⟨Text⟩ *Flanell* m ‖ *(feiner) Staublappen* m ‖ *Scheuerlappen* m ‖ Col *Wickelzeug* m ‖ ⟨figf⟩ *Waschlappen* m ‖ *~ eléctrica Heizkissen* n ‖ ◊ *arrastrar* ~*s* ⟨figf⟩ *an der Universität studieren* ‖ ⟨figf⟩ *hohe Ansprüche erheben* ‖ ⟨figf⟩ *s. eifrig (um et.) bemühen* ‖ **–tón** *m* ⟨Text⟩ *Molton* m ‖ *Kalmuck* m
¹bayo adj *hellbraun, falb (Pferde)* ‖ *~ m hellbraunes Pferd* n, *Fuchs, Falber* m
²bayo *m* als *Köder beim Fischen verwendeter Seidenspinner* m ‖ ◊ *pescar de ~ mit dem Seidenspinner (als Köder) fischen*
³bayo *m* Chi ⟨fam⟩ *Sarg* m
¹bayoco *m* Murc *unreif gebliebene Feige* f
²bayoco *m* ⟨Hist⟩ *frühere italienische Kupfermünze* f
bayón *m* Sal Extr ⟨Bot⟩ *Schwertel* m (—•
¹espadaña) ‖ —• **arpillera**
Bayo|na *f* [Stadt] *Bayonne* ‖ *¡arda ~!* ⟨figf⟩ *hin ist hin!* ‖ *~ f* ⟨Mar⟩ *Not-, Stoß|ruder* n
bayone|ta *f Bajonett, Seitengewehr* n ‖ ♦ *a la ~ mit dem Seitengewehr, Bajonett-* ‖ ◊ *armar* od *calar la ~ das Bajonett aufstecken, fällen* ‖ **–tazo** *m Bajonettstich* m ‖ **–tear** vt Am *mit dem Bajonett verwunden* bzw *töten*
bayo|sa, –ya *f* ⟨Zool⟩ Cu *Maskenleguan* m (Liocephalus personatus)
bayo|ya Dom PR ⟨fig⟩ *Unordnung* f, *Wirrwarr* m ‖ **–yo** adj Cu *reichlich* ‖ ◊ *ponerse ~ Cu in Zorn geraten*
bayú [*pl* ~**úes**] *m* Cu *anrüchiger Ort* m
ba|yuca *f* ⟨fam⟩ *Schenke, Kneipe* f ‖ **–yunca** *f* MAm *Kneipe* f ‖ **–yunco** adj Guat *bäu(e)risch* ‖ *~ m* Guat ⟨fam⟩ *Bezeichnung* f *für die übrigen Mittelamerikaner* ‖ **–yunquear** vi MAm *albern*
¹baza *f* ⟨Kart⟩ *Stich* m, *Lese* f ‖ ◊ *hacer ~* ⟨Kart⟩ *Stiche machen* ‖ ⟨figf⟩ *Glück in e–m Unternehmen haben* ‖ ⟨figf⟩ *beteiligt sein* ‖ *meter*

~ ⟨figf⟩ *s. ins Gespräch einmischen,* ⟨fam⟩ *s–n Senf dazugeben* ‖ *no dejar meter ~* ⟨figf⟩ *niemanden zu Wort kommen lassen* ‖ *sentada esta ~* ⟨figf⟩ *dies einmal angenommen* ‖ *tener bien sentada su ~* ⟨figf⟩ *in hohem Ansehen stehen* ‖ ⟨figf⟩ *die Trümpfe in der Hand haben* ‖ ⟨figf⟩ *ins Schwarze treffen*
²baza *f* ⟨Mar⟩ *schlammiger Grund* m
bazar *m Ba|zar, -sar* m ‖ *Verkaufshalle* f ‖ *Waren-, Kauf|haus* n ‖ *~ benéfico Wohltätigkeitsbasar* m
¹bazo adj *gelbbraun* ‖ *goldbraun*
²bazo *m* ⟨An⟩ *Milz* f ‖ *~ accesorio Nebenmilz* f ‖ *~ amiloide* ⟨Med⟩ *Sago-, Wachs|milz* f ‖ *~ car|diaco, -díaco* ⟨Med⟩ *Stauungsmilz* f ‖ *~ lardáceo Speckmilz* f
bazofia *f Tafelabhub* m, *Speisereste* mpl ‖ ⟨figf⟩ *schlechtes Essen* n, ⟨pop⟩ *(Schlangen)Fraß* m
bazuca *m* ⟨Mil⟩ *Bazooka, Panzerfaust* f
bazu|car [c/qu], **–quear** vt *durcheinanderschütteln (Flüssigkeiten)* ‖ *betasten, abgreifen* ‖ **–quero** *m Umrütteln* n ‖ ⟨Med⟩ *Plätschergeräusch* n
BCE ⟨Abk⟩ = **Banco** Central Europeo
¹be *f Buchstabe b* ‖ *~ por ~ haarklein, mit allen Einzelheiten*
²be *m Geblök(e)* n *(der Schafe)*
Be ⟨Abk⟩ = **berilio**
beaba *m* ⟨figf⟩ *die Anfangsgründe* mpl
beagle *m* [Hund] *Beagle* m
bearnés adj/s *aus Béarn (Frankreich)* ‖ *auf Béarn bezüglich*
beat *m* ⟨Mus⟩ *Beat* m
¹bea|ta *f Laienschwester, Begine* f ‖ *fromme, andächtige Frau* f ‖ ⟨fam⟩ *Betschwester, Frömmlerin* f ‖ ♦ *de día ~, de noche gata* ⟨fig pop⟩ *tags Betschwester, nachts Bettschwester*
²beata *f* Mex *Zigarren-, Zigaretten|stummel* m, ⟨fam⟩ *Kippe* f ‖ Span ⟨pop⟩ *Peseta* f
beate|ría *f Scheinheiligkeit, Betschwesterei* f ‖ **–rio** *m* ⟨Rel⟩ *Beginenhaus* n
bea|tificación *f* ⟨Kath⟩ *Seligsprechung, Beatifikation* f ‖ **–tificar** [c/qu] vt ⟨Kath⟩ *selig sprechen* ‖ ⟨Rel⟩ *selig speisen (& fig)* ‖ ⟨fig⟩ *heiligen* ‖ ⟨fig⟩ *beseligen, (jdn) beglücken* ‖ **–tífico** adj ⟨Rel⟩ *selig* ‖ ⟨fig⟩ *beseligend* ‖ ⟨fig⟩ *glücklich, selig* ‖ ⟨fig⟩ *friedlich* ‖ ⟨desp⟩ *naiv* ‖ **–tísimo** adj sup von **beato** ‖ *~ Padre m Heiliger Vater m (Titel des Papstes)*
beatitud *f* ⟨Rel⟩ *ewige (Glück)Seligkeit* f ‖ ⟨fam⟩ *Glück* n ‖ *Su ~ Seine Heiligkeit (Titel des Papstes)*
beato adj *(glück)selig* ‖ *selig gesprochen* ‖ *andächtig, fromm* ‖ ⟨fig⟩ *scheinheilig, frömmlerisch* ‖ ⟨desp⟩ *naiv* ‖ *~ m Selige(r)* m ‖ *Seliggesprochene(r)* m ‖ *frommer, von der Welt zurückgezogener Mann* m ‖ ⟨fam desp⟩ *Betbruder, Frömmler* m ‖ *cara de ~ con uñas de gato* ⟨fam⟩ *Wolf im Schafspelz* ‖ ◊ *ser ~ frömmeln*
Beatriz *f* np *Beatrix*
beatu|co, –cho *m* (& adj) *m/adj* ⟨desp⟩ *schlauer Betbruder, Frömmler* m
be|be *m,* **–ba** *f* Arg Pe Ur ⟨fam⟩ *kleiner Junge* m, *kleines Mädchen* n ‖ **–bé** *m Baby* n, *Säugling* m ‖ *Puppe, Zierpuppe* f ‖ *Knirps* m ‖ *~ probeta* ⟨fam⟩ *Retortenbaby* n
bebecina *f* Col *Rausch* m, *Trunkenheit* f ‖ *unstillbarer Durst* m
bebeco adj Col Cu *albinoartig* ‖ *~ m Albino* m
bebe|dera *f* Am *(Vieh)Tränke* f ‖ Col *Sauferei* f ‖ **–dero** adj *trinkbar (Wasser, Wein)* ‖ *~ m Trinknapf* m *der Vögel* ‖ *(Vogel-, Wild-, Vieh)Tränke* f ‖ *Schnauze* f *(an Trinkgefäßen)* ‖ *Gussloch* n, *Gießtrichter* m *(Gießerei)* ‖ Am

Gefäß n ‖ Guat Pe *Spirituosenhandlung* f ‖
Schnapskneipe f ‖ **–dizo** adj *trinkbar* ‖ ~ *m*
Heiltrank m ‖ *Liebestrank* m ‖ *Gifttrank* m ‖
Zaubertrank m
bébedo adj Ast *betrunken* ‖ ~ *m* Ast
(alkoholisches) Getränk n
¹bebedor *m Trinker, Säufer* m ‖ ~
consuetudinario *Gewohnheitstrinker m* ‖ ~ de
cuidado *großer Trinker, tüchtiger* od *wackerer*
Zecher m ‖ ~ inveterado *Gewohnheitstrinker* m ‖
~ notorio *notorischer Trinker* m
²bebedor *m* Ar *Geflügeltränke* f ‖ Ven
(Tier)Tränke f
bebendurria *f* Pe *Schwips* m ‖ Pe *Trunkenheit*
f
beber vt/i *(aus)trinken* ‖ *viel trinken,* ⟨fam⟩
saufen ‖ *saufen (Tier)* ‖ ⟨fig⟩ *aufsaugen* ‖
einziehen, (ein)saugen ‖ ⟨fig⟩ *schnell (er)lernen,*
aufnehmen, verschlingen ‖ ⟨figf⟩ *vertrinken*
(Geld) ‖ ◇ ~ el aire *zerstreut sein* ‖ ~ los aires
⟨fig⟩ *schnell wie der Wind laufen* ‖ ~ por lo
ancho ⟨fig⟩ *alles für s. beanspruchen* ‖ ~ od
apurar el cáliz hasta las heces ⟨fig⟩ *den Kelch bis*
zur Neige leeren ‖ ~ la doctrina a alg. *jds Lehre zu*
eigen machen ‖ ~ el espíritu a alg. ⟨fig⟩ *s. jds*
Denkart zu eigen machen ‖ ~ como una esponja
⟨figf⟩ *wie ein Loch saufen* ‖ ~ el freno *auf dem*
Gebiss kauen (Pferd) ‖ ~ fresco *sorglos sein* ‖ ~
a lengüetadas *labbern* ‖ ~ los pensamientos a alg.
⟨fig⟩ *jdm s–e Gedanken an den Augen ablesen* ‖
~ los sesos a alg. ⟨figf⟩ *jdn bezaubern, für s.*
einnehmen, jdm den Kopf verdrehen ‖ ~ los
vientos ⟨fig⟩ *schnell wie der Wind laufen* ‖ ~ los
vientos por alg. ⟨figf⟩ *in jdn sterblich verliebt*
sein ‖ sin comerlo ni ~lo ⟨figf⟩ *ohne den*
geringsten Anteil daran zu haben ‖ ~ en un vaso
aus einem Glas trinken ‖ ~ a la salud de alg. *auf*
jds. Gesundheit trinken ‖ al ~ *beim Trinken* ‖ dar
de ~ *zu trinken geben* ‖ ⟨lit⟩ *tränken (& Vieh)* ‖
~ *m Trinken* n ‖ *Trinkflüssigkeit* f ‖ *Getränk* n ‖
~**se** vr *(aus)trinken* ‖ *hinunterschlucken* (& fig) ‖
◇ ~ cinco vasos seguidos *fünf Glas*
nacheinander ,austrinken od *leeren* ‖ ~ las
lágrimas ⟨figf⟩ *s–n Schmerz verbeißen*
bebercio *m* ⟨pop⟩ *Getränk* n
bebe|regua *f* Mex → **bebecina** ‖ **–ría** *f*
Sauferei f ‖ **–rrón** adj *trunksüchtig* ‖ ~ *m* ⟨fam⟩
Trinker, Säufer m ‖ **–stible** adj *(m/f)* ⟨fam joc⟩
trinkbar ‖ ~**s** *mpl* Arg Pe *Getränke* npl ‖ **–zón** *f*
Cu *Rausch, Schwips* m
bebi|ble adj *(m/f)* ⟨fam⟩ *trinkbar* ‖ **–da** *f*
Trinken n ‖ *Trank* m ‖ *(erfrischendes) Getränk* n ‖
Heiltrank m ‖ *Trinken* n ‖ *Trunksucht* f ‖ Ar
(Trink)Pause f *(der Landarbeiter)* ‖ ~ alcohólica
alkoholisches Getränk n ‖ ~**s** *espirituosas*
Spirituosen fpl ‖ ~ gaseosa *kohlensäurehaltiges*
Getränk n ‖ ~ de grado subido *hochprozentiges*
Getränk n, *Hard Drink* m ‖ ~ de prueba ⟨Med⟩
Probetrunk m ‖ ◇ darse a la ~ *s. dem Trunk*
ergeben ‖ **–do** adj *angetrunken* ‖ *betrunken* ‖ ~ *m*
Arzneitrank m ‖ *geistiges Getränk* n ‖ **–enda** *f*
⟨fam⟩ *(alkoholisches) Getränk* n ‖ *Trinken* n ‖
Trunksucht f
bebistrajo *m* ⟨fam⟩ *ekelhaftes Ge|tränk, -söff* n
bebito *m* Arg Chi Ur *Babylein* n
bebón *m* PR *Trinker,* ⟨pop⟩ *Säufer* m
beborrotear vi ⟨fam⟩ *wenig, aber oft trinken,*
nippen
beca *f Stipendium* n ‖ *Freistelle* f ‖ *Stiftung* f ‖
[früher] *Schärpe* f *als Schulauszeichnung quer*
über die Brust getragen ‖ ⟨fig⟩ *Stipendiat* m ‖ ~
de investigación *Forschungsstipendium* n ‖ ◇
otorgar una ~ *ein Stipendium verleihen*
becabunga *f* ⟨Bot⟩ *Bachbungen-Ehrenpreis* m
(Veronica beccabunga)

beca|cina *f* ⟨V⟩ *Bekassine* f (→ auch
agachadiza común) ‖ **–da** *f* ⟨V⟩ *(Wald)Schnepfe* f
(→ auch **chocha** perdiz) ‖ **–figo** *m* ⟨V⟩ *Pirol* m
(→ auch **¹oropéndola**)
△ **becaní** *m Fenster* n
becardón *m* Ar ⟨V⟩ *Zwergschnepfe* f (→ auch
agachadiza chica)
be|cado, –cario *m Stipendiat* m ‖ **–car** [c/qu]
vt *(jdm) ein Stipendium* od *e–e Studienbeihilfe*
gewähren
beca|sina Arg, **-za** *f* ⟨V⟩ *Schnepfe* f
¹becerra *f Färse, junge Kuh* f, *(Kuh)Kalb* n
²becerra *f* ⟨Bot⟩ *Löwenmaul* n (Antirrhinum spp)
³bece|rra *f* Sant *Felsgeröll* n
bece|rrada *f* ⟨Taur⟩ *(Stier)Kampf* m *mit jungen*
Stieren ‖ **–rrear** vi ⟨vulg⟩ *ficken, vögeln, bumsen*
‖ **–rril** adj *(m/f) Kalbs-* ‖ **–rrillo** *m männliches*
Milchkalb n ‖ *gegerbtes Kalbsleder* n
¹becerro *m Farre* m ‖ *Stierkalb* n *(unter e–m*
Jahr) ‖ ⟨allg⟩ *(Rinds)Kalb* n ‖ *Kalbsleder* n ‖ ~
para encuadernación Calf n ‖ ◇ ~ marino *See|hund*
m, *-kalb* n ‖ ◇ adorar el ~ *(de oro)* ⟨fig⟩ *um das*
Goldene Kalb tanzen
²becerro *m Urkundenbuch* n *e–s Klosters* ‖
amtliches Kirchenverzeichnis n ‖ *Saal-,*
Lager|buch n
bechamel *f* → **besamel(a)**
beche *m* León *Ziegenbock* m
beco|quín *m Ohrenmütze* f ‖ **–quino** *m* ⟨Bot⟩
Wachsblume f (Cerinthe spp)
becqueriano adj *auf den span. Dichter*
Gustavo Adolfo Bécquer (1836–1870) bezüglich
becuadro *m* ⟨Mus⟩ *Auflösungszeichen* n
△ **bedar** vt/i *unterrichten* ‖ *beten*
be|del *m Schuldiener* m ‖ *(Universitäts)Pedell*
m ‖ **–delía** *f Pedellstelle* f
bedelio *m Gummiharz* n
△ **bederre** *m Henker* m
bedoya adj Col *dumm, einfältig*
beduino *m Beduine* m ‖ ⟨fig⟩ *grober,*
grausamer Mensch, ⟨fam⟩ *Barbar* m
beethoveniano adj *auf Ludwig van Beethoven*
(1770–1827) bezüglich
be|fa *f Spott, Hohn* m ‖ ◇ hacer ~ de alg. *s–n*
Spott mit jdm (dat) *treiben* ‖ **–far** vt *verspotten,*
(ver-)höhnen ‖ *foppen* ‖ ~ vi *die Lippen bewegen*
(Pferd)
befedad *f Krummbeinigkeit* f
befo adj *mit dickerer Unterlippe* ‖ *dicklippig* ‖
krumm-, säbel|beinig ‖ ~ *m Lippe, Lefze* f *des*
Pferdes ‖ *dicklippiger Mensch* m ‖ *krummbeiniger*
Mensch m
begardos *mpl Begarden* mpl *(Sekte)*
bego|nia *f* ⟨Bot⟩ *Begonie* f (Begonia spp) ‖
–niáceas *fpl* ⟨Bot⟩ *Begoniengewächse* npl
(Begoniaceae)
begui|na *f* ⟨Rel⟩ *Begine* f ‖ **–nos** *mpl* →
begardos
begum *f Begum* f
behaísmo *m* ⟨Rel⟩ *Bahaismus* m
behaviorismo *m* ⟨Psychol⟩ *Behaviorismus* m
behetría *f* ⟨Hist⟩ *Freivasallenschaft* f,
Feudalherrschaft f *mit wählbarem Feudalherrn,*
(e–m Lehnsherren freiwillig angeschlossen) ‖ ⟨fig⟩
Unordnung f
beicon *m* ⟨Kochk⟩ *Bacon* m
beige adj *(m/f) beige*
beirutí *[pl* ~**ícs]** adj *aus Beirut* ‖ *auf Beirut*
bezüglich
béisbol *m* ⟨Sp⟩ *Baseball* m
bejín *m Bofist, Bovist* m *(Pilz)* ‖ ⟨figf⟩ *Hitzkopf*
m
beju|cal *m (Lianen)Dickicht* n ‖ *Röhricht* m ‖
–co *m Liane* f *(tropische Schlingpflanze)* ‖ **–quear**
vt Ec Guat Mex PR Pe *(ver)prügeln* ‖ *peitschen* ‖

–**queda** f → –**cal** ‖ Pe *Tracht* f *Prügel* ‖ –**quera** f,
–**quero** m Am → –**cal** ‖ Col ⟨fig⟩ *verwickelte
Lage, undurchsichtige Situation* f
bejuquillo m ⟨Bot⟩ *Brechwurz(el),
Ipekakuanha* f (→ auch **ipecacuana**)
Bela, Belisa, Belilla, Beleta f ⟨fam⟩ → **Isabel**
belad m Marr *Land, Gelände* n ‖ *Ortschaft* f
belamcanda f ⟨Bot⟩ *Leopardenblume* f
(Belamcanda chinensis)
Belarús m ⟨Geogr⟩ *Belarus, Weißrussland* n
belcebú [*pl* ~**úes**] m ⟨Zool⟩ *Brüllaffe* m
(Alouatta spp)
Belcebú m *Beelzebub* m ‖ ◇ *es peor que un* ~
⟨fig⟩ *er ist schlimmer als der Teufel*
belcho m ⟨Bot⟩ *Meerträubel* m, *Ephedra* f
(Ephedra distachya)
beldad f *(Frauen)Schönheit* f ‖ *schöne Frau* f
beldar [-ie-] vt ⟨Agr⟩ *worfeln*
belduque m Am *großes, spitzes Messer* n
beleda f Al → **acelga**
belemnita f ⟨Paläont⟩ *Belemnit* m *(Kopffüßer)*
Belén m *Bethlehem* n ‖ ~ ⟨fig⟩ *Darstellung* f
der Krippe in Bethlehem, Krippe f ‖ ⟨figf⟩ *Lärm,
Wirrwarr* m ‖ ⟨fig⟩ *Durcheinander* n ‖ ⟨figf⟩
Klatschreden fpl ‖ ◇ *es un* ~ ⟨fig⟩ *es ist e–e
verwickelte Angelegenheit* ‖ *estar en* ~ ⟨figf⟩
nicht bei der Sache sein ‖ *meterse en* ~*es s. in
gefährliche* (bzw *undurchsichtige)
Angelegenheiten einlassen*
belenista m/f *Krippenbauer(in* f) m
beleño m ⟨Bot⟩ *Bilsenkraut* n (Hyoscyamus
niger) ‖ ⟨fig⟩ *Gift* n
be‖lérico m → **mirobálano**
belermo m Ec *auffällig gekleideter Mensch* m
‖ Ec *Karnevalsfigur* f
belesa f ⟨Bot⟩ *Grasnelke* f (Plumbago spp) ‖
Bleiwurz f
be‖lez [*pl* ~**ces**] m *(Trink)Gefäß* n ‖ *Hausrat* m
‖ *Wein-* bzw *Öl‖krug* m ‖ –**lezo** m *(Öl)Gefäß* n
belfo adj *ungleich hervorstehend (Zahn)* ‖ →
befo ‖ ~ m *Hänge‖lippe* f, *-maul* n
belga adj *(m/f) belgisch* ‖ ~ m *Belgier* m
Bélgi‖ca f ⟨Geogr⟩ *Belgien* n ‖ –**co** adj *belgisch*
Belgrado m ⟨Stadt⟩ *Belgrad* n
Belica f np ⟨pop⟩ → **Isabel**
Belice m ⟨Geogr⟩ *Belize* n
belicis‖mo m *Kriegslust* f ‖ *Kriegs‖hetzertum* n,
-treiberei f ‖ –**ta** adj *(m/f) kriegslüstern* ‖
kriegs‖hetzerisch, -treiberisch ‖ ~ m/f
Kriegs‖treiber(in), -hetzer(in), Bellizist(in f) m
bélico adj *kriegerisch, Kriegs-*
belico‖logía f *Kriegslehre* f ‖ *Kriegsforschung* f
‖ –**sidad** f *Kriegslust* f ‖ *Angriffslust* f ‖ –**so** adj
kriegerisch ‖ ⟨fig⟩ *streitsüchtig* ‖ ~ m
kriegslüsterner Mensch m
beli‖fero, –**gero** adj ⟨poet⟩ *kriegerisch*
beligeran‖cia f *Kriegführung, Streitbarkeit* f ‖
⟨Jur⟩ *Status m der kriegführenden Parteien* ‖ no
~ ⟨Jur⟩ *Nichtkriegführung* f ‖ ◇ *dar* ~ *a* algn:
*jdn
als (ebenbürtigen) Diskussionspartner anerkennen*
‖ –**te** adj *Krieg führend* ‖ ~ m *Kriegführende(r)* m
belinún m Ur *Trottel* m
belio m ⟨Phys⟩ [Maßeinheit] *Bel* n
belísono adj ⟨poet⟩ *waffenklirrend*
¹**belitre** m/adj ⟨Bot⟩ *(Art) Nieskraut* n
²**belitre** m ⟨fam⟩ *Lump(enkerl), Gauner* m ‖ Ar
Einfaltspinsel m
bella‖cada f *Schurkenstreich* m ‖ –**co** adj
gemein, niederträchtig, hinterhältig, verschlagen ‖
~ m *Schurke, Schuft, gemeiner Kerl* m ‖ Arg Mex
störrisches Pferd m ‖ ♦ *a un* ~ *otro auf e–n
Schelmen anderthalbe* ‖ augm: –**conazo** ‖ adv:
~**amente**
belladona f ⟨Bot⟩ *Tollkirsche, Belladonna* f
(Atropa belladonna)

bellamente adv *schön, herrlich*
bella‖quear vi *Schurkenstreiche verüben* ‖ Am
s. bäumen (Pferd), Arg ⟨fam⟩ *bocken (Person)* ‖
–**quera** f PR *Geilheit, Schlüpfrigkeit* f ‖ –**quería** f
Schurkenstreich m, *Gaunerei* f ‖
Niederträchtigkeit, Gemeinheit f ‖ –**sombra** m
And Arg → **ombú**
belleza f *Schönheit* f (& *Person)* ‖ *Anmut* f ‖ ~
frutal frische, natürliche Schönheit f (Frau) ‖ ~
ideal Schönheitsideal n ‖ ~ *sin igual
unvergleichliche Schönheit* f ‖ ~ *otoñal reife
Schönheit* f *(Frau)* ‖ una ~ *pasada e–e verwelkte
Schönheit* f *(Frau)* ‖ ♦ *de* ~ *escultural bildschön*
‖ ~**s** fpl ⟨fig⟩ *zierliche Redensarten* fpl
bellido adj *schön, anmutig*
bellísimo adj sup von **bello** ‖ *wunderschön*
bello adj *schön* ‖ *wohlgestaltet* ‖ *el* ~ *sexo das
schöne Geschlecht* ‖ *la Bella Durmiente del
Bosque Dornröschen* n *(Märchenfigur)* ‖ ◇
pretender algo por su ~*a cara* ⟨fam⟩ *etwa: um s–r
schönen Augen willen beanspruchen*
bellorita f ⟨Bot reg⟩ *Maßliebchen* n
bello‖ta f ⟨Bot⟩ *Eichel* f (& *An)* ‖ ⟨Bot⟩
Nelkenknospe f ‖ ⟨Text⟩ *eichelförmiger,
stoffüberzogener Knopf* m ‖ ◇ *si lo sacuden da
~s er ist dumm wie Bohnenstroh, er ist erzdumm*
‖ *soltar las* ~**s** ⟨fam pop⟩ *s–n Mangel an
Erziehung merken lassen* ‖ –**te** m *Nagel* m *mit
rundem Kopf* ‖ –**t(e)ar** vi *Eicheln fressen
(Schweine)* ‖ *Eicheln suchen, lesen* ‖ –**tera** f
Eichelleserin f *(Zeit der) Eichellese* f ‖
Eichelmast f ‖ –**tero** adj *eicheltragend* ‖
eichel(fr)essend ‖ ~ m *Eichelleser* m ‖ –**to** m
⟨Bot⟩ Chi *Eichellorbeer* m (Cryptocaria sp) ‖
⟨fig⟩ *Stoffel* m
belmonte m ⟨fam⟩ *gewandter Stierkämpfer* m
(nach dem spanischen Stierkämpfer Belmonte)
belorto m Cast *Band* n *aus Weidengeflecht*
Beltrán m np *Bertram* m ‖ ◇ *quien bien
quiere a* ~, *bien quiere a su can* ⟨Spr⟩ *etwa: wer
A sagt, der muss auch B sagen*
beluga f ⟨Zool⟩ *Weißwal* m, *Beluga* f
(Delphinapterus leucas)
belvedere ⟨it⟩ m *Belvedere* n, *Aussichtsturm* m
‖ *Erker* m
bem‖ba f Ant Col Ven, –**bo** m Cu *Neger-* bzw
Hänge‖lippe f ‖ *dicke Lippe* f ‖ –**bé** m Cu *alter
afrikanischer Tanz* m ‖ –**betear** vi PR *schwatzen,
plaudern* ‖ –**beteo** m PR *Geschwätz* n ‖ –**bo** adj
Mex *tölpelhaft* ‖ Cu *von negerischer Herkunft* ‖
–**bón** m Cu *Mensch* m *mit wulstigen,
dunkelumrandeten Lippen* ‖ –**budo** adj Cu PR *mit
wulstigen Negerlippen*
bemol m/adj ⟨Mus⟩ *Erniedrigungszeichen, be* n
‖ ~ *doble* ⟨Mus⟩ *Doppel-be* (bb) ‖ *la doble* ~
⟨Mus⟩ *asas* ‖ re ~ *des* ‖ ◇ *tener* (tres) ~*es* ⟨fam⟩
äußerst schwierig sein ‖ *ein starkes Stück sein* ‖
¡tiene ~*es! das ist allerhand!*
bemo‖lado adj ⟨Mus⟩ *mit b versehen* ‖ –**lar** vt
mit b versehen ‖ *vertiefen, erniedrigen (Note)* ‖
⟨fig⟩ *dämpfen, herabstimmen*
bemoludo adj ⟨vulg⟩ *sehr schwierig* bzw
riskant
¹**ben** m [*pl* **beni**] *Sohn* m *(in den semitischen
Sprachen)*
²**ben** m ⟨Bot⟩ *Be(hen)-, Salb‖nuss* f
benaventiano adj *auf den span. Dramatiker
Jacinto Benavente (1866–1954) bezüglich*
ben‖ceno m ⟨Chem⟩ *Benzol* n ‖ –**cenismo** m
⟨Med⟩ *Benzolismus (Vergiftung und Sucht)* ‖
–**cidina** f ⟨Chem⟩ *Benzidin* n ‖ –**cilo** m ⟨Chem⟩
Benzyl n ‖ –**cina** f ⟨Chem⟩ *Benzin* n ‖ *Wasch-,
Wund‖benzin* n ‖ Chi *(Fahr)Benzin* n ‖ ~ *bruta
Rohbenzin* n ‖ –**cinera** f Chi *Tankstelle* f
ben‖decir [*pres* –**digo**] vt *(ein)segnen,*

(ein)weihen ‖ *(lob)preisen* ‖ *taufen (Glocke)* ‖ ◇
~ la comida, ~ la mesa *das Tischgebet sprechen*
bendición *f (göttlicher) Segen* m ‖
Segensspruch m ‖ *Weihe, Segnung* f ‖
Lobpreisung f ‖ *Wohltat* f, *Segen* m ‖ ~ apostólica
Pontifikalsegen m ‖ ~ de la mesa *Tischgebet* n ‖
~ nupcial *Trauung* f ‖ ~ papal *päpstlicher Segen*
m ‖ ◇ echar la ~ *den Segen sprechen, segnen* ‖
⟨figf⟩ *entsagen* (dat), *(auf et.)* verzichten ‖
Verlorenes abschreiben ‖ *(von jdm) nichts mehr*
wissen wollen ‖ es una ~, es ~ de Dios ⟨figf⟩ *es*
ist ein wahrer Gottessegen
benditera *f Sant Weihwasserkessel* m *(in den*
Kirchen) ‖ **–dito** adj *ge\|segnet, -weiht* ‖ *heilig* ‖
glückselig ‖ *naiv, einfältig* ‖ ◇ ¡~ sea Dios! *Gott*
sei Dank! ‖ ~ m *Segen* m *(Gebet)* ‖ *gutmütiger*
Tropf m ‖ Ven *(Art) kleine Kapelle* f *an der*
Landstraße ‖ ◇ dormir como un ~ ⟨fig⟩ *wie ein*
Murmeltier
schlafen ‖ roncar como un ~ ⟨fam⟩ *stark*
schnarchen ‖ saber u/c como el ~ Chi ⟨figf⟩ *et.*
gründlich kennen
   benedícite *m* ⟨lat⟩ *Tisch\|gebet* n, *-segen* m
   benedic\|tino adj ⟨Rel⟩ *benediktinisch,*
   Benediktiner- ‖ ~ m *Benediktiner(mönch)* m ‖
   Benediktinerlikör m ‖ ◇ ser un ~ ⟨fig⟩ *sehr*
   gelehrt und arbeitsam sein ‖ **–to** m np *Benedikt* m
   ‖ **–tus** m ⟨Kath⟩ *Benedictus* m
   benefactor adj/s bes Am → **bienhechor**
   benefi\|cencia *f Wohltätigkeit* f ‖ ~ pública
   (öffentliche) Wohlfahrt, (öffentliche) Fürsorge f ‖
   –centísimo adj sup von **benéfico**
   beneficia\|ción *f Vered(e)lung* f ‖ *Verwertung* f ‖
   Düngung f ‖ ⟨Bgb⟩ *Ausbeutung* f ‖ ~ del oro
   Goldgewinnung f ‖ **–do** m *Pfründenbesitzer* m ‖
   ⟨Th⟩ *Benefiziar* m → **favorecido** ‖ **–dor** adj
   wohltuend ‖ ~ m *Wohltäter* m
   benefi\|ciar vt *(jdm) wohltun* ‖ *zustatten*
   kommen (dat) ‖ *begünstigen* ‖ *verbessern* ‖
   veredeln ‖ *anbauen (Land)* ‖ *düngen* ‖ ⟨Bgb⟩
   ausbeuten ‖ *läutern, aufbereiten (Erze)* ‖ *erkaufen*
   (Amt) ‖ *durch Bestechung in ein Amt gelangen* ‖
   (unter dem Wert) verkaufen, absetzen ‖ ~ vi
   Nutzen bringen ‖ *Nutzen ziehen (sobre aus)* ‖ Am
   (Vieh zum Verkaufen) schlachten ‖ **–se** *Nutzen*
   ziehen (de aus dat) ‖ ~ a una mujer ⟨vulg⟩ *e–e*
   Frau befriedigen ‖ **–ciario** m *Pfründner* m ‖
   Leistungs- bzw Zahlungs\|empfänger m ‖
   Wechselinhaber m ‖ *Anspruchsberechtigte(r)* m ‖
   Begünstigte(r) m *(z.B. e–r Versicherung)* ‖
   Nutznießer m ‖ ~ de un subsidio
   Beihilfeempfänger m ‖ **–cio** m *Wohltat* f ‖ *Gabe* f,
   Geschenk n ‖ *Gewinn, Vorteil, Nutzen* m ‖
   Verdienst m ‖ *Vorrecht* n ‖ *(geistliche) Pfründe* f ‖
   Vered(e)lung f ‖ ⟨Agr⟩ *Düngung* f ‖ ⟨Agr⟩ *Anbau*
   m ‖ *Läuterung* f ‖ ⟨Bgb⟩ *Ausbeutung* f ‖
   Aufschließung f (Bergrecht) ‖ ⟨Jur⟩ *Rechtswohltat*
   f ‖ ⟨Jur⟩ *Einrede* f *(→ ²excepción)* ‖ ⟨Th⟩
   Wohltätigkeits-, Benefiz\|vorstellung f ‖ ⟨Th⟩
   Ehrenabend m ‖ Chi *Dünger* m ‖ ~ de adopción
   Adoptionsrecht n ‖ ~ bruto *Brutto-, Roh\|gewinn*
   m ‖ ~ de defensa gratuita, ~ (legal) de pobreza
   ⟨Jur⟩ *Prozesskostenhilfe* f *(früher: Armenrecht* n) ‖
   ~ eclesiástico *geistliches Amt* n ‖ ~ de edad
   Volljährigkeitserklärung f ‖ ~ de excusión
   Einrede f *der Vorausklage* ‖ ~ de inventario
   beschränkte Erbenhaftung f *(durch*
   Inventarerrichtung) ‖ ~ líquido, ~ neto *Netto-,*
   Rein\|gewinn m ‖ ~ total *Gesamtgewinn* m ‖ ◆ a
   ~ de inventario ⟨fig⟩ *mit Vorbedacht* ‖ ⟨fig⟩
   soweit es sich lohnt ‖ a ~ de ... *zum Besten von*
   ..., *zum Besten, zugunsten (& zu Gunsten)* (gen) ‖
   kraft, vermöge (gen) ‖ en ~ *ausgebeutet*
   (Bergwerk) ‖ en ~ de ... *kraft* ..., *vermöge* ...
   (gen) ‖ *zum Vorteil von* ... ‖ sin oficio ni ~ *ohne*

Gewerbe und Amt ‖ *erwerbsunfähig* ‖ ~**s** mpl: ~
fiscales *Steuererleichterungen* fpl ‖ ~ obtenidos
de una cosa según su destino ⟨Jur⟩
bestimmungsgemäße Ausbeute f *e–r Sache* ‖
–cioso adj *nützlich* ‖ *einträglich* ‖ *vorteilhaft*
   benéfico adj *wohl-, mild\|tätig* ‖ *gütig* ‖
   wohltuend ‖ *Wohltätigkeits-, Benefiz- (Vorstellung,*
   Spiel usw.) ‖ ~ para la salud *gesundheitsfördernd,*
   gut für die Gesundheit
   Benelux *f:* el ~ *die Beneluxstaaten* mpl
   beneméri\|ta *f:* la ~ *die Gendarmerie* f
   (Guardia civil) ‖ **–to** adj *wohlverdient,*
   verdienstvoll
   bene\|plácito m *Genehmigung, Einwilligung* f ‖
   Zustimmung f ‖ *Einverständnis* n ‖ *Plazet* n ‖
   Exequatur n *(Diplomatie)* ‖ **–volencia** *f*
   Wohlwollen n, *Gewogenheit* f ‖ **–volente** adj →
   benévolo
   benévolo adj *wohlwollend, günstig* ‖
   gütig ‖ *wohlgesinnt* ‖ *nachsichtig* ‖ sup:
   benevolentísimo
   Bengala m ⟨Geogr⟩ *Bengalen* n ‖ ~ f *indisches*
   Rohr n, *Rotang* m ‖ *Rohrstückchen* n
   ¹bengalí [pl ~**íes**] adj *bengalisch* ‖ ~ m
   Bengale m ‖ *Bengali* n *(Sprache)*
   ²bengalí m [pl ~**íes**] ⟨V⟩ *Tigerfink* m
   (Amandava amandava)
   bengalina f Chi ⟨Text⟩ *Musselin* m
   benig\|nidad *f Güte, Gutherzigkeit, Milde* f ‖
   Milde f *(des Klimas)* ‖ ⟨Med⟩ *Gutartigkeit* f,
   Benignität f ‖ **–no** adj *gütig, mild* ‖ *gutmütig* ‖
   mildtätig ‖ ⟨fig⟩ *mild, sanft (Wetter)* ‖ *gutartig*
   (Krankheit) ‖ adv: ~**amente**
   Benin m ⟨Geogr⟩ *Benin* n ‖ **⁼és** adj/s *aus Benin*
   Benito m np *Benedikt* m ‖ **⁼** adj/s →
   benedictino
   Benjamín m np *Benjamin* m ‖ **⁼** ⟨fig⟩ *der*
   jüngste Sohn ‖ *Schoßkind* n ‖ *Nesthäkchen* n
   benjuí [pl ~**íes**] m *Benzoe(harz* n*)* f
   benteveo m Arg Ur ⟨V⟩ *Bentevi, Häscher* m
   (Pitangus sulfuratus)
   ben\|tófilo adj ⟨Bot Zool⟩ *benthophil* ‖
   –tolinético adj ⟨Bot Zool⟩ *bentholimnetisch* ‖
   –tónico adj ⟨Bot Zool⟩ *benthonisch* ‖ **–tonita** *f*
   ⟨Min⟩ *Bentonit* m ‖ **–tos** m ⟨Bot Zool⟩ *Benthos* m
   ben\|zoico adj: ácido ~ ⟨Chem⟩ *Benzoesäure* f
   ‖ **–zol** m ⟨Chem⟩ → **benceno** ‖ **–zopiridina** *f*
   ⟨Chem⟩ *Benzopyridin* m
   beo m ⟨V⟩ *Beo* m
   Beo\|cia *f* ⟨Geogr⟩ *Böotien* n ‖ **⁼cio** adj/s
   böotisch ‖ ⟨fig⟩ *einfältig*
   beo\|dez [pl ~**ces**] *f Trunkenheit* f, *Rausch* m ‖
   –do adj/s *be\|trunken, -rauscht*
   beorí [pl ~**íes**] m Am ⟨Zool⟩ → **tapir**
   beotismo m *Stumpfsinn* m ‖ ⟨Med⟩ *Idiotie* f
   beque *(Mar) Bugfutter* n ‖ *Matrosenabort* m
   ‖ Am *Abort* m
   bequet m *Bergnagel* m *(für Schuhe)*
   bequista m/f MAm *Stipendiat(in* f) m
   berbecí [pl ~**íes**] m Col ⟨fam⟩ *Hitzkopf* m
   berbén m Mex ⟨Med⟩ *Skorbut* m *(→*
   escorbuto)
   berberecho m ⟨Zool⟩ *(nordspan.) Herzmuschel*
   f, *Grünling* m *(Cardium* sp)
   berberí adj/s [pl ~**íes**] → **beréber**
   Berbería *f* ⟨Geogr⟩ *Berberei* f
   berbería *f* Am ⟨Bot⟩ *Oleanderbaum* m
   berberidáceas fpl ⟨Bot⟩ *Sauerdorngewächse*
   npl *(Berberidaceae)*
   berberisco adj *berberisch, Berber-* ‖ ~ m
   Berber m ‖ *Berberpferd* n
   bérbero m ⟨Bot⟩ *Berberitze* f, *Sauer-,*
   Essig\|dorn m *(Berberis vulgaris)*
   berbiquí [pl ~**íes**] m *Dreh-, Brust\|bohrer* m,
   Bohrwinde f ‖ ~ de arco *Drillbogen* m ‖ ~ de

carraca *Bohrknarre* f ‖ ~ helicoidal *Drillbohrer*
m ‖ ~ de mano, ~ de pecho ⟨Zim⟩ *Brustleier* f
beréber, bereber(e) adj *berberisch, Berber-* ‖
~ *m Berber* m
berengo adj Mex *einfältig, naiv*
berenje|na f ⟨Bot⟩ *Aubergine, Öst Melanzani* f
(Solanum melongena) ‖ **–nal** *m Auberginenfeld* n
‖ ⟨figf⟩ *Klemme* f ‖ ¡menudo ~! ⟨figf⟩ *das ist ein
saubres Geschäft!* ‖ meterse en un ~ *s. in e–e
blöde Lage bringen, s. in die Nesseln setzen* ‖
–nín *m* dim ⟨fam⟩ von **–na:** *Eierfruchtsorte* f
(weiß od violett gestreift)
bergamo|ta f ⟨Bot⟩ *Bergamotte(birne)* f ‖
Bergamotte-Limone f ‖ **–to, –te** *m
Bergamott(e)baum* m (Citrus aurantium bergamia)
bergante *m (frecher) Spitzbube, Gauner* m
bergan|tín *m* ⟨Mar⟩ *Brigantine, Brigg* f ‖ Dom
PR *kräftiger Schlag* m *auf das Auge* ‖ ~ goleta
⟨Mar⟩ *goletteartige Brigg, Schonerbrigg* f ‖ **–tina**
f ⟨Mar⟩ *Brigantine* f *(im Mittelmeer)*
bergazote adj: higo ~ Can *e–e gewöhnliche
Feigenart* f
bergsoniano adj *auf Henri Bergson
(1859–941) bezüglich*
beriberi *m* ⟨Med⟩ *Beriberi* f
beri|lio *m* (Be) ⟨Chem⟩ *Beryllium* n ‖ **–lo** *m*
⟨Min⟩ *Beryll* m ‖ *Aquamarin* m
berkelio *m* ⟨Chem⟩ → **berquelio**
berlanga f ⟨Kart⟩ *Krimpelspiel* n
Berlín *m* [Stadt] *Berlin* n
berlina f ⟨Auto⟩ *Limousine* f ‖ ⟨EB⟩ *Wagen* m
mit e–r Sitzreihe ‖ [früher] *Berline* f ‖ ~ estar *od*
quedar en ~ ⟨figf⟩ *der Lächerlichkeit ausgesetzt,
blamiert sein* ‖ poner en ~ a uno ⟨figf⟩ *jdn dem
Gelächter aussetzen, jdn lächerlich machen* ‖ *jdn
kompromittieren*
berlinés adj *berlinerisch* ‖ ~ *m Berliner* m
¹berlinga f ⟨Mar⟩ *Spiere, Futterplanke* f *am
Schaft*
²berlinga *m* And *großer, unbeholfener Mensch*
m
berlinita f ⟨Min⟩ *Berlinit* m
berma f *Berme* f, *Böschungsabsatz* m ‖ ⟨Mil⟩
Grabenabsatz m
bermejear vt *rot färben* ‖ ~ vi *ins Rötliche
spielen* ‖ *rot schimmern*
¹bermejizo adj *rötlich*
²bermejizo *m* ⟨Zool⟩ *Flughund* m
(Pteropus spp)
bermejo adj *(hoch)rot* ‖ *rothaarig* ‖ *rotbraun* ‖
strohgelb (Vieh) ‖ **–jón** adj *rötlich*
bermejuela f ⟨Fi⟩ *Plötze* f, *Rotauge* n (Rutilus
rutilus) ‖ And ⟨Bot⟩ *Heidekraut* n
berme|juelo adj *von (schöner) rötlicher
Färbung* f ‖ **–jura** f *rote Färbung* f ‖ **–llón** *m*
Zinnober m ‖ *Lippenrot* n
Bermudas fpl: las Islas ~ *die Bermudainseln*
fpl
bermudas mpl *Bermudashorts* mpl
Berna f [Stadt] *Bern* n
Bernabé *m* np *Barnabas* m
bernardina, bernaldina f ⟨fam⟩ *Lüge,
Aufschneiderei* f
Bernardo *m* np *Bernhard* m ‖ (perro del
Monte de) San ~ *Bernhardiner(hund)* m
¹bernardo *m* ⟨Rel⟩ *Bernhardiner(mönch)* m
²bernardo *m* ⟨Zool⟩ *Einsiedlerkrebs* m
(Eupagurus bernardus)
bernegal *m breiter, flacher Trinkbecher* m ‖
Trinkschale f
berozo *m* Al → **brezo**
berquelio *m* (Bk) ⟨Chem⟩ *Berkelium* n
berraza f ⟨Bot⟩ → **berrera**
berre|a f *Hirschbrunft* f ‖ **–ar** vi *blöken,
brüllen (Kalb)* ‖ ⟨fig⟩ *grölen* ‖ ⟨fig⟩ *plärren* ‖

⟨fam⟩ *heulen, weinen* ‖ ⟨fam⟩ *falsch singen* ‖ Am
in Zorn geraten
berrenchín *m Brünsteln, Schäumen* n *(des
wütenden Wildschweins)* ‖ ⟨figf⟩ *zorniges Weinen
(der Kinder)* ‖ (→ **berrinche**)
berrendearse vr And *s. verfärben (reifendes
Getreide)*
¹berrendo adj *zweifarbig* ‖ ⟨Taur⟩ *bunt,
zweifarbig (Stier)* ‖ *bläulich verfärbt (Getreide)*
²berrendo adj PR *wütend, zornig*
³berrendo *m* ⟨Zool⟩ *Gabel\|antilope* f, *-bock* m
(Antilocapra americana) ‖ Murc ⟨Ins⟩ *durch
Krankheit braun gewordene Seidenraupe* f
berre|o *m* → **berrido, berrinche** ‖ **–ón** *m*/adj
Sal ⟨fam⟩ *Schreihals* m
berrera f ⟨Bot⟩ *Merk* m (Sium spp)
be|rretín *m* Arg *Hartnäckigkeit* f ‖ **–rriadora** f
Col *Trunkenheit* f, *Rausch* m
berrido *m Blöken, Brüllen* n *(Kalb)* ‖ *Röhren* n
(Hirsch) ‖ *Kreischen, Quieken* n ‖ *Grölen,
Geplärre* n ‖ ⟨figf⟩ *Heulen, Plärren, lautes
Weinen* n *(der Kinder)* ‖ ⟨figf⟩ *falsches Singen* n
berrietas *m* Col ⟨fam⟩ *weinerliches Kind* n
berrín *m* ⟨fam⟩ *Hitzkopf* m
berrin|char vi Dom *protestieren* ‖ **–che, –chín**
m ⟨fam⟩ *Jähzorn* m *(bes. bei Kindern)* ‖ *Wutanfall*
m ‖ *Geplärr* n ‖ Ec *Zank, Streit* m ‖ *Schlägerei* f ‖
◇ coger un ~ ⟨fam⟩ *e–n Wutanfall bekommen* ‖
–chudo adj Am *jähzornig* ‖ ~ *m* Guat Mex
Hitzkopf m ‖ MAm Mex *Trinker* m
berrizal *m* ⟨Bot⟩ *Kressenbeet* n
berro *m* ⟨Bot⟩ *(Brunnen)Kresse* f (Rorippa
nasturtium-aquaticum) ‖ *Kressensalat* m ‖ ◇
enviar *od* mandar a uno a buscar ~s ⟨figf⟩ *jdn
entlassen,* ⟨fam⟩ *jdn feuern*
berrocal *m felsiges Gelände* n
berro|char vi Col *schreien, lärmen* ‖ **–che** *m*
Col *Lärm, Radau* m ‖ **–chón** *m Ruhestörer* m
berroqueño adj *graniten* ‖ ⟨figf⟩ *felsenhart* ‖
⟨fig⟩ *einfältig* ‖ (piedra) ~a *Granit(stein)* m
berrueco *m Bruchperle* f ‖ *Felsenriff* n ‖
Granit-, Fels\|kegel m
Ber|ta f np *Berta* f ‖ la Gran ~ ⟨Hist⟩ *die
dicke Berta (deutsches Geschütz im deutsch-franz.
Krieg 1870/71)* ‖ **–toldo** *m* np *Bertold* m ‖ **–tuco**
m np ⟨fam⟩ → **Alberto**
ber|za f + **col** ‖ ⟨Bot⟩ ~ perruna *Hundskohl* m ‖ ◇
picar la ~ ⟨fam⟩ *herumstümpern, ein Neuling
sein* ‖ **–zal** *m Kohl-, Krautfeld* n
ber|zo m Gal *Wiege* f ‖ **–z(ot)as** *m* ⟨fam⟩ *Null*,
⟨fam⟩ *Flasche f (Person)* ‖ ◇ ser un ~ ⟨figf⟩
dumm, einfältig sein
besa|lamano *m schriftliche Mitteilung mit der
Abkürzung B.L.M. (es küsst die Hand) statt
Unterschrift* ‖ **–manos** *m Handkuss* m (z. B. *bei
e–r Hoffeierlichkeit)* ‖ *Empfang* m *bei Hofe* ‖
Kuss\|zuwerfen n, *-hand* f
besamel(a) f ⟨Kochk⟩ *Béchamelsauce* f
besana f ⟨Agr⟩ *Richtfurche* f ‖ *Furchenziehen* n
‖ Sal *Saatfeld* n
besapiés *m Fußkuss* m ‖ *Höflichkeits-,
Grußformel* f *e–r Frau gegenüber*
besar vt *küssen* ‖ ⟨figf⟩ *berühren (von leblosen
Dingen)* ‖ ⟨figf⟩ *unversehens mit jdm
zusammenstoßen* ‖ ◇ ~ en la boca a alg. *jdn auf
den Mund küssen* ‖ ~ el jarro ⟨figf⟩ *aus dem
Krug od der Flasche trinken* ‖ ~ la(s) mano(s)
die Hand küssen (bes. *als mündliche und
schriftliche Höflichkeitsformel)* ‖ ~ los pies *die
Füße küssen (mündliche und schriftliche
Unterwürfigkeitsformel)* ‖ ~ el suelo ⟨figf⟩ *auf
das Gesicht fallen* ‖ llegar y ~ el santo ⟨figf⟩ *et.
schnell erreichen* ‖ **~se** *s. küssen* ‖ ⟨figf⟩ *(mit
dem Kopf) unversehens aneinander stoßen* ‖ *s.*

berühren (bes. leblose *Dinge)* ‖ ⟨fig⟩ *zusammenbacken (im Ofen)*
Besarabia *f* ⟨Geogr⟩ *Bessarabien* n
besicos *mpl*: ~ de monja *von Nonnen bzw nach Klosterart zubereitete Süßigkeiten*
besito *m* dim von **beso** ‖ Arg Col Pe PR *kleines Makronengebäck* n ‖ Chi *kleine Meringe* f ‖ ~s *mpl* → **besicos**
beso *m Kuss* m ‖ *Küssen* n ‖ ⟨figf⟩ *heftiger Zusammenstoß* m *zweier Personen (mit dem Kopf) od zweier Sachen* ‖ ~ de buenas noches *Gutenachtkuss* m ‖ ~ de Judas ⟨fig⟩ *Judas-, Verräter⎪kuss* m ‖ ~ de paz *Friedenskuss* m ‖ ~ de la vida ⟨fam⟩ *Mund-zu-Mund-Beatmung* f ‖ ◇ comerse a ~s a uno ⟨figf⟩ *jdn ab-, tot⎪küssen* ‖ echar *od* tirar un ~ *e–e Kusshand zuwerfen (a* alg. *jdm)*
besotear vt → **besuquear**
bes⎪tezuela *f* dim von **–tia** ‖ *Tierchen* n ‖ ⟨fig⟩ *kleines Biest* n ‖ **–tia** *f (vierfüßiges) Tier, Vieh,* ⟨pop⟩ *Biest* n ‖ *Haustier* n ‖ ⟨fig⟩ *dummer Mensch* m ‖ ⟨fig⟩ *Bestie* f ‖ *brutaler Kerl* m ‖ *Rohling, Rüpel, ungehobelter Patron* m ‖ ~ de albarda *Saum-, Pack⎪tier* n ‖ ~ caballar *Pferd* n ‖ ~ de carga *Lasttier* n *(&* fig*)* ‖ ~ negra ⟨fig⟩ *Sündenbock* m ‖ ~ de tiro *Zug⎪vieh, -tier* n ‖ **–tiaje** *m Vieh* n ‖ *Trupp* m *Lasttiere* ‖ **–tial** adj *(m/f) viehisch* ‖ *bestialisch* ‖ *brutal* ‖ *dumm, unsinnig* ‖ ⟨figf⟩ *riesig,* ⟨fam⟩ *wahnsinnig* ‖ ⟨fig pop⟩ *toll (& Frau)* ‖ ~ m *(Stück) Vieh, Rind* n ‖ adv: ~**mente**
bestiali⎪dad *f viehisches Betragen* n, *Bestialität* f ‖ *Gemeinheit* f ‖ *Dummheit, Eselei* f ‖ ⟨figf⟩ *Unmenge* f ‖ → **–ismo** ‖ **–ismo** *m* ⟨Jur⟩ *Sodomie, Unzucht* f *mit Tieren* ‖ **–zar** [z/c] vt *verdummen* ‖ ~**se** *vertieren*
bestiario *m* ⟨Lit⟩ *Bestiarium, Bestiaire* n
bes⎪tión *m* ⟨Arch⟩ *Fabeltier* n ‖ **–tionazo** *m* ⟨fig⟩ *großer Dummkopf* m
béstola *f* ⟨Agr⟩ *Pflugschar* f
best-seller *m Bestseller* m
besucar [c/qu] vt → **besuquear**
besugada *f Mahlzeit* f *von Meerbrassen*
besu⎪go *m* ⟨Fi⟩ *Graubarsch, Seekarpfen* m *(Pagellus centrodontus)* ‖ *Zahnbrasse(n* m*)* f *(Sparus)* ‖ ⟨figf⟩ *Dummkopf, Trottel* m ‖ ◇ ¡te veo, ~, que tienes el ojo claro! ⟨fam⟩ *Nachtigall, ick hör' dir trapsen!* ‖ **–guera** *f Brassenpfanne* f ‖ *Brassenverkäuferin* f ‖ *Brassenfänger* m *(Fischkutter)* ‖ **–guero** *m Brassenhändler* m ‖ Ast *Gerät* n *zum Brassenfang* ‖ **–guete** *m* dim von **besugo** ‖ ⟨Fi⟩ *Rotbrasse(n* m*)* f *(Pagellus erythrinus)*
besuque⎪ar vt ⟨fam⟩ *(ab)küssen, viel und oft küssen, abschmatzen,* ⟨fam⟩ *schnäbeln* ‖ **–o** *m* ⟨fam⟩ *oftmaliges Küssen, Abküssen, Knutschen* n
¹beta *f* ⟨Mar⟩ *Läufer* m, *Tau* n ‖ Ar *Band* n, *Schleife* f, *Bindfaden* m
²beta *f griech.* β *(B) Beta* n
betabel *m* Mex *Runkelrübe* f
beta⎪bloqueador, –bloqueante *m* ⟨Med⟩ *Betablocker* m
beta⎪rraga, –rrata *f Runkelrübe* f
betatrón *m* ⟨Phys⟩ *Betatron* n, *Elektronenschleuder* f
betel *m* ⟨Bot⟩ *Betelpfeffer* m *(Piper betle)* ‖ *Betel* m *(Kaumittel)*
beter(r)aga *f* Chi *Runkelrübe* f
bético adj *bätisch, aus Bética (dem heutigen Andalusien)* ‖ ⟨lit⟩ *andalusisch*
betlemita adj *aus Bethlehem, bethlehemitisch* ‖ ~ m *Bethlehemit* m ‖ *Bethlehemiter(mönch)* m
betónica *f* ⟨Bot⟩ *(Gemeiner) Heilziest* m, *Betonie* f *(Stachys officinalis)*

betu⎪la *f Birke* f *(Betula spp)* ‖ **–láceas** *fpl* ⟨Bot⟩ *Birkengewächse* npl *(Betulaceae)*
betún *m Bitumen* n, *Asphalt* m ‖ *Teer* m ‖ *Schuhcreme,* ⟨fam⟩ *Stiefelwichse* f ‖ ⟨Mar⟩ *Schmiere, Kalfatermasse* f ‖ *Bienenkitt* m ‖ *Steingutglasur* f ‖ Cu *Tabakwasser* n *(zur Gärung des Rohtabaks)* ‖ ~ de injertar *Baumwachs* n ‖ ~ de Judea *Asphalt* m ‖ ~ de mezcla *Verschnittbitumen* n ‖ ◇ dar de ~ *wichsen (Schuhe)* ‖ dar ~ a alg. ⟨fam⟩ *jdm schmeicheln* ‖ *jdn rühmen* ‖ darse ~ ⟨fig⟩ *wichtig tun, großtun* ‖ quedar a la altura del ~ ⟨figf⟩ *s. stark blamieren, s. e–e Blöße geben*
betu⎪near vt Cu *mit Teer anfeuchten (Tabak)* ‖ **–nería** *f Teerfabrik* f ‖ **–nero** *m Schuhcreme⎪verkäufer bzw -hersteller* ‖ Am ⟨reg⟩ *Schuhputzer* m
beuna *f* Ar *kleine, rötliche Traube(nart)* f ‖ ~ m *Wein* m *aus Beuna*
bevatrón *m* ⟨Phys⟩ *Bevatron* n
bey *m Beg (& Bei, Bey)* m
bezo *m (dicke) Lippe* f ‖ ⟨fig⟩ *Lefze* f *e–r Wunde*
bezoar *m Bezoarstein* m *(im Magen der Wiederkäuer)*
bezote *m Lippenring* m *(der Indianer)*
bezudo adj/s *dicklippig* ‖ *dickrandig (Münze)*
Bhután *m* ⟨Geogr⟩ *Bhutan* n
bi präf *zwei-, doppel-, bi-* ‖ Kurzform für **bisexual** ‖ bi
Bi ⟨Abk⟩ = **bismuto**
biaba *f* Arg Ur ⟨pop⟩ *Stoß, Schlag* m ‖ *Überfall* m
biacentual adj *(m/f)* ⟨Gr⟩ *mit zwei Möglichkeiten der Betonung*
biajaiba *f* Ant Cu *essbarer Seefisch* m *(Mesoprion uninotatus)*
biajaní *[pl* ~**íes]** *f* Cu *Zwergtäubchen* n *(Columbigallina minuta)*
bi⎪angular adj *(m/f)* ⟨Math⟩ *zweiwink(e)lig* ‖ **–articulado** adj *mit zwei Gelenken* ‖ ⟨Zool Tech⟩ *mit doppeltem Gelenk*
biarrota adj/s *(m/f) aus Biarritz* ‖ *auf Biarritz bezüglich*
biat⎪leta *m* ⟨Sp⟩ *Biathlet* m ‖ **–lón** *m Biathlon* m
bi⎪atómico adj ⟨Chem⟩ *zweiatomig* ‖ **–auricular** adj *(m/f) beidohrig, auf beiden Ohren* ‖ *zweiohrig, biaural* ‖ *mit zwei (Kopf)Hörern* ‖ **–axial** *(m/f),* **–áxico** adj *doppel-, zwei⎪achsig* ‖ **–básico** adj ⟨Chem⟩ *doppelbasisch*
bibelot *m Ziergegenstand, Bibelot* m ‖ *Nippsache* f ‖ ~**es** *mpl Nippes* pl
biberón *m Saugflasche* f *für Säuglinge* ‖ ◇ criar al ~ *mit der Flasche aufziehen*
bibicho *m* Hond *Katze* f
bibija⎪gua *f* ⟨Ins⟩ Cu *Riesenameise* f ‖ *Blattschneiderameise* f *(Atta insularis)* ‖ ⟨fig⟩ *emsiger, eifriger Mensch* m ‖ **–güera** *f,* **–güero** *m* Cu *Ameisenbau* m *der* bibijagua
¹biblia *f* MAm *Schlauheit, Hinterlist* f
²Biblia, ~ *f Bibel, Heilige Schrift* f ‖ ⟨figf⟩ *dickes Buch* n, ⟨fam⟩ *Wälzer* m ‖ ~ comentada *Bibelwerk* n ‖ ~ ilustrada *Bilderbibel* f ‖ ~ Políglota Complutense *Complutensische Polyglotte Bibel* f ‖ ◇ ¡esto es la ~! ⟨pop⟩ *das ist allerhand!* ‖ la ~ en pasta *e–e riesige Menge*
bíblico adj *biblisch, Bibel-*
biblio⎪bús *m fahrende Bücherei* f ‖ **–clepto** *m Bücherdieb* m
bibliófago *m* ⟨fig⟩ *Bücherwurm* m
bibliofilia *f Bibliophilie, Bücher⎪liebhaberei* f, *-(sammel)leidenschaft* f
biblió⎪filo *m Bücher⎪liebhaber od -sammler* m ‖ **–fobo** *m Bücher⎪feind, -muffel* m

biblio|grafía f Bibliografie, Literatur|angabe f, -verzeichnis n ‖ Bücher|kunde, -beschreibung f ‖ **–gráfico** adj bibliografisch **bibliógrafo** m Bibliograf m **biblio|latría** f ⟨fig⟩ Bücherkult m ‖ **–logía** f Bücherkunde f ‖ Bibelkunde f ‖ **–manía** f Bibliomanie, Bücher(sammel)wut f **bibliómano** m Bibliomane, Büchernarr m **biblio|mapa** m Atlas m, Landkartensammlung f ‖ **–pola** m ⟨lit⟩ Buchhändler m ‖ **–rato** m Arg Ur Ablagemappe f ‖ **–teca** f Bibliothek, Bücherei, f Büchersammlung f ‖ Bücher|schrank m od -gestell n ‖ Büchersaal m ‖ ~ abierta Präsenzbibliothek f ‖ ~ ambulante fahrende Bücherei f ‖ ~ de autores clásicos Klassikerbibliothek f ‖ ~ Cervantina Cervantesbibliothek f ‖ ~ circular, ~ circulante Leihbücherei f ‖ ~ de clásicos Klassikerbibliothek f ‖ ~ Colombina Kolumbische Bibliothek f ‖ ~ escolar Schul-, Schüler|bücherei f ‖ ~ de escritores clásicos Klassikerbibliothek f ‖ ~ especial Fachbibliothek f ‖ ~ fabril Werksbücherei f ‖ ~ infantil Kinderbücherei f ‖ ~ de libre acceso Präsenzbibliothek f ‖ ~ móvil Wanderbibliothek f ‖ ~ municipal Stadtbücherei f ‖ ~ Nacional Staatsbibliothek f ‖ ~ particular Privatbibliothek f ‖ ~ popular Volksbücherei f ‖ ~ profesional Fachbibliothek f ‖ ~ pública öffentliche Bücherei f ‖ ~ universitaria Universitätsbibliothek f ‖ ~ viajera Wanderbibliothek f ‖ ◇ es una biblioteca ambulante er ist ein wandelndes Lexikon ‖ **–tecario** m Bibliothekar m **biblio|teconomía** f Bibliotheks|wissenschaft(en) f(pl), -kunde f ‖ **–terapia** f ⟨Med⟩ Bibliotherapie f **biblista** m/f Bibel|kenner(in f) bzw -forscher(in f) m ‖ streng bibelgläubiger Mensch m **bica** f Gal ungesäuertes Weizen-, Mais- od Hafer|gebäck n **bical** m ⟨Fi⟩ Lachs m (Männchen) **bica|marista** adj (m/f) Arg, **–meral** adj (m/f) Zweikammer- ‖ **–meralismo** m ⟨Pol⟩ Zweikammersystem n **bicarbonato** m Bikarbonat, Hydrogenkarbonat n ‖ ~ sódico Natrium|bikarbonat, -hydrogenkarbonat n **bicarpelado** adj ⟨Bot⟩ zweikarpelar **bicéfalo** adj zweiköpfig **bicentenario** adj zweihundertjährig ‖ ~ m (Zeitspanne f von) zweihundert Jahre(n) npl ‖ Zweihundertjahrfeier f **bíceps** m ⟨An⟩ Bizeps m ‖ ~ braquial zweiköpfiger Armmuskel, Oberarmmuskel m ‖ ~ crural zweiköpfiger Schenkelmuskel m **bicerra** f ⟨Zool⟩ Bergziege f **¹bicha** f ⟨fam⟩ (bes. And) Schlange f (Ersatz für das Tabuwort culebra) ‖ ⟨fam⟩ Harpyie f ‖ ⟨Arch⟩ Fabeltier n (in e–m Fries) **²bicha** f ⟨fam⟩ Mädchen n **bichará** m RPl ausgeblichener Poncho m ‖ Poncho m aus grobem Stoff **bicharra** f Pe tönerner Küchenherd m **bicharraco** m ⟨desp⟩ ekelerregendes Tier, Viehzeug n ‖ ⟨fig⟩ Biest, Scheusal m ‖ ⟨figf⟩ widriger Mensch m **¹biche** adj Col grün, unreif (Frucht) ‖ Arg Col schwächlich (Person) **²biche** m Am großer Topf m **bich(e)|adero** m RPl Warte f, Wartturm m ‖ **–ador** m Schnüffler m ‖ **–ar** vt/i auflauern ‖ jdn heimlich beobachten, schnüffeln **bichejo** m desp von bicho **¹bichento** adj Pe neidisch **²bichento** adj Col rachitisch **bichera** f a) Ur ⟨Vet⟩ Hautgeschwür n ‖ b) Col ⟨Vet⟩ Durchfall m des Geflügels

bicherío m ⟨fam⟩ Viehzeug n ‖ Ungeziefer n **bichero** m ⟨Mar⟩ Boots-, Enter|haken m **bichillo** m Can Schweinsrücken m **bichín** m dim ⟨fam⟩ von bicho ‖ Hond zerschründete Lippe, Lefze f **¹bicho** m ⟨fam⟩ Vieh n ‖ Ungeziefer, Gewürm n ‖ Tier, Vieh n ‖ ⟨Taur⟩ (Kampf)Stier m ‖ ⟨fig⟩ ungestalter Mensch m ‖ Kerl m, ⟨fam⟩ Nummer f ‖ ~ raro ⟨figf⟩ ulkiger Kauz m ‖ mal ~ ⟨fig⟩ Otterngezücht n, boshafter Mensch, gemeiner Kerl m ‖ ◇ allí no hubo (un) ~ viviente ⟨fam⟩ man fand k–e lebende Seele vor ‖ contar algo a todo ~ viviente ⟨fam⟩ et. überall ausplaudern ‖ ~ malo nunca muere ⟨Spr⟩ Unkraut verdirbt nicht ‖ tener ~ ⟨figf⟩ in festen Händen sein, e–n festen Freund haben (Mädchen) **²bicho** m ⟨fam⟩ Knabe m **³bicho** m ⟨Mil pop⟩ Rekrut m **⁴bicho** m Am ⟨vulg⟩ Schwanz m (Penis) **bichoco** adj Arg Chi gebrechlich, hinfällig **bichofeo** m RPl → benteveo **bichoronga** f Ven Lappalie f ‖ Ven ⟨fig⟩ Nutte, Dirne f **bichozno** m Ururenkel m **bici** f Kurzform für bicicleta ‖ **–cleta** f Fahrrad n ‖ ~ sin cadena kettenloses Fahrrad n ‖ ~ de carretera Tourenrad n ‖ ~ para carreras Rennrad n ‖ ~ doble Doppelrad, Tandem n ‖ ~ estática Heimtrainer m ‖ ~ de montaña Mountainbike n ‖ ~ con motor auxiliar Fahrrad n mit Hilfsmotor ‖ ~ de rueda libre Fahrrad n mit Freilauf ‖ ~ de señora Damenrad n ‖ ~ de turismo Tourenrad n ‖ ◇ montar la ~, andar en ~, ir en ~ Rad fahren, ⟨fam⟩ radeln ‖ (estilo de) ~ Wassertreten n (Schwimmart) ‖ **–cletería** f Am Fahrradhandlung f ‖ **–clista** m/f → ciclista ‖ **–clo** m Zwei-, Hoch|rad n ‖ **–cross** m ⟨Sp⟩ Bicycle Motocross n **bi|ciliado** adj ⟨Biol⟩ doppelbewimpert ‖ **–cipital** adj (m/f) auf den Bizeps bezüglich ‖ **–cípite** adj → bicéfalo **bicloruro** m ⟨Chem⟩ Bichlorid n ‖ ~ de mercurio, ~ hidrargírico Quecksilber(II)chlorid n **¹bicoca** f ⟨fam⟩ wertloses Ding n ‖ Lappalie f ‖ ⟨fig⟩ Goldgrube f ‖ Schnäppchen n **²bicoca** f Arg Bol Chi Käppchen n des Priesters **bicolor** adj (m/f) zweifarbig, Zweifarben- **bicóncavo** adj ⟨Opt⟩ bikonkav **biconsonante** f ⟨Gr⟩ Doppelkonsonant m **biconvexo** adj ⟨Opt⟩ doppel-, bi|konvex **bicoque** m Am Kopfnuss f **bico|queta** f Pe Kopfbedeckung f, Käppchen n einiger Mönchorden ‖ Pe **–queta** f, **–quete**, **–quín** m Ohrenmütze f **bicor|ne** adj (m/f) ⟨ & poet⟩ zweihörnig ‖ zweizipf(e)lig ‖ ~ m ⟨Taur fig⟩ Stier m ‖ **–nio** m Zweispitz m (Hut) **bicro|mato** m ⟨Chem⟩ Bichromat n ‖ ~ sódico Natriumbichromat n ‖ **–mía** f Zweifarbendruck m **bicuadrado** adj ⟨Math⟩ biquadratisch **bicuento** m Billion f **bi|cúspide** (m/f), **–cuspídeo** adj zwei|spitzig, -zähnig ‖ zweizipf(e)lig ‖ ⟨An⟩ mit zwei Wurzeln (Zahn) **bi|dé** m Bidet n ‖ **–del** m Cu → bidé **bidente** adj (m/f) (poet) zweizähnig ‖ ~ m Zweizack m ‖ ⟨Bot⟩ Zweizahn m (Bidens spp) **bidón** m Blech|dose f, -behälter m ‖ Kanister m, Kanne f ‖ Metallfass n ‖ Trommel f ‖ ~ de gasolina Benzinkanister m ‖ ~ de leche Milchkanne f **¹biela** f ⟨Auto⟩ Pleuel(stange) m ‖ Treib-, Kurbel|stange f ‖ Tret-, Pedal|kurbel f (Fahrrad) ‖ ~ acoplada Kuppelstange f ‖ ~ de acoplamiento

Kuppelstange f *(an der Lokomotive)* ‖ ~ de distribución *Steuerstange* f ‖ ~ motriz *Treibstange* f *(an der Lokomotive)*
²**biela** f ⟨pop⟩ *Hachse, Haxe* f
biel|da f ⟨Agr⟩ *Strohgabel, große Harke* f ‖ **–dar** vt *(Stroh) mit der Gabel aufschütten, worfeln* ‖ **–do, –go** m ⟨Agr⟩ *Wurf-, Worfel|schaufel* f ‖ *Stroh-, Heu-, Mist|gabel* f ‖ *Rechen* m
bieleta f dim von **biela** ‖ ⟨Tech⟩ *Nebenpleuel* m
bielga f And ⟨Agr⟩ *Garbengabel* f
Bielorrusia f → **Belarús**
¹**bien** m *Gut* n, *das Gute* ‖ *Wohl* n ‖ *Wohlstand* m ‖ *Nutzen* m ‖ ~ común *(All)Gemeinwohl* n ‖ el ~ público *das öffentliche Wohl* ‖ *das (All)Gemeinwohl* n ‖ ◆ por ~ de paz *auf friedlichem Wege* ‖ ◇ no parar en ~ *übel ausfallen* ‖ ~ haya quien ... *wohl dem, der* ... ‖ salir con ~ de algo *et. gut überstehen* ‖ tener a *od* por – *einwilligen in* (acc) ‖ ~**es** mpl *Güter* npl ‖ *Vermögen* n, *Habe* f ‖ ~ de abolengo *Stammgüter* npl, *Familienbesitz* m ‖ ⟨allg⟩ *ererbtes Vermögen* n ‖ ~ adventicios *Adventizgüter* npl ‖ ~ alodiales *Allodialgüter* npl ‖ ~ aportados *eingebrachtes Gut* n ‖ ~ comunales *od* concejiles *Gemeinde|eigentum* n, *-güter* npl ‖ ~ comunes *Gesamtgut* n ‖ ~ comunes de dominio público *öffentliches Eigentum* n ‖ ~ de consumo *Verbrauchs- Konsum|güter* npl ‖ ~ del deudor *Schuldnervermögen* n ‖ ~ dotales *Heiratsgut* n ‖ ~ enemigos *Feindvermögen* n ‖ ~ de equipo *Investitions-, Ausrüstungs|güter* npl ‖ ~ estandarizados *standardisierte Güter* npl ‖ ~ fiscales *Staatsgüter* npl ‖ ~ de fortuna *Vermögen* n, *Glücksgüter* npl, *Hab und Gut* n ‖ ~ fungibles *vertretbare* od *fungible Sachen* fpl ‖ ~ iniciales (finales) *Anfangs- (End)vermögen* n ‖ ~ hereditarios *Erb|güter* npl, *-masse* f, *Nachlass* m ‖ ~ (in)muebles *(un)bewegliche Güter* npl ‖ ~ de inversión *Investitionsgüter* npl ‖ ~ invertidos *Anlagevermögen* n ‖ ~ mostrencos *herrenlose Sachen* fpl bzw *Güter* npl ‖ ~ parafernales *Vorbehaltsgut* n ‖ ~ patrimoniales *Erb-, Stamm|güter* npl ‖ ~ personales *Privatvermögen* n ‖ ~ públicos *öffentliche Sachen* fpl ‖ ~ raíces *Liegenschaften* fpl, *Grundstücke* npl ‖ ~ de realengo *Krongüter* npl ‖ ~ relictos *Erbgut* n ‖ ~ reservables *der Sonderfolge unterliegendes Vermögen* n ‖ ~ reservados *Vorbehaltsgut* n ‖ ~ sedientes *unbewegliche Güter* npl, *Immobilien* pl ‖ ~ troncales *Stammgüter* npl ‖ ~ vacantes *herrenlose Sachen* fpl ‖ ~ vinculados *Majoratsgüter* npl ‖ ◇ contar mil ~ de alg. *jdn überschwenglich* od *über den grünen Klee loben*
²**bien** adv 1. r e i n   a d v e r b i e l l: **a)** *gut* ‖ *wohl* ‖ *schön* ‖ *richtig* ‖ *recht* ‖ *tüchtig* ‖ *ganz* ‖ gern, herzlich ‖ *fein* ‖ **b)** *Verstärkung, Betonung des Superlativs, etwa: sehr, recht, viel* ‖ **c)** Bejahung: *jawohl, natürlich* ‖ ahora ~ *nun aber* ‖ also ‖ *nun denn* ‖ antes ~ *vielmehr* ‖ *lieber* ‖ ~ lo compraría yo, pero ... *ich würde es (ja) gerne kaufen, aber* ... ‖ (de) ~ a ~, por ~ *(herzlich) gern* ‖ *sehr gern* ‖ de ~ en mejor *immer besser* ‖ por ~ o por mal *gutwillig oder mit Gewalt, ob du willst oder nicht* ‖ más ~ *eher* ‖ que mal Am ⟨fam⟩ *jedenfalls* ‖ y ~ *nun* ‖ y ~, *¿qué noticias corren? was gibt's also Neues?* ‖ ¡~! ‖ ¡ ~ ~! *ja, vortrefflich, schon gut! (als Drohung)* ‖ ¡~ hecho! ¡está ~! *gut (so)! in Ordnung! richtig!* ‖ ~ mirado *recht betrachtet* ‖ *eigentlich* ‖ ~ tarde *recht spät* ‖ la gente ~ *die „feinen Leute"*, ⟨fam⟩ *die oberen Zehntausend* ‖ ◇ ~ anduvimos tres horas *wir sind gute 3 Stunden gegangen* ‖ dices ~

du hast recht ‖ ~ lo decía yo *das habe ich gleich gesagt* ‖ ~ es verdad *es ist sehr wahr* ‖ ¡~ está! *es ist mir (uns) recht, das ist recht* ‖ *wohlan!* ‖ no me siento *od* no estoy del todo ~ *mir ist nicht ganz wohl* ‖ yo ~ lo haría, pero no puedo *ich möchte es (ja) gern tun, aber ich kann nicht* ‖ ~ puedes creerlo *das kannst du wohl (ohne weiteres) glauben* ‖ ~ podían suplicarle *sie mochten ihn (sie, es) bitten, wie sie wollten* ‖ estar (a) ~ con alg. *s. mit jdm gut stehen*
2. i n   b i n d e w ö r t l i c h e n V e r b i n d u n g e n: ~ *(así) como sowie (auch)* ‖ (a) ~ que ... *obschon ..., obwohl ..., obgleich* ... ‖ no ~ *kaum* ‖ no ~ ..., cuando ... *kaum ...*, als ... ‖ si ~ *obschon, obgleich, wenn auch* ‖ ~ ... ~ ... *entweder ... oder* ... ‖ ~ por la derecha, ~ por la izquierda *sei es links oder rechts* ‖ ~ sea *(od fuese) ... o ... sei es nun ... oder* ...
bienal adj *(m/f) zweijährig* ‖ *zweijährlich* ‖ ~ f *Biennale* f *(Kunst und Film)*
bien|amado adj *viel geliebt* ‖ **–andante** adj *(m/f) glücklich, glückselig, beglückt* ‖ **–andanza** f *Glückseligkeit* f
bienaventu|rado adj *glücklich* ‖ ⟨Rel⟩ *selig* (iron) *einfältig* ‖ ~s los pobres de espíritu *selig (sind) die Armen im Geiste (Bibel)* ‖ ~ m ⟨Rel⟩ *Selige(r)* m ‖ ⟨fig⟩ *Einfaltspinsel* m ‖ **–ranza** f *(Glück)Seligkeit* f
biencasado adj *glücklich verheiratet*
bien|estar m *Wohlbefinden* n ‖ *(Wohl)Behagen* n, *Behaglichkeit* f ‖ *Wohlstand* m ‖ **–hablado** adj *beredt, höflich (im Reden), höflich beredt* ‖ **–hadado, –fortunado** adj *glücklich, glückselig, beglückt* ‖ **–hecho** adj *wohlgestaltet* ‖ **–hechor** adj *wohltätig* ‖ ~ m *Wohltäter* m ‖ **–intencionado** adj *wohl|gesinnt, -meinend*
bienio m *Zeitraum* m *von zwei Jahren, Biennium* n
bien|llegado adj → **bienvenido** ‖ **–mandado** adj *gehorsam, folgsam* ‖ *unterwürfig* ‖ **–mesabe** m *Zuckerhülle* f *der Sahnenbaisers (Schaumgebäck)* ‖ **–oliente** adj *wohlriechend* ‖ **–parecer** m *Wohlanständigkeit* f ‖ *schöner Schein* m ‖ **–pareciente** adj *(m/f) schön aussehend* ‖ **–querencia** f, **–querer** m *Wohlwollen* n, *Zuneigung* f ‖ **–querer** [-ie-] vt *(jdm) geneigt sein, (jdn) lieben, schätzen* ‖ *(jdm) wohl wollen* ‖ **–quistar** vt *geneigt machen* ‖ **–se** *s. anfreunden* (con alg. *mit jdm), einander lieb gewinnen* ‖ **–quisto** adj *beliebt, allgemein geschätzt*
¹**bienteveo** m *Beobachtungsstand* m *der Weinbergschützen*
²**bienteveo** m Arg Ur ⟨V⟩ *Bentevi, Häscher* m *(Pitangus sulfuratus)*
bien|venida f *Be|grüßung, -willkommnung* f, *Willkomm* m ‖ *glückliche Ankunft* f ‖ ◇ dar la ~ a alg. *jdn willkommen heißen, bewillkommnen* ‖ **–venido** ~ adj *willkommen* (a in dat) ‖ ~ m np *Benvenuto* m ‖ **–vivir** vi im *Wohlstand* od *anständig leben, ein gutes Auskommen haben* ‖ *ein anständiges Leben führen*
biér|col m ⟨Bot⟩ → **brezo** ‖ **–gol** m And Extr ⟨Agr⟩ → **bieldo**
bierva f Ast ⟨Agr⟩ *melkfähige Kuh* f *ohne Kalb*
bierzo m León ⟨Text⟩ *(Art) Leinwand* f
bies m *Schrägstreifen* m *(Kleidungsbesatz)* ‖ ◆ al ~ adv *schräg, quer*
biezo m Rioja ⟨Bot⟩ *Birke* f *(Betula spp)*
bifásico adj ⟨El⟩ *zweiphasig*
¹**bife** m Arg *Beefsteak* n ‖ ~ a caballo ⟨Am⟩ *Beefsteak* n *mit Spiegeleiern* ‖ ~ de lomo *Lendensteak* n
²**bife** m *Ohrfeige* f
bífido adj ⟨Bot Zool⟩ *zweispaltig*
bi|filar adj *(m/f) bifilar, Zweidraht-,*

zweidrähtig || **–flor(o)** adj ⟨Bot⟩ *zweiblütig* ||
–focal adj *(m/f)* ⟨Opt⟩ *bifokal* || **–foliado** adj ⟨Bot⟩
doppel-, zwei|blätt(e)rig || **–fosfato** m ⟨Chem⟩
Diphosphat n || **–frontal** adj *(m/f)* ⟨Mil⟩
Zweifronten- || **–fronte** adj *(m/f)* ⟨poet lit Wiss⟩
zweistirnig || *doppelgesichtig*
  biftec m → **bistec**
  bifur|cación f ⟨EB⟩ *Gab(e)lung, Zweiteilung* f
  || *Abzweigung(stelle)* f *von der Hauptbahn* || ⟨An⟩
  Bifurkation f || ~ *de autopista Autobahndreieck* n
  || ~ *de carreteras Straßengab(e)lung* f || ~ *de la*
  tráquea ⟨An⟩ *Luftröhrengab(e)lung* f || **–cado** adj
  gabelförmig || *zweigeteilt* || **–carse** [c/qu] vr *s.*
  gabeln || *s. teilen* || ⟨EB⟩ *abzweigen*
  bifuselaje m ⟨Flugw⟩ *Doppelrumpf* m
  biga f *Zweigespann* n, *Biga* f
  bigamia f *Doppelehe, Bigamie* f
  bígamo adj *bigamistisch* || ~ m *Bigamist* m
  bigar|da f *León Klipperspiel* n *der Kinder* ||
  –dear vi *ein liederliches Leben führen* || **–día** f
  Verstellung f || *Possen, Streich* m || **–do** adj ⟨fig⟩
  ausschweifend, liederlich || ~ m *Herumtreiber,*
  Streuner m || **–dón** adj/s *vagabundenmäßig* || Ar
  hoch aufgeschossen (Person) || **–donear** vi ⟨fam
  reg⟩ *vagabundieren*
  bígaro m ⟨Zool⟩ *Strandschnecke* f (Littorina
  littorea)
  bigarra f *Göpelstange* f
  ¹bigarro m Ven *großer, wilder Stier* m
  ²bigarro m ⟨Zool⟩ → **bigaro**
  big bang m *Urknall* m
  bigemi|nado adj ⟨Biol⟩ *doppelgepaart* ||
  –nismo m *Bigeminie* f
  bigno|nia f ⟨Bot⟩ *Bignonie, Trompetenblume* f
  (Bignonia spp) || **–niáceas** fpl ⟨Bot⟩
  Bignoniengewächse npl (Bignoniaceae)
  bigornia f *Spitz-, Horn|amboß* m
  ¹bigote m *Schnurrbart* m || ⟨Zool⟩ *Schnurrhaar*
  n || ~ *de cepillo englischer Schnurrbart* m || ~
  incipiente Milchbart m || ~ *a lo kaiser*
  Schnurrbart m *mit aufrecht stehenden Enden* || ~
  de moco ⟨fam⟩ *herunterhängender Schnurrbart* m
  || ~ *de morsa Schnauz|bart, -er* m || ◇ *estar de* ~
  ⟨fam⟩ *toll, großartig sein (Sache)* || *menear el* ~
  ⟨pop joc⟩ *essen* || *reírse de alg. en sus* ~s ⟨figf⟩
  jdm ins Gesicht lachen || *ser de* ~ *äußerst*
  schwierig (od heikel) sein (Lage, Problem,
  Angelegenheit) || *tener* ~s ⟨figf⟩ *fest im*
  Entschluss sein || *no tiene malos* ~s ⟨figf⟩ *sie ist*
  nicht übel (Frau)
  ²bigote m ⟨Typ⟩ *englische Leiste* f
  ³bigote m ⟨Met⟩ *Schlackenabstich(loch* n) m
  ⁴bigote m Mex ⟨Kochk⟩ *Krokette* f
  bigotear vt Arg *aufmerksam beobachten* od
  verfolgen
  ¹bigotera f **a)** *Schnurrbartbinde* f || **b)**
  Trinkrückstand m *an der Oberlippe*
  ²bigotera f *Nullenzirkel* m
  ³bigotera f *Klappsitz (im Wagen)*
  ⁴bigotera f And *Prellerei* f || ◇ *pegarle a alg.*
  una ~ *jdn prellen* od *betrügen*
  bigoteras fpl: *tener buenas* ~ ⟨figf⟩ *hübsch*
  sein (Frau)
  ¹bigotudo adj *schnurr-, schnauz|bärtig*
  ²bigotudo m ⟨V⟩ *Bartmeise* f (Panurus
  biarmicus)
  biguán m Am *großes, sperriges Paket* n
  biguanudo adj Am *außerordentlich groß, riesig*
  bigudí m [pl ~íes] *Locken-, Haar|wickler* m
  bija f ⟨Bot⟩ *Ruku, Orleansbaum* m (Bixa
  orellana) || *Rukufrucht* f || *Rukupaste* f *(Farbstoff)*
  bikini m *Bikini* m
  bilabarquín m Ec → **berbiquí**
  bilabi|ado adj *zweilippig* || **–al** adj *(m/f)* ⟨Phon⟩
  bilabial (Laut)

  bilateral adj *(m/f)* *zweiseitig, bilateral* || ⟨Jur⟩
  wechselseitig verpflichtend
  bilbaíno adj/s *aus Bilbao* ⟨P Vizc⟩ || *auf Bilbao*
  bezüglich
  bilbilitano adj/s *aus Calatayud* (P Zar) || *auf*
  Calatayud bezüglich
  bildurra f Al *Feigheit* f
  bilhar|zia f ⟨Zool Med⟩ *Bilharzie* f || **–ziasis,**
  –ziosis f ⟨Med⟩ *Bilhar|ziose, -ziase* f
  biliar adj *(m/f)* *gallig, biliär, Gallen-*
  bilicianina f ⟨Physiol⟩ *Bilizyanin* n, *blauer*
  Gallenfarbstoff m
  bilin|güe adj *(m/f)* *zweisprachig, bilinguisch* ||
  –güismo m *Doppel-, Zwei|sprachigkeit* f ||
  doppelsprachiger Unterricht m *(in*
  gemischtsprachigen Gebieten)
  bilioso adj ⟨Med⟩ *gallsüchtig* || *gallig, biliös,*
  Gallen- || ⟨fig⟩ *cholerisch, reizbar*
  bilirrubi|na f ⟨Physiol⟩ *Bilirubin* n ||
  –nemia f ⟨Med⟩ *Bilirubinämie* f,
  Blutbilirubinspiegel m
  bilis f ⟨Physiol⟩ *Galle* f || ⟨fig⟩ *Zorn* m || ◇
  exaltársele a uno la ~ ⟨fam⟩ *in Zorn geraten* || ~
  de buey Ochsengalle f
  bilítero adj *aus zwei Buchstaben bestehend*
  biliverdina f ⟨Physiol⟩ *Biliverdin* n
  bill m *Bill* f, *Gesetzentwurf* m ||
  Parlamentsbeschluss m
  billa f *Treiben* n *e–r Billardkugel in ein*
  Eckloch || ~ *sucia falscher Ball* m || ◇ *hacer* ~
  e–e Karambole machen
  billalda f *Klipperspiel* n *(der Kinder)*
  ¹billar m *Billard(spiel)* n || *Billardzimmer* n ||
  Billardtisch m || ◇ *francés Karambolagebillard* n
  || ~ *romano römisches Billard, Tivoli* n || ◇ *jugar*
  al ~ *Billard spielen*
  ²billar m Hond *Eidechsenfalle* f || Guat Hond
  Mex *Falle* f *für große Fische*
  billar|dero m *Besitzer* m *e–s Billardsalons* ||
  –dista m/f *Billardspieler(in* f) m
  bille|taje m *Vorrat* m *an (Eintritts)Karten bzw*
  Fahrscheinen usw. || **–te** m *Billett* n, *Brief(zettel)*
  m || *Liebesbrief* m || *Eintritts- bzw Fahr|karte* f,
  Fahrschein m || *Anweisung* f || *Bank|schein* m,
  -note f || *Lotterielos* n || ⟨Her⟩ *Schindel* f || ~ *de*
  amor Liebesbriefchen n || ~ *de andén* ⟨EB⟩
  Bahnsteigkarte f || ~ *de avión Flugschein* m || ~
  de banco Banknote f || ~ *circular Rundreise|karte*
  f, *-heft* m || ~ *colectivo* ⟨EB⟩ *Sammelfahrschein* m
  || ~ *de correspondencia Umsteigefahrschein* m ||
  ~ *económico* ⟨EB⟩ *Fahrkarte* f *zu ermäßigtem*
  Preis || ~ *entero voller Fahrschein* m || ~ *de*
  empeño Pfandschein m || ~ *para escolares bzw*
  estudiantes Schüler- bzw Studenten|fahrkarte f ||
  ~ *de favor* → *gratuito* || ~ *de ferrocarril*
  Eisenbahnfahrkarte f || ~ *gratuito Frei|karte* f,
  -schein m || ~ *de ida (sola)* → ~ *sencillo* || ~ *de*
  ida y vuelta ⟨EB⟩ *Rückfahrkarte* f || ~ *kilométrico*
  ⟨EB⟩ *Kilometerheft* n || *Rundreiseheft* n || ~ *de*
  lotería Lotterielos n || *medio* ~ ⟨EB⟩ *halbe*
  Fahrkarte f || ~ *mensual Monatskarte* f ||
  Kinderfahrschein m || ~ *permanente*
  Dauer(eintritts)karte f || ~ *(no) premiado (Niete*
  f) *Treffer* m *(Lotterie)* || ~ *sencillo* ⟨EB⟩ *Karte*
  für einfache Fahrt, (Karte für) Hinfahrt f || ~
  suplementario Zuschlagkarte f || ~ *del Tesoro*
  Schatzanweisung f || ~ *de toros* ⟨Taur⟩ *Anrecht* n
  auf mehrere Plätze || ◇ *tomar un* ~ *e–e*
  Fahrkarte lösen
  billete|ra f a) Am *Banknoten-, Brief|tasche* f ||
  b) *Kartenverkäuferin* f || **–ro** m **a)** *Banknoten-,*
  Brief|tasche f || **b)** *Kartenverkäufer* m
  billón m *Billion* f
  billonésimo adj *(der) billionste* || ~ m *(ein)*
  Billionstel n

bilma *f* Cu Chi Mex Salv *stärkendes, ziehendes Pflaster* n
bilobulado adj ⟨Bot Zool⟩ *zweilappig*
bilocación *f* ⟨Rel⟩ *Bilokation* f
bilogía *f zweibändiges Werk* n
bilon|go *m* Cu *Hexerei* f, *böser Blick* m ‖
–**guear** vt *behexen* ‖ –**guero** *m Zauberer* m
biltrotera *f* ⟨fam⟩ *Müßiggängerin* f
bimano, bímano adj *zweihändig (nur von Menschen)* ‖ ~ *m Zweihänder* m
¹**bimba** *f* ⟨fam⟩ *geflochtenes Schlagholz* n *(zum Ballspiel)*
²**bimba** *f* ⟨fam⟩ *Zylinderhut* m, *Angströhre* f
³**bimba** *f* Hond *hoch aufgeschossene Person* f, ⟨fam⟩ *Bohnenstange* f
⁴**bimba** *f* Mex *Trunkenheit* f, *Affe* m
bimbo *m* Col *Truthahn* m
bimbre *m* ⟨fam⟩ → **mimbre**
bimembre adj *(m/f) zweiglied(e)rig*
bi|mensual adj *(m/f) vierzehntäglich, zweimal im Monat geschehend, erscheinend usw.* ‖
–**mestral** adj *(m/f) zweimonatig* ‖ *zweimonatlich, alle zwei Monate geschehend, erscheinend usw.* ‖
–**mestre** *m (Zeitraum m von) zwei Monate(n)* mpl ‖ *Zweimonatsbetrag* m *(wiederkehrende Zahlung)* ‖ –**metalismo** *m Doppelwährung* f, *Bimetallismus* m ‖ –**motor** adj *zweimotorig* ‖ ~ *m zweimotoriges Flugzeug* n
bina *f* ⟨Agr⟩ *Zwiebrachen* n *(zweimaliges Pflügen)*
binación *f* ⟨Kath⟩ *Bination* f *(der Messe)*
bina|dera *f* ⟨Agr⟩ *Brachpflug* m ‖ *Hacke* f *für die zweite Bearbeitung des Weinbergs* ‖ *Fräshacke* f ‖ –**dor** *m Zwiebracher* m *(Arbeiter)* ‖ → –**dera**
¹**binar** vt ⟨Agr⟩ *wenden, rigolen* ‖ *umhacken*
²**binar** vi *binieren, zwei Messen an e–m Festtag lesen*
binario adj ⟨wiss⟩ *binär, Zweier-*
binazón *f* → **bina**
binder *m Binder* m *(Zwischenschicht zwischen Baugrund und Straßendecke)*
bin|go *m Bingo* n *(Spiel und Lokal)* ‖ –**guero** *m Bingospieler* m
binguí *[pl* ~**íes]** *m* Mex *Magueyschnaps* m
bi|nocular adj *(m/f) beidäugig, binokulär* ‖ –**nóculo** *m Doppelfernrohr, Zwillingsglas, Binokel* n ‖ *Zwicker, Kneifer, Klemmer* m ‖ *Lorgnette, Stielbrille* f
binomio *m* ⟨Math⟩ *Binom* n
binubo adj *zum zweiten Mal verheiratet*
binza *f Eihäutchen* n ‖ *äußere Zwiebelhaut* f ‖ Murc *Tomatenbeiguss* m ‖ *Pimentsame* m
bio|activo adj *bioaktiv* ‖ –**catálisis** *f Biokatalyse* f ‖ –**catalítico** adj *biokatalytisch* ‖ –**catalizador** *m Biokatalysator* m ‖ –**cenosis** *f Biozönose, Lebensgemeinschaft* f *von Organismen* (→ **sinecología**) ‖ –**céntrico** adj *biozentrisch* ‖ –**cibernética** *f Biokybernetik* f ‖ –**climatología** *f Bioklimatologie* f ‖ –**degradable** adj *(m/f) biologisch abbaubar* ‖ *kompostierbar* ‖ –**degradabilidad** *f biologische Abbaubarkeit* f ‖ *Kompostierbarkeit* f ‖ –**dinámica** *f Biodynamik* f ‖ –**disponibilidad** *f* ⟨Pharm⟩ *biologische Verfügbarkeit, Bioverfügbarkeit* f ‖ –**diversidad** *f Biodiversität* f ‖ –**electricidad** *f Bioelektrizität* f ‖ –**elemento** *m Bioelement* n ‖ –**esfera** *f* → –**sfera** ‖ –**estadística** *f Biostatistik* f ‖ –**ética** *f Bioethik* f ‖ –**físico** adj *biophysikalisch* ‖ –**física** *f Biophysik* f ‖ –**gás** *m Biogas* n ‖ –**génesis, –genia** *f Biogenese* f ‖ –**genética** *f Biogenetik* f ‖ –**genético** adj *biogenetisch*
biógeno adj *biogen*
bio|geografía *f Biogeografie* f ‖ –**geográfico** adj *biogeografisch*

biogra|fía *f Biografie, Lebensbeschreibung* f ‖ ~ *novelada biografischer Roman* m ‖ –**fiado** *m Person* f, *deren Biografie geschrieben wird* ‖ –**fiar** [pres ~**ío**] vt *(jds) Lebensgeschichte schreiben*
biográfico adj *biografisch*
¹**biógrafo** *m Biograf* m
²**biógrafo** *m* Arg Chi Ur *Kino* n
bio|grama *m* [Ethol] *Biogramm* n ‖ –**indicador** *m Bioindikator* m ‖ –**ingeniería** *f Biotechnik* f
bio|logía *f Biologie* f ‖ ~ *cuántica Quantenbiologie* f ‖ ~ *molecular Molekularbiologie* f ‖ –**lógico** adj *biologisch*
biólogo *m Biologe* m
bio|luminescencia *f Biolumineszenz* f ‖ –**masa** *f Biomasse* f ‖ –**material** *m* ⟨Med⟩ *Biomaterial* n
biombo *m Kamin-, Bett-, Fächer|schirm* m ‖ ~ (chinesco) *spanische Wand* f
bio|mecánica *f Biomechanik* f ‖ –**medicina** *f Biomedizin* f ‖ –**meteorología** *f Biometeorologie* f ‖ –**metría** *f Biometrie* f ‖ –**métrico** adj *biometrisch* ‖ –**microscopia** *f Biomikroskopie* f ‖ –**nomía** *f Bionomie* f
biónica *f Bionik* f
bio|psia *f* ⟨Med⟩ *Biopsie* f ‖ –**psiquismo** *m* ⟨Philos⟩ *Biopsychismus* m ‖ –**química** *f Biochemie* f ‖ –**químico** adj *biochemisch* ‖ ~ *m Biochemiker* m ‖ –**rritmo** *m* ⟨Med⟩ *Biorhythmus* m ‖ –**satélite** *m Biosatellit* m ‖ –**sensor** *m Biosensor* m ‖ –**sfera** *f Biosphäre* f ‖ –**síntesis** *f Biosynthese* f ‖ –**sociología** *f Biosoziologie* f
biot *m* (Bi) [Maßeinheit] *Biot* n
bio|ta *f Fauna und Flora e–s Gebietes* ‖ –**tecnia, –técnica** *f Biotechnik* f ‖ –**terapia** *f* ⟨Med⟩ *Biotherapie* f ‖ –**terapéutico** adj ⟨Med⟩ *biotherapeutisch* ‖ –**tina** *f* ⟨Physiol⟩ *Biotin* n ‖ –**tipo** *m Biotyp(us)* m ‖ –**tipología** *f Biotypologie* f
biótopo *m Biotop* m *(& n)* ‖ *Lebens|raum, m, -stätte* f
biotropía *f Biotropie* f
bi|óxido *m* ⟨Chem⟩ *Dioxid* n ‖ –**partición** *f Zweiteilung* f ‖ –**partidismo** *m* ⟨Pol⟩ *Zweiparteiensystem* n ‖ –**partido** adj *zweigeteilt* ‖ –**partito** adj *zweiteilig*
bipe|destación *f,* –**dismo** *m aufrechter Gang* m
bípedo adj *zweifüßig* ‖ *zweibeinig* ‖ ~ *m* ⟨Tech⟩ *Zweibein* n ‖ ~ *implume* (joc) *federloser Zweibeiner* m *(Mensch)* ‖ ~**s** mpl *Zweifüßer* mpl
bi|plano adj *doppel-, bi|plan* ‖ *m* ⟨Flugw⟩ *Doppeldecker* m ‖ –**plaza** adj *zweisitzig* ‖ ~ *m Zweisitzer* m
bipolar adj *(m/f) zweipolig* ‖ –**idad** *f Bipolarität, Doppelung* f
bipontino adj *aus Zweibrücken* (Dos Puentes)
biquini *m Bikini* m
biricú *[pl* ~**úes]** *m Degengehänge* n
birji *m* Cu ⟨Bot⟩ *Gewürznelke* f (Syzygium spp)
birimbao *m* ⟨Mus⟩ ⟨Art⟩ *Maultrommel* f ‖ *Mundharmonika* f ‖ *Brummeisen* n
birimbi adj Col *dünn, wäss(e)rig Speise* ‖ ~ *m rachitisches, schwächliches Kind* n
biringo adj Col *nackt*
birla *f* Ar *Kegelspiel* n ‖ Sant *Art Knabenspiel* n
birlabirlonga *f:* ◇ *vivir a la* ~ ⟨figf⟩ *in den Tag hinein leben*
bir|lar vt ⟨Kart⟩ *zurückschlagen,* ⟨figf⟩ *auf e–n Schuss erlegen* ‖ ⟨figf⟩ *umlegen (töten)* ‖ ⟨figf⟩ *weg|haschen, -schnappen, ergattern* ‖ *klauen* ‖ *vereiteln* ‖ *prellen*
△ **birles|ca** *f Gauner-, Preller|bande* f ‖ –**co** *m Gauner, Preller* m
birlibirloque adv: *por arte de* ~ ⟨fam⟩ *durch Hokuspokus, wie weggezaubert*

birlocha f *Papierdrachen* m *(der Kinder)*
birlocho m *offener Halbwagen* m
birlón m Ar *König* m *(im Kegelspiel)*
birlonga f *(Art) Kartenspiel* n ‖ ◊ *andar a la*
~ ⟨fam⟩ *in den Tag hinein leben*
Birma|nia f ⟨Geogr⟩ (hoy Myanmar) *Birma* n
(heute Myanmar) ‖ **–no** adj *birmanisch* ‖ ~ *m*
Birmane m
birome f Arg *Kugelschreiber* m
birr m [Währungseinheit] *Birr* m (Abk = Br)
birreactor m ⟨Flugw⟩ *zweistrahliges*
Düsenflugzeug n
birrectángulo adj ⟨Math⟩ *zwei rechte Winkel*
enthaltend
birrefringen|cia f ⟨Opt⟩
Doppel(strahlen)brechung f ‖ **–te** adj *(m/f)*
doppelbrechend
birreme f/adj ⟨Hist⟩ *Zweiruderer* m, *Bireme* f
birre|ta f *Birett* n, *randlose Kopfbedeckung* f
(kath. Geistlicher) ‖ ~ *cardenalicia Kardinalshut*
m ‖ **–te** m *(Haus)Mütze, Nachtmütze* f ‖ *Barett,*
Birett n (z. B. *e–s Priesters)*
birrí [pl ~íes] f ⟨Zool⟩ Col *Greifschwanzotter*
f (Bothrops schlegelii) ‖ ◊ *estar hecho una* ~
⟨figf⟩ Col *sehr wütend sein*
birria f *wertloser Kram, Plunder, Schund* m ‖
⟨fig⟩ *Vogelscheuche* f *(Mensch)* ‖ ◊ *esto es una*
~ *das ist ein Schmarren* ‖ *hacer* ~ *e–n Bock*
schießen ‖ *jugar de* ~ Col *teilnahmslos spielen* ‖
este tío es una ~ *dieser Kerl ist unausstehlich* ‖
este trabajo es una ~ *das ist e–e Pfuscharbeit*
birrin|ga f MAm *leichtsinnige Frau* f ‖ **–guear**
vt MAm s. *leichtsinnig benehmen (Frauen)* ‖
schäkern (Frauen)
birriñaque m Hond *schlecht gebackenes Brot* m ‖
⟨fig⟩ *Vogelscheuche* f *(Mensch)* ‖ ◊ *esto es una*
birrión m Cu *länglicher Fleck* m
birriondo adj Mex *von verliebter Gemütsart* ‖
~ *m* Mex *Frauenheld* m ‖ Mex *Müßiggänger* m
birrotación f *Zweidrehung* f
¹bis adv/s ⟨Mus⟩ *da capo, zu wiederholen* ‖
¡~! ¡~! *bravo! noch einmal!* ‖ *el número 7* ~ *die*
Nummer 7a (bei doppelten Hausnummern)
²bis m ⟨Bot⟩ Am *Sapotillbaum* m (Manilkara
zapota)
bisabuelo m *Urgroßvater* m
bisáceo adj ⟨Bot⟩ *schimmelartig*
bisagra f *Scharnier* n ‖ *(Tür)Angel* f ‖ *Fitsche*
f, *Ein-, Auf|satzband, Fischband* n ‖ ⟨fig⟩
Bindeglied n ‖ ~ *de cola de milano* ⟨Zim⟩
Schwalbenschwanzscharnier n ‖ ~ *de piano*
Klavierband n ‖ ~ *suelta* ⟨Zim⟩ *loses Scharnier* n
‖ ~ *de ventana Fitsche* f, *Fensterband* n
bisalto m Ar Nav *(Platt)Erbse* f
bisar vt ⟨Mus Th⟩ *wiederholen*
bisbi|s(e)ar vt/i ⟨fam⟩ *zwischen den Zähnen*
murmeln ‖ *lispeln* ‖ **–seo** m *Murmeln, Lispeln* n
bisbita m ⟨V⟩ *Pieper* m ‖ ~ *arbóreo*
Baumpieper m (Anthus trivialis) ‖ ~ *campestre*
Brachpieper m (A. campestris) ‖ ~ *común*
Wiesenpieper m (A. pratensis) ‖ ~ *gorgirrojo*
Rotkehlpieper m (A. cervinus) ‖ ~ *del Pechora*
Petschorapieper m (A. gustavi) ‖ ~ *de Richard*
Spornpieper m (A. novaeseelandiae) ‖ ~ *ribereño*
Wasser-, Strand|pieper m (A. spinoletta)
biscambra f Arg ⟨Kart⟩ *Briska* f
biscochuelo m Cu *Zwieback* m, *Biskuit* m (& n)
biscornear vi Cu *schielen*
biscote m *Zwieback* m
biscúter m *Kleinstwagen* m
bisecar [c/qu] vt ⟨Math⟩ *halbieren*
bisec|ción f ⟨Math⟩ *Zweiteilung, Halbierung* f ‖
–triz [pl ~ces] f ⟨Math⟩ *(Winkel)Halbierende,*
Halbierungslinie, Bisektrix f ‖ ~ *aguda*
Spitzhalbierende f ‖ ~ *perpendicular*
Mittelsenkrechte f

bi|sel m *schiefe od abgeschrägte Kante,*
Abschrägung, Schräge, Schrägfläche f ‖
Abkantung f ‖ ♦ *en* ~ *schräg (geschliffen)* ‖
–selado adj/s *schrägkantig (geschliffen)* ‖ ~ *m*
Schräg-, Schief|laufen n ‖ *Abschrägung,*
Schrägfläche f ‖ **–selador** m *Schleifer* m ‖ ~ *de*
piedras litográficas ⟨Typ⟩ *Steinschleifer* m ‖ ~ *de*
piedras preciosas Steinschleifer m ‖ **–selar** vt
ausschrägen, nach innen erweitern ‖ *rechteckige*
Kanten fpl *abschrägen, abfasen*
bi|semanal adj *(m/f) zweimal wöchentlich,*
zweimal in der Woche geschehend, erscheinend
usw. ‖ **–semanario** m *zweimal in der Woche*
erscheinende Publikation f ‖ **–seriado** adj ⟨Bot⟩
zweireihig ‖ **–sexual** adj *(m/f) bisexuell,*
doppelgeschlechtig ‖ **–sexualidad** f *Bisexualität,*
Doppelgeschlechtigkeit f ‖ **–siesto** adj/s: *año* ~
Schaltjahr n ‖ ◊ *mudar (de)* ~ ⟨fam⟩ s. *anders*
besinnen ‖ *sein Verhalten ändern* ‖ **–sílabo** m/adj
⟨Gr⟩ *zweisilbiges Wort* n ‖ *zweisilbig* ‖ **–simétrico**
adj *doppelsymmetrisch* ‖ **–sinosis** f ⟨Med⟩
Byssinose, Baumwollunge f
bismu|tita f ⟨Min⟩ *Bismutit, Wismutspat* m ‖
–to m **(Bi)** ⟨Chem⟩ *Wismut* n ‖ **–toterapia** f
⟨Med⟩ *Wismuttherapie* f
bisnie|to m, **–ta** f *Groß-, Ur|enkel(in* f) m
biso m *Byssus* m, *Muschelseide* f *(bei*
Muscheln) ‖ ⟨Text⟩ *Byssus* m *(feines Gewebe)*
bisoideo adj ⟨Bot⟩ *schimmelartig*
bisojo adj/s *schielend*
bisonte m ⟨Zool⟩ *Bison, Wisent* m ‖ ~
americano Präriebison, Indianerbüffel m (Bison
bison bison) ‖ ~ *europeo Wisent* m (Bison bison)
biso|ñada f ⟨figf⟩ *unbesonnene Rede* od
Handlung f ‖ *scherzhafte Behandlung* f *eines neu*
eintretenden Schülers durch die Mitschüler ‖ **–ñé**
m Toupet n ‖ **–ño** adj *neu, unerfahren* ‖ ~ *m*
⟨Mil⟩ *neuangeworbener Rekrut* m ‖ ⟨fig⟩ *Neuling*
m ‖ ⟨fam⟩ *Grünschnabel* m
bisore adj Col *leicht schielend*
bistec, bisté m ⟨Kochk⟩ *Beefsteak* n ‖ ~ *a*
caballo Beefsteak m *mit Spiegelei* ‖ ~ *de jamón*
Schinkensteak n ‖ ~ *tártaro Tatarbeefsteak* n
bistola f Mancha ⟨Agr⟩ *Pflugreitel* m
bistorta f ⟨Bot⟩ *Schlangenwurz* f, *Schlangen-,*
Wiesen|knöterich m (Polygonum bistorta)
¹bistraer [irr → **traer**] vt/i a) *vorauszahlen* ‖
b) *e–e Vorauszahlung erhalten*
²bistraer [irr → **traer**] vt Ar *entlocken*
(Geheimnisse)
bistre adj *(m/f)* ⟨Mal⟩ *schwarzbraun* ‖ ~ *m*
⟨Mal⟩ *Bister, Manganbraun* n ‖ *Rußschwarz* m
bistrecha f *Vor|schuss* m, *-auszahlung* f
bistreta f Ar → **bistrecha**
bistró m *Bistro, kleines (Wein)Lokal* n
bisturí [pl ~íes] m ⟨Med⟩ *Skalpell* n
bisulco m ⟨Zool⟩ *Paar|hufer, -zeher* m
bisul|fato m ⟨Chem⟩ *Bi-, Hydrogen|sulfat* n ‖
–fito m *Bi-, Hydrogen|sulfit* n
bisunto adj *schmierig, schmutzig*
bisurcado adj *zweifachig* ‖ *doppelt gespalten*
bisu|tería f *Modeschmuck* m, *Bijouterie* f ‖
damasquinada damaszierte Bijouteriewaren fpl,
Toledoschmuck m ‖ ~ *de Gablonz Gablonzer*
Waren fpl ‖ **–tero** m *Modeschmuck|hersteller* od
-händler m
bit m ⟨Inform⟩ *Bit* n
bita(s) f(pl) ⟨Mar⟩ *Beting* m (& f) ‖ *Poller,*
Schiffs-, Hafen|poller m
bitácora f ⟨Mar⟩ *Kompasshaus* n
bitadura f ⟨Mar⟩ *Betingschlag* m ‖ *Ankerkette* f
bitango adj: *pájaro* ~ *Papierdrachen* m *(der*
Kinder)
bitar vt ⟨Mar⟩ *(das Tau) an der Beting, am*
Poller befestigen

bitartrato *m:* ~ de potasa
Kaliumhydrogentartrat n
bíter *m Bittere(r), Magenbitter* m
bitongo adj: niño ~ *And* ⟨fam⟩ *kindischer
Mensch* m, ⟨fam⟩ *Kindskopf* m
bitoque *m (Fass)Spund* m ‖ *Am* ⟨Med⟩ *Kanüle*
f ‖ *Mex Hahn* m *e–r Wasserleitung* ‖ *MAm
Kloake* f
bitor *m Wachtelkönig* m (Crex crex)
bitubular adj *(m/f) mit zwei Stutzen* ‖
zweihalsig (Flasche)
bitu|men *m Bitumen* n ‖ **–minoso** adj
erdpechartig, bituminös
bivac *m Biwak* n
bi|valencia *f* ⟨Chem⟩ *Zweiwertigkeit, Bivalenz*
f ‖ **–valente** adj *(m/f)* ⟨Chem⟩ *zweiwertig, bivalent*
‖ **–valvo** adj *zweischalig, bivalve (Muschel)*
bivaquear vi *biwakieren*
biventral adj *(m/f) zweibauchig (Muskel)*
bivio *m Scheideweg* m
bivitelino adj ⟨Biol⟩ *zweieiig (Zwillinge)*
bixáceas *fpl* ⟨Bot⟩ *Orleansbaumgewächse* npl
(Bixaceae *pl*)
biyaya *f* Cu ⟨fam⟩ → **bibijagua**
biyoduro *m* ⟨Chem⟩ *Doppeljodverbindung* f ‖
~ de mercurio *Quecksilberjodid* n
biyuya *f* ⟨pop⟩ *Zaster* m, *Moneten* pl
biza *f* ⟨Fi⟩ *Tunfisch* m
Bizancio *m* [Stadt] ⟨Hist⟩ *Byzanz* n
bizanti|nismo *m Byzantinismus* m ‖ *Vorliebe* f
für spitzfindige, nebensächliche Diskussionen ‖
–nista *m/f Byzantinist(in* f) m ‖ ⟨fig⟩ *Kriecher,
Speichellecker* m ‖ **–no** adj *byzantinisch* ‖ ⟨fig⟩
nebensächlich, unbedeutend ‖ ⟨fig⟩ *ausgeklügelt* ‖
⟨fig⟩ *eitel, schal* ‖ ~ *m Byzantiner* m
biza|rramente adv *auf heldenhafte Art* ‖
–rrear vi *s. mutig zeigen* ‖ *s. freigebig betragen* ‖
–rría *f Mut* m, *Tapferkeit* f ‖ *Staatlichkeit* f ‖
Edelmut m ‖ ⟨fam⟩ *Schneid* m
bizarro adj *mutig, ritterlich* ‖ *edelmütig* ‖
freigebig ‖ ⟨fam⟩ *schneidig* ‖ *stattlich*
bizarrón *m große, dicke Wachskerze* f
bizazas *fpl lederner Quersack* m
bizbirin|da *f* Guat *freches, schamloses
Mädchen* n ‖ **–do** adj Mex *froh, lebhaft*
bizcaitarra *m radikaler baskischer Nationalist*
m
biz|car [c/qu] vt/i *schielen* ‖ *(jdm) zublinzeln* ‖
jdn schielend ansehen ‖ **–co** adj/s *schielend*
bizco|chada *f Milchsuppe* f *mit Zwieback* ‖
Zwiebackkuchen m ‖ *(Art) längliches Brötchen* n ‖
–chado adj *zwiebackartig (gebacken)* ‖ **–chero** *m
Zwieback-, Zuckerbäcker* m ‖ **–chería** *f etwa:
Konditorei* f
¹bizcocho adj Mex *von schlechter Qualität* ‖
Mex *feige* ‖ *ängstlich*
²bizcocho *m Zwieback* m, *Biskuit* n (& m) ‖
Schiffszwieback m ‖ *Zuckerbrot* n, *Keks* m ‖ ~
borracho Zuckerbrot n *mit Wein und Honigseim* ‖
~ de garapiña *feinster Zwieback* m ‖ ~ helado
Biskuitglacé m ‖ ◇ *embarcarse con poco* ~ ⟨figf⟩
*s. ohne gehörige Vorbereitung in ein großes
Unternehmen einlassen*
³bizcocho *m Biskuitporzellan* n
bizcoreto adj/s Hond *schielend*
¹bizcorneado adj ⟨Typ⟩ *verschoben
(Druckbogen)*
²bizcorneado adj Cu *schielend*
bizcorne|ta adj Col Mex *schielend* ‖ **–to** adj
Col Mex Ven *schielend*
bizcotela *f feines Zuckerbrot* n
bizcuerno adj Ar → **bizco**
bizma *f stärkendes, ziehendes Pflaster* n ‖
⟨Med⟩ *Umschlag* m ‖ **–r** vt *Umschläge machen*
biznaga *f* ⟨Bot⟩ *Zahnstocherkraut* n (Ammi

visnaga) ‖ *Zahnstocher* m *daraus* ‖ Mex ⟨Bot⟩
Kugelkaktus m (Echinocactus spp)
biznieto *m* → **bisnieto**
bizquear vi *schielen*
Bk ⟨Abk⟩ = **berquelio**
blablá *m Blabla* n
Blanca *f* np *Blanka* f
¹blanca *f Karte* f *ohne Bild* ‖ *Null* f *im
Dominospiel* ‖ ⟨fam⟩ *Geld* n ‖ ◇ *no tener* ~ ⟨fig⟩
k–n roten Heller od *Pfennig haben, blank sein* ‖
no importa una ~ ⟨figf⟩ *es ist k–n Pfifferling wert*
‖ *pagar* ~ a ~ ⟨fig⟩ *nach und nach abzahlen*
²blanca *f* ⟨Ins⟩ *Weißling* m ‖ ~ de la col
Kohlweißling m (Pieris brassica) ‖ ~ de majuelo
Baumweißling m (Aporia crataegi) ‖ ~
verdinervada Rapsweißling m (Artogeia napi) ‖ ~
³blanca *f* ⟨Mus⟩ *halbe Note* f
⁴blanca *f* Murc ⟨V⟩ *Elster* f
⁵blanca *f* Guat *farbloser, fader Rum* m
Blancanieves *f Schneewittchen* n ‖ ⟨iron⟩
Neger m ‖ "~ y los siete enan(it)os"
„Schneewittchen und die sieben Zwerge"
blancal adj *(m/f) perdiz* ~ *Rebhuhn* n (→
perdiz *pardilla)*
blancarte *m* ⟨Bgb⟩ *taubes Gestein* n
blancazo adj ⟨fam⟩ *weißlich*
¹blanco adj *weiß(lich)* ‖ *blank* ‖ *gebleicht
(Leinwand)* ‖ *hell (Bier), weiß (Wein)* ‖ ⟨fig⟩ *blass*
‖ ⟨fig⟩ *tonlos (Stimme)* ‖ ⟨figf⟩ *feige, furchtsam* ‖
⟨fig⟩ *einfältig* ‖ ⟨fig⟩ *harmlos (z. B. Buch)* ‖ ⟨fig⟩
ohne Vorstrafen ‖ ~ de leche *milchweiß* ‖ ~
como la od *de schneeweiß* ‖ *ponerse* ~ *como una
pared weiß wie Kreide werden, kreidebleich
werden* ‖ *ir de punta en* ~, *estar de punta en* ~
tadellos angezogen sein ‖ ⟨fam⟩ *tipptopp, piekfein
angezogen sein* ‖ ⟨fam⟩ *wie aus dem Ei gepellt
sein* ‖ ~ *sucio schmutzigweiß*
²blanco adv: en ~ *unbeschrieben, leer* ‖ *dejar
en* ~ *offen lassen, unbeschrieben lassen, ohne
Unterschrift lassen* ‖ *übergehen, auslassen* ‖ *dejar
a alg. en* ~ *jdn sitzen lassen, jdn in s–n
Erwartungen enttäuschen* ‖ *firmar en* ~ *blanko
unterschreiben* ‖ ⟨fig⟩ *blind vertrauen* ‖ *pasar en*
~ *versäumen (Gelegenheit)* ‖ *pasar la noche en* ~
*e–e schlaflose Nacht verbringen, kein Auge
zudrücken* ‖ *poner los ojos en* ~ *entzückt (vor
Wonne) sein*
³blanco *m Weiß* n, *weiße Farbe* f ‖ ~ *para
aguazo Deckweiß* n ‖ ~ de antimonio
Spießglanzweiß n ‖ ~ de ballena *Walrat* m (& n)
‖ ~ *brillante Glanzweiß* n ‖ ~ de cal *Kalkwasser*
n ‖ ~ de cinc *Zinkweiß* n ‖ ~ de España
Schlämmkreide f ‖ ~ de nuevo *Eiweiß* n ‖ ~ mate
Mattweiß n ‖ ~ mineral *Mineralweiß* n ‖ ~ del
ojo od *de los ojos das Weiße im Auge, Hornhaut* f
‖ ~ de París → ~ de España ‖ ~ perla *Perlweiß*
n ‖ ~ permanente *Blanc Fixe, Permanentweiß* n
‖ ~ de plomo *Bleiweiß* n ‖ ~ de porcelana
Porzellanweiß n ‖ ~ de la uña *das Weiße des
Fingernagels* ‖ ♦ *como de lo* ~ a lo negro
grundverschieden, wie Tag und Nacht ‖ ◇ *se le
conoce en lo* ~ *de los ojos* ⟨fig⟩ *man sieht, dass
er (sie, es) k–e Ahnung davon hat* ‖ *no distinguir
lo* ~ *de lo negro erzdumm sein* ‖ *poner lo blanco
negro aus Schwarz Weiß machen, die Wahrheit
verdrehen*
⁴blanco *m Weiße(r)* m *(Mensch)*
⁵blanco *m Schimmel* m ‖ *Blesse* f *(Abzeichen
am Tierkopf)*
⁶blanco *m Ziel* n, *Ziel-, Schieß|scheibe* f ‖
Treffer m ‖ ⟨fig⟩ *Endziel* n ‖ ~ abatible *Klappziel*
n, *Klapp-, Fall|scheibe* f ‖ ~ arrastrado
Schleppscheibe f ‖ ~ de busto *Brustscheibe* f ‖ ~
de cabeza *Kopfscheibe* f ‖ ~ circular *Ringscheibe*
f ‖ ~ móvil *Laufscheibe* f ‖ ◇ *cargar el* ~ *en alg.*

jdm die Verantwortung zuschieben od *aufbürden,*
jdm den schwarzen Peter zuschieben ‖ dar en el
~ *treffen* ‖ *ins Schwarze treffen* ‖ errar el ~ *das*
Ziel nicht treffen, danebenschießen ‖ *das Ziel*
verfehlen (& fig) ‖ hacer ~ *treffen* ‖ ser el ~ de
burlas *Zielscheibe* f *des Spottes sein* ‖ ser el ~ de
las miradas *alle Blicke auf s.*

⁷**blanco** *m Lücke* f ‖ PR *auszufüllendes*
Formular n ‖ ⟨fig⟩ *(leerer) Zwischenraum* m ‖
⟨Th⟩ *Zwischenaktpause* f ‖ ◇ dejar un ~ en las
filas *e–e Lücke (in den Reihen) hinterlassen*
⁸**blanco** *m* ⟨Typ⟩ *Schöndruck* m
⁹**blanco** *m Feigling* m
blancos *mpl* ⟨Typ⟩ *Blindmaterial* n
blanconazo *m* Cu *sehr hellhäutiger Mulatte* m
blan|cor *m* → **–cura** ‖ **–cote** adj augm von
blanco ‖ *sehr weiß* ‖ ⟨fam⟩ *schmutzigweiß* ‖ ⟨figf⟩
feig(e) ‖ **–cucho** adj ⟨pop⟩ *et. weiß* ‖ *weißlich* ‖
–cura *f (das) Weiße, weiße Farbe* f ‖ **–cuzco** adj
weißlich ‖ *schmutzigweiß*
△ **blanda** *f Bett* n
¹**blandear** vi *wanken, schwanken* ‖ *nachlassen,*
nachgeben ‖ vt *(jdn) von s–m Verhalten*
abbringen, (jdn) ablenken ‖ ~**se** *s. hin und her*
bewegen ‖ *nachgeben*
²**blandear** vi → **blandir**
blan|dengue adj *(m/f)* ⟨figf⟩ *zu sanft, zu*
nachgiebig ‖ And *feig(e)* ‖ ~ m *Waschlappen* m ‖
–denguería *f* ⟨figf⟩ *Sanftheit, Weichheit* f ‖ ⟨figf⟩
Nachgiebigkeit, Milde f ‖ ⟨figf⟩ *Weichlichkeit,*
Verweichlichung f
blandense adj/s *(m/f) aus Blanes* (P Ger) ‖ *auf*
Blanes bezüglich
blan|dicia *f Weichlichkeit, Zärtlichkeit* f ‖
Schmeichelei f ‖ → **–denguería**
¹**blandir** [def] vt *schwingen (Degen usw.)* ‖
schwenken ‖ ~**se** *hin und her wanken*
²**blandir** vt/i *(jdn) schmeicheln* ‖ *(jdn)*
liebkosen
blando adj/adv *sanft, weich* ‖ *nachgiebig* ‖
mild (Auge) ‖ *mürbe* ‖ *teigig (Obst)* ‖ *lind, mild*
(Wetter) ‖ ⟨fig⟩ *zart, mollig* ‖ ⟨fig⟩ *sanft(mütig)* ‖
⟨fig⟩ *kraftlos* ‖ ⟨fig⟩ *lässig* ‖ ⟨fig⟩ *schlapp* ‖ ⟨fig⟩
träg(e), schlaff ‖ ⟨fig⟩ *von verliebter Natur* ‖
⟨figf⟩ *weichlich* ‖ ⟨figf⟩ *feig(e)* ‖ ⟨Taur⟩ *furchtsam,*
feig(e) (Stier) ‖ ~ de boca *weichmäulig (Pferd)* ‖
⟨fig⟩ *schwatzhaft* ‖ ~ de corazón ⟨fig⟩
weichherzig, empfindsam ‖ ~ al tacto *weich*
anzufühlen(d)
blandón *m große, dicke Wachskerze* f ‖
Wachsfackel f ‖ *Fackelleuchter* m ‖ *großer*
Kerzenleuchter m
¹**blandura** *f Tauwetter* n ‖ *Milde* f *(Klima)*
²**blandura** *f Weichheit* f ‖ ⟨fig⟩ *Weichlichkeit* f
‖ ⟨fig⟩ *Willenlosigkeit* f ‖ ⟨fig⟩ *Sanftmut* f ‖ ⟨fig⟩
Nachsichtigkeit, Langmut m ‖ ⟨fig⟩ *Zärtlichkeit* f
‖ *Wonne* f ‖ ⟨fig⟩ *Schmeichelei* f ‖ ⟨fig⟩ *Entzücken*
n
³**blandura** *f* ⟨Med⟩ *Zugpflaster* n
blandurilla *f weiße Schminke* f
blanque|ada *f* Mex → **–o** ‖ **–ado** *m* Chi → **–o**
‖ **–ador** *m Tüncher, Anstreicher* m ‖ ⟨Text⟩
Weißmacher, Aufheller m ‖ **–adura** → **–o**
¹**blanquear** vt *weißen, weiß machen* ‖ *(weiß)*
tünchen ‖ *bleichen* ‖ *(weiß) waschen* ‖ *kalken,*
weißen ‖ *entfärben* ‖ *waschen (Geld)* ‖ *blank*
machen, reinigen (Metallgegenstände) ‖
blanchieren (Leder, Lebensmittel) ‖ *einwachsen*
(Bienen) ‖ ~ vi *weiß aussehen* ‖ *ins Weiße spielen*
‖ *weißlich hervorschimmern* ‖ *ergrauen* ‖ ◇ *sin* ~
ungebleicht ‖ ~**se** *weiß werden*
²**blanquear** vt *(nach der Scheibe) schießen* ‖ ~
a alg. Bol Mex *(jdn) mit e–m Schuss treffen*
blanque|cer [-zc-] *weiß sieden (Metalle)* ‖
blank reiben, polieren ‖ **–cino** adj *weißlich, ins*

Weiße spielend ‖ **–o** *m Bleichen, Tünchen, Weißen*
n ‖ *weißer Anstrich* m ‖ *Entfärbung* f ‖ ~ al
césped *Rasenbleiche* f, *Naturbleichen* n ‖ ~ de
cloro *Chlorbleiche* f ‖ ~ completo *Vollbleiche,*
ganze Bleiche f ‖ al prado → ~ al césped
–ría *f (Leinwand)Bleiche* f ‖ *Bleichplatz* m ‖
Bleichhaus n, *Bleicherei* f ‖ **–ro** *m* Ar *Gerber* m
¹**blanque** *f* ⟨Kochk⟩ *Frikassee* n
²**blanque|ta** *f* ⟨Text⟩ *weißes Gewebe* n *(für*
Unterwäsche) ‖ **–te** *m weiße Schminke* f, *Bleiweiß*
n
blanquición *f Reinigung* f *(Metallgegenstände)*
¹**blanquilla** *f weiße, säuerliche Weintraube* f
²**blanquilla** *f weißlicher Durchfall* m *(der im*
Käfig gehaltenen Rothühner)
¹**blanquillo** adj *weißlich* ‖ *weiß (Weizen und*
Brot)
²**blanquillo** *m* a) *Winterweizen* m ‖ b)
weißschaliger Herzpfirsich m
³**blanquillo** *m Gauner, Landstreicher* m
⁴**blanquillo** *m* Guat Mex *(Hühner)Ei* n
blanqui|miento *m Chlorkalk* m *(Bleichmittel)* ‖
–negro adj *meliert (Haar, Bart)* ‖ **–noso** adj
weißlich ‖ **–rrojo** adj *weißrot*
Blanquita *f* np dim von **Blanca**
blanqui|zaje *m* Dom *Gewölk* n ‖ **–zal** *m*
Kreideboden m ‖ *Kreidegrube* f
blanquizco adj *weißlich*
Blas *m* np *Blasius* m ‖ ◇ lo dijo ~, punto
redondo ⟨figf⟩ *da gibt's k–n Widerspruch! (gegen*
rechthaberische Personen)
blasfe|mador *m (Gottes)Lästerer* m ‖ **–mar** vi
Gott lästern, (über et. Heiliges) lästern,
blasphemieren ‖ ⟨fig⟩ *schimpfen, fluchen* ‖ ◇ ~
de a/c *et. verfluchen* ‖ ~ contra Dios *Gott lästern*
‖ **–mia** *f (Gottes)Lästerung, Blasphemie* f ‖
Schmähung f ‖ *Schimpfwort* n, *Schimpfrede* f ‖
Fluch m ‖ **–mo** adj *(gottes)lästerlich,*
blasphemisch ‖ ~ *m Gotteslästerer, Blasphemist* m
blasón *m Wappen* n, *Blason* m ‖ *Wappenschild*
m ‖ *Wappenbild* n ‖ *Wappenkunde* f ‖ *Wahlspruch*
m ‖ ⟨fig⟩ *Ruhm* m ‖ ⟨fig⟩ *Ehre* f ‖ ◇ hacer ~ de
algo ⟨fig⟩ *et. ausposaunen* ‖ los blasones *pl* ⟨fig⟩
die ad(e)lige Herkunft f
blaso|nar vt *ein Wappen entwerfen* od
erklären, blasonieren ‖ ⟨fig⟩ *lobpreisen* ‖ ⟨fam⟩
ausposaunen ‖ ~ vi ⟨fig⟩ s. *brüsten (de mit),*
prahlen (de mit) ‖ ◇ ~ de ... s. *aufspielen als ...*
‖ ~ de noble *für hochad(e)lig gelten wollen* ‖
–nería *f* ⟨fam⟩ *Prahlerei, Aufschneiderei* f
blasonista *m/f Heraldiker(in* f) m
blasto|dermo *m* ⟨Biol⟩ *Blastoderm* n,
Keimhaut f *(der Blastula)* ‖ **–ftoria** *f* ⟨Med⟩
Keimschädigung, Blastophthorie f ‖ **–génesis,**
–genia *f Blastogenese* f ‖ **–ma** *m Blastom* n,
Gewebsneubildung f
blastómero *m* ⟨Biol Zool⟩ *Blastomere* f
blasto|miceto *m* ⟨Bot⟩ *Blastomyzet* m, *Spross-,*
Hefepilz ‖ **–micosis** *f* ⟨Med⟩ *Sprosspilzkrankheit,*
Blastomykose f
blastóporo *m Blastoporus, Urmund* m
(Öffnung des Urdarmes)
blástula *f* ⟨Biol⟩ *Blastula* f, *Blasenkeim* m
blaterón adj *geschwätzig*
blazer *m Blazer* m
bledo *m* ⟨Bot⟩ *Erdbeerspinat* m ‖ *Beermelde* f
(*Amaranthus blitum*) ‖ ◇ dársele *od* no dársele *od*
importarle *od* no importarle a uno un ~ ⟨figf⟩
jdm piepegal od *Wurs(ch)t sein* ‖ no vale un ~
⟨figf⟩ *es ist k–n Pfifferling wert*
blefaritis *f* ⟨Med⟩ *Augenlidentzündung,*
Blepharitis f
blefaro|diastasis *f* ⟨Med⟩
Lidspaltenerweiterung f ‖ **–fimosis** *f*
Blepharophimose f ‖ **–plastia** *f Blepharoplastik,*

künstliche Augenlidbildung f ‖ **–plegia** *f*
Blepharoplegie f ‖ **–ptosis** *f Blepharoptose* f,
Augenlidverfall m ‖ **–tomía** *f Blepharotomie* f
bléiser *m Blazer* m
blenda *f* ⟨Min⟩ *(Zink)Blende* f ‖ ~ *pícea*
Pechblende f
blenio *m* ⟨Fi⟩ *Schleimfisch* m ‖ ~ *vivíparo*
Aalmutter f (Zoarces viviparus)
bleno|rragia *f* ⟨Med⟩ *Blennorrhagie* f ‖ ~
gonorreica Gonorrhö(e), ⟨fam⟩ *Tripper* m ‖ **–rrea**
f Blennorrhö(e) f
bleque *m Arg Teer* m
blima *f Ast Korbweide* f
blinda *f* ⟨Mil⟩ *Blende, Blendung* f
blinda|do adj *gepanzert* ‖ *Panzer-* ‖
abgeschirmt ‖ ⟨fig⟩ *immun* ‖ **–je** *m* ⟨Mil⟩
Blendung f ‖ ⟨Mil Mar⟩ *Panzerung* f ‖ *Panzer* m ‖
Abschirmung f ‖ *Blende* f ‖ *Blockdecke* f ‖ ~
biológico ⟨Atom⟩ *biologischer Schirm* m
blindar vt *panzern* ‖ *abschirmen*
blinis *m* ⟨Kochk⟩ *kleine Crêpe* f
blíster *m Durchdrückpackung* f
blitzkrieg ⟨deut⟩ *f (& m) Blitzkrieg* m
B.L.M. (b.l.m.) ⟨Abk⟩ = *besa la mano* (→
besalamano)
bloc *m Am Kalenderblock* m ‖ *Schreib-, Notiz-*
, Zeichen|block m ‖ ~ *de dibujo Zeichenblock* m ‖
~ *de apuntas od notas Notizblock* m ‖ ~ *del*
radiador ⟨Auto⟩ *Am Kühlerblock* m
blocao ⟨deut⟩ *m* ⟨Mil⟩ *Blockhaus* n ‖ *befestigte*
Stellung f ‖ *Bunker* m
blocar vt ⟨Sp⟩ [Fußball] *blocken*
block *m* ⟨EB⟩ *Block* m
blof *m Am Bluff* m ‖ **–eador** *m Am Bluffer* m ‖
–ear vi *Am bluffen* ‖ **–ero** *m*, **–ista** *m/f* → **–eador**
¹**blonda** *f* ⟨Text⟩ *Blonde, Spitze* f ‖ *Seidenspitze*
f ‖ *Klöppelarbeit* f
²**blonda** *f Blondine, blonde Frau* f
blondín *m Kabelhochbahn* f ‖ ~ *de sector*
Schwenkkabelkran m
blondina *f* ⟨Text⟩ *schmale Blonde* f *(Spitze)*
blondo adj ⟨poet⟩ *blond, licht (Haar)* ‖
gelblich, bräunlich
bloque *m (Stein)Block* m ‖ *Häuserblock* m ‖
⟨Typ⟩ *Klotz* m, *Unterlage* f ‖ *Schreib-, Notiz-,*
Zeichen|block m ‖ ⟨Bgb⟩ *Stock* m ‖ ~ *de anclaje,*
Anker|block, -klotz, Verankerungs|block, -klotz m
‖ ~ *de aplanar* ⟨Tech⟩ *Planierblock* m ‖ ~ *de*
apuntes od notas Notizblock m ‖ ~ *de arquitrabe*
Architravblock m ‖ ~ *de casas* ⟨Arch⟩
Häuserblock m ‖ ~ *de cilindros Zylinderblock* m
‖ ~ *de cimentación,* ~ *de los cimientos*
Fundamentklotz m ‖ ~ *de concreto Am*
Betonblock m ‖ ~ *de contacto Kontaktklotz* m ‖
~ *de contrapeso Gegengewichtsklotz* m ‖ ~_,
errático erratischer Block, Findling m ‖ ~ *de*
forjado Deckenstein m ‖ ~ *de fusión*
Schmelzblock m ‖ ~ *de guarda Schutzblock* m ‖
~ *de hielo Eisblock* m ‖ ~ *de hormigón*
Betonblock m ‖ ~ *hueco Hohlblock(stein)* m ‖ ~
de madera Holzblock m ‖ ~ *de mampostería*
Mauerklotz m ‖ ~ *de matriz* ⟨Met⟩ *Matrizenblock*
m ‖ ~ *monetario Währungsblock* m ‖ ~
monolítico monolithischer Block m ‖ ~ *de motor*
Motorblock m ‖ ~ *oriental* ⟨Hist⟩ *Ostblock* m ‖ ~
de paramento Verkleidungsblock m *(Talsperre)* ‖
~ *de paro Fangklotz* m ‖ ~ *de piedra,* ~ *pétreo,*
~ *de roca,* ~ *rocoso Fels-, Stein|block* m ‖ ~ *de*
resorte Feder|satz, -block m ‖ ~ *de salida* ⟨Sp⟩
Startblock m *(Leichtathletik)* ‖ ~ *de sujeción*
Spannstock m ‖ ~ *de terminales* ⟨El⟩
Klemmenleiste f ‖ ~ *de válvulas Ventilblock* m ‖
♦ *en* ~ *in Bausch und Bogen* ‖ **~s** *mpl*
Blocksteine mpl, *Quadern* fpl
bloque|ar *blockieren, absperren* ‖ *verriegeln* ‖

zusammen|fassen, -schließen ‖ *belagern* ‖ *sperren*
(Kredit) ‖ *bremsen, fest|klemmen, -stellen* ‖ ⟨Auto⟩
scharf anziehen (Bremsen) ‖ *stoppen (Fußball)* ‖
–o *m Einschließung, Blockade, Sperre* f ‖
Verriegelung f ‖ ⟨Radio⟩ *Sperrung* f ‖ ⟨Bgb⟩
Wagensperre f ‖ ~ *de agujas* ⟨EB⟩
Weichenblockierung f ‖ ~ *de aproximación* ⟨EB⟩
Anrücksperre f ‖ ~ *auriculoventricular* ⟨Med⟩
Vorhofkammerblock m ‖ ~ *de Berlín* ⟨Hist⟩
Berliner Blockade f *(1948)* ‖ ~ *car|diaco, -díaco*
⟨Med⟩ *Herzblock* m ‖ ~ *continental* ⟨Hist⟩
Kontinentalsperre f *(1806)* ‖ ~ *de cuentas*
Einfrieren n *von Konten* ‖ ~ *económico*
Wirtschaftsblockade f ‖ ~ *de hambre*
Hungerblockade f ‖ ~ *informativo*
Nachrichtensperre f ‖ ~ *naval Seeblockade* f ‖ ~
nervioso ⟨Med⟩ *Leitungsanästhesie* f ‖ ~ *pacífico*
Friedensblockade f ‖ ~ *de las ruedas (al frenar)*
⟨Auto⟩ *Blockieren* n *der Räder (beim Bremsen)* ‖
~ *submarino Untersee(boot)blockade* f ‖ ◇
romper el ~*, violar el* ~ *die Blockade brechen*
B.L.P. (b.l.p.) ⟨Abk⟩ = *besa los pies*
blues *m* ⟨Mus⟩ *Blues* m
blufear vi *bluffen*
bluff *m Bluff* m
blúmer(s) *m(pl)* Cu Ven *Schlüpfer* m
blu|sa *f Bluse* f, *Kittel* m ‖ *Arbeitsbluse* f ‖ Col
Jacke f ‖ *Beutel* m *(beim Billard)* ‖ ~ *camisera*
Hemdbluse f ‖ ~ *de seda Seidenbluse* f ‖ ~ *de*
trabajo Arbeitskittel m ‖ **–són** *m Blusenhemd* n
B.ᵐᵒ P.ᵉ ⟨Abk⟩ = **Beatísimo Padre**
b.º ⟨Abk⟩ = *beneficio*
boa *f* ⟨Zool⟩ *Boa, Riesenschlange* f ‖ *Boa* f
(aus Pelz od Federn) ‖ ~ *constrictor,* ~ *divina*
⟨Zool⟩ *Königs-, Abgott|schlange* f (Boa
constrictor)
Boabdil (el Chico) *m Boabdil (letzter*
Maurenkönig in Granada [1481–1492])
boalar *m Gemeindeweide* f
boarda, boardilla *f Dach|luke* f, *-fenster* n ‖
Dachstube f
boato *m Pomp, Prachtaufwand, Prunk* m
bob(sleigh) *m* ⟨Sp⟩ *Bob(sleigh)* m
boba *f Strickjacke* f
bobac *m* ⟨Zool⟩ *Bobak* m
boba|da *f Dummheit, Albernheit* f ‖ **–lías** *m/f*
⟨fam⟩ *Erzdummkopf* m ‖ **–licón, –rrón** adj ⟨fam⟩
erzdumm, einfältig ‖ ~ *m Erzdummkopf,* ⟨pop⟩
Dussel m ‖ **–mente** adv *auf alberne Weise* ‖ *ohne*
Mühe und Sorge ‖ **–tel** *m* → **–licón**
bobear vi *albern, kälbern, s. albern betragen*
bobelet *m kleiner Sportschlitten* m, *Rodel* m
(& f)
bobera *m/f* Cu *dumme, alberne Person* f
bobe|ría, –ra *f Dummheit, Albernheit* f ‖
Ungereimtheit f ‖ **–ta** *m/adj Arg Dummkopf* m
bóbilis adv: *de* ~ ~ ⟨fam⟩ *mir nichts, dir*
nichts ‖ *mühelos* ‖ *umsonst*
¹**bobina** *f* ⟨allg⟩ *Spule* f ‖ *Rolle* f ‖ ⟨Fot⟩
Rollfilm m, *Filmspule* f ‖ ⟨Text⟩ *Webspule* f ‖ ~
de cinta Bandspule f ‖ ~ *de la cinta de la*
máquina de escribir Farbbandspule f ‖ ~ *cruzada*
⟨Text⟩ *Kreuzspule* f ‖ ~ *de trama* ⟨Text⟩
Schussspule f
²**bobina** *f* ⟨El⟩ *Spule* f ‖ ~ *de alambre*
Drahtspule f ‖ ~ *anular Ringspule* f ‖ ~
apagachispas Funkenlöschspule f ‖ ~ *de atracción*
Zugspule f ‖ ~ *de autoinducción*
Selbstinduktionsspule f ‖ ~ *auxiliar Hilfsspule* f ‖
~ *de calefacción Heizspule* f ‖ ~ *de choque*
Drosselspule f ‖ ~ *doble Doppelspule* f ‖ ~ *de*
encendido Zündspule f ‖ ~ *giratoria Drehspule* f ‖
~ *de ignición Zündspule* f ‖ ~ *de impedancia*
Impedanzspule f ‖ ~ *de inducción*
Induktionsspule f ‖ ~ *plana Flachspule* f ‖ ~ *de*

reacción *Drosselspule* f ‖ ⟨Radio⟩ *Rückkopplungsspule* f ‖ ~ de reactancia *Drosselspule* f ‖ ~ de resistencia *Widerstandsspule* f ‖ ~ protectora *Schutzspule* f ‖ ~ sintonizadora, ~ seleccionadora ⟨Radio⟩ *Abgleich-, Abstimm|spule* f
  bobi|nado *m* ⟨El⟩ *(Be)Wicklung* f ‖ **–nador** *m* ⟨El⟩ *Wickler* m ‖ ⟨Text⟩ *Spulmaschine* f ‖ ⟨El⟩ *Spulenwickelmaschine* f ‖ ~ de hilo cruzado ⟨Text⟩ *Kreuzspulmaschine* f ‖ ~ para husadas ⟨Text⟩ *Kötzerspulmaschine* f ‖ ~ de urdimbre ⟨Text⟩ *Kettspulmaschine* f ‖ **–nar** vt *(be)wickeln, spulen, aufrollen*
  bobis ⟶ **bóbilis**
  bobitonto *m* ⟨fam⟩ *Blödian, Blödmann* m
  ¹bobo adj *dumm, albern* ‖ *naiv* ‖ ⟨fam⟩ *weit, breit* ‖ ~ de capirote ⟨fam⟩ *stock-, stroh|dumm* ‖ ~ *m Narr, Dummkopf* m ‖ *verliebter Geck* m ‖ ⟨Th⟩ *Hanswurst* m ‖ ~ de Coria ⟨fam⟩ *närrischer Dummkopf* m ‖ ◇ a los ~s se les aparece la Madre de Dios *Dumme haben Glück; die dümmsten Bauern ernten die dicksten Kartoffeln*
  ²bobo *m* PR *Schnuller* m
  ³bobo *m* Arg *Taschenuhr* f
  boboliche adj *(m/f)* Pe *dumm, einfältig*
  bo|bón, –boto adj *(m/f)* ⟨fam⟩ *stock-, stroh|dumm* ‖ ~ *m* ⟨fam⟩ *Blödian, Blödmann* m
  bobsleigh [*pl* ~s] *m* ⟨Sp⟩ *Bob(sleigh)* m
  bobtail [*pl* ~s] *m* [Hund] *Bobtail* m
  bobuno adj ⟨fam⟩ *auf Dummköpfe bezüglich*
  ¹boca *f Mund* m ‖ *Maul* n, *Schnauze* f, *Schnabel* m ‖ *Geschmack* m *im Munde* ‖ *Öffnung* f, *Loch* n, *Eingang, Eintritt* m ‖ *Einfahrt* f ‖ *Schlund* m ⟨Vulkan⟩ ‖ *Mündung* f *(Fluss)* ‖ ⟨Bgb⟩ *Stollen* m ‖ ⟨Mil⟩ *Mundvorrat* m ‖ *Schneide* f *e–s Meißels usw.* ‖ ⟨Mus⟩ *Mundstück* n *an Blasinstrumenten* ‖ ⟨fig⟩ *Blume* f *des Weines* ‖ ⟨figf⟩ *Schwätzer* m ‖ ~ abajo *bäuchlings* ‖ ~ de alcantarilla *Gully, Einlaufschacht* m ‖ ~ arriba *rücklings* ‖ ~ de aspiración *Saugstutzen* m ‖ ~ de buzón *Briefeinwurf* m ‖ ~ de caldera *Mannloch* n, *Einsteigluke* f ‖ ~ de calibre *Lehrenmaul* n ‖ ~ de calor *Luftheizung* f ‖ ~ de calle ⟶ **bocacalle** ‖ ~ de cañón *Geschützmündung* f ‖ ~ de carga *(Hochofen) Gichtöffnung* f ‖ ~ de cereza ⟨poet⟩ *kirschroter Mund* m ‖ ~ del convertidor ⟨Met⟩ *Birnenmündung* f ‖ ~ de dragón ⟨Bot⟩ *Drachenmaul* n ‖ ~ de escorpión ⟨fig⟩ *Lästermaul* n ‖ ~ de espuerta ⟨figf⟩ *großer, weiter Mund* m ‖ ~ del estómago ⟨An⟩ *Magenmund* m ‖ ~ del extintor *Sprinkler* m, *Feuerlöschbrause* f ‖ ~ de fuego *Mündung* f *(Feuerwaffe)* ‖ ~ de gachas ⟨fig⟩ *(infolge Zahnlosigkeit) unverständlich sprechender Mensch* ‖ ⟨figf⟩ *Mensch* m *mit „feuchter Aussprache"* ‖ ~ de galería ⟨Bgb⟩ *Stollenmund* m ‖ ~ del hogar *Schürloch* n ‖ ~ de horno *Ofenloch* n ‖ ~ lisa ⟨Vet⟩ *Glattmund* m ‖ ~ de lobo ⟨Mar⟩ *Holländer* m ‖ ⟨Mar⟩ *Soldatengatt* n ‖ ~ de oro ⟨fig⟩ *ausgezeichneter Redner* m ‖ ~ de pato ⟨Zim⟩ *Vogelschnabel* m ‖ ~ de piñón ⟨fam⟩ *kleiner, zarter Mund* m ‖ ~ de puerto *Hafeneinfahrt* f ‖ ~ rasgada ⟨fig⟩ *aufgerissener Mund* m ‖ ~ regañada *schiefer Mund* m ‖ ~ reventada ⟨pop⟩ *breiter Mund* m ‖ ~ de riego *Hydrant* m ‖ *Wasserhahn, Schlauchanschluss* m ‖ ~ tonsurada ⟨Vet⟩ *Schermund* m ‖ ◆ a ~ *mündlich* ‖ a ~ de invierno *bei Eintritt des Winters* ‖ a ~ de jarro *aus unmittelbarer Nähe (Schuss)* ‖ *ohne Maß und Ziel (trinken)* ‖ a ~ de noche *bei Eintritt der Nacht* ‖ a pedir de ~ *(od a qué quieres ~)* ⟨fig⟩ *nach Herzenslust, ganz nach Wunsch* ‖ ⟨fig⟩ *ganz genau* ‖ a ~ *unter vier Augen (mit jdm) allein* ‖ *mündlich* ‖ de ~ en ~ *von Mund zu Mund,*

öffentlich ‖ de manos a ~ *plötzlich, unversehens* ‖ ¡de ~! ⟨fam⟩ *leere Worte!* ‖ ¡punto en ~! *still!* ‖ andar de ~ en ~ ⟨fig⟩ *Gegenstand des Geredes sein* ‖ buscar a uno la ~ ⟨fig⟩ *jdn redselig machen* ‖ no se le cae de la ~ *er (sie, es) spricht immer von derselben Sache, er (sie, es) kommt immer wieder darauf zurück* ‖ calentársele a uno la ~ ⟨figf⟩ *s. den Mund fuss(e)lig reden* ‖ ¡calla la ~! *halt den Mund!* ‖ *halt den Schnabel!* ⟨pop⟩ *halt die Klappe!* [derb] *halt's Maul!* ‖ callar la ~ *schweigen* ‖ coserse uno la ~ *den Mund halten,* ⟨fam⟩ *dichthalten* ‖ de la abundancia del corazón habla la ~ ⟨Spr⟩ *wes das Herz voll ist, des fließt der Mund über* ‖ dice lo que se le viene a la ~ ⟨fig⟩ *er (sie, es) nimmt kein Blatt vor den Mund* ‖ no decir esta ~ es mía *kein Wort sprechen,* ⟨fam⟩ *den Mund nicht aufmachen* ‖ ⟨pop⟩ *k–n Mucks(er) von s. geben* ‖ estar pendiente de la ~ de uno ⟨fig⟩ *jdm in größter Spannung zuhören* ‖ guardar la ~ ⟨fig⟩ *mäßig im Essen und Trinken sein* ‖ ⟨fig⟩ *reinen Mund halten, still sein* ‖ hablar por ~ de ganso ⟨fig⟩ *et. dumm nachschwätzen,* ⟨fam⟩ *nachplappern* ‖ hablar por ~ de otro *nach fremder Weisung handeln* ‖ hacer ~ ⟨figf⟩ *Esslust erwecken* ‖ la ~ se le hace agua *das Wasser läuft ihm (ihr) im Mund(e) zusammen* ‖ halagar con la ~ y morder con la cola ⟨figf⟩ *vorne so und hinten so reden* ‖ ⟨fam⟩ *ein falscher Fuffziger sein* ‖ ir (todo) a pedir de ~ ⟨figf⟩ *wie am Schnürchen laufen* ‖ írsele la ~ a uno ⟨fig⟩ *s–r Zunge die Zügel schießen lassen* ‖ *viel und unbedacht reden* ‖ irse de ~ *durchgehen, ausreißen (von Pferden)* ‖ ⟨fig⟩ *unbesonnen reden* ‖ mentir con toda la ~ ⟨figf⟩ *frech ins Gesicht lügen, ein Lügenmaul sein* ‖ partir la ~ ⟨pop⟩ *die Fresse polieren* ‖ pegar la ~ a la pared *s–e Not für s. behalten* ‖ poner la ~ al viento ⟨fam⟩ *nichts zu essen haben* ‖ quedarse con la ~ abierta *Mund und Augen od Nase aufreißen od aufsperren* ‖ quitar a uno la ~ ⟨fig⟩ *jdn nicht ausreden lassen* ‖ quitárselo uno de la ~ ⟨fig⟩ *es s. am Mund absparen, um es anderen zu geben* ‖ su ~ es medida ⟨figf⟩ *Ihr Wunsch ist mir Befehl* ‖ tener ~ ⟨fig⟩ *guten Geschmack haben (Wein)* ‖ no tener ~ *hartmäulig sein (Pferd)* ‖ tapar la ~ a uno *jdn zum Schweigen bringen,* ⟨pop⟩ *jdm das Maul stopfen* ‖ torcer la ~ *den Mund verziehen* ‖ ⟨fam⟩ *die Nase rümpfen* ‖ traer algo siempre en la ~ ⟨fig⟩ *immer und immer wieder von demselben reden* ‖ en ~ cerrada no entra(n) mosca(n) ⟨Spr⟩ *Schweigen ist Gold* ‖ por la ~ muere el pez ⟨Spr⟩ etwa: *Schweigen ist Gold* ‖ quien tiene ~, se equivoca ⟨Spr⟩ *Irren ist menschlich* ‖ ~s *fpl:* las ~ del Danubio *die Donaumündung* f ‖ ◇ mantener muchas ~ ⟨fam⟩ *viele Personen ernähren müssen (Vater, Unternehmer usw.)* ‖ traer en ~ a uno ⟨fig⟩ *jdn (oft) verleumden*
  ²boca *f* ⟨Fi⟩: ~ blanca *Dornhai* m (Squalus acanthies)
  bocabajo adv Cu Pe PR *bäuchlings*
  boca|calle *f Eingang* m *e–r Straße, Straßeneinmündung* f ‖ *Straßenecke* f ‖ *Seiten-, Querstraße* f ‖ **–caz** [*pl* ~ces] *m Durchlass* m *an Wehren*
  bocací [*pl* ~íes] *m* ⟨Text⟩ *Doppel-, Futter|barchent* m, *Glanzleinwand* f ‖ *(Steif)Schetter* m ‖ *Drillich* m
  bocacha *f Groß-, Riesen|maul* n
  bocadear vt *klein beißen, zerstückeln*
  bocadillería *f Sandwichrestaurant* n
  ¹bocadillo *m belegtes Brot od Brötchen* n ‖ *Sandwich* n ‖ *Imbiss* m ‖ *Appetithappen* m ‖ Col *Guavenkäse* n ‖ Hond Mex *Süßigkeit* f mit *Kokosraspeln* ‖ Cu *Süßspeise* f *aus Süßkartoffeln*
  ²bocadillo *m* [Comics] *Sprechblase* f

¹**bocadito** *m in e–m Tabakblatt gedrehte Zigarette* f
²**bocadito** *m:* ~ *de la reina (Art) Süßspeise* f
bocado *m Bissen, Schluck, Mundvoll, Happen* m ‖ *Biss* m, *Bisswunde* f ‖ *abgebissenes Stück* n ‖ *Gebiss* n *(am Zaum)* ‖ *Zaum* m ‖ ~ *de Adán* ⟨An⟩ *Adamsapfel* m ‖ *buen* ~ *einträgliches Amt* n ‖ ~ *caro* ⟨figf⟩ *kostspieliges Unternehmen* n ‖ ~ *exquisito,* ~ *regalado Delikatesse* f ‖ ~ *sin hueso* ⟨fig⟩ *Sinekure* f ‖ ◊ ¡es un (buen) ~! ⟨fig⟩ *das ist ja e–e feine Sache! das ist ja et. Herrliches!* ‖ *no poder tragar* ~ *k–n Bissen hinunterbringen* ‖ *no tengo para un* ~ ⟨figf⟩ *das reicht mir nicht für den hohlen Zahn* ‖ *tomar* ~ *e–n Imbiss nehmen, ein wenig essen* ‖ ~s *mpl zerschnittene, eingemachte Früchte* fpl ‖ *contarle a uno los* ~ *jdm wenig zu essen geben, jdm die Bissen in den Mund zählen* ‖ *pegar* ~ *beißen (Hund)*
bocajarro *adv: a* ~ *aus nächster Nähe (Schuss)*
bocal *m kurzhalsiger Krug m (mit breiter Öffnung)* ‖ *Fischglas* n
boca|llave *Schlüsselloch* n ‖ **–manga** *f vordere Ärmelöffnung* f ‖ ~s *fpl Ärmelaufschlag* mpl ‖ **–mejora** *f Am* ⟨Bgb⟩ *Nebenschacht* m ‖ **–mina** *f* ⟨Bgb⟩ *Einfahrt* f *e–s Schachtes, Schacht|eingang* m, *-öffnung, -mündung* f
bocana *f* ⟨Mar⟩ *schlauchartige Einfahrt* f *(e–s Hafens)* ‖ *Col Mex Flussmündung* f
bocanada *f Schluck, Mundvoll* m *(Flüssigkeit)* ‖ *Rauchstoß* m *(aus e–m Ofen)* ‖ *Rauchwolke* f ‖ *Zug* m *(beim Rauchen)* ‖ ⟨fig⟩ *Gerede* n ‖ ~ *de aire Windstoß* m ‖ ~ *de gente Schwall* m *Menschen* ‖ ~ *de humo Rauchwolke* f ‖ ◊ *echar* ~s ⟨figf⟩ *angeben, protzen, aufschneiden, renommieren, großtun*
bocanegra *m* ⟨Fi⟩ *Fleckhai* m (Galeus melastomus)
bocaronada *f* ⟨fam⟩ *Prahlerei* f
¹**bocarte** *m* ⟨Bgb⟩ *Poch-, Stampf|werk* n, *Pochmühle* f
²**bocarte** *m Sant* ⟨Fi⟩ *junge Sardine* f
boca|ta *f* ⟨fam⟩ → ¹**bocadillo** ‖ **–teja** *f* ⟨Arch⟩ *Firstziegel* m *(am Dach)* ‖ **–tería** *f Ven Schwätzerei, Aufschneiderei* f ‖ **–tero** *m Cu Hond Ven Schwätzer* m ‖ **–tijera** *f Deichselzapfen* m *am Vordergestell des Wagens* ‖ **–toma** *f Chi Ec Öffnung* f ‖ **–za** *augm von boca* ‖ **–zas** *m* ⟨fam⟩ *Groß-, Riesen|maul* m
bocel *m Wulst, Bausch* m ‖ ⟨Arch⟩ *Rundstab* m ‖ *Rand* m *(e–s Gefäßes)* ‖ *Hohlhobel* m
bocelar *vt* ⟨Arch⟩ *wulsten*
boce|ra *f Trink-, Speise|rand* m *(an den Lippen)* ‖ ⟨Med⟩ *Faulecke, Ausschlag* m *in den Mundwinkeln* ‖ **–ras** *m* ⟨fam⟩ *Großmaul* n *(pop fig) Waschweib* n ‖ *verachtenswerte Person* f ‖ ¡~! ⟨fam⟩ *Quatsch!*
boceto *m* ⟨Mal⟩ *Skizze* f ‖ *Entwurf* m ‖ *Abriss* m
¹**bocha** *f Bocciaspiel* n
²**bocha** *f Arg* ⟨fam⟩ *Kopf* m
³**bocha** *f Murc Falte* f *e–s Kleidungsstücks*
△ **bochado** *adj hingerichtet*
bochar *vt Ven ärgern* ‖ *vi Arg Dom Par Ur durchfallen (in der Prüfung)*
¹**boche** *m Erdloch* n *für Murmel- od Münzspiel*
²**boche** *m Chi Pe Streit* m ‖ *Lärm* m ‖ *Freudengeschrei* n ‖ *Ven Weigerung, Absage* f
△ **bochero** *m Henkersknecht* m
bochicha *f Arg Bauch, Wanst* m
¹**bochinche** *m Lärm* m ‖ *Wirrwarr* m ‖ *Aufruhr* m, *Meuterei* f ‖ *Mex Freudengeschrei* n ‖ *Col PR Klatsch* m
²**bochinche** *m Mex Hausball* m, *Party* f

³**bochinche** *m Kneipe* f
bochor|no *m Schwüle, schwüle Hitze* f ‖ ⟨fig⟩ *Aufwallung* f *aus Zorn od Scham* ‖ *Schamröte* f ‖ *Schande* f ‖ **–noso** ‖ ¡qué ~! *wie beschämend!* ‖ *wie peinlich!* ‖ **–noso** *adj schwül, drückend heiß* ‖ ⟨fig⟩ *beschämend* ‖ *peinlich*
boci|na *f Muschel* f ‖ *(Jagd)Horn, Posthorn* n ‖ *Trompete* f ‖ *Schallverstärker* m ‖ *Sprachrohr* n ‖ *Schalltrichter* m *(e–s Grammofons)* ‖ ⟨Auto⟩ *Hupe* f, *Horn* n ‖ ⟨Mar⟩ *Nebelhorn* n ‖ *Am Hörrohr, Schwerhörigengerät* n ‖ **–nar** *vi hupen* ‖ **–near** *vt Arg lauthals verkünden* ‖ **–nazo** *m* ⟨Auto⟩ *Hupenstoß* m, *Hupsignal* n
bocinegro *adj schwarzmäulig (Tier)* ‖ ~ *m schwarzmäuliges Tier* n *(bes. Kampfstier)*
bocio *m* ⟨Med⟩ *Kropf* m, *Struma* f ‖ ~ *coloideo Kolloid-, Gallert|kropf* m ‖ ~ *exoftálmico Basedow-Krankheit* f ‖ ~ *fibroso Faserkropf* m ‖ ~ *parenquimatoso Drüsengewebekropf* m ‖ ~ *quístico Zystenkropf* m
bock *m [pl –s] ein Glas* n *Bier* ($\frac{1}{4}$ *l)*
¹**bocón** *adj großtuerisch, prahlerisch* ‖ ~ *Großtuer, Prahler* m
²**bocón** *m* ⟨Fi⟩ *e–e Sardinenart* f
boco|nada *f Dom Großsprecherei, Prahlerei, Großspurigkeit* f ‖ **–near** *vi Dom prahlen, großtuerisch auftreten* ‖ **–ería** *f Dom* → **–ada**
bocor *m Haiti Hexenmeister, Zauberer* m
bocote *m Arg Schwätzer* m
bocoy *m Com Blechbehälter* m ‖ *Fass* n *für trockene Waren, Bütte* f
bocudo *adj großmäulig*
boda *f Heirat, Hochzeit, Vermählung* f ‖ ~ *de negros* ⟨fig⟩ *lärmende Gesellschaft* f ‖ ~ *rústica Bauernhochzeit* f ‖ *los invitados a la* ~ *die Hochzeitsgäste* mpl ‖ ◊ *celebrar la* ~ *Hochzeit halten, feiern* ‖ *ser la vaca de la* ~ ⟨figf⟩ *die gemolkene Kuh sein* ‖ ~s *fpl Hochzeit* f ‖ *Heirat* f ‖ ~ *de diamante,* ~ *de brillantes diamantene Hochzeit* f ‖ ~ *de oro goldene Hochzeit* f ‖ ~ *de plata silberne Hochzeit* f
bode *m (Ziegen)Bock* m
bode|ga *f Weinkeller* m ‖ *Kellerei* f ‖ *Kellerlokal* n ‖ *(Wein)Schenke* f ‖ *Weinernte* f ‖ *Vorratskammer* f ‖ *Scheune* f ‖ ⟨Mar⟩ *Schiffsraum* m, *Ladeluke* f ‖ ⟨Mar⟩ *Warenschuppen* m *in Seehäfen* ‖ *Chi* ⟨EB⟩ *Güterschuppen* m ‖ *Sant Kellerwohnung* f ‖ *Cu (Kauf)Laden* m ‖ ~ *de almacenaje Vorratsraum* m ‖ ~ *de carga* ⟨Mar⟩ *Laderaum* m ‖ ~ *de crianza Reifekeller* m ‖ ~ *de fermentación Gär|raum, -keller* m, *-haus* n *(Bier)* ‖ ~ *de popa,* ~ *posterior* ⟨Mar⟩ *Achterraum* m ‖ ~ *refrigerada Kühlraum* m ‖ **–gaje** *m Chi Einlagerung* f
¹**bodegón** *m Garküche* f ‖ *(Wein)Schenke, Kneipe* f ‖ *Speisekeller* m ‖ ⟨pop⟩ *Kaschemme* f ‖ ◊ *echar el* ~ *por la ventana* ⟨figf⟩ *das Geld zum Fenster hinauswerfen* ‖ ⟨fig⟩ *in heftigen Zorn geraten* ‖ ¿en qué ~ *hemos comido juntos? haben wir zusammen Schweine gehütet?*
²**bodegón** *m [Mal] Stillleben* n
bode|gonero *m Kneipier, Kneipenwirt* m ‖ **–guero** *m Kellermeister* m ‖ **–guilla** *f* ⟨fam⟩ *Trinkgeldbüchse* f
bodigo *m Opferbrötchen* n
bodijo *m* ⟨fam⟩ *Missheirat* f ‖ *armselige Hochzeit* f
bodocal *adj (m/f): uva* ~ *große, schwarzkernige Traube* f
bodollo *m Ar Hippe* f
¹**bodón** *m im Sommer austrocknender Tümpel* m
²**bodón** *m* ⟨pop fig⟩ *prunkvolle Hochzeit* f ‖ ⟨pop fig⟩ *gute Partie* f *(Ehe)*
¹**bodonal** *m Sal morastiger Boden* m

²**bodonal** *m* Sal *Binsengebüsch* n
¹**bodoque** *m Dummkopf* m
²**bodoque** *m Noppe* f *(Stickerei)*
³**bodoque** *m* Mex *Pfusch* m
⁴**bodoque** *m* Mex *Beule* f
bodo|quera *f Blasrohr* n ‖ **–quero** *m* Am
Schmuggler m
bodorrio *m* ⟨fam⟩ → **bodijo** ‖ Mex *lärmende,
ausgelassene Hochzeitsfeier* f
¹**bodrio** *m Armensuppe* f ‖ *elende Kost* f ‖
⟨fam⟩ *Schlangenfraß* m ‖ *Schweinsblutwurst* f ‖
⟨fig⟩ *Gebrodel* n
²**bodrio** *m* Arg ⟨fig⟩ *Verwirrung, Unordnung* f
‖ ⟨fig⟩ *Durcheinander* n ‖ ⟨fig⟩ *Schmarren* m
body [*pl* **–ies**] *m* ⟨Text⟩ *Body* m
bóer adj *burisch* ‖ ~ *m Bure* m
boezulo *m* dim von **buey**
bofada *f Speise* f *aus Tierlungen,* Öst *Beuschel*
n
bofadal *m* Arg *Moorboden* m
bofarse vr *schwammig werden*
¹**bofe** adj MAm *unsympathisch*
²**bofe(s)** *m* (*pl*) *Lunge* f *(vom Tier,* ⟨fam⟩ *auch
vom Menschen)* ‖ echar el ~ *od* los ~s ⟨figf⟩ *s.
außer Atem arbeiten:* ⟨fam⟩ *arbeiten, dass die
Fetzen fliegen* ‖ *schmachten* (*por nach*)
bofeña *f* Mancha *(Art) Wurst* f *aus
Schweinslunge*
bófeta *f* ⟨Text⟩ *dünner, steifer Baumwollstoff* m
bofe|tada *f Ohrfeige, Backpfeife* f ‖ ⟨fig⟩
Kränkung f, *Schimpf* m ‖ Chi *Faustschlag* m ‖ ~
de cuello vuelto ⟨fam⟩ *sehr kräftige Ohrfeige* f ‖
◇ *dar de ~s a alg. jdn ohrfeigen* ‖ *darse de ~s
una cosa con otra überhaupt nicht zueinander
passen, ganz und gar nicht harmonieren,* (fam) *s.
beißen* ‖ pegar una ~ ⟨fam⟩ *e–e Ohrfeige
verpassen* ‖ *no tener media ~ unansehnlich sein
(Mensch)* ‖ **–tear** vt Ec Guat PR → **abofetear** ‖
–tón *m kräftige Ohrfeige* f ‖ ~ *de órdago* ⟨fam⟩
schallende Ohrfeige f
bofia *f* ⟨pop⟩ *Polente* f, *Bullen* mpl ‖ ~ *m
Bulle m (Polizist)*
bofo adj *schwammig*
¹**boga** *f* ⟨Fi⟩ *Boga* m, *Gelbstrieme(n)* f (m)
(Box Benops) ‖ *Nase* f (Chondrostoma nasus)
²**boga** *f Rudern, Schwimmen* n ‖ ~ *m* Col Ec
Guat Mex Pe *Ruderer* m ‖ *Bootsführer* m ‖ ¡~
babor! ⟨Max⟩ *Backbord, ruder an!* ‖ ~ ¡~
estribor! ⟨Mar⟩ *Steuerbord, ruder an!*
³**boga** *f Glück* n ‖ *Erfolg* m ‖ ◇ *estar en ~
Mode sein, in sein* ‖ *an der Tagesordnung sein* ‖
hoch im Kurs stehen ‖ ⟨fam⟩ *in sein*
⁴**boga** *m* Col *Stoffel* m
¹**bogada** *f Ruderschlag* m
¹**bogada** *f* Ast *Durchseihen* n ‖ Ast *Einweichen*
n *(der Wäsche)*
bogador *m Ruderer* m
bogar [g/gu] vi *rudern, pullen* ‖ *segeln* ‖
dahinschwimmen (Schiff) ‖ ¡~! ⟨Mar⟩ *ruder an!* ‖
~ *con descanso* ⟨Mar⟩ *mit langem Schlag rudern*
‖ ◇ ~ *de llano* ⟨Mar⟩ *englisch rojen*
¹**bogavante** *m* ⟨Zool⟩ *Hummer* m (Homarus
vulgaris)
²**bogavante** *m* ⟨Mar⟩ *vorderster Ruderknecht* m
bogie *m* Am *Drehgestell* n
bogío *m* Cu → **bohío**
bogomilo *m* ⟨Rel⟩ *Bogomile* m
bogotá adj *aus Bogotá* (Colombia) ‖ *auf
Bogotá bezüglich* ‖ ~ *m Bogotaner* m
bogue *m* Chi *offener Zweisitzer* m *(Wagen)*
bohardilla *f* → **buhardilla**
Bohemia *f* ⟨Geogr⟩ *Böhmen* n ‖ ~ *f Böhmin* f ‖
⟨fam⟩ *Boheme* f, *Bohemeleben* n ‖ *Zigeunerin* f ‖
liederliche Frau f
bohémico adj *böhmisch*

bohe|mio adj *böhmisch* ‖ *zigeunerisch* ‖ ⟨fig⟩
liederlich ‖ ⟨fig⟩ *verbummelt* ‖ *leichtlebig* ‖ ~ *m
Böhme* m ‖ *Zigeuner* m ‖ ⟨fig⟩ *Bummler* m ‖
verbummelter Student m ‖ *verbummeltes Genie* n
‖ **–mo** adj/s *böhmisch*
bohena *f (Schweins)Lunge* f ‖ *Wurst* f *aus
Schweinslunge*
bohío *m* Am *fensterlose Hütte, Rohr-,
Schilf|hütte* f
bohordo *m Kohlstrunk* m ‖ *Blütenschaft* m
(z. B. *der Lilie*)
boi|cot *m Boykott* m ‖ **–cotear** vt/i *boykottieren*
‖ ⟨fig⟩ *schneiden* ‖ **–coteo** *m* → **boicot** ‖
Boykottierung f
boíl *m* → **boyera**
boina *f Boina* f, *Baskenmütze* f ‖ ⟨Hist⟩ *rote
Karlistenmütze* f ‖ *rote Mütze* f *der
Stierkämpfergehilfen* ‖ ~ *vasca Baskenmütze* f
boiquira *f* Am *Klapperschlange* f
¹**boira** *f* Ar *Nebel* m
²**boira** *f* ⟨Mar⟩ *Briggsegel* n
boîte *f Nacht|bar* f, *-klub* m, *-lokal* n
¹**boj** *m* ⟨Bot⟩ *Buchsbaum* m (Buxus
sempervirens) ‖ *Buchsholz* n
²**boj** *m* ⟨Mar⟩ → **bojo**
boja *f* ⟨Bot⟩ *Stabwurz, Eberraute* f (Artemisia
abrotanum)
Bojara *f* ⟨Geogr⟩ *Buchara* n
bojazo *m* Col *kräftiger Schlag* m
¹**boje** *m* → **boj**
²**boje** *m* ⟨EB⟩ *Drehgestell* n
³**boje** *m* Mex *Tölpel, Dummkopf* m
boj(e)ar vt *ausmessen (Erdreich)* ‖ ⟨Mar⟩
umschiffen
bojedad *f* Mex *Dummheit, Albernheit* f
bojedal *m Buchsbaumwald* m
bojeta *f* Ar *kleine Sardine* f
bojete *m* Ven → **bojote**
bojiganga *f* ⟨Hist⟩ *Komödiantengruppe* f ‖
⟨fig⟩ *lächerlicher Aufzug* m
bojo, bojeo *m* ⟨Mar⟩ *Umschiffen* n ‖ ⟨Mar⟩
Um|fang, -kreis m
bojote *m* Col Hond Ven *Bündel, Paket* n
¹**bol** *m Bowle, Schale, henkellose Tasse* f
²**bol** *m großes Fischnetz* n ‖ *Fischzug* m ‖
Kegel m
³**bol** *m Bolus* m, *große Pille* f
⁴**bol** *m Bolus* m *(Mineralgemenge)* ‖ ~
arménico armenischer Bolus m
¹**bola** *f Kugel* f ‖ *Ball* m ‖ *(Kegel)Kugel* f ‖
Kugel f *(im Kugellager)* ‖ *Knäuel* n, *Knauf* m
(Degen, Stock) ‖ *Billardkugel* f ‖ ⟨pop⟩ *Kopf* m ‖
Kugelwerfen n ‖ *Bola* f *(südamerik. Wurf- und
Fanggerät)* ‖ Chi *Stimmkugel* f ‖ Chi *grober,
runder Papierdrachen* m ‖ ~ *de acero Stahlkugel*
f ‖ ~ *de algodón* ⟨Kosm⟩ *Wattebällchen* n ‖ ~ *de
billar Billardkugel* f ‖ ⟨fig⟩ *Glatze* f, *Kahlkopf* m ‖
~ *de caída Fallkugel* f ‖ ~ *cronométrica* ⟨Mar⟩
Zeit(signal)ball m ‖ ~ *esclerométrica,* ~ *de
esclerómetro Druckkugel* f *(Brinellprobe)* ‖ ~ *de
esporas* ⟨Bot⟩ *Sporenkugel* f ‖ ~ *de grasa
Fettkugel* f ‖ ~ *de mando Schaltkugel* f ‖ ~ *de
marea* ⟨Mar⟩ *Gezeitenball* m ‖ ~ *de molino
Mahlkugel* f ‖ ~ *de nieve Schneeball* m *(aus
Schnee)* ‖ ~ *de plomo Bleikugel* f ‖ ~ *portatipos
Schreibkopf* m *(der Schreibmaschine)* ‖ ~ *de
pudelaje* ⟨Met⟩ *Puddellupe* f ‖ ~ *rompedora
Zertrümmerungskugel* f *(für Straßendecken)* ‖ ~
de termómetro Thermometerkugel f ‖ ~ *de vidrio
Glaskugel* f ‖ ~ *de velocidad* ⟨Mar⟩ *Fahrtball* m
‖ ~ ¡*dale* ~! ⟨fam⟩ *das ist nicht mehr
auszuhalten!* ‖ no dar pie con ~ ⟨figf⟩ *ständig
das Falsche tun, immer wieder danebenhauen* ‖
überhaupt nicht zurechtkommen ‖ *dejar rodar la ~
den Dingen ihren Lauf lassen* ‖ ¡*ruede la ~*! *mag*

kommen, was will! ‖ escurrir la ~ *s. unbemerkt davonmachen*
²bola *f Schuhwichse* f
³bola *f (Zeitungs)Ente* f ‖ *Lüge* f ‖ *Gerücht* n ‖ ◇ hay ~s que dicen ... *gerüchteweise sagt man* ...
⁴bola *f Giftbrocken* m *(für Tiere)*
⁵bola *f* Am *Lärm* m ‖ *Durcheinander* n, *Wirrwarr* m
⁶bola *f* ⟨Bot⟩: ~ de nieve *Schneeball* m (Viburnum lantana)
bolacear *vi* Arg *Unsinn reden*
bolacha *f* Am *große Kautschukkugel* f *in rohem Zustand*
¹bolada *f Schub* m ‖ *Stoß* m *(Billard)*
²bolada *f* Cu Pe *Gerücht* n
³bolada *f* Arg *günstige Gelegenheit* f
⁴bolada *f* Col *Streich* m
¹bolado *m* Am *Geschäft* n, *Angelegenheit* f ‖ Mex *Liebesabenteuer* n
²bolado *m* → **azucarillo**
boladoras *fpl* Am → **boleadoras**
bolaga *f* Cád Murc ⟨Bot⟩ *Seidelbast* m (Daphne sp)
bolanchera *f* Cu *ein kubanischer Tanz* m
bolandista *m* ⟨Kath⟩ *Bollandist* m
bolardo *m* ⟨Mar⟩ *Poller* m ‖ ⟨Hydr⟩ *Kreuzpfahl, Duck-, Dück|dalbe* f, *Duck-, Dück|dalben* m ‖ ~ de amarre ⟨Mar⟩ *Halte|pfahl, -poller* m ‖ ~ flotante *Schwimmpoller* m
bolas *fpl* ⟨vulg⟩ *Eier* npl *(Hoden)* ‖ →
boleadoras ‖ ◆ en ~ ⟨pop⟩ *nackt* ‖ ◇ hacer ~ *die Schule schwänzen*
bolate *m* Col *Wirrwarr* m, *Durcheinander* n
bolazo *m Kugel-, Ball|schlag* m ‖ ⟨fig⟩ Arg *Lüge* f ‖ ◆ de ~ *(figf) schnell und ohne Sorgfalt, schlampig, oberflächlich* ‖ *auf gut Glück*
bolchaca *f* Ar Murc *Tasche* f
bolche|vique *adj bolschewistisch* ‖ ~ *m Bolschewist* m ‖ **–vi(qui)smo** *m Bolschewismus* m ‖ **–vista** *adj/s (m/f)* → **–vique** ‖ **–vización** *f Bolschewisierung* f ‖ **–vizar** [z/c] *vt bolschewisieren*
boldre *m* León *Schlamm* m
bolea *f* ⟨Sp⟩ *Volleyspiel* n
¹boleada *f* Pe *Nichtbestehen* n *e–r Prüfung*
²boleada *f* Pe *Schuhputzen* n
¹boleador *m* Pe *Schuhputzer* m
²boleador *m* Am *jd, der mit der* ¹bola *Tiere fängt*
boleadoras *fpl* Am *Kugel- od Wurf|riemen* mpl *(zum Einfangen von Vieh)*
¹bolear *vt* Am *mit den Kugelriemen einfangen* ‖ *(weg)werfen, schleudern,* (fam) *schmeißen*
²bolear *vt durchfallen lassen (bei Wahl od Prüfung)*
³bolear *vt* Arg *hereinlegen, prellen* ‖ *austricksen*
⁴bolear *vt* Pe *Schuhe putzen*
⁵bolear *vi* Murc *stark aufschneiden*
⁶bolear Am *steigen (Pferd)* ‖ *bocken (Pferd)*
boleco *adj* Hond *beschwipst, ange|säuselt, -heitert, -dudelt*
Bolena: Ana ~ ⟨Hist⟩ *Anna Boleyn*
bolencia *f* Guat *Rausch* m, *Trunkenheit* f
¹boleo *m Kegelbahn* f ‖ *Kegel-, Kugel|spiel* n ‖ *Bocciaplatz* m ‖ Col *Schlag* m
²boleo *m* ⟨Bot⟩ *ein gelb blühender span. Strauch* m
bolera *f Kegelbahn* f ‖ *Bowling* n
bolerear *vt* Ven *(ein Pferd) durch Festhalten am Schweif zu Fall bringen*
¹bolero *adj* ⟨fam⟩ *aufschneiderisch, verlogen* ‖ ~ *m* ⟨fam⟩ *Lügner, Aufschneider, Angeber* m ‖ ⟨fam⟩ *Schwindler* m

²bolero *m* ⟨Mus⟩ *Bolero* m *(ein span. Tanz)* ‖ *Bolerotänzer* m
³bolero *m Bolero* m *(Jäckchen)* ‖ Col *Falbel* f
⁴bolero *m:* (escarabajo) ~ *Pillendreher* m *(Käfer)*
⁵bolero *m* Guat *Hond Zylinderhut* m
⁶bolero *m* Mex *Schuhputzer* m
bolerón *m* Col *große Falbel* f, *großer Volant* m *(an Frauenröcken)*
Boleslao m np *Boleslaus* m
bole|ta *f Geleit-, Passier|schein, Ausweis* m ‖ *Bezugsschein* m ‖ ⟨Mil⟩ *Quartierzettel* m ‖ *Anweisung* f ‖ *Päckchen* n *Tabak* ‖ Am *Wahlzettel* m ‖ Am *Eintrittskarte* f ‖ ◇ dar la ~ a alg. *mit jdm brechen* ‖ **–tería** *f* Am *Schalter* m, *Kartenausgabe* f
¹boletero *m* Am *Kartenverkäufer* m
²boletero *m* Arg *Lügner, Schwindler* m
boletín *m dim von* **boleta** ‖ *Zahlungs|schein* m, *-anweisung* f ‖ *Zettel* m ‖ *(amtlicher) Bericht* m ‖ *Geleit-, Passier|schein* m ‖ *Formular* n ‖ ⟨Mil⟩ *Quartierzettel* m ‖ *Preisverzeichnis* n ‖ *Bestellzettel* m ‖ *Sitzungsbericht* m ‖ *Flugschrift* f ‖ Arg *Extrablatt* n ‖ ~ de cambio *Kurszettel* m ‖ ~ de cotizaciones *Kurszettel* m *(Börse)* ‖ ~ de denuncia etwa: *Strafzettel* m ‖ ~ de entrega *Liefer|schein, -zettel* m ‖ ~ de equipaje *Gepäckschein* m ‖ ~ de expedición *Begleitpapier* n, *Versandschein* m ‖ ~ de garantía *Garantieschein* m ‖ ~ de información *Lagebericht* m ‖ ~ médico *Krankenbericht* m ‖ ~ del mercado *Marktbericht* m ‖ ~ meteorológico *Wetterbericht* m ‖ ~ Naviero *Schiffahrtsanzeiger* m ‖ ~ de noticias ⟨Radio TV⟩ *Nachrichten* fpl ‖ ~ oficial *Amtsblatt* n ‖ *Börsenbericht* m ‖ ~ Oficial del Estado (Span) *Gesetzblatt* n, etwa: *Bundesgesetzblatt* n (Deut) ‖ ~ Oficial de las Comunidades Europeas *Amtsblatt* n *der Europäischen Gemeinschaften* ‖ ~ de pedido *Bestellschein* m ‖ ~ de reparto *Zustellungsschein* m ‖ ~ de suscripción *Bestellschein* m ‖ ~ trimestral *Vierteljahresbericht* m
¹boleto *m* ⟨Bot⟩ *Steinpilz* m (Boletus edulis)
²boleto *m* Am *Fahr-, Theater-, Eintritts|karte* f *usw.* ‖ *Toto-, Lotto|schein* m ‖ Am *Kaufschein* m ‖ ~ de abono *Dauer-, Zeit|karte* f ‖ ~ de carga *Ladeschein* m ‖ ~ de combinación Am *Umsteigefahrschein* m ‖ ~ de ida y vuelta Am *Rückfahrkarte* f ‖ ~ de quinielas *Totoschein* m ‖ ~ de votación *Stimmzettel* m
³boleto *m* Arg ⟨pop⟩ *Lüge* f
boli *m* Kurzform für **bolígrafo**
bolichada *f* ⟨fam⟩ *Glücks|zufall, -zug* m
¹boliche *m Bocciaspiel* n ‖ *Bocciakugel* f ‖ *Kugel-, Kegel|spiel* n ‖ *Fangspiel, Spiel* n *mit dem Fangbecher*
²boliche *m gedrechseltes Endstück* n *(an Möbeln)*
³boliche *m* SAm *Trödelladen* m ‖ *billige Kneipe* f ‖ Ur *Spielhaus* n
⁴boliche *m* PR *minderwertiger Tabak* m
⁵boliche *m Hand-, Spiel|netz* n ‖ *(Wurf)Netz* n *(für kleine Seefische)* ‖ *(damit gefangener) kleiner Fisch* m
bolichear *vi* Arg *s. mit unbedeutenden Geschäften abgeben*
¹bolichero *m (Wurf)Netzfischer* m
²bolichero *m Spielhalter* m ‖ Arg *Krämer* m
bólido *m* ⟨Astr⟩ *Feuerkugel* f, *Bolid* m ‖ ⟨fig⟩ *(schwerer) Rennwagen* m ‖ ◇ pasar como un ~ *vorbei|flitzen, -sausen*
bolígrafo *m Kugelschreiber* m
¹bolilla *f Fleischklößchen* n
²bolilla *f* Arg Pe Ur *Stimmkugel* f

³**bolilla** f Arg Pe Ur *Thema* n *e–r Prüfung*
¹**bolillo** m ⟨Text⟩ *Spitzenklöppel* m ‖ *gefältelte Handkrause* f ‖ ◇ *trabajar al* ~ *klöppeln*
²**bolillo** m Col *Schlagstock* m ‖ Am *Trommelstock* m
³**bolillo** m Mex *Brötchen* n
bolillos mpl *Zuckerstangen* fpl
bolín m: *de* ~, *de bolán* ⟨fam⟩ *aufs Geratewohl* n
¹**bolina** f ⟨Mar⟩ *Bulin(e)* f ‖ ⟨Mar⟩ *nach der Windseite hin gesenktes Segel* n ‖ ~ *franca* ⟨Mar⟩ *voll und bei* ‖ ◇ *echar de* ~ ⟨fam⟩ *prahlerisch drohen* ‖ ~s fpl ⟨Mar⟩ *Schovenriet* n
²**bolina** f ⟨fam⟩ *Streit* m, *Zankerei* f ‖ Guat *Trink-*, ⟨pop⟩ *Sauf|gelage* n
¹**bolinero** m ⟨Mar⟩ *Aufkreuzer* m
²**bolinero** m Chi *Unruhestifter, Stänkerer* m
bolinga f ⟨Mar⟩ *Toppsegel* m
bolingrín m *Rasenplatz* m *in e–m Garten*
bolinillo m Col → **molinillo**
bolisa f *Fünkchen* n ‖ *Woll-, Fasern|flocke* f
bolista m/f Mex *Unruhestifter(in* f) m
¹**bolita** f dim von ¹**bola** ‖ *Kügelchen, Fleischklößchen* n ‖ *Wattebäuschchen* n ‖ *Murmel* f, *Klicker* m ‖ Chi *Stimmkugel* f ‖ ~s fpl *Kügelchen* npl *(Kinderspiel)*
²**bolita** f Am ⟨Zool⟩ *Gürteltier* n
bolito m ⟨Bot⟩ Pe *(Art) Seifenbaumgewächs* n
bolívar m [Währungseinheit] *Bolivar* m (Abk = Bs.)
bolivariano adj *auf Simón Bolívar bezüglich*
Bolivia f ⟨Geogr⟩ *Bolivien* n
bolivianismo m *Bolivianismus* m *(e–e nur im bolivianischen Spanisch vorkommende sprachliche Erscheinung)*
boliviano adj *boli|vianisch, -visch* ‖ ~ m *Bolivianer* m ‖ [Währungseinheit] *Boliviano* m (Abk = Bs)
bolla f SAm *reiches, hochwertiges Mineralvorkommen* n
bollaca f ⟨vulg⟩ *Lesbe* f
bolladura f → **abolladura**
bollar vi/t *treiben (Metall)* ‖ *mit e–m Fabrikstempel versehen (Stoffe)*
bolleo m Cu *Wirrwarr* m ‖ *Prügelei* f
bollera f ⟨vulg⟩ *Lesbe* f
bollería f *Fein-, Zucker|bäckerei* f
¹**bollo** m *(Pfann-)Kuchen, Krapfen* m ‖ *Milch-, Eier|brot* n ‖ Am *feines Maisbrot* n ‖ Col *(Art) Maispastete* f ‖ ~ *de Berlín Berliner* m *(Gebäck)* ‖ ~ *suizo ovales, lockeres Gebäck* n ‖ ◇ *no cocérsele a uno el* ~ ⟨figf⟩ *vor Neugierde vergehen* ‖ *perdonar el* ~ *por el coscorrón (fig) auf e–n mit allzugroßem Kraftaufwand verbundenen Nutzen lieber verzichten* ‖ *ese bollo no se ha cocido en su horno (figf) das ist nicht auf s–m (ihrem) Mist gewachsen* ‖ *no está el horno para* ~s *(figf) ich bin (wir sind) nicht dazu aufgelegt* ‖ ⟨iron⟩ *du kommst (ihr kommt) im richtigen Augenblick!*
²**bollo** m *Höcker, Bickel* m ‖ *Beule* f *am Kopf* ‖ *Ballen, Klumpen* m
³**bollo** m Hond *Faustschlag* m ‖ *Streit* m
bollón m *(Schuh)Nagel* m ‖ *Ziernagel* m ‖ Ar *(Reb)Schössling* m, *Knospe* f ‖ Col *rundlicher, gutmütiger Mensch* m
bollonado adj *mit Ziernägeln beschlagen*
bolluelo m dim von **bollo**
¹**bolo** adj ⟨fam⟩ *einfältig* ‖ Hond Guat Mex *betrunken* ‖ Cu PR *schwanzlos (Vogel)*
²**bolo** m *Kegel* m ‖ *Kegeln, Kegelspiel* n ‖ *(Brumm)Kreisel* m ‖ ◇ *dar* ~ *alle Stiche machen* ‖ *ser* ~ *k–n Stich machen* ‖ ~s mpl *Kegelspiel* n ‖ ◇ *echar a rodar los* ~ *(figf) lärmen, randalieren,*

⟨pop⟩ *Rabatz, Radau machen* ‖ *jugar a los* ~ *kegeln*
³**bolo** m ⟨Arch⟩ *Treppenspindel* f
⁴**bolo** m ⟨Fi⟩ *kleiner Sandaal* m (Ammodytes lancea)
⁵**bolo** m ⟨Kart⟩ *Schlemm* m
⁶**bolo** m ⟨Th⟩ *Wandertruppe* f *(auf Jahrmärkten)*
⁷**bolo** m ⟨Med⟩ *Bolus* m *(Pille)* ‖ *Bolus* m *(Bissen)*
⁸**bolo** m Cu Mex *Silbermünze* f
⁹**bolo** m Cu Mex *Betrunkene(r)* m
bologote m MAm *Lärm* m ‖ *Aufruhr* m
bolombo adj Col *klein und dick* ‖ *rundlich*
bolón m Ec *kugelförmig angerichtete Masse* f *aus gewürzten, gebratenen Bananen* ‖ Mex *Menschengewimmel* n
bolongo adj Col → **bolombo**
Bolonia f [Stadt] *Bologna* n
bolonia m *(graduierter) Hörer* m *der span. Schule (Colegio Español) in Bologna* ‖ ⟨figf⟩ *Dummkopf* m
boloñés adj/s *aus Bologna* ‖ *auf Bologna bezüglich*
¹**bolsa** f *Beutel, Sack* m ‖ *(Rock)Tasche* f ‖ *Geldbeutel* m, *(Geld)Börse* f ‖ *Papierbeutel* m, *Tüte* f ‖ *Schulmappe* f ‖ *Brieftasche* f ‖ *Futteral* n ‖ *Damentasche* f ‖ *Haarbeutel* m ‖ *Fußsack* m ‖ *Sackfalte* f *(e–s Kleidungsstücks)* ‖ *Loch* n *beim Billard* ‖ ⟨vulg⟩ *Hodensack* m ‖ ⟨Mil⟩ *Kessel* m ‖ ⟨fig⟩ *Vermögen, Geld* n ‖ MAm Mex Pe *(Rock)Tasche* f ‖ ~ *de agua* ⟨Arch⟩ *Wassersack* m ‖ ~ *de aire* ⟨Flugw⟩ *Luftloch* n, *Fallbö(e)* f ‖ *(Auto) Airbag* m ‖ ~ *amniótica (Biol) Amnionsack* m, *Frucht-, Ei|blase* f ‖ ~ *de agallo* ⟨Zool⟩ *Kiemenbeutel* m ‖ ~ *de basura(s) Müllbeutel* m ‖ ~ *de congelación Gefrierbeutel* m ‖ ~ *copulativa* ⟨Zool⟩ *Kopulationsbeutel* m ‖ ~ *de deporte Sport|beutel* m, *-tasche* f ‖ ~ *de dormir* ⟨Arg⟩ *Schlafsack* m ‖ ~ *de estudios Stipendium* n ‖ ~ *externa* ⟨Geol⟩ *Außennest* n ‖ ~ *gutural* ⟨Vet⟩ *Gutturalraum* m ‖ ~ *bien herrada* ⟨fam⟩ *gespickte Börse* f ‖ ~ *de hielo Eisbeutel* m ‖ ~ *inguinal* ⟨Zool⟩ *inguinaler Beutel* m ‖ ~ *interna* ⟨Geol⟩ *Innennest* n ‖ ~ *isotérmica Kühltasche* f ‖ ~ *de mareo* ⟨Flugw⟩ *Brechtüte* f ‖ ~ *de merienda Lunchpaket* n ‖ ~ *para muestras Versand-, Muster|beutel* m ‖ ~ *de plástico Plastikbeutel* m ‖ ~ *playera Strandtasche* f ‖ ~ *propulsora* ⟨Zool⟩ *Antriebsbeutel* m ‖ ~ *refrigerante Kühltasche* f ‖ *una* ~ *bien repleta e–e (gut)gespickte Börse* f ‖ ~ *riñonera Nierentasche* f ‖ ~ *rota (fig) Verschwender* m ‖ ~ *sinovial* ⟨An⟩ *Schleimbeutel* m ‖ ~ *tabaquera Tabaksbeutel* m ‖ ◇ *alargar od estirar la* ~ ⟨figf⟩ *tief in die Tasche greifen* ‖ *consultar con la* ~ *sein Geld nachzählen* ‖ *¡la* ~ *o la vida! Geld oder Leben!* ‖ *tener los cordones de la* ~ ⟨figf⟩ *über das Geld verfügen* ‖ ~s fpl *Hodensack* m ‖ ⟨Geol⟩ *Erdnester* npl ‖ ◇ *hacer* ~ *s. sacken (Kleid)*
²**bolsa** f *(Handels)Börse* f ‖ ~ *de comercio Effektenbörse* f ‖ ~ *de comercio Handelsbörse* f ‖ ~ *de contratación Waren-, Produkten|börse* f ‖ *Handelsbörse* f ‖ ~ *especializada Spezialbörse* f ‖ ~ *extraoficial Freiverkehr, nichtamtlicher Verkehr* m, *Kulisse* f ‖ ~ *de fondos públicos Effektenbörse* f ‖ ~ *de mercancías Warenbörse* f ‖ ~ *oficial amtlicher Markt, amtlicher Verkehr* m ‖ ~ *de servicios Dienstleistungsbörse* f ‖ ~ *de trabajo Arbeits|börse* f, *-markt* m ‖ ~ *de valores Effekten-, Wertpapier|börse* f ‖ ◇ *jugar a la* ~ *an der Börse spekulieren*
bolsazo m Guat *Betrug* m ‖ *Täuschung* f ‖ Arg Bol ◇ *dar a alg. un* ~ *jdm e–n Korb geben*
bolse|ar vi Ar *Falten schlagen (Kleid usw.)* ‖

CR Guat Hond Mex *(Geldtaschen) stehlen* ‖ *Am*
⟨fam⟩ *(jdm) e–n Korb geben* ‖ MAm Mex *lügen* ‖
betrügen ‖ *täuschen*
¹bolsería *f Beutel-, Sack⧵herstellung* f ‖ *Stapel,
Beutel* m
²bolsería *f* Ven *Dummheit, Albernheit* f
¹bolsero *m Beutelmacher* m
²bolsero *m Schmarotzer* m
bolsi⧵co *m* Chi *Rock-, Hosen⧵tasche* f ‖ **–cón** *m*
Ec *wollener Rock* m *der Bäuerinnen*
bolsilibro *m* Neol *Taschenbuch* n
bolsillo *m Rock(Tasche)* f ‖ *Westen-,
Hosen⧵tasche* f ‖ ⟨fig⟩ *Geldbeutel* m, *Börse* f ‖
Geld n ‖ ~ *del abrigo Manteltasche* f ‖ ~ *de la
chaqueta Sakkotasche* f ‖ ~ *de(l)* chaleco
Westentasche f ‖ ~ *del pantalón Hosentasche* f ‖
~ *de parche aufgesetzte Tasche* f ‖ ~ *trasero
Gesäßtasche* f ‖ ◇ *no echarse nada en el* ~ ⟨fam⟩
k–n Nutzen haben, ⟨pop⟩ *k–n Blumentopf
gewinnen* ‖ *pagar de su* ~ *aus der eigenen Tasche
bezahlen* ‖ *rascarse el* ~ ⟨figf⟩ *in den Beutel
greifen* ‖ *tener en el* ~ ⟨fig⟩ *in der Tasche, sicher
haben*
bolsín *m Vor-, Neben⧵börse* f
bolsiquear vt SAm *(jdm) die Taschen
untersuchen (um ihn zu bestehlen)*
¹bolsista *m/f Börsianer(in* f) m ‖
Börsenspekulant(in f) m
²bolsista *m/f* Mex *Taschendieb(in* f) m
bolsita *f dim von* **¹bolsa** ‖ *kleine Tüte* f ‖ ~ *de
té Teebeutel* m
bolso *m (Geld)Beutel* m ‖ *Damen-,
Hand⧵tasche* f ‖ *Aktentasche* f ‖ ⟨Mar⟩ *Schwellung*
f *(e–s Segels)* ‖ ~ *de aire* ⟨Flugw⟩ *Luftsack* m,
Ballonett n ‖ ~ *(a la)* bandolera *Schulter-,
Umhänge⧵tasche* f
¹bolsón *m augm von* **bolso** ‖ *Am
Schülermappe* f
²bolsón *m* Col *Tölpel* m
³bolsón *m* Bol *beträchtliches
Mineralvorkommen* n
⁴bolsón *m* Mex *Bodenmulde* f
bolsota *m* Dom *Trottel, Dummkopf* m
bolsudo *m* Col *Dummkopf* m
boluca *f* Mex *Lärm* m ‖ *Aufruhr* m
boludo adj SAm *blöd(e), idiotisch*
¹bomba *f Pumpe* f ‖ ⟨Mar⟩ *Schiffspumpe* f ‖
Feuerspritze f ‖ ⟨Mus⟩ *Ansatzstück* n *e–r Posaune
usw.* ‖ ⟨Hydr⟩ *Heber* m ‖ ~ *para aceite pesado
Schwerölförderpumpe* f ‖ ~ *de aceleración* ⟨Auto⟩
Beschleunigungspumpe f ‖ ~ *de achique
Lenzpumpe* f ‖ ~ *de agua Wasser⧵pumpe, -spritze*
f ‖ ~ *de aire Luftpumpe* f ‖ ~ *de alimentación
Speisepumpe* f ‖ ~ *de arranque Anlasspumpe* f ‖
~ *de baldeo Spülpumpe* f ‖ ~ *aspirante Saug-,
Hub⧵pumpe* f ‖ ~ *aspirante-impelente Saug- und
Druck⧵pumpe* f ‖ ~ *autocebante selbstansaugende
Pumpe* f ‖ ~ *auxiliar Hilfs-, Reserve⧵pumpe* f ‖ ~
de caldera Kesselspeisepumpe f ‖ ~ *de carena
Lenzpumpe* f ‖ ~ *de carga Aufladepumpe* f
(Motor) ‖ ~ *de carretilla Schubkarrenpumpe* f ‖
~ *casera Hauspumpe* f ‖ ~ *de cebado
Anlasspumpe* f ‖ ~ *centrífuga Kreisel-, Schleuder-
, Zentrifugal⧵pumpe* f ‖ ~ *chupadora Saugpumpe* f
‖ ~ *de diafragma Membranpumpe* f ‖ ~
dragado Bagger-, Förder⧵pumpe f ‖ ~ *de
elevación Förderpumpe* f ‖ ~ *de émbolo
Kolbenpumpe* f ‖ ~ *de engrase Schmierpumpe,
Ölspritze* f ‖ ~ *de evacuación Entleerungspumpe*
f ‖ ~ *de expulsión Spülpumpe* f ‖ ~ *de extinción
de incendios Feuerspritze* f ‖ ~ *de extinción a
mano Handfeuer(lösch)spritze* f ‖ ~ *de gasolina
Benzinpumpe* f ‖ ~ *impelente Druckpumpe* f ‖ ~
de incendios Feuerspritze f ‖ ~ *de inflar
Luftpumpe* f ‖ ~ *de inyección Einspritzpumpe* f ‖

~ *mamut Mammutpumpe* f ‖ ~ *de mano
Handpumpe* f ‖ ~ *mezcladora Mischpumpe* f ‖ ~
de nafta Am *Benzinpumpe* f ‖ ~ *neumática
Luftpumpe* f ‖ ~ *de perforación,* ~ *para pozos
Abteuf-, Senk-, Bohrloch⧵pumpe* f ‖ ~ *de presión
Druckpumpe* f ‖ ~ *de riego Berieselungspumpe* f
‖ ~ *rotativa Drehkolbenpumpe* f ‖ ~ *de sentina*
⟨Mar⟩ *Lenz-, Bilgen⧵pumpe* f ‖ ~ *de sondeo* ~ *de
sondaje Tiefbohr-, Bohrloch⧵pumpe* f ‖ ~
sumergida, ~ *sumergible Tauch-,
Unterwasser⧵pumpe* f ‖ ~ *universal Universal-,
Mehrzweck⧵pumpe* f ‖ ~ *de vacío Vakuumpumpe* f
‖ ~ *vertical stehende Pumpe* f ‖ ◇ *dar a la* ~
pumpen ‖ *dar mucho a la* ~ ⟨figf⟩ *zügellos, flott
leben*
²bomba *f* ⟨Mil⟩ *Bombe* f ‖ *Lampenglocke* f ‖
⟨figf⟩ *Stegreifverse* mpl ‖ Am ⟨fig⟩ *Lüge* f ‖ Ec
Luftballon m ‖ Col Mex *Zylinderhut* m ‖ Pe
Rausch, Schwips m ‖ Col Hond *Prunk* m ‖ Cu
großer Löffel m ‖ Cu *unbestätigte Meldung* f ‖
Falschmeldung f ‖ Col *schulterlanges Haar* n ‖ ~
astillosa Splitterbombe f ‖ ~ A, ~ *atómica
Atombombe* f ‖ ~ *de aviación Fliegerbombe* f ‖ ~
de cobalto Kobaltbombe f ‖ ~ *de espoleta
retardada Zeitzünderbombe* f ‖ ~ *explosiva
Sprengbombe* f ‖ ~ *fétida Stinkbombe* f ‖ ~ *de
fósforo Phosphorbombe* f ‖ ~ *de fragmentación
Splitterbombe* f ‖ ~ *fumígena Rauch-,
Nebel⧵bombe* f ‖ ~ *gamma Gammabombe* f ‖ ~
de gas Gasbombe f ‖ ~ H, ~ *de hidrógeno H-
Bombe, Wasserstoffbombe* f ‖ ~ *de humo
Rauchbombe* f ‖ ~ *incendiaria Brandbombe* f ‖ ~
lacrimógena Tränengasbombe f ‖ ~ *lapa
Haftbombe* f ‖ ~ *limpia saubere Bombe* f ‖ ~
luminosa en paracaídas Fallschirmleuchtbombe f,
⟨pop⟩ *Christbaum* m ‖ ~ *de mano Handgranate* f
‖ ~ *(de) napalm Napalmbombe* f ‖ ~ *perforante
Aufschlag-, Panzer⧵bombe* f ‖ ~ *de piña
Eierhandgranate* f ‖ ~ *de plástico Plastikbombe* f
‖ ~ *de profundidad Wasserbombe* f ‖ ~ *de
relojería Zeitzünderbombe* f ‖ ~ *rompedora
Sprengbombe* f ‖ ~ *de señales Leuchtbombe* f ‖ ~
de señales en paracaídas → ~ *luminosa en
paracaídas* ‖ ~ *submarina Unterwasserbombe* f ‖
~ *sucia schmutzige Bombe* f ‖ ~ *teledirigida
ferngesteuerte Bombe* f ‖ ~ *termonuclear
Wasserstoffbombe* f ‖ ~ 3 F *3-F-Bombe* f ‖ ~
volante, V1, V2 *fliegende Bombe* f, V1, V2 ‖ ♦ *a
prueba de* ~ ⟨fig⟩ *bomben⧵fest, -sicher* ‖ ◇ *arrojar*
~s *sobre … Bomben (ab)werfen auf …* ‖ *caer
como una* ~ ⟨figf⟩ *unverhofft od plötzlich
irgendwo erscheinen* ‖ *estallar como una* ~ ⟨fig⟩
wie e–e Bombe platzen ‖ *desactivar una* ~ *e–e
Bombe entschärfen* ‖ *estalló la* ~ *die Bombe ist
geplatzt,* ⟨fam⟩ *da haben wir's* ‖ *estar echando* ~s
⟨figf⟩ *vor Wut schäumen* ‖ *erhitzt sein* ‖ *tapizar
con* ~s *mit Bomben belegen* ‖ *¡~! (fam)
Achtung! Silentium! (beim Ausbringen e–s
Trinkspruches)*
bombacáceas *fpl* ⟨Bot⟩ *Wollbaumgewächse* npl
(Bombacaceae)
bombacha *f* Arg *Pumphose* f (bes. pl)
bombacho *m,* (calzón) ~ *kurze, weite Hose* f
mit Seitenschlitz ‖ (pantalón) ~ *Hose* f ‖
Knickerbocker pl
¹bombarda *f* ⟨Mil⟩ *Bombarde* f ‖ ⟨Mar⟩ *kleines
Kauffahrteischiff* n
²bombarda *f* ⟨Hist Mil⟩ *Bombarde* f
³bombarda *f* ⟨Hist Mus⟩ *Bombarde, Schalmei*
f ‖ *Bassbrummer* m *(Orgel)*
bombar⧵dear vt *mit Bomben belegen* ‖
bombardieren ⟨fig⟩ ‖ **–deo** *m* ⟨Mil⟩
Bombardierung f, *Bombardieren, Bombenwerfen* n
Bombardement n ‖ *Bombenangriff* m ‖
Beschießung f ‖ ~ *aéreo Luftangriff* m ‖ ~ *en*

alfombra *Reihenabwurf* m ‖ ~ a baja altura
Bombenangriff m *aus geringer Höhe* ‖ ~ a gran
altura *Bombenangriff* m *aus großer Höhe* ‖ ~
atómico *Kern\beschuss* m ‖ *Atombombenangriff* m
‖ ~ diurno *Tag(bomben)angriff* m ‖ ~ nocturno
Nacht(bomben)angriff m ‖ ~ con partículas alfa
⟨Atom⟩ *Beschießung* f *mit Alphateilchen* ‖ ~ en
picado *Sturzbombenangriff*, ⟨pop⟩ *Stukaangriff* m
‖ ~ de precisión *Präzisionsabwurf* m ‖ ~ en tapiz
Reihen(ab)wurf m
¹bombardero m *Bomben\flugzeug* n, -werfer
m, *Bomber* m ‖ *Bombenschütze* m ‖ ~ de caza
Jagdbomber m ‖ ~ cuatrimotor *viermotoriger*
Bomber m ‖ ~ diurno *Tagbomber* m ‖ ~ ligero
leichter Bomber m ‖ ~ nocturno *Nachtbomber* m
‖ ~ en picado *Sturz\kampfflugzeug* n, -bomber m,
⟨pop⟩ *Stuka* m ‖ ~ pesado *schweres*
Kampfflugzeug n ‖ ~ a od de reacción
Düsenbomber m
²bombardero m ⟨Ins⟩ *Bombardierkäfer* m
(Brachinus sp)
bombardino m ⟨Mus⟩ *Bombardin* n (Basstuba)
‖ **–dón** m *Bombardon* n
bombasí m [pl ~íes] *Bombassin,*
Baumwollbarchent m (Stoff)
bombástico adj ⟨fam⟩ *schwülstig, bombastisch*
‖ Col *lobrednerisch*
bombazo m a) *Platzen e–r Bombe* ‖
Bombenattentat n ‖ *Bombentreffer* m ‖ b) PR
Anspielung f ‖ *Seitenhieb* m
bombé m *Wagen* m *mit zwei Rädern und zwei*
Vordersitzen
bombeado adj *gewölbt*
bombeador m Arg *Späher* m
¹bombear vi/t *mit Bomben belegen* ‖
bombardieren
²bombear vi *pumpen*
³bomper vi Am *spähen, spionieren* ‖ Col
vertreiben ‖ Guat *stehlen*, ⟨fam⟩ *(weg)stibitzen* ‖
Ur *durchfallen (Prüfung)*
⁴bombear vi ⟨figf⟩ *schwülstig ausposaunen*
¹bombeo m *Bauchung, Wölbung* f ‖ *Krümmung* f
²bombeo m *Pumpen* n
bombera f ⟨fam⟩ *Langeweile* f ‖ Cu
Langweiligkeit f
¹bombero m *Feuerwehrmann* m ‖ los ~s *die*
Feuerwehr ‖ ⟨Mil⟩ *Bombenwerfer* m ‖ Col
Tankwart m
²bombero m Arg *Auskundschafter, Spion* m
bómbice, bómbix [pl ~ces] m ⟨Ins⟩
Seidenspinner m (Bombyx mori)
bombícidos mpl ⟨Zool⟩ *Seidenspinner* mpl
(Bombycidae)
bombílido m ⟨Ins⟩ *Wollschweber* m
(Bombylius discolor)
bombilla f *Glüh\birne, -lampe* f ‖ *Kolben* m ‖
Ansaugrohr n (e–r Pumpe) ‖ Am (silbernes)
Saugröhrchen n (der Matetrinker) ‖ Mex *großer*
Löffel m ‖ ~ ahorradora, ~ económica
(Energie)Sparlampe f ‖ ~ incandescente
Glüh\birne,
-lampe f ‖ ~ de filamento metálico
Metallfadenlampe f ‖ ~ de filamento simple
Einfadenlampe f ‖ ~ de llama *Kerze(nbirne)* f ‖
~ de vidrio claro *Klarglaslampe* f ‖ ~ de vidrio
opaco od esmerilado od mate *Mattglaslampe* f
bombillo m *Ansaugrohr* n ‖ *Wasserspülapparat*
m *für WC* ‖ MAm PR Dom Pan Col → **bombilla**
bombín m ⟨fam⟩ (bes. Am) *steifer Hut* m,
⟨fam⟩ *Melone* f
bombita f Col ⟨pop⟩ *Verlegenheit* f ‖ ~
fulminante Knallerbse f
bombito m Cu ⟨V⟩ (Art) *Fliegenschnäpper* m
¹bombo adj ⟨fam⟩ f *bestürzt, erschrocken* ‖ Cu
geschmacklos

²bombo m *große Trommel* f ‖ *Kesselpauke* f ‖
Trommelschläger m ‖ *Pauke* f ‖ *Trommel* f *der*
Waschmaschine ‖ ⟨Tech⟩ *Trommel* f, *Rollfass* n ‖
~ para pulir *Scheuer\trommel* f, -fass n ‖ *Urne* f
(für Wahlkugeln) ‖ ⟨fig⟩ *Übertreibung, Angabe,*
Protzenhaftigkeit f ‖ Chi *Pomp* m ‖ *Prunksucht* f ‖
♦ con ~ y platillos ⟨figf⟩ *übertrieben, schwülstig*
(Reklame) ‖ *mit Pauken und Trompeten* ‖ dar ~
⟨figf⟩ *übertrieben loben* ‖ *auffällige Reklame*
machen (bes. *in der Presse*) ‖ darse ~ ⟨fig⟩
großtun, dick(e)tun, angeben, ⟨fam⟩ *auf die Pauke*
hauen ‖ echar al ~ Am ⟨figf⟩ *abweisen* ‖
geringschätzig behandeln ‖ hacer mucho ~ ⟨fam⟩
auffällige Reklame machen ‖ ir(se) al ~ Am
zugrunde (& zu Grunde) gehen ‖ *scheitern* ‖
recurrir al ~ *die Reklametrommel rühren* ‖ tener
la cabeza hecha un ~ ⟨figf⟩ *den Kopf voll haben;*
nicht wissen, wo e–m der Kopf steht
³bombo m ⟨Typ⟩ *Bogenheber* m
⁴bombo m ⟨Mar⟩ *flaches Wasserfahrzeug* n
⁵bombo m ⟨vulg⟩ *dicker Bauch* m *(der*
Schwangeren) ‖ ◇ hacer un ~, dejar con ~
⟨vulg⟩ *ein Kind machen*
bombón m *Praline* f ‖ *Bonbon* m (& n) ‖ ⟨fig⟩
hübsches, reizendes Mädchen n ‖ ~ explosivo od
fulminante Knallbonbon m (& n) ‖ **bombones** pl
Zuckerwerk n ‖ ~ rellenos *gefüllte Pralinen* fpl
bombona f *große Glas–, Korb\flasche* f,
Demijohn m ‖ *Glasballon* m ‖ ~ para ácido
Säureballon m
bombonaje m ⟨Bot⟩ *Panamapalme* f
(Carludovica palmata)
bombonera f *Bonbonschachtel, Bonbonniere* f ‖
‖ ⟨fig⟩ *kleine, elegante Wohnung* f
bombote m Ven *kleines Boot* m
bombotó m PR *Brötchen* n *aus Weizenmehl*
und Kokosraspeln
bómper m Am ⟨Auto⟩ *Stoß\stange* f, -fänger m
bona\chón adj *gutmütig* ‖ *einfältig* ‖ ~ m
gutmütiger Mensch m ‖ *einfältiger Mensch* m ‖
–chonería f *Gutmütigkeit* f ‖ *Einfältigkeit* f
bonaerense adj/s (m/f) aus (der Provinz,
seltener der Stadt) Buenos Aires ‖ *auf Buenos*
Aires (meist *Provinz*) *bezüglich*
bonan\cible adj (m/f) *sanft, mild* (bes. *Wetter*) ‖
ruhig (Meer) ‖ **–za** f ⟨Mar⟩ *schöne, günstige*
Witterung f ‖ *Meeresstille* f ‖ *Windstille* f, *Lullen*
n *des Windes* ‖ ⟨fig⟩ *Wohlfahrt* f ‖ ◇ ir en ~
⟨Mar⟩ *mit günstigem Wind segeln* ‖ ⟨fig⟩ *gedeihen*
‖ **–zar** [z/c] vt s. *aufheitern (Wetter)* ‖ **–zoso** adj
heiter (Wetter) ‖ ⟨fig⟩ *glücklich*
bonapar\tismo m ⟨Hist⟩ *Bonapartismus* m ‖
–tista m/f *Bonapartist(in* f) m
bonazo adj/s augm von **bueno** ⟨fam⟩
gutmütig, friedliebend ‖ ◇ es un ~ ⟨fam⟩ *er ist*
ein guter Kerl
bon\dad f *Güte, Vortrefflichkeit* f ‖
Gutherzigkeit f ‖ *Rechtschaffenheit* f ‖
Freundlichkeit, Gefälligkeit f ‖ *(gute) Qualität* f ‖
Berechtigung, Stichhaltigkeit f *(Argumente,*
Gründe) ‖ ◇ tenga Vd. la ~ de … *haben Sie die*
Güte … zu ‖ **–dadoso** adj *gütig, rechtschaffen* ‖
adv: **–amente**
bondi m Arg ⟨fam⟩ *Straßenbahn* f
boneta\da f ⟨fam⟩ *Hutabnehmen, Mützeziehen*
n *(als Gruß)* ‖ **–zo** m *Schlag* m *mit der Mütze*
¹bonete m *viereckiges Barett* n ‖ *(viereckige)*
Priestermütze f ‖ ⟨figf⟩ *Weltgeistlicher* m ‖
Netzmagen m *(der Wiederkäuer)* ‖ *Einmachglas* n
‖ bravo ~ ⟨iron⟩ *Strohkopf* m ‖ *Zipfelmütze*,
(Schlaf)Mütze f ‖ a od hasta tente ~ ⟨figf⟩ *aus*
Leibeskräften, was das Zeug hält ‖ *zudringlich* ‖
gran ~ ⟨fam⟩ *hohes Tier* n
²bonete m ⟨Zool⟩ *Netzmagen* m *(der*
Wiederkäuer)

³bonete *m* ⟨Bot⟩ **a)** *Sternkaktus* m, *Bischofsmütze* f (Astrophytum spp) ‖ **b)** *Melonenbaum* m (Carica spp)
bonetería *f Mützenladen* m ‖ *Mützenware* f ‖ Mex *Kurzwarenhandlung* f
¹bonetero *m Mützenmacher* m ‖ *Mützenhändler* m
²bonetero *m* ⟨Bot⟩ *Spindelstrauch* m (Evonymus europaeus)
bonetón *m* Chi *Pfänderspiel* n
bonga *f Fil* ⟨Bot⟩ *Arekanuss* f ‖ *Arekapalme* f
¹bongo *m* Am *Fähre* f
²bongo *m* Am ⟨Bot⟩ *Bongobaum* m
³bongo *m* ⟨Zool⟩ *Bongo* m
bonhomía *f* (gall) *Offenherzigkeit* f ‖ *Gutmütigkeit* f
¹boniato *m* ⟨Bot⟩ *Süßkartoffel, Batate* f (Ipomoea batatas)
²boniato *m* Span ⟨pop⟩ *Tausendpesetenschein* m
bonico dim von **bueno** ‖ *niedlich, hübsch* ‖ a ~ Ar Murc *still, leise*
Bonifacio *m* np *Bonifatius* m ‖ ~ Pe ⟨Fi⟩ ⟨pop⟩ = **²bonito**
bonifi|cación *f Gutschrift* f ‖ *Vergütung* f ‖ *Vergünstigung* f ‖ *Preis|abzug, -abschlag, Nachlass* m ‖ ⟨Agr⟩ *Bodenverbesserung, Melioration* f ‖ ⟨Sp⟩ *Gutpunkt* m ‖ ~ *por cantidad Mengenrabatt* m ‖ ~de fidelidad *Treuerabatt* m ‖ **-car** [c/qu] *vt vergüten* ‖ Com *gutschreiben* ‖ ⟨Agr⟩ *meliorieren*
bonillo adj *ziemlich gut*
bonina *f* ⟨Bot⟩ *Bertram* m, *Bertramwurzel* f (Anacyclus sp)
bonísimo adj sup von **¹bueno**
bonítalo *m* ⟨Fi⟩ → **²bonito**
bonitas *fpl* ⟨fam⟩ *Probe* f *(Ballspiel der Kinder)*
bonitamente adv von **¹bonito** ‖ *behutsam* ‖ ⟨fam⟩ *gemächlich*
bonitera *f* ⟨Fi⟩ *Pelamidenfang* m ‖ *Fangzeit* f *des Pelamiden* ‖ *Pelamidenfang|schiff* bzw *-netz* n
¹bonito adj *hübsch, niedlich, schön, nett* (& iron) ‖ *lobenswert* ‖ ◇ ~ *soy yo para eso* ⟨fam⟩ *das lasse ich hübsch bleiben*
²bonito *m* ⟨Fi⟩ *Pelamide* m (Sarda sarda)
boni|zal *m* Ast ⟨Bot⟩ *Hirsegrasfeld* n ‖ **-zo** *m* Ast *Hirsegras* n
bono *m Bon* n, *Schein* m ‖ *(Staats)Schuldschein* m ‖ *Gutschein* m ‖ *Anweisung* f ‖ *Bonus* m ‖ ~ *de caja Kassenanweisung* f ‖ ~ *convertible Wandelschuldverschreibung* f ‖ ~s *en moneda extranjera Auslandsbonds* mpl ‖ ~ *del Tesoro Schatzanweisung* f
bono|bote *m Jackpot* m ‖ **-bús** *m* Span *Fahrscheinheft* n *(Bus)* ‖ **-loto** *m* Span *staatl. Lotterie mit täglicher Ziehung* ‖ **-trén** *m* Span *Fahrscheinheft* n *(Eisenbahn)*
bonsái *m Bonsai* m
bon|zismo *m Bonzen|tum, -wesen* n ‖ **-zo** *m* ⟨Rel⟩ *Bonze* m (& fig)
boñi|ga *f Rinderkot, Kuhfladen* m ‖ **-go** *m Kuhfladen* m (auch *Fluchwort*) ‖ *Rossapfel* m
boñiguero *m* [V] *Schmutzgeier* m (Neophron percnopterus)
bookmaker *m* ⟨Sp⟩ *Buchmacher* m
boom *m Boom* m, *Hochkonjunktur* f ‖ ~ *de nacimientos Babyboom* m
boque *m* Ar *(Ziegen)Bock* m
△ **boqué** *m Appetit, Hunger* m
boque|ada *f Öffnen* n *des Mundes* ‖ ◇ *dar la última* ~ ⟨fig⟩ *den Geist aufgeben* ‖ **-ar** vt *hervorbringen (ein Wort)* ‖ ~ vi *den Mund öffnen* ‖ *nach Luft schnappen* ‖ ⟨fig⟩ *verscheiden* ‖ ⟨fig⟩

den Geist aufgeben ‖ ⟨figf⟩ *zu Ende gehen* (z. B. *Vorrat*) ‖ **-ra** *f Öffnung* f, *Einschnitt* m *in e–m Bewässerungsgraben* ‖ *Trinkrand* m *an den Lippen* ‖ ⟨Med⟩ *Faulecke* f, *Ausschlag* m *in den Mundwinkeln* ‖ **-riento** adj Chi *an Ausschlag* m *in den Mundwinkeln leidend* ‖ ~ *m* ⟨fig⟩ *verachtenswerte Person* f
boquerón *m* augm von **boquera** ‖ ⟨Fi⟩ *Sardelle* f (Engraulis encrasicolus) ‖ [gesalzen, im Handel] *An(s)chovis* f
boquete *m enge Öffnung* f ‖ *Bresche* f, *Durchbruch* m ‖ ◇ *abrir un* ~ (en una pared) *durch|brechen, -löchern (e–e Wand usw.)* ‖ *tomar* ~ ⟨fam⟩ *Reißaus nehmen*
boqui *m* ⟨pop⟩ *Beamter* m *im Strafvollzug*
boqui|abierto adj *mit offenem Mund, gaffend* ‖ ⟨fam⟩ *baff* ‖ **-ancho** adj *mit breitem Mund* ‖ **-angosto** adj *mit engem Mund* ‖ **-blando** adj *weichmäulig (Pferd)* ‖ ⟨fig⟩ *geschwätzig* ‖ **-che** adj ⟨fam⟩ Pe *geschwätzig* ‖ **-duro** adj *hartmäulig (Pferd)* ‖ Cu PR ⟨fig⟩ *rechthaberisch* ‖ ⟨fam⟩ *schnippisch* ‖ **-flojo** adj Mex *schwatzhaft* ‖ **-fresco** adj *feuchtmäulig (Pferd)* ‖ ⟨fig⟩ *alles freiheraus sagend* ‖ ◇ *es un* ~ ⟨figf⟩ *er nimmt kein Blatt vor den Mund* ‖ **-hundido** adj *mit eingefallenem Mund (alter zahnloser Mensch)*
boqui|lla *f* dim von **boca** ‖ ⟨fig⟩ *Tülle, Hülse* f ‖ *Schlauchtülle* f ‖ ⟨Mus⟩ *Mundstück* n ‖ *Pfeifen-, Zigarren-, Zigaretten|spitze* f ‖ ⟨Zim⟩ *Zapfenloch* n ‖ *Schloss* n *an der Geldbörse* ‖ *untere Öffnung* f *der Hose* ‖ ~ *de aforo Messdüse* f ‖ ~ *angular* n *Winkelstrahl-Mundstück* n ‖ ~ *de aspiración Saugmundstück* n ‖ ~ *de cable Kabelschuh* m ‖ ~ *de caucho Gummitülle* f ‖ ~ *cónica Konus|hülse, -büchse* f ‖ ~ *cuentagotas Tropfdüse* f ‖ ~ *de espuma Meerschaumspitze* f ‖ ~ *del inyector Einspritzdüse* f ‖ ~ *de mechero Brennerdüse* f ‖ ~ *mezcladora Mischdüse* f ‖ ~ *de paso (El) Kabeldurchführung* f ‖ ~ *pilotada gesteuerte Düse* f ‖ ~ *de reducción Reduziernippel* m ‖ ~ *rociadora Spritzdüse* f ‖ ~ *roscada (Gewinde)Nippel* m ‖ ~ *de soplete Brennerdüse* f ‖ ~ *de sujeción Klemmhülse* f ‖ ◆ *de* ~ *ohne Geldeinsatz (Spiel)* ‖ ⟨fam⟩ *auf fremde Kosten* ‖ ◇ *decir algo de* ~ *den Worten k–e Taten folgen lassen* ‖ **-llazo** *m* Pe *mündliche Mitteilung* f ‖ **-llero** *m* Cu PR *Schwätzer* m ‖ **-muelle** adj *weichmäulig (Pferd)*
¹boquín *m* ⟨Text⟩ *Fries, Bajettflanell* m
²boquín *m Henker* m
boqui|negro adj *schwarzmäulig* ‖ **-nete** adj Col Mex → **-neto** ‖ **-neto** adj Col Mex Ven *hasenschartig* ‖ **-pando** adj *weitmäulig* ‖ ⟨fig⟩ *geschwätzig* ‖ **-rrasgado** adj *mit breitem Mund* ‖ *weitmäulig (Pferd)* ‖ **-rrojo** adj *rotmündig* ‖ *mit rotem Maul* ‖ **-rroto** adj ⟨fam⟩ *schwatzhaft* ‖ **-rrubio** adj *rotmündig* ‖ ⟨fig⟩ *einfältig, leicht zu hintergehen(d)* ‖ ~ *m* ⟨fam⟩ *Grünschnabel* m ‖ **-seco** adj *trockenmäulig (Pferd)* ‖ ⟨fig⟩ *leer, gehaltlos* ‖ **-sucio** adj Ec *redselig, geschwätzig* ‖ **-sumido** adj → **-hundido** ‖ **-ta** *f* ⟨fam⟩ dim von **boca** ‖ → **tapas** ‖ **-torcido, -tuerto** adj *schiefmäulig* ‖ **-verde** adj *(m/f)* ⟨fam⟩ *unanständig redend*
bora *m* ⟨Meteor⟩ *Bora* f
boraciar vi RP *angeben, protzen, aufschneiden, renommieren, großtun*
borácico adj *Borax-, boraxhaltig*
boracita *f* ⟨Min⟩ *Borazit* m
bora|tera *f* Chi *Boratgrube* f ‖ **-to** *m* ⟨Chem⟩ *Borat* n ‖ ~ *sódico Natriumborat* n
bórax *m* ⟨Chem⟩ *Borax* m
borbo|llar vi *(auf)sprudeln, Blasen werfen (Wasser)* ‖ **-lleo** *m (Auf)Sprudeln* n ‖ **-llón** *m Auf|sprudeln, -wallen* n ‖ ◆ a borbollones

sprudelnd ‖ ⟨fig⟩ *hastig, Hals über Kopf* ‖ *in Hülle und Fülle* ‖ **–ll(on)ear** vi → **–llar**
Borbones *mpl Bourbonen* mpl
borbónico *adj bourbonisch*
borborigmo(s) *m(pl)* ⟨Med⟩ *Blähungen* fpl, *Kollern* n *im Leib*
borbo|ritar vi *sieden, sprudeln* ‖ **–rito** *m* → **–tón** ‖ **–tar** vi *hervorsprudeln, aufwallen (Wasser)* ‖ ⟨fig⟩ *stottern* ‖ **–tón** *m Sprudeln* n ‖ ◆ a *borbotones sprudelnd* ‖ ⟨fig⟩ *hastig, Hals über Kopf* ‖ *aus vollem Hals(e) (lachen)* ‖ ◇ *hablar a borbotones die Worte schnell hervorsprudeln*
borceguí [*pl* ~**íes**] *m Schnürstiefel* m
borcelana *f* Mex *kleiner, flacher Nachttopf* m
borchincho *m* Mex *Schwof* m
¹borda *f* ⟨Mar⟩ *Bord, Rand* m, *Reling* f *(e–s Schiffes)* ‖ ◇ *arrojar por la* ~ *über Bord werfen* (& *fig*) ‖ *fuera (de)* ~ *Außenbord-*
²borda *f (Gebirgs)Hütte* f ‖ *Sommerstall* m *auf der Alm*
bordada *f* ⟨Mar⟩ *Schlag* m ‖ *Gang* m ‖ *Brett* n ‖ ~s *largas* ⟨Mar⟩ *lange Schläge* mpl ‖ ◇ *dar* ~s ⟨Mar⟩ *lavieren* ‖ ⟨figf⟩ *hin und her gehen, spazieren*
borda|do *m*/adj *Sticken* n ‖ *Stickerei* f ‖ ~ *de aplicación Applikation* f ‖ ~ *en blanco Weißstickerei* f ‖ ~ *a canutillo Brokatstickerei* f ‖ ~ *de fantasía Kunst-, Fantasie|stickerei* f ‖ ~ *de imaginería figurale, geblümte Stickerei* f ‖ ~ *a mano Handstickerei* f ‖ ~ *mecánico Maschinenstickerei* f ‖ ~ *en oro Goldstickerei* f ‖ ~ *al punto cruzado Kreuzstickerei* f ‖ ~ *de punto de laberinto Kurbelstickerei* f ‖ ~ *de realce erhabene Stickerei* f ‖ ~ *de sobrepuesto Aufnähstickerei* f ‖ ~ *a (od al) tambor Ketteln* n, *Tamburierarbeit* f ‖ ◇ *te ha salido* ~ *das hast du aber gut gesagt!* ‖ ⟨pop⟩ *das hast du hingehauen!* ‖ *das hast du toll gemacht* ‖ **–dor** *m Sticker* m ‖ *Stickrahmen* m ‖ *Strandfisch* m ‖ **–dora** *f Stickerin* f ‖ ~ *mecánica Stickmaschine* f ‖ **–dura** *f Sticken* n, *(Kunst)Stickerei* f ‖ ⟨Her⟩ *Bordüre, Verbrämung* f ‖ ⟨fam⟩ *erdichteter Zusatz* m
bordaje *m* ⟨Mar⟩ *Schiffsverkleidung* f
bordante *m* Cu PR *Hotel-, Pensions|gast* m
bordar vt *sticken, ausnähen* ‖ ⟨fig⟩ *genau aus|arbeiten, -führen* ‖ *(e–e Erzählung) ausschmücken od fantasievoll ergänzen* ‖ ◇ ~ *en oro mit Gold sticken* ‖ ~ *de pasado durchgehend sticken* ‖ ~ *a (od al) tambor tamburieren*
¹borde *adj (m/f) unecht* ‖ *unehelich* ‖ ⟨Bot⟩ *wild* ‖ *ungepfropft (Bäume)* ‖ ~ *m uneheliches Kind* n ‖ [früher] *Bastard, Bankert* m ‖ *wilder Rebentrieb* m
²bor|de *m Rand, Saum* m ‖ *Ufer* n, *Küste* f ‖ *Gefäßrand* m ‖ ⟨Mar⟩ *Bord* m *(e–s Schiffes), Schiffsrand* m ‖ ~ *de luto Trauerrand* m ‖ ~ *de la uña Nagelrand* m ‖ ◆ *al* ~ *de ... im Begriff zu ...* ‖ **–dear** vi *am Ufer entlanggehen* ‖ *s. nähern,* ⟨Mar⟩ *lavieren* ‖ *begrenzen* ‖ ~ *los cuarenta años nahe an den Vierzigern sein* ‖ **–dejar** vi Ven ⟨Mar⟩ *lavieren*
bordelés adj/s *aus Bordeaux* ‖ *auf Bordeaux bezüglich*
borderó *m* RP *Einnahme* f *aus e–r öffentlichen Veranstaltung*
bordillo *m Rand-, Bord|stein* m, *Bordkante* ‖ *Beeteinfassung* f ‖ ~ *bus* m ⟨StV⟩ *Busstreifen* m ‖ ~ *elevado Hochbordstein* m, *Bordschwelle* f ‖ ~ *enterrado Kanten-, Rand-, Tiefbord|stein* m ‖ ~ *de hormigón Betonrandstein* m ‖ ~ *al ras del pavimento Tiefbordstein* m ‖ ~ *rehundido* → ~ *enterrado* ‖ ~ *sobrepasable überfahrbarer Bordstein* m
bordo *m (Schiffs)Bord* m ‖ Guat *Rand, Saum*

m ‖ Mex *Teichdamm* m ‖ ⟨fig⟩ *Schiff* n ‖ ◇ a ~ *an Bord* ‖ *al* ~ *an der Schiffsseite, längsseits* ‖ ~ *con* ~ *Bord an Bord* ‖ *de alto* ~ *seetüchtig* ‖ ⟨fig⟩ *wichtig, einflussreich* ‖ *franco a* ~ *frei an Bord,* ⟨Abk⟩ *fob* ‖ ◇ *dar* ~s ⟨Mar⟩ *lavieren* ‖ *ir a* ~ *s. einschiffen*
¹bordón *m (Pilger)Stab* m ‖ ⟨fig⟩ *Führer* m, *Stütze* f, *Helfer* m
²bordón *m Kehrreim, Refrain* m ‖ *Füllwort, ständig gebrauchtes Wort* n ⟨Mus⟩ *Basssaite, dicke Darmseite* f ‖ *Querseite* f *an e–r Trommel* ‖ *Bassregister* n *in der Orgel*
³bordón *m Wulst* m ‖ *Umschlag* m *(Blechkante)* ‖ *Flansch* m *(am Walzeisen)* ‖ *(Rad)Spurkranz* m ‖ ~ *plegado Falzumschlag* m *(Blech)*
⁴bordón *m* ⟨Text⟩ *Rippe* f
⁵bordón *m* ⟨Typ⟩ *Leiche* f *(Auslassung)*
bordona *f* Arg *Basssaite* f *(bes. an der Gitarre)*
bordonadora *f* ⟨Tech⟩ *Abkantmaschine* f
bordo|near vi *auf dem Boden tappen, herumfühlen* ‖ *die Basssaite anreißen* ‖ *summen (Insekt)* ‖ ⟨fig⟩ *bettelnd herumziehen* ‖ **–nería** *f bettelhaftes Herumziehen* n ‖ **–nero** adj *umherstreichend, vagabundierend* ‖ ~ *m Land-, Stadt|streicher, Vagabund* m
bordonua *f* PR *große, plump gearbeitete Gitarre* f
bordura *f* ⟨Her⟩ *Verbrämung, Bordüre* f
boreal adj *(m/f) nördlich, boreal, Nord-*
bóreas *m* ⟨Meteor⟩ *Nordwind, Boreas* m
Borgo|ña *f* ⟨Geogr⟩ *Burgund* n ‖ ~ ⟨fig⟩ *Burgunderwein* m ‖ **≈ñón** adj/s *burgundisch* ‖ *a la* ~a *auf burgundische Art* ‖ **≈ñota** *f (Art) Stahlhelm* m
borguil *m* Ar ⟨Agr⟩ *Heuschober* m
boricado adj: *agua* ~a ⟨Pharm⟩ *Borwasser* n
bórico adj *Bor-, borhaltig*
borin|cano, –queño adj/s *aus Puerto Rico* ‖ *auf Puerto Rico bezüglich*
Borja np *Borgia (it. Fürstengeschlecht span. Ursprungs)*
borla *f Quaste, Troddel* f ‖ *Puderquaste* f ‖ ~ *de cisne feine Puderquaste* f ‖ ◇ *tomar la* ~ ⟨fig⟩ *zum Doktor promoviert werden*
borlas fpl ⟨Bot⟩ *Tausendschön, Gänseblümchen* n (Bellis perennis)
bor|larse vr SAm *zum Doktor promoviert werden* ‖ **–learse** vr Mex → **–larse**
borlilla *f* ⟨Bot⟩ *Staubbeutel* m ‖ ⟨Bot⟩ *(Samen)Kätzchen* n
borlote *m* Cu Mex *nicht entscheidendes Spiel* n
Borna: *enfermedad* f *de* ~ ⟨Vet⟩ *Bornasche Krankheit* f
¹borne adj *(m/f) spröde (Holz)*
²borne *m Klemme, Klemmschraube* f ‖ *Anschluss-, Leitungs|klemme* f ‖ *Pol|klemme* f, *-schuh* m ‖ *(Draht)Klemme* f ‖ ~ *articulado Scharnierklemme* f ‖ ~ *de aletas Flügelklemme* f ‖ ~ *de antena Antennenklemme* f ‖ ~ *de batería Batterieklemme* f ‖ ~ *de conexión Anschluss-, Kabel-, Leitungs|klemme, Kabelklemmschraube* f ‖ ~ *de derivación Abzweigklemme* f ‖ ~ *de garras Krallenklemme* f ‖ ~ *de polo Polklemme* f ‖ ~ *de (puesta a) tierra,* ~ *de (toma de) tierra Erd(schluss)klemme* f ‖ ~ *prensahilo Klemmrolle* f ‖ ~ *terminal End|klemme, -befestigung* f ‖ ~ *de unión* → ~ *de conexión*
△ **³borne** *m Galgen* m
borne|adero *m* ⟨Mar⟩ *Schwoj(en)raum, Raum* m *zum Schwojen* ‖ **–ar** vt *um-, ver|biegen, krümmen* ‖ *drehen, wenden* ‖ ⟨Mar⟩ *schwojen* ‖ ~se *s. werfen (Holz)* ‖ **–o** *m Biegen, Krümmen* n

‖ ⟨Mar⟩ *Schwojen* n ‖ *Drehen* n *des Körpers beim Tanz*

Borneo *m* ⟨Geogr⟩ *Borneo* n

borní [*pl* ~**íes**] *m* ⟨V⟩ *Rohrweihe* f (Circus aeruginosus)

△ **bornido** *m* *Gehenkte(r)* m

bornita *f* ⟨Min⟩ *Buntkupfererz* n

bornizo adj: corcho ~ *Kork* m *erster Schälung* ‖ ~ *m* Ar *Trieb, Schössling* m

boro *m* (**B**) ⟨Chem⟩ *Bor* n

borocho adj Nic *schartig*

borococo *m* And ⟨Kochk⟩ *ein Gericht* n *aus Tomaten und Eiern* Cu ⟨fam⟩ *Mischmasch* m, *Durcheinander* n ‖ Cu ⟨fam⟩ *heimliche Liebschaft* f

boro|nía → **alboronía** ‖ PR *Scherben* fpl ‖ **–nillo** adj Cu *in kleine Stücke zerbrochen*

boroschi *m* Col *Bröselchen, Krümchen* n

borra *f* *Ziegenhaar* n (*Füllhaar*) ‖ *Polsterhaar* n ‖ *Rohbaumwolle* f ‖ *Schwer-, Flock|wolle* f ‖ *Flockseide* f ‖ *Flusen* fpl ‖ *einjähriges Schaf* n ‖ ⟨figf⟩ *gehaltloses Geschwätz* n ‖ ~ *de algodón Putzwolle* f ‖ ~ *de capullos Kokonwatte* f ‖ ~ *de carda Ausputz* m (*Krempel*) ‖ ~ *de lana Flock-, Kratz-, Schlag|wolle, grobe Wolle* f ‖ *de seda Flockseide* f ‖ ~s *vegetales Pflanzendaunen* fpl ‖ ◇ ¿acaso es ~? ⟨figf⟩ *na, ist das etwa nichts?* ‖ meter ~ ⟨figf⟩ *Flickwörter* npl *anbringen*

¹**borra** *f* *Bodensatz* (*Öl usw.*)

²**borra** *f* ⟨Chem⟩ *Borax* m

borra|cha *f* *betrunkene Frau* f ‖ ⟨figf⟩ *kleiner Weinschlauch* m ‖ **–chada** *f* *Handlung* f *e–s Betrunkenen* ‖ **–chear** vi *s. öfters berauschen* ‖ **–chera** *f* *Rausch* m (& fig) ‖ ⟨pop⟩ *Suff* m ‖ *Trinkgelage* n ‖ ⟨fig⟩ *großer Unsinn* m ‖ ⟨fig⟩ *Taumel* m (*der Begeisterung*) ‖ ~ *de placeres Freudentaumel, Sinnenrausch* m ‖ ~ *de triunfo Siegestaumel* m ‖ **–chez** [*pl* ~**ces**] *f* *Trunkenheit* f ‖ **–chín** *m* *Gewohnheitstrinker, Säufer* m ‖ **–cho** adj *be|trunken, -rauscht* ‖ ⟨fam⟩ *besoffen* ‖ ⟨fig⟩ *trunken* ‖ ⟨fig⟩ *geblendet* ‖ *dunkelviolett (Blume)* ‖ *mit Wein zubereitet (Backwerk)* ‖ Chi ⟨pop⟩ *angefault (Früchte)* ‖ ~ *de amor liebestrunken* ‖ *más ~ que una espita* ⟨figf⟩ *voll wie e–e Strandhaubitze* ‖ ~ *m Trunkenbold* m ‖ **–chón** *m*/adj *großer Trinker, Säufer* m ‖ **–choso** adj Pe → **–chín**

borrachuela *f* ⟨Bot⟩ *Taumellolch* m (Lolium temulentum)

borrado adj Pe *pockennarbig*

borra|dor *m* *schriftlicher Entwurf* m, *Konzept* n, *Entwurf, Raster* m (*e–r Zeichnung*) ‖ *Tageheft* n (*der Schüler*) ‖ *Kladde, Strazze* f (*der Kaufleute*) ‖ Gal Vall *Schul|ranzen* m, *-tasche* f ‖ ◇ hacer ~ *de entwerfen (Vertrag)* ‖ sacar *de* ~ ⟨figf⟩ *(jdn) hübsch herausputzen*

¹**borradura** *f* *Anstreichen* n, *Streichung* f (*aus e–r Liste usw.*)

²**borradura** *f* Murc *Hautausschlag* m

borragináceas fpl ⟨Bot⟩ *Borretschgewächse* npl (Borraginaceae)

borraja *f* ⟨Bot⟩ *Borretsch* m, *Ochsenzunge* f (Borrago officinalis) ‖ ◇ quedar en ~ ⟨figf⟩ *im Sand verlaufen*

borrajear vt *bekritzeln (Papier)*, ⟨fig⟩ *flüchtig hinwerfen*

borrajo *m* *glühende Asche* f ‖ *trockene Fichtennadeln* fpl

borrar vt *aus-, durch|streichen* (*Geschriebenes*) ‖ *(aus)radieren* ‖ *auslöschen* ‖ *löschen (Tonband)* ‖ ⟨Inform⟩ *löschen* ‖ *tilgen (Spuren)* ‖ *abwischen (Tafel)* ‖ *verwischen* ‖ ⟨fig⟩ *in den Schatten stellen* ‖ ⟨fig⟩ *(ver)tilgen* ‖ ◇ ~ *el encerado* ⟨Sch⟩ *die Tafel abwischen* ‖ ~**se** *s. verwischen* ‖ *zusammenlaufen (Tinte)* ‖

auslaufen (Farbe) ‖ *(ver)schwinden (Schrift, Tinte)* ‖ ~ *de la memoria* ⟨fig⟩ *aus dem Gedächtnis verschwinden*

borras|ca *f* ⟨Meteor⟩ *Sturm* m, *Unwetter* n ‖ ⟨Meteor⟩ *Bö(e)* f, *jäher Windstoß* m ‖ ⟨fig⟩ *Widerwärtigkeit* f ‖ ⟨figf⟩ *Wutanfall* m ‖ ◇ *tras la* ~ *viene el buen tiempo auf Regen folgt Sonnenschein* ‖ correr ~ (una cosa) ⟨fig⟩ Chi *verloren gehen, gestohlen werden (e–e Sache)* ‖ **–coso, –quero** adj *stürmisch (Wetter)* ‖ ⟨figf⟩ *liederlich, ausschweifend*

borratina *f* ⟨fam⟩ Arg → **borradura**

borravino adj Am *weinrot*

borregada *f* *Schafherde* f ‖ Ec ⟨fig⟩ *Siesta, Mittagsruhe* f

¹**borrego** *m* *ein-* od *zweijähriges Lamm* n ‖ *(Art) Zwieback* m ‖ ⟨figf⟩ *einfältiger Mensch, Schafskopf* m ‖ ◇ salir ~ Mex *fehlgehen*

²**borrego** *m* Cu Mex *Ente, Lüge* f

³**borrego** *m* Mex *wissentlich betrogener Ehemann, wissentlicher Hahnrei* m

borre|gos mpl ⟨Meteor⟩ *Zirruswolken* fpl, *Schäfchen* npl ‖ ◇ no hay tales ~ ⟨figf⟩ *k–e Rede! da irren Sie s.!* ‖ **–goso** adj *wolkig, gelockt (Himmel)* ‖ **–guero** adj *für die Schafzucht geeignet (Weide, Gebiet)* ‖ ~ *m Lämmerhirt* m ‖ **–guil** adj *(m/f) Schafs-* ‖ ◇ *tener alma* ~ ⟨fig⟩ *ein Herdenmensch sein* ‖ **–guillo** *m* *Schäfchen* n *am Himmel*

borrén *m* *Zwiesel* m ‖ ~ *delantero Vorderzwiesel* m ‖ ~ *trasero Hinterzwiesel* m

borreno *m* Ven → **borrén**

borri|ca *f* *Eselin* f ‖ ⟨fig⟩ *dummes Weib* n ‖ **–cada** *f* *Eselherde* f ‖ *Eselritt* m ‖ ⟨figf⟩ *Eselei* f

¹**borri|co** *m* *Esel* m ‖ *(Säge)Bock* m ‖ ⟨fig⟩ *Esel, Dummkopf* m ‖ ◇ apearse del ~, caer de su ~ ⟨figf⟩ *s–n Irrtum einsehen* ‖ puesto en el ~ ⟨figf⟩ *fest entschlossen* ‖ ser un ~ ⟨figf⟩ *ein Arbeitstier sein* ‖ *allzu geduldig sein* ‖ *ein Dummkopf sein* ‖ **–cón, –cote** *m* ⟨figf⟩ *großer Esel* m ‖ *allzu geduldiger Mensch* m

²**borrico** *m* ⟨Fi⟩ *Seekatze* f (Chimera monstrosa)

borrilla *f* *erste Wolle* f *des Lammes* ‖ *(Tuch)Wolle* f ‖ *leichter Flaum* m *(auf Früchten)*

borrina *f* Ast *dichter Nebel* m

borri|queño, –quero adj *Esel-* ‖ **–quero** *m* *Eseltreiber* m ‖ **–quete** *m* *Gerüst-, Säge|bock* m ‖ **–quito** *m* dim von **borrico**

borro *m* *Jährlingslamm* n ‖ ⟨fig⟩ *träger, schwerfälliger Mensch* m

Borromeo npl: San Carlos ~ *der hl. Karl Borromäus*

borrón *m* *Tintenklecks* m ‖ *Fleck(en)* m ‖ ⟨fig⟩ *Fehler* m ‖ ⟨fig⟩ *Schandfleck* m ‖ *Entwurf* m ‖ *Skizze* f ‖ **borrones** mpl ⟨fam⟩ *Schriften* fpl

borronear vt/i *(be)kritzeln* n

borro|sidad *f* *Unschärfe* f ‖ *Verschwommenheit* f ‖ ~ *por dispersión* ⟨Phys⟩ *Unschärfe* f *durch Streuung* f ‖ **–so** adj *heftig, trübe, flockig (Flüssigkeit)* ‖ *unscharf* (z. B. *Lichtbild*) ‖ ⟨Bot⟩ *filzig* ‖ *unklar, verschwommen*

borruca *f* ⟨fam⟩ *Lärm* m, *Geschrei* n

borrufalla *f* Ar ⟨fam⟩ *Kleinigkeiten* fpl

borto *m* Al Burg Logr ⟨Bot⟩ *Erdbeerbaum* m

boruca *f* *Getöse* n, *Lärm* m ‖ *Freudengeschrei* n

boruga *f* Cu *saure Milch* f *und Zucker* m

¹**borujo** *m* *Bündel* n, *Pack* m

²**borujo** *m* *Oliventrester* m

boruquiento Mex *lustig und lärmend*

boruro *m* ⟨Chem⟩ *Borid* n

borusca *f* *Reisholz, Reisig* n ‖ *dürres Laub* m

bosa *f* ⟨Mar⟩ *Tauende* n

bosado *m* Col *(übertriebenes) Hüftwackeln* n

bos|caje *m Gebüsch, Gehölz* n ‖ ⟨Mal⟩
Landschaft f ‖ **–coso** adj: *waldreich, bewaldet*
   Bósforo ⟨Geogr⟩ el ~ *der Bosporus
(Meerenge)* ‖ ∼ *m Meerenge* f
   Bosnia y Herzegovina *f* ⟨Geogr⟩ *Bosnien und
Herzegowina* n
   bosníaco, bosnio adj *bosnisch* ‖ ∼ *m Bosnier*
m
   bosón *m* ⟨Atom⟩ *Boson* n
   bosorola *f* MAm *Bodensatz* m ‖ *Ablagerung* f,
Niederschlag m
   bosque *m Wald, Busch* m, *Gehölz* n ‖ ⟨poet⟩
Hain m ‖ ⟨pop⟩ *(Voll)Bart* m ‖ ∼ *comunal
Gemeindewald* m ‖ ∼ *de coníferas Nadelwald* m ‖
∼ *espeso dichter Wald* m ‖ ∼ *de Turingia
Thüringer Wald* m ‖ ∼ *de fronda,* ∼ *frondoso
Laubwald* m ‖ ∼mezclado *Mischwald* m ‖ ∼ *ralo
lichter Wald* m ‖ **–cillo** *m* dim von **bosque** ‖
Wäldchen n
   bosque|jar vt ⟨Mal⟩ *skizzieren* ‖ *entwerfen* ‖
andeuten ‖ **∼se** *s. abzeichnen* ‖ **–jo** *m* ⟨Mal⟩
Skizze, Entwurfzeichnung f ‖ *(Ton)Modell* n ‖ ⟨fig⟩
Plan m ‖ ⟨fig⟩ *ungefähre Vorstellung* f
   bosquete *m Wäldchen, Gehölz* n ‖ *Boskett* n
   bosquimano *m Buschmann* m
   bossa nova *m* [Tanz] *Bossa Nova* m
   bos|ta *f Kuhfladen* m ‖ *Pferdekot* m, *Rossäpfel*
mpl ‖ **–tear** vi Arg Chi *misten (Vieh)*
   boste|zar [z/c] vi *gähnen* ‖ **–zo** *m Gähnen* n ‖
◇ dar un ∼, dar ∼s *gähnen*
   bosticar [c/qu] vi Mex MAm *brummen* ‖ *vor s.
hin murmeln*
   ¹boston *m* [Tanz] *Boston* m
   ²boston *m* ⟨Kart⟩ *Boston* n
   bostonear vi Chi *Walzer tanzen*
   bostrico ⟨Ins Agr⟩ *Holzbohrkäfer* m
(Bostrychus spp)
   ¹bota *f Stiefel* m ‖ Col Ven PR *lederner
Sporenschutz m (der Kampfhähne)* ‖ ∼ *alta hoher
Stiefel* m ‖ *Reitstiefel* m ‖ ∼ *de agua See-* od
Wasser|stiefel m ‖ ∼ *con botones Knöpfstiefel* m ‖
∼ *con cordones Schnürstiefel* m ‖ ∼ *con elásticos
Zugstiefel* m ‖ ∼ *de esquiar Skistiefel* m ‖ ∼ *de
goma Gummistiefel* m ‖ ∼s *de siete leguas
Siebenmeilenstiefel* mpl ‖ ∼ *de media caña
Halbstiefel* m ‖ *kurzer Militärschaftstiefel* m ‖ ∼
de montar Reitstiefel m ‖ ∼ *ortopédica
orthopädischer Schuh* m ‖ ∼ *vaquera
Westernstiefel* m ‖ ◇ colgar las ∼s ⟨fam Sp⟩ *den
Sport an den Nagel hängen* ‖ estar con las ∼s
puestas ⟨fig⟩ *reisefertig sein* ‖ ⟨fig⟩ *bereit sein* ‖
limpiar las ∼ a alg., ⟨pop⟩ lamer las ∼ a alg.
⟨fig⟩ *vor jdm katzbuckeln, vor jdm kriechen* ‖
morir con las ∼s puestas *in den Sielen sterben* ‖
ponerse las ∼s ⟨figf⟩ *zu Wohlstand kommen* ‖ *fein
heraus sein* ‖ *ausgiebig genießen*
   ²bota *f* (Wein)*Schlauch* m ‖ *lederne
Weinflasche* f ‖ *Weinmaß* n von 516 l
   bota|agua *m* PR *Regenleiste* f ‖ **–bala** *m* ⟨Mil⟩
Ladestock m ‖ **–barro** *m* Chi *Kotflügel* m
   ¹botada *f Daubenholz* n
   ²botada *f* ⟨Mar⟩ *Stapellauf* m
   bota|dero *m* Pe ⟨pop⟩ *Misthaufen* m ‖ **–do** adj
Am *spottbillig* ‖ Am *unverschämt, dreist* ‖ Am
verschwenderisch ‖ Am *leichtsinnig* ‖ ∼ *m* Pe
Findelkind n ‖ ⟨fig⟩ *schamloser Mensch* m ‖ **–dor**
m Nagelzieher m ‖ *Auswerfer* m *(Waffe)* ‖ ⟨Mar⟩
Bootshaken m ‖ Chi MAm Mex ⟨pop⟩
Verschwender m ‖ ∼ *de cuñas* ⟨Zim⟩ *Keiltreiber*
m ‖ ∼ *de punta* ⟨Zim⟩ *Spitzendurchtreiber* m ‖
–dura *f* ⟨Mar⟩ *Stapellauf, Ablauf* m von den
Helgen ‖ **–fango** *m* Cu Pe PR *Kotflügel* m
   botafuego *m* ⟨Mil⟩ *Zünd-, Lunten|stock,
Brander* m ‖ ⟨fig⟩ *Unruhestifter* m ‖ ⟨fam⟩
Hitzkopf m

   botafumeiro *m* Gal *Weihrauchkessel* m (bes. *in
der Kathedrale von Santiago de Compostela)* ‖ ◇
manejar el ∼ *schmeicheln*
   botalodo *m* Am *Kotflügel* m
   botalón *m* ⟨Mar⟩ *Spiere* f, *Baum, Ausleger,
Klüverbaum* m ‖ ⟨Mar⟩ *Brandhaken* m ‖ Col Ven
Pfosten, Pfahl m, *Stange* f ‖ ∼ *de cola* ⟨Flugw⟩
Schwanzträger m ‖ ∼ *de foque* ⟨Mar⟩ *Klüverbaum*
m ‖ ∼ *de pala Löffelbagger-Ausleger* m
   botamen *m Wasserfässer* npl *(an Bord)*
   ¹botana *f Spundzapfen* m *(für Weinfässer)* ‖
⟨figf⟩ *Wundpflaster* n ‖ ⟨figf⟩ *Narbe* f
   ²botana *f* Col Cu Guat Mex *Sporenschutz* m
(für Kampfhähne)
   ³botana *m* Ven *Trinker* m
   botanas *fpl* Ven → **tapas**
   botáni|ca *f Botanik, Pflanzenkunde* f ‖ ∼
agrícola *landwirtschaftliche Botanik* f ‖ ∼
aplicada *angewandte Botanik* f ‖ ∼ *farmacéutica
pharmazeutische Botanik* f ‖ ∼ *pura theoretische
Botanik, reine Botanik* f ‖ **–co** adj *botanisch* ‖ ∼
m Botaniker m
   botanista *m/f* → **botánico**
   botanomancia *f Pflanzenwahrsagerei* f
   botar vt/i *herausstoßen, werfen* ‖
fortschleudern ‖ *fortstoßen* ‖ ⟨Mar⟩ *(ein Schiff)
vom Stapel (laufen) lassen, flottmachen* ‖ ⟨Mar⟩
das Steuer drehen, wenden, das Ruder umlegen ‖
Am *(weg)werfen* ‖ Am ⟨pop⟩ *vergeuden* ‖ Am
*entlassen, kündigen (Angestellten), auf die Straße
setzen* ‖ MAm Dom PR Col Pe *(et.) verlieren* ‖
Chi *zu Boden werfen* ‖ ∼ vi *springen, auf-,
zurück|prallen (Ball)* ‖ *buckeln, bocken (Pferd)* ‖
∼**se** *ausschlagen (Pferd)*
   botara|tada *f* ⟨fam⟩ *Leichtsinn* m,
Unbesonnenheit f ‖ ⟨fam⟩ *unbesonnener Streich* m
‖ **–te** *m*/adj ⟨fam⟩ *unbesonnen(er Mensch),
Leichtfuß* m ‖ ⟨fam⟩ *Springinsfeld* m ‖ Chi ⟨pop⟩
Verschwender m ‖ **–tear** vi Arg *unbesonnen* od
leichtsinnig handeln
   botarel *m* ⟨Arch⟩ *Bogen-, Strebe|pfeiler* m
   botarga *f* ⟨Art⟩ *Presswurst* f
   botasilla *f* ⟨Mil⟩ *Trompetensignal* n *zum
Aufsitzen*
   botavaca *m* PR ⟨EB⟩ *Schienenräumer* m
   botavante *m* ⟨Mar⟩ *Spiere* f ‖ *Bootshaken* m .
   botavara *f* ⟨Mar⟩ *Giekbaum* m ‖ ∼ *de la
mayor* ⟨Mar⟩ *Großbaum* m ‖ ∼ *de mesana* ⟨Mar⟩
Besanbaum m
   ¹bote *m Schlag* m ‖ *Lanzenstich* m ‖ *Ausfall* m
(beim Fechten) ‖ *(Auf)Springen* n (z. B. *des
Pferdes)* ‖ *Sprung, Satz* m ‖ *Stoß* m ‖ ⟨Mil⟩
Abprallen n *(e–s Geschosses)* ‖ *de* ∼ *y voleo*
⟨fig⟩ *auf der Stelle, sofort* ‖ ◇ dar ∼s *springen,
auf-, zurück|prallen (Ball)* ‖ *buckeln, bocken
(Pferd)* ‖ darse el ∼ *abhauen, türmen* ‖ pegar un
∼ *aufspringen*
   ²bote *m Büchse, Dose* f ‖ ⟨figf⟩ *Trinkgeld* n ‖
⟨figf⟩ *Dose f für Trinkgeld* ‖ *Jackpot* m ‖ ∼ *de
estiraje* ⟨Text⟩ *Ansatzkanne* f ‖ ∼ *de fibra* ⟨Text⟩
Fiberkanne f ‖ ∼ *de (hoja)lata Blech|büchse,
-dose* f ‖ ∼ *de papel* ⟨Text⟩ *Papierkanne* f ‖ ∼ *de
pintura Farbtopf* m ‖ ◇ chupar del ∼ ⟨fam⟩
nassauern, schnorren, schmarotzen ‖ tener a alg.
en el ∼ ⟨fam⟩ *jdn im Sack haben*
   ³bote *m* Boot n ‖ ⟨Mar⟩ *Rettungsboot* n ‖ ∼ *de
asalto Sturmboot* n ‖ ∼ *automóvil Motorboot* n ‖
∼ *aviso* ⟨Mil⟩ *Beiboot* n ‖ ∼ *con camarote
Kajütboot* n ‖ ∼ *de carrera(s) Rennboot* n ‖ ∼
neumático Schlauchboot n ‖ ∼ *plegable Faltboot* n
‖ ∼ *de remolque Beiboot* n ‖ ∼ *de dos remos
Einer* m ‖ ∼ *de remos Ruderboot* n ‖ ∼
salvavidas Rettungsboot n
   ⁴bote *m Rand* m ‖ ◆ (lleno) de ∼ en ∼ ⟨figf⟩
gestopft voll (z. B. *Lokal)*

boteja *f* Ar → **botijo**
botel *m Botel, schwimmendes Hotel* n
bote|lla *f (Glas)Flasche* f ‖ Cu PR *Pfründe* f ‖
~ de acero *Stahlflasche* f ‖ ~ de agua
Wasserflasche f ‖ *Flasche* f *voll Wasser* ‖ ~ de
cerveza *Bierflasche* f ‖ ~-correo ⟨Mar⟩
Flaschenpost f ‖ ~ de cristal *Glasflasche* f ‖ ~
forrada de mimbre *Korbflasche* f ‖ ~ de gas
Gasflasche f ‖ ~ de hidrógeno *Wasserstoffflasche*
f ‖ ~ de Leiden, ~ de Leyden *Leidener Flasche* f
‖ ~ de oxígeno *Sauerstoffflasche* f ‖ ~ con tapón
roscado *Flasche* f *mit Schraubverschluss* ‖ ~
termos *Thermos-, Isolier|flasche* f ‖ ~ de vidrio
Glasflasche f ‖ ◇ hacer ~ ⟨figf⟩ *trampen* ‖ **–llazo**
m Schlag m *mit e–r Flasche*
botelle|ría *f Flaschenverkauf* m ‖
Flaschenbestand m ‖ *Böttcherei* f ‖ **–ro** *m*
Flaschenkorb m ‖ *Flaschenständer* m
botellín *m Fläschchen* n, *kleine Flasche* f
botellón *m* Mex *Korbflasche* f
botería *f* Am ⟨pop⟩ *Schuhmacherladen* m
¹botero *m Böttcher* m
²botero *m* Am *Schuster, Schuh|macher,*
-verkäufer m
³botero *m* ⟨Mar⟩ *Bootsführer* m ‖ *Bootseigner* m
Botero *m:* Pe(d)ro ~ ⟨fam⟩ *Gottseibeiuns, der*
Teufel m
botete *m* Am ⟨Ins⟩ *Blutmücke* f
botez *[pl* ~**ces**] *f Unbeholfenheit* f
boti|ca *f* ⟨fam⟩ *Apotheke* f ‖ *Arzneimittel* n ‖
⟨fam⟩ *Kaufladen* m ‖ ⟨pop⟩ *Kram-, Krämer|laden*
m ‖ **–cario** *m* ⟨fam⟩ *Apotheker* m ‖ ⟨pop⟩ *Krämer*
m ‖ ◇ eso viene como pedrada en ojo de ~ ⟨figf⟩
das kommt wie gerufen od sehr gelegen
botifuera *f:* de ~ Ar ⟨fam⟩ *unentgeltlich* ‖
⟨fig⟩ *zufällig*
boti|ga *f* ⟨pop⟩ *Kauf-, Kram|laden* m ‖ **–guero**
m ⟨pop⟩ *Krämer* m
boti|ja *f weitbauchiger Krug* m *mit kurzem*
Hals ‖ Am *Milchkanne* f ‖ ⟨fig⟩ *Dickwanst* m ‖
Hond PR CR *verborgener Schatz* m ‖ Ur *kleines*
Kind n ‖ Am ⟨vulg⟩ *Bauch* m ‖ ◇ estar hecho una
~ ⟨figf⟩ *(sehr) pummelig sein (Kind)* ‖ *zornig und*
weinerlich sein (Kind) ‖ poner a uno como ~
verde Am *jdn abkanzeln,* ⟨pop⟩ *jdn zur Sau*
machen ‖ **–jero** *m Krughändler* m ‖ **–jo** *m*
Kühlkrug m ‖ *Wasserkrug* m *mit Henkel und Tülle*
‖ ⟨fig⟩ *dickes Kind* n ‖ **–jón** *m* Ven *großer*
Tonkrug m ‖ **–jueleo** *m* Cu *Schmeichelei,*
Lobhudelei f
botilla *f Halbstiefel* m
botillería *f Erfrischungshalle* f ‖ *Eisdiele* f ‖
Getränkeladen m
¹botillero *m Wein-, Likör|verkäufer* m ‖ *Eis-*
und Getränke|verkäufer m
²botillero *m* Mex *Schuster, Schuh|macher,*
-verkäufer m
botillo *m kleine lederne Weinflasche* f
¹botín *m Halb-, Schnür|stiefel* m ‖ *Stiefelette* f
²botín *m* ⟨Mil⟩ *(Kriegs)Beute* f *(& fig)*
³botín *m* Chi *Socke* f
boti|na *f feiner Damenstiefel* m ‖ **–nero** *adj*
hellfarbig mit schwarzen Füßen (Rindvieh) ‖ *m*
Schnürstiefel|macher, -verkäufer m ‖ ~ RPl
Schuhschrank m
botion|da *f adj leckend (Ziege)* ‖ **–do** *adj*
lüstern, geil
botiquero *m* Am ⟨desp⟩ → **boticario**
¹botiquín *m Reiseapotheke* f ‖ *Hausapotheke* f
‖ *Verband(s)kasten* m ‖ *Arzneikästchen* n
²botiquín *m* Ven *kleiner Weinladen* m
botivoleo *m Auffangen* n *des Balles im Flug* ‖
Volley m
¹boto *adj/s stumpf(sinnig)* ‖ ⟨fam⟩ *plump,*
schwerfällig

²boto *m kleiner (Wein)Schlauch* m
¹botón *m Knopf* m *(an der Kleidung)* ‖ ~
automático *Druckknopf* m ‖ ~ de cascarilla
metallbeschlagener Knopf m ‖ ~ de concha
Perlmutterknopf m ‖ ~ de muestra *Muster* n ‖
Kostprobe f ‖ *Glanzstück* n ‖ ~ de presilla *Knopf*
m *mit Öse* ‖ ~ de presión *Druckknopf* m ‖ ◆ al
~ Arg *vergebens* ‖ *aufs Geratewohl* ‖ de ~ gordo
⟨fam⟩ *grob, ungeschlacht* ‖ de ~ones adentro
⟨figf⟩ *innerlich*
²botón *m* ⟨Text⟩ *Noppe* f, *Knoten* m ‖ ~ de
algodón *Baumwollnoppe* f
³botón *m Schalt-, Bedienungs|knopf* m ‖ *Taste* f
‖ ⟨Mus⟩ *Klappe* f *bzw Ventil* n *(am Instrument)* ‖
~ de ajuste *Einstellknopf* m ‖ ~ de alarma
Alarmknopf m, *Notsignaltaste* f ‖ ~ de contacto
Kontakt-, Umschalt|knopf m ‖ ~ giratorio
Drehknopf m ‖ ~ de mando, ~ de maniobra
Steuer-, Bedienungs|knopf m ‖ ~ del manipulador
Tasterknopf m ‖ ~ pulsador *Drucktaste* f ‖ ~
regulador de ondas ⟨Radio⟩ *Welleneinstellknopf* m
‖ ~ regulador de la sintonización ⟨Radio⟩
Abstimmknopf m ‖ ~ del timbre *Klingelknopf* m ‖
◇ apretar *od* oprimir *od* pulsar el ~ *auf den*
Knopf drücken
⁴botón *m* ⟨Bot⟩ *(Blüten)Knospe* f ‖ ~ de oro
Ranunkel f *(Ranunculus spp)* ‖ ~ azul
Sandglöckchen n *(Jasione spp)*
⁵botón *m* ⟨Fechtk⟩ *Knopf* m *(am Degen od am*
Florett)
⁶botón *m* ⟨Med⟩: ~ de Alepo, ~ de Oriente
Aleppo-, Orient|beule f
⁷botón *m* Arg ⟨desp⟩ *Bulle* m *(Polizist)*
⁸botón *m* Cu *derber Verweis* m
botones mpl: ~ gustativos ⟨An⟩
Schmeckbecher mpl
boto|nadura *f Knopfgarnitur* f ‖ **–nar** *vt*
zuknöpfen ‖ Am *mit Knöpfen besetzen* ‖ ~ *vi* Cu
Knospen treiben
botoncito *m* dim von ¹·³**botón**
boto|nera *f Knopf|macherin, -verkäuferin* f ‖
Knopfloch n ‖ *Zapfenloch* n ‖ **–nería** *f Knopfladen*
m ‖ *Knopfwaren* fpl ‖ **–nero** *m Knopf|macher,*
-verkäufer m ‖ **–nes** *m* ⟨fam⟩ *Laufbursche, Boy* m
‖ *Page* m *(im Hotel)*
bototo *m* Am *Kürbisflasche* f ‖ ~**s** *mpl* Chi
große, plumpe Schuhe mpl, ⟨fam⟩ *Treter* mpl
botrino *m* Al Ar Burg Logr *(Art) Fischreuse* f
botriomicosis *f* ⟨Vet⟩ *Botryomykose,*
Traubenpilzkrankheit f
botrión *m* ⟨Med⟩ *Geschwür* n *an der Hornhaut*
Botswana *m* ⟨Geogr⟩ *Botsuana* n
botudo *adj* Mex *weißfüßig (Tier)*
botu|lina *f* ⟨Chem⟩ *Botulin* n ‖ **–lismo** *m*
⟨Med⟩ *Botulismus* m, *Fleisch-, Konserven-,*
Wurst|vergiftung f
bou *m Grundschleppnetzfischer, Fischtrawler*
m ‖ ◇ pescar al ~ *gemeinsam mit dem*
Grundschleppnetz fischen (2 Boote)
boudoir *m Boudoir, Damenzimmer* n
bouquet *m Bukett* n, *Blume* f *des Weines*
bourbon *m* [Getränk] *Bourbon* m
boutique *f Boutique* f
bouvier *m* [Hund] *Sennenhund* m
¹bóveda *f Wölbung* f ‖ ⟨Arch⟩ *Gewölbe* n ‖
Keller m ‖ *(Toten)Gruft, Krypta* f ‖ *Zimmerdecke* f
‖ ~ acústica *Schallgewölbe* n ‖ ~ amoldada
Muldengewölbe n ‖ ~ anular *Spindel-,*
Ring|gewölbe n ‖ ~ de arcos en resalto *Gurt-,*
Zonen|gewölbe n ‖ ~ de canón *Tonnengewölbe* n
‖ ~ cáscara *Schalen|dach* n, *-kuppel* f ‖ ~ celeste
od del cielo ⟨poet⟩ *Himmels|dach, -gewölbe,*
⟨poet⟩ *Himmelszelt, Sternenzelt* n ‖ ~ circular
Kreisbogengewölbe n ‖ ~ de claustro
Klostergewölbe n ‖ ~ continuada *Bogen|gang* m,

-laube, Arkade f ‖ ~ en corona *Kranzgewölbe* n ‖ ~ corrida *Tonnengewölbe* n ‖ ~ de crucería *Kreuzgewölbe* n ‖ ~ de cúpula *Kuppelgewölbe* n ‖ ~ del hogar *Herdgewölbe* n ‖ ~ de hormigón *Betongewölbe* n ‖ ~ de ladrillos *Ziegel-, Backstein-, Mauerstein|gewölbe* n ‖ ~ de nervios, ~ nervada *Rippengewölbe* n ‖ ~ ojival *gotisches Gewölbe* n ‖ ~ parabólica *parabolisches Gewölbe* n ‖ ~ peraltada *überhöhter Bogen* m ‖ ~ de piedras labradas *od* sillares → ~ de sillería ‖ ~ en rampa *Schräggewölbe* n ‖ ~ reticular *Netz-, Rauten|gewölbe* n ‖ ~ de sillería *Hausteingewölbe, Gewölbe* n *aus behauenen Naturmauersteinen* ‖ ~ vaída *Tonnengewölbe*
²bóveda f ⟨An⟩ *Gewölbe* n, *Wölbung* f ‖ ~ craneal, ~ craneana *Schädeldach* n ‖ ~ diafragmática *Zwerchfellkuppe* f ‖ ~ faríngea *Rachendach* n ‖ ~ palatina *Gaumenbogen* m
bovedilla f ⟨Arch⟩ *Sparrenfeld* n ‖ *dünnschaliges Deckengewölbe* n ‖ ◇ subirse a las ~s ⟨figf⟩ *in Zorn geraten* ‖ ⟨fam⟩ *aus der Haut fahren, an den Wänden hochgehen*
bóvidos *mpl Rinder* npl ‖ ~ jóvenes *Jungrinder* npl
bovino adj *Rind(er)-* ‖ ~ m *Rind* n ‖ ~ de aptitud mixta *Mehrzweckrind* n ‖ ~ duendo *Hausrind* n ‖ ~ de macelo, ~ de matadero *Fleischrind* n ‖ ~ de recría *Aufzuchtrind* n ‖ ~ de doble utilidad *Zweinutzungsrind* n
¹box m *Box* f *(Pferdestall)*
²box m Arg → **boxeo**
boxcalf m *Boxkalf* n
boxe|ador m *Boxer* m ‖ **-ar** vt/i *boxen* ‖ **-o** m *Boxkampf* m
bóxer [pl ~s] m [Hund] *Boxer* m
boxeril *(m/f),* **boxístico** adj Am *Box-*
bóxers *mpl* ⟨Hist⟩ *Boxer* mpl *(China)* ‖ ⟨Text⟩ *Boxer(hosen)* pl
boya f *(Anker)Boje* f, ⟨Mar⟩ *Korkboje* f, *Schwimmer* m *(Kork an Netzen)* ‖ ⟨fig⟩ *Müßiggang* m ‖ Chi *Beule, Verbeulung* f *(am Metall)* ‖ ~ achaflanada *stumpfe Boje, stumpfe Tonne* f ‖ ~ de amarre *Festmachetonne, Vertäuboje* f ‖ ~ de ancla *Ankerboje* f ‖ ~ con asta *Spieren|tonne, -boje* f ‖ ~ baliza *Markierungs-, Topp|zeichen* n, *-boje* f ‖ ~ de barril *Fass|boje, -tonne* f ‖ ~ de brújula *Kompassboje* f ‖ ~ de campana *Glockenboje* f ‖ ~ ciega *unbefeuerte Tonne* f ‖ ~ cónica *Spitzboje* f ‖ ~ de corcho *Korkboje* f ‖ ~ de espegue → ~ con asta ‖ ~espía → ~ de maniobra f ‖ ~ indicadora → ~ baliza ‖ ~ de maniobra *Verholboje, Warptonne* f ‖ ~ de mástil → ~ con asta ‖ ~ de meta *Zielboje* f ‖ ~ de naufragio *Wracktonne* f ‖ ~ de punta *Spitzboje* f ‖ ~ de recalada *Ansegelungsboje* f ‖ ~ de reflector radar *Radarreflektorboje, Radarverkennungstonne* f ‖ ~ de salvamento luminosa *Leucht|boje, -tonne* f ‖ ~ de salvamiento *Rettungsboje* f ‖ ~ de silbato *Heulboje* f ‖ ~ telefónica *Telefonboje* f ‖ ◇ estar de buena ~ ⟨fig⟩ *glücklich sein, Glück* n *haben* ‖ ~**s** fpl *Flotten* fpl *an den Fischernetzen* ‖ ~ y balizas *Bojen und Baken* fpl
boyada f *Ochsenherde* f
boyal adj *(m/f) Rinds-, Rindvieh-* ‖ ~ m *Rindviehweide* f
boyante adj *(m/f)* ⟨Mar⟩ *mit günstigem Wind segelnd* ‖ ⟨Mar⟩ *mit geringem Tiefgang (infolge kleiner Ladung)* ‖ ⟨Taur⟩ *leicht zu bekämpfen(d) (Stier)* ‖ ⟨fig⟩ *glücklich* ‖ *beglückt* ‖ ◇ estar ~ ⟨fig⟩ *Erfolg haben* ‖ *frisch und munter sein*
boyar vi ⟨Mar⟩ *oben treiben* ‖ ⟨Mar⟩ *wieder flott werden, loskommen* ‖ ⟨fig⟩ *obenauf sein* ‖ Am *schwimmen*
boyardo m ⟨Hist⟩ *Bojar* m

boyazo m augm von **buey** ‖ Am *Faustschlag* m ‖ *derber Schlag* m
boycot m → **boicot**
boye|ra, -riza f *Ochsenstall* m
¹boyero m *Ochsen|hirt, -knecht, -treiber* m
²boyero m Arg Ur ⟨V⟩ *Köhleramsel* f (Turdus flavipes) ‖ Cu ⟨V⟩ *Erdtaube* f (Geotrygon montana)
boyezuelo m dim von **¹buey**
boy-scout m ⟨Sp⟩ *Pfadfinder* m
△ **boyuda** f *Spiel* n *Karten*
boyuno adj *Rind(vieh)-*
boza f ⟨Mar⟩ *(Ankertau)Stopper* m
bozada f Col *Halfter* m (& n)
¹bozal adj *(m/f) un|gebändigt, -abgerichtet (Tier)* ‖ ⟨figf⟩ *un|erfahren, -geübt* ‖ *dumm* ‖ Arg *schlecht Spanisch sprechend* ‖ negro ~ Arg *neuangekommener Neger* m *aus Afrika* ‖ ~ m ⟨fam⟩ *Neuling, Anfänger* m ‖ *Dummkopf* m
²bozal m *Maul-, Beiß|korb* m ‖ Am *Halfterstrick* m ‖ *Pferdeglöckchen* npl
bozalón adj Am *schlecht Spanisch sprechend*
bo|zo m *Flaum-, Milch|bart* m ‖ *Lippen* fpl ‖ *Oberlippe* f *des Pferdes* ‖ *Strick* m *als Halfter* ‖ ◇ echar ~ *den ersten Bart bekommen* ‖ **-zudo** adj *milchbärtig*
B. p. ⟨Abk⟩ = **bendición** papal
Br., br. ⟨Abk⟩ = **bachiller**
Br ⟨Abk⟩ = **¹bromo**
brabante m ⟨Text⟩ *Brabanter Leinwand* f
braban|zón, -tino adj *brabantisch* ‖ ~ m *Brabanter* m
Brabanzona f: la ~ *die belgische Nationalhymne*
bracamonte m Col *Kobold* m
bracarense adj/s *(m/f) aus Braga* (Port) ‖ *auf Braga bezüglich*
braceada f *heftige Bewegung* f *der Arme* m
¹brace|aje, -o m *Münzprägen* n ‖ *Schlagschatz* m
²brace|aje, -o m ⟨Mar⟩ *Brassentiefe* f ‖ **-ar** vt/i ⟨Mar⟩ *brassen* ‖ ⟨Mar⟩ *die Brassentiefe messen* ‖ ~ *die Arme bewegen, gestikulieren, mit den Armen fuchteln* ‖ *umrühren (Metalle)* ‖ *ausstreichen (im Schwimmen)* ‖ *leicht auftreten (Pferd)* ‖ ⟨fig⟩ s. *widersetzen* ‖ ⟨fig⟩ *ringen, s. bemühen* ‖ Dom *unerlaubten Profit erringen* ‖ ~ a la cuadra (Mar) *vierkant brassen* ‖ ~ en contra ⟨Mar⟩ *gegenbrassen*
brace|ra f *Zapfensäge* f ‖ **-ro** adj/adv *Arm-* ‖ *Wurf-* ‖ ~ *Arm in Arm gehen* ‖ ~ m *Feldarbeiter* m ‖ *Handlanger* m ‖ *Tagelöhner* m ‖ *Lastträger* m ‖ *ungelernter Arbeiter* m ‖ **-te** m dim von **¹brazo** ‖ ◇ ir de ~ ⟨fam⟩ *Arm in Arm gehen*
braci|llo m → **brazuelo** ‖ **-tendido** adj ⟨fam⟩ *faulenzerisch*
bracista m/f ⟨Sp⟩ *Brustschwimmer(in* f) m
brac|mán m → **brahman** ‖ **-mánico** adj →
brahmánico ‖ **-manismo** m → **brahmanismo**
braco adj *stumpf-, stülp|nasig (Mensch)* ‖ ~ m *Bracke f, Brackhund* m
bracónido m ⟨Ins⟩ *Brackwespe* f (Apanteles glomeratus)
bráctea f ⟨Bot⟩ *Deckblatt* n, *Braktee* f
bracte|oide adj ⟨Bot⟩ *deckblattartig, brakteroid* ‖ **-ola** f ⟨Bot⟩ *Deckblättchen* n, *Brakteole* f
bradicardia f ⟨Med⟩ *Bradykardie, langsame Herzschlagfolge* f
bradilalia f ⟨Med⟩ *Bradylalie, schleppende Sprechweise* f
bradipódidos *mpl* ⟨Zool⟩ *Faultiere* npl (Bradypodidae)
bradípodo m ⟨Zool⟩ *Faultier* n (Bradypus spp)

bradiuria f ⟨Med⟩ *Bradyurie, verzögerte Harnausscheidung f*
¹braga f *Schlüpfer, Slip* m ‖ Ar *Unterlegetuch* n *(für Windeln)* ‖ ◇ *estar hecho una* ~ ⟨fam⟩ *am Boden zerstört sein* ‖ ~s *fpl Kniehose* f ‖ ◇ *calzar las* ~ *die Hosen anhaben (Ehefrau)* ‖ *estar en* ~ *blank sein, ohne e–n Pfennig sein* ‖ *no poder con las* ~ *gebrechlich* od *hinfällig sein*
²braga f ⟨Tech⟩ *Strang* m, *Rüst-, Hebe|seil* n
braga|da f *innere Schenkelseite* f *der Vierfüßer* ‖ **–do** adj *andersfarbig zwischen den Beinen (Rindvieh)* ‖ ⟨fig⟩ *tückisch* ‖ ⟨fig⟩ *gewagt, mutig* ‖ ⟨fig⟩ *energisch* ‖ ⟨fig⟩ *verwegen* ‖ **–dura** f *Beinschlitz, Schritt* m ‖ **–pañal** m *Windelhöschen* n ‖ **–zas** *fpl Pumphosen* fpl ‖ ~ m ⟨fam⟩ *Pantoffelheld* m
brague|ro m ⟨Med⟩ *Bruchband* n ‖ **–ta** f *Hosenschlitz* m ‖ ⟨Arch⟩ *Kehlleiste* f ‖ ◇ *tener* ~s ⟨figf⟩ *tapfer, mutig sein* ‖ **–tazo** m: ◇ *dar un* ~ ⟨fam⟩ *(unverhofft) e–e gute Partie machen, e–e reiche Frau heiraten* ‖ **–tera** adj *mannstoll* ‖ **–tero** adj *geil, wollüstig* ‖ ~ m *Lüstling* m ‖ *Mitgiftjäger* m
braguetón m ⟨Arch⟩ *Bogenstück* n
braguillas m ⟨fam⟩ *Knirps* m, *Hosenmatz* m
braguita f *Mädchenschlüpfer* m ‖ ~ *higiénica Monatshöschen* n
Brah|ma m ⟨Rel⟩ *Brahma* m ‖ ⁼**mán** m *Brahmane* m ‖ ⁼**mánico** adj *brahmanisch* ‖ ⁼**manismo** m *Brahmanismus* m
braille m *Braille|schrift* f, *-system* n *(für Blinde)*
brain-trust m *Brain-Trust, „Gehirntrust"* m
brama f ⟨Jgd⟩ *Brunftzeit* f ‖ *Brunft* f (*bes. der Hirsche*)
bramadera f *Kinderschnarre* f ‖ *Viehscheuche* f
bramadero m *Brunftplatz* m ‖ Am *Anbindepfosten* m
¹bramante m/adj *Bindfaden* m ‖ ⟨Mar⟩ *dickes Segelgarn* n
²bramante m Arg ↪ **brabante**
bra|mar vi ⟨pop⟩ *schreien, brüllen* ‖ *brüllen (Löwe, Meer, Donner)* ‖ *heulen (Wind)* ‖ *röhren (Hirsch)* ‖ ⟨fig⟩ *toben, wüten, tosen* ‖ **–mido** m *Gebrüll* n ‖ *Röhren* n *des Hirsches* ‖ ⟨fig⟩ *Wüten, Toben, Tosen* n ‖ **–mo** m ⟨pop⟩ *Ge|brüll, -schrei* n ‖ **–món** m ⟨fam⟩ *heimlicher Angeber, Spitzel* m ‖ **–mona** f: *soltar la* ~ ⟨fig⟩ *beleidigen* ‖ *beschimpfen* ‖ **– muras** fpl *Groß|mäuligkeit, -sprecherei, -tuerei* f ‖ *prahlerische Drohung* f
branco adj Col ↪ **¹blanco**
brandada f ⟨Kochk⟩ *Brei* m *aus Kabeljau mit Öl, Milch und Knoblauch*
brandal m ⟨Mar⟩ *Fallreep* n, *Strickleiter* f ‖ ~es *mpl* ⟨Mar⟩ *Pardunen* fpl
Brandebur|go m ⟨Geogr⟩ *Brandenburg* n ‖ ⁼**gués** adj *brandenburgisch* ‖ ~ *m/f Brandenburger(in* f) m
brandy m *Weinbrand* m
branque m ⟨Mar⟩ *Vordersteven* m
bran|quia f *Kieme* f ‖ ~s *fpl Kiemen, Branchien* fpl ‖ **–quiado** adj ⟨Zool⟩ *durch Kiemen atmend* ‖ ~ m ⟨Zool⟩ *Branchiat* m ‖ **–quial** adj *(m/f) Kiemen-* ‖ **–quífero** adj *mit Kiemen* ‖ **–quiuros** *mpl* ⟨Zool⟩ *Fischläuse* fpl, *Kiemenschwänze mpl* (Branchiura) ‖ **–quiosaurio** m (Paläont) *Branchio|saurier, -saurus* m
brana f Ast Sant *(Berg)Sommerweide* f ‖ Ast *Siedlung* f *der Almkuhhirten*
braquete m [Hund] *Brackhund* m
braquial adj *(m/f)* ⟨An⟩ *Arm-, brachial*
braqui|cefalia f ⟨An⟩ *Brachyzephalie, Kurz|schäd(e)ligkeit, -köpfigkeit* f ‖ **–céfalo** adj *brachyzephal, kurz|schäd(e)lig, -köpfig* ‖ ~ m ⟨An⟩ *Brachyzephale* m

braquíceros *mpl* ⟨Ins⟩ *Fliegen* fpl (Brachycera)
braqui|dactilia f ⟨An Med⟩ *Brachydaktylie, Kurzfing(e)rigkeit* f ‖ **–dáctilo** adj *brachydaktyl, kurzfing(e)rig*
braquilogía f ⟨Rhet⟩ *Brachylogie* f
braquiópodos *mpl* ⟨Zool⟩ *Armfüßer* mpl (Brachiopoda)
braquiuros *mpl* ⟨Zool⟩ *Krabben* fpl (Brachyura)
¹brasa f *Kohlenglut* f, *glühende Kohlen* fpl ‖ ◆ *con chica* ~ *se enciende una casa* ⟨Spr⟩ *kleine Ursachen, große Wirkungen* ‖ ◇ *ponerse como una* ~ ⟨fig⟩ *feuerrot werden, stark erröten* ‖ *sacar la* ~ *con mano ajena* (*od con mano de gato*) ⟨figf⟩ *s. von e–m anderen die Kastanien aus dem Feuer holen lassen* ‖ *estar (como) en* ~s ⟨figf⟩ *wie auf glühenden Kohlen sitzen* ‖ *estar hecho unas* ~s ⟨fig⟩ *feuerrot sein* ‖ *salir de llamas y caer en* ~s ⟨fig⟩ *aus dem Regen in die Traufe kommen* ‖ *tener ojos como* ~s *feurige Augen haben*
△ **²brasa** m *Dieb* m
braserillo m *kleines Kohlenbecken* n
¹brasero *Kohlenbecken* n ‖ *Wärmepfanne* f ‖ ⟨fig⟩ *sehr heißer Ort* m ‖ Mex *Küchenherd* m ‖ Col *(Flächen)Feuer* n
△ **²brasero** m *Dieb* m
brasier m Am *Büstenhalter* m
Brasil m ⟨Geogr⟩ *el* ~ *Brasilien* n
brasileína f ⟨Chem⟩ *Brasilein* n
brasi|leño adj, Am **–lero** *brasilianisch* ‖ ~ m *Brasilianer* m
brasilina f ⟨Chem⟩ *Brasilin* n
braslip m ⟨Text⟩ *Herrenunterhose* f
Bratislava f [Stadt] *Pressburg* n
braunita f ⟨Min⟩ *Braunit* m
brava: *por la* ~ *mit Gewalt* ‖ **–mente** adv: *tapfer, wacker* ‖ *grausam* ‖ *sehr gut* ‖ *üppig, in Hülle und Fülle* ‖ ~ *hemos comido* ⟨fam⟩ *wir haben tüchtig gegessen*
bravanzón m ⟨fam⟩ *Prahlhans, Maulheld* m, *Großmaul* m
brava|ta f *Groß|mäuligkeit, -sprecherei, -tuerei* f ‖ *prahlerische Drohung* f ‖ *Herausforderung* f ‖ ◇ *echar* ~s ⟨fam⟩ *prahlerische Drohungen ausstoßen* ‖ **–tería** f *Prahlerei* f ‖ **–tero** m ⟨pop⟩ *Prahlhans, Maulheld* m, *Großmaul* n
brave|ar vi *großmäulig drohen* ‖ *herausfordern, drohen* ‖ *prahlen, s. großtun* ‖ **–ro** m Cu *Raufbold* m, ⟨fam⟩ *Schläger* m ‖ **–za** f *Wildheit* f *der Tiere* ‖ *Grimm* m, *Wut* f (*der Elemente*) ‖ *Mut* m, *Tapferkeit* f
bravío adj *wild, ungezähmt (Tiere)* ‖ *ungestüm* ‖ ⟨Bot⟩ *wild wachsend* ‖ *unangebaut (Gelände)* ‖ ⟨fig⟩ *bäu(e)risch, tölpelhaft* ‖ ⟨fig⟩ *ungeschliffen* ‖ ⟨fig⟩ *unbändig, trotzig* ‖ ~ m *Wildheit, Unbändigkeit* f
¹bravo adj *tapfer, wacker, brav* ‖ *wild (Tiere)* ‖ ⟨Bot⟩ *wild wachsend* ‖ *reißend (Wasser)* ‖ *aufgewühlt, stürmisch (Meer)* ‖ *unwegsam, steil* ‖ *mürrisch, barsch* ‖ ⟨fam⟩ *rauflustig* ‖ ⟨fig⟩ *bäu(e)risch, ungeschliffen* ‖ ⟨fig⟩ *ausgezeichnet, prächtig* ‖ ¡~! *bravo!* ‖ ¡~a *cosa!* ⟨fam⟩ *Unsinn! dummes Zeug! s. verrückter Einfall!* ‖ ◇ *no es tan* ~ *el león como lo pintan* ⟨Spr⟩ *es ist nicht alles so gefährlich, wie es aussieht* ‖ ~ m *Raufbold* m ‖ *Maulheld, Großmaul* m
△ **²bravo** m *Richter* m
bravo|nel m ↪ **bravucón** ‖ **–sidad** f *Kühnheit* f ‖ *Anmaßung, Arroganz* f
bravoso adj ↪ **¹bravo**
bravu|cón adj *ruhmredig, großtuend* ‖ ~ m *Prahlhans, Maulheld, Großmaul* m ‖ **–conada** f *Großtuerei* f ‖ **–ra** f *Wildheit* f *der Tiere* ‖

Tapferkeit f, *(Helden)Mut* m ‖ *Verwegenheit* f, *Schneid* m ‖ *prahlerische Drohung* f ‖ *Zierlichkeit* f, *schönes Aussehen* n
¹braza f ⟨Sp⟩ *Brustschwimmen* n ‖ ~ *de espalda Rückenschwimmen* n ‖ ~ *mariposa Schmetterlingsschwimmen* n ‖ ~ *de pecho Brustschwimmen* n
²braza f ⟨Mar⟩ *Faden* m (= 2 varas = *1,6718 Meter*) ‖ Fil *Feldmaß* n *(= 36 Quadratfuß)* ‖ ~ inglesa *Faden, Fathom* m (= *1,8288 m*) ‖ ~s *fpl* ⟨Mar⟩ *Brassen* fpl
braza|da f *Armbewegung* f ‖ *ein Armvoll* m ‖ *Ausgreifen* n, *Schwimmstoß* m ‖ Col Chi Mex Ven ⟨Mar⟩ *Klafter* f, *Faden* m ‖ ~ *de piedra* ⟨Mex⟩ *Steinmaß* n = 4,70 m³ ‖ **–do** m *ein Armvoll (Holz, Heu)* ‖ **–je** m ⟨Mar⟩ *Fadentiefe* f *des Meeres*
brazal m *Armschiene* f *am Harnisch* ‖ *Handgriff* m *e–s Schildes* ‖ *Armbinde* f ‖ ~ *de luto Trauer|binde* f, *-flor* m
brazales mpl ⟨Mar⟩ *Randsomhölzer* npl
¹brazalete m *Armband* n ‖ *Armschiene* f ‖ *Armbinde* f ‖ ⟨Mar⟩ *(Anker)Winde* f ‖ ~ *de la Cruz Roja Armbinde* f *des Roten Kreuzes* ‖ ~ *de luto Trauer|binde* f, *-flor* m
²brazalete m ⟨Mar⟩ *(Anker)Winde* f
¹brazo m *Arm* m ‖ Am *Oberarm* m ‖ *Vorderbein* n *der Vierfüßer* ‖ *Armlehne* f ‖ *Arm* m *e–s Armleuchters* ‖ *(Waage)Balken* m ‖ *Ast, Zweig* m ‖ *Meer-, Fluss|arm* m ‖ ⟨fam⟩ *Fangarm* m *(Polyp)* ‖ *Tragstange* f *(Bahre)* ‖ *Ausleger* m *(Kran)* ‖ Am *Schwengel* m *(Pumpe)* ‖ ~ *de acoplamiento Kupplungsarm* m ‖ ~ *acústico* ⟨Ak⟩ *Tonabnehmerarm* m ‖ ~ *agitador Rührarm* m ‖ ~ *de ancla* ⟨Mar⟩ *Ankerarm* m ‖ ~ *de apoyo Stütz-, Trag|arm* m ‖ ~ *articulado* ⟨Tech⟩ *Gelenkarm* m ‖ *Gelenkausleger* m *(Kran)* ‖ ~ *artificial künstlicher Arm* m ‖ ~ *batidor Rührarm* m ‖ ~ *de cigüeñal Kurbelarm* m ‖ ~ *de compás Zirkelschenkel* m ‖ ~ *de contacto* ⟨Tel⟩ *Kontaktarm* m ‖ ~ *de estabilidad* ⟨Flugw⟩ *Stabilitäts|arm, -hebel* m ‖ ~ *de gafas* ⟨Opt⟩ *Brillenbügel* m ‖ ~ *giratorio Dreh-, Schwenk|arm* m ‖ ~ *de gitano* ⟨Kochk⟩ etwa: *Biskuitrolle* f ‖ ~ *hectocotilizado* ⟨Zool⟩ *Hectocotylusarm, Geschlechtsarm* m *der Kopffüßer* ‖ ~ *de manivela Kurbelarm* m ‖ ~ *de mar Meeresarm* m ‖ ~ *mural Wand|arm, -stütze* f ‖ ~ *oscilante Schwinge* f, *Schwingarm* m ‖ ~ *de río Flussarm* m ‖ ~ *rotatorio Dreh-, Schwenk|arm* m ‖ ~ *de silla, ~ de sillón Armlehne* f ‖ ~ *socavador* ⟨Bgb⟩ *Schrämarm* m ‖ ~ *de timón Deichsel|arm* m, *-schere* f ‖ ~ *de tocadiscos Ton(abnehmer)arm* m ‖ ~ *transbordador Bandausleger* m ‖ ~ *volado, ~ voladizo Kragarm* m ‖ ◆ a ~ *mit der Hand* ‖ a ~ *partido Leib gegen Leib (beim Ringen)* ‖ ⟨fig⟩ *mit Gewalt* ‖ *aus Leibeskräften* ‖ a todo ~ *aus Leibeskräften* ‖ ~ a ~ *Mann gegen Mann* ‖ ◇ *coger por el* ~ *am Arm packen* ‖ dar el ~ a alg. *jdm den Arm reichen* ‖ ⟨fig⟩ *jdn unterstützen* ‖ dar el ~ a torcer ⟨fig⟩ *klein beigeben* ‖ *no dar su* ~ a torcer ⟨fig⟩ *den Mut bewahren* ‖ *sein Leid nicht offenbaren* ‖ *nicht nachgeben* ‖ *hecho un* ~ *de mar* ⟨figf⟩ *prächtig gekleidet, in prächtigem Aufzug* ‖ ir del ~ *Arm in Arm gehen* ‖ *ser el* ~ *derecho de alg.* ⟨fig⟩ *jds rechte Hand sein* ‖ *tener* ~ ⟨figf⟩ *sehr stark sein* ‖ ~s *mpl vordere Gliedmaßen* fpl ‖ *Scheren* fpl *(der Krebse)* ‖ *(Fang)Arme* mpl *(der Polypen)* ‖ ⟨Mar⟩ *Puttingstause* npl ‖ ⟨fig⟩ *Gönner, Beschützer* mpl ‖ ⟨fig⟩ *Arbeitskräfte* fpl ‖ ~ *del reino Reichsstände* mpl ‖ ◆ a fuerza de ~ *mit großer Anstrengung* ‖ *durch eigenes Verdienst* ‖ *mit Brachialgewalt* ‖ *con los* ~ *abiertos* ⟨fig⟩ *mit offenen Armen, liebevoll* ‖ *con los* ~ *cruzados* ⟨fig⟩ *mit verschränkten Armen* ‖ *gleichgültig* ‖

untätig ‖ ⟨fig⟩ *unterwürfig* ‖ ◇ *dar los* ~ a alg. ⟨figf⟩ *jdn umarmen* ‖ *echarse en los* ~ *de alg., arrojarse en los* ~ *de alg.* ⟨figf⟩ s. *jdm an den Hals werfen, s. in jds Arme werfen* ‖ *ponerse (od venir)* a ~ *handgemein werden* (con *mit*) ‖ *tender los* ~ *hacia alg.* ⟨fig⟩ *jdm um Hilfe anflehen*
²brazo m ⟨fig⟩ *Macht, Gewalt* f ‖ ⟨fig⟩ *Mut* m, *Tapferkeit* f ‖ ~ *civil bürgerliche Gewalt* f ‖ ~ *eclesiástico Kirchengewalt* f ‖ ~ *secular, ~seglar weltliche Macht, weltliche Obrigkeit* f
brazola f ⟨Mar⟩ *Süll* n
brazofuerte m Mex ⟨Zool⟩ *Ameisenbär* m (Myrmecophaga spp)
brazolargo m Am ⟨Zool⟩ *Spinnenaffe* m (Brachyteles sp) ‖ *Klammeraffe* m (Ateles sp)
brazuela f *Kleienmehl* n
brazuelo m ⟨Zool⟩ *Vorarm* m *(der Vierfüßer)*
brea f *(Holz)Teer* m ‖ *(Schiffs)Teer* m ‖ *Pech* n ‖ *geteertes Packtuch* n ‖ Arg *Teerbaum* m ‖ Cu Mex *Kot* m ‖ Guat *Geld* n ‖ ~ *asfáltica Asphaltteer* m ‖ ~ *de abedul Birkenteer* m ‖ ~ *de coque Koks-, Zechen|teer* m ‖ ~ *grasa Weichpech* n ‖ ~ *de madera Holzteer* m ‖ ~ *mineral Steinkohlenteer* m ‖ ~ *vegetal Holzteer* m ‖ ◇ *soltar la* ~ Cu Mex ⟨fig⟩ *Geld lockermachen* ‖ Cu Mex ⟨fig⟩ *die Notdurft verrichten*
break m *Break* m (& n) ‖ **–dance** m *Breakdance* m
breal m Arg *Teerbaumhain* m
brear vt ⟨Mar⟩ *teeren* ‖ ⟨fig⟩ *plagen* ‖ ⟨fig⟩ *foppen* ‖ ⟨figf⟩ *verprügeln*
brebaje m ⟨desp⟩ *(Arznei)Trank* m ‖ *widerliches Getränk,* ⟨fam⟩ *Gesöff* n
breca f ⟨Fi⟩ *Rotbrassen* m (Pagellus erythrinus)
brecha f ⟨Mil⟩ *Bresche* f ‖ ⟨Mil⟩ *Durchstich* m ‖ *Mauerdurchbruch* m ‖ *Riss* m *(in e–r Mauer)* ‖ ⟨Geol⟩ *Breccie, Brekzie* f ‖ *Lücke, Öffnung* f, *Spalt* m ‖ ~ *para el asalto* ⟨Mil⟩ *Sturmgasse* f ‖ ◇ *abrir* ~ ⟨Mil⟩ *Bresche schießen* (& fig) ‖ ⟨fig⟩ *(jdn) um Ruf, Ansehen bringen* ‖ *estar siempre en la* ~ ⟨fig⟩ *immer zur Verteidigung (e–r Sache) bereit sein* ‖ ⟨fig pop⟩ *immer am Ball bleiben* ‖ *immer (um et.) bemüht sein* ‖ *hacer* ~ ⟨fig⟩ *Eindruck machen* od *schinden*
breches m Arg *Reithose* f, *Breeches* pl
brécol(es) m(pl) *Brokkoli* pl, *grüner (Blumen)Kohl, Spargelkohl* m
bre|ga f *Streit* m, *Gefecht* n ‖ *Zank* m ‖ ⟨fig⟩ *Possen, Streich* m ‖ ⟨Taur⟩ *Stierkampf* m ‖ ◇ *andar a la* ~ *mühsam arbeiten, s. abrackern, schuften* ‖ *dar* ~ a alg. ⟨fig⟩ *jdm e–n Possen spielen, jdn foppen, jdn narren* ‖ **–gador** m Ven *unverschämter Kerl* m ‖ **–gar** [g/gu] vi/t *(Teig) ausrollen* ‖ *kämpfen, s. herumzanken* ‖ ⟨fig⟩ s. *abarbeiten, sehr arbeiten, hart arbeiten* ‖ ⟨fig⟩ *Gefahren trotzen* ‖ ⟨Mar⟩ *kreuzen*
bregón m *Nudel-, Roll|holz* n
bregueta f Hond *Orgie* f
brejete|rías fpl Col *Klatsch* m, *Geschwätz* n ‖ **–ro** m Ven *Klatschmaul* n
brema f Arg ⟨pop⟩ *Spielkarte* f
Brema f [Stadt] *Bremen* n
bren m *Kleie* f
brenca f ⟨Bot⟩ *Stigma* n *des Safrans*
bre|ña(s) f(pl) *Dorngebüsch* n ‖ *Felsengegend, Felsschlucht* f ‖ **–ñal, –ñar** m *felsige, mit Gestrüpp bewachsene Gegend* f ‖ **–ñero** m Cu → **–ñal** ‖ **–ñoso** adj *felsig, mit Gestrüpp bewachsen*
breque m ⟨Fi⟩ → **breca** ‖ Am ⟨EB⟩ *Gepäckwagen* m ‖ Am *Gefängnis* n ‖ Am *Falle* f ‖ Am ⟨EB⟩ *Bremse* f ‖ **–ar** vi Am ⟨EB⟩ *bremsen, Bremse* f ‖ **–ro** m Am ⟨EB⟩ *Bremser* m
bres|ca f *(Honig)Wabe* f ‖ **–car** vt *zeideln, ausschneiden (Honigwaben)*

¹bretaña f ⟨Text⟩ Leinwand f aus der Bretagne
²bretaña f ⟨Bot⟩ Hyazinthe f (Hyacinthus spp)
Bretaña f ⟨Geogr⟩ Bretagne f ‖ Gran ~
Großbritannien n
brete m Fuß\schelle f, -eisen n ‖ ⟨fig⟩
unterirdisches Gefängnis n ‖ Arg Viehpferch m ‖
⟨fig⟩ Verlegenheit, Not f ‖ ⟨figf⟩ Klemme f ‖ Dom
Zank, Streit m ‖ PR Liebelei f ‖ ◇ estar en un ~
⟨fam⟩ in der Patsche sitzen ‖ poner en un ~ in
die Enge treiben ‖ –ar vi PR Liebeleien haben
¹bretón adj bretonisch ‖ ~ m Bretone m ‖ die
bretonische Sprache, das Bretonische
²bretón m ⟨Bot⟩ Sprossenkohl m ‖ Kohlsprosse
f
bretoniano adj auf den span. Schriftsteller
Manuel Bretón de los Herreros (1796–1873)
bezüglich
bretoñés adj/s aus Pastoriza (P Lugo) ‖ auf
Pastoriza bezüglich
¹breva f ⟨Bot⟩ Frühfeige f ‖ ⟨Bot⟩ frühreife
Eichel f ‖ ⟨fig⟩ Vorteil, Nutzen m ‖ ⟨fig⟩
Gelegenheit f, glücklicher Zufall m ‖ ◆ de higos
a ~s ⟨fam⟩ ab und zu, selten ‖ ◇ coger buena ~
⟨figf⟩ gut abschneiden ‖ chuparse una buena ~
⟨fig pop⟩ den Rahm abschöpfen ‖ no nos tocará
od caerá esa ~ ⟨figf⟩ daraus wird nichts ‖ das ist
zu schön, um wahr zu sein!
²breva f flache Zigarre f ‖ Cu Mex Salv
Kautabak m
¹breve adj (m/f) kurz (Zeit, Raum) ‖ schmal ‖
baldig ‖ bündig ‖ kurz (Silbe) ‖ ◆ en ~ bald ‖
kurz gefasst ‖ en ~ plazo kurzfristig ‖ en el más
~ plazo posible in möglichst kurzer Frist, bald-,
frühest\möglich, so früh wie möglich, Öst ehest ‖
para ser ~ um es kurz zu machen ‖ ◇ ser ~ s.
kurz fassen
²breve m Breve, päpstliches Sendschreiben n
³breve f ⟨Gr⟩ kurze Silbe f ‖ ⟨Mus⟩ doppelte
Vierviertaktnote f
breve\cito adj dim von ¹breve ‖ –dad f Kürze f
‖ kurze Dauer f ‖ Kürze, Bündigkeit f ‖ ◆ con la
mayor ~ sobald wie möglich, ehestmöglich ‖ para
mayor ~ der Kürze halber ‖ –mente adv mit
e–m Wort, kurz gesagt
brevera f Al Sal ⟨Bot⟩ Frühfeigenbaum m
breveta f Pe Führerschein m
breviario m Brevier n ‖ Leitfaden m ‖ ⟨Typ⟩
Borgis f
brevipenne adj (m/f) ⟨V⟩ kurzflüg(e)lig ‖ ~s
mpl Kurzflügler mpl
bre\zal m Heide f ‖ –zo m Heidekraut n ‖
Schlag-, Knüppel\holz n ‖ ~ blanco Baumheide f
(Erica arborea)
¹briaga f Binsen-, Rüst\seil n
²bria\ga f Mex Rausch m, Trunkenheit f ‖ –go
adj Mex betrunken
briba f Gaunerleben n ‖ ◇ andar a la ~ ⟨fam⟩
nach Gaunerart leben ‖ herumschmarotzen, ein
Lotterleben treiben ‖ s. dem Müßiggang ergeben
bribia f: echar la ~ ⟨figf⟩ Armut vorspiegeln
bribón adj gaunerhaft ‖ nichtsnutzig ‖ ~ m
Faulenzer, Taugenichts m ‖ Strolch, Spitzbube,
Gauner, Schuft, Schurke m ‖ un ~ consumado ein
Erzgauner m
bribo\nada f Gaunerei f, Schurkenstreich m ‖
Nichtsnutzigkeit f ‖ –nazo m Erzgauner m ‖
–near vi ein Gaunerleben führen ‖ müßig
umherstrolchen ‖ –nería f Gaunerstreich m ‖
Umher\lungern,
-strolchen n ‖ –nesco adj spitzbübisch
bricbarca m ⟨Mar⟩ Brigg, Barke f ‖
Barkschoner m
brico\lador m Heimwerker, Bastler m ‖ –laje
m Heimwerken, Basteln n ‖ –lar vi heimwerken,
basteln ‖ –lero m → –lador

bricho m (Gold)Lahn m ‖ ~ de plata
Rauschsilber n
bri\da f Zaum m, Zaumzeug n ‖ Zügel m ‖
Kandarengebiss n ‖ Bügel m, Klammer f ‖
(Verbindungs)Flansch m ‖ Schienenlasche f ‖
Lasche, Rohrschelle f ‖ ~ de acoplamiento
Kupplungsflansch m ‖ ~ angular Ecklasche f,
Winkelflansch m ‖ ~ articulada Gelenkflansch m ‖
~ de calefacción Heizflansch m ‖ ~ ciega
Deckel-, Blind-, Abschluss\flansch m ‖ ~ de
empalme Verbindungslasche f ‖ ~ de enganche
⟨EB⟩ Kupplungslasche f ‖ ~ de fijación
Befestigungsflansch m ‖ ~ de guarnición
Verschlussflansch m ‖ ~ de llanta Felgenflansch
m ‖ ~ de muelle Feder\bund, -bügel m ‖ ~ de
obturación → ~ ciega ‖ ~ de patín ⟨EB⟩
Fußlasche f ‖ ~ plana ⟨EB⟩ Flachlasche f ‖ ~
roscada Gewindeflansch f ‖ ~ de unión
Anschlussflansch m ‖ ~ de zapata ⟨EB⟩
Fußlasche f ‖ ◆ a la ~ mit lang geschnallten
Steigbügelriemen ‖ a toda ~ ⟨fig⟩ in vollem
Galopp, ⟨fam⟩ im Schweinsgalopp ‖ ◇ beber la ~
auf dem Gebiss liegen (Pferd) ‖ ~s fpl ⟨Med⟩
verhärtetes Zellgewebe n der Wundenlefzen ‖ ◇
volver ~ zurückreiten ‖ –dar vt zäumen (Pferd)
bridecú [pl ~úes] m Degengehänge n
bridge m Bridge n
bridón m Trensengebiss n ‖ ⟨poet⟩ stolzes Ross
n
briega f And → brega
briga\da f ⟨allg⟩ Team n ‖ Rotte, Kolonne f ‖
⟨Mil⟩ Brigade f ‖ ⟨Mil⟩ Span etwa: Feldwebel m ‖
⟨Mar⟩ Landungstrupp m ‖ Trupp m Arbeiter ‖ ~
acorazada, ~ blindada Panzerbrigade f ‖ ~ de
bomberos Löschzug m (Feuerwehr) ‖ ~ criminal
Kriminalpolizei, ⟨fam⟩ Kripo f ‖ ~ de
estupefacientes Rauschgiftdezernat n ‖ ~ fluvial
Wasserschutzpolizei f ‖ ~ de homicidios
Mordkommission f ‖ ~s fpl ~ internacionales
⟨Hist⟩ Internationale Brigaden (1936–1939) ‖ ~
de salvamento ⟨Bgb⟩ Grubenwehr f ‖ ~
topográfica Topografentrupp m ‖ –dero m ⟨Mil⟩
Führer m der Packtiere
brigantino adj/s aus La Coruña (Stadt und
Provinz in Spanien) ‖ auf La Coruña bezüglich
Brígida f np Brigitta, Brigitte f
Briján m np: ◇ saber más que ~ ⟨figf⟩ sehr
klug sein
brillan\te adj (m/f) glänzend, leuchtend ‖ ⟨fig⟩
prächtig, blühend ‖ ⟨Fot⟩ kräftig (Negativ) ‖ adv:
~mente ~ m Brillant, m ‖ –tez [pl ~ces] f
Glanz m ‖ glänzende Art, Vortrefflichkeit f ‖
Prunk m ‖ Ruhm m ‖ –tina f Brillantine,
Glanzpomade f, Haaröl n ‖ –tino adj Arg Bol
⟨poet⟩ glänzend, leuchtend
bri\llar vi glänzen, schimmern ‖ funkeln,
glitzern, gleißen ‖ strahlen, leuchten ‖ ⟨fig⟩ s.
auszeichnen, hervorragen (por durch) ~ por su
ausencia ⟨fig⟩ durch Abwesenheit glänzen ‖ ~
como un fatuo irrlichtern ‖ –llazón f Arg PR
Luftspiegelung f ‖ –llo m Glanz, Schein m ‖ ⟨fig⟩
Ruhm m ‖ ⟨fig⟩ Prunk m ‖ ⟨fig⟩ Vortrefflichkeit f ‖
~ metálico Metallglanz m ‖ ~ perlino
Perl(en)glanz m ‖ ◆ con ~ glänzend ‖ ◇ dar od
sacar ~ polieren, auf Hochglanz bringen ‖ –lloso
adj Arg Pe Dom PR glänzend, leuchtend
brimbrán m Dom Lärm, Krach m
brincada f Col Bocksprung m
brincar [c/qu] vt/i (über)springen ‖ springen,
hüpfen ‖ ⟨figf⟩ (jdn) beim Aufrücken überspringen
‖ ⟨fam⟩ s. aufregen, hochgehen ‖ ⟨figf⟩ (jdn od
et.) mit Absicht übergehen ‖ ◇ ~ de cólera ⟨fig⟩
vor Zorn außer s. sein ‖ está que brinca ⟨fam⟩ er
zittert vor Wut
brinco m Sprung, Satz, ⟨fam⟩ Hopser m ‖ ◆

de un ~ *mit e–m Sprung* ‖ ⟨fig⟩ *blitzschnell, im*
Nu ‖ ◇ dar ~s *Sprünge machen, hüpfen*
brincolear vi Col → **brincar**
brin|dar vt/i *(jdm) zutrinken, (auf jdn) e–n*
Trinkspruch ausbringen ‖ ⟨fig⟩ *darbringen,*
anbieten ‖ ⟨fig⟩ *anlocken* ‖ ⟨Taur⟩ *den Stier*
widmen ‖ ◇ ~ *por od a la salud de alg.* *auf jds*
Gesundheit trinken ‖ brindo a la salud de ... *ich*
trinke auf das Wohl von ... ‖ ~**se** *s. anbieten* ‖
–dósele una espléndida ocasión *e–e glänzende*
Gelegenheit bot s. ihm ‖ **–dis** m *Trinkspruch,*
Toast m ‖ *Zutrinken* n ‖ ◇ echar un ~ *e–n*
Trinkspruch ausbringen
  bringadama f Mex *Rausch, Schwips* m
  brinquillo m dim von **brinco** ‖ Ec *unartiges*
Kind n
  brinquiño m ⟨poet⟩ *Zuckergebäck* n ‖ *Kleinod*
od *Spielzeug* n *der Frauen* ‖ ◇ estar od ir hecho
un ~ ⟨figf⟩ *aufgeputzt sein*
  brinza f *dünnes Teilchen* n
  briñolas fpl ⟨Bot⟩ *Prünellen* fpl *(Pflaumen)*
  briñón m ⟨Bot⟩ *Nektarine* f
  brío m *Kraft, Stärke* f ‖ ⟨fig⟩ *Mut, Schneid* m,
Tapferkeit f ‖ ⟨fam⟩ *Schmiss, Pep* m ‖ ⟨fig⟩ *Anmut*
f ‖ ⟨fig⟩ *Feuer* n ‖ *Lebhaftigkeit* f ‖ *Heftigkeit* f
  briocense adj *(m/f) aus Brihuega* (P Guad) ‖
auf Brihuega bezüglich
  brioche f *Brioche* f
  briofitas fpl ⟨Bot⟩ *Moospflanzen* fpl, *Moose*
npl (Bryophyta)
  briol m ⟨Mar⟩ *Geitau* n
  briología f ⟨Bot⟩ *Mooskunde, Bryologie* f
  brionia f ⟨Bot⟩ *Zaunrübe, Bryonia* f
(Bryonia sp)
  brios: ¡voto a ~! ⟨fam⟩ *bei Gott!*
  brioso adj *mutig* ‖ *lebhaft, feurig* ‖ *schneidig,*
⟨fam⟩ *schmissig* ‖ *heftig* ‖ adv: ~**amente**
  briozoos mpl ⟨Zool⟩ *Moostierchen, Bryozoen*
npl
  brique m Col *Brigg* f
  briqué m Col *Feuerzeug* n
  briqueta f *Brikett* n, *Presskohle* f ‖ ~
comprimida de polvo *Pulverpresskuchen* m ‖ ~
de hulla *Steinkohlenbrikett* n ‖ ~ de lignito
Braunkohlenbrikett n ‖ ~ de turba *Torfbrikett* n ‖
~ ovoide *Eierbrikett* n ‖ ~ prensada en húmedo
Nassbrikett n ‖ prensada en seco *Trockenbrikett* n
  ¹brisa f ⟨Meteor⟩ *Brise* f, *Nordostwind* m ‖
⟨poet⟩ *sanfter Wind, Zephir* m ‖ Col *feuchte Brise*
f ‖ ~ marina *Seebrise* f ‖ ~ serrana *Brise* f *von*
den Bergen ‖ ~ de tierra, ~ terral *Landbrise* f
  ²brisa f *Oliventrester* m
  ³brisa f Cu *Appetit* m, *Esslust* f
  ¹brisar vt Dom *(er)brechen, s. übergeben*
  ²brisar vi ⟨Meteor⟩ *wehen (Brise)*
  brisca f ⟨Kart⟩ *Briska* f
  briscado m ⟨Text⟩ *Schraubendraht* m
  brisera f Am *geschlossene Laterne,*
Sturmlaterne f
  Brisgovia f ⟨Geogr⟩ *Breisgau* m
  brístol m *Bristolkarton* m
  brisura f ⟨Her⟩ *Brisur, Wappenminderung* f
  bri|tánico adj *britannisch, britisch* ‖ ~ *m Brite*
m ‖ **–tano** adj ⟨lit⟩ *Brite* m
  briza f ⟨Bot⟩ *Zittergras* n (Briza spp)
  brizar [z/c] vt *wiegen (Kinder)*
  ¹brizna f *Splitter* m ‖ ⟨Bot⟩ *Faser* f ‖ *Fädchen*
n ‖ ~ de algodón *Baumwollfaden* m ‖ ~ de paja
Strohhalm m ‖ ◇ tener ~s de ... (fig) *e–n*
Anstrich haben von ...
  ²briz|na f Ven *Sprühregen* m ‖ **–nar** vi Ven
nieseln, fein regnen
  briznoso adj *fas(e)rig*
  brizo m *(Kinder)Wiege* f
  ¹broa f ⟨Art⟩ *Zwieback* m

  ²broa f *klippenreiche Bucht* f
  broca f *Spule, Spindel* f ‖ *(Drill)Bohrer* m ‖
Schuster-, Schuh|zwecke f ‖ ~ avellanadora
Senker, Senkbohrer m ‖ ~ calibrada, ~ de calibre
Kaliberbohrer m ‖ ~ caracol *Schneckenbohrer* m
‖ ~ de centrar *Zentrierbohrer* m ‖ ~ cilíndrica
Zylinderbohrer m ‖ ~ de cincel *Meißelbohrer* m ‖
~ de corona *Kronenbohrer* m ‖ ~ de cuchara
Löffelbohrer m ‖ ~ espiral, ~ helicoidal
Spiralbohrer m ‖ ~ hueca *Hohlbohrer* m ‖ ~ lisa
glatter Bohrer m ‖ ~ de punta *Spitzbohrer* m ‖ ~
radial *Radialbohrer* m ‖ ~ rotatoria *Drehbohrer*
m ‖ ~ salomónica *Schlangenbohrer* m ‖ ~
tubular *Röhren-, Kern|bohrer* m
  broca|dillo m ⟨Text⟩ *mittelfeiner Brokat* m ‖
–do m *Leder* n *mit Gold- od Silberpressung* ‖
⟨Text⟩ *Brokat(stoff)* m
  brocal m *Brustlehne* f *(an e–m Ziehbrunnen),*
Brunnenrand m ‖ *Schleusenloch* n ‖ *Mundstück* n
an e–m Schlauch ‖ *Schildrand* m ‖ ⟨Mil⟩
Mündung f *(Kanone)* ‖ ~ del pozo *Brunnenrand*
~ de salvas *Rückstoßverstärker* m
(Maschinengewehr)
  brocatel m ⟨Text⟩ *Brokatell* m
  brocearse vr SAm ⟨fig⟩ *schief gehen*
(Geschäft)
  ¹brocha f *(Borsten)Pinsel* m, *Malerbürste* f ‖
Rasierpinsel m ‖ ~ de aire ⟨Mal⟩ *Luftpinsel* m ‖
~ gorda *Faustpinsel* m ‖ ~ de oro *Höhepunkt* m
e–r Entwicklung, Karriere usw. ‖ ◆ de ~ gorda
⟨fig⟩ *grob, geschmacklos* (z. B. *Theaterstück*)
  ²brocha f *falscher Würfel* m *(beim Spiel)*
  ³brocha f ⟨Tech⟩ *Räum|nadel, -ahle* f
  ⁴brocha f MAm *Schmeichler* m
  brocha|da f *Pinselstrich* m ‖ ⟨fig iron⟩
Sudelmalerei f ‖ **–do** adj *(gold)durchwirkt* ‖ **–dora**
f ⟨Tech⟩ **a)** *Räummaschine* f ‖ **b)**
(Draht)Heftmaschine f
  brochal m ⟨Zim⟩ *Quer|balken* m, *-holz* n ‖
Trumpf-, Schlüssel-, Wechsel|balken m
  ¹brochar ⟨Mal⟩ vi ⟨fam⟩ *sudeln,*
(hin)schmieren
  ²brochar vi ⟨Tech⟩ *räumen*
  brochazo m *(grober) Pinselstrich* m
  broche m *Brosche, Schnalle, Spange* f ‖
Haarspange f ‖ *Haken* m *und Öse* f ‖
Bücherschloss n ‖ Chi *Büro-, Heft|klammer* f ‖ ~**s**
mpl Ec PR *Manschettenknöpfe* mpl
  brocheta f → **broqueta**
  brocho adj ⟨Taur⟩ *mit niedrig angesetzten*
Hörnern (Stier)
  brochón m MAm *Schmeichler* m
  brócol m And **brócul(i)** m → **brécol(es)**
  Brodie: absceso de ~ ⟨Med⟩ *Brodiescher*
Knochenabszess m
  broja f *Burg Wacholder* m
  broker m *Broker* m, *Börsenmakler,*
Effektenhändler m
  brollar vi *sprudeln*
  brollero, brollo m Ven → **embrollón,**
embrollo
  ¹broma f *Witz, Scherz, Spaß, Ulk* m ‖ *Unfug* m
‖ *Lärm* m ‖ *Zeitvertreib* m ‖ ~ pesada *derber*
Spaß m ‖ ◆ en tono de ~ *im Spaß* ‖ entre ~s y
veras *halb (im) Spaß, halb (im) Ernst* ‖ ◇ andar
en ~s *Spaß machen* ‖ hacer *(od gastar)* ~s
scherzen, spaßen ‖ ¡déjese de ~s! ¡~s aparte! ¡~
a un lado! *Spaß beiseite!* ‖ no estoy para ~s *ich*
bin nicht zum Scherzen aufgelegt ‖ salir por una
~ *teuer sein* ‖ tener a ~ *als Spaß auffassen*
  ²broma f ⟨Zool⟩ *Pfahl-, Schiffsbohr|wurm* m
(Teredo navalis)
  ³broma f *grober Mörtel* m
  ⁴broma f *Hafergrützbrei* m
  bromato m ⟨Chem⟩ *Bromat* n

broma|tología f *Ernährungs|kunde,*
-wissenschaft f ‖ ~ zootécnica *Fütterungslehre* f ‖
–tológico adj *ernährungswissenschaftlich* ‖
–tólogo m *Ernährungswissenschaftler* m
bromazo m *derber Spaß* m
brome|ador m *Spaßmacher* m ‖ **–ar** vi *spaßen,*
Spaß machen ‖ *scherzen*
brom|hidrato m ⟨Chem⟩ *Bromhydrat* n ‖
–hídrico adj: ácido ~ *Bromwasserstoffsäure* f
brómico adj: ácido ~ ⟨Chem⟩ *Bromsäure* f
bromífero adj *bromhaltig*
bromismo m ⟨Med⟩ *Bromismus* m,
Bromvergiftung f
bromista m/f (& adj) *Spaßvogel* m, ⟨fam⟩
fideles Haus n
¹bromita f ⟨Min⟩ *Bromit* m
²bromita dim von **¹broma**
¹bromo m ⟨Br⟩ ⟨Chem⟩ *Brom* n
²bromo m ⟨Bot⟩ *Trespe* f (Bromus spp) ‖ ~
del centeno *Roggentrespe* f (B. secalinus) ‖ ~
dulce *Weiche Trespe* f (B. mollis) ‖ ~ erguido
Aufrechte Trespe f (B. erectus) ‖ ~ inerme
Wehrlose Trespe f (B. inermis)
bromo|fluoruro m ⟨Chem⟩ *Bromfluorid* n ‖
–formo m ⟨Chem⟩ *Bromoform* n
bromu|ración f ⟨Chem⟩ *Bromierung* f ‖ **–ro** m:
~ de amonio, ~ amónico *Ammoniumbromid* n ‖
~ cálcido, ~ de calcio *Kalziumbromid* n ‖ ~
carbónico, ~ de carbono *Bromkohlenstoff* m ‖ ~
de cobre *Kupferbromid* n ‖ ~ férrico
Eisen(III)bromid n ‖ ~ ferroso *Eisen(II)bromid* n
‖ ~ de mercurio *Quecksilberbromid* n ‖ ~ de oro
Goldbromid n ‖ ~ de plata *Bromsilber,*
Silberbromid n ‖ ~ potásico *Kaliumbromid,*
Bromkali n ‖ ~ de yodo *Jodbromid* n
bronca f ⟨fam⟩ *Zank, Streit* m ‖ ⟨fam⟩ *Zankerei*
f ‖ *Schlägerei, Rauferei* f ‖ ⟨fig⟩ *(lebhafte)*
Auseinandersetzung f, *Wortstreit* m ‖ *Krach* m ‖
⟨pop⟩ *Klamauk* m ‖ ⟨fam⟩ *scharfer Verweis* m,
⟨fam⟩ *Rüffel* m ‖ ⟨Taur⟩ *lärmender Protest* m *(des*
Publikums) ‖ *And* ⟨fam⟩ *großer Verdruss* m ‖ *Arg*
Hass m, *Abneigung* f ‖ una ~ padre ⟨pop⟩ *ein*
derber Verweis, ein gehöriger Rüffel m ‖ ◊ *armar*
~ ⟨fam⟩ *lärmen* ‖ *Krawall schlagen* ‖ *echar una*
~ *a alg.* ⟨fam⟩ *jdm die Leviten lesen, jdn*
ausschelten
broncar [c/qu] vt *And biegen*
bronce m *Bronze* f ‖ *(Guss)Erz* n, *Bronze* f ‖
Geschützbronze f ‖ ⟨poet⟩ *Trompete, Glocke* f
usw. ‖ ~ de aluminio *Aluminiumbronze* f ‖ ~ de
campanas *Glockenmetall* n ‖ ~ de cañones
Geschützbronze f ‖ ~ para cojinetes *Lagerbronze*
f ‖ ~ de espejos *Spiegelbronze* f ‖ ~ fosforoso
Goldbronze f ‖ ~ fosforoso *Phosphorbronze* f ‖ ~
líquido *Bronzetinktur* f ‖ ~ de manganeso, ~
mangánico *Manganbronze* f ‖ ~ de pintura
Goldbronze f ‖ ~ plomífero *Bleibronze* f ‖ ~ en
polvo *Bronzepulver* n ‖ ~ sinterizado
Sinterbronze f ‖ ◊ *escribir en* ~ ⟨fig⟩ *mit ehernen*
Lettern eingraben ‖ *ser de* ~ ⟨fig⟩ *sehr*
widerstandsfähig, ⟨fam⟩ *eisern sein* ‖
unnachgiebig sein ‖ **~s** mpl *Bronze|waren,*
-figuren fpl
bronce|ado adj *bronzefarben* ‖
(sonnen)gebräunt (Haut) ‖ ~ m *Bronzieren* n ‖
–ador m *Bräuner* m ‖ ~ sin sol *Selbstbräuner* m
‖ **–ar** vt *bronzieren* ‖ *anlaufen lassen (Flintenlauf)*
‖ *bräunen (Haut)* ‖ **–ría** f *Bronzearbeiten* fpl
bron|cíneo adj *bronzen* ‖ ⟨fig⟩ *ehern* ‖
(sonnen)gebräunt ‖ **–cista** m/f *Bronzefabrikant(in*
f) m ‖ *Bronzearbeiter* m ‖ **–cita** f ⟨Min⟩ *Bronzit* m
bronco adj *roh, unbearbeitet* ‖ *spröde (Metall)*
‖ ⟨fig⟩ *wild (Gegend)* ‖ *rau (Stimme)* ‖ ⟨fig⟩
unfreundlich, barsch ‖ adv: **~amente**

broncofonía f ⟨Med⟩ *Bronchophonie* f
bronco|neumonía f ⟨Med⟩ *Bronchopneumonie,*
Luftröhren- und Lungenentzündung f ‖ **–patía** f
Bronchienerkrankung f ‖ **–rragia** f
Bronchialblutung f ‖ **–rrea** f *Bronchorrhö(e)* f ‖
–scopia f *Bronchoskopie* f ‖ **–scopio** m
Bronchoskop n ‖ **–spasmo** m *Bronchospasmus* m ‖
–tomía f *Bronchotomie* f
bronquear vt *Cu (jdm) e–n scharfen Verweis*
erteilen
bronquedad f a) *Sprödigkeit* f *(der Metalle)* ‖
b) *Rauheit* f *des Gemütes*
bronquial adj *(m/f) bronchial*
bronquiectasia f ⟨Med⟩ *Bronchiektasie* f
bronqui|na f ⟨fam⟩ *Streit, Zank* m ‖ **–noso** m
Col Ven Raudaubruder, Krakeeler m
bron|quiolo m ⟨An⟩ *Bronchiole* f ‖ **–quios** mpl
⟨An⟩ *Bronchien, Luftröhren* fpl ‖ **–quitis** f ⟨Med⟩
Bronchitis, Luftröhrenentzündung f
bronquista m/f *Radaubruder, Krakeeler* m
brontosaurio m [Paläozoologie] *Brontosaurus*
m
broquel m *(kleiner runder) Schild* m ‖ ⟨fig⟩
Schutz, Schirm m
broquelarse vr →* *abroquelarse*
broquelero adj ⟨fig⟩ *streitsüchtig*
broquelona f *Bol* ⟨Ins fam⟩ *Zecke* f, *Holzbock*
m
broqueta f *(Brat)Spieß* m
bróquil m *Ar* →* **brécol(es)**
brosmio m ⟨Fi⟩ *Lumb, Brosme, Seequappe* f
(Brosme brosme)
brosquil m *Ar Pferch* m
brota f *Chi Knospen* n
¹brótano m ⟨Bot⟩ *Eberraute* f (Artemisia
abrotanum)
²brótano m *Schössling, Trieb* m
bro|tar vt *hervortreiben (Blätter)* ‖ ~ vi
aufgehen, (hervor)keimen ‖ *ausschlagen (Bäume)*
‖ *Knospen treiben, knospen* ‖ ⟨fig⟩ *hervorkommen,*
erscheinen, hervorquellen ‖ **–te** m ⟨Bot⟩
Rebschössling m ‖ ⟨Bot⟩ *Knospe* f ‖ ⟨Bot⟩ *Spross*
m ‖ ⟨fig⟩ *Anfang* m ‖ ⟨fig⟩ *Aufflammen* n ‖ *Murc*
Brosame f ‖ **~s** de espárrago *Spargelspitzen* fpl
brótola f ⟨Fi⟩: ~ de fango *Gabeldorsch* m ‖
(Urophycis blennioides)
browning f *Browning* m *(Schusswaffe)*
broza f *abgefallenes Holz* n ‖ *dürres Laub* n ‖
Reisig n ‖ *Dickicht, Gestrüpp* n ‖ *Schutt* m ‖
Späne mpl ‖ *Abfall* m ‖ ⟨Typ⟩ *Bürste* f ‖
Kardätsche f ‖ ⟨fig⟩ *unnützes Zeug,*
Überflüssige(s) n ‖ ◊ *servir de toda* ~ ⟨fam⟩ *zu*
allem dienlich sein
brozar [z/c] vt →* *bruzar*
brozoso adj *staubig, beschmutzt*
brucelosis f ⟨Med Vet⟩ *Brucellose* f
brucero m *Bürstenbinder* m ‖ *Bürstenhändler*
m
bruces fpl *Lippen* fpl ‖ ◊ *beber de* ~ *auf dem*
Bauch liegend trinken ‖ *caer de* ~ ⟨fam⟩ *aufs*
Gesicht fallen, ⟨fam⟩ *auf die Nase fallen* ‖ *darse*
de ~ *con alg.* ⟨fam⟩ *s. mit jdm einlassen*
¹bruja f *Hexe, Zauberin* f ‖ ⟨fig⟩ *alte Hexe* f ‖
Cu Dirne, Prostituierte f ‖ *Cu Mex* ⟨fam⟩ *armer*
Schlucker m ‖ ◊ *creer en* **~s** ⟨fig⟩ *sehr*
leichtgläubig sein ‖ *estar* ~ ⟨figf⟩ *knapp bei*
Kasse sein
²bruja f ⟨V⟩ *Eule* f
Brujas f [Stadt] *Brügge* n
¹brujear vi *hexen*
²brujear vi *Ven Wild jagen*
¹brujería f *Hexerei* f ‖ *Zauberei* f
²brujería f *PR Armut* f
bruje|ril *(m/f),* **–sco** adj *Hexen-* ‖ **–z** f *Mex*
Armut f

brujilla *f Stehaufmännchen* n
¹brujo adj Cu Mex PR *elend, arm* ‖ Am
unheimlich
²brujo *m Hexenmeister, Zauberer* m ‖ Am
Medizinmann m
³brujo *m* **a)** (Art) *Dörrfleisch* m ‖ **b)** *violette*
Süßkartoffel f
brújula *f Magnetnadel* f ‖ *(Schiffs)Kompass* m
‖ ⟨Radio⟩ *Richtungsfinder* m ‖ *Kimme* f *(Visier),*
Korn n *(am Schießgewehr)* ‖ *Visiereinrichtung* f ‖
⟨fig⟩ *Beobachtungsgabe* f ‖ ⟨fig⟩ *Richtung* f ‖ ~
acimutal, ~ azimutal Azimutal-, Peil⟨kompass m ‖
~ *de agrimensor Feldmesserbussole* f ‖ ~
astronómica Sternkompass m ‖ ~ *de bolsillo*
Taschenkompass m ‖ ~ *de declinación*
Deklinationskompass m ‖ ~ *giroscópica*
Kreiselkompass m ‖ ~ *de inclinación*
Neigungskompass m, *Inklinatorium* n,
Inklinationsbussole f ‖ ~ *de limbo solidario*
⟨Top⟩ *feststehende Rose* f ‖ ~ *luminosa*
Leuchtkompass m ‖ ~ *maestra Mutterkompass* m
‖ ~ *de marear Schiffskompass* m ‖ ~ *marina*
Schiffskreisel m ‖ ~ *de prisma Prismenkompass*
m ‖ ~ *de senos Sinusbussole* f ‖ ~ *suspendida*
Hänge-, Kajüt⟨kompass m ‖ ~ *de tangentes*
Tangentenbussole f ‖ ~ *de viaje Reisekompass* m
‖ ◇ *perder la ~* ⟨fig⟩ *den Halt verlieren* ‖ *die*
Übersicht verlieren ‖ *ver por ~* ⟨fig⟩ *undeutlich,*
verschwommen sehen
brujulear vt ⟨figf⟩ *vermuten, allmählich*
dahinterkommen ‖ *s. geschickt durchs Leben*
schlagen ‖ Col *intrigieren* ‖ ~ vi Pe *feiern*
brulote *m* Arg Chi ⟨fam⟩ *Schimpfwort* n ‖
SAm *beleidigende Schrift* f
bruma *f* ⟨Mar⟩ *Nebel auf dem Meer, Dunst* m ‖
~ *humosa* ⟨Mar⟩ *Rauchnebel* m ‖ ~ *ligera* ⟨Mar⟩
leichter Nebel, Dunst m
brumar vt *verprügeln* ‖ → **abrumar**
brumario *m* ⟨Hist⟩ *Brumaire, Nebelmonat* m
(im frz. Revolutionskalender)
bru⟨mazón *m dichter Nebel* m ‖ **–moso** adj
⟨Mar⟩ *neb(e)lig, diesig, dunstig, mistig*
brunch *m Brunch* m
Brunei Darussalam *m* ⟨Geogr⟩ *Brunei*
Darussalam n ‖ ◆ *de ~ bruneiisch* ‖ Einwohner:
Bruneier m
Bruno *m* np *Bruno* m
Bruns⟨wick, –wig *m* [Stadt] *Braunschweig* n
bruñi⟨dera *f Glätttafel* f ‖ MAm *Überdruss* m
‖ **–do** adj *glatt, poliert* ‖ ~ *m Glätten* n ‖ *Politur* f
‖ *Glanz* m ‖ **–dor** *m Polierer, Polierstahl* m ‖
–dora *f* ⟨Met⟩ *Läppmaschine* f
bruñir [pret ~ñó] vt *(ab)glätten, polieren,*
läppen, brünieren ‖ ⟨figf⟩ *schminken* ‖ CR Guat
belästigen ‖ ◇ ~ *con la muela schwabbeln, auf*
der Schwabbelscheibe polieren
brusca *f* ⟨Bot⟩ *Sennesstrauch* m, *Kassie* f
(Cassia spp)
¹brusco adj *barsch, unwirsch* ‖ *plötzlich, jäh,*
stoßweise ‖ adv: ~**amente**
²brusco *m Abfall* m *der Wolle (bei der*
Schafschur)
³brusco *m* ⟨Bot⟩ *Mäusedorn* m (Ruscus)
bruselas *fpl Goldschmiedezange* f
Bruse⟨las *m* [Stadt] *Brüssel* n ‖ **–lense** adj *aus*
Brüssel ‖ *auf Brüssel bezüglich* ‖ ~ *m Brüsseler*
m
brusquedad *f barsches, ungestümes Wesen* n ‖
Barsch-, Schroff⟨heit f ‖ *schroffe Äußerung* f ‖
Heftigkeit f ‖ ◆ *con ~ jäh*
brus⟨quero *m* PR, **–quilla** *f* RPl *Kleinholz* n
brut adj [Sekt] *brut*
brutada *f* → **bruteza**
brutal adj *(m/f) tierisch, viehisch, brutal* ‖
grob, roh, gemein ‖ *rücksichtslos* ‖ *gewalttätig* ‖

ungestüm ‖ *heftig (Schmerz)* ‖ ⟨pop⟩ *toll, pfundig*
‖ ◇ *de un modo ~* ⟨figf⟩ *grässlich, fürchterlich* ‖
adv: ~**mente**
brutalidad *f tierisches Wesen* n, *Brutalität* f ‖
⟨fig⟩ *Roheit, Ungeschliffenheit* f ‖ *Gewalttätigkeit,*
Rücksichtslosigkeit f ‖ ⟨fig⟩ *Unhöflichkeit* f,
flegelhaftes Benehmen n ‖ ⟨fig⟩ *grobe Worte* npl
brutalizar [z/c] vt *brutal, roh, grob behandeln*
‖ *misshandeln*
brutar vt *sieben, beuteln*
bru⟨teza *f Roheit* f ‖ *Ungeschliffenheit* f ‖
–ticie *f* (fam) *Roheit* f ‖ **–to** adj *viehisch, tierisch*
‖ ⟨fig⟩ *unvernüftig* ‖ ⟨fig⟩ *grob* ‖ ◆ *en ~ im*
Rohzustand m ‖ adv: ~**amente** ‖ ~ *m Tier, Vieh* n
‖ ⟨fig⟩ *roher Mensch, Rohling* m ‖ ⟨Taur⟩ *Stier* m
‖ Chi *Kampfhahn* m ‖ Chi *nicht reinrassiger*
Hahn m ‖ Chi *nicht reinrassiges Tier* n ‖ *el noble*
~ ⟨poet⟩ *das Ross, das Pferd* ‖ ◇ *enamorarse*
como un ~ ⟨fig⟩ *s. blind verlieben*
Bruto *m* np *Brutus* m
bruxismo *m* ⟨Med⟩ *Bruxomanie* f
bruza *f Kardätsche* f ‖ ⟨Typ⟩ *Bürste* f
bruzar [z/c] vt ⟨Typ⟩ *(ab)bürsten*
bruzas, bruzos → **bruces**
bto. Abk. = **bulto** ‖ **bruto**
bu *m* (fam) *Buhmann, schwarzer Mann* m,
Schreckgespenst n *(der Kinder)* ‖ ⟨fam⟩ *Popanz* m
búa *f Pustel, Eiterbeule* f
buba *f Pustel* f ‖ *Hitzpocke* f
búbalo *m* ⟨Zool⟩ *Wasserbüffel* m (Bubalus spp)
bubón *m*⟨Med⟩ *Bubo* m, *Lymphknoten-,*
Leistendrüsen⟨geschwulst f ‖ *Pestbeule* f ‖ ~
climático tropischer od klimatischer Bubo m ‖ ~
chancroso schankröser Bubo m ‖ ~ *sifilítico*
syphilitischer Bubo m ‖ *Leistendrüsengeschwulst* f
bubónico adj: *peste* ~a ⟨Med⟩ *Beulenpest* f
bu-bú *m* (fam) *Popanz* m ‖ ⟨fam⟩
Vogelscheuche f ‖ ◇ *hacer el* ~ ⟨fig⟩ *Furcht*
einjagen
bucal adj *(m/f) Mund-, bukkal*
bucanero *m* Am ⟨Hist⟩ *Seeräuber, Bukanier* m
búcara *f* Dom *felsige Gegend* f *an der Küste* ‖
~s *fpl* Dom *schroffe spitze Felsen* mpl
bucarán *m Buckram* m *(Buchbinderleinwand)*
bucardo *m* Ar ⟨Zool⟩ *Bergbock* m
búcare *m* Ven ⟨Bot⟩ *Bukare* m *(Baum)*
búcaro *m wohlriechende Siegelerde* f ‖
(Blumen)Vase f *(daraus)*
bucear vi *(unter)tauchen* ‖ ⟨fig⟩ *forschen,*
nachdenken
bucéfalo *m* ⟨Ins⟩ *Mond⟨vogel, -fleck* m
(Phalera bucephala)
Bucéfalo *m* ⟨Myth⟩ *Bukephalos* m *(Pferd)* ‖
(fam) *Schindmähre* f
bucelas *fpl Kornzange* f
Bucentauro *m* ⟨Myth⟩ *Buzentaur* m
buceo *m Tauchen* n
bucero adj *schwarzmäulig (Spürhund)* ‖ ~ *m*
⟨V⟩ *Doppelhornvogel* m (Buceros bicornis)
bucerótidos *mpl* ⟨V⟩ *Nashornvögel* mpl
(Bucerotidae)
buces → **bruces**
buchaca *f* Salv *Tasche* f
buchada *f Schluck, Mundvoll* m
buchar vt *ver⟨stecken, -bergen*
¹buche *m Kropf* m *der Vögel* ‖ *Tiermagen* m ‖
Labmagen m *(der Wiederkäuer)* ‖ *Sackfalte* f *(im*
Kleid) ‖ *Mundvoll* m *(Wasser usw.)* ‖ ⟨fig⟩ *Busen*
m, *Herz* n ‖ Mex *Kropf* m ‖ ◇ *llenar el* ~ ⟨fam⟩
s. voll stopfen ‖ *no le cabe en el* ~ ⟨fam⟩ *er kann*
es nicht für s. behalten ‖ *sacar el* ~ *a uno* ⟨figf⟩
jdn auf Herz und Niere prüfen
²buche *m* Ec *Zylinderhut* m
³buche *m* Cu *Strolch, Ganove* m
⁴buche *m saugendes Eselfüllen* n

buchería *f* Cu *Flegelhaftigkeit* f
buchete *m* ⟨fam⟩ *Pausbacke* f
buchillo *m* Murc *großes Messer* n
buchinche *m elendes Zimmer*, ⟨fam⟩ *Loch* n ‖
Cu *armselige Kneipe, Kaschemme* f ‖ Cu
armseliges Café n
buchógrafo *m* Pan ⟨fam⟩ *Gewohnheitstrinker*
m
buchón adj Col *dickbändig* ‖ Cu *gutmütig*
bucino *m* ⟨Zool⟩ *Wellhornschnecke* f
(Buccinum undatum)
bucle *m* (*Haar)Locke, Ringellocke* f ‖ ⟨fig⟩
Windung, Schleife f, *Knick* m ‖ ⟨El⟩
Rückkopplungskreis m ‖ ⟨Inform⟩ *Loop* m
¹buco *m Ziegenbock* m
²buco *m Loch* n, *Öffnung* f
³buco *m* MAm *Lüge* f
bucofaríngeo adj ⟨An⟩ *zu Mund und Rachen
gehörend*
¹bucóli|ca *f* ⟨Poet⟩ *Hirtengedicht* n ‖ *Idylle* f ‖
–co adj *bukolisch* ‖ *ländlich* ‖ *Hirten-, Schäfer-*
²bucólica *f* (joc fam) *Nahrung* f ‖ Col ⟨fam⟩
Hunger m
¹bucurú [*pl* **~úes**] *m* Bol ⟨Art⟩ *Kartoffel* f
²bucurú [*pl* **~úes**] *m* MAm *Be-, Ver|hexung,
Hexerei* f
Buda *m* np *Buddha* m ‖ ◇ *sentado a lo* ~ *im
Schneidersitz* m
Budapest *m* [Stadt] *Budapest* n
budare *m* Ven *flacher Topf* m
buddleia *m* ⟨Bot⟩ *Sommerflieder,
Schmetterlingsstrauch* m, *Buddleia* f
búdico adj *buddhistisch*
budín *m (Art) Pudding* m ‖ ~ *inglés
Plumpudding* m
budinera *f Puddingbackform* f
budión *m (Fi) Schleimfisch* m (Blennius spp)
budis|mo *m* ⟨Rel⟩ *Buddhismus* m ‖ **–ta** adj
(m/f) buddhistisch ‖ ~ *m/f Buddhist(in* f) m
bué *m* León Sal *Ochse* m
buega *f* Ar *Grenzstein* m
buen [*statt* **bueno**, *gebräuchlich vor
Hauptwörtern od dem* Inf. Praes.] adj/*m gut* ‖
gusto guter Geschmack m ‖ ¡~ *apetito! guten
Appetit!* ‖ ~ *hombre guter Kerl* m ‖ *guter Mann,
„mein Bester"* m (Anrede)‖ ~ *mozo kräftiger
(und hübscher) Bursch* m ‖ un ~ *pedazo ein
tüchtiges Stück* n ‖ ~ *sentido gesunder
Menschenverstand* m ‖ ~ *tiempo schönes Wetter*
n ‖ al ~ *tuntún* ⟨fam⟩ *aufs Geratewohl* ‖ ~
hombre, pero mal sastre ⟨fam⟩ *er ist ein guter
Mensch, aber auch weiter nichts*
buenamente adv *treuherzig* ‖ *füglich* ‖ *bequem*
‖ *freiwillig*
buenamoza *f* Col ⟨Med⟩ *Gelbsucht* f
buenandanza *f* → **bienandanza**
buenasnoches *m/f* Ur *ahnungsloser Mensch* m
buenastardes *f* ⟨Bot⟩ Am *Dreifarbige Winde* f
(Convolvulus tricolor)
buenaventura *f Glück* n, *Wohlfahrt* f ‖ ◇ *decir la*
~ *aus der Hand wahrsagen* ‖ ~ *m* np *Bonaventura*
m
buenazo adj *seelengut, kreuzbrav, gutmütig* ‖
~ *m* ⟨fam⟩ *guter Kerl* m ‖ *gutmütiger Mensch* m
buenecito adj dim von **bueno**
¹bueno adj *gut* ‖ *einwandfrei, genau, richtig* ‖
günstig ‖ *angenehm* ‖ *vergnügt* ‖ *gesund* ‖ *groß,
stark* ‖ *brav, gutmütig* ‖ *lieb* ‖ *liebenswürdig* ‖
ordentlich ‖ *beträchtlich, tüchtig* ‖ *brauchbar* ‖
befriedigend (Prüfungsnote) ‖ ⟨iron⟩ *schön,
gelungen* ‖ ⟨fam⟩ *einfältig* ‖ ~ *de comer gut
schmeckend, schmackhaft* ‖ lo ~ es que … ⟨fam⟩
das Schöne dabei ist, dass … ‖ lo ~, si breve dos
veces ~ ⟨Spr⟩ *in der Kürze liegt die Würze* ‖ a la
~a *redlich, aufrichtig* ‖ a la ~a *de Dios aufs*

Geratewohl, auf gut Glück ‖ *ahora viene lo* ~
jetzt kommt das Schönste ‖ ¡~ *es él para bromas!
mit dem ist nicht zu spaßen!* ‖ de ~ a *mejor
immer besser* ‖ dar por ~ *billigen* ‖ no estar ~ de
la cabeza* (figf) *(halb) verrückt sein, nicht ganz
dicht sein, e–e Schraube locker haben* ‖ hace ~
es ist gutes Wetter ‖ hacer ~a *una cantidad e–e
Summe gutschreiben* ‖ hacer ~a *et. beweisen* ‖
et. billigen, gutheißen ‖ hacerla ~a *et. Verkehrtes
tun, e–m Irrtum erliegen* ‖ ¡tanto ~ *por aquí!*
⟨fam⟩ *willkommen!* ‖ ¿adónde ~? *wohin des
Weges?* ‖ ¡~a es ésa! (iron) *das ist gelungen!* ‖ a
~as, por la ~a, por ~as (fig) *im guten, gütlich* ‖
gern, willig ‖ de ~ (a primeras) *auf den ersten
Blick, zuerst, sofort* ‖ *mir nichts, dir nichts* ‖ *im
Grunde* ‖ *in den Tag hinein* ‖ las ~as letras *die
schönen Wissenschaften fpl* ‖ estar de ~ ⟨fam⟩
gut gestimmt sein ‖ ¡~s días! *guten Tag!* ‖ ¡~as y
gordas! ⟨fam iron⟩ *gut Heil!* ‖ cogí un susto de
los ~s ⟨fam⟩ *da bin ich sehr erschrocken* ‖ ¡muy
~as! (pop) … *Tag!* ‖ ◇ *arrímate a los* ~s *y serás
uno de ellos* ⟨Spr⟩ *mit rechten Leuten wird man
was*
²bueno adv/adj *genug* ‖ *billig* ‖ *recht* ‖ ~, *pues
… nun wohl …, also …* ‖ ¡~! *na schön! von mir
aus! meinetwegen!* ‖ *gut! gut so! so ist's recht!
o.k. ok!* ‖ *jetzt langt's (aber)! nicht weiter so!
Schluss jetzt! basta!*
³bueno *m Befriedigend* n *(Prüfungsnote)*
Buenos Aires *m* [Stadt] *Buenos Aires* n
buena *f (Blut)Wurst* f
buera *f* Murc *Pustel* f *am Mund*
¹buey *m* ⟨Zool⟩ *Ochse* m ‖ *Rind* n ‖ ⟨fig⟩
lästiger Mensch m ‖ ⟨fig pop⟩ *impotenter Mann*
m ‖ Mex ⟨fig⟩ *Hahnrei, betrogener Ehemann* m ‖
~ *almizclero Moschusochse* m (Ovibos
moschatus) ‖ ~ *cebado,* ~ *de ceba,* ~ *de engorde
Mastochse* m ‖ ~ *de labor,* ~ *de labranza
Zugochse* m ‖ ~ *marino Seekuh* f ‖ ~ *trompeta
Arg einhörniger Ochse* m ‖ ◇ a paso de ~ ⟨figf⟩
sehr langsam, sehr bedächtig, im Schneckentempo
‖ el ~ *harto so es comedor* ⟨Spr⟩ *wenn die Maus
satt ist, schmeckt das Mehl bitter* ‖ **~es** mpl
Spielkarten fpl ‖ ◇ *pegar* ~ MAm *einschlafen*
²buey *m* ⟨Zool⟩ *Taschenkrebs* (Cancer pagurus)
³buey *m* PR *e–e Stange Geld*
buey|cillo, –zuelo *m* dim von **¹buey** ‖ **–ro** *m*
Chi ⟨fam⟩ → **¹boyero**
¡buf! Chi *pfui!*
¹bufa *f* ⟨fam⟩ *Spaß, Scherz* m ‖ Cu *Rausch,
Schwips* m
²bufa *f* ⟨fam⟩ *geräuschloser Wind* m
△ **bufaire** *m Angeber* m
bufandilla *m/f* Cu *betrunkene Person* f
búfalo *m* ⟨Zool⟩ *(Wasser)Büffel* m (Bubalus
bubalis) ‖ *(Kaffern)Büffel* m (Syncerus caffer) ‖
Bison, (Indianer)Büffel m (Bison bison)
bufanda *f Halstuch* n, *Schal* m ‖ *Busentuch* n
der Frauen ‖ ◇ *trae una* ~ *que se la pisa* ⟨vulg
iron⟩ *er hat schwer geladen, er hat ganz schön
e–n sitzen, er ist voll wie e–e Strandhaubitze*
búfano adj Cu Ven *schwammig*
bufar vi/t *schnauben (Stier)* ‖ *fauchen (Katze)*
‖ *(Wasser) aus dem Mund spritzen* ‖ ◇ ~ *de ira
vor Zorn schnauben* ‖ **~se** Mex *s. lockern
(Mauerwerk)*
bufarrón *m* → **bujarrón**
bufé *m Anrichte* f, *Büfett* n ‖ *Anrichte-,
Kredenz|tisch* m ‖ *Büfett* n *(im Restaurant)* ‖ ~ de
desayuno Frühstücksbüfett n ‖ ~ de ensaladas
Salatbüfett n
bufeadero *m* Dom *Grotte* f *an der Küste*
bufeo *m* Arg Pe ⟨Zool⟩ *Tümmler* m
bufete *m Schreib-, Arbeits|tisch* m ‖ *Ladentisch*
m ‖ *Büro* n od *Kanzlei* f *e–s Rechtsanwalts* ‖ ⟨fig⟩

Praxis f *e–s Rechtsanwalts* ‖ *Kredenztisch* m ‖ ◇
abrir ~ *s. als Rechtsan|walt niederlassen*
bufia f ⟨pop⟩ *lederne Weinflasche* f
bufido m *Schnauben, Brüllen* n *der Tiere* ‖
Fauchen n *(Katze)* ‖ ⟨figf⟩ *Wutschnauben* n ‖
⟨figf⟩ *Anschnauzen* n
bufo adj *närrisch, spaßhaft* ‖ *possenhaft* ‖
drollig, komisch ‖ ~ m ⟨Th⟩ *Buffo* m
bufón m/adj *Spaßmacher, Possenreißer* m ‖
Hofnarr m ‖ *Hanswurst* m ‖ ⟨Th⟩ *lustige Person* f
bufo|nada f *Posse, Schnurre* f ‖ **–nería** f Ar →
buhonería ‖ **–nesco** adj *possenreißerisch* ‖ **–nizar**
[z/c] vi *Possen reißen, den dummen August
spielen*
bufoso m Arg *Revolver* m
buga f ⟨pop⟩ *Karren* m *(Auto)*
bugalla f *Gallapfel* m
buganvilla f ⟨Bot⟩ *Bougainvillea* f
(Bougainvillea spp)
buggy m ⟨Auto⟩ *Buggy* m
bugle m ⟨Mus⟩ *Klapphorn* n
buglosa f ⟨Bot⟩ *Ochsenzunge* f (Anchusa spp)
bugui-bugui m *Boogie-Woogie* m *(Tanz)*
búgula f ⟨Bot⟩ *Günsel* m (Ajuga spp)
buhar|da, –dilla f *Dach|luke* f, *-fenster* n ‖
Dachstube f ‖ *Mansarde* f
buharro, buhardo m ⟨V⟩ *Zwergohreule* f
(Otus scops)
buharrón m → **bujarrón**
búho m ⟨V⟩ *Uhu* m ‖ ⟨figf⟩ *mürrischer Mensch*
m, *menschenscheue Person* f ‖ *Spitzel* m ‖ ~
chico Waldohreule f (Asio otus) ‖ ~ *nival
Schnee-Eule* f (Nyctea scandiaca) ‖ ~ *real Uhu* m
(Bubo bubo)
buhobús m ⟨fam joc⟩ *Nachtbus* m
buhone|ría f *Hausiererkasten* m ‖ ~*s* fpl
Kurzwaren fpl ‖ **–ro** m *Hausierer* m ‖ *Krämer* m
buido adj *scharf, spitz* ‖ *gerieft* ‖ *ausgehöhlt* ‖
⟨fig⟩ *flink, leichtfertig*
bui|tre m ⟨V⟩ *Geier* m ‖ ⟨fig⟩ *Aasgeier,
Wucherer* m ‖ ~ *común Gänsegeier* m (Gyps
fulvus) ‖ ~ *negro Mönchsgeier* m (Aegypius
monachus) ‖ ◇ *comer como un* ~ ⟨figf⟩ *fressen
wie ein Wolf* ‖ **–trear** vt/i Chi *Geier jagen* ‖ Chi
⟨figf⟩ *Gegessenes sofort erbrechen* ‖ **–trera** f
Schindanger m ‖ *Geierjäger* m
¹buitrón m ⟨V⟩ *Cistensänger* m (Cisticola
juncidis)
²buitrón m ⟨Art⟩ *Fischreuse* f ‖ *Fangnetz* n,
Kescher m
³buitrón m Am *Schmelzofen* m *für Silbererz*
bujarrón m *(aktiver) Homosexuelle(r)* m
buje m ⟨Tech⟩ *Buchse* f ‖ *Radnabe* f ‖
Radnabenhülse f ‖ ~ *de cojinete Lager|büchse,
-buchse* f ‖ ~ *hueco Hohlnabe* f ‖ ~ *metálico
Metall|büchse, -buchse* f ‖ ~ *del piñón Ritzelnabe*
f

buje|da, –dal, –do → **bojedal**
bujeo m *morastige Gegend* f
bujería f *Flitterzierrat* m ‖ *Kleinkram* m
bujeta f *Büchschen* n
bujía f *Wachs|licht* n, *-kerze* f ‖ *Handleuchter*
m ‖ (El) *Kerze* f *(altes Lichtstärkemaß)* ‖
Zündkerze f ‖ ⟨Med⟩ *Harnröhrensonde, Bougie* f ‖
~**-centímetro** ⟨Opt⟩ *Zentimeterkerze* f ‖ ~ *de
comparación Vergleichskerze* f ‖ ~ *de encendido
Zündkerze* f ‖ ~ *de esperma Walratkerze* f ‖ ~
esteárica Stearinkerze f ‖ ~ *filtrante Filterkerze* f
‖ ~ *de ignición* → ~ *de encendido* ‖ ~ *de mica
Glimmerzündkerze* f ‖ ~*-hora Kerzenstunde* f ‖ ~
incandescente Glühkerze f ‖ ~*internacional* ⟨Hist⟩
internationale Kerze f ‖ ~ *miniatura,* ~ *enana
Zwergzündkerze* f ‖ ~ *normal Normalkerze* f ‖
~*-pie Fußkerze* f
bujo m *Burg* → **¹boj**

bul m Cu *Getränk* n *aus Bier, Wasser und
Zucker*
bula f *päpstliche Bulle* f ‖ *Dispens* m (& f) ‖
Verordnung f ‖ ~ *de la* (Santa) *Cruzada
Kreuzzugsbulle* f ‖ ~ *de oro,* ~ *carolina Goldene
Bulle* f *(Kaiser Karls IV., 1356)* ‖ ◇ *no le vale la*
~ *de meco* ⟨fam⟩ *ihm (ihr) ist nicht zu helfen* ‖
tener ~ *para todo* ⟨figf⟩ *s. aus nichts ein
Gewissen machen* ‖ *echar las* ~*s a uno* ⟨figf⟩ *jdm
die Leviten lesen* ‖ *vender* ~*s* ⟨fig⟩ *s. scheinheilig
betragen*
bulárcama f ⟨Mar⟩ *Spant* n
bulario m *Bullensammlung* f, *Bullarium* n
bul|bar adj *(m/f)* ⟨An⟩ *Augapfel-* ‖ ⟨An⟩ *bulbär*
‖ **–bífero** adj ⟨Bot⟩ *zwiebeltragend* ‖ **–biforme** adj
(m/f) ⟨Bot⟩ *zwiebelförmig* ‖ **–billo** m ⟨Bot⟩
Zwiebelknolle f ‖ **–bo** m ⟨Bot⟩ *Knolle, Zwiebel* f ‖
Blumenzwiebel f ‖ *Wulst* m ‖ ⟨An⟩ *Bulbus* m ‖ ~
de la aorta Aorten|zwiebel f, *-bulbus* m ‖ ~
dentario Zahnpapille f ‖ ~ *duodenal
Duodenalkappe* f ‖ ~ *del ojo Augapfel* m ‖ ~
olfatorio Riechkolben m ‖ ~ *piloso Haarzwiebel* f
‖ ~ *raquídeo Kopfmark, verlängertes Mark* n ‖
–boso adj ⟨Bot⟩ *knollig* ‖ ⟨An⟩ *wulstig, bulbös*
bulbul m ⟨V⟩ *Bülbül* m ‖ ~ *naranjero
Graubülbül* m (Pycnonotus barbatus)
buldog m [Hund] *Bulldogge* f
buldozer m ⟨Tech⟩ *Bulldozer* m
bule m ⟨Bot⟩ Mex *Flaschenkürbis* m
(Lagenaria vulgaris = L. siceraria)
bulerías fpl ⟨Mus⟩ *andalusischer Gesang mit
Tanzbegleitung*
¹bulero m *Bullenverteiler* m ‖ *Ablasskrämer* m
¹bulero m ⟨pop⟩ *Preller* m
buleto m *päpstliches Breve* n
bulevar m *Boulevard* m, *Ringstraße* f, *Ring* m
Bulgaria f ⟨Geogr⟩ *Bulgarien* n
búlgaro adj *bulgarisch* ‖ ~ m *Bulgare* m ‖ el
~ *die bulgarische Sprache, das Bulgarische*
búlico adj Mex PR Ven *weißgescheckt (Huhn)*
bulimia f ⟨Med⟩ *Bulimie* f, *Heißhunger* m
bulín f Arg *gut eingerichtetes Appartement* n ‖
Junggesellenbude f ‖ *Garçonnière* f
bulina f Mex *Fladen* m *aus
Schminkbohnenmasse* f ⟨fig joc⟩ *Hut* m
bulla f *Lärm, Radau* m, *Krach, Getöse* n ‖
Zusammenlauf m, *Menschengedränge* n ‖ PR
Prügelei f ‖ ◇ *armar* ~, *meter* ~ ⟨figf⟩ *Lärm,
Getöse machen* ‖ *estar de* ~ ⟨figf⟩ *guter Dinge
sein* ‖ *meter a* ~ ⟨fam⟩ *in die Länge ziehen*
bullabesa f ⟨Kochk⟩ *Bouillabaisse* f
bullabulla m Pan *aufrührerischer Mensch* m
bullado adj Chi Ec Pe *lärmend, geräuschvoll* ‖
Aufsehen erregend
bullan|ga f *Lärm, Zusammenlauf* m *(von
Menschen)* ‖ *Tumult* m ‖ *Zusammenrottung* f ‖
–guería f Chi Arg → **bulla** ‖ **–guero** adj
aufrührerisch ‖ *streitsüchtig* ‖ ~ m *Unruhestifter* m
bullar vt Ar Nav *mit dem Fabrikstempel
versehen (Stoffe)*
bullaranga f Am → **bullanga**
bullarengue m ⟨fam⟩ *Cul de Paris* m ‖ ⟨fam⟩
Wackelpo(po) m ‖ Cu *falsche, unechte Sache* f (&
fig) ‖ ◇ *menear el* ~ *mit dem Po wackeln*
bullaruga f Am → **bulla**
bulldog m → **buldog**
bulldozer m → **buldozer**
bullebulle m/f ⟨figf⟩ *unstete Person* f, ⟨fam⟩
Zappelphilipp m
bullerengue m Mex → **bullarengue**
bu|llero adj Col Pe Ven → **bullicioso** ‖
–lliciero adj Mex MAm → **bullicioso**
bulli|cio m *Ge|räusch, -töse* n ‖ *Unruhe* f,
Lärm m ‖ *Auf|stand, -ruhr* m ‖ **–cioso** adj/s ⟨fig⟩
lärmend ‖ *unruhig, aufrührerisch*

bullidor adj *unruhig, äußerst lebhaft (Person)*
bullir [pret –lló] vt ⟨fig⟩ *bewegen, rühren* ‖
Mex *prellen, anführen* ‖ ~ vi *sieden, kochen* ‖
(auf)sprudeln ‖ *(auf)wallen (Wasser, Blut)* ‖ ⟨fig⟩
wimmeln (de *von*) ‖ ⟨fig⟩ s. *regen* ‖ ⟨fig⟩ *beteiligt
sein* (en *an*)
bullista adj *(m/f)* Col → **bullicioso**
¹bullón *m Absud* m *(Färberei)* ‖ *bullones de
grasa* ⟨fig⟩ *strotzende Fettigkeit* f *(dicker
Personen)*
²bullón *m knopfförmiger Zierbeschlag* m *(e–s
Buchdeckels)*
³bullón *m* Guat Ec Pe *Lärm* m ‖ *Aufruhr* m
bulloso adj Ec → **bullicioso**
bulo *m Gerücht* n, ⟨pop⟩ *Latrinenparole* f ‖
⟨Ztg⟩ *Ente* f
bulón *m Bolzen* m ‖ ~ *del émbolo
Kolbenbolzen* m
bulto *m Umfang, Raum* m, *den ein Körper
einnimmt* ‖ *körperliche Gestalt* f ‖
unbestimmbares Etwas n ‖ *Bildsäule* f ‖ *Büste* f,
Brustbild n ‖ *Warenballen* m, *Gepäckstück* n ‖
Bündel n ‖ *Beule* f, *Geschwulst* n ‖ Am
Schulmappe f ‖ ⟨fig⟩ *Bedeutung* f ‖ ⟨fig⟩ *Körper*
m ‖ ⟨Th fam⟩ *Komparse* m ‖ ~ *de carga* EB
Frachtstück n ‖ ◆ a ~ ⟨fig⟩ *nur obenhin* ‖
oberflächlich ‖ *aufs Geratewohl* ‖ *grob gesehen,
ungefähr* ‖ de ~ ⟨fig⟩ *deutlich* ‖ *(fam) tüchtig* ‖
wichtig ‖ *sehr* ‖ en ~ *im Großen und Ganzen* ‖ ◇
buscar a uno el ~ ⟨fam⟩ *jdm nachstellen* ‖ *coger
a uno el* ~ *jdn packen, festnehmen* ‖ *escurrir od
guardar od huir el* ~ ⟨fig⟩ s. *verstecken, s. ducken*
‖ ⟨fam⟩ s. *dünnmachen, s. drücken* ‖ *hablar a* ~
ins Blaue hinein reden ‖ *hacer* ~ *umfangreich
sein* ‖ *menear a uno el* ~ ⟨figf⟩ *jdn durchprügeln*
‖ ~**s** mpl ⟨EB⟩ *Stückgut* n ‖ ~ *de mano* ⟨EB⟩
Handgepäck n ‖ ~ *grandes* ⟨EB⟩ *großes Gepäck*
n
bultuntún adv *(fam) ziel- und plan|los, aufs
Geratewohl, ins Blaue hinein*
bululú *m* Ven *Lärm, Radau, Krach* m, *Getöse*
n
bumerán *m Bumerang* m
¹buna f *Buna* m (& n)
²buna f Col ⟨Ins⟩ *(Art) stechende Ameise* f
¹bunde m Am *(Art) Negertanz* m
²bunde m Col *Bedrängnis, Verlegenheit* f
bundear vi Col *mit geringem Erfolg arbeiten* ‖
umherstreichen ‖ ~ vt Col *(jdn) hinauswerfen*
¹bunga f Cu ⟨fig⟩ *Lüge, Ente* f
²bunga f Cu *Orchester* n *mit kleiner Besetzung*
bungaló *m Bungalow* m
bungee m ⟨Sp⟩ *Bungee-Springen* n
buniato *m* → **¹boniato**
búnker ⟨deut⟩ *m* ⟨Mil⟩ *Bunker* m ‖ Span ⟨fig
Pol⟩ *die extreme Rechte*
buñole|ría f *Buñuelobäckerei* f ‖ *Buden-,
Straßen|bäckerei* f ‖ **–ro** m *Buñuelobäcker* m ‖
Straßenbäcker m ‖ *(fam) Pfuscher* m ‖ ¡~, a tus
buñuelos! *Schuster, bleib bei d–m Leisten!*
buñuelo m span. *Spritzkuchen, Buñuelo* m ‖
⟨figf⟩ *Pfuscherei, Pfuscharbeit* f ‖ ~ *de viento
Schaumbrezel* f ‖ *Wind|gebäck* n, *-beutel* m ‖ ◇
hacer un ~ ⟨fam⟩ *et. verpfuschen* ‖ *eso no es* ~
⟨fig⟩ *das geht nicht so schnell* ‖ *mandar a freír*
~**s** ⟨fig⟩ *zum Teufel schicken*
bupréstidos pl *Prachtkäfer* pl (Buprestidae)
buque m ⟨Mar⟩ *Schiff* n ‖ *Schiffsrumpf* m ‖
Inhalt, Raum m ‖ ~ *abandonado verlassenes
Schiff* n ‖ ~ *abordado Stoßschiff* n ‖ ~ *abordador
Enterschiff* n ‖ ~ *acorazado Panzerschiff* n ‖ ~
almirante Flaggschiff n ‖ ~ *apresor einbringendes
Schiff* n, *Prisemachende(r)* m ‖ ~ *armado
bewaffnetes Schiff* n ‖ ~ *balicero Tonnenleger* m ‖
~ *ballenero Walfänger* m ‖ ~ *barreminas*

Minenräumer m ‖ ~*-blanco Zielschiff* n ‖ ~
buscaminas Minensucher m ‖ ~ *cablero
Kabel|schiff* n, *-leger* m ‖ ~ *de cabotaje
Küstenfahrer* m ‖ ~ *cañonero Kanonenboot* n ‖ ~
de carga, ~ *carguero Frachtschiff* n ‖ ~ *cisterna
Öltanker* m, *Tankschiff* n ‖ ~*-convoy Geleitschiff*
n ‖ ~ *correo Postschiff* n ‖ ~ *costero
Küstenfahrer* m ‖ ~ *de dos cubiertas Zweidecker*
m ‖ ~ *desarbolado entmastetes Schiff* n ‖ ~
escolta Begleitschiff n ‖ ~ *escuela Schulschiff* n ‖
~ *factoría Walfangmutterschiff* n ‖ ~ *fantasma*
⟨Th⟩ *Zauberschiff* n *(span. Benennung von
Wagners Fliegendem Holländer)* ‖ ~ *faro
Feuerschiff* n ‖ ~ *fondeador de minas,* ~ *minador
Minenleger* m ‖ ~ *frigorífico Kühlschiff* n ‖ ~
gemelo, ~ *de la misma clase Schwesterschiff* n ‖
~ *guardacostas Küstenwachschiff* n ‖ ~ *de guerra
Kriegsschiff* n ‖ ~ *guía Leitschiff* n ‖ ~ *de hélice
Schraubendampfer* m ‖ ~ *hidrográfico
Vermessungsschiff* n ‖ ~ *hospital Lazarettschiff* n
‖ ~ *insignia Flaggschiff* n ‖ ~ *marinero
see|fähiges, -tüchtiges Schiff* n ‖ ~ *mercante
Handelsschiff* n ‖ ~ *minador Minenleger* m ‖ ~
náufrago Wrack n ‖ ~ *negrero* ⟨Hist⟩
Sklavenschiff n ‖ ~ *nodriza de aviones
Flugzeugmutterschiff* n ‖ ~ *nodriza ballenero
Walfangmutterschiff* n ‖ ~ *de pasaje
Fahrgastschiff* n ‖ ~ *pesquero,* ~ *de pesca
Fischereifahrzeug* n ‖ ~ *petrolero Tankschiff* n ‖
~ *pirata Kaperschiff* n ‖ ~ *portaaviones
Flugzeugträger* n ‖ ~ *portaminas Minenleger* m ‖
~ *de alto porte Seeschiff* n ‖ ~ *rompehielos
Eisbrecher* m ‖ ~ *rotor Rotorschiff* n ‖ ~ *de
salvamento Bergungsschiff* n ‖ *Rettungsboot* n ‖ ~
submarino Unterseeboot n ‖ ~ *transbordador
Fährschiff* n ‖ ~ *de transporte Fracht-,
Transport|schiff* n ‖ ~ *de transporte de tropas
Truppentransporter* m ‖ ~ *de vapor Dampfschiff*
n ‖ ~ *de vela Segelschiff* n, *Windjammer* m ‖ ~
que burla el bloqueo Blockadebrecher m ‖ ~ *que
hace agua leckes Schiff* n
¹buqué *m Bukett* n, *Blumenstrauß* m
²buqué *m Bukett* n *des Weines*
buquenque *m/f Kuppler(in* f) m
buquetero *m* Mex *Blumenvase* f
buqui [pl ~**íes**] *m* Dom *gefräßiger Mensch,
Vielfraß* m
bura f Ven *Maismehlteig* m
buraco *m* ⟨vulg⟩ *Loch* n ‖ Arg *großes Loch* n
burado adj Col *zurückgeblieben (Entwicklung,
Wachstum)*
burata f Ven *Geld* n, ⟨fam⟩ *Moneten, Piepen*
pl
burbaque *m* Dom *Lärm* m ‖ *Aufruhr* m
burbu|ja f *(Wasser)Blase* f ‖ *Luftblase* f ‖
–jear vt *Blasen werfen (Wasser), sprudeln,
brodeln, perlen*
burdas fpl, **burdales** mpl ⟨Mar⟩ *Pardunen* fpl
burdégano *m Maulesel* m
burdel adj *(m/f) wollüstig, geil* ‖ ~ *m Bordell,
Freudenhaus* n ‖ ⟨figf⟩ *übel beleumundetes Haus*
n ‖ ⟨fig⟩ *Lärm* m, *Getöse* n
burdeos adj *(m/f) bordeauxrot* ‖ ~ *m* [Stadt]
Bordeaux n
burdo adj *grob (Wolle, Tuch, Fehler)* ‖ ⟨fig⟩
roh, ungeschliffen ‖ ⟨fig⟩ *plump, unbeholfen,
ungeschickt* ‖ *tapsig* ‖ ⟨fig⟩ *un|vollkommen,
-vollständig*
burear vt Col *foppen, anführen* ‖ ~ vi Col s.
amüsieren
burel *m* ⟨Her⟩ *Balken, schmaler Streifen* m
burén *m* Cu Dom Col *(Art) Kocher* m, *(Art)
Kochplatte* f
bureo *m* ⟨pop⟩ *Vergnügen, Fest* n ‖ ◇ *ir de* ~
⟨fam⟩ s. *e–n vergnügten Tag machen*

bureta f ⟨Chem⟩ *Bürette* f
burga f *Thermal-, Warmwasser|quelle* f
burgalés adj/s *aus Burgos* ‖ *auf Burgos bezüglich*
burginense adj/s *(m/f) aus Begíjar* (P Jaén) ‖ *auf Begíjar bezüglich*
burgo m ⟨lit⟩ *Marktflecken* m
burgomaestre m *nicht spanischer, bes. deutscher, niederländischer und schweizerischer Bürgermeister* m
Burgos m [Stadt und Provinz in Spanien] *Burgos* n
burgrave m ⟨Hist⟩ *Burggraf* m
burgueño, burgués m *Einwohner* m *e–s Fleckens*
burgués adj *aus dem Bürgerstand, Bürger-* ‖ ⟨desp⟩ *spießbürgerlich* ‖ ⟨desp⟩ *spießig, gewöhnlich* ‖ *kleinstädtisch* ‖ ~ m *Bürger* m ‖ *Bourgeois, Spießbürger, Philister* m ‖ pequeño ~ *Kleinbürger* m
burguesía f *Bürgerschaft* f, *Bürgertum* n ‖ *wohlhabender Mittelstand* m, *Bourgeoisie* f, *Bürgerstand* m ‖ *Philistertum* n ‖ pequeña ~ *Kleinbürgertum* n
buriel adj *(m/f) rötlichbraun* ‖ ~ m ⟨Text⟩ *Burieltuch, grobes, braunes Tuch* n
bu|ril m *Gravierstichel* m ‖ *Meißel* m ‖ *Nuteisen* m ‖ **–rilado** m *Meißeln* n ‖ **– riladura** f → **–rilado** ‖ **–rilar** vt/i *stechen, schneiden, mit dem Stichel eingraben, in Kupfer radieren*
burinot m Val *Vorrichtung* f, *um Aale mit der Angel zu fangen*
burjaca f *Ranzen, Schnappsack* m
Burkina Faso m ⟨Geogr⟩ *Burkina Faso* n
burla f *Spott* m, *Spötterei* f ‖ *Hohn* m ‖ *Possen, Streich* m *(den man jdm spielt)* ‖ *Neckerei* f ‖ *Betrug* m, *Prellerei* f ‖ ~ burlando ⟨fam⟩ *unauffällig* ‖ *so nebenher* ‖ *unwissentlich* ‖ ~ sangriento ⟨fig⟩ *derber Spaß* m ‖ *beißender Spott* m ‖ ◆ en tono de ~ *in spöttischem Ton* ‖ ◇ hacer ~ de todo *alles verulken, alles ins Lächerliche ziehen* ‖ ~s fpl: ~ aparte *Scherz beiseite, im Ernst* ‖ ◇ ~ *im Scherz, zum Scherz, zum Spaß* ‖ ◇ aguantar ~ *Spaß verstehen* ‖ no entender de ~ *k–n Spaß verstehen* ‖ gastar ~ con alg. jdn *verulken* ‖ mezclar ~ con veras *halb im Scherz, halb im Ernst reden* ‖ ni en ~ ni en veras, con tu amo partas peras ⟨Spr⟩ *mit hohen Herren ist nicht gut Kirschen essen*
burla|dero m ⟨Taur⟩ *Schutzwand* f, *Unterschlupf* m *für die Stierkämpfer* ‖ ⟨fam⟩ *Verkehrs-, Straßen|insel* f ‖ ~ con parada *Haltestelleninsel* f ‖ ⟨fig⟩ *Unterschlupf* m ‖ **–dor** m *Spötter* m ‖ *Spaßmacher* m ‖ *Frauenverführer* m ‖ *Vexierglas* n ‖ el ~ de Sevilla ⟨fig⟩ *Don Juan*
burlapastor m ⟨V⟩ *Ziegenmelker* m
bur|lar vt ver|spotten, -lachen ‖ *necken* ‖ *foppen* ‖ *hintergehen, täuschen* ‖ *austricksen* ‖ *vereiteln (Pläne)* ‖ ~ el bloqueo *die Blockade brechen* ‖ ~ al portero ⟨Sp⟩ [Fußball] *den Torwart ausspielen* ‖ ser **–lado** *hintergangen werden* ‖ ~ vi *Spott, Scherz treiben* ‖ **~se:** ~ de alg. s. *über jdn lustig machen, jdn zum Besten haben* ‖ *jdn hintergehen* ‖ ~ de un tratado s. *über e–n Vertrag hinwegsetzen* ‖ **–lería** f *Spaß* m ‖ *Betrügerei* f ‖ *Ammenmärchen* n ‖ **–lesco** adj ⟨fam⟩ *drollig, schnurrig* ‖ *burlesk* ‖ *spaßhaft* ‖ adv: **~amente** ‖ **–leta** f dim von **burla**
burlete m *Keder* m ‖ *Fenster-, Tür|abdichtung* f ‖ *Filz-, Stoff|leiste* f, *Filzstreifen* m *(zum Abdichten von Fenstern und Türen)*
burlisto m MAm *Unruhestifter* m
burlón adj *spaßhaft* ‖ *höhnisch* ‖ *schmähend* ‖ ~ m *Spaß|vogel, -macher* m ‖ *Spötter* m ‖ adv: **~onamente**

buro m Ar *Schlämmkreide* f ‖ *Ton* m
buró m *Schreibtisch* m ‖ Mex *Nachttisch* m ‖ ~ político ⟨Pol⟩ *Politbüro* n
burocracia f *Bürokratie, Beamtenherrschaft* f ‖ *Beamtenklasse* f
burócrata m/f *Bürokrat(in* f) m
buro|crático adj *bürokratisch* ‖ **–cratismo** m *Bürokratismus* m ‖ *Formelkrämerei* f
¹burra f *Eselin* f ‖ ⟨figf⟩ *dumme Frau* f ‖ ⟨figf⟩ *Arbeitstier* n *(Frau)* ‖ ~ de leche ⟨fam⟩ *Saugamme* f ‖ ◇ caer de su ~ ⟨figf⟩ *s–n Irrtum einsehen* ‖ descargar la ~ *die Arbeit anderen aufhalsen* ‖ le está como a la ~ las arracadas ⟨figf⟩ *es steht ihm wie dem Affen ein Schlips* ‖ írsele a uno la ~ ⟨figf⟩ *aus der Schule plaudern*
²burra f ⟨fam⟩ *Drahtesel* m
³burra f Col *steifer Hut* m, *Melone* f
⁴burra f *Burraspiel* n *(e–e Art Barrenspiel)*
△ **⁵burra** f *Geldschrank* m
burraca f ⟨vulg⟩ *Nutte* f
burrada f *Eselherde* f ‖ ⟨figf⟩ *Eselei* f, *dummer Streich* m ⟨fig⟩ *Blödsinn* m ‖ ⟨fig⟩ *ein Heidengeld* n ‖ ◇ ¡no digas ~s! red' doch kein Blech! sag doch kein so'nen Blödsinn!
burrajo m *Pferdemist* m *(zum Heizen)*
burre|ño m → **burdégano** ‖ **–ría** f ⟨fam⟩ *Eselei* f ‖ **–ro** m *Eseltreiber* m ‖ Guat *Eselherde* f
burri|cie f *Plumpheit* f ‖ **–ciego** adj ⟨Taur⟩ *kurzsichtig (Stier)* ‖ ⟨fam⟩ *halbblind, kurzsichtig*
burillo m ⟨fam⟩ *Merkbüchlein* n, *Agenda* f
burrión m Guat *Hond* ⟨V⟩ *Kolibri* m
burriquito m MAm → **borriquito**
¹burrito m dim von **¹burro** ‖ Mex *Ponyfransen,* ⟨fam⟩ *Simpelfransen* fpl
²burrito m Mex *gefüllte Tortilla* f
¹burro m *Esel* m ‖ ⟨fig⟩ *dummer Mensch, Trottel* m ‖ ~ de carga *Packesel* m, ⟨figf⟩ *Arbeitstier* n ‖ ~ cargado de letras *Fachidiot* m ‖ ◇ ¡qué ~ eres! *was bist du doch für ein Esel* od *Dummkopf!* ‖ ◇ apearse del ~ ⟨fig pop⟩ *s–n Irrtum einsehen*
²burro m ⟨Kart⟩ *Dreiblatt* n ‖ *ein Kartenspiel* n ‖ Mex *(Art) Kinderspiel* n ‖ ◇ no ver tres en un ~ ⟨pop⟩ *sehr kurzsichtig sein, sehr schlechte Augen haben*
³burro m Mex ⟨Bot⟩ *Kapernstrauch* m (Capparis spp)
⁴burro m Mex *Stirnlocke* f
burros mpl Arg ⟨pop⟩ *Pferderennen* n
burro-taxi m ⟨joc⟩ *Verleihesel* m *(für Touristen)*
burrunazo m PR *Schlag* m ‖ *Stoß* m
bursaca f Ven *Beutel* m
bursátil adj *(m/f) Börsen-*
bursectomía f ⟨Med⟩ *Bursotomie, Schleimbeutelentfernung* f
burse|ra f ⟨Bot⟩ *Bursera* f, *Balsambaum* m (Bursera spp) ‖ **–ráceas** fpl *Balsambaumgewächse* npl (Burseraceae)
bursiforme adj *(m/f) börsenförmig*
bursitis f ⟨Med⟩ *Bursitis, Schleimbeutelentzündung* f ‖ ~ prepatelaria *Dienstmädchenknie* n
buruca f MAm *Getöse* n, *Lärm, Krach* m
burucuyá f → **pasionaria**
burujina f Cu PR *Wirrwarr* m ‖ *Krach* m
buru|jo m *(kleines) Pack, Bündel* n ‖ **–jón** m *Beule* f am *Kopf* ‖ Cu → **burujina**
burrumbada f → **barrumbada**
Burun|di m ⟨Geogr⟩ *Burundi* n ‖ **=diano** adj *burundisch* ‖ ~ m *Burundier* m
burusca f CR *(ein) bisschen*
bus m *Kurzform für* **autobús** ‖ *Bus* m

busano *m* ⟨Zool⟩ *Purpurschnecke* f (Murex trunculus)
busa *f Blasebalg* m ‖ ~ de colada ⟨Met⟩ *Auslass(loch* n) m
búsano *m* ⟨Zool⟩ *Purpurschnecke* (Murex trunculus)
busardo *m* ⟨V⟩ *Bussard* m (Buteo spp)
¹busca *f (Nach)Suchen* n, *Suche* f ‖ ⟨Jgd⟩ *Jäger* mpl *mit Treibern und Meute* ‖ ◆ en ~ de a/c *auf der Suche nach et.* (dat) ‖ ~s *fpl* Cu Pe Mex *Nebeneinnahmen* fpl *in e–m Amt*
²busca *m* ⟨fam⟩ [Kleinempfänger] *Piepser* m
busca\da *f Suchen* n ‖ **–dero** adj *leicht zu suchen(d)* ‖ **–dor** *m*/adj *Sucher* m ‖ ⟨Tel⟩ *Sucherwähler* m ‖ ~ automático de dirección ⟨Flugw⟩ *selbsttätiger Peiler* m ‖ ~ de interrupciones ⟨Tel⟩ *Störungssucher* m ‖ ~ de línea ⟨Tel⟩ *Linien-, Leitungs\sucher* m ‖ ~ de llamada ⟨Tel⟩ *Anrufsucher* m ‖ ~ de oro *Goldsucher* m ‖ ~ de tesoros *Schatzgräber* m ‖ **–líos** *m/f* ⟨fam⟩ *Störenfried* m ‖ *grüblerische Person* f ‖ **–nubes** *m/f Person, die hocherhobenen Hauptes schreitet* ‖ **–personas** *m Piepser* m ‖ **–pié** *m hingeworfenes Wort, um et. zu erforschen* ‖ **–piés** *m Schwärmer, Frosch* m *(Feuerwerk)* ‖ **–piques** *m* Pe → **–piés** ‖ **–pleitos** *m/f* Am *Händelsucher, Zänker, Kampfhahn* m, ⟨fam⟩ *Zankbruder* m ‖ *Prozesshansel* m ‖ **–polos** *m* ⟨El⟩ *Polsucher* m
buscar [c/qu] vt/i *(nach)suchen, nachforschen* ‖ *holen (lassen)* ‖ Mex ⟨pop⟩ *reizen, aufbringen* ‖ buscársela ⟨fam⟩ *s. durchschlagen* ‖ ◇ ~ una aguja en un pajar ⟨fig⟩ *e–e Stecknadel im Heuhaufen suchen, et. Unmögliches, et. Aussichtsloses beginnen* ‖ ~ bronca *Streit suchen* ‖ ~ cinco (*od* tres) pies al gato ⟨figf⟩ *e–n Streit vom Zaun brechen* ‖ ~ colocación, ~ empleo *e–e Stelle suchen* ‖ ~ fortuna *sein Glück suchen* ‖ ~ pendencia *Streit suchen* ‖ *andar buscando betteln* ‖ ir, venir a ~ *(ab)holen* ‖ mandar a ~, *enviar a* ~ *holen lassen, schicken nach* ‖ ¡no me busques las costillas! ⟨figf⟩ *lass mich in Ruhe!* ‖ ¡busca, busca! *such!* (*Befehl an den Hund*) ‖ quien busca halla *wer suchet, der findet*
buscarla *f* ⟨V⟩ *Schwirl* m ‖ ~ fluvial *Schlagschwirl* m (Locustella fluviatilis) ‖ ~ lanceolada *Strichelschwirl* m (L. lanceolata) ‖ ~ de Pallas *Streifenschwirl* m (L. certhiola) ‖ ~ pintoja *Feldschwirl* m (L. naevia) ‖ ~ unicolor *Rohrschwirl* m (L. luscinioides)
busca\rruidos *m/f* ⟨figf⟩ *Händelsucher, Kampfhahn, Zänker* m ‖ **–vida(s)** *m* ⟨fam⟩ *Schnüffler* m, *Spürnase* f ‖ *ehrliche(r) Arbeitssuchende(r)* m
busco *m Blankscheit* n *(Schleuse)*
bus\cón adj *forschend, suchend* ‖ *diebisch, spitzbübisch* ‖ ~ *m Sucher, Nachforscher* m ‖ *listiger Dieb* m ‖ *Gauner, Spitzbube* m ‖ (el) *Gestalt bei Quevedo* ‖ ⟨fig lit⟩ *Geizhals* m ‖ **–cona** *f Strichmädchen* n ‖ **–conear** vi *herumschnüffeln*
buseta *f* Col *kleiner Bus* m
búshel ⟨am.-engl.⟩ *m Bushel* m
bushido *m Buschido, Ehrenkodex* m *des japanischen Militäradels*
busilis *m:* dar en el ~ ⟨fam⟩ *das Rechte treffen, ins Schwarze treffen* ‖ ahí está el ~ ⟨fam⟩ *da liegt der Hase im Pfeffer, dies ist der springende Punkt*
búsqueda *f (Auf)Suchen* n, *Suchaktion* f
busquillo *m* Chi Pe → **buscavida(s)**
busté Am ⟨pop⟩ → **usted**
bustier *m Bustier* m
busto *m Brustbild* n, *Büste* f ‖ *Oberkörper* m
bustrofedon *m Bustrophedon* n *(Schrift)*

busuá *m* Dom *große Spielkugel* f
butaca *f Lehnstuhl* m ‖ ⟨Th⟩ *Parkettplatz* m, *Sperr-, Parterre\sitz* m ‖ ~ delantera ⟨Th⟩ *Vordersitz* m ‖ ~ de mimbres *Strandkorb* m ‖ ~ de orejas *Ohrensessel* m ‖ ~ de orquesta *Orchestersessel* m ‖ ~ de platea *Parterresitz* m ‖ ~ de tijera *Klappstuhl* m
buta\dieno *m* ⟨Chem⟩ *Butadien* n ‖ **–nero** *m Flüssiggastransportschiff* n ‖ **–no** *m* ⟨Chem⟩ *Butan* n ‖ **–nol** *m* ⟨Chem⟩ *Butanol* n
butaque *m* Col → **butaca** ‖ Col *einteiliger Kinderanzug* m
buten: de ~ ⟨fam⟩ *erstklassig, glänzend* ‖ ⟨fam⟩ *toll, prima* ‖ ⟨pop⟩ *dufte, pfundig*
buterola *f Döpper, Gegenhalter, Kopfsetzer, Nietstempel* m
¹butifarra *f Schwartenmagen, Presskopf* m ‖ *Presswurst* f ‖ Pe *Schinkenbrötchen* n ‖ ⟨figf⟩ *Schlappschuh* m ‖ ⟨figf⟩ *zu weiter Strumpf* m ‖ ~s *fpl* Bal ⟨fam⟩ *Spottname m für Ad(e)lige*
²butifarra *f* ⟨fam⟩ *Ziehharmonika* f
butifarrón *m* PR *stümperhaftes Geschäft* n
butileno *m* ⟨Chem⟩ *Butylen* n
butiondo adj → **botiondo**
butirato *m* ⟨Chem⟩ *Butyrat* n
butírico adj ⟨Chem⟩ *buttersauer*
butirina *f Butyrin, reines Butterfett* n
butirómetro *m Butyrometer, Galaktoskop* n
butiroso adj *butterartig*
butler *m Butler* m
butomáceas *fpl* ⟨Bot⟩ *Schwanenblumengewächse* npl (Butomaceae)
bu\trino, -trón *m* ⟨Art⟩ *Fischreuse* f ‖ *Fangnetz* n
butuco adj Hond *klein und dick* ‖ *rundlich*
butute *m* Hond *spitzenloses Rinderhorn* n
buvardia *f* ⟨Bot⟩ *Bouvardie* f (Bouvardia spp)
buxáceas *fpl* ⟨Bot⟩ *Buchsbaumgewächse* npl (Buxaceae)
buxina *f* ⟨Chem⟩ *Buxin* n
buyador *m* Ar *Blechwarenhändler* m
△ **buyes** *mpl Spielkarten* fpl
buyón *m* Arg ⟨fam⟩ *Fleischbrühe* f
buyucu *m* Ec *schlecht verschnürtes Paket* n
buz [*pl* ~ces] *m Handkuss* m ‖ ⟨fig⟩ *Bückling* m ‖ ◇ hacer el ~ ⟨fam⟩ *vor jdm e–n Bückling machen, katzbuckeln*
buza *f* ⟨Met⟩ *Pfannenausguss* m
buzamiento *m* ⟨Geol⟩ *(Ein)Fallen* n, *Neigung* f ‖ ~ de la falla *Fallen n der Falte*
buzaque *m Betrunkene(r)* m
buzarda *f* ⟨Mar⟩ *Querspant* n *am Bug*
¹buzo *m Taucher* m ‖ ⟨fam⟩ *geriebener Dieb* m
²buzo *m* ⟨V⟩ *Bussard* m ‖ ⟨fig⟩ *Tölpel* m
³buzo *m* ⟨Met⟩ *Boden-, Ofen\sau* f
⁴buzo *m* Pe Ur → **chandal**
¹buzón *m* *Briefkasten* m ‖ ⟨fig⟩ *großer Mund* m ‖ ~ electrónico *Mailbox* f ‖ ~ de alcance *Spät-* bzw *Sonder\briefkasten* m ‖ ◇ echar en el ~ *einwerfen (Brief)*
²buzón *m Abfluss-, Abzugs\rinne* f ‖ *(Fass)Spund* m
buzonear vi *Werbematerial* n *in die Briefkästen einwerfen*
buzonera *f* Tol *Hofabfluss* m
buzonero *m* Chi *Briefkastenentleerer* m
by-pass *m* ⟨Tech⟩ *Umgehungsleitung* f, *Umleitungskanal, Bypass* m ‖ ⟨Med⟩ *Bypass* m
byroniano adj *auf George G. N. Byron (1788–1824) bezüglich*
byte *m* ⟨Inform⟩ *Byte* n

C

C, c f [= Ce, ce, *pl* Ces, ces] *C, c* n ‖ c por c *haarklein, mit allen Einzelheiten*
C ⟨Abk⟩ = **carbono** ‖ **Celsio, centígrado** ‖ **centesimal** ‖ **culombio** ‖ **curio**
C. ⟨Abk⟩ = **caja** ‖ **capital** ‖ **casa** ‖ **ciudad**
c. ⟨Abk⟩ = **cada** ‖ **capítulo** ‖ **con** ‖ **contra** ‖ **ciudad** ‖ **cuenta**
Ca ⟨Abk⟩ = **calcio** ‖ **carcinoma**
C.A. ⟨Abk⟩ = **corriente alterna**
C.ª ⟨Abk⟩ = **Compañía**
c/a ⟨Abk⟩ = **cuenta abierta**
¹ca adj ⟨pop⟩ Kurzform für **cada**
²ca m ⟨pop⟩ Kurzform *für* **casa**
¡ca! int ⟨fam⟩ *i wo! ach, woher denn! k–e Rede!*
Caaba f ⟨Rel⟩ *Kaaba* f *(in Mekka)*
cabal adj *(m/f)* (& adv) *vollständig, völlig* ‖ *voll(zählig)* ‖ *vollkommen* ‖ *richtig* ‖ ⟨fig⟩ *vollendet* ‖ *¡~! richtig! so ist es!* ‖ *justo y ~ völlig richtig* ‖ *~ m Vollkommenheit* f ‖ ♦ *por sus ~es wie es s. gebührt* ‖ ◇ *no estar en sus ~es* ⟨fig⟩ *nicht richtig bei Verstand sein, nicht bei vollem Verstand sein* ‖ *no estar en los ~es* ⟨fam⟩ *nicht recht bei Trost sein*
cábala f *Kabbala* f ‖ *Kabbalistik* f ‖ *Intrige* f, *Ränke* mpl ‖ ⟨fig⟩ *ränkevoller Anschlag* m ‖ ◇ *hacer ~s* ⟨fig⟩ *Vermutungen anstellen* (acerca de *über* acc)
cabalero m Ar *Kind* n, *das kein Anerbe ist*
cabalga|da f *Reiter|zug, -trupp* m, *Kavalkade* f ‖ *Ritt, (Üm)Ritt* m ‖ *Streifzug* m *zu Pferd* ‖ **–dor** m/adj *Reiter* m ‖ **–dura** f *Reittier* n ‖ *Lasttier* n ‖ Ec → **horcajadura**
cabal|gar [g/gu] vt *reiten, besteigen (ein Pferd)* ‖ *be|springen, -schälen, decken* (z. B. *der Hengst die Stute)* ‖ *~ vi reiten* ‖ ⟨fig⟩ *rittlings sitzen* ‖ ◇ *~ en mula auf e–m Maultier reiten* ‖ **–gata** f *Reitertrupp* m ‖ *Kavalkade* f ‖ *Umritt, Reiterumzug* m ‖ ⟨fig⟩ *(lärmende) Schar* f
caba|lista m/f *Kabbalist(in* f) m ‖ *Ränkeschmied* m ‖ **–lístico** adj *kabbalistisch* ‖ *geheimnisvoll* ‖ *tückisch*
caballa f ⟨Fi⟩ *Makrele* f (Scomber scombrus)
caba|llada f *Zug, Trupp* m *(Pferde)* ‖ Am ⟨fig⟩ *Dummheit, Eselei* f ‖ **–llaje** m *Bespringen* n *der Stute* ‖ *Sprunggeld* n ‖ **–llar** adj *Pferde-, Ross-* ‖ **–llazo** m Chi Mex *Überrennen* n *(mit e–m Pferd)* ‖ Chi ⟨fig⟩ *heftiger Angriff* m ‖ Pe *scharfer Verweis, Tadel* m ‖ Guat *Betrug* m *beim Pferdehandel* ‖ **–llear** vi *oft und gern ausreiten*
¹caballejo m ⟨fam⟩ *Klepper* m
²caballejo m *Folterbank* f
caballe|rango m Mex → **caballerizo** ‖ **–razo** m Pe Chi ⟨fam⟩ *vollendeter Kavalier* m ‖ **–rear** vi *s. wie ein Kavalier benehmen* ‖ *den Kavalier spielen* ‖ **–resco** adj *ritterlich, Ritter-* ‖ ⟨fig⟩ *kavaliermäßig* ‖ **–rete** m ⟨fam⟩ *Fatzke, Modegeck, Geck, Lackaffe, Laffe* m, Öst *Gigerl* m (& n) ‖ Am *junger Mann* m ‖ **–ría** f *Reittier* n ‖ *Reitpferd* n ‖ *Zugvieh* n ‖ ⟨Mil⟩ *Reiterei, Kavallerie* f ‖ *Ritterschaft* f ‖ *Rittertum* n ‖ *Ritterstand* m ‖ *~ de carga Lasttier* n ‖ *~ mayor Pferd* n ‖ *Maultier* n ‖ *~ menor Esel* m ‖ *~ ligera* ⟨Mil⟩ *leichte Reiterei* f ‖ ◇ *andarse en ~s* ⟨figf⟩ *s. in Komplimenten ergehen* ‖ **–ril** adj *(m/f) ritterlich, Ritter-* ‖ **–rismo** m *ritterliche*

Gesinnung f ‖ **–riza** f *Pferdestall* m ‖ **~s** fpl *Stallung* f ‖ **~s** reales *königlicher Marstall* m ‖ **–rizo** m *Stallmeister, Bereiter* m ‖ ⟨Mil⟩ *Pferdepfleger* m
¹caballero adj *reitend* ‖ ⟨fig⟩ *hartnäckig bestehend* (en *auf* dat) ‖ *~ en su asno auf s–m Esel reitend* ‖ *~ m Reiter* m ‖ *Ritter* m ‖ *Ordensritter* m ‖ *Ad(e)liger, Edelmann* m ‖ *vornehmer Herr, Kavalier* m ‖ *mein Herr (als Anrede)* ‖ *Reisiger, berittener Soldat* m ‖ *~ andante, aventurero fahrender Ritter* m ‖ ⟨fig⟩ *armer Edelmann* m ‖ *~ cantor* ⟨Lit⟩ *Minnesänger* m ‖ *el ~ del Cisne* ⟨Lit⟩ *der Schwanenritter* m ‖ *~ de la cruz* ⟨Hist⟩ *Kreuzritter* m ‖ ⟨Hist⟩ *Tempelherr* m ‖ ⟨Mil fam⟩ *Sanitäter* m ‖ *~ cubierto span. Grande* m *(der bedeckten Hauptes vor dem König erscheinen darf)* ‖ ⟨fig⟩ *unhöflicher Mann* m ‖ *~ feudal (Lehns)Ritter* m ‖ *Vasall* m ‖ *~ del Santo Grial* ⟨Lit⟩ *Gralsritter* m ‖ *~ del hábito Ordensritter* m ‖ *~ de industria Glücksritter* m ‖ *Schwindler, Hochstapler* m ‖ *~ laureado Span* ⟨Mil⟩ *Träger der cruz laureada de S. Fernando* ‖ *~ sin miedo y sin tacha Ritter* m *ohne Furcht und Tadel* ‖ *~ de la orden de San Juan Johanniter(ritter), Malteser* m ‖ *~ de (la orden de) Malta Malteserritter* m ‖ *~ de la Orden teutónica Deutschordensritter* m ‖ *~ en plaza* ⟨Taur⟩ *berittener Stierkämpfer* m ‖ *~ de la Triste Figura* ⟨Lit⟩ *Ritter* m *von der traurigen Gestalt* (d. h. *Don Quijote)* ‖ ♦ *a lo ~ kavaliermäßig* ‖ *de ~ a ~ ritterlich* ‖ ⟨fig⟩ *ehrlich* ‖ *mal ~* (desp) *schlechter Mensch* ‖ *un perfecto ~ ein wahrer Kavalier* m ‖ *poderoso ~ es Don Dinero Geld regiert die Welt* ‖ ◇ *armar ~ zum Ritter schlagen* ‖ *~s mpl Erdhaufen* m *längs e–r Landstraße* ‖ *¡~! meine Herren! (als Anrede)* ‖ *los ~ de la tabla redonda* ⟨Lit⟩ *die Ritter* mpl *von der Tafelrunde* ‖ *~ pobres Chi* ⟨Kochk⟩ *arme Ritter* mpl
²caballero m ⟨Geol⟩ *Salband* n
caballero|sidad f *Ritterlichkeit* f ‖ *Ehrenhaftigkeit* f ‖ *Großmut* f ‖ **–so** adj *ritterlich* ‖ ⟨fig⟩ *kavaliermäßig* ‖ *ehrenhaft*
caballeta f *Heuschrecke* f
caballete m dim von **caballo** ‖ *Dach|first, -giebel* m ‖ *Gestell* m, *Ständer, (Rüst)Bock* m ‖ *(Pfahl)Joch* n ‖ ⟨Zim⟩ *Stellbock* m ‖ ⟨Mal⟩ *Staffelei* f ‖ ⟨Text⟩ *Scherstock* m ‖ *~ alzavías* ⟨EB⟩ *Gleishebebock* m ‖ *de anclaje Ankerbock* m *(Hängebrücke)* ‖ *~ de apoyo Stütz-, Lager|bock* m ‖ *~ articulado Gelenk|bock, -stuhl* m *(Brücke)* ‖ *~ de aserrar, ~ para aserrar Sägebock, Schragen* m ‖ *~ de bicicletas Fahrradständer* m ‖ *~ de campanas Glockenstuhl* m ‖ *~ de defensa* ⟨El⟩ *Scheuerbock* m *(Leitungsmasten)* ‖ *~ de excavación* ⟨Bgb⟩ *Abteufgerüst* n ‖ *~ de extracción Förderturm* m ‖ *~ de la grúa Krangerüst* n ‖ *~ de maniobra* ⟨EB⟩ *Stellbock* m ‖ *~ portapoleas Rollen|bock* m, *-stütze* f ‖ *~ de puntería Gewehrauflage* f, *Richtübungsgestell* n ‖ *~ de sondeo, ~ de sondaje* ⟨Bgb⟩ *Bohrgerüst* n ‖ *~ de tormento Folterbank* f
caballista m/f *Pferdekenner(in* f) m ‖ *gute(r) Reiter(in* f) m ‖ *Kunstreiter(in* f) m
caballitero m Cu *Seiltänzer* m ‖ Cu

Zirkusbesitzer m ‖ *Pferdekarussellbesitzer* m ‖
Pferdekarussellhalter m
¹caballito *m* dim von **¹caballo** ‖ *Steckenpferd* n
(für Kinder) ‖ ~ del diablo ⟨Ins⟩ *Libelle,*
Wasserjungfer f ‖ ~ de mar ⟨Fi⟩ *Seepferdchen* n
(Hippocampus sp) ‖ ~ de San Vicente Cu Hond
→ ~ del diablo ‖ ◊ pasársele a alg. el ~ Chi
⟨figf⟩ *die Grenzen (des Erlaubten) überschreiten*
²caballito *m* Mex *Damen-, Monats|binde* f
³caballito *m* Hond ⟨An⟩ *Nasenbein* n
caballitos mpl *Karussell* n, Schw Südd
Reitschule f, Öst *Ringelspiel*
¹caballo *m Pferd* n ‖ *Hengst* m ‖ *Rüst-,*
Säge|bock m ‖ *Springer* m, *Rössel* n *(im Schach)* ‖
⟨fig⟩ *stolze Person* f ‖ ⟨fig⟩ *herrschsüchtiges Weib*
n ‖ Am ⟨figf⟩ *brutaler Mensch* m ‖ Mex →
caballazo ‖ ~ aguililla *schnelles Pferd* n ‖ ~
alazán *Fuchs* m ‖ ~ alazán dorado *Goldfuchs* m ‖
~ anglo-árabe *Angloaraber* m ‖ ~ árabe
arabisches Pferd n ‖ ~ de batalla *Schlachtross* n ‖
⟨figf⟩ *Steckenpferd* n, *(jds) starke Seite, Stärke* f ‖
⟨fig⟩ *Kernpunkt* m *e–s Streites* ‖ *Hauptpunkt* m
e–r Auseindersetzung od Diskussion ‖ ~ bayo
Braune(r) m ‖ ~blanco *Schimmel* m ‖ ⟨fig⟩
Melkkuh f ‖ ~ de brida *zugerittenes Pferd* n ‖ ~
de buena boca *zügelfrommes Pferd* n ‖ ⟨fig⟩
Mensch m, *der im Essen genügsam ist* ‖ ⟨figf⟩
nicht sehr wählerischer Mensch m ‖ ~ cabortero
Ur *schwer zu zähmendes Pferd* n ‖ ~ capón
Wallach m ‖ ~ de carga *Lastpferd* n ‖ ~ de
carreras *Rennpferd* n, *Galopper* m ‖ ~ castrado
Wallach m ‖ ~ cazador *Jagdpferd* n ‖ ~ cimarrón
Am *Mustang* m ‖ ~ para coches *Kutschpferd* n ‖
~ corredor *Rennpferd* n ‖ ~ de dos cuerpos
mittelgroßes Pferd n ‖ ~ del diablo ⟨Ins⟩ *Libelle,*
Wasserjungfer f (→ **libélula**) ‖ ~ de doma
Dressurpferd n ‖ ~ de buena ensilladura *Pferd* n,
das den Sattel gut trägt ‖ ~ entero *Hengst* m ‖ ~
gris *Grauschimmel* m ‖ ~ de guía *Leitpferd* n ‖ ~
hackney *Hackney* m ‖ ~ húngaro *Wallach* m ‖ ~
isabelo *isabellfarbenes Pferd* n ‖ ~ de labor
Arbeits-, Acker|pferd n ‖ ~ lucero *Pferd* n *mit e–r*
Blesse ‖ ~ de madera *Holz-, Schaukel|pferd* n ‖
Bock m *(Turnen)* ‖ ~ de mano *Handpferd* n ‖ ~
marchador *Passgänger* m ‖ ~ marino
Seepferdchen m ‖ ~ de montar *Reitpferd* n ‖ ~
negro *Rappe* m ‖ ~ de obstáculos *Springpferd* n ‖
~ padre *(Zucht)Hengst* m ‖ ~ de palo → ~ de
madera ‖ ~ picaza *Schecke* m ‖ ~ pío *Schecke* m
‖ ~ de Przewalski *Prschewalskipferd* n ‖ ~
recelador *Probierhengst* m ‖ ~ de regalo
Paradepferd n ‖ ~ de relevo *Vorspannpferd* n ‖ ~
roano *Rotschimmel* m ‖ ~ rodado *Apfelschimmel*
m ‖ ~ de salto *Springpferd* n ‖ ~ salvaje de
Mongolia → ~ de Przewalski ‖ ~ de (pura)
sangre *Vollblutpferd* n ‖ ~ de sangre caliente
Warmblut n, *Warmblüter* m ‖ ~ de sangre fría
Kaltblut n, *Kaltblüter* m ‖ ~ semental
(Zucht)Hengst, (Deck)Hengst, Beschäler m ‖ ~
de silla *Reitpferd* n ‖ ~ de tiro *Zugpferd* n ‖ ~
tordillo *Grauschimmel* m ‖ ~ de trabajo *Arbeits-,*
Acker|pferd n ‖ ~ de tronco *Deichselpferd* n ‖ ~
de Troya *Trojanisches Pferd* n ‖ ~ de varas
Stangen-, Gabel|pferd n ‖ (fuerza de) ~ ⟨Tech⟩
Pferdekraft f ‖ ◆ a ~ *zu Pferd (reitend)* ‖ ⟨fig⟩
übergreifend ‖ ¡a ~! ⟨Mil⟩ *aufgesessen!* ‖ a mata
~ *pfeilschnell, Hals über Kopf* ‖ *plötzlich,*
ungestüm ‖ como ~ en cacharrería *wie ein*
Elefant im Porzellanladen ‖ ◊ huir a uña de ~
⟨fam⟩ *spornstreichs entfliehen* ‖ ⟨fig⟩ *s. mit*
größter Anstrengung aus e–r Verlegenheit
befreien ‖ ir (od montar) a ~ reiten ‖ ir en el
caballo de San Fernando (od San Francisco)
⟨figf⟩ *auf Schusters Rappen reisen* ‖ subir a ~ *zu*
Pferd steigen ‖ a ~ regalado, no hay que mirarle

el diente *(od no le mires el dentado)* ⟨Spr⟩ *e–m*
geschenkten Gaul sieht man nicht ins Maul ‖ ~s
mpl ⟨Mil⟩ *spanische Reiter* mpl ‖ ~ de vapor
(CV) *Pferdestärke* f *(PS)*
²caballo *m* ⟨Bgb⟩ *Taubgestein* n *in e–r Ader*
³caballo *m* ⟨Mar⟩ *Partleine* f
⁴caballo *m* ⟨Kart⟩ *Königin* f
⁵caballo *m* Sal *Ranke* f *an den Reben*
⁶caballo *m* [in der Drogenszene] *Heroin* n
caba|llón *m* ⟨Agr⟩ *Furchenrain* m ‖ *Deich* m ‖
Schwaden, Längs|haufen m, *-reihe* f ‖ **–lluno** adj
Pferde-
cabalmente, ⟨pop⟩ cabalito adv *vollkommen* ‖
völlig, richtig ‖ *genau* ‖ *eben, gerade* ‖ *wie es s.*
gehört
cabana *f* ⟨Flugw⟩ *Spannturm* m
cabanga *f* MAm *Schwermut* f ‖ *Trübsinn* m
caba|ña *f (Schäfer)Hütte, Feldhütte, Kate* f ‖
Viehbestand m *e–r Region* ‖ *große Schafherde* f ‖
Arg *Landgut* n *für Zuchtzwecke* ‖ ~ ganadera
Viehbestand m ‖ ~ de troncos *Blockhütte* f ‖ **–ñal**
adj: camino ~ *(Weide)Weg* m *(für Wanderherden)*
‖ **–ñera** f Ar *(Weide)Weg* m *(für Wanderherden)*
–ñería f *Proviant* m *der (Schaf)Hirten* ‖ **–ñero** m
Schafmeister m ‖ *armer Bauer* m
cabañuela f dim von **cabaña** ‖ ~s fpl
monatliche Vorausberechnung f *des Wetters (im*
Volksglauben) ‖ Bol *erste Regenfälle im Frühjahr*
‖ Mex *Regenfälle im Winter* ‖ ◊ estar cogiendo ~
kein Einkommen haben
cabaré m *Kabarett* n, *Singspielhalle* f ‖
Nachtlokal n ‖ *anrüchiges Lokal* n
cabarrón m Sant *lästiger Mensch* m
cabás *m kleiner Korb* m *(aus Espartogras)* ‖
Einkaufskorb m *(der Frauen)* ‖ *Cabas* m
¹cabe m *Stoß* m *beim Argollaspiel* ‖ ~ de pala
⟨figf⟩ *Glückszufall* m ‖ ◊ dar un ~ al bolsillo
⟨figf⟩ *den Geldbeutel schröpfen*
²cabe prep *(poet) neben, bei, unweit*
¹cabecear vt *Wein verschneiden* ‖ *um|säumen,*
-nähen ‖ *anstricken (Strümpfe)* ‖ ~ vi *mit dem*
Kopf nicken (bes. *vor Schläfrigkeit)* ‖ *den Kopf*
schütteln (bes. *als Zeichen der Missbilligung)* ‖
den Kopf auf und nieder bewegen (bes. *von*
Pferden) ‖ s. *aufbäumen, stampfen (Pferde)* ‖ ⟨Sp⟩
[Fußball] *köpfen* ‖ *die Krone hin und her*
bewegen, ⟨fig⟩ *flüstern (Bäume im Wind)* ‖
schaukeln, wackeln (Sachen) ‖ ⟨Mar⟩ *stampfen*
(Schiff) ‖ ~ al ancla ⟨Mar⟩ *reiten* ‖ ⟨Mil⟩ *bucken*
(Kanone)
²cabecear vi Chi ⟨Bot⟩ *Knollen ansetzen*
(Zwiebel)
¹cabeceo *m Nicken* n ‖ ⟨Mar⟩ *Stampfen* n,
Stampfbewegung f
²cabeceo *m* Pe ⟨fam⟩ → **agonía**
cabecequia *m* Ar *Aufseher* m *für die*
Bewässerungsgräben
cabece|ra f *Hauptpunkt* m *(e–r Sache)* ‖
Ehrenplatz m *am Tisch* ‖ *Kopfende* n *des Bettes* ‖
Kopfkissen n ‖ *(Bezirks)Hauptstadt* f ‖ ⟨Jur⟩
Gerichtsvorsitz m ‖ ⟨Typ⟩ *Titelvignette* f ‖
Kopfstück n *e–s Kapitelanfangs (im Buch),*
Kopf|zeile, -leiste f ‖ ⟨Arch⟩ *Brückenkopf* m ‖
⟨fig⟩ *Anfang* m ‖ ◊ estar od asistir a la ~ de un
enfermo *e–n Kranken pflegen* ‖ me gusta la ~
alta *ich liege gerne hoch* ‖ **–ro** m ⟨Arch⟩ *Fenster-,*
Tür|sturz m ‖ ~ de ángulo *Eckstein* m
cabeciancho adj *breitköpfig*
cabeciduro adj Col Cu *starrköpfig*
cabeci|lla m *Anführer* m ‖ *Rädelsführer* m ‖
Gangsterboss m ‖ ⟨figf⟩ *Hohlkopf* m ‖ **–ta** m dim
von **cabeza** ‖ *Köpfchen* n
cabedor adj Am *geräumig* ‖ *groß (Flasche)*
cabe|llado adj *kastanienbraun schillernd* ‖
–llejo m dim von **¹cabello** ‖ **–llera** f *Haupthaar* n,

Haare npl ‖ *Perücke* f ‖ *Skalp* m ‖ *Mähne* f *des Löwen* ‖ *Schweif* m *(e–s Kometen)* ‖ ◇ tomar la ~ a alg. *jdn auf den Arm nehmen, jdn zum Besten halten* od *haben*
¹cabello *m (Haupt)Haar* n ‖ ~ de azabache *pechschwarzes Haar* n ‖ ~ corto *kurzgeschnittenes Haar* n ‖ ⟨fig⟩ *Pagen-, Bubi|kopf* m ‖ ~ de ébano ⟨poet⟩ *ebenholzschwarzes Haar* n ‖ ~ de gualda ⟨poet⟩ *blondes Haar* n ‖ ~ merino *sehr dichtes, krauses Haar* ‖ ◆ en ~ *mit aufgelöstem Haar* ‖ ◇ estar pendiente de un ~ ⟨figf⟩ *an e–m Haar hängen, in der Luft schweben* ‖ cortar *od* hender *od* partir un ~ en el aire ⟨fig⟩ *Haarspaltereien treiben* ‖ llevar a uno en un ~ ⟨figf⟩ *jdn um den Finger wickeln* ‖ llevar el ~ corto (largo) *die Haare kurz (lang) tragen* ‖ no montar un ~ ⟨figf⟩ *k–n Pfifferling wert sein* ‖ no tocarle a uno (ni) un ~ *jdm kein Haar krümmen* ‖ ~s *mpl:* ~ apagados *glanzloses Haar* n ‖ ~ decolorados *gebleichtes Haar* n ‖ ~ grasos *fettiges Haar* n ‖ ~ sedosos *seidiges Haar* n ‖ ◆ en ~ *mit entblößtem Haupt* ‖ ◇ estar colgado de los ~ ⟨figf⟩ *s. in e–r peinlichen Lage befinden* ‖ tirarse de los ~ *s. die Haare raufen* ‖ traer a/c por los ~ ⟨figf⟩ *et. an den Haaren herbeiziehen* ‖ los ~ se le ponen de punta *die Haare stehen ihm (ihr) zu Berge*
²cabello *m* ⟨Bot⟩ Arg Mex PR Ven *Seide* f (Cuscuta spp) ‖ Cu Guat Mex *Waldrebe* f (Clematis spp) ‖ *Bart* m *am Maiskolben*
³cabello *m* ⟨Kochk⟩ Chi Pe ⟨Art⟩ *Fadennudeln* fpl ‖ ~ de ángel *feste Konfitüre* f *aus Riesenkürbis*
cabe|lludo adj *(lang)haarig* ‖ *dicht behaart* ‖ **–lluelo** m *dim von* **–llo**
caber [pres quepo, pret cupe] vt *in s. fassen (räumlich)* ‖ *zulassen, billigen* ‖ ~ vi *enthalten sein* (en *in* dat) ‖ *Platz finden, hineingehen* ‖ *(hin)reichen* ‖ *möglich sein* ‖ ◇ ~ en suerte *zuteil werden, zufallen* ‖ cabe preguntarse *man muss s. fragen* ‖ hoy me cabe la satisfacción de … *heute habe ich das Vergnügen zu …* ‖ todo cabe *alles ist möglich* ‖ todo cabe en él ⟨figf⟩ *dem ist alles zuzutrauen, der ist zu allem fähig* ‖ cabe suponer que … *es ist vorauszusetzen, dass …* ‖ lo que cabe pensar *was (überhaupt) denkbar ist* ‖ *was* anzunehmen ist ‖ si cabe *womöglich* ‖ aun más, si cabe *vielleicht noch mehr* ‖ ¿qué duda cabe? *wer möchte es bezweifeln?* ‖ sicherlich! bestimmt! ‖ no cabe duda *zweifellos, zweifelsohne* ‖ no nos cabe la menor duda que … *wir hegen nicht den geringsten Zweifel, dass …* ‖ ¿cuántas veces cabe 4 en 12? *wie oft geht 4 in 12?* ‖ 2 entre 3, no cabe *2 in 3 geht nicht* ‖ no ~ en sí ⟨fig⟩ *äußerst stolz, übermütig sein* ‖ no ~ en sí de gozo ⟨fig⟩ *vor Freude außer s. sein* ‖ no ~ en la casa *nicht gern zu Hause sein* ‖ no ~ en toda la casa ⟨figf⟩ *vor Wut außer s. sein, wütend sein* ‖ ¡no cabe más! ⟨fig⟩ *das ist die Höhe!* ‖ elegante que no cabe más ⟨figf⟩ *höchst elegant* ‖ no cabe tanta gente en la sala *der Saal fasst nicht so viele Menschen* ‖ no cabe equivocación *Irrtum ist ausgeschlossen* ‖ no cabe perdón *es ist nicht zu entschuldigen* ‖ no cabe precisar la edad *das Alter lässt s. nicht feststellen, bestimmen* ‖ los zapatos no me caben *die Schuhe sind mir zu eng* ‖ eso no me cabe en la cabeza ⟨figf⟩ *das will mir nicht in den Kopf* ‖ eso no cabe aquí *das ist hier unstatthaft* ‖ el corazón no le cabía en el pecho ⟨figf⟩ *er (sie, es) war außer s. vor Freude* ‖ tú y yo no cabemos juntos *wir beide passen nicht zusammen*
cabero adj Mex *letzte(r)*
cabestrante *m* → **cabrestante**
cabes|trar vt *anhalftern, Halfter anlegen* (dat)

‖ **–trear** vt Am *am Halfter führen* ‖ PR Ur Ven ⟨fig⟩ *führen, regieren* ‖ **–trería** f *Sattlerei* f ‖ **–trero** adj *dem Halfter gehorchend (Pferd)* ‖ ~ m *(Halfter)Sattler* m ‖ *Seiler* m ‖ **–trillo** m ⟨Med⟩ *(Arm)Binde, Schlinge* f ‖ *Armschiene* f ‖ *Halskette* f ‖ **–tro** m *Halfter* m (& n) ‖ ⟨Taur⟩ *Leitochse* m ‖ ⟨Med⟩ *Kinnbinde* f ‖ ⟨fig⟩ *ungeschickter Mensch* m ‖ ⟨fig⟩ *Hahnrei* m ‖ ◇ llevar del ~ ⟨figf⟩ *um den Finger wickeln* ‖ *gängeln, unter der Fuchtel haben*
¹cabeza f *Kopf* m, *Haupt* n ‖ *Schädel* m ‖ *Verstand* m ‖ *Glockenstuhl* m ‖ ⟨An⟩ *Gelenkkopf* m ‖ *(Berg)Gipfel* m ‖ ⟨fig⟩ *Kopf, Geist* m ‖ ⟨fig⟩ *Kopf* m, *Hauptperson* f ‖ *Vorsteher, Obmann* m, *Oberhaupt* n ‖ *Anführer* m ‖ ⟨fig⟩ *Kopf* m, *Stück* n *(Vieh)* ‖ ⟨fig⟩ *Anfang, Ursprung* m ‖ ⟨Sp⟩ [Fußball] *Kopf|stoß, -ball*, Öst Südd *Köpfler* m ‖ *Eingangsformel* f *(e–r Schrift)* ‖ ⟨Typ⟩ *Kapitelüberschrift* f ‖ *Hauptstadt* f ‖ ~ de campana *Glockenstuhl* m ‖ ~ de corcho ⟨figf⟩ *leerer Kopf* m ‖ *Strohkopf* m ‖ ~ de chorlito ⟨fig⟩ *Windbeutel, Leichtfuß* m ‖ ~ exaltada *Wirrkopf, Schwärmer* m ‖ ~ de familia *Familien|oberhaupt* n, *-vorstand* m ‖ ~ del fémur ⟨An⟩ *(Ober)Schenkelkopf* m ‖ ~ de ganado *(Stück) Vieh* n ‖ ~ de hierro ⟨figf⟩ *Betonkopf* m ‖ ~ del húmero ⟨An⟩ *Oberarmkopf* m ‖ ~ de Jano *Januskopf* m (& fig) ‖ ~ de línea ⟨Gen⟩ *Stammtier* n ‖ ~ de lista *Spitzenkandidat* m *(bei Wahlen)* ‖ ~ mala ⟨fig⟩ *törichter, unüberlegter Mensch* m ‖ ~ del martillo ⟨An⟩ *Hammerkopf* m ‖ ~ mayor *Stück Großvieh* n ‖ ~ de Medusa *Medusenhaupt* n ‖ ~ menor *Stück Kleinvieh* n ‖ ~ de muerto *Totenkopf* m ‖ ~ de olla *erster Abguss* m *e–r Fleischbrühe* ‖ ~ a pájaros ⟨fig⟩ *Windbeutel, Leichtfuß* m ‖ ~ de partido *Bezirks-, Kreis|hauptstadt* f ‖ ~ de pipa *Pfeifenkopf* m ‖ ~ rapada *Skinhead* m ‖ ~ redonda ⟨figf⟩ *begriffsstutziger Mensch* m ‖ ~ reducida *Schrumpfkopf* m ‖ ~ de tarro ⟨pop⟩ *Dummkopf, Blödian* m ‖ ~ torcida ⟨figf⟩ *Heuchler* m ‖ ~ de turco ⟨fam⟩ *Sündenbock, Prügelknabe* m ‖ ~ de veleta ⟨figf⟩ *wetterwendischer Mensch, Flattergeist* m ‖ ◆ a la ~ *voran, an der Spitze* ‖ con la ~ al aire *barhäuptig, ohne Kopfbedeckung* ‖ con la ~ baja *mit gesenktem Haupt* ‖ de ~ *mit dem Kopf (voran), kopfüber* ‖ *auswendig* ⟨fam⟩ *schnurstracks, eiligst* ‖ de pies a ~ *von oben bis unten, von Kopf bis zu Fuß* ‖ en ~ Am *ohne Hut, barhäuptig* ‖ por su ~ *aus eigenem Entschluss* ‖ tocado de la ~ ⟨fig⟩ *auf den Kopf gefallen* ‖ ◇ abrir la ~ a alg. ⟨figf⟩ *jdm den Kopf einschlagen* ‖ aprender de ~ *auswendig lernen* ‖ asomar la ~ *den Kopf heraustrecken, hervorgucken* ‖ *zum Vorschein kommen* ‖ bajar la ~ *alles widerspruchslos hinnehmen* ‖ bullirle a uno algo en la ~ *dauernd durch den Kopf gehen* ‖ eso no me cabe en la ~ ⟨figf⟩ *das will mir nicht in den Kopf* ‖ calentarse uno la ~ *arbeiten bzw lernen, dass e–m der Kopf raucht* ‖ cargársele a uno la ~ *schwind(e)lig werden* ‖ *e–n schweren Kopf kriegen* ‖ dar con la ~ contra la pared ⟨figf⟩ *mit dem Kopf gegen die Wand rennen* ‖ dar de ~ *auf den Kopf fallen* ⟨figf⟩ *Ansehen verlieren* ‖ descomponérsele a uno la ~ ⟨fig⟩ *den Verstand verlieren* ‖ doblar la ~ *alles widerspruchslos hinnehmen* ‖ me duele la ~ *ich habe Kopfweh* ‖ escarmentar en ~ ajena ⟨figf⟩ *durch fremden Schaden klug werden* ‖ hablar de ~ ⟨fam⟩ *in den Tag hinein* od *unüberlegt reden* ‖ hacer ~ ⟨fam⟩ *das Wort führen* ‖ ir ~ abajo ⟨figf⟩ *immer mehr herunterkommen* ‖ írsele (od andársele) a uno la ~ ⟨fig⟩ *im Kopf schwind(e)lig sein* ‖ ⟨fig⟩ *den Verstand verlieren* ‖ jugarse la ~ ⟨figf⟩ *Kopf und Kragen riskieren* ‖ levantar (la) cabeza *s. erholen*

(z. B. *von e–m Schicksalsschlag*) ‖ llevar la ~ alta
den Kopf hoch tragen ‖ *niemandes Blick scheuen*
‖ llevar a todos de ~ *alle um s. herum verrückt
machen* ‖ meter algo en la ~ de alg. *jdn von et.
überzeugen,* ⟨fam⟩ *jdm et. eintrichtern* ‖ meterse
de ~ en un negocio ⟨figf⟩ *et. mit großem Eifer
unternehmen* ‖ *s. in e–e Sache* od *ein
Unternehmen stürzen* ‖ metérsele (*od* ponérsele) a
uno en la ~ a/c ⟨figf⟩ *s. et. in den Kopf setzen* ‖
⟨figf⟩ *hartnäckig bei s–r Meinung bleiben* ‖
otorgar de ~ *durch Kopfnicken zustimmen* ‖ pasar
por la ~ ⟨figf⟩ *einfallen, in den Kopf kommen
(Idee)* ‖ perder la ~ ⟨figf⟩ *den Kopf, den Halt
verlieren* ‖ ponerse a la ~ *die Führung
übernehmen* (& Sp) ‖ quebrarle a uno la ~ ⟨figf⟩
jdm den Nerv töten, jdm auf die Nerven gehen ‖
quebrarse la ~ ⟨figf⟩ *s. den Kopf zerbrechen* ‖
quitarse algo de la ~ ⟨figf⟩ *s. et. aus dem Kopf
schlagen* ‖ romperle a uno la ~ *jdm den Schädel
einschlagen* ‖ romperse la ~ ⟨figf⟩ *s. den Kopf
zerbrechen, ziellos grübeln* ‖ no saber dónde
volver la ~ *nicht mehr wissen, wo e–m der Kopf
steht* ‖ sacar la ~ ⟨figf⟩ *wieder zum Vorschein
kommen, s. wieder zeigen* ‖ sentar la ~ ⟨figf⟩ *zur
Vernunft kommen* ‖ subírsele a uno la sangre a la
~ ⟨fig⟩ *in heftigen Zorn geraten* ‖ el vino se le ha
subido a la ~ ⟨figf⟩ *der Wein ist ihm zu Kopf
gestiegen,* ⟨pop⟩ *er hat e–n in der Krone* ‖ tener
~ *Verstand haben* ‖ tener la ~ a pájaros (*od* a las
once) ⟨figf⟩ *e–n tollen Kopf haben, e–e Meise
haben* ‖ ⟨figf⟩ *zerstreut sein* ‖ tener la ~ como
una olla de grillos ⟨figf⟩ *nicht wissen, wo e–m
der Kopf steht* ‖ quien no tiene ~, ha de tener
pies ⟨Spr⟩ *was man nicht im Kopf hat, muss man
in den Beinen haben* ‖ tomar de ~ *auswendig
lernen* ‖ traer de ~ *Kopfzerbrechen bereiten* ‖ no
alza ~, no levanta ~ ⟨figf⟩ *er (sie, es) kommt gar
nicht wieder recht auf die Beine,* ⟨pop⟩ *er (sie,
es) kann s. gar nicht wieder aufrappeln* ‖ le va de
la ~ *es geht um s–n (ihren) Kopf* ‖ no tener
donde volver la ~ ⟨fig⟩ *nicht wissen, wo man
sein Haupt hinlegen soll* ‖ torcer la ~ ⟨figf⟩
sterben ‖ volvérsele a uno la ~ ⟨figf⟩ *den
Verstand verlieren* ‖ en volviendo la ~ ⟨fig⟩ *ehe
man sich's versieht, im Nu* ‖ más vale ser ~ de
ratón que cola de león ⟨Spr⟩ *lieber ein kleiner
Herr als ein großer Knecht* ‖ **~s** *fpl* ⟨Mar⟩ *beide
Enden* npl *e–s Schiffes* ‖ … ~ de ganado … *Stück*
npl *Vieh* ‖ tantas ~, tantos pareceres *viel Köpfe,
viel Sinne*
  ²cabeza *f* ⟨Tech⟩ *Kopf* m ‖ *Gurt(ung)* m(f) ‖
⟨Zim⟩ *Kappe* f ‖ *Haube* f ‖ ~ atómica
Atomsprengkopf m ‖ ~ curvada *gekrümmte
Gurtung* f *(Stahlkonstruktion)* ‖ ~ chata
Flachkopf m ‖ ~ de alfiler *Nadelkopf* m ‖ ~ de
atracadero ⟨Mar⟩ *Kopf* m (od *Spitze* f) *des
Hafendamms* ‖ ~ de biela *Pleuelfuß* m ‖ ~ de
borrado ⟨Inform⟩ *Löschkopf* m ‖ ~ de cepillo
Hobelkopf m ‖ ~ de cilindro *Zylinderkopf* m ‖ ~
de clavo *Nagelkopf* m ‖ ~ del cohete *Raketenkopf*
m ‖ ~ de columna *Säulen|kopf, -knauf* m ‖ ⟨Mil⟩
Anfang m *e–r Kolonne* ‖ ~ de desagüe, ~ de
drenaje *Dränkopf* m ‖ ~ del eje *Achskopf* m ‖ ~
de embutir *Zieh|werk* n, *-kopf* m ‖ ~ de esclusa
Schleusenhaupt n ‖ ~ de estiraje *(Text)
Streckkopf* m ‖ ~ de etapa ⟨Mil⟩ *Etappenhauptort*
m ‖ ~ de flotilla ⟨Mar⟩ *Flottillenführerschiff* n ‖
~ de hilera ⟨Mil⟩ *Flügelmann* m ‖ ~ grabadora,
~ de grabación *Aufnahmekopf* m ‖ ~ de horquilla
Gabelkopf m *(Fahrrad)* ‖ ~ de lectura ⟨Inform⟩
Lesekopf m ‖ *Abtastkopf* m ‖ ~ de malecón
Molenkopf m ‖ ~ del martillo *Hammerkopf* m ‖
~ del percutor *Schlagbolzenmutter* f ‖ ~ de
muelle *Steg-, Kai|kopf* m ‖ ~ de muerto ⟨Typ⟩
Fliegenkopf m *(als Blockade)* ‖ ~ de (un)

parapeto ⟨Mil⟩ *Brustwehrkrone* f ‖ ~ del percutor
Schlagbolzenmutter f ‖ ~ de perno *Bolzenkopf* m
‖ ~ plana *Flachkopf* m ‖ ~ de puente
Brückenkopf m (& Mil) ‖ ~ de remache, ~ de
roblón *Nietkopf* m ‖ ~ de retaguardia ⟨Mil⟩
Vorhut f *des Nachtrupps* ‖ ~ de roscar
Schneidkopf m ‖ ~ de socavar *Schrämkopf* m ‖ ~
de suspensión *Hängegurt(ung)* m(f) ‖ ~ tensora
Spannkopf m ‖ ~ de tornillo *Schraubenkopf* m ‖
~ de vanguardia ⟨Mil⟩ *Vortrupp* m, *Spitze* f *der
Vorhut*
  ¹cabezada *f Stoß* m *mit dem Kopf* ‖ *Kopfnicken*
n ‖ ◇ dar *~s mit dem Kopf nicken, einnicken* ‖
darse de *~s por las paredes* ⟨figf⟩ *mit dem Kopf
gegen die Wand rennen*
  ²cabezada *f Oberleder* n *am Schuh*
  ³cabezada *f* ⟨Mar⟩ *Stampfen* n ‖ ◇ dar ~s
stampfen
  ⁴cabezada *f* Cu *Flussbett* n
  ⁵cabezada *f Halfter* m (& n) ‖ *Kopfgestell* n ‖
~ de cuadra *Stallhalfter* m (& n) ‖ ~ potrera
Strickhalfter m (& n)
  ⁶cabezada *f* ⟨Typ⟩ *Kapitalband* n
  cabe|zal *m Kopfkissen* n ‖ *großes Querpolster*
n ‖ ⟨Auto⟩ *Kopf-, Genick|stütze* f ‖ *Vordergestell* n
am Wagen ‖ ⟨Med⟩ *Bäuschchen, Druckläppchen* n
‖ ⟨Mar⟩ *Sparren* m ‖ ~ de apagamiento *Löschkopf*
m ‖ ~ de cuchillas *Messerkopf* m ‖ ~ divisor
Teilkopf m ‖ ~ de escape *Auspuffkopf* m ‖ ~ de
estirado *Ziehkopf* m ‖ ~ de hilera *Zieheisenkopf*
m ‖ ~ de husillo *Spindelstock* m ‖ ~ de ignición,
~ de inflamación *Zündkopf* m ‖ ~ móvil
Reitstock m ‖ ~ de pilote *Pfahlkappe* f ‖ ~
portacuchilla(s) *Messerkopf* m ‖ ~ portafresas
Fräskopf m ‖ ~ portamuelas *Schleifkopf* m ‖ ~
de prensa *Presskopf* m ‖ ~ de quemador
Brennerkopf m ‖ ~ de sujeción *(Auf)Spannkopf* m
‖ **–zalero** *m Testamentvollstrecker* m ‖ **–zazo** *m
Stoß mit dem Kopf* ‖ ⟨Sp⟩ [Fußball] *Kopf|stoß,
-ball,* Öst Südd *Köpfler* m ‖ **-zo** *m einsamer
Hügel* m ‖ *Berggipfel* m
  ¹cabezón adj *großköpfig* ‖ *stur, starrköpfig*
  ²cabezón *m* augm von **¹cabeza** ‖ *Kopfschlitz* m
am Kleid ‖ *Rückenstück* f *am Hemd*
  ³cabezón *m Kappzaum* m
  ⁴cabezón *m/f Starr-, Dickkopf* m ‖ ◇ llevar od
traer a alg. de los ~ones ⟨figf⟩ *jdn um den Finger
wickeln* ‖ *jdn gängeln, jdn unter s–r Fuchtel
haben*
  ⁵cabezón *m* Chi *scharfer Schnaps* m
  cabezo|nada *f* ⟨fam⟩ *starrköpfige Handlung,
Dickköpfigkeit* f ‖ **–rro** *m* ⟨fam⟩ *dicker,
ungestalter Kopf* m ‖ **–ta** *f/m* augm von **¹cabeza** ‖
⟨fam⟩ *großköpfiger Mensch* m ‖ *Starrkopf* m ‖
⟨fam⟩ *dickes Fingergelenk* n
  cabezote *m* Cu *Füllsteine* mpl
  ¹cabezudo adj *groß-, dick|köpfig* ‖ ⟨fig⟩ *stur,
starrköpfig* ‖ ⟨figf⟩ *sehr stark (Wein)*
  ²cabezudo *m* Ar *Kaulquappe* f ‖ ⟨Fi⟩
Großkopf-Meeräsche f (Mugil cephalus)
  ³cabezudo *m* ⟨figf⟩ *sehr starker Wein* m
  cabe|zudos *pl* Span *großköpfige Puppen* fpl
*aus Pappe, die bei kirchlichen Umzügen
mitgeführt werden*
  cabiaje *m Dachgesparre* n
  cabiblanco *m* Col Ven *dolchartiges Messer* n
  cabida *f (Raum)Gehalt* m, *Fassungsvermögen*
n, *Tragfähigkeit* f ‖ *Flächeninhalt* m ‖ ⟨Mar⟩
Ladefähigkeit f ‖ ◇ dar ~ *Raum gewähren,* (a u/c
et.) *zulassen* ‖ tener ~ con alg. *bei jdm in Gunst
stehen* ‖ no tener ~ *nicht hineingehen (räumlich)*
‖ *nicht statthaft sein*
  cabila *f Berber-, Kabylen|stamm* m
  cabil|dada *f* ⟨fam⟩ *übereilter, unüberlegter
Beschluss* m *(e–r Körperschaft)* ‖ **–dear** vi

intrigieren (in e–r Körperschaft od Gemeinschaft)
‖ **–dero** *m*/adj *Intrigant* m ‖ **–do** *m Dom-,*
Chor\kapitel, Stift(skapitel) n ‖ *Ordenskapitel* n ‖
Gemeinderat m ‖ *Kapitelsitzung* f ‖
Gemeinderatssitzung f ‖ *Ratssaal* m ‖ *Rathaus* n ‖
Cu ⟨fig⟩ *Negerversammlung* f ‖ *Negergruppe* f
(Vereinigung von Negersklaven und ihren
Nachkommen, entsprechend den
Herkunftsstämmen, zu geselligen und wohltätigen
Zwecken) ‖ ⟨fig⟩ *palavernde, beschlussunfähige*
Versammlung f ‖ ~ *abierto Am öffentliche Sitzung*
f ‖ ~ *de catedral,* ~ *catedralicio Domkapitel* n ‖
~ *insular Span Inselrat* m ‖ *el* ~ *das alte*
Rathaus in Buenos Aires
  cabileño adj *kabylisch* ‖ ~ *m Kabyle* m
  cabilla *f (Eisen)Stift* m ‖ *dicker Draht* m ‖
Rundeisen n ‖ ⟨Mar⟩ *Handspeiche* f *des Ruders* ‖
⟨Mar⟩ *Bolzen, Zapfen* m ‖ ~ *de armadura*
Armierungseisen n
  cabillo *m* ⟨Bot⟩ *Stängel, Blatt- bzw Blüten\stiel*
m
  cabina *f* ⟨allg⟩ *Kabine* f ‖ ⟨Sp⟩ *Kabine* f,
Umkleideraum m ‖ *Kabine, Kanzel* f *(im*
Flugzeug) ‖ ~ *climatizada* ⟨Med⟩ *Klimakammer* f
‖ ~ *de derrota* ⟨Mar⟩ *Navigationsraum* m ‖ ~ *de*
ducha Duschkabine f ‖ ~ *electoral Wahlzelle* f ‖
~ *de escucha,* ~ *de control* ⟨Tel⟩ *Abhör\raum* m,
-kabine f ‖ ~ *de estudio* ⟨Film⟩ *Studiokabine* f ‖
~ *giratoria Dreh\kabine, -führerhaus (Kran)* ‖ ~
de mando Steuerraum m ‖ ~ *de pasajeros*
Passagierraum m ‖ ~ *del piloto Pilotenkanzel* f,
Cockpit n *(im Düsenflugzeug)* ‖ ~ a *od de*
presión, presurizada ⟨Flugw⟩ *Druckkabine* f ‖ ~
de proyección (Film) Vorführkabine f ‖ ~
radiotelefónica, ~ *radiotelegráfica Funkkabine* f ‖
~ *de sonido (Film) Abhörraum* m ‖ ~ *telefónica*
Telefonzelle f ‖ ~ *del timonel* ⟨Mar⟩ *Ruderhaus* n
  cabinado adj *mit Kabinen versehen*
  cabinera *f* Col *Luftstewardess* f
  cabio *m (Dach)Sparren* m ‖ ~ *acodado*
Kniesparren m ‖ ~ *cojo Wechselsparren* m ‖ ~
común (Dach)Sparren m ‖ ~ *de copete Halb-,*
Schift\sparren, Schifter m ‖ ~ *de lima-hoya*
Kehl(grat)\sparren, -balken m ‖ ~ *de lima-tesa*
Eck-, Grat-, Schift\sparren, Hakenkamm m ‖ ~s
mpl Dachgesparre n
  cabizbajo adj *mit gesenktem Haupt* ‖ ⟨fig⟩
kopfhängerisch, niedergeschlagen, verzagt, mutlos
  cable *m* ⟨Mar⟩ *Kabel(tau* n*)* m, *Tau, Seil* n,
Trosse f ‖ ⟨Mar⟩ *Kabellänge f (185,2 m)* ‖
Kabelnachricht f, *Überseetelegramm* n ‖ ⟨fig⟩
Rettungsanker m ‖ ~ *acanalado* ⟨El⟩ *Rillenkabel*
n ‖ ~ *de acero Stahlkabel* n ‖ ~ *aéreo Luftkabel* n
‖ ~ *aislado isoliertes Kabel* n ‖ ~ *de*
alimentación Einspeise-, Speise-,
Zuführungs\kabel n ‖ ~ *de alta mar Tiefseekabel*
n ‖ ~ *de alta tensión Hochspannungskabel* n ‖ ~
de amarre ⟨Mar⟩ *Halte\tau* n, *-trosse* f ‖ ~ *de*
ancla Ankertrosse f ‖ ~ *de anclaje Anker-,*
Verankerungs\seil n ‖ ~ *armado Panzerkabel,*
armiertes Kabel n ‖ ~ *de arrastre Schleppleine* f ‖
~ *de ascensor Aufzugsseil* n ‖ ~ *barnizado*
Lackdraht m ‖ ~ *cerrado verschlossenes Seil* n ‖
~ *coaxial Koaxialkabel* n ‖ ~ *colado Seil* n *aus*
Gussstahldrähten ‖ ~ *conductor Leitungskabel* n ‖
~ *de conexión Anschlusskabel* n ‖ ~ *costero*
Küstenkabel n ‖ ~ *desnudo blankes, nacktes*
Kabel n ‖ ~ *eléctrico Elektrokabel* n ‖ ~ *de*
emisión Sendekabel n ‖ ~ *de empalme*
Anschluss-, Verbindungs\kabel n ‖ ~ *de*
encendido Zündkabel n ‖ ~ *sin fin Endloskabel* n
‖ ~ *de freno Brems\kabel, -seil* n ‖ ~ *de gran*
distancia Fernkabel n ‖ ~ *hidrófugo*
Feuchtraumkabel n ‖ ~ *intercontinental*
Überseekabel n ‖ ~ *para locales húmedos*

Feuchtraumkabel n ‖ ~ *de mando Steuerkabel* n ‖
~ *metálico Drahtseil* n ‖ ~ *monoconductor*
Einleiterkabel n ‖ ~ *de montacargas Aufzugsseil*
n ‖ ~ *múltiple Mehrleiterkabel* n ‖ ~ *portador*
Tragseil n ‖ ~ *de la red Netzkabel* n ‖ ~ *para*
remolcar Abschleppseil n ‖ ~ *de retención*
Anker-, Verankerungs\seil m ‖ ~ *revestido*
umsponnenes Kabel n ‖ ~ *de servicio interurbano*
Weitverkehrskabel n ‖ ~ *subacuático*
Unterwasserkabel n ‖ ~ *subfluvial*
Unterflusskabel n ‖ ~ *submarino See-, Untersee-,*
Tiefsee\kabel n ‖ ~ *subterráneo unterirdisches*
Kabel, Erd-, Untergrund\kabel n ‖ ~ *sustentador*
Tragseil n ‖ ~ *telefónico Fernsprechkabel* n ‖ ~
telegráfico Telegrafenkabel n ‖ ~ *de telesquí*
Skiliftseil n ‖ ~ *de baja tensión Schwachstrom-,*
Fernmelde\kabel n ‖ ~ *transatlántico*
Überseekabel n ‖ ~ *trenzado geflochtenes Kabel*
n ‖ ~ *de unión Anschluss-, Verbindungs\kabel* n ‖
◇ *avisar por* ~ *kabeln* ‖ *lanzar un* ~ a *alg.* ⟨fig⟩
jdm in e–r Notlage helfen ‖ *tender un* ~ *ein*
Kabel versenken bzw legen
  cablea\do *m Flechtart, Flechtung, Verkabelung*
f ‖ **–dora** *f Drahtlitzen-, Kabel-, Verseil\maschine*
f ‖ **–je** *m Verseilung* f ‖ **–r** vt *verseilen,*
(ver)kabeln
  cablecarril *m* Am *(Stand)Seilbahn* f
  cable\grafiar [pres ~ío] vi/t *kabeln* ‖ **–gráfico**
adj: *despacho* ~ *Kabelnachricht* f ‖ **–grama** *m*
Kabelnachricht f, *Überseetelegramm* n
  cable\o ⟨El⟩ *Verdrahtung* f ‖ **–ro** adj: *buque* ~
⟨Mar⟩ *Kabel\schiff* n, *-leger* m
  cablevisión *f Kabelfernsehen* n
  ¹cabo *m Ende* n, *Rand* m ‖ *Spitze* f ‖ *Zipfel* m ‖
Stumpf m, *übriggebliebenes Stückchen* n ‖ *Stiel,*
Handgriff m ‖ *Strähne* f *Garn* ‖ *(Blumen)Stiel* m ‖
Faden m ‖ ⟨fig⟩ *Ende* n, *Grenze* f ‖ ⟨fig⟩
(äußerstes) Ende n ‖ ~ *de año Totenmesse* f *am*
Jahrestag des Hinscheidens e–s Verstorbenen ‖ ~
del hilo Fadenende n ‖ ~ *de madeja Fitzband* n ‖
~ *de vela Kerzenstumpf* m ‖ ◆ *al fin y al* ~, *al*
~ *(al* ~*), al* ~ *y a la postre (fam) schließlich,*
eigentlich, letzten Endes ‖ *al* ~ *de … nach Ablauf*
von … ‖ *al* ~ *de un año nach Verlauf e–s Jahres*
‖ *al* ~ *de un rato kurz darauf* ‖ *hasta el* ~ *del*
mundo (fam) bis ans Ende der Welt ‖ *de* ~ a ~
(de ~ *a rabo) (fam) von e–m Ende zum andern,*
durch und durch ‖ *(fam) von A bis Z* ‖ *por ningún*
~ *keineswegs, unter k–n Umständen* ‖ ◇ *dar* ~
(a, de) vollenden ‖ *vernichten, zerstören* ‖ *estar al*
~ *(de la calle)* ⟨figf⟩ *et. vollkommen verstehen* ‖
ständig unterrichtet sein ‖ *estar (muy) al* ~ ⟨figf⟩
aus dem letzten Loch pfeifen ‖ *llevar a(l)* ~ *u/c*
et. durch-, aus\führen, vollbringen ‖ ⟨fig⟩ *et. zum*
Äußersten treiben ‖ *no tener* ~ *ni cuerda* ⟨figf⟩
sehr verwickelt sein, weder Hand noch Fuß haben
‖ **~s** *mpl Zutaten* fpl *e–s Kleides* ‖ *Füße* mpl,
Maul n, *Mähne* f *und Schwanz m des Pferdes* ‖ ~
sueltos ⟨figf⟩ *unvorhergesehene Umstände* mpl ‖
⟨figf⟩ *Vermischte(s)* n, *gesammelte Nachrichten*
fpl ⟨Zeitung⟩ ‖ ◇ *atar (od juntar, unir)* ~ ⟨fig⟩ *s–e*
Beweisgründe od Gedanken zusammenfassen ‖
faltan od quedan muchos ~ *por atar es ist noch*
vieles unerledigt, da ist noch vieles zu tun
  ²cabo *m Anführer* m ‖ *Vorarbeiter* m ‖ ⟨Mil⟩
Gefreite(r) m ‖ ~ *de ala Flügelmann* m ‖ ~ *de*
comparsas ⟨Th⟩ *erster Statist* m ‖ ~ *de cuartel*
Unteroffizier m *vom Dienst* ‖ ~ *de fila*
Flügelmann m ‖ ~ *primero Obergefreite(r)* m ‖ ~
de somatén Cat ⟨Hist⟩ *Kommandant* m *der*
Bürgerwehr
  ³cabo *m* ⟨Geogr⟩ *Kap, Vorgebirge* n ‖ *el* ~
Kapstadt f ‖ ~ *de Buena Esperanza Kap* n *der*
Guten Hoffnung ‖ ~ *de Hornos Kap* n *Hoorn* ‖ ~
del Norte Nordkap n

⁴**cabo** *m* ⟨Mar⟩ *Tau, Seil* n, *Leine* f ‖ ~ *de amarre Haltetau* n ‖ ~ *para halar Verhol\leine, -trosse* f

⁵**cabo** *m kleiner Warenballen* m *(im Zollamt)*
caboclo *m* Col → **colono**
cabortero adj Ur`*schwer zu zähmen(d) (Pferd)*
cabotaje *m* ⟨Mar⟩ *Küsten(schiff)fahrt, Kabotage* f ‖ *Küstenhandel* m ‖ *gran ~ mittlere Fahrt* f

Cabo Verde *m* ⟨Geogr⟩ *Kap Verde* n

¹**cabra** *f* ⟨Zool⟩ *Ziege, Geiß* f ‖ *Ziegenbock* m ‖ *Ziegenleder* n ‖ ~ *almizclera od de almizcle Moschustier* n (Moschus mosciferus) ‖ ~ *de los Alpes Alpensteinbock* m (Capra ibex ibex) ‖ ~ *de Angora Angoraziege* f ‖ ~ *de Cachemira Kaschmirziege* f ‖ ~ *española* → ~ *montés* ‖ ~ *lechera Milchziege* f ‖ ~ *montés Iberiensteinbock* m (C. pyrenaica) ‖ ~ *suiza* → ~ *de los Alpes* ‖ ◇ *más loco que una ~ verrückt, exzentrisch, närrisch* ‖ ◇ *ordeñar la ~* ⟨figf⟩ *(die) Kuh melken, Nutzen ziehen* ‖ *la ~ (siempre) tira al monte* ⟨Spr⟩ *die Katze lässt das Mausen nicht! man kann s–e Natur nie verleugnen* ‖ ~**s** *fpl Schäfchen* npl *(am Himmel)* ‖ ⟨Med⟩ *Hautflecken* mpl ‖ ◇ *cargar od echar las ~ a uno* ⟨figf⟩ *jdm die Schuld aufbürden* ‖ *echar (las) ~* ⟨figf⟩ *um die Zeche spielen*

²**cabra** *f* Chi *leichter, zweirädriger Wagen* m
³**cabra** *f* Col Cu *falscher Würfel* m ‖ *falsches Würfeln* n
⁴**cabra** *f* Chi ⟨Zim⟩ *Dreibein* n
cabracho *m* ⟨Fi⟩ *Meersau* f (Scorpaena scrofa)
cabra|higadura *f* ⟨Biol⟩ *Gallwespenbefruchtung* f ‖ ⟨Agr⟩ *Kaprifikation, Vered(e)lung* f *der Feigen* ‖ **–hígo** *m wilder Feigenbaum* m ‖ *wilde Feige* f
cabrales *m ein asturischer Käse*
cabre|ar vt *(vulg) ärgern, schikanieren, in Wut bringen* ‖ **–se** ⟨vulg⟩ *s. ärgern,* ⟨pop⟩ *einschnappen* ‖ *in Wut geraten* ‖ *s. langweilen* ‖ ~ vi Chi *herumhüpfen, schäkern* ‖ Cu *ausweichen* ‖ *betrügen* ‖ **–o** *m* ⟨vulg⟩ *Ärgernis* n, *Verärgerung* f ‖ *Wut* f, *Zorn* m
cabre|ra *f Ziegenhirtin* f ‖ **–ría** *f Ziegenmilchwirtschaft* f ‖ *Ziegenstall* m ‖ **–riza** *f Hütte* f *der Ziegenhirten* ‖ *Frau* f *des Ziegenhirten*
¹**cabre|ro, –rizo** *m Ziegenhirt* m
²**cabrero** adj Am *verärgert* ‖ ~ *m Am jährzorniger Mensch* m
cabrestante *m Winde* f ‖ *Spill* n ‖ ~ *de ancla Ankerspill* n ‖ ~ *de cadena Ketten\winde* f, *-spill* n ‖ ~ *para arrastre de vagones* ⟨EB⟩ *Waggonwinde* f ‖ ~ *de extracción* ⟨Bgb⟩ *Förderhaspel* f ‖ ~ *de mano, ~ accionado manualmente Hand\winde* f, *-spill* n ‖ ~ *móvil Lauf-, Fahr\spill* n ‖ ~ *de popa* ⟨Mar⟩ *Achterspill* n
¹**cabresto** *m* Am pop → **cabestro**
²**cabresto** *m* Chi *nicht angriffslustiger Kampfhahn* m
cabretilla *f* Chi → **cabritilla**
ca|bria *f Hebe\bock* m, *-zeug* n, *Winsch, Winde* f ‖ ~ *de ancla Ankerwinde* f ‖ ~ *de carga Verladewinde* f ‖ **–briada** *f Bundgespärre* n, *Dach\binder, -bund* m ‖ **–brial** *m Dachsparren* m
¹**cabrilla** *f* dim von ¹**cabra** ‖ ⟨Zim⟩ *Sägebock* m ‖ *Hebebock* m, *Dreibein* n
¹**cabrilla** *f* ⟨Fi⟩ *Ziegenbarsch* n (Serranus cabrilla)
cabri|llas *fpl* ⟨Mar⟩ *Schwäne* mpl, *kleine, schäumende Wellen* fpl ‖ *Froschsteinwerfen, Schnellen* n *von flachen Steinen über die Wasseroberfläche (Kinderspiel)* ‖ ⟨Med⟩ *Hautflecken* mpl ‖ **–llear** vi *(herum)hüpfen* ‖

⟨Mar⟩ *kurze Wellen schlagen, s. kräuseln, schäumen (Meer)* ‖ *schimmern (Lichter)* ‖ **–lleo** *n Geflimmer* n ‖ ⟨Flugw⟩ *wellenförmige Bewegung* f ‖ *s von* **–llear** ‖ **–llona** *f* Arg *junge Ziege* f
cabrio *m* ⟨Arch⟩ *Dach\balken, -sparren* m ‖ ⟨Her⟩ *Sparren* m
cabrío adj *Ziegen-*
cabrio|la *f (Bock)Sprung* m ‖ *Luftsprung* m *(beim Tanzen)* ‖ [Reitkunst] *Kapriole* f ‖ Cu PR *Streich* m ‖ **–l(e)ar** vi *Bocksprünge machen* ‖ **–lé** *m* ⟨Auto⟩ *Kabriolett* n, *(fam) Kabrio* m ‖ *leichter Einspänner* m
¹**cabrión** *m Radhemmung* f
²**cabrión** *m* Col Cu *Ziegenhirt* m
cabri|ta *f Zicklein* n, *junge Ziege* f ‖ **–tada** *f (fam) gemeiner Streich* m ‖ **–tilla** *f Ziegen-, Schaf-, Glacé\leder* n ‖ *Handschuhleder* n ‖ *feines Schuh-, Chevreau\leder* n ‖ *Kid* n
¹**cabrito** *m* Zicklein n, *junger Ziegenbock* m, *Ziegenlamm* n
²**cabrito** *m* ⟨Bot⟩ *Eierschwamm, Pfifferling* m
³**cabrito** *m* ⟨vulg⟩ *Zuhälter, Lude* m ‖ *Freier* m *(e–r Dirne)* ‖ Pe *ausgebeuteter Mensch* m ‖ *wissentlicher Hahnrei* m
cabro *m* Am *Ziegenbock* m ‖ Chi *Junge, Knabe* m
cabrón *m Ziegenbock* m ‖ ⟨figf⟩ *wissentlicher Hahnrei* m ‖ ⟨fig vulg⟩ *Scheißkerl* m *(Schimpfwort)* ‖ Chi *Bordellbesitzer* m
cabro|na *f* ⟨vulg⟩ *Puffmutter* f ‖ **–nada** *f* ⟨vulg⟩ *grober Schimpf* m ‖ *Schikane, Plage* f ‖ ⟨vulg⟩ *Sauerei, Hundsgemeinheit* f ‖ **–nazo** *m* augm ⟨desp⟩ von **cabrón** ‖ Mex *Schlag, Stoß* m
cabruno adj *Ziegen-*
cabrunar vt Ast *(die Sense) schärfen*
△ **cabucho** *m Gold* n
cabujón *m Cabochon* m
cábula *f* Am *List* f ‖ *Trick* m ‖ Pe *Lüge* f
cabu|lear vi Am *Tricks* mpl *anwenden* ‖ **–leo** *m* Pe → **cábula** ‖ **–lero** *m* ⟨vulg⟩ *listiger Mensch* m ‖ Chi *schlauer Mensch* m
caburé *m* Arg ⟨fam⟩ *Schürzenjäger* m
cabuya *f Pita* f ‖ *Pitahanf* m ‖ Am *Strick* m ‖ ◇ *dar ~* Am *festschnallen*
cabuyal *m* Col, **cabuyo** *m* Ec → **cabuya**
caca *f (Menschen)Kot* m, ⟨vulg⟩ *Kacke* f [Kindersprache] *Aa* n ‖ ⟨figf⟩ *Schmutz* m ‖ ⟨figf⟩ *Fehler, Mangel* m ‖ ◇ *hacer ~ Aa machen* ‖ *tapar od ocultar la ~ e–n Fehler od Mangel vertuschen* ‖ *¡~! pfui!*
cacada *f* ⟨vulg⟩ *Kacke* f
cacaería *f* Dom *Schokoladenfabrik* f
cacagual *m* Cu, **cacaguatal** *m* Guat → **cacahual**
caca|hual *m Kakaoplantage* f ‖ **–huate** adj Mex *pockennarbig* ‖ ~ *m* → **–huete** ‖ ◇ *no valer un ~* Mex ⟨fig⟩ *k–n Pfifferling wert sein* ‖ **–huete, –hué** *m* ⟨Bot⟩ *Erdnuss* f (Arachys hypogaea)
caca|lina *f* Mex *Lappalie* f ‖ **–lo** *m* Mex *Unsinn* m ‖ **–lota** Hond *Schuld* f ‖ *lote* m Mex *Rabe* m ‖ Cu Mex *Unsinn* m ‖ **–mata** *f* Mex *zudringliches Weib* n
caca|o *m Kakao(baum)* m ‖ *Kakaobohnen* fpl *Kakao* m *(Getränk)* ‖ Am *Schokolade* f ‖ (Hist) *Kakaobohne* f *als Zahlungsmittel* ‖ (pop fig) *Aufruhr, Wirbel* m, *Getümmel* n ‖ *gran ~* Ven ⟨fig⟩ *einflussreicher Mensch* m ‖ **–otal** *m Kakaoplantage* f
cacara|co, –queo *m* Hond *Gackern* n
cacara|ña *f Pockennarbe* f ‖ **–ñar** vi *Pockennarben hinterlassen* ‖ **–ñado** adj *pockennarbig*
cacare|ar vt ⟨fam⟩ *ausposaunen (e–e Tat, ein Ereignis)* ‖ ⟨fam⟩ *(jdm et.) vorplaudern* ‖ ~ vi

gackern (Hühner) ‖ ~ y no poner huevos *viel versprechen und nichts tun* ‖ *viel Lärm um nichts machen* ‖ **–o** *m Gackern* n ‖ s von **–ar** ‖ **–ro** *m*/adj ⟨fig⟩ *Aufschneider* m
¹cacarico *m* MAm *Krüppel* m
²cacarico *m* Hond *Krabbe* f
cacarizo adj Mex *pockennarbig*
cacaruso adj Col *pockennarbig*
cacarro *m* Al *Galle* f *der Eiche*
cacatúa *f* ⟨V⟩ *Kakadu* m (Cacatua spp) ‖ ⟨fig⟩ *sehr hässliches Weib* n, *Hexe* f
cacera *f Rinne* f, *Bewässerungsgraben* m
cacera *f* Murc → **cacería**
Cáceres *m* [Stadt und Provinz in Spanien]
Cáceres n
cacereño adj/s *aus Cáceres* ‖ *auf Cáceres bezüglich*
cace|ría *f Jagd* f, *Jagdausflug* m ‖ ⟨Mal⟩ *Jagdstück* n ‖ **–rina** *f Jagdtasche* f ‖ *Patronentasche* f
cacerola *f Kasserolle, Schmorpfanne* f
¹cacha *f (Paus)Backe* f ‖ Sal *Hinterbacke* f ‖ ~**s** fpl *die Schalen* fpl *e–s Messerstiels* ‖ *enamorado hasta las* ~ ⟨fam⟩ *bis über beide Ohren verliebt* ‖ *estar metido en el trabajo hasta las* ~ *bis zu den Ohren in (der) Arbeit stecken*
²cacha *f* Col *Trinkhorn* n ‖ Bol *künstlicher Sporn* m *des Kampfhahnes*
³cacha *f* Am *Betrug* m, *List* f
cachaciento adj Arg Chi *sehr phlegmatisch*
¹cachaco *m* Col *Geck, Stutzer* m
²cachaco *m* Col Pe *Polizist* m
³cachaco *m* Bol *Einwohner* m *von Bogotá*
¹cachada *f* Am *Hornstoß* m
²cachada *f* Arg Ur *Spott* m
cachaderas fpl Chi *Intuition* f ‖ *Einfühlungsvermögen* n
cachador m/adj Arg *Spötter* m
cachafaz [*pl* ~**ces**] adj Am *spitzbübisch, ungehemmt*
cachafo *m* Mex *Zigarrenstummel* m
cachafú *m* Mex *altes Gewehr* n
cachagua *f* Mex *Abzugsgraben* m
cachalandaco adj Col *abgerissen, zerlumpt, in Lumpen gekleidet*
cachalote *m* ⟨Zool⟩ *Pottwal, Cachelot, Kaschelott* m (Physeter catodon)
¹cachamenta *f* Ven *Gehörn* n
²cachamenta *f* Col *Zerstörung* f
Cachano *m* ⟨fam⟩ *Teufel* m ‖ ◇ *llamar a* ~ ⟨figf⟩ *umsonst um Hilfe bitten*
cachaña *f* Chi *Spott, Hohn* m ‖ Chi *Belästigung* f
cachapa *f* Ven *Maisbrötchen* n
cachape *m* *Maisbrötchen* n
cachapucha *f* ⟨figf⟩ *Mischmasch* m
cachaque|ar vi Col *angeben* ‖ **–ría** *f* Col *Großzügigkeit* f
¹cachar vt *zer|brechen, -stückeln, zu Kleinholz machen* ‖ Guat Hond *mit den Hörnern stoßen*
²cachar vt Am ⟨fam⟩ *erlangen* ‖ Chi ⟨fam⟩ *ertappen* ‖ Am *überraschen* ‖ MAm Ur *klauen, stibitzen*
³cachar vt CR Ec *ver|spotten, -höhnen, lächerlich machen*
cacharpas fpl Am *Trödelkram* m
cacharpaya *f* Arg Bol *Abschiedsfest* n
cacha|rrazo *m* ⟨fam⟩ *kräftiger Trank* m ‖ **–rrería** *f Töpferladen* m ‖ *Töpferei* f ‖ *Töpferwaren* fpl ‖ Col *Kramladen* m ‖ *la* ~ *der Töpfersaal (im Madrider Athenäum)* ‖ **–rrero** *m Töpfer* m ‖ **–rro** *m (gemeiner, irdener) Topf* m ‖ *Scherbe* f ‖ ⟨pop⟩ *alte Mühle* f *(Fahrzeug)* ‖ Col *Trödelkram* m ‖ ~**s** mpl ⟨fam⟩ *Küchengerät* n
cachas adj ⟨fam⟩ *stark, kräftig, kraftvoll,*

robust ‖ ~ *m* ⟨fam⟩ *Muskelpaket* n, *Kerl* m *wie ein Schrank*
cachascán *m* ⟨Sp⟩ *(Catch)-as-catch-can* n
cachava *f (Hirten)Stab* m ‖ *Krummstab* m ‖ **–zo** *m Schlag* m *mit dem (Hirten)Stab*
cacha|za *f* ⟨fam⟩ *Trägheit* f ‖ *Phlegma* n ‖ *Gelassenheit* f ‖ *Kaltblütigkeit* f ‖ **–zo** *m* Am *Hornstoß* m ‖ **–zudo** adj *kaltblütig, ruhig* ‖ *phlegmatisch* ‖ *schwerfällig,* ⟨fam⟩ *pomadig* ‖ ~ *m* Cu Mex *Raupe* f *e–s Schwärmers* (Sphinx carolina) *(Schädling der Tabakpflanzungen)*
cache adj Arg *liederlich gekleidet* ‖ *kitschig gekleidet*
¹caché *m Honorar* n ‖ *einmalige Honorarzahlung* f
²caché *m Vornehmheit, Eleganz* f
³caché *m* ⟨Inform⟩ *Cachespeicher* m
cache|ada *f* Chi *Hornstoß* m ‖ **–ar** vt *durchsuchen (Taschen),* ⟨pop⟩ *filzen* ‖ Chi *mit den Hörnern stoßen* ‖ ◇ ~ a alg. *jdn e–r Leibesvisitation unterziehen, jdn durchsuchen*
cachelos mpl Gal *Salzkartoffeln* fpl *zu Fleisch- bzw Fisch|gerichten*
cache|mir *m* ⟨Text⟩ *Kaschmir* m ‖ **–mira** *f* ⟨Geogr⟩ *Kaschmir* n
cachencho *m* Chi ⟨fam⟩ *Tölpel* m ‖ ◇ *hacer* ~ Chi *spotten*
cacheo *m Leibesvisitation* f ‖ *Taschen|durchsuchung, -revision* f (z. B. *nach Waffen*) ‖ ⟨pop⟩ *Filzen* n
cacheo *m* Chi *Hornstoß* m
¹cachera *f* ⟨Text⟩ *grobe Wollkleidung* f
²cachera *f* Mancha *Schweinestall* m
cache|ría *f* Arg Guat Salv *Kleinigkeit* f ‖ Arg *Geschmacklosigkeit* f *(der Bekleidung)* ‖ **–ro** adj Ven *verlogen* ‖ Salv *bettelnd* ‖ MAm *aktiv, tätig* ‖ Pe *spöttisch*
cache|tada *f* Can Am *Ohrfeige* f ‖ **–tazo** *m* Am → **–tada** ‖ Guat *Schluck* m *Likör* ‖ **–te** *m Wange* f ‖ *Pausbacke* f ‖ *Faustschlag* m *ins Gesicht* ‖ *Ohrfeige* f ‖ *Genickfänger* m ‖ ⟨Taur⟩ *Dolch* m *für den Genickstoß* ‖ ◆ *de* ~ *gratis, kostenlos, umsonst* ‖ **–tero** *m Dolch* m *(der Viehschlächter)* ‖ *Stierkämpfer* m, *der dem Stier den letzten Dolchstoß versetzt* ‖ Mex *Taschendieb* m ‖ **–tina** *f Zank* m, *Prügelei* f ‖ *Faustschläge* mpl ‖ **–tón** adj Col Chi → **–tudo** ‖ Chi *stolz* ‖ Mex *unverschämt* ‖ ~ *m* Arg *Ohrfeige* f ‖ **–tudo** adj *pausbäckig*
cachi *m* Bol ⟨pop⟩ *Bulle* m *(Polizist)*
cachibajo adj Col → **cabizbajo** ‖ Col ⟨fam⟩ *hinkend*
cachica *m* Cu *Teufel* m
cachi|cambo *m* Ec *Gürteltier, Armadill* n (→ auch **armadillo**) ‖ **–camo** *m* Am → **–cambo**
¹cachicán adj ⟨figf⟩ *listig*
²cachicán *m Vorarbeiter* m
³cachicán *m Schlau|berger, -meier* m
cachicha *f* Hond *Ärgernis* n
cachicubo *m* Arg *Weinfass* n
cachicuerno adj *mit e–m Hornheft (Messer, Waffe)*
cachidiablo *m* ⟨fam⟩ *Teufelsfratz* m
cachiflín *m* CR *Schwärmer* m *(Feuerwerk)*
cachiflorear vt Col *den Frauen Komplimente machen*
cachifo *m* Col *Kind, Büblein* n
cachifollar vt ⟨fam⟩ *foppen* ‖ *lächerlich machen*
cachigordo adj ⟨fam⟩ *klein und dick, untersetzt (Person)*
cachillada *f Wurf* m *(junger Tiere)*
cachilo *m* Arg ⟨vulg⟩ *Schwanz* m *(Penis)*
cachimán *m* ⟨fam⟩ *Versteck* n ‖ *Treppenwinkel* m
¹cachimba *f* Am *Tabakspfeife* f ‖ *chupar* ~

Pfeife rauchen ‖ ⟨fig⟩ am Finger lutschen
(Kleinkind)
²cachimba f Am seichter Trinkwasserbrunnen
m
³cachimba f Hond (Geschoss)Hülse f
¹cachimbo m → **¹cachimba**
²cachimbo m Cu kleine Zuckerfabrik f
³cachimbo m Pe Amateurmusiker m
cachimona f Col Würfelbecher m
cachinegro adj ⟨fam⟩ fast schwarz
cachipolla f ⟨Ins⟩ Eintagsfliege f (Ephemerida)
¹cachiporra f Knüppel m ‖ Keule f
²cachiporra f ⟨V⟩ Stelzenläufer m
(Himantopus himantopus)
cachi|porrazo m Knüppelschlag m ‖
–porrearse vr Chi einherstolzieren
cachirre m Col ⟨Zool⟩ kleiner Alligator m
¹cachirulo m Branntweinflasche f ‖
Blech|flasche, -dose f
²cachirulo m Ar Kopftuch n der aragonischen
Regionaltracht
cachito m Stückchen n
cachivache(s) m(pl) ⟨desp⟩ Gerät,
Handwerkszeug n ‖ ⟨desp⟩ Krimskrams m,
Gerümpel n, ⟨fam⟩ Klamotten fpl ‖ Kram m ‖
⟨fig⟩ Nichtsnutz, lächerlicher Mensch m
¹cacho m Brocken m, kleines Stück n ‖ Scherbe
f ‖ Schnitte, Scheibe f von Zitronen usw. ‖ León
irdenes Gefäß n, Topf m ‖ Am Horn n ‖ Chi
Trinkhorn n ‖ Chi unverkäufliche Ware f,
Ladenhüter m ‖ Guat Croissant, Öst Kipfe(r)l n
(Gebäck) ‖ ~ de tonto ⟨fam⟩ Dummkopf m ‖ ◆
por un ~ ⟨fam⟩ spottbillig ‖ ◇ echar ~ a uno Col
⟨figf⟩ jdm überlegen sein ‖ empinar el ~ Guat
⟨fam⟩ gern trinken ‖ hacer ~s ⟨fam⟩ zer|schlagen,
-hauen ‖ raspar a uno el ~ Chi jdm e–n Verweis
erteilen ‖ ser un ~ de pan sehr gut od gutmütig
sein
²cacho m Arg Büschel m Bananen
³cacho m Ven Spott, Hohn m ‖ Am ⟨fig⟩
lustige Geschichte, Anekdote f
⁴cacho adj → **gacho**
cachola f León ⟨fam⟩ Kopf m
¹cachón m auf dem Strand s. brechende
Gischtwelle f ‖ gischtiger Wasserstrahl m
²cachón m Sant Tintenfisch (Sepia sp)
cachona adj → **cachona**
cachon|da adj/s läufig, hitzig (Hündin) ‖ ⟨vulg⟩
geil (Frau) ‖ höhnisch ‖ **–dez** [pl ~ces] f
Läufigkeit f (der Hündin) ‖ Brünstigkeit f ‖ ⟨fig
pop⟩ Geilheit, Brunst f
cachon|dear vt ⟨pop⟩ s. provozierend bzw
herausfordernd benehmen ‖ Mex ⟨pop⟩
befummeln ‖ **–dearse** vr ⟨vulg⟩ (verstohlen)
spotten (de über acc) ‖ **–deo** m ⟨vulg⟩ Fopperei,
Frotzelei f, Ulk m ‖ ⟨fig⟩ Unfug m ‖ ¡basta de ~!
⟨pop⟩ lass doch d–e dummen Scherze! ‖ zur
Sache!
cachondo adj/s ⟨vulg⟩ geil ‖ ⟨pop⟩ spaßig,
witzig (Mann) ‖ ◇ poner ~ aufgeilen
cachopo m Ast abgestorbener, trockener
Baumstamm m
cachorra f Can ⟨fam⟩ weicher Hut m
cachorrear vi Ec belästigen ‖ Pe mit dem Kopf
nicken (Schlaftrunkener) ‖ Col Streit m suchen
cachorreña f And ⟨fam⟩ Phlegma n
cachorrillo m Taschenpistole f
¹cachorro adj Cu PR Ven dick-, starr|köpfig ‖
Cu nachtragend
²cachorro m Welpe m ‖ Raubtierjunge(s) n ‖
⟨figf⟩ Kind n, Junge m
cachú [pl ~úes] m Cachou n
cachua f Bol Ec Pe ein Indianertanz m
¹cachucha f and. Tanz mit Kastagnetten (im
Dreivierteltakt)

²cachucha f ⟨Art⟩ Mütze f
³cachucha f Chi Ohrfeige f
⁴cachucha f Bol Zuckerrohrschnaps m
⁵cachucha f ⟨vulg⟩ Möse, Muschi f
¹cachucho m Nadelbüchse f
²cachucho m Ec Tagesverpflegung f
³cachucho m ⟨Fi⟩ e–e Zackenbarschart f
(Serranus sp)
¹cachudo adj ⟨fam⟩ gerieben, verschmitzt
²cachudo adj Chi Ec Mex langhörnig
cachuela f ⟨Kochk⟩ a) Schweineklein n ‖ b)
Kaninchenklein n
¹cachuelo m ⟨Fi⟩ Hasel m (Lenciscus
lenciscus)
²cachuelo m Pe Trinkgeld n
cachufo m Pe Kampfhahn m
cachulera f Murc (Art) Käfig m
cachupín m Spanier m, der s. in Amerika
niederlässt (Spottname)
cachurear vi Chi (im Müll) Brauchbares
suchen
cachureco adj MAm ⟨Pol⟩ konservativ ‖ ⟨fig⟩
scheinheilig, frömmlerisch
cachureo m Chi Kauf und Verkauf m von
Nippsachen
cachureque adj → **cachureco**
cachurete adj Col verbogen
cacicazgo m Würde f e–s Kaziken ‖
Machtbereich m e–s Kaziken
cacillo m dim von **cazo**
caci|que m Kazike m (mittel- bzw südam.
Indianerhäuptling) ‖ ⟨fig⟩ Ortstyrann m,
einflussreiche Persönlichkeit f in der Provinz ‖
⟨fig⟩ Parteigewaltiger m ‖ ⟨fig⟩ hohes Tier n ‖
⟨pop⟩ Bonze m ‖ Chi Lebemann m ‖ **–quismo,
–cato** m ⟨Pol fam⟩ Bonzentum n
cacito m Cu Kinn n
cacle m Mex Riemenschuh m ‖ Cu Pantoffel m
Caco m np Kakus m (Gott der Diebe) ‖ ~ m
⟨fig⟩ geschickter Dieb m ‖ ⟨figf⟩ sehr feiger
Mensch ‖ ⟨fam⟩ Hasenfuß m
cacodilo m ⟨Chem⟩ Kakodyl n
caco|fonía f Miss|klang, -laut m, Kakophonie f
‖ **–fónico** adj misstönend, schlecht klingend,
kakophonisch ‖ **–genesia, –génesis** f ⟨Biol⟩
Kakogenese f ‖ **–geusia** f ⟨Med⟩ Kakogeusie f,
übler Geschmack m ‖ **–grafía** f Kakographie f ‖
–logía f fehlerhafte Sprechweise f
caco|rra f Murc Trübsinn m ‖ **–rro** m Col
Schwule(r) m
ca|cosmia f ⟨Med⟩ Kakosmie, subjektive
Empfindung f üblen Geruchs ‖ **–costomía** f
Kakostomie f, übler Mundgeruch m
cacreco m adj MAm beschädigt, verdorben ‖
unbrauchbar ‖ ~ m MAm Landstreicher m
cac|táceas fpl ⟨Bot⟩ Kakteen fpl,
Kaktusgewächse npl (Cactaceae) ‖ **–to** m Kaktus m
cacuja f Cu Sahne f
caculear vi PR unstet handeln, flatterhaft sein
‖ um jdn herumschwirren
cacumen m ⟨fig⟩ Scharfsinn m ‖ Witz m
cacuro m Ven Wespennest n
¹cada adj jeder, jede, jedes ‖ ~ uno, ~ cual
ein jeder ‖ ~ Com pro Stück ‖ ~ que Mex
jedesmal ‖ ~ quisque ⟨fam⟩ jedermann ‖ ~ día
täglich, jeden Tag ‖ ~ día más, ~ vez más immer
mehr; je länger, je mehr ‖ ~ seis días alle 6 Tage
‖ el pan nuestro de ~ día unser täglich(es) Brot ‖
a ~ paso dauernd, immer wieder ‖ ~ vez peor
immer schlimmer; je länger, je schlimmer ‖ ~ vez
que … jedesmal wenn … ‖ so oft als … ‖ ~ (y)
cuando que … jedesmal wenn … ‖ sobald als … ‖
uno de ~ clase von jedem eins ‖ ¡me das ~
sorpresa! (iron) du bereitest mir schöne
Überraschungen!

²**cada** *m* ⟨Bot⟩ *Spanische Zeder* f (Juniperus oxycedrus)
cadalso *m Schafott, Schau-, Blut\gerüst* n
cada(a)ñero *adj jährlich* ‖ ⟨Agr Zool⟩ *jährlich gebärend*
cadáver *m Leichnam* m, *Leiche* f ‖ *Kadaver* m
cadavérico *adj leichen\haft, -blass*
cadaverina *f* ⟨Chem⟩ *Kadaverin* n
cadaverino *adj* → **cadavérico**
cadejo *m Flocke, Wolle* f ‖ *Arg Mähne* f ‖ *Hond* ⟨fam⟩ *Fabeltier* n *der Nacht*
cadena *f Kette* f (& Chem Radio Text) ‖ ⟨Geogr⟩ *Bergkette* f ‖ ⟨Tech⟩ *Fließband* n ‖ ⟨fig⟩ *Reihe* f ‖ ⟨fig⟩ *Verkettung* f *von Umständen, Verbindung* f ‖ ⟨fig⟩ *Zwang* m ‖ ~ *de agrimensor Messkette* f ‖ ~ *de aisladores Isolator(en)kette* f ‖ ~ *de alimentación Aufgabekette* f ‖ ~ *alimentaria* ⟨Biol⟩ *Nahrungskette* f ‖ ~ *de alta fidelidad* ⟨Mus⟩ *Hi-Fi-Anlage* f ‖ ~ *de amarre* ⟨Mar⟩ *Vertäukette* f ‖ ~ *de ancla Ankerkette* f ‖ ~ *antideslizante, ~ antipatinante Gleitschutz-, Schnee\kette* f ‖ ~ *articulada Gelenkkette* f ‖ ~ *de atalaje Zugkette* f ‖ ~ *de barrera Sperrkette* f ‖ ~ *de bicicleta Fahrradkette* f ‖ ~ *de cangilones Eimer\kette, -leiter* f ‖ ~ *de casquillos Büchsenkette* f ‖ ~ *de causas Kausalzusammenhang* m ‖ ~ *de centinelas* ⟨Mil⟩ *Postenkette* f ‖ ~ *de chapones* ⟨Text⟩ *Deckelkette* f ‖ ~ *dentada Zahnkette* f ‖ ~ *de enganche* ⟨EB⟩ *Kuppel-, Zug\kette* f ‖ ~ *de eslabones Gliederkette* f ‖ ~ *de estaciones de radar* ⟨Radio⟩ *Radarkette* f ‖ ~ *de fuego* ⟨Mil⟩ *Feuerkette* f ‖ ~ *de felicidad Kettenbrief* m ‖ ~ *de fresar Fräskette* f ‖ ~ *frigorífica Kühlkette* f ‖ ~ *de fuerzas electromotrices Spannungsreihe* f ‖ ~ *de gorrones Rollenkette* f ‖ ~ *hotelera Hotelkette* f ‖ ~ *humana Menschenkette* f ‖ ~ *de medición, ~ de medir Messkette* f ‖ ~ *de montaje Fließband* n ‖ ~ *montañosa od de montañas Bergkette* f, *Gebirgszug* m ‖ ~ *motriz Antriebs-, Treib\kette* f ‖ ~ *para nieve Gleitschutz-, Schnee\kette* f ‖ ~ *de oruga Raupenkette* f ⟨Jur⟩ *lebenslängliches Zuchthaus* n ‖ ~ *de radiodifusión Sendergruppe* f ‖ ~ *de reacción* ⟨Chem⟩ *Reaktionskette* f ‖ ~ *de reactancias* ⟨Tel⟩ *Drosselkette* f ‖ ~ *de reloj Uhrkette* f ‖ ~ *respiratoria* ⟨Biol⟩ *Atmungskette* f ‖ ~ *de rodillos Rollenkette* f ‖ ~ *de seguridad Sicherheitskette* f ‖ ~ *silenciosa geräuschlose Kette* f ‖ ~ *sin fin endlose Kette* f, *Kettenstrang* m ‖ ~ *de sirga* ⟨Mar⟩ *Verholkette* f ‖ ~ *de supermercados Supermarktkette* f ‖ ~ *de tracción Zugkette* f ‖ ~s *fpl* ⟨fig⟩ *Bande* npl, *Knechtschaft* f ‖ ~ *laterales* ⟨Chem⟩ *Seitenketten fpl* ‖ ◆ *en* ~ *Ketten-* (z. B. *Kettenreaktion reacción en* ~)
²**cadena** *f* ⟨Arch⟩ *Grat* m *des Kreuzgewölbes* ‖ *Rippengewölbe* n
³**cadena** *f* ⟨Bot⟩: ~ *de mar Meerkette, Pfennigalge* f (Halimeda tuna)
caden\cia *f Wortfall, Rhythmus* m *in der Rede* ‖ ⟨Mus⟩ *Kadenz* f ‖ ⟨Mus⟩ *Takt* m ‖ ⟨Tel⟩ *Kadenz* f, *Tonschluss* m ‖ ~ *auténtica* ⟨Mus⟩ *Ganzschluss* m ‖ ~ *de imágenes Bildfolge* f ‖ ~ *imperfecta* → ~ *plagal* ‖ ~ *de marcha* ⟨Mil⟩ *Marschtempo* n ‖ ~ *del paso* ⟨Mil⟩ *Marschgeschwindigkeit* f ‖ ~ *perfecta* ⟨Mus⟩ → *auténtica* ‖ ~ *plagal* ⟨Mus⟩ *Plagalschluss* m ‖ ~ *de tiro* ⟨Mil⟩ *Feuergeschwindigkeit* f ‖ ~ *de tiros* ⟨Mil⟩ *Schussfolge* f ‖ **-cioso** *adj taktmäßig, abgemessen* ‖ *harmonisch, wohlklingend*
cadenero *m* ⟨Top⟩ *Markscheidergehilfe* m ‖ ~ *de atrás* ⟨Top⟩ *Kettenzieher* m
cade\neta *f Kettenspitze* f *(Handarbeit)* ‖ ⟨Buchb⟩ *Kap(i)talband* n ‖ *(Papier)Girlande* f ‖ ⟨Arch⟩ *Kettengewölbe* n ‖ **-nilla** *f dim von*

¹**cadena** ‖ *Kettchen* n ‖ *Schaumkette* f *am Zaum* ‖ ~ *del bocado Kinn-, Kandaren\kette* f ‖ ~ *del cabestro Halfterkette* f ‖ ~ *de collerón Kummetkette* f
cade\ra *f Hüfte* f ‖ *Keule* f *vom Geflügel* ‖ *Hüften* fpl *des Pferdes* ‖ ⟨Ins⟩ *Hüfte* f *(erstes Beinglied)* ‖ ⟨Mil⟩ *Flanke* f ‖ ◇ *echar* ~s ⟨fam⟩ *stark werden (von Frauen)* ‖ **-rillas** *fpl Hüftwulst* m *an Frauenkleidern*
cade\tada *f* ⟨fam⟩ *Dummejungenstreich* m ‖ **-te** *m Kadett* m ‖ *Arg Lehrling* m, *Azubi,* ⟨fam⟩ *Stift* m ‖ ◇ *enamorarse como un* ~ ⟨fam⟩ *s.* (*un)sterblich verlieben* ‖ *hacer el* ~ ⟨figf⟩ *s. unbesonnen benehmen* ‖ ⟨figf⟩ *unerfahren handeln*
¹**cadi** *m* ⟨Sp⟩ [Golf] *Caddie* m
²**cadi** *m Ec* ⟨Bot⟩ *Elfenbeinpalme* f (Phytelephas spp)
¹**cadí** [*pl* ~**íes**] *m Kadi* m *(Richter in islámischen Ländern)*
²**cadí** [*pl* ~**íes**] *m* ⟨Bot⟩ *Ec Elfenbeinpalme* f (Phytelephas spp)
¹**cadillo** *m* ⟨Bot⟩ **a)** *Spitzklette* f (Xanthium spp) ‖ **b)** *Ar Blüte* f *des Olivenbaums* ‖ **c)** *Fussel* f
²**cadillo** *m Ar junger Hund* m
Cádiz *m* [Stadt und Provinz in Spanien] *Cádiz* n
cadmía *f* ⟨Met⟩ *Gichtschwamm* m *(an Hochöfen)*
cadmia\do *m Kadmieren* n ‖ **-r** *vt verkadmen, kadmieren*
cadmífero *adj kadmiumführend*
cadmio *m* (Cd) ⟨Chem⟩ *Kadmium* (fachspr.: *Cadmium)* n
cado *m Ar Kaninchenbau* m ‖ *Bau* bzw *Schlupfwinkel* m *e–s Tieres*
cadoce *m* → **gobio**
cadoz *m Ast* → **cadoce** ‖ → **gobio**
cadozo *m (Koch)Topf* m
cadu\cación *f Verfall* m ‖ **-ca(nte)mente** *adv hinfällig*
caducar [c/qu] *vi in Verfall geraten, abnehmen* ‖ *altersschwach werden (Mensch)* ‖ *kindisch werden (im Alter)* ‖ *ablaufen (Zeit)* ‖ *verjähren (Frist, Recht)* ‖ *verfallen (Vermächtnis, Testament, Vertrag, verpackte Lebensmittel)* ‖ *ungültig werden (Ausweis usw.)* ‖ *außer Gebrauch kommen* ‖ *erlöschen* ‖ *veralten* ‖ *an Kraft verlieren*
caduceo *m Merkurstab, geflügelter Schlangenstab* m *(Symbol des Handels)*
cadu\cidad *f Verfall* m (& Jur) ‖ *Hinfälligkeit* f (& Jur) ‖ *Verfallbarkeit* f *Baufälligkeit* f ‖ ⟨Jur⟩ *Verwirkung* f ‖ ⟨fig⟩ *Vergänglichkeit* f ‖ ~ *de un derecho Verwirkung* f *e–s Rechtes* ‖ ~ *de patente Patent\verfall, -ablauf* m ‖ **-cifolio** *adj* ⟨Bot⟩ *laubabwerfend* ‖ **-co** *adj verfallen, hinfällig* (& Jur) ‖ *gebrechlich, alt, hinfällig (Mensch)* ‖ *baufällig* ‖ *abgelaufen (Frist usw.)* ‖ ⟨fig⟩ *vergänglich* ‖ **-quez** [*pl* ~**ces**] *f Altersschwäche, Hinfälligkeit* f ‖ → **-cidad**
caedizo *adj hinfällig, schwach* ‖ ~ *m Col Wetter-, Vor\dach* n
caer [pres caigo, pret caí] *vt umwerfen, zu Fall bringen* ‖ ~ *vi (hin)fallen* ‖ *umfallen* ‖ *stürzen* ‖ *abstürzen (Flugzeug, Bergsteiger)* ‖ *s. stürzen* (sobre *auf* acc), *herfallen* (sobre *auf* acc) ‖ *einfallen, einstürzen* ‖ *stoßen* (sobre *auf* acc) ‖ *ab-, aus\fallen (Blätter, Samen, Zähne, Haare)* ‖ *in e–e Falle (hinein)geraten, gehen* ‖ *(auf e–n bestimmten Tag od auf bestimmte Tage) fallen* ‖ ⟨fig⟩ *abnehmen (Gesundheit, Glück)* ‖ ⟨fig⟩ *(in e–e Gefahr) geraten* ‖ ⟨fig⟩ *fällig, zahlbar sein (Zinsen usw.)* ‖ ⟨fig⟩ *sitzen (Kleidung)* ‖ ⟨fig⟩ *erraten, treffen, auf et. kommen,* ⟨fam⟩ *dahinter kommen* ‖ ⟨fig⟩ *zu\fallen, -teil werden* (dat) ‖ ⟨fig⟩

aus|*fallen, -schlagen (zum Glück od Unglück)* ‖
⟨fig⟩ *plötzlich erscheinen, geschehen* ‖ *unerwartet
auftauchen (Person)* ‖ *sinken, untergehen (Sonne)*
‖ *s. neigen (Tag)* ‖ *hereinbrechen (Nacht)* ‖ *s.
legen (Wind)* ‖ ⟨fig⟩ *verschießen (Farbe)* ‖ ⟨figf⟩
sterben ‖ ⟨fig⟩ *(ab)sinken, nachlassen* ‖ *die
Aussicht nach e–r gewissen Seite hin haben (z. B.
Wohnung)* ‖ ⟨fig⟩ *hineingehören, mit inbegriffen
sein* ‖ ⟨Pol⟩ *stürzen (Regierung)*
   a) ~ bien ⟨fig⟩ *gut sitzen, gut stehen* ‖ el
vestido le cae bien *das Kleid steht ihr gut* ‖ ⟨fig⟩
gerade recht kommen, zur rechten Zeit kommen ‖
~ dentro de las atribuciones de alg. *in jds
Zuständigkeit fallen* ‖ ~ desmayado *in Ohnmacht
fallen* ‖ ~ enfermo *erkranken, krank werden* ‖ ~
gordo *unsympathisch sein* ‖ ~ mal ⟨fig⟩
unschicklich sein ‖ ⟨fig⟩ *schlecht sitzen od stehen*
‖ ⟨fig⟩ *zur unrechten Zeit kommen* ‖ ~ malo
erkranken, krank werden ‖ ~ muerto *tot umfallen*
‖ ~ patas arriba ⟨fig⟩ *auf den Rücken fallen* ‖ ~
redondo → ~**se** ‖ ~ tendido a la larga *der Länge
nach hinfallen*
   b) cae granizo, cae nieve *es hagelt, es schneit* ‖
caen lanzas del cielo ⟨figf⟩ *es regnet Bindfäden* ‖
el ministerio ha caído *das Ministerium ist gestürzt
worden* ‖ ¿ha caído alguna propina? ⟨fam⟩ *hat es
Trinkgeld gegeben?* ‖ ¡ahora caigo! *jetzt verstehe
ich!* ‖ no caigo *ich verstehe nicht, da komme ich
nicht mit* ‖ cayendo y levantando ⟨figf⟩ *mit
wechselndem Glück*
   c) dejarse ~ *s. bequem zurechtsetzen (im Sitz)*
‖ *niedersinken* ‖ dejarse ~ por un sitio *irgendwo
(unverhofft) erscheinen,* ⟨fam⟩ *an e–m Ort
aufkreuzen* ‖ estar al ~ ⟨fig⟩ *unmittelbar
bevorstehen* ‖ las tres están al ~ *es ist fast drei
Uhr; es wird gleich drei Uhr schlagen* ‖ hacer ~
la conversación sobre … *das Gespräch bringen
auf …* (acc) ‖ ir a ~ entre mala gente *in schlechte
Gesellschaft geraten*
   d) in Verb. mit Präposition: **a:** ~ a
hinausgehen *auf* acc *(Fenster usw.)* ‖ ~ a pico
steil abstürzen, stark abschüssig sein ‖ ~ al agua
ins Wasser fallen ‖ ~ al mar *ins Meer fallen* od
stürzen ‖ ~ al suelo *zu Boden fallen* ‖ al ~ el día
am Spätnachmittag ‖ al ~ de la hoja *im
Spätherbst* ‖ la ventana cae a la calle *das Fenster
geht auf die Straße*
   bajo: esto no cae bajo mis atribuciones *dafür
bin ich nicht zuständig*
   de: ~ de lo alto *von der Höhe herabstürzen,
herabfallen* ‖ ~ de ánimo *den Mut verlieren* od
sinken lassen ‖ ~ de bruces ⟨fam⟩ *aufs Gesicht
fallen,* ⟨fam⟩ *auf die Nase fallen* ‖ ~ del burro
s–n Irrtum einsehen ‖ ~ de cabeza *aufs Gesicht
fallen* ‖ ~ de culo ⟨pop⟩ *auf den Hintern fallen* ‖
~ de espaldas *auf den Rücken fallen* ‖ ~ de
golpe *wie vom Blitz getroffen fallen, hinschlagen*
‖ ~ de la higuera ⟨fig⟩ *(wie) aus allen Wolken
fallen* ‖ ~ de hocico ⟨fam⟩ *auf die Nase fallen* ‖
~ de un nido *leichtgläubig sein* ‖ ~ de las nubes
⟨fig⟩ *(wie) aus allen Wolken fallen* ‖ ~ de pie(s)
auf die Füße fallen ‖ ⟨fig⟩ *Glück haben* ‖ ~ de
plano *der Länge nach hinfallen* ‖ ~ de rodillas
auf die Knie fallen
   dentro: ~ dentro de las atribuciones de alg.
unter jds Zuständigkeit fallen
   en: ~ en … *fallen auf …* acc, *fallen in …* acc
‖ ~ en a/c *et. begreifen* od *verstehen,* ⟨fam⟩ *bei
et. dahinter kommen* ‖ *et. (be)merken* ‖ ~ en el
anzuelo ⟨fig⟩ *auf den Leim gehen, in die Falle
gehen* (bes. fig) ‖ ~ en cama *bettlägerig werden* ‖
~ en la cuenta *(et.) begreifen* od *merken,
wahrnehmen,* ⟨fam⟩ *kapieren* ‖ ~ en el desempleo
arbeitslos werden ‖ ~ en desuso *veralten, aus der
Mode kommen* ‖ ~ en falta *s–e Pflicht*

versäumen, in e–n Fehler verfallen ‖ ~ en gracia
gefallen, angenehm sein ‖ ~ en un error *in e–n
Irrtum verfallen* ‖ ~ (envuelto) en llamas
brennend abstürzen (Flugzeug) ‖ ~ en el olvido
in Vergessenheit geraten ‖ ~ en poder de alg. *jdm
in die Hände fallen* ‖ ~ en suerte *zufallen* ‖ ~ en
tentación *in Versuchung kommen* ‖ ~ en la
tentación *der Versuchung erliegen* ‖ ~ en tierra
zu Boden fallen ‖ ~ en la trampa ⟨fig⟩ *auf den
Leim gehen, in die Falle gehen* ‖ la Pascua cae en
abril *Ostern ist im April*
   sobre: ~ sobre el enemigo *über den Feind
herfallen*
   e) mit Konjunktion: **como:** ~ como
chinches *wie die Fliegen fallen*
   caerse vr *fallen, (ein)stürzen* ‖ *ausfallen
(Zähne, Haare)* ‖ ⟨fam⟩ *reinfallen, s. blamieren* ‖
~ de maduro *alt und hinfällig sein* ‖ ~ muerto de
miedo ⟨fam⟩ *vor Angst vergehen* ‖ ~ muerto de
risa *vor Lachen vergehen* ‖ ~ redondo *plötzlich
zu Boden fallen (in Ohnmacht usw.)* ‖ no tiene
sobre qué ~ muerto ⟨figf⟩ *er (sie, es) weiß nicht,
wo er (sie, es) sein (ihr) Haupt hinlegen soll* ‖
caérsele a uno la cara de vergüenza ⟨fam⟩ *vor
Scham vergehen* ‖ caérsele a uno la casa encima
es in den vier Wänden nicht aushalten ‖ se me
cae la casa encima *mir fällt die Decke auf den
Kopf* ‖ ¡que se cae Vd.: ⟨fam⟩ *Sie gehen zu weit!*
   in Verb. mit Präposition: **de, en:** ~
de bueno *sehr gut sein* ‖ ~ de cansancio *vor
Müdigkeit umfallen* ‖ ~ de maduro *reif vom Baum
fallen* ‖ ⟨fig⟩ *sehr große Erfahrung haben* ‖
altersschwach sein ‖ ~ de su peso *einleuchtend*
od *unwiderleglich sein* ‖ ~ de sueño *vor Schlaf
fast umfallen* ‖ ~ de suyo ⟨fig⟩ *unhaltbar sein* ‖
⟨fig⟩ *selbstverständlich sein* ‖ ~ de tonto ⟨fig⟩
saudumm sein ‖ ~ de viejo ⟨fig⟩ *sehr alt* od *sehr
hinfällig sein* ‖ ~ en pedazos *auseinander fallen*
   cafagua f Cu *gewässerter Kaffee* m
   café m *Kaffee* m ‖ *Kaffeebohne* f ‖ *Kaffeehaus,
Café* n ‖ Chi *scharfer Verweis* m ‖ Mex *Jähzorn*
m ‖ ~ sin cafeína *koffeinfreier Kaffee* m ‖ ~
cantante *Tingeltangel* n (& m) ‖ *Konzertcafé* n ‖
~ cargado *starker Kaffee* m ‖ ~ completo
Kaffeegedeck n ‖ ~ cortado *(kleine) Tasse* f
Kaffee mit etwas Milch ‖ ~ corto *Espresso* m ‖ ~
descafeinado *koffeinfreier Kaffee* m ‖ expreso, ~
exprés *Espresso* m ‖ ~ filtro *Filterkaffee* m ‖ ~
flojo *schwacher, dünner Kaffee* m ‖ ~ fuerte
starker Kaffee m ‖ ~ con gota Span *schwarzer
Kaffee* m *mit Rum* od *Anis* ‖ ~ helado *Eiskaffee*
m ‖ ~ instantáneo *löslicher Kaffee* m ‖ ~ irlandés
Irish coffee m ‖ ~ con leche *Milchkaffee* m ‖ ~
Mulatte m ‖ ⟨vulg⟩ *Homo, Schwule(r)* m ‖ ~
ligero *schwacher, dünner Kaffee* m ‖ ~ malta
Malzkaffee m ‖ ~ molido → ~ en polvo ‖ ~
negro *schwarzer Kaffee* m ‖ ~ en polvo
gemahlener Kaffee m ‖ ~ ruso *Kaffee* m *mit
Sahne und Wodka* ‖ ~ solo *schwarzer Kaffee* m ‖
~ soluble *löslicher Kaffee, Kaffee-Extrakt* m ‖ ~
sin tostar *ungebrannter Kaffee* m ‖ ~ torrefacto,
~ tostado *gebrannter Kaffee* m ‖ *gerösteter
Kaffee, Röstkaffee* m ‖ ♦ (de) color (de) ~
kaffeebraun ‖ de ~ *Stammtisch-* ‖ de mal ~
übelgelaunt ‖ ◇ invitar a ~ *zum Kaffee einladen*
‖ moler ~ *Kaffee mahlen* ‖ tomar una taza de ~
e–e Tasse Kaffee trinken
   cafecultor m *Kaffeeanbauer* m
   cafeína f ⟨Chem⟩ *Koffein* n
   cafeinado adj *koffeinhaltig*
   cafeses ⟨pop inc⟩ pl von **café**
   cafe|**tal** m *Kaffee*|*pflanzung, -plantage* f ‖
–talero m *Kaffee*|*pflanzer, -anbauer* m ‖ **–tear** vi
oft und gern Kaffee trinken ‖ ~ vt (jdn)
zurechtweisen ‖ **–tera** f *Kaffeepflückerin* f (in

Kaffeepflanzungen) ‖ *Kaffeekanne* f ‖ ⟨figf⟩ *alter Kram* m ‖ ⟨pop⟩ *alte Mühle* f *(Auto)* ‖ ⟨figf⟩ *Stümper* m ‖ ⟨fam⟩ *Schwips* m ‖ ~ *automática Kaffeemaschine* f ‖ ◇ ser una ~ (rusa) ⟨figf⟩ *ganz unbrauchbar sein* ‖ **–tería** f *Cafeteria* f ‖ PR Col Chi Cu *Kaffeeladen* m ‖ **–tero** adj: ser muy ~ *oft und gern Kaffee trinken* ‖ *Kaffee-* ‖ ~ m *Kaffeehausbesitzer* m ‖ *Kaffeepflücker* m ‖ **–tín** m → **–tucho** ‖ **–tucho** m *kleines Kaffeehaus* n ‖ ⟨desp⟩ *billiges Kaffeehaus* n ‖ **–to** m ⟨Bot⟩ *Kaffeestrauch* m (Coffea arabica)
  cafiche m Arg Pe Ur *Zuhälter, Lude* m
  caficul|tor m *Kaffeeanbauer* m ‖ **–tura** f *Kaffeeanbau* m
    cafifia f Pe *Kot* m ‖ *Unrat* m
  cáfila f ⟨fam⟩ *Karawane* f
  cafiolo m Arg Chi *Zuhälter, Lude* m
  cafiroleta f Cu *Süßigkeit* f *aus geraspelter Kokosnuss, Zucker und Süßkartoffeln*
  cafongo m Col *süßes Maisbrot* m
  cafre m *Kaffer* m *(Angehöriger e–s Bantustammes)* ‖ ⟨fig⟩ *Kaffer, Trottel* m ‖ ⟨fig⟩ *brutaler Mensch* m ‖ ◇ salir en plan ~ ⟨pop⟩ *auf Zerstörungstour gehen*
  cafrería f ⟨fig desp⟩ *zurückgebliebenes Land* n
  caftán m *Kaftan* m
  caften m Arg *Zuhälter, Lude* m ‖ *Mädchenhändler* m
  cafuso m *Cafuso* m *(in Brasilien)*
  cagaaceite m ⟨V⟩ *Misteldrossel* f (Turdus viscivorus)
  ¹cagachín m ⟨V⟩ *Cistensänger* m (Cisticola juncidis) ‖ *Grasmücke* f (Sylvia spp)
  ²cagachín m ⟨Ins⟩ *Stechmückenart* f (Culex ciliaris)
  caga|da f ⟨vulg⟩ *Haufen* m *Scheiße* ‖ ⟨vulg⟩ *Scheiße* f ‖ ⟨pop⟩ *Dreck* m ‖ ⟨fig⟩ *missglücktes Unternehmen* n ‖ ◇ esto es una ~ ⟨vulg⟩ *das ist ein Scheißkram* ‖ **–dero** m ⟨vulg⟩ *Abtritt* m, *Scheißhaus* n ‖ **–do** adj *feig(e)* ‖ ~ m ⟨vulg⟩ *Scheißkerl* m ‖ *Memme* f ‖ **–fierro** m ⟨Met⟩ *Eisenschlacke* f ‖ **–ján, –jón** m ⟨vulg⟩ *Haufen* m *Scheiße* ‖ *Pferdeapfel* m ‖ **–lar** m: tripa del ~ *Mastdarm* m ‖ **–lera** f ⟨pop⟩ *Dünn|pfiff, -schiss, flotter Otto* m, *Scheißer|ei, -itis* f ‖ ◇ ¡en brava ~ estamos! ⟨vulg⟩ *da sitzen wir schön in der Scheiße!* ‖ **–nido(s)** m *zuletzt ausgeschlüpfter Vogel* m ‖ ⟨figf⟩ *jüngstes Kind* n ‖ ⟨figf⟩ *schwächliche Person* f ‖ **–ntina** f *Dom* ⟨pop⟩ *Dünnschiss* m, *Scheißer|ei, -itis* f ‖ *Dom* ⟨fig⟩ *Verlust* m *im Spiel* ‖ **–oficios** m ⟨pop⟩ *unsteter Mensch* m *(der oft die Arbeitsstelle wechselt)* ‖ **–prisas** m/f *stets in Eile befindlicher Mensch* m ‖ **–puesto** m Ec → **–oficios**
  cagar [g/gu] vt ⟨vulg⟩ *bescheißen* ‖ ⟨figf⟩ *be|sudeln, -flecken* ‖ ⟨figf⟩ *ver|pfuschen, -derben* ‖ ~ vi ⟨vulg⟩ *scheißen, kacken* ‖ ◇ hacer ~ a alg. *jdn lächerlich machen* ‖ ~la *ins Fettnäpfchen treten* ‖ ¡la hemos cagado! *da sitzen od stecken wir schön in der Scheiße!* ‖ ~**se** ⟨vulg⟩ s. *bescheißen* ‖ ⟨fig pop⟩ s. *in die Hosen machen (vor Angst)* ‖ ⟨fig pop⟩ *kalte Füße bekommen* ‖ ◇ ¡me cago! *(so e–e) Scheiße!* ‖ ¡me cago en diez! *(Euphemismus für* ¡me cago en Dios!) *Scheiße über Scheiße! verdammt noch mal!* ‖ ¡me cago en tu madre!* wörtlich: *ich scheiße auf deine Mutter! (sehr schwere Beleidigung)* ‖ ¡eso es pa(ra) ~! *das ist zum Heulen!*
  cagarrache m ⟨V⟩ *Mistdrossel* f
  cagarria f ⟨Bot⟩ *Morchel* f (Morchella spp)
  cagarropa m ⟨Ins⟩ *Stechmückenart* f (Culex ciliaris)
  caga|rruta f *Schaf-, Ziegen|kot* m ‖ Arg *Feigling* m ‖ **–tinta(s)** m ⟨desp⟩ *Schreiber, Federfuchser* m ‖ ⟨fam⟩ *Bürohengst* m ‖ ⟨fam⟩

(Staats)Beamte(r) m ‖ **–torio** m → **–dero** ‖ **–vino** m ⟨Fi⟩ Arg Ur *Deckenfisch* m (Stromateus sp)
  cagódromo m ⟨vulg⟩ *Scheißhaus* n
  cagón m/adj ⟨vulg⟩ *Scheißer, Scheißkerl* m ‖ ⟨fig⟩ *Feigling* m
  caguajasa f ⟨Bot⟩ Cu *e–e Passionsblumenart* f (Passiflora spp)
  cagua|ma f ⟨Zool⟩ *Meer(es)schildkröte* f (Chelonia sp) ‖ **–mo** m *Panzer* m *der Meeresschildkröte*
  caguaré m MAm ⟨Zool⟩ *(Art) Ameisenbär* m (Myrmecophila tetradactyla)
  caguayo m Cu *Mauereidechse* f
  cague m Chi ⟨V⟩ *(Art) Gans* f (Anser antarcticus)
  cague|ra f ⟨pop⟩ *Dünn|pfiff, -schiss, flotter Otto* m, *Scheißer|ei, -itis* f ‖ **–ta(s)** m *Angsthase*, ⟨pop⟩ *Hosenscheißer* m ‖ ⟨vulg⟩ *Schiss, Bammel* m
  cahuil m Chi ⟨V⟩ *(Art) Möwe* f (Larus cirrocephalus)
  cahuín m Chi *Rausch* m, *Trunkenheit* f ‖ *Besäufnis* n ‖ Chi *Schwätzer* m
  cahiz [pl **~ces**] m *Trockenmaß (666 Liter)*
  ¹caí m [pl **~íes**] ⟨Zool⟩ Arg Pe Par Ur Ven *Kapuzineraffe* m (Cebus capucinus)
  caí → **caer**
  caíble adj *(m/f) was leicht hinfällt* ‖ *hinfällig*
  caico m Cu *großes Riff* m
  caicobé f Am ⟨Bot⟩ *Mimosenart* f (Mimosa spp)
  caid, caíd m ⟨Hist⟩ *Kaid* m
  caída f *Fallen* n ‖ *Fall, Sturz* m ‖ *Fall* m *des Wassers, Gefälle* n ‖ *Abhang, jäher Abfall* m ‖ *Neigung, Schräge* f ‖ *Zusammenbruch* m *(Regime usw.)* ‖ *Schal* m *(der Übergardine)* ‖ *Zipfel* m *(e–s Mantels)* ‖ ⟨fig⟩ *Sündenfall* m ‖ ⟨fig⟩ *Sturz* m, *Ungnade* f ‖ ⟨Flugw⟩ *Absturz* m ‖ ⟨Mar⟩ *Liek* n ‖ *Auf-, Ein|schlag* m *(Kugel)* ‖ *Fallhöhe* f *(Hydraulik)* ‖ ~ del cabello *Haarausfall* m ‖ ~ de los cambios, ~ de los cursos *Kurssturz* m ‖ ~ del gobierno *Regierungssturz* m ‖ ~ de la hoja ⟨Bot⟩ *Blätterabfall* m ‖ *der primer hombre Sündenfall* m ‖ ~ de latiguillo ⟨Taur⟩ *Sturz* m *des Picadors auf den Rücken* ‖ ~ libre *freier Fall* m ‖ ~ de la lluvia *Regenfall* m ‖ ~ de la moneda *Währungsabfall* m ‖ ~ óhmica ⟨El⟩ *Widerstandsverlust* m ‖ la ~ de los ojos *das Augenniederschlagen (e–r Frau)* ‖ ~ de pelo *Haarausfall* m ‖ ~ de piedras *Steinschlag* m ‖ ~ de potencial *Potentialgefälle* n ‖ ~ de precios *Preissturz* m ‖ ~ brutal de los precios *Preiseinbruch* m ‖ ~ de presión *Druckgefälle* n ‖ ~ de (un) rayo *Blitzschlag* m ‖ ~ de rocío *Tauen* n ‖ ~ de temperatura *Temperaturabfall* m ‖ ~ de tensión ⟨El⟩ *Spannungsabfall* m ‖ ⟨Med⟩ *Blutdruckabfall* m ‖ ~ de una vela ⟨Mar⟩ *Liek* n *e–s Segels* ‖ ♦ a la ~ de la tarde *bei Einbruch der Nacht* ‖ ◇ ir, andar de (capa) → ⟨figf⟩ *in Verfall geraten* ‖ ~s *fpl Raufwolle* f ‖ ⟨fig⟩ *witzige Einfälle* mpl
  caído adj *herabhängend* ‖ ⟨fig⟩ *kleinmütig* ‖ *schlaff* ‖ *zurückgeschlagen (Mantel)* ‖ *heruntergeschlagen (Hutkrempe)* ‖ ~ de ánimo *niedergeschlagen* ‖ ~ de color *bleich* ‖ *verblichen* ‖ ~s *mpl fällige Zinsen* mpl ‖ los ~ *die Gefallenen*
  caifa adj Ven *schlau* ‖ *verschlagen*
  caigo → **caer**
  caima adj/s Am *schwerfällig, plump* ‖ *stumpfsinnig*
  caimacán m Col *Respektsperson* f
  caimán adj Col *geizig* ‖ Ec *träge* ‖ ~ m ⟨Zool⟩ *Kaiman, Alligator* m ‖ ⟨fig⟩ *hinterlistiger Mensch* m

caima|nazo m Col *Purzelbaum* m ‖ **–near** vt Col Mex *betrügen* ‖ **–neso** m Col *Vertreter* m *auf Zeit* ‖ **–nzote** m Ec *Faulenzer* m, ⟨fam⟩ *Faulpelz* m
caimiento m *Fall* m ‖ ⟨fig⟩ *Niedergeschlagenheit* f ‖ *Ohnmacht* f
Caín m np *Kain* m ‖ ◇ *pasar las de* ~ ⟨fam⟩ *im Elend leben*
cainar vi Ec *den Tag irgendwo verbringen*
cainita f ⟨Min⟩ *Kainit* m
caique m ⟨Mar⟩ *Kaik* n, *Kaike* f *(Schiff)*
¹cairel m *Haaraufsatz* m ‖ *Perückennetz* n ‖ *Fransenbesatz* m *(an e–m Kleid)*
²cairel m Cu ⟨Bot⟩ *Färberliane* f
caireles mpl ⟨Mar⟩ *Barkhalter* mpl
cairelado adj *zerfasert (Nagel)*
Cairo m [Stadt]: el ~ *Kairo* n ‖ **=ta** adj *(m/f) aus Kairo* ‖ *auf Kairo bezüglich* ‖ ~ *m/f Kairoer(in* f) m
caite m MAm *grobe Sandale* f
¹caja f *Kiste, Schachtel* f ‖ *Büchse* f ‖ *Kasten* m ‖ *Dose* f ‖ *Futteral* n ‖ ⟨Bot⟩ *Samenhülse* f ‖ *Messerbehälter* m ‖ *Tabaks|dose, -büchse* f ‖ *Schaft* m *(Gewehr)* ‖ ⟨Ak⟩ *Resonanzboden* m ‖ ⟨Zim⟩ *Einlass* m ‖ ⟨Zim⟩ *Gehäuse* n ‖ ⟨Text⟩ *Wechsellade* f ‖ ⟨Typ⟩ *Schrift-, Setz|kasten* m ‖ ⟨Arch⟩ *Straßen|koffer, -kasten* m, *-bett* n ‖ *(Uhr)Gehäuse* n ‖ *Lade, Truhe* f ‖ *Sarg* m ‖ *Fuge* f, *Falz* m ‖ *Zapfenloch* n ‖ ⟨Mus⟩ *Pauke, (große) Trommel* f ‖ ~ *de acometida* ⟨El⟩ *Anschlusskasten* m ‖ ~ *de agua* ⟨EB⟩ *Wasser|kasten, -tank* m ‖ ~ *alta* ⟨Typ⟩ *Teil* m *des Setzkastens für Großbuchstaben* ‖ ~ *anular Ringbüchse* f ‖ ~ *de arcilla refractaria Brennkapsel* f *(Keramik)* ‖ ~ *del armón* ⟨Mil⟩ *Protz|kasten, -wagen* m ‖ ~ *baja* ⟨Typ⟩ *Teil* m *des Setzkastens für Kleinbuchstaben* ‖ ~ *de bobinas* ⟨El⟩ *Spulenkasten* m ‖ ~ *de bombones Pralinenschachtel* f ‖ ~ *de botánica Botanisiertrommel* f ‖ ~ *de la brújula Kompassgehäuse* n ‖ ~ *de cambios* ⟨Auto⟩ *Getriebekasten* m ‖ ~ *de cartón (Papp)Schachtel* f ‖ ~ *de cartuchos Patronentrommel* f *(Revolver)* ‖ ~ *de cerillas Streich-, Zünd|holzschachtel* f ‖ ~ *de la cerradura Schlosskasten* m ‖ ~ *de cigarrillos Zigarettenschachtel* f ‖ ~ *cilíndrica Lauf|büchse, -buchse* f ‖ ~ *de colores Mal-, Farb|kasten* m ‖ ~ *de compases Reißzeug* n, *Zirkelkasten* m ‖ ~ *de compensación Ausgleichskasse* f ‖ ~ *de conexión* ⟨El⟩ *Verbindungs|dose* f, *-kasten* m, *Anschlusskasten* m ‖ ~ *de construcciones Baukasten* m ‖ ~ *de contacto* ⟨El⟩ *Anschlussdose* f ‖ ~ *de contador* ⟨El⟩ *Zählergehäuse* n ‖ ~ *de cortacircuito Sicherungsdose* f ‖ ~ *de cortar al sesgo* ⟨Zim⟩ *Gehrungs|kasten* m, *-lade* f ‖ ~ *de distribución* ⟨El⟩ *Schalt|dose* f, *-kasten, Verteilerkasten* m ‖ ⟨Typ⟩ *Ablegekasten* m ‖ ~ *de ecos Echohohlraumresonator* m *(Radar)* ‖ ~ *de embrague* ⟨Auto⟩ *Kupplungsgehäuse* n ‖ ~ *de empalme* ⟨El⟩ *Anschlussdose* f ‖ ~ *de estopa* ⟨Tech⟩ *Stopfbüchse* f ‖ ~ *de enchufe* ⟨El⟩ *Steckdose* f ‖ ~ *Faraday* ⟨El⟩ *Faradayscher Käfig* m ‖ ~ *de fósforos Streich-, Zünd|holzschachtel* f ‖ ~ *de fusibles* ⟨Auto⟩ *Sicherungs|dose, -kasten* m ‖ ~ *de fusil Gewehrschaft* m ‖ ~ *de herramientas Werkzeug-, Geräte|kasten* m ‖ ~ *de hojalata (Weiß)Blechdose* f ‖ ~ *idiota* ⟨fam TV⟩ *Glotze, Flimmerkiste* f ‖ ~ *de imprenta* ⟨Typ⟩ *Setz-, Schrift|kasten* m ‖ ~ *de ingletes* ⟨Zim⟩ *Gehrungskasten* m ‖ ~ *de muerto Sarg* m ‖ ~ *de municiones Patronen-, Munitions-, Protz|kasten* m ‖ ~ *de música Spieldose* f ‖ ~ *negra (Flugw) Flugschreiber* m ‖ ~ *de Pandora* ⟨Myth⟩ *Pandorabüchse* f ‖ ~ *de perdidos* ⟨Typ⟩ *Defektkasten* m, *Zwiebelfischfach* n ‖ ~ *de pinturas Farben, Mal|kasten* m ‖ ~ *de provisiones*

Proviant-, Vorrats|kiste f ‖ ~ *de (radior)receptor Empfängergehäuse* n ‖ ~ *de recluta* ⟨Mil⟩ *Rekrutendepot* n ‖ ~ *de reclutamiento* ⟨Mil⟩ *Ersatzbezirk* m, *Bezirkskommando* n ‖ ~ *de reloj Uhrgehäuse* n ‖ ~ *de resistencia Streikkasse* f ‖ ~ *de resonancia Resonanz|boden, -kasten* m ‖ ~ *de socorro Verband(s)kasten* m ‖ ~ *de tobera* ⟨Met⟩ *Windkasten* m ‖ ~ *tonta* ⟨fam TV⟩ → ~ *idiota* ‖ ~ *de turbina Turbinengehäuse* n ‖ ~ *de velocidades* ⟨Auto⟩ *Getriebe|gehäuse* n, *-kasten* m ‖ ◇ *entrar en* ~ ⟨figf⟩ *in Ordnung kommen* ‖ ⟨fig⟩ *genesen* ‖ ⟨Mil⟩ *ein|rücken, -gezogen werden* ‖ *estar en* ~ ⟨figf⟩ *stark und gesund sein* ‖ ~**s** fpl: *echar (od despedir) a uno con* ~ *destempladas* ⟨figf⟩ *jdn barsch abweisen, jdn hinauswerfen, jdm die Tür weisen*
²caja f *Kasse* f *(Bank)* ‖ *Spar-,* Schw *Ersparnis|kasse* f ‖ *Schatzkammer* f ‖ *Kassenbestand* m ‖ *Geldschrank* m ‖ *Zahlstelle* f ‖ ~ *de ahorros Sparkasse* f ‖ ~ *de ahorro-vivienda Bausparkasse* f ‖ ~ *de alquiler Safe* m (& n) *(in e–r Bank)* ‖ ~ *de caudales,* ~ *fuerte Geldschrank, Tresor* m ‖ ~ *de noche Nachttresor* m ‖ ~ *de préstamos Darlehnskasse* f ‖ ~ *principal Hauptkasse* f ‖ ~ *pública Staats-, Gemeinde|kasse* f ‖ *Kasse* f *der öffentlichen Hand* ‖ ~ *registradora Registrier-, Kontroll|kasse* f ‖ ~ *de seguridad Stahlkammer* f *(Bank)*
³caja f *(Kranken)Kasse* f ‖ ~ *de (seguro contra la) enfermedad Krankenkasse* f ‖ ~ *de enfermedad de la empresa Betriebskrankenkasse* f ‖ ~ *gremial de enfermedad Deut Innungskrankenkasse* f ‖ ~ *de jubilaciones* → ~ *de retiro* ‖ ~ *local Ortskrankenkasse* f ‖ ~ *de pensiones para la vejez Altersrenten-, Pensions|kasse* f ‖ ~ *postal de ahorros Postsparkasse* f ‖ ~ *de reaseguro Rückversicherungskasse* f ‖ ~ *de retiro Pensionskasse* f ‖ ~ *de seguros Versicherungskasse* f ‖ ~ *de socorros Unterstützungskasse* f
⁴caja f ⟨An⟩: ~ *craneal Schädelhöhle* f ‖ ~ *de dientes* Col *künstliches Gebiss* n ‖ ~ *timpánica,* ~ *del tímpano Paukenhöhle* f ‖ ~ *torácica Brust|korb, -kasten* m
⁵caja f *Gleichgewichtspunkt* m *(e–r Waage)* ‖ ◇ *estar en* ~ *das Gleichgewicht anzeigen (Waage)*
⁶caja f Chi *(ausgetrocknetes) Flussbett* n
¹cajear vi ⟨Tech⟩ *nuten* ‖ *einstemmen* ‖ *langlochbohren*
²cajear vi Guat Mex *(bei e–r Bank) in Schulden geraten*
caje|ra f ⟨Tech⟩ *Keil-, Neben|nut* f ‖ ~ *del alza Aufsatzgehäuse* n *(Gewehr usw.)*
¹cajero m *Kassier(er)* m ‖ *Kassenwart, Schatzmeister* m ‖ ~ *automático Geldautomat* m ‖ ~ *nocturno Nachttresor* m
²cajero m *Schachtelmacher* m
¹cajeta f dim von **¹caja** ‖ Ec Pe *Person* f *mit hervorspringender Unterlippe*
²cajeta f Cu *Tabaksdose* f ‖ ◆ *de* ~ *vortrefflich*
³cajeta f CR Guat Mex *Dessertbehälter* m
⁴cajeta f ⟨vulg⟩ *Fotze* f
cajete m Guat Mex *halbrundes, innen glasiertes Gefäß* n ‖ Mex *Pflanzloch* n
cajetear vt Mex *(ein Erdloch) ausheben (zum Umpflanzen)* ‖ Dom *hämmern* ‖ ⟨fig⟩ *(auf et.) dringen* ‖ *schießen* ‖ **–tilla** f *Päckchen* n *Tabak* ‖ *Zigarettenschachtel* f ‖ *Schachtel* f *Zigaretten* ‖ Chi *Gebäck* n *in e–r Papierhülle* ‖ **–tín** m ⟨Typ⟩ *Fach* n
cajetón m PR *Raufbold* m ‖ *Angeber* m
caji|ga f ⟨Bot⟩ *Traubeneiche* f (Quercus

petraea) ‖ **–gal** m (Trauben)Eichenwald m ‖ ⟨Bot⟩
Cu Zinnie f (Zinnia elegans)
cajillas fpl Kinnlade f
cajín adj Murc rotkörnig (Granatapfel)
cajista m/f ⟨Typ⟩ (Schrift)Setzer(in f) m
cajita f dim von ¹caja ‖ Kassette f ‖
Puderdöschen n ‖ Holzkistchen n ‖
Räucherkästchen n ‖ Nähkästchen n ‖ ~ para
bombones Pralinenschachtel f ‖ ~ de cerillas
Streich-, Zünd|holzschachtel f
cajón m augm von ¹caja ‖ (große) Kiste f ‖
Truhe f ‖ Mülleimer m ‖ Lade f ‖ Schublade f ‖
Krambude f ‖ ⟨Zim⟩ Kastenpfosten m ‖ Fach n (in
e–m Bücherschrank) ‖ Verkaufsstand m ‖ Am
Kaufladen m ‖ Am Sarg m ‖ ⟨Tech⟩ Caisson,
Senkkasten m ‖ ~ alemán ⟨Bgb⟩ Schlämmherd m
‖ ~ de arena ⟨Mil⟩ Sandkasten m ‖ ~ flotante
Grundkasten m ‖ ~ de sastre ⟨fam⟩
Sammelsurium n, Mischmasch m ‖ ~ sumergible
Senk-, Schwimm|kasten m ‖ ◇ ser de ~ ⟨fam⟩
üblich sein ‖ (fam) selbstverständlich od
offensichtlich sein
cajoncito m dim von **cajón**
cajo|near vi Mex e–n Einkaufsbummel machen
‖ **–nera** f Mex Krämerin f ‖ Ladenbesitzerin f ‖
–nería f Fachwerk n (e–s Schrankes) ‖ **–nero** adj:
ser ~ üblich sein ‖ offensichtlich sein ‖ ~ m Am
Krämer m ‖ Ladenbesitzer m
cajonga f Hond große Maistortilla f
cajuela f Mex Kofferraum m ‖ MAm Hohlmaß
n (etwa 16 Liter)
cajuil m Ant ⟨Bot⟩ Acaju-, Kaschu|baum m
(Anacardium occidentale)
cajún m Fil ⟨Bot⟩ Agave, Pita f
cal f Kalk m ‖ ~ aérea Luftkalk m ‖ ~ apagada
Löschkalk, gelöschter Kalk m ‖ ~ calcinada
gebrannter Kalk, Branntkalk m ‖ ~ cáustica
Ätzkalk m ‖ ~ endurecida por el aire Luftkalk m ‖
~ hidráulica Wasserkalk, hydraulischer Kalk m ‖
~ magra Magerkalk m ‖ ~ muerta Löschkalk,
gelöschter Kalk m ‖ ~ viva Ätzkalk m ‖ ♦ de ~
y canto ⟨figf⟩ felsenfest, dauerhaft ‖ una de ~ y
otra de arena (figf) immer abwechselnd ‖ ◇
ahogar (od apagar) la ~ den Kalk löschen ‖
enlucir con ~ mit Kalk tünchen ‖ cerrado a ~ y
canto verrammelt
¹**cala** f Schnitte, Scheibe f (e–r Frucht)
²**cala** f ⟨Med⟩ Sonde, Suchnadel f ‖ Zäpfchen n
‖ ◇ hacer ~ de u/c et. untersuchen, genau
beobachten
³**cala** f ⟨Mar⟩ kleine Bucht f, Schlupfhafen m ‖
Angelgrund ‖ Tiefgang m ‖ Kielraum m ‖
Angelblei n ‖ ◇ hacer la ~ Netze auswerfen
⁴**cala** f ⟨Bot⟩ Kalla f (Calla spp)
calaba|cear vt (figf) (jdm) e–n Korb geben ‖
⟨Sch⟩ durchfallen lassen ‖ **–cera** f Kürbispflanze f
(→ **calabaza**) ‖ **–cero** m Kürbishändler m ‖ ⟨fig
Sch⟩ durchgefallener Student m ‖ **–cil** adj
kürbisförmig ‖ **–cillas** fpl birnenförmige Ohrringe
mpl ‖ **–cín** m ⟨Bot⟩ Zucchino m ‖ kleiner, unreifer
Kürbis m (als Salat) ‖ (fig) blöder Mensch m
calabaci|nate m Kürbisspeise f ‖ **–no** m
Kürbisflasche f
calaba|za f ⟨Bot⟩ Gartenkürbis m (Cucurbita
pepo) ‖ Kürbis m ‖ Kürbisflasche f ‖ ⟨fig pop⟩
Birne f (Kopf) ‖ (figf) unfähiger Mensch m,
Schafskopf, Einfaltspinsel m ‖ (figf Mar) elendes
Schiff n ‖ (figf) Korb m (Abweisung) ‖ (figf)
Durchfallen n (bei e–r Prüfung) ‖ ~ de peregrino,
~ de San Roque, ~ vinatera Flaschenkürbis m ‖
Kürbisflasche f ‖ ◇ beber de ~ (figf) im Trüben
fischen ‖ dar ~s (od ~) a uno (figf) jdn bei der
Prüfung durchfallen lassen ‖ (figf) jdm (den
Freien) e–n Korb geben, jdn abweisen ‖ echar en
~ (figf) auf Sand bauen ‖ llevar(se) ~s (figf)

durchfallen (bei e–er Prüfung) ‖ (figf) e–n Korb
bekommen ‖ nadar con ~s mit leeren Kürbissen
auf dem Rücken schwimmen (lernen) ‖ nadar sin
~s (fig) s. ohne fremde Hilfe durchschlagen ‖
salir ~ (figf) s. als unbrauchbar erweisen,
vollkommen versagen, e–e Niete sein, e–e Null
sein ‖ **–zada** f Schlag m auf den Kopf ‖ ◇ darse
de ~s (figf) s. den Kopf zerbrechen (por über
acc) ‖ **–zano** adj ⟨fam⟩ durchgefallen ‖ ~ m
⟨fam⟩ durchgefallen(er) Schüler) ‖ **–zar** m
Kürbis|feld n,
-pflanzung f ‖ **–zazo** m ⟨fam⟩ Schlag m auf den
Kopf ‖ **–zo** m (trockener Flaschen)Kürbis m ‖ Cu
(Art) Musikinstrument n aus e–m Kürbis ‖ **–zón** m
Al (Art) Edelkirschbaum m ‖ **–zona** f Al → **–zón**
‖ Murc Winterkürbis m ‖ **–zuela** f Sev ein
Heilkraut n (Mittel gegen Schlangenbiss)
calabobos m ⟨fam⟩ gelinder, anhaltender
Sprühregen, Nieselregen m
calabocear vt Guat mit dem Degen stoßen
calabocero m Kerkermeister m
¹**calabozo** m Kerker m, Verlies, unterirdisches
Gefängnis n ‖ Zellengefängnis n
²**calabozo** m Gartenschere f ‖ Cu Jätsichel f ‖
Col Messer n, Degen m
cala|brés adj kalabr(es)isch ‖ ~ m Kala|brese,
-brier m ‖ **=bria** f ⟨Geogr⟩ Kalabrien n
calabriada f Gemisch n aus Rot- und
Weißwein ‖ (fig) Mischmasch m
calabrote m ⟨Mar⟩ Wurfankertau n, Trosse f,
dickes Kabel n ‖ Ven (fig) liederlicher Mensch m
calaca f Mex Tod m
calacear vt Guat schlagen
calache m Hond Kram m ‖ Gerümpel n ‖
MAm un ~ ein gewisser Jemand m
¹**calada** f Ein|dringen, -sickern n (e–r
Flüssigkeit in e–n undichten Körper) ‖
(Ein)Tauchen n ‖ ⟨Mar⟩ Auswerfen n (e–s Netzes)
‖ ◇ dar una ~ a uno (figf) jdm e–n derben
Verweis erteilen
²**calada** f ⟨Auto⟩ Abwürgen n des Motors
³**calada** f Niederstoßen n (e–s Greifvogels)
⁴**calada** f Zug m (beim Rauchen)
calade|ra f Murc (Art) Fangnetz n ‖ **–ros** mpl
Fisch(fang)gründe mpl
caladizo adj (fig) sehr scharfsinnig
¹**calado** adj ⟨Mar⟩ tiefgehend ‖ ~ hasta los
huesos ⟨figf⟩ bis auf die Haut durchnässt (vom
Regen)
²**calado** m durchbrochene Arbeit,
(Loch)Stickerei f ‖ Hohlsaum m ‖ ~ de papel
ausgeschnittenes Papier n
³**calado** m ⟨Mar⟩ Tiefgang m ‖ ~ a popa
Tiefgang m hinten ‖ ~ a proa Tiefgang m vorn
⁴**calado** m → ²**calada**
¹**calador** m ⟨Med⟩ Sonde f
²**calador** m Arg Stöbereisen n
caladora f Ven große Piroge f
caladre f ⟨V⟩ Lerche f
caladura f Anschnitt m (e–r Frucht)
calafa|te m ⟨Mar⟩ Kalfaterer m ‖
Schiffszimmermann m ‖ **–teado** m ⟨Mar⟩
Kalfaterung, Abdichtung f, Pichen n ‖
Verstemmung f ‖ **–tear** vt ⟨Mar⟩ kalfatern,
abdichten, Fugen teeren, pichen, Ritzen
verstopfen, verstemmen ‖ **–teo** → **–teado** ‖ **–tín**
m Kalfatererlehrling m
calagraña f e–e minderwertige Traubenart f
calaguasca f Col Branntwein, ⟨fam⟩ Schnaps
m
calaguatazo m Hond Steinwurf m an den Kopf
calagurritano adj/s aus Calahorra (P Logr) ‖
auf Calahorra bezüglich
Calaínos np: coplas de ~ ⟨fam⟩ unnützer
Plunder m

calaíta f ⟨Min⟩ Türkis, Kallait m
¹calalú [pl ~úes] m ⟨Bot⟩ Amarant m
²calalú [pl ~úes] m Cu (Art) Gemüsesuppe f
¹calamaco m ⟨Text⟩ Lasting m
²calamaco m Mex (Schmink)Bohne f
³calamaco m Branntwein m
calamar m ⟨Fi⟩ Großer Kalmar, ungenau:
Tintenfisch m (Loligo forbesi) ‖ Tintenfisch,
Gemeiner Kalmar m (Loligo vulgaris) ‖ ◇
parecer un ~ ⟨figf⟩ sehr mager sein
calambac m ⟨Bot⟩ Aloe f
calambre m ⟨Med⟩ (Muskel)Krampf m ‖
Wadenkrampf m ‖ (pop) elektrischer Schlag m ‖
~ de los escribientes Schreibkrampf m ‖ ~ de
estómago Magenkrampf m
¹calambuco m ⟨Bot⟩ Kalambuk\baum m, -harz
n
²calambuco m Col Milchkrug m
¹calambur m indisches Aloeholz n
²calambur m Kalauer m, Wortspiel n
calamento m ⟨Bot⟩ Katzen\kraut n, -minze f
(Nepeta cataria)
calami\dad f schwerer Unglücksfall m ‖
Missgeschick n, Verlegenheit f ‖ Not f ‖ Unheil n
‖ Elend n ‖ Landplage f, Landesunglück n ‖
Katastrophe f ‖ ⟨fam⟩ Unglücksmensch,
Pechvogel m ‖ ◇ es una ~ ⟨figf⟩ er (sie, es) ist
e–e Plage, ein unbrauchbarer Mensch ‖ das ist
verheerend ‖ hecho una ~ ⟨fam⟩ übel zugerichtet
¹calamina f ⟨Min⟩ Zinkspat, Hemimorphit m
²calamina f ⟨Auto⟩ Ölkohle f
³calamina f Chi Pe Wellblech n
calamistro m ⟨Zool⟩ Calamistrum n,
kammzinkähnliche Borsten fpl der Hinterbeine
gewisser Spinnen (Kräuselfadenweberinnen)
(Cribellatae)
¹calamita f ⟨Min⟩ Kalamit m
²cala\mita, –mite f ⟨Zool⟩ Kreuzkröte f (Bufo
calamita)
calamitación f ⟨Phys⟩ Magnetisierung f
calamitoso adj erbärmlich, jämmerlich,
jammervoll, kläglich ‖ unheilvoll
¹cálamo m Rohrpfeife, Schalmei f ‖ ⟨V⟩
Calamus m, Spule f (bei Vogelfedern) ‖ ⟨poet⟩
Rohr n ‖ ⟨poet⟩ Schreibfeder f
²cálamo m ⟨Bot⟩ Bartgras n (Andropogon sp)
‖ ~ aromático ⟨Bot⟩ Kalmus m, Magenwurz f
(Acorus calamus)
calamo\cano adj ⟨fam⟩ halb berauscht,
angeheitert, beschwipst ‖ (fam) faselnd, kindisch
(im Alter) ‖ ~ m ⟨Bot⟩ Lupine f (Lupina spp) ‖
–co m Eiszapfen m an Dächern
calamocha f ⟨Min⟩ gelblicher, sehr heller
Ocker m
cálamo currente ⟨lat fig⟩ aus dem Stegreif,
unvorbereitet
¹calamón m Tapeziernagel m
²calamón m ⟨V⟩ Purpurhuhn n (Porphyrio
porphyrio)
calamonarse vr Ar gären (Heu)
calamorra adj voll Wolle am Kopf (Schaf) ‖ ~
f derber Schuh m, Latsche f
calamorrazo m ⟨fam⟩ Stoß m vor den Kopf
calamorro m Chi derber Schuh m
calanchín m Col Spieler m ‖ Col Kniff m
(beim Spiel)
¹calandra f ⟨Auto⟩ Kühlgitter n
²calandra f → **calandria**
calandraca f Murc ⟨fig⟩ albernes Geschwätz,
dummes Gerede n
calandrado m Kalandern, Satinieren n
(Papier) ‖ Kalandern, Mange(l)n n ‖ ⟨Text⟩
Kalandern, Glattwalzen n
¹calandrajo m ⟨fam⟩ alter Lumpen m ‖ ⟨figf⟩
Hanswurst, Blödian m

²calandrajo m Sal Gerücht n ‖ Gerede n ‖
Vermutung f
calandrar vt kalandern, satinieren (Papier) ‖
mange(l)n, rollen (Wäsche) ‖ ⟨Text⟩ kalandern,
glattwalzen
¹calandria f ⟨V⟩ (Kalander)Lerche f ‖ ~
aliblanca Weißflügellerche f (Melanocorypha
leucoptera) ‖ ~ común Kalanderlerche f (M.
calandra) ‖ ~ negra Mohrenlerche f (M.
yeltoniensis)
²calandria f Kalander m, Satiniermaschine f
(in Papierfabriken) ‖ Tretmühle f ‖ Mangel,
Zeugrolle f ‖ ~ de agua, ~ húmeda Wasser-,
Nass\kalander m ‖ ~ gemela
Doppelbogenkalander m ‖ ~ para gofraje
Prägekalander m
³calandria f ⟨fig⟩ Simulant m ‖ Mex ⟨fig⟩
Faulenzer, Tagedieb, Nichtstuer m
calaña f Muster, Vorbild n ‖ Beschaffenheit,
Gemütsart f ‖ ⟨fam⟩ Sorte f
calañés adj/s aus Calañas (P Huel) ‖ auf
Calañas bezüglich ‖ (sombrero) ~ Calañeser
(Filz)Hut m
cálao m ⟨V⟩ Doppelhornvogel m (Buceros
bicornis)
calapé m Am ⟨Kochk⟩ in ihrem Panzer
gebratene Schildkröte f
calapié m → **calzapié**
calapitrinche m Pe Laffe, Geck m
¹calar adj kalkartig ‖ ~ m Kalkstein\lager n,
-bruch m
²calar vt/i hinein\stoßen, -drücken ‖
(ein)senken, herablassen ‖ durch-, an\bohren ‖
durchstoßen ‖ einweichen (Brot), durch(nässen),
-tränken ‖ ausschneiden, schnitzen (Holz, Papier)
‖ anschneiden (Melone) ‖ durchbrochen sticken ‖
ins Gesicht (d)rücken (Hut) ‖ eichen ‖ ⟨figf⟩
er\forschen, -gründen, (jdn) durchschauen ‖ ⟨Mar⟩
niederlassen, streichen ‖ spannen (den Hahn e–s
Gewehrs) ‖ Col ⟨fam⟩ plattdrücken ‖ Mex mit
dem Stöbereisen anbohren (Zollbeamte) ‖ ◇ ~ la
bayoneta ⟨Mil⟩ das Bajonett, das Seitengewehr
fällen ‖ ~ vi ein-, durch\dringen (bes. von
Flüssigkeiten) ‖ durchregnen ‖ ein-,
nieder\sinken ‖ ⟨Mar⟩ Tiefgang m haben,
eintauchen ‖ ~se eindringen (Feuchtigkeit) ‖
⟨figf⟩ sich einschleichen ‖ ◇ el motor
se cala ⟨Auto⟩ der Motor setzt aus ‖
~ las gafas die Brille aufsetzen ‖ ~ el sombrero
den Hut tief ins Gesicht (d)rücken ‖ ~ hasta los
huesos bis auf die Haut nass werden
(durch Regen)
calasancio adj ⟨Rel⟩ Piaristen-
cala\tear vt Pe ausziehen ‖ –to adj Pe
(splitter)nackt ‖ ⟨fig⟩ arm, mittellos
Calatra\va f Orden m von Calatrava
(span. Ritterorden) ‖ ≠veño adj/s aus Calatrava
(P CReal) ‖ auf Calatrava bezüglich ‖ –vo m
Ritter m des Ordens von Calatrava
¹calavera f ⟨An⟩ Schädel, Totenkopf m ‖
Hirnschale f
²calavera m ⟨Ins⟩ Totenkopf(schwärmer) m
(Acherontia atropos)
³calavera m Lebemann m ‖ Nachtschwärmer m
‖ Leichtfuß, Hohlkopf m ‖ ⟨fig⟩ Windhund m
calave\rada f ⟨fam⟩ toller Streich m ‖ –rear vi
dumme Streiche machen ‖ –rón m ⟨fig⟩ sehr
ausschweifender Mensch m
calazo m Guat Zusammenstoß m
calazón f ⟨Mar⟩ Tiefgang m
calbo\che m Gefäß n zum Rösten von
Kastanien ‖ –te m Sal geröstete Kastanie f
△ **calca** f Weg m ‖ Pe Getreidespeicher m
calca\do adj: ~ de alg. jdm bildähnlich ‖ ~ m

durchgepauste Zeichnung, Pause f ‖ **–dor** *m*
Durchpausapparat m
  calcáneo *m* ⟨An⟩ *Fersenbein* n, *Calcaneus* m
  calcantita *f* ⟨Min⟩ *Kupfervitriol* n
  calca|ñal, –ñar, –ño *m Ferse* f ‖ *Hinterkappe* f
(Schuh)
  ¹calcar [c/qu] *m* ⟨Zool⟩ *Calcar, Sporn* m
  ²calcar [c/qu] vt/i *pausen, durchzeichnen* ‖
abklatschen ‖ *(mit dem Fuß) drücken, treten* ‖
⟨fig⟩ *(sklavisch) nachahmen*
    calcáreo adj *Kalk-, kalk(haltig), kalkartig*
    Calcas *m* np ⟨Myth⟩ *Kalchas* m
  ¹calce *m Rad|felge, -schiene* f ‖ *Beilage,*
Zwischenlegscheibe f ‖ *Bremsklotz* m ‖ ⟨El⟩
Blechzwischenlage f ‖ ⟨Arch⟩ *Keil, Unterlage* f ‖
Am ⟨figf⟩ *Gelegenheit* f
  ²calce *m* Al *Flussbett* n
  calcedonia *f* ⟨Min⟩ *Chalcedon* m
  calcemia *f* ⟨Med⟩ *Kalz(i)ämie* f
  calceolaria *f* ⟨Bot⟩ *Pantoffelblume* f (Calceolaria
spp)
    calcera *f* Huel *Kalkwerk* n ‖ Sant *Rinne* f,
Bewässerungs-, Wasser|graben m
    calcés *m* ⟨Mar⟩ *Mast|korb, -topp* m
  calce|ta *f* adj Arg *raufüßig (Vogel)* ‖
(Knie)Strumpf m ‖ ⟨fig⟩ *Fußschelle* f ‖ Murc *(Art)*
Wurst f ‖ ◇ *hacer ~ stricken* ‖ *hacer ~s* (fam
joc) *vor Kälte zittern* ‖ **–tar** vi *stricken* ‖ **–tera** *f*
Strickerin f ‖ **–tería** *f Strumpfladen* m ‖
Strumpfwaren fpl ‖ **–tero** *m Strumpf|macher,*
-wirker m ‖ *Strumpfhändler* m ‖ **–tín** *m* dim von
calceta ‖ *Socke* f ‖ ⟨pop fig⟩ *Pariser* m *(Kondom)*
‖ **–to** adj Col *raufüßig (Huhn)* ‖ Mex *weißfüßig*
(Pferd) ‖ **–tón** *m Stiefelstrumpf* m
  ¹calcha *f* Chi *Befiederung* f *(der Vogelfüße)*
  ²calcha *f* Arg Chi *Bekleidung und Bettwäsche* f
der Arbeiter
    calchacura *f* Chi ⟨Bot⟩ *Flechte* f
    calchón adj Chi *raufüßig (Vogel)*
    calchona *f* Chi *böser Geist* m ‖ Chi *Hexe* f ‖
Chi *altes, hässliches Weib* n
  calchudo adj Chi *ge|wandt, -scheit* ‖ Chi
schlau ‖ Chi → **calchón**
  cálcico adj *kalzium|artig, -haltig* ‖ *Kalk-* ‖
Kalzium-
  calcícola adj *(m/f)* ⟨Bot⟩ *kalkliebend, auf*
kalkigem Boden wachsend
  calcicosis *f* ⟨Med⟩ *Kalkstaublunge* f
  calcífero adj *kalk|führend, -haltig*
  calcifi|cación *f* ⟨Med⟩ *Verkalkung* f ‖ **–car(se)**
[c/qu] vt/r ⟨Med⟩ *verkalken*
  calcí|filo adj ⟨Bot⟩ *auf Kalk wachsend* ‖ **–fobo**
adj ⟨Bot⟩ *kalkscheu*
  calci|lla *f kleine Strumpfhose* f ‖ Ar *(Art)*
Gamasche f ‖ **–llas** *m* ⟨figf⟩ *schüchterner Mensch*
m ‖ ⟨fam⟩ *kleiner Knirps* m
  calci|na *f* [veraltet] *Beton* m ‖ **–nación** *f*
Kalkbrennen n ‖ *Rösten* n *(von Erzen)* ‖ *~* blanca
⟨Chem⟩ *Weißbrennen* n ‖ *~* de yeso *Gipsbrennen*
n ‖ **–nado** adj *gebrannt, kalziniert* ‖ **–nar** vt
kalzinieren, brennen, ausglühen ‖ *rösten (Erz)* ‖
brennen (Porzellan) ‖ ⟨fig⟩ *dörren, rösten* ‖ **–nero**
m Kalkbrenner m
  calcio *m* (Ca) ⟨Chem⟩ *Kalzium* n
  calcita *f* ⟨Min⟩ *Kalzit, Kalkspat* m
  calcitrar vi ⟨poet⟩ *stoßen (Vieh)*
  calciuria *f* ⟨Med⟩ *Kalziurie* f
  calco *m durchgepauste Zeichnung, Pause* f ‖
⟨fig⟩ *blinde (sklavische) Nachahmung* f ‖ ⟨Ling⟩
Abklatsch m ‖ *~* del esquema *Lehnübersetzung* f
‖ *~* de la significación *Bedeutungslehnung* f
    calcocha *f* Chi *kleiner Papierdrachen* m
(Spielzeug)
    calcocho adj Chi *pockennarbig* ‖ Chi *halb*
verdorben

  calcografía *f Kupferstechkunst* f
  calcógrafo *m Kupferstecher* m
  calcomanía *f Bilderabziehen* n ‖ *Abziehbild* n ‖
Abziehbilderbogen m
  calcopirita *f* ⟨Min⟩ *Kupferkies, Chalkopyrit* m
  △ **calco|rrear** vi *laufen, fliehen* ‖ △ **–rro** *m*
Schuh, Stiefel m
  calcosiderito *m* ⟨Min⟩ *Grüneisen|erz* n, *-stein,*
Chalkosiderit m
    calcosina *f* Am ⟨Min⟩ *Kupferglanz* m
    calcotipia *f* ⟨Typ⟩ *Kupferdruck* m
  calcula|bilidad *f Berechenbarkeit* f ‖ **–ble** adj
(m/f) berechenbar, zählbar ‖ **–ción** *f Berechnung*
f, *Kostenvoranschlag* m, *Kalkulation* f ‖
–damente adv *mit (genauer) Berechnung* ‖ *mit*
Vorbedacht ‖ **–do** adj *berechnet* ‖ ◇ *~ en …*
geschätzt auf … acc ‖ *~* hasta la segunda decimal
bis zur zweiten Stelle hinter dem Komma
berechnet ‖ **–dor** *m Rechner, Rechnungsführer* m
‖ *Rechen|stab, -schieber* m ‖ *Rechenmaschine* f,
Rechner m ‖ *~* de procesos *Prozessrechner* m ‖
–dora *f Rechenmaschine* f, *Rechner* m ‖ *~* de
bolsillo *Taschenrechner* m ‖ *~* electrónica
elektronischer Rechner m ‖ *~* numérica
Digitalrechner m
  calcu|lar vt *(aus)rechnen, berechnen,*
veranschlagen, kalkulieren ‖ ⟨fig⟩ *ausdenken,*
(voraus)bedenken ‖ *~* vi *Berechnungen*
machen ‖ ¡calcule Vd.! *denken Sie (s.) nur!* ‖
–latorio adj *zum Rechnen gehörig, Rechen-,*
kalkulatorisch, rechnerisch ‖ **–lista** adj *(m/f)*
berechnend ‖ *~* m/f *(Be)Rechner(in* f) m ‖
berechnender Mensch m
  ¹cálculo *m (Aus)Rechnung, Berechnung,*
Kalkulation f ‖ *Schätzung* f, *Überschlag* m ‖
Rechenkunst, Arithmetik f ‖ *Rechnen* n
(Unterrichtsfach) ‖ ⟨fig⟩ *Plan* m ‖ ⟨Mar⟩ *Gissung*
f ‖ *~* algebraico *Algebra, Buchstabenrechnung* f ‖
~ por aproximación, *~* aproximado *Überschlag*
m, *ungefähre Schätzung* f ‖ *Näherungs-,*
Überschlags|rechnung f ‖ *~* aritmético *Arithmetik*
f ‖ *~* de cabeza *Kopfrechnen* n ‖ *~* de
comprobación *Kontrollrechnung* f ‖ *~* de
contribuciones, *~* de cuotas *Beitragsberechnung* f
‖ *~* del coste od de los costes *Kostenrechnung* f ‖
~ decimal *Dezimalrechnung* f ‖ *~* destajista
Akkordberechnung f ‖ *~* diferencial
Differentialrechnung f ‖ *~* de errores
Fehlerrechnung f ‖ *~* de fracciones
Bruchrechnung f ‖ *~* de gastos *Kostenberechnung*
f ‖ *~* gráfico *grafische Berechnung* f ‖ *~* de los
impuestos *Steuerermittlung* f ‖ *~* infinitesimal
Infinitesimalrechnung f ‖ *~* integral
Integralrechnung f ‖ *~* de los intereses
Zins(be)rechnung f ‖ *~* logarítmico
logarithmische Rechnung f ‖ *~* de la media
(estadística) Mittelung f ‖ *~* mental *Kopfrechnen*
n ‖ *~* mercantil *kaufmännisches Rechnen* n ‖ *~*
de(l) peso *Gewichtsberechnung* f ‖ *~* de
probabilidades *Wahrscheinlichkeitsberechnung* f ‖
~ prudencial *überschlägige Berechnung* f ‖ *~* de
rentabilidad *Rentabilitätsberechnung* f ‖ *~* del
salario *Lohnberechnung* f ‖ *~* del tiempo *Timing*
n ‖ *~* vectorial *Vektorenrechnung* f ‖ *~* de
volumen *Massenberechnung* f ‖ ◆ *por* ~ ⟨fig⟩
aus Berechnung, wohlüberlegt ‖ *según el* ~ *nach*
der Berechnung ‖ ◇ *determinar por vía de* ~
errechnen ‖ *equivocarse en sus* ~s ⟨fig⟩ *s.*
verrechnen ‖ *hacer* a alg. el ~ de algo *jdm et.*
vorrechnen ‖ *hacer* ~s *Berechnungen anstellen* ‖
hacer la prueba de un ~ *die Rechenprobe machen*
  ²cálculo *m* ⟨Med⟩ *Stein* m *(Gallenstein usw.)* ‖
~ biliar *Gallenstein* m ‖ *~* renal *Nierenstein* m ‖
~ úrico od urinario *Harnstein* m ‖ *~* vesical
Blasenstein m

calda *f Wärmen* n, *Heizung* f ‖ ◇ *dar (una)* ~
a uno ⟨figf⟩ *jdn anfeuern, erhitzen* ‖ ~s *fpl
warme Heilquellen, Thermalquellen* fpl
caldaico adj *chaldäisch*
calde|amiento *m Er|hitzung, -wärmung* f ‖
Erhitzen n ‖ **–ar** vt *(durch)wärmen* ‖ *erhitzen* ‖
beheizen ‖ *verbrühen* ‖ ⟨fig⟩ *erregen, aufreizen* ‖
~ *los ánimos die Gemüter erregen* ‖ ~se *heiß,
glühend werden*
¹caldeo adj *chaldäisch* ‖ ~ *m Chaldäer* m ‖
das Chaldäische
²caldeo *m Feuerung* f ‖ ~ *a período simple*
⟨El⟩ *Einschlagheizung* f ‖ ~ *dieléctrico
dielektrische Heizung* f ‖ ~ *por corriente de
capacidad Kapazitätsstromheizung* f ‖ ~ *por
radiofrecuencia Radiofrequenzheizung* f ‖ ~
progresivo zunehmende Heizung f
calde|ra *f Kessel* m ‖ *Kesselvoll* m ‖
Dampfkessel m ‖ *Paukenkessel* m ‖ ⟨Geol⟩
Caldera f ‖ *Chi Teekanne* f ‖ ⟨fig⟩ *schlechte
Taschenuhr* f ‖ ⟨fig⟩ *alter Kram* m ‖ ~
acuotubular Wasserrohrkessel m ‖ ~ *de
alimentación Speisekessel* m ‖ ~ *de od para
asfalto Asphaltkocher* m ‖ ~ *de calefacción
Heizkessel* m ‖ ~ *de gran cabida
Groß(wasser)raumkessel* m ‖ ~ *de cobre
Kupferkessel* m ‖ ~ *para conservas Einkochkessel*
m ‖ ~ *de locomotora Lokomotivkessel* m ‖ ~
marina Schiffskessel m ‖ ~ *de presión
Druckkessel* m ‖ ~ *de radiación Strahlungskessel*
m ‖ ~ *de recuperación Abhitze-, Abwärme|kessel*
m ‖ ~ *de termosifón Thermosiphonkessel* m ‖ ~
de vapor Dampfkessel m ‖ *las* ~s *de Pero (od
Pedro) Botero* ⟨figf⟩ *die Hölle* f ‖ **–rada** *f
Kesselvoll* m ‖ *Gebräu* n ‖ *Kesselinhalt* m *(Lauge,
Sud, Wasser usw.)* ‖ **–rería** *f Kesselschmiede* f ‖
–rero *m Kupferschmied* m ‖ *Kesselflicker* m ‖
–reta *f* ⟨Kochk⟩ *Fischragout* n ‖ ⟨Kochk⟩ *Lamm-
bzw Zicklein|braten* m ‖ ~ *de langostas* ⟨Kochk⟩
Langusteneintopf m ‖ **–retero** *m Guat Mex* →
–rero ‖ **–rilla** *f Kleingeld* n ‖ *Kupfergeld* n ‖
Weihwasserkessel m ‖ **–ro** *m (Schöpf)Eimer* m ‖
Bottich m ‖ *Topf* m ‖ ~ *de colada* ⟨Met⟩
Gießpfanne f ‖ ~ *para fundir Schmelztopf* m ‖ ~
para lavar la ropa Waschkessel m ‖ *echar la soga
tras el* ~ ⟨figf⟩ *die Flinte ins Korn werfen*
¹calderón *m augm von* **–ra** ‖ ⟨Mus⟩ *Fermate* f
(☉), *Orgelpunkt* m ‖ ⟨Mus⟩ *Kadenz* f
²calderón *m* ⟨Zool⟩ *Grind-, Pilot|wal* m
(Globicephala melaena)
calderoniano adj *auf Pedro Calderón de la
Barca (1600–1681) bezüglich*
calderuela *f* ⟨Jgd⟩ *Blendlaterne* f *für die
Rebhuhnjagd*
caldibache *m* ⟨desp⟩ *schlechte Brühe* f
cal|dillo *m Kraftbrühe* f ‖ *dünne Brühe* f ‖ *Mex
gewürztes Hackfleisch* n *mit Brühe* ‖ *Chi Pe
Brühe* f *mit Zwiebeln, Ei und geröstetem Brot* ‖
–dista *m/f Händler(in* f) m *mit Öl, Wein usw.* ‖
–do *m (Fleisch)Brühe, Kraftbrühe* f ‖ *Bouillon* f
(& Bact) ‖ *Salatbrühe* f ‖ *Wein* m ‖ *Obst-,
Wein|suppe* f *usw.* ‖ ~ *bordelés* ⟨Agr⟩
Kupferkalkbrühe f ‖ ~ *de carne Fleischbrühe,
Bouillon* f ‖ ~ *de cultivo Nähr|bouillon, -lösung* f
‖ ~ *gallego galicische Gemüse- und Fleischsuppe*
f ‖ ~ *de gallina* → ~ *de pollo* ‖ ~ *con huevo(s)
Bouillon* f *mit Ei* ‖ ~ *de pollo Hühnerbrühe* f ‖ ~
para pulverizar ⟨Agr⟩ *Spritzmittel* n ‖ ~
sulfocálcico ⟨Agr⟩ *Schwefelkalkbrühe* f ‖ ~
vegetal Kräutersuppe f ‖ ~ *de vino Weinbrühe* f
(bei der Weinbereitung) ‖ ~ *de zorra* ⟨figf⟩
falscher heimtückischer Mensch m ‖ ◇ *amargar el*
~ ⟨fig⟩ *(jdm) Kummer bereiten* ‖ *revolver el* ~
⟨figf⟩ *neuen Anlass zu Streitigkeiten geben* ‖ ~s
mpl ⟨Mar⟩ *flüssige Ladung* f *(Wein, Öl, Obstsaft)*

¹calducho *m* ⟨desp⟩ *schlechte Brühe* f
²calducho *m Chi Kurzurlaub* m *(der
Studenten)*
caldudo adj *dünn, mager (Suppe)*
cale *m leichter Schlag* m *mit der Hand*
¹calé *m* ⟨pop⟩ *Zaster* m, *Piepen* pl ‖ *no tener
un* ~, *no tener calés* ⟨fam⟩ *k–n Pfennig besitzen*
²calé *m Zigeuner* m ‖ *Zigeunersprache* f
calecer [-zc-] vi *warm werden* ‖ ~se *Sal
verderben, madig werden (Fleisch)*
calecico *m dim von* **cáliz**
calederos *mpl Fisch(fang)gründe* mpl
Caledo|nia *f* ⟨Geogr⟩ *Kaledonien* ‖ **=niano** adj
⟨Geol⟩ *kaledonisch* ‖ **=nio** adj *kaledonisch* ‖ ~ *m
Kaledonier* m
calefac|ción *f Erwärmung* f ‖ *Heizung,
Heizvorrichtung* f ‖ ~ *de (od por) agua caliente
Warmwasserheizung* f ‖ ~ *central Zentralheizung*
f ‖ ~ *colectiva Sammelheizung* f ‖ ~ *directa
unmittelbare Feuerung* f ‖ ~ *a distancia
Fernheizung* f ‖ ~ *eléctrica elektrische Heizung,
Elektroheizung* f ‖ ~ *externa Außenfeuerung* f ‖
~ *por fuel(oil) Ölheizung* f ‖ ~ *de gas
Gasheizung* f ‖ ~ *de hulla Steinkohlenfeuerung* f
‖ ~ *individual Etagenheizung* f ‖ ~ *por
irradiación Strahlungsheizung* f ‖ ~ *de piso
Fußbodenheizung* f ‖ ~ *por pisos Etagenheizung* f
‖ ~ *de techo Deckenheizung* f ‖ ~ *por vapor
Dampfheizung* f ‖ **–tor** *m Heiz|vorrichtung* f,
-körper m ‖ *Heizungsmonteur* m ‖ *Heizer* m
calefón *m Am Badeofen* m
caleidos|cópico adj *kaleidoskopisch, bunt und
ständig wechselnd* ‖ **–copio** *m Kaleidoskop* n
calejo *m Sal runder Kieselstein* m
calendario *m Kalender* m ‖ *Kalendarium* n ‖
~ *(en) bloque Abreißkalender* m ‖ ~ *de bolsillo
Taschenkalender* m ‖ ~ *gregoriano
Gregorianischer Kalender* m ‖ ~ *en hojas
Abreißkalender* m ‖ ~ *juliano Julianischer
Kalender* m ‖ ~ *mural,* ~ *de pared Wandkalender*
m ‖ ~ *perpetuo Dauerkalender, immerwährender
Kalender* m ‖ ~ *de propaganda Reklamekalender*
m ‖ ~ *reformado* → ~ *gregoriano* ‖ ~ *de taco
Abreißkalender* m ‖ ◇ *hacer* ~s ⟨figf⟩ *Grillen
fangen* ‖ ⟨figf⟩ *Luftschlösser bauen*
calendas *fpl Kalenden* pl ‖ ◆ *para las* ~
griegas, ⟨lat⟩ *ad* ~ *graecas* ⟨iron⟩ *auf den
Nimmerleinstag (aufschieben)*
caléndula *f* ⟨Bot⟩ *Ringelblume* f (Calendula
spp)
calenta|dor *m Heizer* m ‖ *Kocher* m ‖
Bettwärmer m, *Wärmflasche* f ‖ *Badeofen,
Wasserwärmer* m ‖ *Bierwärmer* m ‖ ⟨figf⟩ *große
Taschenuhr* f, ⟨fam⟩ *Zwiebel* f ‖ ~ *de
acumulación Heißwasserspeicher* m ‖ ~ *de agua
Heißwasserbereiter, Boiler* m ‖ ~ *de aire
Lufterhitzer* m ‖ ~ *de baño Badeofen* m ‖ ~ *de
caldeo instantáneo Durchlauferhitzer* m ‖ ~
*(superficial) de firmes asfálticos
Bitumendeckenerhitzer* m ‖ ~ *de inmersión
Tauchsieder* m ‖ ~ *de leche Milcherhitzer* m ‖
–miento *m (Er)Wärmen, Erhitzen* n ‖ *Beheizung* f
‖ ⟨Med⟩ *Erhitzung* f *(des Blutes)* ‖ ⟨fig⟩ *Anheizen*
(z. B. e–r Krise)
calentano adj *aus Tierra Caliente* (SAm) ‖ *auf
Tierra Caliente bezüglich*
calentar [-ie-] vt *(er)wärmen* ‖ ⟨fig⟩ *beleben,
ermuntern* ‖ ⟨fig vulg⟩ *geil machen, aufgeilen* ‖
⟨figf⟩ *(durch)prügeln* ‖ *Chi belästigen* ‖ *Chi Ven
böse werden* ‖ ◇ ~ *demasiado über|heizen,
-hitzen* ‖ ~ *la silla,* ~ *el asiento* ⟨figf⟩ *s–n Besuch
so lange ausdehnen, dass man lästig wird* ‖ ~
previamente vor|wärmen, -erhitzen ‖ ~ *al rojo
(vivo) rotglühend machen* ‖ **~se** *s. erhitzen, heiß
werden* ‖ *heiß-, warm|laufen* ‖ *brünstig werden*

(Tier) || ⟨vulg⟩ *geil werden* || ⟨fig⟩ *s. ereifern* || Am ⟨fig⟩ *zornig werden*
¹calentito adj dim von **caliente** || *schön warm* || ⟨figf⟩ *frisch, neu*
²calentito *m* And *(Art) Pfannkuchen* m
calentón *m:* coger un ~ ⟨vulg⟩ *geil werden* || darse un ~ *(fam) s. (bei e–m starken Feuer) schnell erwärmen*
calentorro adj ⟨vulg⟩ *geil, scharf*
¹calentura *f* ⟨Med⟩ *Fieber* n || Col *Cholera* f || Chi *Schwindsucht* f || PR *dreitägiges Wechselfieber* n || ⟨fig vulg⟩ *Geilheit* f || ⟨fig⟩ *Unruhe, Aufregung* f || ◇ cortar la ~ *das Fieber kupieren* || estar con ~, tener ~ *Fieber haben* || no me da frío ni ~ ⟨figf⟩ *das lässt mich kalt* || ~ de pollo (por comer gallina) ⟨figf⟩ *simuliertes Fieber* n || ~**s** *fpl* ⟨Med⟩ *Malaria* f
²calentura *f* Cu ⟨Bot⟩ *Curaçao-Seidenpflanze* f
calen|turiento, -turoso adj *fiebernd, fieberkrank* || ⟨fig⟩ *aufgeregt, nervös, kribblig* || Chi *schwindsüchtig* || ~**turón** *m* ⟨Med⟩ *kurzzeitiges, heftiges Fieber* n
caleño adj *kalkhaltig*
calepino *m* ⟨fig⟩ *Notizbuch* n || ⟨fig Sch⟩ *Spickzettel* m
caler vi impers [selten]: cale *es ziemt s.* || no cale *es ist nicht nötig*
¹calera *f* *Kalk(stein)bruch* m || *Kalkofen* m
²calera *f* *Schaluppe* f, *Fischkutter* m
cale|ría *f* *Kalkbrennerei* f || **–ro** adj *Kalk-* || ~ *m Kalkbrenner* m
¹calesa *f* *Kalesche* f
²calesa *f* Sal *Fleischmade* f
cale|sera *f (Art) andalusisches Lied* n || **–sero** *m Lohnkutscher* m || **–sín** *m leichter Einspänner* m || **–sita(s)** *f(pl)* Arg *Karussell* n
caleta *f kleine Bucht* f || PR *kurze, ins Meer mündende Straße* f
cale|to *m* ⟨pop⟩ *Trottel, Dummkopf* m || **–tre** *f* ⟨fam⟩ *Klugheit* f, *Verstand* m || ⟨fam⟩ *Köpfchen* n || ◆ de su ~ ⟨fam⟩ *aus s–m eigenen Kopf*
calibo *m* Ar *glühende Asche*
cali|bración *f*, **–brado** *m Eichung, Gradeinteilung* f || *Feineinstellung* f || *Kalibrierung* f || **–brador** *m (Kaliber)Lehre* f || *Reiß-, Streich|maß* n || ~ de alambres *Drahtlehre* f || ~ de ánima *Kaliberzylinder* m *(Waffen)* || ~ de corredera *Schieb-, Schub|lehre* f || ~ de espesores *Dickenlehre* f || ~ de ionización *Ionisierungslehre* f || ~ de profundidades *Tiefenlehre* f || **–braje** *m Kaliber(maß)* n || **–brar** vt *ausmessen, kalibrieren* || *eichen* || ⟨fig⟩ *abwägen* || **–bre** *m Kaliber* n, *(Seelen)Durchmesser* m *e–r Feuerwaffe* || ⟨Arch⟩ *Stärke* f *der Säulen* || *innere, lichte Weite* f *(e–r Röhre usw.)* || *Größe* f *der Kugeln* || ⟨fig⟩ *Art, Beschaffenheit* f || *Größe* f | *Tragweite* f | *Bedeutung* f || ~ para agujeros →~ macho || ~ de ajuste *Einstelllehre* f || ~ de alambre *Drahtlehre* f || ~ anular *Lehrring* m || ~ de bolas *Kugellehre* f || ~ de comparación *Vergleichs-, Normal|maß* n, *Vergleichs-, Normal|lehre* f || ~ de comprobación *Revisions-, Prüf|lehre* f || ~ de espesor *Dickenlehre* f || ~ de exteriores →~ hembra || ~ de graduación *Einstelllehre* f || ~ hembra *Rachenlehre* f || ~ de interiores →~ macho || ~ límite *Grenzlehre* f || ~ macho *Kaliber-, Lehr|dorn* m || ~ maestro, ~ normal →~ de comparación || ~ pasa *Gutlehre* f || ~ no pasa *Ausschusslehre* f || ~ prismático *Parallelendmaß* n || ~ de profundidad *Tiefenlehre* f || ~ de puntas *Stichmaß* n || ~ de tolerancia *Grenzlehre* f || ◇ ser de buen ~ ⟨fig⟩ *von Wert, von Wichtigkeit sein*
¹calicanto *m festgefügtes Mauerwerk* n

²calicanto *m* ⟨Bot⟩ *Gewürzstrauch* m (Calycanthus spp) || ~ de Florida *Erdbeerstrauch* m (C. floridus)
calicata *f* ⟨Bgb⟩ *Mutung, Schürfung* f || ~**s** *mpl* ⟨vulg⟩ *Arsch* m
calichar vt Ec *anzapfen* || ~**se** Ec *auslaufen (Flüssigkeit)*
cali|che *m Kalkabfall* m *(von Zimmerwänden)* || And *Sprung* m *(an e–m Topf)* || Chi *Caliche* m *(ungereinigter Salpeter)* || *Salpeterlager* n || Pe *Erdhaufe(n)* m || Col *steiniger Ort* m || Ec *Geschwür* n || **–chera** *f* Chi *Salpeterlager* n || **–choso** adj Col *steinig*
cali|cifloras *fpl* ⟨Bot⟩ *Kelchblumen* fpl || **–forme** adj ⟨Bot⟩ *kelchförmig* || **–nal** adj *(m/f)* ⟨Bot⟩ *zum Kelch gehörig*
calicó *m* ⟨Text⟩ *Kaliko* m *(Baumwollgewebe)*
calículo *m* ⟨Bot⟩ *Außen-, Hüll-, Neben|kelch* m || ⟨Zool⟩ *Nebenkelch* m
¹calidad *f Eigenschaft, Beschaffenheit, Qualität* f || ⟨fig⟩ *Wichtigkeit, Bedeutung* f || ~ de comerciante *Kaufmannseigenschaft* f || ~ corriente *gewöhnliche* od *normale Qualität* f || ~ de miembro individual *Einzelmitgliedschaft* f || ~ de socio *Mitgliedschaft* f || ◆ a ~ de que ... *unter der Bedingung, dass ...* || de ~ *Qualitäts-, gehaltvoll* || en ~ de ... *als ...* || una persona de ~ *e–e angesehene, vornehme Persönlichkeit* f || ◇ dineros son ~ *Geld regiert die Welt* || ~**es** *fpl Geistesgaben* fpl, *Talent* n, *Begabung* f
²calidad *f Zustand* m || *Stand, Rang* m
³calidad *f* → **calidez**
calidez *[pl* ~**ces]** *f Wärme* f || ⟨Med⟩ *Hitze* f
cálido adj *warm, heiß* || ⟨Mal⟩ *warmtönig, warm (Farbe, Tönung)*
calidoscopio *m Kaleidoskop* n
calienta|aguas *m Warmwasserbereiter* m || **–baños** *m Badeofen* m || **–braguetas** *f* → **–pollas** || **–camas** *m Bettwärmer* m || **–cerveza** *m Bierwärmer* m || **–piés** *m Fußwärmer* m || **–platos** *m Tellerwärmer* m || **–pollas** *f* ⟨vulg⟩ *Frau* f, *die nicht mehr als das Knutschen erlaubt* || **–puestos** *m/f* Col *unsteter Mensch* m, *der oft die Arbeitsstelle wechselt* || **–rremaches** *m Nietenwärmer* m || **–sillas** *m Hocker* m *(Person)*
caliente adj *(m/f) heiß* || *glühend* || *hitzig* || ⟨Mal⟩ *warmtönig* || ⟨fig⟩ *hitzig, heftig (Streit)* || ⟨fig⟩ *hitzig, erregt (Gemüt)* || ⟨fig pop⟩ *geil, scharf* || Col *tapfer* || ~ de cascos *(fig) hitzköpfig* || ◆ en ~ *sogleich, auf der Stelle, unverzüglich* || ◇ estar ~ ⟨fig⟩ *brünstig sein (Tier)* || ⟨pop⟩ *geschlechtlich erregt, geil sein* || ¡~! *heiß! (beim Raten)* || tener la cabeza ~ ⟨fig⟩ *beschwipst sein* || ⟨fig⟩ *erregt sein* || al hierro ~, *batir de repente* ⟨Spr⟩ *man muss das Eisen schmieden, solange es heiß ist*
cali|fa *m Kalif* m || **–fal** adj *(m/f) Kalifen-* || **–fato** *m Kalifat* n || *Zeitalter* n *der Kalifen*
califero adj *kalkhaltig*
califi|cable adj *(m/f) benennbar, qualifizierbar* || **–cación** *f Be|nennung, -zeichnung* f | *Qualifikation, Eignung* f *(e–s Mitarbeiters)* || *Note* f, *Zeugnis* n *(e–s Schülers, e–s Studenten)* || *Beiname* m || ~ de los hechos *(Jur) Würdigung* f *des Sachverhalts* || ~ de puestos de trabajo *Arbeitsplatzbewertung* f || **–cadamente** adv *auf geeignete Art* || *wohlverdient* || **–cado** adj *angesehen* | *befähigt, fähig* | *bewährt* | *qualifiziert* | *bedeutend* | *geeignet* | *ausgegeben, bezeichnet, geschult* || **–cador** *m/adj Beurteiler, Würdiger* m || ⟨Hist⟩ *Zensor* m *der Inquisition* || **–car** [c/qu] vt *benennen, kennzeichnen* | *qualifizieren* | *beurteilen, würdigen* | *erklären* (de *für)* || *verherrlichen* | *bezeichnen* (de *als)* || ~**se** ⟨fig⟩ *s. ausweisen, s. qualifizieren* (como *als)* ||

s–e Befähigung nachweisen (para für) ‖ s.
ausgeben, s. bezeichnen (de als) ‖ Adelsbeweise
beibringen ‖ –cativo adj bestimmend ‖
bezeichnend ‖ ~ m Beiname m
  Califor|nia f ⟨Geogr⟩ Kalifornien n ‖ ~ RPl
Pferderennen n ‖ PR e–e Goldmünze f (= 20
Pesos bzw 20 Dollar) ‖ ≃ni(an)o, califórnico adj
kalifornisch ‖ ~ m Kalifornier m
  californio m (Cf) ⟨Chem⟩ Californium n
  ¹**calígine** f Nebel m, Finsternis f
  ²**calígine** f schwüle Hitze f
  caliginoso adj nebelartig, finster, düster ‖
muffig
  cali|gra|fía f Schönschreibekunst, Kalligrafie f
‖ Schönschrift f ‖ –grafiar [pres ~ío] vt in
Schönschrift ausführen ‖ –gráfico adj
kalligrafisch
  calígrafo m Schönschreiber m
  caligrama m ⟨Lit⟩ Kalligramm n
  calilo adj Ar dumm, einfältig
  calill|a f ⟨Med⟩ Zäpfchen, Suppositorium n ‖
Chi lästiger Mensch m ‖ Am ⟨fam⟩
Widerwärtigkeit f ‖ Chi ⟨fam⟩ Schulden fpl ‖ –ar
vt Mex belästigen
  ¹**calima** f Netzkork m
  ²**calima** f ⟨Mar⟩ → calina
  calim|ba f Cu Brandeisen n ‖ –bar Cu Mex vt
brennen (Vieh) ‖ –bo m ⟨fig⟩ Kennzeichen n
  calimete m Dom Trinkhalm m
  calimocho m ⟨fam⟩ Getränk n aus Wein und
Cola
  calina f ⟨Mar⟩ dicker Nebel m ‖ Hitznebel m ‖
Dunst m
  calin|da, –ga f Cu ein Negertanz m
  calino adj kalk|artig, -haltig
  calinoso adj neb(e)lig ‖ dunstig
  Calíope f np ⟨Myth⟩ Kalliope f (Muse)
  calípedes m ⟨Zool⟩ Faultier n
  calipedia f Kallipädie f
  calipigia adj/s ⟨lit⟩ mit schönem Gesäß ‖ ~ f
Kallipygos f (Beiname m der Aphrodite)
  calipso m [Mus und Tanz] Calypso m
  caliptra f ⟨Bot⟩ Mooskapsel f ‖ ⟨Bot⟩
Wurzelhaube, Kalyptra f (Moos)
  caliqueño m ⟨vulg⟩ Bumserei f
  Calixto m np Kalixt m
  cáliz [pl ~ces] m Kelch, Becher m ‖ ⟨poet⟩
Glas, Trinkgefäß n ‖ ⟨Bot⟩ Blumenkelch m ‖
⟨Zool⟩ Kelch m ‖ ~ de amargura, ~ de dolor
⟨fig⟩ Leidens-, Schmerzens|kelch m ‖ ~ renal
⟨An⟩ Nierenbecher m ‖ ◇ ¡Padre mío, aparta de
mí este ~! Vater, lass diesen Kelch an mir
vorübergehen! ‖ apurar el ~ hasta las heces ⟨fig⟩
den Kelch (des Leidens) bis auf die Neige leeren
  cali|za f Kalkstein m ‖ ~ carbonífera
Kohlenkalkstein m ‖ ~ conquilífera Muschelkalk
m ‖ ~ coralina Korallenkalk m ‖ ~ dolomítica
Dolomitkalk m ‖ ~ jurásica Juraskalk m ‖ ~
lenta Dolomit m ‖ ~ liásica Liaskalk m ‖ ~
numulítica Nummulitenkalk m ‖ ~ oolítica
oolithischer Kalkstein m ‖ ~ pérmica
Zechsteinkalk m ‖ ~ primitiva Urkalk m ‖ ~
triásica Triaskalk m ‖ –zo adj kalkhaltig, Kalk-
  callacuece m And ⟨fam⟩ Duckmäuser m
  ¹**callada** f Schweigen, Stillsein n ‖ (Wind)Stille
f ‖ ◇ dar la ~ por respuesta ⟨fam⟩ mit
Stillschweigen antworten ‖ ◆ de ~, a las ~s
⟨fam⟩ heimlich
  ²**callada** f Kaldaunen-, Kuttelfleck|gericht n
  calla|dito adv ⟨fam⟩ → callandico ‖ ~ m Am
Tanz m ohne Gesangbegleitung ‖ –do adj
verschwiegen ‖ schweigend ‖ schweigsam ‖
heimlich handelnd ‖ adv: ~amente
  callahuaya m Bol Pe Straßenverkäufer m
(volksmedizinisches Mittel)

  callamba f Col Chi Ec → **callampa**
  ¹**callampa** f Chi Pilz m ‖ ⟨figf⟩ Filzhut m ‖ Chi
⟨fig⟩ großes Ohr n
  ²**callampa** f Elendsviertel n
  ¹**callana** f Am Schmelz-, Probier|tiegel m
  ²**callana** f Chi ⟨fig⟩ sehr große Taschenuhr f
  ³**callana** f Pe Scherbe f ‖ Chi Blumentopf m
  callan|dico, –d(it)o adv ⟨fam⟩ ganz leise, ohne
Lärm
  callanudo adj Chi unverschämt, frech
  callao m (Bach)Kiesel, Flusskiesel m ‖ Can
Kiesel-, Geröll|grund m
  callapo m And ⟨Bgb⟩ Grubenstempel m ‖ Pe
Tragbahre f ‖ Floß n
  callar vt verschweigen ‖ zum Schweigen
bringen ‖ mit Stillschweigen übergehen ‖
ver|heimlichen,
-hehlen ‖ ⟨Gr⟩ (e–n Buchstaben) auslassen ‖ ◇ ~
la boca, ~ el pico ⟨fam⟩ den Mund halten ‖ ~ un
secreto ein Geheimnis bewahren ‖ ¡calla esa boca!
schweig! ⟨vulg⟩ halt's Maul! ‖ ~ vi schweigen
(aufhören zu sprechen, zu spielen usw.) ‖ ⟨poet⟩
verstummen, aufhören (z. B. Sturm) ‖ mátalas
callando ⟨fam⟩ Duckmäuser m ‖ calla callando
⟨fam⟩ (klamm)heimlich, ganz im Stillen ‖ ¡calla!
a) mal ruhig! Moment mal! b) ach, da schau her!
‖ nanu! ach! ‖ ¡calla! ¡calla! nicht aufregen! ganz
ruhig bleiben! ‖ ¡calla y cuez! nicht abschweifen!
bleib bei d–r Arbeit! ‖ el ~ das Schweigen ‖ al
buen ~ llaman Sancho ⟨Spr⟩ Schweigen ist Gold
‖ ~ como un muerto wie das Grab schweigen ‖
¡comer y ~! ⟨fam⟩ wes Brot ich ess', des Lied ich
sing! ‖ quien calla, otorga ⟨Spr⟩ wer schweigt,
stimmt zu ‖ ~se (still)schweigen ‖ innehalten (im
Reden), aufhören zu schreien, zu weinen
  call-boy m Callboy m
  ¹**calle** f Straße f ‖ Baumgang m, Allee f ‖ ⟨Sp⟩
Bahn f ‖ ⟨fig⟩ Ausweg, Vorwand m ‖ ⟨fig⟩
Befähigung f ‖ Vasc altes (Stadt)Viertel n ‖ ~
abajo straßab ‖ ~ de acceso Zufahrtsstraße f ‖ ~
adoquinada gepflasterte Straße f ‖ ~ adyacente
Seiten-, Neben|straße f ‖ ~ animada belebte
Straße f ‖ ~ arbolada baumbestandene Straße,
Baumallee f ‖ ~ arriba straßauf ‖ ~ de atajo
Durchgangsstraße f ‖ ~ con baches holp(e)rige
Straße f ‖ ~ de casas (de vecindad) Wohnstraße f
‖ ~ cerrada Sackstraße f ‖ ~ cerrada al tráfico
Straße f ohne Durchgangsverkehr ‖ ~ ciega Ven
Sackstraße f ‖ ~ comercial Geschäfts-,
Laden|straße f ‖ ~ de circunvalación, ~ de
contorneo Umgehungsstraße f ‖ ~ desgastada
ausgefahrene Straße f ‖ ~ desigual holp(e)rige
Straße f ‖ ~ de dirección única ⟨StV⟩
Einbahnstraße f ‖ ~ elevada Hochstraße f ‖ ~
hita ⟨adv⟩ von Haus zu Haus od Straße zu Straße
‖ ~ lateral Seiten-, Neben|straße f ‖ ~ mayor
Hauptstraße f ‖ ~ de paso Durchgangsstraße f,
Ortsdurchfahrt f ‖ ~ de preferencia de paso
Vorfahrtsstraße, bevorrechtigte Straße f ‖ ~
principal Hauptstraße f ‖ ~ de prioridad → ~ de
preferencia de paso ‖ ~ pública öffentliche Straße
f ‖ ~ de salida Ausfallstraße f ‖ ~ de las Sierpes
e–e der lebhaftesten Straßen in Sevilla ‖ ~
subterránea unterirdische Straße, Unterpflaster-
Autostraße f ‖ ~ transversal Querstraße f ‖ ~
vecina Nebenstraße f ‖ ◇ abrir ~ ⟨figf⟩ Platz
machen, Bahn brechen ‖ alborotar la ~ ⟨figf⟩ viel
Lärm machen ‖ coger la ~ ⟨fam⟩ fort, -weg|gehen
‖ doblar la ~ um die Ecke biegen ‖ coger por una
~ in e–e Straße einbiegen, e–r Straße nach gehen
‖ dejar a uno en la ~ → echar a uno a la ~ ‖
echar algo a od en la ~ ⟨figf⟩ et. an die
Öffentlichkeit bringen, ⟨fam⟩ et. an die große
Glocke hängen ‖ ⟨fam⟩ et. ausposaunen ‖ echar
por la ~ de en medio ⟨figf⟩ rücksichtslos zu

Werk(e) gehen ‖ Mex *auf den Strich gehen* ‖ echar
a uno a la ~ ⟨figf⟩ *jdn vor die Tür setzen, jdn
hinauswerfen* ‖ *jdm kündigen* ‖ *jdn derb abweisen*
‖ echarse a la ~ ⟨fig⟩ *an die Öffentlichkeit treten*
‖ *s. empören* ‖ *auf den Strich gehen* ‖ estar al
cabo *od* al final de la ~ *die Angelegenheit
geregelt haben, die Lösung gefunden haben* ‖
hacer ~ → abrir ~ ‖ hacer la ~ *auf den Strich
gehen* ‖ llevar a alg. por la ~ de la amargura *jdm
Sorge bereiten* ‖ llevar(se) a alg. de ~ ⟨figf⟩ *über
jdn Herr werden, jdn besiegen* ‖ ⟨figf⟩ *jdn durch
triftige Gründe überzeugen* ‖ pasear (*od* rondar) la
~ a una mujer ⟨figf⟩ *e-r Frau den Hof machen* ‖
plantar *od* poner a uno en la ~ → echar a uno a
la ~ ‖ ponerse en la ~ ⟨fig⟩ *an die Öffentlichkeit
treten* ‖ quedar(se) en la ~ ⟨figf⟩ *auf der Straße
sitzen* ‖ sacar a la ~ ⟨figf⟩ *unter die Leute
bringen, öffentlich bekannt machen* ‖ salir a la ~
auf die Straße treten ‖ ⟨fig⟩ *auf die Straße gehen
(demonstrieren), auf die Barrikaden gehen* ‖
tomar la ~ ⟨fig⟩ *zur Gewalt greifen* ‖ ~s *fpl:*
movimiento de las ~ *Straßenverkehr* m ‖ ◇
azotar ~ ⟨figf⟩ *auf den Straßen herumlaufen* ‖ *s.
herumtreiben* ‖ coger las ~ *die Straßen sperren* ‖
ir desempedrando las ~ ⟨figf⟩ *wie rasend durch
die Straßen fahren od reiten*
   ²calle *f* ⟨Typ⟩ *Gasse* f, *Gießbach* m
   ¹calleja *f Gasse* f, *Gässchen* n
△ **²calleja** *f Flucht* f *e–s Verbrechers*
   calle|jear vi *auf den Straßen herumlaufen,
durch die Straßen bummeln* ‖ *s. herumtreiben* ‖
streunen ‖ **–jeo** *m Müßiggang* m ‖ *Straßenleben* n
‖ **–jero** adj *müßiggängerisch* ‖ *Straßen-, Gassen-*
~ *m Müßiggänger* m ‖ *Straßenplan* m
   callejo *m* ⟨Jagd⟩*Falle* f
   ¹callejón *m Gasse* f, *Gässchen* n ‖ *Sackgasse* f
‖ *Bergpass* m ‖ ⟨Taur⟩ *Gang* m *zwischen den
Schranken* ‖ ~ sin salida *Sackgasse* f ‖ ⟨fig⟩ *sehr
verwickeltes Geschäft* ‖ ⟨fig⟩ *missliche od fatale
od sehr schwierige Lage* f
   ²callejón *m* ⟨Typ⟩ *Gasse* f, *Gießbach* m
   callejuela *f* dim desp von **¹calleja** ‖ *enge
Gasse* f, *Quergäßchen* n ‖ ⟨figf⟩ *Aus|flucht, -rede*
f ‖ ◇ todo se sabe hasta lo de la ~ ⟨figf⟩ *die
Sonne bringt es an den Tag*
   call-girl *f Callgirl* n
   callicida *m Hühneraugenmittel* n
   callista *m/f Fußpfleger(in* f) m
   ¹callo *m Schwiele, Hautverdickung* f ‖
Hornhaut f ‖ *Hühnerauge* n ‖ ⟨Med⟩ *Kallus* m ‖
⟨fig⟩ *Gefühllosigkeit* f ‖ ◇ pisar un ~ a alg. *jdm
auf die Hühneraugen treten* ‖ ~s mpl *Kaldaunen*
fpl, *Kuttelflecke* mpl ‖ ◇ criar (*od* hacer, tener) ~
Schwielen bekommen, s. bei der Arbeit abhärten ‖
tener ~ en los oídos ⟨fig⟩ *kein Gehör haben,
unmusikalisch sein*
   ²callo *m* ⟨reg⟩ *Vogelscheuche* f, *sehr hässliche
Frau* f
   Callo np ⟨fam⟩ → **Carlos**
   callón adj *verschwiegen, schweigsam*
   ¹callonca adj/s *halb gebraten (Kastanie,
Eichel)*
   ²callonca *f* ⟨fam⟩ *mollige Frau* f *mit viel
Erfahrung*
   callo|sidad *f Hornhaut, Hautverdickung,
Schwiele* f ‖ *Schwieligkeit* f ‖ ~ isquiática ⟨Zool⟩
Gesäßschwiele f *(bei den Altweltaffen)* ‖ **–so** adj
schwielig, hornhäutig
   calma *f Wind-, Meeres|stille* f ‖ ⟨fig⟩ *Stille,
Ruhe* f ‖ ⟨fig⟩ *Geräuschlosigkeit* f ‖ ⟨fig⟩
Gemütsruhe f ‖ ⟨figf⟩ *Phlegma* n, *Gleichgültigkeit*
f ‖ ⟨fig⟩ *Stillstand* m, *Ruhe, Stockung* f ‖ ~
chicha, ~ muerta *vollständige Windstille* f *mit
drückender Hitze* ‖ ⟨fig⟩ *Trägheit* f, *Müßiggang* m
‖ ~ de los negocios *Geschäftsstille, Flaute* f ‖ ◇

conservar la ~ *die Ruhe bewahren* ‖ estar en ~,
quedar en ~ *still sein od bleiben* ‖ proceder con
~ *mit ruhiger Überlegung vorgehen* ‖ con toda ~
in aller (Gemüts)Ruhe, in aller Seelenruhe ‖ gran
~, señal de agua ⟨Spr⟩ *stille Wasser sind tief* ‖
¡tómalo con ~! *immer mit der Ruhe!*
   calmado adj Sal *schweißbedeckt, müde*
   cal|mante adj *(m/f) (schmerz)lindernd* ‖ ~ m
⟨Med⟩ *schmerzlinderndes Mittel* n ‖ **–mar** vt
beruhigen, stillen, lindern ‖ *besänftigen* ‖ ◇ ~ el
mercado *den Markt beruhigen,
marktberuhigenden Einfluss ausüben* ‖ ~ vi
abflauen (Wind) ‖ ~**se** *s. beruhigen* ‖ *abflauen
(Wind)* ‖ **–mo, –moso, –mudo** adj *still, ruhig* ‖
⟨figf⟩ *langsam, phlegmatisch*
   calmuco *m Kalmück* m
   calo *m* Sant *Lottiefe* f
   caló *m Sprache* f *der span. Zigeuner*
   calo|céfalo adj *schönköpfig* ‖ **–filo** adj ⟨Bot⟩
schönblätt(e)rig
   calo|friarse vr ⟨Med⟩ *Fieberschauer bzw
Schüttelfrost haben* ‖ **–frío(s)** *m(pl) Fieberschauer*
m ‖ *Schüttelfrost* m
   calofris *m* ⟨Ins⟩ *Brombeerzipfelfalter* m
(Callophrys rubi)
   calomel(ano) *m* ⟨Chem⟩ *Kalomel,
Quecksilberchlorid* n
   calón *m* ⟨Mar⟩ *Tieflot* n ‖ *runder, dicker Pfahl*
m
   calóptero adj *schönflüg(e)lig*
   calor *m* (pop & *f) Wärme, Hitze* f ‖ *Fieberhitze*
f ‖ ⟨fig⟩ *Eifer* m ‖ ⟨fig⟩ *Lebhaftigkeit* f ‖ ⟨fig⟩
Feuer n, *Glut* f ‖ ⟨fig⟩ *Hitze* f *des Gefechts* ‖ ⟨fig⟩
Herzlichkeit, Zärtlichkeit f ‖ ⟨fig⟩ *Inbrunst* f ‖ ~
animal *tierische Wärme* f ‖ ~ atómico
Atomwärme f ‖ ~ blanco *Weiß|glut, -glühhitze* f ‖
~ canicular *brütende Hitze* f ‖ ~ de combustión
Verbrennungswärme f ‖ ~ de composición
⟨Chem⟩ *Verbindungswärme* f ‖ ~ de la corriente
Stromwärme f ‖ ~ de disolución ⟨Chem⟩
Lösungswärme f ‖ ~ de escape *Abwärme* f ‖ ~
específico *spezifische Wärme* f ‖ ~ de estufa
Bruthitze f ‖ ~ de evaporación
Verdampfungswärme f ‖ ~ extremo *erdrückende,
erstickende Hitze* f ‖ ~ de formación ⟨Chem⟩
Bildungs-, Entstehungs|wärme f ‖ ~ de fraguado
Abbinde-, Erstarrungs|wärme f *(Zement)* ‖ ~ de
fricción, ~ de frotamiento *Reibungswärme* f ‖ ~
de fusión *Schmelzwärme* f ‖ ~ del hígado ⟨fam
Med⟩ *Leberfleck* m ‖ ~ interno ⟨Geol⟩ *Erdwärme*
f ‖ ~ de invernadero *Treibhaushitze* f ‖ ~ latente
Umwandlungswärme, latente Wärme f ‖ ~ natural
natürliche Körperwärme f ‖ ~ negro *elektrische
Heizung* f ‖ ~ perdido *Abwärme* f ‖ ~ radiante
strahlende Wärme f ‖ ~ rojo *Rotglut* f ‖ ~
sofocante *drückende, schwüle Hitze* f ‖ ~ solar
Sonnenwärme f ‖ ~ tropical *Tropenhitze* f ‖ ~
útil *verfügbare Wärme* f ‖ ~ vital *Lebenswärme* f
‖ ◆ con ~ ⟨fig⟩ *hitzig, eifrig* ‖ 30 grados de ~ *30
Grad Wärme* ‖ ◇ ahogarse *od* asarse *od* freírse de
~ ⟨fig⟩ *vor Hitze vergehen* ‖ coger ~ → *s. erhitzen,
Fieber bekommen* ‖ dar ~ a uno ⟨fig⟩ *jdn
beleben, aufmuntern* ‖ entrar en ~ ⟨fig⟩ *in Wärme
geraten, s. erwärmen (z. B. Kranke)* ‖ gastar el ~
natural *s. zu sehr anstrengen od einsetzen* ‖ hace
mucho ~ *es ist sehr heiß* ‖ meter en ~ ⟨fig⟩ *in
Eifer, in Hitze bringen* ‖ ⟨fig⟩ *anspornen* ‖ (jdn)
vermögen (zu) ‖ tomar ~ *in Wärme geraten* ‖
⟨fig⟩ *in Bewegung geraten* ‖ tomar con ~ ⟨fig⟩
(et.) mit Eifer unternehmen
   calorar vt Am *wärmen*
   caloría *f Kalorie* f *(physikalisch veraltet)* ‖ ~
gramo *Grammkalorie* f ‖ ~ grande *Kilokalorie* f ‖
~ media *mittlere Kalorie* f ‖ ~ pequeña *kleine
Kalorie* f

calorí|fero *m/adj Heiz|vorrichtung* f, *-körper, (Zimmer)Heizapparat* m ‖ *Fußwärmer* m ‖ **–fico** adj *wärmeerzeugend, kalorisch* ‖ **–fugo** adj *nicht wärmeleitend, wärmeisolierend*

calo|rimetría *f Wärme(mengen)messung* f ‖ **–rímetro** *m Kalorimeter* n

calorina *f* ⟨fam⟩ *Hitzewelle* f ‖ Murc → **calina**

calosfrío *m* → **calofrío**

caloso adj *fas(e)rig (Papier)*

calostro(s) *m(pl) Vormilch, Kolostralmilch* f, *Kolostrum* n ‖ ⟨Zool⟩ *Biestmilch* f *(Kuh)*

calota *f Kalotte, Kugelkappe* f

calote *m Arg Ur Betrug* m ‖ *Unterschlagung* f

calotear vt Arg ⟨pop⟩ *betrüben* ‖ *täuschen* ‖ *klauen, stiebitzen, atzeln, mitgehen lassen* od *heißen*

caloviense *m* ⟨Geol⟩ *Callovien, Callovium, Kelloway* n

caloyo *m neugeborenes Lämmchen* od *Zicklein* n ‖ Al Murc ⟨fig⟩ *Rekrut* m

Calpe *m Kalpe* m *(antike Bezeichnung für Gibraltar)*

calpián *m Hond Wächter* m

calpul *m Guat Versammlung* f

calta *f* ⟨Bot⟩ *Sumpfdotterblume* f (Caltha palustris)

caltrizas *fpl Ar Trage* f *(für Lasten)*

caluma *f Pe Andenschlucht* f

calum|barse vr Sant Ast *untertauchen* ‖ **–bo** *m* Sant Ast *Untertauchen* n

calumbre *m Brotschimmel* m

calumet *m [Friedenspfeife] Kalumet* n

calum|nia *f Verleumdung* f ‖ *falsche Anklage, Beschuldigung* f ‖ **–niador** adj *verleumderisch* ‖ ~ *m Verleumder* m ‖ **–niar** vt *verleumden* ‖ *falsch anklagen* ‖ **–nioso** adj/s *verleumderisch* ‖ adv: ~**amente**

caluro *m* ⟨V⟩ MAm *Quesal, Quetzal* m (Pharomachrus mocinno)

caluroso adj *heiß, hitzig* ‖ ⟨fig⟩ *lebhaft, herzlich* ‖ adv: ~**amente**

¹calva *f Glatze* f, *Glatz-, Kahl|kopf* m ‖ *kahle Stelle* f ‖ *Lichtung* f *im Wald* ‖ ~ *frontal Stirnglatze* f ‖ ~ *occipital Wirbelglatze* f

²calva *f* ⟨Art⟩ *Kinderspiel* n

calvados *m Calvados* m *(Apfelbranntwein)*

calvar vt ⟨fam⟩ *betrügen, prellen*

Calvario (Monte ~) *m* ⟨Rel⟩ *Kalvarienberg* m, *Golgatha* n, *Schädelstätte* f ‖ *Kreuzweg* m ‖ *Via Crucis* f, *(die) zwölf Leidensstationen* fpl *Christi* ‖ ~ *m Leidensweg* m, *Leiden* n ‖ ⟨figf⟩ *(markierte) Schulden* fpl

calvatrueno *m* ⟨fam⟩ *vollständige Glatze, Vollglatze* f, ⟨fam⟩ *Vollmond* m ‖ ⟨figf⟩ *unbesonnener Mensch, Faselhans* m

calve|rizo adj *mit vielen Lichtungen (Wald)* ‖ **–ro** *m Lichtung* f *(im Wald)* ‖ **–te** (iron) dim von **calvo**

cal|vicie, –vez [pl ~**ces**] *f Kahlheit* f ‖ *Kahlköpfigkeit* f

calvijar *m* → **calvero**

calvinis|mo *m* ⟨Rel⟩ *Kalvinismus* m ‖ **–ta** adj *(m/f) kalvinistisch* ‖ ~ *m/f Kalvinist(in* f) m

calvitar *m* → **calvero**

calvo adj *kahl(köpfig), haarlos* ‖ *fadenscheinig (Kleider)* ‖ *kahl (ohne Gras, Federn)* ‖ ◇ *quedarse* ~ *kahlköpfig werden* ‖ ¡dentro de cien años, todos ~! *in fünfzig Jahren ist alles vorbei!* ‖ ¡ni tanto ni tan ~! ⟨fam⟩ *nur k–e Übertreibung!* ‖ ~ *m Kahlkopf, kahlköpfiger Mensch* m

¹calza *f (Knie)Hose* f ‖ *(Stütz)Keil* m ‖ Sal *Radschiene* f ‖ ⟨Bgb⟩ *Hemmschuh* m ‖ ⟨Zim⟩ *Keil, Unterlegklotz* m ‖ ~ *polonesa Fußlappen* m ‖ ◇ *meter a alg. en una* ~ ⟨fam⟩ *jdn in die Enge treiben* ‖ ~**s** *fpl Hosen* fpl ‖ *Strümpfe* mpl ‖

enganliegende Kniehosen fpl ‖ ~ *calzón m längere Kniehosen* fpl ‖ ◇ *verse en* ~ *prietas* ⟨figf⟩ *s. in e–r argen Klemme befinden*

²calza *f Füllung,* [veraltet] *Plombe f (für den Zahn)*

calzada *f Fahr|bahn* f, ⟨reg⟩ *-damm* m ‖ [veraltet] *Chaussee* f ‖ *Steindamm* m *an e–m Fluss* ‖ ⟨Hist⟩ *Römerstraße* f ‖ Dom *Bürgersteig* m ‖ Cu *Freitreppe* f

¹calzadera *f Hanfschnur* f *der Bauernschuhe* ‖ ◇ *apretar las* ~**s** ⟨figf⟩ *Reißaus nehmen, abhauen*

²calzadera *f Wagenbremse* f *(an der Felge)*

calzado adj *weißfüßig (Pferde)* ‖ ⟨V⟩ *raufüßig* ‖ ⟨Tech⟩ *beschuht* ‖ ~ *m Schuh|werk, -zeug* n, *Schuhe, Stiefel* mpl ‖ ~ *clavado genageltes Schuhwerk* n ‖ ~ *cosido (durch)genähtes Schuhwerk* n ‖ ~ *de lujo Luxusschuhwerk* n ‖ ~ *de trabajo Arbeitsschuhe* mpl ‖ ~**s** *mpl Schuhwerk* n, *Schuhe und Stiefel* mpl

¹calzador *m Schuh|anzieher, -löffel* m ‖ ~ *de neumáticos* ⟨Auto⟩ *Reifenaufzieher* m, *Montiereisen* n ‖ ◇ *entrar con* ~ *sehr eng sein, drücken (Schuh)* ‖ ⟨fig⟩ *schwer durchzuführen(d)*

²calzador *m Arg Federhalter* m ‖ Bol *Bleistifthülle*

³calzador *m Arg Zahnstocherbüchschen* n

calza|dura *f Anziehen* n *der Schuhe* od *der Stiefel* ‖ *Radbeschlag* m ‖ **–miento** *m:* ~ *del cañón* ⟨Mil⟩ *Verankerung* f *des Geschützes* ‖ **–pié** *m Pedalhaken* m *(am Fahrrad)*

¹calzar [z/c] vt *anziehen (Schuhwerk)* ‖ *mit Schuhen* od *Strümpfen versehen* ‖ *(für jdn) arbeiten (Schuhmacher)* ‖ *anhaben, tragen (Schuhe, Handschuhe)* ‖ *durch e–e Unterlage verstärken* ‖ *mit Erde umgeben (Bäume)* ‖ *häufeln (Pflanzen)* ‖ *verstählen (Werkzeug)* ‖ *unter|keilen, -legen* ‖ *verkeilen, sichern (durch e–n Stützkeil)* ‖ *verkeilen (Rad)* ‖ *beschlagen (Rad)* ‖ ◇ ~ *el coturno* ⟨fig poet⟩ *hochtrabend reden bzw schreiben* ‖ ~ *las espuelas die Sporen anschnallen* ‖ ~ *el vehículo Keile unter das Fahrzeug legen* ‖ ~ vi/t *e–e bestimmte Schuhgröße haben* ‖ *ein bestimmtes Kaliber besitzen (Gewehr)* ‖ ◇ ~ *ancho* ⟨fig⟩ *ein lockeres Leben führen* ‖ ~ *el cuarenta y dos Schuhgröße 42 haben* ‖ ~ *poco* ⟨figf⟩ *wenig Befähigung haben* ‖ ~**se** *s. die Schuhe* od *Strümpfe anziehen* ‖ ⟨fig⟩ *et. erreichen* ‖ *s. versehen (con mit)* ‖ ◇ ~ *a alg.* ⟨figf⟩ *jdn beherrschen* ‖ ~ *a una mujer* ⟨vulg⟩ *e–e Frau vögeln* od *bumsen* ‖ *calzárselas al revés* ⟨fam⟩ *et. Verkehrtes tun* ‖ *calzárselos zu Recht geschimpft werden*

²calzar [z/c] vt *füllen,* [veraltet] *plombieren (Zahn)*

calzo *m Radschiene* f ‖ *Spanneisen* n ‖ ⟨Mar⟩ *Kielklampe, Stütze* f ‖ ⟨Arch⟩ *Unterleger, Zwickel* m ‖ ⟨Tech⟩ *Hemmschuh* m ‖ ~ *de coche Hemmkeil* m ‖ ~ *a* ~ ⟨Flugw⟩ *Klotz zu Klotz* m ‖ ~**s** *mpl* ⟨EB⟩ *Schienenlaschen* fpl

¹calzón *m augm von* **¹calza** ‖ *Kniehose* f (& pl) ‖ Pe *Unterhose* f *(Frauen)* ‖ ~ *de baño Badehose* f ‖ ~ *bombacho an e–r Seite offene Hosen* fpl ‖ *Knickerbocker* pl ‖ ~ *de montar Reithose* f ‖ ♦ *a* ~ *quitado* ⟨figf⟩ *unverschämterweise, ohne Rücksichtnahme* ‖ *calzones mpl:* hacérselo en los ~, cagarse en los ~ ⟨vulg⟩ *in die Hosen machen, in die Hosen scheißen* ‖ ponerse (*od* calzarse, tener) los ~ ⟨figf⟩ *das Regiment führen, die Hosen anhaben (Frau)* ‖ tener (bien puestos los) ~ ⟨figf⟩ *ein ganzer Mann sein*

²calzón *m Sicherungsseil* n *der Dachdecker*

³calzón *m* ⟨Kart⟩ *Tresillospiel* n

calzona *f Reithose* f

calzo|narias *fpl* Col *Hosenträger* m ‖ Col

Schlüpfer m ‖ **–nazos** m ⟨figf⟩ *nachgiebiger Mensch* m ‖ *Feigling* m ‖ ⟨fam⟩ *Pantoffelheld* m ‖ ⟨fam⟩ *Angsthase* m
  calzoncillo(s) *m(pl) Unterhose* f ‖ ◇ dejar a uno en ~ ⟨figf⟩ *jdn ganz ausziehen, jdn rupfen*
  calzoncitos *mpl* ⟨Bot⟩ Col *Hirtentäschelkraut* n (Capsella bursa-pastoris)
  calzone|ar vi Mex ⟨vulg⟩ *scheißen* ‖ **–ras** *fpl* Mex *(an den Seiten geknöpfte) Reithose* f
  calzonudo adj **a)** ⟨fam⟩ Mex *tapfer, mutig, unerschrocken* ‖ **b)** Arg Pe *kleinmütig, feig(e)*
  calzorras m ⟨figf⟩ → **calzonazos**
  Cam m np *Ham* m *(Bibel)*
  ¹cama f *Bett* n ‖ *Bett|statt, -stelle* f ‖ *Bettzeug* n ‖ *Betthimmel* m ‖ *Lager* n *(der Tiere)* ‖ *Strohlager* n, *Streu* f *(für das Vieh)* ‖ ⟨fig⟩ *Lage, Schicht* f ‖ ⟨fig⟩ *Boden* m *(e–s Wagens)* ‖ ⟨EB⟩ *Bett* n ‖ *Wurf* m *(e–r Hündin)* ‖ *(Garten)Beet* n ‖ ~ armario *Schrankbett* n ‖ ~ de campaña *Feldbett* n ‖ ~ de camping *Campingliege* f ‖ ~ con colgadura *Vorhangbett* n ‖ ~ dorada *Messingbett* n ‖ ~ con dosel *Himmelbett* n ‖ ~ elástica ⟨Sp⟩ *Sprungtuch* n ‖ ~ francesa *zusammenlegbares Bett* n ‖ ~ de galgos ⟨figf⟩ *elendes Bett* n ‖ ~ hidrostática ⟨Med⟩ *Wasserbett* n ‖ ~ de hierro *Eisenbett* n ‖ ~ con imperial *Himmelbett* n ‖ ~ elástica ⟨Ap⟩ *Sprungtuch* n ‖ ~ infantil *Kinderbett* n ‖ ~ de matrimonio *Ehe-, Doppel|bett* n ‖ ~ de monja *mittelgroßes Bett* n ‖ ~ ortopédica ⟨Med⟩ *Streckbett* n ‖ ~ plegable *Klappbett* n ‖ ~ de podencos ⟨figf⟩ *elendes Bett* n ‖ ~ redonda ⟨pop⟩ *Gruppensex* m ‖ ~ supletoria *zusätzliches Bett* n *(im Hotel)* ‖ ~ de tijera *Klapp-, Feld|bett* n ‖ ~ turca *Couch* f ‖ media ~ *einschläf(r)iges Bett* n ‖ ◇ apartar ~ *nicht beisammen schlafen (Eheleute)* ‖ caer en (la) ~ *bettlägerig werden* ‖ estar en ~, guardar (la) ~, hacer ~ *das Bett hüten* ‖ hacer la ~ *das Bett machen, aufbetten* ‖ ⟨Sp⟩ [Fußball] *(den Gegner) auflaufen lassen* ‖ ir a la ~ *zu Bett gehen* ‖ llevarse a la ~ ⟨pop⟩ *mit e–r Frau schlafen* ‖ meter en la ~ *zu Bett bringen* (z. B. *Kind*) ‖ morir en la ~ ⟨fig⟩ *e–s natürlichen Todes sterben* ‖ rehacer la ~ *das Bett aufschütteln* ‖ saltar de la ~ ⟨figf⟩ *aus dem Bett fahren* ‖ *frisch, munter aufstehen* ‖ según se hace uno la ~, así se acuesta ⟨Spr⟩ *wie man s. bettet, so schläft man* ‖ ~s *fpl:* ~ gemelas *Ehebetten* npl
  ²cama f *Gebissstange* f *(am Zaumzeug)*
  ³cama f ⟨Agr⟩ *Sterzbett* n *am Pflug* ‖ ~ del arado *Pflug|balken, -baum* m ‖ *Radfelge* f
  camachuelo m ⟨V⟩ *Gimpel, Dompfaff* m ‖ ~ carminoso *Karmingimpel* m (Carpodacus erythrinus) ‖ ~ común *Gimpel, Dompfaff* m (Pyrrhula pyrrhula) ‖ ~ picogrueso *Hakengimpel* m (Pinicola enucleator) ‖ ~ róseo *Rosengimpel* m (Carpodacus roseus) ‖ ~ trompetero *Wüstengimpel* m (Rhodopechus githaginea)
  camada f ⟨Jgd⟩ *Wurf* m *junger Tiere (Hunde, Wölfe, Kaninchen usw.)* ‖ *Brut* f, *Nestvoll* n ‖ ⟨Tech⟩ *Schicht, Lage* f ‖ ⟨fam⟩ *(Räuber)Bande* f ‖ *Seilschaft* f *(im desp. Sinn)* ‖ ◇ son lobos de una misma ~ *sie sind alle von e–m Schlag*
  camafeo m *Kamee, Gemme* f ‖ ⟨Mal⟩ *Kameenbild* n
  camagua f adj MAm *heranreifend (Mais)* ‖ ~ f Cu *ein kubanischer Baum, dessen Früchte als Viehfutter dienen* (Wallenia laurifolia)
  camagüe adj Guat → **camagua**
  camagüeyano adj/s *aus Camagüey* (Cu) ‖ *auf Camagüey bezüglich*
  camaina m Ven *Teufel* m
  camaján adj Mex *schlau, listig*
  ¹camal m *Strickhalfter* m
  ²camal m Ar *dicker Ast* m
  ³camal m Pe *Schlachthaus* n

  ca|máldula f ⟨Kath⟩ *Kamaldulenserorden* m ‖ **–maldulense** m *Kamaldulenser* m
  cama|león m ⟨Zool⟩ *Chamäleon* n (Chamaeleo spp) ‖ ⟨fig⟩ *wankelmütiger Mensch* m ‖ ⟨fig Pol⟩ *Opportunist, Wendehals* m ‖ Arg Bol Cu ⟨Zool⟩ *(Art) Anolis* m *(e–e Echsengattung)* ‖ Bol ⟨Zool⟩ *Leguan* m ‖ PR ⟨V⟩ *Buntfalke* m (Falco sparverius) ‖ ♦ como el ~ que se muda de colores do se pon ⟨figf⟩ *heuchlerisch, gleisnerisch* ‖ **–leónico** adj ⟨fig⟩ *sehr wankelmütig* ‖ ⟨fig Pol⟩ *opportunistisch* ‖ **–leónidos** *mpl* ⟨Zool⟩ *Chamäleons* npl (Chamaeleonidae)
  camalo m ⟨Mar⟩ *Saumtier* n
  camalote m Am *Kamelottgras* n
  camama f ⟨fam⟩ *Prellen, Foppen* f ‖ *Lug und Trug* m ‖ *Spott, Hohn* m
  camamance m MAm *Grübchen* n *in der Wange*
  camamila f ⟨Bot⟩ → **camomila**
  camanchaca f Chi Pe *dichter Nebel* m
  camándula f *Schlau-, Gerissen|heit* f ‖ ◇ tener muchas ~s ⟨figf⟩ *voller Schliche und Kniffe sein,* ⟨fam⟩ *es faustdick hinter den Ohren haben*
  camandulero adj *scheinheilig* ‖ ~ m *Scheinheiliger, Heuchler* m ‖ *Lügner* m
  ¹cámara f *Zimmer, Gemach* n, *Kammer, Stube* f ‖ *Saal* m ‖ ⟨Bot⟩ *Fruchthülle* f ‖ ~ acorazada *Panzerkasse, Stahlkammer* f, *Tresor* m ‖ ~ ardiente *Sterbezimmer* n *mit erleuchtetem Katafalk* ‖ ~ de burbuja ⟨Atom⟩ *Blasenkammer* f ‖ ~ de combustión *Verbrennungsraum* m ‖ ~ de ejecución *Hinrichtungsraum* m ‖ *Todeszelle* f ‖ ~ de esclusa *Schleusenkammer* f ‖ ~ frigorífica *Kühlraum* m ‖ ~ de fuego *Feuerkammer* f *(Lokomotive)* ‖ ~ de gas *Gaskammer* f ‖ ~ de horror *Gruselkabinett* n ‖ ~ de humo *Rauchkammer* f *(Lokomotive)* ‖ ~ de los instrumentos ⟨Flugw Mar⟩ *Navigationsraum* m ‖ ~ de ionización *Ionisationskammer* f ‖ ~ mortuaria *Sterbezimmer* n *mit erleuchtetem Katafalk* ‖ ~ de niebla ⟨Atom⟩ *Nebelkammer* f ‖ ~ nupcial ⟨Ins⟩ *Hochzeitskammer* f ‖ ~ de oficiales ⟨Mil⟩ *Offiziers|messe* f, *-kasino* n ‖ ~ de oxígeno ⟨Med⟩ *Sauerstoffzelt* n ‖ ~ del polen ⟨Bot⟩ *Pollenkammer* f ‖ ~ de pólvora ⟨Mar⟩ *Pulver-, Munitions|kammer* f ‖ ~ de rayos catódicos *Kathodenstrahlkammer* f ‖ ~ de refrigeración *Kühlraum* m ‖ ~ de seguridad *Stahlkammer* f *(Bank)* ‖ ~ sorda *reflexionsfreier Raum* m ‖ ~ de tormentos *Folterkammer* f ‖ ~ de turbulencia *Wirbelkammer* f *(Motor)*
  ²cámara f ⟨Film Fot Opt TV⟩ *Kamera* f ‖ ~ adaptable *Aufsetzkamera* f ‖ ~ aérea *Luftbildkamera* f ‖ ~ ampliadora *Vergrößerungsapparat* m ‖ ~ cinematográfica *Filmkamera* f ‖ ~ clara ⟨Opt⟩ *Camera* f *lucida* ‖ ~ de espejo (reflector) *Spiegelreflexkamera* f ‖ ~ estereoscópica *Stereo(skop)kamera* f ‖ ~ de fuelle *Klappkamera* f ‖ ~ lenta *Zeit|dehnerkamera, -lupe* f ‖ ~ lúcida ⟨Opt⟩ *Camera* f *lucida* ‖ ~ métrica *Messkammer* f ‖ ~ oscura ⟨Opt⟩ *Camera* f *obscura* ‖ ~ panorámica *Panoramakamera* f ‖ ~ plegable *Klappkamera* f ‖ ~ portátil *Handkamera* f ‖ ~ reflex *Spiegelreflexkamera* f ‖ ~ sincrónica *Synchronkamera* f ‖ ~ submarina *Unterwasserkamera* f ‖ ~ de trípode *Stativkamera* f ‖ ♦ a ~ lenta *in Zeitlupe*
  ³cámara f ⟨Parl Pol Com⟩ *Haus* n, *Kammer* f ‖ *gesetzgebende Kammer* f ‖ ~ alta *zweite Kammer* f (z. B. *Senat, Bundesrat, Oberhaus*) ‖ ~ baja *erste Kammer* f (z. B. *Kongress, Bundestag, Unterhaus*) ‖ ~ de comercio *Handelskammer* f ‖ ~ de Comercio e Industria *Industrie- und Handelskammer* f ‖ ~ de Comercio Internacional *Internationale Handelskammer* f ‖ ~ de los

Comunes *britisches Unterhaus* n ‖ ~ *corporativa Ständekammer* f ‖ ~ *de depuración,* ~ *de desnazificación,* ~ *de desnacificación* ⟨Hist⟩ *Spruchkammer* f ‖ ~ *de diputados Abgeordneten\haus* n, *-kammer* f ‖ ~ *de los Lores britisches Oberhaus* n ‖ ~ *de representantes Abgeordneten\haus* n, *-kammer* f ‖ ~ *única einzige Kammer* f
⁴cámara f ⟨An⟩ *Kammer, Höhle* f ‖ ~ *del corazón Herzkammer* f ‖ ~ *del ojo Augenkammer* f
⁵cámara f *Stuhlgang* m ‖ *Durchfall* m ‖ ◇ hacer ~ *zu Stuhl gehen* ‖ ~s *fpl Stuhlgang* m ‖ *Durchfall* m ‖ ◇ *irse de* ~ *unwillkürlichen Stuhlgang haben* ‖ *padecer* ~ *Durchfall haben, an Durchfall leiden* ‖ *tener* ~ *en la lengua* ⟨figf⟩ *alles ausplaudern, den Mund nicht halten können*
¡camará! ⟨pop⟩ → **¡caramba!**
cama\rada m *Kamerad, Gefährte* m ‖ *Genosse* m ‖ *Schulfreund* m ‖ *Amtsgenosse* m ‖ ~ *de correrías* ⟨fam⟩ *Bummelgenosse, Mitbummler* m ‖ ~ *de estudios Studienfreund* m ‖ ~ *de la infancia Jugendfreund* m ‖ ~ *del partido Parteigenosse* m ‖ **–radería** f *Kameradschaft* f
camaranchón m ⟨desp⟩ *Rumpelkammer* f *auf dem Dachboden* ‖ *Dach-, Hänge\boden* m ‖ ⟨fig⟩ *versteckter Winkel* m
camarera f *Kellnerin* f ‖ *Stubenmädchen* n ‖ ⟨Mar⟩ *Stewardess* f ‖ *Hofdame* f ‖ *Kammer\zofe, -frau* f ‖ ~ *mayor erste Hofdame* f ‖ **–rero** m *Kellner* m ‖ *Kammerdiener* m ‖ ⟨Mar⟩ *Steward* m ‖ *Kammerherr* m ‖ *(päpstlicher) Kämmerer* m ‖ ~ *de cubierta* ⟨Mar⟩ *Decksteward* m
camarí [pl **–íes**] m *Ec* → **regalo**
camarico m *Chi* ⟨fig⟩ *Lieblingsort* m ‖ *Chi* ⟨figf⟩ *Liebelei* f ‖ ⟨Hist⟩ *Tribut* m, *den die Indianer erst den Priestern und später den Spaniern zahlten*
camariento adj *an Durchfall leidend*
camari\lla f ⟨fig⟩ *Kamarilla, Hofpartei* f ‖ ⟨fig⟩ *Clique* f ‖ ⟨fig⟩ *Hofschranzenturm* n, *Intrige* f ‖ **–llesco** adj ⟨desp⟩ *auf e–e Kamarilla bezüglich*
camarín m *dim von* **cámara** ‖ ⟨Th⟩ *Garderobe* f *der Schauspieler* ‖ *Ankleidezimmer* n ‖ *Privatbüro* n *(in e–m Bürohaus)* ‖ *Fahrstuhlkabine* f ‖ *Altarkapelle* f *hinter dem Altar* ‖ *Heiligen\schrein, -nische* m *hinter dem Altar*
camarina m ⟨Bot⟩ *Krähen-, Rausch\beere* f *(Empetrum nigrum)*
camarista m/f *Mex Kellner(in* f) m
camarita f *Ven steifer Hut,* ⟨fam⟩ *Melone* f
camarlengo m *Camerlengo, (päpstlicher) Kardinalkämmerling* m
¹camarón m ⟨Zool⟩ *Ostseegarnele* f (Leander adspersus) ‖ ◇ *al* ~ *que se duerme se lo lleva la corriente* ⟨Spr⟩ *wer rastet, der rostet*
²camarón m *MAm Trinkgeld* m ‖ *Col Pan Gelegenheitskauf* m, *Schnäppchen* n ‖ *gutes Geschäft* n
³camarón m *Pe Opportunist, Wendehals* m
¹camaronero m *Garnelenfangschiff* n
²camaronero m *Pe (Art) Eisvogel* m
camarote m ⟨Mar⟩ *Kajüte, Kabine, Schlafkoje* f ‖ ~ *de cubierta Deckskajüte* f ‖ ~ *de lujo Luxuskabine* f
camarotero m *Am* ⟨Mar⟩ *Steward* m
camarroya f ⟨Bot⟩ *wilde Zichorie* f
camarú [pl ~**úes**] m ⟨Bot⟩ *Arg Ur Schein-, Süd\buche* f (Nothofagus sp)
camasquince adj ⟨fam⟩ *zudringlich* ‖ *vorlaut, naseweis*
camas\tra f *Chi Tücke* f ‖ **–tro** m ⟨desp⟩ *elendes Bett* n ‖ **–trón** adj *gerissen* ‖ *hinterlistig* ‖ ~ m *hinterlistiger Mensch* m ‖ *gerissenes Luder* n

‖ ⟨fam⟩ *lockerer Vogel* m ‖ **–tronería** f *Gerissenheit* f
camatón m *Ar kleines Holzbündel* n
camaya f *Ven Korb* m
¹camba f *Gebissstange* f *(am Zaumzeug)*
²camba f *Ast Sal Sant Radfelge* f ‖ ~s *fpl Zwickel* m *am Mantel*
cambado adj *RPl sichelbeinig*
cambala\che m ⟨fam⟩ *Tausch, Kuhhandel, Schacher* m ‖ *Arg Trödlergeschäft* n ‖ **–ch(e)ar** vt/i ⟨fam⟩ *(ver)schachern* ‖ **–chero** m/adj ⟨fam⟩ *Trödler* m ‖ *Schacherer* m
cambalada f *And schwankender Gang* m *(e–s Betrunkenen)*
cambam\ba f *Col Streit, Zank* m ‖ *Streich* m ‖ **–bero** adj *Col unüberlegt, leichtsinnig*
cambar vt *Arg Ven biegen, krümmen*
cámbaro m ⟨Zool⟩ *Strandkrabbe* f (Carcinus maenas) ‖ ~ *mazorgano Samtkrabbe* f (Portunus puber)
¹cambera f ⟨Fi⟩ *kleines Fangnetz* n *(für Krebstiere)*
²cambera f *Sant Karrenweg* m
cambia\ble adj *(m/f) auswechselbar* ‖ *austauschbar* ‖ **–correa(s)** m *Riemenausrücker* m ‖ **–da** f [Reitkunst] *Wechsel* m *(der Gangart)* ‖ ⟨Mar⟩ *Kursänderung* f ‖ **–diapositivas** m *Dia(positiv)wechsler* m ‖ **–discos** *Plattenwechsler* m ‖ **–dor** m *Aus-, Um\tauscher* m ‖ *Mex* ⟨EB⟩ *Weichen\steller, -wärter* m ‖ ~ *de calor Wärmeaustauscher* m ‖ ~ *de iones* ⟨Chem⟩ *Ionenaustauscher* m ‖ **–dora** f *Arg* ⟨EB⟩ *Rangierlokomotive* f ‖ **–lanzaderas** m ⟨Text⟩ *Schützenwechsler* m
cambiante adj *(m/f) schillernd, chan\geant, -gierend* ‖ *wechselnd* ‖ ~ m ⟨Text⟩ *Changeant* m ‖ *Changieren* n ‖ ~s *mpl Farbenschillern* n *(der Stoffe)*
cambia\objetivos m *Objektivwechsler* m ‖ **–oculares** m *Okularwechsler* m
cambiar vt *aus-, um-, ver\tauschen* ‖ *umsetzen, wechseln* ‖ *ersetzen* ‖ *(ver)ändern, ab-, um\ändern* ‖ *verwandeln, umgestalten* ‖ ⟨Mar⟩ *wenden* ‖ *verstellen (Stimme)* ‖ *trockenlegen (Kind)* ‖ *einwechseln, umtauschen (Geld)* ‖ *umrechnen* ‖ *schalten (Getriebe)* ‖ ⟨Tech⟩ *auswechseln* ‖ ⟨Tel⟩ *verschränken, übergreifen* ‖ ◇ ~ *con (od por) vertauschen, auswechseln* ‖ ~ *las agujas* ⟨EB⟩ *die Weichen stellen* ‖ ~ *el aspecto das Aussehen verändern* ‖ ~ *dinero Geld wechseln* ‖ ~ *el domicilio die Wohnung wechseln, umziehen* ‖ ~ *impresiones s. aussprechen* (con *mit*), *Meinungen austauschen* ‖ ~ *unas palabras einige Worte wechseln* ‖ ~ *la peseta* ⟨figf⟩ *s. erbrechen (bei Seekrankheit),* ⟨fam⟩ *die Fische füttern* ‖ ~ *el rumbo* ⟨Mar⟩ *ab\drehen, -biegen, wenden, den Kurs ändern* ‖ ~ *saludos Grüße austauschen* ‖ ~ *el sitio con alg. mit jdm den Platz tauschen* ‖ ~ *el vestido s. umziehen* ‖ ~ vi *wechseln* ‖ *um\schlagen, -springen, s. drehen (Wind)* ‖ *s. verändern* ‖ [Reitkunst] *wechseln (Hand beim Galopp)* ‖ ~ *de aspecto das Aussehen ändern* ‖ ~ *de bordo* ⟨Mar⟩ *wenden* ‖ ~ *de color s. verfärben* ‖ ~ *de conducta sein Verhalten od Benehmen ändern* ‖ ~ *de conversación,* ⟨pop⟩ ~ *de disco dem Gespräch e–e Wendung geben,* ⟨pop⟩ *e–e andere Platte auflegen* ‖ ~ *de estado s–n (Zivil)Stand ändern* ‖ ~ *de frente* ⟨Mar⟩ *nach der Seite abschwenken* ‖ ~ *de lugar um-, ver\stellen* ‖ ~ *de marcha,* ~ *de velocidad (Aut) schalten, den Gang wechseln* ‖ ~ *de objetivo das Ziel wechseln* ‖ ~ *de repente umschlagen (Wetter)* ‖ ~ *de residencia s–n Wohnort wechseln* ‖ ~ *de sentido die Richtung ändern* ‖ ~ *súbitamente umschlagen (Wetter)* ‖ ~ *de trabajo die Arbeitsstelle wechseln*

‖ ~ de tren *umsteigen* ‖ ~ de velocidad
→ ~ de marcha ‖ ~**se** *s–e Meinung ändern* ‖
⟨Mar⟩ *umspringen (Wind)* ‖ Am *aus-, um|ziehen*
  cambiavía *m* Cu Mex ⟨EB⟩ *Weichensteller* m ‖
Cu PR ⟨EB⟩ *Weiche* f
  cambiazo *m* augm von **cambio** ‖ Mex *Betrug*
m ‖ ◇ dar el ~ *(et.) betrügerisch umtauschen* ‖
(jdn) prellen ‖ ⟨fam⟩ *(jdm) Sand in die Augen
streuen*
  cambija *f Wasserturm* m
  cambio *m (Um)Tausch* m ‖ *Austausch* m ‖
Geldwechsel m ‖ *Wechselstube* f ‖ *Klein-,
Wechsel|geld* n ‖ *Diskont* m, *Wechselgebühr* f ‖
Aufgeld, Agio n ‖ *(Geld)Kurs, Wechselkurs* m,
Valuta f ‖ *Ver|änderung, -setzung* f ‖
Wandelbarkeit f ‖ *Wandel* m ‖ ⟨El⟩ *Umschaltung* f
‖ *Schaltung* f ‖ ⟨Tech⟩ *Umsteuerung* f ‖ ⟨Tech⟩
Aus|tausch m, *-wechslung* f ‖ ⟨Mil⟩ *Wendung* f ‖
⟨EB⟩ *Weichenwechsel* m ‖ ~ de abertura [Börse]
Eröffnungskurs m ‖ ~ de aceite *Ölwechsel* m ‖ ~
de agujas ⟨EB⟩ *Weiche* f ‖ ~ de ambiente *Wechsel
der Umgebung,* ⟨figf⟩ *Tapetenwechsel* m ‖ ~ de
barras ⟨Tech⟩ *Stabvertauschung* f ‖ ~ brusco de
temperatura *starker Temperaturwechsel* m ‖ ~ de
cierre *Schlusskurs* m *(Börse)* ‖ ~ de clima
Klimawechsel m ‖ ~ de color *Farbwechsel* m ‖
Verfärbung f *(& Gesicht)* ‖ ~ de colores
Farb(en)|änderung, -wandlung f, *-wechsel* m ‖ ~
de conversión *Umrechnungskurs* m ‖ ~ de la
corriente *Änderung* f *der Stromrichtung* f ‖ ~ de
demanda ⟨Jur⟩ *Klageänderung* f ‖ ~ del día
Tageskurs m *(Geldwechsel)* ‖ ~ de dirección
Adressenänderung f ‖ ⟨StV⟩ *Richtungsänderung* f
‖ ~ de dirección de marcha
Fahrtrichtungswechsel m ‖ ~ de domicilio ⟨Jur⟩
Wohnungswechsel m ‖ *Geschäftsverlegung* f ‖ ~
de empleo *Arbeitsplatzwechsel* m ‖ ~ de
engranaje ⟨Tech⟩ *Eingriffsverschiebung* f ‖ ~ de
escena ⟨Th⟩ *Szenenwechsel* m *(& fig)* ‖ ~ de
estatuto ⟨Jur⟩ *Statuten|änderung* f, *-wechsel* m ‖
~ de estructura *Strukturwandel* m ‖ ~ exterior
Auslandskurs m *(Geldwechsel)* ‖ ~ fijo *fester
Kurs* m *(Geldwechsel)* ‖ ~ fonético ⟨Ling⟩
Lautwandel m ‖ ~ de formación ⟨Mil⟩
Formveränderung f ‖ ~ de frente (Mil)
Frontenwechsel m *(& fig)* ‖ ~ de gobierno
Regierungswechsel m ‖ ~ de hielo y deshielo
Frost-Tau-Wechsel m, *Gefrier- und Auftau|folge* f
‖ ~ de ideas *Gedankenaustausch* m ‖ ~ libre,
libre ~ *Freihandel* m ‖ ~ de lugar
Platz|änderung f, *-wechsel* m ‖ ~ de marcha(s)
⟨Auto⟩ *Umschaltung* f, *Gangwechsel* m ‖ *Schalt-,
Wechsel|getriebe* n ‖ ~ de marcha sincronizado
⟨Auto⟩ *Synchrongetriebe* n ‖ ~ menudo *Kleingeld*
n ‖ ~ de moneda *Geldwechsel* m ‖ ~ morfológico
⟨Geol⟩ *Formveränderung* f ‖ ~ de nombre ⟨Jur⟩
Namensänderung f ‖ ~ de notas ⟨Pol⟩
Noten|wechsel, -austausch m ‖ ~ oficial
amtlicher od *offizieller Kurs (Geldwechsel)* ‖ ~
de opinión *Meinungsänderung* f ‖ ~ de pabellón
Flaggenwechsel m ‖ ~ a la par, ~ paritario
Parikurs m *(Geldwechsel)* ‖ ~ de pendiente
Gefällewechsel m ‖ ~ de posición ⟨Mil⟩
Stellungswechsel m ‖ ~ de profesión
Berufswechsel m ‖ ~ radical *Wendepunkt* m,
einschneidende Änderung f ‖ ~ de rango
Rangänderung f ‖ ~ rasante ⟨StV⟩ *Kuppe* f ‖
Querrinne, Unebenheit f ‖ ~ de razón social
Firmenänderung f ‖ ~ de ruedas ⟨Auto⟩
Reifenwechsel m ‖ ~ de señas *Adressenänderung*
f ‖ ~ de sentido (de marcha) *Richtungsänderung* f
‖ ~ de signo *Tendenz-, Trend|wende* f ‖ ~ de
signo de la coyuntura ⟨Wir⟩
Konjunkturumschwung m ‖ ~ de sitio
Platzänderung f ‖ ~ de situación *Umschwung* m

der Lage ‖ ~ de soberanía *Wechsel* m *der
Staatszugehörigkeit* f ‖ ~ de temperatura
Temperaturwechsel m ‖ ~ de tendencia ⟨Wir⟩
Umschwung m, *Wende* f ‖ ~ territorial
Gebietsänderung f ‖ ~ de tiempo *Witterungs-,
Wetter|umschlag* m ‖ ~ de tren *Umsteigen* n ‖ ~
de vagón ⟨EB⟩ *Waggonwechsel* m ‖ ~ variable
veränderlicher Kurs m ‖ ~ de velocidad(es)
⟨Auto⟩ *Geschwindigkeitswechsel* m ‖ → ~ de
marcha ‖ ~ de vía ⟨EB⟩ *Weiche* f ‖ ~ de la vocal
⟨Gr⟩ *Vokalwechsel* m ‖ *Um-, Ab|laut* m ‖ ~
volumétrico, ~ de volumen *Volumen|änderung* f,
-wechsel m ‖ ~ de voz *Stimm|bruch, -wechsel* m ‖
♦ a las primeras de ~ ⟨fig⟩ *auf den ersten Blick* ‖
am Anfang, zuerst ‖ a ~ de … *gegen, für* … ‖ a
~ de esto *hingegen* ‖ en ~ *statt dessen, dafür* ‖
da-, hin|gegen ‖ ◇ dar el ~ *das Wechselgeld
geben* ‖ dar en ~ *in Tausch geben* ‖ ganar al ~
am Kurs gewinnen ‖ hay ~ *man muss umsteigen* ‖
hacer un ~ *et. umtauschen* ‖ ~**s** *mpl* ~
diferenciales *differenzierte Kurse* mpl ‖ ~ firmes
feste Kurse mpl ‖ ~ múltiples *mehrfache
Wechselkurse* mpl
  ¹cambista *m/f (Geld)Wechsler(in* f) m ‖
Bankier m
  ²cambista *m/f* Arg *Weichensteller(in* f) m
  cambium *m (Bot) Kambium* n
  cambizo *m* Sal ⟨Agr⟩ *Schaft* m *e–s
Dreschflegels*
  cambocho adj Ven *sichelbeinig*
  Cambo|ya *m* ⟨Geogr⟩ (hoy **Kampuchea**)
Kambodscha n (heute *Kamputschea*) ‖
–yano adj *kambodschanisch* ‖ ~ *m
Kambodschaner* m
  cambray *m* ⟨Text⟩ *Kambrik* m, *Kammertuch* n
  cambriano adj ⟨Geol⟩ *Kambrium-* ‖ ~ *m
Kambrium* n
  cámbrico adj → **cambriano**
  cambrillón *m (Schuh)Einlage* f
  cambrón *m (Bot) Bocksdorn* m
(Lycium europaeum) ‖ *Kreuzdorn* m
(Rhamnus spp)
  cambro|nal *m Bocks-* bzw *Kreuz|dorngebüsch*
n ‖ **–nera** *f* → **cambrón**
  cambrones *m* ⟨Bot⟩ *Christdorn* m (Paliurus
spina-christi)
  cambrún *m* Col ⟨Text⟩ *(Art) Wollstoff* m
  ¹cambucha *f* Ast *Radfelge* f
  ²cambucha *f kleiner Kinderdrachen* m
  ¹cambucho *m Papierkorb* m ‖ *Wäschekorb* m ‖
Papierdrachen m ‖ Chi *(Papier)Tüte* f
  ²cambucho *m elende Bude* f
  ³cambucho *m Strohhülle* f *(für Flaschen)*
  cambueca adj Ur *krummbeinig*
  cambujo *m/adj* Mex *Sohn* m *e–s Zambaigo
und e–r China* od *umgekehrt* ‖ Mex
*schwarz|häutig und
-gefiedert (Geflügel)*
  cambulera *f* Col *Gefängnis* n
  ¹cambullón *m* Chi Pe ⟨Pol⟩ *Manipulation* f,
unsaubere Machenschaft f
  ²cambullón *m* Col Mex *Schacher* m ‖
Trödelgeschäft n
  ¹cambur *m* ⟨Bot⟩ *(Art) Banane* f (Musa
sapientum)
  ²cambur *m* Ven *staatlich Bedienstete(r)* m
  cambu|ta *f* Col *Buhmann, Popanz,
Kinderschreck* m ‖ **–te** *m*, **–tera** *f* ⟨Bot⟩ Cu
Sternwinde f (Quamoclit spp) ‖ **–to** adj Pe *klein,
untersetzt*
  camedrio *m* ⟨Bot⟩ *Gamander* m (Teucrium)
  camedrita *m Gamanderwein* m
  camelar vt/i *schmeicheln, (den Frauen) den
Hof machen* ‖ *umschmeicheln* (acc), ⟨fam⟩
einfangen, ⟨pop⟩ *einseifen, (jdm) um den Bart*

gehen ‖ *foppen, necken* ‖ ⟨fam⟩ *schmeichelnd hintergehen*

camelia *f* ⟨Bot⟩ *Kamelie* f (Camellia japonica) ‖ Cu *Klatschmohn* m (Papaver rhoeas)

camélidos *mpl* ⟨Zool⟩ *Kamele* npl (Camelidae)

camelina *f* ⟨Bot⟩ *Lein-, Öl│dotter* n (Camelina spp)

¹camella *f Kamelstute* f

²camella *f Fress-, Tränk│trog* m *fürs Vieh*

³camella *f Bogen* m *am Ochsenjoch*

⁴camella *f* ⟨Agr⟩ *Furchenrain* m

camellear vi [in der Drogenszene] *dealen*

camellero *m Kameltreiber* m

¹camello *m* ⟨Zool⟩ *Kamel* n ‖ ~ *bactriano* ⟨Zool⟩ *Trampeltier, zweihöck(e)riges Kamel* n (Camelus bactrianus) ‖ ~ *dromedrio Dromedar, einhöck(e)riges Kamel* n (C. dromedarius)

²camello *m* ⟨Mar⟩ *Kamel* n

³camello *m* [in der Drogenszene] *Kleindealer* m

camellón *m* ⟨Agr⟩ *Furchenrain* m ‖ *Tränktrog* m *für das Vieh, Rindertränke* f

¹camelo *m* ⟨fam⟩ *Liebeswerben* n, *Liebelei* f ‖ ⟨fam⟩ *Schmeichelei* f ‖ ⟨fam⟩ *Foppen, Necken, Uzen* n ‖ ◇ *dar el ~ a uno jdn necken, foppen, uzen*

²camelo *m* ⟨Zeitungs⟩Ente f

camelopardal *m Giraffe* f

camelote *m* ⟨Text⟩ *Kamelott, Wollstoff* m

camembert *m Camembert(käse)* m

came│na *f* ⟨poet⟩ *Muse* f ‖ **-nal** *adj Musen-, musisch*

cámera *f* → **²cámara**

cameraman *m* ⟨Film⟩ *Kameramann* m

camerino *m* ⟨Th⟩ *Künstlergarderobe* f

¹camero adj *auf das französische Bett bezüglich* ‖ ~ m *Betttapezierer* m

²camero *m* Col *Landstraße* f

Came│rún *m* ⟨Geogr⟩ *Kamerun* n ‖ **≠runés** *adj kamerunisch* ‖ ~ m *Kameruner* m

cámica *f* Chi *Dachneigung* f

camichi *m* ⟨V⟩ Am *Wehrvogel* m (Palamedea spp)

camijeta *f* Bol *langes Hemd* n *der Indianer*

camile *m* Pe *wandernder Kurpfuscher* m

cami│lla *f* dim von **¹cama** ‖ *Ruhebett* n ‖ *Krankenbahre* f ‖ *Schnurgerüst* n ‖ ⟨Art⟩ *Klapptisch* m *mit e-r abnehmbaren Platte und e-m Untersatz für ein Kohlenbecken* (bes *in Altkastilien üblich*) ‖ ⟨Mar⟩ *Koje* f ‖ ◆ *en* ~**s** *rittlings,* ⟨fam⟩ *huckepack* ‖ **-llero** *m Krankenträger* m ‖ *Sanitäter* m ‖ [veraltet] *Sänftenträger* m

camilucho *m* Am *indianischer Feldarbeiter* m

cami│nador *m guter Fußgänger* m ‖ **-nal** *m* Ven *Wegenetz* n ‖ **-nante** *m Wanderer, Fußgänger* m ‖ *Reisende(r)* m ‖ ~**s** mpl Arg *Schuhe* mpl, *Schuhwerk* n ‖ **-nar** vt/i *zurücklegen (e-e Entfernung)* ‖ *wandern, gehen* ‖ *reisen* ‖ *vorrücken* ‖ ◇ ~ *con pies de plomo* ⟨figf⟩ *allzu bedächtig zu Werke gehen* ‖ ~ *por la izquierda* ⟨StV⟩ *links gehen* ‖ **-nata** *f* ⟨fam⟩ *weiter Spaziergang* m ‖ *Wanderung* f ‖ *Fußreise* f ‖ **-nero** adj: *peón* ~ *Straßen│wärter, -arbeiter* m

caminí *m* Arg Par ⟨Art⟩ *Mate* m

camino *m Weg* m ‖ *(Land)Straße* f ‖ *Pfad* m *Bahn* f ‖ *Wegstrecke* f ‖ ⟨Mar⟩ *zurückgelegte Strecke* f ‖ *Reise* f ‖ *Gang* m ‖ ⟨fig⟩ *Mittel* n ‖ ~ *(fig) Art und Weise* f ‖ ⟨fig⟩ *Arbeitsweise* f ‖ ~ *de ... nach, zu ...* ‖ *unterwegs nach ...* ‖ ~ *de Burgos auf dem Weg(e) nach Burgos* ‖ ~ *calzado gepflasterter Weg* m ‖ ~ *cabañal Weideweg* m *(der Wanderherden)* ‖ ~ *carretero, ~ carril Fahrweg* m ‖ ~ *costero Strand-, Küsten│weg* m ‖ ~ *cubierto,* ~ *desenfilado* ⟨Mil⟩ *gedeckter Weg* m

‖ ~ *de desviación,* ~ *de desvío Umgehungsstraße* f ‖ ~ *de dique Deichweg* m ‖ ~ *directo kürzester Weg* m ‖ ~ *forestal Holz-, Wald│weg* m ‖ ~ *francés* → ~ *de Santiago* ‖ ~ *de herradura Reitweg* m ‖ ~ *hondo Hohlweg* m ‖ ~ *de macadam Makadamstraße* f ‖ ~ *particular Privatweg* m ‖ ~ *de peatones Fußweg* m ‖ ~ *real Haupt-, Heer│straße* f ‖ ~ *recorrido zurückgelegter Weg* m ‖ ~ *de repliegue,* ~ *de retirada* ⟨Mil⟩ *Rückzugsweg* m ‖ ~ *de Santiago Jakobsweg, französischer Weg* m *(Pilgerweg der Jakobspilger nach Santiago de Compostela)* ‖ ~ *trillado ausgetretener Weg* m ‖ ⟨fig⟩ *alltäglicher Ablauf* m ‖ ⟨fig⟩ *Schlendrian* m ‖ ~ *vecinal Gemeindestraße* f ‖ *Feld-, Dorf│weg* m ‖ ◇ *abrir* ~ *Bahn brechen* ‖ ⟨fig⟩ *die Lösung bringen* ‖ *abrirse* ~ ⟨fig⟩ *s. e–n Weg bahnen* ‖ *ahorrar* ~ *ein Stück Weg abschneiden* ‖ *apartarse del* ~ *recto* ⟨fig⟩ *auf Abwege geraten* ‖ *cerrar el* ~ *den Weg versperren* ‖ *cruzarse en el* ~ *de alg.* ⟨fig⟩ *jdn (in s–m Vorhaben) behindern* ‖ *echar por un* ~ *e–n Weg einschlagen* ‖ *detenerse a medio* ~, *detenerse a mitad del* ~ ⟨fig⟩ *auf halbem Weg stehen bleiben* ‖ *encontrar piedras en el* ~ ⟨fig⟩ *auf Schwierigkeiten stoßen* ‖ *entrar a uno por* ~ → *meter a uno por* ~ ‖ *hacer la mitad del* ~ ⟨fig⟩ *auf halbem Weg entgegenkommen* ‖ *ir cada cual por su* ~ ⟨fig⟩ *verschiedener Meinung sein (zwei od mehr Personen)* ‖ *ir fuera de* ~ *s. irren* ‖ ⟨fig⟩ *unbesonnen handeln* ‖ *llevar* ~ ⟨fig⟩ *richtig sein, s–n Grund haben, auf dem rechten Weg sein* ‖ ⟨fig⟩ *den Anschein haben (de zu)* ‖ *meter a uno por* ~ ⟨fig⟩ *jdn zur Vernunft bringen, jdm den Kopf zurecht│setzen od -rücken* ‖ *ponerse en* ~ *s. auf den Weg machen, s. auf die Reise begeben* ‖ *quedarse uno a medio* ~ ⟨fig⟩ *et. nicht zu Ende führen od et. nicht vollenden* ‖ *romper el* ~ *vorangehen, den Marsch eröffnen* ‖ *salir al* ~ *de alg.* ⟨fig⟩ *jdm entgegengehen* ‖ ⟨fig⟩ *den Plänen jds zuvorkommen* ‖ *seguir derecho od sin vacilaciones su* ~ *s. nicht beirren lassen* ‖ *s–n eigenen Weg od s–e eigenen Wege gehen* ‖ *ser fuera de* ~ → *ir fuera de* ~ ‖ *ser más viejo que los* ~**s**, *ser tan viejo como los* ~**s** *stein-, ur│alt sein* ‖ *todos los* ~**s** *llevan a Roma* ⟨Spr⟩ *alle Wege führen nach Rom* ‖ *tomar un* ~ *e–n Weg einschlagen* ‖ *traer a alg. a buen* ~ ⟨fig⟩ *jdn auf den rechten Weg bringen* ‖ ◆ *a medio* ~ *auf halbem Wege* ‖ *halbwegs* ‖ *de* ~ *unterwegs* ‖ *im Vorbeigehen*

camión *m Last(kraft)wagen, Laster,* ⟨Abk⟩ *LKW,* Schw *Camion* m ‖ Mex *Reisebus* m ‖ ~ *de (recogida de) (la) basura Müll(abfuhr)wagen* m ‖ ~ *para cargas pesadas Schwerlaster* m ‖ ~ *cisterna Tankwagen* m ‖ ~ *grúa Kranwagen* m ‖ *Abschleppwagen* m ‖ ~ *de mudanzas Möbelwagen* m ‖ ~ *pesado Schwerlaster* m ‖ ~ *con remolque Last(kraft)wagen mit Anhänger, Lastzug* m ‖ ~ *de riego Sprengwagen* m ‖ ~ *tanque Tankwagen* m ‖ ~ *volquete Kipper* m ‖ ◆ *por* ~ *per Achse*

camio│nada *f LKW-Last* f ‖ **-naje** *m Straßentransport* m ‖ *Fuhrlohn* m, *Rollgeld* n ‖ **-nero** *m Lastwagen│fahrer, -besitzer* m ‖ **-neta** *f Lieferwagen* m ‖ *Bereitschaftswagen* m ‖ *Vorstadtautobus* m ‖ ~ *de reparto(s) Lieferwagen* m

¹camisa *f Hemd* n ‖ ⟨Bot⟩ *Fruchthäutchen* n ‖ *abgestreifte Schlangenhaut* f ‖ *(Gas)Glühstrumpf* m ‖ *(Kalk)Lage* f ‖ *(Mauer)Bewurf* m ‖ ~ *de caballero Herrenhemd* n ‖ ~ *de(l) capullo Kokonhaut* f ‖ ~ *de día Oberhemd* n ‖ ~ *de dormir Nachthemd* n ‖ ~ *de fuerza Zwangsjacke* f ‖ ~ *gallega weiter Kittel* m *(der Galicier)* f ‖ ~

hawayana *Hawaihemd* n ‖ ~ de hombre
Herrenhemd n ‖ ~ interior *Unterhemd* n ‖ ~ de
noche *Nachthemd* n ‖ ~ polo *Polohemd* n ‖ ~ de
sport *Sporthemd* n ‖ ~ de vestir *Oberhemd* n ‖
Cityhemd n ‖ ◇ cambiar de ~ ⟨fig⟩ *sein
Mäntelchen nach dem Wind hängen* ‖ dar hasta la
~ ⟨fig⟩ *das Letzte (her)geben* ‖ jugarse hasta la ~
alles verspielen ‖ no llegarle a uno la ~ al cuerpo
⟨figf⟩ *große Angst empfinden* ‖ meterse en ~ de
once varas ⟨figf⟩ *s. in ein verwickeltes Geschäft
einlassen, s. übernehmen* ‖ vender hasta la ~
alles (restlos) verkaufen ‖ ♦ en ~ *im Hemd* ‖
⟨figf⟩ *ohne Mitgift (Braut)* ‖ en cuerpo de ~ *bis
an die Hüfte, in bloßem Hemd* ‖ en mangas de ~
in Hemdsärmeln ‖ ◇ ¿estás en tu ~? ⟨fam⟩ *bist
du bei Sinnen?* ‖ ~s *fpl*: ~ azules Span ⟨Hist⟩
Blauhemden npl ‖ ~ negras It ⟨Hist⟩
Schwarzhemden npl ‖ ~ pardas Deut ⟨Hist⟩
Braunhemden npl ‖ ~ rojas It ⟨Hist⟩
Garibaldianer mpl ‖ ~ viejas Span ⟨Hist⟩ *alte
Kämpfer* mpl *der Falange Española*
  ²**camisa** *f* ⟨Tech⟩ *Mantel* m, *Hemd, Futter* n ‖
~ de aire ⟨Arch⟩ *Luft-, Rauchfang|mantel* m ‖ ~
de caldera *Kesselmantel* m ‖ ~ del convertidor
Konverterfutter n ‖ ~ de proyectil
Geschossmantel m
  ³**camisa** *f* ⟨Arch⟩ *Kalklage* f ‖ *Mauer|bewurf,
-putz* m
  camise|ra ~ adj: blusa ~ *Hemdbluse* f ‖ ~ *f
Hemdennäherin* f ‖ **–ría** *f Hemdenladen* m,
Herrenwäschegeschäft n ‖ **–ro** *m
Hemdenfabrikant, (Herren)Wäschehändler* m ‖
–ta *f Unterhemd* n ‖ ⟨Sp⟩ *Trikot* n ‖ *kurzes,
weitärmeliges Hemd* n ‖ *Leibchen* n, *Unterjacke* f
‖ **~calzoncillo** *Hemdhose* f
  cami|sola *f feines Herrenhemd* n ‖ *gestärktes
Oberhemd* n ‖ *Frackhemd* n ‖ *Vorhemdchen* n ‖
Chi *Leibchen* n ‖ RPl *Bluse* f ‖ **–són** *m* augm von
–sa ‖ *langes Hemd* n ‖ *Nachthemd* n ‖ ⟨reg⟩
Herrenhemd n ‖ Am *Frauenhemd* n ‖ Chi *langes
Frauenkleid* n ‖ Col Chi Ven *farbiges* od *weißes
Frauenkleid* n
  camisote *m* ⟨Hist⟩ *Panzerhemd* n
  camistrajo *m* ⟨desp⟩ *elendes Bett* n
  ca|mitas *mpl Hamiten* mpl ‖ **–mítico** adj
hamitisch
  ca|moatí [*pl* ~ies], **–muatí** [*pl* ~íes] *m* RPl
⟨Art⟩ *Wespe* f (Polybia scutellaris) ‖ *Nest* n *der
Polybia*
  camochar vt ⟨Hond⟩ *beschneiden (Bäume)* ‖
△ **camodar** vt *vertauschen*
  camomila *f* ⟨Bot⟩ *Kamille* f (Matricaria
chamomilla) ‖ *Kamillenblüte* f
  ¹**camón** *m* augm von ¹**cama** ‖ *tragbares Bett* n
(für Kranke)
  ²**camón** *m* augm von ²**cama** ‖ ⟨Arch⟩
Obersparren (eines Mansardendaches) ‖
Lehrbogen m
  ³**camón** *m* Cu *Radfelge* f
  camo|rra *f Streit* m ‖ *Schlägerei* f ‖ *Camorra* f
(in Italien) ‖ ◇ armar ~, **–rrear** *Streit, Händel
anfangen* ‖ **–rrista** adj *(m/f)* ⟨fam⟩ *streit-,
händelsüchtig* ‖ ~ *m/f Radaubruder, Krakeeler(in*
f), *Krawallmacher(in* f) m
  camota *f* Burg ⟨fam⟩ *Dickkopf* m ‖ ~ *m* (& f)
Murc *stumpfsinniger Mensch, Tölpel* m
  camotal *m* Am *Süßkartoffelfeld* n
  ¹**camote** *m* Am ⟨Bot⟩ → ¹**batata** ‖ ~ *f* ⟨Bot⟩
Blumenzwiebel f
  ²**camote** *m* Am ⟨fig⟩ *Verliebtheit* n ‖ Am ⟨fig⟩
Geliebte f ‖ Bol Ec ⟨fig⟩ *innige Freundschaft* f
  ³**camote** *m* Am *Lüge* f ‖ *Ente* f ‖ Mex *Gauner*
m ‖ Ec *Dummkopf, Tölpel* m
  ⁴**camote** *m* Salv *blauer Fleck* m
  camotear vi Mex *suchend umherirren*

  camotillo *m* Chi *Süßigkeit* f *aus Süßkartoffel*
  camp adj *(m/f) nostalgisch (Mode, Musik usw.)*
  cam|pa adj: tierra ~ *ebenes und baumloses
Gelände* n ‖ **–pal** adj: batalla ~ ⟨Mil⟩
Feld-, Haupt|schlacht f ‖ ⟨fig⟩ *Prügelei,
Schlägerei* f
  campamento *m* (Feld)Lager n ‖ Truppenlager
n ‖ *Lagerplatz* m ‖ ~ de acogida *Aufnahmelager*
n ‖ ~ de trabajo *Arbeitslager* n ‖ ~ (turístico)
Campingplatz m
  campamiento *m Hervorragen* n ‖ *Prangen* n
  campana *f Glocke* f ‖ *Kirchspiel* n ‖ *Glassturz*
m ‖ ⟨reg⟩ *Abendläuten* n ‖ *Herdmantel* m ‖
Stiefelstulp m ‖ *Frauenrock* m ‖ ⟨fig⟩
Kirchsprengel m ‖ ~ de aislador ⟨El⟩
Isolatorglocke f ‖ ~ de alarma *Signalglocke* f ‖ ~
de buzo *Taucherglocke* f ‖ ~ de calado ⟨Mar⟩
Tiefgangglocke f ‖ ~ de chimenea ⟨Arch⟩
*Kaminsturz, (Rauch)Abzug, Rauchfang,
Herdmantel* m ‖ ~ extractora *Dunstabzugshaube* f
‖ ~ de immersión *Taucherglocke* f ‖ ~ natatoria
⟨Zool⟩ *Schwimmglocke* f ‖ ~ de protección
Schutzglocke f *(Glassturz)* ‖ ~ de recoger
Sturmglocke f ‖ ~ de recocer ⟨Met⟩ *Glühhaube* f
‖ ~ de salvamento ⟨Bgb⟩ *Fangglocke* f ‖ ~ de
sinterización con vacío ⟨Met⟩ *Vakuumsinterglocke*
f ‖ ~ de tragante ⟨Met⟩ *Gichtglocke* f ‖ ♦ a toque
de ~, a ~ *herida mit dem Glockenschlag* ⟨fig⟩
schnell, eilig ‖ ◇ hacer ~ ⟨Sch⟩ *die Schule
schwänzen* ‖ picar la ~ ⟨Mar⟩ *glasen* ‖ ◇ tocar
la ~ ⟨vulg⟩ *wichsen (onanieren)* ‖ cual es la ~,
tal la badajada ⟨Spr⟩ *wie der Mensch, so die Tat* ‖
~s *fpl*: ◇ doblar las ~ *die Glocken läuten* ‖
echar las ~ al vuelo *mit allen Glocken läuten* ‖
⟨fig⟩ *feierlich verkünden* od *ausrufen* ‖ ⟨fam⟩ *s.
wie ein Schneekönig freuen* ‖ no haber oído ~
⟨figf⟩ *nichts (davon) wissen* ‖ oír ~ y no saber
dónde ⟨figf⟩ *die Glocken läuten hören und nicht
wissen, wo; nicht wissen, was los ist* ‖ tocar las ~
die Glocken läuten ‖ no se puede repicar las ~ e
ir en la procesión ⟨Spr⟩ *man kann nicht auf zwei
Hochzeiten tanzen; niemand kann zwei Herren
dienen*
  campa|nada *f Glockenschlag* m ‖
Glockenklang m ‖ ⟨fig⟩ *Skandal* m ‖ ◇ dar una ~
⟨figf⟩ *e–n Skandal machen* ‖ **–nario** *m Glocken-,
Kirch|turm* m ‖ ⟨fig⟩ *engere Heimat* f ‖ Sal
Ananasblüte f ‖ proceder de ~ ⟨fig⟩ *rohes,
niederträchtiges Vorgehen* n ‖ ¡quieto el ~! ⟨fam⟩
kein Wort mehr! ‖ **–near** vi *anhaltend läuten
(locken)* ‖ ◇ allá se las campaneen ⟨fam⟩ *das
mögen sie untereinander ausmachen!* ‖ ⟨fam⟩ *das
ist ihr Bier!*
  campanense adj/s *(m/f) aus der Champagne* ‖
auf die Champagne bezüglich
  campaneo *m Glockengeläut(e)* n ‖ ⟨figf⟩
gezierter, wackelnder Gang m
  ¹**campanero** *m Glockengießer* m ‖ *Glöckner* m
MAm Pe ⟨fig⟩ *Schwätzer* m
  ²**campanero** *m* ⟨V⟩ *Glockenvogel* m (Procnias
nudicollis) ‖ ⟨Ins⟩ *Gottesanbeterin* f (Mantis
religiosa)
  campa|niforme adj *(m/f) glockenförmig* ‖ **–nil**
adj: (metal) ~ *Glockengut* n, *-speise* f ‖ ~ *m
Glockenturm* m ‖ **–nilla** *f* dim von **–na** ‖
Glöckchen n, *Klingel, Schelle* f ‖ *Blase* f,
Bläschen n ‖ ⟨An⟩ *Zäpfchen* n *(im Hals)* ‖
glockenförmige Verzierung f ‖ *glockenförmige
Blüte* f, *Glöcklein* n ‖ Cu ⟨Bot⟩ *Liane* f ‖ ~
blanca ⟨Bot⟩ *Schneeglöckchen* n (Galanthus
nivalis) ‖ ~s *fpl*: de ~ ⟨fam⟩ *von Rang (Person)* ‖
◇ tener muchas ~ ⟨figf⟩ *viele Würden bekleiden*
  campani|llazo *m starkes Klingeln* n ‖ **–lleo** *m
anhaltendes Klingeln* n ‖ **–llero** *m Klingler,
Scheller* m

campanita *f:* ~ china ⟨Bot⟩ *Forsythie* f, *Goldflieder* m (Forsythia)
campa|no *m Viehschelle* f ‖ *Glocke, Klingel* f ‖ **–nólogo** *m* ⟨Mus⟩ *Glockenspieler* m
campante adj *(m/f) hervorragend* ‖ ⟨fam⟩ *kräftig, rüstig* ‖ *vergnügt* ‖ tan ~ ⟨fam⟩ *mir nichts, dir nichts, kreuzfidel, quietschvergnügt*
campanudo adj ⟨Bot⟩ *glockenförmig* ‖ *bauschig (Frauenrock)* ‖ *voll, kräftig (Schall)* ‖ *schwülstig, hochtönend (Stil)* ‖ ⟨fam⟩ *famos, glänzend*
cam|pánula *f Glockenblume* f (Campanula spp) ‖ **–panuláceas** *fpl* ⟨Bot⟩ *Glockenblumengewächse* npl (Campanulaceae)
campaña *f Feld, Flachland* n ‖ ⟨poet⟩ *Flur* f, *Gefilde* n ‖ ⟨Mil⟩ *Feldzug* m ‖ *Militärdienst* m ‖ ⟨Mil⟩ *Lager* n ‖ ⟨Mar⟩ *Kreuzfahrt* f ‖ ⟨Agr⟩ *Kampagne* f ‖ ⟨Her⟩ *Schildfuß* m ‖ ⟨fig⟩ *Feldzug* m, *Kampagne* f ‖ ~ antiparasitaria, ~ contra los animales dañinos *Schädlingsbekämpfung, Ungeziefervernichtung* f ‖ ~ azucarera *Zuckerkampagne* f ‖ ~ difamatoria *Verleumdungs-, Rufmord|kampagne* f ‖ ~ electoral *Wahlkampf* m ‖ ~ militar *Feldzug* m ‖ ~ de pesca ⟨Fi⟩ *Fangzeit* f ‖ ~ de prensa *Presse|feldzug* m, *-kampagne* f ‖ ~ de propaganda, ~ de publicidad, ~ publicitaria *Werbefeldzug* m ‖ ~ contra el ruido, ~ de silencio *Lärmbekämpfung* f ‖ ◇ estar en ~ ⟨Mil⟩ *im Felde stehen*
campatedije *m* Mex ⟨fam⟩ *Herr Soundso* m
campe|ador *m/*adj *Kämpe, tapferer Krieger* m ‖ el ~ ⟨Lit⟩ *Beiname des Cid* ‖ **–ar** vi *auf die Weide gehen (Tiere)* ‖ *zu grünen anfangen (Saatfelder)* ‖ ⟨Mil⟩ *im Felde liegen* ‖ *flattern (Fahne)* ‖ *s. auszeichnen, s. hervortun* ‖ Chi *Felder durchkreuzen* ‖ ◇ de sol a sombra ⟨fig⟩ *den ganzen Tag auf dem Feld arbeiten* ‖ **–cito** *m* dim von **campo**
campecha|nería *f* Arg Pe PR → **–nía** ‖ **–nía** *f* And *ungezwungenes Wesen* n ‖ **–no** adj *ungezwungen, gemütlich* ‖ ⟨fam⟩ *freigebig, großmütig* ‖ adv: **–amente**
¹campeche *m* (palo) ~ *Kampesche-, Blau|holz* n
²campeche *m* Pe *sehr schlechter Wein* m
campe|ón *m Kämpfer, Kämpe* m ‖ *Verfechter* m (z. B. *e–r Lehre*) ‖ ⟨fig⟩ *Vorkämpfer* m ‖ ⟨fig⟩ *Verteidiger* m ‖ ⟨Sp⟩ *Champion, Meister(spieler)* m ‖ ~ de boxeo *Boxmeister, Meisterschaftsboxer* m ‖ ~ de Europa, ~ del mundo *Europa-, Welt|meister* m ‖ ~ de la fe *Glaubensstreiter* m ‖ ~ olímpico *Olympiasieger* m ‖ **–onato** *m Wett|streit, -kampf* m ‖ ⟨Sp⟩ *Meisterschaft(skampf* m) f ‖ ~ de fútbol *Fußballmeisterschaft* f ‖ ~ internacional *Länderkampf* m ‖ ~ mundial *Weltmeisterschaft* f ‖ (luchas de) ~ *Meisterschaftsspiele* npl ‖ ♦ de ~ ⟨fam⟩ *super, toll* (z. B. *Frau*) ‖ *gewaltig, Mords-*
campera *f* Arg Ur → **²cazadora**
¹campero adj *frei* ‖ *frei umherlaufend (Vieh)* ‖ *im Freien nächtigend (Vieh)* ‖ Mex *leicht (Pferdetrab)* ‖ RPl *in Feldarbeiten bewandert (Person)* ‖ ~ *m Hirt* m, *der immer auf dem Feld bleibt*
²campero *m* Col *Jeep* m
camperoso adj Ven *bäu(e)risch*
campesi|na *f Landbewohnerin, Bäuerin* f ‖ **–nado** *m Bauerntum* n ‖ *Bauernstand* m ‖

Bauernschaft f ‖ **–no** adj *ländlich, Land-, Feld-* ‖ *bäu(e)risch* ‖ ~ *m Landmann* (pl *Landleute*), *Bauer* m ‖ *Bewohner* m *der Tierra de Campos (Altkastilien)*
campestre adj *(m/f) ländlich* ‖ *Feld-*
campillo *m* dim von **campo** ‖ *Gemeindetrift* f
camping [*pl* **–s**] *m Camping* n ‖ *Campingplatz* m ‖ *Zelten* n ‖ ~ salvaje *wildes Zelten* n ‖ ◇ hacer ~ *campen, zelten*
campiña *f flaches Land, Ackerland* n ‖ *Landschaft* f ‖ *Ländereien* fpl ‖ *Kulturlandschaft* f ‖ *Flur* f, *bebautes Land* n ‖ *Feldmark* f ‖ *Landbezirk* m ‖ ⟨poet⟩ *Gefilde* n, *Flur* f ‖ *Umgebung* f *(e–s Ortes)* ‖ ~ risueña *liebliche Flur* f ‖ ◇ cerrarse de ~ ⟨figf⟩ *an e–m Entschluss hartnäckig festhalten, s. nicht umstimmen lassen*
campiñés adj/s *aus Villacarillo* (P Jaén) ‖ *auf Villacarillo bezüglich*
campirano adj/s CR *bäu(e)risch* ‖ Mex *ländlich* ‖ *bäu(e)risch* ‖ *in Feldarbeiten bewandert*
campismo *m Campingwesen* n
¹campista *m/f Camper, Zelt(l)er(in* f) m
²campista *m/f* Hond Salv *Kuhhirt(in* f) m
campisto adj → **campesino**
campito *m* Arg → **finca**
campo *m (freies) Feld* n ‖ *Acker* n ‖ *Acker-, Saat|feld* n ‖ *Landgut* n ‖ *Land* n *(im Gegensatz zur Stadt)* ‖ *Heideland* n ‖ ⟨Mal fig *unbemalte Fläche* f ‖ *Fläche* f *(einer Münze)* ‖ ⟨Her⟩ *Grund* m, *Feld* n ‖ *Kampf-, Sport|platz* m, *Rennbahn* f ‖ ⟨Mil⟩ *(Feld)Lager* n ‖ ⟨Mil⟩ *(Schlacht)Feld* n ‖ *Schauplatz* m ‖ ⟨fig⟩ *Feld, Gebiet* n ‖ ⟨Opt⟩ *Gesichtsfeld* n ‖ *Sehweite* f ‖ ⟨Fot Film⟩ *Bildfeld* n ‖ *Bildfläche* f ‖ ⟨fig⟩ *Anlass* m, *Gelegenheit* f ‖ ⟨fig⟩ *Bereich, Spielraum* m, *Gebiet* n ‖ ⟨fig⟩ *Blickfeld* n ‖ ⟨poet⟩ *Flur* f ‖ ~ abierto *freies Gelände* n ‖ ~ de acción *Wirkungs|bereich* m, *-feld, Tätigkeitsgebiet* n ‖ ~ de acogida *Aufnahmelager* n ‖ ~ de actuación *Einsatz-, Wirkungs|bereich* m ‖ ~ de Agramante ⟨fig⟩ *wüstes Durcheinander, Babel* n ‖ ~ alternante (El) *Wechselfeld* n ‖ ~ de ampliación ⟨Fot⟩ *Vergrößerungsbereich* m ‖ ~ de aplicación *Anwendungs-, Verwendungs|bereich* m, *-gebiet* n ‖ ~ de aterrizaje ⟨Flugw⟩ *Landeplatz* m ‖ ~ de aterrizaje forzoso, Am ~ de aterrizaje de emergencia *Notlandeplatz* m ‖ ~ de aviación *Flug|platz* m, *-feld* n ‖ *Fliegerhorst* m ‖ ~ de barracas *Barackenlager* n ‖ ~ de batalla *Schlachtfeld* n ‖ ~ de búsqueda ⟨Inform⟩ *Suchfeld* n ‖ ~ de castigo *Straflager* n ‖ ~ de césped ⟨Sp⟩ *Rasen(spiel)platz* m ‖ ~ de comunicaciones ⟨Tel⟩ *Anschlussbereich* m ‖ ~ de concentración *Konzentrationslager, KZ* n ‖ ~ cromosómico ⟨Gen⟩ *Chromosomenfeld* n ‖ ~ de deportes, ~ deportivo *Sportplatz* m ‖ ~ de derrumbamiento ⟨Bgb⟩ *Bruchfeld* n ‖ ~ de diálogo ⟨Inform⟩ *Dialogfeld* n ‖ ~ disciplinario *Straflager* n ‖ ~ de dispersión ⟨El⟩ *Streufeld* n ‖ ~ de entrenamiento ⟨Sp⟩ *Trainingslager* n ‖ ~ de excitación ⟨El⟩ *Erregerfeld* n ‖ ~ de experimentación ⟨Agr⟩ *Versuchsstation* f ‖ ~ de explotación ⟨Bgb⟩ *Abbaubereich* m ‖ ~ de exterminio *Vernichtungslager* n ‖ ~ de fecalización ⟨Agr⟩ *Rieselfeld* n ‖ ~ de fuerza ⟨El⟩ *Kraftfeld* n ‖ ~ de fútbol *Fußballfeld* n ‖ ~ de gules ⟨Her⟩ *rotes Feld* n ‖ ~ de gravitación ⟨Phys⟩ *Schwere-, Gravitations|feld* n ‖ ~ del honor ⟨fig⟩ *Feld* n *der Ehre* ‖ ~ de imagen ⟨Opt⟩ *Bildfeld* n ‖ ~ del inducido ⟨El⟩ *Ankerfeld* n ‖ ~ de instrucción ⟨Mil⟩ *Truppenübungs-, Exerzier|platz* m ‖ ~ de internamiento *Internierungslager* n ‖ ~ de investigación *Forschungsgebiet* n ‖ ~ de irrigación ⟨Agr⟩ *Rieselfeld* n ‖ ~ de juego

Spielplatz m ‖ ~ labrado 〈Agr〉 *Acker* m ‖ ~ de labranza 〈Agr〉 *Ackerfeld* n ‖ ~ magnético *magnetisches Feld, Magnetfeld* n ‖ ~ de maniobras 〈Mil〉 →¹ ~ de instrucción ‖ ~ de mies 〈Agr〉 *Kornfeld* n ‖ ~ de minas, ~ minado 〈Mil〉 *Minenfeld* n ‖ ~ del objetivo 〈Fot〉 *Bild-, Gesichts|feld* n ‖ ~ petrolífero *Ölfeld* n ‖ ~ de prisioneros *(Kriegs)Gefangenenlager* n ‖ ~ de puntería →¹ ~ de tiro ‖ ~ raso *offenes Gelände* n ‖ ~ de refugiados *Flüchtlingslager* n ‖ ~ de regadío 〈Agr〉 *künstlich bewässertes Feld, Rieselfeld* n ‖ ~ roturado 〈Agr〉 *Sturzacker* m ‖ ~ del saber *Wissensgebiet* n ‖ ~ santo →¹ **camposanto** ‖ ~ semántico 〈Ling〉 *Wortfeld* n ‖ ~ de tiro 〈Mil〉 *Schießplatz* m ‖ ~ de trabajo *Arbeitslager* n ‖ ~ de vacaciones *Ferienlager* n ‖ ~ de vigencia 〈Jur〉 *Geltungsbereich* m ‖ ~ de vigencia espacial 〈Jur〉 *räumlicher Geltungsbereich* m ‖ ~ de vigencia material 〈Jur〉 *sachlicher Geltungsbereich* m ‖ ~ de visibilidad *Sichtbereich* m ‖ ~ visual, ~ de visión *Gesichts-, Seh|feld* n ‖ ~ a ~ 〈Mil〉 *unter Aufgebot aller Kräfte* ‖ ◆ a ~ abierto, en ~ franco *in offenem Feld (Zweikampf)* ‖ *unter freiem Himmel* ‖ a ~ raso *unter offenem Himmel, im Freien* ‖ a ~ través, a ~ traviesa *querfeldein* ‖ 〈fig〉 *aufs Geratewohl* ‖ en pleno ~ *auf freiem Feld* ‖ ◇ abandonar el ~ *abwandern (vom Land)* ‖ batir el ~ 〈Mil〉 [& Polizei] *das Gelände durchkämmen* ‖ correr el ~ *feindliche Einfälle machen* ‖ dejar el ~ libre *das Feld räumen* ‖ hacer ~ raso *reinen Tisch machen* ‖ ir al ~ *e–e Landpartie machen* ‖ levantar el ~ 〈Mil〉 *das Lager abbrechen* ‖ 〈fig〉 *die Sache aufgeben* ‖ salir al ~ *aufs Land gehen* (z. B. *in die Sommerfrische*) ‖ ~s *npl Saatfelder* npl ‖ *Ländereien* fpl ‖ Am *große Grasflächen* fpl ‖ los ~ Elíseos *(od* Eliseos*) die Elysäischen Felder* npl ‖ ◇ irse por esos ~ de Dios 〈fig〉 *sinnlos reden*

campofilo *m* 〈V〉 *Herrenspecht* m (*Campophilus* sp)

campo|santero *m Totengräber* m ‖ *Friedhofswärter* m ‖ **–santo** *m Gottesacker* m, *Fried-, Kirch|hof* m

campuno adj Dom → **campesino**

campuroso adj Sal *geräumig*

campurriano adj *aus Aguilar de Campoo* (P Sant) ‖ *auf Aguilar de Campoo bezüglich*

campus *m* 〈Univ〉 *Campus* m

campusano adj Arg Pan → **campesino**

campu|sio, –so adj MAm → **campesino**

camuatí [*pl* ~íes] *m* Arg → **camoatí**

camucha *f* (fam desp) von ¹**cama**

camue|sa *f Kantapfel* m ‖ **–so** *m Kantapfelbaum* m ‖ 〈figf〉 *Einfaltspinsel* m

camufla|je *m* 〈Mil〉 *Tarnung* f ‖ *Verschleierung* f *(e–r Stellung)* ‖ ~ antiaéreo 〈Mil〉 *Tarnung* f *gegen Fliegersicht* ‖ **–r** vt *tarnen* ‖ *verschleiern* ‖ *verdecken* ‖ 〈pop〉 *frisieren* ‖ ◇ ~ con niebla artificial *einnebeln* ‖ ~**se** (fam) *s. verstecken, s. (vor et.) drücken*

camuliano adj Hond *heranreifend (Obst)*

camuñas *m* (fam) *Popanz* m, *Schreckgespenst* n

camuza *f* → **gamuza**

¹**can** *m* (lit) *Hund* m ‖ *Flintenhahn* m ‖ 〈Hist〉 *kleines Geschütz* n, *Feldschlange* f ‖ 〈Arch〉 *Sparrenkopf* m ‖ ◇ ~ que mucho ladra, ruin es para la casa 〈Spr〉 *Hunde, die viel bellen, beißen nicht* ‖ ~ Mayor 〈Astr〉 *der Große Hund* ‖ ~ Menor 〈Astr〉 *der Kleine Hund*

²**can** *m* (Hist) *Khan, Tatarenfürst* m

³**can** *m* Dom *(Familien)Kränzchen* n ‖ *Stammtisch* m ‖ *Krach, Radau* m

¹**cana** *f weißes Haar* n ‖ ◇ echar una ~ al aire 〈figf〉 *s. einen vergnügten Tag machen,* 〈pop〉 *e–n*

auf die Pauke hauen ‖ ~s precoces *vorzeitig ergrautes Haar* n ‖ echar ~s *graue Haare bekommen* ‖ peinar (*od* tener) ~s 〈figf〉 *alt sein*

²**cana** *f* Cat *ein Flächenmaß* n

³**cana** *f* Arg Col (pop) *Kerker* m, *Gefängnis* n

Caná *m* 〈Geogr〉 *Kana* n

Canaán *m* 〈Bibl〉: Tierra f de ~ *das Land Kanaan*

cana|ca adj Chi 〈desp〉 *von gelber Rasse* ‖ ~ *m* Chi *Bordellbesitzer* m ‖ *Bordell* n ‖ **–co** adj Chi Ec *bleich, gelblich* ‖ ~ *m Kanake* m

Cana|dá *m* 〈Geogr〉: el ~ *Kanada* n ‖ **≠diense** adj *(m/f) kanadisch, aus Kanada* ‖ ~ *m/f Kanadier(in* f) m ‖ ~ *f pelzgefütterte Windjacke* f

¹**canal** *m Kanal, Abzugsgraben* m ‖ *Bewässerungsgraben* m ‖ *(Straßen)Rinne* f ‖ *Dachrinne* f ‖ *Traufziegel* m ‖ *Tränktrog* m ‖ *Flussbett* n ‖ *Falz* m, *Hohlkehle* f ‖ 〈Arch〉 *Kehlgerinne* n ‖ *Zug* m *(im Gewehrlauf)* ‖ 〈An〉 *Rachen* m ‖ *Schnitt* m *(der Bücher an der Außenseite)* ‖ ~ aferente 〈Med〉 *Zuführungskanal* m ‖ ~ de aire 〈Bgb〉 *Luft-, Wetter|kanal* m ‖ ~ de alimentación *Speisekanal, Zubringer* m ‖ *Speisungsgraben* m ‖ ~ aliviadero de crecidas *Überlauf-, Hochwasserentlastungs|kanal* m ‖ ~ de bajada 〈Met〉 *Tieflauf* m ‖ ~ cístico 〈An〉 *Ausführungsgang* m *der Gallenblase* ‖ ~ de colada 〈Met〉 *Gießrinne, Abstichgrube* f ‖ ~ colector 〈Met〉 *Sammelfuchs* m ‖ *Sammelkanal* m *(Wasser)* ‖ ~ de conducción *Leitkanal* m ‖ 〈El〉 *Leitungskanal* m ‖ ~ de desagüe *Entwässerungs|kanal, -graben* m ‖ ~ de escape 〈Tech〉 *Auspuffkanal* m ‖ ~ de irrigación 〈Agr〉 *Bewässerungsgraben* m ‖ ~ medular 〈An〉 *medullärer Kanal* m ‖ ~ navegable, de navegación *Schifffahrtskanal* m ‖ ~ neural 〈An〉 *Neuralrohr* n ‖ ~ de riego *Bewässerungskanal* m ‖ ~ de sangría 〈Met〉 *Roheisen-Abstichrinne* f ‖ ~ de televisión *Fernsehkanal* m ‖ ~ de ventilación 〈Bgb〉 *Wetterkanal* m ‖ ~ vertedero *Ablaufkanal* m ‖ ~ vertedor de crecidas *Überlauf-, Hochwasserentlastungs|kanal* m ‖ 〈Geogr〉 el ~ de la Mancha *der Ärmelkanal* ‖ el ~ de Suez *der Suezkanal* ‖ el ~ de Panamá *der Panamakanal*

²**canal** *m ausgeweidetes Schlachtvieh* n ‖ ◇ abrir en ~ *in zwei Hälften teilen (Schlachtvieh)*

cana|lador *m Felder-, Spund|hobel* m ‖ **–ladura** *f* 〈Arch〉 *Auskehlung* f ‖ **–leja** *f* dim von **canal** ‖ **–lera** *f* Ar *Dachrinne* f ‖ Ar *Traufwasser* n ‖ Ar *Mühltrogschuh* m ‖ **–leta** *f Rinne* f, *Sicke* f, *Ausguss* m ‖ *Schiffsbeladerutsche* f ‖ Arg *Rutschbahn* f *(für Getreidesäcke beim Verladen aufs Schiff)* ‖ ~ de desagüe *Wasserablaufrinne* f

¹**canalete** *m Kanupaddel* m

²**canalete** *m* Col *Bach* m

canaletear vi Col Ven *paddeln*

canalí [*pl* ~íes] *m* Cu 〈Mar〉 *Löffelruder* n

canalículo *m kleine Röhre* f ‖ *Rille* f

canalista *m/f* Chi *Aktionär(in* f) m *e–r Kanalgesellschaft*

canali|zable adj *(m/f) kanalisierbar* ‖ **–zación** *f Kanalisierung, Kanalisation* f, *Kanalsystem* n ‖ *Kanalbau* m ‖ **–zar** [z/c] vt *kanalisieren, schiffbar machen* ‖ 〈fig〉 *lenken (in e–e bestimmte Richtung)* ‖ ~ las opiniones *die Meinungen unter e–n Hut bringen* ‖ **–zo** *m* 〈Mar〉 *Fahrwasser* n

cana|lla 〈figf〉 *Gauner, Schurke, Drecksack, Lump, Schuft* m, *Kanaille* f ‖ ~ *f Hundekoppel* f ‖ 〈figf〉 *Gesindel, Pack* n, *Pöbel, Mob* m ‖ **–llada** *f Gaunerstreich* m ‖ *Schuftigkeit* f ‖ **–llería** *f* = **–llada** ‖ **–llesco** adj *gaunerhaft, schurkisch, pöbelhaft*

canalón *m Regen-, Ablauf|rinne* f ‖ *Guss-, Wasser|stein* m ‖ Col *Schöpfeimer* m ‖ *großer Wasserkrug* m

canalones *mpl* → **canelones**
¹canana *f Patronen|gürtel* m, *-tasche* f
²canana *f* Col *Zwangsjacke* f
³canana *f* MAm ⟨Med⟩ *Mumps, Ziegenpeter* m ‖ MAm *Kropf* m
⁴canana *f* Dom *übler Streich* m
cananeo *adj kananäisch* ‖ ~ *m Kananiter* m
¹canapé *m Kanapee, Sofa* n
²canapé *m* ⟨Kochk⟩ *Kanapee* n
canarí [*pl* ~**íes**] *m* Dom *Tongefäß* m
canaria *f Kanarienvogelweibchen* n
Canarias *fpl* ⟨Geogr⟩: las Islas ~ *die Kanarischen Inseln*
canaricultura *f Kanarienvogelzucht* f
¹canariera *f Zuchtkäfig m für Kanarienvögel* ‖ ⟨fig⟩ *helle, freundliche Wohnung* f
²canariera *f* Mex ⟨Bot⟩ *Kapuzinerkresse* f (Tropalaeolum spp)
¹canario, canariense *adj/s (m/f) aus den Kanarischen Inseln* ‖ *auf die Kanarischen Inseln bezüglich*
²canario *m* ⟨V⟩ *Kanarienvogel* m (Serinus canaria) ‖ ~ *moñudo Haubenkanarienvogel* m
³canario *m* Arg *ehemals 100-Peso-Schein* m ‖ Chi ⟨fig⟩ *großzügiger Trinkgeldgeber* m
⁴canario *m* ⟨vulg⟩ *Schwanz* m *(Penis)*
⁵¡canario! *int Donnerwetter!*
¹canasta *f flacher Binsen(korb)* m *(mit zwei Henkeln)*
²canasta *f* ⟨Kart⟩ *Canasta* f
³canasta *f* And *ein Olivenmaß* n
⁴canasta *f* ⟨Mar⟩ *Mastkorb* m
canas|tada *f ein Korbvoll* m
canastera *f* ⟨V⟩ *Brachschwalbe* f (Glareola pratincola)
¹canastero *m Korbflechter* m ‖ Chi *Hausierer* m *mit Gemüse und Obst*
²canastero *m* ⟨V⟩ *Buschschlüpfer* m (Synallaxis sordida)
canas|tilla *f (Näh)Körbchen* n ‖ *Säuglings-, Baby|ausstattung* f ‖ And *Brautausstattung* f ‖ ◇ hacer la ~ *die Babyausstattung in Bereitschaft halten* ‖ **–tillo** *m kleiner (Binsen)Korb* m ‖ *Frucht-, Blumen|körbchen* n ‖ Arg PR *Säuglings-, Baby|ausstattung* f ‖ *(Braut)Aussteuer* f ‖ **–to** *m oben enger, unten weiter Korb* m ‖ ¡~**s!** *int* ⟨fam⟩ *Donnerwetter!*
¹cáncamo *m Öse* f ‖ ~ *de argolla (Festhalte)Tragöse* f ‖ *Augbolzen* m
²cáncamo *m* ⟨Mar⟩ *Brecher* m, *große Welle* f ‖ *Wellenbewegung* f
³cáncamo *m* Cu *Taugenichts* m ‖ *hässliche Frau* f
canca|murria *f* ⟨fam⟩ *Traurigkeit* f ‖ *Trübsinn* m ‖ **–musa** *f* ⟨fam⟩ *Fopperei* f ‖ ⟨fam⟩ *Hinterlist* f ‖ **–muso** *m* Cu ⟨fam⟩ *Lustgreis* m
¹cancán *m Cancan* m *(Tanz)*
²cancán *m* Murc *Widerwärtigkeit* f
¹cáncana *f Hausspinne* f (bes. Tegenaria domestica)
²cáncana *f* Chi *Leuchter* m ‖ Col ⟨fig⟩ *magere Person, Bohnenstange* f
cancane|ado *adj* Sant CR *pockennarbig* ‖ **–ar** vi ⟨fam⟩ *herumlungern* ‖ Col CR Mex *stottern* ‖ **–o** *m* Col CR Mex ⟨fam⟩ *Stottern* m
cáncano *m* ⟨fam⟩ *Laus* f
canca|no *adj* Sal *einfältig* ‖ **–noso** *m* Murc *lästiger Schwätzer* m
can|cel *m Doppel-, Vor|tür* f ‖ *Windschutztür* f ‖ *Windfang* m *(vor e–r Tür)* ‖ *Windschirm* m ‖ *Durchsicht* f *(in e–r Mauer)* ‖ Mex *span. Wand* f ‖ ~ *giratorio Drehtür* f ‖ **–cela** *f Gitter* n *(an Haustüren)* ‖ And *Gittertür* f
cance|lación *f Löschung, Streichung, Tilgung, Auflassung* f ‖ *Nichtigkeitserklärung* f ‖ ~ *de*

antecedentes penales ⟨Jur⟩ *Tilgung* f *von Strafvermerken* ‖ ~ *de una marca* ⟨Jur⟩ *Löschung* f *e–s Zeichens* ‖ **–lar** vt *aus-, durch|streichen (Schrift)* ‖ *löschen (Eintragung)* ‖ *sperren (Scheck)* ‖ *annullieren, zurückziehen (Auftrag)* ‖ *tilgen, ungültig machen (Urkunde usw.)* ‖ *begleichen (Rechnung)* ‖ *abschreiben (Schuld)* ‖ ⟨Com⟩ *stornieren (Posten)* ‖ ⟨fig⟩ *aus dem Gedächtnis streichen* ‖ **–laría** *f päpstliche Kanzlei* f ‖ **–lario** *m* Bol *Universitätsrektor* m
cáncer *m* ⟨Med⟩ *Krebs* m, *Krebsgeschwür, Karzinom* n ‖ ⟨fig⟩ *Krebs(schaden)* m ‖ ⟨fig⟩ *Geiz, Selbstsucht* f ‖ ~ ⟨Astr⟩ *Krebs* m *im Tierkreis* ‖ ~ *bronquial Bronchialkarzinom* n ‖ ~ *del cuello uterino Zervix(höhlen)karzinom* n, *Gebärmutterhalskrebs* m ‖ ~ *cutáneo Hautkarzinom* n, *Epitheliom* n ‖ ~ *de los deshollinadores Schornsteinfegerkrebs* m ‖ ~ *del esófago Speiseröhrenkrebs* m ‖ ~ *del estómago Magenkrebs* m ‖ ~ *de la mama Brust(drüsen)krebs* m ‖ ~ *de la matriz Gebärmutterkrebs* m ‖ ~ *profesional Berufskrebs* m ‖ ~ *de la próstata Prostatakrebs* m ‖ ~ *del pulmón Lungenkrebs* m ‖ ~ *uterino* → ~ *de la matriz*
cancerado *adj krebsartig* ‖ *krebsleidend* ‖ ⟨fig⟩ *lasterhaft* ‖ ⟨fig⟩ *bösartig*
cancerar vt ⟨fig⟩ *abzehren, zerstören* ‖ ⟨fig⟩ *plagen, quälen* ‖ ~**se** vr ⟨Med⟩ *krebsartig werden*
Cancerbero *m* ⟨Myth⟩ *Zerberus* m ‖ ⟨fig⟩ *unbestechlicher Wächter* m ‖ ⟨fam⟩ *(grober) Türsteher* m
cance|riforme *adj (m/f)* ⟨Med⟩ *krebsförmig* ‖ **–rígeno** *adj krebserzeugend, kanzerogen, karzinogen* ‖ ~ *m Karzinogen* n, *krebserzeugender Stoff* m ‖ **–rofobia** *f* →
carcinofobia f ‖ **–rógeno** *adj* → **–rígeno** ‖ **–rología** *f Karzinologie* f ‖ **–rológico** *adj karzinologisch* ‖ **–rólogo** *m Karzinologe, Krebsspezialist* m ‖ **–roso** *adj krebsartig, Krebs-, karzinomatös, kanzerös* ‖ *presunto* ~ *krebsverdächtig* ‖ ~ *m Krebskranke(r)* m
¹cancha *f Spielplatz* m *(für Fußball, Hahnenkämpfe, Tennis usw.)* ‖ *Spielraum* m *(der baskischen Ballspieler)* ‖ Am *Spielhölle* f ‖ Am *großer, freier Platz, Sportplatz* m ‖ Chi Pe ⟨Bgb⟩ *Kippe* f *für Mineralien* ‖ Am *Rennbahn* f ‖ Ur *Pfad, Weg* m ‖ ◇ abrir (*od* dar) ~ *a uno* Arg ⟨fig⟩ *jdm e–n Vorteil gewähren* ‖ estar en su ~ Chi ⟨fig⟩ *in s–m Element sein* ‖ tener ~ Arg (figf) *geschickt sein, Talent haben* ‖ ¡~! Arg Chi *Platz (da)! aus dem Weg! Bahn frei!* ‖ ~**s** *fpl* Ur *Kniff* m
²cancha *f* Pe *gerösteter Mais, Puffmais* m ‖ SAm *geröstete Bohnen* fpl
³cancha *f* Col *Krätze, Räude* f ‖ *Hautkrankheit* f
canchador *m* Pe *Dienstmann* m
canchal *m felsiger Ort* m ‖ Sal *Vermögen* n
canchalagua *f* ⟨Bot⟩ *am. Ginster* m
canchánchara *f* Cu *Getränk* n *aus Wasser und Honig*
canchar vi Pe ⟨fam⟩ *verdienen, Geschäfte machen* ‖ Chi → **canchear**
cancharas *fpl* Dom *Gestrüpp* n
cancharrazo *m* Cu Ven *kräftiger Schluck* m
canche *adj* Guat *blond* ‖ Col *schlecht gewürzt*
canche|ador *m* SAm *Faulenzer* m ‖ **–ar** vt/i Am *die Zeit vertrödeln, s. herumtreiben* ‖ **–o** *m* Chi *Müßiggang* m
canchera *f* Sal *große Wunde* f ‖ *Geschwür* n
canchero *m* Am *Besitzer* m *e–r Spielhölle* ‖ Pe *gewissenloser Geistlicher* m ‖ Arg *Müßiggänger* m ‖ Chi *Markör* m *beim Spiel* ‖ Chi *Laufbursche* m

canchinflíu *m* Guat *Schwärmer* m *(Feuerwerk)*
¹cancho *m Fels, Stein* m ‖ Sal *Kante* f, *Rand* m
²cancho *m* Sal *Pfefferschote* f ‖ Col *unreife Banane* f
³cancho *m* Chi *unberechtigte Gebühr* f *(für e–e geringe Leistung)*
cancilla *f Gittertor* n
canciller *m (Reichs-, Bundes)Kanzler* m ‖ *Staatssekretär* m *für Auswärtige Angelegenheiten* ‖ *Konsulats-, Gesandtschafts|sekretär* m ‖ Am *Außenminister* m ‖ el *~* de Hierro ⟨fig⟩ *der Eiserne Kanzler (Bismarck)* ‖ gran *~ Groß-, Ordens|kanzler* m
cancille|resco adj: estilo *~ Kanzleistil* m ‖ **–ría** *f Kanzleiamt* n ‖ *(Staats)Kanzlei* f ‖ *Amtsraum* m *e–r Gesandtschaft* ‖ Col Chi *Auswärtiges Amt* n ‖ *~* del Reich ⟨Hist⟩ *Reichskanzlei* f ‖ *~* federal *Bundeskanzleramt* n
cancín *m* Sal *einjähriges Lamm* n
canción *f Gesang* m, *Lied* n ‖ *Kanzone* f *(Strophenform)* ‖ *~* de amor, *~* amatoria *Liebeslied* n ‖ *~* báquica *Trinklied* n ‖ *~* callejera *Gassenhauer* m ‖ *~* de cuna *Schlaf-, Wiegen|lied* n ‖ *~* de gesta ⟨Lit⟩ *Heldenlied* n ‖ *~* infantil *Kinderlied* n ‖ *~* de marcha *Marschlied* n ‖ *~* marinera *Matrosen-, Seemanns|lied* n ‖ *~* de moda *Modelied* n, *Gassenhauer* m ‖ *~* de niños *Kinderlied* n ‖ *~* obscena *obszönes Lied* n ‖ *~* pegadiza *Ohrwurm, ins Ohr gehende Lied* n ‖ *~* popular *Volkslied* n ‖ *~* de protesta *Protest|lied* n, *-song* m ‖ *~* de Roldán ⟨Lit⟩ *Rolandslied* n ‖ *~* sagrada *geistliches Lied* n ‖ *~* de siega *Schnitterlied* n ‖ ◇ eso es otra *~* ⟨fig⟩ *das hört s. schon anders an* ‖ mudar de *~* ⟨fig⟩ *e–n anderen Ton anschlagen* ‖ ¡no me vengas con canciones! *bitte keine Ausflüchte!* ‖ volver a la misma *~* ⟨figf⟩ *immer das alte Lied singen* ‖ ¡siempre la misma *~*! *(fam) immer dieselbe Leier!*
cancioncita *f* dim von **canción**
cancio|nera *f Lieder|dichterin, -sängerin* f ‖ **–nero** *m Lieder|buch* n, *-sammlung* f ‖ *Liedersänger* m ‖ Col ⟨fam⟩ *Spaßvogel* m ‖ *~* de estudiantes *Kommersbuch* n ‖ **–neta** *f* dim von **canción** ‖ **–nista** *m/f Lieder|sänger(in* f), *-dichter(in* f) m ‖ *Kabarettsänger(in* f) m ‖ *Brettlsängerin, Chanson(n)ette* f
canclillos adj Col *kränklich, schwächlich*
¹canco *m* Bol *Gesäß* n ‖ *~s mpl* Chi *breite Hüften* fpl *(der Frau)*
²canco *m* Chi *Blumentopf* m
³canco *m* ⟨pop⟩ *Schwule(r)* m
cancón *m* ⟨fam⟩ *Popanz, Kinderschreck* m
cancona *f* Chi *breithüftige Frau* f
can|cro *m* ⟨Med⟩ *Krebs* m ‖ ⟨Bot⟩ *Baumkrebs* m ‖ ⟨Zool⟩ *Krabbe* f ‖ **–crofobia** f →
carcinofobia ‖ **–croide** adj *krankroid, krebsartig* ‖ ⟨Zool⟩ *krabbenähnlich* ‖ *~* m ⟨Med⟩ *Krankroid* n
¹candado *m (Vor)Hänge-, Vorlege|schloss* n ‖ Extr *Ohrring* m ‖ ⟨fig⟩ *Maulkorb* m ‖ *~* de secreto, de combinación *Buchstabenschloss* n ‖ *~* de seguridad *Sicherheitsschloss* n ‖ ◇ echar *od* poner un *~* a los labios ⟨figf⟩ *(jdm) ein Schloss vor den Mund legen* ‖ poner bajo siete *~s* ⟨figf⟩ *sehr sorgfältig verwahren*
²candado *m* Col *Spitzbart* m
candaliza *f* ⟨Mar⟩ *Geitau* n, *Talje* f
candalo *m* And *e–e Fichtenart* f
cándalo *m* Sal *entkörnter Maiskolben* m ‖ Sal *entblätterter Ast* m
candanga *m* MAm Cu ⟨fam⟩ *Teufel* m ‖ Cu *Dummkopf, Tölpel* m
cándano *m* Sal *Bodensatz* m *(e–r Flüssigkeit)*
candar vt *(zu)schließen*
cándara *f* Ar *Sieb* n

¹cande adj Ast *weiß*
²cande adj: azúcar *~ Kandiszucker* m
¹candeal adj *(m/f) weiß (Weizen, Brot)* ‖ *~* m ⟨Bot⟩ *Weichweizen* m ‖ (pan) *~ Weizenbrot* n
²candeal *m* Am *Getränk* n *aus Eiern, Milch und Weinbrand*
¹candela *f Licht* n, *Kerze* f ‖ *Talg-, Wachs|licht* n ‖ *(Kerzen)Leuchter* m ‖ ⟨fam⟩ *(Kohlen)Feuer* n ‖ ⟨Bot⟩ *Kerzen-* bzw *Kastanien|blüte* f ‖ ⟨Bot⟩ *Kätzchen* n ‖ ⟨Phys⟩ *Candela* f *(cd) (Maßeinheit für die Lichtstärke)* ‖ Al *Eiszapfen* m ‖ ◆ en *~* ⟨Mar⟩ *kerzengerade (Mast)* ‖ ◇ acabarse la *~* ⟨fig⟩ *ablaufen, zu Ende gehen (Bietefrist bei e–r Auktion)* ‖ arrear *od* arrimar la *~* ⟨fig⟩ *(ver)prügeln, schlagen* ‖ dar *~ Feuer geben* ‖ estar con la *~* en la mano *im Sterben liegen* ‖ pedir *~* And *wechselt eure Plätze! (Kinderspiel)* ‖ pegar *~* a algo Cu Ven *et. in Brand setzen*
²candela *f Abstand* m *zwischen dem Gleichgewichtspunkt und dem Zünglein der Waage*
³candela *f* ⟨Ins⟩ *Leuchtkäfer* m
cande|labro *m Armleuchter, Kandelaber, Lichtständer* m ‖ Arg ⟨Bot⟩ *Riesensäulenkaktus* m *(Cereus giganteus)* ‖ *~* de pared *Wandleuchter* m ‖ *~* de los siete brazos *Menora* f, *siebenarmiger Leuchter* m *(im Tempel Salomonis)*
¹candelada *f Lagerfeuer* n ‖ *(Flacker)Feuer* n ‖ Cu *Licht* n, *Kerze* f
²candelada *f* Col ⟨Fi⟩ *Laichzeit* f
candelaria *f* ⟨Bot⟩ *Königskerze* f *(Verbascum sp)*
Candelaria *f* ⟨Kath⟩ *Mariä Lichtmess* f
candelario adj Pe *dumm, einfältig*
candelas *fpl* Col *Liebeleien* fpl
candele|ja *f* Chi *Lichtknecht* m ‖ **–jón** *m/adj* Am *Tölpel* m ‖ **–ro** *m Leuchter* m ‖ *Lampe* f ‖ ⟨Mar⟩ *Mink, Klau* f ‖ Col *Heizer* m ‖ Col *Kuppler* m ‖ Col *Schlüsselbein* n ‖ Ven ⟨Bot⟩ *(Art) Efeu* m ‖ ◇ estar en *~* ⟨fig⟩ *hoch stehen (in Würde) sehr einflussreich sein* ‖ *~s mpl* ⟨Mar⟩ *Sonnensegelstützen* fpl ‖ Zelt- bzw *Geländer|stützen* fpl
candeli|lla *f* dim von **¹candela** ‖ *Nachtlicht* n ‖ Cu *Nacht* f ‖ Arg Chi *Irrlicht* n ‖ ⟨Bot⟩ *Kätzchen* n ‖ ⟨Bot⟩ *Weidenkätzchen* n ‖ ⟨Bot⟩ *(Kork)Eichenblüte* f ‖ ⟨Bot⟩ *Kerzenblüte* f ‖ CR Chi Hond ⟨Ins⟩ *Leuchtkäfer* m ‖ ⟨Med⟩ *Bougie* f ‖ *~s fpl* Col *Frostbeulen* fpl ‖ ◇ muchas *~s* hacen un cirio pascual *viele Körner geben e–n Haufen* ‖ **–zo** *m* ⟨fam⟩ *Eiszapfen* m
candelo *m* ⟨V⟩ *Sommertangare* f *(Piranga rubra)*
candelón *m* ⟨Bot⟩ Ant Mex *Mangrovebaum* m *(Rhizophora mangle)*
canden|cia *f Weißglut* f ‖ **–te** adj *weißglühend*
candi adj → **²cande**
Candía *f* ⟨Geogr⟩ *Kreta* n
candial adj/s *(m/f)* → **¹candeal**
Cándida *f* np *Candida* f
candidación *f Kristallisierung* f *(Zucker)*
cándidamente adv von **cándido**
candida|to *m Kandidat, (Amts)Bewerber* (a um), *Anwärter* (a auf), *Kandidat* m ‖ *Prüfungskandidat* m ‖ *~* oposicionista *Gegenkandidat* m *(von e–r anderen Partei)* ‖ *~* rival *Gegenkandidat* m ‖ *~* transitorio *Übergangskandidat* m ‖ ◇ presentarse (como) *~* ⟨Pol⟩ *kandidieren* ‖ ser *~* a un puesto *s. um e–e Stelle bewerben* ‖ ser *~* a un examen *s. zu e–r Prüfung melden* ‖ **–tura** *f Kandidatur, (Amts)Bewerbung, Anwartschaft* f ‖ ⟨Pol⟩ *Kandidatenliste* f, *Wahl-, Stimm|zettel* m ‖ ◇ presentar su *~* ⟨Pol⟩ *kandidieren* ‖ *s. als Kandidat aufstellen lassen* (a für)

candidez [pl ~**ces**] f Weiße, weiße Farbe f ‖ Unschuld f ‖ Aufrichtigkeit, Redlichkeit f ‖ Einfalt f ‖ Naivität, Harmlosigkeit f ‖ Arglosigkeit f ‖ Blauäugigkeit f

candidiasis f ⟨Med⟩ Soor m

cándido adj weiß, glänzend weiß ‖ unschuldig ‖ aufrichtig, treuherzig ‖ einfältig ‖ naiv, harmlos ‖ arglos ‖ blauäugig ‖ ◇ eres demasiado ~ du bist doch zu naiv

candiel m And ⟨Kochk⟩ Gericht n aus Weißwein, Eidottern, Mehl, Zucker und Gewürz

¹candil m Zinn-, Schnabel‖lampe f ‖ Öllampe, ⟨fam⟩ Ölfunzel f ‖ (Küchen)Lampe f ‖ Blendleuchter m (zum Fischfang) ‖ Mex Kronleuchter m ‖ ◇ arder en un ~ ⟨figf⟩ sehr stark sein (z.B. Wein, Worte) ‖ ⟨figf⟩ allerhand sein ‖ buscar con un ~ ⟨fig⟩ (e-r Sache) auf den Grund gehen, (et.) mit der Laterne suchen ‖ ni buscado con un ~ ⟨fam⟩ sehr gelegen, wie vom Himmel gefallen ‖ sehr geschickt (Person) ‖ pescar al ~ bei Nachtlicht fischen ‖ ⟨fig⟩ im Trüben fischen ‖ ~es mpl ⟨Jgd⟩ Enden npl des Hirschgeweihs, Krone f ‖ ◇ ¡adóbame esos ~! ⟨figf⟩ das mach e–m anderen weis! ‖ das kannst du d–r Großmutter erzählen!

²candil m Cu ⟨Fi⟩ Schleimkopf m

candi‖la f ⟨Bgb⟩ Bergmannslaterne f ‖ –**lada** f ⟨fam⟩ Ölinhalt m (e–r Lampe) ‖ –**lazo** m Schlag m mit der Öllampe f ‖ ⟨fig⟩ Abend‖rot n, -röte f ‖ –**leja** f Öl‖behälter m, -gefäß n (e–r Lampe) ‖ (Öl)Lämpchen n ‖ –**s** fpl ⟨Th⟩ Rampenlichter npl ‖ –**lera** f ⟨Bot⟩ Gelbleuchte f ‖ –**letear** vi Ar ⟨figf⟩ schnüffeln ‖ –**letero** m Ar ⟨fam⟩ Schnüffler m

candilillo m ⟨Bot⟩ → **arísaro**

candinga f Chi Belästigung, Plage f ‖ Hond Wirrwarr m ‖ Mex Teufel m ‖ Arg ⟨fig⟩ armer Teufel m

¹candiota adj aus Candia, candiotisch (kretisch) ‖ ~ m Kandiot m (Kreter)

²candiota f (Wein)Fässchen n

candiotero m Böttcher m

candirse vr Ar hinsiechen

candombe m SAm Negertanz m ‖ längliche Trommel f (zur Begleitung beim Candombetanz) ‖ Arg ⟨fig⟩ politische Machenschaft od Manipulation f

candon‖ga f ⟨fam⟩ Fopperei, derbe Neckerei f, Ulk m ‖ ⟨fam⟩ Last-, Maul‖tier n ‖ ◇ dar ~ → **candonguear** ‖ ~**s** fpl Col Ohrgehänge n ‖ –**go** adj ⟨fam⟩ schmeichlerisch ‖ gerieben ‖ ⟨fam⟩ arbeitsscheu ‖ ~ m Drückeberger m ‖ –**guear** vi (mit jdm) derben Scherz treiben, (jdn) verulken, (jdn) hänseln, (jdn) auf den Arm nehmen ‖ ⟨fam⟩ s. drücken (von der Arbeit) ‖ –**guero** m ⟨fam⟩ Faulenzer, Faulpelz, Drückeberger m

can‖dor m blendende Weiße f ‖ Arglosigkeit, Offenherzigkeit, Seelenreinheit, Naivität, Harmlosigkeit f ‖ Einfalt f ‖ ◆ con ~ offenherzig, aufrichtig ‖ –**doroso** adj arglos, offenherzig ‖ naiv ‖ unbefangen, harmlos ‖ seelenrein ‖ adv: ~**amente**

canducho adj Sal kräftig, rüstig
△ **candujo** m (Hänge)Schloss n

candungo adj Pe spaßig ‖ lustig ‖ Pe dumm, einfältig ‖ ~ m Dom Würfelbecher m

canear vi And grau werden (Haare) ‖ ~ vt Murc (et.) in der Sonne (er)wärmen

cane‖ca f, -**co** m irdene Likörflasche f ‖ Cu ⟨Art⟩ Flüssigkeitsmaß n ‖ Col Mülleimer m ‖ Arg Kiepe f (zur Weinlese) ‖ →
¹cantimplora ‖ –**co** adj Bol beschwipst, ange‖säuselt, -heitert, -dudelt

canéfora f Kanephore, korbtragende Bildsäule f

¡canejo! ⟨fam⟩ → **¡carajo!**

cane‖la f Zimt, Kaneel m ‖ Zimtrinde f ‖ ⟨fig⟩

sehr feine Sache f, ⟨fam⟩ das Feinste, das Beste n ‖ ◇ eso es (la flor de la) ~ ⟨figf⟩ das ist das Feinste (vom Feinen) ‖ wundervoll! ‖ –**lado** adj zimtfarben ‖ ~ m Zuckerwerk n mit Zimt ‖ –**lar** m Zimtpflanzung f ‖ –**lazo** m Ec Aufguss m aus Branntwein und Zimt ‖ –**lero** m Zimtbaum m ‖ –**lina** f ⟨Chem⟩ Canellin n ‖ –**lo** adj zimtfarben (Pferde und Hunde) ‖ ~ m ⟨Bot⟩ Zimtbaum m (Cinnamomum sp) ‖ Chi ⟨Bot⟩ (Art) Magnolienbaum m ‖ Col ⟨Bot⟩ Zimtlorbeer m

¹canelón m Eiszapfen m (am Dach)

²canelón m Quastenschnur f ‖ ⟨Mil⟩ Raupe, Achselschnur f

³canelón m ⟨Kath⟩ Geißelende n

⁴canelón m: ⟨fam⟩ hacer el ~ der Dumme sein ‖ echar un ~ ⟨vulg⟩ bumsen, vögeln, ficken

canelones mpl ⟨Kochk⟩ Cannelloni pl

canero m Dom Unruhestifter m ‖ Arg Wiederholungstäter m

canes mpl ⟨Zim⟩ Schultern fpl

canesú [pl ~**úes**] m Rundspenzer m, Leibchen n ohne Ärmel ‖ Oberteil m des Hemdes

canevá m Am → **cañamazo**

cánevas m Gitternetz n

¹caney m Cu Einbuchtung f (e–s Flusses), Flussbiegung f

²caney m Col Cu (keilförmige) Hütte f ‖ Col Schuppen m

can‖fín m CR, –**fina** f Guat Erdöl n ‖ –**finflero** m Arg Zuhälter m ‖ –**finfora** f Ven Lärm, Tumult m ‖ Streit m

canfórico adj ⟨Chem⟩ Kampfer-

¹canga f Am lehmhaltiges Eisenerz n

²canga f Sal Pflug m (mit e–m Pferd) ‖ And Gespann n Pferde bzw Maultiere

canga‖lla f Sal Lumpen, Hader m ‖ Arg Pe Feigling, Schwächling m ‖ Col mageres Tier n ‖ magere Person f ‖ △ Karren m ‖ Bol Chi Erzdiebstahl m (in Bergwerken) ‖ –**llero** m Chi Pe Erzdieb m (in Bergwerken) ‖ Pe Trödler, Hausierer m ‖ △ Fuhrmann m ‖ –**llo** m And ⟨fam⟩ großer, magerer Mensch m ‖ Sal Plunder, Kram m ‖ Sal Fersenbein n

cangar vt Ast stören

cangarejera f Col Voreingenommenheit f

¹cangilón m Eimer, Kübel m ‖ Schöpf-, Brunnen‖eimer m ‖ Baggereimer m ‖ Becher m (e–s Becherwerks) ‖ großer Wasserkrug m ‖ ~ de carga automática, ~ autoprensor selbstgreifender Baggereimer, Greiferkübel m ‖ ~ de descarga automática selbstöffnender Baggereimer m

²cangilón m Am Rad‖spur f, -eindruck m

cangilones mpl Falten fpl e–r Halskrause ‖ Col Unebenheiten fpl (des Weges)

cangre m Cu Körperkraft f

cangre‖ja f ⟨Mar⟩ Gaffel f ‖ (vela) ~ ⟨Mar⟩ Gaffelsegel n ‖ –**jada** f Ec Dummheit f ‖ Pe Gemeinheit f ‖ –**jear** vt ⟨pop⟩ befummeln ‖ –**jera** f, –**jal** m Brutplatz m der Krebse ‖ –**jero** m Krebsfänger m ‖ Chi Krebsloch n

¹cangrejo m ⟨Zool⟩ (Fluss)Krebs m ‖ Krabbe f ‖ ~ de los cocoteros Palmendieb, Kokosnussräuber m (Birgus latro) ‖ ~ común Strandkrabbe f (Carcinus maenas) ‖ ~ ermitaño Einsiedlerkrebs m, Eremit m (Eupugarus bernardus) ‖ ~ de fango Sumpfkrebs m (Astacus leptodactylus) ‖ ~ faquín Wollkrabbe f (Dromia vulgaris) ‖ ~ de manguitos Wollhandkrabbbe f (Eriocheir sinensis) ‖ ~ de mar → ~ común ‖ ~ de río Fluss-, Edel‖krebs m (Astacus astacus) ‖ ◇ caminar como los ~s im Krebsgang gehen

²cangrejo m Steinkarren m ‖ ⟨Mar⟩ Drehrahe f

³cangrejo m Ec Dummkopf, Tölpel m ‖ Schwächling m ‖ Dom Schwule(r) m ‖ Pe Verräter m ‖ Schelm, Gauner m

can|grena *f* → **gangrena** ‖ **-grina** *f* Chi →
gangrena ‖ Cu *Karbunkel* m ‖ Col *Belästigung* f
△ **cangrí** [*pl* ~**íes**] *m Knast* m
cangro *m* Am ⟨Med⟩ *Krebs* m
canguil *m* Ec ⟨Bot⟩ *kleinkörniger Mais* m
canguelo *m* ⟨pop⟩ *Angst* f, ⟨pop⟩ *Bammel* m
canguerejera *f* Col → **cangarejera**
cangüeso *m* ⟨Fi⟩ *Schleimfisch(art* f) m ‖
Meergrundel(art f) m
¹**canguro** *m* ⟨Zool⟩ *Känguru* n (Macropodidae)
²**canguro** *m* Span ⟨fam⟩ *Babysitter* m ‖ ◇
hacer de ~ *babysitten*
caníbal adj *(m/f) kannibalisch* ‖ ~ *m*
Kannibale, Menschenfresser m ‖ ⟨fig⟩ *roher,*
wilder Mensch m
canibalismo *m Menschenfresserei* f ‖
Artgenossenfresserei f (Tiere) ‖ *Kannibalismus* m
‖ ⟨fig⟩ *Wildheit* f ‖ ⟨fig⟩ *Unmenschlichkeit* f
canica *f Murmel* f, *Klicker* m ‖ *Murmelspiel* n
canicida adj *hundetötend*
canicie *f Ergrauen* n *des Haares*
canícula *f Hundstage* mpl ‖ *Sommerhitze* f ‖
⟨Astr⟩ *Hundsstern, Sirius* m
canicular adj: (días) ~es *Hundstage* mpl
canículo *m* Cu *Tor, Narr* m ‖
Schwachsinnige(r) m
cánidos mpl ⟨Zool⟩ *hundeartige Raubtiere* npl
(Canidae)
canijo adj ⟨fam⟩ *schwächlich, kränklich* ‖ ~ *m*
⟨pop⟩ *schwächlicher Mensch* m ‖ → **encanijado**
¹**canil** *m Kleienbrot* n
²**canil** *m* Ast *Fangzahn* m
¹**canilla** *f* ⟨An⟩ *Schienbein* m ‖ ⟨An⟩
Ellbogenbein n, *Elle* f ‖ *Flügelknochen* m *der*
Vögel ‖ *Wade* f ‖ Mex ⟨fig⟩ *körperliche Kraft,*
Robustheit f ‖ ◇ irse de ~ ⟨figf⟩ *sehr starken*
Durchfall haben ‖ ⟨figf⟩ *den Mund nicht halten*
können
²**canilla** *f Fass|hahn, -zapfen* m ‖ Arg *Fass-,*
Wasser|hahn m ‖ ⟨Text⟩ *Weberspule* f (& *Spule in*
der Nähmaschine)
³**canilla** *f Zimtrinde* f
cani|llera *f* ⟨Text⟩ *Kötzerspulmaschine* f ‖ ~
de vaso ⟨Text⟩ *Becherspulmaschine* f ‖ ⟨fig⟩ Col
Erschöpfung f ‖ ⟨fig⟩ Col *Angst* f ‖ **-llero** *m*
Zapf-, Spund|loch n *(am Fass)* ‖ **-llita** *m*
Zeitungs|junge, -austräger m ‖ **-llón** adj Ec →
-lludo ‖ **-lludo** adj Am *hoch od lang*
aufgeschossen (Kind)
cani|na *f Hundekot* m ‖ **-nez** *f Gefräßigkeit* f ‖
-no adj *Hunde-, Hunds-* ‖ (hambre) ~a *Heiß-,*
Bären-, Wolfs|hunger m ‖ (diente) ~ *Eck-,*
Augen|zahn m
Canita *f* np → **Carmen**
canivete *m* Sal *Gartenmesser* n
can|je *m Wechsel, Austausch* m ‖ *Austausch* m
(Vollmachten, Gefangene, Zeitungen) ‖
Wechselgeld n ‖ ~ de espías *Spionenaustausch* m
‖ ~ de los instrumentos de ratificación *Austausch*
m *der Ratifizierungsurkunden* ‖ ~ de notas
Noten|wechsel, -austausch m ‖ ~ de poblaciones
Bevölkerungsaustausch m ‖ ~ de prisioneros (de
guerra) *(Kriegs)Gefangenenaustausch* m ‖ **-jear**
vt *aus|wechseln, -tauschen* (z. B. *Briefmarken)* ‖
umtauschen
canjiar *m Kandjar* m *(Dolch)*
can|na *f* ⟨Bot⟩ *Kanna* f, *Blumenrohr* n (Canna
spp) ‖ **-nabis** *m* → **cáñamo** ‖ **-náceas** *fpl* ⟨Bot⟩
Schwanenblumengewächse npl (Cannaceae)
cano adj/s *grau, weiß (Haupthaar)* ‖ *grau-,*
weiß|haarig ‖ ⟨fig⟩ *alt(ertümlich)* ‖ ⟨fig⟩ *klug,*
weise ‖ ⟨fig poet⟩ *schneebedeckt*
¹**canoa** *f Kanoa* f, *Baumkahn, Einbaum* m *(der*
Naturvölker) ‖ ⟨Sp⟩ *Kanu* n ‖ ⟨Mar⟩ *leichtes*
Kapitänsboot, Paddelboot n ‖ ⟨fig⟩ (in der

Drogenszene) *Haschischzigarette* f ‖ ⟨fam⟩
(Zylinder)Hut m ‖ ~ automóvil *Motorboot* n ‖ ~
plegadiza *Faltboot* n ‖ ~ de salvamento
Rettungsboot n
²**canoa** *f* CR Chi *Dachrinne* f ‖ Chi *Dachtraufe*
f
³**canoa** *f* Am *Futtertrog* m
canoaje *m Bootsfahrt* f
canódromo *m Hunderennbahn* f
canoero *m Kanu|führer, -fahrer, Kanute* m ‖ ~**s**
mpl *Bootsbesatzung* f
canofer *m Toilettenschrank* m
canófilo m/adj *Hundeliebhaber* m
canon [*pl* **cánones**] *m Regel, Vorschrift,*
Richtschnur f ‖ *Kirchengesetz* n ‖ *Katalog* m,
Verzeichnis n ‖ *kirchlicher Festkalender* m ‖
Kanon m *(Teil des Gottesdienstes)* ‖ *feste*
Ertrags-, Betriebs|steuer f ‖ ⟨Jur⟩ *Pachtzins* m ‖
Pacht f ‖ *pauschale Zoll- od Steuer|abgabe* f ‖
⟨Mus⟩ *Kanon* m ‖ ~ enfitéutico ⟨Jur⟩
Erb(pacht)zins m ‖ *Kanon* m ‖ ~ máximo
Höchstpacht f ‖ **cánones** mpl *kanonisches Recht* n
canonesa *f Kanonissin, Stiftsdame, Chorfrau* f
canónica *f Ordensregel* f
cano|nical adj *(m/f) Dom- und Stiftsherren-* ‖
kanonisch, vorschriftsmäßig, regelgerecht ‖
-nicato *m Domherrnwürde* f
canóni|co adj *kanonisch* ‖ ⟨fig⟩ *mustergültig* ‖
adv: ~**amente** ‖ **-ga** *f* ⟨fam⟩ *Mittagsschlaf* m *vor*
dem Essen ‖ **-go** *m* Dom-, Stifts|herr m ‖ ~
capitular Domkapitular m
cano|nista m/f *Kenner(in* f) m *des*
Kirchenrechts, Kanonist(in f) m ‖ **-nización** *f*
Heiligsprechung, Kanonisation f ‖ **-nizar** [z/c] vt
heiligsprechen, kanonisieren ‖ ⟨fig⟩ *loben, preisen*
‖ ⟨fig⟩ *gutheißen*
canonjía *f Domherrnpfründe* f, *Kanonikat* n ‖
⟨figf⟩ *Sinekure* f, *Ruheposten* m
canope *m* ⟨Archäol⟩ *Kanope* f
canorca *f* Val *Grotte, Höhle* f
canoro adj *wohlklingend* ‖ *melodienreich* ‖
anmutig singend (Vogel)
canoso adj *weißhaarig, grau(haarig)* ‖ ⟨fig⟩ *alt*
cano|taje *m Kahnfahren* n ‖ *Rudersport* m ‖
-tié, -tier *m kreisrunder, flacher Strohhut* m,
⟨fam⟩ *Kreissäge* f
cansa|do adj *müde, matt, er|mattet, -müdet* ‖
schwach ‖ *erschöpft (Boden)* ‖ *lahm (Feder)* ‖
anstrengend (Arbeit) ‖ *lästig, ermüdend* ‖
langweilig ‖ ◇ tener vista ~a *kurzsichtig sein* ‖
estoy ~ de oírlo ⟨fam⟩ *es hängt mir zum Hals(e)*
heraus ‖ adv: ~**amente** ‖ **-dor** adj Arg Chi Ur
langweilig
cansancio *m Müdigkeit, Mattigkeit* f ‖
Ermüdung f ‖ ⟨fam⟩ *Langeweile* f ‖ ~ abrumador
niederdrückende Müdigkeit f ‖ ~ de la guerra
Kriegsmüdigkeit f ‖ ~ del material
Materialermüdung f ‖ ◇ caerse de ~ *vor*
Müdigkeit umfallen
cansar vt/i *ermüden, abmatten* ‖ *abnützen* ‖
aussaugen, erschöpfen (Boden) ‖ *anstrengen*
(Arbeit) ‖ *(jdn) abjagen, (jdn) -hetzen* ‖ ⟨fig⟩
belästigen, ärgern ‖ *langweilen* ‖ ~**se** *s. ermüden,*
müde werden ‖ s. *abplagen, s. fertigmachen* ‖ s.
bemühen, anstrengen (con, de mit) ‖
s. *langweilen* ‖ *erschlaffen (Gesichtszüge)* ‖
überanstrengt werden (Augen) ‖ ◇ ~ de
algo *e–r Sache überdrüssig werden,* ⟨fam⟩ et. *satt*
kriegen ‖ ~ de hablar *des Redens überdrüssig*
werden
can|sera *f* ⟨fam⟩ *Belästigung, Zudringlichkeit* f
‖ Sal *Mattigkeit* f ‖ Am *Zeitverlust* m ‖ **-sino** adj
erschöpft, matt (Kind) ‖ *abgehetzt, über|anstrengt,*
-müdet ‖ **-so** adj Am → **-sado** ‖ **-són** adj PR Ven
leicht ermüdbar

can|table adj *(m/f)* ⟨Mus⟩ *kantabel* ‖ **–tábile** m
Kantabile n ‖ *Gesangsnummer* f
Cantabria *f Kantabrien* n (autonome Region
in Spanien)
cantábrico adj *kantabrisch*
cántabro m/adj *Kantabrer* m ‖ *aus Cantabria*
= heute P Sant)
canta|da *f Kantate* f, *Gesang(s)stück* n ‖ Mex
⟨fig⟩ *Geheimnisenthüllung* f ‖ **–do** *m Gesang* m ‖
–dor *m (Volks)Sänger* m ‖ **–dora** *f*
(Volks)Sängerin f
cantal *m großer Eckstein* m ‖ *steiniges Feld* n
canta|lear vi *girren (Tauben)* ‖ **–leta** *f* ⟨fam⟩
Spott, Hohn m ‖ *Spottlied* n ‖ *Hond Lieblingswort*
n ‖ Col *stetiger Streit* m ‖ ◇ *dar ~ a uno* ⟨fam⟩
jdn prellen ‖ **–letear** vt Am *ständig wiederholen* ‖
Mex *(jdn) prellen* ‖ **–linoso** adj *steinig*
cantamañanas *m/f leichtlebiger Mensch,
Windbeutel, Bruder m Leichtfuß*
cantamisano *m* ⟨Kath⟩ *Primiziant* m
cantante *m/f (Opern)Sänger(in* f) m ‖ *~ de
opereta Operettensänger(in* f) m
cantaor *m Flamencosänger* m
¹**cantar** vt/i *(be)singen, rühmen, preisen, loben,
bejubeln* ‖ ⟨fam⟩ *reden, erzählen, sagen,* ⟨pop⟩
ver|pfeifen, -raten ‖ *summen, singen (Wasser,
Milch vor dem Kochen)* ‖ ⟨Mus⟩ *mit Gefühl
vor|tragen, -singen* ‖ *krähen (Hahn)* ‖ *quaken
(Frosch)* ‖ *zirpen (Grille)* ‖ *singen, zwitschern
(Vogel)* ‖ *trillern (Lerche)* ‖ *schlagen (Nachtigall)*
‖ *murmeln, rauschen (Quelle)* ‖ *knarren
(Wagenrad)* ‖ *quietschen (z. B. schlecht geölte
Tür)* ‖ ⟨fam⟩ *nicht dichthalten, singen* ‖ ⟨Mar⟩
pfeifen (Kommando) ‖ ⟨Kart⟩ *s–e Karten angeben*
‖ ⟨fam⟩ *eingestehen, bekennen (Geheimnis,
Schuld)* ‖ ◇ *~ el alfabeto das Abc aufsagen* ‖ *~
las claras* ⟨fam⟩ *(et.) freiheraus sagen* ‖ *~le a alg.
las cuarenta* ⟨fig⟩ *jdm unverblümt die Meinung
sagen, jdm den Kopf zurechtsetzen* ‖ *~la(s)
hora(s) die Stunde ausrufen* ‖ *~ (la) misa Messe
lesen* ‖ *~ la palinodia Widerruf leisten* ‖ *~ de
plano* ⟨figf⟩ *alles bekennen, was man weiß* ‖ *~ a
plenos pulmones aus vollem Kehle, aus vollem
Hals singen* ‖ *~ a primera vista, ~ de repente*
⟨Mus⟩ *vom Blatt singen* ‖ *~ la tabla das
Einmaleins hersagen* ‖ *~ victoria* ⟨fam⟩ *hurra
schreien* ‖ *~ dos voces zweistimmig singen* ‖ *es
coser y ~* ⟨figf⟩ *das ist spielend leicht* ‖ *das ist
e–e Wonne* ‖ *Vd. puede ~ gloria* ⟨figf⟩ *Sie haben
gewonnen* ‖ *es como si cantara* ⟨figf⟩ *es ist ganz
zwecklos, es ist alles in den Wind gesprochen*
²**cantar** vi ⟨pop⟩ *schlecht riechen, stinken*
³**cantar** *m Lied* n ‖ *(Tanz)Weise* f ‖ *eintöniges
Singen n bei der Arbeit* ‖ *~ de gesta* ⟨Lit⟩
Heldenepos n ‖ *El ~ del mío Cid das
altspanische Cid-Epos* ‖ *El ~ de los ~es m das
Hohelied Salomos* ‖ ◇ *esto es otro ~ das ist et.
anderes, das steht auf e–m anderen Blatt* ‖ *es el
eterno ~ es ist immer dieselbe Leier*
¹**cántara** *f →* **~o** ‖ *ein Weinmaß 16,13 Liter* ‖
Kanne f, *Krug* m
²**cántara** *f* ⟨Text⟩ *Schweifgestell* n
cantarada *f e–e Kanne voll, ein Krug voll*
cantarano *m Schreibkommode* f
¹**cantarela** *f* ⟨Mus⟩ *Quinte, höchste Saite* f *der
Geige*
²**cantarela** *f* ⟨Bot⟩ *Pfifferling* m, *Öst
Eierschwammerl* n (Cantharellus cibarius)
cantare|ra *f Gestell n für Krüge, Topfbank* f ‖
–ría *f Krugmarkt* m
cantárida *f* ⟨Ins⟩ *Kantharide, Spanische Fliege*
f, *Blasenkäfer* m (Lytta vesicatoria) ‖ *spanisches
Fliegenpflaster* n ‖ ◇ *aplicarle a uno* ~s ⟨figf⟩
jdm bissige Dinge sagen
cantari|dina *f* ⟨Pharm⟩ *Kantharidin* n,

Kantharidenkampfer m ‖ **–dismo** *m* ⟨Med⟩
Kantharidenvergiftung f
canta|rilla *f* dim von ¹**cántara** ‖ Col *Verlosung*
f ‖ ⟨Mus⟩ *Kantilene* f ‖ **–rillo** *m* dim von **cántaro**
‖ ◇ *~ que muchas veces va a la fuente, o deja el
asa o la frente* ⟨Spr⟩ *der Krug geht so lange zum
Brunnen, bis er bricht*
cantarín adj *sangeslustig* ‖ ⟨lit⟩ *murmelnd
(Quelle)* ‖ *~ m (Berufs)Sänger* m ‖ ⟨fam⟩
Sangesbruder m
cantari|na *f (Berufs)Sängerin* f ‖ **–no** adj
⟨poet⟩ *singend*
cántaro *m Henkelkrug* m, *Kanne* f, *Krug* m ‖
e–e Kanne voll, ein Krug voll ‖ *ein (regional
unterschiedliches) span. Weinmaß* n ‖ *Wahl-,
Los|urne* f ‖ ♦ *a ~s* ⟨fig⟩ *in Hülle und Fülle* ‖ ◇
*~ que muchas veces va a la fuente, o deja el
asa o la frente* ⟨Spr⟩ *der Krug geht so lange zum
Brunnen, bis er bricht* ‖ *volver las nueces al ~*
⟨figf⟩ *alten Tee aufwärmen* ‖ *e–e erledigte Sache
wieder aufrühren* ‖ *llover a ~s* ⟨fig⟩ *in Strömen
gießen, wie aus od mit Eimern od Kübeln regnen*
‖ ⟨od tantas veces) va el ~ a la fuente, que al fin se
rompe* (od *que deja el asa o la frente)* ⟨Spr⟩ *der
Krug geht so lange zum Brunnen, bis er bricht*
cantarrana *f Al Froschschnarre f (Spielzeug)*
canta|ta *f* ⟨Mus⟩ *Kantate* f ‖ ⟨fig⟩ *langweilige
Geschichte* f ‖ *¡siempre la misma* ~! ⟨figf⟩ *immer
dieselbe Geschichte! immer die alte Leier!* ‖ **–triz**
[*pl* **~ces**] *f Sängerin* f
cantautor *m Liedermacher* m
¹**cantazo** *m Steinwurf* m ‖ PR *Schlag* m *mit
e–m Knüppel* ‖ Col PR *Peitschenschlag* m
²**cantazo** PR *kräftiger Schluck* m *(Wein, Likör
usw.)*
cante *m* And *Singen* n, *Gesang* m ‖ And
Volksweise f ‖ Ast *Gesang* m ‖ ⟨fig⟩ *Klatsch* m ‖
Klingklang m ‖ *~ andaluz Flamenco* m *(im
weiteren Sinne)* ‖ *(and.) Zigeuner|tanz* m,
-tanzlied n ‖ *~ chico Flamenco* m *(im engeren
Sinne)* ‖ *~ flamenco Flamenco* m ‖ *~ grande, ~
hondo, ~ jondo (and.) Spielart f des Flamenco*
cantear vt ⟨Zim⟩ *ab|schrägen, -kanten* ‖ *(die
Ziegel) auf die schmale Seite legen* ‖ ⟨Arch⟩
besäumen, abrichten ‖ Sal *steinigen* ‖ Chi
behauen (Stein) ‖ Guat ⟨fig⟩ *schlecht abwickeln
(Geschäft)* ‖ **~se** *schief werden, s. verschieben*
cantegril *m* Ur *Elendsviertel* m
cante|ra *f (Stein)Bruch* m ‖ *Grube* f ⟨fig⟩ *nie
versiegende Quelle* f ‖ ⟨fig⟩ *Talentschmiede* f
(bes. Sp) ‖ ⟨figf⟩ *Hader, Streit* m ‖ Mex **→ –ría** *f*
‖ *~ de arena Sandgrube* f ‖ *~ de grava Kies-,
Schotter|grube* f ‖ *~ de marga Mergelgrube* f ‖ *~
de mármol Marmorbruch* m ‖ *~ de piedra
Steinbruch* m ‖ *~ de pizarra (Dach)Schieferbruch*
m ‖ ◇ *armar una ~, levantar una ~* ⟨figf⟩ *e–e
Krankheit hervorrufen bzw verschlimmern* ‖ ⟨figf⟩
in ein Wespennest stechen ‖ **–ría** *f Mauerwerk* n
von Quadersteinen ‖ *Quaderstück* n ‖ **–rito** *m
Stückchen n Brot* ‖ **–ro** *m Steinbrecher* m ‖
Stein|hauer, -metz m ‖ *Ranftstück* n, *Kanten m am
Brot,* ⟨fam⟩ *Knust* m ‖ *Ecke, Kante* f ‖ Sal *Stück* n
Feld ‖ Am *Gartenbeet* n ‖ *un ~ de pan ein Stück
n Brot*
canticio *m* ⟨fam⟩ *stetiges, lästiges Lied* n,
langweilige Singerei f
cántico *m Lobgesang* m ‖ *Choral* m ‖ ⟨poet⟩
Gedicht n ‖ *~ de amor Liebeslied* n
cantidad *f Anzahl, Menge* f ‖ *Summe* f *Geldes*
‖ *Größe, Vielheit, Quantität* f ‖ *Gehalt* m *(de an)* ‖
Quantum n ⟨Math⟩ *Größe* f ‖ *~ de alcohol en la
sangre* ⟨StV⟩ *Blutalkohol|konzentration f (BAK),
-gehalt* m ‖ *~ de aspiración (An)Saugmenge* f ‖ *~
constante* ⟨Math⟩ *konstante Größe* f ‖ *una ~ a
cuenta e–e Teilzahlung f, ein Vorschuss* m ‖ *~
entregada Liefermenge* f ‖ *~ escalar* ⟨Math⟩
Skalargröße f ‖ *~ extraída* ⟨Bgb⟩ *Förder|menge,*

-leistung f ‖ ~ global *Pauschalsumme* f ‖ ~
infinitamente (grande) pequeña *unendlich (große)
kleine Größe* f ‖ ~ de lluvia *Niederschlagsmenge*
f ‖ ~ necesaria *Bedarf* m ‖ ~ numérica
Zahlengröße f ‖ ~ parcial *Teilbetrag* m ‖ ~
ponderable *wägbare Menge* f ‖ ~ de producción
Produktionsmenge f, Ausstoß m ‖ ~ de trabajo
Arbeitsleistung f, *Nutzeffekt* m ‖ *Arbeitsaufwand*
m ‖ ~ transportada *Förder|menge, -leistung* f ‖ ~
variable *variable Größe* f ‖ ~ vectorial ⟨Math⟩
Vektorgröße f ‖ ♦ en ~es industriales ⟨figf⟩ *in
rauen Mengen, haufenweise, in Hülle und Fülle* ‖
◇ hacer buena una ~ *e–e Summe be|gleichen,
-zahlen*
    cántiga, cantiga *f* ⟨Lit⟩ *(altspan.) Lobgesang*
m
    cantil m ⟨Mar⟩ *steile Klippe, Steilklippe* f ‖
Felsenriff n
    cantilena *f* ⟨Mus⟩ *Kantilene f, einfaches
Liedchen* n ‖ ¡siempre la misma ~! ⟨figf⟩ *immer
dieselbe Leier! immer dieselbe Geschichte!*
    cantiléver adj *einseitig eingespannt,
freitragend* ‖ ~ m *Kantilever, freitragender Flügel*
m ‖ *vorkragende Aufhängung* f
    Cantillana *Ort in der Prov. Sevilla* ‖ ◇ anda el
diablo en ~ ⟨figf⟩ *der Teufel ist los*
    cantillo m *Steinchen* n ‖ *Ecke* f
    ¹cantimplora *m (flache) Feldflasche f,* ⟨fam⟩
Flachmann m ‖ *(Wein)Heber, Weinzieher* m ‖
Kühlgefäß n ‖ *Kürbisflasche* f ‖ *Flaschenkürbis* m
‖ *Sal großer (Koch)Topf* m
    ²cantimplora *f* Guat ⟨fam⟩ *Kropf* m
    cantina *f Kantine f ‖ Wirtschaft f ‖ Weinkeller*
m, *Kellergemach* n ‖ *Flaschenkiste* f ‖
Proviantkiste f ‖ *Ort* m *im Haus, wo das Wasser
zum häuslichen Gebrauch aufbewahrt wird* ‖ ~
de empresa *Werk(s)kantine* f
    cantinas *fpl* Mex *Doppeltragekorb* m *(für
Lasttiere)*
    cantinear vi Guat Salv *verliebt machen*
    cantinela *f* → **cantilena**
    cantine|ra *f Kantinenwirtin* f ‖ ⟨Hist⟩
Marketenderin f ‖ **-ro** *m Kantinen-, Schenk|wirt*
m ‖ ⟨Hist⟩ *Marketender* m
    canti|ña *f* ⟨fam⟩ *Gassen|hauer m, -lied* n ‖
-ñear vi/t → **canturrear**
    cantizal m *Kieselfeld* n
    ¹canto m *Gesang m ‖ Singen* n ‖ *Gesangskunst*
f ‖ *Dichtkunst* f ‖ *Gesang m (e–s epischen
Gedichtes)* ‖ *Gedicht* n ‖ *Lied* n, *Weise* f ‖ ⟨Mus⟩
Arie f ‖ *Zirpen* n *(Grille)* ‖ *Krähen* n *(Hahn)* ‖
Trillern n *(Lerche)* ‖ *Schlagen* n *(Nachtigall)* ‖
Vogelgesang m ‖ *Zwitschern* n *(Vogel)* ‖ ~
ambrosiano *Ambrosianischer Gesang* m ‖ ~ de
arada Cast *bei der Feldarbeit gesungenes Lied* n ‖
~ bélico *Kriegslied* n ‖ ~ de cisne
Schwanengesang (& *fig*) ‖ ⟨fig⟩ *letztes Werk* n ‖
~ coral *Chorgesang* m ‖ ~ figurado ⟨Mus⟩
figurierter Gesang m ‖ ~ fúnebre *Grab-,
Trauer|lied* n ‖ ~ del gallo *Krähen* n *des Hahnes*
‖ ~ gregoriano *Gregorianischer (Chor)Gesang* m,
Gregorianik f ‖ ~ del grillo *Zirpen* n *der Grille* ‖
~ guerrero *Kampf-, Kriegs|lied* n ‖ ~ llano → ~
gregoriano ‖ ~ nupcial *Hochzeitslied* n ‖ ~
piadoso *Kirchenlied* n ‖ ~ popular *Volkslied* n ‖
~ del ruiseñor *Nachtigallenschlag* m ‖ ~ de siega
→ ~ de arada ‖ ~ de (las) sirenas *Sirenengesang*
m ‖ ~ triunfal *Siegesgesang* m ‖ ♦ al ~ del gallo
⟨fam⟩ *beim ersten Hahnenschrei, bei
Tagesanbruch* ‖ ◇ entonar un ~, interpretar un ~
e–n Gesang anstimmen, e–n Gesang vortragen ‖
ser ~ llano ⟨fig⟩ *geläufig, leicht sein* ‖ ⟨fig⟩
schlicht, einfach sein ‖ por el ~ se conoce el
pájaro (Spr) *den Vogel erkennt man am Gesang*
    ²canto *m Rand m ‖ Kante, äußere Seite f (e–r

Sache) ‖ *Ecke, Spitze* f ‖ *Saum* m *(am Kleid)* ‖
Messerrücken m ‖ *(Bruch)Stück* n ‖ *Brotranft* m ‖
Dicke f *(e–s Brettes)* ‖ ⟨Zim⟩ *Holzleiste* f ‖
(Bau)Stein m ‖ *Fels(block)* m ‖ *Werk-,
Quader|stein* m ‖ *vorderer Schnitt (e–s Buches),
Buchschnitt* m ‖ *Wurfspiel, Steinwerfen* n ‖ ~
biselado *Fehlkante* f ‖ *abgeschrägter Rand* m,
abgeschrägte Kante f ‖ ~ dorado ⟨Buchb⟩
Goldschnitt m ‖ un ~ de pan *ein Stück* n *Brot* ‖
~ pelado, ~ rodado *Rollstein* m, *Geröll,
Geschiebe* n ‖ ~ romo ⟨Arch⟩ *rundkantige Ecke* f
‖ ♦ a ~ *sehr nahe daran, fast* ‖ con un ~ a los
pechos ⟨fam⟩ *freudig, mit viel Vergnügen* ‖ ~ de
~ hochkant(ig) ‖ ni un ~ de la uña ⟨figf⟩ *rein
gar nichts* ‖ por el ~ de un duro *um Haaresbreite*
‖ ◇ echar ~s ⟨fig⟩ *vor Wut außer s. sein, wüten,
toben*
    cantón *m Ecke* f ‖ *Kanton* m ‖ *Landstrich,
Kreis, Bezirk* m ‖ ⟨Mil⟩ *Quartier* n, *Belegung* f
(von Ortschaften) mit Truppen ‖ ⟨Mil⟩ *Lagerplatz*
m ‖ ⟨Her⟩ *Obereck* n
    cantonada *f* Ar *Ecke* f ‖ ◇ darle a uno ~
⟨figf⟩ *jdn an der Nase herumführen*
    canto|nal adj *(m/f) kantonal, Kantonal-* ‖
-nalismo *m* ⟨Pol⟩ *Kantonalismus* m ‖ **-nar** vt →
acantonar ‖ **-near** vi *herumschlendern*
    ¹cantonera *f Eckbeschlag* m *(an Tischen,
Büchern)* ‖ *Eckenschoner, Kantenschutz* m,
Eckschiene f ‖ *Kolben|blech* n, *-kappe* f *(Gewehr)*
‖ ⟨Math⟩ *Winkel|eisen, -maß* n ‖ *Ecktisch* m ‖
Eckschrank m
    ²cantonera *f* ⟨pop⟩ *Nutte* f
    ¹cantonero adj *müßiggängerisch* ‖ ~ m
Ecksteher, Müßiggänger m
    ²cantonero *m* ⟨Buchb⟩ *Vergoldermesser* n
    ¹cantor adj *Sing-* ‖ Los maestros ~es de
Núrenberg *Die Meistersinger von Nürnberg* ‖ ~
m *(Vor)Sänger* m ‖ ⟨poet⟩ *Sänger, Dichter* m ‖
Singvogel m ‖ ~ de cámara *Kammersänger* m ‖
~ de feria *Bänkelsänger* m ‖ ~ de ópera
Opernsänger m
    ²cantor *m* Chi ⟨fam⟩ *Nachttopf* m
    canto|ra *f Sängerin* f ‖ **~s** *fpl* ⟨V⟩ *Singvögel*
mpl (Oscines) ‖ **-ral** *m Chorbuch* n
    cantorral *m steiniges Gelände* n
    cantoso adj *steinig (Gegend)*
    cantuariense adj/s *aus Canterbury (England) ‖
auf Canterbury bezüglich*
    cantuda *f* ⟨reg⟩ *Schwarzbrot* n
    cantueso *m* ⟨Bot⟩ *Stochaskraut* n,
Schopflavendel m (Lavandula stoechas)
    cantuja *f* Pe *Rotwelsch* n
    canturía *f Singsang* m, *(Sing)Weise, Melodie* f
    cantu|rrear vi ⟨fam⟩ *(halblaut vor s. hin)
trällern, vor s. hin summen* ‖ ⟨figf⟩ *herleiern* ‖
-rria f And Pe *eintöniger Gesang* m ‖ **-rriar** vi
→ **-rria**
    cantusar vt ⟨fam⟩ *be|rücken, -tören* ‖ ~ vi And
Murc → **canturrear**
    cantuta *f* Am ⟨Bot⟩ *Bartnelke* f (Cantua sp)
    cánula *f* ⟨Med⟩ *Kanüle* f ‖ *Röhrchen* n ‖
Hohlnadel f ‖ ~ rectal *After-, Mastdarm|rohr* n ‖
~ traqueal *Trachealkanüle* f
    canu|lar adj *(m/f) spritzröhrenförmig* ‖ **-tero** *m*
Am *(Füll)Federhalter* m ‖ **-tillo** *m* ⟨Kochk⟩
gefülltes Blätterteigröllchen n ‖ → *auch* **cañutillo**
‖ **-to** *m* → **cañuto** m
    canzoneta *f Kanzonette f (Gedicht)* ‖ *Liedchen*
n
    ¹caña *f (Stroh)Halm* m ‖ *(Schilf)Rohr, Ried* n ‖
Stockpalme f ‖ *Zuckerrohr* n ‖
Zuckerrohr|branntwein, -schnaps m ‖ ⟨fig⟩
schwacher, haltloser Mensch m ‖ Ven *Schluck* m
Likör ‖ ~ de azúcar, ~ dulce, ~ miel *Zuckerrohr*
n ‖ ~ de Batavia *Bataviarohr* n ‖ ~ de Bengala

Spanisches Rohr n (Palmijuncus) ‖ ~ blanca, ~
brava *Bambusrohr* n (Bambusa) ‖ ~ de Castilla
Mex *Zuckerrohr* n ‖ ◆ de media ~ *muldenförmig
ausgehöhlt* ‖ ~s *fpl Schilfrohr* n ‖ ◇ correr *od*
jugar ~ [im Mittelalter] *Ringelstechen halten* ‖
hubo toros y ~ ⟨figf⟩ *es hat tüchtigen Streit (und
Zank) gegeben* ‖ irse de ~ ⟨fam⟩ *zu weit gehen,
über das Ziel hinausschießen* ‖ meter ~ ⟨fam⟩
beschleunigen ‖ las ~ se vuelven lanzas *Scherz
wird oft zu Ernst*
²caña *f Schaft* m ‖ *Stiefelschaft* m ‖
Säulenschaft m ‖ *Ruderschaft* m ‖ *Gewehrschaft*
m ‖ ~ del ancla *Ankerschaft* m ‖ ~ de pescar
Angelrute f ‖ ~ de poste *Mastschaft* m ‖ ~ del
remo *Ruderschaft* m ‖ ~ del timón *Ruder|schaft*
m, -pinne f ‖ ⟨An⟩ *Röhrenknochen* m ‖
(Knochen)Mark n ‖ *Stange* f, hohes *Weinglas* n ‖
⟨Mus⟩ *Rohrmundstück, Ansatzrohr* n *(für Oboe
usw.)* ‖ *Blasrohr* n, *Glasmacherpfeife* f
³caña *f Col Groß|sprecherei, -tuerei* f ‖ Col Ec
Ven *Gerücht* n, *Ente* f, ⟨pop⟩ *Latrinenparole* f
⁴caña *f Col ⟨Art⟩ Tanz* m
cañabota *f Cu ⟨Fi⟩ Glatt-, Marder|hai* m
(Mustelus spp)
cañacoro *m ⟨Bot⟩ Blumenrohr* n (Canna spp)
caña|da *f Engpass, Hohlweg* m ‖ *Weide- und
Wander|weg m (für Schafherden)* ‖ Arg
ausgewaschenes Flussbett n ‖ Ast Ar *Weinmaß* n ‖
◆ hasta la ~ de los huesos ⟨fig⟩ *bis an die
Knochen* ‖ **–dilla** *f* ⟨Zool⟩ *Purpurschnecke* f
(Murex brandaris) ‖ **–do** *m Gal ein Weinmaß m
(etwa 37 l)* ‖ **–dón** *m* augm von **–da** Chi
Weidegrund m ‖ **–duz** *[pl ~ces] f And Col
Zuckerrohr* n ‖ **–duzal** *m And Col
Zuckerrohrplantage* f ‖ **–fístola, –fístula** *f* ⟨Bot⟩
Fistelrohr n (Cassia fistula) ‖ **–flota** *f Ven* →
–fístola
cañaheja, cañ(ah)erla *f Gummi-, Harz|kraut* n,
Riesenfenchel m (Ferula communis)
caña|hua *f peruanische Hirse, aus der die
Chicha bereitet wird* ‖ **–huate** *m Col Guajakbaum*
m (Guajacum spp) ‖ **–hueca** *m/f* ⟨fig⟩
Plaudertasche f
cañal *m*, **cañaliega** *f* → **cañaveral** ‖ *Fischwehr* n
caña|mar, –mal *m Hanffeld* n ‖ **–mazo** *m
Hanfkanevas* m, *Stickgaze* f ‖ *Packtuch,
Sackleinen* n ‖ ~ de algodón *Baumwollstramin* m
‖ *Stickleinwand* f
caña|melar *m Zuckerrohrfeld* n ‖ **–miel** *f
Zuckerrohr* m
cañameño adj *Hanf-*
cañamero *m Al ⟨V⟩ Grünfink* m
cañamiza *f Hanfschäbe* f
cáñamo *m Hanf* m (Cannabis sativa) ‖
Hanfleinwand f ‖ ⟨poet⟩ *Strick* m, *Tau* n *usw.* ‖
Chi *Hanfstrick* m ‖ ~ bruto *roher Hanf* m ‖ ~ de
calafatear *Kalfaterwerg* n ‖ ~ embreado *geteerter
Hanf* m ‖ ~ espadado *gepochter Hanf* m ‖ ~
Guinea *Rosellahanf* m (Hibiscus sp) ‖ ~ índico
Indischer Hanf m (C. indica) ‖ ~ de Manila
Manilahanf m (Musa textilis) ‖ ~ en rama
Basthanf m
cañamón *m Hanf|samen* m, *-korn* n
cañandonga *f Cu schlechter
(Zuckerrohr)Branntwein* m
¹cañar *m Röhricht* n ‖ *Fischwehr* n
²cañar *vi Likör trinken*
³cañar *vi großsprechen, angeben*
cañareja *f* → **cañaheja**
cañarí *[pl ~íes] adj And hohl wie ein Rohr*
cañarico *m Ec* ⟨pop⟩ *Schwof* m
cañariego adj *mit den wandernden
Schafherden ziehend (Hirt, Hund)*
cañarroya *f* ⟨Bot⟩ *Glas-, Mauer|kraut* n
(Parietaria spp)

cañave|ra *f Stuhl-, Dach|rohr* n ‖ **–ral** *m
Röhricht* n ‖ *Rohrdickicht* n ‖ *Rohrfeld* n ‖
Zuckerrohrpflanzung f
cañazo *m Schlag* m *mit e–m Rohrstock* ‖ Am
Zuckerrohrbranntwein m ‖ Cu PR ⟨figf⟩ *kräftiger
Schluck* m *Likör* ‖ ◇ dar ~ a uno ⟨figf⟩ *jdn
nachdenklich stimmen* ‖ darse ~ ⟨figf⟩ *Cu s.
täuschen*
cañe|do *m* → **cañaveral** ‖ **–ngo** adj Col Cu =
–ngue ‖ **–ngue** adj Cu ⟨fam⟩ *mager, spindeldürr* ‖
–ra *f Dom Feigheit* f ‖ **–ría** *f Rohrleitung* f (bes
Am → **tubería**) ‖ *Rohrnetz* n ‖ ⟨Tech⟩
Stammleitung f ‖ ~ de admisión *Einlassleitung* f ‖
~ de agua *Wasserleitung* f ‖ ~ de aspiración
Saugleitung f ‖ ~ de desagüe *Abflussleitung* f ‖ ~
de gas *Gas(rohr)leitung* f ‖ ~ maestra
Hauptrohrleitung f
¹cañero *m Brunnen-, Rohr|meister* m
²cañero *m Angelfischer, Angler* m
³cañero *m Col Ven Angeber* m ‖ Col Ven Ec
Lügner m
⁴cañero adj *Zuckerrohr-* ‖ ~ m
Zuckerrohrarbeiter m ‖ *Zuckerrohrverkäufer* m
cañí *m/f Zigeuner(in* f) m
cañicul|tor *m Zuckerrohranbauer* m ‖ **–tura** *f
Zuckerrohranbau* m
cañi|hueco adj *hohlhalmig (Weizen)* ‖ **–lavado**
adj *dünnbeinig (Pferde)*
cañilero *m Sal* ⟨Bot⟩ *Holunder* m
cañilla *f dünnes Rohr, Schilf* n
cañillera *f Beinschiene* f
cañinque adj *Am kränklich*
cañirla *f* → **¹caña**
cañista *m/f Rohrflechter(in* f) m
cañita *f PR billiger, schlechter Rum* m ‖ Ven
Schnapstrinker m ‖ *Strohhalm* m
cañi|vano adj *hohlhalmig (Weizen)* ‖ **–za** *f
(Art) grobe Leinwand* f ‖ **–zal** *m Röhricht,
Rohrdickicht* n ‖ **–zo** adj: madera ~a *Maser-,
Flader|holz* n, ‖ ~ m *Rohrgeflecht* n ‖ ⟨Arch⟩
Rohrputzgrund m für Decken ‖ Sal *Gittertor* n
caño *m Rohr* n, *Röhre* f (bes. Am → **tubo**) ‖
Abzugsgraben m ‖ *Brunnenrohr* n ‖
Springbrunnen m ‖ *Kühlkeller* m ‖ *Orgelpfeife* f ‖
⟨Jgd⟩ *Dachsbau* m ‖ *ausgetrocknetes Flussbett* n ‖
⟨Bgb⟩ *Stollen, Schacht* m ‖ ⟨Mar⟩ *schmales
Fahrwasser* n *zwischen Untiefen* ‖ Ar *Teich* m ‖
Col *wasserreicher Bach, Fluss* m ‖ ~ para agua
Wasser(leitungs)rohr n ‖ ~ de bajada *Abfallrohr* n
‖ ~ cloacal *Schmutzwasserrohr* n ‖ ~ de desagüe
Wasserabflussrohr n, *Dachröhre* f, *Fallrohr* n ‖ ~
de drenaje *Entwässerungs-, Sicker|rohr* n ‖ ~
perforado *Brauserohr* n
¹cañón *m* ⟨Mil⟩ *Kanone* f, *Geschütz* n ‖ *Lauf* m
(Gewehr und Geschütz) ‖ ⟨figf⟩ *Teleobjektiv* n ‖ ~
de agua *Wasserwerfer* m ‖ ~ de gran alcance
weittragendes Geschütz n ‖ ~ antiaéreo (DCA)
Flugabwehrgeschütz n *(Flak* f) ‖ ~ anticarro, ~
antitanque *Panzerabwehr|geschütz* n, *-kanone* f
(Pak) ‖ ~ arponero *Harpuniergeschütz* n ‖ ~
atómico *Atomgeschütz* n ‖ ~ de asalto
Sturmgeschütz n ‖ ~ automático
Maschinenkanone f ‖ ~ automotor
Selbstfahrgeschütz n ‖ ~ de a bordo *Bordkanone* f
‖ ~ de campaña *Feldgeschütz* n ‖ ~ de carga
rápida *Schnellladegeschütz* n ‖ ~ contra carros →
~ antitanque ‖ ~ cohete *Raketengeschütz* n ‖ ~
de dirección *Nullgeschütz* n ‖ ~ de electrones
Elektronenkanone f ‖ ~ entupido *verstopfter Lauf*
m ‖ ~ de escopeta *Gewehr-, Flinten|lauf* m ‖ ~
estriado *gezogener Lauf* m ‖ ~ de fusil → ~ de
escopeta ‖ ~ giratorio *Dreh-, Pivot|geschütz* n ‖
~ granífugo *Hagelkanone* f ‖ ~ de infantería
Infanteriegeschütz n ‖ ~ lanzacabos *Seilwerfer* m
(Raketenapparat zur Rettung von Schiffbrüchigen)

‖ ~ lanzacohetes *Raketenwerfer* m ‖ ~ largo *Langrohrgeschütz* n ‖ ~ liso *glatter Lauf* m ‖ ~ de nieve *Schneekanone* f ‖ ~ normal *Normalgeschütz* n ‖ ~ obús *Haubitze* f ‖ ~ de plaza *Festungsgeschütz* n ‖ ~ (provocador) de lluvia *Regenkanone* f ‖ ~ pulverizador *Spritzrohr* n ‖ ~ rayado *gezogener Lauf* m ‖ ~ de reglamento *Normalgeschütz* n ‖ ~ de retrocarga *Hinterlader* m *(Geschütz)* ‖ ~ de sitio *Belagerungsgeschütz* n ‖ ~ de tiro rápido *Schnellfeuergeschütz* n ‖ ~ de trayectoria llana *Flachbahngeschütz* n ‖ ~ zunchado *Ringkanone* f ‖ ◆ a boca de ~ *ganz aus der Nähe (Schuss)* ‖ de ~ ⟨pop⟩ *toll, phänomenal* ‖ una chica ~ *ein tolles Mädchen, e–e dufte Biene*

²**cañón** *m* **a)** *Rohr* n ‖ *Kaminrohr* n ‖ *Ofenrohr* n ‖ *Rohr* n *e–s Fernrohrs* ‖ *Pfeifenrohr* n ‖ ⟨Mus⟩ *Orgelpfeife* f ‖ ~ de pipa *Pfeifenrohr* n ‖ **b)** *Federkiel* m, *Strohhalm* m ‖ ~ de pluma *Federkiel* m ‖ **c)** *Stiefelschaft* m, *Hosenbein* n ‖ ⟨fig⟩ *Bartstoppel* m

³**cañón** *m* ⟨Geogr⟩ *Cañon* m, *Canyon* m ‖ ⟨Bgb⟩ *Stollen* m ‖ Pe *(Hohl)Weg* m ‖ Col *Baumstamm* m

⁴**cañón** *m* ⟨Th⟩ *Scheinwerfer* m ‖ ⟨Mus⟩ *Schlager, Ohrwurm* m

caño|nazo *m Kanonenschuss* m ‖ *Kanonendonner* m ‖ ⟨Sp fam⟩ [Fußball] *Bombenschuss* m ‖ Arg Pe PR ⟨fig⟩ *überraschende Nachricht* f ‖ ◇ destruir a ~s *durch Artilleriefeuer zerstören* ‖ disparar un ~, tirar un ~ *e–n Kanonenschuss abfeuern* ‖ **–near** vt *mit Geschützfeuer belegen* ‖ **–neo** *m Geschützfeuer* n ‖ *Beschießung* f ‖ **–nera** *f Schießscharte* f ‖ *Feldzelt* n ‖ ⟨Mar⟩ *Stückpforte* f, *Geschützstand* m ‖ ⟨Mar⟩ → **–nero** Am *Pistolenhalfter* m ‖ **–nero** *m* ⟨Mil⟩ *Kanonier* m ‖ ⟨Mil Mar⟩ *Kanonenboot* n ‖ ⟨fig Sp⟩ *Torjäger* m

cañota *f* (Bot) *Schilfrohr* n (Phragmites sp)

cañudo adj Dom *kühn, verwegen*

cañuela *f* (Bot) *Schwingel* m (Festuca spp)

cañu|tazo *m Hinweis, Wink* m ‖ **–tería** *f Silber-* od *Gold|drahtstickerei* f ‖ **–tero** *m (Steck)Nadelbüchse* f ‖ **–tillo** *m kleine Röhre* f ‖ *Schmelzglas* n ‖ *geschlungener Gold-* od *Silber|draht* m *zum Sticken* ‖ ◇ *injertar de* ~ *hinter die Rinde pelzen (Pfropfart)* ‖ **–to** m *kurze Röhre* f ‖ *Büchse* f ‖ Ar *Nadelbüchse* f ‖ ⟨figf⟩ *Petzer* m

cao m Cu *(Art) Rabe* m (Corvus jamaicensis)

cao|ba *f* ⟨Bot⟩ *Mahagonibaum* m ‖ *Mahagoniholz* n ‖ ~ bastarda *afrikanisches Mahagoniholz* n ‖ ~ veteada *adriges, maseriges Mahagoniholz* n ‖ **–bana** *f,* **–bo** *m Mahagonibaum* m ‖ **–billa** *f hellfarbiges Mahagoniholz* n

caolín *m Kaolin* n (& m), *Porzellanerde* f

caolinización *f* ⟨Geol⟩ *Kaolinisierung* f

caos *m Chaos* n ‖ ~ de la circulación *Verkehrschaos* n ‖ ⟨figf⟩ *Verwirrung* f, *Wirrwarr* m

caótico adj *chaotisch, verwirrt, wirr, planlos, kreuz und quer*

cap. ⟨Abk⟩ = ²**capítulo** ‖ **capitán**

¹**capa** *f* Span *(ärmelloser) Männermantel* m ‖ *Cape* n ‖ *Frauenmantel* m, *Pelerine* f ‖ ⟨Taur⟩ *Capa* f ‖ ~ consistorial ⟨Kath⟩ *Chormantel* m *(der Bischöfe)* ‖ ~ magna ⟨Kath⟩ *Cappa* f *magna* ‖ ~ pluvial ⟨Kath⟩ *Pluviale* n ‖ ~ torera *Mantel* m *des Stierkämpfers* ‖ And *kurzer Mantel* m ‖ ~ de viaje *Reisemantel* m ‖ ⟨fig⟩ *Vorwand* m ‖ ◆ de so ~ ⟨figf⟩ *heimlich, verstohlen* ‖ so ~ de … *unter dem Vorwand* … ‖ so ~ de amigo ⟨fig⟩ *unter dem Vorwand der Freundschaft* ‖ ◇ andar *(od* ir) de ~ caída ⟨figf⟩ *herunterkommen, an Ansehen verlieren* ‖ *jämmerlich aussehen* ‖ aplicar

en ~ espesa *dick auftragen (Farbe)* ‖ dar la ~ ⟨fig⟩ *alles bis aufs Hemd hergeben* ‖ no dejarse cortar la ~ ⟨figf⟩ *mit s. nicht spaßen lassen* ‖ derribar la ~ *den Mantel zurückschlagen* ‖ echar la ~ al toro ⟨fig⟩ *jdm in e–m schwierigen Geschäft beistehen* ‖ estarse a la ~ ⟨Mar⟩ *beiliegen* ‖ ⟨fig⟩ *die günstige Gelegenheit abpassen* ‖ hacer de su ~ *un sayo* ⟨fig⟩ *mit s–n Sachen machen, was man will* ‖ hacerle a alg. la ~ ⟨fig⟩ *jdn in Schutz nehmen* ‖ parecerse a la ~ de estudiante ⟨figf⟩ *sehr abgetragen sein (Kleid)* ‖ pasear la ~ ⟨fam⟩ *müßig gehen, spazieren* ‖ poner la ~ como viniere el viento ⟨figf⟩ *den Mantel nach dem Wind hängen* ‖ ponerse a la ~ ⟨Mar⟩ *beidrehen* ‖ ⟨fig⟩ *die günstige Gelegenheit abpassen* ‖ sacar la *(od* su) ~ ⟨fig⟩ *s. geschickt aus e–r Verlegenheit ziehen* ‖ ser de ~ y espada *einfach, geläufig sein* ‖ tirar a uno de la ~ ⟨figf⟩ *jdm e–n geheimen Wink geben* ‖ la ~ *(od* una buena ~) todo lo tapa ⟨Spr⟩ *ein weiter Mantel verdeckt alles*

²**capa** *f Schicht* f ‖ ⟨Erd⟩*Schicht, Lage* f ‖ *Rahmschicht* f ‖ *Flözschicht* f ‖ *Decke, Hülle* f ‖ *Übertünchung* f ‖ *Deckblatt* n *(e–r Zigarre)* ‖ *Anstrich* m ‖ ⟨Com⟩ *Primgeld* n ‖ ⟨Geol⟩ *Ablagerung, Deckgebirge* f ‖ ⟨Geol⟩ *Bett* n ‖ ⟨Atom Chem⟩ *Schale* f ‖ ⟨Mar⟩ *Schönfahrsegel* n ‖ ⟨Bgb⟩ *Flöz* n ‖ ⟨fig⟩ *Vermögen* n ‖ ~ acuífera ⟨Geol⟩ *Grundwasserträger* m ‖ ⟨Bgb⟩ *wasserführende Schicht* f ‖ ~ de agua *Wasserschicht* f, *wasserführende Schicht* f ‖ ~ de aire *Luftschicht* f ‖ ~ aislante *Isolierschicht* f ‖ *Sperrschicht* f ‖ ~ anticorrosiva *korrosionsfeste Schicht* f ‖ ~ antihalo ⟨Fot⟩ *lichthoffreie Schicht* f ‖ ~ anual ⟨Bot⟩ *Jahres(holz)ring* m ‖ ~ arable ⟨Agr⟩ *Acker-, Boden|krume* f, *Mutterboden* m ‖ ~ de asiento *Packlage* f *(Straßenbau)* ‖ *Ballastbett* n *(Straßenbau)* ‖ ~ de azúcar *Zuckerguss* m ‖ ~ de balasto ⟨EB⟩ *Bettung* f ‖ ~ basidial ⟨Bot⟩ *Grundschicht* f ‖ ~ calcárea *kalkartige Schicht* f ‖ ~ de carga ⟨Atom⟩ *Ladungsschicht* f ‖ ~ de cementación ⟨Met⟩ *Einsatzhärteschicht* f ‖ ~ de césped *Grasnarbe* f ‖ ~ condriosomal ⟨Biol⟩ *Chondriosommantel* m ‖ ~ D ⟨Radio⟩ *D-Schicht* f ‖ ~ de drenaje *Dränschicht* f ‖ ~ E ⟨Radio⟩ *E-Schicht* f ‖ ~ electrónica ⟨Atom⟩ *Elektronenschale* f ‖ ~ F ⟨Radio⟩ *F-Schicht* f ‖ ~ de fibras *Faserschicht* f ‖ ~ filtrante *Filterschicht* f ‖ ~ fosilífera ⟨Geol⟩ *Bonebed* n, *Knochenbreccie* f ‖ ~ fotosensible ⟨Fot⟩ *lichtempfindliche Schicht* f ‖ ~ de grasa *Fettschicht* f ‖ ~ de hielo *Eisdecke* f ‖ ~ de hilos ⟨Text⟩ *Fadenlage* f ‖ ~ ionosférica *Ionosphärenschicht* f ‖ ~ de ladrones ⟨fig⟩ *Diebeshehler* mpl ‖ ~ de ozono *Ozonschicht* f ‖ ~ protectora *Schutzschicht* f ‖ ~ turbulenta *Wirbelschicht* f ‖ ~ de valencia ⟨Atom⟩ *Valenzschale* f

capacete *m* ⟨Hist⟩ *Sturm|haube* f, *-hut* m ‖ Ar ⟨fam⟩ *Kopfgrind* m

capa|cha *f (flacher) Korb* m ‖ *(Obst)Körbchen* n ‖ Arg Bol Chi ⟨fam⟩ *Gefängnis* n ‖ **–chero** *m Korb-, Obst|träger* m

¹**capacho** *m Obstkiepe* f, *(großer) Obstkorb* m ‖ *Tragkorb* m, *Kiepe* f ‖ *biegsamer Arbeitskorb* m *(der Maurer)* ‖ Pe *Reisesack* m ‖ ⟨figf⟩ *Mönch* m *vom Orden San Juan de Dios* ‖ ~ portabebés *Babytragetasche* f

²**capacho** *m* Ven ⟨Bot⟩ *Blumenrohr* n, *Schwanenblume* f (Canna spp) ‖ Arg Bol ⟨fig⟩ *alter Hut* m

³**capacho** *m* Ec *Kerker* m

capacidad *f körperlicher Inhalt, Umfang* m, *Weite* f ‖ *Fassungsvermögen* n ‖ *Raumgehalt, Kubikinhalt* m ‖ ⟨Mar⟩ *Ladefähigkeit, Tonnage* f ‖

Befähigung, Tüchtigkeit f ‖ ⟨Jur⟩ *Rechtsfähigkeit* f ‖ *Kompetenz* f ‖ ⟨El⟩ *Kapazität* f ‖ ⟨Chem⟩ *Gehalt, Inhalt* m ‖ ⟨Tech⟩ *Arbeitsertrag* m, *Leistungsfähigkeit* f ‖ ⟨Bgb⟩ *Fördermenge* f ‖ ⟨fig⟩ *Klugheit* f, *Talent* n ‖ ⟨fig⟩ *geistige Weite* f ‖ ⟨fig⟩ *Kapazität* f, *fähiger Kopf* m ‖ *Fähig-, Tüchtig|keit, Eignung* f ‖ ⟨fig⟩ *Qualifikation* f ‖ ⟨fig⟩ *Tauglichkeit* f ‖ ⟨fig⟩ *Gelegenheit* f ‖ ~ de absorción *Aufnahmefähigkeit* f (& *Asylanten usw.*) ‖ ~ de adaptación *Anpassungsfähigkeit* f ‖ ~ adquisitiva *Kaufkraft* f ‖ ~ de adsorción *Adsorptionsfähigkeit* f ‖ ~ aglutinante *Binde|kraft, -fähigkeit* f ‖ ~ de aguante *Stehvermögen* n ‖ ~ almacenadora *od* de almacenamiento ⟨Inform⟩ *Speicherkapazität* f ‖ ~ alojativa *Unterbringungsvermögen* n (besser verbal): el centro turístico tiene una gran ~ ~ *die Kurstadt kann viele Gäste unterbringen* ‖ ~ de antena *Antennenkapazität* f ‖ ~ anual de producción *Jahres|ausstoß* m, *-produktion* f ‖ ~ de ascenso ⟨Auto⟩ *Bergsteigefähigkeit* f ‖ ~ anual de producción *Jahres|ausstoß* m, *-produktion* f ‖ ~ ascensional ⟨Flugw⟩ *Steigfähigkeit* f ‖ ~ asignada *Nennleistung* f ‖ ~ aspirante *Saugfähigkeit* f ‖ ~ calorífica *thermische Aufnahmefähigkeit* f ‖ *Wärmeinhalt* m ‖ *spezifische Wärme* f ‖ ~ de carga *Belastbarkeit, Tragfähigkeit* f ‖ *Ladevermögen* n ‖ ~ colmada *gehäuftes Fassungsvermögen* n ‖ ~ competitiva *Wettbewerbsfähigkeit* f ‖ ~ de compra *Kaufkraft* f ‖ ~ de conducir ⟨StV⟩ *Fahrtüchtigkeit* f ‖ ~ de contraer matrimonio ⟨Jur⟩ *Ehefähigkeit* f ‖ ~ de contratar, ~ para contratar ⟨Jur⟩ *Geschäfts-, Vertrags|fähigkeit* f ‖ ~ contributiva *Steuerkraft* f ‖ ~ cúbica *Kubikinhalt* m ‖ ~ de descarga *Entlade|fähigkeit, -leistung* f ‖ ~ de deslizamiento *Gleit|fähigkeit* f, *-vermögen* n ‖ ~ de discernimiento *Urteilsfähigkeit* f ‖ ~ disolvente *Lösungsvermögen* n ‖ ~ distintiva *Erkennungsvermögen* n ‖ ~ de ejercicio ⟨Jur⟩ *Handlungsfähigkeit* f ‖ ~ enrasada *gestrichenes Fassungsvermögen, gestrichener Inhalt* m ‖ ~ expansiva,~ de expansión *Ausdehnungsvermögen* n ‖ ~ funcional ⟨Biol⟩ *Funktions-, Leistungs|fähigkeit* f (*e-s Organs*) ‖ ~ de gestión ⟨Jur⟩ *Geschäftsfähigkeit* f ‖ ~ higroscópica *Aufnahmefähigkeit für Feuchtigkeit, hygroskopische Aufnahmefähigkeit* f ‖ ~ jurídica *Rechtsfähigkeit* f ‖ ~ laboral *Arbeitsfähigkeit* f ‖ ~ máxima *Höchstleistung* f ‖ *Höchstzuladung* f ‖ ~ de obrar ⟨Jur⟩ *Handlungsfähigkeit* f ‖ ~ de pago *Zahlungsfähigkeit* f ‖ ~ para ser parte ⟨Jur⟩ *Parteifähigkeit* f ‖ ~ para ser parte activa ⟨Jur⟩ *Aktivlegitimation* f ‖ ~ para ser parte demandada ⟨Jur⟩ *Passivlegitimation* f ‖ ~ de pasar trincheras ⟨Mil⟩ *Grabenüberschreitfähigkeit* f ‖ ~ de penetración *Durchschlags|fähigkeit, -kraft* f (*e-s Geschosses*) ‖ ~ de planeo ⟨Flugw⟩ *Gleitvermögen* n ‖ ~ de prestación ⟨Jur⟩ *Leistungsfähigkeit* f ‖ ~ procesal ⟨Jur⟩ *Prozessfähigkeit* f ‖ ~ de procreación *Fortpflanzungsfähigkeit* f ‖ ~ de producción, ~ productiva *Leistungsfähigkeit* f ‖ ~ refractiva ⟨Opt⟩ *Brechungs|vermögen* n, *-kraft* f ‖ ~ de reacción *Reaktions|fähigkeit* f, *-vermögen* n, *Reaktivität* f ‖ ~ de rendimiento *Leistungsfähigkeit* f ‖ ~ reproductora *Fortpflanzungsfähigkeit* f ‖ ~ de resistencia *Widerstandsfähigkeit* f ‖ ~ de retención de agua *Wasserspeicherungsvermögen* n ‖ ~ de sobrecarga *Überlastungsfähigkeit, Überlastbarkeit* f ‖ ~ de suceder, ~ sucesoria ⟨Jur⟩ *Erbfähigkeit* f ‖ ~ térmica *Wärme|kapazität, -inhalt* m ‖ ~ de testar ⟨Jur⟩ *Testierfähigkeit* f ‖ ~ de trabajo *Arbeitsfähigkeit* f ‖ ~ de tracción *Zugvermögen* n

‖ ~ de transporte *Förderleistung* f ‖ ~ de trepar *Kletterfähigkeit* f (z. B. *e-s Panzers*) ‖ ~ visual *Seh|vermögen* n, *-stärke* f ‖ ◇ carecer de ~ para ... *k-e Begabung haben für ..., unfähig sein zu* ... ‖ tener ~ para algo *befähigt sein, et. zu tun* ‖ ⟨Jur⟩ *befugt sein, et. zu tun* ‖ tener mucha ~ ⟨figf⟩ *ein sehr fähiger Kopf sein*

capación f Ur *Kastrieren, Verschneiden* n

capacitación f (*Berufs*)*Schulung, Fortbildung* f ‖ ~ profesional *Berufsausbildung* f

capaci|tancia f ⟨El⟩ *Kapazitanz* ‖ **–tar** vt *instand* (& *in Stand*) *setzen* ‖ *befähigen* ‖ Chi *bevollmächtigen* ‖ **~se** vr *s. Fähigkeiten aneignen* ‖ *s-e Eignung nachweisen* ‖ **–tivo** adj *kapazitiv*

capa|dero m Mex *Fest* n *anlässlich des Viehverschneidens* ‖ **–dor** m *Verschneider* m ‖ **–dura** f *Verschneiden, Entmannen, Kastrieren* n ‖ *vom Entmannen zurückbleibende Narbe* f ‖ *Tabak* m *für Zigarreneinlagen*

capar vt (*ver*)*schneiden, kastrieren, entmannen* ‖ *kapauen* (*Geflügel*) ‖ *beschneiden, vermindern* (*Einkünfte, Gehalt*) ‖ Cu PR *beschneiden* (*Bäume*) ‖ Col ⟨fam⟩ *schwänzen* (*Schule*)

caparachón m → **caparazón**

¹caparazón m *Hautskelett* n, *Panzer* m (*der Krebse, Schildkröten usw.*) ‖ *Deckflügel* mpl (*der Käfer*) ‖ *Gerippe* n (*Geflügel*)

²caparazón m *Wagenverdeck* n

³caparazón m *Futtersack* m (*Pferd*)

caparidáceas fpl ⟨Bot⟩ *Kapengewächse* npl (Capparaceae)

caparina f Ast *Schmetterling* m

¹caparra f ⟨reg⟩ *Holzbock* m, *Zecke* f (Ixodes sp) ‖ Ar ⟨fig⟩ *lästig redender Mensch* m

²caparra f *An-, Auf|geld* n

³caparra f Ar *Kaper* f

caparro m Col Ven *Wollaffe* m (Lagothrix sp)

caparrón m (*Baum*)*Knospe* f, *Auge* n ‖ Al *kugelförmige Bohne* f

caparrosa f ⟨Chem⟩ *Vitriol* n ‖ ~ azul *Kupfervitriol* n ‖ ~ verde *Eisenvitriol* n

capa|taz [pl **~ces**] m *Aufseher, Werkmeister* m ‖ *Vorarbeiter* m ‖ *Großknecht* m ‖ *Münzmeister* m ‖ ⟨Arch⟩ *Polier* m ‖ ⟨Bgb⟩ (*Gruben*)*Steiger* m ‖ *Tonangeber* m ‖ *Parteiführer* m ‖ ~ de cultivo *landwirtschaftlicher Hilfsverwalter* m ‖ ~ de brigada, ~ de equipo *Kolonnenführer* m ‖ ~ de máquinas *Maschinenmeister, Maschinist* m ‖ ~ de mina ⟨Bgb⟩ *Steiger* m ‖ ~ de obras *Maurerpolier* m

capaz [pl **~ces**] adj (*m/f*) *geräumig, weit* ‖ *fähig, tauglich* ‖ *befähigt* ‖ *imstande* (& *im Stande*) ‖ *leistungsfähig* ‖ ⟨fig⟩ *begabt, geschickt* ‖ ⟨Jur⟩ *gesetzlich be|rechtigt, -fugt* ‖ ⟨Jur⟩ *geschäftsfähig* ‖ ~ para un cargo *für ein Amt befähigt* ‖ ~ de competir *konkurrenz-, wettbewerbs|fähig* ‖ ~ de delinquir ⟨Jur⟩ *deliktsfähig* ‖ ~ de derechos y obligaciones, jurídicamente ~ *rechtsfähig* ‖ ~ de ganar *erwerbsfähig* ‖ ~ de gestión, ~ de gestionar ⟨Jur⟩ *geschäftsfähig* ‖ ~ de trabajar *arbeitsfähig* ‖ ◇ ser ~ de pegar un susto al miedo ⟨figf⟩ *sehr hässlich sein* ‖ adv: **~mente**

capa|za f Ar *flacher Obstkorb* m ‖ **–zo** m *Binsenkorb* ‖ *Korb* m ‖ *Einkaufstasche* f (*geflochten*)

capazón f Mex *Verschneiden* n

capción f ⟨Jur⟩ *Erschleichung* f ‖ *Verhaftung* f

capcio|sidad f *Verfänglichkeit* f ‖ **–so** adj *verfänglich, trügerisch* ‖ *bestechend* ‖ adv: **~amente**

cape|a f ⟨Taur⟩ *Reizen* n *des Stieres mit dem Mantel* ‖ ⟨Taur⟩ *Amateurkampf* m *mit jungen Stieren* ‖ **–ada** f Chi *Prellerei, Fopperei* f ‖ **–ador** m ⟨Taur⟩ *den Stier mit der Capa reizender*

Stierkämpfer m || **-ar** vt/i ⟨Taur⟩ *den Stier mit der Capa reizen* od *weglocken* || *an e–r* capea *teilnehmen* || ⟨Mar⟩ *beidrehen* || ⟨fig⟩ *(jdn) an der Nase herumführen* || ⟨fig⟩ *mit Ausreden hinhalten* || ~ el temporal ⟨figf⟩ *Ausflüchte* fpl *gebrauchen* || **-ja** *f* ⟨desp⟩ *kleiner, schlechter Mantel* m
   capelán *m* ⟨Fi⟩ → **capelín**
   capelín *m* ⟨Fi⟩ *Lodde* f (Mallotus villosus)
   cape|lina *f* ⟨Med⟩ *Haubenverband* m || Col MAm *Haarnetz* n || *Damenkappe* f
   ¹capelo *m* ⟨Kath⟩ *Kardinalshut* m || ⟨fig⟩ *Kardinalswürde* f || ~ de doctor Am *Doktorhut* m
   ²capelo *m* Am *Glassturz* m
   capellada *f* [am Schuh] *Ober-, Vorschub-, Fahl|leder, Blatt* n
   cape|llán *m (Haus)Kaplan, Hilfsprieser* m || *Geistlicher* m || *Feldprediger* m || ~ castrense ⟨Mil⟩ *Feld|kaplan, -geistlicher* m || **-llanes** pl: despedir ~ *e–e feuchte Aussprache haben* || **-llanía** *f Kapellanei, Kaplanpfründe* f || Col ⟨fam⟩ *Groll* m, *Feindschaft* f || **-llina** *f* ⟨Med⟩ *Haubenverband* m || ⟨Hist⟩ *Helmkappe* f
   capense adj *(m/f)* Mex *auswärtig (Schüler)*
   cape|o *m* ⟨Taur⟩ *Reizen* n *des Stieres mit der Capa* || ⟨Mar⟩ *Beidrehen* n || **-ón** *m* ⟨Taur⟩ *junger Stier* m, *den man mit der vorgehaltenen Capa reizt*
   capero adj: tabaco ~ *Deckblatttabak* m || ~ *m* Pe *(Dorf)Musikant* m
   caperucita *f* dim von **caperuza** || ~ *(od* Caperuza) roja *Rotkäppchen* n *(Märchenfigur)*
   caperuza *f kapuzenartige Mütze* f *mit nach hinten geneigter Spitze* || *Kapuze* f || *Mütze, Kappe* f || *Schornsteinaufsatz* m || ⟨Zool⟩ *Haube* f || ~ del objetivo ⟨Fot⟩ *Linsenhaube* f
   capetonada *f Erbrechen* n *der Weißen in den heißen Klimazonen*
   capi *f* Kurzform für **capitán** || Chi Mex Kurzform für **³capital**
   capí *m* Am *Mais* m || Chi *grüne Schote* f || Bol *Maismehl* n
   capia *f* Arg Col *Zuckerteig* m *mit Mais* || Bol *Mehl* n *aus geröstetem Mais*
   capialzado *m* ⟨Arch⟩ *Bogenwölbung* f *über Portalen*
   capibara *m* ⟨Zool⟩ *Wasserschwein, Capybara* n (Hydrochoerus hydrochaeris)
   ¹capicúa *f symmetrische Zahl* f (z. B. *1989*1) || *Straßenbahn-* od *Lotterie|billett* n *mit symmetrischer Nummer* || *ein Wort (oder ein ganzer Satz), das vor- und rückwärts gelesen werden kann* (z. B. rapar *od* dábale arroz a la zorra el abad)
   ²capicúa *m* ⟨vulg⟩ *Arschbackengesicht* n
   capigorra *m*/adj → **capigorrón**
   capigorrón *m*/adj ⟨pop⟩ *Tagedieb* m || *Müßiggänger* m
   capiguara *m* Am → **capibara**
   capi|lar adj *(m/f)* haar|dünn, -fein, *Kapillar-* || *haarförmig* || kapillar || ~ *m* ⟨An⟩ *Haargefäß* n, *Kapillare* f || **-laridad** *f Haarfeinheit* f || ⟨Phys⟩ *Kapillarität* f || **-larímetro** *m Kapillarometer* n || **-laroscopia** *f* ⟨Med⟩ *Kapillaroskopie* f || **-lariforme** adj *haarförmig*
   capiluvio *m Kopfbad* n
   ¹capilla *f Kapelle* f, *Kirchlein* n || ⟨fig⟩ *Gruppe, Clique* f || ~ ardiente ⟨fig⟩ *feierliche Aufbahrung* f || ~ mayor *Altarraum* m || ~ real *königliche Schlosskapelle* f || ~ votiva *Votivkapelle* f || ~ Sixtina *Sixtinische Kapelle* f || estar en ~ *auf die Hinrichtung warten (in e–m dafür vorgesehenen Raum)* || ⟨fam⟩ *wie auf heißen Kohlen sitzen* || *in tausend Ängsten schweben*
   ²capilla *f Kapuze* f || *Mantel-, Mönchs|kappe* f
   ³capilla *f* ⟨Typ⟩ *Aushängebogen* m

   capillada *f Schlag* m *mit e–m Mantel* od *mit e–r Kapuze* || *Inhalt* m *e–r Kapuze*
   capillita *f* ⟨desp⟩ *Clique* f
   ¹capillo *m Taufmütze* f *(der Kinder)* || *Kokonhülle* f *(des Seidenspinners)* || *Blumenknospe* f || *erstes Deckblatt* n *e–r Zigarre*
   ²capillo *m* ⟨An⟩ *Vorhaut* f *(des Penis)*
   ³capillo *m* ⟨Jgd⟩ *Kaninchennetz* n || *Falkenhaube* f
   capincho *m* RPl → **capibara**
   capingo *m* Arg *kurzer, ärmelloser Mantel* m, ⟨engl⟩ *Cape* n
   ¹capirotada *f* ⟨Kochk⟩ *Paniertunke* f *(aus Eiern, Kräutern, Knoblauch)* || Mex ⟨Kochk⟩ *Gericht* n *aus Fleisch, Mais, Käse*
   ²capirotada *f* Mex *Massengrab* n
   capiro|tazo *m Nasenstüber* m, *Kopfnuss* f || **-te** adj *mit andersfarbigem Kopf (Rindvieh)* || ~ *m spitze Mütze* f *der Büßenden in der Karwoche* || *aufklappbares Wagenverdeck, Klappdeck* n || *Nasenstüber* m || ⟨Jgd⟩ *Falkenhaube* f || ⟨Agr⟩ *Bienenkorbabdeckung* f
   capirucho *m* ⟨fam⟩ *Kapuze* f
   capisayo *m Mantelrock* m || *Bischofsgewand* n || Col *Unterhemd* n
   capis|col *m Kantor* m *(in Kirchen)* || ⟨reg⟩ *Leiter* m *des Kirchenchores* || **-colía** *f Kantorwürde* f
   capitá *m* SAm ⟨V⟩ *Graukardinal* m (Paroaria sp)
   cápita: per ~ *pro Kopf*
   capitación *f* ⟨Hist⟩ *Kopfsteuer* f
   ¹capital adj *(m/f) Kopf-* || ⟨fig⟩ *hauptsächlich, wesentlich, entscheidend* || *Haupt-* || ⟨Jur⟩ *todeswürdig* || *Todes-* || *Kapital-*
   ²capital *m Kapital, Stammgeld, Vermögen* n || *(Geld)Mittel, Gelder* npl || *Fonds* m || ~ en acciones *Aktienkapital* n || ~ ajeno *Fremdkapital* n || ~ amortizable *Tilgungskapital* n || ~ de aportación *eingebrachtes Kapital* n || *Grundkapital* n || ~ en circulación, ~ circulante *umlaufendes Kapital, Umsatzkapital* n || ~ desembolsado *eingezahltes Kapital* n || ~ disponible *flüssiges* od *verfügbares Kapital* n || ~ disponible a corto plazo *kurzfristig realisierbares Kapital* n || ~ de explotación *Betriebs|vermögen, -kapital* n || ~ fijo *Anlage|kapital, -vermögen* n || ~ flotante *umlaufendes Kapital* n || ~ de fundación *Gründungskapital* n || ~ imponible *zu versteuerndes Kapital* n || ~ inactivo *ruhendes* od *unproduktives Kapital* n || ~ inicial *Anfangs|kapital, -vermögen* n || ~ inmovilizado → ~ fijo || ~ de inversión *Investitionskapital* n || ~ invertido → ~ fijo || ~ líquido → ~ disponible || ~ mobiliario *bewegliche Vermögenswerte* mpl || ~ nominal *Nominal-, Nenn|kapital* n || ~ en participación *Beteiligungskapital* n || ~ social *Geschäfts-, Gesellschafts-, Grund|kapital* n || ~ suscrito *gezeichnetes Kapital* n || ~ totalmente desembolsado *voll eingezahltes Kapital* n || ◆ por falta de ~ *wegen* od *aus Kapitalmangel* || ◇ aportar ~ *Kapital einlegen* || colocar ~ → invertir ~ || disponer de (fuertes) ~es *über (großes) Kapital verfügen* || invertir ~ *Kapital anlegen* od *investieren* || *Kapital hineinstecken*
   ³capital *f Hauptstadt* f
   capita|lino adj *großstädtisch* || ~ *m Großstädter* m || **-lismo** *m Kapitalismus* m || *Großkapital* n || ~ de estado *Staatskapitalismus* m || **-lista** adj *(m/f) kapitalistisch* || ~ *m/f Kapitalist(in* f) m || *Geldgeber(in* f), *stille(r) Teilhaber* m, *stille Teilhaberin* f || **-lización** *f Kapitalisierung* f || *Kapitalbildung* f || **-lizar** [z/c] vt *kapitalisieren, in Kapital verwandeln* || ◇ ~ una renta *e–e Rente ablösen*
   capitalmente adv *schwer, tödlich*

capitán *m* ⟨Mil⟩ *Hauptmann* m ‖ ⟨Mar⟩ *(Schiffs)Kapitän* m ‖ ⟨Mil⟩ *Heerführer* m ‖ ⟨fig⟩ *Führer* m ‖ ⟨fig⟩ *Feldherr* m ‖ ⟨Sp⟩ *Spielführer, Mannschafts\führer, -kapitän* m ‖ ~ de bandidos *Räuberhauptmann* m ‖ ~ de caballería *Rittmeister* m ‖ ~ de corbeta *Korvettenkapitän* m ‖ ~ de ejército ⟨Mil⟩ *Generalfeldmarschall* m ‖ ~ de fragata *Fregattenkapitän* m ‖ ~ general Span *Generalkapitän* m ‖ Deut *General* m ‖ Öst *General* m *(der Artillerie usw.)* ‖ Schw *General* m ‖ *Statthalter* m ‖ ~ general de la armada ⟨Mar⟩ *Großadmiral* m ‖ ~ de industria *Industriekapitän* m ‖ ~ de marina ⟨Mar⟩ *Admiral* m ‖ ~ de navío *Kapitän* m *zur See* ‖ ~ de navío, ~ de alto bordo ⟨Mar⟩ *Linienschiffskommandant* m ‖ ~ de preboste ⟨Hist⟩ *Generalprofos(s)* m ‖ ~ del puerto ⟨Mar⟩ *Hafenmeister* m ‖ ~ de salteadores *Räuberhauptmann* m ‖ ◇ son cuentas del Gran ~ *(Ansp. auf den span. Feldherrn D. Gonzalo de Córdoba, 1453–1515) (fam) das ist sündhaft teuer, das kann kein Mensch bezahlen*

capita\na *f Anführerin* f ‖ ⟨Mar⟩ *Admiral-, Flagg\schiff* n ‖ **–near** *vt befehligen, anführen (Truppen)* ‖ *anführen (Verschwörung)* ‖ ⟨fig⟩ *leiten* ‖ ⟨fig⟩ *führen* ‖ **–nía** *f* ⟨Mil⟩ *Hauptmannsstelle* f ‖ ⟨Mar⟩ *Hafenbehörde* f ‖ ⟨fig⟩ *Führertum* n ‖ ⟨fig⟩ *Führerschaft* f ‖ ⟨fig⟩ *Führung* f ‖ ~ general Span *Generalkapitanat* n ‖ *Statthalterschaft* f

capitel *m* ⟨Arch⟩ *Kapitell* n ‖ ⟨Arch⟩ *Turmspitze* f ‖ ~ acampanado *glockenförmiges Kapitell* n ‖ ~ arquitrabado *Kapitell* n *mit Kämpferaufsatz* ‖ ~ corintio *korinthisches Kapitell* n ‖ ~ cúbico *Würfelkapitell* n ‖ ~ de chimenea *Schornsteinaufsatz* m ‖ ~ dóricò *dorisches Kapitell* n ‖ ~ de follaje *Laubwerk-Kapitell* n ‖ ~ jónico *ionisches Kapitell* n

capitidisminuir [-uy-] *vt herabsetzen (z. B. jds Bedeutung)*

capito\lino *adj auf das Kapitol bezüglich* ‖ ~ *m Edelsteinsplitter* m ‖ **–lio** *m Kapitol* n *(in Rom und in den USA)* ‖ *Hochburg* f ‖ ⟨fig⟩ *prächtiges Gebäude* n

¹capitón *m* Sal *Schlag* m *auf den Kopf* ‖ Sal *Kopfnicken* n *e–s Schläfrigen* ‖ Sal *Luftsprung* m

²capitón *m* ⟨Fi⟩ *Dünnlippige Meeräsche* f *(Mugil capito)*

capito\né *adj (aus)gepolstert* ‖ ~ *m gepolsterter Möbelwagen* m ‖ **–near** *vt* Arg *(aus)polstern*

capitoso *adj* Gal *zu Kopf steigend, berauschend*

capitoste *m* (pop desp) *Boss, Chef* m

capitula *f Stelle f aus der Heiligen Schrift (die beim Gottesdienst gelesen wird)*

capitula\ción *f Kapitulation, Übergabe* f ‖ *Ver\trag, -gleich* m ‖ ~ incondicional *bedingungslose Kapitulation* f ‖ **–ciones** *pl* ⟨Jur⟩ *Ehevertrag* m ‖ *Kapitulationen* fpl *(Völkerrecht)*

¹capitular *vt vertraglich regeln, vertragsmäßig festsetzen* ‖ *zur Verantwortung ziehen (Beamte)* ‖ ~ *vi* ⟨Mil⟩ *kapitulieren, s. ergeben*

²capitular *adj Dom-, Stifts-* ‖ *zu e–m Kapitel gehörig* ‖ ~ *m Dom-, Stifts\herr* m ‖ *Ratsherr* m ‖ ~**es** *mpl Ordensregeln* fpl

capitu\lear *vi* Chi Pe *intrigieren* ‖ **–leo** *m* Chi Pe *List, Intrige* f

capituliforme *adj (m/f)* ⟨Bot⟩ *kopfförmig, köpfchenförmig*

¹capítulo *m (Dom)Kapitel, Stift* n ‖ *Ordenskapitel* n

²capítulo *m Kapitel* n, *Abschnitt* m *in e–m Buch* ‖ ⟨fig⟩ *Gegenstand* m *e–s Gesprächs* ‖ ⟨fig⟩ *Beschluss* m

³capítulo *m Beschuldigung* m *gegen e–n*

Beamten ‖ ~ de cargos *Sündenregister* n ‖ ◇ ganar ~ ⟨figf⟩ *s–n Zweck erreichen* ‖ llamar a uno a ~ ⟨fig⟩ *jdn zur Rechenschaft ziehen*

capítulos *mpl:* ~ matrimoniales *Ehevertrag* m

capizana *f Halsstück* n *(des Rossharnisches)*

capnomancia *f Rauchwahrsagerei* f

capo *m Maf(f)ia- od Banden\boss* m ‖ Arg Ur *einflussreiche Person* f

capó *m* ⟨Auto⟩ *(Motor)Haube* f

capo\lado *m* Ar *Hackfleisch* n ‖ **–lar** *vt klein hacken (Fleisch)* ‖ Murc *enthaupten*

¹capón *adj kastriert, verschnitten* ‖ ~ *m kastriertes Tier* n ‖ *Kapaun* m ‖ Arg Ur *kastrierter Hammel* m ‖ *Kastrat* m

²capón *m* ⟨Mar⟩ *Ankergatt* n

³capón *m Kopfnuss* f

⁴capón *m Rebenbündel* n

capo\na *f ärmelloses Chorhemd* n ‖ ⟨Mil⟩ *Schulterstück* n, *Achselklappe* f ‖ **–nar** *vt (Rebenableger) aufbinden*

caponera *f Kapaunkäfig* m ‖ ⟨figf⟩ *Ort* m, *an dem alle möglichen Bequemlichkeiten kostenfrei geboten werden* ‖ ⟨figf⟩ *Gefängnis* n

caponización *f Kapaunen, Kapaunisieren* n

caporal *m Anführer, Aufseher* m ‖ Am *Aufseher* m *in e–r Viehfarm* ‖ Ur *erstklassiger Tabak* m ‖ Arg *minderwertiger Tabak* m

¹capota *f* ⟨Auto⟩ *Verdeck* n ‖ ~ desplegada *geschlossenes Verdeck* n ‖ ~ plegada *offenes Verdeck* n ‖ ~ plegadiza *zusammenklappbares Verdeck* n

²capota *f kurze Mantelkappe* f ‖ *Kapotte* f, *Kapotthut* m ‖ *Mantel* m *ohne Halskragen*

capo\taje *m* ⟨Auto⟩ *Überschlag* m ‖ ⟨Flugw⟩ *Aufschlag* m *mit Überschlag* ‖ ⟨Auto⟩ *(Motor)Haube* f ‖ **–tar** *vi* ⟨Auto⟩ *s. überschlagen* ‖ ⟨Flugw⟩ *aufschlagen, s. überschlagen*

capotazo *m Schlag* m *mit e–m Mantel od e–r Kapuze* ‖ ⟨Taur⟩ *mit dem capote ausgeführte Figur* f

capote *m Regenmantel* m ‖ *Umhang* m ‖ *Arbeitsmantel* m ‖ ⟨Mil⟩ *Militärmantel* m ‖ *kurzer Stierkämpfermantel* m ‖ ⟨Tech⟩ *Schutzmantel* m ‖ ⟨figf⟩ *bedeckter Himmel* m ‖ ⟨figf⟩ *finstere Miene* f ‖ Mex Chi *Prügel* m ‖ ~ de monte Am *Art Poncho* ‖ ◇ dar ~ ⟨Kart⟩ *alle Stiche machen* ‖ ⟨fig⟩ *alle Trümpfe in der Hand haben* ‖ dar ~ a alg. ⟨figf⟩ *jdn zum Schweigen bringen, jdm den Wind aus den Segeln nehmen* ‖ Chi *jdn foppen, anführen* ‖ decir a/c a *(od* para*)* su ~ ⟨figf⟩ *et. für s. sagen, et. bei s. denken* ‖ ⟨fam⟩ *nur so meinen* ‖ llevar ~ ⟨Kart⟩ *k–n Stich machen* ‖ poner ~ *ein finsteres Gesicht machen*

capotear *vt/i* ⟨Taur⟩ → **capear** ‖ ⟨fig⟩ *(jdn) foppen* ‖ Arg *prügeln* ‖ Hond *ständig dieselbe Kleidung tragen* ‖ Col *Hähne* mpl *zum Kampf abrichten*

capotera *f* Am *Kleiderhaken* m ‖ Ven *leichte Reisetasche* f

capotero *adj:* aguja ~a *sehr dicke Nähnadel* f

capotudo *adj finster, mürrisch blickend*

cappa *f →* **kappa**

Capricornio *m* ⟨Astr⟩ *Steinbock* m

capricul\tor *m Ziegenzüchter* m ‖ **–tura** *f Ziegenzucht* f

capri\cho *m Eigensinn* m ‖ *Kaprice, Grille, Laune* f ‖ *Willkür* f ‖ *Schrulle* f ‖ *(plötzlicher) Einfall* m ‖ *Liebelei* f ‖ ⟨pop⟩ *jüngere Geliebte* f ‖ Öst *Kaprize* f ‖ ⟨fig⟩ *Unbeständigkeit* f ‖ ⟨Mus⟩ *Capriccio* n ‖ ~ de la naturaleza *Spiel* n *der Natur, Naturlaune* f ‖ ◆ a ~ *nach Wunsch, nach Belieben* ‖ por mero ~ *aus purer Laune* ‖ ◇ tener ~ por alg. *an jdm e–n Narren gefressen haben* ‖ vivir a su ~ *nach eigenem Gutdünken od Gusto leben* ‖ **–choso** *adj launisch, launenhaft* ‖

willkürlich ‖ *eigensinnig* ‖ *wunderlich, bizarr* ‖ adv: ~**amente** ‖ **–chudo** adj *eigensinnig* ‖ *launisch*
   cápridos mpl ⟨Zool⟩ *ziegenartige Wiederkäuer, Böcke* mpl (Capridae)
   caprificación f ⟨Bot⟩ *Kaprifizierung, Befruchtung* f *durch Gallwespen* ‖ →
   cabrahigadura
   caprifoliáceas fpl ⟨Bot⟩ *Geißblattgewächse* npl (Caprifoliaceae)
   caprino adj ⟨poet⟩ → **cabruno**
   caprípede adj ⟨poet⟩ → **caprípedo**
   caprípedo adj *bocksfüßig*
   caprizante adj *(m/f)* ⟨Med⟩ *hüpfend (Puls)*
   caproico adj: *ácido* ~ ⟨Chem⟩ *Kapronsäure* f
   cápsula f *Hülse, Kapsel* f ‖ *Gehäuse* n, *Büchse* f ‖ *Flaschen-, Wein\kapsel* f ‖ ⟨An⟩ *Organkapsel* f ‖ ⟨An⟩ *Hautscheide* f ‖ ⟨Bot⟩ *Samenkapsel* f ‖ ⟨Chem⟩ *Abdampfschale* f ‖ ⟨Med⟩ *Arzneikapsel* f ‖ ⟨Mil⟩ *Zündkapsel* f ‖ ⟨Raumf⟩ *Kapsel* f ‖ ~ *adiposa Fettkapsel* f ‖ ~ *auricular* ⟨Tel⟩ *Hör(er)kapsel* f ‖ ~ *cebada Zündhütchen* n ‖ ~ *del cristalino* ⟨An⟩ *Linsenkapsel* f ‖ ~ *detonante Zünder* m, *Sprengkapsel* f ‖ ~ *espacial Raumkapsel* f ‖ ~ *explosiva Sprengkapsel* f ‖ ~ *folicular* ⟨An⟩ *Balgkapsel* f ‖ ~ *de freno* ⟨Auto⟩ *Bremskapsel* f ‖ ~ *fulminante Zündhütchen* n, *Zünd-, Spreng\kapsel* f ‖ ~ *del micrófono* ⟨Tel⟩ *Sprechkapsel* f ‖ ~ *de Petri* ⟨Chem⟩ *Petrischale* f ‖ ~ *de receptor, ~ receptora* ⟨Tel⟩ *Fernhörerkapsel* f ‖ ~ *relámpago Blitzlichtpatrone* f ‖ ~ *de retenida Sperrkapsel* f ‖ ~ *seminal Samenkapsel* f ‖ ~ *suprarrenal* ⟨An⟩ *Nebenniere* f
   capsuladora f *Flaschenkapselmaschine* f
   ¹**capsular** adj *(m/f) kapselförmig, Kapsel-, kapsulär*
   ²**capsular** vt *(ver)kapseln (Flaschen)*
   ¹**captación** f *Erschleichung* f ‖ *Erb\schleicherei -schleichung* f ‖ *Beschwindeln* n, *Erschmeichelung* f ‖ *Schwindel* m ‖ ~ *de herencia(s) Erb\schleicherei, -schleichung* f ‖ ~ *de votos Stimmenfang* m
   ²**captación** f *Quellfassung* f, *Fassen* n *(Wasser)* ‖ ⟨Atom⟩ *Einfangen* n ‖ ~ *de fuente Quellfassung* f
   ¹**captador** adj *erschleichend* ‖ *erbschleichend* ‖ ~ m *Erschleicher* m ‖ *Erbschleicher* m
   ²**captador** m ⟨Tech⟩ *Fühler, (Ab)Taster* m
   cap\tar vt *s. geneigt machen* ‖ *erstreben* ‖ *er\schleichen, -schmeicheln* ‖ *auffangen (das Wasser e–r Quelle)* ‖ *fassen (Quelle)* ‖ *leiten (Wasser, elektr. Strom)* ‖ ⟨El⟩ *anzapfen* ‖ ⟨Radio⟩ *auffangen* ‖ ⟨Tel⟩ *abhören* ‖ *einfangen (Licht)* ‖ ⟨Tech⟩ *aufsaugen (Rauch, Staub)* ‖ *gewinnen (Vertrauen)* ‖ ◇ ~ *la atención die Aufmerksamkeit fesseln* ‖ ~ *la onda peilen* ‖ ~ *señales e–n Funkspruch abhören* ‖ ~(se) *las simpatías de alg. s. bei jdm beliebt machen* ‖ **–tor** m ⟨Mar⟩ *Kaperer* m ‖ **–tura** f *Verhaftung* f ‖ *Fang* m ‖ *Festnahme* f ‖ *Beute* f, *Fang* m ‖ ⟨Mil⟩ *Gefangennahme* f ‖ ⟨Mar⟩ *Prise* f ‖ *Aufbringen, Kapern* n ‖ ⟨Phys⟩ *Einfangen* n ‖ **–turar** vt *verhaften, fangen* ‖ *festnehmen* ‖ *(Schiffe) kapern, aufbringen* ‖ ⟨Mil⟩ *gefangennehmen* ‖ ⟨Mil⟩ *erbeuten (Material)* ‖ ◇ ~ *noticias* ⟨Mil⟩ *Meldungen abfangen*
   capuana f *(fam) Tracht* f *Prügel*
   capuano adj/s *aus Capua (Italien)* ‖ *auf Capua bezüglich*
   ¹**capucha** f *Kapuze* f
   ²**capucha** f ⟨Gr⟩ *Zirkumflex* m (e)
   ¹**capuchina** f ⟨Rel⟩ *Kapuzinernonne* f
   ²**capuchina** f ⟨Bot⟩ *Kapuzinerkresse* (Tropaeolum majus) ‖ *Kapuzinerbohne* f

   ³**capuchina** f ⟨Typ⟩ *Anlegemarke* f
   ¹**capuchino** adj *Kapuziner-* ‖ Chi *klein, verkümmert (Frucht)* ‖ ~ m ⟨Rel⟩ *Kapuziner(mönch)* m ‖ ⟨Zool⟩ *Kapuzineraffe* m ‖ ◇ *llover* ~s *in Strömen gießen*
   ²**capuchino** m *Cappuccino* m *(Kaffeegetränk)*
   capu\cho m *Kapuze* m ‖ **–chón** m *augm von* **–cha** ‖ *Überwurf* m ‖ *Kapuzenmantel* m ‖ *Kappe* f *(des Kugelschreibers u. ä.)* ‖ ◇ ~ *ponerse el* ~ ⟨figf⟩ *ins Kittchen od hinter schwedische Gardinen kommen*
   capuzar [z/c] vt Arg *(jdm) zuvorkommen (in der Rede)* ‖ Arg *entreißen*
   capuera f Arg Pan Par *gerodetes Urwaldstück* n
   capulí m ⟨Bot⟩ *Blasenkirsche* f (Physalis spp)
   ¹**capulina** f Mex *(Straßen)Dirne* f
   ²**capulina** f Mex ⟨Zool⟩ *Schwarze Witwe* f (Latrodectus mactans) ‖ Am ⟨Bot⟩ *Ananaskirsche* f (Physalis peruviana)
   capullina f Sal *Baumkrone* f
   capullo adj *dumm, blöd(e)* ‖ *ungeschickt* ‖ ~ m *(Seidenraupen) Kokon* m ‖ *Seidenbälglein* n ‖ *Strähne* f *Flachs* ‖ *Samenhülse* f ‖ *Blütenknospe* f ‖ *Eichelnäpfchen* n ‖ ⟨An⟩ *Vorhaut* f ‖ ◆ *en* ~ *knospend (Blüte)*
   capuz [pl ~**ces**] m *Kapuze, Kappe* f, *Mantelkragen* m ‖ *Mütze* f ‖ ⟨Arch⟩ *Rauchfangkappe* f
   capuzar [z/c] vt → **chapuzar**
   caquéctico adj ⟨Med⟩ *hinfällig, kachektisch*
   caquexia f ⟨Med⟩ *Kräfteverfall* m, *Kränklichkeit, Kachexie* f ‖ ~ *senil Alterskachexie* f
   ¹**caqui** m *Khaki(stoff)* m *(für Uniformen)* ‖ *Khakifarbe (braungrün)* ‖ ◇ *marcar el* ~ ⟨fam⟩ *Soldat sein*
   ²**caqui** m ⟨Bot⟩ *Kaki(baum)* m (Diospyros kaki) ‖ *Kakipflaume* f
   caquino m Mex *lautes Lachen* n
   caquiro m Am *Getränk* n *aus der Yuccawurzel, Yuccawein* m
   ¹**cara** f ⟨An⟩*Gesicht, Antlitz* n ‖ *Oberfläche* f *e–r Sache* ‖ *Miene* f, *Blick* m ‖ ⟨fig⟩ *Aussehen* n ‖ ⟨fig⟩ *Äußeres* n ‖ ⟨fig⟩ *Haltung* f ‖ *Gesichtsausdruck* m ‖ ⟨fig⟩ *Wagnis* n, *Dreistigkeit* f ‖ ⟨fig⟩ *Unverschämtheit, Stirn* f ‖ ~ *de acelga* ⟨figf⟩ *blasses Gesicht* n ‖ ~ *acontecida kummervolles Gesicht* n ‖ ~ *adelante nach vorn* ‖ ~ *de aleluya* ⟨figf⟩ *freudestrahlendes Gesicht* n ‖ ~ *de pocos amigos* ⟨figf⟩ *mürrischer, abweisender Mensch* m ‖ ~ *de arrope zuckersüßes Gesicht* n ‖ ~ *atrás nach hinten* ‖ ~ *de beato y uñas de gato* ⟨figf⟩ *Wolf im Schafspelz* ‖ ~ *de cartón, ~ de corcho runz(e)liges Gesicht* n ‖ ~ *o cruz Bild oder Schrift (Spiel)* ‖ ~ *culo* ⟨vulg⟩ *Arschbackengesicht* n ‖ ~ *de dómine* ⟨fam⟩ *ernstes, trübseliges Gesicht* n ‖ ~ *dura* ⟨figf⟩ *Dreistigkeit, Unverschämtheit, Stirn* f ‖ ~ *de entierro* ⟨figf⟩ *trauriges Gesicht* n, *Leichenbitter-, Trauer\miene* f ‖ ~ *fúnebre düstere Miene* f ‖ → ~ *de entierro* ‖ ~ *de gualda* ⟨figf⟩ *quittegelbes Gesicht* n ‖ ~ *de hereje* ⟨figf⟩ *abschreckendes Gesicht* n, ⟨pop⟩ *Galgenvisage* f ‖ ~ *de (justo) juez* ⟨figf⟩ *strenges, unbarmherziges Gesicht* n ‖ ~ *leonina* ⟨Med⟩ *Löwengesicht* n, ⟨lat⟩ *Facies leonina (der Leprakranken)* ‖ ~ *de luna llena Vollmondgesicht* n ‖ ~ *de nalgas* ⟨vulg⟩ *Arschbackengesicht* n ‖ ~ *de nuez* ⟨figf⟩ *runz(e)liges Gesicht* n ‖ ~ *de Pascua* ⟨figf⟩ *fröhliches, heiteres Gesicht* n ‖ ~ *de perro* ⟨figf⟩ *zorniges, grimmiges Gesicht* n ‖ ~ *de pícaro Schelmengesicht* n ‖ ~ *de póquer Pokerface* n ‖ ~ *de rallo* ⟨figf⟩ *pockennarbiges Gesicht* n ‖ ~ *de risa* → ~ *de Pascua* ‖ ~ *simiesca* ⟨fig⟩

Affengesicht n ‖ ~ *al sol der Sonne entgegen* ‖ *der Sonne ausgesetzt, gegen die Sonne* ‖ ~ *de susto* ⟨fam⟩ *erschrockenes Gesicht* n ‖ ~ *de tomate* ⟨figf⟩ *hochrotes Gesicht* n ‖ ~ *de viernes* ⟨figf⟩ *hageres, trauriges Gesicht* n ‖ ~ *de vinagre* ⟨figf⟩ *sauertöpfisches Gesicht* n ‖ *Griesgram* m *(Person)* ‖ ~ a ~ *von Angesicht zu Angesicht* ‖ *in jds Gegenwart* ‖ ♦ a ~ *descubierta* ⟨fig⟩ *öffentlich, vor aller Welt* ‖ *con buena* ~ ⟨fig⟩ *freundlich, freudig* ‖ *de* ~*gegenüber* ‖ *von vorn* ‖ *de* ~ *al este nach dem Osten hin* ‖ *de dos* ~s *falsch, doppelzüngig* ‖ *en la* ~ *se le conoce* ⟨fam⟩ *das sieht man ihm (ihr) am Gesicht an* ‖ ◇ *andar* a ~ *descubierta ohne Heimlichtuerei auftreten, s. offen zu et. bekennen* ‖ *caérsele la* ~ *de vergüenza a alg. in Grund und Boden schämen* ‖ *cambiar de* ~ ⟨fig⟩ *die Farbe wechseln, rot od blass werden* ‖ *conocer la* ~ *al miedo* ⟨fig⟩ *k–e Angst haben* ‖ *cruzarle a alg. la* ~ *jdm e–e Ohrfeige geben* ‖ *el sol da de* ~ *die Sonne scheint (gerade) ins Gesicht* ‖ *dar la* ~ ⟨fig⟩ *die Stirn bieten, einstehen, entgegentreten* ‖ *no dar la* ~ ⟨fig⟩ *s. verbergen, s. ducken* ‖ *dar (od sacar) la* ~ *por alg.* ⟨figf⟩ *s. für jdn einsetzen* ‖ ⟨figf⟩ *für jdn bürgen* ‖ *dar en* ~ *a alg.* ⟨fig⟩ *jdm et. vorwerfen* ‖ *dar a alg. con la puerta en la* ~ ⟨figf⟩ *jdm die Tür vor der Nase zuschlagen* ‖ *decírselo a alg. en la* ~ ⟨fig⟩ *es jdm ins Gesicht sagen* ‖ *echar a* ~ o *cruz a/c* ⟨fig⟩ *et. aufs Spiel setzen* ‖ *echarle a/c en (la)* ~ *(od a la* ~*) jdm et. vorwerfen od wegen e–r Sache tadeln* ‖ *guardar la* ~ ⟨fig⟩ *s. verbergen* ‖ *hacer* ~ *die Stirn bieten* ‖ *s. stellen (Hirsch)* ‖ *hacer a dos* ~s ⟨figf⟩ *doppelzüngig sein* ‖ *huir la* ~ ⟨figf⟩ *(vor jdm) fliehen* ‖ *lavar la* ~ *a u/c et. kurz überarbeiten, et. herrichten* ‖ *lavar la* ~ *a alg.* ⟨figf⟩ *jdm Honig um den Mund streichen* ‖ *no mirar la* ~ *a alg.* ⟨figf⟩ *mit jdm verfeindet sein* ‖ *te voy a partir la* ~ ⟨fig⟩ *ich werde dir den Schädel einschlagen, ich werde dir die Fresse polieren* ‖ *plantar la* ~ *a alg. jdm entgegentreten, jdm die Stirn bieten* ‖ *plantar* ~ *a u/c s. e–r Sache (entgegen)stellen* ‖ *poner* ~ *de circunstancia(s) e–e feierliche Miene aufsetzen* ‖ *poner buena (mala)* ~ *ein (un)freundliches Gesicht machen* ‖ *pretender algo por la* ~ ⟨fam⟩ *et. um s–r (ihrer) schönen Augen beanspruchen* ‖ *te voy a quitar la* ~ ~ *te voy a partir la* ~ ‖ *romperse la* ~ *por alg. s. unerschrocken od energisch für jdn einsetzen* ‖ *saltar a la* ~ ⟨figf⟩ *(jdn) derb anfahren* ‖ *eso salta a la* ~ ⟨fig⟩ *das sticht in die Augen, das ist (doch) klar* ‖ *salvar la* ~ ⟨figf⟩ *das Gesicht, den Schein wahren* ‖ *tener* ~ *de corcho* ⟨figf⟩ *unverschämt, schamlos sein* ‖ *tener dos* ~s *doppelzüngig sein* ‖ *tener mucha* ~ ⟨figf⟩ *schamlos, unverfroren sein* ‖ *tiene* ~ *de ello er (sie, es) sieht (wohl) danach aus* ‖ *¡nos veremos las* ~s! ⟨figf⟩ *wir treffen uns noch! (Drohung)* ‖ *volver la* ~ *al enemigo s. wieder dem Kampf stellen* ‖ *volverle a uno a la* ~ *u/c* ⟨figf⟩ *et. mit Verachtung abschlagen* ‖ *no volver la* ~ *atrás* ⟨fig⟩ *nicht verzagen* ‖ *no me volvió* ~ *er (sie, es) würdigte mich k–s Blickes* ‖ *por su bella (od linda)* ~ ⟨figf⟩ *um s–r (ihrer) schönen Augen willen, aus reiner Gefälligkeit*

²cara *f Vorderseite* f ‖ *rechte Seite* f *e–s Gewebes* ‖ *rechte, erste Blattseite* f ‖ *Kopf-, Haupt-, Bild\seite* f *(e–r Münze)* ‖ *Avers* m ‖ *Außenseite* f ‖ *Fläche* f *(e–s Kristalls)* ‖ ⟨Uhrm⟩ *Zifferblatt* n ‖ ~ *de asiento* ⟨Arch⟩ *Gesteinslager* n ‖ *Pass-, Sitz\fläche* f ‖ ~ *anterior Vorder\fläche, -seite* f ‖ ~ *de la carne Aas-, Fleisch\seite* f *(beim Leder)* ‖ ~ *de un cubo Würfelfläche* f ‖ ~ *delantera* → ~ *anterior* ‖ ~ *de la flor Haar-, Narben\seite* f *(beim Leder)* ‖ ~ *frontal Stirnfläche, Frontseite* f ‖ ~ *del pelo* → ~ *de la*

flor ‖ ~ *polar* ⟨El⟩ *Polfläche* f ‖ ~ *posterior* → *trasera* ‖ ~ *del tizón* ⟨Arch⟩ *Binderkopf* m ‖ ~ *de trabajo* ⟨Zim⟩ *Arbeitsfläche* f *(des Werkstücks)* ‖ ~ *trasera Hinter\fläche, -seite* f ‖ ~ *del yunque Ambossbahn* f

caraba *f* ⟨pop⟩ *Außergewöhnliches, Erstaunliches* n ‖ Sal *Spaß* m, *Freudengeschrei* n ‖ *Streich* m ‖ ◇ *¡esto es la* ~! ⟨pop⟩ *das ist allerhand! (lobend bzw tadelnd)* ‖ *das ist ja die Höhe!*

cáraba *f Schiff* n *der Ostküste Spaniens, der Levante und der Philippinen*

Carabaña *f Ort in der Provinz Madrid* ‖ *agua de* ~, ~ *abführendes Heilwasser* n *aus Carabaña*

carabañuela *f* Col ⟨Kochk⟩ *(Art) Krokette* f

carabao *m* Fil ⟨Zool⟩ *Mindorobüffel* m *(Anoa sp)*

cárabe *m* → **ámbar**

carabear *vi* Sal *müßig dastehen* ‖ ◇ *el tiempo no carabea die Zeit bleibt nicht stehen*

¹carabela *f* ⟨Mar⟩ *Karavelle* f

²carabela *f* Gal *auf dem Kopf getragener Korb* m

³carabela *f* Col *Nebenbuhlerin* f

carabelón *m* ⟨Mar⟩ *kleine Karavelle* f

carabero *m* Sal *Müßiggänger* m

carábi\da *f* ⟨Ins⟩: ~ *dorada Goldlaufkäfer* m *(Carabus aurata)* ‖ **–dos** *mpl* ⟨Ins⟩ *Laufkäfer* mpl *(Caraboidea)*

¹carabina *f Büchse* f, *Stutzen* m ‖ ⟨Mil⟩ *Karabiner* m ‖ *Karabinerhaken* m ‖ *Sprungring* m ‖ ⟨figf⟩ *Anstands\dame* f, *-drache, -wauwau* m ‖ ~ *de salón* Cu *Salonbüchse* f ‖ ◇ *es la* ~ *de Ambrosio* ⟨fam⟩ *es ist völlig unbrauchbar, es taugt (überhaupt) nichts*

²carabina *f* Cu *niedrige Wette* f

carabinazo *m Büchsenschuss* m

carabinera *f* Sal ⟨V⟩ *Haubenlerche* f *(Galerida cristata)*

¹carabinero *m* ⟨Hist⟩ *Karabinier* m ‖ ⟨Hist⟩ *Grenzsoldat* m

²carabinero *m* ⟨Zool⟩ *Geißelgarnele* f

carablanca *m* Col CR ⟨Zool⟩ *Kapuziner, Rollschwanzaffe* m *(Cebus sp)*

¹cárabo *m* ⟨Mar⟩ *kleines, maurisches Boot* n

²cárabo *m* ⟨V⟩ *Waldkauz* m *(Strix aluco)* ‖ ~ *lapón Bartkauz* m *(S. nebulosa)* ‖ ~ *uralense Habichtskauz* m *(S. uralensis)* ‖ ⟨Ins⟩ *Laufkäfer* m *(Carabus spp)*

caraca *f* Cu *Maiskuchen* m

caracaballa *f* ⟨Mar⟩ Pan *Küstenschiff* n

caracal *m* ⟨Zool⟩ *Wüstenluchs, Karakal* m *(Lynx caracal)* ‖ *Karakalpelz* m

caracará *m* RPl ⟨V⟩ *Karakara, Geierfalke* m *(Polyborus sp)*

caracas *m* Kakao m *von Caracas* ‖ Mex ⟨figf⟩ *Schokolade* f

caraceño *adj aus Carazo (Nicaragua)* ‖ *auf Carazo bezüglich*

caracha *f* Pe *Krätze* f

¹caracho *adj violettfarbig, bläulich*

²¡caracho! ¡carácholes! ⟨fam⟩ → **¡carajo!**

carachoso *adj* Pe *krätzig*

carachupa *f* Pe ⟨Zool⟩ *Beutelratte* f *(Didelphis sp)*

caracoa *f* Fil *Ruderschiff* n

cara\col *m Schnecke* f ‖ *Schneckenhaus* n ‖ *Schneckenmuschel* f ‖ ⟨An⟩ *Schnecke* f *(im Ohr)* ‖ ⟨fig⟩ *Schmachtlocke* f ‖ ⟨fig⟩ *Haarlocke* f ‖ ♦ *en* ~, *de* ~ *schnecken-, spiral\förmig gewunden* ‖ ◇ *andar (od ir) como un* ~ *im Schneckentempo gehen* ‖ *no se me da un* ~ ⟨fig⟩ *das ist mir gleichgültig,* ⟨fam⟩ *das ist mir schnuppe* ‖ *eso no vale un* ~ *das ist k–n Pfifferling wert* ‖ *hacer* ~es ⟨fig⟩ *tänzeln (Pferd)* ‖ *s. tummeln* ‖ ⟨fam⟩ *torkeln (Betrunkener)* ‖ *¡* ~! ⟨fam⟩ *Donnerwetter!*

¹caracola f *(große) Seemuschel* f *(als Sprachrohr für die Feldarbeiter)* ‖ Ar *weiße Schnecke* f
²caracola *f* Ar *Schraubenmutter* f
³caracola *f* ⟨Kochk⟩ *Blätterteigschnecke* f
caraco|lada *f Schneckengericht* n ‖ **–lear** vi *tänzeln (Pferd)* ‖ **–lejo** *m* dim von **caracol** ‖ **–leo** *m* von **–lear** ‖ **–lero** *m Schnecken|verkäufer, -fänger* m ‖ **–leta** *f* Arg *lebhaftes Mädchen* n ‖ **–lillo** *m* dim von **caracol** ‖ ⟨Bot⟩ *Amerikanische Schneckenbohne* f ‖ *Perlkaffee* m *(sehr geschätzte Kaffeesorte)* ‖ *Hippe* f *(Backwerk)* ‖ SAm *Mahagonibaum* m (Swietenia sp) ‖ **–te** *m* Col *übermäßiger Frauenputz* m
¹carác|ter [*pl* **caracteres**] *m Charakter* m ‖ *Wesen* n, *Eigenart, Natur* f ‖ *Gemütsart* f ‖ *Charakterzug* m ‖ *Charakterstärke, Festigkeit, Mut* f ‖ *Stand* m, *Würde, Stellung* f ‖ *Beschaffenheit* f ‖ *Eigenschaft* f ‖ *Erkennungs-, Kenn|zeichen, Merkmal* n ‖ *Ausdruck, Charakter* m, *Gepräge* n ‖ ⟨Gen⟩ *Erbanlage* f ‖ ~ *accesorio* ⟨Biol⟩ *akzessorisches Merkmal* n ‖ ~ *adquirido* ⟨Gen⟩ *erworbenes Merkmal* n, *erworbene Eigenschaft* f ‖ ~ *diagnóstico* ⟨Biol⟩ *diagnostisches Merkmal* n ‖ ~ *dominante* ⟨Gen⟩ *dominante Erbanlage* f ‖ ~ *eruptivo jähzornige Gemütsart* f ‖ ~ *específico* ⟨Biol⟩ *spezifisches Merkmal* n ‖ ~ *estatal Staatlichkeit* f ‖ ~ *hereditario* ⟨Gen⟩ *Erbanlage* f ‖ *Erblichkeit* f ‖ ~ *indeleble* ⟨Rel⟩ *unauslöschliches Merkmal* n ‖ ~ *de letra Handschrift* f *(e–r Person)* ‖ ⟨Typ⟩ *Schriftart* f ‖ ~ *mendeliano* ⟨Gen⟩ *Mendelsches Merkmal* n ‖ ~ *oficial amtliche Eigenschaft* f ‖ ~ *optimista optimistische Gemütsart* f ‖ ~ *pesimista pessimistische Gemütsart* f ‖ ~ *predominante* → ~ *dominante* ‖ ~ *punible* ⟨Jur⟩ *Strafbarkeit* f ‖ ~ *recesivo* ⟨Gen⟩ *rezessive Erbanlage* f ‖ ~ *sexual Geschlechtsmerkmal* n ‖ ~ *solemne Feierlichkeit* f ‖ ~ *tutelar Schutzcharakter* m ‖ ~ *unidad* ⟨Gen⟩ *Einheitsanlage* f ‖ ~ *varonil Mannhaftigkeit* f ‖ ◆ *de tal* ~ *derartig* ‖ *en* ~ *de ... als ...* ‖ *en* ~ *de consignación (Com) auf Konsignation* ‖ ◇ *revestir* ~ *universal universell gehalten sein* ‖
caracteres *mpl*: ~ *innatos* ⟨Gen⟩ *Erbanlagen* fpl ‖ ~ *sexuales primarios* (*secundarios*) *primäre (sekundäre) Geschlechtsmerkmale* npl ‖ ~ *típicos typische Merkmale* od *Kennzeichen* n
²carácter [*pl* **caracteres**] *m Buchstabe* m, *Schriftzeichen* n ‖ *Ziffer* f, *Zahlzeichen* n ‖ *Schrift(art)* f ‖ **caracteres** *mpl* ⟨Druck⟩*lettern* fpl ‖ ~ *cirílicos kyrillische Schrift, Kyrilliza* f ‖ ~ *para carteles Plakatschrift* f ‖ ~ *cuneiformes Keilschrift* f ‖ ~ *cursivos Kursiv-, Schräg|schrift* f ‖ ~ *espaciados Sperrschrift* f ‖ ~ *de imprenta Druckschrift* f ‖ ~ *rúnicos Runenschrift* f ‖
característi|ca *f* ⟨Math⟩ *Charakteristik, Kennlinie* f ‖ *Kennziffer* f ‖ *Unterscheidungsmerkmal* n ‖ *Charakteristik* f ‖ *Charakteristikum* n ‖ *Besonderheit, besondere Eigenschaft* f ‖ *Kennzeichnung* f ‖ ⟨Radio⟩ *Pausen-, Zeit|zeichen* n ‖ ⟨Th⟩ *Charakterspielerin* f ‖ ~ *de bondad,* ~ *de calidad Güteeigenschaft* f ‖ ~ *de cómputo,* ~ *de meseta* ⟨Atom⟩ *Zählrate-, Plateau|charakteristik* f ‖ ~ *de cortocircuito Kurzschlusscharakteristik* f ‖ ~ *de las estaciones de radio* ⟨Radio⟩ *Rufzeichen* n ‖ ~ *del logaritmo Kennziffer* f *des Logarithmus* ‖ ~ *de respuesta espectral* ⟨Atom⟩ *spektrale Verteilungscharakteristik* f ‖ ~ *de tiempo* ⟨El⟩ *Zeitcharakteristik* f ‖ ~ *dinámica* ⟨Radio⟩ *dynamische Charakteristik* f ‖ ~**s** *fpl*: ~ *técnicas technische Daten* npl ‖ **–co** adj *charakteristisch, bezeichnend, typisch, unterscheidend* ‖ ~ *m* ⟨Th⟩ *Charakterspieler* m ‖ adv: ~**amente**
caracteri|zado adj *hervorragend, vornehm* ‖

–zar [z/c] vt/i *charakterisieren* ‖ *darstellen, schildern* ‖ *(jdm) eine Würde erteilen* ‖ ⟨Th⟩ *genau, lebenswahr verkörpern* ‖ ⟨Th⟩ *maskieren* ‖ ~**se** ⟨Th⟩ *s. maskieren*
caracte|rología *f Charakterkunde, Persönlichkeitsforschung, Charakterologie* f ‖ **–rólogo** *m Charakterologe, Persönlichkeitsforscher* m ‖ **–ropatía** *f* ⟨Med⟩ *Charakterneurose, Charakterose* f
caracú [*pl* ~** úes**] *m* Arg Bol Chi Par Ur *Markknochen* m ‖ RPl *e–e Fleischrinderrasse* f
caracul adj ⟨Zool⟩ *Karakul-* ‖ ~ *m Karakulschaf* n
carado adj: *bien* ~ *schön von Gesicht*
caradriformes *mpl* ⟨V⟩ *Regenpfeifer* mpl (Charadriidae)
caradura adj *un|verschämt, -verfroren* ‖ *schamlos* ‖ ~ *m unverschämter Kerl* m
¡caráfita! Chi → **¡caramba!**
caraguay *m* Bol ⟨Zool⟩ *große Eidechse* f
¡carai! Am → **¡caramba!**
caraibes *mpl* → **caribes**
caraira *f* Cu → **caracará**
caraís|mo *m* ⟨Rel⟩ *Karäismus* m ‖ **–ta** *m/f Karäer(in* f) m
cara|ja *f* Col *Weibsbild* n ‖ **–jada** *f Dummheit, Blödsinn* m ‖ **–jillo** *m* Span *Kaffee* m *mit e–m Schnaps* ‖ **–jo** *m* (vulg) *Schwanz* m *(Penis)* ‖ ¡~! ⟨vulg⟩ *Donnerwetter! Scheiße!* ‖ *¿qué* ~ *…? was zum Teufel …?* ‖ ¡ni ~! *ganz und gar nichts!* ‖ ◇ *irse al* ~ *kaputtgehen* ‖ *mandar al* ~ *zum Teufel jagen* ‖ ¡vete al ~! *geh zum Teufel!*
caralisa *m* Arg *Zuhälter* m
caraman|chel *m* Arg *Dorfschenke* f ‖ Pe *Schuppen* m, *Halle* f ‖ **–chón** → **camaranchón**
carama|ñola *f* ⟨Mil⟩ *Feldflasche* f ‖ **–yola** *f* Chi ⟨Mil⟩ *Feldflasche* f
¡caramba! int *Donnerwetter! zum Teufel!* (*Zorn, Überraschung, Freude usw.*)
carámbano *m Eiszapfen* m ‖ ◇ *estar hecho un* ~ *vor Kälte erstarrt sein*
¡carambita! int dim von **¡caramba!**
¹carambola *f Frucht* f *des Sternapfelbaumes*
²carambo|la *f Karambolage* f *(beim Billard)* ‖ ⟨figf⟩ *Prellerei* f ‖ ⟨pop⟩ *Zufall* m ‖ ◆ *por* ~ ⟨figf⟩ *indirekt, auf Umwegen* ‖ **–leado** adj Chi ⟨fam⟩ *betrunken* ‖ **–lear** vi *karambolieren* ‖ Chi *s. betrunken* ‖ Chi ⟨fam⟩ *torkeln (Betrunkener)* ‖ **–lista** *m/f gute(r) Billardspieler(in* f) m
caramel *m* ⟨Fi⟩ *Sprotte* f (Sprattus sprattus)
carame|lar vt *karamellisieren, (Zucker) bräunen* ‖ **–lear** vt Col *et. verzögern, et. auf die lange Bank schieben* ‖ PR *schmeicheln* ‖ **–lizar** [z/c] vt → **acaramelar** ‖ **–lo** *m Bonbon* m (& n) ‖ *Karamellzucker* m, *brauner Zuckerkand* m ‖ ~ *de café Kaffeebonbon* m (& n) ‖ ~ *de menta Pfefferminzbonbon* m (& n) ‖ *hecho un* ~ ⟨fam⟩ *süßlich* ‖ *weich, nachgiebig*
caramente adv *teuer, hoch (im Preis)* ‖ *inständig*
carame|ra *f* Ven *unregelmäßiges Gebiss* n ‖ **–ro** *m* Ven → **–ra** ‖ Col *Pfahlwerk* n
caramiello *m* Ast León *Kopfputz* m *der Frauen*
carami|lla *f* ⟨Min⟩ *Galmei* m ‖ **–lleras** *fpl* Sant *Kesselhaken* m
¹caramillo *m* ⟨Bot⟩ *Salzkraut* n (Salsola sp) ‖ ⟨Mus⟩ *Schalmei, Hirtenflöte* f
²caramillo *m Wirrwarr* m, *Durcheinander* n, *Chaos* n ‖ ⟨fam⟩ *Gerede* n, *Klatsch* m
caramilloso adj ⟨fam⟩ *neckisch* ‖ *heikel, kitz(e)lig* ‖ *empfindlich*
caramiña *f Rauschbeere* f
△ **caramo** *m Wein* m
¹carancho *m* Arg *Vermittler* m

²**carancho** m Am ⟨V⟩ *Geierfalke, Carancho* m (Polyborus plancus)

carángano m Am *Laus* f

carantamaula *f* ⟨fam⟩ *hässliche Person* f ‖ *Hexengesicht* n ‖ *Scheusal* n

carantón adj Chi *breitgesichtig*

caranto|ña *f aufgeputzte, geschminkte alte Frau* f ‖ ⟨figf⟩ *alte Hexe* f ‖ ~**s** *fpl* ⟨fam⟩ *Schmeicheleien* fpl, *Schöntun* n ‖ **–ñero** m ⟨fam⟩ *Schmeichler, Schöntuer* m

carañuela *f* Cu *Mogelei* f

caraota *f* Ven *Bohne* f

carapacha *f* Col *(Baum)Rinde* f

carapacho m → ¹**caparazón**

carapato m *Rizinusöl* n

¡**carape**! int → ¡**caramba**!

carapucho m Ast *Kapuze* f ‖ Ast *verbogener Hut* m ‖ Pe ⟨Bot⟩ *Trespe* f (Bromus spp)

carapulca *f* Am *ein Fleischgericht* n *der Kreolen*

caraqueño adj *aus Caracas* (Ven) ‖ *auf Caracas bezüglich*

carasol m *besonnte Stelle* f

¹**carate** m *e–e Hautkrankheit* f *der Neger in den Tropenländern*

²**carate** m ⟨Sp⟩ *Karate* n

carato m Ven *ein erfrischendes Getränk* n *aus Reis- od Mais|mehl*

carátula *f Larve, Maske* f ‖ *Bienenmaske* f ‖ ⟨fig⟩ *Bänkelsängerei* f ‖ Am *Titelblatt* n *(e–s Buches)* ‖ Mex *Zifferblatt* n

caraú [pl ~**úes**] m ⟨V⟩ *Riesenralle* f (Aramus sp)

¹**caravana** *f Karawane* f ‖ *Pilgerzug* m ‖ ⟨fig⟩ *(große) Reisegesellschaft, Karawane* f ‖ *lange Reihe* f ‖ *(Reise)Gesellschaft, Gruppe* f ‖ *Treck* m ‖ ⟨Auto⟩ *Wohn|wagen* m, *-mobil* n, *Caravan* m ‖ ~ *de automóviles Auto|kolonne, -schlange* f ◇ *ir en* ~ *mit Wohnwagen reisen* ‖ *trecken* ‖ ~**s** *fpl* Arg *Ohrringe* mpl ‖ Arg *Ohrmarken* fpl *(zum Kennzeichnen von Vieh)* ‖ Mex *Komplimente* npl ‖ *Höflichkeit* f

²**caravana** *f* ⟨V⟩ Col → **alcaraván**

carava|nero m *Führer* m *e–r Karawane* ‖ **–ning** m *Caravaning* n ‖ **–nsar** m *Karawanserei* f

¹**caray** m → **carey**

²¡**caray**! int → ¡**caramba**!

carayá m Col Ven ⟨Zool⟩ *Schwarzer Brüllaffe* m (Alouata caraya)

caraza *f* augm von **cara**

carba *f Eichenwäldchen* n

carba|mida *f* ⟨Chem⟩ *Harnstoff* m ‖ **–zol** m *Carbazol* n

carbinol m ⟨Chem⟩ *Methylalkohol* m

carbizo m Sal *Kastanieneiche* f

carbólico adj → **fénico**

carbo|líneo m *Karbolineum* n ‖ **–lizar** [z/c] vt *mit Karbol tränken*

¹**carbón** m *Kohle* f ‖ *Glühkohle* f ‖ *Kohlenasche* f ‖ ⟨Mal⟩ *Kohlestift* m, *Zeichenkohle* f ‖ Am *(Getreide)Brand* m ‖ ~ *activado,* ~ *activo Aktivkohle* f ‖ ~ *aglomerado Presskohle* f, *Brikett* n ‖ ~ *animal Tier-, Knochen|kohle* f ‖ ~ *de antracita Anthrazitkohle* f ‖ ~ *de arco voltaico Lichtbogenkohle* f ‖ ~ *bituminoso Weichkohle* f ‖ ~ *brillante Glanzkohle* f ‖ ~ *bruto Roh-, Förder|kohle* f ‖ ~ *de dibujo Zeichenkohle* f ‖ ~ *de electrodos Elektrodenkohle* f ‖ ~ *con (mucha) escoria (stark) schlackende Kohle* f ‖ ~ *sin escoria schlackenlose Kohle* f ‖ ~ *esquistoso Blätterkohle* f ‖ ~ *fino Feinkohle* f ‖ ~ *foliado Blätterkohle* f ‖ ~ *granado Stückkohle* f ‖ ~ *grafítico Grafitkohle* f ‖ ~ *graso Fettkohle* f ‖ ~ *de hulla Steinkohle* f ‖ ~ *de lena Holzkohle* f ‖ ~ *de lignito Braunkohle* f ‖ ~ *de llama corta*

kurzflammige Kohle f ‖ ~ *de llama larga Gasflammkohle* f ‖ ~ *magro Magerkohle* f ‖ ~ *menudo Grus-, Klein|kohle* f, *(Kohlen)Grus* m ‖ ~ *de piedra Steinkohle* f ‖ ~ *pobre en gases gasarme Kohle* f ‖ ~ *pulverizado,* ~ *en polvo Staubkohle* f, *Kohlenklein* n ‖ ~ *residual Abfallkohle* f ‖ ~ *rico en gases Gaskohle* f ‖ ~ *de turba Torfkohle* f ‖ ~ *vegetal Holzkohle* f ‖ ◇ ¡*se acabó el* ~! ⟨fam⟩ *basta! Schluss damit!*

²**carbón** m ⟨Med⟩ *Milzbrand* m

³**carbón** m ⟨Agr⟩ *Brand* m ‖ ~ *de los cereales Getreidebrand* m ‖ ~ *del maíz Maisbrand* m

carbona|da *f (einmalige) Ofenladung* f ‖ *gehackter Rostbraten* m, *Karbonade* f ‖ ⟨Art⟩ *Backwerk* n ‖ Arg Chi Pe *Nationalgericht* n *(aus Hackfleisch, Kartoffeln, Reis usw.)* ‖ **–do** m *schwarzer Diamant* m ‖ **–lla** *f Kohlengestübe* n

carbo|nar vt *mit Kohle schwärzen* ‖ *verkohlen* ‖ ~**se** *zu Kohle werden* ‖ **–narios** mpl ⟨Hist⟩ *Karbonari* mpl *(Italien)* ‖ ⟨fig⟩ *Verschwörer* mpl ‖ **–narismo** m ⟨Hist⟩ *Karbonaria* f *(Italien)*

carbona|tación *f* ⟨Chem⟩ *Sättigen* n *mit Kohlensäure* ‖ **–tado** adj *Karbonat enthaltend* ‖ **–to** m *Karbonat* n ‖ ~ *de amoníaco Ammoniumkarbonat* n ‖ ~ *cálcico,* ~ *de cal Kalziumkarbonat* n ‖ ~ *de cobre Kupferkarbonat* n ‖ ~ *crudo Schweißasche* f ‖ ~ *potásico Pottasche* f, *Kaliumkarbonat* n ‖ ~ *sódico Natriumkarbonat* n

carboncillo m *Reiß-, Zeichen|kohle* f ‖ *Kohlenstaub* m ‖ *Kohlenpilz* m

carbone|ar vt *verkohlen, brennen* ‖ ⟨Mar⟩ *Kohle* f *aufnehmen* ‖ ~**se** ⟨Geol⟩ *verkohlen, zu Kohle werden* ‖ **–o** m *Kohlenbrennen* n ‖ *Meilerei, Köhlerei* f ‖ **–ra** f *Kohlenmeiler* m ‖ *Kohlengrube* f ‖ ⟨Mar⟩ *Kohlen|bunker, -raum* m ‖ *Kohlenkeller* m ‖ *Kohlenkasten* m ‖ *Kohlenhändlerin* f ‖ **–ría** f *Kohlenmarkt* m ‖ *Kohlenhandlung* f

carbonerica *f* Al ⟨V⟩ *Kohlmeise* f

¹**carbonero** adj *Kohlen-* ‖ ~ m *Kohlenbrenner* m ‖ *Kohlenhändler* m ‖ *Kohlenträger* m ‖ ⟨Mar⟩ *Kohlentrimmer* m

²**carbonero** m ⟨V⟩ *Meise* f ‖ ~ *común Kohlmeise* f (Parus major) ‖ ~ *garrapinos Tannenmeise* f (P. ater) ‖ ~ *lapón Lapplandmeise* f (P. cinctus) ‖ ~ *lúgubre Trauermeise* f (P. lugubris) ‖ ~ *palustre Sumpfmeise* f (P. palustris) ‖ ~ *sibilino Weidenmeise* f (P. montanus) ‖ ⟨Fi⟩ *Köhler* m (Pollachius virens)

carbónico adj ⟨Chem⟩ *kohlenstoffhaltig, Kohlen-* ‖ *kohlensauer*

carbo|nífero adj *kohle(n)führend, kohlehaltig* ‖ ⟨Geol⟩ *Karbon-* ‖ ~ m ⟨Geol⟩ *Karbon* n ‖ **–nilla** *f Kohlen-, Koks|staub* m ‖ *Zeichenkohle, Kohle* f ‖ ⟨Auto⟩ *Schmierölrückstände* mpl, *Ölkohle* f

carboni|zación *f Verkohlung, Karbonisation* f ‖ ~ *lenta del carbón Kohlenschwelung* f ‖ ~ *lenta del lignito Braunkohlenschwelung* f ‖ ~ *de madera Holzverkohlung* f ‖ **–zar** [z/c] vt *ver|kohlen, -koken, karbonisieren* ‖ ⟨Chem⟩ *mit Kohlenstoff verbinden* ‖ ◇ ~ *lentamente,* ~ *a baja temperatura schwelen* ‖ *quedar –zado verkohlen, völlig verbrennen* ‖ ~**se** Ur *verkohlen*

carbo|no m (C) ⟨Chem⟩ *Kohlenstoff* m ‖ **–noso** adj *kohlen(stoff)haltig*

carbor|undo, –undum [–dun] m *Karborund, Siliziumkarbid* n

carbun|clo, –co m ⟨Med⟩ *Anthrax, Milzbrand* m

carbúnculo m *Rubin* m ‖ [veraltet] *Karfunkel* m *(Edelstein)*

carbu|ración f *Kohlung* f *(des Eisen)* ‖ *Vergasung* f *(Vergaserkraftstoff)* ‖ ⟨Chem⟩ *Verkohlungsprozess* m ‖ **–rador** m *Vergaser* m ‖ ~ *doble Doppelvergaser* m ‖ ~ *de flotador*

Schwimmvergaser m ‖ ~ *de gravedad*
Falllaststromvergaser m ‖ ~ *de inyección*, ~ *de*
pulverización *Spritzvergaser* m ‖ **–rante** *m*
Vergaserkraftstoff m ‖ **–rar** vt ⟨Chem⟩ *vergasen* ‖
⟨Chem⟩ *mit Kohlenstoff verbinden, verkohlen* ‖ ~
vi ⟨figf⟩ *funktionieren* ‖ **–rina** *f*
Schwefelkohlenstoff m *(als Fettfleckentferner*
verwendet) ‖ **–ro** *m* ⟨Chem⟩ *Karbid* n ‖
Kohlenstoffverbindung f ‖ ~ *de calcio* ⟨Chem⟩
Kalziumkarbid n
   carca *m* ⟨desp⟩ → **carlista** ‖ ~ *f* Am *Dreck* m
‖ adj/s *reaktionär, rückschrittlich*
   carcacha *f* Mex ⟨fam⟩ *alte Mühle* f, *alter*
Kasten m *(Wagen)*
   carcahuesal *m* RPl *Morast* m, *Sumpfgelände* n
   carcaj *m (Pfeil)Köcher* m ‖ *Gürtel* m *zum*
Tragen des Kreuzes bei Prozessionen ‖ Am
Gewehrfutteral n *(am Sattel)*
   carcajada *f Gelächter, lautes Auflachen* n,
Lachsalve f ‖ ~ *homérica homerisches*
Gelächter n ‖ ◇ *soltar una* ~ *laut auflachen* ‖
reírse a ~s *(od a* ~ *tendida) aus vollem Hals(e)*
lachen
   carcajear vi *laut herauslachen* ‖ ~**se** *laut*
herauslachen ‖ *spotten*
   carcamal *m* ⟨fam⟩ *Tattergreis* m ‖ ⟨fam⟩ *alte*
Schindmähre f ‖ ⟨fam⟩ *alte Schabracke* f
   ¹carcamán *m* ⟨Mar⟩ *alter Kasten* m
(schwerfälliges Fahrzeug)
   ²carcamán *m* Cu *Spottname* m *für e–n*
mittellosen Ausländer ‖ Arg *Spottname* m *für e–n*
Italiener ‖ Pe Mex → **carcamal**
   carcañal *m* → **calcañal**
   carcasa *f Gehäuse* n (z. B. *Motorgehäuse*) ‖
Gerippe n ‖ *Rumpf* m (& *von Vögeln usw.*) ‖
Karkasse f *(e–s Reifens)*
   Carcasona *f* [Stadt] *Carcassonne* n
   cárcava *f (Wasser)Graben* m ‖ *Grabloch* n
   carcavinar vi Sal *nach Verwesung riechen*
(Grabstätte)
   carcavón *m vom Wasser ausgewaschene*
Schlucht f
   carcax [*pl* ~**jes**]*,* **carcaza** *f* → **carcaj**
   ¹cárcel *f Gefängnis* n ‖ *Haft* f ‖ [veraltet]
Kerker m ‖ ~ *de alta seguridad*
Hochsicherheitsgefängnis n ‖ ~ *de menores*
Jugendgefängnis n ‖ ~ *preventiva Schutzhaft* f ‖
◇ *meter en la* ~ *ins Gefängnis setzen*
   ²cárcel *f* ⟨Tech⟩ *Schraubstock* m, *Zwinge* f
   ³cárcel *f* ⟨Typ⟩ *Brücke* f *an der*
Buchdruckerpresse
   ⁴cárcel *f e–e Maßeinheit* f *für Holz*
   carce|lario, –lero adj *Gefängnis-, Haft-* ‖ **–lazo**
m Chi Ec Pe PR *Gefängnisaufenthalt* m ‖ **–lera** *f*
Kerkerlied n *(and. Volkslied)* ‖ **–lería** *f Haft* f ‖
gezwungener Aufenthalt m ‖ **–lero** *m*/adj
Gefängnis|wärter, -aufseher m
   car|chada *f* Ur *Streit* m ‖ **–char** vt Ur *stehlen* ‖
–chero *m* Ur *Diebstahl* m ‖ **–chi** *m* Col
gesalzenes Fleisch n
   carcino|fobia *f* ⟨Med⟩ *Krebsangst,*
Karzinophobie f ‖ **–ide** adj *(m/f)* ⟨Med⟩
krebsähnlich ‖ ~ *m* ⟨Med⟩ *Karzinoid* n ‖ **–logía** *f*
⟨Med⟩ *Karzinologie, Lehre* f *von den*
Krebskrankheiten ‖ ⟨Zool⟩ *Krebstierkunde* f ‖ **–ma**
m ⟨Med⟩ *Krebs* m*, Krebsgeschwulst* f, *Karzinom*
n ‖ **–matoso** adj ⟨Med⟩ *krebsartig, karzinomatös* ‖
–sis *f* ⟨Med⟩ *Karzinose* f
   carcocha *f* Pe → **carcacha**
   cárcola *f* ⟨Text⟩ *Schemel* m
   carco|ma *f Bockkäfer* m (Cerambyx spp) ‖
Holzwurm, Klopfkäfer m (Anobium spp) ‖
Holzmehl n ‖ *Wurmstichigkeit* f ‖ ⟨fig⟩ *nagender*
Kummer, Gram m ‖ ⟨fig⟩ *Verprasser* m ‖ **–mer** vt
zer|nagen, -fressen ‖ *(Holz) anbohren (Holzwurm)*

‖ ⟨fig⟩ *langsam und allmählich verzehren,*
untergraben (Gesundheit usw.) ‖ ~**se** *wurmstichig*
werden ‖ ⟨fig⟩ *s. abzehren, verfallen* ‖ **–mido** adj
wurm|stichig, -zerfressen ‖ ⟨fig⟩ *morsch*
   carcomi|lla *f* Cu*,* **–llo** *m* PR *Neid* m
   carcunda adj/s ⟨desp⟩ → **carlista** ‖ *Reaktionär*
m
   ¹carda *f* ⟨Text⟩ *Karde, Krempel* f ‖ *Krempeln* n
‖ ⟨fam⟩ *Prügel* m ‖ ⟨figf⟩ *Verweis* m ‖ ~ *abridora*
Krempelwolf m*, Reißkrempel* f ‖ ~ *acabadora*
Fein-, Vorspinn|krempel f ‖ ~ *de chapones*
Deckel|krempel, -karde f ‖ ~ *hiladora*
Spinnkrempel f ‖ ~ *mezcladora Mischkrempel* f ‖
~ *repasadora Pelz-, Vlies|krempel* f ‖ ~ *vegetal*
Weberkarde f ‖ ◇ *dar una* ~ *a uno* ⟨figf⟩ *jdm den*
Kopf waschen
   ²carda *f* ⟨Bot⟩ *(Distel)Karde* f (Dipsacus spp) ‖
Arg *(Art) Kaktus* m
   carda|da *f* ⟨Text⟩ *Krempelmenge* f ‖ **–do** *m*
Krempeln n ‖ *Krempelarbeit* f ‖ ~ *en grueso*
Schrubbeln, Schlumpen n ‖ ~ *preliminar*
Vorkrempeln n ‖ **–dor** *m Kardenarbeiter* m ‖
–dora *f Raumaschine* f ‖ **–dura** *f Krempeln* n
   cardal *m* Am *Distelfeld* n
   cardamina *f* ⟨Bot⟩ *Gartenkresse* f (Lepidium
sativum)
   cardamomo *m* ⟨Bot⟩ *Kardamom* m (& n)
(Elettaria cardamomum)
   cardán *m* ⟨Tech⟩ *Kardan-, Kreuz|gelenk* n
   cardar vt ⟨Text⟩ *krempeln* ‖ *rauen (Tuch)* ‖
⟨fam⟩ *durchprügeln* ‖ ◇ ~ *la lana a alg.* ⟨figf⟩
jdm den Kopf waschen ‖ *unos tienen la fama y*
otros cardan la lana ⟨Spr⟩ *der eine hat den Ruhm*
und der andere hat die Arbeit
   cardario *m* ⟨Fi⟩ *(Art) Rochen* m (Raja
fullonica)
   cardelina *f* ⟨V reg⟩ *Stieglitz* m
   ¹cardenal *m Kardinal* m ‖ ~ *camarlengo*
Kardinalkämmerer m ‖ ~ *de curia Kurienkardinal*
m
   ²cardenal *m* ⟨V⟩ *Kardinal* m ‖ ~ *gris*
Graukardinal m (Paroaria coronata) ‖ ~ *de*
Virginia Roter Kardinal m (Richmondena
cardinalis) ‖ ⟨Zool⟩ *Kardinalschnecke* f ‖ ⟨Ins⟩
Kardinalfalter m ‖ *Kardinalkäfer* m ‖ ⟨Bot⟩
Scharlachrote Lobelie f (Lobelia cardinalis) ‖
⟨Bot⟩ *Storchschnabel* m (Geranium spp)
   ³cardenal *m Strieme* f, *blauer Fleck* m
   cardena|lato *m Kardinalswürde* f ‖ **–licio** adj
Kardinals-
   ¹cardencha *f* ⟨Bot⟩ *(Distel)Karde* f (Dipsacus
spp)
   ²cardencha *f* ⟨Text⟩ *Karde, Krempel* f
   cardenillo *m Grünspan, Kupferrost* m ‖ ⟨Mal⟩
Spangrün n
   cárdeno adj *maulbeerfarben, schwarzblau* ‖
schwarzbleich (Stier) ‖ *braun und blau* ‖
veilchenblau ‖ *tief-, purpur|rot* ‖ *opalisierend*
(Wasser)
   cardera *f* ⟨Ins⟩ *Distelfalter* m (Cynthia cardui)
   cardería *f Wollkämmerei* f
   cardero *m* ⟨Text⟩ *Kardenarbeiter* m
   car|diaca, –díaca *f* ⟨Bot⟩ *Echtes Herzgespann*
n (Leonurus cardiaca)
   car|diaco, –díaco adj ⟨An⟩ *Herz-, zum Herzen*
gehörig ‖ *herzkrank* ‖ ⟨Med⟩ *herzstärkend (Mittel)*
‖ ~ *m Herzkranke(r)* m
   cardialgia *f* ⟨Med⟩ *Kardialgie* f
   cardias *m* ⟨An⟩ *oberer Magenmund* m*, Kardia*
f
   cárdigan *m* ⟨Text⟩ *Cardigan* m
   cardillo *m* ⟨Bot⟩ *Goldwurzel* f (Scolymus
hispanicus) ‖ Mex ⟨fig⟩ *Kringel* m *(der*
Sonnenstrahlen)
   cardinal adj *hauptsächlich* ‖ *Haupt-, Kardinal-*

car|dioangiología f ⟨Med⟩ *Kardioangiologie* f
|| **–diocirugía** f *Herzchirurgie* f || **–diocirujano** m
Herzchirurg m || **–diógeno** adj *kardiogen,*
herzbedingt || **–diografía** f *Kardiographie* f ||
–diógrafo m *Kardiograph* m || **–diagrama** m
Kardiogramm n || **–dioide** f ⟨Math⟩ *Kardioide* f ||
–diología f *Kardiologie* f || **–diológico** adj
kardiologisch || **–diólogo** m *Kardiologe* m ||
–diomegalia f *Herzvergrößerung* f || **–diópata** m
Herzkranke(r) m || **–diopatía** f *Herzleiden* n,
Kardiopathie f || **–dioscopio** m *Kardioskop* n ||
–dioscopia f *Kardioskopie* f || **–diotomía** f
Kardiotomie f || **–diotónico** adj *herzstärkend* || ~
m *Herzmittel* n || **–diotóxico** adj *kardiotoxisch* ||
–diovascular adj *kardiovaskulär, Herzkreislauf-* ||
–dítico adj *Herz-, zum Herzen gehörig* || **–ditis** f
Herzentzündung, Karditis f
  cardizal m *Distelfeld* n
  car|do adj ⟨pop⟩ *ungesellig, kratzbürstig* || ~ m
Distel(pflanze) f || ~ *borriquero,* ~ *borriqueño*
Eselsdistel f (Onopordum acanthium) || ~ *de los*
campos →⁺ ~ *corredor* || ~ *comestible Kardone,*
Gemüseartischoke f (Cynara cardunculus) || ~
común Wegdistel f (Carduus acanthoides) || ~
corredor Brachdistel f, *Feldmannstreu* m
(Eryngium campestre) || ~ *estrellado Sterndistel* f
(Centaurea calcitrapa) || ~ *de las playas*
Stranddistel f (Eryngium maritimum) || **–dón** m
Weber-, Kratz|distel f || Am *Name verschiedener*
Kakteenarten
  Cardona np: *más listo que* ~ ⟨figf⟩ *sehr*
gewandt, sehr geschickt
  cardume(n) m *Fischschwarm, Zug* m
wandernder Fische || Chi ⟨fig⟩ *große Menge* f
  carduzal m →⁺ **cardizal**
  care|ada f Pe *Gegenüberstellung* f, *Vergleichen*
n || **–ado** m ⟨Maur⟩ *Kopfseite* f *(e–s Stein(e)s)* ||
–ador adj Sal: *perro* ~ *Schäferhund* m
  ¹carear vt/i ⟨Jur⟩ *(Angeklagten) Zeugen*
gegenüberstellen || ⟨fig⟩ *vergleichen* ||
gegeneinander halten || Am *für den Kampf*
abrichten (Kampfhähne) || Sal *ver|scheuchen,*
-jagen
  ²carear vt/i ⟨Agr⟩ *e–e Viehherde führen* od
lenken || *Vieh weiden*
  carearse vr *zu e–r (meist unangenehmen)*
Besprechung zusammenkommen
  carecer [-zc-] vi *ermangeln* (gen), *entbehren*
(gen) || *nicht haben* (et.) *nicht mehr (vorrätig)*
haben || ◇ ~ *de un artículo* ⟨Com⟩ *e–n Artikel*
nicht (mehr) haben || ~ *de fuerza nicht stichhaltig*
sein (Grund) || ~ *de fundamento unbegründet*
sein || ~ *de medios mittellos sein* || *no* ~ *de*
interés nicht uninteressant sein
  carecimiento m →⁺ **carencia**
  ¹carena f ⟨Mar⟩ *Ausbesserung,*
Schiffsreparatur f *(am Rumpf)* || ⟨Flugw Auto⟩
Tragkörper m, *Hülle* f || ⟨poet⟩ *Schiff* n || ⟨Bot⟩
Blattkiel m || ◇ *dar* ~ →⁺ **carenar**
  ²carena f ⟨fam⟩ *Stichelei, Neckerei* f
  carenado adj *windschlüpfrig,*
stromlinienförmig || ~ m ⟨Flugw Auto⟩
(aerodynamische) Verkleidung f
  carena|dura f s von **carenar:** →⁺ **¹carena** || **–je**
m →⁺ **–nero**
  carenar vt/i ⟨Mar⟩ *kielholen (zum Ausbessern)*
|| ⟨Mar⟩ *ausbessern (Schiffsrumpf)* || *überholen* ||
verkleiden
  caren|cia f *Mangel* m, *Fehlen* n, *Entbehrung* f
|| *Abgang, Verlust* m || ~ *de medios Mittellosigkeit*
f || ~ *de vitaminas Vitaminmangel* m || **–cial** adj
(m/f) Mangel-
  carenero m ⟨Mar⟩ *Kielholplatz* m
  carente: ~ *de medios mittellos*
  careo m ⟨Jur⟩ *Gegenüberstellung* f *(der Zeugen*

od Angeklagten) || *Gegeneinanderhalten,*
Vergleichen n || Sal *Weide* f || Sal ⟨fig⟩ *Gespräch*
n, *Unterhaltung* f || ◇ *celebrar* ~, *practicar* ~
⟨Jur⟩ *gegenüberstellen*
  carero m ⟨fam⟩ *Verkäufer* m *mit hohen Preisen*
  carestía f *hoher Preis* m || *Teuerung, teure Zeit*
f || *Überteuerung* f || *hoher Preis* m || *Not* f,
Mangel m || *Hungersnot* f
  care|ta f *Maske, Larve* f || *Ballmaske* f ||
Zuckermaske f || *Fechtmaske* f || ⟨fig⟩ *Deckmantel,*
äußerer, falscher Schein m || ⟨Bot⟩ *Narbe* f || ~
anestésica ⟨Med⟩ *Narkosemaske* f || ~ *antigás,* ~
contra gases ⟨Mil⟩ *Gasmaske* f || ~ *antipolvo,*
contra el polvo Staubmaske f || ~ *de esgrima* ⟨Sp⟩
Fechtmaske f || ~ *de oxígeno Sauerstoffgerät* n ||
~ *protectora Schutzmaske* f || ~ *respiratoria*
Atem(schutz)maske f || ◇ *arrojar la* ~, *quitarse la*
~ ⟨fig⟩ *die Maske fallen lassen* || *ponerse la* ~ *s.*
maskieren || *quitarle la* ~ *a uno* ⟨figf⟩ *jdn*
entlarven, jdm die Maske herunterreißen || **–to** adj
Tier n *mit Blesse* || ~ m *Laterne* f *(Abzeichen am*
Tierkopf)
  caretudo adj Cu *unverschämt, schamlos*
  carey m *Karettschildkröte* f (Eretmochelys
imbricata) || *Schildpatt* n, *Schildkrötenschale* f
  ¹carga f ⟨allg⟩ *Last, Bürde* f || *Fracht* f ||
Ladung f (& Mil) || *Frachtgut* n || *Bepackung* f ||
Wagenvoll m, *Fuhre* f, *Fuder* n || ⟨Mar⟩
(Schiffs)Ladung, Befrachtung f || *Ladung* f *(e–s*
Gewehrs) || ⟨El⟩ *(Auf)Ladung* f || ⟨Bgb⟩
Sprengladung f || *Durchsatz* m *(Ofen)* ||
Filmeinfädelung f || *Füllstoff* m || ⟨fig⟩ *Last,*
Beschwerde f || *Obliegenheit* f || *Beanspruchung* f
|| ⟨fig⟩ *Pflicht, Verpflichtung* f || ~ *adicional*
Zuladung, zusätzliche Belastung f || ~ *admisible*
zulässige Belastung f || ~ *aérea Luftfracht* f || ~
alar ⟨Flugw⟩ *Flügel-, Flächen|belastung* f || ~ *de*
arranque Anlauflast f || ~ *de aspiración Saughöhe*
f *(Pumpe)* || ~ *atómica Atomladung* f || ~ *axial*
Axial-, Längs|belastung f || ~ *de barreno*
Bohrloch-, Spreng|ladung f || ~ *de bultos sueltos*
Stückgutladung f || ~ *de carbón Kohlengicht* f ||
~ *de circuito* ⟨El⟩ *Netzbelastung* f || ~ *comercial*
⟨Flugw⟩ *zahlende Nutzlast* f || ~ *de conductor*
⟨El⟩ *Leiterbelastung* f || ~ *continua Dauer|last,*
-belastung f || ~ *creciente wachsende Belastung* f
|| ~ *de cubierta* ⟨Mar⟩ *Deckladung* f || ~ *eléctrica*
elektrische Ladung f || ~ *electrónica*
Elektronenladung f || ~ *elemental* ⟨Atom⟩
Elementarladung f || ~ *de empuje* ⟨Flugw⟩
Schubbelastung f || ~ *espacial Raumladung* f ||
específica por unidad de superficie ⟨Flugw⟩
Flächenbelastung f || ~ *explosiva Sprengladung* f
|| ~ *fibrosa Faserfüllstoff* m || ~ *flotante* ⟨Mar⟩
schwimmende od *auf See befindliche Ladung* f ||
~ *a granel Schütt|gut* n, *-ladung* f || ~ *de horno*
Ofenfüllung f || ~ *de hundimiento* ⟨Arch⟩
Setzungslast f || ~ *de ida Hinfracht* f || ~ *de*
ignición Zündladung f || ~ *latente* ⟨El⟩ *gebundene*
Ladung f || ~ *límite Grenzbelastung* f || ~
máxima Höchst-, Maximal|belastung f || ~ *móvil*
Verkehrslast f *(Brückenbau)* || ~ *muerta Totlast,*
tote Last f || ~ *nominal Nennlast* f || ~ *nuclear*
⟨Atom⟩ *Kernladung* f || ~ *nula Nulllast* f || ~ *de*
pago ⟨Flugw⟩ *zahlende Nutzlast* f || ~ *parcial*
Teillast f || ~ *de partículas* ⟨Atom⟩
Teilchenladung f || ~ *de presión Druckhöhe* f || ~
de la presión del viento Windbelastung f || ~
propulsora, ~ *de proyección Treibladung* f || ~
residual Restladung f || ~ *del resorte*
Federbelastung f || ~ *de retorno Rückfracht* f || ~
de rotura Bruchlast f || ~ *de (la) rueda Rad|last* f,
-druck m || ~ *de seguridad Sicherheitslast* f || ~
superficial ⟨Flugw⟩ *Flächenbelastung* f || ~ *total*
Gesamt|last, ⁻*-belastung* f || ~ *transversal*

Querbelastung f ‖ ~ útil *Nutzlast* f ‖ ~ de vagón *Wagen-, Waggon|ladung* f ‖ ~ de gran velocidad ⟨EB⟩ *Eilgut* n ‖ ~ de viento *Windbelastung* f ‖ ~ de vuelta *Rückfracht* f ‖ ◆ a ~ cerrada *in Bausch und Bogen (Kauf)* ‖ ⟨fig⟩ *ohne Überlegung* ‖ ⟨fig⟩ *rücksichtslos* ‖ ⟨fig⟩ *zugleich* ‖ de ciento en ~ ⟨figf⟩ *von sehr geringem Wert* ‖ libre de toda ~ *lastenfrei* ‖ a plena ~ *bei Volllast* ‖ ◇ admitir ~ *Ladung einnehmen (Schiff)* ‖ dar con la ~ en el suelo ⟨fig⟩ *der Arbeit, Not unterliegen* ‖ echar la ~ a uno ⟨fig⟩ *jdm die schwerste Last aufbürden* ‖ echar la ~ de sí ⟨fig⟩ *et. von s. abschieben* ‖ echarse con la ~ ⟨figf⟩ *die Flinte ins Korn werfen* ‖ estar a la ~ *in Ladung liegen (Schiff)* ‖ llevar la ~ ⟨fig⟩ *die schwerste Arbeit verrichten* ‖ ser en ~ *lästig sein* ‖ soltar la ~ ⟨fig⟩ *eingegangene Verpflichtungen (willkürlich) aufheben* ‖ volver a la ~ ⟨fig⟩ *(immer) wieder anfangen* ‖ *(immer) wieder auf die Sache zurückkommen* ‖ *hartnäckig sein* ‖ no hay ~ más pesada que tener la conciencia cargada ⟨Spr⟩ *ein gutes Gewissen ist ein sanftes Ruhekissen* ‖ ~s *fpl Amtspflichten, Verbindlichkeiten* fpl ‖ ◆ a ~ ⟨figf⟩ *haufenweise, im Überfluss* ‖ ◇ echar las ~ a uno ⟨figf⟩ *jdn fälschlich beschuldigen*
²**carga** f ⟨Jur⟩ *Beschuldigung* f ‖ *Pflicht, Last* f ‖ *Grundstücksbelastung* f ‖ ~ de alegación *Darlegungslast* f ‖ ~ fiscal *Steuerlast* f ‖ ~ legal *gesetzliche Pflicht* f ‖ ~ probatoria, ~ de la prueba *Beweislast* f ‖ ~ real *Reallast* f ‖ ~ social *Sozialllast* f
³**carga** f ⟨Mil⟩ *Angriff, Sturm* m ‖ ~ a la bayoneta *Bajonettangriff* m ‖ ~ de caballería *Kavallerieangriff* m
cargada f *Ladung* f
carga|dera f ⟨Mar⟩ *Geitau* n ‖ **–dero** m *Ladeplatz* m ‖ ⟨Zim⟩ *Oberschwelle* f, *Sturz* m ‖ ⟨Mar⟩ *Löschplatz* m ‖ ⟨Bgb⟩ *Füllort* m ‖ ⟨Met⟩ *Gicht* f ⟨Hochofen⟩ ‖ **–dilla** f *Erhöhung* f *e–r Schuld durch Zinszuschlag* ‖ **–do** adj *voll* ‖ *überladen* ‖ *gedrängt* ‖ *schwül (Wetter)* ‖ *trächtig (Schaf)* ‖ *kräftig (Suppe, Kaffee)* ‖ *benommen, schwer (Kopf)* ‖ *überladen* ‖ *stickig (Luft im Raum)* ‖ ⟨fam⟩ *voll (betrunken)* ‖ ~ de años *betagt, hochbejahrt* ‖ ~ con bala *scharf geladen (Gewehr)* ‖ ~ de deudas *überschuldet* ‖ ~ de espaldas *hochschult(e)rig* ‖ *höck(e)rig* ‖ ~ en la popa ⟨Mar⟩ *achterlastig* ‖ ~ en la proa ⟨Mar⟩ *buglastig* ‖ ~ de sueño *schlaftrunken* ‖ estar ~ ⟨fam⟩ *angetrunken sein* ‖ **–dor** m *Auflader, Verlader* m ‖ *Ladegerät* n *Ladevorrichtung* f *(e–r Schusswaffe)* ‖ *(Patronen)Magazin* n ‖ *Maschinengewehrgurt* m ‖ *Ladestreifen* m *(Revolver)* ‖ *Gabel* f *zum Laden (Stroh usw.)* ‖ ⟨Mar⟩ *Schiffs|befrachter, -belader* m ‖ ⟨Text⟩ *Magazin* n ‖ ⟨Auto⟩ *Lader* m ‖ ⟨Bgb⟩ *Kohlenwagenfüller* m ‖ ~ para baterías *Batterieladegerät* n ‖ **–dora** f *Ven Kindermädchen* n ‖ **–mento** m ⟨Mar⟩ *Schiffsladung, Fracht* f ‖ *Beförderung, Verladung* f ‖ ⟨EB⟩ *Waggonladung* f ‖ ~ de cubierta ⟨Mar⟩ *Deckladung* f ‖ ~ de retorno *Rückladung* f
cargancia f *Sal Belästigung* f
cargante adj *(m/f)* ⟨fam⟩ *lästig, störend* ‖ *beschwerlich*
¹**cargar** [g/gu] vt/i *(auf)laden* ‖ *beladen* ‖ *verladen* ‖ *tragen* ‖ *be|lasten, -legen* ‖ *übernehmen (Verpflichtungen)* ‖ ⟨fig⟩ *be|lasten, -schweren* ‖ *(jdn) belästigen* ‖ ⟨figf⟩ *auf die Nerven fallen* ‖ ⟨fig⟩ *auferlegen (Steuern)* ‖ *befrachten (Schiff)* ‖ *angreifen (Feind)* ‖ ⟨Fot⟩ *laden (Kassetten)* ‖ *be|schicken, -gichten (Hochofen)* ‖ ⟨El⟩ *(auf)laden* ‖ *spannen (Armbrust)* ‖ *überladen (Speisen mit Gewürz)* ‖ *stark machen (Kaffee)* ‖ *stopfen (Pfeife)* ‖

über|häufen, -laden ⟨figf⟩ *s. mächtig dranhalten (beim Essen)* ‖ ⟨fig⟩ *aufbürden, zur Last legen* ‖ ⟨fig⟩ *bezichtigen, anschuldigen* ‖ *an-, be|rechnen (Preis)* ‖ ⟨Com⟩ *belasten, zu Lasten schreiben* ‖ *aufhalsen, anhängen (Schuld)* ‖ ⟨Kart⟩ *(über)stechen* ‖ ⟨Mar⟩ *(ver)laden* ‖ ⟨Mar⟩ *einziehen (Segel)* ‖ *Am bei s. führen, mithalten* ‖ ◇ ~ el acento (en) *betonen (Wort, Silbe)* ‖ ~ los aumentos sobre los precios de venta *(auf die Verkaufspreise) abwälzen* ‖ ~ combustible ⟨Auto⟩ *tanken* ‖ ~ en cuenta *in Rechnung stellen* ‖ *zu Lasten schreiben* ‖ *debitieren* ‖ ~ de deudas *mit Schulden beladen* ‖ ~ la mano *zuviel geben, überladen (de mit)* ‖ ~ vi *lasten, aufliegen auf* dat ‖ *drücken* ‖ *sehr viel essen* ⟨fam⟩ *tüchtig einhauen* ‖ ⟨pop⟩ *saufen* ‖ *viel Obst tragen (Bäume)* ‖ *s. zusammenziehen (bes. Sturmwolken)* ‖ *s. drängen, s. stauen (Volksmenge)* ‖ ⟨Gr⟩ *fallen (Betonung)* ‖ *zunehmen (Wind)* ‖ ⟨Mar⟩ *s. auf e–e Seite neigen, krengen* ‖ ~ mucho *zu viel essen* od *trinken, s. den Magen überladen* ‖ ~ con alg. algo *od* en hombros *jdn auf den Rücken nehmen* ‖ ~ con a *et. aufladen, et. tragen* ‖ *et. auf s. nehmen, übernehmen* ‖ *et. mitnehmen* ‖ *et. heran- bzw weg|schleppen* ‖ ~ contra el enemigo ⟨Mil⟩ *den Feind angreifen, zum Angriff übergehen* ‖ ~ sobre alg. *auf jdn eindringen* ‖ *jdn zusetzen* ‖ ~ sobre sí *auf s. nehmen (Pflicht, Last)* ‖ estar cargando *in Ladung begriffen sein (Schiff)* ‖ ~**se** *den Körper nach e–r Seite hin neigen* od *tragen* ‖ *s. bedecken (Himmel)* ‖ ⟨fam⟩ *aufgebracht werden, s. ärgern* ‖ ~ a uno ⟨pop⟩ *jdn umbringen, jdn umlegen* ‖ ¡a éste me lo cargo! ⟨pop⟩ *den mache ich fertig!* ‖ ~ de lágrimas *s. mit Tränen füllen (Augen)* ‖ se le carga la cabeza *es wird ihm schwind(e)lig* ‖ ⟨fam⟩ *er gerät in Harnisch* ‖ empezar a ~ los platos *anfangen, die Teller zu zerschmeißen*
²**cargar** vt *laden (Feuerwaffe)* ‖ ¡y asegurar! ⟨Mil⟩ *laden und sichern!* ‖ ¡carguen armas! ⟨Mil⟩ *laden!*
cargareme m *(Kassen)Quittung* f ‖ *Annahmeanordnung* f
cargazón f ⟨Mar⟩ *(Schiffs)Ladung* f, *Kargo* m ‖ ⟨Med⟩ *Schwere* f, *Drücken* n ‖ *Kopfdruck* m ‖ *Magendruck* m ‖ *dickes Gewölk* n
¹**cargo** m *(Auf)Laden, Beladen* n ‖ *Last, Ladung* f, *Kargo* m ‖ *Gewicht* n ‖ ⟨Com⟩ *Soll, Debet* n ‖ *Einwand, Vorwurf* m ‖ *Auftrag* m ‖ ⟨fig⟩ *Pflicht, Obliegenheit* f ‖ ⟨fig⟩ *Posten* m, *Amt* n, *Stelle, Würde* f ‖ ~ de conciencia *Gewissensbedenken* n ‖ ~ de confianza *Vertrauensposten* m ‖ ~ en cuenta *Lastschrift* f ‖ ~ y data *Soll und Haben* n ‖ ~ de fideicomisario *Treuhandschaft* f ‖ ~ honorario, ~ honorífico *Ehrenamt* n ‖ ~ de oficial ⟨Mil⟩ *Offiziersrang* m ‖ ◆ (correr) a ~ de alg. *zu jds Lasten (gehen)* ‖ *unter jds Oberbefehl* od *Aufsicht (laufen)* ‖ ◇ cesar en el ~ *aus dem Amt scheiden* ‖ desempeñar un ~ *e–e Stelle versehen, ein Amt verwalten* ‖ exonerarse de un ~ *ein Amt niederlegen* ‖ formalizar un ~ ⟨Jur⟩ *die Anklage erheben* ‖ formular un ~ *beschuldigen* ‖ hemos girado a ~ de Vd. ⟨Com⟩ *wir haben auf Sie gezogen* ‖ hacer ~ a uno de a/c *jdm et. zuschreiben, vorwerfen* ‖ hacerse ~ de a/c et. *übernehmen* ‖ *et. erwägen, untersuchen* ‖ *et. begreifen, verstehen* ‖ ¡hazte ~! *denke nur (an)!* ‖ eso corre *(od* va) de mi ~ *das ist m–e Sache, dafür werde ich selbst sorgen* ‖ jurar el ~ *den Amtseid ablegen, auf das Amt vereidigt werden* ‖ tener a su ~ a/c *für et. sorgen* ‖ ~s son cargas (~ lleva carga) ⟨Spr⟩ *Würde bringt Bürde*
²**cargo** m ⟨Jur⟩ *Anklage, Beschuldigung* f ‖ ◇ formalizar un ~ *die Anklage erheben*

car|gosear vt Chi *belästigen* ‖ **–gosería** f Chi *Belästigung* f ‖ **–goso** adj *lästig* ‖ *beschwerlich* ‖ Arg *aufdringlich* ‖ Arg *nachteilig* ‖ **–gue** m *(Schiffs)Ladung* f ‖ **–guera** f Ven *Kindermädchen* n ‖ **–guero** m Arg *Lasttier* n ‖ *Lastträger* m ‖ Am *Frachtschiff* n, *Frachter* m ‖ ~ *frigorífico Kühlfrachter* m ‖ **–guío** m *Frachtgüter* npl ‖ *(Wagen)Ladung, Last* f ‖ *Schiffsladung* f
¹cari adj Arg *hellbraun* ‖ Chi *hellgrün* ‖ ~ m Am *Brombeere* f
²cari m Arg *(Art) Poncho* m
¹caria f ⟨Arch⟩ *Säulenschaft* m
²caria f Marr *Landgut* n
cariacedo adj *sauertöpfisch, mürrisch*
cariaco m *kubanischer Volkstanz* m
cariáco m ⟨Zool⟩ *Weißwedel-, Virginia|hirsch* m (Odocoileus virginianus)
cari|acontecido adj ⟨fam⟩ *mit traurigem Gesicht, betrübt* ‖ Col *mit heiterem Gesicht* ‖ **–acuchillado** *mit narbigem Gesicht*
caria|do adj *vom Knochenfraß befallen* ‖ *faul, angefault, kariös (Zahn)* ‖ **–dura** f *Knochenfäule* f ‖ *Zahnfäule* f
cari|aguileño adj *mit e–m Gesicht wie ein Adler* ‖ **–alegre** adj *(m/f) heiter, fröhlich, froh* ‖ **–ampollado** *pausbackig* ‖ **–ancho** adj ⟨fam⟩ *mit breitem Gesicht*
cariar vt *zum Faulen bringen* ‖ ~**se** *anfaulen (Knochen)* ‖ *kariös od faul werden (Zahn)* m
cariátide f ⟨Arch⟩ *Karyatide* f ‖ *Gebälk-, Gesims|träger* m
Caribdis f *Strudel* m *in der Meerenge von Messina* ‖ ◇ *se libró de* ~ *y cayó en Escila* ⟨figf⟩ *er (sie, es) ist vom Regen in die Traufe geraten*
¹caribe adj *kar(a)ibisch, Kar(a)iben-* ‖ ~ m *Kar(a)ibe (Angehöriger e–s antillischen Volksstammes)* m ‖ *kar(a)ibische Sprache* f ‖ ⟨fig⟩ *grausamer Mensch* m
²caribe m Ven ⟨Fi⟩ *Karaibenfisch* m (Serrasalmus nattereri)
cari|bello adj *mit dunkelfarbigem Kopf und weißgefleckter Stirn (Stier)* ‖ **–blanco** adj *mit weißem Gesicht*
caribú [pl **–úes**] m ⟨Zool⟩ *Karibu* m (Rangifer tarandus caribou)
carica f Pan *nackthalsiges Huhn* n
caricáceas fpl ⟨Bot⟩ *Melonenbaumgewächse* npl (Caricaceae)
caricato m ⟨Th⟩ *Bassbuffo* m/f
caricatu|ra f *Karikatur* f, *Cartoon* m (& n) ‖ ⟨fig⟩ *Zerr-, Spott|bild* n ‖ ⟨fig⟩ *lächerliche Erscheinung, Schießbudenfigur* f ‖ **–rar, –rizar** [z/c] vt *karikieren, lächerlich machen* ‖ **–resco** adj *zur Karikatur geworden, karikaturenhaft* ‖ **–rista** m/f *Karikaturenzeichner(in f), Karikaturist(in f)* m, *Cartoonist(in f)* m
cari|cia f *Streicheln* n ‖ *Liebkosung, Schmeichelei* f ‖ ◇ *colmar de* ~s *mit Zärtlichkeiten überhäufen* ‖ *hacer* ~s, *hacer una* ~ *a alg. jdn liebkosen, streicheln* ‖ **–cioso** adj *liebkosend, liebreich*
cari|compuesto adj *sittsam aussehend* ‖ **–chato** adj *mit flachem, plattem Gesicht*
caridad f *christliche Nächstenliebe* f ‖ *Liebeswerk* n, *milde Gabe* f ‖ *Mitleid* n ‖ *Barmherzigkeit* f ‖ *Wohltätigkeit* f ‖ *Almosen* n ‖ ⟨Theol⟩ *Caritas, Agape* f ‖ ⟨Mar⟩ *Notanker* m ‖ Mex *Gefangenenkost* f ‖ ◇ *hacer una* ~ *ein Almosen geben* ‖ *pedir una* ~ *a alg. jdn um ein Almosen bitten* ‖ *la* ~ *bien entendida comienza por uno mismo jeder ist s. selbst der Nächste*
Caridad f np span. *Frauenname*
cari|delantero adj ⟨fam⟩ *naseweis, keck* ‖ *aufdringlich, lästig* ‖ **–doliente** adj *mit traurigem Gesicht* ‖ **–duro** adj Cu → **caradura**

caries f ⟨Med⟩ *Knochenfraß* m, *Karies* f ‖ *Holzfäule* f, *Brand* m ‖ ~ *dental Karies, Zahnfäule* f
cari|fresco adj *frech* ‖ **–fruncido** adj ⟨fam⟩ *mit runz(e)ligem Gesicht* ‖ *mürrisch, barsch* ‖ **–gordo** adj ⟨fam⟩ *vollwangig, paus-, dick|backig* ‖ **–harto** adj ⟨fam⟩ *rundbackig* ‖ **–justo** adj *mit scheinheiligem Gesicht* ‖ **–lampiño** adj Chi Pe *dünn-, flaum|bärtig* ‖ **–largo** adj ⟨fam⟩ *mit langem Gesicht* ‖ ⟨figf⟩ *betrübt, traurig* ‖ **–lavado** adj ⟨fam⟩ *mit fettglänzendem Gesicht* ‖ **–limpieza** f Col Pan Pe PR *Frechheit* f ‖ **–limpio** adj Col Pan Pe PR *frech, unverschämt* ‖ **–lindo** adj *nett, hübsch* ‖ **–liso** adj Col → **–limpio**
carilla f *Maske* f ‖ *Bienenschleier* m, *Imkerkappe, (Imker)Maske* f ‖ *(Blatt)Seite* f
carilleno adj ⟨fam⟩ *dickbackig*
carillo adj dim von **caro** ‖ *sehr teuer, sehr lieb*
carillón m ⟨Mus⟩ *Glockenspiel* n
carilucio adj → **carilavado**
carim|bar vt Bol Pe PR *brandmarken (Vieh)* ‖ **–bo** m Bol Pe PR *Brandeisen* n *(für Vieh)*
carinegro adj *von schwarzbrauner Gesichtsfarbe*
carininfo adj *mit weichlichem Gesicht*
Carin|tia f ⟨Geogr⟩ *Kärnten* ‖ **–tio** adj *aus Kärnten* ‖ *auf Kärnten bezüglich* ‖ ~ m *Kärntner* m
cariñar vi Ar *Heimweh empfinden*
cariñena m *Wein aus Cariñena* (P Zar)
cari|ño m *Liebe, Zuneigung* f ‖ *Freundlichkeit* f ‖ *Wohlwollen* n ‖ ⟨fig⟩ *Liebkosung* f ‖ ⟨fig⟩ *Eifer* m ‖ ⟨fig⟩ *Anhänglichkeit, Zärtlichkeit* f ‖ ♦ *con mucho* ~ *sehr liebevoll* ‖ ◇ *necesitado de* ~ *anlehnungsbedürftig* ‖ *tener* ~ *a alg. jdn gern haben* ‖ **–ñoso** adj *zärtlich, liebevoll* ‖ *wohlwollend* ‖ *freundlich* ‖ *zutraulich (Kind)* ‖ adv: ~**amente**
carioca adj SAm *aus Rio de Janeiro* ‖ RPl *aus Brasilien* ‖ ~ f *Carioca* f *(ein brasilianischer Volkstanz)*
cario|cinesis f ⟨Gen⟩ *Karyokinese* f ‖ **–cinético** adj *karyokinetisch*
cariofiláceas fpl ⟨Bot⟩ *Nelkengewächse* npl (Caryophyllanceae)
cariópside f ⟨Bot⟩ *Schalkern* m, *Karyopse* f
carioteca f ⟨Gen⟩ *Zellkernhülle* f
cari|parejo adj ⟨fam⟩ *mit unveränderlichen Gesichtszügen* ‖ **–rraído** adj ⟨fam⟩ *frech, schamlos* ‖ **–rredondo** adj ⟨fam⟩ *rundbackig*
caris|ma m ⟨Theol⟩ *Charisma* n (& fig) ‖ **–mático** adj *charismatisch*
carita m Dom *Nassauer* m
Carita, Cachita f np ⟨fam⟩ → **Caridad**
cáritas f ⟨Kath⟩ *Karitas* f *(Deutscher Caritasverband)* ‖ ~ *parroquial Pfarrkaritas* f
caritativo adj *liebreich, barmherzig, mildtätig, karitativ*
caritieso adj *mit strengen Gesichtszügen*
carito adj → **¹carillo**
cariz [pl ~**ces**] m *Wetterstand* m, *Wetter* n ‖ ⟨figf⟩ *Eindruck* m ‖ *Gestalt* f ‖ ♦ *de tal* ~ *derartig* ‖ ◇ *la cosa va tomando mal* ~ *es sieht bedenklich od* ⟨fam⟩ *mulmig aus* ‖ ~·s ⟨figf⟩ *sehr schlau sein* ‖ **–cón** m/adj ⟨fam⟩ *Schlaukopf* m
carlan|ca f *Stachelhalsband* n *(für Hunde)* ‖ Col CR *Fußeisen* n ‖ ⟨figf⟩ *Verschmitztheit* f ‖ Hond ⟨fig⟩ *lästiger Mensch* m ‖ ◇ *tener (muchas)* ~·s ⟨figf⟩ *sehr schlau sein* ‖ **–ga** f Mex *Fetzen* m
carlear vi *keuchen*
carlincho m Al *Heckendistel* f
carlinga f ⟨Mar⟩ *(Masten)Spur* f ‖ ⟨Mar⟩ *Kielschwein* n ‖ ⟨Flugw⟩ *Pilotenkanzel* f, *Cockpit* n

car|lismo *m Karlismus* m ‖ *Karlistentum* n ‖
–lista adj *(m/f) karlistisch* ‖ ~ *m/f Karlist(in* f),
Anhänger(in f) m *des Don Carlos in Spanien*
  Carlitos np dim von **Carlos**
  Carlomagno *m* ⟨Hist⟩ *Karl* m *der Große*
  Carlos *m* np *Karl* m ‖ *San* ~ *Borromeo (der
hl.) Karl Borromäus* ‖ ~ *el Temerario* ⟨Hist⟩ *Karl*
m *der Kühne*
  carlota *f* ⟨Kochk⟩ *Charlotte* f
  Carlota *f* np *Charlotte* f
  carlovingio adj/s → **carolingio**
  carmañola *f* ⟨Hist⟩ *Carmagnole* f
  carmel *m* ⟨Bot⟩ *Spitzwegerich* m (Plantago
lanceolata) ‖ → **llantén**
  Carmela *f* np ⟨fam⟩ → **Carmen**
  ¹**carmelita** *m*/adj ⟨Rel⟩ *Karmeliter(mönch)* m
  ²**carmelita** *f* ⟨Bot⟩ *Blüte* f *der Kapuzinerkresse*
  ³**carmelita** adj Am *(lila)braun*
  carmelitano adj *auf den Karmeliterorden
bezüglich* ‖ **–lo** *m Karmel* m *(Berg in Palästina)* ‖
⟨Rel⟩ *Karmeliterorden* m
  ¹**carmen** *m* ⟨Rel⟩ *Karmeliterorden* m
  ²**carmen** *m Gedicht* n
  ³**carmen** *m Gran Land-, Garten|haus* n
  ¹**Carmen** *m Berg Karmel (in Palästina)*
  ²**Carmen** *f* np *Carmen* f
  carme|nador *m* ⟨Text⟩ *Wollkämmer* m ‖ →
  ¹**carda** ‖ **–nadura** *f* ⟨Text⟩ *Wollkämmen* n ‖ **–nar**
vt ⟨Text⟩ *zupfen, kämmen (Wolle)* ‖ ⟨figf⟩ *zausen,
rupfen (Haar)* ‖ ⟨figf⟩ *(jdn) rupfen, begaunern*
  Carmencita np ⟨fam⟩ dim von **Carmen**
  carmesí *[pl* ~**íes]** adj/s *karmesin-,
scharlach|rot* (→ **carmíneo**)
  carmín *m Karmin(rot)* n ‖ ⟨fig⟩ *Röte* f *der
Wangen* ‖ *hochrote Feldrose* f
  carminativo *m*/adj ⟨Med⟩ *blähungstreibendes
Mittel, Karminativum* n
  carmíneo adj *karm(es)in|farben, -rot*
  carminita *f* ⟨Min⟩ *Karminspat* m
  carminoso adj → **carmíneo**
  carna|ción *f Fleischfarbe* f ‖ **–da** *f
Fleischköder* m *(für Fische)* ‖ ⟨figf⟩ *Köder* m,
Falle f ‖ **–dura** *f Beleibtheit* f ‖ *Fleischteile* mpl
des menschlichen Körpers
  car|nal adj *(m/f) fleischern, aus Fleisch* ‖
fleischlich ‖ *sinnlich, wollüstig* ‖ *blutsverwandt,
leiblich (bei Verwandschaftsgraden)* ‖ ⟨fig⟩
irdisch, weltlich ‖ **–nalidad** *f Fleischlichkeit,
Sinnenlust* f ‖ *Sinnlichkeit* f
  carnalita *f* ⟨Min⟩ *Karnallit* m
  carnauba *f* Am ⟨Bot⟩ *Carnaubapalme* f
(Copernicia cerifera)
  carna|val *m Fastnacht* f, *Fasching* m,
Karneval m ‖ *Karnevalsvergnügen* n ‖ ◇ *es un* ~
⟨figf⟩ *da geht es sehr lustig zu* ‖ ⟨figf⟩ *es ist ein
schmutziger Handel* ‖ **–valada** *f Faschingsscherz*
m ‖ *Karnevalstreiben* n ‖ ⟨fig⟩ *Farce* f ‖ **–valesco**
adj *Karneval-, Faschings-*
  carna|za *f Aas-, Fleisch|seite* f *e–r Haut* ‖
Fleischköder m *für Fische* ‖ ⟨fig⟩ *Beleibtheit* f ‖
⟨Rel desp⟩ *Fleisch(lichkeit* f) n ‖ **–zón** *f Sal
Wundbrand* m
  carne *f Fleisch* n *(des tierischen Körpers)* ‖
Fleischspeise f ‖ *Fleisch* n *(von Obst und
Früchten)* ‖ *Haut(farbe)* f ‖ ⟨Mal⟩ *Fleischfarbe* f ‖
menschliche Natur f, *Fleisch* n ‖ ~ *adobada
Pökelfleisch* n ‖ ~ *ahumada Rauchfleisch* n ‖ ~
asada gebratenes Fleisch n ‖ *Braten* m ‖ ~ *blanca
Kalb-, Geflügel|fleisch* n ‖ ~ *de caballo
Pferdefleisch* n ‖ ~ *de cañón* ⟨fig⟩ *Kanonenfutter*
n ‖ ~ *de carnero Hammelfleisch* n ‖ ~ *de cerdo
Schweinefleisch* n ‖ ~ *congelada Gefrierfleisch* n ‖
~ *de conserva Konservenfleisch* n ‖ ~ *curada
gesalzenes bzw gepökeltes Fleisch* n ‖ ~ *enlatada
Büchsenfleisch* n ‖ ~ *estofada Schmorfleisch* n ‖

~ *de falda Bruststück* n ‖ ~ *fiambre kaltes
Fleisch* n ‖ ~ *fofa schwammiges Fleisch, Fett* n
(e–r dickleibigen Person) ‖ ~ *fresca Frischfleisch*
n ‖ ~ *fría (kalter) Aufschnitt* m ‖ ~ *de gallina
Hühnerfleisch* n ‖ ⟨fig⟩ *Gänsehaut* f ‖ *Schauder* m
‖ ~ *gorda fettes Fleisch* n ‖ ~ *helada
Gefrierfleisch* n ‖ ~ *de horca* ⟨desp⟩ *Galgenvogel*
m ‖ ~ *sin hueso* ⟨figf⟩ *Sinekure* f ‖ ~ *en lata
Büchsenfleisch* n ‖ ~ *magra mageres Fleisch* n ‖
~ *de membrillo Quitten|mus,* n *-paste* f ‖ ~ *
mortecina Fleisch* n *e–s verendeten Tieres* ‖ ~ *de
pelo Fleisch* n *(von Hasen, Kaninchen und allen
anderen Tieren, die mit der Haut verkauft
werden)* ‖ ~ *picada Hackfleisch, Gehacktes* n,
Nordd *Hackepeter* m, Öst *Faschierte(s)* n ‖ ~ *de
pluma Fleisch* n *von Geflügel* ‖ ~ *de puerco
Schweinefleisch* n ‖ ~ *en raeduras geschabtes
Fleisch* n ‖ ~ *salada,* ~ *en salmuera Pökelfleisch*
n ‖ ~ *salvajina Wildbret* n ‖ ~ *seca Dörrfleisch* n
‖ ~ *de ternera Kalbfleisch* n ‖ ~ *tierna mürbes
Fleisch* n ‖ ~ *de urna* ⟨fam⟩ *Stimmvieh* n ‖ ~ *de
vaca Rindfleisch* n ‖ ~ *viva gesundes Fleisch* n
(bes. bei Wunden) ‖ *bloßliegendes Fleisch* n ‖ ◆
de od en ~ *y hueso leibhaftig* ‖ ⟨fig⟩ *wirklich* ‖ ◇
hacer ~ ⟨fig⟩ *töten (Raubtiere)* ‖ ⟨fig⟩ *verwunden*
‖ *herir en* ~ *viva* ⟨fig⟩ *zutiefst verletzen* ‖ *poner
(od echar) toda la* ~ *en el asador* ⟨figf⟩ *alles auf
e–e Karte setzen* ‖ *Himmel und Erde in Bewegung
setzen* ‖ *salirle (od ponérsele) a uno* ~ *de gallina*
⟨figf⟩ *Angst, Schauder bekommen,* ⟨fig⟩ *e–e
Gänsehaut bekommen* ‖ *ser uña y* ~ ⟨figf⟩ *ein
Herz und e–e Seele sein (von Freunden)* ‖ *no ser
~ ni pescado* ⟨figf⟩ *weder Fisch noch Fleisch
sein* ‖ *tener* ~ *de perro* ⟨figf⟩ *e–e eiserne Natur
haben* ‖ *tomar* ~ *s. verkörpern* ‖ ~**s** fpl *Fleisch* n,
bloße Haut f ‖ ⟨Mal⟩ *Fleischteile* mpl ‖ ~ *blancas
Kalb-, Geflügel|fleisch* n ‖ ~ *muertas
Schlachtfleisch* n ‖ ~ *negras Schwarzwildfleisch* n
‖ ◆ *en (vivas)* ~ *nackt, splitternackt* ‖ ◇ *abrir las
~ a azotes a alg. jdn durchprügeln, jdn
windelweich schlagen* ‖ *criar* ~ ⟨fam⟩ *Fleisch
ansetzen, zunehmen, beleibt werden* ‖ *dejar* ~ *
criar* ~ ‖ *perder* ~ *abnehmen, mager werden* ‖
poner ~ → *criar* ~ ‖ *poner toda la* ~ *en el
asador* ⟨fig⟩ *alles auf e–e Karte setzen* ‖ *me
tiemblan las* ~ ⟨figf⟩ *mir zittern alle Glieder* ‖
tener buenas ~ ⟨figf⟩ *wohlgenährt sein, frisch aussehen*
‖ *tomar* ~ → *criar* ~
  carné *m Notizbuch* n ‖ *Ausweiskarte,
Legitimation* f, *Personalausweis* m ‖
Abonnements-, Dauer|karte f ‖ *Rundreiseheft* n ‖
~ *de alergia* ⟨Med⟩ *Allergiepass* m ‖ ~ *de baile
Tanzkarte* f ‖ ~ *de billetes Fahrscheinheft* n ‖ ~ *
de conducir,* ~ *de conductor Führerschein* m ‖ ~ *
de cupones* ⟨EB⟩ *Fahrscheinheft* n ‖ ~ *de
expositor Messeausweis* m ‖ ~ *de identidad
Personalausweis* m ‖ ~ *de periodista
Presseausweis* m ‖ ~ *de ruta Fahrtenbuch* n ‖ ~ *
de socio Mitgliedskarte* f ‖ ~ *de trabajo
Arbeits|buch* n, *-karte* f
  carne|ada *f* Am *Vieh|schlachten* n,
-schlachtung f ‖ **–ar** vt Am *schlachten (Vieh)* ‖
Chi ⟨fig⟩ *prellen, betrügen* ‖ Mex Arg *töten,
erstechen* ‖ **–cería** *f* → **carnicería** ‖ **–momia** *f
Mumienfleisch* n
  carne|rada *f Hammel-, Schaf|herde* f ‖ **–rario**
m Ar *(Massen)Grab* n ‖ **–rear** vt Arg *streichen
(von e–r Bewerberliste)* ‖ **–rero** *m Schafhirt,
Schäfer* m ‖ **–ril** adj *Schaf(s)-*
  ¹**carnero** *m* ⟨Zool⟩ *Widder, Schafbock* m ‖
Schaf n ‖ *Hammel* m ‖ *Hammelfleisch* n ‖
gegerbtes Schaffell n ‖ Arg *Lama* n ‖ Arg Chi
⟨fig⟩ *willenloser Mensch* m ‖ ⟨pop⟩ *Streikbrecher*
m ‖ ~ *asado, asado de* ~ *Hammelbraten* m ‖ ~ *
para carne Fleischschaf* n ‖ ~ *para lana Wollschaf*

n ‖ ~ llano *kastrierter Schafbock* m ‖ ~ merino *Merinoschaf* n ‖ ~ padre *Zuchtwidder* m ‖ ~ de la sierra Arg *Lama* n ‖ ~s *mpl Nebelwolken* fpl, *Schäfchen* npl ‖ no hay tales ~ ⟨fam⟩ *das stimmt nicht* ‖ *k–e Rede davon!*
²carnero *m* ⟨V⟩: ~ del Cabo *Albatros* m
³carnero *m Massengrab* n ‖ *Beinhaus* n, *Schädelstätte* f ‖ ◇ *cantar para el* ~ *sterben*
carneriano adj *auf den katalanischen Dichter Josep Carner (1884–1970) bezüglich*
carneruno adj *Hammel-* ‖ *schafartig*
carnestolendas *fpl Fastnachszeit* f, *die drei dem Aschermittwoch vorausgehenden Tage* ‖ *Fasching, Karneval* m
carnet *m* → **carné**
carnice|ría *f Fleischbank* f ‖ *Fleischerei, Metzgerei* f ‖ *Schlachthaus* n ‖ ⟨figf⟩ *Blutbad, Gemetzel* n ‖ **–ro** adj *fleischfressend* ‖ *gern Fleisch essend (Person)* ‖ ⟨fig⟩ *blutgierig* ‖ ~ *m Fleischer, Metzger* m ‖ ⟨fig⟩ *grausamer Mensch, Schinder* m ‖ ~s *mpl Raubtiere* npl
cárnico adj *Fleisch-*
carnicol *m Klaue* f ‖ *Sprungbein* n
carnícoles *mpl:* ◇ *estar en* ~ Sal *s. mausern (Vogel)*
carnificación *f* ⟨Med⟩ *Karnifikation* f
carniola *f* ⟨Min⟩ *Karneol* m
Carniola *f* ⟨Geogr⟩: la ~ *Krain* n
carniseco adj *mager, hager*
carnívoro adj *fleischfressend* ‖ *karnivor* ‖ ~s *mpl Fleischfresser* mpl, *Raubtiere* npl
carniza *f* ⟨fam⟩ *Abfälle* mpl *vom Schlachtfleisch*
carno|sidad *f* ⟨Med⟩ *Fleischwucherung* f, ⟨fam⟩ *wildes Fleisch* n ‖ *Beleibtheit* f ‖ **–so** adj *Fleisch-, fleischig* ‖ *fett* ‖ *markig*
carnotita *f* ⟨Min⟩ *Carnotit* m
car|nudo adj *fleischig* ‖ **–nuz** [*pl* ~ces] *m* Ar *Aas, Luder* n ‖ **–nuza** *f*, **–nuzo** *m* ⟨desp⟩ *minderwertiges, billiges Fleisch* n
¹caro adj/adv *teuer (Ware)* ‖ *teuer, lieb, wert* ‖ *kost|bar, -spielig* ‖ ~ *bocado* ⟨fig⟩ *teures Vergnügen* n ‖ *mi* ~a *mitad* ⟨fam⟩ *meine bessere Hälfte, meine Frau* f ‖ ◇ *costar (od resultar)* ~ *viel kosten, teuer zu stehen kommen* ‖ *¡eso te saldrá* ~*! (fam) das sollst du mir büßen!*
²caro *m Fleisch, Muskelgewebe* n
³caro *m* ⟨Kochk⟩ Cu *Krebslaich* m
caroca *f Posse* f *im Volksstil* ‖ *Straßendekoration* f *(bei Festzügen usw.)* ‖ ⟨figf⟩ *Schmeichelei* f ‖ *Liebedienerei* f ‖ ⟨figf⟩ *Flause, Aufschneiderei* f
Caroli|na *f np Karoline* f ‖ **–nas** *fpl* ⟨Geogr⟩ *Karolineninseln* fpl
caro|lingio adj *karolingisch* ‖ ~s *mpl Karolinger* mpl ‖ **–lino** adj *von den Karolineninseln* ‖ *die Regierung e–s Herrschers namens Karl betreffend*
caromomia *f Mumienfleisch* n
carón adj Chi *mit großem Gesicht* ‖ Am *dickbackig* ‖ Col *frech, unverschämt*
Carón *m* ⟨Myth⟩ *Charon* m
¹carona *f Sattelpolster* n ‖ *Sattellage* f
△ **²carona** *f Hemd* n
caron|chado Sal *wurmstichig (Holz)* ‖ **–cho** *m* Ast Sal *Holzwurm* m ‖ **–choso** adj Sal → **–chado**
caronería *f* Col *Frechheit, Unverschämtheit* f
caronjo *m* León → **caroncho**
caroñoso adj *wund gerieben (Pferde)*
caroso adj Pe *entfärbt, geblichen*
carota adj *(m/f)* ⟨pop⟩ *unverschämt, schamlos*
caroteno *m* ⟨Chem⟩ *Karotin* n
carótida *f* ⟨An⟩ *Kopf-, Hals|schlagader, Karotis* f
carotina *f* ⟨Chem⟩ → **caroteno**

carozo *m Mais|hülse, -rispe* f ‖ Am *Obstkern, Stein* m (bes. *des Pfirsichs*)
¹carpa *f* ⟨Fi⟩ *Karpfen* m (Cyprinus carpio) ‖ ~ desnuda *Spiegelkarpfen* m ‖ ~ a la marinera *marinierter Karpfen* m
²carpa *f Traubenbüschel* n
³carpa *f Garten-, Party-, Pavillon|zelt* n ‖ *Zirkuszelt* n ‖ *Jahrmarktszelt* n ‖ Am *Feldzelt* n
carpaccio *m* ⟨Kochk⟩ *Carpaccio* n
carpancho *m* Sant *flacher Weidenkorb* m *(der Fischerinnen bzw Gemüseverkäuferinnen)*
¹carpanta *f* ⟨fam⟩ *Heiß-, Mords|hunger* m
²carpanta *f* Sal *Faulheit* f
³carpanta *f* Mex *Räuberbande* f
carpático adj *aus den Karpaten, Karpaten-*
Cárpatos *mpl* ⟨Geogr⟩: los ~ *die Karpaten*
carpe *m* ⟨Bot⟩ *Hain-, Weiß-, Hage|buche* f (Carpinus betulus) ‖ ~ negro *Hopfenbuche* f (Ostrya carpinifolia) ‖ ~ de Oriente *Orientweißbuche* f (Carpinus orientalis)
carpe diem ⟨lat⟩ *pflücke* (d.h. *nütze*) *den Tag! (Horaz)*
carpelo *m* ⟨Bot⟩ *Fruchtblatt, Karpell(um)* n
carpera *f Karpfen|weiher, -teich* m
carpe|ta *f Tisch|decke* f, *-tuch* n ‖ *Schreib|unterlage, -mappe* f ‖ *Akten|tasche, -mappe, Kollegmappe* f ‖ *Portefeuille* n ‖ *zur Zahlung vorgelegte Liste* f *von Wertpapieren* ‖ Ar *Briefumschlag* m ‖ Pe *Pult* n ‖ ~ de asuntos pendientes *Wiedervorlagemappe* f ‖ ~ flexible *Schnellhefter* m ‖ ◇ *ser de* ~ ⟨figf⟩ *gang und gäbe, üblich sein* ‖ *tener* ~ Arg Ur *geschickt im Umgang mit anderen sein* ‖ **–tazo** *m:* dar ~ a una demanda ⟨fig⟩ *ein Gesuch unberücksichtigt lassen od* ⟨fam⟩ *in den Papierkorb werfen* ‖ *ein Gesuch liegen lassen od unerledigt zu den Akten legen*
carpetano adj/s *aus Toledo* ‖ *auf Toledo bezüglich*
carpetovetónico adj *Span erz-, stock|spanisch*
carpiano adj ⟨An⟩ *Handwurzel-*
carpi|cultor *m Karpfenzüchter* m ‖ **–cultura** *f Karpfenzucht* f
carpidor *m* Am ⟨Agr⟩ *Jäthacke* f
carpincho *m* SAm ⟨Zool⟩ *Wasserschwein, Capybara* n (Hydrochoerus hydrochaeris)
carpinte|ar vi ⟨fam⟩ *zimmern, tischlern* ‖ **–ra** adj/s: abeja ~ *Holzbiene* f (Xylocopa violacea) ‖ **–rear** vi Chi → **-ar** ‖ **–ría** *f Schreiner-, Tischler-, Zimmer|werkstatt* f ‖ *Schreinerei, Tischlerei, Zimmerei* f ‖ *Schreiner-, Tischler-, Zimmer|handwerk* n ‖ *Holzwerk* n *(am Bau)* ‖ ~ metálica *Stahlbau* m *(am Bau)*
¹carpintero *m Zimmermann* m ‖ *Schreiner, Tischler* m ‖ ~ de armar *Bauschreiner* m ‖ *Zimmermann* m ‖ ~ de blanco *Schreiner, Tischler* m ‖ ~ de carretas *Wagner* m ‖ ~ modelista *Modell|tischler, -schreiner* m ‖ ~ de obra (od afuera) *Bauschreiner* m ‖ ~ de ribera *Schiffszimmermann* m
²carpintero *m* ⟨V⟩ *Schwarzspecht* m (Dryocopus martius)
carpintesa *f* ⟨Ins⟩ *Gottesanbeterin* f (Mantis religiosa)
carpir vt *(wund) kratzen* ‖ *betäuben* ‖ Am *(aus)jäten* ‖ ~se *ohnmächtig werden*
carpo *m* ⟨An⟩ *Handwurzel* f, *Faustgelenk* n
carpó|fago adj ⟨Zool⟩ *obst-, frucht|fressend* ‖ **–foro** *m* ⟨Bot⟩ *Karpophor, Fruchthalter* m *(der Doldenblütler)*
carpo|gonio *m* ⟨Bot⟩ *Eckenfrucht* f, *Karpogon* n *(der Rotalgen)* ‖ **–logía** *f* ⟨Bot⟩ *Karpologie, Lehre* f *von den Pflanzenfrüchten*
carquesa *f* ⟨Tech⟩ *Frittofen* m *(für Glas)*
carquiento adj Pe *liederlich, schlampig*

carquiñol *m (Art) Mandel|brötchen* n, *-zwieback* m

carquis *m* Mex *Geck, Fatzke* m

¹carraca *f* ⟨Mar⟩ *großes, schwerfälliges Schiff* ‖ ⟨figf⟩ *Rumpelkasten, alter Plunder* m

²carraca *f Schnarre, Klapper* f *(in der Karwoche gebraucht)* ‖ *(Kinder)Knarre* f ‖ ⟨Tech⟩ *Knarre, Ratsche* f ‖ ◇ estar hecho (*od* como) una ~ ⟨figf⟩ *ein Tattergreis sein*

³carraca *f* ⟨V⟩ *Blauracke* f (Coracias garrulus)

carracero adj/s *aus Alcarraz* (P Lér) ‖ *auf Alcarraz bezüglich*

carraco adj ⟨fam⟩ *gebrechlich, altersschwach, kränklich* ‖ (fam) *klapp(e)rig*

Carracuca np: ◆ estar más perdido que ~ ⟨fam⟩ *schön in die Tinte geraten sein* ‖ ser más feo que ~ *hässlich wie die Nacht sein* ‖ ser más tonto que ~ *erzdumm sein*

carrada *f Wagenladung* f

carrafa *f* Sal ⟨Bot⟩ *Johannisbrot* m *(Frucht)*

carragaen *m* ⟨Bot⟩ *Karrageen* n (Chondrus crispus)

carral *m (Wein)Fass* n, *Tonne* f ‖ Murc Sal →
carraco

carraleja *f* ⟨Ins⟩ *Maiwurm, Ölkäfer* m (Meloe proscarabaeus)

carralero *m Böttcher* m

carramarro *m* Al → **cámbaro**

carranca *f Stachelhalsband* n *(für Hunde)*

carrancear vt Mex *stehlen*

carrancia *f* Cu *schwerfällig und schlecht arbeitende Maschine* f ‖ ⟨fig⟩ *Nichtsnutz* m

carrancha *f* → **carranca**

carrancho *m* Arg ⟨V⟩ *Truthahngeier* m (Cathartes aura)

carranchoso adj Cu *rau, schuppig*

carrandanga *f* Col *Haufe* m

carrandilla *f* Chi → **carrendilla**

carran|za *f Stachel* m *am Hundehalsband* ‖ **–zudo** adj ⟨fam⟩ *eingebildet* ‖ *stolz*

carra|ña *f* Ar *Zorn* m ‖ Ar *zorniger Mensch* m ‖ **–ñón, ona, –ñoso** adj *mürrisch, zänkisch*

carrao *m* ⟨V⟩ → **caraú**

carraos *mpl* Col Cu *Latschen* fpl

carrapla|na *f* Dom *Dummheit* f ‖ **–near** vt Dom *belästigen*

carras|ca *f* ⟨Bot⟩ *(kleine) Steineiche, immergrüne Eiche* f (→ **chaparro, encina**) ‖ Am *ein Musikinstrument* n *der Neger* ‖ **–cal** *m Steineichenwald* m ‖ Chi *steiniges Erdreich* n ‖ **–co** adj → **carrasca** ‖ **–cón** *m* augm von **carrasca** ‖ **–coso** adj *mit Steineichen bewaldet*

carraspada *f Getränk* n *aus Rotwein, Wasser, Honig und Gewürzen*

carras|pear vi *heiser sein* ‖ *heiser sprechen* ‖ *hüsteln* ‖ **–peño** adj *heiser, rau (Stimme)* ‖ **–peo** *m Heiserkeit* f ‖ *Hüsteln* n ‖ **–pera** *f* ⟨fam⟩ *(Halsschmerzen* mpl, *verbunden mit) Heiserkeit* f

carraspique *m* ⟨Bot⟩ *Schleifenblume* f (Iberis spp)

carrasposo adj/s *heiser* ‖ Col Ven *rau anzufühlen* ‖ Ec *rau* ‖ *scharf hart*

carrasquear vi Al *krachen (beim Kauen)*

carras|queño adj *auf die Steineiche bezüglich* ‖ ⟨fam⟩ *rau, mürrisch* ‖ **–quera** *f* → **carrascal**

carrasquilla *f* Ar ⟨Bot⟩ *Wegdorn* m (Rhamnus alaternus)

carraza *f* Ar *Zopf od Bund* m *Zwiebeln*

carrazo *m* Ar *kleine (Wein)Traube* f

carrazón *m* Ar *große Schnellwaage* f

carredano adj *aus Villacarriedo* (P Sant) ‖ *auf Villacarriedo bezüglich*

carregadora *f* ⟨Ins⟩ *bras. Wanderameise* f

carrejo *m* ⟨reg⟩ *(Durch)Gang* m *in e–m Haus*

carrendera *f* Sal *Landstraße* f

carrendilla *f* Chi *Schnur* f ‖ Chi *Reihe* f ‖ Chi *(Menschen)Menge* f

¹carrera *f (voller) Lauf* m, *Laufen* n ‖ *Rennen* n ‖ *Wett|lauf* m, *-rennen* n ‖ *Lauf-, Renn|bahn* f ‖ ⟨Mus⟩ *Lauf* m ‖ *Tanzschritt* m ‖ *Laufmasche* f *(Strumpf)* ‖ ~ de armamentos *Wettrüsten* n ‖ ~ de armamentos atomares *Atomwettrüsten* n ‖ ~ de arranque ⟨Flugw⟩ *Anlauf* m ‖ ~ de aterrizaje ⟨Flugw⟩ *Auslauf* m ‖ ~ de automóviles *Auto(mobil)rennen* n ‖ ~ de baquetas *Spießrutenlaufen* n ‖ ~ de caballos *Pferderennen* n ‖ ~ a campo traviesa *Querfeldeinlauf* m ‖ ~ ciclista *Radrennen* n ‖ ~ de consolación *Trostlauf* m ‖ ~ en cuesta *Bergrennen* n ‖ ~ de despegue ⟨Flugw⟩ *Startweg* m ‖ ~ de destreza *Geschicklichkeitsrennen* n ‖ ~ de corta distancia *Kurzstreckenlauf* m ‖ ~ eliminatoria *Vorlauf* m ‖ ~ por equipos *Mannschaftsrennen* n ‖ ~ de esquí *Skilaufen* n ‖ ~ feminina *Damen- od Frauen|lauf* m ‖ ~ final en tierra ⟨Flugw⟩ *Auslauf* m ‖ ~ de fondo *Langstreckenlauf* m ‖ *Langlauf* m *(Ski)* ‖ ~ de medio fondo *Mittelstreckenlauf* m ‖ ~ de galgos *Windhundrennen* n ‖ ~ al galope *Galopprennen* n ‖ ~ gimnástica *Dauerlauf* m ‖ ~ hípica *Pferderennen* n ‖ ~ (de) maratón *Marathonlauf* m ‖ ~ de menores *Jugendlauf* m ‖ ~ de motocicletas *Motorradrennen* n ‖ ~ de obstáculos *Hindernis-, Hürden|lauf* m ‖ ~ de patines *Eislauf* m ‖ ~ de persecución *Verfolgungsrennen* n ‖ ~ a pie *Wettlauf* m ‖ ~ de prueba *Probe|lauf* m, *-fahrt* f ‖ ~ de prueba de resistencia ⟨Auto⟩ *Zuverlässigkeitsfahrt* f ‖ ~ de relevos *Staffellauf* m ‖ ~ contra el reloj *Zeitfahren* n ‖ ~ de resistencia *Dauerlauf* m ‖ ~ Distanzritt* m ‖ ~ de sacos *Sackhüpfen* n ‖ ~ de semifondo ⟨→⟩ ~ de medio fondo ‖ ~ al trote *Trabrennen* n ‖ ~ de vallas *Hürdenlauf* m ‖ ~ de velocidad *Kurzstreckenlauf* m ‖ ~ (m)ar! ⟨Mil⟩ *marsch, marsch!* ‖ ◆ a ~ abierta (*od* tendida), a la ~ *in vollem Lauf* ‖ de ~ *spornstreichs* ‖ ⟨fig⟩ *sehr eilig, unüberlegt* ‖ ◇ partir de ~ ⟨fig⟩ *unüberlegt, leichtsinnig zu Werke gehen* ‖ tomar ~ *Anlauf nehmen*

²carrera *f Landstraße* f ‖ *Straße* f *(an Stelle e–s früheren Weges)* ‖ *Wegstrecke* f ‖ *Taxifahrt* f ‖ *(Baum)Allee* f ‖ *Reihe* f ‖ ⟨Astr⟩ *Sternenbahn* f ‖ ⟨fig⟩ *(Haar)Scheitel* m ‖ ~ de árboles *Baumreihe, Allee* f ‖ ~ de cadena *Kettenzug* m ‖ ~ de lanzadera ⟨Text⟩ *Schützenbahn* f ‖ ~ del sol ⟨Astr⟩ *Sonnenbahn* f ‖ ~ en tierra ⟨Flugw⟩ *Landeweg* m, *Rollstrecke* f ‖ ◇ entrar por ~ ⟨fig⟩ *s. den Umständen fügen* ‖ estar en ~ ⟨fig⟩ *auf dem besten Weg sein* ‖ hacer la ~ ⟨pop⟩ *auf den Strich gehen* ‖ no poder hacer ~ de alg. *mit jdm nicht zurechtkommen*

³carrera *f Laufbahn, Karriere* f ‖ *Beruf, Erwerbszweig* m, *Fach* n ‖ *Studium* n ‖ ⟨fig⟩ *Lebensweise* f ‖ ⟨fig⟩ *Mittel* npl ‖ ~ bancaria *Bank|laufbahn, -karriere* f ‖ ~ brillante *glänzende Laufbahn od Karriere* f ‖ ~ diplomática *diplomatische Laufbahn* f ‖ ~ judicial *Richterlaufbahn* f ‖ ~ pública *Staatsdienst* m ‖ ~ de oficial *Offizierslaufbahn* f ‖ ~ universitaria *Universitäts- od Hochschulstudium* n, *Hochschullaufbahn* f ‖ ◆ de ~ *Akademiker* m ‖ ◇ dar ~ a alg. *jdn studieren lassen* ‖ hacer ~ *Karriere machen* ‖ seguir la ~ *studieren* ‖ seguir la ~ de abogado *Jura studieren*

⁴carrera *f* ⟨Tech⟩ *(Kolben)Hub* m ‖ ~ completa *Vollhub* m ‖ ~ del émbolo *Kolbenhub* m ‖ ~ a la inversa *Rückwärtshub* m ‖ ~ muerta *Tothub, toter Gang* m ‖ ~ del pistón *Kolbenhub* m ‖ ~ de retroceso *Rückwärtshub* m ‖ ~ de trabajo, ~ útil *Arbeitshub* m ‖ ~ en vacío

Leerhub m ‖ ♦ de corta ~ *kurzhübig* ‖ de larga ~ *langhübig*
⁵carrera *f* ⟨Zim⟩ *Tragbalken* m ‖ *Geländerriegel* m ‖ *Schwellholz* n ‖ *Pfette* f ‖ ⟨EB⟩ *(Bahn)Schwelle* f ‖ ⟨Arch⟩ *Holm (am Brückenjoch)*
⁶carrera *f Ablauf* m *(Uhr)*
carre|reado adj Mex *in Eile gemacht* ‖ **–rear** vt Mex *zur Eile antreiben* ‖ vi Guat *laufen, rennen* ‖ **–rero** *m* Chi *Liebhaber* m *von Pferderennen*
carre|rilla *f* ⟨Mus⟩ *kurzer Lauf, Läufer* m ‖ ◇ *saber algo de ~* ⟨Sch⟩ *et. im Schlaf können* ‖ **–rista** *m/f Rennfahrer(in* f) m ‖ *Rennsportler(in* f) m ‖ *Liebhaber(in* f) m *von Pferderennen* ‖ **–ro** *m Fuhrmann* m ‖ Ast *Rad-, Fuß-, Pfoten|spur* m ‖ Ast *Kielwasser* n ‖ **–ruelas** *fpl Stufen* fpl *beim Haarschnitt*
carre|ta *f zweirädriger Wagen, Karren* m ‖ Ec *Garnrolle* f ‖ ◇ *hacer la ~ schnurren (Katze)* ‖ **–tada** *f Karren-, Wagen|ladung* f ‖ ♦ *a ~s* ⟨figf⟩ *haufenweise* ‖ **–taje** *m (Karren)Fahren* n‖ *Fuhrlohn* m
carrete *m Spule f (zum Abhaspeln)* ‖ *Angelspule* f ‖ ⟨Fot⟩ *(Film)Spule* f ‖ *Garnrolle, Bobine* f ‖ El *Wickelkörper* m ‖ ⟨Phys⟩ *Induktionsspule* f ‖ *~ de alambre Drahtspule* f ‖ *~ aplanado Flachspule* f ‖ *~ de bramante Bindfadenrolle* f ‖ *~ de cinta magnética Magnettonbandspule* f ‖ *~ de la cinta de máquina* (de escribir) *Farbbandspule* f ‖ *~ de cordel Bindfadenrolle* f ‖ *~ del electroimán Magnetspule* f ‖ *~ de encendido Zündspule* f ‖ *~ de esparadrapo (Heft)Pflasterspule* f ‖ *~ excitador Erregerspule* f ‖ *~ de hilo Garnrolle* f ‖ *~ del inducido Ankerspule* f ‖ *~ de película Filmspule* f ‖ *~ de sintonización Abstimmspule* f ‖ ◇ *dar ~ die Angelschnur nachlassen* ‖ ⟨figf⟩ *(jdn) spitzfindig (od mit Ausflüchten) vertrösten, (jdn) hinhalten*
carretear vt *(auf e–m Wagen) fortschaffen, fahren* ‖ ⟨Flugw⟩ *(ab)rollen* ‖ *~-se s. ins Geschirr stemmen (Zugtiere)*
carretel *m* ⟨Mar⟩ *Logrolle* f ‖ Extr *Angelspule* f ‖ Am *Garn|spule, -rolle* f
carrete|la *f leichte, viersitzige Kutsche* f, *Kalesche* f *mit Klappverdeck* ‖ Chi *Stellwagen* m ‖ **–o** *m Beförderung* f *mit dem Wagen*
carretera *f Landstraße* f ‖ *~ de acceso Zufahrtsstraße* f ‖ *~ afirmada befestigte (Land)Straße* f ‖ *~ alquitranada Teerstraße* f ‖ *~ en balcón Hangstraße* f ‖ *~ cantonal* Schw *Kantonstraße* f ‖ *~ de cintura Ringstraße* f ‖ *~ de circunvalación Umgehungsstraße* f ‖ *~ comarcal* etwa: *Kreisstraße* f ‖ *~ en cornisa Hangstraße* f ‖ *~ costanera Küstenstraße* f ‖ *~ cuadriviaria, ~ de cuatro pistas vierspurige Straße* f ‖ *~ de enlace Verbindungsstraße* f ‖ *~ federal Bundesstraße* f ‖ *~ de hormigón Betonstraße* f ‖ *~ de interés nacional* etwa: *Bundes(fern)straße* f ‖ *~ de interés provincial* etwa: *Kreisstraße* f ‖ *~ de interés regional* etwa: *Landesstraße* f ‖ *~ de macadán Makadamstraße* f ‖ *~ matriz Verkehrsader, Hauptfernverkehrsstraße* f ‖ *~ de montaña Bergstraße* f ‖ *~ municipal Kommunal-, Gemeinde|straße* f ‖ *~ nacional Nationalstraße* f ‖ Deut *Bundes(fern)straße* f ‖ *~ de primer orden* etwa: *Bundes(fern)straße* f ‖ *~ de segundo orden* etwa: *Landesstraße* f ‖ *~ de tercer orden* etwa: *Kreisstraße* f ‖ *~ de peaje gebührenpflichtige Straße, Mautstraße* f ‖ *~ de tres pistas dreispurige Straße* f ‖ *~ principal* etwa: *Bundes(fern)straße* f ‖ *~ provincial* etwa: *Landes- bzw Kreis|straße* f ‖ *~ real* ⟨Hist⟩ → *nacional* ‖ *~ de recorridos largos*

Fernverkehrsstraße f ‖ *~ de tráfico de lejanía Fernverkehrsstraße* f ‖ *~ vecinal Kommunal-, Gemeinde|straße* f ‖ *Ortsverbindungsstraße* f ‖ **–ría** *f Wagnerwerkstatt* f ‖ *Wagnerarbeit, Stellmacherei* f ‖ **–ril** adj *Fuhrmanns-* ‖ **–ro** adj: *camino ~ Fuhr-, Fahr|weg* m ‖ *~ m Karrenführer, Kärrner, Fuhrmann* m ‖ *Wagner, Stellmacher* m ‖ ⟨fig⟩ *bäu(e)rischer Kerl* m ‖ ◇ *jurar como un ~* ⟨figf⟩ *lästern, fluchen wie ein Türke*
carre|til adj *(m/f) fahrbar, befahrbar (Weg)* ‖ **–tilla** *f Hand-, Schub-, Schiebe|karren* m ‖ *Lauf-, Roll|wagen* m *(bes. für Kinder)* ‖ *~ bolsera* Am *Sackkarren* m ‖ *~ eléctrica Elektrokarren* m ‖ *~ elevadora Hub|karren, -stapler* m ‖ *~ para equipaje Gepäckwagen* m ‖ *~ de horquilla Gabelstapler* m ‖ *~ industrial Fabrik-, Industrie|karren* m ‖ *~ de montaje* ⟨Auto⟩ *Montageroller* m ‖ ♦ *de ~* ⟨fam⟩ *schlendrian-, gewohnheits|mäßig* ‖ *auswendig* ‖ ◇ *(me) lo sé de ~ ich kann das im Schlaf*
¹carretón adj Ec Dom *heiser* ‖ Pe *knaus(e)rig*
²carretón *m kleiner (ein- od zwei|räd(e)riger) Karren od Wagen* m *mit offenem Kasten* ‖ *Blockwagen* m ‖ *Schubkarren* m ‖ *Kinderwägelchen* n ‖ *Rollstuhl* m *(für Kranke)* ‖ ⟨Tech⟩ *Schlitten* m ‖ Arg Mex Pe PR *Planwagen* m ‖ Col *Klee* m
³carretón *m* ⟨Tech⟩ *Schlitten* m ‖ *Drehgestell* n ‖ *Leitrad* n *am Panzer* ‖ *Lampenzug* m ‖ Am *Garnrolle* f
carreto|naje *m Karrenfahren* n ‖ Chi *Fuhrgeld* n ‖ **–ncillo** *m (Art) Schlitten* m ‖ **–nero** *m Wagen-, Karren|fahrer* m ‖ *Führer* m *e–s Rollstuhls (für Kranke)*
carri|cerín *m* ⟨V⟩ *Rohrsänger* m ‖ *~ cejudo Seggenrohrsänger* m (A. paludicola) ‖ *~ real Tamariskensänger* m (A. melanopogon) ‖ **–cero** *m* ⟨V⟩ *Rohrsänger* m ‖ *~ de Blyth Buschrohrsänger* m (Acrocephalus dumetorum) ‖ *~ común Teichrohrsänger* m (A. scirpaceus) ‖ *~ políglota Sumpfrohrsänger* m (A. palustris) ‖ *~ tordal Drosselrohrsänger* m (A. arundinaceus)
carri|coche *m zwei- od vier|rädriger geschlossener Wagen* m ‖ *Proviantwagen* m ‖ Murc *Kotkarre* f, *Mistwagen* m ‖ ⟨desp⟩ *Rumpelkasten* m ‖ **–cuba** *f Sprengwagen* m *(für Straßen)*
¹carriego *m (Art) Fischreuse* f
²carriego *m* ⟨Text⟩ *Behälter* m *zum Flachsbleichen*
carriel *m* CR *Reise-, Geld|tasche* f
¹carril *m* ⟨StV⟩ *(Fahr)Bahn, (Straßen)Spur* f ‖ *~ de aceleración Beschleunigungsspur* f ‖ *~ de adelantamiento Überholspur* f ‖ *~ bici, ~ para bicicletas Radweg* m ‖ *~-bus, ~ para buses Busspur* f ‖ *~ contrario Gegenfahrbahn* f ‖ *~ para taxis Taxispur* f ‖ ⟨StV⟩: *~ protector Leitplanke* f
²carril *m* ⟨EB⟩ *(Bahn)Schiene* f ‖ *Rad-, Fahr|spur* f *(auf Feldwegen)* ‖ *enger, schmaler Fahrweg* m ‖ ⟨Agr⟩ *(Pflug)Furche* f ‖ Chi PR *Eisenbahn* f ‖ *~ de aguja* ⟨EB⟩ *Zungenschiene* f ‖ *~ conductor* (El) *Stromschiene* f ‖ *~ de cremallera Zahnradschiene* f ‖ *~ de grúa Kranschiene* f ‖ *~ de guía Führungs-, Leit-, Zwangs|schiene* f ‖ *~ normal Voll-, Regel|schiene* f ‖ *~ de puente Brückengleis* n ‖ ◇ *entrar en (el) ~* ⟨fig⟩ *ins (richtige) Geleise kommen*
carrilada *f Geleise* n, *Radspur* f
carri|lano *m* Chi *Bahnarbeiter* m ‖ Chi *Räuber, Strolch* m ‖ **–lear** vi ⟨pop⟩ *spuren (wie befohlen handeln)* ‖ **–lera** *f Radspur* f ‖ Cu ⟨EB⟩ *Weiche* f ‖ **–lero** *m* Pe *Bahnarbeiter* m ‖ ⟨Sp⟩ [Fußball] *Flügelspieler* m

carri|llada f Schweinsbacken m ‖ *Kiefer* m, *Kinnlade* f ‖ *Zähneklappern* n ‖ **-llera** f *Kiefer* m, *Kinnlade* f, *Kinnriemen* m ‖ ~ del morrión *Sturmriemen* m
¹carrillo m *Backe, Wange* f ‖ ~s de monja boba, ~s de trompetero ⟨figf⟩ *Pausbacken* fpl ‖ ◊ comer *od* masticar a dos ~ ⟨figf⟩ *mit vollen Backen essen* ‖ gierig essen ‖ ⟨fig⟩ zwei einträgliche Ämter zu gleicher Zeit bekleiden ‖ ⟨fig⟩ zwei Eisen im Feuer haben ‖ ⟨figf⟩ doppelzüngig sein
²carrillo m ⟨Tech⟩ *Flaschenzug* m ‖ *Blockrolle* f ‖ ~ de mina ⟨Bgb⟩ *Minenhund* m
carrilludo adj *pausbäckig*
carrindanga f Arg ⟨desp⟩ *Rumpelkasten* m
carriola f ⟨Tech⟩ *Rollbett* n ‖ *leichter, dreirädriger Wagen* m
carrito m dim von **¹carro** ‖ *Servier-, Tee|wagen* m ‖ *Krankenfahrstuhl* m ‖ *Einkaufswagen* m ⟨Bgb⟩ *Förderwagen* m ‖ ~ a mano *Handkarren* m ‖ ~ de la compra *Einkaufswagen* m ‖ ~ de golf *Golf-* od *Caddy|wagen* m
carri|zal m *Röhricht* n ‖ **-zo** m ⟨Bot⟩ *Schilfrohr* n (Phragmites vulgaris) ‖ *Segge* f (Carex arenaria) ‖ *Bandweide* f ‖ Ast ⟨V⟩ *Zaunkönig* m (→ **chochín**) ‖ Guat *Spule* f ‖ ¡~! Col → **¡caramba!**
¹carro adj Al *faul (Frucht)*
²carro m *Wagen* m ‖ *Fuhrwerk, Gefährt* n ‖ *Wagengestell* m ‖ *Fuhre* f, *Fuder* n ‖ Am *Kraftwagen* m ‖ ~ agrícola ⟨Agr⟩ *Ackerwagen* m ‖ ~ basculante *Kippwagen* m ‖ ~ para la basura *Müll(abfuhr)wagen* m ‖ ~ cargador *Ladewagen* m ‖ ~ de cargamento profundo *Tieflader* m ‖ ~ de cosecha ⟨Agr⟩ *Erntewagen* m ‖ PR ⟨fig⟩ *träger Mensch* f ‖ ~ eléctrico Arg *Straßenbahn* f ‖ ~ entoldado *Planwagen* m ‖ ~ estibador *Stapler, Stapelkarren* m ‖ ~ para la hierba ⟨Agr⟩ *Heuwagen* m ‖ ~ de labranza ⟨Agr⟩ *Ackerwagen* m ‖ ~ lechero *Milchwagen* m ‖ ~ de mano *Hand-, Schiebe-, Schub|karren* m ‖ ~ mortuario *Leichenwagen* m ‖ ~ de mudanzas *Möbelwagen* m ‖ ~ quitanieves *Schneeräumer* m ‖ ~ de riego *Sprengwagen* m ‖ ~ de sitio Mex *Taxi* n ‖ ~ de Tespis ⟨Th⟩ *Thespiskarren* m ‖ ~ triunfal *Triumphwagen* m ‖ ~**-vivienda** m *Wohnwagen* m *(der Schausteller)* ‖ ◊ cogerle *od* atropellarle a uno el ~ *überfahren* ‖ ⟨figf⟩ et. Unangenehmes erfahren ‖ parar el ~ ⟨figf⟩ s. beherrschen, s–n Zorn mäßigen ‖ tirar del ~ ⟨figf⟩ die größte Last tragen ‖ untar el ~ ⟨figf⟩ bestechen, ⟨fam⟩ schmieren
³carro m ⟨Mil⟩ *Panzer|fahrzeug* n, -wagen m ‖ ~ anticarros *Jagdpanzer* m ‖ ~ de acompañamiento *Begleitpanzer* m ‖ ~ de asalto *Sturmpanzer* m ‖ ~ de campaña *Feldwagen* m ‖ ~ de combate *Kampfpanzer* m ‖ ~ de reconocimiento *Aufklärungspanzer* m
⁴carro m ⟨Tech⟩ *Schlitten* m ‖ *Laufkatze* f ‖ ~ de bancada *Bettschlitten* m ‖ ~ corredizo *Laufkatze* f ‖ ~ de cremallera *Zahnstangenschlitten* m ‖ ~ giratorio *Drehgestell* n ‖ ~ de grúa *Kranlaufkatze* f ‖ ~ longitudinal *Längs|schlitten, -support* m ‖ ~ portaherramientas, ~ portaútil *Werkzeugschlitten, Support* m ‖ ~ transversal *Quer|schlitten, -support* m
⁵carro m *Wagen, Schlitten (Schreibmaschine usw.)* ‖ ⟨Met⟩ *Wagen* m ‖ ~ de carga *Füll-, Möller|wagen* m ‖ ~ de colada *Gießwagen* m ‖ ~ portacucharas *Pfannenwagen* m ‖ ~ portalingotes *Blockwagen* m
⁶carro m ⟨Sp⟩ *Hantel* f

⁷carro m Ven *Schwindler, Hochstapler* m ‖ *Betrug* m, *Schwindelei* f
Carro m ⟨Astr⟩: ~ Mayor *Großer Bär* od *Wagen* m ‖ ~ Menor *Kleiner Bär* od *Wagen* m
carro|cería f ⟨Auto⟩ *Karosserie* f, *Wagenaufbau* m ‖ *Wagenfabrik* f ‖ *Wagenbau* m ‖ **-cero** m ⟨Auto⟩ *Karosserie|bauer, -designer* m ‖ *Wagner, Stellmacher* m
carro|cha f *Brut* f *der Blattläuse* bzw *Eier* npl *anderer Insekten* ‖ **-char** vi *Eier legen (Insekten)*
carroma|tero m *Kärrner, Karrenführer, Fuhrmann* m ‖ **-to** m *zweirädriger Karren* m ‖ ⟨desp⟩ *Klapperkiste,* ⟨fam⟩ *Karre* f, *Vehikel* n
carro|ña f *Aas, Luder* n *(auch als derbes Schimpfwort)* ‖ **-ñero** m ⟨Zool⟩ *Aasfresser* m ‖ **-ño** adj *verfault, aasig* ‖ Col ⟨pop⟩ *feige* ‖ ~ m Col *untauglicher, feiger Kampfhahn* m ‖ **-ñoso** adj *nach Aas riechend*
carroso adj Ve *verdächtig*
carro|za f *Pracht|kutsche* f, *-wagen* m, *Karosse* f ‖ *Leichenwagen* m ‖ ⟨Mar⟩ *(Boots)Verdeck* n ‖ ⟨Mar⟩ *Sonnenzelt* n ‖ ⟨pop⟩ *älterer Mann* m ‖ *älterer Homo* m ‖ **-zar** [z/c] vt *mit e–r Karosserie versehen*
carrua|je m *(Reise)Fuhrwerk* n ‖ *Kutsche* f ‖ *Wagen* m ‖ *Fahrzeug, Fuhrwerk* n ‖ *Wagen|bereitschaft* f, *-park* m ‖ ~ celular *Gefangenenwagen* m ‖ **-jero** m *Kutscher* m ‖ Am *Wagenbauer* m
carrucha f → **garrucha** ‖ CR Mex Ven *Spule* f
carruchera f Murc *Richtung* f ‖ *Weg* m
carrujo m *Baumkrone* f
carrumba f Col *ein lebhafter Tanz* m
carrusel m *Karussell* n ‖ *fröhlicher Aufmarsch* m ‖ [Reitkunst] *Quadrille* f
carst m ⟨Geol⟩ *Karst* m
cárstico adj ⟨Geol⟩ *Karst-*
¹carta f *Brief* m, *Schreiben* n ‖ *Bericht* m ‖ ~ abierta *offener (für die Öffentlichkeit bestimmter) Brief* m ‖ *königlicher Erlass* m ‖ ~ aclaratoria *erläuterndes Schreiben* n ‖ ~ admonitoria, ~ de apercepción, ~ de aviso *Mahnung* f, *Mahnschreiben* n ‖ ~ amorosa, ~ de amor *Liebesbrief* m ‖ ~ anónima *anonymer Brief* m ‖ ~ por avión *Luftpostbrief* m ‖ ~ blanca ⟨Jur⟩ *Blankett* n, *Blankovollmacht* f, *unbeschränkte Vollmacht* f, *Blankoformular* n ‖ ⟨fig⟩ *Handlungs-, Verhandlungs|freiheit* f ‖ ~-bomba *Briefbombe* f, *Bombenpaket* n ‖ ~ cecográfica *cecographischer Brief* m ‖ ~ certificada *Einschreibebrief* m, *Einschreiben* n ‖ ~ certificada con acuse de recibo *Einschreiben* n *mit Rückschein* ‖ ~ circular *Rundschreiben* n ‖ ~ comendatoria *Empfehlungsschreiben* n ‖ ~ comercial *Geschäftsbrief* m ‖ ~ confirmadora *Bestätigungsschreiben* n ‖ ~ conminatoria *Drohbrief* m ‖ ~ de correo neumático *Rohrpostbrief* m ‖ ~ de cumplimentación *Höflichkeitsbrief* m ‖ ~ de despedida *Abschiedsbrief* m ‖ ~ devuelta *unzustellbarer Brief* m ‖ ~ de dimisión *Rücktrittsschreiben* n ‖ ~ al director ⟨Ztg⟩ *Leserbrief* m ‖ ~ de emplazamiento ⟨Jur⟩ *Vorladung* f ‖ ~ familiar *Familien-, Privat|brief* m ‖ ~ de favor *Empfehlungsbrief* m ‖ ~ de felicitación *Glückwunschschreiben* n ‖ ~ (no) franqueada *(un)frankierter Brief* m ‖ ~ de gracias *Dankschreiben* n ‖ ~ gratulatoria *Glückwunschschreiben* n ‖ ~ de intenciones *Absichtserklärung* f ‖ ~ misiva *Sendschreiben* n ‖ ~ monitoria *Mahnschreiben* n ‖ *Mahnbrief* m ‖ ~ de negocios *Geschäftsbrief* m ‖ ~ neumática *Rohrpostbrief* m ‖ ~ orden *schriftlicher Befehl, Auftrag* m ‖ ~ particular *Privatbrief* m ‖ ~ pastoral *Hirtenbrief* m ‖ ~ de pésame

Beileidsschreiben n, *Kondolenzbrief* m ‖ ~
petitoria *Bitt\schrift* f, *-schreiben* n ‖ ~ de
presentación *Empfehlungsschreiben* n ‖ ~ privada
Privatbrief m ‖ ~ de propaganda *Werbebrief* m ‖
~ de reclamación *Beschwerdeschreiben* n ‖ ~ de
recomendación *Empfehlungsschreiben* n ‖ ~
registrada ⟨Mex⟩ *Einschreibebrief* m,
Einschreiben n ‖ ~ registrada con acuse de recibo
⟨Mex⟩ *Einschreiben* n *mit Rückschein* ‖ ~ de
requerimiento →• ~ admonitoria ‖ ~ requisitoria
⟨Jur⟩ *Ersuchungsschreiben, Rechtshilfeersuchen* n
‖ *Fahndungsblatt* n ‖ ~ de solicitud
Bewerbungsschreiben n ‖ ~ tarjeta *Kartenbrief* m
‖ ~-telegrama *Brieftelegramm* n ‖ ~ urgente
Eilbrief m ‖ ~ de Urías ⟨fig⟩ *Uriasbrief* m ‖ ~
con valor(es) declarado(s) *Geld-, Wert\brief* m ‖ ◆
a ~ cabal *vollständig, durch und durch* ‖ ◇ cerrar
la ~ *den Brief zukleben* ‖ dar ~ blanca
unbeschränkte Vollmacht geben ‖ *freie Hand
lassen* ‖ echar una ~ al correo *e–n Brief zur Post
bringen* ‖ ⟨fig⟩ *s–e Notdurft verrichten* ‖ franquear
una ~ *e–n Brief freimachen od frankieren*
²**carta** *f* ⟨Geogr Mar⟩ *Land-, See\karte* f ‖ ~
aerofotogramétrica *Luftbildkarte* f ‖ ~ del cielo
Stern\karte, -tafel f ‖ ~ de las corrientes
Stromkarte f ‖ ~ de derrota *Kurs-, Segel-,
Track\karte* f ‖ ~ hidrográfica *Wasserkarte* f ‖ ~
de marear *Seekarte* f ‖ ~ de mareas *Gezeitenkarte*
f ‖ ~ marina *Seekarte* f ‖ ~ muda *stumme Karte* f
‖ ~ mural *Wandkarte* f ‖ ~ náutica *Seekarte* f ‖
~ orográfica *Gebirgskarte* f ‖ ~ de vientos
Windkarte f
³**carta** *f* *(Spiel)Karte* f ‖ ~ blanca *Zahlenkarte*
f ‖ ◇ jugar la última ~ ⟨fig⟩ *den letzten Trumpf
ausspielen* ‖ jugárselo todo a una ~ *alles auf e–e
Karte setzen* ‖ pecar por ~ de más o de menos
⟨figf⟩ *des Guten zuviel oder zuwenig tun* ‖ no
saber a qué ~ quedarse ⟨fig⟩ *unschlüssig sein* ‖
no ver ~ ⟨figf⟩ *schlechte Karten haben* ‖ ~s *fpl
Spielkarten* fpl ‖ echar las ~ *die Karten auslegen*
‖ jugar a ~ vistas ⟨figf⟩ *mit offenen Karten
spielen* ‖ poner las ~ boca arriba *od* en la mesa
⟨fig⟩ *die Karten auf den Tisch legen* ‖ tener ~ de
ciudadanía *Heimrecht haben* ‖ no tener ~ (en)
⟨fam⟩ *nichts zu tun haben (mit)* ‖ tomar ~ en algo
s. einschalten, int. eingreifen ‖ *s. mit et.
befassen* ‖ *s. einmischen in … acc* ‖ traer malas
~, venir con malas ~ *schlechte Karten haben* (&
fig)
⁴**carta** *f* *Urkunde* f, *Dokument* n ‖ *Anzeige* f ‖
Charter m ‖ *Patent* n ‖ ~ abierta *offener
Kreditbrief* m ‖ ~ de acarreo *Frachtbrief,
Ladeschein* m ‖ ~ de gruesa aventura ⟨Mar⟩
Bodmereibrief m ‖ ~ de ciudadanía
Einbürgerungs-, Naturalisierungs\urkunde f ‖ ~
de ciudadanía doble *doppelte
Staats\angehörigkeit, -bürgerschaft f* ‖ ~
credencial (meist pl) *Beglaubigungsschreiben* n ‖
~ de crédito *Kreditbrief* m ‖ ~ de crédito
turístico *Reisekreditbrief* m ‖ ~ ejecutoria (de
nobleza) *Adelsbrief* m ‖ ~ de embarque
Konnossement n ‖ ~ de fletamento *Schiffsvertrag*
m, *Charterpartie* f ‖ ~ de hidalguía *Adelsbrief* m
‖ ~ hipotecaria *Hypothekenbrief* m ‖ ~ de
identidad *Kennkarte, Personalausweis* m ‖ ~ de
naturaleza, ~ de naturalización *Einbürgerungs-,
Naturalisierungs\urkunde* f ‖ ~ de pago *Zahlkarte*
f ‖ *Empfangsbestätigung, Quittung* f ‖ ~ partida
Schiffsvertrag m ‖ *Charterpartie* f ‖ ~ patente
Beglaubigungsschreiben n ‖ ~ de porte
Frachtbrief, Ladeschein m ‖ ~ de porte aéreo
Luftfrachtbrief m ‖ ~ de procuración ⟨Jur⟩
Prozessvollmacht f ‖ ~ de represalia ⟨Hist⟩
Kaperbrief m ‖ ~ de sanidad *Gesundheitspass* m,
Quarantäneattest n ‖ ~ de tutoría

Bestallungsurkunde f *des Vormunds* ‖ ~ de venta
Kaufurkunde f
⁵**carta** *f* *Satzung* f ‖ *Charta* f ‖
Verfassungsurkunde f ‖ *Staats-* oder
völkerrechtlicher Vertrag m ‖ ~ Magna de
Inglaterra, Gran ~ *Magna Charta f (1215)* ‖ ~
del Atlántico *Atlantikcharta* f ‖ ~ de las Naciones
Unidas, ~ de la ONU *Satzung* f *der Vereinten
Nationen, Charta* f *der UNO*
⁶**carta** *f* **a)** ~ de ajuste ⟨TV⟩ *Testbild* n ‖ **b)**
(Speise)Karte f ‖ ~ del día *Tageskarte* f ‖ ~ de
vinos *Weinkarte* f ‖ ◇ comer a la ~ *à la carte
essen*
    cartabón *m* ⟨Zim⟩ *Winkelmaß, Zeichendreieck*
n ‖ *Eck-, Knoten\blech* n ‖ ◆ a ~ *im rechten
Winkel* ‖ ◇ echar el ~ ⟨fig⟩ *s–e Maßnahmen
(gut) treffen*
    cartagenero adj *aus Cartagena* (P Murc) ‖ *auf
Cartagena bezüglich*
    cartaginense *(m/f)*, **cartaginés** adj/s
karthagisch ‖ ~ *m/f Karthager(in* f) m
    cártamo *m* ⟨Bot⟩ *Saflor* m (Carthamus sp) ‖
⟨Chem⟩ *Saflorrot, Karthamin* n
    cartapacio *m* *Schreibheft, Notizbuch* n ‖
Schul-, Schreib\mappe f ‖ *Schul\tasche* f, *-ranzen*
m ‖ *Schreibunterlage* f
    cartear vi *Karten ausspielen, die nicht Trumpf
sind* ‖ ~se *in Briefwechsel stehen, Briefe
wechseln*
¹**cartel** *m* *Anschlag(zettel)* m, *Plakat* n ‖
Wandtafel f *(im Schulunterricht)* ‖ *Theaterzettel* m
‖ ⟨Th⟩ *Besetzung* f ‖ *Filmprogramm* n ‖
Stierkampfzettel m ‖ *Schmähschrift* f ‖ *Pasquill* n
‖ ◆ de ~ *berühmt, prominent, tonangebend* ‖ ~
electoral *Wahlplakat* n ‖ ◇ estar en ~ ⟨Th⟩ *auf
dem Spielplan stehen* ‖ fijar un ~ *ein Plakat
anschlagen* ‖ tener ~ ⟨fig⟩ *e–n guten Namen
haben* ‖ se prohibe fijar ~es *Plakate ankleben
verboten!*
²**cartel, cártel** *m* *Kartell* n,
Interessengemeinschaft f,
Wirtschaftszusammenschluss m
    car\tela *f* *Anschlagbrett* n ‖ *Schreibtäfelchen* n
‖ ⟨Arch⟩ *Kragstein* m ‖ *Gesims* n ‖ *Eck-,
Knoten\blech* n ‖ ⟨Her⟩ *Schindel* f ‖ **–telar** vt
kartellieren ‖ **–telera** *f* *Theaterzettel* m ‖
Tagesprogramm n ‖ *große Aushängetafel* f *(für
Anzeigen, bes. Film-, Theater\zettel usw.)* ‖
Schwarzes Brett n ‖ *Plakat-, Litfaß\säule* f ‖ ~ (de
espectáculos) *Tagesprogramm* n *(in Zeitungen)* ‖
Veranstaltungskalender m ‖ **–telero** adj
publikumswirksam ‖ ~ m *Plakatkleber* m ‖
–telista *m/f Plakatmaler(in* f) m ‖ **–telón** *m* augm
von **cartel** ‖ *großes Plakat* n
    cartello *m* (it) de primissimo ~ *erstklassig*
    carteo *m* *Briefwechsel* m ‖ ⟨Kart⟩
(einsatzloses) Spiel n
    cárter *m* ⟨Tech⟩ *Motor-, Kurbel\gehäuse* m ‖
Ketten(schutz)kasten m *(am Fahrrad usw.)* ‖
⟨Auto⟩ *Ölwanne* f ‖ ~ del cigüeñal
Kurbelgehäuse n ‖ ~ de dirección ⟨Auto⟩ *Steuer-,
Lenk\gehäuse* n ‖ ~ de engranaje
Zahnrad(schutz)kasten m ‖ ~ del motor
Motorgehäuse n ‖ ~ del volante
Schwungradgehäuse n
    carte\ra *f* *Brieftasche* f ‖ *Aktentasche* f ‖
(Schreib-, Brief)Mappe f ‖ *Zeichenmappe* f ‖
Taschenklappe f ‖ *Am Handtäschchen* n ‖ ⟨fig⟩
Ministerportefeuille n ‖ ⟨fig⟩ *Ressort* n,
Geschäftsbereich m *(e–s Ministers)* ‖ ⟨fig⟩
Bestand m *(an Wertpapieren)* ‖ ⟨fig⟩
Versicherungsbestand m ‖ ~ de clientes
Kundenstamm m ‖ ~ de efectos *Wechsel\bestand*
m, *Portefeuille* n ‖ ~de hacienda
Finanzministerium n ‖ ~ de letras de tesorería

Schatzwechselbestand m ‖ ~ de mano
Damentasche f ‖ ~ morosa *überfälliger Wechsel*
m ‖ ~ de música *Notenmappe* f ‖ ~ de pedidos
Auftragsbestand m ‖ ~ de valores *Anlagepapiere*
npl ‖ ◆ en ~ *geplant, projektiert, in der Planung*
‖ **–ría** f *Briefträgeramt* n ‖ *Brief|post,*
-aufgabe f, *-ausgabe* f ‖ **–rilla** f *Heftchen* n ‖ ~
de cerillas *od* tósforos *Heftchen* n *Streichhölzer* ‖
–rista m *Taschendieb(in* f) m ‖ **–ro** m *Briefträger,*
Postbote, (Brief)Zusteller m

  carte|sianismo m ⟨Philos⟩ *Kartesianismus* m ‖
–siano adj *kartesi(ani)sch, auf Descartes*
bezüglich ‖ ~ m *Kartesianer* m

  cartilaginoso adj *knorpelartig, kartilaginös*

  cartílago m ⟨An⟩ *Knorpel, Cartilago* m ‖ ~
auricular ⟨An⟩ *Ohrenknorpel* m ‖ ~ branquial
⟨Zool⟩ *Kiemenknorpel* m ‖ ~ del hueso
Knochenknorpel m ‖ ~ intervertebral
Bandscheibe f ‖ ~ nasal *Nasenknorpel* m

  cartilla f *(Kinder)Fibel* f ‖ *Leitfaden* m,
Handbuch n ‖ *Elementarbuch* n ‖ *Sparkassen-,*
Einlage|buch n ‖ *Kirchenagende* f ‖ ⟨Mar⟩
Schiffsinventar n ‖ ~ de ahorros
Spar(kassen)buch n ‖ ~ de alergia ⟨Med⟩
Allergiepass m ‖ ~ alimenticia *Lebensmittelkarte*
f ‖ ~ de escolaridad *Schülerbuch* n ‖ ~ de
identidad *Personalausweis* m ‖ ~ de
racionamiento *Bezug(s)schein* m ‖ ~ militar
Militärpass m, *Soldbuch* n ‖ ~ de vacunación
Impfpass m ‖ ◇ cantarle *(od* leerle) a uno la ~
⟨figf⟩ *jdm die Leviten lesen* ‖ no saber ni la ~
⟨figf⟩ *k–n blassen Schimmer (od k–e Ahnung)*
haben

  cartillero adj *affektiert und vulgär*
(Schauspieler)

  cartivana f ⟨Buchb⟩ *Ansetzfalz* m

  car|tografía f *Kartografie* f ‖ **–tografiar**
[pres ~ío] vt/i *kartografieren* ‖ **–tográfico** adj
kartografisch ‖ **–tógrafo** m *Kartograf* m

  cartolas fpl *Doppelsattel* m

  carto|mancia f *Kartomantie, Kartenlegekunst* f
‖ **–mántica** f *Kartenlegerin* f

  carto|metría f *Kartometrie* f ‖ **–métrico** adj
kartometrisch

  cartón m *Pappe* f, *Karton* m ‖ *Pappdeckel* m ‖
Pappschachtel f, *Karton* m ⟨Mal⟩ *Karton* m ‖
⟨Typ⟩ *Auswechselblatt* n ‖ *Papiermasse* f ‖ ~
alquitranado *Dach-, Teer|pappe* f ‖ ~ cuero
Lederpappe f ‖ ~ duro *Hartpappe* f ‖ ~
embetunado *Asphaltpappe* f ‖ ~ gris *Graupappe* f
‖ ~ lustrado *Glanzpappe* f ‖ ~ ondulado
Wellpappe f ‖ ~ piedra *Steinpappe* f, *Pappmaché*
n ‖ ~ satinado *Glanzkarton* m

  carto|naje m *Kartonage* f ‖ *Pappdeckel* m ‖
Papparbeit f ‖ **–ncillo, –ncito** m dim von **cartón**
‖ **–né** adj in *Pappeinband, kartoniert (Buch)* ‖ ~
m *Pappeinband* m

  ¹cartonera f a) *große Pappschachtel* f ‖ b)
Pappschneidemaschine f

  ²cartonera f Am ⟨Ins⟩ *Papierwespe* f

  carton|ería f *Kartonfabrik* f ‖
Kartonagengeschäft n ‖ *Pappwaren* fpl ‖ **–ro** m
Pappwarenhändler m ‖ *Papparbeiter* m

  cartucha adj Chi *jungfräulich, unberührt*

  cartuchera f ⟨Mil⟩ *Patronentasche* f ‖
Patronengürtel m ‖ *Kartuschenkiste* f ‖ ◇ quien
manda, manda, y ~ en el cañón ⟨fam⟩ *Befehl ist*
Befehl

  ¹cartucho m ⟨Mil⟩ *Kartusche, Patrone* f ‖
⟨Mil⟩ *Kartätsche* f *(für Geschütze)* ‖ ⟨Bgb⟩
Patrone f ‖ ~ con bala ⟨Mil⟩ *scharfe Patrone* f ‖
~ sin bala *Platzpatrone* f ‖ ~ de bala trazadora
Leuchtspurpatrone f ‖ ~ de barrena ⟨Bgb⟩
Sprengpatrone f ‖ ~ de dinamita *Dynamitpatrone*
f ‖ ~ de ejercicio *Exerzier-, Übungs|patrone* f ‖

~ explosivo *Sprengpatrone* f ‖ ~ de fogueo
Platzpatrone, Manöverkartusche f ‖ ~ de guerra
scharfe Patrone f ‖ ~ de instrucción → ~ de
ejercicio ‖ ~ luminoso *Leuchtpatrone* f ‖ ~ vacío
abgeschossene Hülse f ‖ ◇ quemar el último ~
⟨fig⟩ *den letzten Trumpf ausspielen, die letzte*
Möglichkeit versuchen

  ²cartucho m *Papiersack* m ‖ *Tüte* f ‖ *Hülle,*
Hülse f ‖ *Bonbonschachtel* f ‖ *Geldrolle* f ‖ ~ de
correo neumático *Rohrpostbüchse* f

  ³cartucho m *Einsatz* m, *Patrone* f ‖ ⟨Fot⟩
Patrone f ‖ ~ de calefacción *Heizpatrone* f ‖ ~
de cortacircuito ⟨El⟩ *Sicherungspatrone* f ‖ ~
filtrante *Filtereinsatz* m *(Gasmaske)* ‖ ~ fusible
⟨El⟩ *Schmelzpatrone* f ‖ ~ de fusible ⟨El⟩
Sicherungspatrone f

  ⁴cartucho m ⟨Typ⟩ *Ziertitel* n, *Zier-,*
Schön|leiste f

  cartu|ja f ⟨Rel⟩ *Kartäuser|orden* m, *-kloster* n
‖ ⟨fig⟩ *Einsiedelei* f ‖ *Chartreuse* f *(Likör)* ‖ ~ de
Miraflores *berühmtes Kartäuserkloster* n *bei*
Burgos ‖ **–jo** m/adj *Kartäuser(mönch)* m ‖ ⟨fig⟩
Einsiedler m ‖ ⟨fig⟩ *asketischer Mensch* m

  cartulario m *Chartularium, Kopialbuch* n ‖
Mex *Notar* m

  cartulina f *Karton* m *(für Visitenkarten usw.)* ‖
~ marfil *Elfenbeinkarton* m

  cartusiano adj → **cartujano**

  carucha f dim von **¹cara**

  caruja f León *herbe Winterbirne* f

  carúncula f ⟨Med Zool⟩ *Karunkel* f ‖ *kleine*
Fleischwarze f ‖ ⟨Bot⟩ *Anschwellung* f ‖ ~
lagrimal ⟨An⟩ *Tränen|hügel* m, *-warze* f ‖ ~s
mirtiformes ⟨An⟩ *Hymenreste* mpl

  caruncu|lado adj ⟨An⟩ *mit Fleischauswuchs* ‖
–loso adj *karunkelähnlich*

  carura f Ec *(Über)Teuerung* f ‖ *Mangel* m

  carva|jal m → **–llar** ‖ **–jo** m → **–llo** ‖ **–llar,**
–lledo m *Eichenwald* m ‖ **–llo** m *Eiche* f ‖ **–yo** m
Ast *Eiche* f

  carvi m ⟨Bot⟩ *Feldkümmel-, Karwe|samen* m

  cas ⟨reg pop⟩ Apokope von **casa** ‖ ◆ en ~
Fulano *bei Herrn Soundso*

  ¹casa f *(Wohn)Haus* n ‖ *Gebäude* n ‖ *Wohnung*
f ‖ *Dienerschaft* f ‖ *Hausarbeit* f ‖ *Haushalt* m ‖
Hausgemeinschaft f ‖ *Hauswesen* n ‖ *Sippe* f ‖
Familie f ‖ *Feld* n *(auf dem Schachbrett)* ‖ ~
adosada *Reihenhaus* n ‖ ~ de alquiler *Mietshaus*
n ‖ ~ amueblada *möbliertes Haus* n ‖ Am
Absteige-, Stunden|hotel n ‖ ~ anexa *Anbau* m ‖
~ de apartamentos *Appartementhaus* n ‖ ~
Mietshaus n ‖ ~ de baños *Bade|haus* n, *-anstalt* f
‖ ~ de beneficencia *Armenhaus* n ‖ la ~ Blanca
das Weiße Haus n *(in Washington)* ‖ ~ de campo
Landhaus n, *Villa* f ‖ ~ capitular *Stifts-,*
Ordens|haus n ‖ ~ de caridad [veraltet]
Armenhaus n ‖ ~ celeste ⟨Astr⟩ *Himmelshaus* n ‖
~ de citas *Absteige-, Stunden|hotel* n ‖ ~ de
comidas *(einfaches) Speise-, Gast|haus* n ‖ ~ de
compromiso → ~ de citas ‖ ~ consistorial, ~s
consistoriales *Rat-, Stadt|haus* n ‖ ~ de
convalecencia *Erholungsheim* n ‖ ~ de corrección
Erziehungs-, Besserungs|anstalt f ‖ ~ de correos
Post f, *Postgebäude* n ‖ ~ cuna *Säuglingsheim* n
‖ *Kinderkrippe* f ‖ ~ del cura *Pfarrhaus* n ‖ ~ de
devoción → ~ de oración ‖ ~ de Dios
Gotteshaus n ‖ ~ de dormir *Schlafstelle* f ‖ ~ de
empeño *Pfandhaus, Leih|amt, -haus,* Öst Südd
Versatzamt n ‖ ~ esférica *Kugelhaus* n ‖ ~ de
estudiantes *Studentenwohnheim* n ‖ ~ de (niños)
expósitos *Findelhaus* n ‖ ~ de fieras
(Raub)Tierhaus n ‖ ~ para el fin de semana
Wochenendhaus n ‖ ~ flotante *Hausboot* n ‖ ~ de
fulanas *Bordell* n, *Puff* m ‖ ~ de los Gigantes
Span *Justizpalast* m *(in Saragossa)* ‖ ~ de

gitanos ⟨figf⟩ *Zigeunerwirtschaft* f ‖ ~ gremial
Zunfthaus n ‖ ~ habitación *Wohnung* f ‖ ~ de
huéspedes *(Familien)Pension* f ‖ ~ de inquilinaje
Arg *Mietshaus* n ‖ ~ de juego *Spiel\haus* n, *-hölle*
f ‖ ~ de labor, ~ de labranza *Bauernhof* m ‖
Landgut n ‖ ~ de lenocinio *Bordell, Freudenhaus*
n ‖ ~ de locos *Irrenhaus* n ‖ ~ del marino ⟨Span⟩
Seemannsheim n ‖ ~ de maternidad
Entbindungsanstalt f ‖ ~ matriz ⟨Rel⟩ *Mutterhaus*
n ‖ ~ de moneda *Münze* f ‖ ~ del montero
Jagdhaus n ‖ ~ mortuoria *Trauerhaus* n ‖ ~
multifamiliar *Mehrfamilienhaus* n ‖ ~ de
muñecas *Puppen\haus* n, *-stube* f ‖ ~ de
noviciado *Novizenhaus* n ‖ ~ de oración *Bethaus*
n ‖ *Andachtsstätte* f ‖ ⟨fig⟩ *Kirche* bzw *Kapelle* f ‖
~ de orates *Irren\anstalt* f, *-haus* n (& fig) ‖ ~
del párroco *Pfarrhaus* n ‖ ~ particular *Privathaus*
n ‖ ~ paterna *Vater-, Eltern\haus* n ‖ ~ de la
piedra *Findelhaus* n ‖ ~ de pisos (de alquiler)
Miets-, Rendite\haus n ‖ ~ de placer *Freudenhaus*
n ‖ ~ popular *im sozialen Wohnungsbau
errichtetes Haus* n ‖ ~ prefabricada *Fertighaus* n
‖ ~ profesa ⟨Rel⟩ *Ordenshaus* n ‖ ~ propia
Eigenheim n ‖ ~ de prostitución, ~ pública
Bordell, Freudenhaus ‖ ~ de puerta abierta
Haus n *der offenen Tür* ‖ *Rathaus* n ‖ una ~
como un puño ⟨figf⟩ *ein Puppenhäuschen* n ‖ ~
de pupilos *Pension* f ‖ ~ de putas ⟨vulg⟩ *Puff* m ‖
~ real *Königsschloss* n ‖ ~ religiosa ⟨Rel⟩
Kloster n ‖ ~ de renta *Miets-, Rendite\haus* n ‖ ~
Rosada *Regierungspalast* m *in Buenos Aires* ‖ ~
rústica *Bauernhaus* n ‖ ~ de salud *Heilanstalt* f ‖
~ del Señor *Gotteshaus* n ‖ ~ de señoras ⟨euph⟩
Bordell, Freudenhaus n ‖ ~ señorial *Herrenhaus*
n ‖ ~ sindical *Gewerkschaftshaus* n ‖ ~ de
socorro *Unfallstation, Sanitätswache* f ‖ ~
solar(iega) *Stammhaus* n *(e–r Adelsfamilie)* ‖
Stammschloss n ‖ *alter Herrensitz* m ‖ ~ de tía
⟨fam⟩ *Gefängnis, Loch* n ‖ ~ de tócame Roque
⟨figf desp⟩ *Mietskaserne* f, *Wohnsilo* m (& n) ‖
lärmende Versammlung f ‖ ~ de tolerancia, ~ de
trata *od* trato *Bordell, Freudenhaus* n ‖ ~ de
trueno ⟨figf⟩ *verrufenes Haus* n ‖ ~ unifamiliar
Einfamilienhaus n ‖ ~ de vacaciones *Ferienhaus*
n ‖ ~ de vecindad *kleines Bürger-, Wohn\haus,
Mietshaus* n ‖ ~ de mal vivir *verrufenes Haus* n ‖
◆ a ~ *nach Haus* ‖ como una ~ ⟨figf⟩ *turmhoch,
ungeheuer* (z. B. *Lüge*) ‖ de ~ *von Haus* ‖ de la
~ *hausgemacht* ‖ de ~ en ~ *von Haus zu Haus* ‖
de su ~ ⟨fam⟩ *aus eigenem Kopf(e)* ‖ los de ~
die Angehörigen mpl, *die Familie* ‖ en (su) ~ *zu
Hause* ‖ en ~ de alg. *in jds Haus, bei jdm* ‖ fuera
de ~ *aus (außer) dem Hause* ‖ hecho en ~ *selbst
gebacken* ‖ ~ por ~ *Haus für Haus* ‖ ◇ asentar
~ ⟨fam⟩ *e–n eigenen Haushalt gründen* ‖ no
caber en toda la ~ ⟨figf⟩ *sehr aufgebracht, aus
dem Häuschen sein* ‖ echar la ~ por la ventana
⟨figf⟩ *das Geld zum Fenster hinauswerfen, flott
leben* ‖ *großartig feiern* ‖ estar de ~ ⟨fig⟩ *im
Hausgewand sein* ‖ ⟨fig⟩ *s. ohne viel Umstände
bewegen* ‖ está Vd. en su casa *tun Sie, als ob Sie
zu Hause wären!* ‖ guardar la ~ ⟨fig⟩ *zu Hause
bleiben (müssen)* ‖ ir a ~ de alg. *zu jdm gehen* ‖
llevar la ~ *den Haushalt führen, haushalten* ‖ no
parar en ~ *kaum zu Hause sein* ‖ ¡pase Vd. por
mi casa! *kommen Sie einmal bei mir vorbei!* ‖
poner ~ *e–n eigenen Hausstand gründen, ein
Haus beziehen* ‖ ser de la ~ *(gewissermaßen) zum
Haus gehören* ‖ ser muy de ~ *ein (enger)
Vertrauter der Familie sein* ‖ ser muy de su ~
sehr häuslich sein ‖ tomar ~ *s. niederlassen, s.
ansiedeln* ‖ ya sabe Vd. su ~ (*od* ahí tiene Vd. su
~) *besuchen Sie mich bitte (bald) wieder!*
(Höflichkeitsformel) ‖ en ~ del gaitero todos son
danzantes ⟨Spr⟩ *wie die Alten sungen, so*

zwitschern die Jungen ‖ *der Apfel fällt nicht weit
vom Stamm* ‖ cada uno manda en su ~ *jeder ist
Herr in s–m Haus* ‖ ~s fpl: ~ baratas *im sozialen
Wohnungsbau errichtete Häuser* npl
²**casa** f ⟨Com⟩ *Firma* f, *Unternehmen* n ‖
Handelshaus n ‖ ~ aliada *befreundete Firma* n ‖
~ de banca, ~ bancaria *Bankhaus* n ‖ ~ de
cambio, ~ cambiaria *Wechsel\stube, -bank* f ‖ ~
central *Stammhaus* n ‖ *Hauptniederlassung,
Zentrale* f ‖ ~ de comercio *Handels\firma* f,
-haus n ‖ *Geschäftshaus* n ‖ ~ de comisiones
Kommissionsgeschäft n ‖ ~ competidora
Konkurrenzfirma f ‖ ~ consignataria Span
Reedereiagentur f ‖ ~ de contratación
Wertpapierbörse f ‖ Pe *Warenbörse* f ‖ ~
distribuidora *od* de distribución *Vertriebsfirma* f ‖
~ editorial *Verlags\anstalt* f, *-haus* n ‖ ~ de
empeños *Leih-, Pfand\haus* n ‖ ~ exportadora, ~
de exportación *Export\haus* n, *-firma* f ‖ ~
expositora *ausstellende Firma* f ‖ ~ filatélica
Briefmarkenhandlung f ‖ ~ filial
Tochterunternehmen n ‖ ~ importadora, ~ de
importación *Import\haus* n, *-firma* f ‖ ~ matriz
Stammhaus n ‖ ~ de modas *Modehaus* n ‖ ~
pairal Cat *Familiengesellschaft* f ‖ ~ de
préstamos *Leih-, Pfand\haus* n ‖ ~ rival
Konkurrenzfirma f ‖ ~ seria *solide* od *seriöse
Firma* f ‖ ~ de subastas *Auktionshaus* n ‖
suministradora *Lieferfirma* f ‖ ~ de venta por
correspondencia *Versandhaus* n
³**casa** f ⟨El Tech⟩ *Haus* n, *Saal* m ‖ ~ de
calderas *Kesselhaus* n ‖ ~ de distribución
Schalthaus n ‖ ~ de máquinas *Maschinen\haus* n,
-saal m ‖ ~ de turbinas *Turbinen\haus* n, *-saal* m
Casa f *Adels-, Herrscher-, Fürsten\geschlecht*
n ‖ ~ de Austria Span ⟨Hist⟩ *Habsburger* mpl ‖
~ de Borbón *Bourbonen* mpl ‖ ~ civil Span
Hofverwaltung f *für zivile Angelegenheiten* ‖ ~
militar Span *Hofverwaltung* f *für militärische
Angelegenheiten* ‖ ~ real *königlicher Hof* m ‖
Königspalast m ‖ ~ reinante *Herrscherhaus* n
casablanquero adj *auf das Weiße Haus (USA)
bezüglich*
¹**casaca** f *Kasack* m ‖ *Joppe* f ‖ *Uniformrock* m
‖ Pe *Jacke* f ‖ Col *Frack* m
²**casaca** f Guat *Gesellschaft, Begleitung* f ‖
Guat Hond *lebhaftes Tuscheln* n ‖ ⟨fig⟩ *Heirat* f ‖
◇ volver (*od* cambiar) (la) ~ ⟨fig⟩ *die Gesinnung
ändern, umsatteln* ‖ ⟨figf⟩ *sein Mäntelchen nach
dem Wind hängen*
casación f ⟨Jur⟩ *Aufhebung e–s Endurteiles
durch die höchste Instanz, Ungültigkeitserklärung*
f ‖ *Kassation* f ‖ *Revision* f *(Rechtsmittel)* ‖ ◇
acoger en ~ *in der Revision berücksichtigen* ‖
(des)estimar un motivo de ~ *e–n Revisionsgrund
für (nicht) durchschlagend ansehen*
casación m augm von ¹**casaca**
casadero adj *heirats\fähig, -lustig*
¹**casado** adj *ver\heiratet, -ehelicht* ‖ ◇ estar ~
a media carta, estar ~ por detrás de la iglesia
(joc) *in wilder Ehe leben* ‖ ~ y arrepentido (*od*
~ y cansado) etwa: *vorgetan und nachbedacht
(hat manchen in groß Leid gebracht)* ‖ ⟨fig⟩ *spät
zur Einsicht gekommen*
²**casado** adj *kassiert (Urteil)*
³**casado** m *Ehemann* m ‖ los recién ~s *die
Neuvermählten* pl, *das junge Paar*
⁴**casado** m ⟨Typ⟩ *Kolumnenanordnung* f
casal m *Meierei* f ‖ *Landhaus* n ‖ Arg Ur
Pärchen n
casalicio m *Haus, Gebäude* n ‖ *Gehöft* n
casamata f ⟨Mil⟩ *Kasematte* f ‖ *Unterstand,
Bunker* m ‖ *unterirdisches Gefängnis* n
casa\mentero m *Heirats\stifter, -vermittler* m ‖
Ar *Vermittler* m *bei Erstellung des*

Güterrechtsvertrags ‖ **–miento** *m Heirat, Ehe,*
Ver|ehelichung, -heiratung f ‖ *Trauakt* m ‖
Ehevertrag m ‖ *Mitgift* f ‖ ~ *por amor*
Liebesheirat f ‖ ~ *civil Zivilehe, standesamtliche*
Trauung f ‖ ~ *de conveniencia Vernunftheirat* f ‖
~ *desigual nicht standesgemäße Heirat* f (→
matrimonio *morganático*) ‖ ~ *por dinero*
Geldheirat f ‖ ~ *por (el) interés* → ~ *de*
conveniencia ~ *por poder Fernttrauung* f ‖ ~
religioso kirchliche Trauung f ‖ ~ *por reflexión*
Vernunftheirat f
  casampulga *f Hond Sal* ⟨Zool⟩ *Schwarze*
Witwe f *(Spinne)* (Latrodectus sp)
  casanga *f Col Hochzeit, Heirat* f
  casanova *m Casanova* m
  casapuerta *f überdachter Eingang* m ‖ *Vorhaus*
n, *Flur* m
  casa|quilla *f kurze Jacke* f ‖ **–quín** *m*
kurzes Wams n
  casaquinta *f* ⟨reg⟩ *Landhaus* n, *Villa* f
  ¹casar vt *ver|heiraten, -ehelichen* ‖ *trauen* ‖
⟨fig⟩ *paaren* ‖ ⟨fig⟩ *anpassen* ‖ ⟨fig⟩
zusammen|fügen,
-setzen ‖ ⟨fig⟩ *vereinigen* ‖ ~ vi *heiraten, die Ehe*
schließen ‖ *zusammenpassen* ‖ *harmonieren*
(Farben, Maße) ‖ *übereinstimmen* ‖ Cu
vereinbaren, abmachen ‖ Cu PR *wetten* ‖ PR Ven
pfropfen ‖ ◆ *por* ~ *heirats|fähig, ¯-lustig* ‖ ~**se**
(s. ver)heiraten, s. trauen lassen ‖ ◇ ~
civilmente, ~ *por lo civil s. standesamtlich*
trauen lassen ‖ ~ *por la Iglesia s. kirchlich*
trauen lassen ‖ *antes (de) que te cases, mira lo*
que haces ⟨Spr⟩ *drum prüfe, wer s. ewig bindet*
... (ob s. das Herz zum Herzen findet) ‖ *no* ~ *con*
nadie (figf) s. von niemandem beeinflussen lassen
  ²casar *m Weiler* m
  ³casar vi ⟨Jur⟩ *aufheben, für ungültig erklären,*
kassieren
  casa|riego adj Ast *häuslich* ‖ **–tienda** *f*
Kaufladen m *mit Wohnung*
  casata *f* ⟨Kochk⟩ *Cassata* f
  casbah *f Kasba(h)* f
  casca *f Weintrester* pl ‖ *Fruchtschale* f ‖
Gerberrinde f ‖ Tol *Tresterwein* m ‖ ¡~! ⟨pop⟩ →
¡caramba!
  cascabel *m Schelle* f, *kugelförmiges Glöckchen*
n ‖ ⟨fig⟩ *Hohlkopf* m ‖ ◆ *de* ~ *gordo* ⟨figf⟩ *von*
billigem Effekt, blendend, effektheischend
(Kunstwerk) ‖ ◇ *echar od soltar el* ~ ⟨figf⟩ *die*
Fühler ausstrecken, einige Worte hinwerfen, auf
den Busch klopfen (a. alg. bei jdm) ‖ *ser un* ~
lustig und witzig sein ‖ *tener* ~ ⟨figf⟩ *Grillen im*
Kopf haben ‖ *¿quién le pone el* ~ *al gato?* ⟨fig⟩
wer hängt der Katze die Schelle um?
  cascabe|la *f* CR *Klapperschlange* f ‖ **–lada** *f*
⟨fam⟩ *Unbesonnenheit* f ‖ **–lear** vt ⟨fam⟩ *betören,*
foppen, spiegeln, an der Nase herumführen ‖ ~ vi
klappern (Schlange) ‖ ⟨figf⟩ *unvernünftig reden* ‖
⟨figf⟩ *Unsinn machen* ‖ Chi ⟨fig⟩ *brummen* ‖
–lero *m Kinderklapper* f ‖ ⟨fam⟩ *Windkopf* m ‖
–lillo *m* dim von **cascabel** *Rosinenpflaume* f
  cascabillo *m Schelle* f, *Glöckchen* n ‖ ⟨Bot⟩
Hülse f *des Weizens* ‖ ⟨Bot⟩ *Eichelnäpfchen* n
  cascabullo *m* Sal ⟨Bot⟩ *Hülse* f *des Weizens*
  cascaciruelas *m* ⟨fam⟩ *Taugenichts* m
  cascada *f Wasserfall* m, *Kaskade* f
  cascadera *f Piniennussknacker* m
  casca|do adj *zerbrochen* ‖ *gebrochen, brüchig*
(Stimme) ‖ ⟨figf⟩ *hinfällig, altersschwach* ‖ ⟨fig⟩
verbraucht ‖ **–dura** *f Zer|brechen, -schlagen* n ‖
⟨fam Med⟩ *Bruch* m ‖ ⟨fam⟩ *Tracht* f *Prügel*
  casca|jal, –jar *m sandiger Ort* m ‖ *Kiesgrube* f
‖ **–jero** *m* Col → **–jal** ‖ Col *aufgegebene*
Goldgrube f ‖ **–jo** *m Füllsteine* mpl, *Kies* m ‖
Scherben fpl ‖ *Schalobst* n ‖ *Scherben* mpl ‖ ⟨figf⟩

Kupferscheidemünze f ‖ ⟨fig⟩ *unbrauchbares*
Gerät n ‖ ⟨fam⟩ *Klamotte* f ‖ Dom PR *Geld* n ‖ ◇
estar hecho un ~ ⟨figf⟩ *alt und gebrechlich sein* ‖
–jo *m Trockenobstmischung* f, *Studentenfutter* n
(wird meist zu Weihnachten gereicht) ‖ **–joso** adj
kiesig, voll Kies
  cascalbo adj *weißgrannig (Weizen)*
  cascalleja *f* Al ⟨Bot⟩ *wilde Johannisbeere* f
  cascallo *m* Bras *Diamantenfeld* n
  cascamajar vt *zerdrücken*
  ¹cascanueces *m Nussknacker* m ‖ ⟨figf⟩
Windbeutel m
  ²cascanueces *m* ⟨V⟩ *Tannenhäher* m
(Nucifraga caryocatactes)
  casca|piedras *m* ⟨EB⟩ *Bahnräumer* m ‖
–piñones *m Piniennussknacker* m
  cascar [c/qu] vt/i *zer|brechen, -schlagen* ‖
zerknabbern ‖ ⟨figf⟩ *schlagen, (ver)prügeln,*
verhauen ‖ ⟨fig⟩ *(jds) Gesundheit untergraben* ‖
⟨figf⟩ *schwätzen, plaudern* ‖ ⟨fig pop⟩ *sterben,*
⟨pop⟩ *kaputt-, ein|gehen* ‖ ⟨Sch⟩ *durchfallen*
lassen ‖ ⟨fam⟩ *draufknallen (Zensur)* (a alg. *jdm*
dat) ‖ ◇ ~ *las liendres* ⟨vulg⟩ *das Fell gerben* ‖
~**se** ⟨fam⟩ *hinfällig werden, vor der Zeit altern* ‖
cascársela ⟨vulg⟩ *wichsen (onanieren)*
  cáscara *f Schale* f *(von Nüssen, Früchten usw.)*
‖ *Eierschale* f ‖ *(Baum)Rinde* f ‖ ~ *de limón*
Zitronenschale f ‖ ~ *sagrada Am Faulbaum-,*
Sagrada|rinde f ‖ ◆ *de (la)* ~ *amarga* ⟨figf⟩
liederlich und händelsüchtig ‖ *sehr fortschrittlich*
od progressiv gesinnt ‖ ⟨Pol⟩ *radikal* ‖ ⟨Rel⟩
irreligiös ‖ ⟨pop⟩ *schwul* ‖ *de mucha* ~ ⟨figf⟩ *Am*
sehr gescheit (Person) ‖ ¡~**s**! ⟨fam⟩ →
¡caramba!
  cascara *f* ⟨pop⟩ *Zank* m ‖ *Prügelei* f
  cascara|ña *f* Cu *Pockennarbe* f ‖ **–ñado** adj Cu
PR *pockennarbig* ‖ Chi *pestkrank* ‖ **–zo** *m* Col
Peitschenhieb m ‖ Col PR *Faustschlag* m ‖ PR
tüchtiger Schluck m *(Likör)*
  cascarear vt Col Hond PR *schlagen, prügeln* ‖
~ vi Guat ⟨fam⟩ *blank sein*
  ¹cascarilla *f dünne Schale* f, *Häutchen* n ‖
Kakaoschalen fpl ‖ *Schutzhaut* f ‖ ⟨Met⟩ *Zunder,*
Hammerschlag m ‖ ~ *de laminación Walzsinter*
m
  ²cascari|lla *f Kaskarillrinde* f ‖ *falsche*
Chinarinde f ‖ **–llo** *m* ⟨Bot⟩ *unechter*
Fieberrindenbaum m
  cascarón *m* augm von **cáscara** ‖ *leere*
Eierschale f ‖ ⟨fig⟩ *kleines Boot* n ‖ ⟨Mar fig⟩
Seelenverkäufer m ‖ Col *Klepper* m, *Schindmähre*
f ‖ Am *bemaltes Karnevalsei* n ‖ ◇ *salirse del* ~
⟨figf⟩ *s. zuviel herausnehmen* ‖ ¡–rones! ⟨reg⟩ →
¡caramba!
  cascarrabias *m* ⟨fam⟩ *jähzorniger Mensch,*
Wüterich, ⟨fam⟩ *rabiater Kerl* m
  cascarri|ñado, –ñoso adj Ven *pockennarbig*
  cascarrina *f* Al *Hagel* m
  cascarrón adj ⟨fam⟩ *rau, barsch* ‖ ⟨Mar⟩
scharf, rau (Wind)
  cascarudo adj *dickschalig*
  cascaruja *f* Murc *Schalobst* n
  ¹casco *m Helm* m ‖ ⟨Flugw⟩ *Fliegerhelm* m ‖
⟨Mil⟩ *Sturmhaube* f ‖ ⟨An⟩ *Schädel* m, *Hirnschale*
f ‖ *Oberteil* m *des Hutes* ‖ ⟨Radio⟩ *Kopfhörer* m ‖
~ *de acero Stahlhelm* m ⟨& Pol⟩ ‖ ~ *auricular*
⟨Radio⟩ *Kopfhörer* m ‖ ~ *de bombero*
Feuerwehrhelm m ‖ ~ *de buzo Taucherhelm* m ‖
~ *de corcho,* ~ *colonial,* ~ *tropical Tropen|hut,*
-helm m ‖ ~ *de motociclista Sturzhelm* m ‖ ~
secador, ~ *secapelos Trockenhaube* f ‖ ~**s** mpl
Schädel m ‖ ⟨fig⟩ *Hirn* n, *Verstand* m ‖ ~ *azules*
Blauhelme mpl *(UN-Soldaten)* ‖ *alegre od ligero*
de ~ ⟨fam⟩ *unbesonnen, leichtsinnig* ‖ ◇
calentarse los ~ → *romperse los* ~ ‖ *levantar de*

od los ~ a uno ⟨figf⟩ *jdn betören* ‖ *einwickeln (auch in betrügerischer Absicht)* ‖ ponerse *(od meterse)* en los ~ u/c ⟨fam⟩ *s. et. in den Kopf setzen* ‖ quitarle a uno del casco a/c ⟨figf⟩ *jdn von e–r Sache abbringen* ‖ romper a alg. los ~ ⟨fam⟩ *jdm den Kopf einschlagen (Drohung)* ‖ romperse los ~ ⟨fam⟩ *s. den Kopf zerbrechen (bes. mit Lernen)* ‖ sentar los ~ *vernünftig werden*

²casco *m (Wein)Fass* n, *Tonne* f ‖ *leere Flasche* f ‖ *Bauch* m *(e–s Kessels)* ‖ ⟨Mar⟩ *Schiffsrumpf* m ‖ ⟨Flugw⟩ *Flugzeugrumpf* m ‖ ⟨fig⟩ *Körper, Rauminhalt* m

³casco *m Splitter* m ‖ *Bomben-, Granat|splitter* m ‖ *Scherbe* f ‖ *Glassplitter* m ‖ ~ *de piedra Steinsplitter* m

⁴casco *m Innenstadt* f, *Stadtkern* m ‖ *Altstadt* f ‖ ~ *antiguo Altstadt* f

⁵casco *m Huf* m ‖ ◇ abajar el ~ *den Huf (stark) zurückschneiden*

⁶casco *m Sattelbaum* m

⁷casco *m Haut* f *(der Zwiebel)* ‖ *(Apfelsinen)Scheibe* f

cascorvo adj Col → **cazcorvo**

casco|tazo *m* ⟨fam⟩ *Steinwurf* m ‖ *Steinsplitter* m ‖ **–te** *m (Bau)Schutt* m ‖ *Schotter* m ‖ **~s** *mpl Bauschutt, Ziegel|bruch* m, *-stücke* npl

cascudo adj *starkhufig*

cascundear vt MAm *prügeln*

caseación *f Verkäsung* f *(der Milch)*

casei|co adj *käsig* ‖ *käseartig* ‖ *Käse-* **–ficación** *Kaseinbildung* f ‖ *Käsezubereitung* f ‖ ⟨Med⟩ *Verkäsung* f ‖ **–ficar** [c/qu] vt *käsen lassen* ‖ *verkäsen* ‖ **–forme** adj *(m/f) käseartig, käsig*

caseína *f* ⟨Chem⟩ *Kasein* n

cáseo adj *käsig* ‖ ~ *m geronnene Milch* f ‖ *Quark* m

caseoso adj *käsig* ‖ *käseartig, Käse-*

case|ra f Ar *Haushälterin* f *(bei e–m alleinstehenden Mann)* ‖ Hond *Beischläferin* f ‖ Cu *Haus|besitzerin, -frau* f ‖ **–ramente** adv *ohne Umstände, ungezwungen* ‖ **–ría** *f (einzelstehendes) Bauernhaus* n ‖ *Meierhof* m ‖ Am *Stammkundschaft* f *(e–s Ladens)* ‖ **–rillo** *m Hausmacherleinwand* f ‖ **–río** *m Gruppe* f *von Häusern* ‖ *Gesamtheit* f *der Häuser e–s Ortes* ‖ *(einzelstehendes) Bauernhaus* n ‖ *Gehöft* n ‖ *Weiler* m ‖ los ~s de extramuros *die außerhalb der Stadtgrenzen befindlichen Bauten* mpl ‖ **–rita** f Cu *Haus|besitzerin, -frau* f

caserna *f* ⟨Mil⟩ *bombensicheres Gewölbe* n

¹casero adj *Haus-, häuslich* ‖ *haus|backen, -gemacht* ‖ ⟨fam⟩ *haushälterisch* ‖ ⟨fam⟩ *in Hauskleidung* ‖ ⟨fig⟩ *schlicht, einfach* ‖ ⟨fig⟩ *gemütlich* ‖ ~ *m Haus|besitzer, -herr* m ‖ *Hausmann* m ‖ *Hausverwalter* m ‖ ⟨reg⟩ *Meier* m ‖ *Mieter* m ‖ *Pächter* m ‖ Am *Kunde* m *(e–s Ladens)*

²casero *m* Arg ⟨V⟩ *Töpfervogel* m *(Furnarius* sp)

case|rón augm *m von* **¹casa** ‖ *großes, baufälliges Haus* n ‖ ⟨pop⟩ *Wohn|maschine* f, *-silo* m ‖ **–ta** *f Gartenhaus* n ‖ *Bade|häuschen* n, *-zelle* m ‖ *Kabine* f ‖ *Telefonzelle* f ‖ *Bude* f ‖ *Imbissstand* m *(auf e–m Jahrmarkt, e–r Kirchweih usw.) Stand* m *(auf e–r Messe)* ‖ ⟨EB⟩ *Bahnwärterhäuschen* n ‖ ⟨Mar⟩ *Deckhaus* n ‖ ~ *de anidar Nistkasten* m ‖ ~ *de baño Ankleidezelle* f ‖ ~ *de derrota* ⟨Mar⟩ *Karten-, Kompass|haus* n ‖ *Navigationsraum* m ‖ ~ *de feria Jahrmarktsbude* f ‖ ~ *para herramientas Gerätehaus* n ‖ ~ *de interruptores Schaltstation* f ‖ ~ *de jardín Gartenhaus* n ‖ ~ *de navegación* → ~ *de derrota* ‖ ~ *del timón* ⟨Mar⟩ *Ruderhaus* n ‖ ~ *de tiro Schießbude* f

case|te *m (& f) (Tonband)Kassette* f ‖ *(Kassetten)Recorder* m ‖ **–tera** *f Kassettenfach* n

caseto *m* ⟨reg⟩ → **caseta**

casetón *m* ⟨Arch⟩ *Einsatzrose* f ‖ *Kassette* f *(e–r Kassettendecke)*

cashflow *m* ⟨Wirtsch⟩ *Cash-flow* m

casi adv *beinahe, fast, nahe daran* ‖ *annähernd* ‖ *kaum* ‖ ~ *terminado fast fertig* ‖ ~ ~, ~ *que … um ein Haar, es fehlte wenig, so …* ‖ ~ *que parece de ayer als ob es gestern geschehen wäre*

casia *f* ⟨Bot⟩ *Kassie, Gewürzrinde* f *(Cassia* spp)

casicontrato *m* → **cuasicontrato**

¹casida *f* ⟨Lit⟩ *Kasside, e–e arab. Gedichtgattung* f

²casida *f* ⟨Agr Ins⟩ *Nebelschildkäfer* m *(Cassida nebulosa)*

Casilda *f* np *Kasilde* f

casi|lla *f kleines einsames Haus* n, *Hütte* f ‖ ⟨EB⟩ *Bahnwärterhäuschen* n ‖ *(Bienen)Zelle* f ‖ *Feld* n *(Dame-, Schach|brett)* ‖ *Kästchen* n *(auf kariertem Schreibpapier)* ‖ *Fach* n, *Spalte* f *(in Tabletten)* ‖ *Abteilung* f *(des Grundbuches)* ‖ *Fach* n *(im Büchergestell)* ‖ *Fahrkartenschalter* m ‖ *Theaterkasse* f ‖ Mex *Wahlzelle* f ‖ Ec *Toilette* f ‖ ~ *de correo* Am *Post(schließ)fach* n ‖ ~ *de obra Bau|bude, -hütte* f ‖ ◇ sacar a alg. de sus ~s *jdn aus dem Häuschen bringen* ‖ salirse de sus ~s ⟨fig⟩ *aus der Haut fahren* ‖ ⟨fam⟩ *aus dem Häuschen geraten*

¹casillero *m Fächerschrank* m

²casillero *m* ⟨EB⟩ *Bahnwärter* m

casimi|r *m*, **–ra** *f* ⟨Text⟩ *Kaschmir* m

Casimiro *m* np *Kasimir* m

casimiro adj (iron) Chi *schielend, einäugig*

casimpulga *f* Nic → **casampulga**

casinete *m* Ec Ven *billiger Stoff* m

casino *m Kasino* n, *geschlossene Gesellschaft* f ‖ *Kasino, Vereins-, Gesellschafts|haus* n ‖ *(politischer) Klub* m ‖ *Klublokal* n ‖ *Kurhaus* n ‖ ~ *de contratación Winkelbörse* f ‖ ~ *militar Offiziersklub* m

Casio|pea *f* ⟨Astr⟩ *Kassiopeia* f *(Sternbild)* ‖ **–peo** *m* ⟨Chem⟩ [veraltet] (heute **lutecio**) *Lutetium* n (früher **Cassiopeium**)

¹casis *f* ⟨Bot⟩ *Schwarze Johannisbeere* f *(Ribes nigrum)* ‖ *Johannisbeerlikör* m

²casis *m* ⟨Zool⟩ *Sturmhaube* f *(Cassis cornuta)*

casita *f* dim von **¹casa** ‖ *(Stroh)Hütte* f ‖ ⟨pop⟩ *öffentliches Haus* n ‖ Chi *Toilette* f

casiterita *f* ⟨Min⟩ *Kassiterit* m

cas|mogamia *f* ⟨Bot⟩ *Chasmogamie, Fremdbestäubung* f *(bei geöffneter Blüte)* ‖ **–mógamo** adj *chasmogam*

¹caso *m (Vor)Fall* m, *Ereignis* n ‖ *Zufall* m ‖ *Grund, Anlass* m ‖ *Umstand* m ‖ *Angelegenheit* f ‖ *Erzählung* f ‖ ⟨Gr⟩ *Kasus, Fall* m ‖ ⟨Jur⟩ *Rechtsfall* m ‖ *Streitfrage* f ‖ ⟨Med⟩ *Krankheitsfall* m ‖ *Schrift|weise, -art* f ‖ ~ *aislado Einzelfall* m ‖ ~ *apretado schwieriger Fall* m ‖ ~ *de conciencia Gewissensfrage* f ‖ un ~ *concreto ein bestimmter Fall* m ‖ *ein Sonderfall* m ‖ ~ *directo* ⟨Gr⟩ *unabhängiger Verhältnisfall*, ⟨lat⟩ *Casus rectus* m ‖ ~ *dudoso Zweifelsfall* m ‖ ~ *de emergencia Notfall* m ‖ ~ *excepcional Ausnahmefall* m ‖ ~ *extremo Grenzfall* m ‖ ~ *de fallecimiento Todesfall* m ‖ ~ *fortuito zufälliges Ereignis* n ‖ *Fall* m *von höherer Gewalt* ‖ ~ *de fuerza mayor Fall* m *von höherer Gewalt* ‖ ~ *de honor Ehrensache* f ‖ ~ *límite Grenzfall* m ‖ ~ *litigioso Streit-, Rechts|fall* m ‖ ~ *de muerte Todesfall* m ‖ ~ *de necesidad Notfall* m ‖ ~ *oblicuo* ⟨Gr⟩ *abhängiger Verhältnisfall* m ‖ ~ *perdido aussichtsloser Fall* m ‖ un ~ *raro ein sonderbarer Fall* m ‖ ~ *de referencia fraglicher Fall* m ‖ ~ *de reincidencia Wiederholungsfall* m ‖ ~ *de siniestro Schadensfall* m ‖ ~ *de supervivencia Überlebensfall* m ‖ ~ *urgente Notfall* m ‖ *eilige*

Angelegenheit f ‖ ~ que …, en ~ de que … (subj), ~ de (inf) *falls* …, *im Falle dass* …, *wofern* … ‖ ♦ de ~ pensado *absichtlich* ‖ del ~ *dazugehörig, betreffend* ‖ en ~ necesario (*od* de necesidad) *nötigenfalls* ‖ en el ~ de autos ⟨Jur⟩ *im vorliegenden Fall* ‖ en ningún ~ *keinesfalls* ‖ en su ~ *beziehungsweise* ‖ *gegebenenfalls* ‖ yo en el ~ de Vd. *ich an Ihrer Stelle* ‖ en tal ~ *in diesem Falle, dann* ‖ en todo ~ *jeden-, allen**falls* ‖ en último ~ *notfalls* ‖ para el ~ que … *für den Fall, dass* … ‖ por el mismo ~ *eben deshalb* ‖ ◇ dado ~ que … *vorausgesetzt, dass* … ‖ demos ~ que … *setzen wir den Fall, dass* … ‖ se da el ~ de que … *es kommt vor, dass* … ‖ el ~ es que … *die Sache liegt so, dass nämlich* … ‖ *es fragt s. nun, ob* … ‖ el ~ es que no puedo hacerlo *ich kann es beim besten Willen nicht tun* ‖ estar en el ~ ⟨fam⟩ *auf dem Laufenden sein* ‖ hablar al ~ *zur Sache, zweckgemäß sprechen* ‖ hacer ~ de … *Rücksicht nehmen auf* … (acc) ‖ *s. um* … acc *kümmern* ‖ *Aufhebens machen von* … ‖ *große Stücke halten auf* … (acc) ‖ hacer gran ~ de algo *viel Wesens von et. machen* ‖ *auf et.* (acc) *großen Wert legen* ‖ hacer ~ omiso de alg. bzw algo *jdn* bzw *e–e Sache unbeachtet lassen* ‖ hacer (*od* venir) al ~, ser del ~ ⟨fam⟩ *schicklich, angebracht sein* ‖ no hacer al ~ *nicht zur Sache gehören* ‖ *nicht passen* ‖ *gar nichts ausmachen* ‖ no me hace ~ *er (sie, es) lässt s. von mir nichts sagen* ‖ ¡no le hagas caso! *glaube ihm (ihr) nicht! lass ihn (sie, es)! höre nicht auf ihn (sie, es)!* ‖ no hacer ningún ~ de alg. bzw algo *s. nichts aus jdm* bzw *e–r Sache machen* ‖ ir al ~ *auf die Hauptsache losgehen* ‖ ¡vamos al ~! *zur Sache!* ‖ poner (por) ~ *den Fall setzen* ‖ si es ~ *vielleicht, im Falle*
   ²**¡caso!** ¡me ~! ⟨vulg⟩ *Donnerwetter!* (euph *für* ¡me cago!)
   caso**lero** adj ⟨fam⟩ *stubenhockerisch*
   casón m augm von **casa** ‖ *Sant altes Herrenhaus* n
   casorio m ⟨fam⟩ *übereilte Heirat* f ‖ *Bettelheirat* f ‖ *Missheirat* f
   casote m Arg *Faustschlag* m
   caspa fpl (*Haar*)*Schuppen* fpl, ⟨reg⟩ *Schinn* m ‖ *Grind* m ‖ Sal *Moos* n *der Baumrinde*
   caspaletear vi Col *verzweifeln*
   caspera f *Staubkamm* m
   caspia f Ast *Apfeltrester* m
   caspio adj *kaspisch*
   caspicias fpl ⟨fam⟩ (*wertlose*) *Reste* mpl, *Überbleibsel* n(pl)
   ¡cáspita! fam *potztausend! Donnerwetter!*
   caspolino adj/s *aus Caspe* (P Zar) ‖ *auf Caspe bezüglich*
   casposo adj *schuppig* ‖ *grindig*
   casque**ría** f ⟨Kochk⟩ *Innereien* pl ‖ ⟨fig⟩ *Gewaltdarstellung* f (*in Filmen usw.*) ‖ **–ro** m *Innereienverkäufer* m ‖ **–tada** f ⟨fam⟩ *unbesonnener Streich* m ‖ **–tazo** m *Stoß* m *mit dem Kopf* ‖ **–te** m *Kappe, Mütze* f ‖ *Scheitelperücke* f ‖ *Helm* m ‖ ~ de aislador ⟨El⟩ *Isolatorkappe* f ‖ ~ de cierre *Verschlusskappe* f ‖ ~ esférico ⟨Math⟩ *Kugelabschnitt* m ‖ ~ polar *Polarkappe* f ‖ ⟨Gen⟩ *Polkappe* f ‖ ~ de la raíz ⟨Bot⟩ *Wurzelkappe* f ‖ ~ de válvula *Ventilkappe* f
   casqui**apocado** adj *bockhufig (Pferd)* ‖ **–blando** adj *weichhufig (Pferd)* ‖ **–derramado** adj *breithufig (Pferd)*
   casquijo m *Kies, Schotter* m ‖ *Füllsteine* mpl
   casquilucio adj ⟨fam⟩ *unbesonnen, leichtsinnig*
   casquilla f *Königinnenzelle* f (*im Bienenstock*)
   ¹**casquillo** m *Zwinge* f ‖ *Eisenbeschlag* m (*am Stock*) ‖ *Metallring* m ‖ *leere Patronenhülse* f ‖ *Radbuchse* f ‖ *Muffe* f ‖ ⟨Radio⟩ *Sockel* m ‖ ~ de

acoplamiento *Kupplungsbüchse* f ‖ ~ de bayoneta ⟨El⟩ *Bajonettsockel* m ‖ ~ distanciador *Distanzbüchse* f ‖ ~ de bombilla *Lampensockel* m ‖ ~ de cojinete *Lager**buchse, -büchse* f ‖ ~ de Edison ⟨El⟩ *Edison-, Schraub**sockel* m ‖ ~ de extracción *Abziehhülse* f ‖ ~ de guía *Führungsbüchse* f ‖ ~ de inserción *Einsatzhülse* f ‖ ~ mignon ⟨El⟩ *Mignonsockel* m ‖ ~ portabrocas *Bohrhülse* f ‖ ~ principal *Königspfanne* f (*Drehscheibe*) ‖ ~ roscado *Gewindebuchse* f ‖ ⟨El⟩ *Gewindesockel* m
   ²**casquillo** m *dünne Schale* f (*am Obst*)
   ³**casquillo** m CR *Federhalter* m ‖ *Schweißband* n (*am Hut*)
   ⁴**casquillo** m Am *Huf* m ‖ *Hufeisen* n
   casquimuleño adj *schmalhufig (Pferd)*
   casquín m MAm (*leichter*) *Schlag* m *auf den Kopf*
   casquivano adj ⟨fam⟩ *un**besonnen, -überlegt*, ⟨fam⟩ *windig*
   cassata f [it. Eissspezialität] *Cassata* f
   cassette m (& f) → **casete**
   casta f *Stamm* m, *Geschlecht* n ‖ *Zucht, Art, Rasse* f ‖ *Blut* n (*von Tieren*) ‖ (*Gesellschafts*)*Klasse* f ‖ *Kaste* f ‖ ⟨fig⟩ *Art, Beschaffenheit* f ‖ ~s de termes ⟨Ins⟩ *Termitenkasten* fpl ‖ ◇ venir de ~ *angeboren sein*
   castado adj PR *tapfer*
   castamente adv *auf keusche, unschuldige Art* ‖ *sittsam, züchtig*
   castáneo adj ⟨Bot⟩ *kastanienartig* ‖ *kastanienfarben*
   ¹**castaña** f *Kastanie* f ‖ *Korbflasche* f ‖ ⟨fig vulg⟩ *Fotze* f ‖ ~ americana, ~ del Brasil *Paranuss, amerikanische Nuss* f ‖ ~ asada *Röstkastanie* f ‖ ~ de Indias *Rosskastanie* f ‖ ~ del Marañón → ~ americana ‖ ~ pilonga *Dörrkastanie* f ‖ ◇ dar la ~ a uno ⟨figf⟩ *jdn prellen, jdn übers Ohr hauen* ‖ se parecen como una ~ a un huevo ⟨figf⟩ *sie haben gar k–e Ähnlichkeit miteinander* ‖ ser una ~ ⟨fam⟩ *ein Stümper sein* ‖ ¡hay ~! ⟨pop⟩ *da steckt et. dahinter!* ‖ sacarle a alg. las ~s del fuego ⟨fig⟩ *für jdn die Kastanien aus dem Feuer holen*
   ²**castaña** f *Schlag* m ‖ *Faustschlag* m ‖ *Kopfnuss* f ‖ *Rausch* m, *Trunkenheit* f
   ³**castaña** f (*mit e–m Band gebundener*) *Haarknoten* m
   casta**ñal, –ñar** m → **–ñeda** ‖ **–ñazo** m *Faustschlag* m ‖ **–ñeda** f *Kastanienpflanzung* f ‖ **–ñedo** Ast → **–ñeda** ‖ **–ñera** f *Kastanienverkäuferin* f ‖ Ast → **–ñal**
   ¹**casta****ñero** m *Kastanienverkäufer* m ‖ ²**castañero** m → **colimbo**
   ¹**casta****ñeta** f ⟨Mus⟩ → ¹**castañuela** ‖ *Fingerschnalzer* m
   ²**castañeta** f Al ⟨V⟩ *Zaunkönig* m
   casta**ñetazo, –tada** f *Knall* m *e–r im Feuer zerplatzenden Kastanie* ‖ *Schlagen* n *der Kastagnetten* ‖ *Schnalzer* m (*mit Mittelfinger und Daumen*) ‖ *Knacken* n *der Knochen* ‖ *Schlag* m ‖ **–teado** m *Kastagnettenrhythmus* m ‖ **–tear** vi *die Kastagnetten schlagen* ‖ *mit den Zähnen klappern* ‖ (*mit den Fingern*) *schnalzen, knacken* ‖ *rufen, glucken (Feldhuhn)* ‖ **–teo** m *Kastagnettenspiel* n ‖ *Zähneklappern* n
   casta**ño** adj (*kastanien*)*braun* ‖ ~ claro *hell*(*kastanien*)*braun* ‖ ◇ eso pasa de ~ oscuro ⟨figf⟩ *da hört s. alles auf!, das geht über die Hutschnur!, das ist der Gipfel!* ‖ ~ m ⟨Bot⟩ *Kastanienbaum* m, (*Edel*)*Kastanie* f (Castanea sativa) ‖ ~ de Indias *Rosskastanie* f (Aesculus spp) ‖ ◇ pelar el ~ ⟨fig⟩ *abhauen, verschwinden* ‖ **–ñola** f ⟨Fi⟩ *Goldkopf* m (Brama spp) ‖ *Kastanienholz* n

¹**castañuela** f ⟨Mus⟩ *Kastagnette* f ‖ ◇ *estar como unas* ~s ⟨figf⟩ *munter und fröhlich sein,* ⟨fam⟩ *quietschvergnügt sein* ‖ *tocar las* ~s *die Kastagnetten schlagen*
²**castañuela** f ⟨Arch⟩ *Schilf* n *zur Bedachung* ‖ ⟨Arch⟩ *Keilklaue* f, *Steinwolf* m
    Caste|lar np *span. Politiker (1832–1899)* ‖ ◇ *ser un* ~ ⟨figf⟩ *ein gewandter Redner sein* ‖
    –larino adj *auf Castelar bezüglich*
¹**castellana** f **a)** *Kastilierin* f ‖ *Spanierin* f ‖ **b)** *Burg-, Schloss|herrin* f
²**castellana** f ⟨Poet⟩ *Vierzeiler* m, *Stanze* f *aus achtsilbigen Versen*
³**castellana** f *e–e Hühnerrasse* f
    castella|nía f ⟨Hist⟩ *autonomer Bezirk* m, *Burgvogtei* f ‖ **–nismo** m *kastilische Spracheigentümlichkeit* f ‖ *Hang* m *zum kastilischen Wesen* ‖ **–nista** adj *m/f Anhänger(in* f) m *des kastilischen Wesens* ‖ **–nizar** [z/c] vt ⟨Wörter⟩ *hispanisieren* ‖ *dem Kastilischen (Spanischen) anpassen* ‖ **–no** adj *kastilisch* ‖ *spanisch (Sprache)* ‖ *a la* ~a *nach spanischer Art* ‖ *la* ~a *Prachtstraße in Madrid* ‖ ~ m **a)** *Kastilier* m ‖ *Spanier* m ‖ *kastilische Mundart* f ‖ *spanische Sprache* f ‖ **b)** *Burg-, Schloss|herr* m ‖ *Burgvogt* m ‖ *Kastellan* m ‖ *Burggraf* m ‖ ♦ *en* (buen) ~ ⟨figf⟩ *ganz klar, offen heraus, deutlich* ‖ *And edel* ‖ *en* ~ *(auf) spanisch*
    Caste|llón m: ~ *de la Plana* [Stadt und Provinz in Spanien] *Castellón* n *de la Plana* ‖ ◇ *ser de* ~ ⟨figf⟩ *kaum Busen haben* ‖ **–llonense** adj/s *(m/f) aus Castellón de la Plana* ‖ *auf Castellón de la Plana bezüglich*
    casti|cidad f *Rassenreinheit* f ‖ *Stilreinheit* f ‖ *Echtheit* f ‖ **–cismo** m *Vorliebe* f *für nationale Urwüchsigkeit* ‖ *Purismus* m ‖ *Vorliebe* f *für Reinheit von Sitten und Gebräuchen usw* ‖ **–dad** f *Keuschheit, Sittsamkeit* f
    casti|gado adj ⟨Jur⟩ *vorbestraft* ‖ ⟨fig⟩ *gepflegt (Stil)* ‖ **–gador** adj *züchtigend, strafend* ‖ ~ m ⟨figf⟩ *Herzensbrecher* m ‖ **–gadora** f etwa: *Vamp* m ‖ **–gar** [g/gu] vt *züchtigen, strafen* ‖ *betrüben, kränken* ‖ *kasteien (sein Fleisch)* ‖ *heimsuchen* ‖ *kämmen (z. B. Wolle)* ‖ ⟨fig⟩ *verbessern, ausfeilen* ‖ ⟨fig⟩ *glätten, (aus)feilen (Stil)* ‖ ⟨fig⟩ *schwärmen, ausmerzen* ‖ ⟨fig⟩ *vermindern (Ausgaben)* ‖ ⟨figf⟩ *die Herzen brechen, den Kopf verdrehen* ‖ ◇ ~ *duramente al enemigo* ⟨Mil⟩ *dem Feind e–e schwere Niederlage beibringen* ‖ ~ *por pereza wegen Faulheit bestrafen* ‖ *ya castigado* ⟨Jur⟩ *vorbestraft* ‖ **–go** m *Züchtigung, Strafe* f ‖ ⟨fig⟩ *Verbesserung* f ‖ ~ *disciplinario Disziplinar-, Dienst|strafe* f ‖ ~ *ejemplar exemplarische, abschreckende Strafe* f ‖ ◇ *ser de* ~ ⟨fig⟩ *schwierig, mühsam sein* ‖ *exento de* ~ *straffrei* ‖ ~s *anteriores Vorstrafen* fpl
    castila adj/s Fil *spanisch* ‖ ~ m *Spanier* m ‖ *spanische Sprache* f
    Castilla f ⟨Geogr⟩ ~ *la Nueva Neukastilien* n ‖ ~ *la Vieja Altkastilien* n ‖ *¡ancha es* ~! ⟨fig⟩ *tun Sie s. (nur) k–n Zwang an! nur Mut!*
¹**castillejo** m ⟨Arch⟩ *Hebegerüst* n *an Bauwerken*
²**castillejo** m *Gängelwagen* m, *Laufkorb* m *für Kinder*
    casti|llero m *Schlossherr* m ‖ **–llete** m *dim von*
    –llo ‖ *Seilbahnstütze* f ‖ ⟨El⟩ *Leitungsmast* m ‖ ~ *de extracción* ⟨Bgb⟩ *Förderturm* m, *Schachtgerüst* n ‖ ~ *de perforación* ⟨Bgb⟩ *Abteufturm* m ‖ ~ *de pozo* ⟨Bgb⟩ → ~ *de extracción* ‖ ~ *de sondeo* ⟨Bgb⟩ *Bohrturm* m ‖ **–llo** m *Schloss* n, *Burg* f, *Kastell* n ‖ *Turm* m *im Schachspiel* ‖ *Zelle* f *der Bienenkönigin* ‖ *Wagenkasten* m ‖ ⟨Mil⟩ *Zitadelle* f ‖ *Burg* f *od Kastell* n *im Wappen* ‖ ~ *de arena Sandburg* f ‖ ~ *feudal Ritterburg* f ‖ ~ *de naipes*

Kartenhaus n (& fig) ‖ ⟨fig⟩ *Luftschloss* n ‖ ~ *de popa* ⟨Mar⟩ *Achter|hütte* f, *-deck* n ‖ ~ *de proa* ⟨Mar⟩ *Back, Schanze* f, *Vordeck* n ‖ ~ *roquero Felsenburg* f ‖ ~ *de Santángel Engelsburg* f (Rom) ‖ ~ *señorial Ritterburg* f ‖ **~s** *mpl:* ~ *de pólvora Feuerwerk* n ‖ ◇ *hacer* ~ *en el aire* ⟨fam⟩ *Luftschlösser bauen* ‖ *hacer od levantar* ~ *de naipes auf Sand bauen* ‖ *unos mozos como* ~ *Kerle* mpl *wie Bäume, stramme Burschen* mpl
    castina f ⟨Met⟩ *Möllerzuschlag* m
    cas|tizo adj *von reiner Abkunft* ‖ *Vollblut-* *urwüchsig (Person)* ‖ *echt, rein, typisch (Volkstum, Volkscharakter)* ‖ *echt, rein (Sprache)* ‖ *gefeilt, korrekt (Stil)* ‖ ~ m ⟨Mex⟩ *Kastize, Mischling* m *zwischen (span.) Weißen und Mestizen* ‖ **–to** adj *keusch und züchtig* ‖ ⟨fig⟩ *ehrbar, sittsam* ‖ ⟨fig⟩ *rein, unbefleckt*
    castor m ⟨Zool⟩ *Biber* m (Castor fiber) ‖ *Biber|pelz* m, *-fell* n ‖ ⟨Text⟩ *Biber* m *(Baumwollstoff)* ‖ *Biberhut* m ‖ ⟨Mex⟩ *(Frauen)Unterrock* m
    Cástor y Pólux m ⟨Astr⟩ *Zwillinge* mpl *(im Tierkreis)* ‖ ⟨Myth⟩ *Kastor und Pollux* ‖ ⟨fig⟩ *sehr eng befreundete Männer*
    casto|ra f ⟨Taur⟩ *Picadorhut* m ‖ ⟨pop⟩ *Zylinderhut* m ‖ **–reño** m/adj *Biberhut* m ‖ ⟨Taur⟩ *Picadorhut* m
    castóreo m *Castoreum* n, *Bibergeil* n
    castra f *Verschneidung, Kastrierung* f ‖ *Beschneiden* n *(der Bäume)* ‖ *Zeideln* n *(Imker)*
    castra|ción f *Kastrierung, Verschneidung, Entmannung* f ‖ **–dera** f *Zeidelmesser* n ‖ **–do** m *Kastrat, Verschnittene(r)* m ‖ **–dor** m *Kastrierer, Verschneider* m ‖ *Schweineschneider* m ‖ **–dura** f *Kastrieren, Verschneiden* n
    castrametación f ⟨Mil⟩ *Lagerkunst* f
    castrapuercas m [veraltet] *Pfeife, mit der s. der Verschneider ankündigt*
    cas|trar vt/i *kastrieren, verschneiden* ‖ *entmannen (Mann)* ‖ *legen (Pferde)* ‖ *zeideln (Bienenstöcke)* ‖ *ausranken, beschneiden (Zweige)* ‖ ⟨fig⟩ *verstümmeln* ‖ ⟨fig⟩ *(Bücherstellen) ausmerzen* ‖ ⟨fig⟩ *schwächen* ‖ ◇ ~ *una colmena e–n Bienenstock ausnehmen, zeideln* ‖ **–trazón** f *Zeidelzeit* f ‖ *Zeideln* n
    cas|trense adj *(m/f) soldatisch* ‖ *Militär-, Feld-* ‖ **–treño** adj/s *aus Castro-Urdiales* (P Sant) *bzw Castrojeriz* (P Burg) ‖ *auf Castro-Urdiales bzw Castrojeriz bezüglich*
    castris|mo m ⟨Pol⟩ *Castrismus* m ‖ **–ta** m/f *Anhänger(in* f) m *des Castrismus*
    castro m *iberische bzw römische Burg oder Festung* f ‖ Ast Gal *Anhöhe* f *mit Burgruinen* ‖ Ast Sant *ins Meer ragender Fels* m ‖ Ast Sant *küstennahe, aus dem Meer ragende Felsenklippe* f, *Küstenriff* n ‖ **~s** mpl ⟨reg⟩ *(Festungs-, Burg)Ruine* f
    castrón adj Sant *schlau, hinterlistig* ‖ ~ m *verschnittener Ziegenbock* m ‖ ⟨fig Hist⟩ *Kastrat* m
    casual adj *(m/f) zufällig, ungewiss* ‖ ~ m: *por un* ~ ⟨pop⟩ *zufällig(erweise)*
    casualidad f *Zu|fälligkeit* f, *-fall* m ‖ ♦ *de* ~, *por* ~ *zufälligerweise* ‖ ◇ *ha dado la* ~ *de que … der Zufall hat gewollt, dass …*
    casualismo m ⟨Philos⟩ *Kasualismus* m
    casualmente adv *zufälligerweise*
    ca|suáridas fpl ⟨V⟩ *Kasuare* mpl (Casuariidae) ‖ **–suarina** f ⟨Bot⟩ *Kasuari|na, -ne* f (Casuarina equisetifolia) ‖ **–suario** m ⟨V⟩ *Kasuar* m (Casuarius spp)
    casuca, casucha f ⟨desp⟩ *von* ¹*casa* ‖ *kleines, ärmliches Häuschen* n ‖ *Hütte, Baracke* f ‖
    casuca f Sant → **casita**
    casu|ismo m *Kasuistik* f ‖ **–ista** m/f *Kasuist(in* f) m

casuísti|ca *f Kasuistik* f ‖ ⟨Theol⟩ *Lehre* f *von
den Gewissensfällen* ‖ ⟨Med Jur⟩ *Sammlung* f *von
Fällen* ‖ ⟨fig⟩ *Pfiffigkeit* f ‖ ⟨fig⟩ *Haarspalterei* f ‖
~ *rabínica rabbinische Kasuistik* f ‖ **–co** adj
kasuistisch ‖ ⟨fig⟩ *spitzfindig*
  casulla *f Messgewand* n, *Kasel* f
  casumba *f* Col → **casucha**
  casunguear vt Pe *(ver)prügeln*
  casupo *m Strohhülle* f *für Flaschen*
  casusa *f* CR *Rum* m
  casus belli *m* ⟨lat⟩ *Casus belli* m,
Kriegs|ursache f, *-fall* m
  ¹cata *f Kosten, Versuchen* n *(von Getränken)* ‖
(Wein)Probe f ‖ ⟨Bgb⟩ *Schürfung* f ‖ Col
verborgene Sache f ‖ ◆ *sin darse* ~ Am
unwillkürlich ‖ ◇ *dar(se)* ~ ⟨fam⟩ *gewahr werden*
(gen)
  ²cata *f* Arg Bol Chi ⟨V⟩ *Mönchssittich* m
(Myopsitta monachus) ‖ ⟨fig⟩ *Schwätzer* m
  catabático adj ⟨Meteor⟩ *katabatisch*
  catabejas *m* ⟨V⟩ *Kohlmeise* f
  cata|biosis *f* ⟨Biol⟩ *Katabiose* f ‖ **–bólico** adj
katabol(isch) ‖ **–bolismo** *m Katabo|lie* f, *-lismus*
m
  cata|bre *m* Ven *Korb* m ‖ *Kalebassengefäß* n ‖
–bro *m* Col → **–bre** ‖ **–brón** *m* Col *Wäschekorb*
m
  catacaldos *m* ⟨figf⟩ *Schnüffler, Topfgucker* m ‖
Flattergeist m
  cataclismo *m* ⟨Geol⟩ *Erdumwälzung* f *(durch
Fluten, Erdbeben usw.), Kataklysmus* m ‖ ⟨fig⟩
welterschütterndes Ereignis n ‖ ⟨fig⟩ *Katastrophe*
f
  catacresis *f* ⟨Rhet⟩ *Katachrese* f
  catacumbas *fpl Katakomben* fpl
  cata|cústica *f Katakustik, Schallbrechungslehre*
f ‖ **–dióptrica** *f Katadioptrik* f ‖ **–dióptrico** adj
katadioptrisch
  cata|dor *m Koster, Wein|prober, -prüfer* m ‖
–dura *f Kosten, Versuchen* n ‖ *Gesichtsausdruck*
m ‖ ◆ *de mala* ~ ⟨fam⟩ *sehr hässlich* ‖
verdächtig aussehend
  catafalco *m Katafalk* m ‖ *feierliche
Aufbahrung* f
  cata|foresis *f* ⟨Phys⟩ *Kataphorese* f ‖ **–forita** *f*
⟨Min⟩ *Kataphorit* m ‖ **–foto** *m Katzenauge* n
(Rückstrahler)
  catagma *f* ⟨Med⟩ *Bruch* m
  cataja|rria, –rría *f* Ven *Schnur* f ‖ *Reihe* f
  catalán adj *katalanisch* ‖ ~ *m Katalane* m ‖
katalanische Sprache f ‖ los ~*anes, de las piedras
sacan panes* (pop) *sprichw. Ansp. auf den Fleiß
der Katalanen*
  catala|nidad *f Katalanentum* n ‖ *katalanisches
Wesen* n ‖ **–nismo** *m katalanische
Spracheigentümlichkeit* f ‖ ⟨Pol⟩
Autonomiebestrebungen fpl *in Katalonien* ‖ **–nista**
m/f **a)** *Katalanist(in* f) m ‖ **b)** *Anhänger* m *des
catalanismo* ‖ **–nística** *f Katalanistik* f ‖ **–nizar**
[z/c] vt *katalanisieren*
  catalasa *f* ⟨Biol Med⟩ *Katalase* f
  cataláunico adj: los *Campos* ⁼s *die
Katalaunischen Felder* npl
  cataléctico, catalecto adj ⟨Poet⟩: (verso) ~ *mit
e–m unvollständigen Fuß endender Vers,
katalektischer Vers* m
  catalejo *m Fernglas* n
  cata|lepsia *f* ⟨Med⟩ *Katalepsie, Starrsucht* f ‖
–léptico *kataleptisch*
  catalicores *m* Al *Probierröhrchen* n *für
Flüssigkeiten*
  catalina *f* ⟨vulg⟩ *menschlicher Kot* m
  catalino *m* ⟨joc⟩ *Katalane* m
  Catalina *f* np *Katharina, Käthe* f
  catálisis *f* ⟨Chem⟩ *Katalyse* f

  cata|lítico adj ⟨Chem⟩ *katalytisch* ‖ **–lizador** *m
Katalysator* m (& Auto) ‖ ~ *de tres vías
Dreiwegekatalysator* m ‖ **–lizar** [z/c] vt
katalysieren
  cata|logable adj *(m/f) katalogisierbar* ‖
–logación *f Katalogisierung* f ‖ *Titelaufnahme* f ‖
–logar [g/gu] vt *katalogisieren* ‖ *verzetteln* ‖
kartei-, listen|mäßig erfassen ‖ ⟨fig⟩ *einstufen*
  catálogo *m Katalog* m, *Verzeichnis* n ‖ ~
alfabético alphabetischer Katalog m ‖ ~ *de
autores Verfasser-, Autoren|katalog* m ‖ ~
colectivo Sammelkatalog m ‖ ~ *ideológico* → ~
por materias ‖ ~ *de libros de fondo
Verlagskatalog* m ‖ ~ *de libros de lance*, ~ *de
libros de ocasión Antiquariatskatalog* m ‖ ~ *por
materias Sach-, Schlagwort|katalog* m ‖ ~
topográfico Standortkatalog m
  catalpa *f* ⟨Bot⟩ *Katal|pa, -pe* f,
Trompetenbaum m (Catalpa spp)
  Cataluña *f* ⟨Geogr⟩ *Katalonien* n (historische,
heute autonome Region in Spanien)
  catamarán *m* ⟨Mar⟩ *Katamaran* m (& n)
  Catamarca *f Provinz und Stadt in Argentinien*
  catame|nial adj *(m/f) Menstruations-* ‖ **–nio** *m
Menstruation* f
  catamita *f* Col *Schmeichelei* f
  catana *f* Arg ⟨desp⟩ *Polizistensäbel* m ‖ Cu
plumpes Ding n ‖ Pe *Schlag* m
  Cata|na *f* (pop) → **–lina**
  ¹catanga *f* Arg Chi ⟨Ins⟩ *(Art) Pillendreher* m
(Megathopa villosa)
  ²catanga *f* Col *Fischreuse* f
  ³catanga *f* Bol *einrädriger Obstkarren* m ‖ Arg
Bol *Rumpelkasten* m
  cataplasma *f* ⟨Med⟩ *Kataplasma* n, *(heißer)
Breiumschlag* m ‖ *Guttaplast* n ‖ ⟨fig⟩ *kränkliche
Person* f ‖ ◇ *es una* ~ ⟨figf⟩ *er (sie, es) ist ein
lästiger, langweiliger Mensch* m ‖ ¡~! (pop)
Unsinn!
  cataplexia *f* ⟨Med⟩ *Kataplexie,
Schreck|lähmung, -starre* f
  cataplines mpl ⟨vulg⟩ *Eier* npl *(Hoden)* ‖ *tener
los* ~ *bien puestos* ⟨vulg⟩ *ein ganzer Kerl sein*
  ¡cataplún! ¡cataplum! [kataplu'n] int *plumps,
kladderadatsch!*
  catapul|ta *f Katapult* n (& m), *Wurfmaschine* f
‖ ⟨Flugw⟩ *(Flugzeug)Schleuder, Startschleuder* f ‖
~ *de lanzamiento Startkatapult* n (& m) ‖ **–taje**
m Katapultieren n ‖ **–tar** vt ⟨Flugw⟩ *schleudern,
mit dem Katapult abschießen* ‖ **–teo** *m* ⟨Flugw⟩
Schleuderstart m
  catar vt/i *kosten, versuchen* ‖ *untersuchen,
beobachten* ‖ *(an)sehen, (e–r Sache) zusehen* ‖
*denken an … (acc), bedacht sein auf … (acc)
auf-, nach|suchen* ‖ ⟨fig⟩ *überlegen, bedenken*
‖ *meinen, denken* ‖ *zeidelln, schneiden
(Bienenstöcke)* ‖ ◇ ~ *el vino den Wein probieren*
‖ no ~ *mendrugo* ⟨fig⟩ *k–n Bissen zu s. nehmen* ‖
¡cata! ¡cátale! *siehe! sieh da!* ‖ ~**se** s. *versehen* ‖
*cuando menos se cata uno ehe man sich's
versieht* ‖ *cátete ahí que … sieh da! da auf
einmal …!*
  ¹catarata *f Wasserfall, Katarakt* m ‖ las ~s *del
cielo* ⟨fig⟩ *die Schleusen des Himmels*
  ²catarata *f* ⟨Med⟩ *Katarakt* f, *grauer Star* m ‖
~ *calcárea Kalkstar* m ‖ ~ *diabética diabetischer
Star, Zuckerstar* m ‖ ~ *senil Altersstar* m ‖ ◇
batir la ~ *den Star stechen* ‖ *tener* ~ ⟨figf⟩
verblendet sein (vor Leidenschaft)
  catarinas *fpl* Mex *Sporen* mpl
  cátaros *mpl* ⟨Hist Rel⟩ *Katharer* mpl
  cata|rral adj *(m/f)* ⟨Med⟩ *katarr(h)alisch* ‖
–rro *m* ⟨Med⟩ *Katarr(h), Schnupfen* m ‖
Erkältung f ‖ ~ *bronquial Bronchialkatarr(h)* m ‖
~ *gástrico Magenkatarr(h)* m ‖ ~ *intestinal*

Darmkatarr(h) m ‖ ~ laríngeo *Kehlkopfkatarr(h)* m ‖ ~ nasal *Nasenkatarr(h), Schnupfen* m ‖ ~ nasofaríngeo *Nasen-Rachen-Katarr(h)* m ‖ ~ pulmonar *Lungenkatarr(h)* m ‖ ~ primaveral *Frühlingskatarr(h)* m ‖ ◇ coger un ~ *e–n Schnupfen bekommen, s. erkälten* ‖ **–rroso** adj ⟨Med⟩ *mit Schnupfen od Katarr(h) behaftet*
cat\|arsis f ⟨Lit Psychol Rel⟩ *Katharsis* f ‖ ⟨Med⟩ *Purgation, Reinigung* f ‖ ⟨fig⟩ *Reinigung, Läuterung* f ‖ **–ártico** adj ⟨Med⟩ *abführend* ‖ ⟨Psychol Rel⟩ *kathartisch* ‖ ⟨fig⟩ *reinigend*
catasalsas m → **catacaldos**
catasarca f ⟨Med⟩ *Hautwassersucht* f
catástasis f ⟨Rhet⟩ *Katasta\|se, -sis* f *(Höhepunkt, bes im antiken Drama)*
catas\|tral adj *(m/f) Grundbuch-* ‖ **–tro** m *Kataster* m ‖ *Grundbuch* n ‖ *Katastersteuer* f ‖ *Katasterabschätzung* f ‖ ◇ *anotar en el* ~, *inscribir en el* ~ *ins Grundbuch eintragen*
catástrofe f *Katastrophe* f, *(großer) Unglücksfall* m ‖ *Desaster* n ‖ ⟨Th⟩ *Katastrophe* f ‖ ~ de aviación *Flugzeugunglück* n ‖ ~ ecológica *Umweltkatastrophe* f ‖ ~ ferroviaria *Eisenbahnkatastrophe* f ‖ ~ marítima *Seeunfall* m ‖ ~ petrolífera *Ölkatastrophe* f
catastrófico adj *katastrophal, furchtbar, schrecklich, grässlich* ‖ *bestürzend, unheilvoll*
catastrofis\|mo m ⟨Hist⟩ *Katastrophentheorie* f ‖ *Katastrophenbewusstsein* n ‖ *Katastrophenstimmung* f ‖ **–ta** adj *(m/f) der Katastrophen voraus\|sieht od -sagt*
catatán m Chi ⟨fam⟩ *Züchtigung* f ‖ *Strafe* f
catatar vt Am *bezaubern, faszinieren*
cataté adj Cu *trott(e)lig*
cata\|timia f ⟨Med⟩ *Katathymie* f ‖ **–tonía** f ⟨Med⟩ *Katatonie* f
catatumba f Mex *Purzelbaum* m
cata\|viento m ⟨Mar⟩ *Windfahne* f *(auf Schiffen)* ‖ **–vino** m *Stech-, Heck\|heber* m *zum Weinkosten aus dem Fass* ‖ *Probierglas* n ‖ *Probierloch* n *(im Fass)* ‖ **–vinos** m *Wein\|koster, -prüfer* m ‖ ⟨pop⟩ *Saufbruder* m ‖ ⟨figf⟩ *müßiger Zecher, Schmarotzer* m
¡catay! Ec Pe int *da schau! pass auf!*
catazumba f Mex *Kram, Krempel* m
cát\|chup, –sup m ⟨Kochk⟩ *Ketschup* m (& n)
cate m *Ohrfeige* f ‖ *Schlag* m ‖ *Durchfallen* n *(bei der Prüfung)* ‖ le han dado un ~ *er (sie, es) ist (bei der Prüfung) durchgefallen*
catear vt/i Am ⟨Bgb⟩ *schürfen* ‖ Am ⟨Jur⟩ *Haus(durch)suchung (bei jdm) halten* ‖ ⟨figf⟩ *bei der Prüfung durchfallen lassen* ‖ ◇ *lo han cateado man hat ihn durchfallen lassen (bei der Prüfung)*
catecismo m *Katechismus* m ‖ *Fragelehrbuch* n ‖ *Handbuch* n ‖ ⟨fig⟩ *Religionsunterricht* m *(in der Schule)*
catecú *[pl* **–úes]** m ⟨Med⟩ *Katechu, Cachou* n
catecúmeno m *Katechumen(e), Katechetenschüler* m ‖ *Konfirmand (bei Protestanten)* ‖ *Neuling* m ‖ ⟨fig⟩ *Anfänger* m ‖ ⟨fig⟩ *Anwärter* m
cátedra f *Katheder* n (& m), *Lehrstuhl* m ‖ ⟨fig⟩ *Lehrstelle, Professur* f ‖ *Hörsaal* m ‖ ⟨fig⟩ *Lehrfach* n ‖ ~ de San Pedro *Stuhl* m *Petri* ‖ ~ libre *freie Dozentur* f, *Lektorat* n ‖ ◇ *hacer oposiciones a una* ~ *s. um e–n Lehrstuhl bewerben* ‖ *e–e Probevorlesung halten* ‖ pasear la ~ ⟨fig⟩ *vor e–m leeren Hörsaal lesen (Professor)* ‖ poder poner ~ ⟨fig⟩ *e–e Wissenschaft od Kunst meisterlich beherrschen* ‖ poner ~ ⟨fig⟩ *schulmeisterlich reden* ‖ hoy no tiene ~ *heute liest er nicht (Professor)*
catedral f *Haupt-, Dom\|kirche, Kathedrale* f, *Münster* m ‖ **–icio** adj *Dom-, Münster-*

catedrático m *(Universitäts)Professor* m ‖ *Hochschullehrer* m ‖ Arg ⟨iron⟩ *Schulmeister* m ‖ Cu ⟨iron⟩ *affektiert sprechender Neger* m ‖ ~ auxiliar *außerordentlicher Professor, Aushilfsprofessor* m ‖ ~ de Instituto *Gymnasiallehrer* m ‖ *Studienrat* m ‖ ~ invitado *Gastprofessor* m ‖ ~ libre *Privatdozent* m ‖ ~ numerario, ~ ordinario *ordentlicher Professor* m ‖ ~ de segunda enseñanza *Gymnasiallehrer* m ‖ *Studienrat* m ‖ ~ supernumerario *außerordentlicher Professor* m ‖ ~ visitante *Gastprofessor* m ‖ ~ titular *Lehrstuhlinhaber* m ‖ ~ de (la) Universidad *Hochschullehrer* m ‖ *Universitätsprofessor* m
cátedro m *Kurzform für* **catedrático**
categoría f *Kategorie, Begriffsklasse* f ‖ *Klasse, Art* f ‖ *Gruppe* f ‖ *Gehaltsgruppe* f ‖ ⟨fig⟩ *Rang* m, *Rangstufe* f ‖ *Gattung* f ‖ *Dienstrang* m ‖ ~ fiscal *Steuerklasse* f ‖ ~ profesional *Berufs\|gruppe, -kategorie* f ‖ el de menos ~ *der unbedeutendste* ‖ ◇ *tener* ~ *Klasse haben*
categóri\|camente adv *entschieden, unbedingt, ultimativ* ‖ **–co** adj *kategorisch, vernunftsgemäß* ‖ *entscheidend, bestimmt*
cate\|naria f ⟨Math⟩ *Kettenlinie* f ‖ ⟨El⟩ *Fahr-, Ober-, Strom\|leitung* f ‖ ⟨Maur⟩ *Kettenbogen, gedrückter Bogen* m ‖ **–nular** adj *kettenförmig*
cateo m s *von* **catear** ‖ Mex ⟨Bgb⟩ *Schürfung* f ‖ *Schürfen* n
cate\|quesis f ⟨Rel⟩ *Katechese* f, *religiöse Unterweisung* f ‖ **–quética** f *Katechetik* f ‖ **–quismo** m *Katechismus(lehre* f) m ‖ *Unterricht* m *in Form von Fragen und Antworten* ‖ **–quista** m/f *Katechet(in* f), *Religionslehrer(in* f) m ‖ **–quístico** adj *katechetisch* ‖ **–quizador** m *Prediger* m ‖ **–quizar** [z/c] vt *in der christlichen Lehre unterrichten* ‖ ⟨fig⟩ *(in jdn) dringen* ‖ *(jdn) be\|tören, -schwatzen (fam) breitschlagen*
catergol m *Katergol* n *(Raketentreibstoff)*
catering m *Catering* n
caterva f *bunter Haufen* m ‖ *Rotte* f *(Menschen)* ‖ *großes Gedränge* n ‖ ~ de diablos *Teufelspack* m
catete m Chi ⟨pop⟩ *Teufel* m
catéter m ⟨Med⟩ *Katheter* m ‖ ~ con globo *Ballonkatheter* m
cateterismo m ⟨Med⟩ *Katheteri\|sierung* f, *-sieren* n, *-smus* m
¹cateto m ⟨Math⟩ *Kathete* f
²cateto m ⟨fam⟩ *Bauer(nlümmel)* m ‖ ⟨pop⟩ *Dummkopf* m
catetómetro m *Kathetometer* n
catgut, catgút m *Katgut* n
catibía f Cu *zerriebene und gepresste Yuccawurzel* f
catil m Pe ⟨Text⟩ *dunkelrote Baumwolle* f
catilinaria f *katilinarische Rede* f *(Ciceros)* ‖ ⟨fig⟩ *Streitschrift* f
catim\|bao m Am → **–bado** ‖ **–bado** m Chi Pe *Maske* f *bei Fronleichnamsprozessionen* ‖ Chi ⟨fig⟩ *lächerlich gekleidete Person, Vogelscheuche* f ‖ Chi *Clown* m ‖ Pe ⟨fig⟩ *gedrungener, dicklicher Mensch* m
catin\|ga f Am *Schweißgeruch* m *(der Neger)* ‖ Am *übler Geruch* m *(einiger Tiere bzw Pflanzen)* ‖ Chi ⟨Mar desp⟩ *Spitzname* m *für den Soldaten des Heeres* ‖ **–go** adj Bol *herausstaffiert* ‖ *adrett* ‖ ~ m *Lackaffe* m ‖ ⟨fig⟩ Arg *übelriechend*
catión m ⟨Phys⟩ *Kation, positives Ion* n
catira f Ven ⟨Bot⟩ *(Art) bittere Yucca* f
cati\|re adj/s Am *rothaarig(er Mensch* m *mit grünlichen od gelblichen Augen [Abkömmling von Mulatten und Weißen])* ‖ **–ro** adj Co Pe Ven Ec *blond*

catirrinos *mpl* ⟨Zool⟩ *Schmalnasen,
Altweltaffen* mpl (Catarrhina)
catirrucio *adj* Ven *blond*
catita *f* Arg ⟨V⟩ *ein blaugrüner Papagei* m
¹**catite** *m* Am *leichter Schlag* m *ins Gesicht*
²**catite** *m* Mex ⟨Text⟩ *Seidenstoff* m
³**catite** *m* Zuckerhut m *aus stark raffiniertem
Zucker* ‖ *(Art) hoher Hut* m
catitear *vi* Arg *mit dem Kopf wackeln* (z. B.
Greis) ‖ Arg ⟨fig⟩ *wenig Geld haben*
catiusca *f* Gummistiefel m
cativí [*pl* ~**íes**] *f* ⟨Med⟩ *Art Herpes* m
¹**cativo** *adj* ⟨Hist⟩ *unglücklich* ‖ ~ *m* ⟨Bot⟩
Kopaiva-Baum m (Copaifera spp)
²**cativo** *m* Cu ⟨fig⟩ *Bauernlümmel* m
catizumba *f* Guat Hond *Menge, Vielzahl* f
cato *m* Katechu, Cachou n
catocala *f* ⟨Ins⟩ *Ordensband* n (Catocala spp) ‖
~ *del fresno Blaues Ordensband* n ‖ ~ *nupcial
Rotes Ordensband* n
catoche *m* Mex ⟨fam⟩ *schlechte Laune* f
catódico *adj* ⟨Phys⟩ *kathodisch*
cátodo *m* ⟨Phys⟩ *Kathode* f, *negativer Pol* m ‖
~ *de caldeo directo direkt geheizte Kathode* f ‖ ~
frío kalte Kathode f ‖ ~ *de caldeo indirecto
indirekt geheizte Kathode* f ‖ ~ *líquido flüssige
Kathode* f ‖ ~ *virtual scheinbare od virtuelle
Kathode* f
catodonte *m* → **cachalote**
catoli|cidad *f* Katholizität f ‖ *katholischer
Charakter* m ‖ *katholische Welt* f ‖ **–cismo** *m
Katholizismus, katholischer Glaube* m
católico *adj* allumfassend, universal ‖
(römisch-)katholisch ‖ *rechtgläubig* ‖ ⟨figf⟩ *wahr,
echt, unfehlbar (Lehre)* ‖ ⟨figf⟩ *gesund, guter
Laune* ‖ ⟨fig⟩ *normal, recht* ‖ ~ *a machamartillo
erz-,* ⟨fam⟩ *stock|katholisch* ‖ *los Reyes* ⁼s *die
Katholischen Könige (Ferdinand V. von
Aragonien und Isabella I. von Kastilien)* ‖ ◇ *no
estar muy* ~ ⟨figf⟩ *s. nicht besonders wohl fühlen*
‖ *no ser muy* ~ ⟨figf⟩ *nicht ganz astrein sein,
verdächtig sein* ‖ ~ *m Katholik* m ‖
Rechtgläubige(r) m ‖ *adv:* ~**amente**
catolicón *m* (Art) *abführende Latwerge* f
catolizar [z/c] *vt* zum katholischen Glauben
bekehren, katholisieren
Catón *m* np Cato, Kato m ‖ ~ *Censorio Cato
Censorius* ‖ ◇ *ser un* ~ ⟨fig⟩ *sehr gebildet sein* ‖
sehr ernst und streng sein ‖ ~ *m Lesebuch* n *für
Anfänger* ‖ ⟨fig⟩ *strenger Kritiker* m
cato|niano *adj* katonisch ‖ ⟨fig⟩ *streng* ‖ **–nizar**
[z/c] *vi* sehr streng urteilen
catóp|trica *f* Katoptrik, Lehre f *von der
Lichtreflexion* ‖ **–trico** *adj* katoptrisch
catoptroman|cia, –cía *f* Spiegelwahrsagerei f
cator|ce *num* vierzehn ‖ *vierzehnte(r)* ‖ Luis ⁼
Ludwig XIV. ‖ ~ *m Vierzehn* f ‖ *de agosto 14.
August* ‖ *a las* ~ *horas um vierzehn Uhr* ‖ **-ceavo**
adj vierzehntel ‖ ~ *m Vierzehntel* n ‖ **-cena** *f
vierzehn Einheiten od Stück* ‖ **–ceno, –zavo** *adj/s*
→ **-ceavo** ‖ ~ *m Vierzehnjährige(r)* m
cato|rrazo *m* Schlag m ‖ **–rro** *m* Mex *derber
Zusammenstoß* m
catota *f* Mex *Murmel* f
catraca *f* Mex ⟨V⟩ *(Art) Fasan* m
catracho *m/adj* MAm ⟨iron⟩ *aus Honduras*
catre *m* Gurt-, Feld|bett n, Pritsche f ‖ ⟨Mar⟩
Schiffsbettstelle f ‖ ~ *de tijera Klappbett,
zusammenklappbares Feldbett* n, *Klappstuhl* m ‖
⟨Mar⟩ *Bordsessel* m ‖ ◇ *cambiar el* ~ PR ⟨fig⟩
von et. anderem reden, das Thema wechseln ‖
⟨fig⟩ *e–n Tapetenwechsel vornehmen*
catrecillo *m* dim von **catre** ‖ *Klappstuhl* m
catricofre *m* Bettkoffer f
catrín *m* Mex Geck, Fatzke m

catrina *f* Mex *Pulquemaß* n *(ca. 1 Liter)*
catrinear *vi* Guat *s. et. auf s–e Eleganz
einbilden*
catrin|tre, –tro *m* Chi *Käse* m *aus entrahmter
Milch* ‖ Chi ⟨fig⟩ *zerlumpter Mensch* m
catrivoliado *adj* Pan *erfahren, bewandert*
catrituán *adj* Dom *faul, träge*
catrituche *m* Am ⟨Bot⟩ *Cheri-, Chiri|moya* f
(Annona cherimolia)
Catuca, Catufa, Catunga, Catuja *f* ⟨pop⟩ →
Catalina
catufo *f* Col *Röhre* f
caturra *f* Chi ⟨V⟩ *Sittich* m
catzo *m* Ec ⟨Ins⟩ *Käfer* m
caucara *f* Bol ⟨Kochk⟩ *Braten* m
caucarse *vr* Chi *erkranken, krank werden
(älterer Mensch)* ‖ *ranzig werden*
cau|cáseo, –casiano, –cásico *adj/s kaukasisch*
Cáucaso *m* ⟨Geogr⟩: *el* ~ *der Kaukasus* ‖
Kaukasien n
cauce *m* (Fluss)Bett n, Rinnsal n ‖
Abzugsgraben m ‖ *Wassergraben* m ‖ *Fahrwasser*
n ‖ ⟨fig⟩ *Richtung* f, *Weg* m ‖ ~ *jurídico* ⟨Jur⟩
Rechtsweg m ‖ ◇ *por los* ~s *legales auf legalem
Weg* ‖ *gesetzmäßig* ‖ ◇ *entrar en* (*od* por) *el* ~
legal den Rechtsweg beschreiten ‖ *volver a su* ~
⟨fig⟩ *ins normale Geleise kommen*
caucel *m* Mex CR ⟨Zool⟩ *Wildkatze* f (Felis
tigrina)
cau|chal *m* Col *Kautschukwald* m ‖ **–chera** *f
Kautschukpflanze* f ‖ **–chero** *m/adj
Kautschuk|sammler, -gewinner* m ‖
Kautschukarbeiter m ‖ **–cho** *m Kautschuk* m,
Gummielastikum n ‖ PR *Sofa* n, *Polsterbank* f ‖
Am *Reifen* m ‖ ~ *acrílico Acrylkautschuk* m ‖ ~
artificial → ~ *sintético* → ~ *butílico
Butylkautschuk* m ‖ ~ *celular Schaumgummi* m
(& n) ‖ ~ *clorado Chlorkautschuk* m ‖ ~
esponjoso offenzelliger Schaumgummi (& n) ‖ ~
expandido geschlossenzelliger Schaumgummi m
(& n) ‖ ~ *salvaje wilder Kautschuk* m ‖ ~
sintético Kunstkautschuk m ‖ ~ *virgen
Rohkautschuk* m ‖ ~ *vulcanizado vulkanisierter
Kautschuk* m, *Gummi* m (& n) ‖ ◇ *quemar el* ~
⟨figf⟩ *wie ein Verrückter rasen*
cauchutar *vt gummieren*
cau|ción *f Behutsamkeit* f ‖
Vorsicht(smaßregel) f ‖ *(Sicherheits)Bürgschaft,
Bürgschaftsleistung, Kaution, Sicherheit, Gewähr*
f ‖ *Bürgschaftssumme* f ‖ ~ *para costas
Sicherheitsleistung* f *für Prozesskosten* ‖ ~ *de
licitación Bietungs|garantie, -kaution* f ‖ ~
procesal Sicherheitsleistung f *für Prozesskosten* ‖
~ *subsidiaria Gegenbürgschaft* f ‖ ◆ *bajo* ~
gegen Sicherheitsleistung, gegen Kaution ‖
–cionamiento *m Sicherheitsleistung* f ‖ **–cionar**
vt bürgen, s. verbürgen (für)
¹**cauda** *f Schleppe* f ‖ ⟨poet⟩ *Schwanz* m ‖
⟨Zool⟩ *Schwanz* m
²**cauda** *f:* ~ *trémula* → **caudatrémula**
caudado *adj* ⟨V⟩ *geschwänzt* ‖ ⟨Bot Zool⟩
schweifförmig (verlängert) ‖ ⟨Her⟩ *geschweift*
¹**caudal** *adj* (m/f) *reich, reichhaltig* ‖
wasserreich
²**caudal** *adj Schwanz-*
³**caudal** *m Vermögen* n, *Reichtum* m ‖ *Schatz* m
‖ ⟨fig⟩ *Fülle* f ‖ *Einkommen* n, *Ertrag* m ‖ *Vorrat* m
‖ *Wassermenge* f *(e–s Flusses)* ‖ *Ergiebigkeit* f *(der
Quelle)* ‖ ~ *anual Jahresabfluss(wassermenge)* m
‖ ~ *de crecida Hochwasserabfluss* m ‖ ~ *de paso
Durchflussmenge* f ‖ ◇ *hacer* ~ *de a/c et.
schätzen, werthalten*
caudaloso *adj wasserreich* ‖ *reich(haltig),
gehaltvoll* ‖ *reichlich* ‖ *reich, vermögend* ‖ *adv:*
~**amente**

caudatario *m* ⟨Kath⟩ *Schleppenträger* m
caudato adj ⟨Biol⟩ *ge|schwänzt, -schweift*
caudatrémula *f* ⟨V⟩ *(Bach)Stelze* f, *Wippsterz*,
Nordd *Wippsteert* m (Motacilla alba)
caudi|llaje *m Herrschaft, Führerschaft* f ‖
Führertum n ‖ **–llo** *m Führer* m ‖ *Heerführer* m ‖
Anführer m ‖ ~ ⟨Hist⟩ *Caudillo* m *(Bezeichnung
des früheren span. Staatschefs Franco)*
caudimano adj ⟨Zool⟩ *mit e–m Greifschwanz
versehen*
    caudino adj *kaudinisch, aus Caudium* ‖ ◇
pasar por las horcas ~as ⟨fig⟩ *gezwungenermaßen
handeln ‖ e–e klägliche Niederlage hinnehmen
(müssen)*
    caudón *m* ⟨V⟩ → **alcaudón**
caula *f* Chi Guat Hond *List* f, *Betrug* m ‖
MAm *Intrige* f
caulescente adj *(m/f)* ⟨Bot⟩ *stengeltreibend*
cau|liculo *m* ⟨Arch⟩ *Blattstengel* m ‖ **–lifero**
adj ⟨Bot⟩ *kauliflor* ‖ **–liforme** adj *(Bot)
stengelförmig* ‖ **–loma** *m* ⟨Bot⟩ *Sprossachse* f
    cauncha *f* Col *geröstetes, gesüßtes Maismehl* n
cauque *m* Chi *Ährenfisch* m ‖ Chi ⟨fig⟩ *kluger
Mensch* m ‖ Chi (iron) *einfältiger Mensch* m
cauri *m* ⟨Zool⟩ *Kaurischnecke* f (Cyprea
moneta) ‖ *Kaurischmuck* m ‖ *Kaurigeld* n
cauro *m* ⟨Meteor⟩ *Nordwestwind* m
¹causa *f Ursache* f ‖ *Anlass, Grund* m,
Veranlassung f ‖ *Rechtsgrund* m ‖ *Zweck* m *des
Rechtsgeschäfts* ‖ ~ *de despido Kündigungsgrund*
m ‖ ~ *final Endzweck* m ‖ ~ *fundamental
Hauptursache* f ‖ ~ *de impunidad* ⟨Jur⟩
Strafausschließungsgrund m ‖ ~ *legal, ~
legítima Rechtsgrund, gesetzlicher Grund* m ‖ ~
principal → ~ *fundamental* ‖ ~ *primitiva
Urgrund* m
²causa *f* ⟨Jur⟩ *Rechts|streit* m, *-sache, Klage* f,
Prozess m ‖ *Gerichtsverhandlung* f ‖ ~ *de la
acción Klagegrund* m ‖ ~ *civil* ⟨Jur⟩ *Zivilprozess*
m ‖ ~ *criminal* ⟨Jur⟩ *Strafsache* f ‖ ~
cualificadora, ~ de cualificación ⟨Jur⟩
Qualifizierungsgrund m ‖ ~ *de la demanda
Klagegrund* m ‖ ~ *de insolvencia
Insolvenzverfahren* n ‖ ~ *onerosa* ⟨Jur⟩ *lästige
Bedingung* f ‖ ~ *penal Strafsache* f ‖ ~ *pública
öffentliches Wohl* n ‖ ~ *temporal weltliche Sache*
f *(Kirchenrecht)* ‖ ◆ *a (od por)* ~ *de wegen* ‖ *por
mi* ~ *um meinetwillen* ‖ *meinetwegen* ‖ ◇ *alegar
justa* ~ *a juicio del tribunal e–n nach der
Meinung des Gerichts stichhaltigen Grund
vorbringen* ‖ *conocer de una* ~ ⟨Jur⟩ *in e–r
Rechtssache erkennen, Recht sprechen, e–n
Rechtsstreit entscheiden* ‖ *conocer una* ~ *e–n Fall
verhandeln* ‖ *dar la* ~ *por conclusa* ⟨Jur⟩ *den
Rechtsstreit für spruchreif erklären* ‖ *hacer* ~
común con … gemeinsame Sache machen mit …
‖ *hacer* ~ *común con un partido s. e–r Partei
anschließen* ‖ *hacer la* ~ *de alg. s. jds annehmen*
‖ *pequeña(s)* ~(s), *grandes efectos* ⟨Spr⟩ *kleine
Ursachen, große Wirkungen* ‖ *seguir (od ver) una*
~ ⟨Jur⟩ *e–n Prozess führen*
³causa *f* Chi *(fam) leichte Mahlzeit* f
causador *m Urheber, Anstifter* m
causahabiente *m* ⟨Jur⟩ *Rechtsnachfolger* m ‖
~ *particular Einzelrechtsnachfolger* m ‖ ~
universal Gesamtrechtsnachfolger m
cau|sal adj *(m/f) ursächlich, kausal, Kausal-* ‖
~ *m Veranlassung* f ‖ **–salidad** *f ursächlicher
Zusammenhang m, Kausalität, Ursächlichkeit* f ‖
Grund m, *Ursache* f ‖ **–sante** *m Urheber* m ‖
Verursacher m ‖ ⟨Jur⟩ *Erblasser* m ‖
Rechtsvorgänger m ‖ Mex *Steuerzahler* m ‖ ~ *de
un daño Schadensverursacher* m ‖ ~ *de la
herencia, ~ de la sucesión Erblasser* m ‖ **–sar** vt
bewirken, ver|ursachen, -anlassen, herbeiführen ‖

hervor|bringen, -rufen ‖ *anstiften* ‖ ◇ ~ *daño
Schaden anrichten* ‖ ~ *gastos Unkosten
verursachen* ‖ ~ *impresión Eindruck machen* ‖ ~
*una impresión favorable e–n günstigen Eindruck
machen od hinterlassen* ‖ ~ *una pérdida e–n
Verlust bringen* ‖ *me causa risa ich muss darüber
lachen* ‖ ~ vi Ar *e–n Prozess führen*
    causativo adj *Grund-*
causear vi Chi *vespern, außerhalb der
Mahlzeiten essen (bes. Süßigkeiten)* ‖ ~ vt Chi
⟨fig⟩ *(jdn) leicht besiegen* ‖ Chi *(kalt) essen*
    causídico adj ⟨Jur⟩ *Prozess-, den Prozess
betreffend*
    causón *m* ⟨Med⟩ *heftiger, vorübergehender
Fieberanfall* m
    cáustica *f* ⟨Phys⟩ *Kaustik* f *(Brennfläche,
Brennlinie)*
    causti|cación *f* ⟨Med⟩ *(Ver)Ätzung* f ‖ **–cidad** *f
Ätz-, Beiz|kraft* f ‖ ⟨fig⟩ *Bissigkeit* f ‖ ⟨fig⟩
Spottsucht f
    cáustico adj *ätzend, beizend, kaustisch* ‖ ⟨Med⟩
blasenziehend ‖ ⟨fig⟩ *beißend, bissig* ‖ ~ *m
Ätzmittel, Kaustikum* n ‖ ⟨Med⟩ *Zugpflaster* n
    caute|la *f (listige) Vorsicht, Behutsamkeit* f ‖
Vorsichtsmaßregel f ‖ *Vorbehalt* m ‖ *Arglist,
Ver|schmitztheit, -schlagenheit* f ‖ ◆ *sin* ~
unbesorgt ‖ **–lar** vt *verhüten* ‖ *vorbeugen* (dat) ‖
–larse vr: ~ *de s. hüten vor dat* ‖ **–loso** adj
vorsichtig, behutsam ‖ *verschlagen, arglistig,
abgefeimt* ‖ *misstrauisch* ‖ adv: ~**amente**
    caute|rio *m Brennmittel* n ‖ *Brenneisen* n,
Kauter m, *Kauterium* n ‖ ⟨El⟩ *Glühstift* m ‖ ⟨fig⟩
wirksames Vorbeugungsmittel n ‖ **–rización** *f*
⟨Med⟩ *Kauterisation* f ‖ **–rizar** [z/c] vt ⟨Med⟩
(aus)brennen, ätzen, kauterisieren ‖ ⟨fig⟩
brandmarken
    cautín *m Lötkolben* m
cauti|var vt *gefangennehmen* ‖ *zum Sklaven
machen* ‖ ⟨fig⟩ *(jdn) fesseln, entzücken, für s.
einnehmen, gewinnen* ‖ ◇ ~ *la atención die
Aufmerksamkeit fesseln, auf s. lenken* ‖ **–verio** *m,*
–vidad *f Gefangenschaft* f ‖ *Knechtschaft,
Sklaverei* f ‖ *el* ~ *de Babilonia die Babylonische
Gefangenschaft* f *(& fig)* ‖ ~ *de guerra
Kriegsgefangenschaft* f ‖ **–vo** adj *(kriegs)gefangen*
‖ *in Sklaverei lebend* ‖ ⟨fig⟩ *ge|fangen, -bunden*
‖ ~ *m (Kriegs)Gefangener* m ‖ *Sklave* m ‖ p. ex ~
*ehemaliger Gefangener (bes im span. Bürgerkrieg
1936–1939)*
    cauto adj *vorsichtig, behutsam* ‖ *schlau* ‖ adv:
~**amente**
¹cava *f (Um)Graben* n ‖ *Behacken* n *(bes. der
Weinberge)* ‖ ⟨Bgb⟩ *Schürfen* n
²cava *f in bestimmten spanischen
Anbaugebieten hergestellter Sekt (seit 1986
benutzte Bezeichnung)* ‖ ~ *f Sektkeller* m ‖
Sektkellerei f ‖ *Weinkeller* m *im königlichen
Schloss*
    cavadera *f* And *Hacke* f, *Karst* m
cava|dizo adj *(aus)gegraben (Erdreich)* ‖ **–dor**
m (Um)Gräber m ‖ ~ *de oro Goldgräber* m ‖
–dura *f (Um)Graben* n ‖ *Grube* f
    caván *m ein philipp. Hohlmaß* n *(75 Liter)*
cavar vt/i *graben* ‖ *um-, aus-, unter|graben* ‖
hacken ‖ *behacken (den Weinstock)* ‖ ⟨fig⟩
(nach)grübeln
    cavaril *m* Sal → **cavador**
cavarra *f* Logr *Kuhherde* f
cavatina *f* ⟨Mus⟩ *Kavatine* f
cavazón *f Um-, Auf|graben* n *(der Erde)*
caver|na *f Höhle, Grotte* f ‖ *Schlupfwinkel* m ‖
⟨Med⟩ *Kaverne* f ‖ △ *Haus* n ‖ **–nícola** *m/adj
Höhlenbewohner* m *(Urmensch)* ‖ **–n(os)idad** *f
Aushöhlung, Höhle* f ‖ *Hohlsein* n ‖ **–noso** adj
voller Höhlen, höhlenreich ‖ *ausgehöhlt* ‖ ⟨An⟩

Hohlräume enthaltend, schwammig ‖ ⟨Med⟩
kavernös ‖ ⟨fig⟩ *hohl (Stimme)*
  caviar *m Kaviar* m
  cavicornio adj *hohlhörnig* ‖ ~s *mpl*
Ziegentiere npl
  ¹**cavidad** *f* ⟨allg⟩ *Hohlraum* m ‖ *Höhlung,*
Mulde, Vertiefung f ‖ ⟨Med⟩ *Höhle* f ‖ ~
abdominal Bauchhöhle f ‖ ~ *articular*
Gelenkhöhle f ‖ ~ *bucal Mundhöhle* f ‖ ~
cotiloidea Hüftgelenkpfanne f ‖ ~ *craneal*
Schädelhöhle f ‖ ~ *faríngea Rachenhöhle* f ‖ ~
glenoidea Höhlung f *der Gelenkpfanne* ‖ ~ *del*
manto ⟨Zool⟩ *Mantelhöhle* f *(der Weichtiere)* ‖ ~
medular Markhöhle f ‖ ~ *oral Mundhöhle* f ‖ ~
pelviana Beckenhöhle f ‖ ~ *peritoneal*
Peritonealhöhle f, *Bauchfellraum* m ‖ ~
purulenta Eiterhöhle f ‖ ~ *torácica Brusthöhle* f
  ²**cavidad** *f* ⟨Techn⟩ *Aussparung* f ‖ ⟨Bgb⟩
Weitung, Mulde f ‖ ⟨Met⟩ *Lunker* m ‖ ~ *por*
contracción Lunker m
  cavi|lación *f Grübelei* f, *Nachdenken* n ‖
Spitzfindigkeit f ‖ *Kniff* m ‖ **–lar** vi *(nach)grübeln*
‖ *sinnen, nachsinnen (sobre über* acc)
  cavilo|sidad *f Befangenheit* f ‖
Voreingenommenheit f ‖ *Argwohn* m ‖ **–so** adj
nachgrübelnd, grüblerisch ‖ *argwöhnisch* ‖
spitzfindig ‖ Col *händel-, streit|süchtig* ‖ MAm
Schwätzer m ‖ adv: ~**amente**
  cavío *m Sal (Um)Graben* n
  cavista *m/f Cavahersteller(in* f) m
  cavitación *f* ⟨Tech⟩ *Kavitation* f
  cavo adj: vena ~a ⟨An⟩ *Hohl|ader, -vene* f
  cay *m* Arg ⟨Zool⟩ *Kapuziner, Rollschwanzaffe*
m (Cebus spp)
  caya|da *f Schäfer-, Hirten|stab* m ‖ **–dilla** *f*
Schüreisen n *der Hufschmiede* ‖ **–do** *m Schäfer-,*
Hirten|stab m ‖ *Krummstab* m ‖ *Krückstock* m ‖
~ *de la aorta* ⟨An⟩ *Aortabogen* m ‖ ~ *pastoral*
Bischofs-, Krumm|stab m
  caya|pa *f* Ven *Rotte* f ‖ **–pear** vi Ven *s.*
zusammenrotten (um jdn zu überfallen)
  cayena *f Cayennepfeffer* m
  Cayena *f* ⟨Geogr⟩ *Cayenne* n
  cayendo, cayente → **caer**
  cayeputi *m* ⟨Bot⟩ *Kajeputbaum* m (Melaleuca
leucadendra)
  Cayetano *m* np *Kajetan* m
  Cayo *m* np *Gajus* m ‖ ~ Hueso, Cayohueso
⟨Geogr⟩ *Key West (Florida)*
  cayó → **caer**
  cayota *f* Ast Arg → **cayote**
  cayote *m Kajotte* f *(e–e kürbisartige Frucht)*
  cayubro adj Col *blond* ‖ *rot, rötlich* ‖ Col ⟨fig⟩
händelsüchtig
  cayuca *f* Cu ⟨fam⟩ *Kopf* m
  ¹**cayuco** *m Indianerboot* n *(ohne Kiel)* ‖ *Kajak*
m
  ²**cayuco** *m* Cu *dickköpfige Person* m ‖ Cu
Dummkopf m
  caz [pl ~ces] *m Abzugsgraben* m ‖
Bewässerungsgraben m ‖ *Mühlgerinne* n
  ¹**caza** *f Jagd* f ‖ *Pirsch* f ‖ *Jagdbeute* f ‖
Wild(bret) n ‖ *Jagd|bezirk* m, *-revier* n ‖
Verfolgung f ‖ *Flucht* f ‖ ⟨Mil⟩ *Jagdflugzeug* n ‖
⟨fig⟩ *Beute* f ‖ ~ *de acoso Parforcejagd* f ‖ ~ *de*
brujas ⟨fig⟩ *Hexenjagd* f ‖ ~ *de electores* ⟨Pol⟩
Wählerfang m ‖ ~ *furtiva Wilderei* f ‖ ~ *del*
jabalí Sauhatz f ‖ ~ *de liebres Hasenjagd* f ‖ ~
mayor Hochjagd, hohe Jagd f ‖ *Hochwild* n ‖ ~
menor Niederjagd f ‖ *Niederwild* n ‖ ~ *de*
montería → *mayor* ‖ ~ *(muerta) Stillleben,*
Jagdstück n ‖ ~ *al ojeo Treibjagd* f ‖ ~ *de pelo*
Haarwild n ‖ ~ *de pluma Federwild* n ‖ ~ *al*
recelo Pirschjagd f ‖ ~ *con reclamo Jagd* f *mit*
Lockruf ‖ ~ *submarina Unterwasserjagd* f ‖ ~ *en*

vedado Wilderei f ‖ ~ *de votos* ⟨Pol⟩
Stimmenfang m ‖ ◇ *andar a* ~ (de) ⟨figf⟩ *eifrig*
betreiben ‖ *dar* ~ *verfolgen* ‖ *verjagen* ‖ *dar* ~ *a*
un empleo ⟨fig⟩ *auf der Ämterjagd sein* ‖ *espantar*
la ~ ⟨figf⟩ *durch Übereilung s–n Zweck*
verfehlen, ⟨fig⟩ *(die Pferde) scheu machen* ‖ *estar*
de ~ *auf der Jagd sein* ‖ *ir od salir de* ~ *auf die*
Jagd gehen ‖ *levantar la* ~ ⟨figf⟩ *et. auffliegen*
lassen ‖ *e–n Skandal aufdecken* ‖ *vedar la* ~ *die*
Jagd untersagen ‖ *se le vino a las manos la* ~
⟨figf⟩ *das Glück ist ihm (ihr) in den Schoß*
gefallen
  ²**caza** *m* ⟨Mil Flugw⟩ *Jagdfliegerei* f ‖
Jagdflugzeug n ‖ ~ *de bombardeo Jagdbomber,*
Jabo m ‖ ~ *interceptor Abfangjäger* m ‖ ~
nocturno m Nachtjäger m ‖ ~ *de reacción*
Düsenjäger m ‖ ~ *todo tiempo Allwetterjäger* m
  cazautógrafos *m Autogrammjäger* m
  cazabe *m* Am *Kassawa* f, *Mehl* n *und Brot* n
aus der Maniokwurzel
  caza|cerebros *m* → **–talentos** ‖ **–clavos** *m*
Nagelzieher m
  cazada *f Pfannenvoll* f
  caza|dero *m Jagdrevier* n ‖ **–dor** *m*/adj *Jäger*
m (& Mil) ‖ ⟨Flugw⟩ *Jagdflieger* m ‖ ⟨Mar⟩
Rackleine f ‖ ~ *alpino* ⟨Mil⟩ *Alpen-,*
Gebirgs|jäger m ‖ ~ *bisoño Sonntagsjäger* m ‖ ~
de cabelleras Skalpjäger m *(Indianer)* ‖ ~ *de*
cabezas Kopfjäger m ‖ ~ *dominguero,* ~ *festivo*
Sonntagsjäger m ‖ ~ *de dotes* ⟨fig⟩ *Mitgiftjäger*
m ‖ ~ *furtivo Wilddieb, Wilderer* m ‖ ~ *mayor*
Oberjägermeister m ‖ ~ *de pacotilla* →
~*dominguero* ‖ ◇ *al mejor* ~ *se le escapa la*
liebre ⟨Spr⟩ *auch der Klügste kann irren*
  ¹**cazadora** *f Jägerin* f ‖ *Jagdrock* m
  ²**cazadora** *f* ⟨Text⟩ *Blouson* m ‖ *Parka* f ‖
Lederjacke f
  ³**cazadora** *f* MAm *Lieferwagen* m
  caza|dotes *m* ⟨fam⟩ *Mitgiftjäger* m ‖ **–fortunas**
m/f ⟨fam⟩ *Glücksritter* m ‖ **–gangas** *m/f*
Schnäppchenjäger m
  cazalla *f Anislikör* m *aus Cazalla* (P Sev)
  caza|mariposas *m Schmetterlingskescher* m ‖
–minas *m* ⟨Mar Mil⟩ *Minen|sucher* m, *-suchboot*
n ‖ **–moscas** *m* ⟨V⟩ *Fliegenschnäpper* m ‖
Fliegenfänger m ‖ **–noticias** *m/f*
Sensationshascher m
  cazar [z/c] vt *jagen* ‖ *nachjagen* (dat) ‖ *fangen,*
erlegen ‖ ⟨figf⟩ *er|haschen, -wischen, -gattern* ‖
⟨figf⟩ *ertappen* ‖ ⟨Mar⟩ *(die Schoten) anziehen* ‖
~ vi *jagen* ‖ ◇ *ir a* ~ *auf die Jagd gehen* ‖ ~ *a*
espera auf dem Ansitz (Anstand) jagen ‖ ~
furtivamente wildern ‖ ~ *a lazo mit der Schlinge*
jagen, Schlingen auslegen ‖ ~ *un marido* ⟨fam⟩ *s.*
e–n Ehemann angeln od ergattern ‖ ~ *moscas*
⟨fig⟩ *Mücken fangen* ‖ ~ *en puesto* → ~ *a espera*
‖ ~ *en terreno ajeno* ⟨fig⟩ *e–m andern ins Gehege*
kommen ‖ ~ *en vedado auf verbotenem Revier*
jagen ‖ ~ *al vuelo im Flug(e) (herunter)schießen*
  caza|rra *f Futtertrog* m *aus Holz* ‖ **–rrita** *f*
Futternapf m *für Geflügel*
  caza|rreactor *m* ⟨Flugw Mil⟩ *Düsenjäger* m ‖
–submarinos *m* ⟨Mar Mil⟩ *U-Boot-Jäger* m ‖
–talentos *m Headhunter* m ‖ **–torpedero** *m* ⟨Mar
Mil⟩ *Torpedoboot|zerstörer, -jäger* m
  cazcalear vi ⟨fam⟩ *zwecklos hin und her*
rennen od laufen
  cazca|rria(s) *fpl Schlammspritzer, Schmutz* m
(unten am Kleid) ‖ *(trockener) Kot* m *auf dem*
Fell der Tiere ‖ RPl *Schafkot* m ‖ **–rriento** adj
⟨fam⟩ *schmutzig, schlammig*
  cazcorvo adj *mit Stellungsfehler (Pferd)*
  ¹**cazo** *m Stielpfanne* f ‖ *Schöpflöffel* m ‖
Leimtiegel m ‖ *Messerrücken* m ‖ ⟨Bgb⟩
Schöpfgefäß n ‖ ⟨Hydr⟩ *Klappkübel* m

²cazo *m* ⟨fam⟩ *Kasernenkost* f
cazo|lada *f e–e Kasserolle voll* ‖ **–leja** *f dim*
von **cazuela** ‖ **–lero** adj ⟨fam⟩ *überaus geschäftig*
‖ *schnüfflerisch* ‖ ~ *m Topfmacher* m ‖ ⟨figf⟩ *And*
⟨fam⟩ *Topfgucker* m ‖ ⟨figf⟩ *Schnüffler* m ‖ **–leta** *f*
dim von **¹cazuela** ‖ *Kasserolle* f ‖ *Zündpfanne* f
(an alten Feuerwaffen) ‖ *Gefäß* n *(der Hiebwaffe)*
‖ *Leuchtertülle* f ‖ *Pfeifenkopf* m ‖ *Räucherpfanne*
f ‖ **–lón** *m* augm von **¹cazuela**
  cazón *m* ⟨Fi⟩ *Hundshai* m (Galeorhinus galeus)
‖ *Hausen* m (Acipenser huso) ‖ *Hausenblase* f
(Leim)
  cazonal *m Fischgerät* n *zum Hausenfang* ‖
⟨fam⟩ *Patsche* f
  cazudo adj *breitrückig (Messer)*
¹cazuela *f Pfanne, Kasserolle* f ‖
(Schmor)Tiegel m ‖ *irdener Napf* m ‖
Mischgericht, Schmorfleisch n ‖ ◇ *parece que ha*
comido en ~ ⟨figf⟩ *er ist ein großer Schwätzer*
(sie ist e–e große Schwätzerin)
²cazuela *f* ⟨Th fam⟩ *Olymp* m
³cazuela *f* ⟨Typ⟩ *breiter Winkelhaken* m
  cazuelero adj Cu → **cazolero**
¹cazumbre *m Stopfwerg* n
²cazumbre *m* Ast *Saft* m *(Bäume, Obst)*
cazu|rría *f* ⟨fam⟩ *Trübsinn* m ‖ **–rro** adj ⟨fam⟩
trübsinnig, verschlossen ‖ *ungesellig* ‖ *wortkarg* ‖
◇ *hacerse el* ~ ⟨fam⟩ *den Unwissenden spielen*
  cazuz *[pl* ~*ces] m Efeu* m
  cazuzo adj Chi *hungrig*
c.c., c/c ⟨Abk⟩ = **centímetro cúbico** ‖ **cuenta**
corriente ‖ **corriente continua**
CCAA ⟨Abk⟩ = **comunidades autónomas**
c/d ⟨Abk⟩ = **con descuento**
Cd ⟨Abk⟩ = **cadmio**
CD ⟨Abk⟩ = **disco compacto**
CD-ROM *m* ⟨Inform⟩ *CD-ROM* n
C. de J. ⟨Abk⟩ = **Compañía de Jesús**
¹ce *f c* n ‖ ~ *por* be ⟨figf⟩ *haarklein, mit allen*
Einzelheiten ‖ *por –* o *por* be *so oder so*
²¡ce! *pst! he! hierher!*
Ce ⟨Abk⟩ = **cerio**
CE ⟨Abk⟩ = **Comunidad Europea**
  ceba *f (Vieh)Mästung, Mast* f ‖ *Mastfutter* n ‖
Sant *Heu* n *zur Winterfütterung* ‖ Chi ⟨fig⟩
Behagen n ‖ ~ *precoz Frühmast* f
ceba|da *f* ⟨Bot⟩ *Gerste* f (Hordeum vulgare) ‖
Gerstenkorn n ‖ ~ *para cerveza Braugerste* f ‖ ~
fermentada Malz n ‖ ~ *de invierno Wintergerste* f
‖ ~ *mondada Gerstengraupen* fpl ‖ ~ *perlada*
Perlgraupen fpl ‖ ~ *de pienso Futtergerste* f ‖
Grütze f ‖ ~ *de verano Sommergerste* f ‖ ◆ *de*
atrás viene ~ ⟨fig⟩ *das hat e–e lange*
Vorgeschichte ‖ **–dal** *m Gerstenfeld* n ‖
–dar vt *mit Gerste füttern (Vieh)* ‖ **–dazo** adj
Gersten- ‖ **–dera** *f* a) *Futtersack* m ‖ b) Am
Mategefäß n
¹cebadero *m Stallknecht* m ‖ *Futterhändler* m ‖
Futterplatz m, *Mastweide, Mastanlage* f ‖ ⟨Jgd⟩
Luderplatz m ‖ *Leittier* n *(e–r Maultierherde)* ‖
⟨Mal⟩ *Geflügel(hof)bild* n
²cebadero *m* ⟨Met⟩ *Beschickungs-, Chargier-,*
Gicht|öffnung f
¹cebadilla *f* ⟨Bot⟩ *Mäusegerste* f (Hordeum
murinum) ‖ *Nieswurz* f (Helleborus sp) ‖ Am
⟨reg⟩ *Sebadillastaude* f (Schoenocaulon
officinale) ‖ *Trespe* f (Bromus spp) ‖ Arg
Bluthirse (→ **¹mijo**)
²cebadilla *f* ⟨Art⟩ *Niespulver* n ‖
Insektenvertilgungsmittel n
  cebadura *f Ködern* n ‖ *Füttern* n ‖ *Mästen* n
  cebar vt *füttern* ‖ *mästen* ‖ *(be)ködern*
(Fischangel) ‖ *beschicken (Hochofen)* ‖ *anlassen*
(Maschine) ‖ *auffüllen (Pumpe)* ‖ *Zündsatz*
anbringen (bei Raketen) ‖ Am *bereiten (Matetee)*

‖ ⟨fig⟩ *nähren, schüren (Feuer, Leidenschaft)* ‖
⟨fig⟩ *speisen, mit Zündstoff versehen* ‖ ⟨fig⟩
anzünden (Feuer) ‖ ⟨fig⟩ *ermutigen* ‖ ◇ ~ *el*
mate Am *Matetee bereiten* ‖ ~ vi ⟨fig⟩ *Pulver auf*
die Zündpfanne schütten ‖ ⟨fig⟩ *eindringen,*
ziehen, fassen (Schraube usw.) ‖ ◇ *según cebas,*
así pescas ⟨Spr⟩ *wie man s. bettet, so liegt man* ‖
~*se* ⟨fig⟩ *s–e Wut auslassen* (con, en *an* dat) ‖ ◇
~ *en la matanza* ⟨fig⟩ *s. am Mord weiden,*
mordgierig sein
  cebellina *f* → **cibelina**
  cebellino adj *Zobel-* ‖ (marta) ~a *Zobel* m
(Martes zibellina)
  cebero *m* Murc *Futterkorb* m
  cebiche *m* Chi Ec ⟨Kochk⟩ *Gericht* n *aus*
Fisch und Meeresfrüchten mit Zitronen- bzw
Orangensaft
  cebo *m (Mast)Futter* n, *Fraß* m ‖ *Mastfutter* n
‖ *Lockspeise, Köder* m *(& fig)* ‖ *Zündpulver* n
(für Schießgewehre) ‖ *Beschickung, Speise* f *(e–s*
Hochofens) ‖ *Brand-, Zünd|satz* m, *Zündung* f ‖
⟨fig⟩ *Anreiz* m *(zu e–r Leidenschaft), Nahrung* f
(e–r Leidenschaft) ‖ ~ *del cartucho Zündhütchen*
n ‖ ~ *envenenado Giftköder* m ‖ ~ *de percusión*
Schlagzünder m ‖ ~ *retardante Verzögerungssatz*
m ‖ ◇ *morder el* ~ *anbeißen (Fisch) (& fig)*
¹cebolla *f Zwiebel* f ‖ *(Zwiebel)Knolle* f ‖
Blumenzwiebel f ‖ ⟨fig⟩ *Ölbehälter m der Lampe*
‖ ⟨fig⟩ *Filteraufsatz m (e–r Wasserleitung)* ‖ ⟨fig
joc⟩ *Kopf* m ‖ ~ *albarrana Meerzwiebel* f ‖ ~
escalonia Schalottenzwiebel f ‖ ~ *perlada*
Perlzwiebel f ‖ ◇ *contigo, pan y* ~ ⟨fig⟩ *mit dir*
will ich alle Leiden teilen ‖ *mit dir gehe ich durch*
dick und dünn
²cebolla *f* ⟨Bot⟩ *Kernfäule f (des Holzes)*
cebo|llada *f* ⟨Kochk⟩ *Zwiebelgericht* n ‖ **–llado**
adj *zwiebelartig* ‖ **–llana** *f Salatzwiebel* f ‖ **–llar**
m Zwiebelfeld n ‖ **–llero** adj: *grillo* ~
Maulwurfsgrille f (Grillotalpa vulgaris) ‖ ~ *m*
Zwiebelhändler m ‖ **–lleta** *f Ess-, Samen|zwiebel* f
‖ *(kleine) Blumenzwiebel* f ‖ *Schnittlauch* m ‖
–llino *m Zwiebelsamen* m ‖ *Samenzwiebel* f ‖ ◇
escardar ~*s* ⟨figf⟩ *unnütze Arbeit leisten, zu*
nichts taugen ‖ *¡vete a* ~! *zum Teufel mit dir!* ‖ ~
inglés, ~ *francés Schnittlauch* m ‖ **–llita** *f:* ~ *en*
vinagre eingelegte Perlzwiebel f ‖ **–llón** *m* augm
von **cebolla** ‖ ⟨figf⟩ *große Taschenuhr* f, ⟨fam⟩
Zwiebel f ‖ Chi *Junggeselle* m
  cebón adj *gemästet, Mast-* ‖ ~ *m gemästetes*
Tier n ‖ *Mastschwein* n ‖ ⟨fig⟩ *fetter Mensch* m ‖
⟨fam⟩ *Dickwanst* m
  ceboso adj Ven *leicht entflammt, liebebedürftig*
  ce|bra *f Zebra* n ‖ ~ *de las estepas*
Steppenzebra n (Equus quagga) ‖ ~ *de las*
montañas Bergzebra n (E. zebra) ‖ ~*s fpl* ⟨StV⟩
Zebrastreifen mpl ‖ **–brado** adj *zebra|artig,*
-farben
  Cebrián *m* np *Zyprian* m
  cebrión *m* ⟨Ins⟩ *Eckflügler* m
  cebruno adj *hirschfarben* ‖ *fahl (Pferd)* ‖ Am
gestreift (Pferd)
  cebú *[pl* ~*úes] m* ⟨Zool⟩ *Zebu* m, *Buckelrind* n
(Zuchtrasse) ‖ Arg *Schwarzer Brüllaffe* m
(Alouata caraya)
  ceburro adj *Winter- (bes. Weizen und Hirse)*
  ceca *f Münze* f ‖ Marr *Geld* n
  Ceca *f Moschee* f *in Córdoba* ‖ ◇ *andar de* ~
en Meca, ir de la ~ *a la Meca* ⟨figf⟩ *von Pontius*
zu Pilatus laufen
CECA ⟨Abk⟩ = **Comunidad Europea del**
Carbón y del Acero
  cecal adj *(m/f) Blinddarm-*
  cecé *m* ⟨fam⟩ *Pst-Ruf* m
  cece|ar vt *(pst:) zurufen* ‖ ~ vi Span *das s wie*
c *(interdental) aussprechen* ‖ *lispeln* ‖ **–ceo** *m*

Span *Aussprache des* s *wie* c *(interdental)* ‖
–ceoso adj
  cecesmil *m* Hond ⟨Agr⟩ *Frühmaispflanzung* f
  cechero *m* ⟨Jgd⟩ *Jäger* m *auf dem Anstand* ‖
  ⟨fig⟩ *Lauscher* m
  cecial *m Stockfisch* m
  cecidio *m* ⟨Ins⟩ *Gallwespe* f ‖ ~ *de las rosas*
  Rosengallwespe f ‖ ~ *del roble Eichengallwespe* f
  ceci|doa *f* ⟨Bot Zool⟩ *Zezidie, Pflanzengalle* f ‖
  –diología *Lehre* f *von den Pflanzengallen*
  cecilia *f* ⟨Zool⟩ *Wurmwühle* f (Caecilia spp)
  Ceci|lia *f* np *Cäcilie* f ‖ **–lio** *m* np *Cäcilius* m
  cecina *f Rauch-, Dörr|fleisch* n, *(an der Sonne,*
  an der Luft) getrocknetes Fleisch n ‖ Chi
  Fleischwurst f ‖ ~ *de los Grisones Bündner*
  Fleisch n ‖ ◇ *echar en* ~ *einsalzen und räuchern*
  ‖ *estar como una* ~ ⟨figf⟩ *spindeldürr sein*
  ceco|grafía *f Blindenschrift* f ‖ **–stomía** ⟨Med⟩
  Zökostomie f ‖ **–tomía** ⟨Med⟩ *Zökotomie* f
  cecuciente adj *(m/f)* ⟨Med⟩ *erblindend*
  ¹ceda *f* span. z
  ²ceda *f Rosshaar* n, *Borste* f
  cedacear vi *abnehmen (Sehvermögen)*
  ceda|cería *f Siebmacherei* f ‖ **–cero** *m*
  Sieb|macher, -verkäufer m
  cedacillo *m* ⟨Bot⟩ *Zittergras* n (Briza media)
  cedazo *m Sieb* n ‖ *(Art) großes Fischnetz* n ‖ ~
  para grano Getreidesieb n ‖ ~ *para grava*
  Kiessieb n ‖ ~ *harinero Mehlsieb* n
  cedente *m/f* ⟨Jur⟩ *Zedent(in* f), m, *Abtretende(r*
  m) f ‖ *Veräußerer(in* f) m ‖ *Rechtsvorgänger(in* f)
  m ‖ ⟨Com⟩ *Zedent(in* f), *Girant(in* f), *Indossant(in*
  f) m
  ceder vt *abtreten, (über)lassen* ‖ ⟨Jur⟩ *zedieren*
  ‖ ~ vi *(zurück)weichen* ‖ *nachgeben* ‖ *s. biegen*
  (Ast) ‖ *nachlassen (Fieber)* ‖ Pe PR Arg *gestatten,*
  billigen, zulassen ‖ ◇ ~ *en arriendo vermieten* ‖
  ~ *de su derecho sein Recht aufgeben* ‖ ~ *a la*
  desventura s. in das Unglück fügen od schicken ‖
  no ~ *a nadie (en) niemandem nachstehen (in dat)*
  ‖ ~ *a la necesidad s. in das Unvermeidliche od*
  Unabänderliche fügen ‖ ~ *el paso a alg. jdm*
  nachgeben, jdm den Vorrang lassen ‖ ⟨STV⟩ *jdm*
  die Vorfahrt lassen ‖ *jdn überholen lassen* ‖ ~ *la*
  posesión den Besitz übertragen ‖ ~ *a los ruegos*
  s. durch Bitten erweichen lassen, den Bitten
  stattgeben ‖ ~ *terreno* ⟨Mil⟩ *s. zurückziehen* ‖
  ceda el paso ⟨StV⟩ *Vorfahrt* f *beachten!* ‖ *el*
  interés particular debe ~ *ante el (interés) general*
  Gemeinnutz geht vor Eigennutz
  cederrón *m* → **CD-ROM**
  cedí *[pl* ~**íes]** *m* [Währungseinheit] *Cedi* f
  (Abk = ₡)
    cedilla *f Cedille* f
    cedizo adj *leicht verdorben (Speise)*
    cedo adv ⟨reg⟩ *schnell* ‖ *sogleich*
    cedoaria *f* ⟨Bot⟩ *Rhizom* n *der Kurkuma,*
  Gelbwurzel f (Curcuma longa)
  cedral *m Zedernwald* m
  cedri|a *f Zedernharz* n ‖ **–no** adj *Zedern-* ‖ **–to**
  m Zedernwein m
  cedro *m* ⟨Bot⟩ *Zeder* f, *Zederbaum* m ‖ ~ *del*
  Atlas Atlas-, Silber|zeder f (Cedrus atlantica) ‖ ~
  deodora, del Himalaya Himalajazeder f (C.
  deodora) ‖ ~ *del Líbano Libanonzeder* f (C.
  libani) ‖ ~ *de Virginia Virginischer Wacholder* m
  (Juniperus) ‖ *los* ~s *del Líbano die Zedern des*
  Libanon ‖ ⟨fig⟩ *die Mächtigen dieser Erde* ‖
  Zedernholz n
  cedrón *m* ⟨Bot⟩ *Zitronenstrauch* m (Aloysia
  citriodora) (→ **hierba** luisa)
  cédula *f Zettel, Schein* m ‖ *Handzettel* m ‖
  Verordnung f ‖ *schriftliche Vorladung* f ‖ *Urkunde*
  f ‖ ~ *de apremio Mahnzettel* m ‖ ~ *de citación*
  Ladungsurkunde f ‖ ~ *de confesión Beichtzettel*

m ‖ ~ *de emisión Gründeraktie* f ‖ ~ *hipotecaria*
Hypothekenpfandbrief m ‖ ~ *de identidad Am*
Personalausweis m ‖ ~ *de notificación*
Zustellungsurkunde f ‖ ~ *personal*
Personalausweis, Heimatschein m ‖ *Steuerkarte* f
‖ ~ *pignoraticia Lagerpfandschein* m ‖ ~ *de*
sangre Ahnenpass m ‖ ~ *testamentaria Kodizill* n,
Testamentsnachtrag m ‖ ~ *de transeúnte*
Aufenthaltsschein m ‖ ~ *de vecindad* → ~
personal
  cedu|lación *f Eintragung, Registrierung* f ‖
  –lar vt *(durch Anschlagzettel) anzeigen* ‖
  eintragen, registrieren ‖ **–lario** *m* ⟨Hist⟩
  Sammlung f *königlicher Urkunden* ‖ **–lón** *f*
  Anschlagzettel m, *Plakat* n ‖ ⟨fig⟩ *Schmähschrift* f
  CEE ⟨Abk⟩ = **Comunidad Económica**
  Europea
  CEEA ⟨Abk⟩ = **Comunidad Europea de la**
  Energía Atómica
  cefa|lalgia, –lea *f* ⟨Med⟩ *Kopfschmerz(en)*
  m(pl), *Cepha|laea, –l(al)gia* f
  cefálico adj ⟨Med⟩ *Kopf-, Haupt-* ‖ ~s *mpl* Am
  Mittel n *gegen Kopfschmerzen* ‖ Am ⟨pop⟩
  Kopfschmerzen mpl
  cefa|lina *f* ⟨Physiol⟩ *Kephalin* n ‖ **–litis** *f*
  ⟨Med⟩ *Kopfentzündung* f ‖ **–lo-** ⟨An Med⟩ *Kopf-,*
  Kephal(o)-, Zephal(o)- ‖ **–lofaríngeo** adj *Kopf*
  und Luftröhre betreffend ‖ **–lograma** *m*
  Kephalogramm n ‖ **–loideo** adj *kopfförmig* ‖
  –lometría *f Schädelmessung, Kephalometrie* f ‖
  –lópodos *mpl Kopffüßer, Zephalopoden* mpl
  (Cephalopoda) ‖ **–lorraquídeo** adj ⟨An⟩
  zerebrospinal, Hirn und Rückenmark betreffend ‖
  –tomía *f* ⟨Med⟩ *Kephalotomie* f ‖ **–lotórax** *m*
  ⟨Zool⟩ *Kopfbruststück* n ‖ **–lotripsia** *f* ⟨Med⟩
  Kephalotripsie f
  cefear vt Sal *wühlen (Schweine)*
  Ceferino *m* np *Zephirin* m
  ¹céfiro *m* ⟨Meteor⟩ *Westwind* m ‖ *Zephir,*
  sanfter Wind m
  ²céfiro *m* ⟨Text⟩ *Zephir* m
  ³céfiro *m* Dom *Defizit* n, *Fehlbetrag* m
  cefo *m* ⟨Zool⟩ *Blaumaul-Meerkatze* f
  (Cercopithecus cephus) ‖ ~ *del grano* ⟨Ins⟩
  Getreidehalmwespe f (Cephus pygmaeus)
  cefrado adj Extr *müde, erschöpft (bes. nach*
  dem Rennen)
  cega|dor adj *blendend* ‖ **–joso** adj/s *triefäugig* ‖
  –ma *m/f* Al *Kurzsichtige(r), Halbblinde(r)* m ‖
  –nitas adj ⟨poet⟩ *halbblind*
  cegar [-ie-, g/gu] vt *blind machen, blenden* ‖
  ⟨fig⟩ *zu-, ver|mauern, vernageln (Tür, Fenster*
  usw.) ‖ *versperren (Weg)* ‖ *ver|schütten, -sanden,*
  zuschütten (Graben, Brunnen) ‖ *verstopfen*
  (Röhre) ‖ ⟨fig⟩ *(ver)blenden* ‖ ~ *a* ~ *(fam)*
  wahnsinnig (lieben) ‖ ◇ ~ *un foso e–n Graben*
  zuschütten ‖ ~ *un camino e–n Weg versperren* ‖
  ~ *una cañería e–e Rohrleitung verstopfen* ‖ ~
  una vía de agua ein Leck dichten, ein Leck
  stopfen ‖ ~ vi *erblinden* ‖ ~se *por una mujer*
  ⟨fam⟩ *in eine Frau blind verliebt sein* ‖ ~ *por*
  algo für et. blind sein ‖ *et. nicht (ein)sehen wollen*
  ‖ ~ *de ira blind vor Wut werden*
  cega|rra adj/s ⟨fam⟩ → **–to** ‖ **–rrita** adj
  kurzsichtig ‖ ◆ a (ojos) ~s ⟨fam⟩ *blindlings* ‖ ~
  m Kurzsichtige(r) m
  cegatero *m Trödler* m
  cega|to adj *kurzsichtig, halbblind* ‖ **–tón** adj
  Am → **–to** ‖ **–toso** adj *triefäugig*
  cegesimal adj *(m/f) Zentimeter-Gramm-*
  Sekunden-, CGS-
  cegue|cillo, –zuelo adj/s dim von **ciego** ‖ **–dad,**
  –ra *f Blindheit* f ‖ ⟨fig⟩ *Verblendung* f ‖ ⟨fig⟩
  Wahn m ‖ ~ *azul* ⟨Med⟩ *Blaublindheit,*
  Azyanoblepsie f ‖ ~ *a los colores*

Farbenblindheit, Achromatopsie f ‖ ~ *diurna*
Tagblindheit, Nyktalopie f ‖ ~ *funcional*
funktionelle Blindheit f ‖ ~ *mental* → ~
(p)síquica ‖ ~ de la(s) nieve(s) *Schneeblindheit* f
‖ ~ *nocturna Nachtblindheit, Hemeralopie* f ‖ ~
(p)síquica *Seelenblindheit* f ‖ ~ *verbal*
Wortblindheit, Alexie f
cei|ba f ⟨Bot⟩ *Korallenstrauch* m (Erythrina
crista-galli) ‖ **–bo** m ⟨Bot⟩ *Kapokbaum* m (Ceiba
emarginata) ‖ → **–ba** ‖ **–bón** m *Kapokbaum* m (C.
pentandra)
Cei|lán, Cey|lán m ⟨Geogr⟩ (hoy **Sri Lanka**)
Ceylon n (heute *Sri Lanka*) ‖ **=lanés** adj
ceylonesisch ‖ ~ m *Ceylonese* m
¹ceja f *Augenbraue* f ‖ ⟨fig⟩ *Vorstoß* m (*am
Kleid*) ‖ ⟨fig⟩ *vorstehender Rand* m (*am
Büchereinband*) ‖ ⟨fig⟩ *Wolkenstreif* m (*am
Himmel*) ‖ ~s *en ojete bogenförmige
Augenbrauen* fpl ‖ ~s *pobladas dichte
Augenbrauen* fpl ‖ ◇ *tener a/c entre* ~ *y* ~ ⟨figf⟩
an et. beständig denken ‖ ⟨figf⟩ *et. im Auge haben*
‖ *tener a uno entre* ~ *y* ~ ⟨figf⟩ *jdn im Magen
haben, jdm grollen,* ⟨pop⟩ *jdn nicht verknusen
können* ‖ *arquear las* ~s ⟨fig⟩ *große Augen
machen* ‖ *die Nase rümpfen* ‖ *fruncir las* ~s *die
Stirn runzeln* ‖ *quemarse las* ~s ⟨figf⟩ *büffeln,
pauken* ‖ ◆ *hasta las* ~s ⟨figf⟩ *(bis) aufs Äußerste*
‖ *estoy hasta las* ~s *mir steht es bis (hier) oben*
²ceja f ⟨Mus⟩ *Saitenhalter* m ‖ *Kapodaster* m
³ceja f *Bergspitze* f ‖ Col *Anhöhe* f ‖ Cu *enger
Waldpfad* m ‖ Am *durch e–n Weg abgetrenntes
Waldstück* n
ceja|dero, –dor m *Schirrkette* f (*am Wagen*)
cejar vi *rückwärts fahren (Fuhrwerk)* ‖
zurückweichen ‖ ⟨fig⟩ *nachgeben* ‖ ⟨fig⟩
nachlassen ‖ *ablassen (en von)* ‖ ◇ *no* ~ *en su
empeño s–n Vorsatz nicht aufgeben* ‖ *sin* ~
unverdrossen
ceji|alba f ⟨Ins⟩ *Brombeerzipfelfalter* m
(Callophrys rubi) ‖ **–junto** adj *mit
zusammengewachsenen Augenbrauen* ‖ ⟨fig⟩
düster(blickend) ‖ **–lla** f ⟨Mus⟩ → **ceja** ‖ **–negro**
adj *mit schwarzen Augenbrauen*
¹cejo m *Frühnebel* m (*über Gewässern*)
²cejo m *Bindfaden* m *aus Esparto*
cejudo adj *mit buschigen Augenbrauen*
cejuela f dim von **ceja**
cejunto adj ⟨pop⟩ → **cejijunto**
cela f *Cella* f (*im antiken Tempel*)
celacanto m ⟨Fi⟩ *Quastenflosser* m
¹celada f ⟨Stech⟩*Helm* m, *Sturmhaube* f
²cela|da f ⟨Mil⟩ *Hinterhalt* m ‖ ⟨fig⟩ *Fallstrick*
m, *Falle* f ‖ *Schlinge* f ‖ ◇ *caer en la* ~ ⟨fig⟩ *in
die Falle gehen* ‖ *descubrir* ~ ⟨figf⟩ *(jdn)
einweihen, (jdm) ein Geheimnis enthüllen* ‖
preparar una ~, *tender una* ~a *alg.* ⟨fig⟩ *jdm e–e
Schlinge legen, jdm e–e Falle stellen* ‖ **–dor** adj
wachsam ‖ ~ m *(Studien)Aufseher* m ‖ *Inspektor*
m ‖ *Gefängnisaufseher* m ‖ *Bewacher* m ‖
Prüfungsbeamter m (*Zoll*) ‖ ⟨EB⟩
Streckenaufseher m ‖ Ur *Polizeibeamter* m
¹celaje m *aufgetürmte Wolkenmasse* f ‖ *Dach-,
Gitter|fenster* n ‖ ⟨fig⟩ *Ahnung* f ‖ *gutes
Vorzeichen* n ‖ ~ *negativo* ⟨Fot⟩ *Wolkennegativ* n
‖ *como un* ~ Chi ⟨fig⟩ *sehr schnell* ‖ ~s *mpl
rötliche Schleierwolken* fpl
²celaje m Pe PR *Gespenst* n, *Geist* m
celandés adj/m *aus Seeland* ‖ *auf Seeland
bezüglich*
¹celar vt/i *überwachen, wachen über* acc ‖
*be|obachten, -wachen, observieren (e–n
Verdächtigen)* ‖ *eifersüchtig sein (auf)* ‖ *(für et.)
sorgen* ‖ *eifern (de wegen)*
²celar vt *ver|bergen, -hehlen* ‖ *verstecken* ‖
verheimlichen

³celar vt *stechen, gravieren, (mit dem
Grabstichel) graben* ‖ *schnitzeln, meißeln*
celastráceas fpl ⟨Bot⟩ *Spindelbaumgewächse*
npl (Celastraceae)
celastro m ⟨Bot⟩ *Kelaster* m,
Hottentottenkirsche f
cel|da f *(Kloster)Zelle* f ‖ *Gefängniszelle* f ‖
Bienenzelle f ‖ *Telefonzelle* f ‖ ⟨fig⟩ *Zelle,
Einsiedelei* f ‖ ⟨figf⟩ *enge Wohnung* f ‖ ~
acolchada Gummizelle f *(Nervenheilanstalt)* ‖ ~
del ala ⟨Flugw⟩ *Flügelzelle* f ‖ **–dilla** f
Bienenzelle f ‖ ⟨Arch⟩ *Nische* f
celdrana f *Murc große Olivenart* f
cele adj MAm *grün, unreif (Obst)*
cele|bérrimo adj sup von **célebre** *hochberühmt*
‖ **–bración** f *Feier, feierliche Verrichtung* f ‖
Begehung, Abhaltung f ‖ *Messelesen* n ‖ *Beifall* m
‖ *Lob* n ‖ ⟨Jur⟩ *Vornahme* f *(e–s Rechtsgeschäfts)*
‖ ~ *del aniversario Geburtstagsfeier* f ‖ ~ *de
elecciones Abhaltung* f *von Wahlen* ‖ ~ *del juicio*
⟨Jur⟩ *Prozessführung* f ‖ ~ *del matrimonio
Eheschließung* f ‖ ~ *del santo Namenstagsfeier* f
‖ **–brado** adj *berühmt* ‖ **–brante** m/adj *die Messe
lesender Priester, Zelebrant* m
celebrar vt *loben, preisen, rühmen* ‖ *lesen,
zelebrieren (Messe)* ‖ *feiern* ‖ *feierlich begehen* ‖
verrichten, abhalten, vollziehen (Geschäft) ‖
veranstalten ‖ *abschließen (Vertrag)* ‖ ⟨Jur⟩
vornehmen (Rechtsgeschäft) ‖ Cu *verlieben* ‖ ◇ ~
una audiencia e–e Sitzung abhalten ‖ ~ *una
conferencia de prensa e–e Pressekonferenz
abhalten* ‖ ~ *(un) juicio* ⟨Jur⟩ *e–n Fall
verhandeln* ‖ ~ *una misa de difuntos e–e
Totenmesse lesen* ‖ ~ *una reunión e–e
Versammlung abhalten, zusammenkommen* ‖ ~
una subasta e–e Versteigerung durchführen ‖
*celebro conocerle a Vd. es freut mich, Ihre
Bekanntschaft zu machen* ‖ *lo celebro mucho es
freut mich sehr, das höre ich sehr gern* ‖ *lo
celebro por él ich gönne es ihm* ‖ ~ vi *Messe
lesen* ‖ ~**se** *gefeiert werden* ‖ *stattfinden,
abgehalten werden* ‖ ⟨Sp⟩ *ausgetragen werden
(Spiel)*
célebre adj *(m/f)* *berühmt, gefeiert* ‖ *namhaft* ‖
denk-, merk|würdig ‖ ⟨fam⟩ *witzig, unterhaltend* ‖
adv: ~**mente**
celebridad f *Berühmtheit* f ‖ *Ruhm, Ruf* m ‖
Festlichkeit, Feier f
celebro m → **cerebro**
cele|mín m *Metze* f, *Getreidemaß* n (Cast:
4,625 Liter) ‖ ◇ *contar las onzas por* –mines
⟨figf⟩ *steinreich sein* ‖ *meter la luz bajo el* ~ *sein
Licht unter den Scheffel stellen*
celeminear vi *Sal hin und herlaufen*
celentéreos mpl ⟨Zool⟩ *Hohltiere* npl,
Zölenteraten mpl (Coelenterata)
celeque adj Salv Hond → **cele**
celera f *Eifersucht* f
célere adj *(m/f)* *schnell, rasch* ⟨poet⟩
behend(e) ‖ ~s fpl ⟨Myth⟩ *Stunden* fpl
cele|ridad f *Schnelligkeit* f ‖ **–rímetro** m
Schnelligkeitsmesser m ‖ **–ripedo** adj ⟨poet⟩
schnellfüßig
celes|ta f ⟨Mus⟩ *Celesta* f ‖ **–te** adj *(m/f)*
himmlisch, Himmels- ‖ *göttlich* ‖ **–tial** adj *(m/f)*
himmlisch ‖ *göttlich* ‖ ⟨fig⟩ *vortrefflich* ‖ *köstlich* ‖
⟨iron⟩ *einfältig* ‖ *la* ~ *Señora die Jungfrau Maria*
‖ adv: ~**mente** ‖ **–tialidad** f *Seligkeit* f
¹celestina f ⟨Min⟩ *Cölestin* m
²Celesti|na f np *Cölestine* f ‖ ~ f ⟨fig⟩
Kupplerin f *(nach e–r Person der Tragikomödie
Calixto y Melibea)* ‖ **–near** vi *s. als Kupplerin
betätigen* ‖ **–nesco** adj ⟨fam⟩ *kupplermäßig* ‖ **–no**
m np *Cölestin* m
celia|ca f ⟨Med⟩ *Zöliakie* f ‖ **–co** adj ⟨Med⟩

Bauch-, zur Bauchhöhle gehörend ‖ **–quía** *f*
⟨Med⟩ *Zöliakie* f
   celiano adj/s *auf Camilo José Cela (*1916)
bezüglich*
   celiba|tario *m* → **célibe** ‖ **–to** *m Ehelosigkeit* f
‖ *Zölibat* n (& m) ‖ *Junggesellenleben* n ‖ ⟨fam⟩
Junggeselle, Hagestolz m ‖ ~ *sacerdotal,* ~
eclesiástico Zölibat n (& m) *(der katholischen
Priester)* ‖ **–tón** *m* ⟨fam⟩ *alter Hagestolz,
eingefleischter Junggeselle* m ‖ **–tona** *f* ⟨fam⟩ *alte
Jungfer* f
   célibe adj *(m/f) ledig, unverheiratet* ‖ ~ *m
Junggeselle, Hagestolz* m ‖ ~ *f Junggesellin,
unverheiratete Frau* f
   célico adj ⟨poet⟩ *himmlisch*
   celícola *m Himmelsbewohner* m
   celido|nia *f Schöllkraut* n (Chelidonium majus)
‖ ~ *menor Scharbockskraut* n (Ranunculus
ficaria)
   Celidonio *m* np *Celidonius* m
   celinda *f* ⟨Bot⟩ *Falscher Jasmin* m
(Philadelphus coronarius)
   celindrate *m* ⟨Kochk⟩ *Fleischgericht* n *mit
Koriander*
   celita *f e–e Fischart*
   celladura *f neue Bereifung* f *(alter Fässer)*
   cellen|ca *f* ⟨fam⟩ *Nutte* f ‖ **–co** adj ⟨fam⟩
altersschwach
   cellis|ca *f heftiges Schneegestöber* n *(mit
Regen)* ‖ **–quear** vi *stöbern (Schneewasser)*
   cello *m Fassreif* m
   celo *m Eifer* m, *eifriges Bestreben* n ‖ *Inbrunst*
f ‖ *Glaubenseifer* m ‖ *Pflicht-, Dienst|eifer* m ‖ ◆
con ~ *eifrig* ‖ **~s** *mpl Eifersucht* f ‖ *Neid* m ‖
Argwohn, Verdacht m ‖ ◇ *por ~ aus Eifersucht* ‖
◇ *dar od infundir ~* a alg. *jdn eifersüchtig
machen* ‖ *tener ~ eifersüchtig sein (de auf* acc)
   celo *m Brunst, Brunft* f ‖ ◇ *estar en ~
brünstig, brünftig sein (Wild)* ‖ *läufig, heiß sein
(Hündin, Katze)*
   celo|biosa *f* ⟨Chem⟩ *Zellobiose* f ‖ **–fán** *m
Cellophan* n
   celoidina *f* ⟨Fot⟩ *Zelloidin(papier)* n
   celoma *m* ⟨Med⟩ *Zölom* n, *embryonale
Leibeshöhle* f
   celomanía *f* ⟨Med⟩ *krankhafte Eifersucht* f
   ¹celosía *f Gitterladen* m ‖ *Fenstergitter* n ‖
Rollladen m, *Jalousie* f ‖ *Netzwerk* n ‖ *Fachwerk*
n ‖ ~ *de acero Stahlrollladen* m ‖ ~ *de
diagonales Strebenfachwerk* n *(Brückenbau)* ‖ ~
*en el espacio Raumfachwerk, räumliches
Fachwerksystem* n ‖ ~ *longitudinal Längsverband*
m ‖ ~ *transversal Querverband* m
   ²celosía *f Eifersucht* f
   ¹celoso adj *eifrig, sorgfältig, wachsam* ‖
eifersüchtig (de auf acc) ‖ *argwöhnisch* ‖ *neidisch*
‖ *Am sehr empfindlich (Waage)* ‖ adv: **~amente**
   ²celoso adj *brünstig, brünftig (Wild)* ‖ *läufig,
heiß (Hündin, Katze)*
   ³celoso adj ⟨Mar⟩ *rank*
   ce|lostato, –lóstato *m Zölostat* m
   celo|ta *m* ⟨Hist⟩ *Zelot* m ‖ **–tipia** *f (krankhafte)
Eifersucht* f
   celsitud *f Erhabenheit, Größe* f
   cel|ta adj *(m/f) keltisch* ‖ ~ *m keltische
Sprache* f ‖ **~s** *mpl Kelten* mpl, *keltisches Volk* n
‖ **–tíbero, –tibérico** adj *keltiberisch* ‖ (fig)
erzspanisch (& iron) ‖ **~s** *mpl die Keltiberer* mpl
   céltico adj *keltisch*
   cel|tismo *Vorliebe* f *für das Keltische* ‖
Keltismus m ‖ **–tista** *m/f Erforscher(in* f) m *des
Keltischen, Keltist(in* f) ‖ **–tohispano,
–tohispánico** adj *keltospanisch* ‖ **–tología** *f
Keltologie* f ‖ **–tólogo** *m Keltologe* m
   ¹célula *f* ⟨allg⟩ *Zelle, Höhlung* f ‖ *Fach* n *im*

Kernobst n ‖ ⟨An Biol Bot Med⟩ *Zelle* f ‖ ~
acopada Becherzelle f ‖ ~ *adiposa Fettzellchen* n
‖ ~ *aerobia,* ~ *aeróbica Aerobe* f ‖ ~ *anaerobia,*
~ *anaeróbica Anaerobe* f ‖ ~ *de bastón
Stäbchenzelle* f *(der Retina)* ‖ ~ *caliciforme
Becherzelle* f ‖ ~ *cancerosa Krebszelle* f ‖ ~
cebada Mastzelle f ‖ ~ *cónica Zapfen(zelle* f) m
(der Retina) ‖ ~ *diploide diploide Zelle* f ‖ ~
epitelial Epithelzelle f ‖ ~ *espermática
Samenzelle* f ‖ ~ *espicular* ⟨Bot⟩ *nadelartige
Zelle* f ‖ ~ *generativa Zeugerzelle* f ‖ ~ *germinal
Keimzelle* f ‖ ~ *hermana Schwesterzelle* f ‖ ~ K
Killerzelle f ‖ ~ *madre Stamm-, Mutter|zelle* f ‖
~ *muscular Muskelzelle* f ‖ ~ *neoplásica
neugebildete Zelle* f ‖ ~ *nerviosa Nervenzelle* f ‖
~ *de renuevo Sprosszelle* f ‖ ~ *sanguínea
Blutzelle* f ‖ ~ *sensorial Sinneszelle* f ‖ ~ *sexual
Keimzelle* f ‖ ~ *somática somatische Zelle* f ‖ ~
de sostén Stützzelle f ‖ ~ *vitelina Dotterzelle* f
   ²célula *f* ⟨Com El Tech TV⟩ *Zelle* f (& Flugw)
‖ ~ *de avión Flugzeugzelle* f ‖ ~ *de cristal* ⟨TV⟩
Kristallzelle f ‖ ~ *de empresa* ⟨Com⟩
Betriebszelle f ‖ ~ *fotoconductora
Widerstandszelle* f ‖ ~ *fotoeléctrica
photoelektrische Zelle* f ‖ ~ *fotoquímica
photochemische Zelle* f ‖ ~ *de refrigeración
Kühlzelle* f ‖ ~ *de vacío Vakuumzelle* f
   celu|lado adj *zellig* ‖ *zellenförmig* ‖ **–lar** adj
Zell-, Zellular- ‖ **–liforme** adj *(m/f) zellenförmig* ‖
–litis *f* ⟨Med⟩ *Zellulitis, Zellgewebsentzündung* f ‖
–loide *m* ⟨Ku⟩ *Zelluloid* n ‖ **–losa** *f* ⟨Chem⟩
Zellulose, Zellstoff m ‖ ~ *alcalina
Alkalizellulose* f ‖ ~ *de madera Holzzellstoff* m ‖
~ *nítrica Nitrozellulose* f, *Zellulosenitrat* n ‖ ~
de paja Strohzellstoff m ‖ ~ *sódica Natronzellstoff*
m ‖ ~ *transparente Zellglas* n (z. B. *Cellophan*) ‖
–losidad *f zellenartige Beschaffenheit* f ‖ **–loso**
adj *Zellen-* ‖ **–loterapia** *f* ⟨Med⟩ *Frischzellen-,
Zell(ular)therapie* f
   cémbalo *m* ⟨Mus⟩ *Zimbel* f ‖ ⟨Mus⟩ *Spinett,
Cembalo* n
   cembo *m* León *Rain* m *(am Fluss, Weg, Pfad
usw.)*
   cembro *m* ⟨Bot⟩ *Zirbelkiefer, Arve* f (Pinus
cembra)
   cemen|tación *f Zementierung* f, *Zementieren* n,
Aufkohlung f ‖ ⟨Geol⟩ *Zementation* f ‖ *Versteinung*
f *(im Bohrloch)* ‖ ~ *con carbono* ⟨Met⟩
Kohlenstoffeinsatzhärtung f ‖ ~ *con gas* ⟨Met⟩
Gas|einsatzhärtung, -zementierung f ‖ ~ *líquida
Badaufkohlen* n ‖ ~ *profunda Tiefzementieren* n ‖
–tante *m Einsatzmittel* n *(für Einsatzhärtung)* ‖
–tar vt *aufkohlen, zementieren*
   cementerio *m Kirch-, Fried|hof* m ‖ ~ *de
automóviles Autofriedhof* m ‖ ~ *central
Zentralfriedhof* m ‖ ~ *civil Span Friedhof* m *für
Nichtkatholiken* ‖ **~s** *de guerra Soldatenfriedhöfe*
mpl, *Kriegsgräber* npl ‖ ~ *nuclear
Atommülldeponie* f
   cementita *f Zementit* m
   cemen|to *m Zement* m ‖ *Zahnzement* m ‖ ~
aluminoso Tonerdezement m ‖ ~ *amianto
Asbestzement* m ‖ ~ *antiácido säurebeständiger
Zement* m ‖ ~ *antialcalino laugenbeständiger
Zement* m ‖ ~ *armado Stahlbeton* m ‖ ~ *asfáltico
Asphaltzement* m, *Straßenbaubitumen* n ‖ ~ *de
escoria de altos hornos Hochofenzement* m ‖ ~ *de
escorias Schlackenzement* m ‖ ~ *ferroportland
Eisenportlandzement* m ‖ ~ *de fraguado lento
langsam abbindender Zement* m ‖ ~ *de fraguado
rápido schnell abbindender Zement,
Schnellzement* m ‖ ~ *hidráulico hydraulischer
Zement* m ‖ ~ *líquido dünnflüssiger Zement* m ‖
~ *metalúrgico Hüttenzement* m ‖ ~ *para
mampostería Mauerwerkszement* m ‖ ~ *muerto*

totgebrannter Zement m ‖ ~ Portland
Portlandzement m ‖ ~ puzolánico
Puzzolanzement m ‖ ~ rápido →° ~ de fraguado
rápido ‖ ~ refractario *feuerfester Zement* m ‖ ~
romano *Romankalk* m ‖ ~ siderúrgico
Hüttenzement m ‖ ~ sobresulfatado, ~
supersulfatado *Sulfathütten-,*
Gipsschlacken|zement m ‖ **–toso** adj *zementartig*
  cempasúchil, cempoal *m* Mex ⟨Bot⟩ *Sammet-,*
Hoffarts|blume f (Tagetes spp)
  cena *f Nacht-, Abend|essen* n, *Abendmahlzeit* f
‖ *Essen, Speisen* n ‖ ~ frugal *einfaches*
(Abend)Essen n ‖ ~ de la Nochebuena
Weihnachtsfestmahl n ‖ la (Santa) ~ *das (heilige)*
Abendmahl n ‖ ~**aoscuras** *m/f* ⟨figf⟩ *Eigenbrötler*
m, *ungesellige Person* f ‖ *knaus(e)riger Mensch,*
Knicker, Geizhals m
  cenáculo *m Abendmahlsaal* m *(biblisch)* ‖ ⟨fig⟩
literarischer Zirkel, Klub m ‖ ⟨fig⟩ *Kreis* m
(Gleichgesinnter)
  ¹cenacho *m Marktkorb, (Gemüse)Korb* m ‖
Lebensmitteltasche f
  ²cenacho *m* PR *elendes Lager* n
  cena|dero *m Speisesaal* m ‖ *Gartenlaube* f ‖
–do adj: ◇ bien ~ *gut gespeist* ‖ llegar ~ *nach*
dem Abendessen kommen ‖ **–dor** *m Gartenlaube* f,
Pavillon m ‖ Gran *bedeckter Gang* m *(um den*
Hofraum der Häuser) ‖ **–duría** *f* Mex *Gar-,* bes.
Abend|küche f
  cena|gal *m Pfütze, Schmutzlache* f ‖ *Moor* n ‖
Morast m ‖ (figf) *missliches Geschäft* n ‖ ⟨fig⟩
heikle Lage f, (pop) *Klemme* f ‖ **–goso** adj
sumpfig, schlammig
  cenal *m* ⟨Mar⟩ *Geitau* n
  cenancle *m* Mex *Maiskolben* m
  cenar vt/i *zu Abend essen* ‖ *essen, speisen* ‖ ◇
invitar a ~ *zum Abendessen einladen* ‖ quedarse
sin ~ *nicht zu Abend essen*
  cenata *f* Col Cu *Abendessen* n *(im*
Freundeskreis)
  cenca *f* ⟨V⟩ *Kamm* m *e–s Vogels*
  cencellada *f* Sal *Tau, Reif* m
  cenceño adj *schlank, schmächtig* ‖ *ungesäuert*
(Brot)
  cence|rrada *f* ⟨fam⟩ *Katzenmusik* f *bei der*
Wiederverheiratung von Verwitweten ‖ ⟨fam⟩
elende Musik, Klamaukmusik f ‖ ◇ dar ~ a alg.
⟨fam⟩ *jdm e–e Katzenmusik machen* ‖ **–rrear** vi
klingeln, läuten (Viehglocken) ‖ ⟨fig⟩ *klappern* ‖
⟨fig⟩ *klirren* ‖ ⟨figf Mus⟩ *klimpern, schlecht*
spielen ‖ ⟨figf⟩ *Katzenmusik machen* ‖ (figf)
quietschen, knarren (Tür, Wagen) ‖ ⟨fig⟩
schwatzen (bes. Kinder) ‖ **–rreo** *m*
Schellengeklingel n ‖ ⟨fig⟩ *Gequietsche* n ‖
Geklapper n ‖ **–rrería** *f lautes Schellengeklingel* n
‖ ⟨fig⟩ *Lärm, Radau* m ‖ **–rrillas** *fpl* Al *Kummet* n
mit Glöckchen ‖ **–rro** *m Vieh|glocke, -schelle* f ‖
loco como un ~ ⟨fam⟩ *ganz verrückt* ‖ ◆ a ~s
tapados ⟨fig⟩ *heimlich, verstohlen* ‖ ◇ llevar al ~
⟨figf⟩ *der Anführer od ⟨fam⟩ der Leithammel sein*
‖ **–rrón** *m* augm von **–rro** ‖ *einzelne nach der*
Lese hängengebliebene kleine Traube f .
  cencha *f* ⟨Tech⟩ *Quer-, Binde|holz* n
  cencia *f* ⟨pop⟩ →° **ciencia**
  cencido adj *unbetreten (Gras, Weide)*
  cencío adj Sal *fruchtbar (Boden)* ‖ ~ *m* Sal
kühle Uferluft f
  cencivera *f* Ar *(Art) kleine, frühe Traube* f.
  cencuate *m* Mex ⟨Zool⟩ *Bullennatter* f
(Pituophis spp)
  cendal *m Zindeltaft* m ‖ *Bart* m, *Fahne* f *(e–r*
Feder) ‖ *Achseltuch* n *(des Priesters)* ‖ *Band* n,
Gürtel m ‖ ⟨fig⟩ *Regen- bzw Nebel|wand* f ‖ Col
Fetzen m
  cendolilla *f leichtsinniges Mädchen* n

  cen|dra *f* ⟨Met⟩ *Kläre, Kapellenasche* f ‖
–drada *f Bleiasche* f
  cenefa *f Einfassung* f, *Saum, Rand* m
(Taschentuch, Kleid usw.) ‖ *(Teppich)Bordüre* f ‖
mittlerer Streifen m *(am Messgewand)* ‖ ⟨Mar⟩
Marsrand m ‖ ⟨Mar⟩ *Einfassungsrand* m *des*
Sonnensegels ‖ *Sockel, Randstreifen* m *(Wand,*
Decke) ‖ *Lambrequin* m *(Fensterschmuck)* ‖
⟨Arch⟩ *Randverzierung* f ‖ ~ de la toldilla ⟨Mar⟩
Schanzkleid n
  cenegoso adj MAm →° **cenagoso**
  ceneque *m* ⟨Mil⟩ *Kommissbrot* n
  cenero *m* Ar *nicht abgeweidete Wiesenfläche* f
  cenes|tesia *f* ⟨Med⟩ *Kinästhesie* f ‖
Bewegungsgefühl n ‖ *Muskelsinn* m ‖ **–tésico** adj
kinästhetisch
  cenestillo *m* PR *Körbchen* n
  cenetista *m/f* ⟨Hist Pol⟩ *Mitglied* n (od
Anhänger(in f) m *der CNT (span. anarchistische*
Gewerkschaft)
  cenia *f Wasserhebemaschine* f
  ceni|cense adj *(m/f) aus Cenia* (P Tarr) ‖ *auf*
Cenia bezüglich ‖ **–cerense** adj *(m/f) aus*
Cenicero (P Logr) ‖ *auf Cenicero bezüglich*
  ceni|cero *m Aschen|becher* m, *-schale* f ‖
Aschengrube f *am Herd* ‖ ⟨EB⟩ *Aschenfall* m *(an*
Lokomotiven) ‖ ⟨Met⟩ *Lösch-, Aschen|grube* f ‖
⟨Mar⟩ *Aschenraum* m ‖ **–cienta** *f Aschen|brödel,*
-puttel n *(Märchenfigur)* (& fig) ‖ **–ciento** adj
aschgrau ‖ **–cilla** *f* ⟨Agr⟩ *Mehltau* m (Oidium sp)
  cenismo *m* ⟨Ling⟩ *Mundartenmischung* f
  ce|nit *m* ⟨Astr⟩ *Zenit, Scheitelpunkt* m ‖ ⟨fig⟩
Gipfel(punkt) m ‖ **–nital** adj *Zenit-*
  ceni|za *f Asche* f ‖ *Laugenasche* f ‖ ⟨poet⟩
Staub m ‖ ~ arrastrada *(Kessel)Flugasche* f ‖ ~
de carbón (vegetal) *Kohlenlösche* f ‖ ~ de hulla
Steinkohlenasche f ‖ ~ radiactiva *radioaktive*
Asche f ‖ ~ vegetal *Pflanzenasche* f ‖ ~ volante
Flugasche f ‖ ~ volcánica *vulkanische Asche* f ‖
◇ descubrir la ~ ⟨figf⟩ *vergessene Streitigkeiten*
wieder aufwärmen ‖ escribir en la ~ ⟨fig⟩ *in den*
Sand schreiben ‖ huir de la ~ y caer en las brasas
⟨fig⟩ *vom Regen in die Traufe kommen* ‖ recibir
od tomar la ~ ⟨fig⟩ *das Aschenkreuz erhalten* ‖ ~s *fpl*
⟨fig⟩ *Asche, sterbliche Hülle* f, *sterbliche*
Überreste mpl *(e–s Verstorbenen)* ‖ ◇ reducir a
~ ⟨fig⟩ *zerstören, vernichten, einäschern* (bes. *im*
Krieg) ‖ vengar las ~ de alg. (poet fig) *jds Tod*
rächen ‖ **–zal** adj *(m/f) Aschen-* ‖ **–zaro** *m* ⟨Bot⟩
Regenbaum m (Pithecellobium saman) ‖ **–zo(so)**
adj *aschenhaltig* ‖ *aschgrau* ‖ *mit Asche bedeckt*
  ¹cenizo *m* ⟨fam⟩ *Unglücksbringer* m ‖
Pechvogel m ‖ ⟨fam⟩ *Spielverderber* m
  ²cenizo *m* ⟨Agr Bot⟩ *Mehltau* m ‖ *Graufäule* f
‖ ⟨Bot⟩ *Graugrüner Gänsefuß* m (Chenopodium
glaucum)
  ¹cenobio *m Kloster, Zönobium* n
  ²cenobio *m* ⟨Biol⟩ *Zell|gemeinschaft, -kolonie* f
  ceno|bita *m Klostermönch, Zönobit* m ‖ ◇
hacer vida de ~ ⟨fig⟩ *zurückgezogen und*
asketisch leben ‖ **–bítico** adj *klösterlich,*
zönobitisch ‖ **–bitismo** *m Mönchsleben* n (& fig)
  ceno|génesis *f* ⟨Gen⟩ *Zänogenese* f ‖ **–genético**
adj *zänogenetisch*
  cenojil *m Strumpfband* n ‖ *Knieband* n
  cenotafio *m* Zeno-, *Keno|taph* n
  cenote *m* Mex *tiefliegender Wasserspeicher* m
  cenozoico adj ⟨Geol⟩ *Känozoikum-* ‖ ~ *m*
Känozoikum n
  cen|salista *m* Ar →° **–sualista** ‖ **–sar** vi CR *die*
Einwohner zählen ‖ **–satario** *m*
Rentenberechtigte(r) m ‖ *Zins-,*
Renten|pflichtige(r) m
  ¹censo *m Volkszählung* f ‖
Einwohnerverzeichnis n ‖ ⟨Hist⟩ *Zensus* m ‖

Vermögensabschätzung f ‖ *statistische Erhebung* f ‖ ~ de bienes *Inventar* n ‖ ~ de contribuyentes *Steuerliste* f ‖ ~ electoral *Wählerliste* f ‖ ~ demográfico, ~ de empadronamiento *Volkszählung* f ‖ ~ ganadero *Viehzählung* f ‖ ~ de población →* ~ demográfico ‖ ~ de tráfico *Verkehrszählung* f

²censo m *Pachtvertrag* m, *Pacht* f ‖ *Pachtzins* m ‖ *(Kapital)Zins* m ‖ *Erbzins* m ‖ *Zins* m ‖ *Abgabe* f ‖ ~ enfitéutico *Erbpacht, Emphyteuse* f ‖ ~ hereditario *Erbzins* m ‖ ~ irredimible *unablösbare od ewige Rente* f ‖ ~ redimible *ablösbare Rente* f ‖ ~ de por vida, ~ vitalicia *Rente* f *auf Lebenszeit* ‖ ◇ ser un ~ (perpetuo) *(figf) e–e (ewige) Quelle von Ausgaben sein*

cen|sonte, –zontle Am →* **sinsonte**
cen|sor m *Zensor* m ‖ *Beurteiler, Kritiker* m ‖ *Bücherzensor* m ‖ *Krittler* m ‖ ⟨Sch⟩ *Klassenaufseher* m ‖ Span *Aufsichtsratsmitglied* n ‖ ~ (jurado) de cuentas *(vereidigter) Buchprüfer* m ‖ **–soría** f *Amt* n *e–s Zensors* ‖ **–sorino** adj *kritt(e)lig, tadelsüchtig* ‖ **–sorio** adj *Zensor-* ‖ **–sual** adj *(Grund)Zins-* ‖ *Renten(schuld)-* ‖ *Erbzins-* ‖ **–sualista** m/f *Renten|berechtigte(r* m) f, *-inhaber(in* f) m ‖ *Erbzinsberechtigte(r* m) f ‖ *Erbverpächter(in* f) m

censu|ra f *Presse-, Bücher|zensur* f ‖ *Zensoramt* n ‖ *Zensurbehörde* f ‖ *Tadel* m, *Rüge* f ‖ *scharfe Kritik* f ‖ *Misstrauensvotum* n *(Parlament)* ‖ *Verleumdung* f ‖ digno de ~ *tadelnswert* ‖ ~ cinematográfica *Film|zensur, -kontrolle* f ‖ ~ demoledora *vernichtende Kritik* f ‖ ~ eclesiástica *Kirchenzensur* f ‖ ~ militar *Militärzensur* f ‖ ~ de películas *Filmzensur* f ‖ ~ previa *Vorzensur* f ‖ ◇ ~ voluntaria *(freiwillige) Selbstkontrolle* f ‖ ◇ someter a la (previa) ~ *der Zensur unterwerfen* ‖ suprimido por la ~ *konfisziert, zensiert, von der Zensur gestrichen* ‖ **–s** fpl ⟨fam⟩ *Gerede* n ‖ **–rable** adj *(m/f) tadelnswert* ‖ **–rar** vt *beurteilen* ‖ *tadeln, rügen* ‖ *zensieren* ‖ *streichen, verbieten (Zensur)* ‖ ⟨Kath⟩ *bestrafen, mit Kirchenstrafe belegen, (gegen jdn) e–e Disziplinarstrafe verhängen* ‖ *verdammen* ‖ *(Fehler) be|anstanden, -mängeln, (en, a, an dat)*

cent m *(céntimo de dólar bzw de euro)* [Münzeinheit] *Cent* m

centaura f ⟨Bot⟩ *Tausendgüldenkraut* n *(Centaurium spp)* ‖ ~ mayor *Großes Tausendgüldenkraut* n *(C. scilloides)* ‖ ~ menor *Echtes Tausendgüldenkraut* n *(C. minus)*

centáurea f ⟨Bot⟩ *Flockenblume* f *(Centaurea spp)* ‖ ~ mayor *Korn-, Hunger-, Kreuz|blume* f *(C. cyanus)* ‖ ~ de montaña *Bergflockenblume* f *(C. montana)*

centauro ⟨Myth⟩ *Zen-, Ken|taur* m ‖ **–maquia** f *Zentaurenkampf* m

centavería f Ec *Viehstall* m
centavo adj: la parte ~a *der hundertste Teil* ‖ ~ m *Hundertstel* n ‖ [Münzeinheit] *Centavo* m

¹centella f *Funke(n)* m ‖ *Blitz|(strahl), -schlag* m ‖ ⟨fig⟩ *Geist* m ‖ ♦ como una ~ *wie der Blitz* ‖ de pequeña ~ gran hoguera *(Spr) kleine Ursache, große Wirkung* ‖ ◇ echar ~s, arrojar ~s ⟨fig⟩ *Funken sprühen* ‖ ser (vivo como) una ~ ⟨fig⟩ *sehr lebhaft sein*

²centella f Sal ⟨Bot⟩ *Sumpfdotterblume* f *(Caltha palustris)* ‖ Chi *Ranunkel* f (→ **ranúnculo**)

cente|llazo m PR *kräftiger Schlag* m ‖ **–ll(e)ar** vi *funkeln* ‖ *leuchten, glänzen (Sterne)* ‖ *flimmern* ‖ *glitzern (Edelstein)* ‖ *schimmern* ‖ ⟨fig⟩ *strahlen (Augen)* ‖ ⟨fig⟩ *funkeln (Augen, Stil usw.)* ‖ **–lleo** m *Funkeln, Funkensprühen* n ‖ *Augenflimmern* n ‖ ⟨Atom Astr⟩ *Szintillation* f ‖ **–llografía** f ⟨Med⟩

Szintigraphie f ‖ **–llómetro** m ⟨Med⟩ *Szintillator, Szintillationszähler* m

cen|tén m *e–e altspan. Goldmünze* f *(100 reales)* ‖ **–tena** f *das Hundert* ‖ *Hunderterstelle* f ‖ **–tenada** f *Hundert* n ‖ ♦ a ~s ⟨fig⟩ *in rauen Mengen, haufenweise, in Hülle und Fülle*

cente|nal, ¹–nar m *Roggenfeld* n
²cente|nar m *Hundert* n ‖ *Hundertjahrfeier* f ‖ ~es de personas *Hunderte* npl *von Menschen* ‖ ♦ a ~es *zu Hunderten* ‖ ⟨fig⟩ *in Hülle und Fülle* ‖ **–nario** adj *auf hundert bezüglich* ‖ *hundertjährig* ‖ ⟨fig⟩ *uralt* ‖ ~ m *hundertjähriger Greis, Zentenar* m ‖ *Hundertjahr-, Jahrhundert|feier* f ‖ *hundertster Geburts- od Todes|tag, 100. Jahrestag* m, *hundertjähriges Jubiläum* n, *Hundertjahrfeier* f

¹centeno adj *(der, die, das) hundertste*
²centeno m ⟨Bot⟩ *Roggen* m, *Korn* n *(Secale cereale)* ‖ ~ forrajero *Futterroggen* m ‖ ~ molido *Schrot* m (& n)

cen|tesimal adj *(m/f) Hundert-, zentesimal* ‖ **–tésimo** adj/s *(der, die, das) hundertste* ‖ el ~, la ~a parte *das Hundertstel*

cen|tiárea f *Zentiar* m *(= ¹/₁₀₀ Ar)* ‖ **–tifolio** adj ⟨Bot⟩ *hundertblätt(e)rig* ‖ **–tígrado** adj *hundertgradig* ‖ **–tigramo** m *Zentigramm* n ‖ **–tilitro** m *Zentiliter* m (& n) ‖ **–tímetro** m *Zentimeter* m (& n) ‖ ~ cuadrado *Quadratzentimeter* m (& n) ‖ ~ cúbico *Kubikzentimeter* m (& n)

céntimo m *Hundertstel* n ‖ [Münzeinheit] *Céntimo* m ‖ *Cent* m ‖ ♦ al ~ *genau* ‖ ◇ no dar un ~ por algo *nicht e–n Pfifferling auf et. geben* ‖ estar sin un ~, no llevar ni un ~ *kein Geld bei s. haben* ‖ no tener un ~ ⟨fig⟩ *bettelarm sein* ‖ no vale un ~ ⟨figf⟩ *das ist k–n Pfifferling wert*

centinela f/m ⟨Mil⟩ *(Wach)Posten* m, *Schildwache* f ‖ ⟨fig⟩ *Auflauerer* m ‖ ~ a las armas *Posten m vor Gewehr* ‖ ~ de campaña *Feldposten* m ‖ ~ de control *Durchlassposten* m ‖ ~ doble *Doppelposten* m ‖ ~ vecino *Nebenposten* m ‖ ~ de vigilancia antiaérea *Luftspäher* m ‖ ~s avanzadas *Vorposten* mpl ‖ ◇ estar de ~, hacer ~ ⟨Mil⟩ *Schildwache, Posten stehen,* ⟨pop⟩ *Wache schieben* ‖ ⟨fig⟩ *auf der Lauer liegen, aufpassen*

centinodia f ⟨Bot⟩ *Vogelknöterich* m *(Polygonum aviculare)*

cen|típedo adj *hundertfüßig* ‖ **–tipondio** m *Zentner* m ‖ **–tisecular** adj ⟨fig⟩ *uralt*

cento|(l)la f, **–llo** m *Große Seespinne* f *(Maia squinado)*

cen|tón m *Flickendecke* f ‖ ⟨fig⟩ *Flickwerk, zusammengestoppeltes Werk* n ‖ *Mischmasch* m ‖ ~ de conocimientos ⟨fam⟩ *Ausbund m an Gelehrsamkeit* ‖ **–tonar** vt ⟨fig⟩ *zusammenstoppeln*

cen|trado adj/s *mittig* ‖ *zentriert* ‖ ⟨Her⟩ *bedeckt* ‖ ~ m *Aus|richten* n, *-richtung* f ‖ *Mitteleinstellung* f ‖ *Zentrierung* f ‖ **–trador** m ⟨Tech⟩ *Zentriergerät* n ‖ **–traje** m ⟨Tech⟩ *Zentrierung, Trimmung, Mitteleinstellung* f

¹central adj *(m/f) zentral* ‖ *im Mittelpunkt gelegen* ‖ *Mittel-, Zentral-* ‖ ~ f *Zentrale* f, *Haupt|stelle, -niederlassung* f ‖ *Werk* n, *Zentrale* f ‖ *(Telefon)Zentrale, Fernsprechvermittlung(sstelle)* f, *Amt* n ‖ *Mittelpunktlinie* f ‖ Cu Pe *große Zuckerfabrik* f ‖ ~ automática ⟨Tel⟩ *Selbstwähl|vermittlungsstelle* f, *-amt* n ‖ ~ de bombas *Pumpwerk* n ‖ ~ de comunicaciones ⟨Tel⟩ *Vermittlungsstelle, Zentrale* f ‖ ~ de compras *Einkaufszentrale* f ‖ ~ cooperativa ⟨Agr⟩ *Genossenschaftszentrale* f ‖ ~ de Correos *Hauptpost(amt* n) f ‖ ~ de giros *Girozentrale* f ‖ ~ de hormigón

Betonmischanlage f ‖ ~ interurbana ⟨Tel⟩
Fernvermittlungsstelle f ‖ ~ lechera
Milchzentrale f ‖ ~ manual ⟨Tel⟩
Handvermittlungsstelle f ‖ ~ retransmisora
⟨Radio⟩ *Funkübertragungszentrale* f ‖ ~
telefónica *(Haupt)Fernsprechvermittlungsstelle* f ‖
~ telegráfica, ~ de telégrafos *Telegrafenamt* n ‖
~ urbana ⟨Tel⟩ *Ortsvermittlungsstelle* f
²central *f* ⟨El⟩ *Kraftwerk* n ‖ ~ de
acumulación *Speicherkraftwerk* n ‖ ~
aeroeléctrica *Windkraftwerk* n ‖ ~ de agua fluente
Flusskraftwerk n ‖ ~ atómica ⟶ ~ nuclear ‖ ~
eléctrica *Kraftwerk* n ‖ ~ eólica *Windkraftwerk* n
‖ ~ fluvial *Flusskraftwerk* n ‖ ~ heliotérmica
Sonnenkraftwerk n ‖ ~ hidroeléctrica
Wasserkraftwerk n ‖ ~ mare(o)motriz
Gezeitenkraftwerk n ‖ ~ nuclear *Atom-,*
Kern|kraftwerk n ‖ ~ de gran potencia
Großkraftwerk n ‖ ~ de puntas *Spitzenkraftwerk* n
‖ ~ solar *Sonnenkraftwerk* n ‖ ~ térmica, ~
termoeléctrica *Wärmekraftwerk* n ‖ ~
transformadora *Umspannwerk* n
 centra|lilla *f* ⟨Tel⟩ *Fernsprechhausvermittlung*
f ‖ ~ de chapitas, ~ de avisadores
Klappenschrank m ‖ ~ privada
Nebenstellenzentrale f
 centralismo *m* ⟨Pol⟩ *Zentralismus* m
 ¹centralista *m/f Anhänger(in* f) m *des*
Zentralismus m
 ²centralista *m/f* Cu *Eigentümer(in* f) m *e–r*
Zuckerfabrik
 centralita *f* ⟶ **centralilla**
 centrali|zación *f Vereinheitlichung* f ‖
Zentralisierung f ‖ **–zado** *adj zentralisiert* ‖
einheitlich ‖ *mit gemeinsamem Mittelpunkt* m ‖
–zar [z/c] vt *zusammenfassen*
 centrar vt ⟨Math Tech⟩ *in den Mittelpunkt*
bringen, zentrieren, mittig einrichten ‖ *(an)körnen*
‖ ⟨Sp⟩ [Fußball] *den Ball in den Strafraum*
spielen ‖ **~se** *s. vertraut machen* ‖ *s. einarbeiten*
 centrarco *m* ⟨Fi⟩ *Sonnenbarsch* m
(Centrarchus spp)
 céntrico adj *mittig, zentrisch, Zentral-, Mittel-*
 centrífuga *f* ⟶ **centrifugador**
 centrifu|gador *m* ‖ **–gadora** *f*
Schleuder(maschine), Zentrifuge f ‖ ~ de aceite
Ölschleuder f ‖ ~ de apicultor, ~ de miel
Honigschleuder f ‖ ~ de ropa *Wäscheschleuder* f
‖ **–gación** *f Schleudern, Zentrifugieren* n ‖ **–gar**
[g/gu] vt *(aus)schleudern (Flüssigkeiten),*
zentrifugieren
 centri|fugo adj *zentrifugal, vom Mittelpunkt*
wegstrebend ‖ *Flieh-* ‖ **–peto** adj ⟨Phys⟩
zentripetal, nach dem Mittelpunkt hinstrebend
 centrisco *m* ⟨Fi⟩ *Schnepfenfisch* m (Centriscus
spp)
 centrista adj *(m/f)* ⟨Pol⟩ *Zentrums-, auf die*
Mitte bezüglich ‖ ~ *m/f Anhänger(in* f) m *e–r*
Politik der Mitte
 ¹centro *m Mittelpunkt* m, *Mitte* f, *Zentrum* n ‖
Verein m, *Vereinigung* f ‖ *Vereinshaus* n ‖ *Institut*
n ‖ *Stätte* f *Stelle* f *Anstalt* f ‖ *Klubheim* n ‖
⟨Pol⟩ *Partei* f *der Mitte, Zentrum* n ‖ ⟨fig⟩
Mittelpunkt m ‖ ⟨fig⟩ *Hauptzweck* m ‖ ⟨fig⟩
Stadt|mitte f, *-zentrum* n ‖ ⟨Sp⟩ *Mittelstoß* m
(Boxen) ‖ ~ aerodinámico ⟨Flugw⟩
aerodynamischer Mittelpunkt m ‖ ~ de
alimentación ⟨El⟩ *Speisepunkt* m ‖ ~ de
armamento *Rüstungsamt* n ‖ ~ de atención de
llamadas ⟨Tel⟩ *Call Center* n ‖ ~ de cálculo
Rechenzentrum n ‖ ~ de capacitación
Ausbildungsstätte f ‖ ~ colector de leche
Milchsammelstelle f ‖ ~ comercial *Handelsplatz*
m ‖ *Einkaufszentrum* n ‖ ~ de congresos
Kongresszentrum n ‖ ~ de control

Kontrollzentrum n ‖ ~ de corriente ⟨Hydr⟩
Mittellinie f *des Wasserlaufs* ‖ ~ culminante
⟨Mil⟩ *Brennpunkt* m ‖ ~ cultural *Kulturzentrum* n
‖ ~ de curvatura *Krümmungsmittelpunkt* m ‖ ~
de distribución *Verteilungspunkt* m ‖ ~ docente
Unterrichts-, Lehr|anstalt f ‖ ~ de documentación
Dokumentations|zentrum n, *-zentrale* f ‖ ~ de
enseñanza ⟶ ~ docente ‖ ~ de esparcimiento
Vergnügungsstätte f ‖ ~ de estudios
Studienzentrum n ‖ ~ fabril ⟶ ~ industrial ‖ ~
ferroviario *Eisenbahnknotenpunkt* m ‖ ~
fitogenético *Pflanzenzuchtstation* f ‖ ~ de
formación *Ausbildungsstätte* f ‖ ~ de giro *Dreh-,*
Angel|punkt m (& fig) ‖ ~ de gravedad
Schwerpunkt m (& fig) ‖ ~ hospitalario *Klinikum*
n ‖ ~ industrial *Industrieviertel* n ‖
Industriegebiet n *Fabrikstadt* f ‖ ~ de
información *Informationsstelle* f ‖ ~ de
información matrimonial *Eheberatungsstelle* f ‖ ~
de inseminación artificial *Besamungsstation* f ‖ ~
de interés *Mittelpunkt* m *des Interesses* ‖ ~ de
investigación *Forschungs|stätte* f, *-zentrum* n ‖ ~
de mesa *Tafelaufsatz* m ‖ ~ musical *Musikverein*
m ‖ ~ obrero *Arbeiterverein* m ‖ ~ de orientación
profesional *Berufsberatungsstelle* f ‖ ~ de
oscilación ⟨Phys⟩ *Schwingungsmittelpunkt* m ‖ ~
penitenciario *Straf(vollzugs)anstalt* f ‖ ~ de
percusión *Stoß(mittel)punkt* m ‖ ~ de
perfeccionamiento *Ausbildungsstätte* f ‖ ~ de
altas (bajas) presiones ⟨Meteor⟩ *Hoch-,*
(Tief)|druckgebiet n ‖ ~ de produccion
(Haupt)Erzeugungsort m ‖ ~ de propulsión
Vortriebsmittelpunkt m ‖ ⟨Flugw⟩
Antriebsmittelpunkt m ‖ ~ receptor
Empfangsstation f ‖ ~ recreativo, ~ de recreo
Vergnügungsstätte f, *Freizeit-, Erholungs|anlage* f
‖ ~ de reprografía *Kopieranstalt* f, *Copyshop* n ‖
~ de rotación *Dreh-, Umdrehungs|punkt* m ‖ ~
urbano *Orts-, Stadt|mitte* f, *Zentrum* n ‖ cerca del
~ (urbano) *nahe bei der Stadtmitte, citynah* ‖ ◇
estar en su ~ ⟨figf⟩ *in s–m Element sein*
 ²centro *m* ⟨Sp⟩ [Fußball] *Pass* m *in den*
Strafraum ‖ *Mittelstürmer* m ‖ ~ delantero
Mittelstürmer m
 ³centro *m* Cu *Hose* f, *Hemd* n *und Weste* f ‖
Hond Mex *Weste* f
 centroafricano adj *zentralafrikanisch*
 Centro|américa *f* ⟨Geogr⟩ *Mittelamerika* n ‖
=americano adj/s *aus Mittelamerika,*
mittelamerikanisch ‖ **=campista** *m/f* ⟨Sp⟩
[Fußball] *Mittelfeldspieler(in* f) m ‖ **–europa** *f*
⟨Geogr⟩ *Mitteleuropa* n ‖ **=europeo** adj/s
mitteleuropäisch, aus Mitteleuropa
 centrómero *m* ⟨Gen⟩ *Zentromer* n
 cénts. ⟨Abk⟩ = **céntimos**
 centuplicar [c/qu] vt *verhundertfachen*
 céntuplo *m/*adj *(das) Hundertfache* ‖
hundertfach
 centu|ria *f Jahrhundert* n ‖ *Hundertschaft* f ‖
⟨Hist⟩ *(altrömische) Zenturie, Hundertschaft* f *(&*
der span. Falange) ‖ **–rión** *m* ⟨Hist⟩ *Befehlshaber*
e–r römischen Zenturie, Zenturio m
 cenurosis *f* ⟨Vet⟩ *Drehkrankheit* f
 cenutrio adj *blöd* ‖ ~ *m Blödian, Blödhammel*
m
 cénzalo *m* ⟨Ins⟩ *Stechmücke* f
 cenzaya *f* Al *Kinderwärterin* f
 cenzontle *m* MAm Mex ⟨V⟩ ⟶ **sinsonte**
 ceñar vi Ar *jdm zuzwinkern*
 ceñi|do adj *enganliegend* ‖ *eng, knapp* ‖ ⟨fig⟩
beschränkt, sparsam ‖ **–dor** *m Gürtel* m ‖
Leibbinde f ‖ **–dura** *f (Um)Gürten* n
 ceñir [-i-] vt *(um)gürten* ‖ *umgeben, einfassen*
‖ *umschnallen* ‖ ⟨fig⟩ *einschränken* ‖ ◇ ~ bien el
cuerpo *gut sitzen (Kleid)* ‖ ~ corona *die Krone*

tragen, König werden ‖ la música se ciñe al verso *die Musik schmiegt s. dem Vers (Text) an* ‖ ~**se** *s. gürten* ‖ ⟨fig⟩ *s. kurz fassen, s. einschränken* ‖ ◇ ~ a los hechos *s. an die Tatsachen halten* ‖ ~ a lo justo *s. auf das Notwendigste beschränken* ‖ *s. auf e–e gerechte Forderung beschränken* ‖ ~ a una ocupación *s. e–r Beschäftigung ausschließlich widmen* ‖ ~ a la verdad *s. an die Wahrheit halten*
  ¹ceño *m Stirnrunzeln* n ‖ ⟨fig⟩ *finsterer Blick* m ‖ ⟨fig⟩ *finstere Miene* f ‖ ⟨fig⟩ *Gesichtsausdruck* m ‖ ~ fruncido ⟨fig⟩ *düstere Miene* f
  ²ceño *m Reif* m, *Zwinge* f
  ³ceño *m* ⟨Vet⟩ *Hufverwachsung* f
  ceñoso, ceñudo adj *finster blickend, düster* ‖ *mürrisch* ‖ *stirnrunzelnd*
  ceo *m* ⟨Fi⟩ *Petersfisch, Heringskönig* m (Zeus faber)
  ¹cepa *f (Weinreb)Stock* m ‖ *Baumstrunk* m ‖ ⟨Arch⟩ *Widerlager* n *(e–s Gewölbes)* ‖ ⟨fig⟩ *Stamm, Ursprung* m, *Sippe* f ‖ Mex *Höhle, Grube* f ‖ ◆ de pura ~ ⟨fig⟩ *echt, unverfälscht*, ⟨fam⟩ *waschecht*
  ²cepa *f* ⟨vulg⟩ *Schwanz* m *(Penis)*
  cepastro *m wilder Knoblauch* m
  cepedano adj/s *aus Quintana del Castillo* (P León) ‖ *auf Quintana del Castillo bezüglich*
  cepejón *m dicke Wurzel* f
  cepellón *m Wurzelballen* m
  cepilla|do *m Hobeln* n ‖ **–dora** *f* →
  acepilladora ‖ *Bürstmaschine* f ‖ **–duras** *fpl Hobelspäne* mpl
  cepi|llar vt *hobeln* ‖ *(aus)bürsten, striegeln* ‖ ⟨fig⟩ *abschleifen* ‖ ⟨fig vulg⟩ *bumsen, ficken, vögeln* ‖ ⟨fig⟩ *ausnehmen (beim Spiel usw.)* ‖ ⟨fig Sp⟩ *den Ball leicht abfälschen* ‖ Chi ⟨fig⟩ *schmeicheln* ‖ **–larse** vr: ~ a alg. ⟨pop⟩ *jdn um die Ecke bringen, jdn abmurksen* ⟨Sch⟩ *jdn durchfallen lassen* ‖ ~ algo et. *rasch* od *husch, husch erledigen* ‖ **–llera** *f Bürstennapf* m ‖ **–llería** *f Bürstenwaren* fpl ‖ **–llito** *m* dim von **–llo** ‖ *Zahn-, Nagel|bürste* f
  ¹cepillo *m Hobel* m ‖ ~ acanalador *Nuthobel* m ‖ ~ alisador *Schlichthobel* m ‖ ~ angular *Winkelhobel* m ‖ ~-bocel *Kehlhobel* m ‖ ~ para callos *Hornhauthobel* m ‖ ~ de cantear *Abkanthobel* m ‖ ~ de desbastar *Schrupphobel* m ‖ ~ de machihembrar *Spundhobel* m ‖ ~ de molduras *Leistenhobel* m ‖ ~ de pulir *Schlichthobel* m
  ²cepillo *m Bürste, Kardätsche* f ‖ ~ batidor *Schlagbürste* f ‖ ~ para el cabello, ~ para la cabeza *Haarbürste* f ‖ ~ para el calzado *Schuhbürste* f ‖ ~ circular *Bürstenwalze, Rundbürste* f ‖ ~ dental, ~ de dientes *Zahnbürste* f ‖ ~ de encerar *(Wachs)Auftragbürste* f ‖ ~ metálico *Drahtbürste* f ‖ ~ para el pelo *Haarbürste* f ‖ ~ de pulir *Polierbürste* f ‖ ~ para la ropa *Kleiderbürste* f ‖ ~ para sombreros *Hutbürste* f ‖ ~ para el suelo *Bohnerbürste* f ‖ ~ para terciopelo *Samtbürste* f ‖ ~ de uñas *Nagelbürste* f ‖ ◇ pasar el ~, limpiar con el ~ *(ab)bürsten*
  ³cepillo *m Opferstock, Almosenkosten* m ‖ *Klingelbeutel* m ‖ ~ de los pobres *Armenbüchse* f
  ⁴cepillo *m* ⟨vulg⟩ *Fotze* f
  ¹cepo *m* Ast, *Baumast* m ‖ *(Amboss)Klotz* m ‖ ⟨Hist⟩ *Halsstock, Block* m *(für Sträflinge)* ‖ *Prägestock* m *(in der Münzanstalt)* ‖ ⟨Mar⟩ *Ankerstock* m ‖ ⟨fig⟩ *ungehobelter Mensch, Grobian* m ‖ ¡~s quedos! ⟨figf⟩ *still! ruhig!* ‖ ◇ afeita un ~, (y) parecerá (un) mancebo ⟨fig⟩ *Kleider machen Leute*
  ²cepo *m Opferstock, Almosenkasten* m
  ³cepo *m* ⟨Jgd⟩ *Fang-, Tritt|eisen* n ‖ ⟨StV⟩ *Parkkralle* f

  ⁴cepo *m Zeitungshalter* m
  ceporro *m alter, verdorrter Weinstock, Rebknorren* m ‖ ⟨fig⟩ *roher Mensch* m ‖ ⟨fig⟩ *Lümmel* m ‖ ◇ dormir como un ~ ⟨fig⟩ *wie ein Murmeltier schlafen*
  ceprén *m* Ar *Hebel* m
  ce|queta *f* Murc *schmaler Bewässerungsgraben* m ‖ **–quiaje** *m Wassergeld* n *(Kanal)* ‖ **–quión** *m* Murc *Mühlgerinne* n ‖ Chi *breiter Bewässerungsgraben* m
  cera *f Wachs* n ‖ *Wachslicht* n ‖ *Ohrenschmalz* n ‖ ~ de abejas *Bienenwachs* n ‖ ~ para dar brillo *Glanzwachs* n ‖ ~ bruta *Rohwachs* n ‖ ~ de cables *Kabelwachs* n ‖ ~ de carnauba *Carnaubawachs* n ‖ ~ en discos *Scheibenwachs* n ‖ ~ de dorador *Vergolderwachs* n ‖ ~ dura *Hartwachs* n ‖ ~ de escultores *Modellwachs* n ‖ ~ de esquí *Skiwachs* n ‖ ~ para lustrar *Glanzwachs* n ‖ ~ mineral *Erdwachs* n ‖ ~ de moldear *Modellier-, Modell|wachs* n ‖ ~ de montana *Montanwachs* n ‖ ~ de palma *Palm(blätter)wachs* n ‖ ~ para pisos *Bohnerwachs* n ‖ ~ para quesos *Käsewachs* n ‖ ~ termosoldable *Heißsiegelwachs* n ‖ ~ vegetal *pflanzliches Wachs* n ‖ *Baumwachs* n ‖ ~ virgen *Roh-, Jungfern|wachs* n ‖ ~ vulneraria *Wundwachs* n ‖ ~ amarillo como la ~ *quitte(n)gelb* ‖ ◇ es como ~ en sus manos *er (sie, es) kann alles mit ihm (ihr) machen* ‖ hacer de uno ~ y pábilo ⟨figf⟩ *jdn um den Finger wickeln* ‖ llorar ~ ⟨fam⟩ *bitterlich weinen* ‖ ⟨fam⟩ *s. gerührt zeigen* ‖ ser como una ~ ⟨fig⟩ *sehr weich, sehr empfindlich sein*, ⟨fam⟩ *mimosenhaft sein*
  ceráceo adj *wachs|artig, -ähnlich*
  cerado *m Tränkung* f *mit Wachs (Leinwand)*
  cerafolio *m* ⟨Bot⟩ *Kerbel* m
  cerambícidos *mpl* ⟨Ins⟩ *Bockkäfer* mpl (Cerambycidae)
  ceramia *f* ⟨Bot⟩ *Hornrotalge* f (Ceramium spp)
  cerámi|ca *f Keramik* f ‖ *Töpferkunst* f ‖ ~ artística *Kunstkeramik* f ‖ ~ de bandas ⟨Archäol⟩ *Bandkeramik* f ‖ ~ de bandas incisas ⟨Archäol⟩ *Stechbandkeramik* f ‖ ~ fina *Feinkeramik* f ‖ ~ gruesa *Grobkeramik* f ‖ ~ de incisiones profundas ⟨Archäol⟩ *Tiefstichkeramik* f ‖ ~ de peines ⟨Archäol⟩ *Kammkeramik* f ‖ ~ sanitaria *sanitäre* od *sanitärtechnische Keramik* f ‖ ~ tosca → ~ gruesa ‖ **–co** adj *keramisch*
  ceramista *m/f Keramiker(in* f), *Kunsttöpfer(in* f) *m*
  cerapez *[pl* ~**ces**] *f Schusterpech* n
  cerargir(it)a *f* ⟨Min⟩ *Kerargyrit* m
  cerasina *f* ⟨Chem⟩ *Kerasin* n
  cerasita *f* ⟨Min⟩ *Kerasit* m *(Cordierit)*
  ceras|ta, –tas, –tes *f Hornviper* f (Cerastes cornutus)
  ceraste *m* → **cerasta**
  ceratitia *f* ⟨Bot⟩ *(Art) Feldmohn* n
  cerato *m Zerat* n, *Wachssalbe* f ‖ *Wachs-, Pech|pflaster* n
  cerato|céfalo *m* ⟨Bot⟩ *Sichelfrüchtiger Hahnenfuß* m (Ceratocephalus fulcatus) ‖ **–filáceas** *fpl* ⟨Bot⟩ *Hornblattgewächse* npl (Ceratophyllaceae) ‖ **–ideo** adj *hornähnlich*
  ceraunómetro *m* ⟨Phys⟩ *Blitzmesser* m
  cerbatana *f* **a)** *Blasrohr* n ‖ *Pfeilschleuder* f ‖ *Schleuderrohr* n *der südam. Indianer* ‖ **b)** *Hörrohr* n
  cerbera *f Schellenbaum* m
  Cerbero *m* np: Can ~ → **Cancerbero** ‖ ~ *m* ⟨fig⟩ *strenger Wächter, (grober) Pförtner* m
  cerbillera *f (Kopf)Grind* m
  ¹cerca 1. adv: *nahe, in der Nähe* ‖ *um, herum* ‖ aquí ~ *hier in der Nähe* ‖ de(sde) ~ *in* od *aus der Nähe* ‖ ◇ anda ~ de rendirse ⟨fam⟩ *er ist*

zum Umfallen müde ‖ embajador ~ *del gobierno español Botschafter* m *bei der span. Regierung* ‖ examinar de ~ *näher prüfen* ‖ situado lo mas ~ *nächstgelegen* ‖ son ~ de las dos *es ist ungefähr 2 Uhr* 2. ~ de prep *bei, neben, an* ‖ *ungefähr, beiläufig* ‖ → acerca de ‖ ~ de aquí, por aquí ~ *hier in der Nähe* ‖ ~ de mí *bei mir* ‖ *in m–r Nähe* ‖ ~ tuyo Am *bei dir* ‖ *in d–r Nähe*

²cerca f *Einfried(ig)ung* f, *Gehege* n, *Einzäunung* f, *(Bretter)Verschlag* m ‖ *Hecke* f, *Zaun* m ‖ ~ de alambre, ~ metálica *Drahtzaun* m ‖ ~ eléctrica *Elektrozaun* m ‖ ~ de púas *Stacheldrahtzaun* m ‖ ~ viva *Zaunhecke* f

³cerca m: ◇ tener buen ~ *aus der Nähe betrachtet gewinnen* ‖ **–s** mpl ⟨Mal⟩ *Vordergrund* m

cercado m *Gehege, eingefriedigtes Grundstück* n ‖ *Umzäunung, Einfried(ig)ung* f ‖ ~ eléctrico *Elektrozaun* m ‖ ~ de espino *Stacheldrahtzaun* m ‖ *Dornenhecke* f ‖ ~s para el ganado *Koppelflächen* fpl

¹cercador m *Ziselier|eisen* n, *-stift* m, *Reißeisen* n, *Punze* f

²cercador m ⟨Mil⟩ *Belagerer* m

cerca|nía f *Nähe, Nachbarschaft* f ‖ ♦ en las ~s *in der Umgebung, in der Umgegend* ‖ **–no** adj *nahe* ‖ adv: **~amente**

cercar [c/qu] vt *umgeben (de mit)* ‖ *umzäunen, einfriedigen* ‖ *einschließen* ‖ *umzingeln* ‖ *einkreisen* ‖ *umringen* ‖ ⟨Mil⟩ *belagern*

cercaria f ⟨Zool⟩ *Zerkarie* f, *Larvenstadium* n *der Saugwürmer*

cercear vi León ⟨Meteor⟩ *wehen (Nordwind)*

cercén adv: a ~ *ganz und gar, durch und durch* ‖ ◇ cortar a ~ *an der Wurzel abschneiden*

cercena|damente adv *unvollständig, lückenhaft* ‖ **–dera** f *Messer* n *der Lichtzieher* ‖ **–dura** f *Beschneiden* n ‖ *Schnitzel* n ‖ **–miento** m → **–dura**

cercenar vt *beschneiden (Papier, Haare, Tuch usw.)* ‖ *abschneiden* ‖ ⟨fig⟩ *einschränken* ‖ *kürzen, schmälern* ‖ *ausmerzen (e–e Stelle aus e–m Buche)* ‖ ◇ ~ los gastos *die Ausgaben einschränken, Sparmaßnahmen ergreifen*

cércene adv Sal → **cercén**

cercera f Ar ⟨Meteor⟩ *anhaltender, starker Nordwind* m

cerceta f ⟨V⟩ *Krickente* f (Anas crecca) ‖ ~ aliazul *Blauflügelente* f (A. discors) ‖ ~ del Baikal *Gluckente* f (A. formosa) ‖ ~ carretona *Knäkente* f (A. querquedula) ‖ ~ pardilla *Marmelente* f (Marmaronetta angustirostris) ‖ ~s fpl ⟨Jgd⟩ *Spieße* mpl *der Hirschkälber* od *der Spießer*

cer|cha f ⟨Zim⟩ *Schrägmaß* n, *Schmiege* f ‖ *Spriegel* m ‖ *Wagenbügel* m *für die Plane* ‖ *Ringsegment* n *aus Holz* ‖ ⟨Arch⟩ *Lehr-, Bogen|gerüst* n ‖ *Stange* f *für Moskitonetz* ‖ ⟨Mar⟩ *Reif* m *des Steuerrads* ‖ *Marsrand* m ‖ ~ de bóveda *Gerüstschale* f ‖ **–chón** m ⟨Arch⟩ *Lehr-, Bogen|gerüst* n

cercillo m *Gabelranke* f *der Rebe*

cerciorar(se) vr *(s.) vergewissern (de que … dass …), (s.) überzeugen (de von), s. Gewissheit verschaffen (de über et.)*

cerclaje m ⟨Med⟩ *Cerclage* f

¹cerco m *(Um)Kreis, Umfang* m ‖ *(Fass)Reif* m ‖ *Fensterrahmen* m ‖ *Türzarge* f ‖ *Rand* m *(von Fleckenentfernungsmitteln)* ‖ *Zuuberkreis* m ‖ *Kreisbewegung* f ‖ ⟨Opt⟩ *(Licht)Hof* m ‖ ⟨Mil⟩ *Belagerung* f ‖ Hond *Hecke* f ‖ ~ de puerta ⟨Bgb⟩ *Türstock* m ‖ ~ alrededor del sol *Lichthof* m ‖ ~ de sujeción ⟨EB⟩ *Schließring* m *(am Radreifen)* ‖ ◇ alzar *(od* levantar) el ~ *die Belagerung aufheben* ‖ poner ~ a una ciudad *e–e Stadt belagern* ‖ ~s mpl *Jahresringe* mpl *(des Baumes)*

²cerco m ⟨Zool⟩ *Afterschwanz* m *(bei Gliedertieren)*

cer|coleptes m ⟨Zool⟩ *Wickelbär* m (Potos flavus) ‖ **–cópido** m ⟨Ins⟩ *Blutzikade* f (Cercopis vulnerata) ‖ **–copitécidos** mpl *Hundskopfaffen* mpl (Cercopithecidae) ‖ **–copiteco** m *Hundskopfaffe* m (Cercopithecus spp)

cercote m *Sperrnetz* n *(Fischernetz)*

cerda f Sau f ‖ *(Schweins)Borsten* fpl ‖ *Rosshaar* n ‖ ~ de la brocha *Pinselborste* f ‖ ◇ poner nueva ~ al arco *den (Violin)Bogen neu beziehen* ‖ ~s fpl *Steckgarn* n *(zum Vogelfang)*

cerda|da f *Sau-, Schweine|herde* f ‖ ⟨fig pop⟩ *Schweinerei* f ‖ ◇ hacerle a alg. una ~ ⟨vulg⟩ *jdm e–n üblen Streich spielen* ‖ **–men** m *Büschel* n *Borsten*

Cerdaña f ⟨Geogr⟩ *(die) Cerdagne*

△ **cerdañi** m *(Klapp)Messer* n

cerdear vi *auf den Vorderbeinen einknicken (Tier)* ‖ *schnarren (Saiten)* ⟨fig pop⟩ *s. gemein bzw unwürdig benehmen* ‖ ⟨fig⟩ *s. drücken, s. (e–r Verpflichtung) entziehen*

Cerdeña f ⟨Geogr⟩ *Sardinien* n

cer|do m *Schwein* n ‖ *Schweinefleisch* n ‖ ⟨fig⟩ *schmieriger, grober Kerl* m, ⟨vulg⟩ *(Dreck)Schwein* n, *Sau* f, *Schweinigel* m ‖ ~ de agua → **capibara** ‖ ~ asado *Schweinebraten* m ‖ ~ cebón *Mastschwein* n ‖ ~ cocido *Wellfleisch* n ‖ ~ graso *Fett-, Speck|schwein* n ‖ ~ magro *Fleischschwein* n ‖ ~ marino ⟨Zool⟩ *Schweinswal, Braunfisch* m (Phocaena phocaena) ‖ ~ de matanza, ~ de muerte *Schlachtschwein* n ‖ **–doso, –dudo** adj *borstig*

cere|al adj *(m/f)* *Getreide-, Korn-* ‖ **–es** mpl *Getreide* n, *Zerealien* fpl ‖ ~ forrajeros *Futtergetreide* n ‖ ~ de invierno *Wintergetreide* n ‖ ~ panificables *Brotgetreide* n ‖ ~ secundarios *Getreide* n *außer Weizen* ‖ ~ de siembra *Saatgetreide* n ‖ ~ de verano *Sommergetreide* n ‖ **–alicultura** f *Getreide(an)bau* m ‖ **–alista** m/f *Getreidebauer* m

cere|belar adj *zerebellar, auf das Kleinhirn bezüglich* ‖ **–belo** m An *Kleinhirn* n ‖ **–bral** adj *(m/f)* ⟨An⟩ *Gehirn-, Hirn-, zerebral* ‖ ⟨fig⟩ *geistig* ‖ ⟨fig⟩ *kühl, emotionslos, leidenschaftslos* ‖ ⟨fig⟩ *platonisch (Liebe)* ‖ ~ m ⟨fig⟩ *Intellektuelle(r), gebildeter Mensch* m ‖ **–bralidad** f ⟨fig⟩ *Verstandeskraft* f ‖ ⟨fig⟩ *Emotionslosigkeit* f ‖ **–bralización** f *Zerebralisation, Gehirnbildung* f ‖ **–brar** vi *denken*

cerebria f *Wahnsinn* m

cerebri|forme adj *(m/f)* *hirnförmig* ‖ **–no** adj *Gehirn-* ‖ **–tis** f ⟨Med⟩ *Gehirnentzündung* f

cerebro m *(Ge)Hirn* n ‖ ⟨fig⟩ *Kopf, Verstand, Geist* m ‖ ~ electrónico *(fam)* *Elektronengehirn* n ‖ **–espinal** adj ⟨An⟩ *auf Gehirn und Rückenmark bezüglich, zerebrospinal* ‖ **–meningitis** f ⟨Med⟩ *Hirnhautentzündung* f

cereceda f *Kirschgarten* m

cerecilla f *span. Pfeffer* m

cerecina f dim *(pop)* von **cereza**

ceremo|nia f *Zeremonie* f, *feierlicher, festlicher Brauch* m ‖ *Feierlichkeit* f ‖ *Förmlichkeit* f ‖ *Umstände* mpl ‖ *übertriebene Höflichkeit* f ‖ ~ de apertura *Eröffnungsfeierlichkeiten* f ‖ ~ de bautismo *Taufakt* m ‖ ~ de la coronación *Krönungs|feierlichkeit, -zeremonie* f ‖ ~ inaugural → ~ de apertura ‖ ~ oficial *feierlicher Staatsakt* m ‖ ♦ de ~ *feierlich* ‖ por ~ *bloß der Form wegen, zum Schein* ‖ sin ~ *ohne Umstände, ungeniert* ‖ ¡sin ceremonias! *bitte k–e Umstände!* ‖ ~s fpl: maestro de ~ *Zeremonienmeister* m ‖ **–nial** adj *förmlich* ‖ ~ m *Brauch* m, *Zeremoniell* n ‖ *Höflichkeitsformen* fpl, *Etikette* f ‖ ~ diplomático

diplomatisches Zeremoniell n ‖ **–niático** adj →
–nioso ‖ **–niero** adj *förmlich, umständlich* ‖ ~ *m*
Zeremonienmeister m ‖ *Protokollchef* m ‖ **–nioso**
adj/s *zeremoniös, förmlich* ‖ *übertrieben höflich* ‖
adv: ~**amente**
  ¹cereño adj *wachsfarben (Hund)*
  ²cereño adj Ar *stark, kräftig*
  ¹céreo adj *wächsern* ‖ *Wachs-*
  ²céreo *m* ⟨Bot⟩ *Säulenkaktus* m (Cereus spp)
  cere|**ría** *f Wachszieherei* f ‖ *Wachswaren* fpl ‖
–ro *m Wachszieher* m ‖ *Wachskerzenhändler* m
  Ceres *f* ⟨Myth⟩ *Ceres* f *(Göttin)*
  ceresina *f Zeresin* n
  cereta *f* PR *Angst, Furcht* f
  ceretano adj/s *aus Puigcerdá* (P Ger) ‖ *auf
Puigcerdá bezüglich*
  cerevisina *f Bierhefe* f
  cere|**za** *f Kirsche* f ‖ ⟨Mal⟩ *Kirschrot* n ‖ Cu
Schale f *des Kaffeekerns* ‖ ~ *de aves,* ~ *dulce
Süßkirsche* f ‖ ~ *garrafal Herzkirsche* f ‖ ~
gordal, ~ *mollar rötliche Herzkirsche,
Tafelkirsche* f ‖ ~ *póntica Sauerkirsche* f ‖ ~
silvestre Vogelkirsche f ‖ *sus labios de* ~ ⟨poet⟩
ihre kirschroten Lippen fpl ‖ **–zal** *m Kirschgarten*
m ‖ Ast Sal *Kirschbaum* m
  ¹cerezo *m Kirschbaum* m (Prunus sp) ‖
Kirschbaumholz n ‖ ~ *americano Spätblühende
Traubenkirsche* f (P. serotina) ‖ ~ *de racimo
Traubenkirsche* f (P. padus) ‖ ~ *de Santa Lucía,*
~ *de Santa María Steinweichsel* f (P. mahaleb)
  ²cerezo *m* Mex *Malpighiengewächs* m
(Malpighia spp) ‖ Am *verschiedene Arten der
Gattung Cordia* ‖ ~ *de Cayena Kirschmyrte* f
(Eugenia uniflora) ‖ Am *strauchartige Steineiche*
f ‖ ◇ *subirse al* ~ ⟨figf⟩ *aus der Haut fahren*
  ceriballo *m* Sal *Spur* f
  cerífero adj *wachs|bringend, -tragend*
  cerificar [c/qu] vt *Wachs läutern* ‖ ~ vi *Wachs
bilden*
  cerífico adj: pintura ~a *Wachsmalerei* f
  ceriflor *f* ⟨Bot⟩ *Wachsblume* f (Cerinthe spp) ‖
⟨V⟩ *Graufischer* m (Ceryle rudis)
  ceri|**lla** *f Streich-, Zünd|holz* n ‖ *Wachsstock* m
‖ *dünnes Wachslicht* n ‖ ⟨fig⟩ *Ohrenschmalz* m ‖
–llera *f*, **–llero** *m Streichholzschachtel* f ‖
Streichholzverkäufer m ‖ **–llo** *m Wachsstock* m ‖
And Cu Mex *Streich-, Zünd|holz* n
  cerina *f Kork(eichen)wachs* n ‖ *Zerin* n ‖
Zersilikat n
  cerio *m* (Ce) ⟨Chem⟩ *Cer(ium)* n
  ceriondo adj Sal *heranreifend, wachsfarben
(Getreide)*
  ceritio *m* ⟨Zool⟩ *Nadelschnecke* f (Cerithium
spp)
  cerito *m* ⟨Typ⟩ *kleine Null* f
  cerme|**ña** *f Muskatellerbirne* f ‖ **–ño** *m* ⟨Bot⟩
(Art) Muskatellerbirnbaum m (Pyrus achras) ‖
⟨fig⟩ *dummer, schmieriger Kerl* m ‖ ⟨fig⟩
Schmutzfink m
  cerna *f* Gal → **cerne**
  cerna|**da** *f Laugenasche* f ‖ ⟨Mal⟩ *Grundierung*
f *von Asche und Leimwasser* ‖ León *die im Herd
zurückbleibende Asche* f ‖ **–dero** *m Laugentuch* n
  cernaja(s) *f(pl)* Sal *Fransennetz* n *(am Kopf
der Zugochsen)*
  cerne *m Kernholz* n *(e–s Baumstammes)*
  cerne|**ar** vt Sal *heftig bewegen, schütteln* ‖
–dera *f Sieb* n ‖ **–dero, –dor** *m Beutel|kammer* f,
-werk n *(in e–r Mühle)* ‖ **–ja** *f (meist pl)*
Kötenhaar n
  cerner [-ie-] vt *sieben, sichten, beuteln (Mehl)*
‖ ⟨fig⟩ *auskundschaften, ausspähen (nach),
beobachten* ‖ ⟨fig⟩ *läutern, klären, sichten* ‖ ~ vi
(die) Frucht ansetzen (Getreide, Weinstock) ‖
⟨fig⟩ *rieseln, nieseln, dünn regnen* ‖ *flattern*

(Vogel) ‖ Sant *herumwirtschaften* ‖ ~**se** *schweben
bzw flattern (Greifvögel)* ‖ *drohen, schweben, im
Anzug sein (Gefahr)* ‖ ⟨fig⟩ *in der Luft liegen*
  cernícalo *m Turmfalke* m (Falco tinnunculus) ‖
~ *patirrojo Rotfußfalke* m (F. vespertinus) ‖
primilla Rötelfalke m (F. naumanni) ‖ ⟨fig⟩ *grober
Mensch* m ‖ ⟨figf⟩ *Esel* m ‖ ◇ *agarrar od coger
od pillar un* ~ ⟨figf⟩ *s. beschwipsen, s. e–n
Rausch antrinken*
  cerni|**dero** *m* Sal → **cernedero** ‖ **–dillo** *m
Sprühregen* m, *Rieseln, Nieseln* n ‖ **–do** *m*/adj
Beuteln n (z. B. *des Mehls*) ‖ *Beutelmehl* n
  ¹cer|nidor *m Sieb* n ‖ → **–nedero**
  ²cernidor *m* Am *(Art) Schürze* f
  ³cernidor *m* Ec *Lügner, Betrüger* m
  cerniduras *fpl Siebsel* n *(vom Mehl)*
  cernina *f* Ast *Mogelei* f
  cernir [-ie-] vt → **cerner** ‖ Ec *lügen*
  cerno *m* → **cerne**
  cero *m Null* f ‖ *Nullpunkt* m ‖ *Zero* f ‖ ~
absoluto absoluter Nullpunkt m ‖ *dos grados bajo
(sobre)* ~ *zwei Grad unter (über) Null* ‖ ◇
empataron a ~ *tantos* ⟨Sp⟩ *das Treffen blieb
unentschieden, 0:0* ‖ *ser* (un) ~ (a la izquierda)
⟨figf⟩ *e–e Null sein* ‖ *volver a empezar a* ~, *partir
de* ~ *wieder von vorn anfangen*
  cerografía *f* ⟨Typ⟩ *Zerographie,
Wachsgravierung* f
  cerógrafo *m Zerograph* m ‖ *Wachssiegelring* m
  ceroideo adj *wachsartig*
  cerollo adj ⟨reg⟩ *noch nicht ganz reif
(geerntetes Getreide)*
  ceromancia *f Wachs|wahrsagerei* f, *-gießen* n
  cerón *m Wachstreber* m
  cero|**pez** [*pl* ~**ces**] *f Salbe* f *aus Wachs und
Pech* ‖ *Schusterpech* n ‖ **–plástica** *f Zeroplastik,
Wachsbildnerei* f ‖ *Erzeugnis* n *der Zeroplastik* ‖
–so adj *wachsartig* ‖ *Wachs-* ‖ ~ *m* Mex
weichgekochtes Ei n ‖ **–te** *m Schusterpech* n ‖
⟨figf⟩ *(große) Angst* f ‖ Chi *Kerzentropfen* m ‖
Chi *Kerzenstummel* m ‖ ◇ *estar hecho un* ~
⟨figf⟩ *sehr schmutzige Kleider anhaben* ‖ **–tear** vt
pichen (Pechgarn) ‖ ⟨Schuhm⟩ *einwachsen
(Faden)* ‖ **–to** *m* ⟨Pharm⟩ *Pechflaster* n
  cerquero adj Am *Pferch- (Vieh)*
  ¹cerquillo *m Tonsur* f *(der Geistlichen)*
  ²cerquillo *m einfacher Goldring* m *ohne Stein*
  ³cerquillo *m Brandsohle* f
  ⁴cerquillo *m* Am Ar *Stirnlocke* f
  cer|**quininga** adv ⟨fam⟩ Dom → **–quita** ‖
–quita adv dim von **cerca** ‖ *ganz nahe*
  cerra *f Hand* f
  cerracatín *m* ⟨fam⟩ *Geizhals* m
  ¹cerrada *f Rückenhaut* f *(von Tieren)*
  ²cerrada *f Zuschließen* n ‖ ◇ *hacer la* ~
⟨figf⟩ *ganz und gar im Irrtum sein*
  cerra|**dera** *f* → **–dero** ‖ ◇ *echar la* ~ ⟨figf⟩ *s.
allen Argumenten verschließen* ‖ *jdn abblitzen
lassen* ‖ **–dero** *m* adj *(ver)schließbar* ‖ ~ *m
Verschluss* m ‖ *Schließ|blech* n, *-kappe* f *(am
Schloss)* ‖ **–dizo** adj *(ver)schließbar* ‖ **–do** adj
geschlossen ‖ ⟨fig⟩ *verschlossen, zurückhaltend,
zugeknöpft* ‖ *unergründlich* ‖ *unverständlich (Text)*
‖ *alt, erwachsen (Tier)* ‖ ⟨fig⟩ *stürmisch (Beifall)*
‖ ⟨fig⟩ *dicht (Wald)* ‖ ⟨fig⟩ *scharf (Kurve)* ‖ ⟨fig⟩
gedrängt (Schrift) ‖ ⟨fig⟩ *schwer von Begriff* ‖
⟨figf⟩ *dumm* ‖ ⟨fig⟩ *eigensinnig, hartnäckig,
dickköpfig* ‖ ⟨fig⟩ *heimlich, geheimnisvoll* ‖ ⟨fig⟩
schwül (Wetter) ‖ ⟨fig⟩ *dicht bewölkt, bedeckt
(Himmel)* ‖ ~ *de barba mit Vollbart* ‖ ~ *por
defunción wegen Todesfalls geschlossen* ‖ ~
herméticamente luftdicht verschlossen ‖ ~ *de
mollera* ⟨figf⟩ *dumm, einfältig* ‖ *creer a ojos* ~**s**
⟨figf⟩ *blind(lings) glauben* ‖ *estar* ~ *para algo*
⟨fig⟩ *für et. k–n Sinn haben, für et. kein*

Verständnis haben ‖ ~ *m Einsperren* n ‖
Einfried(ig)ung f ‖ *Gehege* n ‖ oler a ~ *dumpfig,*
muffig riechen (bei mangelhafter Lüftung) ‖ **–dor**
m Schließer m ‖ **–dura** *f (Tür)Schloss* n ‖
(Zu)Schließen n ‖ *Schließvorrichtung* f ‖ ~ de
bombillo *Zylinderschloss* m ‖ ~ de caja *Kasten-,*
Kisten-, Schatullen|schloss n ‖ ~ de cifras
Zahlen-, Kombinations|schloss n ‖ ~ de
combinación *Kombinationsschloss* n ‖ ~
empotrada *eingelassenes Schloss* n ‖ ~ de golpe
Schnappschloss n ‖ ~ de letras *Buchstaben-,*
Kombinations|schloss n ‖ ~ de muelle
Feder(tür)schloss n ‖ ~ de pestillo
Riegelverschluss n, *Verriegelung* f ‖ ~ de resorte
→ ~ de muelle ‖ ~ de secreto *Geheimschloss* n ‖
~ de seguridad *Sicherheitsschloss* n ‖ ~ de dos
vueltas *zweitouriges Schloss* n ‖ ~ de media
vuelta *Halbtourschloss* n
¹cerraja *f (Tür)Schloss* n
²cerraja *f (Bot) (Kohl)Gänsedistel* f (Sonchus
oleraceus)
cerraje|ría *f Schlosserhandwerk* n ‖
Schlosserwerkstätte, Schlosserei f ‖
Schlosserarbeit f ‖ **–rillo** *m* Al ⟨V⟩ *Zaunkönig* m
‖ **–ro** *m Schlosser* m ‖ ~ de arte *Kunstschlosser*
m ‖ ~ de obras *Bauschlosser* m
cerrajón *m hoher, steiler Hügel* m
cerralle *m* → **¹cerco**
cerramiento *m* s von **cerrar** ‖ *Ver|schließen* n,
-schluss m ‖ *Umschließung* f ‖ ⟨Bgb⟩ *Absperrdamm*
m
cerrar [-ie-] vt *(ab-), (ver)schließen,*
zu|sperren, -machen, -ziehen ‖ *schließen*
(Augen) ‖ *schließen (Vertrag)* ‖ *umzäunen,*
einfrieden ‖ *zuklappen (Buch, Messer,*
Regenschirm) ‖ *zuschieben (Schublade)* ‖
zusammenklappen (Fächer) ‖ *zunähen* ‖ *zu-,*
ver|stopfen ‖ *zuschütten (Grube, Loch)* ‖
versiegeln ‖ *(ab)schließen (Rechnung, Vertrag)* ‖
zukleben, schließen (Brief) ‖ *zudrehen (Hahn)* ‖
ballen (Faust) ‖ *abschalten, ausdrehen (Licht)* ‖
für geschlossen erklären (Wettbewerb) ‖ ⟨fig⟩
(be)enden ‖ ⟨fig⟩ *einstellen (Tätigkeit)* ‖ ⟨fig⟩
beend(ig)en (Diskussion) ‖ ⟨fig⟩ *aufgeben (Praxis)*
‖ ◇ ~ la boca ⟨fam⟩ *still werden, verstummen* ‖
~ la boca a alg. ⟨fam⟩ *jdm den Mund stopfen* ‖ ~
con cerrojo *verriegeln* ‖ ~ la cuenta *die*
Rechnung abschließen ‖ ~ con un dique
verdämmen ‖ ~ las escotillas ⟨Mar⟩ *die Luken*
schließen od *dichtmachen* ‖ ~ con (un) gancho
zuhaken ‖ ~ de golpe *zuschnappen,* ⟨fam⟩
zuknallen (Tür) ‖ ~ el grifo *den Hahn zudrehen* ‖
~ con llave *zuschließen* ‖ ~ la marcha *als letzter*
(hinterher)marschieren ‖ ~ el molde ⟨Typ⟩
(fest)keilen ‖ ⟨Ku⟩ *das Werkzeug schließen* ‖ ~ el
obturador ⟨Fot⟩ *abblenden* ‖ ~ el ojo ⟨fam⟩
sterben ‖ no ~ el ojo en toda la noche *die ganze*
Nacht kein Auge zutun ‖ ~ los ojos *die Augen*
schließen ‖ *die Augen zudrücken (e–m Toten)* ‖ ~
los ojos sobre algo *bei et. ein Auge zudrücken* ‖
~ el paso *ab-, zu|sperren* ‖ *den Weg versperren* ‖
den Zugang versperren ‖ ~ con pérdida *mit*
Verlust abschließen (Bilanz) ‖ ~ el pico ⟨fam⟩
den Schnabel halten ‖ ~ a piedra y lodo
mauerfest verschließen ‖ ~ plaza ⟨Taur⟩ *der letzte*
sein (Kampfstier) ‖ ~ el puño *die Faust ballen* ‖
~ la sesión *die Sitzung schließen* ‖ ~ por
soldadura *zulöten* ‖ ~ un vacío *e–e Lücke*
schließen ‖ en (un abrir) y ~ de ojos ⟨figf⟩ *im Nu*
‖ ~ vi *(s.) schließen (Schloss)* ‖ *in s. fassen* ‖
anbrechen (die Nacht) ‖ *ablaufen, zu Ende sein*
(Frist) ‖ *zuheilen (Wunde)* ‖ ◇ ~ con alg. *auf*
jdn losstürzen ‖ ~ con od contra el enemigo
⟨Mil⟩ *den Feind angreifen* ‖ al ~ el día *bei*
Anbruch der Nacht ‖ ha cerrado la noche *es ist*

schon finstere Nacht ‖ la puerta cierra bien (mal)
die Tür schließt gut (schlecht) ‖ ir cerrando
langsam zuheilen (Wunde) ‖ ¡(Santiago y) cierra
España! *greif an, Spanien! (mit der Hilfe des hl.*
Jakobus – alter Schlachtruf der Spanier) ‖ **~se**
zuheilen (Wunde) ‖ *s. überziehen, s. bewölken*
(Himmel) ‖ ◇ ~ en callar *hartnäckig schweigen*
‖ ~ en su opinión *hartnäckig auf s–r Meinung*
bestehen
cerrazón *f dicht bedeckter Wolkenhimmel* m ‖
Gewitterwolken fpl ‖ ⟨fig⟩ *Stumpfsinn* m
cerrejón *m kleiner Hügel* m
cerre|ría *f* ⟨fam⟩ *(allzu)freies Benehmen* n ‖
–ro adj/s *umherstreifend* ‖ *ungebunden, frei* ‖
bergig, uneben ‖ ⟨fig⟩ Am *roh, ungebildet* ‖ Ven
nicht süß ‖ ~ *m Landstreicher, Vagabund* m
cerreta *f* ⟨Mar⟩ *Spiere* f
cerrica *f* Ast *Zaunkönig* m (→ **chochín**)
cerril adj *(m/f) bergig* ‖ *wild (Tier)* ‖ ⟨figf⟩
grob, ungeschliffen, ⟨pop⟩ *ruppig* ‖ ⟨pop⟩
borniert, engstirnig, stur ‖ ⟨fig⟩ *jung, unerfahren*
‖ adv: **~mente**
cerrilero *m* And *Fohlenhüter* m
cerri|lidad *f Wildheit, Ungezähmtheit* f *(Tier)* ‖
⟨fig⟩ *Grobheit, Ungeschliffenheit* f ‖ ⟨fig⟩ *Sturheit*
f ‖ **–lismo** *m Engstirnigkeit* f ‖ **–lmente** adv *grob*
‖ *stur*
cerri|lla *f Rändelmaschine* f *(für Münzen)* ‖
–llada *f* SAm *niedrige Hügelkette* f ‖ **–llar** vt
rändeln (Münzen) ‖ **–llo** *m* dim von **cerro** ‖ **~s**
mpl Rändel|eisen n, *-stempel* m
cerrión *m Eiszapfen* m
¹cerro *m Hügel* m, *steile Anhöhe* f ‖ ◆ como
por los **~s** de Úbeda ⟨figf⟩ *wie die Faust aufs*
Auge ‖ *ganz unpassend* ‖ ◇ echar por esos **~s**
⟨figf⟩ *irregehen, Ungehöriges sagen* od *tun* ‖ salir
(& *od* echar, ir, irse) por los **~s** de Úbeda ⟨figf⟩
unpassend, kopflos antworten ‖ ⟨figf⟩ *dumm*
daherschwätzen
²cerro *m Hals* m, *Genick* n *(der Tiere)* ‖ ◆ en
~ *ungesattelt (Pferd)* ‖ ⟨figf⟩ *einfach, ohne Zutat*
‖ ◇ beber en ~ ⟨fam⟩ *auf leeren Magen trinken*
³cerro *m* ⟨Bot⟩ *Zerreiche* f (Quercus cerri) ‖
Büschel n *Flachs*
cerro|jazo *m Schließen* n *mit dem Riegel* ‖
plötzliche Verriegelung f ‖ ◇ dar ~ *schnell*
verriegeln ‖ ⟨fig⟩ *schnell schließen (z. B.*
Parlament) ‖ dar un ~ (a) ⟨figf⟩ *e–n Korb geben*
(dat) ‖ **–jeo** *m* Pe *planloses Herumschlendern* n ‖
–jillo, –jito *m Kohlmeise* f ‖ **–jo** *m Riegel* m *(&*
im Fußball) ‖ ⟨Bgb⟩ *T-förmige Stollenkreuzung* f ‖
~ de armario *Schrankriegel* m ‖ ~ de cañón
Verschluss m ‖ ~ de fusil *Gewehrschloss* m ‖ ~
de pestaña *Einsteckschloss* n ‖ ~ pasador, ~ de
resbalón *Schubriegel* m ‖ ~ de resorte
Federriegel m ‖ ◇ correr el ~ *den Riegel*
zurückschieben ‖ echar el ~ (a) *verriegeln*
△ **cerrón** *m Schlüssel, Riegel* m
△ **certa** *f Hemd* n
certamen *m (künstlerischer,*
wissenschaftlicher) Wettbewerb m ‖
Preisausschreiben n ‖ *Ausstellung* f ‖ ~ de
belleza *Schönheits|konkurrenz* f, *-wettbewerb* m ‖ ◇
~ literario *literarischer Wettbewerb* m ‖ ◇
celebrar un ~ *ein Preisausschreiben durchführen*
certeneja *f* Mex *kleiner, tiefer Sumpf* m
certe|ría *f Treffsicherheit* f *(beim Schießen*
usw.) ‖ **–ro** adj *(treff)sicher, treffend* ‖ *passend,*
triftig ‖ *zuverlässig* ‖ *gut unterrichtet, genau*
informiert ‖ adv: **~amente** ‖ **–za** *f Gewissheit,*
Bestimmtheit f ‖ ◆ con ~ *bestimmt*
certidumbre *f Gewissheit, Sicherheit* f ‖ ~ del
derecho *Rechtssicherheit* f
certifi|cación *f Beglaubigung* f ‖
Bescheinigung f ‖ *Ausfertigung* f ‖ *Beweis* m ‖

Bestätigung f *(e–s Schecks)* ‖ ~ de salida ⟨Com⟩
Ausfuhrschein m ‖ **–cado** adj *beglaubigt (Kopie,*
Zollfaktura) ‖ *bestätigt (Scheck)* ‖ *eingetragen* ‖
eingeschrieben (Postsendung) ‖ ~ *m*
Bescheinigung f ‖ *eingeschriebener Brief* m ‖
Einschreiben n *(als Briefaufschrift)* ‖ *Bekräftigung*
f ‖ ~ de antecedentes penales *Strafregisterauszug*
m ‖ ~ de aprendizaje *Lehrbrief* m ‖ ~ de aptitud
Befähigungs\nachweis m, *-zeugnis* n ‖ ~ de
arqueo ⟨Mar⟩ *Messbrief* m ‖ ~ de asistencia
Bescheinigung f *der Teilnahme (an e–m Kurs)* ‖
~ de autorización de exportación
Ausfuhrberechtigungsschein m ‖ ~ de avería
Schadenszertifikat n ‖ ~ de bachiller(ato)
Abiturientenzeugnis n ‖ ~ de buena conducta
(polizeiliches) Führungszeugnis n ‖
Leumundszeugnis n ‖ ~ de complacencia
Gefälligkeitsattest n ‖ ~ de condiciones físicas
Fahrtüchtigkeitszeugnis n ‖ ~ consular
Konsulatsbescheinigung f ‖ ~ de daños ⟨Com⟩
Schaden(s)bescheinigung f ‖ ~ de defunción
Totenschein m, *Sterbeurkunde* f ‖ ~ de depósito
⟨Com⟩ *Lagerschein* m ‖ ~ de desempleo
Arbeitslosigkeitsbescheinigung f ‖ ~ de
escolaridad *Schulzeugnis* n ‖ Span *Bescheinigung*
über die Erfüllung der Schulpflicht ‖ ~ de
estudios *Studienbescheinigung* f ‖ ~ de examen
Prüfungszeugnis n ‖ ~ de existencia
Lebensbescheinigung f ‖ ~ facultativo *ärztliches*
Attest n ‖ ~ de franco-bordo
Fahrterlaubnisschein m ‖ ~ de franquicia
aduanera *Zollfreischein* m ‖ ~ de garantía
Garantieschein m ‖ ~ de heredero *Erbschein* m ‖
~ de incapacidad laboral
Arbeitsunfähigkeitsbescheinigung f ‖ ~
justificante ⟨Com⟩ *Zollrückgabeschein* m ‖ ~ de
matrimonio *Heiratsurkunde* f ‖ ~ de nacimiento
Geburts\schein m, *-urkunde* f ‖ ~ de no objeción
Unbedenklichkeitsbescheinigung f ‖ ~ de origen
Ursprungszeugnis n ‖ ~ prenupcial
Ehetauglichkeitszeugnis n ‖ ~ de procedencia
Herkunftszeugnis n ‖ ~ de profesión
Berufsnachweis m ‖ ~ de reconocimiento de
deuda *Schuld\bescheinigung, -anerkenntnis* f ‖ ~
de sanidad *Gesundheits\pass* m, *-attest, -zeugnis* n
‖ ~ de seguro *Versicherungsschein* m ‖ ~ de
trabajo *Arbeitszeugnis* n ‖ ~ de tránsito *Transit-,*
Durchfuhr\schein m ‖ ~ de vacuna(ción)
Impfschein m ‖ ◇ extender un ~ *ein Zeugnis*
ausstellen ‖ **–car** [c/qu] vt *bescheinigen* ‖
beurkunden ‖ *beglaubigen* ‖ *versichern* ‖ ◇
(hacer) ~ una carta *e–n Brief einschreiben*
(lassen) ‖ ~ una firma *e–e Unterschrift*
beglaubigen ‖ **~se** *s. vergewissern* ‖ **–cativo** adj
überzeugend ‖ **–catorio** adj *be\glaubigend,*
-scheinigend
   cer\tísimo adj sup von **cierto** ‖ **–titud** *f →*
certeza
   ceruca f Al *Schote, Hülse* f
   cerúleo adj *himmelblau* ‖ *dunkelblau (Meer,*
See)
   ceruliñona f *Blauöl* n
   ceruma f *Fesselgelenk* n
   cerumen m *Ohrenschmalz, Cerumen* n
   cerusa f ⟨Chem⟩ *Bleiweiß, Kremser Weiß* n
   cerusita f ⟨Min⟩ *Zerussit* m
   ¹cerval adj *(m/f) Hirsch-* ‖ *hirschähnlich* ‖ *wild*
(Tier)
   ²cerval adj *(m/f):* miedo ~ *bodenlose od*
würgende Angst f
   cervantes m ⟨Ins⟩ *Dickkopffalter* m (Erynnis
tages)
   Cervan\tes m np *Cervantes* m ‖ ◇ ser un ~
(figf) ein berühmter Schriftsteller sein ‖ **≠tesco,**
≠tino, cervántico adj *in der Manier od dem Stil*

des Cervantes ‖ **≠tismo** m *cervantinischer*
Ausdruck m ‖ *literarischer Einfluss* m *von*
Cervantes ‖ **≠tista** m/f *Cervantist(in* f),
Cervantesforscher(in f) m ‖ **≠tófilo** m
Cervantesverehrer m
   cervatana *f →* **cerbatana**
   cerva\tillo m dim von **–to** ‖ **–to** m *Hirschkalb* n
   cervece\ría f *(Bier)Brauerei* f ‖ *Brauhaus* n ‖
Bierhalle f, *Schenke, Bierstube* f ‖ *Gasthaus* n ‖
–ro adj *Bier-* ‖ *Brauerei-* ‖ ~ *m (Bier)Brauer* m ‖
Mälzer m ‖ *Bierwirt* m ‖ *Gast-, Schenk\wirt* m
   cerverano adj *aus Cervera de Pisuerga* (P Pal)
bzw *C. de Río Alhama* (P Logr) ‖ *auf Cervera de*
Pisuerga bzw *C. de Río Alhama bezüglich*
   cerveza f *Bier* n ‖ ~ añeja *Lagerbier* n ‖ ~ de
barril *Fassbier* n ‖ ~ blanca (de Berlín)
(Berliner) Weißbier n ‖ ~ en botellas
Flaschenbier n ‖ ~ de cebada *Gerstenbier* n ‖ ~
clara, ~ dorada *helles Bier* n ‖ ~ embotellada
Flaschenbier n ‖ ~ espumosa *Schaumbier* n ‖ ~
de exportación *Exportbier* n ‖ ~ de fermentación
alta *obergäriges Bier* n ‖ ~ de fermentación baja
untergäriges Bier n ‖ ~ floja *Dünnbier, leichtes*
Bier n ‖ ~ fuerte *Starkbier* n ‖ ~ de invierno
Winterbier n ‖ ~ de jengibre *Ingwerbier* n ‖ ~ de
malta *Malzbier* n ‖ ~ marzal, ~ de marzo
Märzenbier n ‖ ~ medicinal *Medizinalbier* n ‖ ~
de mostrador *Ausschank-, Schenk\bier* n ‖ ~ de
Munich *Münchner Bier* n ‖ ~ negra *Schwarzbier,*
dunkles Bier n ‖ ~ (de) Pilsen *Pils(e)ner Bier* n ‖
~ reciente *junges Bier* n ‖ ~ reposada
Lagerbier n ‖ ~ sencilla *Einfachbier* n ‖
~ rubia *helles Bier* n ‖ ~ en toneles,
~ del tonel *Fassbier* n ‖ ~ de verano
Sommerbier n ‖ ◇ tomar un vaso de ~ *ein Glas*
Bier trinken
   cervicabra f ⟨Zool⟩ *Hirschziegenantilope* f
(Antilope cervicapra)
   cervic(ul)ar adj *Genick-, zervikal*
   cérvidos mpl ⟨Zool⟩ *hirschartige Tiere* npl,
Hirsche mpl (Cervidae)
   cervi\gal m *(Kopf)Kissen* n ‖ **–gón** adj →
–gudo m ⟨fam⟩ *Speck-, Stier\nacken* m ‖
dicker Nacken m ‖ **–gudo** adj *mit feistem Nacken*
‖ *(fig) trotzig, halsstarrig* ‖ **–guillo** m *dicker*
Nacken m
   cervino adj *Hirsch-*
   Cervino m ⟨Geogr⟩ *Matterhorn* n
   cerviz *[pl ~ces]* f *Genick* n, *Nacken* m ‖ ◆ de
dura ~ *(fig) halsstarrig* ‖ ◇ *bajar od doblar* la
~ *(fig) s. demütigen* ‖ levantar la ~ *(fig) den*
Kopf hoch tragen ‖ ser de dura ~ *(figf)*
unbeugsam sein ‖ *halsstarrig sein*
   cervuno adj *hirschfarben* ‖ *fahl (Pferd)*
   cesación f *Aufhören* n, *Unterbrechung,*
Beendigung, Aufhebung, Einstellung f ‖
Aussetzen, Erlöschen n ⟨Med⟩ *Ausbleiben* n *(der*
Regel) ‖ ~ de la acción ⟨Jur⟩ *Aussetzung* f *des*
Verfahrens ‖ ~ de la explotación
Betriebseinstellung f ‖ ~ del gobierno *Rücktritt* m
der Regierung ‖ ~ de las hostilidades *Einstellung*
f *der Feindseligkeiten* ‖ ~ de industria → ~ de la
explotación ‖ ~ de la ley *Außerkrafttreten* n *des*
Gesetzes ‖ ~ de pagos *Zahlungseinstellung* f ‖ ~
del trabajo *Arbeits\niederlegung, -einstellung* f ‖
~ de vigencia *Außerkrafttreten* n
   cesan\te m *entlassene(r), s–s Amtes*
enthobene(r) Beamte(r) m ‖ *Beamte(r)* m *im*
Wartestand ‖ ◇ dejar ~ *entlassen (Beamte)* ‖
–tear vt Arg Chi Ur *entlassen* ‖ **–tía** f
(einstweilige) Amtsenthebung f ‖ *Abbau* m *(von*
Beamtenstellen) ‖ *einstweiliger Ruhestand* m ‖
Stellen-, Arbeits\losigkeit f ‖ *Wartegeld* n ‖
Abgeordneten-, Minister\pension f
   cesar vt/i *ablassen* ‖ *erlöschen* ‖ *aufhören* ‖

einstellen, aufgeben ‖ *abbrechen (Kampf)* ‖
ausscheiden (aus dem Amt) ‖ ◇ ~ de correr
aufhören zu laufen ‖ ~ en su empleo *aus dem
Amt scheiden* ‖ ~ de estar en vigor ⟨Jur⟩ *außer
Kraft treten* ‖ ~ en su empleo *aus dem Amt
scheiden* ‖ ~ el fuego *das Feuer einstellen* ‖ ~ en
el trabajo *die Arbeit niederlegen* ‖ sin ~
unaufhörlich, beständig
   César m *Cäsar, Kaiser* m ‖ o ~ o nada ⟨fig⟩
entweder alles oder nichts ‖ ◇ lo que es de ~,
dese a ~, lo que es de Dios, a Dios *gebt dem
Kaiser, was des Kaisers ist, und Gott, was Gottes
ist*
   cesaraugustano adj/s *aus Caesarea Augusta
(dem heutigen Saragossa)*
   Cesáre|a *Cäsarea (Stadt)* ‖ **≈a** f ⟨Med⟩
Kaiserschnitt m ‖ **≈o** adj *cäsarisch, kaiserlich,
Kaiser-*
   cesari(a)no adj *Julius Cäsar betreffend* ‖
cäsarisch, kaiserlich
   cesa|rismo m *Cäsarentum* n ‖ ⟨Pol⟩ *Cäsa-,
Zäsa|rismus* m ‖ **–ropapismo** m *Cäsaropapismus*
m
   ce|se m *Aufhören* n ‖ *Unterbrechung* f ‖
Ausscheiden n, *Entlassung* f ‖ *Vermerk* m *über
das Aufhören (e–r Zahlung)* ‖ *Aufgabe* f *(e–s
Geschäftes)* ‖ ~ de alarma ⟨Mil⟩ *Entwarnung* f ‖
~ en el cargo *Ausscheiden* n *aus dem Amt* ‖ ~ de
hostilidades *Einstellung* f *der Feindseligkeiten* ‖
~ de la prestación ⟨Jur⟩ *Wegfall* m *der Leistung* ‖
–sibilidad f *Abtret-, Zedier|barkeit* f ‖ **–sible** adj
⟨Jur⟩ *abtretbar*
   cesio m **(Cs)** ⟨Chem⟩ *Cäsium* n
   cesión f *Abtretung, Zession, Überlassung* f ‖ ~
de crédito *Forderungsabtretung* f ‖ ~ de territorio
Gebietsabtretung f
   cesio|nario m *(Über)Nehmer* m *(e–s
abgetretenen Rechtes)* ‖ *Rechtsnachfolger,
Zessionar* m ‖ **–nista**
m/f *Zedent(in* f), *Überlasser(in* f) m ‖
Verzichtleistende(r m) f
   césped in *Rasen(platz)* m ‖ ◇ sacar ~ *Rasen
stechen*
   cespedera f *Rasen-, Gras|platz* m
   cespitar vi *zögern, schwanken*
   ¹cesta f *(runder) Korb, Tischkorb* m ‖ ~ con
asas *Henkelkorb* m ‖ ~ para frutas *Obstkorb* m ‖
~ de merienda *Korb* m *mit Esswaren* ‖
Frühstückskorb m ‖ ~ de mordaza ⟨Tech⟩
Greifkorb m *(Bagger)* ‖ ~ de papeles *Papierkorb*
m ‖ ~ de la ropa *Wäschekorb* m ‖ ~ surtida
Präsentkorb m ‖ ◇ no decir ~ ni ballesta ⟨figf⟩
kein Wort antworten, hartnäckig schweigen, ⟨fam⟩
k–n Piep sagen
   ²cesta f *Wurf-, Schlag|korb* m *der baskischen
Ballspieler*
   ces|tada f *ein Korbvoll* m ‖ **–tería** f
Korbflechterei f ‖ *Korbwaren* fpl ‖
Korbwarengeschäft n ‖ **–tero** m *Korb|flechter,
-händler* m ‖ **–tita** f dim von **¹cesta**
   ¹cesto m *großer, hoher Korb* m (& *aus Rohr
od ungeschälten Weiden)* ‖ *Tragkorb* m ‖ ~
anguilero *Aalkorb* m ‖ ~ de los papeles
Papierkorb m ‖ ~ para ropa *Wäschekorb* m ‖ ◇
dormir como un ~ ⟨figf⟩ *wie ein Murmeltier
schlafen* ‖ estar hecho un ~ ⟨figf⟩ *schlaftrunken
sein* ‖ *berauscht sein* ‖ ser un ~ *un|geschliffen,
-kultiviert sein,* ⟨pop⟩ *bekloppt sein* ‖ quien hace
un ~, hace ciento (si le dan mimbres y tiempo)
wer einmal aus dem Blechnapf fraß, ... (etwa:
einmal Dieb, immer Dieb)
   ²cesto m ⟨Sp⟩ *Korb* m *(im Korbballspiel)* ‖
Treffer m *(im Korbballspiel)*
   ³cesto m ⟨Hist⟩ *Kampfhandschuh* m *(der
Faustkämpfer)*

⁴cesto m ⟨Zool⟩ *Venusgürtel* m (Cestus veneris)
   cestodos mpl ⟨Zool⟩ *Bandwürmer* mpl,
Zestoden pl (Cestodes)
   cestón m augm von **cesto**
   cesura f *Zäsur* f
   ceta f → **zeta**
   cetáceo m ⟨Zool⟩ *Wal* m ‖ **~s** mpl *Waltiere*
npl, *Wale* mpl (Cetacea)
   cetano m ⟨Chem⟩ *Cetan* n
   cetina f *Walrat* m ‖ ⟨Chem⟩ *Zetin* n
   cetona f ⟨Chem⟩ *Keton* n
   cetonia f ⟨Ins⟩ *Rosenkäfer* m (Cetonia aurata)
   cetraria f ⟨Bot⟩ *Isländisches Moos* (Cetraria
islandica)
   cetrería f ⟨Jgd⟩ *Falknerei* f ‖ *Falken-,
Beiz|jagd* f‖ *Falkenzucht* f
   ¹cetrero m ⟨Jgd⟩ *Falkenier, Falkner* m
   ²cetrero m *Zepterträger* m
   cetrífero adj ⟨poet⟩ *zeptertragend*
   cetrino adj *grün-, zitronen|gelb* ‖ *zitratartig* ‖
⟨fig⟩ *trübsinnig, grämlich*
   cetro m *Zepter* n (& m) ‖ *Kirchenzepter* n (&
m) ‖ ⟨fig⟩ *Regierung(szeit)* f ‖ ⟨fig⟩ *Königs-,
Kaiser|würde* f ‖ ◇ empuñar el ~ ⟨fig⟩ *die
Regierung übernehmen*
   ceugma f ⟨Rhet⟩ *Zeugma* n
   Ceu|ta f [Stadt] *Ceuta* n ‖ **≈tí** [pl **–íes**] m/adj
Einwohner m *von Ceuta*
   Cevenas fpl ⟨Geogr⟩: las ~ *die Cevennen*
   Ceylán → **Ceilán**
   cf. ⟨Abk⟩ = confesor ‖ confirma(n)
   c.f.(y)s. ⟨Abk⟩ = coste, flete y seguro
   Cf ⟨Abk⟩ = californio
   cg. ⟨Abk⟩ = centigramo
   C.G.S. ⟨Abk⟩ = sistema cegesimal *CGS-
System* f
   ¹cha m Am Fil *Cha, Tee* m
   ²cha! ¡chá! ⟨int⟩ *sieh da!*
   chabaca|nería, –nada f *Geschmacklosigkeit,
Lächerlichkeit* f ‖ *Plattheit* f ‖ *Pfusch|arbeit* f,
-werk n ‖ **–no** adj *platt, gemein* ‖ *plump,
geschmacklos* ‖ adv: **~amente** ‖ ~ m Mex ⟨Bot⟩
Aprikosenbaum m (Prunus armeniaca)
   chabela f Bol *Mischgetränk* n *aus Wein und
Chicha*
   chabelón adj ⟨fam⟩ *weibisch* ‖ *weichlich* ‖
feige (Mann)
   chabisque m Ar *Schlamm, Morast* m
   chabo|la f *Hütte* f ‖ *Baracke* f (bes. *in
Elendsvierteln)* ‖ **–lismo** m *Problem* n *der
Elendswohnungen* ‖ *Existenz* f *von
Elendswohnungen* ‖ **–lista** m/f *Bewohner(in* f) m
e–r Elendswohnung
   chabuco m Extr *Teich* m
   chaca f ⟨Zool⟩ *Venusmuschel* f (Venus
dombeyithaca)
   chaca f Bol *Brücke* f, *Bogen* m
   chacal m ⟨Zool⟩ *Schakal* m (Thos aureus)
   chaca|lín m → **¹camarón** ‖ **–lote** m Col →
cachalote
   chacana f Ec *Trage* f ‖ *Tragbahre* f
   chacanear vt Chi *die Sporen geben (dem
Pferd)*
   chacantana f Mex *Zank, Streit* m ‖ *Aufruhr* m
   chácara f Am → **¹chacra**
   chacarera f *Chacarera* f *(arg. Tanz und Musik)*
   chacarería f *Gruppe von Landgütern*
   ¹chacarero m Am *Bauer, Gärtner, Feldarbeiter*
m
   ²chacarero m Chi: (sandwich) ~ *Sandwich* m
(& n) *mit Steak und Salat*
   Chacarita f *der Friedhof von Buenos Aires* ‖
~ Arg *Autofriedhof* m
   chacarona f Can *gepökelter Fisch* m
   chacarrear vt/i ⟨fam⟩ *brummen, knurren*

chaccha|pear vt Ec Pe *Koka kauen* ‖ **–peo** *m*
Ec Pe *Kauen* n *von Koka*
¹chacha *f* ⟨fam⟩ *Mädchen, Kind* n ‖
⟨fam⟩ *Amme, Kinderwärterin* f ‖ ⟨fam⟩
Dienstmädchen n
²chacha *f* Guat → **chachalaca**
chachacaste *m* MAm *Branntwein,* ⟨fam⟩
Schnaps m
chachacuate adj Mex *pockennarbig*
chachachá *m Cha-Cha-Cha* m *(Tanz und
Musik)*
chachal *m* Pe *Bleistift* m
chachalaca *f* ⟨V⟩ *Schakuhuhn* n (Penelope
spp) ‖ *Guan* m (Ortalis spp) ‖ Mex ⟨fig⟩
Schwätzer m
cháchapoyo adj Mex *schwerfällig*
chachara *f* ⟨fam⟩ *unnützes Geschwätz* n ‖
Gerede n ‖ ◇ andar de ~ *schwätzen, unnütz
reden,* ⟨reg⟩ *babbeln*
chachare|ar vi ⟨fam⟩ *schwatzen, plaudern,
klatschen,* ⟨fam⟩ *quatschen* ‖ **–ría** *f* ⟨fam⟩
Ge|schwätz, -klatsche n ‖ **–ro, chacharón** *m*
⟨fam⟩ *Schwätzer, Mauldrescher* m ‖ ⟨fam⟩
Quatschkopf m
△ **chachipé** *m Wahrheit* f
chacho *m* ⟨pop⟩ *Junge* m *(Koseform)*
chaci|na *f* → **cecina** ‖ *gepökeltes
Schweinefleisch* n ‖ *Fleischwurst* f ‖ **–nería** *f
(Schweine)Fleisch- und Wurst|waren* fpl (&
Geschäft) ‖ **–nero** *m Fleischer, Metzger,
Schlachter* m ‖ *Wurstwarenhändler* m
Chaco: el Gran ~ ⟨Am⟩ *das Chacogebiet* n
*(Waldgebiet in Nordargentinien, Paraguay und
Bolivien)*
chacó *m [pl* ~**oes]** ⟨Mil⟩ *Tschako* m
chacolí *m* Vizc *dünner Wein* m
chacolote|ar vi *locker sein, klappern* (z. B.
Hufeisen) ‖ **–o** *m Klappern* n
chacón *m* Fil ⟨Zool⟩ *Tokee, Tokeh, Tokay* m
(Gecko verticillatus)
chacona *f Chaconne* f *(Tanz)*
chaconada *f* ⟨Text⟩ *Jakonet, Jakonat* m,
Musselin n
chaco|ta *lärmende Freude* f ‖ *Schäkerei* f ‖ ◇
echar algo a ~, hacer ~ de algo ⟨fam⟩ *et.
spaßhaft nehmen, scherzhaft auffassen, mit et.
Spaß treiben (mit)* ‖ *s. über et. lustig machen* ‖
estar de ~ ⟨fam⟩ *zum Scherz aufgelegt sein* ‖
–tear vi *Spaß treiben* ‖ *Unfug treiben* ‖
–tero, –tón adj/s ⟨fam⟩ *lustig, kurzweilig,
spaßhaft* ‖ *toll*
¹chacra *f* Am *(einzelstehendes) kleines
Landgut* n ‖ Am *Saaterde* f
²chacra *f* Chi *Scheuerwunde* f
chacrero *m* → **¹chacarero**
chacuaco *m* Mex *Silberschmelze* f
Chad *m* ⟨Geogr⟩: el ~ *(der) Tschad* ‖ **⁼iano**
adj *tschadisch* ‖ ~ *m Tschader* m
chafa(a)lmejas *m (desp) schlechter Maler,
Kleckser* m
chafaldete *m* ⟨Mar⟩ *Geitau* n
chafaldita *f* ⟨fam⟩ *Neckerei* f ‖ *Späßchen* n
chafa|llar vt ⟨fam⟩ *(ver)pfuschen* ‖ **–llo** *m*
⟨fam⟩ *Pfuscherei* f ‖ **–llón** *m* ⟨fam⟩ *Pfuscher* m
chafalonía *f zum Einschmelzen bestimmte
Gold- und Silber|waren*
chafalote adj Arg *grob, unhöflich* ‖ ~ *m* Ec
Chi RPl → **chafarote**
chafandín *m* ⟨fam⟩ *eitler Dummkopf,* ⟨fam⟩
Fatzke m
chafar vt *zerdrücken* ‖ *zerknüllen* ‖
zerknittern ‖ *zertreten* ‖ ⟨fig⟩ *verderben* ‖ ⟨fig⟩
(jdn) zum Schweigen bringen ‖ ◇ ~ un chiste *die
Pointe (e–s Witzes) vorwegnehmen* ‖ dejar
chafado a alg. ⟨fam⟩ *jdm den Mund stopfen* ‖ jdn

entmutigen
chafariz *[pl* ~**ces]** *m Brunnentrog* m
chafarote *f* ⟨fam⟩ *langer* od *breiter Säbel* m ‖
Hirschfänger m
chafarraño *m* Can *(Art) Zwieback* m *(aus
Mais)*
chafarri|nada *f,* **–nón** *m Klecks, Fleck* m ‖
⟨fam⟩ *Schandfleck* m
chaflán *m Schrägkante* f *am Gesims,
Abschrägung, Schrägfläche* f ‖ *Gehrung* f ‖
Schrägschnitt m, *Facette* f ‖ *abgeschrägte Haus-
od Straßen|ecke* f ‖ ~ (de la) Calle Aragón *Ecke* f
(der) Calle Aragón
△ **chafle** *m Schutzmann, Polizist* m
chagolla *f* Mex *falsche* bzw *sehr abgegriffene
Münze* f
chagorra *f* Mex *Nutte* f
chagra *f* SAm *Farm* f ‖ Ec *Bauer* m
cha|grén, –grín *m Chagrin(leder)* n
chaguar vt *auswringen*
chaguarazo *m* RPl *Peitschenhieb* m ‖ RPl ⟨fig⟩
Beleidigung f
chahúar *m* Ec *Braune(r)* m *(Pferd)*
△ **chai** *f Nutte* f ‖ *kleines Mädchen* n
chaira *f Kneif* m, *Sohlenmesser* n *(der
Schuhmacher)* ‖ *Wetzstahl* m *der Metzger*
chaiselongue *f Chaiselongue* f, *Ruhebett* n
chajá *m* Arg RPl ⟨V⟩ *Tschaja,
Schopfwehrvogel* m (Chauna spp)
cha|júa, –juán *m* Col *Wärme, Hitze* f ‖
Schwüle f
chal *m Schal* m, *Umlegetuch* n ‖ *Hals|wärmer*
m, *-tuch* n
chala *f* Chi *Sandale* f *aus rohem Leder*
△ **chalabear** vt *schütteln*
chalación *m* → **chalazión**
chalaco adj/s Pe *aus Callao*
chala(da) *f* Chi *Riemen-, Bänder|schuh* m
△ **chalada** *f Flucht* f
chala|do adj ⟨pop⟩ **–o,** dim **–dito**) *verblödet* ‖ ◇
estar ~ ⟨reg⟩ *verrückt sein,* ⟨fam⟩ *e–e Meise
haben* ‖ ~ (perdido) por ⟨fig⟩ *sehr verliebt,* ⟨fam⟩
ver|narrt, -knallt (in acc)
chalán adj *gerissen* ‖ ~ *m Pferdehändler,
Rosstäuscher* m ‖ *trickreicher Händler* m ‖ Am
Zureiter m
chalana *f Schute* f, *Leichter* m ‖ Mex *Fähre* f
chala|near vt/i *schachern, Schacher treiben* ‖
Pe *zureiten (Pferd)* ‖ **–neo** *m* s von **–near**
¹chalar vt *verblöden, blöd machen* ‖ *verrückt
machen* ‖ **–se** *s. toll verlieben,* ⟨fam⟩ *s.
verknallen (por in* acc)
²chalar vi/t ⟨fam⟩ *schachern*
△ **³chalar** vi *(aus)gehen*
chalaza *f* ⟨V⟩ *Chalaze, Hagelschnur* f *(im Ei)* ‖
⟨Bot⟩ *Knospengrund* m, *Chalaze* f
chalazión *f* ⟨Med⟩ *Verdickung* f *im
Augenlidknorpel, Chalazion, Chalazium* n
chalazogamia *f* ⟨Bot⟩ *Chalazogamie* f
chalé *n (bes. im Schweizer Stil) Chalet* n ‖
Landhaus n ‖ *Ferienhaus* n ‖ *Wochenendhaus* n ‖
Schutzhütte f *(für Berg- und Winter|sportler)* ‖ ~
adosado *Reihenhaus* n
chale|co *m Weste* f ‖ *ärmelloses* od
kurzärm(e)liges Wams n ‖ *buntfarbige Mütze* f *der
Valencianer* ‖ ~ acolchado *Steppweste* f ‖ ~
antibalas *kugelsichere Weste* f ‖ ~ de color, ~ de
fantasía *farbige Weste* f ‖ ~ de punto *Strickweste*
f ‖ ~ salvavidas, ~ de salvamento *Schwimm-,
Rettungs|weste* f ‖ ◇ decir a/c para su ~ ⟨joc⟩ *et.
vor s. hin sagen* ‖ **–quera** *f Westen|näherin* f,
-schneiderin f
chalet *m* → **chalé**
chalina *f* ⟨Art⟩ *Halsbinde* f ‖ Am *feines
Halstuch* n

¹**challa** f Chi *Karnevalsscherz* m
²**challa** f Pe *trockenes Maisblatt* n
chalmugra m ⟨Bot⟩ *Chaulmoograbaum* m
(Hydnocarpus kurzii)
chalona f Bol *gesalzenes, sonnengetrocknetes
Schaffleisch* n ‖ Pe *Schafdörrfleisch* n
chalote m ⟨Bot⟩ *Schalotte* f (Allium
ascalonicum)
chaludo adj/s Arg *wohlhabend, vermögend*
¹**chalupa** adj ⟨figf⟩ *verdreht, (halb)verrückt* ‖
sehr verliebt, ⟨fam⟩ *verknallt* ‖ ◇ *volver a uno* ~
⟨fam⟩ *jdm den Kopf verdrehen*
²**chalupa** f ⟨Mar⟩ *Schaluppe* f ‖ *L(e)ichter* m,
L(e)ichterschiff n
³**chalupa** f Mex *Maistorte* f
chama f ⟨pop⟩ *(Aus)Tausch* m
chamaco m Mex MAm *Knabe* m, *Kind* n
chamada f → **chamarasca** ‖ And
Unglücksserie f
chamagoso adj Mex *schmierig, schlampig,
verlottert* ‖ Mex ⟨pop⟩ *schlecht ausstaffiert* ‖ Mex
vulgär (Sache)
chamal m ⟨Art⟩ *Mantel, Umhang* m *der
Indianerinnen* ‖ *hosenförmiges Kleidungsstück* n
der Araukaner
cha|mán m *Schamane* m ‖ **–manismo** m
Schamanentum n ‖ **–manístico** adj *auf das
Schamanentum bezüglich*
chamanto m Chi *Wollmantel* m *der Bauern*
chamarasca, chámara f *Reisigholz* n ‖
Flackerfeuer m
chama(rilea)r vt ‖ ⟨pop⟩ *(ver)tauschen* ‖ ~ vi
mit Trödel handeln ‖ **–rileo** m *Handeln* n *mit
Trödel*
chamaril(l)ero m *Trödler* m ‖ ⟨fam⟩ *Gauner,
Betrüger* m ‖ **–llón** m/adj *Stümper* m *(im Spiel)*
chama|riz [pl ~ces], **–rín** m ⟨V⟩ *Girlitz* m
(Serinus serinus) ‖ **–rón** m ⟨V⟩ *Schwanzmeise* f
(Aegithalos caudatus)
chamarra f ⟨Text⟩ *(grober) Wollkittel* m ‖
⟨Hist⟩ *Tschamara* f *(Schnürrock)*
chamarrear vt Hond *belästigen, ärgern* ‖
MAm *betrüben*
chamarrero m Ven *Kurpfuscher* m
¹**chamba** f ⟨fam⟩ *unverhofftes Glück* n ‖
Zufallstreffer m ‖ ⟨fig⟩ *Schwein* n ‖ Mex *Geschäft*
n ‖ Mex *Job* m
²**chamba** f Ec *Rasen(platz)* m ‖ Col *Graben* m
chambaril m Sal → **zancajo**
¹**chambear** vt Col *schneiden, rasieren*
²**chambear** vt Mex *(ver)tauschen* ‖ ~ vi Mex
Geschäften nachgehen
chambelán m *Kammerherr* m
chamberga f And *schmales Seidenband* n
chambergo adj ⟨Hist⟩ *auf das Regiment
Schomberg in Madrid (unter Karl II.) bezüglich* ‖
♦ a la ~a *im Schombergstil* ‖ ~ m *runder
breitkrempiger Hut, Rembrandthut* m ‖ *weicher
Filz-, Künstler|hut* m
Chamberí *ein Stadtviertel von Madrid* ‖ ~ adj
⟨pop⟩ *prunkhaft*
cham|bo Am ⟨fam⟩ *Handel* m ‖ **–bón** adj
⟨fam⟩ *stümperhaft, pfuscherhaft* ‖ ~ m ⟨fam⟩
Glückskind n ‖ ⟨fam⟩ *Hans* m *im Glück* ‖
–bonada f ⟨fam⟩ *Pfuscherei* f ‖ ⟨fam⟩
unerwartetes Glück n ‖ ⟨fam⟩ *unglücklicher
Missgriff* m ‖ ⟨fam⟩ *sinnloses Geschwätz* n,
Gallimathias m
¹**chamborote** m Ec *weißer Paprika* m
²**chamborote** m Ec ⟨fig⟩ *Langnasige(r)* m
chambra f *kurze Hausjacke* f *der Frauen* ‖
Morgen|kleid, -gewand n, *Matinee* f
chambrana f Ven *Freudengeschrei* n ‖ *Getöse*
n ‖ Col *Zank* m, *Streitigkeit* f ‖
(Fenster)Einfassung, Umrahmung f

chambre m Má ⟨fam⟩ *Schurke* m
chamedorea f ⟨Bot⟩ *Bergpalme* f
(Chamaedorea elegans)
chamela f Ec *(Wasser)Gefäß* n
chamelico m ⟨fam⟩ *Gerümpel* n ‖ Chi *altes
Kleidungsstück* n ‖ ◇ *liar los* ~s Chi ⟨figf⟩ *s–e
Sachen packen*
chamelote m *Kamelott* m
chamicado adj Chi Pe *trübsinnig* ‖ *betrunken*
chamico m Cu SAm ⟨Bot⟩ *Stechapfel* m
(Datura stramonium) ‖ ◇ *dar* ~ a alg. SAm Cu
⟨figf⟩ *jdn verhexen, jdn verzaubern, jdn willfährig
machen*
chamigo m Arg *Freund* m
chamillo m Bol *Vollkornbrot* m
chami|za f *Schilfrohr* n ‖ And *Reisig* n ‖ **–zo** m
versengter Baum m ‖ *Feuerbrand* m ‖
angebranntes Stück Holz, verkohltes Holzscheit n
‖ *mit Schilf bedeckte Hütte* f ‖ ⟨figf⟩ *elende
Baracke* f, ⟨pop⟩ *schmutzige Spelunke* f
chamoisita f ⟨Min⟩ *Chamosit* m
chamo|rra f ⟨fam⟩ *Kopf* m *mit
kurzgeschorenen Haaren*, ⟨fam⟩ *Platte* f ‖ **–rrar**
vt *scheren (& fig)* ‖ **–rro** adj ⟨figf⟩ *mit
geschorenen Haaren*
chamota f *Schamotte* f
champa f Chi → **cepellón**
cham|pán m, **–paña** m *Champagner(wein)* m ‖
Champañ f ⟨Geogr⟩ *Champagne* f
champa|ñazo m Chi ⟨fam⟩ *Festessen mit
Champagner, Sektgelage* n ‖ ~ **–ñería** f *Sektbar* f
‖ **–nizar** [z/c] vt *zu Sekt verarbeiten*
champar vt ⟨fam⟩ *(jdm et.) vorwerfen (z. B.
auch erwiesene Wohltat)*
champiñón m *Champignon, Egerling* m
(Psalliota = Agaricus campestris)
champola f Cu *ein erfrischendes Getränk* n
champú [pl ~ús, ~úes] m *Shampoo,
Scham|pon,
-pun* n ‖ ~ *anticaspa Schuppenshampoo* n ‖ ◇
lavar con ~ *schampunieren*
champurrado m Mex *Getränk* n *aus Maismehl
u. Milch* ‖ Mex *alkoholisches Mixgetränk* n ‖ Mex
⟨fig⟩ *Mischmasch* m, *Durcheinander* n
champurr(e)ar vt → **chapurr(e)ar**
champurria f Ven *Likörmischung* f
champús m Am *Wirrwarr* m
chamuco m Mex *Teufel* m ‖ ⟨fig⟩ *List* f, *Kniff,
Trick* m
chamuchí m *Wahrheit* f
chamuchina f Mex *Pöbel* m ‖ Mex *Zank* m,
Streitigkeit f ‖ Bol *Kleinigkeit, Lapperei* f
chamulla f ⟨pop⟩ *Kauderwelsch* n
△ **chamullar** vi *reden, sprechen*
chamuquiña f Dom *wertloser Gegenstand* m
chamus|cado adj ⟨figf⟩ *von e–r Leidenschaft*
od *e–m Laster angesteckt* ‖ **–car** [c/qu] vt
(ver)sengen ‖ *absengen (Schweine)* ‖ *leicht rösten,
abbräunen* ‖ *anbrennen (Speisen)* ‖ *abbraten
(Geflügel)* ‖ ~**se** Col *in Zorn geraten* ‖ **–quina** f
(Ab)Sengen n ‖ *Brandgeruch* m ‖ ⟨figf⟩ *Streit* m ‖
Schlägerei f ‖ *Balgerei* f ‖ ◇ *oler a* ~ *verbrannt
riechen* ‖ *nach Ketzerei riechen* ‖ ⟨fig⟩ *verdächtig
sein* ‖ *aquí huele a* ~ ⟨figf⟩ *hier herrscht dicke
Luft*
chanada f ⟨fam⟩ *Täuschung* f ‖ *Betrug* m ‖
Possen m
△ **chanar** vt *wissen, verstehen*
¹**chanca** f → **chancha** ‖ Sal *Holzschuh* m
²**chanca** f And *kleine Salzfischindustrie* f
³**chanca** f Chi *Tracht* f *Prügel*
chancaca f Am *Abschnabsel* n ‖ Pe *ein flaches,
rundes Gebäck* n
chancadora f Chi *Mahl-,
Zerkleinerungs|maschine* f ‖ *Brecher* m

chancaquita f Chi *Laune, Grille* f
chance m Am *Chance* f ‖ ¡qué ~! *wie gelungen!*
chance|ar vi *scherzen, Scherz treiben* ‖ ~**se** s. *lustig machen* (de *über* acc) ‖ *necken* ‖ **–ro** adj/s *scherz-, spaß|haft* ‖ ~ m *Witzbold, Witzling* m ‖ **–ta** f dim von **chanza**
chan|cha f Am *Sau* f ‖ Chi *kleiner Karren* m ‖ Chi *Fahrrad* n ‖ Col ⟨desp⟩ *Mund* m ‖ ◇ hacer la ~ ⟨figf⟩ *die Schule schwänzen* ‖ **–chada** f Am *Gemeinheit* f ‖ Am *Schmutzigkeit* f
chancha|rreta f Pe *altes, zerschlissenes Schuhwerk* n ‖ **–rriento** adj Col *zerlumpt*
chan|chería f Am *Schweine|fleischerei, -metzgerei* f ‖ *Wursthandlung* f ‖ **–chero** adj Am *schmutzig, schweinisch* ‖ ~ m Am *Schweine|fleischer, -metzger* m ‖ Am *Schweinehirt* m ‖ Am *Schweinezüchter* m
chanchi adv ⟨pop⟩: pasarlo ~ s. *toll amüsieren*
chanchillo m Pe ⟨Zool⟩ *Assel* f
chancho adj Am *schmutzig, schweinisch* ‖ ~ m Am *Schwein* n ‖ *Schweinefleisch* n
chan|chullear vi ⟨fam⟩ *schwindeln, schieben* ‖ **–chullero** m *Schwindler* m ‖ ⟨fam⟩ *Schieber* m ‖ **–chullo** m/adj ⟨fam⟩ *Schacher* m ‖ *Schwindelei* f ‖ *Schiebung* f ‖ *Schliche* mpl ‖ *Ränke* mpl
chanci|ller m → **canciller** *Kanzler* m ‖ *Siegelbewahrer* m ‖ **–llería** f ⟨Hist⟩ *Obergericht* n (*in* Vall *und* Gran) ‖ → **cancillería**
chancla f *abgetretener Schuh* m ‖ *Hausschuh, Pantoffel* m ‖ *Galosche* f ‖ ◆ en ~ ⟨fam⟩ *nachlässig angezogen*
chancle|ta f *Hausschuh, Pantoffel* m ‖ ◇ ser un ~ ⟨figf⟩ *plump sein* ‖ tirar la ~ Arg *e–e freiere, lockerere Lebensweise annehmen* ‖ *auf Konventionen verzichten* ‖ **–teo** n (*Pantoffel)Geklapper* n ‖ **–tudo** m/adj Arg ⟨desp⟩ *häuslicher Mann* m
△ **chanclí** m *Knie* n
chanclo m *Holzschuh* m ‖ *Überschuh* m ‖ *Gummischuh* m, *Galosche* f ‖ (*Frauen)Pantoffel* m
chancro m ⟨Med⟩ *Schanker* m ‖ ~ blando (duro) *weicher (harter) Schanker* m ‖ **–ide** m ⟨Med⟩ *weicher Schanker* m ‖ **–so** adj ⟨Med⟩ *schankrös*
chancua f Arg *gestoßener Mais* m
chancuco m Col *Schmuggeltabak* m
chándal m *Jogging-, Trainings|anzug* m
chan|de f Col ⟨Med⟩ *Krätze* f ‖ **–doso** adj Col *von Krätze befallen* ‖ *räudig*
chandra f ⟨fam⟩ *Dirne* f
chandro adj Ar *faul, träge*
chanelar vt ⟨pop⟩ *verstehen, wissen*
¹chanfaina f ⟨Kochk⟩ *Lungen|frikassee, -ragout* n ‖ And ⟨Kochk⟩ *Gericht* n *aus Fleisch, Blutwurst und verschiedenen Gemüsearten* ‖ Col ⟨Kochk⟩ *Gericht* n *aus Lammfleisch* ‖ ⟨pop desp⟩ *Fraß* m
²chanfaina f Am *Lastträgerdienst* m ‖ ⟨fam⟩ *Läpperei* f
chanfla f Ar → **chapucería**
¹chanfle m Mex ⟨pop⟩ → **chaflán**
²chan|fle m Mex *Pfuscher* m ‖ RPl *Polizeibeamte(r)* m ‖ **–flón** adj *pfuscherhaft* ‖ *falsch (Geld)*
¹changa f *Gelegenheitsarbeit* f, *Job* m
²changa f Am *Scherz, Spaß* m
³changa f Murc ⟨fam⟩ *unnützer Gegenstand* m
changador m Am *Eckensteher* m ‖ *Gepäckträger, Dienstmann* m ‖ Arg Ur *Gelegenheitsarbeiter* m
changar [g/gu] vi SAm *Spaß treiben* ‖ *kaputtmachen, (zer)brechen*

changarro m Mex *kleiner Laden* m
chango adj/s Chi *plump* ‖ Mex *geschickt, klug* ‖ ~ m Mex *kleiner Affe* m ‖ PR ⟨fig⟩ *Spaßvogel* m ‖ ◇ ponerse ~ Mex ⟨fig⟩ *auf der Hut sein* ‖ Mex ⟨fig⟩ *munter werden*
changuear Cu PR vi *scherzen, Spaß machen*
chan|guero m Am → **chancero** ‖ **–gueo** m Col Cu PR *Scherz, Spaß* m ‖ **–güi** [pl ~**íes**] m ⟨fam⟩ *Scherz, Spaß* m ‖ Cu *alter Volkstanz* m ‖ ⟨Arg⟩ *Vorteil* m *beim Spiel*
changuito m Arg *Einkaufswagen* m
△ **chaniqué** m *Leben* n
△ **chanispero** m *Geist* m
chano, chano adv ⟨fam⟩ *langsam, sachte*
chanquete m ⟨Fi⟩ *Glasgrundel* f (Aphia minuta)
chanta|je m *Erpressung* f ‖ **–jear** vt *erpressen* ‖ **–jista** m/f *Erpresser(in* f) m
chantar vt *anziehen (Kleid)* ‖ *einschlagen, befestigen* ‖ ⟨fam⟩ *ins Gesicht sagen* ‖ Chi *gierig essen* ‖ *verschlingen* ‖ ◇ se lo chantó ⟨fam⟩ *er (sie, es) sagte es ihm (ihr) offen ins Gesicht*
chantillí m *Schlagsahne* f
chantillón m → **escantillón**
chan|tre m *Kantor, Vorsängers* m ‖ **–tría** f *Würde* f *des Vorsängers*
chanvares mpl *große Kastagnetten* fpl
chan|za f *Scherz, Spaß, Witz* m ‖ *Spott* m ‖ *Possen* m ‖ ⟨pop⟩ *(Arg)List* f ‖ de ~, en ~ *aus, zum Scherz* ‖ ◇ estar de ~ *scherzen, Scherz treiben* ‖ **–zaina** f ⟨pop⟩ *(Arg)List* f
¹chanzoneta f *Chanson(n)ette* f, *Liedchen* n ‖ *lustiges (Weihnachts)Lied, Osterlied* n
²chanzoneta f dim von **chanza**
chañaca f Chi ⟨pop⟩ *Räude, Krätze* f ‖ Chi ⟨fig⟩ *schlechter Ruf* m
chañado adj Chi *ungepflegt*
chañar vt Chi *stehlen, rauben* ‖ *zerstückeln*
¡chao! int Arg Chi ⟨pop⟩ → **¡adiós!**
chaola f → **chabola**
△ **chaomó** m *Winter* m
chapa f *Platte, Scheibe* f *aus Metall, Horn usw.* ‖ *Blech* n ‖ *Beschlag* m (*aus Blech od Holz*) ‖ *Blechmarke* f ‖ *Furnier* n (*an Möbeln usw.*) ‖ *Lederbesatz* m (*an Schuhen*) ‖ Am *(Tür)Schloss* n ‖ Am ⟨fam⟩ *Nummernschild* n (*am Auto*) ‖ ⟨figf⟩ *Ver|nunft* f, *-stand* m ‖ Ec ⟨figf⟩ *Spitzel, Späher* m ‖ ~ acanalada *Riffelblech* n ‖ ~ de acero *Stahlblech* n ‖ ~ de alza *Visierklappe* f *(am Gewehr)* ‖ ~ apezonada *Warzenblech* n ‖ ~ blindada *Panzerblech* n ‖ ~ bruñida *Schwarzblech* n ‖ ~ de caballete ⟨Arch⟩ *Firsthaube* f ‖ ~ de caldera *Kesselblech* n ‖ ~ del cinturón ⟨Mil⟩ *Koppelschloss* n ‖ ~ de control *Kontrollmarke* f ‖ ~ de desgaste *Verschleißblech* n ‖ ~ para embutición, ~ de embutir *Tiefziehblech* n ‖ ~ estriada *Riffelblech* n ‖ ~ fina *Feinblech* n ‖ ~ de forro *Futterblech* n ‖ ~ galvanizada *verzinktes Blech* n ‖ ~ gofrada *Waffelblech* n ‖ ~ gruesa *Grobblech* n ‖ ~ de identidad ⟨Mil⟩ *Erkennungsmarke* f ‖ ~ de madera *Furnier* n ‖ ~ de matrícula ⟨Auto⟩ *Nummern-, Kennzeichen|schild* n ‖ ~ ondulada *Wellblech* n ‖ ~ perforada *Siebblech, gelochtes Blech* n ‖ ~ protectora *Spritz-, Schutz|blech* n ‖ ~ de refuerzo *Verstärkungsblech* n ‖ ~ de revestimiento *Futterblech* n ‖ ◇ estar sin *od* no tener ni una ~ ⟨figf⟩ *blank sein, k–n Pfennig haben* ‖ ~**s** fpl *Chapaspiel* n (*Münzenwerfen*) ‖ Am *flüchtige Wangenröte* f ‖ hacer ~ ⟨pop⟩ *anschreien, auf den Strich gehen*
chapado adj → **chapeado** ‖ *flachährig (and. Bartweizen)* ‖ ~ a la antigua ⟨fam⟩ *altfränkisch, altmodisch* ‖ ~ (de) oro *Dublee* n ‖ ~ m *Dublierung, Plattierung* f

chapa|lear vi *(im Wasser) plätschern* ‖ → **chacolotear** ‖ **–leo** *m Plätschern* n ‖ **–leta** *f Pumpenventil* n
chapapote *m* Ant *Asphalt* m ‖ *Teer* m
chapar vt *dublieren, plattieren* ‖ → **chapear** ‖ ⟨fig⟩ *(hin)schleudern, hinwerfen* ‖ Ec *belauern*
chaparra *f* ⟨Bot⟩ *Kermeseiche* f (Quercus coccifera)
chaparrada *f* → **chaparrón**
chaparral *m Steineichenwald* m
chaparrear vi *in Strömen regnen, gießen*
chaparro adj → **achaparrado** ‖ ~ *m* ⟨Bot⟩ *strauchartige Steineiche, Zwerg-, Strauch|eiche* f ‖ ⟨Bot⟩ *amer. Stockbaum* m
chaparrón *m Platzregen, Regenguss* m ‖ ⟨fam⟩ *Unannehmlichkeit* f ‖ ⟨figf⟩ *Abreibung, Strafpredigt* f ‖ ◇ *aguantar el* ~ ⟨fam⟩ *ruhig Blut bewahren* ‖ ⟨fam⟩ *e–e Strafpredigt über s. ergehen lassen* ‖ llovía a chaparrones *es regnete in Strömen*
chaparrudo *m* ⟨Fi⟩ *Schwarzgrundel* f (Gobius niger)
chapata *f:* pan ~ *Ciabattabrot* n
chapatal *m Pfütze, Schmutzlache* f
chape *m* ⟨Text⟩ *Schappe* f ‖ Am *(Frauen)Zopf* m ‖ **~s** *mpl* Chi *verschiedene Muschelarten* fpl
chape|ado adj *belegt (mit Platten od mit Blech)* ‖ *furniert* ‖ *dubliert, plattiert* ‖ *beschichtet* ‖ ⟨figf⟩ *vermögend, reich* ‖ **–adura** *f Furnierarbeit* f ‖ *Dublierung, Plattierung* f ‖ **–ar** vt *belegen (mit Platten od Blech)* ‖ *furnieren* ‖ *dublieren, plattieren* ‖ *beschichten* ‖ ~ *de oro (mit Gold) dublieren, plattieren, vergolden* ‖ ~ *con plomo mit Blei verkleiden*
chape|cán *m* Am *Zopf* m, *Tresse* f ‖ Chi *Schnur, Reihe* f ‖ **–car** [c/qu] vt Chi *flechten*
chapeleta *f* ⟨Tech⟩ *Sperrklappe* f
chapelete *m* Ar *Käppchen* n
chapero *m* ⟨pop⟩ *Strichjunge* m
chaperón *m* ⟨Arch⟩ *Mauerabdeckung* f
△ **chapescar** [c/qu] *fliehen*
chapeta *f* dim *von* **chapa** (→ auch **chapeleta**)
¹chapetón *m* → **chaparrón**
²chapetón *m* Am ⟨reg⟩ *neu angekommener Europäer* (bes. *Spanier*) m (& adj)
³chape|tón m, **–tonada** *f* Am *Klimafieber* n *der neu angekommenen Spanier* ‖ Ec ⟨fig⟩ → **novatada**
chapetonar vi *nachlässig arbeiten* ‖ *pfuschen*
chapico *m* Chi *ein Logangewächs* n (Desfontainia spinosa)
¹chapín adj *krummbeinig* ‖ ~ *m* [früher] *Frauenpantoffel* m *aus Korduanleder mit Korkabsätzen*
²chapín *m* adj Am *aus Guatemala*
chápiro *m:* ¡voto al ~! ¡por vida del ~ (verde)! ⟨fam⟩ *bei m–r Treu!* ‖ *da hört s. doch alles auf! (bei Zornausbrüchen)*
chapis|ca *f* MAm *Maisernte* f ‖ **–car** [c/qu] vt/i *(Mais) ernten*
chapis|ta *m/f Blech|schmied, -schlosser* m ‖ *Autospengler(in* f) m ‖ **–tería** *f Blechschlosserei* f ‖ ⟨Auto⟩ *Karosseriewerkstatt, Autospenglerei* f
chapita *f* Cu ⟨pop⟩ *Brustwarze* f
¹chapitel *m* ⟨Arch⟩ → **capitel** ‖ *Turmhelm* m
△ **²chapitel** *m Kopf* m
chaple *m Grabstichel* m ‖ *Schaber* m
chapo adj Mex → **achaparrado**
chapó *m Billardspiel* n *zu viert*
chapodar vt *beschneiden, putzen, lichten (Bäume)* ‖ ⟨fig⟩ *einschränken*
chapo|la *f* Col *Schmetterling* m ‖ Col ⟨fig⟩ *Dirne* f ‖ **–lear** vi Col *flatterhaft sein* ‖ **–lero** *m* Col *unsteter, flatterhafter Mensch* m
chapona *f* Ur *Jacke* f, *Jackett* n, *Sakko* m (& n)

chapón *m großer Tintenfleck, Klecks* m
chapopote *m* Mex → **chapapote**
chapote|ar vt *anfeuchten (mit Schwamm od Lappen)* ‖ ~ vi *(im Wasser, im Dreck) plätschern* ‖ **–o** *m Plätschern* n ‖ *Geklapper* n *(der Mühlradschaufeln)*
chapuce|ar vt *(ver)pfuschen, verhunzen* ‖ *stümpern* ‖ Mex *betrügen, prellen* ‖ **–ría** *f Pfuschwerk* n, *Pfuscherei* f ‖ *Stümperei* f ‖ *Unbeholfenheit* f ‖ ⟨reg⟩ *Aufschneiderei* f ‖ **–ro** adj *nachlässig, pfuscherhaft* ‖ *stümperhaft* ‖ ⟨reg⟩ *verlogen* ‖ adv: ~amente ‖ ~ *m Pfuscher, Stümper* m ‖ ⟨reg⟩ *Lügner* m ‖ *Alteisen-, Schrott|händler* m
chapul *m* Col ⟨Ins⟩ *Wasserjungfer, Libelle* f ‖ **–ete** *m* Ec, **–in** *m* MAm Mex Ven ⟨Ins⟩ *Heuschrecke* f, *Grashüpfer* m ‖ ⟨fig⟩ *unruhiger Mensch* m
chapurrado *m* Cu ⟨Art⟩ *gewürzte Kirschlimonade* f
chapurr(e)ar vt/i *radebrechen (e–e Sprache)* ‖ ⟨fam⟩ *kauderwelsch sprechen* ‖ ⟨fam⟩ *mischen, pantschen, mixen (Liköre)* ‖ ◇ **–rr(e)a** el español *er spricht gebrochen Spanisch*
¹chapuz [*pl* ~ces] *m Untertauchen* n, *Kopfsprung* m ‖ ◇ dar ~ *untertauchen*
²chapuz [*pl* ~ces] m, **chapuza** *f Stümperei, Pfuscharbeit* f
³chapuz [*pl* ~ces] *m* Mex ⟨Fi⟩ *(Art) Alant* m ‖ ⟨Bot⟩ *Sonnenbraut* f (Helenium autumnale)
chapu|zar [z/c] vt *(jdn) mit dem Kopf untertauchen* ‖ ~ vi, ~se *das Gesicht ins Wasser tauchen* ‖ *springen (Schwimmen)* ‖ *untertauchen* ‖ **–zas** *m Pfuscher* m ‖ **–zón** *m* ⟨fam⟩ *schnelles Untertauchen* n, *Kopfsprung* m ‖ ◇ dar un ~ *schnell untertauchen*
chaqué *m Cutaway* m ‖ ◇ ir de ~ *e–n Cutaway anhaben* ‖ ⟨fig⟩ *s. in Gala werfen*
chaqueño adj/s Arg *aus dem Chaco*
chaque|ta *f Jacke* f, *Jackett* n, *Sakko* m (& n) ‖ ~ *abierta Einreiher* m ‖ ~ *de ante Wildlederjacke* f ‖ ~ *cruzada Zweireiher* m ‖ ~ *roja* ⟨fam⟩ *Sanitäter* m ‖ ~ *de sport Sportjacke* f ‖ ◇ *cambiar de* ~ *sein Fähnchen nach dem Wind drehen od hängen* ‖ *decir a/c para su* ~ ⟨fam⟩ *cri. für s. sagen od denken* ‖ **–tear** vi Cu ⟨figf⟩ *sein Fähnchen nach dem Wind drehen od hängen* ‖ ⟨figf⟩ *umschwenken* ‖ ⟨figf⟩ *umfallen* ‖ ⟨figf⟩ *kneifen, (vor et.) zurückweichen* ‖ *fliehen* ‖ **–tera** *f Rockschneiderin* f ‖ **–tero** *m* s von **–tear** ‖ *Opportunist, Wendehals* m ‖ **–tilla** *f* dim *von* **–ta** ‖ **–tón** *m* augm von **–ta** ‖ *weiter (Ober)Rock* m
chaqui *m* Bol *Kater, Katzenjammer* m
chaquiñán *m* Bol *Bergpfad* m
¡char! int Chi *anreiten!*
chara *f* Arg ⟨V⟩ *Strauß* m
△ **charabaró** adj *traurig*
¹charada *f Scharade* f, *Silbenrätsel* n ‖ ⟨fig⟩ *Rätsel* n ‖ ⟨fig⟩ *Geheimnis* n
²charada *f* Ar *aufflackerndes Feuer* n
charadista *m/f Scharaden|macher, -löser* m
charal *m* Mex ⟨Fi⟩ *(Art) Ährenfisch* m (Chirostoma sp) ‖ ◇ estar hecho un ~ Mex ⟨fig⟩ *spindeldürr sein*
charambita *f* Burg Pal Vall ⟨Mus⟩ *Dolzflöte, Schalmei* f
¹charamusca *f* Gal *Funke* m *des Holzfeuers* ‖ Can Am *Reisig od Kleinholz* n *zum Feuermachen*
²charamusca *f* Mex *(Art) Zuckerwerk* n
charamuscar [c/qu] vt Cu *(ab)sengen*
charanda *f* Mex *rötliche Erde* f
charan|ga *f* ⟨Mil⟩ *Regimentsmusik, Musikkapelle* f (bes. *Blasmusik*) ‖ *kleine Musikkapelle* f ‖ **–go** *m* Pe ⟨Mus⟩ *kleine Gitarre* f

der Hochland-Indianer ‖ **–guero** *m Pfuscher, Stümper* m ‖ And *Hausierer* m
　charapa *f* Pe ⟨Zool⟩ *Schienenschildkröte* f (Podocnemis spp)
　charape *m* Mex *Pulquegetränk* n
　charapo *m* Ven *Machete* f
　charcal *m Sumpfland* n ‖ *(großer) Tümpel* m
　charchina *f* Mex *Klepper, Gaul* m
　charchuelear vi Guat *murmeln*
　charco *m Lache, Pfütze* f ‖ ◇ *pasar od cruzar el* ~ ⟨figf⟩ *übers Meer, über den großen Teich fahren*
　charcón adj Arg Bol *dünn, mager, dürr*
　charcutería *f Wurstfabrik* f ‖ *Wurstgeschäft* n ‖ *Wurstware(n)* f(pl) ‖ ~ *al corte Aufschnitt* m
　charera *f* Fil *Teekanne* f
　char|la *f* ⟨fam⟩ *leeres Geschwätz* n, *Plauderei* f, *Plaudern* n, *Unterhaltung* f ‖ *witzige Unterhaltung, Causerie* f ‖ *Vortrag* m *(über ein literarisches, künstlerisches od aktuelles Thema in nicht anspruchsvoller Form)* ‖ ◇ *estar de* ~ *plaudern* ‖ **–lador** adj ⟨fam⟩ *schwatzhaft, geschwätzig* ‖ ~ *m* ⟨fam⟩ *Schwätzer, Mauldrescher* m ‖ **–laduría** *f Schwatzhaftigkeit* f ‖ **–lar** vi *schwatzen, plaudern* ‖ *schwatzen (Papagei)* ‖ ◇ ~ *por los codos* ⟨fam⟩ *viel schwatzen, reden*
　charlatán adj *geschwätzig* ‖ ~ *m Schwätzer, Mauldrescher* m ‖ *Quacksalber* m ‖ *Marktschreier* m ‖ *Schwindler, Scharlatan* m
　charlata|near vi → **charlar** ‖ **–nería** *f Geschwätzigkeit* f, *Geschwätz* n ‖ *Quacksalberei* f ‖ *Scharlatanerie* f ‖ **–nismo** *m Aufschneiderei, Prahlerei* f ‖ *Quacksalberei* f ‖ *Scharlatanismus* m
　charlatorio *m* ⟨fam⟩ *Schwatz-, Quassel|bude* f ‖ ~ *nacional* ⟨pop iron⟩ *Parlament* n
　charlear vi *quaken (Frösche)*
　charlestón *m Charleston* m *(Tanz)*
　char|lido *m Quaken* n *der Frösche* ‖ **–lista** *m/f* ⟨lit⟩ *Causeur* m ‖ *Vortragsredner(in* f) m ‖ **–lón** adj Ec → **charlatán**
　Char|lot *m Charlie Chaplin, Filmkomiker* m ‖ ~ ⟨fig⟩ *komischer Mensch, Hanswurst* m ‖ **–lotada** *f* ⟨Taur⟩ *komischer Stierkampf* m ‖ ⟨reg⟩ *Amateurstierkampf* m ‖ *Clownerie* f
　char|lotear vi → **–lar** ‖ **–loteo** *m Geschwätz* n
　charme *m Charme* m
　charmeuse *f* ⟨Text⟩ *Charmeuse* f
　△ **charmiquí** *m Leben* n
　charnego *m* Cat ⟨desp⟩ *Einwanderer* m *(in Katalonien) aus e–m anderen Gebiet Spaniens*
　¹charnela *f Scharnier, Gelenkband* n ‖ *Türangel* f ‖ ⟨Zool⟩ *Schloss, Schließband* n *der Muschelschalen* ‖ ⟨Tech⟩ *Klappe* f, *Klappengelenk* n ‖ ~ *de aleteo* ⟨Flugw⟩ *Schlagscharnier* n ‖ ~ *de clavija Fisch-, Tür|band* n ‖ ~ *de tracción* ⟨Flugw⟩ *Widerstandscharnier* n
　²charnela *f* SAm → **charqui**
　charniegos mpl ⟨pop⟩ *Handschellen* fpl
　△ **charó** *m Himmel* m ‖ *Teller* m
　charol *m (chinesischer) Lack, Firnis* m ‖ *Lack-, Glanz|leder* n ‖ ◇ *darse* ~ ⟨figf⟩ *wichtig tun, angeben*
　charo|lado adj *gewichst (Fußboden)* ‖ ~ *de verde grün lackiert* ‖ **–lar** vt *lackieren, firnissen* ‖ **–lista** *m/f Lackierer(in* f) m
　charpa *f Schulterriemen* m, *Bandelier* n ‖ ⟨Med⟩ *(Arm)Binde* f
　charpazo *m* Extr *Guss* m *(Regen)*
　△ **charpe** *m Geld* n
　char|que *m* SAm → **–qui** ‖ **–quear** (⟨pop⟩ **–quiar**) vt/i Am *ungesalzenes Rindfleisch od Obst in Streifen geschnitten an der Sonne dörren*
　charqui, charquí *m* SAm *ungesalzenes, an der*

Sonne od über dem Feuer gedörrtes Rindfleisch od Obst n ‖ *Dörr|fleisch, -obst* n
　charquillo *m* dim von **charco**
　¹charra *f* Sal *Bäuerin* f ‖ ⟨fig⟩ *grobe, unhöfliche Frau* f ‖ *Bauerntanz* m ‖ *bäu(e)risches Wesen* n ‖ *Volkstracht* f *in der Prov. Salamanca* ‖ *Zote* f ‖ *Grobheit, Ungeschliffenheit* f ‖ ⟨figf⟩ *Geschmacklosigkeit* f, *Kitsch* m
　²charra *f* ⟨V⟩ *(Art) Haselhuhn* n
　³charra *f* Hond *breitkrempiger Bauernhut* m
　charrada *f ein Bauerntanz* m ‖ *Kitsch* m, *Geschmacklosigkeit* f ‖ *Grobheit, Ungeschliffenheit* f ‖ Ar *Klatschen, Ausplappern, Schwätzen* n
　¹charrán *m/adj Gauner* m
　²charrán *m* ⟨V⟩ *Seeschwalbe* f (Sterna spp) ‖ ~ *ártico Küstenseeschwalbe* f (S. paradisea) ‖ ~ *común Flussseeschwalbe* f (S. hirundo) ‖ ~ *patinegro Brandseeschwalbe* f (S. sandvicensis) ‖ ~ *rosado Rosenseeschwalbe* f (S. dougalli) ‖ ~ *sombrío Rußseeschwalbe* f (S. fuscata)
　charranada *f Gaunerei* f ‖ *Schurkenstreich* m
　charrancito *m* ⟨V⟩ *Zwergseeschwalbe* f (Sterna albifrons)
　charra|nería *f* → **–nada** ‖ **–near** vi *Gaunereien treiben*
　charanga *f* Col ⟨Mus⟩ *Charanga* f *(Musik und Tanz)*
　charrasca *f*, ~**o** *m* ⟨fam⟩ *Schleppsäbel* m ⟨fam joc⟩ *Klappmesser* m
　charreada *f* Mex *Charro-Fest* n
　charrería *f* ⟨figf⟩ *Geschmacklosigkeit, Abgeschmacktheit* f ‖ *Taktlosigkeit* f
　charrete|ra *f* ⟨Mil⟩ *Achsel|band, -stück* n, *-schnur, Epaulette, Achselklappe* f ‖ *Strumpf-, Knie|band* m ‖ **–ro** *m Knie-, Hosen|band* n
　charro adj *bauernmäßig, bäu(e)risch, Bauern-* ‖ *salmantinisch, aus Salamanca* ‖ ⟨fam⟩ *aufgedonnert* ‖ ⟨fam⟩ *kitschig* ‖ ⟨fam⟩ *geschmacklos* ‖ ⟨fam⟩ *buntscheckig* ‖ *grell (Farbe)* ‖ Mex *malerisch* ‖ ~ *m Bauer* m *aus der Gegend von Salamanca* ‖ ⟨fig⟩ *Bauer(nlümmel)* m ‖ Mex *mex. Reiter in der typischen Tracht* ‖ Mex *Hut* m *des charro*
　¹charrúa *f* And *Reihenpflug* m
　²charrúa *m* ⟨fam⟩ *Uruguayer* m
　chárter *m Charter* m ‖ ~ *aéreo Flugcharter* m
　chartreuse *m Chartreuse* m *(Likör)*
　chasca *f Reisig* n ‖ SAm *wirres Haar* n
　chascada *f* Hond *Trinkgeld* n
　¹chascar [c/qu] vi *knistern, prasseln, knarren (von ausgetrocknetem Holz)*
　²chascar [c/qu] vi *mit der Zunge schnalzen*
　chascarrillo *m* ⟨fam⟩ *Anekdote, kurze, witzige (oft zotige) Erzählung* f ‖ Ar ⟨fam⟩ *drollige Bauerngeschichte* f
　chascás [pl ~**áes**] *m Tschapka* f ‖ *Ulanenhelm* m
　chas chas: *al* ~ *bar*
　chasco *m Anführen, Foppen* n ‖ *Possen, Streich* m ‖ ⟨fam⟩ *Reinfall* m ‖ ◇ *dar* ~ *a alg. jdn anführen, jdm e–n Streich spielen* ‖ *llevarse (un)* ~ ⟨fam⟩ *hereinfallen* ‖ ⟨fam⟩ *mit langer Nase abziehen* ‖ ⟨fam⟩ *das Nachsehen haben* ‖ ¡*menudo* ~ *que te vas a llevar!* ⟨fam⟩ *du wirst dein blaues Wunder erleben!*
　chascón adj Chi *lang, ungekämmt (Haar)*
　chasgarro *m* Bol *Witz* m
　chasis ⟨Auto⟩ *Fahrgestell, Chassis* n ‖ ⟨Fot⟩ *Kassette* f, *Wechselrahmen* m ‖ ⟨El⟩ *Chassis* n, *Grund-, Aufbau-, Montage|platte* f ‖ ⟨Tech⟩ *Rahmen* m ‖ *Untergestell* n ⟨Kran⟩ ⟨Typ⟩ *Formrahmen* m ‖ ~ *de carro* ⟨Typ⟩ *Karren(kasten)* m ‖ ~ *de corredera* ⟨Fot⟩ *Schiebekassette* f ‖ ~ *para placas* ⟨Fot⟩

Plattenkassette f ‖ ~ *sobre oruga Raupenfahrwerk* n ‖ ~ *sobre rieles Schienenfahrwerk* n ‖ ◇ *estar od quedarse en el* ~ ⟨fig⟩ *stark abgemagert sein*

chasponazo m *Streifen* n *e–r Kugel, Streifschuss* m

chasque|ador m/adj *Spaß|vogel, -macher* m ‖ *Preller, Gauner* m ‖ **–ar** vt/i *foppen, anführen* ‖ *prellen* ‖ ⟨fam⟩ *reinlegen* ‖ ⟨fam⟩ *an der Nase herumführen* ‖ *das Versprochene nicht einhalten* ‖ ◇ ~ *el látigo mit der Peitsche knallen* ‖ ~ vi *knallen (mit der Peitsche)* ‖ *knacken* ‖ *krachen* ‖ *knarren* ‖ ◇ ~ *con los dedos mit den Fingern schnalzen* ‖ ~ *(con) la lengua mit der Zunge schnalzen* ‖ ~*se enttäuscht werden*

chasquido m *Peitschenknall* m ‖ *Knarren* n *(Holz)* ‖ *Knistern, Prasseln* n *(Feuer)* ‖ *Plätschern* n *(des Regens)* ‖ *Schnalzen* n *(mit der Zunge)* ‖ *Knacken* n

chat f ⟨Inform⟩ *Chat* m

¹chata f *stumpfnasige Frau* f *(auch als Kosewort gebraucht)* ‖ *Stumpfnäschen* n ‖ la ~ ⟨fam⟩ *der Tod*

²chata f ⟨Med⟩ *Stechbecken* n

³chata f Arg *Pritschenwagen* m ‖ SAm *Schleppkahn* m

chata|rra f *Schlacke* f ‖ *Schrott* m, *Alt-, Abfall|eisen* n ‖ ~ *de acero Stahlschrott* m ‖ ~ *de enfriamiento Kühlschrott* m ‖ ~ *de fundición Guss|bruch, -schrott* m ‖ ~ *de lingoteras Kokillenbruch* m ‖ ~ *de lingotes Blockschrott* m ‖ **–rrear** vt *verschrotten* ‖ **–rrería** f *Schrottgeschäft* n ‖ **–rrero** m *Schrotthändler* m

chate|ar vi ⟨fam⟩ → **–teo** ‖ **–teo** m ⟨fam⟩: *andar od ir de* ~ *von e–r Kneipe in die nächste ziehen,* ⟨fam⟩ *die Kneipen abklappern*

chateaubriand m ⟨Kochk⟩ *Chateaubriand* n

chato adj *stumpf-, platt|nasig* ‖ *platt, flach* ‖ *klein(gewachsen) (Person)* ‖ ~ m *stumpf-, platt|nasiger Mensch* m *(auch als Kosewort gebraucht)* ‖ ⟨figf⟩ *niedriges, breites Weingläschen* n *(bes. für Manzanilla)* ‖ ◇ *tomar un* ~ ⟨fam⟩ *s. e–n genehmigen*

chatón m *Chaton* m, *Krappfassung* f *(für e–n einzelnen Edelstein)*

chatre adj SAm *elegant, geputzt*

chatunga f ⟨fam⟩ *Stumpfnäschen* n *(Person)* ‖ *Liebe(s)* n, *Liebling* m

¡chau! ⟨int⟩ Pe ⟨pop⟩ → **¡adiós!**

¹chaucha f Chi *(Früh)Kartoffel* f ‖ ~**s** fpl Arg *(grüne) Bohnen* fpl

²chaucha f *kleine Nickel- od Silber|münze* f ‖ Arg *Armseligkeit* f

¡chauchaucito! int *tschüs(chen)!*

chauchera f Chi *Laufbursche* m

chauchudo adj Chi *wohlhabend*

chaufa f Pe ⟨Kochk⟩ *Reissuppe* f

chaulmoogra m → **chalmugra**

chauna f Arg ⟨V⟩ → **chajá**

chauvinis|mo m → **chovinis|mo** ‖ **–ta** adj *(m/f)* → **chovinista**

cha|val m ⟨pop⟩ *Bursche, Junge* m ‖ **–vala** f ⟨pop⟩ *(junges) Mädchen, Mädel* n

chavalongo m Chi *Benennung* f *für mehrere Erkrankungen (z.B. Typhus, Sonnenstich usw.)* ‖ Arg Chi *bleierne Müdigkeit* f ‖ ⟨fam⟩ *schwerer Kopf* m

¹chaveta f Chi Pe *Messer* n

²chave|ta f *Pflock, Bolzen* m ‖ *Niet* m ‖ *Nutenkeil* m ‖ *Keil* m ‖ ~ *de ajuste Passfeder* f ‖ ~ *de cuña Treibkeil* m ‖ ~ *de desbloqueo Lösekeil* m ‖ ~ *de deslizamiento Gleitfeder* f ‖ ~ *embutida,* ~ *empotrada Einlegekeil* m ‖ ~ *plana Flachkeil* m ‖ ~ *redonda Scheibenkeil* m ‖ ~ *tangencial Tangentialkeil* m ‖ ◇ *perder la* ~ ⟨figf⟩ *die Fassung od den Verstand verlieren* ‖

–tear vt *(fest-, ver)keilen* ‖ *versplinten* ‖ **–tero** m *Keilnut* f

chavo m [früher] *Münze* f *zu 10 Centimos* ‖ *estar sin un* ~ ⟨fam⟩ *blank sein, k–n Pfennig haben*

△ **chavó** m → **chaval**

chaya f Chi *Karnevalstreiben* m

chayo|te m ⟨Bot⟩ *Frucht* f *des Chayote* ‖ **–tera** f *Chayote* m (Sechium edule)

chazar vt *(den Ball) zurücktreiben*

¹che f *das span.* ch *nach s–r Aussprache*

²¡che! interj Val SAm ⟨pop⟩ *im Reden häufig eingeflochtene Partikel, bes. beim Rufen, Staunen usw.* ‖ *he! hör mal!*

chebo adj Guat *betrunken*

checa f ⟨Hist⟩ *Tscheka* f *(Geheimpolizei in Sowjetrussland)* ‖ *Gebäude* n *der Tscheka*

cheche m → adj Cu PR *Prahler* m

chechear vi *den* ch-*Laut im Spanischen nicht richtig aussprechen*

Cheche|nia f ⟨Geogr⟩ *Tschetschenien* n ‖ ⹀**no** adj *tschetschenisch* ‖ ~ m *Tschetschene* m

chécheres mpl Col *Krimskrams* m, *Gerümpel* n, ⟨fam⟩ *Klamotten* fpl

checo adj *tschechisch* ‖ ~ m *Tscheche* m ‖ *tschechische Sprache* f

checo(e)slova|co adj ⟨Hist⟩ *tschechoslowakisch* ‖ ~ m *Tschechoslowake* m ‖ ⹀**quia** f ⟨Geogr Hist⟩ *Tschechoslowakei* f

Chelao np ⟨fam⟩ → **Wenceslao**

¹chele adj MAm *blond(haarig)* ‖ ~ m MAm *nichtspanischer Ausländer* m ‖ MAm *Augenbutter* f

²chele m Guat *Triefäugigkeit* f

¹cheli m Span *Jugendsprache* f *(bes. in Madrid)*

²cheli m ⟨fam⟩ *Liebhaber* m

chelín m [Währungseinheit] *Schilling* m (Abk = S *und je nach Land* Sh, *z.B. tans.* ~ T.Sh)

chelo m → **violonc(h)elo**

Chelo np ⟨fam⟩ → **Consuelo**

△ **chen** m *Boden* m ‖ *Erde* f

chenca f MAm *Zigarrenstummel* m

chencha m Mex *Faulenzer* m

chenco adj Guat Salv *verbogen*

chenque m Chi ⟨V⟩ *Flamingo* m

chepa f ⟨fam⟩ *Buckel, Höcker*

Chepa, Chepe (Chepita) np ⟨fam⟩ → **José**

chepe m Hond *Nachschlagewerk* n ‖ Mex *Mannweib* n

△ **chepo** m *Brust* f

cheposo adj *buck(e)lig*

cheque m *Scheck* m ‖ ~ *abierto offener Scheck, Barscheck* m ‖ ~ *para abonar en cuenta Verrechnungsscheck* m ‖ ~ *bancario Bankscheck* m ‖ ~ *barrado gekreuzter Scheck, Verrechnungsscheck* m ‖ ~ *en blanco Blankoscheck* m ‖ ~ *de caja Kassen-, Bar|scheck* m ‖ ~ *certificado beglaubigter Scheck* m ‖ ~ *cruzado gekreuzter Scheck, Verrechnungsscheck* m ‖ ~ *cubierto gedeckter Scheck* m ‖ ~ (en) *descubierto ungedeckter Scheck* m ‖ ~ *dudoso fauler Scheck* m ‖ ~ *con fecha adelantada vordatierter Scheck* m ‖ ~ *sin fondos ungedeckter Scheck* m ‖ ~ *nominativo Namensscheck* m ‖ ~ *a la orden Orderscheck* m ‖ ~ *al portador Inhaberscheck* m ‖ ~ *postal Postscheck* m ‖ ~ *sin provisión ungedeckter Scheck* m ‖ ~-*regalo (Geschenk)Gutschein* m ‖ ~ *turístico,* ~ *de viaje od viajero Reise-, Traveller|scheck* m ‖ ◇ *emitir un* ~ *e–n Scheck ausstellen* ‖ *extender un* ~ *e–n Scheck ausstellen* ‖ *girar un* ~ *sobre … e–n Scheck ziehen auf …* ‖ *presentar un* ~ *e–n Scheck (zur Zahlung) vorlegen* ‖ *satisfacer od pagar un* ~

e–n Scheck einlösen ‖ visar *od* certificar un ~ *e–n Scheck bestätigen*

chequear vt *überprüfen* ‖ ⟨Med⟩ *untersuchen* ‖ Col *eintragen, registrieren* ‖ CR Cu PR *vergleichen* ‖ PR *überwachen, kontrollieren* ‖ Cu *spionieren* ‖ PR MAm Col *aufgeben (Gepäck)* ‖ vi CR PR *e–n Scheck ziehen* ‖ ~se ⟨Med⟩ *s. untersuchen lassen*

chequemeneque *m*/adj Chi *stets herumlaufende, lebhafte Person* f

chequeo *m* ⟨Med⟩ *Grund-, General|untersuchung* f ‖ ~ *preventivo Vorsorgeuntersuchung* f

chequera *f* Am *Scheckheft* n

chequetrén *m* Span ⟨EB⟩ *verbilligtes Fahrscheinheft* n

Chequia *f* ⟨Geogr⟩ *Tschechien* n

Cherburgo *m* [Stadt] *Cherbourg* n

chercán *m* Chi ⟨V⟩ *Zaunkönig* m (Troglodytes magellanicus)

cher|cha *f* Hond Ven *Schäkerei* f ‖ Ven *Spott, Spötterei* f ‖ –**char** vi Ven *spotten, s. lustig machen*

chérchere adj Pe *lächerlich* ‖ *schlecht gemacht*
cherche|ro adj Ven *spöttisch* ‖ –**roso** adj Pe *ärmlich, schmutzig*

cherif *m* → **jerife**

△ **cherinola** *f Diebesbande, Zuhälterbande* f

△ **cheripén** *m Bett* n

△ **cheripí** *m Milch* f

chernaje *m* Dom *niederes Volk* n, *Plebs* m

Chernóbil *m Tschernobyl* n

chero *m* Mex ⟨pop⟩ *Gefängnis* n

△ **cherpos** *mpl Geld* n

chérrican *m Kanne* f, *Kanister* m

cheruje *m* Bol ⟨Kochk⟩ *ein Gericht* n *aus Fleisch und Bananen*

cheso adj/s *aus dem Hechotal* (P Huesca) ‖ *auf das Hechotal bezüglich*

chéster *m Chesterkäse* m

cheurón *m* ⟨Her⟩ *Sparren* m

chévere adj MAm *ausgezeichnet, vor|trefflich, -züglich*

cheviot *m* ⟨Text⟩ *Cheviot* m

chianti *m Chianti* m

chiba *f* Col *Rucksack, Tornister* m

chibalete *m* ⟨Typ⟩ *Setzregal* n

chibcha *m*/adj Col *Chibcha* m (*Angehöriger e–s früheren Indianerstammes in SAm*)

△ **chibé** *m Tag* m

chibera *f* Mex *Kutscherpeitsche* f

chibuqui [*pl* –**íes**] *m Tschibuk* m (*Pfeife*)

chic adj (indekl., stets nachgestellt) *schick, chic, elegant, geschmackvoll* ‖ ~ *m Schick* m, *Eleganz* f ‖ *guter Geschmack* m

chi|ca *f junges Mädchen* n, ⟨fam⟩ *Kleine* f ‖ ⟨fam⟩ *Dienstmädchen* n ‖ *kleines Glas* n (*Wein, Bier*) ‖ mi ~ *m–e Freundin* ‖ △ *de alterne Animierdame* f ‖ –**cada** *f Kinderei* f

chicago *m* Pe ⟨pop⟩ *Klo* n

chica|na *f* Am *Kniff* m ‖ bes Am *Arglist* f, *Schikane* f ‖ –**ne** *f* ⟨Sp⟩ *Schikane* f ‖ –**neador** *m* Am *Betrüger, Lügner* m ‖ –**near** vt Am *betrügen* ‖ *verwirren* ‖ (*ver*)*fälschen* ‖ *die Ehe brechen* ‖ *übergehen* ‖ *ver|bergen, -hehlen* ‖ *schikanieren* ‖ –**nería** *f* Am *Arglist* f ‖ –**nero** adj *arglistig* ‖ *schikanös* ‖ *spitzfindig* ‖ ~ *m Winkeladvokat* m

chicano *m Chicano* m (*Nachkomme der Mexikaner in den Südstaaten der USA*)

chicar vi Arg *Tabak kauen*

chica|rro, –rrón *m* augm von **chico** ‖ –**zo** *f* augm von **chico** ‖ ⟨fig⟩ *schlecht erzogener, grober Junge,* ⟨fam⟩ *Lümmel* m

¹chicha adj: calma ~ *tote, schwüle, völlige Windstille* f ‖ *schwüle Hitze* f

²chicha *f* [fam und in der Kindersprache] *Fleisch* n ‖ ◇ tener pocas ~s *sehr dürr sein, nur Haut und Knochen sein*

³chicha *f* Am *Chicha* f, *e–e Art Maisbranntwein* m ‖ Am *Weinmost* m ‖ ◇ no ser ni ~ ni limonada *weder Fisch noch Fleisch sein*

⁴Chicha *f* np ⟨pop⟩ → **Vicenta** ‖ → **Asunción**

chícharo *m Kichererbse* f ‖ *Erbse* f ‖ *Bohne* f

¹chicharra *f* ⟨Tech⟩ *Ratsche, Bohrknarre* f ‖ ⟨El⟩ *Summer* m ‖ *Bohrer* m (*des Schlossers*) ‖ *Knarre* f (*Kinderspielzeug*) ‖ Arg *Klingel* f

²chicharra *f* ⟨Ins⟩ *Zikade* f ‖ *Bezeichnung für verschiedene Heuschreckenarten* ‖ ⟨figf⟩ *Schwätzer* m ‖ ◇ hablar como una ~ *viel reden, schwätzen* ‖ canta la ~ ⟨figf⟩ *es ist drückend heiß*

chicha|rrero *m sehr heißer Ort,* ⟨fig⟩ *Backofen* m ‖ –**rro, –rrón** *m* (*Speck*)*Griebe* f, Öst *Grammel* f ‖ *zu stark geröstetes Fleisch* n

¹chiche *m* Am ⟨pop⟩ *Ammenbrust* f ‖ Cu ⟨pop⟩ *Amme* f

²chiche adj MAm *leicht, bequem* ‖ ~ *m* Am *eleganter Mensch* m ‖ Am *Zierrat* m ‖ Am *Spielzeug* n

chichear vt/i *pst, pst! rufen*

chicheo(s) *m(pl) Zischen* n ‖ *Gezisch* n ‖ ⟨Th⟩ *Auszischen* n

chichería *f Chicha-Ausschank* m ‖ *Schenke* f

¡chi, chi! int *pst, pst!*

△ **¹chichi** *m Gesicht* n ‖ *Kopf* m

²chichi *m* ⟨vulg⟩ *Möse, Muschi* f

chichí *m* Col ⟨fam⟩ ‖ *Dingelchen* n (*Penis der kleinen Jungen*) ‖ ◇ hacer ~ *Pipi machen*

chichicuilote *m* Mex ⟨V⟩ *Wassertreter* m (Phalaropus wilsoni) ‖ *Odinshühnchen* n (Phalaropus = Lobipes lobatus)

Chichicha *f* np ⟨pop⟩ → **Francisca**

chichigua *f* Mex *Amme* f

chichiguar vi Col *Kleinhandel treiben*

chichilasa *f* Mex *kleine, rote, angriffslustige Ameise* f ‖ Mex ⟨fig⟩ *schöne, aber kratzbürstige Frau* f

chichime|cas, –cos *mpl*/adj Mex *nordwestmex. Indianer* mpl

chichinabo adv: de ~ *geringwertig*

chichinar vt Mex *ansengen, verbrennen*

chichirimico *m:* ◇ hacer ~ Pe ⟨figf⟩ *jdn verhöhnen* ‖ Pe *sein Vermögen verlieren*

chichirimoch *m* ⟨fam⟩ *Haufen* m, *Menge* f

chichisbe|ar vi *um die Gunst e–r Frau buhlen* ‖ –**o** *m Hausfreund, Verehrer* m ‖ ⟨lit⟩ *Cicisbeo* m ‖ *Begleiter* m

chichito *m* ⟨fam⟩ *kleines Kind* n

Chicho np ⟨pop⟩ → **Vicente** ‖ → **Narciso**

¹chichón *m Beule* f *am Kopf* ‖ ◇ levantar un ~ a alg *jdm e–e Beule schlagen*

²chichón adj Am *hübsch, nett* ‖ Guat *vollbusig* ‖ Hond *leicht auszuführen(d)*

chichonear vi Arg (*belästigend*) *scherzen, hänseln*

chichonera *f Fall|hut* m, *-mütze, Sturzkappe* f (*für Kleinkinder*)

chi|cle *m Chicle* m ‖ *Kaugummi* m (& n) ‖ –**clear** vi Am (*Kau*)*Gummi kauen*

chico adj *klein, jung* ‖ ~ *m Knabe* m, *Kind* n ‖ *Kleiner* m ‖ *Junge, Bursche* m ‖ ⟨fam⟩ *Junge* m (*im vertrauten Umgang*) ‖ es un buen ~ ⟨fam⟩ *er ist ein guter Kerl* ‖ los ~s de la escuela *die Schuljungen* ‖ los ~s de la prensa ⟨pop⟩ *die Leute von der Presse, Presse-, Zeitungs|leute* pl

chicoco *m* Chi *Zwerg* m

chicole|ar vi ⟨fam⟩ *den Mädchen Artigkeiten sagen, flirten* ‖ ⟨joc⟩ *Süßholz raspeln* ‖ –**o** *m Tändeleien* fpl

chicora *f* Col ⟨V⟩ → **³aura**

chicoria *f* → **achicoria**

chico|rro m ⟨fam⟩ *hübscher, strammer Bursche* m ‖ **–rrotico, –rrotín** m adj ⟨fam⟩ *dim von* **chico**
chico|ta f ⟨fam⟩ *hübsches, dralles Mädchen* n (bes. *als Kosewort*) ‖ **–tazo** m Am *Peitschenhieb* m ‖ **–te** m ⟨fam⟩ *hübscher, strammer Bursche* m (bes. *als Kosewort*) ‖ ⟨figf⟩ *Zigarre* f, ⟨fam⟩ *Glimmstengel* m ‖ ⟨Mar⟩ *Tauende* n ‖ Am *Peitsche* f ‖ **–tear** vt Am *peitschen, (ver)prügeln* ‖ Col *töten, erschlagen* ‖ Chi *grob bewerfen (Wand)*
chicotera f Chi *Hosengurt* m
chicozapote m → **zapote**
chicuaco adj Ven *dumm, einfältig*
chicue|la f *dim von* **chica** ‖ *junges Mädchen* n ‖ **–lo** m *dim von* **chico** ‖ *Bube, Junge* m ‖ **–lino** adj ⟨Taur⟩ *auf den span. Stierkämpfer Chicuelo bezüglich*
chifa f Chi Pe *chinesisches Restaurant* n
chiffonier m *Chiffoniere* f
¹chifla f *Pfeifen* n, *Pfiff* m ‖ *Pfeife* f ‖ Mex *üble Laune, miese Stimmung* f
²chifla f ⟨Tech⟩ *Glättmesser* n
chifla|dera f *Pfeife* f ‖ **–do** adj/s ⟨fam⟩ *übergeschnappt* ‖ *verdreht* ‖ *ver|liebt, -knallt* ‖ ◇ *es un ~* ⟨fam⟩ *es ist bei ihm im Oberstübchen nicht ganz richtig, er ist (halb) verrückt*
¹chiflador m *Pfeifer* m ‖ ⟨fam⟩ *Zecher* m
²chiflador m Chi ⟨V⟩ *Schopfvogel* m (Thamnophilus severus)
chifladura f *Pfeifen* n ‖ ⟨fam⟩ *Laune, Grille* f ‖ ⟨fam⟩ *tolle Idee, Verrücktheit* f
¹chiflar vt *auszischen, verhöhnen* ‖ *pfeifen* ‖ *~***se** ⟨figf⟩ *gern eins hinter die Binde gießen, gern e–n heben* ‖ ◇ *~ de alg. s. über jdn lustig machen* ‖ *in jdn vernarrt sein* ‖ ⟨fam⟩ *verrückt werden*
²chiflar *glätten, schaben (Leder)*
chif|lato m *Pfeife* f ‖ **–le** m *(Lock)Pfeife* f, *Pfeifchen* n ‖ **–leta** f Hond *Spott* m, *Spötterei* f ‖ **–lete, –lo** m *Pfeife* f ‖ **–lido** m *Pfeifen* n ‖ *Pfiff* m ‖ **–lón** m Am *Zugluft* f ‖ MAm *Wasserfall* m, *Kaskade* f ‖ Arg Chi *reißender Strom* m
¹chigre m *Winde* f
²chig|re m Ast *Apfelwein|ausschank* m, *-kneipe* f ‖ **–grero** m *Wirt* m *e–r Apfelweinkneipe*
chiguato adj Salv *feige*
chigüé m Ven *Heißhunger* m
chigüín m Hond Nic Salv *(kleiner) Junge, Bub* m
chigüire m Ven → **capibara**
chihuahua m [Hund] *Chihuahua* m
chiita adj ⟨Rel⟩ *schiitisch* ‖ *~ m Schiite* m
chilaba f ⟨arab⟩ *Dschellaba* f
chilacoa f Col ⟨V⟩ *Stelzenläufer* m (Himantopus sp)
chilate m MAm *Getränk* n *aus Ajipfeffer, geröstetem Mais u. Kakao*
¹chile m *Chili-, Aji|pfeffer* m ‖ ⟨figf⟩ Guat *Lüge, Ente* f
²chile m Col *Fischernetz* n
Chile m ⟨Geogr⟩ *Chile* n
chilena f ⟨Sp⟩ [Fußball] *Fallrückzieher* m
chile|nismo m *Chilenismus* m *(e–e nur im chilenischen Spanisch vorkommende sprachliche Erscheinung)* ‖ **–nizar** [z/c] vt *chilenisieren* ‖ **–no** adj *chilenisch* ‖ *~ m Chilene* m
chilguacán m Ec ⟨V⟩ *(Art) Papagei* m
chilillo m Guat *Peitsche* f ‖ Salv *Handschuh* m
chilin|dra f Chi *Geldstück* n *von 20 Centavos* ‖ **–drina** f ⟨fam⟩ *Lappalie* f ‖ ⟨fam⟩ *Posse* f, *Spaß* m ‖ *Neckerei* f ‖ ⟨fig vulg⟩ *Schwengel* m *(Penis)*
¹chilla f ⟨Jgd⟩ *Wild-, Lock|ruf* m
²chilla f *dünnes Brett* n ‖ *(Dach)Schindel* f
³chilla f Am *Azarafuchs* m (Lycalopex azarae)
⁴chilla f ⟨pop⟩ *Pleite* f ‖ ◇ *estar en la ~ más*

espantosa ⟨fam⟩ *blank sein* ‖ *aus dem letzten Loch pfeifen*
chillado m *Schindeldach* n
chillagita f ⟨Min⟩ *Chillagit* m
chi|llar vi/t *pfeifen* ‖ *kreischen, schreien* ‖ *quietschen* ‖ ⟨Jgd⟩ *locken (mit der Lockpfeife)* ‖ *knarren (Wagen)* ‖ ⟨fig⟩ *schreien, grell sein (Farben)* ‖ ◇ *¡no me chilles! schrei mich nicht an!* ‖ *~***se** Col *s. erzürnen* ‖ **–llería** f *Ge|schrei, -kreisch(e)* n ‖ **–llido** m *Pfeifen* n, *Pfiff* m ‖ *Schrei* m ‖ *Gekreisch(e)* n ‖ *gellender Schrei* m
¹chillón adj ⟨fam⟩ *schreiend* ‖ *kreischend* ‖ *grell (Stimme, Farbe)* ‖ *~ m Schreier, Schreihals* m ‖ *Schreivogel* m
²chillón m *Latten-, Schindel|nagel* m
chilostra f And *Kopf* m, *Gehirn* n
chilotes mpl Chi *Bewohner* mpl *der Insel Chiloé*
chilpayate m Mex *kleiner Junge, Bub* m
chilposo adj Chi *zerlumpt* ‖ Pe *mit zerzausten Haaren*
chiltipiquín m Mex → **ají**
chiltote m Mex Guat *Baltimoretrupial* m (Icterus galbula)
chiltuca f Salv → **casampulga**
¹chima f Guat *(mit Rohr bedeckter) Lagerschuppen* m
△ **²chima** f Pech, *Unglück* n
chi|machima m Arg ⟨V⟩ *Schreibussard, Chimachima* m (Milvago chimachima) ‖ **–mango** m Arg RPl ⟨V⟩ *Falkland-Chimango* m (Ibicter australis)
chimar vt Mex *belästigen* ‖ MAm *(ab)häuten* ‖ *schinden* ‖ *~***se** Hond *s. verletzen, s. weh tun*
¹chimba f Chi Pe *gegenüberliegende(s) Ufer* n ‖ Pe *Furt* f
²chimba f Col Ec *Zopf* m
chimbanquele m Ven *ein Volksfest* n
¹chimbo adj Col *abgenutzt*
²chimbo m Col *Stück* n *Fleisch* ‖ Mex ⟨vulg⟩ *Schwanz* m *(Penis)*
Chimborazo m *Chimborasso* m
chimenea f *Schornstein, Kamin* m ‖ *Schlot* m ‖ *Rauchfang* m ‖ *Feuerstätte* f ‖ *(Zimmer)Ofen* m ‖ *Esse* f ‖ ⟨Th⟩ *Seitenschacht* m *(an der Bühne)* ‖ ⟨Bgb⟩ *Sturzloch, Rollloch* n ‖ *~ accesible besteigbarer Schornstein* m ‖ *~ de aire* ⟨Bgb⟩ *Wetter-, Entlüftungs|schacht* m ‖ *~ de campana* → *~ francesa* ‖ *~ de equilibrio* ⟨Hydr⟩ *Wasserschloss* n ‖ *~ figurada* ⟨Arch⟩ *falscher Kamin* m ‖ *~ francesa Kamin* m ‖ *~ múltiple* ⟨Arch⟩ *mehrfacher Kamin* m ‖ *~ plegable, ~ rebatible* ⟨Mar⟩ *umklappbarer Schornstein, Klappschornstein* m ‖ *~ rinconera Eckschornstein* m ‖ *~ de paracaídas* ⟨Luftw⟩ *Fallschirmluftloch* m ‖ *~ de volcán, ~ volcánica (Vulkan)Schlot* m, *Eruptionskanal* m
chimicolito m Hond *Revolver* m
chimichaca f Hond *Schnaps* m
chimiscol m CR *Zuckerrohrschnaps* m
chimo m Mex *Baracke, Hütte* f
chimolero m Mex ⟨desp⟩ *Kneipenwirt* m
chimpancé m ⟨Zool⟩ *Schimpanse* m (Pan troglodytes) ‖ *~ enano Zwergschimpanse, Bonobo* m (P. satyrus paniscus)
chimpinilla f Hond *Schienbein* n
¹china f *Chinesin* f
²china f Am *weiblicher Abkömmling* m *von Indianern und Zambo oder umgekehrt* ‖ Cu *weiblicher Abkömmling* m *von Neger und Mulattin oder umgekehrt* ‖ MAm *Indianerin od Mestizin* f, *die häusliche Arbeiten verrichtet* ‖ *Frau* f *des Gaucho* ‖ *Frau* f *des* **²roto** ‖ Am ⟨desp⟩ *eingeborene Magd, Dienstmagd* f ‖ Am *ledige Indianerin* f ‖ ⟨fam⟩ Am *Liebchen,*

Schätzchen n (Kosewort) ‖ Am schöne,
anziehende Frau f ‖ Chi (Straßen)Dirne f ‖ Chi
hässliche Frau f ‖ ⟨fig⟩ Geliebte f
   ³china f (Text) Chinaseide f
   ⁴china f Porzellan n
   ⁵china f Steinchen n, kleiner Kieselstein m ‖
Chi Knopfschlagen n (Kinderspiel)
   ⁶china f Col Kreisel m
   ⁷china f Col Fächer m (zum Anfachen)
   ⁸china f Chi ⟨Bot⟩ Wunderblume f ‖
Chinawurzel f (aus e–r Art Sarsaparilla)
   ⁹china f Chi ⟨Ins⟩ Käfer m (Coccinella sp)
   ¹⁰china f ⟨pop⟩ Pech n ‖ ◆ de nuevo le tocó la
~ ihn (sie) hat's schon wieder getroffen, er (sie,
es) hat schon wieder Pech gehabt
   ¹China f ⟨Geogr⟩ China n
   ²China f (fam) → Antonia
   chinaca f Mex armseliges, zerlumptes Volk n
   chinado adj/s → chiné
   chinampear vi Mex fliehen ‖ Angst haben
   chinanta f Fil e–e Gewichtseinheit (6,325 kg)
   chinapo m Mex → obsidiana
   chinarro m augm von ¹china
   chinazo m Kieselwurf m
   chincha f Arg ⟨Zool⟩ Skunk m, Stinktier n
(Mephitis mephitis)
   chinchal m Kneipe, Beize f ‖ dürftiges
Kaffeehaus n ‖ Cu Mex Kramladen m
   chinchar vt Am ⟨pop⟩ a) belästigen ‖ b) töten,
umbringen, erschlagen ‖ ~se s. ärgern ‖ belästigt
werden
   chincharchar vi Am zirpen (Zikade)
   chincharrero m (fam) Wanzennest n
   ¹chinche adj lästig, aufdringlich
   ²chinche f ⟨Ins⟩ (Bett)Wanze f (Cimex
lectularia) ‖ ⟨fig⟩ lästiger, zudringlicher Mensch
m, ⟨fam⟩ Ekel n ‖ ⟨figf⟩ Wanze f (Abhörgerät) ‖
~ cazadora Raubwanze f (Rhinocoris iracundus) ‖
~ del fuego, ~ de la malva arbórea Feuerwanze f
(Pyrrhocoris apterus) ‖ ◇ caer od morir como ~s
⟨figf⟩ wie die Fliegen umfallen, haufenweise
sterben
   ³chinche f (Heft)Zwecke f, Reißnagel m
   chinchel m Chi schlechte Kneipe, Kaschemme
f ‖ Chi → caramanchel
   chincheta f Reiß|nagel m, -zwecke f
   chinchilla f Chinchilla f ‖ Chinchillafell n ‖ ~
auténtica Kleinchinchilla, Wollmaus f (Chinchilla
laniger) ‖ gran ~ Großchinchilla, Hasenmaus f
(Lagidium viscaccia)
   chinchín m a) Prosit n ‖ ◇ hacer ~
(zu)prosten ‖ b) Straßenmusik f
   chinchinear vt MAm streicheln, verwöhnen
   chincho|rrazo m SAm → rrear ‖ –rrear
vi klatschen ‖ –rrería f ⟨figf⟩ Klatscherei,
Zuträgerei f ‖ ⟨figf⟩ Zudringlichkeit f ‖ –rrero adj
aufdringlich ‖ klatschsüchtig ‖ ~ m Ohrenbläser
m ‖ aufdringlicher Mensch m
   chinchorro m (Art) Zugnetz n ‖ kleines
Ruderboot n ‖ kleines Hilfsboot n ‖ Jolle f ‖
kleiner Fischerkahn m ‖ Col (leichte) Hängematte
f
   chinchoso adj lästig, auf-, zu|dringlich
   chincol m SAm ⟨Bot⟩ Morgenfink m
(Zonotrichia pileata)
   chincual m Mex Masern pl
   △ chindal f Mutter f
   △ chindó adj blind
   chiné m ⟨Text⟩ Chiné n
   chinear vt/i MAm auf den Armen tragen
(Kinder) ‖ Guat s. große Sorgen (um jdn od um
et.) machen
   △ chinel m Schutzmann, Polizist m ‖ Häscher
m
   chine|la f Pantoffel (ohne Kappe, mit Hacke),

Hausschuh m ‖ ⟨pop⟩ Hanfschuh m ‖ augm: –lón
m
   chine|ría f Chinawaren fpl ‖ [Kunst]
Chinoiserie f ‖ –ro m Porzellanschrank m
   ¹chinesco adj chinesisch ‖ ◆ a la ~a nach
chinesischem Brauch ‖ ~ m ⟨Mus⟩ Schellenbaum
m (& pl)
   ²chinesco m/adj Chi e–r, der s. mit
Prostituierten abgibt
   chinfonía f ⟨Mus⟩ drehorgelartiger Dudelsack
m ‖ Kurbelgeige f
   ¹chinga adj CR billig ‖ ◇ hacer ~ a uno Guat
jdn herausfordern
   ²chinga f → chincha
   ³chinga f → ¹chunga ‖ Ven Schwips m ‖
Rausch m, Trunkenheit f
   ⁴chinga f CR Zigarrenstummel m
   ¹chingadera f ⟨vulg⟩ Bumsen, Vögeln, Ficken
n
   ²chingadera f Chi hohler Kürbis m als
Nachttopf
   ³chingadera f Mex Gemeinheit,
Niederträchtigkeit f
   chingado adj SAm misslungen, gescheitert
(Existenz) ‖ ¡~! Mex ⟨pop⟩ keinesfalls! i wo!
   chingana f MAm Kneipe f mit Tanz und
Gesang
   chingar [g/gu] vt ⟨fam⟩ kaputtmachen ‖ Am
⟨fam⟩ vermasseln ‖ ⟨fam⟩ Salv ärgern, belästigen
‖ ⟨fam⟩ prellen, foppen ‖ CR (e–m Tier) den
Schwanz abschneiden ‖ ~ vi ⟨fam⟩ viel und oft
trinken ‖ ⟨vulg⟩ bumsen, vögeln, ficken ‖ ~se
⟨fam⟩ s. betrinken
   chingo adj klein, winzig ‖ CR schwanzlos
(Tier) ‖ Ven stumpfnasig ‖ Arg ⟨vulg⟩ Schwanz m
(Penis)
   chingolo m RPl → chincol
   chingón m Mex rücksichtsloser
Karrieremensch m ‖ Ausbeuter m ‖ Gewaltmensch
m
   chingue m Arg → chincha
   chinguear vi Hond spaßen
   chinguirito m Cu Mex Branntwein minderer
Qualität, Fusel m
   chinguita f Cu ⟨pop⟩ Bisschen n
   chinita f dim von china ‖ Am ⟨fam⟩
Schätzchen n
   ¹chino adj chinesisch ‖ ~ m Chinese m ‖ el ~
die chinesische Sprache, das Chinesische ‖ ◇
engañar a uno como a un ~ ⟨fam⟩ jdn schmählich
betrügen ‖ es como si me hablara en ~ ⟨fam⟩ das
sind für mich böhmische Dörfer ‖ das kommt mir
spanisch vor ‖ tener la paciencia de un ~ ⟨fam⟩
e–e Engelsgeduld haben
   ²chino adj ⟨fig⟩ unnötig kompliziert,
unverständlich ‖ ⟨fig⟩ pedantisch, kleinlich
   ³chino adj auf e–n südam. od kubanischen
⁴chino bezüglich
   ⁴chino m Abkömmling m e–s Zambo und e–r
Indianerin od umgekehrt ‖ Cu Abkömmling m e–s
Negers und e–r Mulattin od umgekehrt ‖ Arg
Person f niederer Herkunft ‖ SAm Kosename,
etwa: Lieber, Freund m ‖ Chi ⟨desp⟩ Dienstbote,
Knecht m ‖ Chi gemeiner, hässlicher Mensch m
   ⁵chino m [in der Drogenszene] Heroinzigarette f
   chinoiserie f → chinería
   chinonga f Ur Mädchen, Mädel n
   △ chino|rri, -rré adj klein
   chinostra f ⟨pop⟩ Birne f (Kopf)
   chintz m ⟨Text⟩ Chintz m
   chip m ⟨Inform⟩ Chip m
   chipa f Arg Strohkorb m für Obst und Gemüse
   △ chipé f Wahrheit, Güte f ‖ ◇ de ~ ⟨fam⟩
glänzend, ausgezeichnet
   chipén m [veraltend] Leben, Treiben n ‖ ◆ de

~ ⟨fam⟩ → de chipé ‖ *wirklich* ‖ ◇ ¡eso es de ~! ⟨fam⟩ *das ist Schau!*

chipiar vt Am *belästigen*

chipichape m ⟨fam⟩ *Schlägerei* f

chipichipi m Mex *Sprühregen* m

chi|pil m Mex *weinerliches Kind* n ‖ **–pilo** m *gebratene Bananenschalen* fpl *(als Verpflegung)*

chipión m MAm *scharfer Verweis* m

chipirón m *(an der kantabrischen Küste Spaniens häufige Bezeichnung für) Kalmar* m (Loligo vulgaris)

chipojo m Cu ⟨Zool⟩ *Chamäleon* n

chipolo m Col Ec Pe *ein dem* tresillo *ähnliches Kartenspiel* n

chipote m MAm *Schlag* m *mit der Hand*

chippendale m *Chippendale* n *(Stil)*

Chipre m ⟨Geogr⟩ *Zypern* n

chipriota, ~e adj *zyprisch, Zypern-* ‖ ~ m *Zypriot* m

chips mpl: ~ de patatas *Kartoffelchips* mpl

△ **chique** m *Kot* m

chiquear vt Cu Mex *verwöhnen, liebkosen* ‖ *schmeicheln*

△ **chiquen** m *(Vater)Land* n

chique|o m Cu Mex *Liebkosen* n ‖ *Schmeichelei* f ‖ **–ón** m/adj Cu *verhätschelter Mensch* m

chiquero m *Schweinestall* m ‖ ⟨Taur⟩ *Stallbox* f *(für Kampfstiere)* ‖ ⟨Mil pop⟩ *Bau* m *(Arrestlokal)*

chiquichicho m ⟨pop⟩ Chi dim von **chico**

chiquilicuatro m ⟨fam⟩ → **chisgarabís**

chiqui|lín m/adj *kleiner Bursche, Knabe* m ‖ **–lla** f *kleines Mädchen* n ‖ ⟨fam⟩ *Liebchen* n, *Schatz* m *(Kosename)* ‖ **–llada** f *Kinderei* f ‖ *Kinder-, Buben|streich* m ‖ **–llería** f ⟨fam⟩ *Haufen* m *kleiner Jungen* mpl ‖ ⟨fam⟩ *kleine Gesellschaft* f ‖ **–llo** m/adj *kleiner Junge, Knabe* m ‖ *Liebling* m ‖ ⟨fam⟩ *Kindskopf* m ‖ **–llón** m/adj Chi *Jüngling, größerer Junge* m

chiquimole m Mex ⟨fig⟩ *Unruhe-, Zwietracht|stifter* m

chiqui(rri)ti|co, –llo, –to adj ⟨fam⟩ dim von **chiquito**

chiqui(rri)tín adj/s ⟨fam⟩ *blutjung*

chiquita adj/s dim von **chica** ‖ *no andarse con* ~s *Nägel mit Köpfen machen*

chiquito adj/s dim von **chico** ‖ *sehr klein* ‖ ◇ *dejarle a uno tan* ~ ⟨fam⟩ *jdn weit überholen* ‖ *no andarse en* ~s ⟨fam⟩ *nicht zimperlich sein, aufs Ganze gehen, k–e Umstände machen,* ⟨fam⟩ *nicht lange fackeln* ‖ *den Stier bei den Hörnern packen* ‖ ~ m *kleines Glas* n *Wein*

chiquiyo m And ⟨pop⟩ → **chiquillo**

chira f Col *Fetzen* m ‖ Salv *(schwärende) Wunde* f ‖ **–jo** m MAm *altes Gerümpel* n, *Kram* m ‖ MAm *Lumpen, Fetzen* m

¹**chirapa** f Bol *Lumpen, Fetzen* m

²**chirapa** f Pe *Regenschauer* m *bei Sonnenschein*

chircada f CR *Blödsinn* m, *Eselei* f

chircaleño m Col *Ziegelbrenner* m

chiri m → ³**porro**

¹**chiribita** f *Funke* m ‖ ◇ *hacer* ~s *(od* ~r) *los ojos* ⟨figf⟩ *Augenflimmern* n *haben* ‖ *echar* ~ ⟨figf⟩ *schmähen, schelten* ‖ ⟨fam⟩ *Gift und Galle speien* ‖ *los ojos me hacen* ~s *es flimmert mir vor den Augen*

²**chiribita** f ⟨Bot⟩ *Gänseblümchen* n ‖ *Maßliebchen* n

chiribital m Col *Ödland* n

chiribitil m *Dachkammer* f ‖ *elende Bude* f ‖ ⟨fam⟩ *Loch* n

chirichi m Ec *Schauder* m

△ **chiriclo** m *Vogel* m

chiri|gota f ⟨fam⟩ *Scherz, Spaß, Ulk* m ‖ ◇ *tomarlo todo a* ~ *nichts ernst nehmen, alles auf die leichte Schulter nehmen* ‖ **–gotear** vi ⟨fam⟩ *Spaß machen, scherzen* ‖ **–gotero** m/adj ⟨fam⟩ *Spaßvogel* m

△ **chirijar** vt *belehren*

△ **chirije** m *Aprikose* f

chirimbolo(s) m ⟨fam⟩ *Plunder* m ‖ *Gerümpel* n ‖ *Krempel* m ‖ ⟨fam⟩ *Krimskrams* m

chirimía f ⟨Mus⟩ *Schalmei* f ‖ *Pommer* f

chirimo|ya f ⟨Bot⟩ *Cheri-, Chiri|moya* f, *Zuckerapfel* m ‖ **–yo** m *Cheri-, Chiri|moya* f (Annona cherimolia)

chirinada f Arg *Militäraufstand* m

△ **chiringa** f *Apfelsine* f

chiringo m Mex *Stückchen* n

chiringuito m *Imbissstand* m ‖ ~ *financiero* ⟨fam⟩ *Geldwäscheplatz* m

chiri|nica, –nola f ⟨pop⟩ *Läpperei* f ‖ And *Kopf* m ‖ *Streit, Zank* m ‖ *heftige Auseinandersetzung* f ‖ ◇ *estar de* ~ ⟨figf⟩ *gut gelaunt sein*

chiripa f *Fuchs* m *beim Billardspiel* ‖ ⟨figf⟩ *Zufallstreffer* m ‖ ⟨figf⟩ *Glücksfall* m ‖ ♦ *por (od* de) ~ *ganz zufällig* ‖ ◇ *tener* ~ ⟨fam⟩ *ein Glückskind sein*

chiripá [pl ~**aces**] m Am *ein hosenförmiges Kleidungsstück* n *(des Gaucho)*

chirivía f ⟨Bot⟩ *Pasti|nake* f, *-nak* m (Pastinaca sativa) ‖ ⟨V⟩ *Bachstelze* f (Motacilla alba)

chirivisco m Guat Hond *Reisig* n

¹**chirla** f *(Art) Herzmuschel* f

²**chirla** f Am *Schlag* m *mit der unteren Fingerfläche*

chir|lador m ⟨fam⟩ *Schreier, Schreihals* m ‖ **–lar** vi ⟨fam⟩ *laut schreien* ‖ *überstürzt reden*

¹**chirle** adj ⟨fam⟩ *ge|schmacklos, -haltlos, fad(e)* ‖ *dünn(flüssig)* ‖ *dünn* (z. B. *Kot)*

²**chirle** m *Ziegenkot* m

chirlería f *Geschwätz* n ‖ *Klatsch* m

chirlerín m ⟨pop⟩ *Taschendieb* m

chirlido m Sal → **chillido**

chirlo m *Hieb, Schmiss* m ‖ *Schramme,* ⟨reg⟩ *Schmarre* f ‖ ⟨pop⟩ *Stoß* m ‖ *Schlag* m ‖ Arg *Ohrfeige* f

¹**chirlomirlo** m ⟨pop⟩ *kraftlose Nahrung* f

²**chirlomirlo** m Sal ⟨V⟩ *Drossel* f

chirlón m ⟨pop⟩ *Schwätzer* m

chiro m ⟨pop⟩ *Lumpen, Hader* m ‖ ~s pl *Klamotten* fpl

△ **chiró** m *Zeit* f

chirona f ⟨fam⟩ *Gefängnis* n, ⟨fam⟩ *Kittchen* n ‖ ◇ *meter (estar) en* ~ *hinter Schloss und Riegel bringen (sitzen)*

chirote adj/s CR *schön, stattlich* ‖ Ec Pe *dumm* ‖ ~ m Ec Pe ⟨V⟩ *Stärling, Trupial* m (Sturnella militaris)

chir|pia f Al *junge Baumpflanzung* f ‖ Al ⟨fig⟩ *Haufen* m *Kinder (od Jungen)* ‖ **–pial** m Al → **chirpia**

chirria|(dera) f Col *lärmende Fröhlichkeit* f ‖ **–dero, –dor** adj *knisternd* ‖ *knarrend* ‖ ⟨fig⟩ *widerlich singend* ‖ **–do** adj Col *witzig* ‖ **–dura** f *Geknister* n

chirriar [pres –**ío**] vi *knisternd, zischen (auf dem Feuer)* ‖ *knarren (Diele, Räder)* ‖ *kreischen* ‖ *prasseln* ‖ *zirpen* ‖ *quietschen* ‖ *schreien, zwitschern (von Vögeln, die nicht Singvögel sind)* ‖ ⟨figf⟩ *falsch singen*

chirrido m *Ge|schrei, -zwitscher* n ‖ *Knarren* n *(Räder)* ‖ *Kreischen* n ‖ *Zirpen* n ‖ *Zwitschern* n

chirrión m *knarrender Karren* m ‖ *Kotkarren* m ‖ Am *Peitsche* f

chirrisco adj Ven MAm *(sehr) klein* ‖ Am *einfältig* ‖ *unbesonnen* ‖ Mex *leicht entflammbar*

chirrisquear vi Pal ⇥ **carraspear**
chirula f ⟨Mus⟩ *kleine Flöte* f *der baskischen Provinzen*
chirulino m Hond ⟨Kochk⟩ *Gericht* n *aus Eiern und Mais*
chirumen m ⟨fam⟩ *kluger Kopf* m ‖ ⟨fam⟩ *Mutterwitz* m
chirusa f Am *ungebildete Bäuerin* f
chis m ⟨Kinds⟩ *Pipi* n ‖ ◇ *hacer ~ Pipi machen*
¡chis! int *pst! stille!*
chisa f Col *e–e (von Indianern gebraten gegessene) Käferlarve* f
chiscarra f *leichtbrüchiger Kalkstein* m
chisco m Mex ⟨pop⟩ *Witz, Scherz* m
chiscón m ⟨pop⟩ *kleiner Raum* m ‖ ⟨fam⟩ *Loch* n
chischás m ⟨fam⟩ *Degengeklirr* n
chischís m Col Hond Pan PR *Nieselregen* m ‖ PR *ein bisschen*
chisgarabís m ⟨fam⟩ *kleiner, unruhiger, naseweiser Mensch, Naseweis* m ‖ *Hansdampf* m *in allen Gassen* ‖ *Laffe* m ‖ ⟨fam⟩ *krumm gewachsener, unansehnlicher Mensch* m ‖ ⟨fam⟩ *Topfgucker* m ‖ ◇ *dar en el ~* ⟨fam⟩ *den Nagel auf den Kopf treffen*
chisguete m ⟨fam⟩ *Schluck* m *Wein* ‖ ⟨fam⟩ *Guss, Strahl* m
△ **chislama** f *Mädchen* n
△ **chismar** vi *spucken*
chis|me m *Klatscherei* f, *(böswilliger) Klatsch* m ‖ ⟨fam⟩ *Zeug, Ding* n, *Kram* m ‖ ⟨fam⟩ *Gerümpel* n ‖ ⟨vulg⟩ *Ding* n *(Penis)* ‖ ⟨vulg⟩ *Fotze* f ‖ ◇ *ser un ~* ⟨figf⟩ *zu nichts taugen* ‖ *~s mpl Werkzeuge, Geräte npl* ‖ *Sachen* fpl ‖ **‖ Kleinkram** m ‖ *~ de comadre Gerede* n, *Klatsch, Tratsch* m ‖ *~ provincianos Dorfklatsch* m ‖ *~ de vecindad nachbarlicher Klatsch* m ‖ ◇ *traer y llevar ~s* ⟨fam⟩ *herumtratschen* ‖ **–mear** vt/i *(ver)klatschen* ‖ **–mecito** m dim von **–me** ‖ **–mería** f *Klatscherei* f ‖ **–mero** adj/s ⇥ **–moso**
chismografía f ⟨fam⟩ *Klatschsucht* f ‖ ⟨fam⟩ *Klatsch* m, *Gerede* n
chismógrafo m ⟨fam⟩ *Klatschjournalist* m
chismo|rreo m ⟨fam⟩ *Gerede* n ‖ **–sa** f *Klatschbase* f ‖ **–so** adj *klatschsüchtig* ‖ *klatschhaft* ‖ *~ m Klatschmaul* n ‖ **–tear** vi *Klatsch verbreiten*
chispa f *Funke* m ‖ ⟨fig⟩ *Feuer* n ‖ ⟨fig⟩ *Geistesblitz* m ‖ ⟨fig⟩ *sprühender Witz, Esprit* m ‖ *Pep* m ‖ *kleiner Diamant* m ‖ *Diamantenraute* f ‖ *(Regen)Spritzer* m ‖ ⟨fam⟩ *Schwips* m ‖ Col *Lüge, Ente* f ‖ *~ amortiguada, ~ apagada Löschfunke* m ‖ *~ detonante Knallfunke* m ‖ *~ eléctrica elektrischer Funke* m ‖ *~ de encendido Zündfunke* m ‖ *~ de interrupción Abschaltfunke* m ‖ *~ de ruptura Unterbrechungs-, Abreiß|funke* m ‖ *una ~ de pan* ⟨fam⟩ *ein Stückchen Brot* n ‖ ◇ *dar ~* ⟨pop⟩ *Aufsehen erregen* ‖ *Erfolg haben* ‖ *coger una ~* ⟨fam⟩ *s. beschwipsen* ‖ *ser una ~* ⟨fig⟩ *helle sein* ‖ *tener (una) ~* ⟨fam⟩ *beschwipst sein* ‖ *no ver ~* ⟨pop⟩ *gar nichts sehen* ‖ *~s fpl*: *echar ~* ⟨figf⟩ *wütend sein, vor Wut schäumen* ‖ *estar ~ beschwipst od ange|säuselt od -heitert od -dudelt sein* ‖ *¡~! Donnerwetter!*
chispar vt ⟨pop⟩ *klatschen, tratschen* ‖ **~se** ⟨pop⟩ *s. beschwipsen*
chisparoso adj Col *schreckhaft*
chispazo m *Funkensprühen* n ‖ *elektrische Entladung* f
chispe|ado adj Chi *angetrunken*, ⟨fam⟩ *beschwipst* ‖ **–ante** adj *(m/f) funkensprühend* ‖ ⟨fig⟩ *geist|sprühend, -reich, witzig* ‖ **–ar** vi *Funken sprühen* ‖ *funkeln* ‖ *glänzen* ‖ *lodern* ‖ *tröpfeln, rieseln, dünn regnen* ‖ **–o** m *Funkensprühen* n ‖ *Funkeln, Lodern* n ‖ *Spritzen,*

Rieseln n ‖ **–ro** adj *funkensprühend* ‖ *~ m (Grob)Schmied* m ‖ *Nagelschmied* m ‖ ⟨fam⟩ *Bewohner* m *des Stadtviertels Maravillas in Madrid*
chispita f dim von **chispa**
chispo m ⟨fam⟩ adj *beschwipst, ange|säuselt, -heitert, -dudelt* ‖ *~ m Schluck* m *Wein*
chispojear vt Cu *lächerlich machen*
chispola f Ve *ein Volkstanz* m
chispoleto adj *sehr lebhaft* ‖ *übermütig* ‖ *geschickt*
chispo|rrotear vi ⟨fam⟩ *Funken sprühen* ‖ *knistern, prasseln (Feuer)* ‖ **–rroteo** m ⟨fam⟩ *Sprühen, Prasseln* n, *Funkenwurf* m ‖ ⟨Radio⟩ *Knallen, Rasseln* n ‖ **–so** adj *prasselnd*
chisquero m *Taschenfeuerzeug* n ‖ *~ de mecha Feuerzeug* n *(mit Docht)*
¡chist! onom *pst! stille!*
chistar vi *(auf)mucksen (nur mit Verneinung)* ‖ ◆ *sin ~* (ni mistar) ⟨fam⟩ *ohne zu mucksen, ganz still; heimlich* ‖ ◇ *nadie chistó k–r sagte ein Wort*
chiste m *Witz* m, *Witzwort* n ‖ *Scherz, Spaß* m ‖ *Pointe* f ‖ *~ muy gastado sehr alter Witz, Witz* m *mit Bart* ‖ *~ de baja ley gemeiner Witz* m ‖ *~ inofensivo harmloser Witz* m ‖ *~ verde schlüpfiger Witz* m, *Zote* f ‖ ◇ *caer od dar en el ~* ⟨figf⟩ *den Nagel auf den Kopf treffen* ‖ ⟨fam⟩ *den Braten riechen* ‖ ⟨fam⟩ *die Pointe erfassen* ‖ *hacer ~s Witze machen, witzig reden* ‖ *no tener ~* ‖ *witzlos sein*
¹chistera f *Fischerkorb* m ‖ ⟨figf⟩ *Zylinderhut* m, ⟨joc⟩ *Angströhre* f
²chistera f ⟨Sp⟩ *Fangkorb* m *der Pelotaspieler*
chistorra f ⟨reg⟩ *e–e Wurstart aus Navarra*
chisto|sada f Mex *fader Witz* m ‖ **–so** adj *witzig* ‖ *spaßhaft*
chistu m ⟨Mus⟩ *Txistu, Chistu* n, *kleine, dreilöch(e)rige Flöte* f *der Basken* ‖ **–lari** m *Chistuspieler* m
chita f *Röhrenbein* n *des Rindes od Hammels* ‖ ⟨fig⟩ *wertlose Sache* f ‖ Mex *kleines Netz* n ‖ ◆ *a la ~ callando* ⟨fam⟩ *schleichend, heimlich* ‖ *mit Vorbedacht* ‖ ◇ *dar en la ~* ⟨figf⟩ *das Ziel treffen*
chital m ⟨Zool⟩ *Axishirsch* m (Axis axis)
¹chitar vi ⇥ **chistar**
²chitar vi Chi *stehen bleiben (Zugtier)*
¡chite! int ⇥ **¡chito!**
chitear vt Mex *betrügen*
chitica|lla m/f ⟨fam⟩ *Duckmäuser* m ‖ *Hehler* m ‖ **–llando** adv ⟨fam⟩ *leise* ‖ ◆ *a la ~* ⟨fam⟩ *duckmäuserisch*
chito m *Klipper-, Wurf|spiel* n ‖ ⟨pop⟩ *Köter* m ‖ *Röhrenbein* n *des Rindes od des Hammels*
¹chitón m ⟨Zool⟩ *Käferschnecke* f (Chiton olivaceus)
²¡chitón! ¡chito! int ⟨fam⟩ *still!*
chitreano m Pe *junger Kerl* m
chiular vt Ar *pfeifen* ‖ *ausziehen*
¹chiva f *junge Ziege* f
²chiva f Am ⟨Bett⟩Decke f ‖ *Tagesdecke* f ‖ Ven *Einkaufsnetz* n
³chiva f *Spitzbart* m
⁴chiva f Pan *Kleinbus* m
chivada f Cu *Enttäuschung* f
¹chivar vt León Am *belästigen, ärgern* ‖ *täuschen, betrügen* ‖ *~se denunzieren*, ⟨pop Sch⟩ *petzen* ‖ ◇ *¡que se chive!* ⟨pop⟩ *hol' ihn der Teufel!*
²chivar vi ⟨vulg⟩ *bumsen, vögeln, ficken*
chivata f And *Hirtenstock* m
chivatazo m ⟨pop⟩ *Hinweis, Wink* m, *Tip* m ‖ ⟨pop⟩ *(anonyme) Anzeige* f ‖ ⟨pop Sch⟩ *Petzen* m, *Petzerei* f ‖ ◇ *dar el ~* ⟨pop Sch⟩ *(ver)petzen, verpfeifen*

chiva|teado adj/s: llevar ~ Chi *eilen* ‖ pagar ~ Chi *bar zahlen* ‖ **–tear** vi ⟨pop⟩ *petzen* ‖ Ven *s. behaupten* ‖ vt Ven *täuschen, betrügen*
chivato m Zicklein n ‖ *halb- bis einjähriger Ziegenbock* m ‖ ⟨fam⟩ *Dummkopf* m ‖ ⟨pop⟩ *Denunziant, Spitzel* m ‖ ⟨pop⟩ *Petzer* m
¹chivo m Zicklein n ‖ *junger Ziegenbock* m ‖ Ec Guat ⟨fig⟩ *unartiges Kind* n ‖ ~ *emisario Sündenbock* m
²chivo m Col *Wutanfall* m ‖ Col *Wut* f, *Zorn* m ‖ Cu *Stoß* m *(mit dem Knie)*
³chivo m Mex *Tageslohn* m ‖ *Sold* m
⁴chivo m *Behälter* m *für Öltrester (in Ölmühlen)*
¡cho! *brr! (Zuruf an Pferde)*
choapino m Chi *handgeknüpfter Teppich* m
choba f Sant *Lüge* f
chocallero adj Can *klatschsüchtig* ‖ *klatschhaft*
chocan|te adj ⟨m/f⟩ *anstößig, empörend, schockierend* ‖ *wunderlich, merkwürdig, unglaublich, befremdend* ‖ *zudringlich* ‖ *beleidigend* ‖ Chi *widrig, ekelhaft* ‖ **–tería** f *herausforderndes* od *anstößiges Benehmen* n ‖ *Unverschämtheit* f ‖ *Herausforderung* f
chocar [c/qu] vt *herausfordern, reizen* ‖ *Anstoß erregen* (a alg. *bei jdm*), *schockieren* ‖ *beleidigen, verletzen* ‖ ⟨fig⟩ *rühren, erschüttern* ‖ ⟨fig⟩ *überraschen* ‖ ◇ ~ *los vasos anstoßen (beim Zutrinken)* ‖ *eso me choca das wundert mich* ‖ *no me choca* ⟨pop⟩ *er (sie, es) gefällt mir nicht* ‖ ~ vi *anstoßen (an* acc*), stoßen* (contra *gegen*) ‖ *zusammenstoßen* ‖ *aufeinander treffen* ‖ *zusammenfahren, kollidieren* ‖ ⟨EB⟩ *auffahren* ‖ ⟨fig⟩ *handgemein werden* ‖ ~ *con(tra) una mina* ⟨Mar⟩ *auf e–e Mine laufen* ‖ *no es de* ~ ⟨fam⟩ *es ist kein Wunder* ‖ *¡choquemos! stoßen wir an!* *¡chócala! Hand drauf!*
chocarre|ar vi *derbe Witze* mpl od *Zoten* fpl *erzählen* ‖ **–ría** f *derber Witz* m, *Zote* f ‖ **–ro** adj *derb, zotig* ‖ ⟨pop⟩ *saftig*
chocha f ⟨V⟩ *Schnepfe* f ‖ ⟨fam⟩ *alte Närrin* f ‖ ~ *de mar* → **centrisco** ‖ ~ *perdiz* ⟨V⟩ *Waldschnepfe* f (Scolopax rusticola)
chochaperdiz f → **chocha** perdiz
choche|ar vi *faseln, quasseln* ‖ *Unsinn reden* ‖ ⟨fam⟩ *spinnen* ‖ *kindisch werden (im Alter)* ‖ ⟨figf⟩ *(Kinder) übertrieben hätscheln* ‖ *liebestoll, närrisch, verliebt sein* ‖ **–ra, chochez** [pl ~ces] f *Alters|faselei, -duselei* f ‖ *Schwachköpfigkeit* f ‖ *Aberwitz* m
chochín m ⟨V⟩ *Zaunkönig* m (Troglodytes troglodytes = parvulus)
¹chocho adj *faselnd, kindisch vor Alter* ‖ *schwachköpfig* ‖ ⟨figf⟩ *närrisch ver|liebt, -narrt* (por *in* acc) ‖ ◇ *estar* ~ ⟨fam⟩ *außer s. sein (vor Freude usw.)* ‖ ~ m *Faselhans, alter Fasler* m ‖ *Schwachkopf* m
²chocho m *überzuckerter Zimt* m, *überzuckertes Zitronat* n ‖ *Feigbohne* f ‖ ~**s** mpl *Zuckerwerk* n *(für Kinder)*
³chocho m ⟨Bot⟩ *Lupine* f (→ **altramuz**)
⁴chocho m ⟨vulg⟩ *Möse, Muschi* f
chocle|ar vi *im Wasser plätschern* ‖ *klappern (mit den Pantoffeln)* ‖ Col Pan *Körner ansetzen (Maiskolben)* ‖ **–teo** m *Plätschern* n
¹choclo m *Holz-, Über|schuh* m
²choclo m SAm *junger Maiskolben* m ‖ SAm *Maisgericht* n
¹choclón adj *zudringlich* ‖ *vorlaut*
²choclón m Chi *Menschenmenge* f
¹choco adj/s Chi *mit plattem Gesicht* ‖ *sehr braun (Gesichtsfarbe)*
²choco adj/s ⟨Am⟩ *e–r, dem ein Ohr, ein Auge* od *ein Bein fehlt* ‖ Chi *schwanzlos*
³choco adj Chi Ec *mit gekräuseltem Haar* n

⁴choco m Am [Hund] *Pudel* m
⁵choco m Bol *Zylinderhut* m
⁶choco m ⟨Fi⟩ *kleiner Tintenfisch* m
⁷choco m Bol *dunkelrote Farbe* f
⁸choco m Chi *Bremsschuh* m
chocola|te m *Schokolade* f ‖ [in der Drogenszene] *Hasch(isch)* n ‖ ~ *con avellanas Nussschokolade* f ‖ ~ *blanco weiße Schokolade* f ‖ ~ *para cocer Kochschokolade* f ‖ ~ *a la española dicke Schokolade* f *(Getränk)* ‖ ~ *a la francesa dünne Schokolade* f *(Getränk)* ‖ ~ *con leche Milchschokolade* f ‖ ~ *relleno gefüllte Schokolade* f ‖ ◆ *(de) color* ~ *schokoladenfarben* ‖ *rotbraun* ‖ ◇ *recubrir de* ~ *mit e–m Schokoladenüberzug versehen, schokolieren* ‖ **–tera** f *Schokoladenkanne* f ‖ ⟨pop joc⟩ *Angströhre* f *(Zylinderhut)* m ‖ **–tería** f *Schokoladen|geschäft* n, *-laden* m ‖ *Schokoladenfabrik* f ‖ **–tero** m/adj *Schokoladenhändler* m ‖ *Schokoladenverkäufer* m ‖ **–tín** m, **–tina** f *kleine Tafel* f *Schokolade* ‖ *Praline* f
chodejo adj Mex *schmutzig*
chofer, chófer m *Chauffeur, Kraftfahrer* m ‖ ~ *profesional Berufskraftfahrer* m
chola f ⟨fam⟩ → **²cholla** ‖ Arg Bol CR Chi Ec Pe *gemeine Frau* f
△ **cholé** m *Jagd* f
cholenco m Hond → **chongo**
cholgua f Chi → **mejillón**
¹cholla f ⟨pop⟩ *Birne* f *(Kopf)*
²cholla f MAm *Faulheit* f ‖ *Trägheit* f
chollo m ⟨fam⟩ *Schnäppchen* n
cholloncarse [c/qu] vr Chi *s. niederkauern*
cholludo m MAm Col *Faulenzer* m
cholo m/adj Am *Mischling* m *zwischen span. Weißen und Indianern* ‖ *Spanisch sprechender, zivilisierter Indianer* m (& desp) ‖ Chi *Bolivianer* m *(Spitzname)* ‖ ⟨fig⟩ *feige* ‖ Chi *schwarzer Hund* m ‖ ⟨pop⟩ *Liebling, Schatz* m *(Kosewort)*
choloj m ⟨Kochk⟩ *Innereien* pl
△ **chomí** m *Wange* f
chompa f Chi *Wolljacke* f
chona f ⟨vulg⟩ *Möse, Muschi* f
Chona f np ⟨fam⟩ → **Concepción**
chonchón m Chi *flache Likörflasche* f, ⟨fam⟩ *Flachmann* m
chonclarse vr Col *ermüden*
chonela f CR *Riss* m *(in e–m Kleidungsstück)* ‖ *Öffnung* f, *Loch* n
¹chongo m Mex *Haarwulst* m ‖ Mex ⟨fam⟩ *Scherz, Spaß* m
²chongo m Chi *Glas(gefäß)* n
³chongo m Dom Cr *Gaul, Klepper* m
chonguearse vr Mex ⟨pop⟩ → **chunguearse**
△ **chonji** m *(Frauen)Rock* m
chop [pl –s] m *Schoppen* m *(Bier)*
chopa f ⟨Fi⟩ *Brandbrasse* f (Oblada melanura)
cho|pal m, **–palera, –pera** f *Pappelwald* m
chopazo m Chi *Faustschlag* m
chopera f → **chopal**
chopitos mpl ⟨Fi⟩ *kleine Tintenfische* mpl
¹chopo m → **álamo** (negro)
²chopo m ⟨fam⟩ *Flinte* f, *Gewehr* n, ⟨fam⟩ *Knarre* f ‖ ◇ *cargar con el* ~ ⟨fam⟩ *als Soldat dienen*
¹choque m *Stoß, An-, Zusammen|stoß* m ‖ *An|prall, -schlag* m, *Stauchung* f ‖ ⟨fig⟩ *Zank, Streit* m, *Reibung* f ‖ ⟨Mil⟩ *Treffen* n, *Zusammenstoß, Sturm* m ‖ ~ *de aterrizaje* ⟨Flugw⟩ *Landungsstoß* m ‖ ~ *de atracada* ⟨Mar⟩ *Landungsstoß* m ‖ ~ *de electrones Auftreffen* n *von Elektronen* ‖ ~ *de fren(ad)o Bremsstoß* m ‖ ~ *frontal* ⟨StV⟩ *Frontalzusammenstoß* m ‖ ~ *de tope* ⟨EB⟩ *Pufferstoß* m ‖ ~ *de trenes*

⟨EB⟩ *Zusammenstoß* m *von Zügen* ‖ ◆ sin ~s
stoßfrei
²choque m ⟨Med⟩ *Schock* m ‖ ~ *anafiláctico*
anaphylaktischer Schock m ‖ ~ *eléctrico*
elektrischer Schock m ‖ ~ *(p)síquico psychischer*
Schock m ‖ ~ *traumático traumatischer Schock* m
　choquezuela f ⟨An⟩ *Kniescheibe* f
　cho|rar vt/i ⟨pop⟩ *klauen, stibitzen* ‖ **–raró** m
Dieb m
　chorbo m ⟨fam⟩ *ständiger Begleiter* m
　chorcha f Mex *Bande* f *Jugendlicher*
　chordón m ⟨Bot⟩ *Himbeerpflanze* f
　chorear vi Chi *brummen* ‖ *vor s. hin murmeln*
‖ ~ vt *(Miesmuscheln) fangen* ‖ Col Pe *stehlen*
　choricear vt → **chorar**
　chorice|ra f *Wurstverkäuferin* f ‖
Wurstmaschine f ‖ **–ría** f *Wurst-, Selcher|laden* m,
Selcherei f ‖ **–ro** m/adj *Wursthändler* m ‖
Wurstmacher, Selcher m ‖ ⟨fig joc⟩ *aus*
Estremadura
　chorizar vt ⟨fam⟩ *klauen, stibitzen*
　¹chorizo m *(Brat)Wurst* f ‖ *Knackwurst,*
geräucherte, rote (Paprika)Wurst f ‖ ¡~! ⟨fam⟩
Donnerwetter! ‖ ~ *extremeño in Estremadura*
erzeugte (ziegelfarbige) Wurst f *mit span. rotem*
Pfeffer
　²chorizo m *Seiltänzer-, Balancier|stange* f
　³chorizo m ⟨pop⟩ *kleiner Gauner* m
　⁴chorizo m Col *Dummkopf* m
　⁵chorizo m Mex *Geldrolle* f
　chorlitejo m ⟨V⟩ *Regenpfeifer* m (Charadrius
spp) ‖ ~ *culirrojo Keilschwanzregenpfeifer* m
(Ch. vociferus) ‖ ~ *chico Flussregenpfeifer* m
(Ch. dubius) ‖ ~ *grande Sandregenpfeifer* m (Ch.
hiaticula) ‖ ~ *mongol Wüstenregenpfeifer* m (Ch.
leschenaultil) ‖ ~ *patinegro Seeregenpfeifer* m
(Ch. alexandrinus)
　¹chorlito m *Regenpfeifer* m ‖ ~ *carambolo*
Mornellregenpfeifer m (Eudromius morinellus) ‖
~ *dorado común Goldregenpfeifer* m (Pluvialis
apricaria) ‖ ~ *dorado chico Sibirischer*
Goldregenpfeifer m (P. dominica) ‖ ~ *gris*
Kiebitzregenpfeifer m (P. squatarola) ‖ ~ *social*
Steppenkiebitz m (Vanellus gregarius) ‖
Brach|huhn n, *-vogel* m (Numenius) ‖ *Steppen-,*
Brach|schwalbe f, *Sandhuhn* n (Glareola)
　²chorlito m ⟨pop⟩ *Freier* m (e–r *Prostituierten)*
　¹chorlo m ⟨Min⟩ *Schörl* m *(schwarzer*
Turmalin)
　²chorlo m → **chozno**
　¹choro m And *Taschendieb* m
　²choro m Chi ⟨Zool⟩ *Miesmuschel* f
　chorra f ⟨vulg⟩ *Schwanz* m *(Penis)*
　chorrada f ⟨pop⟩ *Zugabe* f *beim Verkauf von*
Flüssigkeiten ‖ ⟨vulg fig⟩ *Dummheit* f, *Unsinn* m
‖ *Wortschwall* m ‖ ◇ *decir* od *parir* ~s *Blödsinn*
reden
　△ **chorré** adj *hässlich* ‖ *schlecht*
　chorrea|do adj ⟨Taur⟩ *mit quergestreiftem*
Haar (Stier) ‖ *gestreift (Zeug)* ‖ Mex *schmutzig* ‖
Chi *plump* ‖ **–dura** f *Träufelfleck* m
　chorrear vi *rinnen, träufeln, triefen, rieseln,*
im Strahl ablaufen ‖ ◇ *estar chorreando sangre*
von Blut triefen ‖ ~se *con* a/c Col ⟨fam⟩ et.
mitgehen lassen ‖ *stehlen,* ⟨pop⟩ *klauen*
　△ **chorrel** m *Kind* n
　chorre|o m *Rinnen, Triefen, Träufeln, Geriesel*
n ‖ **–ón** m *(Wasser)Strahl* m
　¹chorrera f *Rinne* f ‖ *Streifen* m *vergossenen*
Wassers ‖ *Gefälle* n e–s *Flusses*
　²chorrera f *Jabot* n
　chorretear vt Guat *beflecken*
　chorri|llo m *kleiner Wasserstrahl* m ‖ ◇ *irse*
por el ~ ⟨figf⟩ *der Gewohnheit folgen, mit dem*
Strom schwimmen ‖ *tomar el* ~ ⟨figf⟩ s. *daran*

gewöhnen (de hacer algo et. *zu tun)* ‖ s. *gewöhnen*
(de *an* acc) ‖ **–to** m ⟨Kochk⟩ *Spritzer* m
　chorro m *(Wasser)Strahl, Guss, Strom* m ‖ Col
Dieb m ‖ *Hervorsprudeln* n ‖ ⟨fig⟩ *Schwall, Regen*
m ‖ ~ de agua *Wasserstrahl* m ‖ ~ de aire
Luftstrahl m ‖ ~ de arena ⟨Met⟩ *Sandstrahl* m ‖
~ de dinero *Geld|segen, -regen* m ‖ ~ de
elocuencia ⟨fig⟩ *Wortschwall* m ‖ ~ de inyección
Einspritzstrahl m ‖ ~ de presión *Druckstrahl* m ‖
~ de sangre *Blutstrom* m ‖ ~ de tinta ⟨Inform⟩
Tintenstrahl m ‖ ◆ a ~ continuo *un|aufhörlich,*
-unterbrochen ‖ a ~s ⟨fig⟩ *stromweise, in*
Strömen ‖ ◇ *beber* a ~ *(den Inhalt des Glases)*
hinunterstürzen ‖ *direkt aus dem Krug trinken* ‖
hablar a ~s s. *beim Sprechen überstürzen* ‖ *soltar*
el ~ *laut auflachen* ‖ *aus vollem Hals(e) lachen* ‖
sudar a ~ ⟨fig⟩ *stark schwitzen* ‖ *está limpio como*
los ~s del oro ⟨figf⟩ *es ist rein wie ein Spiegel*
　chota f *säugendes Zicklein* n ‖ ⟨reg⟩ *Kalb* n ‖
Bol ⟨fig⟩ *Backfisch* m
　chotacabras m ⟨V⟩ *Ziegenmelker* m
(Caprimulgus europaeus) ‖ ~ *egipcio Ägyptischer*
Ziegenmelker m (C. aegyptus) ‖ ~ *pardo*
Rothalsziegenmelker m (C. ruficollis)
　chotear vt Cu *prellen, anführen* ‖ ~ vi Ar
frohlocken ‖ ~se *spotten, s. lustig machen* (de
über acc)
　choteo m ⟨pop⟩ *Scherz, Spaß* m, *Gaudium* n ‖
⟨pop⟩ *Hallo* n, *Spektakel* m ‖ ◇ *tomar* a ~ *nicht*
ernst nehmen ‖ *be|witzeln, -spötteln* ‖ ¿te das
cuenta del ~ que se organizaría? *was meinst du*
wohl, was für e–n Spektakel das abgeben würde?
　chotis m *Schottisch* m *(Tanz)* ‖ ~ *madrileño*
Madrider Schottisch m *(Tanz und Tanzlied)*
　¹choto m *Zicklein* n ‖ ⟨reg⟩ *Kalb* n
　²choto adj Hond *rotgelb*
　chotuno adj: oler a ~ *Bocksgeruch verbreiten*
‖ *stinken* ‖ ⟨pop⟩ *böckeln*
　choucroute f *Sauerkraut* n
　chova f *Alpenkrähe* f ‖ *Alpendohle* f ‖ ~
piquigualda *Alpendohle* f (Pyrrhocorax graculus) ‖
~ piquirroja *Alpenkrähe* f (P. pyrrhocorax)
　chovinis|mo m *Chauvinismus* m ‖
übertriebenes Nationalgefühl n ‖ **–ta** adj *(m/f)*
chauvinistisch ‖ ~ *m/f Chauvinist(in* f) m
　chow-chow m [Hund] *Chow-Chow* m
　choza f *(Schäfer)Hütte* f ‖ *Bauernhütte* f ‖ ⟨Sp⟩
Herberge, Baude f ‖ ~ lacustre *Pfahlhütte* f
　chozno m *Ururenkel, Enkel* m 5. *Grades*
　chozo m *kleine Hütte* f
　christma(s) m *Weihnachtskarte* f
　¡chss! int *pst!*
　chuanche adj Col *roh (Obst usw.)*
　chuascle m Mex *Falle* f ‖ Mex *Täuschung* f
　chubasca f ⟨fam⟩ *Diebskneipe* f ‖
(Straßen)Dirne f ‖ *öffentliches Haus* n
　chubas|co m *Platzregen* m, *Regenschauer* m ‖
Sturmbö(e) f ‖ ⟨fig⟩ *plötzlich eintretender*
Unglücksschlag m ‖ ⟨fig⟩ *derber Verweis* m ‖
–coso adj *stark bewölkt (Himmel)* ‖ *böig* ‖
–quería f *schwarze Regenwolken* fpl *am Horizont*
‖ **–quero** m *Regen-, Gummi|mantel* m ‖ ⟨pop joc⟩
Pariser m *(Kondom)*
　chubesqui m *Wärmflasche* f
　△ **chubi** m *Maulesel* m
　chucanear vi Guat *Witze machen*
　chúcaro adj Am *wild* (bes. *Hornvieh und*
Pferde)
　chucero m ⟨pop⟩ *Dieb* m
　¹chucha f ⟨fam⟩ *Hündin* f ‖ ⟨figf⟩ *Rausch,*
Schwips m ‖ ⟨figf⟩ *Lässigkeit* f
　²chucha f Am *Rohleder* n
　³chucha f Col ⟨Zool⟩ *Beutelratte* f
　¡chucha! int *husch! (Ruf, um Hunde zu*
verjagen)

Chucha f np ⟨fam⟩ → **Jesusa**
chuchada f Guat *Lapperei* f
chuchango m Can *Schnecke* f
chuchazo m Cu Ven *Peitschenhieb* m
△ **chuche** m *Gesicht* n
chuchear vi ⟨pop⟩ → **cuchichear**
chuchería f *Näscherei* f ‖ *Flitterkram* m ‖ ~**s**
fpl *Nippsachen* fpl
¹chuchero m/adj *Vogelsteller* m
²chuchero m/adj Cu *Hausierer* m ‖ Cu ⟨EB⟩
Weichensteller m
¹chucho m ⟨fam⟩ *Hund*, ⟨fam⟩ *Köter* m ‖ ⟨figf⟩
hässliche Person f ‖ ¡~! → **¡chucha!**
²chucho m ⟨Fi⟩ *Stechrochen* m (Dasyatis
pastinaca)
³chucho m Chi *Kerker* m
⁴chucho m Am *Fieberschauer* m, *Fieber* n ‖
Am *Wechselfieber* n, *Malaria* f ‖ Am *Angst* f
⁵chucho m Cu *Stachel* m, *Nadel* f ‖ Cu ⟨EB⟩
Weiche f ‖ *Schalter* m
⁶chucho m Guat *Geizhals* m
⁷chucho m Col ⟨pop⟩ *Kram-, Kurz|waren* fpl
⁸chucho m Cu Ven *Lederpeitsche* f
Chucho m np ⟨fam⟩ → **Jesús**
chuchumeca f SAm *Strichmädchen* n
chuchumeco m ⟨desp⟩ *Knirps, Wicht* m
chuchurrido adj And *welk*
chuco adj MAm Ec Mex Pe *leicht verdorben*
(Fisch)
chucrut m → **choucroute**
chucuto adj Ven *schwanzlos* ‖ ~ m ⟨fam⟩
Teufel m
chueca f *Gelenkknochen* m ‖ *Chueca* f (Spiel:
e–e Art Kugeltreiben) ‖ ⟨fam⟩ *Fopperei* f
chueco adj/s Am *krumm(beinig)* ‖ Am *müde* ‖
Mex *einäugig*
chuela f Chi *Axt* f, *Beil* n
chueta m bes. Bal *Nachkomme* m von
(bekehrten) Juden
chufa f *Erdmandel* f (Cyperus esculentus) ‖
⟨fig⟩ *Lüge* f ‖ ⟨fig⟩ *Prahlerei* f ‖ ◇ echar ~s
⟨figf⟩ *angeben, aufschneiden, prahlen* ‖ tener
sangre de ~(s) ⟨figf⟩ *Fischblut in den Adern*
haben ‖ tirarse una ~ *schlecht bestehen (e–e*
Prüfung)
chufar vi *(et.) bewitzeln, (et.) bespötteln*
chufería f *Erdmandel(milch)geschäft* n, *-bude* f
chufeta, chufla f ⟨fam⟩ → **cuchufleta**
chuflar vi Ar *pfeifen*
chufle|arse vr ⟨fam⟩ *spotten (de über* acc) ‖
-ta f ⟨fam⟩ → **cuchufleta** ‖ *-tero* adj ⟨fam⟩
spöttisch
chuflido m Ar *Pfiff* m
△ **chuga** f *Laus* f
chuico m Chi *Korbflasche* f
¹chula f Span *Madrider Volksschönheit* f ‖
Madrider Kind n od ⟨fam⟩ *Pflanze* f ‖ *kesses*
Mädchen n *aus dem Volk* ‖ ⟨fam⟩ *freches Weib* n
²chula f *Frucht* f *des Riesensäulenkaktus*
(Cereus giganteus)
chulada f *grobe, flegelhafte Handlung* f ‖ *Zote,*
Unflätigkeit f ‖ *An|gabe, -geberei* f
chulamo m ⟨pop⟩ *Knabe, Bursche* m
chulángano m ⟨desp⟩ *Angeber, Aufschneider,*
Prahlhans m
chula|pa f → **¹chula** ‖ **-pería** f → **chulería** ‖
-po m → **²chulo** ‖ **-pona** f → **¹chula**
chulé m ⟨pop⟩ *Fünfpesetenstück* n
chu|leador m *Spötter* m ‖ **-lear** vt *angeben,*
aufschneiden ‖ *spotten* ‖ **-lería** f *(derbe)*
Ungezwungenheit f *(im Benehmen)* ‖
angeberisches Auftreten n *(nach Art e–s* ²chulo) ‖
Angeberei, Aufschneiderei f ‖ *(die)* chulos, ⟨fam⟩
Gaunerbande f ‖ **-lesco** adj *e–m* ²chulo *eigen*
(Ausdruck, Brauch usw.) ‖ *dreist*

¹chuleta f *Kalbs-, Hammel-, Schweins|kotelett*
n ‖ ⟨fig⟩ *Fleck* m, *Fleckstück* n ‖ ⟨figf⟩ *Ohrfeige* f
‖ ⟨fig pop⟩ → **chulo**
¹chuleta f ⟨Sch⟩ *Spickzettel* m
chuli|llo, -to m dim von **²chulo** ‖ ⟨Taur⟩
Stierkämpfergehilfe m
¹chulla f Ar *Scheibe* f *Fleisch*
²chulla f Col *Schimpfwort* n
¹chulo adj *vorwitzig, frech* ‖ *dreist, vorlaut* ‖
kess ‖ *gerieben, gaunerhaft* ‖ *e–m* ²chulo *eigen* ‖
Am *zierlich, nett*
²chulo m *Madrider Type* f ‖ *eingebildeter,*
dreister Bursche m ‖ ⟨fam⟩ *Flegel, Faulenzer* m ‖
Angeber m ‖ *Fleischerknecht, Metzgerbursche* m
‖ ⟨pop⟩ *Zuhälter* m ‖ *Gauner, Dieb* m ‖ ~**s** mpl
⟨Taur⟩ *Gehilfen* mpl *der Stierkämpfer*
¹chulón m *großer Spaßmacher* m
²chulón m ⟨fam⟩ *strammer Bursche* m ‖
Gauner m
chulona f ⟨fam⟩ *tolles Weib* n ‖ ⟨pop⟩ *freches*
Weib n
chulpa f Bol Pe ⟨Hist⟩ *Inkagrab* n
chulpi adj Ec *zerknittert*
chulquero m Ec *Wucherer* m
chuma f Arg Ec *Rausch* m, *Trunkenheit* f
chumacera f ⟨Mar⟩ *Dolle* f ‖ ⟨Tech⟩ *(Zapfen)*
Lager n
chumado adj ⟨pop⟩ *beschwipst* ‖ *betrunken*
chumar vi ⟨fam⟩ *kneipen, zechen*
chumbera f ⟨Bot⟩ *Feigenkaktus* m (Opuntia
ficus indica)
¹chumbo adj/s: higuera ~a → **chumbera**
²chumbo m Cu *Liebling, Schatz* m *(Kosename)*
chumino m ⟨vulg⟩ *Möse, Muschi* f
chumpipe m Guat *Truthahn* m
chuna f → **¹chuña**
chunero m Guat Salv *Lehrling* m
¹chunga f ⟨fam⟩ *Neckerei* f, *Spaß, Scherz* m ‖
◇ estar de ~ ⟨fam⟩ *bei guter Laune,*
aufgeräumter Stimmung sein
²chunga f *(Art) Tragkorb* m
chungla f *Dschungel* m (& n)
chungón adj *spaßhaft*
chungue|arse, chungarse [g/gu] vr ⟨fam⟩
scherzen, spaßen, s. necken ‖ *spotten (de über*
acc) ‖ **-o** m *Spott, Hohn* m ‖ **-ro** adj/s *lustig,*
aufgeräumt
chunguita f dim von **chunga**
¹chuña f ⟨V⟩ *südam. Schlangenstorch* m,
Seriema f (Cariama cristata)
²chuña f Chi *Rauferei, Schlägerei* f
chuñista m/f ⟨Schul⟩ *Schwänzer(in* f) m
chuño m SAm *Kartoffelmehl* n ‖
Kartoffelstärke f
¹chupa f ⟨Hist⟩ *Wams* n ‖ ⟨Hist⟩ *Rock, Gehrock*
m ‖ ⟨fam⟩ *Ärmelweste, Jacke* f ‖ *meist schwarze*
Lederjacke f ‖ ◇ poner a alg. como ~ de dómine
⟨figf⟩ *jdm e–n derben Verweis erteilen,* ⟨fam⟩ *jdn*
herunterputzen
²chupa f *Nasswerden* n, *Durchnässung* f
³chupa f Fil *Flüssigkeitsmaß* n
chupacirios m ⟨figf⟩ *Betbruder, Frömmler* m
chupa|da f *Zug* m *(beim Saugen od Rauchen)* ‖
~ (de hachís od marihuana) [in der Drogenszene]
Tak m (& n) ‖ ◇ dar una ~ (a la pipa) *e–n Zug*
(aus der Pfeife) tun (Raucher) ‖ **-do** adj ⟨figf⟩
mager, abgezehrt ‖ *ausgemergelt* ‖ Am *beschwipst*
‖ *betrunken* ‖ **-dor** m/adj *Schnuller, Sauger,*
Sauggummi m (& n) ‖ *Saugglas* n ‖ **-flor** m Ven
Mex ⟨V⟩ *Kolibri* m ‖ **-lámparas** m ⟨desp⟩ *Küster*
m ‖ **-leche** m ⟨Ins⟩ *Segelfalter* m (Iphiclides
podalirius) ‖ **-miel, -mirto, -rrosa** m Mex ⟨V⟩
Kolibri m
chupar vt *(aus)saugen* ‖ *in s. aufnehmen,*
einsaugen (Wasser) ‖ ⟨fig⟩ *jdn ausziehen, rupfen* ‖

(Bonbons) lutschen ‖ *(an der Zigarre) ziehen* ‖ ⟨figf⟩ *trinken, saufen, lecken* ‖ ⟨fig⟩ *in s. aufnehmen* ‖ ◇ ~ del bote ⟨fam⟩ *schmarotzen, nassauern* ‖ ~ la sangre a alg. ⟨fig⟩ *jdn aussaugen* ‖ ~ vi *saugen* ‖ Mex *rauchen* ‖ ⟨figf⟩ *stark trinken, zechen* ‖ Chi ⟨fam⟩ *stehlen, mausen* ‖ ~se *abmagern, mager werden* ‖ ◇ ~ el dedo *(am Daumen) nuckeln* ‖ ~ los dedos ⟨figf⟩ *et. genießen, mit Genuss essen, trinken, Musik hören usw.* ‖ no ~ el dedo ⟨figf⟩ *s. nichts aufbinden lassen, auf s–r Hut sein* ‖ ¡chúpate ésa! ⟨fam⟩ *jetzt kannst du vor Zorn bersten! jetzt hast du's!*

chupa|rrueda(s) *m* ⟨Sp fam⟩ *im Windschatten des Vordermannes fahrender Rennfahrer* ‖ **–sangre(s)** *m* ⟨reg⟩ *Blutsauger* m ‖ **–tintas** *m* ⟨fam⟩ *Schreiber*, ⟨fam⟩ *Federfuchser*, ⟨iron⟩ *Tintenkuli* m
△ **chupen|dar** vt *küssen* ‖ **–do** *m Kuss* m
¹**chupeta** *f Jäckchen, Jöppchen* n ‖ ⟨Mar⟩ *Oberhütte* f
²**chupe|ta** *f* Chi *Glas* n ‖ *Likör* m ‖ **–tada** *f Schluck* m ‖ ◇ *beber a* ~s *schlucken*
¹**chupete** *m Schnuller, Nuckel, Sauger* m ‖ *Sauggummi* m (& n) *(für Kinder)* ‖ ◇ *ser de* ~ ⟨fam⟩ *lecker sein* ‖ ⟨fam⟩ *(sehr) niedlich sein*
²**chupete** *m* Chi *e–e Art Kinderdrache* ‖ Chi *Ohrring* m
chupetear vi *lutschen*
chupi adj ⟨fam⟩ *prima, toll, fantastisch*
chupina *f:* hacer ~ Arg *die Schule schwänzen*
chupinazo *m* ⟨fam⟩ *(Artillerie)Geschoss* n ‖ *Einschlag* m *e–s (Artillerie)Geschosses*
¹**chupo** *m Weste* f
²**chupo**, ¹**chupón** *m* SAm *Blutgeschwür* n ‖ *Eiterblase* f
²**chupón** adj *saugend* ‖ ~ *m (Aus)Sauger* m ‖ *Saugmal* n, ⟨pop⟩ *Knutschfleck* m ‖ ⟨fam⟩ *Lutschstange* f, *Lutscher* m ‖ *Tauchkolben* m ‖ *Schmarotzerzweig* m ‖ *Trieb* m ‖ *Schößling* m ‖ *Schmarotzer* m ‖ Ec *Saugflasche* f ‖ → **chupete**
chupóptero *m*/adj ⟨fam⟩ *Aussauger, Schmarotzer* m
chuque adj Ec ⟨fig⟩ *naiv, einfältig*
chuquearse vr MAm *s. beschmutzen*
△ **chuquel** *m Hund* m
△ **chuquí** *m Stecknadel* f ‖ *Möse, Muschi* f
chuquía *f* MAm *Gestank* m
chuquisa *f* Chi Pe *(Straßen)Dirne* f
churcha *f* Col *Beutelratte* f (→ **zarigüeya**)
churdón *m* ⟨Bot⟩ *Himbeerstrauch* m ‖ *Himbeere* f ‖ *Himbeersirup* m
△ **churí** *m Dolch* m
churlo *m* MAm *Sack* m *aus Hanf und Leder*
churo *m* Ec *Haarlocke* f ‖ Ec *Schnecke* f
churra *f* ⟨V⟩ → **ortega** ‖ Sal *Gefängnis* n
churrasca *f* Ar *Strichmädchen* n
churras|carse [c/qu] vr → **churruscarse** ‖ **–co** *m* Am *Churrasco* m, *auf Kohlen geröstetes Fleisch* n *(ohne Knochen)* ‖ Am ⟨fam⟩ *Kohle* f ‖ **–cón** *m Angebrannte(s)* n ‖ **–quear** vi SAm *Churrasco essen* ‖ **–quería** *f Steakhaus* n
churre *m* ⟨fam⟩ *abtriefendes Fett* n ‖ *Woll|fett* n, *-schweiß* m ‖ ⟨fam⟩ *Durchfall* m
△ **churré** *m Gendarm* m
churrera *f Ölkringelpfanne* f
churre|ría *f Ölkringelverkauf* m ‖ *Ölkringelbäckerei* f ‖ **–ro** *m Ölkringelverkäufer* m ‖ *Ölkringel* m
¹**churreta** *f* Col *geflochtene Peitsche* f
²**churre|ta** *f*, **–te** *m* ⟨fam⟩ *schmutziges Rinnsal* n *(von Tränen, Schweiß usw.)*
churria *f* Mex Col *Durchfall* m ‖ Mex ⟨fig⟩ →
churrete ‖ Arg *Spott* m, *Spötterei, Posse* f
churriana *f* ⟨vulg⟩ *Nutte, Schickse* f

△ **churriazo** *m Dolchstich* m
churriburri *m* ⟨fam⟩ → **zurriburri**
churriento adj *schmierig* ‖ ⟨pop⟩ *mit Durchfall*
churrigue|resco adj ⟨Arch⟩ *auf den Churriguerismus bezüglich* ‖ *übermäßig geschnörkelt und verwickelt, überladen, barock* ‖ ⟨fig⟩ *(mit Putz) überladen* ‖ **–rismo** *m Churriguerismus, spanischer Barock des 16./17. Jhs.* ‖ **–rista** *m/f Vertreter(in* f) *m des Churriguerismus*
¹**churro** *m Ölkringel* m *(in heißem Öl gebackenes und aus der Pfanne weg verkauftes Ölgebäck)* ‖ ⟨fam⟩ *Pfuschwerk* n ‖ *Stümperei* f ‖ ◇ *mandar a freír* ~s *zum Teufel jagen* od *schicken*
²**churro** *m* Sal *einjähriges Kind* n
³**churro** adj *gering (Wolle)* ‖ *grobwollig*
churrullero *m* → **charlatán**
churrupear vi *Wein* m *langsam und mit Genuss trinken*
churrus|carse [c/qu] vr *anbrennen* ‖ **–co** *m angebranntes Brot* n
churumbel *m* [Zigeunersprache] *Sohn* m, *Kind* n
churumbela *f* ⟨Mus⟩ ⟨Art⟩ *Schalmei* f ‖ Am *Saugrohr* n *zum Matetrinken* ‖ Col *Tabakspfeife* f
churumbelo *m* → **churumbel**
churumen *m* ⟨fam⟩ → **chirumen**
churumo *m* ⟨fam⟩ *Saft* m ‖ *Brühe* f ‖ ◇ *ser de poco* ~ ⟨figf⟩ *k–e große Leuchte sein* ‖ *tener poco* ~ ⟨figf⟩ *knapp bei Kasse sein*
churunio *m* ⟨fam⟩ *Saft, Kern* m
chus: ◇ *sin decir* ~ *ni mus* ⟨fam⟩ *ohne zu mucksen*
chus|ca *f* Chi *Nutte* f ‖ **–cada** *f Witz* m ‖ *Schnurre* f ‖ **–co** adj *drollig, spaßhaft* ‖ *pfiffig* ‖ ~ *m Witzbold* m ‖ *Spaßvogel* m ‖ *Stück Brot, Brötchen* m ‖ *Brot* n ‖ *Semmel* f ‖ ⟨Mil⟩ *Kommissbrot* n
chusma *f Pöbel(haufen), Mob* m ‖ *Lumpen|pack*, *-gesindel* n ‖ *Menschenmenge* f ‖ **–je** *m* Am → **chusma**
chuso adj Arg *eingetrocknet* ‖ ~ *m Gaul, Klepper* m
chuspa *f* Am *Beutel* m, *Tasche* f ‖ Arg Ur *kleiner Tabakbeutel* m
chuspí adj Ec *kleinäugig* ‖ ~ *m* Bol *ein Indianertanz* m
chusque *m* Col ⟨Bot⟩ ⟨Art⟩ *Bambus* m (Chusquea spp)
△ **chusquel** *m Hund* m
chusquero *m* ⟨Mil fam⟩ *Berufssoldat*, ⟨fam⟩ *Kommisskopf* m
chut [*pl* ~s] *m* ⟨Sp⟩ [Fußball] *Schuss* m ‖ ¡~, ~! Ast *Ruhe! pst!* ‖ ¡~! Ven *das ist köstlich!*
chuta *f* [in der Drogenszene] *Spritze* f
Chuta *f* np ⟨fam⟩ → **Jesusa**
chutador *m*/adj: ◇ *ser buen* ~ *ein guter Fußballspieler sein, kräftig schießen*
chutar vt/i ⟨Sp⟩ [Fußball] *schießen* ‖ *Fußball spielen* ‖ ~ vi ⟨fam⟩ *klappen, funktionieren* ‖ ◇ *esto va que chuta das klappt tadellos* ‖ ~se [in der Drogenszene] *s. e–n Schuss setzen*
¹**chute** *m Rutsche, Schurre* f
²**chute** *m* [in der Drogenszene] *Schuss* m
³**chute** *m* Salv *Stachel* m, *Spitze* f
△ **chutí** *m Milch* f
chuva *f* Pe ⟨Zool⟩ *Schwarzer Klammeraffe, Koala* m (Ateles paniscus)
¹**chuy:** no decir ni ~ ⟨Arg pop⟩ *nicht mucksen*
²**¡chuy!** Arg int *brr, ist das kalt!*
chuyo adj Ec *einzig* ‖ *vereinzelt* ‖ Arg *welk, zerknittert* ‖ *ausgetrocknet*
chu|za *f Stecken* m *mit beschlagener Spitze* ‖

–zar [z/c] vt Col *stechen, verwunden* ‖ **–zazo** m *Schlag* m *mit dem (Nachtwächter)Spieß* ‖ *(Knebel)Spieß* m ‖ *Spieß* m *der span. Nachtwächter* ‖ ◇ caen *od* llueven ~s (de punta) ⟨fam⟩ *es regnet Bindfäden*
    chuznieto m Ec → **chozno**
    ¹chuzo m Chi *Gaul, Klepper* m
    ²chuzo m Cu *Lederpeitsche* f
    ³chuzo m MAm **a)** *Vogelschnabel* m ‖ **b)** *Skorpionstachel* m
    chuzo m: ⟨figf⟩ caen, llueve *od* nieva ~s *es hagelt, regnet* od *schneit wie verrückt*
    ¹chuzón adj *spöttisch* ‖ *listig, schlau*
    ²chuzón m *großer Knebelspieß* m ‖ Col *Stich* m, *Stichwunde* f
    chuzo|nada f ⟨fam⟩ *Hanswursterei* f ‖ **–nería** f *Spott* m
    CI ⟨Abk⟩ = **cociente** de inteligencia
    ¹cía f ⟨An⟩ *Hüftbein* n
    ²cía f ⟨Mar⟩ *Rückwärtsrudern* n
    ³cía f Ar *Getreidespeicher, Silo* m
    Cía ⟨Abk⟩ = **Compañía**
    ciaboga f ⟨Mar⟩ *Wenden* n *(des Schiffes)* ‖ ◇ hacer ~ ⟨fig⟩ *Reißaus nehmen*
    ciamidos mpl ⟨Zool⟩ *Walfisch|läuse, -pocken* fpl (Cyamidae)
    cianamida f ⟨Chem⟩ *Zyanamid* n ‖ ~ cálcica, ~ de calcio *Kalziumzyanamid* n ‖ *Kalkstickstoff* m
    cianato m ⟨Chem⟩ *Zyanat* n ‖ ~ de potasio *Kaliumzyanat* n
    cianea f ⟨Zool⟩ *Haarqualle* f (Cyanea spp) ‖ *Nesselqualle* f (C. lamarcki)
    cian|hídrico adj: ácido ~ ⟨Chem⟩ *Blausäure* f ‖ **–hidrosis** f ⟨Med⟩ *Blauschwitzen* n
    ciánico adj: ácido ~ ⟨Chem⟩ *Zyansäure* f
    cianita f ⟨Min⟩ *Zyanit* m
    ciano|fíceas fpl ⟨Bot⟩ *Blaualgen* fpl, *Zyanophyzeen* pl (Cyanophyceae) ‖ **–gráfico** adj: papel ~ ⟨Fot⟩ *Blaudruckpapier* n
    cianómetro m ⟨Meteor⟩ *Zyanometer* m
    cia|nopsia f ⟨Med⟩ *Blausehen* n, *Zyanopsie* f ‖ **–nosis** f *Blausucht, Zyanose* f ‖ **–nótico** adj *zyanotisch*
    cianotipia f ⟨Typ⟩ *Blaudruck* m, *Zyanotypie* f
    cianu|ria f ⟨Med⟩ *Blauharnen* n, *Zyanurie* f ‖ **–ro** m ⟨Chem⟩ *Zyanid* n ‖ ~ cuproso *Kupfer(II)-zyanid* n ‖ ~ cuproso *Kupfer(I)-zyanid* n ‖ ~ férrico *Eisen(III)-zyanid, Eisenhexazyanoferrat (III)* n
    ciar [pres ~ío] vi *hufen (Pferde usw.)* ‖ *rückwärts gehen* ‖ ⟨Mar⟩ *rückwärts rudern, streichen, zurückschlagen* ‖ ⟨Mar⟩ *rückwärts fahren* ‖ ¡cía! ⟨Mar⟩ *streich!* ‖ ¡cía babor (estribor)! ⟨Mar⟩ *streich backbord (steuerbord)!* ‖ ⟨fig⟩ *erschlaffen*
    ciáti|ca f ⟨Med⟩ *Ischias* m (& n, fachspr. f), *Ischialgie* f ‖ **–co** adj ⟨An⟩ *Hüft-*
    ciatiforme adj *(m/f)* ⟨Bot⟩ *becherförmig*
    Cibeles ⟨Myth⟩ *Kybele* f ‖ ⟨Astr⟩ *die Erde* ‖ la ~ ⟨pop⟩ *ein bekannter Brunnen in Madrid*
    cibelina f ⟨Zool⟩ *Zobel* m (Martes zibellina) ‖ *Zobelpelz* m ‖ ⟨Text⟩ *Zibeline* f
    cibera f ⟨Agr⟩ *Futter|pflanzen* fpl, *-korn* n ‖ *Trester* pl *(von Mandeln, Nüssen usw.)* ‖ Extr *Mühltrichter* m ‖ ◇ moler a uno como ~ ⟨figf⟩ *jdn derb verprügeln*
    ciberespacio m ⟨Inform⟩ *Cyberspace* n
    cibernéti|ca f *Kybernetik* f ‖ **–co** adj *kybernetisch*
    cibi|ca f ⟨Mar⟩ *Krampe* f ‖ **–cón** m *untere Achsenschiene* f *(e–s Wagens)*
    △ **cibo** adv *heute*
    cíbolo m Mex ⟨Zool⟩ *Bison* m
    ciborio m ⟨Kath⟩ *Ziborium* n
    cibui m Pe ⟨Bot⟩ *Zeder* f

    △ **cica** f *Taschendieb* m
    ci|cada f → **cigarra** ‖ **–cadáceas** fpl ⟨Bot⟩ *Zykad(az)een* fpl, *Palmfarne* mpl (Cycadaceae) ‖ **–cádeo** adj *zikadenähnlich* ‖ **–cádidos** mpl ⟨Ins⟩ *Zikaden* fpl (Cicadina)
    cicate|ar vi ⟨fam⟩ *knausern* ‖ **–ría** f *Knauserei* f
    ¹cicatero adj *knaus(e)rig* ‖ ~ m *Knauser, Knicker, kleinlicher Mensch* m
    △ **²cicatero** m *Taschendieb* m
    cica|trícula f *kleine Narbe* f ‖ **–triz** [pl ~ces] f *Narbe* f, *Wundmal* n ‖ *Schmarre* f ‖ ⟨fig⟩ *schmerzliche Erinnerung* f ‖ ◇ la ~ se va cerrando *die Narbe heilt allmählich zu*
    cicatri|zación f *Vernarbung, Narbenbildung, Überhäutung, Heilung* f (& fig) ‖ **–zado** adj *vernarbt* ‖ ⟨fig⟩ *gestillt, beruhigt (Schmerz)* ‖ **–zal** adj *(m/f) Narben-* ‖ **–zante** adj *(m/f) vernarbend, narbenbildend* ‖ **–zar** [z/c] vt *benarben, heilen* ‖ ⟨fig⟩ *vergessen machen* ‖ ~se *vernarben, (ver-, zu)|heilen* (& fig)
    cicca f ⟨Bot⟩ *Sikkastaude* f (Cycas revoluta)
    cícera, ci|cércula, –cercha f ⟨Bot⟩ *Platterbse* f
    cícero m ⟨Typ⟩ *Cicero* f
    Cice|rón m np *Cicero* m ‖ ⟨fig⟩ *sehr guter Redner* m ‖ ⁼**rone** m *Cicerone, Fremdenführer* m ‖ ⁼**roniano** adj *ciceronisch, Cicero-*
    cicimate m Mex *Greis-, Kreuz|kraut* n (Senecio sp)
    cicindela f ⟨Ins⟩ *Sandlaufkäfer* m (Cicindela) ‖ ~ campestre *Feldsandläufer* m (C. campestris) ‖ ~ de las playas *Strand(sand)läufer* m (C. maritima)
    ción f Tol ⟨Med⟩ *dreitägiges Wechselfieber* n
    Cícladas fpl ⟨Geogr⟩: las ~ *die Kykladen (Inseln)*
    ciclamato m ⟨Med⟩ *Zyklamat* n
    cicla|mino, –men m, **–ma** f ⟨Bot⟩ *Alpenveilchen* n (Cyclamen) ‖ **–mor** m *Sykomore* f, *Maulbeerfeigenbaum* m, *Eselsfeige* f (Ficus sycomorus) ‖ *Judasbaum* m (Cercis siliquastrum)
    ciclán m adj *einhodig* ‖ ~ m *kryptorches Lamm* ‖ *Klopfesel* m
    ciclantáceas fpl ⟨Bot⟩ *Scheibenblumengewächse* mpl (Cyclanthaceae)
    ciclar vt *glätten (Edelsteine)*
    cíclico adj *zyklisch* ‖ *regelmäßig wiederkehrend* ‖ *Sagenkreis-* ‖ ⟨Bot⟩ *zyklisch, Kreis-*
    cíclida f ⟨Math⟩ *Zyklide* f
    ciclis|mo m *Fahrradsport, Rad(fahr)sport* m ‖ ~ en pista *Bahnfahren* n ‖ **–ta** adj *(m/f) (Fahr)Rad-* ‖ ~ m/f *Rad|fahrer(in* f), *-sportler(in* f), ⟨fam⟩ *Radler(in* f) m
    ciclización f ⟨Chem⟩ *Ringbildung* f
    ¹ciclo m ⟨allg⟩ *Zyklus, Zeitkreis* m ‖ *Kreislauf* m ‖ *Kreisprozess* m ‖ *Ablauf* m ‖ *Reihe* f ‖ ⟨Inform⟩ *Zyklus* m ‖ ~ de conferencias *Vortragsreihe* f ‖ ~ de estudios *Studienzyklus* m *(oft auch Studienjahr* od *Studiensemester* n) ‖ ◆ en ~ *kreisförmig, zyklusartig*
    ²ciclo m ⟨Astr⟩ *Zyklus, Zirkel* m ‖ ~ lunar *Mondzyklus* m ‖ ~ de manchas solares *Sonnenfleckenzyklus* m ‖ ~ pascual *Osterzyklus* m ‖ ~ solar *Sonnenzirkel* m
    ³ciclo m(Biol Gen Physiol) *Zyklus* m, *Periode* f ‖ ~ celular *Zellzyklus* m ‖ ~ de estruación ⟨Zool⟩ *Brunstperiode* f ‖ ~ menstrual *Periode* f, *menstrueller* od *weiblicher Zyklus* m ‖ ~ sexual *Sexualzyklus* m ‖ ~ vaginal *Vaginalzyklus* m ‖ ~ vegetativo *vegetativer Zyklus* m ‖ ~ vital, ~ de vida *Lebenszyklus* m
    ⁴ciclo m ⟨Chem Com El Tech⟩ *Zyklus, Kreislauf, Kreisprozess* m ‖ *Ring* m ‖ ⟨Inform⟩ *bucle* m ‖ ~ abierto *offener Kreislauf* m ‖ ~ del ácido cítrico ⟨Physiol⟩ *Zitrat-,*

Zitronensäurezyklus m ‖ ~ de adsorción
Adsorptionszyklus m ‖ ~ automático
Programmsteuerung f ‖ ~ del carbono
Kohlenstoffkreislauf m ‖ ~ car|diaco, -díaco
⟨Physiol⟩ *Herzzyklus* m ‖ ~ de Carnot
Carnotscher Kreisprozess m ‖ ~ cerrado
geschlossener Kreislauf m ‖ ~ coyuntural, ~
económico *(zyklischer) Konjunkturablauf* m ‖ ~
energético *Energiekreislauf* m ‖ ~ de instrucción
⟨Inform⟩ *Befehlszyklus* m ‖ ~ de memoria
⟨Inform⟩ *Speicherzyklus* m ‖ ~ múltiple
Mehrfachkreislauf m ‖ ~ del nitrógeno
Stickstoffkreislauf m ‖ ~ productivo
Produktionsablauf m ‖ ~ de cuatro tiempos
Viertakt m ‖ ~ de dos tiempos *Zweitakt* m ‖ ~ de
trabajo *Arbeitsablauf* m
  ⁵ciclo m ⟨Lit⟩ *Sagen-, Lieder|kreis* m ‖ ~
bretón *bretonischer Sagenkreis* m ‖ ~ carlovingio,
~ carolingio *Sagenkreis* m *Karls des Großen und
s-r Paladine* ‖ ~ del rey Artús *od* Arturo
Sagenkreis m *des Königs Artus* ‖ ~ épico feudal
Zyklus m *der Ritterepen* ‖ ~ de leyendas
Sagenkreis m ‖ ~ troyano *trojanischer Sagenkreis*
m
  ciclocrós m ⟨Sp⟩ *Querfeldeinrennen* n
  ciclo|hexamina f ⟨Chem⟩ *Zyklohexamin* n ‖
–hexano m *Zyklohexan* n
  cicloide f ⟨Math⟩ *Radkurve, Zykloide* f
  ciclometría f ⟨Math⟩ *Zyklometrie,
Maßbestimmung* f *am Kreis*
  ciclo|motor m *Moped* n ‖ **–motorista** m/f
Mopedfahrer(in f) m
  ciclón m *Zyklon, Wirbelsturm* m ‖ ⟨Tech⟩
Zyklon m ‖ ◆ *como un* ~ ⟨figf⟩ *plötzlich, jäh*
  ¹cíclope, ciclope m ⟨Myth⟩ *Zyklop* m
  ²cíclope m ⟨Zool⟩ *Hüpferling* m (Cyclops
fuscus)
  ciclopedestrismo m ⟨Sp⟩
(Rad)Querfeldeinrennen n
  ciclópico, ciclópeo adj *zyklopisch* ‖ ⟨fig⟩ *riesig,
riesenhaft*
  ciclóptero m ⟨Fi⟩ *Seehase* m (Cyclopterus
lumpus)
  ciclorama m *Rundschau* f
  ciclostilo m *Vervielfältigungsmaschine* f
  ciclosto|mo, –ma n ⟨Fi⟩ *Rundmaul* n ‖
ciclostomos mpl ⟨Fi⟩ *Zyklostome* mpl,
Rundmäuler npl (Cyclostomata sp)
  ciclo|timia f ⟨Med⟩ *Zyklothymie* f ‖ **–tímico** adj
zyklothym ‖ ~ m *Zyklothyme* m ‖ **–tomía** f ⟨Med⟩
Zyklotomie f
  ciclotrón m ⟨Phys⟩ *Zyklotron* n
  ciclotu|rismo m *Radwandern* n ‖ **–rista** m/f
Rad|wanderer m, -wanderin f ‖ **–rístico** adj
Radwander-
  ciclovía f Col *Rad(fahr)weg* m
  cicoleta f Ar *sehr kleiner Bewässerungsgraben*
m
  cicónidas fpl ⟨V⟩ *Störche* mpl (Ciconiidae)
  cico|te m Cu *Schmutz* m *an den Füßen* ‖ **–tera**
f Cu *übler Fußgeruch* m ‖ *Schweißfuß* m
  cicu|ta f ⟨Bot⟩ *Schierling* m ‖ ~ acuática
Wasserschierling m (Cicuta virosa) ‖ ~ mayor
Echter Schierling m (Conium maculatum) ‖
–toxina f ⟨Chem⟩ *Cicutoxin* m
  cid m ⟨reg V⟩ *Meise* f (Parus spp)
  Cid (el Campeador) m *der Cid Rodrigo Díaz
de Vivar – spanischer Held, †1099* ‖ *Cantar de
Mío* ~ *span. (National)Epos* n *aus dem 12. Jh.* ‖
◇ *ser un* ~ ⟨fig⟩ *ein Held sein*
  cidi m *Herr* m *(arabischer Titel)*
  cidiano adj *auf den Cid bezüglich, zum Cid
gehörig*
  cido(no)mel m *Eingemachtes* n *von Quitten
und Honig*

  ci|dra f *Zitronat* n, *Bergamottpomeranze,
Zedratzitrone* f ‖ ~ cayote *Riesen-, Zentner|kürbis*
m (Cucurbita maxima) ‖ **–drada** f *Zidrakonserve*
f ‖ **–dral** m *Pflanzung* f *von
Bergamottzitronenbäumen* ‖
Bergamottzitronenbaum m ‖ *Zitronentrank* m
  ci|drero, –dro m ⟨Bot⟩ *Zitronat-, Zedrat|baum*
m (Citrus medica)
  ciegamente adv *blind(lings)* ‖ *aufs Geratewohl*
  ciegayernos m ⟨figf⟩ *Flitter* m, *Flitterwerk* n
  ciego adj *blind* ‖ ⟨fig⟩ *verstopft (Rohr)* ‖ ⟨fig⟩
blind, verblendet ‖ ⟨fig⟩ *s–r Sinne nicht mächtig* ‖
unkritisch ‖ ~ m *Blinde(r)* m ‖ *blinder
Straßenmusikant* m ‖ ⟨An⟩ *Blinddarm* m ‖ *kurze,
dicke Blutwurst* f ‖ ~ de amor *blind vor Liebe,
rasend verliebt (por in* acc) ‖ ~ de guerra
Kriegsblinde(r) m ‖ ~ de ira *blind vor Zorn od
Wut* ‖ ~ de nacimiento *blind geboren* ‖
Blindgeborene(r) m ‖ ◆ *a ciegas blindlings* ‖
⟨fig⟩ *ohne Überlegung* ‖ ◇ *hablar de algo como
el* ~ *de los colores* ⟨fig⟩ *von et. reden wie der
Blinde von der Farbe* ‖ *sus ojos son capaces de
hacer ver a un* ~ ⟨fam⟩ *sie hat wunderschöne,
unwiderstehliche Augen (Frau)* ‖ *no hay peor* ~
que el no quiere ver ⟨Spr⟩ *die schlimmste
Blindheit ist die, nicht sehen zu wollen* ‖ *en tierra
de (los) ciegos, el tuerto es rey* ⟨Spr⟩ *unter
Blinden ist der Einäugige König*
  ciegue|cico, –cito, –zuelo adj/s dim von **ciego**
‖ la **–cita** *ein Kinderspiel* n
  cie|lín m dim von **¹cielo** (bes. *als
Kosename für Kinder)* ‖ **–lito** m *e–e südam.
Volksweise* f
  ¹cielo m *Himmel* m ‖ *Luft, Atmosphäre* f ‖
Himmelsstrich m ‖ *Klima* n ‖ *Himmel, Wohnsitz* m
der Seligen ‖ ⟨fig⟩ *Glückseligkeit* f ‖ ⟨fig⟩
Paradies n ‖ ⟨fig⟩ *Gott* m ‖ *Bett-, Thron|himmel*
m ‖ ⟨Flugw⟩ *Verdeck* n ‖ ⟨Bgb⟩ *Hangende(s)* n ‖
~ aborregado *Himmel* m *mit Schäfchenwolken* ‖
~ de la boca *Gaumen* m ‖ ~ de la cama
Betthimmel m ‖ ~ cubierto *bedeckter Himmel* m ‖
~ estrellado *Sternenhimmel* m ‖ ~ punteado de
estrellas *(poet) stern(en)besäter Himmel* m ‖ ~
raso *freier Himmel* m ‖ ⟨Arch⟩ *glatte
Zimmerdecke* f, *Plafond* m ‖ ~ sereno *heiterer
Himmel* m ‖ ◆ *a* ~ abierto *unter freiem Himmel*
‖ ⟨Bgb⟩ *im Tagebau, über Tage* ‖ en el séptimo ~
⟨figf⟩ *im siebenten Himmel* ‖ *como llovido del* ~
⟨fig⟩ *wie vom Himmel gefallen* ‖ *wie gerufen
(kommen)* ‖ ◇ *coger el* ~ *con las manos* ⟨figf⟩
außer s. sein (vor Zorn, Freude usw.) ‖
desgarrarse el ~ *in Strömen regnen* ‖ *despejarse
od desencapotarse el* ~ *s. aufklären (Himmel)* ‖
escupir al ~ ⟨fig⟩ *unvernünftig und tollkühn
handeln* ‖ *estar en el quinto od séptimo* ~ ⟨fig⟩
im sieb(en)ten Himmel sein ‖ *ganar el* ~ ⟨fig⟩ *die
ewige Seligkeit erwerben, in den Himmel kommen*
‖ *ir al* ~ *in den Himmel kommen* ‖ *mover* ~ y
tierra ⟨fig⟩ *Himmel und Hölle in Bewegung setzen*
‖ *subir al* ~ ⟨fig⟩ *das Zeitliche segnen, sterben,
heimgehen* ‖ *tocar el* ~, *tomar el* ~ *con las
manos* ⟨figf⟩ *außer s. sein (vor Zorn, Freude
usw.)* ‖ *venirse el* ~ *abajo in Strömen regnen* ‖
⟨fig⟩ *sehr lärmen, großen Radau machen* ‖ *ver el*
~ abierto ⟨figf⟩ *vor Freude außer s. sein, den
Himmel voller Geigen sehen* ‖ *volar al* ~ → *subir
al* ~ ‖ *al que al* ~ *escupe, en la cara le cae* ⟨Spr⟩
*wer über s. haut, dem fallen die Späne ins
Gesicht* ‖ **–s** mpl: *herir los* ~ *con lamentos* ⟨figf⟩
herzzerreißend klagen, jammern ‖ ¡~! ¡Santo ~!
gerechter Himmel!
  ²cielo m ⟨Bot⟩: ~ estrellado *Glattblattaster* f
(Aster novi-belgii)
  cielor(r)aso m ⟨Arch⟩ *Zwischendecke, glatte
Zimmerdecke* f ‖ *Am Gaumen* m

cie|mar vi Logr ⟨Agr⟩ *düngen* ‖ **–mo** *m*
Dünger m
ciempiés *m Tausendfüßler* m (→ **miriápodos**)
‖ ⟨fig⟩ *kopflose Arbeit* f ‖ ◇ *esto es un* ~ ⟨figf⟩
das hat weder Hand noch Fuß
cien num *hundert (vor Haupt-* od
substantivischen Zahlwörtern, sonst **ciento,** *aber
auch* cien por cien) ‖ ~ *mil hunderttausend* ‖ ◇
se lo he dicho ~ *veces* ⟨fam⟩ *das habe ich ihm
tausendmal gesagt* ‖ poner a ~ *reizen (et. zu tun)*
‖ poner al ~ ⟨vulg⟩ *aufgeilen*
ciénaga *f Pfütze, Schmutzlache* f ‖ *Sumpf,
Morast* m ‖ *Moor* n
cienagal *m* CR PR → **cenagal**
ciencia *f Wissen* n ‖ *Wissenschaft* f *(bezeichnet
oft nur Naturwissenschaften und Mathematik)* ‖
Lehre f ‖ *Kunde, Kenntnis* f ‖ ⟨fig⟩ *Kenntnisse* fpl
‖ ⟨fig⟩ *Bildung* f ‖ ⟨fig⟩ *Geschicklichkeit* f ‖ ⟨fig⟩
Einsicht, Erfahrung f ‖ ~ *de la administración
Verwaltungslehre* f ‖ ~ *de la educación
Erziehungswissenschaft* f ‖ ~ *del derecho
Rechtswissenschaft, Jurisprudenz* f ‖ gaya ~
(edle) Dichtkunst f ‖ ~ *del suelo Bodenkunde,
Pedologie* f ‖ ◆ a (& *od* de) ~ *cierta ganz
bestimmt, zweifellos* ‖ a ~ y paciencia ⟨fig⟩ *mit
Wissen und Billigung* ‖ ◇ *ser un pozo de* ~ ⟨fig⟩
ein Ausbund an Gelehrsamkeit sein, ⟨fam⟩ *ein
gelehrtes Haus sein* ‖ ~s fpl *Wissenschaften* fpl ‖
~ aplicadas *angewandte Wissenschaften* fpl ‖ ~
auxiliares *Hilfswissenschaften* fpl ‖ ~ económicas
(Volks)Wirtschaftslehre f,
Wirtschaftswissenschaften fpl ‖ ~ empíricas
empirische od *Erfahrungswissenschaften* fpl ‖ ~
exactas *exakte Wissenschaften* fpl ‖ ~ lingüísticas
aplicadas *angewandte Sprachwissenschaft* f ‖ ~
morales y políticas *politische und
Geisteswissenschaften* fpl ‖ ~ naturales
Naturwissenschaften fpl ‖ ~ sociales *Sozial|kunde*
f, *-wissenschaften* fpl
ciencia-ficción *f Science-fiction* f
ciénego *m* Arg Ec → **ciénaga**
cien|milésimo *m*/adj *Hunderttausendstel* n ‖
–milmillonésimo *m*/adj *Hunderttausendmillionstel*
n
cieno *m Schlamm, Schlick* m ‖ *Schmutz, Dreck*
m (& fig) ‖ ~ de pudrición *Faulschlamm* m ‖ ◇
cubrir a alg. de ~ ⟨fig⟩ *jdn mit Schmutz bewerfen*
cientificismo *m (übertriebene)
Wissenschaftsgläubigkeit* f ‖ ⟨Philos Theol⟩
Szientismus m
científico adj *wissenschaftlich, Wissenschafts-* ‖
adv: ~**amente** ‖ ~ *m Wissenschaftler* m
cientista *m*/f Arg Chi *Soziolo|ge* m, *-gin* f
ciento num *hundert (alleinstehend oder vor
Zahlwörtern, sonst* **cien**) ‖ ~ diez
(ein)hundert(und)zehn ‖ el año ~ *das hundertste
Jahr* ‖ número ~ *Hundert* n ‖ ⟨pop⟩ *Toilette* f,
WC n ‖ el tanto por ~ *das Prozent, der
Prozentsatz* ‖ ~ y la madre ⟨pop⟩ *e–e Menge
Leute* ‖ es español al ~ por ~ ⟨fig⟩ *er ist ein
hundertprozentiger Spanier* ‖ cinco por ~
(5 por %) 5% ‖ ~s y ~s *Hunderte und aber
Hunderte* npl, *e–e (Un)Menge* f ‖ ◆ a ~s *zu
Hunderten*
cientopiés *m* → **ciempiés**
cierne *m* ⟨Bot⟩ *Bestäubung* f ‖ *Blüte,
Befruchtungszeit* f *(der Rebe)* ‖ ◆ en ~ *in Blüte*
(z.B. *Rebe*) ‖ en ~s ⟨fig⟩ *angehend, in spe,
zukünftig* (z.B. *Dichter*) ‖ ◇ *estar en* ~ (*od* ~s)
⟨fig⟩ *ganz am Anfang stehen, (ein) Anfänger sein*
¹cierre *m Verschluss* m ‖ *Schließen* n ‖
Druckknopf m ‖ *Brief(heft)klammer* f ‖ ⟨Tech⟩
Lagerdeckel m ‖ *Verriegelung* f ‖ *Verschluss* m
(Kanone) ‖ ~ de bayoneta *Bajonettverschluss* m ‖
~ de bisagra *Klappenverschluss* m ‖ ~ para

bolsas *Taschenbügel* m ‖ ~ centralizado ⟨Auto⟩
Zentralverriegelung f ‖ ~ de cerrojo
Riegelverschluss m *(Gewehr)* ‖ ~ de cremallera
Reiß-, Blitz|verschluss m ‖ ~ de culata
Bodenverschluss m ‖ ~ de chaveta *Keil-,
Stangen|schloss* m ‖ ~ hermético *luft- und
wasserdichter Verschluss* m, *hermetischer Verschluss* m ‖ ~
hidráulico *Wasserverschluss* m ‖ ~ de persiana
Rollverschluss m ‖ ~ (de) relámpago Arg
Reißverschluss m ‖ ~ de seguridad
Sicherheitsverschluss m ‖ ~ de urgencia
Notverschluss m ‖ ~ velcro
Kletten(haft)verschluss, Klettverschluss m ‖
(precio de) ~ *Schlusspreis* m *(Börse)* ‖ ◇ *echar
el* ~ ⟨figf⟩ *den Schnabel halten*
²cierre *m* ⟨Com⟩ *Schluss* m ‖ *Schließung* f ‖
Abschluss (& *Vertrag usw.*) ‖ *Aussperrung* f ‖ ~
de balance *Aufstellung* f *(der Bilanz)* ‖ ~ de bolsa
Börsenschluss m ‖ ~ de caja *Kassenabschluss* m
‖ ~ de un contrato *Abschluss* m *e–s Vertrages* ‖
~ de ejercicio *Jahresabschluss* m ‖ ~ de fábrica
Betriebsstillegung, Schließung f *e–r Fabrik* ‖ ~
financiero *Abschluss* m *des Geschäftsjahres* ‖ ~
de (las) oficinas *Büroschluss* m ‖ ~ patronal
Aussperrung f ‖ ~ de (las) tiendas *Ladenschluss*
m
cierrecler *m* Chi *Reißverschluss* m
cierro *m Zu-, Ver-, Ein|schließen* n ‖ Sant
Gehege n ‖ Chi *Umzäunung, Mauer* f ‖ Chi
Briefumschlag m ‖ ~ de cristales And
Fenstererker m
cierta *f* ⟨pop⟩ *Tod* m
ciertamente adv *gewiss, sicherlich,
unzweifelhaft*
¹cierto adj *gewiss, sicher, zuverlässig* ‖
bestimmt, festgesetzt ‖ *wahr* ‖ con (una) ~a
desilusión *gewissermaßen enttäuscht* ‖ ~ día *e–s
Tages* ‖ de ~a edad *ältlich, nicht mehr so jung* ‖
~ sujeto *ein gewisser* ‖ ~a vez *einst* ‖ ~ de su
triunfo *siegessicher* ‖ estoy ~ de encontrarle *ich
werde ihn sicher finden* ‖ ella, es ~, está enferma,
… *sie ist zwar (od wohl) krank,* … ‖ lo ~ es que
Fakt ist, dass … ‖ es cosa ~a *das ist sicher* ‖
estar en lo ~ *genau unterrichtet sein* ‖ recht
haben ‖ eso no es ~ *das ist nicht richtig, das ist
nicht wahr* ‖ lo ~ es que … *soviel ist gewiss,
dass* … ‖ ~s artículos ⟨Com⟩ *bestimmte Artikel*
mpl
²cierto adv *gewiss, sicher* ‖ *jawohl, natürlich* ‖
de ~ *sicher, ganz gewiss* ‖ por ~ *gewiss, wohl,
natürlich* ‖ zwar ‖ sí, ~ *aber sicher!* ‖ no, por ~
gewiss nicht ‖ tan ~ *como hay Dios* (& *od* como
dos y dos son cuatro) ⟨fig⟩ *so sicher wie das
Amen in der Kirche* od *im Gebet*
cier|va *f* ⟨Zool Jgd⟩ *Hirschkuh,* ⟨poet⟩ *Hindin* f
‖ **–vo** *m* ⟨Zool⟩ *Hirsch, Edelhirsch* m ‖ ~ volante
⟨Ins⟩ *Hirschkäfer* m (Lucanus cervus)
cierzas fpl *Rebensetzlinge* mpl
cierzo *m* ⟨Meteor⟩ *Nord(ost)wind* m
cif, CIF ⟨Abk⟩ **= coste, seguro y flete**
cifela *m* Dach-, *Schindel|pilz* m
cifosis *f* ⟨Med⟩ *Wirbelsäulenverkrümmung
nach hinten, Kyphose* f
cifra *f Ziffer, Zahl* f ‖ *Kennzahl, Chiffre* f ‖
Betrag, Preis m, *Summe* f ‖ *Namenszug* m ‖
Schriftzeichen n ‖ *Geheimschrift* f ‖
Geheimsprache f ‖ *Zahlenkombination* f ‖
Bruchziffer f ‖ ⟨Mus⟩ *Ziffer* f *(im Generalbass)* ‖
⟨fig⟩ *Auszug* m, *Abkürzung* f ‖ ⟨fig⟩ *Sinnbild* n ‖
⟨fig⟩ *Inbegriff* m, ⟨fam⟩ *Ausbund* m ‖ ~ arábiga
od árabe *arabische Ziffer* f ‖ ~ de acidez
Säure|ziffer, -zahl f ‖ ~ anual *Jahresumsatz* m ‖
~ binaria ⟨Inform⟩ *Binärzahl* f ‖ ~ comparativa
Vergleichszahl f ‖ ~ no contabilizada *schwarzer*

Umsatz m ‖ ~ de defunciones *Sterbeziffer* f ‖ ~ de efectivos *Iststärke* f ‖ ~ estimada *Richtzahl* f ‖ ~ de exportaciones *Ausfuhrziffer* f ‖ ~ global *Pauschalbetrag* m ‖ ~ de importaciones *Einfuhrziffer* f ‖ ~ índice *Kennziffer, Richt-, Index|zahl* f ‖ ~ límite *Stichzahl* f ‖ *Höchstzahl* f ‖ ~ luminosa *Leuchtziffer* f ‖ ~ de llamada ⟨Typ⟩ *Notenziffer* f, *Hinweis* m ‖ ~ de mortalidad *Sterblichkeits|rate, -ziffer* f ‖ ~ de negocios (anual) *(Jahres)Umsatz* m ‖ ~ de población *Bevölkerungszahl* f ‖ ~ de producción *Produktionsziffer* f ‖ ~ récord *Rekordziffer* f ‖ ~ de tirada *Auflage, Auflagenhöhe* f ‖ ~ total *Gesamtzahl* f ‖ ⟨Com⟩ *Gesamtumsatz* m ‖ ~ de transacciones (anual) *(Jahres)Umsatz* m ‖ ~ de ventas *Absatz* m, *Verkaufsziffer* f ‖ ◆ de una sola ~ *einstellig* ‖ de dos ~s *zweistellig* ‖ en ~ ⟨fig⟩ *abgekürzt* ‖ *chiffriert (Telegramm)* ‖ en ~s redondas *abgerundet, in runden Zahlen* ‖ ◇ escribir en ~ *chiffrieren, verschlüsseln*

cifra|damente adv *abgekürzt, kurzgefasst* ‖ **–do** adj *chiffriert* ‖ ~ m *Chiffrieren* n ‖ **–dor** m *Chiffrierer* m

cifrar vt *beziffern* ‖ *in Geheimschrift wiedergeben, chiffrieren, verschlüsseln* ‖ *markieren (Wäsche usw.)* ‖ ⟨fig⟩ *abkürzen* ‖ ⟨fig⟩ *zusammendrängen* ‖ ◇ ~ la dicha en el amor *sein Glück auf die Liebe bauen* ‖ ~ su esperanza en *s–e Hoffnung setzen auf* (acc) ‖ ~ en la uña ⟨reg⟩ *an den Fingern herzählen (können)* ‖ ~*se* ⟨fig⟩ *s. beschränken (en auf* acc) ‖ *bestehen (in* dat)

cigala f ⟨Zool⟩ *Kaisergranat* m (*Nephrops norvegicus*)

¹cigarra f ⟨Ins⟩ *Zikade, Baumgrille* f (*Cicada* sp) ‖ ◇ cantar como una ~ ⟨figf⟩ *jämmerlich singen*

²cigarra f ⟨Zool⟩ *Großer bzw Kleiner Bärenkrebs* m (*Scyllarides latus bzw Scyllarus arctus*) ‖ → **cigala**

cigarral m *Tol Landgut* n *mit Villa*

cigarre|ra f/adj *Zigarren-, Zigaretten|arbeiterin* f ‖ *Zigarren|kästchen* n, -kiste f ‖ *Zigarrentasche* f ‖ *Virgen* ~ ⟨fam⟩ *die siegreiche Muttergottes* (N.ᵃS.ᵃ de la Victoria) *in Sevilla* ‖ **–ría** f *And Am Zigarrengeschäft* n, *Tabakladen* m ‖ *Cu Zigarrenfabrik* f

¹cigarrero m *Zigarren|macher, -händler* m

²cigarrero m ⟨Agr Ins⟩ *Rebstecher, Zigarrenwickler* m (*Bytiscus betulae*)

ciga|rrillo m *Zigarette* f ‖ ~ (de) filtro *Filterzigarette* f ‖ **–rrista** m/f *(starke(r) Zigarrenraucher(in* f) m

¹cigarro m *Zigarre* f ‖ *Am Zigarette* f ‖ ~ de desecho *Fehlfarbe* f ‖ ~ de estanco *gewöhnliche Zigarre* f ‖ ~ flojo (fuerte) *leichte (schwere) Zigarre* f ‖ ~ habano *Havanna(zigarre), Importe* f ‖ ~ de hoja → ~ de estanco ‖ ~ de papel *Zigarette* f ‖ (~) puro *Zigarre* f ‖ ~ seco *gut abgelagerte Zigarre* f ‖ ~ suizo *Stumpen* m ‖ ◇ hacer, liar un ~ *od* cigarrillo *e–e Zigarette drehen* ‖ encender un ~ *e–e Zigarre anstecken*

²cigarro m *Ec* ⟨Ins⟩ *Wasserjungfer, Libelle* f (→ **libélula**)

cigarrón m augm von **¹cigarra** od **¹cigarro** ‖ *(große) Heuschrecke* f ‖ ⟨fig⟩ *die Bequemlichkeit liebender Mensch* m

cigo|ma m ⟨An⟩ *Jochbein* n ‖ *Jochbogen* m, *Zygoma* n ‖ **–mático** adj *zygomatisch* ‖ **–micetos** mpl ⟨Bot⟩ *Zygomyceten* mpl (*Zygomycetes*) ‖ **–morfo** adj ⟨Bot⟩ *zygomorph*

cigoñal m *Brunnenschwengel* m ‖ *Ziehbrunnen* m ‖ ⟨Mil⟩ *Zugbalken* m *e–r Zugbrücke*

cigoñino m *Storchjunges* n

cigoñuela f dim von **¹cigüeña** ‖ *Zwergstorch* m

cigoto m ⟨Gen⟩ *Zygote, befruchtete Eizelle* f

ciguatera f ⟨Med⟩ *Gelbsucht* f *nach dem Genuss gewisser Fische aus dem mex. Meerbusen*

¹cigüeña f ⟨V⟩ *Storch* m (*Ciconia* sp) ‖ común *Weißstorch* m (C. ciconia) ‖ ~ negra *Schwarzstorch* m (C. nigra) ‖ ◇ esperar la ~ ⟨fam⟩ *schwanger sein* ‖ pintar la ~ ⟨figf⟩ *den großen Herrn spielen*

²cigüeña f ⟨Tech⟩ *Kurbel* f ‖ *Glockenhenkel* m ‖ *Zange* f *mit verschränkten Armen*

cigüeñal m ⟨Tech⟩ *Kröpfung* f ‖ *Kurbelwelle* f ‖ *gekröpfte Welle* f ‖ *Kurbel* f (arbol) ~ *Kurbelwelle* f ‖ ~ de tres codos *dreifach gekröpfte Kurbelwelle* f ‖ ~ compuesto *zusammengesetzte Kurbelwelle* f ‖ ◇ formar el ~ *kröpfen*

cigüe|ñar vi *klappern (Storch)* ‖ **–ño** m *männlicher Storch* m

cigüeñuela f ⟨V⟩ *Stelzenläufer* m (Himantopus himantopus)

ci|gua, –guanaba f *Nic Salv Nachtgespenst* n

cigüete adj: (uva) ~ ⟨Art⟩ *Gutedeltraube* f

cija f *Schafpferch* m ‖ *Strohschober* m ‖ *Ar Kornboden* m, *Scheune* f ‖ *Ar Gefängnis* n

cijo m *Chi Kohlenstaub* m

cijuta f *Chi* → **cicuta**

¹cilampa f *CR Salv Sprühregen* m ‖ *Pan Morgenkühle* f

²cilampa f *Pan Gespenst* n

cilanco m *tiefe Lache* f *von ausgetretenem Wasser*

cilantro m ⟨Bot⟩ *Koriander* m (Coriandrum sativum)

ciliado adj ⟨Biol⟩ *gewimpert* ‖ ~ m ⟨Zool⟩ *Wimpertierchen* n

ciliar adj ⟨An⟩ *(Augen)Wimpern-, Ziliar-*

cilicio m *Büßerhemd, härenes Hemd* n ‖ *Bußgürtel* m ‖ ⟨fig⟩ *Buße* f

cilin|drada f ⟨Auto⟩ *Hubraum* m ‖ ⟨Tech⟩ *Zylinder|inhalt* m, *-volumen* n ‖ **–drado, –draje** m a) *Walzen, Plätten* n ‖ b) *Runddrehen* n ‖ **–drar** vt a) *walzen, plätten* ‖ b) *runddrehen* ‖ *satinieren (Papier)* ‖ **–dricidad** f *Zylindrizität, zylindrische Form* f

cilíndrico adj *walzenförmig, zylindrisch*

¹cilindro m *Zylinder* m, *Walze, Rolle* f ‖ ⟨Typ⟩ *Walze* f, *Druckzylinder* m ‖ *Satinierwalze* f *(Papierherstellung)* ‖ *Zylinder* m *e–r Uhr* ‖ ~ acanalado *geriffelte Walze* f ‖ ~ alimentador *Zu-, Ein|führungswalze, Speisewalze* f ‖ ~ apisonador *(Straßen)Walze* f ‖ ~ aplanador *Plätt-, Streck|walze* f ‖ ~ de arrastre *Schleppwalze* f ‖ *Mitnehmerwalze* f ‖ ~ de blanqueo *Bleichhollander* m *(Papierherstellung)* ‖ ~ para caminos *(Straßen)Walze* f ‖ ~ compresor *Druck-, Press|zylinder* m ‖ ~ de cuchilla ⟨Typ⟩ *Abreißwalze* f ‖ ~ dador ⟨Typ⟩ *Farbauftragwalze* f ‖ [Offset] → ~ humidificador ‖ ~ desbastador ⟨Met⟩ *Grobwalze* f ‖ ~ elevador *Hubzylinder* m ‖ ~ enderezador *Richtwalze* f ‖ ~ entintador ⟨Typ⟩ *Farbauftragwalze* f ‖ ~ escalonado *Staffel-, Stufen|walze* f ‖ ~ estirador ⟨Met⟩ *Auszieh-, Streck|walze* f ‖ ~ estriado *geriffelte Walze* f ‖ ~ guíapapel *Papierführungsrolle* f *(Schreibmaschine)* ‖ ~ hueco *Hohlwalze* f ‖ ~ humidificador m ⟨Typ⟩ [Offset] *Feuchtauftragwalze* f ‖ ~ impresor ⟨Typ⟩ *Druck|walze, -zylinder* m ‖ ~ de laminación, ~ laminador ⟨Met⟩ *Walzwerkswalze* f ‖ ~ de mando ⟨Filmw⟩ *Schaltrolle* f ‖ ~ de molienda *Mahlzylinder* m ‖ ~ portacuchillas *Messerwalze* f ‖ *Holländerwalze* f *(Papierherstellung)* ‖ ~ portapapel *Papier|walze* f, *-träger* m *(Schreibmaschine)* ‖ ~ prensador

Druck-, Press|walze f ‖ ~ de alta presión *Hochdruckzylinder* m ‖ ~ de baja presión *Niederdruckzylinder* m ‖ ~ pulidor *Glättwalze* f ‖ ~ secador *Trockentrommel* f ‖ ~ sólido ⟨Math⟩ *Zylinderkörper* m ‖ ~ de trabajo *Arbeitswalze* f ‖ ~ transportador *Transportrolle* f ‖ ~ triturador *Brechwalze* f ‖ ~ de vaporización *Dämpfzylinder* m

²cilindro m [Motor] *(Motor)Zylinder* m ‖ ~ de freno *Bremszylinder* m ‖ ~ de trabajo *Arbeitszylinder* m

³cilindro m Mex *Drehorgel* f ‖ Arg *Zylinderhut* m ‖ Hond ⟨pop⟩ *Revolver* m

cilin|droeje m ⟨An⟩ *Axon* n, *Neurit* m, *Achsenzylinder* m ‖ **–droide** m ⟨Math⟩ *Zylindroid* n ‖ **–droideo** adj *walzenförmig* ‖ **–droma** m ⟨Med⟩ → **epitelioma**

cilio m ⟨Biol⟩ *Wimper* f, *Flimmer* m, *Flimmerhärchen* n

cillero m ⟨Hist⟩ *Zehntverwalter* m ‖ *Kornkammer* f ‖ *Weinkeller* m

cima f *Gipfel, First* m ‖ *(Berg)Spitze* f ‖ *Baumwipfel* m ‖ ⟨Bot⟩ *Dolde* f ‖ ⟨fig⟩ *Vollendung, Ergänzung* f, ⟨fig⟩ *Höhepunkt* m ‖ ◆ por ~ *oben* ‖ por ~ de *über* ‖ ◇ dar ~ *glücklich zu Ende führen* ‖ estar muy por ~ de algo *turmhoch über et. stehen*

cimacio m *Abschluss-, Brüstungs-, Gesims|leiste* f ‖ *Sima* f

cima|rra f: hacer ~ Arg ⟨fam⟩ *die Schule schwänzen* ‖ **–rrón** adj Am *verwildert (Tier)* ‖ ⟨Bot⟩ *wildwachsend* ‖ ⟨fig⟩ *faul, arbeitsscheu (Seemann)* ‖ Am (negro) ~ ⟨Hist⟩ *entsprungener, in das Gebirge geflüchteter Neger* ‖ Am *ungesüßter Matetee* m ‖ ⟨Mar fig⟩ *lässiger, fauler Matrose* m

¹cimarronear vi Am ⟨Hist⟩ *entfliehen (Neger)*
²cimarronear vt Arg *ungesüßten Matetee trinken*

cimba f Bol *Haarzopf* m *der Neger*
cimbado m Bol *geflochtene Peitsche* f
cimbalaria f ⟨Bot⟩ *Zimbelkraut* n (Linaria cymbalaria)
cimbalero m ⟨Mus⟩ *Zimbelschläger* m
címbalo m *kleine Glocke* f ‖ ⟨Mus⟩ *Zimbel* f
cimbel m ⟨Jgd⟩ *Lockvogel* m
cimborio m → **cimborrio**
cimbornio adj Ven *dumm, einfältig*
cimborrio m ⟨Arch⟩ *Kuppel* f, *Kuppelgewölbe* n
cimborro adj → **cimbornio**
cim|bra f ⟨Arch⟩ *Bogenlehre* f ‖ *Lehrgerüst* n ‖ *Bogenrundung* f ‖ **–brado** m *schnelle Körperverbeugung* f *im span. Tanz* ‖ **–br(e)ar** vi *fuchteln, schwingen (Peitsche)* ‖ *niederknüppeln* ‖ ⟨Arch⟩ *wölben* ‖ **~se** s. *krümmen* ‖ **–bre** m (Bgb) *Stollen* m ‖ **–breante, –brador** adj *biegsam, schlank* ‖ **–breño** adj *biegsam, geschmeidig* ‖ ⟨fig⟩ *schlank (Körper)* ‖ **–breo** m *Biegung, Wölbung* f ‖ ⟨figf⟩ *Prügel* pl ‖ **–bria** f ⟨Arch⟩ *Leiste* f

címbrico adj *zim-, kim|brisch*
cimbr(i)o adj/s *zim-, kim|brisch* ‖ *Zim-, Kim|ber* m

cim|brón m Ec *Stich, stechender Schmerz* m ‖ Mex ‖ **–bronazo** m Am *Hieb* m *auf den Rücken* ‖ Arg Col CR *starker Schauder* m ‖ Ven *Erdbeben* n

cimelio m ⟨Hist⟩ *Zimelium* n ‖ *antiker bzw mittelalterl. Besitz* m *e–r Bibliothek* ‖ *Kleinod* n (& bes. *der Kirche*)

cimen|tación f *Grundlegung, Gründung, Fundamentierung* f ‖ *Grundlage* f, *Fundament* n ‖ ~ con emparrillado ⟨Arch⟩ *Rostgründung* f ‖ ~ ordinaria *direkte Gründung* f ‖ ~ sobre pilotes

Pfahlgründung f ‖ **–tar** [-ie-] vt *gründen, verankern, einbetten* ‖ *mit Zement vergießen* ‖ *läutern (Gold)* ‖ ⟨fig⟩ *begründen, fest|setzen, -legen*

cimenterio m → **cementerio**
cimento m → **cemento**
cime|ra f *Helm|stutz, -bügel* m ‖ ⟨Her⟩ *Helmzier* f ‖ **–ro** adj *oberst, Ober-* ‖ ⟨fig⟩ *hervorragend*

cimicaria f ⟨Bot⟩ *Attich, Zwerg|holunder* m, *-blatt* n (Sambucus ebulus)

cimi|cida adj *wanzentötend* ‖ **–cífugo** adj *wanzenverscheuchend*

cimiento(s) m(pl) ⟨Arch⟩ *Fundament* n, *Grund* m, *Grundlage* f *(e–s Gebäudes)* ‖ ⟨fig⟩ *Grund, Anfang, Ursprung* m ‖ *Wurzel, Quelle* f ‖ ~ de aire comprimido *Druck-, Press|luftgründung* f ‖ ~ de anclaje *Verankerungsfundament* n ‖ ~ de firme *(Straßen)Unterbau* m ‖ ~ de hormigón *Betonfundament* n ‖ ~ de máquina *Maschinengründung* f ‖ ~ sobre pilotes *Pfahlgründung* f ‖ ~ de placa *Plattengründung* f ‖ ~ somero *Flachgründung* f ‖ ~ sobre tubos hincados *Senkröhrengründung* f ‖ ◇ abrir los ~s ⟨Arch⟩ *den Grund graben* ‖ sentar los ~s ⟨fig⟩ *die Grundlagen, das Fundament legen*

cimillo m ⟨Jgd⟩ *Sillrute* f
cimitarra f *Türken- od Mauren|säbel* m
cimógeno adj *gärungsverursachend*
cimoleta, cimolía f ⟨Min⟩ *Cimolit* m (Bolusart)
cimología f *Zymologie, Gärungslehre* f
cimómetro m ⟨Radio⟩ *Wellenmesser* m
ci|motécnica f *Zymo-, Gärungs|technik* f ‖ **–mótico** adj *zymotisch, Gärung bewirkend*
cimpa f Pe *Zopf* m
cina|brino adj *zinnoberrot* ‖ **–brio** m *Zinnober* m ‖ *Zinnoberrot* n

cinacina f ⟨Bot⟩ *Parkinsonia* f (Parkinsonia aculeata)
cinámico adj ⟨Chem⟩ *Zimt-*
cínamo m ⟨poet⟩ *Zimt* m
cina|momo m ⟨Bot⟩ *Zedrach(baum)* m (Melia azedarach) ‖ *Zimt(baum)* m (Cinnamomum spp) ‖ *wohlriechender Myrrhensaft* m
cinamón m ⟨V⟩ *Baumläufer* m *(Klettervogel)*
cinapio m ⟨Bot⟩ *Hundspetersilie* f (Aethusa cynapium)
cinara f *Artischocke* f (Cynara)
cinarra f Ar *Pulverschnee* m

cin|c [pl *cines*] m (Zn) ⟨Chem⟩ *Zink* n ‖ ~ colado bajo presión *Zinkspritzguss* m ‖ ~ para galvanización *Verzinkereizink* n ‖ ~ de obra, ~ de trabajo *Werkzink* n ‖ **–cado** m *Verzinken* n ‖ **–car** vt/i *verzinken*

cinca f *Fehlwurf* m *(beim Kegelspiel)*, ⟨fam⟩ *Pudel* m

cincel m *Meißel* m ‖ *Stemmeisen* n ‖ *Brechbeitel* m ‖ *Grabstichel* m ‖ ~ agudo *Kreuzmeißel* m ‖ ~ ancho *Scharriereisen* n ‖ ~ de boca cruzada *Kreuzmeißel* m ‖ ~ dentado *Zahneisen* n ‖ ~ de desbastar *Hart-, Schrot|meißel* m ‖ ~ de minero *Abbaumeißel* m ‖ ~ neumático *Druckluftmeißel* m ‖ ~ plano *Flachmeißel* m ‖ ~ puntiagudo *Spitzmeißel* m ‖ ~ para ranurar *Falzeisen* m ‖ ◇ grabado *od* labrado a ~ *ge|stochen, -trieben (Arbeit)*

cincela|da f *Schnitt, Stich* m *(mit dem Grabstichel)* ‖ **–do** m, **–dura** f *ge|stochene, -triebene Arbeit* f ‖ *Ziselierarbeit* f ‖ *Scharrieren* n ‖ **–dor** m *(Kunst)Stecher* m ‖ *Ziseleur* m

cincelar vt *(mit dem Grabstichel od Meißel) stechen, eingraben* ‖ *scharrieren* ‖ *ziselieren*

cin|cha f *(Sattel)Gurt* m ‖ Arg ⟨fig⟩ *Mogelei* f ‖ ~ cargadora de ametralladora

Maschinengewehrgurt m ‖ ~ *de brida Sattelgurt*
m *mit drei Gurten* ‖ ◆ a revienta ~s ⟨fig⟩ *in*
rasendem Galopp ‖ Mex Pe CR ⟨fig⟩ *ungern* ‖
–chadura *f Gurten* n ‖ **–char** vt *gurten (Sattel)* ‖
bereifen (Fass, Kisten) ‖ Chi *am Sattelgurt tragen*
‖ ~ vi Arg *hart und mühsam arbeiten* ‖ **–chazo** m
CR *Fuchtelhieb* m ‖ **–chera** *f Gurtlage* f

cin|cho m *Leib|gurt* m, *-binde* f ‖ *Nabenring* m
‖ ⟨Arch⟩ *überragender Bogenteil* m *(in e–m*
Tonnengewölbe) ‖ *Fass-, Eisen|reif* m ‖ *Wulst* f
am Huf (Pferdekrankheit) ‖ Mex *Sattelgurt* m ‖ ~
de pilote *Pfahlreif* m ‖ ~s del inducido ⟨El⟩
Ankerbandagen fpl ‖ **–chón** m Ec *Fassreif* m ‖
RPl ⟨Art⟩ *Obergurt* m *am Sattel* ‖ **–chona** *f* ⟨Bot⟩
Chinarindenbaum m (Cinchona sp) ‖ **–chuela** *f*
dim von **cincha** ‖ *schmaler Stoffstreifen* m

cíncico adj *Zink-*
cincífero adj *zink|führend, -haltig*
cinclo m ⟨V⟩ *Wasseramsel* f (Cinclus cinclus)
¹cinco adj *fünf* ‖ *fünfte(r)* ‖ ◆ a las ~ de la
tarde *um fünf Uhr nachmittags* ‖ ◇ han dado las
~ *es hat fünf Uhr geschlagen* ‖ ¡yo le diré
cuántas son ~! ⟨figf⟩ *dem sage ich Bescheid! ich*
werde ihm zeigen, wo Bartel den Most holt! estar
sin ~ ⟨figf⟩ *blank sein, k–n Pfennig haben* ‖ no
está en sus ~ ⟨fam⟩ *er hat s–e fünf Sinne nicht*
beisammen ‖ levantarse a las ~ *um fünf Uhr*
aufstehen ‖ saber cuántas son ~ ⟨fam⟩ *den*
Rummel verstehen ‖ tener los ~ *muy listos* ⟨fam⟩
lange Finger haben ‖ no tener ni ~ → estar sin
~ ‖ ¡vengan esos ~! *Hand darauf! abgemacht!* ‖
~ contra uno ⟨vulg⟩ *Wichsen* m *(Onanieren)* ‖ ~
m *Fünf* f, *Fünfer* m ‖ el ~de agosto *der fünfte*
August
²cinco m *König* m *im Kegelspiel* ‖ ⟨Mus⟩
fünfsaitige Gitarre f
³cinco m Mex ⟨fam⟩ *Hintern* m
cinco|añal adj *fünfjährig* ‖ **–enrama** *f* ⟨Bot⟩
Fünffingerkraut n (Potentilla spp)
cinco|grabado m ⟨Typ⟩ *Zink|ätzung* f ‖ **–grafía**
f ⟨Typ⟩ *Zinkographie* f, *Zinkdruck* m, *Zinkätzung*
f ‖ **–grafiar** [pres –ío] vt *auf Zink ätzen*
cincógrafo m *Zinkstecher* m
cincollagas m Cu Mex ⟨Bot⟩ *Sammet-,*
Hoffarts|blume f (Tagetes spp)
cincomesino adj *fünf Monate alt*
cincona *f* ⟨Bot⟩ *Chinarindenbaum* m
(Cinchona succirubra)
cinconegritos *m* CR ⟨Bot⟩ *Wandelröschen* n
(Lantana camara)
cincotipia *f Zink(hoch)ätzung, Zinkotypie* f
cincuen|ta num *fünfzig* ‖ *fünfzigste(r,s)* ‖ ◇
tener los ~ corridos *ein guter Fünfziger sein* ‖ ~
m *Fünfzig* f ‖ **–tena** f *etwa fünfzig* ‖ *fünfzig Stück*
‖ *Fünfzigstel* n ‖ ◆ de una ~ de años *etwa*
fünfzigjährig ‖ **–tenario** m *fünfzigster*
Gedächtnistag m ‖ *Zeitraum* m *von fünfzig Jahren*
‖ **–teno** adj *fünfzigste(r,s)* ‖ **–tón** m/adj *Fünfziger,*
fünfzigjähriger Mann m
cine m *Lichtspieltheater* n, ⟨fam⟩ *Kino* n ‖
Filmvorführ(ungs)raum m ‖ *Filmkunst* f ‖ ~ de
barrio *Vorstadtkino* n ‖ ~ en color(es) *Farbfilm* m
‖ ~ de estreno *Erstaufführungskino* n ‖ ~ mudo
Stummfilm m ‖ ~ de reestreno, ~ de reposiciones
Wiederaufführungskino n ‖ ~ en relieve
dreidimensionaler Film m ‖ ~ de las sábanas
blancas ⟨fam joc⟩ *Bett* n ‖ ~ de sesión continua
Kino mit durchgehendem Einlass, ⟨fam⟩
Nonstopkino n ‖ ~ sonoro *Tonfilm* m ‖ ~
tridimensional → ~ en relieve ‖ ◆ de ~ *toll,*
sagenhaft ‖ ◇ estar en el ~ ⟨fam⟩ *im*
Filmgeschäft tätig sein ‖ hacer ~ *in e–m Film*
mitspielen ‖ *filmen* ‖ *die Regie e–s Filmes führen*
‖ ir al ~ *ins Kino gehen* ‖ ¡vete al ~! ⟨fam⟩ *geh*
dahin, wo der Pfeffer wächst!

cine|asta m/f *Film|fachmann, -techniker(in* f) m
‖ *Film|schaffende(r* m) f, *-produzent(in* f) m ‖
Filmschauspieler(in f) m ‖ **–cámara** *f*
Filmkamera f ‖ **–club** m *Filmklub* m ‖ **–clubista**
m/f *Mitglied* n *e–s Filmklubs* ‖ **–comedia** *f*
Filmkomödie f ‖ **–drama** m *Kino-, Film|drama* n
cine|facción *f Veraschung* f ‖ **–ficar** *veraschen*
ci|nefilia *f Kinobegeisterung* f ‖ **–néfilo** adj
eifriger Kinogänger, begeisterter Kinobesucher
m
cinegéti|ca *f Jagdwesen* n, *Jägerei* f ‖
Jagdkunde, Kynegetik f ‖ **–co** adj *Jagd-*
cine|grafía *f,* **–gráfico** → **cinematografía,**
cinematográfico ‖ **–grama** m *Filmnachrichten* fpl
(Zeitung) ‖ **–ísta** adj → **–asta** ‖ ᵘ**landia** *f* ⟨fam⟩
Kino-, Filmland n, *Traumfabrik* f *(früher meist*
Hollywood)
cinema m ⟨fam⟩ *Kintopp* m
cinemascopio m *Cinemascope* n
cinemateca *f Dokumentarfilmsammlung* f ‖
Filmarchiv n, *Filmo-, Kinema|thek* f
cinemáti|ca *f* ⟨Phys⟩ *Kinematik* f ‖ **–co** adj
kinematisch
cinema|tografía *f Kinematographie, Filmkunst*
f ‖ ~ en colores *Farbfilmaufnahmen* fpl ‖
Farbfilmtechnik f ‖ **–tografiar** [pres –ío] vt
filmen ‖ **–tográfico** adj *Film-, Kino-* ‖ **–tógrafo** m
Kinematograph m ⟨fam⟩ *Kino* n ‖ **–tograma** m
Bewegungsschaubild n ‖ **–tología** *f*
Filmwissenschaft f ‖ **–tólogo** m
Filmwissenschaftler m
cinemelografía *f Musikfilm* m
cinemoderivómetro m ⟨Flugw⟩
Kinemo|abtriftmesser m, *-derivometer* n
cinera|ria *f Aschenpflanze* f (Senecio bicolor) ‖
–rio adj *Aschen-*
cinéreo adj *aschgrau* ‖ *Aschen-*
cinericio adj *aschgrau*
cinescopio m ⟨TV⟩ *Bildwiedergaberöhre* f
cinesiterapia *f* ⟨Med⟩ *Kinesio-,*
Bewegungs|therapie f
cines|tesia *f Bewegungsgefühl* n, *Kinästhesie* f
‖ **–tésico, –tético** adj *kinästhetisch*
cinéti|ca *f* ⟨Phys⟩ *Kinetik* f ‖ **–co** adj
Bewegungs-, kinetisch
cineversión *f Verfilmung, Filmbearbeitung* f
(z. B. *e–s literarischen Werkes)*
cingalés adj *singhalesisch* ‖ ~ m *Singhalese* m
cíngaro adj *Zigeuner-, zigeunerhaft* ‖ ~ m
Zigeuner m
cingiberáceas fpl ⟨Bot⟩ *Ingwergewächse* npl
(Zingiberaceae) (→ **jengibre)**
cin|glado m ⟨Met⟩ *Zängen, Quetschen* n ‖
–glador m *Schmiedehammer* m
¹cinglar vt ⟨Mar⟩ *ein Boot mit e–m Ruder*
fortbewegen, treideln
²cinglar vt *ausschmieden (Schweißluppen)*
cinglo m ⟨Fi⟩ *Zingel(barsch)* m (Aspro zingel)
cíngulo m *Gürtel* m ‖ *Zingulum* n,
Priestergürtel m
cínico adj *zynisch (& Philos)* ‖ *schamlos, frech*
‖ *un|züchtig, -flätig* ‖ ~ m *Zyniker* m (& Philos) ‖
schamloser Mensch m ‖ *Spötter* m ‖ adv:
~**amente**
cínife, cinipe m *(Stech)Mücke* f
cinípidos mpl ⟨Ins⟩ *Gallwespen* fpl
(Cynipidae)
cinismo m *Zynismus* m (& Philos) ‖
schamloses Betragen n, *Grobheit* f ‖ *Liederlichkeit*
f ‖ *Schamlosigkeit* f ‖ *Hohn, Spott* m
cino|céfalo m ⟨Zool⟩ *Gelber Babuin* m (Papio
cynocephalus) ‖ ~s mpl *Hundskopfaffen* mpl
(Cercopithecidae) ‖ **–glosa** *f* ⟨Bot⟩ *Hundszunge* f
(Cynoglossum sp) ‖ **–morfo** adj *hundsähnlich* ‖ ~
m → **cinocéfalo**

cinqueño *m Lomber(spiel)* n *zu fünf*
cin|quería *f Verzinkerei* f ‖ **–quero** *m*
Verzinker, Zinkarbeiter m
¹**cinta** *f Band* n ‖ *Streifen* m ‖ *Seiden-, Zwirn-,*
Zopf|band n ‖ *Hutband* n ‖ *Haarschleife* f ‖ *Reifen*
m *(des Fasses)* ‖ ⟨Tel⟩ *Papierstreifen* m *des*
Morseapparates ‖ *Ordensband* n *(der Komture)* ‖
⟨Her⟩ *(Spruch)Band* n ‖ *Rand* m *des*
Bürgersteiges ‖ ⟨Arch⟩ *(Band)Leiste* f,
Überschlag m ‖ ~ adhesiva, ~ adherente
Klebeband n ‖ ~ aislante *Isolierband* n ‖ la ~
azul *das Blaue Band* n *(Preis für schnelle*
Ozeandampfer) ‖ ~ bicolor *Zweifarbenband* n
(Schreibmaschine) ‖ ~ elástica → ~ de goma ‖ ~
de esparadrapo *Heftpflasterband* n ‖ ~ de goma
elastisches Band, Gummiband n ‖ ~ de lija
Schleifband n ‖ ~ para máquina de escribir
Farbband n ‖ ~ métrica *Messband, Bandmaß* n ‖
~ de paja *Strohseil* n ‖ ~ de parche aglutinante
→ ~ de esparadrapo ‖ ~ perforada *Lochband* n ‖
~ de puntillas *Spitzenband* n ‖ ~ de trenza
Zopfschleife f ‖ ~ tricolor *Trikolore* f ‖ ◆ en ~ *in*
Zwang, in Abhängigkeit
²**cinta** *f* ⟨Filmw Inform TV⟩ *Band* n ‖
Film|band n, *-streifen* m ‖ *Film* m ‖ ~
cinematográfica *Film|band, -streifen* m ‖ *Film* m ‖
~ de entrada ⟨Inform⟩ *Eingabeband* n ‖ ~
hablada *Tonfilm* m ‖ ~ magnética *Magnetband* n
‖ ~ magnetofónica *Magnetophonband,*
Tonband n ‖ ~ parlante *Tonfilm* m ‖ ~ de
programa ⟨Inform⟩ *Programmband* n ‖ ~ de
registro de sonido *Tonband* n ‖ ~ de salida
⟨Inform⟩ *Ausgabeband* n
³**cinta** *f* ⟨Tech⟩ *Band* n ‖ *Maschinenband* n ‖ ~
alimentadora *Aufgabeband* n ‖ ~ cargadora
Ladeband n ‖ ~ clasificadora *Leseband* n ‖ ~
conductora *Leitband* n ‖ ~ continua *Endlos-,*
Fließ-, Förder-, Lauf-, Montage|band n ‖ ~
descargadora *Abladeband* n ‖ ~ de evacuación
Abzugsband n ‖ ~ extensométrica
Dehnungsmessstreifen m ‖ ~ sin fin *Endlosband*
n ‖ ~ de freno *Bremsband* n ‖ ~ de oruga
Raupenband n ‖ ~ transportadora *Förder-,*
Transport|band n, *Bandförderer* m
⁴**cinta** *f* ⟨Fi⟩ *Bandfisch* m ‖ *Roter Bandfisch* m
(Cepola rubescens) ‖ *Tunfisch(fang)netz* n
cinta|do adj ⟨Arch⟩ *mit Bandleisten versehen* ‖
–gorda *f Band-, Hanf|netz* n *(zum Tunfischfang)* ‖
–jo *m* ⟨desp⟩ von ³**cinta**
cintar vt Ar *bekränzen (Gebäude)*
cinta|razo *m Fuchtelhieb, Hieb* m *mit der*
flachen Klinge ‖ *Rutenschlag* m ‖ **–rear** vt/i
fuchteln ‖ *mit der flachen Klinge schlagen*
cintarrón *m* augm von ³**cinta**
cintavisión *f* ⟨TV⟩ *Videoband* n
cinteado adj *bebändert*
cinte|ría *f Bandarbeit* f ‖ *Band-,*
Posamentier|ware, Posamenten npl ‖
Posamentier-, Posamenten|geschäft n ‖ **–ro** *m*
Band|macher, -händler, Posamenter m ‖ *starker*
Strick m *zum Umbinden* ‖ Ar *Bruchband* n
cinteta *f* ⟨Art⟩ *Fischfangnetz* n *(des*
Mittelmeers)
cinti|forme adj *(m/f) bandförmig* ‖ **–lar** vi →
centellear ‖ **–lómetro** *m* → **centellómetro**
cinto pp/irr von **ceñir** ‖ ~ *m Lendenteil* m *des*
Körpers, Gürtel m, *Taille* f ‖ ⟨Astr⟩ *Tierkreis* m
cin|tra *f* ⟨Arch⟩ *Bogenkrümmung* f ‖ ~ *f*
Cintrapark m *(bei Lissabon)* ‖ **–trado** adj ⟨Arch⟩
gekrümmt (Bogen, Gewölbe) ‖ ~ *m* ⟨Arch⟩ *Lehr-,*
Bogen|gerüst n
cintrar vt ⟨Typ⟩ *(Linien) biegen*
¹**cintura** *f Lendenteil* m *des Körpers, Gürtel* m,
Taille f ‖ *Gürtel, Gurt* m ‖ *Gürtellinie* f ‖ *Taille* f
(von Kleidern) ‖ ~ de avispa *Wespentaille* f ‖ ~

portaligas *Strumpfhaltergürtel* m ‖ de ~ para
abajo *unter der Gürtellinie* (& fig) ‖ ◇ meter en
~ a alg. ⟨figf⟩ *jdn zur Vernunft bringen*
²**cintura** *f* ⟨Mar⟩ *Befestigung* f *des Tauwerks*
am Mast
cinturón *m* augm von ¹**cintura** ‖ *Gürtel* m (&
im Judo usw.) ‖ *Gurt* m ‖ *(Degen)Koppel* f,
-gehänge n ‖ ⟨StV⟩ *Umgehungsstraße* f, *Ring* m ‖
~ abdominal *Leibgürtel* m ‖ ~ de amarre
⟨Flugw⟩ *Anschnallgurt* m ‖ ~ de castidad ⟨Hist⟩
Keuschheitsgürtel m ‖ ~ de corcho *Korkgürtel* m
‖ ~ de cuero *Ledergürtel* m ‖ ~ elástico
Gummigürtel m ‖ ~ escapular ⟨An⟩
Schultergürtel m ‖ ~ de miseria Mex ⟨fig⟩
Elendsviertel n, *Slum* m ‖ ~ de natación
Schwimmgürtel m *(zum Lernen)* ‖ ~ del
paracaídas *Fallschirmgurt* m ‖ ~ pelviano ⟨An⟩
Beckengürtel m ‖ ~ de salvamento, ~ salvavidas
Schwimm-, Rettungs|gürtel m ‖ ~ de seguridad
⟨Auto Flugw⟩ *Anschnall-, Halte-, Sicherheits|gurt*
m ‖ ~ de Venus ⟨Zool⟩ *Venusgürtel* m (Cestus
veneris) ‖ ⟨fig⟩ *Gürtel* m, *Reihe* f ‖ ~ verde
Grüngürtel m *(e–r Stadt)* ‖ ◇ apretarse el ~
⟨figf⟩ *den Gürtel enger schnallen, auf manches*
verzichten müssen ‖ ¡usen cinturones! *bitte*
anschnallen!
cinura *f* ⟨Bot⟩ *Hundeschwanz* m
cinzaya *f* Al Burg *Kinderwärterin* f
cinzolín adj *rötlich-violett*
ciñobe *m* Am *(Art) Kürbis* m
ciñuela *f* Murc *eine Granatapfelart* f
Ción *f* ⟨fam⟩ → **Asunción**
cipa *f* Ven *Schlamm* m ‖ *Schmutz, Dreck* m
cipariso *m* ⟨poet⟩ *Zypresse* f
cipayo *m* ⟨Hist⟩ *Sepoy* m, *indischer Soldat* m
in europäischen Diensten ‖ *berittener türkischer*
Soldat m ‖ ⟨Hist⟩ *franz. Kavallerist* m *in Algerien*
‖ ~s mpl ⟨Pol⟩ *Erfüllungsgehilfen* mpl,
Handlanger mpl *(fremder Mächte)*
¹**cipe** adj CR *kränklich, schwächlich (Säugling)*
²**cipe** *m* Salv *Harz, Baumharz* n
³**cipe** *m* CR *Aschenkobold* m
ciperáceas fpl *Zyper-, Ried|gräser* npl
(Cyperaceae)
cipipa *f* Am *Mandiokmehl* n
cipitillo *m* Salv *Aschenkobold* m
cipizafe *m* → **zipizape**
cipo adj Ec *pockennarbig* ‖ ~ *m Zippus* m ‖
Gedenkstein, Grenzstein m
cipó *m* Am *e–e fas(e)rige Lianenart* f
cipolino adj/s: mármol ~ *Cippolin,*
Zwiebelmarmor m
cipotazo *m* Col Ven *kräftiger Schlag* m
¹**cipote** adj Col *einfältig* ‖ Hond *spitzbübisch,*
gerieben ‖ Guat *fettleibig, untersetzt*
²**cipote** *m* And *Trommelschlegel* m ‖ ⟨fig vulg⟩
Schwanz m *(Penis)*
³**cipote** *m* Ven *Bagatelle, Lappalie* f ‖ Ven *sehr*
entfernter Ort m
⁴**cipote** *m* Nic Sal *Junge, Bursche* m
cipotear vi ⟨vulg⟩ *bumsen, vögeln, ficken*
ciprés *m* ⟨Bot⟩ *Zypresse* f (Cupressus sp) ‖ ~
de California *Kalifornische Zypresse* f (C.
macrocarpa) ‖ ~ de Lawson *Scheinzypresse* f
(Chamaecyparis lawsoniana) ‖ ~ de los pantanos
Sumpfzypresse f (Taxodium distichum) ‖ ~ de
Portugal *Blaugrüne Zypresse* f (Cupressus
lusitanica) ‖ más alto que un ~ ⟨fig⟩ *baumlang*
cipre|sal *m Zypressenhain* m ‖ **–sino** adj
zypressenartig ‖ *Zypressen-*
cipridología *f* ⟨Med⟩ *Lehre* f *von den*
Geschlechtskrankheiten
ciprino *m* ⟨Fi⟩ *(Fluss)Karpfen* m (Cyprinus sp)
ciprinoides, ciprínidos mpl ⟨Fi⟩ *karpfenartige*
Fische, Karpfenfische mpl (Cyprinidae)

ciprio adj, **cipriota** m → **chipriota**
△ **ciquiribaile** m Dieb m
ciquiricata f ⟨fam⟩ Liebkosung, Schmeichelei f
ciquitroque m ⟨reg⟩ (Art) Tomatengericht n
circaeto m ⟨V⟩ Schlangenadler m (Circaetus gallicus)
  circar [c/qu] vt ⟨Bgb⟩ abschürfen (Bergader)
  Circa|sia f ⟨Hist⟩ Zirkassien, Tscherkessenland n ‖ ⁼**siano** adj tscherkessisch ‖ ~ m Tscherkesse m
  Circe f ⟨Myth⟩ Circe, Kirke f ‖ ~ ⟨fig⟩ verschmitzte, arglistige Frau f
  circea f Hexenkraut n (Circaea lutetiana)
circense adj (m/f) Zirkus-, zirzensisch
circinado adj ⟨Bot⟩ schneckenförmig
  circo m Zirkus m ‖ Kampfplatz m ‖ Zirkus|theater, -gebäude n ‖ Zirkusvorstellung f ‖ Reit-, Renn|bahn f ‖ Zuschauerraum m ‖ ⟨fig⟩ Zuschauer mpl ‖ ~ ambulante Wanderzirkus m ‖ ~ ecuestre Pferdezirkus m ‖ ~ gallista Hahnenkampfarena f
  circón m ⟨Min⟩ Zirkon m
  circonio m **(Zr)** ⟨Chem⟩ Zirkonium n
  circulr [-uy-] vt um|kreisen, -gehen
  ¹circuito m ⟨allg⟩ Um|fang, -kreis m ‖ Kreis|lauf m, -bewegung f ‖ Umriss m ‖ Umschweife pl im Reden ‖ ⟨El⟩ Schaltung f, Stromkreis m ‖ ~ abierto offener Stromkreis m ‖ ~ amortiguado Dämpfungskreis m ‖ ~ anódico Anoden(strom)kreis m ‖ ~ de arranque ⟨Auto⟩ Anlasserstromkreis m ‖ ~ básico Basisschaltung f ‖ ~ cerrado geschlossener Stromkreis m ‖ ~ de construcción Bauschaltung f ‖ ~ de contraste Eichkreis m ‖ ~ de encendido ⟨Auto⟩ Zündstromkreis m ‖ ~ impreso gedruckte Schaltung, Druckschaltung f ‖ ~ integrado integrierte Schaltung f ‖ ~ de mando Steuerstromkreis m ‖ ~ oscilante Schwingungskreis m ‖ ~ de retorno Rückleitung f ‖ ~ de tierra geerdete Leitung, Erdleitung f
  ²circuito m ⟨Tel⟩ (Strom)Kreis m ‖ ~ de abonado Teilnehmerkreis m ‖ ~ de conversación Sprechkreis m ‖ ~ de enlace Vermittlungskreis m ‖ ~ excitador Erreger(strom)kreis m ‖ ~ fantasma Phantom|kreis m, -leitung f ‖ ~ de llamada Rufschaltung f ‖ ~ sintonizado abgestimmter Kreis m ‖ ~ telefónico Sprechkreis m
  ³circuito m ⟨Radio⟩ (Sende)Kreis m, Schaltung f ‖ ~ astable instabiler Kreis m ‖ ~ emisor Sendekreis m ‖ ~ filtro Sperrkreis m ‖ ~ transmisor Sendekreis m ‖ ◇ poner en ~ einschalten ‖ poner fuera de ~ ausschalten ‖ retirarse del ~ aus der Leitung gehen
  ⁴circuito m ⟨TV⟩ Schaltung f, Stromkreis m ‖ ~ cazaimágenes Bildjägerkreis m ‖ ~ regulador de cuadro Bildeinstellspule f ‖ ~ separador Trennungskreis m
  ⁵circuito m Strecke, Bahn f ‖ Rund|fahrt f, -flug m, -reise f ‖ ⟨Sp⟩ Rennstrecke f, Ring m ‖ ⟨Flugw⟩ Warteschleife f (über dem Flugplatz) ‖ ~ de carreteras Straßennetz n ‖ ~ de espera ⟨Flugw⟩ Warteschleife f ‖ ~ natural Trimm- dich-pfad m, Joggingstrecke f
  ¹circulación f Kreis-, Um|lauf m ‖ Straßen-, Stadt|verkehr m ‖ Bewegung f ‖ Verbreitung f (von Nachrichten, Ideen usw.) ‖ ⟨Ztg⟩ Auflagenhöhe f ‖ ⟨Tech⟩ Um|wälzung f, -lauf, Kreislauf m ‖ ~ de aire Luftzug m ‖ ⟨Bgb⟩ Wetterbewegung f
  ²circulación f ⟨Flugw Mar StV⟩ Verkehr m ‖ ~ aérea Luft-, Flug|verkehr m ‖ ~ automóvil Autoverkehr m ‖ ~ a od por la derecha Rechtsverkehr m ‖ ~ ferroviaria Eisenbahnverkehr m ‖ ~ en hoja de trébol Kleeblattverkehr m ‖ ~ a od por la izquierda

Linksverkehr m ‖ ~ marítima Seeverkehr m ‖ ~ de peatones Fußgängerverkehr m ‖ ~ en prueba Probefahrt f ‖ ~ punta Spitzenverkehr m ‖ ~ de tránsito Durchgangsverkehr m ‖ ~ urbana Stadtverkehr m ‖ ~ viaria Straßenverkehr m ‖ ◇ abrir a la ~ dem Verkehr übergeben (Straße) ‖ obstaculizar la ~ den Verkehr behindern
  ³circulación f ⟨Com⟩ Warenverkehr m ‖ Kapitalverkehr m ‖ ~ de bienes Güterumlauf m ‖ ~ de billetes de banco (Bank)Notenumlauf m ‖ ~ cambiaria Wechselumlauf m ‖ ~ de capitales Kapitalverkehr m ‖ ~ fiduciaria Papiergeld|umlauf m ‖ ~ de mercancías Warenverkehr m ‖ ~ metálica Metallgeldumlauf m ‖ ~ monetaria Geldumlauf m ‖ ◆ fuera de ~ außer Kurs (Geld) ‖ ◇ poner en ~ verbreiten, in Verkehr bringen ‖ in Umlauf setzen (Wechsel, Geld) ‖ quitar de la ~ außer Kurs setzen ‖ retirar de la ~ aus dem Verkehr ziehen ‖ ⟨fig⟩ umbringen
  ⁴circulación f ⟨Physiol⟩ Kreislauf m ‖ ~ arterial arterieller Kreislauf m ‖ ~ colateral Kollateralkreislauf m ‖ · extracorporal extrakorporaler Kreislauf m ‖ ~ general, ~ mayor Körperkreislauf, großer Kreislauf m ‖ ~ menor, ~ pulmonar Lungenkreislauf, kleiner Kreislauf m ‖ ~ de sangre, ~ sanguínea Blutkreislauf m ‖ ~ venosa venöser Kreislauf m
  ¹circular vt um|geben, -ringen ‖ verbreiten, in Umlauf setzen ‖ vi umlaufen, kreisen, zirkulieren ‖ umlaufen, kursieren (Geld) ‖ herum-, umher|gehen ‖ hin- und herfahren, s. bewegen ‖ verkehren (Züge) ‖ strömen (Luft) ‖ steigen (Saft) ‖ fließen (Fluss usw.) ‖ ⟨fig⟩ s. verbreiten, umgehen (Gerücht) ‖ ⟨fig⟩ in Umlauf sein ‖ Am herumgereicht werden (Matetee) ‖ ◇ ~ de mano en mano von Hand zu Hand gehen ‖ ~ en fila india ⟨StV⟩ hintereinander, in Kolonne fahren ‖ ~ en pareja, ~ en posición paralela ⟨StV⟩ nebeneinander fahren ‖ circula una noticia e–e Nachricht läuft von Mund zu Mund, es geht ein Gerücht ‖ hacer ~ un rumor ein Gerücht in Umlauf od ⟨fam⟩ in die Welt setzen ‖ ¡circulen! weitergehen!
  ²circular adj (m/f) kreisförmig, Kreis- ‖ rund ‖ gebogen ‖ ◆ de forma ~ kreisförmig, rund ‖ ◇ arrojar una mirada ~ (sobre) s–n Blick schweifen lassen (über acc) ‖ ~ f Rundschreiben n ‖ Runderlass m ‖ ◇ repartir ~es Rundschreiben versenden
  circulatorio adj umlaufend ‖ ⟨Med⟩ Kreislauf- ‖ Kreis- ‖ Verkehrs-
  ¹círculo m Kreis m, Kreisfläche f ‖ Kreislinie f ‖ Zirkel m ‖ Reif m ‖ Ring m ‖ ⟨fig⟩ Um|kreis, -fang, Bereich m ‖ Lebenskreis m ‖ ~ de acción ⟨Arch⟩ Drehkreis m (Kran) ‖ ~ antártico antarktischer, südlicher Polarkreis m ‖ ~ anual ⟨Bot⟩ Jahresring m ‖ ~ ártico nördlicher, arktischer Polarkreis m ‖ ~ de carros ⟨Hist⟩ Wagenburg f ‖ ~ cenital ⟨Astr⟩ Scheitelkreis m ‖ ~ circunscrito ⟨Math⟩ Umkreis m ‖ ~ de crecimiento ⟨Bot⟩ Jahresring m ‖ ~ de declinación ⟨Astr⟩ Deklinationskreis m ‖ ~ de divergencia ⟨Phys⟩ Zerstreuungskreis m ‖ ~ envolvente Wälzkreis m ‖ ~ galáctico ⟨Astr⟩ galaktischer Kreis m ‖ ~ graduado Teilkreis m ‖ ~ horario Stundenkreis m (Kompass) ‖ ~ inscrito ⟨Math⟩ Inkreis m ‖ ~ mágico Zauberkreis m ‖ ~ mamario ⟨An⟩ Brustwarzenring m ‖ ~ polar Polarkreis m ‖ ~ testigo ⟨Tech⟩ Kontrollkreis m ‖ ~ visual Gesichtskreis m ‖ ⟨fig⟩ Schraube f ohne Ende ‖ ◆ en ~ kreisförmig
  ²círculo m ⟨fig⟩ Kreis, Verein, Zirkel m ‖ Umkreis, Bereich m ‖ Lebenskreis m ‖ ~ de amigos, ~ de amistades Freundes-,

Bekannten|kreis m ‖ ~ artístico *Kunstverein* m ‖ *Künstlervereinigung* f ‖ ~ cultural *Kulturkreis* m ‖ ~ de estudios *Studienkreis* m, *Arbeitsgemeinschaft* f ‖ ~ de familia *Familienkreis* m ‖ ~ infantil *Kinderkrippe* f ‖ ~ de lectura *Lesezirkel* m ‖ ~ literario *literarischer Zirkel* m ‖ ~ militar *Soldaten-, Offiziers|verein* m ‖ ~ recreativo, ~ de recreo *Klub* m ‖ *Kasino* n ‖ ~ vicioso *Circulus vitiosus, Zirkelschluss* m, *Kette* f *von Trugschlüssen* ‖ *Teufelskreis* m ‖ ◇ romper el ~ vicioso *den Teufelskreis durchbrechen* ‖ ~s *mpl:* ~ allegados al gobierno *der Regierung nahestehende Kreise* mpl ‖ los ~ políticos *die politischen Kreise* mpl

circum|circa [θirkun] adv *(fam) ungefähr* ‖ **–navegación** f *Umseg(e)lung* f ‖ *Umschiffung* f ‖ ~ del mundo *Weltumseg(e)lung* f ‖ **–navegar** vi *um|fahren, -schiffen, -segeln* ‖ **–nutación** f *(Bot) Zirkumnotation* f ‖ **–polar** adj *um den Pol herum liegend, zirkumpolar*

circun|ceñir [-i-] vt *umgürten* ‖ **–cidar** vt *(Med Rel) beschneiden (& fig)* ‖ **–cisión** f *(Med Rel) Beschneidung* f ‖ ~ (del Señor) *Fest* n *der Beschneidung Christi* ‖ **–ciso** pp/irr von **–cidar** ‖ ~ m *Beschnittene(r)* m ‖ **–dante** adj *(m/f) um|herliegend, -gebend* ‖ *Nachbar-* ‖ **–dar** vt *um|geben, -ringen* ‖ *einfassen* ‖ *(Arch) einfried(ig)en, umgeben* ‖ **–ferencia** f *Umkreis* m, *Peripherie* f ‖ *Umfang* m ‖ ◇ trazar una ~ *e–e Kreislinie ziehen* ‖ **–ferir** [-ie-] vt *um-, be|grenzen* ‖ **–flejo** adj: (acento) ~ m *(Gr) Zirkumflex* m ‖ **–locución** f *Um|schreibung* f, *-schweife* pl *(in der Rede)* ‖ **–loquio** m *weitschweifiges Reden* n, *Umschweife* pl ‖ **–navegación** f →
circumnavegación

circun|scribir vt *ein|grenzen, -schließen* ‖ *(Math) umschreiben* ‖ *(fig) beschränken* ‖ ◇ ~ un pentágono a un círculo *(Math) e–n Kreis um ein Fünfeck beschreiben* ‖ **–scripción** f *Ein-, Be|grenzung* f ‖ *(Math) Umschreibung* f *(e–r Figur)* ‖ *Verwaltungsbezirk* m ‖ ~ electoral *Wahlkreis* m ‖ ~ militar *Wehrbezirk* m ‖ ~ única, ~ uninominal *Wahlkreis* m *mit e–m Kandidaten* ‖ **–scri(p)to** pp/irr von **–scribir** ‖ *umschrieben (Geschwulst)* ‖ **–spección** f *Umsicht* f, *Bedacht* m ‖ *Zurückhaltung, Reserve* f ‖ *Ernst* m, *Würde* f ‖ ♦ con ~ *bedachtsam* ‖ **–specto** adj *vorsichtig, umsichtig* ‖ *zurückhaltend, reserviert* ‖ *ernst, gesetzt*

circun|stancia f *Umstand* m, *Lage, Gegebenheit, Beschaffenheit* f ‖ *Verhältnisse* npl ‖ *Umwelt* f ‖ *Umstand* m ‖ *Eigenschaft* f ‖ *Am (Rechts)Streit* m ‖ ~ agravante *(Jur) erschwerender Umstand* m ‖ ~ atenuante *(Jur) mildernder Umstand* m ‖ ~ cualificativa *(Jur) qualifizierender Umstand* m ‖ ~ eximente *(Jur) Schuldausschließungsgrund* m ‖ ~s *fpl:* ~ ambientales *Umwelt|bedingungen, -gegebenheiten* fpl ‖ ~ coadyuvantes *Nebenumstände* mpl ‖ las ~ personales *die Personalien* pl ‖ ♦ con ~ *umständlich* ‖ a causa de ~ imprevistas *infolge unvorhergesehener Umstände* ‖ en tales ~ *unter solchen Umständen* ‖ en las ~ actuales *unter den gegenwärtigen, obwaltenden Verhältnissen* ‖ ◇ adaptarse a las ~, amoldarse a las ~ *s. den Verhältnissen anpassen* ‖ aprovechar las ~ *(Com) die Konjunktur ausnutzen* ‖ debido a las ~s *umständehalber* ‖ **–stanciado** adj *umständlich* ‖ adv: ~**amente** ‖ **–stancial** adj *(m/f) den Umständen gemäß* ‖ *von den Umständen abhängig* ‖ *Umstands-* ‖ **–stancialidad** f *Umstandsbedingtheit* f ‖ **–stanciar** vt *umständlich schildern, darlegen* ‖ *auf bestimmte Fälle beschränken* ‖ **–stante** adj *(m/f) (um et.)*

herumstehend ‖ *umgebend* ‖ *anwesend* ‖ los ~s *die Umstehenden, Anwesenden* pl

circun|terrestre adj *(m/f) die Erde umfassend* ‖ **–valación** f *(Mil) Umwallung* f ‖ *Umgehungsstraße* f *(bei Städten)* ‖ *Ring* m *(Straßenbahn)* ‖ **–valar** vt *umzäunen* ‖ *(Mil) um|wallen, -schanzen* ‖ **–vecino** adj *umliegend, benachbart* ‖ **–visión** f *Umschau* f, *Überblick* m ‖ **–volar** [-ue-] vt/i *(rund her)umfliegen (um)* ‖ **–volución** f *Windung, Krümmung* f ‖ *Umdrehung* f ‖ ~ cerebral *(An) Gehirnwindung* f ‖ **–yacente** adj *(m/f) umliegend*

cire|naico adj *kyrenäisch* ‖ ~ m *(Philos) Kyrenaiker* m ‖ **–neo** adj → **–naico** ‖ Simón el ~ *Simon von Kyrene, Zyrenäus (Bibel)* (→ auch **Cirineo**)

cirial m *Altarleuchter* m

cirigallo m *(fam) Müßiggänger* m

cirigaña f *And Schmeichelei* f ‖ *And Kleinigkeit, Lappalie* f

cirílico adj *kyrillisch*

Cirilo m np *Kyrill(os)* m

Cirineo m *Zyrenäus (Bibel)* ‖ ~ m *(figf) Gehilfe, Helfer* m ‖ *(figf) armer Schlucker* m

[1]**cirio** m *(Altar)Kerze* f ‖ ~ pascual *Osterkerze* f ‖ ~ prendido *brennende Kerze* f ‖ ~ votivo *Opferkerze* f

[2]**cirio** m *(figf) Rummel, Wirrwarr* m, *Durcheinander* n

Ciro m np *Cyrus, Kyros* m

ciro|laza f *augm von* **ciruela** ‖ **–lero** m → **ciruelo** ‖ **–lilla, –lita** f *kleine Pflaume* f

ciroso adj *wachsartig*

cirquero m *Mex Zirkusartist* m

cirrípedos, cirrópodos mpl *(Zool) Rankenfüßer* mpl *(Cirripedia)*

[1]**cirro** m *(Med) verhärtete Geschwulst* f

[2]**cirro** m *(Bot) Wickelranke* f ‖ *(Zool) Rankenfuß, Zirrus* m *(der Rankenfüßer)*

cirrocúmulos mpl *(Meteor) Cirrokumulus-, Schäfchen|wolken* fpl

cirros mpl *(Meteor) Cirruswolken* fpl, *Zirren* mpl, *Federwolken* fpl

cirro|sis f *(Med) Zirrhose* f ‖ ~ hepática *Leber|zirrhose, -schrumpfung* f ‖ **–so** adj *(Bot) rankig, mit Ranken (versehen)* ‖ *(figf) zerzaust*

cirrostratos mpl *(Meteor) Zirrostraten* mpl, *Schleierwolken* fpl

cirrótico adj *(Med) auf die Zirrhose bezüglich*

cirrus m → **cirros**

cirtosis f *(Med)* → **cifosis**

ciruela f *Pflaume, Zwetschke, Zwetsch(g)e* f ‖ ~ amarilla *Mirabelle* f ‖ ~ claudia *Reneklode, Reineclaude, Ringlotte* f ‖ ~ de corazoncillo *grüne Herzpflaume* f ‖ ~ damascena *Damaszenerpflaume* f ‖ ~ de fraile *große, spitze, gelbe Pflaume* f ‖ ~ mirabela *Mirabellenpflaume* f ‖ ~ pasa *Dörrpflaume* f ‖ ~ de Santa Lucía *Traubenkirsche* f ‖ ~ tostada *Backpflaume* f ‖ ~ de yema *Eierpflaume* f

[1]**ciruelo** m *(Bot) Pflaumenbaum* m *(Prunus domestica)* ‖ *(fig) Tölpel* m

[2]**ciruelo** m *(vulg) Schwanz* m *(Penis)*

cirugía f *Chirurgie* f ‖ ~ car|diaca, -díaca *Herzchirurgie* f ‖ ~ dental *Zahn|heilkunde, -chirurgie* f ‖ ~ estética *Schönheitschirurgie* f ‖ ~ facial *Gesichtschirurgie* f ‖ ~ general *allgemeine Chirurgie* f ‖ ~ por laser *Laserchirurgie* f ‖ ~ mayor (menor) *große (kleine) Chirurgie* f ‖ ~ plástica *plastische Chirurgie* f ‖ ~ traumática *Unfallchirurgie* f ‖ ~ de urgencia *Notchirurgie* f

cirujal m *e–e Olivenbaumart* f

cirujano m *Chirurg* m ‖ ~ dentista *Kieferchirurg* m

cis|alpino adj *zisalpin(isch) (zwischen den Alpen und Rom gelegen)* ‖ **–andino** adj *diesseits der Anden (gelegen)*
¹cisca f ⟨Bot⟩ *Schilfrohr* n (Phragmites communis)
²cisca f Mex ⟨pop⟩ *Schamröte* f ‖ *Scham* f ‖ *Zorn* m
ciscar [c/qu] vt ⟨fam⟩ *be|sudeln, -schmutzen* ‖ ~**se** ⟨vulg⟩ *ins Hemd machen* ‖ Mex ⟨vulg⟩ *s. schämen*
cis|co m *Kohlenstaub, Grus* m ‖ ⟨figf⟩ *Lärm, Krach* m ‖ *Schlägerei* f ‖ ◇ *armar* ~ ⟨fam⟩ *Streit anfangen* ‖ *Krach machen* ‖ *estar hecho* ~ *am Boden zerstört sein, total hinsein* ‖ *hacer* ~ *kurz und klein schlagen,* ⟨fam⟩ *zerdeppern* ‖ **–cón** m *Kohlen|grus, -staub* m
cisionar vt Am *(politisch) zergliedern*
Cisjordania f ⟨Geogr⟩ *Westjordanien* n
cis|ma m/f *Schisma* n, *Kirchenspaltung* f (& fig) ‖ ⟨fig⟩ *Trennung* f, *Bruch* m ‖ ⟨fig⟩ *Abweichung* f ‖ ~ *de Occidente großes abendländisches Schisma* n ‖ ~ *de Oriente griechisches Schisma* n ‖ ~ *religioso Glaubenszwist* m ‖ **–mar** vi Sal *Zwietracht stiften* ‖ **–mático** m/adj *Schismatiker, Ketzer* m ‖ *Zwietrachtstifter* m ‖ ⟨fig⟩ *Abtrünnige(r)* m ‖ **–s** ⟨Pol⟩ *Abweichler* mpl ‖ adv: ~*amente* ‖ **–moso** adj/s *Unfrieden stiftend*
¹cisne m ⟨V⟩ *Schwan* m ‖ ⟨poet⟩ *(Ton)Dichter* m ‖ Arg *weiße Puderquaste* f ‖ ~ *cantor Singschwan* m (Cygnus cygnus) ‖ ~ *chico od de Bewick Zwergstorch* m (C. bewickii) ‖ ~ *vulgar Höckerschwan* m (C. olor)
²cisne m ⟨pop⟩ *Nutte* f ‖ Arg *Puderquaste* f
cisneo adj *schwanenartig*
cisorio adj: *arte* ~*a Vorschneide-, Tranchier|kunst* f
cis|padano adj *zispadanisch, diesseits des Pos (zwischen dem Po und Rom gelegen)* ‖ **–platino** adj *diesseits des Rio de la Plata (gelegen)*
cisque|ra f *Kohlenstaubgrube* f ‖ **–ro** m *Kohlenstaubhändler* m ‖ *Staubbeutel* m *(zum Bestäuben)*
cisrenano adj *diesseits des Rheins (gelegen)*
cistalgia f ⟨Med⟩ *Blasenschmerz* m, *Zystalgie* f
cis|tel, -ter, cister m ⟨Rel⟩ *Zisterzienserorden* m ‖ **–terciense** adj *Zisterzienser-* ‖ ~ m *Zisterzienser* m
cisterna f *Zisterne* f, *Sammelbrunnen* m *für Regenwasser*
cisti|cerco m ⟨Zool Med⟩ *Zystizerkus* m, *Finne* f *des Bandwurms* ‖ **–cercosis** f ⟨Med⟩ *Zystizerkose, Finnenkrankheit* f
cístico adj *zystisch* ‖ *blasenartig* ‖ *auf die Zyste bezüglich*
cisti|patía f ⟨Med⟩ → **cistopatía** ‖ **–tis** f ⟨Med⟩ *Blasenentzündung, Zystitis* f
cisto m ⟨Bot⟩ *Zistus* m, *Zist(en)röschen* n ‖ ⟨Bot⟩ *Samenhülle* f
cisto|cele m ⟨Med⟩ *Blasenvorfall* m, *Zystozele* f ‖ **–(e)spasmo** m *Blasenkrampf, Zystospasmus* m ‖ **–lito** m ⟨Med⟩ *Blasenstein* m ‖ **–ma** m → **–quiste** ‖ **–patía** f ⟨Med⟩ *Blasen|erkrankung, -krankheit* f ‖ **–scopia** f ⟨Med⟩ *Zystoskopie* f ‖ **–scopio** m ⟨Med⟩ *Zystoskop, Blasenspiegel* m ‖ **–so** adj *Zysten-* ‖ **–tomía** f ⟨Med⟩ *Blasensteinschnitt* m, *Zystotomie* f
¹cita f *Bestellung, Einladung* f *zu e–r Zusammenkunft* ‖ *Vorladung* f ‖ *Stelldichein* n, *Verabredung* f ‖ ◇ *acudir a una* ~ *s. zu e–m Stelldichein einfinden* ‖ *zu e–r Besprechung erscheinen* ‖ *dar (una)* ~ *a alg. jdm ein Stelldichein geben*
²cita f *Zitat* n ‖ *Anführung* f ‖ *zitierte Textstelle* f ‖ *Fußnote* f

¹citación f ⟨Jur⟩ *(Vor)Ladung* f, *Termin* m ‖ ~ *a comparecer Ladung* f *zum Termin* ‖ ~ *bajo apercibimiento de arresto Ladung* f *unter Haftandrohung* ‖ ~ *por edicto öffentliche Ladung* f ‖ ~ *a licitantes Versteigerungsankündigung* f
²citación f *Zitieren* n ‖ *Anführung* f ‖ *Zitat* n ‖ ~ *honorífica ehrenvolle Erwähnung* f
citadino m Arg Pe *Stadtbewohner* m
citador m *Zitierer, Zitator* m
citano m ⟨fam⟩ → **zutano**
¹citar vt/i *(gerichtlich vor)laden* ‖ *zu e–r Zusammenkunft bestellen* ‖ ⟨Taur⟩ *(den Stier) auf die Mitte des Platzes treiben (damit er angreift); (den Stier) reizen, locken* ‖ ◇ ~ *judicialmente gerichtlich laden* ‖ ~ *de remate zur Versteigerung laden* ‖ ~ *como testigo als Zeugen benennen* ‖ ~**se** *s. verabreden, e–n Termin vereinbaren*
²citar vt *zitieren* ‖ *anführen* ‖ ~ *como referencias als Referenz(en) nennen* ‖ ~ *textualmente im genauen Wortlaut zitieren*
cítara f *e–e kleine Lautenart* f ‖ ⟨Mus⟩ *Zither* f ‖ ◇ *pulsar la* ~ *die Zither schlagen*
citarista m/f *Zitherspieler(in* f) m
cita|rón m, –ra f ⟨Arch⟩ *gemauerter Unterbau* m *für Fachwerk*
citasis f ⟨Med⟩ *Zytase* f
cita|toria f *Vorladungsschreiben* n, *Ladungsschrift* f ‖ **–rio** adj ⟨Jur⟩ *Vorladungs-*
citereo adj: *Venus* ~*a Kythera* f *(Aphrodite)*
citerior adj *diesseitig* ‖ *España* ~ ⟨Hist⟩ *römische Provinz Tarragonien*
cítiso, citiso m ⟨Bot⟩ → **codeso**
citocinesis f ⟨Biol⟩ *Zytokinese* f
citocromía f ⟨Typ⟩ *Farbendruck* m
cito|cromo m ⟨Biol⟩ *Zytochrom* n ‖ **–diagnóstico** m ⟨Med⟩ *Zytodiagnostik* f ‖ **–fagia** f ⟨Biol⟩ *Phagozytose* f ‖ **–gamia** f *Zytogamie* f ‖ **–génesis** f *Zytogenese, Zellteilung* f ‖ **–genética** f *Zytogenetik* f ‖ **–gonia** f *Zytogonie* f ‖ **–lisis** f *Zytolyse, Auflösung* f *der Zellen* ‖ **–logía** f *Zytologie, Zellenlehre* f ‖ **–lógico** adj *zytologisch* ‖ **–patología** f *Zyto-, Zell|pathologie* f ‖ **–plasma** m *Zyto-, Zell|plasma* n ‖ **–stático** adj ⟨Med⟩ *zytostatisch* ‖ ~ m ⟨Med⟩ *Zytostatikum* n ‖ **–tóxico** *zytotoxisch*
cítola f *Mühlklapper* f
cítora f Murc ⟨Art⟩ *Harpune* f
cito|scopia f *Zyto|skopie, -diagnostik* f ‖ **–soma** m *Zytosom(a)* n, *Mitochondrien* npl ‖ **–stoma** m *Zellmund* m *(der Einzeller), Zytostom* n
citote m ⟨fam⟩ *nachdrückliche Einladung* f
citotoxina f *Zellgift, Zytotoxin* n
citozoario m ⟨Biol⟩ *Einzeller* m
citrato m ⟨Chem⟩ *Zitrat* n
cítrico adj ⟨Chem⟩ *zitronensauer* ‖ ~**s** mpl *Zitrusfrüchte* fpl, *Agrumen* pl (Citrus spp)
citrícola adj *(m/f) auf den Anbau von Zitrusfrüchten bezüglich*
citricultura f *Anbau* m *von Zitrusfrüchten*
citri|na f ⟨Min⟩ *Zitrin* m ‖ **–no** adj *zitronengelb*
citrón m *Zitrone* f (→ **¹limón**)
citronato m *Zitronat* n *(in Zuckersirup eingekocht)*
ciudad f *Stadt* f ‖ *Stadtgebiet* n ‖ *Stadtobrigkeit* f ‖ ~ *abierta* ⟨Mil⟩ *offene Stadt* f ‖ ~ *anseática Hansestadt* f ‖ *la* ~ *Condal Barcelona* n ‖ ~ *de Dios Gottesstaat* m *(Augustins)* ‖ ~ *dormitorio Schlafstadt* f ‖ *la* ~ *Eterna Rom* n ‖ ~ *fabril Industriestadt* f ‖ ~ *fronteriza Grenzstadt* f ‖ ~ *gemela,* ~ *hermanada Partnerstadt* f ‖ ~ *hanseática* → ~ *anseática* ‖ ~ *heroica y leal heroische und treue Stadt* f *(Beiname der Stadt Huesca)* ‖ ~ *imperial* ⟨Hist⟩ *Reichsstadt* f ‖ *la* ~ *Imperial Toledo* n ‖ ~ *jardín Gartenstadt* f ‖ ~ *lacustre Pfahlbausiedlung* f ‖ ~ *libre freie Stadt* f

‖ ~ lineal *Bandstadt* f *(nach der Theorie des Spaniers Soria y Mala, 1882)* ‖ ~ litoral *Küstenstadt* f ‖ ~ manufacturera *Fabrikstadt* f ‖ ~ marítima *Hafenstadt* f ‖ ~ modelo *Musterstadt* f ‖ ~ museo *sehenswürdige Stadt* f ‖ ~ natal *Heimat-, Vater-, Geburts|stadt* f ‖ ~ obrera *Arbeitersiedlung* f ‖ la ~ del Oso y del Madroño *Madrid* n ‖ ~ patricia *Patrizierstadt* f ‖ *vornehme Stadt* f ‖ ~ perdida Mex *Elendsviertel* n, *Slum* m ‖ ~ portuaria *Hafenstadt* f ‖ ~ satélite *Trabanten-, Satelliten|stadt* f ‖ ~ universitaria *Universitätsstadt* f ‖ ~ del Vaticano ⟨Geogr⟩ *Vatikanstadt* f

ciudada|nía *f*, **–nismo** *m Bürgertum* n ‖ *Bürgerrecht* n ‖ *Bürgersinn* m ‖ *Bürgerschaft* f ‖ *Staats|angehörigkeit, -bürgerschaft f* ‖ doble ~ *doppelte Staats|angehörigkeit, -bürgerschaft* f ‖ ~ de honor *Ehrenbürgerrecht* n ‖ ~ múltiple *mehrfache Staatsangehörigkeit* f ‖ ◇ tener ~ *das Bürgerrecht besitzen* ‖ **–no** adj *städtisch* ‖ ~ *m Stadtbewohner, Städter* m ‖ *(Stadt)Bürger* m ‖ *Mitbürger* m ‖ ⟨fam⟩ *Individuum* n ‖ ~ del mundo *Weltbürger* m ‖ ~ por nacimiento *Staatsbürger* m *von Geburt* ‖ ~ por naturalización *Staatsbürger* m *durch Einbürgerung* ‖ ~ por opción *Staatsbürger* m *durch Option* ‖ **–za** *f* ⟨desp⟩ von **ciudad**
ciudadela *f Zitadelle, Stadtfeste* f
Ciudad Real *f* [Stadt und Provinz in Spanien] *Ciudad Real* n
ciudadrealeño adj *aus Ciudad Real* ‖ *auf Ciudad Real bezüglich*
ciútico adj Bol Chi *kitschig, geschmacklos*
civet *m* ⟨Kochk⟩ *Art Ragout* n ‖ ~ de liebre *Hasenpfeffer* m
cive|ta *f* ⟨Zool⟩ *Zibetkatze* f ‖ ~ africana *Afrikanische Zibetkatze, Zivette* f (Civettictis civetta) ‖ ~ india *Indische Zibetkatze* f (Viverra zibetha) ‖ **–to** *m Zibet* m *(Absonderung der Duftdrüsen der Zibetkatze)*
¹cívico adj *Bürger-*
²cívico *m* Arg *großes Glas* n *Bier*
civil adj *(m/f) bürgerlich, Bürger-* ‖ *bürgerlich, Zivil-* ‖ *einheimisch* ‖ *höflich, gesittet* ‖ ~ *m* ⟨fam⟩ *Gendarm* m
civi|lidad *f Höflichkeit, Bildung* f ‖ **–lista** *m Kenner(in* f) m *des bürgerlichen Rechtes, Zivilrechtler(in* f) m ‖ *Zivilrechtslehrer(in* f) m
civili|zación *f Bildung, Gesittung* f ‖ *Kultur* f ‖ *Zivilisation, Sittenverfeinerung* f ‖ *Zivilisierung* f ‖ **–zado** adj *ge|sittet, -bildet* ‖ el mundo ~ *die zivilisierte Welt* ‖ **–zar** [z/c] vt *zivilisieren, zur Kultur erziehen, gesittet machen, verfeinern* ‖ *erziehen, bilden* ‖ ~se *feine Sitten annehmen* ‖ *Kultur annehmen* ‖ ⟨fam⟩ *gesittet werden*
civilmente adv von **civil** ‖ ◇ casarse ~ *s. standesamtlich trauen lassen* ‖ *standesamtlich heiraten* ‖ ser responsable ~ *zivilrechtlich haften*
civismo *m Bürger|sinn* m, *-tugend* f ‖ *staatsbürgerliche Erziehung* f
cizallamiento *m Scherung, Abscherung* f ‖ *Schub* m ‖ *Schubkraft* f
ciza|lla(s) *f(pl) Blech-, Metall|schere* f ‖ *kleine Schneidemaschine* f ‖ *Metallspäne* mpl ‖ ⟨fig⟩ *Scheren* fpl (z.B. *der Krebse*) ‖ ~ en caliente *Warmschere* f ‖ ~ circular *Kreisschere* f ‖ ~ de contornear *Aushauschere* f ‖ ~ para cortes circulares *Rundschneideschere* f ‖ ~ en frío *Kaltschere* f ‖ ~ para lingotes *Blockschere* f ‖ ~ para llantones *Brammenschere* f ‖ ~ de mano *Handschere* f ‖ ~ de palanca *Hebelschere* f ‖ ~ para palanquillas *Knüppelschere* f ‖ ~ para planchas *Tafelschere* f ‖ ~ para remaches *Nietschere* f ‖ ~ para tronzar *Trennschere* f ‖ ~ para vigas *Trägerschere* f ‖ **–llamiento** *m* s von

–llar ‖ *Scherung* f, *Schub* m ‖ **–llar** vt *schneiden (Blech)* ‖ *beschneiden (Karten)*
ciza|ña *f* ⟨Bot⟩ *(Taumel)Lolch* m, *Tollgerste* f (Lolium temulentum) ‖ ⟨fig⟩ *Unkraut* n ‖ ⟨fig⟩ *Zwietracht* f, *Gift* n ‖ ◇ sembrar ~, ⟨fam⟩ meter ~ *Unruhe stiften, Zwietracht säen* ‖ **–ñador,** **–ñero** *m/adj Zwietrachtstifter, Störenfried* m ‖ **–ñar** vi *Unruhe stiften*
cl ⟨Abk⟩ = **centilitro(s)**
Cl ⟨Abk⟩ = **cloro**
¹clac *m Klappzylinder, Chapeau claque* m
²clac *f* → **claque**
clachique *m* Mex *unvergorener Saft* m *der Agave*
claco *m* Guat Mex *wertlose Sache, Lappalie* f
clacopacle *m* Mex ⟨Bot⟩ *Osterluzei* f (Aristolochia mexicana)
clacota *f* Mex *kleines Geschwür* n, *Furunkel* m
clacua|che, –chi *m* Mex *Beutelratte* f, *Opossum* n (Didelphis sp)
cladóceros *mpl* ⟨Zool⟩ *Wasserflöhe* mpl (Cladocera)
clamadores *mpl* ⟨V⟩ *Schreivögel* mpl
clamar vt/i *schreien* ‖ *flehen, jammern* (por *nach*) ‖ *bitten* ‖ *stürmisch verlangen* (por *nach*) ‖ *protestieren* ‖ ◇ ~ contra alg. *gegen jdn Einrede erheben* ‖ ~ en el desierto *auf taube Ohren stoßen* ‖ ~ venganza *nach Rache rufen* ‖ una injusticia que clama al cielo *eine himmelschreiende Ungerechtigkeit* f
clámide *f Chlamys* f, *altgriechisches Obergewand* n
clamido|bacterias *fpl Chlamydo-, Faden|bakterien* fpl ‖ **–saurio** *m* ⟨Zool⟩ *Kragenechse* f (Chlamydosaurus kingii)
△ **clamo** *m Zahn* m ‖ *Krankheit* f
¹clamor *m (Jammer)Geschrei* n ‖ *Klage* f ‖ *Totengeläut(e)* n
²clamor *m* Ar *(durch Regen aufgerissene) Schlucht* f
clamo|reada *f (Jammer)Geschrei* n ‖ **–rear** vt/i *kläglich bitten, (be)jammern* ‖ *läuten (Totenglocke)* ‖ las campanas clamorean a muerto *die Totenglocken läuten* ‖ **–reo** *m Zetergeschrei* n ‖ *Totengeläut(e)* n ‖ ⟨fam⟩ *dringendes Bitten* n ‖ ~s de protesta *Protestrufe* mpl ‖ **–roso** adj *klagend* ‖ *schreiend*
clan *m Clan, schottischer Stammesverband* m ‖ *Sippe* f, *Stamm* m ‖ ⟨fig⟩ *Klüngel* m, *Clique* f ‖ *Seilschaft f (im desp. Sinn)* ‖ ⟨fig⟩ *Ma(f)fia* f
clandesti|nidad *f Heimlichkeit, Verstohlenheit* f ‖ ♦ en la ~ ⟨Pol⟩ *im Untergrund* ‖ **–nista** *m/f* Guat *Branntweinschmuggler(in* f) m ‖ **–no** adj *heimlich, ver|stohlen, -borgen* ‖ *unerlaubt* ‖ *Geheim-* ‖ *Schwarz-* ‖ adv: ~ **amente**
clangor *m* ⟨poet⟩ *Trompetengeschmetter* n ‖ *Geschrei* n *(einiger Tiere)*
¹clapa *f* Ar *Blöße* f *im Acker(feld)*
²clapa *f* Mex *Rizinus* m
clapo *m* Mex *Nussschale* f
claque *f* ⟨fam Th⟩ *Claque* f
claque *m Step* m, *Steppen* n
claquear vi *schnalzen (mit der Zunge)*
¹claqueta *f Klapper* f
²claque|ta *f* ⟨Film⟩ *Klappe* f ‖ **–tista** *m/f Klappenmann* m
Clara *f* np *Klara* f
¹clara *f Eiweiß* n ‖ *durchsichtige, undichte, dünne Stelle* f *(im Tuch, Strumpf usw.)* ‖ *unbehaarte Stelle f (des Kopfes)* ‖ *Lichtung* f *(im Wald)* ‖ ~ batida *Eierrahm* m ‖ ~ (de huevo) *Eiweiß* n
²clara *f* ⟨fam⟩ *Bier* n *mit Sprudel (Art Radlermaß)*
claraboya *f* ⟨Arch⟩ *Dachfenster, Oberlicht* n, *Luke* f ‖ ⟨Mar⟩ *Bullauge* n

claramente adv *deutlich, verständlich*
△ **clarea** *f Tageslicht* n
clare|ar vt *erhellen* ‖ *lichten (Wald)* ‖ ~ vi *s.*
auf\heitern, -klären (Wetter) ‖ *tagen, Tag werden* ‖
◇ clarea *der Tag bricht an, es tagt* ‖ ~**se**
durchsichtig sein ‖ *durchschimmern* ‖ ⟨fig⟩ *s.*
aufklären ‖ *durchsichtig werden* ‖ ⟨fam⟩ *s.*
verraten ‖ **–cer** [-zc-] vi *tagen, Tag werden* ‖
anbrechen (Tag) ‖ **–o** *Lichten* n *(e–s Waldes)* ‖ **–te**
m/adj *Klarett, Rosé, Roseewein* m ‖ *Weißherbst* m
claretianos *mpl* ⟨Rel⟩ *Claretiner* mpl *(von hl.
Antonio Maria Claret gegründeter Orden)*
clareza *f* → **claridad**
clarias *m* ⟨Fi⟩ *Aalwels* m (Clarias anguillaris)
claridad *f Helle, Klarheit* f ‖ *Licht* n, *Schein* m
‖ *Deutlichkeit, Klarheit, Anschaulichkeit* f ‖
Durchsichtigkeit f ‖ ⟨fig⟩ *Verklärtheit* f ‖ ⟨fig⟩
Reinheit f ‖ *Deutlichkeit, Verständlichkeit* f ‖
Offenherzigkeit f ‖ *Berühmtheit* f ‖ ⟨Tel⟩
Verständlichkeit f ‖ ~ *en la sintonización* ⟨Radio⟩
Abstimmschärfe f ‖ ~**es** *fpl* ⟨fig⟩ *derbe
Wahrheiten* fpl
claridoso adj Mex *offenherzig*
clarifi|cación *f Läuterung, (Ab)Klärung* (& fig)
‖ ⟨fig⟩ *Richtigstellung* f ‖ **–cador** *m
(Wein)Klärmittel* n ‖ **–cadora** *f Klärmaschine* f ‖
–car [c/qu] vt *er\hellen, -leuchten* ‖ *läutern,
reinigen* ‖ *aufklären, erläutern, verständlich
machen* ‖ *(ab)klären (Flüssigkeit)* ‖ *klären (Wein)*
‖ **–cativo** adj *läuternd, klärend*
clarífico adj ⟨poet⟩ *glänzend*
clarilla *f* And *Lauge* f
¹clarín *m* ⟨Mus⟩ *kleine (Signal)Trompete* f,
(Signal)Horn n ‖ *helle Trompete* f ‖ *Trompeter* m
‖ ⟨poet⟩ *kriegerische Trompete* f
²clarín *m* ⟨Text⟩ *feine, dünne Leinwand* f ‖
Schleiertuch n
clari|nada *f* ⟨fam⟩ *unpassende Bemerkung* f ‖
–nazo *m Trompetenstoß* m ‖ ⟨fig⟩ *Alarmruf* m ‖
–neo *m Trompetengeschmetter* n ‖ **–nero** *m
Trompeter* m ‖ **–nete** *m* ⟨Mus⟩ *Klarinette* f ‖ ~
m/f Klarinettist(in f) m ‖ ~ *de contrabajo
Bassklarinette* f ‖ ◇ es ~ ⟨fam joc⟩ *das ist ganz
klar* ‖ **–netista** *m/f Klarinettist(in* f) m
clarión *m Schlämmkreide* f ‖ *Schul-, Tafel-,
Schreib\kreide* f
clarioso adj Cu *offenherzig*
clarisa *f*/adj ⟨Rel⟩ *Klarissin* f *(Nonne)* ‖ ~ *f* np
Klarissa f
clarísimo adj sup von **claro** ‖ ⟨fig⟩ *erlaucht,
hochberühmt (Titel)*
clarividen|cia *f Hellseherei* f ‖ ⟨fig⟩
Scharfblick m ‖ **–te** adj/s ⟨fig⟩ *hellseherisch,
scharfsichtig* ‖ *weit voraussehend, weitblickend*
¹claro adj *hell, licht, klar* ‖ *lauter* ‖ *klar, heiter,
wolkenlos (Himmel)* ‖ *hell, schön (Tag)* ‖ *klar,
rein (Wasser)* ‖ *glänzend, leuchtend, blank* ‖ *dünn,
spärlich (Haar)* ‖ *nicht zu dick, dünn(flüssig)* ‖
durchsichtig (Flüssigkeit) ‖ *licht (Wald)* ‖
unbefruchtet (Ei) ‖ *bleich, blass, hell* ‖ ⟨fig⟩
verständlich, klar, deutlich ‖ *übersichtlich* ‖
offenherzig, frei ‖ *berühmt, erlaucht* ‖
scharf\sinnig, -blickend ‖ ⟨Taur⟩ *plötzlich
losstürzend (Stier)* ‖ ~ *y oscuro* ⟨Mal⟩ *helldunkel*
‖ ~ *y sencillo offen, ohne Umschweife* ‖ ~ *como
la luz del día, más ~ que el sol sonnenklar* ‖ ◆ a
la ~a, a las ~as *deutlich, unverhohlen* ‖ de ~ en
~ ⟨fig⟩ *von Anfang bis Ende* ‖ *klipp und klar* ‖
por lo ~ deutlich, unumwunden ‖ *hacer cuentas
~as die Rechnung in Ordnung bringen* ‖ ⟨fig⟩
reinen Tisch machen ‖ *mientras más amigos, más
~s* ⟨fam⟩ *mit s–n besten Freunden muss man am
freimütigsten sprechen* ‖ ~ *está natürlich, freilich,
wohl* ‖ *zwar* ‖ ¡~ (está)! *natürlich! freilich!* ‖ ¡~
a popa (proa)! ⟨Mar⟩ *klar achteraus (voraus)!*

²claro adv *klar, deutlich* ‖ *bien ~ recht
deutlich* ‖ ◇ hablar ~ *deutlich reden* ‖ *sembrar
~ dünn säen* ‖ ¡~! *natürlich! freilich!*
³claro *m Helle* f, *Licht* n ‖ *Lichtöffnung* f ‖
Tageslicht n ‖ *lichte, helle, dünne Stelle* f ‖ *Blöße*
f ‖ *Zwischenraum* m ‖ *Fenster-, Tür\öffnung* f ‖
unbeschriebene Stelle f ‖ *Lücke* f ‖ *weißer Fleck*
m *(auf der Landkarte)* ‖ *Abstand* m ‖ *innere,
lichte Weite* f *(e–r Röhre usw.)* ‖ ⟨Arch⟩ *Oberlicht*
n ‖ ⟨Arch⟩ *Säulenweite* f ‖ *Lichtung* f *(im Wald)* ‖
⟨Typ⟩ *Fenster* n *im Druckstock* ‖ ~ *libre* ⟨Mar⟩
freie Breite f ‖ ~ de luna *Mondschein* m ‖ ◆ de
~ en ~ *vom Abend bis zum Morgen* ‖ *offenbar,
deutlich* ‖ en ~ *klar, deutlich* ‖ ◇ pasar la noche
en ~ *die Nacht schlaflos verbringen* ‖ *pasarse las
noches en ~ ein Nachtleben führen* ‖ pasar de ~
⟨fig⟩ *durchbohren (mit dem Blick)* ‖ poner en ~
ins Reine bringen ‖ *richtig stellen* ‖ se puso en ~
que … es stellte s. heraus, dass … ‖ rellenar un
~ *e–e Lücke ausfüllen* ‖ ~**s** *mpl: meter en ~*
⟨Mal⟩ *Lichter aufsetzen*
claror *m Helle, Klarheit* f ‖ *Glanz* m
claroscuro adj *helldunkel* ‖ ~ *m* ⟨Mal⟩
Helldunkel, Clairobscure n ‖ *Kontraste* mpl ‖
einfarbiges Bild n ‖ ⟨Mus⟩ *richtige Abstufung* f
clarucho adj ⟨iron⟩ *sehr dünn (Suppe)*
clascal *m* Mex *Maisfladen* m
¹clase *f Abteilung, Klasse* f, *Fach* n ‖ *Gattung,
Ordnung* f ‖ ⟨Bot Zool⟩ *Klasse* f ‖ *Art, Sorte* f ‖
Marke f ‖ *Jahrgang* m ‖ ⟨EB⟩ *Wagenklasse* f ‖ ~
arancelaria Tarifeinstufung f ‖ ~ *corriente* ⟨Com⟩
gangbare Sorte f ‖ ~ *económica* ⟨Flugw⟩
Economyclass f ‖ ~ *ejecutivos* ⟨Flugw⟩
Businessclass f ‖ ~ *extra Extraklasse* f ‖ ~ *de
lujo Luxusklasse* f ‖ ~ *superior höhere Klasse* f ‖
hervorragende Qualität f ‖ ~ *de tabaco
Tabaksorte* f ‖ ~ *de tipo* ⟨Typ⟩ *Schriftgattung* f ‖
~ *turista Touristenklasse* f ‖ ◆ *de esta* (& *od* tal)
~ *derartig, solch ein(e)* ‖ *de mil ~s tausenderlei*
‖ *de primera ~ erstklassig, hervorragend* ‖ *toda
~ de artículos aller\lei, -hand Artikel* mpl ‖ ◇
tener ~ Stil od Klasse haben
²clase *f Gesellschaftsklasse* f ‖ *Stand, Rang* m ‖
~ *activa erwerbstätige Bevölkerung* f ‖ ~
burguesa bürgerliche Klasse, bürgerlicher Stand
m ‖ ~ *burocrática Beamten\stand* m, *-klasse* f,
Beamtenschaft f ‖ ~ *dirigente Führungsschicht,
führende od herrschende Klasse* f ‖ ~ *elevada
Oberschicht* f ‖ ~ *empresarial Unternehmertum* n
‖ ~ *manufacturera* ⟨Hist⟩ *Arbeiterklasse* f ‖ ~
media Mittelstand m ‖ ~ *médica Ärzteschaft* f ‖
~ *modesta Unterschicht* f ‖ ~ *obrera
Arbeiterklasse* f ‖ la ~ *proletaria das Proletariat* ‖
~ *social gesellschaftliche Klasse, Volksschicht* f ‖
~ *de tropa* ⟨Mil⟩ *einfacher Soldat* m ‖ ~**s** *fpl las
~ directoras die oberen (herrschenden) Schichten
(Klassen)* fpl *(der Gesellschaft)* ‖ *las ~
intelectuales die gebildeten Schichten* fpl ‖ *las ~
pasivas die Erwerbsunfähigen* mpl *(Pensionäre
usw.)* ‖ *las ~ poseyentes* (& *od* pudientes) *die
besitzenden Klassen* fpl
³clase *f* ⟨Schul⟩*Klasse* f ‖ *Lehrsaal* m,
Klassenzimmer n ‖ *Hörsaal* m ‖ *Lehrstunde* f ‖
Schulunterricht m ‖ *Vorlesung* f, *Seminar* n,
Übung f ‖ ~ *de adelantados Klasse* f *für
Fortgeschrittene* ‖ ~ *de conjunto* ⟨Mus⟩
Orchester\stunde, -übung f ‖ ~ *de dicción
Sprecherziehung* f ‖ *Sprechunterricht* m ‖ ~
dominical Sonntagsschule f ‖ ~ *elemental
Anfängerunterricht* m ‖ ~ *estudiantil
Studentenschaft* f, *Studenten* mpl ‖ ~ *de idiomas
Sprachunterricht* m ‖ ~ *magistral* ⟨Mal Mus⟩
Meisterklasse f ‖ ~ *de natación
Schwimmunterricht* m ‖ ~ *nocturna Abendkurs* m
‖ ~ *particular Privatunterricht* m ‖ *Nachhilfe* f ‖

~ de principiantes *Anfängerklasse* f ‖ *Kurs* m *für
Anfänger* ‖ ◇ asistir a ~ *dem Unterricht
beiwohnen, die Schule besuchen, zur Schule
gehen* ‖ dar ~ *Unterricht erteilen, unterrichten* ‖
die Schule besuchen, zur Schule gehen ‖ faltar a
(la) ~ *in der Schule fehlen* ‖ ir a ~ *die Schule
besuchen, zur Schule gehen* ‖ hoy no tenemos ~,
hoy no hay ~ *heute haben wir frei (Schule)* ‖
heute fallen die Vorlesungen aus (Universität)
    clasema *m* ⟨Ling⟩ *Klassem* m
    clasi|cismo *m Klassizismus* m ‖ **–cista** adj *(m/f)
klassizistisch* ‖ ~ *m/f Anhänger(in* f) m *des
Klassischen, Klassizist(in* f) m
    clásico adj *klassisch* ‖ *mustergültig, ersten
Ranges* ‖ ~ *romántico klassisch-romantisch* ‖ un
ejemplo ~ *ein klassisches Beispiel* n ‖ ~ *m
Klassiker* m ‖ adv: **~amente**
    clasifi|cación *f Einteilung* f *in Klassen, Arten* ‖
Klassifizierung f ‖ *Aussonderung* f ‖ *Einstufung,
Auf|schlüsselung, -gliederung, Reihenfolge* f ‖
Rangliste f ‖ *Sortieren* n *(Briefe)* ‖ *Einsortierung* f
‖ *Wertung* f ‖ *Zeugnis* n, *Note* f *(Schule)* ‖ ⟨Sp⟩
Platzierung f, *Tabellenstand* m ‖ *Titrierung,
Garn-, Feinheits|bestimmung* f *(Seide)* ‖ ~
arancelaria *Tarifeinstufung* f ‖ ~ basta
Grobsortierung f ‖ ~ decimal
Dezimalklassifikation f ‖ ~ fina *Feinsortierung* f
‖ ~ filéctica ⟨Bot Zool⟩ *phyletische Einteilung* f ‖
~ hidrodinámica *Schlämmtrennung, Schlämmung*
f ‖ ~ natural ⟨Bot Zool⟩ *natürliche
Klassenordnung* f ‖ ~ neumática *Windsichtung* f ‖
~ por orden alfabético *alphabetische
Klassifizierung* f ‖ ~ por orden cronológico
chronologische Klassifizierung f ‖ ~ periódica
⟨Chem⟩ *periodisches System* n ‖ ~ del personal
Einstufung f *des Personals* ‖ ~ por tamaños
Größenklasseneinteilung f ‖ **–cador** *m Akten-,
Brief|ordner* m ‖ *Hefter* m ‖ *Registratur* f *(Möbel)*
‖ ⟨Met⟩ *Sortierer* m, *Setzmaschine* f ‖ ⟨Bgb⟩
Trieur, Sichter m ‖ **–cadora** *f Sichtmaschine* f ‖
~ de grano *Getreidesortiermaschine* f ‖ ~ de grano fino
⟨Bgb⟩ *Feinkornsetzmaschine* f ‖ ~ de trapos
Hadernsortiererin f *(Arbeiterin)* ‖
Hadernsortiermaschine f ‖ **–car** [c/qu] vt
klassifizieren, sortieren ‖ *scheiden* ‖ *einordnen* ‖
gliedern ‖ ~ *por materias nach Sachgebieten
ordnen* ‖ **~se** *s. qualifizieren (& Sp)*
    clasis|mo *m Klassendenken* n ‖
Klassentrennung f ‖ **–ta** adj *(m/f) klassenbewusst,
Klassen-*
    clástico adj ⟨Geol⟩ *klastisch*
    clatole *m Mex geheime Unterredung* f
    △ **clauca** *f Dietrich* m
    claudetita *f* ⟨Min⟩ *Claudetit* m
    claudia adj *Reneklode, Reineclaude, Ringlotte*
f ‖ ~ *f* np *Claudia* f
    claudi|cación *f Hinken* n ‖ ⟨fig⟩ *schwankende
Haltung* f ‖ *zweideutiges Benehmen* n ‖ ~
intermitente ⟨Med⟩ *intermittierendes Hinken* ‖
–car [c/qu] vi *hinken* ‖ ⟨fig⟩ *s. zweideutig
benehmen, wanken* ‖ ⟨fig⟩ *die eigene
Überzeugung verraten,* (fam) *umfallen* ‖ ~ (con)
nachgeben, s. fügen (dat) ‖ *e–n Kompromiss
eingehen* (mit)
    claus|tra *f Kreuzgang* m ‖ **–tral** adj *klösterlich,
Kloster-* ‖ **–tro** *m* ⟨Arch⟩ *Kreuzgang* m ‖
Klostergang m ‖ ⟨fig⟩ *Mönchsstand* m ‖ ⟨fig⟩
Klosterleben n ‖ ~ *materno Mutterleib* m ‖ ~
universitario *od* de profesores etwa: *Senat* m *(der
Universität)*
    claustro|filia *f* ⟨Med⟩ *Klaustrophilie* f ‖
⟨Psychol⟩ *Hang* m *zur Einsamkeit* ‖ **–fobia** *f*
⟨Med⟩ *Klaustrophobie* f
    ¹cláusula *f Klausel* f, *Vorbehalt* m ‖

Be|stimmung, -dingung f ‖ ~ accesoria
Nebenabrede f ‖ ~ de arbitraje
Schieds(gerichts)klausel f ‖ ~ de caducidad
Verfallklausel f ‖ ~ contractual *Vertragsklausel* f
‖ ~ad cautelam ⟨lat⟩ *Widerrufbeschränkung* f ‖ ~
comisoria *Verfallklausel* f ‖ ~ de competencia
Wettbewerbsklausel f ‖ ~ de compromiso
Schiedsgerichtsklausel f ‖ ~ derogatoria
Aufhebungs-, Widerruf|klausel f ‖ ~ escapatoria
Ausweichklausel f ‖ ~ de exclusión
Ausschlussklausel f ‖ ~ limitativa *einschränkende
Klausel* f ‖ ~ limitativa de responsabilidad
Haftungsbeschränkungsklausel f ‖ ~ de nación
más favorecida *Meistbegünstigungsklausel* f ‖ ~
de paridad *Paritätsklausel* f ‖ ~ penal
Konventionalstrafklausel, Vertragsstrafe f ‖ ~
preferencial *Vorzugsklausel* f ‖ ~ de ratificación
Ratifikationsklausel f ‖ ~ de reciprocidad
Gegenseitigkeitsklausel f ‖ ~ de renuncia
Verzichtsklausel f ‖ ~ rescisoria
Aufhebungsklausel f ‖ ~ de retroventa
Rückkauf(s)rechtklausel f ‖ ~ de salvaguardia
Sicherheits-, Schutz|klausel f ‖ ~ tácita
stillschweigende Vereinbarung f
    ²cláusula *f* ⟨Gr⟩ *Satz* m, *Periode* f ‖ *Stelle* f in
e–m Buch ‖ *Redensart* f ‖ ~ compuesta
Satzgefüge n ‖ ~ simple *einfacher Satz* m
    clausu|lado *m* ⟨Jur⟩ *Gesamtheit* f *von Klauseln*
‖ **–lar** vt *in kurzen Sätzen abfassen* ‖ *bedingen,
durch Bedingungen sichern* ‖ **–ra** *f Schluss* m ‖
⟨Rel⟩ *Kloster|zwang* m, *-leben* n ‖ ⟨Pol⟩
Tagungsschluss, Schluss m *(e–r Sitzung)* ‖ (sesión
de) ~ *Schlusssitzung* f ‖ **–rar** vt *(feierlich)
schließen (Ausstellung, Tagung)* ‖ *sperren,
schließen (Geschäft, Sitzung, Lehranstalt usw.)* ‖
◇ ~ la discusión *die Aussprache* (od *die
Diskussion) schließen*
    ¹clava *f Keule* f
    ²clava *f* ⟨Mar⟩ *Speigatt* n
    clava|dizo adj *mit Ziernägeln beschlagen* ‖ **–do**
adj ⟨fig⟩ *pünktlich, genau* ‖ ◇ le dejó ~ ⟨fam⟩ *er
(sie, es) ließ ihn mit offenem Mund(e) dastehen* ‖
Am *er (sie, es) hat ihn angeführt* ‖ quedar ~ al
suelo *wie angenagelt stehen bleiben* ‖ salir ~
genau getroffen sein (Bild, Foto) ‖ tener los ojos
~s (en alg.) ⟨fam⟩ *(jdn) anstieren* ‖ eso me viene
~ ⟨fam⟩ *das kommt mir wie gerufen* ‖ ¡~! ⟨fam⟩
genau! so ist es! ‖ **–dura** *f Vernageln* n ‖ ⟨Vet⟩
Vernagelung f *(Hufverletzung durch unsachgemäß
eingeschlagenen Hufnagel)* ‖ **–miento** *m* s. von
clavar
    clavar vt *(an)nageln* ‖ *fest-, ver-, zu|nageln* ‖
befestigen ‖ ⟨fam⟩ *aufbrummen (Strafe)* ‖ ⟨fam⟩
aufgeben (Hausarbeit) ‖ ⟨pop⟩ *neppen,
ausnehmen* ‖ *hineinstoßen (Dolch)* ‖ *ein|rammen,
-schlagen (Pfahl)* ‖ *fassen (Edelsteine)* ‖ ⟨Typ⟩
aufklotzen (Klischee, Platte) ‖ ⟨Mar⟩ *spiekern* ‖
⟨Mar⟩ *schalken* ‖ ◇ ~ un alfiler *e–e Stecknadel
einstechen* ‖ ~ la divisa al toro (Taur) *dem Stier
die Kokarde ins Genick heften* ‖ ~ una multa *ein
Protokoll* od ⟨fam⟩ *ein Knöllchen verpassen* ‖ ~
el pensamiento en alg. (fig) *jdn starr ansehen*
‖ ~ en *od* a la pared *an die Wand nageln* ‖ **~se**
eindringen (Nagel, Splitter, Dorn) ‖ ⟨fig⟩ *s.
täuschen, s. irren* ‖ Am *hereinfallen, s. anführen
lassen* ‖ MAm Mex *tauchen* ‖ ◇ ~ una espina,
una astilla *s. e–n Dorn, e–n Splitter einjagen*
    clavario *m* ⟨Kath⟩ *Schlüsselmeister* m *(in kath.
Orden)*
    clavazón *f (Nagel)Beschlag* m
    ¹clave *f* ⟨Mus⟩ *Schlüssel* m *zu e–r
Ziffernschrift, Code* m ‖ *Kontrollziffer* f ‖
Schlüssel m, *Erläuterung* f *(e–s Buches)* ‖ ⟨fig⟩
Lösung f ‖ ⟨fig⟩ *Lösungsheft* n *(Aufgaben)* ‖ ~ de

distribución *Aufbringungs-, Verteilungs|schlüssel*
m ‖ ~ (telegráfica) ⟨Com⟩ *(Telegramm)Code* m ‖
~ secreta *Geheimcode* m ‖ ~ de sol ⟨Mus⟩
Violinschlüssel m ‖ ~ de tiple ⟨Mus⟩
Diskantschlüssel m ‖ ◇ dar con la ~ ⟨fig⟩ *den
Schlüssel* od *die Lösung finden* ‖ no dar con la ~
nicht dahinterkommen ‖ ahí está la ~ del asunto
*da liegt der Hase im Pfeffer, das ist des Pudels
Kern*
²clave *f* ⟨Arch⟩ *Schlussstein* m ‖ ~ de la
bóveda *Schlussstein, Bogenschluss* m
³clave *m* ⟨Mus⟩ *Spinett* n
clavecín *m* ⟨Mus⟩ → **clavicémbalo**
¹clavel *m* ⟨Bot⟩ *Nelke(npflanze)* f (Dianthus
spp) ‖ *(Bart)Nelke* f (D. barbatus) ‖ ~ cultivado
→ ~ de jardín ‖ ~ chino *Chinesernelke* f (D.
chinensis) ‖ ~ doble *Vollnelke* f ‖ ~ de fantasía,
~ flamenco *bunte Gartennelke* f ‖ ~ de jardín
Gartennelke f (D. caryophyllus) ‖ ~ reventón
Vollnelke f ‖ ~ silvestre *Feldnelke* f ‖ no tener un
~ ⟨fig⟩ *blank sein, k–n Pfennig haben*
²clavel *m* ⟨Zool⟩: ~ de mar *Nelkenkoralle* f
(Caryophyllia smithi)
clave|lina *f* → **¹–llina** ⟨Bot⟩ *Toten-,
Sammet|blume* f (Tagetes erecta) ‖ ~ plumaria
Federnelke f (Dianthus plumaria) ‖ **–lón** *m* Mex
Stinknelke f
¹clavellina *f* ⟨Bot⟩ *Bartnelke* f (Dianthus
barbatus) ‖ ~ de cartujos *Kartäusernelke* f (D.
carthusianorum) ‖ ~ coronada, ~ de pluma
Federnelke f (D. plumaria) ‖ SAm *Wunderblume* f
(Mirabilis jalapa)
²clavellina *f* ⟨Zool⟩ *Mittelmeerhaarstern* m
(Antedon mediterranea)
clavera *f Nageleisen* n ‖ *Nagelloch* n
¹clavero *m Schlüsselmeister* m (& *bei kath.
Orden*) ‖ *Pfennigmeister* m *(bei den Karmelitern)*
²clavero *m Gewürznelkenbaum* m (Syzygium
aromaticum)
³clavero *m* Mex *Kleiderrechen* n
clave|ta *f Holznagel* m, *Schuhzwecke* f ‖ **–te**
dim von **clavo** ‖ *Spielblättchen* n *für die
Bandurriagitarre* ‖ **–tear** vt *(mit Nägeln)
beschlagen* ‖ ⟨fig⟩ *fest abschließen,* ⟨fam⟩ *unter
Dach und Fach bringen (Geschäft usw.)*
clavi|cémbalo *m* ⟨Mus⟩ *(Clavi)Cembalo,*
[veraltet] *Klavizimbel* n ‖ **–cembalista** *m/f
Cembalist(in* f) m ‖ **–cordio** *m Klavichord* n ‖
–corno *m* ⟨Mus⟩ *Klapphorn* n
clavícula *f* ⟨An⟩ *Schlüsselbein* n
clavi|cular adj *(m/f)* ⟨An⟩ *Schlüsselbein-* ‖
–esternal adj *(m/f)* ⟨An⟩ *auf Schlüssel- und
Brust|bein bezüglich*
claviforme adj *(m/f) keulenförmig*
cla|vigéridos *mpl* ⟨Ins⟩ *Keulenkäfer* mpl
(Clavigeridae) ‖ **–vígero** *m Keulenkäfer* m
(Ameisengast)
clavígrafo *m* ⟨Mus⟩ *Notenrolle* f *(e–s
elektrischen Klaviers)*
clavi|ja *f Stift, Pflock, Bolzen, Zapfen, Nagel* m
‖ ⟨Mus⟩ *Wirbel* m ‖ ⟨Arch⟩ *Eckkropf* m ‖ ⟨Hist⟩
Wirbel m *(an den Daumenzwingen)
(Folterwerkzeug)* ‖ ~ de acoplamiento
Kuppelbolzen m ‖ ~ de adorno *Zierwirbel* m ‖ ~
antiparasitaria *Störschutz-, Entstör|stecker* m ‖ ~
de banana *Bananenstecker* m ‖ ~ de conexión
Verbindungsstöpsel m ‖ ~ de contacto
Kontaktstöpsel, Stecker m ‖ ~ de corte
Ausschaltstöpsel m ‖ ~ de enchufe *Stecker* m ‖ ~
maestra *Span-, Deichsel|nagel* m ‖ ~ de unión
Verbindungsstecker m ‖ ◇ apretarle a uno las ~s
⟨fig⟩ *jdm hart zusetzen, jdm Daumenschrauben
aufsetzen* ‖ **–jero** *m* ⟨Mus⟩ *Wirbelbrett* n ‖ **–llo,
–to** *m* ⟨Kochk⟩ *Gewürznelke* f ‖ Mex ⟨Bot⟩
Orangenblume f (Choisya ternata) ‖ ~ de hebilla

Dorn m *an der Schnalle* ‖ **~s** *mpl Wirbelkasten* m
(am Klavier) ‖ **–órgano** ⟨Mus⟩ *Orgelklavier,
Klaviorganum* n
¹clavo *m Nagel, Drahtstift* m ‖ ⟨Mar⟩
(Brett)Spieker m ‖ ⟨Mar⟩ *Steuer* n ‖ ⟨fig⟩
nagender Kummer m ‖ *unverkäufliche Ware* f,
Ladenhüter m ‖ Am *unerträglicher, einfältiger
Mensch* m, ⟨pop⟩ *Niete* f ‖ Am *schwer zu
verheiratende Tochter* f ‖ Chi *Unannehmlichkeit* f,
Schaden m ‖ Col *schlechtes Geschäft* n ‖
Enttäuschung f ‖ ~ de ala de mosca *Hakennagel*
m ‖ ~ de balsa *Floßnagel* m ‖ ~ bellotillo *etwa
15 cm langer Nagel* m ‖ ~ de cabeza ancha
Breitkopfnagel m ‖ ~ de cabeza perdida → ~
embutido ‖ ~ de cabota *Drahtstift* m *mit
gestauchtem Kopf* ‖ ~ calamón *Tapeziernagel* m ‖
~ de chilla, ~ chillón *Schindelnagel* m ‖ ~
embutido *versenkter Nagel* m ‖ ~ estaca, ~
estaquilla *Brettnagel* m ‖ ~ de grapa
Schindelnagel m ‖ ~ de herradura, ~ de herrar
Hufnagel m ‖ ~ de macho *Kernnagel* m ‖ ~ de
madera *Schuhzwecke* f ‖ ~ de moldeador *Halte-,
Form|stift* m ‖ ~ ondulado *Wellennagel* m ‖ ~ de
remachar *Nietnagel* m ‖ ~ de rosca *Schraubnagel*
m ‖ ~ de roseta *Ziernagel* m ‖ ~ de suela
Sohlennagel m ‖ ~ tablero *Lattennagel* m ‖ ~
tachuela *Zwecke* f ‖ ~ de una *(eiserne)
Holzschraube* f ‖ ◆ de ~ pasado ⟨fig⟩
augenscheinlich, unbestreitbar ‖ *leicht ausführbar*
‖ ◇ agarrarse a un ~ ardiendo ⟨figf⟩ *s. an e–n
Strohhalm klammern* ‖ arrimar el ~ ⟨figf⟩ *jdn
anführen, foppen* ‖ clavar un ~ con la cabeza *mit
dem Kopf gegen die Wand rennen* ‖ dar en el ~
⟨fig⟩ *das Rechte treffen, den Nagel auf den Kopf
treffen* ‖ dar una en el ~ y ciento en la herradura
⟨fam⟩ *oft danebenhauen* ‖ no dejar ~ ni estaca (&
od ni un ~) en la pared ⟨figf⟩ *mitnehmen, was
nicht niet- und nagelfest ist* ‖ echar un ~ ⟨vulg⟩
e–e Nummer schieben ‖ estar como un ~
spindeldürr sein ‖ hacer ~ *s. binden (Mörtel)* ‖ no
importa un ~ ⟨fig⟩ *es ist nicht das Geringste
daran gelegen* ‖ llegar como un ~ *pünktlich wie
die Maurer sein* ‖ poner un ~ ⟨vulg⟩ *bumsen,
vögeln, ficken (Mann)* ‖ remachar el ~ ⟨figf⟩ *s. in
e–n Irrtum verbohren (od verrennen)* ‖ sacar un ~
con otro ~ ⟨figf⟩ *den Teufel mit Beelzebub
austreiben* ‖ un ~ saca otro ~ ⟨Spr⟩ *ein Keil
treibt den anderen* ‖ por un ~ se pierde una
herradura ⟨Spr⟩ etwa: *kleine Ursachen, große
Wirkungen* ‖ ~ de peso ⟨Com⟩ *Pfundnägel* mpl
²clavo *m* ⟨Med⟩ *Hühnerauge* n, *Leichdorn* m
⟨Vet⟩ *Fesselgeschwulst* f *(am Pferd)*
³clavo *m* ⟨Kochk⟩ *Gewürznelke* f ‖ ~
aromático, ~ de especia, ~ de olor *Gewürznelke*
f
⁴clavo *m* Hond Mex ⟨Bgb⟩ *sehr erzreiche Ader*
f
clavo-gancho *m Rohrhaken* m
clavonado adj Am *beschlagen (mit Eisen)*
clavulado adj ⟨Bot⟩ *keulenförmig*
claxo|n *m Hupe* f ‖ ⟨Film⟩ *Hupenzeichen* n ‖
–nazo *m kräftiges Hupsignal* n
clearing *m Clearing* n
cleis|togamia *f* ⟨Bot⟩ *Kleistogamie* f
(Selbstbestäubung geschlossener Blüten) ‖
–tógamo adj *kleistogam*
clemátide *f Waldrebe, Rebwinde, Klematis* f
(Clematis spp)
clemen|cia *f Milde, Gnade* f ‖ ~ *f* np
Klementia, Klementine f ‖ **–te** adj *(m/f) mild,
huldreich, gnädig* ‖ ~ *m* np *Klemens* m ‖ **–tina** *f
Klementine* f *(Mandarinenart)* ‖ **–tino** adj
klementinisch
clémidos *mpl* ⟨Zool⟩ *Wasserschildkröten* fpl
Cleopatra *f* np *Kleopatra* f

clepsidra f ⟨Hist⟩ *Wasseruhr* f
cleptofobia f ⟨Med⟩ *Kleptophobie* f
clep|tomanía f ⟨Med⟩ *Kleptomanie* f,
krankhafter Stehltrieb m ‖ **–tomaníaco** adj
kleptomanisch ‖ **–tómano** m *Kleptomane* m
  clerecía f ⟨Rel⟩ *Geistlichkeit* f, *Klerus* m ‖
Priestertum n
  clerén m Dom *Zuckerrohrbranntwein* m
  clergyman m *Koller* m *(der Geistlichen)* ‖
schwarzer Anzug m *mit Koller (der Geistlichen)*
  cleri|cal adj *(m/f)* ⟨Rel⟩ *geistlich* ‖ *klerikal*
(Partei) ‖ **–calismo** m *Klerikalismus* m, *streng
kirchliche Gesinnung* f ‖ **–cato** m *geistlicher
Stand* m ‖ **–cofascismo** m *Klerikofaschismus* m
  cléridos mpl ⟨Ins⟩ *Buntkäfer* mpl (Cleridae)
  clerigalla f ⟨desp⟩ *Klerisei* f, *Pfaffen* mpl
  clérigo m ⟨Rel⟩ *Geistliche(r), Weltpriester* m ‖
Tonsurpriester m ‖ *Kleriker* m ‖ ~s *menores
Minoriten* mpl *(Orden)* ‖ ~ *de misa Messpriester*
m ‖ ~ *de misa y olla (joc) unwissender Priester*
m ‖ ~ *regular Klostergeistliche(r)* m ‖ ~ *secular
Weltgeistliche(r)* m
  cleri|guezca, –guicia f ⟨desp⟩ *Klerisei* f ‖
–guillo m ⟨desp⟩ dim von **clérigo** ‖ **–mán** m →
clergyman ‖ **–zón** m *Chorknabe* m ‖ **–zonte** m
⟨desp⟩ *schlecht gekleideter od sittenloser
Geistliche(r)* m
  clero m ⟨Rel⟩ *Geistlichkeit, Priesterschaft* f,
Klerus m ‖ *(fam) Priester* mpl ‖ ~ *regular
Klostergeistlichkeit* f ‖ ~ *secular*, ~ *seglar
Weltgeistlichkeit* f ‖ **–fobia** f *Priesterhass* m
  clerófobo m *Priesterhasser* m
  Cleto m np *Kletus* m
  clic: hacer ~ ⟨Inform⟩ *klicken*
  ¡clic! ¡clac! *klitsch, klatsch! (Peitschenknall)*
  clica f ⟨Zool⟩ *Ochsenherz* n *(e–e essbare
Muschel)* (Glossus rubicundus, Isocardia cor)
  cliché m *(fig) Klischee* n, *Gemeinplatz* m ‖
⟨Typ⟩ → **clisé**
  clien|te m/f ⟨Com⟩ *Kunde, Abnehmer, Käufer*
m ‖ *Schützling* m ‖ *Klient* m *(e–s Rechtsanwalts)* ‖
Patient m *(e–s Arztes)* ‖ *Auftraggeber* m ‖
Besteller m ‖ *Gast* m *(e–s Hotels)* ‖ ~ *dudoso
unsicherer Kunde* m ‖ ~ *habitual Stammkunde*
bzw *-gast* m ‖ ⟨Öst⟩ *Habitué* m ‖ ~ *de una puta
bzw* de un puto *Freier* m ‖ ◊ *contar entre los* ~s
zur Kundschaft zählen ‖ *hacer un nuevo* ~ *e–n
neuen Kunden gewinnen* ‖ **–tela** f *Kundenkreis* m,
Kundschaft f ‖ *Praxis* f *(e–s Arztes, e–s Anwalts)*
‖ *Patienten* mpl *(e–s Arztes)* ‖ *Abnehmer(gruppe*
f) mpl ‖ ~ *habitual*, ~ *fija Stammkundschaft* f ‖
~ *de paso*, ~ *eventual*, ~ *ocasional*, ~ *no fija
Laufkundschaft* f ‖ ~ *de temporada
Saisonkundschaft* f ‖ ◊ *tener mucha* ~ *viel
Zuspruch haben* ‖ *viel besucht sein (Laden)* ‖
quitar la ~ (a) *die Kunden abspenstig machen*
(dat) ‖ **–telismo** m *Vetternwirtschaft* f ‖ **–telista**
m/f *Nutznießer(in* f) m *der Vetternwirtschaft*
  clima m *Klima* n ‖ *Land* n, *Gegend* f,
Himmelsstrich m ‖ *Witterung* f,
Witterungsverhältnisse npl, *Wetter* n ‖ *Zone* f ‖
(fig) Atmosphäre f, *Milieu* n ‖ ~ *de altura
Gebirgsklima* n, *Höhenluft* f ‖ ~ *cálido
Tropenklima* n ‖ ~ *continental Kontinental-,
Festland|klima* n ‖ ~ *de distensión
Entspannungsklima* n ‖ ~ *marítimo Seeklima* n ‖
~ *sano gesundes Klima* n ‖ ~ *de sierra
Berg|klima* n, *-luft* f ‖ ~ *social (de una empresa)
Betriebsklima* n ‖ ~ *del suelo Bodenklima* n ‖ ~
templado mildes Klima n ‖ ~ *de trabajo
Arbeitsklima* n
  clima|térico adj *entscheidend, kritisch
(Lebensjahre)* ‖ *in e–m Übergangszustand
befindlich* ‖ ⟨Med⟩ *klimakterisch* ‖ ⟨fig⟩
bedenklich, gefährlich ‖ *kritische Zeit* f ‖ ◊ *estar*

~ ⟨figf⟩ *verstimmt sein* ‖ **–terio** m ⟨Med⟩
Wechseljahre npl, *Klimakterium* n
  climático adj *klimatisch*
  clima|terapia f ⟨Med⟩ → **–toterapia** ‖
–tización f *Klima-, Bewetterungs|anlage* f ‖
Klimatisieren n ‖ **–tizado** adj *mit Klimaanlage
(ausgestattet)* ‖ **–tizador** m *(por aire
acondicionado) Klimaanlage* f ‖ **–tizar** [z/c] vt
klimatisieren ‖ **–tografía** f *Klimatographie* f ‖
–tología f *Klimatologie, Klimakunde* f ‖
–toterapia f ⟨Med⟩ *Klimatherapie* f ‖ **–tura** f
Einfluss m *des Klimas*
  clímax *[pl inv]* m ⟨Rhet⟩ *rednerische
Steigerung, Klimax* f ‖ ⟨Med⟩ *Klimakterium* n‖
⟨Physiol⟩ *Orgasmus* m ‖ ⟨Lit⟩ *Höhepunkt* m ‖ ~
biótico ⟨Bot⟩ *biotische Klimax* f ‖ ~ *forestal*
⟨Bot⟩ *Waldklimax* f
  clin|ch m ⟨Sp⟩ [Boxen] *Clinch* m ‖ **–char** vi
clinchen
  clineja f Dom Ven *Haarknoten* m
  clínex m *(fam) Papiertuch* n
  clíni|ca f ⟨Med⟩ *Klinik* f *(med. Ausbildung)* ‖
Klinik f *(Krankenhaus, meist privat)* ‖ *Klinik* f,
klinisches Bild n ‖ ~ *abortiva Abtreibungsklinik* f
‖ ~ *dental Zahnklinik* f ‖ ~ *ginecológica
Frauenklinik* f ‖ ~ *obstétrica Entbindungsklinik* f
‖ ~ *pediátrica Kinderklinik* f ‖ ~ *de urgencia
Unfallklinik* f ‖ ~ *veterinaria Tierklinik,
tierärztliche Klinik* f ‖ **–co** adj *klinisch* ‖ ~ m
⟨Med⟩ *Kliniker* m
  cli|nocefalia f ⟨Med⟩ *Klinozephalie* f,
Sattelkopf m ‖ **–nocloro** m ⟨Min⟩ *Klinochlor* n ‖
–nografía f *Klinographie* f ‖ **–nógrafo** m
Klinograph m ‖ **–nómetro** m ⟨Mar Flugw Top⟩
Klinometer n, *Gefällemesser* m
  clino|podio m ⟨Bot⟩ *Wirbeldost* m ‖ **–rrómbico**
adj ⟨Min⟩ *klinorhombisch* ‖ **–trópico** adj ⟨Bot⟩
klinotropisch
  Clío f np ⟨Myth⟩ *Klio* f *(Muse)*
  cliona f ⟨Zool⟩ *Bohrschwamm* m (Cliona
celata) f
  ¹clip(e) m *Clip, Klipp* m ‖ *Druckknopf* m ‖
Heft-, Büro-, Brief|klammer f
  ²clip m [Media] *Clip* m ‖ ~ *vídeo Videoclip* m
  clípeo m ⟨Hist⟩ *Clypeus* m *(Schildart)* ‖ ⟨Ins⟩
Clypeus, Clipeus, Kopfschild m
  clíper m ⟨Mar Flugw⟩ *Klipper* m
  cli|sar vt *abklatschen* ‖ ~ vi ⟨Typ⟩
stereotypieren ‖ ~**se** Chi *s. im Gesicht verwunden*
‖ Chi *rissig, zerbrechlich werden (Glas, Holz)* ‖
–sé m ⟨Typ⟩ *Stereotypplatte* f ‖ *Druckstock* m,
Klischee n ‖ ⟨Fot⟩ *Platte* f ‖ *Negativ* n
  cli|seras fpl ⟨pop⟩ *Brille* f ‖ △ **–sos** mpl *Augen*
npl
  clis|tel, –ter m *Klistier* n, *Einlauf* m ‖ **–térico**
adj *Klistier-* ‖ **–terizar** [z/c] vt *mit e–m Klistier
behandeln*
  clistrón m ⟨Radio⟩ *Triftröhre* f, *Klystron* n
  Clitemnestra f np ⟨Myth⟩ *Klytäm(n)estra* f
  clitógrafo m ⟨Top⟩ *Klitograph* m
  clitori(dec)tomía f ⟨Med⟩ *Klitor(id)ektomie,
operative Entfernung* f *des Kitzlers*
  clítoris m ⟨An⟩ *Klitoris* f, *Kitzler* m
  clito|rismo m ⟨Med⟩ *Klitorismus* m ‖ **–ritis** f
Klitoritis, Entzündung f *des Kitzlers*
  clivia f ⟨Bot⟩ *Clivia, Klivie* f (Clivia spp)
  clivoso adj ⟨poet⟩ *abschüssig*
  clo onom: hacer ~, ~ *gluck(s)en, gackern*
(Henne)
  ¹cloa|ca f *Sicker-, Schlamm|grube, Kloake* f ‖
⟨fig⟩ *Schweinestall* m
  ²cloaca f ⟨Zool⟩ *Kloake* f ‖ ⟨Med⟩ *Fistelgang*
m ‖ ⟨V⟩ *Mastdarmende* n *der Vögel*
  cloacal adj *(m/f) Kloaken-*
  cloasma m ⟨Med⟩ *Chloasma* n, *Hautfleck* m

¡cloc, ~, ~! onom *Gluck(s)en* n *(der Henne)*
clocar [-ue-, c/qu] vi *gluck(s)en*
cloche *m* MAm *Kupplung* f
Clodoveo *m* np *Chlodwig* m
Cloe *f* np ⟨Myth⟩ *Chloe* f
clo|n *m* ⟨Biol⟩ *Klon* m ‖ **–naje** m, **–nación** *f
Klonierung* f ‖ **–nar** vt *klonen*
clónico adj *klonisch* ‖ ⟨fig⟩ *unterschiedslos,
gleich, immergleich*
clonismo *m* ⟨Med⟩ *Zuckkrampf, Klonus* m
cloque *m* ⟨Mar⟩ *Bootshaken* m ‖ *Fischhaken* m
(zum Aufspießen des Tunfisches)
¹cloquear vt *mit dem Fischhaken aufspießen
(Tunfische)*
²cloque|ar vi *gluck(s)en, gackern (Henne)* ‖
klappern (Storch) ‖ **–o** *Gluck(s)en, Gackern* n
(der Henne) ‖ **–ra** *f Brut(zeit)* f *der Vögel* (bes.
der Hennen)
cloracético adj: *ácido* ~ ⟨Chem⟩
Chloressigsäure f
cloración *f Chloration* f *(bei der
Goldgewinnung)* ‖ *Chlor(ier)en* n, *Chlorung* f
clo|rado adj ⟨Chem⟩ *chlorhaltig* ‖ **–ral** *m
Chloral* n ‖ **–ramina** *f Chloramin* n ‖ **–rar** vt
chlorieren ‖ **–rato** *m Chlorat* n
cloremia *f* → clorosis
clor|hidrato *m* ⟨Chem⟩ *Chlorhydrat* n ‖
–hídrico adj: *ácido* ~ *Salzsäure* f ‖ **–hidrina** *f
Chlorhydrin* n
clórico adj *chlorhaltig*
clori|do *m* ⟨Chem⟩ *Chlorid* n ‖ **–ta** *f* ⟨Min⟩
Chlorit m ‖ **–to** *m* ⟨Chem⟩ *Chlorit* n
clorización *f* → cloración
cloro *m* (Cl) ⟨Chem⟩ *Chlor* n ‖ **–cresol** *m
Chlorkresol* n ‖ **–fíceas** fpl ⟨Bot⟩ *Grünalgen,
Chlorophyzeen* fpl (Chlorophyceae) ‖ **–fila** *f* ⟨Bot⟩
Chlorophyll, Blattgrün n ‖ **–filasa** *f
Chlorophyllase* f ‖ **–fílico** adj ⟨Bot⟩ *Chlorophyll-* ‖
–filoso adj ⟨Bot⟩ *chlorophyllhaltig* ‖
–fluorocarbono *m* ⟨Chem⟩
Fluorchlorkohlenwasserstoff m ‖ **–fórmico** adj
⟨Chem⟩ *Chloroform-* ‖ **–formización** *f* ⟨Chem⟩
Chloroformierung f ‖ **–formizar** [z/c] vt ⟨Chem⟩
chloroformieren ‖ **–formo** *m* ⟨Chem⟩ *Chloroform*
n ‖ **–micetina** *f* ⟨Med⟩ *Chloromycetin* n ‖ **–plasto**
m ⟨Bot⟩ *Chloroplast* m ‖ **–psia** *f* ⟨Med⟩
Grünsehen n, *Chloropsie* f ‖ **–sis** *f* ⟨Med⟩
Bleichsucht, Chlorose f ‖ **–so** adj ⟨Chem⟩
chlorhaltig
clorótico adj/s ⟨Med⟩ *bleichsüchtig, chlorotisch*
cloru|rado adj ⟨Chem⟩ *chloriert* ‖ *chloridhaltig*
‖ *Chlor-* ‖ **–rar** vt *chlorieren* ‖ **–ro** *m* ⟨Chem⟩
Chlorid n ‖ ~ *amónico Ammoniumchlorid* n ‖ ~
de cinc Zinkchlorid n ‖ ~ *cuproso Kupfer(II)-
chlorid* n ‖ ~ *cuproso Kupfer(I)-chlorid* n ‖ ~
mercúrico Quecksilber(II)-chlorid n ‖ ~
mercurioso Quecksilber(I)-chlorid n ‖ ~ *de
polivinilo Polyvinylchlorid* n *(PVC)* ‖ ~ *sódico
Natriumchlorid* n ‖ *Kochsalz* n
clóset *m* MAm *Einbauschrank* m
clostridium *m* ⟨Bact⟩ *Clostridium* n
clota *f* Ar *Pflanzloch* n *für Bäume*
Clotilde *f* np *Klothilde* f
Cloto *f* ⟨Myth⟩ *Klothos* f *(e–e Parze od Moira)*
clown [*pl* ~s] *m Clown* m
club [*pl* **-es**] *m Klub, Club* m, *geschlossene
Gesellschaft* f ‖ *Verein* m ‖ ~ *aéreo* → aeroclub ‖
~ *alpino Alpenverein* m ‖ ~ *atómico* ⟨Pol⟩
Atomklub m ‖ ~ *de automovilismo Automobilclub*
m ‖ ~ *deportivo Sport|club, -klub, -verein* m ‖ ~
de excursionismo Wanderverein m ‖ ~ *de hinchas
Fanclub* m ‖ ~ *hípico Reit- (und Fahr)verein* m ‖
~ *de natación Schwimmverein* m ‖ ~ *náutico
Wassersportverein* m ‖ *Segelsportverein* m ‖ ~
nocturno Nacht|bar f, *-klub* m, *-lokal* n

clubi|ón *m*, **–ona** *f* ⟨Zool⟩ *Röhrenspinne* f
(Clubiona spp)
clubista *m/f Mitglied* n *e–s Klubs*
clucas adj CR *krummbeinig*
clue|ca *f Gluck-, Brut|henne* f ‖ **–co** adj
gluckend, gackernd ‖ ⟨fam⟩ *altersschwach* ‖
–quera *f* pop → cloquera ‖ Ec *Feigheit* f
cluniacense adj *(m/f)* ⟨Rel⟩ *kluniazensisch* ‖ ~
m Kluniazenser m
clupeidos *mpl* ⟨Fi⟩ *Heringsfische* mpl
(Clupeoidae)
cllo. ⟨Abk⟩ = cuartillo
cm ⟨Abk⟩ = centímetro(s)
c/m ⟨Abk⟩ = cuenta a mitad
Cm ⟨Abk⟩ = curio
C.M. ⟨Abk⟩ = coche(-camas) mixto ‖ ⟨Jur⟩
código mercantil
C.M.B. (c.m.b.) ⟨Abk⟩ = cuyas manos beso
cmn. ⟨Abk⟩ = comisión
c/n ⟨Abk⟩ = cuenta nueva
cni|darios *mpl* ⟨Zool⟩ *Nesseltiere* npl
(Cnidaria) ‖ **–doblasto** *m* ⟨Zool⟩ *Nesselzelle* f ‖
–dosis *f* ⟨Med⟩ *Urtikaria, Nesselsucht* f
Co ⟨Abk⟩ = cobalto
c/o ⟨Abk⟩ = carta orden
c.º ⟨Abk⟩ = cambio
¹coa *m* Mex Guat ⟨V⟩ *Nageschnäbler* m
(Trogon spp)
²coa *m* Chi *Rotwelsch* n, *Gaunersprache* f ‖
Gefangenensprache f
coac|ción *f Zwang* m, *Nötigung, Erzwingung* f
‖ ~ *administrativa Verwaltungszwang* m ‖ ~
electoral Wahlbeeinflussung f ‖ **–cionar** vt
zwingen, nötigen
coaceptación *f Mitannahme* f
coacervar vt *an-, auf|höhen*
coacreedor *m Mitgläubiger* m
coac|tar vt ⟨pop⟩ *mit Gewalt zwingen (zu)* ‖
–tivo adj *Zwangs-*
coacusado *m/adj Mitangeklagte(r)* m
coadju|tor *m Gehilfe, Mithelfer* m ‖
Amtsgehilfe m ‖ *Koadjutor, Vikar,
Hilfsgeistliche(r)* m ‖ **–tora, –triz** [*pl* **–ces**] *f
Mithelferin* f ‖ **–toría** *f Amt* n *des Koadjutors,
Koadjutorie* f
coadministrador *m Mitverwalter* m ‖
Generalvikar m *(e–s Bischofs)*
coadqui|rente, **-ridor** *m Mit|erwerber, -käufer*
m ‖ **–rir** [-ie-] vt *miterwerben* ‖ **–sición** *f
Miterwerb* m
coadunar vt *ver|einen, -mischen* ‖ ~se *ein
Ganzes bilden*
coadyu|tor *m* → coadjutor ‖ **–torio** adj
mithelfend ‖ *hilfreich* ‖ **–vador** *m Mithelfer* m
¹coadyuvante *m* → coadyuvador
²coadyuvante *m Hilfsmittel* n
coagente *m Mitwirkende(r)* m ‖ *mitwirkende
Kraft* f
coagu|labilidad *f Gerinnbarkeit* f ‖ **–lación** *f
Ge|rinnen* n, *-rinnung, Koagulation* f ‖ **–lante** adj
(m/f) koagulierend, zum Gerinnen bringend ‖ ~ *m
Gerinnungsmittel, Koagulans* n ‖ **–lar** vt *zum
Gerinnen bringen, verdicken, koagulieren* ‖ ~se
gerinnen
coagu|lativo adj *koagulierend, zum Gerinnen
bringend*
coágulo *m Ge|rinnsel, -ronnenes, Koagu|lum,
-lat* n ‖ ~s *de sangre geronnenes Blut* n
coaguloso adj → coagulativo
coai|ta, **-tá** *m* MAm ⟨Zool⟩ *Koata, Schwarzer
Klammeraffe* m (Ateles spp)
coala *m* ⟨Zool⟩ *Koala, Beutelbär* m
(Phascolarctos sp)
coalescencia *f Koaleszenz* f, *Zusammenwuchs*
m

coali|ción f Koalition f, Bund, Zusammenschluss m, Bündnis n ‖ ⟨Med⟩ Verwachsen n ‖ ~ bipartidista Zweiparteienkoalition f ‖ ~ de derechas Rechtskoalition f ‖ ~ gubernamental Regierungskoalition f ‖ ~ de izquierdas Linkskoalition f ‖ **–cionarse** vr s. verbinden ‖ **–cionista** adj (m/f) Koalitions- ‖ ~ m/f Koalitionspartner(in f), Koalitionär(in f) m
  coaligar [g/gu] vt → **coligar**
  coalla f ⟨V⟩ Schnepfe f (Scolopax rusticola)
  coa|na f, **–no** m ⟨An⟩ trichterförmige Höhlung f ‖ ~ nasal hintere Nasenöffnung f
  coaptación f ⟨Med⟩ Anpassung, Zusammenfügung f, Einrichten n (Knochenbruch)
  coarrendar [-ie-] vt mitpachten
  coar|tación f Ein-, Be|schränkung f ‖ **–tada** f ⟨Jur⟩ Alibi n ‖ ◇ preparar la ~ das Alibi konstruieren ‖ presentar la ~ das Alibi beibringen ‖ probar la ~ sein Alibi nachweisen ‖ **–tar** vt einschränken (Freiheit, Willen) ‖ ein-, ver|engen ‖ **–tatorio** adj einschränkend
  coasegura|do m Mitversicherte(r) m ‖ **–dor** m Mitversicherer m
  coasociado m Mitteilhaber m ‖ Sozius, Partner m
  coate adj Mex Zwillings- ‖ ähnlich
  coatí [pl **~íes**] m ⟨Zool⟩ Coati m (Nasua nasua)
  coautor m Mitautor m ‖ Miturheber m ‖ ⟨Jur⟩ Mittäter m ‖ **–ía** f Mitautorschaft f ‖ Miturheberschaft f ‖ Mittäterschaft f
  coaxial adj (m/f) gleichachsig, koaxial
  ¹coba f ⟨fam⟩ scherzhafte Lüge f, unschuldiger Betrug m ‖ Schmeichelei f ‖ ◇ dar (la) ~ a alg. ⟨figf⟩ jdm sehr schmeicheln, heucheln, ⟨fam⟩ jdm Honig um den Bart schmieren ‖ jdn hofieren ‖ jdm et. vorreden ‖ jdn anführen ‖ jdn belästigen
  ²coba f Marr Gebäude n mit e–r Kuppel ‖ Marr Heiligengrabstätte f ‖ Sultanszelt n
  cobáltico adj Kobalt-
  cobaltina f ⟨Min⟩ Kobalt|it, -glanz m
  cobal|to m ⟨Co⟩ ⟨Chem⟩ Kobalt n ‖ **–toso** adj kobalthaltig ‖ **–toterapia** f ⟨Med⟩ Kobalttherapie f
  cobanillo m ⟨reg⟩ → **cuévano**
  cobar|de adj (m/f) feige ‖ zaghaft, schüchtern, furchtsam ‖ ⟨fig⟩ niederträchtig ‖ ⟨fig⟩ schwach (Auge) ‖ ~ m Feigling m, Memme f ‖ adv: **~mente** ‖ **–dear** vi s. feige benehmen ‖ **–día** f Feigheit f ‖ Zaghaftigkeit f ‖ Nieder|trächtigkeit, -tracht f ‖ **–dón, ona** adj fam augm von **cobarde**
  coba|yo, –ya m Am Meerschweinchen n (Cavia spp)
  cobea f ⟨Bot⟩ Glocken|rebe, -winde f (Cobaea scandens)
  cobechar vt (den Acker) zur Saat vorbereiten
  ¹cobertera f (Topf)Deckel m, Stürze f ‖ Uhrdeckel m ‖ Decke f ‖ Kopfbedeckung f ‖ ⟨fig⟩ Kupplerin f ‖ **~s** fpl ⟨V⟩ Flügeldecken fpl
  ²cobertera f Tol ⟨Bot⟩ Seerose f (Nymphaea spp)
  cober|tizo m Vordach n ‖ Schutzdach n ‖ Hütte f ‖ Schuppen m ‖ bedeckter Gang m ‖ Hangar m ‖ ~ de jardín Garten|haus, -häuschen n ‖ **–tor** m (warme) Bettdecke f, Deckel m, Decke f ‖ **–tura** f Decke f, Überzug m ‖ Deckung f ‖ ~ bancaria bankmäßige Deckung f ‖ ~ de costos Kostendeckung f ‖ ~ de divisas Devisendeckung f ‖ ~ de gastos Ausgabendeckung f ‖ ~ monetaria Gelddeckung f ‖ ~ oro Golddeckung f ‖ ~ de pérdidas Verlustdeckung f
  cobez [pl **~ces**] m Rotfußfalke m (Falco vespertinus)
  ¹cobija m First-, Kehl|ziegel, Firstreiter m ‖ ◇

irse a la ~ Ven kühn angreifen ‖ **~s** fpl Am Bettwäsche f
  ²cobija f kurzer Frauenschleier m
  ³cobija f Deckel m ‖ Bedeckung f ‖ Mex Ven Decke f
  ⁴cobija f Ven ⟨Bot⟩ Carnaubapalme f (Copernicia sp)
  cobijar vt be-, zu|decken ‖ ⟨fig⟩ be|schützen, -schirmen ‖ Zuflucht gewähren ‖ ⟨fig⟩ beherbergen ‖ ⟨fig⟩ hegen ‖ Cu decken (Dach) ‖ **~se** Obdach finden ‖ Zuflucht suchen ‖ in Deckung gehen ‖ s. unterstellen
  cobijera f Ven schamloses Weib n
  cobijo m Unterkunft f ‖ [veraltet] Logis n ohne Kost ‖ Behausung f e–s Tieres ‖ ◇ buscar ~ Unterschlupf suchen ‖ dar ~ Unterschlupf gewähren
  cobio m Cu Freund, Vertraute(r) m
  cobista adj (m/f) (fam) schmeichlerisch, schöntuend ‖ ~ m/f Schmeichler(in f), Schönredner(in f), (pop) Kriecher(in f), (fam) Radfahrer(in f) m
  cobla f Cat Cobla, Sardanakapelle f
  coblen|ciense adj (m/f) aus Koblenz, koblenzisch ‖ **=za** f [Stadt] Koblenz n
  cobo m CR Bettdecke f
  ¹cobra f Gespann n von Stuten ‖ Jochriemen m
  ²cobra f Kobra, Brillenschlange f (Naja spp) ‖ Gift n der Brillenschlange
  ³cobra f ⟨Jgd⟩ Apportieren n
  cobrador m Einnehmer, Kassierer, Kassierbote, Inkassobeauftragte(r) m ‖ Zahlungsempfänger m ‖ Wechselnehmer m ‖ Omnibusführer m (in e–m Einmannwagen) ‖ (Straßenbahn)Schaffner m ‖ Zahlkellner m ‖ ~ de impuestos Steuereinnehmer m
  ¹cobranza f Erhebung, Eintreibung f (von Geldern) ‖ Ein|nahme f, -kassieren, Inkasso n ‖ ~ de créditos ⟨Com⟩ Einziehung f von Schulden
  ²cobranza f ⟨Jgd⟩ Apportieren n (des Wildes), Apport m ‖ Ernte, Obstlese f
  ¹cobrar vt/i verdienen ‖ einziehen ‖ einlösen (Scheck, Gutschrift usw.) ‖ ein|nehmen, -kassieren ‖ abverlangen (Geld), (wieder)erlangen, wiederbekommen ‖ ab-, er|heben, beziehen (Geld) ‖ sammeln (Spende) ‖ erheben (Zinsen) ‖ eintreiben (Schulden) ‖ beitreiben (Steuer) ‖ einfordern ‖ (in Besitz) nehmen ‖ zurücknehmen (ein Seil) spannen ‖ ⟨fig⟩ rächen ‖ ♦ por ~ ausstehend ‖ ◇ ~ atrasos ⟨Com⟩ Außenstände einziehen ‖ ~ intereses Zinsen mpl einnehmen ‖ ~ en metálico in Bargeld einkassieren ‖ ~ el paro Arbeitslosengeld kassieren ‖ ¿quiere ~? ¡cobre Vd. (la cuenta)! ich möchte zahlen! (dem Kellner) ‖ **~se** s. erholen (z.B. von e–m Schreck) ¡cóbrese! Am Mut! ‖ cóbrese al destinatorio vom Empfänger zu zahlen ‖ zahlbar ‖ cóbrese o devuélvase bei Nichtzahlung durch Empfänger an Absender zurück!
  ²cobrar vt/i zu et. kommen, bekommen, erlangen ‖ fassen (Mut usw.) ‖ Prügel beziehen, verprügelt werden ‖ ~ afición a alg. jdn liebgewinnen ‖ fassen (Mut usw.) ‖ ~ aliento frischen Atem od frischen Mut schöpfen ‖ ~ altura ⟨Flugw⟩ an Höhe gewinnen ‖ ~ amistad a alg. → ~ cariño a alg. ‖ ~ anchura an Breite zunehmen ‖ ~ ánimo Mut fassen ‖ ~ cariño a alg. jdn liebgewinnen, zu jdm Zuneigung fassen ‖ ~ espíritu → ~ ánimo ‖ ~ fama e–n Ruf erlangen ‖ ~ fuerzas (wieder) zu Kräften kommen ‖ ~ miedo in Furcht geraten, Angst bekommen ‖ ~ odio a alg. anfangen, jdn zu hassen ‖ ~ la razón (fam) zur Vernunft kommen ‖ ~ valor → ~ ánimo ‖ ¡vas a ~! du bekommst Prügel! ‖ **~se** wieder zu s. kommen ‖ s. erholen

³cobrar vt ⟨Jgd⟩ *erlegen, zur Strecke bringen* ‖ *apportieren (Hund)*

¹cobre *m* (Cu) *Kupfer* m ‖ *Kupfergeschirr, kupfernes Küchengeschirr* n ‖ *Kupfererz* n ‖ *Kupferstich* m ‖ *Kupfermünze* f ‖ ⟨Mus⟩ *Blechmusik* f ‖ ~ *amarillo Messing* n ‖ ~ *en barras Barrenkupfer* n ‖ ~ *batido gehämmertes Kupfer* n ‖ ~ (en) *bruto Konverter-, Schwarz-, Roh\kupfer* n ‖ ~ *en cizalla Schrotkupfer* n ‖ ~ *dulce Weichkupfer* n ‖ ~ *electrolítico Elektrolytkupfer, E-Kupfer* n ‖ ~ *friable kaltbrüchiges Kupfer* n ‖ ~ *gris Fahlerz* n ‖ ~ *nativo gediegenes Kupfer* n ‖ ~ *negro* → ~ (en) *bruto* ‖ ~ *piritoso* ~ *Kupferkies* m ‖ ~ *en planchas Kupferblech* n ‖ ~ *quemado Kupfer\sulfat, -vitriol* n ‖ ~ *refinado Kupferraffinade* f ‖ ~ *vesicular Blisterkupfer* n ‖ ◇ *batir el* ~ ⟨fig⟩ *das Eisen schmieden, solange es heiß ist* ‖ *allí se bate el* ~ ⟨figf⟩ *dort geht man energisch vor* ‖ ⟨figf⟩ *dort geht es hoch her*

²cobre *m ein Paar* n *zusammengebundene Stockfische*

cobre\ado *m Verkupferung* f ‖ **–ar** vt *verkupfern*

co\breño adj *kupfern, aus Kupfer* ‖ **–brizo** adj *kupferfarben*

cobro *m Erhebung* f *(Steuer, Gebühr)* ‖ *Eintreibung* f, *Inkasso* n ‖ *Wiedererlangen* n ‖ *Ein\nahme, -ziehung* f *(Schuld, Steuer)* ‖ *Nutzen, Vorteil* m ‖ ◆ *de* ~ *difícil schwer einzutreiben(d) (Schuld)* ‖ ~ *de lo indebido* ⟨Jur⟩ *ungerechtfertigte Bereicherung* f ‖ ◇ *activar el* ~ *eintreiben* ‖ *efectuar el* ~ *de una cantidad die Einziehung e–r Summe besorgen* ‖ *encargar a uno del* ~ *jdn mit dem Inkasso beauftragen* ‖ *poner algo en* ~ *et. sicher aufbewahren* ‖ *poner* ~ *en a/c auf et. bedacht sein* (acc) ‖ *die Erlangung e–r Sache anstreben* ‖ *poner(se) en* ~ *(s.) in Sicherheit bringen* ‖ *presentar al* ~ *zum Inkasso vorzeigen* ‖ *salvo buen* ~ *Eingang* m *(der Gelder) vorbehalten* ‖ ~*s* mpl ⟨Com⟩ *Außenstände* pl

Coburgo *m* [Stadt] *Coburg* n

¹coca f ⟨Bot⟩ *Kokastrauch* m, *Koka* f (Erythroxylum coca) ‖ *Kokablätter* npl ‖ ~ *de Levante Kokkelspflanze, Scheinmyrte* f (Anamirta cocculus)

²coca f *(Frucht)Beere* f ‖ Chi *Nuss* f ‖ Col *Schale, Haut* f

³coca f ⟨fam⟩ *Schlag, Puff* m, *Kopfnuss* f

⁴coca f *gescheitelte Haare* npl *(der Frauen), Haarscheitel* m ‖ ⟨fam⟩ *Kopf* m ‖ ◆ *de* ~ Mex *unentgeltlich, umsonst, kostenlos, gratis*

⁵coca f ⟨Kochk⟩ *flacher Obst-, Oster\kuchen* m

⁶coca f Gal *Drachenbild* n ‖ Ven *Gespenst* n

cocacolo *m* Pe *Halbstarke(r)* m

cocacolonización f ⟨desp⟩ *Amerikanisierung* f

cocacho *m Schlag, Puff* m

cocada f ⟨Kochk⟩ *Kuchen* m *aus Kokosraspeln* ‖ Bol Col *(Art) Mandelkuchen* m

cocaína f ⟨Chem⟩ *Kokain* n

cocai\nismo *m Kokainvergiftung* f ‖ *Kokainismus* m, *Kokainsucht* f ‖ **–nizar** [z/c] vt *mit Kokain betäuben* ‖ **–nomanía** f → **–nismo** ‖ **–nómano** *m Kokainsüchtige(r), Kokainist, Kokainabhängige(r)* m

cocaísmo *m* SAm *übermäßiger Kokablättergenuss* m ‖ *Sucht* f, *Kokablätter zu kauen*

cocal *m* PR Ven *Kokoswald* m ‖ Pe *Kokastrauch* m ‖ Pe *Kokastrauchfeld* n ‖ Guat *Kokospalme* f

cocar [c/qu] vt/i ⟨fam⟩ *Gesichter schneiden* ‖ ⟨fig⟩ *schmeicheln*

cocarda f → **cucarda** ‖ ~*s* fpl *Stirnschmuck* m *der Pferde*

cóccidos mpl ⟨Ins⟩ *Schildläuse* fpl (Coccoidea)

coccígeo adj ⟨An⟩ *Steißbein-*

cocci\nela f ⟨Ins⟩ *Marienkäfer* m (Coccinella sp) ‖ **–nélidos** mpl *Marienkäfer* mpl (Coccinellidae)

coccíneo adj *purpurn, purpurfarben*

cocción f ⟨Chem⟩ *(Ab)Kochen* n ‖ *Dämpfen* n ‖ *Sieden* n ‖ *Sud* m ‖ *Backen* n *(Brot)*

cóccix *m* ⟨An⟩ *Steißbein* n

cocea\dor *m Schläger, Keiler* m *(Pferd)* ‖ **–dura** f *Ausschlagen* n *(von Pferden)*

cocear vi/t *(hinten) ausschlagen (von Pferden)* ‖ ⟨figf⟩ *s. widersetzen* ‖ *widerspenstig sein*

coce\dero, –dizo adj *leicht zu kochen, kochbar* ‖ **–dero** *m Koch-, Back\stube* f ‖ **–dura** f *Kochen* n ‖ **–huevos** *m Eierkocher* m

cocer [cuezo, c/z] vt *kochen, sieden, gar machen* ‖ *backen (Brot)* ‖ *braten* ‖ *backen* ‖ *dörren* ‖ *rösten (Flachs)* ‖ *brauen (Bier)* ‖ *aus\kochen, -glühen* ‖ ⟨pop⟩ *verdauen* ‖ ~ vi *kochen, backen, brennen* ‖ *vergären (Most)* ‖ *gären (& fig)* ‖ *eitern (Geschwür)* ‖ ◆ *a medio* ~ *halb\gar, -gekocht* ‖ *sin* ~ *ungebrannt (Ton)* ‖ ~*se* ⟨fig⟩ *s. innerlich verzehren, vor Schmerz vergehen* ‖ *aquí se está cociendo algo hier geht et. vor s., da wird et. ausgeheckt*

coch int *Rufwort* n *(für Schweine)*

cocha f Chi *Lagune, Lache* f

cochada f Am *Wagenladung* f ‖ Col → **cochura**

cocham\bre *m* ⟨fam⟩ *Schmutz, Unrat* m, *Schweinerei* f ‖ **–brero, –broso** adj/s ⟨fam⟩ *schmutzig, schmierig* ‖ **–briento** adj Pe → **cochambrero**

cochar vi Guat *mit Schweinen handeln*

cochayuyo *m* SAm *e–e essbare Algenart* f (Durvillaea utilis)

cochazo *m* ⟨fam⟩ *Straßenkreuzer* m

¹coche *m Wagen* m ‖ *Kraftfahrzeug, Automobil,* ⟨fam⟩ *Auto* n ‖ *(Eisenbahn)Wagen* m ‖ *Waggon* m ‖ *Kutsche* f ‖ *Karren* m ‖ ~ *accidentado Unfallwagen* m ‖ ~ *de alquiler Leih-, Miet\wagen* m ‖ ~ *(de) ambulancia Krankenwagen* m ‖ ~ *automotor* ⟨EB⟩ *Triebwagen* m ‖ ~ *automóvil Kraft-, Motor\wagen, Automobil* n ‖ ~ *de un caballo Einspänner* m ‖ ~ *de caballos Pferdewagen* m ‖ ~*-cama* ⟨EB⟩ *Schlafwagen* m ‖ ~ *de camino Reisewagen* m ‖ ~ *de carreras Rennwagen* m ‖ ~ *celular Gefangenen(transport)-, Zellen\wagen* m, ⟨fam⟩ *grüne Minna* f ‖ ~ *de cola* ⟨EB⟩ *Schlusswagen* m ‖ ~ *combinado Kombiwagen* m ‖ ~ *comedor* ⟨EB⟩ *Speisewagen* m ‖ ~ *comercial Geschäftswagen* m ‖ ~ *compacto Kompaktwagen* m ‖ ~*-correo* ⟨EB⟩ *Postwagen* m ‖ ~ *corrido* ⟨EB⟩ *D-Zug-Wagen, Durchgangswagen* m ‖ ~*-cuna Kinderwagen* m ‖ ~ *deportivo Sportwagen* m ‖ ~ *directo* ⟨EB⟩ *Kurswagen* m ‖ ~ *de empresa Firmenwagen* m ‖ ~ *funerario Leichenwagen* m ‖ ~ *grúa Kranwagen* m ‖ ~ *imperial doppelstöckiger Omnibus,* ⟨fam⟩ *Doppeldecker* m ‖ ~ *jardinera* (fam) *(offener) Anhängewagen* m *(der Straßenbahn)* ‖ ~ *de línea Linienbus* m ‖ ~*-litera(s)* ⟨EB⟩ *Liegewagen* m ‖ ~ *de lujo* ⟨EB⟩ *Salonwagen* m ‖ ⟨Auto⟩ *Luxus\wagen* m od ⟨fam⟩ *-schlitten* od ⟨fam⟩ *Nobelkarosse* f ‖ ~ *de segunda mano Gebrauchtwagen* m ‖ ~ *(de) metro(politano) U-Bahn-Wagen* m ‖ ~ *de muñeca(s) Puppenwagen* m ‖ ~ *de niños Kinderwagen* m ‖ ~ *nupcial Brautwagen* m ‖ ~ *de ocasión Gebrauchtwagen* m ‖ ~ *oficial Dienstwagen* m ‖ ~ *panorámico Aussichtswagen* m ‖ ~ *parado* m ⟨fam⟩ *Balkon* m bzw *Veranda* f *mit Sicht auf e–e belebte Straße* ‖ ~ *particular Privatwagen* m ‖ ~ *de pasillo* → ~ *corrido* ‖ ~ *de plaza,* ~ *de punto Taxi* n *(& m), Taxe* f ‖ ~

radiopatrulla *Funkstreifenwagen* m ‖ ~
remolcador *Abschleppwagen* m ‖ ~ de reparto
Lieferwagen m ‖ ~ de reportaje ⟨TV⟩
Übertragungswagen, Ü-Wagen m ‖ ~ restaurante
⟨EB⟩ *Speisewagen* m ‖ ~ salón ⟨EB⟩ *Salonwagen*
m ‖ ~ de serie *Serienwagen* m ‖ ~-silla
Kindersportwagen m ‖ ~ simón, ~ de sitio → ~
de plaza ‖ ~ siniestrado *Unfallwagen* m ‖
~-taller *Werkstattwagen* m ‖ ~ (de) turismo
Personenwagen m ‖ ~ usado *Gebrauchtwagen* m
‖ ~ utilitario *Nutz-, Gebrauchs|fahrzeug* n ‖ ~
veterano *Oldtimer* m ‖ ~ de viajeros ⟨EB⟩
Personenwagen m ‖ ~ vivienda *Wohnwagen* m ‖
◇ ir en ~ *(mit dem Auto) fahren* ‖ caminar *od* ir
en ~ de San Fernando (unas veces a pie y otras
andando) ⟨joc⟩ *zu Fuß gehen,* ⟨fam⟩ *auf Schusters
Rappe reiten* ‖ ¡señores viajeros, al ~! *(bitte)
einsteigen!*
²coche m ⟨reg⟩ *Schwein* n ‖ *Rufwort* n *für
Schweine*
coche|ar vi *kutschieren, e–e Kutsche führen* ‖
sehr oft mit dem Wagen fahren, ⟨fam⟩
herumkutschieren ‖ **–cillo, –cito** m *dim von* **coche**
‖ ~ de inválido *Rollstuhl* m
coche-coche m Hond *weiblicher Mann,
Weichling* m
cochera f *offene Garage* f, *gedeckter
Abstellplatz* m *(für Autos)* ‖ *Wagenhalle, Remise* f
(& bes. für Straßenbahnwagen)
cocherada f Mex *Grobheit, Roheit* f
cocheril adj *(m/f)* ⟨fam⟩ *kutschermäßig*
¹cochero m *Kutscher* m ‖ ~ de punto
Droschkenkutscher m ‖ ◇ *portarse como un ~*
⟨figf⟩ *s. grob benehmen*
²cochero adj *leicht zu kochen*
¹cocherón m *Wagenhalle, Remise* f (bes. *für
Straßenbahnwagen*)
²cocherón adj: puerta ~ona *Haupttor* n ‖
Einfahrt f
cochevira f *Schweineschmalz* n
cochevís f ⟨V⟩ *Hauben- bzw Thekla|lerche* f
(→ **cogujada**)
cochi m Chi ⟨reg⟩ *Lockruf* m *für Schweine*
cochifrito m ⟨Kochk⟩ *vorgekochtes, gebratenes
und gewürztes Lammfleisch* n
cochi|na f *(Mutter)Sau* f (& fig) ‖ **–nada** f
Schweinerei, Unflätigkeit f ‖ *Niederträchtigkeit* f ‖
–namente adv *auf unflätige Art* ‖ ⟨figf⟩
niederträchtig
¹cochinata f ⟨Mar⟩ *Wrange* f
²cochinata f Cu *junge Sau* f
Cochinchina f ⟨Hist⟩ *Kotschinchina* n
cochine|ar vi ⟨fam⟩ *schmutzige Gespräche
führen, schweinigeln, zoten* ‖ **–ría** f ⟨fam⟩ →
cochinada ‖ **–ro** adj *zweitklassig, minderwertig
(Obst, Kartoffeln: zur Verfütterung an die
Schweine bestimmt)*
cochinilla f ⟨Zool⟩ *Kellerassel* f (Porcellio
scaber) ‖ ⟨Ins⟩ *Koschenille(schild)laus* f
(Dactylopius coccus) ‖ *Schellack* m *der
Koschenillelaus, Koschenille* f ‖ ~ algodonosa de
la vid *Wollige Rebenschildlaus* f (Pulvinaria vitis)
‖ ~ de San Antón And *Marienkäfer* m ‖ ~ de
humedad *Kellerassel* f
cochini|llo, –to m *Ferkel, junges Schwein* n ‖
~ asado *Ferkelbraten* m ‖ **–to** de San Antón
⟨And⟩ *Marienkäfer* m ‖ **–llo** de leche *Spanferkel* n
¹cochino adj *schweinisch, säuisch, Schweine-* ‖
⟨fig⟩ *unflätig, zotig* ‖ ◆ *por unas ~as pesetas, por
unos ~s duros für ein paar dreckige Taler* ‖ ~ m
Schwein n ‖ ⟨figf⟩ *Geizhals, Knicker* m ‖ ⟨fig
vulg⟩ *(Dreck)Schwein* n, *Schweinigel* m, *Sau* f ‖
~ de leche *Ferkel* n
²cochino m Cu ⟨Fi⟩ *Schweins-, Drücker|fisch*
m (Ballistes sp)

cochiquera f *Schweinestall* m
cochistrón m ⟨fam⟩ *Schmutzfink* m
cochite hervite adv ⟨fam⟩ *Hals über Kopf* ‖ ~
m ⟨fam⟩ *leichtsinniger Mensch, Windbeutel* m
cochitril m ⟨fam⟩ *Schweinestall* m ‖ ⟨figf⟩
Spelunke f, *schmutziges Loch* n, ⟨pop⟩ *Saustall* m
¹cocho pp/irr von **cocer** ‖ ~ m Chi *(Art) Brei*
m *aus geröstetem Mehl*
²cocho m Ast Gal *Schwein* n (fig & adj)
cochón m Hond *weiblicher Mann, Weichling*
m
cochoso adj Ec *schmutzig, schweinisch*
cochura f *Kochen, Backen* n ‖ *Brennen* n
(Keramik) ‖ ⟨figf⟩ *Plage, Mühe* f ‖ ◇ *de buena
~ leicht zu kochen*
cochurra f Cu *Guavengelee* n (& m)
¹cocido adj *gekocht* ‖ *gebacken* ‖ ⟨fig⟩
bewandert, geübt, beschlagen ‖ ◇ *estar muy ~
en algo* ⟨figf⟩ *in et. sehr bewandert, geübt sein*
²cocido m ⟨Kochk⟩ *Eintopf* m *aus Fleisch und
Gemüse*
³cocido m *Kalzinieren* n ‖ *gebrannter Kalk*
cociente m ⟨Math⟩ *Quotient* m, *Teilzahl* f ‖ ~
diferencial (Math) *Differentialquotient* m ‖ ~ de
inteligencia *Intelligenzquotient* m ‖ ~ respiratorio
⟨Physiol⟩ *respiratorischer Quotient* m
cocimiento m ⟨Med⟩ *(Ab)Kochen* n ‖ ⟨Med⟩
Absud m
coci|na f *Küche* f ‖ *Herd* m ‖ *Kochkunst* f ‖
Kost f ‖ *(Gemüse)Suppe* f ‖ *Fleischbrühe* f ‖
Küchenpersonal n ‖ ⟨Mar⟩ *Bordküche, Kombüse* f
‖ ~ de campana *Feldküche,* ⟨fam⟩ *Gulaschkanone*
f ‖ ~ casera *Hausmannskost* f ‖ ~ dietética
Diätküche f ‖ *Diätkost* f ‖ ~ económica *Sparherd*
m ‖ ~ eléctrica *Elektroherd* m ‖ ~ de elementos
combinables *Anbauküche* f ‖ ~ funcional
moderne Küche f ‖ ~ de gas *Gasherd* m ‖ ~
rodante → ~ de campaña ‖ ~ vegetariana
vegetarische Küche f ‖ *vegetarische Kost,
Pflanzenkost* f ‖ **–nar** vt *zurichten, bereiten
(Speise)* ‖ ~ vi *kochen, die Küche besorgen* ‖
⟨figf⟩ *s. in fremde Angelegenheiten einmischen*
cocinela → **coccinela**
coci|nera f *Köchin* f ‖ **–nería** f Chi Pe
Speisewirtschaft f ‖ **–nero** m *Koch* m ‖ **–neta** f
Am *Kochecke, Kitchenette* f
¹coci|nilla, –nita f *Spirituskocher* m ‖ → **–neta**
²cocinilla m ⟨fam⟩ *Topfgucker* m
cócker m [Hund] *Cocker* m ‖ ~ spaniel
Cockerspaniel m
cocktail m → **cóctel**
cóclea f ⟨An⟩ *Gehörschnecke* f
coclearia f ⟨Bot⟩ *Löffelkraut* n (Cochlearia
officinalis)
¹coco m ⟨Bot⟩ *Kokos|baum* m, *-palme* f ‖
Kokosnuss f
²coco m *Made* f, *Wurm* m *(im Obst)* ‖ ⟨Bact⟩
Kokke, Kugelbakterie f
³coco m *Kokkelskörner* npl *(für Rosenkränze)* ‖
~ de Levante → **¹coca** de L.
⁴coco m *Gebärde, Fratze, Grimasse* f ‖ *Kopf*
m, ⟨fam⟩ *Birne* f ‖ ⟨fig⟩ *Verstand, Grips* m ‖ ◇
comer el ~ a alg. ⟨figf⟩ *jdn nicht klar denken
lassen, jdn benebeln* ‖ *comerse el ~* ⟨figf⟩ *s. das
Hirn zermartern* ‖ *dar en el ~* ⟨figf⟩ *den Nagel
auf den Kopf treffen* ‖ *estar hasta el ~* ⟨figf⟩ *den
Kanal voll haben* ‖ *hacer ~s liebäugeln* ‖
Gesichter od Grimassen schneiden
⁵coco m *Popanz, Kinderschreck, schwarzer
Mann, Vitziputzli* m ‖ *unartiges Kind* n, *Balg* n (&
m) ‖ ◇ *parecer un ~ abschreckend hässlich sein*
⁶coco m (& f) Am *Koks, Schnee* m *(Kokain)*
⁷coco m Cu ⟨V⟩ *Art Ibis* m
⁸coco m ⟨Text⟩ *Perkal* m
cocó m Cu *weiße Mörtelerde* f

cocobálsamo *m Frucht* f *des Balsambaumes*
cocobolear *vt* Col *(am Galgen) aufhängen*
cocode *f* ⟨pop⟩ → **cocote**
cocodrílidos *mpl* ⟨Zool⟩ *Krokodile* npl
(Crocodylidae)
¹cocodrilo *m* ⟨Zool⟩ *Krokodil* n ‖ ⟨fig⟩
tückischer Mensch, geriebener Kerl m
²cocodrilo *m* ⟨EB⟩ *Krokodilkontakt* m
cocol *m* Mex ⟨pop⟩ *Raute* f, *Rhombus* m ‖ Mex
rautenförmiges Brot n ‖ Mex *Haarlocke* f
cocolera *f* Mex ⟨V⟩ *Turteltaube* f
cocolero *m* Mex ⟨fam⟩ *Bäcker* m
cocolía *f* Mex *Widerwillen* m, *Abneigung* f
cocoliche *m* Arg *italienisch-spanische*
Mischsprache f
cocoliste *m* Mex *Seuche* f ‖ Mex
Scharlachfieber n
cocolo *m* Ant *Neger* m *der karibischen Inseln*
cocolón *m* Ec *jüngstes Kind* n *(e–r Familie)*,
⟨fam⟩ *Nesthäkchen* n, *Benjamin* m
coconete *adj* Mex ⟨fam⟩ *sehr klein, winzig*
cócono *m* Mex ⟨V⟩ *Truthahn* m
cócora *adj lästig, zudringlich* ‖ ~ *f* Pe *Groll,
Hass* m ‖ Col *Wut* f, *Zorn* m ‖ Col Cu PR
Belästigung f
cocorear *vt* Mex *belästigen*
cocorícamo *m* Cu *Hexerei* f ‖ ◇ tener ~ Cu
⟨figf⟩ *Schwierigkeiten haben*
coco|rino *adj* Mex *lästig* ‖ **–rioco** *m* Cu
abstoßende Hässlichkeit f ‖ **–rismo** *m* Mex
Belästigung, Unschicklichkeit f
cocorocó *m* onom Arg Chi *Kikeriki* n *(des
Hahnes)*
¹cocorota *f* ⟨fam⟩ *Birne* f, *Kürbis* m *(Kopf)*
²cocorota *f* Col *(Art) Kamm* m
¹cocorote *m* Col *Baumkrone* f
²cocorote *m* Col *Popanz, Kinderschreck,
schwarzer Mann* m
cocoso *adj wurmstichig (Obst)*
coco|ta *f* → **–te**
cocotal *m* Col *Kokoswald* m
cocotazo *m* Ar Am *Schlag* m *am Kopf* ‖ Cu
Schluck m *Likör*
coco|te *f Kokotte* f ‖ **–tear** *vi s. wie e–e
Kokotte benehmen*
cocotero *m* ⟨Bot⟩ *Kokospalme* f (Cocos
nucifera)
cocotudo *adj* Cu *dickköpfig*
cóctel *m Cocktail* m *(Getränk)* ‖ *Party* f ‖ ~ de
mariscos *Meeresfrüchtesalat* m *mit Mayonnaise* ‖
~ Molotov *Molotow-Cocktail* m
coctele|ra *f Cocktailmixbecher, Shaker* m ‖
–ría *f Cocktailbar* f
cocuche *adj* Mex *gerupft (Vogel)*
cocui *m* Am ⟨Bot⟩ *Agave* f (Agave spp) ‖ **–za** *f
kräftiges Agaveseil* n
cocuma *f* Pe *gerösteter Maiskolben* m
cocu|y *m* Am ⟨Bot⟩ → **cocui** ‖ ⟨Ins⟩ → **–yo** ‖
–yo *m* ⟨Ins⟩ *m Cucujo* m (Pyrophorus spp)
¹coda *f* Ar *Schwanz* m ‖ ⟨Mus⟩ *Koda* f
²coda *f* ⟨Zim⟩ *Keilstück* n
codadura *f* ⟨Agr⟩ *Absenker* m
¹codal *adj (m/f) ell(en)bogenartig,
Ell(en)bogen-*
²codal *m* ⟨Arch Zimm⟩ *Riegelbund* m ‖ *Spreize*
f, *Stützbalken* m ‖ ⟨Bgb⟩ *Stützbogen* m ‖ **–es** *mpl*
⟨Arch Zimm⟩ *Arme* mpl *der Wasserwaage* ‖
Sägegriffe mpl
³codal *m* ⟨Bot⟩ *Rebfechser* m
⁴codal *m* Mex *kurze, dicke Kerze* f
codaste *m* ⟨Mar⟩ *Achtersteven, Hintersteven* m
‖ ⟨Flugw⟩ *Abschlussspant* m
codazo *m Ell(en)bogenstoß* m ‖ ~ en el
costado, ~ en las costillas *Rippenstoß* m, ⟨fam⟩
Knuff m ‖ ◇ abrirse paso a ~s *s. durchdrängen*

*(durch eine Menschenmenge), s. mit den
Ell(en)bogen Platz verschaffen* ‖ dar (un) ~ a alg.
⟨fam⟩ *jdm e–n (heimlichen) Wink geben*
code *m* ⟨Com⟩ *Telegrafenschlüssel, Code* m
codeador *m* ⟨Mar⟩ *(Holz)Vermesser* m ‖ Chi
Ec Pe *(zudringlicher) Bettler* m
codear *vt* ⟨Mar⟩ *vermessen (Holz)* ‖ Am
dringen auf (acc) ‖ ~ vi *mit den Ell(en)bogen
stoßen* ‖ **~se:** ~ con alg. ⟨fig⟩ *mit jdm auf du
und du stehen* ‖ poder ~ con alg. ⟨fig⟩ *s. mit jdm
messen können*
codeína *f* ⟨Chem Pharm⟩ *Kodein* n
codelincuencia *f* ⟨Jur⟩ *Teilnahme* f *(an e–r
Straftat)* ‖ **–delincuente** *m/f Mittäter(in* f) m ‖
Mitschuldige(r m) f ‖ **–demandado** *m Mitbe-,
Mitver|klagte(r)* m ‖ **–demandante** *m/f* ⟨Jur⟩
Mitkläger(in f) m
¹codeo *m Stoßen* n *mit den Ell(en)bogen* ‖
Drängeln n, *Drängelei* f ‖ ⟨fig⟩ *freundschaftlicher
Umgang* m
²codeo *m* Am *Prellerei* f ‖ Chi *Geselle,
Kumpan* m
¹codera *f Flickeinsatz* m *am Ell(en)bogen*
²codera *f* ⟨Mar⟩ *Heckleine, Spring* f
code|sera *f Geißkleefeld* n ‖ **–so** *m* ⟨Bot⟩
Geißklee m (Cytisus spp) ‖ *Goldregen* m
(Laburnum spp) ‖ ~ de los Alpes *Alpengoldregen*
m (L. alpicum)
codeudor *m/adj* ⟨Jur⟩ *Mitschuldner* m ‖
Mitverpflichtete(r) m
códex *m* ⟨lat⟩ → **códice**
códice *m alte Handschrift* f, *Kodex* m
codi|cia *f Habsucht, Gier, Begierde* f ‖
Lüsternheit f ‖ *Neid* m ‖ *Trieb* m, *Verlangen* n ‖
Eigennutz m ‖ ⟨fig⟩ *Gelüsten* n ‖ *Sehnsucht* f ‖ ~
desenfrenada *maßlose Gier* f ‖ ~ de saber
Wissensdurst m ‖ ◇ poner ~ *neidisch machen* ‖
la ~ rompe el saco ⟨Spr⟩ *Habgier zerreißt den
Sack* ‖ **–ciable** *adj (m/f) begehrenswert* ‖ **–ciar** *vt
begehren, sehnlichst wünschen*
codici|lar *adj (m/f) Kodizill-* ‖ **–lo** *m Kodizill* n,
Testamentsnachtrag m
codicioso *adj/s habsüchtig* ‖ *lüstern* ‖ ⟨figf⟩
emsig, rührig ‖ ~ de dinero *geldgierig*
¹codificación *f Kodifizierung* f ‖ *Sammlung
vereinzelter Gesetze (in e–m Gesetzbuch)*
²codificación *f Kodierung, Verschlüsselung* f
¹codificar [c/qu] *vt vereinzelte Gesetze in e–m
Gesetzbuch sammeln*
²codificar [c/qu] *vt kodieren, chiffrieren,
verschlüsseln*
¹código *m Gesetzbuch* n, *Kodex* m ‖
Landesgesetzbuch n ‖ *Justinianisches Gesetzbuch*
n ‖ ⟨fig⟩ *Vorschriftensammlung* f, *Gesetze* npl ‖
⟨fig⟩ *Kodex* m *(des guten Tones, des Verhaltens in
e–r gesellschaftlichen Gruppe usw.)* ‖ ~ del aire
Luftfahrtgesetzbuch n ‖ ~ antidumping
Antidumpingkodex m *(EG)* ‖ ~ de la circulación
(Straßen)Verkehrsordnung f ‖ ~ de comercio
Handelsgesetzbuch n ‖ ~ de enjuiciamiento
Prozessordnung f ‖ ~ de ética profesional
berufsständischer Ehrenkodex m ‖ ~ fundamental
Grundgesetz n, *Verfassung* f ‖ ~ de honor
Ehrenkodex m ‖ ~ industrial *Gewerbeordnung* f ‖
~ marítimo *Seerordnung* f *Seegesetzbuch* n ‖ ~
penal *Strafgesetzbuch* n
²código *m Code, Kode* m, *(Chiffrier)Schlüssel*
m ‖ *Telegrammschlüssel* m ‖ ~ alfabético
alphabetischer Kode m ‖ ~ alfanumérico
alphanumerischer Kode m ‖ ~ automático
Autokode m ‖ ~ de barras *Balkencode* m ‖ ~
binario *binärer Kode* m ‖ ~ genético ⟨Gen⟩
genetischer Kode m ‖ ~ de identificación
bancaria *Bankleitzahl* f ‖ ~ máquina ⟨Inform⟩
Maschinencode m ‖ ~ (internacional) de señales

(Internationales) Signalbuch n ‖ ~ personal
secreto *PIN-Code* m, *persönliche Geheimzahl* f ‖
~ postal *Postleitzahl* f ‖ ~ telegráfico
Telegrammschlüssel m
   codillera *f* ⟨Vet⟩ *Geschwulst* f *am Schulterblatt*
   ¹codillo *m* ⟨Zool⟩ *Vorarm bzw Ell(en)bogen* m
der Vierfüßer ‖ ⟨Jgd⟩ *Blatt* n ‖ ⟨Kochk⟩ *Spitzbein*
n *(am Schinken)* ‖ ⟨Tech⟩ *Knie* n ‖ *Steigbügel* m ‖
⟨Mar⟩ *Kielende* n
   ²codillo *m* ⟨Kart⟩ *Kodille* f ‖ ◇ dar ~ *Kodille*
gewinnen ‖ jugársela a uno de ~ ⟨figf⟩ *jdm ins*
Gehege kommen ‖ tirar a uno al ~ ⟨figf⟩ *jdn mit*
allen Mitteln zu schädigen suchen
   codín *m* Sal *enger Rockärmel* m
   codina *f* Sal ⟨Kochk⟩ *(Art) Salat* m *aus*
gekochten Kastanien
   codirector *m Mit\leiter, -direktor* m
   codisfrute *m Mitgenuss* m
   codito adj Mex *knaus(e)rig*
   ¹codo *m* ⟨An⟩ *Ell(en)bogen* m ‖ *Vorderbug* m
(von Tieren) ‖ *Knierohr* n, *Krümmer* m ‖
Rohrbogen m ‖ *Winkel* m, *Beugung, Krümmung,*
Biegung f ‖ *Winkeleisen* n ‖ ⟨Tech⟩ *Kröpfung* f ‖
⟨Zim⟩ *Wendung* f *(Treppengeländer)* ‖ ⟨Fot⟩
Krümmung f ‖ ⟨Mar⟩ *Krummholz* n ‖ ~ con ~
⟨fig⟩ *Schulter an Schulter, Seite an Seite,*
nebeneinander ‖ ~ del cigüeñal *Kurbelkröpfung* f
‖ ~ de tres bocas *Dreiwege(rohr)krümmer* m ‖ ~
de escape *Auspuffkrümmer* m ‖ ~ recto
rechtwink(e)liger Krümmer m ‖ ~ de un río
Fluss\biegung, -krümmung f ‖ ~ de tenis(ta)
⟨Med Sp⟩ *Tennisarm* m ‖ ♦ del ~ a la mano ⟨fig⟩
von kleiner Gestalt ‖ ◇ alzar *od* empinar el ~
⟨figf⟩ *zechen, s. dem Trunk ergeben, gern e–n*
heben ‖ apoyar el ~ (en) *den Ell(en)bogen*
auflegen ‖ dar con el ~ (a) *mit dem Ell(en)bogen*
stoßen (an acc) ‖ dar de ~ a algo *et. verachten* ‖
dar el *od* del ~ a alg. ⟨fam⟩ *jdn mit dem*
Ell(en)bogen anstoßen ‖ darse de ~ *s. gegenseitig*
anstoßen ‖ llevar ~ con ~ a alg. *jdn einbuchten,*
verhaften ‖ *~s mpl:* con los ~ sobre la mesa *auf*
die Ell(en)bogen gestützt ‖ ⟨fig⟩ *unentschlossen* ‖
apoyar los ~ en las rodillas *die Ell(en)bogen auf*
die Knie stützen ‖ estar metido hasta los ~ (en)
⟨fig⟩ *bis zum Hals stecken (in dat)* ‖ hablar *od*
charlar por los ~ ⟨figf⟩ *viel sprechen, schwatzen,*
quatschen ‖ mentir por los ~ ⟨figf⟩ *unverschämt*
lügen; lügen wie gedruckt; das Blaue vom
Himmel herunterlügen; lügen, dass s. die Balken
biegen ‖ ponerse *od* echarse de ~ *s. auf die*
Ell(en)bogen stützen ‖ roerse *od* comerse los ~
de hambre ⟨figf⟩ *bittersten Hunger leiden, am*
Hungertuch nagen ‖ romperse los ~ (estudiando)
⟨figf⟩ *pauken, büffeln*
   ²codo *m* Guat Mex *Geizhals* m
   codoco adj Guat *einarmig* ‖ ~ *m* ⟨Zool⟩ *(Art)*
Muschel f
   codonante *m/f Mitspender(in* f) m ‖
Mitschenker(in f) m
   codoñate *m Quitten\brot* n, *-paste* f
   codorniz *[pl ~ces] f* ⟨V⟩ *Wachtel* f (Coturnix
coturnix) ‖ Cu *kubanische Wachtel* f (Colinus
cubanensis) ‖ la ~ *ein span. Witzblatt* n ‖ ◇
cazar *–ces* a cañonazos *mit Kanonen auf Spatzen*
schießen
   codorno *m* Sal *Brotkruste* f
   codorro adj/s Sal *halsstarrig*
   codujo *m* Ar ⟨fam⟩ *Knirps* m ‖ *Knabe* m
   co\educación *f Gemeinschaftserziehung,*
Koedukation f ‖ **–eficiencia** *f Mitursächlichkeit* f ‖
–eficiente adj *mit\wirkend, -ursächlich* ‖ ~ *m*
Koeffizient m ‖ *Bewertungs-, Richt\zahl* f,
Beiwert, Faktor m ‖ ~ de alargamiento
Dehnungszahl f ‖ ~ de conductibilidad calorífica
od térmica *Wärmeleitzahl* f ‖ ~ de desarrollo

Wachstumsrate f ‖ ~ de dilatación
Dehnungs\beiwert, -koeffizient m ‖ ~ de
distorsión *Klirrfaktor* m ‖ ~ de fricción
Reibungskoeffizient m ‖ ~ de fuerza ascensional
⟨Flugw⟩ *Auftriebszahl* f ‖ ~ de marea
Gezeitenkoeffizient m ‖ ~ de mortalidad
Sterberate f ‖ ~ de natalidad *Geburtenrate* f ‖ ~
de pérdida *Schwundsatz* m ‖ ~ de planeo ⟨Flugw⟩
Gleitzahl f ‖ ~ de refracción ⟨Opt⟩
Brechungskoeffizient m ‖ ~ de resistencia ⟨Auto
Flugw⟩ *Widerstandskoeffizient* m ‖ ~ de rotura
⟨Flugw⟩ *Bruchlastvielfache(s)* n ‖ ~ de
rozamiento → ~ de fricción
   coencausado *m* ⟨Jur⟩ *Mitangeklagte(r)* m
   coenzima *f* (& *m*) ⟨Physiol⟩ *Koenzym* n
   coer\cer *[c/z]* vt *zwingen* ‖ *nötigen* (a *zu*) ‖
⟨fig⟩ *einschränken* ‖ **–cible** adj *(be)zwingbar* ‖
–ción *f Zwang* m, *Zwangsrecht* n ‖ *Rechtszwang*
m ‖ ~ legal *Rechtszwang* m ‖ **–citivo** adj ⟨Jur⟩
Zwangs- ‖ ⟨Phys⟩ *Koerzitiv-*
   co\esencia *f Wesensgleichheit* f ‖ **–etáneo** adj
gleichaltrig ‖ *gleichzeitig, zeitgenössisch* ‖ ~ *m*
Altersgenosse, Gleichaltrige(r), Zeitgenosse m ‖
–evo adj/s *aus demselben Zeitalter*
   coexis\tencia *f Koexistenz* f, *gleichzeitiges*
Bestehen n ‖ ~ pacífica ⟨Pol⟩ *friedliche*
Koexistenz f ‖ **–tente** adj *(m/f) gleichzeitig*
bestehend ‖ **–tir** vi *gleichzeitig bestehen* ‖
nebeneinander bestehen, koexistieren
   coextenderse *[-ie-]* vr *s. zugleich ausdehnen*
   cofa *f* ⟨Mar⟩ *Topp, Mastkorb, Mars* m,
Schwalbennest n ‖ ~ de mesana *Besan-,*
Kreuz\mars m ‖ ~ de trinquete *Vormars* m ‖ ~ de
vigía *Krähennest* n
   cofaina *f Waschbecken* n
   cofia *f Haarnetz* n, *(Frauen)Haube* f ‖
Trockenhaube f ‖ ⟨Mil⟩ *Schutzhaube od Kappe* f
einer Granate ‖ ⟨Meteor⟩ *(Wolken)Haube* f
   cofiador *m* ⟨Jur⟩ *Mitbürge* m
   cofin *m Trag-, Obst\korb* m
   cofirmante *m/f Mitunterzeichner(in* f) m (bes.
Staat)
   cófosis *f* ⟨Med⟩ *völlige Taubheit, Kophosis* f
   cofra\de *m Mitglied* n *e–r Laienbrüderschaft,*
e–s Vereins ‖ *~* de pala [Gaunersprache]
Diebeshelfer m
   –día *f Laienbrüderschaft* f ‖ *Genossenschaft,*
Zunft f ‖ Span *Berufsvereinigung* f ‖ ⟨pop⟩
Diebespack n ‖ ~ de pescadores Span
Berufsvereinigung f *der Fischer*
   ¹cofre *m Koffer* m, *Kiste, Truhe* f ‖
Kleiderkiste f ‖ *Kasten* m ‖ *Schatulle* f, *Kästchen*
n ‖ ⟨Typ⟩ *Presskarren* m ‖ Arg Col
Schmuckkästchen n, *Juwelenkassette* f ‖ CR
⟨Auto⟩ *Gepäckraum* m
   ²cofre *m* ⟨Fi⟩ *Kofferfisch, Vierhorn* m
(Ostracion sp)
   cofre\cito, –cillo *m* dim von **cofre** ‖ **–ro** *m*
Koffermacher m
   cofundador *m Mit(be)gründer* m
   cogaran\te *m/f Mitbürge* m ‖ **–tía** *f Mit-,*
After\bürgschaft f
   cogebocados *m* ⟨Typ⟩ *Auswerfgreifer* m
   coge\dera *f Holzzange* f *zum Obstpflücken,*
Obstpflücker m ‖ *Gebäckzange* f ‖ *Schwarmkasten*
m *(der Imker)* ‖ **–dero** adj *pflückbar, reif,*
pflückreif ‖ ~ *m Griff, Stiel* m, *Heft* n ‖ **–dizo** adj
leicht zu fassen(d) ‖ **–dor** *m Pflücker, Sammler* m
‖ *Kohlenzange* f ‖ *Kehricht-, Aschen\schaufel* f ‖
Schaufel f ‖ *Kehricht-, Mist\korb* m ‖ **–dura** *f*
(Ein)Sammeln n
   coger *(g/j)* vt/i *ergreifen, fassen, nehmen* ‖
pflücken ‖ *einsammeln, auflesen, ernten* ‖
aufheben (von der Erde) ‖ *anfahren (e–n Unfall*
verursachen) ‖ *anfassen* ‖ *fassen, in s. enthalten* ‖

ausfüllen, einnehmen ‖ *auf-, ab\fangen* ‖ *packen* ‖
einklemmen ‖ *(den Stierkämpfer) aufspießen* ‖
⟨Kart⟩ *nehmen* ‖ *schöpfen (Wasser)* ‖ *einholen* ‖
finden, antreffen ‖ *fühlen, empfinden (Wärme,*
Kälte) ‖ *über\raschen, -fallen (vom Regen usw.)* ‖
er\tappen, -wischen, -haschen, ⟨fam⟩ *kriegen* ‖
⟨fam⟩ *kaufen* ‖ *erreichen* ‖ ⟨fig⟩ ⟨bes. Am⟩
decken, be\springen, -schälen ‖ Arg Mex Par Ur
⟨vulg⟩ *bumsen, vögeln, ficken* ‖ ⟨fig pop⟩
verstehen, begreifen, erfassen ‖ ⟨Mal⟩ *treffen* ‖ ◇
~ *una borrachera s. e–n Rausch antrinken, s.*
betrinken ‖ ~ *un agua* ⟨Mar⟩ *ein Leck stopfen* ‖ ~
agua en cesto ⟨figf⟩ *e–e vergebliche Arbeit tun* ‖
~ *de los cabellos a uno jdn an den Haaren*
packen ‖ ~ *la calle* ⟨fig⟩ *auf den Strich gehen* ‖
~ *las calles* ⟨Mil⟩ *die Straßen besetzen* ‖ ~
cariño a alg. jdn liebgewinnen, zu jdm Zuneigung
fassen ‖ ~ *una castaña,* ~ *una chispa* → ~ *una*
borrachera ‖ ~ *corriendo a uno jdn einholen* ‖ ~
una costumbre s. et. angewöhnen ‖ ~ *por el*
cuello am Kragen packen, ⟨fam⟩ *beim*
Schlafittchen kriegen od fassen ‖ ~ *una curda* →
~ *una borrachera* ‖ ~ *el dedo con el martillo den*
Finger unter den Hammer bekommen ‖ ~ *la*
delantera e–n Vorsprung gewinnen ‖ ~ *a uno*
descuidado, ~ *a uno desprevenido jdn*
über\raschen, -rumpeln ‖ ~ *al enemigo entre dos*
fuegos ⟨Mil⟩ *den Feind zwischen zwei Feuer*
nehmen ‖ ~ *una enfermedad erkranken* ‖ ~ *flores*
Blumen pflücken ‖ ~ *frío s. erkälten, s. e–n*
Schnupfen holen ‖ ~ *de golpe überraschen,*
unvorbereitet treffen ‖ ~ *a alg. de buen humor*
jdn bei guter Laune antreffen ‖ ~ *a uno en mal*
latín ⟨fam⟩ *jdn bei e–m Fehler ertappen* ‖ ~ *de*
od por la mano bei der Hand nehmen od fassen ‖
~ *con las manos en la masa* ⟨fig⟩ *jdn auf frischer*
Tat ertappen ‖ ~ *a alg. en mentira* ⟨fam⟩ *jdn*
Lügen strafen ‖ ~ *una merluza,* ~ *una mona*
⟨figf⟩ → ~ *una borrachera* ‖ ~ *de nuevo,* ~ *de*
nuevas überraschen, befremden (Nachricht) ‖ ~ *a*
uno la palabra ⟨fig⟩ *jdn beim Wort nehmen* ‖ ~
prisioneros ⟨Mil⟩ *Gefangene od machen* ‖ ~ *la*
puerta (& od calle) ⟨fam⟩ *s. fortmachen* ‖ ~ *entre*
puertas a uno ⟨figf⟩ *jdn überrumpeln* ‖ ~ *un*
punto e–e Masche aufnehmen ‖ ~ *un resfriado s.*
erkälten, s. e–n Schnupfen holen ‖ ~ *respeto a*
alg. ⟨fam⟩ *vor jdm Respekt bekommen* ‖ ~ *rizos*
⟨Mar⟩ *reffen* ‖ ~ *el sentido den Sinn verstehen* ‖
dahinterkommen ‖ ~ *sueño Schlaf bekommen,*
schläfrig werden ‖ ~ *el sueño einschlafen* ‖ ~ *de*
sorpresa überraschen, unvorbereitet treffen ‖ ~ *a*
tiro in den Schuss bekommen ‖ ~ *tierra* ⟨Mar⟩
landen ‖ ~ *la vez a uno jdm zuvorkommen* ‖ ~ *el*
vuelo ⟨fig⟩ *flügge werden, s. abnabeln, s.*
selbständig machen ‖ ~ *las vueltas a alg.* ⟨fig⟩
jds Absicht durchschauen ‖ ~ *y marcharse*
stehenden Fußes fortgehen ‖ *está que coge*
moscas ⟨figf⟩ *er ist ganz außer s.* ‖ *me coge al od*
de paso es ist (gerade) mein Weg ‖ *esto no me*
coge das bezieht s. nicht auf mich ‖ *esto no hay*
por donde ~lo man weiß wirklich nicht, wie man
die(se) Sache angehen soll ‖ *aquí te cojo y aquí te*
mato ⟨figf⟩ *gesagt, getan* ‖ *no ha cogido una*
⟨fam⟩ *er (sie, es) hat nichts begriffen,* ⟨pop⟩ *er*
(sie, es) hat nicht geschaltet ‖ *¡cógite!* ⟨fam⟩
gefangen! ‖ ~ *vi Raum, Platz haben* ‖ Am ⟨vulg⟩
bumsen, vögeln, ficken (& vt) ‖ ◇ *esto no coge*
aquí dafür ist hier nicht Raum genug ‖ *~se s.*
einlassen, s. verwickeln (en in acc) ‖ ⟨fam⟩ *auf*
den Leim gehen ‖ ~ *a alg. s. an jdn schmiegen* ‖
jdn umarmen ‖ ~ *los dedos s. die Finger*
einklemmen ‖ ⟨fig⟩ *s. in den Finger schneiden, s.*
die Finger verbrennen

    cogerente *m/f* ⟨Com⟩ *Mit\leiter(in),*
-geschäftsführer(in) f) m

cogestión *f Mitbestimmung* f ‖ *Mitwirkung* f ‖
~ *obrera Mitbestimmung* f *der Arbeiter*
cogetortas *m Kuchenschaufel* f
cogi\da *f* ⟨fam⟩ *(Obst)Ernte* f ‖ ⟨Taur⟩
Verletzung f *des Stierkämpfers durch die Hörner*
des Stiers ‖ ◇ *sufrir od tener una* ~ *vom Stier*
mit den Hörnern erfasst und verletzt werden ‖
⟨vulg⟩ *s. e–e Geschlechtskrankheit zuziehen* ‖ **–do**
adj geschmückt, verbrämt ‖ *tener* ~ *a alg.* ⟨fig⟩
jdn in der Zange haben ‖ ~*s de las manos Arm in*
Arm ‖ ~ *a la falda de su madre an den*
Rockschößen s–r Mutter (hängend) (Kind) ‖ ~ *m*
Falte f *(Vorhang, Kleider)*
cogita\bundo *adj* ⟨lit⟩ *nachdenklich, grübelnd* ‖
–ción *f Nachdenken n* ‖ *Grübelei* f ‖ **–tivo** *adj*
grübelnd
cogna\ción *f (Bluts)Verwandtschaft* f *(bes. von*
mütterlicher Seite), Kognation f ‖ ~ *carnal*
Blutsverwandtschaft f ‖ ~ *legal gesetzliche*
Verwandtschaft f ‖ **–do** *m Blutsverwandte(r) m*
(mütterlicherseits) ‖ **–ticio** *adj blutsverwandt,*
mütterlicherseits verwandt
cogni\ción *f Erkenntnis* f ‖ **–tivo** *adj kognitiv*
cognomento *m Bei-, Zu\name m, Kognomen n*
cognoscitivo *adj: potencia ~a*
Erkenntnisvermögen n
cogollero *m Cu Mex Tabakschädling m*
¹cogollo *m Herz n (vom Kohl, Salat usw.)* ‖
⟨Bot⟩ *Schößling m* ‖ *Spitze* f *des Zuckerrohrs* ‖
oberer Teil m der Fichtenkrone ‖ ⟨fig⟩ *(das)*
Feinste ‖ ⟨fig⟩ *Schlusswort n e–r Rede*
²cogollo *m* ⟨Agr⟩ *Sonnenschutz m für Zugtiere*
³cogollo *m Arg* ⟨Ins⟩ *große Zikadenart* f
(Tympanoterpis gigas)
⁴cogollo *m Col* ⟨Bgb⟩ *Erzkruste* f
cogollos *mpl* ⟨Arch⟩ *Blätterzierrat m*
cogolludo *adj dichtblätt(e)rig, mit schönem*
Kopf (Kohl, Salat usw.)
cogombro *m* → **cohombro**
cogor\za, –zo *m* ⟨fam⟩ *Rausch m*
cogo\tazo *m: dar un* ~ *a uno jdn auf den*
Hinterkopf (mit der offenen Hand) schlagen ‖ **–te**
m Hinter\kopf m, -haupt n, Nacken m ‖ *tieso de*
~ ⟨figf⟩ *stolz, aufgeblasen* ‖ ◇ *se caló el gorro*
hasta el ~ *er drückte die Mütze tief ins Gesicht* ‖
coger por el ~ *am Kragen packen* ‖ **–tera** *f*
Nackenschleier m e–r Kopfbedeckung ‖
Nackenschutz m (am Helm) ‖ *Sonnenschutz m für*
Zugtiere ‖ **–tudo** *adj mit dickem Nacken* ‖ ⟨figf⟩
stolz, eingebildet ‖ *Cu* ⟨fig⟩ *mächtig* ‖ *willensstark*
‖ Am *Neureiche(r) m*
cogujada *f* ⟨V⟩ *Haubenlerche* f ‖ ~ *común*
Haubenlerche f *(Galerida cristata)* ‖ ~ *montesina*
Theklalerche f *(G. theklae)*
cogujón *m Zipfel m (e–s Kissens)*
cogulla *f Kutte* f ‖ *(Mönchs)Kapuze* f
cogullo *m* ⟨pop⟩ → **¹cogollo**
cohabi\tación *f Beischlaf m, Kohabitation* f ‖
⟨Jur⟩ *eheliches Zusammenleben n* ‖
Zusammenleben n ‖ ⟨Pol⟩ *Kohabitation* f ‖ **–tar** *vi*
zusammen wohnen (mit) ‖ ⟨Jur⟩ *ehelich*
zusammenleben ‖ *den Beischlaf vollziehen,*
kohabitieren
¹cohechar *vt bestechen* ‖ *betören*
²cohechar *vt/i die Felder zum letztenmal*
bestellen
¹cohecho *m Bestellzeit* f *der Felder*
²cohecho *m Bestechung* f ‖ *Beamtenbestechung*
f ‖ ⟨fam⟩ *Schmiergeld n* ‖ ◇ *hacer* ~ *s.*
bestechen lassen
cohén *m Zauberer m* ‖ *Kuppler m*
coheredero *m Miterbe m*
coheren\cia *f Zusammenhang m* ‖ ⟨Philos⟩
Kohärenz f ‖ ⟨Phys⟩ *Kohäsion* f ‖ ⟨Med⟩
Kohärenz, Verwachsung f ‖ ◇ *hablar con* ~

zusammenhängend, vernünftig reden ‖ **–te** adj
(m/f) zusammenhängend, kohärent ‖ ⟨Med⟩
angewachsen
  cohe|sión f *Anhaften* n, *Haftfestigkeit* f ‖
⟨Phys⟩ *Kohäsion* f ‖ ⟨Radio⟩ *Frittung* f ‖ ⟨fig⟩
Zusammenhalt m ‖ ~ *social sozialer*
Zusammenhalt m ‖ **–sivo** adj ⟨Phys⟩ *kohäsiv* ‖
-sor m ⟨Radio⟩ *Kohärer, Fritter* m
  ¹cohete m a) [Flugkörper] *Rakete* f ‖ Mex
⟨Bgb⟩ *Sprengloch* n ‖ ~ *aire-aire Luft-Luft-Rakete*
f ‖ ~ *aire-suelo Luft-Boden-Rakete* f ‖ ~
antiaéreo ⟨Mil⟩ *Flugabwehrrakete* f ‖ ~ *anticarro*
⟨Mil⟩ *Panzerabwehrrakete* f ‖ ~ *de arranque,* ~
de despegue Start(hilfs)rakete f ‖ ~ *balístico*
ballistische Rakete f ‖ ~ *cósmico Raumrakete* f ‖
~ *dirigido (fern)gelenkte* od *gesteuerte Rakete* f ‖
~ *de escalones* (múltiples) *Mehrstufenrakete* f ‖
~ *estratosférico Stratosphärenrakete* f ‖ ~ *de*
etapas → ~*de escalones* ‖ ~ *experimental*
Versuchsrakete f ‖ ~ *de freno Bremsrakete* f ‖ ~
granífugo Hagelrakete f ‖ ~ *de intercepción*
Abfangrakete f ‖ ~ *intercontinental*
interkontinentale Rakete f ‖ ~ *interplanetario*
Weltraumrakete f ‖ ~ *de investigación*
Forschungsrakete f ‖ ~ *luminoso Leuchtrakete* f ‖
~ *lunar Mondrakete* f ‖ ~ *con paracaídas*
Fallschirmrakete f ‖ ~ *de pisos* → ~ *de*
escalones ‖ ~ *portador,* ~ *portasatélites*
Trägerrakete f ‖ ~ *propulsor Antriebsrakete* f ‖ ~
de señales Signalrakete f ‖ ~ *de sondeo cósmico*
Weltraumsonde f ‖ ~ *suelo-aire Boden-Luft-*
Rakete f ‖ ~ *suelo-suelo Boden-Boden-Rakete* f ‖
~ *teledirigido ferngelenkte Rakete* f ‖ ~ *V2 V2-*
Rakete f ‖ ◆ al ~ Arg Bol Ur *vergeblich* ‖ *como*
un ~ ⟨figf⟩ *blitz-, pfeil|schnell*
  ²cohe|te m [Feuerwerkskörper] *Rakete* f,
Schwärmer m ‖ ⟨fig⟩ *Furz* m ‖ ~ *corredor*
Schwärmer m ‖ ~ *chispero Funkenrakete* f ‖ ~
tronador Rakete f *mit Donnerschlägen* ‖ **–tear** vt
Mex ⟨Bgb⟩ (*auf)bohren* ‖ *sprengen* ‖ **–tería** f
Raketenfabrik f ‖ *Raketen* fpl ‖ *Raketentechnik* f ‖
-tero m *Feuerwerker* m ‖ **–tito** m Mex *kleines*
Glas n *Likör*
  cohibi|ción f *Verbot* n, *Einschränkung* f ‖
Einschüchterung f ‖ *Hindernis* n ‖ *Hemmnis* n ‖
-do adj *zurückhaltend* ‖ *schüchtern* ‖ *befangen*
  cohibir vt *zügeln, hemmen* ‖ *stillen (Blutung)* ‖
zurückhalten ‖ *einschüchtern* ‖ *beengen* ‖ Mex
zwingen ‖ ~**se** *schüchtern, mutlos werden*
  ¹cohobo m *Hirschleder* f ‖ Ec Pe *Hirsch* m
  ²cohobo m ⟨Chem⟩ *Kondensat* n
  cohombrar vt *häufeln (Erde)*
  cohom|brillo m ⟨Bot⟩ *kleiner Kürbis* m ‖ ~
amargo Springkürbis m (Echalium elaterium) ‖
–bro m *Schlangenhaargurke* f (Trichosanthes
anguina) ‖ *gurkenförmiges Gebäck* n ‖ ~ *de mar*
Holothurie, See|gurke, -walze f (Holothuria spp)
  cohonestar vt (*et.)* be|*schönigen* od *-mängeln*
  cohorte f ⟨Hist⟩ *Kohorte* f ‖ ⟨fig⟩ *große*
Menschenmenge f
  coi m → **coy**
  coico adj Chi *buck(e)lig*
  coicoy m *Art kleine Kröte* f (Cystignathus
bibronii)
  coigual adj *völlig gleich* (a *mit)*
  coi|güe, –hue m Arg Chi Pe *Schein-,*
Süd|buche f (Nothofagus sp)
  coi|la f Chi *Lüge, Ente* f ‖ **–lero** m Chi *Lügner*
m
  ¹coima f *Spiel-, Karten|geld* n ‖ Am ⟨fam⟩
Schmiergeld n
  ²coima f ⟨lit⟩ *Konkubine, Geliebte* f
  coime m *Spielhausbesitzer* m ‖ △ *Hausherr* m
‖ Arg *Bestecher* m ‖ **–ro** m Arg Chi *Bestecher* m
  coinci|dencia f *Gleichzeitigkeit, zeitliche*

Überschneidung, Koinzidenz f ‖ *Übereinstimmung*
f ‖ *Zusammentreffen* n *(von Umständen)* ‖ ~ *fatal*
unglückliches Zusammentreffen n ‖ *se dio la* ~
que … der Zufall wollte es, dass … ‖ **–dente** adj
(m/f) zugleich eintretend, gleichzeitig ‖ **–dir** vi
zusammen|treffen, -fallen, gleichzeitig geschehen ‖
entsprechen ‖ *übereinstimmen* (con *mit)* ‖ *no* ~ *s.*
verfehlen
  coindica|ción f ⟨Med⟩ *Mitanzeige* f ‖ **–do** f
mitangezeigt
  co|inquilino m *Mitmieter* m ‖ **–inquinar** vt
beschmutzen ‖ **–interesado** m *Mit|interessent,*
-beteiligter m
  coi|po, –pú [pl ~**ues**] m Arg Chi *Nutria,*
Biberratte f (Myocastor coypus)
  Coira f [Stadt] *Chur* n
  coi|rón m Chi Pe *Bartgras* n (Andropogon
spp) ‖ **–ronal** m *Bartgrasfeld* n
  coitado adj (reg) → *cuitado*
  coi|tar vi *koitieren* ‖ **-to** m *Koitus, Beischlaf* m
‖ ~ *anal Analverkehr* m ‖ ~ *oral Oralverkehr* m ‖
~ *vaginal Vaginalverkehr* m ‖ **-tofobia** f ⟨Med⟩
Angst f *vor dem Beischlaf*
  ¹coja etc. → **coger**
  ²coja f *hinkende Frau* f ‖ ⟨figf⟩ *verrufene Frau*
f
  cojear vi (& fig) *hinken* ‖ *wack(e)lig sein,*
wackeln (Möbelstück) ‖ *humpeln* ‖ *falsch handeln*
‖ ⟨fig⟩ *Mängel aufweisen* ‖ *es an der (zu*
erwartenden) Redlichkeit fehlen lassen ‖ △
verrufen sein (Frau) ‖ ◇ ~ *del mismo pie* ⟨figf⟩
mit demselben Fehler behaftet sein ‖ *sé muy bien*
de qué pie cojea ⟨figf⟩ *ich weiß sehr gut, was bei*
ihm (ihr) faul ist ‖ *el que no cojea, renquea* ⟨Spr⟩
irgendeinen Mangel hat jeder
  cojera f *Hinken* n ‖ ⟨Vet⟩ *Lahmen* n *(Pferd)* ‖
◆ *con leve* ~ *leicht hinkend*
  coji|jo m *Viech* n ‖ *Tier, Gewürm* n ‖
Verärgerung f ‖ **–joso** adj/s *wehleidig* ‖
empfindlich, ⟨fam⟩ *pimpelig*
  cojín m (*großes) Kissen* n ‖ *Sofa-, Ruhe|kissen*
n ‖ *Auflage* f *(für Gartenstühle)* ‖ *Sattel|kissen* n ‖
⟨Auto⟩ *Airbag* m ‖ *Polster* n ‖ *Polsterholz* n,
Zwischendecke f ‖ ~ *de agua* ⟨Tech⟩
Wasser|kissen, -polster n ‖ → ~ *de aire Luftkissen*
n ‖ ~ *eléctrico Heizkissen* n ‖ ~ *de fieltro*
Filzunterlage f ‖ ~ *neumático Luftkissen* n ‖ ~ *de*
tinta Stempel-, Farb|kissen n
  cojinche m Arg Ur *Orgie* f
  coji|nete m *dim von* **cojín** ‖ *Nähkissen* n ‖
⟨Tech⟩ [oft fälschlich für **rodamiento** gebraucht]
(*Wellen)Lager* n ‖ *Gleitlager* n ‖ *Zapfenlager* n ‖
⟨EB⟩ *Schienenstuhl* m ‖ ~ *de agujas Nadellager* n
‖ ~ *angular Schräglager* n ‖ ~ *de apoyo Abstütz-,*
Trag|lager n ‖ ~ *axial Längs-, Axial|lager* n ‖ ~
de barriletes Tonnenlager n ‖ ~ *de bolas*
Kugellager n ‖ ~ *de carril* ⟨EB⟩ *Schienenstuhl* m
‖ ~ *de collar Halslager* n ‖ ~ *cónico Konuslager*
n ‖ ~ *de eje Achslager* n ‖ ~ *de empuje*
Drucklager n ‖ ~ *de fricción Gleitlager* n ‖ ~
frontal Stirnlager n ‖ ~ *intermedio*
Zwischenlager n ‖ ~ *de pedal Tretlager* n ‖ ~
principal Grund-, Haupt|lager n ‖ ~ *radial*
Quer-, Radial|lager n ‖ ~ *de rodillos Rollenlager*
n ‖ ~ *de rozamiento Gleitlager* n ‖ ~ *de terrajar*
Gewindeschneid|eisen n, *-backe* f ‖ ~ *transversal*
Querlager n ‖ ~ *de traviesa* ⟨EB⟩ *Schwellenstuhl*
m
  cojinillo m Am *lederne Satteldecke* f
  coji|núa, –nuda f Cu ⟨Fi⟩ *Stachelmakrele* f,
Stöcker m (Caranx spp)
  cojitranco adj/s ⟨desp⟩ *herumhinkend, hin und*
her laufend
  cojo adj *hinkend* (& fig) ‖ (*fuß)lahm* ‖ ⟨fig⟩
wack(e)lig (Möbelstück) ‖ ◇ *andar a la pata* ~a

auf e–m Bein hüpfen, gehen ‖ irse ~ ⟨pop⟩ *nur
ein Glas trinken* ‖ no ser ~ ni manco *sehr
geschickt sein* ‖ ~ *m Hinkende(r), Lahme(r)* m
  cojobo *m* ⟨Bot⟩ *am. Jabibaum* m
  cojolite *m* Mex ⟨V⟩ *Schakuhuhn* n (Penelope
purpurescens)
  cojón *m* ⟨vulg⟩ *Ei* n *(Hode)* ‖ un ~ *e–e
Riesenmenge* ‖ ¡un ~! *denkste!* ‖ ◆ de ~ *toll,
prima* ‖ ◇ *importar un ~ vollkommen Wurs(ch)t
sein* ‖ ¡te importa un ~! *das geht dich e–n Dreck
an!* ‖ ¡tócame un ~! *leck mich am Arsch!* ‖
~ones *mpl* ⟨vulg⟩ *Eier* npl *(Hoden)* ‖ ¡~! ⟨int⟩
*verdammt noch mal! Donnerwetter! da bin ich
aber platt!* ‖ ¿qué ~? *was zum Teufel?* ‖ ◆ de ~
toll, prima, fantastisch, enorm, Mords- ‖ con
(dos) ~ *mutig, unerschrocken, draufgängerisch* ‖
◇ arrugársele a uno los ~ *ängstlich werden, s.
ängstigen, e–n Rückzieher machen* ‖ dejar los ~
en casa *s. unterwürfig zeigen* ‖ dolerle los ~ a
alg., estar hasta los ~, hinchársele los ~ a alg.
*mit der Geduld am Ende sein, die Schnauze voll
haben, endgültig genug haben* ‖ no hay más ~ *es
gibt k–n anderen Ausweg, es gibt k–e andere
Lösung od Möglichkeit* ‖ partirse los ~ *s.
abrackern* ‖ pasarse algo por los ~ *auf et. pfeifen*
‖ tener ~ *mutig sein, k–e Angst haben, energisch
auftreten* ‖ no tener ~ *ein Waschlappen sein, k–n
Mumm haben* ‖ tiene ~ la cosa *das ist aber ein
dicker Hund* ‖ ¡tócame los ~! *leck mich am Arsch!*
  cojo|nada *f* ⟨vulg⟩ *saublöde Handlung* f,
Blödsinn m ‖ **–namen** *m* ⟨vulg⟩ *die Eier (Hoden)*
‖ **–nazos** *m* ⟨vulg⟩ *Feigling* m, *Memme* f ‖
phlegmatischer Mensch m ‖ **–nudo** adj ⟨vulg⟩
fabelhaft, kolossal, ⟨fam⟩ *prima* ‖ *verflucht
schwer* ‖ ◇ ser ~ *tapfer sein* ‖ *fabelhaft,
fantastisch sein* ‖ estar ~a *ein tolles Weib sein* ‖
adv: **~amente**
  cojudo adj *unverschnitten (Tier)* ‖ Am →
cojonudo
  cojuelo adj/s *(ein wenig) hinkend* ‖ el Diablo
~ ⟨Lit⟩ *Der hinkende Teufel (von Vélez de
Guevara)*
  cok(e) *m* → **coque**
  col *f* ⟨Bot⟩ *Kohl* m, Südd Öst *Kraut* n
(Brassica) ‖ ~ blanca *Weiß|kohl* m, *-kraut* n,
Kopfkohl, ⟨reg⟩ *Kappes,* Schw *Kabis* m (B.
oleracea var. capitata) ‖ ~ de Bruselas *Rosenkohl,
Brüsseler Kohl, Rosenwirsing* m, Öst
Kohlsprossen fpl (B. oleracea var. gemmifera) ‖
~ china *China-, Shantung|kohl* m (B. pekinensis)
‖ ~ encarnada → ~ roja ‖ ~ escabechada, ~
fermentada *Sauerkraut* n ‖ ~ de hojas *Blätterkohl*
m ‖ ~ lombarda → ~ roja ‖ ~ marina *Meerkohl*
m (Cambre maritima) ‖ ~ de Milán
Wirsing(kohl), Welschkohl m (B. oleracea var.
sabauda) ‖ ~ rizada *Grün-, Braun-, Kraus|kohl* m
(B. oleracea var. sabellica) ‖ ~ roja *Rot|kohl* m,
-kraut, Blaukraut n (B. oleracea convar. capitata)
‖ ~ de Saboya → ~ de Milán ‖ entre ~ y ~
lechuga ⟨figf⟩ *Abwechslung ergötzt* ‖ ◇ ~es que
no has de comer *déjalas cocer* ⟨Spr⟩ *jeder kehre
vor s–r eigenen Tür*
  ¹cola *f Schwanz, Schweif* m *der Tiere* ‖
Schwanz, Sterz m *(bes. der Vögel)* ‖ *Schleppe* f
(am Kleid) ‖ ⟨Astr⟩ *Kometenschweif* m ‖
Schauende n *(am Tuch)* ‖ ⟨Mus⟩ *Schlusston* m ‖
⟨Flugw⟩ *Schwanz, Rumpfhinterteil* m ‖ ⟨fig⟩
Schlange f *(beim Anstehen)* ‖ ⟨fig⟩ *Ende* n,
Schluss m ‖ ⟨fig⟩ *Folgen* fpl ‖ ⟨fig⟩ *Strafplatz* m
in der Schule ‖ *Pferdeschwanz* m *(Frisur)* ‖ ~ de
coches *Autoschlange* f ‖ ~ de cometa
Kometenschweif m ‖ ~ de cureña ⟨Mil⟩
Lafettenschwanz m, *Hinterlafette* f ‖ ~ del
disparador *Abzug* m *(Gewehr)* ‖ ~ empenachada
Quastenschwanz m ‖ ~ ensortijada

Ringelschwanz m ‖ ~ de milano ⟨Zim⟩
Schwalbenschwanz m ‖ ~ de mono ⟨Am⟩ *Getränk*
n *aus Branntwein, Kaffee und Milch* ‖ ~ de
operador ⟨Filmw⟩ *Startband* n ‖ ~ de pavo
Pfauenschwanz m ‖ ~ prensil ⟨Zool⟩
Greifschwanz m ‖ ~ de rata ⟨Tech⟩
Rattenschwanz m ‖ ◆ a la ~ ⟨figf⟩ *hinten,
zuallerletzt, (ganz) am Schluss* ‖ en ~ de milano
⟨Zim⟩ *schwalbenschwanzförmig* ‖ ◇ apearse por
la ~ ⟨figf⟩ *eine dumme Antwort geben* ‖ ⟨figf⟩ *ins
Fettnäpfchen treten* ‖ atar por la ~ a/c ⟨figf⟩ *et.
am unrechten Ende anfassen, das Pferd von
hinten aufzäumen* ‖ dejar a ~ ⟨figf⟩ *hinter s.
lassen* ‖ la ~ falta por desollar ⟨figf⟩ *das
Schlimmste steht noch bevor* ‖ empezar *od*
comenzar a leer por la ~ *von hinten anfangen zu
lesen* ‖ hacer bajar la ~ a alg. ⟨figf⟩ *jdn
demütigen* ‖ hacer ~ ⟨figf⟩ *zurückbleiben* ‖ s.
anstellen, Schlange stehen ‖ ¡haga Vd. ~! *stellen
Sie s. hinten an!* ‖ halagar con la boca y morder
con la ~ ⟨figf⟩ *ein falscher Fuffziger* (od
doppelzüngig) *sein* ‖ ir a la ~ ⟨fig⟩ *der Letzte
sein* ‖ ⟨EB⟩ *in dem letzten Wagen fahren* ‖ *der
Allerletzte in der Reihe sein (Schulstrafe)* ‖ llevar
(la) ~, ser ~ ⟨fig⟩ *der Allerletzte im Examen sein*
‖ ser arrimado a la ~ ⟨figf⟩ *einfältig, beschränkt
sein* ‖ tener *od* traer ~ ⟨figf⟩ *Folgen nach s.
ziehen, Konsequenzen haben*
  ²cola *f (Tischler)Leim* m ‖ ⟨Med⟩ *Kolla* f ‖
⟨Text⟩ *Schlichte* f ‖ ~ animal *tierischer Leim* m ‖
~ de boca, ~ de carpintero *Tischlerleim* m ‖ ~
fría *Kaltleim* m ‖ ~ fuerte *gewöhnlicher Leim* m ‖
~ hidráulica *hydraulischer Leim* m ‖ ~ de huesos
Knochenleim m ‖ ~ impermeable *Schiffsleim* m ‖
~ líquida *flüssiges Gummiarabikum* n ‖ ~ de
pescado *Fischleim* m ‖ ~ de retal *Vergolderleim*
m ‖ ~ vegetal *pflanzlicher Leim, Pflanzenleim* m
‖ ◇ dar de ~ ⟨Zim⟩ *(auf)leimen* ‖ *eso no pega ni
con* ~ ⟨figf⟩ *das ist reiner Unsinn*
  ³cola *f* ⟨Bot⟩ *Kolabaum* m (Cola acuminata) ‖
~ de caballo *Schachtelhalm, Pferdeschwanz* m
(Equisetum arvense) ‖ ~ de león *Herzgespann* m
(Leonurus cardiaca) ‖ ~ de perro *Kammgras* n
(Cynosurus cristatus) ‖ ~ de rata *Peitschen-,
Schlangen|kaktus* m (Aporocactus flagelliformis) ‖
~ de ratón *Mäuseschwänzchen* n (Myosurus
minimus) ‖ ~ de zorra *Fuchsschwanzgras* n
(Alopecurus agrestis) ‖ ~ de zorro
Katzenschwanz m (Acalypha hispida)
  cola|bilidad *f* ⟨Met⟩ *(Ver)Gießbarkeit* f ‖ **–ble**
adj *(m/f)* ⟨Met⟩ *(ver)gießbar*
  colabo|ración *f Mitwirkung* f ‖
Mitarbeit(erschaft) f ⟨Pol⟩ *Kollaboration,
Zusammenarbeit* f *(mit dem Feind)* ‖ ◆ en ~ con
unter Mitarbeit von ‖ **–racionista** *m/f* ⟨Pol⟩
Kollaborateur(in f) m ‖ **–rador** *m Mitarbeiter* m ‖
~ social *Sozialpartner* m ‖ **–rar** vi *mit|wirken,
-arbeiten (an an*) ‖ ⟨Pol⟩ *kollaborieren, mit
dem Feind zusammenarbeiten* ‖ ◇ ~ en la
prensa *Mitarbeiter der Presse sein*
  ¹colación *f Vergleich* m, *Gegeneinanderhalten*
n, *Kollation* f ‖ *Ausgleichung* f *(unter Miterben)* ‖
Urkundenvergleich m ‖ ◇ sacar (& *od* traer) a ~
⟨figf⟩ *aufs Tapet bringen* ⟨figf⟩ *(Beweise)*
vorbringen
  ²colación *f Verleihung* f *e–r Würde* ‖ ⟨Jur⟩
Übergabe f
  ³colación *f (festlicher) Imbiss* m ‖ *Vesperbrot*
n, Öst *Jause* f ‖ *leichtes Abendessen* n *(an
Fasttagen)* ‖ Mex *Konfektmischung* f
  colacionable adj *(m/f) auszugleichen(d) (unter
Miterben)*
  ¹colacionar vt/i *kollationieren, vergleichen* ‖
ausgleichen (unter Miterben)
  ²colacionar vt *verleihen (e–e Würde)*

colactáneo *m*/adj *Milchbruder* m
¹colada *f Waschen* n, *Wäsche* f ‖ *große Wäsche* f ‖ *schmutzige Wäsche* f ‖ *Waschlauge* f ‖ ◇ echar a la ~ *auslaugen* ‖ *einweichen* ‖ hacer la ~ *Wäsche waschen* ‖ todo saldrá en la ~ ⟨figf⟩ *die Sonne bringt alles an den Tag*
²colada *f* ⟨Met⟩ *Gießen* n ‖ *Schmelze* f ‖ *Abstich und Guss* m ‖ ~ centrifugada *Schleuderguss* m ‖ ~ continua *Strangguss* m ‖ ~ de producción *Betriebsschmelze* f ‖ ~ refundida *Umschmelze* f ‖ ◇ hacer la ~ *den Abstich vornehmen*
³colada *f* ⟨fam⟩ *gutes Schwert* n *(Anspielung auf ein Schwert des Cid)*
⁴colada *f* Col ⟨Kochk⟩ *Milchreis* m
⁵colada *f Engpass* m, *Bergenge* f
¹coladera *f Filtersack, Seiher* m, *Filter* m (& n) *Durchschlag* m
²coladero *m Sieb* n, *Seiher* m ‖ ◇ dejar como un ~ ⟨figf⟩ *wie ein Sieb durchlöchern*
³coladero *m Engpass, schmaler Gang* m ‖ ⟨Bgb⟩ *Aufhau* m
⁴coladero *m* ⟨Sch⟩ *Diplomfabrik* f *(wo man sehr leicht die Prüfungen besteht),* ⟨joc⟩ *Rettungsanker* m
cola|dizo adj ⟨fig⟩ *s. überall einschleichend* ‖ **–do** adj: aire ~ *Zugluft* f ‖ ◇ estar ~ ⟨fig fam⟩ *blind verliebt sein* ‖ **–dor** *m Durchschlag, Seiher* m, *Sieb* n ‖ *Filtersack* m *(für Kaffee)* ‖ ~ de té *Tee|sieb, -Ei* n ‖ **–dora** *f Wäscherin* f *Waschmaschine* f ‖ **–dura** *f Durchlassen, Seihen* n ‖ *Durchgeseihtes* n ‖ ⟨fig⟩ *Flunkerei* f ‖ ⟨figf⟩ *Reinfall* m, *Blamage* f, *grobes Versehen* n ‖ ⟨figf⟩ *blinde Liebe* f, *blindes Lieben* n
colágeno *m Kollagen* n
colagogo adj ⟨Med⟩ *gallentreibend*
colagón *m* Mex *Leitung* f, *Kanal* m
colambre *f* → **corambre** ‖ Mex *Weinschlauch* m
¹colana *f* ⟨fam⟩ *Schluck, Trunk* m
²cola|na, –ña *f Geländerwand* f *(an Treppen)* ‖ **–nilla** *f kleiner (Tür)Riegel* m
colan|giopatía *f* ⟨Med⟩ *Cholangiopathie, Erkrankung* f *der Gallengänge* ‖ **–gitis** *f* ⟨Med⟩ *Cholangitis, Entzündung* f *der Gallengänge*
cola|pez [*pl* ~ces], **–piscis** *f Fischleim* m
cola|psar vi ⟨Med⟩ *kollabieren, zusammen|brechen, -sinken* (& *Wirtschaft, Verkehr usw.*) ‖ **–pso** *m Zusammenbruch* m (& *Wirtschaft, Verkehr usw.*) ‖ ⟨Med⟩ *Kollaps, Zusammen|bruch m -sinken* n ‖ ~ circulatorio *Kreislaufkollaps* m ‖ ~ pulmonar *Lungenkollaps* m ‖ **–psoterapia** *f* ⟨Med⟩ *Kollapstherapie* f
colapto *m* ⟨V⟩ *Goldspecht* m (Colaptes spp)
¹colar [-ue-] vt *durch|seihen, -lassen, -sieben* ‖ *waschen, in der Lauge ziehen lassen, einweichen (Wäsche)* ‖ ◇ ~la a uno ⟨fam⟩ *jdm et. weismachen* ‖ ¡a mí no me la cuelas! ⟨fam⟩ *das mach e–m anderen weis!*
²colar [-ue] vt ⟨Met⟩ *gießen (in Formen)* ‖ ~ vi *ein-, durch|sickern, durchstreichen (Luft)* ‖ ⟨Mar⟩ *untergehen* ‖ ⟨fam⟩ *zechen, Wein trinken* ‖ ⟨figf⟩ *aufschneiden, kohlen* ‖ ¡eso no cuela! ⟨fam⟩ *da hast du e–n Bock geschossen!* ‖ *das stimmt nicht!* ‖ **~se** *s. ein-, durch|schleichen* ‖ *s. einschmuggeln* ‖ ⟨figf⟩ *hereinfallen, s. blamieren* ‖ ⟨figf⟩ *Unsinn reden* ‖ ¡me colé! ⟨fam⟩ *da bin ich schön reingefallen!*
Colás *m* np ⟨fam⟩ → **Nicolás**
colateral adj *(m/f) in der Seitenlinie, Seiten- ‖ parallel laufend* ‖ ⟨Med⟩ *kollateral* ‖ *(pariente)* ~ *Seitenverwandte(r)* m
colatitud *f* ⟨Astr⟩ *komplementäre Breite* f
colativo adj ⟨Jur⟩ *verleihbar (Würde, Benefiz)* ‖ *ausgleichbar (unter Erben)*

colatura *f durchgeseihte Flüssigkeit* f
colazo *m* Chi → **coletazo**
colbac *m Kalpak* m
colca *f* Pe ⟨Agr⟩ *Getreidespeicher* m
cólcedra *f Wollmatratze* f
col|cha *f Bett-, Stepp|decke* f ‖ *Deck-, Ober|bett* n ‖ ⟨Text⟩ *Kotze* f ‖ ~ de un cabo ⟨Mar⟩ *Kink* f ‖ *Schlag* m *e–s Taues* ‖ ~ guateada *Steppdecke* f ‖ ~ de pluma(s), ~ de plumón *Federbett* n ‖ **–chado** *m Steppzeug, Gestepptes* n ‖ *Polsterung* f ‖ **–chadura** *f Steppen, Abnähen* n ‖ ⟨Mar⟩ *Verseilen, Schlagen* n *(e–s Taues)* ‖ **–char** vt *steppen, abnähen* ‖ *polstern* ‖ ~ un cabo ⟨Mar⟩ *ein Tau verseilen (od schlagen)* ‖ **–chero** *m Steppnäher, Polsterer* m ‖ **–chón** *m Matratze* f ‖ *Unterbett* n ‖ ⟨fig⟩ *Polster* m *(Öst auch m)* ‖ ~ de agua *Wasser|kissen, -polster* n ‖ ~ camero *Matratze* f *e–s französischen Bettes* ‖ ~ de cerda, ~ de crin *Rosshaarmatratze* f ‖ ~ elástico *Federmatratze* f ‖ ~ de goma espuma *Schaumgummimatratze* f ‖ ~ hinchable *Luftmatratze* f ‖ ~ de lana *Wollmatratze* f ‖ ~ de muelles *Sprungfedermatratze* f ‖ ~ neumático *Luftmatratze* f ‖ ~ de pluma(s) *Federbett* n ‖ ~ de tela metálica *Drahtnetzmatratze* f ‖ ~ de viento *Luftmatratze* f
colcho|nería *f Matratzenhandlung* f ‖ **–nero** adj: aguja ~a *Steppnadel* f ‖ ~ m *Matratzenmacher, Polsterer* m ‖ **–neta** *m Sitzpolster, Bankkissen* n ‖ ⟨Sp⟩ *Springmatratze* f *(Turnen)*
colcol *m* Arg ⟨V⟩ *Art Kauz* m ‖ ⟨fig⟩ *hässlicher Mensch* m
colcótar *m (rotes Eisen(III)-oxid), Kolkothar* m
col|crem, –crén *m* (& f) *Cold Cream* f
¹cole *f Kurzform für* **colegio** ‖ ⟨fam⟩ *Penne* f
²cole *m* Sant ⟨fam⟩ *Untertauchen* n *(mit Kopfsprung)*
coleada *f (Schweif)Wedeln* n ‖ ⟨Auto⟩ *Schleudern* n
coleado adj Chi *durchgefallen (Prüfung)* ‖ Chi *geschlagen (Wahlkampf)*
colear vt/i ⟨Taur⟩ *(den Stier) beim Schwanz packen, um ihn zu Fall zu bringen* ‖ Guat *(jdm) nachgehen, folgen* ‖ PR *zurichten (Kampfhähne)* ‖ Col Ven *belästigen, jagen, hetzen* ‖ Dom *(jdm) den Hof machen* ‖ ~ vi *(mit dem Schwanz) wedeln* ‖ *stampfen* ‖ ⟨fig⟩ *wimmeln (Fische)* ‖ ◇ todavía colea ⟨figf⟩ *der wird noch zu schaffen geben* ‖ ⟨figf⟩ *es wird noch Folgen haben* ‖ ⟨figf⟩ *das hat noch gute Weile* ‖ vivito y coleando ⟨fam⟩ *kräftig und gesund; munter wie ein Fisch im Wasser*
colec|ción *f Sammlung* f ‖ *Auswahl* f ‖ *Reihe* f *(Bücher)* ‖ ⟨Com⟩ *(Muster)Kollektion* f ‖ ⟨fam⟩ *Menge* f ‖ ~ de coleópteros *Käfersammlung* f ‖ ~ de cuadros *Gemäldegalerie* f ‖ ~ de cuentos *Märchensammlung* f ‖ ~ de lepidópteros, ~ de mariposas *Schmetterlingssammlung* f ‖ ~ de minerales *Mineraliensammlung* f ‖ ~ de modas *Modekollektion* f ‖ ~ de monedas *Münz(en)sammlung* f ‖ ~ de pinturas *Gemäldesammlung* f ‖ ~ purulenta ⟨Med⟩ *Eiteransammlung* f ‖ ~ de sellos (postales) *Briefmarkensammlung* f ‖ ◇ hacer ~ de algo et. *sammeln, e–e Sammlung von et. anlegen von* ‖ **–cionar** vt *sammeln* ‖ **–cionismo** *m Sammeln* n, *Sammeltätigkeit* f ‖ *Sammelwut* f ‖ **–cionista** *m/f Sammler(in* f) m
colecis|titis *f* ⟨Med⟩ *Cholezystitis* f ‖ **–tografía** *f* ⟨Med⟩ *Cholezystographie, Darstellung* f *der Gallenblase* ‖ **–totomía** *f* ⟨Med⟩ *Cholezystotomie, Eröffnung* f *der Gallenblase*
colec|ta *f Kollekte* f *(Altargebet)* ‖ *Geldsammlung, Kollekte* f ‖ *Einsammlung* f *von*

Almosen ‖ *Spendensammlung* f ‖ *Bettelfahrt* f ‖
–tación f *Geldsammlung, Kollekte* f, *Kollektieren*
n ‖ **–tánea** f *Sammelbuch* n ‖ **–tar** vt *einziehen
(Steuern)* ‖ *sammeln, kollektieren (Geld)*
colecti|vamente adj *kollektiv, gemeinschaftlich*
‖ *insgesamt* ‖ **–vero** m Arg Bol *Fahrer* m *e–s
Kleinbusses (zur Personenbeförderung)* ‖ **–vidad** f
Gesamtheit f ‖ *menschliche Gemeinschaft* f ‖
Kolonie f *(von Ausländern)* ‖ *Kollektiv* n ‖ ~
obrera *Arbeiterschaft* f ‖ **–vismo** m *Kollektivismus*
m ‖ **–vista** adj *(m/f) kollektivistisch* ‖ ~ m/f
Kollektivist(in f) m ‖ **–vización** f
Ver|gemeinschaftung,
-gesellschaftung f ‖ *Überführung* f *in
Gemeinbesitz* ‖ *Sozialisierung, Kollektivierung* f ‖
~ *forzosa Zwangskollektivierung* f ‖ **–vizar** [z/c]
vt *kollektivieren* ‖ **–vo** adj *gesamt, ganz* ‖
zusammenfassend ‖ *gemeinschaftlich, kollektiv* ‖
~ m *Sammelbegriff* m ‖ ⟨Pol⟩ *Kollektiv* n ‖ Arg
Bol *Kleinbus* m *(zur Personenbeförderung)*
¹colector m *Sammler* m ‖ *Steuereinnehmer* m
Lotterieeinnehmer m ‖ ~ de contribuciones, ~ de
impuestos *Steuereinnehmer* m
²colector m ⟨El Tech⟩ *Sammel|rohr* n, *-kasten*
m ‖ *Kollektor* m *(Transistor)* ‖ *Kommutator,
Stromwender, Kollektor* m ‖ ~ de aceite *Ölfänger*
m ‖ *Sumpf* m ‖ ~ de cenizas volantes
Flugaschenfang m ‖ ~ de condensación
Kondens|topf, -wasserabscheider m ‖ ~ de
desechos *Abfall|sammler* m, *-sammelanlage* f ‖ ~
de escuge ⟨Auto⟩ *Auspuffkrümmer* m ‖ ~ de
fango →⁺ ~ de lodos ‖ ~ de hollín *Rußvorlage* f ‖
~ de humos *Rauchfänger* m ‖ ~ de lodos
Schlamm|sammler,
-kasten m ‖ ~ de polvo *Staubfänger* m ‖ ~ de
residuos →⁺ ~ de desechos ‖ ~ solar
Sonnenkollektor m ‖ ~ sumidero *Abfluss, Gully* m
‖ ~ de vapor *Dampf|sammler* m, *-kammer* f ‖ ~
de virutas *Späne|fang* m, *-schale* f
    colecturía f *Einnehmeramt* n, *Sammelstelle* f
    colédoco m ⟨An⟩ *Choledochus* m
    colega m/f *Kolle|ge* m, *-gin* f, *Amtsgenos|se* m,
-sin f ⟨pop⟩ *Kamerad(in* f) m
    colegatario m *Mit|vermächtnisnehmer, -legatar*
m
    cole|giación f *Aufnahme* f *in e–e Kammer* ‖
Mitgliedschaftserwerb m *in e–r Anwaltskammer* ‖
–giado adj *Kollegial- ‖ e–m Kollegium als
Mitglied angehörig, registriert, eingetragen* ‖ ~
m *Mitglied* n *e–r Kammer* ‖ ⟨Sp⟩ *Schiedsrichter*
m ‖ **–gial** adj *(m/f) zum Kollegium, zur Schule
gehörig* ‖ (iglesia) ~ f *Stiftskirche* f ‖ ~ m
Kammermitglied n ‖ *Mitglied* m *e–r
Anwaltskammer* ‖ *Stiftsgenosse* m *e–r Lehranstalt*
‖ *Schüler* m, *Schulkind* n ‖ *Freischüler* m ‖
Zögling m ‖ ⟨figf⟩ *unerfahrener Junge* m ‖ ~
medio pensionista *zahlender Schüler, der in der
Schule Unterricht und Kost erhält* ‖ ~ pensionista
Vollschüler m ‖ ◇ *portarse como un* ~ ⟨fam⟩ *s.
bubenhaft benehmen* ‖ **–giala** f *Schulmädchen* n ‖
⟨figf⟩ *Backfisch, Teenager* m ‖ ◇ *comportarse
como una* ~ *s. wie ein kleines Mädchen
benehmen* ‖ **–gialista** m/f *Anhänger(in* f) m *des
Kollegialprinzips* ‖ **–giarse** vr *ein Kollegium, e–e
Berufsorganisation bilden* ‖ *e–r Kammer beitreten*
‖ **–giata** f *Stifts-, Dom|kirche* f, *Kollegiat* n ‖
–giatura f *Stipendium* n *(für Schüler)* ‖ *Freistelle*
f *in e–m Internat*
    ¹colegio m *Schule* f ‖ *(höhere) Privatschule* f ‖
Schulgebäude n ‖ *Stift* n, *Stiftungsanstalt* f ‖
Erziehungsanstalt f ‖ ~ de bachillerato
Gymnasium n ‖ ~ de ciegos *Blinden|anstalt,
-schule* f ‖ ~ de EGB *Grund- und Hauptschule* f
‖ ~ de enseñanza media *Gymnasium* n ‖ ~ de
primera enseñanza *Grund- und Hauptschule* f ‖ ~

de segunda enseñanza *Gymnasium* n ‖ ~ Español
Spanische Anstalt f *in Bologna (Italien)* ‖ ~ de
internos *Internat, Schülerheim* n ‖ ~ mayor
Studenten(wohn)heim n ‖ ~ nacional *(staatliche
od städtische) Grund- und Hauptschule* f ‖ ~ de
niñas *Mädchenschule* f ‖ ~ de niños
Knabenschule f ‖ ~ particular *Privatschule* f ‖ ~
de párvulos *Kinderhort* m ‖ ~ preuniversitario
Deut *Studienkolleg* n ‖ ~ de señoritas
Mädchenschule f ‖ ~ de sordomudos
Taubstummen|schule, -anstalt f ‖ ◇ *ir al* ~,
frecuentar el ~ *die Schule besuchen*
    ²colegio m *Kammer* f ‖ *Berufs|verband* m,
-genossenschaft f ‖ *Kollegium* n ‖ ~ de abogados
Anwaltskammer f ‖ ~ apostólico *Gemeinschaft* f
der Apostel ‖ ~ cardenalicio, ~ de cardenales
Kardinalskollegium n ‖ ~ de corredores de
comercio *Berufsvereinigung* f *von
Handelsagenten* ‖ *Maklerverband* m ‖ ~ electoral
Wahl(männer)versammlung f ‖ *Wahllokal* n ‖
Wahlkörper m *(Kirchenrecht)* ‖ ~ de
farmacéuticos *Apothekerkammer* f ‖ ~ de jueces
Richterkollegium n ‖ ~ de médicos *Ärztekammer*
f ‖ ~ notarial *Notarkammer* f ‖ ~ de
procuradores *Kammer* f *der nicht plädierenden
Anwälte, Kammer* f *der Prozessvertreter* ‖ ~ de
profesores *Lehrerkollegium* n ‖ ~ sacro
Kardinalskollegium n
    colegir [-i-, g/j] vt *zusammenbringen* ‖ *folgern,
schließen* ‖ ◇ *de esto colijo que ... daraus
schließe ich, dass ...*
    colegislador adj *mitgesetzgebend (Kammer)*
    coleli|tiasis f ⟨Med⟩ *Cholelithiasis* f,
Gallensteinleiden n ‖ **–to** m *Gallenstein* m ‖
–tomía f *Cholelithotomie* f
    colemanita f ⟨Min⟩ *Colemanit* m
    colémbolos mpl ⟨Ins⟩ *Springschwänzchen* npl,
Kollembolen mpl *(Collembola)*
    colemia f ⟨Med⟩ *Cholämie* f, *Übertritt* m *der
Galle ins Blut*
    colendo adj *zum Gottesdienst bestimmt (Tag)*
    coleo m s von **colear** ‖ *(Schweif)Wedeln* n
    ¹coleóptero m ⟨Ins⟩ *Käfer* m ‖ **–s** mpl *Käfer*
mpl, *Koleopteren* fpl *(Coleoptera)*
    ²coleóptero m *(Flugw) Ringflügelflugzeug* n,
Koleopter m
    coleopte|rología f *Käferkunde, Koleopterologie*
f ‖ **–rólogo** m *Käferkundige(r), Koleopterologe* m
    coleópteros mpl ⟨pop⟩ →⁺ **colistas**
    coleóptilo m ⟨Bot⟩ *Koleoptile, Sprossscheide* f
(der Gräser)
    coleoptosis f ⟨Med⟩ *Scheiden|prolaps, -vorfall*
m
    colepoyesis f ⟨Physiol⟩ *Cholepoese,
Gallebildung* f
    ¹cólera f ⟨fig⟩ *(Jäh)Zorn, Unwille* m ‖ ◇
aplacar la ~ *de uno jdn beschwichtigen* ‖ *cortar la*
~ ⟨figf⟩ *e–n Imbiss nehmen* ‖ *cortar la* ~ *a alg.*
⟨figf⟩ *jds Zorn besänftigen, jdn entwaffnen* ‖
descargar la ~ ⟨fig⟩ *s–n Zorn auslassen (en an
dat)* ‖ *montar en* ~ *in Zorn geraten* ‖ ⟨fam⟩
aufbrausen ‖ *tomar(se de la)* ~ ⟨figf⟩ *wütend
werden*
    ²cólera m ⟨Med⟩ *Cholera* f ‖ ~ asiático
*epidemische Cholera, infektiöse
Vergiftungsenteritis* ‖ ~ aviar *Geflügelcholera* f
‖ ~ europeo *od* nostras *europäische Cholera,
Cholera nostras, Brechruhr* f
    colerético m ⟨Med⟩ *Choleretikum* n
    ¹colérico adj *aufbrausend, jähzornig, reizbar* ‖
◇ *estar* ~ *in Zorn sein* ‖ *ser* ~ *von zorniger
Natur sein* ‖ ~ m *Choleriker, Heißsporn* m
    ²colérico m/adj ⟨Med⟩ *Cholerakranke(r)* m
    coleriforme adj *(m/f)* ⟨Med⟩ *choleraartig*
    colerina f ⟨Med⟩ *Cholerine* f

colero *m* Chi ⟨fam⟩ *Zylinderhut* m
colerón *m* ⟨fam⟩ *Wutanfall* m
colerragia *f* ⟨Med⟩ *übermäßiger Ausfluss* m *von Galle, Cholerrhagie* f
colestea|toma *m* ⟨Med⟩ *Cholesteatom* n ‖ **–tosis** *f* ⟨Med⟩ *Cholestea|tose, -tosis* f
coleste|rina *f* → **–rol** ‖ **–rinemia** f → **–rolemia** ‖ **–rol** *m* ⟨Physiol⟩ *Cholesterin* n ‖ **–rolemia** ⟨Med⟩ *Cholesterämie* f
¹coleta *f kurzer Schopf, Nackenschopf* m ‖ *Haar-, Perücken|zopf* m ‖ ⟨Taur⟩ *Zopf* m *der Stierkämpfer* ‖ ⟨figf⟩ *Nachschrift* f ‖ ◇ *cortarse la ~* ⟨fig⟩ *s. vom Stierkämpferberuf zurückziehen* ‖ ⟨fam⟩ *s–n Beruf aufgeben*
²coleta *f* ⟨Text⟩ ⟨Art⟩ *Linnen* n ‖ Cu *Hanfleinwand* f ‖ Mex *Nanking* n
coletazo *m Schlag* m *mit dem Schwanz* ‖ ◇ *dar ~s mit dem Schwanz (Vieh) bzw dem Schweif (Pferd) schlagen (um Fliegen abzuwehren)* ‖ *mit dem Schwanz schlagen (Fisch außerhalb des Wassers)*
cole|tilla *f dim von* ¹coleta ‖ *kurzer Zopf* m *(der Stierkämpfer)* ‖ *Perückenzopf* m
cole|tillo *m Jäckchen* n *ohne Ärmel* ‖ **–to** *m (Leder)Koller* n ‖ *Wams* n ‖ *Sport-, Reit|jacke* f ‖ *Jacke* f ‖ Col Ven ⟨fig⟩ *Frechheit, Unverschämtheit* f ‖ ◇ *decir para su ~* ⟨figf⟩ *für s. sagen, denken* ‖ *echarse al ~* ⟨figf⟩ *verschlingen, austrinken, hinter die Binde gießen* ‖ ⟨figf⟩ *von A bis Z lesen (Buch, Schrift)* ‖ **–tón** *m* Ven *Sacktuch* n ‖ Ven *verachtenswerter Kerl* m ‖ **–tudo** *adj dreist, unverschämt, frech*
coletuy *m* ⟨Bot⟩ *Kronwicke* f (Coronilla spp)
colga|dero *adj zum Aufhängen (Trauben)* ‖ *~ m (Wand)Haken* m ‖ *Kleiderhaken* m ‖ *Fleischerhaken* m ‖ *Henkel* m ‖ **–dizo** *adj zum Aufhängen geeignet* ‖ *~ m Wetter-, Vor|dach* n ‖ *Galerie* f ‖ ⟨Arch⟩ *Dachbinder* m
colga|do *adj hängend* ‖ ⟨fig⟩ *gespannt ‖ behängt, geschmückt (Balkon)* ‖ ⟨figf⟩ *im Ungewissen, schwebend* ‖ ◇ *dejar ~ a alg.* ⟨figf⟩ *jdn in s–n Erwartungen täuschen* ‖ *jdn im Regen stehenlassen* ‖ *estar ~ de los cabellos* ⟨figf⟩ *wie auf Kohlen sitzen* ‖ *estar ~ sobre algo* ⟨Arch⟩ *über et. über|hängen, -stehen* ‖ *estaba ~ de sus palabras* ⟨fig⟩ *er hing an s–n (ihren) Lippen* ‖ *quedar ~* ⟨figf⟩ *in (peinlicher) Ungewissheit sein* ‖ **–dor** *m Kleiderbügel* m ‖ ⟨Typ⟩ *Aufhänger* m *(für Druckbogen)* ‖ *Am Kleiderrechen* m ‖ ⟨Bgb⟩ *Anschläger* m *(Arbeiter)* ‖ *~ de vagones* ⟨Bgb⟩ *Stollenaufzug* m ‖ **–dura** *f Wandbehang* m ‖ *~ de cama Bettvorhang* m ‖ **–s** *fpl Teppichbehänge, Vorhänge* mpl ‖ **–jo** *m Fetzen* m *(an e–m Kleid)* ‖ *hängender Wandschmuck* m ‖ *zum Trocknen aufgehängte Trauben* fpl ‖ *Schlüsselbund* m ‖ ⟨Med⟩ *Lappen* m ‖ ⟨pop⟩ *Anhängsel* m ‖ **–miento** *m Aufhängen* n ‖ *Erhängen* n
colgan|dero *adj* → **colgante** ‖ **–te** *adj (m/f) überhängend (Mauer)* ‖ *hängend* ‖ ♦ *con la lengua ~ mit heraushängender Zunge (Hund)* ‖ *~ m* ⟨Arch⟩ *Blumengewinde* n ‖ *Anhänger* m *(Schmuck)* ‖ *Behang* m ‖ *Am Ohrring* m ‖ *Uhrgehänge* n ‖ PR *kurze, dicke Uhrkette* f ‖ **–s** mpl *herunterhängende Fransen* fpl ‖ *Hals|schmuck* m, *-gehänge* n ‖ ⟨vulg⟩ *Eier* npl *(Hoden)* ‖ ⟨fig⟩ *Stärke, Kraft* f
colgar [-ue-, g/gu] *vt (auf-), an|hängen* ‖ *umhängen* ‖ *henken, aufhängen* ‖ *behängen* ‖ ⟨Tel⟩ *(den Hörer) auflegen* ‖ ⟨figf⟩ *(als Angebinde) schenken* ‖ ⟨fig⟩ *jdn et. beimessen, anhängen, zuschieben* ‖ ⟨figf⟩ *durchfallen lassen (in e–r Prüfung)* ‖ ◇ *~ de un clavo an e–n Nagel hängen* ‖ *~le a u. dos etiquetas jdn in zwei Schubladen stecken* ‖ *~ los hábitos od la sotana*

⟨fam⟩ *die Kutte ablegen* ‖ ⟨figf⟩ *den Beruf an den Nagel hängen* ‖ *~ los libros das Studium an den Nagel hängen* ‖ *~ en od de la percha an den Kleiderrechen hängen* ‖ *~ a uno el santo* ⟨pop⟩ *die Schuld auf jdn schieben* ‖ ⟨Sch⟩ *ich bin durchgefallen (Prüfung)* ‖ *~ vi (herab-, heraus)hängen* ‖ *abhängen* ‖ ⟨figf⟩ *in der Patsche sein* ‖ ◇ *y lo que cuelga* ⟨fam⟩ *und was drum und dran hängt* ‖ *con la lengua colgando mit heraushängender Zunge (Hund)* ‖ *~se s. auf-, er|hängen* ‖ ◇ *~ del od al cuello (a, de) (jds) Hals umschlingen, (jdm) um den Hals fallen*
coliamarillo *m* Mex ⟨V⟩ → **tucán**
colias *m* ⟨Ins⟩: *~ de Berger Heufalter* m (Colias australis)
coliazul *m* ⟨V⟩: *~ cejiblanco Blauschwanz* m (Tarsiger cyanurus)
colibaci|lo *m* ⟨Bact⟩ *Kolibakterium* n ‖ **–losis** *f* ⟨Med⟩ *Koli|bazillose, -sepsis* f
coluria *f* ⟨Med⟩ *Koliurie* f
¹coliblanco *adj mit weißem Schwanz bzw Schweif*
²coliblanco *adj weißhalsig*
colibrí [*pl* **~íes, ~ís**] *m* ⟨V⟩ *Kolibri* m
cólica *f* ⟨Med⟩ *vorübergehende Kolik* f
colicano *adj mit stichelhaarigem Schweif (Pferd)*
¹cólico *adj: ácido ~* ⟨Chem⟩ *Cholsäure* f
²cólico *m* ⟨Med⟩ *Kolik* f ‖ *~ bilioso, ~ biliario Gallenkolik* f ‖ *~ gástrico Magen|kolik* f, *-krampf* m ‖ *~hepático Gallen(stein)kolik* f ‖ *~intestinal Darmkolik* f ‖ *~ miserere Koterbrechen* n ‖ *~ mucomembranoso Schleimkolik* f ‖ *~ nefrítico, ~ renal Nierenkolik* f ‖ *~ saturnino, ~ de plomo Bleikolik* f ‖ *~ testicular Hodenkolik* f ‖ ◇ *no morirá de ~ cerrado* ⟨figf⟩ *er ist ein großer Schwätzer* ‖ *¡así te dé el ~!* ⟨vulg⟩ *verrecken sollst du!*
colicoli *m* Chi ⟨Ins⟩ *e–e Art Bremse* f
colicorto *adj mit kurzem Schweif, kurzgeschwänzt*
coli|cuación *f Zerfließen* n, *Auflösung* f ‖ *Schmelzen* n ‖ **–cuar, –cuecer** [-zc] *vt/i schmelzen, flüssig machen* ‖ *~se s. auflösen*
colículo *m* ⟨An⟩ *Hügelchen* n
coliche *m* ⟨fam⟩ *Familienfest* n
colidir *vt zusammenstoßen, aneinander prallen, kollidieren* ‖ ⟨Jur⟩ *kollidieren (Normen)*
coliflor *f* ⟨Bot⟩ *Blumenkohl,* Öst Südd *Karfiol* m (Brassica oleracea var. botrytis)
coli|gación *f Verbindung* f ‖ *Bündnis* n, *Bund, Zusammenschluss* m ‖ *~ patronal Aussperrung* f ‖ **–gado** *m/adj Bundesgenosse* m ‖ **–gadura** *f,* **–gamiento** *m Zusammenschluss* m ‖ **–gar** [g/gu] *vt vereinigen* ‖ *~se s. verbünden (con mit)*
¹coligrueso *adj dickschwänzig*
²coligrueso *adj dickhalsig*
³coligrueso *m* Arg *Beuteliltis* m, *Dickschwanzbeutelratte* f (Lutreolina crassicaudata)
coliguacho *m* Chi ⟨Art⟩ *Bremse* f (Tabanus depressus)
coli|güe *m* → **–hue**
colihemia *f* ⟨Med⟩ → **colemia**
colihuaco *adj* Chi *dunkelbraun* ‖ Chi ⟨fam⟩ *sehr groß*
colihuc *m* Chi ⟨Bot⟩ *Dachgras* n ‖ *e–e südam. Bambusart* f (Chusquea spp)
coli|larga *f* Chi ⟨V⟩ *Buschschlüpfer* m (Synallaxis sp) ‖ **–largo** *adj langschwänzig* ‖ *~ m* Am ⟨Art⟩ *langschwänzige Ratte* f (Hesperomys longicaudatus)
coli|lla *f Zigarren-, Zigaretten|Stummel* m, *Kippe* f, Öst *Tschick* m ‖ ⟨figf⟩ *armer Schlucker*

m ‖ (figf) *verachtenswerter Mensch* m ‖ **–llero** *m*
⟨fam⟩ *Kippensammler* m
colima|ción *f* ⟨Opt⟩ *Kollimation* f ‖ **–dor** *m*
Kollimator m ‖ ~ *neutrónico Neutronenkollimator*
m
colimbo *m* ⟨V⟩ *Taucher* m (Gavia spp) ‖ ~ de
Adams *Gelbschnäbliger Eistaucher* m (G.
adamsii) ‖ ~ ártico *Prachttaucher* m (G. arctica)
‖ ~ chico *Sterntaucher* m (G. stellata) ‖ ~ grande
Eistaucher m (G. immer)
¹**colín** adj *kurzschwänzig (Pferd)* ‖ ~ *m* ⟨V⟩
Baumwachtel, Virginische Wachtel f (Colinus
virginianus)
²**colín** *m* Cu Dom *Buschmesser* n
¹**colina** *f Hügel* m, *Anhöhe* f
²**colina** *f* **–no** *m Kohlsame* m
³**colina** *f* ⟨Physiol⟩ *Cholin* n
colinabo *m* ⟨Bot⟩ *Kohlrabi* m (Brassica
oleracea var. gongylodes)
colincho adj Arg Ec *kurzschwänzig* ‖
schwanzlos
colindante adj *(m/f) angrenzend, benachbart
(Feld)*
colineación *f* ⟨Math⟩ *Kollineation* f
colineta *f Tafelaufsatz* m *mit Früchten und
Zuckerwerk*
¹**colino** adj And *kurzschwänzig (Pferd)*
²**colino** m *Kohlfeld* n ‖ *Kohlsame* m ‖ Am
kleine Banane
colio *m* ⟨V⟩ *Mausvogel* m (Colius sp)
colipavo adj: paloma ~a *Pfautaube* f
coli|quera *f* ⟨Med⟩ *stärkere od länger
dauernde Kolik* f
colirio *m* *(äußerliches) Augenmittel* n ‖
Augenwasser n
colirrábano *m* ⟨Bot⟩ *Kohlrettich* m
colirrojo *m* ⟨V⟩ *Rotschwanz* m (Phoenicurus) ‖
~ real, ~ de los jardines *Gartenrotschwanz* m
(Ph. phoenicurus) ‖ ~ tizón *Hausrotschwanz* m
(Ph. ochrurus)
colisa *f* ⟨Tech⟩ *Kulisse* f
Coliseo *m Kolosseum* n *(Rom)* ‖ ~ *Schauplatz*
m ‖ *Schauspielhaus* n
¹**colisión** *f Zusammenstoß* m,
Aufeinanderprallen n, *Kollision* f ‖ ~ frontal
Frontalzusammenstoß m ‖ ~ múltiple
Massenkarambolage f ‖ ~ originada por la deriva
⟨Mar⟩ *Triftkollision* f
²**colisión** *f Kollision* f, *Widerstreit* m *(der
Interessen)* ‖ *Kollision f (von Rechtsvorschriften)*
‖ *Reibung* f ‖ ~ de deberes *Pflichtenkollision* f ‖
~ de derechos *Normenkollision* f ‖ ~ de intereses
Interessenkollision f ‖ ~ de normas → ~ de
derechos
colisionar vt ⟨fam⟩ → **colidir** ‖ ◊ ~ con …
⟨fam⟩ *zusammenstoßen mit …, fahren gegen …*
colista *m/f Person* f, *die in der Schlange
wartet* ‖ ⟨Sp⟩ *Schlusslicht* n ‖ ~s *mpl* ⟨pop⟩
*Leute, die vor der Madrider Münze das Ergebnis
der Hauptziehung der span. Weihnachtslotterie
abwarten*
Colita *m* np ⟨fam⟩ → **Nicolás**
colitear vt Guat: ~ a uno *hinter jdm hergehen*
colitigante *m/f Gegenpartei* f, *Streitgenosse* m
colitis *f* ⟨Med⟩ *Kolitis* f
coli|toxemia *f* ⟨Med⟩ *Kolibazillämie* f ‖ **–uria** *f*
⟨Med⟩ *Koliurie* f
coliza *f* ⟨Mar⟩ → **colisa**
¹**colla** *f Koppel* f *(Jagdhunde)* ‖ ⟨Mar⟩ *Gruppe,
Truppe, Kolonne* f ‖ Val *Trupp* m ‖ *Räuberbande* f
²**colla** *m* adj SAm ⟨figf⟩ *arm, elend* ‖ Arg
indianischer Mestize m ‖ Arg *Bolivianer* m ‖ Arg
⟨figf⟩ *geiziger Mensch* m ‖ Bol *Bewohner* m *der
Andenhöhen*
colla|da *f Berg|sattel, -pass* m, *Joch* n ‖ **–día** *f*

hügeliges Gelände n ‖ **–diello, –do** *m*
Anhöhe f, *Hügel* m ‖ *Berg|sattel, -pass* m ‖ ~
barométrico ⟨Meteor⟩ *barometrische
Einsatt(e)lung* f
collage *m* ⟨Kunst⟩ *Collage* f
collalba *f* ⟨V⟩ *Steinschmätzer* m (Oenanthe
spp) ‖ ~ desértica *Wüstensteinschmätzer* m (O.
deserti) ‖ ~ gris *Steinschmätzer* m (O. oenanthe)
‖ ~ isabel *Isabellsteinschmätzer* m (O. isabellina)
‖ ~ negra *Trauersteinschmätzer* m (O. leucura) ‖
~ pía *Nonnensteinschmätzer* m (O. pleschanka) ‖
~ rubia *Mittelmeersteinschmätzer* m (O.
hispanica)
¹**collar** *m Hals|band* n, *-kette, -schnur* f,
Kollier n ‖ *Ordenskette* f ‖ *Halskrause* f ‖ ⟨Hist⟩
Halseisen n *(für Missetäter)* ‖ *Kum(me)t* n ‖
Halsband n *für Hunde usw.* ‖ ⟨Med⟩ *Ringflechte* f
‖ ⟨Med⟩ *Geradehalter* m ‖ ⟨Zool V⟩ *(Hals)Ring* m
‖ ~ cadenilla *Halskette* f ‖ ~ de perlas
Perlenhalsband n, *Perlschnur* f ‖ ~ de perro
Hundehalsband n ‖ ~ protector *Kragenschoner* m
‖ ◊ comprar el ~ antes que el galgo ⟨fig⟩ *das
Fell des Bären verkaufen, ehe man ihn gefangen
hat* ‖ son los mismos perros con diferentes ~es
⟨figf⟩ *es sind immer dieselben (im bösen Sinn)*
²**collar** *m* ⟨Tech⟩ *Ring, Bund* m, *Schelle* f ‖
Bügel m ‖ ~ del árbol *Wellenbund* m ‖ ~ de
armadura *Ankerring* m ‖ ~ compensador
Ausgleichsring m ‖ ~ de eje *Achsbund* m ‖ ~ de
gozne *Hals-, Angel|eisen* n ‖ ~ de muelle
Feder|bund, -bügel m ‖ ~ de portaescobillas
Bürsten|brücke f, *-träger* m ‖ ~ de retención
Haltering m ‖ ~ de sujeción *Klemmschelle* f ‖ ~
de tubo *Rohrschelle* f
colla|reja *f* CR Mex *Wiesel* n ‖ **–rejo** *m* dim
von **collar** ‖ **–rín** *m steifer Halskragen* m *der
Geistlichen, Collar* n ‖ *schmaler Halskragen* m
(am Kleid) ‖ *Etikett* n *am Flaschenhals*
collarón *m* → **collerón**
¹**collazo** *m Mitbedienstete(r)* m ‖ *Milchbruder*
m
²**collazo** m *Schlag* m *ins Genick*
colleja *f* ⟨Bot⟩ *Lichtnelke* f (Lychnis spp)
¹**colle|ra** *f Kum(me)t* n ‖ *Halsschmuck* m *der
Pferde* ‖ Arg Ur Chi *Koppel* f *Tiere*
²**collera** *f* PR Ur *(Treib)Riemen* m
³**collera** *f* And *Paar* n *(Geflügel usw.)*
colle|ras *fpl* Arg Ur *Hemd-,
Manschetten|knöpfe* mpl ‖ **–rín** *m* Chi → **collarín**
‖ **–rón** *m* augm von **collera** ‖ *(großes) Kum(me)t*
n
colleta *f* Rioja *kleiner Wirsingkopf* m
collie *m* [Hund] *Collie, Schottischer
Schäferhund* m
collo adj Am ⟨fam⟩ *besiegt* ‖ *gefangen*
collón adj *feige* ‖ ~ *m Schuft, Schurke* m ‖
Feigling m, *Memme* f
collonada *f* ⟨fam⟩ *Memmentat* f
collonco adj Chi *schwanzlos (Tier)*
collonería *f Angst, Feigheit* f
collota *f* Pe *(Mörser)Stößel* m
colma *f* ⟨fam⟩ *schwere Last* f
colma|damente adv *in Hülle und Fülle* ‖ **–do**
adj *reichlich, voll, angefüllt* ‖ *überhäuft* ‖ *beladen*
‖ *reich|besetzt, -gedeckt (Tisch)* ‖ ~ de riquezas
⟨fig⟩ *steinreich* ‖ ~ *m Lebensmittelgeschäft* n
(bes. Cat) ‖ *Imbissstube* f, *Weinkneipe* f (bes. And)
‖ **–dura** *f An-, Über|füllen* n ‖ And *(Art) Bar* f
colmar vt *überfüllen* ‖ *überhäufen* ‖ *anhäufen* ‖ über den
Rand füllen ‖ *(an)füllen (de mit)* ‖ ⟨Arch⟩
zuschütten, ausfüllen ‖ ◊ ~ de honores *mit Ehren
überhäufen* ‖ ~ lagunas *Lücken* fpl *ausfüllen*
colmata|je *m Auflandung, Kolmation* f ‖ **–tar**
vt *auffüllen*
colme|na *f Bienen|korb, -kasten* m ‖ Mex *Biene*

f ‖ ⟨figf⟩ *Zylinderhut* m ‖ ~ fija, ~ de cuadros
fijos *Stabilwohnung* f ‖ ~ móvil, ~ de cuadros
movibles *Mobil|wohnung, -beute* f ‖ ~s humanas
Wohnwaben fpl ‖ ~ de paja *Stülpkorb* m ‖ ◇
tener la casa como una ~ ⟨figf⟩ *das Haus mit
allem wohl versehen haben* ‖ **–nar** m *Bienenstand*
m ‖ **–nero** m *Zeidler, Imker, Bienenzüchter* m
   colmenilla f ⟨Bot⟩ *Morchel* f (Morchella spp)
   colmi|llada f → **–llazo** ‖ **–llazo** m
Biss, Riss m *von einem Fangzahn* ‖ ◇
arrancar a ~s *ab|beißen, -reißen (Hund)* ‖
–llo m *Augen-, Spitz|zahn* m ‖ *Hauer, Reiß-,
Fang|zahn* m *(des Hundes)* ‖ *Elefantenzahn* m ‖ ◇
escupir por el ~ ⟨figf⟩ *angeben, aufschneiden,
prahlen,* ⟨pop⟩ *große Bogen spucken* ‖
⟨figf⟩ *rücksichtslos auftreten* ‖ enseñar los ~s
⟨figf⟩ *die Zähne zeigen* ‖ *Furcht einflößen* ‖
ser de ~ retorcido, tener el ~ retorcido ⟨figf⟩
sehr gerieben und verschlagen sein ‖ **–lludo** adj
mit großen Fangzähnen ‖ ⟨fig⟩ *gerieben,
verschlagen*
   ¹colmo m *Über|maß* n, *-häufung* f ‖ ⟨fig⟩
Gipfel, Scheitelpunkt m ‖ *Fülle* f *(des Glücks)* ‖
⟨Com⟩ *Zugabe* f ‖ ⟨figf⟩ *Höhe* f ‖ Gal *Strohdach* n
‖ ◆ a ~ *reichlich, in Hülle und Fülle* ‖ con ~
gehäuft (Getreidemaß) ‖ en ~ *(über)voll (Korb,
Krug)* ‖ en el ~ de la sorpresa *höchst überrascht*
‖ ¡es el ~! ⟨fam⟩ *da hört doch alles auf! das ist
doch der Gipfel!* ‖ y para ~ *und noch dazu* ‖ para
~ de la desgracia ⟨fam⟩ *um das Unglück
vollzumachen* ‖ ◇ llegar a (su) ~ ⟨figf⟩ *den
Gipfel, die letzte Vollendung erreichen*
   ²colmo adj *bis an den Rand gefüllt (Maß)*
   colobo m *Stummelaffe, Guereza* m (Colobus
spp)
   colobrí [pl **~íes, ~ís**] m Arg → **colibrí**
   ¹colocación f *(Auf)Stellung, Anordnung* f ‖
Lage f ‖ *Sitzordnung* f ‖ ~ de cables
Kabelverlegung f ‖ ~ de conductores ⟨El⟩
Leitungsverlegung f ‖ ~ de minas ⟨Mil⟩
Minenlegen n ‖ ~de la primera piedra
Grundsteinlegung f ‖ ~ en prensa ⟨Typ⟩ *Einheben*
n ‖ ~ al tresbolillo *versetzte Anordnung* f ‖ ~ de
tubos *Rohrverlegung* f ‖ ~ de vías férreas
Gleisverlegung f
   ²colocación f *Geldanlage* f ‖ *(Waren)Absatz* m
‖ ~ de capital *Kapitalanlage, Investition* f
   ³colocación f *Stelle, Anstellung* f ‖ ⟨fig⟩
Unterbringung, Versorgung f ‖ ~ fija *feste Stelle*
od *Anstellung* f, *fester Arbeitsplatz* m ‖ ~ de
parados *Arbeitslosenvermittlung* f ‖ ~ a título de
prueba *Anstellung* f *auf Probe* ‖ ◇ pedir una ~,
solicitar una ~ *s. um e–e Stelle bewerben*
   ⁴colocación f ⟨Ling⟩ *Kollokation* f
   colocador m *Aufleger* m, *Auflagevorrichtung* f
‖ ~ de baldosas *Fliesen-, Platten|leger* m ‖ ~ de
tuberías *Rohrleger* m
   ¹colocar [c/qu] vt *(auf)stellen, legen, (an-,
ein)ordnen* ‖ *setzen* ‖ *anbringen* ‖ *e–n Platz
anweisen* (a alg. jdm) ‖ *legen (Leitungen)* ‖ ⟨Taur⟩
einstechen (Banderillas) ‖ ◇ ~ en ángulo recto
rechtwink(e)lig ansetzen ‖ ~ en caliente *warm
aufziehen, heiß einbauen* ‖ ~ calzos ⟨Auto⟩ *Keile
unterlegen, mit Keilen sichern* ‖ ~ en memoria
(Inform) *im Speicher ablegen* ‖ ~ por
orden *reihenweise aufstellen* ‖ *ordnen* ‖ ~ sobre
el papel ⟨fig⟩ *zu Papier bringen, niederschreiben*
‖ ~ perpendicularmente *rechtwinklig ansetzen* ‖ ~
la primera piedra *den Grundstein legen* (& fig) ‖
~ a plomo *senkrecht aufstellen* ‖ ~ al revés
verkehrt aufstellen ‖ ~ un vendaje *e–n Verband
anlegen* ‖ ~ vigas *Balken einziehen*
   ²colocar [c/qu] vt *anlegen (Geld)* ‖
unterbringen, absetzen, verkaufen (Waren) ‖ ~ su
dinero en fincas *sein Geld in Immobilien anlegen*

‖ ~ un pedido *e–n Auftrag vergeben* ‖ ~se *Absatz
finden* ‖ ~ magníficamente *reißenden Absatz
finden*
   ³colocar [c/qu] vt *anstellen* ‖ *unterbringen,
versorgen* ‖ ~se *e–e Stellung einnehmen* ‖
angestellt werden (con, en *bei*, in) ‖ *e–e
Anstellung finden* ‖ ⟨Sp⟩ s. *platzieren* ‖ ⟨figf⟩ s.
leicht betrinken ‖ ◇ ~ primero ⟨Sp⟩ ~ *den ersten
Platz einnehmen*
   colocolo m Chi *Fabeltier* n *(Art Echse od
Fisch)* ‖ Arg Chi *Pampaskatze* f (Lynchailurus
spp)
   colocón m ⟨pop⟩ *Rausch* m ‖ [in der
Drogenszene] *Drogenrausch* m
   colocutor m *Mitredende(r), Gesprächspartner*
m ‖ *Teilnehmer* m *an e–r Talkshow* ‖ ⟨Radio TV⟩
Mitkommentator m
   colo|dión m ⟨Chem⟩ *Kollodium* n ‖ **–dionizar**
[z/c] vt *mit Kollodium bestreichen*
   colodra f *hörnernes Gefäß* n *der Hirten* ‖
Melkkübel m ‖ ⟨figf⟩ *tüchtiger Zecher* m ‖ Sant
Pal *hölzerne Wetzsteinbüchse* f *(der Mäher)*
   colodrillo m *Hinterhaupt* n, *(Hinter)Kopf* m
   colodro m *Holzschuh* m
   colofón m *Kolophon* m ‖ *Kennmarke* f ‖ ⟨Typ⟩
Schlussvermerk m *am Ende e–s Buches,
Kolophon* m ‖ ⟨fig⟩ *Abschluss* m ‖ ◆ para ~ ⟨fig⟩
zum Schluss
   colofonia f *Kolophonium, Geigenharz* n
   coloi|dal *(m/f)*, **–deo** adj ⟨Chem⟩ *von der
Beschaffenheit der Kolloide, kolloidal* ‖ **–de** m
Kolloid n ‖ **–doquímica** f *Kolloidchemie* f
   Colombia f ⟨Geogr⟩ *Kolumbien* n ‖ ~
Británica ⟨Geogr⟩ *Britisch-Kolumbien* n
   colombia f ⟨Bot⟩ → **colombo**
   colombia|nismo m *Kolumbianismus* m *(e–e
nur im kolumbianischen Spanisch vorkommende
sprachliche Erscheinung)* ‖ **–no** adj
kolumbianisch ‖ ~ m *Kolumbianer* m
   colom|bicultura f *Taubenzucht* f ‖ **–bíneas** fpl
⟨Zool⟩ *Taubenarten* fpl
   ¹colombino adj *auf Kolumbus bezüglich*
kolumbisch
   ²colombino adj *taubenartig* ‖ *taubenähnlich* ‖
Tauben- ‖ *taubenblau (Granat)* ‖ ⟨fig⟩ *rein,
unschuldig*
   colombio m → **niobio**
   colombo m ⟨Bot⟩ *Kolombo-, Kalumba|wurzel* f
(Jateorrhiza palmata)
   colom|bofilia f *(Brief)Taubenzucht* f ‖ **–bófilo**
(Brief)Taubenzucht- ‖ *auf die (Brief)Taubenzucht
bezüglich* ‖ ~ m *(Brief)Taubenzüchter* m ‖
Taubenliebhaber m
   ¹colon m ⟨An⟩ *Kolon* n, *Grimmdarm* m
   ²colon m ⟨Gr⟩ *Hauptglied* n *in e–r Periode* ‖
⟨Rhet⟩ *Kolon* n *(Sprecheinheit)* ‖ *Doppelpunkt* m,
Kolon n ‖ *Strichpunkt* m, *Semikolon* n
   Colón m np *Kolumbus* m
   colón m [Währungseinheit] *Colón* m ‖ ~
costarricense Costa-Rica-Colón m (Abk = ₡) ‖ ~
salvadoreño Salvador-Colón m (Abk = ¢)
   colo|nato m *Kolonisierungssystem* n ‖ ⟨Jur⟩
Kolonat n
   colonche m Mex *(Art)* *Schnaps* m
   colonema m ⟨Med⟩ *Myxom, Kollonema* n
   colonense adj/s *(m/f)* *aus Colón* (Cu) ‖ *auf
Colón bezüglich*
   colonés adj/s *aus Köln* ‖ *auf Köln bezüglich*
   Colonia f [Stadt] *Köln* n
   ¹colonia f *Ansiedlung, Niederlassung, Kolonie*
f ‖ *Pflanz-, Tochter|stadt* f ‖ *Tochterland* n ‖
Pflanzung f ‖ Mex *neues Stadtviertel* n ‖ ~
agrícola Landsiedlung f ‖ ~ *escolar
Schülerkolonie* f ‖ *Landschulheim* n ‖ ~ obrera
Arbeitersiedlung f ‖ ~ penitenciaria *Strafkolonie* f

‖ ~ proletaria Mex *Elendsviertel* n, *Slum* m ‖ ~ residencial *Wohnsiedlung* f ‖ ~ de vacaciones *Ferienkolonie* f ‖ ~ veraniega *Sommerkolonie* f
²colonia f ⟨Ins⟩ *Insekten|staat* m, *-volk* n ‖ ⟨Zool⟩ *Stock* m ‖ ~ de abejas *Bienenvolk* n ‖ ~ de corales *Korallenstock* m ‖ ~ de hormigas *Ameisenstaat* m ‖ ~ de termes *Termiten|kolonie* f, *-staat* m
colo|niaje m Am: tiempo de(l) ~ Am *Kolonialzeit* f ‖ **–nial** adj *(m/f) zu e–r Kolonie gehörig, kolonial, Kolonial-* ‖ Am *ländlich* ‖ **–nialismo** m *Kolonialismus* m ‖ **–nialista** adj *(m/f) kolonialistisch* ‖ ~ *m/f Kolonialist(in* f) m
coloni|zación f *(An)Siedlung* f ‖ *Besied(e)lung* f ‖ *Kolonisierung, Kolonisation* f ‖ *Gründung* f *e–r Kolonie* ‖ ~ agrícola *Siedlung* f ‖ ~ forzosa *Zwangsansiedlung* f ‖ ~ interior *Ansiedlung, innere Kolonisation* f ‖ **–zador** adj *kolonisatorisch* ‖ ~ m *(An)Siedler* m ‖ *Kolonisator* m ‖ **–zar** [z/c] vt/i *kolonisieren, besiedeln*
colono m *Kolonist, (An)Siedler* m ‖ ⟨Hist⟩ *Kolone* m ‖ *(Pacht)Bauer, Landmann* m ‖ ~ aparcero *Teilpächter* m
coloño m Sant *Last* f *(Holz, Heu)* ‖ Burg *Korb* m
colo|quial adj *(m/f) umgangssprachlich* ‖ *kolloquial* ‖ **–quialismo** m ⟨Ling⟩ *Kolloquialismus* m ‖ **–quiar** vi ⟨reg⟩ *sprechen, reden* ‖ *plaudern*
coloquíntida f ⟨Bot⟩ *Koloquinte* f (Citrullus colocynthis)
coloquio m *Gespräch* n, *Besprechung, Unterredung* f ‖ *Zwiegespräch* n ‖ *Kolloquium* n
color m *(Maler)Farbe, Färbung* f, *Kolorit* n ‖ *Gesichtsfarbe* f ‖ *Hautfarbe* f ‖ *Tönung* f, *Farbton* m ‖ *Schminke* f ‖ ⟨fig⟩ *Darstellungsweise* f ‖ ⟨fig⟩ *(politische) Schattierung, Färbung, Richtung* f ‖ ⟨fig⟩ *Eigenart* f ‖ ⟨fig⟩ *Vorwand, Schein(grund)* m ‖ ~ de acuarela *Aquarellfarbe* f ‖ ~ de aguada *Wasserfarbe* f ‖ ~ de ala de cuervo *rabenschwarz* ‖ ~ de alizarina *Alizarinfarbstoff* m ‖ ~ amapola *hellrot* ‖ ~ de anilina *Teerfarbstoff* m ‖ ~ antioxidante *(Rost)Schutzfarbe* f ‖ ~ de azabache *Tiefschwarz* n ‖ ~ básico *Grundfarbe* f ‖ ~ blando *Tubenfarbe* f ‖ ~ brillante *Glanzfarbe* f ‖ ~ helle, grelle *Farbe* f ‖ ~ café *(kaffee)braun* ‖ ~ canela *zimtfarben* ‖ ~ carne *fleischfarben* ‖ ~ castaño *kastanienbraun* ‖ ~ celeste *himmelblau* ‖ ~ de cera *wachsgelb, gelblich* ‖ ~ chillón *grelle* od *schreiende Farbe* f ‖ *Schockfarbe* f ‖ ~ complementario *Ergänzungs-, Komplementär|farbe* f ‖ ~ diáfano *Lasur(farbe)* f ‖ ~ durable *Dauerfarbe* f ‖ ~ de esmalte *Emailfarbe* f ‖ ~ fijo *Dauerfarbe* f ‖ ~ de fondo *Grundierfarbe* f ‖ ~ fosforescente *Leuchtfarbe* f ‖ ~ fresco *frische (Gesichts)Farbe* f ‖ ~ de fuego *Feuerfarbe* f ‖ *feuerrot* ‖ ~gritón → ~ chillón ‖ ~ de imprimación *Grundierfarbe* f ‖ ~ inofensivo *giftfreie Farbe* f ‖ ~ isabel *isabellfarben* ‖ ~ llamativo *auffallende Farbe* f ‖ ~ local *Lokal|färbung* f, *–kolorit* n (z. B. *in e–m Roman*) ‖ ~ luminoso *Leuchtfarbe* f ‖ ~ para madera *Holzfarbe* f ‖ ~ malva *hellviolett* ‖ ~ (de) marfil *elfenbein(farben)* ‖ ~ marrón *kastanienbraun* ‖ ~ mate *Mattfarbe* f ‖ ~ de moda *Modefarbe* f ‖ ~ (de) naranja *orange(farben)* ‖ ~ natural *Naturfarbe* f ‖ ~ neutro, ~ neutral *Neutralfarbe* f ‖ ~ ocre *ockergelb* ‖ ~ al óleo *Ölfarbe* f ‖ ~ opaco *Deckfarbe* f ‖ ~ (de) panza de burro ⟨fam⟩ *dunkelgrau* (bes. *Himmel bei Schneewetter*) ‖ ~ a pastel *Pastellfarbe* f ‖ ~ de pensamiento *Penseefarbe* f *(dunkelviolett)* ‖ ~ pigmentario *Pigmentfarbe* f ‖ ~ predominante *Hauptfarbe* f ‖ ~ primitivo *Grundfarbe* f ‖ ~ quebrado *matte*

Farbe f ‖ ~ rosa *rosenrot* ‖ ~ sepia *Sepia(farbe)* f ‖ ~ sólido *beständige Farbe, Echtfarbe* f ‖ ~ subido *grelle Farbe* f ‖ ~ tabaco *tabakfarben* ‖ ~ al temple *Temperafarbe* f ‖ ~ en terrones *Farben* fpl *in Brocken* ‖ ~ de tierra *erdfarben* ‖ ~ en tubo(s) *Tubenfarbe* f ‖ ~ para vidrio *Glasfarbe* f ‖ ~ vivo *grelle, lebhafte Farbe* f ‖ ◇ de ~ *farbig, bunt* ‖ so ~ (de) *unter dem Vorwand (Deckmantel)* (gen) ‖ ◇ cambiar de ~ ⟨fig⟩ *von e–r Partei zu e–r anderen wechseln* ‖ ⟨fam⟩ *umsatteln* ‖ dar ~ od ~es ⟨fig⟩ *ausmalen* ‖ *wahrscheinlich machen* ‖ dar de ~ a *u/c et.* *bemalen, anstreichen* ‖ un ~ se le iba y otro se le venía ⟨fam⟩ *er (sie, es) war ganz außer s. (vor Scham, Erregung)* ‖ meter en ~ ⟨Mal⟩ *die Farben von et. abstufen* ‖ mudar de ~ ⟨fam⟩ *vor Scham, Zorn usw. erröten* od *erbleichen* ‖ perder el ~ *verschießen, bleichen* ‖ subido de ~ ⟨fam⟩ *pikant, gepfeffert, obszön (Geschichte)* ‖ tomar ~ *s. färben (Früchte)* ‖ verlo todo de ~ de rosa ⟨fig⟩ *alles in rosigem Licht sehen* ‖ ¡no les verás tú el ~! ⟨fam⟩ *die wirst du nimmermehr zu sehen bekommen!* ‖ ~**es** *mpl: Malerfarben* fpl ‖ *Farbwaren* fpl ‖ ⟨fig⟩ *Schamröte* f ‖ ~ amortiguados *matte Farben* fpl ‖ los ~ del arco iris *die Regenbogenfarbe* fpl ‖ ~ espectrales *Spektralfarben* fpl ‖ ~ fundamentales *Grundfarben* fpl ‖ ~ heráldicos *Wappenfarben* fpl ‖ ~ del iris *Grundfarben* fpl ‖ ~ litúrgicos *liturgische Farben* fpl ‖ ~ nacionales *Landes-, Staats|farben* fpl ‖ ~ del revenido ⟨Met⟩ *Anlassfarben* fpl ‖ ◇ a od en dos ~ *zweifarbig* ‖ de muchos ~ *vielfarbig, bunt* ‖ ◇ no distinguir de ~ ⟨figf⟩ *verwechseln, nicht klar sehen* ‖ pasarlas de todos los ~ *in der Klemme sitzen, nicht aus noch ein können* od *wissen* ‖ pintar con negros ~ *schwarz malen* ‖ ponerse de mil ~ ⟨figf⟩ *tief erröten* ‖ sacarle a uno los ~ ⟨fig⟩ *jdn erröten machen* ‖ salirle od subírsele a uno los ~ ⟨fig⟩ *tief erröten, schamrot werden*
colo|ración f *Färbung* f, *Färben* n ‖ ⟨Mal⟩ *Kolorit* n ‖ *Farbgebung* f ‖ ~ críptica ⟨Zool⟩ *kryptische Färbung* f ‖ ~ engañosa ⟨Zool⟩ *betrügliche Färbung* f ‖ ~ específica ⟨Zool⟩ *spezifische Färbung* f ‖ ~ indicadora ⟨Zool⟩ *Anzeigefärbung* f ‖ ~ sexual ⟨Zool⟩ *geschlechtliche Färbung* f ‖ **–rada** f: la ~ *die Schecke (Kuh)* ‖ ¡adiós con la ~! Am ⟨fam⟩ *das ist gelungen!* ‖ **–rado** adj *farbig* ‖ *farben|froh, -kräftig (hoch)rot* ‖ *gefleckt (Vieh)* ‖ ⟨fig⟩ *pikant (Witz)* ‖ ⟨fig⟩ *scheinbar* ‖ poner ~ a alg. *jdn erröten machen* ‖ ponerse ~ *(hasta las orejas)* ⟨fam⟩ *tief erröten, schamrot werden* ‖ ~ m Cu *Scharlachfieber* n ‖ ~**s** *mpl Koloradozigarren* fpl
colo|rante m/adj *Farbstoff* m, *Färbemittel* n, *Farbe* f ‖ ~ de alquitrán *Teerfarbstoff* m ‖ ~ del azafrán *Farbstoff* m *des Safrans* ‖ ~ de azufre *Schwefelfarbstoff* m ‖ ~ corrosivo *Beizfarbstoff* m ‖ ~ de desarrollo *Entwicklungsfarbstoff* m ‖ ~ directo *substantiver Farbstoff, Direktfarbstoff* m ‖ ~ mordiente *Beizfarbstoff* m ‖ ~ orgánico *organischer Farbstoff* m ‖ ~ de productos alimenticios *Lebensmittelfarbstoff* m ‖ ~ de tina *Küpenfarbstoff* m ‖ ~ vegetal *Pflanzenfarbstoff* m ‖ **–rativo** adj *Färbe-* ‖ **–r(e)ar** vt *färben* ‖ ⟨fig⟩ *vorgeben* ‖ ⟨fig⟩ *beschönigen* ‖ ~ vi *ins Rötliche spielen* ‖ **–rete** m *rote Schminke* f ‖ *Lippenstift* m ‖ ◇ ponerse *(od darse)* ~ *s. schminken* ‖ **–rido** m *Farbe, Färbung* f ‖ ⟨Mal⟩ *Kolorit, Farbenspiel* n ‖ ⟨fig⟩ *Vorwand* m ‖ **–rimetría** f *Kolorimetrie* f ‖ **–rímetro** m *Kolorimeter* n
¹colorín m ⟨V⟩ *Stieglitz* m (Carduelis carduelis)
²colorín m Chi *rothaarige Person* f ‖ ~ rabioso *schreiende, grelle,* ⟨pop⟩ *knallige Farben*

fpl ‖ ◇ tener muchos colorines *grelle Töne haben* ‖ ~ colorado, este cuento se ha acabado ⟨fam⟩ *übliche Schlussformel* f *in span. Märchen*

colo\rinche *m Arg Ur geschmacklose Farbzusammenstellung* f *(Gemälde, Stoff)* ‖ **–rir** vt *bemalen* ‖ *anstreichen* ‖ *kolorieren* ‖ ⟨fig⟩ *vorgeben* ‖ ⟨fig⟩ *beschönigen* **–rismo** *m* ⟨Mal⟩ *Kolorismus* m ‖ **–rista** *m/f* ⟨Mal⟩ *Kolorist(in* f) m ‖ *effektvolle(r) Stilist(in* f) m ‖ **–rización** *f* ⟨Phys⟩ *Färbung* f

colosal adj *(m/f) riesig, kolossal, fabelhaft* ‖ adv: ~**mente**

colo\senses, –sios mpl ⟨Hist⟩ *die Kolosser (die Einwohner von Kolossä)*

coloso *m Koloss* m ‖ *Riesengestalt* f ‖ *Riesenstandbild* n ‖ ⟨fig⟩ *hervorragender Mensch* m

colostomía *f* ⟨Med⟩ *Kolostomie* f

colostro *m* → **calostro**

colote *m Mex Weidenkorb* m

colotipia *f* ⟨Typ⟩ *Collotype-Verfahren* n *(Lichtdruck)*

colotomía *f* ⟨Med⟩ *Kolotomie* f

colpa *f* ⟨Chem⟩ *Kapelle* f

colpo\cele *f* ⟨Med⟩ *Kolpozele* f ‖ **–plastia** *f Kolpoplastik* f ‖ **–scopia** *f Kolposkopie* f

cólquico *m* ⟨Bot⟩ *(Herbst)Zeitlose* f (*Colchicum spp*)

Cólquide *f* ⟨Geogr⟩ *Kolchis* n

colt *m Colt* m

colúbridos *mpl* ⟨Zool⟩ *Nattern* fpl (*Colubridae*)

colubri\forme adj *(m/f) schlangenförmig* ‖ **–na** *f philipp. Schlangenstrauch* m

coludirse vr ⟨Jur⟩ *s. verabreden, s. verschwören, kolludieren* (& vi)

coludo adj *Am langschwänzig* ‖ *Arg Ur lästig* ‖ *ungelegen*

columbario *m* ⟨Hist⟩ *Kolumbarium* n, *Urnenhain* m ‖ *Urnenhalle* f

Columbia Británica *f* → **Colombia Británica**

colúmbidas *fpl Taubenvögel* mpl

columbino adj → ¹**colombino**

columbio *m* → **niobio**

columbón *m León Wippe* f

colum\brar vt *von weitem entdecken, erspähen, ausmachen* ‖ ⟨fig⟩ *mutmaßen, ahnen* ‖ **–bre, –bramiento** *m* s *von* **–brar** ‖ **–bres** mpl ⟨pop⟩ *Augen* npl ‖ **–brete** *m (Meeres)Sandbank* f

¹**columna** *f* ⟨Arch⟩ *Säule* f ‖ *Gedenksäule* f ‖ ⟨fig⟩ *Stütze* f ‖ ⟨fig⟩ *Stapel* m, *aufeinander gelegte Dinge* npl ‖ ~ anunciadora, ~ de anuncios *Anschlag-, Litfaß\säule* f ‖ ~ de balaustre *Geländersäule* f, *Docke* f ‖ ~ de carteles → ~ anunciadora ‖ ~ colgante *Hängesäule* f ‖ ~ corintia *korinthische Säule* f ‖ ~ dórica *dorische Säule* f ‖ ~ estatuaria *Standbild* n ‖ ~ funeraria *Totensäule* f ‖ giratoria *Drehsäule* f ‖ ~ jónica *jonische Säule* f ‖ ~ maciza *Voll-, Massiv\säule* f ‖ ~ miliaria *Meilensäule* f ‖ ~ rectangular *rechtwinklige Säule* f ‖ ~ salomónica *gewundene Säule* f ‖ ~ semiembebida *Halbsäule* f ‖ ~ sepulcral *Grabsäule* f ‖ ~ telefónica *Rufsäule* f ‖ ~ trajana *Trajanssäule* f ‖ ~ triunfal *Siegessäule* f ‖ ~ vertebral *Wirbelsäule* f ‖ *Rückgrat* n

²**columna** *f* ⟨allg Typ⟩ *Spalte, Kolumne* f ‖ ⟨Math⟩ *Spalte* f *(e–r Matrix)* ‖ ~ en blanco *Leerspalte* f ‖ ~ del debe *Sollseite* f ‖ ~· del haber *Habenseite* f ‖ ~ de totales *Gesamtbetragspalte* f

³**columna** *f Reihe, Kolonne* f ‖ ⟨Mil⟩ *Heersäule* f, *(Marsch)Kolonne* f ‖ ~ de acarreo *Nachschubkolonne* f ‖ ~ de asalto *Sturmkolonne* f ‖ ~ de autos *Autokolonne* f ‖ ~ de desembarco *Landungskorps* n ‖ ~ doble *Doppelkolonne* f ‖ ~

de a dos *Zweierkolonne* f ‖ ~ de marcha *Marschkolonne* f ‖ ~ motorizada *motorisierte Kolonne* f ‖ ~ de socorro *Rettungskolonne* f ‖ ~ de a uno *Einerkolonne* f ‖ *Reiterreihe* f ‖ ◇ desfilar en ~s de a nueve *in Neunerreihen vorbeimarschieren* ‖ ◇ formar en ~ *s. in Marschrichtung aufstellen* ‖ la quinta ~ ⟨Hist fig⟩ *die fünfte Kolonne* f

⁴**columna** *f* ⟨Chem Phys⟩ *Kolonne* f, *Turm* m, *Säule* f ‖ ~ de agua *Wassersäule* f ‖ ~ de aire *Luftsäule* f ‖ ~ barométrica *Barometersäule* f ‖ ~ de destilación *Destillationskolonnne* f ‖ ~ de fraccionamiento *Fraktionier\turm* m, *-kolonne* f ‖ ~ de humo *Rauchsäule* f ‖ ~ de líquido *Flüssigkeitssäule* f ‖ ~ de mercurio *Quecksilbersäule* f

⁵**columna** *f* ⟨El Tech⟩ *Säule* f ‖ ~ de distribución *Schaltsäule* f ‖ ~ de mando *Steuersäule* f ‖ ~ de perforación *Bohrsäule* f ‖ ~ sonora *Tonsäule* f

colum\nario adj *mit Säulen versehen* ‖ **–nata** f *Säulengang* m, *Kolonnade* f ‖ **–nista** *m/f* ⟨Ztg⟩ *Kolumnist(in* f) m

colum\piar vt *schaukeln* ‖ **–se** *s. schaukeln* ‖ ⟨figf⟩ *s. im Gehen hin- und her\wiegen* ‖ ⟨figf⟩ *s. bloßstellen* ‖ **–pio** *m Schaukel* f ‖ *Chi Schaukelstuhl* m

colunia *f Ven Gesindel* n

coluro *m* ⟨Astr⟩ *Kolur* m

colu\sión *f* ⟨Jur⟩ *geheimes Einverständnis* n, *Kollusion* f ‖ **–sor** *m* ⟨Jur⟩ *bei e–r Kollusion Beteiligte(r)* m

colutorio *m* ⟨Med⟩ *Mund-, Gurgel\wasser* n ‖ ♦ para ~s *für Spülzwecke (Arznei)*

coluvie *f Gesindel* n ‖ ⟨fig⟩ *anrüchiger Ort, Sumpf* m

colza *f Raps* m (*Brassica napus* var. *oleifera*) ‖ *Rübsame(n)* m ‖ ~ triturada *Rapsschrot* m

¹**coma** *m* ⟨Med⟩ *Koma* m

²**coma** *f* ⟨Gr⟩ *Komma* n, *Beistrich* m ‖ ~ fija *Festkomma* n ‖ ~ flotante *Fließkomma* n ‖ ⟨Mus⟩ *fünfter Teil* m *e–s Tones* ‖ ◇ sin faltar una ~ ⟨figf⟩ *peinlich genau* ‖ *vollständig*

³**coma** *f* ⟨Opt⟩ *Koma* f

coma\drada *f Chi Weibergeschichte* f ‖ **–drazgo** *m Gevatterschaft* f ‖ **–dre** *f Geburtshelferin, Hebamme* f ‖ *Gevatterin, Taufpatin* f ‖ *Frau Nachbarin* f ‖ ⟨fig⟩ *Klatschbase* f ‖ *Kupplerin* f ‖ ⟨pop⟩ *homosexueller Mensch* m

comadrear vi ⟨fam⟩ *klatschen, tratschen (bes. Frauen)*

comadreja *f* ⟨Zool⟩ *Wiesel* n (*Mustela spp*) ‖ *Wieselfell* n ‖ *Am Beutelratte* f (*Didelphis*) ‖ ⟨fig⟩ *feiger, grausamer Mensch* m ‖ ⟨fig pop⟩ *Diebeshelfer* m

coma\dreo *m* ⟨fam⟩ *Klatsch* m, *Klatscherei* f ‖ **–drera** *f Klatsch\base, -tante* f ‖ **–drería** *f* ⟨fam⟩ *Klatsch* m, *Gerede* n

coma\drón *m* ⟨Med⟩ *Geburtshelfer* m ‖ **–drona** *f Hebamme* f

coma\lecer(se) [-zc-] vi/r ⟨reg⟩ *(da)hinsiechen (Person)* ‖ **–lecido** adj *kränklich, hinsiechend*

comanche *m Komantsche* m

comandan\cia *f* ⟨Mil⟩ *(Orts)Kommandantur, Hauptmannschaft* f ‖ *Majorrang* m ‖ ~ general de bases navales ⟨Span⟩ *Kommando* n *e–r Flottenbasis* ‖ **–te** adj ⟨Mil⟩ *kommandierend* ‖ ~ *m Major* m ‖ *(Festungs)Kommandant* m ‖ *Kommandeur, Führer, Befehlshaber* m ‖ ⟨Mar⟩ *Befehlshaber* m ‖ ~ de avión *Flugkapitän* m ‖ ~ de batallón *Bataillonskommandeur* m ‖ ~ de compañía *Kompaniechef* m ‖ ~ general *kommandierender General* m ‖ ~ general de escuadra *Geschwaderführer, Admiral* m ‖ ~ en

jefe *Oberkommandierende(r)* m ‖
Oberbefehlshaber m ‖ ~ *militar*
Militärbefehlshaber m ‖ ~ *del puerto*
Hafenkommandant m ‖ ~ *de submarino*
Unterseeboot-, U-Boot-\Kommandant m
  comandar vt/i ⟨Mil⟩ *befehligen,*
kommandieren, das Kommando führen
  comandatario m *Mit\bevollmächtigte(r),*
-beauftragte(r) m
  comandi\ta *f:* en ~ *Kommandit-* ‖ **–ditar** vi
stiller Teilhaber sein ‖ ~ vt *finanzieren* ‖ **–ditario**
*m/*adj *stiller Teilhaber, Gesellschafter,*
Kommanditist m
  comando m ⟨Mil⟩ *Kommando* n, *Oberbefehl*
m, *Führung, Befehlsstelle* f ‖ *(Sonder)Kommando*
n, *Truppenabteilung* f *mit Sonderauftrag* ‖ ⟨fig⟩
Befehlsgewalt f ‖ ~ *de ejército*
Armeeoberkommando n ‖ ~ *inferior untere*
Führung f ‖ ~ *en jefe de un ejército*
Heeresleitung f ‖ ~ *suicida Selbstmordkommando*
n ‖ *Himmelfahrtskommando* n ‖ ~ *superior obere*
Führung f ‖ ~ *supremo oberste Heeresleitung* f,
Oberkommando n
  comar\ca f *Gegend* f ‖ *Land\strich* m, *-schaft* f
‖ *Umgegend* f ‖ **–cano** adj *umliegend* ‖ ~ m
Grenznachbar m ‖ **–car** [c/qu] vi *angrenzen* (con
an acc) ‖ ~ vt *Bäume* mpl *in Reihen und in*
gleichen Abständen pflanzen
  comatoso, comático adj ⟨Med⟩ *auf das Koma*
bezüglich, komatös
  ¹comba f *Krümmung, Biegung* f *(von Balken*
usw.) ‖ *Durchhang* m *(Seil)* ‖ ~ *de oscilación*
⟨Radio⟩ *Schwingungsbauch* m ‖ ◇ *hacer* ~s
⟨fam⟩ *krumme Beine haben*
  ²comba f *Seilspringen* n ‖ *Springseil* n ‖ ◇ *no*
perder ~ *k–e günstige Gelegenheit auslassen* ‖
saltar a la ~ *Seil springen (Spiel)*
  comba\do adj *geworfen (Holz)* ‖ *krumm, schief,*
verbogen ‖ ~ *de ala (Flugw) Flügelwölbung* f ‖
–dura f *Werfen* n *(des Holzes), Ausbuchtung* f
  combalacharse vr ⟨fam⟩ *s. heimlich*
besprechen (con *mit)*
  combar vt *krümmen, biegen* ‖ ~**se** *s. werfen, s.*
verziehen (Holz) ‖ *durchhängen*
  comba\te m *Kampf* m, *Gefecht* n ‖ *Widerstreit*
m ‖ ⟨fig⟩ *Widerspruch* m ‖ ⟨Sp⟩ *Kampf* m ‖ ~
aéreo Luftkampf m ‖ ~ *aislado Einzelkampf* m ‖
~ *en bosques Waldgefecht* n ‖ ~ *de boxeo*
Boxkampf m ‖ ~ *cuerpo a cuerpo Nahkampf* m ‖
~ *defensivo Abwehrkampf* m ‖ ~ *desigual Kampf*
m *mit ungleichen Waffen* ‖ ~ *dilatorio*
hinhaltendes Gefecht n ‖ ~ *a corta distancia*
Nahkampf m ‖ ~ *de encuentro*
Begegnungsgefecht n ‖ ~ *interior* ⟨fig⟩
Seelenkampf m ‖ ~ *en localidades Ortsgefecht* n,
Häuserkampf m ‖ ~ *naval See\gefecht* n,
-schlacht f ‖ ~ *a pie Gefecht* n *zu Fuß* ‖ ~
retardante → *dilatorio* ‖ ~ *singular*
Zweikampf m ‖ ◇ *aceptar* ~ *s. zum Kampf stellen*
‖ *dejar fuera de* ~ → *poner fuera de* ~ ‖
dispuesto al ~ *kampfbereit* ‖
dispuesto para el ~ ⟨Mar⟩ *klar zum Gefecht* ‖
hacer ~ *nulo* ⟨Sp⟩ *unentschieden spielen* ‖ *poner*
fuera de ~ *kampfunfähig machen, außer Gefecht*
setzen
  ¹comba\tiente, –tidor m ⟨Mil⟩ *Kämpfer,*
Streiter m ‖ *Kriegsteilnehmer* m ‖ *ex-*~
ehemaliger Kriegsteilnehmer m
  ²comba\tiente m ⟨V⟩ *Kampfläufer* m
(Philomachus pugnax) ‖ **–tir** vt *bekämpfen* ‖ ⟨fig⟩
anfechten ‖ ⟨fig⟩ *befallen (Leidenschaft)* ‖ ~ vi
streiten, fechten ‖ ◇ ~ *con od contra el enemigo*
mit dem Feind kämpfen ‖ ~**se** *s. schlagen* ‖
–tividad f *Streit-, Kampf\lust* f ‖ *Kampfgeist* m ‖
⟨Mil⟩ *Kampfkraft* f ‖ **–tivo** adj *kampflustig*

  combazo m Chi *Faustschlag* m
  combés m *freier Platz* m ‖ ⟨Mar⟩ *Oberdeck* n
des Vorderschiffs
  combi m *kombinierter Kühl- und*
Gefrierschrank m ‖ ⟨Auto⟩ *Kombi(wagen)* m
  combina f ⟨pop⟩ → **¹combinación**
  ¹combinación f *Zusammen\stellung, -fügung* f ‖
Kombination f *(im Spiel)* ‖ *Verbindung* f ‖ ⟨EB⟩
Anschluss m ‖ *Berechnung* f ‖ ⟨Chem⟩ *Verbindung*
f ‖ ⟨Math⟩ *Kombination* f ‖ ⟨fam⟩ *Plan, Anschlag*
m ‖ *Trick, Kniff* m ‖ *alkoholisches Getränk* n *aus*
Wermut und Gin ‖ ~ *circunstancial Verkettung* f
von Umständen ‖ ~ *de colores*
Farbenzusammenstellung f ‖ ~ *de ideas*
Gedankenverbindung f ‖ ~ *ministerial Einigung* f
über die Regierungsbildung ‖ ~ *química*
chemische Verbindung f ‖ ◇ *chafar la* ~,
estropearle a uno la ~ ⟨fam⟩ *jds Pläne*
durchkreuzen, vereiteln, ⟨pop⟩ *die Tour*
vermasseln
  ²combinación f ⟨Text⟩ *Unterrock* m ‖
Kombination f, *Schutzanzug* m ‖ ~ *de piloto*
Flieger\anzug m, *-kombination* f
  combi\nado adj *zusammengesetzt, kombiniert* ‖
⟨Chem⟩ *gebunden* ‖ ~ m ⟨Zim⟩
Mehrzweckmaschine f ‖ Mex ⟨Mus⟩ *Musiktruhe* f
‖ ⟨Text⟩ *Handapparat* m, *Mikrotelefon* n ‖
alkoholisches Getränk n *aus Wermut und Gin* ‖
–nar vt *zusammen\stellen, -fügen* ‖ *anordnen,*
kombinieren ‖ ⟨Chem⟩ *verbinden* ‖ ⟨fig⟩
berechnen, ausdenken, kombinieren ‖ ~ vi ⟨Sp⟩
kombinieren ‖ ~**se** *s. verbinden* ‖ **–natoria** f
⟨Math⟩ *Kombinatorik, Kombinationslehre* f ‖
–natorio adj *Verbindungs-* ‖ *kombinatorisch*
  ¹combo adj *schief, verbogen, krumm* ‖ ~ m
(Wein)Fassuntersatz m ‖ Am *Keule* f, *Stößel* m ‖
  ²combo m Chi *Faustschlag* m
  ³combo m ⟨Mus⟩ *Combo* f
  comboso adj → **combado**
  comburente adj *(m/f) die Verbrennung*
bewirkend (od fördernd), Brenn- ‖ ~ m *Oxydator,*
Sauerstoffträger m
  combus\tibilidad f *(Ver)Brennbarkeit* f ‖ **–tible**
adj *(m/f) (ver)brennbar* ‖ *leicht entzündbar,* ⟨fig⟩
feuergefährlich ‖ ~ m *Brenn\stoff* m, *-material* n,
Kraft-, Treib\stoff m ‖ *Brennholz* n ‖ ~
antidetonante klopffester Brennstoff m ‖ ~
coloidal kolloidaler Brennstoff m ‖ ~ *gaseoso*
gasförmiger Brennstoff m ‖ ~ *líquido flüssiger*
Brennstoff m ‖ ~ *nuclear Kernbrennstoff* m ‖ ~
reciclado, ~ *regenerado* ⟨Atom⟩ *aufgearbeitetes*
Spaltmaterial n ‖ ~ *sólido fester Brennstoff* m ‖
–tión f *Ver\brennung* f, *-brennen* n ‖ *Ver\heizung,*
-feuerung f ‖ ~ *completa vollkommene*
Verbrennung f ‖ ~ *espontánea Selbstentzündung* f
‖ ~ *incompleta unvollkommene Verbrennung* f,
Schwelen n ‖ ~ *lenta Glimmen* n ‖ ~ *sin llama*
flammenlose Verbrennung f ‖ ~ *retardada*
Nachverbrennung f ‖ ~ *parcial Teilverbrennung* f
‖ ~ *perfecta* → *completa* ‖ ~ *superficial*
Oberflächenverbrennung f ‖ **–to** adj *verbrannt*
  comear vt/i *Kommata setzen (Schrift)* ‖ *die*
richtigen Pausen (beim Sprechen od Lesen)
einhalten
  come\bolas m/f Col ⟨fig⟩ *Müßiggänger(in* f),
Nichtstuer(in f) m ‖ Cu ⟨fig⟩ *Einfaltspinsel,*
Trottel m ‖ **–cocos** m/f *aufdringlicher Verkäufer*
m, *penetranter Schwätzer* m *bzw aufdringliche*
Verkäuferin f ‖ *penetrante Schwätzerin* f ‖ **–come**
m ⟨fam⟩ *Beißen od Jucken* n *am ganzen Körper* ‖
⟨fig⟩ *Unrast, Besorgnis* f ‖ **–curas** m ⟨pop⟩
Antiklerikale(r) m
  comedero adj *essbar* ‖ ~ m *Vogelnäpfchen* n ‖
Futter-, Fress\trog m ‖ *Futterplatz* m ‖ *Speisesaal*
m ‖ ⟨fam⟩ *Essen* n, *Kost* f ‖ Cu Mex *Lieblingsort*

m ‖ Cu *Absteigehotel* n ‖ ◇ limpiarle a uno el ~ ⟨pop⟩ *jdm den Erwerb nehmen*
comedia *f Lustspiel* n, *Komödie* f ‖ *Schauspiel* n ‖ *Theater, Schauspielhaus* n ‖ ⟨fig⟩ *Verstellung, Komödie* f, *Spiel* n, *Schein* m, ⟨fam⟩ *Mache* f ‖ ⟨fig⟩ *Scherz, Ulk* m ‖ ~ en un acto *Einakter* m ‖ ~ de capa y espada *Mantel- und Degen|stück, Ritterstück* n (bes. *im 17. Jh.*) ‖ ~ de carácter *Charakterstück* n ‖ ~ de costumbres, ~ costumbrista *Sittenkomödie* f, *Volksstück* n ‖ *Gesellschaftsdrama* n ‖ ~ divina → ~ religiosa ‖ ~ de enredo *Intrigenstück* n ‖ ~ de figurón *span. Sittenkomödie* f *(des 17. Jhs.)* ‖ ~ heroica *Heldendrama* n ‖ ~ de intriga *Intrigenstück* n ‖ ~ lírica *komische Oper* f ‖ ~ de magia *Zauberstück* n ‖ ~ religiosa *geistliches Schauspiel* n ‖ ~ en verso *Verskomödie* f ‖ ◇ ¡déjate de ~s! *mach kein Theater!* ‖ hacer ~ ⟨Th⟩ *ein Schauspiel aufführen, spielen* ‖ hacer la ~ ⟨figf⟩ *Komödie* od *Theater spielen* ‖ ir a la ~ ⟨fam⟩ *ins Theater gehen* ‖ ⟨figf⟩ *essen gehen*
come|dianta *f* ⟨Th⟩ *Schauspielerin* f ‖ ⟨fig⟩ *Heuchlerin, Komödiantin* f ‖ **–diante** ⟨Th⟩ *Schauspieler* m ‖ *Gaukler* m ‖ ⟨fig⟩ *Heuchler, Komödiant* m ‖ ~ de la legua *Wander-, Schmieren|schauspieler* m
comediar vt *halbieren*
comedi|do adj *höflich, anständig* ‖ *artig* ‖ *bescheiden, zurückhaltend* ‖ adv: ~**amente** ‖ **–miento** *m gesetztes Wesen* n ‖ *Anstand* m ‖ *Zurückhaltung* f ‖ *Höflichkeit* f
comedio *m Mittelpunkt* m
comediógrafo *m Komödienautor* m ‖ *Bühnenautor* m
comedión *m augm desp von* **comedia**
comedirse [-i-] vr *s. mäßigen* ‖ *s. vorbereiten* ‖ SAm *übertrieben höflich sein* ‖ Ec *s. unberufen einmischen* (en in acc) ‖ ◇ ~ en las palabras ⟨fig⟩ *s–e Worte wägen*
come|dón *m Mitesser* m ‖ **–dor** adj *gefräßig* ‖ ~ *m* a) *Esszimmer* n, *Speise|saal* m, *-zimmer* n ‖ *Kantine* f ‖ ~estar *Esswohnzimmer* n ‖ ~ de estudiantes *Mensa* f ‖ b) *starker Esser*, ⟨fam⟩ *Fresser* m ‖ ~ de fuego *Feuerschlucker* m
comefrío *m* Col *Zuhälter* m
comegente *m* Ec PR *Vielfraß*, ⟨pop⟩ *Fresssack* m
comehombres *f* ⟨pop⟩ *mannstolle Frau* f
comehostias *m* ⟨pop⟩ *bigotter Mensch* m
come|jén *m* ⟨Ins⟩ *Termite, „weiße Ameise"* f ‖ *Holzkäfer* m ‖ **–jenera** *f Termitennest* m ‖ Ven ⟨figf⟩ *verrufenes Haus* n
come|lata *f* Cu PR, **–lona** *f* Dom PR ⟨pop joc⟩ *Fresserei* f (→ **comilona**) ‖ **–mierdas** *m* ⟨vulg fig⟩ *Flasche, verachtenswerte Person* f
comenda|dor *m Komtur* m (*e–s Ordens*) ‖ *(Kloster)Prior* m ‖ ~ mayor *Großkomtur* m ‖ ◇ ¡~, que me pierdes! ⟨fam⟩ *jetzt bin ich verloren! (Stelle aus dem Drama Don Juan Tenorio von Zorilla)* ‖ **–dora** *f Priorin* f (*e–s Frauenklosters)*
comendante *m* Am → **comandante**
comendatorio adj *Empfehlungs-*
Comenio *m np Comenius* m
comen|sal *m/f Tisch|genosse, -gast* m ‖ *Kostgänger(in* f) m ‖ ⟨Biol⟩ *Kommensale* m ‖ **–salía** *f Tischgenossenschaft* f ‖ **–salismo** *m* ⟨Biol⟩ *Kommensalismus* m, *Zusammenleben* n *artfremder Tiere (od Pflanzen) in Ernährungsgemeinschaft*
comen|tación *f* → **-to** ‖ **–tador** *m Erklärer, Ausleger* m ‖ *(Rundfunk)Kommentator* m ‖ ⟨fig⟩ *Klatschmaul* m ‖ **–tar** vt/i *auslegen, erläutern, kommentieren* ‖ *besprechen* ‖ ⟨fam⟩ *kritisieren, be|kritteln, -sprechen* ‖ el muy –tado hecho *die viel besprochene Tatsache*

comenta|riar vt Chi → **comentar** ‖ **–rio** *m Kommentar* m, *Auslegung, Erklärung* f ‖ ◇ me abstengo de todo ~ *ich enthalte mich jeglichen Kommentars; kein Kommentar!* ‖ ~**s** *mpl Bemerkungen* fpl ‖ ~ de César *Cäsars Kommentare* mpl (*zum Gallischen Krieg und zum Bürgerkrieg)* ‖ ◇ dar lugar a ~ ⟨figf⟩ *dem Gerede Nahrung geben* ‖ sin más ~ ⟨fig⟩ *ohne weiteres* ‖ **–rista** *m/f Kommentator(in* f) m ‖ *Ausleger(in* f) m
comento *m Auslegung* f ‖ *Kommentar* m
comenzar [-ie-, z/c] vt *anfangen, beginnen, einleiten* ‖ *eröffnen* ‖ *in Angriff nehmen* ‖ *antreten (Reise)* ‖ *an|schneiden, -brechen (Brot usw.)* ‖ ~ vi *anfangen, beginnen, einsetzen* ‖ *am Anfang stehen* ‖ *anlaufen (Arbeit)* ‖ ◆ al ~ *anfangs, zu Beginn* ‖ para ~ *zunächst einmal* ‖ *erstens, als erstes* ‖ *als erster Gang (beim Essen)* ‖ ◇ ~ a + inf *anfangen zu + inf* ‖ ~ a escribir *zu schreiben anfangen* ‖ comenzó por decir *od* diciendo *er (sie, es) sagte zuerst …* ‖ ni comienza ni acaba ⟨fam⟩ *er (sie, es) kommt nie zum Ende*
comepiojo *m* Arg ⟨Ins⟩ *Gottesanbeterin (Mantis religiosa)*
¹comer vt *essen, speisen, verzehren* ‖ ⟨pop⟩ *fressen* ‖ *fressen (Tier)* ‖ *abweiden* ‖ *weg|essen, -fressen* ‖ ⟨fig⟩ *durchbringen, verbrauchen (Vermögen)* ‖ ⟨fig⟩ *verbrauchen (Strom usw.)* ‖ ⟨fig⟩ *fressen (Rost)* ‖ ⟨fig⟩ *fressen, nagen (Kummer)* ‖ ⟨fig⟩ *(Worte) auslassen, verschlucken* ‖ ⟨fig⟩ *blasen (im Damespiel)* ‖ ◆ antes de ~ *vor dem Essen, vor Tisch* ‖ después de ~ *nach dem Essen, nach Tisch* ‖ ◇ ~ a caricias ⟨fig⟩ *vor Liebe aufessen* ‖ ~ bien *tüchtig essen*, ⟨fam⟩ *dreinhauen* ‖ me lo comería vivo ⟨fig⟩ *ich möchte ihn (es) vor Wut zerreißen* ‖ con su pan se lo coma ⟨fam⟩ *es ist s–e (ihre) Sache, er (sie, es) hat es zu verantworten*, ⟨fam⟩ *es ist sein (ihr) Bier* ‖ la gorra le comía media cara ⟨fig⟩ *die Mütze verdeckte ihm (ihr) die Hälfte des Gesichts* ‖ está diciendo comedme ⟨fig⟩ *es ist sehr anziehend, appetitlich* ‖ sin comerlo ni beberlo ⟨figf⟩ *mir nichts, dir nichts; ohne daran die geringste Schuld zu haben* ‖ ¿con qué se come eso? ⟨fam⟩ *was bedeutet denn das?* ‖ ¡lo que no has de ~, déjalo cocer!* ⟨Spr⟩ *was dich nicht brennt, das blase nicht!* ‖ ~ vi *essen, speisen* ‖ *fressen (von Tieren)* ‖ *die Hauptmahlzeit einnehmen* ‖ *zu Mittag* bzw *zu Abend essen* ‖ *jucken, beißen* ‖ ~ en el plato *aus dem Teller essen* ‖ ¿cuándo hemos comido en el mismo plato? ⟨figf⟩ *wann haben wir denn Brüderschaft getrunken?* ‖ ~ y callar ⟨fam⟩ *wes Brot ich ess', des Lied ich sing'* ‖ ~ a dos carrillos ⟨fig⟩ *zwei (einträgliche) Ämter zugleich verwalten* ‖ ~ como un buitre ⟨figf⟩ *wie ein Wolf essen* ‖ ~ como un cerdo *wie ein Schwein essen, unanständig essen* ‖ ~ como el chico del esquilador, ~ como un cavador ⟨figf⟩ *wie ein Scheunendrescher essen* ‖ ~ menos que un gorrión *wie ein Spatz essen* ‖ ~ de mogollón *auf Kosten e–s anderen essen* ‖ *schmarotzen* ‖ ~ con plata *auf Silber speisen* ‖ ~ más que un sabañón *unmäßig (viel) essen* ‖ ~ de vigilia *fasten* ‖ gana(s) de ~ *Esslust* f ‖ ¿qué hay de ~? *was gibt es (zu essen)?* ‖ el apetito viene comiendo ⟨fig⟩ *der Appetit kommt beim Essen* ‖ me come todo el cuerpo ⟨fig⟩ *es juckt mich am ganzen Leib* ‖ dar de ~ *zu essen geben* ‖ *füttern* ‖ ganar de ~ *(auf, für) s–n Lebensunterhalt verdienen* ‖ ¡quédese Vd. hoy a ~ con nosotros! *bleiben Sie heute bei uns zum Essen!* ‖ ser de buen ~ *ein guter Esser sein* ‖ *wohl schmeckend sein* ‖ tener qué ~ ⟨figf⟩ *sein Auskommen haben* ‖ ~**se** *(auf)essen, verzehren* ‖ ⟨fig⟩ *abschwächen, vermindern* ‖ ◇ ~ los todos de hambre ⟨fig⟩ *am Hungertuch nagen* ‖ ~ crudo a uno ⟨fam⟩ *jdn in die Tasche stecken* ‖ ~ de

envidia ⟨fig⟩ *vor Neid vergehen* ‖ ~ las palabras
⟨fig⟩ *die Wörter verschlucken* ‖ ~ a los santos
⟨figf⟩ *ein Betbruder sein* ‖ ~ unos a otros ⟨fig⟩
einander auffressen (Streitende) ‖ ~ u/c con la
vista ⟨*od* con los ojos⟩ ⟨fig⟩ *et. mit den Augen
verschlingen* ‖ ~ por a/c *e–r Sache eifrig
nachstreben*
  ²comer *m Essen* n ‖ el ~ y el rascar, todo es
empezar ⟨Spr⟩ *der Appetit kommt beim Essen*
  comer|ciable adj *(m/f) verkäuflich, umsetzbar,
marktfähig* ‖ ⟨fig⟩ *gesellig, umgänglich* ‖ **–cial** adj
*(m/f) handelsmäßig, gewerblich, kaufmännisch,
kommerziell, Handels-, Geschäfts-* ‖ ◆ de ~
handelsüblich ‖ adv: ~**mente** ‖ **–cialidad** *f
handelsrechtlicher Charakter* m ‖ *Absatzfähigkeit,
Verkäuflichkeit* f ‖ **–cialismo** *m
Geschäftstüchtigkeit, Geschäftemacherei* f *(um
jeden Preis), Geschäfts|sinn* m, *-denken* n ‖
–cialización *f Vermarktung* f ‖ *Absatz, Vertrieb* m
‖ **–cializar** [z/c] vt *vermarkten* ‖ **–ciante** *m Kauf-,
Handels-, Geschäfts|mann* m ‖ ~ clandestino
Schwarzhändler, Schieber m ‖ ~ individual
Einzelkaufmann m ‖ ~ al por mayor *Großhändler, Grossist* m ‖ ~
al por menor *Einzelhändler* m ‖ ~ en vinos
Weinhändler m ‖ **–ciar** vi/t *handeln, Handel
treiben* ‖ ⟨fig⟩ *Umgang haben (con mit)* ‖ ◇ ~ en
⟨*od* con⟩ granos *Kornhandel treiben* ‖ ~ por
mayor *Großhandel treiben*
  ¹comercio *m Handel* m ‖ *Handlung* f ‖
Geschäft n, *Laden* m ‖ *Geschäfts|leben* n, *-kreise*
mpl, *-welt* f ‖ *Handelsverkehr* m ‖ ⟨fig⟩ *Verkehr,
Umgang* m ‖ ~ ambulante *Reisegewerbe* n ‖ ~ de
cabotaje *Küstenhandel* m ‖ ~ callejero
Straßenhandel m ‖ ~ clandestino → ~ ilícito ‖ ~
de comisión *Kommissionshandel* m ‖ ~de
corretaje *Zwischenhandel* m ‖ ~ costero → ~ de
cabotaje ‖ ~ al detall *Klein-, Einzel|handel* m ‖ ~
de esclavos ⟨Hist⟩ *Sklavenhandel* m ‖ ~ de
exportación *Exporthandel* m ‖ ~ exterior
Außenhandel m ‖ ~ de ganado *Viehhandel* m ‖ ~
de géneros coloniales *Kolonialwarenhandlung* f ‖
~ ilícito *Schleichhandel, unerlaubter Handel* m ‖
Schwarzhandel m ‖ ~ de importación
Importhandel m ‖ ~ interior *Binnenhandel* m ‖ ~
intermediario *Zwischenhandel* m ‖ ~
internacional → ~ mundial ‖ ~ de buena ley
ehrbarer Handel m ‖ ~ libre *Freihandel* m ‖ ~
marítimo *Seehandel* m ‖ ~ al por mayor, ~
mayorista *Großhandel* m ‖ ~ al por menor
Kleinhandel m ‖ ~ mundial *Welthandel* m ‖ ~
nacional *Inlands-, Binnen|handel* m ‖ ~ de negros
⟨Hist⟩ *Sklavenhandel* m ‖ ~ pecuario *Viehhandel*
m ‖ ~ sedentario *sesshafter Handel* m ‖ ~ de
sucursales (múltiples) *Filialgeschäft* n ‖ ~ de
tránsito *Durchgangs-, Durchfuhr-, Transit|handel*
m ‖ ~ triangular *Dreieckshandel* m ‖ ~ de
trueque *Tauschhandel* m ‖ ~ de ultramar
überseeischer Handel m ‖ ~ de ultramarinos
Kolonialwarenhandlung f ‖ ~ usurario
Wucherhandel m ‖ ~ de ventas por
correspondencia *Versandgeschäft* n ‖ ◇ no estar
en el ~ *nicht verkehrsfähig sein* ‖ retirar del ~
aus dem Verkehr ziehen
  ²comercio *m zwischenmenschlicher Verkehr* m
‖ ~ carnal *Geschlechtsverkehr* m ‖ ~ de las
gentes, ~ humano *Verkehr* m *mit Menschen* ‖ ◇
tener ~ con alg ⟨lit⟩ *mit jdm Umgang haben*
  ³comercio *m* ⟨Art⟩ *Kartenspiel* n
  comesebo *m* Chi ⟨V⟩ *Buschschlüpfer* m
(Synallaxis spp)
  comestible adj *(m/f) essbar* ‖ **–s** *mpl Esswaren*
fpl, *Lebensmittel* npl ‖ ~ finos *Feinkost* f,
Delikatessen fpl
  ¹cometa *m* ⟨Astr⟩ *Komet, Schweifstern* m

  ²cometa *f (Papier)Drache* m ‖ ◇ echar ⟨*od*
hacer subir⟩ una ~ *e–n Drachen steigen lassen*
  come|ter vt *auf-, über|tragen (Aufgabe)* ‖
beauftragen, (jdm) e–n Auftrag geben ‖ *tun,
begehen, s. zuschulden kommen lassen (Irrtum,
Verbrechen)* ‖ *machen (Dummheit)* ‖ ◇ *ser capaz
de* ~ *cualquier villanía jeder Niederträchtigkeit
fähig sein* ‖ ~ adulterio *die Ehe brechen,
Ehebruch begehen, ehebrechen* ‖ ~ un crimen *ein
Verbrechen verüben* ‖ ~ un error *e–n Fehler
begehen* ‖ ~ un error de cálculo *s. verrechnen* ‖
~**se** *s. e–r Gefahr aussetzen* ‖ **–tido** *m Auftrag* m,
Besorgung f ‖ *Aufgabe, Obliegenheit* f ‖ ◇
cumplir con su ~ *s–e Pflicht erfüllen*
  cometología *f* ⟨Astr⟩ *Kometenkunde* f
  cometón *m* Cu → **²cometa**
  comevivos *m* ⟨fam⟩ *Menschenfresser* m
  comezón *f (Haut)Jucken* n ‖ ⟨fig⟩ *heimliches
Verlangen, Gelüst(e)* n, *Kitzel* m ‖ ⟨fig⟩ *Unruhe* f
‖ ~ interna ⟨fig⟩ *innere Unruhe, Seelenangst* f ‖
~ del saber *Wissensdurst* m ‖ ◇ sentir la ~ de …
⟨fam⟩ *(unwiderstehliche) Lust haben zu …*
  comi *f Kurzform für* **comisaría**
  comible adj *(m/f)* ⟨fam⟩ *essbar, (ziemlich)
schmackhaft*
  comic, cómic *m Comic* m
  comicalla *m* ⟨fam⟩ *verschwiegener Mensch* m
  cómicamente adv *auf komische, witzige Art*
  comicastro *m* ⟨desp⟩ *Schmierenkomödiant* m
(& fig)
  comicial adj *(m/f) Versammlungs-* ‖ *Wahl-*
  comicidad *f Komik* f ‖ *komische Beschaffenheit*
f ‖ *Heiterkeit* f
  comicio *m Wahlversammlung* f ‖
Wählerversammlung f ‖ *Wahlbezirk* m ‖
Wahlausschuss m ‖ ~ electoral *Wahlversammlung*
f ‖ **–s** *mpl* ⟨Hist⟩ *Komitien* pl, *altrömische
Bürgerversammlungen* fpl
  cómico adj *komisch* ‖ *Lustspiel-* ‖ *lustig,
spaßhaft, possierlich* ‖ ~ *m Schauspieler,
Komiker* m ‖ ⟨fig⟩ *Hanswurst, Spaßmacher,* ⟨fam⟩
Witzbold m ‖ ~ ambulante, ~ de la legua ⟨fam⟩
[veraltet] *Wanderschauspieler* m ‖ ◇ ser más
pobre que ~ en cuaresma ⟨fig⟩ *bettelarm sein*
  comichear vt Ar *naschen*
  comi|da *f Speise, Nahrung* f ‖ *Essen* n ‖ *Kost* f
‖ *Mahlzeit* f ‖ *Mittag-* bzw *Abend|essen* n ‖ *Mahl,
Gastmahl* n ‖ la ~ de los Apóstoles *das letzte
Abendmahl* n ‖ ~ de boda *Hochzeitsschmaus* m ‖
~ de carne *Fleischkost* f ‖ ~ de la casa, ~ casera
Hausmannskost f ‖ ~ diaria *Tageskost* f ‖ ~ de
dieta, ~ dietética *Diätkost* f ‖ ~ frugal
bescheidene Mahlzeit f ‖ *einfaches Essen* n ‖ ~
fuerte *kräftige Speise* f ‖ ~ de pescado *Fischkost*
f *(Fastenkost)* ‖ ~ principal *Hauptmahlzeit* f ‖ ~
vegetariana *vegetarische Küche* f ‖ *vegetarische
Kost, Pflanzenkost* f ‖ ~ de viernes *Fasten|kost,
-speise* f (& fig) ‖ ~ de vigilia *Fastenkost* f ‖ ◇
cambiar la ~ *(er)brechen, Erbrechen haben* ‖
hacer la ~ *das Essen bereiten, kochen* ‖ hacer tres
~s diarias *dreimal täglich essen* ‖ reposar la ~
nach dem Essen ausruhen ‖ tener ~ y alojamiento
*freie Station haben, Unterkunft und Verpflegung
frei haben,* [veraltet] *Kost und Logis haben* ‖
  –dilla *f* ⟨fig⟩ *Lieblingsbeschäftigung* f,
Steckenpferd, Hobby n ‖ ◇ ~ del día *Thema* n
des Tages ‖ ser la ~ de la gente ⟨figf⟩ *im Munde
aller (Menschen) sein* ‖ **–do** adj *satt, gesättigt* ‖
nach dem Essen ‖ *gut essend* ‖ ~ de orín
verrostet, rostig ‖ ~ por servido ⟨fam⟩ *von der
Hand in den Mund (leben)* ‖ *nichts dabei* ‖ ~ y
bebido ⟨fam⟩ *den ganzen Unterhalt habend* ‖ ◇
es pan ~ ⟨fam⟩ *das ist e–e fertige Geschichte* ‖
das ist sehr leicht zu machen ‖ llegar ~ *nach dem
Essen kommen, bereits gegessen haben*

comienzo *m Anfang, Beginn, Ursprung* m ‖ ◆ a ~s del mes *zu Beginn des Monats* ‖ al ~ *am Anfang, anfangs, anfänglich* ‖ desde el ~ *von Anfang an* ‖ ◇ los ~s son siempre difíciles ⟨Spr⟩ *aller Anfang ist schwer*

comi|lón *m*/adj ⟨fam⟩ *gefräßiger Mensch, Vielfraß* m ‖ *Schlemmer* m ‖ **–lona** *f* ⟨fam⟩ *Fresserin* f ‖ ⟨fam⟩ *Schmauserei* f, ⟨pop⟩ *Fresserei* f ‖ ◇ estar de ~ ⟨fam⟩ *schmausen*

comilla *f* dim von **²coma** ‖ **~s** *fpl:* ⟨Typ⟩ *Anführungszeichen,* ⟨fam⟩ *Gänsefüßchen* npl ‖ ~ finales ⟨Typ⟩ *Abführung* f ‖ ~ iniciales, ~ de abertura ⟨Typ⟩ *Anführung* f ‖ ◇ poner entre ~ *in Anführungszeichen* od ⟨fam⟩ *Gänsefüßchen setzen*

comi|near vt *s. mit Tändeleien befassen, s. mit Weiberkram beschäftigen* od *abgeben* ‖ **–nero** *m*/adj ⟨fam⟩ *Kleinigkeitskrämer, Topfgucker* m

Cominform *m* ⟨Hist⟩ *Kominform* n *(1947–1956)*

comino *m* ⟨Bot⟩ *Kümmel* m ‖ *Kümmelpflanze* f (Carum spp) ‖ *Kreuzkümmel* m (Cuminum cyminum) ‖ *Kümmelkorn* n ‖ ~ silvestre *Bastardkümmel* m ‖ ◇ no (se) me da *od* no me importa un ~ *das ist mir völlig schnuppe* od *Wurs(ch)t* ‖ no monta *od* no vale un ~ *es ist k–n Pfifferling wert*

Comintern *f* ⟨Hist⟩ *Komintern* f *(1919–1943)*

comi|quear vi ⟨fam⟩ *Schauspieler sein* ‖ *schauspielern* ‖ **–quillo** dim von **cómico**

comi|sar vt *einziehen, beschlagnahmen* ‖ **–saría** *f,* **–sariato** *m Kommissariat* n ‖ *Polizeirevier* n ‖ ~ de aguas Span *Wasserbehörde* f ‖ ~ del plan *Planungsbehörde* f ‖ **–sario** *m Kommissar* m ‖ (& *EU*) *Beauftragte(r)* m ‖ *Vertreter* m ‖ *Konkursverwalter* m ‖ *Treuhänder* m ‖ ⟨Mar⟩ *Zahlmeister* m ‖ ⟨Mex⟩ *Polizeiinspektor* m ‖ ~ del plan *Planbeauftragte(r)* m ‖ ~ de policía *Polizeikommissar* m ‖ ~ del pueblo ⟨Hist⟩ *Volkskommissar* m ‖ ~ testamentario *Testamentsvollstrecker* m

comiscar [c/qu] vt/i *naschen* ‖ *wenig und oft essen* ‖ *ätzen* (Rost)

¹comisión *f Kommission* (& *EU*), *Delegation, Deputation, Abordnung* f ‖ *Komitee* n ‖ ⟨Pol⟩ *Ausschuss* m ‖ ~ de acreedores *Gläubigerversammlung* f ‖ ~ administrativa *Verwaltungskommission* f ‖ ~ de admisión *Zulassungsausschuss* m ‖ ~ de arbitraje *Schieds-, Schlichtungs|ausschuss* m, *Schiedskommission* f ‖ ~ asesora *beratender Ausschuss* m ‖ ~ de asuntos económicos *Kommission* f *für Wirtschaftsfragen* ‖ ~ de asuntos exteriores *auswärtiger* od *außenpolitischer Ausschuss* m ‖ ~ bancaria *Bankenkommission* f ‖ *Prüfungskommission* f ‖ ~ central *Zentralausschuss* m ‖ ~ de conciliación *Schieds-, Schlichtungs|ausschuss* m ‖ ~ consultiva *beratender Ausschuss* m ‖ ~ de control *Prüfungs-, Überwachungs|ausschuss* m ‖ ~ de control de bancos *Bankenaufsichtsbehörde* f ‖ ~ de control de precios *Preisüberwachungskommission* f ‖ ~ de control de salarios *Lohnkommission* f ‖ ~ de defensa *Verteidigungsausschuss* m ‖ ~ de Derechos Humanos, ~ de Derechos del Hombre *Menschenrechtskommission* f *(UNO)* ‖ ~ de desarme *Abrüstungskommission* f ‖ ~ dictaminadora *Gutachterausschuss* m ‖ ~ económica *Wirtschaftskommission* f ‖ ~ Económica para América Latina *Wirtschaftskommission* f *für Lateinamerika (UNO)* ‖ ~ de encuesta *Untersuchungsausschuss* m ‖ ~ de estudio *Studienkommission* f ‖ ~ Europea *Europäische Kommission* f ‖ ~ de examen de cuentas *Rechnungsprüfungsausschuss* m ‖ ~ examinadora *Prüfungs|ausschuss* m,

-kommission f ‖ ~ de expertos *Sachverständigen-, Gutachter|kommission* f ‖ ~ extraordinaria *Sonderkommission* f ‖ ~ financiera *Finanzausschuss* m ‖ ~ fiscal *Steuerausschuss* m ‖ ~ de hacienda *Finanzausschuss* m ‖ ~ interprofesional *zwischenberuflicher Ausschuss* m ‖ ~ de investigación *Untersuchungsausschuss* m ‖ ~ médica *Ärztekommission* f ‖ ~ mixta *gemischter Ausschuss* m ‖ ~ monetaria *Währungskommission* f ‖ ~ de normas, ~ de normalización *Normenausschuss* m ‖ ~ organizadora *Veranstaltungskommission* f ‖ ~ paritaria *paritätischer Ausschuss* m ‖ ~ parlamentaria *parlamentarischer Ausschuss* m ‖ ~ permanente *ständiger Ausschuss* m ‖ ~ de presupuestos *Haushaltsausschuss* m ‖ ~ profesional *Gewerbeausschuss* m ‖ ~ de reparación *Reparationskommission* f ‖ ~ técnica *Fachkommission* f ‖ ~ veedora *Untersuchungsausschuss* m

²comisión *f Auftrag* m, *Bestellung* f ‖ ~ rogatoria ⟨Jur⟩ *Rechtshilfeersuchen* n ‖ vengo en ~ de … *ich bin beauftragt zu …*

³comisión *f* ⟨Com⟩ *Provision, Vermittlungsgebühr, Vergütung* f ‖ ~ de cobro *Inkassoprovision* f ‖ ~ percibida *Provisionseinnahme* f ‖ ~ sobre el volumen de ventas *Umsatzprovision* f ‖ ◆ a ~ *auf Provisionsbasis* ‖ en ~ *in Kommission* ‖ ◇ cargar una ~ *e–e Provision berechnen* ‖ dar en ~ *in Kommission geben* ‖ trabajar a ~ *auf Provision arbeiten* ‖ comisiones y representaciones *fpl Kommissionsgeschäft(e)* n(pl) ‖ vender en ~ *kommissionsweise verkaufen*

⁴comisión *f Begehen* n, *Begehung* f *(e–r Sünde, e–s Verbrechens)* ‖ ~ culposa *fahrlässige Begehung* f ‖ ~ por omisión *Begehung* f *durch Unterlassung*

comisio|nado *m*/adj *Bevollmächtigte(r), Kommissar, Vertreter* m ‖ ⟨Com⟩ *Kommissionär* m ‖ ⟨Jur⟩ *beauftragter Richter* m *(zur Beweisnahme)* ‖ **–nar** vt *be|auftragen, -vollmächtigen* ‖ *(als Deputation) aussenden* ‖ **–nista** *m*/f ⟨Com⟩ *Zwischenhändler(in* f), *Kommissionär(in* f), m ‖ *Verkäufer(in* f) m *gegen Provision* ‖ *Agent(in* f), *Handelsvertreter(in* f) m ‖ *Zollagent(in* f) m ‖ ~ de aduanas *Zollspediteur(in* f) m ‖ ~ de transportes *Spediteur(in* f) m

comisivo adj ⟨Jur⟩ *Begehungs-*

comiso *m Einziehung, Beschlagnahme* f ‖ *Heimfall* m *(e–r Sache an den Eigentümer)* ‖ *Verfall* m *(e–r Sache an den Staat)* ‖ ◆ de ~ *gerichtlich beschlagnahmt*

comisorio adj ⟨Jur⟩ *befristend, auflösend, Verfall-*

comisquear vt ⟨fam⟩ *wenig und oft essen, naschen*

comistrajo *m* ⟨fam⟩ *Gemengsel* n *von Speisen,* ⟨pop⟩ *Hundefraß* m

comisura *f* ⟨Zool⟩ *Verbindungsstelle, Naht* f ‖ ⟨An⟩ *Schädelnaht* f ‖ ~ de los labios *Mundwinkel, Lippenschluss* m ‖ ~ de los párpados, ~ palpebral *Augenlidwinkel* m

comité *m Komitee* n, *Ausschuss* m ‖ *Fraktion* f *(Parlament)* ‖ ~ consultivo *beratender Ausschuss* m ‖ ~ de control *Kontrollausschuss* m ‖ ~ de coordinación *Koordinierungsausschuss* m ‖ ~ de dirección *Präsidium* n, *Vorstand* m ‖ *Direktorium* n ‖ *leitender Ausschuss* m ‖ ~ ejecutivo *Exekutivausschuss* m ‖ ~ electoral *Wahlausschuss* m ‖ ~ de empresa *Betriebsrat* m ‖ ~ de huelga *Streikleitung* f ‖ ~ Internacional de la Cruz Roja *Internationales Komitee* n *vom Roten Kreuz (IKRK)* ‖ ~ Internacional Olímpico *Internationales Olympisches Komitee* n ‖ ~ de

normas, ~ de normalización *Normenausschuss* m
‖ ~ organizador *Organisationskomitee* n ‖
Arbeitsausschuss m (z. B. *zur Vorbereitung e–r
Veranstaltung*), *Festausschuss* m ‖ ~ paritario
paritätischer Ausschuss m

comitente *m/f* ⟨Jur⟩ *Auftraggeber(in* f) *m* ‖
⟨Jur⟩ *Vollmachtgeber(in* f) m ‖ ⟨Com⟩
Versender(in f) m *(Spedition)*

comitiva *f Begleitung* f, *Gefolge* n ‖ ~ fúnebre
Trauer\gefolge, -geleit n, *-zug, Leichenzug* m

comitre *m* ⟨Mar⟩ *Rudermeister,
Schiffshauptmann* m

¹como *adv (so)wie* ‖ *gleichsam, gewissermaßen*
a) V e r g l e i c h , G l e i c h s t e l l u n g: un
hombre ~ él *ein Mensch wie er* od *s–r Art* ‖
cabello rubio ~ el oro *goldblondes Haar* n ‖ ~ se
dice *wie man sagt* ‖ ~ quien dice *sozusagen* ‖ ~
es *zum Beispiel* ‖ ~ sea *wie immer* ‖ *auf beliebige
Art* ‖ se quedó ~ muerto *er (es) blieb halb tot
(liegen)* ‖ (es verdad) ~ hay Dios (pop) *es ist die
reinste Wahrheit* ‖ ~ Vd. quiera *wie Sie
wünschen, nach Ihrem Belieben* ‖ era ~ artesano
o ~ estudiante *er sah halb wie ein Handwerker
und halb wie ein Student aus*
b) E i g e n s c h a f t , A m t , W ü r d e: asistió
~ testigo *er wohnte als Zeuge bei* ‖ te lo digo ~
tu padre *ich sage es dir als dein Vater* ‖ ~ tal, él
no puede hacerlo *in s–r Stellung (als solcher)
kann er es nicht tun; ihm ist es in dieser Stellung
verwehrt* ‖ lo considero (~) un hombre sensato
ich halte ihn für e–n vernünftigen Menschen
c) a n n ä h e r n d e B e z e i c h n u n g ,
B e z i e h u n g: *etwa, ungefähr, annähernd* ‖ hará
~ dos semanas *es dürfte zwei Wochen her sein;
vor etwa zwei Wochen* ‖ eran ~ las dos *es war
ungefähr zwei Uhr*
d) A u s d r u c k d e r V e r l e g e n h e i t , d e s
Z ö g e r n s , N a c h d e n k e n s: ~ saberlo, no lo
sé *wenn ich aufrichtig sein soll, weiß ich es nicht*
‖ ~ haber fondas, las hay *was Gasthäuser
anbetrifft, gibt es deren genug (hier)*

²cómo *adv* a) d i r e k t o d e r i n d i r e k t
f r a g e n d: ¿~? *wie?* ‖ *was?* ‖ *warum?* ‖ ¿a ~
está el cambio? *wie steht der Kurs?* ‖ ¿~ así? ¿~
pues? ¿~ qué? *wieso?* ‖ ¿~ (le) va (de salud)?
wie geht es Ihnen?* ‖ *wie steht's?* ‖ ¿a ~ estamos
hoy? *den Wievielten haben wir heute?* ‖ no sé ~
remediarlo *ich weiß nicht, wie ich dem abhelfen
soll* ‖ ¿~ no has hecho la traducción? *warum hast
du die Übersetzung nicht gemacht?* ‖ no sé ~ no
lo mato *ich würde ihn (es) am liebsten
totschlagen* ‖ esperamos sus noticias de ~ ha de
hacerse la expedición *wir erwarten Ihre
Nachrichten darüber, wie der Versand
vorgenommen werden soll* ‖ sin saber ~, ni ~ no
ohne zu wissen, wann und wie ‖ según y ~ *wie
man es nimmt, je nachdem* ‖ ¿tienes ~
comprarlo? *Am hast du Geld genug, um es zu
kaufen?*
b) i m A u s r u f: *wie (sehr)* ‖ *bis zu welchem
Grade* ‖ ¡~! *wie! was Sie sagen!* ‖ ¡~ llueve!
welch ein Regen!* ‖ ¡~ ha cambiado! *hat s. der
Mensch verändert!* ‖ ¡~ que no! *wieso nicht!* ‖ ¡~
si lo soy! *(und) ob ich es bin! jawohl, ich bin es!
ich bin es wohl!* ‖ ¡~ no! *jawohl! natürlich!
selbstverständlich! klar!* ‖ ¡~ le va! Am *nanu!
was Sie nicht sagen! unglaublich!* ‖ ¿qué tal y ~
le va? Am *wie geht es Ihnen?*
c) n a c h d r ü c k l i c h e B e h a u p t u n g ,
S i c h e r h e i t: ~ se conoce que no eres médico
man merkt dir gleich an, dass du kein Arzt bist
d) h a u p t w ö r t l i c h: el ~ y el cuándo *das
Wie und das Wann*

³como conj a) V e r g l e i c h ,
G l e i c h s t e l l u n g , G e g e n ü b e r s t e l l u n g:

gerade wie, ebenso wie* ‖ ~ si, ~ que *als wenn,
als ob* ‖ así ~ *so wie, während* ‖ tal ~ *so wie* ‖ se
porta ~ si fuera joven *er (sie, es) benimmt s. wie
ein Jüngling* ‖ lo dices ~ si lo dudaras *du sagst
es, als ob du daran zweifeltest* ‖ ~ mejor proceda
⟨Jur⟩ *und alle gegebenen Ansprüche
(Klageformel)* ‖ ~ si tal cosa ⟨fam⟩ *mir nichts,
dir nichts! als ob nichts wäre* ‖ así ~ tú eres rico,
él es pobre *während du reich bist, ist er arm* ‖
hizo ~ que lo amenazaba *er (sie, es) tat, als ob
er (sie, es) auf ihn losgehen wolle*
b) i n Z e i t s ä t z e n: *als, sobald, gerade da,
in dem Augenblick, wo* ‖ así ~, tan pronto ~,
(tan) luego ~ *sobald, als* ‖ así ~ llegamos *sobald
wir ankamen* ‖ ~ nos vio, se acercó *sobald er
(sie, es) uns sah, trat er (sie, es) näher* ‖ tan
pronto ~ vuelvas *sobald du zurückkommst*
c) i n B e d i n g u n g s s ä t z e n: *wenn* ‖ *wenn
nur, wofern nur* ‖ *es sei denn* ‖ ob (= si) ‖ ~ no te
enmiendes, dejaremos de ser amigos *wenn du
dich nicht besserst, wird unsere Freundschaft
aufhören* ‖ ~ venga, se lo diré *wenn er (sie, es)
kommt, werde ich es ihm (ihr) sagen* ‖ verás ~
(od cómo) lo hago *du wirst sehen, ob (od dass)
ich es tue*
d) i n K a u s a l - , B e g r ü n d u n g s s ä t z e n:
weil, da ‖ ~ (que), ~ quiera que *da, weil* ‖ da ja
‖ ~ nada dijiste, nada pude hacer yo *da du nichts
sagtest, konnte ich nichts tun* ‖ ~ que tú mismo
lo afirmas *da du es ja selbst behauptest* ‖ ~ nada
contestara (od contestaba) su amigo, prosiguió *da
sein (ihr) Freund nichts antwortete, fuhr er (sie,
es) fort* ‖ ~ quiera que sea *es sei, wie es wolle*
e) i n F i n a l - u n d O b j e k t s ä t z e n: *dass,
damit* ‖ ellos deben procurar ~ no haya peligro
*sie sollen dafür Sorge tragen, dass es k–e Gefahr
gibt* ‖ verás ~ (= que) todo ha salido bien *du
wirst sehen, dass alles gut ausgegangen ist*

cómoda *f Kommode* f ‖ *Kleider-,
Wäsche\kasten* m

comodable adj *(m/f)* ⟨Jur⟩ *(ver)leihbar*

cómodamente adv *bequem, leicht, passend* ‖
◇ estar ~ s. *behaglich fühlen* ‖ muy ~ *mit
allerhand Bequemlichkeit*

como\dante *m/f Verleiher(in), Darleiher(in* f)
m ‖ **–datario** m *Entleiher(in)* m ‖ **–dato** m
(Gebrauchs)Leihe f ‖ dado en ~ *geliehen*

comodidad *f Bequemlichkeit* f ‖
Gemächlichkeit f ‖ *Wohnlichkeit* f ‖ *Wohlstand* m
‖ *Wohlhabenheit* f ‖ *Nutzen, Vorteil* m ‖
Gelegenheit f ‖ ⟨fam⟩ *zu allem brauchbarer
Mensch* m ‖ ◆ a su ~ *nach (Ihrem) Belieben* ‖
~**es** *fpl Annehmlichkeiten* fpl, *Komfort* m ‖ ◇
vivir con ~ *in Wohlstand leben* ‖ las ~ modernas
der moderne Komfort

comodioso adj CR → **comodón**

¹comodín *m Ausflucht* f

²comodín *m Joker* m ‖ *Mehrzweck\gerät,
-möbel* n

³comodín *m* ⟨Typ⟩ *Setzregal* n

comodino adj Mex → **comodón**

comodista adj *(m/f)* die *Bequemlichkeit liebend*
‖ *selbstsüchtig*

cómodo adj *bequem, gemächlich* ‖ *leicht,
mühelos* ‖ *wohnlich* ‖ *gelegen* ‖ *angemessen*

Cómodo m span. *Männername* ‖ *Don* ~
⟨fam⟩ *Liebhaber* m *der Bequemlichkeit*

comodón adj/s *die Bequemlichkeit liebend*

comodoro *m* ⟨Mar Flugw⟩ *Kommodore,
Geschwaderführer* m

Com.ᵒⁿ ⟨Abk⟩ = **comisión**

comoquiera: un ~ ⟨reg⟩ *ein Dutzendmensch* m

comorar vi *zusammenwohnen* (con *mit*)

Comoras *fpl* ⟨Geogr⟩ *Komoren* pl

comoriente *m* ⟨Jur⟩ *Kommorient* m

Comp.ᵃ ⟨Abk⟩ = **compañía**

compa m Kurzform für **compañero** ‖ *Kumpel* m

compacidad f *Kompaktheit, Gedrungenheit* f ‖ ⟨Phys⟩ *Dichtheit* f

compac|tación f ⟨Arch⟩ *Verdichtung* f ‖ **–tador** m ⟨Arch⟩ *Verdichtungsgerät* n ‖ **–tar** vt ⟨Arch⟩ *verdichten* ‖ Chi *zusammendrängen* ‖ ⟨Inform⟩ *(Daten) kompaktieren* ‖ **–to** adj *dicht, fest, zusammengedrängt, kompakt, gedrungen* ‖ *dicht (Holz)* ‖ *stark, voll (Wein)* ‖ ⟨Typ⟩ *kompress, undurchschossen (Zeilen)*

compade|cer [-zc] vt *be|mitleiden, -dauern* ‖ *(bei jdm) Mitleid erregen* ‖ *mit|fühlen, -empfinden* ‖ **~se** *mitfühlen, Mitleid fühlen (de mit)* ‖ *zusammen|passen, -stimmen* ‖ s. *vertragen (con mit)* ‖ *~ de alg. mit jdm Mitleid empfinden* ‖ **–cido** adj *mitleidig, gerührt, mitfühlend*

compa|draje m ⟨desp⟩ *Clique, Kamarilla* f ‖ *Kumpanei* f ‖ **–drar** vi *Gevatter werden* ‖ *(jds) Freund werden* ‖ **–drazgo** m *Gevatterschaft* f ‖ → **–draje** ‖ **–dre** m *Pate, Gevatter, Taufzeuge* m ‖ ⟨fam⟩ *(bes And) Freund, Kamerad* m ‖ Am → **–drito** ‖ **–drear** vi ⟨fam⟩ *auf freundschaftlichem Fuß leben (con mit)*, Am *plaudern* ‖ Arg Ur s. *wie ein Geck benehmen, s. aufspielen* ‖ **–drería** f ⟨fam⟩ *Gevattergeschwätz* n ‖ **–drito** m Arg *Geck, Stutzer, Dorfjunker* m ‖ ◇ *echarla de ~* ⟨fig⟩ Am *den Helden spielen*

compagi|nación f ⟨Typ⟩ *Seiten|ordnung, -bezeichnung* f ‖ ⟨Typ⟩ *Umbruch* m, *Umbrechen* n ‖ **–nador** m ⟨Typ⟩ *Metteur* m ‖ **–nar** vt ⟨Typ⟩ *nach den Seitenzahlen ordnen* ‖ ⟨Typ⟩ *umbrechen (den Satz)* ‖ ⟨fig⟩ *zusammenfügen* ‖ ◇ *~ con* ⟨fig⟩ *in Einklang bringen mit* ‖ *~ con su dignidad* ⟨fig⟩ *mit s–r Würde vertragen* ‖ **~se** *zusammenpassen* ‖ s. *vertragen (z. B. Farben)*

compaisano m Ur *Landsmann* m

companga f Cu ⟨desp⟩ → **compañera**

compango m: *estar a ~ die Tagesportion Brot (außer dem Barlohn) erhalten (Landarbeiter)*

compa|ña f → **compañía** ‖ *¡buenos días, Juan y la ~! (pop) guten Morgen, Hans und alle miteinander!* ‖ *en (buen) amor y ~* ⟨fam⟩ *in Liebe und Einigkeit* ‖ *la Santa ~* Gal ⟨Myth⟩ *der Zug m von Totengeistern* ‖ **–ñerismo** m *Kameradschaft f, freundschaftliches Verhältnis* n ‖ *Kameradschaftlichkeit* f ‖ *Kollegialität* f ‖ **–ñero** m *Kamerad, Freund, Genosse* m ‖ *Kumpan* m ‖ *Gefährte, Begleiter* m ‖ *Amtsgenosse, Kollege* m ‖ *Parteigenosse* m ‖ *Mitschüler, Kollege* m ‖ *Lebensgefährte* m ‖ ⟨fam⟩ *Ehemann* m ‖ *(Mit)Teilnehmer* m ‖ *Mitspieler* m ‖ *Mitarbeiter* m ‖ ⟨fig⟩ *Seiten-, Gegen|stück* n ‖ *Pendant* n ‖ ⟨Astr⟩ *Begleiter* m ‖ *~ de armas Waffenbruder, Kriegskamerad* m ‖ *~ de cautiverio Mitgefangene(r)* m ‖ *~ de clase Klassenkamerad, Schulfreund* m ‖ *~ de cuarto Zimmergenosse* m ‖ *~ de entrenamiento Sparringpartner* m ‖ *~ de estudio(s) Mitschüler* m ‖ *Kommilitone* m ‖ *~ de fatigas* ⟨fam⟩ *Arbeitsgenosse* m ‖ *~ de (la) infancia Jugendgefährte* m ‖ *~ de infortunio Leidensgefährte* m ‖ *~ de juego Mitspieler* m ‖ *~ de mesa Tischnachbar* m ‖ *~ sentimental Lebensgefährte* m ‖ *~ de viaje Reisegefährte, Mitreisende(r)* m ‖ *Sympathisant* m (z. B. *e–r Partei*) ‖ *~ de vida Lebensgefährte* m ‖ ◇ *no tener ~* ⟨fig⟩ *nicht seinesgleichen haben* ‖ *estos dos guantes no son ~s diese Handschuhe gehören nicht zusammen*

¹compañía f ⟨allg⟩ *Begleitung, Gesellschaft* f ‖ *Begleiter, Gefährte* m ‖ *~ de Jesús* ⟨Rel⟩ *Gesellschaft Jesu, Jesuitenorden* m ‖ *estar en buena ~ s. in guter Gesellschaft befinden* ‖ *hacer ~ a alg. jdm Gesellschaft leisten* ‖ *ir en ~ mit*

anderen (zusammen) gehen, in Begleitung sein ‖ *resistir la ~* ⟨fig⟩ s. *e–m anderen gleichstellen können* ‖ *la quinta ~* ⟨pop⟩ *das Gefängnis* ‖ *mala ~, malas ~s schlechte Gesellschaft* f, ⟨pop⟩ *Mischpoche* f

²compañía f *(Handels)Gesellschaft, Firma* f ‖ *~ aérea Flug-, Luftfahrt|gesellschaft* f ‖ *~ anónima Aktiengesellschaft* f ‖ *~ arrendataria Pachtgesellschaft, Konzessionärin* f ‖ *~ arrendataria de tabacos* Span *(staatliche) Tabakmonopolgesellschaft* f ‖ *~ aseguradora Versicherungsgesellschaft* f ‖ *~ de aviación* → *~ aérea* ‖ *~ bancaria Bankgesellschaft* f ‖ *~ colectiva offene Handelsgesellschaft* f ‖ *~ en comandita, ~ comanditaria Kommanditgesellschaft* f ‖ *~ de consumo Konsumverein* m ‖ *~ cooperativa Genossenschaft* f ‖ *~ discográfica Schallplattenfirma* f ‖ *~ de electricidad Elektrizitätsgesellschaft* f ‖ *~ fantasma Schein|firma f, -unternehmen* n ‖ *~ de ferrocarril* od *ferroviaria Eisenbahngesellschaft* f ‖ *~ marítima Schiffahrtsgesellschaft, Reederei* f ‖ *~ mixta* ⟨engl⟩ *Jointventure* n ‖ *~ naviera, ~ de navegación* → *~ marítima* ‖ *~ petrolera Ölgesellschaft* f ‖ *~ de pompas fúnebres Bestattungsinstitut* n ‖ *~ de seguros Versicherungsgesellschaft* f ‖ *~ telefónica Telefongesellschaft* f ‖ Casa Vidal y Cía. (=compañía) *Firma Vidal & Co.*

³compañía f ⟨Th⟩ *(Schauspieler)Truppe* f, *Ensemble* n ‖ *~ ambulante Wandertruppe* f ‖ *~ de comedia Schauspielertruppe* f ‖ *~ de la legua* ⟨fam⟩ *[veraltet] Wanderbühne* f ‖ *~ de ópera (Opern)Ensemble* n ‖ *~ de verso Schauspielertruppe* f ‖ *~ de zarzuela Operettenensemble* n

⁴compañía f ⟨Mil⟩ *Kompanie* f ‖ *~ de ametralladoras Maschinengewehrkompanie* f ‖ *~ de disciplina Strafkompanie* f ‖ *~ de fusileros Schützenkompanie* f ‖ *~ de honor Ehrenkompanie* f ‖ *~ de tiradores* → *~ de fusileros* ‖ *~ de zapadores Pionierkompanie* f

compañón m *Hode* m (& f), *Hoden* m ‖ *~ de perro* ⟨Bot⟩ *Kuckucksblume, Waldhyazinthe* f (*Platanthera* sp)

compara|bilidad f *Vergleichbarkeit* f ‖ **–ble** adj *(m/f) vergleichbar, zu vergleichen* ‖ **–ción** f *Vergleich* m, *Gegeneinanderhalten* n ‖ *Gleichnis* n ‖ ⟨Gr⟩ *Steigerung* f ‖ ◆ *en ~ im Vergleich (con zu)* ‖ ◇ *correr la ~ untereinander gleich sein* ‖ *hacer comparaciones vergleichen* ‖ *pongamos por ~ nehmen wir vergleichsweise an* ‖ *no tener ~, ser superior a toda ~ unvergleichlich sein* ‖ **–do** adj *vergleichend (Grammatik, Anatomie)* ‖ **–dor** m ⟨Tech⟩ *Komparator* m ‖ *Messuhr* f ‖ *Messgerät* n

compa|ranza f *Gegenüberstellung* f ‖ **–rar** vt/i *vergleichen, gegeneinander halten* ‖ ◇ *~ el original con la copia die Urschrift mit der Abschrift vergleichen* ‖ *no se puede ~ es ist nicht zu vergleichen*

comparatística f ⟨Ling⟩ *Komparatistik* f

comparati|vamente adv *vergleichsweise* ‖ **–vo** adj *vergleichend* ‖ m ⟨Gr⟩ *Komparativ* m

compare m And ⟨fam⟩ → **compadre**

compare|cencia f ⟨Jur⟩ *Erscheinen, Auftreten* n *vor Gericht* ‖ *no ~ Terminversäumnis, Nichterscheinen* n ‖ *~ por sí Auftreten* n *ohne Anwalt* ‖ **–cer** [-zc-] vi: *~ (en juicio)* ⟨Jur⟩ *(vor Gericht) erscheinen* ‖ **–ciente** m/f ⟨Jur⟩ *vor Gericht Auftretende(r)* m

comparencia f Arg Chi → **comparecencia**

compa|rendo m ⟨Jur⟩ *Vorladung* f ‖ Chi *heftiger Wortwechsel* m ‖ **–rente** m → **–reciente** ‖ **–rición** f ⟨Jur⟩ *Erscheinen* n *(vor Gericht)* ‖ *Ladung* f

compariente *m Mitverwandte(r)* m

compar|sa *m/f* ⟨Th⟩ *Statist(in* f), *Kompar|se* m, *-sin* f ‖ ⟨Th⟩ *~ f stummes Gefolge* n, *Komparserie* f ‖ *Faschingstrupp* m ‖ ¡vaya una *~*! ⟨fam iron⟩ *e–e saubere Gesellschaft!* ‖ **–sería** *f* ⟨Th⟩ *Komparserie* f

comparte *m/f* ⟨Jur⟩ *Mit|partei* f, *-kläger(in* f) m ‖ ⟨Jur⟩ *Mitteilhaber(in* f) m

compartimiento (Am auch **–timento**) *m Ein-, Ver|teilung* f ‖ *Abteilung* f, *Fach* n ‖ *Feld* n *(des Schachbretts)* ‖ ⟨EB⟩ *Wagenabteil, Coupé* n ‖ *~ para equipajes* ⟨EB⟩ *Gepäck|abteil* n, *-raum* m ‖ *~ estanco* ⟨Mar⟩ *wasserdichte Abteilung* f ‖ *frigorífico Kühlzelle* f ‖ *~ para (no) fumadores* ⟨EB⟩ *(Nicht)Raucherabteil* n

compartir *vi (regelmäßig) ab-, ein|teilen* ‖ *verteilen* ‖ ◇ *~ con… teilen mit…* ‖ *~ entre muchos unter viele verteilen* ‖ *~ las ideas (od* el idea*rio) de* alg. *jds Gesinnung teilen* ‖ *~ las penas con* alg. *jds Sorgen teilen*

comparto *m Col Steuer, Last* f

¹**compás** *m Zirkel, Taster* m ‖ *Bezirk, Bereich* m ‖ *~ ajustable Stellzirkel* m ‖ *~ de calibrar Kalibermaßstab* m ‖ *~ de campo Stabzirkel* m ‖ *~ de capacidad Hohlzirkel* m ‖ *~ de círculos Nullzirkel* m ‖ *~ de construcción Aufreißzirkel* m ‖ *~ de cuadrante Bogen-, Quadrant|zirkel* m ‖ *~ curvo Bogenzirkel* m ‖ *~ doble Doppeltaster* m ‖ *~ de doble articulación Doppelgelenkzirkel* m ‖ *~ de elipses Ellipsenzirkel* m ‖ *~ de espesores Greifzirkel, (Außen)Taster* m ‖ *Dickentaster* m ‖ *~ de exteriores Greifzirkel, (Außen)Taster* m ‖ *de grueso Außentaster* m ‖ *~ de interiores Innentaster* m ‖ *~de medida Messzirkel* m ‖ *~ micrométrico Mikrometerzirkel* m ‖ *~ de muelle Federzirkel* m ‖ *~ de perfil Umrisstaster* m ‖ *~ portalápiz Zirkel* m *mit Bleistifteinsatz* ‖ *~ de precisión Präzisionszirkel* m ‖ *~ de puntas Spitzen-, Stech|zirkel* m ‖ *~ de punta seca Stechzirkel* m ‖ *~ de resorte Federzirkel* m ‖ *~ a tornillo Stellzirkel* m ‖ *~ de trazar Anreißzirkel* m ‖ *~ de vara(s) Stangenzirkel* m

²**compás** *m* ⟨Mus⟩ *Takt* m, *Tonmaß* n ‖ ⟨Mil⟩ *Marschtempo* n ‖ ⟨fig⟩ *Richtschnur* f, *Maß* n ‖ ⟨fig⟩ *Ordnung* f ‖ ⟨fig⟩ *Größe* f, *Format* n ‖ *~ binario zwei|gliedriger, -teiliger Takt* m ‖ *~ de cinco por ocho 5/8-Takt* m ‖ *~ de dos por cuatro 2/4-Takt* m ‖ *~ de espera leerer Takt* m, *Eintaktpause* f ‖ ⟨fig⟩ *Pause* f ‖ *~ senario 6/8-, 6/4-Takt* m ‖ *~ ternario dreiglied(e)riger Takt* m ‖ *~ de tres tiempos 3/4-Takt* m ‖ ◆ *a ~ nach dem Takt* ‖ *al ~ nach Maßgabe* ‖ ⟨Mil⟩ *im Gleichschritt* ‖ *a su ~ in Übereinstimmung mit ihm (ihr)* ‖ *en ~ im Takt, gleichmäßig* ‖ ◇ *bailar al ~ de* alg. *nach jds Pfeife tanzen* ‖ *guardar el ~ Takt halten* ‖ *hacer las cosas a ~* ⟨fig⟩ *behutsam zu Werke gehen* ‖ *llevar el ~ den Takt angeben* ⟨fig⟩ *das Wort führen* ‖ *marchar a ~ im Gleichschritt gehen* ‖ *salirse del ~* ⟨fig⟩ *das Maß überschreiten* ‖ ⟨figf⟩ *aus der Reihe tanzen* ‖ *tiene el ~ en el ojo* ⟨figf⟩ *er (sie, es) hat gutes Augenmaß*

³**compás** *m* ⟨Mar⟩ *Kompass* m ‖ *~ de espejo Spiegelkompass* m ‖ *~ giroscópico Kreiselkompass* m ‖ *~ líquido Fluidkompass* m ‖ *~ magnético Magnetkompass* m

compa|sado *adj taktmäßig* ‖ *abgemessen* ‖ *wohlgeordnet* ‖ adv: *~amente* ‖ **–sar** *vt abzirkeln* ‖ ⟨fig⟩ *abmessen*

compasible *adj (m/f) bemitleidenswert* ‖ *mitleidig*

compasillo *m* ⟨Mus⟩ *4/4-Takt* m

compa|sión f *Bei-, Mit|leid, Mitgefühl* n ‖ ◆ ¡por *~*! *um Gottes willen!* ‖ *sin ~ erbarmungs-, gnaden|los* ‖ *rücksichtslos* ‖ ◇ *dar od despertar ~*

Mitleid erwecken ‖ *es una ~ es ist zum Erbarmen* ‖ *tener ~ Mitleid haben (de mit)* ‖ *lleno de ~ mitleidsvoll* ‖ **–sivo** *adj mitleidig* ‖ *mitfühlend*

compaternidad *f Patenschaft* f

compati|bilidad *f Ver|einbarkeit, -träglichkeit* f ‖ *Kompatibilität* f ⟨& Inform⟩ ‖ *Harmonieren, Zusammenpassen* n ‖ *~ ambiental Umweltverträglichkeit* f ‖ **–ble** *adj (m/f) ver|einbar, -träglich, kompatibel* ⟨& Inform⟩ ‖ *zusammenpassend, harmonierend* ‖ *~ con… im Einklang mit…* ‖ ◇ *no es ~ con nuestros principios es verträgt s. nicht mit unseren Grundsätzen*

compatriota *m/f Lands|mann* m, *-männin* f

compa|trón, –trono *m Mitpatron* m ‖ **–tronato** *m Kompatronat* n *(Kirchenrecht)*

compe|lación *f* ⟨Jur⟩ *Verhör* n ‖ **–ler** *vt nötigen, anhalten, zwingen* ‖ ◇ *~ al pago zur Zahlung zwingen*

compen|diadamente *adv kurz zusammengefasst* ‖ **–diar** *vt abkürzen* ‖ *zusammenfassen* ‖ *im Auszug bieten* ‖ **–dio** *m Auszug* m, *kurze Darstellung* f ‖ *Grundriss* m ‖ *Zusammenfassung* f ‖ *Abriss* m ‖ *(wissenschaftlicher) Leitfaden* m, *Kompendium* n ‖ *Auswahl* f ‖ ◆ *en ~ kurzgefasst* ‖ **–dioso** *adj abgekürzt* ‖ *gedrängt* ‖ adv: *~amente*

compene|tración *f gegenseitige Durchdringung* f ‖ *Eindringen* n *(in die geringsten Einzelheiten)* ‖ ⟨Sp⟩ *methodisches Spiel* n ‖ ⟨fig⟩ *(volles, gemeinsames) Verständnis* n ‖ **–trar** *vr* Am *(et.) richtig od völlig verstehen* ‖ **–trarse** *vr s. gegenseitig durchdringen* ‖ *bis in die geringsten Einzelheiten eindringen* ‖ ⟨fig⟩ *s. od einander geistig durchdringen* ‖ ⟨fig⟩ *ineinander aufgehen*

compen|sación *f Ersatz* m ‖ *Entschädigung, Vergütung* f ‖ *Kompensation, Verrechnung* f ‖ *Verrechnungsvorgang* m ‖ *Skonto* n, *Skontierung, Skontration* f ‖ *Clearing* n ‖ *Ausgleich* m ‖ *wechselseitiges Aufwiegen* n ‖ *~ de (la) balanza de pagos Zahlungsausgleich* m ‖ *~ de la brújula Kompass|ausgleichung, -berichtigung* f ‖ *~ de cargas Lastenausgleich* m ‖ *~ de costas od costos Kosten|ausgleichung, -aufrechnung* f ‖ *~ de culpa Schuldkompensation* f ‖ *~ de daño Schaden(s)ersatz* m ‖ *~ de errores Fehlerausgleichung* f ‖ *~ en especie Naturalersatz* m ‖ *~ de freno, ~ de frenado* ⟨Auto⟩ *Bremsausgleich* m ‖ *~ impositiva, ~ de impuestos Steuererstattung* f ‖ *~ de masas Massenausgleich* m ‖ *~ por paro Arbeitslosenunterstützung* f ‖ *~ por pérdida de ganancia Verdienstausfallentschädigung* f ‖ *~ de precios Preisausgleich* m ‖ *~ de presión Druckausgleich* m ‖ *~ de punta* ⟨El⟩ *Spitzendeckung* f ‖ *~ de los riesgos Risikoausgleichung* f ‖ *~ de temperatura Temperaturausgleich* m ‖ *~ de la tensión* ⟨El⟩ *Spannungsausgleich* m ‖ *~ de la válvula Ventilentlastung* f ‖ ◆ *en ~ als Ersatz (de für)* ‖ **–sador** *adj kompensierend, Ausgleichs-* ‖ *~ m Ausgleichsspendel* n *in Uhren* ‖ ⟨El⟩ *Ausgleicher, Entzerrer* m, *Kompensator* m ‖ ⟨Film⟩ *Geschwindigkeitsregler* m ‖ *~ de amortiguación Dämpfungsausgleicher* m ‖ *~ de corriente continua Gleichstromkompensator* m ‖ *~ de choques Stoßausgleicher* m ‖ *~ de lira Lyra-Dehnungsausgleicher, Lyra-Bogen* m ‖ *~ de torsión Drallausgleicher* m ‖ **–sar** *vt ausgleichen* ‖ *ersetzen, vergüten, entschädigen* ‖ *vergelten* ‖ *verrechnen* ‖ *kompensieren* ‖ *abgelten* ‖ *skontieren* ‖ ◇ *~ los gastos die Kosten ersetzen* ‖ *~ una pérdida e–n Verlust aufwiegen* ‖ *~ las pérdidas con las ganancias Verluste und Gewinne*

ausgleichen || *~se s. (gegenseitig) aufwiegen* ||
–sativo adj → **–satorio** || **–satorio** adj
ausgleichend

¹competen|cia *f Zuständigkeit f || Befugnis,
(Rechts)Zuständigkeit f || Amtsbefugnis f ||
Fähigkeit, Tauglichkeit f || Obliegenheit f,
Aufgabenkreis, Geschäftsbereich m, Ressort n ||
⟨Ling⟩ Kompetenz f || ⟨fig⟩ Fach n || ⟨fig⟩ Fach-,
Sach|kenntnis f || ~ absoluta ausschließbare od
absolute Zuständigkeit f || ~ acumulativa nicht
ausschließbare Zuständigkeit f || ~ exclusiva
ausschließliche Zuständigkeit f || ~judicial
Gerichtsstand m || ~ limitada begrenzte
Zuständigkeit f || ~ material sachliche
Zuständigkeit f || ~territorial örtliche
Zuständigkeit f || regionaler Geltungsbereich m ||
◇ esto sale de mi ~, esto queda fuera de mi ~
dafür bin ich nicht zuständig*

²competencia *f Wettbewerb m, Konkurrenz f ||
Wett|kampf, -streit m || Wetteifer m || Zwist m,
Streitigkeit f || ~ desleal, ~ ilícita, ~ ilegal
unlauterer Wettbewerb m || ~ leal lauterer
Wettbewerb m || ~ libre freier Wettbewerb,
freie Konkurrenz f || freier Markt m || ~ lícita →
~ leal || ~ de mala fe → ~ desleal || ~ ruinosa
ruinöser Wettbewerb m || ~ de velocidad
Wettrennen n || ◆ a ~ um die Wette || fuera de ~
außer Konkurrenz || ◇ batir la ~, eliminar la ~
die Konkurrenz schlagen || estar en ~ im
Wettbewerb stehen, konkurrieren || hacer (la) ~
Konkurrenz machen, konkurrieren || ser de la ~
bei od von der Konkurrenz sein || vencer la ~ die
Konkurrenz schlagen*

    competen|cias *fpl Zuständigkeitsstreitigkeiten
fpl || ◇ exceder las ~ die Befugnisse
überschreiten ||* **–te** *adj (m/f) zukommend,
gebührend || tauglich, gehörig || ⟨Jur⟩ befugt,
zuständig || ◇ no soy ~ en ello es schlägt nicht
in mein Fach ||* adv: **~mente**

    compe|ter *vi ⟨Jur⟩ rechtmäßig zustehen ||
befugt sein, zuständig sein ||* **–tición** *f →* **–tencia** ||
*Wett|streit, -bewerb m || ~ deportiva ⟨Sp⟩
Wettkampf m || ~ electoral Wahlkampf m ||* **–tidor**
*adj Wettbewerbs-, Konkurrenz- || ~ m
Mitbewerber m || Gegner, Nebenbuhler m ||
(Handels)Konkurrent m || Preisbewerber m*

    competir *[-i-] vi werben (um acc) || (s.)
(mit)bewerben || streiten || konkurrieren || gleich
gut sein (gleichwertige Dinge) || wetteifern (con
mit) || ◇ ~ en calidad ⟨Com⟩ in Qualität
konkurrieren || capaz de ~ konkurrenzfähig*

    competiti|vidad *f Wettbewerbsfähigkeit f ||* **–vo**
*adj wettbewerbs-, konkurrenz|fähig || Konkurrenz-
|| Wettbewerbs-*

    Compieña *f [Stadt] Compiègne n || auf
Compiègne bezüglich*

    compi *m Kurzform für* **compinche**

    compi|lación *f Kompilation f, Sammelwerk n ||
Zusammenstellung f || Sammlung f || ~ de leyes
Gesetzessammlung f ||* **–lador** *m Mitarbeiter m an
e–m Sammelwerk, Kompilator m || ⟨fam⟩
Zusammenstoppler m || ⟨Inform⟩ Kompilierer m ||
Assemblierer m ||* **–lar** *vt (aus verschiedenen
Werken) sammeln, zusammenstellen, kompilieren ||
⟨fam⟩ zusammenstoppeln || ⟨Inform⟩ kompilieren ||
assemblieren || übersetzen (Programm)*

    compinche *m/f Spießgeselle m || ⟨fam⟩
Genosse, Kumpan m (oft in schlechtem Sinn),
Genossin f*

    cómpite *m adj Col →* **competente** *|| ~ m Ven
Komplize m*

    compitura *f Ven Mitschuld f*

    compla|cedero *adj →* **–ciente** || **–cencia** *f
Gefälligkeit, Bereitwilligkeit f || Wohlgefallen,
Vergnügen n || Selbstgefälligkeit f ||*

Entgegenkommen n || ◆ por ~ aus Gefälligkeit ||
–cer *[-zc-] vt/i (jdm) entgegenkommen || gefällig
sein, willfährig sein (a alg. jdm), willfahren ||
befriedigen || ◇ me –ce (od me –zco en)
comunicarle ⟨Com⟩ ich beehre mich, Ihnen
mitzuteilen || ~se Gefallen finden (de, en, con an
dat) ||* **–cido** *adj vergnügt, zufrieden ||* **–ciente**
*adj/s (m/f) gefällig, dienstfertig, zuvorkommend ||
nachsichtig (Ehemann)*

    compleción *f Auf|füllen, -füllung f ||
Vervollständigung f*

    complejidad *f Komplexität, Vielgestaltigkeit f ||
Zusammengesetztheit f || Kompliziertheit f ||
Schwierigkeit f || Gegensätzlichkeit f*

    ¹complejo *adj komplex, vielgestaltig ||
zusammengesetzt || kompliziert, verwickelt ||
schwierig ⟨Bgb⟩ verwachsen || ⟨Math⟩ komplexe Zahl f || ~ m Ver|bindung,
-einigung f || Ganze(s) n, Gesamtheit f || Inbegriff
m || ⟨Tech⟩ Komplex m || ~ económico
Wirtschaftskomplex m || ~ fundamental ⟨Geol⟩
Grundkomplex m || ~ genético ⟨Gen⟩ genetischer
Komplex m || ~ hospitalario ⟨Med⟩ Klinikum n ||
~ hotelero Hotelanlage f || ~ industrial
Industriekomplex m || Fabrikanlage f || ~ ígneo
⟨Geol⟩ Eruptivkomplex m || ~ residencial
Wohnanlage f (gehobener Klasse)*

    ²complejo *m ⟨Psychol⟩ Komplex m || ~ de
castración Kastrationskomplex m || ~ de Edipo
Ödipuskomplex m || ~ de Electra Elektrakomplex
m || ~ de inferioridad Minderwertigkeitskomplex
m || ~ materno Mutterkomplex m || ~ vitamínico
B_2 ⟨Med⟩ Vitamin-B_2-Komplex m*

    complemen|tar *vt ergänzen, vervollständigen ||*
–tario *adj nachträglich || ergänzend, Ergänzungs-
|| Nach- || ⟨Math Phys⟩ Komplementär- || ~ m
Zusatzzahl f (beim Lotto) ||* **–to** *m Ergänzung f,
Komplement n || Vollendung f || Zuschlag m,
Zulage f || ⟨Astr Mus Math⟩ Komplement n || ~
circunstancial ⟨Gr⟩ adverbiale Bestimmung f || ~
directo ⟨Gr⟩ direktes Objekt, Akkusativobjekt n ||
~ indirecto ⟨Gr⟩ indirektes Objekt n || ◇ de ~
⟨Mil⟩ Reserve-*

    comple|tamente *adv vollständig, völlig ||
gänzlich || ganz und gar || absolut ||* **–tar** *vt
ergänzen, vervollständigen, komplettieren ||
vollenden ||* **–tas** *fpl ⟨Rel⟩ Komplet f ||* **–tivo** *adj
Ergänzungs- ||* **–to** *adj vollständig (eingerichtet) ||
vollkommen || gründlich (Arbeit) || besetzt
(Parkhaus, Bus usw.) || ⟨Th⟩ vielseitig
(Schauspieler) || ⟨Th Filmw⟩ ausverkauft (Kino,
Theater, Stadion usw.) || ◆ por ~ →* **–tamente** ||
*◇ estar ~ vollzählig sein || ~ m komplettes
Frühstück n || Chi ⟨Art⟩ Hamburger m (belegtes
Brötchen) || ◇ pagar el ~ ⟨Col PR⟩ den Rest (e–r
Schuld) bezahlen || pedir un ~ ⟨fam⟩ ein
komplettes Frühstück bestellen || poner el ~ ⟨fig⟩
Schluss machen, Einhalt gebieten*

    comple|xidad *f →* **–jidad** || **–xión** *f
Leibesbeschaffenheit, Komplexion f || Haut-,
Gesichts|farbe f || Aussehen n || ◇ de ~ fuerte
von kräftigem Körperbau ||* **–xionado** *adj: bien ~
kräftig gebaut (Person) ||* **–xional** *adj Körperbau-
||* **–xo** *adj/s →* **–jo**

    compli|cación *f Ver|wick(e)lung, -kettung,
Verwirrung, Komplikation f || Schwierigkeit f ||
verwickelter Aufbau m, Kompliziertheit f ||
Zusammentreffen n von Umständen || ⟨Med⟩
Komplikation f ||* **–cado** *adj ver|wickelt, -worren,
kompliziert ||* **–car** *(c/qu) vt ver|wickeln, -wirren,
komplizieren || schwierig, kompliziert machen ||
verklausulieren || ~se s. verwickeln || s.
verschlimmern (Krankheit) || ◇ el asunto se va
–cando der Fall wird immer verwickelter || ~ la
vida s. das Leben (unnötig) schwer machen || ¡no*

te compliques tanto la vida! *mach doch die Dinge nicht schwieriger, als sie sind!*

cómplice *m/f Mitschuldige(r* m) f ‖ *Mittäter(in* f) m *(an der Straftat)* ‖ *Helfershelfer(in* f) m ‖ ~ primario *Mittäter(in* f) m ‖ ~ secundario *Gehil|fe* m, *-fin* f

complicidad *f Mitschuld* f ‖ *Komplizenschaft, Beihilfe, Teilnahme* f ‖ *geheimes Einverständnis* n ‖ ~ secundaria, ~ por asistencia ⟨Jur⟩ *Beihilfe* f ‖ ◇ actuar en ~ con alg. *jdm Beihilfe leisten*

com|plot [*pl* ~s] *m Komplott* n, *Verschwörung, Anschlag* m ‖ *geheimes Einverständnis* n ‖ ◇ urdir *od* tramar un ~ *ein Komplott schmieden, e–e Verschwörung anzetteln* ‖ **–plotar** vi *s. verschwören* ‖ ⟨fam⟩ *heimlich verabreden*

complutense adj/s *(m/f) aus Alcalá de Henares* (P Madr) ‖ *auf Alcalá de Henares bezüglich*

compluvio *m* ⟨Hist Arch⟩ *Compluvium* n

compodrecerse [-zc-] vr *faulen*

¹**componedor** *m:* (amigable) ~ *Schiedsrichter, Vermittler* m

²**componedor** *m* ⟨Typ⟩ *Setzer* m ‖ *Winkelhaken* m

compo|nedora *f* ⟨Typ⟩ *Setzmaschine* f ‖ **–nenda** *f* ⟨fam⟩ *Ausgleich* m, *freundliche Vermitt|lung* f ‖ ⟨fam⟩ *Machenschaft* f ‖ **–nente** *m(& f) (Bestand)Teil* m ‖ *Mitglied* n ‖ ⟨Math Phys⟩ *Komponente* f ‖ ⟨fig⟩ *Element* n ‖ ~ activa *Wirkkomponente* f ‖ ~ de la carga *Gewichtskomponente* f ‖ ~ efectiva ⟨El⟩ *Wirkwert* m ‖ ~ estabilizadora ⟨Chem⟩ *Stabilisierungskomponente* f ‖ ~ horizontal *Horizontalkomponente* f ‖ ~ reactiva ⟨El⟩ *Blindkomponente* f ‖ ~ vertical *Vertikalkomponente* f

¹**componer** [irr → **poner**] vt/i *in Ordnung bringen, anordnen* ‖ *ein-, her|richten* ‖ *zusammensetzen* ‖ *mischen (Flüssigkeiten)* ‖ Am ⟨Med⟩ *einrenken* ‖ **~se** *in Ordnung kommen*

²**componer** [irr → **poner**] vt/i *ver-, an|fertigen* ‖ *zustande (& zu Stande) bringen* ‖ *ab-, ver|fassen (literarisches Werk)* ‖ ⟨Mus⟩ *komponieren, in Musik setzen* ‖ *aufsetzen (Brief)* ‖ ⟨Typ⟩ *(ab)setzen* ‖ *ausbessern, flicken (z. B. Schuhe)* ‖ ⟨fig⟩ *schmücken, aufputzen* ‖ ⟨fig⟩ *wieder herstellen*

³**componer** [irr → **poner**] vt/i *ausmachen, bilden (ein Ganzes)* ‖ *ausmachen (Betrag)*

⁴**componer** [irr → **poner**] vt *beilegen, schlichten, vergleichen (Streitigkeit)* ‖ ~ amistosamente *durch e–n Vergleich schlichten*

⁵**componer** [irr → **poner**] vt Am *zureiten (Pferd)* ‖ Chi Mex Pe *verschneiden, kastrieren* ‖ Col ⟨fig⟩ *ver|hexen, -zaubern*

compo|nerse [irr → **poner**] vr *in Ordnung kommen* ‖ *s. putzen* ‖ *bestehen* (de *aus)* ‖ ◇ ~ el pelo *s. das Haar ordnen* ‖ componérselas (figf) *s. zurechtfinden, s. zu helfen wissen, e–n Ausweg finden* ‖ ¿cómo se las compondrá? ⟨fam⟩ *wie wird er s. aus der Geschichte herausziehen?* ‖ **–nible** adj *(m/f) vereinbar* ‖ *passend* ‖ *beilegbar (durch Vergleich)* ‖ **–nimiento** *m Zurückhaltung, Sittsamkeit* f

comporta *f Lesekorb* m

compor|table adj *(m/f) erträglich* ‖ *leidlich* ‖ **–tamiento** *m Be|tragen, -nehmen, Verhalten* n ‖ ⟨Psychol Zool⟩ *Verhalten* n, *Verhaltensweise* f ‖ *Verhalten* n *(e–s Stoffes)* ‖ ~ antirreglamentario *vorschrifts- od regel|widriges Verhalten* n ‖ ~ destinado a imponer ⟨Ethol⟩ *Imponier|gehabe, -verhalten* n (& fig) ‖ ~ sexual ⟨Ethol⟩ *Sexualverhalten* n (& allg) ‖ ~ social ⟨Ethol⟩ *soziales Verhalten* n (& allg) **–tarse** vr *s. betragen, s. benehmen* ‖ **–te** *m Betragen* n ‖ *(Körper)Haltung* f

¹**composición** *f Zusammensetzung* f ‖ *Mischung* f ‖ *Anstand* m, *Sittsamkeit* f ‖ ⟨Mil⟩ *(Truppen)Gliederung* f ‖ ⟨Chem⟩ *Verbindung* f ‖ ⟨Gr⟩ *Zusammensetzung* f ‖ ~ cíclica ⟨Chem⟩ *Ringverbindung* f ‖ ~ del dique ⟨Arch⟩ *Dammschüttung* f ‖ ~ explosiva *Sprengmittel* n ‖ ~ florística *Blumenanordnung* f ‖ *Blumenarrangement* n ‖ ~ de fuerzas *Zusammensetzung* f *von Kräften* ‖ ~ fulminante *Zündsatz* m ‖ ~ genérica ⟨Fot⟩ *Genreanordnung* f ‖ ~ química *chemische Zusammensetzung* f ‖ ~ de un tren *Zugstärke* f ‖ ♦ sin ~ *unverfälscht, echt* ‖ ◇ hacer ~ de lugar ⟨fig⟩ *alle Mittel und Umstände (bei e–m Geschäft) genau erwägen*

²**composición** *f Ver-, An|fertigung* f ‖ *Bildung* f ‖ *Abfassung* f ‖ *schriftlicher Aufsatz* m, *Stilübung* f ‖ *Schul|aufgabe, -arbeit* f ‖ *(Geistes)Werk* n ‖ *Dichtung* f ‖ ⟨Mus⟩ *Musik-, Ton|setzkunst* f ‖ ⟨Mus⟩ *Komposition* f, *Ton|stück* n ‖ ~ coral *Chorwerk* n ‖ ~ poética *poetisches Werk* n

³**composición** *f* ⟨Typ⟩ *Satz* m, *Setzen* n ‖ ~ en bandera *Flattersatz* f ‖ ~ en bloque *Blocksatz* m ‖ ~ conservada *Stehsatz* m ‖ ~ para distribuir *Ablegesatz* m ‖ ~ espaciada *Sperrsatz* m ‖ ~ en forma cuadrada *Blocksatz* m ‖ ~ fotográfica *Fotosatz* m ‖ ~ interlineada *durchschossener Satz* m ‖ ~ linotípica *Linotypesatz* m ‖ ~ manual *Handsatz* m ‖ ~ a máquina, ~ mecánica *Maschinensatz* m ‖ ~ mecanográfica *Schreib(maschinen)satz* m ‖ ~ monotípica *Monotypesatz* m ‖ ~ por ordenador *Computersatz* m ‖ ~ ordinaria *Fließsatz* m ‖ ~ en pie *Stehsatz* m ‖ ~ quebrada *Flattersatz* m ‖ ~ en tablas *Tabellensatz, tabellarischer Satz* m

⁴**composición** *f* ⟨Jur⟩ *Vergleich* m, *Schlichtung* f ‖ ~ con los acreedores *Vergleich* m *mit den Gläubigern* ‖ ~ entre herederos *Erbvergleich* m ‖ ~ procesal *Prozessvergleich* m

compositi|floras fpl ⟨Bot⟩ *Korbblütler* mpl (Compositae) ‖ **–vo** adj: partícula ~a ⟨Gr⟩ *Vorsilbe* f, *Präfix* n

¹**compositor** *m Komponist, Tonsetzer* m

²**compositor** *m* Am *Bereiter* m

compos|taje *m Kompostierung* f ‖ **–tar** vt *kompostieren*

compostelano adj/s *aus Santiago de Compostela* (P Cor) ‖ *auf Santiago de Compostela bezüglich*

¹**compostura** *f Zusammensetzung, Verfertigung* f ‖ *Anordnung, Einrichtung* f ‖ *Bauart* f, *Bau* m ‖ *Ausbesserung, Wiederherstellung* f ‖ *Aufarbeitung* f ‖ *Art, Beschaffenheit* f ‖ *Putz, Schmuck* m, *Zierde* f ‖ ⟨fig⟩ *Anstand* m, *Sittsamkeit* f, *gesetztes Wesen* n ‖ *(gütlicher) Vergleich* m ‖ ◇ guardar ~ *den Anstand (be)wahren* ‖ tener ~ *gefälscht, gemischt sein* ‖ esto no tiene ~ ⟨fig⟩ *hier ist nichts zu retten*

²**compostura** *f (gütlicher) Vergleich* m

compo|ta *f Kompott* n ‖ *Obstmus* n ‖ **–tera** *f Kompottschale* f

compound adj *Compound-, Verbund-*

compra *f Kauf, Ein-, An|kauf* m ‖ *Gekaufte(s)* n ‖ *Erwerb* m, *Anschaffung* f ‖ ~ anticipada *Vorkauf* m ‖ ~ por catálogo *Versandkauf* m ‖ ~ al contado *Barkauf* m ‖ ~ por correspondencia *Versandkauf* m ‖ ~ a crédito *Kauf* m *auf Kredit* ‖ ~ (en cuenta) fija *Festkauf* m ‖ ~ en efectivo *Barkauf* m ‖ ~ a entrega *Kauf* m *auf Lieferung* ‖ ~ especulativa *Spekulationskauf* m ‖ ~ firme *Festkauf* m ‖ ~ de lance, ~ de ocasión *Gelegenheitskauf* m ‖ ~ a plazos *Kauf* m *auf Zeit, Raten-, Kredit|kauf* m ‖ ~ simulada *Scheinkauf* m ‖ ~ de votos ⟨Pol⟩ *Stimmenkauf* m ‖ escasa *(od* poca) tendencia a (hacer) ~s *geringe Kauflust* f ‖ ◇ cerrar una ~ *e–n Kauf abschließen* ‖ efectuar

una ~ *e–n Kauf tätigen* ‖ hacer una ~ *e–n Kauf tätigen* od *abschließen* ‖ ir a la ~ *einkaufen gehen* ‖ *auf den Markt (zum Einkaufen) gehen* ‖ ir de ~s *einkaufen gehen* ‖ ofrecer a la ~ *zum Kauf anbieten*
compra|ble *(m/f)*, **–dero, –dizo** adj *käuflich, feil*
compra|dor *m*/adj *Käufer* m ‖ *An-, Ein|käufer* m ‖ *Abnehmer, Bezieher m (Ware)* ‖ ~ comisionista *Einkaufskommissionär* m ‖ ~ constante *regelmäßiger Abnehmer* od *Kunde* m ‖ ~ por especulación *Spekulationskäufer, Spekulant* m ‖ ~ de buena fe *gutgläubiger Käufer* m ‖ ~ en virtud de un pacto de retroventa *Wiederkäufer* m ‖ ◊ encontrar ~(es) *Absatz finden*
comprante *m/f*/adj *Käufer(in* f) m
comprar vt/i *(ab)kaufen* ‖ *einkaufen* ‖ *erstehen* ‖ *anschaffen, beziehen, abnehmen* ‖ ⟨fig⟩ *bestechen* ‖ ⟨pop⟩ *stehlen* ‖ ◊ se lo compré *ich kaufte es ihm (ihr) ab* ‖ ~ barato (caro) *billig (teuer) kaufen* ‖ ~ al contado *bar kaufen* ‖ ~ a crédito *auf Ziel, auf Raten, auf Kredit, auf Borg kaufen,* ⟨fam⟩ *auf Stottern kaufen* ‖ ~ por cuenta ajena (propia) *auf fremde (eigene) Rechnung kaufen* ‖ ~ de estraperlo ⟨fam⟩ *schwarz kaufen* ‖ ~ en globo, ~ en una liquidación *in Ramsch kaufen* ‖ ~ de lance, ~ de ocasión *gebraucht (od als Gelegenheit) kaufen* ‖ ~ a plazo → ~ a crédito ‖ ~ de primera (segunda) mano *aus erster (zweiter) Hand kaufen* ‖ estar animado *od* inclinado *od* dispuesto a ~ *kauflustig sein* ‖ incitar a ~ *die Kauflust wecken*
compraventa f *Kauf* m *(als Rechtsgeschäft)* ‖ ~ aleatoria ⟨Jur⟩ *Hoffnungskauf* m ‖ ~ con cláusula de opción *Kauf* m *mit Rücktrittsvorbehalt* ‖ ~ de mercancías *Warenvertrieb* m ‖ ~ mercantil *Handelskauf* m ‖ ~ real *Handkauf* m ‖ ~ de recién nacidos *Babyhandel* m
comprehensivo adj → **comprensivo**
compren|der vt/i *verstehen, einsehen, erfassen, begreifen,* ⟨fam⟩ *kapieren* ‖ *(auf)fassen* ‖ *meinen, dafürhalten* ‖ *um|fassen, -schließen* ‖ *begreifen, in s. fassen, enthalten* ‖ *einbeziehen, mitrechnen* ‖ ◊ hacer ~ algo a alg. *jdm et. begreiflich machen* ‖ hacerse ~ *s. verständlich machen* ‖ ◊ ~ mal *falsch verstehen* ‖ no ~ nada de … *nicht klug werden aus …* ‖ Vd. ~derá que … *Sie werden wohl einsehen, dass …* ‖ haber ~dido *verstanden haben,* ⟨fam⟩ *spitzgekriegt haben, kapiert haben,* ⟨vulg⟩ *gefressen haben* ‖ ◆ sin ~ *s. begriffen sein* (en in) ‖ *einander verstehen* ‖ ◊ se comprende *das ist begreiflich, natürlich* ‖ los números no ~didos en el registro *die im Verzeichnis nicht aufgeführten Nummern* ‖ **–sible** adj *(m/f) begreiflich, verständlich* ‖ **–sión** f *Begreifen, Fassen* n ‖ *Auffassung* f ‖ *Fassungskraft* f ‖ *(Er)Kenntnis* f ‖ *Verstand* m ‖ *Verständnis* n ‖ *Begriffs|inhalt, -umfang* m ‖ **–sivo** adj *begreifend* ‖ *verständnisvoll* ‖ **–so** pp/irr von **–der** (selten)
compresa f ⟨Med⟩ *Kompresse* f, *Umschlag* m ‖ ~ (higiénica) *Monats-, Damen|binde* f ‖ ◊ aplicar una ~ *e–n Umschlag anlegen*
compre|sibilidad f *Zusammendrückbarkeit, Kompressibilität* f ‖ **–sible** adj *(m/f) zusammendrückbar* ‖ **–sión** f *Zusammen|drückung, -pressung* f ‖ *Kompression, Verdichtung* f ‖ ~ del suelo *Boden|druck* m, *-pressung* f ‖ **–sivo** adj *zusammendrückend, Press-* ‖ ⟨fig⟩ *Unterdrückungs-, Zwangs-* ‖ **–so** pp/irr von **comprimir** ‖ **–sor** *m*/adj *Kompressor, Verdichter* m ‖ ⟨Text⟩ *Presser, Pressfinger* m ‖ ~ axial *Axial|kompressor, -verdichter* m ‖ ~ blindado *gekapselter Kompressor* m ‖ ~ centrífugo

Kreiselverdichter m ‖ ~ compound *Verbundkompressor* m ‖ ~ de émbolo *Kolben|kompressor, -verdichter* m ‖ ~ helicoidal *Schraubenverdichter* m ‖ ~ de alta presión *Hochdruck|kompressor, -verdichter* m ‖ ~ rotativo *Drehkolben-, Rotations|verdichter* m ‖ ~ de sobrealimentación, ~ de sobrecarga *Aufladekompressor* m ‖ ~ de turbina *Turbolader* m
comprimaria f ⟨Th⟩ *Nebenrolle* f
compri|mible adj *(m/f)* → **compresible** ‖ **–mido** adj *gepresst, halb erstickt (Stimme)* ‖ ~ m ⟨Pharm⟩ *Tablette* f ‖ **–mir** vt *zusammen|drücken, -pressen* ‖ ⟨fig⟩ *unterdrücken* ‖ ⟨fig⟩ *in Schranken, im Zaum halten* ‖ ~se ⟨fig⟩ s. *mäßigen*
compro|bable adj *(m/f) feststellbar* ‖ *messbar* ‖ **–bación** f *Be|glaubigung, -urkundung* f ‖ *Be|stätigung* f, *-weis* m ‖ *Feststellung* f ‖ *Kontrolle* f, *Nachweis* m ‖ ~ al azar *Stichprobe* f ‖ ~ del balance *Bilanzprüfung* f ‖ ~ de calidad *Qualitätsprüfung* f ‖ ~ del circuito ⟨El⟩ *Überprüfung* f *des Stromkreises* ‖ ~ estadística *statistischer Nachweis* m ‖ ~ de justicia ⟨Jur⟩ *Prüfung* f *auf Verfahrensfehler* ‖ ~ del nivel de aceite ⟨Auto Tech⟩ *Ölstandsprüfung* f ‖ ◆ de difícil ~ *schwer festzustellen(d)* ‖ **–bador** m *Prüfer* m ‖ *Prüfgerät* n, *-vorrichtung* f ‖ ~ de baterías *Batterieprüfer* m ‖ ~ de líneas ⟨El⟩ *Leitungsprüfer* m ‖ ~ de niveles ⟨Top⟩ *Libellenkontroller* m ‖ ~ de presión en los neumáticos ⟨Auto⟩ *Reifen|druckmesser, -prüfer* m ‖ **–bante** *m*/adj *Kontroll-, Beleg|schein, Beleg* m ‖ *Unterlage* f ‖ *Ausweis* m *(Buchhaltung)* ‖ ⟨Jur⟩ *Beweismittel* n ‖ ~ de adeudo *Schuldurkunde* f, *Forderungsbeleg* m ‖ ~ de entrega *Übergabenachweis* m ‖ ~ de gastos *Kostennachweis* m ‖ **–bar** [-ue-] vt *über-, nach|prüfen, kontrollieren* ‖ *feststellen* ‖ *be|glaubigen, -urkunden* ‖ *be|weisen, -stätigen* ‖ ◊ ~ la identidad *die Personalien feststellen, identifizieren* ‖ difícil de ~ *schwer festzustellen(d)* ‖ **–bativo, –batorio** adj *beweiskräftig* ‖ *Kontroll-*
comprometedor adj/s *kompromittierend* ‖ *heikel* ‖ *belastend*
¹comprometer vt *(jdn) bloßstellen, blamieren* ‖ *kompromittieren, in Verlegenheit bringen* ‖ *gefährden, in Gefahr bringen, aufs Spiel setzen* ‖ *belasten* ‖ *verantwortlich machen*
²comprometer vt ⟨Jur⟩ *vereinbaren (als Schuldner)*
¹comprometerse vr *s. bloßstellen*
²comprometerse vr *s. verpflichten* (a *zu*) ‖ *s. anheischig machen* ‖ *s. verloben* ‖ ~ s. *e–m Schiedsgericht unterwerfen* ‖ ~ con alg. *s. jdm gegenüber verpflichten* ‖ ~ con hipoteca *s. hypothekarisch verpflichten*
¹comprometido adj *heikel, gefährlich* ‖ *peinlich*
²comprome|tido adj *verpflichtet* ‖ *engagiert* ‖ *verlobt* ‖ ⟨Com⟩ *vergeben (Ware)* ‖ ◊ su fama está ~a *sein guter Name steht auf dem Spiel* ‖ estar ~ con sumas fuertes ⟨Com⟩ *s. mit großen Summen ohne Deckung befinden* ‖ **–timiento** m von **–ter(se)**
compromisario *m*/adj *Schiedsrichter* m ‖ *Vermittler* m ‖ *Wahlmann* m
¹compromiso m *Kompromiss* m ‖ *Mittelding* n *(zwischen zwei Möglichkeiten* od *Versionen)*
²compromiso m *Verbindlichkeit* f ‖ *übernommene Verpflichtung* f ‖ *Engagement* n ‖ *Verlobung* f ‖ ~ de compra *Kauf|verpflichtung* f, *-zwang* m ‖ ~ de crédito *Kreditengagement* n ‖ ~ eventual *bedingte Verpflichtung* f ‖ ~ de pago *Zahlungsverpflichtung* f ‖ ~ preferente

bevorrechtigte Forderung f ‖ ~ *solidario*
gesamtschuldnerische Verpflichtung f ‖ ~ *de*
venta *Verkaufsvertrag* m ‖ ◆ *por* ~ *aus Zwang* ‖
der Form wegen ‖ sin ~ *(Lieferung, Preise)*
freibleibend ‖ ⟨fig⟩ *ungebunden, nicht gebunden*
(z. B. *ledig*) ‖ libre de ~ *freibleibend* ‖ ◇ contraer
un ~ *e–e Verpflichtung eingehen* ‖ declinar todo
~ *jede Verantwortung ablehnen* ‖ estar en ~
fraglich sein ‖ faltar a su ~ *sein Wort nicht*
halten
    ³compromiso m *Verlegenheit, Blamage* f ‖ ◇
estar od hallarse en un ~ *s. in e–r heiklen Lage*
befinden ‖ es un ~ *para mí es ist unangenehm für*
mich ‖ poner en ~ *in Zweifel ziehen* ‖ poner en
un ~ *a alg. jdn bloßstellen, jdn kompromittieren* ‖
salir del ~ *s. aus der Verlegenheit ziehen*
    ⁴compromiso m *Schiedsvertrag* m ‖ *Berufung* f
auf e–n Schiedsspruch ‖ ~ *arbitral*
Schiedsvertrag, Kompromiss m
    compromi|sos mpl: no poder satisfacer todos
sus ~ *nicht allen s–n Verpflichtungen*
nachkommen können ‖ entrar en ~
Verbindlichkeiten eingehen ‖ **–sorio** adj
schiedsrichterlich ‖ **–tente** m *Wähler* m *der*
Wahlmänner ‖ *Partei* f *e–s Schiedsvertrags*
    comprovinciano m/adj *Landsmann* m *(aus*
derselben Provinz)
    ¹compuerta f *Vor-, Schutz|tür* f ‖ *Tür* f *in e–m*
Haustor ‖ *Schütz* n ‖ [ungenau] *Schleuse* f ‖ ~ *de*
admisión *Einlaufschütz* n ‖ ~ *de celosía*
Jalousieschütz n ‖ ~ *de cierre Abschlussschütz* n
‖ ~ *deslizante Gleitschütz* n ‖ ~ *de*
Einlaufschütz n ‖ ~ *giratoria Schleusendrehtor* n ‖
~ *contra incendios Brandschleusentor* n ‖ ~ *de*
mareas Flut, Gezeiten|tor n ‖ ~ *rodante*
Rollschütz n ‖ ~ *de sector Sektorschütz* n ‖ ~ *de*
segmento Segmentschütz n ‖ ~ *sumergida*
versenktes Schütz n ‖ ~ *de ventilación* ⟨Bgb⟩
Wettertür f
    ²compuerta f *Schieber* m, *Klappe* f, *Ventil* n ‖
~ *de agua Wasserschieber* m ‖ ~ *basculante*
Pendelklappe f ‖ ~ *de cierre Absperrschieber* m ‖
~ *de descarga Entleerungsschieber* m ‖ ~ *de*
entrada *Eingangsschieber* m ‖ ~ *de esclusa*
Schleusentor n ‖ ~ *de estrangulación*
Drosselklappe f ‖ ~ *de fondo Bodenklappe* f ‖ ~
giratoria Drehschieber m ‖ ~ *de retención*
Rückschlagklappe f ‖ ~ *de viento* ⟨Met⟩
Windschieber m
    compues|tas fpl ⟨Bot⟩ *Korbblütler* mpl
(Compositae) ‖ **–to** pp/irr von **componer** ‖ ~ adj
zusammengesetzt (Zahl) ‖ ⟨fig⟩ *anständig, zierlich*
‖ ⟨fig⟩ *umsichtig* ‖ ⟨fig⟩ *gesetzt, ordentlich* ‖ ⟨El⟩
verkettet ‖ ◇ estar ~ *de … bestehen aus …* (dat)
‖ quedarse ~a y sin novio ⟨figf⟩ *e–n unverhofften*
Misserfolg haben (Frau) ‖ adv: **–amente** ‖ ~ m
Zusammensetzung, Mischung f ⟨Chem⟩
Verbindung f
    compul|sa f *gerichtliche Beglaubigung* f ‖
beglaubigte Abschrift f ‖ *Schriftvergleichung* f ‖
Ausfertigung f *(e–r Urkunde)* ‖ **–sar** vt
vergleichen (Urkunden), e–e beglaubigte
Abschrift od e–e Ausfertigung erteilen ‖ **–sión** f
(gerichtlicher) Zwang m ‖ *Zwangsvollzug* m
gerichtlicher Anordnungen ‖ ~ *de repetición*
(Psychol Med) *Wiederholungszwang* m ‖ **–sivo**
adj *Zwangs-* ‖ **–so** pp/irr von **compeler** ‖ **–soria** f
⟨Jur⟩ *Mahnbrief* m ‖ **–sorio** adj *Zwangs-*
    compun|ción f *Zerknirschung* f *(des Herzens)* ‖
Mit|leid, -gefühl n ‖ **–gido** adj *zerknirscht,*
reuevoll ‖ *(tief) betrübt* ‖ adv: **~amente** ‖ **–gir**
[g/j] vt *rühren* ‖ **~se** *innige Reue fühlen,*
empfinden ‖ *zerknirscht sein*
    compur|gación f ⟨Jur⟩ *Rechtfertigung* f ‖ ⟨Jur⟩
Entlastung f ‖ **–gar** [g/gu] vi *s. dem Beweis durch*

Entlastungszeugen unterwerfen ‖ ~ vt Mex
abbüßen (Strafe)
    compu|tación f *Berechnung* f ‖
Fristberechnung f ‖ **–tador** m, **–tadora** f
Computer, Elektronenrechner m, *elektronische*
Datenverarbeitungsanlage f ‖ ~ *analógico*
Analogrechner m ‖ ~ *digital Digitalrechner* m ‖
~ *híbrido Hybridrechner* m ‖ ~ *personal*
Personalcomputer m ‖ **–tadorización** f →
–terización ‖ **–tadorizar** [z/c] vt → **–terizar** ‖
–tar vt *aus-, be|rechnen* ‖ **–terización** f
Computerisierung f ‖ **–terizar** [z/c] vt
computerisieren
    cómputo m *Berechnung* f ‖ *Fristberechnung* f ‖
Einrechnung f *(der Strafzeit)* ‖ ~ *astronómico*
ortsübliche Zeitrechnung f ‖ ~ *eclesiástico*
kirchliche Jahreseinteilung f ‖ ~ *de intereses*
Zins(be)rechnung f ‖ ~ *presupuesto* ⟨Am⟩
Kostenüberschlag m ‖ ~usual *übliche*
Zeitrechnung f
    comucho m Chi *Menge* f, *Haufe(n)* m
    comul|gante m/f/adj ⟨Rel⟩ *Abendmahlsgast* m ‖
–gar [g/gu] vt *die (heilige) Kommunion geben* ‖
~ vi *das (heilige) Abendmahl, die (heilige)*
Kommunion empfangen, kommunizieren ‖ ◇ ~
con alg. *jds Gesinnung teilen* ‖ ~ *con ruedas de*
molino ⟨figf⟩ *allzu leichtgläubig od einfältig sein*
‖ ~ en a/c *et. an|nehmen, -erkennen* ‖ **–gatorio** m
Abendmahlsgitter n, *Kommunionbank* f, *Tisch* m
des Herrn
    ¹común adj *(m/f) ge|meinschaftlich,*
-mein(sam) ‖ *allgemein (bekannt)* ‖ *alltäglich,*
gewöhnlich ‖ *häufig* ‖ *gering (Qualität)* ‖ *gemein,*
schlecht ‖ ~ *divisor* ⟨Math⟩ *gemeinsamer Teiler*
m ‖ ◆ a cuenta ~ *auf gemeinschaftliche*
Rechnung ‖ de ~ acuerdo *nach gegenseitiger*
Übereinkunft ‖ en ~ *gemeinschaftlich* ‖ *insgemein*
‖ de fuerza de voluntad poco *(od nada, no)* ~ *von*
außergewöhnlicher Willenskraft ‖ por lo ~
ge|meinhin, -wöhnlich ‖ nuestro amigo ~ *unser*
gemeinsamer Freund m
    ²común m *Gemeinde* f ‖ *Gemeinwesen* n ‖
Genossenschaft f ‖ *Volk* n ‖ el ~ de las gentes *die*
meisten Leute
    ³común m *Abtritt, Abort* m ‖ Mex *Hintern* m
    ¹comuna f *Kommune* f *(Wohngemeinschaft)* ‖
Am *Gemeinde* f
    ²comuna f Murc *Hauptbewässerungsgraben* m
    comunalismo m ⟨Zool⟩ *Kommunalismus* m
    comu|nería f *Völkerschaft* f ‖ **–nero** adj
leutselig, menschenfreundlich ‖ *Gemeinde-* ‖ ~ m
Mitbesitzer m *(e–s Landgutes)* ‖ Am *Pächter* m
(e–s Staatsgutes) ‖ **~s** fpl ⟨Hist⟩ *Anhänger* mpl
der aufrührerischen Comunidades de Castilla
unter Karl V. ‖ Span *politische Partei* f *in den*
Jahren 1820–23 ‖ **–nial** adj *Gemeinde-*
    comunica|bilidad f *Leutseligkeit* f ‖
Mitteilbarkeit f *Anwendbarkeit* f *auf andere* ‖
Verbindbarkeit f *(Wasserwege)* ‖ **–ble** adj *(m/f)*
gesellig ‖ *mittelbar* ‖ *verbindbar (Wasserweg)*
    ¹comunicación f *Mitteilung* f ‖ *amtliche*
Mitteilung f, *Amtsschreiben* n ‖ ~ *de autos* ⟨Jur⟩
Akteneinsicht f ‖ ~ *confidencial vertrauliche*
Mitteilung f ‖ ~ *de los libros* ⟨Com⟩ *Vorlegung* f
der Bücher ‖ ~ *oficial amtliche Mitteilung* f,
Amtsschreiben n ‖ ~ *personal persönliche*
Mitteilung f ‖ ~ *al público Veröffentlichung* f
    ²comunica|ción f *Verbindung* f ‖ *Verkehr* m ‖
Verbindungs|weg m, *-stück* n ‖ *Kommunikation* f,
Umgang m ‖ *Zusammenhang* m ‖ *Übertragung* f
(Bewegung) ‖ *Austausch* m *(Gedanken)* ‖ ⟨Tel⟩
Anschluss m, *Verbindung* f ‖ *Telefongespräch* n ‖
⟨Mil⟩ *Nachschubweg* m ‖ ⟨fig⟩ *Kontakt* m,
Fühlung f *(con mit)* ‖ ~ *aérea Luftverbindung* f ‖
~ *con aviso de llamada* ⟨Tel⟩ *Gespräch* n *mit*

Voranmeldung f ‖ ~ colectiva ⟨Tel⟩ *Sammel-,*
Konferenz|gespräch n ‖ *Sammelanschluss* m ‖ ~
directa ⟨Tel⟩ *Direktverbindung* f ‖ ~ epistolar
Briefverbindung f ‖ ~ por ferrocarril, ~
ferroviaria *Eisenbahn-, Zug|verbindung* f ‖ ~
hacia atrás ⟨Mil⟩ *rückwärtige Verbindung* f ‖ ~
intercontinental *Überseeverbindung* f ‖ ~
internacional ⟨Tel⟩ *Auslandsgespräch* n ‖ ~
interurbana ⟨Tel⟩ *Fern|gespräch* n, *-verbindung* f
‖ ~ local ⟨Tel⟩ *Orts|gespräch* n, *-verbindung* f ‖
~ postal *Postverbindung* f ‖ ~ con preaviso →⁺ ~
con aviso de llamada ‖ ~ radiotelegráfica
Funkverbindung f ‖ ~ de retaguardia ⟨Mil⟩
rückwärtige Verbindung f ‖ ~ telefónica
Fernsprech|verbindung f, *-verkehr* m, *Vermittlung*
f ‖ *Telefongespräch* n ‖ ~ de tránsito
Durchgangsverbindung f ‖ ~ transversal
Querverbindung f ‖ ~ urbana ⟨Tel⟩ *Orts|gespräch*
n, *-verbindung* f ‖ ~ urgente ⟨Tel⟩ *dringendes*
Gespräch n ‖ ◇ cortar la ~ *die Verbindung*
unterbrechen ⟨bes. Tel⟩ ‖ entrar en ~ con alg. *s.*
mit jdm in Verbindung setzen ‖ establecer la ~
e–e Gesprächsverbindung herstellen ‖ estar en ~
con alg. *mit jdm in Verbindung stehen* ‖
interrumpir la ~ →⁺ cortar la ~ ‖ pedir ~
telefónica *um (Telefon)Verbindung ersuchen* ‖
poner en ~ ⟨Tel⟩ *verbinden* ‖ póngame Vd. en ~
con el número … *verbinden Sie mich mit*
Nummer … ‖ ponerse en ~ con alg. *mit jdm*
Verbindung aufnehmen ‖ romper toda ~ *jede*
Verbindung abbrechen
  comunica|ciones *fpl Verkehrswege* mpl ‖ ~
postales *Postverkehr* m ‖ *Postwesen* n ‖ ~
telefónicas, ~ telegráficas *Telefon-,*
Telegramm|verkehr m ‖ **–do** *m Eingesandt* n *(in*
der Zeitung) ‖ *(amtliche) Mitteilung,*
Verlautbarung f, *Kommuniqué* n ‖ ~ oficial
amtliche, offizielle Mitteilung f ‖ **–dor** *m*
Mitteilende(r) m
  comuni|cante adj *(m/f) kommunizierend* ‖ ~
m/f Mitteilende(r m) f, *Korrespondent(in* f) m ‖
Einsender(in f) m ‖ **–car** [c/qu] vt *(jdm et.)*
mitteilen ‖ *(jdn) benachrichtigen* ‖ *notifizieren* ‖
⟨fig⟩ *mitteilen (Krankheit)* ‖ *über|tragen, -mitteln*
‖ *verbinden, in Verbindung setzen* (con mit) ‖ ◇
~ algo a alg. *jdn von et. in Kenntnis setzen* ‖ ~
por escrito *schriftlich mitteilen* ‖ ~ vi *in*
Verbindung stehen ‖ *ineinander gehen (Zimmer,*
Räume) ‖ ◇ están –cando ⟨Tel⟩ *besetzt!* ‖ **~se** *s.*
(über et.) besprechen ‖ ~ (entre sí) *Umgang*
miteinander haben ‖ *Briefe wechseln* ‖ ~ por
señas *s. durch Zeichen verständigen* ‖ **–cativo** adj
gesellig ‖ *leutselig* ‖ *gesprächig, mitteilsam,*
kommunikativ ‖ ⟨fig⟩ *ansteckend (Freude)* ‖ adv:
~amente ‖ **–cologia** *f*
Kommunikationswissenschaft f ‖ **–cólogo** *m*
Kommunikationsfachmann m
  comunidad *f Ge|meinschaft, -meinsamkeit* f ‖
Gemeinde f ‖ *(Kloster)Gemeinde* f ‖ *Körperschaft*
f ‖ *Miteigentum* n ‖ ~ aduanera *Zollgemeinschaft*
f ‖ ~ agrícola *Landwirtschaftsunion* f ‖ ~
arancelaria *Tarifgemeinschaft* f ‖ ~ autónoma
Span *autonome Region* f ‖ ~ de bienes
Gütergemeinschaft f ‖ ~ de compra
Einkaufsgemeinschaft f ‖ ~ conyugal *eheliche*
Gemeinschaft f ‖ ~ de cosas *Sachgesamtheit* f ‖
~ de disfrute *Nutzungsgemeinschaft* f ‖ ~
económica *Wirtschaftsgemeinschaft* f ‖ ~ Europea
Europäische Gemeinschaft f ‖ ~ escolar
Schulgemeinde f ‖ ~ de Estados Independientes
(CEI) *Gemeinschaft* f *unabhängiger Staaten*
(GUS) ‖ ~ Europea del Carbón y del Acero
(C.E.C.A.) *Europäische Gemeinschaft* f *für Kohle*
und Stahl (EGKS), Montanunion f ‖ ~ Europea
de Energía Atómica *Europäische*

Atomgemeinschaft f *(EURATOM)* ‖ ~ familiar
Hausgemeinschaft f ‖ ~ de gananciales, ~ de
ganancias *Zugewinngemeinschaft* f ‖ ~ de
habitación *Wohngemeinschaft* f ‖ ~ entre
inquilinos *nachbarliche Wohngemeinschaft* f ‖ ~
de intereses *Interessengemeinschaft* f ‖ ~
internacional *Völker(rechts)gemeinschaft* f ‖ ~
jurídica *Rechtsgemeinschaft* f ‖ ~ mancomunada,
~ en mancomún *Gesamthandsgemeinschaft* f ‖ ~
matrimonial *Gütergemeinschaft* f ‖ ~ monetaria
Währungsgemeinschaft f ‖ ~ de las naciones
Völkergemeinschaft f ‖ ~ de origen *gemeinsamer*
Ursprung m ‖ ~ de pastos *Weidegemeinschaft* f ‖
~ de propietarios *Gemeinschaft* f *der*
Wohnungseigentümer ‖ ~ de regantes
Wasserverband m *von Bewässerern* ‖ ~ religiosa
Religionsgemeinschaft f ‖ *Klostergemeinschaft* f ‖
Ordensbruderschaft f ‖ ~ rural *Landgemeinde* f ‖
~ sucesoria *Erbengemeinschaft* f ‖ ~ de techo
Hausgemeinschaft f *(der Ehegatten od*
Lebensgefährten) ‖ ~ de trabajo
Arbeitsgemeinschaft f ‖ ~ urbana
Städtegemeinschaft f ‖ *Verbandsgemeinde* f ‖ ~
Valenciana ⟨Geogr⟩ *(historische, heute autonome*
Region in Spanien) ‖ ~ de venta *Verkaufs-,*
Vertriebs|gemeinschaft f ‖ ~ de vida
Lebensgemeinschaft f ‖ ◆ en ~ *in der Gesamtheit*
‖ **~es** *fpl* ⟨Hist⟩ *Volksaufstand* m *in Kastilien*
unter Karl V.
  comunión *f Gemeinsamkeit* f ‖ *Glaubens-,*
Kirchen|gemeinschaft f ‖ *(heilige) Kommunion* f,
heiliges Abendmahl n *(Sakrament)* ‖ ⟨fig⟩
(politische) Partei f ‖ ⟨fig⟩ *Gemeinsamkeit* f *von*
Empfindungen und Anschauungen, Seelenbündnis
n ‖ ~ de la Iglesia, ~ de los Santos *Gemeinschaft*
f *der Kirche, der Heiligen* ‖ ~ utraquista
Abendmahl n *in beiderlei Gestalt* ‖ ◇ hacer la ~,
ir a la ~ *zur Kommunion gehen*
  comunis|mo *m* ⟨Pol⟩ *Kommunismus* m ‖ **–ta** adj
(m/f) kommunistisch ‖ ~ *m/f Kommunist(in* f) m ‖
~ en teoría *od* de salón *Salonkommunist(in* f) m
  comunitario adj *auf die Gemeinschaft*
bezüglich, Gemeinschafts- ‖ *auf die EG bezüglich*
  comúnmente adv *im allgemeinen* ‖ *häufig, oft*
  comuña *f Mengenkorn* n ‖ *Ast Pacht* f (bes.
Viehteilpacht)
  con prep *mit* dat, *vermittels* gen, *nebst* dat,
zugleich mit dat ‖ *durch* acc ‖ *bei* dat ‖ *in* dat ‖
aus dat ‖ *nach* dat ‖ *zu* dat ‖ *gegen* acc ‖
(gegen)über dat ‖ *unter* dat ‖ *vor* dat
  1. Ö r t l i c h e B e d e u t u n g a)
B e g l e i t u n g , V e r b i n d u n g ,
G l e i c h z e i t i g k e i t : café ~ leche *Kaffee* m *mit*
Milch ‖ pan ~ mantequilla *Butterbrot* n ‖ ~
acompañarse ~ alg. *s. von jdm begleiten lassen* ‖
ir al café ~ los amigos *mit den Freunden ins*
Café gehen ‖ estar ~ alg. *auf jds Seite stehen* ‖
estar de acuerdo ~ alg. *mit jdm einig*
sein ‖ estar ~ fiebre *Fieber haben* ‖ vivir ~ alg.
mit jdm zusammenleben ‖ ¡vaya Vd. ~ Dios!
leben Sie wohl! ‖ → **conmigo, contigo,**
consigo
  b) B e z i e h u n g , G e g e n s e i t i g k e i t ,
V e r k e h r , U m g a n g : ~ él no se sabe nunca
bei ihm weiß man nie(, woran man ist) ‖ amable
(para) ~ nosotros *freundlich zu uns* ‖ estar a mal
~ alg. *mit jdm schlecht stehen* ‖ dar clase ~ alg.
Stunden bei jdm nehmen ‖ galante ~ las damas
liebenswürdig zu den Damen ‖ uno ~ otro *(Com)*
e–s zum anderen (gerechnet) ‖ *in Bausch und*
Bogen ‖ ~ el tiempo lo olvidarás *mit der Zeit*
wirst du es vergessen ‖ nada tiene que ver ~ ello
es hat damit nichts zu tun ‖ no se meta Vd. ~
nosotros *lassen Sie uns in Ruhe!*
  2. M i t t e l , W e r k z e u g : ~ paciencia *mit*

Geduld ‖ cortar ~ el cuchillo *mit dem Messer schneiden* ‖ tiene ~ qué vivir *er (sie, es) hat zu leben* ‖ me visto ~ este sastre *ich lasse m–e Kleider bei diesem Schneider machen*
3. Begleitende Umstände *(in übertragenem Sinne)*
a) Besitz, Zugegörigkeit, geistiges Vermögen: ~ este tiempo *bei diesem Wetter* ‖ me veo ~ facultades de emprenderlo *ich halte mich für befähigt, es zu unternehmen* ‖ ~ aire satisfecho *mit zufriedener Miene* ‖ ~ ardor *feurig* ‖ ~ brío *lebhaft, feurig, kräftig* ‖ ~ fervor *inbrünstig* ‖ ~ furia *zornig, wütend*
b) Gegensatz, Gegenüberstellung, Folgerung: ~ todos sus defectos es muy amable *trotz (bei) allen s–n (ihren) Fehlern ist er (sie, es) sehr liebenswürdig* ‖ ~ lo inteligente que es, ha fracasado en el examen *trotz s–r (ihrer) Intelligenz ist er (sie, es) im Examen durchgefallen* ‖ ~ todo *trotz alledem, dessen ungeachtet* ‖ ~ eso *damit, daher* ‖ *hierauf, dann* ‖ ~ mucho *bei weitem* ‖ ni ~ mucho *bei weitem nicht, noch lange nicht*
4. mit dem Infinitiv:
a) als Ersatz für das Gerundium (in Temporal- *od* Bedingungssätzen): ~ declarar se libró del castigo *durch sein (ihr) Geständnis ging er (sie, es) straffrei aus* ‖ ~ trabajar lo conseguirás *wenn du (viel) arbeitest, wirst du es erreichen*
b) einräumend (*statt e–s Nebensatzes mit* aunque): ~ ser muy trabajador, gana poco *obwohl er (sie, es) sehr arbeitsam ist, verdient er (sie, es) wenig*
5. In bindewörtlichen Verbindungen:
a) einleitend *od* folgernd (*mit* ind): ~ que *nunmehr, nun* ‖ *also, folglich*
b) (nachdrücklich) bedingend (*mit* subj): ~ (tal) que ... *wenn nur, unter der Bedingung, dass, wofern, vorausgesetzt, wenn nur ...* ‖ divertíos ~ tal que cumpláis ~ vuestra obligación *unterhaltet euch nur, erfüllt dabei aber eure Pflicht!* ‖ te perdono ~ que te enmiendes *ich verzeihe dir, wenn du dich nur besserst (od vorausgesetzt, dass du dich besserst)* ‖ yo te perdono la ofensa ~ sólo que me prometas ... *ich vergebe Dir die Beleidigung, wenn du mir versprichst, ...*
conato *m Bemühung* f, *Bestreben* n ‖ *Versuch* m ‖ *Absicht* f ‖ ~ de asesinato *Mordversuch* m ‖ ~ de rebelión *fehlgeschlagener Aufstand* m ‖ ~ de robo *versuchter Diebstahl* m ‖ ~ de suicidio *Selbstmordversuch* m
conaza *f Pan Bambus* m
¹conca *f Muschel, Schnecke* f
△ **²conca** *f Blechnapf* m (*im Gefängnis*)
concade|namiento *m*, **concatenación** *f Verkettung* f ‖ **–nar** vt ⟨fig⟩ *verketten*
concau|sa *f Mitursache* f ‖ **–salidad** *f Mitursächlichkeit* f
cóncava *f Höhlung* f
concavidad *f Rundhöhlung, Hohlrundung, Höhlung* f ‖ *Konkavität* f
cóncavo adj *konkav, Hohl-* ‖ ~ *m Rundhöhlung, Hohlrundung, Konkavität* f ‖ ~-convexo adj ⟨Opt⟩ *konkavkonvex*
conce|bible adj (*m/f*) *begreiflich, fassbar, verständlich* ‖ *vorstellbar* ‖ no es ~ *es ist nicht zu begreifen* ‖ **–bir** [-i-] vt (Biol) *empfangen (den befruchtenden Samen)* ‖ ⟨fig⟩ *begreifen, (er)fassen* ‖ ⟨fig⟩ *verstehen* ‖ *ersinnen, ausdenken* ‖ *fassen (Vertrauen, Plan)* ‖ *abfassen (Geisteswerke)* ‖ *entwerfen (Plan)* ‖ *schöpfen (Hoffnung, Verdacht)* ‖ *ergriffen werden von (Liebe, Hass)* ‖ ◇ ~ afecto por alg. *jdn liebgewinnen* ‖ ~ esperanzas *s.*

Hoffnungen machen ‖ ~ sospechas *Verdacht schöpfen* (contra, de *gegen*) ‖ concebido en estos términos *mit folgendem Wortlaut* ‖ ~ vi schwanger werden *(Frau)* ‖ *trächtig werden (Tier)* ‖ ~**se:** eso no se concibe *das ist unbegreiflich* ‖ sin pecado –bida *ohne Sünde empfangen (Jungfrau Maria) (Antwort auf den Gruß „Ave Maria Purísima")*
conce|dente *m/f Konzessionsgeber(in), Verleiher(in* f) m ‖ **–der** vt *gewähren, zu|gestehen, -billigen, erlauben, konzedieren* ‖ *überlassen* ‖ *verleihen, einräumen, zugeben* ‖ *erteilen* ‖ *zuteilen* ‖ *zulassen* ‖ ◇ ~ atención a ... *achten auf ...* (acc) ‖ ~ audiencia *(rechtliches) Gehör gewähren* ‖ ~ comisión *e–e Provision zugestehen* ‖ ~ descuento *e–n Rabatt gewähren* ‖ ~ facilidades *Erleichterungen zugestehen* ‖ ~ la gracia a alg *jdn begnadigen* ‖ ~ importancia *Wert beilegen* ‖ ~ indulgencias ⟨Kath⟩ *Ablässe gewähren* ‖ ~ moratoria *ein Moratorium bewilligen, stunden* ‖ ~ la palabra *das Wort erteilen* ‖ ~ una patente *ein Patent erteilen* ‖ ~ una pensión *e–e Rente gewähren* ‖ ~ un plazo *e–e Frist bewilligen* od *gewähren* ‖ ~ una prestación *e–e Leistung gewähren* ‖ ~ privilegios fiscales *Steuererleichterungen gewähren* ‖ ~ prórroga *stunden (Steuern)* ‖ ~ una rebaja *e–n Rabatt gewähren*
conce|jal *m Stadtrat, Ratsherr* m, *Gemeinderatsmitglied* n ‖ ~ jurado Span *Beigeordneter* m ‖ **–jalía** *f Ratsherren-, Gemeindevertreter|amt* n
¹concejil adj (*m/f*) *gemeindeeigen, Gemeinde-* ‖ ~ *m Stadtverordnete(r)* m
²concejil *m* ⟨reg⟩ *Findelkind* n
conce|jo *m Stadt-, Gemeinde|rat* m (*als Körperschaft*) ‖ Nav *kleines Dorf* n ‖ ~ abierto *Bürgerversammlung* f ‖ ~ de la Mesta Span ⟨Hist⟩ *Zunft* f *der Herdenbesitzer* ‖ ~ deliberante Arg *Stadtverordnetensitzung* f ‖ ~ municipal *Stadt-, Gemeinde|rat* m (*Körperschaft*) ‖ **–ller** *m* Ar Cat *Ratsherr* m ‖ **–llo** *m* Ar *Ratsherr, Gemeinderat* m
concenar vi (*mit jdm*) *speisen*
concento *m Wohl-, Ein|klang* m ‖ *harmonischer Gesang* m
concen|trabilidad *f Vereinigungsfähigkeit* f ‖ **–tración** *f (örtliche) Vereinigung* f ‖ *Konzen|trierung, -tration* f ‖ *Ansammlung* f ‖ *Versammlung* f ‖ *Ein|dampfen* n, *-dickung* f *(Flüssigkeit)* ‖ ⟨Bgb⟩ *Anreicherung, Aufbereitung* f ‖ ⟨Mil⟩ *Versammlung* f, *Aufmarsch* m, *Massierung, Zusammenziehung* f ‖ *Zusammenballung* f *(Menschen)* ‖ *Gliederung, Zusammenfassung* f *(Industrien)* ‖ ⟨Com⟩ *Gruppierung* f *(Handelszweige)* ‖ ⟨Chem⟩ *Konzentration* f ‖ ⟨fig⟩ *Geistes|gegenwart, -ruhe* f ‖ ~ de empresas *Unternehmenszusammenschluss, Konzern* m ‖ ~ de esfuerzos *Schwerpunktbildung* f ‖ ~ de fuego ⟨Mil⟩ *Feuerkonzentration* f ‖ ~ horizontal *horizontaler Zusammenschluss* m, *horizontale Konzentration* f ‖ ~ industrial *industrielle Zusammenballung* f ‖ ~ de masas *Massenversammlung* f ‖ ~ de minerales ⟨Bgb⟩ *Erzanreicherung* f ‖ ~ de ondas ⟨Phys⟩ *Wellenbündelung* f ‖ ~ parcelaria ⟨Agr⟩ *Flurbereinigung, Um-, Zusammen|legung* f ‖ ~ de poder *Macht|konzentration, -zusammenballung* f ‖ ~ salina *Salzgehalt* m ‖ ♦ de alta ~, de máxima ~ ⟨Chem⟩ *hochgradig, höchstgradig* ‖ falto de ~ *zerstreut* ‖ ◇ autorizar una ~ *e–n Zusammenschluss genehmigen* ‖ **–tracionario** adj (Pol) *Konzentrations-* ‖ **–trado** adj *zusammengezogen, konzentriert* ⟨Chem⟩ *konzentriert, gesättigt (Lösung)* ‖ *glühend (Hass)*

‖ *verhalten (Wut)* ‖ ⟨fig⟩ *eingekapselt,
verschlossen* ‖ **–trar** vt *(örtlich) vereinigen* ‖
⟨Mil⟩ *konzentrieren, zusammenziehen, massieren,
verdichten* ‖ ⟨Pol⟩ *zusammenziehen* ‖
zusammennehmen (Gedanken) ‖ ⟨fig⟩ *richten,
häufen* (sobre *auf)* ‖ ◇ ~ la atención *die
Aufmerksamkeit auf s. lenken* ‖ ~**se** ⟨fig⟩ *s.
sammeln* ‖ *s. konzentrieren* ‖ *s. ver-, ab\schließen*
‖ ⟨Mil⟩ *aufmarschieren, s. versammeln* ‖
–tricidad f *Konzentrizität* f
  concéntrico adj *konzentrisch*
  concentuoso adj *wohlklingend*
  concepción f ⟨Biol⟩ *Empfängnis, Befruchtung* f
‖ ⟨fig⟩ *Fassungskraft* f ‖ *Auffassung* f ‖
Erfindungskraft f ‖ *Vorstellung* f ‖ *Eingebung* f ‖
Einfall, Gedanke m ‖ *Konzeption* f ⟨fig⟩
Gestaltung, Planung f ‖ ⟨fig⟩ *Bauart* f ‖ ~
fundamental *Grundbegriff* m ‖ ~ idealista de la
vida *(od* de las cosas) *idealistische
Weltanschauung* f ‖ ~ del mundo *Weltanschauung*
f ‖ ~ normativa de culpa ⟨Jur⟩ *normative
Schuldauffassung* f
  Concepción f *span. Frauenname* ‖ la
Inmaculada ~ *die Unbefleckte Empfängnis*
  concep\cional adj *(m/f) Empfängnis-,
konzeptionell* ‖ **–cionero** adj *aus Concepción* (Arg
Par) ‖ *auf Concepción bezüglich*
  conceptáculo m ⟨Bot⟩ *Konzeptakel* n
  concep\tear vi *witzeln* ‖ **–tible** adj *(m/f)
fasslich* ‖ **–tismo** m ⟨Lit⟩ *manierierte, gekünstelte
Schreibart* f ‖ *Konzeptismus* m, *Stil* m *Góngoras
(1561–1627) und s–r Schule* ‖ **–tista** adj *(m/f)
manieristisch, konzeptistisch* ‖ ~ *m/f
manierierte(r* m) *Schriftsteller(in* f), *Konzeptist(in*
f) m ‖ **–to** m *Begriff* m ‖ *Idee* f, *Gedanke* m ‖
Auffassung f ‖ *Hinsicht* f ‖ *Meinung* f, *Urteil* n ‖
Achtung, Schätzung f ‖ *(guter) Ruf* m ‖ *Wortspiel*
n ‖ ~ cabal *richtige Auffassung* f ‖ ~ del derecho
Rechtsbegriff m ‖ ~ falso ~ *falsche Auffassung* f ‖
~ fundamental *Grundbegriff* m ‖ ~ general
Allgemeinbegriff m ‖ ~ jurídico *Rechtsbegriff* m ‖
~ superior *Oberbegriff* m ‖ ~ de valor
Wertbegriff m ‖ ◇ emitir ~ *(sobre) sein Urteil
äußern (über* acc) ‖ formarse ~ de algo *s. e–n
Begriff machen von et., s. über et. dat, e–e
Meinung bilden* ‖ ~ de un buen ~ *e–n guten
Ruf genießen* ‖ tener un alto ~ de alg. *e–e hohe
Meinung von jdm haben* ‖ en ~ de … *(in der
Eigenschaft) als* … ‖ en ~ de honorario *als
Honorar* ‖ en mi ~ *nach m–n Dafürhalten* ‖ en
un ~ *(fam) mit e–m Wort, kurz und gut* ‖ mi ~
de la vida *m–e Lebensauffassung* f ‖ bajo todos
los ~s *unter allen Umständen* ‖ bajo ningún ~
unter k–n Umständen ‖ por todos ~s *in jeder
Hinsicht*
  concep\tual adj *(m/f) begrifflich* ‖ **–tualismo** m
⟨Philos⟩ *Konzeptualismus* m ‖ **–tualista** *m/f*
⟨Philos⟩ *Konzeptualist(in* f)
  concep\tuar [pres ~úo] vt *ausdenken,
entwerfen* ‖ ◇ ~ de interés *für nützlich od
ersprießlich halten* ‖ ~ por … *(od de …)
erachten als* …, *halten für* … ‖ ser ~tuado de …
gehalten werden für … ‖ **–tuosidad** f *Witz,
Scharfsinn* m ‖ **–tuoso** adj *geist-, sinn\reich* ‖
gesucht (od gewollt) geistreich ‖ *witzig* ‖ Am
rühmend
  concercano adj *nah, angrenzend*
  concer\niente adj *(m/f) betreffend, betreffs,
bezüglich* ‖ ~ (a) eso *in der Hinsicht* ‖ **–nir** [-ie-]
def vi *betreffen, anbelangen* ‖ en lo que concierne
(a) *hinsichtlich* (gen)
  concer\tación f *Verabredung,
(Preis)Vereinbarung* f ‖ *Konzertierung* f ‖ **–tado**
adj *geordnet, geregelt* ‖ *pauschal* ‖ *konzertiert* ‖
–tador adj: maestro ~ ⟨Th⟩ *Korrepetitor,*

Chorlehrer m ‖ ~ m *Vermittler* m ‖ **–tante** adj/s
⟨Mus⟩ *konzer\tierend, -tant*
  concer\tar [-ie-] vt *ordnen, einrichten* ‖ *in
Einklang bringen* (con *mit)* ‖ *festsetzen,
ausbedingen (Preis)* ‖ *abschließen (Kauf,
Geschäft)* ‖ *abmachen, vereinbaren* ‖
harmonisieren, in Einklang bringen ‖ ⟨Mus⟩
stimmen ‖ ⟨fig⟩ *ver\söhnen, -gleichen* ‖ ◇ ~ un
contrato *e–n Vertrag schließen* ‖ ~ en firme *fest
abschließen* ‖ ~ una operación *e–n Abschluss
tätigen* ‖ ~ las paces (entre dos rivales) *(zwei
Widersacher) miteinander versöhnen* ‖ *Frieden
vereinbaren* ‖ *s. versöhnen* ‖ ~ el precio *den
Preis vereinbaren* ‖ ~ un préstamo *ein Darlehen
aushandeln* ‖ ~ un seguro *e–e Versicherung
abschließen* ‖ ~ una transacción *e–n Vergleich
schließen, s. vergleichen* ‖ ~ un tratado *e–n
Vertrag schließen* ‖ ~ vi *übereinstimmen,
(zusammen)passen* ‖ **–se** *übereinkommen* ‖ *s.
verabreden, (fam) abkarten* (para *zu)* ‖ **–tina** f
Konzertina f *(Ziehharmonika)* ‖ **–tino** m ⟨Mus⟩
Konzertmeister m ‖ *erster (Orchester)Geiger* m ‖
–tista *m/f Konzert\meister(in* f), *-spieler(in* f),
-sänger(in f) m ‖ ⟨Mus⟩ *Ausführende(r* m) f ‖ ~
de violín *Geigenvirtuo\se* m, *-sin* f
  conce\sible adj *(m/f) gewährbar* ‖ *verleihbar* ‖
–sión f *Bewilligung, Verleihung, Gewährung* f ‖
Abtretung, Überlassung f ‖ *Vergebung* f
(öffentlicher Arbeiten) ‖ *Konzession, Lizenz* f ‖
Erlaubnis, Genehmigung f ‖ *Zugeständnis* n ‖
Einräumung f ‖ ~ administrativa marítima
Konzession am Meeresstrand (z. B. *Badeanstalt)* ‖
~ de anticipo *Vorschussgewährung* f ‖ ~ de
aprovechamiento de aguas, ~ de
aprovechamiento hidráulico *Wassernutzungsrecht*
n ‖ ~ arancelaria *Zolltarifzugeständnis* n ‖ ~ de
ciudadanía *Verleihung* f *der Staatsangehörigkeit* ‖
~ de un crédito *Kreditgewährung* f ‖ ~ de
divisas *Devisenzuteilung* f ‖ ~ para expedir
bebidas alcohólicas *Schank\konzession, -erlaubnis*
f ‖ ~ de ferrocarriles, ~ ferroviaria
Eisenbahnkonzession f ‖ ~ minera *Abbaurecht* n,
Bergwerkskonzession f ‖ ~ de monopolio,
monopolística *Monopolerteilung* f ‖ ~ de nobleza
Nobilitierung f ‖ ~ de pensión *Zuerkennung* f *e–r
Rente* ‖ ◇ hacer ~es *Zugeständnisse machen* ‖
–sionar vt Mex *e–e Konzession gewähren* ‖
–sionario m *Lizenz-, Patent\inhaber,
Konzessionär* m
  ¹concha f *Muschel* f ‖ *Muschel-,
Schildkröten\schale* f ‖ *Schale* f ‖ *Muschelgewölbe*
n ‖ *Schildpatt* n, *Schuppe* f ‖ *Auster* f ‖
Schneckenhaus n ‖ *Hafenbecken* n ‖ ⟨An⟩ *Koncha*
f ‖ *Ohrmuschel* f ‖ Guat *Eierschale* f ‖ ~ del
apuntador ⟨Th⟩ *Souffleurkasten* m ‖ ~
margaritífera *Perlmuschel* f ‖ ~ de peregrino
Pilger-, Kamm\muschel f (Pecten maximus) ‖ ~
de perla *Perlmutter* f ‖ ~ de sepia *Schulp* m,
Sepiaschale f ‖ la ~ *muschelförmige Bucht* f *in
San Sebastián* ‖ *Strand* m *von San Sebastián* ‖ ◇
meterse en su ~ ⟨figf⟩ *zurückhaltend,
menschenscheu sein* ‖ ~**s** *fpl:* ~ nasales ⟨An⟩
Nasenmuscheln fpl ‖ ~ de Santiago
Pilgermuscheln fpl ‖ ◇ tener muchas ~, tener *od*
gastar más ~ que un galápago *od* que un
peregrino *(figf) sehr listig und verschmitzt sein,
es faustdick hinter den Ohren haben*
  ²concha f Col Cu *(fam) Pomadigkeit* f ‖ Pe
Frechheit f
  ³concha f ⟨vulg⟩ *Möse, Muschi* f
  Concha f np *span. Frauenname*
  concha\bamiento m, **–banza** f *(fam) Intrige,
Kabale* f ‖ *gute (Arbeits)Stelle* f ‖ **–bar** vt
ver\einigen, -binden ‖ Am *in Dienst nehmen,
anstellen* ‖ ~**se** *(fam) e–n Anschlag machen* ‖ *s.*

bequem niedersetzen ‖ **–bear** vt Chi *(e–e Sache)*
ein-, ver\kaufen, täuschen ‖ **–bo** *m* Am *Anstellung*
f *(von Dienstboten usw.)*
   conche *m Conche* f *(Schokoladenherstellung)*
   △ **conché** *m Zorn* m
   conchero *m Muschelsammler* m
   conchesta *f* Ar *Gletscherschnee* m
   conchífero adj ⟨Geol⟩ *muschelreich* ‖ *~s mpl*
Muscheltiere npl, *Konchiferen* fpl
   conchiforme adj *(m/f) muschelförmig,*
konchiform
   conchil *m Stachel-, Leisten\schnecke* f (Murex
trunculus)
   conchita *f muschelähnliche Konkretion* f
   Conchita *f* np (fam) dim von **Concha**
   ¹**concho** *m* Ast León *äußere Schale* f *der*
unreifen Nuss ‖ Am *Maisblatt* n
   ²**concho** *m* Am *Speisereste* mpl ‖ Am
Bodensatz m ‖ Am (figf) *Ende* n, *Schluss* m
   ³**concho** *m* Chi Pe *Nesthäkchen* n
   ¡**concho!** int (fam) → ¡**caramba!** ⟨vulg⟩ →
¡**coño!**
   ⁴**concho** adj Ec *bierhefenfarbig*
   conchoidal adj *(m/f) musch(e)lig,*
muschelförmig
   conchucharse vr Cu *s. verschwören*
   conchudo adj *Schalen-* ‖ ⟨figf⟩ *listig* ‖ PR
dickköpfig ‖ *kühn* ‖ Col Dom *phlegmatisch,* ⟨fam⟩
pomadig ‖ Ec Mex Pe *unverschämt, frech*
   conchuela *f* dim von **concha**
   concia *f Wildgehege* n
   ¹**conciencia** *f Bedenken* n ‖ *Bewusstsein* n ‖ *~*
de la antijuridicidad Bewusstsein n *der*
Rechtswidrigkeit, Unrechtsbewusstsein n ‖ *~*
cívica Bürgerbewusstsein n ‖ *~ de clase*
Klassenbewusstsein n ‖ *~ colectiva*
Kollektivbewusstsein n ‖ *~ de la culpabilidad*
Schuldbewusstsein n ‖ *~ del deber*
Pflichtbewusstsein n ‖ *~ de grupo*
Gruppenbewusstsein n ‖ *~ de la ilicitud* → *~ de*
la antijuridicidad ‖ *~ individual*
Individualbewusstsein n ‖ *~ moral (Kants)*
praktische Vernunft f ‖ *~ del mundo exterior*
Bewusstsein n *der Außenwelt* ‖ *~ nacional*
Nationalbewusstsein n ‖ *~ racial*
Rassenbewusstsein n ‖ *~ de la responsabilidad*
Verantwortungsbewusstsein n ‖ *~ de sí mismo*
Selbstbewusstsein n ‖ *~ social soziales*
Bewusstsein bzw *Gewissen* n ‖ *~ del yo*
Ichbewusstsein n ‖ ◇ *perder la ~ das*
Bewusstsein verlieren ‖ *tener ~ de algo s. e–r*
Sache bewusst sein ‖ *tomar ~ de algo s. e–r*
Sache bewusst werden
   ²**conciencia** *f Gewissen* n, *Gewissenhaftigkeit* f
‖ *Bedenken* n ‖ *buena ~ reines Gewissen* n ‖ *~*
estrecha übertriebene Gewissenhaftigkeit f ‖ *mala*
~ schlechtes Gewissen n ‖ *~ recta Rechtlichkeit* f
‖ ◇ *a ~ adv gewissenhaft* ‖ *en ~ adv aufrichtig,*
ehrlich gesagt ‖ *en mi ~ auf mein Gewissen* ‖ *sin*
~ gewissenlos ‖ *sin cargo de ~ mit gutem*
Gewissen ‖ ◇ *le acusa la ~, le arguye la ~ er*
(sie, es) hat Gewissensbisse, das Gewissen lässt
ihm (ihr) k–e Ruhe ‖ *aliviar su ~ sein Gewissen*
entlasten ‖ ⟨fig⟩ *beichten* ‖ *creer una cosa caso de*
~ et. für ratsam halten ‖ *descargar su ~* →
aliviar su ~ ‖ *le escarabajea od escarba la ~* →
le acusa la ~ ‖ *hacer examen de ~ sein Gewissen*
prüfen od erforschen ‖ *me hago de eso caso de ~*
ich mache mir daraus ein Gewissen ‖ *liberar su ~*
→ *aliviar su ~* ‖ *obedecer a su ~ s–m Gewissen*
folgen ‖ *ser ancho de ~ ein weites Gewissen*
haben ‖ *ser estrecho de ~ ein enges Gewissen*
haben ‖ *engherzig sein* ‖ *tener la ~ limpia ein*
reines Gewissen haben ‖ *tener la ~ en paz ein*
ruhiges Gewissen haben ‖ *no tener ~ gewissenlos*

sein ‖ *el mejor plumón es una buena ~* ⟨Spr⟩ *ein*
gutes Gewissen ist ein sanftes Ruhekissen
   concienciación *f Bewusstseinsbildung* f ‖
Bewusstwerdung f
   concienzudo adj *gewissenhaft* ‖ *eingehend* ‖
peinlich genau, pünktlich (Person) ‖ adv:
~amente
   ¹**concierto** *m Einklang* m ‖ *Verabredung* f,
Übereinkunft, Vereinbarung f, *Vertrag* m ‖
Ein\vernehmen, -verständnis n, *Übereinstimmung*
f ‖ *Ordnung* f ‖ *Zusammen-, Ein\klang* m ‖ *~ de*
un compromiso Abschluss m *e–s Vergleichs* ‖ *~*
económico Wirtschaftsabkommen n ‖ *~ previo*
Verabredung f ‖ *~ de una transacción* → *~ de un*
compromiso ‖ *~ de voluntades*
Willensübereinkunft, Konsens m ‖ ♦ *de ~* (con)
ein\stimmig, -mütig (mit) ‖ *sin orden ni ~*
ordnungs- und maß\los, ungereimt ‖ *aufs*
Geratewohl ‖ ◇ *quedar de ~* (sobre, acerca de)
übereinkommen (über acc)
   ²**concierto** *m* ⟨Mus⟩ *Konzert* n ‖ *~ al aire libre*
Open-air-Concert, Konzert n *im Freien* ‖ *~*
benéfico od de beneficiencia
Wohltätigkeitskonzert n ‖ *~ coral Vokalkonzert* n ‖
~ filarmónico philharmonisches Konzert n ‖ *~*
de jazz Jazzkonzert n ‖ *~ a petición (del público)*
Wunschkonzert n ‖ *~ pop Popkonzert* n ‖
~ de las potencias (Pol Fig) *Konzert* n *der*
Mächte ‖ *~ rock Rockkonzert* n ‖ *~ vocal*
→ *~ coral*
   conci\liable adj *(m/f) ver\einbar, -träglich* (con
mit) ‖ **–liábulo** *m Winkelkonzil* n ‖ ⟨fig⟩ *geheime*
Zusammenkunft f ‖ **–liación** *f Aus-, Ver\söhnung* f
‖ *Vermittlung* f ‖ ⟨Jur⟩ *gütliche Beilegung (e–s*
Rechtsstreites), Schlichtung (Arbeitsrecht),
Schiedsverfahren n ‖ *sin avenencia Scheitern* n
des Güteverfahrens ‖ **–liador** adj *friedlich* ‖
–liante adj *ver\söhnlich, -träglich, aussöhnend* ‖
–liar vt *aus-, ver\söhnen* ‖ *in Übereinstimmung*
bringen ‖ *schlichten* ‖ ◇ *no poder ~ el sueño*
nicht einschlafen können ‖ *~se s. versöhnen* ‖ *s.*
zuziehen (Hass usw.) ‖ **–liar(io)** adj *Konzils-,*
konziliar ‖ *~ m Konzilsvater* m ‖ **–liativo,**
–liatorio adj *aussöhnend, Sühn-* ‖ *Vermittlungs-*
schlichtend ‖ **–lio** *m (Kirchen)Versammlung* f,
Konzil n ‖ *~ ecuménico, ~general ökumenisches,*
allgemeines Konzil n ‖ *~ Lateranense, ~ de*
Letrán Laterankonzil n ‖ *~ provincial*
Provinzialkonzil n ‖ *~ Tridentino, ~ de Trento*
Tridentinisches Konzil ‖ *~ Vaticano Segundo*
Zweites Vatikanisches Konzil n
   conci\sión *f Bündigkeit, Gedrängtheit, Kürze* f
(im Ausdruck) ‖ *Knappheit* f *(des Stils)* ‖ ♦ *con ~*
knapp, gedrängt ‖ **–so** adj *kurz(gefasst), bündig,*
konzis ‖ *lakonisch (Stil)* ‖ adv: **–amente**
   conci\tación *f Aufregung* f ‖ *Anfeuern* n ‖
Aufwiegelei f ‖ **–tador** *m/adj Aufwiegler, Wühler*
m ‖ **–tar** vt *aufregen, antreiben* ‖ *anreizen* ‖
aufwiegeln ‖ **–tativo** adj *reizend* ‖ *erregend*
   conciudadano *m Mitbürger* m ‖ *Landsmann* m
   conclapache *m* Mex ⟨fam⟩ *Kumpan* m
   conclave, cónclave *m Konklave* n ‖ ⟨fig⟩
Beratschlagung f
   ¹**concluir** [-uy-] vt *vollenden, (be)end(ig)en,*
(ab)schließen, zum Schluss bringen ‖ *entscheiden,*
beschließen ‖ ⟨Mal⟩ *fein malen* ‖ *~ un contrato*
e–n Vertrag abschließen ‖ ◇ *~ un negocio ein*
Geschäft abschließen ‖ *vi enden, zu Ende*
gehen ‖ *aus sein* ‖ *fertig sein* ‖ *zum Schluss*
kommen ‖ *~ con uno mit jdm brechen* ‖ *~ de*
escribir zu Ende schreiben ‖ *lo que concluyó de*
arruinarle was ihn endgültig ruinierte ‖ *concluyó*
por callarse también zum Schluss verstummte
auch er (sie, es) ‖ *no he concluido todavía ich bin*
noch nicht zu Ende ‖ ¡*todo ha concluido! alles ist*

aus! ‖ ¡asunto (*od* punto) concluido! ⟨fam⟩ *basta!*
‖ ~**se** *end(ig)en*
²**concluir** [-uy-] vi *folgern, schließen, den Schluss ziehen*
¹**conclusión** *f Vollendung, Beendigung* f ‖ *Abschluss* m ‖ *(Ehe)Schließung* f ‖ *Beschluss* m ‖ *(End)Ergebnis* n ‖ *Konklusion* f ‖ ⟨Jur⟩ *Spruchreiferklärung* f ‖ *Rechtsbegehren* n ‖ ~ del contrato *Vertrags\abschluss* m, *-schließung* f ‖ ~ de derecho *rechtliche Folgerung* f ‖ ~ de hecho *tatsächliche Folgerung* f ‖ ~ del juicio *Abschluss* m *des Verfahrens* ‖ ~ de la práctica *Schluss* m *der Beweisaufnahme* ‖ ~ de la relación laboral *Beendigung* f *des Arbeitsverhältnisses* ‖ ~ del seguro *Versicherungsabschluss* m ‖ ~ subsidiaria *Neben-, Hilfs\antrag* m ‖ ◆ en ~ *kurz und gut* ‖ *schließlich* ‖ ◇ llegar a una ~ *zu e–m Abschluss kommen*
²**conclusión** *f (Schluss)Folgerung, Ableitung* f ‖ ⟨Philos⟩ *Konklusion* f ‖ una ~ *atrevida e–e gewagte Schlussfolgerung* ‖ una ~ *precipitada ein voreiliger Schluss* m ‖ ◇ llegar a una ~ *zu e–r Schlussfolgerung kommen* ‖ sacar una ~ *e–n Schluss ziehen*
conclu\siones *pl* ⟨Jur⟩ *Schlussanträge* mpl ‖ *Schlussvortrag* m *des Anklägers* ‖ ~ *provisionales Anklage* f ‖ ◇ formular las ~ *definitivas den Schlussvortrag halten* ‖ **–sivo** adj *folgernd, konklusiv, End-* ‖ **–so** pp/irr von **–ir** ‖ dar la causa por ~a ⟨Jur⟩ *den Rechtsfall für spruchreif erklären* ‖ ~ *para sentencia entscheidungsreif* ‖ **–yente** adj *überzeugend* ‖ *zutreffend* ‖ *zusammenfassend, End-* ‖ *bündig* ‖ *schlagend (Beweis)* ‖ ⟨Jur⟩ *schlüssig, konkludent* ‖ adv: ~**mente**
concofrade *m Mitglied* n *e–r Bruderschaft*
concoi\de *f* ⟨Math⟩ *Konchoide* f ‖ **–deo** adj *musch(e)lig, muschelähnlich, Muschel-*
conco\merse vr ⟨fam⟩ *die Achseln zucken (aus Spott od Missbilligung)* ‖ ⟨figf⟩ *s. innerlich verzehren (aus Ungeduld, Traurigkeit usw.)* ‖ **–mezón** *f,* **–mio** *m* ⟨fam⟩ *spöttisches Achselzucken* n
concomitan\cia *f gleichzeitiges Bestehen* n ‖ *Zusammenwirken* n ‖ *Begleiterscheinung* f ‖ *Konkomitanz* f (& Rel) ‖ **–te** adj *Begleit-* ‖ *mitwirkend*
concor\dación *f Übereinstimmung* f ‖ *Einklang* m ‖ **–dancia** *f Übereinstimmung* f (& Gr) ‖ ⟨Gr Biol Rel Geol⟩ *Konkordanz* f ‖ ⟨Mus⟩ *Einklang* m ‖ ~ de los tiempos ⟨Gr⟩ *Zeitenfolge* f ‖ **–dar** [-ue-] vt *in Einklang bringen* ‖ ⟨Jur⟩ *e–n Vergleich schließen* ‖ ~ vi *übereinstimmen* ‖ ~ con la factura *mit der Rechnung übereinstimmen* ‖ hacer ~ *in Übereinstimmung bringen* ‖ la copia concuerda exactamente con su original *die Abschrift entspricht genau der Urschrift* ‖ ~**se** *s. vergleichen* ‖ **–datario** adj *konkordatär, das Konkordat betreffend* ‖ *Konkordats-* ‖ **–dato** *m Konkordat* n ‖ **–de** adj *ein\stimmig, -mütig* ‖ adv: ~**mente**
¹**concordia** *f Übereinstimmung* f ‖ *Eintracht* f ‖ ⟨Rel⟩ *(Evangelien)Konkordanz* f
²**concordia** *f Trauring* m *aus zwei Reifen*
concreción *f Fest-, Hart\werden* n ‖ ⟨fig⟩ *Tatsache* f ‖ ⟨Geol⟩ *Konkretion* f ‖ ⟨Chem⟩ *Eindickung* f ‖ ⟨Med⟩ *Ablagerung* f ‖ ⟨Med⟩ *Verhärtung* f, *Konkrement* n, *Stein* m, *Konkretion* f ‖ ⟨An Bot⟩ *Knötchen* n
concrescencia *f* ⟨Bot⟩ *Zusammenwachsen* n
concre\tar vt *konkretisieren* ‖ *kurz ausdrücken* ‖ *im Einzelnen angeben* ‖ *zusammensetzen* ‖ *vereinbaren* ‖ *beschränken* ‖ ⟨Chem⟩ *eindicken* ‖ ~**se** *s. beschränken* (a *auf* acc) ‖ **–tera** *f Am Beton\mischer* m, *-mischmaschine* f ‖ **–to** adj

kurzgefasst ‖ ⟨fig⟩ *konkret, anschaulich* ‖ ◇ en ~ *eigentlich* ‖ *im besonderen* ‖ *kurzgefasst* ‖ ◇ nada puede decirse en ~ *todavía es lässt s. noch nichts Bestimmtes sagen* ‖ ~ *m Am Beton* m ‖ adv: ~**amente**
conc.ᵗᵒ ⟨Abk⟩ = ²**conocimiento**
concuasante adj *(m/f):* dolores mpl ~s *Mutterwehen* pl
con\cubina *f Konkubine* f ‖ ~ **–cubinario** adj *Konkubinats-* ‖ ~ m, **–cubino** *m im Konkubinat Lebende(r)* m ‖ **–cúbito** *m Beischlaf, Geschlechtsverkehr* m
concul\cación *f Verletzung* f (e–s *Rechts)* ‖ **–car** [c/qu] vt *mit Füßen treten* ‖ ⟨fig⟩ *übertreten (Gesetz)* ‖ ⟨fig⟩ *verletzen, brechen (Recht, Gesetz)*
concu\ñado *m Schwippschwager* m ‖ **–no** *m Cu Mex* → **concuñado**
concu\piscencia *f Gier, Begierde* f ‖ *Lüsternheit, Fleisches-, Sinnes\lust, Sinnlichkeit* f ‖ *Genusssucht* f ‖ *Konkupiszenz* f ‖ **–piscente** adj *(m/f) lüstern* ‖ *begehrlich* ‖ *genusssüchtig* ‖ **–piscible** adj *(m/f) begehrens-, wünschens\wert*
concurdáneo *m* ⟨fam⟩ *Zech\bruder, -genosse* m
¹**concurrencia** *f Zu(sammen)lauf* m, *Herbeiströmen* n ‖ *Publikum* n ‖ *Versammlung* f ‖ *Mitbewerbung* f ‖ *Gedränge* n ‖ *Menschenmenge* f ‖ *Zusammenströmen* n *(von Käufern, Waren)* ‖ ⟨Kath⟩ *Zusammentreffen* n *zweier Feste, Konkurrenz* f ‖ la ~ *das Publikum, die Anwesenden* pl ‖ *Hilfe* f, *Beistand* m ‖ Am → **competencia** ‖ mucha ~ *starker Besuch* m (z. B. *e–s Konzerts)*
²**concurrencia** *f* ⟨Jur⟩ *Konkurrenz* f *(zwischen Rechtsnormen)* ‖ ~ de culpa *mitwirkendes Verschulden* n ‖ ~ de delitos *Tateinheit* f
concurrente adj *(m/f) zusammenwirkend* ‖ ~ *m/f Besucher(in), Teilnehmer(in* f) m *(Versammlung usw.)* ‖ *Mitbewerber(in* f) m ‖ *Nebenbuhler(in* f) m ‖ *Gleichberechtigte(r* m) f
concu\rrido adj *stark besucht, beliebt (von Orten, Veranstaltungen usw.)* ‖ **–rrir** vi *s. versammeln, zusammenkommen* ‖ *s. einfinden, erscheinen (a bei)* ‖ *teilnehmen (an dat)* ‖ *mitwirken (bei dat)* ‖ *zusammenlaufen* ‖ (s.) *mitbewerben* ‖ *s. vereinigen* (a *um zu)* ‖ *bei\tragen, -steuern (con mit)* ‖ *übereinstimmen (con mit)* ‖ ◇ ~ a una fiesta *an e–m Fest teilnehmen* ‖ ~ a una licitación *mitbieten* ‖ ~ al mismo fin *demselben Ziel zustreben* ‖ ~ en alg. *bei jdm vorliegen* ‖ ~ en la misma opinión *derselben Meinung sein*
concur\sado *m Gemein-, Konkurs\schuldner* m ‖ **–sal** adj ⟨Jur⟩ *Konkurs-* ‖ **–sante** *m Wettkampfteilnehmer* m ‖ *(Preis)Bewerber* m ‖ *Bieter, Teilnehmer* m (an *e–r Versteigerung bzw e–r Ausschreibung)*
¹**concurso** *m Zu(sammen)lauf* m ‖ *Gedränge* n, *Andrang* m, *Menschenmenge* f ‖ *Versammlung, Zusammenkunft* f ‖ *Zusammentreffen* n *von Umständen* ‖ ~ de acreedores *Gläubigerversammlung* f ‖ ~ civil *Insolvenz* f *des Nichtkaufmanns* ‖ ~ comercial *handelsrechtliche Insolvenz* f ‖ ~ forzoso *Insolvenz* f *auf Antrag der Gläubiger* ‖ el ~ *die Anwesenden* pl
²**concurso** *m Wettbewerb* m, *Konkurrenz* f ‖ *Preisausschreiben* n, *Ausschreibung* f ‖ *(Mit)Bewerbung* f ‖ ~ de belleza *Schönheitskonkurrenz* f ‖ ~ completo de equitación *Military(prüfung)* f ‖ ~ de ganado *Leistungsschau* f *(Tierzucht)* ‖ ~ hípico *Reit-(Spring- und Fahr)turnier* n ‖ *Pferdeschau* f ‖ ~ de literatura *literarischer Wettbewerb* m ‖ *Preisausschreiben* n, *Ausschreibung* f ‖ ~ de natación *Preis-, Wett\schwimmen* n ‖ *Schwimmwettbewerb* m ‖ ~-oposición

Ausschreibung f *e–r Stelle* ‖ ~ para la provisión de una vacante *Ausschreibung* f *für die Besetzung e–r freien (Amts)Stelle* ‖ ~-subasta *öffentliche Ausschreibung* f ‖ ◆ por ~ *auf dem Weg(e) des Wettbewerbs* ‖ ◇ abrir un ~ *e–n Wettbewerb eröffnen* ‖ declarar desierto un ~ *e–n Wettbewerb ohne Preisvergabe schließen* ‖ sacar a ~ *ausschreiben*
³concurso *m Mit|arbeit* f, *-wirken* n, *Hilfe, Unterstützung* f ‖ ◆ con el ~ de ... *unter Mitwirkung od Beteiligung von ...* ‖ ◇ prestar su ~ *mitwirken*
⁴concurso *m* ⟨Jur⟩ *Konkurrenz* f ‖ ~ de leyes, ~ de normas *Gesetzeskonkurrenz* f
¹concusión *f Erschütterung* f ‖ ⟨Med⟩ *heftige Erschütterung* f
²concusión *f* ⟨Jur⟩ *Gebührenüberhebung* f ‖ *Veruntreuung* f *öffentlicher Gelder*
con|dado *m Grafschaft* f ‖ *gräfliche Würde* f, *Grafentitel* m ‖ **–dadura** *f* ⟨fam⟩ *Grafenstand* m ‖ **–dal** *adj (m/f) gräflich* ‖ **–de** *m Graf* m ‖ *And Aufseher* m *(von Landarbeitern)* ‖ ⟨Hist⟩ *Graf, Comes* m *(im westgotischen Spanien)* ‖ *Zigeunerkönig* m ‖ ~ palatino *Pfalzgraf* m
condecir *[irr* → *decir] vt/i gut zusammenpassen* ‖ *Sal übereinstimmen* (con *mit*)
condeco|ración *f Auszeichnung* f ‖ *Ehrenzeichen* n, *Orden* m ‖ ◇ conferir *od* conceder una ~ *e–n Orden verleihen* ‖ **–rado** *m Ordensträger* m ‖ **–rar** *vt auszeichnen (mit e–m Orden)* ⟨(jdm) Ehre einbringen⟩
conde|na *f Ver-, Ab|urteilung* f ‖ *Strafurteil* n ‖ *Strafmaß* n ‖ *Strafe* f ‖ *Strafzeit* f ‖ ⟨fig⟩ *Ver|urteilung, -dammung, -werfung, Missbilligung* f ‖ ~ anterior *Vorstrafe* f ‖ ~ condicional *bedingte Verurteilung* f ‖ ~ de *od* en costas *Verurteilung* f *zu den Kosten, Kostenurteil* n ‖ ~ de futuro, ~ de hacer *Leistungs|urteil* n, *-befehl* m, *Verurteilung* f *zu künftiger Leistung* ‖ ~ de no hacer *Verurteilung* f *zu e–r Unterlassung, Unterlassungsbefehl* m ‖ ~ en rebeldía *Verurteilung* f *in Abwesenheit (des Angeklagten)* ‖ *Versäumnisurteil* n ‖ ◇ cumplir su ~ *die auferlegte Strafe abbüßen* ‖ **–nable** *adj (m/f) verwerflich, strafbar* ‖ **–nación** *f* ⟨Jur⟩ *Verurteilung* f ‖ ⟨Rel⟩ *Verdammnis* f ‖ ~ eterna *ewige Verdammnis* f ‖ **–nado** *adj ruchlos, gottlos* ‖ *ver|dammt, -flucht, -flixt* ‖ ⟨Arch⟩ *blind* ‖ *Chi gerieben* ‖ ~ *m* ⟨Jur⟩ *Abge-, Ver|urteilter* m ‖ *Verdammte(r)* m ‖ *Bösewicht* m ‖ ◇ gritar como un ~ ⟨fam⟩ *schreien, als wenn man am Spieß steckte* ‖ sufrir como un ~ *Höllenqualen erleiden* ‖ trabajar como un ~ *wie ein Besessener arbeiten* ‖ **–nar** *vt verurteilen* (a *zu*) ‖ *verdammen* ‖ *ver|werfen, -urteilen, ablehnen, missbilligen* ‖ *(e–e Tür) vermauern od (mit Möbeln) verstellen* ‖ ◇ ~ a muerte, ~ a diez años de prisión *zum Tode, zu zehn Jahren Gefängnis verurteilen* ‖ ~ en costas *zu den Kosten verurteilen* ‖ ~**se** *(ewig) verdammt werden* ‖ *s. selbst anschuldigen* ‖ **–natorio** *adj verurteilend*
condensa|bilidad *f Kondensierbarkeit, Verdichtbarkeit* f ‖ **–ble** *adj (m/f) kondensierbar, verdichtbar* ‖ **–ción** *f Kondensation, Verdichtung* f ‖ *Niederschlagen* n ‖ ~ de agua *Kondenswasserbildung* f ‖ **–dor** *m Verdichter* m ‖ ⟨El⟩ *Kondensator* m ‖ ⟨Opt⟩ *Kondensor* m ‖ ~ de aire *Luftkondensator* m ‖ ~ antiparasitario *Entstörkondensator* m ‖ ~ de bloc, ~ de bloque *Blockkondensator* m ‖ ~ de bloqueo *Sperrkondensator* m ‖ ~ electrolítico *elektrolytischer Kondensator* m ‖ ~ de escape *Abflusskühler* m ‖ ~ fijo *Festkondensator* m ‖ ~ de inmersión *Tauchkondensator* m ‖ ~ de

inyección *Einspritzkondensator* m ‖ ~ de ojo ⟨Fot⟩ *Ochsenaugenlinse* f ‖ ~ de rejilla ⟨Radio⟩ *Gitterkondensator* m ‖ ~ de sintonía, ~ de sintonización *Abstimmkondensator* m ‖ ~ de superficie *Oberflächenkondensator* m ‖ ~ variable *Dreh-, Trimmer|kondensator* m ‖ ~ vibratorio *Schwingkondensator* m ‖ **–miento** m → **–ción**
conden|sar *vt kondensieren, ver|dichten, -dicken* ‖ *niederschlagen* ‖ *zusammenfassen (Inhalt e–s Artikels od e–s Buches)* ‖ ⟨fig⟩ *knapper ausdrücken* ‖ ~**se** *dichter werden* ‖ **–sativo** *adj* ⟨Phys⟩ *verdichtend*
condesa *f Gräfin* f
condescen|dencia *f Nachgiebigkeit, Willfährigkeit* f, *Entgegenkommen* n ‖ *Herablassung* f ‖ *Gefälligkeit* f ‖ **–der** *[-ie-] vi nachgeben, eingehen* (en *auf* acc), *s. herablassen* (a *zu* dat) ‖ *einwilligen* (a *in* acc) ‖ *gefällig sein* ‖ ◇ ~ a los ruegos de alg. *jds Bitten Gehör leihen* ‖ ~ con alg. *jdm nachgeben* ‖ ~ en hacer algo *auf et. eingehen* ‖ **–diente** *adj (m/f) nachgiebig, gefällig, willfährig* ‖ *herablassend* ‖ ◇ se muestra ~ con sus debilidades *er (sie, es) schickt s. in s–e (ihre) Schwächen*
conde|sil *adj (m/f)* ⟨fam⟩ → **condal** ‖ **–sita** *f Komtess(e)* f
condestable *m* ⟨Hist⟩ *Konnetabel* m ‖ ⟨Mil Hist⟩ *Konstabler, Stückmeister* m ‖ ⟨Mar⟩ *Maat* m
¹condición *f Bedingung* f ‖ *Voraussetzung* f ‖ *Verpflichtung* f ‖ *Klausel* f ‖ *Vorbehalt* m ‖ ~ accidental, *vom Zufall abhängige Bedingung* f ‖ ~ callada → ~ tácita ‖ ~ casual → ~ accidental ‖ ~ concomitante *mitwirkender Umstand* m ‖ ~ de patentable *Patentfähigkeit, Patentierbarkeit* f ‖ ~ deshonesta *unsittliche od sittenwidrige Bedingung* f ‖ ~ expresa *ausdrückliche Bedingung* f ‖ ~ extintiva *auflösende Bedingung* f ‖ ~ final *Endbedingung* f ‖ ~ implícita *unausgesprochene Bedingung* f ‖ ~imposible (de derecho) *(aus Rechtsgründen) unmögliche Bedingung* f ‖ ~ inicial *Anfangsbedingung* f *aufschiebende Bedingung* f ‖ ~ límite *Grenzbedingung* f ‖ ~ mínima *Mindestvoraussetzung* f ‖ ~ necesaria *notwendige Bedingung* f ‖ ~ objetiva de punibilidad *od penalidad objektive Bedingung* f *der Strafbarkeit* ‖ ~ pendiente *schwebende Bedingung* f ‖ ~ potestativa *willkürliche Bedingung, Willensbedingung* f ‖ ~ previa *Vorbedingung* f ‖ *Voraussetzung* f ‖ ~ principal *Grundbedingung* f ‖ ~ recíproca *Gegenbedingung* f ‖ ~ resolutoria, ~ resolutiva *auflösende Bedingung* f ‖ ~ sine qua non ⟨lat⟩ *conditio sine qua non, unerlässliche Bedingung* f ‖ ~ suspensiva *aufschiebende Bedingung* f ‖ ~ tácita *stillschweigende Bedingung* f ‖ ~ vital *Lebensbedingung* f ‖ ◆ a *od* bajo la *od* con ~ de (que) ... (subj) *unter der Bedingung, dass ...* ‖ bajo ninguna ~ *unter k–r Bedingung* f *de ~ (que) ... derart (dass)* ‖ *so (dass)* ... ‖ sin ~ *bedingungslos* ‖ ◇ cumplir una ~ *e–e Bedingung erfüllen* ‖ estar en ~ ⟨Sp⟩ *in guter Form sein* ‖ rendirse sin ~ *s. auf Gnade und Ungnade ergeben, s. bedingungslos ergeben, bedingungslos kapitulieren* ‖ tener mala ~ *von mürrischer, barscher Gemütsart sein* ‖ piensa el ladrón que todos son de su ~ ⟨Spr⟩ *der Böse sieht in allen seinesgleichen* ‖ **condiciones** *fpl:* ~ de admisión *Zulassungsbedingungen fpl* ‖ ~ ambientales *Umweltbedingungen fpl* ‖ ~ de circulación ⟨StV⟩ *Straßenverkehrsbedingungen fpl* ‖ ~ de competencia *Wettbewerbsbedingungen fpl* ‖ ~ (generales) de contratación *(allgemeine) Geschäftsbedingungen fpl* ‖ ~ complementarias

Zusatzbedingungen fpl ‖ ~ contractuales
Vertragsbedingungen fpl ‖ ~ de costumbre
übliche Bedingungen fpl ‖ ~ de entrega
Lieferbedingungen fpl ‖ ~ excepcionales
Ausnahmebedingungen fpl ‖ ~ de fletamento
Verfrachtungsbedingungen fpl ‖ ~ laborales
Arbeitsbedingungen fpl ‖ ~ del mercado
Marktlage, Konjunktur f ‖ ~ meteorológicas
Wetterbedingungen fpl ‖ ~ de pago
Zahlungsbedingungen fpl ‖ ~ de paz
Friedensbedingungen fpl ‖ ~ razonables *billige
Bedingungen* fpl ‖ ~ de reembolso
Rückzahlungsbedingungen fpl ‖ ~ de suministro
Lieferbedingungen fpl ‖ ~ de trabajo
Arbeitsbedingungen fpl ‖ ~ del tráfico
Straßenverhältnisse npl ‖ ~ de transporte
Beförderungsbedingungen fpl ‖ ~ usurarias
Wucherbedingungen fpl ‖ ~ de venta
Verkaufsbedingungen fpl ‖ ~ de vida
Lebensbedingungen fpl ‖ ♦ de ~ acústicas
akustisch gebaut (Saal) ‖ en estas (*od* tales) ~
unter diesen (solchen) Bedingungen ‖ ◇ estipular
od concertar ~ *Bedingungen verabreden* ‖ hacer
~, poner ~ *Bedingungen stellen* ‖ poner ~
equitativas *billige Bedingungen stellen* ‖
someterse a ~ *s. Bedingungen unterwerfen*
²condición f *Beschaffenheit, Zustand* m,
Verfassung f ‖ *(Zu)Stand* m, *(Sach)Lage* f ‖
Gemüts-, Sinnes|art f, *Veranlagung* f, *Gemüt* n,
Charakter m ‖ *Eigenschaft* f ‖ *(gesellschaftliche)
Stellung* f, *Rang, Stand* m ‖ *Herkunft* f ‖ ~
eclesiástica *geistlicher Stand* m ‖ ~ humana
menschliche Natur f ‖ ~ de patentable
Patentfähigkeit, Patentierbarkeit f ‖ ~ de socio
Mitgliedschaft f ‖ ♦ de ~ *von Stand* ‖ de ~
dudosa *von zweifelhaftem Ruf* ‖ **condiciones** *fpl:*
en buenas ~ *in gutem Zustand* ‖ *gut erhalten* ‖ en
estas *od* tales ~ *unter diesen* od *solchen
Umständen* ‖ ~ de visibilidad *Sichtverhältnisse*
npl ‖ ◇ estar en ~ *imstande (& im Stande) sein* ‖
poner a uno en ~ de hacer algo *jdm. et.
ermöglichen* od *erleichtern; jdn in die Lage
versetzen, et. zu tun*
  condicio|nado adj *bedingt* ‖ → **acondicionado**
‖ ~ a ... *vorbehaltlich* ... ‖ **–nal** adj/s *(m/f)* ⟨Gr⟩
bedingend ‖ *möglich* ‖ (modo) ~ *m* ⟨Gr⟩
Konditional m, *Bedingungsform, bedingte Form* f
‖ adv: ~**mente** ‖ **–nalidad** f *Bedingtheit* f ‖
–namiento *m* s. von **–nar** ‖ *Voraussetzung* f ‖
–nante adj *(m/f) bedingend* ‖ ~ *m Bedingung,
Voraussetzung* f ‖ **–nar** vt/vi *bedingen,
Bedingungen stellen* ‖ *verklausulieren* ‖
konditionieren ‖ → **acondicionar**
  condig|nidad f s von **–no** ‖ **–no** adj *dem
Verdienst entsprechend* ‖ adv: ~**amente**
  cóndilo *m* ⟨An⟩ *Gelenkhöcker* m ‖ *Knöchel* m ‖
condi|loideo adj *Knöchel-* ‖ **–loma** *m* ⟨Med⟩
Kondylom n ‖ ~ acuminado *Feigwarze* f
  condiluro *m* ⟨Zool⟩ *Sternmull* m (Condylura
cristata)
  condimen|tación f *Würzung* f ‖ **–tar** vt *würzen
(& fig)* ‖ **–ticio** adj *würzig* ‖ **–to** *m Würze* f ‖
Gewürz n ‖ *Würzstoff* m ‖ **–tuso** adj *würzig*
  condinga f And ⟨fam⟩ *jähzorniges Wesen* n
  condiós ⟨pop⟩ → **con Dios**
  con|diputado *m Mitabgeordnete(r)* m ‖
–director *m Mitdirektor* m ‖ **–discípulo** *m
Mitschüler* m
  condo|lencia f *Mit|leid, -gefühl* n ‖ *Beileid* n ‖
–ler [-ue-] vt *bemitleiden* ‖ ~**se** *beklagen, Mitleid
fühlen* (de *mit* dat) ‖ *Anteil nehmen an* dat ‖ **–lido**
adj *betrübt, traurig*
  con|dominio *m* ⟨Pol⟩ *Mitbesitz* m ‖ ⟨Jur⟩
Miteigentum n ‖ *Kondominat, Kondominium* n,
Gemeinherrschaft f *(mehrerer Staaten über*

dasselbe Gebiet) ‖ **–dómino** *m* ⟨Jur⟩
Miteigentümer m
  condón *m Kondom* m (& n), *Präservativ* n
  condo|nación f *Erlass* m *(e–r Strafe)* ‖
Verzeihung f ‖ ~ de deuda *Schuldenerlass* m ‖ ~
de impuestos *Steuerniederschlagung* f ‖ ~ de
juramento *Eidesentbindung* f ‖ ~ tácita
stillschweigender Verzicht m ‖ **–nar** vt *vergeben* ‖
erlassen ‖ *verzeihen* ‖ **–natario** *m
Mitbeschenkte(r)* m
  condonguearse vr Col PR *s. in den Hüften
wiegen*
  ¹cóndor *m* ⟨V⟩ *Kondor* m (Vultur gryphus)
  ²cóndor *m* Col Ec *e–e Goldmünze* f
  condoreno adj *Kondor-*
  condorí [*pl* ~**íes**] *m* SAm *Indischer
Korallenbaum, Roter Sandelholzbaum* m
(Adenanthera)
  condotiero, condottiere *m* ⟨Hist⟩ *Kondottiere*
m ‖ *Söldner* m ‖ ⟨fig⟩ *Führer* m ‖ ⟨fig⟩ *Söldner* m
  cóndrico adj *Knorpel-*
  condrila f ⟨Bot⟩ *Knorpellattich* m (Chondrilla
spp)
  condrio(so)mas mpl ⟨Gen⟩ *Chondrio(so)men,
Mitochondrien* npl
  con|dritis f ⟨Med⟩ *Knorpelentzündung,
Chondritis* f ‖ **–dro** *m* ⟨Bot⟩ *Irländisches Moos* n
(Chondrus crispus) ‖ **–droblastos** mpl ⟨Med⟩
Knorpelbildungszellen fpl, *Chondroblasten* pl ‖
–droma *m* ⟨Med⟩ *Chondrom* n ‖ **–dromatosis** f
⟨Med⟩ *Chondromatose* f
  con|ducción f *Lenkung, Steuerung* f (z. B. *e–s
Fahrzeugs*) ‖ *Fortschaffen* n, *Beförderung,
Übersendung* f ‖ *Herbeischaffung, Fuhre* f ‖
Fracht f ‖ *Fuhrlohn* m ‖ ⟨El Tech⟩ *Leitung,
Führung* f ‖ ⟨fig⟩ *Leitung, Führung* f ‖ ~ de agua
Wasserführung f ‖ *Wasserleitung* f ‖ ~ de aire
Luftleitung f ‖ ⟨Met⟩ *Windleitung* f ‖ ~ de antena
Antennendurchführung f ‖ ~ del cadáver
Beisetzung, Beerdigung f ‖ ~ de(l) calor
Wärmeleitung f ‖ ~ de la corriente
Stromtransport m ‖ ~ de gasolina
Benzinzuführung f ‖ ~ ilegal *Fahren* n ohne
Führerschein ‖ ~ de impulso ⟨Opt⟩ *Schwungbahn*
f ‖ ~ de líneas ⟨Tel⟩ *Leitungsführung* f ‖ ~ de
papel ⟨Tel Typ⟩ *Papierführung* f ‖ ~ ósea
Knochenleitung f ‖ ~ de presos
Gefangenentransport m ‖ ~ temeraria *fahrlässige
Verkehrsgefährdung* f ‖ ~ de toma ⟨El⟩
Entnahmeleistung f ‖ ~ de la(s) tropa(s)
Truppenführung f ‖ **–ducente** adj *(m/f)
zweckmäßig* ‖ *geeignet*
  conducir [-zc-, pret ~je] vt *führen, leiten* ‖
fahren ‖ *lenken, steuern, (z. B. Fahrzeug)* ‖ *ziehen
(Wagen)* ‖ *(herbei)führen, einführen* ‖ *herbei-,
über|bringen* ‖ *hinschaffen* ‖ *fortschaffen* ‖ *(vor s.
her) treiben (Vieh)* ‖ *bringen, schaffen,
transportieren (Ware)* ‖ *leiten, dirigieren
(Orchester)* ‖ *leiten, führen (Geschäft)* ‖ *ziehen
(Mauer, Linie)* ‖ ⟨Tech⟩ *bedienen* ‖ ⟨El⟩ *leiten* ‖ ◇
~ al buen resultado *zum guten Erfolg führen* ‖ ~
en carro *mit dem Wagen fortschaffen* ‖ ~ por mar
zur See od *auf dem Seeweg befördern* ‖ inepto
para ~ *fahruntüchtig* ‖ ~ vi *zweckmäßig sein* ‖
eso no conduce a nada *dabei kommt nichts
heraus, das bringt nichts*
  conduc|ta f → **–ción** ‖ *Beförderung,
Fortschaffung* f ‖ *Be|tragen, -nehmen* n,
Aufführung f ‖ *Verhalten* n, *Benehmen* n ‖
Führung, Leitung f ‖ ⟨Mil⟩ *Werbevollmacht* f ‖ ~
afectada *geziertes, affektiertes Benehmen* n ‖ ~
del agente ⟨Jur⟩ *Täterverhalten* n ‖ ~ inmoral
unsittliches Verhalten n ‖ ~ irreprochable
tadelloses Benehmen n ‖ ~ social *soziales
Verhalten* n ‖ ◇ cambiar de ~ *sein Verhalten*

ändern ‖ **–tancia** f ⟨El⟩ *Konduktanz* f, *Leitwert* m
‖ ~ específica *spezifische Konduktanz* f ‖ ~ de
rejilla *Gitterleitwert* m ‖ **–tibilidad** f ⟨Phys⟩
Leitfähigkeit f ‖ ~ calorífica, ~ térmica
Wärmeleitfähigkeit f ‖ **–tible** adj (m/f) ⟨Phys⟩
leitfähig ‖ **–tismo** m (Psychol) *Behaviorismus* m ‖
–tividad f ⟨El⟩ *Leitfähigkeit* f ‖ ~ molecular
molekulare Leitfähigkeit f ‖ ~ térmica
Wärmeleitfähigkeit f

¹conducto m *Leitung* f ‖ *Röhre, Rinne* f, *Kanal*
m ‖ *Wasserleitung* f ‖ *Zuführung* f ‖ ~ de aceite
Ölleitung f ‖ ~ de canalización *Abwasserleitung* f
‖ ~ circular *Ringleitung* f ‖ ~ colector
Sammelleitung f ‖ ~ de comunicación
Verbindungsleitung f ‖ ~ a la chimenea *Fuchs* m
‖ ~ de descarga *Aus-, Ab|flusskanal* m ‖ ~ de
evacuación *Abführkanal* m ‖ ~ de los frenos
Bremsleitung f ‖ ~ de gasolina *Benzinleitung* f ‖
~ de humo(s) *Rauch|ableitung* f,
-kanal m ‖ ~ subterráneo *unterirdische Leitung* f
‖ ~ de vapor *Dampfleitung* f ‖ ~ de ventilación
Ventilations-, Lüftungs|kanal m ‖ ◆ por ~ de …
durch Vermittlung (von od gen) …

²conducto m ⟨An⟩ *Gang, Leiter, Kanal* m ‖ ~
auditivo interno (externo) *innerer (äußerer)
Gehörgang* m ‖ ~ biliar *Gallengang* m ‖ ~
cístico *Gallenblasengang* m ‖ ~ colédoco *großer
Gallengang* m ‖ ~ deferente *Samen|gang, -leiter*
m ‖ ~ galactóforo *Milch|gang, -kanal* m ‖ ~
hepático *Leber(ausführungs)gang* m ‖ ~ herniario
Bruchkanal m ‖ *~lactífero Milchgang* m ‖ ~
lagrimal od lacrimal *Tränengang* m ‖ ~ linfático
Lymphbahn f ‖ ~ medular *Markhöhle* f,
Medullarkanal m ‖ ~ pancreático *Pankreasgang*
m ‖ ~ parotídeo *Ohrspeicheldrüsengang* m ‖ ~
de parto *Geburtsweg* m ‖ ~ seminal
Samenkanälchen n ‖ ~ urinario *Harnkanal* m ‖ ~
vertebral *Wirbelkanal* m

conducto|metría f *Konduktometrie* f ‖
–métrico adj *konduktometrisch*

¹conductor adj *leitend* ‖ ⟨Phys⟩
(wärme)leitend, leitfähig ‖ *Transport-* ‖ no ~
nichtleitend ‖ ~ m ⟨Phys⟩ *Leiter* m, *Leitung* f ‖
⟨El⟩ *Stromleiter, Leitungsdraht* m, *Ader* f ‖ ~
aéreo *Ober-, Luft|leiter* m ‖ ~ de alimentación
Speiseleitung, Stromzuführung f ‖ ~ blindado
gepanzerte Leitung f ‖ ~ de calor, ~ calorífico
Wärmeleiter m ‖ ~ desnudo *blanker Leiter* m ‖ ~
de distribución *Verteilerleitung* f ‖ ~ eléctrico
elektrischer Leiter m ‖ ~ flexible *Litzenschnur* f ‖
~ para local húmedo *Feuchtraumleitung* f ‖ ~
neutro *Nullleiter* m ‖ ~ simple *Einfachleiter* m ‖
~ de tierra *Erd(ungs)leiter* m ‖ ~ trenzado
Litzenleiter m

²conductor m *Führer, Leiter, Anführer* m ‖
Wagenführer, Fahrer m ‖ *Schaffner* m ‖
Frachtführer, Spediteur m ‖ Am *führende
Persönlichkeit* f ‖ ~ de autobús *Busfahrer* m ‖ ~
de camión *Lastwagen-, LKW-|Fahrer* m ‖ ~ de
excavadora *Baggerführer* m ‖ ~ de grúa
Kranführer m ‖ ~ de máquina *Lok(omotiv)führer*
m ‖ ~ de tranvía *Wagenführer*, Öst Schw
Kondukteur m ~ del tren *Zugschaffner* m

  conductora f/adj *Führerin, Leiterin* f ‖ Ar
Möbelwagen m

  conducho m *Nahrungsmittel, Essen* n ‖
condueño m *Miteigentümer* m ‖
conduerma f Ven *tiefer Schlaf* m ‖
condumio m ⟨fam⟩ *(Fleisch)Gericht* n ‖
Fischmahlzeit f ‖ ⟨fam⟩ *Essen*, ⟨fam⟩ *Futter* n ‖
Mex *(Art) Mandelbrot* n

  condurango m ⟨Bot⟩ *Kondurango* f
(Marsdenia condurango)

  conec|tado adj ⟨El⟩ *eingeschaltet,
angeschlossen* ‖ ⟨Inform⟩ *online* ‖ **–tador** m ⟨El⟩

(Ein)Schalter m ‖ *Steckvorrichtung* f ‖ **–tar** vt
⟨Tech⟩ *verbinden* (con *mit*) ‖ ⟨El⟩ *(ein)schalten* ‖
anschließen ‖ ~ a tierra ⟨El⟩ *erden* ‖ ~ en
derivación *nebeneinander schalten* ‖ ~ en serie
hintereinander schalten ‖ ~ vi ⟨fig⟩ *Anschluss
suchen* bzw *finden* ‖ **–tivo** adj ⟨El⟩ *Verbindungs-*

  ¹coneja f *Kaninchen* n *(Weibchen)* ‖ ⟨figf⟩
gebärfreudige Frau f ‖ ◇ correr la ~ Arg ⟨figf⟩
Hunger leiden

  ²coneja f Extr *klaffende Kopfwunde* f

  cone|jal, –jar m *Kaninchengehege* n ‖ **–jear** vi
⟨fig⟩ s. *verkriechen* ‖ **–jera** f *Kaninchenbau* m ‖
Kaninchengehege n ‖ ⟨figf⟩ *Spelunke* f, *Loch* n ‖
–jero m/adj *Kaninchen|züchter, -händler* m ‖ *für
die Kaninchenjagd abgerichteter Hund* m ‖ **–jillo**
m dim von **²conejo** ‖ ~ de Indias
Meerschweinchen n (Cavia porcellus) ‖ ⟨fig⟩
Versuchskaninchen n

  ¹conejo adj MAm *ungesalzen* ‖ *ungezuckert*

  ²conejo m ⟨Zool⟩ *Kaninchen* m *(Männchen)*
(Oryctolagus cuniculus) ‖ Guat ⟨fig⟩ *Detektiv* m ‖
~ de Angora *Angorakaninchen* n ‖ ~ de monte
Wildkaninchen n ‖ ~ doméstico, ~ casero
Hauskaninchen n ‖ ~ macho *Rammler* m ‖ ◇
hacer la risa del ~ ⟨fam⟩ *gezwungen lachen* ‖
multiplicarse como los ~s ⟨fig⟩ s. *wie die
Kaninchen* od *wie Unkraut vermehren* ‖ el ~ ido,
el consejo venido ⟨Spr⟩ *nach der Tat weiß jeder
Rat*

  ³conejo m Cu ⟨Fi⟩ *Lanzenfisch* m (Alepisaurus
altivelis)

  ⁴conejo m ⟨vulg⟩ *Möse, Muschi* f

  cone|juelo m dim von **²conejo** ‖ **–juno** adj
Kaninchen- ‖ *kaninchenähnlich*

  cóneo adj → **cónico**

  conepate m Mex ⟨Zool⟩ *Skunk* m, *Stinktier* n
(Conepatus spp)

  conexidades fpl *Zubehör* n

  conexión f *Ver|bindung, -knüpfung* f ‖
Zusammenhang m ‖ ⟨El⟩ *(Ein)Schaltung,
Koppelung* f ‖ *Anschlussstecker* m ‖ ⟨Tel⟩
Verbindung f ‖ *Anschluss* m ‖ ~ fuera bordo
⟨Flugw⟩ *Außenbordanschluss* m ‖ ~ con borne
Klemmenanschluss m ‖ ~ de cable
Kabelanschluss m ‖ ~ de cables
Kabelverbindungsstelle f ‖ ~ de causas ⟨Jur⟩
Prozessverbindung f ‖ ~ del circuito ⟨El⟩
Einschaltung f ‖ ~ en delta → ~
Dreieckschaltung f ‖ ~ en derivación
Nebenschlussverbindung f ‖ ~ de od por enchufe
Steck|anschluss m, *-verbindung* f ‖ ~ en estrella
Sternschaltung f ‖ ~ de fase *Phasenschaltung* f ‖
~ hotline *Hot line, Hotline* f ‖ ~ interurbana
⟨Tel⟩ *Fernverbindung* f ‖ ~ de la línea (de
alumbrado) *Lichtschaltung* f ‖ ~ en paralelo
Parallelschaltung f ‖ ~ particular ⟨Tel⟩
Privatanschluss m ‖ ~ permanente
Dauer(ein)schaltung f ‖ ~ principal ⟨Tel⟩
Hauptanschluss m ‖ ~ en puente
Brückenschaltung f ‖ ~ de red, ~ a la red
Netzanschluss m ‖ ~ de seguridad
Sicherheitsschaltung f ‖ ~ en serie *Serien-,
Reihen|schaltung* f ‖ ~ de tierra *Erd|verbindung* f,
-schluss m ‖ ~ en triángulo *Dreieckschaltung* f ‖
◇ dar la ~ con, poner en ~ con *anschließen an*

  cone|xiones pl: ~ historicouniversales
weltgeschichtliche Zusammenhänge mpl ‖ ◇ tener
muchas ~ *gute Verbindungen haben* ‖ **–xionarse**
vr *Verbindungen anknüpfen* ‖ **–xo** adj *verbunden*

  conf. ⟨Abk⟩ = **confesor** ‖ **confirmación** ‖
conferencia ‖ **confidencial**

  confabu|lación f *geheimer Anschlag* m ‖
Ver|schwörung, -dunk(e)lung f ‖ **–lador** m
Verschwörer m ‖ **–larse** vr s. *verschwören* ‖ ⟨fam⟩
s. *einlassen* (con *mit*)

confa|lón m *(Kirchen)Fahne* f ‖ *Banner* n ‖
–loniero m *Banner|herr, -träger* m
confec|ción f *An-, Ver|fertigung, Verarbeitung,
Herstellung, Erzeugung* f ‖ *Ausführung* f ‖
Gestaltung f ‖ *Aufnahme* f *(Inventar)* ‖ *Errichtung*
f *(Testament)* ‖ *Aufstellung* f *(Liste)* ‖
Fertigkleidung, Konfektion f ‖
Bekleidungsindustrie f ‖ –cionador m *Hersteller,
Erzeuger* m ‖ ~ de libros → maquetista ‖
–cionar vt *an-, ver|fertigen, erzeugen* ‖
fabrizieren ‖ *gestalten* ‖ *aufstellen (Liste)* ‖
–cionista m/f *Konfektionsschneider(in* f) m
confede|ración f *Bündnis* n, *Bund* m,
Verbindung f ‖ *Staatenbund* m, *Konföderation* f ‖
Bundesstaat m ‖ ~ de Alemania del Norte ⟨Hist⟩
Norddeutscher Bund m ‖ ~ de estados
Staatenbund m ‖ ~ Germánica ⟨Hist⟩ *Deutscher
Bund* m ‖ ~ Helvética *Schweizerische
Eidgenossenschaft* f ‖ ~ Internacional de
Organizaciones Sindicales Libres (C.I.O.S.L.)
Internationaler Bund m *Freier Gewerkschaften
(IBFG)* ‖ ~ Internacional de Sindicatos Cristianos
(C.I.S.C.) *Internationaler Bund* m *Christlicher
Gewerkschaften (IBCG)* ‖ ~ Internacional de los
Trabajadores Intelectuales *Internationaler
Verband* m *der geistig Schaffenden* ‖ ~ Renana,
~ del Rin ⟨Hist⟩ *Rheinbund* m ‖ ~ de sindicatos
Gewerkschaftsbund m ‖ ~ Suiza → ~ Helvética ‖
–rado m *Verbündete(r), Bundesgenosse* m ‖ –ral
adj *staatenbündisch, Bundes-* ‖ –rar(se) vi/r *e–n
Bund schließen, (s.) verbünden, (s.) konföderieren*
‖ –rativo adj *Bundes-*
conferen|cia f *Konferenz* f ‖ *Berat(schlag)ung* f
‖ *Besprechung* f ‖ *Vortrag* m ‖ *(öffentliche)
Vorlesung* f ‖ *Gespräch* n, *Verhandlung* f ‖
Kolloquium n ‖ *(geistliche) Ansprache* f ‖ ~
administrativa *Verwaltungskonferenz* f ‖ ~
aduanera mundial *Weltzollkonferenz* f ‖ ~ agraria,
~ agrícola *Agrar-, Landwirtschafts|konferenz* f ‖
~ atómica *Atomkonferenz* f ‖ ~ cuatripartita
Viermächtekonferenz f ‖ ~ cumbre
Gipfelkonferenz f ‖ ~ de desarme
Abrüstungskonferenz f ‖ ~ económica (mundial)
(Welt)Wirtschaftskonferenz f ‖ ~ episcopal
Bischofskonferenz f ‖ ~ de la Haya ⟨Hist⟩ *Haager
(Friedens)Konferenz* f *(1899 und 1907)* ‖ ~
interestatal *Staatenkonferenz* f ‖ ~
intergubernamental *Regierungskonferenz* f ‖ ~
interurbana *Ferngespräch* n ‖ ~ local
Ortsgespräch n ‖ ~ de ministros de Asuntos
Exteriores *Außenministerkonferenz* f ‖ ~
monetaria *Währungskonferenz* f ‖ ~ naval
Schifffahrtskonferenz f ‖ ~ de alto nivel
Konferenz f *auf höchster Ebene* ‖ ~ de paz
Friedenskonferenz f ‖ ~ plenipotenciaria
Konferenz f *der (Regierungs)Bevollmächtigten* ‖
~ de Potsdam ⟨Hist⟩ *Potsdamer Konferenz* f
(1945) ‖ ~ de prensa *Pressekonferenz* f ‖ ~ con
proyecciones *Lichtbildervortrag* m ‖ ~
radiotelefónica *Funkferngespräch* n ‖ ~ de
Teherán ⟨Hist⟩ *Konferenz* f *von Teheran (1943)* ‖
~ telefónica *Fern-, Telefon|gespräch* n ‖ ~
urbana *Ortsgespräch* n ‖ ~ de Yalta ⟨Hist⟩
Konferenz f *von Jalta (1945)* ‖ ◇ celebrar una ~
e–e Konferenz halten ‖ convocar una ~ *e–e
Tagung einberufen* ‖ dar una ~ *e–n Vortrag
halten* ‖ dar ~s lesen *(Hochschullehrer)* ‖ tomar
parte en una ~ *an e–r Tagung teilnehmen* ‖
–ciante m/f *Vortragende(r* m) f ‖ –ciar vi *s.
unterreden, e–e Besprechung halten (con mit)* ‖
Gespräche führen ‖ *verhandeln* ‖ *konferieren* ‖
beratschlagen ‖ *telefonisch sprechen* ‖ –cista m/f
Am *Vortragende(r* m) f
conferir [ie/i] vt *vergleichen, gegenüberstellen*
‖ *(ein Amt, e–n Orden) verleihen, erteilen* ‖ ~ vi

besprechen, erörtern ‖ ◇ ~ en derecho *ein Recht
verleihen* ‖ ~ *(plenos) poderes* (a alg. *jdm)
Vollmacht erteilen*
confe|sado m *(fam) Beichtkind* n,
Beichtende(r) m ‖ –sar [-ie-] vt/i *anerkennen,
zugeben, eingestehen* ‖ *s. bekennen zu (e–r
Religion, e–m Glauben)* ‖ *beichten* *(Beichte)
hören, die Beichte abnehmen* (a alg. *jdm)* ‖ ⟨fig⟩
zum Geständnis bringen ‖ *bekennen, gestehen* ‖ ◇
~ de plano *od* pleno *die volle Wahrheit
eingestehen, ein volles Geständnis ablegen* ‖ ~se
beichten (con *bei)* ‖ ◇ ~ culpable *s. schuldig
bekennen* ‖ ~ de sus culpas *s–e Sünden beichten* ‖
~ con un padre *od* sacerdote *bei e–m Priester
beichten* ‖ ir a ~(se) *zur Beichte gehen* ‖ –sión f
Bekenntnis, Ein-, Zu|geständnis n ‖
Glaubensbekenntnis n, *Konfession* f ‖ *Beichte* f ‖
~ augsburgiana, ~ de Augsburgo *Augsburgische
Konfession* f ‖ ~ auricular *Ohrenbeichte* f ‖ ~
c(u)alificada *(Jur) qualifiziertes Geständnis* n ‖ ~
en derecho *Anerkenntnis* n/f ‖ ~ espontánea
freiwilliges Geständnis n ‖ ~ extrajudicial
außergerichtliches Geständnis n ‖ ~ de fe
Glaubensbekenntnis n ‖ ~ general *Generalbeichte*
f ‖ ~ implícita *stillschweigendes Geständnis* n ‖
~ judicial *gerichtliches Geständnis* n ‖ ~
sacramental *Ohrenbeichte* f ‖ ◇ ir a la ~ *beichten
gehen* ‖ oír (de) ~ *Beichte hören* ‖ –sional adj
(m/f) konfessionell, Konfessions- ‖ –sionalidad f
Konfessionsgebundenheit f ‖ –sionalización f
Konfessionalisierung f ‖ –s(i)onario m
Beichtstuhl m ‖ *Beichtspiegel* m *(Buch)* ‖
–sionista m/f/adj *Lutheraner(in* f) m ‖ –so adj/s
⟨Hist⟩ *geständig* ‖ ~ m *Laienbruder* m ‖ zur
*katholischen (od christlichen)
Glaubensgemeinschaft übergetretener Jude,
Konvertit* m ‖ convicto y ~ ⟨Jur⟩ *überführt und
geständig* ‖ ◇ haber a alg. por ~ ⟨Jur⟩ *jdn für
säumig erklären* ‖ –sor m *Beichtvater* m ‖ ⟨Theol⟩
Bekenner, Glaubenszeuge m ‖ ~ de manga ancha
großzügiger Beichtvater m ‖ –suría f *Würde* f *des
Beichtvaters*
confeti m *Konfetti* n
confia|ble adj *(m/f) zuverlässig, treu,
vertrauenswürdig, sicher* ‖ –do adj *vertrauend* ‖
vertrauens|selig, -voll ‖ *leichtgläubig* ‖ *eingebildet*
‖ ~ que ... *im Vertrauen darauf, dass ...* ‖ adv:
~amente
confiador m *Mitbürge* m
confian|za f *Ver-, Zu|trauen* n (en *zu),
Zuversicht* f ‖ *Zu-, Ver|traulichkeit* f ‖
Selbst|sicherheit f,
-vertrauen n ‖ *(falsches) Selbstvertrauen* n,
Einbildung f ‖ *Vermessenheit* f ‖ *Mut* m, *Tatkraft* f
‖ *Offenheit, Unbefangenheit* f ‖ ~ en sí mismo, ~
propia *Selbstvertrauen* n ‖ ◆ con (toda) ~ *ohne
Rückhalt* ‖ de ~ *zuverlässig, verlässlich* ‖ en ~
vertraulich ‖ *unter der Hand* ‖ lleno de ~
vertrauensvoll ‖ ◇ adquirir la ~ *das Vertrauen
erlangen* ‖ dicho sea en ~ *unter uns gesagt* ‖
dispensar la → ~ honrar con la ~ ‖ gozar de la
entera ~ *volles Vertrauen genießen* ‖ granjear(se)
~ *Vertrauen erwerben* ‖ hacerse digno de la ~ *s.
des Vertrauens würdig erweisen* ‖ honrar con la ‖
~ mit dem Vertrauen beehren, würdigen* ‖ inspirar
~ *Vertrauen einflößen* ‖ poner ~ en ... *Vertrauen
setzen in ...* (acc) ‖ tener ~ *Vertrauen haben* (en
zu) ‖ ¿qué ~s son ésas? *was erlauben Sie s.?* ‖
was erlaubst du dir? ‖ –zudo adj *(allzu)
vertraulich*
confiar [pres –ío] vt *anvertrauen* ‖
anvertrauen, übertragen (Amt) ‖ ⟨fig⟩ *über|geben,
-lassen, -tragen* ‖ ◇ le confiamos nuestra
representación ⟨Com⟩ *wir übertragen Ihnen
unsere Vertretung* ‖ ~ vi *(ver)trauen* (dat) ‖ s–e

Hoffnung setzen (en *auf* acc) ‖ ~**se:** ~ a alg. *s.*
jdm anvertrauen ‖ ~ en … *s. verlassen auf …*
acc

confiden|cia *f Vertrauen* n ‖ *vertrauliche*
Mitteilung f ‖ *Vertraulichkeit* f ‖ ◆ en ~
vertraulich ‖ ~**s** *fpl vertrauliche Reden* fpl ‖
Flüstern n ‖ –**cial** adj *(m/f) vertraulich (Brief,*
Bericht) ‖ *tratar de modo* ~ *vertraulich*
behandeln ‖ ¡~! *vertraulich!* ‖ adv: ~**mente** ‖
–**cialidad** *f Vertraulichkeit* f ‖ –**te** adj *(m/f)*
zuverlässig, treu ‖ ~ *m Vertraute(r)* m,
Vertrauensperson f ‖ ⟨Mil⟩ *Späher, Kundschafter*
m ‖ *Polizeispitzel, Konfident* m ‖ *Plaudersofa* n ‖
⟨fig⟩ *Mitwisser* m ‖ adv: ~**mente**

configu|rabilidad *f Konfigurierbarkeit* f ‖
–**ración** *f (äußere) Bildung, Gestaltung* f ‖
Konfiguration f ‖ *Verformung* f ‖ *Aspekt* m ‖ ~
del contrato Vertragsgestaltung f ‖ ~ *electrónica*
Elektronen|aufbau m, *-anordnung* f ‖ ~ *del*
terreno Gelände-, Boden|gestaltung f ‖ –**rado** adj:
bien ~ *schön gestaltet* ‖ –**rar** vt *bilden, gestalten,*
formen ‖ ~ *el delito den Tatbestand erfüllen* ‖
–**rarse** vr *s. gestalten, bilden* ‖ –**rativo** adj
bildend ‖ *formativ*

confín *m/*adj *Grenze, Grenzlinie, Begrenzung* f
‖ ⟨fig⟩ *Reich* n

confines *pl:* los ~ *del orbe das Ende der Welt*
confi|nación *f* → –**namiento** ‖ –**nado** adj Am
schwül (Zimmerluft) ‖ ~ *m/*adj
Landesverwiesene(r) m ‖ *Verbannte(r)* m ‖
–**namiento** *m Verbannung* f, *Zwangsaufenthalt* m
‖ *Landesverweisung* f ‖ –**nante** adj *(m/f)*
angrenzend, Grenz- ‖ –**nar** vt *verbannen* ‖ *e–n*
Zwangsaufenthalt zuweisen ‖ (a alg. *jdn*) Am
(ein)schließen, in Haft nehmen ‖ ~ vi *grenzen*
(con *an* acc)

confingir [g/j] vt *gestalten*
confinidad *f Angrenzen* n ‖ *Nähe* f
confir|mación *f Be|stätigung, -kräftigung* f ‖
⟨Kath⟩ *Firmung* f ‖ ⟨Prot⟩ *Konfirmation,*
Einsegnung f ‖ ⟨Jur⟩ *Bestätigung, Gültigmachung*
f ‖ *Beweisführung* f ‖ ~ *bancaria Bankbestätigung*
f ‖ ~ *de pago Zahlungsbestätigung* f ‖ ~ *del*
pedido ⟨Com⟩ *Auftragsbestätigung* f ‖ ~ *de*
sentencia Urteilsbestätigung f ‖ ◆ en ~ *de … zur*
Bestätigung gen ‖ en ~ *de mi carta … m–n Brief*
… bestätigend ‖ *falta de* ~, no ~
Nichtbestätigung f ‖ *sujeto a* ~ *freibleibend* ‖
–**madamente** adv *mit Sicherheit* ‖ –**mado** adj
bestätigt (z. B. *Scheck*) ‖ ~ *m* ⟨Kath⟩ *Firmling* m
‖ ⟨Prot⟩ *Konfirmand* m ‖ –**mando** *m* ⟨Kath⟩
Firmling m ‖ ⟨Prot⟩ *Konfirmand,*
Einzusegnende(r) m ‖ –**mar** vt *bestätigen* ‖ *(im*
Glauben) bestärken ‖ ⟨Kath⟩ *firmen* ‖ ⟨Prot⟩
konfirmieren, einsegnen ‖ ⟨fam⟩ *ohrfeigen* ‖ ◇ ~
bajo juramento beschwören ‖ –**se** *s. bestätigen*
(Nachricht) ‖ –**mativo, –matorio** adj *be|stätigend,*
-kräftigend

confis|cable adj *(m/f) einziehbar, konfiszierbar*
‖ –**cación** *f Konfiskation, Einziehung,*
Beschlagnahme f ‖ ~ *de bienes,* ~ *de patrimonio*
Vermögenseinziehung f ‖ –**cador** *m*
Beschlagnehmer, Konfiszierende(r) m ‖ –**car**
[c/qu] vt *konfiszieren, mit Beschlag belegen,*
beschlagnahmen, einziehen ‖ *wegnehmen* ‖
–**catorio** adj *Beschlagnahme-*

confi|tar vt *überzuckern, kandieren* ‖ *mit*
Zucker einkochen ‖ ⟨fig⟩ *versüßen, mildern*
¹confite *m Zuckerwerk* n ‖ ◇ *estar a partir un*
~ ⟨figf⟩ *sehr vertraut sein* (con *mit*) ‖ ~**s** *mpl*
Zuckerwaren fpl
²confite *m* ⟨pop⟩ *Polizeispitzel* m
confitente *m/f Gestehende(r* m) f; *Person* f,
die ein Geständnis ablegt
confíteor *m* ⟨lat⟩ *Beichtgebet* n

confi|tera *f Konfektschale* f ‖ *Einmachtopf* m ‖
Naschdose f ‖ *Marmeladendose* f ‖ –**tería** *f*
Zuckerbäckerei f ‖ *Konditorei* f ‖
Süßwarenindustrie f ‖ *Süßwarenhandlung* f ‖
–**tero** adj: *calabaza* ~*a (Art) Riesenkürbis* m ‖ ~
m Zuckerbäcker, Konditor m ‖ *Süßwarenhändler*
m ‖ –**tillo** *m feine Nascherei* f ‖ –**tura** *f*
Eingemachte(s) n ‖ *Marmelade, Konfitüre* f ‖
Obstmus m

confla|gración *f großer Brand, Brandausbruch*
m, *Feuersbrunst* f ‖ *Flächenbrand* m ‖ ⟨fig⟩
Umwälzung f, *Weltbrand* m ‖ la ~ *mundial der*
Weltkrieg ‖ –**grar** vt *anzünden* ‖ ~**se** *entbrennen*
conflátil adj *(m/f) schmelzbar (Metall)*
conflic|tividad *f Konfliktsituation* f ‖ –**tivo** adj
konflikt|auslösend, -geladen, -reich ‖ –**to** *m*
Konflikt m ‖ *Auseinandersetzung* f, *Streit(igkeit* f)
m ‖ ~ *armado bewaffnete Auseinandersetzung* f,
bewaffneter Konflikt m ‖ ~ *de atribuciones*
Zuständigkeitsstreit m ‖ ~ *bélico kriegerischer*
Konflikt m, *kriegerische Auseinandersetzung* f ‖
~ *de clases Klassenkampf* m ‖ ~ *de competencia,*
→ *de jurisdicción* = ~ *de conciencia*
Gewissenskonflikt m ‖ ~ *de generaciones*
Generations-, Generationen|konflikt m ‖ ~ *de*
jurisdicción Kompetenzkonflikt,
Zuständigkeitsstreit m ‖ ~ *jurídico*
Rechtsstreitigkeit f ‖ ~ *laboral* → ~ *de trabajo* ‖
~ *de leyes Gesetzes|konflikt* m, *-kollision* f ‖ ~
de tarifas, ~ *tarifario Tarifstreitigkeit* f ‖ ~ *de*
trabajo Arbeits|streitigkeit f, *-kampf* m, *-konflikt* m

confluen|cia *f Zusammen|fluss* m, *-fließen* n,
Vereinigung f *(zweier Flüsse)* ‖ –**te** adj
zusammenfließend ‖ ~ *m Zusammenfluss* m
confluir [-uy-] vi *zusammenfließen (Flüsse)* ‖
⟨fig⟩ *zusammenströmen (Menschenmenge)*
confor|mación *f Bildung, Ge|stalt, -staltung* f,
Bau m ‖ ⟨Chem⟩ *Konformation* f ‖ –**mado** *m*
Formen n, *Formung* f *(& Tech, bes. Ku)* ‖
–**mador** *m Hutformer* m ‖ ⟨Tech⟩ *Schablone* f ‖
Kopfmesser m ‖ –**mar** vt *gestalten, Gestalt geben,*
bilden ‖ *formen (& Tech, bes. Ku)* ‖ *in*
Übereinstimmung bringen (con *mit*) ‖ *angleichen,*
anpassen (an acc) ‖ ◇ ~ *su vida a sus principios*
nach s–n Grundsätzen leben ‖ ~**se** *einwilligen* ‖
einig werden ‖ ◇ ~ con … *s. fügen, s. schicken*
in … (acc) ‖ *s. begnügen mit* ‖ *s. richten nach …*
dat ‖ *s. einverstanden erklären mit … dat* ‖ ~ *al*
(od con el) *tiempo s. in die Zeit schicken* ‖ ~ *al*
mecanismo del mercado marktkonform sein ‖ *s.*
dem Marktmechanismus anpassen
¹conforme adj *(m/f) übereinstimmend* ‖
angemessen, schicklich, gemäß ‖ *in Ordnung* ‖
konform ‖ *gleichlautend (Abschrift)* ‖ ~ *a (od*
con) *la opinión (de* alg. *mit jdm) gleicher*
Meinung ‖ *in Übereinstimmung mit, entsprechend,*
gemäß (dat) ‖ ◇ ~ *declararse* ~ con *s.*
einverstanden erklären mit; eingehen auf (acc) ‖
hemos hallado ~ *el extracto de cuenta wir haben*
den Kontoauszug (für) richtig befunden ‖ *estar* ~
con la muestra dem Muster entsprechen (Ware) ‖
¡~! *einverstanden!* ‖ adv: ~**mente**
²conforme adv: ~ *a lo convenido*
vertragsmäßig ‖ ~ *a derecho rechtsmäßig, von*
Rechts wegen ‖ ~ *a lo prescrito vorschriftsmäßig*
‖ ~ *de todo conformidad* ⟨pop⟩ *ganz*
einverstanden ‖ *todo continúa* ~ *estaba alles*
bleibt wie zuvor
³conforme conj *sobald* ‖ *in dem Maße, wie …*
‖ ~ *se iba acercando,* ~ *aumentaba su terror je*
näher er kam, desto größer wurde sein Schrecken
⁴conforme *m (Empfangs)Bestätigung* f ‖ ◇ *dar*
el ~ *den Empfang bestätigen*
confor|midad *f Ähnlichkeit, Gleichförmigkeit* f
‖ *Übereinstimmung* f ‖ *Zustimmung* f ‖

Richtigkeitsbefund m ‖ *Einwilligung* f ‖
Nachgiebigkeit f ‖ *Fügung, Schickung* f ‖
Konformität f (& Math) ‖ ◆ de ~
übereinstimmend ‖ de *od* en ~ con ... *gemäß* ...
dat ‖ de ~ con la muestra *genau nach Muster* ‖
en esta (*od* en tal) ~ *unter dieser Voraussetzung* ‖
de ~ con sus órdenes *gemäß Ihren Anweisungen* ‖
falta de ~ *Nichtübereinstimmung* f ‖ ◇ dar la ~
die Richtigkeit anerkennen ‖ dar *od* prestar su ~
s–e Zustimmung geben, einwilligen ‖ hacer un
asiento *od* apuntar de ~ ⟨Com⟩ *gleichlautend*
buchen ‖ no haber ~ en los hechos ⟨Jur⟩ *streitig*
sein (Sachverhalt) ‖ obrar de ~ *in*
Übereinstimmung handeln (con *mit*) ‖ **–mismo** m
Konformismus m ‖ ⟨fig⟩ *innere* f ‖ no ~
Nonkonformismus m ‖ **–mista** adj (m/f)
konformistisch ‖ ~ *m/f Konformist*(in f) m ‖
Anhänger(in f) m *der anglikanischen Kirche* ‖ no
~ *Nonkonformist*(in f) m
 con|fort m *Be|quemlichkeit, -haglichkeit* f,
Komfort m ‖ **–fortable** adj (m/f) *bequem*
(eingerichtet) ‖ *gemütlich* ‖ *komfortabel* ‖
behaglich, wohnlich (eingerichtet) ‖
adv: ~**mente**
 confor|tación f, **–tamiento** m *Stärkung,*
Kräftigung f ‖ *Tröstung* f ‖ **–tante** adj (m/f)
stärkend ‖ *tröstend* ‖ ~ m ⟨Med⟩ *Stärkungsmittel*
n ‖ **–tar** vt *stärken, trösten* ‖ **–tativo** adj *stärkend*
‖ *tröstend* ‖ ~ m ⟨Med⟩ *Stärkungsmittel* n
 confrater|nidad f *Verbrüderung* f ‖ ⟨fig⟩ *innige*
Freundschaft f ‖ ⟨fig⟩ *brüderliche Gesinnung* f ‖
~ de armas *Waffenbrüderschaft* f ‖ **–nizar** [z/c] vi
s. verbrüdern ‖ *sympathisieren* (con *mit*)
 confricación f *Reibung* f
 confron|tación f ⟨Jur⟩ *Gegenüberstellung* f
(von Angeklagten, Zeugen usw.) ‖ *Ver|gleichung* f,
-gleich m *(von Urkunden usw.)* ‖ *Konfrontation* f ‖
Auseinandersetzung f ‖ **–tar** vt *(Handschriften,*
Rechnungen) vergleichen ‖ *gegenüberstellen,*
konfrontieren ‖ ~ vi *angrenzen*
 confu|cianismo m ⟨Rel⟩ *Konfuzianismus* m ‖
–ciano adj/s *konfuzianisch* ‖ ~ m *Konfuzianer* m ‖
–cio m np *Konfuzius, Konfutse* m
 confun|dimiento m *Verwechs(e)lung* f ‖ **–dir** vt
ver|mengen, -mischen ‖ *ver-, zusammen|schmelzen*
‖ *ver|wechseln, -wirren, durcheinanderbringen* ‖
⟨fig⟩ *aus der Fassung bringen, ratlos machen,*
bestürzen, verblüffen ‖ *beschämen* ‖ *zuschanden*
(& zu Schanden) machen, vereiteln ‖ ◇ ~ con ...
verwechseln mit ... ‖ ~ los colores *farbenblind*
sein ‖ ~**se** *in Verwirrung geraten* ‖ ⟨fig⟩ *aus der*
Fassung kommen ‖ *schamrot werden* ‖ *s. in der*
Menge verlieren ‖ *ver|schwimmen, -schmelzen* ‖
ineinander laufen, zusammenfließen (Farben) ‖ ◇
~ con ... *übergehen in ...* acc
 confusión f *Durcheinander* n, *Unordnung,*
Ver|worrenheit, -wirrung f ‖ *Verwechs(e)lung* f ‖
Irrtum m ‖ *Undeutlichkeit* f ‖ ⟨fig⟩ *Beschämung* f
‖ *Be|stürzung, -troffenheit, Verlegenheit* f ‖
Konfusion f ⟨Jur⟩ *Erlöschen* n *e–s Rechtes*
durch Vereinigung von Berechtigung und
Verpflichtung in e–r Person ‖ ⟨Med⟩
Sinnesstörung f ‖ ◆ en ~ *verwirrt, durcheinander*
‖ *para evitar confusiones* um *Verwechs(e)lungen*
zu vermeiden
 confusionismo m *Verwirrungsstiftung* f ‖
Begriffsverwirrung f
 confuso pp/irr von **confundir** ‖ *ver|wirrt,*
-worren, konfus, unordentlich ‖ *dunkel, unklar,*
undeutlich ‖ ⟨Opt⟩ *unscharf* ‖ ⟨fig⟩ *be|stürzt,*
-schämt, verlegen ‖ ◆ en ~ *un|ordentlich,*
-deutlich ‖ adv: ~**amente**
 confu|tación f *Widerlegung* f ‖ **–tar** vt
widerlegen
 ¹conga f Cu ⟨Mus⟩ *ein Volkstanz* m

²conga f Cu ⟨Zool⟩ *Kuba-Baumratte* f
(Capromys pilorides) ‖ Col ⟨Ins⟩ *e–e Ameisenart* f
 congal m Mex ⟨pop⟩ *Bordell* n
 conge|labilidad f *Gefrierbarkeit* f ‖ **–lable** adj
(m/f) *gefrierbar* ‖ **–lación** f *Gefrieren* n ‖
Erfrieren n ‖ *Dick-, Steif|werden* n ‖ *Erstarrung* f
‖ *Einfrieren* n *(Preise usw.)* ‖ ~ de alquileres
Mietpreisstopp m ‖ ~ de una cuenta *Kontosperre*
f ‖ ~ de divisas *Devisensperrung* f ‖ **–lador** m
Gefrier-, Tiefkühl|schrank m, *Gefrier-,*
Tiefkühl|truhe f ‖ *Gefrier-, Tiefkühl|fach* n (*im*
Kühlschrank) ‖ ⟨Mar⟩ *Kühlschiff* n ‖ **–ladora** f
Eis|erzeuger, -maschine f ‖ **–lar** vt *einfrieren,*
tiefkühlen ‖ [selten] *frosten* ‖ *eindicken, gerinnen*
lassen ‖ ⟨fig⟩ *einfrieren lassen (Kapital)* ‖ ⟨fig⟩
sperren (Konto), stilllegen ‖ ◇ ~ los tipos de
interés *die Zinsen stoppen* ‖ **–larse** vr *gefrieren*
 congénere adj (m/f) *gleichartig* ‖ ⟨fig⟩
verwandt ‖ ~ *m/f Artgeno|sse* m, *-ssin* f ‖ ⟨Bot
Zool⟩ *Angehörige*(r m) f *derselben Gattung* ‖
Altersgen|osse m, *-ssin* f
 conge|nial adj (m/f) *geistesverwandt* ‖
kongenial ‖ **–nialidad** f *Geistesverwandtschaft* f ‖
Geistesebenbürtigkeit f ‖ *Kongenialität* f ‖ **–niar**
vi *(in Sinnesart und Neigungen) übereinstimmen* ‖
zusammenpassen, harmonieren ‖ ◇ ~ con alg. *s.*
mit jdm vertragen
 congénito adj *angeboren, kongenital* ‖ *geboren,*
erzeugt
 conges|tión f ⟨allg⟩ *Anhäufung, Stockung* f ‖
⟨fig⟩ *Gedränge* n ‖ ⟨Med⟩ *Blut|andrang* m,
-anhäufung f, *Kongestion* f ‖ ⟨StV⟩ *(Verkehrs)Stau*
m, *Stauung* f ‖ **–tionarse** vr ⟨Med⟩ *s. anhäufen*
(Blut) ‖ *e–n Blutandrang haben* ‖ ⟨StV⟩ *verstopft*
werden ‖ *zum Stau kommen* ‖ ◇ se le -tionó el
rostro *das Blut stieg ihm (ihr) ins Gesicht* ‖ **–tivo**
adj *angehäuft, zusammengedrängt* ‖ ⟨Med⟩
Blutandrang erzeugend ‖ *kongestiv* ‖ *Kongestions-*
 conglo|bación f *Anhäufung* f ‖ **–bar** vt
anhäufen ‖ *zusammenballen*
 conglome|ración f ⟨Geol⟩
Konglomeratbildung, Zusammen-, An|häufung f ‖
–rado m *Anhäufung* f ‖ ⟨Geol⟩ *Konglomerat* n ‖
–rarse vr *s. anhäufen*
 congluti|nación f *Zusammenballung* f ‖ ⟨Med⟩
Konglutination f ‖ **–nante** adj (m/f) *klebrig, zäh*
werdend ‖ ⟨Med⟩ *konglutinierend* ‖ ~ m
Bindemittel n ‖ **–nar** vi *zusammenkleben* ‖ ⟨Med⟩
konglutinieren, zusammenballen ‖ ~**se**
konglutinieren, zusammenballen
 Congo m ⟨Geogr⟩ *Kongo* m ‖ el ~ Belga
⟨Hist⟩ *Belgisch-Kongo* n
 ¹congo adj → **congoleño** ‖ Pe *dicklich* ‖ ~ m
Cu ⟨Hist⟩ *Kongoneger* m *(Bezeichnung für die an*
den Ufern des Kongo geborenen Negersklaven
und ihre Abkömmlinge)
 ²congo m CR Salv ⟨Zool⟩ *Aluate, Roter*
Brüllaffe m (Alouatta ursina)
 ³congo m Col *Eisenerz* n *mit eingestreuten*
Goldspuren
 congo|ja f *Kummer* m, *Betrübnis* f ‖ *Angst,*
Beklemmung f ‖ **–jado** adj *be|kümmert, -trübt* ‖
–jar vt *ängstigen, betrüben* ‖ ~**se** *s. betrüben* ‖
–joso adj *betrüblich, kümmerlich, qualvoll* ‖
ängstlich, betrübt
 congola f Col *Tabakspfeife* f
 congo|leño, -lés adj *kongolesisch, aus dem*
Kongo ‖ ~ m *Kongolese* m
 congona f Chi ⟨Bot⟩ *Pfeffer* m (Piper
dolabriformis)
 congo|rrocho, -locho m Ven *Tausendfüß(l)er*
m
 congosto m *Bergpass* m
 congraciarse vr: ~ con alg. *s. bei jdm*
einschmeicheln, s. bei jdm beliebt machen

congratu|lación *f Glückwunsch* m ‖
Beglückwünschung, Gratulation f ‖ **–lar** vt
beglückwünschen, gratulieren ‖ ~ vi: nos
congratula saber que ... *es freut uns zu hören,
dass ...* ‖ ~**se** s. *gratulieren* ‖ ~ de algo, ~ por
algo s. *über et. freuen*
  congre|gación *f Zusammenkunft* f ‖ *Innung,
Zunft, Genossenschaft* f ‖ *Versammlung* f ‖
katholischer Männerverein m ‖ *Kongregation,
kirchliche Vereinigung* f ‖ *Kardinalskongregation*
f ‖ *Ordensgesellschaft* f ‖ ~ de los fieles
Gemeinschaft f *der Gläubigen* ‖ ~ Mariana
Marianische Kongregation f ‖ ~ de Propaganda
Fide ⟨Kath⟩ *Kongregation* f *für Verbreitung des
heiligen Glaubens* ‖ ~ de Ritos
Ritenkongregation f ‖ **–gante** *m Mitglied* n *e–s
katholischen Männervereins* ‖ *Mitglied* n *e–r
Kongregation, Kongregationist* m ‖ **–gar** [g/gu] vt
versammeln ‖ ~**se** *zusammenkommen*
  congresal *m SAm* → **congresista**
  congre|sista, –sante *m/f Kongressteilnehmer(in*
f) m ‖ **–so** *m Kongress* m, *Zusammenkunft,
Tagung* f, *Nationalversammlung* f ‖ *Reichs-,
Bundes-, Land|tag* m ‖ *gesetzgebende
Körperschaft* f ‖ ~ de los Diputados Span
Abgeordnetenhaus n ‖ ~ eucarístico ⟨Kath⟩
eucharistischer Kongress m ‖ ~ nacional
Parlament n ‖ ~ de la paz *Friedenskongress* m ‖
~ del partido *Partei|tag, -kongress* m ‖ ~ a
puerta cerrada *Klausurtagung* f ‖ ~ de Viena
⟨Hist⟩ *Wiener Kongress* m ‖ **–sual** adj *(m/f)
Kongress-*
  congrí *m Cu Dom* ⟨Kochk⟩ *Gericht* n *aus Reis
und Bohnen*
  congrio *m See-, Meer|aal* m (Conger conger) ‖
⟨fam⟩ *komischer Kauz* m
  con|grua *f Ertrag* m *e–r geistlichen Stelle* ‖
Ausgedinge n ‖ *Mindestbesoldung* f ‖
Besoldungsgarantie f ‖ **–gruamente** adv *auf
passende Art* ‖ **–gruencia** *f Zweckmäßigkeit,
Tauglichkeit* f ‖ *passende Gelegenheit* f ‖
Übereinstimmung f ‖ ⟨Math Gr⟩ *Kongruenz* f ‖
–gruente adj *(m/f) passend, zweckmäßig* ‖ ⟨Math
Gr⟩ *kongruent* ‖ **–gruidad** *f Zweckmäßigkeit* f ‖
–gruismo *m* ⟨Kath⟩ *Kongruismus* m ‖ **–gruo** adj
zweckmäßig, passend ‖ ~a sustentación
standesgemäßer Lebensunterhalt m
  conguito *m Am* → **ají**
  conicidad *f Kegel|form, -igkeit* f ‖ ⟨Tech⟩
Verjüngung f
  cónico adj *konisch, kegel|ig, -förmig* ‖ *verjüngt*
  conidio *m* ⟨Bot⟩ *Konidie* f *(bei vielen Pilzen)*
  coní|feras *fpl Nadelhölzer* npl, *Koniferen* fpl ‖
–fero adj *zapfentragend*
  conificar vt *konisch gestalten* ‖ *verjüngen*
  conimbricense adj *(m/f) aus Coimbra* (Port) ‖
auf Coimbra bezüglich
  conímetro *m* ⟨Tech⟩ *Konimeter* n
  conio *m* ⟨Bot⟩ *Schierling* m (Conium sp)
  coniosis *f* ⟨Med⟩ *Staubkrankheit, Koniose* f
  conirrostros *mpl* ⟨V⟩ *Kegelschnäbler* mpl
  coniza *f* ⟨Bot⟩ *Alant* m (Inula sp)
  conjetu|ra *f Vermutung* f ‖ *Verdacht* m ‖ ◇
hacer ~s *Mutmaßungen aufstellen, spekulieren*
(sobre, acera de *über* acc) ‖ sacar ~s *(spekulativ)
folgern* ‖ **–ral** adj *(m/f) mutmaßlich, auf
Vermutungen* od *Spekulationen beruhend* ‖ **–rar**
vt *mutmaßen, vermuten, spekulieren* ‖
Vermutungen anstellen (sobre, acerca de *über* acc)
  conjuez [*pl* ~**ces**] *m Mitrichter, Richter* m *e–s
Kollegialgerichts*
  conju|gable adj *(m/f)* ⟨Gr⟩ *konjugierbar* ‖
–gación *f* ⟨Gr⟩ *Konjugation* f ‖ ⟨Gen⟩
Verschmelzung, Konjugation f ‖ ⟨Biol⟩
Konjugation, vorübergehende Vereinigung f

zweier Wimpertierchen ‖ **–gar** [g/gu] vt ⟨Gr⟩
konjugieren ‖ *(miteinander) ver|binden, -einigen* ‖
–gado adj *konjugiert* ‖ ⟨An Bot⟩ *gepaart* ‖ ⟨Math⟩
zugeordnet, konjugiert ‖ ⟨Tech⟩ *gekoppelt,
verbunden*
  conjun|ción *f Ver|bindung, -einigung* f ‖ ⟨Gr⟩
Bindewort n, *Konjunktion* f ‖ *Ligatur* f *(Schrift)* ‖
Begegnung f, *Treffen* n *(beim Überholen)* ‖ ⟨Astr⟩
Konjunktion f ‖ ~ adversativa, causal, concesiva,
consecutiva, copulativa, disyuntiva, final, de
lugar, de modo, de tiempo ⟨Gr⟩
*entgegensetzendes, ursächliches, einräumendes,
die Folge angebendes, anreihendes,
ausschließendes, bezweckendes, örtliches, die Art
und Weise angebendes, zeitliches Bindewort* n;
*adversative, kausale, konzessive, konsekutive,
kopulative, disjunktive, finale, lokale, modale,
temporale Konjunktion* f ‖ **–tamente** adv
zusammen, vereinigt ‖ **–tero** *m* (pop) *Mitglied* n
e–s Musikensembles od *e–r Band* ‖ **–tista** *f
Choristin* f ‖ **–tiva** *f* ⟨An⟩ *Bindehaut* f *(des
Auges), Konjunktiva* f ‖ **–tival** adj *(m/f):* tejido ~
Bindehautgewebe n ‖ **–tivitis** *f* ⟨Med⟩
Bindehautentzündung, Konjunktivitis f ‖ ~
gonorreica *Gonoblenorrhö(e)* f, ⟨fam⟩
Augentripper m ‖ ~ nival *Schneeblindheit* f ‖ ~
por pelos de orugas *Raupenhaarkonjunktivitis* f ‖
~ primaveral, ~ vernal *Frühjahrskonjunktivitis* f
‖ **–tivo** adj *Binde-* ‖ *verbindend* ‖ **–to** adj
*ver|bunden,
-einigt, zusammenhängend* ‖ ~ *m Ver|einigung,
-bindung* f ‖ *Einheit* f ‖ *Gesamtheit* f ‖
Zusammenhalt m ‖ *Inbegriff* m ‖ *Sammlung* f ‖
⟨Text⟩ *Ensemble, Komplet* n *(Kleid mit Mantel* od
Jacke) ‖ *Garnitur* f, *Set* n (& m) ‖ ⟨Sp⟩
Zusammenspiel n ‖ ⟨Mus⟩ *Ensemble* n ‖
Wirtschaftskomplex m ‖ *Richter* m *e–s
Kollegialgerichts* ‖ ⟨Math⟩ *Schar* f *(von Kurven)* ‖
~ de aparatos *Apparatur* f ‖ el ~ de
circunstancias *das Zusammentreffen von
Umständen* ‖ ~ de cosas ⟨Jur⟩ *Sach|inbegriff* m,
-gesamtheit f ‖ ~ de edificios *Häuserblock* m ‖ ~
de galerías (Bgb) *Grubengebäude* n ‖ el ~ das
Ganze n ‖ ◆ en ~ *zusammen* ‖ *im Ganzen
gesehen* ‖ *im Großen und Ganzen* ‖ *durchgehend* ‖
◇ formar un ~ *ein Ganzes bilden* ‖ **–tor** *m* ⟨Tel⟩
Klinke f
  conju|ra *f Verschwörung* f ‖
(Geister)Beschwörung f ‖ **–ración** *f Verschwörung*
f ‖ *(Geister)Beschwörung* f ‖ *inständige Bitte* f ‖
◇ tramar una ~ *e–e Verschwörung anzetteln* ‖
–rado *m/adj (Mit)Verschworene(r)* m ‖ **–rador** *m
Verschwörer* m ‖ **–ramentar** vt *schwören, e–n Eid
abnehmen* ‖ ~**se** *s. eidlich verpflichten* ‖ **–rar** vt
bannen, beschwören (e–n Besessenen, Geister) ‖
inständig bitten ‖ ~ vi *heimtückisch vorgehen,
konspirieren* ‖ ◇ ~ un peligro *e–r Gefahr
vorbeugen* od *e–e Gefahr abwenden* ‖ ~**se** s.
verschwören ‖ **–ro** *m Beschwörung, Zauberformel*
f ‖ *Zaubermacht* f ‖ *flehentliche Bitte* f
  conllevar vt *mittragen, tragen helfen* ‖
ertragen, dulden, ausstehen
  conmemo|ración *f Erinnerung* f, *Andenken* n ‖
Gedächtnisfeier f ‖ ⟨Kath⟩ *Miterwähnung* f *(e–s
Heiligen)* ‖ ~ de los (Fieles) Difuntos *Allerseelen*
n *(2. Nov.)* ‖ ◆ en ~ de ... *zur Erinnerung an ...*
(acc) ‖ **–rar** vt *erinnern, in Erinnerung bringen,
ins Gedächtnis zurückrufen* ‖ *erwähnen* ‖ **–rativo**
adj *Erinnerungs-, Gedächtnis-, Gedenk-*
  conmensal *m* → **comensal**
  conmensurable adj *(m/f) kommensurabel*
  conmigo pron pers *mit mir, bei mir* ‖ está
amable para ~ *er (sie, es) ist liebenswürdig zu
mir* ‖ para ~ ha concluido ⟨fam⟩ *bei mir hat er
(sie, es) ausgespielt!* ‖ ¿tienes secretos para ~?

hast du Geheimnisse vor mir? ‖ *eso no es* ~ *Am*
⟨pop⟩ *das ist nichts für mich* ‖ ¡ven ~! *komm mit!*
conmilitón, conmílite *m Waffenbruder,
Kriegskamerad* m
conmi|nación *f (An)Drohung, Bedrohung* f ‖
Aufforderung f ‖ *Ermahnung* f *(des Richters, die
Wahrheit zu sagen)* ‖ **–nar** vt/i *(be)drohen* ‖ ~
con multa mit e–m Bußgeld bedrohen ‖ **–natorio**
adj *(an-, be)drohend* ‖ *Droh-, Androhungs-* ‖
Mahn- ‖ *unter Strafandrohung*
conmise|ración *f Erbarmen, Mitleid* n ‖ **–rar**
vt *bemitleiden*
con|mistión, –mixtión *f Vermischung* f ‖
–moción *f Erschütterung* f, *Erdstoß* m ‖ *Schock* m
‖ *(Med) Erschütterung, Kommotion* f ‖ ⟨fig⟩
heftige Gemütsbewegung f ‖ ⟨fig⟩ *Rührung* f ‖
Auf|stand, -lauf m ‖ ~ *cerebral
Gehirnerschütterung* f ‖ **–mocionar** vt
erschüttern, aufwühlen
conmonitorio *m Denkschrift* f,
Erinnerungsschreiben n
conmoriencia *f Gleichzeitigkeit* f *der
Todesfälle*
conmo|vedor adj *rührend, bewegend* ‖
er|schütternd, -greifend ‖ **–ver** [-ue-] vt *bewegen* ‖
erschüttern ‖ *rühren* ‖ *beunruhigen* ‖ *empören* ‖
aufregen ‖ **~se** *erschüttert, unruhig, aufgeregt,
gerührt werden (od sein)* ‖ *s. empören* ‖ **–vido** adj
bewegt, gerührt ‖ *erschüttert*
conmuta *f Chi Ec Pe* → **conmutación**
conmuta|bilidad *f Vertauschbarkeit* f ‖ **–ble**
adj *(m/f) vertauschbar* ‖ ⟨Jur⟩ *umwandelbar* ‖ ⟨El⟩
umschaltbar ‖ **–ción** *f (Um)Tausch* m ‖
Umwand(e)lung f ‖ ⟨El⟩ *Kommutierung,
Umschaltung* f ‖ *Vermittlung* f ‖
Druckknopfschaltung f ‖ ~ *de pena,* ~ *de la
sentencia* ⟨Jur⟩ *Strafumwand(e)lung* f ‖
Strafmilderung f ‖ **–dor** *m* ‖ ⟨El⟩ *(Um)Schalter* m
‖ *Stromwender, Kommutator* m ‖ ~ *de alumbrado
Lichtumschalter* m ‖ ~ *de batería
Batterieumschalter* m ‖ ~ *de cambio de ondas*
⟨Radio⟩ *Wellenumschalter* m ‖ ~ *de carga
Ladeschalter* m ‖ ~ *de emisión y de recepción
Sende-Empfang-Schalter* m ‖ ~ *intermitente
Zeitschalter* m ‖ ~ *inversor Wendeschalter,
Stromwender* m ‖ ~ *de luz Lichtumschalter* m ‖
~ *de luz intermitente* ⟨Auto⟩ *Blinkerschalter* m ‖
~ *múltiple Vielfachumschalter* m ‖ ~ *de onda
Wellenumschalter* m ‖ ~ *de palanca
Hebelumschalter* m ‖ ~ *de pedal Fuß-,
Tritt|umschalter* m ‖ ~ *de polos Polwechsler* m ‖
~ *de red-batería Batterie-Netz-Umschalter* m ‖ ~
selector Wahlschalter m
conmu|tar vt *(um)tauschen* (por *für*) ‖
umwandeln ‖ ⟨Jur⟩ *Strafe umwandeln* (en *in* acc) ‖
⟨El⟩ *kommutieren, umschalten* ‖ ⟨Tel⟩
durchschalten ‖ ◇ ~ *la pena die Strafe
umwandeln od mildern* ‖ ~ *la sentencia das
Strafmaß ändern* ‖ **–tatividad** *f Tauschbarkeit* f ‖
Umwandelbarkeit f ‖ **–tativo** adj *Tausch-* ‖ **–tatriz**
[*pl* ~**ces**] *f* ⟨El⟩ *Einankerumformer* m
connacional adj *(m/f) landsmännisch* ‖ ~ *m
Lands|mann* m, *-männin* f
connato adj *zur selben Zeit geboren*
connatu|ral adj *(m/f) naturgemäß, angeboren* ‖
adv: ~**mente** ‖ **–ralizarse** [z/c] vr *s. heimisch
machen* ‖ *s. eingewöhnen* ‖ *hineinwachsen* (con *in*
acc) ‖ ⟨fam⟩ *verwachsen* (con *mit*)
connivencia *f (strafbare) Nachsicht* f ‖
geheimes Einverständnis n
connota|ción *f* ⟨Ling⟩ *Konnotation* f ‖ **–tivo**
adj *konnotativ*
connubio *m* ⟨poet⟩ *Ehe* f
¹cono *m Kegel* m ‖ ⟨An Bot⟩ *Zapfen* m ‖
⟨Tech⟩ *Kegel, Trichter, Konus* m ‖ ~ *acústico*

Schalltrichter m ‖ ~ *de centrado* ⟨Tech⟩
Zentrierkonus m ‖ ~ *de cierre* ⟨Tech⟩
Verschlusskegel m ‖ ~ *circular Kreiskegel* m ‖ ~
decantador ⟨Bgb⟩ *Spitzkasten* m ‖ ~ *de deyección*
⟨Geol⟩ *Schuttkegel* m ‖ ~ *de fricción Reibkegel* m
‖ ~ *de grifo Hahn|kegel* m, *-küken* n ‖ ~ *de junta*
⟨Tech⟩ *Dichtkegel* m ‖ ~ *de luz,* ~ *luminoso
Lichtkegel* m ‖ ~ *Morse* ⟨Tech⟩ *Morsekegel* m ‖
~ *pirométrico* ⟨Tech⟩ *Pyrometer-, Brenn|kegel* m
‖ ~ *plegador* ⟨Typ⟩ *Falzkegel* m ‖ ~ *de talud
Böschungskegel* m ‖ ~ *truncado* ⟨Math⟩
Kegelstumpf, abgestumpfter Kegel m ‖
~ *vegetal,* ~ *vegetativo* ⟨Bot⟩ *vegetativer Kegel*
m
²cono *m* ⟨Zool⟩ *Kegelschnecke* f
cono|cedor *m/adj Kenner* m ‖ *Fach|kenner,
-mann* m ‖ ~ *del mundo Menschenkenner* m ‖
–cer [-zc-] vt *(er)kennen* ‖ *einsehen, (be)merken,
kennen lernen, unterscheiden* ‖ *wissen, verstehen*
‖ *erfahren, vermuten, mutmaßen* ‖ *anerkennen,
zugestehen* ‖ *verkehren mit* ‖ ⟨fig⟩ *(e–r Frau)
beiwohnen, geschlechtlich verkehren (mit e–r
Frau)* ‖ ◇ ~ *algo como la palma de la mano*
⟨fig⟩ *et. wie s–e Westentasche kennen* ‖ ~
carnalmente ⟨lit⟩ *beischlafen, geschlechtlich
verkehren mit* ‖ ~ *de od por el nombre dem
Namen nach kennen* ‖ ~ *su oficio sein Handwerk
od Geschäft verstehen* ‖ ~ *de vista vom
(An)Sehen kennen* ‖ ~ *por od en la voz an der
Stimme erkennen* ‖ *dar a* ~ *(s.) zu erkennen
geben* ‖ *s. e–n Namen machen* ‖ (*s.*) *bekannt
machen* ‖ *llegar a* ~ *(erst richtig) kennen lernen* ‖
~ vi *Am zu s. kommen* ‖ ◇ ~ *de …* ⟨Jur⟩
befinden über … ‖ *urteilen über … acc* ‖ ~ *de od
en una causa* ⟨Jur⟩ *in e–m Rechtsstreit erkennen* ‖
~ *en primera instancia in erster Instanz erkennen
od entscheiden* ‖ *más vale lo malo –cido que lo
bueno por* ~ ⟨Spr⟩ *lieber ein gewohntes Übel als
e–e trügerische Hoffnung* ‖ ~**se** *bekannt werden* ‖
~ *en algo s. in et. auskennen* ‖ *se –ce que no lo
sabe man sieht gleich, dass er (sie, es) es nicht
weiß* ‖ *se le –ce man sieht es ihm (ihr) an* ‖ *se le
–ce en la cara man sieht es ihm (ihr) am Gesicht
an* ‖ ¡*cualquiera se conoce en este tinglado! kein
Mensch kennt s. aus in diesem Durcheinander od
in diesen Machenschaften!* ‖ **–cible** adj *(m/f)
(er)kennbar*
conoci|damente adv *klar, deutlich* ‖ **–do** adj
bekannt ‖ *anerkannt* ‖ *ausgezeichnet* ‖ *berühmt* ‖
~ *m Bekannte(r), Freund* m ‖ ~ *de viaje
Reisebekanntschaft* f
¹conocimiento *m (Er)Kenntnis* f ‖ *Einsicht* f ‖
Überzeugung f ‖ *Bewusstsein* n ‖ *Bekanntschaft* f
‖ *Beurteilung* f ‖ *Feststellung* f *(e–r Unterschrift)*
‖ ~ *de causa Sachkenntnis* f ‖ ~ *a priori* ⟨Philos⟩
Erkenntnis f *a priori* ‖ ~ *de la verdad
Wahrheitserkenntnis* f ♦ *sin nuestro* ~ *ohne
unser Mitwissen* ‖ ◇ *dar* ~ *de a/c et. bekannt
machen* ‖ *elevar al* ~ *zur Kenntnisnahme
vorlegen (dem Vorgesetzten)* ‖ *hacer od trabar* ~
con od de alg. jds Bekanntschaft machen ‖ *jdn
kennen lernen* ‖ *ha llegado a (od ha venido en) mi*
~ *que … ich habe in Erfahrung gebracht, dass
…* ‖ *poner a alg. en* ~ *(de) jdn in Kenntnis setzen
(von), jdm Nachricht geben (von)* ‖ *recobrar el* ~
wieder zur Besinnung kommen ‖ *venir en* ~ *de
algo et. in Erfahrung bringen* ‖ *tener* ~ *(de)
Kenntnis haben (von)* ‖ *unterrichtet sein (von)* ‖
venir en · *de a/c et. kennen lernen* ‖ *et. erfahren*
‖ ~**s** *mpl Kenntnisse fpl, Wissen* n ‖ ~
elementales Grundkenntnisse fpl, Anfangsgründe
mpl ‖ ~ *especiales Fachkenntnisse* fpl ‖ ~
preliminares Vorkenntnisse fpl ‖ ~ *superficiales
oberflächliche Kenntnisse* fpl, *Halbwissen* n
²conocimiento *m* ⟨Jur⟩ *richterliche*

Untersuchung f ‖ *(Gerichts)Verhandlung* f ‖ ~ de los hechos *Kenntnis* f *der Tatumstände*

³conocimiento *m* ⟨Mar⟩ *Konnossement* n, *Seefrachtbrief* m ‖ ⟨Flugw⟩ *Luftfrachtbrief* m ‖ ~ aéreo *Luftfrachtbrief* m ‖ ~ a bordo *Bordkonnossement* n ‖ ~ colectivo *Sammelkonnossement* n ‖ ~ de embarque *Konnossement* n, *Seefrachtbrief* m ‖ ~ limpio reines *Konnossement* n ‖ ~ recibido para embarque *Übernahmekonnossement* n ‖ ~ sucio unreines *Konnossement* n ‖ ~ de tránsito *Durchfrachtkonnossement* n

conoi|dal *(m/f)*, **–deo** adj *konoid, Konoid-* ‖ **–de** *m* ⟨Math⟩ *Konoid* n

Cononga *f* np ⟨fam⟩ →**Encarnación**

conopas *mpl altperuanische Hausgötter* mpl

conopeo *m* ⟨Kath⟩ *Konopeum* n, *Vorhang* m des Altartabernakels

conopial adj *(m/f)* ⟨Arch⟩ *gedrückt (Bogen)*

conoto *m* Ven ⟨V⟩ *Schapu, Haubenstärling* m (Ostinops decumanus)

¹conque conj *also, nun (also)* ‖ *so, daher* ‖ [folgernd] ¿~ nos vamos? *gehen wir also?* ‖ [staunend] ¿~habéis ganado el partido? *Ihr habt also das Spiel gewonnen?* ‖ [drohend] ¿~ querías asustarme? *du wolltest mich also erschrecken?*

²conque *m* ⟨fam⟩ *das Warum* ‖ ◇ *hacer algo con su* ~ ⟨fam⟩ *mit Überlegung handeln*

conquense adj/s *(m/f)* aus *Cuenca* (Stadt und Provinz in Spanien) ‖ *auf Cuenca bezüglich*

conquibus, cónquibus *m* ⟨fam⟩ *Geld* n

conqui|forme adj *(m/f) muschelförmig,* konchiform ‖ **–lífero** adj →**conchifero** ‖ **–liología** f *Weichtierkunde, Konchyliologie* f ‖ **–liólogo** *m* *Konchyliologe* m

conquis|ta *f* ⟨allg⟩ *Eroberung* f ‖ ⟨Mil⟩ *Eroberung, Einnahme, Erwerbung* f ‖ *Beute* f ‖ ⟨fig⟩ *Errungenschaft* f ‖ ◇ *hacer muchas* ~s ⟨fam⟩ *viele (Liebes)Eroberungen machen* ‖ **–tador** adj *eroberungslustig, Eroberungs-* ‖ ⟨fam⟩ *draufgängerisch* ‖ ~ *m Eroberer* m ‖ *Konquistador* m *(Teilnehmer an der span. Eroberung Iberoamerikas im 16. Jh.)* ‖ ⟨fam⟩ *Frauenheld, Herzensbrecher* m ‖ ⟨fam⟩ *Draufgänger* m ‖ **–tar** vt *erobern (& fig), (ein)nehmen* ‖ *für s. gewinnen* ‖ er|kämpfen, *-ringen, -werben, gewinnen* ‖ ◇ ~ *por hambre aushungern* ‖ ~ nuevos mercados *neue (Absatz)Märkte erschließen*

conrear vt ⟨Agr⟩ *zwiebrachen*

cons.º→ ⟨Abk⟩ = **consejo**

consabi|do adj *vorgenannt, bewusst* ‖ *bekannt* ‖ **–dor** *m Mitwisser* m

consaburense adj/s *(m/f)* aus *Consuegra* (P Tol) ‖ *auf Consuegra bezüglich*

consa|gración *f Weihe, Ein|weihung, -segnung, Konsekration* f ‖ ⟨Kath⟩ *Wandlung* f *(von Brot und Wein in der Messe)* ‖ ⟨fig⟩ *Widmung, Aufopferung* f ‖ ⟨fig⟩ *Bestätigung, Sanktionierung* f ‖ ⟨fig⟩ *Verankerung* f ‖ ~ sacerdotal *Priesterweihe* f ‖ **–grante** *m (Ein)Weihende(r)* m ‖ **–grar** vt *heiligen* ‖ *weihen, einsegnen* ‖ *die Wandlung zelebrieren* ‖ *konsekrieren* ‖ ⟨fig⟩ *rechtfertigen, heiligen* ‖ ⟨fig⟩ *widmen* ‖ ⟨fig⟩ *sanktionieren* ‖ ⟨fig⟩ *verankern* ‖ ⟨fig⟩ *verewigen* ‖ ◇ ~ la vida a la ciencia *das Leben der Wissenschaft widmen* ‖ ~se al estudio *s. dem Studium widmen* ‖ locución –grada *por el uso durch den Gebrauch geheiligte, geläufige Redensart* f ‖ **–grativo** adj *Weih-*

consan|guíneo adj *blutsverwandt* ‖ ~ *m Blutsverwandte(r)* m ‖ **–guinidad** *f Blutsverwandtschaft* f ‖ ~ colateral *Blutsverwandtschaft* f *in der Seitenlinie* ‖ ~ ilegítima *uneheliche Verwandtschaft* f ‖ ~

legítima *eheliche Verwandtschaft* f ‖ ~ lineal *Blutsverwandtschaft* f *in gerader Linie*

conscien|cia *f Bewusstsein* n ‖ →**conciencia** ‖ **–te** adj *bewusst* ‖ ~**mente** adv *wissentlich*

conscrip|ción *f* Am *Aushebung zum Militärdienst, Rekrutierung* f ‖ *Waffendienst* m ‖ **–to** *m* Am ⟨Mil⟩ *Rekrut, Ausgehobene(r)* m

consecución *f Er|langung, -reichung* f ‖ de difícil ~ *schwer zu erreichen(d)*

conse|cuencia *f Folge* f ‖ *Folgerung* f ‖ *Folgerichtigkeit* f, *folgerichtiges Denken* n, *Konsequenz* f ‖ *Folgeerscheinung* f, *Schluss* m ‖ *Auswirkung* f ‖ *Folgesatz* m ‖ *Gemäßheit* f ‖ ~ jurídica *Rechtsfolge* f ‖ ♦ a ~ *folglich* ‖ *hernach, hierauf* ‖ a ~ de ... *in-, zu|folge* ‖ en ~ de ... *gemäß, zufolge, entsprechend* ‖ en ~ *folglich, demnach, infolgedessen, (dem)entsprechend* ‖ por ~ *folglich, daher* ‖ sin ~ *unwichtig* ‖ ◇ *sacar en* ~ *folgern, schließen* ‖ *sacar la* ~ ⟨figf⟩ *entsprechend handeln* ‖ *ser de* ~ *von Bedeutung sein* ‖ *tener como* ~ *zur Folge haben* ‖ *traer a* ~ *zu erwägen geben* ‖ *in Erwägung ziehen* ‖ *traer od tener* ~s *Folgen nach s. ziehen* ‖ **–cuente** adj *(m/f) folgerichtig, konsequent* ‖ *s. selbst getreu* ‖ ~ *m* ⟨Gr⟩ *Folge-, Schluss|satz* m ‖ ⟨Math⟩ *hinteres Glied* n ‖ ~**mente** adv *folgerecht, gemäß* ‖ **–cutivo** adj *aufeinander folgend* ‖ *folgend (a aus)* ‖ *tres días* ~s *drei Tage nacheinander* ‖ adv: ~**amente**

conse|guimiento *m* →**consecución** ‖ **–guir** [-i-, g/gu] vt *erlangen, er|reichen, -halten* ‖ *zuwege (& zu Wege) bringen* ‖ *bekommen, kaufen* ‖ *erzielen* ‖ ◇ ~ su objeto *s–n Zweck erreichen(d)* ‖ ~ a buen precio *billig kaufen (Ware)* ‖ ~ *por malas artes erschleichen* ‖ consiguió terminarlo *es gelang ihm (ihr), es abzuschließen* ‖ difícil de ~ *schwer zu erreichen(d)* ‖ *schwer erhältlich (Ware)*

conse|ja *f Erzählung* f ‖ *Märchen* n ‖ ⟨desp⟩ *Ammenmärchen* n ‖ *Fabel, Erdichtung* f ‖ ⟨fam⟩ *verdächtige Zusammenkunft* f ‖ **–jero** *m Ratgeber* m ‖ *Berater* m ‖ *Vorstandsmitglied* n ‖ *Rats(herr)* m ‖ ~ comercial *Handelsberater* m ‖ ~ delegado [in der GmbH] *Geschäftsführer* m ‖ ~ económico *Wirtschaftsberater* m ‖ ~ jurídico *Rechtsberater* m ‖ ~ técnico *Sach-, Fach|berater* m ‖ **–jo m** *Rat(schlag)* m ‖ ⟨fam⟩ *Tipp* m ‖ *Beratschlagung* f ‖ *Ent-, Be|schluss* m ‖ *Ratsversammlung, beratende Versammlung, Rat* m ‖ *Rathaus* n ‖ ~ académico *akademischer Senat* m ‖ ~ administrativo, ~ de administración *Vorstand, Verwaltungsrat* m ‖ ~ de Administración Fiduciaria (ONU) *Treuhandschaftsrat* m *(UNO)* ‖ ~ de Castilla ⟨Hist⟩ *kastilischer Kronrat* m ‖ ~ de Ciento ⟨Hist⟩ *Stadtrat* m *von Barcelona* ‖ ~ comunal *Stadt-, Gemeinde|rat* m ‖ ~ diocesano ⟨Kath⟩ *Ordinariat* n ‖ ~ de disciplina *Disziplinargericht* n ‖ ~ de empresa *Betriebsrat* m ‖ ~ de Estado *Staatsrat* m ‖ ~ de Europa *Europarat* m ‖ ~ de familia *Familienrat* m ‖ ~ federal *Bundesrat* m ‖ ~ de guerra ⟨Mil⟩ *Militärgericht* n ‖ *Wehrstrafgericht* n ‖ ~ de honor *Ehrenrat* m ‖ ~ de Indias ⟨Hist⟩ *Indienrat* m ‖ ~ de Ministros *Ministerrat* m, *Kabinett* n ‖ *Kabinettssitzung* f ‖ ~ Mundial de la Paz *Weltfriedensrat* m ‖ ~ municipal *Stadt-, Gemeinde|rat* m ‖ ~ Nacional *Nationalrat* m ‖ ~ de patronato Span *Vorstand* m *der Sozialversicherungsanstalt* ‖ ~ postal Span *Postverwaltungsrat* m ‖ ~ de rectores Span *Rektorenkonferenz* f *(beim Ministerium für Erziehungswesen und Wissenschaft)* ‖ ~ del Reino ⟨Hist⟩ *Kronrat, Rat* m *des Königreiches* ‖ ~ de Seguridad (ONU) *Sicherheitsrat* m *(UNO)* ‖ ~ Superior de Investigaciones Científicas Span

Oberster Forschungsrat m *(beim Ministerium für Erziehungswesen und Wissenschaft)* ‖ ~ de tutela *Treuhänderrat* m ‖ ~ de vigilancia *Aufsichtsrat* m ‖ ◇ dar ~ *Rat erteilen* ‖ dar el ~ y el vencejo ⟨fam⟩ *mit Rat und Tat beistehen* ‖ entrar en ~ *s. beratschlagen* ‖ pedir ~ a alg. *jdn um Rat fragen* ‖ tomar ~ de uno *jdn zu Rate ziehen, s. bei jdm Rat holen* ‖ quien no oye ~, no llega a viejo ⟨Spr⟩ *wem nicht zu raten ist, dem ist nicht zu helfen*
　　consen|so m *Einwilligung* f ‖ *Zustimmung* f ‖ *Konsens* m ‖ **–sual** adj *(m/f) konsensuell, Konsensual-* ‖ **–sualidad** f: principio de ~ *Konsensprinzip* n ‖ **–suar** vi *zustimmen*
　　consen|tido adj/m *ver|wöhnt, -hätschelt (Kind)* ‖ ⟨fig⟩ *launisch* ‖ ~ m ⟨fam⟩ *wissentlicher Hahnrei, wissentlich betrogener Ehemann* m ‖ **–tidor** m/adj *Mitwisser* m ‖ *Hehler* m ‖ **–timiento** m *Einwilligung, Zu|stimmung, -sage* f ‖ *Duldung* f ‖ *Übereinstimmung* f ‖ ~ tácito *stillschweigende Einwilligung* od *Zustimmung* f ♦ con su ~ *mit Ihrer Erlaubnis* ‖ por mutuo ~ *in gegenseitigem Einverständnis* ‖ **–tir** [ie/i] vt *bewilligen, erlauben, gestatten* ‖ *genehmigen, gutheißen* ‖ *dulden, zulassen* ‖ *beipflichten* ‖ *verwöhnen (Kinder)* ‖ ~ la sentencia *das Urteil annehmen* ‖ ~ vi *einwilligen* ‖ *(e–r Sache* dat) *zustimmen* ‖ *s. biegen, nachgeben* ‖ ◇ ~ en algo *in et. einwilligen* ‖ ~ con los caprichos de alg. *jds Launen ertragen* od *nachgeben* ‖ ~ en las condiciones *die Bedingungen annehmen* ‖ ~**se** [Möbel usw.] *wack(e)lig werden* ‖ *rissig werden* ‖ *allmählich auseinander fallen*
　　conser|je m *Hausmeister* m ‖ *Pförtner, Portier* m ‖ *Beschließer* m ‖ ~ de noche *Nachtportier* m ‖ **–jería** f *Pförtnerei, Portierloge* f
　　¹conserva f *Konserve, Büchsen-, Dauer|speise* f ‖ *Obstmus* n ‖ *Eingemachtes* n ‖ ~ de carne, de legumbres, de fruta, de pescado *Fleisch-, Gemüse-, Obst-, Fisch|konserve* f ‖ ~ de plasma ⟨Med⟩ *Plasmakonserve* f ‖ ◇ poner en ~ *konservieren* ‖ *einmachen (Früchte)* ‖ ~s *alimenticias konservierte Nahrungsmittel* npl, *Konserven* fpl ‖ ~ de carne *Fleischkonserven* fpl ‖ ~ de pescado *Fischkonserven* fpl
　　²conserva f ⟨Mar⟩ *Geleitschiff* n ‖ *Geleitzug* m ‖ ◇ navegar en ~ *im Geleitzug fahren*
　　conser|vabilidad f *Haltbarkeit, Dauerhaftigkeit* f ‖ **–vación** f *Er-, Beibe|haltung* f ‖ *Instandhaltung* f ‖ *Aufbewahrung* f ‖ *Konservierung* f ‖ ~ del calor *Wärmehaltung* f ‖ ~ de la energía *Erhaltung* f *der Energie* ‖ ~ de las fuerzas vivas *Beharrungsvermögen* n ‖ ~ de la madera *Holz|konservierung* f, *-schutz* m ‖ ~ de los monumentos (nacionales) *Denkmal(s)|pflege* f, *-schutz* m ‖ ~ de la naturaleza *Naturschutz* m ‖ ~ refrigerada *Kalt-, Kühlhaus|lagerung* f ‖ **–vado** adj *gut erhalten, rüstig* ‖ ~ en lata *in Büchsen konserviert*
　　¹conservador adj *erhaltend* ‖ ⟨Pol⟩ *konservativ* ‖ ~ m *Erhalter* m ‖ *Aufsichtsbeamte(er), Aufseher* m ‖ *Kustos, Konservator* m *(e–r Bibliothek)* ‖ ⟨Pol⟩ *Konservative(r)* m
　　²conservador m *Konservierungsmittel* n
　　conser|vadores mpl: los ~ *die Konservativen* mpl, *die konservative Partei* f ‖ **–vaduría** f *Amt* n *e–s Konservators* ‖ **–vadurismo** m ⟨Pol⟩ *konservative Gesinnung* f, *Konservati(vi)smus* m
　　conser|vante m ⟨Kochk⟩ *Konservierungsmittel* n ‖ **–var** vt *erhalten* ‖ *beibehalten* ‖ *unterhalten* ‖ *(auf)bewahren* ‖ *ein|machen, -legen, konservieren (Früchte)* ‖ ◇ ~ la benevolencia a alg. *jdm das Wohlwollen erhalten* ‖ ~ la derecha ⟨StV⟩ *rechts fahren* ‖ ~ en buena memoria *in gutem Andenken bewahren* ‖ ~ la juventud *s. jung erhalten* ‖ ~ la sangre fría ⟨fig⟩ *kaltes Blut bewahren, s. nicht*

aus der Fassung bringen lassen ‖ ~**se** *s. (jung) halten* ‖ *s. pflegen, s. schonen* ‖ ~ con salud *bei guter Gesundheit bleiben* ‖ ¡consérvense los billetes! *Fahrkarten behalten!* ‖ **–vatismo** m → **–vadurismo** ‖ **–vativo** adj *konservativ* ‖ *erhaltend*
　　¹conservatorio adj ⟨Jur⟩ *verwahrend*
　　²conservatorio m *Musikschule* f, *Konservatorium* n ‖ Arg *private Unterrichtsanstalt* f ‖ ~ de música (y declamación) *Konservatorium* n *der Musik (und dram. Kunst)*
　　³conservatorio m Chi *Treibhaus* n
　　conser|vera f Mex *Marmeladendose* f ‖ **–vería** f *Einmachen* n ‖ *Konserven|industrie, -fabrik* f ‖ **–vero** adj: industria ~a *Konservenindustrie* f ‖ ~ m *Konservenfabrik* f
　　considera|ble adj *(m/f) bedeutend* ‖ *ansehnlich, beträchtlich, erheblich, beachtenswert* ‖ *namhaft* ‖ adv: ~**mente** ‖ **–ción** f *Betrachtung* f ‖ *Erwägung, Überlegung* f ‖ *Bedacht* m, *Umsicht* f ‖ *Berücksichtigung, Rücksicht* f ‖ *Belang* m ‖ *(Hoch)Achtung, Schätzung* f, *Ansehen* n ‖ ♦ con toda ~ *mit Hochachtung* ‖ de ~ *(ge)wichtig* ‖ *bedeutend* ‖ *beträchtlich* ‖ de poca ~ *unbedeutend* ‖ después de madura ~ *nach reiflicher Überlegung* ‖ en ~ (de) *in Anbetracht* (gen) ‖ sin ~ *rücksichtslos* ‖ *belanglos* ‖ ◇ actuar sin ~ *rücksichtslos handeln* ‖ entrar en ~ *in Betracht kommen* ‖ fijar la ~ en … *(fig) sein Augenmerk richten auf …* (acc) ‖ tener en ~ a/c *et. im Auge behalten, an et. denken* ‖ tenerle ~ a uno *jdn rücksichtsvoll behandeln* ‖ tomar en ~ a/c *auf et. Rücksicht nehmen* ‖ *in Erwägung ziehen* (acc), *Rechnung tragen* (dat) ‖ *berücksichtigen* ‖ tomar nuevamente en ~ *erneut beraten (Gesetz)* ‖ acepte el testimonio de mi ~ más distinguida *mit vorzüglicher Hochachtung (in Briefen)* ‖ Muy señor mío y de toda mi ~: *Sehr verehrter Herr (…)! (in Briefen)* ‖ **–ciones** fpl *Gedanken* mpl ‖ ~ de conveniencia *Zweckmäßigkeitserwägungen* fpl ‖ **–do** adj *überlegt* ‖ *umsichtig* ‖ *hoch geschätzt, angesehen* ‖ ◇ ser ~ *rücksichtsvoll sein* ‖ todo bien ~ … *alles wohl erwogen …* ‖ adv: ~**amente**
　　considerando v. ger *unter Berücksichtigung, in Anbetracht* od *Erwägung der Tatsache, dass …* ‖ ~ m ⟨Jur⟩ *Rechtsausführung* f *(im Urteil)* ‖ ~**s** mpl *Urteilsgründe* mpl ‖ *Urteilsbegründung* f
　　conside|rar vt *erwägen, bedenken, überlegen* ‖ *(aufmerksam) betrachten* ‖ *berücksichtigen* ‖ *s. befassen (algo mit et.)* ‖ *betrachten, ansehen (como als* acc) ‖ *mit Ehrfurcht behandeln* ‖ ◇ ~ bueno *für ratsam halten* ‖ ~ las consecuencias *die Folgen bedenken* ‖ ~ mucho *hoch achten* ‖ ~ poco *gering schätzen* ‖ ~ útil *für nützlich halten* ‖ ~ por todos lados *genau überlegen* ‖ lo considero mi deber *ich halte es für m–e Pflicht* ‖ no me considero competente *ich halte mich nicht für zuständig* ‖ el pedido (como) anulado ⟨Com⟩ *den Auftrag als annulliert betrachten* ‖ no lo considero de importancia *ich messe der Sache k–e Bedeutung bei* ‖ ~**se** *s. (gegenseitig) achten* ‖ ◇ no ~ digno de *s. nicht für würdig halten* (gen) ‖ **–rativo** adj *betrachtend*
　　consiervo m ⟨Hist⟩ *Mitknecht* m
　　consig|na f ⟨Mil⟩ *Losung, Parole, Anweisung* (& fig), *Postenanweisung* f ‖ *Gepäckaufbewahrung* f *(Bahnhof)* ‖ **–nación** f *(Geld)Anweisung* f ‖ *Hinterlegung, Stellung (e–r Kaution), Konsignation* f ‖ *Übertragung, Abfertigung* f ‖ *Zahlung* f *im Haushalt* ‖ *Ver|frachtung, -schiffung* f ‖ ~ de lo debido *Hinterlegung* f *des Geschuldeten* ‖ ~ global *Sammelladung* f ‖ ~ judicial *gerichtliche Hinterlegung* f ‖ ◇ admitir la ~ *die Ladung annehmen (Reederei)* ‖ atenerse a una ~ *s. an e–e*

Anordnung halten ‖ dar *od* dejar en ~ ⟨Com⟩ *in Konsignation geben, überlassen* ‖ consignaciones globales *Sammel\güter* npl, *-ladungen* fpl ‖ **–nador, –nante** *m* ⟨Com⟩ *Konsignant, Eingeber* m ‖ *Verfrachter* m ‖ *Warenversender* m ‖ **–nar** vt *anweisen (Geld)* ‖ *bestimmen (Zahlungstag)* ‖ *anführen, vermerken* ‖ ⟨EB⟩ *(Handgepäck) zum Aufbewahren einstellen* ‖ *erlegen, deponieren* ‖ *übergeben, anvertrauen* ‖ konsignieren, in *Konsignation senden (Ware)* ‖ *(gerichtlich) hinterlegen* ‖ *verschiffen* ‖ ◇ ~ en acta, ~ en las diligencias *protokollieren, in den Akten vermerken* ‖ ~ en documento público *in öffentlicher Urkunde niederlegen* ‖ ~ hechos *den Tatbestand feststellen (im Urteil)* ‖ ~ la última voluntad *letztwillig verfügen* ‖ **–natario** *m Warenempfänger* m ‖ *Adressat, Empfangsspediteur* m ‖ *Verwahrer* m *(bei Hinterlegung)* ‖ *Reedereiagent* m ‖ *Konsignatar* m ‖ ~ de buques *Schiffs-, Reederei\agent, Schiffsmakler* m *(für Schiffe zuständig)* ‖ ~ factor *Leiter* m *e–r Abfertigungsstelle (Reederei)* ‖ ~ de mercancías *Reedereiagent* m *(für Ladung zuständig)*
    consigo pron pers *mit s.* ‖ *bei s.* ‖ para ~ *s. gegenüber* ‖ *zu s. selbst* ‖ ◇ el lo lleva ~ *er hat es mit, er trägt es bei s.* ‖ no llevarlas *(od no tenerlas)* todas ~ ⟨figf⟩ *in großer Angst sein* ‖ traer ~ *mitbringen* ‖ *nach s. ziehen (Folgen)*
    consiguiente adj *(m/f),* adv *folgend (aus), s. ergebend (aus)* ‖ *gemäß, angemessen, entsprechend* dat ‖ ~ a esto ⟨fam⟩ *folglich* ‖ *gleich darauf* ‖ por (el) ~, de ~ *folglich, infolgedessen* ‖ ◇ obrar *od* proceder ~ *folgerichtig handeln* ‖ ~**mente** adv *folglich, gemäß*
    consiliario *m Rat(geber)* m ‖ ⟨Kath⟩ *Beiratsmitglied* n
    consintiente pp von **consentir**
    consis\tencia *f Bestand* m, *Dauer* f ‖ *Festigkeit, Haltbarkeit* f ‖ *Konsistenz, Dickflüssigkeit* f ‖ ◆ de ~ dura *hart, von harter Beschaffenheit* ‖ de ~ pastosa *teig\ig, -artig* ‖ de ~ vítrea *glashart* ‖ **–tente** adj *(m/f) fest, dauerhaft, stark* ‖ ~ en *bestehend aus* ‖ **–tir** vi: ~ en *beruhen, s. gründen auf* (dat) ‖ ~ de *(od* en*) bestehen aus* ‖ no consiste en ello la dificultad *nicht darin liegt die Schwierigkeit*
    consisto\rial adj *(m/f) Konsistorial-* ‖ ~ *m Mitglied* n *des Konsistoriums* ‖ ~**mente** adv ⟨fig⟩ *einstimmig* ‖ **–rio** *m* ⟨Kath Prot⟩ *Konsistorium* n ‖ ⟨Prot⟩ *Kirchenrat* m ‖ (reg) *Stadtrat* m ‖ *Rathaus* n ‖ *Gemeinderatsversammlung* f ‖ el ~ divino *der Richterstuhl Gottes*
    consocio *m Mitgenosse* m ‖ ⟨Com⟩ *Mitteil-, Mitin\haber* m ‖ *Mitgesellschafter* m
    consola *f Konsole* f, *Konsoltischchen* n, *Wandtisch* m ‖ ⟨Inform⟩ *Konsole* f, *Bedienungsplatz* m ‖ ⟨Tech⟩ *Kragstütze, Konsole* f, *Träger* m
    consolable adj *(m/f) tröst\lich, -bar* ‖ adv: ~**mente**
    consolación *f Trost* m ‖ *Tröstung* f ‖ *Trostgrund* m ‖ ⟨Kart⟩ *Trostgeld* n
    Consolación *f span. Frauenname* ‖ (Ntra. Sra. de la) ~ *trostreiche Mutter Gottes*
    ¹consolador adj *trostreich, tröstlich* ‖ *beruhigend* ‖ ~ *m Tröster, Trostspender* m ‖
    ²consolador *m Massagestab* m
    consolar [-ue-] vt *trösten* ‖ *beruhigen* ‖ ◇ ~se con *(od* en*) Trost finden in* (dat) ‖ ~se de algo *über et. hinwegkommen*
    consólida *f* ⟨Bot⟩ → **consuelda**
    consoli\dación *f Befestigung* f ‖ *Festigung, Sicherung* f ‖ *Stärkung, Fundierung* f ‖ *Konsolidation, Umschuldung* f ‖ *Konsolidierung* f

‖ *Erstarren, Festwerden* n ‖ ⟨Jur⟩ *Vereinigung* f *(getrennter Rechte)* ‖ ⟨Med⟩ *Zusammenheilung, Verwachsung* f ‖ ⟨Tech⟩ *Befestigen, Stützen* n ‖ *Verstärkung* f ‖ ~ aduanera *Zoll-, Tarif\bindung* f ‖ ~ de los créditos *Umschuldung* f *der Kredite* ‖ ~ de fincas *Zusammenfassung* f *von Grundstücken (zwecks Eintragung)* ‖ ~ monetaria *Währungskonsolidierung* f ‖ ◇ ~ de los precios *Festigung* f *der Preise* ‖ ~ tarifaria → ~ aduanera ‖ **–dado** adj *konsolidiert, fundiert* ‖ **–dar** vt *befestigen, sichern* ‖ ⟨fig⟩ *(wieder) zusammenfügen* ‖ *konsolidieren (Schuld)* ‖ *verstärken* ‖ ⟨Jur⟩ *durch Umwandlung unifizieren* ‖ ⟨Jur⟩ *(getrennte Rechte in e–r Person) vereinigen* ‖ ⟨Med⟩ *die Heilung fördern (Knochenbruch, Wunde)* ‖ ◇ ~ una deuda flotante *e–e schwebende Schuld in e–e unkündbare umwandeln* ‖ ~**se** *zusammen-, zu\heilen (Wundränder)* ‖ ◇ ~ tras ciertas fluctuaciones *s. einpendeln* ‖ **–dativo, –dante** adj *befestigend* ‖ *zusammenheilend*
    consomé *m Fleisch-, Kraft\brühe* f ‖ ~ provinciano *Fleischbrühe* f *mit Sherry*
    consonan\cia *f Gleich-, Ein\klang, Zusammenklang, Akkord* m ‖ *Wohl\klang, -laut* m ‖ *Harmonie, Übereinstimmung* f ‖ ⟨Stab⟩ *Reim* m ‖ ◆ en ~ con … *in Einklang mit …* ‖ **–tado** adj *gereimt* ‖ **–te** adj *(m/f)* ⟨Mus⟩ *gleich-, zusammen\klingend* ‖ *zusammenstimmend* ‖ *reimend* ‖ ~ *m* ⟨Mus⟩ *Gleich-, Ein\klang* m ‖ *Reim* m ‖ ~ *f* ⟨Gr⟩ *Mitlaut, Konsonant* m ‖ ~ fricativa *Reibelaut* m, *Spirans* f ‖ ~ líquida *Liquida* f ‖ ~ nasal *Nasal(laut)* m ‖ ~ occlusiva *Sprenglaut, Explosiv, Okklusiv* m ‖ ~ sibilante *Zischlaut, Sibilant* m ‖ ~ vibrante *Zitterlaut, Vibrant* m ‖ **–temente** adv *in Einklang* ‖ **–tismo** *m Mitlautbestand* m *(e–r Sprache)*
    consonar [-ue-] vi ⟨Mus⟩ *zusammenstimmen* ‖ *s. reimen* ‖ ⟨fig⟩ *übereinstimmen, entsprechen*
    cónso\ne adj *(m/f)* ⟨Mus⟩ *harmonisch* ‖ ~ *m* ⟨Mus⟩ *Akkord* m ‖ **–no** adj ⟨fig⟩ *übereinstimmend* ‖ ⟨Mus⟩ *harmonisch*
    consor\cio *m Ge\nossenschaft, -meinschaft* f ‖ ⟨Com⟩ *Konsortium* n, *Konzern* m ‖ ~ bancario *de bancos Bankenkonsortium* n ‖ ~ de empresas *Interessengemeinschaft* f ‖ ~ financiero *Finanzkonsortium* n ‖ ~ industrial *Industriekonzern* m ‖ ~ de reaseguro *Rückversicherungskonsortium* n ‖ ~ de seguros *Versicherungskonzern* m ‖ gran ~ *Großkonzern* m ‖ **–te** *m/f Genosse, Teilnehmer* m ‖ *Helfershelfer, Komplize* m ‖ *Ehegatte* m ‖ ~**s** mpl ⟨Jur⟩ *Mitschuldige* pl ‖ *Eheleute* pl ‖ … y ~ ⟨desp⟩ … *und Konsorten*
    conspicuo adj *in die Augen fallend* ‖ *berühmt* ‖ *ansehnlich* ‖ *heraus-, hervor\ragend*
    conspi\ración *f Verschwörung, Intrige, Konspiration* f ‖ *geheimer Anschlag* m ‖ ◇ tramar *od* maquinar una ~ *e–e Verschwörung anzetteln* ‖ **–rado(r)** m/adj *Ver\schworene(r), -schwörer* m ‖ **–rar** vi *s. verschwören, konspirieren (contra gegen)* ‖ ◇ ~ a un fin *e–n Zweck verfolgen, et. bezwecken* ‖ ~ contra el gobierno *e–n Anschlag gegen die Regierung planen*
    constanciense adj/s *(m/f) aus Konstanz* ‖ *auf Konstanz bezüglich*
    constancia *f Standhaftigkeit, Beharrlichkeit, Ausdauer, Konstanz* f ‖ *Beständigkeit, Festigkeit, Stetigkeit* f ‖ *Sicherheit, Genauigkeit* f ‖ Arg *Kundgebung* f ‖ ~ de deuda *Schuldurkunde* f ‖ ~ de volumen *Volumenbeständigkeit* f ‖ ◇ dar ~ de algo *et. bescheinigen* ‖ dejar ~ de algo *et. vermerken, protokollieren*
    Constan\cia *f* np *Konstanze* f ‖ **–cio** *m* np *Konstantius* m

constantán m ⟨Met⟩ *Konstantan* n
constante adj/s *(m/f) standhaft, ausdauernd* ‖ *beharrlich, konstant* ‖ *beständig* ‖ *stetig* ‖ *gewiss, sicher* ‖ ~ m *Konstante, unveränderliche Größe* f ‖ **~mente** adv *mit Ausdauer* ‖ *beständig, fortwährend*
constanti|niano adj *auf Kaiser Konstantin bezüglich* ‖ **⁼no** m np *Konstantin* m ‖ **⁼nopla** *f* ⟨Hist⟩ *Konstantinopel* n ‖ **–nopolitano** adj *aus Konstantinopel* ‖ *auf Konstantinopel bezüglich*
Constanza *f* [Stadt] *Konstanz* n
constar vi *bekannt sein* ‖ *gewiss sein* ‖ *feststehen* ‖ ~ (de) *erhellen, ersichtlich sein (aus)* ‖ *bestehen (aus)* ‖ ◇ ~ de *od* en autos *durch Urkunden* od *Zeugen bewiesen sein* ‖ me consta *es ist mir bekannt, ich weiß sicher* ‖ hacer ~ *feststellen, feststellen lassen, konstatieren* ‖ hinweisen auf (acc) ‖ hacer ~ en escritura pública *in öffentlicher Urkunde feststellen lassen* ‖ conste que ... *es sei festgestellt, dass ...* ‖ man muss bedenken, dass ... ‖ ¡que conste! *das steht einmal fest!* ‖ *hört!*
consta|tación *f Feststellung, Entdeckung* f ‖ *Bestätigung* f ‖ ~ de hechos *Tatsachenfeststellung* f ‖ **–tar** vt *feststellen, konstatieren* ‖ *kundgeben* ‖ *beweisen* ‖ *bestätigen* ‖ Am *beobachten*
constela|ción *f* ⟨Astr⟩ *Gestirn, Sternbild* n ‖ *Stern* m ‖ *Stellung der Gestirne, Konstellation* f ‖ ⟨fig⟩ *Luftbeschaffenheit* f, *Klima* n ‖ ⟨figf⟩ *Konjunktur* f, *Aussichten* fpl, *Zusammentreffen* n *von Umständen, Konstellation* f ‖ **–do** adj *mit Sternen bedeckt* ‖ ⟨fig⟩ be|*deckt, -setzt* (de *mit*)
conster|nación *f Be|stürzung, -troffenheit, Fassungslosigkeit* f ‖ **–nado** adj *be|stürzt, -troffen, fassungslos* ‖ **–nar** vt *be|stürzt* od *-troffen* od *fassungslos machen, in Bestürzung versetzen, bestürzen*
consti|pación *f* ⟨Med⟩ *Verstopfung, Konstipation, Obstipation* f ‖ **–pado** adj ⟨Med⟩ *verschnupft* ‖ ⟨Med⟩ *hartleibig* ‖ ◇ estar ~ *Schnupfen haben, erkältet sein* ‖ ~ m ⟨Med⟩ *Schnupfen* m ‖ *Erkältung* f ‖ ~ tenaz *hartnäckiger Schnupfen* m ‖ ◇ coger *od* ⟨fam⟩ pillar un ~ *s. erkälten* ‖ **–par** vt/i *stopfen, Verstopfung verursachen* ‖ **~se** *s. erkälten, s. e–n Schnupfen holen* ‖ *Verstopfung bekommen* ‖ **–pativo** adj *Verstopfung verursachend*
¹constitución *f Anordnung, Zusammensetzung* f ‖ *Beschaffenheit, Konstitution, Natur* f ‖ ⟨Chem⟩ *Aufbau* m, *Zusammensetzung* f ‖ ⟨Chem⟩ *Struktur* f ‖ *Einrichtung* f ‖ *Gliederung* f *(Organisation)* ‖ ~ biotipológica *Konstitutions-, Körperbau|typ* m (z.B. *nach Kretschmer*) ‖ ~ ciclotímica *zyklothymische Konstitution* f ‖ ~ general *Allgemeinverfassung* f ‖ ~ neuropática *neuropathische Konstitution* f ‖ ~ paranoica *paranoische Konstitution* f ‖ ~ psicopática *psychopathische Konstitution* f ‖ ◆ de ~ fuerte *von rüstigem Körperbau*
²constitución *f (Staats)Verfassung* f ‖ *Grundgesetz* n ‖ *Statut* n, *Satzung* f ‖ ~ consuetudinaria *ungeschriebene Verfassung* f ‖ ~ corporativa *Korporativverfassung* f ‖ ~ estamental *ständische Verfassung* f ‖ ~ política *Staatsverfassung* f ‖ ~ positiva *geschriebene Verfassung* f ‖ ~ de Weimar ⟨Hist⟩ *Weimarer Verfassung* f
³constitución *f Einrichtung* f ‖ *Erschaffung* f ‖ *Bildung* f ‖ *Einsetzung* f ‖ *Bestellung* ꜜ (e–s *Rechts*) ‖ *Begründung* f (e–s *Rechts*) ‖ ~ de capitales *Kapitalbildung* f ‖ ~ de garantía *Sicherheitsleistung* f ‖ ~ de herederos *Erbeneinsetzung* f ‖ ~ de hipoteca *Bestellung* f e–r *Hypothek* ‖ *Aufnahme* f e–r *Hypothek* ‖ la ~ del mundo *die Erschaffung der Welt* ‖ ~ de renta

vitalicia *Errichtung* f e–r *Leibrente* ‖ ~ de reservas *Reservenbildung* f ‖ ~ de stocks *Lagerbildung* f
constitucio|nal adj *(m/f) Verfassungs-, konstitutionell* ‖ *verfassungs|mäßig, -gemäß* ‖ ⟨Med⟩ *konstitutionell* ‖ ~ m/f *Anhänger(in* f) m *der Staatsverfassung* ‖ adv: **~mente** ‖ **–nalidad** *f Verfassungssystem* n ‖ *Verfassungsmäßigkeit* f ‖ **–nalismo** m *Verfassungstaatlichkeit* f, *Konstitutionalismus* m ‖ **–nalista** m/f *Verfassungsrechtler(in* f) m ‖ *Verfechter(in* f) m *des Konstitutionalismus* ‖ **–nalización** *f Aufnahme* f *in die Verfassung*
consti|tuir [-uy-] vt *ausmachen, darstellen, bilden, ergeben* ‖ *ordnen, in Ordnung bringen* ‖ *gründen, errichten, schaffen, ins Leben rufen, einrichten* ‖ *einsetzen, bestellen* ‖ *festsetzen, bestimmen* ‖ *aussetzen, anweisen (Renten)* ‖ ◇ ~ apoderado ⟨Jur⟩ e–n *Bevollmächtigten bestellen* ‖ *bevollmächtigen* ‖ ~ bienes en depósito *Güter* npl *in Verwahrung geben* ‖ ~ una comisión e–n *Ausschuss einsetzen* ‖ ~ una fianza *ein Pfand bestellen* ‖ ~ heredero *zum Erben einsetzen* ‖ ~ en mora *in Verzug setzen* ‖ ~ una sociedad e–e *Gesellschaft gründen* ‖ eso –tuye un obstáculo *das ist ein Hindernis* ‖ **~se** *zusammentreten (zu)* ‖ ⟨Pol⟩ *s. erklären (als), s. hinstellen (als), s. konstituieren* (en *als*) ‖ *beschlussfähig sein* ‖ *gegründet werden* ‖ *erscheinen (vor Gericht)* ‖ ◇ ~ en defensor de alg. *s. zu jds Verteidiger aufwerfen* ‖ ~ fiador *als Bürge eintreten* ‖ ~ en mora *in Verzug geraten* ‖ ~ en rebelde *säumig werden (im Prozess)* ‖ ~ en obligación *zur Pflicht werden* ‖ ~ preso ⟨Jur⟩ *s. freiwillig festnehmen lassen, s. gefangen geben* ‖ **–tutivo** adj *wesentlich, Haupt-, Grund-* ‖ ⟨Jur⟩ *ein Recht begründend, konstitutiv* ‖ ~ de ... Am *darstellend* ‖ ⟨Jur⟩ *Tatbestand* m ‖ ~ m *Hauptteil* m ‖ **–tuyente** adj *(m/f) ausmachend, bildend (e–n Bestandteil)* ‖ *verfassunggebend, konstituierend*
constre|ñidamente adv *zwangsweise* ‖ **–ñimiento** m *Zwang* m, *Nötigung* f ‖ **–ñir** [-i-, pret ~ñó] vt *zwingen, nötigen* ‖ *zügeln, in Schranken halten* ‖ ⟨Med⟩ *stopfen* ‖ *zusammenziehen, konstringieren* ‖ **~se** vr *s. Zwang auferlegen, s. bezwingen* (a *zu*) ‖ ⟨fig⟩ *s. beherrschen*
constric|ción *f An* Zusammen|*ziehung, -schnürung* f ‖ ⟨Med⟩ *Beengungsgefühl* n ‖ *Vereng(er)ung* f ‖ *Abbinden* n *(von Blutgefäßen)* ‖ *Konstriktion* f ‖ **–tivo** adj *zusammenschnürend* ‖ ⟨Med⟩ *verengend* ‖ **–tor** adj ⟨Med⟩ *verstopfend* (*músculo*) ‖ ~ An *Konstriktor, Schlundschnürer* m ‖ ~ m ⟨Med⟩ *stopfendes Mittel* n
constrin|gente adj *(m/f)* ⟨Med⟩ *zusammenziehend* (z.B. *von Muskeln*) ‖ **–gir** vt ⟨Med⟩ *zusammenziehen, konstringieren*
construc|ción *f Erbauung* f, *Bau* m ‖ *Gebäude* n ‖ *Baukunst* f ‖ *Bauart* f ‖ *Bauwesen* n ‖ *Anlage* f, *Bauwerk* n ‖ ⟨Math⟩ *Aufriss* m, *Konstruktion* f ‖ ⟨Gr⟩ *Wortfügung, Satzbildung, Konstruktion* f ‖ ⟨fig⟩ *Aufbau* m ‖ ~ adicional *Anbau* m ‖ ~ de aeródromos *Flugplatzbau* m ‖ ~ aeronáutica *Flugzeugbau* m ‖ ~ de aeropuertos *Flugplatzbau* m ‖ ~ aligerada *Leichtbauweise* f ‖ ~ alto *Hochbau* m ‖ ~ aneja *Anbau* m ‖ ~ artesanal *Bauhandwerk* n ‖ ~ de automóviles *Automobil-, Kraftfahrzeug|bau* m ‖ ~ de bóvedas *Gewölbebau* m ‖ ~ de buques *Schiffsbau* m ‖ ~ de caminos *Wegebau* m ‖ ~ de carreteras *Straßenbau* m ‖ ~ en celosía *Gitterkonstruktion* f ‖ ~ celular *Zellenbauweise* f ‖ ~ compound *Verbundbauweise* f ‖ ~ todo cristal *Ganzglaskonstruktion* f ‖ ~ de chapa *Blechkonstruktion* f ‖ ~ de escaleras *Treppenbau* m ‖ ~ especial *Sonderanfertigung* f ‖

~ de hangares *Hallenbau* m ‖ ~ de hormigón *Betonbau* m ‖ ~ individual *Sonder\ausführung, -anfertigung* f ‖ ~ en licencia *Lizenzbau* m ‖ ~ de líneas ⟨El⟩ *Leitungsbau* m ‖ ~ de maquinaria, ~ de máquinas *Maschinenbau* m ‖ ~ de máquinas herramientas *Werkzeugmaschinenbau* m ‖ ~ todo metal *Ganzmetallkonstruktion* f ‖ ~ metálica *Stahlbau* m ‖ *Eisenkonstruktion* f ‖ ~ de montajes *Vorrichtungsbau* m ‖ ~ naval *Schiffsbau* m ‖ ~ de los períodos ⟨Gr⟩ *Periodenbau* m ‖ ~ protegida → ~ social de viviendas ‖ ~ de puentes *Brückenbau* m ‖ ~ de reactores *Reaktorbau* m ‖ ~ social *od* subvencionada de viviendas *sozialer Wohnungsbau* m ‖ ~ en tierra *Tiefbau* m ‖ ~ de túneles *Tunnelbau* m ‖ ~ de vehículos *Fahrzeugbau* m ‖ ~ vial *Straßenbau* m ‖ ~ de viviendas *Wohnungsbau* m ‖ ◆ de sólida ~ *stark od widerstandsfähig gebaut* ‖ en ~ *im Bau (Gebäude)* ‖ **–ciones** *fpl* ~ hidráulicas *Stahlwasserbau* m ‖ ~ lacustres *Pfahlbauten* mpl ‖ **–tivismo** *m* ⟨ Kunst⟩ *Konstruktivismus* m ‖ **–tivo** *adj bildend, konstruktiv, aufbauend* ‖ *baulich* ‖ **–tor** *m Erbauer, Baumeister, Konstrukteur* m ‖ *Techniker* m ‖ ⟨Mar⟩ *Schiffsbauer* m ‖ ~ de aviones *Flugzeugkonstrukteur* m ‖ ~ de carreteras *Straßen\bauer, -bauingenieur* m

construir [-uy-] vt/i *bauen, auf-, er\bauen, errichten* ‖ *verfertigen, zusammenstellen* ‖ *konstruieren (jedoch nicht im Sinne von entwerfen)* ‖ *herstellen* ‖ *entwerfen* ‖ *aufbauen (System)* ‖ *gestalten (Werk)* ‖ *einrichten (das Leben)* ‖ *bilden (Satz)* ‖ ⟨Math⟩ *aufreißen*

consubstan\ciación *f* ⟨Rel⟩ *Konsubstantiation* f *(Lehre Luthers)* ‖ **–cial** *adj (m/f) dem Wesen eigen* ‖ ⟨fig⟩ *angeboren* ‖ **–cialidad** *f Wesenseinheit* f *Gottes des Vaters und des Sohnes*

consue\gra *f Mit-, Gegen\schwiegermutter* f ‖ **–gro** *m Mit-, Gegen\schwiegervater* m

consuelda *f* ⟨Bot⟩ *Beinwell* m (Symphytum officinale) ‖ ~ mayor *Schwarzwurz* f

consuelo *m Trost* m, *Tröstung* f ‖ *Erleichterung* f ‖ *Freude, Wonne* f ‖ *Hoffnung* f ‖ ◆ sin ~ *trostlos* ‖ *untröstlich* ‖ ⟨fam⟩ *ohne Maß, maßlos* (z. B. *vergeuden*) ‖ un flaco ~ *ein schwacher Trost* ‖ recibir los ~s de la religión *mit den Sterbesakramenten versehen werden*

Consuelo *f np span. Frauenname*

consueta *m* ⟨Th⟩ *Souffleur,* ⟨Öst⟩ *Einsager* m

consuetudinario *adj gewohnheitsmäßig* ‖ *gewohnheitsrechtlich* ‖ *Gewohnheits-*

cónsul *m Konsul, Konsularvertreter* m ‖ ~ de carrera *Berufskonsul* m ‖ ~ electo *Wahlkonsul* m ‖ ~ general *Generalkonsul* m ‖ ~ honorario *Honorar-, Ehren-, Wahl\konsul* m ‖ ~ de profesión → ~ de carrera

consu\lado *m Konsulat* n ‖ ~ ⟨Hist⟩ *Konsulat* n *(Frankreich 1799–1804)* ‖ ~ efectivo *Berufskonsulat* n ‖ ~ general *Generalkonsulat* n ‖ ~ honorario *Honorar-, Wahl\konsulat* n ‖ ◇ establecer un ~ *ein Konsulat errichten* ‖ **–lar** *adj konsularisch, Konsular-, Konsulats-*

consul\ta *f Be\ratschlagung, -ratung* f ‖ *Befragung* f ‖ *Einholung* f *e–s Gutachtens* ‖ *Gutachten* n ‖ *Rechts\anfrage, -auskunft* f ‖ *Nachschlagen* n *(Werk)* ‖ ⟨Inform⟩ *Abfrage* f ‖ *Rechtsberatungsstelle* f ‖ *Praxis* f *e–s Anwalts* ‖ ⟨Med⟩ *Sprechstunde, Konsultation* f ‖ ~ arancelaria *Zollanfrage* f ‖ ~ plebiscitaria, ~ popular *Volksbefragung* f ‖ ~ previa *Voranfrage* f ‖ ◇ evacuar una ~ *e–e Rechtsauskunft geben* ‖ *ein Gutachten erstatten* ‖ pasar ~ *Sprechstunde halten* ‖ ◇ ¡ésa es la ~! Am *(pop) so ist die Sache!* ‖ **–tación** *f Berat(schlag)ung* f ‖ ⟨Med⟩ *Sprechstunde, Konsultation* f ‖ **–tado** *adj befragt* ‖ ~ *m Befragte(r)* m ‖ **–tar** vt/i *um Rat fragen,*

be\fragen, -ratschlagen* ‖ *zu Rate ziehen* ‖ *s. beraten lassen* ‖ *konsultieren* ‖ *nach\sehen, -schlagen* ‖ *s. beraten (con mit), beratschlagen* ‖ ⟨Med⟩ *Sprechstunde haben* ‖ *berichten (Minister)* ‖ ◇ ~ un caso con un abogado *in e–r Sache e–n Anwalt befragen* ‖ ~ un diccionario *in e–m Wörterbuch nachschlagen* ‖ ~ los libros *(in den Büchern) nachschlagen* ‖ *Einsicht* f *in die Bücher nehmen* ‖ ~ a un médico *e–n Arzt zu Rate ziehen* ‖ ~ su reloj *auf die Uhr sehen* ‖ ~ algo con alg. *jdn. in e–r Sache um Rat fragen* ‖ ~ algo con la almohada *(figf) e–e Sache beschlafen* ‖ **–tivo** *adj beratend, Beratungs-* ‖ **–tor** *m Ratgeber, Berater* m ‖ *Gutachter* m ‖ *vortragender Minister* m ‖ *Nachschlagewerk* n ‖ ~ de empresas *Unternehmensberater* m ‖ ~ matrimonial *Eheberater* m ‖ **–toría** *f beratende Firma* f ‖ **–torio** *m Beratungsstelle* f ‖ *Arztpraxis* f ‖ *Briefkasten* m *(in e–r Zeitung od Zeitschrift)* ‖ Am *Büro* m ‖ ~ común *Gemeinschaftspraxis* f ‖ ~ para embarazadas, ~ de maternología *Schwangerenberatungsstelle* f ‖ ~ gratuito *gebührenfreie (Rechts)Auskunftsstelle* f

consuma\ción *f Vollendung* f ‖ *Voll\ziehung, -bringung* f ‖ *Beendung* f, *Ausgang* m ‖ ~ del delito *Vollendung* f *des Delikts* ‖ ~ del matrimonio *Vollzug* m *der Ehe* ‖ ~ de los siglos *Ende* n *der Zeiten* ‖ no ~ de un acto *Nichtvollendung* f *e–r Tat* ‖ **–do** *adj voll\endet, -kommen* ‖ *erstklassig* ‖ *Erz-* ‖ *gründlich* ‖ adv: ~amente ‖ ~ *m Fleisch-, Kraft\brühe* f

consu\mar vt *vollenden* ‖ *voll\ziehen, -bringen* ‖ *zustande bringen* ‖ ◇ ~ el coito, ~ la cópula *den Beischlaf vollziehen* ‖ ~ un crimen *ein Verbrechen begehen* ‖ ~ el matrimonio *die Ehe vollziehen* ‖ ~ un sacrificio *ein Opfer (dar)bringen* ‖ ~se *voll\endet, -zogen werden* ‖ *ausbrennen (Kerze)* ‖ *ausgehen, zu Ende gehen* ‖ **–mero** *m* ⟨fam⟩ *Zollbeamte(r)* m

consumi\ble *adj (m/f) genießbar* ‖ **–ción** *f Verbrauch* ‖ *Verzehr* m *(in e–m Restaurant usw.)* ‖ ~ obligatoria *Getränke-, Verzehr\zwang* m ‖ ◇ tomar una ~ *et. verzehren (in e–m Restaurant usw.)* ‖ **–dero** *m Verbrauchsort* m ‖ *Absatzgebiet* n ‖ **–do** *adj (figf) abgezehrt, mager* ‖ *abgehärmt* ‖ **–dor** *m Verzehrer* m ‖ *Abnehmer, Konsument, Verbraucher* m ‖ ~ comercial *gewerblicher Verbraucher* m ‖ ~ final *End-, Letzt\verbraucher* m ‖ *Endabnehmer* m ‖ ~ global *Pauschalabnehmer* m ‖ ~ normal *Normalverbraucher* m

consu\mir vt/i *auf-, ver\zehren* ‖ *(ver)brauchen* ‖ *genießen, verzehren, essen* ‖ *an-, ver\wenden* ‖ *verbrauchen* ‖ ⟨Com⟩ *konsumieren, abnehmen* ‖ *vollenden* ‖ *zerstören, vernichten* ‖ *(figf) quälen* ‖ ~ preferentemente antes de … *Verbrauch empfohlen vor (dem) …* ‖ ◇ ~ me consume la paciencia *da reißt mir der Geduldsfaden* ‖ ~se *s. aufzehren* ‖ *s. aufreiben* ‖ *s. abhärmen* ‖ *zu Ende gehen* ‖ *ausbrennen (Kerze)* ‖ *zugrunde (& zu Grunde) gehen* ‖ ⟨Med⟩ *(allmählich) verfallen* ‖ ◇ ~ en cavilaciones *in Grübeleien aufgehen* ‖ ~ a fuego lento *langsam im Feuer vergehen* ‖ ~ con la fiebre *im Fieber dahinsiechen* ‖ ~ de impaciencia *vor Ungeduld vergehen* ‖ ~ de rabia *vor Wut vergehen* ‖ **–mismo** *m Verbraucherverhalten* n ‖ *Neigung* f *zum übertriebenen Konsum* ‖ **–mo** *m Konsum, Verbrauch* m ‖ *Absatz, Umsatz, Vertrieb* m ‖ *Abnutzung* f, *Verschleiß* m ‖ *Ver\zehr* m, *-zehrung* f *(in e–m Restaurant usw.)* ‖ *Aufzehrung* f ‖ *Bedarf* m ‖ ~ abusivo de medicamentos *Arzneimittelmissbrauch* m ‖ ~ anual *Jahresverbrauch* m ‖ ~ adicional *Mehrverbrauch* m ‖ ~ por cabeza *(od per cápita) Pro-Kopf-Verbrauch* m ‖ ~ de calor *Wärme|aufwand, -verbrauch* m ‖ ~ de combustible *Brennstoffverbrauch* m ‖ ~ de corriente *Stromverbrauch* m ‖ ~ de drogas *Drogenkonsum* m ‖ ~ de energía *Energieverbrauch* m ‖ ~ en gran escala *Massenverbrauch* m ‖ ~ de gasolina *Benzinverbrauch* m ‖ ~ final *Endverbrauch* m ‖ ~ insuficiente *Unterverbrauch* m ‖ ~ interior *Inlandsverbrauch* m ‖ ~ local *Platzbedarf* m ‖ ~ de las masas *Massenverbrauch* m ‖ ~ máximo *Höchstbedarf* m ‖ ~ menor *Minderbedarf* m ‖ ~ nominal ⟨El⟩ *Nennaufnahme* f, *Anschlusswert* m ‖ ~ normal *Normalverbrauch* m ‖ *Normalbedarf* m ‖ ~ privado *Privatkonsum* m ‖ ~ propio *Eigenkonsum m* ‖ ~ suntuario *Luxusbedarf* m ‖ destinado al ~ *konsumtiv* ‖ ~s *mpl:* (derecho de) ~ *Verbrauchssteuer* f

¹consunción *f* ⟨allg⟩ *Schwund* m ‖ ⟨Med⟩ *Auszehrung* f, *Kräfte- und Körper|verfall* m ‖ *Abmagerung* f ‖ ~ de capitales *Kapitalschwund* m ‖ ◇ morir de ~ *an Körper- und Kräfte|verfall sterben*

²consunción *f Verbrauch, Konsum* m

consuno adv: de ~ *im Verein, mit vereinten Kräften* ‖ *gemeinschaftlich* ‖ *in Übereinstimmung*

consun|tivo adj *verzehrend* ‖ ⟨Med⟩ *ätzend, beißend* ‖ *hektisch (Fieber)* ‖ ⟨Com⟩ *Verbrauchs-, Konsum-* ‖ **–to** pp/irr/s von **consumir**

conta|bilidad *f Rechnungswesen* n ‖ *Buch|haltung, -führung* f ‖ ~ bancaria *Bankbuchführung* f ‖ ~ cameralista *kameralistische Buchführung* f ‖ ~ de costos *Kostenrechnung* f ‖ ~ fiscal *Steuerbuchführung* f ‖ ~ de hojas intercambiables *Loseblattbuchführung* f ‖ ~ mecánica *Maschinenbuchhaltung* f ‖ ~ mercantil *kaufmännische Buchführung* f ‖ ~ por partida doble *doppelte Buchführung* f ‖ ~ por partida simple, ~ sencilla *einfache Buchführung* f ‖ ◇ consultar la ~ *Einsicht in die Bücher nehmen* ‖ llevar la ~ *das Rechnungswesen führen* ‖ *Buch führen (de über)* ‖ **–bilista** m/f Am = **–ble** ‖ **–bilización** *f (Ver)Buchung* f ‖ **–bilizar** [z/c] vt *buchen* ‖ *(in den Büchern) führen* ‖ **–ble** adj *(m/f) zählbar* ‖ ~ *m/f Buchhalter(in* f) m

contac|tar vt: ~ a alg. *mit jdm Kontakt aufnehmen, s. mit jdm in Verbindung setzen* ‖ **–to** m *Berührung* f, *Kontakt* m ‖ *Beziehung, Fühlung(nahme)* f ‖ ⟨Med⟩ *Bazillenträger* m ‖ ⟨El⟩ *Drahtberührung* f ‖ ~ de alarma *Alarmkontakt* m ‖ ~ apagachispas *Funkenlöschkontakt* m ‖ ~ auxiliar *Hilfskontakt* m ‖ ~ avisador *Meldekontakt* m ‖ ~ de bloqueo *Sperrkontakt* m ‖ ~ de combate *Gefechtsberührung* f ‖ ~ con el enemigo *Feindberührung* f ‖ ~ fijo *fester Kontakt* m ‖ ~ de fricción, ~ de frotamiento *Schleifkontakt* m ‖ ~ intermitente *Wechselkontakt* m ‖ ~ de mercurio *Quecksilberkontakt* m ‖ ~ móvil *beweglicher Kontakt* m ‖ ~ de pedal *Tret-, Fuß|kontakt* m ‖ ~ de protección *Schutzkontakt* m ‖ ~ a tierra *Erdschluss* m ‖ ~ visual *Blickkontakt* m ‖ ◇ dar el ~ ⟨Auto⟩ *die Zündung einschalten* ‖ entrar en ~ *Verbindung aufnehmen* ‖ establecer el ~ *den Kontakt herstellen* ‖ estar en ~ con alg. *mit jdm in Kontakt stehen; mit jdm Verbindung haben* ‖ interrumpir el ~ *den Kontakt unterbrechen* ‖ ausschalten ‖ ⟨Auto⟩ *die Zündung abstellen* ‖ necesitar ~ *moral Ansprache brauchen* ‖ poner en ~ *einschalten* ‖ *die Verbindung (zwischen zwei Personen) herstellen* ‖ ponerse en ~ con alg., tomar ~ con alg. *mit jdm Kontakt od Verbindung aufnehmen, s. mit jdm in Verbindung setzen*

contactólogo m ⟨Opt⟩ *Fachmann m für Kontaktlinsen*

contactor *m* ⟨El⟩ *(Schalt)Schütz* n

conta|dero adj *zählbar* ‖ *zu berechnen(d)* ‖ ~ m *Hammelsprung* m ‖ *Personen-, Passanten|zähler m (Apparat)* ‖ ◇ entrar *(od salir)* por ~ ⟨figf⟩ *einzeln hintereinander hindurchgehen* ‖ **–dísimo** adj sup von **contado** ‖ en casos ~s *sehr selten* ‖ **–do** adj/s *selten* ‖ al ~ *bar* ‖ al ~ con dos por ciento de descuento ⟨Com⟩ *gegen Kasse mit 2% Skonto* ‖ de ~ *sogleich, alsbald* ‖ por de ~ *voraussichtlich, sicher* ‖ *selbstverständlich, natürlich* ‖ ◇ pagar al ~ *bar (be)zahlen* ‖ le será mal ~ ⟨reg⟩ *es wird ihm (ihr) übel vermerkt werden* ‖ por sus pasos ~s *Schritt für Schritt* ‖ tener los días ~s ⟨fig⟩ *dem Tode nahe sein* ‖ en casos ~ *selten*

¹contador adj *Rechen-, Rechnungs-*

²contador *m Zähler* m, *Zählwerk* n, *Messer* m, *Messgerät* n ‖ *Taxameter* n (& m) ‖ *Rechen-, Zahl|tisch* m ‖ ~ de abonado ⟨Tel⟩ *Gesprächszähler* m ‖ ~ de agua *Wasser|zähler* m, *-uhr* f ‖ ~ automático *Zählautomat* m ‖ ~ de amperios-hora, ~ amperiohorímetro *Amperestundenzähler* m ‖ ~ de comprobación *Kontrollzähler* m ‖ ~ de comunicaciones ⟨Tel⟩ *Gesprächszähler* m ‖ ~ de consumo *Verbrauchszähler* m ‖ ~ de corriente, ~ de electricidad *Stromzähler* m ‖ ~ de gas *Gas|messer, -zähler* m, *-uhr* f ‖ ~ Geiger-(Müller) *Geiger-(Müller-)Zähler* m ‖ ~ horario *Stundenzähler* m ‖ ~ de moneda, ~ de pago previo *od* previo pago *Münzzähler* m ‖ ~ de pasos *Schrittzähler* m ‖ ~ de pliegos ⟨Typ⟩ *Bogenzähler* m ‖ ~ de revoluciones *Drehzahlmesser* m ‖ ~ de sobrecarga *Überlastungsmesser* m ‖ ~ timbrado *Stempelzähler* m ‖ ~ totalizador *Summenzähler* m ‖ ~ de velocidad *Geschwindigkeitsmesser* m ‖ ~ de verificación *Kontrollzähler* m

³contador *m Rechnungsprüfer* m ‖ *Buchprüfer* m ‖ ⟨Mil⟩ *Zahlmeister* m ‖ *Span Mitglied* n *des Rechnungshofes* ‖ *Rechentafel* f ‖ ~ autorizado *Wirtschaftsprüfer* m ‖ ~ judicial *gerichtlich bestellter Buchprüfer* m ‖ ~ público *Buch-, Wirtschafts|prüfer* m

contaduría *f Buchhalterei, Buchhaltungsabteilung* f ‖ *Rechnungsamt* n ‖ *Zahlstelle* f ‖ ⟨Th⟩ *Vorverkaufskasse* f ‖ ~ del ejército *Zahlmeisterei* f ‖ Ec *Pfand-, Leih|haus* n

conta|giar vt ⟨Med⟩ *anstecken (& fig)* ‖ ⟨fig⟩ *übertragen (auf* acc) ‖ ~**se** *s. anstecken (& fig)* ‖ *angesteckt werden (& fig)* ‖ ◇ ~ por *(od* del, con) el roce *s. durch Berührung anstecken* ‖ **–gio** m *Ansteckung* f ‖ *Ansteckungsstoff* m ‖ *Übertragung* f ‖ *ansteckende Krankheit, Seuche* f ‖ ⟨fig⟩ *böses Beispiel* n ‖ ~ venéreo *Ansteckung* f *mit e–r Geschlechtskrankheit* ‖ **–giosidad** *f Übertragbarkeit, Kontagiosität* f ‖ **–gioso** adj ⟨Med⟩ *ansteckend (Krankheit)* (& fig)

container *m* → **contenedor**

contami|nación *f Verseuchung* f ‖ *Kontamination* f ‖ *Ansteckung* f ‖ *Verunreinigung* f (& fig) ‖ ~ del agua potable *Verunreinigung* f *des Trinkwassers* ‖ ~ del aire *Luft|verschmutzung, -verunreinigung* f ‖ ~ del (medio) ambiente *Umwelt|verschmutzung, -verunreinigung* f ‖ ~ atmosférica → ~ del aire ‖ ~ atómica, ~ radiactiva *radioaktive Verseuchung* f ‖ **–nante** adj *(m/f) ver|schmutzend, -seuchend, schädigend* ‖ ~ m *Schadstoff* m ‖ **–nar** vt *beflecken, verunreinigen* ‖ *anstecken* ‖ *verseuchen* ‖ *besudeln (& fig)* ‖ ⟨fig⟩ *verderben (e–n Text)* ‖ ⟨fig⟩ *lästern, entheiligen* ‖ ⟨fig⟩ *verführen* ‖ ~**se:** ~ con *od* de vicios *von Lastern angesteckt werden* ‖ **–nativo** adj *ansteckend, verderbend*

contante adj *(m/f) bar* ‖ ◇ pagar en dinero ~

y sonante *in klingender Münze zahlen* ‖ ~ *m
Bargeld* n
¹contar [-ue-] vt/i *zählen* ‖ *ab-, aus-,
be|rechnen* ‖ *an-, be|rechnen* ‖ ◇ ~ 20 años *20
Jahre alt sein* ‖ ~ con los dedos *mit den Fingern
(vor)rechnen* ‖ ⟨fig⟩ *an den Fingern herzählen* ‖
~ a uno entre sus amigos *jdn zu s–n Freunden
zählen* ‖ no ~ ya más *beiseite geschoben worden
sein,* ⟨fam⟩ *weg vom Fenster sein* ‖ no ~ para
nada *nichts zu sagen od zu melden od zu
bestellen haben* ‖ *nichts zu bedeuten haben* ‖ ~
en el número de los clientes ⟨Com⟩ *zu den
Kunden zählen* ‖ ~ por a/c *für et. halten, ansehen*
‖ ~ por hecha una promesa ⟨fam⟩ *ein
Versprechen für bare Münze nehmen* ‖ ~ por
verdadero *für wahr halten* ‖ sin ~ los gastos
ausschließlich der Spesen ‖ volver a ~
nachrechnen ‖ ¿cuánto cuenta? *wie (hoch) ist der
Betrag?* ‖ ~ vi *rechnen* ‖ a ~ desde hoy *von
heute an gerechnet* ‖ ~ con alg. *auf jdn rechnen,
zählen, bauen* ‖ *s. auf jdn verlassen* ‖ ~ con
pocos recursos *über geringe (Geld)Mittel
verfügen* ‖ *unbemittelt sein* ‖ **~se:** él se cuenta
entre los mejores novelistas *er wird zu den besten
Romanschriftstellern gerechnet* ‖ eso no se cuenta
das wird nicht mitgerechnet
²contar [-ue-] vt *erzählen* ‖ *mitteilen, wissen
lassen* ‖ ~ con pelos y señales *haarklein erzählen*
‖ *genau(estens) berichten* ‖ ~ sin rodeos *ohne
Umschweife erzählen* ‖ ¡y pare de ~! ⟨fam⟩ *und
das ist alles!* ‖ más de prisa que (se) lo cuento
⟨fam⟩ *unglaublich schnell* ‖ ¡no me cuentes
cuentos!* ⟨figf⟩ *erzähl mir k–e Märchen!* ‖
cuéntase que ... *man sagt, dass ...* ‖ eso no se
cuenta *das ist unanständig* ‖ ¡cuénteselo a su tía
od su abuela! ⟨figf⟩ *machen Sie das e–m anderen
weis!*
   contario *m* → **contero**
   contem|plación *f Betrachtung, Anschauung* f ‖
Beschaulichkeit f ‖ *Rücksicht, Berücksichtigung* f
‖ *Nachsinnen* n *(mystische) Versenkung* f ‖
Kontemplation f ⟨Theol⟩ *Vergeistigung* f ‖ no
andarse con –placiones *nicht lange zuschauen
(und handeln),* ⟨fam⟩ *nicht lange fackeln* ‖ **–plar**
vt *betrachten, an-, be|schauen* (reiflich)
überlegen ‖ *jdn nachsichtig, zuvorkommend
behandeln* ‖ *nachdenken über* ‖
~ vi *nachsinnen, meditieren* ‖ ⟨Theol⟩
vergeistigt sein ‖ **–plativo** adj *be|schaulich,
-trachtend* ‖ *kontemplativ* ‖ *nachsichtig,
entgegenkommend*
   contempo|raneidad *f Gleichzeitigkeit* f ‖
Zeitgenossenschaft f ‖ **–ráneo** adj *gleichzeitig,
zeitgenössisch* ‖ *modern* ‖ ~ *m Zeitgenosse* m ‖
adv: **~amente**
   contempo|rización *f (kluge) Rücksichtnahme* f
‖ **–rizar** [z/c] vi: ~ con alg. *s. dem Willen jds
fügen, auf jds Begehren (geschickt) eingehen* ‖
~se *s. fügen, nachgeben*
   conten|ciar vi *streiten* ‖ **–ción** *f Beherrschung,
Mäßigung* f ‖ *Streit, Kampf* m ‖ *Wett|streit, -eifer*
m ‖ *Parteikampf* m ‖ *(An)Stauung f (Wasser)* ‖
⟨Pol⟩ *Eindämmung* f ‖ ~ de los costos
Kostendämpfung f ‖ **–cional** adj *(m/f) auf e–n
Streit, Wettstreit bezüglich* ‖ **–cioso** adj *streitig,
Streit-* ‖ *strittig* ‖ *streitsüchtig* ‖ ⟨Jur⟩ *Streit-,
Gerichts-* ‖ **~-administrativo** *Verwaltungsstreit-,
verwaltungsrechtlich* ‖ no ~ *unstreitig* ‖ ~ *m
Rechtsstreitigkeiten* fpl ‖ *Streitsache* f ‖
Prozessangelegenheiten fpl
   conten|dedor *m Gegner* m ‖ *Miterwerber* m ‖
–der [-ie-] vi *streiten, kämpfen* ‖ ⟨fig⟩ *Worte
wechseln* ‖ ◇ ~ en los honores *in den Ehren
wetteifern* ‖ ~ por las armas *kämpfen* ‖ ~ sobre
a/c *über et. streiten* ‖ **–diente** *m Mitstreiter* m ‖

Mitbewerber m ‖ ⟨Jur⟩ *Partei* f *(im Prozess)* ‖
Streitteil m
   ¹contenedor adj *hemmend, aufhaltend*
   ²contenedor *m Container, (Groß)Behälter* m
   ¹contenencia *f Inhalt* m
   ²contenencia *f Rütteln* n *(Vogel)* ‖
Schwebeschritt m *(im Tanz)*
   conte|ner [irr → **tener**] vt *enthalten, in s.
fassen* ‖ *hemmen* ‖ *zurückhalten, in Schranken
halten* ‖ ⟨fig⟩ *zügeln, im Zaum halten* ‖ ◇ ~ el
resuello *den Atem anhalten* ‖ 40 contiene 8 veces
a 5 *5 ist in 40 8mal enthalten* ‖ **~se** ⟨fig⟩ *s.
beherrschen, s. mäßigen, in den Schranken
bleiben, an s.* (acc) *halten* ‖ ◇ ~ en sus pasiones
s–e Leidenschaften bezähmen ‖ como en ello se
contiene *durchaus so* ‖ **–nido** adj *mäßig,
gemäßigt, bescheiden* ‖ *enthaltsam* ‖ ~ *m Gehalt,
(Raum)Inhalt* m ‖ ~ en alcohol *Alkoholgehalt* m ‖
~ del depósito *Behälterinhalt* m ‖ ~ del derecho
Rechtsinhalt m ‖ ~ del discurso *Redeinhalt* m ‖
~ en *od* de grasa *Fettgehalt* m ‖ ~ húmedo
Feuchtigkeitsgehalt m ‖ ~ jurídico → ~ del
derecho ‖ ~ porcentual *Gehalt in Prozent,
prozentualer Gehalt* m ‖ ~ en seco *Trockengehalt*
m ‖ ◇ tomar buena nota del ~ ⟨Com⟩ *den Inhalt
bestens vermerken*
   ¹contenta *f Geschenk, Angebinde* n
   ²contenta *f* ⟨Com⟩ *Indossament* n
   ³contenta *f* ⟨Mar⟩ *Entlastungszeugnis* n *an
Ladungsoffizier* ‖ Cu *Bestätigung* f *des
Gläubigers über e–e geleistete Rückzahlung*
   conten|tadizo adj *genügsam* ‖ *leicht zufrieden
zu stellen* ‖ **–tamiento** *m Befriedigung* f ‖
Genugtuung f ‖ *Vergnügen* n ‖ **–tar** vt *befriedigen,
zufrieden stellen* ‖ *Am versöhnen* ‖ **~se** *s.
begnügen* (de *mit*) ‖ ◇ ~ con poca ganancia *mit
kleinem Gewinn vorlieb nehmen* ‖ ~ con su suerte
s. in sein Schicksal fügen
   contentible adj *(m/f) verächtlich*
   contentivo adj *enthaltend* ‖ *zurückhaltend* ‖
festhaltend
   contento adj *zufrieden* ‖ *genügsam* ‖ *vergnügt,
froh* ‖ *bescheiden* ‖ ◇ estar ~ *s. freuen* (con, de
an) ‖ poner *(od* hacer, dejar*) ~ *zufrieden stellen,
befriedigen* ‖ ponerse ~ *s. (er)freuen* ‖ y tan ~
⟨fam⟩ *und damit gab er sich zufrieden* ‖ ~ *m
Zufriedenheit* f ‖ *Freude, Fröhlichkeit* f ‖
Vergnügen, Behagen n ‖ ◆ a ~ de alg. *zu jds
Befriedigung* ‖ *nach jds Wunsch* ‖ ◇ dar ~
(er)freuen ‖ ser de buen ~ ⟨fam⟩ *leicht zu
befriedigen sein* ‖ no caber (en sí) de ~ ⟨figf⟩
außer s. vor Freude sein ‖ crecía que era un ~ *er
(sie, es) wuchs, dass es e–e wahre Freude war* ‖
es un ~ ⟨fam⟩ *es ist e–e Lust*
   contentura *f Ant Pan* ⟨fam⟩ *Freude* f
   conteo *m Berechnung* f ‖ *Schätzung,
Bewertung* f ‖ *Am Nachzählen* n
   contera *f Beschlag m (an e–m Stock)* ‖
Ortband n *(Seitengewehr)* ‖ *Lafettenschwanz* m
(Artillerie) ‖ ◆ por ~ ⟨fam⟩ *zum Schluss, zuletzt* ‖
obendrein ‖ ◇ echar la ~ ⟨figf⟩ *abschließen,
beendigen* ‖ por ~ ⟨fam⟩ *zum Schluss, zuletzt* ‖
obendrein
   contérmino adj *Grenz-*
   contero *m* ⟨Arch⟩ *Perlstab, Astragal* m
   conterráneo *m/adj Landsmann* m
   contertuli(an)o *m Teilnehmer* m *an e–r
Gesellschaft* ‖ *Tischgast* m ‖ *Stammgast* m
   contes|ta *f Am Antwort* f ‖ *Gespräch* n,
Unterredung f ‖ **–tabilidad** *f Bestreitbarkeit* f ‖
–table adj *(m/f) streitig, strittig* ‖ *fragwürdig* ‖
–tación *f Antwort, Beantwortung* f ‖ *Entgegnung* f
‖ *Streit, Wortwechsel* m ‖ ~ a la demanda ⟨Jur⟩
Klagebeantwortung f ‖ en ~ a su escrito del ... *in
Beantwortung Ihres Schreibens vom ...* ‖ ~ a

vuelta de correo *postwendende Antwort* f ‖ ◇
esperando su pronta ~ *Ihrer baldigen Antwort
entgegensehend* ‖ dejar sin ~ *unbeantwortet
lassen (Brief)* ‖ **–tador** *m:* ~ (automático) de
llamadas ⟨Tel⟩ *Anrufbeantworter* m ‖ **–tar** vt
beantworten ‖ *bekräftigen* ‖ *erwidern* ‖ *bestreiten*
‖ ~ vi *antworten* ‖ *erwidern* ‖ *übereinstimmen*
(con *mit*) ‖ Mex *s. unterhalten* ‖ Mex *diskutieren* ‖
◆ sin ~ *unbeantwortet (Brief)* ‖ ◇ ~ a la
pregunta *die Frage beantworten* ‖ ~ al saludo
den Gruß erwidern ‖ ~ que no con la cabeza *den
Kopf verneinend schütteln* ‖ **–tatario** adj
protestierend, Protest- ‖ ~ *m* (desp) *Protestler* m
¹conteste adj *(m/f) übereinstimmend*
²conteste *m Mitzeuge* m
contesto *m* Am → **protesta**
contestón adj *widerspruchslustig* ‖
rechthaberisch ‖ ⟨fam⟩ *schnippisch, mit e–m losen
Mundwerk*
contex|to *m Kontext* m ‖ *Gesamtbild* n ‖
Ver|kettung, -schlingung f ‖ ⟨fig⟩ *Umfeld* n ‖ ⟨fig⟩
Zusammenhang m ‖ ⟨fig⟩ *Gesamtumstände* mpl ‖
⟨fig⟩ *Ver|wirrung, -wicklung* f ‖ ⟨Jur⟩ *Text* m *e–r
Urkunde* ‖ *Wortlaut* m *(e–s Gesetzes)* ‖ ~ *social
soziales Umfeld* n ‖ **–tual** adj *(m/f)* ⟨Ling⟩
Kontext- ‖ **–tualismo** *m* ⟨Ling⟩ *Kontextualismus*
m ‖ **–tuar**
[pres ~úo] vt ⟨Ling⟩ *mit Texten belegen* ‖ **–tura** f
Verbindung, Anordnung f ‖ *(Körper)Bau* m ‖
Gewebe n ‖ *Gefüge* n, *Textur* f *(& Tech)* ‖ ⟨fig⟩
Aufbau m → **contexto** ‖ ~ *ósea Knochenbau* m
contezuelo *m* dim von **cuento**
contienda f *Streit, Kampf* m ‖ *Zank* m ‖ ⟨fig⟩
Krieg m ‖ ~ civil *bürgerliche Rechtsstreitigkeit* f
‖ ~ de jurisdicción *Zuständigkeitsstreit,
Kompetenzkonflikt* m ‖ ◇ dirimir la ~ *den Streit
entscheiden*
contigo pron pers *mit dir, bei dir* ‖ *bei dir* ‖ voy
~ *ich gehe mit (dir)* ‖ para ~ *dir gegenüber, zu dir*
conti|guamente adv *in der Nähe* ‖ *in nächster
Zeit* ‖ **–güidad** f *Aneinandergrenzen* n ‖ *nächste
Nähe* f ‖ *Anstoßen* n ‖ **–guo** adj *an|grenzend,
-stoßend, nebeneinander liegend* ‖ *Neben-,
Nachbar-, benachbart* ‖ ~ al patio *neben dem Hof
befindlich*
contimás adv Am ⟨pop⟩ → **cuanto más**
¹continencia f *Enthaltsamkeit* f ‖ *Mäßigkeit* f ‖
Kontinenz f ‖ ⟨fig⟩ *Keuschheit* f ‖ *Zurückhaltung* f
‖ *Nüchternheit* f ‖ ~ de la causa ⟨Jur⟩
Streitgegenstand m ‖ *Einheit* f *des Verfahrens* ‖ ◇
vivir en la ~ *enthaltsam leben*
²continencia f *(Art) Verbeugung* f *beim Tanz*
continental adj *(m/f) kontinental, festländisch*
¹continente adj *(m/f) enthaltsam, mäßig* ‖
keusch
²continente *m* ⟨Geogr⟩ *Kontinent* m, *Festland*
n ‖ *Erdteil* m
³continente *m Körperhaltung* f ‖ *äußerer
Anstand* m, *Auftreten* n ‖ *Gebaren* n ‖ ◆ de ~
severo ernst, streng aussehend ‖ adv: **~mente**
contingen|cia f *Wahrscheinlichkeit* f ‖ *Zu-,
Zwischen|fall* m ‖ *Zufälligkeit, Kontingenz* f ‖
unvorhergesehenes Ereignis n ‖ *Möglichkeit,
Eventualität* f ‖ *gefährliche Lage, Gefahr* f ‖
–tación f *Kontingentierung* f ‖ **–tar** vt
kontingentieren, zuteilen, bewirtschaften ‖ **–te** adj
(m/f) zufällig, ungewiss ‖ *möglich* ‖ *gefährlich* ‖
~ *m Möglichkeit* f ‖ ⟨Mil⟩ *Truppenbestand* m,
Kontingent n ‖ *Anteil* m ‖ *Quote, Rate* f,
Kontingent n ‖ *Umlage* f *(von Steuern)* ‖ ~
adicional *Zusatzkontingent* n ‖ ~ bilateral (C.E.)
bilaterales Kontingent n *(EG)* ‖ ~ comunitario
(C.E.) *Gemeinschaftskontingent* n *(EG)* ‖ ~ de
exportación, ~ de importación *Ausfuhr-,
Einfuhr|kontingent* n ‖ adv: **~mente**

continua|ción f *Fortsetzung* f ‖ *Fortführung* f ‖
Verlängerung f ‖ *Fortdauer* f ‖ ⟨Com⟩
Weiterführung f, *Fortbestehen* n *(e–s Geschäftes)*
‖ ~ del empleo *Weiterbeschäftigung* f ‖ ~ de la
explotación *Weiterbetrieb* m ‖ ~ en el seguro
Weiterversicherung f ‖ ◆ a ~ *nachher, in der
Folge* ‖ *dann, darauf* ‖ *jetzt, nun* ‖ ◇ enumerado a
~ *nachstehend, folgend (im Text)* ‖ **–do** adj
fortdauernd, anhaltend ‖ *ununterbrochen* ‖ **–dor**
m Fort|setzer, -führer m ‖ **–mente** adv
fortwährend
continu|ar [pres ~úo] vt/i *fort|setzen, -fahren* ‖
fort-, weiter|führen (Geschäft) ‖ *ausdehnen,
verlängern* ‖ ~ la derrota ⟨Mar⟩ *den Kurs
verfolgen*
‖ ~ vi **a)** *fortdauern* ‖ *immer noch sein* od *s.
befinden* ‖ *folgen* ‖ *fortfahren, weitergehen* ‖
weiter|lesen, -reden usw. ‖ *fortlaufen
(Gebirgskette usw.)* ‖ *s. erstrecken, s. fortsetzen* ‖
◇ ~ la derrota ⟨Mar⟩ *den Kurs verfolgen* ‖ ~ con
salud *s. (weiterhin) guter Gesundheit erfreuen* ‖
~ en su puesto *s–e Stellung beibehalten* ‖ ~ por
buen camino *weiterhin auf der richtigen Bahn
bleiben* ‖ el muchacho continúa de aprendiz allí
der Junge bleibt dort (weiter) in der Lehre ‖
continuará *Fortsetzung folgt (in den periodischen
Druckschriften)* ‖ la casa continuará a mi nombre
⟨Com⟩ *die Firma wird unter m–m Namen
weitergeführt werden* ‖ eso no puede ~ *so geht
das nicht weiter!* ‖ ¡~! ⟨Mil⟩ *weitermachen!*
b) in Verb. mit Gerundium: ~
haciendo algo *et. weiterhin tun* ‖ ~ leyendo
weiterlesen ‖ los dos continúan amándose *die
beiden lieben s. nach wie vor* ‖ continúa nevando
es schneit immerzu, es hört nicht auf zu schneien
‖ espero que continuará Vd. honrándonos con su
confianza *ich hoffe, dass Sie uns mit Ihrem
Vertrauen auch ferner beehren werden* ‖ **~se**
fortbestehen ‖ **–ativo** adj *(Gr) fortsetzend
(Bindewort)* ‖ **–idad** f *Aufeinanderfolge,
Aneinanderfolge* f ‖ *Stetigkeit* f ‖ *Fort|dauer* f,
-bestand m ‖ *Fortsetzung* f ‖ *Anhalten* n ‖
Kontinuität f ‖ *Zusammenhang* m ‖ ~ de corriente
⟨El⟩ *Stromdurchgang* m ‖ ~ de trabajo
Arbeitsfluss m
¹continuo adj *aneinander hängend,
zusammenhängend* ‖ *anhaltend, fortlaufend* ‖
ununterbrochen, kontinuierlich ‖ *(be)ständig* ‖
stetig ‖ bajo ~ ⟨Mus⟩ *Generalbass* m ‖ ◆ de ~
fortwährend, unablässig ‖ a la ~ a *auf die Dauer* ‖
◇ ~a gotera horada (od cava) la piedra (Spr)
steter Tropfen höhlt den Stein ‖ los pedidos son
~s *die Nachfrage ist nicht unterbrochen* ‖ adv:
~amente
²continuo adv → **~amente** ‖ ~ *m
Zusammenhängendes, Ganzes* n
contínuum m ⟨Phys Math⟩ *Kontinuum* n
contone|arse vr *wack(e)lig gehen* ‖ *s. in den
Hüften wiegen* ‖ **–o** *m wack(e)liger Gang* m ‖
Wackeln n *mit den Hüften*
contorcerse [-ue-, c/z] vr *s. (krampfhaft)
verdrehen*
contor|nada f ⟨reg⟩ *Umgegend* f ‖ **–nado**
⟨Her⟩ *gegengewendet, linksgekehrt (Schildfigur)* ‖
–nar vt *abrunden, ausschweifen* ‖ **–near** vt/i *im
Kreise herumdrehen* ‖ *einfassen, umgeben,
säumen, s. winden um* ‖ ⟨Mal⟩ *konturieren,
umreißen, im Umriss zeichnen* ‖ *schweifen
(Tischlerei)* ‖ *(ver)schränken (Säge)* ‖ ⟨Bgb⟩
umfahren ‖ **–no** *m Um|gegend,
-gebung* f ‖ *Umkreis* m ‖ ⟨Mal⟩ *Umriss* m, *Kontur*
f ‖ ~ irisado ⟨Fot⟩ *bunter Rand* m ‖ ◆ en ~
ringsumher
contor|sión f *Ver|drehung, -zerrung,
Kontorsion, Verrenkung* f *(der Glieder)* ‖ ⟨Mal⟩

unnatürliche Haltung f ‖ **–sionado** adj Am
geschraubt (Ausdruck) ‖ **–sionar** vt *ver|drehen,
-renken, -zerren* ‖ **–sionista** *m/f Akrobat(in* f),
⟨fam⟩ *Gummi-, Schlangen|mensch* m
¹contra prep *gegen, wider* (acc) *(im
feindlichen Sinn)* ‖ *gegenüber* (dat) ‖ *an* (dat) ‖
nach ‖ *auf* (acc) ‖ *trotz, ungeachtet* ‖
~ … *Gegen-, Wider-*
    1. G e g e n s a t z , W i d e r s t a n d *(im
örtlichen und im übertragenen Sinn):* ~ *corriente
gegen den Strom* ‖ ~ *la ley gesetzwidrig* ‖ ~ *mi
voluntad wider meinen Willen* ‖ *luchar* ~ *el
enemigo gegen den Feind kämpfen* ‖ *se estrelló* ~
la pared es zerschellte an der Wand
    2. G e g e n ü b e r s t e l l u n g : *se colocó* ~ *la
luz er stellte s. gegen das Licht*
    3. R i c h t u n g , L a g e : *le estrechó* ~ *su
pecho er (sie) drückte ihn an s–e (ihre) Brust* ‖
esta habitación está ~ *el oriente diese Wohnung
liegt gegen Osten*
    4. (A u s) T a u s c h : *pagar* ~ *recibo gegen
Quittung bezahlen*
    5. I n a d v e r b i e l l e n V e r b i n d u n g e n : *en
~ da|wider, -gegen* ‖ *entgegen* ‖ *gegen, wider* ‖ *ir
en* ~ *entgegengehen* ‖ *de* ~ *Cu außerdem* ‖ *por
~ ander(er)seits, dagegen*
    6. I n b i n d e w ö r t l i c h e n
V e r b i n d u n g e n : ~ *que Chi damit*
²contra m *Gegen|teil* n, *-grund, -satz* m ‖
Gegenspieler, Widerpart m *(im Spiel)* ‖ *el pro y el
~ das Für und (das) Wider* ‖ ◇ *todo tiene su(s)
pro(s) y su(s)* ~*(s) alles hat sein Für und (sein)
Wider* ‖ ~**s** *mpl Pedaltöne* mpl *(e–r Orgel)*
³contra f ⟨fam⟩ *Schwierigkeit* f, *Hindernis* n ‖
Rund-, Gegen|hieb m *(beim Fechten)* ‖ ◆ *en* ~
mía gegen mich ‖ *por* ~ ⟨Jur⟩ *als
Gegen|forderung, -leistung* ‖ ◇ *hacer la* ~ *a uno*
⟨fam⟩ *jdm zuwiderhandeln* ‖ *hacer la* ~,
ir a la ~ ⟨Kart⟩ *Hauptgegner sein* ‖
llevar la ~ *a todo el mundo* ⟨fam⟩ *jedermann
widersprechen*
⁴contra f Chi *Mittel* n, *Abhilfe* f ‖ Chi
Gegengift n ‖ Am *Giftzahn* m *e–r Schlange*
⁵contra f ⟨Bot⟩ *Eberwurz* f *(Carlina* spp)
⁶contra f Cu *Zu|gabe, -waage* f *(beim Einkauf)*
⁷¡contra! ⟨pop⟩ → **¡caramba!**
contra|aguja f ⟨EB⟩ *Backenschiene* f ‖ **–alisios**
mpl ⟨Meteor⟩ *Gegen-, Anti|passat* m ‖ **–almirante**
m ⟨Mar⟩ *Konteradmiral* m ‖ **–alto** m → **contralto**
‖ **–apelación** f ⟨Jur⟩ *Anschlussberufung* f ‖
–apelar vi *die Anschlussberufung einlegen* ‖
–árbol m ⟨Tech⟩ *Gegenwelle* f ‖ **–argumento** m
Gegenargument n ‖ **–armiñado** adj ⟨Her⟩ *mit
Gegenhermelin (Wappenschild)* ‖ **–asegurar** vt
*rückversichern, die Prämienrückgewähr
versichern* ‖ **–aseguro** m *Rückversicherung* f ‖
–asiento m ⟨Com⟩ *Gegenbuchung, Stornierung* f ‖
–atacante *m/f Gegenangreifer(in* f) m ‖ **–atacar**
[c/qu] vi *zum Gegenangriff übergehen* ‖ **–ataque**
m *(allg Mil) Gegenangriff* m ‖ ⟨Sp⟩ *Konter* m ‖
–aviso m *Gegenorder* f
contra|bajista *m/f* ⟨Mus⟩ *Kontra|bassspieler(in*
f), *-bassist(in* f) m ‖ **–bajo** m *Kontrabass* m,
große Bassgeige f ‖ *Bass|horn* n, *-tuba* f ‖ *tiefe
Bassstimme* f ‖ *tiefer Bassist* m ‖
Kontra|bassspieler, -bassist m ‖ **–bajón** m
Bassfagott n
contra|balancear vt *aufwiegen* ‖ *(die Bilanz)
ausgleichen* ‖ **–balanza** f *Gegengewicht* n *(& fig)*
contraban|dear vi *schmuggeln, Schleichhandel
treiben* ‖ **–dista** *m/f Schmuggler(in* f),
Schleichhändler(in f) m ‖ **–do** m *Schmuggel,
Schleichhandel* m ‖ *Schmuggel-, Bann|ware,
Konterbande* f ‖ ~ *de aduanas Zollkonterbande* f
‖ ~ *de divisas Devisenschmuggel* m ‖ ~ *de*

guerra Kriegskonterbande f ‖ *Bann|gut* n, *-ware* f
‖ ~ *monetaria* → ~ *de divisas* ‖ ◆ *de* ~
heimlich, verboten ‖ ◇ *hacer* ~ *schmuggeln* ‖
introducir de ~ *einschmuggeln* ‖ *pasar de* ~
durchschmuggeln
contra|barrera f ⟨Taur⟩ *zweite Sperrsitzreihe* f
‖ *Sitzplatz* m *daselbst* ‖ **–basa** f ⟨Arch⟩
Säulenunterbau m ‖ **–batería** f ⟨Mil⟩
Artilleriebekämpfung f ‖ **–batir** vt/i ⟨Mil⟩ *(die
feindlichen Batterien) beschießen*‖
zurückschießen ‖ **–bloqueo** m *Gegenblockade* f ‖
–bracear vi ⟨Mar⟩ *gegenbrassen* ‖ **–braza** f
⟨Mar⟩ *Gegenbrasse* f ‖ **–brida** f *Gegenflansch* m ‖
–brillo m *Widerschein* m
contra|caja f ⟨Typ⟩ *oberer Teil* m *des
Setzkastens* ‖ **–calle** f *Neben-, Seiten|gasse* f ‖
–cambio m *Rückwechsel* m ‖ ◆ *en* ~ *als Ersatz* ‖
–campo m ⟨Film⟩ *Gegeneinstellung* f,
Gegenschuss m ‖ *Gegenschnitt* m *(Montage)* ‖
–canal m *Seitengraben* m ‖ **–cargo** m
Zurückbelastung f ‖ **–carril** m ⟨EB⟩ *Gegen-,
Leit-, Führungs|schiene* f
¹contracción f *Zusammenziehung, Kontraktion*
f ‖ *Verkürzung* f *(& Gr)* ‖ *Schrumpfung* f ‖
Schwund m ‖ ⟨Phys⟩ *Verdichtung* f ‖ ~ *de
créditos Kreditverknappung* f ‖ ~ *de fraguado*
⟨Met⟩ *Erstarrungsschrumpfung* f ‖ ~ *de la
madera Schwinden* n *des Holzes* ‖ ~ *monetaria
Währungsschwund* m ‖ ~ *debida al secado
Trockenschwund* m
²contracción f *Verzerrung* f *(der Züge)* ‖ ~ *al
estudio* ⟨Am⟩ *Lerneifer* m
contra|cédula f ⟨Jur⟩ *Gegenschein* m ‖ *Revers*
m ‖ *Urkunde* f, *die e–e frühere aufhebt* ‖
–ceptivo, –conceptivo adj *empfängnisverhütend* ‖
~ m *(Empfängnis)Verhütungsmittel* n ‖ **–corriente**
f ⟨Mar⟩ *Gegenströmung* f *(& fig)* ‖ ⟨El⟩
Gegenstrom m ‖ **–costa** f *Gegenküste* f *(e–r Insel)*
‖ **–crítica** f *Gegenkritik* f ‖ **–cruz** *[pl* ~**ces**] f
⟨Mar⟩ *Gording* f
con|tráctil adj *(m/f) zusammenziehbar,
kontraktil* ‖ **–tractilidad** f *Zusammenziehbarkeit,
Kontraktilität* f ‖ **–tractivo** adj *zusammenziehend*
‖ **–to** pp/irr von **contraer**
contractual adj *(m/f) vertraglich,
vertrags|gemäß, -mäßig*
contractura f ⟨Arch⟩ *Verjüngung, Einziehung* f
(e–r Säule)
contracurva f ⟨EB StV⟩ *Gegenkurve* f
contra|chapado m ⟨Zim⟩ *Furnier-, Sperr|holz*
n ‖ **–chaveta** f ⟨Tech⟩ *Gegen-, Löse|keil* m
contra|danza f *Konter-, Gegen|tanz* ‖ **–decir**
[irr → **decir**] vt *widersprechen* ‖ *bestreiten* ‖
durchkreuzen ‖ ~ vi *Einwendungen,* (fam)
Widerworte machen, gern widersprechen ‖ **~se** *s.
widersprechen* ‖ **–declaración** f *Gegenerklärung* f
‖ *geheimer Widerruf* m *der Vertragsparteien* ‖
–demanda f ⟨Jur⟩ *Widerklage* f ‖ **–dicción** f
Widerspruch m ‖ *Widerrede* f ‖ *Ein|rede,
-wendung* f ‖ *Widerstand* m ‖ *Gegensatz* m ‖
Unvereinbarkeit ‖ ◆ *sin* ~ *unstreitig* ‖ ◇ *caer
en* ~ *s. in Widersprüche verwickeln* ‖ *estar en* ~
in Widerspruch stehen ‖ *no admitir –dicciones
k–n Widerspruch leiden* ‖ **–dictor** adj
widersprechend ‖ ~ m *Widersprecher* m ‖
–dictorio adj *widersprechend* ‖ *widerspruchsvoll,
kontradiktorisch* ‖ *streitig* ‖ adv: ~**amente**
–dique m ⟨Mar⟩ *Vordamm* m ‖ ⟨Hydr⟩ *Berme* f,
Böschungsabsatz, Seiten-, Neben|deich m ‖ **–diós**
m ⟨fam⟩ *Blödsinn* m, *Dummheit* f ‖ *absurde
Behauptung* f ‖ **–disco** m *Gegen-, Halte|scheibe* f
‖ **–eje** m *Gegenachse* f ‖ **–émbolo** m
Gegenkolben m ‖ **–embozo** m *inneres Randfutter*
n *(e–r span. Mantelkapuze)* ‖ **–endoso** m ⟨Com⟩
Rückindosso n

¹contraer [irr → **traer**] vt *zusammen|ziehen, -fassen* || *verkürzen* || *ein|schränken, -engen* || ~ el entrecejo *od* la frente *die Stirn runzeln* || su frente se contrajo *er runzelte die Stirn* || ~ los labios *die Lippen zusammenpressen* || ~ el vientre *den Bauch einziehen* || ~se *(zusammen)schrumpfen, s. zusammenziehen*

²contraer [irr → **traer**] *s. zuziehen (Hass, Krankheit)* || *s. schaffen (Beziehungen)* || *eingehen, übernehmen (Verpflichtung)* || *schließen (Freundschaft, Vertrag)* || *s. zu eigen machen, erwerben* || ◇ ~ un compromiso *e–e Verpflichtung eingehen* || ~ deudas *in Schulden geraten* || ~ empréstitos *Anleihen auflegen* || ~ matrimonio *die Ehe schließen, (s. ver)heiraten* || ~ méritos *Verdienste erwerben* || ~ nuevas nupcias *wieder heiraten* || ~ odio contra alg. *jdn zu hassen anfangen* || ~ parentesco *verwandt werden* (con *mit*) || ~ relaciones amorosas *ein Liebesverhältnis anknüpfen*

contra|escarpa *f äußere Grabenböschung, Kontereskarpe f (Festungswesen)* || **–escota** *f* ⟨Mar⟩ *Hilfs-, Borg|schot f* || **–escritura** *f* ⟨Jur⟩ *Gegenschein, Revers m* || *Urkunde f, die e–e frühere aufhebt* || **–espionaje** *m Gegenspionage, (Spionage)Abwehr f* || **–estay** *m* ⟨Mar⟩ *Hilfs-, Borg|stag* n

contra|factor *m Fälscher m* || **–faz** [*pl* ~ces] *f Rückseite f* || **–fiador** *m Rückbürge m* || **–fianza** *f Rück-, After|bürgschaft f* || **–figura** *f Gegenbild n* || *Ebenbild* n || **–filo** *m Gegenschneide f (am Messer, Säbel usw.)* || **–firma** *f Gegen|unterschrift, -zeichnung f* || *Kontrollunterschrift f* || **–flecha** *f* [Statik] *Gegendurchbiegung f* || **–foque** *m* ⟨Mar⟩ *Mittelklüver m* || **–foso** *m* ⟨Th⟩ *untere Versenkung* f || **–fuego** *m Gegenfeuer* n *(zur Bekämpfung eines Flächenbrandes)* || **–fuero** *m Rechtsverletzung f* || *Widerrechtlichkeit f, dem Foralrecht widersprechend* || **–fuerte** *m* ⟨Mil⟩ *Gegen|schanze, -festung f* || ⟨Arch⟩ *Bogen-, Strebe-, Gegen|pfeiler* m || *Widerlager* n *(e–r Mauer), Strebemauer f* || *Strebebogen m* || ⟨Mar⟩ *Wallanker* m || *Hinterkappe f (am Schuh)* || *Verstärkungsleder* n || *Gebirgsausläufer m* || **–fuerza** *f Gegengurt m* || *Gegenkraft f* || *Gegenwirkung f* || **–gobierno** *m Gegenregierung f, Schattenkabinett* n || **–golpe** *m Rückschlag m* || ⟨fig⟩ *Gegenschlag m* || ⟨Sp⟩ [bes. Fußball] *Konter m* || **–guardia** *f* ⟨Mil⟩ *Vorwall m* || **–guía** *f linkes von zwei angespannten Maultieren* || ⟨Tech⟩ *Gegenlenker m* || **–hacer** [irr → **hacer**] vt *nachmachen* || *(ver)fälschen, verstellen, unkenntlich machen* || ⟨Typ⟩ *widerrechtlich ab-, nach|drucken* || ⟨fig⟩ *nach|ahmen, -bilden* || **–se** *s. verstellen* || **–hacimiento** *m Fälschung f* || **–haz** [*pl* ~ces] *f Kehrseite f (e–s Stoffes)* || **–hecho** adj *ungestalt* || *einseitig* || *buck(e)lig* || *gefälscht* || **–hechura** *f Fälschung f* || *Nachahmung f* || **–figura** *f* || **–hierba** *f Schlangenkraut* n *(Gegengift)* || **–hilo** *m:* a ~ *gegen den Strich* || **–huella** *f* ⟨Arch⟩ *Setzstufe f* || ⟨Geol⟩ *Abdruck* m

contraimantar vt *gegenmagnetisieren*

contra|indicación *f* ⟨Med⟩ *Kontraindikation, Gegenanzeige f* || ~ vacunal *Impfkontraindikation* f || **–indicar** [c/qu] vt ◇ estar –indicado *kontraindiziert sein (Heilmittel)* || **–información** *f Gegendarstellung f* || **–interrogar** vt *im Kreuzverhör vernehmen* || **–interrogatorio** *m Kreuzverhör* n

contra|lecho *m:* a ~ ⟨Arch⟩ *nach der Fleckenseite hin (falsche Lagerung e–s Steines)* || **–librar** vt/i *e–n Rückwechsel ziehen (alg. auf jdn)* || **–liga** *f Gegenbündnis* n || **–línea** *f* ⟨Mil⟩ *Schutzlinie* f || **–llamada** *f* ⟨Tel⟩ *Gegenruf m* || **–llevar** vt ⟨fig⟩ *mit Standhaftigkeit ertragen*

contralmirante *m* → **contraalmirante**

contra|lor *m Oberaufseher m* || *Rechnungsoffizier m* || ⟨Mil⟩ *Zahlmeister m (Artillerie, Lazarett)* || Am ⟨reg⟩ *Rechnungsprüfer* m || *Revisor m* || Am *Kontrolle f* || **–lorear** vt ⟨pop⟩ → **controlar**

contralto *m/f* ⟨Mus⟩ *Alt m, Altstimme f* || *Altist(in* f) m

contra|luz [*pl* ~ces] *f* ⟨Mal⟩ *Gegenlicht* n || ⟨Fot⟩ *Gegenlichtaufnahme f* || ♦ a ~ *bei Gegenlicht* || ◇ mirar a ~ *gegen die Sonne, gegen das Licht blicken* || **–maestre** *m Werk|führer, -meister, Meister, Vorarbeiter m* || *Aufseher m (in e–r Fabrik)* || ⟨Mar⟩ *Obermaat m* || *Bootsmann m* || ~ primero *Oberdeckoffizier m* || **–magnetizar** [z/c] vt *gegenmagnetisieren* || **–malla** *f Gegenmasche f* || **–mandar** vt *abbestellen* || *absagen* || ~ vi *Gegenbefehl erteilen* || **–mangas** *fpl Schutzärmel mpl* || **–manifestación** *f Gegendemonstration f* || **–manifestante** *m/f Gegendemonstrant(in* f) m || **–maniobra** *f* ⟨Mil⟩ *Gegenmanöver* n *(& fig)* || **–mano:** a ~ *in der Gegenrichtung, verkehrt* || **–marca** *f Gegenmarke* f || *Gegen-, Kontroll|zeichen* n || *Warenzeichen n, Zollplombe f* || *Münzzeichen* n || **–marcar** [c/qu] vt/i *mit e–r Zollplombe versehen (Ware)* || **–marcha** *f* ⟨Mil⟩ *Gegen-, Konter|marsch m* || ⟨Mar⟩ *Kontermanöver* n || ⟨Tech⟩ *Vorgelege* n || *Rückwärtsgang m* || ~ de desembrague *ausrückbares Vorgelege* n || ~ de poleas *Riemenvorgelege* n || ~ de velocidades *escalonadas Stufengetriebe* n || **–marchar** vi ⟨Mil⟩ *rückwärts marschieren* || **–marea** *f* ⟨Mar⟩ *Gegenflut f* || **–medida** *f Gegen|maßnahme, -maßregel* f || ⟨Mar⟩ *kleiner Besanmast* m || **–mina** *f* ⟨Mil⟩ *Gegenmine* f || ⟨fig⟩ *Gegenlist* f || ⟨Bgb⟩ *Verbindung f zwischen zwei Bergwerken* || **–minar** vt/i ⟨Mil⟩ *gegenminieren* || ⟨fig⟩ *durch Gegenlist vereiteln* || **–motivo** *m* ⟨Mus⟩ *Gegenmotiv* n || **–muelle** *m* ⟨Mar⟩ *Gegendamm m im Hafen* || **–muralla** *f*, **–muro** *m Gegenmauer f* || ⟨Fort⟩ *Gegen-, Unter|wall m* || **–natural** adj *(m/f) widernatürlich, naturwidrig* || **–nota** *f (diplomatische) Antwortnote f*

contra|ofensiva *f Gegenoffensive f* || **–oferta** *f Gegen|angebot n, -offerte f (& fig)* || **–orden** *f Gegenbefehl, Widerruf m* || *Gegen|auftrag m, -order, Abbestellung f* || ◇ dar, recibir una ~ (por) *e–n Gegenbefehl geben, erhalten (wegen)* || salvo ~ *Abbestellung vorbe|halten, -haltlich Abbestellung* || **–ordenar** vt/i *abbestellen* || **–palanca** *f Doppelhebel m* || **–pariente** *m Verwandte(r) m von Verwandten* || **–parte** *f entgegengesetzte Seite, Gegenpartei f* || *Vertragspartner m* || ⟨Mus⟩ *Kontrapunkt m* || ⟨fig⟩ *entgegengesetzte Ansicht f* || **–partida** *f* ⟨Com⟩ *Gegenposten, Storno m* || *Ausgleichs-, Gegen|leistung f* || **–pasar** vi *stornieren* || **–paso** *m Gegenschritt m* || ⟨Mus⟩ *Gegenbewegung f* || ◇ hacer un ~ *stornieren* || **–pelo** *m:* a ~ *wider, gegen den Strich (z.B. rasieren)* || ⟨fig⟩ *verkehrt* || **–pendiente** *f Gegenhang m* || *Steigung f* || **–pesar** vt *aufwiegen (& fig)* || **–peso** *m Gegengewicht n (& fig)* || *Balancierstange f (des Seiltänzers)* || *Zu|gabe, -waage f (beim Einkauf)* || **–pié** *m Unterschlagen n e–s Beines* || **–pieza** *f Gegenstück n* || **–pilastra** *f Gegen-, Strebe|pfeiler* m || *Windschutzleiste f* || **–pisa** *f* ⟨fam⟩ *Hindernis* n || **–placado** m → **contrachapado** || **–poner** [irr → **poner**] vt *gegeneinanderhalten, vergleichen (zwei Dinge)* || *einwenden (gegen)* || *vorwerfen* || ◇ ~ u/c a alg. *jdm et. vorwerfen* || ~ u/c a od con otra *e–e Sache e–r anderen gegenüberstellen* || ~se *s. widersetzen* || **–posición** *f Gegenüberstellung f* || *Gegensatz* m

contra|presión *f* Gegendruck m (& fig) ‖
–prestación *f Gegenleistung* f ‖ ⟨Mex⟩
Schuldendienst m ‖ Am *Rückzahlung* f *(e–s
Darlehens)* ‖ ◆ sin ~ *unentgeltlich* ‖ **–pretensión**
f Gegenanspruch m ‖ **–prima** *f Rückprämie* f ‖
–probanza *f Gegenbeweis* m ‖ **–producente** adj
(m/f) kontraproduktiv, das Gegenteil bewirkend ‖
fehl am Platz ‖ ◇ sería ~ *damit würde man
(gerade) das Gegenteil erreichen* ‖
–proposición *f Gegenvorschlag* m ‖ *Gegenofferte*
f ‖ **–proyecto** *m Gegen|plan* m,
-projekt n, *-entwurf* m *Gegenbeweis* m ‖
–prueba *f Gegenprobe* f ‖ *Gegenentwurf* m ‖
⟨Typ⟩ *Gegenabzug* m ‖ **–puerta** *f Vortür* f ‖
Flurtür f ‖ **–puesta** *f →* **–proposición** ‖ **–pun|ta** *f*
⟨Zim⟩ *Stützholz* n ‖ ⟨Mar⟩ *Pinne* f ‖ ⟨Tech⟩
Reitstock(spitze f) m *(e–r Drehmaschine)* ‖
Rückenschärfe f ‖ **–punt(e)ar** vt/i ⟨Mus⟩ *im
Kontrapunkt singen* ‖ ⟨fig⟩ *sticheln* ‖ **~se** ⟨fig⟩ *s.
verfeinden* ‖ **–punteo** *m Sticheln* n ‖ Cu Pe PR
Streit m ‖ **–puntismo** *m* ⟨Mus⟩ *Kontrapunktik* f ‖
–puntista *m/f* ⟨Mus⟩ *Kontrapunktist(in* f) m ‖
–punto *m* ⟨Mus⟩ *Kontrapunkt* m ‖ Cat
Kreuzschritt m *(im Sardanatanz)* ‖
Chi *Wettstreit* m *(der Volks|dichter und -sänger)* ‖
~ *imitado Kontrapunktimitation* f ‖
–punzón *m* ⟨Tech⟩ *Pfrieme* f ‖ *Gegen|stanze* f,
-stempel m ‖ **–querella** *f* ⟨Jur⟩ *Widerklage* f
(gegen den Privatkläger) ‖ **–quilla** *f* ⟨Mar⟩
Kielschwein n

contra|ria *f:* llevar la ~ *(fam) widersprechen,
zuwiderhandeln* ‖ **–riamente** adv *im Widerspruch*
‖ *zuwider* (a *dat)* ‖ ~ a la orden *gegen den Befehl*
‖ ~ a lo que esperábamos *gegen unser Erwarten* ‖
–riar [pres ~ío] vt/i *wider|stehen, -streben,
entgegenhandeln* (dat) ‖ *s. entgegenstellen* (dat) ‖
entgegenwirken, widersprechen (dat) ‖ *behindern,
stören* ‖ *durchkreuzen (Vorhaben)* ‖ *(ver)ärgern,
verdrießen* ‖ *anfechten (Verkauf)* ‖ ◇ ~ a … ⟨Jur⟩
verstoßen gegen … ‖ me **–ría** mucho que … ‖
(subj) *es ist mir sehr unangenehm, dass …* ‖ *es
tut mir sehr leid, dass …* ‖ **~se** *s. beleidigt
fühlen, (et.) übelnehmen* ‖ ◇ *mostrarse* **–riado** *s.
ärgerlich od verstimmt zeigen* ‖ **–riedad** *f
Widerspruch* m, *Unvereinbarkeit* f ‖
Widerwärtigkeit, Ärger m ‖ *Unannehmlichkeit* f ‖
Hindernis n ‖ **–rio** adj *entgegengesetzt, widrig,
Gegen-* ‖ *abgeneigt, feindlich (gesinnt)* ‖ ⟨fig⟩
schädlich, nachteilig ‖ ~ a la constitución
verfassungswidrig ‖ ~ al contrato *vertragswidrig*
‖ ~ al derecho bélico *kriegsrechtswidrig* ‖ ~ a las
disposiciones *gegen die Verordnungen* ‖ ~ en
ideas *von entgegengesetzter Gesinnung* ‖ ~ a (la)
ley *gesetzeswidrig* ‖ ~ a los usos del comercio
gegen allen Handelsbrauch ‖ ◆ a ~ *sensu* ⟨lat⟩
durch Umkehrschluss ‖ al, el ~, por lo ~ *im
Gegenteil* ‖ *umgekehrt* ‖ de lo ~ *im
entgegengesetzten Fall, sonst* ‖ *andernfalls* ‖ en ~
dawider ‖ *dagegen* ‖ *entgegen* ‖ en caso ~
widrigenfalls ‖ *andernfalls* ‖ ◇ probar lo ~ *das
Gegenteil beweisen* ‖ salvo aviso en ~
vorbehaltlich gegenteiliger Mitteilung ‖ no digo
lo ~ *ich will es nicht bestreiten* ‖ ~ *m Gegner,
Feind* m ‖ ⟨Jur⟩ *Gegner* m *(vor Gericht),
Gegenpartei* f ‖ *Nebenbuhler* m ‖ *Hindernis* n

contra|rrayo *m* ⟨Bot⟩ *Blitzkraut* n ‖
–rreclamación *f Gegenanspruch* m ‖
Gegenforderung f ‖ **–rreforma** *f* ⟨Rel⟩
Gegenreformation f ‖ **–rreloj** *f* ⟨Sp⟩ *Zeitfahren* n ‖
~ montañosa *Bergzeitfahren* n ‖ **–rrelojista** *m/f*
⟨Sp⟩ *Zeitfahrer(in* f) m ‖ **–rréplica** *f Duplik,
Entgegnung* f *auf e–e Replik* ‖ **–rreplicar** vt
duplizieren ‖ **–rrepresalia** *f Gegenrepressalie* f ‖
–rrestar vt *hemmen, aufhalten, Einhalt tun* (dat) ‖
konterkarieren, hintertreiben ‖ *aufwiegen,*

ausgleichen ‖ *(den Ball) zurückschlagen* ‖ **–rresto**
m Widerstand m ‖ *Widerspruch* m ‖ **–rrevolución**
f Gegen-, Konter|revolution f ‖ **–rrevolucionario**
adj *gegen-, konter|revolutionär* ‖ ~ *m Gegen-,
Konter|revolutionär* m ‖ **–rrotación** *f
Gegendrehung* f ‖ **–rrueda** *f Gegenrad* n

contra|salva *f Gegensalve* f ‖ **–seguro** *m Rück-
, Gegen|versicherung* f ‖ **–sellar** vt/i *gegensiegeln*
‖ **–sello** *m Gegen|siegel* n, *-marke* f ‖
Gegenstempel m ‖ **–sentido** *m Sinnwidrigkeit* f,
Widersinn m ‖ *Unsinn* m ‖ **–seña** *f geheimes
Kennzeichen* n *(des Einverständnisses)* ‖ *Merkmal*
n ‖ *Gegen-, Waren|zeichen* n ‖ ⟨Mil⟩ *Feldgeschrei*
n, *Losung* f, *Losungswort* n, *Parole* f ‖ ~ *del
equipaje Gepäckschein* m ‖ ~ *(de guardarropa)
Garderobenmarke* f ‖ ~ de salida ⟨Th⟩ *Gegen-,
Konter|marke* f, *Kontrollschein* m ‖ **–señar,
–signar** vt *gegenzeichnen*

¹**contrastar** vt *wider|stehen, -streben, s.
widersetzen* (dat) ‖ ~ vi *s. abheben, im Gegensatz
stehen, kontrastieren (con mit)*

²**contrastar** vt *eichen* ‖ *prüfen (Edelmetalle auf
Gehalt)* ‖ *vergleichen* ‖ ⟨Sp⟩ *abstoppen*

¹**contraste** *m Kontrast, schroffer Gegensatz* m
‖ ⟨Mal Mus⟩ *Kontrast* m ‖ ⟨Mar⟩ *Umspringen* n
(des Windes) ‖ ⟨fig⟩ *Zwist* m ‖ ~ de color ⟨Fot⟩
Farbkontrast m ‖ ◇ no tener ~ ⟨Fot⟩ *wenig
kontrastreich sein (Aufnahme)*

²**contraste** *m Eichung* f ‖ *Prüfung* f *(von
Edelmetallen auf Gehalt)* ‖ *Vergleich* m ‖ ⟨Sp⟩
Abstoppen n ‖ *Eichamt* n ‖ *Eichmeister* m ‖ *Punze*
f

contrastivo adj *kontrastiv*
contrasuelo *m* ⟨Zim⟩ *Blindboden* m
contra|ta *f Vertragsurkunde* f *(Arbeits-,
Werk)Vertrag* m ‖ *Vertrag* m *mit der öffentlichen
Hand* ‖ *Lieferungsvertrag* m ‖ *Vertragsfirma* f ‖
⟨Mar⟩ *Heuervertrag* m ‖ *Bühnenvertrag* m,
Engagement n ‖ ~ de fletamento *Charterpartie* f
‖ **–tación** *f Vertragsschließung* f ‖ *Umsatz* m ‖ ~
a la gruesa *Bodmereivertrag* m ‖ ~ por concurso
Vergabe f *durch Ausschreibung* ‖ **–tante** adj *(m/f)
vertragsschließend* ‖ ~ *m vertragsschließende
Partei* f, *Vertragschließende(r)* m ‖
Vertragspartner m ‖ **–tar** vt/i *vertraglich
abmachen, festsetzen* ‖ *in Dienst (auf)nehmen* ‖
an-, ein|stellen (Personal) ‖ ⟨Mar⟩ *anheuern* ‖
kontrahieren ‖ *festsetzen* ‖ ◇ ~ empréstitos
Anleihen abschließen ‖ ~ a jornal *im Tagelohn
anstellen* ‖ ~ por temporadas ⟨Th⟩ *saisonweise
engagieren* ‖ capaz de ~ *geschäfts-,
vertrags|fähig*

contra|techo *m Überdach* n ‖ **–tensión** *f
Gegenspannung* f ‖ **–tiempo** *m Widerwärtigkeit* f,
widriger Zufall, Unfall m ‖ *Ärger, Zwischenfall* m,
Unannehmlichkeit f ‖ *Ausbrechen* n *(des Pferdes)*
‖ ⟨Mus⟩ *Kontratempo* n ‖ ⟨Mus⟩ *Taktfehler* m ‖ ◆
a ~ ⟨Mus⟩ *im Gegentakt, taktwidrig* (& fig) ‖ ¡qué
~! *wie unangenehm!* ‖ **–tipo** *m* ⟨Fot⟩ *direkt
erzieltes Positiv* n
contra|tista *m/f Kontrahent(in* f),
Lieferungsbieter(in f) m ‖ *Börsenmakler(in* f) m ‖
(Bau)Unternehmer(in f) m ‖ *Steuerpächter(in* f) m
‖ ~ de carga y descarga *Stauunternehmer(in* f) m
‖ ~ de obras *Bauunternehmer(in* f) m ‖ ~ de
transportes *Verkehrsunternehmer(in* f) m ‖ **-to** *m
Vertrag, Kontrakt* m, *Übereinkunft* f ‖ ~ accesorio
Zusatzvertrag, akzessorischer Vertrag m ‖ ~
adicional *Nebenvertrag* m ‖ ~ de adjudicación
Verdingungsvertrag m ‖ ~ de ahorro *Sparvertrag*
m ‖ ~ de ahorro-vivienda *Bausparvertrag* m ‖ ~
aleatorio *aleatorischer Vertrag* m ‖ ~ de alquiler
Mietvertrag m ‖ ~ de aparcería *Halb-,
Teil|pachtvertrag* m ‖ ~ de aprendizaje
Ausbildungs-, Lehr|vertrag m, [früher] *Lehrbrief* m ‖

~ de arbitraje *Schiedsvertrag* m ‖ ~ de
arrendamiento *Mietvertrag* m ‖ *Pachtvertrag* m ‖
~ de arriendo de ganado *Viehpacht* f ‖ ~ de
asistencia *Hilfeleistungsvertrag* m ‖ ~ básico
Rahmenvertrag m ‖ ~ bilateral *gegenseitig
verpflichtender Vertrag* m ‖ ~ basura
ausbeutender Arbeitsvertrag m ‖ ~ de cesión
Abtretungs-, Überlassungs|vertrag m ‖ ~
colectivo *Kollektiv²-, Tarif|vertrag* m ‖ ~
comercial *Handelsvertrag* m ‖ ~ de comisión
Kommissionsvertrag m ‖ ~ de compensación
Skontrovertrag m ‖ ~ de compra, ~ de
compraventa *Kaufvertrag* m ‖ ~ de consenso, ~
consensual *formfreier Vertrag, Konsensualvertrag*
m ‖ ~ de constitución *Gründungsvertrag* m ‖ ~
de crédito *Kreditvertrag* m ‖ ~ a destajo
Übernahme-, Akkord|vertrag m ‖ ~ de
distribución cinematográfica *Filmverleihvertrag* m
‖ ~ editorial *Verlagsvertrag* m ‖ ~ de embarco
Heuervertrag m ‖ *Heuerschein* m ‖ ~ enfitéutico
Erbpachtvertrag m ‖ ~ de enrolamiento
Heuervertrag m ‖ ~ de exhibición
cinematográfica *Filmvorführvertrag* m ‖ ~ de
fideicomiso *Treuhandvertrag* m ‖ ~ fingido
Scheinvertrag m ‖ ~ en firme *fester Vertrag* m ‖
~ de fletamento ⟨Mar⟩ *Frachtvertrag* m ‖
⟨Flugw⟩ *Flugchartervertrag* m ‖ ~ forzoso
Zwangsvertrag m ‖ ~ de garantía *Garantie-,
Gewährleistung|vertrag* m ‖ ~ a la gruesa ⟨Mar⟩
Bodmereibrief m ‖ ~ implícito *stillschweigend
geschlossener Vertrag* m ‖ ~ de inquilinato
Mietvertrag m ‖ ~ laboral *Arbeitsvertrag* m ‖ ~
leonino *Knebelungsvertrag, leoninischer Vertrag*
m ‖ ~ licencia *Lizenzvertrag* m ‖ ~ lucrativo
unentgeltlicher Vertrag m ‖ ~ matrimonial
Ehevertrag m ‖ ~ notarial, ~ ante notario
notarieller Vertrag m ‖ ~ de obra, ~ de obra
nueva *Werkvertrag* m ‖ ~ oneroso *entgeltlicher
Vertrag* m ‖ ~ pignoraticio, ~ de prenda
Pfandvertrag m ‖ ~ de remolque ⟨Mar⟩
Schleppvertrag m ‖ ~ de rescate, ~ de retroventa
Rückkaufsvertrag m ‖ ~ de reventa
Wiederverkaufsvertrag m ‖ ~ a riesgo marítimo
⟨Mar⟩ *Bodmereibrief* m ‖ ~ de seguro
Versicherungsvertrag m ‖ ~ sinalagmático
*wechselseitig verpflichtender Vertrag,
synallagmatischer Vertrag* m ‖ el ~ social *der
Gesellschaftsvertrag* ‖ ~ de suministro
Lieferungsvertrag m ‖ ~ tipo *Einheits-,
Muster|vertrag* m ‖ ~ de transporte *Frachtvertrag*
m ‖ ~ unilateral *einseitig verpflichtender Vertrag*
m ‖ ◆ por ~ *ver|traglich, -tragsmäßig,
kontraktlich* ‖ contrario al ~ *vertragswidrig* ‖
ajustar un ~ → *concluir un* ~ ‖ anular un ~ *e–n
Vertrag aufheben od annullieren* ‖ concluir un ~
e–n Vertrag abschließen od eingehen ‖ estipular
por ~ *vertragsmäßig festsetzen od vereinbaren* ‖
impugnar un ~ *e–n Vertrag anfechten* ‖ infringir
un ~ *gegen e–n Vertrag verstoßen, e–n Vertrag
verletzen, vertragsbrüchig werden* ‖ quebrantar un
~ *e–n Vertrag brechen* ‖ renovar un ~ *e–n
Vertrag erneuern* ‖ rescindir un ~ *e–n Vertrag
aufheben* ‖ revocar un ~ *von e–m Vertrag
zurücktreten*

contra|tornillo *m Gegenschraube* f ‖
–torpedero *m* ⟨Mar⟩ *Torpedo|bootzerstörer, -jäger*
m ‖ **–trinchera** *f* ⟨Mil⟩ *Gegenlauf-,
Parallel|graben* m ‖ **–tuerca** *f Gegen-, Konter-,
Sicherungs|mutter* f

contra|valor *m Gegenwert* m ‖ **–valla** *f* ⟨Taur⟩
zweite Umzäunung f ‖ **–vapor** *m* ⟨Tech⟩
Gegendampf m ‖ **–vención** *f Übertretung,
Zuwiderhandlung f* ‖ *(Vertrags)Verletzung* f ‖ ~
administrativa *Ordnungswidrigkeit* f ‖ ~
contractual *Vertrags|verstoß* m, *-verletzung* f ‖ ~

de naturaleza policial *Polizeivergehen* n ‖
–veneno *m Gegengift, Antidot* n ‖ ⟨fig⟩
Gegenmittel n ‖ **–venir** [irr → **venir**] vi
entgegen|treten, -handeln, zuwiderhandeln (dat) ‖
◇ ~ a las instrucciones *den Weisungen
zuwiderhandeln* ‖ ~ a las leyes *gegen die Gesetze
verstoßen* ‖ **–ventamiento** *m Querstreben* fpl,
Verstrebung f ⟨Tech⟩ *Abstützung, Verspannung* f
‖ *Verschwertung f, Sprengwerk* n ‖ ~ longitudinal
⟨Flugw⟩ *Längsverstrebung* f ‖ **–ventana** *f
Fenster-, Klapp|laden* m ‖ **–ventor** *m Übertreter,
Zuwiderhandelnde(r)* m ‖ *Täter* m ‖ **–veros** *mpl
Gegenfeh* n *(im Wappen)* ‖ **–vidriera** *f Doppel-,
Winter-, Vor|fenster* n ‖ **–viento** *m Sturmband* n,
Wind|strebe, -rispe f ‖ *Verstrebung* f ‖ *Gegenwind*
m ‖ ~ interno ⟨Flugw⟩ *Innenverspannung* f ‖ ◆ a
~ ⟨Mar⟩ *gegen den Wind* ‖ **–virar** vt ⟨Mar⟩
gegensteuern ‖ **–visita** *f Gegenbesuch* m ‖
Kontrollbesuch m ‖ **–vuelta** *f* ⟨Mil⟩
Gegenschwenkung f

contrayente *m/f Vertragschließende(r* m) f
(*bes. beim Ehevertrag*) ‖ **~s** *mpl Eheschließende* pl

contrayerba *f* ⟨Bot⟩ *Japanischer
Maulbeerbaum* m ‖ *Am Name verschiedener
Pflanzen*

contrecho adj/s *(glieder)lahm*

contrete *m* ⟨Mar⟩ *Sparren* m

contri m Chi *Geflügelmagen* m ‖ Chi ⟨fig⟩
Kern m *e–r Sache* ‖ ◆ hasta el ~ ⟨figf⟩ *bis ins
Kleinste*

contri|bución *f Steuer, Abgabe* (→ **impuesto**) ‖
Beitrag m ‖ *Beisteuer* f ‖ *Unterstützung* f ‖ ~ de
alimentos, ~ alimenticia *Unterhalts|leistung* f,
-beitrag m ‖ ~ anual *Jahresbeitrag* m ‖ ~ de
avería *Havariebeitrag* m ‖ ~ de guerra
Kriegssteuer f ‖ ~ financiera *Finanzbeitrag* m ‖
~ forzosa *Pflicht-, Zwangs|beitrag* m ‖ ~ de
guerra *Kriegssteuer* f ‖ *Kriegsbeitrag* m ‖ ~
municipal *Gemeindesteuer* f ‖ ~ nacional
Staatssteuer f ‖ ~ obligatoria → forzosa ‖ ~ de
sangre ⟨fig Mil⟩ *Waffendienst* m ‖ ~ simbólica
Schutzgebühr f ‖ ~ social *Sozialbeitrag* m ‖ ~
suntuosa [veraltet] *Luxussteuer* f ‖ ~ territorial
Grundsteuer f ‖ ~ de usos y consumos
Verbrauchssteuer f ‖ ◇ aportar su ~ *s–n Beitrag
leisten* (a zu) ‖ poner a ~ *zur Verfügung stellen* ‖
beitragen (mit) ‖ *ausnutzen* (Sache) ‖
contribuciones (in)directas *(in)direkte Steuern* fpl
‖ **–buidor** *m Steuerzahler* m ‖ **–buir** [-uy-] vi/t
bei|tragen, -steuern (a zu) ‖ *als Steuer zahlen* ‖
⟨fig⟩ *mit|helfen, -wirken (bei)* ‖ *liefern, abgeben* ‖
◇ ~ con dinero para *od a algo für e–n Zweck
Geld beisteuern* ‖ ~ a los gastos *e–n
Kostenbeitrag leisten, zu den Kosten beitragen*

contribuido adj → **atribuido**

contribu|tario *m Beitragende(r)* m ‖ **–tivo** adj
Steuer- ‖ *Beitrags-* ‖ **–yente** adj *(m/f)
steuerpflichtig* ‖ ~ *m/f Steuer|pflichtige(r* m) f,
-zahler m

contrición *f Zerknirschung (des Herzens),
Reue* f ‖ *innere Buße* f ‖ ⟨Kath⟩ *vollkommene
Reue, Kontriktion* f ‖ *Bußfertigkeit* f

contrincante *m/f Mitbewerber(in* f) m ‖
Gegner(in f), *Widersacher(in* f) m (& f) ‖
Gegenspieler(in f) m

contris|tado adj *betrübt* ‖ **–tar** vt *betrüben,
traurig machen, bekümmern* ‖ **~se** s. *betrüben,
traurig werden*

contrito adj *zerknirscht, reuig* ‖ *reumütig* ‖
⟨fig⟩ *betrübt, traurig*

con|trol *m Nachweis* m, *Kontrolle* f ‖ *Regelung*
f ‖ *Nachprüfung* f ‖ *Überwachung,
Beaufsichtigung, Aufsicht* f ‖ *Bewirtschaftung* f ‖
⟨El⟩ *Steuerung* f ‖ *Kritik* f ‖ *Kontrollbüro* n ‖
(Kontroll)Stempel m ‖ ~ aduanero *Zollaufsicht* f ‖

~ aéreo *Luftverkehrskontrolle* f ‖ ~ de alquileres
Mietpreiskontrolle f ‖ ~ atómico *Atomkontrolle* f
‖ ~ automático *selbsttätige Kontrolle* f ‖ ~
automático de temperatura *automatische
Temperaturkontrolle* f *(Heizung)* ‖ ~ automático
de trenes ⟨EB⟩ *automatische Zugkontrolle* f ‖ ~
automático de volumen ⟨Radio⟩ *selbsttätiger
Pegelregler* m ‖ ~ de cambios → ~ de divisas ‖
~ de la constitucionalidad de las leyes *Kontrolle
der Verfassungsmäßigkeit der Gesetze,* Deut
Normenkontrolle f ‖ ~ cualitativo
Qualitätskontrolle f ‖ ~ cuantitativo
Mengenkontrolle f ‖ ~ de cuentas
Rechnungsprüfung f ‖ ~ de desarme
Abrüstungskontrolle f ‖ ~ digital *digitale
Steuerung* f ‖ ~ a distancia *Fern|kontrolle,
-überwachung* f ‖ ~ de divisas *Devisen|kontrolle,
-bewirtschaftung* f ‖ ~ de economía
Wirtschaftskontrolle f ‖ ~ de entrada ⟨Inform⟩
Eingabesteuerung f ‖ ~ estadístico *statistische
Überwachung* f ‖ ~ estatal *staatliche Kontrolle*
od *Lenkung* f ‖ ~ de estrechos *Kontrolle* f *der
Meerengen* ‖ ~ de (las) exportaciones
Ausfuhrkontrolle f ‖ ~ facultativo *ärztliche
Aufsicht* f ‖ ~ fiscal *steuerliche Überwachung* f ‖
~ fronterizo *Grenzkontrolle* f ‖ ~ de (las)
importaciones *Einfuhrkontrolle* f ‖ ~ de
inversiones *Investitionskontrolle* f ‖ ~ de
luminosidad ⟨TV⟩ *Helligkeitsregelung* f ‖ ~
médico *ärztliche Aufsicht* f ‖ ~ de mercancías
(C.E.) *Warenkontrolle* f (EG) ‖ ~ de moneda
extranjera → ~ de divisas ‖ ~ de natalidad, ~ de
nacimientos *Geburten|regelung,
-beschränkung* f ‖ ~ numérico *numerische
Steuerung* f ‖ ~ de pasaportes *Passkontrolle* f ‖ ~
de precios *Preisüberwachung* f ‖ ~ de
presupuesto *Haushalts-, Finanz|kontrolle* f ‖ ~
por radar *Radarkontrolle* f ‖ ~ remoto → ~ a
distancia ‖ ~ de salida ⟨Inform⟩
Ausgabesteuerung f ‖ ~ sanitario
*Gesundheitskontrolle, gesundheitliche
Überwachung* f ‖ ~ de sintonización ⟨Radio⟩
Abstimmkontrolle f ‖ ~ de tráfico aéreo
Luftverkehrskontrolle f ‖ ~ visual *Sichtkontrolle* f
‖ **–trolador** m *Kontrolleur, Überprüfer* m ‖ ~
aéreo *Fluglotse* m ‖ **–trolar** vt *kontrollieren,
überwachen ‖ nachprüfen ‖ bewirtschaften ‖
beaufsichtigen ‖ beherrschen (e–e Gesellschaft) ‖
kritisieren* ‖ ⟨El⟩ *steuern* ‖ **–tróler** m *Fahrschalter*
m *(Straßenbahn)*
contro|versia f *Streit, Wortwechsel* m ‖
Streitigkeit, Zwistigkeit ‖ *Kontroverse* ‖
Streitfrage f ‖ ~ de competencias
Zuständigkeitsstreit m ‖ ~ religiosa
Glaubensstreit m ‖ **–versial** adj *(m/f) kontrovers,
strittig* ‖ *umstritten* ‖ [Person] *polemisch, streitbar*
‖ **–vertible** adj *(m/f) bestreitbar, strittig,
kontrovers* ‖ **–vertido** adj *umstritten (Frage),
strittig, kontrovers* ‖ **–vertir** [ie/i] vt/i *bestreiten,
in Abrede stellen wollen* ‖ *streiten (über et.)* ‖
diskutieren
contubernio m *Zusammenwohnen* n ‖
außerehelicher Geschlechtsverkehr m ‖ ⟨Hist⟩
Geschlechtsgemeinschaft f *zwischen Sklaven* ‖
⟨fig⟩ *schmähliches Bündnis* n
contu|macia f *Hartnäckigkeit* f ‖
Halsstarrigkeit f ‖ *Verhärtung* f ‖ ⟨Jur⟩
Nichterscheinen n, *Säumnis, Säumigkeit,
Versäumnis* f *(vor Gericht)* ‖ **–maz** [pl **~ces**] adj
halsstarrig, hartnäckig ‖ ⟨Jur⟩ *ausbleibend,
säumig, unbotmäßig (vor Gericht)* ‖ ⟨Med⟩ *die
Ansteckung fördernd* ‖ ◇ declarar ~ y rebelde
(den Beklagten) für säumig erklären ‖ adv:
~**mente** ‖ ~ m ⟨Jur⟩ *in contumaciam* ⟨lat⟩ *(in
Abwesenheit) Verurteilte(r)* m

contume|lia f *Schmähung, Beleidigung* f,
Schimpf m ‖ **–lioso** adj *schimpflich, beleidigend*
contun|dencia f *Schlagkraft* f (& fig) ‖ **–dente**
adj *(m/f)* ⟨fig⟩ *schlagend, überzeugend* ‖
unbestreitbar (Grund) ‖ **–dir** vt *(zer)quetschen* ‖
verwunden
contur|bación f *Beunruhigung, innere Unruhe*
f ‖ *Bestürzung* f ‖ **–bado** adj *bestürzt* ‖
aufführerisch ‖ **–bador** m *Friedensstörer* m ‖
–bar vt *be|unruhigen,
-stürzen* ‖ *aufwiegeln* ‖ ~**se** *erschrecken* ‖ **–bativo**
adj *beunruhigend*
contu|sión f ⟨Med⟩ *Quetschung, Prellung,
Kontusion* f ‖ *Quetschwunde* f ‖ **–sionar** vt *barb*
→ **contundir** ‖ **–sivo** adj *Quetsch-* ‖ **–so** adj
*ver|letzt,
-wundet* ‖ ~ m *Ver|letzte(r), -wundete(r)* m
contutor m *Mitvormund* m
conuco m Cu ⟨Hist⟩ *Stück Land, das dem
Sklaven zum eigenen Anbau überlassen wurde* ‖
Ven *Obstgarten* m
conurbación f *Großballungsraum* m,
Konurbation f ‖ *Einstädterung* f
convalaria f ⟨Bot⟩ *Maiglöckchen* n
(*Convallaria majalis*)
convale|cencia f ⟨Med⟩ *(Wieder)Genesung,
(Re)Konvaleszenz* f ‖ (casa de) ~ *Erholungsheim*
n ‖ **–cer** [-zc-] vt *genesen* ‖ s. *erholen* (& fig) ‖ ◇
~ de una enfermedad s. *von e–r Krankheit
erholen* ‖ **–ciente** adj *(m/f) genesend* ‖ ~ m
Genesende(r), Rekonvaleszent m
convali|dación f *Bekräftigung* f ‖ ⟨Jur⟩
Konvaleszenz f ‖ *Bestätigung* f ‖ *Wertbereinigung*
f ‖ ⟨Sch⟩ *Anerkennung* f *(Diplom, Zeugnis)* ‖
⟨Kath⟩ *Konvalidation* f ‖ **–dar** vt *be|stätigen,
-kräftigen* ‖ *heilen (ein Rechtsgeschäft)* ‖ *als
gültig erklären* ‖ ~**se** *gültig werden*
convección f ⟨Phys Meteor⟩ *Konvektion,
Mitführung* f
conve|cindad f *Mitbewohnerschaft* f ‖
Nachbarschaftsverhältnis n ‖ **–cino** adj
benachbart ‖ *angrenzend, Grenz-* ‖ ~ m
Mit|bürger, -bewohner, Nachbar m
conven|cer [c/z] vt *überzeugen* (a alg. de algo
jdn von et.) ‖ ⟨Jur⟩ *überführen* ‖ ◇ ~ de un delito
⟨Jur⟩ *e–r Straftat überführen* ‖ ese hombre no me
convence ⟨fig⟩ *dieser Mensch flößt mir kein
besonderes Vertrauen ein* ‖ sus motivos no nos
convencen *Ihre (s–e, ihre) Gründe leuchten uns
nicht ein* ‖ ~**se** s. *überzeugen* ‖ ◇ ~ con las
razones s. *durch Gründe überzeugen lassen* ‖ ~
de la verdad s. *von der Wahrheit überzeugen* ‖
–cido adj *überzeugt, bekehrt* ‖ ◇ estoy ~ de que
… *ich bin (davon) überzeugt, dass …* ‖ es un
anarquista ~ *er ist Anarchist aus Überzeugung* ‖
–cimiento m *Überzeugung* f ‖ *Überführung* f ‖
Sicherheit f, *Bewusstsein* n ‖ ◇ por ~ *aus
Überzeugung*
convención f *Übereinkunft* f, *Vertrag* m ‖
Verabredung f ‖ *Abkommen* n ‖ *Übereinkommen* n
‖ *Übereinstimmung* f ‖ *Konvention, gesetzgebende
Versammlung* f ‖ *Volksvertretung* f ‖ Am *Parteitag*
m ‖ *(National)Konvent* m ‖ ~ aduanera od
arancelaria *Zoll|abmachung, -tarifabrede* f,
-tarifabmachung f ‖ ~ colectiva *Tarifvertrag* m ‖
~ constituyente *gesetzgebende Versammlung* f ‖
~ mercantil *Handelsabkommen* n ‖ ~ de
navegación *Schifffahrtsabkommen* n ‖ ~ postal
universal *Weltpostvertrag* m ‖ ~ universal sobre
derechos de autor *Welturheberrechtsabkommen* n
‖ → auch **convenio**
convencio|nal adj *(m/f) vertragsmäßig* ‖
konventionell, geläufig ‖ *(alt)hergebracht* ‖
herkömmlich ‖ *üblich* ‖ adv: ~**mente** ‖ **–nalidad** f
konventioneller Brauch m ‖ **–nalismo** m

Konventionalismus m ‖ **–nalista** *m/f*
Konventionalist(in f) m
   conve|nible adj *(m/f)* annehmbar, mäßig *(Preis)*
‖ *passend* ‖ **–nido** adj *verabredet, ausgemacht*
(Preis) ‖ según lo ~ *laut Übereinkunft* ‖ ◇ está ~
es bleibt dabei ‖ ¡~! *abgemacht!* ⟨fam⟩ *alles klar!*
   convenien|cia f *Übereinstimmung* f ‖
Zweckmäßigkeit f ‖ *Nutzen, Vorteil* m ‖
Bequemlichkeit f ‖ *Übereinkunft* f ‖ *Abkommen* n ‖
Anstellung f, Dienst m ‖ *Angemessenheit,*
Schicklichkeit f, Anstand m ‖ ♦ a la primera ~
bei erster Gelegenheit ‖ ◇ no es de mi ~ *es*
passt mir nicht ‖ **~s** *fpl Vermögen* n ‖
Nebeneinkünfte fpl ‖ *An|stand* m, *-gemessenheit* f
‖ ◇ buscar sus ~ *auf s–n Vorteil bedacht sein* ‖
–ciero adj ⟨fam⟩ *auf die eigene Bequemlichkeit*
bedacht ‖ ~ m ⟨fam⟩ *Freund* m *der*
Bequemlichkeit ‖ **–te** adj *(m/f) übereinstimmend* ‖
schicklich ‖ *gelegen, passend* ‖ *annehmbar* ‖
erforderlich, nötig ‖ *ratsam* ‖ *nützlich, vorteilhaft*
‖ ◇ *juzgar od considerar* ~, *tener por* ~ *für*
angebracht od zweckmäßig halten ‖ lo he creído
~ *ich habe es für schicklich gehalten (zu)* ‖ ser ~
al mercado ⟨Com⟩ *für den Markt passen* ‖ adv:
~mente
   conve|nio m *Übereinkunft* f, *Abkommen* n
(zweiseitige Übereinkunft) ‖ *Übereinkommen* n
(mehrseitige Übereinkunft) ‖ *Abmachung,*
Vereinbarung, Abrede f ‖ *Konvention* f ‖ *Vertrag,*
Pakt m ‖ *Aus-, Ver|gleich* m ‖ ~ amistoso
gütliches Abkommen n ‖ ~ básico
Rahmenabkommen n ‖ ~ causal *Kausalgeschäft* n
‖ ~ colectivo (sobre las condiciones de trabajo)
Tarifvertrag m ‖ ~ cultural *Kulturabkommen* n ‖
~ de compensación *Verrechnungsabkommen* n ‖
~ de compromiso *Vergleichsvertrag* m ‖ ~
concursal *Zwangsvergleich* m ‖ ~ de derecho
aéreo *Luftrechtsabkommen* n ‖ ~ económico
Wirtschaftsabkommen n ‖ ~ de establecimiento
Niederlassungsabkommen n ‖ ~ para evitar la
doble imposición *Doppelbesteuerungsabkommen*
n ‖ ~ extrajudicial *außergerichtlicher Vergleich* m
‖ ~ matrimonial *Ehevertragsklausel* f ‖ ~ mutuo
gegenseitige Abmachung f ‖ ~ de nación más
favorecida *Meistbegünstigungsabkommen* n ‖ ~
sobre precios *Preis|abkommen* n, *-abmachung* f ‖
~ sobre prisioneros de guerra
Kriegsgefangenenabkommen n ‖ ~ de
reciprocidad *Gegenseitigkeitsabkommen* n ‖ ~ de
renuncia a la fuerza *Gewaltverzichtsabkommen* n
‖ ~ sobre reparaciones *Reparationsabkommen* n ‖
~ tácita *stillschweigendes Abkommen* n ‖ ~
unificador *Vereinheitlichungsabkommen* n ‖ ~
verbal *mündliche Übereinkunft* f ‖ ♦ ~ por ~
(mutuo) *nach (gegenseitigem) Übereinkommen* ‖
según ~ *laut Übereinkommen* ‖ ◇ celebrar un ~
ein Übereinkommen treffen ‖ hacer un ~ con los
acreedores *s. mit den Gläubigern vergleichen* ‖ →
auch **convención**
   convenir (irr → **venir**) vt *einig werden über*
(acc) ‖ *vereinbaren (Preis)* ‖ ~ vi
zusammen|kommen (en über acc) ‖ *passen (zu),*
übereinstimmen (mit) ‖ *gefallen, behagen, zusagen*
‖ *gebühren, zukommen* ‖ *angebracht sein* ‖
angemessen sein ‖ *nötig sein* ‖ *nützlich sein* ‖
entsprechen (dat), *gehören (zu)* ‖ *ein Abkommen*
treffen, s. verabreden (mit) ‖ ◇ ~ con una
opinión *e–r Meinung zustimmen* ‖ ~ en algo *über*
et. einig werden ‖ *in et. einwilligen, et. gutheißen*
‖ *beitreten (e–m Vorschlag)* ‖ ~ las condiciones
de trabajo *die Arbeitsbedingungen* fpl *verabreden*
‖ convengo en que ... *ich gebe zu, dass ...* ‖
convengo en ello *ich bin damit einverstanden, ich*
bin dabei ‖ conviene *es schickt s., es gehört s. so*
‖ *es empfiehlt s., es ist ratsam* ‖ conviene

(hacerlo) *man muss (es tun)* ‖ *es schickt sich(, es*
zu tun) ‖ *es ist ratsam(, es zu tun)* ‖ me conviene
es passt mir, es sagt mir zu ‖ al enfermo le
conviene reposo *der Kranke braucht Ruhe* ‖
(conviene) a saber *nämlich* ‖ según convenga
nach Belieben ‖ **~se** *einig werden* (en, a, con
über acc) ‖ ◇ ~ en a/c *über et. einig werden* ‖ ~
con alg. *s. mit jdm abfinden od einigen*
   conventículo m *heimliche Zusammenkunft* f,
Konventikel n
   conven|tillo m dim von **–to** ⟨figf⟩ *elendes,*
verrufenes Haus n ‖ Am ⟨fam⟩ *Mietskaserne* f ‖
conven|to m ⟨Rel⟩ *Kloster* n ‖
Klostergemeinschaft f, *Konvent* m ‖ Ec *Pfarrhaus*
n ‖ **–tual** adj *(m/f) klösterlich, Kloster-* ‖ ~ m
Konventuale m ‖ *im Kloster lebender Mönch* od
Bruder m ‖ adv: **~mente** ‖ **–tualidad** f
Klosterleben n ‖ *Klosterzugehörigkeit* f
   conver|gencia f *Zusammenlaufen* n *(von*
Linien) ‖ ⟨Math⟩ *Konvergenz* f ‖ ⟨fig⟩
Übereinstimmung f ‖ *Zusammenfassung* f *(von*
Kräften) ‖ ⟨Auto⟩ *Vorspur* f ‖ ~ de los esfuerzos
Zusammenwirken n *der Kräfte* ‖ ~ de los
meridianos ⟨Top⟩ *Meridianenkonvergenz* f ‖
–gente adj *(m/f)* ⟨Math⟩ *konvergierend* ‖ *s.*
zuneigend, zusammenlaufend ‖ *konvergent* ‖ **–ger,**
–gir [g/j] vi ⟨Math⟩ *konvergieren* ‖ *(in e–m*
Punkt) zusammenlaufen ‖ ⟨Opt⟩ *sammeln* ‖ ⟨fig⟩
gemeinsam streben (hacia nach) ‖ *s. konzentrieren*
(sobre *auf* acc) ‖ ⟨fig⟩ *einig sein, derselben*
Meinung sein (en über acc)
   conver|sa f ⟨fam⟩ *Gespräch* n, *Plauderei* f ‖
–sable adj *(m/f) umgänglich, gesellig* ‖ **–sación** f
Unterhaltung, Konversation f, *Gespräch* n,
Unterredung f ‖ *Umgang, Verkehr* m ‖
Besprechung f ‖ *Telefongespräch* n ‖ ~ inicial
Kontaktgespräch n ‖ ~ de sobremesa
Tischgespräch n *(nach Tisch)* ‖ ~ a solas
Gespräch n *unter vier Augen* ‖ ~ de sondeo
Sondierungsgespräch n ‖ ◇ dar ~ a alg. ⟨fam⟩
jdn anreden ‖ *s. mit jdm unterhalten* ‖ ⟨fam⟩ *s.*
mit jdm abgeben ‖ *jdm Gehör schenken* ‖ dejar
caer u/c en la ~ ⟨figf⟩ *unauffällig das Gespräch*
auf et. bringen ‖ dirigir la ~ a alg. *jdn anreden* ‖
entablar ~ con alg. *s. mit jdm in ein Gespräch*
einlassen ‖ hacer caer la ~ *das Gespräch bringen*
(sobre *auf* acc) ‖ por donde íbamos de ~ *worüber*
wir gerade sprachen ‖ reanudar la ~ *das*
Gespräch wieder anknüpfen ‖ no soy amigo de
–saciones *ich bin kein Freund vom langen Reden*
‖ trabar ~ con alg. *mit jdm ein Gespräch*
anknüpfen ‖ la ~ versa sobre ... *das Gespräch*
dreht s. um ... ‖ **–sador** adj *gesprächig,*
unterhaltend ‖ ~ m *Causeur* m ‖ **–sar** vi (Am &
vt) *s. unterhalten, s. besprechen* (con *mit*) ‖
umgehen, Umgang pflegen (con *mit*) ‖ ~ con alg.
sobre *(od de, en)* algo *mit jdm über et. sprechen*
(acc)
   conver|sible adj *(m/f)* → **–tible**
   ¹conversión f *Ver|wandlung, -änderung* f ‖
Umkehrung f ‖ *Umdrehung* f ‖ ⟨fig⟩
Sinnesänderung f ‖ ⟨Met⟩ *Umwandlung* f (z. B.
von Eisen in Stahl) ‖ ⟨Com⟩ *Konvertierung,*
Um|wandlung, -stellung, -rechnung f ‖ ⟨Jur⟩
Umdeutung f (*e–s nichtigen Rechtsgeschäfts*) ‖
⟨Rel⟩ *Umwandlung* f *e–s Benefiziums*
(Kirchenrecht) ‖ ~ de deuda *Schuldumwandlung,*
Umschuldung f ‖ ~ diferida *Staffelkonversion* f ‖
~ forzosa *Zwangskonversion* f ‖ ~ de intereses
Zinsumwandlung f ‖ ~ metálica, ~ monetaria
Währungsumstellung f ‖ ~ de renta en capital
Rentenablösung f ‖ ~ del tipo de interés
Umwandlung f *des Zinssatzes* ‖ ~ de valores
Umwandlung f *von Wertpapieren*
   ²conversión f ⟨Rel⟩ *(Glaubens)Bekehrung,*

Konversion f ‖ ~ de los gentiles, ~ de los paganos *Heidenbekehrung* f ‖ ~ de San Pablo *Bekehrung* f *des Paulus*
   ³conver|sión *f* ⟨Mil⟩ *Schwenkung* f ‖ ~ de combate ⟨Mar⟩ *Gefechtswendung* f ‖ ◇ dar una ~ ⟨Mar⟩ *schwenken, e–e Schwenkung machen* ‖ hacer una ~ ⟨Mil⟩ *(ein)schwenken (beim Exerzieren)* ‖ **–sivo** adj *um|wandelnd, -kehrend* ‖ **–so** pp/irr von **–tir** ‖ adj *bekehrt* ‖ **–so, –tido** *m Konvertit* m ‖ *Proselyt, Neubekehrte(r)* m ‖ *Laienbruder* m ‖ **–sor** *m* ⟨El⟩ *Umformer* m
   converti|bilidad *f Konvertierbarkeit, Um-, Aus|tauschbarkeit, Konvertibilität* f ‖ ~ externa, ~ interna *Ausländer-, Inländer|konvertierbarkeit* f ‖ ~ integral, ~ limitada *volle, beschränkte Konvertierbarkeit* f ‖ ~ oro *Goldeinlösung* f ‖ **–ble** adj *(m/f) umwandelbar* ‖ *umsetzbar* ‖ *umrechenbar* ‖ *konvertierbar* ‖ ~ *m* Am *Kabriolett* n ‖ **–dor** *m* ⟨Met⟩ *Konverter, (Konverter)Birne* f ‖ ⟨El⟩ *Umformer* m ‖ ⟨Met⟩ *Bessemerbirne* f ‖ ~ de cálculo *Umrechner* m ‖ ~ de *od* en cascada ⟨El⟩ *Kaskadenumformer* m ‖ ~ de fase ⟨El⟩ *Phasenumformer* m ‖ ~ de frecuencia ⟨El⟩ *Frequenzumformer* m ‖ ~ de par (motor) ⟨Tech⟩ *Drehmomentwandler* m ‖ ~ de soldadura ⟨El Met⟩ *Schweißumformer* m ‖ ~ termoeléctrico ⟨El⟩ *Thermoumformer* m ‖ ~ Thomas ⟨Met⟩ *Thomasbirne* f
   convertir [ie/i] vt *um|wandeln, -ändern* ‖ ⟨Rel⟩ *bekehren* ‖ ⟨fig⟩ *umstimmen* ‖ ⟨Com⟩ *umwandeln, konvertieren (Schuld)* ‖ ⟨El⟩ *umformen* ‖ ⟨Met⟩ *überführen (z. B. Roheisen in Stahl)* ‖ *umwandeln* ‖ ◇ ~ una deuda *umschulden* ‖ ~ en dinero *zu Geld machen* ‖ ~ el mal en bien *das Schlechte zum Guten wenden* ‖ ~ en provecho suyo *zu s–m Vorteil wenden* ‖ ~**se** s. *verwandeln* (en in acc) ‖ s. *bekehren* (a *zu*)
   conve|xidad *f Konvexität* f ‖ **–xo** adj *konvex* ‖ ~·~ adj *bikonvex*
   conveyor *m* ⟨Tech⟩ *Förderer* m ‖ *Bandförderer* m
   convic|ción *f* → *convencimiento* ‖ *Überzeugung* f ‖ ~ inquebrantable *unerschütterliche Überzeugung* f ‖ ◆ por ~ *aus Überzeugung* ‖ ◇ afianzarse en su ~ *in s–r Überzeugung bestärkt werden* ‖ mantener su ~ *s–e Überzeugung beibehalten, s. in s–r Überzeugung nicht beirren lassen* ‖ tener la ~ de que ... *davon überzeugt sein, dass ...* ‖ **–to** pp/irr von **convencer** ‖ adj ⟨Jur⟩ *überführt*
   convi|dada *f* ⟨fam⟩ *ländliches Trinkgelage* n ‖ **–dado** *m (Ein)Geladene(r), Gast* m ‖ el ~ de piedra ⟨fig⟩ *der Steinerne Gast (im Don Juan)* ‖ ◇ llevar paso de ~ ⟨fam⟩ *eilig gehen, laufen* ‖ **–dador** *m*/adj *Gastgeber* m ‖ **–dar** vt *einladen* ‖ ⟨fig⟩ *auffordern; ermuntern* ‖ *(an)locken* ‖ *verlocken, reizen* ‖ ⟨fam⟩ *bewirten* ‖ ◇ ~ a comer *zum Essen einladen* ‖ ~ a una copa *zu e–m Gläschen einladen* ‖ ~ a alg. con algo *jdm et. anbieten* ‖ ~ para el baile *zum Tanz auffordern* ‖ ~ vi ⟨fam⟩ *die Zeche bezahlen* ‖ ~**se** s. *selbst einladen* ‖ s. *(freiwillig) erbieten*
   convincente adj *(m/f) überzeugend, triftig, schlagend (Grund)* ‖ adv: ~**mente**
   convite *m Einladung* f ‖ *Gastmahl* n, *Schmaus* m
   convi|vencia *f Zusammenleben* n ‖ **–viente** *m*/adj *Mitbewohner, (Wohnungs)Genosse* m ‖ **–vir** vi *zusammen|leben, -wohnen (con mit)*
   convo|cación *f Einberufung* f ‖ *Ladung* f ‖ ~ de acreedores *Gläubiger|aufgebot* n, *-aufruf* m ‖ **–car** [c/qu] vt *zusammen-, einbe|rufen* ‖ *vorladen* ‖ ◇ ~ a comparecencia *zum Termin laden* ‖ ~ a licitación *zum Gebot auffordern* ‖ ~ elecciones *Wahlen* fpl *ausschreiben* ‖ ~ la asamblea general

die Generalversammlung einberufen ‖ **–catoria** *f Ein|berufungsschreiben* n, *-ladung* f *zu e–r Versammlung* ‖ *Ausschreibung* f *e–r Bewerbung (um e–e Amtsstelle)* ‖ ~ de oposiciones *Ausschreibung* f *e–s Stellenwettbewerbs* ‖ verificar una ~ *e–e Sitzung einberufen* ‖ **–catorio** adj *Einberufungs-*
   convoluto adj *ringsum gewunden* ‖ ⟨Bot⟩ *geknäuelt*
   convolverse [irr → *volver*] s. *nach innen biegen* ‖ s. *um s. selbst drehen*
   convoluláceas *fpl* ⟨Bot⟩ *Windengewächse* npl (Convolvulaceae)
   ¹convólvulo *m Winde* f (Convolvulus spp)
   ²convólvulo *m* ⟨Ins⟩ *Raupe* f *des Windenschwärmers* (Herse convolvuli) ‖ *Raupe* f *des Traubenwicklers* (Conchylis ambiguella)
   con|voy *m* ⟨Mil⟩ *Geleit* n, *Bedeckung* f ‖ ⟨Mil⟩ *Geleittruppen* fpl ‖ *Geleitschutz* m ‖ *(Wagen-, Auto)Kolonne* f ‖ *(Truppen-, Munitions-, Gefangenen-, Lebensmittel)Transport* m ‖ ⟨Mar⟩ *Konvoi* m, *Geleitschiffe* npl ‖ *Reihe* f *(von Eisenbahnzügen)* ‖ *Zug* m ‖ ⟨fam⟩ *Öl- und Essigständer* m ‖ ⟨fig⟩ *Begleitung* f ‖ ◇ marchar en ~ *in Kolonne fahren* ‖ **–voyar** ⟨Mar Mil⟩ vt *geleiten, bedecken* ‖ ~ vi *im Geleit fahren*
   convul|sarse vr s. *krampfhaft zusammenziehen (Muskel)* ‖ **–sión** *f* ⟨Med⟩ *Zuckung, Konvulsion, (krampfhafte) Verzerrung* f, *Krampf* m ‖ ⟨fam⟩ *Schauder* m, *Erschütterung* f ‖ ⟨fig⟩ *Krise, Umwälzung* f ‖ ◇ poner en ~ ⟨fig⟩ *erbeben machen* ‖ convulsiones políticas *politische Unruhen* fpl ‖ **–sionante** adj *(m/f)* ⟨Med⟩ *krampferzeugend* ‖ **–sionar** vt/i ⟨Med⟩ *Zuckungen hervorrufen* ‖ ⟨barb⟩ *erregen, aufwiegeln* ‖ **–sivo** adj *zuckend, krampfhaft* ‖ *krampfartig* ‖ *konvulsiv* ‖ **–so** adj *mit Zuckungen behaftet* ‖ *verkrampft* ‖ ⟨fig⟩ *zitternd (vor Wut)*
   conyúdice *m Richter* m *e–s Kollegialgerichts*
   conyugal adj *(m/f) ehelich, Ehe-, Gatten-* ‖ adv: ~**mente**
   cónyuge *m/f (fälschlich cónyugue) Ehe|mann* m, *-frau* f ‖ ~ supérstite, ~ sobreviviente *überlebender Ehegatte* m ‖ ~**s** mpl *Ehe|gatten* mpl, *-leute* pl, *-paar* n
   conyugici|da *m/f Gattenmörder(in* f) m ‖ **–dio** *m Gattenmord* m
   coña *f* ⟨pop vulg⟩ *Spott* m ‖ *Spötterei* f ‖ ◇ estar de ~ *zum Spaßen aufgelegt sein* ‖ lo dijo con mucha ~ *er sagte es spöttisch* ‖ es una ~ tener que trabajar con este calor *es ist e–e Sauerei, bei dieser Hitze arbeiten zu müssen* ‖ esto es una ~ *das ist ganz unglaublich* ‖ tomar a ~ *als Spaß auffassen* od *betrachten* ‖ ni de ~ *ganz und gar nicht, noch nicht einmal im Spaß*
   coñac *m Kognak, Weinbrand* m
   coñazo *m* ⟨pop⟩ *schwerfälliger, langweiliger Mensch* m
   coñe int *Euphemismus für* **coño**
   coñearse vr ⟨vulg⟩ s. *lustig machen (de über acc)*
   coñera *f* ⟨Mar⟩ *ausgeleiertes Nagelloch* n
   coñe|te adj/s Chi *geizig, knaus(e)rig* ‖ ~ *m Wucherer* m ‖ *Geizhals* m ‖ *Gauner* m ‖ **–tería** *f* Chi *Geiz* m, *Knauserei, Knaus(e)rigkeit* f
   ¹coño *m* ⟨vulg⟩ *Fotze* f ‖ ◇ comer del ~ *auf den Strich gehen* ‖ estar hasta el mismísimo ~ *die Schnauze voll haben* ‖ mandar al ~ *zum Teufel jagen* ‖ picar el ~ *geil sein (Frau)* ‖ el quinto ~ *j.w.d. (janz weit draußen)* ‖ interjektionell gebraucht: ¡ay, qué ~! *verdammt noch mal! Scheiße!* ‖ a ti, ¿qué ~ te importa? *das geht dich e–n Dreck an* ‖ als *Ausdruck des Ärgers:* ¡~! he perdido la cartera! *verdammt noch mal! ich habe*

m–e Brieftasche verloren! ‖ als Ausdruck des
Erstaunens *od* der Verwunderung: ¡~! *¿qué estás
haciendo aquí? nanu! was machst denn du hier?* ‖
als nachdrückliche Bestätigung! lo haré yo
mismo, ¡qué ~! *dann mache ich es eben selbst!*
   ²coño adj/s Chi ⟨vulg⟩ *Spitzname für
„spanisch, Spanier"*
   coñón adj *spöttisch* ‖ ~ *m* ⟨vulg⟩ *Spaßvogel* m
   coñudo adj Ec → **coñete**
   coope|ración *f Mit|wirkung, -arbeit, -hilfe,
Zusammenarbeit* f ‖ *Beistand* m ‖ ~ internacional
internationale Zusammenarbeit f ‖ ◆ en ~ con …
unter Mitwirkung von … ‖ *in Zusammenarbeit mit*
… ‖ **–rador** m/adj *Mit|arbeiter, -helfer* m ‖ **–rar**
vt/i *mit|wirken, -helfen* (en, a *an, bei*) ‖
zusammenarbeiten ‖ *beitragen* (a *zu*) ‖ ◇ ~ con
alg. *mit jdm mitarbeiten* ‖ **–rativa** *f Konsum|verein* m,
-genossenschaft f ‖ ~ agrícola *landwirtschaftliche
Genossenschaft* f ‖ ~ de artesanos
Handwerkergenossenschaft f ‖ ~ de
comercialización *Absatzgenossenschaft* f ‖ ~ de
compra *Einkaufsgenossenschaft* f ‖ ~ de
construcción *Baugenossenschaft* f ‖ ~ de crédito
Kreditgenossenschaft f ‖ ~ forestal
Waldgenossenschaft f ‖ ~ de ganaderos
Zuchtgenossenschaft f ‖ ~ lechera
Molkereigenossenschaft f ‖ ~ del mar
Fischereigenossenschaft f ‖ ~ de mejora fundiaria
Meliorationsgenossenschaft f ‖ ~ de pastos
Weidegenossenschaft f ‖ ~ de productores
Erzeuger-, Produktions|genossenschaft f ‖ ~ rural
ländliche Genossenschaft f ‖ ~ vinícola
Winzergenossenschaft f ‖ **–rativismo** *m
Genossenschaftswesen* n ‖
Genossenschaftsbewegung f ‖ **–rativista** adj *(m/f)
genossenschaftlich, Genossenschafts-* ‖ ~ *m/f
Anhänger(in* f) m *der Genossenschaftsbewegung* ‖
–rativo adj *mitwirkend* ‖ (sociedad) ~a
Genossenschaft f, *Konsumverein* m
   coopositor *m Teilnehmer* m *an e–m
Stellenwettbewerb*
   cooptación *f (Hin)Zuwahl, Ernennung des
Nachfolgers, Kooptierung* f
   coordena|da *f* ⟨Math⟩ *Koordinate* f ‖ ~s
polares ⟨Math⟩ *Polarkoordinaten* fpl ‖ **–do** adj
beigeordnet
   coordina|ción *f Neben-, Bei-, An|ordnung* f ‖
⟨Gr⟩ *Beiordnung* f ‖ *Koordi|nierung, -nation* f ‖ ~
económica *Wirtschaftskoordinierung* f ‖ **–da** *f* →
coordenada ‖ **–do** adj *bei-, zugeordnet* ‖
koordiniert ‖ *methodisch* ‖ **–dor** adj *koordinierend*
‖ ~ *m Koordinator* m
   coordi|nar vt *bei-, zusammen|ordnen* ‖
aufeinander abstimmen ‖ *einheitlich gestalten* ‖
⟨Gr⟩ *beiordnen* ‖ *koordinieren* ‖ **–nativo** adj
beiordnend
   ¹copa *f (Trink)Becher (mit Fuß), Pokal, Kelch*
m ‖ *Stielglas* n ‖ *ein Becher-, ein Glas|voll* ‖
(Trink)Schale f ‖ ⟨Sp⟩ *(Ehren)Pokal* m ‖ ⟨Sp⟩
Pokalwettbewerb m ‖ *Flüssigkeitsmaß* n *(126
Milliliter)* ‖ ~ para coñac *Kognakschwenker* m ‖
~ de champaña *ein Glas* bzw *e–e Schale* f *Sekt* ‖
~ para champaña *Sekt|glas* n, *-schale* f ‖ ~ de
Europa ⟨Sp⟩ *Europapokal* m ‖ ~ graduada
Messbecher m ‖ ~ de helado *Eisbecher* m ‖ ~ de
vino *ein Glas* n *Wein* ‖ ~ para vino *Weinglas* n ‖
◇ apurar la ~ de la amargura (hasta las heces)
⟨fig⟩ *den (bitteren) Kelch des Leides (bis auf die
Neige) leeren* ‖ echar por ~ Mex Col (fam)
übertreiben, aufschneiden ‖ echar unas ~s *ein
paar Glas trinken* ‖ irse de ~ ⟨figf⟩ *Winde od*
⟨pop⟩ *en fahren lassen*
   ²copa *f Kopf m des Hutes*
   ³copa *f Baumkrone* f ‖ ⟨Bot⟩ *Trugdolde* f

   ⁴copa *f* Span *Kartenfarbe* f *(Herz)*
   ¹copada *f* ⟨Arch⟩ *Anlauf* m
   ²copada *f* → **cogujada**
   copado adj → **copudo**
   copador *m Rundhammer* m
   copaiba *f Kopaivabaum* m (Copaifera spp)
   copajira *f* Bol → **copaquira**
   copal *m Kopal* m *(ein Harz)*
   copante *m* Hond *Brettersteg* m *(über e–n
Fluss)*
   copaquira *f* Chi Pe → **caparrosa** azul
   copar vt/i ⟨Mil⟩ *umzingeln, den Rückzug
abschneiden* (a alg. jdm) (& fig) ‖ ⟨Mil⟩
einkesseln ‖ *(die gleiche Summe wie die Bank)
auf e–e Karte setzen* ‖ ⟨fig⟩ *(bei e–r Wahl) alle
Plätze erreichen, alle Stimmen auf* s. *vereinigen* ‖
⟨fig⟩ *für* s. *allein in Anspruch nehmen* ‖ ⟨fig⟩
horten ‖ Pe s. *entgegenstellen* (dat) ‖ Chi
energisch abschließen (e–n Streit)
   coparte *f* ⟨Jur⟩ *Streitgenosse* m
   copar|ticipación *f Mit|teilnahme, -beteiligung* f
‖ **–tícipe** *m Mitteilnehmer* m *(Strafrecht)* ‖
Mitteilhaber, Gemeinschafter m
   copayero *m* SAm → **copaiba**
   copé *m* Am → **copey**
   copear vi *Getränke glasweise verkaufen* ‖
trinken, zechen, ⟨fam⟩ *e–n heben*
   copeca *f,* **copec** *m* [Münzeinheit] *Kopeke* f
   cope|la *f* ⟨Chem Met⟩ *Kapelle, Kupelle* f ‖
–lación *f* ⟨Chem Met⟩ *Läuterung* f ‖ **–lar** vt
⟨Chem Met⟩ *kupellieren, läutern*
   Copenhague *m* [Stadt] *Kopenhagen* n
   copeo *m* von **copear** ‖ *Ausschank* m
   copepodos mpl ⟨Zool⟩ *Ruderfüßer, Kopepoden*
mpl (Copepoda)
   copeque *m* → **copeca**
   copera *f Gläserschrank* m ‖ *Gläsergestell* n
   co|pernicano adj *kopernikanisch* ‖ **⁼pérnico** *m*
np *Kopernikus* m
   cope|ro *m Schrank* m *für Likörgläschen* ‖ ~
mayor ⟨Hist⟩ *königlicher Mundschenk* m ‖ **–ta** *f*
dim von **copa** ‖ Ar ⟨Kart⟩ *Herzas* n
   ¹copo *m* dim von **¹copo** ‖ *Stirn|mähne,
-schopf* m *(der Pferde)* ‖ *Haube* f, *Schopf* m,
Kopffedern fpl *(der Vögel)* ‖ *Pony* m
(Haarschnitt) ‖ ⟨fig⟩ *Hochmut, Stolz* m ‖ ◇ *estar
hasta el* ~ *et. satt haben* ‖ *tener* ~ ⟨fam⟩ *die
Nase hoch tragen*
   ²copete *m Oberblatt* n *(am Schuh)*
   ³copete *m Überguss, Schaum* m
   ⁴copete *m* ⟨Arch⟩ *Walm* m
   ⁵copete *m Berggipfel* m
   cope|tín *m* Mex *Schluck* m *Likör* ‖ *Aperitif* m ‖
Arg *Cocktail* m ‖ **–tón** adj/s *beschwipst,
ange|säuselt, -heitert, -dudelt* ‖ ~ *m* Col ⟨V⟩
Morgenfink m (Brachyspiza capensis) ‖ **–tuda** *f*
⟨V⟩ *Haubenlerche* f (Galerida cristata) ‖ **–tudo**
adj ⟨V⟩ *gehaubt* ‖ ⟨fig⟩ *hochmütig, adelstolz* ‖
⟨fig⟩ *angesehen (Persönlichkeit)*
   copey *m* ⟨Bot⟩ *ein am. Hartheugewächs* n
(Clusia rosea)
   ¹copia *f Abschrift, Kopie* f, *Durchschlag* m ‖
Ausfertigung f ‖ *Zweitschrift* f ‖ *Reinschrift* f ‖
Bildniskopie f ‖ ⟨Fot⟩ *Abzug* m ‖ ⟨Typ⟩ *Exemplar*
n ‖ *(Sonder)Abdruck* m ‖ ⟨fig⟩ *Nachbildung,
(sklavische) Nachahmung* f ‖ ⟨Film⟩ *Verleihkopie*
f ‖ *Kopieren* n ‖ *Abschreiben* n ‖ ~ azul
Blaupause f ‖ ~ auténtica, ~ autenticada, ~
autorizada *beglaubigte Abschrift* f ‖ ~ calcada
Pause f ‖ ~ al carbón *Durchschlag,
Kohlepapierabdruck* m ‖ ~ de certificado
Zeugnisabschrift f ‖ ~ por contacto ⟨Fot⟩
Kontaktkopie f ‖ ~ duplicada *zweifache
Ausfertigung* f ‖ ~ exacta *wörtliche, genaue
Abschrift* f ‖ ~ fehaciente *Ausfertigung* f ‖

beglaubigte Abschrift f ‖ *~ fiel wortgetreue
Abschrift* f ‖ *~ final* ⟨Film⟩ *Musterkopie* f ‖ *~
impresa* ⟨Inform⟩ *Hardcopy* n ‖ *~ lavendel* ⟨Film⟩
Lavendelkopie f ‖ *~ legalizada beglaubigte
Abschrift* f ‖ *~ literal* → *~ exacta* ‖ *~ a mano
handschriftliche Wiedergabe* f ‖ *~ a máquina
maschinengeschriebener Durchschlag* m ‖ *~ en
molde, ~ por moldeo Nachguss* m ‖ *~ original
Erstausfertigung* f ‖ *~ pirata Raubkopie* f ‖ *~
posterior weitere Ausfertigung* f *(dritte, vierte
usw.)* ‖ *~ primera Erstausfertigung* f ‖ *~ de
seguridad* ⟨Inform⟩ *Sicherungskopie* f ‖ *~ de la
sentencia Urteilsausfertigung* f ‖ *~ sonora* ⟨Film⟩
Tonkopie f ‖ *~ textual* → *~ exacta* ‖ *~ de trabajo*
⟨Film⟩ *Arbeitskopie, Rohfassung* f *(e–s Films)* ‖
~ visual ⟨Inform⟩ *Softcopy* f ‖ ◇ *sacar una ~*
⟨Fot⟩ *e–n Abzug machen* ‖ ⟨Mal⟩ *ein Bild
kopieren* ‖ *es su ~* ⟨fig⟩ *er (sie, es) ist sein (ihr)
Ebenbild* ‖ *hacer ~s kopieren*
²copia f *Menge, Fülle* f ‖ *Überfluss* m
copia|dor m *Kopier|gerät* n, *-vorrichtung* f ‖
Vervielfältiger m ‖ [früher] *Kopierbuch* n ‖ **–dora**
f *Kopiermaschine* f
copiar vt/i *abschreiben, kopieren, e–e
Abschrift anfertigen* ‖ *ins Reine schreiben* ‖
nachschreiben ‖ *vervielfältigen* ‖ *abtippen* ‖
*nachformen, kopieren (auf e–r
Werkzeugmaschine)* ‖ ⟨Mus⟩ *(Noten) abschreiben*
‖ *ab-, nach|zeichnen* ‖ ⟨fig⟩ *(sklavisch)
nachahmen* ‖ ◇ *~ a la mano mit der Hand
abzeichnen* ‖ *~ por moldeo nachgießen* ‖ *~ del
natural* ⟨Mal⟩ *nach der Natur zeichnen*
copieteo m *(fam) Abschreiben* n *bei e–r
Prüfung*
copihue m Chi *e–e Schlingpflanze* f (Lapageria
rosea)
copiloto m ⟨Flugw⟩ *Kopilot* m ‖ ⟨Auto⟩
Beifahrer m *(bei e–r Rallye)*
copín m Ast *ein Getreidemaß* n
copi|na f Mex *abgezogene Tierhaut* f ‖ **–nar** vt
e–m Tier die Haut abziehen
copinol m Guat → **curbaril**
copión m *(desp)* ⟨Mal⟩ *schlechte Kopie* f *(auch
e–r Skulptur)* ‖ ⟨Film TV⟩ *Schnellkopie* f
copio|pía, -psia f ⟨Med⟩ *Sehschwäche,
Kopiopie* f
copio|sidad f *Reichhaltigkeit, Fülle* f,
Überfluss m, *Menge* f ‖ **–so** adj *reichhaltig* ‖
zahlreich ‖ ⟨Med⟩ *kopiös* ‖ adv: **~amente**
copis|ta m/f *Abschreiber(in* f) m, *Kopist(in* f)
m ‖ *~ de música Notenschreiber(in* f) m ‖ **–tería**
f *Kopieranstalt* f
copita f *dim von* ¹copa ‖ *Likörbecher* m
¹copla f *Reimsatz* m, *Strophe* f ⟨Tanz⟩*Lied,
Liedchen, Lied* n *im Volkston (bes. in Andalusien)*
‖ *~ de ciego* ⟨figf⟩ *Gassenhauer* m,
Bänkelsängerlied n ‖ ⟨fig⟩ *abgedroschene Leier* f
‖ *~s fpl Verse* mpl ‖ *~ de Calaínos* ⟨fig⟩
unnützer Plunder m ‖ *ni en ~* *(fam) nicht im
Traum* ‖ ◇ *andar en ~* ⟨figf⟩ *in aller Leute Mund
sein* ‖ *hacer ~* *(fam) Verse machen, dichten*
²copla f *Paar, Pärchen* f
coplano adj ⟨Phys⟩ *komplanar*
cople|ar vi *Lieder (im Volkston) verfassen,
hersagen* ‖ **–ría** f *(viele) Lieder* npl, *-gruppe* f ‖
–ro m *Reimschmied* m ‖ *Bänkelsänger* m ‖ ⟨fig⟩
Dichterling m
coplista m/f ⟨desp⟩ *Dichterling* m
coplón m augm von ¹copla (bes. desp)
¹copo m *Flocke* f *(Wolle)* ‖ *Schneeflocke* f ‖
Spinnrocken m *(voll Flachs)* ‖ *Büschel* n *(Haare)*
‖ *~ de nieve Schneeflocke* f ‖ *~s mpl kleine
Klümpchen* npl *(in e–r trüben Flüssigkeit)* ‖ *~ de
avena Haferflocken* fpl ‖ ◇ *nieva a grandes ~ es
fallen große Flocken*

²copo m ⟨Bot⟩ *Baumkrone* f
³copo m ⟨Mil⟩ *Einkreisung* f *(des Gegners)* ⟨&
Pol⟩ ‖ *Abschneiden* n *der feindlichen Linien)* ‖ *~
m s von copar* ‖ *Fischfang* m *mit dem Sacknetz*
copolímero m ⟨Ku⟩ *Ko-, Misch|polymer* m
copón m augm von ¹copa ‖ *Kognakschwenker*
m ‖ ⟨Rel⟩ *Hostienkelch* m
copose|edor m *Mitbesitzer* m ‖ **–sión** f
Mitbesitz m ‖ **–sor** m *Mitbesitzer* m
coposo adj → copudo
copra f *Kopra* f
co|presidencia f *Mitvorsitz* m ‖ **–presidente** m
Mitvorsitzende(r) ‖ **–procesado** m
Mitangeklagte(r) m ‖ **–producción** f ⟨Film⟩
Koproduktion f ‖ **–productor** m ⟨Film⟩
Koproduzent m
co|profagia f ⟨Zool Med⟩ *Kotessen* n,
Koprophagie f ‖ **–prófago** adj/s ⟨Zool Med⟩
kotessend, koprophag ‖ *~ m* ⟨Med⟩ *Kotesser,
Koprophage* m ‖ **–profilia** f ⟨Med⟩ *Koprophilie* f
‖ **–prolalia** f ⟨Med⟩ *Koprolalie* f ‖ **–prolito** m
Koprolith, versteinerter Kot m *(urweltlicher
Tiere)* ‖ **–prología** f *Koprologie* f ‖ **–prológico** adj
koprologisch
copropietario m *Mit-, Teil|eigentümer* m ‖
Teil-, Mitin|haber m ‖ *Eigentümer* m *e–r
Eigentumswohnung*
copro|rrea f ⟨Med⟩ *Durchfall* m ‖ **–stasia** f
Kotstauung, Koprostase f
cóptico, ¹copto adj *koptisch*
²copto m *Kopte* m ‖ *koptische Sprache* f ‖ *gran
~* ⟨Hist⟩ *Großkophta* m
cop|tología f ⟨Ling⟩ *Koptologie* f ‖ **–tólogo** m
Koptologe m
copucha f Chi *(Fisch)Blase* f ‖ ◇ *hacer ~s*
Chi *die Wangen aufblasen*
copuchento m Chi *Lügner, Schwindler* m
copudo adj *mit breiter, dichter Krone, dicht
belaubt (Baum)*
¹cópula f *Band* n, *Verknüpfung* f ‖ *Begattung* f
‖ ⟨Gr⟩ *Kopula* f ‖ *~ carnal Begattung* f ‖ *~
fornicaria ehebrecherischer Geschlechtsverkehr* m
‖ *Blutschande* f ‖ ◇ *consumar la ~ den Beischlaf
vollziehen*
²cópula f *Kuppel* f, *-dach* n
copula|ción f *Ver|bindung, -einigung* f ‖ **–rse**
vr *die Begattung vollziehen, beischlafen* ‖
–tivamente adv *gemeinschaftlich* ‖ **–tivo** adj
Verbindungs- ‖ ⟨Gr⟩ *kopulativ, beiordnend*
copyright m *Copyright* n
coque m *Koks* m ‖ *~ de destilación
Schwelkoks* m ‖ *~ de gas Gaskoks* m ‖ *~ de
lignito Grude* f ‖ *~ metalúrgico Hüttenkoks* m ‖
–facción f *Verkokung* f ‖ *Verkoken* n
coquear vi Am *Koka kauen*
coqueluche f ⟨Med⟩ *Keuchhusten* m
¹coquera f *Loch* n *durch Insektenfraß*
²coquera f *Koks|kasten, -behälter* m
³coquera f *kleine Vertiefung* f *(in Steinen)*
⁴coquera f Bol *Kokastrauchfeld* n ‖
Kokabehälter m
coquería f *Kokerei* f
¹coqueta f/adj *Kokette* f
²coqueta f *Frisierkommode* f
coque|tear vi *kokettieren, liebäugeln, liebeln
(& fig)* ‖ **–teo** m, **–tería** f *Kokette rie, Putz-,
Gefall|sucht* f ‖ *Ziererei* f ‖ **–tismo** m *Gefallsucht,
Koketterie* f ‖ **–to, –tón** adj/s *(fam) lockend,
angenehm, reizend, elegant* ‖ *gefallsüchtig* ‖ adv:
~amente
coquí [pl ~íes] m ⟨Ins⟩ *kubanische Kokifliege
(Sumpfinsekt)* ‖ Cu PR ⟨Bot⟩ *Antillenfrosch* m
(Hylodes martinicensis)
coquilla f ⟨Met⟩ *Kokille* f
¹coquillo m *dim von coco* ‖ *kleine Kokosnuss* f

²**coquillo** m ⟨Ins⟩ *Rebenstecher* m
³**coquillo** m Cu ⟨Text⟩ *(Art) weißes Baumwollzeug* n
coquimbo m Bol *Hond* ⟨Pol⟩ *Liberale(r)* m ‖ Ur *Mulatte* m
coqui|na f ⟨Zool⟩ *Stumpf-, Dreiecks|muschel* f (Donax spp) ‖ **–nero** m And *(Tell)Muschel|fischer, -händler* m
coquino m Bol *ein Bauholzbaum*
coquis m Col *Küchenjunge* m
coquiseco m PR *Kokosnuss* f *ohne Milch* ‖ PR ⟨figf⟩ *unbeholfener Junge* m
¹**coquito** m *Gebärde* f, *die man e–m Kind vormacht, damit es lacht*
²**coquito** m ⟨V⟩ *am. Sperlingstäubchen* n (Columbigallina passerina) ‖ ⟨V⟩ *Inkatäubchen* n (Scardafella inca)
³**coquito** m Mex *mürbe Kokosnuss* f
coqui|zación f *Verkokung* f ‖ **–zar** [z/c] vt *verkoken*
Cor. ⟨Abk EB⟩ = *Correo*
¹**cora** m Mex *Korasprache* f
²**cora** f Marr *Gebiet* n, *Bezirk* m
³**cora** f Pe *Unkraut* n
cora|cán m, **–cana** f ⟨Bot⟩ *Korakan* m (Eleusine coracan)
coracero m ⟨Hist⟩ *Kürassier* m ‖ ⟨figf⟩ *(starke, schlechte) Zigarre*, ⟨fam⟩ *Giftnudel* f
corácidos mpl ⟨V⟩ *Raben* mpl (Coraciidae)
coracoides m/adj ⟨An⟩ *Schulterblattmuskel* m
coracha f Am *Ledersack, Beutel* m
corada f *Geschlinge* n *(von Schlachttieren)*
coraico adj ⟨Poet⟩ *trochäisch (Versmaß)*
cora|je m *Mut* m, *Herzhaftigkeit* f ‖ *Zorn* m, *Wut* f ‖ ◇ *le da ~ er ist wütend darüber* ‖ *lleno de ~ zornentbrannt* ‖ **–jina** f ⟨fam⟩ *Wutanfall*, ⟨fam⟩ *Koller* m ‖ ◇ *le dio una ~* ⟨fam⟩ *er hatte eine Anwandlung von Zorn* ‖ **–judo** adj *jähzornig* ‖ Am *verwegen*
¹**coral** m ⟨Zool⟩ *Koralle(n)* f(pl), *Korallentier* n ‖ *~ rojo Edelkoralle, rote Koralle* f ‖ **~es** mpl *Korallenschnur* f
²**coral** adj *Chor-, auf e–n Chor bezüglich* ‖ *~* m *Choral* m, *Kirchenlied* n
³**coral** m Ven ⟨Zool⟩ *Korallenschlange* f
coralarios mpl ⟨Zool⟩ *Korallen(tiere* npl) fpl
cora|lero m *Korallen|fischer, -händler* m ‖ **–lífero** adj: *isla ~a Koralleninsel* f ‖ **–liforme** adj *(m/f) korallenförmig*
¹**coralillo** m Am ⟨Zool⟩ *Korallen|schlange, -otter* f (Micrurus corallinus)
²**coralillo** m Cu *Korallenstrauch* m
¹**coralina** f ⟨Zool⟩ *Koralle* f, *Korallentier* n
²**coralina** f *Korallin* n *(roter Farbstoff)*
³**coralina** f *Korallen-, Kalk|alge* f (Corallina sp)
coralino adj *korallenartig* ‖ *korallenfarben* ‖ *~* m ⟨Zool⟩ *Korallenkrabbe* f
coralista m/f *Mitglied* n *e–s Chors*
coralito m Chi ⟨Zool⟩ *Korallennatter* f ‖ Cu ⟨Bot⟩ *Korallenstrauch* m
corambre f *Tierfelle* npl ‖ *Leder* n ‖ *Weinschlauch* m
córam pópulo ⟨lat⟩ *öffentlich, vor aller Welt*
co|rán m → *alcorán* ‖ **–ránico** adj *auf den Koran bezüglich*
coranvobis m ⟨fam⟩ *gemachter Anstand* m, *falsche Würde* f
coraza f *Panzer* m, *Panzerung* f ‖ ⟨Mar⟩ *Schiffspanzerung* f ‖ *Panzer* m *(e–r Schildkröte)* ‖ ⟨Hist⟩ *Brustharnisch, Kürass* m ‖ *~ de chapa Blechpanzer* m ‖ *~ en faja* ⟨Mar⟩ *Gürtelpanzer* m
¹**coraznada** f *Herz* n, *Kern* m *(e–r Fichte)*
²**coraznada** f ⟨Kochk⟩ *Gericht* n *von Kalbs- od Hammelherz*

¹**corazón** m *Herz* n ‖ *Herz|form, -gestalt* f ‖ ⟨fig⟩ *Herzhaftigkeit* f, *Mut* m ‖ ⟨fig⟩ *Gemüt* n, *Sinnesart* f ‖ *Gefühl* n ‖ *Gewissen* n ‖ ⟨fig⟩ *Zuneigung, Liebe* f ‖ ⟨fig⟩ *Innerste(s)* n, *Kern* m ‖ *~ adiposo* ⟨Med⟩ → *~ graso* ‖ *~ aórtico* ⟨Med⟩ *Aortenherz* n ‖ *~ atlético* ⟨Med⟩ *Sportlerherz* n ‖ *~ branquial* ⟨Zool⟩ *Kiemenherz* n ‖ *~ de deportista* ⟨Med⟩ *Sportlerherz* n ‖ *~ en forma de gota* ⟨Med⟩ *Tropfenherz* n ‖ *~ graso* ⟨Med⟩ *Fettherz* n, *Herzverfettung* f ‖ *~ de Jesús Herz* n *Jesu* ‖ *~ de oro* ⟨fig⟩ *goldenes Herz* n ‖ ⟨fig⟩ *treue Seele* f, ⟨fam⟩ *prima Kerl* m ‖ *~ de pedernal* ⟨fig⟩ *steinernes Herz* n ‖ *~-pulmón artificial* ⟨Med⟩ *Herz-Lungen-Maschine* f ‖ *~ respiratorio* ⟨Zool⟩ *Atmungsherz* n ‖ *~ senil* ⟨Med⟩ *Greisenherz* n ‖ *~ sistemático* ⟨Zool⟩ *systematisches Herz* n ‖ ◆ *a ~ abierto* ⟨Med⟩ *am offenen Herzen (Operation)* ‖ *con el ~ en la mano* ⟨fig⟩ *offenherzig, ganz aufrichtig* ‖ *de ~ von Herzen, herzlich* ‖ *aufrichtig* ‖ *de buen ~ mit aufrichtigem Herzen* ‖ *muy de ~ von ganzem Herzen* ‖ *de todo ~ von ganzem Herzen* ‖ *de todo mi ~ herzlich gern* ‖ *en el ~ de … mitten in …* ‖ *en la mitte, im Herzen* (gen) ‖ *en (forma de) ~ herzförmig, in Herzform* ‖ *¡mi ~! ¡~ mío! mein Herz! mein Schatz! (Kosewort)* ‖ ◆ *sin ~ herzlos* ‖ ◇ *abrir el ~ a uno* ⟨fig⟩ *jdm Mut einflößen* ‖ *abrir* (*od declarar*) *su ~ a uno* ⟨fig⟩ *jdm sein Herz ausschütten* ‖ *eso me arranca el ~* ⟨fig⟩ *das zerreißt mir das Herz* ‖ *eso me atraviesa el ~* ⟨fig⟩ *das gibt mir e–n Stich ins Herz* ‖ *no caberle a alg. el ~ en el pecho* ⟨fig⟩ *außerordentlich betrübt sein* ‖ *grož|herzig od -zügig sein* ‖ *caérsele a uno las alas del ~* ⟨fig⟩ *den Mut verlieren, verzagen* ‖ *cobrar ~* ⟨fig⟩ *Mut schöpfen* ‖ *cubrírsele a alg. el ~* ⟨fig⟩ *große Trauer empfinden* ‖ *eso lo dice con el ~ en la mano* ⟨fig⟩ *das sagt er (sie, es) ganz ehrlich* ‖ *me lo dice el ~ ich ahne es* ‖ *le dio un vuelco el ~* ⟨figf⟩ *das Herz hüpfte ihm (ihr) vor Freude* ‖ *dilatar od ensanchar el ~* ⟨fig⟩ *Mut schöpfen* ‖ *me lo decía od daba el ~* ⟨fig⟩ *ich ahnte es, mein Herz sagte es mir* ‖ *encogérsele a alg. el ~* ⟨fig⟩ *große Angst bekommen od* ⟨fam⟩ *kriegen* ‖ *estrechar a alg. contra su ~* ⟨fig⟩ *jdn an sein Herz drücken* ‖ *habla con el ~ en la lengua* ⟨fig⟩ *das Herz sitzt ihm (ihr) auf der Zunge* ‖ *hacer de tripas ~* ⟨figf⟩ *aus der Not e–e Tugend machen, s. nicht unterkriegen lassen* ‖ *eso me hiela el ~* ⟨fig⟩ *das lässt mir das Blut in den Adern gerinnen* ‖ *llevar od tener el ~ en la(s) mano(s), ~ en los labios, ~ en los ojos* ⟨figf⟩ *das Herz auf der Zunge haben* ‖ *meterse en el ~ de alg.* ⟨figf⟩ *s. bei jdm einschmeicheln* ‖ *eso* (me) *parte od quiebra el ~* ⟨fig⟩ *das ist herzzerreißend* ‖ *pesar en el ~ das Herz schwer machen* ‖ *eso te lo pongo en el ~* ⟨fig⟩ *das lege ich dir ans Herz* ‖ *eso le sale del ~* ⟨fig⟩ *das kommt ihm (ihr) von Herzen* ‖ *tener el ~ de bronce* ⟨fig⟩ *hartherzig sein* ‖ *Mut haben* ‖ *no tener ~* ⟨fig⟩ *herzlos sein* ‖ *gewissenlos sein* ‖ *no tiene ~ para decirlo* ⟨fig⟩ *er (sie, es) wagt es nicht zu sagen* ‖ *tener mucho ~* ⟨fig⟩ *edelmütig sein* ‖ ⟨fig⟩ *Mut haben* ‖ *tener el ~ bien puesto* ⟨fig⟩ *das Herz auf dem rechten Fleck haben* ‖ *tener un ~ de tigre* ⟨fig⟩ *grausam sein* ‖ *tener un ~ de piedra od de hierro* ⟨fig⟩ *hartherzig sein* ‖ *¡la mano al ~! (die) Hand aufs Herz!* ‖ *buen ~ quebranta mala ventura* ⟨Spr⟩ *ein starkes Herz erträgt alles* ‖ *lo que en el ~ e fragua, por la boca se desagua (cuando el ~ rebosa, la boca habla)* ⟨Spr⟩ *wes das Herz voll ist, des geht der Mund über*
²**corazón** m ⟨Bot⟩ *Osterluzei* f (Aristolochia)
³**corazón** m ⟨EB⟩ *Herzstück* n ‖ ⟨Tech⟩ *Herz* n ‖ *~ de arrastre* ⟨Tech⟩ *Drehherz* n ‖ *~ doble*

⟨EB⟩ *Doppelherzstück* n ‖ ~ de inversión ⟨Tech⟩
Wendeherz n ‖ ~ de platabanda ⟨EB⟩ *Herzstück* n
mit Spurkranzlauf
   cora|zonada *f Eingebung* f *des Herzens,
Vorgefühl* n, *Ahnung* f ‖ *schneller, mutiger
Entschluss* m ‖ ⟨fam⟩ *Geschlinge* n *(Schlachtvieh)*
‖ **–zoncillo** m dim von **¹corazón** ‖ ⟨Bot⟩
Johanniskraut, Grundheil m (Hypericum spp) ‖
–zonista adj *(m/f)* ⟨Rel⟩ *auf den Herz-Jesu-Orden
bezüglich*
   corbacho m ⟨Hist⟩ *Karbatsche,
Riemenpeitsche* f ‖ *Ochsenziemer* m *(zur
Züchtigung)*
   △ **corbar** vt *verwunden*
   corbas *fpl* ⟨V⟩ *Schwungfedern* fpl
   corba|ta *f Krawatte* f, ⟨fam⟩ *Schlips, Binder* m
‖ *Flaggen|troddel, -quaste* f ‖ *Komturbinde* f *(e–s
Ordens)* ‖ *Krawatte* f *(Billardstoß)* ‖ Arg *Halstuch*
n *der Gauchos* ‖ ~ (de bandera) *Ehrenzeichen* n
an Fahnen, Fahnenschleife f ‖ ~ de hielo ⟨Med⟩
Eiskrawatte f ‖ **–tería** f *Krawatten|laden* m,
-fabrik f ‖ **–tín** m *Schellenhalsband* n ‖
Spitzenkragen m *(für Frauen)* ‖ ◇ irse *(od
salirse)* por el ~ ⟨figf⟩ *sehr mager und langhalsig
sein*
   corbatón m ⟨Mar⟩ *Krummholz* n
   corbella *f* Ar ⟨Agr⟩ *(Mäh)Sichel* f
   corbeta *f* ⟨Mar⟩ *Korvette* f
   corbícula *f* ⟨Ins⟩ *Körbchenmuschel* f *(der Biene)*
   corbillo m Ar *Kiepe* f *aus Korbweide*
   corbina *f* → **¹corvina**
   corbo m Mancha *(Lese)Korb* m ‖ Murc
Obstkorb m
   corbona *f Korb* m ‖ ◇ *meter en* ~ ⟨figf⟩ *in
den Beutel stecken*
   cor|ca *f* Ar Murc → **carcoma** ‖ **–carse** vr Ar
Murc → **carcomerse**
   Córcega *f* ⟨Geogr⟩ *Korsika* n
   corcel m *(Streit)Ross* n ‖ ⟨poet⟩ *Renner* m,
Ross n
   ¹corcha *f roher Kork* m ‖ *Kühlgefäß* n *aus
Kork* ‖ *Bienenkorb* m
   ²corcha *f* ⟨Mar⟩ *Schlag* m *(e–s Taus)*
   corchar vt ⟨Mar⟩ *(ein Tau) schlagen* ‖ Col
⟨figf⟩ *in den Schatten stellen*
   corche m *Korksandale* f
   corchea *f* ⟨Mus⟩ *Achtelnote* f
   corche|ra *f Kühleimer* m *(aus Korkholz)* ‖ **–ro**
adj *Kork-* ‖ ~ m *Kork|arbeiter, -schäler* m
   corcheta *f Ohr* n, *Hakenschlinge, Öse* f ‖
Spange f
   corchete m *Spange, Schnalle* f ‖ *Haken* m *mit
Öse* ‖ *Häkchen* n, *Haft* m ‖ ⟨Zim⟩ *Klammer* f ‖
⟨Typ⟩ *eckige Klammer* f ‖ ⟨fig⟩ *Gerichtsdiener,
Häscher* m ‖ ~ de carpintero *Schraubzwinge* f ‖
~s *mpl* Am *Haken und Ösen* ‖ ~ de presión Am
Druckknöpfe mpl
   ¹corcho m *Kork* m, *Korkrinde* f ‖ *Pfropfen,
Korken, Korkstöpsel* m ‖ *Kühleimer* m *(aus
Korkholz)* ‖ *Korksandale* f ‖ *Korkunterlage* f *(e–r
Schreibmaschine)* ‖ *Korkuntersatz* m ‖ Cu *(Art)
Bienenstock* m ‖ ~ aglomerado *Presskork* m ‖ ~
artificial *Kunstkork* m ‖ ~ bornizo *Kork* m *erster
Schälung* ‖ ~ comprimido en planchas *gepresste
Korkplatten* fpl ‖ ~ endurecido *Korkstein* m ‖ ~
fósil ⟨Min⟩ *Bergkork* m ‖ ~ de herida *Wundkork*
m ‖ ~ en panes *Korkholz* m ‖ ~ en planchas *Kork*
m *in Platten* ‖ ~ segundero *Kork* m *zweiter
Schälung* ‖ ~ sintético *Kunstkork* m ‖ ~ virgen
Kork m *erster Schälung* ‖ ◇ *flotar como el* ~ *en
agua* ⟨figf⟩ *s. in jeder Lage zu helfen wissen* ‖
hacer el ~ Chi ⟨figf⟩ *plötzlich hervorschnellen
(wie ein Flaschenkork)* ‖ ¡~! ⟨fam⟩ → **¡caramba!**
‖ ¡quieto el ~! ⟨fam⟩ *nichts berühren!* ‖ **~s** mpl:
nadar sin ~ ⟨figf⟩ *s. selbst zu helfen wissen*

²corcho adj Chi → **acorchado**
   corcholata *f* Mex *Flaschenkapsel* f
   ¡córcholis! ⟨fam⟩ → **¡caramba!**
   corcho|so adj *korkartig* ‖ **–taponero** adj:
industria **~a** *Korkstopfenindustrie* f
   corcino m *Rehkitz* n
   corcito m dim von **corzo**
   corcobiar [pres **~ío**] vi Am ⟨pop⟩ → **corcovear**
   corcón m ⟨Fi⟩ *Dicklippige Meeräsche* f (Mugil
chelo)
   corconcho adj/s Mex *höck(e)rig, buck(e)lig* ‖
gekrümmt
   corconera *f Mohren-, Trauer|ente* f (Melanitta
nigra)
   corco|va *f Höcker, Buckel* m ‖ **–vado** adj/s
höck(e)rig, buck(e)lig ‖ **–var** vt *krümmen* ‖ **–vear**
vi *Bocksprünge machen* ‖ *bocken (Pferde)* ‖ Chi
⟨fam⟩ *s. sträuben* (contra *gegen*) ‖ **–veta** *f* dim
von **–va** ‖ ~ m/f ⟨fig⟩ *(kleine) buck(e)lige Person*
f ‖ **–vo** adj Am → **–vado** ‖ ~ m *(Bock)Sprung* m
‖ ⟨figf⟩ *Krümmung, Unebenheit* f
   corcuncho adj/s CR *buck(e)lig*
   corcu|sido m ⟨fam⟩ *Flickwerk* n ‖ **–sir** vt ⟨fam⟩
flicken, zusammenpfuschen
   corda *f:* estar a la ~ ⟨Mar⟩ *beiliegen*
   corda|da *f Seil-, Takel-, Strick|werk* n ‖ ⟨Bgb⟩
Seilfahrt f ‖ *Seilschaft* f *(beim Felsklettern)* *(&
fig)*
   cordados *mpl* ⟨Zool⟩ *Chordatiere* npl,
Chordaten pl
   cordaje m ⟨Mar⟩ *Takelwerk* n, *Takelung* f ‖
Seilwerk n
   ¹cordal adj/s *(m/f)* (muela) ~ *Weisheitszahn* m
   ²cordal m/adj ⟨Mus⟩ *Saitenhalter* m
   ³cordal m *Mittelfinger* m
   ⁴cordal m Ast *kleine Bergkette* f
   cordato adj *klug, verständig*
   ¹cordel m *Strick, Bindfaden* m, *Kordel* f ‖
(Peitschen)Schnur f ‖ *Längenmaß* n *von 5
Schritten* ⟨Buchb⟩ *Bindedraht* m ‖ ⟨Mar⟩ *Reep* n
‖ ~ guía ⟨Arch⟩ *Mauerschnur* f ‖ ~ para tender
ropa *Wäscheleine* f ‖ a hurta ~ ⟨figf⟩ *unversehens*
‖ ⟨figf⟩ *rücklings, verräterisch* ‖ ◇ *apretar los*
~es a alg. ⟨fam⟩ *jdm hart zusetzen* ‖ *dar* ~ a alg.
Ar *unaufhörlich in jdn dringen* ‖ *echar el* ~ *nach
der Schnur ziehen* ‖ *echarse el* ~ *al pescuezo*
⟨figf⟩ *die Flinte ins Korn werfen* ‖ *tirado od
marcado a* ~ *schnurgerade* (z. B. *Straße*)
   ²cordel m Span *Viehtriebsweg* m
   ³cordel m Cu *Längenmaß (20,352 m)* bzw
Flächenmaß n *(414 m²)*
   corde|lar vt *abstecken* ‖ **–lazo** m *Hieb, Schlag*
m *mit e–m Strick* ‖ **–lejo** m dim von **cordel** ‖ ◇
dar ~ a alg. ⟨figf⟩ *jdn foppen* ‖ **–lería** *f Seilerei* f
‖ *Seilerwaren* fpl ‖ **–lero** m *Seiler|bahn, -werkstatt* f ‖
⟨Mar⟩ *Tau-, Takel|werk* n ‖ **–lero** m *Seiler,
Reepschläger* m ‖ **–lillo** m dim von **cordel**
   corde|ra *f Schäfchen* n ‖ ⟨fig⟩ *nachgiebiges,
folgsames Weib* n ‖ **–raje** m Chi ⟨pop⟩ *Schafherde*
f
   cordería *f Seil-, Tau|werk* n
   corde|ril adj *(m/f) Lamm-* ‖ **–rilla** f dim von
cordero ‖ **–rillo** m dim von **cordero** ‖
Schaflamm n ‖ **–rina** f *Lammfell* n ‖ **–rino** adj *Lamm-*
‖ **–rito** m dim von **–ro** ‖ Am *Pferdespiel* n
(Kinderspiel) ‖ **–ro** m *Lamm* n ‖ *Lammfell* n ‖
Lammfleisch n ‖ ⟨fig⟩ *nachgiebiger Mensch* m ‖
~ asado *Lammbraten* m ‖ ~ de Dios, Divino ~
Lamm n *Gottes (Jesus)* ‖ ~ de engorde *Mastlamm*
n ‖ ~ de leche, ~ lechal *Milch-, Saug|lamm* n ‖
~ pascual *Osterlamm* n ‖ ~ Pascual ⟨fig⟩ *Lamm*
n *Gottes (Jesus Christus)* ‖ ~ recental *Lamm* n,
das noch nicht auf die Weide gegangen ist ‖ ◇
ahí está la madre del ~ ⟨fam⟩ *da liegt der Hase*

im Pfeffer, das ist des Pudels Kern ‖ tan presto se
va el ~ como el carnero ⟨Spr⟩ *vor dem Tod gibt
es k–n Unterschied* ‖ **–ruelo** *m* dim von **–ro** ‖
–runa *f Lammfell* n ‖ **–runo** adj *Lamm-*
cordezuela *f* dim von **cuerda**
cor|díaco adj → **cardíaco** ‖ **–dial** adj *(m/f) das
Herz betreffend* ‖ *herzlich, innig, kordial* ‖ *~es
saludos herzliche Grüße* f ‖ *~ m herzstärkendes
Mittel* n *(Getränk)* ‖ *(Art) Backwerk* n ‖ adv:
~mente ‖ **–dialidad** *f Herzlichkeit, Innigkeit* f ‖
◆ con ~ *herzlich, aufrichtig*
   cordierita *f* ⟨Min⟩ *Kordierit* m
   cordiforme adj *(m/f) herzförmig*
   cordilla *f Katzenkost* f ‖ ◇ ¡ahí tenéis la ~!
⟨pop⟩ *hin ist hin! da ist Hopfen und Malz
verloren!*
   cordille|ra *f Gebirgskette* f ‖ *(Ketten)Gebirge* n
‖ las **–ras** Am *die Anden* ‖ **–rano** *m/*adj
Bergbewohner m
   cordita *f Kordit* n *(rauchschwaches
Schießpulver)*
   corditis *f* ⟨Med⟩ *Chorditis,
Stimmbänderentzündung* f ‖ *Funikulitis,
Samenstrangentzündung* f
   Córdoba *f* [Stadt und Provinz in Spanien und
in Argentinien] *Córdoba* n ‖ [Währungseinheit]
Córdoba n *(Abk = CS)*
   cordobán *m Korduan(leder)* n
   cordobano: a la *~a splitternackt*
   cordobés adj *aus Córdoba* ‖ *auf Córdoba
bezüglich* ‖ *~ m Kordobese(r)* m ‖ *Kordobeser
Hut* m
   cordofono *m* ⟨Mus⟩ *Chordophon* n
   cordoma *m* ⟨Med⟩ *Chordom* n *(Geschwulst an
der Schädelbasis)*
   cordómetro *m* ⟨Mus⟩ *Chordometer* n
   ¹cordón *m (gedrehte) Schnur, Litze* f ‖
Schnür|riemen m, *-band* n ‖ *Schnürsenkel* m ‖
Strippe f ‖ *Leibstrick* m *(einiger religiöser Orden)*
‖ *Hutschnur* f ‖ *Uhrband* n ‖ *Ordensband* n ‖
Degenquaste f ‖ ⟨Mil⟩ *Achselschnur* f ‖ ⟨Mil⟩
Fangschnur f, *Portepee* n ‖ *~ de acoplamiento*
⟨Tel⟩ *Stöpselschnur* f ‖ *~ de algodón
Baumwollschnur* f ‖ *~ de antena Antennenlitze* f ‖
~ cableado verseilte Schnur f ‖ *~ de clavija
Stöpselschnur* f ‖ *~ conductor Leitungsschnur* f ‖
~ flexible flexible Schnur f ‖ *~ de seda
Seidenschnur* f ‖ *~ telefónico Telefonschnur* f ‖ *~
triangular Dreikantlitze* f ‖ *~ de tripa Darmsaite* f
‖ *~ de zapatos Schnürsenkel* m ‖ ¡~! *(fam) zum
Teufel!*
   ²cordón *m Kordon* m, *Absperrung, Postenkette*
f ‖ *~ aduanero Zoll|linie* f, *-gürtel* m ‖ *~
huelguista, ~ de piquetes Streikpostenkette* f ‖ *~
sanitario Sperrgürtel,* ⟨frz⟩ *Cordon* m *sanitaire*
   ³cordón *m* ⟨Arch⟩ *Rippe* f, *Gurt* m ‖ ⟨Met⟩
Schweiß|naht, -raupe f ‖ ⟨An⟩ *Bahn* f, *Strang* m ‖
⟨Mar⟩ *Ducht* f ‖ *~ achatado* ⟨Met⟩ *flache
Schweißnaht* f ‖ *~ continuo* ⟨Met⟩ *durchlaufende
Schweißnaht* f ‖ *~ discontinuo* ⟨Met⟩
unterbrochene Schweißnaht f ‖ *~ espermático*
⟨An⟩ *Samenstrang* m ‖ *~ génico* (Gen) *Genkette*
f ‖ *~ nervioso* ⟨An⟩ *Nervenbahn* f ‖ *~ de policía
Polizeikette* f ‖ *~ de refuerzo* ⟨Arch⟩
Verstärkungs|rippe f, *-gurt* m ‖ *~ seminal* ⟨An⟩
Samenstrang m ‖ *~ umbilical* ⟨An⟩ *Nabelschnur* f
   ⁴cordón *m* [Abzeichen am Tierkopf] *Strich* m
   cordona|dura *f Posamentierarbeit* f ‖ **–zo** *m
Schlag* m *mit e–r Schnur*
   cordoncillo *m* dim von **¹cordón** *gekräuselter
Münzrand* m ‖ *Teillinie* f *gewisser Früchte* ‖ *~ de
seda Kordonettseide* f
   cordone|ría *f Bortenwirkerhandwerk* n ‖
Posamentierwaren fpl ‖ *Posamentierladen* m ‖
–ro *m Bortenwirker* m

   cordotomía *f* ⟨Med⟩ *Chordotomie,
Durchschneidung* f *des Vordersaitenstrangs*
   cordubense adj *(m/f) aus Córdoba,
korduanisch*
   Cordulia *f* np *Kordula* f
   cordura *f Klugheit, Vernunft* f ‖ *Verstand* m ‖
Besonnenheit f ‖ ◆ con ~ *vernünftig*
   corea *f* ⟨Med⟩ *Veitstanz* m, *Chorea* f
   Corea *f* ⟨Geogr⟩: *~ del Norte (República
Democrática Popular de Corea)* ‖ *Nordkorea* n
(Demokratische Volksrepublik Korea) ‖ *~ del Sur
(República de Corea) Südkorea* n *(Republik
Korea)*
   coreano adj *koreanisch* ‖ *~ m Koreaner* m ‖ *~
del Norte, ~ del Sur Nord-, Süd|koreaner* m
   corear vt/i ⟨fam⟩ *(e–r fremden Meinung)
demütig beistimmen* ‖ ⟨fam⟩ *begeistert zustimmen,
mitsingen*
   coreci|co, -llo *m* → **corezuelo**
   coreiforme adj *(m/f)* ⟨Med⟩ *chore|aform,
-iform, veitstanzartig*
   ¹coreo *m* ⟨Poet⟩ *Trochäus* m *(Versfuß)*
   ²coreo *m* ⟨Mus⟩ *Ineinandergreifen* n *der
Chorpartien*
   coreo|grafía *f Choreographie* f ‖ **–grafiar** vt/i
choreographieren ‖ **–gráfico** adj *choreographisch*
   coreógrafo *m Choreograph* m ‖ *Ballettmeister* m
   coreomanía *f* ⟨Med⟩ *Choreomanie* f,
Tanzkrampf m
   coreopsis *f* ⟨Bot⟩ *Mädchenauge* n (Coreopsis spp)
   corete *m Lederring* m *(Nageluntersatz)*
   corezuelo *m* dim von **cuero** ‖ *gebratene
Spanferkelhaut* f
   Corfú *m* ⟨Geogr⟩ *Korfu* n
   cori *m* ⟨Bot⟩ → **corazoncillo**
   corí *m* Pe *Gold* n
   coriáceo adj ⟨Bot⟩ *lederartig, ledern* ‖ *Leder-*
   coriambo *m* ⟨Poet⟩ *Choriambus* m *(Versmaß)*
   coriana *f* Col *(Bett)Decke* f
   coriandro *m* → **cilantro**
   △ **coriar** vt *plagen* ‖ *betrüben*
   coribante *m Korybant, Priester* m *der Kybele*
   coridal *f* ⟨Bot⟩ *Korydalis* f (spp Corydalis)
   corifeo *m* ⟨Hist⟩ *Chorführer* m *(im alten
Trauerspiel)* ‖ *Vortänzer* m ‖ ⟨fig⟩ *Koryphäe,
Leuchte* f *(der Wissenschaft)* ‖ ⟨fig⟩ *Anführer* m
   corillo *m kleiner Chor* m ‖ ◇ *estar en ~
gruppenweise beisammenstehen*
   corimbo *m* ⟨Bot⟩ *(Blüten)Dolde* f
   corindón *m* ⟨Min⟩ *Korund* m
   corino adj PR *krummbeinig*
   coríntico, corintio adj/s *korinthisch*
   Corinto *m* ⟨Stadt⟩ *Korinth* n
   corión, corion *m* ⟨An⟩ *Chorion* n, *Zottenhaut* f
‖ *Korium, Corium* n, *Lederhaut* f
   corista *m/f* ⟨Th⟩ *Chorist, Chorsänger* m ‖
Choristin f, *Revuegirl* n
   corito adj *nackt* ‖ ⟨fig⟩ *feige* ‖ *~ m Spitzname
der Bewohner von Santander und Asturien*
   ¹coriza *f* Ast *Bauernschuh* m
   ²coriza *f* ⟨Med⟩ *Coryza, Rhinitis,
Nasenschleimhautentzündung* f, ⟨fam⟩ *Schnupfen*
m ‖ *~ alérgica allergischer Schnupfen* m
   cor|ladura *f Gold|lack, -firnis* m ‖ **–l(e)ar** vt
mit Goldfirnis überziehen
   corma *f Block* m, *Fußfessel* f ‖ *Schlinge* f ‖
⟨fig⟩ *Hemmnis* n
   cormiera *m* ⟨Bot⟩ *Felsenbirne* f (Amelanchier
ovalis)
   cormorán *m* ⟨V⟩ *Scharbe* f, *Kormoran* m
(Phalacrocorax spp) ‖ *~ grande Kormoran* m
(Ph. carbo) ‖ *~ moñudo Krähenscharbe* f
(Ph. aristotelis) ‖ *~ pigmeo Zwergscharbe* f
(Ph. pygmaeus)
   corna *f* ⟨Mar⟩ *Wimpel* m

cornac(a) m Kornak, Elefantenführer m
cornáceas fpl ⟨Bot⟩ Hartriegelgewächse npl
(Cornaceae)
　cornada f ⟨Taur⟩ Hornstoß m ‖ ⟨Med⟩ Wunde,
Quetschung f von e–m Hornstoß ‖ ~ de ansarón
⟨fig⟩ grober Schreibfehler m ‖ ⟨fam⟩
Unredlichkeit f ‖ ◇ dar ~s stoßen (Hornvieh) ‖
no morirá de ~ de burro ⟨figf⟩ er (sie, es) weiß s.
s–r (ihrer) Haut zu wehren ‖ recibir una ~ vom
Stier aufgespießt werden (Stierkämpfer)
　cornadillo m: poner su ~ ⟨figf⟩ sein
Scherflein bei|tragen od -steuern
　cornado m Kornado m (e–e altspanische
Kupfermünze) ‖ ◇ no vale un ~ ⟨figf⟩ es ist k–n
Heller wert
　cornadura f Gehörn n
　cornal m Jochriemen m der Ochsen
　cornalina f ⟨Min⟩ Karneol m (roter od
rötlicher Chalzedon)
　corna|lón adj großhörnig (Stier) ‖ **–menta** f
Gehörn n ‖ Geweih n ‖ ⟨fig⟩ aufgesetzte Hörner
npl (des betrogenen Ehemannes) ‖ ◇ poner la ~
⟨fig⟩ die Hörner aufsetzen
　cornamusa f ⟨Mus⟩ Dudelsack m, Sackpfeife f
‖ Jagdhorn n ‖ ⟨Mar⟩ Kreuzholz n, Klüse f
　cornatillo m e–e große, gekrümmte Olivenart f
　córnea f ⟨An⟩ Hornhaut, Kornea, Cornea f
　corne|ar vt/i (mit den Hörnern) stoßen ‖ **–cico,
–cillo** m dim von ¹**cuerno** ‖ Hörnchen n ‖ **–ítis** f
⟨Med⟩ Hornhautentzündung f
　corneja f ⟨V⟩ Krähe f (Corvus) ‖ ~ cenicienta
Nebelkrähe f (Corvus corone cornix) ‖ ~ negra
Rabenkrähe f (C.c. corone) ‖ → ¹**autillo**
　corne|jal m Elsbeerenpflanzung f ‖ **–jo** m
⟨Bot⟩ Hartriegel m (Cornus spp) ‖ ~ hembra
Roter Hartriegel m (C. sanguinea) ‖ ~ macho
Kornelkirsche(nbaum m) f (C. mas)
　¹**cornejón** m Rabenkrähe f (Corvus corone
corone)
　²**cornejón** m Hornsubstanz f des Ochsenhorns
　cornelina f ⟨Min⟩ → **cornalina**
　Corne|lio m np Cornelius m ‖ **–lia** f np
Cornelia f
　córneo adj Horn-
　córner m ⟨Sp⟩ Eck|stoß, -ball m, Ecke f
　cornerina f ⟨Min⟩ → **cornalina**
　corneros mpl zurücktretende Stirnwinkel mpl
oberhalb der Schläfe, ⟨fam⟩ Geheimratsecken fpl
　¹**corneta** adj Chi mit nur e–m Horn (Rindvieh)
　²**corneta** m (Flügel)Hornbläser m ‖ ⟨Mil⟩
Hornist, Trompeter m ‖ ⟨Hist⟩ Kornett m
　³**corneta** f ⟨Mus⟩ Krummhorn n, Zinke f ‖
(Flügel)Horn, Kornett n ‖ ⟨Mil⟩ Signalhorn n ‖
Hörrohr n ‖ ~ acústica Hörrohr n ‖ ~ de llaves
Klapphorn n ‖ ~ de postillón Posthorn n
　⁴**corneta** f weiße Haube f der Barmherzigen
Schwestern
　⁵**corneta** f ⟨Mar⟩ Splittflagge f
　⁶**corneta** f ⟨Hist⟩ Schwadron f Reiter
　⁷**corneta** f ⟨Zool⟩ Purpurschnecke f (Murex
trunculus)
　corne|te m dim von ¹**cuerno** ‖ Waffeltütchen n
‖ ~s (nasales) Nasenmuscheln fpl ‖ **–tín** m dim
von ³**corneta** ‖ ⟨Mus⟩ Flügelhorn n ‖ Flügelhorn-,
Zinken|bläser m ‖ ~ de llaves, ~ de pistón
Ventil-, Klapp|horn n ‖ ~ de posta Posthorn n
　¹**corneto** adj Guat Salv krummbeinig
　²**corneto** adj Ven stutzohrig (Pferd)
　³**corneto** adj Mex Ven tiefhörnig (Rindvieh) ‖
Arg Chi mit nur e–m Horn (Rindvieh)
　cornezuelo m dim von ¹**cuerno** ‖ Mutterkorn n
(Claviceps purpurea) ‖ Hornschwamm m (im
Korn) ‖ → **cornicabra**
　corn flakes mpl ⟨Kochk⟩ Corn-flakes pl,
geröstete Maisflocken mpl

　corni|abierto adj mit weit auseinander
stehenden Hörnern (Rindvieh) ‖ **–al** adj
hornförmig ‖ **–apretado** adj mit eng
zusammenstehenden Hörnern (Rindvieh) ‖ **–bajo**
adj tiefhörnig (Stier-) ‖ **–cabra** f e–e
langfrüchtige Olivenart f ‖ ⟨Bot⟩ Ziegenhorn n ‖
–corto adj kurzhörnig (Stier) ‖ **–culado** adj
gehörnt
　cornículo m dim von ¹**cuerno** ‖ Chi ⟨Art⟩
Schröpfkopf m
　cornidelantero adj mit nach vorn aufgesetzten
Hörnern (Rindvieh)
　cornífero adj ⟨poet⟩ gehörnt
　corni|forme adj (m/f) hornförmig ‖ **–gacho** adj
mit leicht abwärts gekehrten Hörnern (Rindvieh)
　cornígero adj → **cornífero**
　cornija f ⟨Arch⟩ Karnies n, Kranzleiste f
　¹**cornijal** m Ecke, Spitz f (an e–m Haus, e–m
Acker, e–m Kissen usw.)
　²**cornijal** m ⟨Kath⟩ Kelchtuch n
　cornijón m (Straßen)Ecke f
　cornil m → **cornal**
　corniola f → **cornalina**
　¹**cornisa** f ⟨Arch⟩ Karnies, Kranzgesims n ‖
Obersims n ‖ ~ de arista ⟨Arch⟩ springende
Schicht f ‖ ~ de arquitrabe Architravgesims n ‖ ~
decorativa Verzierungsschicht f ‖ ~ de frontón
Giebelgesims n ‖ ~ de goterón Dachrinne f
　²**cornisa** f Hangstraße f ‖ Schneewächte f
　corni|samento m ⟨Arch⟩ Träger m ‖ Simswerk
n ‖ **–són** m → **cornijón**
　corni|veleto adj mit hohen, aufrechten, wenig
gebogenen Hörnern (Rindvieh) ‖ **–vuelto** adj mit
nach hinten gebogenen Hörnern (Rindvieh)
　corni|zo m → **cornejo** ‖ **–zola** f Kornelkirsche f
　¹**corno** m ⟨Bot⟩ Kornelkirsche f
　²**corno** m: ~ inglés ⟨Mus⟩ Englischhorn n
　Cornua|lles m, **–lla** f ⟨Geogr⟩ Cornwall n
　cornucopia f Füllhorn n ‖ ⟨Art⟩
Spiegelleuchter m (Wandleuchter)
　cornudilla f ⟨Fi⟩ Hammer|hai, -fisch m
　cornudo adj/s gehörnt ‖ (marido) ~ ⟨fam⟩
Hahnrei m
　cornúpe|ta adj/s ⟨poet⟩ in Angriffsstellung
(Tier in Wappen) ‖ **–to** adj/s → **–ta** ‖ ~ m
Hornvieh n ‖ ⟨Taur⟩ (Kampf)Stier m
　cornuto adj → **argumento**
　¹**coro** m Chor, Musik-, Sänger-, Theater|chor m
(Engel)Chor m ‖ Chor(gesang), Choral m ‖
Gesangverein m ‖ ⟨Mus⟩ Chorwerk n ‖ Chor m
(Kapitelsitze) ‖ (Altar)Chor m ‖ ⟨fig⟩ Begleitung f
‖ ~ mixto gemischter Chor m ‖ ♦ a ~ zugleich ‖
◇ hacer ~ ⟨figf⟩ s. e–r Meinung anschließen ‖
rezar a ~s wechselweise beten (mit Responsorien)
　²**coro** m ⟨poet⟩ Nordwest(wind) m
　³**coro** m: de ~ auswendig
　coroca f Chi Grille, Laune f
　corocha f Weinwurm m
　coroco|ra Ven ⟨Ins⟩ Zikade f ‖ **–ro** m ⟨V⟩ ⟨Art⟩
Ibisvogel m (Ibis melanopsis)
　coro|grafía f Länderbeschreibung f ‖ **–gráfico**
adj chorographisch (Karte)
　coroi|des f ⟨An⟩ Aderhaut des Augapfels,
Choroidea f ‖ **–ditis** f ⟨Med⟩ Entzündung der
Gefäßhaut, Chorioiditis f
　coro|jito m dim von –jo Cu ⟨figf⟩ untersetzter
Mensch m ‖ **–jo** m Am ⟨Bot⟩ Butter-, Öl|palme f
(Elaeis guineensis)
　corola f ⟨Bot⟩ Blumenkrone, Korolla, Korolle f
　corolario adj Folge- ‖ ~ m Korollar(ium) n
(Folgesatz)
　corolifloras fpl ⟨Bot⟩ Kronenblumen fpl
　coromanía f ⟨Med⟩ → **coreomanía**
　¹**corona** f Krone f ‖ (Blumen)Kranz m ‖
Siegeskranz m ‖ Wirbel, Scheitel m (des Hauptes)

‖ *(Zahn)Krone* f ‖ *Tonsur* f ‖ *Haarkranz* m ‖
Heiligenschein m ‖ *Strahlenkrone* f ‖ *Schopf* m
der Vögel ‖ *Baumkrone* f ‖ *(kleiner) Rosenkranz*
m ‖ ⟨fig⟩ *König-, Kaiser|reich, Reich* n, *Staat* m ‖
⟨fig⟩ *Königs-, Kaiser|würde* f ‖ ⟨fig⟩ *Schluss* m,
Vollendung f ‖ ⟨fig⟩ *Ehre* f, *Glanz, Ruhm* m ‖
⟨fig⟩ *Krone* f, *Preis* m ‖ ~ *cívica od civil* ⟨Hist⟩
Bürgerkrone f *(Rom)* ‖ ~ *de desposada*
Brautkranz m ‖ ~ *de espigas Erntekranz* m ‖ ~
de espinas Dornenkrone f *(& fig)* ‖ ~ *de hierro*
Eiserne Krone (der langobardischen Könige) ‖ ~
del casco ⟨Vet⟩ *Krone* f *am Pferdehuf* ‖ ~ *dental,*
~ *dentaria (Zahn)Krone* f ‖ ~ *ducal*
Herzogskrone f ‖ ~ *funeraria Trauerkranz* m ‖ ~
imperial Kaiserkrone f ‖ ~ *de laurel*
Lorbeerkranz m ‖ ~ *de martirio Märtyrerkrone* f
‖ ~ *mortuoria Totenkranz* m ‖ ~ *nupcial*
Brautkranz m ‖ ~ *de oro Goldkrone* f
(Zahnkrone) ‖ ~ *real Königskrone* f ‖ ~ *triunfal*
Siegeskrone f ‖ ~ *virginal Jungfernkranz* m ‖
⟨fig⟩ *Unschuld* f ‖ ◇ *en* ~ *im Kreis, kranzförmig*
‖ *por fin y* ~ ⟨fam⟩ *letzten Endes, schließlich* ‖ ◇
perder la ~ ⟨fig⟩ *die Jungfernschaft od Unschuld*
verlieren ‖ *ser de* ~ ⟨figf⟩ *dem geistlichen Stand*
angehören
²corona f **a)** ⟨Arch⟩ *Schlussstein* m *des*
Gewölbes ‖ *Gesimskranz* m, *Kranzgesims* n ‖
Krone, Kranzleiste f ‖ ~ *de alto horno*
Hochofenkranz m ‖ ~ *de cierre Steinkranz,*
Schlussring m ‖ ~ *de chimenea*
Schornsteinaufsatz m ‖ ~ *de muro Mauer|krone,*
-abdeckung f ‖ ~ *de pozo Brunnen|kranz, -*
einfassung f ‖ **b)** ⟨Tech⟩ *Flansch, Kranz, Ring* m,
Krone f ‖ *Radkranz* m ‖ ~ *dentada Zahnkranz* m ‖
~ *de pistón Zylinderring* m ‖ ~ *de rodillos*
Rollenkranz m ‖ ~ *de rueda Radkranz* m ‖ **c)**
⟨Bgb⟩ *Bohrkrone* f ‖ ~ *diamantada*
Diamant(bohr)krone f ‖ **d)** ⟨Auto⟩ *Kranz* m,
Tellerrad n ‖ ~ *de diferencial*
Differentialtellerrad n ‖ ~ *de (la) dirección*
Lenkkranz m ‖ **e)** ⟨Math⟩ *Kreisring* m ‖ **f)** ⟨Mar⟩
Hanger m ‖ ~ *naval Schiffskrone* f
³corona f [Währungseinheit] *Krone* f ‖ ~
checa tschechische Krone f ‖ ~ *checoslovaca*
⟨Hist⟩ *tschechoslowakische Krone* (kčs) ‖ ~
danesa dänische Krone f (dkr) ‖ ~ *eslovaca*
slowakische Krone f ‖ ~ *islandesa isländische*
Krone f (ikr) ‖ ~ *noruega norwegische Krone* f
(nkr) ‖ ~ *sueca schwedische Krone* f (skr)
⁴corona f ⟨Astr⟩ *Hof* m ‖ ~ *lunar Hof* m *um*
den Mond, Aureole f ‖ ~ *solar Korona, Aureole* f
coronas fpl *feine, span. Zigarrensorte* f ‖ ◇
hacer ~ *con el humo Ringe blasen (beim*
Rauchen)
coro|nación f *Krönung* f ‖ *(Ein)Fassung* f ‖
⟨Arch⟩ *Bekrönung* f ‖ ⟨fig⟩ *Krönung, Vollendung* f
‖ ~ *de horno Mauerbrüstung* f ‖ ~ *de la Virgen*
Mariä Krönungsfest n *(ein span. Volksfest)* ‖
–nado adj *gekrönt* ‖ *beendigt, vollendet* ‖ ⟨fam⟩
voll (Trinkglas) ‖ *la* ~*a villa* ⟨fig⟩ *die Stadt*
Madrid ‖ **–nal** adj *(m/f) Kranz-* ‖ **–nam(i)ento** m
⟨Arch⟩ *Bekrönung* f *(e–s Gebäudes)* ‖ ⟨Mar⟩
Heckbord n ‖ ⟨fig⟩ *Krönung, Vollendung* f ‖ **–nar**
vt/i *krönen* ‖ ⟨fig⟩ *um-, be|kränzen (Gebäude)* ‖
(e–n Stein auf e–n anderen) aufsetzen (im
Damespiel) ‖ ⟨fig⟩ *ehren, belohnen* ‖ *mit e–m*
Preis auszeichnen ‖ ⟨fig⟩ *zu Ende führen,*
vollenden ‖ ⟨fig⟩ *erreichen* ‖ ◇ *el fin corona la*
obra ⟨Spr⟩ *Ende gut, alles gut* ‖ **–naria** f ⟨Bot⟩
Garten-, Kronen|anemone f *(Anemone coronaria)*
‖ **–nario** adj *Kranz-, Koronar-* ‖ ⟨Bot⟩ *kronenartig*
‖ **–nariopatía** f ⟨Med⟩ *koronare Herzkrankheit* f
corondel m ⟨Typ⟩ *Mittel-, Spalten|steg* m ‖
~**es** mpl *senkrechte Wasserzeichen* npl *(im*
Papier)

¹coronel m ⟨Mil⟩ *Oberst* m ‖ ~ *general Deut*
Generaloberst m ‖ ~ *médico Oberstabsarzt* m ‖
~ *veterinario Oberstveterinär* m ‖ ⟨Her⟩ *Krone* f
²coronel adj/s *aus La Coronada* (P Bad) | *auf*
La Coronada bezüglich
coronela f ⟨Zool⟩ *Glatt-, Schling|natter* f
(Coronella austriaca)
coronelía f *Rang* m *des Obersten*
corónide f *Ende* n, *Krönung, Vollendung* f
¹coronilla f *Scheitel, Wirbel* m *(des Kopfes)* ‖
Tonsur f ‖ *Kronwicke* f *(beim Geweih des*
Hirsches) ‖ ◇ *andar od bailar de* ~ ⟨figf⟩ *et. mit*
großem Eifer betreiben ‖ *dar de* ~ ⟨fam⟩ *auf den*
Kopf fallen ‖ ⟨fig⟩ *schnell herunterkommen* ‖
estoy de ello hasta la ~ ⟨figf⟩ *es wächst mir*
schon zum Hals heraus, ich habe es (schon) satt
²coronilla f ⟨Bot⟩ *Kugelblume* f (Globularia spp)
coronillo m Arg ⟨Bot⟩ *Purpurbaum* m
coronógrafo m ⟨Astr⟩ *Koronograph* m
coronta f SAm *Maishülse* f
corota f Arg *Hodensack* m ‖ Bol *Hahnenkamm*
m
corotos mpl Am *Handwerkszeug* n ‖ *Gerümpel*
n ‖ *billige Ware* f
coroy m Chi ⟨V⟩ *(Art) Papagei* m
coroza f ⟨Hist⟩ *Büßermütze* f ‖ Gal
Regen|mantel, -umhang m *der Bauern*
corozo m ⟨Bot⟩ *Butter-, Öl|palme* f (Elaeis
guineensis) ‖ *Steinnuss* f
cor|pa(n)chón, –pazo m augm von **¹cuerpo** ‖
–panchón m *Geflügelkörper* m *ohne Brust und*
Schenkel ‖ ⟨fam⟩ *großer, plumper Leib* m ‖
–pecico, –pecillo, –pecito m dim von **¹cuerpo**
△ **corpiche** m *Reis* m
corpiño m dim von **¹cuerpo** ‖ *Leibchen,*
Mieder n ‖ Arg *Büstenhalter* m ‖ ~ *ortopédico*
Stützkorsett n
corpo|ración f *Körperschaft, Korporation,*
Innung, Vereinigung, Zunft, Gilde f, *Verein* m ‖ ~
de artesanos Handwerkerinnung f ‖ ~ *autónoma*
Selbstverwaltungskörperschaft f ‖ ~ *controlada*
beherrschte Gesellschaft f ‖ ~ *de derecho público*
Körperschaft f *des öffentlichen Rechts* ‖ ~
dominada →ˋ ~ *controlada* ‖ *edilicia* →ˋ ~
municipal ‖ ~ *de interés público öffentliche*
Körperschaft f ‖ ~ *de mineros Knappschaft* f ‖ ~
municipal Gemeinderat m, *kommunale*
Körperschaft f ‖ ~ *de oficios Innungsverband* m
‖ ⟨Hist⟩ *Zunft* f ‖ ~ *profesional Berufsverband* m
‖ ~ *pública Körperschaft* f *des öffentlichen*
Rechts ‖ **–ral** adj *(m/f) körperlich, Körper-,*
Leibes- ‖ ~ m *Korporale* n ‖ adv: ~**mente** ‖
–ralidad f *Körperlichkeit* f ‖ *Körper|gestalt,*
-größe f ‖ **–rativismo** m *Körperschaftswesen* n ‖
⟨Pol⟩ *Korporativismus* m ‖ **–rativo** adj *ständisch,*
korporativ, körperschaftlich ‖ *ständisch*
(gegliedert) ‖ adv: ~**amente** ‖ **–reidad** f
Körperlichkeit, Leiblichkeit f
corpóreo adj *körperlich, leiblich, Körper-*
corporificar [c/qu] vt *verkörpern* ‖ *feste*
Gestalt annehmen
corps m ⟨Mil⟩ *Korps* n, *Truppenkörper* m,
Abteilung f
corpu|do adj →ˋ **–lento** ‖ **–lencia** f *Beleibtheit* f
‖ *Körpergröße* f ‖ **–lento** adj *beleibt, dick,*
korpulent
corpus m ⟨Lit⟩ *Korpus* n
Corpus m *Fronleichnam* m ‖
Fronleichnamsfest n ‖ ~ *de sangre* ⟨Hist⟩
Empörung in Katalonien im Jahre 1640
corpuscular adj *korpuskular*
corpúsculo m *Partikel* f, *Korpuskel, Teilchen* n
‖ ~ *clorofílico* ⟨Bot⟩ *Chlorophyllkörperchen* n ‖
~**rojo** *rotes Blutkörperchen* n ‖ ~ *sanguíneo*
Blutkörperchen n

corpus delicti *m* ⟨lat⟩ *Beweisstück* n ‖ *Gegenstand* m od *Werkzeug* n *e–s Verbrechens* ‖ *Corpus* n *delicti*
    corra *f* León *(Metall)Ring* m
    corral *m Hof(raum)* m ‖ *Gehöft* n ‖ *Hühner-, Geflügel|hof* m ‖ *Auslauf* m ‖ *Schweinestall* m ‖ *Wirtschaftshof* m ‖ *Holzraum* m ‖ *Umzäunung* f, *Gehege* n ‖ *Korral* m ‖ *Fisch|zaun* m, *-gehege* n ‖ ⟨Typ⟩ *Gasse* f ‖ Cu *Landhaus* n *(für Viehzucht)* ‖ ◆ en *~ in die Enge getrieben, eingekreist* ‖ ◇ oír cantar, sin saber en qué *~* ⟨fig⟩ *et. läuten hören, aber nicht wissen wo* ‖ hacer *~es* ⟨figf⟩ *die Schule schwänzen*
    corralada *f* → **corral(ón)**
    ¹corralera *f Geflügelzüchterin* f ‖ ⟨fam⟩ *freches, unverschämtes Weib* n
    ²corralera *f* ⟨Mus⟩ *andalusisches Volkslied (mit Tanz)*
    corra|lero adj *auf e–n Hof bezüglich* ‖ *~ m Geflügel|züchter, -händler* m ‖ **–lillo** *m* Cu *Nebengehöft* n ‖ **–lito** *m Lauf|stall* m, *-gitter* n *(für Kinder)* ‖ **–liza** *f (Hühner)Hof* m ‖ **–lón** *m* augm von **corral** ‖ *Viehhof* m ‖ Am *Holzlager* n
    corranda *f* ⟨Lit Mus⟩ *in Katalonien gesungener Vierzeiler* m
    corrasión *f* ⟨Geol⟩ *Korrasion* f
    ¹correa *f Riemen* m ‖ *Treibriemen* m ‖ *Gurt* m ‖ *Lederstreifen* m ‖ *ledernes Schuhband* n ‖ ⟨fig⟩ *Biegsamkeit* f ‖ *~ abierta offener Riemen* m ‖ *~ achaflanada Keilriemen* m ‖ *~ de alimentación Zubringerband* n ‖ *~ articulada Gliederriemen* m ‖ *~ clasificadora Lese-, Sortier|band* n ‖ *~ cruzada gekreuzter Riemen* m ‖ *~ de cuero Lederriemen* m ‖ *~ de descarga Abwurf(förder)band* n ‖ *~ doble Doppelriemen* m ‖ *~ sin fin endloses Band* n ‖ *~ motriz Treibriemen* m ‖ *~ plana Flachriemen* m ‖ *~ recta offener Riemen* m ‖ *~ de reloj Uhrriemen* m ‖ *~ semicruzada Halbkreuzriemen* m ‖ *~ tiratacos* ⟨Text⟩ *Schlagriemen* m ‖ *~ de tracción Zugriemen* m ‖ *~ de transmisión Treibriemen* m ‖ *~ transportadora Förderband* n ‖ *~ trapecial, ~ trapezoidal Keilriemen* m ‖ ◇ besar la *~* ⟨fam⟩ *zu Kreuze kriechen* ‖ estirar la *~* ⟨figf⟩ *jdn aus|nützen, -saugen* ‖ hacer *~ s. dehnen (Stoff, Teig)* ‖ tener (mucha) *~* ⟨figf⟩ *ein dickes Fell haben* ‖ *Spaß verstehen* ‖ *ausdauernd sein* ‖ tener poca *~* ⟨figf⟩ *wenig vertragen*
    ²correa *f* ⟨Arch⟩ *Dach(stuhl)pfette* f, *Dachrahm* m ‖ *~ articulada gegliederte (Dach)Pfette* f ‖ *~ de caballete, ~ de cumbrera Firstpfette* f ‖ *~ de columna Säulenpfette* f ‖ *~ de solera Fußpfette* f
    Correa *f* np → **Consolación**
    correaje *m Riemen|werk, -zeug* n ‖ ⟨Mil⟩ *Koppel-, Leder|zeug* n
    correal adj *(m/f)* ⟨Jur Hist⟩ *Gesamt-*
    correazo *m Riemenhieb* m
    corre|calles *m/f* ⟨fam⟩ *Müßiggänger(in* f) m ‖ **–caminos** *m* Arg ⟨V⟩ *Kamppieper* m (Anthus correndera)
    ¹corrección *f (Ver)Besserung* f ‖ *Berichtigung, Korrektur* f ‖ *(Druck)Korrektur, Druckberichtigung* f ‖ ⟨Opt⟩ *Vergütung* f ‖ ⟨El⟩ *Entzerrung* f ‖ *Milderung* f *(der Arzneien)* ‖ *Tadel, Verweis* m ‖ *Züchtigung* f ‖ *~ de agua dura Wasserenthärtung* f ‖ *~ de (la) amortiguación Dämpfungskorrektur* f ‖ *~ de amplitud Amplitudenentzerrung* f ‖ *~ de autor* ⟨Typ⟩ *Verfasser-, Autor|korrektur* f ‖ *~ cosmética* ⟨Med⟩ *Schönheitskorrektur, kosmetische Operation* f ‖ *~ de desnivel* ⟨Top⟩ *Berichtigung* f *des Höhenunterschieds* ‖ *~ disciplinaria Disziplinarstrafe* f ‖ *~ cromática* ⟨Opt⟩ *Farbkorrektur* f ‖ *~ de estilo Stilverbesserung* f ‖ *~ de factores estacionales Saisonbereinigung* f ‖ *~ fraterna(l) Verweis* m *unter vier Augen* ‖ *~ de gama* ⟨TV⟩ *Dynamikentzerrung* f ‖ *~ gregoriana gregorianische Kalenderverbesserung* f ‖ *~ de imprenta* → *~ tipográfica* ‖ *~ de lectura Ablesungskorrektur* f ‖ *~ de precios Preisberichtigung* f ‖ *~ de primeras* ⟨Typ⟩ *erste Korrektur* f ‖ *~ de pruebas* ⟨Typ⟩ *Abzug-, Fahnen|korrektur* f ‖ *~ de puntería Zielkorrektur* f ‖ *~ de rumbo* ⟨Mar Flugw⟩ *Kurskorrektur* f ‖ *~ de sentencia* ⟨Jur⟩ *Urteilsberichtigung* f ‖ *~ tipográfica* ⟨Typ⟩ *Hauskorrektur* f ‖ *~ del tiro Schusskorrektur* f
    ²corrección *f Anstand* m, *Korrektheit, Tadellosigkeit* f ‖ *Fehlerfreiheit* f ‖ ◇ proceder con toda *~ ganz korrekt vorgehen*
    correc|cional adj *(m/f) züchtigend* ‖ *Besserungs-* ⟨presidio⟩ *~ Zuchthaus* n ‖ *Besserungsanstalt* f ‖ adv: **–mente** ‖ **–cionario** *m Zuchthäusler* m ‖ **–tivo** adj *mildernd (Mittel)* ‖ *~ m* ⟨Med⟩ *Linderungsmittel* n ‖ *Züchtigung* f ‖ *Disziplinarmaßnahme* f ‖ **–to** adj *von* **corregir** ‖ *~ adj tadellos, fehlerlos* ‖ *richtig* ‖ *kunst-, form|gerecht* ‖ *regelrecht, korrekt (Stil)* ‖ *korrekt (Benehmen)* ‖ *rechtschaffen, redlich* ‖ ⟨Sp⟩ *fair* ‖ adv: *~amente* ‖ **–tor** *m/adj* **a)** *Verbesserer* m ‖ ⟨Typ⟩ *Korrektor* m ‖ *~ tipógrafo od tipográfico od de imprenta* ⟨Typ⟩ *Hauskorrektur* m ‖ **b)** ⟨El⟩ *Entzerrer* m, *Entzerrvorrichtung* f ‖ **–torio** *m Zuchthaus* n
    correcho adj León *recht, gerade*
    ¹corredera *f Renn-, Reit|bahn* f ‖ *lange und breite Straße* f *(bei Straßenbezeichnungen,* bes. *in Madrid)* ‖ *Zeltleine* f ‖ ⟨figf⟩ *Kupplerin* f
    ²corredera *f* ⟨Tech⟩ *Gleitbahn* f, *Schieber* m, *Kulisse* f ‖ *Gleitstück* n ‖ *Schieber* m *(zum Öffnen und Verschließen e–r Öffnung in der Wand* od *in e–m Möbelstück)* ‖ *Rollladen* m, *Jalousie* f ‖ *Reiter* m *(Waage)* ‖ *~ de alza Visierschieber* m *(Gewehr)* ‖ *~ de contacto* ⟨Radio⟩ *Kontaktschieber* m ‖ *~ de diafragma Blendenschieber* m ‖ *~ de embrague Schaltkulisse* f ‖ *~ de movimiento pendular Kurbelschwinge, schwingende Kurbelschleife* f ‖ *~ de péndulo Pendelschieber* m ‖ *~ de tope Anschlagkulisse* f *(am Höhenschreiber)* ‖ *~ de trampa Kanalschieber* m
    ³corredera *f* ⟨Mar⟩ *Logleine* f, *(Schiffs)Log* n ‖ *Zeltleine* f
    ⁴corredera *f* ⟨Ins⟩ *(Küchen)Schabe* f
    corredizo adj *verschiebbar, Schiebe-*
    ¹corredor adj/s *schnell, leichtfüßig* ‖ *~ m (guter) Läufer* m ‖ ⟨Sp⟩ *Wettläufer* m ‖ *Rennfahrer* m ‖ *Rennpferd* n ‖ *~ ciclista Radrennläufer* m ‖ *~ de descenso Abfahrtsläufer* m ‖ *~ de corta distancia Kurzstreckenläufer* m ‖ *~ de esquí Skiläufer* m ‖ *~ de fondo Langstreckenläufer* m ‖ *~ de medio fondo Mittelstreckenläufer* m ‖ *~ de relevos Staffelläufer* m ‖ *~ de vallas Hürdenläufer* m
    ²corredor *m* ⟨Com⟩ *Makler, Öst Sensal,* ⟨Jur⟩ *Mäkler* m ‖ *~ de apuestas Buchmacher* m ‖ *~ de bolsa Börsenmakler* m ‖ *~ de cambio Kursmakler* m ‖ *~ de carga Frachtmakler* m ‖ *~ de comercio Handelsmakler* m ‖ *~ de fincas Grundstücksmakler* m ‖ *~ intérprete de buques* → *~ marítimo* ‖ *~ de géneros* → *~ de mercancías* ‖ *~ de lonja Börsenmakler* m ‖ *~ marítimo Schiffsmakler* m ‖ *~ de mercancías Warenmakler* m ‖ *~ de seguros Versicherungsmakler* m
    ³corredor *m Korridor, Flur, Gang* m ‖ *langer Balkon* m ‖ ⟨Mil⟩ *Laufgraben* m ‖ ⟨Mar⟩ *Laufplanke* f ‖ ⟨Mar⟩ *Zwischendeck* n ‖ *~ aéreo* ⟨Flugw⟩ *Luft|korridor* m, *-schneise* f

⁴**corredor** m ⟨V⟩ *Rennvogel* m (Cursorius cursor)

corre|dorcillo m dim von ³**corredor** ‖ **–duría** *f Maklergebühr* f ‖ *Maklergeschäft* n ‖ ~ *mercantil Handelsmaklerei* f

correero m *Riemer, Sattler* m

corregen|cia *f Mitregentschaft* f ‖ **–te** *m Mitregent* m

corregi|bilidad *f Besserungsfähigkeit* f ‖ **–ble** adj *(m/f) besserungsfähig, zu verbessern*

¹**corregidor** m Pan *Bürgermeister* m ‖ ⟨Hist⟩ *Land-, Stadt|richter* m ‖ *Oberamtmann, Landvogt* m

²**corregidor** m ⟨V⟩ *Spottdrossel* f (Mimus sp)

corregimiento m Pan *Gemeinde* f

corregir [-i-, g/j] vt/i *(ver)bessern, berichtigen* ‖ *züchtigen, bestrafen* ‖ *läutern, mildern* ‖ *tadeln, rügen, richtigstellen* ‖ ⟨fig⟩ *mildern* ‖ ⟨Typ⟩ *(den Satz) berichtigen, korrigieren* ‖ Cu *(den Darm) leeren* ‖ ◇ ~ *por derivas vorhalten (beim Schießen)* ‖ ~ *un error,* ~ *una falta e–n Fehler berichtigen* ‖ ~ *pruebas* ⟨Typ⟩ *Korrekturlesen* n, *Korrekturen lesen* ‖ ~ *la puntería* ⟨Mil⟩ *nachrichten* ‖ ~**se** *s. bessern (en in dat)*

correhuela *f* dim von **correa** ‖ ⟨Bot⟩ *Wegetritt* m (Polygonum aviculare) ‖ ⟨Bot⟩ *Winde* f (Convolvulus spp)

correísta m/f ⟨pop⟩ *(Post)Bote* m, *Botin* f

corre|jel m *Sohlleder* n ‖ **–juela** *f* dim von ¹**correa**

correla|ción *f Wechsel|beziehung, -wirkung* f ‖ *Wechselseitigkeit* f ‖ *Korrelation* f ‖ *reziproke Verwandtschaft* f ‖ **–cionar** vt *(zwei Dinge miteinander) in Beziehung bringen* ‖ ~**se** *in Beziehung kommen, gebracht werden* ‖ **–tivo** adj *korrelat(iv), wechselseitig (wirkend)* ‖ *s. aufeinander beziehen* ‖ *fortlaufend (Nummerierung)* ‖ adv: **–amente**

correligionario m/adj *Glaubensgenosse* m ‖ ⟨fig⟩ *Parteigenosse* m ‖ ⟨fig⟩ *Gesinnungsgenosse* m

correlimos m ⟨V⟩ *Strandläufer* m (Calidris spp) ‖ ~ *de Baird Baird-Strandläufer* m (C. bairdii) ‖ ~ *de Bonaparte Weißbürzelstrandläufer* m (C. fuscicollis) ‖ ~ *canelo Grasläufer* m (Tryngites subruficollis) ‖ ~ *común Alpenstrandläufer* m (C. alpina) ‖ ~ *falcinelo Sumpfläufer* m (Limicola falcinellus) ‖ ~ *gordo Knutt* m (C. canutus) ‖ ~ *menudo Zwergstrandläufer* m (C. minuta) ‖ ~ *oscuro Meerstrandläufer* m (C. maritima) ‖ ~ *pectoral Graubruststrandläufer* m (C. melanotos) ‖ ~ *de Temminck Temminckstrandläufer* m (C. temminckli) ‖ ~ *tridáctilo Sanderling* m (C. alba) ‖ ~ *zarapatín Sichelstrandläufer* m (C. ferruginea)

correlón adj Am *der schnell läuft* ‖ Col Mex *feige, mutlos*

corren|cia *f Durchfall* m ‖ ⟨fam⟩ *Beschämung, Verlegenheit* f ‖ ◇ *estar de* ~ ⟨fam⟩ *Durchfall haben* ‖ **–dero** adj *e–r, der viel läuft* ‖ **–dilla** *f* ⟨fam⟩ *kurzes Rennen* n ‖ **–tada** *f* SAm *starker Strom* m ‖ **–tía** *f* ⟨fam⟩ *Durchfall* m

correntino adj Arg *aus der Stadt bzw Provinz Corrientes* ‖ *auf Corrientes bezüglich* ‖ ~ m Bol *ein Volkstanz* m

corren|tío adj *laufend, dünnflüssig (Flüssigkeit)* ‖ ⟨figf⟩ *leicht, zwanglos* ‖ **–tón** adj/s *läufig (Hund)* ‖ *lustig, aufgeräumt* ‖ *gern umherlaufend* ‖ Ec *mittelmäßig* ‖ ~ m/f *Müßiggänger(in* f) m ‖ **–toso** adj Am *reißend (Strom)*

¹**correo** m *Post* f ‖ *Brief-, Paket|post* f ‖ *Post|gebäude, -amt* n, *-raum* m ‖ *Posteingang* m ‖ *Post-, Personen|zug* m ‖ *Postschiff, Paketboot* n ‖

(Eil)Bote m ‖ *Kurier, Staatsbote* m ‖ ~ *aéreo Luftpost* f ‖ ~ *certificado Einschreiben* n ‖ ~ *diplomático diplomatische Post* f ‖ ~ *electrónico* ⟨Inform⟩ *E-Mail* f ‖ ~ *para el extranjero Auslandspost* f ‖ ~ *de gabinete* → ~ *diplomático* ‖ ~ *para interior Inlandspost* f ‖ ~ *de la mañana Morgenpost* f ‖ ~ *marítimo Seepost, überseeische Post* f ‖ ~ *militar Feldpost* f ‖ ~ *neumático Rohrpost* f ‖ ~ *de la noche Abendpost* f ‖ ~ *de malas nuevas* ⟨figf⟩ *Unglücksbote* m ‖ ~ *contra reembolso Nachnahme* f ‖ ~ *tubular Rohrpost* f ‖ ~ *de ultramar Überseepost* f ‖ ~ *urgente Eilpost* f ‖ ◆ *a vuelta de* ~ *postwendend* ‖ *en lista de* ~ *postlagernd* ‖ *por el próximo* ~ *mit der nächsten Post* ‖ *echar al* ~ *einwerfen (Brief)* ‖ *llevar al* ~ *auf die Post tragen* ‖ *remitir por el* ~ *mit der Post befördern* ‖ ~**s** *mpl Post* f, *Postamt* n ‖ *Postwesen* n ‖ ~ *y telecomunicaciones Post- und Fernmeldewesen* n

²**correo** m *Mitschuldige(r)* m

correón m augm von ¹**correa** ‖ *Kutschenriemen* m

correosidad *f Dehnbarkeit* f ‖ *Zähigkeit* f ‖ **–oso** adj *zäh (z.B. Fleisch)* ‖ *dehnbar* ‖ *zäh biegsam* ‖ ⟨fig⟩ *schwammig (Brot)* ‖ Chi *an Durchfall leidend*

correr vt *durch|laufen, -eilen, -reisen, -fahren, -streifen* ‖ *jdn verfolgen* ‖ *hetzen (Wild)* ‖ *bewegen (Reitpferd)* ‖ *laufen (Gefahr)* ‖ *rasch abwickeln, erledigen (Geschäft)* ‖ *verschieben, weiterrücken (e–n Stuhl)* ‖ *vorschieben (Riegel)* ‖ *zuziehen (Vorhang, Gardine)* ‖ *an den Mann bringen (Ware)* ‖ *vermitteln (ein Geschäft)* ‖ *versuchen (Glück)* ‖ ⟨fig⟩ *beschämen* ‖ ⟨fam⟩ *wegnehmen, stehlen* ‖ ◇ ~ *las amonestaciones das Aufgebot erlassen* ‖ ~ *un artículo e–n Artikel verkaufen* ‖ ~ *burro* ⟨fam⟩ *verduften* ‖ ~ *el cerrojo den Riegel vorschieben* ‖ ~ *los cien metros* (Sp) *am 100-m-Lauf teilnehmen* ‖ ~ *la clase die Schule schwänzen* ‖ ~ *los colores die Farben verwischen (Regen usw.)* ‖ ~ *la cortina den Vorhang zu- od zurück|ziehen* ‖ ~ *mundo* ⟨fig⟩ *s. in der Welt umsehen* ‖ *auf Wanderschaft gehen (Handwerksbursche)* ‖ ~ *el país enemigo in Feindesland einfallen* ‖ ~ *parejas (con) s. ähnlich sein, einander entsprechen, gleichkommen* ‖ ~ *peligro,* ~ *riesgo Gefahr laufen* ‖ ~ *la misma suerte dasselbe Schicksal haben* od *erleben* ‖ ~ *toros Stiere hetzen* ‖ ~ *el velo* ⟨fig⟩ *die Maske fallen lassen* ‖ ~ *un velo sobre lo pasado* ⟨fig⟩ *das Vergangene vergessen* ‖ ~ *la voz et. verkünden lassen* ‖ *et. mündlich verbreiten lassen* ‖ *–la auf Vergnügungstour gehen* ‖ *bummeln gehen* ‖ *ein ausschweifendes Leben führen*

~ vi *laufen, rennen* ‖ ⟨s.⟩ *beeilen, s. sputen* ‖ *schnell reiten* ‖ *schnell fahren* ‖ *(jdm) nacheilen* ‖ *an e–m Wett|lauf* od *-rennen teilnehmen* ‖ *(ab)fließen, rinnen (Wasser, Tränen)* ‖ *flüssig, nicht zu dick sein* ‖ *führen (Weg)* ‖ *laufen (Zinsen, Gehalt)* ‖ *im Umlauf sein (Geld, Gerücht)* ‖ *verkehren (con mit)* ‖ *fließen, fließend sein (Vers, Stil)* ‖ *s. ziehen, s. erstrecken (Berge, Häuser)* ‖ *gehen, wehen, streichen (Wind, Luft)* ‖ *ver|laufen, -gehen (Zeit, Leben)* ‖ *ablaufen (Frist)* ‖ *herrschen (Verhältnisse)* ‖ *obliegen (Pflicht)* ‖ ◇ *corre aire es ist windig* ‖ *es zieht* ‖ *no corre ningún aire es weht kein Lüftchen, es ist ganz windstill* ‖ ~ *en autos in den Akten stehen* ‖ ~ *a caballo reiten* ‖ ~ *con la casa den Haushalt besorgen* ‖ ~ *a cual mejor um die Wette laufen* ‖ ~ *de cuenta de alg. jdm obliegen* ‖ *eso corre de mi cuenta od por mi das ist m–e Sache* ‖ ~ *tras su dinero* ⟨fig⟩ *hinter s–m (ihrem) Geld her sein* ‖ ~ *con la dirección die Leitung übernehmen* ‖ ~ *con los gastos die Kosten bestreiten* od *übernehmen* ‖ a mí me corre esta obligación *das obliegt mir* ‖ *dafür bin ich verantwortlich* ‖ ~ a su perdición *in sein Verderben rennen* ‖ corre prisa *es ist eilig, die Sache ist dringend, wir dürfen k–e Zeit verlieren* ‖ ~ a su ruina →⁺ ~ a su perdición ‖ corren rumores *man munkelt* ‖ *es wird behauptet* ‖ a (todo) turbio ~ ⟨fig⟩ *mag es auch noch so schlimm gehen* ‖ los intereses corren desde ... *die Verzinsung beginnt am* ... ‖ no me corre prisa *es ist (damit) nicht eilig* ‖ no ~ *dickflüssig sein, nicht fließen* (z.B. *Tinte*) ‖ hacerle ~ ⟨fam⟩ *ein Gerücht in Umlauf setzen* ‖ eso corre por ti (fam) *das geht dich an* ‖ *das ist auf dich gemünzt* ‖ no correrá sangre (figf) *das wird friedlich enden* ‖ corre que te corra (fam) *immerfort laufend* ‖ a tres del (mes) que corre *am dritten des laufenden Monats (am 3.d.M.)* ‖ lo que corre del año *der Rest des Jahres* ‖ corría el mes de agosto *es war im Monat August* ‖ corran las cosas como corrieren ⟨fam⟩ *komme, was wolle!* ‖ corriendo *in Eile* ‖ ¡~! (fig) *schnell! los!* ‖ a más ~, a todo ~ *mit größter Geschwindigkeit (schnurstracks)* ‖ ¡déjelo ~! *lassen Sie es sein! Schluss damit!*

¹correría *f Streif-, Raub\zug, (feindlicher) Einfall* m ‖ *Wanderung* f, *Streifzug* m ‖ *~s fpl* ⟨fam⟩ *kurze Reisen, Laufereien* fpl

²correría *f Riemenwerk* n

correrse *vr ab-, ver\laufen, verfließen (Zeit)* ‖ *ablaufen (Licht, Fackel)* ‖ *beiseite treten, seitwärts treten, zurück\treten* ‖ ⟨Fot⟩ *s. verschieben (Kopie)* ‖ *auslaufen (Farben)* ‖ *(herunter)gleiten* ‖ ⟨fam⟩ *s. erzürnen* ‖ ⟨fig⟩ *bestürzt werden* ‖ ⟨fam⟩ *s. übereilen* ‖ *über\gehen, -laufen* ‖ ⟨fig⟩ *s. schämen* ‖ ⟨fig⟩ *das Maß überschreiten* ‖ ⟨fig⟩ *übertreiben* ‖ ⟨vulg⟩ *kommen (e–n Orgasmus haben)* ‖ ◇ ~ la clase ⟨Sch⟩ *die Schule schwänzen* ‖ ~ de vergüenza *s. schämen* ‖ haga Vd. el favor de ~ un poco hacia la derecha *rücken Sie bitte et. nach rechts* ‖ por ahí se corre que ... ⟨pop⟩ *man munkelt, dass ...*

¹correspondencia *f Übereinstimmung* f ‖ *Erwiderung* f *(e–s Gefühls)* ‖ *Verbindung* f ‖ *Erkenntlichkeit* f ‖ *Entsprechung, entsprechende Übersetzung* f *(e–s Ausdrucks)* ‖ ⟨Phys⟩ *Korrespondenz* f ‖ *Einverständnis* n ‖ *Entgegenkommen* n ‖ ◇ en ~ *entsprechend, im Verhältnis* ‖ en ~ de ... *zum Dank für ...*

²correspondencia *f Brief\wechsel, -verkehr* m, *Korrespondenz* f ‖ *Briefpost* f ‖ *(Handels)Verkehr* m ‖ ~ asegurada *Sendung* f *mit Wertangabe* ‖ ~ por avión *Luftpost* f ‖ ~ certificada *Einschreibesendung* f ‖ ~ comercial *Handelskorrespondenz* f ‖ ~ sin dirección *Postwurfsendung* f ‖ ~ entrante *od* de entrada *Eingangspost* f ‖ ~ mercantil *Handelskorrespondenz* f ‖ ~ ordinaria *gewöhnliche Post* f ‖ ~ particular, privada *Privatkorrespondenz* f ‖ ~ saliente *od* de salida *Ausgangspost* f ‖ ~ telegráfica *Drahtverkehr* m ‖ ~ tubular *Rohrpost* f ‖ ~ urgente *Eil\post* f, *-briefe* mpl ‖ ◆ por ~ *brieflich* ‖ ◇ despachar la ~ *den Briefwechsel erledigen* ‖ estar en ~ *in Briefwechsel stehen, korrespondieren (con mit)* ‖ im Handelsverkehr stehen ‖ llevar la ~ *die Korrespondenz führen* ‖ ponerse en ~ *in Briefverkehr treten (con mit)*

³correspondencia *f Anschluss m (e–s öffentlichen Verkehrsmittels))* ‖ *Verkehrsverbindung* f ‖ ◇ no hay ~ *es gibt k–n Anschluss*

corresponder *vi übereinstimmen (a mit)* ‖ *entsprechen, erwidern* ‖ *gebühren, zukommen* (a dat) ‖ *gehören, zugehören* (a dat) ‖ *angehen* ‖ *s. schicken, s. ziemen* ‖ *in Verbindung* od

Briefwechsel stehen (con *mit*) ‖ *Anschluss haben* (con *an*) *(öffentliches Verkehrsmittel)* ‖ ◇ ~ a los beneficios *für Wohltaten erkenntlich sein* ‖ ~ a una invitación *e–e Einladung annehmen* ‖ a él le corresponde pagar *es soll zahlen* ‖ ~ exactamente a la muestra ⟨Com⟩ *genau dem Muster entsprechen* ‖ los resultados corresponden a nuestras esperanzas *od* suposiciones *die Ergebnisse entsprechen unseren Erwartungen* ‖ ~se *einander entsprechen* ‖ *übereinstimmen* (con *mit*) ‖ *Umgang, Verkehr haben* (con *mit*) ‖ *miteinander im Briefwechsel stehen* ‖ **–diente** adj *(m/f) entsprechend* ‖ *angemessen* ‖ *einschlägig* ‖ *dienlich, zugehörig* ‖ ⟨Math⟩ *gleichnamig* ‖ *Briefpartner* m ‖ *(miembro) ~ korrespondierendes Mitglied* n *(e–r Akademie)* ‖ adv: ~**mente** ‖ **–sal** *m/adj Handels-, Geschäfts\freund* m ‖ *Handels-, Unter\vertreter* m ‖ *Abnehmer* m, *Kunde* m ‖ *(Zeitungs) Berichterstatter* m ‖ *Pressevertreter* m ‖ *Korrespondent* m ‖ ~ en el extranjero *Auslandsberichterstatter* m ‖ ~ de guerra *Kriegsberichterstatter* m ‖ ~ de prensa *Pressekorrespondent* m ‖ **–salía** *f Berichterstattung* f ‖ *Handelsbeziehungen* fpl

corre\taje *m Makler\geschäft* n, *-gebühr, Courtage* f ‖ *Vermittlungsgebühr* f ‖ **–teada** *f Chi* = **–teo** ‖ **–tear** *vt/i hin und her laufen, herumlaufen, s. herumtummeln (Kinder)* ‖ ⟨fam⟩ *(die Straßen) auf und ab laufen* ‖ (fam) *den Männern nachlaufen (Frau)* ‖ **–teo** *m s von* **–tear** ‖ **–tero** *adj/s* ⟨fam⟩ *e–r, der planlos hin und her läuft*

corre\ve(i)dile *m (= corre, ve y dile)* ⟨figf⟩ *Klatscher, Ohrenbläser, Zwischenträger* m, ⟨pop⟩ *Klatschmaul* n ‖ ⟨figf⟩ *Kuppler* m ‖ **–verás** *m (Art) Spielzeug* n *der Kinder*

corri-corri *m Span asturischer Volkstanz* m

¹corrida *f Lauf* m, *Laufen* n ‖ *Hetze* f ‖ *Stierkampf* m ‖ ⟨fam⟩ *(Amts)Beförderung* f ‖ ⟨fam⟩ *Bummelei* f ‖ ~ benéfica, ~ de beneficencia *Stierkampf* m *zu wohltätigen Zwecken* ‖ ~ de bucle ⟨Film⟩ *Filmsalat* m ‖ ~ de caballos *Pferderennen* n ‖ ~ cómica *komischer Stierkampf* m ‖ ~ nocturna *nächtlicher Stierkampf* m ‖ ~ de novillos *Stierkampf mit jungen Stieren* ‖ ~ con obstáculos *Hindernisrennen* n ‖ ~ plana *Flachrennen* n *(Pferderennen)* ‖ ~ de toros *Stierkampf* m ‖ ◆ de ~ *eilig, in aller Eile* ‖ *geläufig, fließend, fehlerfrei (sprechen)* ‖ ◇ tomar una ~ ⟨reg⟩ *(e–n) Anlauf nehmen (beim Sprung)*

²corrida *f Bol Pe* ⟨Bgb⟩ *Zutagetreten* n *von Erz* ‖ *Chi Reihe* f

³corrida *f* ⟨pop⟩ *Samenerguss* m

corridas *fpl* (Mus) *ein andalusischer Volksgesang* m

corridamente *adv* →⁺ **corrientemente**

¹corrido *adj* ⟨fam⟩ *übergewichtig* ‖ *über\reichlich, -voll* ‖ *verschoben, zu weit gerückt* ‖ *überragend (Vorsprung)* ‖ ⟨Arch⟩ *aneinander gereiht* ‖ *zusammengewachsen (Augenbrauen)* ‖ *verschwommen (Umrisse, Bild)* ‖ ⟨fig⟩ *ver-, be\schämt* ‖ *verlegen* ‖ ⟨fam⟩ *gerieben* ‖ ◆ de ~ *geläufig, ohne Anstoß (z.B. lesen)* ‖ ◇ estar ~ *s. beschämt fühlen (de über* acc*)* ‖ hasta muy ~a la noche *bis spät in die Nacht* ‖ dos noches ~as *zwei Nächte hindurch, hintereinander* ‖ tener 30 años ~s ⟨fam⟩ *die Dreißig überschritten haben, in den Dreißigern sein*

²corrido *m Umzäunung* f, *langer Laubengang, arkadenartiger Gang* m ‖ *um e–n Hof*

³corrido *m Chi* (Mus) *volkstümliche Romanze* f, *Volkslied* n ‖ ~ (de la costa) *fandangoartiges Lied* n *mit Gitarrenbegleitung*

corridos *mpl rückständige Zahlungen fpl*
corriendo *adv eilig, schleunig* ‖ ◇ ¡voy ~!
⟨fam⟩ *ich laufe schon!* ‖ ¡vete ~! *laufe, so schnell
du kannst* ‖ marcharse (*od* irse) ~ *fortlaufen*
¹corriente *adj/s (m/f) laufend (Monat)* ‖
geläufig, leicht ‖ *(Hand, Handschrift)* ‖ *leicht
(ausführbar)* ‖ *gangbar, alltäglich, gewöhnlich,
üblich, geläufig* ‖ *fließend* ‖ *flüssig (Stil)
ungezwungen, natürlich* ‖ *gültig (Geld)* ‖ ~ *en el
comercio* *handelsüblich* ‖ *marktgängig* ‖ ~ *y
moliente geläufig, üblich, gang und gäbe* ‖ la vida
~ *y moliente* ⟨fam⟩ *das Alltagsleben* ‖ ◆ *al* ~
pünktlich, genau, ohne Verzug od Rückstand ‖
laufend, auf den neuesten Stand m ‖ *al fin del* ~
Ende dieses Monats ‖ de uso (muy) ‖ *(sehr)
üblich* ‖ *(sehr) verbreitet* ‖ ◇ dar por ~ *als
abgemacht gelten lassen* ‖ estar *od* andar ~ ⟨fam⟩
laufen, Durchfall haben ‖ estar ya ~ ⟨pop⟩ *schon
hergestellt sein (nach e–r Krankheit)* ‖ estar al ~
auf dem Laufenden sein ‖ *unterrichtet od
informiert sein* (de *von*) ‖ poner al ~
unterrichten, ins Bild setzen (über acc) ‖ tener al
~ *jdn auf dem Laufenden halten* (de *über* acc) ‖
el 20 del ~ (*od* de los ~s) *der 20. dieses Monats*
‖ ¡~! *gut! es ist recht! einverstanden! o.k.! alles
klar!* ‖ ¡muy al ~! *recht so! meinetwegen! von
mir aus!*
²corriente *f Lauf, Strom* m ‖ *Strom, Fluss* m ‖
Zugluft f ‖ *(Meeres)Strömung* f ‖ ⟨fig⟩ *Fortgang,
(Ab-, Ver)Lauf* m *der Dinge* ‖ ⟨fig⟩ *Strömung* f ‖
~ *aérea Luft⎸strom* m, *-strömung* f ‖ ~ de agua
Wasser⎸fluss, -strom m, *laufendes Wasser* n ‖ ~
de aire *Luft⎸zug* m, *-strömung* f ‖ *Zugluft* f, *Zug* m
‖ ⟨Bgb⟩ *Wetter⎸zug, -strom* m ‖ ~ de los alisios
⟨Mar⟩ *Passatdrift* f ‖ ~ *ascendente Auf-, Ab⎸wind*
m ‖ ~ *atmosférica* ⟨Mar⟩ *Luftströmung* f ‖ ~ de
calor *Wärmeströmung* f ‖ ~ *descendente Abwind*
m ‖ ~ *discontinua unregelmäßig fließendes
Gewässer* n ‖ ~ *estelar* ⟨Astr⟩ *Sternstrom* m ‖ ~
del Golfo ⟨Mar⟩ *Golfstrom* m ‖ ~ *inmigratoria
Einwandererstrom* m ‖ *Einwanderungswelle* f ‖ ~
irreversible nicht umkehrbarer Strom m ‖ ~ de
marea *Gezeitenströmung* f ‖ ~ *marítima
Meeresströmung* f ‖ ~ de los monzones ⟨Mar⟩
Monsundrift f ‖ ~ de perturbación ⟨Meteor⟩
Störungsströmung f ‖ ~ de simpatía (establecida
entre) ⟨fig⟩ *natürliche Neigung, edle Freundschaft*
f *(zwischen, unter* dat) ‖ ~ *sinuosa* ⟨Hydr⟩
krümmige Strömung f ‖ ~ *submarina* ⟨Mar⟩
unterseeische Strömung f ‖ ~ de torbellino
⟨Hydr⟩ *wirb(e)lige Strömung* f ‖ ~ *turbulenta*
⟨Hydr⟩ *Turbulenzströmung* f ‖ ◆ con la ~, ~
abajo stromabwärts ‖ contra la ~, ~ *arriba
stromaufwärts* ‖ ◇ aguantarse con la ~ ⟨Mar⟩ *der
Strömung Widerstand leisten* ‖ dejarse llevar de
od por la ~, irse con la ~ ⟨fig⟩ *mit dem Strom
schwimmen* ‖ ⟨fig⟩ *der fremden Meinung
blindlings folgen* ‖ hay (mucha) ~ *es zieht (stark)*
‖ ir *od* navegar contra (la) ~ ⟨figf⟩ *mit großen
Hindernissen kämpfen, gegen den Strom
schwimmen* ‖ tomar la ~ *desde la fuente* ⟨fig⟩ *der
Sache auf den Grund gehen* ‖ ~s *fpl:* ~
endoglaciales innere Ströme mpl *e–s Gletschers* ‖
~ *meteóricas* ⟨Astr⟩ *Meteorströme* mpl *(um die
Sonne)* ‖ ~ *telúricas Erdströme* mpl
³corriente *f* ⟨El⟩ *Strom* m ‖ ~ *activa
Wirkstrom* m ‖ ~ de alimentación *Speisestrom* m
‖ ~ *alterna Wechselstrom* m ‖ ~ de arranque
Anlaufstrom m ‖ ~ *bifásica Zweiphasenstrom* m ‖
~ de carga *Ladestrom* m ‖ ~ de conducción
Leitungsstrom m ‖ ~ *continua Gleichstrom* m ‖ ~
de convección *Konvektionsstrom* m ‖ ~ *devatiada
Blindstrom* m ‖ ~ *directa* ⟨Am⟩ *Gleichstrom* m ‖
~ *eléctrica elektrischer Strom* m ‖ ~ de
excitación *Erregerstrom* m ‖ ~ de fase

Phasenstrom m ‖ ~ de alta frecuencia
Hochfrequenzstrom m ‖ ~ de baja frecuencia
Niederfrequenzstrom m ‖ ~ de fuga *Kriechstrom*
m ‖ ~ de inducción *Induktionsstrom* m ‖ ~ del
inducido *Ankerstrom* m ‖ ~ *inducida Nebenstrom*
m ‖ ~ *iónica Ionenstrom* m ‖ ~ *monofásica
Einphasenstrom* m ‖ ~ *parásita Wirbelstrom* m ‖
~ pico *Spitzenstrom* m ‖ ~ piloto *Steuerstrom* m
‖ ~ *polifásica Mehrphasenstrom* m ‖ ~ *portadora
Trägerstrom* m ‖ ~ de la red *Netzstrom* m ‖ ~ de
reposo *Ruhestrom* m ‖ ~ de retorno *Rückstrom* m
‖ ~ de alta tensión *Hochspannungsstrom* m ‖ ~
trifásica Dreiphasen-, Dreh⎸strom m ‖ ~ *útil
Nutzstrom* m ‖ ~ *vagabunda Streustrom* m ‖ ~
vatiada Wirkstrom m ‖ ◇ cortar la ~ *den Strom
unterbrechen*
⁴corriente *f* ⟨An Med⟩ *Strom* m, *Strömung* f ‖
Bahn f ‖ ~ circulatoria *Körper-* bzw
Lungen⎸kreislauf m ‖ ~ *linfática Lymphstrom* m ‖
~ *sanguínea Blutstrom* m
corrientemente *adv leicht, glatt, ohne
Hindernis*
corrigenda *f* ⟨Typ⟩ *Korrigendum* n (meist pl:
Korrigenda)
corrigendo *m/adj Sträfling, Zuchthäusler* m
corri⎸llero *adj/s (jnd,) der gern umherbummelt
od plaudert* ‖ **–llo** *m Gruppe* f *s. unterhaltender
Personen* ‖ *Stehkonvent* m ‖ ⟨fam⟩ *Plauderzirkel*
m ‖ *geschlossene Gesellschaft* f ‖ ~s *mpl
Plaudereien* fpl, *Stadtklatsch* m
¹corrimiento *m* s von **correr(se)** ‖ ⟨fig⟩ *Scham*
f, *Erröten* n
²corrimiento *m* ⟨Med⟩ *Fluss* m ‖ Chi
Rheumatismus m
³corrimiento *m Berg-, Erd⎸rutsch* m
⁴corrimiento *m* ⟨Agr⟩ *Verkümmern* n *der
Reben nach Frosteinwirkung usw.*
corrincho *m* ⟨vulg⟩ *Lumpen⎸pack, -gesindel* n ‖
Ec → **correteo** ‖ Col *Getöse* n
corriverás *m* Ast → **correverás**
¹corro *m Kreis* m *(von Leuten)* ‖ *Ringelreihen*
n ‖ *Rundtanz, Reigen* m ‖ ◆ en ~ *einstimmig* ‖ ◇
escupir en ~ ⟨fig⟩ *s. ins Gespräch einmischen* ‖
hacer ~ *Platz machen (Menschenmenge)* ‖ hacer
~ aparte ⟨figf⟩ *e–e besondere Partei bilden* ‖ *ein
Eigenbrötler sein* ‖ jugar al ~ *Reigen spielen*
(Kinder)
²corro *m* [Börse] *Gruppe* f *von Wertpapieren*
³corro *m* Sant *Ente* f
corrobo⎸ración *f Be⎸kräftigung, -stätigung* f ‖
(Ver)Stärkung f ‖ ⟨Med⟩ *Stärkung* f ‖ ◆ en ~ (de)
zum Beweis (gen) ‖ **–rante** *adj (m/f)
be⎸kräftigend, -stätigend* ‖ *stärkend* ‖ ~ m ⟨Med⟩
Stärkungsmittel n ‖ **–rar** *vt/i stärken* f ‖
be⎸kräftigen, -stätigen, erhärten ‖ ~se *s.
bewahrheiten* ‖ ◇ ~ en su opinión (fig)
s. in s–r Meinung bestärken ‖ **–rativo** *adj/s
be⎸kräftigend, -stätigend* ‖ ⟨Med⟩ *stärkend*
corroer [irr → **roer**] *vt zernagen, an-,
zer⎸fressen, korrodieren* ‖ *abbeizen, ätzen* ‖
zerstören ‖ ⟨Geol⟩ *auswaschen* ‖ ~se *verwittern* ‖
⟨Arch⟩ *ver⎸fallen, -wittern* ‖ ⟨fig⟩ *s. vor Kummer
verzehren*
corrom⎸per *vt verunstalten* ‖ *verderben* ‖
verschlechtern ‖ *bestechen* ‖ ⟨fig⟩ *verführen (e–e
Frau)* ‖ *beeinträchtigen, stören* ‖ ~ *vi stinken* ‖
~ las costumbres ⟨fig⟩ *die Sitten verderben* ‖
~se *ver⎸derben, -faulen, -modern, -wesen* ‖
faulen, stocken (Holz) ‖ ⟨fig⟩ *sittlich
verkommen* ‖ **–pidamente** *adv auf verderbte
Weise*
¹corroncho *m* Col Ven ⟨Fi⟩ *Schilderwels* m
(Plecostomus sp)
²corroncho *m* Guat ⟨Bot⟩ *Wandelröschen* n
(Lantana sp)

corronchoso adj Col CR Hond *rau* ‖ MAm Ven *schuppig*
corrongo adj CR Cu *schön, nett*
corrosca f Col *Strohhut* m *der Bauern*
corro|sible adj *(m/f) ätzbar* ‖ *korrosionsanfällig* ‖ **–sión** f *Zerfressen* n, *Abzehrung, Ätzung* f ‖ (Geol Tech) *Korrosion* f ‖ (Hydr) *Schleifwirkung* f *des Wassers* ‖ ~ por contacto *Kontaktkorrosion* f ‖ ~ por depósito *Belagskorrosion* f ‖ ~ externa *äußere Korrosion* f ‖ ~ por humedad condensada *Schwitzwasserkorrosion* f ‖ ~ intercristalina, ~ intergranular *interkristalline Korrosion* f ‖ ~ interna *innere Korrosion* f *(Wasserleitung)* ‖ **–sivo** adj *zerfressend, beizend* ‖ *scharf (Säure)* ‖ *korrodierend, korrosiv* ‖ ~ m *Ätzmittel* n, *Beize* f
    corroyente adj *(m/f)* → **corrosivo**
    corrozo m (fam) *Bettelstolz* m
    corr.^te (Abk) = **corriente**
corruco m Má *Gebäck* n *aus Mehl und Mandeln*
    corrumpente adj *(m/f) verderblich* ‖ (figf) *lästig*
    corrup|ción f *Ver|derben* n, *-derb* m ‖ *Verschlechterung* f ‖ *Verdorbenheit* f ‖ *Verwesung, Fäulnis, Zersetzung* f ‖ *Bestechung* f ‖ *Bestechlichkeit* f, *Korruption* f, *Filzokratie* f ‖ *Sittenverderbnis* f ‖ *Verfall* m ‖ *Entstellung* f ‖ ~ de las costumbres *Sittenverderbnis* f ‖ ~ electoral *Wahlbestechung* f ‖ ~ de menores (Jur) *Verführung* f *Minderjähriger* ‖ **–tamente** adv *auf verderbte Weise* ‖ **–tela** f → **corrupción** ‖ (Jur) *Missbrauch* m ‖ *Verdorbenheit* f ‖ *Bestechlichkeit* f ‖ ~ de derecho *Rechtsmissbrauch* m ‖ *rechtswidrige Gewohnheit* f ‖ **–tibilidad** f *Verderblichkeit* f ‖ *Bestechlichkeit* f ‖ **–tible** adj *(m/f) verweslich, zerstörbar* ‖ *verderblich, dem Verderben ausgesetzt* ‖ *bestechlich* ‖ **–tivo** adj *verderblich* ‖ **–to** adj pp/irr von **corromper** ‖ adv: **~amente** ‖ **–tor** adj *verderblich* ‖ *sittenverderbend* ‖ *bestechend* ‖ *schädlich* ‖ ~ m *Verderber* m ‖ *Verführer* m ‖ *Bestecher* m
corrusco m (fam) *Stück* n *(trockenes) Brot*
¹corruto pp/irr Sant (pop) von **correr**
²corruto adj (pop) → **corrupto**
corsario adj: (buque) ~ *Kaperschiff* n ‖ ~ m *Korsar* m
    corsé m *Korsett* n ‖ *(Schnür)Leibchen, Mieder* n ‖ ~ enyesado (Med) *Gipskorsett* n ‖ ~ ortopédico *Stützkorsett* n
    corsear vi (Mar) *als Korsar fahren*
    corselete m *Korselett* m
    corsete|ra f *Korsettnäherin* f ‖ **–ría** f *Korsettfabrikation* f ‖ *Miederfabrik* f ‖ *Miederwaren* fpl ‖ **–ro** m *Korsettmacher* m ‖ *Miederfabrikant* m
¹corso adj *korsisch, aus Korsika* ‖ ~ m *Korse* m ‖ el gran ~ *der große Korse* m *(Napoleon)*
²corso m (Mar) *Kaperei* f ‖ Am *Korso, Spazier|platz, -weg* m ♦ a ~ *mit größter Schnelligkeit* ‖ ◇ *armar un buque en* ~ *ein Kaperschiff ausrüsten* ‖ ir a ~ (Mar) *auf Kaperei ausgehen*
³corso m Am *Korso* m ‖ ~ de flores *Blumenkorso* m
corta f *Holzfällen, Abholzen* n ‖ *Holzschlag* m ‖ *abgeholztes Gelände* n ‖ *(Zu)Schneiden* n *(von Bäumen, Sträuchern, Gemüse)* ‖ *Rohrschneiden* n ‖ *Hohlweg* m *(im Wald)* ‖ ◇ *hacer la* ~ *abholzen, Holz fällen* ‖ meter ~s *para sacar largas (fam) mit der Wurst nach der Speckseite werfen* ‖ *trabajar en las* ~s *als Holzfäller arbeiten*
    corta|alambres m (Tech) *Draht|schneider* m, *-zange* f ‖ **–bolsas** m (fam) *Taschendieb,* [veraltend] *Beutelschneider* m ‖ **–callos** m

Hühneraugenmesser n ‖ **–césped** m *Rasenmäher* m ‖ ~ flotante *Luftkissen(rasen)mäher* m ‖ **–cigarros** m *Zigarrenabschneider* m ‖ **–circuito** m (El) *Sicherung* f ‖ *Stromunterbrecher, Netzausschalter* m ‖ ~ bimetálico *Bimetallsicherung* f ‖ ~ de caja *Dosensicherung* f ‖ ~ de cartucho *Patronensicherung* f ‖ ~ fusible *Schmelzsicherung* f ‖ ~ de sobretensión *Überspannungssicherung* f ‖ **–copias** m (Fot) *Beschneidemaschine* f
    ¹corta|corriente m → **–circuito**
    ²cortacorriente m Am (V) (Art) *Sumpfente* f
    cortacristales m *Glasschneider* m
    ¹cortada f *Schnittwunde* f
    ²cortada f Arg *kurze Verbindungsstraße* f ‖ *Abkürzungsweg* m
    ¹cortadera f *Schrotbeil* n *(der Schmiede)*
    ²cortadera f Am (Bot) *Pampasgras* n *(Cortaderia selloana)*
    corta|dero adj *leicht zerschneidbar* ‖ **–dilla** f *kleiner Einschnitt* m, *Ritze* f ‖ **–dillo** adj *beschnitten (Münze)* ‖ ~ m *walzenförmiges, kleines Trinkgefäß* n *(Weingefäß)* ‖ *(Flüssigkeitsmaß* n *(ca.* 1 copa)) ‖ (fam) *flüchtiges Liebesabenteuer* n ‖ ◇ *echar* ~s (figf) *geziert sprechen* ‖ (figf) *ein Glas nach dem anderen trinken* ‖ **–do** adj *zugeschnitten* ‖ *geeignet* ‖ *knapp, bündig (Stil)* ‖ *bestürzt, verlegen* ‖ *beschnitten (Münze)* ‖ *geronnen (Milch)* ‖ (Her) *geteilt (Schild)* ‖ ◇ *estar (od andar)* ~ (figf) *in Geldverlegenheit sein* ‖ ~ m *Espresso* m *mit e–m Schuss Milch* ‖ **–dor** adj *schneidend* ‖ (sastre) ~ *Zuschneider* m ‖ ~ m *Fleischer, Metzger* m ‖ *Blechschere* f ‖ *Schneidewerkzeug* n, *Schneider* m ‖ *Vorlegemesser* n ‖ (Typ) *Schneideapparat* m ‖ de sastre *Zuschneider* m ‖ ~ de (la) tela (Text) *Flor-, Pelz|brecher, Pelzreißer* m ‖ **~es** mpl *Schneidezähne* mpl ‖ **–dora** f *Schneidwerkzeug* n, *Schneidemaschine* f ‖ ~ de alambre *Drahtschneidemaschine* f ‖ ~ de césped(es) *Rasenmäher* m ‖ ~ de ensilaje *Silohäcksler* m ‖ ~ de forraje *Futterschneid(e)maschine* f ‖ ~ de paja *Strohschneider* m ‖ ~ de papel *Papierschneidemaschine* f ‖ ~ de remolacha *Schnitzelmaschine* f ‖ ~ de trapos *Lumpen-, Hadern|schneider* m ‖ **–dura** f *(Ein)Schnitt* m ‖ *Schnittwunde* f ‖ *Verhau* m ‖ *Scherung* f, *Schub* m ‖ ~ del terreno *Geländeeinschnitt* m ‖ **~s** fpl *Schnitzel* n/mpl, *(Papier)Abfälle* mpl
    corta|fiambres m *Wurstschneidemaschine* f ‖ **–fierro** m Arg → **–frío** ‖ **–forrajes** m (Agr) *Futterschneid(e)maschine* f ‖ **–frío** m (Tech) *Hart-, Kalt|meißel, Brechbeitel* m ‖ ~ de calafatear *Stemmmeißel* m ‖ ~ de rebabas *Handmeißel* m ‖ **–fuego** m *Brandmauer* f ‖ *Schneise* f *(gegen Waldbrand)* ‖ *Brandabschnitt* m ‖ *Löschhaken* m *(der Schmiede)* ‖ (Film) *Kassettenschlitz* m ‖ **–hierba** f: ~ de hilo *Rasentrimmer* m ‖ **–hierro** m → **–frío** ‖ **~huevos** *Eierschneider* m ‖ **–lápices, –lápiz** m [pl **~ces**] m *Bleistiftspitzer* m ‖ **–líneas** m (Typ) *Zeilenhacker* m ‖ **–mechas** m *Dochtschneider* m
    cortamente *kärglich, spärlich*
    cortamiento m (fig) *Schüchternheit* f
    cortante adj *(m/f) scharf* ‖ *schneidend* ‖ *Schneide-* ‖ ~ m (reg) *Fleischer, Metzger* m
    corta|paja(s) m *Strohschneider* m ‖ **–papel** m Am *Papiermesser* n ‖ **–papeles** m *Papier|schneider* m, *-messer* n ‖ *Brieföffner* m ‖ **–patatas** m *Kartoffelschneider* m ‖ **–pepinos** m *Gurkenhobel* m
    corta|picos, –pichas, –pijas m (Ins) → **²tijereta**

¹**cortapisa** *f Vorbehalt* m, *einschränkende Bedingung* f ‖ *Hindernis* n ‖ ◆ sin ~s *vorbehaltlos*
²**cortapisa** *f anmutige Art* f, *et. zu sagen*
corta|plumas *m Feder-, Taschen|messer* n ‖ **–pruebas** *m* ⟨Fot⟩ *Beschneid(e)messer* n, *Beschneider* m ‖ **–puros, –puntas** *m Zigarrenabschneider* m, *Zigarrenschere* f

cortar vt/i *schneiden* ‖ *ab-, aus-, be-, durch-, weg-, zer-, zu|schneiden* ‖ *stechen, ätzen, radieren* ‖ *(ab)hauen* (bes. *Fleisch*) ‖ *umhauen, fällen, schlagen (Bäume)* ‖ *abhacken (Holz)* ‖ *mähen (Gras)* ‖ *scheren* ‖ *verschneiden, kastrieren (Tier)* ‖ *zeideln (Bienenstöcke)* ‖ *abschneiden (Weg)* ‖ *durchqueren (Gelände)* ‖ *zuschneiden (Kleidungsstück)* ‖ *sperren (Straße)* ‖ ⟨Geogr⟩ *(durch)schneiden* ‖ *hemmen, unterbrechen* ‖ *beilegen, schlichten (Streitigkeiten)* ‖ *gerinnen machen (Milch)* ‖ *abheben (Spielkarten)* ‖ ⟨Tel⟩ *trennen* ‖ *ab|sperren, -schalten, -stellen (Dampf, Gas, Licht)* ‖ *streichen, kürzen (Text)* ‖ ⟨fig⟩ *in Bestürzung versetzen* ‖ ⟨fig⟩ *ab-, unter|brechen (Rede)* ‖ *kupieren (Fieber)* ‖ *verschneiden (Getränk)* ‖ ⟨Mil⟩ *abschneiden (Zufuhr)* ‖ ⟨Mar⟩ *kappen* ‖ ◇ ~ *las aguas* ⟨fig⟩ *die Meere durchfurchen* ‖ ~ *el aire die Lüfte durchschneiden* (z.B. *Flugzeug*) ‖ ~ *con alicate abkneifen* ‖ ~ *el bacalao* → **bacalao** ‖ ~ *los bríos a uno* ⟨fig⟩ *jdm die Flügel beschneiden* ‖ ~ *un cabello en cuatro* ⟨fig⟩ *Haarspalterei treiben* ‖ ~ *a cercén an der Wurzel abschneiden* ‖ ~ *el césped den Rasen mähen* ‖ ~ *el circuito* ⟨El⟩ *aus-, ab|schalten* ‖ ~ *el contacto* ⟨El⟩ *unterbrechen (Leitung)* ‖ ~ *la cólera a alg.* ⟨figf⟩ *jds Zorn dämpfen* ‖ ~ *las combinaciones de alg. jds Pläne durchkreuzen* ‖ ~ *la conversación a alg. jdm in die Rede fallen* ‖ ~ *cupones* ⟨Com⟩ *Kupons abschneiden* ‖ ~ *la cuenta Am das Konto abschließen* ‖ ~ *la curva die Kurve schneiden* ‖ ~ *con escoplo mit dem Meißel abschlagen, abmeißeln* ‖ ~ *la existencia a alg. jdn ruinieren, jdn ins Verderben stürzen* ‖ *jdn umbringen* ‖ ~ *el gas* ⟨Auto⟩ *das Gas wegnehmen, abdrosseln* ‖ ~ *bien un idioma e–e Sprache rein und fließend sprechen* ‖ ~ *el lápiz den Bleistift spitzen* ‖ ~ *mal falsch schneiden, verschneiden* ‖ ~ *a medida zuschneiden* ‖ ~ *la palabra a alg. jdm das Wort abschneiden, jdm ins Wort fallen* ‖ ~ *el paso a uno jdm den Weg vertreten* ‖ ~ *jds Absichten durchkreuzen* ‖ ~ *a patrón nach Schablone schneiden* ‖ ~ *con pinza abkneifen* ‖ ~ *de raíz mit der Wurzel ausrotten, mit Stumpf und Stiel ausrotten, im Keim ersticken* ‖ ~ *las relaciones* ⟨Com⟩ *die Verbindung abbrechen* ‖ ~ *en rued(ecit)as in Scheiben schneiden* ‖ ~ *al sesgo schräg abschneiden* ‖ ~ *con soplete brennschneiden* ‖ ~ *el sudor den Schweiß benehmen* ‖ ~ *un vestido ein Kleid zuschneiden* ‖ ⟨fig⟩ *jdm übel nachreden* ‖ ~ *la vida a alg. jdn umbringen* ‖ ~ *el vino den Wein (ver)schneiden* ‖ *irse a od hacerse* ~ *el pelo s. die Haare schneiden lassen*

~ vi ⟨Kart⟩ *abheben* ‖ *streichen (im Text)* ‖ ⟨fig⟩ *entscheiden, das Wort haben* ‖ Chi *plötzlich fortgehen (& vr)* ‖ ◆ sin ~ *unbeschnitten (Buch)* ‖ *cortando por lo bajo* ⟨fam⟩ *zum Mindesten* ‖ *por lo vivo,* ~ *por lo sano* ⟨fig⟩ *den wunden Punkt berühren, durchgreifende Maßnahmen treffen, energisch vorgehen* ⟨figf⟩ ‖ *hace un frío que corta* (la cara) *es ist e–e grimmige Kälte* ‖ **~se** s. *schneiden, s. verletzen* ‖ *gerinnen (Milch)* ‖ *umschlagen, verderben (Wein)* ‖ *aufspringen (Haut vor Kälte)* ‖ *brechen (Seide)* ‖ ⟨Math⟩ s. (über)schneiden ‖ s. kreuzen (Straßen)⟩ ‖ ⟨fig⟩ *bestürzt werden* ‖ *in der Rede stecken bleiben* ‖ ◇ ~ *las uñas s. die Nägel schneiden*

corta|rraíces *m Wurzelschneidemaschine* f ‖ *Rübenschneider* m ‖ **–rramas** *m Astschere* f ‖ **–sangre** ⟨Med⟩ *Blutstiller* m ‖ **–setos** *m Heckenschere* f ‖ **–tarugos** *m Zapfenschneider* m ‖ **–tortas** *m Kuchenschaufel* f ‖ **–tubos** *m* ⟨Tech⟩ *Rohr(ab)schneider* m ‖ **–úñas** *m (Finger)Nagelzange* f ‖ **–vapor** *m Dampfabsperrschieber* m ‖ **–veta** *f Quer|schlag, -stollengang* m ‖ **–vidrio(s)** *m Glasschneider* m *(Diamant)* ‖ **–viento** *m Windschutz(scheibe* f) m *(am Wagen)*

¹**corte** *m Schneide, Schärfe* f *(e–s Messers)* ‖ *(Ein)Schnitt* m ‖ *Schneiden, Ab-, Ein-, Zer|schneiden* n ‖ *Zuschneiden* n *(e–r Feder)* ‖ *Holzfällen, Abholzen* n ‖ *(Zu)Schnitt* m *(e–s Kleides)* ‖ *abgeschnittenes Stück* n *Zeug* ‖ *Stoff* m *(für Anzug od Kleid)* ‖ ⟨Buchb⟩ *Schnitt* m ‖ ⟨Film⟩ *Schnittrand* m ‖ ⟨Arch⟩ *Aufriss, Schnitt(zeichnung* f) m ‖ *Streichung* f *(im Text)* ‖ *(Schaf)Schur* f ‖ ⟨Kart⟩ *Abheben* n ‖ *Arg würdevoller Anstand* m, *Entschlossenheit* f ‖ Chi *kleiner Auftrag* m ‖ ~ *achaflanado* ⟨Typ⟩ *Schrägschnitt* m ‖ ~ *de agua Unterbrechung* f *der Wasser|leitung, -führung* ‖ ~ *circular Rundschnitt* m ‖ ~ *del combustible* ⟨Flugw⟩ *Brennstoffsperrung* f ‖ ~ *de contornos Formschnitt* m ‖ ~ *de cupones Ablösung* f *von Kupons* ‖ ~ *(con filete) dorado Goldschnitt* m ‖ ~ *de filtro* ⟨Fot⟩ *Filterabschneidung* f ‖ ~ *de inglete Gehrungsschnitt* m ‖ ~ *jaspeado Marmorschnitt* m *(Buch)* ‖ ~ *longitudinal Längsschnitt* m ‖ ~ *a navaja Messerschnitt* m ‖ ~ *oblicuo Winkelschnitt* m ‖ ~ *de pelo Haarschnitt* m ‖ ~ *de pelo a navaja Messerhaarschnitt* m ‖ ~ *radial Radialschnitt* m ‖ ~ *con soplete Brennschneiden* n ‖ ~ *transversal Querschnitt* m ‖ ~ *vertical Höhenschnitt* m ‖ ~ *del vino Verschnitt* m *des Weines* ‖ ◇ *dar* ~ *a algo et. wetzen, schärfen* ‖ *dar un* ~ ⟨figf⟩ *e–n Ausweg finden* ‖ *dar* ~ *a un negocio* ⟨figf⟩ *ein Geschäft einleiten* ‖ *darse* ~ *Arg s. ins rechte Licht setzen, großtun* ‖ **~s** mpl: ~ *para zapatos Schuh|blätter* npl, *-schnitte* mpl ‖ ~ *presupuestarios Budget|abstriche* mpl, *-kürzungen* fpl ‖ ◇ *hacer* ~ *Streichungen vornehmen* (z.B. *in e–m Theaterstück*)

²**corte** *f (königlicher) Hof* m ‖ *Hofstaat* m ‖ *Residenz(stadt)* f ‖ *Obergerichtshof* m ‖ *Hofmachen* n ‖ *Am Gerichtshof* m ‖ *las ⁼s de Amor der Minnehof* ‖ ~ *celestial Himmelreich* n ‖ *la* ~ *celestial die himmlischen Heerscharen* fpl ‖ ~ *o cortijo* ⟨fam⟩ *der e–e od der andere, e–r von beiden* ‖ ~ *de honor Brautjungfern* fpl ‖ ~ *Internacional de Justicia* (ONU) *Internationaler Gerichtshof* m *(UNO)* ‖ ~ *de mangas* ⟨fam vulg⟩ *Schlag mit der linken Hand auf die Mitte des rechten Unterarms (als Zeichen von Geringschätzung, Verachtung)* ‖ ~ *marcial Kriegs-, Stand|gericht, Gericht* n *im Ausnahmezustand* ‖ ~ *Permanente de Arbitraje de la Haya Ständiger Schiedshof* m *in Den Haag* ‖ ~ *suprema oberster Gerichtshof* m ‖ *en la* ~ *bei Hofe, in der Hauptstadt, in Madrid* ‖ ◇ *hacer la* ~ *a alg.* ⟨fig⟩ *jdm den Hof machen* ‖ *ir a la* ~, *no ver al rey* (Spr) *die günstige Gelegenheit nicht ausnützen* ‖ *tener* ~, *recibir en* ~ *Hof halten* ‖ **~s** fpl *Cortes* pl, *Parlament* n ‖ ⟨Hist⟩ *Ständeparlament* n ‖ ⟨Hist⟩ *Landstände* mpl ‖ ~ *Constituyentes* ⟨Span⟩ *verfassunggebende bzw verfassungsberatende Versammlung* f ‖ ~ *Generales* ⟨Span⟩ *aus zwei Kammern, dem Congreso de los Diputados und dem Senado, bestehendes Parlament* n

³**corte** *f Gehege* n ‖ *Schafhürde* f ‖ Ast *Stallung* f *im Untergeschoss des Bauernhauses*
cortecilla *f dim von* **corteza**

cortedad f Kürze f ‖ Kleinheit f ‖ (fig) (geistige) Beschränktheit f ‖ ⟨fig⟩ Schüchternheit, Bestürzung, Verlegenheit f ‖ ⟨fig⟩ Kleinmut m ‖ ~ de inteligencia geistige Beschränktheit f ‖ ~ de medios, ~ de recursos Dürftigkeit f ‖ ~ de vista Kurzsichtigkeit f
corte|jador, –jante m/adj Hofmacher m ‖ Liebhaber, Galan m ‖ Schmeichler m ‖ **–jar** vt/i: ~ a alg. jdm den Hof machen ‖ jdm schmeicheln ‖ **–jo** m Aufwartung f ‖ gute Aufnahme f ‖ Gefolge n ‖ Zug m ‖ Hofstaat m ‖ ⟨fam⟩ Liebhaber m ‖ ⟨fam⟩ Geliebte(r m) f ‖ Liebeswerben n ‖ Liebschaft f ‖ ~ fúnebre Trauer|gefolge, -geleit n, -zug, Leichenzug m
cortera f Chi (Straßen)Dirne f
cortero m Chi Lastträger m ‖ Tagelöhner m
cortés adj (m/f) höflich (con gegen) ‖ artig, gesittet ‖ adv: ~**mente**
cortesa|na f Hofdame f ‖ Kurtisane, vornehme Buhlerin, Halbweltdame f ‖ **–nesco** adj höfisch, Hof- ‖ Hofschranzen- ‖ **–nía** f Höflichkeit, Artigkeit f ‖ Hofgesellschaft f ‖ Hofschranzentum m ‖ **–no** adj höfisch, Hof- ‖ höflich, artig, gesittet ‖ klug, fein, gebildet ‖ adv: ~**amente** ‖ ~ m Hofmann, Höfling m ‖ (Hof)Schranze f (& m) ‖ ⟨fam⟩ Hofmacher, Verehrer m ‖ ⟨fam⟩ Liebhaber m
¹cortesía f Höflichkeit, Artigkeit f ‖ Gunst(bezeigung) f ‖ Zuvorkommenheit f ‖ Gefälligkeit, Gunst f ‖ Gruß m, Verbeugung f, Bückling m ‖ Geschenk n ‖ (Ehren)Titel m ‖ Höflichkeitsformel f (in Briefen) ‖ ~ internacional internationale Courtoisie f ‖ ◆ por ~ aus Höflichkeit ‖ ◇ hacer una ~ s. verbeugen
²cortesía f ⟨Typ⟩ leeres Zwischenblatt n
cortésmente adv höflich, gesittet
córtex f ⟨An⟩ (Hirn)Rinde f, Kortex m ‖ ⟨Bot⟩ Rinde f
cor|tez [pl ~**ces**] m MAm ⟨Bot⟩ Antillenapfel m (Tecoma pentaphylla) und andere Bignoniengewächse npl (Bignoniaceae)
corte|za f (Baum)Rinde, Borke f ‖ (Brot)Rinde, Kruste f ‖ Schale f (Früchte) ‖ (Speck)Schwarte f ‖ ⟨fig⟩ Grobheit, Ungeschliffenheit f ‖ ⟨fig⟩ Armut f ‖ ~ de anillo ⟨Bot⟩ Ringrinde f ‖ ~ crujiente Knackkruste f (am Brot) ‖ ~ curtiente Gerb(er)rinde f ‖ ~ dura Hartrinde f ‖ ~ de los jesuitas →· ~ del Perú ‖ ~ de limón Zitronenschale f ‖ ~ de pan Brotrinde f ‖ ~ del Perú Chinarinde f (Fiebermittel) ‖ ~ terrestre Erd|rinde, -kruste f ‖ ~ tintórea Färberrinde f ‖ ~ de tocino Speckhaut f ‖ ~**s** fpl △ Handschuhe mpl ‖ **–zón** augm von **–za** ‖ **–zudo** adj dick|rindig, -schalig ‖ ⟨fig⟩ grob, ungeschliffen
Corti: órgano de ~ ⟨Zool⟩ Cortisches Organ n
Cortico m np ⟨fam⟩ → **Gregorio**
corti|cal adj (m/f) kortikal, Rinden- ‖ **–ciforme** adj (m/f) rindenförmig
cortícola adj (m/f) ⟨Zool⟩ unter der Rinde lebend
corticoso adj hartrindig
cortico|steroides mpl ⟨Med Physiol⟩ Kortikosteroide (fachspr.: Corticosteroide) npl ‖ **–sterona** f Kortikosteron (fachspr.: Corticosteron) n
corti|jada f And Gruppe f von Landgütern ‖ **–jero** m And Landgutbesitzer m ‖ **–jo** m And Bauern-, Land|gut n ‖ (pop) Freudenhaus n ‖ ◇ alborotar el ~ ⟨figf⟩ e–e Menschenmenge in Aufruhr bringen ‖ ⟨fam⟩ den Laden auf den Kopf stellen
cortil m (Hühner)Hof m
cortillero m ⟨fam⟩ Marktschreier m
corti|na f (Tür-, Fenster)Vorhang m, Gardine f ‖ ⟨fig⟩ Schleier m ‖ ⟨fig⟩ Vorwand m ‖ ⟨Mil⟩

Kurtine, Kulisse, Verschleierung f, Schleier m ‖ Staumauer f ‖ ⟨fam⟩ Neige f (von Getränken) ‖ ~ de bambú ⟨Pol⟩ Bambusvorhang m ‖ ~ corrediza Schiebe(fenster)vorhang m ‖ ~ de exploración ⟨Mil⟩ Aufklärungsschleier m ‖ ~ de fuego Brandschürze f ‖ ⟨Mil⟩ Feuer|riegel m, -wand f ‖ ~ de hierro ⟨Pol⟩ Eiserner Vorhang m ‖ ~ de humo ⟨Mil⟩ Rauchschleier m ‖ ~ de muelle Hafendamm m ‖ ~ de seguridad ⟨Mil⟩ Sicherungsschleier m ‖ ~ de tropa ⟨Mil⟩ Truppenschleier m ‖ ◇ a ~ descorrida ⟨fig⟩ offen, vor aller Augen ‖ ◇ correr la ~ den Vorhang auf- bzw zuziehen ‖ ⟨fig⟩ den Schleier über et. werfen ‖ descorrer la ~ den Vorhang auseinander ziehen ‖ dormir a ~s verdes ⟨figf⟩ bei Mutter Grün schlafen ‖ **–nado** adj ⟨Her⟩ durch e–e eingebogene aufsteigende Spitze geteilt (Schild) ‖ **–naje** m Gardinen fpl und Vorhänge mpl ‖ Behang m, Vorhänge mpl, Draperie f ‖ **–nilla** f kleiner Fenster-, Roll|vorhang m ‖ Rouleau n ‖ ~ de resorte Rollvorhang m ‖ **–nón** m augm von **–na**
cortiña f Gal Hausgarten m
corti|sona ⟨Med Physiol⟩ Kortison (fachspr.: Cortison) n ‖ **–sonismo** m ⟨Med⟩ Kortisonismus (fachspr.: Cortisonismus) m
cortito adj dim von **¹corto**
¹corto adj/adv kurz (Länge, Dauer) ‖ klein, gering ‖ unbedeutend ‖ unzureichend ‖ knapp (Lohn) ‖ ⟨fig⟩ dumm, beschränkt, einfältig ‖ ⟨fig⟩ schüchtern, scheu ‖ ⟨fig⟩ geizig, knaus(e)rig (para con gegen) ‖ ~ de alcances od de genio od de entendederas ⟨fig⟩ einfältig, stumpfsinnig, geistig beschränkt ‖ ~ de manos ⟨fig⟩ langsam in der Arbeit ‖ plump ‖ ~ de medios knapp an Geld ‖ ~ de oído schwerhörig ‖ ~a pala, ~ sastre ⟨figf⟩ jd, der nichts versteht ‖ ~ de vista kurzsichtig ‖ ~a vista kurze Sicht f (Wechsel) ‖ a plazo ~ ⟨Com⟩ auf kurzes Ziel ‖ a la ~a o a la larga über kurz od lang ‖ a ~a distancia in kleiner Entfernung, unweit ‖ con ~a diferencia mehr od weniger ‖ de ~a estatura von kleinem Wuchs ‖ desde muy ~a edad von frühe(ste)r Kindheit an ‖ por mi ~a suerte (pop) zu m–m Unheil ‖ ◇ atar (de) ~ ⟨figf⟩ kurz anbinden ‖ quedarse ~ ⟨fam⟩ nicht dahinter kommen ‖ ⟨fam⟩ zu wenig ansetzen ‖ no quedará por ~a ni mal echada ⟨figf⟩ an Mühe und Fleiß soll es nicht fehlen
²corto m Kurzform für **cortometraje**
cortocircui|tar vt ⟨El⟩ kurzschließen ‖ **–to** m Kurzschluss m
cortometraje m ⟨Film⟩ Kurzfilm m
cortón m ⟨Ins⟩ Maulwurfsgrille, Öst Südd Werre f (Gryllotalpa vulgaris)
corúa f Cu ⟨V⟩ Kormoran m (Phalacrocorax sp)
coruja f ⟨V⟩ Eule f
corumba f Am Herz, Inneres n (des Maiskolbens)
corundo m → **corindón**
Coru|ña f → **La Coruña** ‖ ~ Leinwand f aus La Coruña ‖ ≠**nés** adj/s aus La Coruña (Stadt und Provinz in Spanien) ‖ auf La Coruña bezüglich
corus|cación f Glanz m (e–s Meteors) ‖ **–cante** (m/f), **–co** adj (poet) glänzend, strahlend ‖ **–quez** [pl ~**ces**] f (poet) Schimmer m
cor|va f Kniekehle f ‖ Schwungfeder f (e–s Vogels) ‖ ⟨Vet⟩ Spat m, Flussgalle f ‖ **–vado** adj gekrümmt, krumm ‖ **–vadura** f Krümmung, Biegung f, Bug m
corval adj (m/f) langfrüchtig (Olive)
corvar vt (Holz) biegen
corvato m Rabenjunges n, Jungrabe m
corvaza f ⟨Vet⟩ Spat m ‖ Flussgalle f
corvecito m dim von **¹cuervo**

¹corve|jón *m*, **–jos** *mpl hintere Knie\beuge, -kehle* f *(der Vierfüßer)* ‖ *Fessel* f, *Sprunggelenk* n *(des Pferdes)* ‖ meter la pata hasta el ~ ⟨figf⟩ *s. bis auf die Knochen blamieren*

²corvejón *m* ⟨V⟩ *Kormoran* m (Phalacrocorax sp)

corveño adj/s *aus Cuerva* (P Tol) ‖ *auf Cuerva bezüglich*

corve|ta *f* [Reitkunst] *Kurbette* f ‖ **–tear** vi *kurbettieren*

¹corvina *f* ⟨Fi⟩ *Adlerfisch* m (Sciaena aquila)

²corvina *f* Chi *scharfgezackte Bergkette, die s. in der Mitte verbreitet*

corvinera *f* ⟨Fi⟩ *Fangnetz* n *für Meerraben*

corvino adj *Raben-*

corvo adj *krumm, ge\bogen, -krümmt* ‖ ~ *m Haken* m

cor|za *f Ricke* f, *(weibliches) Reh* n ‖ **–zo** *m Rehbock* m, *Reh* n (Capreolus capreolus) ‖ ~ asado *Rehbraten* m

cosa *f Sache* f, *Ding* n ‖ *Gegenstand* m ‖ *Umstand* m ‖ *Begebenheit* f, *Ereignis* n ‖ *Tatsache* f ‖ *Angelegenheit* f ‖ *Ereignis* n ‖ ⟨Jur⟩ *Eigentum, Haben* n ‖ *(Rechts)Sache* f ‖ *Einfall* m, *Idee* f ‖ in negativen Sätzen: *nichts* (no valer ~) ‖ ~ accesoria *Nebensache* f ‖ *Zubehör* n ‖ ~ ajena *fremde Sache* f ‖ ~ de comer (fam) *et. zu essen* ‖ *Essware* f ‖ ~ compuesta *zusammengesetzte Sache* f ‖ ~ común *Sache* f *im Gemeingebrauch* ‖ *herrenlose Sache* f ‖ ~ consumible *verbrauchbare Sache* f ‖ ~ corpórea *körperliche Sache* f ‖ ~ y ~ ⟨fam⟩ *Rätsel* n ‖ ~ de ocho días *ungefähr* od *etwa acht Tage* ‖ ~ divisible *teilbare Sache* f ‖ ~ sin dueño *herrenlose Sache* f ‖ ~ empeñada *Pfand\stück* n, -*sache, verpfändete Sache* f ‖ ~ fascinante *Faszinosum* n ‖ ~ fungible ⟨Jur⟩ *vertretbare* od *verbrauchbare Sache* f ‖ ~ genérica *Gattungssache* f ‖ ~ hecha *vollendete Tatsache* f ‖ ~ de importancia *et. Wichtiges* ‖ ~ indeterminada *Gattungssache* f ‖ ~ indivisible *unteilbare Sache* f ‖ ~ inmueble *unbewegliche Sache* f ‖ ~ insulsa *Abgeschmacktheit* f ‖ ~ integrante *Bestandteil* m ‖ ~ del otro jueves ⟨figf⟩ *et. Außergewöhnliches, Seltenes* n ‖ ⟨figf⟩ *alte, abgedroschene Geschichte* f ‖ ~ juzgada *rechtskräftig, entschiedene Sache* f ‖ *Rechtskraft* f ‖ ~ litigiosa *Streitgegenstand* m ‖ ~ de poca monta *et. Unwichtiges* n ‖ ~ mueble *bewegliche Sache* f ‖ ~ de nadie *herrenlose Sache* f ‖ ~ de oír *et. Hörenswertes* ‖ ~ picante *Pikanterie, Anzüglichkeit* f ‖ ~ de risa *et. Lächerliches* n ‖ ~ secuestrada *beschlagnahmte Sache* f ‖ ~ secundaria *Nebensache* f ‖ ~ temporal ⟨Rel⟩ *weltliche Sache* f ‖ ~ de tenedor ⟨pop⟩ *Gabelfrühstück* n ‖ ~ de ver *et. Sehenswürdiges* n ‖ ~ nunca vista ⟨figf⟩ *et. Überraschendes, et. nie Dagewesenes* n ‖ ¡brava ~! ⟨iron⟩ *schöne Geschichte!* ‖ ninguna ~ *nichts* ‖ poca ~ *wenig* ‖ es poca ~ *es ist ganz unbedeutend* ‖ poquita ~ ⟨fam⟩ *unbedeutender Mensch* m ‖ ~ de *ungefähr, annähernd, etwa* (bes. *bei Zeitangaben*) ‖ veinte o ~ *así ungefähr zwanzig* ‖ a ~ de las ocho *gegen acht Uhr* ‖ a ~ hecha *mit sicherem Erfolg* ‖ como si tal ~ ⟨figf⟩ *mir nichts, dir nichts; ganz ruhig; als ob nichts geschehen wäre* ‖ sin otra ~ por hoy ⟨Com⟩ *ohne mehr für heute* ‖ ◇ decir una ~ *et. sagen* ‖ decir una ~ por otra *s. falsch ausdrücken* ‖ ⟨fig⟩ *lügen* ‖ no decir ~ *kein Wort sagen* ‖ no decir ~ con ~ ⟨fam⟩ *kopflos reden* ‖ dejando una ~ por otra *um dem Gespräch e–e andere Richtung zu geben* ‖ no dejar ~ con ~ *alles in größte Unordnung bringen* ‖ estudiar es una ~, y saber otra *Studieren und Wissen ist zweierlei* ‖ hace ~ de ocho días *es ist so ungefähr e–e Woche her* ‖ allí no hay ~ con ~ *dort geht alles*

drunter und drüber ‖ no hacer ~ a derechas *sehr un\geschickt* od -*beholfen vorgehen* ‖ como quien hace otra ~ ⟨fam⟩ *mit Geheim(nis)tuerei, mit Verstellung* ‖ ~ no hay tal *dem ist nicht so, keineswegs, das stimmt nicht* ‖ la ~ marcha ⟨fam⟩ *die Sache macht s., es geht vorwärts* ‖ pasado en ~ juzgada ⟨Jur⟩ *rechtskräftig geworden* ‖ no se le pone ~ por delante (fig) *er (sie) setzt s. über alle Hindernisse hinweg* ‖ quedarle a uno otra ~ en el cuerpo *od* en el estómago ⟨figf⟩ *zweideutig, doppelsinnig reden* ‖ no me queda otra ~ *ich sehe k–n anderen Ausweg* ‖ *ich habe k–e andere Wahl* ‖ como quien no quiere la ~ ⟨figf⟩ *auf verstellte Weise* ‖ *mit erheuchelter Gleichgültigkeit* ‖ es ~ de nunca acabar *es will kein Ende nehmen* ‖ sanear la ~ ⟨Jur⟩ *für Sachmängel haften* ‖ ser fuerte ~ ⟨fam⟩ *unumgänglich notwendig sein* ‖ *schwierig sein* ‖ ¡es ~ de él! *das sieht ihm ähnlich!* ‖ otra ~ es con guitarra (fam) *das müsste man erst sehen* (iron *Entgegnung auf Prahlreden*) ‖ ¡es ~ mía! *das ist m–e Sache! das geht mich an!* ‖ no es ~ del otro mundo ⟨fig⟩ *es ist nicht schwierig* ‖ *es ist nichts Außergewöhnliches* ‖ es ~ de pensarlo *das muss erst überlegt werden, das muss man s. erst durch den Kopf gehen lassen* ‖ no es ~ de reír *es ist nicht zum Lachen* ‖ es ~ de ver *das muss erst näher betrachtet werden* ‖ *das muss erst überlegt werden* ‖ no sea ~ que … (subj) *widrigenfalls, sonst müsste man, sonst wäre ich gezwungen, …* (als *Warnung*) ‖ no tener ~ y *sehr arm sein* ‖ tomar una ~ por otra *et. falsch auffassen, s. irren* ‖ no valer (*od* no ser) ~ ⟨fam⟩ *nichts taugen, k–n Wert haben* ‖ no vale gran ~ ⟨fam⟩ *es ist nicht viel wert* ‖ no es ni artista ni ~ que lo valga ⟨fam⟩ *der (die) hat es noch weit (bis) zum Künstler (zur Künstlerin)* ‖ cada ~ en su tiempo, y los nabos, en adviento *alles zu s–r Zeit* ‖ ~ cumplida, sólo en la otra vida ⟨Spr⟩ *nichts ist vollkommen auf dieser Welt* ‖ no hay ~ escondida que a cabo de tiempo sea bien sabida (Spr) *es ist nichts so fein gesponnen, es kommt doch endlich an die Sonnen* ‖ ~ mala nunca muere (Spr) *Unkraut vergeht nicht* ‖ ¿qué ~? *was gibt's? was ist los?* ‖ ¿qué es ~ y ~? *wer errät es? (bei Rätseln)* ‖ ¡ésa es la ~! *da steckt es!* (fam) *da liegt der Hase im Pfeffer!* ‖ ¡~ hecha! *die Sache ist erledigt, das dauert nicht lange!* ‖ ¡~ rara! *wie seltsam! sonderbar! merkwürdig!*

~s *fpl Geschäfte* npl ‖ *Vermögen* n ‖ *Angelegenheiten* fpl ‖ ~ de casa ⟨fam⟩ *häusliche Angelegenheiten* fpl ‖ las ~ claras, y el chocolate espeso ⟨fam⟩ *es geht nichts über Klarheit und Rechtschaffenheit* ‖ ~ delicadas *zerbrechliche Sachen* fpl ‖ ~ de viento ⟨figf⟩ *unnütze Dinge* npl, *unnützes Zeug* n ‖ ~ que van y vienen ⟨fam⟩ *Unbeständigkeit* f *der Welt* ‖ el curso de las ~ *der Lauf der Dinge, der Ereignisse* ‖ ◇ *así están las* ~ *so liegen die Dinge* ‖ corran las ~ como corrieren ⟨fam⟩ *es mag geschehen, was da will* ‖ decir ~ *viel erzählen, reden* ‖ (fam) *plaudern* ‖ disponer sus ~ *s–e Angelegenheiten in Ordnung bringen* ‖ hablar de unas ~ y de otras *von diesem und jenem sprechen, über alles Mögliche sprechen* ‖ llamar las ~ por su nombre *die Dinge beim Namen nennen* ‖ son ~ de él *das sind (so) s–e Eigenheiten* ‖ son ~ del mundo ⟨fam⟩ *so ist der Lauf der Welt* ‖ son ~ del otro jueves *od* del otro mundo ⟨figf⟩ *das sind alte Geschichten,* (fam) *das sind olle Kamellen* ‖ ante todas ~ *vor allen Dingen, vor allem* ‖ todas las ~ buenas son tres* ⟨Spr⟩ *aller guten Dinge sind drei* ‖ las ~ de palacio van despacio ⟨figf⟩ *das ist e–e langwierige Geschichte* ‖ *das wird noch lange dauern* ‖ ¡muchas *od* mil ~ a su hermano! *viele*

Grüße an Ihren Bruder! ‖ ¡qué ~ tienes! *was für Einfälle (Grillen) hast du!* ‖ ¿no serán tus ~? *ist es nicht d–e Erfindung?* ‖ ¡las ~ que se ven! *was man alles zu sehen bekommt! was es nicht alles gibt!*

cosa|ca *f Kosakin* f ‖ *Kosakentanz* m ‖ **–co** adj *Kosaken-* ‖ ~ m *Kosak* m ‖ ◇ *beber como un ~* ⟨fam⟩ *wie ein Bürstenbinder saufen* ‖ ~**s** mpl *Kosaken*
　cosalita *f* ⟨Min⟩ *Cosalit* m
　cosa|quito *m* dim von **–co** ‖ *Kosakentanz* m
　△ **cosca** *m Greis* m
　coscacho *m* Chi *Kopfstoß* m
　coscar [c/qu] vt/i ⟨fam⟩ *brennen, jucken* ‖ ~**se** ⟨fam⟩ *die Achseln zucken* ‖ ⟨fam⟩ → **concomerse**
　coscarana *f* Ar *flaches, knusp(e)riges Gebäck* n
　coscarrón PR *m e–e Hartholzbaumart* f (Elaeodendron xylocarpum)
　cosco|ja *f* ⟨Bot⟩ *Kermeseiche* f (Quercus coccifera) ‖ *dürres Laub* n *(der Steineiche)* ‖ **–jal, –jar** *m Wald* m *von Kermeseichen* ‖ **–jo** *m Gallapfel* m *an e–r Kermeseiche* ‖ **–jos** mpl *Kettenringe* mpl *(am Zaumzeug)*
　　coscojita *f* → **coxcojita**
　coscolin|a *f* Mex *liederliche Frau* f ‖ **–o** adj Mex *wieborstig, ungeduldig*
　coscomate *m* Mex *Aufbewahrungsort* m *für Mais*
　coscón adj *schlau* ‖ *verschmitzt* ‖ ~ *m* ⟨fam⟩ *Gauner* m
　coscoroba *f* Chi ⟨V⟩ *e–e Schwanenart* f (Cygnus coscoroba)
　cosco|rrón *m unblutiger Schlag* m *auf den Kopf* ‖ Col *Stück Brot* n ‖ **–rronear** vt *(auf den Kopf) schlagen* ‖ *verprügeln* ‖ **–rronera** *f Fall|hut, -korb* m *(der Kinder)*
　coscrición *f* Am ⟨fam⟩ → **conscripción**
　coscurro *m (Stück) Brotkruste* f
　cosecante *f* ⟨Math⟩ *Kosekans* m
　cose|cha *f Ernte(zeit)* f ‖ *(Ein)Ernten* n ‖ *Erntegut* n ‖ *Ausbeute* f (& fig) ‖ ⟨fig⟩ *Ernte* f, *Ertrag* m ‖ ⟨fig⟩ *Ergebnis* n ‖ *Folge* f ‖ *Wachstum* n, *Eigen|(an)bau* m, *-gewächs* n ‖ ~ *de cereales Getreideernte* f ‖ ~ *deficitaria Missernte* f ‖ ~ *de frutas Obsternte* f ‖ ~ *de heno Heuernte* f ‖ ~ *intermedia Zwischenernte* f ‖ ~ *de miel Honigernte* f ‖ ~ *mundial Welternte* f ‖ ~ *de patatas Kartoffelernte* f ‖ ~ *principal Haupternte* f ‖ ~ *propia Eigen(an)bau* m ‖ *Eigengewächs* n *(Wein)* ‖ ~ *de remolacha Rübenernte* f ‖ ~ *tardía späte Ernte* f ‖ *Spätlese* f *(Wein)* ‖ ~ *temprana Frühernte* f ‖ ♦ *a la ~ zur Erntezeit* ‖ *de la ~ de alg.* ⟨fig⟩ *aus jds Kopf, von jdm selbst erdacht, erfunden usw.* ‖ ⟨figf⟩ *auf dem eigenen Mist gewachsen* ‖ *de propia ~ aus eigener Ernte* (z. B. *Wein*) ‖ *tras poca ~*, *ruin trigo* ⟨Spr⟩ *ein Unglück kommt selten allein* ‖ **–chadora** *f Mähdrescher* m ‖ **–char** vt *(ein)ernten* (& fig) ‖ *(ein)sammeln, lesen* ‖ ⟨fig⟩ *einheimsen* ‖ ⟨fig⟩ *gewinnen, erzielen* ‖ ◇ ~ *aplausos Beifall ernten* ‖ *cada cual cosecha lo que ha sembrado* ⟨Spr⟩ *wie du Saat, so die Ernte* ‖ **–chero** *m Landwirt* m ‖ *Weinbauer, Winzer* m ‖ *Pflanzer* m ‖ *Nutznießer* m *e–s Grundstücks* ‖ ~ *destilador Schnapsbrenner* m *(aus eigener Produktion)*
　cosedora *f Nähmaschine* f ‖ ⟨Typ⟩ *Heftmaschine* f ‖ ⟨Typ⟩ *Heftapparat* m
　coselete *m* ⟨Hist⟩ *leichter Harnisch* m *(meist aus Leder)* ‖ ⟨Ins⟩ *Brustschild* m *(der Insekten)*
　coseno *m* ⟨Math⟩ *Kosinus* m
　cosepapeles *m Hefter* m
　coser vt *nähen* ‖ *an-, zu-, zusammen|nähen* ‖ *heften (Bücher)* ‖ ⟨fig⟩ *zusammenfügen* ‖ ⟨fig⟩ *verbinden* ‖ ◇ ~ *con alambre mit Draht heften* ‖

~ *a balazos mit Kugeln durch\löchern od -sieben* ‖ ~ *a puñaladas* ⟨fig⟩ *mit Dolchstichen durchbohren* ‖ *es ~ y cantar* ⟨figf⟩ *das ist spielend leicht, das ist kinderleicht* ‖ ~**se** ⟨figf⟩ *s. anschmiegen* (con, contra *an* acc) ‖ ⟨fam⟩ *handgemein werden* (a *mit*) ‖ ◇ ~ *la boca* ⟨figf⟩ *den Mund halten*
　coseta *f Zuckerrübenschnitzel* n (& m)
　cosetada *f schneller Schritt, Lauf* m
　cósico adj ⟨Math⟩: *número ~ Potenzzahl* f
　cosicosa *f* ⟨fam⟩ *Rätsel* n
　cosido pp von **coser** ‖ ~ *a balazos von Kugeln durch\löchert od -siebt* ‖ ~ *a mano handgenäht* ‖ ~ *a puñaladas von Dolchstichen durchbohrt* ‖ ◇ *estar ~ a las faldas de su mujer* ⟨figf⟩ *ein Pantoffelheld sein* ‖ ~ *m Nähen* n, *Näherei* f ‖ *Näharbeit* f ‖ *Heften* n, *Heftung* f ‖ ~ *con alambre Drahtheftung* f ‖ ~ *de los cartones* ⟨Text⟩ *Kartenbinden* n ‖ ~ *de erratas* ⟨Text⟩ *Stopfen* n
　cosifi|cación *f Versachlichung* f ‖ **–car** [c/qu] vt *versachlichen*
　cosignatario *m Mitunterzeichner* m
　cosilla *f* dim von **cosa**
　Cosme *m* np *Kosmus* m
　cosméti|ca *f Schönheitspflege, Kosmetik* f ‖ **–co** adj *kosmetisch* ‖ ~ *m Schönheitsmittel, Kosmetikum* n ‖ *Schminke* f ‖ *(Haar)Pomade* f ‖ ~**s** mpl *Kosmetika* npl
　cósmico adj *kosmisch*
　cosmobio|logía *f Kosmobiologie* f ‖ **–lógico** adj *kosmobiologisch*
　cosmo|cracia *f Weltherrschaft* f ‖ **–dromo, cosmódromo** *m Raumfahrtflugplatz* m, *Kosmodrom* n ‖ **–física** *f Raum-, Kosmo|physik* f ‖ **–gonía** *f Kosmogonie* f ‖ **–gónico** adj *kosmogonisch* ‖ **–grafía** *f Kosmographie* f ‖ **–gráfico** adj *kosmographisch*
　cosmógrafo *m Kosmograph* m
　cosmo|logía *f Kosmologie* f ‖ **–lógico** adj *kosmologisch* ‖ **–nauta** m/f *Kosmonaut(in* f), *(Welt)Raumfahrer(in* f) m ‖ **–náutica** *f Kosmonautik, (Wissenschaft von der) Raumfahrt* f ‖ **–náutico** adj *kosmonautisch* ‖ **–nave** *f (Welt)Raumschiff* n ‖ **–polita** adj *(m/f) kosmopolitisch* ‖ ~ m/f *Kosmopolit(in* f), *Weltbürger(in* f) m ‖ **–politismo** *m Kosmopolitismus* m, *Weltbürgertum* n ‖ **–rama** *m Kosmorama* n, *Darstellung* f *der Welt* ‖ *Projektionsapparat* m
　¹cosmos *m Weltall* n, *Kosmos* m, *Welt* f
　²cosmos *m* ⟨Bot⟩ *Schmuckkörbchen* n, *Kosmee* f (Cosmos bipinnatus)
　cosmosofía *f* ⟨Philos⟩ *Weltweisheit, Kosmosophie* f
　cosmovisión *f Weltanschauung* f
　¹coso *m Halle* f od *gedeckter Platz* m *(für Stierkämpfe und sonstige Festlichkeiten)* ‖ Span *Hauptstraße* f *(in manchen Städten)* ‖ Am *Stierstall* m ‖ ~ *de flores Fest* n *mit Blumenwagen, Blumenkorso* m
　²coso *m* ⟨Ins⟩ *Raupe* f *des Weidenbohrers* ‖ *Weidenbohrer* m (Cossus cossus)
　cospe *m Zimmerhieb* m
　cospel *m Münzplatte* f
　cospilla *m* Ar *Oliventrester* pl
　cos|que, –qui(s) *m* ⟨fam⟩ → **coscorrón**
　cosquilladizo adj → **quisquilloso**
　cosqui|llas fpl *Kitzeln* n, *Kitzel* m ‖ ⟨fig⟩ *Un\ruhe* f, *-behagen* n ‖ ◇ *buscarle a uno las ~* ⟨figf⟩ *jdn reizen* ‖ *alle Mittel anwenden, um jds Widerwillen zu erregen* ‖ *provozieren* ‖ *hacer ~ a alg. jdn kitzeln, reizen* ‖ ⟨fig⟩ *lüstern, neugierig machen* ‖ ⟨fig⟩ *(jds) Widerwillen erregen* ‖ *no sufrir (od tener malas) ~* ⟨fig⟩ *sehr reizbar sein* ‖

k–n Spaß verstehen ‖ **–llear** vt/i *kitzeln* ‖ *jucken* ‖ ⟨fig⟩ *(jds) Neugierde erregen* ‖ *(jdm) übertrieben schmeicheln* ‖ ⟨fig⟩ *(jdn) reizen, hetzen* ‖ *~se* ⟨fam⟩ *unmutig werden* ‖ **–llejas** *fpl* dim von **–llas** ‖ **–lleo** *m Kitzeln, Gekitzel* n ‖ *Zucken* n ‖ *Juckreiz* m ‖ **–llones** *mpl* augm von **–llas** ‖ **–lloso, –lludo** adj *kitzlig* ‖ ⟨fig⟩ *empfindlich, reizbar*
   cosquín *m* ⟨fam⟩ *leichter Schlag, Klaps* m
   ¹costa *f Glättholz* n *der Schuhmacher*
   ²costa *f Preis, Wert* m ‖ *(Un)Kosten* pl, *Aufwand* m ‖ *Beköstigung* f *(als Dienstlohn)* ‖ ◆ a ~ de … *mit, mittels, durch* … ‖ *auf Kosten* … (gen) ‖ a toda ~ *um jeden Preis* ‖ a ~ mía, a mi ~ *auf m–e Kosten* (& fig) ‖ *~s fpl Gerichtskosten* pl, *Prozessgebühren* fpl ‖ ~ *accesorias Nebenkosten* pl ‖ ~ *civiles Prozesskosten* pl ‖ ~ *criminales Kosten* pl *in Strafsachen* ‖ ~ *extrajudiciales außergerichtliche Kosten, Parteikosten* pl ‖ ~ *judiciales Gerichtskosten* pl ‖ ~ *procesales Gerichtskosten* pl, *Prozessgebühren* fpl ‖ ◇ condenar en ~ *zu den Kosten verurteilen* ‖ imputar las ~ *die Kosten auferlegen* ‖ salir sin ~ ⟨fam⟩ *mit heiler Haut davonkommen*
   ³costa *f* ⟨Mar⟩ *(See)Küste* f, *Gestade* n ‖ ~ abierta *offene Küste* f ‖ ~ abrupta *abschüssige* od *schroffe Küste* f ‖ ~ accesible *zugängliche* od *erreichbare Küste* f ‖ ~ alta *Felsgestade* m, *Klippe* f *(Niederküste)* ‖ ~ baja *Niederküste* f ‖ ~ de barlovento *Wetter-, Luv|küste* f ‖ ~ brava *Steilküste* f ‖ ~ cartografiada *kartierte Küste* f ‖ ~ desabrigada *ungeschützte Küste* f ‖ ~ escarpada →̇ ~ abrupta ‖ ~ rocosa *felsige Küste* f ‖ ~ de sotavento *Lee|küste* f, *-wall* m ‖ ~ a ~ *längs der Küste* ‖ ◇ atracar a la ~ *anlaufen* ‖ dar a la ~ *stranden*
   Costa *f* ⟨Geogr⟩ ~ del Azahar *Costa* f *del Azahar (span. Mittelmeerküste der Provinzen Valencia und Castellón de la Plana)* ‖ ~ Azul *Côte* f *d'Azur (Frankreich)* ‖ ~ Blanca *Costa* f *Blanca (span. Mittelmeerküste zwischen dem Cabo de la Nao und Alicante)* ‖ ~ Brava *Costa* f *Brava (span. Mittelmeerküste zwischen der französischen Grenze und Blanes)* ‖ ~ Dorada *Costa* f *Dorada (span. Mittelmeerküste zwischen Barcelona und Tarragona)* ‖ ~ Esmeralda *Costa* f *Esmeralda (nordspan. Küste der Provinz Santander)* ‖ ~ de la Luz *Costa* f *de la Luz (span. Atlantikküste zwischen der Straße von Gibraltar und der portugiesischen Grenze)* ‖ ~ del Maresme *Costa* f *del Maresme (span. Mittelmeerküste zwischen Blanes und Barcelona)* ‖ ~ del Marfil *Côte d'Ivoire (Afrika)* ‖ ~ de Oro *Côte* f *d'Or (Frankreich)* ‖ *Goldküste* f *(Guinea)* ‖ ~ Rica *Costarica* n ‖ ~ del Sol *Costa* f *del Sol (span. Mittelmeerküste zwischen Málaga und Algeciras)* ‖ ~ Verde *Costa* f *Verde (nordspan. Küste Asturiens)*
   ¹costado *m (rechte, linke) Seite* f *(bes. des menschlichen Körpers)* ‖ ⟨Mil⟩ *Flügel* m, *Flanke* f ‖ ⟨Mar⟩ *(Breit)Seite* f, *Bord* m, *Bordwand* f ‖ Mex *Bahnsteig* m ‖ ~ de babor ⟨Mar⟩ *Backbordseite* f ‖ ~ de barlovento ⟨Mar⟩ *Luv-, Wetter|seite* f ‖ ~ de estribor ⟨Mar⟩ *Steuerbordseite* f ‖ ~ falso ⟨Mar⟩ *Schlagseite* f ‖ ~ de preferencia ⟨Mar⟩ *Steuerbordseite* f ‖ ~ de sotavento ⟨Mar⟩ *Leeseite* f ‖ ◆ al ~ del buque *längsschiff, langseitig* ‖ ◇ dar el ~ ⟨Mar⟩ *die Breitseite zeigen* ‖ franco al ~ del buque *frei längsseits des Schiffs* ‖ ir *(od andar, navegar)* de ~ ⟨Mar⟩ *(ab)treiben* ‖ *~s mpl* ⟨Mar⟩ *Schiffsflanken* fpl
   ²costado *m Linie* f *der Großeltern väterlicher- und mütterlicherseits*
   ¹costal adj *(m/f)* ⟨An⟩ *Rippen-*
   ²costal *m großer (Mehl)Sack* m ‖ *Getreidesack* m ‖ *Sackvoll* m ‖ *Querholz* n *in e–m Fachwerk* ‖

Stampfe f, *Stöpsel* m ‖ ~ de huesos *Gerippe* n ‖ ~ de mentiras ⟨figf⟩ *Erzlügner,* ⟨fam⟩ *Lügenbeutel* m ‖ el ~ de los pecados ⟨fig⟩ *das Gefäß der Sünde (der menschliche Leib)* ‖ ◇ estar hecho un ~ de huesos ⟨figf⟩ *klapperdürr sein* ‖ no parecer ~ de paja ⟨figf⟩ *stramm und jung sein* ‖ vaciar el ~ ⟨figf⟩ *alles heraussagen, aus|plaudern,* ⟨fam⟩ *-packen*
   costala|da *f Fall* m *auf die Seite* od *auf den Rücken* ‖ dar una ~ *ausgleiten* ‖ *lang hinschlagen* ‖ **–zo** *m* → **–da**
   costalearse Chi *lang hinschlagen* ‖ Chi ⟨fam⟩ *den Kürzeren ziehen*
   costalera *f* Mex *Haufen* m *Säcke* ‖ **–lero** *m* And *Sack-, Last|träger* m ‖ And *Träger* m *der pasos* (→ dort) *im Prozessionszug der Karwoche*
   costalgia *f* ⟨Med⟩ *Rippenschmerz* m
   costa|na *f abschüssige Gasse* f ‖ *Abhang* m ‖ ⟨Mar⟩ *Krummhölzer* npl ‖ León *Wagenhürde* f ‖ **–nera** *f Abhang* m ‖ *Klippe* f ‖ *Schrägbeet* n ‖ ⟨Arch⟩ *Dachsparren* m ‖ **–nero** adj *abschüssig* ‖ *Küsten-* ‖ **–nilla** *f kurze abschüssige Straße (z. B. ~ de los Ángeles in Madrid, ~ de Lastanosa in Huesca)*
   ¹costar [-ue-] vi *kosten, zu stehen kommen* ‖ ⟨fig⟩ *Mühe kosten* ‖ ⟨fig⟩ *Ausgaben verursachen* (a alg. *jdm)* ‖ ⟨fig⟩ *nicht leicht sein* (a alg. *für jdn)* ‖ ⟨fig⟩ *schwerfallen, Überwindung kosten* (a alg. *jdm)* ‖ ◇ ~ caro *teuer zu stehen kommen, teuer sein* ‖ va a ~ más el ajo *od* la salsa que el pollo ⟨fam⟩ *die Brühe wird teurer sein als der Braten* ‖ ~ un ojo de la cara ⟨figf⟩ *gepfeffert sein, ein Heidengeld kosten* ‖ me cuesta *es kostet mich Mühe* ‖ me cuesta hablar español *es fällt mir schwer, Spanisch zu sprechen* ‖ me cuesta creerlo *ich kann es kaum glauben* ‖ no me cuesta *es kommt mir leicht vor* ‖ ¡no cuesta nada! *es ist spielend leicht!* ‖ cueste lo que cueste *od* costare *koste es, was es wolle* ‖ *um jeden Preis* ‖ el primer paso es el que más cuesta ⟨Spr⟩ *aller Anfang ist schwer*
   ²costar vi ⟨pop⟩ → **constar**
   costarri|cense adj/s *(m/f)* → **–queño** ‖ **–queñismo** *m Costaricanismus* m *(e–e nur im costaricanischen Spanisch vorkommende sprachliche Erscheinung)* ‖ **–queño** adj/s *aus der Costa Rica, costaricanisch* ‖ ~ *m Costaricaner* m
   costasoleño adj/s *aus der Costa del Sol* ‖ *auf die Costa del Sol bezüglich*
   coste *m Preis, Wert* m ‖ *(Un)Kosten* pl ‖ ~ adicional *Mehrausgabe* f ‖ ~ de capital *Investitionskosten* pl ‖ ~ comercial *(Selbst)Kostenpreis* m ‖ ~ efectivo *Ist-Kosten* pl ‖ ~ de fabricación *Herstellungskosten* pl ‖ ~ de inversiones *Investitionskosten* pl ‖ ~ de mano de obra *Lohn-, Arbeits|kosten* pl ‖ ~ de materias primas *Rohstoffkosten* pl ‖ ~ medio *Durchschnittskosten* pl ‖ ~ real *Ist-Kosten* pl ‖ ~, seguro y flete (CIF) *Kosten, Versicherung und Fracht* ‖ ~ unitario *Einheits-, Stück|preis* m ‖ ~ de la vida *Lebenshaltungskosten* pl ‖ ◆ a gran ~ *mit großen Kosten* ‖ a poco ~ *mit geringen Kosten* ‖ ~ a precio de ~ *(od* costo) *zum (Selbst)Kostenpreis* ‖ ◇ pagar el ~ *die Kosten tragen* ‖ vender a precio más bajo del ~ *unter dem Einkaufspreis verkaufen* ‖ *~s mpl: ~ accesorios Nebenkosten* pl ‖ ~ de conservación *Unterhaltungs-, Wartungs|kosten* pl ‖ ~ de descarga *Löschungskosten* pl ‖ ~ estimativos *vorausgeschätzte Kosten* pl ‖ ~ fijos *fixe* od *konstante Kosten* pl ‖ ~ marginales *Grenzkosten* pl ‖ ~ variables *variable Kosten* pl (→ auch **costo[s]**)
   costead|o, –a adj Arg *gut gedeihend (Vieh)*

¹coste|ar vt *die Kosten tragen, bestreiten* ‖ ~ *los estudios a alg. jdm das Studium bezahlen* ‖ **–arse** *die Kosten decken (Arbeit, Geschäft)* ‖ Pe *(über jdn) spotten* ‖ **–o** *m Preis, Wert* m ‖ Pe *Spott* m ‖ Pe *Prellerei* f
²costear vi ⟨Mar⟩ *an der Küste entlang fahren* ‖ *an e–m Bergabhang entlangführen (Weg)*
³costear vt Arg *(Vieh) zur Mast halten*
⁴costear vt Chi *(die Sohlenkanten e–s Schuhes) glätten*
   costeleta *f* Arg → **chuleta**
   costeño adj *Küsten-*
¹costera *f Seite* f *(e–s Korbes)* ‖ *Abhang* m ‖ *Küste* f ‖ ⟨Arch⟩ *Backenstück* n
²costera *f* ⟨Fi⟩ *Fangzeit* f
   costero adj *Küsten-* ‖ ~ *m* ⟨Zim⟩ *Schwarte* f ‖ ⟨Min⟩ *Stollenverschalung* f ‖ ⟨Met⟩ *Seitenmauerung* f *des Hochofens*
   costezuela *f* dim von **¹cuesta**
   costiforme adj *(m/f) rippen|artig, -förmig*
¹costilla *f* ⟨An⟩ *Rippe* f ‖ ⟨Zool Bot⟩ *Rippe* f ‖ ⟨Mar Flugw⟩ *Rippe* f, *Spant* n ‖ *(Fass)Daube* f ‖ ⟨figf⟩ *Vermögen* n, *Habe* f ‖ ⟨Flugw⟩ *Gerippe* n *(e–s Flugzeuges)* (bes. *pl*) ‖ ⟨figf⟩ *Ehefrau, bessere Hälfte* f ‖ ~ *de cerdo* (Am ~ *de chancho) Schweinsrippchen* n ‖ ~ *falsa* ⟨An⟩ *falsche Rippe* f ‖ ~ *flotante* ⟨An⟩ *lose Rippe* f ‖ ~ *verdadera* ⟨An⟩ *echte Rippe* f ‖ ◇ *tener* ~ *(fam) vermögend sein* ‖ **~s** *fpl* ⟨fam⟩ *Rücken* m ‖ ⟨Mar⟩ *Schiffsrippen* fpl, ⟨Zim⟩ *Verschalungsbretter* npl ‖ ~ *de enfriamiento* ⟨Flugw⟩ *Kühlrippen* fpl ‖ ◆ a ~ *de alg. Am hinter jds Rücken* ‖ ◇ *dar de* ~ *auf den Rücken fallen* ‖ *dolerle a uno las* ~ *Rippenschmerzen haben* ‖ ⟨figf⟩ *s. halb tot lachen* ‖ *hacer* ~ ⟨figf⟩ *ein dickes Fell haben* ‖ *medirle a uno las* ~ ⟨figf⟩ *jdn durchprügeln*, *(fam) jdn vertrimmen* ‖ *romper a uno las* ~ *(fig) jdn tüchtig verhauen* (bes. *als Drohung)* ‖ *sacar a uno las* ~ ⟨figf⟩ *jdn rücksichtslos ausbeuten, schinden* ‖ *tener a alg. sobre sus* ~ ⟨figf⟩ *jdn am Hals haben* ‖ *vivir a las* ~ *de alg.* ⟨figf⟩ *auf jds Kosten leben*
²costilla *f* ⟨Bot⟩ ~ *de Adán Fensterblatt* n *(Monstera deliciosa)*
costi|llaje *m (fam)* → **–llar** ‖ **–llar** *m Rippenteil* m *des Körpers* ‖ ⟨fam⟩ *Brustkasten* m ‖ ⟨Kochk⟩ *Rippenstück, Karree* n ‖ ⟨Tech⟩ *Gerippe* n ‖ *Sattelstück* n ‖ **–lleta** *f (gall)* → **¹chuleta** ‖ **–lludo** adj *(fam) breitschultrig*
   costino adj Chi RPl *Küsten-*
¹costo *m Kosten* pl ‖ *Preis* m ‖ ~ *de adquisición Einkaufspreis* m ‖ ~ *directo Gestehungskosten* pl ‖ ~ *de mantenimiento Wartungskosten* pl ‖ ~ *de mercado Marktpreis* m ‖ ~ *de la producción,* ~ *de fabricación Herstellungs-, Erzeugungs|kosten* pl ‖ ~ *inicial Anlagekosten* pl ‖ ~ *original Selbstkostenpreis* m ‖ ~ *originario Ursprungswert* m ‖ ~ *en plaza Marktpreis* m ‖ **~s** *mpl:* ~ *de explotación Betriebskosten* p ‖ ~ *salariales adicionales Lohnnebenkosten* pl ‖ → auch **coste(s)**
²costo *m* ⟨Bot⟩ *Kostkraut* n (Costus) ‖ ~ *hortense Rainfarn* m (Chrysanthemum vulgare)
   costón *m* Murc *Flussdamm* m
   costoso adj *kostspielig, teuer* ‖ *kostbar* ‖ ⟨fig⟩ *mühsam, mühevoll, schwierig* ‖ adv: **~amente**
cos|tra *f Kruste, Rinde* f ‖ *Haut* f, *Überzug* m *(auf e–r Flüssigkeit)* ‖ *verkohlter Docht* m, *Schnuppe* f ‖ ⟨Med⟩ *Schorf, Grind* m *(e–r heilenden Wunde)* ‖ ⟨Tech⟩ *Ansatz, Schlicker* m ‖ *Blockschale* f ‖ ~ *de fundición Guss|haut, -kruste* f ‖ ~ *láctea Milchschorf* m *(der Kinder)* ‖ ~ *de la tierra Erdkruste* f ‖ **–trada** *f (Art süßer) Pastete, Krustade* f
   costreñir vt ⟨pop⟩ → **constreñir**
   costrón *m* ⟨Kochk⟩ *Crôuton* m

   costroso adj *krustig* ‖ *verkrustet* ‖ ⟨Med⟩ *schorfig*
   construir vt ⟨pop⟩ → **construir**
costum|bre *f Ge|wohnheit* f, *-brauch* m ‖ *Brauch* m, *Sitte* f ‖ *Gewohnheitsrecht* n ‖ ~ *bancaria Bankusance* f ‖ ~ *comercial Handelsbrauch* m, *Usance* f ‖ ~ *inveterada eingewurzelte Gewohnheit* f ‖ *herkömmlicher Brauch* m ‖ ~ *contra (la) ley missbräuchliche Verkehrssitte* f ‖ ~ *fuera de ley außergesetzliche Gewohnheit, Verkehrssitte* f *praeter legem* (lat) ‖ ~ *según ley gesetzmäßige Gewohnheit* f ‖ ~ *del local,* ~ *del lugar Orts|(ge)brauch* m, *-üblichkeit, Verkehrssitte* f ‖ ~ *mercantil Handelsbrauch* m ‖ ~ *del país Landesbrauch* m ‖ ~ *de plaza Verkehrssitte* f ‖ ◆ *de* ~ *gewöhnlich, üblich* ‖ *gewohnheitsmäßig según* ~, *como de* ~ *wie gewöhnlich, wie üblich* ‖ *wie immer* ‖ ⟨Com⟩ *usancenmäßig* ‖ ◇ *tengo la* ~ *de comer poco ich pflege wenig zu essen* ‖ *tomar la* ~ *de … s. angewöhnen zu …* ‖ *la* ~ *es otra (od una segunda) naturaleza Gewohnheit ist die zweite Natur* ‖ *la* ~ *hace ley Gewohnheit wird Gesetz* ‖ **~s** *fpl Sitten* fpl ‖ *buenas* ~ *gute Sitten* fpl ‖ ~ *caballerescas* (Hist) *Ritterbrauch* m ‖ ~ *locales,* ~ *lugareñas örtliche Sitten* fpl *und Gebräuche* mpl ‖ *örtliches Gewohnheitsrecht* n ‖ ~ *rústicas Bräuche* mpl *auf dem Land(e)* ‖ ◆ *contra las buenas* ~ *sittenwidrig* ‖ ◇ *obrar contra las buenas* ~ *sittenwidrig handeln, gegen die guten Sitten verstoßen* ‖ **–brismo** *m* ⟨Lit⟩ *Sittenschilderung* f *(als literarische Gattung)* ‖ **–brista** adj *(m/f) Sitten-, Milieu-* ‖ ~ *m/f* ⟨Lit⟩ *Verfasser(in* f) m *von Sittenromanen* ‖ *Vertreter(in* f) m *des Costumbrismo*
¹costura *f Naht, Fuge* f, *Saum* m ‖ *Strumpfnaht* f ‖ *Nadel-, Näh|arbeit* f ‖ *Nähen* n ‖ *Damenschneiderei* f ‖ ⟨fig⟩ *Narbe* f ‖ ~ *en cuero Ledernaht* f ‖ ~ *doble Doppelnaht* f ‖ ~ *engomada Klebnaht* f ‖ ~ *francesa* → ~ *replegada* ‖ ~ *sobre hilo überwendliche Naht* f ‖ ~ *lisa Glattnaht* f ‖ ~ *plegada Falznaht* f ‖ ~ *de punto por encima* → ~ *sobre hilo* ‖ ~ *replegada Kappnaht* f, *Umschlagsaum* m ‖ ~ *solapada durchgenähte Naht* f ‖ ◆ *sin* ~ *nahtlos* ‖ *alta* ~ *Haute Couture* f ‖ ◇ *abrir las* **~s** *die Nähte auftrennen* ‖ *cerrar con* ~ *zunähen* ‖ *meter a uno en* ~ ⟨figf⟩ *jdn zügeln, jdn zur Vernunft bringen* ‖ *saber de toda* ~ ⟨figf⟩ *viel Erfahrung haben* ‖ *sentar las* ~ *die Nähte ausstreichen, niederbügeln* ‖ *sentar a uno las* **~s** ⟨figf⟩ *jds Stolz demütigen, jdm eins auf den Hut geben* ‖ ⟨fam⟩ *jdn verprügeln*
²costura *f* ⟨Tech Mar⟩ *(Schweiß)Naht* f ‖ ~ ⟨Mar⟩ *Splissung* f ‖ ~ *afollada Stemmnaht* f ‖ ~ *de caldera Kesselnaht* f ‖ ~ *de fundición Gussnaht* f *(der Form)* ‖ ~ *larga* ⟨Mar⟩ *Langsplissung* f ‖ ~ *longitudinal Längsnaht* f ‖ ~ *llana* ⟨Mar⟩ *Kappnaht* f ‖ ~ *remachada,* ~ *roblonada Nietnaht* f ‖ ~ *de soldadura Schweißnaht* f ‖ ~ *a tope Stumpfnaht* f ‖ ~ *en V V-Naht* f ‖ ◆ *sin* ~ *nahtlos* ‖ ◇ *rebatir las* ~ **~s** ⟨Mar⟩ *die Nähte dichten*
   costure|ra *f Näherin* f ‖ *Schneiderin, Modistin* f ‖ **–ro** *m Nähschrank* m ‖ *Nähtisch* m ‖ *Nähkasten* m
   costurón *m* augm von **costura** ‖ *schlecht ausgeführte Naht* f ‖ *auffallend sichtbare Verletzungsnarbe* f
   cosuba *f* Cu *Schale* f *des Maiskorns*
¹cota *f* ⟨Hist⟩ *Panzerhemd* n ‖ *Waffenrock* m *(der Herolde)* ‖ PR *Hemd* n ‖ ~ *de mallas Ringhemd* n ‖ *Ringpanzer* m
²cota *f Maßbezeichnung, Maßzahl* f ‖ *Höhe, Kote, Höhenzahl* f (& Mil) ‖ ~ *de base* ⟨Top⟩

Ursprungshöhe f ‖ ~ de referencia ⟨Top⟩
Bezugsmaß n
Cota f ⟨fam⟩ np → **Concepción**
cotana f ⟨Zim⟩ *Zapfenloch* n ‖ *Lochmeißel* m ‖
Kerbe f
cotangente f ⟨Math⟩ *Kotangens* m
cotar vt *mit Höhenzahlen versehen* ‖ *Maße
eintragen, bemaßen*
cotara f Am ⟨Art⟩ *Fußbekleidung* f *der
Indianer*
cota|rra f *Seitenwand* f *e–r Schlucht* ‖ **–rrera** f
⟨pop⟩ *gemeines Weibsbild* n ‖ **–rro** m
Nachtherberge f *für Obdachlose, Nachtasyl* n ‖
Armenhaus n ‖ *Seitenwand* f *e–r Schlucht* ‖ ◇
alborotar el ~ ⟨figf⟩ *die Nachbarschaft in
Aufruhr bringen* ‖ ⟨figf⟩ *zur Teilnahme an e–r
Festlichkeit auffordern* ‖ ⟨figf⟩ *Händel anfangen* ‖
andar de ~ en ~ ⟨figf⟩ *die Zeit (mit unnützen
Besuchen) vertun* ‖ ser el rey del ~ ⟨figf⟩ *die
erste Geige spielen*
cote m ⟨Mar⟩ *Schlag, Stek* m *(Tauschlinge)*
Côte d'Ivoire f ⟨Geogr⟩ *Côte d'Ivoire* n
cote|jar vt/i *vergleichen, gegeneinander halten*
‖ Chi *(Rennpferde) prüfen* ‖ **–jo** m *Vergleichung* f
‖ *Gegeneinanderhalten* n *(der Abschrift mit der
Urschrift)* ‖ *Schriftvergleich(ung)* f) m ‖ ~ de
documentos, ~ de firmas *Urkunden-,
Unterschriften|vergleich* m ‖ ~ de letra
Schriftvergleich m ‖ ◇ poner en ~ con …
vergleichen mit …
cotelé m Chi ⟨Text⟩ → **¹pana**
cotelera f → **coctelera**
coten|se m Chi, **–sia** f Arg Bol *grobes
Hanfgewebe* n
coterna f Col ⟨pop⟩ *Hut* m
cote|ra f, **–ro** m Sant *kleiner Hügel* m
coterráneo m/adj *Landsmann* m
cotí [pl ~**íes**] m *(Bett)Zwillich* m
cotica f Cu dim von **cotorra**
Cotica f ⟨fam⟩ np → **Clotilde**
cotidiano adj *täglich* ‖ *alltäglich, gewöhnlich* ‖
adv: ~**amente**
cótidos mpl ⟨Fi⟩ *Groppen* fpl (Cottidae)
cotila f ⟨An⟩ *(Gelenk)Pfanne* f
cotiledón m ⟨Bot⟩ *Keimblatt* n *der
Samenpflanzen, Samenlappen* m, *Kotyledone* f
cotiliforme adj *(m/f)* ⟨Bot⟩ *näpfchenförmig*
cotilla f ⟨fam⟩ *Klatschtante* f
coti|llear vi ⟨fam⟩ *klatschen* ‖ ⟨pop⟩ *schäkern* ‖
flirten ‖ **–llero** m ⟨fam⟩ *Klatschmaul* n
cotillón f *Kotillon* m
cotilo m ⟨An⟩ *Gelenkpfanne* f
cotiloide adj *(m/f)* ⟨Zool⟩ *pfannenförmig*
cotín m *schräges Zurückschlagen* n *(des
Balles)*
co|tinga f ⟨V⟩ *Kotinga* f ‖ **–tíngidos** mpl ⟨V⟩
Schmuckvögel mpl (Cotingidae)
cotiquear vi Cu → **cotorrear**
¹cotiza f ⟨Her⟩ *Schräg(rechts)leisten* m
²cotiza f Ven *Bauernschuh* m ‖ ◇ ponerse las
~s *abhauen*
coti|zable adj *(m/f)* *abschätzbar* ‖ *notierbar* ‖
börsenfähig ‖ ⟨fig⟩ *leicht (Frau)* ‖ **–zación** f
Schätzung f ‖ *(Börsen)Notierung* f ‖ *(Geld)Kurs* m
‖ *Einstufung, Valuta* f, *Stand* m ‖ *Beitrag* m *(zu
e–m Verein)* ‖ *Beitragsleistung* f ‖ *Umlage* f ‖ ~
de (una) acción *Notierung* f *e–r Aktie* ‖ ~ anterior
Vortagsnotierung f ‖ ~ anual *Jahresbeitrag* m ‖
~ de apertura *Anfangs|kurs* m, *-notierung* f ‖ ~
aproximada *Zirkakurs* m ‖ ~ atrasada *aus-,
rück|ständiger Beitrag* m ‖ ~ en bolsa, ~ bursátil
Börsen|kurs m, *-notierung* f ‖ ~ de cambio
Umrechnungskurs m ‖ ~ de clausura
Schluss(kurs)notierung, letzte Notierung f ‖ ~ de
compra *(An)kaufkurs* m ‖ ~ demandada *Geldkurs*

m ‖ ~ del día *Tageskurs* m ‖ ~ diferida
Prolongationskurs m ‖ ~ extraoficial *Freiverkehr*
m ‖ ~ final → ~ de clausura ‖ ~ firme *fester
Kurs* m ‖ ~ de última hora → ~ de clausura ‖ ~
máxima *Höchstkurs* m ‖ *Höchstbeitrag* m ‖ ~
media *Mittelkurs* m ‖ *Durchschnittsbeitrag* m ‖ ~
mínima *Tiefst-, Mindest|kurs* m ‖ *Mindestbeitrag*
m ‖ ~ de monedas extranjeras *Valutanotierung* f ‖
~ obligatoria *Pflichtbeitrag* m ‖ ~ oficial
amtliche Notierung f, *amtlicher* od *offizieller
Kurs* m ‖ ~ ofrecida *Briefkurs* m ‖ ~ del patrono
Arbeitnehmerbeitrag m ‖ ~ de prima *Agio* n ‖ ~
de seguro social *Sozialversicherungsbeitrag* m ‖
~ del trabajador *Arbeitnehmerbeitrag* m ‖ ~ de
venta *Verkaufskurs* m ‖ ~ de la víspera
Vortagsnotierung f ‖ ◇ admitir a la ~ *zum
Börsenhandel* od *zur Nutzung zulassen* ‖ recaudar
la ~ *den Betrag einziehen* ‖ **–zante** m
Beitragszahler m ‖ **–zar** [z/c] vt *abschätzen* ‖
notieren (an der Börse) ‖ *e–n Kurs fortsetzen* ‖
ein Preisangebot machen ‖ *e–n Beitrag leisten* ‖
entrichten od *bezahlen* ‖ ⟨fam⟩ *kleben (bei der
Sozialversicherung)* ‖ ⟨Mar⟩ *klassifizieren* ‖ ◇ ~ ~
en torno a … *einpendeln bei …* ‖ **–zarse** [z/c] vr
gut im Kurs stehen (& fig) ‖ ◇ ~ ~ en alza
aufholen (Kurse) ‖ *anziehen (Kurse)*
¹coto m *eingezäuntes Grundstück* n ‖
abgegrenztes Stück n *Land* ‖ *(Jagd)Gehege,
Revier* n ‖ ⟨Ethol⟩ *Revier* n *(e–s territorialen
Tieres)* ‖ *Tierschutzgebiet* n *(z.B.* ~ de
Doñana/Huel)‖ *Mark-, Grenz|stein* m ‖ *Grenze,
Grenzlinie* f ‖ ¡~! *Halt! (Ruf an Kinder)* ‖ ~ de
caza *Jagd|revier* n, *-bezirk* m ‖ ~ cerrado ⟨fig⟩
Clique f, *Clan* m ‖ ~ minero ⟨Bgb⟩ *Revier* n ‖ ◇
poner ~ a algo ⟨fig⟩ *e–r Sache Einhalt gebieten*
²coto m *Quote, Taxe* f ‖ *vorgeschriebener Preis*
m ‖ *Maß* n *der geschlossenen Hand ohne Daumen*
³coto m ⟨Fi⟩ *Groppe* f (Cottus spp)
⁴coto m SAm *Kropf* m
⁵coto m SAm *Brüllaffe* m (Alouatta spp)
⁶coto m *Rinde* f *e–s bestimmten Baumes
(früher als Heilmittel verwendet)*
cotomono m Pe → **⁵coto**
cotón m ⟨Text⟩ *Kattun* m *(Baumwollzeug)* ‖
Chi Pe *Arbeitshemd* n
coto|na f Am *grobes Baumwollunterhemd* n ‖
Mex *Lederjacke* f ‖ PR *langes Nachthemd* n *(für
Kinder)* ‖ **–nada** f *Baumwollzeug* n ‖ **–nización** f
Kotonisieren n ‖ **–nizar** [z/c] vt *kotonisieren*
cotorra f ⟨V⟩ *Sittich* m ‖ ⟨fam⟩ *kleiner
Papagei* m ‖ ⟨V⟩ *Elster* f ‖ ⟨figf⟩ *Klatschbase* f ‖
◇ hablar más que una ~ ⟨figf⟩ *unaufhörlich
schwatzen*
cotorre|ar vi ⟨fam⟩ *schwatzen, plaudern,
schnattern* ‖ **–o** m ⟨fam⟩ *(Weiber)Geschnatter* n,
Klatscherei f ‖ **–ra** f ⟨fam⟩ *geschwätzige Frau,
Schwätzerin* f
cotorrita f dim von **cotorra** ‖ Cu ⟨Ins⟩
Marienkäfer m ‖ ~ ninfa *Nymphensittich* m ⟨V⟩
(Nymphicus hollandicus) ‖ ~ ondulada ⟨V⟩
Wellensittich m (Melopsittacus undulatus)
cotovía f ⟨V⟩ *(Hauben)Lerche* f
cotúa f Ven ⟨V⟩ *Bisam-, Moschus-,
Warzen|ente* f (Cairina moschata)
cotudo adj *haarig, wollig* ‖ Am *kropfkrank*
cotufa f ⟨Bot⟩ *Topinambur* m (& f), *Erd|birne,
-schocke, Weißwurzel* f (Helianthus tuberosus) ‖
Erdmandel f (Cyperus esculentus) ‖ *essbare
Knolle* f *der Erdmandelpflanze* ‖ *Leckerbissen* m ‖
◇ hacer ~s ⟨figf⟩ Am *s. zieren* ‖ pedir ~ en el
golfo ⟨figf⟩ *Unmögliches verlangen*
coturno m ⟨Hist Th⟩ *Kothurn* m ‖ ◇ calzar el
~ ⟨fig⟩ *schwülstig schreiben, reden*
cotu|tela f ⟨Jur⟩ *Mitvormundschaft* f ‖ **–tor** m
Mitvormund m

cotuza f Guat Salv →ˆ **agutí**
COU ⟨Abk⟩ = **curso** de orientación
universitaria
coulomb n (C) ⟨El⟩ *Coulomb* n
coul|ombiómetro, -ómetro m ⟨El⟩ *Voltameter*
n
cou|nidad, -nión f *(enge) Verbindung* f ‖
˞**nirse** vr s.
(eng) zusammenschließen, verbinden
couque m Am *Maisbrot* n *(der Indianer)*
covacha f *kleine Grotte, kleine Höhle* f ‖ ⟨fig⟩
erbärmliche Wohnung f, ⟨pop⟩ *Loch* n ‖ Am
abgegrenzte Bettstelle f *e–s Saalaufsehers (in
Schulheimen usw.)* ‖ Mex *Portierloge* f
covachero adj *aus Cuevas del Valle* (P Av) ‖
auf Cuevas del Valle bezüglich
cova|chuela f dim von **-cha**
covada f *Vater* m *im Männerkindbett*
covadera f Pe *Guanolager* n
Covadonga f *span. Wallfahrtsort im östl.
Asturien* (P Oviedo)
covalen|te adj *(m/f)* ⟨Chem⟩ *kovalent* ‖ **-cia** f
⟨Chem⟩ *Kovalenz* f
covanillo m dim von **cuévano**
covarianza f [Statistik] *Kovarianz* f
covelina f ⟨Min⟩ *Kovellin, Covellin,
Kupferindig* m
covercoat m ⟨Text⟩ *Covercoat* m
covezuela f dim von **cueva**
cowper m ⟨Met⟩ *Winderhitzer, Cowpererhitzer*
m
cowpox m ⟨Med⟩ *echte Kuhpocke* f
coxa f ⟨An⟩ *Hüfte* f, *Hüftbein* n ‖ ~ **vara**
⟨Med⟩ *Klump-, X-|Hüfte* f
coxal adj *(m/f)* ⟨An⟩ *Hüft-, Lenden-*
coxalgia f ⟨Med⟩ *Hüftgelenkschmerz* m,
Koxalgie f
coxcoji|lla, -ta f *Hinkespiel* n
co|xígeo adj ⟨An⟩ *Steißbein-* ‖ **-xis** m ⟨An⟩
Steißbein n ‖ **-xitis** f ⟨Med⟩
Hüftgelenkentzündung, Koxitis f
coxo|dinia f ⟨Med⟩ →ˆ **coxalgia** ‖ **-femoral** adj
(m/f) ⟨An⟩ *Steiß- und Hüftbein-* ‖ **-tomía** f ⟨Med⟩
Koxotomie f
coy [pl ~**es, cois**] m ⟨Mar⟩ *Hängematte* f
coya f Pe ⟨Hist⟩ *Gemahlin des Königs (bei den
alten Peruanern)*
coyamel m Guat Mex ⟨Zool⟩ *Nabelschwein,
Pekari* n (Tayassu spp)
coyo|te adj/s Arizona, California, SAm
einheimisch ‖ ~ m ⟨Zool⟩ *Kojote, Coyote,
Prärie-, Heul|wolf* m (Thos latrans) ‖ Mex ⟨fig⟩
Winkeladvokat m ‖ Mex ⟨pop⟩
Gelegenheitsgeschäftemacher, Krauter m ‖ **-tear**
vi Mex *Geldspekulationsgeschäfte ‖ betreiben* ‖
-tera f Mex *Kojotenrudel* n ‖ *Kojotenfalle* f ‖
⟨fig⟩ *Ge|heul, -schrei* n ‖ **-tero** adj *auf
Kojotenjagd abgerichtet (Hund)* ‖ ~ m Am
Kojotenfalle f ‖ **-to** m Mex
Geldspekulationsgeschäft n
coyun|da f *Jochriemen* m ‖ *Holzschuhriemen*
m ‖ ⟨fig⟩ *Ehejoch* n ‖ ⟨fig⟩ *Unterwerfung,
Abhängigkeit* f ‖ **-darse** ⟨fam reg⟩ *heiraten*
¹coyuntura f ⟨An⟩ *(Knochen)Gelenk* n
²coyuntu|ra f *Lage* f *der Dinge* ‖ ⟨fig⟩
(günstige) Gelegenheit f ‖ *Umstände* mpl ‖
Handelslage, Konjunktur f ‖ ~ *de actividad
inversora Investitionskonjunktur* f ‖ *alta* ~
Hochkonjunktur f ‖ ~ *declinante rückläufige
Konjunktur* f ‖ ~ *económica Konjunktur,
Wirtschaftskonjunktur* f ‖ ~ *favorable günstige
Konjunktur* f ‖ *Hochkonjunktur* f ‖ ~ *mundial
Weltkonjunktur* f ‖ ~ *nacional Binnenkonjunktur* f
‖ *medidas para impulsar la* ~, *medidas para
moderar la* ~ *konjunktur|fördernde,
-dämpfende Maßnahmen* fpl ‖ *medidas para*

sostener la ~ *Konjunkturstützen* fpl ‖ ◆ *en esta*
~ *bei dieser Gelegenheit* ‖ ◇ *aprovechar las* ~s
die günstige Gelegenheit ausnutzen ‖ *hablar por
las* ~s ⟨figf⟩ *ins Blaue hinein schwatzen* ‖ **-ral**
adj *(m/f) Konjunktur-* ‖ *konjunkturbedingt* ‖
situationsbedingt
coyuyo m Arg ⟨Ins⟩ *e–e große Zikadenart* f
(Timpanoterpes gigas) ‖ Arg Bol *große Zikade* f
coz [pl ~**ces**] f *Ausschlagen* n *(der Pferde)* ‖
Fußtritt m ‖ *(Rück)Stoß* m *(e–s Gewehrs)* ‖
(Gewehr)Kolben m ‖ ⟨figf⟩ *Stammende* n *e–s
Bauholzes* ‖ ⟨Mar⟩ *Untermast* m ‖ ⟨figf⟩ *Grobheit*
f ‖ ◇ *andar a* ~ *y bocado* ⟨figf⟩ *vor Freude um s.
schlagen* ‖ *dar* ~ *stoßen (Flinte)* ‖ *soltar od tirar
una* ~ *ausschlagen (Pferd)* ‖ ⟨figf⟩ *e–e grobe
Antwort geben* ‖ **coces** fpl: a ~ *mit Schlägen* ‖ *mit
Gewalt* ‖ ◇ *dar* ~ *(od tirar)* ~ *contra el aguijón*
⟨figf⟩ *wider den Stachel löcken* ‖ *despedir a* ~
⟨figf⟩ *grob abweisen* ‖ *mandar a* ~ ⟨figf⟩
grobherrisch sein ‖ *moler a* ~ *mit Fußtritten
behandeln* ‖ *pegar* ~, *tirar* ~ *ausschlagen (Pferd)*
cozcoji|lla, -ta f →ˆ **coxcojilla**
cozticacuilote m Mex ⟨Bot⟩ *Falscher Jasmin,
Pfeifenstrauch* m (Philadelphus sp)
C.P.B. (c.p.b.) ⟨Abk⟩ = **cuyos pies beso**
C.R. ⟨Abk⟩ = **coche-restaurante**
Cr ⟨Abk⟩ = **cromo**
c/r ⟨Abk⟩ = **cuenta y riesgo**
crabe m Am *Krabeholz* n
cra|brón m ⟨Ins⟩ *Hornisse* f (Vespa crabro) ‖
Grabwespe f ‖ **-brónidos** mpl ⟨Ins⟩ *Grabwespen*
fpl (Crabronidae = Sphecoidea)
crac onom *krach! knacks!* ‖ ~ m ⟨Com⟩
(Börsen)Krach, Bankrott m ‖ ⟨Tech⟩ *Krach, Riss,
Sprung* m
crácidas fpl ⟨V⟩ *Hokkohühner* npl (Cracidae)
crack m [pl ~s] Arg *Spitzensportler, As* m ‖
bedeutende Persönlichkeit f ‖ [in der
Drogenszene] *Crack* m
crácking m →ˆ **craqueo**
Craco|via f [Stadt] *Krakau* n ‖ ˭**viano,** ˭**viense**
adj *(m/f) aus Krakau* ‖ *auf Krakau bezüglich* ‖ ~
m *Krakowiak* m *(polnischer Nationaltanz)*
cra-cra m onom *Gekrächze* n *(des Raben)*
△ **crallisa** f *Königin* f
cramponado adj: *cruz* ~a ⟨Her⟩ *Hakenkreuz* n
cran m ⟨Typ⟩ *Signatur* f *(an e–r Letter)*
crane|ados mpl ⟨Zool⟩ *Schädeltiere* npl
(Craniata) ‖ **-al** *(m/f)*, **-ano** adj An *auf die
Hirnschale bezüglich*
cráneo m *Hirnschale* f, *(Hirn)Schädel* m ‖
⟨fam⟩ *Kopf* m ‖ ◇ *romperle a uno el* ~ ⟨figf⟩ *jdm
den Schädel einschlagen (Drohung)* ‖ *secársele a
alg. el* ~ *verrückt werden* ‖ *tener alg. el* ~ *seco
verrückt sein*
craneo|logía ⟨Anthrop⟩ f *Schädellehre,
Kraniologie* f ‖ **-metría** f ⟨Anthrop⟩
Schädelmessung, Kraniometrie f ‖ **-neuralgia** f
⟨Med⟩ *Kranioneuralgie* f ‖ **-scopia** f ⟨Anthrop⟩
Kranioskopie, Schädelkunde f ‖ **-tomía** f ⟨Med⟩
Kraniotomie f, *Schädelschnitt* m
crangón m ⟨Zool⟩ →ˆ **²quisquilla**
craniano adj →ˆ **craneal**
craniectomía f ⟨Med⟩ *Schädeleröffnung,
Kraniotomie* f
crápula f *Völlerei, Schwelgerei* f ‖ ⟨fig⟩
Betrunkenheit f ‖ ⟨fig⟩ *Liederlichkeit* f ‖ ⟨fig⟩
Schlemmer, Bummler m (& f) ‖ ⟨fig⟩ *Schurke,
Schuft* m ‖ ⟨reg⟩ *liederliches Gesindel* n ‖ ⟨reg⟩
Wüstling m
crapulo|sidad f *Bummelleben* n ‖ **-so** adj
schwelgerisch ‖ *ausschweifend, liederlich, wüst* ‖
~ m *Bummler, Nachtschwärmer* m ‖ *liederlicher
Mensch* m
craquear vt ⟨Chem⟩ *kracken*

craque|lado adj *gesprungen* ‖ ~ *m* ⟨Kunst⟩ *Krakelüre* f ‖ **–lée** *m* ⟨Kunst⟩ *Craquelé, Krakelee* n
craqueo *m* ⟨Chem⟩ *Krackverfahren, Kracken* n, *Krackung* f ‖ ~ catalítico *katalytische Krackung* f
crasamente adv *grob unwissend*
crascitar vi *krächzen (Raben)*
crash test *m* ⟨Auto⟩ *Crashtest* m
crasi|caule *(m/f)*, **–caulo** adj ⟨Bot⟩ *dicksteng(e)lig* ‖ **–folio** adj ⟨Bot⟩ *dickblätt(e)rig* ‖ **–rrostro** adj *dickschnäb(e)lig* ‖ **–tud** *f Fettleibigkeit* f ‖ ⟨fig⟩ *Ungeheuerlichkeit, Krassheit* f
craso adj/s *fett, dick* ‖ ⟨fig⟩ *grob, krass (Irrtum)*
craspedoto *m* ⟨Zool⟩ *Kraspedote, durch Knospung entstandene Quallenform* f
crasuláceas *fpl* ⟨Bot⟩ *Dickblattgewächse* npl (Crassulaceae)
cráter *m Krater* m *(e–s Vulkans)* ‖ *Trichter* m ‖ ~ lunar *Mondkrater* m ‖ ~ meteórico *meteorischer Krater* m ‖ ~ volcánico *vulkanischer Krater* m
crateriforme adj *(m/f) kraterförmig*
crea *f* ⟨Text⟩ *grober Drell* m ‖ *Lederleinwand* f
crea|bilidad *f Erschaffbarkeit* f ‖ **–ción** *f Schöpfung, Erschaffung* f ‖ *Weltall* n, *Welt* f ‖ *Erfindung* f ‖ *Kreation* f (bes. *in der Mode usw.*) ‖ *Errichtung, Gründung, Stiftung* f ‖ *Ernennung* f ‖ *Hervorbringen, Schaffen* n ‖ ⟨fig⟩ *Kunstwerk* n, *Schöpfung* f ‖ *Anlage* f ‖ ~ de capitales *Kapitalschöpfung* f ‖ ~ de (un) cardenal *Ernennung* f *e–s Kardinals* ‖ ~ continua ⟨Astr⟩ *fortlaufende Schöpfung* f *(Theorie)* ‖ ~ de créditos *Kreditschöpfung* f ‖ ~ de dinero *Geldschöpfung* f ‖ ~ de normas jurídicas *Rechtssetzung* f ‖ ~ ideal *geistige Schöpfung* f ‖ ~ publicitaria *Werbeschöpfung* f ‖ ~ de nuevas variedades ⟨Gen⟩ *Neuzüchtung* f ‖ ◇ hacer una ~ ⟨Th⟩ *e–e Rolle schaffen, zum ersten Mal darstellen* ‖ las últimas –ciones de París *die letzten Pariser Modelle* od *Kreationen (Mode)* ‖ **–cionismo** *m* ⟨Philos Rel⟩ *Kreationismus* m ‖ ⟨Poet⟩ *Kreationismus* m ‖ **–dor** adj *schöpferisch, erfinderisch* ‖ (in)genio ~ *Schöpfergeist* m ‖ ~ *m Schöpfer* m ‖ *Erfinder* m ‖ ⟨Com⟩ *Hersteller* m ‖ ⟨fig⟩ *Urheber* m ‖ el ~ *der Schöpfer, Gott* ‖ ~ de la opinión *Meinungsbildner* m
crear vt *(er)schaffen* ‖ *kreieren* ‖ ⟨fig⟩ *errichten (ein neues Amt)* ‖ ⟨fig⟩ *(Beamte) ernennen* ‖ ⟨fig⟩ *stiften, gründen* ‖ ⟨fig⟩ *herstellen, ins Leben rufen* ‖ ⟨Com⟩ *ausstellen* ‖ ◇ ~ un cheque *e–n Scheck ausstellen* ‖ ~ un papel ⟨Th⟩ *e–e Rolle schaffen, zum ersten Mal darstellen*
creatinina *f* ⟨Physiol⟩ *Kreatinin* n
creati|vidad *f Kreativität, Schöpfungskraft* f ‖ **–vo** adj *kreativ, schöpferisch*
crébol *m* Ar → **acebo**
crece|dero adj *im Wachstum begriffen* ‖ *zum Hineinwachsen (Kinderkleidung)* ‖ **–pelo** *m Haarwuchsmittel* n
crecer [-zc-] vi *(auf)wachsen* ‖ *größer werden* ‖ *anschwellen, steigen (Wasser)* ‖ *emporkommen* ‖ *zunehmen, s. vermehren* ‖ *s. entwickeln, gedeihen* ‖ *steigen (im Preis)* ‖ ⟨fig⟩ *emporkommen* ‖ ◇ ~ hacia abajo ⟨figf iron⟩ *abnehmen* ‖ *verkommen* ‖ ~ por momentos ⟨figf⟩ *zusehends wachsen* ‖ sentir od ver ~ la hierba *(fam) das Gras wachsen hören* ‖ crece la tarde *der Nachmittag sinkt* ‖ la mala hierba crece mucho *(Spr) Unkraut verdirbt nicht* ‖ ~se *s. in die Höhe richten* ‖ ⟨fig⟩ *wachsen, zunehmen* ‖ ⟨fig⟩ *über s. hinauswachsen* ‖ Am *s. erdreisten*

creces *fpl Wachstum* n ‖ *Vermehrung, Zunahme* f ‖ *Aufmaß* n *(beim Korn)* ‖ ⟨fig⟩ *Übermaß* n ‖ ◇ pagar con ~ ⟨fig⟩ *mit Wucher, reichlich, mit Zinseszinsen heimzahlen* ‖ tomar ~ Am *zunehmen* ‖ vengarse con ~ *s. doppelt rächen*
creci|da *f Wachsen* n, *Wuchs* m ‖ *Zunahme* f ‖ *Hochwasser* n ‖ *Überschwemmung* f ‖ **–damente** adv *in erhöhtem Maß* ‖ *mit Vorteil* ‖ **–dito** adj *dim* von **–do** **–do** adj *erwachsen, groß (Kind)* ‖ ⟨fig⟩ *zahlreich, groß* ‖ ⟨Com⟩ *zunehmend, gesteigert (Nachfrage)*
¹creciente adj *(m/f) zunehmend* ‖ *steigend (Nachfrage, Konkurrenz)*
²creciente *f Anwachsen, Steigen* n *e–s Flusses* bzw *der Flut* ‖ ⟨reg⟩ *Sauerteig* m
³creciente *m* ⟨Her⟩ *Halbmond* m
crecimiento *m Wachstum, Wachsen* n ‖ *Zu|nahme* f, *-wachs* m ‖ *Wuchs* m ‖ ⟨Radio⟩ *Anschwellen* n ‖ ~ cero *Nullwachstum* n ‖ ~ demográfico, ~ de la población *Bevölkerungs|wachstum* n, *-zuwachs* m, *-zunahme* f ‖ ~ económico *Wirtschaftswachstum* n ‖ ~ en espiral *Drehwuchs* m *(Holz)* ‖ ~ neto *Reinzuwachs* m
crec.ᵗᵉ ⟨Abk⟩ = **¹creciente**
credencia *f Seitentischchen* n *am Altar (für die Messgefäße)* ‖ *Kredenz* f
credencial adj *(m/f) beglaubigend* ‖ (carta) ~, ~es *Beglaubigungsschreiben* n ‖ *Ernennungsurkunde* f *(e–s Beamten)* ‖ Am *Empfehlungsbrief* m
credibilidad *f Glaubwürdigkeit* f
crediticio adj *Kredit-*
¹crédito *m Beifall* m ‖ *Zustimmung, Einwilligung* f ‖ *Be|stätigung* f, *-weis* m ‖ *Glaube* m, *Vertrauen* n ‖ *Ansehen* n ‖ *Glaubwürdigkeit* f ‖ *Glaubhaftigkeit* f ‖ *guter Ruf* m, *Ansehen* n ‖ ◇ dar ~ a alg. *jdm Glauben schenken* ‖ no dar ~ a sus ojos *s–n Augen nicht trauen* ‖ gozar de ~ *angesehen sein, Ansehen genießen* ‖ perjudicar el ~ de alg. *jds Ansehen schaden* ‖ tener sentado el ~ *in gutem Ruf stehen*
²crédito *m* ⟨Com⟩ *Kredit* m ‖ *Guthaben, Kredit* n ‖ *Schuldforderung* f ‖ ~ abierto *Blankokredit, offener Kredit* m ‖ *bereitgestellter Kredit* m ‖ ~ de aceptación *Akzeptkredit* m ‖ ~ de adaptación *Anpassungskredit* m ‖ ~ de adquisición *Anschaffungskredit* m ‖ ~ de adquisición de bienes de consumo *Konsumkredit* m ‖ ~ agrario, ~ agrícola *Agrarkredit, landwirtschaftlicher Kredit* m ‖ ~ de amortización *Tilgungskredit* m ‖ ~ artesanal *Handwerkskredit* m ‖ ~ bancario *Bankkredit* m, ~ de banco a banco *Bank-an-Bank-Kredit* m ‖ ~ en blanco *Blankokredit* m ‖ ~ breve *kurzer Kredit* m ‖ ~ de caja *Bar-, Kassen|kredit* m ‖ ~ cambiario *Wechselkredit* m ‖ ~ al cliente *Kundenkredit* m ‖ ~ de cobro dudoso *dubiose* od *faule Forderung* f ‖ ~ comercial *Handelskredit* m ‖ ~ congelado *eingefrorener Kredit* m ‖ *eingefrorene Forderung* f ‖ ~ de od a la construcción *Baukredit* m ‖ ~ al consumidor *Konsumentenkredit* m ‖ ~ en cuenta *Buchkredit* m ‖ ~ de descuento *Diskontkredit* m ‖ ~ dirigido *gelenkter* od *gesteuerter Kredit* m ‖ ~ documentado, ~ documentario *Dokumentenakkreditiv* n ‖ ~ dudoso *dubiose Forderung* f ‖ ~ eventual *bedingte Forderung* f ‖ ~ de explotación *Betriebskredit* m ‖ ~ de fianza *Bürgschaftskredit* m ‖ ~ de financiación *Anschaffungskredit* m ‖ ~ de financiación anticipada *Vorfinanzierungskredit* m ‖ ~ de financiación de bienes de consumo *Konsumkredit* m ‖ ~ de financiación a plazos *Teilfinanzierungskredit* m ‖ ~ forzoso *Zwangskredit* m ‖ ~ hipotecario *Hypotheken-*,

Hypothekar|kredit m ‖ *Hypotheken-, Grundpfand|forderung* f ‖ ~ ilimitado *unbeschränkter Kredit* m ‖ ~ incobrable *unein|ziehbare, -bringliche Forderung* f ‖ ~ inicial *Anlaufkredit* m ‖ ~ inmobiliario *Boden-, Real|kredit* m ‖ ~ inmovilizado *Stillhaltekredit* m ‖ ~ interbancario *Bank-an-Bank-Kredit* m ‖ ~ intransferible *unübertragbarer Kredit* m ‖ ~ de inversión *Investitionskredit* m ‖ ~ irrevocable *unwiderruflicher Kredit* m ‖ ~ limitado *beschränkter Kredit* m ‖ ~ marítimo *See(handels)kredit* m ‖ ~ naval *Schiffsbaukredit* m ‖ ~ de pago *Zahlungskredit* m ‖ ~ pasivo *Schuld* f (im Gegensatz: *Forderung*) ‖ ~ pecuniario *Geldforderung* f ‖ ~ preferente, ~ privilegiado *bevorrechtigte Forderung* f ‖ ~ público *Staatskredit, öffentlicher Kredit* m ‖ ~ puente *Überbrückungskredit* m ‖ ~ quirografario *Buchkredit* m ‖ *Buchforderung* f ‖ ~ refaccionario *Betriebs(mittel)kredit* m ‖ ~ revocable *widerruflicher Kredit* m ‖ ~ rural, ~ territorial *Bodenkredit* m ‖ ~ transferible *übertragbarer Kredit* m ‖ ~ transitorio *durchlaufender Kredit* m ‖ *Überbrückungskredit* m ‖ ~ usurario *Wucherkredit* m ‖ ~ sobre valores *Effektenkredit* m ‖ ◆ contra ~ confirmado *gegen bestätigtes Akkreditiv* n ‖ ◇ abrir ~ *Kredit eröffnen* ‖ anular un ~ *e–n Kredit streichen* ‖ apoyar el ~ *den Kredit stützen* n ‖ comprar a ~ *auf Kredit kaufen* ‖ conceder un ~ *e–n Kredit gewähren* ‖ consolidar un ~ *e–n Kredit befestigen* ‖ dar a ~ *auf Kredit geben* ‖ exceder el ~ *das Guthaben überschreiten* n ‖ extender el ~ *den Kredit vergrößern, ausdehnen* ‖ mantener el ~ *den Kredit aufrechterhalten* ‖ otorgar ~ a alg. *jdm Kredit gewähren, jdn kreditieren* ‖ pasar al ~ *ins Haben stellen* ‖ retirar el ~ *den Kredit entziehen* ‖ tomar a ~ *auf Kredit nehmen* ‖ vender a ~ *auf Kredit verkaufen* ‖ ~s *mpl Kreditsummen* fpl ‖ ⟨Univ⟩ *Kreditpunkte* mpl ‖ ~ dudosos *zweifelhafte Außenstände* mpl ‖ contratar ~ *Kredite* mpl *geben*

credo (~) m *Kredo, Apostolisches Glaubensbekenntnis* n ‖ ⟨Rel Pol⟩ *Glaubensbekenntnis* n ‖ ~ político ⟨fig⟩ *politische Überzeugung* f ‖ ◆ en un ~ ⟨fam⟩ *im Nu, geschwind* ‖ cada ~ ⟨fam⟩ *alle Augenblicke, bei jeder Gelegenheit* ‖ con el ~ en la boca ⟨figf⟩ *in der äußersten Not* ‖ ◇ dice cada mentira que canta un ~ ⟨figf⟩ *er (sie, es) lügt wie gedruckt* ‖ da cada sablazo que canta un ~ od el ~ ⟨figf⟩ *er (sie, es) pumpt jeden unverschämt an* ‖ tu me tienes por última palabra del ~ ⟨fig⟩ *du hast e–e sehr schlechte Meinung von mir*

    credulidad f *Leichtgläubigkeit* f

    crédulo adj *leichtgläubig* ‖ ◇ es extremadamente ~ *dem kann man alles erzählen, der glaubt alles* ‖ adv: **–amente**

    cree|deras fpl: tener buenas od grandes ~ ⟨fam⟩ *sehr leichtgläubig sein,* ⟨fam⟩ *alles schlucken* ‖ **–dero** adj *glaub|haft, -lich* ‖ *glaubwürdig* ‖ **–dor** adj *leichtgläubig*

    creencia f *Glaube* m (en *an* acc) ‖ *Anschauungsweise, Meinung* f (de *von*) ‖ *Vertrauen* n ‖ *religiöser Glaube* m, *Glaubensbekenntnis* n ‖ *Glaubhaftigkeit* f ‖ *Überzeugung* f ‖ ~ en Dios *Glaube* m *an Gott* ‖ ~ falsa *Irrglaube* m ‖ ~ en milagros *Wunderglaube* m ‖ ~s fpl *Lehren* fpl, *(Lehr)Systeme* npl ‖ *Religion* f

    creer [pret creí, creyó, ger creyendo] vt/i *glauben, Glauben schenken* (dat) ‖ *(et.) glauben* (acc) ‖ ⟨Rel⟩ *glauben* (*für et.*) *halten, dafürhalten, denken, meinen, vermuten, annehmen* ‖ *(be)folgen* ‖ ◇ ~ conveniente *für*

ratsam *halten* ‖ ~ de su obligación *für s–e Pflicht halten* ‖ hacer ~ algo a alg. *jdm et. weismachen* ‖ lo creo de mi deber *ich halte es für m–e Pflicht* ‖ no ~ a sus ojos, no ~ a sus oídos *s–n Augen, s–n Ohren nicht trauen* ‖ ¿me cree Vd. tan tonto? *halten Sie mich für so dumm?* ‖ ¡quién iba a ~lo! *wer hätte es (je) geglaubt!* ‖ *wer hätte das gedacht?* ‖ según creo *m–s Erachtens, m–r Ansicht nach* ‖ todo hace ~ que ... *alles deutet darauf hin, dass ...* ‖ ¡ya lo creo! *das glaube ich wohl! natürlich!* ‖ ~ vi *glauben, gläubig sein* ‖ *Vertrauen haben* (en *zu*) ‖ ~ a ciegas ⟨fig⟩ *blind, blindlings, fest, unverbrüchlich glauben* ‖ ~ en Dios *an Gott glauben* ‖ ~(se) de ligero *leicht glauben, (zu) leichtgläubig sein* ‖ ~ a ojos cerrados, ~ a pies juntillas, ~ a puño cerrado → ~ a ciegas ‖ ~ a uno sobre od por su palabra *jdm aufs Wort glauben* ‖ no creo que venga od vendrá *ich glaube nicht, dass er (sie, es) kommt* ‖ ¿quién se lo ha hecho ~? *wer hat es Ihnen eingeredet?* ‖ creo que sí *ich glaube ja* ‖ ¿qué edad cree Vd. que tengo? *wie alt schätzen Sie mich?* ‖ ~se s. einbilden ‖ *s. halten (für), von s. überzeugt sein* ‖ *einander Glauben schenken* ‖ ~ de uno *jdm Glauben schenken* ‖ ~ de habladurías *dem Gerede Glauben schenken* ‖ ~ en la necesidad de ... s. *gezwungen glauben zu ...*

    creí → creer

    creíba f Am ⟨pop⟩ inc für **creía**

    creí|ble adj *(m/f) glaub|lich, -haft* ‖ adv: ~**mente** ‖ **–do** adj *eingebildet, eitel* ‖ pp *geglaubt*

    ¹crema f *(Milch)Rahm* m, *Sahne* f ‖ *Schlagsahne* f ‖ ⟨Kochk⟩ *Rahmsuppe* f ‖ *Cremefarbe* f ‖ ~ batida, ~ Chantilly *Schlagsahne* f ‖ ~ de la leche *Rahm* m, *Sahne* f ‖ la ~ de la sociedad ⟨fig⟩ *die Creme der Gesellschaft, die Blüte der Gesellschaft, die oberen Zehntausend* pl

    ²crema f *Creme, Krem* f ‖ ~ de afeitar *Rasiercreme* f ‖ ~ antipecas *Sommersprossencreme* f ‖ ~ cosmética *Schönheitscreme* f ‖ ~ dentífrica *Zahncreme* f ‖ ~ de día *Tagescreme* f ‖ ~ de jabón *Rasiercreme* f ‖ ~ limpiadora *Reinigungscreme* f ‖ ~ de noche *Nachtcreme* f ‖ ~ nutritiva *Nährcreme* f ‖ ~ solar *Sonnencreme* f ‖ ~ para zapatos *Schuhcreme* f

    ³crema f *Trema* n, *Trennpunkte* mpl *auf dem spanischen u (z.B. vergüenza, argüir bzw in rüido, süave, um die Zweisilbigkeit e–s Versfußes anzudeuten)*

    ⁴crema f *e–e Likörart* f

    cremá f *in Valencia und Alicante: Verbrennung* f *der Fallas* (→ **falla**)

    cremación f *Verbrennung* f ‖ ~ de cadáveres *Leichenverbrennung, Feuerbestattung* f

    cremallera f ⟨Tech⟩ *Zahnleiste, Zahn(rad)stange* f ‖ *Repetierrechen* m *in Uhren* ‖ (cierre de) ~ *Reißverschluss* m ‖ ◇ echar la ~ ⟨pop⟩ *das Maul halten*

    cremáster m ⟨An⟩ *Cremaster, Hodenmuskel* m

    crematorio m *Krematorium* n ‖ *Einäscherungshalle* f ‖ (horno) ~ m *Verbrennungsofen* m

    cremería f *Milchprodukte* n

    cremómetro m *Rahm-, Sahne|messer* m

    cremonés adj *aus Cremona (Italien)* ‖ *auf Cremona bezüglich*

    crémor m: ~ tártaro *Weinstein* m

    cremoso adj *rahmig, sahnig* ‖ ◇ ponerse ~ *sämig werden*

    crencha f *Scheitel* m *(Haar)* ‖ *Scheitelhaar* n ‖ *Scheitelstreif* m ‖ ◇ abrir (od hacer, marcar) la ~ *das Haar scheiteln*

    creosota f ⟨Chem⟩ *Kreosot* n

    cre|p m (& f) ⟨Kochk⟩ *Crêpe* f ‖ ~ de

mermelada *Palatschinke* f ‖ **–pería** *f Crêperie* f, *Crêpestand* m
¹crepé *m* ⟨Text⟩ *Crêpe, Krepp* m ‖ → **crespón**
²crepé *m falsches Haar* n
crepería *f Crêpe|stand* m bzw *-lokal*
crepi|tación *f Prasseln, Knistern* n *(der Flammen)* ‖ ⟨Med⟩ *Knarren, Knistern* n, *Krepitation* f (z. B. *e–s gebrochenen Knochens, bei e–r Lungenentzündung usw.*) ‖ ⟨Radio⟩ *Knackgeräusche* npl, *Rasseln* n ‖ ⟨Tel⟩ *Knack-, Neben|geräusch* n ‖ ⟨Ins⟩ *Knarren* n *(einiger Käfer)* ‖ **–taciones** *pl* ⟨Med⟩ *Rasselgeräusche* npl ‖ **–táculo** *m Klapperinstrument* n (z. B. *Kastagnette)* ‖ ⟨Bot⟩ *Knallfrucht* f ‖ **–tante** adj *(m/f) prasselnd, knisternd* ‖ **–tar** vi *rasseln, prasseln, knistern* ‖ *knistern (Flamme, Licht)* ‖ *prasseln (Schüsse)*
crepuscu|lar adj *(m/f), auf die Morgen-* od *Abenddämmerung bezüglich* ‖ *dämm(e)rig, dämmerhaft* ‖ *Dämmer(ungs)-* ‖ ⟨fig⟩ *dem Untergang geweiht* ‖ *ver-, unter|gehend, Untergangs-* ‖ **–lares** mpl ⟨Ins⟩ *Abendfalter* mpl ‖ **–lino** adj → **–lar**
crepúsculo *m Morgen-, Abend|dämmerung* f ‖ *Abend-, Morgen|röte* f ‖ *Dämmer(licht* n) m ‖ ⟨fig⟩ *Abend* m, *Dunkel, Ende* n ‖ *Aufdämmern* n ‖ ⟨fig⟩ *Niedergang* m ‖ ⟨fig⟩ *erste Anfänge* mpl ‖ el ~ *de los dioses die Götterdämmerung* n *(Wagnersche Oper)* ‖ el ~ *de la libertad* ⟨fig⟩ *die ersten Strahlen der Freiheitssonne* ‖ ~ *vespertino Abenddämmerung* f ‖ ◆ en el ~ *am Abend*
cresa *f* ⟨Ins⟩ *Eier* npl *der Bienenkönigin* ‖ *Made* f *(einiger Zweiflügler)* ‖ *Schmeiß (Eier) der blauen Schmeißfliege* (Calliphora spp)
crescendo *m* ⟨Mus⟩ *Krescendo* n ‖ ◇ *ir en* ~ ⟨fig⟩ *zunehmen*
Creso *m* np ⟨Hist⟩ *Krösus* m ‖ ⟨fig⟩ *sehr reicher Mann* m
△ **Cresorné** *m Jesus Christus* m
crespar vt *toupieren (Haar)*
crespo adj *kraus, gekräuselt* ‖ ⟨fig⟩ *mutig, hehr* ‖ ⟨fig⟩ *geschnörkelt (Stil)* ‖ ⟨fig⟩ *erregt, zornig* ‖ ◇ *ponerse* ~ ⟨pop⟩ *s. heftig erzürnen* ‖ ~ *m* ⟨reg⟩ *(Haar)Locke* f
cres|pón *m* ⟨Text⟩ *Krepon* m ‖ *Crêpe, Krepp, Flor* m ‖ ~ *de la China Crêpe* m *de Chine* ‖ ~ *georgette Crêpe* m *Georgette* ‖ ~ *de luto Trauerflor* m ‖ ~ *satén Crêpe* m *Satin* ‖ ~ *de seda Seidenkrepp* m ‖ ◆ *con el* ~ *en el brazo mit dem Flor um den Arm* ‖ **–ponado** adj: *papel* ~ *Kreppapier* n ‖ **–ponar** vt *kreppen, krausen*
cres|ta *f (Hahnen)Kamm* m ‖ *Haube* f, *Federbusch, Schopf* m *(der Vögel)* ‖ *Krone* f *(der Schlangen)* ‖ ⟨An⟩ *Kamm* m, *Leiste* f ‖ ⟨fig⟩ *(Berg)Rücken, Gebirgskamm, Grat* m ‖ ⟨fig⟩ *Schaumkrone* f *e–r Welle* ‖ *Deich|kappe, -krone* f ‖ ⟨Mil⟩ *Wall* m ‖ ⟨Mil⟩ *Krone, Bekrönung* f *(Festungsanlage)* ‖ ⟨Arch⟩ *(First)Kamm* m ‖ ⟨figf⟩ *Stolz, Hochmut* m ‖ ~ *de gallo Hahnenkamm* m (& Bot An) ‖ ~ *luminosa* ⟨El⟩ *Lichtbündel* n ‖ ~ *de la rosca Gewindespitze* f ‖ ◇ *alzar od levantar la* ~ ⟨fig⟩ *stolz, übermütig werden* ‖ *dar en la* ~ *a uno* ⟨figf⟩ *jdn empfindlich beleidigen* ‖ *estar en la* ~ *de la ola* ⟨figf⟩ *ganz oben schwimmen* ‖ *rebajar la* ~ *a alg.* ⟨figf⟩ *jds Stolz brechen* ‖ **–tado** adj ⟨V⟩ *mit e–m Kamm versehen* ‖ *gehaubt (Hühner)* ‖ ⟨Bot⟩ *kammförmig* ‖ **–tería** *f Schnörkelwerk* n ‖ ⟨Mil⟩ *oberes Schutzwerk* n ‖ ⟨Arch⟩ *Kammzierrat* m ‖ *Schnitzwerk* n *(Möbel)* ‖ ⟨reg⟩ *Dachkammer* f ‖ ⟨Hydr⟩ *Wasserscheide* f ‖ ~ *de mansarda Mansardengesims* n
crestomatía *f* ⟨Lit⟩ *Chrestomathie, Auswahl* f, *ausgewählte Schriften* fpl ‖ *Lesebuch* n
cres|tón adj Chi Mex → **–tudo** ‖ Chi Mex ⟨fig⟩ *einfältig, dumm* ‖ ⟨fig⟩ Col *leicht*

entflammbar, sehr schnell verliebt ‖ ~ *m* augm von **cresta** ‖ *Helmstutz* m ‖ ⟨Geol⟩ *Hut* m ‖ ⟨Arch⟩ *Krone* f, *Firstkamm* m ‖ **–tudo** adj ⟨fig⟩ *stolz, eingebildet*
creta *f Kreide* f ‖ ~ *de dibujo Zeichenkreide* f ‖ ~ *margosa merg(e)lige Kreide* f, *Kalkmergel* m ‖ ~ *nodular sekrethaltige Kreide* f ‖ ~ *precipitada Schlämmkreide* f ‖ ~ *preparada chemische Kreide* f
Creta *f* ⟨Geogr⟩ *Kreta* n
cretáceo adj ⟨Geol⟩ *Kreide-* ‖ ~ *m Kreide(zeit)* f
cretense *(m/f)*, **¹crético** adj/s *aus Kreta, kretisch*
²crético *m* ⟨Poet⟩ *Kretikus, kretischer Versfuß* m
creti|nismo *m* ⟨Med⟩ *Kretinismus* m ‖ ⟨fig⟩ *Blödsinn* m, *Idiotie* f ‖ **–nizarse** [z/c] vr *blödsinnig werden* ‖ **–no** adj *blödsinnig, idiotisch* ‖ ~ *m* ⟨Med⟩ *Kretin* m ‖ ⟨fig⟩ *Blödsinnige(r)*, *Idiot* m ‖ ⟨fig⟩ *Depp, Idiot* m ‖ **–noide** adj ⟨Med⟩ *kretinartig, wie ein Kretin, kretinoid*
cretona *f* ⟨Text⟩ *Kretonne* f (& m), Öst *Kreton* m
cretoso adj *kreidig, kreidehaltig*
creyente adj ⟨Rel⟩ *gläubig* ‖ ~ *m/f Glaubende(r* m), *Gläubige(r* m) f
creyón *n* Cu *Zeichen|kohle* f, *-stift* m
cri *m* onom: *el* ~, ~ *(~-~) de los grillos das Gezirp der Grillen*
cría *f Fortpflanzung* f *(der Menschen, Tiere)* ‖ *(Tier)Zucht, Züchtung* f ‖ *Aufzucht* f ‖ *Wurf* m *(von Tieren)* ‖ *Laichen* n *(der Fische)* ‖ *Junge(s), junges Tier* n ‖ *Säugling* m, *säugendes Tier* n ‖ *(Vögel)Brut* f *Fisch|satz* m, *-brut* f ‖ *Sprössling, junger Baum* m ‖ ~ *de animales Tierzucht* f ‖ *Viehzucht* f ‖ ~ *artificial mutterlose Aufzucht* f ‖ ~ *de aves Vogelzucht* f ‖ ~ *caballar Pferdezucht* f ‖ ~ *de corral Geflügel|zucht, -haltung* f ‖ ~ *de ganado Viehzucht* f ‖ ~ *de ganado bovino od vacuno Rindvieh-, Rinder|zucht* f ‖ ~ *de ganado menor Klein|tierzucht, -viehhaltung* f ‖ ~ *de ganado mular Maultierzucht* f ‖ ~ *de ganado ovino Schaf|zucht, -haltung* f ‖ ~ *de ganado porcino Schweinezucht* f ‖ ~ *de ostras Austernzucht* f ‖ ~ *de peces Fischzucht* f ‖ ~ *de selección Auslesezüchtung* f
cria|da *f Dienstmädchen* n ‖ *Magd* f ‖ *Zofe* f, *Kammermädchen* n ‖ ⟨fig⟩ *Waschbeutel* m ‖ ◇ *salirle a uno la* ~ *respondona* ⟨fig⟩ *e–e unerwartete Enttäuschung od e–n Misserfolg haben* ‖ *s. in jdm täuschen* ‖ *ser una* ~ *para todo* ⟨fam⟩ *(ein) Mädchen für alles sein* ‖ **–dero** *m Baum-, Pflanzen|schule* f ‖ *Tierzuchtanstalt, Zucht* f ‖ ⟨Bgb⟩ *Erz|gang* m, *-ader, Lagerstätte* f ‖ *reiches Erzlager* n ‖ ~ *de peces Fischzuchtteich* m ‖ ~ *de pollos Aufzuchtkasten* m *für Hühner*
criadilla *f (Vieh)Hode* f ‖ ⟨Kochk⟩ *Gericht* n *aus Hoden od Kurzwildbret* f ‖ ~ *de mar Seetrüffel* f *(Polyp)* ‖ ~ *de ternero Gericht* n *aus Kalbshoden* ‖ ~ *de tierra Trüffel* f
cria|do adj: *bien* ~ *wohlerzogen, gesittet* ‖ *mal* ~ *un|erzogen, -artig* ‖ *estar (ya)* ~ ⟨fig⟩ *kein Kind mehr sein* ‖ ~ *m (Haus)Diener, Dienstbote, Bediente(r)* m ‖ *Knecht* m ‖ ⟨fig⟩ *unerzogener Mensch* m ‖ **–dor** adj *schöpferisch* ‖ ⟨fig⟩ *ergiebig (Boden)* ‖ ~ *m Schöpfer* m ‖ *(Vieh)Züchter* m ‖ **–dora** *f*/adj *Züchterin* f ‖ *Amme* f
críalo *m* ⟨V⟩ *Häherkuckuck* m (Clamator glandarius)
criamiento *m Erhaltung* f ‖ *Pflege* f ‖ *Verjüngung, Erneuerung* f
criandera *f* Am *Amme* f
crianza *f (Säuglings)Ernährung* f ‖ *Stillen* n ‖ ⟨fig⟩ *Erziehung* f ‖ *Aufzucht* f ‖ Chi *Baum-, Pflanzen|schule* f ‖ Chi *Tierzuchtanstalt* f ‖ ~ *de vinos Weinausbau* m ‖ *buena (mala)* ~ *gute (schlechte) Erziehung* f ‖ ◇ *dar (buena)* ~ *(a) (gut) erziehen* ‖ ◆ *sin* ~ *unerzogen*

criar [pres ~ío] vi *(er)schaffen* ‖ *erzeugen, hervorbringen* ‖ *säugen, stillen* ‖ *ziehen, bauen (Pflanzen)* ‖ *auf-, er|ziehen* ‖ *ätzen, füttern (Tiere, Vögel)* ‖ *züchten (Vieh)* ‖ *errichten (ein Amt)* ‖ *(Junge) setzen, werfen* ‖ ⟨fig⟩ *verursachen, Anlass geben* ‖ ◇ ~ *artificialmente künstlich ernähren* ‖ ~ *al biberón mit der Flasche aufziehen* ‖ ~ *callos Hühneraugen bekommen* ‖ ~ *cardenillo Grünspan ansetzen* ‖ ~ *carnes Fleisch ansetzen, dickleibig werden* ‖ ~ *hollín verrußen* ‖ ~ *moho* (fam) *schimm(e)lig werden, verschimmeln* ‖ ~ *al pecho säugen, stillen, (dem Kind) die (Mutter)Brust geben* ‖ ~ *a sus pechos a alg.* ⟨fig⟩ *jdn in s–n Grundsätzen erziehen* ‖ ~**se** *(auf)wachsen, gedeihen (Pflanzen)* ‖ ◇ ~ *juntos miteinander aufwachsen* ‖ ~ *en buenos pañales* ⟨fig⟩ *e–e gute Kinderstube haben*

criatura f *Geschöpf, Wesen* n, *Kreatur* f ‖ *neugeborenes od kleines Kind* n ‖ *Lebewesen* n ‖ ⟨fig⟩ *Schützling, Günstling* m, *Kreatur* f ‖ ⟨fam⟩ *Person* f ‖ *Frauenzimmer, Weibsbild* n ‖ ~ *abortiva lebensunfähige Frühgeburt* f ‖ *ser una* ~ ⟨figf⟩ *noch blutjung sein* ‖ ⟨figf⟩ *kindisch sein* ‖ ¡~! *du Kindskopf!*

criba f *(Korn)Sieb* n ‖ *Durchwurf* m ‖ ~ *cilíndrica Siebtrommel* f ‖ ~ *clasificadora Sortier-, Klassier|sieb* n ‖ ~ *filtrante Filtersieb* n ‖ ~ *giratoria Trommelsieb* n ‖ ~ *hidráulica* (Bgb) *Setzmaschine* f ‖ ~ *oscilante Schwingsieb* n ‖ ~ *plana Plan-, Flach|sieb* n ‖ ~ *de sacudidas Schüttelsieb* n ‖ ~ *vibrante Schwingsieb* n ‖ ◇ *estar hecho una* ~ ⟨figf⟩ *wie ein Sieb durchlöchert sein* ‖ *pasar por la* ~ ⟨fig⟩ *genauestens überprüfen,* ⟨fig⟩ *(aus)sieben*

criba|do m *(Durch)Sieben* n ‖ *Siebgut* n ‖ ⟨Met⟩ *Sieb|wäsche, -arbeit* f ‖ *(große) Stückkohle* f ‖ *Screening* n ‖ **–dor** m/adj *(Durch)Sieber* m ‖ **–dora** f ⟨Bgb⟩ *Setzmaschine* f ‖ **–dura** f *(Durch)Sieben* n ‖ *Sieb|staub, -rückstand, Durchfall* m *(beim Sieben)*

cribar vt/i *(durch)sieben, sichten* ‖ *läutern, sieben (Korn, Metalle)* ‖ ◇ ~ *una región e–e Gegend durchkämmen*

cribelo m ⟨Zool⟩ *Cribellum, Spinnfeld* n *(bei gewissen Spinnen)*

cribero m *Sieb|macher, -händler* m

criboso adj *Sieb-*

cric m *Schrauben-, Hebe|winde* f ‖ *Wagenheber* m ‖ ⟨Mar⟩ *Hebewinde* f ‖ ~ *de botella Flaschenwinde* f ‖ ◇ *levantar con (el)* ~ *aufbocken*

crica f *Ritze* f ‖ *Schlitz* m *(weibliche Scham)*

¡cric, crac! *krick, krack! knacks! krach!*

cricket m → **criquet**

cricoides m ⟨An⟩ *Ringknorpel* m

cridarios mpl ⟨Zool⟩ *Nesseltiere* npl

criestesia f ⟨Med⟩ *Kryästhesie* f

Crimea f: *la* ~ ⟨Geogr⟩ *die Krim*

crimen m *Verbrechen* n ‖ *Missetat* f *(& fig)* ‖ *Frevel* m ‖ ~ *de guerra Kriegsverbrechen* n ‖ ~ *contra la humanidad Verbrechen* n *gegen die Menschlichkeit* ‖ ~ *de lesa majestad Majestätsverbrechen* n ‖ ~ *por omisión Unterlassungsdelikt* n ‖ ~ *organizado organisiertes Verbrechen* n ‖ ~ *pasional im Affekt begangenes Verbrechen* n ‖ ~ *contra la paz Verbrechen* n *gegen den Frieden* ‖ ~ *político politisches Verbrechen* n ‖ ~ *probélico* → ~ *contra la paz* ‖ ~ *sexual Sexualverbrechen* n ‖ ◇ *cometer, consumar, perpetrar un* ~ *ein Verbrechen begehen*

crimi|nación f *Beschuldigung* f ‖ **–nal** adj *(m/f) verbrecherisch* ‖ *strafbar (Handlungen)* ‖ *sündhaft* ‖ *kriminell* ‖ *frevelhaft* ‖ ⟨Jur⟩ *Straf-, Kriminal-* ‖ *kriminalstrafrechtlich, Straf-* ‖ ~ m *Verbrecher,*

Missetäter m *(& fig)* ‖ ~ *común Gemeinverbrecher* m ‖ ~ *de guerra Kriegsverbrecher* m ‖ ~ *habitual Gewohnheitsverbrecher* m ‖ ~ *nato geborener Verbrecher* m ‖ → *auch* **delincuente**

crimina|lidad f ⟨Jur⟩ *Straf|barkeit, -fälligkeit* f ‖ *Kriminalität* f ‖ *Verbrechertum* n ‖ ~ *de cuello blanco White-collar-Kriminalität* f ‖ ~ *ecológica Umweltkriminalität* f ‖ ~ *informática Computerkriminalität* f ‖ ~ *organizada organisiertes Verbrechen* n ‖ ~ *de la (sociedad de) prosperidad Wohlstandskriminalität* f ‖ **–lismo** *Strafsystem* n ‖ *Strafrecht* n ‖ **–lista** m/f *Kriminalist(in* f), *Strafrechtler(in* f) m ‖ **–lística** f *Kriminalistik* f ‖ **–lístico** adj *kriminalistisch* ‖ **–lizar** [z/c] vt *kriminalisieren*

crimi|nalmente adv *auf verbrecherische Art* ‖ *im Strafverfahren, strafrechtlich* ‖ **–nar** vt → **acriminar** ‖ **–nología** f *Kriminologie, Lehre* f *vom Verbrechertum* ‖ **–nológico** adj *kriminologisch* ‖ **–nólogo** m *Kriminologe* m ‖ **–noso** adj/s → **–nal**

crin f *Mähnen-, Schweif-, Ross|haar* n ‖ *Rosshaareinlage* f, *Polsterhaar* n ‖ *Füllhaar, Haar* n *zum Ausstopfen* ‖ ⟨fam⟩ *Menschenhaar* n ‖ ~ *vegetal Seegras* n ‖ ◇ *hacer las* ~*es (dem Pferd) das Mähnenhaar stutzen* ‖ *asirse a las* ~*es* ⟨figf⟩ *ängstlich auf s–n Nutzen bedacht sein*

cri|nado adj (poet) *mit reichem Haar* ‖ **–nar** vt *kämmen* ‖ **–neja** f *Am Haarzopf* m ‖ **–niforme** adj *(m/f) pferdehaarähnlich* ‖ **–nito** adj ⟨Astr⟩ *geschweift (Komet)*

crinoideos mpl ⟨Zool⟩ *Haarsterne* mpl, *Seelilien* fpl, *Krinoiden* mpl *(Crinoidea)*

crinolina f ⟨Hist⟩ *Krinoline* f, *Reifrock* m

cri|noso adj *mähnenartig* ‖ **–nudo** adj *struppig* ‖ *Am mit reicher Mähne (Pferd)*

crío m ⟨fam⟩ *Säugling* m ‖ *kleines Kind* n *(& iron)* ‖ *Kind* n ‖ ⟨figf⟩ *sehr junge bzw unerfahrene Person* f

crio|biología f *Kryobiologie* f ‖ **–cirugía** f ⟨Med⟩ *Kryo-, Kälte|chirurgie* f ‖ **–desecación** f *Gefriertrocknung* f *(im Vakuum)* ‖ **–electrónica** f *Kryoelektronik* f ‖ **–genia** f *Kryogenik* f ‖ **criógeno** m *Kälte-, Kühl|mischung* f ‖ △ **crioja** f *Fleisch* n

criolita f ⟨Min⟩ *Kryolith* m

criolla f *Kreolin* f

criollismo m *Criollismo* m, *Kreolentum* n

criollo adj *kreolisch* ‖ *von Europäern abstammend (Amerikaner)* ‖ *Am bodenständig, südamerikanisch (Brauch, Speise)* ‖ *Am volkstümlich* ‖ *in Amerika geboren (Neger)* ‖ ~ m *Kreole* m ‖ *von Europäern abstammender Amerikaner* m ‖ *in Amerika geborener Neger* m

crio|metría f *Kryometrie* f ‖ **–preservado** adj *tiefgefroren (von Organen usw.)* ‖ **–scopia** f *Kryoskopie* f

crióscopo m *Kryoskop* n

crio|terapia f ⟨Med⟩ *Kryotherapie* f ‖ **–tecnia, –técnica** f *Kältetechnik* f ‖ **–trón** m ⟨El⟩ *Kryotron* n *(Tieftemperatur-Schaltelement)*

cripta f *Krypta, Totengruft* f ‖ ~s fpl ⟨Med⟩ *Krypten* fpl *(Rachenmandeln, Darmkanal)*

criptobranquios mpl ⟨Zool⟩ *Riesensalamander* mpl *(Cryptobranchidae)*

criptocomunista m/f *verborgene(r) Kommunist(in* f) m

criptógamas fpl ⟨Bot⟩ *Kryptogamen, Sporenpflanzen* fpl

cripto|grafía f *Geheimschrift* f ‖ *Schreiben* n *in Geheimschrift* ‖ **–grama** m *Geheimschrift* f ‖ *in Geheimschrift Geschriebene(s)* n

criptojudío m ⟨Hist⟩ *getarnter Jude, falscher Konvertit* m *(Jude)*

cripto|merismo *m* ⟨Gen⟩ *Kryptomerie* f ‖ **–mero** *m* *Kryptomere* f ‖ **–mitosis** *f* *Kryptomitose* f

criptón *m* (**Kr**) ⟨Chem⟩ *Krypton* n

criptorquidia *f* ⟨Med⟩ *Kryptorchismus* m

cripto|scopia *f* *Kryptoskopie* f ‖ **–scopio** *m* *Kryptoskop* n

criptovulcanismo *m* *Kryptovulkanismus* m

criquet *m* ⟨Sp⟩ *Kricket(spiel)* n

cris *m* *Kris* m *(Dolch der Malaien)*

crisálida *f* ⟨Ins⟩ *(Schmetterlings)Puppe, Chrysalide* f

crisante|mo *m*, **–ma** *f* ⟨Bot⟩ *Chrysantheme, Wucherblume* f (Chrysanthemum spp)

criselefantino adj *aus Gold und Elfenbein*

crísido *m* ⟨Ins⟩ *Goldwespe* f (Chrysis trimaculata)

Crisipo *m* np ⟨Hist⟩ *Chrysippos* m

crisis *f* *Beurteilung* f ‖ *Krise, Krisis* f, *Wendepunkt* m *(e–r Krankheit)* ‖ ⟨fig⟩ *entscheidender Augenblick, Umschlag* m, *Krisis* f ‖ ~ *agraria Landwirtschafts-, Agrar|krise* f ‖ ~ *económica Wirtschaftskrise* f ‖ ~ *energética Energiekrise* f ‖ ~ *gubernamental Regierungskrise* f ‖ ~ *de llanto Weinkrampf* m ‖ ~ *de mano de obra Arbeitskräftemangel* m ‖ ~ *ministerial Kabinettskrise* f ‖ ~ *monetaria Geld|not, -krise* f ‖ ~ *del petróleo Ölkrise* f ‖ ~ *de trabajo Arbeitskrise* f ‖ ~ *de venta(s) Absatzkrise* f ‖ ~ *de viviendas Wohnungsnot* f ‖ ◇ *atravesar, pasar una* ~ *e–e Krise erleiden, durchmachen* ‖ *desencadenar una* ~ *e–e Krise hervorrufen* ‖ *se avecina una* ~ *es kriselt*

cris|ma *f* (& *m*) *Chrisam* n (& m), *Chrisma, Salböl* n ‖ ⟨fam⟩ *Kopf* m, ⟨pop⟩ *Birne* f ‖ ◇ *romper la* ~ *a alg.* (pop) *jdm das Genick brechen, jdm den Schädel einschlagen (Drohung)* ‖ **–mazo** *m Schlag* m *auf den Kopf* ‖ **–mera** *f Salbgefäß* n ‖ **–món** *m Christusmonogramm* n

crisneja *f* → **crizneja**

criso|berilo *m* ⟨Min⟩ *Chrysoberyll* m ‖ **–carpo** adj ⟨Bot⟩ *gelbfrüchtig*

cri|sol *m* *(Schmelz)Tiegel* m (& fig) ‖ *Gießpfanne* f ‖ *(Schmelz)Hafen* m ‖ *Gestell* n *(Hochofen)* ‖ ⟨fig⟩ *Prüfstein* m ‖ ⟨fig⟩ *Feuerprobe* f ‖ ~ *de cuarzo Quarztiegel* m ‖ ~ *de ensayo Probiertiegel* m ‖ ~ *de fundición Schmelztopf* m ‖ ~ *de grafito Grafittiegel* m ‖ ~ *para templar Härtetiegel* m ‖ ◇ *pasar por* ~ *u/c* ⟨fig⟩ *et. erproben, e–r strengen Prüfung unterwerfen* ‖ **–solada** *f:* una ~ *de … ein Schmelztiegel voll …*

crisolito *m* ⟨Min⟩ *Chrysolith* m

crisomélidos *mpl* ⟨Ins⟩ *Gold-, Blatt|käfer* mpl (Chrysomelidae)

crisopa *f* ⟨Ins⟩ *Florfliege* (Chrysopas)

criso|pacio, –prasa *f* ⟨Min⟩ *Chrysopras* m

crisóstomo *m* *Goldmund, Chrysostomus* m *(Beiname berühmter Redner)*

crisoterapia *f* ⟨Med⟩ *Chrysotherapie* f

crisotilo *m* ⟨Min⟩ *Chrysotil* m

crispación *f* → **crispatura**

crispa|do adj ⟨Bot⟩ *kraus, gekräuselt* ‖ ⟨fig⟩ *verkrampft* ‖ **–miento, –dura** *f* → **–tura**

cris|par vt *kräuseln, kraus machen* ‖ *zusammenziehen* (z. B. *Finger*) ‖ *ver|krampfen, -zerren* ‖ ⟨fam⟩ *(auf)reizen, un|geduldig, -ruhig machen* ‖ ~**se** *s. kräuseln* ‖ ◇ ~ *de alegría* ⟨fig⟩ *vor Freude außer s. sein* ‖ *se le crispaban los puños er (sie, es) ballte die Fäuste* ‖ *se le crisparon los nervios er (sie, es) bekam e–n Nervenanfall* ‖ *ese hombre me crispa* (fam) *dieser Mensch macht mich verrückt* od *bringt mich auf die Palme* ‖ **–patura** *f Schrumpfung* f, *Kräuseln, Zusammenschrumpfen* n *(durch Feuer* od *Kälte)* ‖ ⟨Med⟩ *krampfhafte Zusammenziehung,*

krampfhafte Zuckung f ‖ ⟨fam⟩ *Bewegung* f od *Gebärde* f *der Un|geduld* bzw *der -ruhe*

Crispín *m* np *e–e* span. *Lustspielfigur*

crispir vt *marmorieren (Anstrich)*

cristal *m* ⟨Min⟩ *Kristall* m ‖ *Kristall(glas)* n ‖ *Fenster|glas* n, *-scheibe* f ‖ *Brillenglas* n ‖ ⟨fig⟩ *Spiegel* m ‖ ⟨fig poet⟩ *(kristallene) Klarheit* f ‖ Arg *Trinkglas* n ‖ Cu *Fruchtkonserve* f, *Gelee* n (& m) ‖ ~ *ahumado Rauchglas* n ‖ ~ *para anteojos Brillenglas* n ‖ ~ *antideslumbrante* ⟨Auto⟩ *Blendschutzscheibe* f ‖ ~ *de aumento Vergrößerungsglas* n ‖ ~ *biaxial zweiachsiger Kristall* m ‖ ~ *biselado* od *a bisel geschliffenes Glas* n ‖ ~ *de Bohemia böhmisches Kristall(glas)* n ‖ ~ *bruno Rauchtopas* m ‖ ~ *esmerilado* ⟨Fot⟩ *Mattscheibe* f ‖ ~ *de espejo Spiegelglas* n ‖ el ~ *de la fuente* ⟨poet⟩ *die kristallklare Quelle* f ‖ ~ *hilado Glaswolle* f ‖ ~ *inastillable splitterfreies Glas* n ‖ ~ *jaspeado Marmorglas* n ‖ ~ *mate* → ~ *opaco* ‖ ~ *natural Bergkristall* m ‖ ~ *opaco Mattscheibe* f ‖ *Dunkelglas* n ‖ ~ *opalino Opalglas* n ‖ *Milchglas* n ‖ ~ *plano Flachglas* n ‖ ~ *de reloj Uhrglas* n ‖ ~ *de roca Bergkristall* m ‖ ~ *rubí Rubinglas* n ‖ ~ *de seguridad Sicherheitsglas* n ‖ *más limpio que un* ~ ⟨fig⟩ *kristall|hell, -rein* ‖ ~**es** *mpl Kristallarbeiten* fpl ‖ *Fensterscheiben* fpl ‖ *Verglasung* f, *Glaswerk* n ‖ ~ *para espejos Spiegelglas* n ‖ ~ *tintados* ⟨Auto⟩ *getönte Scheiben* fpl ‖ ◇ *poner los* ~ *verglasen (Fenster)* ‖ *die Gläser einsetzen (in e–e Brille)* ‖ *verlo todo con* ~ *ahumados* ⟨fig⟩ *ein Schwarzseher sein*

cristale|ra *Glasschrank* m, *Vitrine* f ‖ *Kredenzschrank* m *(Möbel)* ‖ *Glastür* f ‖ **–ría** *f Glas|fabrik, -hütte* f ‖ *Kristalladen* m ‖ *Glaswaren* fpl ‖ ~ *para farmacias Medizinalflaschen* fpl ‖ ~ *fina Kristallglaswaren* fpl ‖ ~ *labrada Kristallglas* n ‖ **–ro** *m Glasschneider* m ‖ *Glashändler* m ‖ *Glaser* m

cristali|no adj *kristallähnlich* ‖ *kristall|hell, -klar* ‖ *kristallin(isch), Kristall-* ‖ *la* ~**a** *fuente* ⟨poet⟩ *die kristallklare Quelle* f ‖ ~ *m An (Augen)Linse* f ‖ **–zable** adj *(m/f) kristallisierbar* ‖ **–zación** *f Kristallisierung, Kristallisation, Kristallbildung* f ‖ *Kristallgruppe* f ‖ ⟨fig⟩ *Erstarrung* f ‖ *Sammlung* f *(alrededor de u/c um et.* acc) ‖ ⟨Chem⟩ *An|schießen* n, *-schuss* m ‖ **–zar** [z/c] vt ⟨Chem⟩ *kristallisieren* ‖ Am *Fuß fassen lassen* ‖ ~ vi *Kristalle bilden* ‖ ⟨fig⟩ *kristallisieren, s. abklären* ‖ ⟨fig⟩ *Gestalt annehmen* ‖ ~**se** *kristallisieren, Kristalle bilden*

cristalo|grafía *f Kristallographie* f ‖ **–luminiscencia** *f Kristallolumineszenz* f ‖ **–mancia** *f Kristallomantie* f ‖ **–metría** *f Kristallometrie, Kristallmessung* f

cristia|namente adv *auf christliche Art, christlich* ‖ **–nar** vt ⟨fam⟩ *taufen* ‖ Am *kirchlich trauen* ‖ *los trapitos de* ~ ⟨figf⟩ *die eleganteste Bekleidung,* ⟨fam⟩ *die feinste Kluft* f ‖ **–tiandad** *f Christenheit* f, *christliche Welt* f ‖ *Christentum* n ‖ **–tinesco** adj ⟨Hist⟩ *nach Art der Christen schreibend (maurischer Schriftsteller)*

Cris|tián, –tiano *m* np *Christian* m ‖ **–tianía** *f Kristiania (Name Oslos bis 1924)*

cristia|nísimo adj *sup von* **–no** ‖ *allerchristlichst* ‖ **–nismo** *m Christentum* n ‖ *christliche Welt* f ‖ *Christenheit* f ‖ *Taufe* f ‖ **–nizar** [z/c] vi *nach christlichen Gebräuchen einrichten, zu Christen machen, für das Christentum gewinnen, christianisieren* ‖ **–no** adj *christlich* ‖ ⟨figf⟩ *ge|wässert, -tauft (Wein)* ‖ ◇ *hablar en* ~ ⟨joc⟩ *spanisch reden* ‖ ¡*hable Vd. en* ~! ⟨fam⟩ *drücken Sie s. doch klar aus!* ‖ ~ *m Christ* m ‖ ~ *nominal Namenschrist* m ‖ ~ *nuevo*

⟨Hist⟩ Neu|bekehrte(r), -christ m jüdischer bzw
maurischer Abstammung ‖ ~ viejo ⟨Hist⟩
Altchrist m reiner christlicher Abstammung (ohne
Mischung mit Juden, Mauren usw.) ‖ moros y ~s
Festlichkeit f in Alcoy (P Val), bei der die Kämpfe
der Mauren und Christen gespielt werden ‖ eso lo
sabe todo ~ das weiß ja jeder
   cristiano-demócrata m Christdemokrat m
   Cristi|na f np Christine f ‖ ~ ⟨Mil Hist⟩
Feldmütze f, Schiffchen n ‖ **=no** adj ⟨Hist⟩
Anhänger m der Regentin María Cristina
im 19. Jh.
   Cristo m Christus m ‖ Christusbild, Kruzifix n
(& ~) ‖ ~ Padre Christus der Vater ‖ Santo ~
Jesus Christus ‖ Kruzifix n ‖ ◆ antes (después) de
~ vor (nach) Christi Geburt ‖ ni por un ~ ⟨fam⟩
nicht um alles in der Welt ‖ donde ~ dio las tres
voces ⟨figf⟩, donde ~ perdió el gorro (fig pop)
ganz weit weg, ⟨fam⟩ wo s. die Füchse gute
Nacht sagen ‖ ~ con todos der Herr sei mit euch!
‖ ¡voto a ~! bei Gott! gerechter Himmel! ‖ todo
~ ⟨pop⟩ jedermann, ohne Auswahl ‖ ◇ armar la
de Dios es ~ ⟨fam⟩ e–n Heidenspektakel machen
‖ estar como ~ entre dos ladrones ⟨figf⟩ s. in
schlechter Begleitung befinden ‖ estar sin ~ Chi
⟨fam⟩ leere Taschen haben ‖ poner a alg. como un
~ ⟨figf⟩ jdn erbärmlich zurichten ‖ sacar el ~
⟨figf⟩ zum letzten Mittel greifen (um jdn zu
überreden usw.) ‖ sentar od venir como a un
Santo ~ un par de pistolas ⟨figf⟩ passen wie die
Faust aufs Auge
   Cristóbal m np Christoph m ‖ ~ Colón
Christoph Kolumbus m
   cristofué m Ven ⟨V⟩ Christusvogel m
   cristología f Christologie f
   cristus m ⟨pop⟩ Fibel f ‖ ◇ no saber el ~ ⟨fig⟩
äußerst unwissend sein
   criterio m Kennzeichen, Merkmal, Kriterium n
‖ Stand-, Gesichts|punkt m, Einstellung f ‖
Unterscheidungsmerkmal n ‖ Verstand m ‖ Urteil
n ‖ Auffassung f ‖ ~ mayoritario Mehrheitsprinzip
n ‖ ◆ según od en mi ~ nach m–r Meinung ‖ ◇
cambiar de ~ s–e Meinung ändern ‖ lo dejo de su
~ ich überlasse es Ihrer Entscheidung
   crítica f Kritik, (wissenschaftliche) Beurteilung
f ‖ kritische Abhandlung, Besprechung, Rezension
f ‖ kritischer Scharfsinn m ‖ Tadel m, Rüge f ‖
Verleumdung f, Gerede n ‖ ~ de cine Filmkritik f
‖ ~ literaria Buchbesprechung f ‖ ~ pedantesca
kleinliche, haarspalterische Kritik f ‖ ~ de textos,
~ verbal Textkritik f ‖ ◇ prestarse a la ~, dar
lugar a la ~ Anlass zur Kritik geben
   criti|cable adj (m/f) tadelnswert ‖ angreifbar ‖
kritisierbar ‖ **–cador** adj kritisierend ‖ ~ m
Kritiker m ‖ Tadler m ‖ **–car** [c/qu] vt/i kritisieren
‖ tadeln, rügen ‖ besprechen, rezensieren ‖ ◆ sin
~ ungetadelt ‖ **–castro** m ⟨fam⟩ Kritikaster,
Krittler, Beckmesser m ‖ **–cidad** f kritische
Haltung f ‖ **–cismo** m ⟨Philos⟩ Kritizismus m
   crítico adj kritisch ‖ tadelsüchtig, kritt(e)lig ‖
kritisch, bedenklich ‖ gefährlich ‖ ernst,
entscheidend ‖ ~ m Kritiker m ‖ Rezensent m
   criticomanía f Tadelsucht f
   criticón adj ⟨fam⟩ tadelsüchtig, kritt(e)lig ‖ ~
m Kritikaster, Krittler, Beckmesser m
   critiquizar [z/c] vt ⟨fam⟩ übermäßig
kritisieren ‖ vt/i nörgeln, ⟨fam⟩ meckern
   crivao m Am Fransenbesatz m (an der breiten
Hose e–s Gaucho)
   crizneja f Haar|flechte, -zopf m ‖ Seil n (aus
Espartogeflecht)
   Croacia f ⟨Geogr⟩ Kroatien n
   croajar vi krächzen (Rabe)
   croar vi quaken (Frosch) ‖ krächzen
   croata adj kroatisch ‖ ~ m Kroate m

¡croc! int krach! knack!
   crocante m Krachtorte f (aus gerösteten
Mandeln), Krokant m ‖ Krokanteis n
   croché m Häkelnadel f ‖ Häkelarbeit f ‖ ◇
hacer (punto de) ~ häkeln
   crocino adj safranartig ‖ Safran- ‖ Krokus-
   crocitar vi → **crascitar**
   croco m ⟨Bot⟩ Krokus m ‖ Safran m
   crocodilo m → **¹cocodrilo**
   croissant m Croissant, Öst Kipfe(r)l n ‖ **–ería** f
Croissantbäckerei f
   crol m ⟨Sp⟩ Kraul(schwimmen) n
   cromado m Verchromung f
   Cromagnon m: raza de ~ Cromagnonrasse f
   cro|mar vt verchromen ‖ **–mática** f ⟨Phys⟩
Chromatik f ‖ **–maticidad** f ⟨TV⟩ Farbart,
Chromatizität f ‖ **–mático** adj ⟨Mus Opt⟩
chromatisch ‖ **–matidia** f, **–matidio** m ⟨Gen⟩
Chromatide f ‖ **–matina** f ⟨Gen⟩ Chromatin n ‖
–matismo m Färbung f ‖ Chromatismus m ‖
–mato m ⟨Chem⟩ Chromat n ‖ **–matófilo** adj
⟨Med⟩ chromatophil ‖ **–matófobo** adj ⟨Med⟩
chromatophob ‖ **–matóforo** m ⟨Biol⟩
Chromatophor n ‖ **–matografía** f ⟨Chem⟩
Chromatographie f ‖ ~ en capa fina
Dünnschichtchromatographie f ‖ ~ de gases od
gaseosa Gaschromatographie f ‖ ~ de papel
Papierchromatographie f ‖ **–matografiar** vt/i
⟨Chem⟩ chromatographieren ‖ **–matograma** m
⟨Chem⟩ Chromatogramm n ‖ **–matopsia** f ⟨Med⟩
Chromatopsie f, Farben-, Farbig|sehen n ‖
–matoptómetro m ⟨Med⟩ Chrom(at)optometer n ‖
–matrón m ⟨TV⟩ Chromatron n (Bildröhre für
das Farbfernsehen)
   crómico adj ⟨Chem⟩ Chrom(III)-
   cromidios mpl ⟨Biol⟩ Mikrosomen npl
   cromita f ⟨Min⟩ Chromit m, Chromeisenerz n
   cromito m Chromat(III) n
   cromizar [z/c] vt inchromieren
(Diffusionsverfahren)
   crómlech, cromlec m Kromlech m
(megalithische Kultur)
   cromo m (Cr) ⟨Chem⟩ Chrom n ‖ ⟨fam⟩ Bild
n, Farbendruck m ‖ ⟨fam⟩ kitschiges Gemälde n ‖
cromo|fotografía f Farbenfotografie f ‖
–grafía f Buntdruck m (Erzeugnis)
   cromolito|grafía f Chromolithografie f ‖
–gráfico adj chromolithographisch, Farbendruck-
   cromonema m ⟨Biol⟩ Chromonema n
   cromoplasto m ⟨Biol⟩ Chromoplast m
   cromosfera f ⟨Astr⟩ Chromosphäre f
   cromo|soma m ⟨Gen⟩ Chromosom n ‖ ~
sexual Geschlechtschromosom n ‖ **–sómico**
chromosomal, Chromosomen-
   cromoterapia f ⟨Med⟩ Chromotherapie f
   cromotipia f Mehrfarbendruck m
   cron m ⟨Biol⟩ Cron n
   crónica f Chronik f ‖ Orts-, Schul-,
Vereins|geschichte f ‖ Chronikbuch n ‖ Bericht m
‖ Rundschau f ‖ ~ bursátil ⟨Ztg⟩ Börsenteil m ‖
~ local ⟨Ztg⟩ Lokalnachrichten fpl ‖ la ~ negra
⟨fig⟩ die schwarze Chronik ‖ ~ rimada
Reimchronik f
   cronicidad f chronischer Charakter m,
Chronizität f
   crónico adj ⟨Med⟩ chronisch ‖ langwierig ‖
eingewurzelt (Laster) ‖ adv: ~**amente**
   cro|nicón m kurze, nach der Zeit geordnete
geschichtliche Darstellung f ‖ **–nista** m/f
Chronist(in f) m ‖ Berichterstatter(in f) m ‖ ⟨fam⟩
Maulheld m
   crónlech m → **crómlech**
   cronobiología f Chronobiologie f
   cronoescalado m ⟨Sp⟩ Bergzeitfahren n
   cronofotografía f Chronofotografie f

cro|nografía f *Chronographie, zeitlich geordnete Geschichtsschreibung* f ‖ **–nográfico** adj *chronographisch* ‖ **–nógrafo** m *Chronograph* m ‖ **–nograma** m *Chronogramm* n

crono|logía f *Zeitrechnung, Chronologie* f ‖ **–lógico** adj *chronologisch* ‖ adv: ~**amente**

crono|metrador m *Zeitnehmer* m ‖ **–metraje** m *Zeit|aufnahme, -berechnung, -messung* f ‖ **–metrar** vt/i *die Zeit stoppen* ‖ **–metría** f *Zeitmessung, Chronometrie* f ‖ **–métrico** adj *chronometrisch*

cronómetro m *Chronometer* n (fam & m), *Zeitmesser* m ‖ ⟨Sp⟩ *Stoppuhr* f ‖ ⟨Mus⟩ *Taktmesser* m

Cronos m ⟨Myth⟩ *Kronos* m

cronoscopio m *Chronoskop* n

cróquet m *Krocketspiel* n

croqueta f *Krokette* f ‖ ~ de bacalao *Stockfischkrokette* f ‖ ~ de gallina *Hühnerkrokette* f

croquiñol m *e–e Zwiebackart*

croquis m *(erster) Entwurf* m, *Skizze* f ‖ *flüchtig entworfener Plan* m ‖ ⟨Mil⟩ *Geländezeichnung* f, *Kroki* n ‖ ~ panorámico, ~ planimétrico *Ansichts-, Grundriss|skizze* f ‖ ~ con pluma *Federzeichnung* f

cros m *Kurzform für* **cross-country**

croscitar vi → **crascitar**

cross-country m ⟨Sp⟩ *Cross-Country* n *(Querfeldeinlauf)*

crotalina f ⟨Pharm⟩ *Krotalin* n

crótalo m *(Klapper)Schlange* f (Crotalus spp) ‖ ⟨poet⟩ *Kastagnette* f ‖ ~ lanza *Lanzen|otter, -schlange* f

croto m *Arg Land-, Stadt|streicher* m

crotón m ⟨Bot⟩ *Kroton, Wunderstrauch* m (Codiaeum) ‖ ~ tiglia *Krotonölbaum* m (Croton tiglium)

croto|rar vi *klappern (Storch)* ‖ **–reo** m *Klappern* n *(des Storches)*

croupade f [Reitkunst] *Kruppade* f

crown(glass) m ⟨Opt⟩ *Kronglas* n

cruasán m → **croissant**

¹cruce m *Kreuz-, Schnitt|punkt* m ‖ *Kreuzweg* m ‖ *Kreuzungsstelle* f ‖ *Straßenkreuzung* f ‖ *Überquerung* f ‖ *Kreuzung* f ‖ ~ con otro vehículo *Begegnung* f *mit e–m anderen Fahrzeug* ‖ ~ de aeración ⟨Bgb⟩ *Wetter|brücke, -kreuzung* f ‖ ~ de alambres ⟨Tel⟩ *Drahtkreuzung* f ‖ ~ de caminos, ~ de carreteras *Weg-, Straßen|kreuzung* f ‖ ~ de conductores ⟨El⟩ *Leitungskreuzung* f ‖ ~ de la calzada *Überschreitung* f *der Fahrbahn* ‖ ~ de trenes ⟨EB⟩ *Kreuzung* f *der Züge* ‖ ~ de vía ⟨EB⟩ *Wegübergang* m ‖ ~ de vías ⟨EB⟩ *Gleiskreuzung* f ‖ ◇ salir al ~ Am *entgegenreiten*

²cruce → **cruzar**

cruce|cita, –cilla f *dim von* **¹cruz**

cruceiro m → **cruzeiro**

crucera f *Widerrist* m

crucería f ⟨Arch⟩ *Kreuzverzierung* fpl

¹crucero adj *Kreuz-* ‖ ~ m *Kreuz(schiff)* n *(e–r Kirche)* ‖ *Kreuz-, Quer|balken* m ‖ ⟨Typ⟩ *Kreuzsteg* m ‖ *Kreuzweg* m ‖ *Kreuzträger* m *(bei Kirchengängen)* ‖ ⟨Arch⟩ *Kreuzband* n ‖ ⟨Arch⟩ *Fensterkreuz* n ‖ *einsam stehendes Kreuz* n *(auf dem Feld)* ‖ ⟨reg⟩ *Kreuzungspunkt* m ‖ Am *Gerüst* n *(für Brunneneimer)* ‖ ~ austral ⟨Astr⟩ *Südliches Kreuz* n

²crucero m ⟨Mar⟩ *Kreuzfahrt* f ‖ ~ de placer, ~ turístico *Kreuzfahrt, Vergnügungsreise* f

³crucero m ⟨Mar Mil⟩ *Kreuzer* m ‖ ~ acorazado *Panzerkreuzer* m ‖ ~ auxiliar *Hilfskreuzer* m ‖ ~ de combate *Schlachtkreuzer* m ‖ ~ explorador *Aufklärungskreuzer* m ‖ ~ ligero *leichter Kreuzer* m ‖ ~ torpedero *Torpedokreuzer* m

cruceta f *Kreuz|naht* f, *-stich* m ‖ SAm *Tourniquet, Drehkreuz* n ‖ ⟨Tech⟩ *Kreuzkopf* m ‖ ⟨Tech⟩ *Kardankreuz* n

crucial adj *(m/f) entscheidend* ‖ *ganz besonders wichtig*

crucífe|ras fpl ⟨Bot⟩ *Kreuzblütler* mpl, *Kruziferen* fpl (Cruciferae) ‖ **–ro** adj *kreuztragend, Kreuz-* ‖ ~ m *Kreuz|träger, -herr* m *(Orden)*

crucifi|cado adj *gekreuzigt* ‖ ~ m: El ~ *der Gekreuzigte, Christus* ‖ **–car** [c/qu] vt *kreuzigen* ‖ ⟨figf⟩ *quälen, peinigen, martern* ‖ *kasteien* ‖ **–jo** (~) m *Kruzifix, Kreuz* n ‖ **–xión** f *Kreuzigung* f ‖ la ~ *die Kreuzigung Christi*

cruci|floras fpl ⟨Bot⟩ → **crucíferas** ‖ **–forme** adj *(m/f) kreuzförmig*

crucígero adj *kreuztragend* ‖ ~ m ⟨Rel⟩ *Kreuzherr* m *(Klosterorden)*

cruci|grama m *Kreuzworträtsel* n ‖ **–gramista** m/f *Kreuzworträtselfreund(in* f) bzw *-verfasser(in* f) m

crucirrostro adj ⟨V⟩ *kreuzschnäb(e)lig*

Crucita f np → **María de la Cruz**

cruda f Mex *Betrunkenheit* f

crudamente adv *von* **¹crudo**

crudelísimo adj sup *von* **cruel**

cru|deza f *roher Zustand, Rohzustand* m (z.B. *des Obstes)* ‖ *Unverdaulichkeit* f ‖ *Roheit, Brutalität* f ‖ *Derbheit, Ungezwungenheit* f ‖ *Herbheit, Schroffheit* f ‖ ⟨fig⟩ *Strenge, Härte* f ‖ ⟨fig⟩ *unanständige Rede* f ‖ ~s fpl *schwer verdauliche Speisen* fpl ‖ **–dillo** m ⟨Text⟩ *ungebleichte Leinwand* f *(für Futter)*

¹crudo adj *roh, un|gekocht, -gebraten* ‖ *roh, unbearbeitet* ‖ *nicht zubereitet* ‖ *ungebrannt (Kaffee, Ziegel)* ‖ *grell (Ton, Farbe)* ‖ *hart (Wasser)* ‖ *unreif (Früchte)* ‖ *schwer verdaulich (Speise)* ‖ ⟨fig⟩ *hart, streng (Jahreszeit, Licht)* ‖ ⟨fig⟩ *unfreundlich* ‖ *schonungslos* ‖ *grob, derb* ‖ ⟨fig⟩ *grausam, hart* ‖ ⟨fig⟩ *stramm (Bursche)* ‖ ⟨fig⟩ *großtuerisch* ‖ ◆ en ~ *roh, unbearbeitet* ‖ ⟨fig⟩ *rücksichtslos* ‖ ~ m *rohe Speise od Nahrung* f

²crudo m *Rohöl* n

³crudo m ⟨Text⟩ *grobe Sackleinwand* f

cruel adj *(m/f) grausam, unmenschlich, unbarmherzig* (con, para, para con *zu*) ‖ *schadenfroh* ‖ *rücksichtslos, unerbittlich* ‖ ⟨fig⟩ *streng (Kälte usw.)* ‖ *schmerzlich, peinlich* ‖ *qualvoll* ‖ *unausstehlich* ‖ *blut|rünstig, -gierig (Tier)* ‖ *erbittert (Schlacht)* ‖ *sehr heftig (Schlag)* ‖ ~ de condición *von roher Veranlagung* ‖ adv: ~**mente**

crueldad f *Grausamkeit, Un|menschlichkeit, -barmherzigkeit* f ‖ *Härte, Unerbittlichkeit* f ‖ *Gefühllosigkeit* f ‖ *Wildheit* f ‖ *grausame Tat* f ‖ ~ con los animales *Tierquälerei* f ‖ ~ mental *seelische Grausamkeit* f

cruento adj *blutig (Krieg, Opfer)*

crujía f *langer Rundgang, Korridor* m *(in e–m Gebäude)* ‖ *großer Saal* m *mit zwei Bettreihen (in Krankenhäusern)* ‖ *Zimmerflucht* f ‖ ⟨Arch⟩ *Spannweite* f ‖ ⟨Mar⟩ *Laufplanken* fpl ‖ ⟨Mar⟩ *langer Gang* m *mitten auf dem Deck* ‖ ◇ pasar ~ ⟨Mar⟩ *Gassen laufen* ‖ ⟨pop⟩ *Not leiden, e–e schlimme Zeit durchmachen*

cruji|da f Am *Pein* f, *Kummer* m ‖ **–do** m *Krachen, Knistern, Knirschen, Knarren* n ‖ *Knacken* n *(der Knochen)* ‖ ◇ dar ~ ⟨figf⟩ *(peinliches) Aufsehen erregen* ‖ **–dor** m ⟨Arch⟩ *Wandfach* n

crujir vt/i *krachen, knistern, knirschen, knarren* ‖ ◇ las tablas del suelo crujen *die Dielen knarren* ‖ se hizo ~ las articulaciones de los dedos *er knackte mit den Fingern* ‖ está que cruje

de limpia ⟨pop⟩ *sie ist richtig appetitlich frisch,*
sie ist sehr sauber und nett (Mädchen) ‖ ~se Mex
gefrieren (Flüssigkeit)
   crúor, cruor *m* ⟨Med⟩ *Kruor, Blutkuchen* m ‖
Kruorgerinnsel n ‖ ⟨poet⟩ *Blut* n
   crup *m* ⟨Med⟩ *Krupp* m ‖ ~ falso *falscher*
Krupp m ‖ ~ verdadero *echter Krupp* m ‖ –al *adj*
(m/f) Krupp-, kruppös
   crupier *m Croupier* m
   cruposo adj ⟨Med⟩ *Krupp-, kruppös*
   crural adj *(m/f)* ⟨An⟩ *Schenkel-, krural*
   crustáceos *mpl Krebs-, Krusten\tiere* npl,
Krustazeen fpl (Crustacea)
   crústula *f kleine Kruste* f
   ¹cruz [*pl* ~ces] *f Kreuz* n, *Kreuzform* f ‖
Kreuz, Kruzifix n ‖ *Ordenskreuz* n ‖ *Schrift-,*
Rück\seite f *(e–r Münze)* ‖ ⟨fig⟩ *Leid, Kreuz* n ‖ ~
de Alcántara *grünes Malteserkreuz* n *mit goldenen*
Lilien (des Alcántaraordens) ‖ ~ anclada, ~
ancorada, ~ de áncora *Ankerkreuz* n ‖ ~ anillada
⟨Her⟩ *Mühleisenkreuz* n ‖ ~ anzolada ⟨Her⟩
Hakenkreuz n ‖ ~ de la bayoneta *Parierstange* f
(Seitengewehr) ‖ ~ de Borgoña *Burgunder Kreuz*
n ‖ ~ de caballero de la cruz de hierro Deut
⟨Hist⟩ *Ritterkreuz* n *zum Eisernen Kreuz* ‖ ~ de
Calatrava *rotes Lilienkreuz* n *(des*
Calatravaordens) ‖ ~ de camino *Kreuz* n *am Weg*
‖ ~ de Caravaca *Patriarchen-, Doppel\kreuz* n ‖
~ egipcia *ägyptisches Kreuz, Henkelkreuz* n ‖ ~
estrellada ⟨Her⟩ *Sternkreuz* n ‖ ~ filar ⟨Top⟩
Fadenkreuz n ‖ ~ flordelisada ⟨Her⟩ *Lilienkreuz* n
‖ ~ gamada *Hakenkreuz* n ‖ ~ griega ⟨Her⟩
griechisches, gleicharmiges Kreuz n ‖ ~ de hierro
Deut ⟨Hist⟩ *Eisernes Kreuz* n ‖ ~ de Jerusalén
Jerusalemkreuz n ‖ ~ latina ⟨Her⟩ *lateinisches*
Kreuz, Hoch-, Passions\kreuz n ‖ ~ laureada de
San Fernando Span *Kreuz* n *des hl. Fernando mit*
Lorbeer ‖ ~ de Lorena *lothringisches Kreuz* n ‖
~ de Malta *Malteserkreuz* n ‖ ⟨Med⟩ *Kreuzbinde*
f ‖ ⟨Tech⟩ *Andreaskreuz* n ‖ la ~ del matrimonio
⟨fig⟩ *das Ehekreuz* ‖ ~ de Montesa *rotes,*
gleicharmiges Kreuz n ‖ ~ de la Orden Teutónica
Kreuz n *des Deutschritterordens* ‖ ~ patriarcal
Patriarchen-, Doppel\kreuz n ‖ ~ potenzada ⟨Her⟩
Krückenkreuz n ‖ ~-reliquia *Reliquienkreuz* n ‖ la
~ Roja *das Rote Kreuz* ‖ ~ de San Antonio
Antoniuskreuz, Taukreuz n ‖ ~ de San Andrés
Andreas-, Schräg\kreuz n ‖ ~ de Santiago
Jakobskreuz n ‖ ~ svástica *Hakenkreuz* n,
Swastika f ‖ gran ~ *Groß-, Ordens\kreuz* n ‖ la
Santa ~ *das heilige Kreuz* ‖ ♦ a ~ o a pila ⟨fam⟩
aufs Geratewohl ‖ a cara o ~ *Kopf oder Zahl*
(Spiel) ‖ ¡adelante con la ~! ⟨figf⟩ *vorwärts! nur*
zu! frisch zu! auf, auf! ‖ de *od* desde la ~ a *od*
hasta la fecha ⟨fig⟩ *von Anfang bis Ende* ‖ *vom*
Kopf bis Fuß ‖ en ~ *kreuz\weise, -förmig* ‖
gekreuzt (Arme) ‖ hasta la ~ *bis auf den Knauf,*
tief (Degenstich) ‖ ¡por la ~! *potz Kreuz!* ‖ ¡~ y
raya! *genug damit! Schluss (jetzt)! basta!* ‖ detrás
de la ~ está el diablo ⟨Spr⟩ *der Scheinheilige hat*
nicht weit zur Hölle ‖ clavar en ~ *ans Kreuz*
schlagen ‖ estar por esta ~ de Dios ⟨fam⟩ *noch*
nichts gegessen haben ‖ ⟨fig⟩ *vergeblich warten* ‖
hacer la ~ *den Zeigefinger und den Daumen der*
rechten Hand kreuzen (und küssen)
(Schwurformel) ‖ hacer la señal de la (santa) ~
das Zeichen des Kreuzes, das Kreuzzeichen
machen ‖ hacerle la ~ a alg. ⟨figf⟩ *jdn*
loszuwerden suchen ‖ ⟨figf⟩ *s. vor jdm in Acht*
nehmen ‖ hacerse la ~ *od* cruces ⟨figf⟩ *außer s.*
sein (vor Entzücken, Erstaunen) ‖ llevar la ~
⟨figf\ *e–n Liebeshandel fördern* ‖ *den Leidensweg*
gehen ‖ poner los dedos en ~ *hacer la* ~ ‖
quedarse en ~ y en cuadro ⟨figf⟩ *alles bis auf*
den letzten Heller verloren haben ‖ tomar la ~

das Kreuz nehmen (von Kreuzfahrern) ‖ ⟨fig⟩ *in*
e–n Orden eintreten ‖ verse entre la ~ y el agua
bendita ⟨figf⟩ *in der größten Gefahr schweben* ‖
~ces *fpl Schaufelkreuz* n *(im Backtrog)* ‖
Kreuzung f *(von Tieren)* ‖ ~ del ala *(Flugw)*
Innenverspannung f ‖ grandes ~ ⟨figf⟩ *vornehme*
Herrschaften fpl, ⟨fam⟩ *hohe Tiere* npl ‖ ◇ andar
con las ~ a cuestas ⟨fig⟩ *Bittgänge anstellen* ‖
⟨fig⟩ *mit Arbeit überlastet sein* ‖ andar *od*
marchar haciendo ~ ⟨fig⟩ *unsicher gehen (bes.*
von Betrunkenen) ‖ quitar ~ de un pajar ⟨figf⟩
e–e Stecknadel in e–m Heuschober suchen, et.
sehr Beschwerliches unternehmen ‖ trasquilar a ~
a uno *jdm Treppen od Stufen ins Haar schneiden*
‖ ¡por éstas, que son ~! *volkstümliche*
Schwurformel in Spanien (wobei man die
kreuzweise übereinandergelegten Daumen und
Zeigefinger der rechten Hand küsst)
   ²cruz *f* [*pl* ~ces] ⟨An⟩ *Kreuz* n ‖ *Bug* m *(e–s*
Tiers) ‖ *Widerrist* m
   ³cruz [*pl* ~ces] *f* ⟨Bot⟩: ~ de Santiago
Jakobslilie f (Sprekelia formosissima)
   ¹Cruz *f* ⟨Astr⟩: ~ del Norte *Kreuz des*
Nordens, Nördliches Kreuz n ‖ ~ del Sur *Kreuz*
des Südens, Südliches Kreuz n
   ²Cruz *f* np *span. Frauenname*
   cruza *f* Am *Kreuzung* f
   cruza\da *f Kreuz\zug* m, *-fahrt* f ‖ *Kreuzheer* n
‖ *Kreuzweg* m ‖ ⟨fig⟩ *Kreuzzug* m, *Kampagne* f ‖
~ española ⟨Hist⟩ *span. Kreuzzug* m *(span.*
Bürgerkrieg 1936–39) ‖ –do adj *kreuzweise*
übereinander gelegt ‖ *kreuzförmig* ‖ *gekreuzt*
(Tier) ‖ *ein Ordenskreuz tragend* ‖ *zweireihig*
(Anzug) ‖ *Kreuz-* ⟨Text⟩ *über Kreuz gearbeitet* ‖
geschränkt (Riemen) ‖ ⟨Bgb⟩ *vermischt* ‖ ~ de
brazos *mit gekreuzten Armen* ‖ ⟨fig⟩ *müßig* ‖ ◇
estarse con los brazos ~s ⟨figf⟩ *mit verschränkten*
Armen müßig dastehen ‖ ~ *m* ⟨Hist⟩ *Kreuz\fahrer,*
-ritter m ‖ *Kreuzherr* m ‖ *Kämpfer* m *(auf der*
nationalen Seite) im span. Bürgerkrieg (1936–39)
‖ ⟨Mus⟩ *Kreuzgriff* m *(auf der Gitarre)* ‖
Kreuzfigur f *im Tanz* ‖ *Kreuzer* m *(Münze)* ‖ ⟨pop⟩
Weg m ‖ –men *m* (Flugw) *Spannweite* f ‖
–miento *m Kreuzung* f ‖ *(Rassen-,*
Straßen)Kreuzung f ‖ *Überschneidung* f ‖ ⟨Text⟩
Spann-, Faden\kreuz n ‖ *Übereinanderschlagen* n
(Beine) ‖ ~ doble ⟨Gen⟩ *Doppelkreuzung* f ‖ ~
intercromosómico ⟨Gen⟩ *Überkreuzung* f ‖ ~
recíproco ⟨Gen⟩ *gegenseitige od reziproke*
Kreuzung f ‖ ~ retrógrado ⟨Gen⟩ *Rückkreuzung* f
‖ ~ simple ⟨Gen⟩ *Einfachkreuzung* f
   cruzar [z/c] *vt kreuzen, kreuzweise legen,*
stellen ‖ *durchkreuzen (Weg)* ‖ *über-, durch\queren*
‖ *(jdm) begegnen, (jdm) über den Weg laufen,*
(jdn) in die Quere kommen ‖ *durchschneiden*
(Linie) ‖ *ein Ordenskreuz feierlich verleihen (dat)*
‖ *(durch Zucht) kreuzen (Tiere)* ‖ *durchstreichen*
(Geschriebenes) ‖ *wechseln (Briefe)* ‖
verschränken (Arme) ‖ *übereinander schlagen*
(Beine) ‖ *köpern (Gewebe)* ‖ *zusammendrehen,*
zwirnen (Faden) ‖ *fällen (Bajonett)* ‖ ⟨Mar⟩
(durch)kreuzen ‖ Chi *umpflügen* ‖ ◇ ~ en barca
in e–r Fähre übersetzen ‖ ~ los brazos, ~ las
manos *die Arme über der Brust kreuzen* ‖ ⟨fig⟩
müßig dastehen ‖ ⟨fig⟩ *die Hände ringen (aus*
Verzweiflung) ‖ ~ un cheque *e–n Scheck kreuzen*
‖ ~ la calle *über die Straße gehen* ‖ ~ la cara de
alg. *jdn ins Gesicht schlagen* ‖ ~ la palabra con
alg. ⟨figf⟩ *mit jdm reden, sprechen* ‖ ~ *vi*
übereinander gehen (Rock) ‖ ⟨Mar⟩ *kreuzen* ‖ ~se
s. durchkreuzen, s. durchschneiden ‖ *s. kreuzen*
(Menschenrassen, Tiere) ‖ *s. kreuzen (Personen,*
Briefe) ‖ *s. schneiden (Linien)* ‖ *einander*
begegnen ‖ *einander in die Quere kommen* ‖ *s.*
anhäufen (Geschäfte usw.) ‖ *die Beine beim*

Gehen kreuzen (Pferde usw.) ‖ ◇ ~ *de brazos od manos die Arme kreuzen, müßig dastehen, untätig zuschauen, die Hände in den Schoß legen* ‖ ~ *de caballero* ⟨Hist⟩ *Kreuzritter werden* ‖ ~ *de palabras e–n Wortwechsel haben*

cruzeiro m [Währungseinheit] *Cruzeiro m (Cr)*

cs. ⟨Abk⟩ = **céntimos**

Cs ⟨Abk⟩ = **cesio**

C.S.F. ⟨Abk⟩ = **costo, seguro y flete**

c.s.p. ⟨Abk Pharm⟩ = **cantidad suficiente para**

c.^{ta}, cta. ⟨Abk⟩ = **cuenta** ‖ ~ $^1/_2$, **c/2** = **cuenta a medias, cuenta mitad** ‖ ~ **cte.** = **cuenta corriente**

cta/n ⟨Abk⟩ = **cuenta nueva**

cte|nidio m ⟨Zool⟩ *Ktenidium n, Kammkieme* f ‖ **–nóforos** mpl *Rippenquallen, Ktenophoren* fpl (Ctenophora)

c.^{to} ⟨Abk⟩ = **¹cuarto**

cts. ⟨Abk⟩ = **céntimos** ‖ **centavos**

c/u ⟨Abk⟩ = **cada uno**

cu f *das spanische q nach s–r Aussprache*

Cu ⟨Abk⟩ = **cobre**

¡cuá! ¡cuá! onom *Quaken* n *(der Frösche)*

cuacar vt Col Chi *gefallen, passen*

cuácara f Chi *Bluse bzw Jacke* f *des einfachen Volkes* ‖ Chi *alte Jacke* f

cuaco m *Maniok-, Tapioka|stärke* f

¹cuaderna adj ⟨Poet Hist⟩ *spanische Alexandrinerstrophe* f *(mit vier gleich reimenden Zeilen)*

²cuaderna f ⟨Mar⟩ *Rippe* f, *Spant* n ‖ ~ *del avión* ⟨Flugw⟩ *Bodenstück* n ‖ ~ *maestra* ⟨Mar⟩ *Richt-, Haupt|spant* m ‖ ~ *de popa* ⟨Mar⟩ *Achter-, Heck|spant* n ‖ ~ *transversal* ⟨Mar⟩ *Querspant* n

³cuaderna f *Doppelpasch* m *(beim Würfelspiel)*

cuader|nas fpl *Fachwerk* n ‖ **–nal** m ⟨Mar⟩ *Gienblock* m ‖ ~ *ciego* ⟨Mar⟩ *Stagblock* m

cuader|nillo m dim von **–no** ‖ *Aktenheft* n ‖ *Lage* f *(von fünf Bogen) Papier* ‖ *Agende* f ‖ ⟨Mar⟩ *Logscheit* n ‖ **–no** m *Lage* f *(von mehreren Bogen) Papier* ‖ *Bogen* m *(= 16 Seiten)* ‖ *Faszikel* m ‖ *Heft* n ‖ *Aktenheft* n ‖ *Aktenband* m ‖ *Notizbuch* n ‖ ~ *de bitácora* ⟨Mar⟩ *Log-, Schiffstage|buch* n ‖ ~ *de cargas Lasten|heft, -verzeichnis* n, *Submissionsbedingungen* fpl ‖ ~ *de dibujo Zeichenheft* n ‖ ~ *de escribir Schreibheft* n ‖ ~ *de extractos Aktenauszug* m ‖ ~ *de notas Notizbuch* n

cuado adj *quadisch* ‖ **–s** mpl *Quaden* mpl *(germanischer Volksstamm)*

¹cuadra f *Saal* m, *großes Gemach* n ‖ ⟨pop⟩ *Schlafsaal* m *in Krankenhäusern usw.* ‖ *Kasernenstube* f ‖ *(Pferde)Stall* m ‖ *Rennstall* m ‖ *Viereck* n ‖ *Mondviertel* n

²cuadra f *Kruppe* f, *Kreuz* n *(des Pferdes)*

³cuadra f *Viereck* n ‖ ⟨Mar⟩ *Breite* f *des Schiffs (in e–r Viertellänge)* ‖ *Am Längenmaß* n *(= 1/4 Meile)* ‖ ◇ *navegar a la* ~ *mit Backstagswind segeln*

⁴cuadra f *Am Häuserblock* m, *Häuserreihe* f ‖ Col *Gasse, Straße* f ‖ Pe *Empfangszimmer* n

cuadra|dillo m *vierkantiges Lineal, Vierkantlineal* n, *Vierkantstab* m ‖ *Strumpfzwickel* m ‖ *Hemden-, Ärmel|keil* m ‖ *Würfelzucker* m ‖ *Zuckerwürfel* m ‖ **–dísimamente** adv *ganz fehlerlos*

cuadrado adj *quadratisch* ‖ *viereckig* ‖ *vierkantig* ‖ *quadriert, gewürfelt (z.B. Papier)* ‖ *Geviert-, Quadrat-* ‖ ⟨fig⟩ *eckig (Gesicht)* ‖ *genau (angepasst)* ‖ ⟨fig⟩ *fehlerlos, vollkommen* ‖ ⟨Taur⟩ *in Kampfstellung (Stier)* ‖ ~ *(de hombros) breitschult(e)rig, kräftig* ‖ *un mozo bien* ~ *ein stattlicher Bursche* ‖ ◇ *extraer od sacar la raíz*

~a ⟨Math⟩ *die (Quadrat)Wurzel ziehen* ‖ adv: **~amente** ‖ ~ m *Vier|eck, Quadrat* n ‖ ⟨Math⟩ *Quadratzahl* f, *Quadrat* n ‖ *Quadrierung, Würfelung* f *(des Papiers)* ‖ *Kantel* f, *vierkantiges Lineal, Vierkantlineal* n ‖ ⟨Typ⟩ *Ausschluss* m *(Blindmaterial)* ‖ *Strumpfzwickel* m ‖ *Präge-, Münz|stempel* m ‖ ~ *de la carta Planquadrat* n ‖ ~ *de cartas Gitter-, Karten|netz* n ‖ ~ ~ *vierte Potenz* f ‖ ~ *de cuerda* ⟨Uhrm⟩ *Windewelle* f ‖ ◆ *de* ~ *vollkommen, sehr gut* ‖ ⟨Mal⟩ *von vorn (nicht von der Seite)* ‖ ◇ *dejar od poner de* ~ *a alg.* ⟨figf⟩ *jdn an s–r empfindlichen Stelle treffen*

cuadra|genario adj *vierzigjährig* ‖ ~ m *Vierzigjährige(r)* m ‖ **–gésima** f → **cuaresma** ‖ **–gesimal** adj *(m/f)* → **cuaresmal** ‖ **–gésimo** adj *der vierzigste* ‖ ~ m *Vierzigstel* n

cuadral m ⟨Arch⟩ *Querholz, schräges Strebeband* n

cuadralbo adj *mit vier weißen Füßen (Pferd)*

cuadrángulo, cuadrangular adj *(m/f) vier|eckig, -kantig* ‖ *vierseitig (Prisma, Pyramide)* ‖ ~ m ⟨Math⟩ *Vier|eck, -seit, Quadrat* n

cuadran|tal adj *(m/f) sphärisch (Dreieck)* ‖ **–te** m *vierter Teil* m *eines Kreises* ‖ ⟨Math⟩ *Quadrant, Viertelkreis* m ‖ *Mondviertel* n ‖ ⟨Astr Mar⟩ *Quadrant* m ‖ *Sonnenuhr* f ‖ *Zifferblatt* n *(e–r Sonnenuhr)* ‖ ⟨Jur⟩ *Viertel* n *der Erbschaft* ‖ ⟨Radio⟩ *Skale, Skala* f ‖ ⟨Arch⟩ *Querholz* n ‖ ⟨Typ⟩ *Regletten|schneider, -hacker* m, *Guillotine* f ‖ ~ *de guía* ⟨Ak⟩ *Signalkreis* m ‖ ◆ *hasta el último* ~ ⟨fam⟩ *auf Heller und Pfennig (Zahlung)*

cuadrante m ⟨Kath⟩ *Kirchenzettel* m, *Gottesdienstordnung* f

cuadrantín m *Kantel* f

cuadranura f *Hühnerbein* n ‖ *Strahlenriss* m *(im Holz)*

cuadrar vt *viereckig machen* ‖ ⟨Math⟩ *zum Quadrat erheben* ‖ *ein quadratisches Liniennetz zeichnen* ‖ *gittern (Zeichnung)* ‖ ~ vi *behagen, gefallen* ‖ *s. vertragen (con mit)* ‖ *s. schicken, passen (con zu)* ‖ *Am parken* ‖ **~se** *viereckig machen* ‖ *s. ausrichten, strammstehen (Soldat)* ‖ *Haltung annehmen (Soldat)* ‖ [Reitkunst] *s. gerade auf den vier Beinen stellen (Pferd)* ‖ ⟨Taur⟩ *s. auf den vier Beinen stellen (vorgeschriebene Stellung des Kampfstieres vor dem Todesstoß)* ‖ ⟨fig⟩ *energisch auftreten* ‖ *s. widersetzen,* ⟨fam⟩ *die Zähne zeigen* ‖ ⟨fig⟩ *s. plötzlich zurückhaltend benehmen,* ⟨fam⟩ *offiziell werden*

cuadrático adj: *ecuación* ~a ⟨Math⟩ *quadratische Gleichung* f

cuadra|tín m ⟨Typ⟩ *Quadrat, Geviert* n ‖ **–triz** *[pl* ~**ces]** adj: *(línea)* ~ ⟨Math⟩ *Vierungslinie* f ‖ **–tura** f ⟨Math⟩ *Quadratur* f ‖ ⟨Astr⟩ *Geviertschein* m ‖ ⟨Mar⟩ *Achterspant* n ‖ ~ *del círculo Quadratur* f *des Kreises,* ⟨fig⟩ *unlösbare Aufgabe,* ⟨fam⟩ *et. ganz Unmögliches* n

cuadrear vt *viereckig machen*

cuadricenal adj *(m/f) alle vierzehn Jahre stattfindend*

cuadriciclo m *vierrädriges Tretrad* n

cuadrícula f *Gitter, Netz* n *zum Zeichnen* ‖ *Würfelung, Quadrierung* f, *Raster* m *(des Papiers)*

cuadricu|lación f *Zeichnen e–s quadratischen Liniennetzes, Übergittern* n ‖ **–lado** m *Gitter* n ‖ ~ *de cartas Gitter-, Karten|netz* n

¹cuadricular vt *karieren*

²cuadricu|lar *(m/f),* **–lado** adj *kariert, quadriert (Papier)* ‖ *kariert, gewürfelt (Stoff)*

cuadrie|nal adj *(m/f) vierjährig* ‖ **–nio** m *Zeit|raum von 4 Jahren*

cuadri|folio m adj ⟨Bot⟩ *vierblätt(e)rig* ‖ ~ m

Vierblatt n ‖ **–fonía** *f* ⟨Ak⟩ *Quadrophonie* f ‖ **–forme** adj *(m/f) vierförmig* ‖ *vierseitig* ‖ *viereckig*

cuadri|ga *f* ⟨Hist⟩ *Quadriga* f, *Viergespann* n ‖ **–guero** *m Quadrigalenker* m

cuadril *m* ⟨An⟩ *Hüftknochen* m ‖ *Hüfte* f ‖ *Hüftenlehne* f *(der Bank)* ‖ ◇ meterla hasta el ~ ⟨figʃ⟩ *s. unsterblich blamieren*

cuadri|látero adj ⟨Math⟩ *vier|seitig, -eckig* ‖ ~ *m* ⟨Math⟩ *Vier|seit, -eck* n ‖ **–lingüe** adj *(m/f) viersprachig* ‖ **–longo** adj *rechteckig* ‖ ~ *m Rechteck* n

cuadri|lla *f Haufen, Trupp* m, *Schar* f *(Menschen)* ‖ *(Räuber)Bande, Gang* f ‖ *Quadrille* f *(Tanz)* ‖ ⟨Taur⟩ *Aufzug* m *der Stierkämpfer* ‖ ⟨Taur⟩ *Stierkämpfermannschaft* f ‖ ~ *de comunicaciones* ⟨Mil⟩ *Nachrichtenstaffel* f ‖ ~ *de medición Messtrupp* m ‖ ~ *de toreros Stierkämpfermannschaft* f ‖ **–llado** *m (Netz)Raster* m *(auf Papier)* ‖ **–llazo** *m* Chi *Bandenüberfall* m ‖ *Angriff* m *mehrerer Personen auf e–e einzelne Person* ‖ **–llear** vi *auf ein Lasttier geladen werden* ‖ **–llero** *m Anführer* m *e–s Trupps Soldaten* ‖ *Landreiter* m

cuadrimotor *m* → **cuatrimotor**

cuadringentésimo adj *der vierhundertste* ‖ ~ *m Vierhundertstel* n

cuadri|nieto *m Urenkel* m ‖ **–no** *m* Chi *Schlachthausarbeiter* m ‖ **–nomio** *m* ⟨Math⟩ *viergliedrige Größe* f ‖ **–partido** adj *vierteilig* ‖ **–pennado** adj ⟨Ins⟩ *vierflüg(e)lig* ‖ **–plicar** [c/qu] vt → **cuadruplicar** ‖ **–rreme** *m* ⟨Hist⟩ *Vierruderer* m, *Quadrireme* f *(Schiff)* ‖ **–sílabo** adj *viersilbig* ‖ ~ *m viersilbiges Wort* n ‖ *viersilbiger Vers* m

cuadrivio *m (vierfacher) Kreuzweg* m ‖ ⟨Hist⟩ *Quadrivium* n

¹cuadro *m/adj Vier-, Recht|eck* n ‖ *Quadrat* n ‖ *(Bilder)Rahmen, Fensterrahmen* m ‖ *Tafel* f (& El) ‖ *Wand|brett* n, *-tafel* f ‖ *Einfassung* f ‖ *viereckiges (Garten)Beet* n ‖ ⟨Mil⟩ *Karree, Viereck* n ‖ ⟨Typ⟩ *Rahmen* m *(an der Presse)* ‖ ⟨Astr⟩ *Geviertschein* m ‖ ⟨Film⟩ *Rahmen* m, *Einzelbild* n ‖ *Rahmen* m *(Fahr-, Motor|rad)* ‖ ⟨EB⟩ *Fahrplan* m ‖ ~ *de acometida* ⟨El⟩ *(Haus)Anschlusstafel* f ‖ ~ *de avisadores* ⟨Tel⟩ *Klappenschrank* m ‖ ~ *de avisos Warntafel* f ‖ *Schwarzes Brett* n *(bes. in der Universität)* ‖ ~ *de bicicleta Fahrradrahmen* m ‖ ~ *de café* Cu *Pflanzung* f *von 10000 Kaffeebäumen* ‖ ~ *de césped Rasen(platz)* m ‖ ~ *de conexión,* ~ *de distribución* ⟨El⟩ *Verteiler-, Schalt|tafel* f ‖ ~ *de flores Blumenbeet* n ‖ ~ *de fusibles* ⟨El⟩ *Sicherungstafel* f ‖ ~ *indicador Anzeigetafel* f ‖ ~ *luminoso Leuchttafel* f ‖ ~ *de llamada* ⟨Tel⟩ *Anrufschrank* m ‖ ~ *de mando* ⟨Tech⟩ *Schaltbrett* n ‖ ⟨Auto⟩ *Armaturenbrett* n ‖ ~ *de marcha* ⟨Mil⟩ *Marschübersicht* f ‖ ~ *de medición* ⟨Tel⟩ *Messschrank* m ‖ ~ *múltiple* ⟨Tel⟩ *Vielfach|schaltschrank, -umschalter* m ‖ ~ *mural Wandtafel* f (& El) ‖ ~ *plegable* ⟨Radio⟩ *zusammenlegbare Rahmenantenne* f ‖ *(antena de)* ~ ⟨Radio⟩ *Rahmenantenne* f ‖ ◆ en ~ *viereckig* ‖ ◇ estar *od* quedarse en ~ ⟨figʃ⟩ *alles verlieren, an den Bettelstab kommen* ‖ *nur noch einige Wenige sein* ‖ tocar el ~ a alg. ⟨figʃ⟩ *jdn (ver)prügeln* ‖ ~s *mpl:* ~ *auxiliares,* ~ *murales Hilfsbilder* npl, *Wandtafeln* fpl *(für Unterrichtszwecke)* ‖ ◇ hacer ~ *de sombra Schattenbilder machen*

²cuadro *m Tabelle, Übersicht* f ‖ *Aufstellung* f ‖ *Plan* m ‖ *Schema* n ‖ *Rahmen* m ‖ ~ *de amortización Tilgungsplan* m ‖ ~ *de asignaturas Lehr-, Stunden|plan* m ‖ ~ *clínico Krankheitsbild* n ‖ ~ *comparativo Vergleichstabelle* f ‖

Gegenüberstellung f ‖ ~ *hemático* ⟨Med⟩ *Blutbild* n ‖ ~ *de intereses Verzinsungsplan* m ‖ ~ *itinerario* ⟨EB⟩ *Fahrplan* m ‖ ~ *morboso* → ~ *clínico* ‖ ~ *de multas Bußgeldkatalog* m ‖ ~ *patológico* → ~ *clínico* ‖ ~ *resumen Übersicht* f ‖ ~ *sinóptico Übersichtstabelle, Zusammenschau, Synopse* f ‖ ◆ en forma de ~ *in Tabellenform, tabellarisch*

³cuadro *m Gemälde, Bild* n ‖ *Schaubild* n ‖ ⟨Th⟩ *Bild* n *(Teil e–s Schauspiels)* ‖ *(fig) Bild* n, *Szene* f ‖ *(fig) Lebensbild* n ‖ ~ *de altar Altargemälde* n ‖ ~ *de género Genrebild* n ‖ ~ *histórico historisches Bild* n ‖ ~ *de mérito Kunstwerk, hervorragendes Bild* n ‖ ~ *original Original(gemälde)* n ‖ ~s *plásticos lebende Bilder* npl ‖ ~ *vivo lebendes Bild* n

⁴cuadro *m* ⟨Mil Pol Sp⟩ *Kader* m ‖ *Führungskraft* f, *höhere(r) Angestellte(r)* m ‖ *Stammpersonal* n ‖ ⟨Mil⟩ *Verband* m ‖ ~ *de mando Stab* m ‖ *Führung* f

⁵cuadro *m* Chi *Schlacht|haus* n, *-hof* m

cuadrumano, cuadrú|mano adj *vierhändig* ‖ ~s *mpl Vierhänder* mpl *(Affen)* ‖ **–pedo** adj *vierfüßig* ‖ ~ *m Vierfüßer* m ‖ ◇ ser un ~ ⟨figʃ⟩ *erz-, (pop) sau|dumm sein*

cuádruple adj *(m/f) vierfach* ‖ ~ *alianza* ⟨Hist⟩ *Vierbund* m

cuadru|plicación *f Vervierfachung* f ‖ **–plicado** adj *vierfach* ‖ **–plicar** [c/qu] vt *vervierfachen*

cuádruplo adj *vierfach* ‖ el ~ *das Vierfache* m

cuaga *f Quagga* n *(e–e ausgerottete Zebraart)* (Equus quagga quagga)

cuagrar vi Am ⟨pop⟩ → **cuadrar**

cuajada *f geronnene Milch* f ‖ *Quark,* Öst Südd *Topfen* m

¹cuajado adj *geronnen (Milch)* ‖ *(fig) voll gestopft, voll* ‖ *(fig) dicht besetzt (de mit)* ‖ *(figʃ) starr (vor Erstaunen)* ‖ *(fig) zugefroren (Fluss)* ‖ *(figʃ) eingeschlafen* ‖ *(fig) erkaltet (Hochofen)* ‖ ~ *de defectos von Fehlern wimmelnd* ‖ dedos ~s *de anillos mit Ringen besetzt* od *beringte Finger* mpl ‖ ramas ~as *de fruto obstbeladene Äste* mpl ‖ ~ *m eingekochter Obstsaft* m, *Fruchtmark* n ‖ *(Art) Gericht* n *aus Hackfleisch usw.* ‖ ~ *de leche (Art) Mehlkuchen* m *mit Grütze, Zimt usw.*

²cuajado *m* ⟨Taur⟩ *Stier* m *von mehr als fünf Jahren*

cuaja|dura *f,* **–miento** *m Gerinnen* n ‖ **–leche** *m* ⟨Bot⟩ *Labkraut* n (Galium spp)

¹cuajar vt *gerinnen machen, zum Gerinnen bringen* ‖ *verdicken, einkochen* ‖ *(fig) dicht besetzen, bedecken (de mit)* ‖ *(fig) füllen* ‖ ~ vi *gerinnen (Milch)* ‖ *einkornen (Getreidekörner)* ‖ *(fig) behagen, gefallen, passen* ‖ *(fig) gelingen, glücken,* ⟨fam⟩ *klappen* ‖ *(fig) Boden gewinnen* ‖ ◇ no ~ *entre los compañeros de clase mit den Klassenkameraden nicht warm werden, von den Klassenkameraden nicht akzeptiert werden* ‖ cuajó la noche *die Nacht brach ein* ‖ ~se *gerinnen, sauer werden (Milch)* ‖ ◇ la plaza se cuajó de gente *der Platz füllte s. mit Leuten* ‖ en sus ojos se cuajó una lágrima *e–e Träne füllte sein (ihr) Auge*

²cuajar *m Fett-, Lab|magen, vierter Magen* m *(der Wiederkäuer)*

³cuajar vi Mex *plaudern*

cuaja|rón *m geronnener Klumpen* m *(von Blut, Milch usw.)* ‖ ~rones *de sangre geronnenes Blut* n

cuajo *m Gerinnen* n ‖ *(Milch)Lab, Labferment* n ‖ *vierter Magen* m *der Wiederkäuer* ‖ ◇ (arrancar) de ~ *mit der Wurzel, mit Stumpf und Stiel (ausrotten)* ‖ sacar de ~ *aus der Tiefe hervorholen* ‖ tener (buen, mucho) ~ *(figʃ) sehr geduldig, duldsam sein, hart im Nehmen sein, ein*

dickes Fell haben ‖ te recomiendo ensanchar el ~
⟨figf⟩ *lass dir bloß ein dickes Fell wachsen!* ‖
⟨fam⟩ *trag's mit Fassung!*

cuajo *m* Mex *Geplauder* n ‖ Mex *Lüge,
Ente* f ‖ Mex *Spielpause* f *(in Schulen)* ‖ ⟨figf⟩
Ruhe f

cuákero *m* → **cuáquero**

cual: 1. pron. rel (fast stets mit Artikel): el ~,
la ~, lo ~ *welcher, welche, welches; der, die, das*
‖ Antonio, el ~ llegó ayer *Anton, der gestern
angekommen ist* ‖ respeto al *od* del ~ *in Bezug
auf welchen* ‖ la razón, por la cual ... *der Grund,
weshalb ...* ‖ casos ~es ocurren a menudo *Fälle,
(so) wie sie öfters vorkommen* ‖ por lo ~, por ~
motivo *weswegen*

2. pron. distrib: ~ ..., ~ ... *der eine ..., der
andere, dieser ..., jener* ‖ ~ es él, tal es ella *sie
ist genau so wie er* ‖ ~ más, ~ menos *der eine
mehr, der andere weniger, jeder nach s–r
Möglichkeit (in dieser Bedeutung oft betont)* ‖ ~
o ~, tal ~ *hie und da e–r, einige wenige* ‖ a ~
más (y mejor) *immer e–r mehr als der andere* ‖
⟨fig⟩ *um die Wette*

3. adv: *gleichwie, so wie* ‖ *wie, auf die Art wie*
‖ tal ~ *soso* ‖ tal ~ lo digo *so wie ich es sage* ‖
sea ~ fuera *es sei, wie es wolle*

4. ~ si *als Bindewort (= como si):* ~ si no lo
supiera *als ob er nicht wüsste*

cuál: 1. pron. interr (direkt *od* indirekt
fragend): *wie beschaffen, was für ein, e–e, e–s,
welcher? wer?* ‖ ¿~ de ellos? *welcher (wer) von
ihnen?* ‖ ¿~ de los cuadros te parece mejor?
welches Bild findest du besser? ‖ ignoro ~ será el
resultado *ich weiß nicht, wie das Ergebnis sein
wird* ‖ ¿sabes ~ de ellos? *weißt du, welcher von
ihnen?*

2. pron. distrib (→ **cual** 2.): tengo muchos
libros, ~es de historia, ~es de poesía *ich habe
viele Bücher, teils über Geschichte, teils über
Poesie*

cualesquier(a) pron. indet *pl* von **cualquier(a)**

cuali|dad *f Eigenschaft, Beschaffenheit* f,
Qualität f ‖ *Fähigkeit* f ‖ ~es marítimas ⟨Mar⟩
Seetüchtigkeit f *(e–s Schiffes)* ‖ → auch **calidad** ‖
–ficación *f Qualifizierung* f ‖ ⟨Jur⟩
Qualifizierung, Straferhöhung f ‖ **–ficar** [c/qu] *vt*
→ **calificar** ‖ **–tativo** adj *qualitativ, wertmäßig* f ‖
⟨Jur⟩ *qualifizierend* ‖ **–tómetro** *m* ⟨Phys⟩
Gütefaktormesser m

cualque pron. indet → **cualquiera**

cual|quier pron. indet (vor Substantiven *od*
Adjektiven) → **cualquiera** ‖ ~ día *e–s Tages* ‖
⟨fam⟩ *ehe man sich's versieht* ‖ ¡~ día! ⟨iron⟩ *da
kannst du lange warten!* ‖ a ~ parte *wohin auch
immer* ‖ de ~ modo que sea *auf beliebige Art* ‖ lo
hizo de ~ modo *er (sie, es) hat es oberflächlich
getan* ‖ **–quiera** pron/s *jemand, irgendwer,
ein(er), ein x-beliebiger* ‖ *jedermann* ‖ un hombre
~ *ein beliebiger Mensch* ‖ un ~ ⟨desp⟩ *ein
Gewisser irgendeiner* ‖ no es un ~ *er ist kein
Dutzendmensch* ‖ a cualquier(a) hora *zu jeder
beliebigen Zeit* ‖ ¡~ lo entiende! ⟨fam⟩ *das soll
e–r verstehen!* ‖ *da blickt k–r durch!* ‖ *das
versteht kein Mensch!* ‖ ~ que fuese (*od* sea) *er
(sie) mag sein, wer er (sie) will* ‖ *wie* (*od* wer) *er
(sie) auch sein mag*

cualsiquier ⟨pop⟩ → **cualquier**

cuan adv 1. *wie, wieviel, wie sehr* ‖ cayó ~
(= cual) largo era *er fiel der Länge nach hin* ‖
2. *Korrelativ:* tan ... ~ *so, ebenso ... wie, als* ‖
tan hermosa ~ ingrata *ebenso schön wie
undankbar* ‖ el castigo será tan grande ~ grande
fue la culpa *die Strafe wird so groß sein, wie die
Schuld gewesen ist*

¡cuán! adv 1. in Ausrufungen: *wie* ‖ ¡~

apacibles deslizábanse las horas! *wie flossen die
Stunden so lieblich dahin!* ‖ 2. in abhängigen
Fragesätzen: si supieras ~ desgraciado soy *wenn
du wüßtest, wie unglücklich ich bin*

¹cuando adv (conj): de vez en ~, de ~ en ~
dann und wann, ab und zu, von Zeit zu Zeit ‖
manchmal ‖ ~ ..., ~ ... bald ..., bald ... ‖ ~
más, ~ mucho *höchstens* ‖ hasta las once ~ más
höchstens bis 11 Uhr ‖ ~ menos *wenigstens,
mindestens, zumindest*

²cuando conj a) a l l g e m e i n e
Z e i t b e s t i m m u n g :

1. *als, wenn* ‖ *(sobald) als* ‖ *bis* ‖ ~ llovía, no
salíamos *wenn es regnete (= während des
Regens), gingen wir nicht aus* ‖ ~ estuve allí *als
ich dort war* ‖ no bien dejó de hablar, ~ me
levanté *er (sie, es) hatte kaum aufgehört zu
sprechen, als ich mich erhob* ‖ ~ hubo terminado,
salió *als er (sie, es) beendet hatte, ging er (sie,
es) (hin)aus* ‖ ~ Vd. quiera *wann immer, jederzeit* ‖
~ quiera *wann immer, jederzeit* ‖ ~ sea
necesario *wenn es nötig sein wird, im Notfall* ‖ lo
dejo para ~ vengas *ich lasse es, bis du kommst* ‖
¡~ yo decía que ...: *ich hatte doch recht, als ich
sagte, dass ...!*

2. elliptisch: ~ niño *in m–r (s–r usw.)
Jugendzeit, als Kind* ‖ de ~ niño *von m–r (s–r
usw.) Jugendzeit* ‖ ~ la recolección *während der
Ernte* ‖ *in der Erntezeit*

b) G r u n d , B e g r ü n d u n g : *da, weil* ‖ ~ lo
dice él, será verdad *da er es sagt, wird es wohl
wahr sein* ‖ ¡~ yo lo digo! *ich sage es ja! ich
habe es ja (gleich) gesagt!* ‖ ¡~ tú lo dices!
⟨iron⟩ *das glaube ich!*

c) B e d i n g u n g : 1. *im Falle dass, ..., wenn
...* ‖ ~ no estuviera obligado a hacerlo *wenn ich
nicht gezwungen wäre, es zu tun*

2. elliptisch (adverbiell): ~ no
widrigenfalls, sonst

d) E i n r ä u m u n g im a d v e r s a t i v e n
S i n n (in der Verb. aun ~, alleinstehend nur bei
Klassikern):

1. *obwohl, obzwar, wenngleich* ‖ *wenn auch,
selbst wenn* ‖ aun ~ no tengo dinero *obwohl ich
kein Geld habe* ‖ aun ~ tú no lo quieras, lo
quiero yo *wenn du es auch nicht wünschst, ich
will es doch* ‖ no faltaría a la verdad, aun ~ en
ello le fuera la vida *er (sie, es) würde die
Wahrheit sagen, selbst wenn es ihn (sie) das
Leben kostete* ‖ incluso ~ ... *selbst wenn ...*

2. elliptisch (adverbiell): es
colaborador, ~ no autor del libro *er ist
Mitarbeiter, wenn nicht gar Verfasser des Buches*

¹cuándo adv/interr (direkt *od* indirekt fragend):
1. *wann* ‖ ¿de ~ acá? *seit wann?* ‖ ⟨fam⟩ *wie
ist das nur möglich?* ‖ ¿desde ~? *seit wann?* ‖
¿hasta ~? *bis wann? wie lange (noch)?* ‖ ¿para
~? *auf wann?* ‖ no sé ~ vendrá *ich weiß nicht,
wann er (sie, es) kommt*

2. distributiv: ~ éste, ~ otro *bald dieser,
bald jener*

²cuándo *m:* el ~ y el cuánto *das Wann und
Wieviel*

cuandú [*pl* ~ues] *m* ⟨Zool⟩ *Greifstachler,
Cuandu* m (Coendou prehensilis)

cuan|tía *f Menge* f ‖ *Überfluss* m ‖
(Geld)Summe f ‖ ⟨fig⟩ *Rang, Stand* m ‖ *Wert* m ‖
Betrag m ‖ *Wertangabe* f ‖ *Höhe* f ‖ *Streitwert* m ‖
Bedeutung f ‖ *Belang* m ‖ ~ de su asunto, ~ de la
causa, ~ litigiosa ⟨Jur⟩ *Streit-, Gegenstands|wert*
m ‖ ◆ de mayor ~ *mit höherem Streitwert* ‖ ⟨fig⟩
sehr bedeutend ‖ de menor ~ *mit niedrigerem
Streitwert* ‖ ⟨fig⟩ *unbedeutend* ‖ **–tiar** [pres ~ío]
vt (ab)schätzen

cuántico adj *Quanten-*

cuan|tidad *f Größe* f (bes. Math) ‖ **–tificación** *f Quantifizierung* f ‖ ⟨Phys⟩ *Quantisierung, Quantelung* f ‖ **–tificado** adj *quantifiziert* ‖ ⟨Phys⟩ *quantisiert* ‖ **–tificar** [c/qu] vt *quantifizieren, in Zahlen ausdrücken* ‖ ⟨Phys⟩ *quantisieren, quanteln* ‖ **–timás** adv ⟨fam⟩ *(aus* cuanto y más) = **cuanto más** ‖ **–tioso** adj *zahlreich, reichlich, überreich* ‖ *bedeutend, groß* ‖ ~a fortuna *großes Vermögen* n ‖ adv: ~**amente** ‖ **–tísimo** adv sup von **cuanto** ‖ no sabe Vd. ~ lo lamento *Sie haben k–e Ahnung, wie sehr ich es bedauere*
  cuantitativo adj *quantitativ, mengenmäßig*
  cuantito adv dim von **cuanto**
¹**cuanto** adj 1. *wieviel, wie groß* ‖ *(der) wievielte* ‖ *soviel wie* ‖ *alles was* ‖ (todo) ~ tengo *alles, was ich habe* ‖ (todos) ~s estaban presentes *alle Anwesenden* ‖ tengo tanto dinero ~ tú *ich habe soviel Geld wie du* ‖ con ~ necesito *mit allem, was ich brauche* ‖ te digo ~ sé *ich sage dir alles, was ich weiß* ‖ un tanto ~ *ein bisschen* 2. d i s t r i b u t i v : ~as entradas, tantos gastos *ebensoviel Einnahmen wie Ausgaben*
²**cuanto** adv a) *wie(viel)* ‖ *wie teuer* ‖ *soviel als* ‖ *solange als* ‖ *je* ‖ ~ antes *sobald wie möglich, möglichst bald, schnellstmöglich* ‖ ~ antes *(od* más pronto) mejor *je eher, desto besser* ‖ ~ bien *so gut als nur* ‖ ~ más, ~ y más (que …) *um so mehr, zumal* ‖ *um so mehr als* … ‖ *geschweige denn* ‖ *überdies* ‖ *dagegen, andererseits* ‖ ~ más ~ *soundsoviel* ‖ (tanto más) por ~ que … *um so mehr als* … ‖ *da, weil, zumal (da)* … ‖ ~ menos *um so weniger, desto weniger* ‖ en ~ a … *be|treffend, -züglich: was … betrifft* ‖ ~ a mí *was mich betrifft* od *anbelangt* ‖ *ich meinerseits* ‖ *ich für m–e Person* ‖ ~ a eso *in der* od *dieser Hinsicht* od *Beziehung* ‖ *diesbezüglich* ‖ el insigne ~ desventurado autor *der nicht weniger unglückliche als berühmte Verfasser*
  b) d i s t r i b u t i v : ~ … tanto *je …, desto* ‖ más …, más *je mehr …, desto mehr* ‖ ~ menos …, menos *je weniger …, desto weniger* ‖ tanto …, ~ *ebensoviel … als*
  c) i n b i n d e w ö r t l i c h e n V e r b i n d u n g e n : en ~ *da, weil* ‖ *insofern als* … ‖ *sobald (als)* … ‖ *so lange als …, während* ‖ bis dass … ‖ en ~ llegó *sobald er (sie, es) ankam* ‖ en ~ llegue *sobald er (sie, es) ankommt* ‖ en ~ nos vio, desapareció *sobald er (sie, es) uns sah, verschwand er (sie, es)* ‖ en ~ coma *(od* haya comido) *sobald ich gegessen habe*
¹**cuánto** adj/interr 1. (direkt *od* indirekt fragend) *wieviel(e)* ‖ ¿a ~s estamos? *der Wievielte ist heute? den Wievielten haben wir heute?* ‖ decirle a uno ~as son cinco ⟨figf⟩ *jdm unverhohlen s–e Meinung sagen* ‖ número no sé ~s ⟨fam⟩ *Nummer X* ‖ *x-beliebige, irgendeine Nummer* 2. h a u p t w ö r t l i c h : el ~s del mes *der Wievielte des Monats*
²**cuánto** adv a) d i r e k t o d e r i n d i r e k t f r a g e n d : ¿~? *wieviel?* ‖ *wie teuer?* ‖ *wie hoch?* ‖ ¿~ dura el discurso? *wie lange dauert die Rede?* ‖ ¿~ va? *was gilt die Wette?* ‖ ¿por ~? *wie teuer?* ‖ *warum? weshalb? weswegen?* ‖ ¿de ~ acá? *seit wie lange?* ‖ dile ~ me gusta *sage ihm, wie sehr es mir gefällt*
  b) i n A u s r u f e n : ¡~ me alegro! *wie froh bin ich (darüber)!* ‖ ¡~ has crecido! *bist du aber gewachsen!* ‖ ¡~ (no) te cuesta! *wie schwer kommt es dich an!* ‖ ¡~as víctimas! *wie viele Opfer!* ‖ ¡por ~! *um welchen Preis!* ‖ ¡por ~ renunciaría a ello! *was würde ich geben, wenn ich darauf verzichten könnte!*
  c) h a u p t w ö r t l i c h : → ⁴**cuándo**

cuanto m ⟨Phys⟩ *Quant, Quantum* n ‖ ~ de campo ⟨Nucl⟩ *Feld|quant, -teilchen* n ‖ ~ gamma *Gamma-Quant* n ‖ ~ virtual *virtuelles Quant* n
  cuaquerismo m ⟨Rel⟩ *Sekte* f *der Quäker* ‖ *Quäkertum* n
  cuáquero m ⟨Rel⟩ *Quäker* m
  cuarango m ⟨Bot⟩ *Chinarindenbaum* m (Cinchona spp)
  cuar|cífero adj *quarzhaltig* ‖ **–cita** f ⟨Min⟩ *Quarzit* n
  cuaren|ta num *vierzig* ‖ *vierzigste(r)* ‖ ~ m *Vierzig* f ‖ las ~ *die Vierzig im Tutespiel (Gewinn)* ‖ las ~ horas ⟨Rel⟩ *die vierzigstündige Andacht* ‖ ◇ acusar *od* cantar las ~ ⟨fig⟩ *das Spiel gegen jeden gewinnen* ‖ ⟨figf⟩ *jdm die Meinung (rücksichtslos) ins Gesicht sagen* ‖ cortar a uno el ~ ⟨figf⟩ Chi *jds Pläne durchkreuzen* ‖ por las ~ Am *mit Gewalt* ‖ **–tavo** m/adj *Vierzigstel* n ‖ **–tén** m ⟨reg⟩ *(Art) vierkantiges Bauholz* n ‖ **–tena** f *(Zahl* f *von) vierzig* ‖ *Zeit* f *von vierzig Tagen usw.* ‖ ⟨fam⟩ *(die) Vierzig, (Alter* n *von) 40 Jahren* npl ‖ *Fastenzeit* f, *Fasten* pl ‖ ⟨Mar⟩ *Quarantäne, Reisesperre* f ‖ ⟨fig⟩ *Quarantäne* f ‖ ⟨fig⟩ *gesellschaftliche Isolierung, Nicht(be)achtung* f ‖ Ec (Med) *vierzigtägiges Fieber* n ‖ ◇ hacer, imponer, levantar ~ *Quarantäne halten, auferlegen, aufheben* ‖ poner en ~ ⟨figf⟩ *mit Vorbehalt aufnehmen, bezweifeln (Nachricht)* ‖ sufrir ~ *in Quarantäne liegen* ‖ **–tenal** adj *(m/f) auf die Zahl vierzig bezüglich* ‖ **–tenario** adj *Quarantäne-* ‖ **–tón** m/adj *Vierziger, vierzigjähriger Mann* m
  cuares|ma f *Fasten* pl, *Fastenzeit* f (Quadragesima) ‖ *Fastenpredigt* f ‖ ~ alta *spät fallende Fasten* pl ‖ ~ baja *früh fallende Fasten* pl ‖ la media ~ *das Mittfasten* ‖ ◇ ser más largo que la ~ ⟨figf⟩ *kein Ende nehmen* ‖ tener cara de ~ ⟨figf⟩ *wie das Leiden Christi aussehen* ‖ **–mal** adj *(m/f) zur Fastenzeit gehörig, Fasten-* ‖ **–mario** m → **cuaresma** ‖ **–mero** adj Chi *während der Fastenzeit heranreifend (Obst)* ‖ ~ m Chi *jemand, der die Fastenzeit einhält*
  cuark m ⟨Phys⟩ *Quark* n
¹**cuarta** f *Viertel* n, *vierter Teil* m ‖ *Viertelelle, Spanne* f ‖ ⟨Fecht Mus⟩ *Quart* f ‖ ⟨reg⟩ *vierkantiger Balken* m ‖ ⟨Mar⟩ *Kompassstrich* m ‖ ~ diminuta ⟨Mus⟩ *verminderte Quart* f ‖ ~ mayor ⟨Mus⟩ *große Quart* f ‖ ♦ de la ~ al pértigo Am *ohne Geld* ‖ ◇ dar una ~ Arg *zu Hilfe kommen* ‖ tirar ~s al aire ⟨figf⟩ *nutzlose Anstrengungen machen*
²**cuarta** f ⟨Kath⟩ *Stolgebühren* fpl
³**cuarta** f And *Vorspanntier* n ‖ *Vorspann* m ‖ Mex *kurze Reitpeitsche* f ‖ Chi *Zaumriemen* m
  cuar|tal m *Viertellaib* m *(Brot)* ‖ *ein Trockenmaß* n *(5,6 Liter)* ‖ P Zar *ein Flächenmaß* n *(2,384 Ar)* ‖ P Ger *ein Trockenmaß* n *(18,08 Liter)* ‖ **–tán** m P Ger *ein Ölmaß* n *(4,15 Liter)* ‖ **–tana** f ⟨Med⟩ *Viertagewechsel-, Quartan|fieber* n, *Quartana* f ‖ **–tanario** adj ⟨Med⟩ *an Quartanfieber leidend* ‖ **–tario** adj ⟨Geol⟩ *Quartär-* ‖ ~ m *Quartär* n
  cuartazo m Mex *Peitschen-, Ruten|hieb* m
¹**cuarteado** adj ⟨Mal⟩ *gewürfelt*
²**cuarteado** m Arg *Hilfsgespann* n
¹**cuartear** vt *vierteilen* ‖ *(ab)teilen* ‖ ⟨Bgb⟩ *vierteln* ‖ ⟨Taur⟩ *(die Banderillas) mit Quartbewegung einstechen* ‖ ~ vi *e–e Viertelwendung machen* ‖ ⟨Kart⟩ *als vierter Mann mitspielen* ‖ ⟨Taur⟩ *quartieren, seitwärts ausweichen (Banderillero) (& vr)* ‖ ~**se** *Risse bekommen, (auf)springen (Mauer)*
²**cuartear** vi *mit dem Fuhrwerk Zick-Zack fahren (am Berg)* ‖ ~ vt Mex *geißeln, peitschen*

cuartel m *(abgeteiltes) Viertel* n ‖ *Stadt|viertel* n, *-teil* m ‖ *(Dresch)Tenne* f ‖ *(Garten)Beet* n ‖ *Quartett* n ‖ ⟨Her⟩ *Vierung* f ‖ *Gehege, abgestecktes Grundstück* n ⟨figf⟩ *Quartier, Wohnhaus* n ‖ ⟨figf⟩ *Mietskaserne* f ‖ ⟨Mil⟩ *Kaserne* f ‖ ⟨Mil⟩ *Lager* n ‖ ⟨Mil⟩ *Schonung* f, *Pardon* m (& n) ‖ ⟨Mil⟩ *Stand|ort* m, *-quartier* n ‖ ⟨figf⟩ *voll bewohntes Haus* n ‖ ~ *general* ⟨Mil⟩ *Hauptquartier* n ‖ ♦ *sin* ~ *ohne Gnade, ohne Erbarmen, gnaden-, erbarmungs|los* ‖ ◇ *dar* ~ ⟨Mil⟩ *Pardon geben (& fig)* ‖ *no dar* ~ *(fig) kein Erbarmen haben* ‖ *estar de* ~ ⟨Mil⟩ *auf Halbsold gesetzt sein* ‖ *~es mpl* ⟨Mil⟩ *Lager* n ‖ ~ *de invierno* ⟨Mil⟩ *Winterquartiere* npl ‖ *Winterherberge* f *(der Schäfer)*

cuartelada f *Kasernenaufstand* m ‖ *Militärputsch* m

cuartelado adj ⟨Her⟩ *geviert*

cuarte|lar vt *vierteilen, vieren* ‖ **–lario, –lero** adj *Kasernen-* ‖ ~ m ⟨Mil⟩ *Kasernenverwalter* m ‖ *Stubendiensthabende(r)* m ‖ ⟨Mar⟩ *Gepäckmeister* m ‖ ⟨fig⟩ *schlechter Tabak* m ‖ **–lazo** m → **–lada** ‖ **–lesco** adj *Kasernen-* ‖ *Soldaten-* ‖ **–lillo** m *Wachthaus* n ‖ ~ *de policía Polizeiwachtposten* m

cuartelmaestre m ⟨Mil⟩ *Quartiermeister* m

cuar|teo m s von **–tear(se)** ‖ *Spalt, Sprung* m ‖ *Vierteilen* n ‖ ⟨Taur⟩ *Ausweichen* n, *um e–m Stoß zu entgehen* ‖ ♦ *al* ~ ⟨Taur⟩ *seitwärts ausweichend (Banderillero)*

cuarte|ra f Cat *Trockenmaß* n *(ca. 70 Liter)* ‖ Cat *Flächenmaß* n *(ca. 36 Ar)* ‖ ⟨Art⟩ *Bauholz* n ‖ **–rada** f Bal *Flächenmaß* n *(71,03 Ar)* ‖ **–ro** m And *Pachteintreiber* m *(der cortijos)* ‖ **–rola** f *Viertelfass* n

¹cuarterón m *Fensterladen* m ‖ *(Tür)Füllung* f, *Paneel, Füllstück, Fach* n *(Tür)* ‖ ⟨Bgb⟩ *Abbaufeld* n ⟨Arch⟩ *Kuppelrippe* f ‖ Chi *Stützpfosten* m

²cuarterón m *Viertel(pfund)* n ‖ *Packung* f *gewöhnlichen Grobschnittes (Tabak)* ‖ Ar Val *Gewichtsmaß* n *(1/4 arroba)*

³cuarterón m Am *Mischling* m *(zwischen Weißem und Halbblut)*

cuarterones mpl *Türflügel* mpl

cuarte|ta f *(Poet) aus 4 achtsilbigen Zeilen bestehende Strophe* f *(Reim ABAB)* ‖ *Quartett* n ‖ **–to, –te** m ⟨Mus⟩ *Quartett, Quatuor* n ‖ ⟨Poet⟩ *aus vier Zeilen bestehende Strophe* f *(Reim ABBA)* ‖ ~ *de cuerda Streichquartett* n ‖ ~ *para instrumentos de viento Bläserquartett* n ‖ ~ *para violines Geigenquartett* n

cuartiar vt Am *(pop)* → **cuartear**

¹cuartilla f *Viertel* n *(von Gewichts- und Flüssigkeitsmaßen)* ‖ *Quart-, Viertel|blatt* n *(Papier)* ‖ *Zettel* m, *Manuskriptblatt* n

¹cuartilla f *Köte* f *(des Pferdes)*

cuartillas pl: *llevar unas* ~ *e–e Ansprache halten* (z. B. *bei e–m Fest)*

cuarti|llera f Chi *Trockenmaß* n *(2 Liter)* ‖ **–llo** m *Flüssigkeitsmaß* n *(0,504 Liter)* ‖ *Getreidemaß* n *(1,156 Liter)* ‖ *(Rechnungs)Münze* f *(1/4 Real)* ‖ *Schoppen* m ‖ ◇ *ir de* ~ *Gewinn und Verlust teilen* ‖ *~s mpl* Chi *Beschenkung* f *(an Familienfesttagen)* ‖ **–to** m dim von **cuarto**

¹cuarto adj *der vierte* ‖ *en* ~ *lugar,* ~ adv *viertens* ‖ *~a parte Viertel* n ‖ *las tres ~as partes drei Viertel* ‖ ~ m *Viertel* n, *vierter Teil* m ‖ *Viertel* n *(des geschlachteten Tieres)* ‖ *Mondviertel* n ‖ *Viertelstunde* f ‖ *Viertelkreis, Quadrant* m ‖ ⟨Typ⟩ *Quartformat* n ‖ ⟨Mil⟩ *Wache, Wachtzeit* f ‖ ⟨Hist⟩ *Kupfermünze* f *(= 4 Maravedis)* ‖ ~ *bocel* ⟨Arch⟩ *Viertelstab, Wulst* m ‖ ~ *creciente erstes Viertel* n *(Mond)* ‖ ~

~ *de final* ⟨Sp⟩ *Viertelfinale* n ‖ ~ *de giro* ⟨Arch⟩ *Viertelwendelung* f *(Treppe)* ‖ ~ *de hora Viertelstunde* f ‖ ~ *de ladrillo* ⟨Arch⟩ *Viertelstein* m, *Viertel-, Quartier|stück* n ‖ ~ *de luna Mondviertel* n ‖ ~ *mayor* ⟨Typ⟩ *Großquart* n *(Buch)* ‖ ~ *menguante letztes Viertel* n *(Mond)* ‖ ~ *menor* ⟨Typ⟩ *Kleinquart* n *(Buch)* ‖ ~ *de tono* ⟨Mus⟩ *Viertelton* m ‖ ~ *trasero Hinterhand* f *(Tier, bes. Pferd)* ‖ ~ *de tronco escuadrado* ⟨Zim⟩ *Kreuzholz* n ‖ *las 10 y* ~ *1/4 11 Uhr* ‖ *las 10 menos* ~ *3/4 10 Uhr* ‖ ◇ *dar od pagar* ~ *a* ~ *jeden Pfennig dreimal umdrehen* ‖ *dar un* ~ *al pregonero* ⟨figf⟩ *et. an die große Glocke hängen* ‖ *echar su* ~ *a espadas* ⟨figf⟩ *s–n Senf dazugeben* ‖ *ein Wörtchen mitreden* ‖ *no tener un* ~, *estar sin un* ~ ⟨figf⟩ *blank sein, k–n Pfennig haben* ‖ *valer de tres al* ~ *(fam) nichts wert sein, minderwertig sein* ‖ *a* ~ ⟨fam⟩ *jeden Pfennig dreimal umwendend* ‖ *sobre* ~ *(fam) Pfennig für Pfennig, bis auf den letzten Heller* ‖ *~s mpl* ⟨figf⟩ *Geld* n ‖ ~ *de final* ⟨Sp⟩ *Viertelfinale* n ‖ *los* ~ *traseros die Hinterhand* f, *die Hinterbeine* npl *(der Maultiere usw.)* ‖ ◇ *andar od ir mal de* ~ ⟨figf⟩ *knapp bei Kasse sein* ‖ *hacer* ~ *vierteilen* ‖ *(fam) Geld machen, s. bereichern* ‖ *hacer* ~ Cu *auf Akkord arbeiten* ‖ *tener* ~ *Geld haben,* ⟨pop⟩ *Zaster haben* ‖ *tener buenos* ~ ⟨fam⟩ *wohlgebaut, rüstig sein (Mensch)* ‖ *tener cuatro* ~ ⟨figf⟩ *Geld haben* ‖ *valer cuatro* ~ ⟨fam⟩ *spottbillig sein* ‖ *lo vendió por cuatro* ~ ⟨figf⟩ *er (sie, es) hat es spottbillig od (fig) für ein Butterbrot verkauft*

²cuarto m *Zimmer* n, *Stube* f ‖ *(lit) Gemach* n ‖ *Wohnraum* m, *Wohnung* f ‖ ~ *para od por alquilar Zimmer* n *zu vermieten* ‖ ~ *para alojados Gästezimmer* n ‖ ~ *de aseo Waschraum* m ‖ ~ *bajo (Zimmer im) Erdgeschoss* m ‖ ~ *de baño Badezimmer* n ‖ ~ *contiguo Nebenzimmer* n ‖ ~ *de costura Nähzimmer* n ‖ ~ *delantero Vorder-, Straßen|zimmer* n ‖ ~ *de derrota* ⟨Mar⟩ *Karten-, Kompass|haus* n ‖ ~ *de estar Wohnzimmer* n ‖ ~ *exterior* → ~ *delantero* ‖ ~ *de fumar Rauchzimmer* n ‖ ~ *para huéspedes Gäste-, Fremden|zimmer* n ‖ ~ *de instrumentos* ⟨Flugw Mar⟩ *Navigationsraum* m ‖ ~ *interior* → ~ *trasero* ‖ ~ *de máquinas Maschinen|raum, -saal* m ‖ ~ *con mirador Erkerzimmer* n ‖ ~ *de música Musikzimmer* n ‖ ~ *de od para niños Kinderzimmer* n ‖ ~ *oscuro Dunkelkammer* f ‖ ~ *redondo* ⟨Am⟩ *Zimmer* n *mit e–r einzigen Tür* ‖ ~ *de respeto Ehrengemach* n ‖ ~ *por separado Einzel-, Gast|zimmer* n ‖ ~ *trasero Hinter-, Hof|zimmer* n ‖ ~ *trastero Rumpelkammer* f, *Abstellraum* m ‖ ~ *de vestir Umkleide|raum* m, *-zimmer* n ‖ ◇ *poner* ~ *a alg. jdm e–e Wohnung einrichten*

cuar|tón m *Kantholz* n ‖ *festes Bauholz* n ‖ *Balken, (Dach)Sparren* m ‖ *(viereckiges) Stück* n ‖ *Ackerland* ‖ ⟨Art⟩ *Flüssigkeitsmaß* n ‖ Cu → **corral** ‖ ~ *de limahoya* ⟨Arch⟩ *Kehlschifter* m ‖ ~ *de limatesa* ⟨Arch⟩ *Gratschifter* m ‖ ~ *intermedio de copete* ⟨Arch⟩ *Mittelschifter* m ‖ **–tucho, –tuco** dim od *(desp)* von **–to**

cuar|zo m ⟨Mil⟩ *Quarz* m ‖ ~ *aurífero Goldquarz* m ‖ ~ *estrellado Sternquarz* m ‖ ~ *fétido Stinkquarz* m ‖ ~ *fibroso Faserquarz* m ‖ ~ *lechoso Milchquarz* m ‖ ~ *rosado Rosenquarz* m ‖ **–zoso** adj *Quarz-, quarzig*

cuasi adv → **casi**

cuasia f *(Bot) Quassie* f

cuasi|contractual adj *(m/f) vertragsähnlich, zur gesetzlichen Verbindlichkeit gehörig* ‖ **–contrato** m *(Jur) Quasi|kontrakt, -vertrag* m, *vertragsähnliches Verhältnis* n, *gesetzliche*

Verbindlichkeit f ‖ **–delito** *m ⟨Jur⟩ fahrlässige unerlaubte od strafbare Handlung* f ‖ **–domicilio** *m zweiter Wohnsitz, Nebenwohnsitz* m ‖ **–público** adj *halböffentlich* ‖ **–usufructo** *m ⟨Jur⟩ Nießbrauch* m *an verbrauchbaren Sachen*
  cuate, ~**a** adj/s Mex *Zwillings-* ‖ Mex *ähnlich*
  cuatepín *m* Mex *Ohrfeige* f
  cuatequil *m* Mex *Mais* m
  cuater|na *f Quaterne* f *(Lotteriespiel)* ‖ **–nado** adj ⟨Bot⟩ *vierteilig (Blatt)* ‖ ⟨Bot⟩ *zu je vieren vorhanden* ‖ **–nario** adj/s *durch vier teilbar* ‖ ⟨Geol⟩ *quartär* ‖ *vierfüßig (Vers)*
  ¹**cuaterno** adj *aus vier Ziffern bestehend*
  ²**cuaterno** adj → **cuatezón** ‖ *mit kurzgeschnittenem Haar (Person)* ‖ ⟨fig⟩ *feige*
  cuate|zón adj Mex *hornlos* ‖ **–zonar** vt Mex *die Hörner abnehmen*
  cuatí [*pl* ~**íes**] *m* Arg Col RPl → **coatí**
  cuatismo *m* Mex *Nepotismus* m, *Vetternwirtschaft* f
  cuato *m* Mex *Freund, Kumpel* m
  cuatralbo adj *mit vier Füßen (Pferd)* ‖ ~ *m Quarteron* m
  cuatratúo *m Quarteron* m *(Zählmaß)*
  cuatre|no adj *vierjährig (Rindvieh)* ‖ **–ro** m/adj *Vieh-, Pferde|dieb* m ‖ Pe *Gauner* m
  cuatricromía *f Vierfarben|bild* n, *-aufnahme* f
  cuatri|duano adj *viertägig* ‖ **–duo** *m Zeit* f *von vier Tagen* ‖ *viertägige Andacht, Festlichkeit* f *usw.* ‖ **–enio** *m Zeitraum* m *von vier Jahren* ‖ **–frontal** adj *(m/f) an vier Fronten* ‖ **–lingüe** adj *(m/f) viersprachig* ‖ **–llizos** mpl *Vierlinge* mpl ‖ **–llo** *m (Art) Lomberspiel* n *zu vieren* ‖ **–llón** *m Quadrillion* f *(Zahl)* ‖ **–mestral** adj *(m/f) viermonatlich* ‖ *viermonatig* ‖ **–mestre** m/adj *Zeitraum* m *von vier Monaten* ‖ **–motor** adj *viermotorig* ‖ ~ *m viermotoriges Flugzeug* n
  cua|trín *m e–e altspan. Kupfermünze* ‖ ◇ *no valer un* ~ *(Spr) nicht e–n Pfennig wert sein* ‖ **–trinca** *f Vierergruppe* f ‖ ⟨Kart⟩ *Serie* f *von vier Karten*
  cuatrirreactor adj *mit vier Strahltriebwerken* ‖ ~ *m Flugzeug* n *mit vier Strahltriebwerken*
  cuatrisílabo adj *viersilbig* ‖ ~ *m viersilbiges Wort* n ‖ *viersilbiger Vers* m
  ¹**cuatro** num *vier* ‖ *vierte(r)* ‖ ~ *amigos* ⟨fam⟩ *ein paar Freunde* ‖ ~ *ojos* → **cuatrojos** ‖ ~ *palabras ein paar Worte* ‖ ~ *renglones ein paar Zeilen* ‖ ~ *Vientos Cuatro Vientos (Flughafen bei Madrid)* ‖ ◇ *a* ~ *patas auf allen vieren* ‖ *a las* ~ *de la tarde um vier (Uhr) nachmittags* ‖ *más de* ~ ⟨figf⟩ *viele, e–e ganze Menge* ‖ *más de* ~ *veces* ⟨fam⟩ *oft, häufig* ‖ *sólo había* ~ *gatos od peleles es waren nur vier* od *ein paar Versprengte da* ‖ ~ *m Vier* f ‖ ⟨Mus⟩ *Quartett* n ‖ Ven ⟨Mus⟩ *viersaitige Gitarre* f
  ²**cuatro** *m* Mex ⟨fam⟩ *Unsinn* m, *(dummes) Geschwätz* n ‖ Mex *Betrug* m, *Täuschung* f ‖ Mex *Falle* f *(& fig)*
  cuatro|centista adj *(m/f) auf das 15. Jh. bezüglich* ‖ ~ *m/f Künstler(in* f) *m aus dem 15. Jh. (bes. in Italien)* ‖ **–cientos** num *vierhundert*
  cuatrojos *m* ⟨fam⟩ *Brillenträger* m ‖ ⟨fam⟩ *Brillenschlange* f *(Frau)*
  cuatropea *f Marktzoll* m *auf Vieh* ‖ *Pferdemarkt* m
  cuatrotanto *m (ein) Vierfaches* n
  cuba *f (Wein)Fass, Ölfass* n ‖ *Fassvoll* n ‖ *(Wasser)Eimer* m ‖ *Trog, Bottich, Kübel* m, *Kufe, Bütte* f ‖ *Weinkühler* m ‖ ⟨fig⟩ *dickwanstiger Mensch* m ‖ ⟨Met⟩ *Schacht* m *(Hochofen) Gerbfass* n ‖ *Schmelzhafen* m *(Glashütte)* ‖ ~ *cervecera Brau-, Läuter|bottich* m ‖ ~ *de creosotado* ⟨Tech⟩ *Kreosotierungswanne* f ‖ ~ *de decapado Beizbottich* m ‖ ~ *de fermentación*

Gärbottich m ‖ ~ *de lavado Waschkasten* m ‖ ~*de macerar Maischbottich* m ‖ ~ *de remojar,* ~ *de remojo Vormaischbottich* m ‖ ~ *de la templa Maischbottich* m ‖ *Weich|bütte* f, *-bottich, -stock* m ‖ *gordo como una* ~ ⟨fig⟩ *dick wie ein Fass (Person)* ‖ ◇ *estar hecho una* ~ ⟨figf⟩ *sternhagelvoll* od *stockbesoffen* od *total besoffen sein* ‖ *cada* ~ *huele al vino que tiene* ⟨Spr⟩ *das Fass riecht nach dem ersten Wein*
  Cuba *f* ⟨Geogr⟩ *Kuba, Cuba* n ‖ ~ *libre Getränk* n *aus Rum* od *Gin mit Cola*
  cuba|ción f, **–je** *m Raummessung* f ‖ ~ *de agua Wasserinhalt* m ‖ ~ *de desmontes Aushubkubatur* f
  cubalibre *m* → **cuba** libre
  cubanicú [*pl* ~**úes,** ~**ús**] *m* Cu ⟨Bot⟩ *Kokastrauch* m (Erythroxylum spp)
  cuba|nismo *m Kubanismus* m *(e–e nur im kubanischen Spanisch vorkommende sprachliche Erscheinung)* ‖ **–no** adj *kubanisch* ‖ ~ *m Kubaner* m
  cubatura *f* ⟨Math⟩ *Kubierung, Kubatur* f
  cubeba *f* ⟨Bot⟩ *Kubebe* f, *Kubeben|strauch, -pfeffer* m (Piper cubeba) ‖ *Kubebe* f *(Frucht)*
  cubera *f* Cu PR ⟨Fi⟩ *Schoolmaster* m (Lutianus apodus) ‖ *Hundschnapper* m (L. jocu)
  cube|ría *f Böttcherei* f ‖ *Böttcherladen* m ‖ *Böttcherwaren* fpl
  ¹**cubero** *m Küfer, Böttcher,* Öst Südd *Fassbinder* m ‖ ◆ *a ojo de buen* ~ ⟨figf⟩ *nach Augenmaß* ‖ ◇ *calcular a ojo de buen* ~ *über den Daumen peilen*
  ²**cubero** *m* Dom *Betrüger* m ‖ *Lügner, Schwindler* m
  cuber|tería *f Besteckwaren* fpl ‖ **–tero** *m Besteckkasten* m
  cubertura *f* ⟨Kochk⟩ *(Schokoladen)Kuvertüre* f
  cube|ta *f* dim von **cuba** ‖ *Wasser-, Trag|eimer* m ‖ *Löscheimer* m ‖ *Waschfass* n ‖ *Grasfangbox* f ‖ *Weinkühler* m ‖ *Becken* n, *Napf* m, *Schale, Küvette* f ‖ *Quecksilberkapsel* f *(am Barometer)* ‖ ⟨Mus⟩ *Pedalkasten* m *(e–r Harfe)* ‖ ⟨Fot⟩ *(Entwicklungs)Schale* f ‖ *Gieß|wanne* f, *-hafen* m *(Glashütte)* ‖ Mex *Zylinderhut* m ‖ ~ *de barómetro Barometerkapsel* f ‖ ~ *basculadora Kippkübel* m ‖ ~ *de bisagra Klappkübel* m ‖ ~ *de brújula Kompassgehäuse* n ‖ ~ *de clarificación,* ~ *de decantación Klärkasten* m *(Papier)* ‖ ~ *de evaporación Dampfpfanne, Verdampfschale* f ‖ ~ *de fragua Feuergrube* f *(Schmiede)* ‖ ~ *de lavar* ⟨Fot⟩ *Wässerungskasten* m ‖ ~ *de revelar,* ~ *de revelado* ⟨Fot⟩ *Entwicklungsschale* f ‖ ~ *de salida Auslaufvertiefung* f, *Fußbecken* n *(Saugüberlauf)* ‖ ~ *volcadora Kippkübel* m ‖ ◇ *agitar la* ~ *die Entwicklungsschale schütteln* ‖ **–tillo** *m* dim von **–to** ‖ *Zauberbecher* m *(e–s Taschenspielers)* ‖ **–to** *m* dim von **cubo** ‖ *Flaschenkühler* m
  cúbica *f* ⟨Text⟩ *feines Wollzeug* n ‖ ◇ *entender la* ~ ⟨figf⟩ *den Rummel verstehen*
  cubi|cación f s von **–car** ‖ *Inhalts|bestimmung, -berechnung (e–s) Körpers, Messung* od *Berechnung des Rauminhalts, Volumenberechnung* f ‖ *Rauminhalt* m ‖ ~ *de las masas de tierra Erdmassenberechnung* f ‖ ~ *de obra* ⟨Arch⟩ *Kostenrechnung* f ‖ **–caje** *m* ⟨Auto⟩ *Hubraum* m ‖ **–car** [c/qu] vt ⟨Math⟩ *(e–e Zahl) zur dritten Potenz erheben, kubieren* ‖ ⟨Math⟩ *den Rauminhalt (& gen) ausmessen* ‖ ~ vi *e–n Rauminhalt von … haben*
  cubicia *f* (pop) → **codicia**
  cúbico adj *kubisch, würfelförmig* ‖ *Kubik-*
  cubículo *m Gemach, Zimmer* n ‖ *Nische* f, *Cubiculum* n *(in Katakomben)*
  cubiche *m* Ant Mex ⟨joc desp⟩ *Kubaner* m
  ¹**cubierta** *f Decke, Be-, Ab|deckung, Hülle* f,

Überzug m ‖ *(Bett)Decke* f ‖ *Satteldecke* f ‖
Tischdecke f ‖ *(Brief)Umschlag* m ‖ ⟨Arch⟩
Dachgerüst n ‖ ⟨Arch⟩ *Bedachung* f, *Dach* n ‖
⟨Flugw⟩ *Bespannung* f ‖ *(Lauf-, Reifen)Decke* f ‖
⟨Buchb⟩ *Buchdeckel, Einband* m ‖
(Heft)Umschlag m ‖ *Titelseite* f *(Zeitung)* ‖ *Kappe*
f ‖ ⟨fig⟩ *Vorwand, Deckmantel* m ‖ ~ *de agalla*
⟨Zool⟩ *Kiemendecke* f ‖ ~ *de dos aguas*
Satteldach n ‖ ~ *de arreglo Deckbogen* m
(Papier) ‖ ~ *de asfalto Asphaltdecke* f ‖ ~ *contra*
aviones Fliegerdeckung f ‖ ~ *de cable Kabel\hülle* f,
-mantel m ‖ ~ *de camuflaje* ⟨Mil⟩ *Tarndecke* f ‖
~ *de caucho Kautschuk-, Gummi\überzug* m ‖ ~
de enmascaramiento ⟨Mil⟩ *Tarndecke* f ‖ ~ *de*
neumático (Lauf-, Reifen)Decke f, *Mantel* m ‖ ~
contra la observación ⟨Mil⟩ *Deckung* f *gegen*
Sicht ‖ ~ *de pozo* ⟨Bgb⟩ *Schachtdeckel* m ‖ ~
protectora Schutz\decke, -haube f ‖ ~ *de radiador*
Kühlerhaube f ‖ ~ *de tejas Ziegeldach* n ‖
~*contra la vista* ⟨Mil⟩ *Deckung* f *gegen Sicht*
²cubierta *f* ⟨Mar⟩ *Deck* n ‖ ~ *de abrigo*
Schutzdeck n ‖ ~ *de alcázar Achterdeck* n ‖ ~*de*
arqueo Vermessungsdeck n ‖ ~ *de apontizaje*
Flug-, Lande\deck n ‖ ~ *baja Unterdeck* n ‖ ~
blindada Panzerdeck n ‖ ~ *de botes Oberdeck* n ‖
~ *completa Volldeck* n ‖ ~ *corrida Glattdeck* n ‖
~ *de pasajeros Passagierdeck* n ‖ ~ *de paseo*
Promenadendeck n ‖ ~ *de popa Achterdeck* n ‖
~ *principal Hauptdeck* n ‖ ~ *de proa*
Vor(der)deck n ‖ ~ *de sol Sonnendeck* n ‖ ~ *del*
sollado Plattform-, Raum\deck n ‖ ~ *de vuelo*
Flug-, Lande\deck n ‖ ◆ *sobre* ~ *an* od *auf Deck*
cubiertamente adv *heimlich, verstohlen*
¹cubierto adj *bedeckt, be-, um\wölkt (Himmel)*
‖ *be-, ge-, zuge\deckt* ‖ *verborgen* ‖ ⟨Com⟩ *gedeckt*
(Summe) ‖ *voll gezeichnet (Anleihe)* ‖ *befriedigt* ‖
~ *de arbolado bewaldet* ‖ ~ *de gloria*
ruhmbedeckt ‖ ◆ *de* ~ *heimlich* ‖ ◇ *la vacante*
está ya ~*a die offene Stelle ist schon besetzt* ‖
permanecer ~ *den Hut aufbehalten* ‖ ~ *m*
Obdach, Schutzdach n ‖ *Schuppen* m ‖ ◆ *a* ~ *de*
od contra geschützt vor, sichergestellt gegen ‖ ◇
estar a ~ *sicher, gesichert sein* ‖ ⟨fig⟩ *über e–e*
genügende Geldreserve verfügen ‖ *poner(se) a* ~
(s.) sicherstellen ‖ *(s.) abdecken*
²cubierto m *(Tafel)Besteck* n ‖ *Gedeck, Menü* n
‖ ~ *de lujo Zierbesteck* n ‖ ~ *de plata*
Silberbesteck n
cubijar vt Am *(pop)* → **cobijar**
cu\bil m *Bett, Lager* n *(bes. von Tieren, &*
desp) ‖ *(Fluss)Bett* n ‖ **–bilar** *m* → **cubil** ‖
Schafhürde f
cubileo m Pe → **cubileteo**
¹cubilete m *Back-, Pasteten\form* f ‖
(becherförmiges) Fleischpastetchen n
²cubilete m *Würfelbecher* m ‖ *Zauberbecher*
(e–s Taschenspielers) ‖ *Sektkübel* m ‖ Col Ven
Zylinderhut m
³cubile\te m Am *Hinterlist* f ‖ **–tear** *(fam)*
hinterlistig vorgehen ‖ **–teo** *m* s *von* **–tear**
¹cubiletero m *Pastetenform* f
²cubiletero m *Taschenspieler* m ‖ ⟨figf⟩
(politischer) Intrigant m
cubilote m ⟨Met⟩ *Kupolofen* m
¹cubi\lla *f*, **–llo** m *Maiwurm, Ölkäfer* m (Meloe
proscarabaeus)
²cubilla *f Kübel* m, *Kühlgefäß* n ‖
Pfefferbüchse f ‖ *Kropfstück* n, *Krümmling* m
(Treppengeländer) ‖ ~ *de acena Mühlgerinne* n
cubis\mo m [Kunst] *Kubismus* m ‖ **–ta** adj
(m/f) kubistisch ‖ ~ *m/f Kubist(in* f) m
cubital adj *(m/f)* ⟨An⟩ *Ellbogen-, kubital* ‖ *e–e*
Elle lang
cubito m *Suppen-, Fleisch-, Brüh\würfel* m ‖ ~

de hielo Eiswürfel m ‖ ~ *de sopa Suppen-,*
Brüh\würfel m
cúbito *m* ⟨An⟩ *Ellbogenbein* n, *Elle* f
¹cubo *m Eimer, Zuber, Kübel, Bottich* m ‖
Wanne, Bütte f ‖ *Löscheimer* m ‖ ~ *de agua*
Wassereimer m ‖ ~*de (la) basura Mülleimer* m ‖
~ *para (el) carbón Kohlenkübel* m ‖ ~*para cava*
Sektkühler m ‖ ~ *de fermentación Gärbottich* m ‖
~ *de ordeñar Melkkübel* m ‖ ◆ *en* ~s *in Strömen*
‖ ◇ *poner el* ~ *por montera* ⟨figf⟩ *verkehrte Welt*
machen
²cubo *m (Rad)Nabe* f ‖ *Tülle, Röhre* f ‖
Trommel f *(in e–r Uhr)* ‖ ~ *de bicicleta*
Fahrradnabe f ‖ ~ *de hélice Schraubnabe* f ‖ ~
de rotor Rotornabe f ‖ ~ *de rueda Radnabe* f
³cubo *m* ⟨Math⟩ *Würfel, Kubus* m ‖ ~ *mágico*
Zauberwürfel m ‖ ◇ *elevar al* ~ *zur dritten*
Potenz erheben ‖ *extraer el* ~ *die dritte Wurzel*
ziehen ‖ *el* ~ *de tres die dritte Potenz von drei*
⁴cubo *m Mühlteich* m ‖ ⟨Fort⟩ *runder*
Wehrturm m ‖ Dom ⟨fig⟩ *Täuschung* f, *Betrug* m
cubocubo *m* ⟨Math⟩ *neunte Potenz* f
cubomedusas fpl ⟨Zool⟩ *Würfelquallen* fpl
(Charybdeida = Cubomedusae)
cubre\agua *f* ⟨Zim⟩ *Führungslatte* f ‖
–asientos *m* ⟨Auto⟩ *Schonbezug* m ‖ **–boca** *m*
⟨Mil⟩ *Mündungsschoner* m *(Gewehr)* ‖ **–cabeza** *f*
⟨fam⟩ *Kopfbedeckung* f ‖ **–cadena** *m*
Ketten\schutz, -kasten m, *-gehäuse* n *(am*
Fahrrad) ‖ **–cama** *m Bettüberzug* m, *(obere)*
Bettdecke f ‖ **–cañón** *m* ⟨Mil⟩ *Mündungsschoner*
m ‖ **–cierre** ⟨Mil⟩ *Schlossschützer* m *(MG)* ‖
–corsé(s) *m Korsettschoner* m *(der Frauen)* ‖
–culata *m Verschlusstür* f *(Artillerie)* ‖ **–junta** *m*
⟨Zim⟩ *(Fugen)Deckleiste* f, *Ausstiegbrett* n ‖
(Stoß)Lasche, Überlaschung f *(Brückenbau)* ‖
⟨Mar⟩ *Spund* m ‖ **–mantel** *m obere Tischdecke* f ‖
–nuca *f Nackentuch* n ‖ ⟨Mil⟩ *Nackenschutz* m ‖
–objetos *m Objektdeckglas* n *(am Mikroskop)* ‖
–piano *m Tastenschoner* m *e–s Klaviers* ‖ **–piés**
m kleine Bett-, Fuß\decke f ‖ **–platos** *m*
Schüssel\glocke, -stürze f ‖ *Tellerdeckel* m ‖
–punto *m* ⟨Mil⟩ *Kornkappe* f ‖ **–rradiador** *m*
Kühlerhaube f ‖ *Heizkörperverkleidung* f ‖
–rruedas *m Radschutz* m ‖ **–tapa** *m*
(WC-)Deckelbezug m ‖ **–tetera** *m Teewärmer* m
¹cubrición *f Begattung* f *(bei Tieren)* ‖
Deckzeit f ‖ *Belegen, Decken* n ‖ *Beschälen* n
(Pferd) ‖ *Sprung* m ‖ *Bespringen* n *(Rind, Pferd,*
Edelwild) ‖ ⟨Jgd⟩ *Rammeln* n *(bes. von Hasen*
und Kaninchen)
²cubrición *f* ⟨Arch⟩ *Ein-, Dach\deckung* f
cubri\ente adj *(m/f) Deck(Farbe)* ‖ **–miento** *m*
⟨Com⟩ *Deckung* f
cubrir [pp/irr cubierto] vt *(be-, zu)decken* ‖
überziehen ‖ *decken (Tisch)* ‖ *bekleiden* ‖ ⟨Mil⟩
decken, schützen ‖ ⟨Mil⟩ *sichern, befriedigen,*
decken (Ausgaben) ‖ *abdecken (Gewölbe)* ‖
(ein)decken (Dach) ‖ *beschatten (durch Bäume)* ‖
⟨Text⟩ *umspinnen* ‖ ⟨Bgb⟩ *be\decken, -stürzen* ‖
⟨Arch⟩ *be\dachen* ‖ ⟨Sp⟩ *zurücklegen (Strecke)* ‖
⟨fig⟩ *ver\decken, -stecken, -hehlen* ‖ ⟨fig⟩ *decken,*
bespringen (weibliche Tiere) (→ *auch* **cubrición**)
‖ ⟨fig⟩ *be\mänteln, -schönigen* ‖ *entschädigen* ‖
rechtfertigen, entschuldigen ‖ ◇ ~ *con sus alas*
⟨fig⟩ *unter s–e Fittiche nehmen* ‖ ~ *las*
apariencias ⟨figf⟩ *den Schein wahren* ‖ ~ *la*
cantidad den Betrag zahlen ‖ ~ *de caricias mit*
Liebkosungen überhäufen ‖ ~ *el déficit das*
Defizit decken ‖ ~ *el déficit presupuestario die*
Haushaltslücke schließen ‖ ~ *de fango* ⟨fig⟩ *mit*
Schmutz bewerfen ‖ ~ *los gastos die Kosten*
bestreiten ‖ ~ *los gastos de producción die*
Herstellungskosten decken ‖ ~ *de ridículo*
lächerlich machen ‖ ~ *una vacante e–e Stelle*

besetzen ‖ ~ vi *passen, schließen (Deckel usw.)* ‖
~**se** s. *decken,* s. *zudecken* (con *mit*) ‖ s.
bedecken, den Hut aufsetzen ‖ s. *maskieren* ‖ s.
verziehen, trübe werden (Himmel) ‖ ⟨fig⟩ s.
decken, s. *schützen* (de, contra *vor*) ‖ ⟨Com⟩ s.
decken ‖ ⟨Mil⟩ *in Deckung gehen, Deckung
nehmen,* s. *decken* ‖ ⟨Mil⟩ *Vordermann nehmen* od
halten ‖ ⟨fig⟩ s. *sichern, Vorkehrungen treffen*
(contra *gegen*) ‖ ~ de gloria s. *mit Ruhm
bedecken* ‖ ~ de grande de España *die Würde e–s
Granden annehmen* ‖ ~ de polvo *verstauben* ‖ ~
de ridículo s. *lächerlich machen* ‖ cubrírsele a
alg. el corazón ⟨fig⟩ *tief betrübt werden* ‖
¡cúbrase Vd.! *setzen Sie Ihren Hut auf!*
  cubujón *m* PR *elende Bude* f
  ¹cuca *f Wurm* m, *Made, Raupe, Küchenschabe*
f *usw.*
  ²cuca *f Erdmandel* f ‖ ~**s** *fpl Nüsse,
Haselnüsse* fpl *usw.*
  ³cuca *f* ⟨fam⟩ *dem Glücksspiel verfallene Frau*
f
  ⁴cuca *f* Chi *e–e Reiherart* f (Ardea sp)
  ⁵cuca *f* Chi *hausbackenes Brot* n
  cucalambé *m* PR Ven *ein Negertanz* m
  cucalón *m* Chi *Kriegsberichter* m ‖ Chi
jemand, der s. *ein Amt anmaßt* ‖ Chi
Neugierige(r) m
  cucamba *f* Pe *kleine, dicke, anmutlose Frau* f,
⟨fam⟩ *Trampel* m/n
  cucamonas *fpl* ⟨fam⟩ → **carantoña**
  cucaña *f (eingeseifter* od *eingefetteter)
Klettermast* m, *(eingeseifte) Kletterstange* f *(mit
Preisen an der Spitze)* ‖ *Mastklettern* n *(Volksfest
mit Preisverteilung)* ‖ ⟨figf⟩ *leicht erlangter
Vorteil* m ‖ *Zufallstreffer* m ‖ *zufällige Einnahme* f
‖ ~**ñero** m/adj ⟨fam⟩ *Glücksritter* m
  cucar [c/qu] vt *(jdm) mit dem Auge winken* ‖
(jdn) verspotten ‖ ~ vi *vor den (Rinder)Bremsen
fliehen* ⟨fig⟩
  cucara|cha *f* ⟨Ins⟩ *Schabe, Küchenschabe* f,
Kakerlak m (Blatta orientalis ‖ *Deutsche Schabe,
Hausschabe* f (Blattella germanica) ‖ ⟨joc⟩
Schwabe f, *Preuße, Franzose, Russe* m ‖ ⟨Zool⟩
Kellerassel f (Porcellio scaber) ‖ ⟨pop desp⟩
Pfarrer, Priester m ‖ ~ pardusca *Waldschabe* f ‖
~**chera** *f Schabenfalle* ‖ ⟨figf⟩ *Glückszufall* m ‖
~**chero** *adj roh, unversetzt (Schnupftabak)* ‖ ~ m
⟨joc⟩ *Kammerjäger* ‖ ~**chicida** m
Schabenvertilgungsmittel n ‖ ~**chón** m augm von
~**cha** ‖ ⟨fam⟩ *großer Käfer* m
  cucarda *f Kokarde, Band-, Hut|schleife* f ‖
Kokarde f *(am Pferdegeschirr)* ‖ ⟨Arch⟩ *Stock-,
Bouchardier|hammer* m
  cucarrón *m* Col *Käfer* m
  cucayo *m* Bol Ec *Verpflegung* f, *Proviant* m
  cucha *f* Pe *Sumpf* m ‖ RPl *Bett, Lager* n *(von
Tieren)* ‖ Arg Sau f ‖ ⟨fig desp⟩ *Schlampe* f ‖ Bol
einjähriges Lama n
  Cucha *f* ⟨pop⟩ → **María de Jesús**
  △ **cuchá** *m Brust* f
  cuchalela *f* Col ⟨fam⟩ *simulierte Krankheit* f
  ¹cuchar *f: ave de* ~ *Löffelschnäbler,
Wasservogel* m
  ²cuchar vt Ast *düngen (Felder)*
  cuchara *f (Ess)Löffel* m ‖ *Schöpflöffel* m ‖
⟨Met⟩ *Gießlöffel* m ‖ *Füllkelle* f ‖ *Kelle* f ‖ *Greifer*
m *(Kran)* ‖ ⟨Fi⟩ *Blinker* m ‖ ⟨Mar⟩
Wasserschaufel f ‖ ⟨Med⟩ *Spatel* m ‖ Mex
Kohlenschaufel f ‖ Mex ⟨fig⟩ *(Taschen)Dieb* m ‖
~ de arrastre *Schlepplöffel* m ‖ ~ automática
Selbstgreifer m ‖ ~ bivalva
Zweischalengreifer(korb) m ‖ ~ de un cable
Einseilgreifer m ‖ ~ de od para café *Kaffeelöffel*
m ‖ ~ de colada *Gieß|kelle* f, *-löffel* m ‖ ~
cortante ⟨Med⟩ *Schablöffel* m ‖ ~ de draga

Bagger|eimer, -kübel, -löffel ‖ ~ de excavadora
Baggerlöffel m ‖ ~ grande *Suppen-, Vorlege|löffel*
m ‖ ~ de madera *Holzlöffel* m ‖ ~ de muestras
Probelöffel m ‖ ~ multivalva
Mehrschalengreifer(korb) m ‖ ~ de palo
Holzlöffel m ‖ ~ sopera *Suppenlöffel* m ‖
~tenedor *Gabelschlüssel* m *(für Zuckerobst)* ‖
media ~ ⟨figf⟩ *mittelmäßig arbeitender, schlecht
bezahlter Mensch* m ‖ (oficial de) ~ ⟨Mil⟩ ⟨fam
desp⟩ *aus dem Mannschaftsstand (aufgestiegen)* ‖
◇ haber comido con ~ de palo ⟨fig⟩ *von derbem
Schlag sein* ‖ hacer ~ Am ⟨figf⟩ *das Gesicht zum
Weinen verziehen* ‖ meter su ~ ⟨fig⟩ *s–n Senf
dazugeben* ‖ meter algo con ~ (de palo) ⟨figf⟩
jdm et. vorkauen od *einpauken* od *eintrichtern*
  cucha|rada *f ein Löffelvoll* m ‖ una ~ grande,
una ~ de sopa *ein Esslöffel voll (Arzneidosis)* ‖
una ~ pequeña, una ~ de café *ein Kaffeelöffel* m
(Arzneidosis) ‖ ◇ meter su od la ~ ⟨figf⟩ *s–n
Senf dazugeben* ‖ meter algo con ~ ⟨Kaffeelöffelvoll⟩ m ‖
~**radita** *f Kaffeelöffelvoll* m ‖
~**razo** m *Schlag* m *mit e–m Löffel* ‖ ~**rear** vt/i *mit
dem Löffel herausholen, umrühren* ‖ ⟨fig⟩ s. *in
fremde Angelegenheiten mischen* ‖ ~**rero** m
Löffelbrett n ‖ ~**reta** *f* dim von ~**ra** ‖ And ⟨Bot⟩
Büschelroggen m ‖ Ar ⟨Zool⟩ *Kaulquappe* f ‖ Cu
PR ⟨V⟩ *Löffelente* f (Spatula = Anas clypeata) ‖
Chi ⟨V⟩ *Rosalöffler* m (Platalea = Ajaja ajaja) ‖
~**retazo** m *Schlag* m *mit e–m Löffel* ‖ ~**retear** vt/i
mit dem Löffel rühren ‖ ⟨figf⟩ s. *in Sachen
mischen, die e–n nichts angehen* ‖ ~**retero** m
Löffelbrett n ‖ ~**rilla, –rita** *f* dim von ~**ra** ‖
Dessert-, Kaffee-, Tee|löffel m ‖ ⟨Med⟩ *Schab-,
Prüf|löffel* m
  ¹cucharón *m* augm von ~**ra** ‖ *Koch-,
Schöpf|löffel* m ‖ *Vorlegelöffel* m ‖ ⟨Tech⟩ →
cuchara ‖ ~ de todas ollas ⟨figf⟩ Chi *naseweiser
Mensch,* ⟨fam⟩ *Hansdampf* m *in allen Gassen* ‖ ◇
despacharse con el ~ ⟨figf⟩ *bei e–r Teilung den
Löwenanteil für* s. *behalten* ‖ tener el ~ por el
mango ⟨figf⟩ *Herr der Lage sein*
  ¹cucharón *m* Guat ⟨V⟩ *Tukan* m ‖ Mex ⟨V⟩
Rosalöffler m
  cucha|rrena *f* Seg Sor *Abstreichholz* n (z. B.
Kornmessen) ‖ ~**rreta** *f* ⟨Mar⟩ *Heckleisten* fpl ‖
~**rro** m ⟨Mar⟩ *Gillung* f ‖ ~**rros** mpl ⟨Mar⟩
Planken fpl *(zum Ausbessern)*
  cuche *m* MAm Arg ⟨Zool⟩ *Schwein* n ‖ Guat
Pekari, Nabelschwein n (Tuyassu)
  cuché adj: papel ~ *Kunstdruckpapier,
gestrichenes Papier* n
  cuchepo *m* Chi *Krüppel* m *ohne Beine*
  cuchí [pl ~**íes**] *m* Pe *Schwein* n
  cuchiche|ar vi/t *heimlich (miteinander)
flüstern, tuscheln, zwitschern, zischeln* (& fig) ‖
⟨figf⟩ *geheimtun* ‖ ~**o** m *Ge|flüster, -tuschel,
-zischel, Flüstern* n ‖ *Geheimnis|krämerei, -tuerei*
f ‖ ◇ andar en ~**s** ⟨fam⟩ *geheim tun* ‖ ~**ro** m
⟨fam⟩ *Ohrenbläser* m
  cuchi|lla *f Hakenmesser* n ‖ *Hack-, Fleischer-,
Schlächter|beil* n ‖ *Schusterkneif* m ‖ ⟨Med⟩
Seziermesser n ‖ *Schabeisen* n ‖
Buchbindermesser n ‖ ⟨Tech⟩ *Maschinenmesser* n
‖ *Messerklinge* f ‖ *(Degen)Klinge* f ‖ *Rasierklinge*
f ‖ *Klinge, Schneide* f ‖ *Pflugschar* f ‖
Hobel|eisen, -messer n ‖ *Grabstichel* m *(der
Kupferstecher)* ‖ *Glätt|klinge* f, *-eisen* n ‖ ⟨Mar⟩
dreieckiges Segel ‖ *Kufe* f (Schlittschuh) ‖
⟨Bgb⟩ *Bohreisen* n ‖ ⟨fig⟩ *scharfer (Fels)Grat* m ‖
(fig poet) *Schwert* n ‖ ⟨fig⟩ *Zänkerei, Rauferei* f ‖
~ de arado *Pflug|eisen, -messer* n, *-schar* f,
Kolter m ‖ ~ de balanza *Waageschneide* f ‖ ~ de
cepillo *Hobel|eisen, -messer* n ‖ ~ circular
Kreismesser n ‖ ~ de cortar chapas de madera
Furniermesser n ‖ ~ de corte transversal
Querschneidemesser n ‖ ~ de desbaste

Vorschneider m ‖ ~ *de descarnar*
Ausfleischmesser, Schabeisen n *(Gerberei)* ‖ ~
descortezadora *Schälmesser* n ‖ la ~ de la ley
⟨fig⟩ *das Schwert des Gesetzes* ‖ ~ *de*
machihembrar *Spund|eisen, -messer* n ‖ ~ *de*
raspar *Schab|klinge* f, *-eisen* n ‖ ~ *de repasar*
Schlichtmesser n ‖ ~ *de suavizar Ziehklinge* f ‖
–llada *f Hieb, Stich (mit e–m Messer),*
Messerhieb m ‖ *Schnitt* m ‖ *Schlitz* m
(Bekleidung) ‖ *ausgeschnittener Streifen* m ‖
⟨Mar⟩ *Schlag, Bug* m ‖ ~ *de cien reales* ⟨fig⟩
tüchtiger Hieb m ‖ *große, breite Schmarre* f ‖ ◇
dar ~ ⟨figf⟩ *die Gunst des Publikums gewinnen*
(Künstler usw.) ‖ dar una ~ al maestro ⟨figf⟩ *jdn*
zurechtweisen, der die Sache besser zu verstehen
glaubt ‖ ~s *fpl:* andar a ~ *s. herumschlagen (con*
mit) ‖ matar a ~ *erstechen* ‖ **–llar** adj
messerförmig, Messer- ‖ ~ m *steilgipf(e)liges*
Gebirge n ‖ **–llazo** m augm von **–llo** ‖ *Messerstich*
m

cuchille|ja *f* dim von **cuchilla** ‖ **–jo** m dim von
cuchillo ‖ **–ra** *f Messerfutteral* n ‖ **–ría** *f*
Messerfabrik f ‖ **–ro** adj: hierro ~ *Barreneisen* n
‖ ~ m *Messerschmied* m ‖ *Messerhändler* m ‖
(Eisen)Klammer m ‖ Chi *Raufbold* m

cuchi|llo m *Messer* n ‖ *Schusterkneif* m ‖ ⟨fig⟩
Flickstück n, *Zwickel* m ‖ ⟨Arch⟩ *Stützbalken* m ‖
⟨Bgb⟩ *Teilung* f ‖ *Schneide* f *(Waage)* ‖ ⟨Mar⟩
dreieckiges Segel n ‖ ⟨fig⟩ *Zwang* m ‖ ⟨fig⟩
Schmerz m, *Pein* f ‖ ⟨fig⟩ *Stahl* m ‖ ⟨pop⟩ *Eisen,*
Schwert n ‖ ~ afilado *scharfes Messer* n ‖ ~ (de)
bayoneta *Bajonettmesser* n ‖ ~ boto *stumpfes*
Messer n ‖ ~ para carne *Fleischmesser* n ‖ ~ de
caza *Jagdmesser* n, *Hirschfänger* m ‖ ~ de
cocina *Küchenmesser* n ‖ ~ cortante *scharfes*
Messer n ‖ ~ embotado *stumpfes Messer* n ‖ ~
de herrador *Hufmesser* n ‖ ~ de injertar
Pfropfmesser n ‖ ~ jifero *(doppelschneidiges)*
Schlachtmesser n ‖ ~ de dos mangos *Zugmesser*
n ‖ *Schlitzmesser* n ‖ ~ de marcar *Reißnadel* f ‖
~ de mesa *Tafelmesser* n ‖ ~ de monte → ~ de
caza ‖ ~ de muelle *Schnapp-, Klapp|messer* n ‖ ~
para cortar pan *Brotmesser* n ‖ ~ de paracaídas
⟨Flugw⟩ *(Fallschirm)Hüllenbahn* f ‖ ~ de
pescado *Fischmesser* n ‖ ~ de postre
Dessertmesser n ‖ ~ de queso *Käsemesser* n ‖ ~
raspador *Radiermesser* n ‖ ~ de resorte → ~ de
muelle ‖ ~ romo *stumpfes Messer* n ‖ ~
trinchante *Tranchier-, Vorlege|messer* n ‖ ◇ matar
con ~ de palo ⟨fig⟩ *langsam zu Tode quälen* ‖
pasar a ~ ⟨Mil⟩ *nieder|metzeln, -hauen,* ⟨fig⟩
über die Klinge springen lassen ‖ es su ~ ⟨figf⟩
das ist der Nagel zu s–m (ihrem) Sarg ‖ ~s *mpl*
Messerwaren fpl ‖ *Schwungfedern* fpl *(der Vögel)*
‖ **–llón** *m* augm von **–llo**

cuchipanda *f* ⟨pop⟩ *lustige Schmauserei* f,
Gelage n ‖ ◇ ir de ~ ⟨fam⟩ *s. e–n guten od*
flotten Tag machen

cuchitril *m* → **cochitril**

¹cucho m Ast *Dünger* m *aus fallenden*
Pflanzenteilen ‖ Col *(Schlupf)Winkel* m ‖ Ec Pe
Ecke f ‖ Col *Dachboden* m, *Bodenkammer* f

²cucho *m* Chi *Katze* f

³cucho adj Mex *stumpfnasig* ‖ MAm *buck(e)lig*

⁴cucho adv Sant: ◇ llevar (a un niño) a ~(s)
(ein Kind) huckepack nehmen ‖ ir a ~(s)
huckepack gehen (Kind)

cuchuchear vi → **cuchichear** ‖ ⟨figf⟩
schwätzen, klatschen

cuchu|fleta *f* ⟨fam⟩ *Spaß, Jux* m, *Witz-,*
Scherz|wort n ‖ ◇ andar en ~s ⟨fam⟩ *Spaß*
treiben ‖ **–fletero** *m*/adj ⟨fam⟩ *Spaßvogel* m

cuchum|bi, –bí *[pl* ~**íes]** *m* Mex Col Pe
Wickelbär m *(Potos flavus)*

cuclillas *fpl:* en ~ adv *niedergekauert, in*

Hockstellung ‖ *auf den Hinterbeinen (sitzend)*
(Tiere) ‖ ◇ estar en ~ *kauern*

cuclillo *m Kuckuck* m (→ **cuco**) ‖ ⟨fig⟩
betrogener Ehemann m

¹cuco adj/s ⟨fam⟩ *niedlich, zierlich, nett* ‖
⟨figf⟩ *schlau, verschmitzt*

²cuco *m* ⟨Fi⟩ *Seekuckuck* m (Trigla pini)

³cuco *m* ⟨V⟩ *Kuckuck* m (Cuculus canorus) ‖ ‖
◇ es un ~ ⟨figf⟩ *er spannt andere für s–e Ziele*
ein

⁴cuco *m (Obst)Raupe, Made, Küchenschabe* f,
Wurm, Käfer m (bes. *Rüsselkäfer) usw.*

△ **⁵cuco** *m Gauner* m

cucos *mpl* ⟨Text⟩ *Slip* m

cucú *m:* hacer ~ *Kuckuck rufen*

cucufato adj Pe *frömmlerisch* ‖ ~ *m Frömmler*
m

cucúlidos *mpl* ⟨V⟩ *Kuckucke* mpl (Cuculidae)

cuculla *f Kapuze* f

cucullo *m* ⟨V⟩ *Wiedehopf* (Upupa epops)

¹cucúrbita *f* ⟨Bot⟩ *Kürbis* m

²cucúrbita *f* ⟨Chem⟩ *Destillierkolben* m

cucurbitáceas *fpl* ⟨Bot⟩ *Kürbisgewächse* npl
(Cucurbitaceae)

cucurucho *m (Papier)Tüte* f ‖ *hohe, spitze*
Büßermütze f *(in der Karwoche bei Prozessionen*
getragen) ‖ Cu *minderwertiger Zucker* m ‖ ◇
hacer a uno ~ ⟨fig⟩ Chi *jdn prellen*

cucusque adj Salv ⟨fam⟩ *schmutzig, schlampig,*
zerlumpt

cucuyo *m* → **cocuyo**

cueca *f* Chi *Cueca* f *(Volkstanz)*

cueceleches *m Milchtopf* m

cuélebre *m* Ast *Drache* m, *Fabeltier* n

cuelga *f Bündel* n *(Weintrauben usw. zum*
Aufhängen) ‖ ⟨fam⟩ *Angebinde* n ‖ **–capas** *m*
Kleiderständer m ‖ **–platos** *m Telleraufhänger* m

cuelli|ancho adj *weit-, breit|halsig* ‖ **–angosto**
adj *enghalsig* ‖ **–corto** adj *kurzhalsig* ‖ **–erguido**
adj ⟨fig⟩ *den Kopf hoch tragend* ‖ *steif*
einhergehend ‖ **–estrecho** adj *enghalsig* ‖ **–gordo,**
–grueso adj *dickhalsig* ‖ **–largo** adj *langhalsig* ‖
–tuerto adj *krummhalsig*

cuello *m Hals* m *(& e–s Knochens, e–r*
Flasche) ‖ *(Hals)Kragen* m ‖ *Kragenbesatz* m,
(Hals)Krause f ‖ *Fußrist* m ‖ ⟨Arch⟩ *Hohlkehle* f ‖
~ almidonado *steifer Kragen* m ‖ ~ alto
Stehkragen m ‖ ~ blando *weicher Kragen* m ‖ ~
de botella ⟨fig⟩ *Engpass* m ‖ ~ camisero
Umlegekragen m ‖ ~ de cisne *Rollkragen* m ‖
⟨fig⟩ *Schwanenhals* m ‖ ~ de colegial
Schülerkragen m ‖ ~ costal ⟨An⟩ *Rippenhals* m ‖
~ de culata ⟨Mil⟩ *Kolbenhals* m *(MG)* ‖ ~ duro
steifer Kragen m ‖ ~ del eje ⟨Tech⟩ *Lager-,*
Wellen|hals m ‖ ~ de encaje *Spitzenkragen* m ‖ ~
escarolado *Fältelkragen* m ‖ ~ del fémur, ~
femoral ⟨An⟩ *(Ober)Schenkelhals* m ‖ ~ de grulla
⟨figf⟩ *Kranich-, Storchen|hals* m ‖ ~ de papel
Papierkragen m ‖ ~ de picos *Stehkragen* m *mit*
spitzen Ecken ‖ ~ de pieles *Pelzkragen* m ‖ ~
postizo *Kragen* m *(zum Anknöpfen)* ‖ ~ de punto
Strickkragen m ‖ ~ recto *Stehkragen* m ‖ ~
semiduro *halbsteifer Kragen* m ‖ ~ tieso *steifer*
Kragen m ‖ ~ de tornillo ⟨Tech⟩ *Schraubenhals*
m ‖ ~ uterino ⟨An⟩ *Gebärmutterhals* m, *Cervix* f
‖ ~ de la vejiga ⟨An⟩ *(Harn)Blasenhals* m ‖ ~
vuelto *Doppel-, Umlege-, Schiller|kragen* m ‖ ◇
arrojarse al ~ de alg. *jdm um den Hals fallen* ‖
erguir el ~ *hochmütig sein* ‖ gritar a voz en ~
aus vollem Halse schreien ‖ retorcer el ~ a alg.
jdm den Hals ver- od um|drehen ‖ romper el ~
⟨fig⟩ *das Genick brechen* ‖ saltar al ~ de alg. *jdm*
um den Hals fallen ‖ sacado de ~ ⟨figf⟩
großtuerisch ‖ *eingebildet* ‖ una de ~ vuelto
⟨fam⟩ *e–e (schallende) Ohrfeige*

cuelmo *m Kienspan* m
cuenca *f Holznapf* m ‖ *Wasser-, Brunnen|trog*
m ‖ *Sammelbüchse* f ‖ *Becken, Bassin* n ‖ *Mulde* f
‖ *flaches Sohlental* n ‖ *tiefes Bergtal* n ‖
Flussgebiet n ‖ ⟨An⟩ *Augenhöhle* f ‖ ~
carbonífera *Kohlenrevier* n ‖ ~ hullera
Steinkohlenrevier n ‖ ~ del Ruhr *Ruhrgebiet* n ‖
~ subglacial ⟨Geol⟩ *Nebengletschergebiet* n
   Cuenca *f* [Stadt und Provinz in Spanien]
Cuenca f
cuenco *m irdener Klumpen* m ‖ *Höhlung,*
ausgehöhlte Stelle f ‖ *e–e Schale voll* ‖
Schleusenkammer f ‖ Ar *Wasch|kübel, -bottich* m ‖
Ar *Waschkorb* m
   cuenquecito *m* dim von **cuenco**
cuenta *f Rechnung* f ‖ *Rechnen* n ‖
Rechen|beispiel n, -aufgabe f ‖ *Aus-, Be|rechnung*
f ‖ ⟨Com⟩ *Rechnung, Nota, Faktura* f ‖ *Betrag* m,
Summe f ‖ *Konto* n ‖ *Kugel* f *im Rosenkranz* ‖
⟨fig⟩ *Rechenschaft* f ‖ *Aufmerksamkeit, Sorgfalt* f
‖ *Belang* m ‖ la ~ ⟨figf⟩ *die Tage, die Regel*
(Menstruation) ‖ ~ abierta *offen stehende*
Rechnung f, *offenes Konto* n ‖ ~ de ahorro
Sparkonto n ‖ ~ ajena *fremde Rechnung* f ‖ ~
atrás *Countdown* m (& n) ‖ ~ atrasada
ausstehende, offen stehende Rechnung f ‖ ~ de
banco, ~ bancaria *Bank|konto, -guthaben* n ‖ ~
de beneficios y pérdidas *Gewinn-und-Verlust-*
Rechnung f ‖ ~ bloqueada *gesperrtes* od
blockiertes Konto, Sperrkonto n ‖ ~ de caja
Kassen-, Kassa-, Bar(geld)|konto n ‖ ~ cifrada
Nummernkonto n ‖ ~ colectiva *Gemeinschaft-,*
Kollektiv-, Sammel-, Und|konto n ‖ ~ de
comisiones *Provisionsrechnung* f ‖ ~ de
compensación *Verrechnungskonto* n ‖ ~ de
conversión *Umstellungsrechnung* f ‖ ~ corriente
Kontokorrent n, *laufende Rechnung* f ‖
Leistungsbilanz f ‖ ~ de crédito *Kreditkonto* n ‖
Kreditrechnung f ‖ ~ de cheques postales, ~
postal *Postscheckkonto* n ‖ ~ de depósitos
Depositenkonto n ‖ ~ descendente *Countdown* m
(& n) ‖ ~ detallada →* ~ especificada ‖ ~
dormida, ~ durmiente *ruhendes* od *stilles Konto*
n ‖ ~ especificada *Einzelaufstellung, Spezifikation*
f ‖ ~ de existencias *Bestandkonto* n ‖ ~ de
explotación *Betriebs(ergebnis)rechnung* f ‖ ~
fiduciaria *Treuhandkonto* n ‖ ~ figurada
Proformarechnung f ‖ ~ fingida *fingierte*
Rechnung f ‖ ~ firmada *quittierte Rechnung* f ‖
~ de garantía *Sicherheitskonto* n ‖ ~ de los
gastos *Spesenrechnung* f ‖ ~ de gastos generales
Unkostenkonto n ‖ ~ de giros *Girokonto* n ‖ ~
impersonal *Sachkonto* n ‖ ~ de intereses
Zinskonto n ‖ ~ de inversiones *Anlagekonto* n
‖ ~ de leche ⟨Span⟩ *Milchkugel* f *(Kügelchen aus*
Chalzedon, das s. stillende Mütter als Amulett
umhängen) ‖ ~ de la lechera ⟨fig⟩
Milchmädchenrechnung f ‖ ~ de liquidación
Abschlussrechnung f ‖ ~ mancomunada →* ~
colectiva ‖ ~ de mercaderías *Warenkonto* n ‖ ~
de moneda extranjera *Konto in fremder Währung,*
Valutenkonto n ‖ ~ nominal *persönliches Konto* n
‖ ~ numerada *Nummernkonto* n ‖ ~ no pagada →*
~ atrasada ‖ ~ en participación →* ~ colectiva ‖
~ de pérdidas y ganancias *Gewinn-und-Verlust-*
Rechnung f ‖ ~ presupuestaria
Haushaltsrechnung f ‖ ~ proforma *Pro-forma-*
Rechnung f ‖ ~ a prorrata *Repartitionsrechnung* f
‖ ~ rebasada *überzogenes Konto* n ‖ ~ con el
recibí *quittierte Rechnung* f ‖ ~ regresiva
Countdown m (& n) ‖ ~ rendida
Rechenschaftsbericht m ‖ ~ de resaca *Retour-,*
Rück|rechnung f ‖ ~ de reserva *Reserve-,*
Provisions|konto n, *Reservefonds* m ‖ ~ simulada
Scheinrechnung f ‖ ~ de varios *Konto* n *pro*

diverse, kleine Rechnungen fpl ‖ ~ de venta
Verkaufsrechnung f ‖ la ~ de la vieja ⟨figf⟩ *das*
Zählen od *Rechnen* n *an den Fingern* ‖ ◆ a ~ *auf*
Rechnung, a conto ‖ ⟨fam⟩ *vorsichtig* ‖ a ~ de
alg. *auf jds Rechnung, Verantwortung* f ‖ ⟨reg⟩
nach jds *Dafürhalten* ‖ a ~ de ⟨reg⟩ *(an)statt* ‖ a
~ común *auf gemeinschaftliche Rechnung* ‖ a la
~ por la ~ *dem Anschein nach, offenbar* ‖ *wohl*
bei dieser Gelegenheit, apropos ‖ a esa ~ ⟨pop⟩
demnach ‖ con ~ y razón *genau, pünktlich* ‖ ⟨fig⟩
mit Vorbedacht ‖ de ~ de alg. *auf jds Rechnung* ‖
de mucha ~ ⟨pop⟩ *sehr bedeutend* ‖ en ~ fija *auf*
feste Rechnung ‖ para od por mi ~ *m–r Meinung*
nach ‖ *m–s Erachtens* ‖ por ~ ajena, por ~ de
tercero *auf fremde Rechnung* ‖ por ~ y mitad
⟨Com⟩ *auf halbe (gemeinschaftliche) Rechnung* ‖
por ~ propia, por su ~ *für eigene Rechnung* ‖
por ~ de quien corresponda *für Rechnung dessen,*
den es angeht ‖ por od de su ~ y riesgo *auf*
eigene Rechnung und Gefahr ‖ Am *aus dem*
Stegreif ‖ por ~ del Estado *auf Staatskosten* ‖
más de la ~ ⟨fam⟩ *übermäßig, ungeheuer* ‖ zu
viel ‖ mehr als gehörig ‖ según su ~ *nach Ihnen,*
nach Ihrer Ansicht od *Meinung), Ihres Erachtens*
nach ◇ abonar od acreditar en ~ *vergüten,*
gutschreiben, kreditieren, verrechnen ‖ abrir (la)
~ *die Rechnung eröffnen, abschließen* ‖ adeudar
en ~ *belasten* ‖ caer en la ~ → *dar en la* ~ ‖
cancelar una ~ *ein Konto ausgleichen* od
aufheben ‖ cargar en ~ *in Rechnung stellen,*
berechnen, belasten, zur Last schreiben,
debitieren ‖ cerrar (la) ~ *die Rechnung*
abschließen ‖ comprobar una ~ *e–e Rechnung*
prüfen ‖ eso corre de od por mi ~ ⟨fam⟩ *das ist*
m–e Sache ‖ cubrir la ~ *die Rechnung*
ausgleichen, decken ‖ dar ~ *Bericht erstatten,*
berichten (de über acc) ‖ *Rechenschaft geben,*
ablegen (von) ‖ dar ~ de alg. *jdn fertigmachen* ‖
jdn um die Ecke bringen ‖ no dar ~ de sí *kein*
Lebenszeichen geben ‖ dar en la ~
(de que …) wahrnehmen od *merken (, dass …)* ‖
⟨fam⟩ *dahinter kommen* ‖ darse ~ de … *gewahr*
werden, merken ‖ debitar en ~ *belasten* ‖ dejar de
~ *zur Verfügung stellen (Ware)* ‖ dejar por ~ de
alg. *auf jds Rechnung überlassen* ‖ descargar de
una ~ *abschreiben* ‖ echar ~ *überlegen* ‖ echar la
~ *vorrechnen, die (Be)Rechnung machen* ‖ echar
la ~ sin la huéspeda ⟨fig⟩ *die Rechnung ohne den*
Wirt machen ‖ echar una ~ *(e–m Schüler) e–e*
Rechenaufgabe geben ‖ entrar en ~ *in Betracht*
kommen ‖ establecerse por su ~ *s. selbständig*
machen ‖ estar fuera de (la) ~ *überfällig sein*
(Schwangere) ‖ no estar en la ~ ⟨fig⟩ *ungewiss,*
zweifelhaft sein ‖ figurar en la ~ *in der Rechnung*
erscheinen ‖ girar a la ~ de alg. *auf jds Konto*
überweisen ‖ girar por saldo de ~ *zur*
Ausgleichung trassieren ‖ habida ~ de (que) …
wenn man bedenkt, dass … ‖ hacer ~
voraussetzen, annehmen, meinen ‖ hacer ~ de *(od*
con) alg. *mit jdm rechnen, s. auf jdn verlassen* ‖
hacer la ~ sin la huéspeda ⟨fig⟩ *die Rechnung*
ohne den Wirt machen ‖ haz ~ de que …
bedenke, dass … ‖ no hacer ~ de *außer acht*
lassen ‖ hacer(se) (la) ~ *vermuten, voraussetzen* ‖
¡hágase ~! *bedenken Sie (nur)!* ‖ hallar su ~
⟨fig⟩ *auf s–e Rechnung kommen, nicht verlieren* ‖
hallar una ~ exacta *e–e Rechnung für richtig*
befinden ‖ incluir en ~ *in Rechnung stellen*
(Kontokorrent) ‖ intervenir una ~ *e–e Rechnung*
prüfen ‖ liquidar una ~ *e–e Rechnung begleichen*
‖ *ein Konto ausgleichen* ‖ llevar (la) ~ *Rechnung*
führen ‖ pasar a ~ nueva *auf neue Rechnung*
vortragen ‖ pasar un asiento de una ~ a otra *e–n*
Posten umbuchen ‖ pedir ~ *(od* ~s) a alg. ⟨fig⟩
jdn zur Verantwortung ziehen, von jdm

Rechenschaft verlangen ‖ perder la ~ ⟨fig⟩ *s. nicht mehr erinnern* ‖ *den Faden verlieren* ‖ poner en ~ → cargar en ~ ‖ poner por ~ de otro ⟨figf⟩ *e–m anderen zur Last legen,* ⟨fam⟩ *in die Schuhe schieben* ‖ rebasar una ~ *ein Konto überziehen* ‖ recibir a ~ *auf Abschlag erhalten* ‖ rendir ~ *(od* ~s) *Rechnung ablegen* ‖ revisar una ~ *e–e Rechnung prüfen* ‖ sacar la ~ *ausrechnen* ‖ *berechnen* ‖ ⟨fig⟩ *folgern, Schlüsse ziehen* ‖ saldar una ~ *e–e Rechnung aus-, be|gleichen, quittieren* ‖ la cuenta se salda con … *das Konto schließt mit* … ‖ no salirle a uno la ~ ⟨fig⟩ *s. in s–n Berechnungen täuschen* ‖ eso no es ~ mía *das geht mich nichts an* ‖ no tener ~ con … *nichts zu tun haben wollen mit* … ‖ tener una ~ pendiente con alg. ⟨figf⟩ *mit jdm ein Hühnchen zu rupfen haben* ‖ tener en ~ *im Auge haben, denken an* (acc) ‖ *berücksichtigen, in Betracht ziehen* ‖ tener en poca ~ *gering schätzen* ‖ tomar en ~ *beachten* ‖ tomar en ~ a/c *et. an Zahlungs Statt annehmen* ‖ ⟨fig⟩ *berücksichtigen* ‖ ⟨fig⟩ *zurechnen (gute Tat)* ‖ tomar por su ~ *auf s. nehmen* ‖ tomar por su ~ a/c ⟨fig⟩ *für et. die Verantwortung übernehmen* ‖ traer ~ *s. bezahlt machen, nützlich sein* ‖ transportar a ~ nueva *auf neue Rechnung vortragen* ‖ vivir a ~ de otro *auf Kosten e–s anderen leben* ‖ ⟨fig⟩ *von jdm vollständig abhängen* ‖ ¡~! *Vorsicht!* ‖ ¡~ con la ~! ⟨fam⟩ *nimm dich in acht!, sei auf der Hut!* ‖ la ~ es ~ ⟨fig⟩ *in Geldsachen hört die Gemütlichkeit auf* ‖ ~**s** *fpl:* ~ *Außenstände* pl, *ausstehende Rechnungen* fpl ‖ ~ galanas ⟨fam⟩ *glänzende, aber unbegründete Hoffnungen, Illusionen* ‖ ~ en participación *Gelegenheitsgesellschaft* f ‖ ~ pendientes, ~ por pagar *unbezahlte Rechnungen* fpl ‖ ~ de vidrio *Glas|kugeln, -perlen* fpl ‖ las cuatro ~ ⟨Math⟩ *die vier Grundrechnungsarten* fpl ‖ ◆ a fin de ~ *zum Schluss, schließlich, letzten Endes, letzlich* ‖ en resumidas ~ ⟨figf⟩ *kurz und gut, mit wenigen Worten* ‖ ◇ ajustar las ~ *abrechnen* (& fig) ‖ ajustar sus ~ con uno ⟨figf⟩ *mit jdm abrechnen, mit jdm fertig werden* ‖ es jdm heimzahlen *(als Drohung)* ‖ dar ~ *Rechenschaft ablegen (de über* acc) ‖ echar ~ *Berechnungen machen* ‖ saber echar bien sus ~ ⟨fig⟩ *s. auf s–n Vorteil verstehen* ‖ entrar en ~ consigo ⟨fig⟩ *mit s. selbst zu Rate gehen* ‖ hacer ~ alegres *od* galanas ⟨fam⟩ *s. Hoffnungen machen* ‖ hacer sus ~ ⟨fig⟩ *s–e Berechnungen machen* ‖ ir en ~ con algo ⟨pop⟩ *et. eingehend besprechen* ‖ pasar las ~ ⟨fig⟩ *den Rosenkranz beten* ‖ no querer ~ (con) *nichts zu tun haben wollen (mit)* ‖ no tener que dar ~ a nadie ⟨fig⟩ *niemandem Rechenschaft schuldig sein* ‖ vamos a ~ ⟨pop⟩ *wir wollen einmal sehen! kommen wir zur Sache!* ‖ ~ claras honran caras (las ~ claras hacen los buenos amigos) ⟨Spr⟩ *klare Rechnung, gute Freunde* ‖ las ~ del Gran Capitán ⟨fig⟩ *(übertrieben) hohe Rechnung* f

cuenta|correntista m/f *Kontokorrentinhaber(in* f) m ‖ **–chiles** m ⟨fam⟩ *Kleinigkeitskrämer, Topfgucker* m ‖ *Mann* m, *der s. (dauernd) in Frauensachen einmischt* ‖ **–dedos** m Murc ⟨Ins⟩ *Marienkäfer* m ‖ **–garbanzos** m ⟨figf⟩ *Geizhals* m ‖ **–giros** m *Drehzahlmesser, Tourenzähler* m ‖ **–glóbulos** m ⟨Med⟩ *Blutkörperchenzähler* m ‖ **–golpes** m ⟨Tech⟩ *Hubzähler* m ‖ **–gotas** m *Tropfglas* n ‖ *Tropfenzähler* m ‖ ⟨Med⟩ *Augen|spritze* f, *-tropfer* m ‖ **–habiente** m *Kontoinhaber* m ‖ **–hilos** m *Fadenzähler* m ‖ **–kilómetros** m *Kilometerzähler* m ‖ **–millas** m *Meilenzähler* m ‖ ~ aéreo *Luftmeilenzähler* m **Cuentanabos** m [Sagenfigur] *Rübezahl* m **cuenta|pasos** m *Schrittzähler* m, *Podometer* n ‖ **–piezas** m *Stückzähler* m ‖ **–pliegos** m ⟨Typ⟩

Bogen|zähler m, *-zählwerk* n ‖ **–rrevoluciones** m *Drehzahlmesser, Tourenzähler* m **cuente|ar** vi Chi *Klatschereien treiben* ‖ **–cilla, –cita, –zuela** f dim von **cuenta** ‖ **–cillo, –cito** m dim von **cuento** ‖ **–rete** m MAm *Lüge* f, *Märchen* n ‖ **–ro** m/adj ⟨fam⟩ *Schwätzer, Klatscher* m **cuentista** m/f (& adj) *Verfasser(in* f) m *von Märchen od kurzen Erzählungen* ‖ *Romanschriftsteller(in* f), *Belletrist(in* f) m ‖ ⟨fam⟩ *Klatscher (Klatschweib* n), *Zwischenträger(in* f) m, *Klatschmaul* n ‖ ⟨fam⟩ *Angeber, Aufschneider(in* f), *Prahlhans(in* f) m

¹cuento m *Erzählung, Geschichte* f, *Märchen* n ‖ *erfundene Geschichte* f ‖ *Berechnung* f ‖ *Schnurre* f, *Schwank* m ‖ ⟨fam⟩ *Klatscherei* f, *Klatsch* m ‖ ⟨fig⟩ *Grille* f ‖ ⟨fig⟩ *Unannehmlichkeit* f ‖ ⟨fam⟩ *Wortwechsel, Streit* m ‖ ~ baturro *komische Bauerngeschichte* f *(aus Aragonien)* ‖ ~ de cancaramana ⟨figf⟩ → ~ de nunca acabar ‖ ~ de ~s *Billion* f ‖ ⟨fig⟩ *weitläufige, verwickelte Erzählung* f ‖ ~ chino ⟨figf⟩ *Altweiberklatsch* m ‖ *Ente, Lüge* f ‖ ~ del gallo pelado ⟨Cu⟩ → ~ de nunca acabar ‖ ~ de hadas *(Feen)Märchen* n ‖ ~ de horror *Schauer-, Horror|geschichte* f ‖ ~ nacional *Volksmärchen* n ‖ ~ de nunca acabar, ~ de la buena pipa ⟨figf⟩ *endlose Erzählung* f ‖ ~ popular *Volksmärchen* n ‖ ~ tártaro ⟨pop⟩ *Ente, Lüge, Schwindelei* f ‖ *Tatarennachricht* f ‖ ~ del tío ⟨Am⟩ *Bauernfängerei* f ‖ ~ de viejas *Altweibergeschichte* f, *Ammenmärchen* n ‖ ◆ a ~ zur rechten Zeit ‖ *gelegen* ‖ *zur Hand* ‖ al fin del ~ ⟨fam⟩ *zum Schluss, schließlich* ‖ en ~ de … *statt, anstatt* ‖ *als* ‖ en todo ~ *auf jeden Fall* ‖ para fin de ~ *zuletzt, endlich* ‖ sin ~ *unzählig, zahllos* ‖ ¡siempre el mismo ~! ⟨fam⟩ *immer dieselbe Geschichte!* ‖ *immer die alte Leier!* ‖ ◇ aplicar el ~ ⟨fig⟩ *die Lehre ziehen* ‖ contar, decir un ~ *ein Märchen erzählen* ‖ estar a ~ *behagen, gefallen* ‖ *gelegen kommen* ‖ es ~ largo ⟨fig⟩ *das ist e–e langwierige Geschichte* ‖ ése es el ~, ahí está el ~ ⟨fam⟩ *da liegt der Hase im Pfeffer, das ist des Pudels Kern* ‖ ¡es mucho ~! *das ist viel!* ‖ *das ist viel zuviel verlangt!* ‖ estar en el ~ ⟨fam⟩ *dahinter sein* ‖ como iba diciendo de mi ~ ⟨fam⟩ *e–e übliche Redensart* f *beim Erzählen von lustigen, kurzweiligen Geschichten* ‖ sabe su ~ ⟨figf⟩ *er versteht s. darauf* ‖ no tener ~ *unzählig, unendlich sein* ‖ traer a ~ ⟨fam⟩ *aufs Tapet* (od *zur Sprache) bringen* ‖ va de ~ ⟨fam⟩ *ich will euch was erzählen* (um *e–e Geschichte einzuleiten)* ‖ venir a ~ ⟨fam⟩ *gelegen kommen* ‖ ~**s** *mpl:* ~ de Calaínos ⟨fam⟩ *alberne Umschweife* pl ‖ *albernes Zeug* n, *tolle Geschichten* fpl ‖ ~ del hogar *Hausmärchen* npl ‖ ~ para niños *Kindermärchen* npl ‖ ~ picarescos, ~ verdes *schlüpfrige Erzählungen, Zoten* fpl ‖ ◇ ¡acabados son ~! ⟨fam⟩ *die Sache ist abgetan!* ‖ ¡déjese Vd. de ~! ⟨fam⟩ *lassen Sie das Gerede! zur Sache!* ‖ ¡no me vengas con ~! ⟨fam⟩ *lass die unnützen Reden!* ‖ ⟨fam⟩ *erzähl(e) mir bloß k–e Märchen!* ‖ ⟨fam⟩ *das kannst du e–m anderen weismachen!* ‖ ¡son ~ chinos *para mí* ⟨figf⟩ *das sind für mich böhmische Dörfer* ‖ ¡todo eso son ~! ⟨fam⟩ *das ist alles Quatsch!*

²cuento m *Zwinge* f *(Eisen)Beschlag* m *(am Stock)* ‖ *Stütz|pfosten, -balken* m ‖ *Flügelgelenk* n *(des Vogels)*

cuentón m/adj ⟨fam⟩ *Schwätzer* m ‖ ⟨fam⟩ *Angeber, Aufschneider, Prahlhans* m ‖ ⟨figf⟩ *Geschichtenerzähler* m

cuepí [pl **–íes**] m *Kanonenkugelbaum* m (Couroupita guyanensis)

cuerada f Chi *Traglast* f

cuerazo m Cu *Peitschenhieb* m

¹cuerda *f Strang, Strick* m, *Seil* n ‖
(Pack)Schnur f ‖ *Bindfaden* m ‖ *(Darm)Saite* f ‖
Sehne, Flechse f ‖ *Sehne* f *(des Bogens, der
Armbrust)* ‖ *Bandmaß* n *(Pferd)* ‖ *Kette* f *von
Sträflingen* ‖ *Seilschaft* f ‖ ⟨An⟩ *Chord|a, -e* f ‖
⟨Top⟩ *Messband* n ‖ ⟨Mus⟩ *Saite* f ‖ ⟨Mar⟩ *starkes
Tau, Reep* n ‖ ~ *de acero Stahlsaite* f ‖ ~ *de
apertura (Auf)Zugleine* f *(am Fallschirm)* ‖ ~ *de
cáñamo Hanf|seil, -tau* n, *-leine* f ‖ ~ *detonante
(detonierende) Zündschnur* f ‖ ~ *de embalar
Packstrick* m ‖ ~ *de enlace* ⟨El⟩
Verbindungsschnur f ‖ ~ *floja Seil* n *(der
Seiltänzer)* ‖ ⟨figf⟩ *missliche Lage* f ‖ ~ *guía*
⟨Flugw⟩ *Schleppseil* n ‖ ~ *de maniobra* ⟨Flugw⟩
Halteleine f ‖ ~ *de marcar Schlagleine* f ‖ ~
metálica Drahtseil n ‖ ⟨Mus⟩ *Drahtsaite* f ‖ ~
métrica ⟨Top⟩ *Mess|schnur* f, *-band* n ‖ ~ *de
nudos* ⟨Sp⟩ *Knotenseil* n ‖ ~ *de paracaídas*
⟨Flugw⟩ *Fallschirmleine* f ‖ ~ *de piano
Saitendraht* n *(im Klavier)* ‖ ~ *para remolcar
Abschleppseil* n ‖ ~ *de seda Seidensaite* f ‖ ~
simpática ⟨Mus⟩ *Resonanzsaite* f ‖ ~ *de socorro
Notleine* f ‖ ~ *de tender ropa Wäscheleine* f ‖ ~
tensora Spannschnur f ‖ ~ *trazadora* ⟨Arch⟩
Maurerschnur f ~ *de tripa Darmsaite* f ‖ ~ *del
trole Rollenleine* f *(Straßenbahn)* ‖ ~ *de violín
Violinsaite* f ‖ ♦ *bajo* ~, *por debajo de* ~ ⟨fig⟩
unter der Hand, heimlich ‖ *de su* ~ ⟨pop⟩ *s–s
Schlages* ‖ ◇ *aflojar la* ~ ⟨fig⟩ *ausruhen* ‖ ⟨fig⟩
mildere Saiten aufziehen ‖ *apretar la* ~ ⟨fig⟩
(jdm) arg zusetzen, strenge Saiten aufziehen ‖
bailar en la ~ *floja* ⟨fig⟩ *s. in Schwierigkeiten
befinden* ‖ *dar (a la)* ~ *nachlassen, et. gehen
lassen (Schnur, Seil)* ‖ ⟨fig⟩ *(ein Geschäft) in die
Länge ziehen* ‖ *hay que aflojar la* ~ *de vez en
cuando* ⟨fig⟩ *man muss hin und wieder mal
verpusten* ‖ *la* ~ *está tirante* ⟨fig⟩ *die Lage ist
gespannt* ‖ *el papel no es de su* ~ ⟨Th⟩ ⟨figf⟩ *die
Rolle liegt ihm nicht* ‖ *ponerle a alg. la* ~ *al
cuello* ⟨fig⟩ *jdm den Strick um den Hals legen,
jdn ruinieren* ‖ *ser de la (misma)* ~ *derselben
Meinung sein, (mit jdm) übereinstimmen* ‖ *tener
más de una* ~ *od varias* ~s *en su arco* ⟨fig⟩
mehrere Eisen im Feuer haben ‖ *tirar (de) la* ~
⟨figf⟩ *(jdn) zügeln, zurückhalten* ‖ *tocar la* ~
sensible ⟨fig⟩ *den wunden Punkt berühren* ‖ *tocar
la* ~ *sentimental* ⟨figf⟩ *gelinde Saiten aufziehen* ‖
⟨fam⟩ *auf die Tränendrüsen drücken* ‖ *traer od
tener la* ~ *tirante* ⟨figf⟩ *den Bogen straff
anziehen, mit Strenge vorgehen* ‖ *no valer (ni) la*
~ *que se merece* ⟨fig⟩ *k–n Schuss Pulver wert
sein* ‖ ~s *fpl (menschliche) Sehnen fpl* ‖ ~
vocales ⟨An⟩ *Stimmbänder* npl ‖ ◇ *estirar las* ~
⟨figf⟩ *s. Bewegung machen,* ⟨fam⟩ *die Glieder
recken* ‖ *poner las* ~ *al violín* ⟨Mus⟩ *die Saiten
auf die Geige aufziehen*

²cuerda *f Feder* f *(der Uhr)* ‖ *Kette (im
Uhrwerk)* ‖ ~ *automática Selbstaufzug* m ‖ ◇ *dar*
~ *al negocio* ⟨fig⟩ *das Geschäft in die Länge
ziehen* ‖ *dar* ~ *al reloj die Uhr aufziehen* ‖ *dar* ~
a uno ⟨fig⟩ *jds Leidenschaft usw. schüren* ‖ *jdm
Anlass zum Gespräch geben* ‖ *jdn zum Erzählen
aufmuntern* ‖ *tener* ~ *aufgezogen sein (Uhr)* ‖
⟨fig⟩ *lang aushalten* ‖ ⟨fig⟩ *lang reichen* ‖ ⟨fig⟩
tiene ~ *para rato das
kann s. noch lange hinziehen* ‖ *no tiene* ~ *sie ist
nicht aufgezogen (Uhr)* ‖ ~s *fpl Gewichtsschnüre*
fpl *(Uhr)*

³cuerda *f* ⟨Math⟩ *Sehne* f
cuerda|cita, –zuela *f* dim von ¹cuerda ‖ **–ro** m
Saitenmacher m
   cuerdo *adj/s (dim cuerdecito) vernünftig* ‖
klug, verständig ‖ *besonnen* ‖ ◇ *no hay hombre*
~ *a caballo Gelegenheit macht Diebe* ‖ *adv:*
~amente

   cuere|ada *f SAm Hautabziehen* n ‖
Viehschlachten n ‖ **–ar** vt/i *SAm die Haut
abziehen* ‖ *(Vieh) schlachten* ‖ *mit Viehhäuten
handeln* ‖ *Guat prügeln* ‖ *Ec peitschen* ‖ **–ra** *f Chi*
‖ *(größte) Armut* f ‖ ◇ *estar en* ~ *Chi* ⟨fig⟩
spindeldürr sein ‖ ⟨fig⟩ *sehr arm sein* ‖ **–zuelo** m
dim von **cuero**
   cueriza *f* ⟨Am⟩ *Tracht* f *Prügel*
   cuerna *f hörnernes Gefäß* n *der Hirten* ‖
Hirschgeweih, Gehörn n ‖ → ²**cuerno**
   cuérnago m → **cuérrago**
   cuer|necillo, –nezuelo m dim von ¹**cuerno** ‖
–nito m *Mex Hörnchen* n
   ¹**cuerno** m *Horn* n *(der Horntiere, des
Nashorns)* ‖ *Fühlhorn* n *(der Insekten)* ‖ *Spitze* f
der Mondsichel ‖ ⟨Mar⟩ *Besanrute* f ‖ *Horn* n
(Substanz) ‖ ~ *de abundancia Füllhorn* n ‖ ~ *de
ciervo Hirschhorn* n *(& Pharm)* ‖ ~ *polar* ⟨El⟩
Polhorn n ‖ ◇ *saber a* ~ *quemado* ⟨figf⟩ *bitter
schmecken, schmerzen* ‖ *no valer un* ~ ⟨figf⟩ *k–n
Pfifferling wert sein* ‖ *¡~! Donnerwetter!
(Ausdruck des Staunens,* meist joc) ‖ *¡un* ~!
⟨fam⟩ *ganz und gar nicht (Verneinung)* ‖ *¡que se
vaya al* ~! ⟨pop⟩ *der Teufel soll ihn holen!* ‖ ~s
mpl *Geweih* n ‖ *Fühler* mpl *(der Schnecke)* ‖ ~s
de la luna ⟨fig⟩ *Spitzen* fpl *der Mondsichel* ‖ ◇
coger al toro por los ~ ⟨figf⟩ *den Stier an den
Hörnern packen* ‖ *llevar (los)* ~ ⟨figf⟩ *gehörnt
sein (Hahnrei)* ‖ *poner los* ~ *a alg.* ⟨figf⟩ *jdm
Hörner aufsetzen* ‖ *ponerse de* ~ ⟨fig⟩ *s.
überwerfen, schmollen (con mit)* ‖ *verse od andar
en los* ~ *de toro* ⟨figf⟩ *in e–r großen Gefahr
schweben* ‖ *poner a uno hasta los* ~ *de la Luna*
⟨figf⟩ *jdn in den Himmel heben, übermäßig
preisen* ‖ *romperse los* ~ ⟨figf⟩ *s. abrackern*
   ²**cuerno** m ⟨Mus⟩ *Wald-, Jagd|horn* n ‖ ~ *de
los Alpes Alphorn* n ‖ ~ *de caza Jagdhorn* n
   ³**cuerno** m: [Paläozoologie] ~ *de Amon
Ammonshorn* n, *Ammonit* m *(Versteinerung)*
   ⁴**cuerno** m *Croissant, Öst Kipfe(r)l* n
   cuero m *(nicht abgezogene) Haut* f ‖ *Leder* n ‖
Tierhaut f ‖ *Lederwaren* fpl ‖ *(Wein)Schlauch* m ‖
⟨Sp⟩ *Leder* n, *Fußball* m ‖ *Am Peitsche* f *(der
Viehtreiber)* ‖ *Ven Nutte* f ‖ ~ *para arneses
Blank-, Geschirr|leder* n ‖ ~ *artificial Kunstleder*
n ‖ ~ *de becerro Kalbsleder* n ‖ ~ *de buey
Rind(s)leder* n ‖ ~ *cabelludo* ⟨An⟩ *Kopf-,
Haar|haut* f, *Haarboden* m ‖ ~ *de cabra
Ziegenleder* n ‖ ~ *de cabritilla Chevreauleder* n ‖
~ *para calzados Schuhleder* n ‖ ~ *de cerdo
Schweinsleder* n ‖ ~ *de Córdoba Korduan,
Korduanleder* n ‖ ~ *cromado Chromleder* n ‖ ~
curtido Garleder n ‖ ~ *curtido al alumbre
alaungares Leder* n ‖ ~ *curtido crudo lohgares
Leder* n ‖ ~ *charol(ado) Glanz-, Lack|leder* n ‖ ~
para encuadernadores Buchbinderleder n ‖ ~ *de
gamuza Chamoisleder* n ‖ ~ *glacé Glacéleder* n ‖
~ *para guantes Handschuhleder* n ‖ ~
impermeable dichtes Leder n ‖ ~ *labrado
Schaftleder* n ‖ ~ *de lujo Luxusleder* n ‖ ~
marroquín Saffian m, *Saffianleder* n ‖ ~ *napa
Nappa(leder)* n ‖ ~ *de oveja Schafleder* n ‖ ~ *al
pelo ungegerbtes Fell* n ‖ ~ *repujado getriebenes
Leder* n ‖ ~ *de Rusia Juchtenleder* n ‖ ~ *para
sillas de montar Sattelleder* n ‖ ~ *de suela
Sohlenleder* n ‖ ~ *de vaca Rind(s)leder* n ‖ ~ *en
verde Rohhaut* f ‖ ~ *al tanino lohgares Leder* n ‖
♦ *de* ~ *ledern* ‖ *entre* ~ *y carne* ⟨fig⟩ *an der
empfindlichsten Stelle* ‖ ⟨fig⟩ *eng, intim* ‖ *de* ~
*ajeno, correas largas aus fremdem Leder ist gut
Riemen schneiden* ‖ ◇ *estar hecho un* ~ ⟨figf⟩
betrunken sein ‖ ~s *mpl (Roh)Häute* fpl ‖ *en* ~
(vivos) *(splitter)nackt* ‖ ◇ *dejar a uno en* ~ ⟨figf⟩
jdn bis aufs Hemd aus|ziehen, jdn -plündern ‖
poner en ~ *entkleiden*

cuer|pear [pop –piar] vi Arg *den Körper biegen* ‖ *ausweichen* ‖ **–pecillo, –pecito** *m* dim von **–po**

¹cuerpo *m (tierischer, menschlicher) Körper* m ‖ *Leib* m *(im Gegensatz zur Seele)* ‖ *Rumpf* m *(Teil des Leibes)* ‖ *(Körper)Figur, Gestalt* f ‖ *Leichnam* m, *Leiche* f ‖ ⟨Phys⟩ *(fester) Körper* m ‖ *(Bestand)Teil* m‖ *Haupt|bestandteil* m, *-sache* f ‖ *Teil, Band* m *(e–s Werkes)* ‖ *Stoff, Kern* m ‖ *Dicke, Schwere, Stärke* f, *Gehalt* m ‖ *Körper* m *(des Weines, des Papiers)* ‖ *Größe, Masse* f, *Umfang* m ‖ *Format* n, *Größe* f ‖ ⟨Mus⟩ *Fülle* f *(des Tones)* ‖ *Dichtigkeit* f *(e–s Gewebes)* ‖ *Wichtigkeit* f, *Gewicht* n ‖ ⟨Sp⟩ *Körperlänge* f ‖ ⟨Typ⟩ *Punkt, Schriftkegel* m ‖ ⟨Mar⟩ *Schiffsrumpf* m ‖ ⟨Mil⟩ *Schaft* m *(Gewehr)* ‖ *Sammlung, Zusammenstellung* f *(Buch)* ‖ *Text* m *(Urkunde)* ‖ ⟨Jur⟩ *Tatbestand* m *mit Gründen, Urteilsgründe* mpl ‖ *Kernteil* m *(Anzeige)* ‖ *Stamm* m *(Baum)* ‖ ⟨Tech⟩ *Körper* m ‖ ⟨Tech⟩ *Hülse* f, *Gehäuse* n, *Mantel* m ‖ *Am Stockwerk* n, *Hauptteil* m ‖ ~ adiposo ⟨Zool⟩ *Fettkörper* m ‖ ~ aislante *Isolierkörper* m ‖ ~ amarillo ⟨An⟩ *Gelbkörper* m ‖ ~ astral *Astralleib* m *(Anthroposophie, Okkultismus)* ‖ ~ de bienes *Gesamtvermögen* n ‖ ~ de biela *Pleuelstangenschaft* m ‖ ~ de bomba *Pumpenstiefel* m ‖ ~ de caballo *Pferdelänge* f *(Maß)* ‖ ~ calloso ⟨An⟩ *Balken* m ‖ ~ cavernoso ⟨An⟩ *Schwellkörper* m ‖ ~ celeste ⟨Astr⟩ *Himmelskörper* m ‖ ~ de cilindro *Zylinder|gehäuse* n, *-mantel* m *(Motor)* ‖ ~ de(l) delito ⟨Jur⟩ → **corpus delicti** ‖ ~ de doctrina *Lehrgebäude* n ‖ ~ de un edificio *Rohbau* m ‖ ~ de émbolo *Kolben|mantel, -körper* m ‖ ~ de espoleta *Zündergehäuse* n ‖ ~ esponjoso ⟨An⟩ *Schwellkörper* m ‖ ~ explosivo *Sprengkörper* m ‖ ~ extraño *Fremdkörper* m *(im Organismus)* ‖ ~ flotante *Schwimmkörper* m ‖ ~ franjeado ⟨An⟩ *Markstreifen* m *(im Gehirn)* ‖ ~ glorioso ⟨Theol⟩ *verklärter Leib* m *(nach der Auferstehung)* ‖ ~ graso ⟨Ins Zool⟩ *Fettstoff* m ‖ ~ de iglesia *Hauptschiff* n *(e–r Kirche)* ‖ ~ legal, ~ legislativo *Gesetzbuch* n, *Gesetzsammlung* f *(Corpus juris)* ‖ ~ de leyes *Gesetzsammlung* f ‖ ~ luminoso *Leuchtkörper* m ‖ ~ *Beleuchtungskörper* m ‖ ~ lúteo ⟨An⟩ *Gelbkörper* m ‖ ~ de la nave *Boots|rumpf, -körper* m ‖ ~ pineal ⟨An⟩ *Zirbel* f ‖ ~ pituitario ⟨An⟩ *Schleimkörper* m ‖ ~ de dos (de nueve, de once, de dieciséis) puntos ⟨Typ⟩ *Viertelpetit* f *(Borgis, Lectura, Tertia)* ‖ ~ del radiador ⟨Auto⟩ *Kühlergehäuse* n ‖ ~ simple ⟨Chem⟩ *Grundstoff* m, *Element* n ‖ ~ sólido *fester Körper, Festkörper* m ‖ ~ uno ⟨Typ⟩ *Achtelpetit* f ‖ ~ vertebral ⟨An⟩ *Wirbelkörper* m ‖ ~ vítreo ⟨An⟩ *Glaskörper* m *(des Auges)* ‖ ¡~ de tal! *(fam vulg) zum Kuckuck!* ‖ ¡~ a tierra! ⟨Mil⟩ *hinlegen!* ‖ ♦ a ~ *(od en) ~ leicht bekleidet* ‖ *ohne Mantel* ‖ a ~ descubierto *offen, frei* ‖ *öffentlich* ‖ a ~ gentil ⟨fam⟩ *zu leicht gekleidet* ‖ *ohne Mantel* ‖ a ~ patente *in eigener Person* ‖ ~ a ~ *Mann gegen Mann* ‖ de ~ entero ⟨Mal⟩ *in ganzer Figur* ‖ gänzlich ‖ ⟨fig⟩ *wie es s. geziemt* ‖ en ~ presente *persönlich anwesend* ‖ *öffentlich aufgebahrt (Leiche)* ‖ en ~ *insgesamt* ‖ *korporativ* ‖ en ~ de camisa *in Hemdsärmeln, ohne Rock* ‖ en ~ y alma ⟨figf⟩ *mit Leib und Seele, durchaus* ‖ ◇ asistir a uno a ~ de rey → tratar a uno a ~ de rey ‖ avanzar ~ a tierra ⟨Mil⟩ *robben* ‖ cuidar a uno a ~ de rey → tratar a uno a ~ de rey ‖ dar ~ (a) ⟨fig⟩ *verwirklichen* ‖ ⟨fig⟩ *vergrößern, übertreiben* ‖ ⟨Mal⟩ *plastisch machen* ‖ ⟨fig⟩ *freien Lauf lassen (Gefühlen)* ‖ dar con el ~ en tierra ⟨fam⟩ *hinfallen, auf die Erde fallen* ‖ echar el ~ fuera ⟨fig⟩ *s. ducken* ‖ esquivar el ~, falsear

el ~ *durch e–e rasche Bewegung* od *Wendung e–m Schlag* od *Stoß ausweichen* ‖ ⟨figf⟩ *s. drücken* ‖ ganar con su ~ ⟨fig⟩ *s. der Prostitution hingeben* ‖ hacer del ~ ⟨fam⟩ *s–e Notdurft verrichten* ‖ huir el ~, hurtar el ~ → esquivar el ~ ‖ írsele a uno el ~ *s. entleeren* ‖ llegar al ~ a ~ ⟨Mil⟩ *handgemein werden* ‖ no quedarse con nada en el ~ ⟨figf⟩ *alles heraussagen, nichts verschweigen* ‖ tener ~ *Körper haben (Wein)* ‖ tomar ~ *zunehmen* ‖ ⟨fig⟩ *s. vergrößern, s. vermehren* ‖ ⟨fig⟩ *konkrete Form (od Gestalt) annehmen* ‖ traer bien gobernado el ~ ⟨fig⟩ *regelmäßigen Stuhlgang haben* ‖ tratar a uno a ~ de rey ⟨fam⟩ *jdn wie e–n König behandeln* ‖ *jdn fürstlich bewirten* ‖ volverla al ~ ⟨fig⟩ *Beleidigung mit Beleidigung erwidern* ‖ ¡~ de Cristo! ¡~ de Dios! ¡~ de mí! ¡~ de tal! *Himmeldonnerwetter! (Ausruf)* ‖ ~s mpl: ~ en suspensión *Schwebstoffe* mpl ‖

²cuerpo *m Körperschaft* f ‖ *Innung, Genossenschaft* f ‖ *Kollegium* n ‖ ⟨Mil⟩ *Korps* n, *Abteilung, Waffengattung* f *usw.* ‖ ~ acorazado *Panzerkorps* n ‖ ~ aerotransportado ⟨Mil⟩ *Luftlandekorps* n ‖ ~ blindado ⟨Mil⟩ *Panzerkorps* n ‖ ~ de bomberos (voluntarios) *(freiwillige) Feuerwehr* f ‖ ~ de caballería ⟨Mil⟩ *Kavalleriekorps* n ‖ ~ consular *Konsularkorps* n ‖ ~ consultivo *beratendes Organ* n ‖ ~ de Correos *Postverwaltung* f ‖ ~ diplomático *diplomatisches Korps* n ‖ ~ disciplinario ⟨Mil⟩ *Strafkompanie* f ‖ ~ docente *Lehrkörper* m ‖ ~ de ejército ⟨Mil⟩ *Armeekorps* n ‖ ~ electoral *Wahlkollegium* n ‖ ~ expedicionario ⟨Mil⟩ *Expeditionskorps* n ‖ *Streifkorps* n ‖ *Landungs|korps* n, *-truppen* pl ‖ ~ facultativo *Ärzteschaft* f ‖ ~ franco *Freikorps* n ‖ ~ de funcionarios *Beamtenschaft* f ‖ ~ de guardia ⟨Mil⟩ *Wache, Wachabteilung* f ‖ ⟨Mil⟩ *Wachstube* f ‖ ~ legislativo *gesetzgebende Körperschaft* f ‖ ~ médico *Ärzteschaft* f ‖ ~ municipal *städtische Behörden* fpl ‖ ~ de policía *Polizei* f ‖ ~ de prisiones *Beamte im Strafvollzug, Vollzugsbeamte* mpl ‖ ~ de seguridad *Sicherheitspolizei* f ‖ ~ de voluntarios *Freiwilligenkorps* n

cuérrago *m Flussbett* n ‖ *Wassergraben* m

cuerudo adj Am *dick-, hart|häutig* ‖ Col *träge (Lasttier)* ‖ Am *grob, lästig* ‖ PR *unverschämt*

cuerva *f Krähe* f

cuerve|cillo, –vito *m* dim von **¹cuervo**

¹cuervo *m Rabe* m ‖ ⟨V⟩ *Kolkrabe* m *(Corvus corax)* ‖ ⟨pop desp⟩ *Pfaffe* m ‖ ~ blanco *e–e Geierart* ‖ ~ marino *Seerabe, Kormoran* m (→ **cormorán**) ‖ la ida del ~ ⟨fam⟩ *die Abreise e–r Person, deren Rückkehr man nicht wünscht* ‖ cría ~s, y te sacarán los ojos ⟨Spr⟩ *Undank ist der Welt Lohn* ‖ tomar la del ~ ⟨fam⟩ *abhauen*

²cuervo adj/m *aus Villanueva del Duque* (P Córd) ‖ *auf Villanueva del Duque bezüglich*

¹cuesco *m Kern* m *(des Steinobstes)*

²cuesco *m* ⟨pop⟩ *(geräuschvoller) Furz* m ‖ ◇ soltar un ~ *e–n fahren lassen*

³cuesco *m* ⟨pop⟩ *Hieb* m ‖ Mex *Schlag* m *ins Genick*

⁴cuesco m Chi *verliebter Mensch* m

¹cuesta *f* ⟨Berg⟩ *Abhang* m ‖ *Steige, Steigung* f, (Ab)Stieg m ‖ *Anhöhe* f ‖ *Gefälle* n ‖ ~ abajo *bergab* ‖ ~ arriba *bergauf* ‖ ⟨fig⟩ *mit Mühe* ‖ la ~ de enero ⟨fig⟩ *die Kassenebbe* f *nach Weihnachten und dem Dreikönigsfest* ‖ en ~ *ansteigend (Weg)* ‖ ~s fpl: ir ~ abajo *abwärts gehen* ‖ ⟨fig⟩ *niedergehen, abwärts gehen, zurückgehen, schlechter werden* ‖ llevar a ~ *auf dem Rücken tragen* ‖ tomar a ~ *übernehmen* ‖ no puedo con ello a ~ ⟨figf⟩ *das ist zu viel, zu schwer für mich*

²**cuesta** *f* → **cuestación**
cuestación *f (Geld)Sammlung* f *(zu e–m frommen bzw sozialen Zweck)* ‖ *Kollekte* f
cuestecilla *f* dim von ¹**cuesta**
cuestión *f Frage* f ‖ *Streitfrage, Streitigkeit* f ‖ *Streit, Zank* m ‖ *Frage* f, *Problem* n ‖ *Sache* f ‖ *Aufgabe* f ‖ ~ aduanera *Zollfrage* f ‖ ~ batallona ⟨fam⟩ *Streitfrage* f ‖ ~ candente *brennende Frage* f ‖ ~ capital *Kernfrage* f ‖ ~ de competencia *Zuständigkeits-, Kompetenz|frage* f ‖ *Zuständigkeitsstreit, Kompetenz|konflikt* m, *-streitigkeit* f ‖ ~ de confianza *Vertrauensfrage* f ‖ ~ de culpabilidad *Schuld-, Verschuldens|frage* f ‖ ~ debatida *Streitgegenstand* m ‖ ~ decisiva *Schicksalsfrage* f ‖ ~ de derecho *Rechtsfrage* f ‖ ~ en disputa *Streitfrage* f ‖ ~ económica *Wirtschaftsfrage* f ‖ ~ fatal *Schicksalsfrage* f ‖ ~ de fondo ⟨Jur⟩ *materiellrechtliche Frage* f ‖ ~ de gabinete *Kabinettsfrage* f (& fig) ‖ ~ de gusto(s) *Geschmack(s)sache, Frage* f *des Geschmacks* ‖ ~ de hecho ⟨Jur⟩ *Tat-, Sachverhalts|frage* f ‖ ~ de honor *Ehrensache* f ‖ ~ importante *wichtige Frage* f *(UNO)* ‖ ~ incidental *Zwischen|frage* f, *-streit* m ‖ ~ indecisa *offene Frage* f ‖ ~ jurídica *Rechtsfrage* f ‖ ~ litigiosa *Streitfrage* f ‖ ~ medular ⟨fig⟩ *Kernfrage* f ‖ ~ de mérito → ~ de fondo ‖ ~ de orden *Geschäftsordnungsfrage* f ‖ ~ palpitante *brennende Frage* f ‖ ~ penal, ~ de pena ⟨Jur⟩ *Straffrage* f ‖ ~ pendiente *schwebende Frage* f ‖ ~ prejudicial ⟨Jur⟩ *Vorfrage, Prozessvoraussetzung* f ‖ ~ preliminar ⟨Jur⟩ *Vorfrage* f (z. B. *im Kollisionsrecht*) ‖ ~ de procedimiento *Verfahrensfrage* f ‖ ~ procesal ⟨Jur⟩ *Verfahrensfrage* f ‖ ~ racial *Rassenfrage* f ‖ ~ de responsabilidades ⟨Jur⟩ *Schuld-, Verschuldens|frage* f ‖ ~ de responsabilidades de guerra *Kriegsschuldfrage* f ‖ ~ social *soziale Frage* f ‖ ~ sucesoria ⟨Jur⟩ *Erbfolgefrage* f ‖ ~ en suspenso → ~ pendiente ‖ ~ de tormento *(hochnot)peinliche Frage* f ‖ ~ vital *lebenswichtige Frage* f ‖ la casa en ~ *die in Rede stehende Firma* ‖ ◇ la ~ no es no admitirlo *die Hauptsache ist, es nicht zuzulassen* ‖ de eso no hay ~ ⟨pop⟩ *das steht einmal fest* ‖ es ~ de tiempo *das ist e–e Frage der Zeit* ‖ ¡ésa es la ~! *das ist eben die Sache!* ‖ ¡ésa no es la ~! *darum geht es (hier) nicht!* ‖ llevar una ~ al orden del día *e–e Frage auf die Tagesordnung setzen* ‖ poner en ~ *in Zweifel ziehen* ‖ ventilar una ~ *e–e Frage erörtern* ‖ zanjar una ~ *e–e Frage od ein Problem lösen, e–e strittige Frage bereinigen, e–e Meinungsverschiedenheit beilegen* ‖ **cuestiones** *fpl:* ~ diversas *Verschiedenes* n *(auf der Tages|ordnung)*
cuestio|nable adj *(m/f) zweifelhaft* ‖ *strittig* ‖ **–nar** vt/i *streiten, in Wortwechsel geraten (sobre über* acc) ‖ *erörtern, diskutieren* ‖ *in Frage stellen* ‖ Am *nachforschen, grübeln* ‖ **–nario** *m Fragebogen* m ‖ *Fragebuch* n
cues|tor *m* ⟨Hist⟩ *(altrömischer) Quästor* m ‖ **–tuario, –tuoso** adj *einträglich* ‖ **–tura** *f Quästur* f
cuétano *m* Arg Salv *Raupe* f *e–s Schwärmers* (Sphynx hasdrubal)
cue|te *m* ⟨pop⟩ → ²**cohete** ‖ Mex *Scheibe* f *Fleisch aus der Hinterkeule* ‖ Mex ⟨fig⟩ *Trunkenheit* f ‖ Mex ⟨fig⟩ *Pistole* f, *Revolver* m ‖ ◆ al ~ ⟨Am⟩ *umsonst, unnütz* ‖ **–tear** vt Guat *mit dem Revolver schießen* ‖ ~ vi Col *sterben* ‖ ~**se** Col *sterben,* ⟨pop⟩ *verrecken* ‖ Mex *s. betrinken*
cueto *m (felsiger) Hügel* m
cueva *f Höhle, Grotte* f ‖ *Keller* m, *(Keller)Gewölbe* n ‖ ~ de ladrones (fig) *Räuberhöhle* f ‖ *sündhaft teures Lokal* n od *teurer Laden* m ‖ ◇ cae en la ~ el que a otro lleva a ella ⟨Spr⟩ *wer andern e–e Grube gräbt, fällt selbst hinein* ‖ ~**s** fpl *Zigeunerhöhlen* fpl *(von Granada)* ‖ ~ de Altamira *Altsteinzeithöhlen (mit prähistorischen Zeichnungen) bei Santillana del Mar* (P Sant)
cuévano *m Kiepe* f, *hoher Tragkorb* m ‖ *Winzerkorb* m ‖ Sant *Kinderkiepe* f *der pasiega*
cueve|cilla, –cita *f* dim von **cueva**
¹**cuezo** *m, cueza* *f Mörteltrog* m ‖ *Waschkübel* m ‖ ⟨fig pop⟩ *Kopf* m
△ ²**cuezo** *m Kopf* m
cúfico adj *kufisch (Schrift)*
cufifo adj Chi *be|trunken,* ⟨pop⟩ *-soffen*
cuguar(do) *m* SAm *Kuguar, Puma* m
cuí *m* SAm → **cuy** ‖ SAm → **cuim**
cuica *f* Ec *Regenwurm* m ‖ Ec ⟨figf⟩ *spindeldürre Person* f, *Schwächling* m
cuicacoche *m* Mex *e–e Spottdrosselart* f (Toxostoma = Harporhynchus sp)
cuico adj *Spitzname der Chilenen für die Bolivianer* ‖ ~ *m* Mex *Polizist* m
¡cuidadito! dim von ²**¡cuidado!**
¹**cuidado** adj *sorgfältig, genau* ‖ *geschliffen* (z. B. *Übersetzung*) ‖ ◇ allí estará Vd. bien ~ *dort werden Sie gut aufgehoben sein*
²**cuida|do** *m Sorgfalt, Sorge* f ‖ *Wartung, Pflege* f ‖ *Besorgung* f, *zu besorgendes Geschäft* n ‖ *Eifer* m, *Bemühungen* fpl ‖ *Aufbewahrung* f ‖ ⟨Med⟩ *Behandlung* f ‖ *Besorgnis, Sorge, Angst* f ‖ *Vorsicht, Aufmerksamkeit* f ‖ ~ debido *gebotene od erforderliche Sorgfalt* f ‖ ◆ al ~ de … *per Adresse …, bei … (auf Briefen)* ‖ sin ~ *unbesorgt* ‖ *nachlässig* ‖ ◇ ~ que has sido valiente *man muss wohl sagen, dass du tapfer warst* ‖ me da ~ *es macht mir Sorge* ‖ decir con ~ *schonend beibringen* ‖ lo dejo de od a su cuidado *ich überlasse es Ihnen* ‖ estar (enfermo) de ~ *schwer krank sein* ‖ estar con ~ *besorgt sein* ‖ esto corre de su ~ *dafür ist er (sie, es) verantwortlich* ‖ ¡manéjese con ~! *Vorsicht, nicht stürzen!* ‖ ¡pierda Vd. ~ seien Sie unbesorgt!* ‖ poner ~ en *Sorgfalt verwenden auf* (acc) ‖ salir de su ~ *s. erholen* ‖ ⟨fig⟩ *entbunden werden, gebären (Frau)* ‖ este tío es de ~ *bei dem (Kerl) ist Vorsicht am Platze* ‖ tener ~ *Acht geben* ‖ *s. hüten* ‖ tenga ~ de od en no caer *geben Sie Acht, dass Sie nicht fallen!* ‖ no tenga ~ *seien Sie unbesorgt!* ‖ esto me tiene muy sin ~ *darüber mache ich mir überhaupt k–e Sorgen* ‖ *das ist mir völlig gleichgültig* ‖ ¡~! *Achtung! Vorsicht!* ‖ ¡~, que es tonto! *da ist er wirklich dumm!* ‖ ¡~ con reír! *Schluss mit dem Lachen!* ‖ ¡~ con hablar! *kein Wort mehr!* ‖ ¡~ conmigo! *hütet euch vor mir! (Drohung)* ‖ ¡~ con los rateros! *vor Taschendieben wird gewarnt!* ‖ ~**s** mpl *Pflege* f ‖ primeros ~ *erste Hilfe* ‖ **–doso** adj *sorg|fältig, -sam* ‖ *umsichtig* ‖ *nett, zierlich* ‖ ~ (para) con su padre *rücksichtsvoll zu s–m Vater* ‖ adv: ~**amente**
cuidar vt *pflegen, warten, versorgen* ‖ *besorgen* ‖ *sorgen* (alg. *für jdn,* algo *für et.*) ‖ *aufbewahren* ‖ ⟨Med⟩ *behandeln* ‖ ◇ ~ la casa *den Haushalt führen* ‖ aufräumen ‖ ~ a un enfermo *e–n Kranken pflegen* ‖ ~ vi *Sorge tragen, sorgen* ‖ ◇ ~ de la salud *s. pflegen* ‖ *auf s–e Gesundheit acht(geb)en* ‖ cuide Vd. de no caer *nehmen Sie s. in Acht, dass Sie nicht fallen!* ‖ ~**se** *s. pflegen* ‖ *s. in Acht nehmen* ‖ *auf s–e Gesundheit Acht geben* od *achten* ‖ *s. hüten* (de *vor* dat) ‖ *s. kümmern (um)* ‖ ¡~! *¡cuídese Vd.! achten Sie auf Ihre Gesundheit!*
cuido *m* s von **cuidar** (bes. *auf materielle Dinge bezüglich*)
cuija *f* Mex *Blattfinger* m *(Art Gecko)* (Philodactylus tuberculatus) ‖ Mex ⟨fig⟩ *dünne, hässliche Frau* f

¹**cuije** m Mex *Singhabicht* m (Melierax = Asturina)

²**cuije** m Hond *Gauner* m ‖ Guat *Spion, Späher* m

cuila f CR ⟨fam⟩ *gebärfreudige Frau* f
cuilmas adj *ver|weichlicht, -weiblicht*
cuim m SAm *Greifstachler, Cuandu* m (Coëndou prehensilis)
cuin m, **cuina** f → **cuis**
cuino m *Schwein* n
cuircho m Mex *Liebhaber* m
cuis m Arg Chi *Meerschweinchen* n
¹**cuita** f *Betrübnis, Not, Sorge* f ‖ *Kummer* m ‖ *Sehnsucht* f
²**cuita** f MAm *Vogel|kot*, ⟨fam⟩ *-dreck* m
cuitado adj *betrübt, traurig* ‖ *elend* ‖ ⟨fig⟩ *missmutig* ‖ adv: ~**amente**
cuitear vi *Kot absetzen (von Vögeln)*
¹**cuja** f *Bettstelle* f
²**cuja** f Mex *Packleinen* n
cu|jazo m Am *Streich* m *(mit e–r Gerte)* ‖ **-je** m Am *Gerte, Rute* f
¡**cuje**! int Col *Ruf, um Hunde zu verscheuchen*
¹**cují** [pl ~**íes**] adj Col *geizig, knaus(e)rig*
²**cují** [pl ~**íes**] m Col (Bot) *Kujibaum* m
³**cují** [pl ~**íes**] m Pan *Pump* m ‖ *Pumpversuch* m

cujín m Salv → ²**guano**
△ **cujuñi** m *Lilie* f
cujus ⟨lat⟩: de ~ m ⟨Jur⟩ *Erblasser* m
cula|da f ⟨Mar⟩ *Rücklauf* m ‖ ◇ *dar od pegarse una ~ auf den Hintern fallen* ‖ **-men** m *dicker Hintern* m
culanchar vi Arg ⟨fam⟩ *Manschetten haben*
culan|trillo m ⟨Bot⟩ *Frauenhaar* m (Adiantum capillus-veneris) ‖ **-tro** m → **cilantro** ‖ ◇ *bueno es el ~, pero no tanto* ⟨Spr⟩ *in der Kürze liegt die Würze*
cula|ta f *Hinterteil* m, *Kruppe* f *(des Pferdes)* ‖ *(Gewehr)Kolben* m ‖ *Anschlag* m *(am Schießgewehr), Anschlagkolben* m ‖ *Bodenstück* n *(des Gewehrlaufes)* ‖ *Hintergestell* n *(e–r Kutsche)* ‖ *Zylinderkopf* m ‖ *Joch* m ‖ *Mantel* m *(Magnet)* ‖ ~ *incandescente* ⟨Auto⟩ *Glühkopf* m ‖ ~ *magnética* ⟨El⟩ *Magnet-, Pol|joch* n ‖ ◇ *el tiro le ha salido por la ~* ⟨figf⟩ *da hat er s. verrechnet* ‖ *der Schuss ging nach hinten los* ‖ **-tazo** m, **-tada** f *Kolben-, Rück|stoß* m ‖ ◇ *dar ~s stoßen (Schusswaffe)* ‖ **-tín** m *Bodenstück* n, *Handhabe* f *(MG)* ‖ ~ *de puntería Schulterstück* m *(MG)*
cu|lazo m augm von **culo** ‖ *Stoß* m *mit dem Hintern* ‖ **-lear** vi *mit dem Hintern wackeln*
cule|bra f *Schlange* f (bes. *nicht giftige Schlange*) ‖ ⟨Tech⟩ *Kühl-, Heiz|schlange* f ‖ ⟨figf⟩ *böses Weib* n ‖ ⟨figf⟩ *mutwilliger Streich* m ‖ ⟨figf⟩ *plötzlicher Lärm* m ‖ Cu ⟨Art⟩ *Volkstanz* m ‖ ~ *de agua Ringelnatter* f (Natrix natrix) ‖ ~ *de cascabel Klapperschlange* f (Sistrurus, Crotalus sp) ‖ ~ *ciega Netzwühle* f (Blanus cinereus) ‖ ~ *de cristal Blindschleiche* f (Anguis fragilis) ‖ ~ *de Montpellier Eidechsennatter* f (Malopolon monspessulamus) ‖ ◇ *hacer ~ s. schlängeln* ‖ **-breado** adj *schlängelnd* ‖ **-brear** vi *s. schlängeln, s. winden (wie e–e Schlange)* ‖ *schwanken (Betrunkener)* ‖ ⟨Mar⟩ *schwichten* ‖ **-breo** m *Schlängeln* n ‖ ⟨fam⟩ *unsicherer Zickzackgang* m *(e–s Betrunkenen)* ‖ ⟨fig⟩ *Winkelzüge* mpl
¹**culebrilla** f ⟨Med⟩ *Schlangen-, Tropen|flechte* f
²**culebrilla** f ⟨Zool⟩ → **culebra** *ciega*
³**culebrilla** f ⟨Mil⟩ *Riss* m *im Geschützrohr*
culebri|na f ⟨Mil Hist⟩ *Feldschlange* f ‖ ⟨Meteor⟩ *Schlangenblitz* m ‖ **-no** adj

schlangenartig, Schlangen- ‖ **-ta** f dim von **culebra**
cule|brón m augm von **-bra** ‖ ⟨TV⟩ *Serie, Seifenoper* f ‖ ⟨figf⟩ *verschmitzter Mensch* m ‖ Mex *schlechtes Theaterstück* n ‖ ~ *veraniego Sommertheater* n
culeco adj Am *heftig verliebt*
cule|ra f *Schmutz-, Kot|fleck* m *(in e–r Windel)* ‖ *Flicken, Flicklappen* m *(auf dem Gesäß)* ‖ **-ro** adj ⟨fam⟩ *träge, fahrlässig* ‖ ~ m *Gesäßunterlage* f *(für Wickelkinder)* ‖ ⟨fam⟩ *Hinterlappen* m
culi m *Kuli* m
culícidos mpl ⟨Zool⟩ *Stechmücken* fpl (Culicidae)
culi|gordo adj ⟨fam⟩ *mit dickem Hintern* ‖ **-llo** m *Bodenteil* m *(e–s Glases)*
culimiche adj Mex *geringwertig*
culimpinarse vi Mex *s. bücken*
culinario adj *Küchen-, Koch-, kulinarisch*
culi|negro adj ⟨fam⟩ *mit schwarzem Hintern* ‖ **-quemado** adj/s ⟨joc⟩ *aus Adamuz* (P Córd) ‖ **-rroto** adj *mit verstümmeltem Hintern* ‖ ⟨joc⟩ *Hinterlader* m *(homosexuell)*
culito m dim von **culo** ‖ un ~ *de vino ein Schluck Wein* ‖ ◇ *quien no castiga ~, no castiga culazo* ⟨Spr⟩ *das Bäumchen muss man biegen, solange es jung ist* ‖ *was Hänschen nicht lernt, lernt Hans nimmermehr*
culmi|nación f ⟨Astr⟩ *Kulmination* f ‖ ⟨fig⟩ *Höhepunkt* m ‖ **-nante** adj (m/f): *punto* ~ *Kulminationspunkt* m ‖ ⟨fig⟩ *Glanz, Gipfelpunkt* m ‖ **-nar** vi ⟨fig⟩ *den Höhepunkt erreichen*
culo m ⟨vulg⟩ *Arsch* m ‖ ⟨pop⟩ *Hintern* m ‖ ⟨fam⟩ *Po(po), Podex* m ‖ ⟨joc⟩ *Hintergestell* n ‖ *Boden* m (z. B. *e–s Glases*) ‖ *Unterteil* n (& m) ‖ ⟨Mar⟩ *Gatt* n ‖ ~ *de lámpara* ⟨Arch⟩ *herabhängender Zierrat* m ‖ ⟨Typ⟩ *Schlusszierrat* m ‖ ~ *de saco Sackgasse* f ‖ ~ *de vaso Butzenscheibe* f ‖ ⟨figf⟩ *falscher Edelstein* m ‖ ⟨fam⟩ *Scherbe* f ‖ ♦ *con el* ~ *prieto ohne Schwung, ohne Antrieb* ‖ ◇ *besarle od lamerle el* ~ *a alg.* ⟨fig vulg⟩ *jdm in den Hintern kriechen* ‖ *caer de* ~, *dar de* ~, *dar con el* ~ *en tierra auf den Hintern fallen* ‖ *caerse de* ~ *auf den Hintern fallen* ‖ ⟨fig⟩ *baff, verdutzt sein* ‖ *dar de* ~ *herunterkommen* ‖ *dar por* ~ ⟨vulg⟩ *in den Arsch ficken* ‖ *¡que le den por el* ~! ⟨vulg⟩ *der soll s. zum Teufel scheren* ‖ *dar a uno una patada od un puntapié en el* ~ ⟨pop⟩ *jdn in den Arsch treten* ‖ *dejar a alg. con el* ~ *al aire* ⟨figf⟩ *jdn in der Patsche od im Regen stehen lassen* ‖ *enseñar el* ~ ⟨figf⟩ *s. feige benehmen* ‖ *Reißaus nehmen* ‖ *mojarse el* ~ ⟨figf⟩ *s. festlegen* ‖ *mover el* ~ ⟨figf⟩ *tätig sein* ‖ *oír por el* ~ ⟨vulg⟩ *schwerhörig sein* ‖ *pasarse algo por el* ~ *auf et. pfeifen* ‖ *pensar con el* ~ ⟨fig⟩ *kopflos od unüberlegt handeln* ‖ *nichts verstehen* ‖ *perder el* ~ ⟨figf⟩ *in Windeseile rennen* ‖ *quitarle a uno el* ~ *a azotes* ⟨fam⟩ *jdn tüchtig verprügeln* ‖ *ser el* ~ *del fraile* ⟨figf⟩ *der Sündenbock sein* ‖ *tener* ~ *de mal asiento* ⟨fig⟩ *kein Sitzfleisch haben* ‖ *vivir en el* ~ *del mundo* ⟨figf⟩ *am Ende*, ⟨vulg⟩ *am Arsch der Welt wohnen* ‖ *volver el* ~ ⟨figf⟩ *Fersengeld geben* ‖ *quien mucho se baja, el* ~ *enseña* ⟨Spr⟩ *Demut soll nicht in Kriecherei ausarten* ‖ *a* ~ *pajarero* ⟨fam⟩ *mit nacktem Popo*
culomb|ímetro m ⟨El⟩ *Voltameter* n ‖ **-io** m *Coulomb* n
culón adj *mit großem Hintern*, ⟨pop⟩ *dickarschig* ‖ ~ m ⟨Mil figf⟩ *Invalide* m
culotar vt *anrauchen (Pfeife)*
culote m ⟨Mil⟩ *Geschoss-, Stoß|boden* m ‖ ~ *de casco od de casquillo Hülsenboden* m ‖ ~ *posterior Bodenkammer* f
culpa f *Schuld* f ‖ *Verschulden* n ‖ *Fehler* m ‖

Sünde f ‖ *Fahrlässigkeit* f ‖ ~ aquiliana
unerlaubte Handlung f ‖ ~ contractual
Vertragsbruch m, *fahrlässige Vertragsverletzung* f
‖ ~ extracontractual *außervertragliches*
Verschulden n, *außervertragliche Haftung* f ‖ ~
grave, leve *grobe, leichte Fahrlässigkeit* f ‖ ◊ es
~ suya *er (sie, es) ist daran schuld* ‖ echar la ~
a alg. *die Schuld auf jdn schieben* ‖ tener la ~ de
… *schuld sein an* … (dat)
   culpa|bilidad *f Strafbarkeit* f ‖ *Schuld* f ‖
Verschulden n ‖ *Schuldfrage* f ‖ *Straffälligkeit* f ‖
~ de la guerra *Kriegsschuld* f ‖ **–ble** adj *(m/f)*
schuldig ‖ *strafbar* ‖ *tadelnswert* ‖ ◊ hacerse ~
de *s. (et.) zuschulden (& zu Schulden) kommen*
lassen ‖ ~ *m/f Schuldige(r* m) f ‖ adj: ~**mente** ‖
–ción *f Beschuldigung* f ‖ **–do** adj *beschuldigt* ‖
angeklagt ‖ ~ *m Angeschuldigte(r)* m
   culpar vt *an-, be|schuldigen* ‖ ⟨lit⟩ *zeihen* ‖
anklagen ‖ *zur Last legen* (a alg. de algo *jdm et.*)
‖ ~ de perezoso *der Trägheit beschuldigen*
   culpeo *m* Chi ⟨Zool⟩ *Magellanfuchs* m (Canis
magellanicus)
   culposo *schuldhaft* ‖ *fahrlässig*
   culta|latiniparla *f* ⟨joc⟩ *ge|zierte* od *-schraubte*
od *affektierte Sprache* f *(der Sprachpuristen)* ‖
–mente adv *höflich* ‖ ⟨fig⟩ *geziert*
   culte|ranismo *m* ⟨Lit⟩ *Culteranismo,*
Kulteranismus m ‖ *ge|zierter* od *-schraubter* od
affektierter Schreibstil m ‖ **–r(an)o** adj ⟨joc⟩
geziert, schwülstig (im Stil) ‖ *puristisch* ‖ ~ *m*
Kulteranist m
   cúltico adj *kultisch*
   culti|parlar vi *ge|ziert* od *-schraubt* od
affektiert reden ‖ **–parlista** *m/f ge|zierte(r)* od
geschraubte(r) od *affektierte(r) Rednerin* f
(Redner m) ‖ **–picano** adj *affig*
   cultismo *m* → **culteranismo** ‖ *gehobener*
Ausdruck m
   cultiva|ble adj *(m/f) anbaufähig* ‖ **–ción** *f*
(An)Bau m *(von Ländereien)* ‖ **–do** adj *gebildet* ‖
–dor *m/adj Ackersmann, Landwirt* m ‖ *Förderer*
m ‖ *Gärtner* m ‖ *Grubber, Kultivator* m *(Gerät)* ‖
Züchter m ‖ ⟨fig⟩ *Pfleger* m ‖ ~ de arroz
Reiszüchter m ‖ ~ de vino *Weinbauer* m
   culti|var vt *(an)bauen, be|bauen, -stellen,*
kultivieren (den Boden) ‖ *ziehen, züchten*
(Pflanzen) ‖ ⟨fig⟩ *ausbilden (Gedächtnis)* ‖ ⟨fig⟩
bilden, vervollkommnen ‖ ⟨fig⟩ *(aus)bilden*
(Sprache, Sitten) ‖ ⟨fig⟩ *pflegen, hegen*
(Freundschaft, Umgang) ‖ *verkehren* (a alg. mit
jdm) ‖ (fam) *s. warmhalten* (a alg. *jdn*) ‖ ⟨fig⟩
(be)treiben, üben (Künste) ‖ ~**se** *angebaut werden*
‖ **–vo** *m* (Agr) *(An)Bau* m ‖ *Bebauung* f ‖ ⟨Med⟩
Kultur, Züchtung f ‖ ⟨fig⟩ *Ausbildung, Pflege* f ‖
~ alterno *Wechselwirtschaft* f ‖ ~ bacteriano
⟨Med⟩ *Bakterienkultur* f ‖ ~ en bancales
Terrassenkultur f ‖ ~ en caldo ⟨Med⟩
Bouillonkultur f ‖ ~ celular ⟨Med⟩ *Zellenkultur* f
‖ ~ de cereales *Getreide(an)bau* m ‖ ~ extensivo
extensive Bodenbewirtschaftung f ‖ ~ de
hortalizas *Gemüse(an)bau* m ‖ ~ intensivo
intensive Bodenbewirtschaftung f ‖ ~ intercalado
Doppelkultur f ‖ ~ de levadura *Hefekultur* f ‖ ~
en placa ⟨Med⟩ *Plattenkultur* f ‖ ~ de plantas
industriales *Gewerbepflanzenbau* m ‖ ~ puro
⟨Med⟩ *Reinkultur* f ‖ ~ de regadío
Bewässerungskultur f ‖ ~ de secano
Trockenfarmerei f ‖ ~ de tejidos ⟨Med⟩
Gewebskultur f ‖ ~ en terrazas *Terrassenkultur* f
‖ ~**s** *mpl:* ~ alternos *Wechselnutzung* f
   ¹culto adj/adv *gezüchtet (Pflanzen)* ‖ *bebaut*
(Gelände) ‖ *ge|bildet, -sittet (Volk, Person)* ‖
höflich, zierlich ‖ ⟨fig⟩ *geziert, schwülstig (Stil)*
   ²culto *m Gottesdienst, Kult(us)* m ‖ *Religion* f ‖
Religionsausübung f ‖ ~ de los antepasados

Ahnenkult m ‖ ~ divino *Gottesdienst* m ‖ ~
doméstico *Hausandacht* f ‖ ~ de dulía ⟨Kath⟩
Heiligenverehrung f ‖ ~ fálico *phallischer Kult* m
‖ ~ de hiperdulía ⟨Kath⟩ *Marienverehrung* f ‖ ~
del *od* al jefe *Führerkult* m ‖ ~ de latría ⟨Kath⟩
Gottesverehrung f ‖ ~ de la María, ~ mariano
⟨Rel⟩ *Marienverehrung* f ‖ ~ de personas, de la
personalidad *Personenkult* m ‖ ~ religioso
Gottesdienst m ‖ ~ de los santos
Heiligenverehrung f ‖ ~ de la Virgen
Marienverehrung f ‖ ◊ rendir ~ a la belleza *die*
Schönheit verehren
   ³culto *m (An)Bau* m, *Zucht* f ‖ ~ sin suelo
Hydroponik f
   cultu|ra *f Anbau* m, *Bestellung* f *des Bodens* ‖
Bodennutzung f ‖ *Kultur, (Aus)Bildung* f ‖
Gesittung, Kultur f ‖ ⟨fig⟩ *Pflege, Bildung* f ‖ ~
física *Körper|pflege, -kultur* f, *Leibesübungen* fpl
‖ ~ general *Allgemeinbildung* f ‖ ~s recientes
rezente Kulturen fpl *(Völkerkunde)* ‖ **–al** adj
(m/f) kulturell, Kultur-, Bildungs- ‖ **–rar** vt →
cultivar ‖ **–rismo** *m Körperkulturistik* f,
Bodybuilding n ‖ **–rista** *m/f Bodybuilder* m ‖
–rización *f Kultivierung* f ‖ **–rizar** [z/c] vt
kultivieren
   ¹cuma *f* Hond *kurzes Busch- od Weid|messer* n
   ²cuma *f* SAm *Taufpatin* f ‖ *Trauzeugin* f ‖
SAm ⟨fig⟩ *Klatschbase* f
   cumarina *f* ⟨Chem⟩ *Kumarin* n
   cumbia *f* ⟨Bol⟩ *ein bolivianischer Tanz*
   cumbre *f (Berg)Gipfel* m ‖ ⟨fig⟩ *Gipfel* m ‖ ~s
elevadas *hochragende Berggipfel* mpl ‖ ◊ llegar a
la ~ ⟨fig⟩ *den Gipfel erreichen*
   cumbrera *f* ⟨Zim⟩ *Zug-, Binde|balken* m ‖
(Dach)First m ‖ *(Bock)Holm* m
   cúmel *m Kümmel(branntwein)* m
   cumidina *f* ⟨Chem⟩ *Kumidin* n
   cumeno *m* ⟨Chem⟩ *Kumol* n
   cumiche *m* Am *Jüngste(r)* m *in der Familie*
   cumíneo adj *kümmelartig*
   cumis *m Kumys(s)* m, *gegorene Stutenmilch* f
   cummingtonita *f* ⟨Min⟩ *Cummingtonit* m
   cumpa *m* SAm *Pate* m ‖ *Gevatter* m ‖ *Freund,*
Kamerad, Kumpel m
   cúmplase *m Amtsformel* f *in*
Anstellungsurkunden ‖ *zu vollstrecken (Verfügung*
des Richters) ‖ *Genehmigungsvermerk* m ‖ Am
Sanktionierungsformel f *(e–s Gesetzes)*
   cumpleaños *m Geburtstag* m
   cumplefaltas *m/f* (fam) *Ersatz|mann* m, *-frau* f
   cumpli|dero adj *zweckmäßig, dienlich* ‖
abgelaufen (Zahlungsfrist) ‖ *ablaufend (Frist)* ‖
–do adj *voll|kommen, -ständig, -endet* ‖
hinlänglich ‖ *reichlich* ‖ *höflich, gebildet* ‖ *artig,*
gefällig ‖ *erledigt* ‖ ⟨Mil⟩ *ausgedient* ‖ un ~
caballero *ein vollendeter Kavalier* m ‖ tengo 50
años ~s *ich bin volle 50 Jahre alt* ‖ adv:
~**amente** ‖ ~ *m Höflichkeitsbezeigung* f,
Kompliment n ‖ *Aufmerksamkeit* f, *Geschenk* n ‖
Erledigungsvermerk m (z. B. *auf der*
Zolldeklaration) ‖ ◆ por ~ *aus Höflichkeit* ‖ ~**s**
mpl *Umstände* mpl ‖ ◆ sin ~s *offen, freiheraus,*
⟨pop⟩ *frei von der Leber weg* ‖ ◊ hacer ~s
Umstände machen, s. zieren ‖ ¡sírvase sin ~ *od*
~s! *bedienen Sie s. ohne Umstände!* ‖ mis ~s a
… *m–e Empfehlung an, grüßen Sie … von mir!* ‖
¡sin ~s! *k–e Umstände!* ‖ **–dor** *m/adj zuverlässig,*
gewissenhaft ‖ fiel ~ de sus deberes
pflichtbewusster Mensch m
   cumpli|mentar vt *be|grüßen, -willkommnen* ‖
beglückwünschen ‖ ⟨Jur⟩ *(die Anordnungen)*
ausführen ‖ *ausfüllen (Formular)* ‖ ◊ ~ a una
autoridad *e–n offiziellen Besuch abstatten* ‖
–mentero *m übertrieben höflich* ‖ *schmeichlerisch*
‖ **–miento** *m Vollziehung* f ‖ *Erfüllung* f ‖

Ausführung f ‖ *Bewirken* n *(der geschuldeten Leistung)* ‖ *Verbüßung* f *(der Strafe)* ‖ *Befriedigung* f ‖ *Höflichkeitsbezeigung* f, *Kompliment* n ‖ ~ de la condena →. ~ de la pena ‖ ~ de un contrato *Erfüllung* f *e–s Vertrages* ‖ *Gerichtsstand* m *des Erfüllungsorts* ‖ ~ del deber *Pflichterfüllung* f ‖ ~ de un encargo *Erledigung* f *e–s Auftrages* ‖ ~ de la ley *Befolgung* f *des Gesetzes* ‖ ~ de la obligación *Leistung* f ‖ ~ parcial *Teilerfüllung* f ‖ ~ de la pena *Strafverbüßung* f ‖ *Strafvollzug* m ‖ ~ de la prestación *Einbringung* od *Bewirkung* f *der Leistung* ‖ ~ de la sentencia *Vollstreckung* f *des Urteils* ‖ amtlicher *Besuch* m ‖ ◆ en ~ de mi promesa *mein Versprechen erfüllend* ‖ por (mero) ~, de ~ *(bloß) der Form wegen* ‖ sin ~(s) *ohne Umstände, frei* ‖ ◇ ¡no ande Vd. con ~s! *machen Sie k–e Umstände!* ‖ dar ~ a *vollstrecken, erledigen* ‖ *Folge leisten* ‖ estar, ir de ~ *Höflichkeitsbesuche empfangen* od *abstatten* ‖ presentar sus ~s a uno *jdn be\grüßen, -willkommnen*

cumplir vt *erfüllen, vollziehen (Versprechen, Pflicht)* ‖ *ausführen, voll\strecken, -enden* ‖ *zu Ende bringen (e–e Zeitfrist)* ‖ *erledigen* ‖ *abhelfen (e–r Not)* ‖ *befriedigen* ‖ *versorgen (mit)* ‖ *ableisten (Dienstzeit)* ‖ *befolgen (Gesetz)* ‖ ◇ ~ años *s–n Geburtstag feiern* ‖ voy a ~ 50 años *ich bin beinahe 50 Jahre alt* ‖ ¿cuándo cumple Vd. años? *wann ist Ihr Geburtstag?* ‖ ~ un encargo *e–n Auftrag erledigen* ‖ ~ vi *s–e Schuldigkeit* od *Pflicht tun (con gegenüber)* ‖ *zu Ende gehen, ablaufen, verfallen (Frist)* ‖ (Mil) *ausdienen* ‖ ~ con sus deberes *s–n Pflichten nachkommen* ‖ ~ con una formalidad *e–e Förmlichkeit erfüllen* ‖ ~ de palabra *sein Wort geben und nicht halten* ‖ hacer a/c por ~ *et. gezwungen, der Form wegen* od *obenhin tun* ‖ cumpla Vd. por mí *tun Sie es (grüßen Sie usw.) für mich!* ‖ me cumple decirle *ich muss Ihnen sagen* ‖ lo que le cumple *nach Ihrem Belieben* ‖ ~se *in Erfüllung gehen (Wunsch)* ‖ *s. vollenden, enden* ‖ *ablaufen (Urlaub, Frist)* ‖ *eintreffen*

cumquibus m (lat joc) *Geld* n, ⟨fam⟩ *Moneten* pl

cumu\lar vi *(an)häufen* ‖ *Doppelverdiener sein* ‖ *mehrere Ämter gleichzeitig bekleiden* ‖ **–lativamente** adv *gemeinsam (bei verbundenen Prozessen)* ‖ **–lativo** adj *noch hinzukommend, zusätzlich, kumulativ, Zusatz-*

cúmulo m *Haufen* m ‖ *Menge* f ‖ *Gipfel* m ‖ ⟨fig⟩ *Geschäftsandrang* m ‖ ⟨fig⟩ ⟨Com⟩ *Überschwemmung* f *(z.B. des Marktes mit Waren)* ‖ ~ de bienes *Vermögensmasse* f ‖ ~ de delitos *Verbrechenskonkurrenz* f ‖ ~ de la Osa Mayor ⟨Astr⟩ *Großer-Bär-Haufen* m

cumulonimbos mpl ⟨Meteor⟩ *Kumulunimbusse* mpl

cúmulos mpl ⟨Meteor⟩ *Kumuli* mpl, *Kumulus-, Haufen\wolken* fpl

¹cuna f *Wiege* f ‖ ⟨fig⟩ *Heimat* f, *Geburtsort* m, *Vaterland* n ‖ ⟨fig⟩ *Herkunft, Abstammung* f ‖ ⟨fig⟩ *Kindheit, Wiege* f ‖ ⟨fig⟩ *Ursprung* m ‖ ⟨reg⟩ *Findelhaus* n ‖ ◆ de humilde (ilustre) ~ *niederer (vornehmer) Abstammung* f ‖ ◇ lo que se aprende en la~, siempre dura ⟨Spr⟩ *was die Wiege gibt, nimmt das Grab*

²cuna f ⟨Mil Tech⟩ *Wiege* f ‖ ⟨Tech⟩ *Gestell* n ‖ ⟨Mar⟩ *Schlitten* m *(für den Stapellauf)*

³cuna f ⟨Taur⟩ *Hörnerweite* f *(des Stiers)*

cunaguaro m Ven *Pardelkatze* f (→ **ocelote**)

cunar vt → **cunear**

cunda m Pe ⟨fam⟩ *Spaßvogel* m

cundido ~ m *Öl, Salz* n *und Essig* m *als Verpflegung für die Hirten*

¹cundir vi *s. ausbreiten (e–e Flüssigkeit, Krankheit, Nachricht, Lehre)* ‖ *s. dehnen, an Umfang zunehmen, aufquellen* ‖ *s. verbreiten (Gerücht, Nachricht)* ‖ *Schule machen* ‖ *dicht fallen (Schnee)* ‖ ◇ hacer ~ *in Umlauf bringen, verbreiten (Gerücht)*

²cundir vi Sal *würzen*

cuneado adj *keilförmig*

cunear vt *(ein)wiegen (Kind)* ‖ ~se vr ⟨fig⟩ *schunkeln*

cuneiforme adj *(m/f) keilförmig, kuneiform (& Schrift)*

cuneo m *s von* **cunear(se)** ⟨Ins⟩ *Zwickel* m *(bei einigen Schnabelkerfen)*

cúneo m ⟨Mar⟩ *Keilformation* f

cune\ra f *Kinderfrau* f *(am Hof)* ‖ **–ro** m ⟨reg⟩ *Findelkind* n ‖ ⟨fig⟩ *Stier* m *unbestimmter Herkunft*

cuneta f *Seitengraben e–r Landstraße, Straßengraben* m ‖ *Gosse, Rinne* f, *Rinnstein* m ‖ ◇ dejar a alg. en la cuneta ⟨figf⟩ *jdn im Regen stehen lassen*

cunicul\tor m *Kaninchenzüchter* m ‖ **–tura** f *Kaninchenzucht* f

cunnilin\gus, –güismo m *Cunnilingus* m

¹cuña f *Keil, Richt-, Treib-, Unterlege\keil* m ‖ *untergelegter Span* m ‖ ⟨Arch⟩ *Keilstein* m ‖ Am ⟨fig⟩ *einflussreicher Mensch* m, ⟨fam⟩ *großes Tier* n ‖ ~ de ajuste *Stell-, Gegen\keil* m ‖ ~ de calzar *Spreiz-, Unterleg\keil* m ‖ ~ de empuje *Druck-, Spann\keil* m ‖ ~ de madera *Holzkeil* m ‖ ~ de partir *Spaltkeil* m ‖ ~ plana *Flachkeil* m ‖ ◆ en forma de ~ *keilförmig* ‖ ~s fpl ⟨fam⟩ *gute Beziehungen* fpl

²cuña f MAm *zweisitziger Wagen* m

cuña\da f *Schwägerin* f ‖ **–día** f *Schwägerschaft* f ‖ **-do** m *Schwager* m

cuñar vt → **¹acuñar**

cuñete m *kleines Fass* n

cuño m *(Münz)Stempel* m ‖ *Gepräge* n ‖ *Prägung* f ‖ ⟨fig⟩ *Art* f, *Schlag* m ‖ ⟨Mar⟩ → **cúneo** ‖ ◆ de nuevo ~ ⟨fig⟩ *neu, modern*

cuñuela f dim von **¹cuña**

cuociente m → **cociente**

cuodlibe\tal *(m/f)*, **cuodlibético** adj: dicho ~ *Gemeinplatz* m ‖ **–to** m *Quodlibet* n ‖ [veraltet] *Mischmasch* m, *Durcheinander* n

cuota f *Quote* f ‖ *(An)Teil* m ‖ *Mitgliedsbeitrag* m ‖ *Unkostenbeitrag* m ‖ *Gebühr* f ‖ *Steuer\beitrag* m, *-quote* f ‖ *Taxe, Rate, Teilzahlung* f ‖ *Schulgeld* n ‖ Am *Straßen(benutzungs)gebühr*, (bes Öst) *Maut* f ‖ ~ de amortización *Tilgungs\satz* m, *-quote* f ‖ ~ atrasada *Beitragsrückstand* m ‖ ~ per cápita *Pro-Kopf-Beitrag* m ‖ ~ en la cosa común *Miteigentümeranteil, Miteigentumsanteil* m ‖ ~ de entrada *Beitrittsgebühr* f ‖ *Eintrittsgeld* n ‖ *Einschreibegebühr* f ‖ ~ de exportación *Ausfuhrquote* f ‖ ~ feminina *Frauenquote* f ‖ ~ de importación *Einfuhrquote* f ‖ ~ de inscripción *Einschreibgebühr* f ‖ ~ de mortalidad *Sterbeziffer, Sterblichkeitsrate* f ‖ ~ mortuoria *Sterbegeld* n ‖ ~ de nacimientos *Geburtenrate* f ‖ ~ obligatoria *Pflichtbeitrag* m ‖ ~ patronal *Arbeitgeberanteil* m ‖ ~ de penetración en el mercado *Marktanteil* m ‖ ~ periódica *Apanage* f ‖ ~ de socio *Mitgliedsbeitrag* m

cuotaparte *(pl cuotaspartes)* f *Beitrags-, Gebühren\anteil* m ‖ ~ aérea *Gebührenanteil* m *für Luftbeförderung* ‖ ~ de llegada *Endgebührenanteil* m *(Post)* ‖ ~ de salida *Anfangsgebührenanteil* m *(Post)* ‖ ~ de tránsito *Durchgangsgebührenanteil* m *(Post)*

cuotidiano adj *täglich*

cupada f *[in der Weinherstellung] Cuvée* f

cupe → **caber**
cupé m ⟨Auto⟩ *Coupé* n ‖ Öst ⟨EB⟩ *Coupé* n ‖
geschlossene zweisitzige Kutsche f ‖ ~ deportivo
Sportwagen m
　Cupido m *Kupido, Liebesgott* m ‖ ~ ⟨figf⟩
verliebter Mann m
　cuplé m *Couplet, Lied* n
　cupletista m/f *Coupletsänger(in* f) m,
Chanson(n)ette f
　cupo m *Beitrag* m, *Kontingent* n, *Quote* f ‖
Steueranteil m ‖ ⟨Mil⟩ *Truppenkontingent* n ‖ ~
básico (C.E.) *Grundquote* f *(EG)* ‖ ~ bilateral
bilaterales Kontingent n ‖ ~ de crédito *Kredit-,
Beleihungs⎸grenze* f ‖ ~ de exportación
Ausfuhrkontingent n ‖ ~ global *Globalkontingent*
n ‖ ~ de importación *Einfuhrkontingent* n
　cupón m *Gewinnanteil-, Dividenden⎸schein,
Kupon, Coupon* m ‖ *Zinsschein, Kupon, Coupon*
m ‖ *Wertschein* m ‖ ~ de descuento *Rabattmarke*
f ‖ ~ de dividendo *Gewinnanteil-,
Dividenden⎸schein* m ‖ ~ (de) respuesta
internacional *internationaler Antwortschein* m
(Post)
　cupresáceas fpl ⟨Bot⟩ *Zypressengewächse* npl
(Cupressaceae)
　cúpri⎸co adj ⟨Chem⟩ *Kupfer(II)-* ‖ **–dos** mpl
Kupfererze npl
　cuprífero adj *kupferhaltig*
　cupro⎸níquel m *Kupfer-Nickel-Legierung* f
(z. B. *Nickelin)*
　cuproso adj *kupferhaltig* ‖ *Kupfer(I)-*
　cúpula f ⟨Arch⟩ *Kuppel, Haube* f ‖ ⟨Arch⟩
Kuppeldach n ‖ ⟨Bot⟩ *Fruchtbecher* m, *Cupula* f
(bei Buchengewächsen) ‖ ⟨Mar⟩ *Geschützturm* m ‖
~ de escape de vahos *Dunsthaube* f ‖ ~ giratoria
Drehkuppel f ‖ ~ de vapor *Dampfdom* m ‖ ~ de
vidrio *Glaskuppel* f
　cupu⎸lar *(m/f)*, **–lado** adj ⟨Arch⟩ *kuppelförmig* ‖
becherförmig ‖ **–lino** m ⟨Arch⟩ *Auf-, Dach⎸reiter* m
　cuquear vt Cu *hetzen*
　¹cuquera f Ar *(Art) Wurmnest* n
　²cuquera f Ar *Wunde* f *am Kopf*
　cuquería f ⟨fam⟩ *Verschlagenheit, List* f
　cuquillo m *Kuckuck* m ‖ ◇ cantó el ~ y
descubrió su nido ⟨Spr⟩ *Reden ist Silber,
Schweigen ist Gold*
　¹cura m *Pfarrer, Seelsorger* m ‖ *Geistliche(r)*
m ‖ ⟨fam⟩ *Kumpan, Geselle* m ‖ ~ castrense
Feldkaplan m ‖ ~ ecónomo *(Pfarr)vikar* m ‖ ~
párroco *Pfarrer* m ‖ *Gemeindepfarrer* m ‖ este ~
⟨joc⟩ = **yo**
　²cura f *Kur* f, *Heilverfahren* n ‖ *Genesung,
Heilung* f ‖ Chi ⟨fam⟩ *Trunkenheit* f ‖ ~ de
adelgazamiento *Abmagerungs-, Entfettungs⎸kur* f ‖
~ de aguas *Brunnenkur* f ‖ ~ de aire *Luftkur* f ‖
~ de almas *Seelsorge* f ‖ ~ de alturas *Höhenkur* f
‖ ~ balnearia *Badekur* f ‖ ~ de baños de mar
Seebadekur f ‖ ~ de bebida *Trinkkur* f ‖ ~ de
cama *Liegekur* f ‖ ~ de descloruración *salzlose
Kur* f ‖ ~ de engorde *Mastkur* f ‖ ~ forzosa
Zwangsheilung f ‖ ~ de fruta *Obstkur* f ‖ ~ de
hambre *Hungerkur* f ‖ ~ hidromineral *Trinkkur* f
‖ ~ láctica, ~ de leche *Milchkur* f ‖ ~ milagrosa
Wunderkur f ‖ ~ obligatoria *Zwangsheilung* f ‖ ~
posterior *Nachkur* f ‖ ~ preliminar *Vorkur* f ‖ ~
primera ~ *erste Hilfe* f ‖ ~ de rejuvenecimiento
Verjüngungskur f ‖ ~ de reposo *Liegekur* f ‖ ~
de sed *Durstkur* f ‖ ~ de sobrealimentación
Mastkur f ‖ ~ de sol, ~ solar *Sonnenkur* f ‖ ~
sudorífera, ~ de sudor *Schwitzkur* f ‖ ~ de
superalimentación *Mastkur* f ‖ ~ suplementaria
Nachkur f ‖ ~ termal *Thermalkur* f ‖ ~ de
urgencia *erste Hilfe* f ‖ ~ de uvas *Traubenkur* f ‖
◇ eso no tiene ~ ⟨fam⟩ *dem ist nicht abzuhelfen,
damit ist es aus*

cura⎸bilidad f *Heilbarkeit* f ‖ **–ble** adj *(m/f)*
heilbar
　cura⎸callos m *Hühneraugenmittel* n
　¹curación f *Heilung, Genesung* f ‖ ~ definitiva
Dauerheilung f ‖ ~ espontánea *Selbst-,
Spontan⎸heilung* f
　²curación f *Pökeln, Salzen, Räuchern* n ‖
Bleichung f *(Leinen)* ‖ *Gerbung* f *(Häute)* ‖
Rösten n *(Flachs, Hanf)* ‖ *Dörren* n, *Trocknung* f
(Holz) ‖ *Reifung (Käse)*
　curadillo m *Stockfisch* m
　curado adj ⟨Ku⟩ *ausgehärtet* ‖ ⟨fig⟩ *abgehärtet*
‖ Chi *betrunken* ‖ ~ m ⟨Ku⟩ *Aushärten* n
　¹curador m *Pfleger, Fürsorger* m ‖ ~ ad bona
⟨lat⟩ *Vermögenspfleger* m ‖ ~ de herencia
Nachlasspfleger m ‖ ~ ad litem ⟨lat⟩
Prozesspfleger m ‖ ~ ad ventrem ⟨lat⟩ *Pfleger* m
für die Leibesfrucht
　²curador m *Fischpökler* m
　curaduría f *Vormundschaft* f ‖ *Pflegschaft* f
　curalotodo m ⟨fam⟩ *Allheilmittel* n (→
panacea)
　curande⎸ría f *Kurpfuscherei* f ‖ **–ril** adj *(m/f)*
⟨fam⟩ *Kurpfuscher-* ‖ **–rismo** m *Kurpfuschertum*
n, *Quacksalberei* f ‖ **–ro** m *Kurpfuscher,
Quacksalber, Heilkünstler* m
　curanto m Chi ⟨Kochk⟩ *e–e auf heißen Steinen
zubereitete Speise*
　curapiés m *Hufkratzer* m
　¹curar vt ⟨Med⟩ *heilen* ‖ *ärztlich behandeln* ‖
pflegen (Wunden) ‖ *verbinden* ‖ ⟨fig⟩ *von e–m
Übel befreien* ‖ ⟨fig⟩ *beruhigen* ‖ ~ vi *genesen,
heilen* ‖ ⟨fig⟩ *Sorge tragen, sorgen (de für)* ‖ **~se**
geheilt werden, genesen ‖ *s. e–r Behandlung
unterziehen* ‖ Am *s. hüten (de vor dat)* ‖
◇ ~ de un asunto *s. um e–e Angelegenheit
kümmern* ‖ ~ en salud ⟨figf⟩ *es nicht darauf
ankommen lassen*
　²curar vt *pökeln, ein⎸pökeln, -salzen, räuchern
(Fleisch, Fische)* ‖ *bleichen (Leinen)* ‖ *gerben
(Häute)* ‖ *rösten (Flachs, Hanf)* ‖ *dörren, trocknen
(Bauholz)* ‖ *reifen lassen (Käse)* ‖ ◇ ~ carne al
humo *Fleisch räuchern*
　curare m Am *Kurare* n
　cura⎸sao, –zao m *Curaçao* m *(Likör)*
　curatela f *Vormundschaft* f ‖ *Pflegschaft* f ‖ ~
de ausentes *Abwesenheitspflegschaft* f
　curativo adj *heilend, Heil-*
　curato m *Pfarrdienst* m ‖ *Pfarrei* f ‖
Kirchsprengel m
　curatorio m *Kuratorium* n
　Curazao m ⟨Geogr⟩ *Curaçao* n
　curbaril m ⟨Bot⟩ *e–e Art des
Heuschreckenbaumes* (Hymenaea courbaril) ‖
Courbarilholz n
　curc(uch)o adj/s Chi Guat *höck(e)rig,
buck(e)lig*
　curculiónidos mpl ⟨Ins⟩ *Rüsselkäfer* mpl
(Curculionidae)
　cúrcuma f ⟨Bot⟩ *Indische Gelbwurz(el),
Kurkuma* f (Curcuma longa) ‖ *Rhizom* n *der
Gelbwurz(el)*
　curcumina f ⟨Chem⟩ *Curcumin* n
　curcuncho adj Chi *buck(e)lig* ‖ Pe *dumm,
einfältig* ‖ Ec *verärgert, belästigt*
　curcusilla f → **rabadilla**
　cur⎸da, –dela f *Rausch* m, *Trunkenheit* f ‖ ~ m
⟨fam⟩ *Betrunkene(r), Säufer* m ‖ ◇ coger una ~,
ponerse ~, estar ~ ⟨fam⟩ *betrunken sein*
　Curdistán m ⟨Geogr⟩ *Kurdistan* n
　curdo adj *kurdisch* ‖ ~ m *Kurde* m
　cureña f ⟨Mil⟩ *Lafette* f ‖ ~ armada
Eisenbahnlafette f ‖ ~ articulada *Gelenklafette* f ‖
~ automóvil *Kraftfahrlafette* f ‖ ~ biflecha(da)
Spreizlafette f ‖ ~ de limonera *Gabellafette* f

curetaje *m* ⟨Med⟩ *Aus|schabung, -kratzung* f ‖ *Kürettage* f
curí [*pl* ~íes] *f* Col *gebärfreudige Frau* f
curia *f* ⟨Kath⟩ *Kurie* f ‖ ⟨Hist⟩ *Kurie* f ‖ ~ diocesana *bischöfliche Kurie, Diözesankurie* f ‖ ~ romana *römische Kurie* f
curial adj *(m/f) am geistlichen Gericht Tätige(r)* m ‖ *Kurien-* ‖
curialesco adj: estilo ~ (meist desp) *Kanzleistil* m
curiana *f* → **cucaracha**
curiara *f ein südam. kanuartiges Indianerboot* n
¹curiche *m* SAm *Neger* m ‖ ⟨fig⟩ *dunkelhäutiger Mensch* m
²curiche *m* Bol *Morast, Sumpf* m
cu|rie *m* (Ci) [Maßeinheit] *Curie* n ‖ **–rio** *m* (Cm) ⟨Chem⟩ *Curium* n
curie|l *m* Cu ⟨Zool⟩ *(Art) Meerschweinchen* n ‖ **-la** *f* Cu *gebärfreudige Frau* f
curio|samente adv *neugierig, aus Neugierde* ‖ *auf saubere, niedliche Art* ‖ *mit Sorgfalt, sorgfältig* ‖ **–sear** vt *neugierig betrachten* ‖ ~ vi *neugierig sein*, ⟨fam⟩ *(herum)schnüffeln* ‖ *spähen* ‖ **–sidad** *f Neugier(de)* f ‖ ⟨fam⟩ *Naseweisheit* f ‖ *Wissbegierde* f, *Wissensdurst* m ‖ *Sorgfalt* f ‖ *Zierlichkeit, Sauberkeit, Nettigkeit* f ‖ *Merk-, Sehens|würdigkeit* f ‖ *Seltenheit* f ‖ *Rarität* f ‖ *Kuriosum* n ‖ ◇ satisfacer la ~ *die Neugierde befriedigen* ‖ tengo ~ por saberlo *ich bin darauf neugierig* ‖ visitar las ~es *die Sehenswürdigkeiten (e–r Stadt) besehen* ‖ **–silla** *f* ⟨fam⟩ *vorlautes Mädchen* n ‖ **–so** adj *neugierig* ‖ ⟨fig⟩ *wissensdurstig, wissbegierig* ‖ ⟨fam⟩ *naseweis* ‖ *sorgfältig, genau* ‖ *sauber, reinlich, niedlich, nett* ‖ *sehens-, merk|würdig, selten* ‖ *sonderbar* ‖ *erstaunlich* ‖ estoy ~ por saberlo *ich bin darauf neugierig* ‖ por lo ~ *del hecho der Merkwürdigkeit wegen* od *halber* ‖ ¡qué ~! *wie sonderbar!* ‖ ~ *m Wissbegierige(r)* m ‖ ⟨fam⟩ *Gaffer* m
curiquin|gue, –guí [*pl* ~íes] *m* Ec Pe *Geierfalke* m (Polyborus sp)
curista *m/f Kurgast* m
¹curita *m* dim von **¹cura** ‖ *kleine(r) bzw junge(r) Geistliche(r)* m ‖ ⟨fam⟩ *Seminarist* m
²curita *m* ⟨Ins⟩ *Ölkäfer* m (→ **carraleja**)
³curita *f* ⟨Med⟩ *Heftpflaster* n
curito *m* Ven ⟨Fi⟩ *Panzerwels* m (Callichthys spp)
curlan|dés, esa adj *kurländisch* ‖ ~ *m Kurländer* m ‖ **≂dia** *f* ⟨Geogr⟩ *Kurland* n
curling *m* ⟨Sp⟩ *Curling* n ‖ ~ alemán *Eisstockschießen* n
cu|rrante *m* ⟨pop⟩ *Arbeiter* m ‖ **–rrar** vi ⟨pop⟩ *s. abrackern* ‖ ⟨pop⟩ *betrügen, prellen*
curredera *f* Chi *Rausch* m
curricán *m* ⟨Mar⟩ *Schleppangel* f *mit nur e–m Haken*
currículo *m Curriculum* n, *Lehrplan* m
curriculum vitae (lat) *m (geschriebener) Lebenslauf* m
currinche *m* ⟨desp⟩ *Anfänger* m *(als Journalist)*
Curro, Currito *m* np And ⟨fam⟩ → **Francisco**
curro *m/adj* And *strammer, schmucker Bursche* m ‖ Cu *Andalusier* m
¹curruca *f* ⟨V⟩ *Grasmücke* f (Sylvia spp) ‖ ~ cabecinegra *Samtkopfgrasmücke* f (S. melanocephala) ‖ ~ capirotada *Mönchsgrasmücke* f (S. atricapilla) ‖ ~ carrasqueña *Weißbartgrasmücke* f (S. cantillans) ‖ ~ gavilana *Sperbergrasmücke* f (S. nisoria) ‖ ~ mirlona *Orpheusgrasmücke* f (S. hortensis) ‖ ~ mosquitera *Gartengrasmücke* f (S. borin) ‖ ~ rabilarga *Provencegrasmücke* f ‖ ~ sarda *Sardengrasmücke* f ‖ ~ tomillera *Brillengrasmücke* f (S. conspicillata) ‖ ~ zarcera *Dorngrasmücke* f ‖ ~ zarcerilla *Klappergrasmücke* f (S. curruca)
²curruca *f* Ar → **jauría**
currucucá *m* Mex *Gurren* n *der Tauben*
curruña *m* Ven *Busenfreund* m ‖ *Kumpel* m
curruscante adj *kräftig, packend*
¹currutaco *m* ⟨fam⟩ *Geck, Stutzer, Gigerl* m
²currutaco *m* Am *Durchfall* m
curry *m* ⟨Kochk⟩ *Curry* n
cur|sado adj *bewandert, erfahren, geübt* (en *in* dat) ‖ adv: ~**amente** ‖ **–sante** *m/f* (& adj) *Student(in* f), *Kursteilnehmer(in* f) m ‖ **–sar** vt *fleißig, häufig besuchen* (die *Vorlesungen an e–r Hochschule) besuchen* ‖ *(e–n Kurs) durchmachen, absolvieren* ‖ *studieren (Fach, Wissenschaft)* ‖ *befördern, weiterleiten (ein Gesuch usw.)* ‖ *in Umlauf setzen* ‖ *aufgeben (Telegramm)* ‖ ◇ ~ las leyes *die Rechte studieren* ‖ ~ una petición *od* solicitud *ein Gesuch einreichen* ‖ ~ un informe *e–n Bericht in Umlauf geben*
cursi adj/s *(m/f)* ⟨fam⟩ *kitschig* ‖ *geschmacklos, spießig* ‖ *gespreizt, dünkelhaft* ‖ **–silería** *f Kitsch* m ‖ *Stutzerei* f, *Geckentum* n ‖ *lächerliche Befolgung* f *der Mode* ‖ *Spießigkeit* f
cursilón adj augm von **cursi** ‖ ~ *m* ⟨pop⟩ *Schnösel* m
cur|sillo *m kleiner Kurs, Ergänzungskurs* m ‖ *kleiner Lehrgang* m ‖ ~ de refresco *Auffrischungskurs* m ‖ ~ de perfeccionamiento *Fortbildungskurs* m ‖ → auch **curso** ‖ **–sillista, –sista** *m/f Kursteilnehmer(in* f) m ‖ **–sivo** adj: (letra) ~a ⟨Typ⟩ *Kursiv-, Schräg|schrift* f
¹curso *m Lauf* m, *Richtung, Bahn* f ‖ *Strömung* f ‖ *Lauf* m *(Wasser, Gestirn)* ‖ *Verlauf, Gang* m ‖ *Lauf* m *der Zeit* ‖ *Reihenfolge* f ‖ *Laufbahn* f ‖ ⟨Mar⟩ *Kurs* m ‖ ~ de agua *Wasserlauf* m ‖ ~ del combate ⟨Mil⟩ *Gefechtsverlauf* m ‖ ~ de una enfermedad *Krankheitsverlauf* m ‖ ~ de fabricación *Fabrikationsgang* m ‖ ~ irregular *stoßartiger Verlauf* m ‖ ~ de los negocios *Geschäftsgang* m ‖ ~ del pleito ⟨Jur⟩ *Gang* m *des Verfahrens* ‖ ~ de trabajo *Arbeitsgang* m ‖ ◆ en el ~ del mes *im Laufe des Monats* ‖ ◇ dar ~ a una solicitud *ein Gesuch weiterleiten* ‖ dar libre ~ (a) *freien Lauf lassen* (dat) ‖ estar en ~ *im Gang sein* ‖ estar en ~ de construcción *s. im Bau befinden* ‖ el asunto sigue su ~ *die Angelegenheit geht ihren Gang*
²curso *m Kurs(us)* m ‖ *Lehrgang* m ‖ *Vorlesung* f ‖ *Schul-, Studien|jahr* n ‖ *Lehrzeit* f ‖ ~ para adelantados *Fortgeschrittenenkurs* m ‖ ~ para adultos *Erwachsenenkurs* m ‖ ~ de ampliación *Aufbau|kurs, -lehrgang* m ‖ ~ de base *od* básico *Grundkurs* m ‖ ~ por correo, ~ por correspondencia, ~ a distancia *Fernkurs* m ‖ ~ a distancia por televisión *Telekolleg* n ‖ ~ de entrenamiento *Schulungskurs* m ‖ ~ de formación *Ausbildungskurs* m ‖ ~ de formación acelerada *Schnellkurs* m ‖ ~ de instrucción *Schulungskurs* m ‖ ~ intensivo *Intensivkurs* m ‖ ~ de orientación universitaria (COU) Span *Vorbereitungsjahr* n *für die Hochschulaufnahmeprüfung* f ‖ ~ de perfeccionamiento *Fortbildungskurs* m ‖ ~ preparatorio *Vorbereitungskurs* m ‖ ~ presencial *Kurs* m *mit Anwesenheitspflicht* ‖ ~ para principiantes *Anfängerkurs* m ‖ ~ de radio, ~ radiofónico *Funkkolleg* n ‖ ~ selectivo *Auswahllehrgang* m ‖ ~ de vacaciones *Ferienkurs* m ‖ ~ de verano (para extranjeros) *Sommerferienkurs* m *(für Ausländer)* ‖ ◇ aprobar el ~ *die Jahresabschlussprüfung* od *den Kurs*

bestehen ‖ asistir a un ~ *an e–m Kurs* od
Lehrgang teilnehmen ‖ *e–e Vorlesung hören* ‖ dar
un ~ *e–n Kurs* od *Lehrgang* od *e–e Vorlesung
halten* ‖ participar en un ~, seguir un ~ → asistir
a un ~ ‖ suspender el ~ *den Kurs* od *die
Jahresabschlussprüfung nicht bestehen*
³curso *m* Kurs m *(Wertpapiere usw.)* ‖
Gültigkeit f *(e–r Währung)* ‖ ~ bajo el nominal,
~ bajo la par *Unterparikurs* m ‖ ~ cambiario, ~
del cambio *Wechselkurs* m ‖ ~ de cierre
Schluss\kurs m, *-notierung* f ‖ ~ comprador
Geldkurs m ‖ ~ de emisión *Ausgabekurs* m ‖ ~
forzoso *Zwangskurs* m ‖ ~ legal *gesetzlicher
Kurs* m ‖ ~ de liquidación *Liquidationskurs* m ‖
~ nominal *Nennwert-, Nominal\kurs* m ‖ ~
vendedor *Briefkurs* m
   cur|sómetro *m Geschwindigkeitsmesser* m ‖
–sor *m* ⟨Inform⟩ *Cursor* m ‖ ⟨Radio⟩
Schieber(kontakt), Schiebeanker m ‖ ⟨Text⟩
Läufer, Reiter m, *Fliege, Mücke* f
   curtación f ⟨Astr⟩ *ekliptische Verkürzung* f
   curti|ción f *Gerbung* f, *Gerben* n ‖ *Gerberei* f ‖
~ al cromo *Chromgerben* n ‖ ◆ de ~ *vegetal
loh\gar, -gegerbt* ‖ **–dero** *m (Gerber)Lohe* f ‖ **–do**
adj *Gerb-* ‖ *(loh)gar, (loh)gegerbt* ‖ *abgehärtet* ‖
von der Sonne gebräunt (Haut) ‖ Mex *schamrot* ‖
◇ estar ~ en … ⟨figf⟩ *gewöhnt sein an … (acc)* ‖
erfahren, bewandert sein in (dat) ‖ ~ *m Gerben* n
‖ **–dor** *m (Loh)Gerber* m ‖ **–duría** f
(Loh)Gerberei f *(Betrieb)* ‖ **–embre** f Am →
–duría
   cur|tiente m/adj *Gerbstoff* m ‖ **–tir** vt *gerben* ‖
⟨fig⟩ *abhärten* ‖ ◇ sin ~ *ungegerbt* ‖ **~se** ⟨fig⟩
gebräunt werden (von der Sonne) ‖ ⟨fig⟩ s.
abhärten
   curto adj Ar *kurz* ‖ Ar *schwanzlos*
   curú [pl **~úes**] *m* Pe *Raupe* f *der
(Kleider)Motte*
   curubo *m*, **~a** f Col *Passionsblume* f
(Passiflora spp)
   curucú [pl **~úes**] *m* Mex ⟨V⟩ *Trogon,
Nageschnäbler* m ‖ Mex Nic ⟨V⟩ *Quetzal* m
   curuja f *Eule* f
   curunco adj Guat Salv *blondhaarig*
   cur|va f *Kurvenverlauf* m, *Kurve* f ‖
Krümmung, Wegbiegung f ‖ *Windung* f ‖ ⟨Com⟩
Kurve f, *Trend* m ‖ ⟨Flugw⟩ *Kurvenflug* m ‖
⟨Mar⟩ *Krummholz* n ‖ ~ asintótica ⟨Math⟩
asymptotische Kurve f ‖ ~ de caída *Fallkurve* f ‖
~ de cambio de vía ⟨EB⟩ *Weichenbogen* m ‖ ~
de carga ⟨Tech⟩ *Belastungskurve* f ‖ ~ de
concentración *Konzentrationskurve* f ‖ ~ de
crecimiento ⟨Bot⟩ *Wachstumskurve* f ‖ ~ a la
derecha *Rechtskurve* f ‖ ~ de ebullición
Siedekurve f ‖ ~ envolvente ⟨Math⟩ *Hüllkurve* f ‖
~ de la fiebre ⟨Med⟩ *Fieberkurve* f ‖ ~
glucémica ⟨Med⟩ *Blutzuckerkurve* f ‖ ~ de
iman(t)ación *Magnetisierungskurve* f ‖ ~ a la
izquierda *Linkskurve* f ‖ ~ de magnetización →
~ de imantación ‖ ~ de nivel *Höhen(schicht)-,
Niveau\linie* f ‖ ~ plana *ebene (zweidimensionale)
Kurve* f ‖ ~ de precios *Preiskurve* f ‖ ~ de
rendimiento *Wirkungsgradkurve* f ‖ ~ sinoidal
Sinuskurve f ‖ ~ de temperatura *Temperaturkurve*
f ‖ ~ de ventas *Umsatzkurve* f ‖ ~ de visibilidad
reducida ⟨Auto⟩ *unübersichtliche Kurve* f ‖ ◆ en
~ *kurvenförmig, gebogen* ‖ ◇ tomar una ~
⟨Auto⟩ *e–e Kurve nehmen* ‖ **–var** vt *biegen (Holz)*
‖ *krümmen, kröpfen*
   curva|tón *m* ⟨Mar⟩ *kleines Knie* n ‖ **–tura** f
Krümmung, Biegung f ‖ ~ del ala ⟨Flugw⟩
Flügelwölbung f ‖ ~ de la imagen *Bildwölbung* f
   curví|grafo *m Kurvenlineal* n ‖ **–metro** *m
Kurvenmesser* m
   curvo adj *krumm, gebogen*

   cusca f Col *Rausch* m, *Trunkenheit* f ‖ Mex
Nutte f ‖ Hond *Buckel* m ‖ ◇ hacer la ~ a alg.
⟨pop⟩ *jdn belästigen, jdm auf den Wecker fallen* ‖
jdm Schaden zufügen
   cuscu|rriento, –rroso adj *trocken (wie
Brotkruste)* ‖ **–rro** *m (Stück) Brot\kruste, -rinde* f
   cuscús *m* → **alcuzcuz**
   cuscuta f ⟨Bot⟩ *Seide* f (Cuscuta spp)
   cusir vt ⟨fam⟩ → **corcusir**
   cuspar vt/i Chi *jdm nachrennen*
   cuspi *m* Pe → **agutí**
   cúspide f ⟨Berg⟩*Spitze* f, *Gipfel* m ‖ ⟨fig⟩
Gipfel m
   custo|dia f *Wache, Hut* f ‖ *Ver-, Aufbe\wahrung*
f ‖ *Schutz* m ‖ *Obhut* f ‖ *Wache* f ‖ *Gewahrsam* f ‖
Haft f ‖ *(Sonne in der) Monstranz* f ‖
Hostienbehälter m ‖ *Tabernakel* n ‖ ~ judicial
gerichtliche Verwahrung f ‖ ~ del millón
Monstranz f *der Kathedrale von Cádiz* ‖ ◆ bajo
la ~ de … *unter der Obhut von …* ‖ ◇ depositar
en ~ *zum Aufbewahren (auf)geben* ‖ **–diar** vt
(auf)be-, ver\wahren ‖ *bewachen* ‖ **–dio** adj: ángel
~ *Schutzengel* m ‖ ~ *m Wächter, Hüter* m ‖
Gefängnisaufseher m
   cusú [pl **~úes**] *m* ⟨Zool⟩ *Kusu* m (Trichosurus)
   cusubé *m* Cu ⟨Art⟩ *Süßigkeit* f
   cusuco *m* Salv ⟨Zool⟩ → **armadillo**
   cusum|be Ec, **–bo** *m* Col → **coatí**
   cusumbosolo adj Col *misanthropisch,
menschenfeindlich*
   cususa f MAm *Zuckerrohrschnaps* m
   cutáneo adj ⟨An⟩ *Haut-*
   cúter *m* ⟨Mar⟩ *Kutter* m
   cutí [pl **~íes**] *m (Bett)Zwillich* m
   cutícula f ⟨An Bot Zool⟩ *Häutchen* n, *Kutikula* f
   cuti|cular adj *(m/f)* ⟨An⟩ *kutikular* ‖ **–ficación**
f ⟨Med⟩ *Überhäutung* f
   cutio *m (Hand)Arbeit* f
   cutir vt *(an)schlagen* ‖ *zerstoßen, stampfen*
   cutirreacción f ⟨Med⟩ *Hautreaktion* f
   cutis *m* ⟨An⟩ *Lederhaut, Kutis* f ‖ *Gesichtshaut*
f ‖ ~ limpio *saubere (Gesichts)Haut* f *(frei von
Unreinheiten, Pickeln usw.)*
   cuto adj Bol Salv *einarmig* ‖ *zahnlos* ‖
zerbrochen (von Sachen)
   cutral adj *(m/f) alt und nicht mehr zu
gebrauchen(d) (Rindvieh)*
   cutre adj *geizig, knaus(e)rig* ‖ ⟨fam⟩
minderwertig, mies (z.B. *e–e Kneipe)* ‖ ~ *m* Chi
Geflügelhaus n
   cuy *m* SAm *Meerschweinchen* n (→ **cobayo**)
   cuyano m/adj Chi *Spitzname der Chilenen für
die Argentinier*
   ¹cuyo, cuya pron. rel *dessen, deren* ‖ la madre
~s hijos … *die Mutter, deren Söhne …* ‖ por ~
motivo *weswegen*
   ²¿cúyo? ¿cúya? pron. int *wessen?* ‖ *¿~* es este
reloj? *wem gehört diese Uhr?*
   ³cuyo *m* ⟨fam⟩ *Liebhaber* m
   ¡cuz, cuz! int *hierher! (Zuruf für die Hunde)*
   cuzco adj/s Hond *höck(e)rig, buck(e)lig* ‖ Mex
naschhaft ‖ Mex *zudringlich* ‖ *vorlaut* ‖ ~ *m* →
gozquecillo
   cuzcuz [pl **~ces**] *m* → **alcuzcuz**
   cuzo *m* Ast León → **cuzco**
   cuzquito *m* dim von **cuzco**
   CV ⟨Abk⟩ = **caballo** de vapor ‖ ~ fiscal
Steuerpferdestärke f
   c/vta, c/v ⟨Abk⟩ = **cuenta** de venta
   czarda f, **czardás** *m Csárdás*, *Tschardasch* m
(ungarischer Volkstanz)

D

D, d *f* [= De, de, *pl* Des, des] *D, d* n
D *römische Zifferzahl (500)*
D. ⟨Abk⟩ = **debe** ‖ **Dei** ‖ **Derecho** ‖ **dése** ‖
dioptría ‖ **Dios** ‖ **Don** ‖ **dosis**
d., d ⟨Abk⟩ = **de** ‖ **día(s)** ‖ **diminutivo** ‖
después ‖ **dado**
D.ª ⟨Abk⟩ = **Doña**
dable adj *(m/f) tunlich, möglich* ‖ ◇ lo mejor
que sea ~ *bestmöglich*
dabuti adv → **buten**
¡daca! (**¡da acá!**) *gib her! her damit!* ‖ ◆ en
un ~ esas pajas, en ~ las pajas ⟨figf⟩ *flugs, im
Handumdrehen* ‖ ◇ andar al ~ y toma con alg. *s.
mit jdm herumstreiten, mit jdm e–n Wortwechsel
haben*
dacha *f Datsch|a, -e* f
dachshund *m* [Hund] *Dackel, Dachs|hund,
-fänger* m
Da|cia *f* ⟨Hist⟩ *Da|kien, -zien* n *(Land)* ‖ **=cio**
m Da|ker, -zier m
dación *f Geben* n ‖ ⟨Jur⟩ *Schenkung* f ‖ ⟨Jur⟩
Übergabe f ‖ *Abtretung, Hergabe* f ‖ ~ de arras
Zahlung f *von Handgeld* ‖ ~ de consejo
Raterteilung f ‖ ~ de fe *Beglaubigung* f ‖ ~ en
pago *Leistung* f *an Erfüllungs Statt*
dacriocistitis *f* ⟨Med⟩ *Dakryozystitis,
Tränensackentzündung* f
dactilar adj *Finger-*
dactílico adj ⟨Poet⟩ *daktylisch (Vers)*
dactili|omancia *f Daktyliomantie* f ‖ **–oteca** *f
Daktyliothek, Gemmensammlung* f, *Ringkästchen*
n
dactilo *m* ⟨Bot⟩ *Knäuelgras* n (Dactylis spp)
¹dáctilo *m* ⟨Poet⟩ *Daktylus* m *(Vers)*
²dáctilo *m* ⟨Zool⟩ *Dattel-, Bohr|muschel* f
(Pholas dactylus)
dacti|lógrafa *f Maschinenschreiberin,
Stenotypistin* f ‖ **–lografia** *f Maschinenschreiben*
n ‖ *Maschinenschrift* f ‖ **–lografiar** [pres ~ío] vt
mit der Maschine (ab)schreiben ‖ **–lográfico** adj
maschinenschriftlich ‖ **–lógrafo** *m
Schreibmaschine* f ‖ *Maschinenschreiber,
Stenotypist* m
dactilo|grama *m Daktylogramm* n,
Fingerabdruck m ‖ **–griposis** *f* ⟨Med⟩
Daktylogrypose, Verkrümmung f *von Fingern* od
Zehen ‖ **–lalia, –logía** *f Daktylologie,
Zeichensprache* f *mit Hilfe der Finger*
dactilo|scopia *f Daktyloskopie* f,
Fingerabdruckverfahren n ‖ **–scópico** adj: examen
~ *Untersuchung* f *der Fingerabdrücke* ‖
–scopólogo *m Sachverständige(r)* m *für
Fingerabdrücke*
dadaís|mo *m* ⟨Kunst Lit⟩ *Dadaismus* m ‖ **–ta**
adj *(m/f) dadaistisch* ‖ ~ *m/f Dadaist(in* f) m
dadista *m/f* Mex *Würfelspieler(in* f) m
dádiva *f Gabe* f, *Geschenk* n ‖ ⟨fig⟩
Bestechung f ‖ ◇ ~s quebrantan peñas ⟨Spr⟩ *für
Geld kann man den Teufel tanzen sehen*
dadivo|sidad *f Freigebigkeit* f ‖ **–so** adj/s
freigebig
¹dado pp von **dar** ‖ *ergeben (dem Trunk usw.)*
‖ *vergeben (Stelle)* ‖ *vergönnt* ‖ *bestrichen (de
mit)* ‖ prep *in Anbetracht* (gen), *angesichts* (gen) ‖
~ que … *da ja* ‖ *gesetzt den Fall, dass* … ‖ ~ en
llamarse Juan *der zufällig Johann hieß* ‖ cuando

me sea ~ hacerlo *wenn ich imstande (& im
Stande) sein werde, es zu tun* ‖ ser ~ a algo *et.
besonders schätzen, s. e–r Sache besonders
widmen* ‖ *e–r Sache verfallen sein* ‖ si me fuera
~ *wenn es mir vergönnt wäre* ‖ ~as las manos
Hand in Hand ‖ (→ auch **dar**)
²dado *m (Spiel)Würfel* m ‖ ⟨Zim⟩ *Zapfen* m ‖
⟨Tech⟩ *Prägestempel* m ‖ ⟨Mar⟩ *Büchse* f ‖ ◇ dar
od echar ~ falso ⟨figf⟩ *betrügen, täuschen* ‖
conforme diere el ~ ⟨fig⟩ *je nachdem, wie der
Würfel fällt* ‖ ~s *mpl Würfelspiel* n ‖ jugar a los
~, tirar od echar los ~ *würfeln,* ⟨fam⟩ *knobeln*
dador *m Geber, Spender* m ‖ *Übergeber* m ‖
(Wechsel)Aussteller m ‖ ⟨El⟩ *Donator* m ‖ ~ del
aval ⟨Com⟩ *Wechselbürge, Avalist* m ‖ ~ del
crédito *Kreditgeber* m ‖ ~ a la gruesa (ventura)
Bodmereigeber m ‖ el ~ de la presente ⟨Com⟩
der Überbringer dieses Schreibens ‖ ~ de trabajo
Arbeitgeber m
dafne *m* ⟨Bot⟩ *Seidelbast* m (Daphne spp)
dafnia *f* ⟨Zool⟩ *Wasserfloh* m (Daphnia pulex)
¹daga *f Dolch* m
²daga *f Lage* f *Backsteine*
Dagoberto *m* np *Dagobert* m
dagón *m* augm von **¹daga**
daguerroti|par *daguerreotypieren* ‖ **–pia** *f
Daguerreotypie* f ‖ **–po** *m Daguerreotyp* n
daguilla *f* dim von **¹daga**
Dahomey *m* ⟨Geogr⟩ (hoy *Benin*) *Dahome* n
(heute *Benin*)
△ **dai** *f Mutter* f
daifa *f* ⟨pop⟩ *Beischläferin* f
daiquiri *m* Cu *Cocktail* m *(aus Zitronensaft,
Rum und Zucker)*
dakotas *mpl Dakotas, Dakotaindianer* mpl
△ **dal** *m Furcht, Angst* f
dala *f* ⟨Mar⟩ *Pumpenentwässerung(sleitung)* f
dalaga *f* Fil *junges, unberührtes Mädchen* n
dalai-lama *m* ⟨Rel⟩ *Dalai-Lama* m
dalasi *m* [Währungseinheit] *Dalasi* m
(Abk = D)
dalbergia *f* ⟨Bot⟩ *Dalbergi|a, -e* f
(Dalbergia spp)
¹dale → **dar**
²dale *m* Cu *ein Kinderspiel*
Dalecarlia *f* ⟨Geogr⟩ *Dalekarlien* n
¹dalia *f* ⟨Bot⟩ *Dahlie, Georgine* f (Dahlia spp)
²dalia *f* Marr ⟨Bot⟩ *Weinrebe* f
dálico adj: raza ~a *Dalrasse, dalische* od
fälische Rasse f
da|llador *m Mäher* m *(Person)* ‖ **–llar** vt
mähen
dalle *m* (⟨reg⟩ ~**a,** ~**o**) *Sense* f
Dalmacia *f* ⟨Geogr⟩ *Dalmatien* n
dálmata adj *(m/f) dalmatinisch* ‖ ~ *m
Dalmatiner(in* f) m (& Hund)
dalmáti|ca *f Dalmatik(a)* f *(Messgewand)* ‖
Feierkleid n *(der Herolde)* ‖ **–co** adj *dalmatisch*
dalmatino adj *dalmatinisch* ‖ ~ *m Dalmatiner*
m
dalto|niano *m* adj ⟨Med⟩ *farbenblind* ‖ ~ *m
Farbenblinde(r)* m ‖ **–nismo** *m* ⟨Med⟩
Farbenblindheit, Rot- od *Grün|blindheit* f,
Daltonismus m
¹dama *f Dame, Frau* f ‖ *Hofdame* f ‖ *Geliebte*
f ‖ ~ de la media almendra ⟨figf⟩ *zimperliche*

Frau f ‖ la ~ blanca *die Weiße Frau* od
Dame (Volksaberglaube) ‖ [in der
Drogenszene] *Kokain* n ‖ ~ de estrado
Gesellschaftsdame f ‖ ~ de hierro *eiserne Lady* f
‖ ~ de honor *Ehren-, Hof|dame* f ‖
~ joven ⟨Th⟩ *Jugendliche* f ‖ primera ~ *First
Lady* f ‖ ⟨Th⟩ *Primadonna* f ‖ *Hauptdarstellerin* f
‖ segunda *bzw* tercera ~ *Zweitrollendarstellerin*
f
    ²dama *f:* (juego de) ~ *Dame* f, *Damespiel* n ‖
Dame f *(im Damespiel)* ‖ *Dame, Königin* f *(im
Schachspiel)*
    ³dama *m* ⟨Zool⟩ *Damhirsch* m (Dama spp)
    damajuana *f große Glas-, Korb|flasche* f,
Demijohn m ‖ *Glasballon* m
    damán *m* ⟨Zool⟩ *Klipp|schliefer, -dachs,
Schliefer* m ‖ ~ arborícola *Baumschliefer* m
(Dendrohyrax) ‖ ~ de estepa *Steppenschliefer* m
(Heterohyrax syriacus) ‖ ~ de roca *Klippschliefer*
m (Procavia)
    damar *m Dammar(harz)* n
    damas *fpl* (Mar) *(Ruder)Dollen* fpl
    damasana *f* → **damajuana**
    damas|cado adj *damastartig* ‖ **–ceno** adj/s *aus
Damaskus* ‖ (ciruela) ~a *Damaszener Pflaume* f ‖
–co *m* ⟨Text⟩ *(Seiden)Damast* m ‖ Am *Aprikose* f
(Prunus armeniaca)
    Damasco *m* [Stadt] *Damaskus* n
    Dámaso *m* np *Damasus* m
    damasquinado adj *damasziert (Waffen)* ‖ ~ *m
damaszierte Arbeit* f
    △ **damba** *f Frosch* m
    dambos *mpl* ⟨reg⟩ → **ambos**
    damería *f Ziererei, Zimperlichkeit* f ‖ *Prüderie*
f
    damero *m Dame(spiel)brett* n ‖ *Schachbrett* n
    damesana *f* → **damajuana**
    Damián *m* np *Damian* m
    damiana *f* Am ⟨Bot⟩ *Turnera* f (Turnera
aphrodisiaca *u. a.*)
    damisela *f junges hübsches Mädchen* n ‖
Fräulein n (& joc) ‖ (joc) *Dämchen* n ‖ ⟨pop⟩
Hürchen n
    dammar *m* → **damar**
    damnación *f Verdammnis* f
    damnifica|do adj *be-, ge|schädigt* ‖ ~ *por los
bombardeos,* ~ *por las bombas
bombengeschädigt* ‖ ~ *m Be-, Ge|schädigte(r)* m
‖ los ~s de la guerra *Kriegs|beschädigte,
-geschädigte* mpl ‖ **–dor** *m Schädiger* m
    Damocles *m* np *Damokles* m
    danaides *fpl* ⟨Myth⟩ *Danaiden* fpl
    danayos *mpl Danaer* mpl
    danburita *f* ⟨Min⟩ *Danburit* m
    dance *m* Ar *Schwerttanz* m
    danchado adj ⟨Her⟩ *gezahnt*
    dáncing *m Dancing* n ‖ *Tanzlokal* n ‖
Tanzveranstaltung f
    dante *m* ⟨vulg⟩ *aktiver Homo* m
    dandi, dandy [*pl* ~is] *m Dandy, Stutzer,
Modenarr* m ‖ **–dismo** *m Dandyismus* m ‖
Dandytum n, *Stutzerhaftigkeit* f, *Geckentum* n
    danés adj *dänisch* ‖ ~ *m Däne* m ‖ el ~ *die
dänische Sprache, das Dänische*
    Daniel *m* np *Daniel* m
    dannunziano adj *auf Gabriele D'Annunzio
(1863–1938) bezüglich*
    danta *f* → **¹alce** ‖ → **tapir**
    dan|tesco adj *auf Dante Alighieri (1265–1321)
bezüglich* ‖ *Dante-, dantisch* ‖ ⟨fig⟩ *dantesk,
schreckenerregend* ‖ **–tista** *m/f Danteforscher(in
f)* m
    danto *m* MAm *Schirmvogel* m (Cephalopterus
sp)
    Dantón *m* np *Danton* m

Dantzig *m* → **Dánzig**
    Danu|bio *m* [Fluss]: el ~ *die Donau* ‖ **–biano**
adj *Donau-*
    danza *f Tanz* m ‖ *Tanzkunst* f ‖ *Tanz|weise* f,
-lied n ‖ *Ball* m ‖ ⟨fam⟩ *Radau* m ‖ ⟨figf⟩
schmutziges Geschäft n ‖ ⟨figf⟩ *Schwindelei* f ‖ ~
acrobática *akrobatischer Tanz* m ‖ ~ artística
künstlerischer Tanz m ‖ ~ de antorchas
Fackeltanz m ‖ ~ de botón *od* cascabel gordo
⟨fam⟩ *Volksbelustigung* f ‖ *Schwof* m ‖ ~ de
espadas *Schwerttanz* m ‖ ~ grotesca *Grotesktanz*
m ‖ ~ sobre el hielo *Eistanz* m ‖ ~ macabra
Totentanz m ‖ ~ popular *Volkstanz* m ‖
Bauerntanz m ‖ ~ prima Ast *Ehrentanz* m
(Volkstanz) ‖ ~ rítmica *rhythmischer Tanz* m ‖ ~
del vientre *Bauchtanz* m ‖ ~ de los silfos ⟨Myth⟩
Sylphenreigen m ‖ ◇ andar *od* estar en la ~
⟨figf⟩ *in et. verwickelt sein* ‖ entrar en ~ ⟨fig⟩
anfangen, loslegen ‖ estar siempre en ~ ⟨figf⟩
*dauernd mit et. beschäftigt sein, ein unruhiger
Geist sein* ‖ guiar *od* llevar la ~ *vortanzen* ‖ ⟨fig⟩
der Leiter sein ‖ ⟨fig⟩ *der Rädelsführer sein* ‖
meterle a uno en ~ ⟨figf⟩ *jdn (in e–e Sache)
hineinziehen* ‖ ¡buena va la ~! ⟨iron⟩ *das Ding
geht ja ganz allerliebst!* ‖ buena ~ *se armó* ⟨figf⟩
da ging es rund, da gab es Rabatz
    danza|dera *f* ⟨fam⟩ *Tänzerin* f ‖ **–nte** *m/f/*adj
(Vor)Tänzer(in f) m ‖ ⟨figf⟩ *Schlaukopf* m ‖ ⟨figf⟩
verrückter Kerl m ‖ ⟨figf⟩ *Angeber(in* f) m
    danzar [z/c] vt/i *tanzen* ‖ *s. schnell bewegen,
herumhüpfen* ‖ ⟨fig⟩ *s. (in ein Geschäft)
einmischen* ‖ ⟨fam⟩ *mitmachen*
    danza|rín *m/*adj *(Ballett)Tänzer* m ‖ ⟨fig⟩
Wildfang m ‖ **–rina** *f (geübte) Tänzerin* f ‖
–terapia *f* ⟨Med⟩ *Tanztherapie* f
    Dánzig *m* [Stadt] *Danzig* m
    danzón *m ein kubanischer Tanz* m
    daña|ble adj *(m/f) schädlich* ‖ *verwerflich* ‖
–ción *f Schaden* m, *Schädigung* f ‖ **–do** adj
beschädigt ‖ *schlecht, verdorben (& fig)* ‖
wurmstichig (Obst) ‖ Col *homosexuell*
    dañar vt/i *beschädigen* ‖ *schaden* ‖ *verderben* ‖
schädlich sein (z. B. *Arznei*) ‖ ~**se** *verderben* ‖
Schaden leiden
    △ **dané** *m Jahr* n ‖ *Zeit* f
    dañero *m Mensch* m *mit „bösem Blick"* ‖
Zauberer m
    dañino adj *schädlich (Tier)*
    daño *m Schaden, Verlust* m ‖ *Nachteil* m ‖
Verletzung f ‖ *Verdammnis* f ‖ ~ causado
eingetretener Schaden m ‖ ~ causado por la
intemperie *Wetterschaden* m ‖ ~s colaterales
⟨Mil⟩ *Kollateralschäden* mpl ‖ ~ corporal
Körper|verletzung f, *-schaden* m ‖ ~ cubierto por
un seguro *Versicherungsschaden* m ‖ ~ diferido
Span *mittelbarer Schaden, Folgeschaden* m ‖ ~s
ecológicos *Umweltschäden* mpl ‖ ~ emergente
entstehender Schaden m ‖ ~ por fuego *Feuer-,
Brand|schaden* m ‖ ~ de guerra *Kriegsschaden* m
‖ ~ inmaterial *immaterieller Schaden* m ‖ ~
intencionado *mutwillige (Sach)Beschädigung* f ‖
~ marítimo *Havarie* f ‖ ~ material *materieller
Schaden, Sachschaden* m ‖ ~ moral *ideeller
Schaden, nichtmaterieller Schaden* m ‖ ~
personal *Personenschaden* m ‖ ~ resultante de un
accidente *Unfallschaden* m ‖ ~ total *Voll-,
Total|schaden* m ‖ ◆ en ~ de alg. *zu jds Schaden*
‖ sin ~ de barras ⟨fig⟩ *gefahrlos* ‖ ◇ causar ~ a
alg. *jdm Schaden zufügen, schaden* ‖ *jdn
beeinträchtigen* ‖ hacerse ~ *s. verletzen* ‖ no hace
~ *es tut nicht weh, es schmerzt nicht*
    dañoso adj *schädlich, nachteilig* ‖
schadenstiftend
    daquí ⟨pop⟩ → **de aquí**
    ¹dar [pres doy, pret dí]:

A) vt/i a) *(her)geben, schenken* ‖ *widmen* ‖ *über\geben, -reichen, darreichen* ‖ *bescheren* ‖ *verleihen (Amt)* ‖ *hervorbringen, erzeugen* ‖ *tragen (Früchte)* ‖ *veranstalten (Fest)* ‖ *erteilen (Befehl)* ‖ *bestellen (Grüße)* ‖ *schenken (Glaube)* ‖ *geben, abgeben (Waren)* ‖ *bei\geben, -mischen* ‖ *geben (ein Theaterstück)* ‖ *abwerfen (Nutzen)* ‖ *halten (Vortrag)* ‖ *angeben (Grund)* ‖ *liefern (Beweis)* ‖ *äußern (Meinung)* ‖ *erklären, anerkennen, halten (por für)* ‖ *zugeben, einräumen* ‖ *annehmen, voraussetzen* ‖ *austeilen (Karten)* ‖ *(los)lassen* ‖ *erregen (Furcht)* ‖ *auferlegen* ‖ *nehmen* od *geben (Stunden, Unterricht)* ‖ *beimessen (Wert)* ‖ *bezeigen (Beileid)* ‖ *versetzen, herunterhauen (Schlag, Ohrfeige)* ‖ *treffen (Schlag, Wurf, Sonnenhitze)* (& vi) ‖ *machen (Spaziergang)* ‖ *(die Stunden usw) schlagen (Uhr)* ‖ ◇ ~ un abrazo a alg. *jdn umarmen* ‖ ~ la absoluta a alg. ⟨figf⟩ *jdm kündigen* ‖ ~ aviso (para desalojar el piso) *(e–e Wohnung) kündigen* ‖ ~ aviso de algo et. (acc) *melden* ‖ ~ un banquete *ein Festmahl geben* ‖ ~ batalla *e–e Schlacht liefern* ‖ ~ la batalla *(die) Schwierigkeiten (e–r Sache) auf s. nehmen* ‖ ~ cabezadas *nicken (beim Einschlafen)* ‖ ~ el cambiazo ⟨pop⟩ *prellen* ‖ ~ (el) cambio *wechseln, Kleingeld herausgeben* ‖ ~ carpetazo *liegen lassen (e–n Vorgang)* ‖ ~ carrera a alg. *jdn ausbilden lassen* ‖ ~ carta blanca *freie Hand geben* ‖ *Vollmacht erteilen* ‖ ~ caza a alg. *jdn verfolgen, jdm nach-, zu\setzen* ‖ ~ celos a alg. *jdn eifersüchtig machen* ‖ ~ colocación *anstellen* ‖ *anlegen (Geld)* ‖ ~ compasión *Mitleid erregen* ‖ ~ una conferencia *e–n Vortrag halten* ‖ ~ conocimiento de algo *Nachricht geben von et.* ‖ *et. mitteilen* ‖ ~ su consentimiento *zustimmen* ‖ ~ crédito a alg. *jdm Glauben schenken* ‖ ~ a crédito *auf Kredit geben* ‖ ~ cuenta *verkünden, bekannt geben* ‖ *Rechenschaft ablegen* ‖ ~ cuerda (a un reloj) *(e–e Uhr) aufziehen* ‖ ~ culpa a alg. *jdn beschuldigen* ‖ ~ curso a algo et. *abfertigen, in den Geschäftsgang geben* ‖ ~ curso a una solicitud *ein Gesuch weitergeben* ‖ ~ libre curso (a) *freien Lauf lassen* (dat) ‖ ~ derecho a … *berechtigen zu …* ‖ ~ los (buenos) días *grüßen, guten Tag sagen* ‖ ~ diente con diente *mit den Zähnen klappern* ‖ ~ entrada *buchen* ‖ *zulassen* ‖ ~ la enhorabuena a alg. *jdn beglückwünschen* ‖ ~ un estampido (estallido) *krachen, knallen* ‖ ~ un estornudo *niesen* ‖ ~ fe a algo et. *beglaubigen* ‖ *et. bezeugen* ‖ ~ una fiesta *ein Fest geben* ‖ ~ un gol ⟨Sp⟩ [vom Schiedsrichter] *auf Tor erkennen* od *entscheiden* ‖ no ~ golpe *k–n Streich tun* ‖ ~ el golpe ⟨fig⟩ *den entscheidenden Schritt tun* ‖ ⟨pop⟩ *e–n Einbruch* od *e–n Überfall usw. verüben* ‖ ~ (las gracias) *danken, s. bedanken* ‖ ~ guerra a alg. *jdn bekriegen* ‖ *jdm zusetzen* ‖ ~ gusto *gefallen, behagen* ‖ *erfreuen, entzücken* ‖ ~ una hipoteca a algo et. *beleihen* ‖ ~ hora *e–e Stunde bestimmen* (z.B. *zu e–r Zusammenkunft*) ‖ ~ la hora *die Stunden schlagen (Uhr)* ‖ ~ horror *Grauen erregen* ‖ ~ importancia (a) *Bedeutung beimessen* (dat), *für wichtig halten* (acc) ‖ ~ informes *Auskunft erteilen* ‖ ~ inquietud *beunruhigen* ‖ ~ instrucciones *Weisungen erteilen* ‖ ~ lástima ⟨fig⟩ *Mitleid erregen* ‖ ~ lectura *verlesen* ‖ ~ lugar a … *stattgeben* ‖ *veranlassen, Veranlassung geben zu …* ‖ ~ luz *das Licht einschalten* ‖ ~ miedo *Furcht einjagen* ‖ ~ muerte *töten* (a alg. *jdn*) ‖ ~ muestras (de) *merken lassen* ‖ *s. erweisen (als)* ‖ *beweisen* (z.B. *s–e Redlichkeit*) ‖ ~ nacimiento, ~ origen ⟨fig⟩ *verursachen* ‖ *auslösen, ins Leben rufen* (a a. et.) ‖ ~ una paliza a alg. *jdn verprügeln* ‖ ~ parte *mitteilen* ‖ ~ palmadas *(in die Hände) klatschen* ‖

~ el parabién a alg. *jdn beglückwünschen* ‖ ~ un paseo *e–n Spaziergang machen* ‖ ~ los primeros pasos *die ersten Schritte tun* ‖ ~ poder *Vollmacht erteilen* ‖ ~ el pecho *stillen* (a un niño *ein Kind*) ‖ ~ permiso *erlauben, Erlaubnis erteilen* ‖ ~ el pésame *sein Beileid bezeugen* ‖ ~ pie *Anlass geben, herbeiführen* ‖ ~ pie a alg. *jdm nachgeben* ‖ ~ un portazo *die Tür zuschlagen* ‖ ~ prioridad *vorziehen* ‖ ~ prisa a alg. *in jdn dringen* ‖ ~ prórroga *e–e Fristverlängerung geben* ‖ ~ rabia *erregen, wütend machen* ‖ ~ razón *Auskunft geben* ‖ ~ la razón *recht geben* (a alg. *jdm*) ‖ ~ recuerdos *Grüße ausrichten* ‖ ~ una reprimenda a alg. ⟨fam⟩ *jdm den Kopf waschen* ‖ ~ un resbalón *ausgleiten* ‖ ~ risa *lachen machen* ‖ ~ salida *verkaufen* ‖ *absetzen* ‖ *ausbuchen* ‖ no ~ señales de vida *kein Lebenszeichen (von s.) geben* ‖ ~ el sí *sein Jawort geben* ‖ *einwilligen* ‖ ~ suspiros *seufzen* ‖ ~ un susto a alg. *jdn erschrecken* ‖ *jdn in Angst versetzen* ‖ ~ un telefonazo *anrufen* (a alg. *jdn*) ‖ ~ testimonio *bezeugen, aussagen* ‖ ~ el último toque *die letzten Feinheiten ausarbeiten* ‖ ~ traslado a la otra parte ⟨Jur⟩ *der anderen Partei e–e Abschrift zustellen* ‖ ~ (un) traspiés *taumeln, straucheln* ‖ ~ valor (a) *auf et. halten* ‖ ~ vía libre ⟨fig⟩ *grünes Licht geben* ‖ ~ voces *schreien* ‖ ~ un vuelco *s. (her)umwälzen* ‖ ⟨pop⟩ *sterben* ‖ ~ media vuelta *s. umdrehen, s. umwenden* ‖ ~ la vuelta *Geld heraus-, wieder\geben* ‖ ~ vueltas *s. drehen* ‖ ~ herumgehen ‖ *hin und her gehen* ‖ no hay que ~le vueltas ⟨fam⟩ *das ist nun einmal so, die Sache ist nicht zu ändern* ‖ ~ de vuelta *herausgeben (bei e–m Handel* od *Tausch)* ‖ ~ una vuelta *e–n Spaziergang machen* ‖ *e–n Gang tun* ‖ ~ una zambullida *untertauchen* ‖ dársela a uno con queso ⟨figf⟩ *jdm e–n bösen Streich spielen, jdn prellen* ‖ dársela a uno ⟨fam⟩ *jdn übervorteilen, prellen* ‖ no ~ una ⟨fam⟩ *gar nichts tun* ‖ *ganz unfähig sein* ‖ ¡dale (que dale)! ¡dale que le da(rá)s! ¡dale bola! ⟨fam⟩ *das ist nicht auszuhalten! immer dieselbe Leier!* ‖ *immer drauflos* ‖ ~las de inocente *s. unschuldig stellen* ‖ ahí me las den todas ⟨fam⟩ *was geht mich das alles an?* ‖ donde las dan, las toman etwa: *wie du mir, so ich dir* ‖ ¡qué más da! *das ist einerlei! daran ist nichts gelegen!*

b) in Verb. mit Präpositionen od präpositionalen Adverbialbestimmungen:

1. in Verb. mit **a** (→ auch **dar** vi): ~ a conocer *bekannt geben* ‖ *bekannt machen* ‖ *kundgeben* ‖ ~ a entender *andeuten, zu verstehen geben* ‖ *signalisieren* ‖ *tief blicken lassen* ‖ ~ a fiado *borgen* ‖ ~ a luz *gebären* ‖ *das Leben schenken* (a un niño *e–m Kind*) ‖ *ins Leben rufen* ‖ *herausgeben (Buch)*

2. in Verb. mit **de:** *überziehen (mit Öl, Firnis usw.)* ‖ *anstreichen, bemalen* (& vi) ‖ *herunterhauen, versetzen (Schlag)* ‖ *erklären für* ‖ ~ de alta *gesund schreiben* ‖ *aufnehmen (in e–m Verein)* ‖ *anmelden* ‖ ~ de barniz *lackieren, firnissen, anstreichen* ‖ ~ de baja *entlassen* (z.B. *aus e–m Krankenhaus*) ‖ *krank schreiben* ‖ *für arbeitsunfähig erklären* ‖ *abmelden* (z.B. *Zeitung*) ‖ *streichen (von der Mitgliederliste)* ‖ *ausschließen (aus e–m Verein)* ‖ ~ de palos a alg. *jdn verprügeln* ‖ ~ de puñetazos *mit Faustschlägen traktieren* ‖ ~ de sí *hergeben, leisten* ‖ *vollbringen* ‖ *ausgiebig sein, viel hergeben* ‖ *s. weiten (Kleider, Stoffe)*

3. in Verb. mit **en:** ~ en alquiler *vermieten* ‖ ~ en depósito *hinterlegen* ‖ ~ en pago *in Zahlung geben* ‖ ~ en prenda *verpfänden, als Pfand geben*

4. in Verb. mit **por**: *erklären für, anerkennen, gelten lassen* ‖ *halten für* ‖ lo doy por bien empleado *ich bereue es nicht* ‖ ~ por hecho *für ausgemacht annehmen* ‖ *als e–e Tatsache hinnehmen* ‖ le ha dado por ir cada día al cine *neuerdings geht er jeden Tag ins Kino; sein neuester Einfall ist, jeden Tag ins Kino zu gehen* ‖ se le dio por muerto *man hielt ihn für tot* ‖ ~ por visto y concluso ⟨Jur⟩ *für beendet erklären (Verfahren)*

c) in Verb. mit **que** (& vi): ~ que decir *(od hablan)* ⟨fig⟩ *Anlass zum Gerede geben, viel Aufsehen erregen* ‖ ~ que hacer a alg. *jdm Unannehmlichkeiten verursachen* ‖ ~ que pensar *zu denken geben*

B) **dar** vi: a) *geben* ‖ ⟨Kart⟩ *aus⎪geben, -teilen* ‖ *herfallen über* (acc) ‖ *(fest)schlagen* ‖ *schlagen (Uhr)* ‖ *führen (Weg)* ‖ *gehen, liegen* (a *auf* acc, nach) *(Fenster, Zimmer)* ‖ *von Bedeutung sein* ‖ *nachlassen (Tuch)* ‖ *eingeben (Idee, Verdacht)* ‖ *ahnen lassen* ‖ *verfallen (in e–n Irrtum)* ‖ *an-, über⎪streichen (mit Farbe)* ‖ ◇ ~ abajo *hinab⎪fallen, -stürzen* ‖ acaban a ~ las cinco *es hat (so)eben 5 Uhr geschlagen* ‖ las dos están para ~ *es wird gleich 2 Uhr sein* ‖ las tres están al ~ *es ist Punkt 3 Uhr* ‖ al ~ las cuatro *Schlag 4 Uhr* ‖ ~ bien *Glück im Spiel haben* ‖ ~ fuerte *tüchtig zuschlagen* ‖ ~ mal *Pech im Spiel haben* ‖ a mal ~ *schlimmstenfalls* ‖ me da el corazón que … ⟨fig⟩ *das Herz sagt mir, dass …* ‖ de donde diere *(fam) aufs Geratewohl* ‖ el que da primero, da dos veces ⟨Spr⟩ *doppelt gibt, wer bald gibt* ‖ el día no se le dio mal *der Tag ließ s. für ihn (sie) (gar) nicht (so) schlecht an*

b) in Verb. mit Präpositionen od präpositionalen Adverbialbestimmungen:
1. in Verb. mit **a**: ~ a la bomba *pumpen* ‖ ~ al caballo *das Pferd antreiben, anspornen*
2. in Verb. mit **con**: ~ con aire *tüchtig (zu)schlagen* ‖ ~ con alg. *jdn treffen, antreffen, finden, auf jdn stoßen* ‖ di con la casa *ich fand das (gesuchte) Haus* ‖ di conmigo en Madrid *(fam) ich begab mich nach Madrid* ‖ no ~ con el nombre *nicht auf den Namen kommen* ‖ ~ con alg. en el suelo *jdn zu Boden werfen* ‖ al traste con a/c *et. zerstören, zugrunde (& zu Grunde) richten* ‖ *et. zum Sturz bringen* ‖ ~ a alg. con la puerta en los ojos, en los hocicos ⟨figf⟩ *jdm die Tür vor der Nase zuschlagen*
3. in Verb. mit **contra**: ~ contra alg. *gegen jdn stoßen* ‖ *über jdn herfallen* ‖ ~ contra una esquina ⟨figf⟩ *blind vor Wut werden, außer s. geraten*
4. in Verb. mit **de** (→ auch **dar** vt/i): ~ de beber *zu trinken geben* ‖ *tränken (Vieh)* ‖ ~ de bofetones *ohrfeigen* ‖ ~ de espaldas *auf den Rücken fallen* ‖ ~ de comer *zu essen geben* ‖ *füttern (Vieh)* ‖ ~ de hocicos *od* narices *auf die Nase fallen*
5. in Verb. mit **en**: ~ en a/c *auf et. stoßen* ‖ *auf et. verfallen* ‖ *in et. auslaufen (Weg)* ‖ ~ en el blanco *das Ziel treffen* ‖ ~ en blando ⟨fig⟩ *auf kein Hindernis stoßen* ‖ ~ en la cara *ins Gesicht scheinen (Sonne)* ‖ ~ en la celada *in den Hinterhalt fallen* ‖ ~ en el clavo *den Nagel auf den Kopf treffen* ‖ ~ en un error *in e–n Irrtum verfallen* ‖ ~ en matrimonio *zur Frau geben* ‖ en lo vivo a alg. *jdn an der verwundbaren Stelle treffen* ‖ el sol me da en la cara *die Sonne scheint mir ins Gesicht* ‖ dio en que había de hacerlo *er (sie, es) bestand darauf, es tun zu müssen*
6. in Verb. mit **entre**: ~ entre los ladrones *den Räubern in die Hände fallen*
7. in Verb. mit **sobre** *od* **tras**: ~ sobre alg. *über*

jdn *herfallen* ‖ dio sobre Italia *plötzlich befand er (sie, es) s. in Italien* ‖ ~ tras uno ⟨fam⟩ *jdn verfolgen*

C) **dar** v. impers: da gozo (pena) verlo *es macht Freude (es ist schmerzlich), das anzusehen* ‖ da gusto oírlo *es ist ein Genuss zuzuhören* ‖ me da lo mismo *mir ist es gleich (od einerlei)* ‖ me da miedo *ich fürchte es* ‖ me da un fuerte dolor *ich fühle e–n heftigen Schmerz* ‖ me da mucha pena *es tut mir sehr leid* ‖ es ist mir sehr peinlich ‖ le dio por ello *er (sie, es) verfiel darauf*

D) ~**se** *s. ergeben* ‖ *nachgeben* ‖ *s. ergeben, s. widmen* (a dat) ‖ *s. (für et.) halten (ausgeben)* ‖ *wachsen, gedeihen* ‖ *scheinen, vorkommen* ‖ *s. hingeben (Frau dem Mann)* ‖ *vorhanden sein*
1. ~ mucho aire ⟨figf⟩ *s. aufs hohe Ross setzen* ‖ no ~ por aludido *s. nicht betroffen fühlen* ‖ so tun, als ob man nicht gemeint sei ‖ ~ el brazo *Arm in Arm gehen* ‖ ~ de codo *s. gegenseitig anstoßen* ‖ ~ un hartazgo *s. recht satt essen* ‖ ~ a la muerte *s. das Leben nehmen* ‖ ~ maña *s. Mühe geben, s. anstrengen* ‖ ~ preso *s. freiwillig festnehmen lassen* ‖ ~ prisa *s. beeilen, s. sputen* ‖ ~ tono *s. aufspielen, angeben* ‖ ~ buena vida, ~ la gran vida *s. das Leben schön machen* ‖ *s. gute Tage machen* ‖ *s. gütlich tun* ‖ no ~ por ofendido *nicht beleidigt tun* ‖ se dan casos *es gibt Fälle(, wo), es kommt vor(, dass)* ‖ ¡no se me da nada! *ich mache mir nichts daraus* ‖ ¡tanto se me da!* ⟨fig⟩ *das ist mir einerlei!* ‖ ¿qué se da? ¿qué dan? *was wird gegeben?* (z.B. *im Theater*) ‖ ¡date! *ergib dich!*
2. ~se a & inf *(oft gleichwertig dem bloßen Infinitiv) s. (e–r Sache) er-, hin⎪geben* ‖ *(auf et.) verfallen* ‖ ~ a beber, ~ a la bebida *s. dem Trunk ergeben* ‖ ~ a creer → creer ‖ ~ al diablo ⟨figf⟩ *(vor Ärger) aus der Haut fahren* ‖ ~ al estudio *s. den Studien widmen* ‖ ~ a la vela ⟨Mar⟩ *unter Segel gehen* ‖ ~ de alta *s. eintragen lassen (in e–e Liste)* ‖ *s. gesund schreiben lassen* ‖ ~ de baja *ausscheiden, den Austritt erklären* ‖ *s. krank schreiben lassen* ‖ ~ por vencido *s. für besiegt erklären* ‖ ⟨fig⟩ *(fig) s–n Irrtum einsehen* ‖ ~ por buenos ⟨fam⟩ *wieder gut miteinander werden*

²dar m: ~es y tomares *mpl* ⟨fam⟩ *Geben und Nehmen* n ‖ ◇ andar en ~es y tomares ⟨fam⟩ *streiten, Worte wechseln*

³dar m Marr *Haus* n
△ **daranó** m *Verwirrung* f

dardabasí [*pl* ~**íes**] m ⟨V⟩ *Rötelfalke* m (Falco naumanni)

Dardanelos *pl* ⟨Geogr⟩: el estrecho de los ~ *die Dardanellen*

dar⎪dada f, **–dazo** m *Wurf* m *mit dem Wurfspieß* ‖ *Pfeilschuss* m

¹dardo m *(Wurf)Spieß, Speer, Pfeil* m ‖ ⟨fig⟩ *beißender Spott, Hohn* m ‖ ~ de llama *Stichflamme* f, *Flammenkern* m ‖ ~ de pesca *Handharpune* f

²dardo m ⟨Fi⟩ *Ukelei, Laube* m (Alburnus spp)

dares → **²dar**

Darío m *np Darius* m

dársena f ⟨Mar⟩ *Binnenhafen* m, *Teilabschnitt* m *eines Hafenbeckens, (Hafen)Becken* n ‖ *Dock* n ‖ ~ de armamento *Abbau-, Ausrüstungs-, Werft⎪hafen* m ‖ ~ de marea *Tide-, Flut⎪becken* n, *Tidehafen* m ‖ ~ de un río *Vordock* m *e–s Flusses* ‖ ~ de unión *Verbindungsdock* m

dar⎪viniano adj *darwinistisch* ‖ *Darwin-* ‖ **–vinismo** m *Darwinismus* m ‖ **–vinista** adj *(m/f) darwinistisch* ‖ ~ *m/f Darwinist(in* f) m

dasimetría f *Bestimmung* f *der Gasdichte* ‖ **–símetro** m *Dasymeter* n

dasiuro m ⟨Zool⟩ *Beutelmarder* m (Dasyurus)

da⎪sología f *forstliche Ertragskunde* f ‖

–sonomía f Forstwissenschaft f ‖ Forstwesen n ‖ Forstwirtschaft f ‖ **–sonómico** adj forst|wissenschaftlich bzw -wirtschaftlich

data f Datum n, Ausstellungstag m ‖ Zeitpunkt m ‖ ⟨Com⟩ (Gut)Haben n ‖ Abstich m (an e–m Bewässerungsgraben) ‖ ◊ dar en ~ verausgaben ‖ eso es de larga ~ das ist schon lange her ‖ estar de mala ~ schlechte Laune haben, übel gelaunt sein ‖ poner la ~ datieren

datación f Datierung f ‖ Altersbestimmung f

datáfono m ⟨Inform⟩ Datentelefon n

datar vt/i datieren, mit dem Datum versehen ‖ buchen, gutschreiben ‖ ~ vi (von e–m Zeitpunkt an) datieren, herrühren (Freundschaft, Hass usw.) ‖ ◊ ~ de larga fecha (zeitlich) weit zurückliegen

data|ría f ⟨Kath⟩ Datarie f ‖ **–rio** m (Kardinal)Datar m

¹dátil m Dattel f (Frucht) ‖ los cinco ~es ⟨fig pop⟩ die fünf Finger mpl, die Hand

²dátil m ⟨Zool⟩ Stein-, Meer|dattel f (Muschel) (Lithophaga lithophaga)

dati|lado adj dattelförmig ‖ **–lera** adj ⟨Bot⟩: (palma, palmera) ~ f, **–lero** m Dattelpalme f (Phoenix dactylifera)

datismo m ⟨Rhet⟩ Synonymenhäufung f

dativo m ⟨Gr⟩ Dativ, Wemfall m

dato m Angabe f ‖ Urkunde f, Zeugnis n, Beleg m ‖ ~s mpl Daten npl, Angaben fpl ‖ ~ de entrada ⟨Inform⟩ Eingabedaten npl ‖ ~ estadísticos statistische Unterlagen, statistische Zahlen fpl ‖ ~ numéricos Zahlenangaben fpl ‖ ~ personales Personalien, Angaben fpl zur Person ‖ ~ de puntería ⟨Mil⟩ Zieldaten npl ‖ ~ de salida ⟨Inform⟩ Ausgabedaten npl ‖ ~ técnicos technische Daten npl ‖ ~ de vuelo ⟨Flugw⟩ Flugdaten npl ‖ ◊ tergiversar ~ Daten fälschen

datolita f ⟨Min⟩ Datholith m

datura f ⟨Bot⟩ Stechapfel m (→ **estramonio**)

dauco m ⟨Bot⟩ → **biznaga** ‖ Mohrrübe f (Daucus carota)

David m np David m

davidita f ⟨Min⟩ Davidit m

dawsonita f ⟨Min⟩ Dawsonit m

daza f → **zahína**

D.bre, Dbre ⟨Abk⟩ = **diciembre**

d. c. ⟨Abk Pharm⟩ = **después de las comidas**

dc. ⟨Abk⟩ = **docena**

DCA (deca) ⟨Abk⟩ = **defensa contra aviones** od **aeronaves** Flugabwehr, Flak f

dcto., desct.º ⟨Abk⟩ = **descuento**

DD. ⟨Abk⟩ = **Doctores**

d/d ⟨Abk⟩ = **dicho día**

DDT ⟨Abk⟩ = **diclorodifeniltricloroetano**

de prep von ‖ aus ‖ bei ‖ wegen, vor ‖ über ‖ in ‖ mit ‖ zu ‖ an ‖ auf ‖ für ‖ 1. Ursprung, Herkunft (örtlich), Abstammung: von, aus (dat): llegado ~ Zaragoza von (aus) Saragossa kommend ‖ nativo ~ Portugal aus Portugal gebürtig ‖ ~ buena familia aus guter Familie ‖ 2. Ausgangspunkt, Trennung: von (dat): ~ Berlín a Madrid von Berlin nach Madrid ‖ no me separo ~ él ich trenne mich nicht von ihm ‖ 3. Schlussfolgerung: ~ ello se desprende … daraus folgt … ‖ 4. nähere Angabe, (Zeit)Bestimmung: a) el cargo ~ general die Generalswürde ‖ el hombre ~ los anteojos der Mann mit der Brille ‖ la ciudad ~ Colonia die Stadt Köln ‖ la Guerra ~ los treinta años der 30jährige Krieg ‖ el 10 ~ enero am 10. Januar ‖ el mes ~ mayo der Monat Mai ‖ b) Seite, Lage (von, auf): ~ (= por) este lado von dieser Seite ‖ 5. Zeitraum, a) zu e–r Zeit: madrugada, (muy) ~ mañana (sehr) früh ‖ ~ día bei Tage, tagsüber ‖ ~ noche

bei Nacht, nachts ‖ ~ verano im Sommer ‖ b) von, seit, zwischen: ~ la mañana a la noche von Morgen bis Abend ‖ ~ ayer a hoy von gestern auf heute ‖ ~ ti a mí unter uns ‖ ~ mucho atrás seit langem ‖ ~ día en día von Tag zu Tag ‖ del uno al otro zwischen beiden ‖ ~ vez en cuando manchmal, ab und zu, hin und wieder ‖ 6. Bez. des Ganzen, von dem es als Teil genommen wird: (dat) el único ~ mis amigos der Einzige von m–n Freunden ‖ no soy ~ sus amigos ich gehöre nicht zu s–n (ihren) Freunden ‖ el mejor ~ todos der Beste von allen ‖ b) Inhalt: un vaso ~ vino ein Glas n Wein ‖ 7. a) Stoff, Material (von, aus): anillo ~ oro Goldring m ‖ vaso ~ cristal Glasgefäß n ‖ b) Grundlage e–r (geistigen) Tätigkeit: hablo ~ Vd. ich spreche von Ihnen ‖ juzgar ~ algo über et. urteilen ‖ ocuparse ~ algo s. mit et. beschäftigen ‖ ~ las ecuaciones von den Gleichungen (in Buchtitel) ‖ 8. veranlassende Ursache, Grund, Bezug auf et.: wegen ~ …, vor, über, an, zu, von: a) desesperar ~ …, verzweifeln an … (dat) ‖ no me fío ~ él ich traue ihm nicht ‖ ¡guárdate ~ mí! hüte dich vor mir! ‖ llorar ~ gozo vor Glück weinen ‖ morir ~ sed vor Durst sterben ‖ padecer ~ una enfermedad an e–r Krankheit leiden ‖ quejarse ~ … s. beklagen über … (acc) ‖ temblar ~ miedo vor Furcht zittern ‖ vengarse ~ un agravio s. wegen e–s Unrechts rächen ‖ b) cambiar ~ conducta sein Benehmen ändern ‖ mudarse ~ casa umziehen ‖ contento ~ … zufrieden mit … ‖ hermoso ~ rostro schön von Angesicht ‖ embrollado y difícil vor lauter Verworrenheit und Schwierigkeit ‖ 9. Gemäßheit, Norm: es ~ rigor es ist durchaus nötig ‖ es ist streng vorgeschrieben ‖ 10. Werkzeug, Mittel: colmar ~ favores mit Gunstbezeugungen überhäufen ‖ vestido ~ blanco weiß gekleidet ‖ ~ viva voz mündlich ‖ 11. Besitz, Eigentum: a) (dat bzw gen) la casa ~ mi tío das Haus m–s Onkels ‖ en casa ~ mi padre bei m–m Vater ‖ in m–m Vaterhaus ‖ voy a casa ~ mi sastre ich gehe zu m–m Schneider ‖ b) Namengebung bei verheirateten Frauen: María Moreno ~ Castro Marie Castro geb. Moreno ‖ 12. Art und Weise: a) ~ camino auf der Reise ‖ ~ este lado auf diese(r), nach dieser Seite ‖ ~ memoria auswendig ‖ ~ paso zugleich ‖ auf der Durchreise ‖ ~ repente plötzlich ‖ estar ~ pie stehen ‖ ~ por sí für s. allein ‖ ~ sobra überflüssig ‖ mehr als genug ‖ b) besonders als Ausdruck der Schnelligkeit: se lo bebió ~ un trago er (sie, es) trank es auf einmal od in e–m Zug aus ‖ ~ un salto ganó la calle mit e–m Sprung war er (sie, es) auf der Straße ‖ ¡acaba ~ una vez! mach, dass du fertig wirst! ‖ 13. a) Eigenschaft, Veranlagung, Stimmung: Ricardo Corazón ~ León Richard Löwenherz ‖ flor ~ muchos colores bunte Blume f ‖ hombre ~ valor tapferer Mensch m ‖ estar ~ mal humor übler Laune od übel gelaunt sein ‖ b) Beruf, Rang: servir ~ criado Diener sein ‖ trabajar ~ albañil als Maurer arbeiten ‖ le hablo ~ tú ich duze ihn ‖ c) (Adels)Titel: José ~ Castro Joseph von Castro ‖ 14. Verstärkung, Betonung: el bueno ~ Juan der gute Johann ‖ el tonto ~ Pedro (fam) so ein Dummkopf, der Peter ‖ el pícaro del mozo dieser geriebene Bursche ‖ ¡pobre ~ su padre! sein (ihr) armer Vater! ‖ tiene mucho ~ difícil (pop) es ist sehr schwierig ‖ 15. bei Ausrufen: ¡pobre ~ mí! ich Armer! ‖ ¡ay ~ tí! wehe dir! ‖ 16. statt

anderer Präpositionen: a) für con: lo
hizo ~ intento *er tat es absichtlich* ‖ b) für entre:
~ herrero a herrero no pasan chispas *e–e Krähe
hackt der anderen kein Auge aus* ‖ ~ ti a mí
zwischen dir und mir ‖ c) für para: recado ~
escribir *Schreibzeug* n ‖ d) für por, para: ~ miedo
aus Furcht ‖ no tenía voluntad ~ ello *er (sie, es)
hatte k–e Lust dazu* ‖ im Passiv: herido ~ un
od por el rayo von e–m Blitz getroffen ‖ 17. in
bindewörtlichen Wendungen (*statt* si,
en caso ~): *wenn, falls, andernfalls:* ~ no
haberlo dicho tú *wenn du es nicht gesagt hättest* ‖
~ no ser así *andernfalls* ‖ ~ no haber venido él
falls er nicht gekommen wäre ‖ 18. in
Verbindung mit e–m Infinitiv (⟨pop⟩
vor Vokalen auch zu d' *abgekürzt*): a)
Aufhören acaba ~ publicarse *soeben
erschienen (Buch)* ‖ acabar (*od* terminar) ~
escribir *soeben geschrieben haben* ‖ *zu Ende
geschrieben haben* ‖ escribir ~ algo *über et.*
schreiben ‖ no cesaron ~ insistir en ello *sie
haben nicht aufgehört, darauf zu drängen* ‖ no
dejes ~ recordármelo *vergiss nicht, mich (stets)
daran zu erinnern!* ‖ responder ~ alg. *für jdn
einstehen, bürgen* ‖ b) Gemütsbewegung:
me alegro ~ verte *es freut mich, dich zu sehen* ‖
c) Notwendigkeit: has ~ comprender que
… *du musst verstehen, dass …* ‖ d) = *deutsches
„zu“:* ¿es ~ creer? *ist es zu glauben?* ‖ es difícil
~ resolver *es ist schwer zu entscheiden* ‖ dar ~
comer *zu essen geben* ‖ e) nach
Hauptwörtern: tenga la bondad (*od*
amabilidad), hágame el favor ~ levantarse *haben
Sie die Güte aufzustehen, wollen Sie bitte
aufstehen* ‖ a fin ~ *mit der Absicht zu, um zu* ‖ f)
nach Adjektiven, nach Adverbien
der Entfernung (bes. im übertragenen Sinn):
no es digno ~ ser respetado *er ist nicht würdig,
geachtet zu werden* ‖ estoy lejos ~ querer
ofenderte *ich bin weit davon entfernt, dich
beleidigen zu wollen*
dé → **dar**
   dea f ⟨poet⟩ Göttin f
   deambu|lar vi *hin und her gehen* ‖ ⟨fam⟩
(herum)schlendern ‖ *spazieren gehen* ‖
–latorio m ⟨Arch⟩ *Deambulatorium* n,
Chorumgang m
   deán m ⟨Hist⟩ *Dekanus, Anführer* m *von 10
Soldaten (Rom)* ‖ ⟨Rel⟩ *Dechant, Dekan* m
   dea|nato m *Dechanat, Dekanat* n ‖ **–nazgo** m
→ **–nato**
   debacle f *Debakel* n, *Zusammenbruch* m
   debajero m Ec → **refajo** ‖ ~s mpl Chi *Unter-,
Leib|wäsche* f
   debajo 1. adv *unten* ‖ *unterhalb* ‖ quedar ~
⟨fig⟩ *unterliegen* ‖ 2. ~ de als Präp: *unter* ‖ ~ del
cambio ⟨Com⟩ *unter dem Kurs* ‖ ~ a la mesa
unter dem Tisch ‖ ~ de palabra *auf Ehrenwort* ‖
por ~ de cuerda ⟨fig⟩ *unter der Hand, heimlich* ‖
◇ estar muy por ~ (de algo *od* alg.) *bei weitem
nicht gleichkommen (e–r Sache od jdm), bei
weitem nicht heranreichen (an et.* acc *od an jdn)*
   deba|te m *lebhafte Besprechung, Beratung* f ‖
Debatte f ‖ *juristisches Streitgespräch* n ‖ *Streit,
Zank* m ‖ ~ largo y difícil *langwierige Debatte* f
‖ ~ oral *mündliche Verhandlung* f ‖ ~
parlamentario *Parlamentsdebatte* f ‖ ◇ zanjar un
~ *e–e Debatte abschließen* od *zum Abschluss
bringen* ‖ **–tir** vt *besprechen, erörtern* ‖
bestreiten, streitig machen, absprechen wollen ‖
~ vi *debattieren, diskutieren* ‖ *verhandeln* ‖
streiten (sobre, de *um*) ‖ ~**se** *mit den Flügeln
schlagen (Vogel im Käfig)* ‖ *s. herumschlagen*
(contra algo *mit et.*)
   debe, ~ m *Soll, Debet* n ‖ *Sollseite,*

Einnahmeseite f *(im Hauptbuch)* ‖ *Sollbetrag* m ‖
~ y haber *Soll und Haben* n, *Aktiva und Passiva*
pl ‖ el lado del ~ *die Debet-, Soll|seite* ‖ ◇
anotar al *od* en el ~ *im Soll buchen, belasten* ‖
figurar en el ~ *im Debet* od *Soll stehen* ‖ pasar
od llevar al ~ (de una cuenta) *im Soll (e–s
Kontos) eintragen* ⟨Com⟩ *zu Lasten schreiben,
belasten*
△ **Debel** m *Gott* m
   debe|lación f *kriegerische od militärische
Niederringung, Debellation, Besiegung, völlige,
kriegerische Vernichtung* f *(des feindlichen
Staates)* ‖ **–lador** m *Debellant* m ‖ *Bezwinger* m ‖
Sieger m ‖ **–lar** vt *kriegerisch niederringen* ‖ ◇
~ una insurrección *e–n Aufstand niederschlagen*
   ¹deber 1. vt/i *schulden, schuldig sein* ‖
verdanken, zu verdanken haben ‖ ◇ ~
agradecimiento *Dank schulden* ‖ ~ dinero a alg.
jdm Geld schulden od *schuldig sein* ‖ ~ respuesta
die Antwort schuldig sein ‖ quedar debiendo,
quedar a ~ *schuldig bleiben* ‖ este favor se lo
debo a él *diese Liebenswürdigkeit habe ich ihm
zu verdanken* ‖ ~ mucho *große Schulden haben*
2. ~ vi/t a) *sollen, verpflichtet sein, müssen,
haben zu* ‖ *dürfen* b) in Verb. mit Inf.:
müssen (als Pflicht) ‖ *sollen* ‖ ◇ debo salir *ich
muss ausgehen* ‖ no debo decirlo *ich soll* od *ich
darf es nicht sagen* ‖ debiera Vd. habérmelo dicho
Sie hätten es mir sagen sollen ‖ c) in Verb.
mit de: *müssen (als logische Wahrscheinlichkeit,
als Vermutung)* ‖ ◇ debe de estar allí *er (sie, es)
muss dort sein, er (sie, es) ist sicher dort* ‖ debió
de advertirlo *er (sie, es) wird es (sicher) gemerkt
haben* ‖ ~**se** *s. ziemen, s. schicken, s. gebühren
beruhen (a auf* dat) ‖ *zurückzuführen sein (a auf*
acc) ‖ el error se debe a (que) … *der Irrtum ist
darauf zurückzuführen, dass …* ‖ como se debe
wie es s. gebührt, gebührend
   ²deber m *Pflicht, Schuldigkeit* f ‖ *Schuld* f ‖
Aufgabe, Schul-, Haus|aufgabe f ‖ ~ de
abstención *Einhaltungspflicht* f ‖ ~ de acción, ~
de actuar *Handlungspflicht* f ‖ ~ de alimentos, ~
alimenticio ⟨Jur⟩ *Unterhaltspflicht* f ‖ ~ de
asistencia *Beistandspflicht* f ‖ *Präsenzpflicht* f ‖ ~
cívico, ~ de ciudadanía *Bürgerpflicht* f ‖ ~ de
rendir cuentas *Rechenschaftspflicht* f ‖ el ~
electoral *die Wahlpflicht* ‖ ~ moral *moralische
Verpflichtung* f ‖ ~ de obediencia
Gehorsamspflicht f ‖ ~ de reparación (de un
daño) *Sühnepflicht* f ‖ ~ de guardar secreto
Schweigepflicht f ‖ ~ al trabajo *Arbeitspflicht* f ‖
Pflicht f *zur Einhaltung der Dienstzeiten* ‖ ~ de
veracidad, ~ de decir la verdad *Wahrheitspflicht* f
‖ ◇ hacer su ~, cumplir (con) su ~ *s–e
Schuldigkeit tun* ‖ creer (de) su ~ *(es) für s–e
Pflicht halten* ‖ estoy en el ~ de decirle … *ich
möchte Ihnen sagen, …* ‖ faltar a un ~ *e–e
Pflicht nicht erfüllen* ‖ obrar en contra del ~
pflichtwidrig handeln ‖ cumplimos el ~ de
participarle que … *wir teilen Ihnen pflichtgemäß
mit, dass …* ‖ me incumbe este ~ *diese Pflicht
obliegt mir*
   debido adj *gebührend* ‖ *schicklich* ‖ *richtig* ‖
angemessen ‖ ~ a *wegen* ‖ ~ a ello
infolgedessen, demzufolge ‖ *infolge davon* ‖ en od
a su ~ tiempo *zur rechten Zeit, rechtzeitig* ‖
richtig (erhalten) ‖ en forma ~a *in gehöriger
Form* ‖ *richtig, vorschriftsmäßig* ‖ como es ~
gebührend, gehörig, wie es s. gehört ‖ ⟨pop⟩
anständig ‖ ser ~ (a) *zuzuschreiben sein (dat)* ‖
die Folge sein (von) ‖ adv: ~**amente**
   débil adj/s (m/f) *schwach, matt, kraftlos* ‖ ⟨fig⟩
leise, schwach (Stimme) ‖ ⟨fig⟩ *kaum
wahrnehmbar* ⟨Fot⟩ *dünn, schwach* ‖ ~ de
voluntad *willensschwach* ‖ ◇ es su punto ~ *es ist*

s–e (ihre) schwache Seite ‖ ~ *m/f:* ~ mental *Schwachsinnige(r* m) f
debili|dad *f Schwäche, Mattigkeit, Schwachheit, Kraftlosigkeit* f ‖ ⟨fig⟩ *Willensschwäche* f ‖ *Ohnmacht* f ‖ ⟨fig⟩ *schwache Stelle* f ‖ *schwache Haltung* f ‖ ⟨fig⟩ *schwache Stunde* f ‖ ⟨Fot⟩ *Weichheit* f ‖ *geringe Tragfähigkeit f (Balken)* ‖ ~ car|diaca, -díaca *Herzschwäche* f ‖ ~ circulatoria *Kreislaufschwäche* f ‖ una ~ humana *e–e menschliche Schwäche* ‖ ~ intelectual *Verstandesschwäche* f ‖ ~ de la memoria *Gedächtnisschwäche* f ‖ ~ mental *Schwachsinn* m, *Debilität* f ‖ ~ muscular *Muskelschwäche* f ‖ ~ senil *Altersschwäche* f ‖ ◇ es su ~ *es ist s–e (ihre) schwache Seite* ‖ siento una ~ por ella ⟨fam⟩ *ich habe ein Faible für sie* ‖ **–tación** *f Ab|schwächung* f, *-schwächen, -klingen* n ‖ ⟨Med⟩ *Schwächung, Entkräftung* f ‖ *Schwächezustand* m ‖ ~ del campo ⟨El⟩ *Feldschwächung* f ‖ ~ del mercado *Marktschwäche* f ‖ **–tador** *m/adj* ⟨Fot⟩ *Abschwächer* m ‖ **–tamiento** *m Schwächung* f ‖ **–tar** vt *schwächen, entkräften* ‖ ~**se** *schwach, matt werden*
débilmente adv von **débil**
debilucho adj *schwächlich* ‖ *von schwacher Gesundheit*
debitar vt Am *schulden* ‖ *im Soll buchen, belasten* ‖ *debitieren*
débito *m Schuld* f ‖ *Verpflichtung* f ‖ *Belastung* f ‖ *Soll* n ‖ *Sollbetrag* m ‖ ~ anticipado *Vorbelastung* f ‖ ~ conyugal *eheliche Pflicht* f ‖ ~ prescrito ⟨Jur⟩ *verjährte Schuld* f ‖ ~ recíproco ⟨Jur⟩ *gegenseitige Schuld* f ‖ ◇ llevar al ~ *belasten* ‖ pagar el ~ (conyugal) *die eheliche Pflicht erfüllen* ‖ ~s a nuestro cargo *Nostroverbindlichkeiten* fpl ‖ reclamar ~s ⟨Com⟩ *Schulden einfordern*
debocar [c/qu] vi Arg Bol *s. übergeben, (er)brechen*
debut *m* ⟨Th⟩ *Debüt, erstes Auftreten* n ‖ ⟨fig⟩ *Anfang* m
debu|tante *m/f Debütant(in* f) m, *erstmalig Auftretende(r* m) f ‖ ⟨fig⟩ *Anfänger(in* f) m ‖ ⟨Taur⟩ *debütierende(r) Stierkämpfer(in* f) m ‖ **–tar** vi *debütieren, zum ersten Mal (öffentlich) auftreten*
década *f Zehn* f, *zehn Stück* ‖ *Dekade* f *(Zeitraum von 10 Tagen bzw 10 Jahren)* ‖ ◇ por ~s *dekadisch*
decaden|cia *f Verfall* m, *Abnahme* f, *Sinken* n ‖ *Niedergang* m ‖ *Dekadenz* f ‖ *Entartung* f ‖ *Mutlosigkeit, Niedergeschlagenheit* f ‖ ⟨Jur⟩ *Verwirkung* f ‖ ~ de las costumbres *Sittenverfall* m ‖ ◇ caer *od* entrar en ~ ⟨fig⟩ *in Verfall geraten* ‖ estar en plena ~ *in gänzlichem Verfall begriffen sein* ‖ **–te** adj *(m/f) verfallend, im Verfall (begriffen)* ‖ *verfallen, entartet* ‖ *dekadent* ‖ *mutlos, niedergeschlagen* ‖ ~ *m/f dekadenter Mensch* m ‖ ⟨Lit⟩ *Dekadent(in* f) m ‖ **–tismo** *m Dekadenz* f ‖ ⟨Lit⟩ *Dekadenzdichtung* f ‖ **–tista** *m/f Dekadenzdichter(in* f) m
decaedro adj *zehn|seitig, -flächig* ‖ ~ *m* ⟨Math⟩ *Zehnflächner* m, *Dekaeder* n
decaer [irr → **caer**] vi *verfallen* ‖ *in Verfall geraten* ‖ *abnehmen* ‖ *nachlassen* ‖ *herunterkommen* ‖ *sinken* ‖ ⟨Jur⟩ *verwirken* ‖ ⟨Mar⟩ *abfallen* ‖ ◇ ~ en fuerzas *an Kraft abnehmen, verlieren* ‖ ~ de su prosperidad *an Wohlstand einbüßen* ‖ su negocio decae cada vez más *mit s–m (ihrem) Geschäft geht es immer mehr bergab* ‖ va decayendo *er (sie, es) verfällt immer mehr* ‖ *sie ist im Verblühen* (Frau)
de|cagonal *(m/f)*, **–cágono** adj *dekagonal, zehneckig* ‖ **–cágono** *m Dekagon, Zehneck* n

decagramo *m Dekagramm* n
decaído adj *heruntergekommen* ‖ *kraftlos* ‖ *niedergeschlagen*
decaimiento *m Verfall* m ‖ *Niedergeschlagenheit, Mutlosigkeit* f ‖ ⟨Atom⟩ *radioaktiver Zerfall, Atom-, Kern|zerfall* m
decalaje *m* ⟨Tech⟩ *Ver|schiebung, -stellung* f ‖ *Staffelung* f ‖ ~ angular (Flugw) *Schränkung* f ‖ ~ negativo, positivo ⟨Flugw⟩ *Rückwärts-, Vorwärts|staffelung* f
decalescencia *f* ⟨Met⟩ *Abschreckung* f
decalitro *m Dekaliter* n
decálogo *m Dekalog* m, *(die) Zehn Gebote* npl
decalvar vt *kahl scheren*
decamerón *m:* el ~ *das Dekameron (von Boccaccio)*
decámetro *m Dekameter* m (& n)
decampar vi ⟨Mil⟩ *das Lager abbrechen* ‖ ⟨fig⟩ *s. fortmachen*
decanato *m Dekanat* n
decandrio adj ⟨Bot⟩ *zehnmännerig, mit 10 Staubblättern (ausgestattet)*
¹decano *m Älteste(r)* m in *e–r Körperschaft usw.* ‖ *Dekan* m *e–r Fakultät od e–s Fachbereichs* ‖ *Doyen* m *(des diplomatischen Korps)* ‖ ~ del colegio de abogados *Präsident* m *der Rechtsanwaltskammer* ‖ el ~ de los médicos españoles *der Nestor der spanischen Ärzte*
²decano *m* ⟨Chem⟩ *Dekan* n
decantación *f* ⟨Tech⟩ *Absetzvorgang* m, *Absetzen* n ‖ *Ablagerung* f *(von Schadstoffen)* ‖ *Schlämmung, Schwemmfilterung* f, *Schlämmen* n ‖ ⟨Chem⟩ *Klärung* f
¹decantar vt ⟨Chem⟩ *ab|füllen, -gießen, dekantieren* ‖ *abscheiden, Absatz bilden, schlämmen* ‖ *absetzen lassen*
²decan|tar vt *besingen, rühmen, preisen* ‖ **–tado** adj *berühmt*
decantarse vr *neigen* (por *zu*), *bevorzugen* (acc) ‖ *s. für et. entscheiden*
deca|pado, –paje *m* ⟨Chem Met⟩ *Dekapieren, Beizen* n, *Beize, Beizung* f ‖ **–pante** *m Beiz|mittel* n, *-zusatz* m ‖ **–par** vt *dekapieren, beizen* ‖ *abbrennen* ‖ *(ab)schaben* ‖ *mattieren*
decapi|tación *f Enthauptung* f ‖ **–tar** vt *köpfen (hinrichten), enthaupten* ‖ ⟨fig⟩ *führerlos machen, der Besten berauben*
decápodos mpl ⟨Zool⟩ *Zehnfußkrebse, Dekapoden* mpl (Decapoda)
decasílabo *m/adj* ⟨Poet⟩ *zehnsilbiger Vers* m
decati|zado *m* ⟨Text⟩ *Dekatieren* n ‖ **–zar** [z/c] vt *dekatieren*
decat|lón *m* ⟨Sp⟩ *Zehnkampf* m ‖ **–loniano** *m Zehnkämpfer* m
deceleración *f* ⟨Tech⟩ *negative Beschleunigung, Verzögerung* f ‖ *Untersetzung* f
decembrino adj *Dezember-*
dece|na *f Anzahl, Summe* f *von Zehn* ‖ ⟨Math⟩ *Zehner* m *(Stelle)* ‖ ⟨Mus⟩ *Dezime* f ‖ una ~ de … zehn … ‖ *ungefähr zehn* ‖ ◇ cumplir la ~ *die Zahl Zehn erreichen* ‖ vender por ~s *in Zehnern verkaufen* ‖ **–nal** adj *(m/f) zehn Einheiten enthaltend* ‖ *Dezimal- zehnjährig* ‖ *zehnjährlich* ‖ **–nario** adj *zehnteilig* ‖ ⟨Math⟩ *Dezimal-* ‖ ~ *m Zeitraum* m *von zehn Jahren* ‖ ⟨Rel⟩ *Rosenkranz* m *mit zehn Kugeln*
decencia *f Anstand* m, *Schicklichkeit* f ‖ *Sittsamkeit, Züchtigkeit, Ehrbarkeit* f ‖ ◆ con ~ *ehrbar*
dece|nio *m Jahrzehnt* n ‖ el primer ~ *die ersten zehn Jahre* ‖ **–no** adj *zehnte|r, -s*
decentar [-ie] vt *beschädigen, verderben* ‖ *anschneiden* (Brot, Melone *usw.*) ‖ *zum ersten Mal gebrauchen, versuchen, vergewaltigen* ‖ ~**se** *s. wund liegen (Bettlägeriger)*

decente adj *(m/f) (wohl)anständig, schicklich, angemessen* ‖ *sittsam, züchtig* ‖ *ehrbar* ‖ *wohlgesittet* ‖ *niedlich, artig* ‖ *erträglich, leidlich* ‖ *medio* ~ *halbwegs anständig* ‖ adv: ~**mente**

decep|ción f *Enttäuschung* f ‖ ~ *de sí mismo Selbsttäuschung* f ‖ **–cionar** vt *enttäuschen* ‖ *hintergehen*

deceso m *Ableben, Hin|scheiden* n, *-gang* m ‖ *Tod* m ‖ *Todesfall* m

dechado m *Vor|schrift, -lage* f ‖ *Muster* n ‖ ⟨fig⟩ *Vorbild* n ‖ ⟨fig⟩ *Ausbund* m *(von Lastern)* ‖ ◇ *es un* ~ *de virtud(es) er (es) ist ein Tugendmuster*

deciárea f *Deziar* n *(¹/₁₀ Ar)*

decibe|l(io) m ⟨Phys Ak⟩ *Dezibel* n ‖ **–límetro** m *Dezibelmesser* m

decible adj *(m/f) sagbar, in Worten ausdrückbar* ‖ ⟨fam⟩ *anständig*

decide|ras fpl: *tener buenas* ~ ⟨fam⟩ *ein gutes Mundwerk haben* ‖ **–ro** adj *unanstößig, anständig,* ⟨fam⟩ *salonfähig (Wort)*

deci|didamente adv *entschieden, auf jeden Fall* ‖ **–dido** adj/s *entschlossen, energisch* ‖ *entschieden, bestimmt* ‖ *entschlussfreudig* ‖ *fest, energisch (Ton)* ‖ ~ *(a obrar) tatkräftig, energisch* ‖ *es cosa* ~*a das ist entschieden* ‖ *estar* ~ *a entschlossen sein zu* ‖ **–dir** vt *entscheiden* ‖ *entschließen* ‖ *fest|setzen, -legen* ‖ *abschließen, erledigen* ‖ *bringen, überreden (a zu)* ‖ *veranlassen* ‖ *bestimmen (a alg. a algo jdn zu et.)* ‖ ~ vi *e-n Entschluss fassen, über et. entscheiden, et. bestimmen* ‖ ◇ ~ *en un pleito* ⟨Jur⟩ *in e-r Rechtssache entscheiden* ‖ ~ *sobre (od de) un punto e-e Frage entscheiden* ‖ *eso no –de das ist nicht maßgebend* ‖ ~**se** s. *entschließen, s. entscheiden* ‖ ◇ ~*a obrar s. zum Handeln entschließen* ‖ ~ *en favor de alg. s. für jdn entscheiden* ‖ ~ *por un método e-e Methode wählen*

deci|dor adj/s *gesprächig, redselig* ‖ *witzig* ‖ ~ *de sinceridades Wahrheitsfanatiker* m *(jd, der rücksichtslos die Wahrheit sagt)* ‖ **–dora** f: ~ *de ventura Handleserin* f

decidua f ⟨Med Zool⟩ *Decidua* f

deci|gramo m *Dezigramm* n ‖ **–litro** m *Deziliter* n

décima f *Zehntel* n ‖ *Zehnte* m ‖ ⟨Poet⟩ *zehnzeilige Stanze* f *(Versmaß)* ‖ ⟨Mus⟩ *Dezime* f ‖ ⟨Tech⟩ *Zehntelgrad* m *an e–m Thermometer*

decimacuarta adj → **decimocuarto**

decimal adj *(m/f) Dezimal-, dezimal* ‖ ~ m *Dezimale* f

decímetro m *Dezimeter* m ‖ ~ *cuadrado Quadratdezimeter* m

décimo adj *(der, die, das) Zehnte* ‖ ~*a parte Zehntel* n ‖ ◆ *en* ~ *lugar zehntens* ‖ ~ m *(der) Zehnte* ‖ *Zehntel* n ‖ *Zehntel* m *e–s span. Lotterieloses* ‖ ⟨Col⟩ *e–e Silbermünze* f

decimo|(o)ctavo adj *(der) achtzehnte* ‖ **–cuarto** adj *(der) vierzehnte* ‖ **–no(ve)no** adj *(der) neunzehnte* ‖ ~ *normal* adj: ⟨Chem⟩ *solución* ~ *¹/₁₀-Normallösung* f ‖ **–quinto** adj *(der) fünfzehnte* ‖ **–séptimo** adj *(der) siebzehnte* ‖ **–sexto** adj *(der) sechzehnte* ‖ **–tercio, –tercero** adj *(der) dreizehnte*

¹decir vt/i [pres digo, fut diré, pret dije, pp dicho] *(her)sagen, (aus)sprechen, reden* ‖ *aufsagen (e–e Lektion)* ‖ *lesen (Messe)* ‖ *vortragen* ‖ *erzählen* ‖ *weitersagen* ‖ *besagen (Brief, Urkunde)* ‖ *schreiben, (schreibend) erwähnen* ‖ *äußern, erklären* ‖ *behaupten* ‖ *versichern* ‖ *(be)nehmen* ‖ *mitteilen* ‖ *Zeugnis ablegen von (dat)* ‖ *befehlen (que hagan algo et. zu tun)* ⟨fig⟩ *anzeigen, kundgeben* ‖ ◇ ~ *dos palabras* ⟨fig⟩ *ein Wort sprechen* ‖ ~ *que ...*

wenn man bedenkt, dass ... ‖ ~ *la buena ventura wahrsagen* ‖ ~ *entre od para sí bei s. sagen, leise sagen* ‖ *denken, überlegen* ‖ *vor s. hin sagen* ‖ ~ *misa die Messe lesen* ‖ *el qué dirán* ⟨figf⟩ *Furcht* f *vor dem Gerede* ‖ *no* ~ *una cosa por otra die Wahrheit sagen* ‖ *a* ~ *verdad ehrlich gesagt, um die Wahrheit zu sagen* ‖ *eigentlich* ‖ *offen gestanden* ‖ *por od para decirlo así, digámoslo así gewissermaßen, sozusagen* ‖ *por mejor* ~ *besser gesagt* ‖ *me lo dice el corazón* ⟨fig⟩ *ich ahne es* ‖ *lo digo por él ich spreche von ihm, ich beziehe mich auf ihn* ‖ *no sé qué me diga, no sé qué* ~ *ich weiß nicht, was ich dazu sagen soll* ‖ *¿digo algo?* ⟨fam⟩ *so hört mich doch!* ‖ *como quien no dice nada ohne weiteres* ‖ *mir nichts, dir nichts* ‖ *ohne Bedeutung* ‖ *¡no digo nada!* ⟨iron⟩ *jawohl, natürlich* ‖ *¡ya decía yo que ...! ich dachte mir doch gleich, dass ...* ‖ *no es para dicho es ist nicht zu sagen* ‖ ~ *(de) nones* ⟨fam⟩ *verneinen, leugnen* ‖ *s. weigern, abschlagen* ‖ *que no no nein sagen* ‖ ~ *que no con la cabeza verneinend den Kopf schütteln* ‖ ~ *que sí ja sagen, einwilligen* ‖ *tener algo que* ~ *et. auszusetzen haben* ‖ *tener mucho que* ~ *viel (dazu) zu sagen haben* ‖ *no saber* ~ *que no nichts abschlagen können* ‖ *a voces od gritos laut (aus)schreien*

~ vi *(öffentlich) reden, sprechen* ‖ *übereinstimmen (con mit)* ‖ *gelegen kommen, passen* ‖ *passen, gut stehen (Farbe, Kleid)* ‖ ⟨Kart⟩ *ansagen* ‖ ~ *bien gut, passend reden* ‖ *s. schicken, wohl anstehen* ‖ ~ *bien, mal con algo gut, schlecht zu et. passen* ‖ *dar que* ~ *a la gente Anlass zum Gerede geben* ‖ ~ *por* ~ *in den Wind reden* ‖ *es* ~, *es a* ~ *nämlich* ‖ *das heißt* ‖ *¿es* ~ *que no vienes? du kommst also nicht?* ‖ *sé* ~ *que ... soviel kann ich sagen od behaupten, dass ...* ‖ *ni que* ~ *tiene que ... es ist (ja) selbstverständlich, dass ...* ‖ *es versteht s. von selbst, dass ...* ‖ *es ist (ganz) natürlich, dass ...* ‖ *no hay más que* ~ *mehr kann man nicht verlangen* ‖ *¡y* ~ *que es pobre!* ⟨pop⟩ *(und) wenn man bedenkt, dass er arm ist!* ‖ *le he oído* ~ *ich habe ihn sagen hören*

¡digo! das glaube ich! ‖ *das will ich meinen! so meine ich (wenigstens)! unglaublich!* ‖ *digo ich meine (vielmehr), ich wollte sagen* ‖ *digo que digo que donde digo digo no digo digo, que digo Diego* ⟨fam⟩ *Sinn etwa: wer Grütze hat, versteht* ‖ *¿cómo dice Vd.? wie meinen Sie? wie beliebt?* ‖ *y me dijo, dice* ⟨pop⟩ *und er (sie, es) sagte mir so* ‖ *dicen que (od se dice que) ... man sagt, dass ...; es geht die Rede, dass ...; es heißt, dass ...* ‖ *sus ojos no dicen nada s–e (ihre) Augen sind ausdruckslos* ‖ *diga Vd sagen Sie mal!* ‖ *¡diga! hallo! ja, bitte! bitte sprechen Sie! (Telefonruf)* ‖ *¡que lo digas!* ⟨fam⟩ *dass du es doch einmal einsiehst!* ‖ *¡no me digas! ach! (Ausdruck des Erstaunens)* ‖ *no es malo, que digamos (fam) es ist wahrhaftig nicht schlecht! ich muss gestehen, dass es nicht schlecht ist* ‖ *no digamos que sea así* ⟨fam⟩ *es ist zwar nicht ganz so* ‖ *¡Dios dirá! es liegt in Gottes Hand!* ‖ *¡Vd. dirá! wie Sie wünschen, nach Ihrem Belieben* ‖ *sagen Sie, wenn es genug ist! (z.B. beim Einschenken)* ‖ ⟨fam⟩ *selbstverständlich! ja freilich!* ‖ *das glaube ich wohl!* ‖ *¡dicho está! so ist es* ‖ *¡dicho y hecho! gesagt, getan!* ‖ *¡lo dicho! wie gesagt!* ‖ *de lo dicho no hay nada es ist nichts gesagt worden* ‖ *¡tú lo has dicho! so ist es!* ‖ *diciendo y haciendo gesagt, getan!* ‖ *diciendo y haciendo, arremetió con él und mit diesen Worten stürmte er (sie, es) auf ihn an* ‖ *como si dijéramos* ⟨fam⟩ *sozusagen, gewissermaßen* ‖ *he dicho (dije, dixi) ich habe gesprochen (Schlussformel e–r Rede)*

~**se** *heißen, s. nennen, genannt werden* ‖

¿cómo se dice esta calle? *wie heißt diese Straße?* se dice que ... *man sagt, dass ..., man raunt, dass ...* ‖ que se dice ser su amigo *der angeblich sein (ihr) Freund ist, der s. für s–n (ihren) Freund ausgibt* ‖ más de lo que puede decirse ⟨fig⟩ *unsäglich viel* ‖ dijérase (que) *sozusagen*
²decir m *Aussage* f ‖ *Redensart* f ‖ *Behauptung* f ‖ *Gerede* n ‖ *Vortrag* m ‖ el ~ de las gentes *die öffentliche Meinung* ‖ es un ~, vamos (*od* voy) al ~ *sozusagen* ‖ *es ist nicht ernst gemeint* ‖ al ~ de muchos *wie man vielfach behauptet* ‖ gracia en los ~es *Anmut* f *in der Rede*
deci|sión f *Entscheidung* f ‖ *Entschlossenheit* f ‖ *Entschluss* m ‖ *Bescheid* m ‖ *Anordnung, Verfügung* f ‖ *Beschluss* m ‖ *Verordnung, Bestimmung* f ‖ *Urteil* n ‖ ~ arbitral *Entscheidung* f *durch Schiedsgericht, Schiedsspruch* m ‖ ~ discrecional *Ermessensentscheidung* f ‖ ~ dolosa *vorsätzliche Entscheidung* f ‖ ~ judicial *Gerichtsentscheidung* f ‖ ~ de la mayoría *Mehrheitsbeschluss* m ‖ ~ pericial *Sachverständigenurteil* n ‖ ~ prejudicial *Vorabentscheidung* f ‖ ~ del tribunal supremo *höchstrichterliche Entscheidung* f ‖ ◇ carecer de ~ *k–e Entschlusskraft haben* ‖ tener mucha ~ *sehr entschlussfreudig sein* ‖ tomar una ~ *e–n Entschluss fassen* ‖ *s. entschließen* ‖ falto de ~ *unentschlossen, energielos* ‖ **–sionismo** m ⟨Jur⟩ *Dezisionismus* m ‖ **–sivo** adj *Entscheidungs-, entscheidend* ‖ adv: ~**amente** ‖ **–sorio** adj ⟨Jur⟩ *streitentscheidend*
decla|mación f *Vortrag* m, *öffentliche Rede* f ‖ *Vortragskunst* f ‖ *dramatische Kunst* f ‖ *Deklamation* f ‖ *Effekthascherei* f, *Schwulst* m ‖ schwülstige *Rede* f ‖ **–mador** m *Vortragende(r)* m ‖ *Vortragskünstler* m ‖ *schwülstiger Redner* m ‖ *Phrasendrescher* m ‖ **–mar** vt/i *(ausdrucksvoll) vor|tragen, -lesen, deklamieren* ‖ *eifern, losziehen, zu Felde ziehen* (contra gegen) ‖ *geschwollen, schwülstig reden* ‖ ◇ ~ una poesía *ein Gedicht aufsagen* ‖ **–matorio** adj *(prunk)rednerisch* ‖ *Vortrags-* ‖ *schwülstig* ‖ *deklamatorisch*
declaración f *Erklärung, Auslegung, Deutung* f ‖ *Äußerung, Darlegung* f ‖ *Verkünd(ig)ung* f ‖ *Anzeige, (An)Meldung* f ‖ *Geständnis* n ‖ *Kundgebung* f ‖ *(gerichtliche) Aussage* f ‖ ~ de abandono ⟨Jur⟩ *Abandonerklärung* f ‖ ~ ab intestato *Feststellung* f *der gesetzlichen Erben* ‖ ~ de accidente *Unfallanzeige* f ‖ ~ de aceptación *Annahmeerklärung* f ‖ ~ de aduana *Zoll\(inhalts)erklärung, -deklaration, -angabe* f ‖ ~ de amor *Liebeserklärung* f ‖ ~ arancelaria → ~ de aduana ‖ ~ de ausencia ⟨Jur⟩ *Verschollenheitserklärung* f ‖ ~ de bienes *Vermögenserklärung* f ‖ ~ de culpabilidad *Geständnis* n ‖ *Schuldurteil* n ‖ ~ de defunción → ~ de fallecimiento ‖ ~ de los derechos del hombre *Erklärung* f *der Menschenrechte* ‖ ~ de divisas *Devisenerklärung* f ‖ ~ a efectos fiscales *Steuererklärung* f ‖ ~ de enfermedad *Krankmeldung* f ‖ ~ de entrada *Einfuhrerklärung* f ‖ ~ de exportación *Ausfuhrerklärung* f ‖ ~ de fallecimiento *Todeserklärung* f ‖ *Totenschein* m ‖ ~ de guerra *Kriegserklärung* f ‖ ~ de herederos *Erbschein* m ‖ ~ de importación *Einfuhrerklärung* f ‖ ~ de impuestos *Steuererklärung* f ‖ ~ de incapacidad *Entmündigung* f ‖ ~ de independencia *Unabhängigkeitserklärung* f ‖ ~ de intenciones *Absichtserklärung* f ‖ ~ intergubernamental *gemeinsame Erklärung* f *zweier od mehrerer Regierungen* ‖ ~ jurada *eidesstattliche Erklärung* f ‖ ~ bajo juramento *eidliche Aussage* f ‖ ~ de (la) liquidación Span *Steuererklärung* f ‖ ~ de (la) mayoría de edad, ~ de mayoridad

Volljährigkeitserklärung f ‖ *Mündigkeitserklärung* f ‖ ~ ministerial *Regierungserklärung* f ‖ ~ de muerte →, ~ de fallecimiento ‖ ~ de nulidad *Nichtig(keits)-, Kraftlos\erklärung* f ‖ ~ de nulidad de matrimonio *Ehenichtigkeitserklärung* f ‖ ~ obligatoria *(An)Meldepflicht* f ‖ ~ de (la) paternidad *Feststellung* f *der Vaterschaft* ‖ ~ de pobreza *Bewilligung* f *der Prozesskostenhilfe* ‖ ~ de principios *Grundsatzerklärung* f ‖ ~ de quiebra *Insolvenz(eröffnungs)beschluss* m ‖ *Insolvenzerklärung* f ‖ ~ de rebeldía *Säumigkeits-, Säumiger\erklärung* f *(im Prozess)* ‖ ~ recíproca *Gegenerklärung* f ‖ ~ de renta *Einkommensteuererklärung* f ‖ ~ de siniestro *Schadens\anmeldung, -anzeige* f ‖ ~ solemne *feierliche Erklärung* f ‖ ~ de los testigos *Zeugenaussage* f ‖ ~ tributaria Span *Steuererklärung* f ‖ ~ de valor *Wertangabe* f ‖ ~ de voluntad *Willenserklärung* f ‖ ~ de valor y contenido ⟨Com⟩ *Inhalts- und Wert\angabe* f ‖ ~ de última voluntad *letztwillige Verfügung* f ‖ ◆ de ~ obligatoria *(an)meldepflichtig* ‖ ◇ hacer una ~ *et. erklären* ‖ *als Zeuge aussagen* ‖ tomar la ~ a alg. ⟨Jur⟩ *jdn gerichtlich verhören* ‖ → auch **declarar**
decla|radamente adv *auf deutliche Art* ‖ *un\verhohlen, -umwunden* ‖ **–rado** adj *offenbar* ‖ *öffentlich* ‖ *laut, deutlich* ‖ un enemigo ~ *ein erklärter Feind* m ‖ **–rante** m/f ⟨Jur⟩ *Aussagende(r)* m ‖ *Beteiligte(r)* m *(in notarieller Urkunde)* ‖ **–rar** vt/i *er\klären, -läutern, auslegen, bekennen* ‖ *verkünden* ‖ *bezeugen* ‖ *an den Tag legen, kundtun* ‖ *erklären (s–e Liebe)* ‖ *(an)zeigen, angeben (vor Gericht)* ‖ *aussagen, bezeugen* ‖ *anmelden* ‖ *deklarieren* ‖ ◇ ~ abierta la sesión *die Sitzung eröffnen* ‖ ~ abolido *für abgeschafft erklären* ‖ ~ por absoluto *verabsolutieren* ‖ ~ en aduana *(Waren) deklarieren* ‖ *verzollen* ‖ ~ apto para el trabajo *arbeitsfähig schreiben* ‖ ~ apto para la navegación marítima *für seetüchtig erklären* ‖ ~ concluso *für beendet erklären* ‖ ~ contumaz y rebelde *für säumig erklären (den Beklagten)* ‖ ~ culpable *schuldig erklären* ‖ ~ desierto *für zurückgenommen erklären* ‖ *wegen Säumnis verwerfen (Berufung)* ‖ ~ dimisionario *entlassen* ‖ ~ domicilio *s. bei der Polizei melden (Polizeiaufsicht)* ‖ ~ (por) enemigo *zum Feind erklären* ‖ ~ el estado de sitio *den Belagerungszustand verhängen* ‖ ~ la guerra *den Krieg erklären* ‖ ~ improcedente *als unzulässig verwerfen (z. B. ein Rechtsmittel)* ‖ ~ (su) incompetencia *s. für unzuständig erklären* ‖ ~ incurso en apremio a alg. *gegen jdn das Vollstreckungsverfahren eröffnen* ‖ ~ la llegada *s. anmelden (Hotelgast)* ‖ ~ utilidades *s–e Einkommensteuererklärung abgeben* ‖ ~**se** *s. erklären, s. aussprechen* ‖ *Stellung nehmen (über* acc*)* ‖ *ausbrechen (z. B. Feuer, Krankheit, Seuche usw.)* ‖ *zum Vorschein kommen, s. zeigen* ‖ *e–e Liebeserklärung machen* ‖ *s. erklären (Brautwerber)* ‖ ~ (a alg.) *jdm sein Herz ausschütten* ‖ ◇ ~ culpable *s. schuldig bekennen* ‖ ~ en quiebra *Insolvenz* m *erklären* ‖ ~ por (contra) alg. *s. für (gegen) jdn erklären* ‖ se declaró una epidemia *e–e Seuche brach aus* ‖ se declaró un incendio *ein Feuer brach aus* ‖ por la noche se le declaró una fuerte fiebre *abends stellte s. bei ihm hohes Fieber ein* ‖ **–ratorio** f adj *erklärend* ‖ *feststellend* ‖ *rechtsbezeugend* ‖ ~ de derecho *rechtsfeststellend*
decli|nable adj *(m/f)* ⟨Gr⟩ *deklinierbar* ‖ **–nación** f *Neigung, Senkung* f ‖ ⟨Astr Gr⟩ *Deklination* f ‖ ⟨fig⟩ *Verfall* m, *Abnahme* f ‖ ⟨Jur⟩ *Ablehnung (e–s Richters), Richterablehnung* f ‖ ~

magnética *Abweichung* f *der Magnetnadel, Missweisung, magnetische Deklination* f ‖ ~ irregular ⟨Gr⟩ *unregelmäßige Deklination* f ‖ ~ regular ⟨Gr⟩ *regelmäßige Deklination* f ‖ **–nante** adj *(m/f) (ab)fallend* ∕ *s. senkend* ‖ *rückläufig* **–nar** vt/i *ab*∕*lehnen, -weisen* ‖ ⟨Gr⟩ *deklinieren* ‖ ◇ ~ hacia *(od* a) un lado *seitwärts biegen, neigen* ‖ ◇ ~ vi *s. neigen, s. senken* ‖ *ab-, aus*∕*weichen* ‖ ⟨fig⟩ *abarten, umschlagen* (en *in* acc) ‖ ⟨fig⟩ *verfallen, abnehmen* ‖ *zu Ende gehen* ‖ ⟨Jur⟩ *ablehnen, (e–n Richter) abweisen* ‖ ⟨Astr⟩ *abweichen* ‖ ~ con agradecimiento *mit Dank ablehnen* ‖ ~ la jurisdicción ⟨Jur⟩ *den Gerichtsstand* od *die Zuständigkeit rügen* ‖ *die Unzuständigkeitseinrede erheben* ‖ ~ toda responsabilidad *jede Verantwortung ablehnen* ‖ ~ del rigor en la debilidad *von der Strenge zur nachgiebigen Schwäche übergehen* ‖ declinaba el día *der Abend nahte (heran)* ‖ **–natoria** f ⟨Jur⟩ *Unzuständigkeitseinrede* f ‖ *Ersuchen* n *um Abgabe e–r Rechtssache wegen Unzuständigkeit* ‖ *Ersuchen* n *auf Richterablehnung wegen Unzuständigkeit*
   declinómetro m ⟨El⟩ *Ablenkungsmesser* m
   decli∕**ve** m *Abhang* m ‖ *Abfallen* n, *Neigung* f *(Gelände)* ‖ *Hang* m ‖ *Gefälle* n *(Fluss)* ‖ *Böschung* f ‖ ⟨Geol⟩ *Abdachung, Geländeneigung* f, *Abfall* m ‖ ~ escarpado *Steilhang* m ‖ ♦ en ~ *abschüssig* ‖ ⟨fig⟩ *in Verfall* ‖ ⟨fig⟩ *s. zu Ende neigend* ‖ **–vidad** f *Abschüssigkeit* f
   decoc∕**ción** f, **–to** m *Abkochung* f, *Absud* m, *Dekokt* n
   decodifi∕**cación** f, **–car** → **descodifi**∕**cación, –car**
   decohesor m ⟨Radio⟩ *Entfritter* m
   decolaje m Am ⟨Flugw⟩ *Abflug* m ‖ *Aufstieg, Start* m ‖ ~ defectuoso *Fehlstart* m
   decolo∕**rado** adj, **–ramiento** m, **–rante** m, **–rar** vt → **descolo**∕**rado, –ramiento, –rante, –rar**
   decolorar vt → **descolorar**
   decomi∕**sar** vt *beschlagnahmen* ‖ *einziehen (Verbrecherwerkzeug)* ‖ **–so** m *(gerichtliche) Beschlagnahme* f ‖ *Einziehung* f *(vom Verbrecherwerkzeug)*
   decontami∕**nación** f, **–nar** vt → **descontami**∕**nación, –nar**
   decora∕**ción** f *Verzierung, Ausschmückung* f ‖ *Schmuck* m ‖ *Raumkunst, Dekoration* f ⟨Th⟩ *Bühnenausstattung* f ‖ ~ de escaparates *Schaufensterdekoration* f ‖ ~ de interiores *Raumausstattung* f ‖ **–ciones** de habitaciones *Innenausstattungen* fpl ‖ **–do** m *Ausschmückung* f ‖ *Dekoration* f ‖ ⟨Th⟩ *Bühnendekoration* f ‖ **–dor** m *Verzierer* m ‖ *Dekorateur* m ‖ ⟨Th⟩ *Bühnenmaler* m ‖ ~ de cerámica *Kerammaler* m ‖ ~ de interiores *Innendekorateur, Raumausstatter* m ‖ ~ de escaparates, ~ vitrinista *Schaufensterdekorateur* m
   ¹**decorar** vt *(aus)schmücken, (aus)zieren, dekorieren* ‖ *veredeln, färben (e–e Oberfläche)* ‖ *tapezieren* ⟨Th⟩ *ausstatten*
   ²**decorar** vt *auswendig lernen*
   deco∕**rativo** adj *zierend, schmückend, durch Ausschmückung wirksam, dekorativ* ‖ **–ro** m *Ehrfurcht, Achtung* f ‖ *Ehrgefühl* n ‖ *Anstand* m ‖ *Schicklichkeit* f, *äußerer Anstand* m, *Dekorum* n ‖ *Ehrbarkeit, Sittsamkeit, Würde* f ‖ ◇ guardar el ~ *das Dekorum wahren, die nötige Form wahren* ‖ **–roso** adj *anständig* ‖ *ehrenvoll, rühmlich* ‖ *sittsam (Benehmen)* ‖ **~amente** adv *mit Anstand* ‖ ◇ vivir ~ *anständig* od *standesgemäß leben*
   decre∕**cer** [-zc-] vi *abnehmen, s. vermindern* ‖ *fallen, sinken* ‖ *kürzer, schwächer werden* ‖ *fallen (Hochwasser)* ‖ ⟨fig⟩ *nachlassen* ‖ ◇ los días decrecen *die Tage nehmen ab* ‖ **–cimiento,**

–mento m *Abnahme* f, *Verfall* m ‖ ⟨Math El⟩ *Dekrement* n
   decrepi∕**tante** adj *(m/f)*, **–tar** vi → **crepi**∕**tante, –tar** vi ⟨Chem⟩ *dekrepitieren (Kristall)*
   decrépito adj/s *abgelebt, altersschwach, heruntergekommen, hinfällig (Mensch)* ‖ ⟨fig⟩ *ver*∕*fallen, -modert* ‖ ⟨fig⟩ *morsch*
   decrepitud f *Altersschwäche* f ‖ *Verfall* m, *Hinfälligkeit* f
   decrescendo ⟨it⟩ m ⟨Mus⟩ *Dekrescendo* n ‖ ⟨fig⟩ *Abnahme* f
   decre∕**tal** f/adj *päpstliche Entscheidung, Verfügung* f, *Dekretale* n ‖ **–talista** m *Dekretalist, Dekretist* m (Decretum Gratiani) ‖ **–tar** vt/i *an-, ver*∕*ordnen, verfügen (behördlich)* ‖ *erlassen (e–n Befehl)* ‖ *beschließen* ‖ ◇ ~ el archivo *zu den Akten verfügen, die Ablage verfügen* ‖ ~ el embargo *die Beschlagnahme verfügen* ‖ ~ la ley *das Gesetz beschließen* ‖ ~ la prisión *Haft anordnen* ‖ **–tista** m *Dekretist* (Decretum Gratiani), *Dekretalist* m ‖ **–to** m *Verordnung* f, *Erlass* m, *Dekret* n ‖ *Beschluss, Ratschluss* m ‖ *Verfügung* f ‖ ~ richterliche *Verfügung* f ‖ ~ administrativo *Verwaltungsverordnung* f ‖ ~ de allanamiento *Haus-, Durch*∕*suchungsbefehl* m ‖ ~ de aplicación *Durch-, Ausführungs*∕*bestimmung* f ‖ ~ de concentración *Umlegungsbeschluss* m ‖ ~ de ejecución *Durch-, Aus*∕*führungsverordnung* f ‖ ~ con fuerza de ley *gesetzesvertretende Verordnung, (Rechts)Verordnung* f *mit Gesetzeskraft* ‖ **~–ley** *Gesetzesverordnung, gesetzesvertretende Verordnung, Verordnung* f *mit Gesetzeskraft* ‖ ~ ministerial *Ministerialerlass* f ‖ ~ real *königliche Verordnung* f, *königlicher Erlass* m ‖ ~ reglamentario *Durch-, Aus*∕*führungsbestimmung* f ‖ ~ de urgencia *Notverordnung* f
   déctico m ⟨Ins⟩ *Warzenbeißer* m (Decticus spp)
   decúbito m *Liegen* n *(im Bett)* ‖ *Bettlägerigkeit* f ‖ ⟨Med⟩ *Auf-, Durch-, Wund*∕*liegen* n, *Druckbrand* m ‖ *Lage* f *(e–r Leiche usw.)* ‖ ~ dorsal *Rückenlage* f ‖ ~ lateral *Seitenlage* f ‖ ~ prono *Lage* f *mit dem Gesicht nach unten* ‖ ~ supino *Rückenlage* f ‖ ~ ventral *Bauchlage* f ‖ ♦ en ~ *im Liegen*
   decumbente adj *(m/f) niederliegend*
   decuplar vt *verzehnfachen*
   décuplo adj *zehn*∕*fach, -fältig* ‖ ~ m *Zehnfache(s)* n
   decurrente adj *(m/f)* ⟨Bot⟩ *herablaufend*
   decursas fpl ⟨Jur⟩ *fällige Rentenbeträge* mpl
   decurso m *Verlauf* m *(der Zeit)* ‖ *Lauf* m *(e–r Frist)* ‖ ~ del tiempo *Zeitablauf* m
   decusa∕**ción** f ⟨Bot⟩ *gegenseitige Durchkreuzung* f ‖ **–do** adj *kreuzständig, gekreuzt*
   de∕**dada** f *e–e Fingerspitzevoll* f ‖ **–dal** m *Fingerhut, Nähring* m ‖ *Fingerling, Däumling* m ‖ ⟨Tech⟩ *Kausche* f ‖ **–dalera** f ⟨Bot⟩ → **digital**
   dedálico adj *auf Dädalus bezüglich* ‖ ⟨fig⟩ *labyrinthisch, verwickelt*
   Dédalo m np *Dädalus* m ‖ ~ m *Irrgarten* m, *Labyrinth* n ‖ ⟨fig⟩ *Wirrwarr* m
   dedeo m ⟨Mus⟩ *Fingersatz* m ‖ *Finger*∕*technik* bzw *-fertigkeit* f
   dedi∕**cación** f *Weihung, Widmung, Dedikation* f ‖ *Zueignung(sschrift)* f ‖ *Widmungsformel* f ‖ *Einweihung, Weihe* f ‖ *Kirchweihfest* n ‖ ⟨fig⟩ *Fleiß* m ‖ *Hingabe* f ‖ la ~ de San Miguel Arcángel ⟨Kath⟩ *das Fest des Erzengels Michael (am 29. September)* ‖ **–cante** m/f *Widmende(r* m) f ‖ **–car** [c/qu] vt *weihen, widmen, dedizieren, zueignen* ‖ *mit e–r Widmung versehen (Buch)* ‖ ◇ ~ atención *Aufmerksamkeit schenken (a* dat) ‖ **~se** *s. dem Studium widmen* ‖ *s. widmen (a* dat) ‖ *s. bestreben, s. befleißigen* ‖ *treiben* ‖ ◇ ~ al estraperlo *Schwarzhandel treiben, schieben* ‖ ~ a

los estudios *den Studien obliegen* ‖ ~ a la pintura *malen* ‖ ~ a los negocios *s. den Geschäften widmen* ‖ ~ a la usura *wuchern* ‖ **–catoria** *f Zueignung, Widmung* f ‖ **–catorio** adj *Widmungs-*
dedición *f* (Hist) *bedingungslose Übergabe* f *(e–r Stadt)*
dedignar vt *verachten, nicht schätzen*
de|dil *m* dim von **dedo** ‖ *Fingerling* m ‖ **–dillo** *m* dim von **dedo** ‖ *conocer algo al* ~ *et. aus dem Effeff beherrschen* od *können* ‖ *saber u/c al* ~ (figf) *et. wie am Schnürchen hersagen können*
dedo *m Finger* m ‖ *Zeh(e)* m(f) *(bei Menschen, Vierfüßern und Vögeln)* ‖ (Zool) *Klaue* f ‖ *Längenmaß* n *($^1/_2$ Palmo)* ‖ (fig) *ein Tröpfchen, ein bisschen* n ‖ (Tech) *Aufheber, Zahn, Zapfen* m ‖ ~ *anular Ring-, Gold\finger* m ‖ ~ *auricular Ohrfinger, kleiner Finger* m ‖ ~ *de contacto* (El) *Kontaktfinger* m ‖ ~ *del corazón*, ~ *cordial Mittelfinger* m ‖ ~ *gordo Daumen* m ‖ ~ *índice Zeigefinger* m ‖ ~ *en martillo* (Med) *Hammerfinger* m ‖ ~ *mayor*, ~ *(de en) medio Mittelfinger* m ‖ ~ *meñique Ohrfinger, kleiner Finger* m ‖ ~ *mostrador Zeigefinger* m ‖ ~ *del pie Zeh(e)* m(f) ‖ ~ *pulgar Daumen* m ‖ *el* ~ *sin uña, el* ~ *veintiuno* (vulg) *der elfte Finger* m *(Penis)* ‖ ◇ *atar bien su* ~ (figf) *s–e Vorkehrungen treffen* ‖ *chuparse el* ~ (fam) *den Unwissenden* od *Unbedarften spielen* ‖ *dumm, unbedarft sein* ‖ *no chuparse el* ~ (fam) *aufgeweckt, gerieben sein, nicht auf den Kopf gefallen sein* ‖ *dar un* ~ *de la mano* (figf) *alles hergeben* (por a/c *für et.*) ‖ *hacer* ~ *Autostopp machen* ‖ *mamarse el* ~ → *chuparse el* ~ ‖ *no mamarse el* ~ *no chuparse el* ~ ‖ *meterse el* ~ (vulg) *masturbieren (Frau)* ‖ *a ese se le mete el* ~ *en la boca* (fig) *er ist nicht so dumm, wie er aussieht* ‖ *no mover un* ~ *k–e Hand rühren* ‖ *poner el* ~ *en los labios den Finger auf die Lippen legen* ‖ *poner el* ~ *en la llaga* (fig) *den wunden Punkt berühren, die wunde Stelle treffen* ‖ *señalar a uno con el* ~ (fig) *auf jdn mit Fingern zeigen, jdn bloßstellen* ‖ *un* ~ *de algo ein bisschen, ein wenig von et.* ‖ *venir como anillo al* ~ *wie gerufen kommen* ‖ **~s** *mpl: chuparse los* ~ *et. (ein Essen, ein Musikstück usw.) genießen* ‖ *comerse los* ~ (por) *begierig sein (nach)* ‖ *contar por los* ~ *an den Fingern abzählen* ‖ (a) *dos* ~ (de) (figf) *in nächster Nähe (von)* ‖ *los* ~ *me hormiguean die Hand juckt mir, es reizt mich* ‖ *meter a uno los* ~ (figf) *jdn auf geschickte Weise ausforschen* ‖ *meter a uno los* ~ *por los ojos* (figf) *jdm Sand in die Augen streuen* ‖ *morderse los* ~ (figf) *s–n Ärger verbeißen* ‖ *sehr ungeduldig sein* ‖ (fig) *et. bereuen* ‖ *pillarse los* ~ (fig) *s. die Finger verbrennen* ‖ *poner a uno los cinco* ~ *en la cara* (pop) *jdm e–e Ohrfeige geben* ‖ *poner (los)* ~ *(ein Musikstück) mit Fingersatz versehen* ‖ *tener algo en la punta de los* ~ *(saber algo por los* ~*)* (figf) *et. an den Fingerspitzen aufzählen können* ‖ *tener sus cinco* ~ *en la mano* (figf) *es mit jedem aufnehmen können* ‖ *no tener dos* ~ *de frente* (figf) *dumm, einfältig sein,* (fam) *kein Kirchenlicht sein* ‖ *no se ven dos* ~ *de la mano* (fig) *es ist stockfinster*
dedocracia *f* (fam) *undemokratische Ämterzuweisung* f
deducción *f Ab-, Her\leitung* f ‖ (Schluss)*Folgerung, Deduktion* f ‖ *Abzug* m, *Abrechnung* f ‖ ◇ *hacer* ~ *de los intereses die Zinsen abziehen* ‖ ~ *hecha (de …) nach Abzug (von …)*
dedu|cible adj *(m/f) ableitbar* ‖ (Com) *abzugsfähig* ‖ **–cir** [-zc-, pret ~je] vt/i *ab-, her\leiten* ‖ (Com) *abziehen, in Abzug bringen* ‖

folgern, schließen ‖ *geltend machen (Rechte)* ‖ *behaupten (vor Gericht)* ‖ *vortragen (bei Gericht)* ‖ *klagen* ‖ ◇ ~ *demanda* (Jur) *klagen, Klage erheben* ‖ ~ *excepción* (Jur) *einwenden* ‖ ~ *la comisión die Provision abziehen* ‖ ~ *recurso* (Jur) *ein Rechtsmittel einlegen* ‖ **–cidos** *los gastos abzüglich der Spesen* ‖ *de ello se deduce que … daraus folgt, dass … ‖* **–ctivo** adj (Philos) *deduktiv*
de facto adv *de facto*
defasa|dor *m* → **desfasador** ‖ **–je** *m* → **desfasaje**
defe|cación *f* a) *Stuhl\entleerung* f *-gang* m ‖ b) (Chem) *Abklärung* f *(von Flüssigkeiten)* ‖ *Klärung, Scheidung* f ‖ **–car** [c/qu] vt/i *Kot ausscheiden, defäkieren* ‖ (Chem) *abklären (Flüssigkeiten)* ‖ *klären, scheiden*
defección *f* (Pol) *Ab\fall* m, *-trünnigkeit* f
defec|tibilidad *f Unvollkommenheit* f ‖ **–tible** adj *(m/f) was fehlen kann* ‖ *unvollkommen* ‖ **–tivo** adj *defektiv, unvollständig* ‖ *mangelhaft* ‖ (Gr) *defektiv* (verbo) ~ (Gr) *defektives Zeitwort* n ‖ **–to** *m Fehler* m, *Gebrechen* n ‖ *Fehlen* n ‖ *Mangel* m (de *algo an et. dat)* ‖ *Mangelhaftigkeit* f ‖ *Defekt* m ‖ *Beschädigung* f ‖ ~ *de colada* (Met) *Gießfehler* m ‖ ~ *de competencia* (Jur) *Zuständigkeitsmangel* m ‖ ~ *cromático* (Opt) *Farbfehler* m, *chromatische Aberration* f ‖ ~ *de fabricación Herstellungs-, Fabrikations\fehler* m ‖ ~ *físico körperliches Gebrechen* n ‖ ~ *de forma Form\fehler* od *-mangel* m ‖ ~ *de fundición* (Met) *Gießfehler* m ‖ ~ *genético* (Gen) *Gendefekt* m ‖ ~ *de imagen* (Opt) *Abbildungsfehler* m ‖ ~ *de instalación Einbaufehler* m ‖ ~ *de laminación* (Met) *Walzfehler* m ‖ ~ *de masa* (Atom) *Massedefekt* m ‖ ~ *de material Materialfehler* m ‖ ~ *de montaje Einbaufehler* m ‖ ~ *del oído* (Med) *Gehörfehler* m ‖ ~ *valvular* (Med) *(Herz)Klappenfehler* m ‖ ~ *visual* (Med) *Sehfehler* m ‖ ♦ *en* ~ (de) *in Ermangelung* (gen) ‖ *en su* ~ *falls nicht vorhanden* ‖ ◇ *remediar (od subsanar, suplir) un* ~ *e–m Mangel abhelfen* ‖ **~s** *mpl* (Typ) *Defektbogen* mpl, *Makulatur* f ‖ ◇ *adolecer de muchos* ~ *viele Fehler haben* ‖ *saneamiento* m *por* ~ *ocultos* (Jur) *Sachmängelhaftung* f ‖ **–tuoso** adj *mangel-, fehler\haft, mängelbehaftet, defekt* ‖ *schadhaft* ‖ *unvollkommen* ‖ ~ *mental geistig abnorm*
defen|der [-ie-] vt/i *verteidigen* (& *vor Gericht)* ‖ *beschützen, in Schutz nehmen* ‖ *verfechten (Meinung)* ‖ *vertreten (Ansicht)* ‖ *s. ein\setzen, -treten* (algo *für et.)* ‖ *rechtfertigen* ‖ *verwahren* ‖ *abwehren* ‖ *verwehren, untersagen, verbieten* ‖ *hindern, hemmen* ‖ *verweigern* ‖ *behaupten* ‖ **~se** *s. verteidigen, s. wehren, s. zur Wehr setzen, s. schützen (de gegen acc, vor dat)* ‖ *s. behaupten (gegen)* (acc) ‖ *s. rechtfertigen* ‖ (fam) *s. durchschlagen, sein Leben fristen* ‖ (fam) *s. (gut) halten (z.B. bei e–r Prüfung)* ‖ ◇ ~ *de* od *contra alg. s. gegen jdn verteidigen* ‖ **–dible** adj *(m/f) haltbar* ‖ **–dido** *m Mandant* m *(Strafsachen)*
defenes|tración *f Fenstersturz* m ‖ (Hist) *la* ~ *de Praga der (zweite) Prager Fenstersturz (im Jahr 1618) (Beginn des Dreißigjährigen Krieges)* ‖ (fig) *Parteiausschluss* m ‖ **–trar** vt *(aus der Partei) ausschließen*
¹defensa *m* (Sp) *Verteidiger* m ‖ ~ *escoba* [Fußball] *Ausputzer* m
²defen|sa *f Verteidigung* f ‖ *Gegen-, Ab-, Schutz\wehr* f ‖ *(Schutz)Waffe* f ‖ *Verteidigungsanlagen* fpl ‖ *Vertretung* f ‖ *Entlastung* f ‖ *Schutz, Schirm* m ‖ (Sp) *Verteidigung* f ‖ (Mar) *Fender* m ‖ (Jur)

Verteidigungs|rede, -schrift, Klagebeantwortung f
‖ ⟨Zool⟩ *Stoßzahn, Hauer* m ‖ ⟨Hydr⟩ *Wehr* n ‖ ~
antiaérea *Luft|schutz* m, *-abwehr, Flugabwehr, Flak*
f ‖ ~ antisubmarina *U-Boot-Abwehr* f ‖ ~
antitanque *Panzerabwehr* f ‖ ~ del camino, ~ de
carreteras *(Sicherheits)Leitplanke* f ‖ ~ de los
consumidores *Verbraucherschutz* m ‖ ~ del
costado ⟨Mar⟩ *Lade-, Lösch|bord* m ‖ ~ dilatoria
→ ~ retardante ‖ ~ de dunas *Dünen|bau, -schutz*
m ‖ ~ elástica → retardante ‖ ~ en juicio
Verteidigung f *vor Gericht* ‖ legítima ~
Selbstverteidigung, Notwehr f ‖ ~ de márgenes,
~ de orillas → ~ de riberas ‖ ~ nacional
Landesverteidigung f ‖ ~ pasiva antiaérea
Luftschutz m ‖ ~ personal *Selbstverteidigung* f ‖
~ propia *Selbstverteidigung* f ‖ ~ retardante
⟨Mil⟩ *hinhaltende Verteidigung* f, *hinhaltender*
Widerstand m ‖ ~ de riberas *(Fluss)Ufer|schutz*
m, *-sicherung* f ‖ ~ terrestre ⟨Mil⟩ *Erdabwehr* f ‖
◇ *declarar* en ~ propia *zu s–r Entlastung*
aussagen, vorbringen ‖ *ponerse* en ~ *s. zur Wehr*
setzen ‖ ~s *fpl:* ~ biológicas *biologische*
Abwehrkräfte fpl ‖ **–sión** f → **defensa** ‖ **–siva** f
Defensive f ‖ *Abwehrkampf* m ‖ *Verteidigung,*
Abwehr f ‖ *Verteidigungsstellung* f ‖ ◇ *oponer*
una tenaz ~ s. hartnäckig verteidigen ‖ *ponerse a*
la ~ *s. in Verteidigungszustand versetzen* ‖ ⟨fig⟩
in die Defensive gehen ‖ ⟨Sp⟩ *s. auf die*
Verteidigung beschränken ‖ ⟨fam⟩ *mauern*
(Fußball) ‖ **–sivo** adj *Verteidigungs-, Schutz-* ‖
defensiv, verteidigend ‖ **–sor** m/adj *Verteidiger* m
‖ (abogado) ~ ⟨Jur⟩ *Verteidiger, Rechtsanwalt* m ‖
⟨fig⟩ *Verfechter* m ‖ ~ de oficio *Pflicht-,*
Offizial|verteidiger m ‖ ~ del pueblo etwa:
Ombudsmann m ‖ ~ del soldado Span
Wehrbeauftragte(r) m ‖ **–soría** f ⟨Jur⟩
Verteidigeramt n ‖ *Verteidigertätigkeit* f ‖ **–sorio**
m *Verteidigungsschrift* f

deferen|cia f ⟨fig⟩ *Rücksicht* f,
Entgegenkommen n ‖ *Willfährigkeit,*
Nachgiebigkeit f ‖ *Ehrerbietung* f ‖ *Anschluss* m
an ein fremdes Gutachten ‖ **–te** adj *(m/f)*
willfährig, nach|giebig, -sichtig, fügsam ‖
ehrerbietig ‖ ⟨fig⟩ *zuvorkommend*

deferir [-ie/i-] vt *übertragen* ‖ *bevollmächtigen*
‖ *zuschieben (Eid)* ‖ *überlassen, anheimstellen* ‖
~ vi *einwilligen, willfahren, s. e–m fremden*
Gutachten anschließen ‖ *zustimmen* dat ‖ ◇ ~ a
alg. *jdm zufallen (Erbschaft)*

deferrización f *Enteisenung* f

defervescencia f ⟨Med⟩ *Entfieberung* f,
Fieberabfall m, *Deferveszenz* f

deficien|cia f *Mangelhaftigkeit* f, *Mangel,*
Abgang m ‖ *Fehlerhaftigkeit* f ‖ *Ausfall* m,
Ausfallen n ‖ ⟨Com⟩ *fehlendes Porto* n ‖ ~ de
contenido *Mindergehalt* m ‖ ~ inmunológica f
⟨Med⟩ *Immun|defizienz* f, *-mangel, -defekt* m ‖ ~
mental *Geistesschwäche* f ‖ ~ del oído
Schwerhörigkeit f ‖ ~ en el peso *Fehlgewicht* n ‖
–te adj *(m/f) fehlerhaft* ‖ *mangelhaft* ‖ *schwach* ‖
schwächlich ‖ *unzulänglich* ‖ *defekt* ‖ ⟨Mus⟩
vermindert ‖ muy ~ ⟨Sch⟩ etwa: *mangelhaft*
(Prüfungsnote)

déficit m *Fehlbetrag* m, *Defizit* n ‖ *Ausfall,*
Verlust m ‖ *Mindereinnahme* f ‖ *Unterbilanz* f ‖ ~
de la balanza de pagos *Zahlungsbilanzdefizit* n ‖
~ de caja *Kassen|defizit, -manko* n ‖ ~ de
compensación *Verrechnungsdefizit* n ‖ ~ contable
Rechnungsdefizit n ‖ ~ presupuestario
Haushaltsdefizit n ‖ *Mehrausgabe* f ‖ ~ en el
suministro *Versorgungslücke* f ‖ ◇ *acusar, cubrir*
un ~ *ein Defizit aufweisen, decken* ‖ *saldarse con*
~ *mit e–m Defizit abschließen*

deficitario adj *mit Verlust abschließend,*
defizitär, Unterbilanz- ‖ *mangelhaft*

definible adj *(m/f) bestimmbar* ‖ *erklärbar* ‖
definierbar

¹definición f *Definition* f ‖ *Erklärung* f ‖
(Begriffs)Bestimmung f ‖ *Konturzeichnung* f ‖
⟨Kath⟩ *Entscheidung* f *des Konzils* ⟨Kath⟩
Beschluss m ‖ ~ autoritativa *authentische*
Auslegung f ‖ ◇ *dar una* ~ *de algo et. definieren*
‖ ~s fpl *Verordnung* f

²definición f ⟨Fot⟩ *Bildschärfe* f ‖ ⟨TV⟩
Auflösung f ‖ *Fernsehnorm, Zeilenzahl* f ‖ ♦ a
alta ~ ⟨TV⟩ *mit hoher Zeilenzahl* f

definido adj/s *bestimmt* ‖ *unverhohlen,*
offenbar ‖ *definiert* ‖ adv: **~amente**

definir vt *bestimmen* ‖ *genau beschreiben,*
definieren ‖ *erklären* ‖ *abgrenzen* ‖ *kennzeichnen* ‖
fest|setzen, -legen ‖ ⟨Kath⟩ *beschließen* ‖
definieren (Dogma) ⟨Mal⟩ *letzte Hand (an ein*
Gemälde) anlegen ‖ **~se** *Stellung nehmen,* ⟨fam⟩
Farbe bekennen ‖ *s. entscheiden, s. festlegen*

defini|tiva f ⟨Jur⟩ *Endurteil* n ‖ *Definitive* f
(e–r Amtsstelle) ‖ ♦ en ~ *endlich, schließlich,*
endgültig, letzten Endes ‖ **–tivo** adj *entscheidend,*
endgültig, bestimmt, abschließend, definitiv ‖ adv:
~amente

defla|ción f ⟨Com Geol⟩ *Deflation* f ‖ ~ de los
precios *Preisdeflation* f ‖ ⟨Meteor⟩ *Aufhören* n *des*
Windes ‖ **–cionista, –cionario** adj ⟨Com⟩
de|flatorisch, -flationistisch

defla|gración f ⟨Chem⟩ *schnelle Verbrennung* f
‖ *Auf|flackern, -flammen* n ‖ *Auflodern* n *(& fig)* ‖
Deflagration f ⟨Chem⟩ *Verpuffen* n ‖ **–grador** m
Zündmaschine f ⟨Phys⟩ *Deflagrator* m ‖ **–grar**
vi *explodieren, verpuffen*

deflec|tómetro m *Durchbiegungs-,*
Ablenkungs|messer m ‖ **–tor** m ⟨Tech⟩ *Saug-,*
Rauch|kappe f ‖ *Prallblech* n, *Deflektor* m ‖
⟨Atom⟩ *Deflektor, Ablenker* m ‖ ⟨Auto⟩
Ausstellfenster n

¹deflegma|ción f ⟨Chem⟩ *Rückflusskühlung* f
bei der (Spiritus)Destillation ‖ **–dor** m
Dephlegmator m ‖ **–r** vt ⟨Med⟩ *auswerfen*
(Schleim) ‖ ⟨Chem⟩ *dephlegmieren, entwässern*

deflexión f ⟨Phys⟩ *Ablenkung* f ‖ *Deflexion* f

defo|liación f *Laubfall* m *(bes vorzeitig)* ‖
Entlaubung f ‖ **–liante** m *Entlaubungsmittel* n ‖
–liar vt *entlauben*

defores|tación f *Abholzen* n ‖ **–tar** vt *abholzen*

defor|mable adj *(m/f)* ⟨Tech⟩ *verformbar* ‖
–mación f *Entstellung* f ‖ *Verzerrung* f ‖ *Form-,*
Gestalt|veränderung f ‖ *Missbildung* f ‖
Verformung f ‖ *Deformierung* f ⟨Tech⟩
Ver|biegung, -spannung f ‖ *Verzerrung* f *(& Bild,*
Ton, TV) ‖ ⟨Film⟩ *unscharfes Bild* n ‖ ⟨Fot⟩
Feldkrümmung f ‖ ~ por arranque *(de virutas)*
spanabhebende Verformung f ‖ ~ en caliente
Warmverformung f ‖ ~ constante *bleibende*
Verformung f ‖ ~ en frío *Kaltverformung* f ‖ ~
de la imagen ⟨Opt⟩ *Bildverzerrung* f ‖ ~ del
mensaje *Textverstümm(e)lung* f ‖ ~ permanente
→ ~ constante ‖ ~ plástica *plastische*
Verformung f ‖ ~ profesional ⟨fig⟩
Berufsblindheit f ‖ ~ del sonido ⟨Tel⟩
Tonverzerrung f ‖ ~ de un texto
Textverstümm(e)lung f ‖ **–mado** adj *verformt,*
deformiert ‖ *verzogen* ‖ *verbogen* ‖ *verzerrt* ‖
–mante adj *(m/f) verformend, deformierend* ‖
verzerrend ‖ **–mar** vt *verformen, aus der Form*
bringen, deformieren ‖ *verzerren* ‖ *entstellen,*
verunstalten ‖ *umformen* ‖ *verziehen* ‖ **~se** *aus*
der Form kommen, s. verformen ‖ *s. werfen, s.*
ver|ziehen, s. -biegen (z. B. Holz) ‖ *die Fasson (od*
Form) verlieren (Kleidung) ‖ **–matorio** adj
entstellend, verformend ‖ **–me** adj ‖ *hässlich,*
ungestalt ‖ **–midad** f *Missgestalt* f ‖ *Missbildung* f
‖ *Hässlichkeit* f ‖ ⟨fig⟩ *grober Irrtum* m

defrau|dación f *Veruntreuung, Defraudation* f ‖ *Unterschlagung, Hinterziehung* f, *Betrug* m ‖ *Übervorteilung* f ‖ *Entziehung* f *(elektrischer Energie)* ‖ *Urheberrechtsverletzung* f ‖ *Zollbetrug* m ‖ ~ *electoral Wahlbetrug* m ‖ ~ *fiscal Steuerhinterziehung* f ‖ ⟨fig⟩ *(Ent)Täuschung* f ‖ **–dador** m/adj *Unterschlager, Defraudant* m ‖ *(Steuer)Hinterzieher* m ‖ *Zollbetrüger* m ‖ **–dar** vt/i *betrügen, hintergehen* ‖ *veruntreuen (Geld)* ‖ *hinterziehen* ‖ *unterschlagen* ‖ *das Urheberrecht verletzen* ‖ ⟨fig⟩ *enttäuschen* ‖ ◇ ~ a alg. (en) las esperanzas *jdn in s–n Hoffnungen täuschen* ‖ ~ el sueño ⟨fig⟩ *den Schlaf stören* ‖ *die Nacht durcharbeiten*, ⟨fam⟩ s. *die Nacht um die Ohren schlagen*

defuera adv *(von) außen, außerhalb* ‖ ◆ por ~ von außen

defunción f *Hinscheiden* n, *Tod* m, *Ableben* n ‖ *Todesfall* m ‖ *cerrado por* ~ ⟨Com⟩ *infolge e–s Sterbefalles geschlossen, wegen Todesfall(s) geschlossen*

degene|ración f *Degene|ration, -rierung, Entartung* f (bes. *Vorgang*) ‖ *Verfall* m, *Abnahme* f ‖ ~ *adiposa od grasa* (Med) *Verfettung* f ‖ ~ *senil Altersdegeneration* f ‖ **–rado** adj *entartet, degeneriert* ‖ **–rar** vi *entarten, degenerieren* ‖ *abarten* ‖ *verderben* ‖ ⟨fig⟩ *herunterkommen* ‖ ◇ ~ de su estirpe *aus der Art schlagen* ‖ ~ en ... s. *auswachsen zu* ... (dat) ‖ *ausarten in* ... (acc) ‖ ~ en monstruo *in ein Ungeheuer ausarten* ‖ **–rescencia** f *Entartung* f *(Zustand)* ‖ **–rescente** adj *(m/f) entartend*

deglu|ción f *(Hinunter)Schlucken, Schlingen* n ‖ **–tir** vt/i *(ver)schlucken, (hinunter)schlingen* ‖ *einnehmen (Arznei)* ‖ **–tivo** adj: *dificultad* ~a *Schluckbeschwerde* f

degollación *Köpfen, Enthaupten* n ‖ *Gemetzel, Morden* n ‖ *Schlachten* n ‖ ⟨fig⟩ *Blutbad* n ‖ la ~ de los Inocentes *die Tötung der unschuldigen Kindlein (der bethlehemitische Kindermord)*

¹degolladero m a) *Schlachthaus* n ‖ *Nacken* m (bes. *des Schlachtviehs*) ‖ b) *Schafott, Blutgerüst* n

²degolladero m *Halsausschnitt* m *(am Kleidungsstück)*

¹degollado m adj *geköpft, enthauptet* ‖ ~ m *Geköpfte(r), Enthauptete(r)* m

²degollado m ⟨V⟩ *Schmetterlingsfink* m (Uraeginthus bengalus)

degolla|dor m *Scharfrichter* m ‖ *Schlächter* m (& fig) ‖ **–dura** f *Riss, Schnitt* m *(Segel, Zelt)* ‖ *Halswunde* f ‖ ⟨Tech⟩ *Aus-, Ein|schnitt* m ‖ ⟨Typ⟩ *Einschnürung* f ‖ *Mauerfuge* f

degollante adj *(m/f)* ⟨figf⟩ *eingebildet* ‖ *prahlerisch, angebend*

dego|llar [-üe-] vt/i *köpfen, enthaupten* (acc), *den Hals abschneiden* (dat) ‖ *nieder|machen, -metzeln* ‖ *morden, umbringen* ‖ ⟨Rel⟩ *schächten* ‖ ⟨fam⟩ *abmurksen* ‖ *(ab)schlachten (Tiere)* ‖ ⟨fig⟩ *zerstören, vernichten* ‖ ⟨fig⟩ *ruinieren* ‖ ⟨fig⟩ *ausschneiden (Kleid)* ‖ ⟨figf⟩ *erbärmlich spielen*, ⟨fam⟩ *hinhauen*, ⟨fam⟩ *schmeißen* (z. B. *ein Theaterstück*) ‖ ⟨Taur fig⟩ *(den Stier) ungeschickt töten*, ⟨fam⟩ *abmurksen* ‖ ⟨Mar⟩ *kappen (Segel)* ‖ ⟨Tech⟩ *abdrehen (e–e Schraube)* ‖ *einreißen (Gewölbe)* ‖ ⟨fig⟩ *radebrechen (Sprache)* ‖ ⟨figf⟩ *auf die Nerven gehen* (dat) ‖ **–llina** f ⟨fam⟩ *Blutbad, Gemetzel* n, *Schlächterei* f

degra|dabilidad f *Abbaubarkeit* f ‖ **–dación** f *Entwürdigung, Degradierung* f ‖ *Degradation* f ‖ *Demütigung* f ‖ *Absetzung* f *(von Ämtern)* ‖ ⟨fig⟩ *Erniedrigung* f ‖ ⟨fig⟩ *Beschimpfung* f ‖ *Abnutzung* f ‖ *Schadhaftigkeit* f ‖ ⟨Mal⟩ *Farbtonänderung, Ab|tönung, -stufung* f ‖ ⟨Geol⟩ *Abtragung, Verwitterung* f ‖ ⟨Chem⟩ *Abbau* m ‖ ~

---

del aire *Luftverschmutzung* f ‖ **–dante** adj *(m/f) entwürdigend, erniedrigend* ‖ **–dar** vt/i *entwürdigen* ‖ *herab-, ab|setzen (von Würden, Amt)* ‖ ⟨Mil⟩ *degradieren* ‖ ⟨fig⟩ *demütigen* ‖ ⟨fig⟩ *verderben* ‖ ⟨fig⟩ *erniedrigen* ‖ ⟨Mal⟩ *abstufen, schattieren, (ab)tönen* ‖ *perspektivisch verkürzen* ‖ *auswaschen, unterspülen* ‖ ⟨Chem⟩ *abbauen* ‖ **–darse** vr s. *erniedrigen*, ⟨fam⟩ s. *wegwerfen* ‖ *verfallen* ‖ *verkommen* ‖ *allmählich schwächer werden (Licht)*

degresivo adj *degressiv, abnehmend*

degüelle m [Schaumwein] *Degorgieren* n

¹degüello m *Köpfen* n, *Enthauptung* f ‖ *Ab|würgen, -kehlen* n ‖ *Gemetzel* n ‖ ⟨Rel⟩ *Schächten* n ‖ *Mord* m, *Ermordung* f ‖ ◇ *entrar a* ~ *plündern, brandschatzen* ‖ *pasar od tirar a* ~ *über die Klinge springen lassen* ‖ ⟨fig⟩ *schlecht über jdn reden, mobben*

²degüello m ⟨Tech⟩ *Absatz, Hals* m *(an Drehkörpern)* ‖ *Ballhammer* m

degus|tación f *Kosten, Probieren* n ‖ *Kostprobe* f ‖ ~ *gratuita Gratiskostprobe* f ‖ ~ de vinos *Weinprobe* f ‖ **–tador** m *Wein-, Bier|koster* m ‖ **–tar** vt/i *kosten, probieren* ‖ ⟨fig⟩ *genießen*

de gustibus non est disputandum ⟨lat⟩ *über den Geschmack lässt s. nicht streiten*

dehe|sa f *Gehege* n ‖ *(Vieh)Weide* f, *eingehegter Weideplatz* m ‖ *Aue* f ‖ *Koppel* f ‖ *Gemeindeanger* m ‖ ~ *carneril Schafweide* f ‖ *potril Fohlenweide* f ‖ ◆ con el pelo de la ~ ⟨fig⟩ *un|geschliffen, -gehobelt* ‖ **–sero** m *Heger* m ‖ *Weidewärter* m

dehiscen|cia f ⟨Bot⟩ *Aufspringen* n, *Dehiszenz* f (z. B. *Samenhülsen*) ‖ **–te** adj *(m/f)* ⟨Bot⟩ *aufspringend*

dei|cida adj *(m/f) gottesmörderisch* ‖ ~ m/f *Gottesmörder(in* f) m ‖ **–cidio** m *Gottesmord* m ‖ ⟨fig⟩ *Frevel* m ‖ **–dad** f *Gottheit* f ‖ *Götze, Abgott* m ‖ ⟨fig⟩ *Göttin* f, *Götterweib* n

deíctico adj *deiktisch*

dei|ficación f *Ver|göttlichung, -gottung* f ‖ **–ficar** [c/qu] *ver|göttlichen, -gotten (& fig)* ‖ **–deífico** adj *göttlich*

deigratia ⟨lat⟩: *año* ~ *(año D.G.) Jahr* n *des Heils*

deípara f/adj *Mutter* f *Gottes*

deís|mo m *Deismus* m *(Gottesglaube aus Vernunftgründen)* ‖ **–ta** adj *(m/f) deistisch* ‖ ~ m/f *Deist(in* f) m

deja|ción f, **–miento** m *Überlassung, Abtretung* f ‖ *Abdankung* f ‖ *Verzicht* m ‖ *Ausschlagung* f *(e–r Erbschaft)* ‖ *Übertragung* f ‖ *Nachlässigkeit* f ‖ **–da** f *Abtretung* f ‖ *Lassen* n ‖ **–dez** [pl ~ces] f *Fahr-, Nach|lässigkeit, Sorglosig|keit* f ‖ *Schlaffheit* f ‖ *Lässigkeit* f ‖ *Schwäche* f ‖ **–do** adj/s (mit ser:) *schlampig, nachlässig* ‖ (mit estar:) *matt, schlaff, schwach* ‖ (mit estar:) *niedergeschlagen* ‖ (mit estar:) *verlassen* ‖ ~ de la mano de Dios (figf) *vom Unglück verfolgt* ‖ *verrückt* ‖ *gottlos* ‖ *gefühllos* ‖ ~ de cuenta ⟨Com⟩ *Verfügungsware* f ‖ **–dor** m ⟨Jur⟩ *Abtreter* m

dejante adv Chi ⟨pop⟩ *abgesehen von, außer*

dejar vt/i A) *lassen* ‖ *da-, be|lassen* ‖ *in Ruhe lassen* ‖ *verlassen, aufgeben* ‖ *im Stich lassen* ‖ *fort-, weg-, aus|lassen* ‖ *los-, nach|lassen* ‖ *liegen lassen, stehen lassen* ‖ *übergeben* ‖ *überlassen, abtreten* ‖ *ablassen, geben* ‖ *anvertrauen* ‖ *leihen, borgen* ‖ *unterlassen* ‖ *zulassen, erlauben, gestatten et. zu tun* ‖ *dulden* ‖ *empfehlen* ‖ *hinterlassen, vermachen* ‖ *entlassen, verzeihen* ‖ *einbringen, abwerfen (Gewinn)* ‖ s. *nicht darum kümmern, es geht* ‖ ◇ ~ airoso a alg. *jdm zum Erfolg verhelfen* ‖ ~ aparte beiseite *lassen, übergehen* ‖ *dahingestellt sein lassen* ‖ ~

atrás *hinter s. lassen, zurücklassen* ‖ ⟨fig⟩
übertreffen ‖ ~ beneficio *Gewinn, Nutzen
abwerfen* ‖ *einträglich sein* ‖ ~ bien a alg. *jdn
herausstreichen* ‖ *jdm viel Ehre machen* ‖ ~ caer
loslassen, fallen lassen ‖ *(et.) sagen; hinwerfen,
als ob k–e Absicht dahinter steckte* ‖ ~ cargado
en cuenta *in Rechnung belasten* ‖ ~ la casa *das
Haus verlassen* ‖ ~ la ciudad *die Stadt verlassen*
‖ ~ constancia *zu Protokoll nehmen* ‖ *vermerken* ‖
¡déjelo correr! ⟨fam⟩ *scheren Sie s. nicht darum!,
lassen Sie es laufen!, kümmern Sie s. nicht
darum!* ‖ ¡dejémoslo (así)! *lassen wir es (dabei)!,
damit soll es sein Bewenden haben!* ‖ ~ una cosa
por otra *e–s wegen des anderen aufgeben* ‖ ~ un
depósito *Geld hinterlegen* ‖ ~ escrito *stehen
lassen (in e–m Schriftstück)* ‖ *schriftlich
hinterlassen* ‖ ~ los estudios *das Studium
aufgeben* ‖ ~ feo a alg. ⟨fig⟩ *jdn beschämen* ‖ ~
fresco a alg. ⟨fam⟩ *jdn sitzen lassen* ‖ ~ una
herencia a alg. *jdm et. vererben, jdm ein Erbe
hinterlassen* ‖ ~ la línea ⟨Mar⟩ *ausscheren* ‖ no
me dejará mentir ⟨fam⟩ *das kann er bezeugen, er
weiß es (ganz genau), er wird mich nicht Lügen
strafen (wollen)* ‖ ~ paga y señal *anzahlen, e–e
Anzahlung leisten* ‖ ~ paso a alg. *jdn durchlassen*
‖ ~ el pellejo ⟨fam⟩ *sterben, ins Gras beißen,
draufgehen* ‖ ~ el piano *das Klavierspiel
aufgeben* od ⟨fam⟩ *an den Nagel hängen* ‖ ~
temblando el plato ⟨figf⟩ *alles aufessen* ‖ ~
plumas ⟨figf⟩ *Federn lassen* ‖ ~ pobre *arm
machen, verarmen* ‖ no ~ roso ni velloso ⟨figf⟩
kein Mittel unversucht lassen ‖ ~ seco a alg. Am
jdn töten, ⟨fam⟩ *abmurksen* ‖ ~lo todo como está
alles beim Alten lassen ‖ no ~ verde ni seco
⟨figf⟩ *mit Stumpf und Stiel ausrotten* ‖ no ~le
vivir a alg. *jdm k–e Ruhe geben* ‖ ¡deja! *fort!* ‖
¡deja, deja! *wart, wart! (um zu drohen)*
     B) als Hilfszeitwort, zur Angabe
einer vollendeten Handlung *(oft statt
haber, tener, traer)!* como dejo dicho *wie ich
(schon) gesagt habe (bes. Rhet)* ‖ la excursión los
dejó entusiasmados *sie waren von dem Ausflug
begeistert* ‖ lo dejé abonado en su cuenta *ich
habe es Ihrem Konto gutgeschrieben*
     C) in Verb. mit Präpositionen und
präpositionalen
Adverbialbestimmungen
     1. in Verb. mit **a:** ~ a sus amigos *s–e
Freunde verlassen* ‖ ~lo al arbitrio de alg. *es in
jds Ermessen stellen, es jdm anheim stellen* ‖ ~ al
cuidado de alg. *jds Sorge überlassen* ‖ ~ al juicio
de alg. *jds Urteil überlassen* ‖ ~ a un lado
beiseite lassen ‖ *dahingestellt sein lassen* ‖ ⟨fig⟩
aufs tote Gleis schieben
     2. in Verb. mit **con:** ~ con la palabra en
la boca *jdn nicht ausreden lassen, jdm ins Wort
fallen* ‖ ~ con vida *am Leben lassen* ‖ ~ a alg.
con un palmo de narices ⟨figf⟩ *jdn mit langer
Nase abziehen lassen*
     3. in Verb. mit **de:** a) *aufhören (zu …)*
mit inf ‖ *et. nicht mehr tun* ‖ *nicht umhinkönnen
(zu …)* (mit inf) ‖ *k–n Anstand nehmen (zu …)*
(mit inf) ‖ no ~ de … (mit inf) *nicht aufhören
(zu …)* (mit inf) ‖ *nicht unterlassen (zu ….)* (mit
inf) ‖ *nicht versäumen (zu …)* (mit inf) ‖ *nicht
vergessen (zu …)* (mit inf) ‖ ~ de escribir *zu
schreiben aufhören, nicht mehr schreiben* ‖ ~ de
existir *nicht mehr da sein* ‖ ~ de funcionar
aufhören, versagen ‖ ~ de hacer algo *et.
unterlassen, et. nicht tun* ‖ *et. versäumen* ‖ ¿ha
dejado de llover? *hat es aufgehört zu regnen?* ‖
no deja de ser interesante *es ist immerhin
(dennoch) interessant* ‖ no deja de ser algo raro *es
ist jedenfalls et. sonderbar* ‖ no dejamos de
conocer los inconvenientes *wir verkennen die*

Nachteile nicht ‖ no deje de venir a verme *Sie
müssen mich wirklich einmal besuchen* ‖ no
deb(er)ía Vd. ~ de verlo *Sie sollten es s. einmal
anschauen, Sie sollten es nicht verpassen* ‖ no
dejará de satisfacerle *es wird Ihnen sicher
zusagen* ‖ si lo ha dicho o si lo ha dejado de decir
⟨pop⟩ *ob er (sie, es) es gesagt hat od nicht* ‖ b) ~
de cuenta *zur Verfügung stellen (Ware)* ‖ ~ a/c de
cuenta de alg. *jdm et. anvertrauen* ‖ ~ de lado
beiseite (od aus dem Spiel) lassen ‖ ~ de rodar
ausrollen (Flugzeug, Wagen usw.) ‖ ~ de sonar
ver|klingen, -hallen
     4. in Verb. mit **en** od **entre:** ~ en blanco
übergehen, unterlassen ‖ *frei lassen (Raum)* ‖ ~
en su casa a alg. *jdn zu Hause absetzen* ‖ ~ en
cueros (vivos) a alg. ⟨fig⟩ *jdn bis aufs Hemd
ausziehen* ‖ *jdn rupfen* ‖ ~ en libertad a alg. *jdn
freilassen* ‖ ~ en la miseria *dem Elend überlassen*
‖ ~ a alg. en libertad de hacer algo *jdm et.
freistellen* ‖ ¡déjame en paz! *lass mich in Ruhe!* ‖
~ en pie *bestehen lassen* ‖ ~ en ridículo
lächerlich machen ‖ ~ en su sitio *nicht anrühren,
unverändert (da)lassen* ‖ *liegen lassen, stehen
lassen* ‖ ~ en el tintero ⟨fig⟩ *in der Feder lassen,
weglassen*
     5. in Verb. mit **para** od **por:** ~ para
mañana, ~ para otro día ⟨fig⟩ *aufschieben, auf
e–n anderen Tag verschieben* ‖ ~ a alg. para
quien es *od* por lo que es ⟨fam⟩ *jdn laufen lassen*
‖ ~ los estudios por las armas *das Studium mit
den Waffen vertauschen* ‖ dejando u/c por otra *um
von e–m aufs andere zu kommen*
     6. in Verb. mit **que:** ~ que pensar *zu
bedenken geben* ‖ *zu bedenken sein* ‖ ~ mucho
que desear *viel zu wünschen übrig lassen*
     7. in Verb. mit **sin:** ~ sin acabar
unvollendet (hinter)lassen ‖ *liegen lassen*
     ~se *nachgeben* ‖ *s. vernachlässigen* ‖ *s. gehen
lassen* ‖ *dem Mut verlieren* ‖ *vergessen* ‖ ~ caer
(hin)fallen, zu Boden stürzen ‖ *s. fallen lassen* ‖
(plötzlich) auftauchen (Besuch) ‖ déjate caer
alguna vez por casa *besuch(e) uns doch einmal!* ‖
~ caer con … ⟨fig⟩ *mit. durch e–e Bemerkung
nahe legen* ‖ ~ estar Arg *s. gehen lassen* ‖
llevar de *od* por la pasión *s. von der Leidenschaft
hinreißen lassen* ‖ ~ llevar por la corriente ⟨fig⟩
mit dem Strom schwimmen ‖ ~ palabras al leer
einzelne Wörter beim Lesen auslassen ‖ ~ rogar
s. bitten lassen ‖ sentir *spürbar werden* ‖ ~
vencer *un-, wider|willig nachgeben* ‖ ~ ver *s.
zeigen, zum Vorschein kommen* ‖ *sichtbar werden*
‖ ~ a los vicios *s. den Lastern ergeben* ‖ ~ de a/c
e–r Sache entsagen ‖ la escasez se deja sentir *die
Not wird fühlbar* ‖ el tío se dejó decir que la
mataría *der Kerl sagte sogar, dass er ihn (sie, es)
töten würde* ‖ Carlos no se dejará ahorcar por cien
mil duros ⟨figf⟩ *Carlos hat weit über
hunderttausend Duros (Vermögen)* ‖ ¡déjese de
bromas! *Spaß beiseite!* ‖ ¡dejémonos de rodeos!
¡dejémonos de dar vueltas a las cosas! *kommen
wir zur Sache!*
     dejativez *f* Chi *Lässigkeit* f
     dejazón *f* Arg *Lässigkeit* f ‖ *Schlamperei* f
     deje *m* ⟨pop⟩ *eigenartige Betonung* f *der
Endsilben im Dialekt* ‖ ⟨fig⟩ *Nachgeschmack* m
     dejo (dim **dejillo**) *m Entsagung* f ‖
Nachlässigkeit f ‖ *(Ab)Schluss* m, *Ende* n ‖
Überbleibsel n ‖ *Nachgeschmack* m (& fig) ‖
Nachklang m ‖ *eigenartige Betonung* f *der
Endsilben im Dialekt* ‖ *spezifischer Tonfall* m ‖
leichter Akzent m ‖ ⟨fig⟩ *Erinnerung* f, *Nachklang*
m ‖ ⟨fig⟩ *Anflug, Schein* m
     dejuramente adv Am ⟨pop⟩ *sicherlich,
bestimmt*
     de jure ⟨lat⟩ adv *de jure, von Rechts wegen*

del = **de** & art **el** ‖ ~ que dependía ... *von dem er abhing* ‖ el bueno ~ señor párroco *der gute Herr Pfarrer*

delación *f An|zeige, -klage, Denunziation* f ‖ *Verrat* m ‖ ⟨Jur⟩ *Anfall* m *(der Erbschaft)* ‖ *Berufung* f *(zur Erbschaft)* ‖ ~ de la herencia *Erbanfall* m ‖ ~ del juramento *Parteieid* m, *Zuschiebung* f *des Eides* ‖ ~ de la sucesión → ~ de la herencia ‖ ~ de la tutela *Übertragung* f *der Vormundschaft*

delantal *m Schürze* f ‖ *Schurz* m ‖ *Schurzfell* n ‖ *Lederschürze* f ‖ *Vorspann* m *(e–s Presseartikels)* ‖ ~ de peto *Latz-, Träger|schürze* f ‖ *Kleiderschürze* f ‖ ~ tirolés *Dirndlschürze* f

delante adv a) a l l e i n s t e h e n d : *vorn, voran* ‖ *vor|aus, -her* ‖ *davor* ‖ *gegenüber* ‖ ◇ enviar ~ *vorausschicken* ‖ *vorangehen* ‖ estar ~ *gegenwärtig, anwesend sein* ‖ llevar ~ *vorantragen* ‖ pasar ~ *vorangehen* ‖ poner ~ *vorstellen* ‖ tener ~ *vor Augen haben*
b) m i t v o r a n g e h e n d e r P r ä p o s i t i o n : de ~ *von vorn* ‖ quitar de ~ ⟨fig⟩ *aus dem Weg schaffen* ‖ ¡quítate de ~! *fort von hier!* ‖ sombrero echado hacia ~ *in die Stirn gerückter Hut* ‖ por ~ *voran* ‖ *von vorn* ‖ *vorbei* ‖ nos queda mucho tiempo por ~ *wir haben noch viel Zeit (bis dahin)* ‖ ¡las damas por ~! *den Damen gebührt der Vorrang!*
c) m i t n a c h s t e h e n d e r P r ä p o s i t i o n : ~ de mí, ~ mío *vor mir,* in *m–r Gegenwart* ‖ ~ de testigos *vor Zeugen*

delante|ra *f Vorder|teil* n (& m), *-seite* f ‖ ⟨Th⟩ *Vorderreihe* f ‖ *Vordersitz* m ‖ ⟨Taur⟩ *Vordersitze* mpl *(Arena)* ‖ ⟨fig⟩ *Busen* m ‖ *Sturm* m *(Fußball)* ‖ ~ de la cama *Kopfseite* f *des Bettes* ‖ ◇ coger *od* tomar la ~ a uno ⟨fam⟩ *vor jdm e–n Vorsprung gewinnen, jdm zuvorkommen* ‖ ⟨fam⟩ *es jdm zuvortun, jdn übertreffen* ‖ *jdm vorangehen* ‖ ⟨Sp⟩ *s. vor jdm an die Spitze setzen* ‖ ⟨Auto⟩ *überholen* (a alg. jdn) ‖ tener mucha ~ ⟨figf⟩ *vollbusig sein,* ⟨pop⟩ *viel Holz vorm Haus haben* ‖ **–ril** adj *(m/f)* ⟨Sp⟩ *auf den Sturm bezüglich* ‖ **–ro** adj *vorderer, Vorder-* ‖ ~ m ⟨Sp⟩ *Stürmer* m ‖ *Vorreiter* m ‖ ~ centro ⟨Sp⟩ *Mittelstürmer* m

dela|tante *m/f Anzeigerstatter(in* f) m ‖ **–tar** vt *an|geben, -zeigen, denunzieren* ‖ *anklagen* ‖ *verraten* ‖ **–tarse** vr *s. verraten (durch unbedachte Äußerungen, Gesten usw.)* ‖ ◇ ~ al juez *s. dem Richter stellen* ‖ **–tor** *m/adj Angeber* m ‖ *Anzeiger* m ‖ *Verräter* m ‖ *Anzeigerstatter* m ‖ *Denunziant* m

delco *m* ⟨El⟩ *Verteilerfinger* m

delcrédere *m Delkredere* n, *Bürgschaft(summe)* f

dele(atur) *m* lat ⟨Typ⟩ *Deleatur,* 🔲 *Streichungs- od Tilgungszeichen* n

dele → **dar**

deleble adj *(m/f) vertilgbar, auslöschbar*

delectación *f Ergötzen, Vergnügen* n ‖ *Entzücken* n ‖ *Freude, Wonne* f ‖ *Lust* f ‖ *Genuss* m

dele|gación *f Abordnung, Beauftragung* f, *Auftrag* m ‖ *delegierte Vertretung, Kommission* f ‖ *Delegation* f ‖ *Kommissariat* n ‖ *Amt* n, *(Zweig)Stelle* f ‖ Span *Provinzialbehörde* f *(e–s Verwaltungszweigs)* ‖ ~ del Gobierno Span *Vertretung* f *der (Zentral)Regierung in den autonomen Regionen* ‖ ~ de Hacienda Span *Finanzamt* n ‖ ~ insular Span *Vertretung* f *der Zentralregierung in den span. Inselgebieten* ‖ ~ del trabajo *Arbeitsamt* n ‖ ♦ por ~ *in Vertretung* ‖ **–gado** *m/adj Abgeordnete(r), Beauftragte(r), Stellvertreter, Delegierte(r)* m ‖ ~ apostólico *päpstliche(r) Gesandte(r)* m ‖ ~ del Gobierno Span *Vertreter* m *der (Zentral)Regierung (in den*

autonomen Regionen) ‖ ~ de Hacienda Span *(Ober)Finanzpräsident* m ‖ **–gar** [g/gu] vt *übertragen (Befugnis, Amt)* (en *auf* acc) ‖ *abordnen, bestellen (zur Untersuchung)* ‖ *entsenden* ‖ *delegieren*

delei|tabilísimo adj sup von **–table** ‖ **–table** adj → **–toso** ‖ **–tación** *f* → **deleite** ‖ **–tar** vt *ergötzen* ‖ ~**se** s. *vergnügen, s. ergötzen* (con dat an) ‖ *(großen) Gefallen finden* (con algo *an et.* dat) ‖ ~ de *od* en oír a/c *et. mit Behagen hören* ‖ ~ con la vista *s. am Anblick ergötzen* ‖ **–te** m *Ergötzen, Vergnügen* n ‖ *Lust, Wonne* f ‖ *Sinneslust, Wollust* f ‖ ♦ con ~ *mit Wonne, wonnig* ‖ *vergnügt* ‖ **–toso** adj *wonnig* ‖ *köstlich* ‖ *wollüstig*

deletéreo adj *giftig, tödlich, deletär* ‖ ⟨fig⟩ *verderblich*

deletre|ar vt/i *buchstabieren* ‖ ⟨fig⟩ *entziffern* ‖ **–o** *m Buchstabieren* n ‖ ¿lo quiere deletreado? *(fam iron) soll ich Ihnen noch ein Foto dazugeben?*

deleznable adj *(m/f) schlüpfrig* ‖ *bröck(e)lig, brüchig* ‖ *zerbrechlich* ‖ ⟨fig⟩ *haltlos* ‖ ⟨fig⟩ *vergänglich* ‖ ⟨fig⟩ *nichtig*

délfico adj *delphisch*

¹delfín *m* ⟨Zool⟩ *Delfin* m (Delphinus delphis) ‖ ~ mular *Tümmler* m ‖ ⟨reg fam⟩ *Bube, Junge* m

²delfín *m Dauphin* m *(Thronfolger)*

Delfín *m* np *Delphinus* m

Delfinado *m*: el ~ ⟨Geogr⟩ *die Dauphiné*

delfinario *m Delfinarium* n

delfínidos *mpl* ⟨Zool⟩ *Delfine* mpl

Delfos *m Delphi* n

delga *f Blech|beilage, -zwischenlage* f ‖ ⟨El⟩ *Kollektorlamelle* f

delga|dez *[pl ~ces] f Dünn-, Zart|heit, Dünne* f ‖ *Schlankheit* f ‖ *Feinheit* f ‖ ⟨fig⟩ *Witz, Scharfsinn* m ‖ **–do** adj *dünn* ‖ *fein, zart* ‖ *mager* ‖ *schlank* ‖ ⟨fig⟩ *scharfsinnig, witzig* ‖ ⟨fig⟩ *schrill (Stimme)* ‖ ⟨fig⟩ *leicht (Boden)* ‖ ⟨fig⟩ *weich (Wasser)* ‖ ⟨fig⟩ *gering, klein* ‖ **–ducho** adj *(fam) sehr dünn und mick(e)rig*

Delia *f* pop → **Adelia, Adelaida**

delibe|ración *f Be|ratung, -ratschlagung* f ‖ *Überlegung* f ‖ *Entscheidung, Beschlussfassung* f ‖ **–radamente** adv *wissentlich, absichtlich* ‖ *überlegt* ‖ *mit Vorbedacht* ‖ **–rado** adj *überlegt* ‖ *selbstsicher* ‖ *willentlich* ‖ *fest (Haltung)* ‖ ⟨desp⟩ *abgekartet (Sache)* ‖ ♦ sin ~ propósito *unwillkürlich* ‖ **–rante** adj *(m/f) beratend* (z. B. *Versammlung)* ‖ **–rar** vt *beschließen* ‖ ~ vi *beratschlagen, erwägen, überlegen* ‖ ◇ ~ sobre algo *über et. nachdenken* ‖ *über et. beratschlagen* ‖ **–rativo** adj *beratend* ‖ *Beratungs-*

delica|dez *[pl ~ces]*, **–deza** *f Schwächlichkeit, Kraftlosigkeit, Zärtlichkeit* f ‖ *Feinheit, Zartheit* f ‖ *Empfindlichkeit* f ‖ *Reizbarkeit* f ‖ *Feinfühligkeit* f ‖ *Fingerspitzengefühl* n, *Takt* m ‖ ~ de sentimiento *Zartgefühl* n ‖ **–do** adj/s *zart, fein (bes. Gesichtszüge)* ‖ *dünn, schlank* ‖ *kränklich, schwächlich* ‖ *niedlich* ‖ *schön, lieblich* ‖ *zärtlich* ‖ *zerbrechlich* ‖ *schmackhaft, wohlschmeckend, delikat, lecker, köstlich* ‖ *heikel* ‖ *wählerisch* ‖ *kitzlig, misslich* ‖ *reizbar, empfindlich* ‖ *zartfühlend, taktvoll* ‖ *ängstlich, gewissenhaft, rücksichtsvoll* ‖ *scharfsinnig, witzig* ‖ *delikat, zart (Farbe, Ton)* ‖ ~ de salud *kränklich* ‖ ◇ ponerse ~ *kränklich werden, (leicht) erkranken* ‖ **–ducho** adj *(fam) kränk-, schwäch|lich*

deli|cia *f Lust, Wonne* f ‖ *Entzücken* n ‖ *Vergnügen* n ‖ ◇ es una ~ *es ist e–e (wahre) Wonne* f ‖ ~**s** *fpl Freuden* fpl, *Genüsse* mpl ‖ ⟨Kochk⟩ *Gericht* n *aus Gemüse und Pilzen* ‖ ◇ hacer las ~ *große Freude bereiten* ‖ **–cioso** adj *köstlich, reizend* ‖ *wonnevoll, wonnig* ‖ *allerliebst,* *lieblich* ‖ *charmant* ‖ *deliziös* ‖ ⟨lit⟩ *ambrosisch* ‖ adv: ~**amente**

delic|tivo, –tual *(m/f)* **–tuoso** adj *kriminell, deliktisch, verbrecherisch* ‖ *auf e–e Straftat bezüglich*

delimi|tación *f Ab-, Be|grenzung* f ‖ *Grenze* f ‖ *Umgrenzung* f ‖ **–tar** vt *begrenzen* ‖ ⟨fig⟩ *ab-, ein|grenzen*

delincuen|cia *f* ⟨Jur⟩ *Kriminalität* f, *Verbrechertum* n ‖ *verbrecherische Handlung* f ‖ ~ *de cuello blanco Wirtschaftskriminalität* f ‖ ~ *infantil Kinderkriminalität* f ‖ ~ *juvenil,* ~ *de menores Jugendkriminalität* f ‖ ~ *organizada organisiertes Verbrechen* n ‖ ~ *de prosperidad Wohlstandskriminalität* f ‖ **–te** adj *(m/f) verbrecherisch* ‖ ~ *m Verbrecher, (Misse)Täter, Straffällige(r), Delinquent* m ‖ *Rechtsbrecher* m ‖ ~ *casual Gelegenheitsverbrecher* m ‖ ~ *común Gemeinverbrecher* m ‖ ~ *habitual Gewohnheitsverbrecher* m ‖ ~ *nato geborener Verbrecher* m ‖ ~ *ocasional* →̇ ~ *casual* ‖ ~ *por predisposición Hangverbrecher* m ‖ ~ *profesional Berufsverbrecher* m ‖ ~ *sexual Sexualverbrecher* m

deline|ación *f,* **–am(i)ento** *m Zeichnung* f *der Umrisse, Skizzieren* n ‖ *Umriss* m, *Skizze* f ‖ **–ador** *m Zeichner* m ‖ ~ *de labios Lippenkonturenstift* m ‖ ~ *de ojos Augenkonturenstift* m ‖ **–ante** *m/f (Plan)Zeichner(in* f) m ‖ *technische(r) Zeichner(in* f) m ‖ ~**-proyectista** *m/f* Span *entwerfende(r) technische(r) Zeichner(in* f) m ‖ **–ar** vt *zeichnen, skizzieren* ‖ *auf-, an|reißen* ‖ *entwerfen* ‖ *umreißen* (& fig)

delin|quimiento *m Verbrechensbegehung* f ‖ *Straffälligwerden* n ‖ *Gesetzesverletzung* f ‖ **–quir** vi *s. vergehen* (contra *gegen* acc)*, ein Verbrechen begehen* ‖ *straffällig werden*

deliquio *m Ohnmacht* f ‖ *Er|mattung, -schöpfung* f

deli|rante adj *(m/f) irreredend* ‖ *wahnsinnig* ‖ *unbändig, maßlos* ‖ ⟨fig⟩ *berauschend, großartig, fantastisch* ‖ ⟨fig⟩ *rasend, stürmisch (Beifall)* ‖ ⟨Med⟩ *fantasierend* ‖ **–rar** vi *fiebern, fantasieren* ‖ *irrereden* ‖ *toben, rasen* ‖ *außer s. sein* ‖ *schwärmen* (por *für* acc) ‖ ~ *por la música für Musik schwärmen* ‖ **–rio** *m* ⟨Med⟩ *Delir(ium)* n ‖ *Wahn(sinn)* m ‖ *Raserei* f, *Taumel, Rausch* m ‖ ⟨fig⟩ *fiebernde od rasende Begeisterung* f ‖ ~ *de abstención Entzugs- od Entziehungs|delir* n ‖ ~ *agudo akutes Delir* n ‖ ~ *alcohólico Alkoholdelir* n, *Säuferwahn* m ‖ ~ *armamentista Rüstungswahn* m ‖ ~ *furioso Tobsucht* f ‖ ~ *de grandeza Größenwahn* m ‖ ~ *litigante* →̇ *querellante* ‖ ~ *de persecución Verfolgungswahn* m ‖ ~ *querellante Querulantenwahn* m ‖ ~ *senil Alterspsychose* f ‖ ◇ *me gusta con* ~ *ich schwärme (ganz toll) dafür* ‖ *llegar hasta el* ~ ⟨fig⟩ *s. bis zum Wahnsinn hineinsteigern*

delírium trémens ⟨lat⟩ *m Säuferwahnsinn* m, *Delirium tremens* n

delito *m Vergehen* n, *Frevel* m, *Übel-, Misse|tat* f ‖ *Straftat* f ‖ *Delikt* n ‖ ⟨Jur⟩ *Verbrechen* n *(einschließlich Vergehen ohne Übertretung)* ‖ *Vergehen* n *(einschließlich Verbrechen ohne Übertretung)* ‖ ~ *de acción Begehungstat* f, *Kommissivdelikt* n ‖ ~ *calificado qualifiziertes Delikt* n ‖ ~ *capital Kapitalverbrechen, schweres Verbrechen* n ‖ ~ *contra las buenas costumbres Sittlichkeitsvergehen* n ‖ ~ *culposo fahrlässiges Delikt* n ‖ ~ *cualificado* →̇ ~ *calificado* ‖ ~ *fiscal Steuervergehen* n ‖ ~ *flagrante frische Tat* f ‖ ~ *frustrado vollendeter Versuch* m ‖ ~ *leve Rügevergehen* n ‖ *leichtes Vergehen* n ‖ ~ *grave*

Verbrechen n ‖ ~ *menos grave Vergehen* n ‖ ~ *contra la honestidad Sittlichkeitsvergehen* n ‖ ~ *de iniciados Insider-rading* n ‖ ~ *perseguible* (sólo) *a instancia de parte Privatklage-, Antrags|delikt* n ‖ ~ *de prensa Pressevergehen* n ‖ ~ *contra la propiedad Eigentumsvergehen* n ‖ ~ *contra la seguridad del Estado Straftat* f *gegen die (innere) Sicherheit des Staates* ‖ ~ *de vuelos bajos Delikt* n *des Tiefflugs*

della *f* ⟨pop⟩ **= de ella**

dello *m* ⟨pop⟩ **= de ello** ‖ ~ *con* ~ ⟨fam⟩ *Mischmasch* m

¹**delta** *f griech.* δ *(Δ), Delta* n

²**delta** *m* ⟨Geogr⟩ *Delta* n

deltaplano *m* [Flugsport] *(Flug)Drachen* m △ **deltó** adj *ewig*

del|toideo adj *dreieckig* ‖ **–toides** *m* ⟨An⟩ *Deltamuskel* m

deludir vt *betrügen, anführen* △ **deluné** *f Axt* f, *Beil* n

delu|sivo, –sorio adj *(be)trügerisch*

dema|cración *f Abmagerung* f ‖ **–crado** adj *abgemagert* ‖ *abgezehrt* ‖ **–crarse** vr *abmagern*

dema|gogia *f Demagogie* f *(tyrannische) Volksherrschaft* f ‖ **–gógico** adj *demagogisch* ‖ **–gogo** *m/adj Demagoge, Volks|verführer, -aufwiegler* m

¹**demanda** *f Bitte* f, *Gesuch, Ersuchen* n ‖ *Begehren, Verlangen* n, *Forderung* f ‖ *Anspruch* m ‖ *(An)Frage* f ‖ *Nachforschung, Suche* f ‖ *Unter|nehmen, -fangen* n, *Versuch* m ‖ ⟨Rel⟩ *Spende* f ‖ ⟨Rel⟩ *Opferkörbchen* n *(für die Spende)* ‖ ◆ *en* ~ *de ... auf der Suche nach ...* ‖ *(er)suchend* ‖ ◇ *dirigir una* ~ *a ... ein Gesuch richten an ...* (acc) ‖ *hacer una* ~ *e–e Forderung stellen* ‖ *ir en* ~ *de algo et. suchen, nach et. auf die Suche gehen*

²**demanda** *f* ⟨Com⟩ *Nachfrage* f (de *nach* dat) ‖ *Bedarf* m (de *an* dat) ‖ *Bestellung* f, *Auftrag* m ‖ ~ *adicional Mehrbedarf* m ‖ ~ *de brazos* →̇ ~ *de mano de obra* ‖ ~ *de colocación Stellengesuch* n ‖ ~ *creciente wachsende Nachfrage* f ‖ ~ *de créditos Kreditnachfrage* f ‖ ~ *de empleo Stellennachfrage, (Anstellungs)Bewerbung* f ‖ ~ *de energía Energiebedarf* m ‖ ~ *de mano de obra Kräfte-, Personal|bedarf* m ‖ ~ *de punta Spitzenbedarf* m ‖ ~ *real effektive Nachfrage* f ‖ ~ *de trabajo* →̇ ~ *de empleo* ‖ ◇ *hay mucha* ~ (de ...) *die Nachfrage (nach ...) ist groß* ‖ *tener mucha (poca)* ~ *sehr (wenig) gefragt sein*

³**demanda** *f* ⟨Jur⟩ *Klage* f ‖ *Klageschrift* f ‖ *Klageanspruch* m ‖ *Klageantrag* m ‖ ~ *alternativa* ⟨Jur⟩ *alternative Klagenhäufung* f ‖ ~ *declarativa* ⟨Jur⟩ *Feststellungsklage* f ‖ ~ *de desahucio* ⟨Jur⟩ *Räumungsklage* f ‖ ~ *de divorcio* ⟨Jur⟩ *Scheidungsklage* f ‖ ~ *ejecutiva* Span *Vollstreckungsantrag* m ‖ ~ *injusta ungerechte od ungerechtfertigte Forderung* f ‖ ~ *judicial gerichtliche Klage* f ‖ ~ *de nulidad* ⟨Jur⟩ *Nichtigkeits-, Anfechtungs|klage* f ‖ ~ *de pago Zahlungs|forderung* f, *-anspruch* m ‖ ~ *procedente* ⟨Jur⟩ *rechtskräftige, berechtigte Klage* f ‖ ◇ *contestar* (a) *la* ~ *die Klage beantworten, Einlassungen vorbringen* ‖ *desestimar la* ~ *die Klage abweisen od ablehnen* ‖ *estimar la* ~ *dem Klageantrag entsprechen, der Klage stattgeben* ‖ *formular una* ~ (contra) *e–e Klage erheben (gegen)* ‖ *(inter)poner una demanda (gerichtlich) klagen, Klage erheben* ‖ *promover od proponer od entablar* ~ *Klage erheben*

deman|dadero *m Klosterdiener* m ‖ *Laufbursche* m ‖ *Bote(ngänger)* m ‖ **–dado** *m* ⟨Jur⟩ *Beklagte(r)* m ‖ **–dante** *m/f Kläger(in* f) m ‖ *Anspruchberechtigte(r* m) f ‖ *Besteller(in* f) m ‖ ⟨Rel⟩ *Almosensammler(in* f) m ‖ **–dar** vt/i *bitten,*

ersuchen ‖ *begehren, fordern, verlangen* ‖
(aus)fragen ‖ ◇ ~ asilo *Asyl beantragen, um Asyl
bitten* ‖ ~ en juicio, ~ ante el juez *vor Gericht
fordern* ‖ *(et.) einklagen* ‖ *(jdn) gerichtlich
belangen, verklagen* ‖ ~ de calumnia *wegen
Verleumdung verklagen* ‖ ~ el pago *Zahlung
fordern*
    demar|cación *f Ab|markung, -grenzung* f ‖
(Gerichts)Bezirk m ‖ **–car** [c/qu] vt/i *ab-,
ver|marken* ‖ *abstecken* ‖ *abgrenzen* ‖ ⟨Mar⟩ *das
Besteck machen* ‖ ⟨Bgb⟩ *markscheiden, den
Grubenplan aufnehmen*
    demarraje *m* → **¹arranque**
    demás a) adv *überdies, außerdem* ‖ por ~
umsonst, vergebens ‖ *übermäßig, allzusehr* ‖
überaus ‖ es por ~ *es ist zu arg* ‖ estar (por) ~
überflüssig sein, fehl am Platz(e) sein ‖ no es por
~ decirte *es ist nicht ohne Bedeutung, dir zu
sagen* ‖ ~ está decir que … *es erübrigt s. zu
sagen, dass …* ‖ hacer algo ~ *ein Übriges tun*
    b) adj/s: lo ~ *das Übrige, der Rest* ‖ por lo ~
übrigens ‖ *sonst* ‖ y ~ *und so weiter* ‖ la ~ gente
das übrige Volk ‖ los ~ *die Übrigen* ‖ las ~
poblaciones *die anderen, die übrigen Städte*
    dema|sía *f Übermaß* n ‖ *Überfluss* m ‖
Übertreibung f ‖ *Überforderung* f ‖ *Wagnis* n ‖
Dreistigkeit f ‖ *Freveltat* f ‖ ⟨Tech⟩ *Zugabe* f *(bei
Werkstücken)* ‖ ◆ en ~ *übermäßig* ‖ **–siadamente**
adv *(all)zusehr* ‖ **–siado** adj *über|trieben, -mäßig*
‖ ~ adv *zu sehr, allzusehr, (all)zuviel* ‖ *reichlich,
sattsam* ‖ ~ caliente *zu heiß* ‖ estimar ~
überschätzen ‖ ¡esto es ~! ⟨fam⟩ *da hört s. doch
alles auf! das ist zuviel! das geht zu weit!* ‖ ~ lo
sé *ich weiß es nur zu gut* ‖ este peligro no se
puede evitar ~ *man kann diesem Unglück nicht
genug vorbeugen*
    demasié adv ⟨pop⟩ *Klasse, Spitze*
    demediar vt/i *halbieren* ‖ *die Hälfte
zurücklegen* (z. B. *e–s Weges)*
    demen|cia *f* ⟨Med⟩ *Demenz* f, *Wahn-, Irr|sinn*
m, *Irresein* n ‖ *Schwachsinn* m ‖ *Aberwitz* m ‖ ~
alcohólica *Alkoholdemenz* f ‖ ~ endógena
endogene Demenz f ‖ ~ exógena *exogene Demenz*
f ‖ ~ persecutoria *Verfolgungswahn* m ‖ ~ precoz
Jugendirresein n ‖ ~ senil *Altersschwachsinn* m ‖
–cial adj *(m/f) Demenz-* ‖ ⟨fig⟩ *chaotisch, verrückt*
‖ **–tar** vt *verrückt machen* ‖ **–te** adj *(m/f) dement,
irr-, schwach-, wahn|sinnig* ‖ ~ m/f
Wahnsinnige(r m) f, *Geistesgestörte(r* m) f
    demeritar vt MAm Col Pe *vermindern* ‖
beschädigen ‖ *erniedrigen*
    demérito *m Unwert* m ‖ *Wertverlust* m ‖
⟨Com⟩ *Minderbewertung* f ‖ ⟨fig⟩ *Nachteil* m
    Démeter *f* np ⟨Myth⟩ *Demeter, Ceres* f
    Demetrio *m* np *Demetrius* m
    △ **demias** *fpl Strümpfe* mpl
    demisión *f Demut* f ‖ *Unterwürfigkeit* f
    demiurgo *m* ⟨Philos⟩ *Demiurg, Welt|schöpfer*
m, *-seele* f ‖ ⟨fig⟩ *Gott* m
    democracia *f Demokratie, Volksherrschaft* f ‖
~ corporativa → ~ orgánica ‖ ~ cristiana
christliche Demokratie f ‖ ~ directa *unmittelbare
Demokratie* f ‖ ~ indirecta *mittelbare Demokratie*
f ‖ ~ orgánica *organische, ständische Demokratie*
f ‖ ~ parlamentaria *parlamentarische Demokratie*
f ‖ ~ popular *Volksdemokratie* f ‖ ~ presidencial
Präsidialdemokratie f ‖ ~ representativa
repräsentative Demokratie f ‖ ~ social
Sozialdemokratie f
    demócrata adj *(m/f) demokratisch* ‖ ~ m/f
Demokrat(in f) m
    demo|crático adj *demokratisch (Einrichtung)* ‖
–cratismo *m Demokratentum* n ‖ **–cratización** *f
Demokratisierung* f ‖ **–cratizar** [z/c] vt
demokratisieren ‖ ⟨fig⟩ *volkstümlich machen*

    democristiano adj *christdemokratisch,
christlich-demokratisch*
    demodé adj *altmodisch, unmodern, veraltet*
    demodula|ción *f* ⟨El Radio⟩ *Demodulation* f ‖
–dor *m Demodulator* m
    demo|grafía *f Bevölkerungskunde,
Demographie* f ‖ **–gráfico** adj *demographisch* ‖
Bevölkerungs-
    demo|ler [-ue-] vt *niederreißen, schleifen
(Gebäude)* ‖ *ab|brechen, -tragen* ‖ *einreißen* ‖
demolieren ‖ *zertrümmern* ‖ ⟨fig⟩ *zerstören* ‖ ⟨fig⟩
(um)stürzen ‖ **–lición** *f Niederreißen* n ‖ *Abbruch*
m ‖ *Zertrümmerung* f ‖ *Zerstörung* f (& fig) ‖
–liciones fpl *Abbruch, Schutt* m, *Trümmer* pl
    demonche(s) *m* ⟨fam⟩ → **demonio**
    demo|níaco adj *teuflisch* ‖ *dämonisch* ‖
besessen ‖ ⟨fam⟩ *teuflisch, boshaft* ‖ *rasend* ‖ **–nio**
m Teufel, böser Geist m ‖ *Luzifer, Satan* m ‖
Dämon, Geist m ‖ ~ de mujer ⟨pop⟩ *Teufelsweib*
n ‖ ◇ estudiar con el ~ *mit allen Wassern
gewaschen sein* ‖ ir al quinto ~ *zu weit gehen* ‖
¡que se lo lleve el ~! *der Teufel soll ihn holen!* ‖
darse a todos los ~s ⟨figf⟩ *ganz wütend, rasend
werden* ‖ ser el mismísimo ~ *ein (rechter)
Teufelskerl sein* ‖ ¡~(s)! ¡qué ~! *zum Teufel!
(Fluch)* ‖ ◇ saber a ~s ⟨fam⟩ *scheußlich
schmecken* ‖ ¿a quién ~ quieres molestar? ⟨fam⟩
wen willst du zum Teufel belästigen? ‖ **–nización**
f Verteufelung, Dämonisierung f ‖ **–nizar** [z/c] vt
verteufeln, dämonisieren ‖ **–nolatra** *m/f* (& adj)
Dämonen-, Teufels|verehrer(in f) m ‖ **–nolatría** *f
Dämonen-, Teufels|verehrung* f ‖ **–nología** *f
Dämonologie* f ‖ **–nológico** adj *dämonologisch* ‖
–nomancia *f Teufelsbeschwörung* f ‖ **–nomanía** *f
Teufelswahn* m
    demontre *m* ⟨fam⟩ *Teufel* m ‖ ¡~! *zum Teufel!
Donnerwetter!*
    demo|ra *f Aufschub, Verzug* m ‖ *Ver|zögerung,
-spätung* f ‖ ⟨Mar⟩ *Richtung* f ‖ *Peilung* f ‖ ~ en
la entrega *Lieferungsverzug* m ‖ ◆ sin ~
unverzüglich ‖ ◇ no aceptar *od* admitir ~
dringend sein ‖ *k–n Aufschub vertragen od
dulden* ‖ **–rar** vt *aufhalten, verzögern* ‖ *auf-,
ver|schieben* ‖ ~ vi *s. aufhalten* ‖ *s. befinden* ‖
~*se s. aufhalten (lassen)* ‖ **–roso** adj Chi
müßiggängerisch
    demo|scopia *f Demoskopie,
Meinungsforschung* f ‖ **–scópico** adj
demoskopisch
    demosofía *f* → **folclor(e)**
    Demóstenes *m* np *Demosthenes* m (& fig)
    demos|trable adj *(m/f) nachweisbar* ‖
beweisbar ‖ *erweislich* ‖ **–tración** *f Beweis* m,
Beweisführung f ‖ *Nachweis* m ‖ *Abbildung* f ‖
(Vor)Zeigen n ‖ *Kundgebung, Äußerung* f ‖
Bekundung f ‖ *Vorführung* f ‖ *Darlegung* f ‖ ⟨fig⟩
(äußerer) Freundschaftsbeweis m ‖ ⟨Mil⟩
Scheinmanöver m ‖ ~ naval *Flottenschau* f ‖
–ciones fpl: ~ de cariño
Zärtlichkeitsbezeugungen fpl ‖
–trar [-ue-] vt *(vor)zeigen* ‖ *beweisen, darlegen,
dartun* ‖ *kundgeben, erweisen, bezeugen* ‖
erklären, erläutern ‖ *vorstellen, abbilden* ‖
vorführen ‖ *demonstrieren* ‖ *veranschaulichen* ‖ ◇
lo que se trataba de ~ *was zu beweisen war* ‖
–trativo adj *beweisend* ‖ *anschaulich* ‖
demonstrativ ‖ ⟨Gr⟩ *demonstrativ, hinweisend
(Fürwort)*
    demótico adj *demotisch*
    dempués ⟨pop⟩ → **después**
    demu|dación *f Veränderung* f *(Farbe, Stimme
usw.)* ‖ *Verfärbung* f ‖ *Entstellung* f ‖ **–dar** vt
verändern (Farbe, Stimme usw.) ‖ *verfärben* ‖
entstellen ‖ *verzerren* ‖ ~se *s. verfärben* ‖ ⟨fig⟩ *in
Zorn geraten* ‖ **–dado** adj *blass*

demultiplicación f ⟨Tech⟩ *Untersetzung(sverhältnis* n) f
  denante(s) adv ⟨reg⟩ → **antes**
  denario adj *zur Zahl zehn gehörig* ‖ ∼ m ⟨Hist⟩ *Denar* m *(altrömische Münze)* ‖ *Silberling* m *(Judaslohn)*
  dende ⟨reg pop⟩ → **desde**
  den|drita f ⟨Biol Geol⟩ *Dendrit* m ‖ **–drítico** adj *dendritisch* ‖ *verzweigt* ‖ **–droclimatología** f *Dendroklimatologie* f ‖ **–drocronología** f *Dendrochronologie* f ‖ **–drología** f *Dendrologie* f ‖ **–drológico** adj *dendrologisch* ‖ **–drómetro** m *Dendrometer, Baumstammmesser* m
  dene|gable adj *(m/f) verneinbar* ‖ *abstreitbar* ‖ *absprechbar* ‖ **–gación** f *Verweigerung* f ‖ *(Ab)Leugnung* f *Aberkennung* f ‖ *Abstreiten* n ‖ *Zurückweisung* f ‖ ∼ *de auxilio* ⟨Jur⟩ *unterlassene Hilfeleistung* f ‖ *Hilfeverweigerung* f ‖ ∼ *de confianza Misstrauensvotum* n ‖ **–gar** [-ie-, g/gu] vt/i *verweigern, abschlagen* ‖ *(ab)leugnen* ‖ *verneinen* ‖ *aberkennen (Staatsbürgerschaft)* ‖ ◇ ∼ *la ciudadanía a alg. jdn ausbürgern* ‖ **–gatorio** adj *ablehnend* ‖ *abschlägig*
  denegrecer [-zc-] vt *schwärzen*
  dengoso adj *s. zierend* ‖ *geziert* ‖ *zimperlich*
  ¹dengue m *Ziererei, Schöntuerei* f ‖ *Zimperlichkeit* f ‖ *(Frauen)Mäntelchen* n *mit langen Zipfeln* ‖ *Mantel* m *der Galicierinnen und der Asturianerinnen* ‖ ∼**s** mpl *Ziererei* f ‖ *Sperenzchen* pl, *Mätzchen* npl ‖ ◇ *hacer* ∼**s** *(fam) s. zieren, s. anstellen*
  ²dengue m ⟨Med⟩ *(tropisches) Denguefieber* n ‖ ⟨reg⟩ *Grippe* f
  ³dengue m Chi ⟨Bot⟩ *Wunderblume* f *(Mirabilis jalapa)*
  denguear vi *s. zieren* ‖ *schöntun*
  denguno m ⟨reg pop⟩ → **ninguno**
  denier m ⟨Text⟩ *Denier* n
  deni|gración f *Anschwärzung, Verleumdung* f ‖ *Herabsetzung* f ‖ **–grante** adj/s *(m/f) beschämend, herabwürdigend* ‖ *herabsetzend* ‖ *verleumdend* ‖ **–grar** vt *(ver)lästern* ‖ *herab|setzen, -ziehen* ‖ *anschwärzen* ‖ *verunglimpfen* ‖ **–grativo** adj *ehrenrührig* ‖ *herabsetzend*
  deno|dado adj *unerschrocken, kühn, furchtlos* ‖ *ungestüm* ‖ *angriffslustig* ‖ **–darse** vr *s. trauen, den Mut haben* ‖ *ungestüm od angriffslustig sein*
  denomina|ción f *Benennung* f, *Name* m ‖ *Stück(e)lung* f *(von Wertpapieren)* ‖ *Wertabschnitt* m ‖ ∼ *comercial Handelsname* m ‖ ∼ *de una cuenta* ⟨Com⟩ *Verbuchungstitel* m ‖ ∼ *de origen Herkunfts-, Ursprungs|bezeichnung* f ‖ **–damente** adv *namentlich* ‖ *deutlich* ‖ *besonders* ‖ **–dor** m/adj ⟨Math⟩ *Nenner* m ‖ ◇ *reducir a (un) común* ∼ *auf e–n gemeinsamen Nenner bringen (& fig)* ‖ **–nar** vt *(be)nennen* ‖ *(namentlich) aufführen* ‖ **–nativo** adj *bezeichnend* ‖ ∼ m ⟨Ling⟩ *Denominativ(um)* n
  denos|tador m/adj *Beschimpfer* m ‖ *Schmäher* m ‖ *Beleidiger* m ‖ **–tar** [-ue-] vt *(be)schimpfen* ‖ *schmähen* ‖ *beleidigen* ‖ **–toso** adj *beleidigend*
  deno|tación f *Bezeichnung* f ‖ *Angabe* f *Bedeutung* f ‖ **–tar** vt *an-, be|deuten* ‖ *äußern* ‖ *bezeichnen* ‖ *(an)zeigen* ‖ *schließen lassen auf* acc ‖ *hindeuten auf* acc ‖ *kennzeichnen* ‖ **–tativo** adj *denotativ*
  denque ⟨reg⟩ → **desde que**
  den|sidad f *Dichtheit, Dichtigkeit* f ‖ ⟨Phys⟩ *Dichte* f ‖ ∼ *del ácido Säuredichte* f ‖ ∼ *luminosa Leuchtdichte* f ‖ ∼ *de población Bevölkerungsdichte* f ‖ ∼ *de radiación Strahlungsdichte* f ‖ ∼ *de superficie Flächendichte* f ‖ ∼ *de tráfico Verkehrsdichte* f ‖ ∼ *en volumen Raumdichte* f ‖ **–sificar** [c/qu] vt *verdichten (z. B. Holz)* ‖ **–símetro** m *Densimeter,*

Aräometer n, *Dichtmesser* m ‖ **–sitómetro** m ⟨Fot⟩ *Densitometer* n ‖ **–so** adj *dick, dicht* ‖ *fett, dick (Flüssigkeit)* ‖ *dicht gedrängt (Menge)* ‖ ⟨Bgb⟩ *dicht, schwer* ‖ ⟨fig⟩ *unklar, verwirrt* ‖ **–sógrafo** m ⟨Phys⟩ *Densograph* m
  denta|do adj/s *gezahnt* ‖ *gezähnt, zackig* ‖ *verzahnt* ‖ ⟨Bot⟩ *gezackt (Blatt)* ‖ ∼ m ⟨Tech⟩ *(Ver)Zahnung* f ‖ ∼ *angular Pfeilverzahnung* f ‖ ∼ *del engranaje Getriebeverzahnung* f ‖ **–dura** f *Gebiss* n ‖ *Zahnreihe* f ‖ ⟨Tech⟩ *(Ver)Zahnung* f ‖ ∼ *de leche Milch|gebiss* n, *-zähne* mpl ‖ ∼ *postiza falsches Gebiss* n, *Zahnersatz* m
  ¹dental adj *(m/f) Zahn-, Dental-* ‖ *(letra)* ∼ ⟨Gr⟩ *Zahnlaut, Dental* m
  ²dental m ⟨Agr⟩ *Pflugsterz* m ‖ *Dreschstein* m
  den|talgia f ⟨Med⟩ *Zahnweh* n ‖ **–talizar** [z/c] vi ⟨Gr⟩ *dentalisieren* ‖ **–tar** [-ie-] vt *verzahnen, mit Zähnen versehen* ‖ *auszacken* ‖ ∼ vi *zahnen (Kinder)* ‖ **–tario** adj → **dental** ‖ **–tecillo** m *dim* von **¹diente**
  dente|llada f *Biss* m *(mit den Zähnen)* ‖ *Bisswunde* f ‖ ◇ *a* ∼**s** *mit den Zähnen* ‖ ◇ *comer a* ∼**s** *gierig fressen* ‖ *herir, morder a* ∼**s** *beißen, durch e–n Biss verwunden* ‖ *partir a* ∼**s** *entzwei-, zer|beißen* ‖ *romper a* ∼**s** *zerbeißen* ‖ **–llado** adj *gezahnt* ‖ *zahnförmig* ‖ *zackig* ‖ *ausgezackt* ‖ **–llar** vt *mit den Zähnen klappern* ‖ ⟨Tech⟩ *zahnen, mit Zähnen versehen* ‖ **–llear** vt/i *schnappend beißen* ‖ s: **–lleo** ‖ **–llón** m ⟨Tech⟩ *Zahn, Zacken* m *(am Schloss)* ‖ ⟨Typ⟩ *Zahnschnitt* m ‖ **–ra** f *Stumpf|werden, -sein* n *(der Zähne)* ‖ ⟨fig⟩ *unangenehmes Gefühl* n *an Zähnen od am Zahnfleisch (bei Berührung mit Zitronensaft usw. od bei bestimmten Geräuschen)* ‖ ⟨figf⟩ *Begehren* n ‖ ⟨figf⟩ *Neid* m, *Missgunst* f ‖ ◇ *le da* ∼ *(fam) der Mund wässert ihm danach* ‖ **–zuelo** m *dim* von **¹diente**
  denti|ción f *Zahnen* n, *Zahndurchbruch* m, *Dentition* f ‖ ◇ *estar con la* ∼ *(die) Zähne bekommen, zahnen (Kind)* ‖ **–culación** f ⟨Bot⟩ *Verzahnung* f ‖ **–culado** adj *gezähnt, -zackt* ‖ ∼ m *Verzahnung* f ‖ **–cular** adj *(m/f) zahnförmig*
  dentículo m ⟨Arch⟩ *Zahn|schnitt, -fries* m ‖ ∼**s** mpl ⟨Zool⟩ *Zäckchen, Zähnchen, Dentikel* npl
  dentiforme adj *(m/f) zahnförmig*
  dentífrico adj/s: *agua* ∼**a** *Zahn-, Mund|wasser* n ‖ *pasta* ∼**a** *Zahn|pasta* f, *-krem* m (& f) ‖ ∼**s** mpl *Zahnpflegemittel* npl
  dentina f *Dentin, Zahnbein* n ‖ *Pan Gestank* m
  dentirrostros mpl ⟨V⟩ *Zahnschnäbler* mpl
  dentista m/f adj *Zahn|arzt* m, *-ärztin* f ‖ ∼ *americano Zahnkünstler(in* f) m ‖ ∼ *mecánico Zahntechniker* m ‖ **–tistería** f Am *Zahnmedizin* f ‖ *Zahnarztpraxis* f ‖ **–tística** f Chi *Zahnmedizin* f
  ¹dentón adj/s *großzahnig*, ⟨iron⟩ *zahnlos*
  ²dentón m ⟨Fi⟩ *Zahnbrassen* m *(Dentex dentex)*
  dentones mpl ⟨pop⟩ *Zange* f
  dentrar [pop -ie-] vi Am ⟨pop⟩ → **entrar**
  dentrera f Col *Dienstmädchen* n
  dentrífico adj ⟨pop⟩ → **dentífrico**
  ¹dentro adv *darin, (dr)innen, inwendig* ‖ *a* ∼ → *adentro* ‖ *por (de)* ∼ *von innen, innerhalb* ‖ *poner* ∼ *(hin)ein|legen, -stecken* ‖ *¡* ∼ *o fuera! entweder – oder!* ‖ *por* ∼ *innerhalb* ‖ *von innen (her)* ‖ ⟨fig⟩ *salir de* ∼ *von Herzen kommen*
  ²dentro ∼ *de* prep *in* ‖ *innerhalb, binnen* gen ‖ *in (temporal dat, lokal dat bzw acc)* ‖ ∼ *de 5 minutos in 5 Minuten* ‖ ∼ *de 15 días binnen 14 Tagen* ‖ ∼ *de lo posible innerhalb der Möglichkeit, im Rahmen des Möglichen, möglichst*
  ³dentro m Chi *(Geld)Einnahme* f
  dentrodera f Col *Dienstmädchen* n

dentudo adj *großzahnig* ‖ ~ *m* ⟨Fi⟩ Cu *Heringshai* m (Isurus sp)
denudar vt ⟨Geol Biol⟩ *entblößen, bloßlegen* ‖ ⟨Geol⟩ *abtragen* ‖ *auswaschen (Erdreich)* ‖ ⟨Med⟩ *bloß-, frei|legen* ‖ ~se ⟨Bot⟩ *die Rinde verlieren* ‖ *kahl werden*
denuedo *m Mut* m, *Tapferkeit, Kühnheit* f ‖ ◆ con ~ *unerschrocken*
denuesto *m Schimpf* m, *-wort* n ‖ *Schmähung* f ‖ *Beleidigung* f
denun|cia *f Anzeige* f ‖ *Angabe* f ‖ *Ankündigung* f ‖ *(schriftliche) Anklage* f ‖ ⟨Bgb⟩ *Mutung* f ‖ *Denunziation* f ‖ *Kündigung* f *(e–s völkerrechtlichen Vertrags)* ‖ *Verrat* m, *Anschwärzung* f ‖ ~ falsa *falsche Anzeige* f ‖ ~ por falta de pago *Klage* f *auf Zahlung* ‖ ~ obligatoria *Anzeigepflicht* f ‖ ~ pública Span *öffentliche Steuererklärung* f ‖ –ciable adj *(m/f) anzeigefähig* ‖ –ciación *f (strafrechtliche) Anzeige* f ‖ –ciador, –ciante *m An|geber, -kläger* m ‖ *Anzeigeerstatter* m ‖ *Denunziant* m ‖ ⟨Bgb⟩ *Muter* m ‖ –ciar vt *anzeigen, verklagen (por wegen)* ‖ *anklagen, an-, ver|kündigen, anzeigen* ‖ *verraten* ‖ *ankündigen, melden* ‖ *denunzieren* ‖ *kündigen (Vertrag)* ‖ ⟨Bgb⟩ *muten* ‖ ◇ ~ ante el ministerio fiscal *bei der Staatsanwaltschaft Anzeige erstatten* ‖ –ciativo adj *anzeigend* ‖ –cio *m* ⟨Bgb⟩ *Mutung* f **Deo:** ¡~ gracias! *Gott sei Dank!*
Deogracias *m* np *Deogratias* m
deontología *f Pflichtenlehre, Deontologie* f
dep. ⟨Abk⟩ = departamento
deparar vt *bescheren, verleihen, darbieten* ‖ *vorlegen, (dar)bieten* ‖ *bereiten, zuteilen* ‖ ◇ los bienes que le deparó la suerte *die Güter, die ihm (ihr) vom Schicksal zuteil wurden*
departamen|tal adj *(m/f) Abteilungs-* ‖ –to *m Bezirk, Verwaltungskreis* m, *Departement* n ‖ *(Verwaltungs)Fach* n, *Abteilung* f ‖ *Fachbereich* m *(Universität)* ‖ *(Ministerial)Abteilung* f ‖ ⟨EB⟩ *Abteil* n ‖ *Ausstellungsstand* m ‖ ⟨Tech⟩ *Raum* m ‖ Am *Wohnung* f, *Appartement* n ‖ ~ de equipajes ⟨EB⟩ *Gepäckraum* m ‖ ~ de expediciones *Versandabteilung* f ‖ ~ de fumadores ⟨EB⟩ *Raucherabteil* n ‖ ~ de ingeniería *Konstruktionsbüro* n ‖ ~ promocional, ~ de publicidad *Werbeabteilung* f ‖ ~ de venta *Verkaufs-, Vertriebs|abteilung* f
departir vi *sprechen,* ⟨fam⟩ *plaudern (de, sobre, acerca de über* acc) ‖ ◇ ~ con los amigos s. mit den Freunden unterhalten
depaupe|ración *f Verarmung* f ‖ –rar vt *ins Elend bringen* ‖ ⟨pop⟩ *auspowern* ‖ ⟨Med⟩ *schwächen* ‖ ~se *verelenden*
¹dependencia *f Abhängigkeit* f ‖ *Unterordnung* f ‖ *Unterwürfigkeit* f
²dependencia *f* ⟨Com⟩ *Geschäft* n ‖ *Geschäftsraum* m ‖ *Belegschaft* f ‖ *Angestellte* mpl ‖ *Zweigbetrieb* m ‖ *Niederlassung* f ‖ ~ mercantil *Geschäfts-, Handels|personal* n
³dependencia *f Nebengebäude* n ‖ *Gästehaus* n ‖ *Dependance* f *(e–s Hotels)*
depen|der vi *abhängig sein, abhängen (de von* dat) ‖ *ankommen (de auf* acc) ‖ ◇ ~ del precio s. nach dem Preis richten ‖ eso depende del gusto *das ist Geschmackssache* ‖ ~ de sí mismo *auf s. allein gestellt sein* ‖ eso depende de Vd. *das hängt von Ihnen ab, das liegt an Ihnen* ‖ das steht in Ihrer Macht ‖ ¡eso depende! je nachdem! ‖ es kommt darauf an! ‖ –diente adj *(m/f) abhängig, untergeordnet* ‖ ~ *m/f, Untergebene(r* m) f ‖ *Angestellte(r* m) f ‖ ~ de banco *Bankkauf|mann* m, *-frau* f ‖ ~ de comercio *kaufmännische(r) Angestellte(r* m) f ‖ *Verkäufer(in* f) m
depi|lación *f Enthaarung* f ‖ ⟨Med⟩ *Haarausfall* m ‖ –lar vt *enthaaren* ‖ –latorio

*m/*adj *Enthaarungsmittel* n
deplo|rable adj *(m/f) be|dauerlich, -jammernswert* ‖ *jämmerlich, elend, erbärmlich* ‖ –rar vt *beklagen* ‖ *bejammern* ‖ *bedauern* ‖ ◇ lo –ro vivamente *ich bedauere es lebhaft*
¹deponente adj *(m/f) aussagend* ‖ ~ *m/f* ⟨Jur⟩ *Hinterleger(in* f), *aussagende(r) Zeuge* m, *Zeugin* f *Aussagende(r* m) f
²deponente *m* ⟨Gr⟩ *Deponens* n *(Verb)*
deponer [irr → poner] vt/i *ab-, hin-, nieder|legen, absetzen* ‖ *loslassen, entfernen* ‖ *(gerichtlich) aussagen, behaupten* ‖ *deponieren, hinterlegen* ‖ *bezeugen* ‖ s–s *Amtes entheben, absetzen* ‖ *ändern (Haltung)* ‖ *ablassen von* ‖ ⟨Mil⟩ *niederlegen (Waffen)* ‖ *entleeren (Darm)* ‖ Guat Hond Mex *(er)brechen* ‖ ◇ ~ su actitud *sein Verhalten ändern* ‖ ~ de un cargo *e–s Amtes entsetzen* ‖ ~ en juicio *od* ante el tribunal *vor Gericht aussagen*
depor|tación *f Verbannung, Deportation* f ‖ *Verschickung* f ‖ *Verschleppung* f ‖ ~ en masa *Massenausweisung* f ‖ ~ forzosa, ~ violenta *Zwangs|verschleppung, -umsiedlung* f ‖ –tado adj *verschleppt* ‖ *deportiert* ‖ ~ *m Verschleppte(r)* m ‖ *Deportierte(r)* m ‖ –tar vt *deportieren (Sträflinge)* ‖ *ausweisen* ‖ *verbannen* ‖ *verschleppen* ‖ *verschicken*
depor|te *m Sport* m ‖ ~ acuático *Wassersport* m ‖ ~ aéreo *Flugsport* m ‖ ~ automovilista *Automobilsport* m ‖ ~ balístico *Wurfsport* m ‖ ~ de compensación *Ausgleichssport* m ‖ ~ de competencia *Leistungssport* m ‖ ~ femenino *Damen- od Frauen|sport* m ‖ ~ futbolístico *Fußballsport* m ‖ ~ hípico *Reitsport* m ‖ ~ interior *Hallensport* m ‖ ~ para inválidos *Behindertensport* m ‖ ~ de invierno *Wintersport* m ‖ ~ para minusválidos *Behindertensport* m ‖ ~ de montaña *Bergsport* m ‖ ~ náutico *Wassersport* m ‖ ~ de nieve *Winter-, Schnee|sport* m ‖ ~ pugilístico *Boxsport* m ‖ ~ del remo *Rudersport* m ‖ ~ de riesgo *Extremsport* m ‖ ~ submarino *Unterwassersport* m ‖ ~ velocipédico *Rad(fahr)sport* m ‖ ◆ por ~ *als Hobby* ‖ ◇ cultivar un ~, practicar un ~ *e–n Sport treiben* ‖ ~s *mpl Sportarten* fpl ‖ –tismo *m Sport|begeisterung, -liebe* f ‖ *Sportbetrieb* m ‖ –tista *m/f Sportler(in* f), *Sports|mann* m, *-frau* f ‖ *Sportliebhaber(in* f) m ‖ –tividad *f Sportlichkeit, Fairness* f ‖ –tivismo *m Sporttreiben* n ‖ –tivo adj ⟨allg⟩ *sportlich* ‖ *sportlich, fair* ‖ *Sport-*
¹deposición *f Nieder-, Ab|legen* n ‖ *Amtsenthebung, Absetzung* f ‖ *(Darm)Entleerung* f, *Stuhlgang* m ‖ *(Patent)Anmeldung* f
²deposición *f* ⟨Jur⟩ *(gerichtliche) Aussage* f ‖ ~ testifical *od* de los testigos *Zeugenaussage* f
depositado adj *hinterlegt, niedergelegt*
¹deposi|tador, –tante *m Hinter-, Nieder|leger, Einzahler* m ‖ *Spareinleger* m
²deposi|tador *m, –tante m/f Deponent(in* f) m, *Aussagende(r* m) f
deposi|tar vt/i *hinter-, ein-, er|legen, deponieren* ‖ *aufbewahren* ‖ *vorläufig beisetzen (Leiche)* ‖ *auf Lager bringen, ins Depot legen, einlagern (Ware)* ‖ *niederlegen* ‖ *ab-, an|setzen* ‖ ◇ ~ en el banco *bei der Bank hinterlegen* ‖ ~ confianza en alg. *Vertrauen in jdn setzen* ‖ ~ en garantía ⟨Com⟩ *lombardieren* ‖ ~se s. *niederschlagen, ausfällen* ‖ –taría *f Hinterlegungsstelle* f ‖ *Verwahrer* m ‖ ~ judicial *Sequester* m ‖ ~-pagaduría *öffentliche Kasse* f ‖ –tario adj *Depots-* ‖ ~ *m Verwahrer* m ‖ *Vorsteher* m *e–r Depositenkasse* ‖ ~ judicial *Sequester* m ‖ ~ de un secreto *Geheimnisträger* m
depósito *m hinterlegtes Geld, Deposit(um), Depot* n ‖ *Hinter-, Er|legung* f ‖ *Aufbewahrung* f ‖

Verwaltungsraum m ‖ *Lagerhaus* n, *Lagerung* f ‖ *Lagerbestand* m ‖ *Ablage* f *(von Dokumenten)* ‖ *Niederlage* f, *Lager* n ‖ *Vorrat* m ‖ *Behälter, Tresor* m ‖ *Niederschlag, Bodensatz* m ‖ ⟨Med⟩ *Ablagerung, Ansammlung* f *(von Eiter usw.)* ‖ *Magazin* n *(Schießwaffe)* ‖ ⟨Mil⟩ *Ersatzbezirk* m ‖ ⟨Geol⟩ *Aufschüttung* f ‖ ⟨Fot⟩ *Magazin* n ‖ ~ de aguas *Wasser\behälter, -speicher* m ‖ ~s aluviales ⟨Geol⟩ *alluviale Ablagerungen* fpl ‖ ~ de basuras *Müllbunker* m ‖ ~ de cadáveres *Leichenschauhalle* f ‖ ~ de carga *Patronenlager* n *(Schießwaffe)* ‖ ~ de combustible ⟨Auto⟩ *Kraftstoffbehälter* m ‖ ~ de chatarra *Schrott(ablade)platz* m ‖ ~ de equipajes ⟨EB⟩ *Güterannahme* f ‖ *Gepäckraum* m ‖ *Gepäckaufbewahrung* f ‖ *Gepäckabfertigung* f ‖ ~ elevado (de agua) *Wasserturm* m ‖ ~ franco *Zollfreilager* n ‖ ~ funerario *Leichenhalle* f ‖ ~ de *od* en garantía *Garantiefonds* m ‖ *Sicherheitshinterlegung* f ‖ ~ de gas *Gasbehälter* m ‖ ~ general ⟨Com⟩ *Hauptniederlage* f ‖ ~ en lista de correos *postlagernd* ‖ ~ de locomotoras *Lokomotivschuppen* m ‖ ~ legal ⟨Typ⟩ *Hinterlegung* f *e–s Pflichtstücks* ‖ *alle Rechte vorbehalten* ‖ ~ municipal *Stadtgefängnis* n ‖ ~ principal *Hauptniederlage* f ‖ ~ a plazo fijo *Festgeld* n ‖ ~ en puerto franco *Freihafenlager* n ‖ ~ solidario *Sammelverwahrung* f ‖ ◆ en ~ *in Verwahr, in Depot* ‖ ⟨Jur⟩ *im Sequester* ‖ ◇ constituir en ~ *hinterlegen* ‖ queda hecho el depósito que marca la ley ⟨Typ⟩ *Pflichtexemplare abgeliefert*

depra|vación f *Ver\derbtheit, -dorbenheit* f, *Sittenlosigkeit* f ‖ *Zerrüttung* f ‖ *Sittenverfall* m ‖ **-vado** adj/s *verderbt* ‖ *ver\kommen, -worfen* ‖ *lasterhaft* ‖ **-var** vt *verderben* ‖ *(moralisch) zerrütten* ‖ *verschlechtern, zerrütten* ‖ **~se** *ver\kommen, -derben*

depre adj/s Kurzform für **depresivo,**
¹depresión

depre|cación f *(inständige) Bitte, Fürbitte* f ‖ *Abbitte* f ‖ *Flehen* n ‖ *Beschwörung* f *(in der Rede)* ‖ ⟨Rel⟩ *Gebet* n ‖ *Fürbitte* f ‖ **-car** [c/qu] vt *inständig bitten um* ‖ *anflehen* ‖ *erbitten* ‖ **-cativo** adj *abbittend* ‖ *Bitt-* ‖ *Gebets-*

depre|ciación f *Entwertung, Wertminderung* f ‖ *Geldentwertung* f ‖ *Abschreibung* f ‖ *Sinken* n *der Preise* ‖ ~ monetaria *Geldentwertung* f ‖ *Valutaverschlechterung* f ‖ *Währungsverfall* m ‖ ~ del (mundo) ambiente *Umweltschädigung* f ‖ ~ por el uso *Wertminderung* f *durch Abnutzung* ‖ ◇ hacer reservas para la ~ ⟨Com⟩ *abschreiben (in der Bilanz)* ‖ **-ciar** vt *entwerten (im Wert od Preis)* ‖ *abwerten* ‖ *herabsetzen (& vr)* ‖ **~se** *entwertet werden*

depre|dación f *Plünderung* f ‖ *Erpressung* f ‖ *Veruntreuung* f *(im Amt)* ‖ *(politische) Ämtervergabe* f ‖ **-dador** adj *erpresserisch* ‖ *unehrlich* ‖ *räuberisch* ‖ ~ m *Plünderer* m ‖ *Veruntreuer* m ‖ *Erpresser* m ‖ ⟨Zool⟩ *Raubtier* n ‖ **-dar** vt *plündern* ‖ *erpressen* ‖ *veruntreuen*

¹depresión f *Nieder\gedrücktheit, -geschlagenheit* f ‖ *Mutlosigkeit* f ‖ *Demütigung* f ‖ ⟨Med⟩ *Depression* f ‖ ~ endógena *endogene Depression* f ‖ ~ exógena *exogene Depression* f ‖ ~ larvada *larvierte od maskierte Depression* f ‖ ~ psicógena *psychogene Depression* f ‖ ~ senil *Altersdepression* f ‖ ~ sicógena →‖ ~ psicógena ‖ ~ vital *vitale Depression* f

²depresión f *(Ab)Sinken* n ‖ *Senkung, Vertiefung* f ‖ ⟨Meteor⟩ *Tief* n ‖ ⟨Geol⟩ *Depression* f ‖ *Mulde* f ‖ ⟨Com⟩ *Konjunkturtief* n ‖ ⟨Flugw⟩ *Sog* m ‖ ⟨Tech⟩ *Unterdruck* m ‖ ~ económica *Wirtschaftsdepression* f ‖ ~ del horizonte *Kimmtiefe* f ‖ ~ del mercado ⟨Com⟩

Gedrücktheit f *des Marktes* ‖ ~ del terreno *Bodensenkung* f

depresivo adj *bedrückend* ‖ *demütigend* ‖ ⟨Med⟩ *depressiv*

depri|mente adj *(m/f)* *(fig) niederdrückend* ‖ *peinlich* ‖ *deprimierend* ‖ **-mido** adj *(fig) niedergeschlagen* ‖ *gedrückt, deprimiert* ‖ **-mir** vt *senken, eindrücken* ‖ *(herunter)drücken* ‖ *niederdrücken, deprimieren* ‖ *schwächen* ‖ ⟨fig⟩ *demütigen* ‖ **~se** *verringern, abnehmen (Volumen)* ‖ *(fig) Depressionen bekommen, deprimiert (bzw depressiv) werden*

deprisa adv *schnell*

deprivación f *Entziehung* f *(meist von Drogen)*

de profundis m ⟨lat⟩ *(Bußpsalm) „De profundis"* n

depucelar vt *entjungfern*

depuesto adj pp/irr von **deponer**

depu|ración f, **-ramiento** m *Reinigung, Läuterung* f ‖ ⟨Med⟩ *Blutreinigung* f ‖ ⟨Pol⟩ *Säuberung* f ‖ ⟨Pol⟩ *Überprüfung* f *(auf politische Vergangenheit)* ‖ *(fig) Klarstellung, Bereinigung* f ‖ ~ étnica *ethnische Säuberung* f ‖ **-rado** adj *ge\reinigt, -läutert* ‖ ⟨Tech⟩ *entgiftet* ‖ **-rador** m *Reiniger, Wäscher* m ‖ ~ del aire *Luftreiniger* m ‖ ~ de benceno ⟨Chem⟩ *Benzolwäscher* m ‖ ~ de gas ⟨Chem⟩ *Gaswäscher* m ‖ **-radora** adj/s: estación ~ ⟨Tech⟩ *Kläranlage* f ‖ *Umwälzanlage* f *(Schwimmbecken)* ‖ **-rar** vt ⟨Chem Med⟩ *reinigen, läutern* ‖ ⟨Pol⟩ *säubern* ‖ ⟨fig⟩ *klarstellen, bereinigen* ‖ ◇ ~ responsabilidades *die Schuldigen, Verantwortlichen bloßstellen* ‖ **-tivo** adj *blutreinigend* ‖ ~ m *Blutreinigungsmittel* n

deputar vt → **diputar**

deque adv ⟨fam⟩ *seitdem* (= **desde** que)

derbi m ⟨Sp⟩ *Derby* n ‖ ~ local *Lokalderby* n

derecera f *gerader Weg* m

dere|cha f *Rechte, rechte Hand* f ‖ *rechte Seite* f ‖ ⟨Pol⟩ *(die) Rechte* f, *Rechtsparteien* fpl ‖ ◆ a ~s *ge\bührend, -hörig, tüchtig* ‖ a la ~ *rechts, rechter Hand* ‖ de ~ a izquierda *von rechts nach links* ‖ segundo ~ (2° der.) *zweiter Stock rechts* ‖ ◇ ceder la ~ *beim Setzen od Laufen die rechte Seite (aus Höflichkeit) überlassen* ‖ conservar la ~ →‖ mantener la ~ ‖ desviar(se) a la ~ ⟨StV⟩ *rechts ab- od ein\biegen* ‖ guardar la ~ →‖ mantener la ~ ‖ llevar la ~ *auf der rechten Seite (der Straße) gehen, rechts gehen* ‖ mantener la ~ ⟨StV⟩ *rechts fahren (bzw gehen)* ‖ ¡~! ¡mar! ⟨Mil⟩ *rechts um!* ‖ ¡tome Vd. la ~ ! *halten Sie s. rechts!* ‖ **-chamente** adv *geradeaus, stracks* ‖ ⟨fig⟩ *mit Überlegung* ‖ *rechtschaffen* ‖ **-chazo** m *Rechte (Schlag beim Boxen)* ‖ **-chera** f *gerader Weg* m ‖ **-chero** adj *gerecht* ‖ *aufrichtig* ‖ *rechtschaffen* ‖ **-chista** adj *(m/f)* ⟨Pol⟩ *rechts\gerichtet, -orientiert* ‖ ~ m/f ⟨Pol⟩ *Rechtsgesinnte(r* m), *Rechte(r* m) f

¹derecho adj/adv *recht* ‖ *rechts gelegen* ‖ *gerade, aufrecht* ‖ *senkrecht* ‖ *gerecht, rechtschaffen* ‖ *gewissenhaft* ‖ *redlich* ‖ *vernünftig, gesund* ‖ hecho y ~ *von echtem Schrot und Korn* ‖ ◇ ser el ojo ~ de alg. ⟨figf⟩ *jds rechte Hand sein* ‖ estar ~ *stehen* ‖ ponerse ~ *aufstehen* ‖ no hacer cosa a ~ ⟨fam⟩ *nichts recht machen* ‖ su nombre ~ *sein (ihr) richtiger Name* ‖ →‖ auch **derecha**

²derecho adv *gerade(zu)* ‖ *gerade(s)wegs, geradeaus* ‖ ◇ vaya Vd. siempre ~ *gehen Sie immer geradeaus*

³derecho m *rechte Seite* f *(e–s Stoffes usw.)*

⁴derecho m *Recht* n ‖ *Rechtlichkeit* f ‖ *Gerechtigkeit* f ‖ *Rechtsanspruch* m ‖ *Anrecht* n ‖ *Berechtigung* f ‖ *Recht* n (a *auf* acc) ‖ *Vorrecht, Privileg* n ‖ *Steuer, Gerechtsame* f ‖ *Zoll* m ‖ ~

administrativo *Verwaltungsrecht* n ‖ ~
aeronáutico, ~ aéreo *Luft|recht, -fahrtrecht* ‖ ~
de aguas *Wasserrecht* n ‖ ~ alienable
veräußerliches Recht n ‖ ~ de alzada
Beschwerderecht n ‖ ~ ambiental *Umweltrecht* n
‖ ~ de angaria *Angarienrecht* n ‖ ~ de apelación
Berufungs|recht n, *-berechtigung* f ‖ ~ de
aprovechamiento de aguas *Wassernutzungsrecht* n
‖ ~ arancelario *Tarif-, Zoll|recht* n ‖ ~ de asilo
Asylrecht n ‖ ~ de asociación *Vereinigungsfreiheit*
f ‖ ~ de autodecisión, ~ de autodeterminación
Selbstbestimmungsrecht n ‖ ~ de autor *Urheber-,
Autor|recht* n ‖ ~ cambiario *Wechselrecht* n ‖ ~
canónico ⟨Kath⟩ *kanonisches Recht, Kirchenrecht*
n ‖ ~ de circulación *Verkehrsrecht* n ‖ ~ de libre
circulación *Freizügigkeit* f ‖ ~ de ciudadanía
Bürgerrecht n ‖ ~ civil *bürgerliches Recht,
Zivilrecht* n ‖ ~ coactivo, ~ coercitivo
zwingendes Recht n ‖ ~ de cogestión
Mitbestimmungsrecht n ‖ ~ comercial marítimo
Seehandelsrecht n ‖ ~ de comercio *Handelsrecht*
n ‖ ~ de libre comercio *Recht* n *auf freien
(Handels)Verkehr* ‖ ~ comparado
Rechtsvergleichung f ‖ ~ común *(all)gemeines
Recht* n ‖ Span *gemeines Recht* n *(im Gegensatz
zum Foralrecht)* ‖ ~ de conservación
Selbsterhaltungsrecht n ‖ ~ constitucional
Verfassungsrecht n ‖ ~ consuetudinario
Gewohnheitsrecht n ‖ ~ consular *Konsularrecht* n
‖ *Konsulatsgebühr* f ‖ ~ contencioso-
administrativo *Verwaltungsprozessrecht* n ‖ ~
contractual *Vertragsrecht* n ‖ ~ de convenios *(od
pactos)* colectivos *Tarifrecht* n ‖ ~ de copia
Vervielfältigungsrecht n ‖ ~ de corrección
Züchtigungsrecht n ‖ ~ de cosas *Sachenrecht* n ‖
~ criminal *Strafrecht* n ‖ ~ de legítima defensa
Notwehr-, Selbstverteidigungs|recht n ‖ ~ de
devolución *Rückgaberecht* n ‖ ~ de disposición
Verfügungsrecht n ‖ ~ dominical *Eigentumsrecht*
n ‖ ~ eclesiástico *Kirchenrecht* n ‖ ~ de edición
Verlagsrecht n ‖ ~ de ejecución *Aufführungsrecht*
n ‖ ~ de elección, ~ electoral *Wahlrecht* n ‖ ~
escrito →↑ legislado ‖ ~ de explotación
Nutzungsrecht n ‖ ⟨Bgb⟩ *Abbau-, Förder|recht* n ‖
~ de expropiación forzosa *Enteignungsrecht* n ‖
~ de extranjería, ~ de (los) extranjeros
Fremdenrecht n ‖ ~ de familia *Familienrecht* n ‖
~ feudal *Lehensrecht* n ‖ ~ fiscal *Steuerrecht* n ‖
~ foral *Partikularrecht* n ‖ Span *Foralrecht* n ‖ ~
forestal *Forstrecht* n ‖ ~ del más fuerte
Faustrecht n ‖ *Recht* n *des Stärkeren* ‖ ~ de
gentes *Völkerrecht* n ‖ ~ de goce *Benutzungsrecht*
n ‖ ~ de gracia *Begnadigungsrecht* n ‖ ~ de
guerra *Kriegsrecht* n ‖ ~ de habitación *Wohnrecht*
n ‖ ~ hereditario *Erbrecht* n ‖ ~ al honor *Recht* n
auf Ehre ‖ ~ de hospitalidad *Gastrecht* n ‖ ~ de
huelga *Streikrecht* n ‖ ~ de indulto
Begnadigungsrecht n ‖ ~ internacional privado
internationales Privatrecht, Zwischenprivatrecht n
‖ ~ internacional público *Völkerrecht* n ‖ ~
laboral *Arbeitsrecht* n ‖ ~ legislado *gesetztes
Recht, Gesetzesrecht* n ‖ ~ de *od* a la legítima
Pflichtteilsrecht n ‖ ~ de libertad de conciencia y
culto *Gewissens- und Religions|freiheit* f ‖ ~
marítimo *Seerecht* n ‖ ~ matrimonial *Eherecht* n ‖
~ mercantil *Handelsrecht* n ‖ ~ de minas
Bergrecht n ‖ ~ de monte *Forstrecht* n ‖ ~
natural *Naturrecht* n ‖ ~ de naufragio *Strandrecht*
n ‖ ~ de opción *Options-, Wahl|recht* n ‖ ~ de
paso *Durchgangsrecht* n ‖ ~ de pastos *Weiderecht*
n ‖ ~ de patente *Patentrecht* n ‖ ~ penal
Strafrecht n ‖ ~ de pernada ⟨Hist⟩ *Recht* n *der
ersten Nacht,* ⟨lat⟩ *jus primae noctis* ‖ ~ de
personas *Personenrecht* n ‖ ~ político
Staatsrecht, öffentliches Recht n ‖

Staats|wissenschaft, -rechtslehre f ‖ ~ portuario
Hafenrecht n ‖ ~ positivo *positives Recht* n ‖ ~
postal *Postrecht* n ‖ ~ preferente, ~ de prelación
Vorzugsrecht n ‖ ~ de prenda, ~ prendario
Pfandrecht n ‖ ~ de prensa (e imprenta)
Presserecht n ‖ ~ de presa(s) *Beute-, Prisen|recht*
n ‖ ~ de prioridad *Vorzugs-, Vorkaufs|recht* n ‖ ~
privado *Privatrecht* n ‖ ~ procesal *Prozessrecht* n
‖ ~ prohibitivo *Prohibitiv-, Sperr|zoll* m~ ‖ ~ de
propiedad *Eigentumsrecht* n ‖ ~ de propiedad
intelectual *Urheberrecht* n ‖ *geistiges Eigentum* n
‖ ~ de publicación *Veröffentlichungsrecht* n ‖ ~
público *öffentliches Recht* n ‖ ~ de radiodifusión
Funkrecht n ‖ ~ real *Sachenrecht* n ‖ ~ a
reembolso *Rückzahlungsrecht* n ‖ ~ de
reproducción *Nachdruck-* bzw *Wiedergabe-* bzw
Vervielfältigungs- bzw *Reproduktions|recht* n ‖ ~
de retención *Rückhaltungsrecht* n ‖ ~ de retracto
Rückkaufsrecht n ‖ ~ de reunión
Vereinigungsrecht n ‖ ~ de reversibilidad
Umwandlungsrecht n ‖ ~ romano *römisches
Recht* n ‖ ~ señorial *Grundrecht* n ‖ ~ sindical
Gewerkschaftsrecht n ‖ ~ sucesorio *Erbrecht* n ‖
~ de sufragio *Wahlrecht* n ‖ ~ de tanteo
Vorkaufsrecht n ‖ ~ del timbre *Stempelgebühr* f ‖
~ al trabajo *Recht* n *auf Arbeit* ‖ ~ de(l) trabajo
Arbeitsrecht n ‖ ~ a vacaciones *Urlaubsanspruch*
m ‖ ~ de(l) veto *Veto-, Einspruchs|recht* n ‖ ~ de
visita *Besichtigungsrecht* n *der Zollbehörde* ‖
⟨Mar⟩ *Durchsuchungsrecht* n ‖ ~ de votar, ~ a
voto *Stimmrecht* n ‖ ◆ al ~ *recht, gehörig* ‖ con
~ a … *berechtigt zu …* ‖ con pleno ~ *mit vollem
Recht, mit Fug und Recht* ‖ *vollberechtigt
(Mitglied)* ‖ conforme a ~ ⟨Jur⟩ *rechtmäßig, von
Rechts wegen* ‖ contrario a ~ *rechtswidrig* ‖ ¿con
qué ~? *mit welchem Recht?, aus welchem
Grund?* ‖ por vías de ~ *von Rechts wegen* ‖ por
~ propio *lebenslänglich (Würde)* ‖ ¡no hay ~!
⟨fam⟩ *das ist (doch) unerhört!* ‖ ◇ abandonar un
~ *ein Recht aufgeben* ‖ adquirir un ~ *ein Recht
erwerben* ‖ dar ~ a alg. *jdm sein Recht werden
lassen* ‖ dar ~ a alg. a … (& inf) *jdn dazu
berechtigen zu …* & inf ‖ dar ~ a quejas *zu
Klagen berechtigen* ‖ desistir de un ~ *ein Recht
aufgeben* ‖ ejercer un ~ *ein Recht ausüben* ‖ estar
en su ~ *im Recht sein* ‖ estimar ajustado a ~ *für
rechtmäßig halten* ‖ hacer valer su ~ *sein Recht
geltend machen, aufrechterhalten* ‖ perder de su
~ *(um des Friedens willen) nachgeben* ‖ reclamar
un ~ *ein Recht beanspruchen, ein Recht geltend
machen* ‖ renunciar a un ~ *ein Recht aufgeben,
auf ein Recht verzichten, abandonnieren* ‖ tener ~
a … *Recht, Anspruch haben auf …* (acc) ‖ **~s**
mpl *Abgaben* fpl ‖ *Gebühren* fpl ‖ *Steuer* f ‖ ⟨Lit⟩
Autorenrechte npl ‖ *Tantiemen* fpl ‖ ~ de aduana
Zollgebühren fpl, *Zoll* m ‖ ~ de almacén, ~ de
almacenaje *Lager|gebühren* fpl, *-geld* n ‖ ~ de
apartado (postal *od* de correos) *Post-,
Schließ|fachgebühren* fpl ‖ ~ arancelarios *Zölle*
mpl, *Zollgebühren* fpl ‖ ~ de carga *Ladegebühren*
fpl ‖ ~ civiles *bürgerliche Ehrenrechte* npl ‖ ~
de dársena, ~ de dock *Dock|gebühren* fpl, *-geld* n
‖ ~ de descarga *Ablade-, Lösch|gebühren* fpl ‖ ~
de desembarque *Löschgebühren* fpl ‖ ~ de
embarque *Ladegebühren* fpl ‖ ~ de examen
Prüfungsgebühren fpl ‖ ~ diferenciales
Zuschlagszölle mpl ‖ ~ de entrada *Einfuhrzölle*
mpl ‖ ~ de exportación *Ausfuhrzoll* m ‖ ~
fundamentales *Grundrechte* npl ‖ ~ de garantía
⟨Com⟩ *Delkredere* n, *Bürgschaft(ssumme)* f ‖ ~
del hombre, ~ humanos *Menschenrechte* npl ‖ ~
de importación *Einfuhrzölle* mpl ‖ ~ de matrícula
Immatrikulations-, Einschreib|gebühren fpl ‖ ~ de
muelle ⟨Mar⟩ *Kaigebühren* fpl ‖ ~ de navegación
Schifffahrtsabgaben fpl ‖ ~ notariales

Notargebühren fpl ‖ ~ pasivos
Pensionsberechtigung f, *Ruhegehaltsanspruch* m ‖
~ de patentes *Patentgebühren* fpl ‖ ~ de
propiedad 〈Lit〉 *Autorenrechte* npl ‖ *Tantiemen* fpl
‖ ~ protectores *Schutzzölle* mpl ‖ ~ de puerto
Hafengelder npl ‖ ~ de radio *Rundfunkgebühren*
fpl ‖ ~ reales Span *Realsteuern* fpl ‖ ~ de
remolque *Schlepplohn* m ‖ ~ reservados *alle
Rechte vorbehalten* ‖ ~ de retorno *Rückzölle* mpl
‖ ~ de salida *Ausgangszoll* m ‖ ~ de salvamento
〈Mar〉 *Bergelohn* m ‖ ~ de sello *Stempelsteuer* f ‖
~ de sucesión, ~ sucesorios *Erbschaft(s)steuer* f
‖ ~ de traducción reservados *Übersetzungsrecht* n
vorbehalten ‖ ~ de tránsito *Transit-,
Durchfuhr\zölle* mpl ‖ ~ ad valorem *Wertzölle*
mpl ‖ libre (*od* exento) de ~ *gebühren-* (bzw
zoll)frei sujeto a ~, que paga ~ *zollpflichtig*
   derechohabiente *m Rechtsinhaber,
Berechtigte(r)* m
   derechura *f Geradheit* f ‖ *Richtigkeit* f ‖
Geradlinigkeit f ‖ ◆ en ~ *gerade(s)wegs,
geradezu* ‖ *schnurstracks, un\verweilt, -verzüglich*
‖ en ~ de sus narices 〈fam〉 *nach eigenem
Gutdünken* od *Dafürhalten*
   deri\va *f* 〈Mar〉 *Seitenverschiebung* f ‖ 〈Mar
Luftw〉 *Ab\trift, -drift* f, *-trieb* m ‖ ◇ ir a la ~
abtreiben ‖ 〈fig〉 *s. treiben lassen* ‖ **–vable** adj
(m/f) ableitbar ‖ **–vabrisas** *m* 〈Auto〉
Windabweiser m ‖ **–vación** *f Ableitung* f ‖ *Ab-,
Hin\leitung* f *(des Wassers)* ‖ *Ableit-, Zweig\rohr* n
‖ *Herkunft* f ‖ *Abstammung* f 〈El〉 *Shunt,
Nebenschluss* m ‖ *Stromverlust* m ‖ ~ a tierra
〈El〉 *Erdung, Erdverbindung* f ‖ ~ verbal 〈Gr〉
Verbalableitung f ‖ **–vada** *f* 〈Math〉
Differentialquotient m ‖ **–vado** *adj abgeleitet* ‖
abgezweigt ‖ *verzweigt* ‖ ~ m 〈Gr〉 *abgeleitetes
Wort* n ‖ 〈Tech〉 *Nebenprodukt* n ‖ 〈Chem〉
Abkömmling m, *Derivat* n ‖ **–var** vt *ab-, her\leiten*
(de von dat) ‖ *ableiten (Wasser, Blut)* ‖ 〈El〉
abzweigen ‖ 〈StV〉 *umleiten* ‖ ~ vi *hervorgehen
(de aus)* ‖ 〈Mar〉 *treiben, dem Strom folgen* ‖
abstammen ‖ **~se** *abstammen, herrühren, s.
ableiten (de von)* ‖ **–vativo** *adj ableitend,
Ableitungs-* ‖ ~ m 〈Gr〉 *abgeleitetes Wort* n ‖
〈Med〉 *ableitendes Mittel* n ‖ **–vo** *m Herkunft* f,
Ursprung m ‖ **–vógrafo** *m Kursmesser* m ‖
-vómetro *m Abtriftmesser* m
   dermal adj *Haut-*
   dermápteros mpl 〈Ins〉 *Ohrwürmer* mpl
(Dermaptera)
   derma\titis *f* 〈Med〉 *Dermatitis,
Hautentzündung* f ‖ **–toesqueleto, dermosqueleto**
m 〈Zool〉 *Dermoskelett* n ‖ **–tología** *f
Dermatologie, Lehre* f *von den Hautkrankheiten* ‖
–tológico adj *dermatologisch* ‖ **–tólogo** *m
Dermatologe, Hautarzt* m ‖ **–tomicosis** *f
Dermatomykose, Hautpilzkrankheit* f ‖ **–tosis** *f
Dermatose* f, *Haut\leiden* n, *-krankheit* f ‖ **–tozoo**
m Hautschmarotzer m *(Tier)*
   der\méstidos mpl 〈Ins〉 *Speckkäfer* mpl
(Dermestidae) ‖ **–mesto** *m Speckkäfer, Dermest* m
(Dermestes lardarius)
   dérmico adj 〈An〉 *Haut-*
   der\mis *f* 〈An〉 *(Leder)Haut* f ‖ **–mitis** *f* →
dermatitis ‖ **–moideo** adj *hautartig* ‖ **–mopatía** *f
Hautkrankheit* f ‖ **–moprotector** adj
hautschonend
   dermópteros mpl 〈Zool〉 *Riesengleitflieger* mpl
(Dermoptera)
   dermorreacción *f* 〈Med〉 *Hautprobe* f
   dero\gable adj *(m/f) abschaffbar* ‖ *aufhebbar* ‖
–gación *f Abschaffung* f ‖ *Aufhebung* f ‖
Abänderung f ‖ *Außerkraftsetzung, Derogation* f ‖
–gar [g/gu] vt *abschaffen, aufheben (Gesetze
usw.)* ‖ *widerrufen* ‖ *außer Kraft setzen* ‖

beeinträchtigen ‖ **–gativo, –gatorio** adj 〈Jur〉
aufhebend ‖ *außer Kraft setzend* ‖ *derogativ,
derogatorisch* ‖ *schmälernd* ‖ *Aufhebungs-*
   derra\ma *f Umlage* f *(Geld, Steuer)* ‖
außerordentliche Abgabe f ‖ *Steuerveranlagung* f
‖ **–madamente** adv *verschwenderisch* ‖
reichlich(st) ‖ **–madero** *m Überlauf* m ‖
Überfallwehr n ‖ **–mado** adj 〈fig〉
verschwenderisch ‖ 〈fig〉 *ausschweifend* ‖ **–mador**
m Verschwender m ‖ **–mamiento** *m Ver-,
Aus\gießen* n ‖ *Überlaufen* n ‖ 〈fig〉
Verschwendung f ‖ ~ de sangre *Blutvergießen* n
   derra\mar vt *aus\gießen, -schütten* ‖
(ver)gießen, (ver)schütten ‖ *wegschütten* ‖
ausstreuen (Samen) ‖ 〈fig〉 *verbreiten (Nachricht)*
‖ 〈fig〉 *verschwenden* ‖ 〈fig〉 *(verschwenderisch)
austeilen* ‖ ◇ ~ lágrimas *Tränen vergießen* ‖ ~
luz sobre algo 〈fig〉 *et. aufklären* ‖ ~ sangre *Blut
vergießen* ‖ **~se** *s. zerstreuen* ‖ *auseinander\jagen,
-stieben* ‖ *s. ergießen, münden* (en in acc) ‖
austreten (Fluss) ‖ 〈Com〉 *leck sein, lecken* ‖ *s.
verbreiten (Nachricht)* ‖ 〈fig〉 *s–m Herzen Luft
machen* ‖ 〈fig〉 *in Saus und Braus leben* ‖ ◇ ~ al
od por el suelo *auf den Boden laufen, auslaufen
(Flüssigkeit)* ‖ **–masolaces, –maplaceres** *m
Frieden(s)störer, Störenfried* m ‖ *Spielverderber* m
   ¹**derrame** *m Auslaufen* n *(e–r Flüssigkeit)* ‖
Erguss m ‖ *Ausguss* m ‖ 〈Com〉 *Leckage* f ‖
Überlauf m *(beim Messen)* ‖ 〈fig〉 *Verschwendung*
f ‖ *Am Überschwemmung* f ‖ ~ cerebral
Gehirnschlag m ‖ ~ de sangre, ~ sanguíneo
〈Med〉 *Blut\erguss, -sturz, -verlust* m ‖ ~ seminal
Samenerguss m
   ²**derra\me, –mo** *m* 〈Arch〉 *schräge Laibung* f
(Fenster od *Tür)*
   derra\paje *m* 〈Auto〉 *Schleudern* n ‖ **–par** vi
schleudern ‖ 〈figf〉 *ausrasten* ‖ **–pe** *m Schleudern* n
   derredor *m (& pl) Umkreis* m ‖ ◆ al ~, en ~
rundum, ringsherum
   derrelicto *m derelinquierter Gegenstand* m
(auf See) ‖ *herrenloses Gut* n *(auf See)* ‖ *Wrack* n
   derren\gado adj *lendenlahm* ‖ *schief, krumm* ‖
〈figf〉 *zerschlagen* ‖ **–gadura** *f (Hüft)Verrenkung* f ‖
–gar [g/gu] vt *(Obst) abschlagen* ‖ *aus-,
ver\renken* ‖ *verrenken (Hüfte, Kreuz)* ‖ **~se** *s.
krümmen* ‖ 〈figf〉 *s. abarbeiten, s. abplacken*
   derreniego *m* 〈fam〉 *Fluch* m
   derre\tido adj *geschmolzen* ‖ ~ m *Beton* m ‖
–timiento *m Schmelzen* n ‖ *Zergehen* n ‖ *Auftauen*
n ‖ 〈fig〉 *Inbrunst* f, *Dahinschmelzen* n ‖ 〈fig〉
heftige Liebe f ‖ **–tir** [-i-] vt *schmelzen* ‖ *zergehen
lassen* ‖ *auftauen* ‖ 〈fig〉 *durchbringen, vergeuden*
‖ **~se** *(zer)schmelzen* ‖ 〈figf〉 *(vor Ungeduld,
Liebe usw.) vergehen* ‖ ◇ la nieve se derrite *der
Schnee taut* ‖ me derrito de calor *ich vergehe vor
Hitze*
   derri\bado adj *kraftlos, entkräftet* ‖ *erledigt* ‖
unterbaut (Hinterhand der Pferde) ‖ *welk, schlaff
(Frauenbrust)* ‖ **–bador** *m (Vieh)Schlächter* m ‖
–bar vt *ein-, nieder\reißen, ab\bauen, -brechen
(Gebäude)* ‖ *um-, herab\werfen* ‖ *umstürzen* ‖ zu
Boden werfen ‖ *umkippen* ‖ *niederschlagen* ‖
fällen (Bäume) ‖ *niederzwingen (Stier mit dem
Spieß)* ‖ *abwerfen (das Pferd den Reiter)* ‖ *um-,
ab\hauen* ‖ *sprengen, einschlagen (Tür)* ‖ 〈fig〉
zugrunde (& zu Grunde) richten ‖ 〈fig〉 *entkräften
(Krankheit)* ‖ 〈fig〉 *zerstören* ‖ *demütigen* ‖ *stürzen
(Regierung, Regime usw.)* ‖ 〈fig〉 *bezwingen* (z.B.
schlechte Triebe) ‖ ◇ ~ a cañonazos
zusammenschießen ‖ ~ en *od* por tierra *zu Boden
werfen* ‖ **~se** *stürzen* ‖ *s. fallen lassen* ‖ **–bista**
m/f Abrissunternehmer(in f) m ‖ **–bo** *m Abbruch*
m *(e–s Gebäudes) Abbruchstelle* f ‖
Niederreißen n ‖ 〈Flugw〉 *Abschuss* m ‖ **~s** (de
obras) *Bauschutt* m

derrick m ⟨Tech⟩ *Bohrturm* m
derris f ⟨Bot⟩ *Derris* f
derro|cadero m *steiler Absturz, Felshang* m ‖ **–camiento** m *Herabstürzen* n ‖ *Absturz* m ‖ ⟨fig⟩ *Zerstörung* f ‖ *Sturz* m ‖ *Entmachtung* f ‖ ~ *del gobierno Sturz* m *der Regierung* ‖ **–car** [c/qu] vt *herabstürzen (von e–m Felsen)* ‖ ⟨fig⟩ *niederreißen (Gebäude)* ‖ ⟨fig⟩ *zunichte machen, zerstören* ‖ ⟨Pol⟩ *stürzen* ‖ *entmachten* ‖ ~**se** *stürzen* (en *od* por *in* acc), *herabstürzen*
derro|chador m/adj *Verschwender* m ‖ **–char** vt *ver|schwenden, -prassen, -geuden, durchbringen (Vermögen)* ‖ **–che** m *Ver|schwendung, -geudung* f ‖ *Überfluss* m, *Menge* f ‖ *Verschleudern* n (von Waren) ‖ ◇ *vender al* ~ *mit Verlust verkaufen* ‖ **–chón** adj *verschwenderisch* ‖ ~ m *Verschwender* m
derro|ta f *Weg, Pfad* m ‖ ⟨Flugw Mar⟩ *Fahrtrichtung* f ‖ *Kurs* m ‖ ⟨Mil⟩ *Niederlage* f ‖ *Zusammenbruch* m ‖ *Schlappe* f ‖ ◇ *sufrir una* ~ ⟨Mil⟩ *e–e Niederlage erleiden, geschlagen werden* ‖ **–tado** adj *geschlagen, besiegt* ‖ ⟨fam⟩ *zerlumpt, lumpig* ‖ *erbärmlich* ‖ **–tar** vt *schlagen, besiegen* ‖ *ver|geuden, -prassen* ‖ *ruinieren, zerstören, zugrunde* (& *zu Grunde*) *richten* ‖ ⟨Mil⟩ *niederwerfen, zersprengen, schlagen (den Feind)* ‖ ⟨Mar⟩ *vom Kurs abbringen* ‖ **–tero** m ⟨Mar⟩ *Fahrt-, Wind|strich, Kurs* m ‖ ⟨fig⟩ *Weg* m ‖ *Segelhandbuch* n ‖ ◇ *tomar otro* ~ ⟨fig⟩ *e–n anderen Weg einschlagen* ‖ **–tismo** m *Miesmacherei* f ‖ *Defätismus* m ‖ **–tista** adj (m/f) *defätistisch* ‖ ~ m/f *Defätist(in* f) m ‖ *Miesmacher(in* f) m
derru|biar vt ⟨Geol⟩ *Gestein* bzw *Erdreich* bzw *Ufer* n *auswaschen, wegspülen* ‖ **–bio** m *Auswaschung* f ‖ *Unterspülung* f ‖ *Felsbrocken* m
derruir [-uy-] vt *ab-, nieder|reißen (Gebäude)* ‖ ⟨fig⟩ *unterwühlen* ‖ ⟨fig⟩ *zerstören*
derrum|badero m *Absturz* m ‖ *Felskluft* f ‖ *Abgrund* m ‖ ⟨fig⟩ *(große) Gefahr* f ‖ **–bamiento** m *(Ein)Sturz* m *(durch Senkung)* ‖ *Erdrutsch* m ‖ *Bergsturz* m ‖ ⟨Tech⟩ *Zusammenbruch* m (& fig) ‖ **–bar** vt *herabstürzen* ‖ ~**se** *(herab)stürzen* ‖ *zusammen|brechen, -fallen* ‖ ⟨Bgb⟩ *zu Bruch gehen* ‖ **–be, –bo** m *Absturz, jäher Abgrund* m ‖ ⟨Bgb⟩ *Grubeneinsturz* m ‖ *Am Abschuss* m
derviche m ⟨Rel⟩ *Derwisch* m *(mohammedanischer Bettelmönch)*
des– → *auch* **dis–** *und die entsprechenden Grundverben*
desabaste|cer [-zc-] vt *nicht (mehr) versorgen, die Versorgung einstellen* (z.B. *an Lebensmitteln*) ‖ **–cido** adj *ohne Nachschub* (z.B. *an Lebensmitteln*) ‖ **–cimiento** m *mangelnde Versorgung* f, *fehlender Nachschub* m, *Einstellung* f *der Versorgung*
desabejar vt *die Bienen aus dem Stock entfernen*
desabo|llador m *Ausbeulwerkzeug* n ‖ **–llar** vt *ausbeulen*
desabonarse vr *ein Abonnement kündigen*
desaborido adj/s *geschmacklos* ‖ *gehaltlos* ‖ ⟨figf⟩ *gleichgültig* ‖ *langweilig* ‖ *fad(e)* ‖ *doof* ‖ *rau (Wetter)* ‖ ◇ *estar* ~ con alg. *jdm grollen*
desaboto|nador m *Aufknöpfhaken* m ‖ **–nar** vt *aufknöpfen* ‖ ~ vi ⟨Bot⟩ *aufbrechen (Blüten)*
desabrido adj *geschmacklos* ‖ *fad(e)* ‖ *abgestanden* ‖ *mürrisch* ‖ *barsch, rau*
desabri|gado adj ⟨fig⟩ *hilf-, schutz|los* ‖ *ungeschützt* ‖ **–gar** [g/gu] vt *entblößen* ‖ *hilflos lassen* ‖ ⟨Mar⟩ *abtakeln* ‖ ~**se** *den Mantel ablegen* ‖ s. *aufdecken* (z.B. *beim Schlafen*) ‖ s. *leichter* (bzw *sommerlich) kleiden* ‖ **–go** m *Entblößung* f ‖ *Schutzlosigkeit* f ‖ *Verlassenheit* f

desa|brimiento m *Geschmacklosigkeit* f ‖ *Fadheit* f ‖ ⟨fig⟩ *Erbitterung* f ‖ ⟨fig⟩ *Unfreundlichkeit* f ‖ ⟨fig⟩ *mürrisches Betragen* n ‖ ⟨fig⟩ *Groll* m ‖ ⟨fig⟩ *Verdruss* m ‖ **–brirse** vr *ärgerlich werden* ‖ s. *verfeinden* (con *mit*)
desabro|chamiento s *von* **–char(se)** ‖ **–char** vt *aufknöpfen* ‖ *auf|haken, -schnüren* ‖ *auf-, los|schnallen* ‖ ⟨fig⟩ *auftun*
desaca|tado adj *unehrerbietig* ‖ **–tamiento** m → **–to** ‖ **–tar** vt *unehrerbietig behandeln* ‖ *desavouieren, in Abrede stellen* ‖ *nicht achten* ‖ *missachten (Gesetze)* ‖ *(Vorgesetzte) beleidigen* ‖ **–to** m *Unehrerbietigkeit* f ‖ *Desavouierung* f ‖ *Ableugnung* f ‖ *Nicht-, Miss|achtung* f ‖ *Ungebühr* f *Vorgesetzten gegenüber* ‖ *Beamtenbeleidigung* f ‖ *Schändung* f *(geweihter Gegenstände)*
desaceitar vt *entölen* ‖ *Öl abscheiden*
desacele|ración f *Verlangsamung* f ‖ *Abschwächung* f ‖ ~ *coyuntural* ⟨Com⟩ *konjunkturelle Verlangsamung* f, *Konjunkturrückgang* m ‖ **–rar** vt/i *verlangsamen, abschwächen* ‖ ⟨fig⟩ *bremsen* ‖ ~**se** *langsamer werden* ‖ *an Schwung verlieren*
desacerbar vt *mildern*
desacer|tado adj *falsch, verfehlt* ‖ *irrig* ‖ ⟨fig⟩ *ungeschickt* ‖ **–tar** [-ie-] vi (s.) *irren* ‖ *fehlgreifen*
desacierto m *Miss-, Fehl|griff* m ‖ *Irrtum* m ‖ ⟨Psychol⟩ *Fehlhandlung* f ‖ ⟨fig⟩ *Ungeschicklichkeit* f
desacomo|dado adj *beengt, in beengten Verhältnissen lebend* ‖ *unbequem* ‖ **–dar** vt *(jdm) die Gemütlichkeit* od *Ruhe nehmen* ‖ *Arg in Unordnung bringen*
desacompañar vt: ~ a alg. *jdn nicht weiter begleiten*
desacomple|jado adj ⟨fam⟩ *frei von Komplexen* ‖ **–jarse** vr ⟨fam⟩ *Komplexe verlieren*
desaconse|jable adj (m/f) *nicht ratsam* ‖ **–jado** adj ⟨fig⟩ *unbesonnen* ‖ **–jar** vt *abraten (algo a alg. jdm von et. dat)*
desacoplar vt ⟨Tech⟩ *loskoppeln, entkuppeln* ‖ *abschalten* ‖ ⟨EB⟩ *abkuppeln*
desacor|dado adj *nicht (zueinander) passend* ‖ *unharmonisch* ‖ *uneinig* ‖ *vergesslich* ‖ **–dar** [-ue-] vt ⟨Mus⟩ *verstimmen* ‖ ⟨fig⟩ *entzweien* ‖ ~ vi ⟨Mus⟩ *verstimmt sein (Instrument)* ‖ *falsch singen* od *spielen* ‖ ~**se** *uneins werden* ‖ *vergessen* ‖ **–de** adj *nicht (zueinander) passend* ‖ *uneinig* ‖ ⟨Mus⟩ *disharmonisch*
desacostum|brado adj *un|gewohnt, -gewöhnlich* ‖ **–brar** vt *entwöhnen* ‖ ~**se** s. *abgewöhnen*
desacralizar [z/c] vt *entsakralisieren*
desa|creditado adj *anrüchig, übel beleumdet, verrufen* ‖ **–creditar** vt *den Ruf schädigen, in Verruf bringen* ‖ ~**se** *in Verruf kommen*
desactivar vt ⟨Chem⟩ *ent-, des|aktivieren* ‖ *[Bombe, Zünder] entschärfen*
desacuartelar vt ⟨Mil⟩ *ausquartieren*
desacuerdo m a) *Meinungsverschiedenheit* f ‖ *Unstimmigkeit* f ‖ *Missgriff, Irrtum* m ‖ b) *Ver|gessenheit* f, *-gessen* n ‖ ◇ *estar en* ~ *nicht übereinstimmen* (con *mit*)
desadeudar vt *entschulden*
desadornar vt *den Schmuck entfernen* ‖ *des Schmucks berauben*
desafec|ción f *Abneigung* f, *Unwille* m ‖ **–tación** f *Entwidmung* f ‖ **–tar** vt *s–r Bestimmung ent|ziehen, -widmen* ‖ **–to** adj *abgeneigt* ‖ *widrig* ‖ *abspenstig* ‖ ~ m *Abneigung* f
desaferrar [-ie-, *heute auch regelm*] vt/i *losmachen, lösen* ‖ ⟨Mar⟩ *die Anker lichten*
desa|fiador m *Herausforderer* m ‖ **–fiar** [pres ~ío] vt/i *herausfordern* ‖ *Trotz bieten, trotzen* (dat) ‖ *die Stirn bieten* (dat) ‖ ◇ ~ *toda*

competencia ⟨Com⟩ *jeder Konkurrenz die Spitze bieten*
desafición *f Abneigung f*
desafi|nación *f* ⟨Mus⟩ *Verstimmung* ‖ ◇ *cantar con ~ falsch singen* ‖ **–nado** *adj verstimmt* ‖ *unrein* ‖ **–nar** *vi falsch spielen od singen* ‖ *verstimmt sein* ‖ ⟨fig⟩ *aus der Rolle fallen* ‖ *~se* ⟨Mus⟩ *verstimmt werden*
desafío *m Herausforderung f* ‖ *Wettstreit m* ‖ *Duell n*
desafo|rado *adj/s widerrechtlich* ‖ *ungeheuer* ‖ *wütend,* ⟨fam⟩ *rabiat* ‖ *gewalttätig* ‖ ⟨fig⟩ *gewaltig* ‖ **–rar** [-ue-] *vt gesetzwidrig handeln* ‖ *~se wüten, ausfallend werden* ‖ *in Harnisch geraten*
desafortunado *adj unglücklich, glücklos*
desafuero *m rechtswidrige Handlung f* ‖ *Frevel m* ‖ *Gewalttat f* ‖ *Ungebühr(lichkeit) f*
desagarrar *vt* ⟨fam⟩ *loslassen (a alg. jdn)*
desagotar *vt ent|leeren, -wässern, aus-, leer|pumpen*
¹desagraciado *adj ohne Anmut, anmutlos* ‖ *unansehnlich*
²desagraciado *adj widrig*
desagra|dable *adj (m/f) unangenehm, missfällig* ‖ *verdrießlich, peinlich* ‖ *ungemütlich* ‖ *~ al gusto widerwärtig schmeckend* ‖ *~ con, para* (con) *la gente barsch* ‖ *adv: ~mente* ‖ **–dar** *vi missfallen* (dat)
desagrade|cer [-z/c-] *vt undankbar sein* ‖ **–decido** *adj undankbar* ‖ *~ m Undankbare(r) m* ‖ *~ al beneficio für die erwiesene Wohltat undankbar* ‖ ◇ *de ~s está el infierno lleno* ⟨Spr⟩ *Undank ist der Welt Lohn* ‖ **–decimiento** *m Un|dankbarkeit f, -dank m* (hacia *od para con gegen* acc)
desagrado *m Unannehmlichkeit f* ‖ *Widerwille m* ‖ *Unzufriedenheit f* ‖ ◆ *con ~ ungern*
desagra|viar *vt wieder gutmachen (Beleidigung, Unrecht)* ‖ *entschädigen* ‖ *versöhnen* ‖ (jdm) *Genugtuung geben* ‖ *~se s. schadlos halten* (de *an* dat) ‖ **–vio** *m Entschädigung, Genugtuung f* ‖ *Sühne f* ‖ *Wiedergutmachung f*
desagre|gación *f Auflösung f* ‖ *Zersetzung f* ‖ *Entmischung f* ‖ *~ por el aire Verwitterung f* ‖ **–gar** [g/gu] *vt zersetzen, auflösen* ‖ *trennen* ‖ *entmischen* ‖ ⟨Chem⟩ *aufschließen* ‖ *~se s. zersetzen* ‖ *zerfallen* ‖ *verwittern*
desa|guadero *m Ableitungs-, Abzugs|rinne f* ‖ *Abzugsweg m* ‖ *Entwässerungsrohr n* ‖ **–guador** *m Entwässerungsgraben m* ‖ *Abflussrinne f* ‖ **–guar** [gu/gü] *vt entwässern* (& Med) ‖ *trockenlegen, auspumpen* ‖ *auspumpen* n, *drainieren* (bes. Schw) ‖ *aus|leeren, -pumpen* ‖ ⟨fig⟩ *ver|schwenden, -geuden* ‖ *~ vi weg-, ab|fließen* ‖ *s. ergießen, einmünden* (en *in* acc) ‖ *~se weg-, ab|fließen* ‖ **–güe** *m (künstliche) Entwässerung f* ‖ *Abfluss m* ‖ *Abwasserleitung f* ‖ *Ausfluss m, Mündung f* ‖ ⟨Med⟩ *Dränage, Drainage* (bes. schw) f ‖ ⟨Bgb⟩ *Wasserhaltung f* ‖ *~ de avenida Rückhaltebecken* n ‖ *Hochwasserabfluss m* ‖ *Hochwasserbecken* n ‖ *Überflutungsgelände* n ‖ *~ de azotea Dachentwässerung f* ‖ *~ de inundación →* *~ de avenida* ‖ *~ de terraza →* *~ de azotea*
desaguisado *adj unvernünftig, vernunftwidrig* ‖ *ungerecht* ‖ *unrecht* ‖ *~ m Unrecht* n, *Freveltat f* ‖ *Unsinn m* ‖ *Durcheinander* n ‖ ⟨fig⟩ *¡vaya ~! das ist ja e-e schöne Bescherung!*
desahijar *vt absetzen (Junges vom Muttertier)*
desaho|gadamente *adv frei, ungeniert* ‖ *be|haglich, -quem* ‖ **–gado** *adj/s geräumig, weit, breit* ‖ *ausschweifend* ‖ *be|haglich, -quem* ‖ *schuldenfrei* ‖ *wohlhabend* ‖ *zwanglos* ‖ ⟨fig⟩

ungeniert ‖ ⟨fig⟩ *frech* ‖ ◇ *estar od vivir ~ behaglich leben* ‖ *es un ~ er ist ein frecher, dreister Mensch* ‖ **–gar** [g/gu] *vt* (jdn) *aus e–r Bedrängnis befreien* ‖ (jdm) *Linderung verschaffen* ‖ *~se s. erholen* (de *von*) ‖ *s. aussprechen,* ⟨fam⟩ *auspacken* ‖ ◇ *~ con alg. jdm sein Herz aufschließen* ‖ *~ en cólera s–e Wut auslassen* (con *an* dat) ‖ *~ de su dolor s–m Schmerz Luft machen* ‖ **–go** *m Erleichterung, Linderung f* ‖ *Erholung, Zerstreuung f* ‖ *Zwanglosigkeit f* ‖ *Wohlhabenheit f* ‖ *Geräumigkeit f* ‖ ⟨Tech⟩ *Entweichen* n ‖ ⟨fig⟩ *Ungeniertheit f* ‖ ⟨fig⟩ *Dreistigkeit, Frechheit, Unverschämtheit f* ‖ ◆ *con ~ ungeniert* ‖ ◇ *vivir con ~* (figf) *ein gutes Auskommen haben*
desahu|ciado *adj/s (von den Ärzten) aufgegeben, hoffnungslos (Kranker)* ‖ **–ciar** *vt (e–n Mieter) aus der gemieteten Wohnung weisen,* ⟨fam⟩ *an die Luft setzen* ‖ *zwangsweise räumen* ‖ ⟨Med⟩ *ärztlich aufgeben* ‖ **–cio** *m zwangsmäßige Ausmietung f* ‖ *Zwangsräumung f* ‖ *Kündigung, Entlassung f* ‖ *~ en precario Räumungsprozess m wegen unberechtigten Besitzes*
desahumar *vt vom Rauch befreien*
desainar *vt entfetten*
desai|rado *adj ohne Anmut* ‖ *linkisch* ‖ *schlecht sitzend (Kleidung)* ‖ **–rar** *vt herab-, hintan|setzen* ‖ *vereiteln* ‖ *zurück-, ab|weisen* ‖ *kränken* ‖ *bloßstellen* ‖ **–re** *m Geringschätzung f* ‖ *Herab-, Zurück|setzung f* ‖ *Unannehmlichkeit f* ‖ *Kränkung f* ‖ *Unhöflichkeit f* ‖ ◇ *dar un ~ a alg. jdn zurückweisen* ‖ *jdn kränken* ‖ *considerar* (como un)*~,* ⟨fam⟩ *tomar a ~ übelnehmen* ‖ *¡qué ~! wie unangenehm!*
desais|lador *m* ⟨El⟩ *Abisolierzange f* ‖ **–lar** *vt* ⟨El⟩ *abisolieren* ‖ *~se* ⟨fig⟩ *s. aus der Isolierung lösen*
desajus|tar *vt in Unordnung bringen* ‖ ⟨Tech⟩ *verstellen (Maschine)* ‖ *~se von e–r Vereinbarung Abstand nehmen* ‖ **–te** *m Unordnung f* ‖ *Verzerrung f* ‖ *Verwirrung f* ‖ *Fehleinstellung f (Maschine)*
desala|banza *f Tadel m, Rüge f* ‖ **–bar** *vt tadeln, rügen*
desalación *f Entsalzung f*
desalado *adj eilig, eifrig, gierig*
desalagar [g/gu] *vt trockenlegen (Gelände)*
desalar *vt entsalzen* ‖ *(aus)wässern (Stockfisch)* ‖ *die Flügel stutzen* (dat) ‖ *~se* ⟨fig⟩ *heiße Sehnsucht fühlen* (por *nach*) ‖ ⟨fig⟩ *s. sehr beeilen*
desalazón *f Ent|salzen* n, *-salzung f*
desalen|tado *adj atemlos* ‖ ⟨fig⟩ *kleinmütig, mutlos* ‖ **–tar** [-ie-] *vt entmutigen* ‖ *~se den Mut verlieren*
desaliento *m Mutlosigkeit f, Kleinmut m* ‖ *Niedergeschlagenheit f* ‖ ◆ *con ~ mutlos, kleinmütig* ‖ *niedergeschlagen*
desalinear *vt aus der Richtung bringen*
desali|ñado *adj schmucklos* ‖ *liederlich* ‖ *nachlässig, schlampig* ‖ *verwahrlost* ‖ *zerzaust (Haar)* ‖ *adv: ~amente* ‖ **–ño** *m Nachlässigkeit, Liederlichkeit f* ‖ *Unreinlichkeit f* ‖ *Verwahrlosung f* ‖ ⟨fam⟩ *Schlamperei f* ‖ *~ artístico* ⟨fam⟩ *geniale Liederlichkeit f*
desalmado *adj gott-, gewissen-, ruch|los* ‖ *unbarmherzig* ‖ *herzlos* ‖ *grausam* ‖ *~ m Bösewicht, Schurke m*
desalmidonar *vt die Stärke (aus et.) entfernen*
desalo|j(amient)o *m Vertreibung f aus e–m Wohnsitz od e–r Stellung* ‖ *Räumung f* ‖ ⟨Mil⟩ *Aufgabe f (e–r Stellung)* ‖ *Auszug m* ‖ **–jar** *vt aus-, ver|treiben* ‖ ⟨fig⟩ *verdrängen* ‖ *räumen (Wohnung)* ‖ ⟨fam⟩ *ausquartieren* ‖ ⟨Mil⟩ *zur*

Räumung zwingen ‖ ~ vi *die Wohnung verlassen, ausziehen* ‖ ⟨Mil⟩ *die Stellung räumen*
desalqui|lado adj *frei, leer stehend, unvermietet (Wohnung)* ‖ **–lar** vt *aufgeben (Mietwohnung)* ‖ *räumen lassen (Mietwohnung)* ‖ ~**se** *frei werden (Mietwohnung)*
desalquitranar vt *ent|pichen, -teeren*
desalterar vt *be|ruhigen, -sänftigen*
desama|ble adj *(m/f) unliebenswürdig* ‖ **–do** adj *ungeliebt*
desamarar vi ⟨Flugw Mar⟩ *abwassern* ‖ ⟨Flugw⟩ *starten, auffliegen (Wasserflugzeug)*
desamarrar vt ⟨Mar⟩ *(vom Anker) lösen, losmachen* ‖ *(vom Land) abstoßen* ‖ *die Trossen lösen* ‖ ~**se** *ablegen, loswerfen*
desambientado adj *orientierungslos, verloren* ‖ ⟨fig⟩ *fehl am Platz(e)*
desamen m ⟨pop⟩ → **examen**
desamiantar vt *(ein Gebäude) von Asbest befreien*
desamigar [g/gu] vt *verfeinden* ‖ ~**se** s. *verfeinden*
desamodorrar vt *aus der Schlaftrunkenheit erwecken*
desamor m *Lieblosigkeit* f ‖ *Gleichgültigkeit, Abneigung* f
desamorrar vt *(jdn) zum Sprechen bringen* od *animieren*
desamorti|zación f *Privatisierung* f ‖ *Aufhebung* f *von lehnsrechtlicher Bindung (beim Vermögen)* ‖ ~ eclesiástica *Säkularisierung* f *von Kirchengut* ‖ **–zar** [z/c] vt *privatisieren* ‖ *der Toten Hand entziehen (Vermögen)* ‖ *säkularisieren*
desampa|rado adj *unbeschützt, schutzlos* ‖ *verlassen* ‖ *hilflos* ‖ *obdachlos* ‖ **–rar** vt *verlassen, hilflos lassen* ‖ *verlassen (Ort, Gegend)* ‖ *aufgeben (Recht)* ‖ **–ro** m *Hilflosigkeit* f ‖ *Verlassenheit* f ‖ ⟨Jur⟩ *Aufgabe* f *(e–s Rechts)* ‖ *Dereliktion* f
desamueblar vt *ausräumen (Zimmer)*
des|anclar, –ancorar vi ⟨Mar⟩ *die Anker lichten*
desandar [irr → **andar**] vt *(wieder) zurückgehen (Weg)* ‖ ◇ ~ *lo andado den Weg zurückgehen* ‖ ⟨fig⟩ *wieder von vorn anfangen* ‖ *no se puede* ~ *lo andado* ⟨Spr⟩ *man kann das Geschehene nicht ungeschehen machen* ‖ *eso sería* ~ *lo andado das hieße das bisher Erreichte aufgeben* od *auf das bisher Erreichte verzichten*
desandiamar vt ⟨Arch⟩ *ein Gerüst abbauen*
desangelado adj *And ohne Anmut*
desan|gramiento m *Verbluten* n ‖ *Blutverlust* m ‖ **–grar** vt/i *(Blut) ablassen* ‖ *ausbluten lassen* ‖ ⟨fig⟩ *(jdn) bluten lassen* ‖ ⟨fig⟩ *abstechen (Hochofen)* ‖ ⟨fig⟩ *entwässern, trockenlegen (Teich u. ä.)* ‖ ⟨fig⟩ *aussaugen* ‖ ~**se** s. *verbluten* (& fig) ‖ *ver-, aus|bluten*
desanidar vi *das Nest verlassen (Jungvögel)* ‖ ~ vt *ausheben (z. B. Verbrecher)* ‖
desani|mación f *Kleinmütigkeit, Niedergeschlagenheit* f ‖ *Mutlosigkeit* f ‖ ⟨fig⟩ *Öde, Menschenleere* f ‖ *Langeweile* f ‖ *gedrückte* od *depressive Stimmung* f ‖ *Lustlosigkeit* f ‖ **–mado** adj *kleinmütig, mutlos* ‖ *gedrückt, lustlos* ‖ *öd(e)* ‖ *wenig besucht (Ort)* ‖ *schwach besucht (Veranstaltung)* ‖ **–mar** vt *entmutigen* ‖ ~**se** *ver|zagen, den Mut -lieren*
desánimo m *Entmutigung, Mutlosigkeit* f ‖ *Lustlosigkeit* f
desanubar vt ⟨fig⟩ *deutlich machen* ‖ *klären*
desa|nudar, –ñudar vt *entwirren* (& fig)
desapacible adj *(m/f) finster, mürrisch* ‖ *unfreundlich* (& *Wetter*) ‖ *hässlich (Geräusch)* ‖ *unbehaglich (Lage)*

desapare|cer [-zc-] vi *verschwinden, unsichtbar werden* (& vr) ‖ *schwinden* ‖ s. *verlieren, unter|gehen, -tauchen (z. B. in e–r Menge)* ‖ ◇ *hacer* ~ *verschwinden lassen, auf die Seite schaffen* ‖ *unterschlagen* ‖ **–cidos** mpl ⟨Mil⟩ *Vermisste* mpl
¹desaparejar vt ⟨Mar⟩ *abtakeln* ‖ *ab|satteln, -schirren (Pferd)*
²desaparejar vt *trennen (Zusammengehöriges)*
desaparición f *Verschwinden* n ‖ *Aufhören* n, *Schwund* m ‖ *Aufleben* n ‖ ⟨Jur⟩ *Verschollenheit* f ‖ ⟨fig⟩ *Untergang* m *(e–s Staates usw.)* ‖ ~ *en guerra* ⟨Jur⟩ *Kriegsverschollenheit* f
desapasionado adj *leidenschaftslos, kalt* ‖ *unparteiisch* ‖ *gelassen*
desape|gar [g/gu] vt *trennen* ‖ ~**se** s–e *Zuneigung (zu jdm) verlieren* ‖ **–go** m *Abneigung* f (a, *hacia, para con gegen*)
desapelmazar vt *auflockern (Zusammengebackenes)*
desaperci|bido adj *achtlos* ‖ *unvorbereitet, unfertig* ‖ *unbeachtet* ‖ ◇ *coger* od *tomar* od *sorprender* ~ *(den Ahnungslosen) überraschen* ‖ *überfallen* ‖ *pasar* ~ *nicht beachtet werden* ‖ *nicht auffallen* ‖ **–bimiento** m *Mangel* m *an Vorbereitung, Unfertigkeit* f
desapli|cación f *mangelnder Fleiß* m, *Trägheit* f ‖ **–cado** adj/s *faul* ‖ *träg(e)* ‖ *nachlässig*
desaplomar vt → **desplomar**
desapolillar vt *entmotten, die Motten bekämpfen* ‖ ~**se** ⟨fig⟩ s. *auslüften (wenn man zu lange zu Hause war)*
desaposesionar vt *das Eigentum entziehen*
desapreciar vt *gering schätzen*
desaprender vt *verlernen*
desapren|sión f *Un|voreingenommenheit, -parteilichkeit* f ‖ *Rücksichtslosigkeit* f ‖ **–sivo** adj *vorurteilslos* ‖ *rücksichtslos* ‖ *unverschämt*
desapro|bación f *Missbilligung* f ‖ **–bar** [-ue-] vt *missbilligen, abschlagen* ‖ *leugnen* ‖ *rügen*
desapro|piación f *Eigentumsaufgabe* f ‖ *Entäußerung* f ‖ **–piar** vt *(jdm) das Eigentum entziehen* ‖ ~**se** (de) s. *entäußern (von)*
desaprove|chado adj/s *unnütz, fruchtlos* ‖ *zurückgeblieben,* ⟨fam⟩ *verbummelt (Schüler)* ‖ adv: ~*amente* ‖ **–chamiento** m *Zurückbleiben* n *(in Kenntnissen usw.)* ‖ *Nichtausnutzung* f ‖ **–char** vt *übel anwenden* ‖ *verschleudern* ‖ *nicht (aus)nutzen* ‖ *versäumen* ‖ ◇ ~ *la ocasión die Gelegenheit nicht nutzen, s. die Gelegenheit entgehen lassen* ‖ ~ vi *zurückbleiben,* ⟨fam⟩ *bummeln (Schüler)*
desapuntalar vt ⟨Arch⟩ *die Stützen entfernen*
desarbolar vt ⟨Mar⟩ *entmasten* ‖ *abwracken*
desar|mado adj *waffenlos* ‖ *entwaffnet* (& fig) ‖ **–mador** m *Mex Schraubenzieher* m ‖ **–mante** adj *(m/f)* ⟨fig⟩ *entwaffnend* ‖ **–mar** vt *entwaffnen* ‖ *wehrlos machen* ‖ *anspannen (Armbrust)* ‖ *entspannen (Waffe)* ‖ *entschärfen (Zünder)* ‖ ⟨Mil⟩ *abrüsten* ‖ *demobilisieren (Truppen)* ‖ ⟨Tech⟩ *abrüsten* ‖ ⟨Mar⟩ *abtakeln (Schiff)* ‖ *abbauen (Zölle)* ‖ ⟨Tech⟩ *abbauen, demontieren, auseinander nehmen* ‖ ⟨fig⟩ *beruhigen* ‖ ◇ ~ *un motor e–n Motor auseinandernehmen* ‖ **–me** m *Entwaffnung* f ‖ *Abrüstung* f ‖ ⟨Mar⟩ *Abtakelung* f ‖ *Zollabbau* m
desarmonía f *Missklang* m, *Disharmonie* f (& fig)
desarrai|gado adj *entwurzelt* (bes. fig) ‖ ~ m *Entwurzelte(r)* m (bes. fig) ‖ **–gar** [g/gu] vt *entwurzeln* (& fig) ‖ *mit den Wurzeln (her)ausreißen* ‖ ⟨fig⟩ *ausrotten* ‖ ⟨fig⟩ *vertreiben* ‖ ⟨fig⟩ *abbringen (de von)* ‖ **–go** m *Entwurz(e)lung* f (bes. fig) ‖ *Ausrottung* f
desarrapado adj → **desharrapado**

desarrebozar [z/c] vt *demaskieren* ‖ ⟨fig⟩ *ent|larven, -hüllen*
desarrebujar vt *entwirren*
desarre|glado adj *regellos* ‖ *ausschweifend, unmäßig* ‖ *liederlich* ‖ *unordentlich* ‖ ⟨fam⟩ *schlampig* ‖ adv: ~**amente** ‖ **–glar** vt *verwirren* ‖ *in Unordnung bringen* ‖ **–glo** m *Unordnung* f ‖ ⟨Med Tech El⟩ *Störung* f ‖ *Panne* f *(Motor)* ‖ ⟨fig⟩ *Ausschweifung* f ‖ *Liederlichkeit* f ‖ ⟨fam⟩ *Schlamperei* f
desarrendar [-ie-] vt *den Zügel abnehmen* (dat) ‖ *die Pacht kündigen*
desarri|mar vt *abrücken* ‖ ⟨fig⟩ → **disuadir** ‖ **–mo** m *Mangel* m *an Halt* (& fig) ‖ *Hilflosigkeit* f
desarro|llar vt/i *auf|rollen, -wickeln* ‖ ⟨fig⟩ *ent|rollen, -falten* ‖ ⟨fig⟩ *fördern* ‖ ⟨Math⟩ *abwickeln (Fläche)* ‖ *lösen (Aufgabe)* ‖ ⟨Tech⟩ *abwickeln* ‖ *abspulen* ‖ ⟨fig⟩ *auseinandersetzen, erklären* ‖ ⟨Fot⟩ *entwickeln* ‖ *ausarbeiten, behandeln (Thema)* ‖ *darlegen, ausführen* ‖ ⟨fig⟩ *an|bringen, -wenden* ‖ ◇ ~ *mucha actividad e–e große Tätigkeit entfalten* ‖ *la máquina –lla 100 caballos die Maschine hat 100 PS* ‖ ~**se** s. *entwickeln* ‖ s. *abwickeln (Geschäft)* ‖ s. *abspielen (e–e Szene)* ‖ ⟨Mil⟩ s. *entwickeln*, s. *entfalten* ‖ *aufgehen (Same)* ‖ **–llo** m *Auf|rollen, -wickeln* n ‖ *Entwicklung, Ausarbeitung* f ‖ *Förderung* f ‖ ⟨Math⟩ *Abwicklung* f ‖ *Lösung* f *(e–r Aufgabe)* ‖ *Ausbau* m ‖ *Fortschritt* m ‖ *körperliche Entwicklung* f, *Wuchs* m ‖ *Hebung* f *(des Handels)* ‖ ⟨Tech⟩ *Übersetzung* f *(Fahrrad)* ‖ ⟨Tech⟩ *Ablauf* m ‖ *Abwicklung* f ‖ *Aufwand* m ‖ ⟨Biol⟩ *Entwicklung* f ‖ *el* ~ *de la acción* ⟨Th⟩ *der Gang der Handlung* ‖ ~ *del combate* ⟨Mil⟩ *Gefechtsverlauf, Verlauf* m *des Kampfes* ‖ ~ *de una curva Verlauf* m *e–r Kurve* ‖ ~ *gradual Stufenfolge* f *(e–r Entwicklung)* ‖ ~ *de los negocios Geschäftsentwicklung* f ‖ ~ *ulterior Weiterentwicklung* f ‖ *Folgeentwicklung* f ‖ *susceptible de* ~ *entwicklungsfähig* ‖ ◇ *llegar a su* ~ s. *entwickeln*
desarropar vt *ausziehen (Kleidung)* ‖ ~**se** s. *ausziehen*
desarru|gado adj *ohne Runzeln* ‖ *faltenlos* ‖ **–gar** [g/gu] vt *(die Haut) glätten* ‖ *glatt streichen* ‖ ◇ ~ *el entrecejo od ceño die Stirn glätten* ‖ ⟨fig⟩ s. *aufheitern*
desarticu|lación f *Zerlegung* f ‖ ⟨Med⟩ *Exartikulation* f ‖ *Auskugeln* n ‖ **–lado** adj ⟨fig⟩ *in (der) Auflösung befindlich* ‖ **–lar** vt *auseinander nehmen, zerlegen* ‖ *zergliedern* ‖ ⟨fig⟩ *zerschlagen (Spionagering, Vorhaben usw.)* ‖ ~**se:** ~ *una rodilla* s. *ein Knie ausrenken*
desarzonar vt *(den Reiter) aus dem Sattel werfen od heben* ‖ ⟨figf⟩ *aus der Fassung bringen*
desasado adj *ohne Henkel, henkellos*
desa|seado adj *liederlich, schlampig* ‖ *schmutzig, ungewaschen* ‖ *unappetitlich* ‖ *unsauber* ‖ **–sear** vt *ver|unreinigen, -unzieren* ‖ **–seo** m *Liederlichkeit* f ‖ *Unsauberkeit* f ‖ ⟨fam⟩ *Schlamperei* f
desasegurar vt *entsichern (Waffe)* ‖ *unsicher machen, verunsichern*
desasimiento m *Loslassen* n ‖ *Lossagung* f ‖ *Uneigennützigkeit* f ‖ ⟨Myst⟩ *Weltentsagung* f
desasir [irr → **asir**] vt *loslassen* ‖ *aufhaken* ‖ ~**se** ⟨fig⟩ s. *losmachen (de von)*
desasistir vt: ~ *a alg.* s. *um jdn nicht kümmern,* ⟨fam⟩ *jdn im Stich lassen*
desasnar vt ⟨figf⟩ *(jdm) Schliff od Manieren od Bildung beibringen, (jdn) abhobeln*
desasolio m PR → **desasosiego**
desaso|segado adj *unruhig, ruhelos* ‖ adv: ~**amente** ‖ **–segar** [-ie-, g/gu] vt *beunruhigen* ‖

aufrütteln ‖ *ängstigen* ‖ **–siego** m *Unruhe, Gemütserregung* f ‖ *Sorge* f
desas|trado adj/s *unglücklich, elend* ‖ *liederlich* ‖ *zerlumpt, lumpig, unsauber,* ⟨fam⟩ *schlampig* ‖ **–tre** m *Unglück, Missgeschick* n ‖ *Unfall* m ‖ *Katastrophe* f, *Desaster* m ‖ ◇ *esta traducción es un* ~ *diese Übersetzung ist katastrophal* ‖ **–troso** adj *unglück|lich, -selig, unheilvoll* ‖ *schrecklich, furchtbar* ‖ *erbärmlich* ‖ adv: ~**amente**
desatado adj *ungebunden, frei* ‖ *zwanglos (Schreibart)*
desatancar [c/qu] vt *(ein verstopftes Rohr) frei machen*
desatar vt *losbinden* ‖ *auf|lösen (Knoten), -machen, -schnüren* ‖ ⟨fig⟩ *entfesseln, auflösen* ‖ *aufdecken (Ränke)* ‖ ⟨fig⟩ *trennen* ‖ ⟨fig⟩ *lösen (Zweifel)* ‖ ⟨fig⟩ *vernichten* ‖ ~**se** s. *auf|lösen, -gehen (Knoten)* ‖ s. *frei machen (de von)* ‖ s. *lösen (de von dat)* ‖ *auftauen (& fig)* ‖ *losbrechen (Sturm)* ‖ ⟨fig⟩ *die Schüchternheit ablegen* ‖ ◇ ~ *en improperios* ⟨fig⟩ *in Schmähungen ausbrechen*
desatascar [c/qu] vt *aus dem Schlamm ziehen (Karren usw.)* ‖ *(ein verstopftes Rohr) frei machen*
desaten|ción f *Unaufmerksamkeit* f ‖ *Ungefälligkeit* f ‖ *Unhöflichkeit* f ‖ **–der** [-ie-] vt *außer acht lassen, nicht achten* (acc) ‖ *gering schätzen, missachten* ‖ s. *(um jdn) nicht kümmern* ‖ *vernachlässigen* ‖ **–tado** adj/s *unüberlegt* ‖ *unmäßig, übertrieben* ‖ ~ *con alg. unaufmerksam jdm gegenüber* ‖ adv: ~**amente** ‖ **–tar** [-ie-] vt *aus dem Häuschen bringen* ‖ **–to** adj/s *unaufmerksam, zerstreut* ‖ *unhöflich* (con, para con *zu*)
desaterrar [-ie-] vt SAm *freimachen (z. B. von Schutt)*
desati|nado adj/s *unbesonnen* ‖ *gedankenlos* ‖ *sinn-, kopf|los* ‖ **–nar** vi *kopflos reden od handeln,* ⟨fam⟩ *danebenhauen* ‖ **–no** m *Albernheit* f ‖ *Ungereimtheit* f ‖ *Unsinn,* ⟨fam⟩ *Stuss* m ‖ *Fehlgriff* m ‖ *Unsicherheit* f *(in den Plänen)* ‖ *¡qué* ~*! wie albern!* ‖ ◇ *decir* ~s *Unsinn reden*
desatolondrarse vr *wieder zu* s. *kommen*
desatomi|zación f *Schaffung* f *e–r atom(waffen)freien Zone* ‖ **–zado** adj *atom(waffen)frei* ‖ **–zar** [z/c] vt *zur atom(waffen)freien Zone erklären*
desatorar vt ⟨Bgb⟩ *enttrümmern*
desatornillar vt *aufschrauben*
desatracar [c/qu] vi *(Mar) ablegen*
desatraer [irr → **traer**] vt *entfernen, trennen*
desatrampar vt → **desatrancar**
desatrancar [c/qu] vt *aufriegeln* ‖ *säubern (Brunnen)* ‖ *(ein verstopftes Rohr) frei machen*
desaturdir vt *ermuntern, wieder zur Besinnung bringen* ‖ ~**se** *erneut munter werden*
desaugar [g/gu] vt Am *(pop)* → **desahogar**
desautori|zación f *Herabwürdigung* f ‖ *Verbot* n ‖ *Entziehung* f *der Befugnis* ‖ ⟨fig⟩ *Desavouierung* f ‖ **–zar** [z/c] vt *herabwürdigen* ‖ *die Befugnis entziehen, die Zuständigkeit absprechen* (dat) ‖ ⟨fig⟩ *desavouieren* ‖ ~**se** *die Glaubwürdigkeit verlieren*
desave|nencia f *Uneinigkeit* f ‖ *Zwist, Zwiespalt* m ‖ *Meinungsverschiedenheit, Misshelligkeit* f ‖ *Gegensätze* mpl ‖ **–nido** adj *uneinig, entzweit* ‖ *widerstreitend* ‖ **–nir** [irr → **venir**] vt *entzweien* ‖ ~**se** s. *entzweien* ‖ s. *überwerfen* (con *mit*)
desaventajado adj *benachteiligt* ‖ *nachteilig*
desaviar [pres ~ío] vt *vom richtigen Weg abbringen*
desavi|sado adj/s *un|vernünftig, -klug* ‖ *unvorsichtig* ‖ **–sar** vt *(e–e Nachricht) widerrufen* ‖ *abbestellen*

desayu|nado adj: ◇ venir ~ *nach dem Frühstück kommen* ‖ **–nar(se)** vr *frühstücken, das (erste) Frühstück nehmen* ‖ ◇ ~ *de una noticia e–e Nachricht zuerst, als Erster erfahren* ‖ ~ *con chocolate Schokolade zum Frühstück nehmen* ‖ ¿*ahora te –nas de eso?* ⟨fam⟩ *jetzt platzt du damit heraus?* ⟨fam⟩ *reichlich spät dran!* ‖ **–no** m *(erstes) Frühstück* n ‖ *(das) Frühstücken* ‖ ◇ tomar (el) ~ *frühstücken*

desa|zón f *Unschmackhaftigkeit, Fadheit, Geschmacklosigkeit* f ‖ *Unreife* f ‖ ⟨fig⟩ *übles Befinden* n ‖ ⟨fig⟩ *Unannehmlichkeit* f ‖ ⟨fig⟩ *Kummer* m, *Besorgnis* f ‖ ⟨fig⟩ *Groll* m ‖ ⟨fig⟩ *Unbehagen* n ‖ **–zonado** adj ⟨fig⟩ *verdrießlich, mürrisch* ‖ *unbehaglich* ‖ **–zonar** vt *geschmacklos, fad(e) machen (Speise)* ‖ *ärgern, verstimmen* ‖ ~**se** *unpässlich sein*

desazufrar vt *entschwefeln*

desbabar vt *entschleimen (z. B. Schnecken)*

desbancar [c/qu] vt/i *die Bank sprengen (im Spiel)* ‖ ⟨fam⟩ *aus dem Sattel heben, verdrängen*

desban|dada f *Auflösung, Unordnung* f ‖ *wilde Flucht* f ‖ ⟨Mil⟩ *ungeordneter Rückzug* m ‖ ◇ huir a la ~ ⟨Mil⟩ *in völliger Auflösung fliehen* ‖ **–darse** vr s. *zerstreuen* ‖ *wild die Flucht ergreifen* ‖ *scheu werden (Vieh)*

desbarajus|tado adj *wirr, zerfahren* ‖ *zügellos* ‖ **–tar** vt *in Verwirrung bringen* ‖ *zerstören, zunichte machen* ‖ *durchbringen (Vermögen)* ‖ **–te** m *Wirrwarr* m, *Durcheinander* n

desbara|tado adj/s ⟨figf⟩ *leichtfertig* ‖ *ausschweifend, zügellos* ‖ adv: ~**amente** ‖ **–tamiento** m *Unordnung* f, *Wirrwarr* m ‖ **–tar** vt *zerstören, zugrunde (& zu Grunde) richten* ‖ *in Verwirrung bringen* ‖ *durchbringen (Geld)* ‖ *(e–n Plan) vereiteln, zunichte machen* ‖ *verletzen (Gesetze)* ‖ ~ vi ⟨fig⟩ *kopflos handeln, unsinnig reden* ‖ ⟨fam⟩ *Quatsch machen* ‖ ~**se** ⟨fig⟩ *den Kopf verlieren* ‖ *zerfallen* ‖ s. *zerschlagen (Pläne)* ‖ **–te** m *Zerstörung, Vernichtung* f ‖ *Unordnung* f ‖ *Ver|geudung, -schwendung* f ‖ *alberne Rede, Handlung* f ‖ ⟨Med⟩ *Durchfall* m

desbar|bado adj *bartlos* ‖ ⟨fam desp⟩ *milchbärtig* ‖ ~ m *Entgratung* f ‖ **–bar** vi/i *schleißen (Federn)* ‖ *ent-, ab|gräten (Fische)* ‖ ⟨Met⟩ *putzen, entgraten (Gussteile)*

desbarran|cadero m Am *Abgrund* m ‖ *Felswand* f ‖ **–car** [c/qu] vt Arg Chi *hinab-, herab|stürzen* ‖ ⟨fig⟩ *(jdn von et. abbringen)* ‖ *vom rechten Weg abbringen* ‖ ~**se** s. *herab-, hinab stürzen*

desba|rrar vi *aus|gleiten, -rutschen* ‖ ⟨fig⟩ *kopflos reden od handeln,* ⟨fam⟩ *faseln* ‖ **–rro** m *Aus|gleiten, -rutschen* n ‖ *alberne Handlung* f

desbarrigar [g/gu] vi Cu ⟨pop⟩ *gebären*

desbas|tado m → **–te** ‖ **–tador** m *Schrotmeißel* m ‖ *Schruppwerkzeug* n ‖ **–tar** vt *vorbearbeiten, grob bearbeiten, schruppen* ‖ *grob schleifen* ‖ *vorhobeln* ‖ *grob behauen* ‖ ⟨fig⟩ *abnützen* ‖ ⟨fig⟩ *verfeinern* ‖ ⟨fig⟩ *(e–r Person) den ersten Schliff beibringen* ‖ ~**se** s. *verfeinern* ‖ **–te** m *Vor-, Grob|bearbeitung* f, *Schruppen* n ‖ *Grobschliff* m ‖ *Vorhobeln* n ‖ ⟨Met⟩ *Bramme* f ‖ ⟨fig⟩ *erster Schliff* m

desbloque|ar vt *freigeben, entsperren (Konto, Vermögen usw.)* ‖ *die Blockade (z. B. e–s Landes) aufheben* ‖ *lösen (Bremse)* ‖ ⟨fig⟩ *entkrampfen (e–e Situation)* ‖ **–o** m *Freigabe, Entsperrung* f *(von Konten, Vermögen usw.)* ‖ *Aufhebung* f *der Blockade*

desbo|cado adj/s *mit erweiterter Mündung (Geschütz)* ‖ *mit ausgeleiertem Maul (Schraubenschlüssel)* ‖ *beschädigt (z. B. Mündung e–r Waffe)* ‖ ⟨fig⟩ *scheu geworden, durchgehend*

(Pferd) ‖ ⟨fig⟩ *zügellos* ‖ *schamlos* ‖ adv: ~**amente** ‖ **–camiento** m *Durchgehen* n *(des Pferdes)* ‖ *Zügellosigkeit* f *(im Reden)* ‖ **–car** [c/qu] vi *münden (en in acc) (Fluss)* ‖ ~ vt *ausweiten (Loch, Kragen usw.)* ‖ *die Tülle abstoßen (an e–m Gefäß)* ‖ ~**se** *durchgehen, scheuen (Pferd)* ‖ ⟨figf⟩ *loslegen, auspacken* ‖ *frech werden*

desbor|damiento, –de m *Austreten* n *(e–s Gewässers)* ‖ ⟨Mil⟩ *Überflüg(e)lung* f ‖ ⟨fig⟩ *Flut* f, *Wortschwall* m ‖ ~ *de júbilo überschäumende Freude* f ‖ **–dante** adj *(m/f) über|schäumend, -quellend (& fig)* ‖ ◇ ~ *de concurrencia od de espectadores überfüllt* ‖ **–dar** vt/i *überlaufen (beim Kochen)* ‖ *überfluten* ‖ *überfließen* ‖ *über die Ufer treten* ‖ *überall sein* ‖ ⟨Mil⟩ *ein|brechen, -dringen* ‖ *überflügeln* ‖ ⟨Mar⟩ *in See stechen* ‖ ◇ sentirse –dado s. *überfordert fühlen* ‖ ~**se** *austreten (von Flüssen), ausufern (& fig)* ‖ ◇ se –dó el entusiasmo *die Begeisterung überstieg alle Grenzen*

desbraguetado adj *mit offenem Hosenschlitz* m

desbra|vador m *Bereiter* m ‖ **–var** vt *(Pferde) zureiten* ‖ ⟨fig⟩ *zähmen* ‖ vi *zahm werden* ‖ ⟨fig⟩ s. *beruhigen* ‖ ~**se** *zahm werden* ‖ **–vear** vt *bramarbasieren*

desbro|zar [z/c] vt *von Reisig und Gestrüpp reinigen* ‖ *aussputzen (Baum)* ‖ ⟨fig⟩ *bahnen (Weg)* ‖ **–zadora** f *Motor- bzw Elektro|sense* f ‖ **–zo, –ce** m *Reinigen* n *(von Reisig und Gestrüpp)* ‖ *Reisig* n

desbu|llador m *Austernmesser* n ‖ **–llar** vt *Austern öffnen od aufbrechen*

desburocrati|zación f *Entbürokratisierung* f ‖ **–zar** [z/c] vt *entbürokratisieren*

descabal adj *(m/f) unsinnig, sinnlos*

descaba|lamiento m *Verlust eines Teils eines Ganzen (z. B. e–s Schuhs, e–s Strumpfes)* ‖ **–lar** vt *Teil e–s Ganzen verlieren*

descabalgar [g/gu] vi *absitzen, vom Pferd steigen*

descabellado adj ⟨fig⟩ *albern, toll* ‖ *kraus, unsinnig* ‖ *verworren* ‖ ⟨fig⟩ *liederlich*

¹**descabellar** vt/i *zersausen* ‖ ⟨fig⟩ *in Unordnung bringen* ‖ ~**se** *zerzaust werden*

²**descabe|llar** vt ⟨Taur⟩ *(den Stier) durch e–n Genickstoß töten* ‖ **–llo** m ⟨Taur⟩ *Genickstoß* m

descabestrar vt *abhalftern*

descabe|zado adj *kopflos (& fig)* ‖ **–zar** [z/c] vt *köpfen, enthaupten* ‖ ⟨Zim⟩ *kappen (Schnittware)* ‖ *das obere Ende abschneiden (von)* ‖ ⟨figf⟩ *anfangen (Arbeit)* ‖ *den ersten Schritt tun (um e–e schwierige Lage zu meistern)* ‖ ◇ ~ un sueño od sueñecito *ein Schläfchen od Nickerchen machen* ‖ ~ ⟨fig⟩ *hervorragen* ‖ ~**se** vr ⟨fig⟩ s. *den Kopf zerbrechen*

descabullirse [pret ~lló] ⟨fig⟩ *e–e Schwierigkeit (listig) umgehen*

descacharrante adj *(m/f)* ⟨fam⟩ *umwerfend komisch* ‖ ⟨figf⟩ *zum Schießen* ‖ ⟨fig⟩ *unerhört*

descae|cer [-zc-] vi *abnehmen, schwinden, weniger werden (Geld usw.)* ‖ s. *verschlechtern (Gesundheit)* ‖ **–cimiento** m *Schwäche, Kraftlosigkeit* f

descafei|nado adj *koffeinfrei, entkoffeiniert* ‖ **–nar** vt *das Koffein entziehen (dat), entkoffeinieren*

descafllar vt *(gebrauchte Ziegel od Kacheln) putzen*

descalabazarse [z/c] vr ⟨fam⟩ s. *den Kopf zerbrechen, s. das Hirn zermartern (en, para um zu & inf)*

descala|brado adj ⟨fam⟩ *waghalsig* ‖ **–bradura** f *Kopfwunde* f ‖ **–brar** vt *(am Kopf) ver|letzen, -wunden* ‖ ⟨fig⟩ *beschädigen* ‖ **–bro** m *Widerwärtigkeit* f ‖ *Schaden* m ‖ ⟨fam⟩ *Reinfall* m

‖ *Unfall* m ‖ *Schlappe* f (& Mil) ‖ *Missgeschick* n ‖ ~ *electoral Wahlschlappe* f
descalandrajar vt *in Fetzen (zer)reißen (Kleid usw.)*

descalcifi|cado adj *entkalkt* ‖ **–cador, –cante** m/adj ⟨Chem⟩ *Entkalkungsmittel* n, *Entkalker* m ‖ **–car** [c/qu] vt *entkalken* ‖ *enthärten (Wasser)* ‖ ⟨Med⟩ *Kalk entziehen* (dat)

descalifi|cación f *Erniedrigung* f ‖ ⟨Sp⟩ *Disqualifikation* f ‖ **–car** [c/qu] vt ⟨Sp⟩ *disqualifizieren*

descalzador m *Stiefelknecht* m

descalzaperros m *Tumult* m, *Durcheinander* n

descal|zar [z/c] vt *(jdm) die Schuhe* (bzw *die Strümpfe) ausziehen* ‖ *(Bäume) bloßlegen* ‖ *den Hemmschuh lösen* (z.B. *von e–m Rad)* ‖ *den Keil wegziehen (von* dat*)* ‖ *untergraben* ‖ *unter|spülen* (bzw *-höhlen)* (Mauer) ‖ ⟨Bgb⟩ *schrämen* ‖ ~**se** s. *die Schuhe ausziehen* ‖ *ein Eisen verlieren (Pferd)* ‖ **-zo** adj *barfuß* ‖ ⟨fig⟩ *bettelarm* ‖ ~ m *Barfüßer(mönch)* m

desca|mación f ⟨Med Zool⟩ *Abschuppung* f ‖ ⟨Geol⟩ *Desquamation* f ‖ **–mar** vt *schuppen (Fisch)* ‖ ~**se** *abschuppen (Haut)*

descambiar vt ⟨reg⟩ *(ver)tauschen*

descami|nado *verirrt* ‖ *irrig* ‖ ◇ *ir* ~ ⟨fig⟩ *s. irren* ‖ *den Halt verlieren* ‖ *no andar* ~ *den rechten Weg eingeschlagen haben, auf dem richtigen Weg sein* ‖ adv: ~**amente** ‖ **–nar** vt *irreführen* ‖ ~**se** s. *verirren* ‖ s. *verfahren* ‖ *auf Abwege geraten* ‖ *irregehen*

descami|sado adj/s *ohne Hemd* ‖ ⟨fig desp⟩ *bettelarm, zerlumpt* ‖ **–sados** mpl ⟨Hist⟩ *Sansculotten* mpl ‖ Arg *Proletarier* mpl ‖ ⟨Hist⟩ *Anhänger* mpl *der Perón-Bewegung, Peronisten* mpl ‖ **–sarse** vr Chi *das Hemd ausziehen*

descam|pado m/adj *freies Feld* n ‖ ◆ *en* ~ *auf offenem Feld* ‖ **–par** vi ⟨Mil⟩ *abmarschieren*

descanar vt Chi Guat *die grauen Haare färben*

descan|sadamente adv *mühelos, bequem, ruhig* ‖ **–sadero** m *Ruheplatz, Rastort* m ‖ **–sado** adj *bequem (auszuführen)* ‖ *gemächlich* ‖ *leicht, mühelos (Arbeit)* ‖ *geruhsam (Leben)* ‖ *unbesorgt* ‖ **–sar** vt *(jdm die Arbeit) erleichtern, (jdn) entlasten* ‖ *an-, auf|lehnen* ‖ *legen, setzen* ‖ *unterstützen* ‖ *stützen (auf* acc) ‖ ◇ ~ *el brazo sobre la almohada den Arm auf das Kissen legen* ‖ ~ *la cabeza en los brazos den Kopf gegen die Arme stemmen* ‖ ¡descansen! ¡ar(mas)! ⟨Mil⟩ *Gewehr ab!* ‖ ~ vi *(aus)ruhen, rasten* ‖ *brachliegen (Feld)* ‖ *schlafen, ruhen* ‖ s. *erholen, ausruhen* ‖ ⟨fig⟩ *innehalten, nachlassen* ‖ ⟨Sch⟩ *Pause haben* ‖ ⟨Mus⟩ *pausieren* ‖ ◇ ~ *en alg.* s. *auf jdn verlassen* ‖ ◆ *sin* ~ *ununterbrochen* ‖ *rastlos* ‖ *ir a* ~ *schlafen gehen* ‖ ¡~se Vd.! *seien Sie unbesorgt!* ‖ *verlassen Sie* s. *darauf!* ‖ ¡~se en paz! *er (sie, es) ruhe sanft!* ‖ ¡que –se! ¡~! *gute Nacht!*

¹descanso m *Ruhe, Rast* f, *Ausruhen* n ‖ *Er|holung, -leichterung* f ‖ *Stütze, Unterlage* f ‖ *Besteckstütze* f ‖ *Stütz-, Ruhe|punkt* m ‖ *Ruheplatz* m ‖ *(Schul-, Erholungs)Pause* f ‖ ⟨Mus⟩ *Pause* f ‖ ⟨Mil⟩ *Marschpause* f ‖ ⟨Sp⟩ *Halbzeit* f ‖ Chi ⟨fam⟩ *Abort* m ‖ ~ *del pozo* ⟨Bgb⟩ *Schachtbühne* f ‖ ~ *sabático Sabbat|ruhe, -stille* f ‖ *(día de)* ~ *Ruhetag* m

²descan|so, -sillo m *Treppenabsatz, Podest* n (& m)

descantillar vt ⟨Zim⟩ *abkanten* ‖ ⟨fig⟩ *nach unten abrunden (Rechnung)*

descapitali|zación f *Kapitalabwanderung* f ‖ *Unterkapitalisierung* f ‖ *Vernichtung* f *bzw Verlust* m *von Kulturgütern* ‖ **–zar** [z/c] vt *unterkapitalisieren* ‖ *Kulturgüter vernichten* ‖ ~ vi *Kulturgüter verlieren*

descapotable adj *(m/f)* ⟨Auto⟩ *zurückklappbar (Verdeck)* ‖ *abnehmbar (Verdeck)* ‖ ~ m ⟨Auto⟩ *Kabrio(lett)* n

descapu|llado adj ⟨pop⟩ *mit heruntergezogener Vorhaut (Eichel)* ‖ **–llar** vt *die Vorhaut herunterziehen (Eichel)* ‖

desca|rado adj/s *frech, unverschämt,* ⟨fam⟩ *patzig* ‖ adv: ~**amente** ‖ **–rarse** vr *frech, dreist werden* ‖ ◇ ~ *con su jefe zu s–m Vorgesetzten dreist werden*

descarbo|natar vt *das Kohlendioxid entziehen* (dat) ‖ **–nización** f *Ölkohleentfernung* f ‖ **–nizador** m *Ölkohleentferner* m ‖ **–nizar** [z/c] vt *die Ölkohle entfernen* (algo *aus et.*)

descarbu|ración f ⟨Met⟩ *Entkohlung* f ‖ **–rar** vt *entkohlen*

descarchador m ⟨Flugw⟩ *Enteiser* m

descarga f *Ab-, Aus-, Ent|laden* n ‖ *Abfeuern* n *e–r Schusswaffe* ‖ ⟨Mil⟩ *Entladung* f ‖ *Lage, Salve* f, *Geschützfeuer* n ‖ ⟨Mar⟩ *Entladung* f ‖ *Abführung* f *(Förderband, Kran usw.)* ‖ *Austrag* m ‖ ⟨Com⟩ *Entlastung* f ‖ ~ *atmosférica atmosphärische Entladung* f ‖ *Blitz* m ‖ ~ *cerrada* ⟨Mil⟩ *Salvenfeuer* m ‖ ~ *de color* ⟨TV⟩ *Farbenentladung* f ‖ ~ *de una deuda Abschreibung* f *e–r Schuld* ‖ ~ *directa* ⟨El⟩ *Blitzentladung* f ‖ ~ *disruptiva* ⟨El⟩ *Durchschlag* m, *Durchschlagsentladung* f ‖ *Funkenentladung* f ‖ ~ *de escobilla* ⟨El⟩ *Bürstenentladung* f, *elektrisches Büschel* n ‖ ~ *de palos Tracht* f *Prügel* ‖ ~ *simultánea* ⟨Mil⟩ *Lagenfeuer* n ‖ ~ *de vuelta* ⟨Radio⟩ *Rückentladung* f

descargadero m *Ab-, Aus|ladeplatz* m ‖ ⟨Mar⟩ *Löschplatz* m

¹descargado adj *leer, unbeladen*

²descargado adj *mit geradem und schlankem Hals (Pferd)*

descarga|dor m *Ab-, Aus|lader* m ‖ *Löscher* m ‖ ⟨El⟩ *Entlader* m ‖ ⟨Mar⟩ *Schauermann* m ‖ **–dora** f ⟨Tech⟩ *Absetzer* m

descar|gar [g/gu] vt *ab-, aus-, ent|laden* ‖ ⟨Mar⟩ *löschen* ‖ *losschießen, abfeuern (Waffen)* ‖ *entladen (Waffe)* ‖ *abgeben (Schuss)* ‖ ⟨El⟩ *entladen* ‖ *ableiten* ‖ *los|schleudern, -schnellen* ‖ *geben, versetzen (Hieb, Stoß)* ‖ *auslassen (contra, en, sobre an* dat*) (Zorn usw.)* ‖ ⟨Inform⟩ *herunterladen* ‖ ⟨Com⟩ *entlasten (Rechnung)* ‖ ⟨Jur Tech⟩ *entlasten* ‖ ⟨Jur⟩ *freisprechen (de von)* ‖ ⟨fig⟩ *rechtfertigen, freisprechen* ‖ ◇ ~ *la conciencia* ⟨fig⟩ *beichten* ‖ ⟨fig⟩ *Buße tun* ‖ ⟨figf⟩ *die Schulden bezahlen* ‖ ~ *el corazón* ⟨fig⟩ *das Herz erleichtern* ‖ ~ *la mano sobre alg. jdn züchtigen* ‖ ~ *un programa* ⟨Inform⟩ *ein Programm herunterladen* ‖ ~ *el vientre s–e Notdurft verrichten* ‖ ~ vi *losbrechen (Sturm)* ‖ *nieder|fallen, -gehen (Regen)* ‖ *münden (Fluss)* ‖ *enden (Treppe)* ‖ ~**se** *zufällig losgehen (Feuerwaffe)* ‖ s. *leeren* (z.B. *überfüllter Straßenbahnwagen)* ‖ ⟨fig⟩ s. *rechtfertigen* ‖ s. *losmachen (de von)* ‖ *aufgeben (Stelle)* ‖ ⟨Jur Com⟩ s. *entlasten* ‖ ⟨fig⟩ *beichten* ‖ ⟨fig⟩ *Buße tun* ‖ ⟨El⟩ s. *entladen* ‖ *leer werden (Bus, Straßenbahn)* ‖ ◇ ~ *de algo* s. *e–r Sache entledigen* ‖ ~ *en (od* contra, sobre*) el inocente über den Unschuldigen herfallen* ‖ **–go** m *Ab-, Aus-, Ent|laden* n ‖ ⟨Mar⟩ *Löschen* n ‖ *Ent|lastung, -ledigung* f ‖ *Rechtfertigung* f ‖ ⟨Jur⟩ *Freisprechung* f ‖ *Abbuchung* f ‖ *Habenbuchung* f ‖ *Gutschrift* f ‖ *Quittung* f ‖ **–gue** m *Ab-, Aus-, Ent|laden* n ‖ ⟨Mar⟩ *Löschung* f, *Löschen* n

descari|ñarse vi *die Zuneigung (zu jdm) verlieren* ‖ **–ño** m *Lieblosigkeit* f

descar|nada f: *la* ~ ⟨fam⟩ *der Knochenmann* ‖ **–nado** adj ⟨fig⟩ *ab|gezehrt, -gemagert* ‖ *knöchern* ‖ *frech, dreist* ‖ ⟨fig⟩ *gnadenlos, unbarmherzig* ‖

⟨fig⟩ *unverhohlen* ‖ ⟨fig⟩ *bissig, scharf, ungeschminkt* ‖ ~ *m:* el ~ *Freund Hein* m *(der Tod)* ‖ **–nar** vt *entfleischen (Häute, Knochen)* ‖ ⟨fig⟩ *auszehren* ‖ ⟨fig⟩ *bloßlegen (Acker, Knochen)* ‖ ⟨fig⟩ *aufdecken, entblößen* ‖ ~se ⟨fig⟩ *abmagern* ‖ *das Vermögen opfern (por für)*

descaro m *Dreistigkeit, Frechheit* f ‖ ♦ con ~ *dreist, frech* ‖ ¡qué ~! *wie unverschämt!*

descaro|zado adj Arg Chi *ent|kernen, -steinen (Obst)* ‖ **–zar** [z/c] vt Arg Chi *ent|kernen, -steinen (Obst)*

desca|rriado adj/s *verirrt* ‖ **–rriar** [pres ~ío] vt *irreführen* ‖ ⟨fig⟩ *auf die schiefe Bahn bringen* ‖ *versprengen* ‖ ~se s. *verirren, s. verlaufen* ‖ *versprengt werden*

descarri|ladura f, **–lamiento** m ⟨EB⟩ *Entgleisung* f ‖ ⟨fig⟩ *Verirrung* f ‖ ⟨figf⟩ *Fehlgeburt* f ‖ *Abtreibung* f ‖ **–lar** vi ⟨EB⟩ *entgleisen* ‖ *aus|gleiten, -glitschen (& fig)* ‖ ⟨figf⟩ *abschweifen (vom Thema)* ‖ ~se Arg *den rechten Weg verlassen, vom rechten Weg abkommen*

descar|tar vt *(Karten) wegwerfen, ablegen* ‖ ⟨fig⟩ *aus|merzen, -rotten* ‖ ⟨fig⟩ *beiseite lassen* ‖ ⟨fig⟩ *aus|schließen, -schalten* ‖ ⟨Typ⟩ *Farbauszüge machen* ‖ ¡–tado! *(fam) ausgeschlossen!* ‖ ~se *ablegen, wegwerfen (Karten)* ‖ ⟨fig⟩ s. *vor e–r Verpflichtung drücken* ‖ ◊ ~ de un compromiso s. *e–r Verpflichtung entziehen* ‖ **–te** m *Weglegen* n *(der Karten)* ‖ ⟨Typ⟩ *Herstellung* f *von Farbauszügen*

descarteli|zación f *Ent|flechtung,* -*kartellisierung, Dekartellisierung* f ‖ **–zar** [z/c] vt *ent-, de|kartellisieren*

descartuchar vt Arg *entjungfern*

desca|samiento m *Nichtigkeitserklärung* f *e–r Ehe* ‖ *(Ehe)Scheidung* f ‖ **–sar** vt *scheiden (Ehe)* ‖ *für nichtig erklären (Ehe)* ‖ ⟨fig⟩ *(Zusammengehörendes) trennen* ‖ ⟨Typ⟩ *anders zusammenstellen (Kolumnen)*

descas|car [c/qu] vt →‖ **–carar** ‖ ~se *in Stücke gehen, entzweibrechen* ‖ ⟨figf⟩ *geschwollenes Zeug reden, (pop) s. e–n abbrechen* ‖ **–caradera** f *Enthülsungsmaschine* f *(für Kaffee, Obst usw.)* ‖ **–carar** vt *(ab)schälen, entrinden (Korkeichen)* ‖ *ent-, aus|hülsen* ‖ ~se *auf|brechen, -springen (Rinde, Schale)*

descascarillar vt *abschälen, enthülsen* ‖ ⟨Tech⟩ *entzünden* ‖ ~se s. *(ab)schälen* ‖ *absplittern*

descaspar vt *(Haar)Schuppen entfernen (la cabeza vom Kopf)*

descasque m *Entrinden* n *(der Korkeiche)*

descas|tado adj/s *entartet, aus der Art geschlagen* ‖ *ungeraten (Kind)* ‖ *undankbar* ‖ *lieblos* ‖ **–tar** vt *ausrotten (schädliche Tiere)* ‖ ~se *aus der Art schlagen* ‖ s. *von s–n Verwandten lossagen*

descatoli|zación f ⟨Rel⟩ *Entkatholisierung* f ‖ **–zar** [z/c] vt *entkatholisieren*

descaudalado adj *ohne Vermögen* ‖ *der sein Vermögen verloren hat*

descegar [-ie-, g/gu] vt ⟨fig⟩ *(jdm) die Augen öffnen (ein verstopftes Rohr) frei machen*

descenden|cia f *Nachkommenschaft* f ‖ *Abstammung, Herkunft* f ‖ *Geschlecht* n ‖ *Sippe* f ‖ **–te** adj *(m/f) fallend* ‖ *absteigend* ‖ ⟨Jur⟩ *absteigend (Verwandschaft)*

descen|der [-ie-] vt *herab-, herunter|nehmen* ‖ *her-, hinunter|bringen* ‖ ~ vi *herab-, herunter-, hinunter|steigen* ‖ *aussteigen (de aus)* ‖ *herabfließen* ‖ *stromabwärts fahren* ‖ *untergehen (Sonne)* ‖ *ab-, her|stammen (de von), entspringen* ‖ ⟨Flugw⟩ *landen, zur Landung ansetzen* ‖ ⟨Flugw⟩ *an Höhe verlieren* ‖ *abnehmen* ‖ *sinken (& fig)* ‖ ◊ ~ de noble linaje *von vornehmer Herkunft sein* ‖ ~ un río *zu Tal fahren* ‖ **–dida** f

Abstieg m ‖ *Überfall* m *vom Meer her* ‖ **–diente** adj *(m/f) abstammend (de von)* ‖ ⟨Astr Math⟩ *abnehmend, fallend* ‖ ⟨EB⟩ *von Madrid abgehend (Zug)* ‖ ~ *m/f Nachkomme, Abkömmling* m ‖ ⟨lit⟩ *Nachfahre* m ‖ los –dientes *die Nachkommenschaft* ‖ **–dimiento** m *Herab-, Herunter-, Hinunter|steigen* n ‖ *Herab-, Herunter|nehmen* n ‖ *Kreuzabnahme* f *(Christi)* ‖ **–sión** f *Herabsteigen* n ‖ ⟨Astr⟩ *Absteigung* f ‖ **–so** m *Herunter-, Herab|steigen* n, *Abstieg* m ‖ *Gefälle* n, *Abhang* m, *abschüssige Lage* f ‖ *Talfahrt* f ‖ ⟨Sp⟩ *Abstieg* m *(aus e–r Liga)* ‖ ⟨Sp⟩ *Abfahrtslauf* m *(Skisport)* ‖ ⟨Flugw⟩ *Heruntergehen* n ‖ *Anflugsinkverfahren* n ‖ ⟨Com⟩ *Sinken* n *(der Kurse)* ‖ *Konjunkturabstieg* m ‖ ⟨Tech⟩ *Abfallen* n ‖ ⟨Mil⟩ *Degradierung* f ‖ *niedrigere Einstufung* f *(z. B. in der Verwaltung)* ‖ ⟨fig⟩ *Rückgang* m ‖ ⟨fig⟩ *Niedergang* m ‖ ⟨Med⟩ *Senkung* f ‖ ~ a los infiernos *Höllenfahrt* f ‖ ~ de la natalidad *Geburtenrückgang* m ‖ ~ en paracaídas *Fallschirmabsprung* m ‖ ~ peligroso *starkes Gefälle* ‖ *gefährlicher Abstieg* m ‖ ~ en picado *Sturzflug* m *(& fig)* ‖ ~ de los precios *Preisrückgang* m ‖ ~ de presión *Druckabfall* m ‖ ~ en rapel ⟨Sp⟩ *Abseilen* n ‖ ~ de temperatura *Temperaturabfall* m ‖ ~ térmico *Abkühlung* f ‖ ~ del útero ⟨Med⟩ *Gebärmuttervorfall* m

descen|tración f ⟨Tech⟩ *Dezentrierung, Verstellung* f ‖ **–trado** adj ⟨Tech⟩ *exzentrisch, vom Mittelpunkt abweichend* ‖ ⟨figf⟩ *(halb) verrückt* ‖ ~ m ⟨Tech⟩ *Schiefaufsitzen* n ‖ *Schlag* m, *Unwucht* f ‖ **–tralización** f *Dezentralisierung* f ‖ ~ administrativa *Verwaltungsdezentralisierung* f ‖ **–tralizador** adj *dezentralisierend* ‖ **–tralizar** [z/c] vt *dezentralisieren*

desce|ñido adj *lose, offen (Gürtel, Rock)* ‖ **–ñidura** f s von **–ñir(se)** ‖ **–ñir** [-i-, pret ~ñó] vt *ab-, los|gürten* ‖ ~se s. *aufschnallen*

descepar vt *mit der Wurzel ausreißen* ‖ ⟨fig⟩ *ausrotten, vertilgen*

descerebración f ⟨Med Vet⟩ *Enthirnung* f

descerra|jado pp von **–jar** ‖ ~ adj ⟨fig⟩ *zügellos* ‖ **–jadura** f *Aufbrechen* n *(e–s Schlosses)* ‖ **–jar** vt *sprengen, aufbrechen (Schloss)* ‖ *aufbrechen (Schrank)* ‖ ◊ ~ un tiro *e–n Schuss abfeuern,* ⟨fam⟩ *(jdn) eins auf den Pelz brennen*

descervi|gamiento m *Genickbrechen* n ‖ **–gar** [g/gu] vt ⟨fig⟩ *demütigen*

descha|ladora f Am *Enthülsungsmaschine* f *(für Mais)* ‖ **–lar** vt *schälen*

deschapar vt Arg *aufstoßen (Schloss)*

descharachar vt Guat Hond *(jdn) entlassen*

deschave|tado adj Chi *(pop) nicht ganz dicht (im Kopf), geistig unterbelichtet* ‖ **–tarse** vr Chi *die Fassung verlieren*

desci|frable adj *(m/f) dechiffrierbar* ‖ *leserlich* ‖ *verständlich* ‖ *lösbar (Rätsel)* ‖ **–frador** m *Entzifferer* m ‖ **–framiento** m *Dechiffrierung, Entschlüsselung* f ‖ *Entzifferung* f ‖ **–frar** vt *dechiffrieren, entschlüsseln* ‖ *entziffern, lösen (Rätsel, Schrift, Telegramm)* ‖ ⟨Mus⟩ *vom Blatt lesen od singen od spielen* ‖ *heraus|bekommen,* ⟨fam⟩ *-kriegen* ‖ ⟨fig⟩ *durchschauen (Person)* ‖ ⟨fig⟩ *enträtseln, aufklären*

descinchar vt *abgurten (Pferd)*

descinto pp/irr von **desceñir**

descla|vador m ⟨Tech⟩ *Geißfuß* m ‖ *Nagelzieher* m ‖ **–var** vt *ab-, los|nageln* ‖ *Nägel (her)ausziehen aus* ‖ *Edelsteine aus der Fassung herausnehmen* ‖ ◊ ~ de la Cruz *vom Kreuz herunternehmen*

desclorurado adj *salzarm (Kost)* ‖ *salzlos*

descoagulante m ⟨Med⟩ *Antikoagulans* n

descocado adj ⟨fam⟩ *frech, dreist* ‖ *aufreizend*

gekleidet (Frau) ‖ ~ *m* Chi *Dörrobst* n ‖
Entkernen n *(des Obstes)*
  des|cocar [c/qu] vt *abraupen (Garten), Raupen
ablesen* ‖ Chi *entkernen (Obst)* ‖ ~**se** ⟨fam⟩ *s.
erdreisten, frech werden* ‖ *vorlaut sein* ‖ **–cocer** [-
ue-, c/z] vt *verdauen* ‖ **–coco** *m* ⟨fam⟩ *Dreistigkeit*
f ‖ *Frechheit* f
  descodifi|cación *f Dekodierung* f ‖
Entschlüsselung f ‖ **–cador** m *Decoder* m ‖ **–car**
[c/qu] vt *dekodieren* ‖ *entschlüsseln*
  descoger [g/j] *entfalten*
  descogollar vt ⟨Agr⟩ *ausgeizen*
  descohe|sión *f Trennen* n ‖ *Uneinigkeit* f ‖
⟨Radio⟩ *Entfrittung* f ‖ **–sor** *m* ⟨Radio⟩ *Entfritter,
Dekohärer* m
  descojo|nación *f* ⟨vulg⟩ *Durcheinander, Chaos*
n, *Katastrophe* f ‖ **–nado** adj ⟨vulg⟩ *kastriert* ‖ ◇
estar ~ *de risa vor Lachen halb tot sein* ‖
–namiento *m* → **–ción** ‖ **–nante** adj *(m/f)* ⟨pop⟩
furchtbar lustig ‖ **–nar** vt ⟨vulg⟩ *kastrieren* ‖ ~**se**
⟨pop⟩ *vor Lachen platzen, s. halb tot lachen*
  ¹descolar vt *(e–m Tier) den Schwanz
abschneiden* ‖ Mex ⟨fig⟩ *(jdn) nicht beachten,*
⟨fam⟩ *(jdn) links liegen lassen*
  ²descolar vt Guat ⟨fam⟩ *entlassen (e–n
Arbeitnehmer)*
  descol|gado adj Am *reißend (Strom)* ‖ Arg
zerstreut, orientierungslos ‖ **–gamiento** *m
Loshaken* n ‖ **–gar** [-ue-, g/gu] vt *ab-, los|haken* ‖
abnehmen (Vorhänge) ‖ *herabnehmen (Gemälde,
Bild)* ‖ *abhängen* ‖ *herablassen (de von)* ‖ ⟨Jgd⟩
schießen (Flugwild) ‖ ◇ ~ *del perchero vom
Kleiderrechen herabnehmen (Kleidungsstück)* ‖ ~
el auricular od receptor ⟨Tel⟩ *den Hörer
abnehmen* ‖ ~**se** *s. herunterlassen (de von)* ‖
springen (de von, aus) ‖ ⟨Flugw⟩ *abspringen* ‖
⟨fig⟩ *herabstürzen (Gebirgsbäche usw.)* ‖ ⟨fig⟩
von der Höhe herabsteigen (Herden usw.) ‖ ⟨figf⟩
unerwartet erscheinen ‖ ⟨fig⟩ *(auf et.) verzichten*
(von et.) Abstand nehmen ‖ *(e–e Sache) nicht
weiter verfolgen* ‖ ◇ *con un desatino* ⟨fam⟩ *mit
e–r Dummheit herausplatzen* ‖ ~ *de od por la
pared s. an der Mauer herablassen*
  desco|llado adj *hervorragend* ‖ *stolz,
hoch|mütig, -fahrend* ‖ **–llante** adj *(m/f)
hervorragend* ‖ *überlegen* ‖ **–llar** [-ue-, pret ~lló]
vi *hervor-, über|ragen* ‖ *an erster Stelle stehen* ‖
glänzen ‖ ◇ ~ *entre od sobre los demás die
anderen überragen* ‖ *entre sus obras descuellan
… unter s–n (ihren) Werken sind besonders zu
erwähnen …* ‖ ~**se** *s. hervortun*
  descoloni|zación *f Entkolonisierung* f ‖ **–zar**
[z/c] vt *entkolonisieren*
  descolo|rado adj *verschossen (Stoff)* ‖
–ramiento *m Entfärbung* f ‖ *Verfärbung* f ‖
Blässe f ‖ **–rante** *m Entfärbungs-, Bleich|mittel* n
‖ **–rar** vt *entfärben* ‖ *(aus)bleichen* ‖ ~**se**
verblassen ‖ **–rido** adj *bleich, farblos* (ser) ‖ *blass*
(estar) ‖ *fahl* ‖ *ausgewaschen, ver|blasst,
-schossen* ‖ **–rir** vt → **–rar**
  descom|brar vt *Schutt (fort)räumen, Trümmer
beseitigen (algo von et.)* ‖ **–bro** *m Schutt-,
Trümmer|beseitigung, Räumung* f *von Schutt od
Trümmern* ‖ ~**s** *mpl Schutt* m ‖ *Trümmer* pl
  descome|dido adj/s *übermäßig* ‖ *unmäßig* ‖
unhöflich ‖ adv: ~*amente* ‖ **–dimiento** *m
Unhöflichkeit, Grobheit* f ‖ **–dirse** [-i-] vr *gegen
den Anstand verstoßen* ‖ *s. ungebührlich betragen*
‖ *ausfallend werden*
  descomer vi *(fam lit) den Darm entleeren*
  descom|pás *m* ⟨Mus⟩ *falscher Takt* m ‖
–pasado adj *übermäßig* ‖ *grob, unhöflich* ‖
–pasarse vr ⟨fig⟩ *grob, unhöflich werden*
  descompen|sación *f* ⟨Med⟩
Kompensationsstörung, Dekompensation f ‖ **–sar**

vt ⟨fig⟩ *aus dem Gleichgewicht bringen* ‖ ~**se**
⟨fig⟩ *aus dem Gleichgewicht geraten*
  descom|ponedor adj ⟨Chem⟩ *zersetzend* ‖
–poner [irr → **poner**] vt *zer|legen, -setzen,
auseinander nehmen* ‖ *zergliedern, auflösen* ‖
⟨Chem⟩ *zersetzen* ‖ ⟨fig⟩ *entzweien* ‖ ⟨fig⟩ *aus der
Fassung bringen* ‖ ⟨fig⟩ *in Unordnung bringen* ‖
~**se** *in Fäulnis übergehen* ‖ *verderben (Speise,
Obst)* ‖ *verwesen* ‖ *s. zersetzen* ‖ *faulen, in
Fäulnis übergehen* ‖ *s. auflösen* ‖ *in Unordnung
kommen (Magen)* ‖ ⟨Med⟩ *kränklich werden* ‖
⟨fig⟩ *s. entzweien* ‖ ⟨fig⟩ *in Harnisch geraten* ‖
⟨fig⟩ *die Fassung verlieren* ‖ *aufgebracht werden*
‖ ◇ ~ *con uno jdn hart anfahren* ‖ *s. mit jdm
überwerfen* ‖ ~ *en palabras s–e Worte nicht
abmessen* ‖ **–posición** *f* ⟨Chem⟩ *Zersetzung,
Auflösung* f ‖ *Zerlegung* f ‖ *Zerrüttung* f ‖
Verzerrung, Entstellung f ‖ *Fäulnis, Verwesung* f ‖
Ver-, Zer|fall m ‖ *Verwitterung* f ‖ ⟨fig⟩ *Analyse* f
‖ ~ *del movimiento* ⟨Fot⟩ *Zerlegung* f *der
Bewegung (Film)* ‖ ◆ *de fácil* → *leicht
verderblich* ‖ *en estado de* ~ *in Verwesung, im
Fäulniszustand* ‖ **–postura** *f* → **–posición** ‖
vernachlässigtes Äußere(s) n ‖ *Unsauberkeit* f ‖
⟨fig⟩ *Dreistigkeit* f
  descompre|sión *f* ⟨Phys⟩ *Druckentlastung,
Kompressions(ver)minderung, Entspannung,
Dekompression* f ‖ **–sor** *m Druckminderer* m
  descompuesto adj/s *zersetzt, faul, verfault* ‖
entzwei ‖ *unordentlich* ‖ *verzerrt (Gesichtszüge)* ‖
beunruhigt, verstört, außer Fassung ‖ *zornig* ‖
frech, dreist ‖ ⟨fig⟩ *un|höflich, -artig* ‖ ◇ *estar* ~
in Unordnung sein ‖ *zornig, wütend sein*
  descomunal adj *(m/f) ungeheuer, riesig* ‖
außerordentlich
  desconcen|tración *f Entflechtung,
Dekonzentration* f ‖ ~ *de carteles* →
descartelización ‖ **–trado** adj *nicht konzentriert* ‖
–trar vt *entflechten*
  desconcer|tado adj *unordentlich* ‖ ⟨fig⟩
ausschweifend ‖ ⟨fig⟩ *zerrüttet* ‖ ⟨fig⟩ *verlegen,
bestürzt, verblüfft* ‖ **–tador** adj *verwirrend,
beunruhigend* ‖ *verblüffend* ‖ adv: ~*amente* ‖
–tante adj *(m/f) verblüffend* ‖ **–tar** [-ie-] vt
*verwirren, verlegen machen, aus der Fassung
bringen* ‖ *bestürzen, verblüffen* ‖ *in Unordnung
bringen* ‖ *stören* ‖ *entzweien* ‖ *verrenken (Glied)* ‖
◇ *esto desconcierta mis proyectos das macht mir
e–n Strich durch die Rechnung* ‖ ~**se** ⟨fig⟩
verblüfft werden, aus der Fassung kommen ‖
uneinig werden, s. trennen ‖ ◇ ~ *el estómago s.
den Magen verderben*
  desconchabar vt Chi Mex → **desconcertar** ‖
Chi Mex *zer|legen, -setzen*
  descon|chadura *f,* **–chado** *m abspringender
Mauerputz* m ‖ *Abblättern* n ‖ **–charse** vr
ab|blättern, -bröckeln (Putz usw.) ‖ **–chón** *m
abgebröckeltes Stück* n *Putz*
  desconcierto *m* ⟨fig⟩ *Störung* f ‖ *Unordnung,
Verwirrung* f ‖ *Bestürzung* f ‖ ⟨fig⟩ *Uneinigkeit* f ‖
⟨fig⟩ *Zwiespalt* m ‖ ⟨fig⟩ *Zerrüttung* f ‖ ⟨fig⟩
Unbrauchbarkeit f ‖ ⟨fig⟩ *Durchfall* m, *Diarrhö(e)* f
  desconec|table adj *(m/f) ab-, aus|schaltbar* ‖
–tación *f* → **desconexión** ‖ **–tar** vt ⟨El⟩ *ab-,
aus|schalten* ‖ *trennen*
  desconexión *f Ab-, Aus|schaltung* f ‖ *Trennung* f
  descon|fiado adj *misstrauisch, argwöhnisch
(de zu)* ‖ *ungläubig, zweifelnd (de an dat)* ‖ adv:
~*amente* ‖ **–fianza** *f Misstrauen* n, *Argwohn* m ‖
Unglauben m ‖ *Zweifel* m ‖ ~ *para consigo
mismo Mangel* m *an Selbstvertrauen* ‖ ◆ *con* ~
misstrauisch ‖ **–fiar** [pres ~ío] vi *(jdm)
misstrauen, kein Zutrauen haben (de zu)* ‖
zweifeln (de an dat) ‖ ◇ **–fío de ello** *ich zweifle
daran*

desconfor|mar vi *verschiedener Meinung sein* (en *in* dat) ‖ ~**se** *nicht übereinstimmen* ‖ *s. widersprechen* ‖ **–me** adj *verschieden* ‖ *uneinig* ‖ **–midad** *f Uneinigsein* n

desconge|lación *f Abtauen* n *(Kühlschrank)* ‖ *Auftauen* n *(Tiefkühlkost)* ‖ *Entfrosten* n *(Glasscheiben)* ‖ ⟨Flugw⟩ *Enteisen* n ‖ ⟨Com⟩ *Freigabe* f ‖ **–lador** *m Entfroster* m ‖ *Enteiser* m ‖ ⟨Auto⟩ *Entfrosterdüse* f ‖ **–lar** vt *auftauen (Kost)* ‖ *abtauen (Kühlschrank)* ‖ *entfrosten (Scheiben)* ‖ ⟨Flugw⟩ *enteisen*

desconges|tión *f Auflockerung, Entflechtung* f ‖ *Entlastung* f (z. B. *Verkehr*) ‖ *Entballung* f ‖ **–tionar** vt *entlasten* ‖ *entballen* ‖ *entstauen* ‖ ⟨Med⟩ *zum Abschwellen bringen (Organ)* ‖ ⟨Med⟩ *den Blutandrang (e–s Organs) herabmindern* ‖ ~**se** *s. leeren* (z. B. *besetzte Straßenbahnwagen*)

descongojar vt *trösten*

descono|cedor adj/s *unkundig* (de gen) ‖ **–cer** [-zc-] vt *nicht (er)kennen* ‖ *verkennen* ‖ *nicht wiedererkennen* ‖ *nicht wissen* ‖ *verleugnen* ‖ *s. nicht bekennen zu …* ‖ ◇ ~ *el beneficio s. für e–e Wohltat nicht erkenntlich zeigen* ‖ *desconozco a Velázquez en este cuadro ich erkenne in diesem Bild Velázquez nicht wieder* ‖ *hoy te desconozco heute bist du nicht wiederzuerkennen, heute bist du ein ganz anderer Mensch* ‖ *no desconozco sus propósitos ich verkenne nicht s–e (ihre) Absichten* ‖ **–cida** *f Unbekannte* f ‖ **–cido** adj *unbekannt* ‖ *unkenntlich* ‖ ⟨fig⟩ *un|erkenntlich, -dankbar* ‖ ⟨fig⟩ *völlig neu* ‖ *verkannt* ‖ ~ *de sus paisanos von s–n Landsleuten nicht erkannt* ‖ ~ *para todos allen unbekannt* ‖ ◇ *estar* ~ *nicht wiederzuerkennen, ganz verändert sein* (z. B. *Leiche*) ‖ *ser* ~ *unbekannt sein* ‖ *totalmente* ~ *wildfremd* ‖ ~ *m Unbekannte(r)* m ‖ *undankbarer Mensch* m ‖ *ese gran* ~ *diese (zu Unrecht) in Vergessenheit geratene Persönlichkeit* ‖ **–cimiento** *m Un|wissenheit, -kenntnis* f ‖ *Undankbarkeit* f ‖ ~ *de paternidad* ⟨Jur⟩ *Ehelichkeitsanfechtungsverfahren* n

desconsentir [ie/i] vt *nicht bewilligen*

desconside|ración *f Rücksichtslosigkeit* f ‖ *Missachtung* f ‖ **–rado** adj/s *un|überlegt, -besonnen* ‖ *rücksichtslos* ‖ adv: ~**amente** ‖ **–rar** vt *außer Acht lassen* ‖ *rücksichtslos behandeln*

desconso|lación *f,* **desconsuelo** *m Trostlosigkeit* f ‖ *Betrübnis* f ‖ **–lado** adj *trostlos* ‖ *untröstlich* ‖ ⟨fig⟩ *betrübt* ‖ *trübselig* ‖ ⟨fig⟩ *öd(e) (Landschaft)* ‖ **–lador** adj *hoffnungslos, jämmerlich* ‖ **–lar** [-ue-] vt *betrüben* ‖ ~**se** *s. grämen* ‖ *verzagen* ‖ *untröstlich sein*

descon|table adj *(m/f)* ⟨Com⟩ *diskontierbar* ‖ **–tado** adj: por ~ *selbstverständlich, natürlich, freilich* ‖ ◇ *dar por* ~ *für selbstverständlich, für ganz sicher halten* ‖ *estar (od quedar)* ~ *nicht in Frage kommen* ‖ ¡~! *selbstverständlich!* ‖ **–tador** *m Remittent* m *(e–s nicht honorierten Wechsels)*

descontagiar vt *die Ansteckungsgefahr beseitigen* (a alg. *bei jdm*)

descontami|nación *f* ⟨Ökol⟩ *Entseuchung, Dekontamination* f *(& Atom)* ‖ **–nar** vt *entseuchen, dekontaminieren*

descon|tar [-ue-] vt *ab|rechnen, -ziehen, in Abzug bringen* ‖ *diskontieren (Wechsel)* ‖ *(ri)stornieren* ‖ *herabsetzen* ‖ ⟨fig⟩ *abstreichen, wegnehmen* ‖ ◇ –*tando que … ungeachtet (dessen), dass …, abgesehen davon, dass …* ‖ ~ *de la suma von dem Betrag abziehen* ‖ ~**se** *s. verrechnen*

desconten|tadizo adj/s *missvergnügt* ‖ *mürrisch* ‖ *wählerisch* ‖ **–tar** vt *unzufrieden machen* ‖ *missfallen* (dat) ‖ **–to** adj *unzufrieden, missvergnügt* (con *mit*) ‖ ◇ *estar* ~ *de sí mismo mit s. selbst unzufrieden sein* ‖ ~ *m*

Missvergnügen n ‖ *Unzufriedenheit* f ‖ *Verdrossenheit* f

descon|trol *m mangelnde Kontrolle* f ‖ **–trolarse** vr *die Beherrschung verlieren*

desconve|niencia *f Übelstand, Nachteil* m ‖ *Unschicklichkeit* f ‖ **–niente** adj *(m/f) unpassend* ‖ *unschicklich* ‖ **–nir** [irr → **venir**] vi *nicht übereinstimmen* (con *mit*) ‖ *nicht gelegen sein* ‖ *nicht passen, abweichen* (con *von*)

desconversable adj *(m/f) leute-, menschen|scheu*

descon|vidar vt *ausladen* ‖ **–vocar** vt *absagen (Sitzung, Streik usw.)*

descoordinación *f mangelnde Koordinierung* f

descopar vt *die Krone absägen* (dat) *(Baum)*

descora|zonado adj *entmutigt* ‖ *mutlos, niedergeschlagen* ‖ **–zonador** adj *entmutigend, deprimierend* ‖ **–zonar** vt *entmutigen* ‖ *einschüchtern* ‖ ~**se** *verzagen* ‖ *den Mut verlieren*

descor|chador *m Korkenzieher* m ‖ **–char** vt *(Korkholz) abrinden* ‖ *entkorken (Flasche)* ‖ ⟨fig⟩ *abbrechen (um zu stehlen: Kasse, Behälter usw.)* ‖ **–che** *m Abschälen* n *(Korkholz)* ‖ *Entkorken* n

descorderar vt/i *die Lämmer von der Herde trennen*

descorificar [c/qu] vt ⟨Tech⟩ *entschlacken*

descoritar vt *nackt ausziehen*

descor|namiento *m Abstoßen* n *der Ecken* ‖ **–nar** [-ue-] vt *(die Hörner) ab|brechen, -stoßen* ‖ ⟨pop⟩ *aufdecken, verraten* ‖ ~**se** ⟨fig pop⟩ *s. den Kopf zerbrechen* ‖ ⟨fig pop⟩ *schuften*

desco|rrer vt *(wieder) zurück|laufen, -gehen (eine Strecke)* ‖ *auf-, zurück|ziehen (Vorhang usw.)* ‖ *zurückschieben (Riegel)* ‖ *austräufeln lassen, ausdrücken (Flüssigkeit)* ‖ ◇ ~ *el cerrojo aufriegeln* ‖ ~ vi *ab|laufen, -fließen* ‖ **–rrimiento** *m Ab|fluss, -lauf* m

descor|tés adj/s *(m/f) unhöflich* ‖ *grob, ungeschliffen* ‖ adv: ~**mente** ‖ **–tesía** *f Unhöflichkeit* f ‖ *Ungezogenheit* f ‖ *Grobheit* f

descorte|zado adj *entrindet* ‖ ~ *m* → **–zadura** *f* ‖ **–zador** *m Schälmesser* n ‖ *Schäler* m ‖ **–zadora** *f Schälmaschine* f *(für den Haushalt)* ‖ *Endrindungsmaschine* f ‖ **–zadura** *f Schälrinde* f ‖ *entrindeter Baumteil* m ‖ *Entrindung, Ab|korkung* f, *-schälen* n ‖ **–zamiento** *m Ent-, Ab|rinden* n ‖ ⟨Med⟩ *Ausschälung* f ‖ **–zar** [z/c] vt *entrinden, schälen* ‖ *abborken* ‖ ⟨figf⟩ *ab|schleifen, -hobeln, (sittlich) verfeinern*

desco|sedura *f Aufgetrennte(s)* n ‖ **–ser** vt *auf-, los|trennen (eine Naht)* ‖ *trennen, auflösen* ‖ *entfernen* ‖ *(Heftklammern)* ‖ ◇ *no* ~ *los labios od la boca* ⟨figf⟩ *s. nicht mucksen, k–n Piep sagen* ‖ ~**se** *auf|gehen, -platzen (Naht)* ‖ ⟨fig⟩ *s. verplappern* ‖ ⟨figf⟩ *Winde streichen lassen* ‖ ◇ ~ *de risa* ⟨fam⟩ *vor Lachen bersten* ‖ **–sido** adj *aufgetrennt* ‖ ⟨fig⟩ *nicht zusammenhängend* ‖ ⟨fig⟩ *unordentlich* ‖ ⟨fig⟩ *schwatzhaft, plauderhaft* ‖ ⟨fam⟩ *toll, verrückt* ‖ ~ *m aufgetrennte Naht* f ‖ ⟨fam⟩ *Plaudertasche* f ‖ ◆ *como un* ~ ⟨fig⟩ *unmäßig* ‖ ◇ *gastar como un* ~ ⟨figf⟩ *maßlos verschwenden* ‖ *reír como un* ~ ⟨figf⟩ *aus vollem Halse lachen* ‖ *peor es lo roto que lo* ~ ⟨Spr⟩ *lieber biegen als brechen*

descostillar vt *wiederholt in die Rippen stoßen*

descostrar vt *entkrusten* ‖ *den Schorf (von e–r Wunde) entfernen*

desco|tado adj *ausgeschnitten (Frauenkleid)* ‖ **–te** *m (Hals)Ausschnitt* m, *Dekolleté* n ‖ ~ *bajo tiefer Ausschnitt* m ‖ ◆ *con* ~ *dekolletiert (Kleid)* ‖ **–tar** vt *dekolletieren*

descotorrar vt Cu *in Unordnung bringen* ‖ *zerstören*

descoyun|tamiento *m Verrenkung* f ‖ **–tar** vt *aus-, ver|renken* ‖ ⟨fig⟩ *plagen, belästigen* ‖

verdrehen, entstellen ‖ ~**se:** ~ *a cortesías* ⟨fig joc⟩ *übertrieben höflich sein*
des|crédito *m Verlust des Ansehens, Misskredit, Verruf* m ‖ *Schimpf, Schandfleck* m ‖ ◇ *caer en* ~ *in Verruf kommen, in Misskredit geraten, sein Ansehen verlieren* ‖ *poner en* ~ *in Verruf bringen* ‖ **–creer** [irr → **creer**] vt/i *nicht glauben* (de *an* acc) ‖ *k–n Glauben schenken* (dat) ‖ **–creído** adj/s *un|gläubig, -religiös* ‖ *gottlos* ‖ *misstrauisch* ‖ adv: ~**amente**
descre|mado *m Entrahmung* f *(der Milch)* ‖ **–madora** *f Entrahmer* m ‖ **–mar** vt *entrahmen*
descreatar vt/i *den Kamm (e–s Hahns) entfernen* ‖ Col ⟨fig⟩ *betrügen*
des|cribir [pp/irr **–crito**] vt *beschreiben, schildern* ‖ *abbilden* ‖ *erzählen* ‖ ◇ ~ *un círculo* ⟨Math⟩ *e–n Kreis beschreiben* ‖ *una curva e–n Bogen ziehen*
descrip|ción *f Beschreibung* f ‖ *Darstellung* f ‖ *Verzeichnis* n *(von Gegenständen)* ‖ *Schilderung* f ‖ *Erzählung* f ‖ ~ *de la patente Patentbeschreibung* f ‖ ~ *de viajes Reise|bericht* m, *-beschreibung* f ‖ ~ *viva lebendige od packende Schilderung* f ‖ *superior a toda* ~ *unbeschreiblich (schön usw.)* ‖ **–tible** adj *(m/f) zu beschreiben* ‖ **–tivo** adj *beschreibend, schildernd* ‖ *deskriptiv* ‖ **–tor** *m Beschreiber* m ‖ *Darsteller* m ‖ *Schilderer* m
des|crismar vt *(jdm) das Salböl abwischen* ‖ ⟨figf⟩ *(jdm) e–n starken Schlag auf den Kopf geben (Anspielung auf die mit dem heiligen Öl gesalbte Stelle)*, ⟨fam⟩ *eins auf die Birne geben* ‖ ~**se** ⟨figf⟩ *aus der Haut fahren* ‖ ⟨figf⟩ *s. abrackern* ‖ ⟨figf⟩ *s. die Sohlen ablaufen* ‖ ⟨figf⟩ *s. den Kopf zerbrechen* ‖ ◇ ~ *trabajando* ⟨fig pop⟩ *s. zu Tode arbeiten* ‖ **–cristianar** vt →
descrismar
descrispación *f Entkrampfung* f
descristia|nización *f Entchristianisierung* f ‖ **–nizar** [z/c] vt *entchristianisieren* ‖ ⟨figf⟩ →
descrismar
descrito adj *beschrieben* ‖ ◇ *no es para* ~ *es ist unbeschreiblich*
descrucificar vt *vom Kreuz abnehmen*
descrudado *m* ⟨Text⟩ *Entfetten* n
descruzar [z/c] vt: ~ *las manos die gekreuzten Hände (wieder) ausbreiten* ‖ ~ *las piernas die überschlagenen Beine wieder voneinander nehmen*
descuadrar vi PR *missfallen*
descuadrillarse (Am ⟨pop⟩ **descuagri(l)larse**) vr *s. die Hüfte verrenken (Pferde)*
descua|jar vt *aufbrechen (Acker)* ‖ *ausroden (Gelände)* ‖ *auflösen (Geronnenes)* ‖ *entwurzeln (Baum)* ‖ *beseitigen (Gestrüpp)* ‖ ⟨fig⟩ *den Mut nehmen* ‖ ⟨fig⟩ *den Wind aus den Segeln nehmen* (dat) ‖ ~**se** ⟨fam⟩ *s. abplagen* ‖ **–jaringar** [g/gu] vt *zerfetzen*, ⟨fam⟩ *kaputtmachen* ‖ ~**se** ⟨fam⟩ *ermüden (Arm, Bein)* ‖ ⟨fam⟩ *schlappmachen* ‖ *schwach werden (vor Lachen)* ‖ **–jeringado** adj ⟨fam⟩ Arg Chi Pe *schlampig* ‖ **–jeringar** [g/gu] vt *ein (heilloses) Durcheinander* n *anrichten (algo bei et.)* ‖ *(et.) in völliger Unordnung hinterlassen* ‖ ~**se** *in s. zusammenbrechen, s. zerschlagen (Plan)* ‖ **–jilotado** adj MAm *blass* ‖ *verzerrt (Gesicht)* ‖ **–jo, –je** *m Ausrodung* f, *Roden* n
descuarti|zamiento *m Vierteilung* f *(beim Schlachten)* ‖ ⟨Hist⟩ *Vierteilung* f *(Strafe)* ‖ ⟨fig⟩ *Zerschlagen* n ‖ **–zar** [z/c] vt *vierteilen* ‖ ⟨fam⟩ *in Stücke schlagen* ‖ ◇ *ni aunque me –cen* ⟨fam⟩ *um k–n Preis, auch wenn es mich den Kragen kostet, und wenn ich draufgehe* ‖ *está –zado* ⟨figf⟩ *er ist wie gerädert*
descubier|ta *f* ⟨Mil⟩ *Erkundung* f *des Landes* ‖ ⟨Mil⟩ *(Erkundungs)Spitze* f ‖ ~ *de infantería*

Infanteriespitze f ‖ ~ *de retaguardia Nachspitze* f ‖ *Auskundschaftung* f ‖ ⟨Mar⟩ *Beobachtung* f *des Sonnendurchgangs am Horizont* ‖ *Entdeckung* f ‖ ⟨Kochk⟩ *(unbelegter) Kuchen* m ‖ **–to** pp/irr von
descubrir ‖ ~ adj *unbedeckt* ‖ *ohne Decke, ohne Dach* ‖ *ohne Hut, barhäuptig* ‖ *offen, baumlos (Gegend)* ‖ *wolkenlos, heiter (Himmel)* ‖ *freiliegend* ‖ *offenbar* ‖ *schutzlos* ‖ *ungedeckt (Zahlung)* ‖ *überzogen (Konto)* ‖ *offen (Rechnung)* ‖ ⟨Mil⟩ *ohne Deckung, ungedeckt* ‖ ⟨Bot⟩ *nackt* ‖ ⟨Arch⟩ *im Rohbau* ‖ ⟨Bgb⟩ *über Tage* ‖ ⟨fig⟩ *preisgegeben, schutzlos* ‖ ◆ ~ *ohne Schutzwaffen* ‖ ⟨fig⟩ *kühn, todesmutig* ‖ *a la* ~*a, al* ~, *a cielo* ~ *ohne Obdach, im Freien, unter freiem Himmel* ‖ *ohne Umschweife* ‖ *en* ~ *im Rückstand (mit Zahlungen)* ‖ ⟨Com⟩ *ohne Deckung* ‖ ⟨fig⟩ *wehrlos* ‖ ◇ *andar od estar* ~ *mit unbedecktem Haupt einhergehen* ‖ *estar od quedar en od al* ~ *(bei e–r Abrechnung) ungedeckt sein, offen stehen* ‖ *Schuldner bleiben* ‖ *explotar al* ~ ⟨Bgb⟩ *über Tage abbauen* ‖ ⟨Com⟩ *girar en* ~ *überziehen* ‖ ~ *m Defizit* n, *Mehrbetrag* m, *ungedeckte Schuld* f ‖ ⟨reg⟩ *Vorplatz, Hausflur* m
descu|bridero *m Aussichtspunkt* m ‖ **–bridor** *m*/adj *Entdecker, Erforscher* m ‖ ⟨Jur⟩ *Finder* m ‖ ⟨Mil⟩ *Kundschafter* m ‖ **–brimiento** *m Entdeckung, Erfindung* f ‖ *Aufdeckung* f ‖ ⟨Bgb⟩ *Mutung* f ‖ *el* ~ *de América die Entdeckung Amerikas* ‖ **–brir** [pp **–bierto**] vt *aufdecken, entblößen* ‖ *bloß|legen, -stellen* ‖ *zeigen, zu erkennen geben* ‖ *enttarnen (Spion)* ‖ *enthüllen (Denkmal)* ‖ *entdecken (Schätze, Länder)* ‖ *(et.) erblicken, bemerken* ‖ *über|sehen, -schauen* ‖ *ausforschen, ermitteln* ‖ *verraten (Geheimnisse)* ‖ *offenbaren, kundgeben* ‖ *(jdn) bloßlegen, blamieren* ‖ ⟨Mil⟩ *entblößen, demaskieren, aufstöbern* ‖ ⟨Mar⟩ *sichten* ‖ ◇ ~ *la maraña,* ~ *el pastel* ⟨fam⟩ *hinter das Geheimnis kommen* ‖ ⟨fam⟩ *Lunte riechen* ‖ ~ *su pecho* ⟨fig⟩ *sein Herz ausschütten* ‖ ~**se** *den Hut abnehmen* ‖ *s. zeigen, an den Tag kommen, hervortreten* ‖ ⟨fig⟩ *sein Herz ausschütten* ‖ ⟨fig⟩ *s. outen* ‖ ⟨figf⟩ *s. blamieren*
descuelgue *m* ⟨fig⟩ *Talfahrt* f *(z.B. e–r Währung)*
descuello *m alles überragende Höhe* f *(& fig)* ‖ *Überlegenheit* f ‖ *Vorrang* m ‖ *Eitelkeit* f, *Hochmut* m
descuento *m Abrechnung* f, *Abzug* m, *Skonto m (& n)* ‖ *Discount* m ‖ *(Sonder)Rabatt* m ‖ *Abschlag, Preis|nachlass* m, *-ermäßigung* f ‖ *(Wechsel)Diskont* m, *Diskontierung* f ‖ ~ *por cantidad(es) Mengen|nachlass, -rabatt* m ‖ ~ *por merma (de peso) Gewichtsabzug* m ‖ ~ *suplementario Sonder-, Extra|rabatt* m ‖ *el usual* ~ *der übliche Rabatt, Nachlass* m ‖ ~ *del 5% por pago al contado od por pronto pago Kassenskonto, Kassenabzug von 5%* ‖ ◆ *sin* ~ *ohne Abzug* ‖ *con el máximo* ~ *mit bestem Rabatt* ‖ *neto y sin* ~ *netto ohne Abzug* ‖ ◇ *admitir al* ~ *zum Diskont annehmen (Wechsel)* ‖ *aumentar el (tipo del)* ~ *den Diskontsatz erhöhen* ‖ *conceder* ~ *Rabatt, Skonto gewähren* ‖ *deducido el* ~ *abzüglich Diskont* ‖ *presentar al* ~ *zum Diskont präsentieren, vorzeigen* ‖ *subir el (tipo del)* ~ *den Diskontsatz erhöhen*
descuerar vt chi *abhäuten* ‖ Chi ⟨fig⟩ *verleumden, lästern* ⟨fam⟩ *(über jdn) klatschen*
descuernacabras *m* ⟨Meteor⟩ *kalter Nordwind* m
descuerno *m* ⟨fig⟩ *Kränkung* f ‖ *Unhöflichkeit* f
descui|dado adj *nach-, fahr|lässig (ser)* ‖ *ungepflegt,* ⟨fam⟩ *schlampig* ‖ *vernachlässigt (estar)* ‖ *leichtsinnig* ‖ *ahnungslos, unachtsam (estar)* ‖ *liederlich* ‖ *unvorsichtig* ‖ ◇ *coger od*

pillar ~ *überraschen* ‖ adv: **~amente** ‖ **–dar** vt *nicht beachten, außer Acht lassen* ‖ *vernachlässigen* ‖ *versäumen* ‖ ~ vi *nach-, fahr\lässig sein* ‖ *unbesorgt sein* ‖ ◇ ~ en alg. s. *auf jdn verlassen* ‖ ¡–de Vd.*! seien Sie unbesorgt!, verlassen Sie s. darauf!* ‖ **~se** *nachlässig sein* ‖ ⟨fig⟩ *s. vergessen, e–n Fehltritt tun* ‖ *unbesorgt sein, s. nicht (be)kümmern* (de, en um) ‖ **–dero** m *Taschen-, Gelegenheits\dieb* m ‖ ~ de autos *Automarder* m ‖ **–do** m *Nach-, Fahr\lässigkeit, Sorglosigkeit* f ‖ *Unachtsamkeit, Vergeßlichkeit* f ‖ *Versehen* n ‖ *Fehltritt, Missgriff* m ‖ *Un\höflichkeit, -aufmerksamkeit* f ‖ *Taschendiebstahl* m ‖ ◆ al ~, con ~ *afectado mit absichtlich verstellter Sorglosigkeit* ‖ al menor ~ *beim geringsten Versehen* ‖ *ehe man sich's versieht* ‖ con (mucho) ~ *(sehr) nachlässig, sorglos* ‖ por ~ *aus Versehen, versehentlich* ‖ **–tado** adj *sorgenlos, leichtsinnig*

descular vt ⟨pop⟩ → **desfondar**

desculpabilizar [z/c] vt *von e–r Schuld freisprechen, für nicht schuldig erklären*

descumbrado adj *eben, flach, ohne Erhebungen (Landschaft)*

descunchar vi Col *s–n letzten Einsatz verlieren (beim Spiel)*

desdar [irr → **dar**] vt *zurückdrehen* ‖ *zurückspulen* ‖ Sant *(e–n Knopf) öffnen*

desde 1. prep *seit, von (e–r gewissen Zeit) an* ‖ *von e–r gewissen Entfernung* ‖ ~ ahora en adelante *von nun an* ‖ ~ aquí *von hier (aus)* ‖ ~ ayer *seit gestern* ‖ ~ Berlín hasta Bilbao *von Berlin bis od nach Bilbao* ‖ ~ donde *von wo (aus)* ‖ ~ entonces *seitdem* ‖ *von jener Zeit an* ‖ ~ hoy, ~ ahora *von heute, von nun an* ‖ *schon jetzt* ‖ ~ hace algún tiempo *seit geraumer Zeit* ‖ ~ hace quince días *seit 14 Tagen* ‖ ~ lejos *von fern* ‖ ¿~ cuándo? *seit wann?* ‖ ~ niño *von Kindheit an* ‖ ~ las tres hasta las cinco *von drei bis fünf Uhr*
2. adv: ~ luego *alsbald, sogleich* ‖ *natürlich, selbstverständlich* ‖ *zwar, wohl* ‖ ~ y ~ Am ⟨reg⟩ → ~ luego ‖ ~ ya Arg *ab jetzt, von jetzt ab*
3. ~ **que** conj *seit, seitdem:* ~ que tú viniste *seitdem du gekommen bist* ‖ ~ que puedo recordar *solang(e) ich zurückdenken kann* ‖ ~ que vi que no venías *sobald ich sah, dass du nicht kamst* ‖ ~ que Gal *da (ja), weil*

desdecir [irr → **decir**] vi *widersprechen* (dat), *in Widerspruch stehen, abweichen* (de von) ‖ ⟨fig⟩ *nicht passen* ‖ ◇ ~ de a/c *e–r Sache nicht entsprechen* ‖ *mit et. nicht übereinkommen* ‖ *de los suyos aus der Art schlagen, nicht nach s–r Familie geraten* ‖ su conducta no desdice de su posición *sein (ihr) Benehmen entspricht s–r Stellung* ‖ **~se** (de) *(et.) zurücknehmen* ‖ *(et.) widerrufen* ‖ ~ de su promesa *sein Versprechen zurücknehmen, nicht halten*

Desdémona f np *Desdemona f*

desdén m *Geringschätzung, (stolze) Verachtung* f ‖ ⟨fig⟩ *Sprödigkeit* f ‖ *Gleichgültigkeit* f ‖ ◆ al ~ *mit verstellter Sorglosigkeit* ‖ con ~ *verächtlich, wegwerfend* ‖ *von oben herab* ‖ *geringschätzig*

desdentado adj/s *zahnlos* ‖ **~s** mpl ⟨Zool⟩ *Zahnarme, Edentaten* mpl (Edentata)

desde\ñable adj *(m/f) verachtenswert* ‖ ◇ no es (cosa) ~ *das ist nicht zu verachten* ‖ **–ñador** adj → **–ñoso** ‖ **–ñar** vt *gering schätzen, verachten* ‖ *verschmähen* ‖ *nicht für nötig halten* ‖ ◇ **~se** de a/c *es für unter s–r Würde halten, et. zu tun* ‖ **–ñoso** adj *verächtlich, geringschätzig* ‖ *hochmütig* ‖ *voller Verachtung* (hacia *für*)

desdevanar vt ⟨Text⟩ *ab\haspeln, -wickeln*

desdibu\jado adj ⟨Mal⟩ *verzeichnet* ‖ ⟨fig⟩ *unklar, verschwommen* ‖ **–jarse** vr *an Klarheit od Deutlichkeit verlieren, verschwommen werden*

desdi\cha f *Unglück, Missgeschick* n ‖ *Unfall, Unglücksfall* m ‖ *Kummer* m, *Elend* n ‖ ◇ dejar algo hecho una ~ ⟨figf⟩ *et. sehr schmutzig machen* ‖ dejar a alg. hecho una ~ ⟨figf⟩ *jdn schrecklich zurichten, jdn sehr beschmutzen* ‖ **–chadamente** adv *unglücklicherweise, leider* ‖ **–chado** adj/s *unglücklich, un(glück)selig, elend* ‖ ⟨fig⟩ *erbärmlich* ‖ *einfältig* ‖ ~ m (fam) *armer Teufel* m ‖ ⟨fam⟩ *Pechvogel* m ‖ *einfältige Person* f ‖ ¡~ (de tí)*! (du) Unglücklicher!*

desdicho pp/irr von **desdecir**

desdinerar vt *(ein Land) in die Armut stoßen* ‖ **~se** *sein Vermögen aufs Spiel setzen (und verlieren)*

desdo\blable adj *(m/f)* ⟨Chem⟩ *(auf)spaltbar* ‖ **–blamiento** m *Entfaltung* f ‖ *Ausbreitung* f ‖ ⟨Bot⟩ *Verdopp(e)lung* f ‖ ⟨Biol⟩ *Teilung* f ‖ ⟨Chem⟩ *Zersetzung* f ‖ ⟨Chem⟩ *(Auf)Spaltung* f (en *in* acc) ‖ ⟨Tech⟩ *Aufbiegung* f ‖ ⟨Mil⟩ *Entfaltung f (der Kräfte)* ‖ ⟨Psychol Med⟩ *Spaltung* f ‖ ⟨fig⟩ *Erklärung* f ‖ ⟨fig⟩ *Vermehrung* f, *Zuwachs* m ‖ ~ (de la personalidad) ⟨Psychol Med⟩ *Bewusstseinsspaltung* f ‖ ~ psíquico *psychische Spaltung* f ‖ **–blar** vt *entfalten, aufmachen, auseinander legen* (z. B. *Serviette*) ‖ *ausbreiten* ‖ *aufschlagen (Bett)* ‖ ⟨Biol⟩ *teilen* ‖ ⟨Med Psychol Chem⟩ *spalten* ‖ ⟨Chem⟩ *abbauen, zersetzen* ‖ ⟨Tech⟩ *aufbiegen* ‖ *gerade biegen* ‖ ⟨Mil⟩ *abdrehen, die Richtung (von et.) ändern* ‖ *entfalten* ‖ *umgehen* ‖ **~se** *auseinander gehen* ‖ ⟨fig⟩ *s. entfalten* (z. B. *Aussicht*) ‖ ⟨Mil⟩ *ausschwärmen*

desdorar vt *die Vergoldung entfernen* ‖ ⟨fig⟩ *den guten Ruf verdunkeln*

desdo\ro m *Schimpf* m, *Schande* f ‖ *Schandfleck* m ‖ *Unehre* f ‖ **–roso** adj *entehrend*

desdramatizar [z/c] vt *entdramatisieren, herunterspielen*

dese, desa ⟨pop⟩ → **de ese, de esa**

dese\able adj *(m/f) wünschenswert, erwünscht* ‖ *willkommen* ‖ *begrüßenswert* ‖ *begehrenswert* ‖ *erstrebenswert* ‖ adv: **~mente** ‖ **–ado** adj *erwünscht* ‖ *begehrt* ‖ *ersehnt* ‖ **–ar** vt *(herbei)wünschen, verlangen, begehren* ‖ *beabsichtigen, vorhaben, trachten nach* ‖ *ersehnen* ‖ *begehren* ‖ *(mit Ungeduld) erwarten* ‖ *(tun) wollen, mögen* ‖ ◇ ~ algo a alg. *jdm et. wünschen* ‖ ~ buen éxito *guten Erfolg wünschen* ‖ ~ (un) feliz Año Nuevo *frohes neues Jahr wünschen* ‖ dejar mucho (no dejar nada) que ~ *viel (nichts) zu wünschen übrig lassen* ‖ hacerse ~ *auf s. warten lassen* ‖ ser de ~ *zu wünschen sein* ‖ ¡no hay más que ~*! (fam) Ihr Wunsch ist mir Befehl!, Sie brauchen (es) nur zu wünschen!*

dese\cación f *Trockenlegung f (Sumpf)* ‖ *Trockenheit* f ‖ *Austrocknung f, (Aus)Trocknen* n ‖ *Dörren* n *(Obst, Gemüse)* ‖ ⟨Tech⟩ *Wasserentziehung* f ‖ **–cado** adj *ausgestopft (Tier, Vogel)* ‖ (fam) *spindeldürr* ‖ ~ m *Trocknung* f ‖ **–cador** m ⟨Tech⟩ *Trockner, Exsikkator* m ‖ **–car** [c/qu] vt *(aus)trocknen* ‖ *trockenlegen, entwässern* ‖ *dörren* ‖ **~se** *austrocknen* ‖ **–cativo** adj/s *austrocknend (Mittel)*

dese\chadamente adv *auf schmähliche Art* ‖ **–char** vt *weg-, ver\werfen (Wertloses)* ‖ *ausschließen (Unbrauchbares, Mangelhaftes)* ‖ ⟨Tech⟩ *zum Ausschuss werfen* ‖ ⟨Bgb⟩ *aufgeben (Bergwerk)* ‖ *ausmerzen* ‖ ⟨fig⟩ *verschmähen, abweisen* ‖ ⟨fig⟩ *des Lokals verweisen (Friedensstörer)* ‖ ⟨fig⟩ *ablegen (Schuhe, Kleider)* ‖ ⟨fig⟩ *aus\scheiden, -schließen* ‖ *verbannen (Furcht, Argwohn)* ‖ *ausschlagen (Angebot)* ‖

nicht hören wollen (Mahnung) ‖ ⟨Jur⟩ *ablehnen (Gesetzentwurf)* ‖ *verwerfen, zurückweisen (Rechtsmittel)* ‖ *abweisen (Klage)* ‖ *(Schlüssel) umdrehen (zum Öffnen)* ‖ *zurückschieben (Riegel)* ‖ ◇ ~ *todos los escrúpulos alle Bedenken beiseite lassen* ‖ ~ *del pensamiento aus dem Kopf schlagen* ‖ ~ *todo respeto rücksichtslos zu Werke gehen* ‖ **–chito** *m* Cu *zweitklassiger Tabak* m ‖ **–cho** *m Aus|wurf, -schuss, Abfall, Müll* m, *Überbleibsel* n ‖ ⟨Mil⟩ *ausgemusterte Pferde* npl ‖ ⟨Tech⟩ *Rückstand, Ausschuss* m ‖ *Bruch* m ‖ ⟨Typ⟩ *Makulaturbogen* m ‖ ⟨Bgb⟩ *Abraum* m ‖ ⟨fig⟩ *Geringschätzung* f ‖ Cu *bester Rauchtabak* m ‖ Cu *Nebenweg* m ‖ **~s** *mpl Ausschuss* m, *Ab|fälle* mpl, *-fallprodukte* npl ‖ ~ *caseros Hausmüll* m ‖ ~ *industriales Industriemüll* m ‖ ~ *radiactivos radioaktiver Müll* m ‖ ~ *tóxicos Giftmüll* m ‖ ~ *de vidrio Glasbruch* m

desedifi|cación *f* ⟨fig⟩ *schlechtes Beispiel* m ‖ **–car** [c/qu] *vt* ⟨fig⟩ *ein schlechtes Beispiel geben* △ **deseguida** *f Nutte* f

dese|lladura *f Entsiegeln* n ‖ **–llar** *vt entsiegeln*

desem|balador *m Auspacker* m ‖ *Markthelfer* m ‖ **–balaje** *m Auspacken* n ‖ **–balar** *vt auspacken*

desembaldosar *vt den Bodenplattenbelag herausreißen (algo aus et.)*

desembalsar *vt (e–n Stausee) leeren od leerlaufen lassen*

desembanastar *vt aus e–m Korb herausnehmen* ‖ **~se** ⟨figf⟩ *aus dem Wagen steigen*

desembara|zado *adj frei von Hindernissen* ‖ *ungezwungen, zwanglos* ‖ *frei, leer, geräumt (Zimmer)* ‖ *adv:* **~amente** ‖ **–zar** [z/c] *vt frei machen, losmachen (von e–r Last, von e–m Hindernis)* ‖ *(aus)räumen, leeren (Wohnung)* ‖ ~ *vi Chi entbinden, gebären (Frau)* ‖ **~se** *s. frei machen (de von)* ‖ ◇ ~ *(de estorbos)* ⟨fig⟩ *Hindernisse aus dem Weg räumen* ‖ **–zo** *m Wegräumung* f *von Hindernissen* ‖ *Unbefangenheit* f ‖ ⟨fig⟩ *Ungezwungenheit* f ‖ ◆ con mucho ~ *ganz ungezwungen, ungeniert*

desembar|cadero *m* ⟨Mar⟩ *Landungs-, Lösch|platz* m ‖ *Landungsbrücke* f ‖ *Stapelplatz* m *zum Warenlöschen, Ausladestelle* f ‖ *Dampfersteg* m ‖ ⟨EB⟩ *Ankunftsbahnsteig* m ‖ **–car** [c/qu] *vt/i ausschiffen (Personen)* ‖ *ausladen (Waren)* ‖ *löschen (Schiff)* ‖ ~ *vi an Land gehen, landen aussteigen* ‖ ⟨Mar⟩ *abheuern* ‖ *enden (Treppe)* ‖ ⟨fig pop⟩ *entbinden* ‖ ◇ ~ *del coche* ⟨fig⟩ *aus dem Wagen steigen* ‖ *estar para* ~ ⟨figf⟩ *vor der Niederkunft stehen (Frau)* ‖ **~se** *landen* **–co** *m* ⟨Mar⟩ *Landung, Ausschiffung* f *(der Passagiere)* ‖ ⟨Mil⟩ *Landung* f ‖ *Etagen-, Treppen|absatz* m ‖ ~ *aéreo* ⟨Mil⟩ *Luftlandung* f

desembar|gado *adj ungehindert, frei* ‖ **–gar** [g/gu] *vt* ⟨Jur⟩ *die Beschlagnahme (e–r Sache) aufheben* ‖ *von Hindernissen befreien* ‖ **–go** *m* ⟨Jur⟩ *Aufhebung* f, *Freigabe* f *der Beschlagnahme*

desembarque *m* ⟨Mar⟩ *Löschen, Auslanden* n *(der Ladung)*

desembarrancar [c/qu] *vt* ⟨Mar⟩ *flottmachen (ein aufgelaufenes Schiff)*

desembarrar *vt ausschlämmen*

desembaular *vt/i (aus dem Koffer) auspacken* ‖ ⟨fig⟩ *heraus|nehmen, -holen, hervorholen* ‖ ⟨figf⟩ *herausrücken (mit e–m Anliegen)* ‖ ⟨figf⟩ *(jdm) sein Herz ausschütten*

desemblantado *adj unähnlich* ‖ ⟨fig⟩ *verstört, blass*

desembo|cadero *m (Fluss)Mündung* f (& fig) ‖ **–cadura** *f (Fluss)Mündung* f ‖ ⟨Tech⟩ *Auslauf* m,

Ende n ‖ **–car** [c/qu] *vi (ein)münden (en in acc)* ‖ *herausgehen (aus e–r Straße)* ‖ ◇ ~ *en el mar s. in das Meer ergießen (Fluss)*

desembol|sar *vt aus der Börse nehmen* ‖ *aus|legen, -geben, vorstrecken (Geld)* ‖ *einzahlen (Kapital)* ‖ *aus-, zurück|zahlen* ‖ **–so** *m* ⟨fig⟩ *Zahlung* f ‖ *Ausgabe, (Bar)Auslage* f ‖ *Vorschuss* m ‖ *Einzahlung* f *(Kapital)* ‖ ~ *inicial Anzahlung* f ‖ ~ *total Volleinzahlung* f ‖ ◇ *cubrir* ~*s Auslagen decken* ‖ *hacer* ~*s sobre acciones Einzahlungen auf Aktien leisten*

desemboque *m* → **desembocadero**

desemborrachar *vt ernüchtern* ‖ **~se** *(wieder) nüchtern werden*

desemboscarse [c/qu] *vr aus dem Wald heraustreten*

desembotar *vt (wieder) schärfen, scharf machen*

desembozar [z/c] *vt enthüllen* (& fig) ‖ *offenbaren* ‖ **~se** *das Gesicht enthüllen* ‖ ⟨fig⟩ *sein wahres Gesicht zeigen, die Maske fallen lassen*

desembra|gar [g/gu] *vt/i* ⟨Tech⟩ *aus|rücken, -kuppeln, -lösen* ‖ **–gue** *m* ⟨Tech⟩ *Aus|rücken* n, *-rückung, -lösung* f ‖ *Ausschaltung* f ‖ ⟨Auto⟩ *Auskuppeln* n ‖ ~ *automático Selbstausrückung* f

desembrear *vt entpichen*

desembriagarse *vr* → **desemborracharse**

desembridar *vt abzäumen (Pferd)*

desembrollar *vt* ⟨fam⟩ *entwirren*

desembrujar *vt entzaubern* ‖ *den Zauber lösen od bannen (a alg. bei jdm)*

desembuchar *vt/i* ⟨V⟩ *(den Kropf) leeren* ‖ ⟨fam⟩ *ausplaudern, herausplatzen (mit dat)* ‖ ⟨fam⟩ *auspacken* ‖ *¡desembucha! (pop) schieß los!*

desembu|llar *vt* Cu *entmutigen* ‖ **–bullo** *m* Cu *Mutlosigkeit* f

deseme|jable *adj (m/f) ungeheuer* ‖ *schrecklich* ‖ **–jante** *adj (m/f) unähnlich, verschieden* ‖ ~ *del resto vom Übrigen verschieden* ‖ **–janza** *f Unähnlichkeit* f ‖ **–jar** *vt entstellen* ‖ *vi unähnlich sein* ‖ *anders sein od aussehen*

desempacar [c/qu] *vt auspacken* ‖ **~se** *s. beruhigen, s. besänftigen*

desem|pachado *adj zwanglos, ungezwungen* ‖ *unbefangen* ‖ **–pachar** *vt den Magen erleichtern* ‖ **~se** ⟨fig⟩ *Mut fassen, die Scheu ablegen,* ⟨fam⟩ *auftauen* ‖ **–pacho** *m Zwanglosigkeit* f ‖ *Unbefangenheit* f ‖ *Dreistigkeit* f ‖ *Frechheit* f

desempalmar *vt e–e Verbindung lösen*

desempañar *vt (ein Kind) aus den Windeln nehmen* ‖ *abwischen (beschlagene Glasscheibe usw.)*

desempapelar *vt Tapeten ablösen (una pared von e–r Wand)* ‖ *(et.) aus dem Papier auswickeln*

desem|paque *m Auspacken* n ‖ **–paquetar** *vt auspacken*

desemparejar *vt* → **desparejar**

desem|patar *vt/i (die Unbestimmtheit) nehmen* ‖ ◇ ~ *a 3 : 0* ⟨Sp⟩ *(ein unentschieden gebliebenes Spiel) mit 3 : 0 entscheiden* ‖ **–pate** *m Stichentscheid* m ‖ ⟨Sp⟩ *Entscheidung* f *e–s unentschieden gebliebenen Spieles*

desempedrar [-ie-] *vt die Pflastersteine ausreißen* ‖ ◇ ~ *la calle* ⟨figf⟩ *sehr eilig gehen,* ⟨figf⟩ *die Beine unter die Arme nehmen*

desempegar [g/gu] *vt entpichen*

desempe|ñar *vt ein-, aus|lösen (Pfand)* ‖ *(von Schulden) befreien* ‖ *ausführen, erledigen (Auftrag)* ‖ *erfüllen (Pflicht)* ‖ *ausüben, bekleiden (Amt)* ‖ ⟨Th⟩ *e–e Rolle spielen* (& fig) ‖ ◇ ~ *un encargo s. e–s Auftrages entledigen* ‖ ~ *una hipoteca e–e Hypothek ablösen* ‖ ~ *un papel* ⟨Th⟩ *e–e Rolle spielen* (& fig) ‖ ~ *a alg. de un trance* difícil *jdn aus e–r schwierigen Lage befreien* ‖ ~**se**: ~ *bien* ⟨fam⟩ *s. gut schlagen,* ⟨figf⟩ *den Kopf aus der Schlinge ziehen* ‖ **–ño** *m Aus-, Ein\lösen* n *(e–s Pfandes)* ‖ *Auslösung* f *(e–s Schuldners)* ‖ *Schuldentilgung* f ‖ *Besorgung, Erledigung* f ‖ *Bekleidung* f *(e–s Amtes)* ‖ ⟨Th⟩ *Spiel* n *(e–r Rolle)* ‖ ⟨fig⟩ *Befreiung* f

desem\pleado *m Arbeitslose(r)* m ‖ **–pleo** *m Arbeitslosigkeit* f

desempolv(or)ar *vt ab-, ent-, aus\stauben* ‖ ⟨fig⟩ *(et. längst Vergessenes) vergegenwärtigen*

desemponzoñar *vt entgiften (& fig)*

desempotrar *vt* ⟨Arch⟩ *abbrechen* ‖ *Einbaumöbel ausbauen*

desemular *vt* ⟨pop⟩ → **disimular**

desenamorarse *vr die Liebe od die Neigung verlieren*

desen\cadenamiento *m Entfesselung* f ‖ **–cadenar** *vt losketten* ‖ ⟨fig⟩ *entfesseln* ‖ ⟨fig⟩ *aufpeitschen* ‖ ◊ ~ *un ataque e–n Angriff entfesseln* ‖ *el diablo anda –cadenado* ⟨fig⟩ *der Teufel ist los* ‖ *estar –cadenado* ⟨fig⟩ *außer Rand und Band sein* ‖ ~**se** *s. entfesseln, losbrechen, toben, wüten (Stürme, Leidenschaften)*

desen\cajado *adj verrenkt* ‖ *verstört (Gesicht)* ‖ ⟨Tech⟩ *ausgerastet* ‖ ⟨Med⟩ *verrenkt* ‖ **–cajamiento** *m* ⟨Med⟩ *Zerrung, Verrenkung* f ‖ ⟨Tech⟩ *Ausrasten* n ‖ **–cajar** *vt* ⟨Med⟩ *verrenken* ‖ ⟨Tech⟩ *ausrasten* ‖ *aus den Fugen reißen* ‖ ~**se** *ausrasten* ‖ *aus den Fugen gehen* ‖ ⟨fig⟩ *s. vor Schreck weiten (Augen)* ‖ ⟨fig⟩ *s. verzerren (Gesichtszüge)* ‖ ⟨fig⟩ *außer Fassung geraten*

desen\calante *m Entkalkungsmittel* n, *Kalklöser* m ‖ **–calar** *vt entkalken*

desen\callamiento *m* ⟨Mar⟩ *Abbringung* f ‖ **–callar** *vt* ⟨Mar⟩ *abbringen* ‖ *(wieder) flottmachen (aufgelaufenes Schiff)* ‖ ~**se** *frei-, los\kommen (vom Grund)*

desencaminar *vt* → **descaminar**

desen\cantar *vt entzaubern, den Zauber brechen od lösen* ‖ ⟨fig⟩ *ernüchtern* ‖ ⟨fig⟩ *enttäuschen* ‖ ~**se** *enttäuscht werden* ‖ **–canto** *m Entzauberung* f ‖ ⟨fig⟩ *Ernüchterung, Enttäuschung* f ‖ ~ *estatal Staatsverdrossenheit* f

desencapotar *vt (jdm) den Umhang abnehmen* ‖ ⟨figf⟩ *aufdecken* ‖ ~**se** ⟨fig⟩ *s. aufhellen (Himmel, Stimmung)*

desencapricharse *vr vernünftig werden*

desencarcelar *vt aus dem Gefängnis entlassen*

desencarecer [-zc] *vt verbilligen* ‖ ~**se** *billiger werden*

desencargar [g/gu] *vt abbestellen*

desencastillar *vt aus-, ver\treiben* ‖ ⟨fig⟩ *enthüllen*

¹desenchufar *vt den Stecker herausziehen* ‖ *auskuppeln*

△ **²desenchufar** *vt tüchtig verprügeln*

desenclavar *vt losnageln* ‖ *aus\klinken, -lösen* ‖ *entriegeln* ‖ ⟨EB⟩ *(die Strecke) freigeben*

desenclavijar *vt auseinander-, weg\reißen* ‖ *fortstoßen* f ‖ ⟨Mus⟩ *die Wirbel herausziehen (e–s Saiteninstruments)*

desencofrar *vt* ⟨Arch⟩ *aus-, ent\schalen*

desencoger [g/j] *vt auseinander breiten, (aus)strecken* ‖ **–gimiento** *m* ⟨fig⟩ *Vorwitzigkeit* f ‖ *Dreistigkeit* f

desencolar *vt ablösen, aufweichen (Geleimtes)* ‖ ⟨Text⟩ *entschlichten* ‖ ~**se** *aus dem Leim gehen*

desencolerizar [z/c] *vt die Wut dämpfen* ‖ ~ *a alg. jdn besänftigen*

desen\conar *vt kühlen (Entzündung)* ‖ ⟨fig⟩ *besänftigen* ‖ ~**se** *abkühlen, ruhig werden* ‖ **–cono** *m Kühlen* n *(Entzündung)* ‖ ⟨fig⟩ *Be\schwichtigung, -sänftigung* f

desencontrarse *vi s. verfehlen (2 Personen)*

desencorvar *vt gerade richten*

desen\cuadernado *adj aus dem Einband gelöst* ‖ ~ *m Kartenspiel* n ‖ **–cuadernar** *vt auseinander nehmen (Einband)* ‖ *losheften (Buch)* ‖ ~**se** *aus dem Einband gehen (Buch)*

desendemoniar *vt den Teufel austreiben*

desendiosar *vt entgöttern* ‖ ⟨fig⟩ *vom Thron (der Überheblichkeit) stoßen*

desenfa\daderas *fpl:* tener (buenas) ~*s* ⟨fam⟩ *s. in der Verlegenheit leicht zu helfen wissen* ‖ **–dado** *adj un\gezwungen, -geniert* ‖ *frei, ungehemmt* ‖ *geräumig, luftig* ‖ *dreist, keck* ‖ **–dar** *vt aufheitern* ‖ *be\sänftigen, -schwichtigen* ‖ *aufheitern* ‖ ~**se** *s. aufheitern* ‖ **–do** *m Heiterkeit* f ‖ *Zerstreuung* f, *Vergnügen* n ‖ *Un\gezwungenheit, -geniertheit* f ‖ *Frechheit* f

desenfard(el)ar *vt auspacken* ‖ *aufschnüren (Warenbündel)*

desen\filado *adj* ⟨Mil⟩ *unbestrichen* ‖ ⟨Mil⟩ *der Sicht entzogen* ‖ **–filar** ⟨Mar Mil⟩ *decken* ‖ ⟨Mil⟩ *der Sicht entziehen*

desen\focado *adj* ⟨Fot⟩ *falsch eingestellt (& fig), unscharf* ‖ **–focar** [c/qu] *vt unscharf einstellen* ‖ ⟨fig⟩ *e–e falsche Einstellung haben* ‖ **–foque** *m Unschärfe* f ‖ *falsche Einstellung* f *(& fig)* ‖ ⟨fig⟩ *falscher Standpunkt* m

desenfrailarse *vr aus dem Kloster austreten*

desenfre\nado *adj zügel-, hemmungs\los, ausschweifend* ‖ *corriendo –nadamente in rasendem Lauf* ‖ **–nar** *vt abzäumen (Pferd)* ‖ ~**se** *zügel-, hemmungs\los leben* ‖ ⟨fig⟩ *wüten, losbrechen (Krieg, Gewitter usw.)* ‖ **–no** *m Zügel-, Hemmungs\losigkeit* f ‖ *Ungestüm* n ‖ ~ *de vientre* ⟨pop⟩ *Durchfall* m

desenfriar [-frío] *vt wärmen*

desenfundar *vt aus dem Futteral, Überzug nehmen*

desenfurecer [-zc] *vt die Wut (jds) dämpfen* ‖ ~ *a alg. jdn besänftigen*

desen\ganchar *vt ab-, aus-, los\haken* ‖ *aus-, ab\spannen (Pferde)* ‖ ⟨Auto⟩ *abhängen* ‖ ⟨EB⟩ *(e–n Wagen) abkuppeln* ‖ ~**se** [in der Drogenszene] *s. von der Droge lösen, clean werden* ‖ **–ganche** *m* ⟨Tech⟩ *Auslösung* f ‖ *Ausrücken* n ‖ ⟨Auto⟩ *Abhängen* n ‖ ⟨Pol⟩ *Auseinanderrücken* n *der (befeindeten) Machtblöcke*

desenga\ñadamente *adv klar, aufrichtig* ‖ ⟨figf⟩ *erbärmlich* ‖ **–ñado** *adj enttäuscht* ‖ *ernüchtert* ‖ ⟨figf⟩ *verächtlich* ‖ *unbrauchbar* ‖ *Am garstig, hässlich* ‖ **–ñar** *vt enttäuschen* ‖ *ernüchtern* ‖ *die Illusion nehmen, die Augen öffnen (a alg. jdm)* ‖ ~**se** *den Irrtum einsehen* ‖ *e–e Enttäuschung erleben* ‖ ◊ ~ *de ilusiones s–e Illusionen verlieren* ‖ ¡desengáñese Vd.! *geben Sie s. k–n Täuschungen hin!* ‖ *sehen Sie es ein!* ‖ me estoy desengañando *mir gehen die Augen auf* ‖ **–ño** *m Enttäuschung* f ‖ *Belehrung* f ‖ *Ernüchterung* f

desen\garzar [z/c] *vt ausfädeln (Perlen usw.)* ‖ **–gastar** *vt aus der Fassung nehmen (Brillanten usw.)*

desen\grasado, –grasamiento *m* → **–grase** ‖ **–grasar** *vt entfetten* ‖ ⟨Chem Tech⟩ *entfetten* ‖ *entölen* ‖ *(chemisch) reinigen* ‖ *entschweißen (Wolle)* ‖ ⟨Kochk⟩ *ausbraten* ‖ ~ *vi* ⟨fam⟩ *schlank werden* ‖ **–grase** *m Entfettung* f ‖ **–grosar** [ue-] *vt dünn, mager machen* ‖ ~ *vi mager werden*

desenhebrar *vt ausfädeln (Nadel)*

desenjaezar [z/c] *vt abschirren (Pferd)*

desenjaular *vt aus dem Käfig lassen*

desen\lace *m* ⟨Auf⟩*Lösung* f ‖ *Ende* n ‖ *Ausgang* m *(e–s Dramas usw.)* ‖ ~ *fatal,* ~

funesto *tragisches Ende* n ‖ ⟨fig⟩ *Tod* m ‖ **–lazar** [z/c] vt *auf-, los|binden, auf|schnüren, -schnallen* ‖ ⟨fig⟩ *lösen* ‖ ~**se** ⟨fig Th⟩ *s. lösen (dramatischer Knoten)*

desenlodar vt *von Schlamm und Schmutz befreien*

desenlutar vt/i *die Trauerkleidung ablegen*
desenmarañar vt *aus-, ent|wirren*
desenma|scarar vt *(jdm) die Maske vom Gesicht nehmen* ‖ *demaskieren* ‖ *freilegen* ‖ ⟨fig⟩ *(jdm) die Maske vom Gesicht reißen, entlarven, enthüllen*
deseno|jar vt *be|sänftigen, -ruhigen* ‖ **–jo** m *Be|sänftigung, -beruhigung* f
desen|redar vt *aus-, ent|wirren* ‖ *durchkämmen (Haare)* ‖ ⟨fig⟩ *Ordnung bringen in* acc ‖ ~**se** ⟨fig⟩ *s. befreien (aus e–r schwierigen Lage)*
desenrollar vt *aufrollen* ‖ *aufschrauben* ‖ ~**se** *s. aufrollen*
desenroscar [c/qu] vt *aufschrauben* ‖ *aufrollen*
desen|sibilización f ⟨Fot Med⟩ *Desensibilisierung* f ‖ **–sibilizar** [z/c] vt ⟨Fot Med⟩ *desensibilisieren, unempfindlich machen* ‖ ⟨Fot⟩ *weniger lichtempfindlich machen*
desensillar vt *absatteln*
desen|tenderse [-ie] vr *s. unwissend stellen* ‖ *absehen (von)* ‖ *s. fernhalten (von)* ‖ ◇ ~ de a/c *s. um et. nicht (be)kümmern, et. außer Acht lassen, nicht beachten* ‖ *hacerse el –tendido den Unwissenden spielen* ‖ *so tun, als ob man et. nicht merkte*
desen|terramiento m *Ausgrabung* f ‖ **–terrar** [-ie-] *ausgraben* ‖ ⟨fig⟩ *(das Verborgene) auf|decken, -wärmen* ‖ *heben (Schatz)* ‖ ⟨fig⟩ *aufstöbern, ausfindig machen* ‖ ⟨fig⟩ *der Vergessenheit entreißen* ‖ *(fam) aufwärmen (Vergangenes), (alte Geschichten) ausgraben* ‖ **–tierramuertos** m *(figf) Verunglimpfer* m *von Toten*
desentoldar vt *das Sonnensegel bzw die Markise abnehmen*
desento|nado adj *verstimmt, misstönig* ‖ ⟨fig⟩ *laut (Lachen)* ‖ adv: ~**mente** ‖ **–nar** vt *demütigen* ‖ ~ vi ⟨Mus⟩ *s. verstimmen* ‖ ⟨fig⟩ *störend wirken* ‖ ~ con *nicht zusammenpassen mit* ‖ ~**se** ⟨fig⟩ *aufbrausen* ‖ *ausfallend werden* ‖ **–no** m ⟨Mus⟩ *Misston* m ‖ ⟨fig⟩ *hochfahrender Ton* m ‖ *Ungehörigkeit* f
desentorpecer [-zc-] vt *wieder beweglich machen (Glied)* ‖ ⟨fig⟩ *(jdm) Schliff (bzw Erziehung) beibringen*
desentrampar vt ⟨fam⟩ *von Schulden befreien* ‖ ~ a alg. *jds Schulden bezahlen* ‖ ~**se** (fam) *s–e Schulden bezahlen* od *tilgen*
desentrañar vt *ausweiden (Vögel)* ‖ ⟨fig⟩ *er|gründen, -fassen, herausbringen* ‖ ~**se** ⟨fig⟩ *sein Letztes hergeben*
desen|trenado adj *ohne Training* ‖ *ohne Kondition* ‖ *aus der Übung (gekommen)* ‖ **–trenamiento** m *mangelndes Training* n ‖ *mangelnde Kondition* f ‖ *fehlende Übung* f ‖ **–trenarse** vr *an Kondition verlieren* ‖ **–treno** m → **–trenamiento**
desentronizar vt [z/c] *vom Thron stoßen*
desentubar vt/i ⟨Med⟩ *die Intubation beenden*
desen|tumecerse [-zc-] (Am ⟨pop⟩ **–tumerse**) vr *aus der Erstarrung erwachen* ‖ ⟨fig⟩ *zu s. kommen*
desenvainar vt *(den Degen) aus der Scheide ziehen* ‖ ⟨fig⟩ *hervorholen, an den Tag legen* ‖ ~ vi *(blank)ziehen (zum Gefecht)*
desenvenenar vt *entgiften*
desenviudar vi *wieder heiraten*
desen|voltura f ⟨fig⟩ *ungezwungene Haltung, Ungeniertheit* f ‖ *Unbefangenheit* f ‖ ⟨fig⟩

Frechheit, Unverschämtheit f ‖ **–volver** [-ue-, pp/irr devuelto] vt *auf-, los|wickeln, aufrollen* ‖ *auspacken* ‖ *entfalten* ‖ *abwickeln* ‖ ⟨Mil⟩ *entwickeln* ‖ ⟨fig⟩ *ent|hüllen, -ziffern, erklären* ‖ ⟨fig⟩ *ent|wickeln, -falten* ‖ ⟨fig⟩ *erforschen, untersuchen* ‖ ~**se** *s. entwickeln (& fig)* ‖ **–volvimiento** m *Abwicklung, Auf-, Ent|rollen* n ‖ *Entwicklung* f ‖ *Ab-, Ver|lauf* m ‖ ⟨Mil⟩ *Entwicklung, Weiterentwicklung* f ‖ ⟨Mil⟩ *Entwicklung, Entfaltung* f ‖ *Darlegung* f ‖ *Entwirrung* f ‖ el ~ *comercial hispano-alemán die Entwicklung des spanisch-deutschen Handels* ‖ **–vueltamente** adv ⟨fig⟩ *ungezwungen, frei* ‖ **–vuelto** adj *un|befangen, -gezwungen* ‖ *dreist, frech, keck* ‖ *leichtfertig*
desenyesar vt **a)** ⟨Med⟩ *entgipsen, den Gips abnehmen* ‖ **b)** *den Gips abnehmen (la pared von der Wand)*
desenzarzar [z/c] vt *(figf) (Streitende) trennen*
deseo m *Verlangen, Sehnen* n ‖ *Wunsch* m ‖ *Begehren* n ‖ *Begierde, Lust* f ‖ *Sehnsucht* f ‖ *Absicht* f ‖ *Bestreben* n ‖ *Drang* m ‖ ~ *ardiente brennender Wunsch* m ‖ ~ de comer *Esslust* f ‖ ~ de defecar *Stuhldrang* m ‖ ~ de gloria *Ruhmsucht* f ‖ ~ de notoriedad *Ruhmsucht* f ‖ ~ de orinar *Harndrang* m ‖ ~ de saber *Wissensdrang* m, *Wissbegierde* f ‖ ~ de venganza *Rach|sucht, -gier* f ‖ ~ de viajar *Reiselust* f ‖ el vivo ~ *der lebhafte Wunsch* ‖ ◆ de conformidad con *(od conforme a)* su ~ *Ihrem Wunsch entsprechend* ‖ a medida del ~ *nach Wunsch, nach Herzenslust* ‖ según su ~ *nach Ihrem Wunsch* ‖ según ~ general *auf allgemeines Verlangen* ‖ animado del ~ (de) *von dem Wunsch(e) beseelt (zu)* ‖ ◇ cumplir un ~ *e–n Wunsch erfüllen* ‖ satisfacer un ~ *e–m Wunsch entsprechen* ‖ venir en ~ de algo *et. begehren* ‖ **–so** adj *begierig (de nach, zu inf)* ‖ *bestrebt (de zu)* ‖ *von dem Wunsch(e) beseelt (zu inf)* ‖ *s. sehnend, sehnsüchtig* ‖ ~ de ayudarlo *mit der Absicht, ihm zu helfen* ‖ ◇ estar extremadamente ~ *den dringenden Wunsch haben*
desequili|brado adj *unausgeglichen (& fig)* ‖ *gleichgewichtsgestört* ‖ ⟨Med⟩ *labil* ‖ *geistig gestört* ‖ *unsicher (Gang)* ‖ ⟨fig⟩ *un|besonnen, -vernünftig* ‖ ⟨fam⟩ *(halb) verrückt* ‖ **–brar** vt *aus dem Gleichgewicht bringen* ‖ ~**se** *aus dem Gleichgewicht geraten (& fig)* ‖ *in geistige Verwirrung verfallen, den Verstand verlieren* ‖ **–brio** m *Gleichgewichtsstörung* f ‖ *Missverhältnis* n ‖ ⟨Tech⟩ *Unwucht* f ‖ *Ungleichgewicht* n ‖ ⟨fig⟩ *Verwirrung* f ‖ ~ mental *Geistesverwirrung* f
deser|ción f *Abtrünnigwerden* n, *Abfall* m ‖ ⟨Mil⟩ *Fahnenflucht* f ‖ *Untreue* f ‖ ⟨Jur⟩ *Verzichtleistung* f *(auf ein eingelegtes Rechtsmittel)* ‖ **–tar** vt/i *abtrünnig werden, (von e–r Partei) abfallen* ‖ ⟨Mil⟩ *fahnenflüchtig werden, desertieren* ‖ *zum Feind überlaufen* ‖ ⟨Jur⟩ *auf ein eingelegtes Rechtsmittel verzichten* ‖ ⟨Jur⟩ *e–n Prozess durch Nichtbetreiben aufgeben* ‖ ◇ ~ al campo contrario *in das feindliche Lager überlaufen* ‖ ~ de su bandera *fahnenflüchtig werden*
desértico adj *wüstenartig* ‖ *Wüsten-* ‖ *öd(e)*
deser|tícola adj *(m/f) wüstenbewohnend* ‖ **–tificación, –tización** f *Wüstenbildung* f
desertor m ⟨Mil⟩ *Deserteur, Fahnenflüchtige(r)* m ‖ *Überläufer* m ‖ *Abtrünnige(r)* m ‖ ⟨fig⟩ *Arbeitsverweigerer* m
deservicio m *schlechter Dienst* m ‖ *Verstoß* m *gegen die Dienstvorschriften*
desesca|lada f ⟨Pol⟩ *Deeskalation* f ‖ **–lar** vt/i *deeskalieren*
desescom|brar vt *enttrümmern, den Schutt forträumen* ‖ **–bro** m *Trümmerbeseitigung* f ‖ *Aufräumungsarbeit(en)* f(pl)

desespe|ración f Verzweiflung, Trostlosigkeit f ‖ Hoffnungslosigkeit f ‖ (fig) Wut f, äußerster Zorn m ‖ ◇ es una ~ (figf) es ist zum Verzweifeln ‖ ser la ~ de alg. jdn zur Verzweiflung bringen ‖ **–rado** adj verzweifelt, hoffnungslos ‖ ~ de verzweifelnd an (dat) ‖ como un ~ wie ein Besessener, aus Leibeskräften ‖ ◇ correr como un ~ (figf) wie verrückt laufen ‖ a la ~a in (letzter) Verzweiflung ‖ ~ m Verzweifelte(r) m ‖ Desperado m ‖ Bandit m ‖ **–rante** adj (m/f) entmutigend ‖ zum Verzweifeln ‖ **–ranza** f → **–ción** ‖ **–ranzado** adj hoffnungslos, verzweifelnd ‖ **–rar** vt zur Verzweiflung bringen ‖ (fig) ärgern, quälen ‖ ~ vi verzweifeln (de an dat) ‖ ◇ se desespera de su salvación man gibt die Hoffnung auf s–e (ihre) Rettung auf ‖ ya desesperábamos de verte wir gaben schon alle Hoffnung auf, dich zu sehen ‖ ~se verzweifeln (de über acc) ‖ **–ro** m Ar → **–ración**

desestabili|zación f Entstabilisierung f ‖ **–zar** [z/c] vt entstabilisieren

desestancar [c/qu] vt freien Lauf lassen (algo e–r Sache dat)

desesterar vt (die) Matten wegräumen (algo von et.)

desestibar vt ausladen, löschen

deses|tima(ción) f Geringschätzung f ‖ Verachtung f ‖ (Jur) Abweisung f (z. B. e–r Klage) ‖ Verwerfung f (von Rechtsmitteln) ‖ **–timar** vt verachten, gering schätzen ‖ ablehnen, abweisen (Auftrag) ‖ abschlagen, unberücksichtigt lassen (Klage, Gesuch) ‖ verwerfen (Rechtsmittel)

desfacedor m (joc iron) [sonst veraltet]: ~ de agravios od de entuertos Weltverbesserer m

desfacha|tado adj (fam) unverschämt, dreist ‖ **–tez** [pl ~ces] f (fam) Dreistigkeit, Unverschämtheit f

desfal|car [c/qu] vt abziehen, wegnehmen ‖ (Gelder) hinterziehen, unterschlagen, veruntreuen ‖ **–co** m Abzug, Schaden m, Einbuße f ‖ Unter|schlagung f, -schleif m, Hinterziehung f

desfalle|cer [-zc-] vt schwächen ‖ ~ vi in Ohnmacht fallen ‖ schwach, matt werden, ermatten ‖ nachlassen ‖ ~ de ánimo den Mut verlieren ‖ ♦ sin ~ unermüdlich, beharrlich ‖ **–cido, –ciente** (m/f) adj schwach, hinfällig ‖ **–cimiento** m Mattigkeit, Mutlosigkeit f ‖ Schwäche f ‖ Ohnmacht f ‖ ◇ me siento al borde del ~ mir schwinden die Kräfte

desfa|sado adj (TV) unscharf (Bild) ‖ (El) phasenverschoben, außer Phase ‖ (fig) überholt ‖ zeitfremd, altmodisch, anachronistisch ‖ (fig) gestört, unregelmäßig ‖ **–s(aj)e** m (Phys) Phasenverschiebung f ‖ (fig) Verschiebung f ‖ (fig) mangelnde Abstimmung f ‖ (fig) Zeitfremdheit f

desfavo|rable adj (m/f) ungünstig, nachteilig ‖ ◇ influir ~mente (sobre) e–n verderblichen Einfluss ausüben (auf acc) ‖ **–recer** [-zc-] vt benachteiligen ‖ (jdm) die Gunst entziehen ‖ (jdm) nicht gut stehen, (jdm) nicht passen (Frisur, Bekleidung)

desfi|bradora f Entfaserungsmaschine f ‖ Zerfaserer m ‖ Schleifer m (Papierindustrie) ‖ Lumpenreißer, Zerreißmaschine f (Fasern) ‖ Reißwolf m ‖ **–brar** vt entfasern ‖ zerfasern (Holz) ‖ zerreißen (Stoff) ‖ ~se abfasern (Holz)

desfibrila|ción f (Med) Defibrillation f ‖ **–dor** m Defibrillator m

desfigu|ración f Entstellung f ‖ Missgestaltung f ‖ (Radio) Verzerrung f ‖ ◇ sin ~ verzerrungsfrei ‖ **–rado** adj verzerrt (Wiedergabe) ‖ **–rar** vt entstellen, verunstalten ‖ verzeichnen ‖ verzerren ‖ verstellen, unkenntlich machen ‖ verstümmeln (Text) ‖ ~ el hecho (Jur) den

Tatbestand entstellen ‖ ~se das Gesicht verzerren bzw verstümmeln ‖ in Zorn geraten

desfilachar vt → **deshilachar**

desfi|ladero m Engpass, Hohlweg m, Schlucht f ‖ **–lado** adj: ◇ marchar a la ~a e–r hinter dem anderen gehen, (fam) im Gänsemarsch gehen ‖ **–lar** vi einzeln hintereinander gehen ‖ defilieren, vorbei|marschieren, -ziehen (Truppen) ‖ (fig) vorbei-, vorüber|ziehen ‖ ◇ ~ en paso de parada, ~ al paso de la oca (Mil) im Parade-, Stech|schritt vorbeimarschieren ‖ ~ por delante (de) vorüberziehen (an dat) ‖ **–le** m (Mil) Parade f, Vorbeimarsch m ‖ Vorbeiziehen n, Umzug m ‖ (Pol) Vorbeimarsch m ‖ Aufeinanderfolge, lange Reihe f ‖ ~ con antorchas Fackelzug m ‖ ~ de carnaval Karnevals- od Faschingszug, Fastnachtsumzug m ‖ ~ de modelos Mode(n)schau f ‖ ~ naval (Mar) Flottenparade f

desflo|ración, –ramiento m Verblühen n ‖ (fig) Entjungferung, Defloration f

¹desflorar vt leicht berühren ‖ (fig) entjungfern, deflorieren ‖ (Tech) abnarben, schlichten (Leder) ‖ ◇ ~ un asunto e–e Sache (Angelegenheit) obenhin berühren

△ **²desflorar** vt entdecken

desfogar [g/gu] vt löschen (Kalk) ‖ ◇ ~ la cólera en alg. s–n Zorn an jdm auslassen ‖ ~se s. austoben

desfoliación f Ent|laubung, -blätterung, Defoliation f

desfon|dar (Agr) rigolen ‖ (den Boden e–s Fasses) einschlagen ‖ (durch)löchern ‖ in den Grund bohren (Schiff) ‖ ~se den Boden verlieren (Gefäß usw.) ‖ **–de** m (Agr) Rigolen n ‖ (Tech) (Erd)Ausschachtung f ‖ Tiefschnitt m (beim Baggern)

desfores|tación f Rodung, Entwaldung f ‖ Waldsterben n ‖ **–tar** vt roden, entwalden, den Wald vernichten

desfortalecer [z/c] vt e–e Festung zerstören od schleifen

desfruncir [c/z] vt entrunzeln ‖ glätten ‖ ◇ ~ el ceño e–e heitere Miene aufsetzen ‖ freundlicher dreinschauen

desfumar vt enträuchern

desgaire m gezierte Nachlässigkeit f in den Bewegungen ‖ ♦ al ~ nachlässig ‖ verächtlich

desgajar vt (e–n Ast mit Gewalt) vom Stamm reißen ‖ zer|brechen, -schlagen, -trümmern (& fig) ‖ ~se s. losreißen (Ast, Felsstück) (fig) losbrechen (Sturm)

desgalichado adj (fam) liederlich, schlampig, ungepflegt ‖ abgerissen

desgalillarse vr PR Guat Pe → **desgañitarse**

desga|na f, **–no** m Appetitlosigkeit f ‖ (fig) Unlust f ‖ Ekel m ‖ ♦ a ~ widerwillig ‖ **–nado** adj appetitlos ‖ überdrüssig ‖ ~ de haber ablar Lust zu sprechen ‖ ◇ estar ~ k–e Esslust haben ‖ **–nar** vt (jdm) die (Ess)Lust vertreiben ‖ ~se den Appetit (bzw die Lust) verlieren

desga|ñitarse, –ñifarse, –nirse [pret ~ñó] vr (fam) s. heiser schreien, s. abschreien, (fam) s. die Lunge aus dem Hals(e) schreien

desgar|bado adj unmanierlich, anmutlos ‖ tölpelhaft, plump ‖ von schlechtem Wuchs, unansehnlich ‖ schlott(e)rig ‖ **–bo** m Nachlässigkeit, Liederlichkeit f

desgargantarse vr (fam) → **desgañitarse**

desga|rrado adj/s frech, schamlos, unverschämt ‖ ungeschliffen ‖ verarbeitet (Hand) ‖ **–rrador** adj (herz)zerreißend ‖ herzbrechend ‖ **–rrar** vt zer|reißen, -fetzen ‖ abdrücken (Seele) ‖ ~se s. losreißen ‖ s. aufspalten ‖ (zer)reißen ‖ **–rriate** m Mex Zerreißen n ‖ Verheerung f ‖ **–rro, –rre** m Bruch, Riss m ‖ (fig) Frechheit,

Unverschämtheit f ‖ ⟨fig⟩ *Großsprecherei* f ‖ Chi *Schleim(auswurf)* m ‖ ◇ con ~ *keck, dreist* ‖ **–rrón** *m großer, weiter Riss* m ‖ *herabhängender Fetzen* m *(von e–m Kleid)*

desga|sado *m,* **–sificación** *f* ⟨Chem⟩ *Entgasung* f ‖ **–s(ific)ar** vt ⟨Chem⟩ *entgasen*

desgas|tado adj *(nach und nach) abgenutzt, abgetragen* ‖ ⟨fig⟩ *verbraucht* ‖ **–tar** vt *(nach und nach) abnutzen, verzehren, zerstören* ‖ *verschleißen (& Tech)* ‖ ⟨fig⟩ *zermürben, aufreiben* ‖ ⟨fig⟩ *sittlich verderben* ‖ ⟨fig⟩ *ver|brauchen, -schleißen (Kräfte)* ‖ ◇ ~ el *pavimento den Straßenbelag ausfahren* ‖ ~ los *zapatos die Schuhe ablaufen, abtreten* ‖ **~se** *s. (nach und nach) abnutzen, verschleißen* ‖ *auslaufen (Lager)* ‖ **–te** *m Verschleiß* m, *Abnutzung, allmähliche Aufreibung* f ‖ ⟨Tech⟩ *Kraftaufwand* m ‖ *Beanspruchung* f ‖ ⟨fig⟩ *Zermürbung* f, *Verbrauch* m

desgaznatarse vr → **desgañitarse**

desglacia|ción *f* ⟨Meteor⟩ *Gletscherrückgang* m

desglorifi|cación *f Entglorifizierung* f ‖ **–car** [c/qu] vt *entglorifizieren*

des|glosar vt *aus e–m Einband reißen (gebundenes Buch)* ‖ *entziffern* ‖ *gliedern, aufschlüsseln (z.B. Kosten)* ‖ *verstümmeln (Urkunde)* ‖ **~se** ⟨fig⟩ *auseinander fallen und gehen* ‖ **–glose** *m (Auf)Gliederung, Absonderung* f ‖ *Aufschlüsselung* f *(Statistik)* ‖ *Verstümmelung* f *(von Urkunden)* ‖ *Ausradieren* n *von Anmerkungen*

desgo|bernado adj *unordentlich, zuchtlos* ‖ *unbeherrscht (Benehmen)* ‖ **–bernar** [-ie-] vt *in Unordnung bringen* ‖ *herunterwirtschaften* ‖ ⟨Pol⟩ *schlecht regieren* ‖ ⟨Mar⟩ *schlecht steuern, schlecht führen (Schiff)* ‖ *ausrenken (Knochen)* ‖ **–bierno** *m Unordnung, Misswirtschaft* f ‖ *Zuchtlosigkeit* f ‖ *Unbeherrschtheit* f ‖ *Regierungs|schwäche* bzw *-losigkeit* f

desgolletar vt *ab|brechen, -schlagen (Flaschenhals)* ‖ **~se** *den Hals frei machen*

desgorrarse vr *die Mütze abnehmen*

desgoznar vt *aus den Angeln heben, aushebe(l)n (Tür)*

desgracia *f Unglück, Missgeschick* n ‖ *Unheil* n ‖ *Un(glücks)fall* m ‖ *Kummer* m ‖ *Ungnade* f ‖ *Mangel* m *an Anstand, Unbeholfenheit* f ‖ ♦ para colmo de ~ *um das Unglück voll zu machen* ‖ por ~ *zum Unglück, unglücklicher-, bedauerlicher|weise* ‖ ¡qué ~! *was für ein Unglück!, (fam) welch ein Pech!* ‖ ◇ caer en ~ ⟨figf⟩ *in Ungnade fallen* ‖ estar *od* entrar en ~ *Unglück haben, ins Unglück geraten* ‖ hubo ~s *personales es kam zu Personenschaden (Unfall)* ‖ ocurrió una ~ *es ist ein Unglück geschehen*

desgra|ciada *f* ⟨reg⟩ *Hure* f ‖ **–ciado** adj *un|glücklich, -selig* ‖ *unheilvoll* ‖ *unangenehm* ‖ *ungeschickt* ‖ *ohne Anmut, unbeholfen* ‖ ⟨fam⟩ *arm(selig)* ‖ ◇ estar ~ *kein Glück haben,* ⟨fam⟩ *Pech haben* ‖ **~amente** adv *unglücklicher-, bedauerlicher|weise* ‖ *leider* ‖ ~ m *Unglückliche(r),* ⟨fam⟩ *Pechvogel* m ‖ ⟨fam⟩ *armer Teufel* m ‖ ¡~! *Unglücklicher!,* ⟨fam⟩ Ec Guat Mex Pe RPl *Hurensohn! (schwere Beleidigung)* ‖ Arg *so ein Jammerlappen!* ‖ **–ciado** adj *unglücklich* ‖ *Am entzwei,* ⟨fam⟩ *kaputt* ‖ **–ciar** vt *verdrießlich machen* ‖ *(jdm) missfallen* ‖ *ins Unglück stürzen* ‖ Arg *umbringen* ‖ ~ vi *misslingen* ‖ **~se** *miss|glücken, -lingen* ‖ *in Ungnade fallen* ‖ *auseinander gehen (Freundschaft)* ‖ *umkommen, verunglücken* ‖ Arg *e–n Mord begehen* ‖ ⟨reg⟩ Arg Chi *e–n streichen lassen,* ⟨pop⟩ *furzen* ‖ Arg Chi *s. in die Hosen machen* ‖ Arg *zum ersten Mal schwanger werden (von e–r ledigen Frau)*

desgra|nador adj: *(máquina)* ~a *Auskörn-, Entkernungs|maschine* f ‖ **–nar** vt/i *auskörnen (Getreide)* ‖ *aus|schalen, -hülsen (Hülsenfrüchte)* ‖ *abbeeren (Trauben)* ‖ *riffeln (Flachs)* ‖ ◇ ~ las cuentas del rosario ⟨fig⟩ *den Rosenkranz abbeten* ‖ ~ maldiciones *mit Flüchen um s. werfen* ‖ el arroyo –nando su perlería ⟨poet⟩ *der perlend dahinfließende Bach* ‖ **~se** *abbröckeln, verwittern* ‖ *ausfallen (Getreide)* ‖ **–ne** *m Aus|körnen, -hülsen* n ‖ *Abbeeren* n

des|grasar vt *entfetten* ‖ *entschweißen (Wolle)* ‖ **–grase** *m Entfetten* n

des|gravación *f Steuerbefreiung* f ‖ *Steuervergünstigung* f ‖ **–gravar** vt *von der Steuerzahlung befreien* ‖ *Steuervergünstigungen gewähren (a alg. jdm)*

desgre|ñado adj *mit zerzausten Haaren* ‖ ⟨fig⟩ *traurig, abgezehrt* ‖ **–ñar** vt *zerzausen, auflösen (die Haare)* ‖ ⟨fig⟩ *verwirren* ‖ **~se** ⟨fam⟩ *s. in die Haare fahren, s. streiten*

desguace *m* ⟨allg⟩ *Verschrottung* f ‖ ⟨Mar⟩ *Schiff|ausschlachten, -abwracken* n ‖ ⟨reg⟩ *Holzfällen* n ‖ ♦ para ~ *schrottreif*

desguanzado adj Mex *schwach, kraftlos,* ⟨fam⟩ *ohne Mumm*

desguañangado adj *zer|lumpt, -rissen, in Fetzen*

desguarne|cer [-zc-] vt *(den Besatz e–s Kleides) abnehmen* ‖ *(die Beschläge e–r Tür) abnehmen* ‖ *den Lederbelag abziehen* ‖ *unbrauchbar machen (Werkzeug)* ‖ *abschirren (Pferd)* ‖ ⟨Mil⟩ *(e–e Festung bzw Stellung von Truppen) entblößen* ‖ ⟨fig⟩ *des Glanzes berauben* ‖ **–cido** adj ⟨fig⟩ *haarlos (Schläfen)*

desgua|zamiento *m* → **–ce** ‖ **–zar** [z/c] ⟨Zim⟩ *aus dem Groben hauen* ‖ *abhobeln* ‖ ⟨allg⟩ *verschrotten (ein Auto usw.) ausschlachten (ein Schiff) abwracken* Cu Ven *zer|brechen, -stören* ‖ **–zo** *m* Cu → **–ce**

deshabillé *m Negligé* n ‖ *Morgenrock* m

deshabi|tado adj *unbewohnt, leer stehend* ‖ **–tar** vt *verlassen (Wohnung)* ‖ *entvölkern (Gebiet)*

deshabi|tuación *f Abgewöhnung* f ‖ **–tuar** [pres ~úo] vt *abgewöhnen (a alg. de algo jdm et.)* ‖ **~se** *s. et. abgewöhnen*

deshacer [irr → **hacer**] vt *auseinander nehmen* ‖ *abbauen* ‖ *zer|legen, -stückeln* ‖ *zerbrechen* ‖ *zerreißen* ‖ *zerhauen* ‖ *vernichten* ‖ *zerstören* ‖ *aufreiben* ‖ *vertilgen* ‖ *niederreißen* ‖ *abschaffen* ‖ *los-, auf|lösen* ‖ *schmelzen, lösen* ‖ *aufmachen* ‖ *aufknoten* ‖ *auspacken (Koffer)* ‖ *aufbinden* ‖ *teilen (zerschlachtetes Vieh)* ‖ ⟨Mil⟩ *auf|reiben, -lösen, vernichtend schlagen, vernichten (Heer)* ‖ ⟨fig⟩ *mindern, schmälern* ‖ ⟨fig⟩ *durchbringen, verschwenden* ‖ ⟨fig⟩ *(e–n Vertrag) rückgängig machen* ‖ *wiedergutmachen (Versehen)* ‖ ◇ ~ un *agravio e–e Beleidigung rächen* ‖ ~ en agua *in Wasser auflösen* ‖ ~ un *embuste e–e Betrügerei aufdecken* ‖ ~ un *error e–n Fehler verbessern, wieder gutmachen* ‖ ~ lo hecho *das Geschehene ungeschehen machen* ‖ ~ un nudo *e–n Knoten lösen* ‖ **~se** *auseinander gehen, s. auflösen* ‖ *zerschellen* (contra *an* dat) ‖ *zerbrechen* ‖ *aufgehen, s. auflösen* ‖ *aufgehen (Naht)* ‖ *auf den Markt werfen, abstoßen (Waren)* ‖ ◇ ⟨fig⟩ *vor Begierde vergehen* ‖ ~ de algo *s. entledigen* (gen), ⟨fam⟩ *s. et. vom Hals(e) schaffen* ‖ ~ de alg. jdn *loswerden* ‖ ⟨fam⟩ *s. jdn vom Hals(e) schaffen* ‖ eso se deshace entre los manos ⟨figf⟩ *das zerrinnt e–m unter den Händen* ‖ ~ en alabanzas *übermäßig loben* ‖ ~ en cumplidos *s. in Komplimenten ergehen* ‖ ~ en elogios → ~ en alabanzas ‖ ~ en llanto *in Tränen zerfließen* ‖ ~

la cara *s. das Gesicht schwer verletzen* || ~ *por ...*
(*mit* inf) *Himmel und Erde in Bewegung setzen,
um zur* (*mit* inf) || *estar deshaciéndose* ⟨fig⟩
vollkommen verzweifeln
deshambrido adj *sehr hungrig,* ⟨fam⟩ *mit e–m
Mordshunger*
desharrapado adj/s *lumpig, abgerissen,
zerlumpt* || ~**s** mpl *Lumpen|gesindel* bzw
-proletariat n
deshebrar [-ie-] vt *aus|fasern, -zupfen*
deshecha *f Ausflucht* f, *Vorwand* m || *Aus|gang,
-weg* m (*aus e–r Gegend*) || ◇ *hacer la* ~ ⟨fig⟩ *s.
verstellen*
deshechizar [z/c] vt *den Zauber brechen* od
aufheben (*algo von et.*)
deshecho pp/irr *von* **deshacer** || *estar* ~ *en
lágrimas in Tränen aufgelöst sein* || *estoy* ~ ⟨fam⟩
ich bin total erledigt, ich bin ein Wrack || *estoy* ~
de angustia ich zittere vor Angst || ~ adj
abgezehrt || *entzwei* (& fig), ⟨fam⟩ *kaputt* ||
gewaltig || *strömend (Regen)* || ~ m Col *Aus|gang,
-weg* m
deshe|lador m *Ent-, De|froster* m || **–larse** [ie]
vi/r *(auf)tauen*
desherbar [-ie] vt ⟨Agr⟩ *ausjäten* || *abgrasen* ||
Unkraut vernichten
deshere|dación f, → **–miento** m *Enterbung* f ||
⟨fig⟩ *Verstoßung* f || **–dado** adj *enterbt* ||
arm(selig) || ~ m *Enterbte(r)* m || ⟨fig⟩
Verstoßene(r), Paria m || **–dador** m *Enterbende(r)*
m || **–damiento** m → **–dación** || **–dar** vt *enterben*
|| ⟨fig⟩ *verstoßen* || **–se** ⟨fig⟩ *s. durch s–e
Lebensführung selbst aus der Familie
ausschließen*
desherrar [-ie] vt *(dem Pferd) die Hufeisen
abnehmen*
desherrumbrar vt *entrosten*
deshidra|tación f *Entwässerung,
Wasser|entziehung* f, *-entzug* m, *Dehydrierung* f ||
~ *de la piel Feuchtigkeitsverlust; Austrocknen* n
der Haut || **–tante** adj *(m/f) Wasser entziehend,
entwässernd* || ~ m *Wasser entziehendes Mittel* n
|| **–tar** vt *entwässern* || *das Wasser entziehen* (dat)
deshidrogenar vt ⟨Chem⟩ *dehydrieren,
Wasserstoff entziehen* (dat)
deshielo m *(Auf)Tauen* n || *Tauwetter* n (& Pol)
|| *Eisgang* m || ◇ *hay* ~ *es taut (auf)*
deshier|bamiento m ⟨Agr⟩ *Ausjäten* n ||
Abgrasen n || *Unkrautvernichtung* f || **–bar** vt →
desherbar
deshijar vt Am *(die Jungen) von den
Muttertieren trennen*
deshi|lachado adj *fas(e)rig, zerfasert* ||
fadenscheinig || ⟨fig⟩ *zerlumpt, liederlich* ||
–lachar vt *aus|fasern, -rauhen, zerfasern, zupfen*
|| *zerfransen* || **~se** *s. ausfasern (Stoff)* ||
fadenscheinig werden || *abfasern (Holz)* || **–lado** m
durchbrochene Arbeit, Lochstickerei f || **–lar** vt
aus|zupfen, -fasern, -fransen || *zerschnitzeln
(Fleisch)* || *teilen (Bienenstock)* || *fein aufspleißen
(Holz)* || ~ vi ⟨fig⟩ *abmagern*
deshilva|nado adj ⟨fig⟩ *ohne Zusammenhang,
sinnlos* || **–nar** vt/i *die Heftfäden ausziehen (von)*
|| ~ *oraciones Gebete hersagen* || **~se** *aufgehen
(Heftfäden)*
deshin|chado adj ⟨Med⟩ *eingefallen
(Geschwulst)* || **–char** vt *zum Abschwellen bringen*
|| *ausblasen (Luftfüllung)* || *entleeren (z. B.
Gummiball, Luftschiff)* || *(e–e Geschwulst)
vertreiben* || ⟨fig⟩ *(dem Zorn) Luft machen* || *jds
Stolz) demütigen* || **~se** *abschwellen* || *einfallen
(Geschwulst)* || ⟨figf⟩ *magerer werden* || ⟨figf⟩
kleinlaut werden, klein beigeben || *den Mut* od
⟨fam⟩ *die Courage verlieren* || ⟨figf⟩ *den Schwanz
einziehen*

deshipotecar [c/qu] vt *e–e Hypothek tilgen* od
löschen
desho|jado adj *blätterlos* || **–jar** vt *ab-,
ent|blättern, -lauben (Bäume)* || *auszupfen (Blüte)*
|| ~ *un calendario die Blätter e– s Kalenders
abreißen* || **~se** *die Blätter* (bzw *das Laub)
verlieren* || **–je** f *Ent|blätterung, -laubung* f ||
Laubfall m
desholli|nadera f *Kratzeisen* n ||
Schornsteinfegerbesen m || **–nador** m
Schornsteinfeger, Kamin-, Öst *Rauchfang|kehrer*
m || *Kratzeisen* n || *Kaminkehrerbesen* m ||
Entrußungsmittel n || ⟨figf⟩ *Schnüffler* m || **–nar** vt
fegen (Schornstein) || *den Ruß entfernen, entrußen*
|| ⟨figf⟩ *herumschnüffeln in* (dat)
desho|nestidad f *Un|zucht, -keuschheit* f ||
Unehrbarkeit f, *unehrbares Betragen* n || **–nesto**
adj *un|züchtig, -keusch* || *unehrbar* || *unanständig,
anstößig* || adv: **~amente** || **–nor** m *Ehr|verlust* m,
-losigkeit f || *Schändung, Entehrung* f || *Schande,
Schmach* f || **–norar** vt *entehren* || → auch
deshonrar
deshon|ra f *Schande, Ehrlosigkeit, Schmach* f ||
Ehrverlust m || *Entehrung* f || ◇ *repercutir en* ~
zur Schande gereichen || *tener a* ~ *als entehrend
betrachten* || **–rabuenos** m ⟨fam⟩ *Ehrabschneider*
m || **–rado** adj *entehrt* || **–rador** m *Ehrenräuber* m
|| **–rar** vt *entehren, an der Ehre angreifen* ||
beschimpfen || *(e–e Frau) entehren, schänden* ||
entwürdigen || *Schande machen* (dat) || ◇ –ra su
pasado er macht s–r Vergangenheit Schande ||
~se *s. unwürdig benehmen* || **–roso** adj *entehrend,
schändlich* || *unehrenhaft* || ⟨fig⟩ *anrüchig, dunkel*
|| adv: **~amente**
deshora f: a ~, a **~s** *zur Unzeit* || *ungelegen* ||
plötzlich, unversehens
deshornar vt *aus dem (Back)Ofen nehmen*
deshospedado adj *ohne Unterkunft*
deshue|sadora f *Entstein-, Entkern|maschine* f
|| **–sar** vt *ent|steinen, -kernen (Obst)* || *entbeinen
(Fleisch)*
deshumani|zación f *Entmenschlichung* f ||
–zar [z/c] vt *unmenschlich machen,
entmenschlichen*
deshu|mectador m, **–mectar** vt →
–medecedor, –medecer || **–medecedor** m
(Luft)Entfeuchter m || **–medecer** [-zc-] vt *die
Feuchtigkeit entziehen, entfeuchten* || *trocknen*
deside|rable adj *(m/f) wünschenswert* || **–rata**
mpl *Wunschzettel* m || *Wunsch-, Desideraten|liste* f
(für bzw *der Bibliotheken)* || *Wünsche* mpl ||
–rativo adj: *oración* **~a** ⟨Gr⟩ *Wunschsatz* m ||
–rátum [...tun] ⟨lat⟩ m *Wünschenswerte(s)* f ||
Desiderio m np *Desiderius* m
desi|dia f *Nach-, Fahr|lässigkeit* f || *Trägheit* f
|| **–dioso** adj/s *nachlässig* || *faul, träg(e)*
desierto adj *wüst, unbewohnt, entvölkert* || *leer,
öd(e)* || *verlassen, einsam* || *wie ausgestorben* ||
⟨Jur⟩ *ungültig* || *ohne Teilnahme (Wettbewerb)* || ◇
dar por **~a** *la apelación* ⟨Jur⟩ *die Berufungsfrist
für abgelaufen erklären* || *declarar* ~ *k–n
(Literatur)Preis vergeben* || ⟨Jur⟩ *wegen Säumnis
verwerfen (Berufung)* || ~ m *Wüste, Wildnis,
Einöd(e)* f || ⟨fig⟩ *Verlassenheit* f || ◇ *predicar en*
~ ⟨figf⟩ *tauben Ohren predigen*
desig|nación f *Bezeichnung* f || *Erneuerung,
Bestimmung* f *zu e–m Amt* || *Aufstellung* f *(zur
Wahl)* || *Designierung* f || **–nar** vt *bezeichnen* ||
ernennen, bestimmen (zu e–m Amt) || *vorschlagen*
|| *wählen* || *ausersehen* || **–nado** a *bestimmt zu*
designio m *Vorhaben* n, *Vorsatz, Zweck* m,
Absicht f || *böse Absicht* f
desi|gual adj *(m/f) von un|gleich, -ähnlich,
verschieden* || *ungleichmäßig* || *schwankend,
veränderlich* || *uneben, holp(e)rig (Gelände)* ||

⟨fig⟩ *unbeständig, wankelmütig, schwankend* ‖
adv: ~**mente** ‖ **–gualdad** *f Un|gleichheit,
-ähnlichkeit* f ‖ *Verschiedenheit* f ‖
Ungleichmäßigkeit f ‖ *Unebenheit, Holp(e)rigkeit*
f *(des Bodens)* ‖ *Veränderlichkeit, Wandelbarkeit* f
‖ *Wankelmut* m
   desilu|sión *f Enttäuschung* f ‖ *Ernüchterung,
Desillusion* f ‖ ⟨fig⟩ *Blasiertheit* f ‖ **–sionar** vt
enttäuschen ‖ *(jdm) die Augen öffnen, (jdn)
ernüchtern* ‖ ~**se** *e–e Enttäuschung erfahren* ‖ ◇
estoy *–sionado ich fühle mich enttäuscht*
   desimaginar vt *aus dem Gedächtnis streichen*
   desiman|(t)ación *f Entmagnetisierung* f ‖
–(t)ar vt *entmagnetisieren*
   desincorporar vt *aus dem Ganzen herauslösen*
‖ *abtrennen (Einverleibtes)* ‖ *aussondern*
   desincrus|tación *f Entfernung* f *des
Kesselsteins* ‖ ⟨Mar⟩ *Beseitigung* f *des Anwuchses*
‖ **–tante** *m Kesselstein|lösemittel, -gegenmittel* n ‖
–tar vt *Kesselstein entfernen (von od aus* dat *)* ‖
⟨Mar⟩ *Anwuchs beseitigen*
   desindividualizarse [z/c] vr *s–e Persönlichkeit
verlieren (bzw aufgeben)*
   desindustriali|zación *f Entindustrialisierung* f
‖ **–zar** [z/c] vt *entindustrialisieren*
   desinen|cia *f* ⟨Gr⟩ *(Wort)Endung, Endsilbe* f ‖
⟨Gr⟩ *Ausgang* m *e–s Satzes* ‖ **–cial** adj *(m/f)* ⟨Gr⟩
auf die Wortendung bezüglich, End(ungs)-
   desinfec|ción *f Desinfektion, Entkeimung* f ‖ ~
(de semillas) ⟨Agr⟩ *Saatgutbeizung* f ‖ **–tador** *m
Desinfektor* m ‖ **–tante** *m* ⟨Med⟩ *Desinfektions-,
Entkeimungs|mittel* n ‖ **–tar** vt *desinfizieren,
entkeimen, entwesen* ‖ ⟨Agr⟩ *beizen (Saatgut)* ‖
–torio *m* Chi ⟨Med⟩ *Desinfektionsanstalt* f
   desin|festar vt *entseuchen (Gegend)* ‖
–ficionar vt → **–fectar**
   desinflamarse vr ⟨Med⟩ *ab|klingen, -schwellen
(Entzündung)*
   desinflar vt *ausblasen (Luft od Gas)* ‖ ⟨Auto⟩
die Luft herauslassen (aus e–m Reifen) ‖ ⟨fig⟩
*(jdm) e–n Denkzettel geben, (jdm) e–n Dämpfer
aufsetzen* ‖ ~**se** *zusammenschrumpfen (Luftblase)*
‖ *Druck verlieren (Reifen)* ‖ ⟨figf⟩ *den Hochmut
verlieren*
   desinfor|mación *f Desinformation* f ‖ **–mar** vt
desinformieren
   desinhibición *f Enthemmung* f
   desinsec|tación *f* ⟨allg⟩ *Entwesung* f ‖
Insektenvernichtung f ‖ *Entlausung* f ‖ **–tar** vt
⟨allg⟩ *entwesen* ‖ *Insekten vernichten*
   desinte|gración *f Auflösung, Zerlegung* f ‖
Trennung f ‖ *Zersetzung* f, *Zerfall* m ‖ ⟨Geol⟩
Verwitterung f ‖ ⟨Physiol⟩ *Abbau* m ‖ ⟨Chem⟩
Zerfall m ‖ ⟨Atom⟩ *Atom-, Kern|zerfall,
radioaktiver Zerfall* m ‖ **–grador** *m Desintegrator*
m ‖ *Kollergang* m ‖ *Läufermühle* f ‖ **–grar** vt
auflösen, aufspalten ‖ *zersetzen* ‖ *zerlegen,
auseinander nehmen* ‖ ◇ ~ *un tema hablando ein
Thema zerreden* ‖ **–grarse** vr *s. auflösen, in s–e
Bestandteile zerfallen* ‖ *zerbröckeln* ‖ *auseinander
gehen od fallen*
   desinte|rés *m Uneigennützigkeit,
Selbstlosigkeit* f ‖ *Uninteressiertheit,
Interesselosigkeit, Gleichgültigkeit* f ‖ **–resado** adj
uneigennützig, selbstlos ‖ *unparteiisch* ‖
unbeteiligt (en in dat*)* ‖ *uninteressiert* ‖ **–resarse**
vr: ~ *de algo das Interesse an et. (*dat*) verlieren,
für et. kein Interesse haben*
   desintoni|zación *f* ⟨Radio⟩ *Verstimmung* f ‖
–zar [z/c] vt ⟨Radio⟩ *verstimmen*
   desintoxi|cación *f Entgiftung* f ‖ *Entziehung* f
(Alkoholiker und Drogenabhängige) ‖ **–cante** *m
Entgiftungsmittel* n ‖ **–car** [c/qu] vt *entgiften* ‖
von der Alkohol- od Drogen|sucht befreien
   desinversión *f* ⟨Wir⟩ *Desinvestition* f

   desioni|zación *f* ⟨El⟩ *Entionisierung* f ‖ **–zar**
[z/c] *entionisieren*
   desis|tencia *f*, **–timiento** *m Abtretung* f ‖
Verzicht m *(de auf* acc*)* ‖ *Verzichtleistung* f ‖
Abstehen n *(de von)* ‖ ⟨Jur⟩ *Rücktritt* m
(Strafrecht bzw von e–m Vertrag) ‖ *Rücknahme* f
(der Klage) ‖ **–tir** vi *(ein Unternehmen) aufgeben*
‖ *abstehen (de von)* ‖ *ablassen, zurücktreten (von)*
‖ *Verzicht leisten (auf* acc *)* ‖ *zurücknehmen
(Klage)* ‖ ◇ ~ de su propósito *von s–m Vorhaben
abstehen* ‖ hacer ~ de algo *von et. abbringen*
   desjarciar vt ⟨Mar⟩ *ab|takeln, -wracken*
   desjarretar vt *die Sehnen in den Kniekehlen
durchschneiden (den Stieren usw.)* ‖ ⟨fig pop⟩
schwächen, umwerfen
   desjuiciado adj *unbesonnen*
   desjugar [g/gu] vt *den Saft ausziehen od
gewinnen*
   desjun|tamiento *m Trennen* n ‖ **–tar** vt *trennen*
   deslastrar vt ⟨Mar Flugw⟩ *Ballast abwerfen
(algo aus et.* dat*)*
   des|lavado adj *verwaschen (vom Regen)* ‖
verwaschen (Farbe) ‖ ⟨fig⟩ *verwischt (Schrift)* ‖
⟨fig⟩ *frech, unverschämt* ‖ ⟨fig⟩ *farblos, fad(e)* ‖
~ *m Verwaschen* n *(Farbe)* ‖ ⟨fig⟩
(Ab)Schwächen n ‖ **–lavar** vt *aus-, ver|waschen
(Farbe)* ‖ *oberflächlich waschen* ‖ ⟨fig⟩
(ab)schwächen ‖ **–lavazado** adj *dünn, wäss(e)rig*
‖ ⟨fig⟩ *zusammenhang(s)-, sinn|los (Rede, Stil)* ‖
–larve *m* Am → **derrubio**
   desle|al adj/s *(m/f) treulos, verräterisch* ‖
unaufrichtig ‖ *pflichtvergessen* ‖ *unreell* ‖ *unfair* ‖
unredlich ‖ *illoyal* ‖ ◇ ser ~ con su amada *s–r
Geliebten untreu werden* ‖ **–altad** *f Untreue* f ‖
Treulosigkeit f ‖ *Verräterei* m ‖ *Unredlichkeit* f ‖
⟨bes. Pol⟩ *Illoyalität* f
   des|leído adj *aufgelöst (z.B. Leim)* ‖ ⟨fig⟩
weitschweifig ‖ **–leimiento** *m Auflösung* f ‖
Lösung f ‖ *Verdünnung* f ‖ **–leír** [irr → reír] vt/i
ein-, an-, ver|rühren ‖ *auflösen, zergehen lassen* ‖
anreiben (Farben) ‖ ⟨fig⟩ *schwulstig reden od
schreiben* ‖ ⟨fig⟩ *breittreten (Gedanken)* ‖ ◇ ~ en
agua *in Wasser auflösen* ‖ ~**se** *zer-, auf|gehen, s.
auflösen*
   deslen|guado adj *scharfzüngig* ‖ ⟨fig⟩ *lästernd*
‖ ⟨fig⟩ *frech* ‖ ~ *m Lästerzunge* f ‖ **–guamiento** *m*
⟨figf⟩ *Geschwätzigkeit* f ‖ *Lästerzunge* f ‖ **–guarse**
[gu/gü] vr ⟨fig⟩ *frech, unverschämt reden, e–e
lose Zunge haben* ‖ ⟨figf⟩ *lästern, sein Lästermaul
aufreißen*
   desliar [pres ~ío] vt *(e–n Pack) aufbinden* ‖
(e–e Verwicklung) lösen ‖ *abziehen, den Abstich
vornehmen (Wein)* ‖ ~**se** *aufgehen (Pack)*
   desli|gadura *f Losbinden* n ‖ **–gar** [g/gu] vt
auf|binden, -knüpfen ‖ *lösen* ‖ *losmachen* ‖ ⟨fig⟩
entwirren ‖ ⟨fig⟩ *entbinden (de von)* ‖ ~**se** *s.
losmachen (de von)* ‖ *s. befreien (de von)* ‖ *s. (e–r
Sache) entledigen*
   deslin|dador *m Grenzlinie* f ‖ *Trennlinie* f *(&
fig)* ‖ **–dar** vt *(ein Feld) abstecken, begrenzen* ‖
vermarken (Land) ‖ *abgrenzen* ‖ ⟨fig⟩ *genau
bezeichnen* ‖ **–de** *m Grenzscheidung* f ‖
Abgrenzung f ‖ *Grenze* f ‖ *Vermarkung* f ‖ apeo y
~ *Abgrenzung* f
   deslío *m Ab|stich, -zug* m *(des Weines)*
   desliz *[pl* ~**ces]** *m Aus|gleiten, -rutschen,*
⟨fam⟩ *-glitschen* n ‖ ⟨fig⟩ *Vergehen* n,
Fehltritt, Missgriff m ‖ ◇ tener un ~ *e–n
Fehltritt begehen*
   desli|zadero adj *glatt, schlüpfrig* ‖ ~ *m
schlüpfriger Ort* m ‖ *Gleit-, Rutsch|bahn* f ‖
–zadizo adj *schlüpfrig, glitschig* ‖ **–zador** *m
Rutsche* f ‖ *Gleitboot* n ‖ ~ *acuático
Luftkissenboot* n ‖ **–zamiento** *m Aus|gleiten,
-rutschen* n ‖ ⟨Flugw⟩ *Ab|rutschen, -schmieren* n ‖

Schleifschritt m *(beim Tanzen)* ‖ ~ de frecuencia
⟨El⟩ *Frequenzabweichung* f ‖ ~ de tierra
Erdrutsch m ‖ **–zar** [z/c] vt *ins Gleiten bringen,
schieben* ‖ ⟨Tech⟩ *gleiten lassen* ‖ ⟨Sp⟩ *abseilen* ‖
⟨fig⟩ *e–n Fehltritt tun* ‖ ~ vi *dahingleiten* ‖
(ab)gleiten ‖ ◇ ~ de ala ⟨Flugw⟩ *ab\schmieren,
-rutschen (über das Triebwerk abfallen)* ‖ ~ una
palabra ⟨fig⟩ *ein Wort fallen lassen* ‖ ~ una
propina (en la mano) a alg. ⟨fig⟩ *jdm ein
Trinkgeld (unauffällig) in die Hand drücken* ‖ ~se
ausgleiten ‖ *dahingleiten* ‖ *herunterrutschen* ‖ *s.
verlaufen (Gewässer)* ‖ *s. heimlich
davonschleichen* ‖ ⟨fig⟩ *e–n Missgriff tun*, ⟨fam⟩
s. danebenbenehmen, entgleisen ‖ ⟨fam⟩ *glitschen*
‖ ◇ ~ por la pendiente *den Bergabhang
herunterrutschen* ‖ ~ al *od* en un vicio *in ein
Laster verfallen* ‖ los cisnes se –zan por el agua
die Schwäne gleiten auf dem Wasser dahin ‖ se ha
–zado una falta *ein Fehler hat s. eingeschlichen*
desloar vt *tadeln, zurechtweisen*
deslo\mado adj *kreuz-, lenden\lahm* ‖ *buglahm
(Pferd)* ‖ ⟨fig⟩ *(ganz) zerschlagen*, ⟨fam⟩ *total hin*
‖ **–mar** vt *(jdn) lendenlahm schlagen* ‖ *(jdm)
fürchterlich zusetzen, (jdn) sehr strapazieren
(Arbeit usw.)* ‖ ◇ ~ a garrotazos ⟨figf⟩ *(jdn)
lendenlahm schlagen* ‖ ~se *s. abrackern*
deslu\cido adj ⟨fig⟩ *un\ansehnlich, -scheinbar* ‖
schäbig, abgetragen (Kleidung) ‖ *ohne Anmut
(Rede)* ‖ *ruhmlos* ‖ *unnütz* ‖ **–cimiento** m *Mangel*
m *an Glanz, Mattheit* f ‖ *Unscheinbarkeit* f ‖
Gedämpftheit f *(Farben)* ‖ *Schande, Entehrung* f ‖
–cir [-zc-] vt *verdunkeln, (den Glanz) rauben* ‖
beeinträchtigen ‖ ⟨fig⟩ *in den Schatten stellen* ‖
~se *den Glanz verlieren* ‖ *verschießen (Farbe)* ‖
⟨fig⟩ *den guten Ruf verlieren* ‖ *den Reiz verlieren*
deslum\brador adj *blendend* ‖ **–bramiento** m
(Ver)Blendung f *(& fig)* ‖ ⟨fig⟩ *Selbsttäuschung* f
‖ *Entzückung* f ‖ *Erstaunen* n ‖ **–brante** adj *(m/f)
blendend (& fig)* ‖ *täuschend, trügerisch* ‖ **–brar**
vt *blenden* ‖ ⟨fig⟩ *verblenden* ‖ ~se *geblendet
werden* ‖ ⟨fig⟩ *s. blenden lassen (por von od
durch)*
deslus\trar vt *den Glanz nehmen* ‖ *mattieren
(Glas)* ‖ ⟨Text⟩ *krümpen, dekatieren* ‖ ⟨fig⟩ *trüben*
‖ ⟨fig⟩ *herabsetzen* ‖ **–tre** m *Glanzlosigkeit* f ‖
Mattierung f ‖ ⟨fig⟩ *Schande* f ‖ ⟨fig⟩ *Schandfleck*
m ‖ **–troso** adj ⟨fig⟩ *schimpflich* ‖ ⟨fig⟩ *glanzlos*
desmade\jamiento m ⟨fig⟩ *Schlaffheit* f ‖ ⟨fig⟩
große Mattigkeit f ‖ **–jar** vt *schwächen* ‖ ~se
⟨fig⟩ *hinsiechen*
¹**desmadrar** vt ⟨Zool⟩ *absetzen (Junges von
der Mutter)*
²**desmadrar** vi *von Sinnen kommen* ‖ *s.
ungehörig benehmen*
desmadre m *Überschreiten* n *von Maß und
Ziel* ‖ ⟨fam⟩ *Chaos* n, *Wirrwarr* m,
Durcheinander n
desmagneti\zación f *Entmagnetisierung* f ‖
–zar [z/c] vt *entmagnetisieren*
desmalezar [z/c] vt Am *von Reisig und
Gestrüpp reinigen*
desmamar vt → **destetar**
¹**des\mán** m *Un\fall* m, *-glück* n ‖
Gewalt\missbrauch, -streich m ‖ *Übergriff* m ‖
Fehlgriff m ‖ *Ausschweifung* f ‖ **–manes** mpl
Ausschreitungen fpl
²**desmán** m ⟨Zool⟩ *Desman* m (Desmana
moschata) ‖ ~ de los Pirineos
(Pyrenäen)Bisamspitzmaus f (Galemys
pyrenaicus)
desmanarse vr *von der Herde abkommen*
desmanchar vt Am *Flecken entfernen (algo
aus est.)*
desman\dado adj *ausgelassen, zügellos,
ungezogen* ‖ *ungehorsam, widerspenstig* ‖ *verirrt*

(Kugel) ‖ *widerspenstig* (z. B. *Locke*) ‖ **–damiento**
m *Unordnung, Ausschweifung* f ‖ *Ungehorsam* m
‖ **–dar** vt *abbestellen, (e–n Befehl) widerrufen* ‖
~se *s. ungebührlich benehmen* ‖ *aufsässig,
widerspenstig sein* ‖ *zuchtlos werden* ‖ *scheuen
(Pferd)* ‖ ⟨fig⟩ *umherschweifen (Fantasie)*
desmandigar [g/gu] vt Dom *zerstören*, ⟨fam⟩
kaputtmachen
desmanotado adj *ungeschickt, unbeholfen* ‖
linkisch
desmantecar [c/qu] vt *entsahnen* ‖ *ausbuttern
(Milch)*
desmante\lado adj *verwahrlost* ‖ *von Hausrat
entblößt (Wohnung)* ‖ *eingestürzt (Gebäude)* ‖
baufällig ‖ **–lamiento** m *Schleifen* m *(e–r
Festung)* ‖ ⟨Mar⟩ *Abwracken* n ‖ ⟨Tech⟩
Demontage f *(von Industrieanlagen)* ‖ **–lar** vt/i
schleifen (e–e Festung) ‖ *(von Hausrat) entblößen*
‖ *entblößen (Wände)* ‖ *ausräumen, demontieren
(Fabrikanlage)* ‖ ⟨Tech⟩ *abbauen, zerlegen* ‖
⟨Mar⟩ *abwracken* ‖ ⟨fig⟩ *wehrlos machen*
des\maña f *Un\geschicklichkeit, -beholfenheit* f
‖ **–mañado** adj/s *un\geschickt, -beholfen* ‖ *linkisch*
‖ *plump*
desmaqui\llador adj *Abschmink-* ‖ ~ m
Abschminkmittel n, *Make-up-Entferner* m ‖ **–llaje**
m *Abschminken* n ‖ **–llar** *abschminken* ‖ ~se *s.
abschminken, das Make-up entfernen*
desmarañar vt *entwirren*
desmar\cado adj ⟨Sp⟩ [Fußball] *ungedeckt* ‖
–car [c/qu] vt *freispielen* ‖ ~se *s. freilaufen* ‖ *s.
(vom Gegner) lösen*
desmarrido adj *matt, kraftlos* ‖ *traurig*
desma\yado adj *ohnmächtig* ‖ *schwach, matt,
kraftlos* ‖ *bleich, glanzlos (Farbe, Stoff)* ‖
nüchtern (Magen) ‖ con ~ *aliento beklommenen
Mutes* ‖ **–yar** vi ⟨fig⟩ *verzagen* ‖ *erlahmen,
nachlassen* ‖ ⟨fig⟩ *sinken (Interesse)* ‖ ~ vt ⟨fig⟩
niederschmettern (Nachricht) ‖ ~se *ohnmächtig
werden* ‖ *zusammenbrechen* ‖ ⟨fig⟩ *fallen, sinken*
¹**desmayo** m *Ohnmacht* f ‖ *Kraftlosigkeit* f ‖
Mutlosigkeit f ‖ *Angst* f ‖ *Entsetzen* n ‖ ◆ sin ~
⟨fig⟩ *unermüdlich* ‖ ◇ le dio *od* tuvo un ~ er
(sie, es) wurde ohnmächtig
²**desmayo** m ⟨Bot⟩ *Trauerweide* f (Salix
babylonica)
desme\dida f *Übermaß* n, *Maßlosigkeit* f ‖
–dido adj *übermäßig, maßlos, ungeheuer* ‖
grenzenlos ‖ *gierig (Esser)* ‖ adv: ~**amente** ‖
–dirse [-i-] vr *das Maß überschreiten*
desme\drado adj *klein, gering, un\ansehnlich,
-scheinbar* ‖ *abgezehrt* ‖ *ver\krüppelt, -kümmert* ‖
–drar vi *in Verfall geraten, abnehmen* ‖
verkümmern (& vr) ‖ **–dro** m *Abzehrung* f, *Verfall*
m ‖ *Schaden, Nachteil* m
desmejo\ra f *Abnahme* f, *Verfall* m ‖ *Schaden*
m ‖ *Wertminderung* f ‖ **–rado** adj ⟨fam⟩ *kränklich,
siech* ‖ **–ramiento** m *Verschlechterung* f ‖ *Verfall*
m ‖ *Hinsiechen* n ‖ **–rar** vt *ver\schlechtern,
-schlimmern, beeinträchtigen* ‖ ⟨Jur⟩ *auf den
Pflichtteil setzen* ‖ ~se *s. verschlimmern* ‖
hinsiechen ‖ *verfallen (Kranker)*
desmele\nado adj *zerzaust* ‖ ⟨fig⟩ *in
Unordnung, verwirrt* ‖ **–namiento** m ⟨fig⟩ *Aufruhr*
m, *Durcheinander, Chaos* n ‖ **–nar** vt *zerzausen
(Haar)* ‖ ~se *s. abzappeln*
desmem\bración f, **–bramiento** m
*Zer\gliederung, -legung, -stückelung, Trennung,
Teilung* f ‖ *Zerfall* m *(e–s Reiches)* ‖ ⟨Pol⟩
Teilung, (Ab)Trennung f ‖ **–brar** [-ie-] vt
zer\gliedern, -legen, -stückeln ‖ *(auf)teilen,
(ab)trennen* ‖ ⟨fig⟩ *trennen, zerstückeln*
desmemo\ria f *Gedächtnisschwäche* f ‖
Vergesslichkeit f ‖ **–riado** adj/s *vergesslich* ‖
gedächtnisschwach ‖ ⟨Jur⟩ *unzurechnungsfähig* ‖

–riarse vr *vergesslich werden* ‖ *das Gedächtnis verlieren*
 desmen|tida f *Ableugnen* n ‖ *Widerlegung* f ‖ *Widerruf* m ‖ ⟨Pol⟩ → **mentís** ‖ **–tir** [ie/i] vt *Lügen strafen, e–r Lüge zeihen* ‖ *abstreiten* ‖ *widerrufen* ‖ *verleugnen, in Abrede stellen* ‖ *widerlegen* ‖ *für falsch erklären (Anklage)* ‖ *im Widerspruch stehen zu* ‖ *zerstreuen (Argwohn)* ‖ ⟨Pol⟩ *dementieren* ‖ ◇ ~ a alg. *jdn desavouieren* ‖ ~ al calumniador *den Verleumder Lügen strafen* ‖ ~ su cuna s–e gute *Kinderstube verleugnen* ‖ ~ las sospechas *den Argwohn beseitigen bzw zerstreuen* ‖ ~ vi ⟨fig⟩ *nicht übereinstimmen* ‖ ⟨fig⟩ *vom richtigen Weg abweichen* ‖ esto desmiente su manera de ser *das verleugnet sein Wesen* ‖ su conducta desmiente de su origen *sein Benehmen steht mit s–r Herkunft in Widerspruch* ‖ ~se [ie/i] s. *(selbst) widersprechen*
 desmenudear vt Col *im Kleinhandel vertreiben*
 desmenu|zador m *Zerkleinerer* m ‖ ~ de basura, ~ de residuos de cocina *Müll|zerkleinerer, -wolf* m ‖ **–zar** [z/c] vt *zer|kleinern, -stückeln* ‖ *zer|krümeln, -reiben* ‖ *zerlegen* ‖ *zerhacken* ‖ *verreiben* ‖ *zupfen (Wolle)* ‖ ⟨fig⟩ *haarklein untersuchen,* ⟨fam⟩ *unter die Lupe nehmen* ‖ ⟨fig⟩ *zerpflücken* ‖ ~se *ab-, zer|bröckeln*
 desmere|cedor adj *unwürdig* ‖ **–cer** [-zc-] vt *nicht verdienen* ‖ ~ vi *an Güte* od *an Wert abnehmen* ‖ *in der Achtung sinken* ‖ ◇ su actividad literaria no –ce de su labor política s–e *literarische Tätigkeit hält s–r politischen Betätigung die Waage* ‖ no –ce de los demás productos ⟨Com⟩ *es steht anderen Erzeugnissen nicht nach* ‖ **–cimiento** m *Unwert* m ‖ *Minderwertigkeit* f
 desme|sura f *Maßlosigkeit, Unmäßigkeit* f ‖ ◆ con ~ *maßlos* ‖ **–surado** adj *übermäßig, maßlos* ‖ *ungeheuer, riesig* ‖ *unangemessen* ‖ *unverschämt, frech* ‖ **–surarse** vr *s. erdreisten, s. erfrechen*
 desmetilar vt ⟨Chem⟩ *entmethylieren*
 desmidiáceas fpl ⟨Bot⟩ *Bandalgen* fpl (Desmidiaceae)
 desmig(aj)ar [g/gu] vt *zerbröckeln* ‖ *zerkrümeln (Brot)* ‖ ~se *ab-, zer|bröckeln* ‖ *krümeln (Brot)*
 desmilitari|zación f *Entmilitarisierung* f ‖ **–zar** [z/c] vt *entmilitarisieren*
 desmineralización f ⟨Med⟩ *Verlust* m *an Mineralstoffen, Demineralisation* f, *Entmineralisieren* n
 desmirriado adj ⟨fig⟩ *kränklich, siech, hinfällig* ‖ *verkümmert* ‖ *abgezehrt*
 desmitifi|cación f *Entmythologisierung* f ‖ **–car** [c/qu] vt *entmythologisieren* (& fig)
 desmo|chado adj *gekappt (Baumkrone)* ‖ *kahl (Feld)* ‖ *ohne Spitze (Turm)* ‖ *kahl (Wand)* ‖ ~ m ⟨Met⟩ *Beschneiden* n ‖ **–chadura** f → **-che** ‖ Am *Verminderung, Schmälerung* f ‖ **–char** vt *beschneiden, kappen (Baumkronen)* ‖ *stutzen (Hörner)* ‖ ⟨fig⟩ *verstümmeln* ‖ ⟨fig⟩ *kurz streifen (Angelegenheit)* ‖ **–che** m, **–cha** f *Kappen* n *(Baumkronen usw.)* ‖ *Stutzen* n ‖ ⟨fig⟩ *Verstümmeln* n
 desmo|gar [g/gu] vi ⟨Zool⟩ *das Geweih abwerfen* ‖ **–gue** m *Abwurf* m *des Geweihs*
 desmolado adj *ohne Backenzähne*
 desmol|dear vt *entformen* ‖ *ausheben (aus der Form)* ‖ ⟨Kochk⟩ *stürzen* ‖ **–deo** m *Entformung* f ‖ *Ausheben* n *(aus der Form)* ‖ ⟨Kochk⟩ *Stürzen* n
 desmoneti|zación f *Geldentwertung* f ‖ *Abschaffung* f *der Metallwährung* ‖ *Außerkurssetzung* f *(von Geld)* ‖ **–zar** [z/c] vt *Geld entwerten (bzw für ungültig erklären)* ‖ *Münzen aufrufen* ‖ *die Metallwährung abschaffen*

‖ *außer Kurs setzen (Münzen, auch* ⟨fig⟩ *Briefmarken usw.)*
 desmon|table adj *(m/f) zerlegbar* ‖ *abnehmbar* ‖ *ausbaubar* ‖ *zusammenklappbar* ‖ *abwerfbar* ‖ *abmontierbar (z. B. Holzbau)* ‖ ~ m ⟨Aut⟩ *(Reifen)Montiereisen* n ‖ **–tado** m/adj ⟨Mil⟩ *Kavallerist* m *im Fußeinsatz, unberitten (Soldat)* ‖ **–tador** m *Montagewerkzeug* n ‖ *Montiereisen* n ‖ **–tadura** f *Rodung* f ‖ *Auslichtung* f *(e–s Waldes)* ‖ → **–taje** ‖ **–taje** m *Demontage* f ‖ *Ab-, Aus|bau* m ‖ *Zerlegung* f ‖ ~ social *Sozialabbau* m ‖ **–tar** vt *demontieren, auseinander nehmen* ‖ *ab-, aus|bauen* ‖ *abwracken, ausschlachten* ‖ *abbrechen (Gerüst)* ‖ *abreißen (Gebäude)* ‖ *ausroden, lichten, abholzen (Wald) urbar machen, roden (Acker)* ‖ *abtragen (Hügel)* ‖ *ebnen, planieren (Gelände)* ‖ *abwerfen (Reiter)* ‖ ¡desmonten! ⟨Mil⟩ *abgesessen!* ‖ ~ vi *ab|steigen, -sitzen (vom Pferd)* ‖ *aus dem Wagen steigen (& vr)* ‖ **–tarruedas** ⟨Auto⟩ *Radabdrücker* m ‖ **–te** m *Ausroden, Lichten, Abholzen* n, *Rodung* f ‖ *Rodeland* n, *Neubruch* m ‖ *abgetragenes Erdreich* n ‖ *Planierung* f ‖ ⟨EB⟩ *Bahneinschnitt* m ‖ *Hochschnitt* m *(beim Baggern)* ‖ *Abbau* m *(e–s Gerüsts)* ‖ *Schutt* m, *Abfallsteine* mpl ‖ ⟨Bgb⟩ Chi *Taubgestein* n ‖ ~ completo *Kahlschlag* m ‖ ~s mpl *Abtragungsarbeiten* fpl ‖ *ausgehobene Erde* f
 desmora|lización f *Sitten|verfall* m, *-verwilderung* f ‖ *Mangel* m *an Selbstvertrauen* ‖ *Demoralisation* f ‖ ⟨Mil Pol⟩ *Demoralisierung* f ‖ **–lizar** [z/c] vt *entsittlichen, demoralisieren* ‖ *zersetzen* ‖ *entmutigen* ‖ ~se *den Mut verlieren*
 desmorecerse [-zc-] vr *von e–r starken Leidenschaft ergriffen sein*
 desmoro|nadizo adj *baufällig* ‖ *bröck(e)lig* ‖ **–namiento** m *Einstürzen* n *(e–s Gemäuers)* ‖ *Erdrutsch* m ‖ *(fortschreitender) Zerfall* m *(& fig)* ‖ ⟨Chem Bgb⟩ *Zersetzung* f ‖ **–narse** vr *einstürzen* ‖ *abbröckeln* ‖ *baufällig werden* ‖ ⟨fig⟩ *zerfallen* ‖ *zusammenbrechen*
 desmostelar vt Hond *zerkleinern*
 desmo|tador m *Tuchnopper* m ‖ **–tar** vt *noppen (Tuch)*
 desmovili|zación f *Demobilisierung, Demobilmachung* f ‖ **–zar** [z/c] vt/i *demobilisieren*
 desmultiplicación f → *demultiplicación*
 des|nacificación, –nazificación f ⟨Hist⟩ *Entnazifizierung* f ‖ **–nacificar, –nazificar** [c/qu] vt ⟨Hist⟩ *entnazifizieren*
 desnacionali|zación f *Entnationalisierung* f ‖ *Ausbürgerung, Entziehung* f *der Staatsangehörigkeit* ‖ ⟨Com⟩ *Reprivatisierung* f ‖ **–zar** [z/c] vt *entnationalisieren* ‖ *ausbürgern* ‖ *reprivatisieren*
 desnarigado adj/s *nasenlos* ‖ *mit e-r kleinen Nase*
 desna|tadora f *Milch|zentrifuge* f, *-separator* m ‖ **–tar** vt *abrahmen, entrahmen, absahnen* ‖ ⟨fig⟩ *(das Beste) herausnehmen, den Rahm abschöpfen (von dat)*
 desnaturali|zación f *Verlust* m *der Staatsangehörigkeit, Ausbürgerung* f ‖ *Zweckentfremdung* f ‖ *Entstellung* f ‖ *Entartung* f ‖ ⟨Chem⟩ *Vergällung* f *(Alkohol)* ‖ **–zado** adj *unnatürlich, entartet* ‖ *denaturiert, vergällt (Alkohol)* ‖ **–zar** [z/c] vt *ausbürgern* ‖ *unter Aberkennung der Staatsangehörigkeit des Landes verweisen* ‖ ⟨Chem⟩ *vergällen, denaturieren (Alkohol)* ‖ *ungenießbar machen (Lebensmittel)* ‖ *verfälschen* ‖ *entstellen* ‖ ⟨fig⟩ *das Wesen (e–r Sache) verändern* ‖ ~se s. *verändern* ‖ s. *verderben* ‖ *entarten* ‖ *unmenschlich werden* ‖ *auf die Staatsangehörigkeit verzichten*

des|nevar [-ie-] vi *schmelzen (Schnee)* ‖ **–nieve**
m Schneeschmelze f
  desnitrifica|ción *f* ⟨Chem⟩ *Denitrifikation f* ‖
–r [c/qu] vt *den Stickstoff entziehen, denitrieren,
entsticken*
  desni|vel *m Abweichung f von der
waagerechten Linie* ‖ *Höhenunterschied m,
Gefälle n, relative Höhe f* ‖ *(Treppen)Absatz m* ‖
⟨fig⟩ *Ungleichheit f* ‖ ⟨fig⟩ *Gefälle n* ‖ ⟨fig⟩
Unterschied m ‖ *Missverhältnis n* ‖ **–velar** vt *aus
der waagerechten Lage bringen* ‖ *uneben machen*
‖ *ungleich machen (& fig)* ‖ ⟨Arch⟩ *aus der
Waagerechten bringen* ‖ **~se** *uneben werden* ‖
ungleich werden (& fig) ‖ ⟨Arch⟩ *aus der
Waagerechten kommen*
  desnucar [c/qu] vt *(jdm) das Genick brechen* ‖
~se *s. das Genick brechen*
  desnucleari|zación *f* → **desatomización** ‖
–zado adj → **desatomizado** ‖ **–zar** [z/c] vt →
desatomizar
  desnu|damente adv ⟨fig⟩ *klar, deutlich* ‖
–damiento *m Entkleiden n* ‖ *Entblößung f (& fig)*
‖ ⟨fig⟩ *Freilegung f* ‖ *Ziehen n (Degen, Schwert)* ‖
Entblättern n (Bäume) ‖ **–dar** vt *aus|kleiden,
-ziehen, entkleiden* ‖ *entblößen* ‖ *entblättern
(Bäume)* ‖ *ziehen (Degen)* ‖ ⟨fig⟩ *entblößen,
aufdecken* ‖ ⟨fig⟩ *bloßlegen* ‖ ⟨fig⟩ *ausplündern* ‖
~ *los altares die Altäre abräumen, die Decken
von den Altären entfernen (Karwoche)* ‖ **~se** *s.
aus-, ent|kleiden, s. ausziehen* ‖ **~** *de algo* ⟨fig⟩ *s.
von et. frei machen, et. ablegen* ‖ **~** *de las
pasiones den Leidenschaften entsagen* ‖ **–dez**
[*pl* **~ces**] *f Nacktheit, Blöße f* ‖ ⟨fig⟩ *Hilflosigkeit
f* ‖ ⟨fig⟩ *Ärmlichkeit, Dürftigkeit f* ‖ ⟨fig⟩
Schlichtheit f ‖ ⟨fig⟩ *Kahlheit f (Baum, Raum)* ‖
–deces *pl nackte Körperteile* mpl ‖ ⟨fig⟩
Schamteile mpl ‖ **–dismo** *m Nackt-,
Frei|körperkultur f (FKK), Nudismus m* ‖ **–dista**
m/f Anhänger(in f) der FKK, Nudist(in f) m ‖ **–do**
adj *nackt, entblößt, bloß* ‖ *unbekleidet* ‖ ⟨fig⟩
ärmlich gekleidet ‖ ⟨fig⟩ *hilflos, elend* ‖ ⟨fig⟩ *klar,
deutlich* ‖ ⟨fig⟩ *bloß (Degen)* ‖ ⟨fig⟩ *kahl (Baum,
Raum)* ‖ *schlicht (Stil, Einrichtung)* ‖ ⟨El⟩ *blank,
nicht isoliert* ‖ **~** *como su madre lo trajo al
mundo,* ⟨pop⟩ **~** *como su madre lo parió
splitternackt* ‖ **~** *de gloria ruhmlos* ‖ *estoy
~a* ⟨figf⟩ *ich habe nichts anzuziehen (Frau)* ‖ **~**
m ⟨Mal⟩ *(das) Nackte* ‖ ⟨Mal⟩ *Akt m* ‖ ♦ *al* **~**
nackt, ohne Kleidung ‖ ◇ *poner al* **~** *entblößen,
bloßlegen (bes. fig)*
  desnu|trición *f* ⟨Med⟩ *Unterernährung f* ‖
Verdauungsstörung f, Nahrungsfehler m ‖
Abzehrung f ‖ **–trido** adj *unterernährt* ‖
–trirse vr *s. ab|zehren, -magern (infolge
Unterernährung)* ‖ ⟨fam⟩ *s. grämen*
  desobe|decer [-zc-] vt *nicht gehorchen* (dat) ‖
nicht befolgen ‖ **–diencia** *f Un|gehorsam m,
-folgsamkeit f* ‖ *Nichtfolgeleistung f* ‖
Gehorsamsverweigerung f ‖ **–diente** adj *(m/f)
un|gehorsam, -folgsam*
  desobstru|ir [-uy-] vt *(Versperrtes) öffnen* ‖
räumen ‖ *frei machen* ‖ *reinigen, säubern* ‖ ⟨Med⟩
die Verstopfung beheben ‖ **–yente** *m* ⟨Med⟩ *Mittel
n gegen Verstopfung*
  ¹desocupación *f Räumung f (e–s Ortes)*
  ²desocu|pación *f Muße f* ‖ *Müßiggang m* ‖
Arbeitslosigkeit f ‖ **–padamente** adv *frei,
unbehindert*
  ¹desocupado adj *unbewohnt, leer* ‖ *frei
(Sitzplatz, Wohnung usw.)*
  ²desocupado adj *müßig* ‖ *beschäftigungs-,
arbeits|los*
  desocu|par vt *räumen, un|besetzt od -bewohnt
lassen* ‖ *frei machen* ‖ *leer machen, ausräumen* ‖
⟨fam⟩ *leeren, austrinken* ‖ ◇ **~** *el piso aus der*

Wohnung ausziehen ‖ **~** vi/t *Arg Chi Ven
entbinden, gebären, entbunden werden (Frau)* ‖ ◇
~se *de un negocio s. e–s Geschäftes entledigen* ‖
~se *un piso frei werden (e–e Wohnung)* ‖ **–po** *m
Ar Räumung f (e–s Ortes, e–r Wohnung)* ‖ **~**
forzoso zwangsweise Räumung f
  desodo|rante adj *(m/f) de(s)odorierend,
geruchtilgend* ‖ **~** *m de(s)odorierendes Mittel,
Deodorant n* ‖ **~en** *barra De(s)odorantstift,
Deostift m* ‖ **–r(iz)ar** [z/c] vt *de(s)odorieren,
geruchlos machen*
  desoír [irr → **oír**] vt *absichtlich überhören* ‖
kein Gehör schenken (dat) ‖ *nicht hören auf* (acc)
‖ *nicht beachten* ‖ *unberücksichtigt lassen* ‖ ◇ **~**
una súplica e–r Bitte kein Gehör schenken ‖ **~** *la
voz de la conciencia (od* **~se**) *die Stimme des
Gewissens überhören*
  desojarse vr ⟨fig⟩ *s. die Augen aussehen
(mirando a alg. nach jdm)*
  deso|lación *f Trostlosigkeit, tiefe Betrübnis f* ‖
trostlose Lage f ‖ *Jammer m, Elend n* ‖
Ver|wüstung, -heerung f ‖ **–lado** adj *trostlos,
jammervoll* ‖ *öd(e), verödet (Landschaft)* ‖ ◇
estoy **~** *ich bin untröstlich* ‖ adv: **~amente** ‖
–lador *m Ver|wüster, -heerer m* ‖ **~** adj *trostlos,
betrüblich* ‖ ⟨fam⟩ *grässlich, schrecklich* ‖ **–lar**
[-ue-] vt *ver|wüsten, -heeren* ‖ *entvölkern* ‖ *tief
betrüben, erschüttern* ‖ *zur Verzweiflung bringen* ‖
~se ⟨fig⟩ *s. tief betrüben* ‖ *untröstlich sein (por
über* acc)
  desoldar [-ue-] vt *ab-, los-, auf|löten,
-schweißen* ‖ *(her)ausschmelzen* ‖ **~se** *s. loslöten*
  desolla|dero *m Abdeckerei f* ‖ *Schindanger m* ‖
Spielhölle f ‖ ⟨figf⟩ *Nepplokal n, teures
Restaurant n* ‖ **–do** adj *blutrünstig* ‖ ⟨fam⟩
unverschämt (& s) ‖ **–dor** *m Schinder, Abdecker
m* ‖ *Schindanger m* ‖ ⟨fig⟩ *Preller,
(Leute)Schinder m* ‖ *Halsabschneider m* ‖ **–dura** *f
Scheuer|stelle, -wunde f* ‖ *Abhäuten n (von
Tieren)* ‖ *Abdecken n* ‖ *Wundreiben n* ‖ *(Haut)
Abschürfung*
  deso|llar [-ue-] vt *abdecken* ‖ *ab|ledern,
-häuten* ‖ *(ab)schinden, schröpfen* ‖ ⟨fig⟩ *prellen,
schinden, neppen* ‖ ⟨fig⟩ *jdn stark verleumden* ‖ ◇
~la, ~ *el lobo,* **~** *la zorra* ⟨figf⟩ *e–n Rausch
ausschlafen* ‖ **~***le a uno vivo* ⟨figf⟩ *jdn arg
verleumden, kein gutes Haar an jdm lassen* ‖ *jdn
gehörig rupfen* ‖ *aún falta el rabo por* **~** ⟨figf⟩
das Schwierigste steht noch bevor, ⟨fam⟩ *das
dicke Ende kommt noch* ‖ **~se** *s. die Haut
aufschinden* ‖ *s. wund laufen* ‖ *s. wund reiben* ‖
alle Scham beiseite lassen ‖ **–llón** *m* ⟨fam⟩
Scheuerstelle f, ⟨fam⟩ *Wolf m* ‖ *Hautabschürfung
f*
  desopila|nte adj/s *(m/f) die Verstopfung
behebend* ‖ ⟨fig⟩ *ergötzlich, lustig, aufheiternd* ‖
–tivo *m/*adj ⟨Med⟩ *Abführmittel n*
  desopinar vt *verleumden, diffamieren, in
Misskredit bringen*
  des|opresión *f Aufhören n des Druckes* ‖
*Befreiung f vom Druck bzw von der
Unterdrückung* ‖ **–oprimir** vt *vom Druck bzw von
der Unterdrückung befreien*
  desorbi|tado adj *aus der Kreisbahn gebracht* ‖
⟨fig⟩ *maßlos, unangemessen (Ansprüche usw.)* ‖
Am nicht abgezirkelt ‖ Arg *verrückt* ‖
*con los ojos desorbitados mit weit aufgerissenen
Augen (vor Entsetzen)* ‖ **–tamiento** *m:* **~**
coyuntural Überhitzung f der Konjunktur ‖ **–tar** vt
aus der Kreisbahn bringen ‖ ⟨fig⟩ *(maßlos)
übertreiben*
  desorción *f Desorption f (Umkehrung der
Absorption)*
  desor|den *m Unordnung, Verwirrung f* ‖
Durcheinander n ‖ *Unordentlichkeit f* ‖ bes. *pl*

desórdenes *Ausschweifungen* fpl ‖ *Ausschreitungen* fpl ‖ *Tumult* m ‖ ⟨Med⟩ *Störungen* fpl ‖ ◇ poner en ~ *in Unordnung bringen, verwirren* ‖ **–denado** adj *ungeordnet* ‖ *unordentlich* ‖ *regellos ausschweifend, liederlich, schlampig* ‖ *zügellos* ‖ adv: ~**amente** ‖ **–denar** vt *in Unordnung bringen* ‖ *durcheinander bringen* ‖ *verwirren* ‖ *zerrütten* ‖ *stören* ‖ ~**se** *in Unordnung geraten* ‖ *Ausschreitungen begehen* ‖ *gegen die Ordnung verstoßen* ‖ *über die Stränge schlagen*

desore|jada f ⟨fam⟩ *Nutte* f ‖ **–jado** adj ⟨figf⟩ *ehrlos, ruchlos* ‖ Cu *unverschämt* ‖ Cu *verschwenderisch* ‖ Guat *dumm, einfältig* ‖ **–jar** vt *die Ohren abschneiden* (a alg. jdm) ‖ *die Henkel abbrechen (an e–m Gefäß)*

desorgani|zación f *Des-, Fehl|organisation* f ‖ *Auflösung, Zer|rüttung, -setzung* f ‖ **–zadamente** adv *in völliger Zerrüttung, Auflösung* ‖ **–zar** [z/c] vt *desorganisieren, auflösen* ‖ *stören* ‖ *zerrütten* ‖ ◇ ~ *las comunicaciones* ⟨Mil⟩ *die Verbindungen zerschlagen* ‖ ~**se** *in Unordnung geraten* ‖ s. *auflösen*

desorien|tación f *Desorientierung, falsche Aufklärung* f ‖ *Irreführung* f ‖ *mangelnde Orientierung* f ‖ *Verwirrung, Kopflosigkeit* f ‖ *Verirrung* f ‖ ~ *general* ⟨fig⟩ *allgemeine Unkenntnis* f ‖ ~ *política Unkenntnis* f *der politischen Gegebenheiten* ‖ *mangelnde politische Ausrichtung* f ‖ **–tado** adj *verwirrt, irr(e)* ‖ *verirrt* ‖ *fehlgeleitet* ‖ *unschlüssig* ‖ *desorientiert* ‖ **–tar** vt *irreleiten* ‖ ⟨fig⟩ *irreführen* ‖ ⟨fig⟩ *verwirren* ‖ ~**se** s. *verirren* ‖ *verwirrt werden* ‖ *die Orientierung verlieren* (& fig)

desornamentado adj *schmucklos*

deso|vadero m ⟨Fi⟩ *Laichplatz* m ‖ **–var** [-(h)ue-] vi *laichen (Fische)* ‖ **–ve** m *Laichen* n ‖ *Laichzeit* f ‖ *Fischlaich* m

desovillar vt *(e–n Knäuel) abwickeln* ‖ *entwirren* (& fig)

desoxi|dación f ⟨Chem⟩ *Desoxy|dation, -dierung* (fachsprachl.: *Desoxi|dation, -dierung*) f ‖ *Entrostung* f ‖ **–dar** vt *desoxydieren* ‖ *entrosten, vom Rost befreien (Metall)* ‖ *abbeizen*

desoxigenar vt ⟨Chem⟩ *den Sauerstoff entziehen* (dat), *reduzieren*

despabi|laderas fpl *Licht(putz)schere* f ‖ *tener buenas* ~ ⟨fig⟩ *gescheit sein* ‖ **–lado** adj *munter, wach, alert* ‖ ⟨fig⟩ *aufgeweckt, gescheit* ‖ **–lador** m → **–laderas** ‖ **–ladura** f *Lichtschnuppe* f ‖ **–lar** vt *(das Licht) putzen, (das Licht) schneuzen* ‖ *(den Verstand) schärfen* ‖ ⟨fig⟩ *auf|muntern, -rütteln* ‖ *munter machen (Schlafenden)* ‖ ⟨fig⟩ *heimlich wegnehmen, stehlen, stibitzen,* ⟨fam⟩ *klauen* ‖ ⟨fam⟩ *rupfen, ausziehen* ‖ ⟨pop⟩ *(jdm das Lebenslicht) ausblasen* ‖ ¡despabila! *beeile dich! los! schnell!* ‖ *verschwinde!* ‖ ~**se** ⟨fig⟩ *munter werden, den Schlaf abschütteln* ‖ *schlau* od ⟨fam⟩ *helle, clever werden* ‖ s. *regen,* s. *rühren* ‖ s. *zusammennehmen* ‖ Cu Chi *(heimlich) weggehen,* ⟨fam⟩ *abhauen* ‖ ◇ ~se los ojos s. *die Augen ausreiben*

despa|chaderas fpl ⟨fam⟩ *unfreundliche, barsche Art zu antworten, kurze Abfertigung* f ‖ ⟨fam⟩ *glückliche und rasche Beendigung* f ‖ ◇ *tener buenas* ~ ⟨fam⟩ *kurz angebunden sein* ‖ **–chado** adj ⟨fam⟩ *unverschämt, dreist* ‖ *ge|scheit, -schickt* ‖ **–chante** m Arg *Handlungsgehilfe* m ‖ *Verkäufer* m ‖ ~ *de aduana* Arg *Zollabfertiger* m ‖ **–char** vt/i *e–e Sache beendigen, vollziehen* ‖ *erledigen (auch Korrespondenz)* ‖ *ausführen (Antrag)* ‖ *ausfertigen* ‖ *verabschieden, kündigen (Angestellte)* ‖ *verteilen* ‖ ⟨Com⟩ *verkaufen, absetzen, expedieren (Eintritts-, Fahr|karten)* ‖ ⟨Flugw⟩ *einchecken* ‖ ⟨fam⟩ *(Kunden im Geschäft) bedienen* ‖ *ab|schicken, -fertigen*

(Boten) ‖ *expedieren (Waren)* ‖ *ausschenken (Getränke)* ‖ *aussenden (Person)* ‖ (et. mit jdm) *besprechen* ‖ *(mit jdm) e–e Besprechung haben* ‖ ⟨fig⟩ *(jdn) abweisen, abfertigen* ‖ *(jdn) hinauswerfen (de aus)* ‖ ⟨figf⟩ *umbringen, töten* ‖ ⟨figf⟩ *aufessen,* ⟨fam⟩ *verdrücken* ‖ ⟨figf⟩ *austrinken* ‖ ⟨Taur⟩ *niederstechen (Stiere)* ‖ ◇ ~ *en la aduana verzollen (Waren)* ‖ ~ *billetes Fahrscheine* bzw *Karten (für Veranstaltungen) ausgeben* ‖ ~ *un buque ein Schiff abfertigen* ‖ ~ *la ejecución die Vollstreckung anordnen* ‖ ~ vi *amtieren (Beamte)* ‖ (s.) *miteinander (be)sprechen* ‖ s. *beeilen,* s. *sputen* ‖ ⟨fam⟩ *gebären (Frau)* ‖ ◇ ¡despacha! *geschwind! beeile dich!* ‖ *nun sag's schon!* ‖ el presidente del gobierno despachó con los ministros *der Ministerpräsident erledigte die laufenden Regierungsgeschäfte mit s–n Ministern* ‖ ~**se** (s.) *eilen,* s. *sputen* ‖ ~ *de algo* s. *e–r Sache entledigen* ‖ ~ *a (su) gusto sagen, was man auf dem Herzen hat;* s–m Herzen Luft machen ‖ **–chero** m Chi *Krämer, Besitzer* m *e–s Kramladens*

¹despacho m a) *Abfertigung, Erledigung* f ‖ *Ausführung* f ‖ *Erledigung* f *(e–s Gesuchs)* ‖ b) *Vertrieb* m ‖ ⟨Com⟩ *Vertrieb* m ‖ *Absatz* m, *Unterbringung (e–r Ware)* ‖ *Ab-, Ver|sendung* f ‖ *Versand* m ‖ ~ *de aduana Verzollung* f ‖ ~ *de equipajes Gepäck|abfertigung, -ausgabe* f ‖ ~ *de mercancías* ⟨EB⟩ *Güterabfertigung* f ‖ ◇ *tener buen* ~ *guten Absatz finden (Waren)* ‖ ⟨fig⟩ *ein fixer Kerl sein* ‖ ◆ *de mal* od *lento* ~ *schwer absetzbar, schwer verkäuflich (Ware)* ‖ *sin* ~ *unverkäuflich (Ware)*

²despacho m *Arbeitszimmer* n ‖ *Geschäfts-, Amts|zimmer, Büro, Kontor* n, *Laden* m, *Verkaufsstelle* f ‖ Chi *Kramladen* m ‖ *Schalter (Post, Eisenbahn usw.)* ‖ *Schalterbetrieb, Publikumsverkehr* m ‖ ~ *de aduana Zollamt* n ‖ ~ *de bebidas Getränkeausschank* m ‖ ~ *de billetes* ⟨EB⟩ *Fahrkartenschalter* m ‖ ⟨Th⟩ *Theaterkasse* f ‖ ~ *en contaduría* ⟨Th⟩ *Vorverkauf* m ‖ ~ *de localidades* ⟨Th⟩ *Theater-, Kino|kasse* usw. ‖ *Kartenvorverkauf* m

³despacho m *(telegrafische) Mitteilung* f, *Telegramm* n, *Depesche* f ‖ *Weisung* f *(an untergeordnete Behörde)* ‖ *diplomatische Note, Depesche* f ‖ *Verfügung* f ‖ *Beschluss* m ‖ *Entscheidung* f ‖ *Ersuchen* n ‖ ⟨Jur⟩ *richterliche Verfügung* f ‖ *Beratung* f *(des Königs mit s–n Ministern)* ‖ ⟨Mar⟩ *Dispache* f, *Seeschadensberechnung* f ‖ ~ *radiográfico Funkbericht* m ‖ ~ *telegráfico Drahtnachricht* f

despachu|rrado adj *plattgedrückt* ‖ ◇ *dejar a uno* ~ ⟨figf⟩ *jdm den Mund stopfen* ‖ **–rrar** vt *quetschen, pressen (Weintrauben)* ‖ ⟨fam⟩ *platt drücken, platt schlagen* ‖ ⟨fig⟩ *auswalzen, breittreten (Bericht)* ‖ ⟨fig⟩ *kaputtmachen* ‖ ◇ ~ *a alg.* ⟨figf⟩ *jdn fertigmachen, jdn kleinkriegen* ‖ ~ *el cuento a uno* ⟨figf⟩ *jds Pläne vereiteln*

despa|cio adv *langsam, gemächlich, behäbig* ‖ *allmählich* ‖ ⟨pop⟩ Am *leise (sprechen)* ‖ *el* ~ *ir y venir das langsame Hin- und Hergehen* ‖ ¡~! *sachte! gemach! immer mit der Ruhe! langsam!* ‖ **–cioso** adj *langsam, gemächlich, behäbig* ‖ **–cito** adv dim von **–cio** ‖ *schön langsam*

despal|dar vt *(jdm) die Schulter ausrenken* od *verrenken* ‖ **–dilladura** f *Ausrenken* n *der Schulter*

despampa|nante adj *(m/f)* ⟨fam⟩ *erstaunlich, fabelhaft, kolossal, toll* ‖ *fantastisch* ‖ **–nar** vt *(den Weinstock) abblatten (Reben) stutzen* ‖ *ausgeizen (Pflanzen)* ‖ ⟨figf⟩ *sprachlos machen* ‖ ⟨figf⟩ *aus der Fassung bringen* ‖ ~**se** ⟨fam⟩ *frei von der Leber weg reden* ‖ ⟨fig⟩ *erdröhnen (Theater, bei stürmischem Beifallklatschen)* ‖ ⟨fig⟩

s. *(bei e–m Sturz bzw durch e–n Schlag) ernstlich verletzen*
despan|cijar, –zurrar vt *den Bauch aufschlitzen* (dat) ‖ *aufschlitzen und ausleeren (Polster, Sack)* ‖ *(et.) zum Platzen bringen* ‖ (fam) *(jdm) das Lebenslicht ausblasen* ‖ ~ vi ⟨Sp⟩ *mit dem Bauch aufschlagen*
despanzurro m Chi *albernes Geschwätz* n ‖ *Blödsinn, Nonsens* m
despapar vi [Reitkunst] *den Kopf hoch tragen (Pferd)*
despapucho m Pe *Blödsinn, Nonsens* m
desparasitar vt *von Ungeziefer befreien* ‖ ⟨Radio⟩ *entstören*
despare|jado adj *einzeln, ohne das zugehörige Paar* ‖ *allein, ohne Partner(in)* ‖ **–jar** vt *auseinanderbringen, trennen (Paar, Zusammengehöriges)* ‖ **–jo** adj *ungleich, holp(e)rig* ‖ *nicht zusammengehörig* ‖ *uneben (Boden, Fliesen)*
desparpa|jado adj *behend(e), geschickt* ‖ **–jo** m *große Ungezwungenheit* f ‖ *Zungenfertigkeit* f ‖ *Unverfrorenheit* f ‖ *Forschheit* f ‖ Chi ⟨fam⟩ *Verwirrung* f ‖ ◆ *con mucho* ~ *ganz un|gezwungen, -geniert, dreist*
desparra|mado adj *verstreut* ‖ ⟨fam⟩ *ausschweifend* ‖ *ausgedehnt, offen, weit* ‖ **–mar** vt *aus-, umher-, zer|streuen* ‖ *ver|schütten, -gießen* ‖ ⟨fig⟩ *durchbringen* ‖ ⟨fig⟩ *verschwenden* ‖ ⟨fig⟩ *verzetteln, zersplittern (Kräfte)* ‖ Arg *verdünnen* ‖ ~se s. *verstreuen* ‖ s. *ausbreiten* ‖ ⟨fig⟩ *sehr ausgelassen sein,* ⟨fam⟩ s. *toll vergnügen* ‖ **–mo** m Chi *Unordnung* f
despartidero m Ar *Weggabelung* f
despata|rrada f *Spreizschritt* m *(beim Tanz)* ‖ **–rrado** adj ⟨fam⟩ *mit weit ausgespreizten Beinen* ‖ *breitbeinig* ‖ ⟨fam⟩ *erstaunt, sprachlos* ‖ ◇ *dejar a alg.* ~ ⟨figf⟩ *jdn heftig erschrecken* ‖ *jdn in Erstaunen versetzen* ‖ *quedarse* ~ ⟨pop⟩ *alle viere von s. strecken* ‖ **–rrarse** vr *die Beine (aus)spreizen*
despatarro m Arg *Durcheinander* n
despaturrarse vr Chi Ven *in stummem Erstaunen dastehen* ‖ Chi → **despatarrarse**
despavorido adj *entsetzt, erschreckt* ‖ *voller Furcht* ‖ adv: **~amente**
despearse vr s. *die Füße wund laufen*
despe|char vt *er|bittern, -bosen* ‖ *ärgern* ‖ ⟨fam⟩ *entwöhnen (Kind)* ‖ **~se** s. *entrüsten* ‖ **–cho** m *Zorn* m, *Erbitterung* f, *Groll* m ‖ *Verzweiflung* f ‖ *Gram, Kummer* m ‖ ◆ *a* ~ *de trotz, ungeachtet* ‖ *a* ~ *de mí mir zum Trotz*
despechu|gado adj *mit entblößter Brust* ‖ ⟨figf⟩ *tief ausgeschnitten, allzu tief dekolletiert (Frau)* ‖ **–garse** [g/gu] vr *die Brust entblößen* ‖ *ein tief dekolletiertes Kleid anziehen, viel Ausschnitt zeigen*
despectivo adj/s *verächtlich* ‖ *abwertend* ‖ ⟨Gr⟩ *despektiv* ‖ ~ m ⟨Gr⟩ *Despektivum* n
despedazar [z/c] vt *zer|stückeln, -reißen, -schneiden, -fetzen, auseinanderbrechen* ‖ *zusammenhauen* ‖ ⟨fig⟩ *zerreißen* ‖ ⟨fig⟩ *(et.) in den Schmutz ziehen*
despedida f *Abschied* m ‖ *Verabschiedung* f ‖ *Abschiedsfeier* f ‖ *Kündigung* f, *(Dienst)Entlassung* f ‖ *Abholung* f ‖ ⟨Mus⟩ *Schlussstrophe* f *(einiger Volkslieder)*
¹despedir [-i-] vt *verabschieden* ‖ *das Abschiedsgeleit geben* ‖ *entlassen (Bedienstete)* ‖ *(jdm) kündigen* ‖ *(jdn) von sich weisen* ‖ ⟨Mil⟩ *entlassen (Truppe)* ‖ ⟨Mil⟩ *wegtreten lassen (Truppe)* ‖ **~se** *Abschied nehmen,* s. *verabschieden (de von)* ‖ *se despide* (Abk: s. d.) *Abschiedsformel auf Visitenkarten* ‖ *se despidió el*

duelo die Trauergäste wurden verabschiedet ‖ *aquí se despide el duelo* ⟨figf⟩ *jetzt wollen wir uns endlich verabschieden!* ‖ ~ *de algo* ⟨figf⟩ *(et.) abschreiben* ‖ *die Hoffnung (auf et.) fallen lassen (müssen)* ‖ ~ *de ganar die Hoffnung aufgeben zu gewinnen*
²despedir [-i-] vt *werfen, schleudern* ‖ *in die Höhe schnellen* ‖ *abwerfen (Pferd den Reiter)* ‖ *aus|strömen, -strahlen* ‖ *ausstrahlen (Licht)* ‖ *werfen (Reflexe)* ‖ *geben (Widerschein)* ‖ *aussenden (Strahlen)* ‖ ◇ ~ *un aroma embriagador e–n berauschenden Duft ausströmen* ‖ ~ *el espíritu den Geist aufgeben* ‖ ~ *una flecha e–n Pfeil abschießen* ‖ ~ *un olor nauseabundo ekelhaft riechen,* ⟨fam⟩ *stinken (wie die Pest)* ‖ ~ *reflejos argentinos Silberglanz ausstrahlen*
despe|gado adj ⟨figf⟩ *unfreundlich, barsch, schroff* ‖ *nicht sehr anhänglich* ‖ adv: **~amente** ‖ **–gadura** f *Lösung, Trennung* f ‖ *Ablösung* f *(von Geklebtem)* ‖ **–gamiento** m → **desapego** ‖ *Loslösung* f *(z. B. der Haut)* ‖ **–gar** [g/gu] vt *ab-, los|lösen* ‖ *trennen* ‖ ◆ *sin* ~ *los labios ohne zu mucksen* ‖ ~ vi *ablegen (Schiff)* ‖ ⟨Flugw⟩ *(vom Boden aus) starten, abheben* ‖ ⟨Flugw⟩ *abwassern (vom Wasser)* ‖ **~se** s. *losmachen,* s. *(ab)lösen* ‖ ⟨fig⟩ s. *lösen,* s. *zurückziehen,* s. *abkehren (de von)* ‖ s. *entfremden* (dat) ‖ ⟨Fot⟩ *abschwimmen (Plattenschicht)* ‖ ⟨fam⟩ *nicht zusammenpassen* ‖ *nicht passen* (con *zu*) ‖ ◇ ~ *de alg. mit jdm brechen* ‖ ~ *del mundo der Welt entsagen* ‖ **–go** m *Gleichgültigkeit* f ‖ ~ *por los estudios Abneigung* f *gegen das Studium*
despegue m ⟨Flugw⟩ *Start* m, *Abheben* n ‖ ⟨Sp⟩ *Absprung* m ‖ ~ *vertical Senkrechtstart* m ‖ ~ *sin visibilidad Blindstart* m
despei|nado adj/s *ungekämmt* ‖ *mit aufgelöstem Haar* ‖ *zerzaust* ‖ **–nar** vt *zerzausen* ‖ *(die Frisur) durcheinanderbringen*
despe|jado adj *frei, geräumt (Platz)* ‖ *offen, weit* ‖ *geräumig* ‖ *eben, flach* ‖ *breit, ausgebreitet* ‖ *hell, wolkenlos (Himmel)* ‖ *heiter (Tag)* ‖ *un|gezwungen, -befangen (im Wesen)* ‖ *munter, lebhaft* ‖ *scharfsinnig* ‖ *klug* ‖ *aufgeweckt* ‖ adv: **~amente** ‖ **–jar** vt *räumen, frei machen (Platz, Bahn)* ‖ *ab-, auf|räumen* ‖ ⟨fig⟩ *lichten, säubern* ‖ *ermuntern* ‖ *klären, aufhellen (Lage usw.)* ‖ ⟨Sp⟩ *abwehren (den Ball)* ‖ ⟨Math⟩ *(die Unbekannte) bestimmen* ‖ ◇ ~ *la cabeza* ⟨fig⟩ s. *nach der Arbeit erholen* ‖ ~ *un misterio ein Geheimnis lüften* ‖ ~ *la plaza) (die Arena von Zuschauern) räumen (vor Beginn des Stierkampfes)* ‖ ~ *de puños* ⟨Sp⟩ *mit der Faust (den Ball) abwehren* ‖ ~ *la sala* ⟨Jur⟩ *den (Gerichts)Saal räumen* ‖ ~ *el terreno* ⟨fig⟩ *die Hindernisse wegräumen* ‖ ¡*despeja cubierta!* ⟨Mar⟩ *klar Deck!* ‖ *frei machen (Weg, Platz, Raum usw.)* ‖ ~ vi *fort-, weg|gehen* ‖ *nachlassen (Fieber)* ‖ ¡–jar! ¡–jad! ¡–jen! *beeilt euch! beeilen Sie s.!* ‖ *aus dem Weg! Achtung, (die) Straße frei! Platz da!* ‖ **~se** *munter, lebhaft handeln, reden* ‖ *munter werden* ‖ *e–n klaren Kopf bekommen* ‖ ⟨fam⟩ s. *zusammennehmen* ‖ s. *aufheitern* s. *zerstreuen,* s. *belustigen* ‖ s. *aufhellen,* s. *aufheitern,* s. *auf|klären, -klaren (Himmel, Wetter)* ‖ *fieberfrei werden* ‖ ◇ *la situación se va –jando die Lage klärt* s. *(allmählich)* ‖ **–je** m ⟨Sp⟩ *Abwehr* f *(des Balles)* ‖ ~ *de puños* ⟨Sp⟩ *Faustabwehr* f *(des Balles)* ‖ ⟨Taur⟩ → **–jo** ‖ **–jo** m *Raumung* †, *Freimachen* n ‖ *Gewandtheit, Aufgewecktheit* f ‖ *Mutterwitz* m ‖ ⟨Taur⟩ *Räumung* f *(des Platzes vor dem Anfang e–s Stierkampfes)* ‖ *con gran* ~ *ganz un|gezwungen, -geniert* ‖ ◇ *hacer el* ~ *del redondel od de la plaza* ⟨Taur⟩ *den Platz räumen*
despelle|jado adj *zerschlissen (Polster)* ‖ **–jar**

vt *abhäuten* ‖ ⟨fig⟩ *(jdn) derb verleumden, lästern* ‖ ⟨fig⟩ *rupfen, ausziehen* ‖ ◇ ~ *vivo a alg.* ⟨fig⟩ *jdm das Fell über die Ohren ziehen* ‖ ~se *los pies s. die Füße wund laufen*
¹despelotarse vr *wachsen, s. gut entwickeln (Kind)*
²despelotarse vr ⟨fam⟩ *s. nackt ausziehen, s. entblättern*
³despelotarse vr ⟨fam⟩ *s. totlachen*
¹despelote m *Strippen* n
²despelote m Arg *Durcheinander* n, *Wirrwarr* m
despelucar [c/qu] vt Col Chi *zerfleddern* ‖ → **despeluzar**
despeluz|ar [z/c] vt *zerzausen (Haar, Fell)* ‖ Chi ⟨fig⟩ *rupfen, ausziehen* ‖ **–nante** adj *(m/f) haarsträubend, entsetzlich* ‖ **–nar** vt → **despeluzar**
despenali|zación f ⟨Jur⟩ *Entkriminalisierung* f ‖ **–zar** [z/c] vt *entkriminalisieren*
despenar vt *trösten* ‖ *(jdm) die Sorgen nehmen* ‖ ⟨figf⟩ *töten, umbringen, ums Leben bringen,* ⟨pop⟩ *um die Ecke bringen, umlegen* ‖ Arg *(jdm) den Gnadenschuss geben, (jdm) den Gnadenstoß versetzen* ‖ Arg Guat *(jdm) das Leben zur Hölle machen, (jdn) ins Grab bringen*
despen|dedor m *Ver|schwender, -geuder* m ‖ **–der** vt *verschwenden (& fig: Zeit usw.)*
despen|sa *Speise-, Vorrats|kammer* f ‖ *Anrichterraum* m ‖ *Speiseschrank* m ‖ Arg *Lebensmittelladen* m ‖ ⟨Mar⟩ *Pantry* f ‖ *Lebensvorrat* m ‖ *Mundvorrat* m ‖ *Nahrungsmittel* npl **–sera** f *Wirtschafterin* f ‖ *Ausgeberin* f *(in e–m Kloster)* ‖ **–sero** m *Speisemeister, Wirtschafter* m ‖ *Beschließer* m ‖ *Almosenpfleger* m ‖ ~ *mayor Haushofmeister* m *des Königs*
despeña|damente adv *eilig,* ⟨fam⟩ *Hals über Kopf* ‖ **–dero** m *jäher Ab|hang, -grund* m ‖ *Felswand* f ‖ ⟨fig⟩ *gefährliches Unternehmen* n ‖ **–dizo** adj *abschüssig, steil abfallend* ‖ **–do** adj *rasch, hurtig* ‖ → **despeño**
despe|ñar vt *hinab-, herab|stürzen* ‖ *ab|werfen, -setzen (das Pferd den Reiter)* ‖ ~se *s. herabstürzen* ‖ ◇ ~ *al (od en el) abismo s. in den Abgrund stürzen* ‖ ~ *por la pendiente den Bergabhang hinabstürzen* ‖ **–ño** m *Absturz* m, *Hinab|fallen, -stürzen* n ‖ ⟨fig⟩ *Sturz, Ruin, Verfall* m ‖ ⟨fig⟩ *jäher Fall* m ‖ ⟨fam⟩ *Durchfall* m, *Diarrhö(e)* f
despepi|tado adj ⟨fam⟩ *unbesonnen, kopflos* ‖ **–tar** vt *entkernen (Früchte)* ‖ *entkernen, egrenieren (Baumwolle)* ‖ Chi *entknochen (Fleisch)* ‖ ⟨figf⟩ *(jdn) aus dem Häuschen bringen* ‖ ~se *s. heiser schreien, viel Geschrei machen,* ⟨fam⟩ *s. den Hals ausschreien* ‖ ⟨fig⟩ *unüberlegt reden od handeln* ‖ ◇ ~ *por algo* ⟨figf⟩ *(et.) heftig begehren* ‖ ~ *alg.* ⟨figf⟩ *für jdn schwärmen* ‖ *in jdn (un)sterblich verliebt sein*
despercatarse vr Cu PR *s. (um et.) nicht kümmern*
despercu|dido adj Chi *aufgeweckt, gescheit* ‖ **–dir** vt: ~ *a alg. jdn wachrütteln*
desperdi|ciado(r) adj/s *verschwenderisch* ‖ **–ciar** vt *ver|geuden, -schwenden, -tun* ‖ *ver|passen, -säumen (Gelegenheit)* ‖ ~ *el tiempo die Zeit vertrödeln* ‖ **–cio** m *Verschwendung* f ‖ ~ *de hierro Abfalleisen* n ‖ ◇ *no tener* ~ ⟨fig⟩ *nicht zu verachten sein* ‖ ⟨iron⟩ *durch und durch schlecht sein* ‖ ~s mpl *Abfall, Verschnitt, Ausschuss* m ‖ *Abfälle* mpl ‖ *Müll* m ‖ ~ *de cacao Gruskakao* m ‖ ~ *de chapa Blech|abfall, -schrott* m ‖ ~ *de seda Abfallseide* f
desperdigar [g/gu] vt *zerstreuen* ‖ ~se *s. zerstreuen* ‖ *auseinander gehen (Gruppe)*

desperecerse [-zc-] vr *s. heiß sehnen (por nach)*
despere|zarse [z/c] *s. strecken (vor Faulheit),* ⟨fam⟩ *s. rekeln* ‖ *die Glieder strecken* ‖ **–zo** m *Dehnen und Strecken der Glieder, Sich|recken, -rekeln* n, ⟨fam⟩ *Rekelei* f
desper|feccionar vt Chi Ec *beschädigen* ‖ **–fecto** m *leichte Beschädigung* f, *Fehler* m ‖ *Schaden* m ‖ *Hemmung* f ‖ *ligero* ~ *Schönheitsfehler* m ‖ ◇ *arreglarse los* ~s *del traje das Kleid in Ordnung bringen* ‖ *el auto sufrió ligeros* ~s *der Wagen wurde leicht beschädigt*
desper|filado adj *verschwommen, unscharf* ‖ **–filar** vt ⟨Mal⟩ *verwischen (Umrisse)* ‖ ⟨Mil⟩ *tarnen (Unterstand usw.)*
desper|follar vt Murc *entblättern (Maiskolben)* ‖ **–ifollar** vt Mancha → **desperfollar**
despernado [c/qu] adj ⟨fig⟩ *übermüdet*
despernancarse vr Gal Sal Am → **despatarrarse**
despernarse vr *s. müde laufen*
desperrar vt ⟨fam⟩: ~ *a alg. jdm das ganze Geld abnehmen, jdn rupfen*
despersonali|zación f ⟨Psychol⟩ *Entpersönlichung* f ‖ *Persönlichkeitsverlust* m ‖ **–zar** [z/c] vt *entpersönlichen, die Persönlichkeit nehmen (dat)*
desper|tador adj *ermunternd* ‖ ~ m *Wecker* m, *Weckuhr* f ‖ *Aufmunterung* f ‖ ~ *del apetito* ⟨Med⟩ *appetitanregendes Mittel* n ‖ **–tar** [-ie-] vt *auf-, (er)|wecken* ‖ ⟨fig⟩ *enttäuschen* ‖ ⟨fig⟩ *aufmuntern* ‖ ⟨fig⟩ *erregen (Aufmerksamkeit, Esslust)* ‖ *wachrufen (Erinnerung)* ‖ ⟨fig⟩ *wecken (Verdacht)* ‖ ◇ ~ *interés Interesse erwecken* ‖ ~ *del sueño vom Schlaf aufwecken* ‖ ~ *vi er-, auf|wachen* ‖ ~se *auf-, er|wachen* ‖ ~ m *Auf-, Er|wachen* n ‖ *el* ~ *de la primavera Frühlingserwachen* n
despestañarse vr *büffeln, pauken*
despetroncarse [c/qu] vi Cu *schnell abhauen*
despezar [-ie-, z/c] vt ⟨Tech⟩ *verjüngen (Rohr)*
despezcuezar [z/c] vt PR ⟨pop⟩ *den Kragen umdrehen (a alg. jdm)*
despezo m ⟨Tech⟩ *Verjüngung* f *(e–s Rohrs)*
despezuñarse vr *s. die Klaue(n) verletzen (Spalthufer)* ‖ Col Chi Hond PR ⟨fig⟩ *sehr schnell gehen, laufen* ‖ Col Chi Hond PR ⟨fig⟩ *sehr erpicht sein (auf et. acc)*
despiadado adj *mitleid(s)los, unbarmherzig, erbarmungslos* ‖ *unerbittlich, schonungslos* ‖ adv: ~amente
despiarse vr Chi → **despearse**
despicarse [c/qu] vr: ~ *de una ofensa* ⟨fam⟩ *s. für e–e Beleidigung rächen*
despichar vt *abbeeren (Trauben)* ‖ Col Chi *platt drücken* ‖ ~ vi ⟨fam⟩ *sterben,* ⟨pop⟩ *krepieren, verrecken*
despidida f Ar → **desaguadero**
despido m *Abschied* m ‖ *Entlassung* f *(aus dem Dienst)* ‖ *Kündigung* f
despiece m ⟨Tech⟩ *Abbau* m, *Demontage, Zerlegung* f
despierto adj *wach, munter (estar)* ‖ ⟨fig⟩ *aufgeweckt, lebhaft, rege (ser)* ‖ *witzig (ser)*
despiezar [z/c] vt ⟨Tech⟩ *auseinander nehmen, zerlegen*
despigmentación f ⟨Med⟩ *Depigmentierung* f
despilchado adj Am *zerlumpt, lumpig*
despilfa|rrado adj/s *abgerissen, lumpig, zerlumpt* ‖ *verschwenderisch* ‖ Chi *spärlich, dünn* ‖ Chi *zerstreut* ‖ adv: ~amente ‖ **–rrador** adj *verschwenderisch* ‖ ~ m *Verschwender* m ‖ **–rrar** vt *ver|schwenden, -geuden, durchbringen,* ⟨fam⟩ *verplempern* ‖ **–rro** m *Ver|schwendung, f -geudung* f ‖ *Misswirtschaft* f ‖ *Verkommenlassen*

n ‖ *Liederlichkeit* f ‖ *Missbrauch* m ‖ ~
energético *Energieverschwendung* f
  despilonar vt Chi *die Ohren abschneiden* (dat)
  despimpollar vt ⟨Agr⟩ *beschneiden, geizen*
  despinochar vt ⟨Agr⟩ *entblättern (Maiskolben)*
  despintar vt *(Gemaltes) auslöschen ‖ entfärben*
‖ *ab-, aus|waschen (Farbe)* ‖ ⟨fig⟩ *entstellen* ‖
⟨fig⟩ *ver|wirren, -dunkeln* ‖ ⟨fig⟩ *vereiteln* ‖ ~ vi
aus der Art schlagen ‖ ◇ no ~ de su casta ⟨fig⟩
nicht aus der Art schlagen ‖ ~se *verschießen
(Farben)* ‖ ◇ eso no se me despinta ⟨figf⟩ *das
vergesse ich nicht ‖ daran erinnere ich mich
lebhaft*
  despiojar vt *entlausen* ‖ ⟨figf⟩ *aus dem Elend
reißen*
  despiporr|ado adj Arg *chaotisch, völlig
verworren* ‖ **–en** m ⟨pop⟩ *Höhepunkt* m *(e–s
Festes usw.)*
  despique m *Rache, Genugtuung* f
  des|pistado adj *unaufmerksam, faselig, zerstreut, nicht im Bilde,
in den Wolken* (estar) ‖ ~ adj/s *weltfremd,
zerstreut* (ser) ‖ ◇ ser un ~ ⟨figf⟩ *e–e zerstreute
Natur sein* ‖ más ~ que un pulpo *od* un chivo *od*
una vaca en un garaje ⟨fig⟩ *im höchsten Grad
zerstreut ‖ vollkommen verloren* ‖ **–pistaje** m
Screening n, *Siebtest* m ‖ **–pistar** vt *von der
Fährte* od *Spur abbringen ‖ ablenken
(Aufmerksamkeit)* ‖ ⟨fig⟩ *irreführen, täuschen* ‖
~se *die Spur verlieren* ⟨Auto⟩ *von der Straße
abkommen, abrutschen, schleudern* ‖ ⟨figf⟩ s.
drücken (z.B. *vor der Arbeit)* ‖ **–piste** m
Zerstreutheit f ‖ *Weltfremdheit* f ‖ *Unkenntnis* f ‖
◇ tener ~s ⟨figf⟩ *(oft) geistesabwesend sein*
  desplacer [def irr → **¹placer**] v. impers
missfallen ‖ ~ m *Missfallen* n, *Verdruss, Ärger* m
  desplanchar vt *zerknittern*
  desplan|tador m ⟨Agr⟩ *Pflanzenheber* m ‖ **–tar**
vt *ver|pflanzen, -setzen (Pflanzen)* ‖ ~se *e–e
schiefe Stellung einnehmen (beim Tanzen,
Fechten)* ‖ **–te** m *schiefe Stellung* f *(beim Tanzen,
Fechten)* ‖ ⟨fig⟩ *Frechheit, Dreistigkeit* f ‖ ⟨fig⟩
freche Antwort f ‖ ◇ dar *od* hacer un ~ a alg.
*jdm e–e Abfuhr erteilen, jdn abkanzeln, jdn
abblitzen lassen* ‖ ◇ hacer ~s (fam) *Possen
machen*
  despla|tado adj Am ⟨fam⟩ *verarmt, arm wie
e–e Kirchenmaus* ‖ **–tar** vt *entsilbern (Metalle)*
  desplayar vi s. *vom Strand zurückziehen (Meer
bei Ebbe)*
  despla|zamiento m *Ver|schiebung, -rückung,
-legung* f ‖ *Umstellung* f ‖ *Umzug* m ‖ ⟨Mar⟩
Deplacement n, *Wasserverdrängung* f,
Tonnengehalt m *(e–s Schiffes)* ‖ ⟨Med⟩
Verrenkung f ‖ ⟨Tech⟩ *Abweichung* f ‖
Verlagerung f ‖ *Verstellung* f ‖ *Abwanderung,
Umsiedlung* f ‖ ⟨Mil⟩ *Truppen|bewegung,
-verschiebung* f ‖ ⟨Flugw⟩ *Abweichung* f ‖
Ortsveränderung f ‖ *Verschleppung* f ‖ ~ de aire
Zugluft f, *Luftzug* m ‖ **–zar** [z/c] vt *von der Stelle
bewegen ‖ ver|rücken, -schieben, umstellen* ‖
verlagern ‖ verstellen ‖ *(das Wasser) verdrängen
(Schiffskörper)* ‖ ⟨Mil⟩ *ver|legen, -drängen* ‖ ⟨Pol⟩
vertreiben ‖ verschleppen ‖ ⟨fig⟩ *verdrängen* ‖
personas –zadas ⟨Pol⟩ *Verschleppte* mpl ‖ ◇
sentirse –zado s. *fehl am Platz* od *deplaziert
fühlen* ‖ ~se ⟨Astr⟩ s. *neigen*, s. *senken* ‖ ⟨Med⟩
s. *verrenken ‖* s. *begeben, reisen* ‖ ⟨Tech⟩
wandern ‖ ⟨Mil⟩ s. *vorarbeiten* ‖ ⟨Flugw⟩ *rollen
(Flugzeug)*
  desple|gadamente adv *öffentlich* ‖
ausdrücklich ‖ **–gado** adj *aufgeschlagen (Buch,
Zeitung)* ‖ ⟨Mil⟩ *entwickelt (Marschkolonne)* ‖
fliegend, flatternd (Fahne) ‖ **–gar** [-ie-, g/gu] vt
entfalten, auseinander falten ‖ *aus|breiten,*

-*spannen ‖ gerade biegen (Gebogenes)* ‖ *glätten
(Falten)* ‖ ⟨Mar⟩ *beisetzen (Segel)* ‖ ⟨Mar⟩ *wehen
lassen, zeigen (Flagge)* ‖ ⟨fig⟩ *erklären, erläutern*
‖ ⟨fig⟩ *entfalten (Fleiß)* ‖ ◇ ~ gran actividad *sehr
aktiv sein* ‖ ~se s. *entfalten* ‖ ⟨Mil⟩
ausschwärmen, s. *entwickeln*
  despliegue m *Entfaltung* f ‖ *Ausbreitung* f ‖
⟨Mil⟩ *Aufmarschieren* n ‖ ⟨Mil⟩ *Entwicklung* f ‖
⟨Mil⟩ *Ausschwärmen* n ‖ ⟨Mil⟩ *Aufmarsch* m ‖
⟨Flugw⟩ *Ausfahren* n *(des Fahrwerkes)* ‖ Am
Zurschaustellung f ‖ ~ de la artillería
Artillerieaufmarsch m ‖ ~ de fuerzas ⟨Mil⟩
Kraftaufwand m, *Entfaltung* f *der Kräfte* od
Truppen ‖ ~ de (la) fuerza pública
Polizeiaufgebot n
  desplo|mar vt *aus dem Lot bringen* ‖ Ven
tadeln ‖ **–marse** vr *baufällig werden (Gebäude)* ‖
s. *senken (Mauer)* ‖ ⟨Flugw⟩ *absacken* ‖
zusammenfallen, (ohnmächtig) zu Boden sinken ‖
s. *fallen lassen (in e–n Stuhl)* ‖ ⟨fig⟩ *einstürzen* ‖
⟨fig⟩ *ins Wanken geraten* ‖ ◇ ¡se –ma el cielo!
⟨fam⟩ *der Himmel stürzt ein! (Ausdruck der
Verwunderung)* ‖ **–me** m *Abweichung* f *von der
Senkrechten* ‖ *schiefe Richtung* f ‖ ⟨Arch⟩
Überhang m ‖ *Sichsenken, (Weg)Sacken* n *(e–s
Gebäudes)* ‖ *Absacken* n *(e–s Flugzeugs)* ‖
Sichsenken n *(Weg usw.)* ‖ *Einsturz* m ‖ ⟨fig⟩
Zusammenbruch m ‖ **–mo** m → **–me** Ven *Tadeln*
n
  desplu|mado adj *ungefiedert, federlos* ‖ **–mar**
vt *(aus)rupfen (Federvieh)* ‖ ⟨fig⟩ *(jdn) rupfen,
schröpfen (bes. beim Spiel)* ‖ ~se s. *mausern
(Vögel)* ‖ **–me** m *Rupfen* n ‖ ⟨fig⟩ *Rupfen,
Schröpfen* n
  despo|blación f *Entvölkerung* f ‖ **–blado** adj
unbewohnt ‖ entvölkert ‖ menschenleer ‖ ~ m
unbewohnter Ort m, *Einöde* f ‖ **–blar** [-ue-] vt
entvölkern ‖ ⟨fig⟩ *ver|öden, -wüsten* ‖ ◇ ~
entblößen (bzw säubern) (de von dat) ‖ ~ de
árboles aböden, kahlschlagen (Wald) ‖ ~ de
hierbas von Gras säubern ‖ ~se s. *entvölkern
(Stadt) ‖ menschenleer werden (Ort, Platz)*
  despoetizar [z/c] vt ⟨lit⟩ *entpoetisieren, der
dichterischen Aura entblößen*
  despo|jador m/adj *Räuber, Enteigner* m ‖ Arg
Schmuckablage f ‖ **–jar** vt *berauben,
(aus)plündern ‖ entblößen (de gen* od *von* dat) ‖
⟨Jur⟩ *e–s Besitzes enteignen (bzw entziehen)* ‖
~se s. *frei machen (de von)* ‖ et. *ablegen (& fig)*
‖ s. *auskleiden* ‖ ⟨Jur⟩ *s–n Besitz aufgeben* ‖ ◇ ~
de algo *e–r Sache freiwillig entsagen (dat)* ‖ ~
de la ropa *die Kleider ablegen* od *ausziehen* ‖ **–jo**
m *Beraubung, Plünderung* f ‖ *Beute* f, *Raub* m ‖
⟨Jur⟩ *Besitz|entziehung bzw -entäußerung* f ‖ **~s**
mpl ⟨Bau⟩*Schutt, Abraum* m ‖ *Auswurf* m ‖
Überbleibsel npl ‖ *Fleischereiabfälle* mpl ‖
⟨Kochk⟩ *Innereien* fpl ‖ ~ de cocina
Küchenabfälle mpl ‖ ~ de la comida → ~ de la
mesa ‖ ~ del mar *Strandgut* n ‖ ~ de la mesa
Überbleibsel n *vom Essen* ‖ los ~ (mortales) ⟨fig⟩
die sterbliche Hülle (Leiche)
  despolari|zación f ⟨Phys⟩ *Depolarisation* f ‖
–zador m *Depolarisator* m ‖ **–zar** [z/c] vt
depolarisieren
  despolimerización f ⟨Chem⟩ *Depolymerisation* f
  despoliti|zación f *Entpolitisierung* f ‖ **–zado**
adj *entpolitisiert ‖ politisch uninteressiert* ‖ **–zar**
[z/c] vt *entpolitisieren*
  despol|v(ore)ar vt *ausstauben ‖ abstauben ‖
absaugen bzw klopfen (Teppich)* ‖ ~se los ojos s.
den Staub aus den Augen wischen ‖ **–voreo** m
Ab-, Aus-, Ent|stauben n
  desporti|llado adj *mit durchgebrochenem
Boden (Topf)* ‖ **–llar** vt *schartig machen, (den
Rand) ausbrechen*

despo|sada *f Neuvermählte f* ‖ *Braut f* ‖ **–sado**
m Neuvermählte(r) m ‖ *Verlobte(r) m* ‖ *mit
Handschellen Gefesselte(r) m* ‖ ◇ ¡vivan los ~s!
hoch das Brautpaar! ‖ **–sar** vt *verloben* ‖ *trauen,
zusammengeben* ‖ ~**se** *s. verloben* ‖ *s.
verehelichen*
despo|seer [-ey-] vt *enteignen* ‖ *des Amtes
entsetzen* ‖ ~ a alg. de algo *jdm et.* (acc) (od *den
Besitz an et.* dat) *entziehen* ‖ ~**se** *s. berauben* ‖ ~
de *entsagen* (dat) ‖ *s. entäußern* (gen) ‖ *los
–seídos mpl die Armen, die Besitzlosen* mpl ‖
–seimiento *m Enteignung f* ‖ *Besitzentzug m* ‖
–sesión *f Besitzaufgabe f* ‖ *Besitzverlust m* ‖
Besitzentzug m ‖ *Enteignung f*
desposorio(s) *mpl Verlobung f, Eheverlöbnis n*
‖ *Verheiratung, Heirat f* ‖ ~ de Nuestra Señora
⟨Kath⟩ *Verlöbnis n der hl. Jungfrau (Fest)*
despostar vt SAm *(Schlachtvieh) zerlegen*
déspota *m Despot, Gewaltherrscher, Tyrann m*
despótico adj *despotisch* ‖ *eigenmächtig,
gebieterisch, tyrannisch*
despo|tismo *m Gewaltherrschaft, Tyrannei f,
Despotismus m* ‖ *Willkür f* ‖ ~ ilustrado ⟨Hist⟩
aufgeklärter Absolutismus m ‖ **–tizar** [z/c] vt Am
tyrannisieren
despotri|car [c/qu] vi ⟨fam⟩ *faseln* ‖ ◇ ~
contra alg. *jdn barsch anfahren, gegen jdn
lospoltern* od *wettern* ‖ ⟨fam⟩ *über jdn meckern*
od *schimpfen* ‖ ⟨pop⟩ *jdn anschnauzen* ‖ Mex
zer|stückeln, -stören ‖ **–que** *m rücksichtslose
Äußerung f* ‖ *Wettern, Meckern, Schimpfen n*
despre|ciable adj *(m/f) verächtlich (Person,
Gegenstand, Meinung)* ‖ *verwerflich (Handlung)* ‖
es un punto de vista nada ~ *das ist ein sehr ernst
zu nehmender Gesichtspunkt* ‖ **–ciar** vt *ver-,
miss|achten, gering schätzen* ‖ *geringschätzig
behandeln* ‖ *herab|würdigen, (den Wert von et.)
-setzen* ‖ *verschmähen* ‖ *in den Wind schlagen* ‖ ◇
~se de lo hecho *gering schätzen, was geschaffen
wurde* ‖ **–ciativo** adj *gering schätzend, verächtlich*
desprecintar vt *(Zoll)Plombe öffnen (an* dat) ‖
entplomben
desprecio *m Ver-, Miss|achtung,
Geringschätzung f* ‖ ~ de sí mismo
Selbstverachtung f ‖ ♦ con ~ *verächtlich* ‖ ◇
escupió en señal de ~ *er spuckte verächtlich aus*
desprejuiciarse vr Am *s–e Vorurteile fallen
lassen* od ⟨fam⟩ *über Bord werfen*
despren|der vt *los|machen, -lassen, trennen* ‖
ablösen ‖ *abstoßen* ‖ *abkleben* ‖ Arg PR
aufknöpfen ‖ ~**se** *s. losmachen, s. losreißen (de
von)* ‖ *s. lösen* ‖ *s. abheben* ‖ *abplatzen* ‖ *s. (e–r
Sache) entledigen, (et.) loswerden* ‖ *herabstürzen*
‖ *einstürzen (Dach)* ‖ ⟨Chem Phys Tech⟩ *frei
werden* ‖ *s. entwickeln (Kraft, Stoff)* ‖ ⟨Bgb⟩
ab|rutschen, -stürzen ‖ ⟨Geol⟩ *ausbrechen* ‖ ⟨fig⟩
ablassen (de von) ‖ *entsagen, verzichten (auf* acc)
‖ *s. ergeben (de* gen) ‖ *s. ergeben (aus* dat) ‖ ◇
~ de su fortuna *sein Vermögen opfern* ‖ de lo
dicho se desprende que … *aus dem Gesagten
ergibt s.* od *erhellt* od *geht hervor, dass …* ‖
–dible adj *(m/f)* ⟨Fot⟩ *abziehbar (Platte)* ‖ **–dido**
adj *uneigennützig* ‖ *großzügig* ‖ *freigebig* ‖
großmütig ‖ **–dimiento** *m Losmachen n* ‖
Loslassen n ‖ *Erdrutsch m, Verschüttung f (von
Erdmasse)* ‖ ⟨Rel Mal⟩ *Kreuzabnahme,
Herabnahme f vom Kreuz* ‖ ⟨Chem Phys Tech⟩
Freiwerden n ‖ *Abgabe f* ‖ ⟨Geol⟩ *Ausbrechen n* ‖
⟨Bgb⟩ *Ab|rutschen, -stürzen n* ‖ ⟨fig⟩
Selbstlosigkeit, Freigebigkeit f ‖ *Opferwilligkeit f*
‖ ~ de calor *Wärme|entwicklung, -abfuhr f* ‖ ~ de
gas(es) ⟨Bgb⟩ *Gasausbruch m* ‖ ~ de retina
⟨Med⟩ *Netzhautablösung f* ‖ ~ de tierras
Erdrutsch m, Nachbrechen n ‖ ~ de virutas
Spanabhebung f

despreocu|pación *f Vorurteilslosigkeit f* ‖
Teilnahmslosigkeit f ‖ *Leichtfertigkeit,
Sorglosigkeit f* ‖ **–pado** adj/s *unvoreingenommen,
vorurteilslos* (estar) ‖ *sorglos, unbekümmert* ‖
leicht|fertig, -sinnig ‖ **–parse** vr *s. nicht mehr
kümmern (de um)*
despresar vt Chi *zerlegen (Beutetier)*
despresti|giar vt *herab-, ent|würdigen* ‖ *in der
Achtung der Menschen herabsetzen* ‖ ~**se** *sein
Ansehen verlieren,* ⟨fam⟩ *s. wegwerfen* ‖ *s–n
guten Ruf schädigen* ‖ **–gio** *m Verlust m des
Ansehens* ‖ *Entwürdigung f* ‖ *Schandfleck m*
despre|vención *f Mangel m an Vorsorge* ‖
Achtlosigkeit f ‖ *Leichtsinn m* ‖ **–venido** adj
un|vorbereitet, -versorgt, ahnungslos ‖
◇ coger *od* pillar a uno ~ *jdn plötzlich
überraschen*
desprivati|zación *f Entprivatisierung f* ‖ **–zar**
[z/c] vt *entprivatisieren*
desproli|jidad *f Arg Ungepflegtheit f,
Ungepflegtsein n* ‖ **–jo** adj *ungepflegt,
vernachlässigt*
despropor|ción *f Missverhältnis n,
Disproportion f* ‖ *–cionado* adj *unverhältnismäßig*
‖ *unpassend* ‖ *unverhältnismäßig groß* bzw *breit
usw.* ‖ *disproportioniert* ‖ ◇ ser ~ *in e–m
Missverhältnis stehen* ‖ **–cionar** vt *unregelmäßig
gestalten*
despro|positado adj *unzeitgemäß* ‖ **–pósito** *m
Unsinn m* ‖ *Abgeschmacktheit, Ungereimtheit f* ‖
deplatzierte Bemerkung f ‖ ~s *mpl alberne Einfälle*
mpl
desprote|cción *f Schutzlosigkeit f* ‖ **–gido** adj
schutzlos
despro|veer [-ey-, perf –visto] vt *(jdn) (des
Notwendigen) berauben, (jdn) entblößen* (gen) ‖
–visto adj *entblößt (de von)* ‖ ~ de … ohne … ‖
entblößt von ‖ ~ de todo cabello *ganz haarlos* ‖
~ de medios *mittellos, unbemittelt* ‖ no ~ de
gracia *nicht ohne (e–e gewisse) Anmut* ‖ ◇ estar
~ de algo *et. entbehren (acc od* gen)
despueble *m Entvölkerung f* ‖ *Aufgabe f e–s
Betriebes durch Nichtbetreiben (Stillegung)*
después: 1. adv *nachher* ‖ *dann* ‖ *nachträglich*
‖ *darauf* ‖ *da(r)nach* ‖ un año ~ *ein Jahr später* ‖
im Jahr darauf ‖ el año ~ *das nächste Jahr* ‖
vendré ~ *ich komme nach* ‖ ¡hasta ~! *bis gleich!
bis nachher!*
2. ~ de als Präp:
a) *nach* ‖ *hinter* (dat) ‖ ~ de comer *nach dem
Essen* ‖ ~ de Cervantes es el mejor clásico *er ist
nach Cervantes der beste Klassiker* ‖ ~ del hecho
hinterher ‖ uno ~ de(l) otro *e–r hinter dem
anderen, der Reihe nach* ‖ ~ de la Pascua *nach
Ostern* ‖ ~ de todo *letzten Endes, letztlich,
schließlich*
b) in Verb. mit Infinitiv: *nachdem* ‖
~ de comer, iremos a pasear *nach dem Essen
werden wir spazieren gehen* ‖ poco ~ de terminar
la guerra *kurz nach Kriegsende* ‖ ~ de haberte
ayudado, me odias *nachdem ich dich unterstützt
habe, hassest du mich*
c) vor partizipialer Konstruktion:
~ de terminado el trabajo *nach Beendigung der
Arbeit, nach getaner Arbeit*
3. conj: ~ (de) que *nachdem, als* ‖ *bis* ‖ *seit*
(→ desde que)
despulgar [g/gu] vt Chi *(ab)flöhen, (ent)lausen*
despu|llado *m* ⟨Tech⟩ *Hinterdrehen n* ‖
Hinterdrehung f ‖ **–llar** vt *hinterdrehen*
despulmonarse vr ⟨fam⟩ *s. die Lunge aus dem
Hals* od *Leib schreien*
despulpar vt *die Pulpe auffangen und
einschmelzen (bes. der Zuckerrübe)* ‖ *das
Fruchtfleisch abquetschen (Kaffee)*

despu|madera f Schaumlöffel m ‖ **–mar** vt den Schaum entfernen, vom Schaum befreien

despun|tado adj stumpf, ohne Spitze ‖ **–tar** vt abstumpfen ‖ die Spitze ab\schneiden od -brechen od -schlagen ‖ abrupfen (Blattspitzen) ‖ ⟨Mar⟩ umfahren (Kap) ‖ ~ vi erscheinen, s. zeigen ‖ ⟨Bot⟩ knospen, sprießen ‖ aufbrechen (Knospen) ‖ ausschlagen (Bäume) ‖ anbrechen (Tag) ‖ aufgehen (Sonne) ‖ ⟨fig⟩ hervorragen (de od como als nom, en in dat, por durch) ‖ ◇ ~ en capullos Knospen treiben ‖ ~ de ingenioso s. durch große Begabung hervortun ‖ ~ en el arte in der Kunst herausragen ‖ al ~ el día od alba bei Tagesanbruch ‖ **–te** m ⟨Auto⟩ → sopié ‖ Arg Chi Reisig n

desquejar vt ⟨Agr⟩ (Stecklinge) abtrennen

desqui|ciado adj ordnungslos, unordentlich ‖ ⟨fam⟩ toll ‖ **–ciamiento** m Ausheben n (aus den Angeln) ‖ ⟨fig⟩ Zerrüttung f ‖ ⟨fig⟩ Sturz m ‖ ⟨fig⟩ Unordnung, Störung f ‖ **–ciar** vt aus den Angeln heben (& fig) ‖ verrenken ‖ aushängen ‖ ⟨fig⟩ (jdn) aus der Fassung bringen ‖ ⟨fig⟩ zerrütten ‖ äußerst beirren ‖ ⟨fig⟩ verdrängen ‖ ~se aus den Angeln gehen (& fig) ‖ den Halt verlieren ‖ ⟨fig⟩ erschüttert werden ‖ **–cio** m Arg → desquiciamiento

desquilatar vt den Feingehalt (des Goldes) verringern ‖ ⟨fig⟩ herabsetzen, entwerten

desqui|tar vt für e–n Verlust entschädigen, Revanche geben (bes. beim Spiel) ‖ ~se s. entschädigen ‖ Vergeltung üben, s. rächen (de für, en an dat) ‖ s. revanchieren (& fig) ‖ ~ de una pérdida s. für e–n Verlust schadlos halten ‖ **–te** m Wiedergewinn m des Spielverlustes ‖ Entschädigung f ‖ Ersatz m ‖ Rache, Genugtuung f ‖ Revanche, Vergeltung f ‖ (encuentro de) ~ ⟨Sp⟩ Revanche-, Rück-, Vergeltungs\spiel n ‖ ◇ tomar el ~ s. rächen ‖ s. revanchieren ‖ s. schadlos halten (de für)

desrabadillar vt Col Ven → derrengar

desraizar [z/c] vt ⟨Agr⟩ von Wurzeln befreien (Gelände)

desramar vt ⟨Agr⟩ abästen

desranillar vt Arg die Kötenhaare schneiden (beim Pferd)

desrati|zación f Rattenbekämpfung f ‖ **–zar** [z/c] vt rattenfrei machen, von Ratten befreien ‖ ⟨Mar⟩ ausräuchern

desrazonable adj (m/f) ⟨fam⟩ vernunftwidrig

desresinar vt entharzen

desrielamiento m Bol Chi ⟨EB⟩ Entgleisung f

desriñonar vt lendenlahm schlagen

desriscar [c/que] vt von e–m Felsen hinab\werfen od -stürzen

desri|zante m Entkräuselungsmittel n ‖ **–zar** [z/c] vt entkräuseln ‖ (die Locken) aufmachen ‖ ⟨Mar⟩ (Segel) entfalten ‖ ~se aufgehen (Locken)

desta|cable adj (m/f) bemerkenswert ‖ **–cado** adj hervorragend ‖ führend ‖ ⟨Mil⟩ (ab)kommandiert ‖ ◇ merecer ser ~ besonders erwähnenswert sein ‖ nota ~a fue que ... es fiel besonders auf, dass ... ‖ ~ m ⟨Mus⟩ Stakkato n ‖ **–camento** m ⟨Mil⟩ abgesonderte Truppenabteilung f ‖ ⟨Mil⟩ Kommando n, Abkommandierung f

des|tacar [c/qu] vt (e–e Abteilung) absondern ‖ ab\stellen, -kommandieren ‖ ⟨fig⟩ betonen, unterstreichen ‖ ⟨Mal⟩ her vorheben (& fig) ‖ Am hervortreten lassen ‖ ~se ⟨Mil⟩ s. von dem Hauptheer trennen ‖ s. abheben, hervortreten ‖ ⟨fig⟩ s. auszeichnen, hervorragen (por durch)

destaconar vt (die Schuhabsätze) abtreten

desta|jador m Setz-, Schmiede\hammer m ‖ **–jar** vt/i Arbeitsbedingungen festlegen (für) ‖ ⟨Kart⟩ abheben ‖ **–jero** m, **–jista** m/f

Akkordarbeiter(in f) m ‖ **–jo** m (Übernahme e–r) Akkordarbeit f ‖ Unternehmung f für eigene Rechnung ‖ Arbeitsvertrag m ‖ ◆ a ~ Akkord- ‖ im (bzw auf) Akkord ‖ ⟨fig⟩ mit großer Anstrengung ‖ ⟨figf⟩ übermäßig viel, ⟨fam⟩ im Akkord (sprechen) ‖ ⟨figf⟩ überstürzt ‖ ⟨reg⟩ lose, vom Fass (verkaufen) ‖ Chi in Bausch und Bogen ‖ ◇ tomar a ~ auf Akkord nehmen ‖ trabajar a ~ im Akkord, gegen Leistungs- bzw Stück\lohn arbeiten ‖ vender a ~ einzeln verkaufen

¹destalonar vt den Absatz (e–s Schuhs) abtreten ‖ aus dem Kuponbuch (bzw vom Stammabschnitt) trennen

²destalonar vt ⟨Tech⟩ hinterdrehen

destantearse vr Mex → desorientarse

desta|pada f ⟨Kochk⟩ Tortenboden m ‖ **–pado** adj offen, ohne Deckel ‖ **–pador** m → **–ponador** ‖ **–par** vt abdecken, (den Deckel od die Decke e–r Sache) ab\heben od -nehmen ‖ entkorken (Flasche) ‖ aufdecken (Topf) ‖ ⟨fig⟩ öffnen, aufmachen ‖ ⟨fig⟩ ent\schleiern, -hüllen ‖ ⟨fig⟩ aufdecken ‖ ~ vi Col durchbrennen, Reißaus nehmen ‖ Mex ausbrechen (Tiere) ‖ PR ohrfeigen ‖ ~se ⟨fig⟩ s. offenbaren (con alg. jdm), offen reden (con alg. mit jdm) ‖ s. outen ‖ ⟨fig⟩ sein Herz ausschütten (con alg. jdm)

destape m Striptease m (& n) ‖ ⟨fig⟩ Sittenverfall m

destapo|nador m Flaschenöffner m ‖ **–nar** vt entkorken, aufspunden (Fass) ‖ ⟨Taur⟩ (den) Stier mit der Lanze reizen

desta|ra f ⟨Com⟩ Abzug m der Tara od des Verpackungsgewichts ‖ **–rar** vt die Tara od das Verpackungsgewicht abziehen (algo von et.)

destartala|do adj krumm und schief ‖ verwahrlost ‖ ordnungslos, liederlich ‖ unbequem, unwohnlich, baufällig (Haus, Wagen) ‖ klapprig (Wagen) ‖ ⟨fam⟩ unbrauchbar, kaputt ‖ **–lo** m ⟨fam⟩ Unordnung, Liederlichkeit f

deste|char vt (ein Haus) abdecken ‖ **–jado** adj dachlos, ohne Dach ‖ ⟨fig⟩ schutzlos

¹destejar vt die Dachziegel herunternehmen (algo von et.) ‖ ⟨fig⟩ et. schutzlos lassen

²destejar vt (ein Gewebe) wieder auftrennen ‖ ⟨fig⟩ vereiteln, zerstören (Plan usw.)

destelengar [g/gu] vt Dom schaden (dat)

deste|llar vt ausstrahlen ‖ ~ vi auf\leuchten, -blitzen ‖ blinken ‖ morsen ‖ **–llo** m Strahlen, Funkeln n, Szintillation f ‖ Schimmer, Abglanz m ‖ Aufleuchten n ‖ Flimmern n ‖ Lichtstrahl m ‖ Lichtblitz m ‖ flackerndes Licht n ‖ ⟨fig⟩ Geistesblitz m ‖ los primeros ~s de la aurora die ersten Strahlen der Morgendämmerung

destemido adj ⟨Taur⟩ furchtlos

destem|plado adj unmäßig ‖ übertrieben ‖ unbeherrscht ‖ rau, barsch ‖ veränderlich, unbeständig (bes Wetter) ‖ ⟨Mal⟩ unharmonisch, misstönend ‖ klanglos, verstimmt (Musikinstrument) ‖ unangenehm, rau (Stimme) ‖ ⟨Met⟩ enthärtet (Stahl) ‖ **–planza** f Unmäßigkeit f ‖ Übertreibung f ‖ Unbeständigkeit, Veränderlichkeit f ‖ Unpässlichkeit f ‖ ⟨fig⟩ Heftigkeit f, Ungestüm m ‖ Rauheit f (Witterung) ‖ ⟨Med⟩ leichter Fieberanfall m ‖ ⟨Med⟩ Frösteln n ‖ ◇ comer con ~ unmäßig essen, ⟨pop⟩ fressen (vom Menschen) ‖ **–plar** vt stören (Einklang, Ordnung) ‖ in Unordnung bringen ‖ (jdn) Unpässlichkeit verursachen ‖ ⟨Met⟩ enthärten (Stahl) ‖ ⟨Mus⟩ verstimmen (Musikinstrument) ‖ ~se ⟨fig⟩ unregelmäßig werden (Puls) ‖ unpässlich werden ‖ s. erkälten ‖ frösteln ‖ e–n leichten Fieberanfall bekommen ‖ ⟨Mus⟩ verstimmt werden (Musikinstrumente) ‖ ⟨fig⟩ unmäßig werden ‖ aufbrausen, heftig werden ‖ Chi Ec Guat Mex stumpf werden (Zähne) ‖ **–ple**

m ⟨Mus⟩ *Verstimmung* f (& *fig*) ‖ *Unpässlichkeit* f ‖ ⟨Met⟩ *Enthär|ten* n, *-tung* f ‖ Chi Ec Guat Mex *Stumpfwerden* n *(der Zähne)* ‖ auch **dentera**
   destender [-ie-] vt *abspannen*
   destentar [-ie-] vt: ~ a alg. *jdn von e–r Versuchung abhalten*
   des|teñido adj *verfärbt* ‖ *verblichen* ‖ **–teñir** [-i-, pret –ñó] vt *e–e Sache entfärben, (e–r Sache) die Farbe nehmen, bleichen* ‖ *verfärben* ‖ ~**se** s. *entfärben, verschießen* (& *vi*) ‖ *die Farbe gehen lassen, verblassen*
   desterminar vt *abgrenzen (Gelände usw.)*
   desternerar vt Arg Chi *absetzen (Kalb von der Kuh)*
   desternillarse vr *(den Knorpel) brechen* (& vt) ‖ ◇ ~ de risa ⟨figf⟩ s. *kranklachen, s. halb tot lachen*
   deste|rrado m *Verbannte(r), Geächtete(r)* m ‖ **–rrar** [-ie-] vt *verbannen, des Landes verweisen* ‖ ⟨fig⟩ *fortjagen* ‖ *aus|schließen, -stoßen* ‖ ⟨fig⟩ *ver|treiben, -scheuchen, fahren lassen (Sorgen, Schmerz usw.)* ‖ *von der Erde befreien (Wurzeln)* ‖ ◇ ~ la enfermedad *die Krankheit bannen, beschwören* ‖ ~ de la memoria ⟨fig⟩ *aus dem Gedächtnis tilgen* ‖ ~ de la patria *aus dem Vaterland verweisen, verbannen* ‖ ~ una tradición *e–e Tradition aufgeben*
   desterronar vt ⟨Agr⟩ *die Erdklumpen zerkleinern, krümeln (auf e–m Feld)*
   deste|tar vt *abstillen, entwöhnen (Säuglinge) abspänen* ‖ *absetzen (junges Tier)* ‖ ⟨fig⟩ *abnabeln* ‖ *in die Selbständigkeit (aus der Familie) entlassen* ‖ ~**se** ⟨fig⟩ s. *abnabeln* ‖ ~ con a/c ⟨fig⟩ *et. mit der Muttermilch einsaugen* ‖ **–te** m *Entwöhnung* f, *Abstillen* n *(von der Mutterbrust)* ‖ *Absetzen* n *(e–s jungen Tieres)* ‖ **–to** m *abgesetztes Jungvieh* n
   destetunarse vr PR s. *den Schädel einrennen*
   destiempo m: a ~ *zur Unzeit, ungelegen*
   destiento m *Aufregung* f, *Schrecken* m
   destierro m *Verbannung, Landesverweisung* f ‖ *Ausweisung* f ‖ *Verbannungsort* m ‖ *Aufenthalts|verbot* n, *-versagung* f *(für bestimmte Gebiete)* ‖ ⟨Hist⟩ *Bann* m ‖ ⟨fig⟩ *entlegener Ort* m ‖ ◇ condenar a ~ perpetuo *zu lebenslänglicher Verbannung verurteilen* ‖ levantar el ~ *die Verbannung aufheben*
   destila|ción f ⟨Chem⟩ *Destillieren* n, *Destillierung, Destillation* f ‖ *Brennen* n *(Wein usw.)* ‖ *(Ab)Träufeln* n ‖ ~ fraccionada *fraktionierte* od *stufenweise Destillation* f ‖ ~ de hulla *Steinkohlendestillation* f ‖ ~ a baja temperatura *Schwelung* f ‖ ~ en vacío *Vakuumdestillation* f ‖ **–dera** f *Destillierapparat* m ‖ **–dero** m *Filter* m (& n), *Destillierrohr* n ‖ **–do** adj *destilliert* ‖ ~ m *Destillat* n ‖ **–dor** m/adj *Destillierer* m ‖ *Destillierkolben* m ‖ *(Branntwein)Brenner* m ‖ ⟨Chem⟩ *Destillator* m ‖ ~ de aceite de pescado *Transieder* m
   desti|lar vt *destillieren, abziehen* ‖ *brennen (Branntwein usw.)* ‖ *filtrieren, (durch)seihen* ‖ ⟨Pharm⟩ *ausziehen (Kräuter usw.)* ‖ *ab-, durch|tropfen lassen* ‖ ⟨fig⟩ *offenbaren, erkennbar werden* ‖ ◇ la herida destila sangre *aus der Wunde sickert Blut* ‖ sus palabras destilan odio *aus s–n Worten spricht der Hass* ‖ ~ vi, ~**se** *tropfen, tröpfeln* ‖ **–latorio** adj *Destillier-* ‖ ~ m *Destillier|kolben* m, *-gerät* n ‖ **–lería** f *Destillieranlage* f ‖ *(Spiritus)Brennerei* f
   desti|nación f *Bestimmung* f ‖ *Bestimmungsort* m ‖ *Adressierung* f ‖ *Einweisung* f *(in e–e Planstelle)* ‖ **–nado** adj *be|stimmt, -rufen* ‖ *zugewiesen* ‖ ⟨Mil⟩ *kommandiert* (a *zu*) ‖ ~ al efecto *dafür bestimmt* ‖ ~ a un fin od objetivo

determinado *zweckgebunden* ‖ ◇ estar ~ a *od* para ... *bestimmt* od *berufen sein zu* ... ‖ ir ~a ... ⟨Com⟩ nach ... *bestimmt sein (Sendung)* ‖ **–nar** vt *bestimmen* (a, para *für*) ‖ *(jdm) e–e Sache zudenken* ‖ *dienstlich zuweisen, bestimmen* ‖ *senden, schicken* ‖ *versetzen (Verwaltung)* ‖ *auf Mission schicken* ‖ ⟨Mil⟩ *abstellen, (ab)kommandieren* (a *zu*) ‖ **–natario** m *Adressat, Empfänger* m ‖ *Empfangs-* (*bzw Bezugs) Berechtigte(r)* m ‖ ~ desconocido *Empfänger nicht bekannt (Post)* ‖ ◇ cóbrese al ~ *vom Empfänger zahlbar* ‖ de no encontrar al ~, devuélvase al remitente *falls nicht zustellbar, bitte an Absender zurück (Post)* ‖ **–no** m *Schicksal, Geschick, Verhängnis* n ‖ *Los, Leben* n ‖ *Amt* n, *Posten* m, *Anstellung* f ‖ *Bestimmung* f *(zu e–m Zweck)* ‖ *Bestimmungsort* m ‖ *Zuweisung* f ‖ *Widmung* f *(e–r Sache)* ‖ *Ziel* n ‖ *Verwendung(szweck* m) f ‖ ⟨Mil⟩ *Kommando* n, *Auftrag* m ‖ ~ fatal *Verhängnis* n ‖ ~ en propiedad *Planstelle* f ‖ ◆ con ~ a Madrid *nach Madrid* ‖ llegado a ~ *eingegangen (Ware)* ‖ ◇ dar ~ a algo *et. gebrauchen* ‖ tomar posesión del ~ *das Amt antreten*
   destiño m *Bienenwabe* f *ohne Honig*
   destiranizado adj *von Tyrannei befreit*
   desti|tución f *Ab-, Ent|setzung, Amtsenthebung* f ‖ *Entlassung* f *(von Beamten)* ‖ ~ del cargo *Absetzung vom Amt, Amtsenthebung* f ‖ ~ por los electores *Abwahl* f ‖ **–tuible** adj *(m/f) absetzbar* ‖ **–tuido** adj *abgesetzt, entblößt* ‖ *hilf|los* ‖ **–tuir** [-uy] vt *absetzen* ‖ *des Amtes entheben, entlassen, abberufen* ‖ ◇ ~ de un cargo *e–s Amtes entsetzen*
   desto|cado adj *ohne Kopfschutz* ‖ *mit bloßem Haupt* ‖ **–car** [c/qu] vt *(jdm) die Frisur durcheinanderbringen* ‖ ~**se** *die Kopfbedeckung abnehmen*
   destor|cedura f *Aufdrehen* n ‖ **–cer** [-ue-, c/z] vt *aufdrehen (Gedrehtes)* ‖ *gerade machen (Krummes)* ‖ ~**se** ⟨Mar⟩ *vom Kurs abweichen*
   destorlon|gado adj Mex *verschwenderisch* ‖ **–go** m Mex *Verschwendung* f
   destormar vt Murc → **desterronar**
   destorni|llado adj/s ⟨fig⟩ *unbesonnen, kopflos,* ⟨fam⟩ *bescheuert* ‖ **–llador** m *Schrauben|zieher, -dreher* m ‖ ~ automático *Drillschrauben|zieher, -dreher* m ‖ **–llar** vt *auf-, los-, ab|schrauben* ‖ ~**se** ⟨fig⟩ *kopflos handeln* od *reden*
   destornudo m Chi → **estornudo**
   destorrentar vt Mex *ver|scheuchen, -jagen* ‖ ~**se** MAm → **desorientarse**
   destoserse vr s. *räuspern* ‖ *hüsteln (bes. um s. bemerkbar zu machen* od *jdm ein Zeichen zu geben)*
   destotro ⟨pop⟩ → **de este otro**
   destra|bar vt *(die Fesseln) lösen, losmachen* ‖ ⟨fig⟩ *entsichern (Waffe)* ‖ *entriegeln* ‖ ⟨fig⟩ *(Schwierigkeiten) beseitigen* ‖ ◇ ~ los calces ⟨Flugw⟩ *die Bremsklötze wegziehen* ‖ ~ la lengua ⟨fig⟩ *die Zunge lösen* ‖ ~**se** s. *losmachen* ‖ **–bazón** f ⟨fig⟩ *Wegräumung* f *von Hindernissen*
   destral m *Handbeil* n
   destratar vt MAm *die Beziehung abbrechen* (a alg. *zu jdm)*
   destre m Mall *ein Längenmaß* n *(4,21 m)*
   destrejar vi *geschickt vorgehen*
   destrenzar [z/c] vt *auf-, ent|flechten* ‖ ~**se:** ◇ ~ el pelo *die Flechten auflösen (Frau)*
   destreza f *Ge|schicklichkeit, -wandtheit, Fertigkeit* f ‖ *Kunstgriff* m ‖ ~ de los dedos *od* digital, ~ manual *Fingerfertigkeit* f ‖ ◆ con gran ~ *sehr geschickt, mit großem Geschick*
   destrincar [c/qu] vt ⟨Mar⟩ *losreißen (Verstautes)*
   destripacuentos m ⟨fig⟩ *Pointenverderber* m

destri|par vt *(die Eingeweide e–s Tieres)* *aus|nehmen, -weiden* ‖ *aufschlitzen (Bauch, Polster usw.)* ‖ ⟨fig⟩ *zer|quetschen, -kleinern* ‖ ⟨figf⟩ *(die Rede) voreilig unterbrechen* ‖ ⟨fig⟩ *die Pointe (e–s Witzes, e–r Erzählung) verderben* ‖ **–paterrones** *m* ⟨figf⟩ *Tagelöhner* m ‖ ⟨fig⟩ *Lümmel, ungehobelter Mensch* m

destrísimo adj sup von **¹diestro**

destrizar [z/c] vt *zerstückeln* ‖ ~**se** ⟨fig⟩ *vergehen (vor Sorgen, Kummer, Angst)*

destrocar [-ue-, c/qu] vt *(Vertauschtes) wieder umtauschen*

destrón *m Blindenführer* m

destroncar [c/qu] vt *fällen, umhauen (Baum)* ‖ ⟨fig⟩ *(jdn) ruinieren, (jdn) vernichten* ‖ ⟨fig⟩ *fertig machen (durch übermäßige Arbeit usw.)* ‖ ⟨fig⟩ *verpatzen (z. B. Rede)* ‖ Chi Mex Nic *mit Stumpf und Stiel ausreißen (Pflanze)*

destro|namiento *Entthronung* f (& fig) ‖ ⟨fig⟩ *Verfall* m ‖ **–nar** vt *entthronen* ‖ ⟨fig⟩ *absetzen*

destro|zado adj *zer|lumpt, -stückelt* ‖ ♦ *con el alma* ~*a mit gebrochenem Herzen* ‖ ◇ *estar* ~ ⟨figf⟩ *völlig erledigt od todmüde sein* ‖ **–zador** *m Zerstörer, Verwüster* m ‖ **–zar** [z/c] vt *zerstückeln* ‖ *zerstören* ‖ *verwüsten* ‖ *zerreißen (Kleider)* ‖ ⟨Mil⟩ *vernichtend schlagen* ‖ ◇ *eso –za el corazón das ist herzzerreißend* ‖ ~**se** *zerreißen (Kleider)* ‖ *in Stücke gehen* ‖ *Bruch machen* ⟨& Flugw⟩ ‖ **–zo** *m Zertrümmerung* f ‖ *Verheerung, Zerstörung* f ‖ *Schaden* m ‖ ⟨Mil⟩ *vernichtende Niederlage* f ‖ ⟨Mil⟩ *Gemetzel* n ‖ *Riss* m *(am Kleid)* ‖ *Zerreißen* n ‖ ~**s** *mpl Fetzen* mpl ‖ *Trümmer* pl ‖ ◇ *hacer* ~ *Zerstörungen (bzw Verwüstungen) anrichten (en in, an, bei* dat) ‖ **–zón** adj/s (fam) *bei dem alles schnell entzweigeht* ‖ ~ *m* (fam) *Reißteufel* m

destruc|ción *f Zerstörung, Ver|nichtung, -wüstung* f ‖ *Verderben* n ‖ *Verheerung* f ‖ *Niederwerfung* f ‖ ⟨Mil⟩ *Sprengung* f ‖ ⟨Med⟩ *Verödung* f ‖ ~ *en masa Massenvernichtung* f ‖ **–tibilidad** *f Zerstörbarkeit* f ‖ **–tible** adj *(m/f) zerstörbar (bes. lit)* ‖ **–tivo, –tor** adj *zerstörend* ‖ adv: ~**amente** ‖ **–to** pp/irr von **destruir** ‖ **–tor** adj *zer|störend, -setzend* ‖ ⟨Pol⟩ *umstürzlerisch* ‖ ~ *m Zerstörer* m (& Mar) ‖ ~ *escolta* (Mar) *Begleitzerstörer* m ‖ **–tora** *f:* ~ *de documentos, de papel Aktenvernichter* m

destrue|co, –que *m Aufhebung* f *e–s Tausches*

destrui|ble adj *(m/f) zerstörbar* ‖ **–dor** *m* → **destructor**

destruir [-uy-] vt *zerstören, ver|heeren, -wüsten, -nichten* ‖ ⟨Med⟩ *veröden* ‖ ⟨fig⟩ *(jdn) zugrunde (& zu Grunde) richten, (jdn) ruinieren* ‖ *erledigen (Argument)* ‖ ⟨fig⟩ *zerstören, durchkreuzen (Plan)* ‖ ~**se** ⟨fig⟩ *zugrunde (& zu Grunde) gehen* ‖ *vergehen* ‖ *verfallen* ‖ *s. gegenseitig vernichten* ‖ ⟨Math⟩ *s. aufheben*

destungar [g/gu] vt Chi *das Genick brechen* ‖ *beim Genick packen*

destusar vt MAm *entblättern (Maiskolben)* ‖ Cu *die Mähne (des Pferdes) schneiden*

desucar [c/qu] vt ⟨Chem⟩ *den Saft entziehen*

desu|dador *m Schweißleder* n *(für Hüte)* ‖ **–dar** vi *den Schweiß ab|wischen od -tupfen*

desue|llacaras *m* (fam) *Bart|scherer, -kratzer* m ‖ ⟨figf⟩ *frecher Kerl* m ‖ **–llo** *m Schinden, Hautabziehen* n ‖ ⟨fig⟩ *Frechheit, Unverschämtheit* f ‖ ⟨figf⟩ *Prellerei* f

desue|rar vt *Serum* (bzw *Molken) entfernen* ‖ **–ro** *m Kneten* n *(der Butter)*

desulfurar vt ⟨Chem⟩ *entschwefeln* ‖ *ausschwefeln*

desuncir [c/z] vt *aus|spannen, -jochen, abspannen (Ochsen, Maultiere)* ‖ ⟨fig⟩ *trennen*

desu|nido adj *getrennt* ‖ *entzwei* ‖ *uneins* ‖ **–nión** *f Trennung, Sonderung* f ‖ ⟨fig⟩ *Uneinigkeit* f, *Zwie|spalt* m, *-tracht* f ‖ **–nir** vt *trennen, absondern* ‖ *(los)lösen* ‖ ⟨fig⟩ *verunreinigen* ‖ *entzweien* ‖ *verfeinden* ‖ *Zwietracht säen* ‖ ~**se** *s. trennen* ‖ ⟨fig⟩ *s. verfeinden* ‖ ⟨fig⟩ *s. entzweien* (con mit dat)

desurbanización *f Städteverfall* m

desu|sado adj *un|gebräuchlich, -gewöhnlich* ‖ *ungewohnt* ‖ *veraltet* ‖ **–so** *m Nichtanwendung* f ‖ *Nichtbenutzung* f ‖ *Missbrauch* m *e–s (Ge)Brauches* ‖ *Ungewohnheit* f ‖ ◇ *caer en* ~ *außer Gebrauch, aus der Mode kommen* ‖ *veralten (Ausdruck)* ‖ *caído en* ~ *veraltet*

desvahar vt ⟨Agr⟩ *welkes Laub entfernen*

desvaído adj *lang, groß und von schlechtem Wuchs (Person)* ‖ *blass, verblasst (Farbe)* ‖ ⟨fig⟩ *verschwommen*

desvainar vt *aus|hülsen, -schoten*

desvalido adj/s *hilflos, verlassen* ‖ *verwahrlost*

desvali|jador *m (Straßen)Räuber* m ‖ **–jamiento, –jo** *m Raub, Straßenraub* m ‖ *Ausplünderung* f ‖ **–jar** vt (fam) *(jdn) ausziehen, rupfen (bes im Spiel)* ‖ *aus|plündern, -stehlen, berauben*

desvalimiento *m Hilflosigkeit* f ‖ *Verlassenheit* f

desvalorar vt → **desvalorizar**

desvalo|rización *f (Geld)Entwertung* f ‖ *Abwertung* f ‖ *Wertminderung* f ‖ *Währungsverfall* m ‖ **–rizar** [z/c] vt *(bes. Com) abwerten* ‖ *entwerten*

desván *m Dach-, Boden|kammer, Dachstube* f, *Speicher* m ‖ *Hängeboden* m ‖ *Rumpelkammer* f ‖ ~ *gatero od perdido unbewohnbarer Speicher* m

desvane|cedor *m* ⟨Fot⟩ *Abdeckrahmen* m ‖ **–cer** [-zc-] vt *zerstreuen* ‖ *verwischen* ‖ *auflösen* ‖ ⟨fig⟩ *zerstören, zunichte machen* ‖ (fig) *vereiteln* ‖ Chi *abschlagen (Wasser)* ‖ ~ *una duda e–n Zweifel zerstreuen, beseitigen* ‖ ~ vi ⟨Radio⟩ *schwinden (Lautstärke)* ‖ ~**se** *ver|fliegen, -dunsten* ‖ *verschwinden, in Nichts zerfließen* ‖ *s. auflösen, vergehen* ‖ *ohnmächtig werden* ‖ *stolz, eitel werden* ‖ ◇ ~ *por ... u/c et. heiß anstreben* ‖ *el humo se –ce en el aire der Rauch löst s. in der Luft auf* ‖ **–cido** adj *hochmütig, dünkelhaft* ‖ ⟨Fot⟩ *verschwommen (Bildrand)* ‖ adv: ~**amente** ‖ **–cimiento** *m Zerstreuung* f, *Aufgehen* n (z. B. *in der Luft)* ‖ *Auflösung* f, *Vergehen* n ‖ ⟨Chem⟩ *Verflüchtigung* f ‖ ⟨Radio⟩ *Schwund* m ‖ *Hochmut, Dünkel* m ‖ *Schwindel* m, *Ohnmacht* f ‖ ◇ *tener un* ~ *ohnmächtig werden*

desvarar vt *ausgleiten* ‖ ⟨Mar⟩ *flottmachen* ‖ Col ⟨Auto⟩ *reparieren, instand (& in Stand) setzen*

desva|riado adj *albern, unvernünftig* ‖ *wahnsinnig, toll* ‖ *unsinnig* ‖ ⟨Med⟩ *fantasierend* ‖ *ins Holz geschossen (Zweige)* ‖ **–riar** [pres –ío] vi *faseln, albernes Zeug reden* ‖ ⟨Med⟩ *fiebern, irrereden, fantasieren* ‖ **–río** *m* ⟨Med⟩ *Fieberwahn* m, *Fiebern, Irrereden, Fantasieren* n *im Fieber* ‖ *Albernheit* f ‖ ⟨fig⟩ *Ungeheuerlichkeit* f ‖ ⟨fig⟩ *Launenhaftigkeit* f ‖ ~**s** *mpl Wahnvorstellungen* fpl

desve|dar vt ⟨Jgd⟩ *ein Verbot aufheben* ‖ *die Schonzeit aufheben* ‖ **–de** *m* ⟨Jgd⟩ *Aufhebung* f *der Schonzeit*

desve|lado adj *wach, munter* ‖ *schlaflos* ‖ *wachsam* ‖ *selbstlos, aufmerksam* ‖ adv: ~**amente** ‖ **–lar** vt *wach halten, nicht schlafen lassen* ‖ *wach halten* ‖ ⟨fig⟩ *quälen (Sorgen)* ‖ ~**se** *aufwachen* ‖ *wachsam, aufmerksam sein* ‖ ◇ ~

por *sehr besorgt sein um, wegen …* ‖ ◇ ~ por
a/c *alle mögliche Sorge tragen für et.* ‖ **-lo** *m*
Schlaflosigkeit f ‖ *Nachtwache* f ‖ ⟨fig⟩ *große
Sorgfalt* f ‖ *Fürsorge* f ‖ ◇ pasar la noche en ~
die Nacht schlaflos verbringen ‖ **~s** *mpl
Besorgnisse* fpl ‖ ◇ causar ~ *schlaflose Nächte
bereiten* (a alg. *jdm*)

desvenci|jado adj *wack(e)lig (Stuhl)* ‖
ausgeleiert (Maschine) ‖ **–jar** vt *auseinander
reißen* ‖ **~se** *auseinander fallen, aus den Fugen*
(bzw *aus dem Leim) gehen*

desvendar vt *(jdm) die Binde abnehmen* ‖ ⟨fig⟩
(jdn) enttäuschen

desventa|ja *f Nachteil, Schaden* m ‖ ◇ en ─
frente a él *im Nachteil ihm gegenüber* ‖ ◇ tener
(la) ~ *im Nachteil sein* ‖ **–joso** adj *unvorteilhaft,
nachteilig, ungünstig* ‖ ◇ resultar ~ *unvorteilhaft
ausfallen*

desventu|ra *f Unglück* n ‖ *Unheil* n ‖
Missgeschick n ‖ **–radamente** adv *leider,
unglücklicherweise* ‖ **–rado** adj *unglücklich* ‖
unheilvoll ‖ *einfältig* ‖ *geizig, filzig* ‖ ~ *m
Unglückliche(r),* ⟨fam⟩ *Pechvogel* m ‖ *Elende(r)*
m ‖ *Trottel* m ‖ *Geizkragen* m

desver|gonzado adj/s *schamlos* ‖ *unverschämt,
frech* ‖ **–gonzarse** [-üe-, z/c] vr *s. erfrechen,
unverschämt werden* (con *gegen, gegenüber, zu*
dat) ‖ ◇ ~ con alg. *jdm gegenüber unverschämt
sein* od *werden* ‖ **–güenza** *f Unverschämtheit,
Frechheit* f ‖ *Schamlosigkeit* f

desvertebrar vt *zerschlagen
(Verbrecherbande)*

desvestir [-i-] vt *entkleiden* ‖ **~se** *s. aus-,
ent|kleiden, s. ausziehen*

desvezar [z/c] vt *entwöhnen*

desvia|ción *f Abweichung* f ‖ *Ablenkung* f ‖
(Zeiger)Ausschlag m ‖ *Missweisung* f *(Magnet)* ‖
⟨Med⟩ *Ver|lagerung, -krümmung, Missbildung* f ‖
⟨StV⟩ *Umleitung* f ‖ *Umgehungsstraße* f ‖
Verlegung f *(e–r Landstraße)* ⟨Flugw Mar⟩
Ab|trieb m, *-trift* f ‖ ⟨Flugw⟩ *Umlenkung* f *(des
Schubstrahls)* ‖ *Richtungsänderung* f ‖ ⟨fig⟩
Abweg m ‖ *Verirrung* f ‖ ~ *angular
Winkelabweichung* f ‖ ~ de la columna vertebral
⟨Med⟩ *Rückgratsverkrümmung* f ‖ ~ *final
Endausschlag* m ‖ ~ de mando ⟨Flugw⟩
Steuerausschlag m ‖ **–cionismo** *m* ⟨Pol⟩
Abweichlertum n, *Abweichung* f *von der
Parteilinie* ‖ **–cionista** adj *(m/f)* ⟨Pol⟩ *abtrünnig,
von der Parteilinie abweichend* ‖ ~ *m/f
Abweichler(in* f) m ‖ **–do** adj: ~ de *abweichend
von* ‖ **–dor** m *Am* ⟨EB⟩ *Weiche* f ‖ *Deflektor* m

des|viar [pres ~ío] vt *ablenken, ver|scheuchen,
-treiben* ‖ *ver|lagern, -schieben* ‖ *in andere
Bahnen lenken, umleiten (& fig und StV)* ‖
ableiten (Fluss) ‖ *brechen (Lichtstrahlen)* ‖ ⟨fig⟩
auf Abwege bringen ‖ ⟨fig⟩ *abbringen* (de *von)* ‖
⟨Fecht⟩ *parieren* ‖ ~ el agua por una zanja *das
Wasser abgraben* ‖ ~ una cuestión *e–r Frage
ausweichen* ‖ ~ vi *ablenken (Weg)* ‖ **~se** ⟨fig⟩
abhanden kommen, verloren gehen ‖ *s. entfernen* ‖
aus|biegen, -weichen ‖ *ausschlagen (Zeiger)* ‖
⟨Flugw Mar⟩ *abgetrieben werden* ‖ ~ *vom Weg(e)
abkommen (& fig)* ‖ ⟨fig⟩ *auf Abwege geraten* ‖ ~
hacia la derecha ⟨StV⟩ *rechts ab-, ein|biegen* ‖ ~
de las instrucciones *von den Weisungen
abweichen, die Weisungen nicht genau
befolgen* ‖ ~ hacia la izquierda ⟨StV⟩ *links ab-,
ein|biegen*

desvincu|lación *f Loslösung, Abtrennung* f ‖
⟨Jur⟩ *Privatisierung* f *(von Vermögen juristischer
Personen)* ‖ **–lado** adj: estar ~ ⟨fig⟩ *allein stehen* ‖
ohne Bindungen sein ‖ **–lar** vt *die Bindung
abbrechen* (algo *zu et.)* ‖ *abkoppeln* ‖ *Arg* ⟨Jur⟩
der Toten Hand entziehen (Vermögen) ‖ **~se** *s.*

loslösen ‖ *s. absondern, die Bindungen abbrechen*
‖ *s. distanzieren* ‖ *s. abnabeln*

des|vío *m Ab|weichung, -lenkung* f ‖ *Verirrung*
f ‖ ⟨StV⟩ *Umleitung* f ‖ ⟨EB⟩ *Ausweichgleis* n ‖
⟨Mar⟩ *Abkommen* n *vom Kurs* ‖ ⟨fig⟩ *Abneigung* f,
Widerwille m ‖ *Am* ⟨EB⟩ *Haltestelle* f *(mit
Weiche)* ‖ ~ de altura ⟨Flugw⟩ *Höhenfehler* m ‖
~ en dirección ⟨Flugw⟩ *Seitenfehler* m ‖ ~ de
llamada ⟨Tel⟩ *Anrufweiterleitung* f ‖ ~ (de la
puntería) *Vorhalt* m *(beim Schießen)* ‖ ~ *rápido
od corto* ⟨fam⟩ *Schlenker* m ‖ **–viógrafo** *m
Abtriftschreiber* m

desvirgar [g/gu] vt *entjungfern* ‖ *schänden*

desvirilización *f Entmannung* f

des|virtuar [pres ~úo] vt *die Eigenschaften
(e–r Sache) verderben* ‖ *entkräften* ‖ *zerpflücken,
widerlegen, unwirksam machen (Argument)* ‖ ◇
~ la competencia *den Wettbewerb verfälschen* ‖
~ un rumor *ein Gerücht widerlegen* ‖ ~ una
sospecha *e–n Verdacht entkräften* ‖ **~se** *an Kraft,
an Halt* (od *s–e Eigenschaften) verlieren* (bes.
fig), *s. zersetzen (Lebensmittel usw.)* ‖ quedar
–virtuado *Am hinfällig werden (Person)*

desvivirse vr **a)** *s. et. sehr angelegen sein
lassen* ‖ *alles unternehmen(, um zu …)* ‖ ~ por
alg. *s. für jdn sehr einsetzen* ‖ *s. für jdn aufopfern*
‖ **b)** *s. vor Begierde verzehren* ‖ *(et.)
herbeisehnen, schmachten nach …* ‖ ⟨fam⟩ *s. die
Beine ablaufen nach …* ‖ *sehr erpicht sein auf
(et.)* ‖ ~ por alg. *in jdn (un)sterblich verliebt sein*

desvolcanarse vr *Col* → **derrumbarse,
despeñarse**

desvolvedor m ⟨Tech⟩ *Windeisen* n

desyer|ba f ⟨Agr⟩ *Jäten* n ‖ *Jätzeit* f ‖ **–bar** vt/i
(Gras) sicheln ‖ *jäten* ‖ ⟨fig⟩ *auslesen, säubern*

detall adv: al ~ ⟨Com⟩ → al por **menor**

deta|llado adj *umständlich, ausführlich* ‖ *ins
Einzelne gehend, mit* od *in allen Einzelheiten* ‖
genau ‖ *detailliert (Rechnung)* ‖ ◇ hacer relación
~a *(od informe ~) eingehend berichten* (de,
sobre *über* acc) ‖ adv: **~amente** ‖ **–llar** vt
umständlich be|schreiben, -richten ‖ *in
Einzelheiten angeben* ‖ *einzeln aufführen* ‖
präzisieren, genau schildern ‖ ⟨Com⟩ *einzeln
aufzählen, spezifizieren* ‖ ⟨Com⟩ *im Kleinen
verkaufen* ‖ ◇ ~ pormenores *Einzelheiten
angeben* ‖ **–lle** *m Einzelheit* f ‖ *Kleinigkeit* f ‖
Einzeldarstellung f ‖ *ausführliche Beschreibung* f
‖ *Erklärung* f ‖ ⟨Com⟩ *Einzelhandel* m ‖ ⟨Com⟩
Einzelaufführung, Spezifikation f *(e–r Rechnung)*
‖ ⟨fig⟩ *(schöner) Zug* m, *Fußnote* f ‖ ~ de la
patente *Patentbeschreibung* f ‖ ◆ en ~ *genau,
ausführlich* ‖ *im Einzelnen* ‖ ◇ dar ~s *genau
angeben* od *berichten* ‖ entrar en más ~s *sobre
… näher eingehen auf … (*acc) ‖ para más ~s
*dirigirse al portero Näheres (zu erfragen) beim
Portier* ‖ para más ~s véase *… Näheres siehe
unter …* ‖ vender al ~ *im Kleinen verkaufen* ‖
–llista *m/f Kleinhändler(in* f) m ‖ ⟨fam⟩
Kleinmaler(in f) m

detartraje m ⟨Med⟩ *Zahnsteinentfernung* f

detasa *f Gebührenermäßigung* f ‖ ⟨EB⟩
Frachtrabatt m

detec|ción *f* ⟨Radio⟩ *Detektion, Gleichrichtung*
f ‖ **–tar** vt *(auf)finden, aufspüren* ‖ *nachweisen* ‖
–tive *m Detektiv, Geheimpolizist* m ‖ ~ de la casa
Hausdetektiv m ‖ **–tivesco** adj *Detektiv-* ‖ **–tor**
m/adj ⟨Tech Phys Radio⟩ *Detektor* m ‖ ~ de
galena *Kristalldetektor* m ‖ ~ de gas
Gasspürgerät n ‖ ~ de humo(s)
Rauch|gasanzeiger, -melder m ‖ ~ de mentiras
Lügendetektor m ‖ ~ de metales *Metalldetektor*
m ‖ ~ de minas ⟨Mil⟩ *Minensuchgerät* n ‖ ~ de
movimiento *Bewegungsmelder* m ‖ ~ de ondas
Wellenanzeiger m ‖ ~ de radiación

Strahlenmessgerät n ‖ ~ de grietas *Rissdetektor* m
‖ ~ de sonido ⟨Mil⟩ *Horchgerät* n ‖ ~
termoeléctrico *Thermodetektor* m ‖ ~ de válvula
Röhrendetektor m ‖ **–tora** f ⟨Radio⟩ *Detektorröhre* f
¹detención f *Zurückhaltung* f ‖ *Aufschub*,
Ver|zug m, *-zögerung* f ‖ *Vorent-*,
Zurückbe|haltung f ‖ *Aufhalten* n ‖ *Stillstand* m ‖
Hemmung f ‖ *Stilllegung* f ‖ ⟨Jur⟩ *Verschleppung* f
(e–s Prozesses) ‖ ⟨StV⟩ *(An)Halten* n *(des
Verkehrs)* ‖ ⟨fig⟩ *Ausführlichkeit, Gründlichkeit* f ‖
~ y apertura de correspondencia *Postkontrolle* f ‖
~ del crecimiento *Wachstumshemmung* f ‖ ~ de
orina ⟨Med⟩ *Harnverhaltung* f ‖ ~ del proceso
fermentativo *Gärungsstockung* f ‖ ~ en ruta
Fahrtunterbrechung f
²detención f *Festnahme* f ‖ *Gefangennahme* f ‖
Verhaftung f ‖ *Haft* f ‖ ~ domiciliaria *Hausarrest*
m ‖ ~ ilegal *Freiheitsberaubung* f ‖ ~
injustificada *ungerechtfertigte Festnahme* f ‖ ~
preventiva *Untersuchungshaft* f ‖ ◇ proceder a la
~ de alg. *jdn verhaften*
  detener [irr → **tener**] vt *zurückhalten* ‖ *an-*,
auf|halten ‖ *hemmen, verzögern* ‖ *stoppen* ‖ ⟨Jur⟩
verschleppen (e–n Prozess) ‖ ⟨Mar⟩ *abdichten
(Leck)* ‖ *ein-, zurück|behalten* ‖ *in Gewahrsam
halten* ‖ *beschlagnahmen* ‖ *verhaften, festnehmen,
inhaftieren* ‖ *behalten* ‖ ◇ lo detuvo de la
americana *er hielt ihn an der Jacke fest* ‖ ~ la
marcha *parieren (beim Reiten)* ‖ ~**se** *stehen
bleiben* ‖ *zum Stillstand kommen* ‖ *verweilen, s.
aufhalten* ‖ *zögern, zaudern* ‖ ⟨Auto⟩ *anhalten* ‖
⟨fig⟩ *stehen bleiben* ‖ ◇ ~ en *od* con … *bei od
von … aufgehalten werden* ‖ ~ en *(od* con) los
obstáculos *s. an den Hindernissen stoßen* ‖
¡detente! *halt ein!* ‖ ¡no te detengas en venir!
bleibe nicht lange aus!
  deteni|da f *Verzögerung* f ‖ **–damente** adv
ausführlich, umständlich, aufmerksam, gründlich
‖ *lange* ‖ **–do** adj *zurückgeblieben (Wachstum)* ‖
unentschlossen ‖ *ängstlich* ‖ *gehemmt* ‖ *genau,
ausführlich* ‖ *karg, geizig* ‖ *zögernd, langsam* ‖ ◇
estar ~ *nachsitzen müssen (Schulkind)* ‖ ~ m
Verhaftete(r), Inhaftierte(r) m ‖ ¡queda usted ~!
Sie sind verhaftet! ‖ **–miento** m *Ausführlichkeit* f
‖ ◆ con ~ *aufmerksam* ‖ *ausführlich, umständlich*
  deten|tación f ⟨Jur⟩ *unrechtmäßiger Besitz* m ‖
unrechtmäßige Vorenthaltung f ‖ **–tador** m/adj
⟨Jur⟩ *unrechtmäßiger Besitzer* m ‖ ~ de mala fe
bösgläubiger Besitzer m ‖ los ~es del poder *die
Machthaber* mpl (meist pej) ‖ **–tar** vt/i ⟨Jur⟩
unrechtmäßig zurückbe-, vorent|halten ‖
unrechtmäßig besitzen ‖ Am *gegen ein Gebot od
e–e Verordnung verstoßen*
  detente, detentebala m *(e–e Art) Skapulier* n
*(mit Herz-Jesu-Bild, in den Karlistenkriegen und
im span. Bürgerkrieg 1936– 39 benutzt)*
  detentor m ⟨Tech⟩ *Halter* m ‖ *Spannring* m
  deter|gente adj *(m/f)* ⟨Tech Chem⟩ *reinigend* ‖
~ m *Reinigungs-* bzw *Putz-, Wasch-, Spül|mittel* n
‖ *Detergens* n ‖ *Flecken|wasser, -mittel* n,
Fleck(en)entferner m ‖ ⟨Med⟩ *reinigendes Mittel*
n ‖ **–ger** vt ⟨Med⟩ *säubern, reinigen (Wunde)*
  deterio|ración f *Verschlechterung* f ‖
Beschädigung f ‖ *Wertminderung* f ‖ *Abnutzung* f
‖ *Deterioration* f ‖ *Verderbnis* f ‖ *Verfall* m ‖
–rado adj ⟨Com Tech⟩ *fehlerhaft* ‖ *schadhaft,
beschädigt, verschlissen* ‖ **–rar** vt *verschlechtern,
beschädigen* ‖ *verschlimmern* ‖ *angreifen (Metall
usw.)* ‖ ⟨fig⟩ *verderben* ‖ ~**se** *schlechter werden,
verderben* ‖ **–ro** m → **deterioración** ‖ ~ del
(medio) ambiente *Umweltschädigung* f ‖ ◇ estar
sujeto a ~ *dem Verderben unterliegen* ‖ preservar
de ~ *vor Schaden bewahren*
  determi|nación f *Bestimmung* f ‖ *Festlegung* f
‖ *Fest|setzung, -stellung* f ‖ *Beschluss* m ‖

Entschluss m ‖ *Entschlossenheit* f ‖ ⟨Philos⟩
Determiniertheit f ‖ ~ cualitativa ⟨Chem⟩
qualitative Bestimmung od Analyse f ‖ ~
cuantitativa ⟨Chem⟩ *quantitative Bestimmung od
Analyse* f ‖ ~ definitiva *Begriffsbestimmung* f ‖ ~
específica ⟨Bot Zool⟩ *(Art)Bestimmung* f ‖ ~
individual ⟨Chem⟩ *Einzelbestimmung* f ‖ ~ de la
posición ⟨Flugw Mar⟩ *Ortung* f ‖ ~ del rumbo
⟨Flugw Mar⟩ *Kursbestimmung* f ‖ ~ del sexo, ~
sexual *Geschlechtsbestimmung* f ‖ ◇ hay que
tomar una ~ *man muss e–e Entscheidung treffen*
‖ **–nado** adj *bestimmt* ‖ *entschlossen* ‖ *kühn, mutig*
‖ ⟨Gr⟩ *bestimmt (Artikel)* ‖ **–nante** adj *(m/f)*
entscheidend ‖ *bestimmend* (de *für)* ‖
ausschlaggebend ‖ ~ m ⟨Gen⟩ *Erbanlage,
Determinante* f ‖ ⟨Gr⟩ *Bestimmungswort* n ‖
⟨Math⟩ *Determinante* f ‖ **–nar** vt *be|stimmen,
-schließen* ‖ *entscheiden* ‖ *fest|setzen, -legen,
anberaumen* ‖ *ermitteln, auffinden* ‖ *feststellen* ‖
bewegen, zum Entschluss bringen ‖ *verursachen,
herbeiführen, zur Folge haben, bestimmend sein* ‖
genau angeben ‖ ◇ ~ la derrota → ~ el rumbo ‖
~ hacer algo *beschließen, et. zu tun* ‖ ~ a alg. a
hacer algo *jdn dazu bewegen, et. zu tun* ‖ ~ un
pleito ⟨Jur⟩ *e–n Prozess entscheiden* ‖ ~ la
posición ⟨Flugw Mar⟩ *orten* ‖ ~ las
responsabilidades *das Maß der Verantwortung
feststellen, die Verantwortlichkeit(en) feststellen* ‖
~ el rumbo, ~ la ruta (Flugw Mar) *den Kurs
bestimmen* ‖ esto le –nó a ayudarme *das bewog
ihn, mir zu helfen* ‖ ~**se** *e–n Entschluss fassen* ‖
~ en favor de alg. *s. zu jds Gunsten erklären* ‖
–nativo adj *bestimmend* ‖ **–nismo** m ⟨Philos⟩
Determinismus m ‖ **–nista** adj *(m/f)* ⟨Philos⟩
deterministisch ‖ ~ *m/f Determinist(in* f) m
  deter|sión f ⟨bes. Chem⟩ *Reinigung* f ‖ **–sivo,
–sorio** adj/s ⟨Chem Med⟩ *reinigend, (ab)reibend*
(→ auch **detergente**)
  detes|table adj *(m/f) abscheulich, ekelhaft* ‖
verabscheuungswürdig ‖ **–tación** f *Abscheu* m ‖
–tar vt *verabscheuen, s. (vor et.) ekeln* ‖ *hassen*
(jdn) verwünschen ‖ ⟨fam⟩ *nicht ausstehen können*
‖ ◇ ~ la mentira *das Lügen hassen*
  detienebuey m ⟨Bot⟩ *Hauhechel* f (Ononis
spinosa)
  deto|nación f *Knall, Krach* m, *Detonation* f
(e–s Schusses, des Donners usw.) ‖ *Klopfen* n *(des
Motors)* ‖ ~ de escape ⟨Auto⟩ *Auspuffknall* m ‖ ~
sónica ⟨Flugw⟩ *Knall* m, *Schalldetonation* f ‖ ~
supersónica ⟨Flugw⟩ *Überschallknall* m *(beim
Durchbruch der Schallmauer)* ‖ ◇ producir una
~ *knallen, krachen* ‖ **–nador** adj: pistola ~a
Schreckschusspistole f ‖ ~ m *Zünder* m,
Spreng|kapsel, -büchse f ‖ **–nante** adj *(m/f)*
explosiv ‖ *Knall-* Am ⟨fig⟩ *störend* ‖ ~ m
Zündsatz m ‖ *Zünder* m ‖ ⟨fig⟩ *Auslöser* m ‖ **–nar**
vi *knallen, krachen* ‖ *detonieren* ‖ *krepieren
(Geschoss)* ‖ ⟨fig⟩ *auffallen, die Aufmerksamkeit
auf s. lenken*
  detorsión f *(Muskel)Zerrung* f ‖ *Verdrehung* f ‖
Aufdrehen n
  detrac|ción f *Abzug* m, *Entnahme* f ‖ ⟨fig⟩
Verleumdung, üble Nachrede f ‖ *Herabsetzung* f ‖
⟨Geol⟩ *Detraktion* f ‖ **–tar** vi *aussondern* ‖
abziehen ‖ ⟨fig⟩ *verleumden* ‖ *herabsetzen* ‖ **–tor**
m/adj *Verleumder, Lästerer* m
  detraer [irr → **traer**] vt *aussondern* ‖ *abziehen*
‖ *ablenken* ‖ *herabsetzen (Ehre, Verdienst)* ‖
verleumden
  detrás adv **a)** *hinten(nach), dahinter* ‖
hinterher ‖ *nachher* ‖ *zurück* ‖ ⟨fig⟩ *hinter dem
Rücken* ‖ *in Abwesenheit von* ‖ ◆ por ~
hintennach ‖ de ~ *von hinten* ‖ los de ~ *die
Hinteren* mpl ‖ ◇ estar ~ ⟨fig⟩ *in der Nähe sein* ‖
ir ~ *nachfolgen*

b) ~ de prep: *hinter* (dat bzw acc) ‖ ~ de ti (~ tuyo) *hinter dir* ‖ *nach dir* ‖ ◇ *correr* ~ de alg. *jdm nachlaufen* (& fig) ‖ ⟨fam⟩ *e–r Frau nachsteigen*

detrimento *m Verlust, Schaden* m ‖ *Nachteil, Abbruch* m, *Einbuße* f ‖ ◆ en ~ de la calidad *auf Kosten der Qualität* ‖ ◇ ir en ~ de alg. *nachteilig für jdn ausgehen*

detrítico adj ⟨Geol⟩ *detritisch, Trümmer-* ‖ ⟨Med⟩ *Detritus-*

detrito, detritus *m Trümmer, zertrümmerte Überreste* mpl ‖ *Bodensatz* m ‖ *Schutt, Abfall* m ‖ ⟨Biol Geol⟩ *Detritus* m ‖ ⟨Med⟩ *Detritus* m, *Gewebstrümmer* pl ‖ ⟨fig⟩ *Ausschuss* m ‖ detritos animales *tierische Abfälle* mpl ‖ detritos de la nación *Hefe* f *des Volkes, Pöbel* m

deturpar vt ⟨lit⟩ *verformen*

deuda f *(Geld)Schuld* f ‖ *Verschulden* n, *Sünde* f, *Fehler* m ‖ ⟨fig⟩ *Schuld* f ‖ ⟨fig⟩ *moralische Verpflichtung* f ‖ ~ activa *(Schuld)Forderung* f ‖ ~s activas y pasivas *Schulden und Gegenschulden* fpl ‖ ~ amortizable *Tilgungsschuld* f ‖ ~ consolidada *konsolidierte Schuld* f ‖ ~ contraída *Verschuldung* f ‖ ~ de Estado *Staatsschuld* f ‖ ~ exterior *Auslandsschuld* f ‖ ~ fiscal *Steuerschuld* f ‖ ~ flotante *schwebende (nicht konsolidierte) Schuld* f ‖ ~ hipotecaria *Pfandschuld* f ‖ ~ impositiva → ~ fiscal ‖ ~ incobrable *uneinbringliche Schuld* f ‖ ~ nacional → ~ pública ‖ ~ perpetua *untilgbare Schuld* f ‖ ~ privilegiada *bevorrechtigte Schuld* f ‖ ~ pública *Staatsschuld* f ‖ ◇ cobrar una ~ *e–e Schuld einziehen* ‖ contraer una ~ *e–e (Schuld)Verpflichtung eingehen* ‖ estar en ~ con alg. *in jds Schuld stehen* ‖ satisfacer una ~ *e–e Schuld ausgleichen* ‖ ~s fpl: gravar con ~ *mit Schulden belasten* ‖ hacer od contraer ~ *Schulden machen* ‖ y perdónanos nuestras ~ *und vergib uns unsere Schuld (im Vaterunser)* ‖ ◆ sin ~, libre de ~ *schuldenfrei*

deudo *m (An)Verwandte(r)* m ‖ *Verwandtschaft* f

deudor adj *schuldend, schuldig* ‖ *Schuldner-* ‖ ⟨Com⟩ *Soll-, Debet-* ‖ ◇ anotar en la cuenta ~a *auf der Sollseite verbuchen* ‖ ~ en (od por) muchos miles *viele Tausend schuldend (Person)* ‖ ~ m *Schuldner* m ‖ ~ alimen|tario, -tista *Unterhaltspflichtige(r)* m ‖ ~ hipotecario *Hypotheken-, Pfand|schuldner* m ‖ mal ~ *fauler Schuldner* m ‖ ~ moroso, ~ en mora *säumiger Schuldner* m ‖ ~ por pignoración *Pfandschuldner* m ‖ ~ solidario *Gesamt-, Mit|schuldner* m ‖ ◇ quedar ~ *schuldig bleiben* ‖ ser ~ de una suma *e–e Summe schulden* ‖ me es ~ de ello *das hat er (sie, es) mir zu verdanken*

deus ex machina *m* ⟨lat⟩ ⟨Th⟩ *unerwartete Lösung* f (& fig) ‖ ⟨fam⟩ *Retter* m *in der Not*

deu|terio *m* ⟨Phys Chem⟩ *Deuterium* n ‖ **–terón, –tón** *m Deut(er)on* n

deut(er)oplasma *m* ⟨Biol⟩ *Deut(er)o-Para|plasma* m

deutoquia f ⟨Zool⟩ *Deut(er)otokie* f

devalar vi ⟨Mar⟩ *(ab)treiben, vom Kurs abgehen*

deva|luación f *Abwertung, De|valuation, -valvation* f ‖ ~ monetaria *Währungsabwertung* f ‖ **–luar** [pres ~úo] vt *abwerten* ‖ **–lúo** *m Abwertung* f

deva|nadera f ⟨Text⟩ *(Garn)Haspel* m, *Weife, (Garn)Winde* f ‖ *Spule* f ‖ *Aufspulgerät* n ‖ *Schlauchtrommel* f ‖ *Abwickelmaschine* f ⟨Mar⟩ *Logrolle* f ‖ **–nado** *m Haspeln* n ‖ ⟨El⟩ *Wicklung* f ‖ **–nador** *m Stück* n *Papier (zum Garnwickeln)* ‖ **–nadora** f → **–nadera** ‖ **–nar** vt *ab|spulen, -wickeln, weifen* ‖ *haspeln (Draht, Garn)* ‖ ~se: ~ los sesos ⟨figf⟩ *s. den Kopf zerbrechen*

deva|near vi *fabeln, fantasieren* ‖ *faseln* ‖ ⟨fam⟩ *spinnen* ‖ **–neo** *m Aberwitz* m ‖ *Faselei* f ‖ *Hirngespinst* n ‖ *unnütze Grübelei* f ‖ *kopfloses Handeln* n ‖ *Zeitvertreib* m, *Spielerei* f ‖ amoroso(s) ~(s) *sinnlose Verliebtheit, Liebelei* f

devantal *m Schürze* f

devas|tación *m Ver|wüstung, -heerung* f ‖ **–tado** adj *verwüstet* ‖ *geplündert* ‖ *ruiniert* ‖ ⟨fig⟩ *leer, öd(e)* ‖ **–tador** adj *verheerend* ‖ **–tar** vt *ver|wüsten, -heeren* ‖ ⟨fig⟩ *zerstören*

devatiado adj ⟨El⟩ *wattlos*

develar vt *ent|hüllen, -schleiern, aufdecken* (& fig)

deven|gar [g/gu] vt *erwerben, verdienen* ‖ *entrichten* ‖ *einbringen, abwerfen (Zinsen)* ‖ *Anspruch haben auf* (acc) ‖ ◇ ~ intereses *Zinsen abwerfen* ‖ **–go** *m Nutzen, Gewinn* m ‖ ~ extrasalarial *Span Teuerungszuschlag* m ‖ ~s mpl *Auslagen* fpl ‖ ~ arancelarios *Zollgebühren* fpl

devenir [irr → venir] vi *geschehen, widerfahren, vorkommen* ‖ ⟨Philos⟩ *werden, in Erscheinung treten* ‖ el ~ *das Werden*

devillina f ⟨Min⟩ *Devillin* m

devisar ⟨pop⟩ und Mex vt → **divisar** ‖ Mex *an-, auf|halten*

devo|ción f *Andacht, Gottergebenheit* f ‖ *Frömmigkeit, Andacht* f ‖ *Anbetung* f ‖ *Verehrung* f ‖ *Gebet* n ‖ ⟨fig⟩ *Hingabe* f ‖ *Ergebenheit, innige Zuneigung* f ‖ ⟨fig⟩ *große Gewissenhaftigkeit* f ‖ ~ mariana *Marienverehrung* f ‖ ◆ con ~ *andächtig* ‖ ⟨fig⟩ *hingebungsvoll, ehrfürchtig* ‖ fingir ~ *frömmeln* ‖ no ser santo de la ~ de alg. ⟨figf⟩ *bei jdm unbeliebt sein* ‖ **–cionario** *m Gebets-, Andachts|buch* n ‖ **–ciones** fpl *Andacht* f ‖ ◇ hacer sus ~ *s–e Andacht verrichten*

devolu|ción f *(Zu)Rückgabe, (Zu)Rück|erstattung, -stellung* f ‖ ⟨Jur⟩ *(Erbschafts-, Vermögens)Anfall* m ‖ ⟨Jur⟩ *Heim-, Rück|fall* m ‖ ~ de los derechos *Rückzoll* m ‖ ~ a origen *Rücksendung* f *(Post)* ‖ **–tivo, –torio** adj ⟨Jur⟩ *zurückerstattend* ‖ *Rückgabe-, Rückerstattungs-*

devolver [irr → volver] vt *wiedererstatten, zurückgeben* ‖ *zurückschicken* ‖ *herausgeben* ‖ *rückvergüten* ‖ *zurückzahlen* ‖ *(zurück)erstatten (Ausgaben)* ‖ *zurückstellen* ‖ *wieder stellen (an s–n Platz)* ‖ ⟨fig⟩ *vergelten, heimzahlen* ‖ ⟨fig⟩ *erwidern (Besuch, Gruß)* ‖ ⟨fig⟩ *wiedergeben* ‖ ⟨fam⟩ *erbrechen* ‖ ◇ ~ por mal *Böses mit Gutem vergelten* ‖ ~ la comida ⟨fam⟩ *s. erbrechen* ‖ ~ dinero *Geld zurück-, heraus|zahlen* ‖ ~ un favor *e–e Gefälligkeit erwidern,* ⟨fam⟩ *s. für ~ erzählig revanchieren* ‖ ~ las gracias *den Dank erwidern* ‖ ~ un servicio *e–n Dienst erwidern* ‖ ~ la visita *e–n Gegenbesuch machen* ‖ siempre dispuesto a ~ *servicios zu Gegendiensten stets gern bereit* ‖ ~se ⟨Jur⟩ *heim-, zurück|fallen* ‖ Am *zurückkehren* ‖ *zurückgehen* ‖ ¡devuélvase al remitente! *an den Absender zurück! (Sendung)*

devoniano, devónico adj ⟨Geol⟩ *devonisch* ‖ *Devon-* ‖ ~ *m Devon* n

devo|rador adj/s *verschlingend* ‖ *verzehrend* ‖ **–rar** vt *(ver)schlingen, (auf)fressen* ‖ *zer|reißen, -fleischen* ‖ *verzehren (vom Feuer)* ‖ *vernichten, ruinieren* ‖ *nagen* ‖ ⟨fig⟩ *vergeuden* ‖ ⟨fig⟩ *zurücklegen (e–e Strecke)* ‖ ⟨fig⟩ *verschlingen, hastig lesen (ein Buch)* ‖ *hinunterschlucken (Zorn, Ärger)* ‖ *fressen (Kilometer)* ‖ ◇ me ~ra la impaciencia *ich vergehe vor Ungeduld* ‖ la fiebre le –ra *das Fieber zehrt ihn (es) auf* ‖ la –ra con los ojos *er (sie, es) verschlingt sie (mit den Augen)*

devo|tamente adv *fromm, ergeben* ‖ *sehr gewissenhaft* ‖ **–tería** f *Frömmelei* f ‖ **–to** adj

fromm, andächtig ‖ *Andachts-* ‖ *ergeben, zugetan* ‖ *untertänig, devot* ‖ muy ~ de San José *der Verehrung des hl. Josef besonders ergeben* ‖ ~ *m Andächtige(r), frommer Mensch* m ‖ *Lieblingsheilige(r)* m ‖ *Gegenstand* m *der Verehrung* ‖ *Verehrer, Anhänger* m (de *von*) (& desp) ‖ *Wallfahrer, Pilger* m ‖ los ~s *die Andächtigen* mpl *(in der Kirche)*
devuelto pp/irr von **devolver** ‖ ser ~ *zurückgesandt werden*
dextrina f ⟨Chem⟩ *Dextrin* n
dextrismo m *Rechtshändigkeit* f
dextro m ⟨Hist⟩ *Freistatt* f, *Asylgebiet* n *(um e–e Kirche)*
dextrocardia ⟨Med⟩ *Dextrokardie* f
dex|trógiro adj ⟨Chem⟩ *rechtsdrehend, dextrogyr* ‖ *rechtsläufig (Schrift)* ‖ ⟨Opt⟩ *nach rechts ablenkend* ‖ **–trogirismo** m *Rechtsläufigkeit* f *(Schrift)* ‖ **–trorrotación** f ⟨Tech Typ⟩ *Rechtsdrehung* f ‖ *Rechtsdrall* m ‖ **–trorso** adj ⟨Zool Bot⟩ *rechtsgewunden*
dextrosa f ⟨Chem⟩ *Glukose, Dextrose* f, *Stärke-, Trauben|zucker* m
dey m ⟨Hist⟩ *Dey* m
deyección f *Stuhlgang* m ‖ *Darmentleerung* f ‖ *Exkremente* npl ‖ ⟨Geol⟩ *Auswurf(masse)* f m *(e–s Vulkans)*
dezmar [-ie-] vt → **diezmar**
D.F. Abk Mex → **Distrito Federal**
¹di → **dar**
²di Am ⟨pop⟩ → **de**
día m *Tag* m ‖ *Geburtstag* m (bes. pl) ‖ *(gewisser) Zeitpunkt* m, *Zeit* f ‖ *Zeitabschnitt* m ‖ *Tag* m *(im Gegensatz zur Nacht)* ‖ *Tageslicht* n ‖ *Wetter* n ‖ *Gelegenheit* f ‖ ⟨fig⟩ *Leben(stage* mpl) n ‖ el ~ 30 de junio *am 30. Juni* ‖ ~ de abstinencia *Fasttag* m ‖ ~ aciago *Unglückstag* m ‖ ~ de aleluya *Freudentag, froher Tag* m ‖ ~ de año nuevo *Neujahrstag* m ‖ ~ de años *Geburtstag* m ‖ ~ astronómico *astronomischer Tag* m ‖ ~ de asueto *Ferientag* m ‖ ~ de audiencia ⟨Jur⟩ *Gerichtstag* m ‖ ~ de autos *Tattag* m ‖ ~ de ayuno *gebotener Fasttag* m ‖ ~ de los Caídos Span *Heldengedenktag* m ‖ ~ de campo *Landpartie* f ‖ ~ de carne *Fleischtag* m ‖ ~ de ceniza ⟨Rel⟩ *Aschermittwoch* m ‖ ~ de cierre *Ruhetag* m ‖ ~ civil *Kalendertag* m ‖ ~ de colada *Waschtag* m ‖ ~ de cómputo *Abrechnungstag* m ‖ ~ de Corpus, ~ del Señor *Fronleichnamsfest* n ‖ ~ crítico ⟨Med⟩ *kritischer Tag* m ‖ ~ de cutio *Werk-, Arbeits|tag* m ‖ ~ de descanso *Ruhetag* m ‖ ~ de los difuntos ⟨Rel⟩ *Allerseelentag* m ‖ ~ de entresemana *Werktag* m ‖ ~ feriado *Ferien-, Feier|tag* m ‖ ~ festivo, ~ de fiesta *Fest-, Feier|tag* m ‖ ~ de los finados → ~ de los difuntos ‖ ~ franco → ~ libre ‖ ~ de gala *Galatag* m ‖ ~ de guardar ⟨Kath⟩ *gebotener Feiertag* m ‖ ~ hábil → ~ laborable ‖ ~ de la Hispanidad *Tag* m *der Hispanität (12. Oktober)* ‖ el ~ de hoy, hoy (en) → *heute, heutzutage* ‖ ~ de huelga *Streiktag* m ‖ ~ de los Inocentes *Tag* m *der Unschuldigen Kinder (28. Dezember)* ‖ ~ intercalar *Schalttag* m ‖ el ~ del juicio *das Jüngste Gericht, der Jüngste Tag* ‖ ⟨fig⟩ *Nimmer|leinstag, -mehrstag* m ‖ ~ laborable *Werk-, Arbeits|tag* m ‖ ~ lectivo ⟨Sch⟩ *Unterrichtstag* m ‖ ⟨Univ⟩ *Vorlesungstag* m ‖ ~ libre *freier Tag* m ‖ *Ausgang* m ‖ ~ lunar ⟨Astr⟩ *Mondtag* m ‖ ~ de lluvia *regnerischer Tag, Regentag* m ‖ ~ de la Madre *Muttertag* m ‖ el ~ de mañana *morgen, am morgigen Tag* ‖ ⟨fig⟩ *in Zukunft, zukünftig* ‖ ⟨fig⟩ *die Zukunft* ‖ ~ de San Martín *Martinstag* m, *Martini* n ‖ ~ por medio Am *alle zwei Tage* ‖ ~ de mercado *Markttag* m ‖ ~ y noche *Tag und Nacht* ‖ ⟨fig⟩ *immer,*

beständig, andauernd ‖ ~ del Padre *Vatertag* m ‖ el ~ menos pensado, el mejor ~ ⟨fam⟩ *ehe man sich's versieht, e–s schönen Tages* ‖ ~ de paga ⟨Mil⟩ *Soldtag* m ‖ ~ de pago *Zahl(ungs)tag* m ‖ ~ de pescado → ~ de vigilia ‖ ~ de(l) plato único ⟨Hist⟩ *Eintopftag* m ‖ ~ de precepto ⟨Kath⟩ *gebotener Feiertag* m ‖ ~ puente *Brückentag, arbeitsfreier Tag* m *zwischen zwei Feiertagen* ‖ ~ de Ramos ⟨Rel⟩ *Palmsonntag* m ‖ ~ de la Raza (bes. Am) → ~ de la Hispanidad ‖ ~ de recepción *Empfangstag* m ‖ ~ de regocijo *Freuden-, Jubel|tag* m ‖ ~ de Reyes *Dreikönigstag* m ‖ ~ de salida *Ausgang(stag)* m ‖ ~ freier Tag* m ‖ ~ del santo *Namenstag* m ‖ ~ de los Santos *Allerheiligen* n ‖ ~ sidéreo *Sterntag* m ‖ el ~ siguiente *der nächste Tag, am nächsten Tag* ‖ ~ de sol *sonniger Tag* m ‖ ~ solar ⟨Astr⟩ *Sonnentag* m ‖ ~ de sorteo *Ziehungstag* m ‖ ~ de toros ⟨Taur⟩ *Tag, an dem ein Stierkampf abgehalten wird* ‖ ~ de trabajo → ~ laborable ‖ ~ útil *Arbeitstag* m ‖ ⟨Jur⟩ *Gerichtstag* m ‖ ~ de vencimiento *Verfalltag* m ‖ ~ venturoso *Glückstag* m ‖ ~ de viernes, ~ de vigilia *Fast-, Fisch|tag* m
◆ al ~ *auf dem Laufenden, auf dem neuesten Stand* ‖ *genau, vollständig* ‖ ~ adv *täglich, pro Tag* ‖ algún ~ *e–s Tages, einst* ‖ *später (einmal)* ‖ antes del ~ *vor Sonnenaufgang, frühmorgens* ‖ el ~ antes (después) *tags zuvor (darauf)* ‖ como el ~ y la noche ⟨fam⟩ *wie Tag und Nacht, grundverschieden* ‖ ¡cualquier ~! ⟨fam⟩ *das wird nicht so bald sein!* ‖ de ~ a ~, de un ~ a otro *von Tag zu Tag* ‖ *nächstens, in einigen Tagen* ‖ de ~ am od bei Tag* ‖ de ~ en ~ *Tag für Tag, von Tag zu Tag, täglich* ‖ *immer mehr* ‖ del ~ *vom Tage* ‖ *frisch, soeben fertig* ‖ *ganz neu* ‖ *heutig, herrschend, aktuell Mode-* ‖ al cambio del ~ ⟨Com⟩ *zum Tageskurs* ‖ es el hombre del ~ *er ist der Held des Tages* ‖ ⟨fam⟩ *er ist der Löwe (des Salons)* ‖ dos veces al ~ *zweimal täglich* ‖ en el ~ *heutzutage* ‖ en su ~ *rechtzeitig, zur rechten Zeit* ‖ *zu gegebener Zeit* ‖ *seinerzeit* ‖ entre ~ *tagsüber* ‖ el otro ~ *neulich, kürzlich, jüngst* ‖ ¡otro ~! *morgen! ein andermal! (d.h. „nie:")* ‖ hasta otro ~ *auf nächstens, das nächste Mal* ‖ *auf (baldiges) Wiedersehen!* ‖ (al) otro ~ *am folgenden Tag* ‖ mañana será otro ~ ⟨fam⟩ *morgen ist auch (noch) ein Tag* ‖ ⟨fam⟩ *es ist nicht so eilig* ‖ ~ por ~ *täglich* ‖ por (od al) ~ *einmal täglich* ‖ un ~ hará (od hizo) un año ⟨fam⟩ *am ... vor e–m Jahr* ‖ (todo) el santo ~ ⟨fam⟩ *den lieben langen Tag* ‖ un ~ *e–s Tages, einmal* ‖ un ~ sí y otro no, ~s alternos, cada dos ~s *e–n Tag um den anderen, jeden zweiten Tag*
◇ abre el ~ → ~ despunta el ~ ‖ aplazar de un ~ para otro *von e–m Tag auf den anderen verschieben* ‖ el ~ le cogió en Bilbao *bei Tagesanbruch kam er in Bilbao an* ‖ es muy de ~ *es ist heller, lichter Tag* ‖ ¿es de ~? *ist es Tag?* ‖ dar(le) a uno el ~ ⟨figf⟩ *jdm den ganzen Tag verderben* ‖ *jdm e–e unangenehme Überraschung bereiten* ‖ dejar de un ~ para otro → aplazar de un ~ para otro ‖ despunta el ~ *der Tag bricht an* ‖ estar al ~ *auf dem Laufenden sein* ‖ hace buen ~ *es ist schönes Wetter* ‖ ponerse al ~ *(mit der Zeit) Schritt halten* ‖ s. ein|weihen, -arbeiten ‖ s. auf dem Laufenden halten ‖ rompe el ~ → despunta el ~ ‖ salir del ~ ⟨figf⟩ *s. für e–n Augenblick aus der Sache helfen* ‖ vivir al ~ *in den Tag hinein leben* ‖ un ~ es un ~ ⟨figf⟩ *einmal ist keinmal*
~s mpl (die) (Lebens)Tage ‖ Geburtstag m ‖ *Tagegelder* npl ‖ ~ azules Span ⟨EB⟩ *Tage mit ermäßigtem Bahntarif* ‖ ~ blancos Span ⟨EB⟩ *Tage* mpl *mit normalem Bahntarif* ‖ ~ de cortesía

Respekttage mpl *(Wechsel)* ‖ ~ de estadía ⟨Mar⟩
Liegegeld n ‖ ~ festivos *Fest-, Feier|tage* mpl ‖
~ de gracia → ~ de cortesía ‖ ~ inhábiles
Feiertage mpl ‖ ~ rojos Span ⟨EB⟩ *Tage* mpl *mit
erhöhtem Bahntarif* ‖ los ~ de la semana *die
Wochentage* mpl ‖ ~ serenos *Tage* mpl *des
Glücks* ‖ ~ de vino y rosas *glückliche Zeit* f ‖ ~
y (más) ~ *viele Tage, Monate usw.*
◆ a ~ *ab und zu, gelegentlich* ‖ *nicht immer* ‖
a ocho ~ fecha (vista) *acht Tage nach Sicht
(Wechsel)* ‖ era a doce ~ *(od* el ~ doce) de enero
es war am 12. Januar ‖ a los pocos ~ *einige
Tage später* ‖ *kurz darauf* ‖ de ~ *seit einiger Zeit*
‖ de ~ acá, de ~ a esta parte *seit geraumer Zeit* ‖
seit einiger Zeit ‖ de hoy en ocho ~ *heute in acht
Tagen* ‖ dentro de algunos ~ *in einem paar Tagen* ‖
(durante) ~ enteros *tagelang* ‖ dos ~ después *am
übernächsten Tag* ‖ en ~ *bei Jahren, bejahrt* ‖ en
pocos ~, ⟨fam⟩ en cuatro ~ *in kurzer Zeit,
binnen kurzem* ‖ en mis ~ *zu m–zer Zeit* ‖ ¡no en
mis ~! ⟨fam⟩ *nie und nimmermehr!* ‖ (uno de)
estos ~ *dieser Tage, bald* ‖ ⟨iron⟩ *nie* ‖ los más
de los ~, casi todos los ~ *fast alle Tage* ‖ por ~
tageweise ‖ por él no pasan los ~ *an ihm geht die
Zeit spurlos vorbei* ‖ ¡buenos ~! *guten Tag!*
◇ alcanzar en ~ a alg. ⟨fam⟩ *jdn überleben* ‖
dar los ~ a alg. *jdm zum Geburts- od Namens|tag
Glück wünschen* ‖ dar los (buenos) ~ *guten
Morgen wünschen* (bzw *Tag, nach dem
Mittagessen:* buenas tardes) ‖ *(be)grüßen* ‖ no dar
ni los buenos ~ ⟨figf⟩ *ein Geizhals sein* ‖ no
darse lo buenos ~ *verfeindet sein* ‖ entrado en ~
betagt, alt, bejahrt ‖ tener ~ *bejahrt sein* ‖ ⟨fam⟩
launisch sein ‖ tener sus ~ ⟨figf⟩ *ihre Tage haben
(menstruieren)* ‖ tener los ~ contados ⟨fig⟩ *dem
Tode nahe sein* ‖ no lo vi en los ~ de mi vida
⟨fam⟩ *das habe ich mein Lebtag nicht gesehen* ‖
yendo ~ y viniendo ~ ⟨fam⟩ *mit der Zeit* ‖
inzwischen
  diabantita f ⟨Min⟩ *Diabantit* m
  diabasa f ⟨Geol⟩ *Diabas* m
  dia|betes (mellitus) f ⟨Med⟩ *Diabetes* m,
Zuckerkrankheit f ‖ **–bético** adj *diabetisch,
zuckerkrank* ‖ ~ m *Diabetiker, Zuckerkranke(r)* m
  diabeto m ⟨Phys⟩ *Tantalusbecher* m
  ¹diabla f *Teufelin* f ‖ (fam joc) *Teufelsweib* n ‖
◆ a la ~ ⟨fam⟩ *verteufelt, verteufelt schlecht,
hässlich, unordentlich*
  ²diabla f ⟨Th⟩ *Kulissenlicht* n
  ³diabla f ⟨Text⟩ *Reißwolf, Öffner* m
  dia|blear vi (fam) *Teufeleien treiben* ‖
schäkern, s. herum|tummeln, -balgen (Kinder) ‖
–blejo m dim von **diablo** ‖ *Teufelchen* n ‖ **–blería**
f *Teufelei* f, *Teufelsstreich* m ‖ **–blesa** f (fam)
Teufelsweib n ‖ **–blesco** adj *teuflisch, verteufelt* ‖
–blillo m von **diablo** ‖ *Teufelsmaske* f (& *Person*)
‖ *Teufelchen* n ‖ *Lausejunge* m, *Range* m (f) ‖
⟨figf⟩ *ungezogenes Kind* n ‖ ~ cartesiano ⟨Phys⟩
kartesianischer Taucher m ‖ **–blismo** m ⟨fig⟩
Bosheit, Arglist f ‖ **–blito** m dim von **¹diablo**
  diablitos mpl *Haarwickel* mpl
  ¹diablo m *Teufel, Satan* m ‖ ⟨fig⟩ *Teufelskerl,
boshafter Mensch* m ‖ ⟨fig⟩ *hässliche Person* f ‖
~ cojuelo ⟨Lit⟩ *hinkender Teufel* m ‖ ⟨fig⟩
Kobold, Schelm m ‖ ⟨fig⟩ *Störenfried* m
(scherzhaft) ‖ (el) ~ predicador ⟨fig⟩ *der Teufel
als Sittenprediger, der Wolf im Schafspelz* ‖
amargo como el ~ ⟨figf⟩ *gallenbitter* ‖ pobre ~
⟨figf⟩ *armer Teufel (od Schlucker)* m ‖ del ~, de
los ~s, de mil ~, de todos los ~ ⟨figf⟩ *verteufelt
(schwer usw.)* ‖ ¡~! ⟨fam⟩ *Donnerwetter!* ‖ ⟨fam⟩
nicht im Traum! ‖ ¡que ~! ⟨fam⟩ *das fehlte
gerade noch!* ‖ ¡al ~ con …! *zum Teufel mit …!*
  ◇ allí anda el ~ suelto ⟨figf⟩ *da ist der Teufel
los* ‖ el ~ las carga ⟨fig⟩ *der Teufel schläft nie* ‖

dar al ~ ⟨figf⟩ *zum Teufel schicken* ‖ *schroff
abfertigen* ‖ ése es el ~ ⟨fam⟩ *da liegt der Hase
im Pfeffer* ‖ no es tan feo el ~ como lo pintan
etwa: *der Schein trügt (in gutem Sinn)* ‖ no tiene
por donde el ~ lo coja *er ist ein Ausbund an
Schlechtigkeit, er ist der reinste Teufel* ‖ estar
dado al ~ ⟨figf⟩ *wütend, außer s. sein* ‖ el ~ que
lo entienda *das soll der Teufel verstehen* ‖
lanzarse como el ~ ⟨pop⟩ *wie Blücher rangehen* ‖
se lo llevó el ~ *der Teufel hat ihn geholt* ‖ el ~
se llevó el dinero ⟨fam⟩ *das Geld ist beim Teufel* ‖
mandar al ~ ⟨figf⟩ *zum Teufel schicken* ‖ el ~,
harto de carne, se metió (a) fraile *wenn der Teufel
alt wird, wird er fromm* ‖ donde el ~ perdió el
poncho ⟨Arg⟩ *wo s. die Füchse gute Nacht sagen*
‖ es el (mismísimo) ~ ⟨fam⟩ *er ist e–e (od die
reinste) Teufelsrange* ‖ es un ~ de hombre ⟨figf⟩
er ist ein Teufelskerl ‖ no temer a Dios ni al ~
⟨fig⟩ *vor nichts zurückschrecken* ‖ tener ~ ⟨figf⟩
sehr spitzfindig sein ‖ no valer un ~ ⟨figf⟩ *nichts
taugen* ‖ volar como un ~ ⟨figf⟩ *mit rasender
Schnelligkeit fliegen*
  ~s mpl: allí hay una de todos los ~ *da ist ja
der Teufel los!* ‖ darse a todos los ~ *außer s. sein*
‖ *wild schimpfen* ‖ ¡(con) mil ~! *der Teufel soll
es holen!* ‖ ¡qué ~! *zum Henker! zum Teufel noch
mal!* ‖ ¿qué ~? *was zum Teufel?* ‖ ¿qué ~ va a
hacer? *was zum Teufel wird er (sie, es) tun?* ‖
¿cómo ~ lo ha conseguido? *wie hat er (sie, es)
das nur fertiggebracht?*
  ²diablo m ⟨Text⟩ *Reißwolf, Öffner* m ‖ Am
Nagelzieher m ‖ Chi *Ochsenwagen* m *(für
Langholz)*
  dia|blura f *Teufelei* f, *Teufelsstreich* m ‖
Kinderstreich m ‖ *Bosheit, Ungezogenheit* f ‖
Mutwille m ‖ ◇ hacer ~s → **diablear** ‖ **–bólico**
adj *teuflisch* ‖ *satanisch* ‖ ⟨fig⟩ *ver|trackt, -teufelt
(schwer)*
  diábolo m *Diabolo(spiel)* n
  diacitrón m *Zitronat* n
  diaclasa f ⟨Geol⟩ *Diaklase* f
  diacodión m ⟨Med⟩ *Mohnsaft* m
  diaco|nal adj *(m/f) Diakonats-* ‖ **–nato, –nado**
m *Diakonat* n ‖ **–nía** f *Diakonat* n ‖ ⟨Prot⟩
Diakonie f ‖ ⟨Hist⟩ *Diakonatsbezirk* m ‖ **–nisa** f
Diakonissin f
  diácono m ⟨Kath⟩ *Diakon(us)* m *(Weihegrad)*
  diacrítico adj *unterscheidend* ‖ *diakritisch*
  dia|cronía f *Diachronie* f ‖ **–crónico** adj
diachronisch, geschichtlich
  diacústica f *Diakustik* f
  ¡diacho! Chi → **¡diantre!**
  diadelfo adj ⟨Bot⟩ *diadelph*
  diadema f *Diadem* n, *Krone* f ‖ *Königswürde* f
‖ *Heiligenschein* m, *Strahlenkrone* f ‖ *Ehrenkranz*
m ‖ *Diadem, Stirnband* n, *Kopfbinde* f
(Frauenschmuck)
  diado adj *anberaumt (Tag)*
  diadoco m ⟨Hist⟩ *griechischer Erbprinz* m ‖
Nachfolger m *Alexanders des Großen* ‖ *Diadoche*
m (& *fig*)
  diafanidad f *Durchsichtigkeit* f ‖
Lichtdurchlässigkeit f ‖ *Diaphanität* f ‖ ⟨fig⟩
Offenherzigkeit f ‖ *Klarheit, Helle* f
  diáfano adj *durchscheinend* ‖ *durchlässig* ‖
durchsichtig ‖ *diaphan* ‖ ⟨fig⟩ *offen(herzig)* ‖ *klar,
hell*
  diafanosco|pia f ⟨Med⟩ *Durchleuchtung,
Diaphanoskopie* f ‖ **–pio** m *Diaphanoskop* n
  diáfisis f ⟨An⟩ *Diaphyse* f
  diafónica f ⟨Tel⟩ *Neben-, Über|sprechen* n ‖
⟨Mus Hist⟩ *Diaphonie* f, *Missklang* m
  diafo|resis f ⟨Med⟩ *Schwitzen* n, *Diaphorese* f ‖
–rético adj *schweißtreibend, diaphoretisch* ‖ ~ m
schweißtreibendes Mittel, Diaphoretikum n

diafrag|ma *m* ⟨An⟩ *Zwerchfell* n ‖ ⟨Tech⟩ *Scheide-, Zwischen|wand* f ‖ ⟨An⟩ *Knorpelwand* f ‖ ⟨An⟩ *Trommelfell* n ‖ ⟨Phys El Chem⟩ *Diaphragma* n, *poröse Scheidewand* f *in e–m Element, Membran* f ‖ *Schalldose* f *(Lautsprecher usw.)* ‖ ⟨Fot⟩ *Blende* f ‖ ~ *giratorio* ⟨Fot⟩ *Dreh-, Revolver|blende* f ‖ ~ *intercambiable* ⟨Opt⟩ *Einsatzblende* f ‖ ~ *iris Irisblende* f ‖ **–mar** vt/i ⟨Fot⟩ *(ab)blenden*
diagénesis *f* ⟨Geol⟩ *Diagenese* f
dia|gnosis *f* ⟨Med⟩ *Diagnose* f ‖ *Diagnostik* f ‖ ⟨Bot⟩ *zusammenfassende (Pflanzen)Beschreibung* bzw *-Bestimmung* f ‖ **–gnosticador** *m* ⟨Med⟩ *Diagnostiker* m (& fig) ‖ **–gnosticar** [c/qu] vt *diagnostizieren* ‖ **–gnóstico** adj *charakteristisch (Merkmal)* ‖ ⟨Med⟩ *diagnostisch* ‖ ~ *m Diagnostik* f ‖ *Diagnose* f (& fig) ‖ *Befund* m ‖ ~ *diferencial Differentialdiagnose* f ‖ ~ *erróneo Fehldiagnose* f ‖ ~ *precoz Frühdiagnose* f ‖ ~ *prenatal pränatale* od *vorgeburtliche Diagnose* f ‖ ~ *topográfico Lokaldiagnose* f ‖ ~ *ultrasónico Ultraschalldiagnose* f
Diago *m* np *(fam)* → **Santiago**
diagonal adj *(m/f) schräg (laufend), quer (laufend)* ‖ ⟨Math⟩ *diagonal* ‖ *schräg verlaufend (Straße)* ‖ ~ *f* ⟨Math⟩ *Diagonale, Schräglinie* f ‖ ⟨Text⟩ *Diagonal* m *(schräg gestreifter Stoff)* ‖ ◇ *leer en* ~ *diagonal lesen* ‖ **~mente** adv *schräg, quer*
diágrafo *m Diagraph* m *(Zeichengerät)*
¹diagrama *m Diagramm, Schaubild* n, *Abriss, Entwurf* m, *Schema* n, *Skizze* f ‖ *grafische Darstellung* f ‖ *Kennlinie* f ‖ ~ *cardioide* ⟨Radio⟩ *Kardioidenkennlinie* f ‖ ~ *de carga Belastungsdiagramm* n ‖ ~ *de las velocidades Geschwindigkeitstabelle* f ‖ ~ *de conexiones Schalt|bild* n, *-plan* m ‖ ~ *de constitución* ⟨Met⟩ *Zustandsdiagramm* n ‖ ~ *de solidificación* ⟨Met⟩ *Erstarrungsdiagramm* n
²diagrama *m Drudenfuß* m
diagramático adj *Diagramm-*
¡diájule! *(pop)* Ast *Donnerwetter!*
¹dial adj *(m/f)* *(poet)* *zu Jupiter gehörig*
²dial *m* ⟨Radio⟩ *Stationsskala* f ‖ ⟨Tel⟩ *Nummernscheibe* f ‖ *Tagebuch* n
dia|lectal adj *(m/f) dialektal, mundartlich* ‖ *Dialekt-* ‖ **–léctica** *f Dialektik* f ‖ *Logik* f ‖ **dialéctico** adj *dialektisch* ‖ *folgerichtig, logisch* ‖ ~ *m Dialektiker* m
dialec|to *m Mundart* f, *Dialekt* m ‖ **–tología** *f Dialektologie, Mundartenkunde, Lehre* f *von den Mundarten* ‖ **–tólogo** *m Dialektologe* m
diali|pétales *fpl* ⟨Bot⟩ *Dialypetalen* fpl ‖ **–pétalo** adj ⟨Bot⟩ *zweiblumenblätt(e)rig*
diálisis *f* ⟨Chem⟩ *Dialyse* f ‖ ⟨Med⟩ *(Hämo)Dialyse, Blutwäsche* f
dia|lítico adj ⟨Chem⟩ *dialytisch, auflösend* ‖ **–lizador** *m Dialysator* m ‖ **–lizar** [z/c] vt ⟨Chem⟩ *dialysieren* ‖ ⟨Med⟩ *e–e Hämodialyse* od *Blutwäsche durchführen*
dialo|gal adj *(m/f) dialogisch* ‖ *Dialog-* ‖ **–gar** [g/gu] vi *miteinander sprechen, ein Zwiegespräch führen* ‖ vt *in Gesprächsform abfassen* ‖ **–gismo** *m* ⟨Lit⟩ *Darstellung* f *in Dialogform, Dialogismus* m ‖ **–gístico** adj *dialogisch, Dialog-* ‖ *in Dialogform geschrieben* bzw *dargestellt* ‖ **–gizar** [z/c] vi → **–gar**
diálogo *m (Zwie)Gespräch* n ‖ *Dialog* m ‖ *(Wechsel)Gespräch* n ‖ ⟨Mus⟩ *Dialog* m ‖ ◇ *es un* ~ *entre sordos sie reden aneinander vorbei*
dialoguista *m/f* ⟨Lit⟩ *Verfasser(in* f*) von Dialogen* ‖ ⟨Film⟩ *Dialog|autor(in* f*), -bearbeiter(in* f*), Dialogist(in* f*)* m ‖ *Dialogregisseur(in* f*)* m
diamagnetismo *m Diamagnetismus* m

diaman|tado adj *diamantartig* ‖ **–tar** vt *Diamantglanz geben (dat)*
¹diamante *m Diamant,* ⟨poet⟩ *Demant* m ‖ ⟨Typ⟩ *Brillant* f *(3-Punkt-Schrift)* ‖ ⟨fig⟩ *Härte, Festigkeit* f ‖ ~ *brillante Brillant* m ‖ ~ *(de vidriero) (Glaser)Diamant* m ‖ ~ *para la industria Industriediamant* m ‖ ~ *para pruebas de dureza Härteprüfdiamant* m ‖ ~ *de vidriero Glaserdiamant* m ‖ ◇ *abrillantar (labrar, montar) un* ~ *e–n Diamanten facettieren (schleifen, fassen)*
²diamante *m Diamantwein* m *(ein span. Weißwein)*
diaman|tear vi *wie ein Diamant schimmern* ‖ **–tífero** adj *diamantenhaltig* ‖ *Diamanten-* ‖ **–tina** *der Hauptplatz der Diamantenregion (Mato Grosso) in Brasilien* ‖ **–tino** adj *diamanten* ‖ ⟨fig⟩ *steinhart, ehern* ‖ ⟨fig⟩ *unerschütterlich* ‖ ⟨fig⟩ *unbeugsam* ‖ **–tista** *m/f Diamantenarbeiter(in* f*)* m ‖ *Diamantenschleifer(in* f*)* m ‖ *Diamantenhändler(in* f*)* m
diametral adj *(m/f) diametral* ‖ *entgegengesetzt* ‖ **~mente** adv *von e–m Ende zum anderen* ‖ ~ *opuesto grundverschieden* ‖ *absolut entgegengesetzt*
diámetro *m Durchmesser* m ‖ ~ *del cañón* ⟨Mil⟩ *Rohrweite* f ‖ ~ *del círculo de viraje* ⟨Aut⟩ *Wendekreisdurchmesser* m ‖ ~ *interior lichter Durchmesser* m, *lichte Weite* f ‖ ~ *útil Austrittsdurchmesser* m *(Scheinwerfer)*
¹diana *m* ⟨Zool⟩ *Diana-Meerkatze* f, *Perlaffe* m *(Cercopithecus diana)*
²diana *f* ⟨Mil⟩ *Wecken* n ‖ ◇ *tocar a* ~ *zum Wecken blasen*
³diana *f (das Schwarze) der Zielscheibe* f ‖ ◇ *dar en la* ~, *hacer* ~ *ins Schwarze treffen* (& fig)
Diana *f* ⟨Myth⟩ *Diana* f ‖ ⟨poet⟩ *Mond* m
dianche *m* ⟨fam⟩ *Teufel* m
dianense adj *(m/f) aus Denia* (P Ali) ‖ *auf Denia bezüglich*
¡diango! int Cu *zum Teufel!*
diantre *m* ⟨fam⟩ *Teufel* m ‖ ¡~! ⟨fam⟩ *potztausend!*
diaño, ~e *m* Ast Gal → **diablo**
diapasón *m* ⟨Mus⟩ *Stimmgabel* f ‖ *Stimmpfeife* f ‖ *Griffbrett* n *(Geigen usw.)* ‖ *Umfang* m, *Register* m ‖ ~ *normal Normalstimmgabel* f ‖ ⟨Mus⟩ *Kammerton, Diapason* m ‖ ~ *resonador Stimmgabel* f *mit Schallkasten* ‖ ◇ *bajar el* ~ ⟨figf⟩ *leiser sprechen* ‖ *fallar el* ~, *perder el* ~ ⟨figf⟩ *s. im Ton vergreifen, aus der Rolle fallen* ‖ *subir el* ~ ⟨figf⟩ *lauter sprechen*
diapédesis *f* ⟨Zool Med⟩ *Diapedese* f
diapente *m* ⟨Mus⟩ *Quint(e)* f
diapositiva *f*/adj ⟨Fot⟩ *Diapositiv,* Kurzform: *Dia* n
diaprea *f* ⟨Bot⟩ *(kleine, runde, süße) Pflaumenart* f
diaquilón *m* ⟨Pharm⟩ *Schleim-, Saft|pflaster* n
△ **diar** [pres –ío] *blicken, schauen* ‖ *sehen*
dia|rero *m* Arg *Zeitungsverkäufer* m ‖ **–riamente** adv *täglich, jeden Tag* ‖ **–riero** *m* Chi *Zeitungshändler* m ‖ **–rio** adj *täglich* ‖ *Tages-* ‖ ◆ *a* ~ *täglich* ‖ *(libro)* ~ ⟨Com⟩ *Journal, Tagebuch* n, *Kladde* f ‖ ~ *m Tagebuch* n ‖ *(Tages)Zeitung* f ‖ *Tag(e)blatt* n ‖ *Tagesaufwand* m, *-kosten* pl ‖ ~ *de anuncios Anzeigenblatt* n, *Anzeiger* m ‖ ~ *de gran circulación sehr verbreitete* od *auflagenstarke Zeitung* f ‖ ~ *filmado Fernsehnachrichten* fpl ‖ ~ *hablado (Rundfunk)Nachrichten* fpl ‖ ~ *de la mañana,* ~ *matutino Morgenblatt* n ‖ ~ *de navegación* ⟨Mar⟩ *Schiffstagebuch* n ‖ ~ *de la noche Abendblatt* n ‖ ~ *oficial Amtsblatt* n, *Staatsanzeiger* m ‖ ~ *de la tarde Nachmittagsblatt* n ‖ ~ *televisado*

Fernsehnachrichten fpl ‖ ~ *vespertino Abendblatt*
n ‖ ◆ de ~ *Alltags-* ‖ para ~ *zum täglichen*
Gebrauch ‖ **–rismo** *m Am Journalistik,*
Publizistik, Zeitungswissenschaft f ‖ **–rista** *m/f*
Am Journalist(in f) m ‖ *Zeitungsverleger(in* f) m
  diarquía *f* ⟨Pol⟩ *Biarchie* f
  dia|rrea *f* ⟨Med⟩ *Diarrhö(e)* f, *Durchfall* m ‖
  –rreico adj *durchfallartig, diarrhöisch, Durchfall-*
  diartrosis *f* ⟨An⟩ *Diarthrosis* f ‖ ⟨Med⟩
Arthrose f
  diascopio *m Diaprojektor* m, *Diaskop* n
  diáspora *f* ⟨Rel⟩ *Diaspora* f
  diasque *m Am Teufel* m
  diastasa *f* ⟨Chem⟩ *α-1,4-Glukanase, Amylase* f
  dias|tasis *f* ⟨Med⟩ *Diastase,*
Auseinanderweichen n *von Knochen* od *Muskeln* ‖
–tático adj *diastatisch*
  diástole *f* ⟨Physiol⟩ *Diastole* f
  diastrofia *f* ⟨Med⟩ *Verrenkung* f ‖ *Verzerrung* f
  dia|térmano adj ⟨Phys⟩ *diatherman* ‖ **–termia**
f ⟨Phys Med⟩ *Diathermie* f ‖ **–térmico** adj
diathermisch, Diathermie-
  diaterarón *m* ⟨Mus⟩ *Quart* f
  diátesis *f* ⟨Med⟩ *Diathese* f
  diato|máceas, -meas *fpl* ⟨Bot⟩ *Kieselalgen* fpl
(Diatomeae)
  diatómico adj ⟨Chem⟩ *zweiatomig*
  diatóni|ca *f* ⟨Mus⟩ *Diatonik* f ‖ **–co** adj
diatonisch
  diatriba *f kritische Streitschrift* f ‖
Schmähschrift f ‖ *Schmährede* f ‖
leidenschaftliche Kritik, Invektive f ‖ *Diatribe* f
  diávolo *m* →* **diábolo**
  Diaz *m* np ⟨fam⟩ →* **Diego**
  diazotipia *f* ⟨Typ⟩ *Diazotypie* f
  dibidibí *m* Cu →* **dividivi**
  dibu|jante, –jador *m (Feder)Zeichner* m ‖
Maler m ‖ *Entwerfer* m ‖ ~ *de artes gráficas*
Grafiker m ‖ ~ *de carteles Plakatgestalter* m ‖ ~
de figurines od *de modas Mode|designer,*
-zeichner m ‖ ~ *de productos industriales y*
comerciales Gebrauchsgrafiker m ‖ ~ *publicitario*
Werbegrafiker m ‖ **–jar** vt *zeichnen* ‖ *malen* ‖
⟨fig⟩ *schildern* ‖ *~se sichtbar werden, s–n*
abzeichnen (en an *dat)* ‖ *(allmählich) hervortreten*
‖ ◇ *una sonrisa se dibujó en sus labios auf s–n*
Lippen erschien ein Lächeln ‖ **–jo** *m Zeichnen* n ‖
Zeichenkunst f ‖ *Zeichnung* f ‖ *(Um)Riss, Entwurf*
m ‖ *Skizze* f ‖ *Gewebemuster* n ‖ *Dessin, Muster* n
(e–s Stoffs) ‖ ⟨Text⟩ *Wechsel* m ‖ ⟨fig⟩
Schilderung f ‖ ~ *a la aguada Gouachezeichnung*
f ‖ ~ *de* od *al carbón Kohlezeichnung* f ‖ ~ *al*
difumino gewischte Zeichnung f ‖ ~ *esgrafiado*
schraffierte Zeichnung f ‖ ~ *geométrico* ⟨Math⟩
Riss m ‖ ~ *inciso Ritzzeichnung* f ‖ ~ *industrial*
technisches Zeichnen n ‖ ~ *de* od *a lápiz*
Bleistiftzeichnung f ‖ *Kreide-, Ton|zeichnung* f ‖
~ *(al) lavado Gouachezeichnung* f ‖ ~ *lineal*
Darstellung f *mittels Linien* ‖ *Linearzeichnung* f ‖
⟨Math⟩ *Riss* m ‖ ~ *a mano Handzeichnung* f ‖ ~
del od *al natural Zeichnung* f *nach der Natur* ‖ ~
obsceno obszöne Zeichnung f ‖ ~ *de pastel*
Pastellzeichnung f ‖ ~ *en perspectiva*
perspektivische Zeichnung f ‖ ~ *de* od *a pluma*
Federzeichnung f ‖ ~ *publicitario*
Werbezeichnung f ‖ ~ *a pulso Handzeichnung* f ‖
~ *robot Phantomzeichnung* f ‖ ~ *de* od *a la*
sanguina Rötelzeichnung f ‖ ~ *sombreado* →* ~
al difumino ‖ ~ *a tinta china Tuschzeichnung* f ‖
~ *al trazo Strichzeichnung* f ‖ **~s** *mpl:* ~
animados Zeichentrickfilm m ‖ ◆ *con* ~
gemustert (Stoff) ‖ *sin* ~ *uni(farben) (Stoff)* ‖ ◇
meterse en ~ ⟨figf⟩ *s. in fremde Angelegenheiten*
einmischen ‖ *no pararse en* ~ ⟨figf⟩ *großzügig*
sein

  dicacidad *f Scharfzüngigkeit, Bissigkeit,*
beißende Schärfe f (bes. fig)
  △ **dicar** [c/qu] *sehen*
  △ **dicavisar** vi *(auf)lauern*
  dicaz [*pl* ~ces] adj *spöttisch* ‖ *scharfzüngig,*
bissig
  dic.ᵇʳᵉ ⟨Abk⟩ = **diciembre**
  Dicc. ⟨Abk⟩ = **Diccionario**
  dicción *f Wort* n ‖ *Rede-, Sprech|weise,*
Diktion, Aussprache f ‖ *Redensart* f ‖ *una buena*
~ *ein guter Vortrag* m
  dicciona|rio *m Wörterbuch, Lexikon* n ‖
Satzlexikon n ‖ ~ *de la* (Real) *Academia*
(Española) ~ *amtliches Wörterbuch der*
Spanischen Akademie (21. Auflage 1992) ‖ ~
alemán-español deutsch-spanisches Wörterbuch n
‖ ~ *analógico* →* ~ *de ideas* ‖ ~ *de bolsillo*
Taschenwörterbuch n ‖ ~ *clásico*
Schulwörterbuch n ‖ ~ *dialectal*
Dialektwörterbuch n ‖ ~ *enciclopédico*
Enzyklopädie f, *Lexikon, Konversationslexikon* n ‖
~ *español-alemán spanisch-deutsches Wörterbuch*
n ‖ ~ *especial Fachwörterbuch* n ‖ ~ *de estilo*
Stilwörterbuch n ‖ ~ *etimológico etymologisches*
Wörterbuch n ‖ ~ *fraseológico Satzlexikon* n ‖ ~
de ideas, ~ *ideológico Begriffswörterbuch,*
Wörterbuch n *nach Sachgruppen* ‖ ~ *inverso*
rückläufiges Wörterbuch n ‖ ~ *manual*
Hand|wörterbuch, -lexikon n ‖ ~ *de modismos*
phraseologisches Wörterbuch n ‖ ~ *de música*
Musiklexikon n ‖ ~ *de (las) palabras* →* ~ *de voces*
extranjeras ‖ ~ *pictórico Bildwörterbuch* n ‖ ~ *de*
pronunciación Aussprachewörterbuch n ‖ ~ *de*
refranes Sprichwörterlexikon n ‖ ~ *de rimas*
Reimwörterbuch n ‖ ~ *de sinónimos*
Synonymenlexikon n ‖ ~ *taquigráfico*
stenografisches Wörterbuch n ‖ ~ *técnico*
technisches Wörterbuch n ‖ *Fachwörterbuch* n ‖
~ *terminológico terminologisches Wörterbuch* n ‖
~ *trilingüe dreisprachiges Wörterbuch* n ‖ ~ *al*
uso escolar Schulwörterbuch n ‖ ~ *de valencias*
Valenzwörterbuch n ‖ ~ *de voces extranjeras*
Fremdwörterbuch n ‖ ◇ *consultar el* ~ *im*
Wörterbuch nachschlagen ‖ **–rista** *m/f* →*
lexicógrafo
  dicbre ⟨Abk⟩ = **diciembre**
  dicentra *f* ⟨Bot⟩ *Tränendes Herz* (Dicentra
spectabilis)
  díceres *mpl Am Gerüchte* npl
  dicha *f Glück* n ‖ *Glückseligkeit* f ‖ ~ *terrenal*
Erdenglück n ‖ ◆ *por* ~ *glücklicherweise* ‖
zufälligerweise, etwa, vielleicht ‖ ◇ *¡qué* ~ *que*
no hayan llegado! welches Glück, dass sie nicht
da sind! ‖ *nunca es tarde, si la* ~ *es buena* ⟨Spr⟩
besser spät als nie
  dichara|chero *m/adj* ⟨fam⟩ *Zotenreißer* m ‖
Witzbold m ‖ **–cho** *m* ⟨fam⟩ *grober Ausdruck* m,
Zote f
  dichero adj And *witzig, schlagfertig* ‖ ~ *m*
Witzbold m
  dicho pp/irr von **decir** ‖ *besagt, genannt* ‖ ~*a*
casa die genannte Firma ‖ *el arriba* ~ *der*
Obenerwähnte ‖ ~ *y hecho gesagt, getan* ‖ ~ *sea*
de paso nebenbei bemerkt ‖ ◇ *dejar* ~ *mündlich*
hinterlassen ‖ *lo que él sufrió, no es para* ~ *er*
hat unsäglich viel gelitten ‖ *lo* ~ *das Gesagte,*
das Erwähnte ‖ *¡lo* ~*! ich habe es gesagt!* ‖
vergessen Sie es nicht! ‖ *¡lo* ~, ~*! es bleibt*
dabei! wie gesagt! alles klar! ‖ ~ *versprochen ist*
versprochen ‖ *ich stehe zu m–m Wort!* ‖ *¡esta* ~*!*
es bleibt dabei! ‖ *das braucht nicht wiederholt zu*
werden! ‖ *¡haberlo* ~ (antes)! *hätten Sie das nur*
vorher gesagt! ‖ *¡téngaselo usted por* ~*! lassen*
Sie sich's gesagt sein! ‖ *no es para* ~ *das ist*
unbeschreiblich od *unsäglich* ‖ ~ *m Ausdruck* m ‖

Redensart f ‖ *Sinn-, Denk|spruch* m, *Sentenz* f ‖
Witzwort n ‖ *Eheversprechen, Jawort* n ‖
(Zeugen)Aussage f ‖ *förmliche Verlobung* f *(vor
der geistlichen Behörde)* ‖ ~ *agudo Witzwort* n ‖
witziger Einfall m ‖ *Denkspruch* m ‖ ~ *gordo*
⟨fam⟩ *Zote* f ‖ ~ *sin sustancia,* ~ *trivial
einfältiges Wort* n ‖ *hohles, leeres Wort* n ‖
nichtssagende Äußerung f ‖ ◇ es un ~ *das ist
nicht ernst gemeint* ‖ del ~ al hecho hay gran
trecho ⟨Spr⟩ *Versprechen und Halten ist zweierlei*
‖ tomarse los ~s Südspan *die Verlobung (vor der
Behörde) vollziehen* ‖ ~s mpl ⟨Th⟩ *die Vorigen
(Bühnenanweisung)*
di|chón adj RPl → dicaz ‖ ~ f Bol ⟨joc⟩
Nachttopf m ‖ *Spucknapf* m
dicho|samente adv *glücklich(erweise)* ‖ **–so** adj
glück|lich, -selig ‖ ⟨fam⟩ *ver|flucht, -dammt* ‖ ~a
soledad *glückliche Einsamkeit* f ‖ ¡~ regalo!
verflixtes Geschenk! ‖ ¡~s los ojos que le ven!
⟨fam⟩ *wie freue ich mich, Sie zu sehen!*
△ **dichosos** *mpl Frauenschuhe* mpl
diciembre *m Dezember* m
di|clorodifeniltricloroetano (DDT) *m* ⟨Chem⟩
Dichlordiphenyldichloräthan n *(DDT)* ‖ **–cloruro**
m Dichlorid n ‖ ~ de etileno *Äthylenchlorid,
Dichloräthylen* n
dicolor adj *zweifarbig*
dicotile|dóneas *fpl* ⟨Bot⟩ *Zweikeimblätt(e)rige*
pl, *Netzblätter* npl (Dicotyledoneae) ‖ **–dóneo** adj
⟨Bot⟩ *zweikeimblätt(e)rig*
dico|tomía *f* ⟨Bot Philos Astr⟩ *Dichotomie* f ‖
–tómico adj *dichotom(isch)*
dicroísmo *m Dichroismus m (bei Kristallen)*
dicromático adj *zweifarbig, dichromatisch*
dicta|do *m (Ehren)Titel* m ‖ *Diktat, Diktieren* n
‖ ⟨fig⟩ *Diktat* n ‖ el ~ de Versalles ⟨Hist⟩ *das
Diktat von Versailles (1919)* ‖ ◇ escribir al ~
nach Diktat schreiben ‖ ~s mpl ⟨fig⟩ *Eingebung,
Stimme* f *des Gewissens* ‖ **–dor** *m Diktator* m ‖
unumschränkter Machthaber m ‖ ⟨figf⟩
despotischer Mensch m ‖ **–dura** *f Diktatur* f ‖
unumschränkte Macht f ‖ Span ⟨Hist⟩ *Diktatur* f
*unter Primo de Rivera (1923–1929) (meist nicht
abwertend)*
dictáfono *m Diktiergerät, Diktaphon* m
dicta|men *m Meinung* f, *Gutachten* n ‖ *Ansicht*
f ‖ *Urteil* n ‖ *Begutachtung* f ‖ *Vorschrift* f ‖
Eingebung f, *innerer Trieb* m ‖ ~ *arbitral
Schiedsgutachten* n ‖ ~ *facultativo ärztliches
Gutachten* n ‖ ~ *heredo-biológico erbbiologisches
Gutachten* n ‖ ~ *pericial
Sachverständigengutachten* n ‖ ◇ dar su ~ sobre
algo *über et. sein Gutachten abgeben* ‖ emitir un
~ favorable *s. günstig äußern* ‖ **–minar** vt/i *ein
Gutachten abgeben* ‖ e–n *Bericht erstatten* ‖ ~
sobre *od* acerca de algo *et. begutachten, ein
Gutachten erstellen über et.*
díctamo *m (blanco)* ⟨Bot⟩ *Diptam* m,
Eschenwurz f (Dictamnus albus)
dictar vt/i *diktieren* ‖ *befehlen, vorschreiben* ‖
erlassen (Gesetze usw.) ‖ *halten (Vortrag)* ‖ ⟨fig⟩
eingehen, mahnen ‖ ◇ ~ el fallo *od* la sentencia
das Urteil fällen ‖ el amor me lo dicta *die Liebe
gebietet es mir* ‖ haré lo que me dicte la
conciencia *ich werde nach m–m Gewissen
handeln*
dictato|rial adj *(m/f) diktatorisch* ‖ ⟨fig⟩
gebieterisch ‖ **–rio** adj *auf den Diktator bezüglich*
dicterio *m Lästerung, Schmähung* f
didácti|ca *f Unterrichtslehre, Lehrkunst,
Didaktik* f ‖ **–co** adj *didaktisch, belehrend,
unterrichtskundlich, Lehr-* ‖ ~-moral *didaktisch-
moralisch* ‖ ~-religioso *didaktisch-religiös*
didelfos mpl ⟨Zool⟩ *Beutelratten* fpl
(Didelphyidae)

didímeo adj ⟨Myth⟩ *auf Apoll bezüglich*
didimitis *f* ⟨Med⟩ *Hodenentzündung* f
dídimo adj ⟨Bot⟩ *paarig* ‖ ~ *m* ⟨An⟩ *Hoden* m
diecinue|ve num *neunzehn* ‖ *neunzehnte(r)* ‖
Juan ~ *Johannes XIX.* ‖ ~ *m Neunzehn* f ‖ ~ de
agosto *19. August* ‖ ◆ a las ~ *um 19 Uhr* ‖
–veavo adj *neunzehntel* ‖ ~ *m Neunzehntel* n
dieci|ochavo adj *achtzehntel* ‖ ~ *m Achtzehntel*
n ‖ ⟨Typ⟩ *Oktodez(format)* n ‖ **–ocheno** *m
Achtzehner* m ‖ ~ adj ⟨Text⟩ *1800fädig (Kette)* ‖
–ochesco adj *auf das 18. Jh. bezüglich* ‖
–ochismo *m Eigenart* f *(Sitten, Mode usw.) des
18. Jhs.* ‖ **–ochista** adj *(m/f) zum 18. Jh. gehörig*
dieciocho num *achtzehn* ‖ *achtzehnte(r)* ‖
Juan ~ *Johannes XVIII.* ‖ ~ *m Achtzehn* f ‖
~ de agosto *18. August* ‖ ◆ a las ~
um 18 Uhr
dieci|séis num *sechzehn* ‖ *sechzehnte(r)* ‖
Juan ~ *Johannes XVI.* ‖ ~ *m Sechzehn* f ‖ ~ de
agosto *16. August* ‖ ◆ a las ~ *um 16 Uhr* ‖
–seisavo adj *sechzehntel* ‖ ~ *m Sechzehntel* n ‖
–seiseno adj/s *(der) sechzehnte* ⟨Text⟩ *1600fädig
(Kette)*
dieci|siete num *siebzehn* ‖ *siebzehnte(r)* ‖ Juan
~ *Johannes XVII.* ‖ ~ *m Siebzehn* f ‖ ~ de
agosto *17. August* ‖ ◆ a las ~ *um 17 Uhr* ‖
–sieteavo adj *siebzehntel* ‖ ~ *m Siebzehntel* n
diedro *m* ⟨Math⟩ *Dieder* n, *Zweiflächner* m
dieffenbachia *f* → **difenbaquia**
Die|go *m np Diego* m ‖ ◇ hacer el Don ~
⟨fam⟩ *den Unwissenden spielen* ‖ → auch
dondiego = **guino** *m Barfüßermönch* m *des San-
Diego-Ordens* ‖ **–guito** *m* dim von **Diego**
dieléctrico adj *dielektrisch* ‖ ~ *m Dielektrikum*
n
¹diente *m Zahn* m ‖ *Zacken, Einschnitt* m ‖
Zinke f ‖ *Scharte* f ‖ ⟨Geogr⟩ *Zacke* f ‖ ~ de
ancla (Mar) *Anker|schar* f, *-flügel* m ‖ ~ *angular*
→ ~ canino ‖ ~ *caduco Milchzahn* m ‖ ~ canino
Eck-, Augen|zahn m ‖ ~ cariado *kariöser od*
⟨fam⟩ *fauler od hohler Zahn* m ‖ ~ del
disparador *Abzugsstollen* m *(Gewehr)* ‖ ~
incisivo *Schneidezahn* m ‖ ~ inferior *unterer
Zahn* m ‖ ~ del juicio ⟨fam⟩ *Weisheitszahn* m ‖ ~
de leche, ~ mamón *Milchzahn* m ‖ ~ molar
Back(en)zahn m ‖ ~ postizo *falscher,
eingesetzter, künstlicher Zahn* m ‖ ~ de
quitaipón (& quita y pon) *abnehmbarer
künstlicher Zahn* m ‖ ~ de rastrillo *Eggen|zahn*
m, *-zinke* f ‖ ~ de rueda *Radzahn* m ‖ ~ de sierra
Zahn m e–r *Säge* ‖ ~ superior *oberer Zahn* m ‖
~ venenoso *Giftzahn* m *(der Schlangen)* ‖ ◇
cortar en forma de ~ *mit Zahneinschnitten
versehen* ‖ dar ~ con ~ ⟨figf⟩ *mit den Zähnen
klappern* ‖ ⟨fig⟩ *zittern (vor Angst)* ‖ estar a ~ *od*
~s ⟨fam⟩ *sehr hungrig sein* ‖ hincar *od* echar el
~ *beißen* ‖ ⟨figf⟩ *anbeißen* ‖ ⟨figf⟩ *Schmu machen*
‖ ⟨figf⟩ *verleumden* ‖ meter el ~ a a/c ⟨figf⟩ *s.
an et. wagen* ‖ pelar el ~ Mex ⟨figf⟩ *kokett
lächeln* ‖ tener buen ~ ⟨figf⟩ *ein tüchtiger Esser
sein* ‖ no tener para (untar) un ~ ⟨figf⟩ *nichts zu
nagen und zu beißen haben*

~s mpl *Fang-, Stoß|zähne, Hauer* mpl ‖ *Zähne*
mpl, *Gebiss* n ⟨Tech⟩ *Zähne* mpl ‖ ~ anteriores
Vorderzähne mpl ‖ ~ de embustero ⟨fam⟩ *weit
auseinander stehende Zähne* mpl ‖ ~ de nácar
perlweiße Zähne mpl ‖ ~ permanentes *
bleibendes Gebiss* n ‖ ~ ralos *auseinander
stehende Zähne* mpl ‖ ~ saltones *hervorstehende
Zähne* mpl ‖ ◆ a regaña ~ *zähneknirschend,
widerwillig, gezwungen* ‖ ◇ aguzar los ~ ⟨figf⟩
den Schnabel wetzen ‖ alargársele a uno los ~
⟨figf⟩ *et. gierig begehren,* ⟨fam⟩ *et. schrecklich
gern haben (wollen)* ‖ ⟨figf⟩ *großen Appetit
bekommen* ‖ armado hasta los ~ ⟨figf⟩ *bis an die*

Zähne bewaffnet ‖ crujirle a uno los ~ ⟨figf⟩ →
rechinarle a uno los ~ ‖ enseñar (los) ~ ⟨figf⟩
die Zähne zeigen ‖ decir a/c entre ~ → hablar
entre ~ ‖ echar (los) ~ *Zähne bekommen, zahnen*
‖ ⟨fig⟩ *wütend sein* ‖ eso no me entra de los ~
adentro ⟨figf⟩ *dazu habe ich k–e Lust, das geht
mir gegen den Strich* ‖ hablar entre ~ ⟨figf⟩ *in
den Bart brummen, brabbeln* (*vor s. hin*)
murmeln ‖ mostrar los ~ *die Zähne zeigen* ‖
poner a uno los ~ largos ⟨figf⟩ *jdm den Mund
wäss(e)rig machen* ‖ ponérsele a uno los ~ largos
⟨figf⟩ *Stumpfheit in den Zähnen empfinden* ‖
rechinarle a uno los ~ ⟨figf⟩ *mit den Zähnen
knirschen* ‖ ⟨figf⟩ *großen Verdruss od Kummer
haben* ‖ romperse los ~ con algo *s. die Zähne
ausbeißen an et.* (dat) ‖ tener od traer a uno entre
~ ⟨figf⟩ *e–n Pik auf jdn haben* ‖ ◆ de ~ afuera
⟨fig⟩ *heuchlerisch, unaufrichtig* ‖ primero son mis
~ que mis parientes ⟨Spr⟩ *das Hemd ist mir
näher als der Rock*
    ²diente *m* ⟨Bot⟩: ~ de ajo *Knoblauchzehe* f ‖
~ de león *Löwenzahn* m (Taraxacum sp) ‖ ~ de
muerto ~ **almorta** ‖ ~ de perro *Hundszahnlinie* f
(Erythronium dens-canis)
    diéresis *f* ⟨Gr⟩ *Diärese* f (*Trennung zweier
aufeinander folgender Vokale durch Trema, um
Aussprache als Diphthong zu verhindern* – z.B.
süave, rüido, pïe, bes. im Vers) ‖ *Trema* n (z.B. *in
vergüenza*) ‖ *Diärese* f (*Einschnitt im Vers*) ‖
Trennung, Unterscheidung f
    dies ad quem *m* ⟨lat Jur⟩ *Endtermin* m
    die|sel *m* ⟨Tech⟩ *Dieselmotor* m ‖ (fam)
Dieselkraftstoff m ‖ ~-eléctrico adj
dieselelektrisch ‖ ~-mecánico adj
dieselmechanisch ‖ **–selización** *f Verdieselung,
Umstellung* f *auf Dieselbetrieb* ‖ **–selizar** [z/c] vt
verdieseln, auf Dieselbetrieb umstellen
    diesi(s) *f* ⟨Mus⟩ *Kreuz* n (♯)
    dies irae *m* ⟨lat⟩ ⟨Mus⟩ *Dies irae* n ‖ *Tag
des Zornes*
    dies|tra *f rechte Hand, Rechte* f ‖ *rechte Seite* f
‖ sentado a su ~ *zu s–r Rechten sitzend*
    ¹diestro *m recht* ‖ *geschickt, gewandt, flink* ‖
schlau, listig ‖ *günstig, glücklich* ‖ ◆ a ~ y
siniestro ⟨figf⟩ *aufs Geratewohl, wahllos,
blindlings, drauflos, kreuz und quer, wirr
durcheinander* ‖ de ~ Am *geschickt* ‖ ~ *m
Rechtshänder* m
    ²diestro *m* ⟨Taur⟩ *Stierkämpfer* m *zu Fuß* ‖
Matador, erster Stierkämpfer m
    ³diestro *m Halfter* m (& n)
    ¹dieta *f Lebens|weise, -ordnung* f ‖ ⟨Med⟩ *Diät,
Kranken-, Schon|kost* f ‖ (fam) *Fasten* n ‖ ~
absoluta *Hunger|kur, -diät, Nulldiät* f ‖ ~
adelgazante *od* de adelgazamiento
Schlankheitskur f ‖ *Hunger|kur, -diät* f ‖ ~ cruda
Rohkost f ‖ ~ hídrica *Trinkkur* f ‖ ~ láctea
Milch|diät, -kur f ‖ ~ seca *Trockenkur* f ‖ ~
vegetal *Kräuterkur, vegetarische Kost* f ‖ ◇ estar
a ~, guardar ~ *fasten, Diät halten* ‖ estar a ~
rigurosa *strenge Diät halten (müssen)* ‖ observar
~ *diät leben* ‖ poner *od* tener a alg. a ~ *jdm Diät
verordnen, jdn auf Diät setzen* ‖ ⟨fig⟩ *jdn kurz,
knapp halten*
    ²dieta *f Reichs-, Land|tag* m ‖ ~ federal
Bundestag m ‖ ~ de Espira ⟨Hist⟩ *Reichstag* m *zu
Speyer* ‖ ~s fpl *Diäten* pl (*Abgeordnete*),
Tagegelder npl (*Beamte*) ‖ *Gebühren* fpl (*Zeugen
usw.*) ‖ ~ de asistencia *Anwesenheits-,
Sitzungs|gelder* npl ‖ ~ de desplazamiento, ~ de
viaje *Reisespesen* pl
    dietario *m Chronik* f ‖ *Tage-, Haushalts-,
Abrechnungs|buch* n ‖ *Merk-, Notiz|buch* n ‖ Ar
⟨Hist⟩ *Chronik* f
    die|tética *f Diätetik, Ernährungs|lehre,*

-wissenschaft f ‖ **–tético** adj *diätetisch, Diät-* ‖ ~
m Diätetiker m ‖ *Diätassistent* m ‖ **–toterapia** *f*
⟨Med⟩ *Diättherapie* f
    ¹diez num *zehn* ‖ *zehnte(r)* ‖ Carlos ~ *Karl X.*
‖ ◆ a las ~ de la mañana *um zehn Uhr morgens* ‖
◇ han dado las ~ *es hat zehn Uhr geschlagen* ‖
levantarse a las ~ *um zehn Uhr aufstehen* ‖ ~ *m*
[*pl* –**ces**] *Zehn* f ‖ ⟨Kath⟩ *Gesetz* n *des
Rosenkranzes* ‖ *Vaterunserperle* f ‖ Chi
Silbermünze f (*10 centavos*) ‖ el ~ de agosto *der
zehnte August* ‖ ◇ estar en las ~ de últimas ⟨figf⟩
in den letzten Zügen liegen ‖ ⟨figf⟩ *abgebrannt od
blank sein*
    ²diez ⟨pop⟩ für **Dios** (*in Fluchformeln*)
    Diez *m* np ⟨fam⟩ → **Diego**
    diez|mar vt *auszehnten* (*den Zehnten*) *zahlen,
entrichten* ‖ *dezimieren* (*Todesstrafe*) ‖ ⟨fig⟩
aufräumen unter (dat) ‖ ⟨fig⟩ *stark mitnehmen,
lichten* (*durch Krankheit, Krieg*) ‖ **–mero** *m/adj*
⟨Hist⟩ *Zehntentrichter* m ‖ *Zehntempfänger* m ‖
–mesino adj *zehnmonatig* ‖ ~ *m Zehnmonatskind*
n ‖ **–milésimo** *m/adj Zehntausendstel* n ‖
–milímetro *m Zehntelmillimeter* m (& n)
    diezmillo *m* Mex ⟨pop⟩ *Lendenstück, Filet* n
    diezmo *m Zehnt(e)* m, *Abgabe* f *von 10%* ‖ ~
parroquial *Pfarrzins* m
    difa|mación *f üble Nachrede, Verleumdung* f ‖
Lästerung f ‖ *Diffamierung* f ‖ **–mado** adj
verschrie(e)n ‖ **–mador** adj *verleumderisch,
diffamierend* ‖ ~ *m Verleumder* m, *Läster|maul* n,
-zunge f ‖ *Ehrabschneider* m ‖ **–mar** vt *in Verruf
bringen, entehren, schmälern* ‖ *ruchbar machen* ‖
verketzern ‖ *verleumden, diffamieren* ‖ **–matorio**
adj *ehrenrührig, verleumderisch*
    difásico *m* adj ⟨Tech⟩ *zweiphasig, Zweiphasen-* ‖
⟨Zool⟩ *diphasisch*
    difenbaquia *f* ⟨Bot⟩ *Dieffenbachia* f
(Dieffenbachia sp)
    ¹diferencia *f Streit* m, *Zwistigkeit, Differenz* f ‖
Meinungsverschiedenheit f
    ²diferen|cia *f Unterschied* m, *Verschiedenheit,
Ungleichheit* f ‖ *Abweichung* f ‖ *Abstand* m,
Spanne f, *Gefälle* n ‖ ⟨Math⟩ *Differenz* f ‖ ⟨Math⟩
Rest m ‖ *Fehlbetrag* m ‖ *Rest* m ‖ ~ abismal
himmelweiter Unterschied m ‖ ~ de *od* entre
aranceles *Zollgefälle* n ‖ ~ a favor *Überschuss* m
‖ ~ de *od* en la medida *Maßabweichung* f ‖ ~ en
más *Überschuss* m ‖ ~ de opiniones (*od*
pareceres) *Meinungsverschiedenheit* f ‖ ~ de
potencial (El) *Potenzialdifferenz* f ‖ ~ de precio
Preisunterschied m ‖ ~ de los precios
Verschiedenheit f *der Preise* ‖ ◆ a ~ zum
Unterschied ‖ con corta (*od* poca) ~ *ungefähr,
annähernd* ‖ ◇ hacer ~ *unterscheiden* ‖ dividir
od partir la ~ *den Unterschied teilen* ‖ **–ciación** *f*
(*Unter*)*Scheidung* f ‖ *Unterscheidungsmerkmal* n ‖
Differenzierung f ‖ ~ social *soziale
Differenzierung* f ‖ **–cial** adj (*m/f*) *Ausgleichs-,
Differenz-* ‖ *Differential-* ‖ ~ *m* ⟨Auto⟩
Ausgleichsgetriebe, Differential n ‖ ~ *f* ⟨Math⟩
Differential n ‖ **–ciar** vt (*unter*)*scheiden
(zwischen)* ‖ *ab|ändern, -wechseln* ‖ *differenzieren*
⟨& Math⟩ ‖ ~ vi *uneinig sein* ‖ ~**se** *s.
unterscheiden, verschieden sein* (de *von, por
durch*) ‖ *abweichen* ‖ ⟨fig⟩ *s. hervortun,
auszeichnen* (de *vor* dat) ‖ ⟨Biol⟩ *s. differenzieren*
‖ **–do** *m* Am *Konflikt, Streit* m, *Streitigkeit* f ‖ **–te**
adj *verschieden, abweichend* (de *von*) ‖
unterschiedlich ‖ ◇ eso es (muy) ~ *das ist et.
ganz anderes* ‖ totalmente ~ *grundverschieden* ‖
~**s** *mpl mehrere, verschiedene, einige* ‖ ◆ en ~
veces *zu verschiedenen Malen* ‖ en ~ ocasiones
wiederholt ‖ ~**mente** adv *auf andere Art,
abweichend*

diferir [ie/i] vt *auf-, hinaus|schieben* ‖
vertagen ‖ *verzögern* ‖ ◇ ~ la contestación *mit
der Antwort (ab)warten* ‖ ~ el pago *die Zahlung
aufschieben* od *verzögern* ‖ ~ el plazo *die Frist
verlängern* ‖ ~ para od a mañana *auf morgen
verschieben* ‖ – vi *verschieden sein* ‖ *abweichen
(de von)* ‖ *auseinander gehen, differieren* ‖ ~ de
uno en opiniones *anderer Meinung als jd sein* ‖
las opiniones difieren mucho *die Meinungen
gehen stark auseinander* ‖ ~ en el precio *im
Preis abweichen*

difícil adj *(m/f) schwer, schwierig,
beschwerlich* ‖ *knifflig* ‖ *heikel, kitzlig* ‖ ⟨fig⟩
abweisend, schwer zu gewinnen (Frau) ‖ *peinlich,
heikel (Lage)* ‖ *spröd(e), schwierig, widerspenstig
(Person)* ‖ *hässlich, verunstaltet (Gesicht)* ‖ ~ de
entender *schwer verständlich* ‖ ~ de explicar
schwer erklärlich ‖ ~ de satisfacer *schwer zu
befriedigen* ‖ se hizo un silencio ~ *e–e peinliche
Stille trat ein* ‖ es ~ … (& inf) *es ist schwer zu
…* (& inf) ‖ él es ~ *er ist schwierig (im Umgang)*
‖ ser más ~ que cagar p'arriba ⟨vulg⟩
*außerordentlich schwierig sein, kaum zu
bewerkstelligen sein* ‖ ver algo muy ~ *et. für sehr
schwer halten* ‖ ~**mente** adv *schwer(lich)* ‖
kaum ‖ ~ lo logrará *das wird er schwerlich
erreichen*

dificul|tad *f Schwierigkeit f, Hindernis* n ‖
Verlegenheit f ‖ *Reibung f, Widerstand* m ‖
Einwand m ‖ *Mühe f* ‖ *Bedenken* n ‖ ~es
deglutivas *Schluckbeschwerden* fpl ‖ ~
insuperable *unüberwindliche Schwierigkeit* f ‖ ~
pecuniaria *Geld|schwierigkeit, -verlegenheit* f ‖ ~
respiratoria *Atem|beschwerde, -not* f ‖ ◆ sin (la
menor) ~ *unbeanstandet, ohne Hindernisse,
reibungslos, glatt* ‖ *ohne weiteres* ‖ ◇ allanar ~es
Schwierigkeiten aus dem Weg räumen ‖ causar
~es *Schwierigkeiten verursachen* ‖ dar en la ~
⟨fig⟩ *den schwierigen Punkt treffen* ‖ debatirse en
~es s. *mit Schwierigkeiten herumschlagen* ‖
encontrar ~es *auf Schwierigkeiten stoßen* ‖
encontrarse en ~es, estar en ~es s. *in e–r
schwierigen Lage befinden* ‖ estar erizado de ~es
mit Schwierigkeiten gespickt sein ‖ ocasionar ~es
→ causar ~es ‖ poner ~es a alg. *jdm
Schwierigkeiten machen* od *bereiten* ‖ presentar
~es *Schwierigkeiten bieten* ‖ superar ~es →
vencer ~es ‖ tropezar con ~es s. *mit
Schwierigkeiten herumschlagen* ‖ vencer od
superar ~es *Schwierigkeiten überwinden* ‖ **–tador**
adj *der Schwierigkeiten macht* od *vorgibt* ‖ **–tar**
vt/i *erschweren, behindern* ‖ *schwierig(er)
machen* ‖ *verwickeln* ‖ *bestreiten* ‖ *bezweifeln, für
schwer möglich halten* ‖ **–tista** m/f (fam)
Umstands-, Bedenklichkeits|krämer m ‖ **–toso** adj
schwierig, mühsam ‖ *bedenklich* ‖ *verunstaltet
bzw auffallend (Gesicht)*

difiden|cia *f Misstrauen* n ‖ *Untreue* f ‖ **–te** adj
treulos

diflexión *f ⟨Opt⟩ Ab|weichung, -irrung* f

di|fluente adj *zerfließend* ‖ **–fluir** [-uy-]
zerfließen, s. auflösen

di|fracción *f ⟨Opt⟩ (Licht)Beugung* f ‖ ⟨Opt⟩
Ablenkung f ‖ **–fractar** vt *beugen* ‖ **–frangente**
adj *(m/f) beugend, ablenkend*

dif|teria, –teritis *f ⟨Med⟩ Diphtherie,* [veraltet]
Halsbräune f ‖ **–térico** adj/s *diphtherisch,
Diphtherie-*

di|fumado *m Schummern* n, *Schattierung* f
(Zeichnung) ‖ ⟨Film⟩ *Aufblendung* f ‖ **–fum(in)ar**
vt *schummern, verlaufen lassen (Zeichnung,
Grafik)* ‖ **–fumino** *m ⟨Mal⟩ Wischer* m

difun|dido adj *bekannt, verbreitet* (z.B.
Nachricht) ‖ **–dir** vt *aus-, ver|breiten* ‖
ausschütten (Flüssigkeit) ‖ *bekannt machen* ‖

⟨Radio TV⟩ *übertragen* ‖ *ver|breiten, -teilen
(Schrift)* ‖ ~**se** s. *ausbreiten* ‖ ⟨fig⟩ *bekannt
werden*

difunto adj *tot, verstorben* ‖ mi ~ padre *mein
seliger Vater* ‖ ~ *m Verstorbene(r)* ‖ *Leiche* f ‖
⟨Jur⟩ *Erblasser* m ‖ ~ de taberna ⟨pop⟩
Stockbesoffene(r) m, *Bierleiche* f

difu|sión *f Ausgießung, Verschüttung* f ‖
Versprühen n ‖ *Aus-, Ver|breitung* f ‖
Verschmelzung, Mischung f ‖ *Streuung* f (& Phys)
‖ *Diffusion* f ‖ *Verteilung* f ⟨Radio TV⟩ ‖
Übertragung f ‖ ⟨fig⟩ *Verschwommenheit* f ‖ ⟨fig⟩
Weitschweifigkeit f ‖ ~ de programas ⟨Radio TV⟩
Programmübertragung f ‖ ~ de la propiedad
Eigentumsstreuung f ‖ *Vermögensbildung* f ‖ ~ de
publicaciones pornográficas *Verbreitung f
pornografischer Schriften* ‖ **–so** pp/irr von

difundir ‖ ~ adj *weitläufig, umständlich* ‖ *weit
verbreitet* ⟨Phys⟩ *zerstreut, diffus* ‖ ⟨fig⟩
verschwommen ‖ ⟨fig⟩ *weitschweifig* ‖ **–sor** m
Diffuseur m *(in Zuckerfabriken)* ‖ *Zerstäuber* m
(Parfüm) ‖ ⟨Auto⟩ *Vergaserdüse* f

digamma *f Digamma* n *(Buchstabe im ältesten
griech. Alphabet)*

dige|rible adj *(m/f) verdaulich* ‖ **–rir** [ie/i] vt
verdauen ‖ ⟨fig⟩ *innerlich verarbeiten,* ⟨fam⟩
verkraften ‖ ⟨fig⟩ *genau überdenken* ‖ ⟨fig⟩ *reifen
lassen* ‖ ⟨fig⟩ *verschmerzen,* ⟨fam⟩
hinunterschlucken (Beleidigung, Unglück) ‖ ⟨fig⟩
über-, durch|denken ‖ ⟨Chem⟩ *aus|laugen, -ziehen,
digerieren* ‖ ◇ no poder ~ a alg. ⟨figf⟩ *jdn nicht
ausstehen können,* ⟨fam⟩ *auf jdn e–n Pik haben*

diges|tibilidad *f Verdaulichkeit* f ‖ **–tible** adj
(m/f) (leicht) verdaulich ‖ **–tión** *f Verdauung* f ‖
⟨Chem⟩ *Auslaugen* n ‖ ~ gástrica
Magenverdauung f ‖ ~ intestinal *Darmverdauung*
f ‖ ~ penosa *Verdauungsbeschwerden* fpl ‖ ~
salival *Speichelverdauung* f ‖ ◆ de fácil ~ *leicht
verdaulich* ‖ de difícil ~ *schwer verdaulich* ‖ ◇
hacer bien la ~ *gut verdauen* ‖ cortarse la ~ s.
den Magen verderben ‖ ser de mala ~ *schwer
verdaulich sein* (& fig) ‖ ⟨figf⟩ *unausstehlich sein*
‖ **–tivo** adj *verdauungsfördernd* ‖ *Verdauungs-* ‖ ~
m verdauungsförderndes Mittel, Digestivum n ‖
–to *m* ⟨Jur⟩ *Digesten* pl ‖ **–tor** *m* ⟨Chem⟩
Digestor m ‖ ⟨Chem⟩ *Aus-, Dampf|kochtopf,
Autoklav* m ‖ ~ de Papín *Papinscher Topf* m

digi|tación *f ⟨An⟩ fingerförmige Einfügung* f ‖
⟨Mus⟩ *Fingersatz* m ‖ **–tado** adj ⟨Zool Bot⟩
gefingert ‖ *fingerförmig* ‖ ~**s** mpl ⟨Zool⟩
Spaltklauer mpl

¹digital adj *(m/f)* ⟨Med⟩ *digital, Finger-* ‖
⟨Inform⟩ *digital*

²digital *f* ⟨Bot⟩ *Digitalis f, Fingerhut* m
(Digitalis spp) ‖ ~ amarilla *Gelber Fingerhut* m
(D. ambigua) ‖ ~ lanosa *Wolliger Fingerhut* m
(D. lanata) ‖ ~ purpúrea *Roter Fingerhut* m (D.
purpurea) ‖ **–talina** *f* ⟨Pharm⟩ *Digitalin* n ‖
–talismo *m* ⟨Med⟩ *Digitalismus* m,
Digitalis|intoxikation od *-vergiftung* f

digitali|zación *f* ⟨Inform Med⟩ *Digitalisierung*
f ‖ **–zar** [z/c] vt ⟨Inform Med⟩ *digitalisieren* ‖
⟨Inform⟩ *digital verschlüsseln*

digitar vt ⟨Mus⟩ *mit Fingersatz versehen*

digitiforme adj *(m/f) fingerförmig*

digitígrados mpl ⟨Zool⟩ *Zehengänger* mpl

dígito m/adj ⟨Math⟩ *einstellige Zahl* f ‖ ⟨Astı⟩
Zwölftel n *(des Sonnen- bzw Mond|durchmessers)*
‖ ~ binario *Binärziffer* f

diglosia *f* ⟨Ling⟩ *Diglossie* f

dig|nación *f Herablassung* f ‖ **–namente** adv
von **digno** ‖ **–narse** vr *geruhen, s. herablassen,
die Güte haben* (de & inf od *meistens ohne de zu
& inf)* ‖ ◇ S.M. se dignó (de) recibirlo *I.M.*

geruhte(n), ihn zu empfangen ‖ S.M. se dignó (de) otorgar amnistía *S.M. hat allergnädigst e–e Amnestie erlassen* ‖ dígnese (Vd.) *... wollen Sie bitte ... (Höflichkeitsformel)* ‖ ⟨iron⟩ *geruhen Sie bitte ...* ‖ ◇ dígnese Vd. (de) hacerlo *tun Sie es gefälligst* ‖ **–natario** *m Würdenträger m* ‖ **–nidad** *f Würde f, Ansehen n* ‖ *Anstand m, würdiges Benehmen n* ‖ *Würdigkeit f, Würdigsein n* ‖ *Würde, Bedeutung f, Ehrenamt n* ‖ *Würdenträger m* ‖ ~ del hombre, ~ humana *Menschenwürde f* ‖ **–nificante** *adj (m/f) würdig machend, Würde verleihend* ‖ **–nificar** [c/qu] *vt würdig machen* ‖ *mit Würden ausstatten* ‖ **–no** *adj würdig, wert (de gen)* ‖ *schicklich, passend, angemessen* ‖ *würdig, würdevoll* ‖ *anständig, ehrbar* ‖ *ehrenwert* ‖ ~ de compasión *bemitleidenswert, erbarmungswürdig* ‖ ~ de confianza *vertrauenswürdig* ‖ ~ de elogios *lobens-, rühmens|wert* ‖ ~ de fe *glaubwürdig* ‖ ~ de mención *erwähnenswert* ‖ con paciencia ~a de mejor causa *mit e–r Geduld, die e–r besseren Sache würdig gewesen wäre* ‖ ◇ considerar ~ de *... e–r Sache für würdig halten* ‖ ser ~ de fe *Glauben verdienen*

digo → **decir**
digrafía *f* ⟨Com⟩ *doppelte Buchführung f*
digra|fos *mpl* ⟨Typ⟩ *Doppelbuchstaben mpl* ‖ **–ma** *m* ⟨Ling⟩ *Digramm n*
digre|sión *f Ab|schweifung, -weichung f* ‖ *Zwischenrede f* ‖ *Exkurs m* ‖ *Digression f (& Astr)* ‖ ◇ *andarse en digressiones von der Hauptsache abschweifen* ‖ **–sivo** *adj abschweifend*
dihidrita *f* ⟨Min⟩ *Dihydrit m*
dihue|ñe, –ñi *m Chi essbarer Eichenpilz m (Cyttaria sp)* ‖ Chi *Eichel f*
¹**dije** *adj Chi nett, bezaubernd, sympathisch*
²**dije** *m (kleiner) Hängeschmuck m* ‖ *Schmuckstück n* ‖ *Anhängsel n (an e–r Uhr)* ‖ *Anhänger m (Schmuck)* ‖ *Flitterkram m* ‖ ◇ *ser un* ~ ⟨figf⟩ *e–e Perle, ein Juwel sein (Person)* ‖ ~s *mpl Nippsachen fpl*
³**dije** → **decir**
dijes *mpl trotzige Drohung f* ‖ *Angeberei, Aufschneiderei, Prahlerei f*
Dijón *m* [Stadt] *Dijon n*
dijunto *adj Am* ⟨pop⟩ → **difunto**
dik-dik *m* ⟨Zool⟩ *Dik-Dik m*
dilace|ración *f Zerfleischung f* ‖ ⟨fig⟩ *Entehrung f* ‖ **–rante** *adj (m/f) reißend (Schmerz)* ‖ **–rar** *vt gewaltsam zer|reißen, -fleischen* ‖ ⟨fig⟩ *die Ehre schmähen, entehren* ‖ ⟨fig⟩ *brechen (Stolz)*
dilación *f Aufschub m, Verzögerung f* ‖ *Verzug m* ‖ ♦ sin ~ *unverzüglich* ‖ sin más dilaciones *ohne weiteren Verzug*
dilapi|dación *f Ver|schwendung, -geudung f* ‖ *Verschleuderung f (von Vermögen)* ‖ **–dador** *adj verschwenderisch* ‖ ~ *m Verschwender m* ‖ **–dar** *vt ver|schwenden, -geuden* ‖ *verschleudern (Vermögen),* ⟨fam⟩ *durchbringen*
dilata|bilidad *f* ⟨Phys⟩ *Dehnbarkeit f* ‖ *Ausdehnungsvermögen n* ‖ **–ble** *adj (m/f) (aus)dehnbar* ‖ **–ción** *f (Aus)Dehnung, Erweiterung, Ausweitung f* ‖ ⟨Tech⟩ *Dehnung f, Dilatation f* ‖ ⟨Met⟩ *Ausdehnung f* ‖ ⟨fig⟩ *innere Freude f* ‖ ~ del corazón ⟨Med⟩ *Herzerweiterung f* ‖ ~ del estómago ⟨Med⟩ *Magenerweiterung f* ‖ **–do** *adj ausgedehnt, weit* ‖ *geräumig* ‖ con las aletas de la nariz ~as *mit geblähten Nüstern* ‖ **–dor** *m* ⟨Med⟩ *Dilatator m (Muskel und Gerät)*
dilatar *vt (aus)dehnen, erweitern (& fig)* ‖ *schwellen, blähen* ‖ *hinaus-, auf|schieben* ‖ *verzögern, hinauszögern* ‖ *verlängern (Leiden)* ‖ ⟨fig⟩ *(das Herz) erheben, schwellen* ‖ ⟨fig⟩ *bekannt machen, verbreiten* ‖ ~ *vi Am* ⟨pop⟩ *s. aufhalten, verweilen* ‖ ~se *s. ausdehnen* ‖ *s.*

verbreiten (sobre über acc) ‖ *weitschweifig werden (in e–r Rede usw.)* ‖ Am *zögern, zaudern*
dilatómetro *m* ⟨Tech⟩ *Dilatometer n, Dehnungsmesser m*
dilato|ria *f Aufschub, Verzug m* ‖ ◇ *andar en* od con ~s ⟨fam⟩ *(et.) auf die lange Bank schieben* ‖ *traer a uno en* ~s *jdn vertrösten* ‖ **–rio** *adj* ⟨Jur⟩ *aufschiebend, verzögernd, Aufschub bewirkend, Stundungs-, Verzögerungs-* ‖ *lindernd*
dilec|ción *f Anhänglichkeit, Zuneigung f* ‖ **–to** *adj/s* ⟨lit iron⟩ *innig, zärtlich geliebt (de von)*
dile|ma *m Dilemma n,* ⟨fam⟩ *Klemme f* ‖ **–mático** *adj dilemmatisch*
díler *m* [in der Drogenszene] *Dealer m*
diletan|te *m/f Dilettant(in f), Amateur(in f), Nichtfachmann m* ‖ *Musikliebhaber(in f) m* ‖ **–tismo** *m (Kunst)Liebhaberei f, Dilettantismus m* ‖ ⟨desp⟩ *Stümperei f*
¹**diligencia** *f Fleiß, Eifer m* ‖ *Emsigkeit, Beflissenheit f* ‖ *Sorgfalt, Achtsamkeit f* ‖ *Genauigkeit f* ‖ *Mühe, Bemühung f* ‖ *Schnelligkeit f* ‖ ◇ la ~ es la madre de la buena ventura *Vorsicht ist die Mutter der Weisheit*
²**diligencia** *f Schritt m, Maßregel f* ‖ *Gerichtsakte f* ‖ ⟨Jur⟩ *Prozesshandlung f* ‖ *Verfügung f (im Prozess bzw der Geschäftsstelle)* ‖ ⟨Jur⟩ *Aktenstück n* ‖ Am *behördliche Maßnahme f* ‖ ~ notarial *Verfügung f des Notars (am Schluss der Urkunde)* ‖ ~ de (mera) tramitación *prozesseinleitende Handlung f* ‖ ◇ *evacuar una* ~ *ein Geschäft zu Ende führen* ‖ *hacer una* ~ ⟨fam⟩ *s–e Notdurft verrichten* ‖ ~s *fpl:* ~ judiciales *gerichtliche Schritte mpl* ‖ ~ de lanzamiento *Räumungsverfahren n* ‖ ~ policíacas *polizeiliche Nachforschungen* od *Ermittlungen, Recherchen fpl* ‖ ~ preliminares Span *Ermittlungsverfahren n (Verkehrssachen)* ‖ ~ del sumario *Ermittlungshandlungen fpl* ‖ ◇ *abrir* od *iniciar* ~ *Ermittlungen einleiten* ‖ *hacer sus* ~ *alle notwendigen Maßregeln ergreifen, treffen* ‖ *hacer las* ~ de cristiano *beichten und das Abendmahl empfangen* ‖ *hacer las* ~ necesarias *die geeigneten Schritte tun*
³**diligencia** *f* ⟨Hist⟩ *Diligence, (Eil)Postkutsche f*
diligen|ciar *vt et. betreiben, in die Wege leiten, arbeiten an (dat)* ‖ *bearbeiten, erledigen* ‖ *verfügen (Notar bzw im Prozess)* ‖ **–ciero** *m Beauftragter m* ‖ *Unterhändler m* ‖ *Prozessagent m (Rechtsgeschichte)* ‖ **–te** *adj (m/f) fleißig, emsig* ‖ *lebhaft, tätig* ‖ *flink, hurtig, geschwind* ‖ *sorgfältig, dienstfertig* ‖ *aufmerksam, vorsichtig*
dilín *m* → **tilín**
dille *m Chi* ⟨Ins⟩ *Zikade f*
dilogín *f Zweideutigkeit, doppelte Bedeutung f*
diluci|dación *f Aufklärung, Erläuterung f* ‖ **–dar** *vt/i aufklären, erläutern, aufhellen* ‖ *ins Reine bringen* ‖ ◇ ~ sobre a/c *über et. (acc) Aufklärung geben*
dilúcido *adj hell, deutlich*
di|lución *f Verdünnung f* ‖ **–luente** *adj (m/f)* ⟨Med⟩ *auflösend* ‖ ~ *m Verdünnungsmittel n, Streckmittel n* ‖ **–luible** *adj (m/f) verdünnbar* ‖ **–luimiento** *m Auflösung, Verdünnung f* ‖ **–luir** [-uy-] *vt auflösen, verdünnen* ‖ *auflösen* ‖ *vermischen* ⟨Chem⟩ *versetzen* ‖ ◇ ~ en agua *in Wasser auflösen* ‖ dejar ~ en la boca *im Mund zergehen lassen* ‖ ♦ sin ~ *unverdünnt* ‖ ~se *s. auflösen, zergehen*
dilu|viada *f Stromregen m* ‖ **–vial** *adj (m/f) sintflutlich, diluvial* ‖ ~ *m* ⟨Geol⟩ *Pleistozän, Diluvium n* ‖ **–viano** *adj Sintflut-, sintflutartig* ‖ ~ *m* → **diluvial** ‖ **–viar** *vi in Strömen regen, gießen* ‖ ◇ ¡está ~viando! *es gießt in Strömen!* ‖ **–vio** *m Sintflut f* ‖ *große Überschwemmung, Wasserflut f* ‖ ⟨figf⟩ *Platzregen m* ‖ ⟨figf⟩ *Flut f,*

Schwall m ‖ *Hagel* m ‖ ~ de balas ⟨fig⟩
Kugelhagel m ‖ ~ universal *Sintflut* f ‖ ¡después
de mí, el ~! *nach mir die Sintflut!* ‖ **–yente** adj
→ **diluente**

dima|nación f *Ausströmen* n ‖ *Ausströmung* f ‖
Ursprung m ‖ *Abstammung* f ‖ **–nar** vi
aus|fließen, -strömen ‖ ⟨fig⟩ *entspringen,
herrühren, abstammen, s. herleiten* (de *von*)

dímelo → **decir**

dimen|sión f *Dimension, Ausdehnung* f ‖
Ausmaß n ‖ *Abmessung, Bemessung* f ‖ ⟨Mus⟩
Taktmaß n ‖ ⟨fig⟩ *Ausmaß, Format* n ‖ ~ de la
imagen ⟨TV⟩ *Bildumfang* m ‖ ◆ de grandes
dimensiones *sehr umfangreich* ‖ **–sional** adj *(m/f)*
dimensional, Ausdehnungs- ‖ **–sionar** vt ⟨Tech⟩
bemessen, dimensionieren

dimes *mpl:* andar en ~ y diretes ⟨fam⟩ *hadern,
in Wortwechsel geraten*

dimetilo m ⟨Chem⟩ *Dimethyl* n

dímetro m ⟨Poet⟩ *Dimeter* m *(Vers)*

diminuir [-uy-] vt → **disminuir**

diminu|ción f → **disminución** ‖ **–tamente** adv
kärglich ‖ *spärlich* ‖ *einzeln* ‖ *tamente* adv *in
geringem Maße* ‖ *kleinlich* ‖ *genau* ‖ **–tivo** adj
verkleinernd ‖ ~ m ⟨Gr⟩ *Verkleinerungswort,
Diminutiv(um)* n ‖ **–to** adj *(sehr) klein, winzig* ‖
⟨Mus⟩ *vermindert (Akkord)*

dimir vt Ast *(Nüsse) abschlagen*

dimi|sión f *Rücktritt* m, *Demission* f ‖
Abdankung, Niederlegung f *e–s Amtes, Verzicht* m
‖ *Entlassung* f *(auf eigenen Antrag), Abschied* m ‖
~ en bloque *Gesamtrücktritt* m ‖ ~ a la reserva
⟨Mil⟩ *Entlassung* f *zur Reserve* ‖ ~ total
Gesamtrücktritt m ‖ ◇ pedir la ~ *s–n Abschied
einreichen* ‖ presentar la ~ *abdanken* ‖ **–sionario**
adj/s *zurücktretend* ‖ *zurückgetreten* ‖ *entlassen,
abgedankt (Beamte(r)*

dimisorias *fpl Dimissoriale* n *(der Bischöfe)* ‖
◇ dar ~ a uno ⟨figf⟩ *jdn schroff abweisen*

dimi|tente *m/f/*adj *Abtretende(r* m),
Abdankende(r m) f ‖ **–tir** vt/i *ein Amt niederlegen*
‖ ◇ ~ el cargo de representante ⟨Com⟩ *die
Vertretung niederlegen* ‖ a ése "lo dimitieron"
⟨figf⟩ *ihm wurde der Laufpass gegeben,* ⟨pop⟩ *er
ist „gegangen worden"* ‖ ~ vi *abdanken,
zurücktreten*

dimoño m Am ⟨reg⟩ → **demonio**

dimor|fismo m ⟨Bot Min Zool⟩ *Dimorphismus*
m ‖ ~ sexual ⟨Bot Zool⟩
Geschlechtsdimorphismus m ‖ **–fo** adj
zweigestaltig, dimorph

dimpués ⟨pop⟩ → **después**

din m ⟨fam⟩ *Geld* n ‖ el ~ y el don ⟨fam⟩
Geld und Rang ‖ el don sin el ~ ⟨fam⟩ *Titel ohne
Mittel* ‖ mal suena el don sin el ~ ⟨Spr⟩ *ein Titel
erfordert Mittel* ‖ din, don *bim, bam
(Glockengeläut)*

dina f ⟨Phys⟩ *Dyn* n *(10⁻⁵ N)*

dinacho m ⟨Bot⟩ Chi *essbarer Wurzelstock e–r
Araliazee (Gunnera chilensis)*

Dinamar|ca f ⟨Geogr⟩ *Dänemark* n ‖ **≠qués** adj
dänisch ‖ ~ m *Däne* m ‖ el ~ *die dänische
Sprache, das Dänische*

dina|mia f *(Lebens)Kraft* f ‖ ⟨Phys⟩
dynamische Krafteinheit f ‖ *Meterkilogramm* n ‖
⟨Biol⟩ *Lebenskraft* f *e–s organischen Körpers* ‖
Gewalt, Kraft f

dinámi|ca f *Dynamik* f ‖ **–co** adj *dynamisch (&
fig), Kraft-* ‖ *kraftvoll, energisch* ‖ *schwungvoll* ‖
einsatzfreudig

dinamismo m ⟨Philos⟩ *Dynamismus* m ‖ ⟨fig⟩
Schwung m, *Dynamik* f

dinami|ta f *Dynamit* n ‖ **–tar** vt *mit Dynamit
sprengen* ‖ *ein Dynamitattentat verüben gegen*
(acc) ‖ **–tazo** m *Dynamitsprengung* f ‖

dinamitsprengschuss m ‖ **–tero** adj *Dynamit-* ‖ ~
m *Dynamitattentäter* m ‖ *Sprengmeister* m

dinamizar [z/c] vt *in Schwung bringen,* ⟨fam⟩
auf Trab bringen ‖ *vorantreiben, beschleunigen* ‖
dynamisieren (z. B. *Renten*) ‖ ⟨fig⟩ *Leben
einhauchen* (z. B. *e–r Unternehmung*)

dínamo, seltener **dinamo** f *Dynamo* m,
Dynamomaschine f ‖ ⟨Auto⟩ *Lichtmaschine* f ‖ ~
de bicicleta *Fahrraddynamo* m

dinamo|eléctrico adj *dynamoelektrisch* ‖
–magneto m *Lichtmagnetzünder* m ‖ **–metría** f
⟨Phys⟩ *Kräftemessung* f

dina|mómetro m *Kraftmesser* m,
Dynamometer n ‖ **–motor** m *Motorgenerator* m

dinar m [Währungseinheit] *Dinar* m (D *und
Zusatz je nach Land, z. B. tunesischer* ~ tD)
⟨Hist⟩ *e–e arabische Goldmünze* f

dinárico adj *dinarisch, der dinarischen Rasse
angehörend*

di|nasta m *Dynast* m ‖ **–nastía** f *Dynastie* f (&
fig) ‖ *Herrscher|geschlecht, -haus* n ‖ **–nástico**
adj *dynastisch*

△ **dinastre** m *Glas* n

dine|rada f *Menge* f *Geld* ‖ **–ral** adj *(m/f)*
Geld- ‖ ~ m *große Menge* f *Geldes,* ⟨fam⟩
Heidengeld n ‖ ~ de oro *Feingehalt* m *des
Goldes* ‖ ◇ cuesta un ~ ⟨fam⟩ *es kostet ein
Heidengeld* ‖ **–rario** adj *Geld-, auf Geld
bezüglich* ‖ **–rillo** m dim von **dinero** ⟨fam⟩
kleines, hübsches Sümmchen n

dinero m *Geld* n ‖ ⟨figf⟩ *Vermögen* n ‖ *Heller,
Pfennig* m ‖ Ar → **ochavo** m ‖ ⟨Hist⟩ *Bezeichnung
versch. Münzen* ‖ Pe *Silbermünze* f ‖ ~ blanco
Silbergeld n ‖ ~ en caja *Kassenbestand,
Geldvorrat* m ‖ ~ de consunción *Schwundgeld* n ‖
~ al contado, ~ contante (y sonante), ~ efectivo
Bargeld n, *klingende Münze* f ‖ ~ golondrina
heißes Geld n ‖ ~ menudo *Kleingeld* n ‖ ~
metálico *Bargeld* n ‖ ~ negro *Schwarzgeld* n ‖ ~
plástico *Plastikgeld* n ‖ ~ suelto *Klein-,
Wechsel|geld* n ‖ ~ de San Pedro ⟨Kath⟩
Peterspfennig m ‖ ~ para el viaje *Reisegeld* n ‖ ◆
al ~ *in bar, in Bargeld* ‖ de ~ *reich, wohlhabend*
‖ ◇ adelantar (*od* anticipar) ~ *Geld vorschießen* ‖
ahorrar ~ *Geld sparen* ‖ apartar ~ *Geld
zurücklegen* ‖ cambiar el ~ *Geld wechseln* ‖
⟨figf⟩ *ohne Gewinn verkaufen* ‖ colocar ~ *Geld
anlegen* ‖ cuesta mucho ~ *es ist sehr teuer,
kostspielig* ‖ economizar ~ *Geld sparen* ‖ estar
falto de ~ *kein Geld haben, Geld brauchen* ‖
ganar ~ *Geld verdienen* (en *bei*) ‖ gastar ~ *Geld
ausgeben, verausgaben, auslegen* ‖ hacer ~ a/c
e–e Sache (zu) Geld machen, versilbern ‖ el ~
hace hombre ⟨Spr⟩ *Geld macht den Mann* ‖ el ~
no hace la felicidad (pero da un gran consuelo)
⟨Spr⟩ *Geld (allein) macht nicht glücklich(, aber
es beruhigt)* ‖ ~ llama ~ *wo Geld ist, kommt
Geld* ‖ malgastar ~ *verschwenderisch mit (dem)
Geld umgehen* ‖ pagar en ~ *bar bezahlen* ‖ perder
~ *Geld verlieren* ‖ poner ~ *Geld einlegen,
hineinstecken* ‖ prestar ~ *Geld leihen (auf* acc) ‖
producir ~ *Geld einbringen* ‖ *einträglich sein* ‖
tener ~ *reich sein* ‖ tener necesidad de ~ *Geld
brauchen* ‖ no tener ~ *nicht bei Kasse sein* ‖
tomar prestado (*od* a préstamo) ~ *Geld
aufnehmen* ‖ **~s** *mpl Geld* n ‖ ~ en tránsito
durchlaufende Gelder npl ‖ ◇ los ~ del sacristán,
cantando se vienen y cantando se van ⟨Spr⟩ *wie
gewonnen, so zerronnen*

dineroso adj *reich, wohlhabend*

dingo m ⟨Zool⟩ *Dingo* m (Canis familiaris
dingo)

dingolondangos mpl ⟨fam⟩ *Hätschelei* f,
Koseworte npl ‖ *Zärtlichkeiten* fpl ‖ ⟨fam⟩
Papperlapapp, Larifari n, *Mätzchen* npl

dink [*pl* ~s] *m Doppelverdiener* mpl
¹dino adj ⟨pop⟩ → **digno**
²dino *m Kurzform für* **Dinosaurier**
dinornis *m* ⟨V⟩ *Dinornis, Moa* m (Dinornis spp) *(ausgestorbener Riesenlaufvogel Neuseelands)*
dino|saurio *m* [Paläozoologie] *Dinosaurier* m ‖ **–terio** *m Dinotherium* n
dintel *m* ⟨Arch Zim⟩ *Oberschwelle* f, *Tür- bzw Fenster|sturz* m ‖ ◆ en el ~ *in der Tür, eintretend* ‖ (→ *auch* **umbral**)
dintorno *m Aussehen* n, *Form* f ‖ *Umriss* m, *Figur* f
△ **diñao** *m Würfel* m
diñar, diñelar vt [Zigeunersprache] *geben* ‖ *sterben,* ⟨pop⟩ *abkratzen, krepieren, ins Gras beißen* ‖ ◇ ~la *(fam) Pech haben* ‖ *sterben,* ⟨pop⟩ *krepieren* ‖ diñársela a uno *jdn prellen*
dio → **dar**
diocesano adj *Diözesan-, diözesan* ‖ ~ *m Diözesan* m ‖ (obispo) ~ *Diözesanbischof* m
diócesi(s) *f Diözese* f, *(Kirch)Sprengel* m ‖ ~ sede plena *besetzte Diözese* f ‖ ~ sede vacante *unbesetzte Diözese* f
diocleciano adj *diokletianisch* ‖ ~ *m* ⟨Hist⟩ *Diokletian* m
diodo, díodo *m* ⟨Phys⟩ *Diode* f
diodonte *m* ⟨Fi⟩ *Igelfisch* m (Diodon hystrix)
dioecia *f* ⟨Bot⟩ *Zweihäusigkeit, Diözie* f
Diógenes *m* np *Diogenes* m
dioico adj ⟨Bot⟩ *zweihäusig, diözisch*
dionea *f* ⟨Bot⟩ *Venusfliegenfalle* f (Dionaea muscipula)
Dionisia, ⟨fam⟩ **Dio** *f* np *Dionysia* f
dionísico, dionisiaco adj *dionysisch, auf Bacchus bezüglich*
Dionisio *m* ⟨Myth⟩ *Dionysos* m ‖ np *Dionys(ius)* m
di|optra *f Durchsichtsucher* m, *Diopter* n ‖ **–optría** *f* ⟨Opt⟩ *Dioptrie* f *(SI-Einheit der Brechkraft)* ‖ **–óptrica** *f Strahlenbrechungskunde, Lehre f von der Lichtbrechung, Dioptrik* f ‖ **–óptrico** adj *dioptrisch*
diorama *m Diorama, Guckkastenbild* n
diorita *f* ⟨Min⟩ *Diorit* m
Dios, ~ *m Gott* m ‖ *Gottheit* f, *Götterbild* n ‖ *Abgott, Götze* m, *Götzenbild* n ‖ *heidnischer Gott* m ‖ ⟨Kath⟩ *die Sterbesakramente* npl ‖ el ~ *ciego* ⟨fig⟩ *Amor* m ‖ ~ *delante mit Gottes Hilfe* ‖ *so Gott will* ‖ ~ *Hombre der menschgewordene Gott, der Gottmensch, Jesus Christus* m ‖ el ~ *Momo* ⟨fig⟩ *(Prinz) Karneval* m ‖ ~ *mediante mit Gottes Hilfe* ‖ *so Gott will* ‖ ~ *Padre Gottvater* ‖ ~ del vino *Weingott* m ‖ ◆ a la de ~ *(es Cristo)* ⟨fam⟩ *mir nichts, dir nichts, rücksichtslos* ‖ a la buena de ~ ⟨fam⟩ *offenherzig* ‖ *aufs Geratewohl, ins Blaue hinein* ‖ a los necios od bobos se les aparece la Madre de ~ ⟨fig⟩ *die dümmsten Bauern haben die dicksten Kartoffeln* ‖ como ~ ⟨fam⟩ *voll|kommen, -endet* ‖ en este mundo de ~ *in dieser Gotteswelt* ‖ en nombre de ~ *im Namen Gottes* ‖ para él no hay más ~ que eso *das ist sein ein und alles, für ihn gibt es nichts anderes (als das)* ‖ ¡por amor de ~! um Gottes willen! ‖ ¡por ~! *bei Gott! (Schwurformel)* ‖ *um Gottes willen! aber ich bitte Sie!* ‖ por (la) gracia de ~ *von Gottes Gnaden* ‖ sin encomendarse a ~ ni al diablo ⟨fig⟩ *ohne Überlegung, wild drauflos* ‖ *unverzagt* ‖ *mir nichts, dir nichts* ‖ ◇ armar la de ~ *(es Cristo)* ⟨fam⟩ *e–n Mordsradau machen* ‖ se armó la de ~ *(es Cristo)* ⟨fam⟩ *da brach die Hölle los* ‖ la injusticia clama a ~ *die Ungerechtigkeit schreit zum Himmel* ‖ cumplir con ~ *s–e religiösen Pflichten erfüllen* ‖ dar por ~ ⟨fig⟩ *Almosen geben* ‖ *umsonst geben* ‖ darse a

~ y a (todos) los santos *zu allen Heiligen flehen* ‖ *sehr besorgt sein* ‖ ⟨iron⟩ *wild fluchen* ‖ como ~ le dé a entender *so gut er's (sie's) eben kann* ‖ ~ dirá *das wird s. schon zeigen* ‖ *das liegt in Gottes Hand* ‖ dejarlo a ~ *es Gott befohlen sein lassen* ‖ descreer en ~ *Gott verleugnen, Gott abschwören* ‖ estar de ~ *e–e Fügung Gottes sein* ‖ gozar de ~, estar con ~ *im Himmel sein, zur ewigen Seligkeit eingegangen sein* ‖ *gestorben sein* ‖ el rey que ~ guarde *der König, den Gott schütze (Formel)* ‖ que de ~ goce, que ~ haya *den Gott selig habe* ‖ hablar con ~ ⟨fig⟩ *beten* ‖ ~ le habló *es war e–e Eingebung Gottes* ‖ ir por ~ *betteln* ‖ ~ se lo ha llevado, ~ lo ha llamado *Gott hat ihn zu s. gerufen, er ist gestorben* ‖ llueve de ~ ⟨fam⟩ *es regnet mächtig* ‖ como ~ manda *wie es s. gehört,* ⟨fam⟩ *anständig* ‖ miente más que da por ~ *er lügt, dass s. die Balken biegen, er lügt wie gedruckt* ‖ pedir por ~ *betteln* ‖ poner a ~ por testigo *Gott zum Zeugen anrufen (für et. acc)* ‖ ponerse (a) bien con ~ ⟨fig⟩ *s. mit Gott versöhnen, beichten* ‖ queriendo ~, si ~ quiere *so Gott will* ‖ recibir a ~ *kommunizieren* ‖ renegar de ~ *Gott leugnen, Gott abschwören* ‖ sabe ~ *Gott weiß* ‖ *es mag sein, vielleicht* ‖ ~ sabe que ... *Gott ist mein Zeuge, dass ...* ‖ lo sabe todo ~ ⟨fam⟩ *jeder weiß es* ‖ tratar a ~ de tú *allzu unverfroren sein (bes. mit Höhergestellten)* ‖ ~ es grande *Gott ist groß (als Trost)* ‖ como ~ sea *(od si ~ es, siendo ~)* servido *so Gott will* ‖ donde ~ es servido ⟨fam⟩ *wo s. die Füchse gute Nacht sagen, sehr weit weg, irgendwo* ‖ si ~ es servido *wenn Gott will* ‖ no servir a ~ ni al diablo *zu gar nichts taugen* ‖ tentar a ~ ⟨fig⟩ *Gott versuchen* ‖ que ~ tiene *dessen Seele bei Gott ist* ‖ ~ le tiene de su mano ⟨fig⟩ *Gott steht ihm bei* ‖ ¡~ me ha venido a ver! *welch ein (unerwartetes) Glück!* ‖ vivir como ~ ⟨fam⟩ *wie Gott in Frankreich leben* ‖ los "sin ~" ⟨Pol⟩ *die Gottlosen* mpl
¡~ (mío)! *Gott! o Gott! (Staunen, Schrecken usw.)* ‖ ¡~ amanezca a Vd. con bien! *(fam) viel Glück auf morgen!* ‖ ¡ ~ nos asista! *Gott stehe uns bei!* ‖ *um Gottes (um Himmels) willen!* ‖ ¡ay ~! *mein Gott!* ‖ ¡ay, ~ mío! *ach, mein Gott!* ‖ ¡~ te ayude! *helf' Gott! wohl bekomm's! (beim Niesen)* ‖ ¡~ te bendiga! *Gott segne dich!* ‖ ¡bendito sea ~! *Gott befohlen!* ⟨fam⟩ *um Gottes willen!* ‖ ¡~ nos coja confesados! *Gott stehe uns bei!* ‖ ¡~ te la depare buena! ⟨fam⟩ *wir wollen das Beste hoffen!* ‖ ¡~ te guarde! *Gott schütze dich!* ‖ *das wollen wir hoffen!* ‖ ¡~ nos libre! *Gott steh' uns bei!* ‖ ¡~ te oiga! *der Herr erhöre dich! dein Wort in Gottes Ohr! hoffentlich!* ‖ *das wollen wir hoffen!* ‖ ¡~ se lo pague! *vergelt's Gott!* ‖ ¡quiera ~! *wollte Gott!* ‖ ¡no lo quiera ~! *Gott steh mir bei! um Gottes willen!* ‖ ¡behúte ~! *Gott bewahre!* ‖ ¡~ nos tenga de su mano! *Gott stehe uns bei!* ‖ ¡válgame ~! → *no lo quiera ~!* ‖ ◆ ¡a ~! *mit Gott! lebe wohl! Gott befohlen!* ⟨fam⟩ *das ist e–e schöne Bescherung!* ‖ ¡a ~ con la colorada! *(fam) mit Gott! (Abschiedsgruß)* ⟨fam⟩ *damit ist es aus!* ‖ ¡a ~, y veámonos! *auf baldiges Wiedersehen!* ‖ ¡alabado sea ~! *gottlob!* ‖ ¡sea Gott gelobt! *gelobt sei Jesus Christus! (Gruß beim Eintreten)* ‖ ⟨fam⟩ *um Gottes willen!* ‖ ◇ ¡anda con ~! *mit Gott! (Abschiedsgruß)* ‖ ¡aquí de ~! *¡como hay ~! ¡así ~ me salve! bei Gott! (Schwurformel)* ‖ ¡así ~ me asista! *od me ayude* ⟨Jur⟩ *so wahr mir Gott helfe (Schwurformel)* ‖ ¡como ~ está en los cielos! *das schwör ich bei Gott! so wahr es e–n Gott im Himmel gibt!* ‖ ¡estaba de ~! *Gott hat es gewollt! es war e–e Fügung Gottes!* ‖ ¡ira de ~! *Gott steh' uns bei!* ‖ ¡plegue (od pluguiera) a ~!

wollte Gott! ‖ ¡quédate con ~! *lebe wohl!* ‖ ¡vaya con ~! *Gott befohlen!* ‖ *das walte Gott!* ‖ ⟨fam⟩ *hören Sie damit auf!* ‖ ⟨fam⟩ *nicht im Traum!* ‖ ¡vaya por ~! *wie Gott will!* ‖ ⟨fam⟩ *stell dir vor!, es ist nicht zu fassen!* ‖ ¡vaya bendito de ~! *leben Sie wohl!* ‖ ⟨fig⟩ *nun gehen Sie schon endlich!* ‖ ¡venga ~ y lo vea! *das ist himmelschreiend!* ‖ ¡vete con ~! *Gott mit dir!* ‖ ¡vive ~! *so wahr Gott lebt! bei Gott!* ‖ ⟨pop⟩ *verdammt noch mal!* ‖ ¡voto *(od* juro) a ~! *ich schwöre zu Gott!* ‖ a ~ rogando, y con el mazo dando ⟨Spr⟩ *hilf dir selbst, so hilft dir Gott!* ‖ a quien ~ no le dio hijos, el diablo le dio sobrinos ⟨Spr⟩ *wem Gott k–n Sohn gegeben hat, dem gibt der Teufel e–n Neffen* ‖ ~ aprieta, pero no ahoga ⟨Spr⟩ *Gott lässt sinken, aber nicht ertrinken* ‖ ~ los cría y ellos se juntan ⟨Spr⟩ *gleich und gleich gesellt s. gern* ‖ **~es** *mpl heidnische Götter* mpl ‖ *Götzen* mpl ‖ ~ caseros *od* domésticos *od* familiares *Hausgötter* mpl ‖ los ~ de la tierra ⟨figf⟩ *die Großen der Erde*

diosa *f Göttin* f ‖ ⟨fig⟩ *Götterweib* n

dioscuros *mpl* ⟨Myth⟩ *Dioskuren* mpl *(Kastor und Pollux)*

diosdará *m* Col → **diostedé**

diostedé *m* ⟨V⟩ *Tukan* m (Rhamphastos sp)

diotocardios *mpl* ⟨Zool⟩ *Urschnecken* fpl (Diotocardia)

dióxido *m* ⟨Chem⟩ *Dioxid* n

dioxina *f* ⟨Chem⟩ *Dioxin* n

dipétalo adj ⟨Bot⟩ *zweiblätt(e)rig*

diplejía *f* ⟨Med⟩ *Diplegie, beidseitige Lähmung* f

diplobacilo *m* ⟨Bact⟩ *Diplobazillus* m

diplococo *m* ⟨Bact⟩ *Diplokokkus* m

diplodoco *m* [Paläozoologie] *Diplodokus* m

diplo|ma *m Diplom, Patent* n ‖ *(Schul)Zeugnis* n ‖ *Reifezeugnis* n ‖ *Ernennungsbrief* m ‖ *Bestallungsurkunde* f ‖ ~ de bachillerato *Abiturzeugnis* n ‖ *Reifezeugnis* n ‖ ~ de honor *Ehrenurkunde* f ‖ ~ con mención honorífica *Zeugnis* n *mit Auszeichnung* ‖ **–macia** *f Diplomatie* f ‖ *diplomatische Kreise* mpl ‖ ⟨figf⟩ *Gewandtheit, Politik* f ‖ ⟨figf⟩ *Verhandlungsgeschick* n ‖ ⟨figf⟩ *schlaue Berechnung* f ‖ **–mado** adj *diplomiert* ‖ *staatlich geprüft* ‖ *mit e–m akademischen Grad* ‖ *Diplom-* ‖ **–mar** vt Arg *diplomieren, e–n akademischen Grad erteilen*

diplomáti|ca *f Diplomatik, Urkundenlehre* f ‖ → auch **diplomacia** ‖ **–camente** adv *diplomatisch* ‖ **–co** adj *diplomatisch, staatsmännisch* ‖ *urkundlich* ‖ ⟨fig⟩ *schlau, gerieben, diplomatisch* ‖ *Diplom-* ‖ ~ *m Diplomat* m (& fig) ‖ ~ de carrera *Berufsdiplomat* m

diplomatura *f* Span *Abschluss* m *e–s dreijährigen Studiums (an e–r escuela universitaria)* ‖ Span *Diplomstudiengang* m *(entspricht nicht dem deutschen Diplom)*

diplopía *f* ⟨Med⟩ *Diplopie* f, *Doppeltsehen* n

dipnoos *mpl* ⟨Fi⟩ *Lungenfische* mpl (Dipnoi)

dipodia *f* ⟨Poet⟩ *Dipodie* f *(Verschmelzung zweier Versfüße)*

dípodo adj *zwei|beinig, -füßig* ‖ *dipodisch*

dipolo, dípolo *m* ⟨El⟩ *Dipol* m

dipsa *f* Fil ⟨Zool⟩ *Dipsaschlange* f

dip|somanía *f Dipsomanie, Trunksucht* f ‖ **–somaníaco, –sómano** adj *trunksüchtig, dipsomanisch* ‖ ~ *m:* ~ intermitente *Quartalssäufer* m

díptero adj *zweiflüg(e)lig* ‖ ~ *m* ⟨Arch⟩ *Gebäude* n *mit doppelter Säulenreihe, Dipteros* m ‖ **~s** *mpl* ⟨Ins⟩ *Zweiflügler* mpl, *Dipteren* pl (Diptera)

díptica *f* ⟨Hist Rel⟩ *Diptychon* n, *Klappschreibtafel* f

dípticas *fpl* ⟨Kath⟩ *Bischofs- od Spender|liste* f *(e–r Diözese)*

díptico *m* ⟨Mal⟩ *Diptychon* n

dipton|gación *f* ⟨Gr⟩ *Diphthongierung* f ‖ **–gar** [g/gu] vt *diphthongieren* ‖ **–go** *m Diphthong, Zwielaut, Doppelvokal* m

dipu|tación *f Abordnung, Deputation* f ‖ *Abgeordnetenversammlung* f ‖ *Dauer* f *e–s Mandats* ‖ Mex *Rat-, Gemeinde|haus* n ‖ ~ provincial etwa: *Provinzial|landtag od -rat* m ‖ **–tada** *f Abgeordnete* f ‖ **–tado** *m Abgeordnete(r)* m ‖ ~ por Sevilla *Abgeordnete(r)* m *von Sevilla* ‖ ~ a Cortes *Abgeordnete(r)* m *bei den Cortes* ‖ ~ provincial etwa: *Abgeordnete(r)* m *im Provinzial|landtag od -rat* ‖ **–tar** vt *ab|ordnen, -senden, delegieren* ‖ *als Vertretung wählen* ‖ *ins Parlament* (bzw *in den Provinzialrat usw.) entsenden* ‖ *ernennen* ‖ *erachten, halten* (como *für*) ‖ *bestimmen* (para *für*) ‖ ◊ yo lo diputo apto *ich halte ihn für geeignet*

dique *m Damm, Deich* m ‖ ⟨Mar⟩ *Dock* n ‖ ⟨fig⟩ *Hindernis* n, *Damm* m ‖ ~ de carena *Trockendock* n ‖ ~ flotante, ~ de marea *Schwimmdock* n ‖ ~ de protección *Schutzdeich* m ‖ ~ seco *Trockendock* m ‖ ◊ alzar un ~ ⟨fig⟩ *e–e Schranke errichten* (contra *gegen*) ‖ poner ~ a algo *e–r Sache Einhalt tun* dat

diquelar vt/i [Zigeunersprache] *sehen, blicken* ‖ *kapieren, spannen* ‖ *durchschauen*

dire *m Kurzform für* **director**

diré → **decir**

¹dirección *f Richtung* f ‖ *Richtweg* m ‖ *Fahrtrichtung* f ‖ ~ de la marcha *Marschrichtung* f ‖ ◆ en ~ horizontal (perpendicular) *in waag(e)rechter (senkrechter) Richtung* ‖ ◊ cambiar de ~ *die Richtung ändern* ‖ salir con ~ a España *nach Spanien abreisen* ‖ tomar la ~ *die Richtung einschlagen* (de *nach*)

²dirección *f Leitung, Führung* f ‖ *Verwaltung* f, *Vorstand* m *(e–s Vereins usw.)* ‖ *Oberaufsicht* f ‖ *Geschäftsleitung, Direktion* f ‖ *Direktorium* n ‖ *Beratung* f, *Rat* m, *Anleitung, Belehrung* f ‖ ⟨Auto⟩ *Lenkung, Steuerung* f ‖ ~ artística ⟨Film Th⟩ *künstlerische Leitung, Spielleitung, Regie* f ‖ asistida ⟨Auto⟩ *Servolenkung* f ‖ ~ de la causa ⟨Jur⟩ *Sachleitung* f ‖ ~ a distancia ⟨Tech⟩ *Fernlenkung* f ‖ de una empresa *Geschäfts- od Betriebs|leitung* f ‖ ~ General ⟨Span⟩ etwa: *Hauptabteilung* f *in e–m Ministerium* ‖ ◆ bajo la ~ de … (& Mus) *unter der Leitung von …* ‖ ◊ asumir la ~ *die Leitung übernehmen* ‖ conferir *od* confiar la ~ *die Leitung übertragen od anvertrauen* ‖ tomar la ~ → asumir la ~

³dirección *f Adresse* (& Inform)*, Anschrift, Briefaufschrift* f ‖ ~ fortuita *od* de necesidad *Notadresse* f (Wechsel) ‖ ~ telegráfica *Telegrammadresse, Drahtanschrift* f ‖ ◊ poner la ~ en una carta *e–n Brief mit der Anschrift versehen*

direccionamiento *m* (Inform) *Adressierung* f

direc|ta *f* ⟨Auto⟩ *direkter Gang* m ‖ **–tamente** adv *direkt, unmittelbar* ‖ *geradeaus* ‖ **–tiva** *f Richtlinie, Weisung, Direktive, Anleitung* f ‖ *Vorstand* m ‖ **~s** *fpl Richtlinien* fpl, *Leitsätze* mpl ‖ **–tivo** adj *leitend* ‖ *Direktions-, Leitungs-* ‖ ~ *m Vorstandsmitglied* n ‖ **–to** adj *gerade, geradlinig* ‖ *in gerader Richtung* ‖ *unmittelbar, direkt* ‖ *offen, ohne Umschweife* ‖ *direkt* (Steuern) ‖ *förmlich* ‖ ~ *m Gerade* f ⟨Boxen⟩ ‖ ~ con la *od* de derecha (izquierda) *rechte (linke) Gerade* f ‖ ~ a la mandíbula *od* barbilla *Kinnhaken* m

direc|tor adj *leitend, führend* ‖ *Leit-* ‖ ~ *m Direktor, Leiter, Vorsteher* m ‖ *Führer* m ‖ *Herausgeber* m *(e–r Zeitschrift)* ‖ ⟨Th Film⟩ *Spielleiter, Regisseur* m ‖ ~ adjunto

stellvertretender Direktor m ‖ ~ artístico ⟨Film
Th⟩ *Spielleiter, Regisseur* m ‖ ~ auxiliar → ~
adjunto ‖ ~ de escena ⟨Film Th⟩ *Regisseur* m ‖ ~
espiritual *Seelenhirt, Beichtvater, Seelsorger* m ‖
~ de estudios *Studienleiter* m ‖ ~ general
Generaldirektor m ‖ ~ gerente *Betriebsdirektor* m
‖ ~ de la(s) obra(s) ⟨Arch⟩ *Bauleiter* m ‖ ~ de
orquesta *(Orchester)Dirigent* m ‖ *Kapellmeister* m
‖ ~ de publicidad *Werbeleiter* m ‖ ~ de sucursal
Filialleiter m ‖ ~ técnico *technischer Direktor* m
‖ ~ de la tesis *Doktorvater* m ‖ **–tora** *f Leiterin,
Vorsteherin* f ‖ *Direktorin* f ‖ *Oberaufseherin* f ‖
Führerin f ‖ **–torado** *m Direktorwürde* f ‖ → auch
dirección ‖ **–toral** adj *(m/f) direktoral, Direktor-,
Leit-* ‖ **–torial** adj *(m/f) ein Direktorium
betreffend* ‖ **–torio** *m Direktorium* n,
Oberverwaltungsbehörde f ‖ *Verwaltungsrat* m ‖
span. *Direktorium* n *des Primo de Rivera
(1923–1929)* ‖ *Leitfaden* m ‖ *Richtschnur* f ‖
Adressbuch n ‖ ⟨Inform⟩ *Verzeichnis* n ‖ ⟨Hist⟩
Directoire n *(Frankreich 1795–99)* ‖ ~ militar
Militärdirektorium n
    directriz [*pl* ~**ces**] *f*/adj: *f Richtlinie* f ‖
Leitgedanke m ‖ ⟨Geom⟩ *Direktrix, Leitkurve,
Leitlinie* f ‖ *Leiterin, Direktorin* f ‖ ◇ marcar las
~ces *die Richtlinien bestimmen*
    dirham *m* [Währungseinheit] *Dirham* m
(Abk = DH)
    diría → decir
    diri|gente adj *(m/f) leitend, führend* ‖ ~ *m/f
Leiter(in* f), *Führer(in* f) m, *leitende
Persönlichkeit* f ‖ *Machthaber(in* f) m ‖ ~
estudiantil *Studentenführer* m ‖ ~ del partido
Parteiführer m ‖ ~ sindical *Gewerkschaftsführer*
m ‖ los ~s *die führenden Persönlichkeiten* fpl ‖
los ~ de la economía *die Wirtschaftsführer* mpl ‖
–gible adj *lenk-, steuer\|bar* ‖ (globo) ~ *lenkbares
Luftschiff* n ‖ **–gir** [g/j] vt *richten, lenken, wenden*
‖ *leiten, führen* ‖ ⟨Flugw⟩ *steuern* ‖ *vorstehen*
(dat) ‖ *(jdm) Weisungen geben* ‖ *an der Spitze
stehen* ‖ *in der Gewalt haben* ‖ *beaufsichtigen* ‖
(jdm) widmen (ein Druckwerk) ‖ *(zu)schicken* (a
nach) ‖ *regeln (Verkehr)* ‖ *richten, adressieren
(Brief)* (a *an* acc) ‖ ◇ ~ una arenga *e–e
Ansprache halten* ‖ ~ cartas *Briefe adressieren* (a
an acc) ‖ ~ una casa *(comercial) ein Geschäft
führen, leiten* ‖ ~ la palabra *a alg. das Wort an
jdn richten* ‖ ~ un pedido a alg. *jdm e–e Frage
vorlegen, jdn fragen* ‖ ~ el tiro ⟨Mil⟩ *feuern,
zielen* ‖ ⟨Mil⟩ *das Feuer leiten* ‖ ~**se** *s. nach e–r
Richtung* od *an jdn wenden* (dat) ‖ *s–e Schritte
lenken* (hacia *zu* dat) ‖ *s. begeben (nach* dat) ‖ ◇
~ a *od* hacia *Richtung nehmen auf* ‖ ⟨Flugw⟩ *(et.)
anfliegen* ‖ ~ a Berlín *s. nach Berlin begeben* ‖ ~
a alg. *s. an jdn wenden* ‖ ~ al portero
Erkundigungen beim Hausmeister (Aufschrift) ‖ ~
por … *s. richten nach …* (dat)
    dirigis|mo *m Dirigismus* m ‖ *Lenkung(ssystem*
n) f ‖ *Planwirtschaft* f ‖ ⟨fam⟩ *Gängelei* f ‖ ~
económico *Wirtschaftslenkung* f ‖ ~ estatal
Staatsplanung f ‖ **–ta** *m/f Vertreter(in* f) bzw
Anhänger(in f) m *der Planwirtschaft*
    dirimente adj *(m/f)* ⟨Jur⟩ *die Ehe aufhebend
(Hindernis)*
    dirimir vt *auflösen, zerstören (z. B. Ehe)* ‖
⟨Jur⟩ *entscheiden, schlichten (Frage, Streit)* ‖
⟨Jur⟩ *aufheben, trennen (Ehe, wegen e–s
Hindernisses)* ‖ ◇ ~ competencias *den
Zuständigkeitsstreit entscheiden*
    dirt-track [*pl* ~**s**] *m* ⟨Sp⟩ *Dirt-Track-Rennen,
Aschenbahnrennen* n
    dis- → auch des-
    disabor *n* Am *Unannehmlichkeit* f
    disarmonía *f Missklang* m, *Disharmonie* f
(& fig)

    disartria *f* ⟨Med⟩ *Dysarthrie* f
    disartrosis *f* ⟨Med⟩ *Dysarthrose* f
    discal adj *(m/f)* ⟨An⟩ *auf die Bandscheibe
bezüglich* ‖ *Bandscheiben-*
    discan|tar vt *rezitieren* bzw *dichten (Verse)* ‖
⟨fig⟩ *erläutern, kommentieren* ‖ **–te** *m* ⟨Mus⟩
Diskant m ‖ *Diskantgitarre* f ‖ *Gitarren-,
Mandolinen-* bzw *Streich\|konzert* n
    discapaci|dad *f* ⟨Med⟩ *Behinderung* f ‖ **–tado**
adj *behindert* ‖ ~ *m Behinderte(r)* m
    discar vi Am ⟨Tel⟩ *(e–e Nummer) wählen*
    discente adj *(m/f) lernend* ‖ ~ *m/f
Lernende(r* m) f
    ¹discernimiento *m Sonderung* f ‖
Unterscheidung f ‖ *Unterscheidungsvermögen* n ‖
Einsicht(svermögen n) f ‖ *Urteils\|kraft, -fähigkeit*
f ‖ *Verstand* m, *Überlegung* f ‖ *incapaz de* ~
unzurechnungsfähig ‖ ◇ *obrar sin* ~ *s. der
Tragweite s–r Handlungen nicht bewusst sein*
    ²discernimiento *m* ⟨Jur⟩ *gerichtliche
Bestellung* f ‖ *Ernennung* od *Bestellung zum
Vormund, Bestallung* f *e–s Vormundes*
    ¹discernir [-ie-] vt *sondern, lichten* ‖
unterscheiden, erkennen (können) ‖ *deutlich sehen*
‖ ◇ ~ de … *unterscheiden von …* ‖ *capaz de* ~
zurechnungsfähig
    ²discernir [-ie] vt ⟨Jur⟩ *gerichtlich ernennen*
od *bestellen*
    discipli|na *f Disziplin, Zucht* f ‖ *Ordensregel,
Satzung* f ‖ *Klosterzucht, Beobachtung* f *der
Regel* ‖ *Geißel, Zuchtrute* f *(zum Kasteien)* (bes.
pl) ‖ *Geißelung* f ‖ *Disziplin, Lehre, Wissenschaft*
f, *Fach* n ‖ ~ castrense *militärische Disziplin,
soldatische Zucht* f ‖ ~ férrea *eiserne Disziplin* f
‖ ~ militar → ~ castrense ‖ ~ de partido ⟨Pol⟩
Parteidisziplin f ‖ **–nable** adj *(m/f) fügsam,
folgsam* ‖ **–nado** adj *diszipliniert, an Zucht und
Sitte gewohnt* ‖ *streng erzogen* ‖ ⟨Mil⟩ *an
Manneszucht gewöhnt* ‖ *ge\|ordnet, -regelt* ‖ ⟨Bot⟩
gesprenkelt ‖ **–nal** adj *Zucht-* ‖ **–nante** *m Büßer*
(bei kirchlichen Umgängen) ‖ **–nar** vt *an Zucht
gewöhnen* ‖ *in Zucht nehmen (bzw halten),
disziplinieren* ‖ *maßregeln* ‖ *unterrichten* ‖ *geißeln*
‖ ⟨Mil⟩ *an Manneszucht gewöhnen* ‖ *unterweisen,
abrichten* ‖ ~**se** *s. an Zucht und Sitte gewöhnen,
Disziplin annehmen* ‖ ⟨Kath⟩ *s. kasteien, s.
geißeln* ‖ **–nario** adj *disziplinarisch, Disziplinar-* ‖
–nazo *m Schlag* m *mit der Geißel* od *der
Zuchtrute*
    discípu|la *f Schülerin* f ‖ *Jüngerin* f ‖
Schülerschaft f, *Schüler* mpl ‖ **–lo** *m Schüler* m ‖
Lehrling m ‖ *Jünger, Anhänger* m *(e–r Lehre)* ‖ ~
de Caco ⟨fam⟩ *Dieb* m ‖ ⟨fig⟩ *Schüler* m *(e–s
großen Meisters)* ‖ ⟨fig⟩ *Anhänger* m
    disc-jockey [*pl* ~**s**] *m Diskjockey* m
    ¹dis|co *m Scheibe, Fläche* f ‖ ⟨Sp⟩ *Diskus* m ‖
⟨Astr⟩ *Mond-, Sonnen\|scheibe* f ‖ *Pendellinse* f
(an der Uhr) ‖ ⟨Bot⟩ *Blattfläche* f ‖
Schildnummerntafel f (e–s Straßenbahnwagens) ‖
⟨Tel⟩ *Nummern-, Wähl\|scheibe* f ‖ ⟨StV⟩
(Verkehrs)Ampel f ‖ *Schallplatte* f ‖ ⟨figf⟩
langweilige Rede f ‖ (figf) *s. ewig wiederholendes
Gerede* n, ⟨fam⟩ *ewige Leier* f ‖ ~ compacto
Compact Disc f ‖ ~ de larga duración
Langspielplatte f ‖ ~ duro ⟨Inform⟩ *Festplatte* f ‖
~ de embrague ⟨Auto⟩ *Kupplungsscheibe* f ‖ ~
de estacionamiento ⟨StV⟩ *Parkscheibe* f ‖ ~
estereofónico *Stereoplatte* f ‖ ~ de excéntrica
Exzenterscheibe f ‖ ~ giratorio *Drehscheibe* f ‖
Wendescheibe f ‖ ~ de gramófono
Grammofonplatte f ‖ ~ hablado *Sprechplatte* f ‖ ~
intervertebral ⟨An⟩ *Bandscheibe* f ‖ ~ de llamada
⟨Tel⟩ *Nummern-, Wähl\|scheibe* f ‖ ~ magnético
⟨Inform⟩ *Diskette* f ‖ ~ microsurco
Langspielplatte f ‖ ~ rígido ⟨Inform⟩ *Festplatte* f

‖ ~ selector → ~ de llamada ⟨Tel⟩ *Nummern-,
Wähl\scheibe* f ‖ ~ sencillo *Single* f ‖ ~ de
señal(es) ⟨EB⟩ *Signalscheibe* f ‖ ⟨EB⟩ *Befehlsstab*
m ‖ ~ de la tinta ⟨Typ⟩ *Farbteller* m ‖ ◇ *cambiar
el ~ die Platte wechseln* (& fig) ‖ ¡*pon otro* ~!
leg(e) e–e andere Platte auf! (& fig)
²disco f *Kurzform für* **discoteca**
discóbolo m ⟨Hist⟩ *Diskuswerfer* m
discófilo m *Platten\fan, -liebhaber* m
disco\grafía f *Anfertigung* f *von Spielplatten* ‖
Plattenverzeichnis n *(e–s Künstlers)* ‖ **–logía** f
Diskologie f
dis\coidal, –coide adj *(m/f)* ⟨Bot Tech Zool⟩
scheiben\rund, -ähnlich, -förmig, diskoidal
discolia f ⟨Med⟩ *Entartung* f *der Galle*
díscolo adj/s *schwer zu bändigen(d),
widerspenstig* ‖ *ausgelassen, un\gezogen, -geraten
(Kind)*
discoloro adj ⟨Bot⟩ *zweifarbig (Blatt)*
discomicetos mpl ⟨Bot⟩ *Scheibenpilze,
Diskomyzeten* mpl (Discomycetes *pl*)
disconfor\me adj *(m/f) nicht einverstanden* ‖
uneins ‖ *nicht passend* ‖ **–midad** f
Nichteinverständnis n ‖ *Uneinigkeit* f ‖
Disharmonie f
disconti\nuar [*pres* ~úo] vt *unterbrechen* ‖
–nuidad f *Unterbrechung* f ‖
Zusammenhang(s)losigkeit f ‖ *Ungleichförmigkeit*
f ‖ *Diskontinuität* f ‖ ⟨Math⟩ *Unstetigkeit* f ‖ **–nuo**
adj *unterbrochen, unzusammenhängend* ‖
zusammenhang(s)los, abreißend ‖ ⟨Math⟩ *unstetig,
diskret, diskontinuierlich*
discor\dado adj ⟨Mus⟩ *verstimmt* ‖ **–dancia** f
Miss\ton, -klang m, *falsche Stimmung* f ‖
Abweichung f ‖ *Meinungsverschiedenheit* f ‖ ⟨fig⟩
Misston m ‖ *Missverhältnis* n ‖ *Unvereinbarkeit* f
‖ ⟨Geol⟩ *Diskordanz* f ‖ **–dante** adj *(m/f)
abweichend, unähnlich* ‖ *unharmonisch* (& fig) ‖
misstönend ‖ ◇ *dar la nota* ~ ⟨fig⟩ *die Harmonie
stören, e–n Misston bringen* (en in acc) ‖ **–dar**
[-ue-] vi *uneinig sein* ‖ *verschieden, ungleich sein*
‖ *nicht übereinstimmen* (de *mit*) ‖ *nicht
zusammenpassen* ‖ *verschiedener Meinung sein* ‖
⟨Mus⟩ *nicht stimmen, verstimmt sein,
disharmonisch klingen* ‖ **–de** adj *(m/f) uneinig,
nicht einstimmig* ‖ ⟨Mus⟩ *verstimmt* ‖ *misstönend,
disharmonisch* ‖ **–dia** f *Zwietracht, Uneinigkeit* f ‖
Zwist, Hader m ‖ *Meinungsverschiedenheit* f ‖
tercero en ~ *Schlichter, Obmann* m *(e–s
Schiedsgerichts)*
discote\ca f *Schallplattensammlung* f ‖
Schallplattenschrank m ‖ *Schallplattenarchiv* n ‖
Diskothek f (& *Lokal*) ‖ **–quero** adj *der gern und
oft in die Diskothek geht*
discrasia f ⟨Med⟩ *Dyskrasie* f (& *Hist*)
discre\ción f *Klugheit, Urteilskraft* f, *Verstand,
Scharfsinn* m ‖ *Feingefühl* n, *Takt* m, *Diskretion* f
‖ *(taktvolle) Zurückhaltung* f ‖ *Verschwiegenheit,
Diskretion* f ‖ *Umsicht* f ‖ *Mäßigkeit* f ‖ *Witz,
Geist* m ‖ *Gutdünken, Belieben* n ‖ ◆ a ~ *nach
Belieben, nach Herzenslust* ‖ *der Willkür
preisgegeben* ‖ *bloßgestellt* ‖ ¡a ~! ⟨Mil⟩ *rührt
euch!* ‖ *bajo* ~ *vertraulich* ‖ *con* ~ *umsichtig,
mäßig* ‖ *mit Takt, vorsichtig, diskret (Gebrauch)* ‖
◇ *obrar con* ~ *diskret vorgehen* ‖ *taktvoll
handeln* ‖ *Verschwiegenheit üben* ‖ *rendirse a* ~
⟨Mil⟩ s. *auf Gnade und Ungnade ergeben* ‖ *puede
Vd. contar con nuestra completa* ~ *Sie können
auf unsere völlige Verschwiegenheit rechnen* ‖
–cional adj *(m/f) beliebig* ‖ *dem freien Ermessen
überlassen* ‖ [öffentliches Verkehrsmittel] *nach
Bedarf fahrend* bzw *haltend*
discre\pancia f *Nichtübereinstimmung* f,
Unterschied m, *Abweichung, Ungleichheit* f ‖
Meinungsverschiedenheit f ‖ *Diskrepanz* f ‖

⟨Tech⟩ *Abweichung* f ‖ ~ *de pareceres
Meinungsverschiedenheit* f ‖ **–pante** adj *(m/f)
abweichend, nicht übereinstimmend* ‖
auseinandergehend ‖ *diskrepant* ‖ *nemine* ~ ⟨lat⟩
einstimmig ‖ **–par** vi *ungleich, verschieden sein* ‖
abweichen (de *von*) ‖ *uneinig sein (Meinungen)*
discre\tear vi ⟨joc⟩ *witzig reden, witzeln* ‖
heimlich flüstern, zischeln ‖ (desp) *geistreicheln* ‖
–teo vi *Witzeln* n, *Geistreichelei* f ‖ *heimliches
Flüstern, Zischeln* n ‖ **–tivo** adj *unterscheidend* ‖
beiläufig ‖ **–to** adj *klug, verständig* ‖ *geistreich,
scharfsinnig, witzig* ‖ *beredt* ‖ *schön, gut
geschrieben* ‖ *verschwiegen* ‖ *(taktvoll)
zurückhaltend, diskret* ‖ *unauffällig* ‖ *behutsam* ‖
⟨Math⟩ *diskret, unstetig* ‖ ◇ *hacer uso* ~ *de un
informe von e–r Auskunft diskreten Gebrauch
machen* ‖ ~ m ⟨Kath⟩ *Stellvertreter* m *e–s
Ordensoberen*
¹discriminación f *Herab\setzung, -würdigung,
unterschiedliche Behandlung* f ‖ *Diskriminierung*
f (meist desp) ‖ ~ *racial Rassendiskriminierung* f
²discriminación f *Unterscheidung* f ‖
Unterscheidungsvermögen n
¹discriminador adj *herab\setzend, -würdigend*
‖ *diskriminierend*
²discriminador adj *Unterscheidungs-
discriminante* f ⟨Math⟩ *Diskriminante* f
¹discriminar vt *herab\setzen, -würdigen,
unterschiedlich behandeln* ‖ *diskriminieren*
²discriminar vt *unterscheiden*
discriminatorio adj *diskriminierend*
discul\pa f *Entschuldigung, Rechtfertigung* f ‖
Ausrede f ‖ ~s *necias dumme Ausreden* fpl ‖ ◆ *en
(favor de) mi* ~ *zu m–r Entschuldigung* ‖ *en tono
de* ~ *als Entschuldigung* ‖ ◇ ¡*no hay* ~s! *es gibt
k–e Entschuldigung!* ‖ *no tener* ~ *unentschuldbar
sein* ‖ **–pable** adj *(m/f) verzeihlich, entschuldbar,
zu entschuldigen(d)* ‖ **–pablemente** adv
verzeihlicherweise ‖ **–padamente** adv *auf
verzeihliche Art, aus verzeihlichen Gründen* ‖
–par vt *rechtfertigen, entschuldigen* ‖ *verzeihen* ‖
Nachsicht haben mit ‖ ◇ ~ (de) *una falta e–n
Fehler entschuldigen* od *entschuldigen* ~ *algo et.
entschuldigen (por mit)* ‖ ~ a *alg.* (de) *una falta
jdm e–n Fehler verzeihen* ‖ *jdn wegen e–s Fehlers
entschuldigen* ‖ ~ *con el maestro bei dem Lehrer
entschuldigen* (en *im Schüler*) ‖ **~se** s.
entschuldigen ‖ s. *ausreden* ‖ ◇ ~ *con* od *ante
alg. de* od *por algo s. bei jdm für et.* (od *wegen
et.*) *entschuldigen* ‖ ~ *con la visita s. bei dem
Besuch entschuldigen*
discu\rrible adj *(m/f) vermutlich* ‖ **–rridor** adj
erfinderisch ‖ *geschwätzig* ‖ **–rrir** vt *durch\laufen,
-gehen* ‖ *ausdenken, ausfindig machen, kommen
auf* (acc) ‖ *vermuten* ‖ *vorschlagen* ‖ ◇ ~ *un
medio ein Mittel entdecken* od *ausfindig machen* ‖
~ vi *hin und her laufen, umherlaufen* ‖
umherreisen ‖ s. *fortbewegen* ‖ *fließen, laufen
(Fluss)* (& fig) ‖ *verstreichen (Zeit)* ‖ *reden,
sprechen* ‖ s. *(miteinander) unterhalten, (e–e
Sache) besprechen* ‖ *(nach)denken, s. den Kopf
zerbrechen (sobre über* acc) ‖ ◇ *ése discurre poco
(fam) der gebraucht wenig s–n Kopf* od *Verstand*
‖ *no está mal –rrido es ist nicht unvernünftig* ‖ ~
sobre artes von der Kunst sprechen
discur\sear vi ⟨bes. iron⟩ *ein Gespräch führen*
‖ (fam) *(gern) öffentlich reden* ‖ **–sista** m/f (fam)
Schwätzer(in f), *(Viel) Redner(in* f) m ‖ **–sivo** adj
nachdenkend, überlegend ‖ *redselig* ‖ ⟨wiss⟩
schlussfolgernd, diskursiv
¹discurso m *Rede* f ‖ *Gespräch* n,
Unter\haltung, -redung f ‖ *Einfall, Gedanke* m ‖
Gedankengang m ‖ *Überlegung* f ‖ *Betrachtung* f
‖ *Abhandlung, Studie* f ‖ ~ *de apertura
Eröffnungs\ansprache* od *-rede* f ‖ ~ *de clausura*

Schluss|ansprache od *-rede* f ‖ ~ de la corona *Thronrede* f ‖ ~ directo ⟨Gr⟩ *direkte Rede* f ‖ ~ electoral *Wahlrede* f ‖ ~ encomiástico *Lobrede* f ‖ ~ forense *Rede* f *e–s Rechtsanwalts* ‖ ~ inaugural *Eröffnungs|ansprache* od *-rede* f ‖ *Antrittsrede* f ‖ ‖ ~ indirecto ⟨Gr⟩ *indirekte Rede* f ‖ ~ interminable *Dauerrede* f ‖ ~ laudatario *Lobrede* f ‖ ~ de ocasión *Gelegenheitsrede* f ‖ ~ panegírico *Lobrede* f ‖ *Panegyrikus* m ‖ ~ radiado *Rundfunk|rede, -ansprache* f ‖ ~ de recepción *Begrüßungs|ansprache, -rede* f ‖ ~ solemne *Festrede* f ‖ ~ televisado *Fernseh|rede, -ansprache* f ‖ ~ vibrante *schwungvolle Rede* f ‖ *emotionsgeladene Rede* f ‖ primer ~ *erste Rede* f ‖ *Jungfernrede* f ‖ ◇ pronunciar *od* ⟨fam⟩ echar un ~ *e–e Rede halten*
²discurso *m Urteils|kraft* f, *-vermögen* n ‖ *Vernunftsschluss* m ‖ *Satz, Ausdruck* m ‖ *Lebenslauf, Zeitraum* m ‖ *~s* mpl *geistige Fähigkeiten* fpl
³discurso *m Lebenslauf, Zeitraum* m ‖ *(Ver)Lauf* m *(des Lebens, der Zeit)*
discu|sión *f Diskussion* f ‖ *Besprechung, Unterredung, Erörterung* f ‖ *Aussprache, Beratung (im Parlament)* ‖ *Auseinandersetzung* f ‖ *Streit, Wortwechsel* m ‖ ⟨Jur⟩ *Verteidigung* f *(des Beklagten)* ‖ ~ acalorada *heftige od hitzige Diskussion* f ‖ ~ del presupuesto *Haushaltsdebatte* f ‖ ~ religiosa *Glaubensstreit* m ‖ ◇ entablar una ~ *e–e Besprechung eröffnen* ‖ entrar en discusiones *s. in Erörterungen einlassen* ‖ eso no admite ~ *darüber lässt s. nicht streiten, das ist indiskutabel* ‖ **-tible** adj *(m/f) erörterbar, bestreitbar ‖ zweifelhaft, fraglich ‖ anfechtbar ‖ diskutabel* ‖ ◇ eso es ~ *darüber lässt s. reden ‖ darüber kann man streiten* ‖ **-tido** adj *umstritten* ‖ **-tidor** *m Rechthaber* m ‖ *(leidenschaftlicher) Diskutierer* m ‖ **-tir** vt/i *diskutieren ‖ besprechen, erörtern ‖ s. auseinander setzen (con mit)* ‖ *untersuchen, prüfen ‖ widersprechen (dat) ‖ in Abrede stellen, bestreiten* ‖ ◇ ~ con acaloramiento *erhitzt debattieren* ‖ ~ una cuenta *die Richtigkeit e–r Rechnung bestreiten* ‖ ~ una cuestión *e–e Frage erörtern* ‖ ~ vi *diskutieren ‖ sprechen, streiten, verhandeln (sobre über* acc) ‖ ~ a fondo *ausdiskutieren* ‖ *~se besprochen werden* ‖ ◇ la obra ha sido muy *–tida das Werk ist stark umstritten*
dise|cación *f* → **disección** ‖ **-cador** *m* → **disector** ‖ **-car** [c/qu] vt ⟨An⟩ *sezieren* ‖ *zer|schneiden, -legen ‖ präparieren (Tiere, Pflanzen) ‖ ausstopfen (Tiere)* ‖ ⟨Bot⟩ *(Blumen, Pflanzen) trocknen, zerlegen* ‖ ⟨fig⟩ *plagen, quälen* ‖ ⟨fig⟩ *genauestens untersuchen*
disec|ción *f* ⟨An⟩ *Sektion* f, *Sezieren* n ‖ *Zer|schneidung, -legung* f ‖ ⟨fig⟩ *genaueste Untersuchung* f ‖ **-tor** *m* ⟨An Med⟩ *Prosektor* m ‖ *Präparator* m *(für Tiere und Pflanzen)*
disemi|nación *f Ausstreuung, Verbreitung* f ‖ *Dissemination* f ‖ (no) ~ de armas atómicas *(Nicht)Weiterverbreitung* f *von Kernwaffen* ‖ **-nado** adj *ver|streut, -teilt (por über* acc) ‖ ⟨Bgb⟩ *eingesprengt)* ‖ **-nador** adj *verbreitend* ‖ ~ *m Verbreiter* m ‖ **-nar** vt *umher-, aus-, zer|streuen* ‖ ⟨fig⟩ *verbreiten* ‖ *~se zerstreut werden*
disensión *f Misshelligkeit, Meinungsverschiedenheit* f ‖ ⟨Jur⟩ *Dissens* m ‖ ⟨fig⟩ *Uneinigkeit* f, *Zwist, Streit* m ‖ *Verfeindung* f ‖ *Unfrieden* m
disen|so *m Dissens* m *(& Jur)* ‖ → **-timiento**
disen|tería *f* ⟨Med⟩ *Dysenterie, Ruhr* f ‖ ~ amíbica *Amöbenruhr* ‖ ~ bacilar *Bakterienruhr* f ‖ **-térico** adj *dysenterisch, ruhrartig*
disen|so, –timiento *m Nichtzustimmung* f ‖ *Meinungsverschiedenheit* f ‖ ⟨Jur⟩ *Dissens* m ‖

–tir [ie/i] vi *anderer Meinung sein (de als* nom), *nicht zustimmen (de* dat) ‖ ◇ ~ de alg. en política *jds politische Ansichten nicht teilen*
dise|ñador *m Zeichner* m ‖ *Designer* m ‖ ~ publicitario *Werbegrafiker* m ‖ **–ñar** vt/i *(ab)zeichnen ‖ skizzieren ‖ konstruieren, entwerfen* ‖ ⟨Mal⟩ *konturieren, umranden, umreißen* ‖ **–ño** *m Zeichnung* f ‖ *Design* n ‖ *Gestaltung* f ‖ *(Um)Riss* m ‖ *Bauzeichnung* f ‖ *Skizze* f, *Muster* n ‖ *Entwurf* m (& fig) ‖ ~ de construcción *Bauzeichnung* f ‖ ~ industrial *Industrial Design* n ‖ ~ asistido por ordenador *computergestütztes Design* n ‖ *Planzeichen* n
diser|tación *f Vortrag* m ‖ *Erörterung e–r Streitfrage* ‖ *wissenschaftliche Abhandlung* f ‖ **–tador** *m Verfasser* m *gelehrter Abhandlungen* ‖ **–tante** adj *(m/f) dozierend* ‖ ~ *m/f Vortragende(r* m) f ‖ **–tar** vi/t *gelehrt be|handeln, -sprechen* ‖ *e–n Vortrag halten ‖ e–e Abhandlung schreiben* ‖ ⟨fam⟩ *diskutieren ‖ e–n Wortwechsel führen (sobre über* acc) ‖ **–to** adj *beredt, wortgewandt*
disfagia *f* ⟨Med⟩ *Dysphagie* f
disfasia *f* ⟨Med⟩ *Dysphasie* f
disfonía *f* ⟨Med⟩ *Dysphonie, Stimmstörung* f
disforia *f* ⟨Psychol Med⟩ *Dysphorie* f *(im Gegensatz zu* euforia)
disfor|mar vt → **deformar** ‖ **–me** adj *(m/f) unförmig, formlos ‖ ungestalt, hässlich, missgestaltet ‖ ungeheuer, fürchterlich* ‖ ⟨fam⟩ *krass, plump (Irrtum)* ‖ **–midad** *f Unregelmäßigkeit* f ‖ *Ungestaltheit, Hässlichkeit* f ‖ *Unförmigkeit* f ‖ *ungeheure Größe* f ‖ *Ungeheuerlichkeit* f
disfrasia *f* ⟨Psychol Med⟩ *Dysphrasie* f
dis|fraz [pl **~ces**] *m Ver|kleidung, -mummung* f ‖ *Maskenkleid* n, *Maske* f ‖ *Maskierung* f ‖ ⟨fig⟩ *Verstellung* f ‖ ⟨Mil⟩ *Tarnung* f ‖ ♦ con ~ in *Verkleidung (Person)* ‖ sin ~ ⟨fig⟩ *unverhohlen* ‖ ◇ presentarse sin ~ ⟨fig⟩ *sein wahres Gesicht zeigen* ‖ **–frazar** [z/c] vt *verkleiden, maskieren ‖ verhüllen ‖ vermummen* ‖ ⟨fig⟩ *ver|bergen, -stellen* ‖ ⟨fig⟩ *ver|hüllen, -schleiern, kaschieren (Tatsachen)* ‖ ⟨fig⟩ *bemänteln, maskieren* ‖ ⟨Mil⟩ *tarnen* ‖ ◇ ~ la bandera, ~ el navío ⟨Mar⟩ *unter falscher Flagge segeln* ‖ ~ su embarazo *s–e Verlegenheit überspielen* ‖ ~ la verdad *die Wahrheit entstellen* ‖ hablar –frazando la voz *mit verstellter Stimme reden* ‖ *~se s. verkleiden, s. maskieren* ‖ *s. vermummen* ‖ ⟨fig⟩ *s. tarnen (de als* nom) ‖ ~ de moro *s. als Mohr verkleiden*
disfrenia *f* ⟨Med⟩ *seelische Störung, Dysphrenie* f
disfru|tar vt *(et.) genießen ‖ s. erfreuen, haben* ‖ *nutznießen ‖ aus|nutzen, -beuten* ‖ ⟨fig⟩ *beschlafen (e–e Frau)* ‖ ~ vi *s. vergnügen ‖ s. wohl fühlen* ‖ ◇ ~ a todo pasto ⟨fam⟩ *in vollen Zügen genießen* ‖ ~ con *od* en la soledad *s. an der Einsamkeit erfreuen* ‖ ~ de algo *et. genießen* ‖ ~ de buena salud *s. guter Gesundheit erfreuen* ‖ ~ de licencia *auf Urlaub sein* ‖ ~ de vacaciones *Ferien haben* ‖ **–te** *m Genuss, Besitz* m ‖ *Nutzung, Nutznießung* f ‖ *Nießbrauch* f
disfunción *f* ⟨Med⟩ *Funktionsstörung, Dysfunktion* f
disgre|gación *f Zersprengung* f ‖ *Zerstreuung* f ‖ ⟨Biol Chem⟩ *Aufschließung, Zer|setzung, -legung* f ‖ ⟨Chem⟩ *Trennung* f, *Abbauen* n ‖ *Ab|spaltung, -trennung* f ‖ ⟨Geol⟩ *Verwitterung* f ‖ ⟨Opt⟩ *Zerstreuung* f ‖ ~ luminosa *Lichtzerstreuung* f ‖ **–gador** *m* ⟨Tech⟩ *Desintegrator* m ‖ **–gante** adj *(m/f) zersetzend ‖ trennend* ‖ **–gar** [g/gu] vt *trennen, absondern* ‖ *(auf)lösen (Massen usw.)* ‖ ⟨Physiol⟩ *abbauen, aufschließen* ‖ ⟨Jur⟩ *absondern (von der*

Erbschaft) ‖ ⟨Mil⟩ *auseinander ziehen (Truppen)* ‖ ⟨Chem⟩ *abbauen* ‖ ~**se** *auseinander gehen (Menschenmenge)* ‖ *s. auflösen* ‖ *zerfallen* ‖ *s. zersetzen* ‖ ⟨Physiol⟩ *abgebaut (bzw aufgeschlossen) werden* ‖ **–gativo** adj *trennend* ‖ *auflösend* ‖ *zer|setzend, -störend* ‖ ⟨Opt⟩ *zerstreuend*

disgus|tado adj *unzufrieden, erzürnt* ‖ *unwillig, verärgert* ‖ *verdrießlich* ‖ ◇ *está ~ conmigo er ist mir böse* ‖ **–tar** vt *(jdm) widerstehen, anekeln (Speise)* ‖ *(ver)ärgern, verstimmen* ‖ ⟨fig⟩ *(jdn) erzürnen, (jdm) zu nahe treten* ‖ ⟨fig⟩ *langweilen* ‖ ~ vi *widerlich sein* ‖ ◇ *la cosa no me –ta die Sache missfällt mir nicht* ‖ *no me –taría hacerlo ich würde es gerne tun* ‖ ~**se** *s. erzürnen* ‖ *s. ärgern (con, de, por über acc, wegen)* ‖ *Ekel bekommen (de vor dat)* ‖ ◇ ~ *con alg. s. mit jdm verfeinden* od *überwerfen* ‖ **–to** *m Ekel, schlechter Geschmack* ‖ *Missfallen* n ‖ *Widerwille* m, *Abneigung* f, *Ekel* m ‖ ⟨fig⟩ *Verdruss* m, *Unannehmlichkeit, Schererei* f ‖ *Missstimmung* f ‖ *Ärgernis* n ‖ *Ärger* m ‖ *Kummer* m ‖ ⟨fig⟩ *Zwistigkeit* f, *Streit* m ‖ ♦ *a ~ ungern, mit Widerwillen* ‖ ◇ *dar un ~ a alg. jdm Verdruss, Kummer verursachen* ‖ ¡a ése le voy a dar un ~! *der kann s. auf et. gefasst machen!* ‖ *estar a ~ unzufrieden sein* ‖ *s. unbehaglich fühlen* ‖ *llevarse un ~ Ärger bekommen* ‖ *sentirse a ~* → *estar a ~* ‖ *tener un ~ Ärger haben* ‖ *tener un ~ con alg. mit jdm aneinander geraten* ‖ **–toso** adj *fad(e), nicht schmackhaft* ‖ *unangenehm, ärgerlich*

disiden|cia f *Spaltung, Abtrünnigkeit* f, *Abfall* m ‖ *Uneinigkeit* f, *Zwist* m ‖ **–te** adj *(m/f) andersdenkend* ‖ *andersgläubig* ‖ *sektiererisch* ‖ *abtrünnig* ‖ ~ *m/f Dissident(in* f), *Sektierer(in* f) m, *Abtrünnige(r* m) f *(in Glaubenssachen)* ‖ ⟨Pol⟩ *Rebell(in* f), *Dissident(in* f) m

di|silábico, –sílabo adj → **bisílabo**
disi|metría f *Asymmetrie* f ‖ **–métrico** adj *a-, di-, un|symmetrisch*

disímil adj *ungleich, verschieden*
disimi|lación f ⟨Gr⟩ *Dissimilation* f ‖ **–lar** vt ⟨Lit Physiol⟩ *dissimilieren* ‖ **–litud** f *Un|gleichartigkeit, -ähnlichkeit* f

disimu|lación f *Verstellung(skunst)* ‖ *Ver|heimlichung, -schleierung* f ‖ *Gleisnerei* f ‖ *Heucheln* n ‖ ⟨Jur⟩ *Dissimulation* f ‖ *Scheingeschäft* n ‖ *nachsichtiges Übersehen* n, *Duldung, Nachsicht* f ‖ *Ver|zeihung, -gebung* f ‖ ⟨Mil⟩ *Tarnung* f ‖ **–lado** adj *verstellt* ‖ *falsch, heuchlerisch* ‖ *heimtückisch* ‖ *verborgen, heimlich* ‖ *unauffällig* ‖ *schleichend (Beginn e–r Krankheit)* ‖ *stillschweigend, kalt, verschleiert* ‖ ♦ *a lo ~, a la ~a verstellterweise* ‖ ◇ *hacerse el ~ s. dumm* od *unwissend stellen* ‖ *hacer la ~a* ⟨fam⟩ *s. stellen, als merke man nichts* ‖ adv: ~**amente** ‖ **–lador** m *Heimlichtuer, Duckmäuser, Schleicher* m ‖ *Heuchler* m ‖ **–lar** vt *ver|heimlichen, -bergen, -hehlen* ‖ *(listig) verstecken* ‖ *s. nichts anmerken lassen* ‖ *in falschem Licht darstellen* ‖ *beschönigen* ‖ *entstellen, unkenntlich machen* ‖ *nachsichtig übersehen, erlauben, dulden, verzeihen, vergeben* ‖ ⟨Mil⟩ *tarnen* ‖ ⟨Jur⟩ *verschleiern (Gewinn)* ‖ *entschuldigen, ignorieren, wissentlich übersehen* ‖ ◇ ~ *la sorpresa nicht anmerken lassen, dass man überrascht ist* ‖ *no podemos ~le que … wir können Ihnen nicht verhehlen, dass …* ‖ ~ vi/t *s. verstellen, heucheln* ‖ *s. stellen, als merke man nichts, s. nichts anmerken lassen* ‖ ⟨Mil⟩ *tarnen* ‖ ¡~le Vd.! *verzeihen Sie!* ‖ **–lo** *m Verstellung* f ‖ *Verschleierung* f ‖ *Beschönigung* f ‖ *Duldung, Nachsicht* f ‖ *Verzeihung* f ‖ ♦ *con ~ heimlich, unauffällig* ‖ *heimtückisch* ‖ → *auch* **disimulación**

disi|pación f *Zerstreuung, Auflösung* f ‖ ⟨fam⟩ *flottes, zügelloses Leben* n ‖ *Ausschweifung* f ‖ *Ver|schwendung, -geudung* f ‖ ⟨Phys⟩ *Dissipation, Zerstreuung* f ‖ **–pado** adj/s *verschwenderisch, ausschweifend, zügellos* ‖ *flott* ‖ ⟨fig⟩ *unanständig (Wort)* ‖ adv: ~**amente** ‖ **–pador** m/adj *Verschwender, Prasser* m ‖ **–par** vt *(auf)lösen* ‖ *zerstreuen (Wolken)* ‖ *ver|schwenden, -geuden* ‖ *verschleudern (Vermögen)*, ⟨fam⟩ *durchbringen* ‖ *verzetteln (Kräfte)* ‖ ◇ ~ *el temor die Befürchtung beseitigen* ‖ ~**se** *s. zerstreuen, s. auflösen (Wolken usw.)* ‖ ⟨fig⟩ *verschwinden (Zweifel, Schläfrigkeit)*

diskette m → **disquete**
dislacerar vt ⟨Med⟩ *auseinander reißen, zerreißen*
dislalia f ⟨Med⟩ *Dyslalie f, erschwertes Sprachvermögen* n ‖ *Stammeln* n
dislate *m Un|sinn m, -gereimtheit* f
dislexia f ⟨Med⟩ *Dyslexie f, erschwertes Lesevermögen* n
dislo|cación f *Lageveränderung, Verschiebung* f ‖ *Auseinander|nehmen, -fallen* n ‖ *Zerlegen* n ‖ ⟨Med⟩ *Verrenkung* f ‖ ⟨Geol⟩ *Dislokation, Ver|werfung, -schiebung* f ‖ ⟨Bgb⟩ *Störung, Verwerfung* f ‖ **–cado** adj ⟨fam⟩ *verrückt* ‖ **–car** [c/qu] vt *auseinander nehmen* od *reißen* ‖ ⟨Mil⟩ *verteilen (Truppen)* ‖ ⟨Med⟩ *aus-, ver|renken* ‖ ⟨Geol⟩ *ver|werfen, -schieben* ‖ ⟨fig⟩ *ver|stellen, -legen* ‖ ⟨fig⟩ *entstellen (Tatsachen usw.)* ‖ *verrennen* ‖ ~**se** *auseinander gehen* ‖ *s. lockern* ‖ *s. verschieben (zwei Teile)* ‖ ~ *el brazo s. den Arm verrenken*
disloque m → **dislocación** ‖ ⟨fam⟩ *Verrücktheit, (Liebes)Tollheit* f ‖ ⟨fam⟩ *Gipfel, Höhepunkt* m ‖ ◇ *aquello fue el ~* ⟨fam⟩ *das war der Gipfel* od *nicht mehr zu übertreffen*
disme|norrea, –nia f ⟨Med⟩ *gestörte bzw schmerzhafte Monatsblutung, Dysmenorrhö(e)* f, *Menstruationsbeschwerden* fpl
dismi|nución f *Ver|minderung, -ringerung* f ‖ *Ermäßigung, Wertminderung* f ‖ *Rückgang* m *(Preis)* ‖ *Senkung* f *(Ausgaben)* ‖ *Ab-, Ver|flauung* f ‖ *Verknappungserscheinung* f ‖ *Nachlassen, Schwinden* n *(Kräfte usw.)* ‖ *Abklingen* n *(Fieber)* ‖ *Abnahme* f ‖ ⟨Arch⟩ *Verjüngung* f ‖ ~ *de la actividad económica Konjunkturstockung* f ‖ ~ *de los gastos Verminderung* f *der Kosten, Kostenverringerung* f ‖ ~ *de la presión Druckabfall* m ‖ ~ *de la resistencia Festigkeitsminderung* f ‖ ~ *de las ventas Absatzstockung* f ‖ ◇ *acusar una ~ e–e Verminderung zeigen* ‖ *ir en ~ in Abnahme begriffen sein, abnehmen* ‖ *schlechter werden (Gesundheit)* ‖ ⟨Arch⟩ *s. verjüngen* ‖ **–nuido** adj ⟨Mus⟩ *vermindert* ‖ *verkleinert (Wappenfigur)* ‖ ~ *físicamente körperbehindert* ‖ **–nuir** [-uy-] vt *ver|mindern, -kleinern* ‖ *herabsetzen, senken (Zinsen, Preise)* ‖ *ermäßigen* ‖ ⟨fig⟩ *schmälern* ‖ ⟨Arch⟩ *verjüngen* ‖ ◇ ~ *los gastos die Kosten (ver)mindern* ‖ ~ *la velocidad langsamer fahren, die Geschwindigkeit herabsetzen* ‖ ~ vi *abflauen, nachlassen* ‖ *zurückgehen* ‖ *abnehmen* ‖ ◇ ~ *de precio im Preis sinken* ‖ *ir –nuyendo kürzer werden (Tage)* ‖ ~**se** *abnehmen*
dismnesia f ⟨Med⟩ *Gedächtnisschwäche* f
disne|a f ⟨Med⟩ *Dyspnoe, Schweratmigkeit, Atemnot* f ‖ **–ico** adj *kurzatmig*
diso|ciable adj *(m/f) trennbar, (auf)spaltbar* ‖ **–ciación** f *Aufhebung des Zusammenhang(e)s, Auflösung* f ‖ ⟨Chem⟩ *(Auf)Lösung* f ‖ ⟨Chem⟩ *Dissoziation* f ‖ **–ciar** vt *(den Zusammenhang) aufheben* ‖ *(e–e Gesellschaft) auflösen* ‖ *absondern, trennen* ‖ ⟨Chem⟩ *(ab-, auf)spalten, dissoziieren* ‖ ~**se** *s. auflösen, zerfallen*

disodilo m ⟨Min⟩ *Dysodil* n
disolu|bilidad f *Löslichkeit, Auflösbarkeit* f ‖ **–ble** adj *(m/f) löslich, auflösbar* ‖ **–ción** f *Auflösung, Zersetzung* f ‖ ⟨Chem⟩ *Lösung* f ‖ *Auflösung* f *(e–r Gesellschaft)* ‖ *Trennung, Scheidung* f ‖ ⟨Mil⟩ *Verabschiedung* f *von Truppen* ‖ ⟨fig⟩ *Ausschweifung, sittliche Zerrüttung* f ‖ ⟨fig⟩ *Verwesung* f, *Tod* m ‖ ~ *acuosa* ⟨Chem⟩ *wäss(e)rige Lösung* f ‖ ~ *de caucho* od *goma Gummilösung* f ‖ ~ *de las Cortes Auflösung* f *der Cortes* ‖ ~ *del parlamento Auflösung* f *des Parlaments* ‖ ~ *de una sociedad* ⟨Com⟩ *Auflösung* f *e–r Gesellschaft, e–r Teilhaberschaft* ‖ **–tamente** adv *ausschweifend, unsittlich, liederlich* ‖ **–tivo** adj ⟨Chem⟩ *auflösend* ‖ **–to** adj *ausschweifend, zügel-, hemmungs|los* ‖ ~ m *Wüstling* m ‖ *Lebemann* m
disol|vente adj *(m/f) auflösend* (& Chem) ‖ *zersetzend* ‖ ~ m ⟨Chem Med⟩ *Löse-, Lösungs|mittel* n ‖ **–ver** [-ue-, pp/irr disuelto] vt ⟨Chem⟩ *auflösen, zersetzen* ‖ *zerrütten* ‖ *teilen, trennen* ‖ *scheiden, trennen (Ehe)* ‖ ⟨Mil⟩ *(Truppen) entlassen, verabschieden* ‖ *unterbrechen* ‖ *auflösen (Handelsgesellschaft)* ‖ ◇ ~ *en ácido in Säure auflösen* ‖ ~ *con agua fuerte mit Scheidewasser auflösen* ‖ ~ *un matrimonio e–e Ehe auflösen* ‖ ~ **se** s. *auflösen* ‖ ◇ *la casa se ha disuelto* ⟨Com⟩ *die Firma ist eingegangen*
disón m ⟨Mus⟩ → **disonancia**
diso|nancia f *Dissonanz* f, *Missklang* m ‖ ⟨fig⟩ *Missverhältnis* n ‖ ⟨fig⟩ *Unstimmigkeit* f ‖ ◇ *hacer* ~ ⟨fig⟩ *im Widerspruch stehen (con zu)* ‖ **–nante** adj *(m/f) misstönend, dissonant* ‖ *unharmonisch* (& fig) ‖ ⟨fig⟩ *sonderbar* ‖ ⟨fig⟩ *unschön* ‖ ⟨fig⟩ *abstoßend, beleidigend* ‖ **–nar** [-ue-] vi ⟨Mus⟩ *misstönen, dissonieren* (& fig) ‖ *nicht den richtigen Ton haben (Instrument)* ‖ ⟨fig⟩ *störend wirken* ‖ ⟨fig⟩ *missfallen* ‖ ~ *nicht im Einklang stehen (de, en mit)* ‖ *nicht passen zu (dat)*
dísono adj → **disonante**
disosmia f ⟨Med⟩ *Dysosmie, Störung* f *des Geruchssinns*
dispar adj *(m/f) ungleich, verschieden*
dispa|racestones m/f ⟨fig joc⟩ *Schwätzer(in* f) m ‖ **–rada** f Am *Schießen* n ‖ Arg Mex Chi *Auseinanderstieben* n *e–r Viehherde* ‖ *Durchgehen* n *(des Motors)* ‖ *a la* ~ *Hals über Kopf* ‖ *im schnellsten Lauf* ‖ *de una* ~ Arg *im Nu* ‖ *tomar la* ~ ⟨Arg⟩ s. *davonmachen, ausreißen* ‖ **–radamente** adv *pfeilschnell, überstürzt* ‖ **–radero** m *Drücker, Abzug* m *am Gewehr* ‖ *poner a uno en el* ~ ⟨figf⟩ *jdn zum Äußersten treiben, jdn auf die Folter spannen* ‖ **–rado** adj: *salir* ~ *od a la* ~**a** ⟨fam⟩ *blitzschnell verschwinden* ‖ *spornstreichs davonlaufen* ‖ **–rador** m *(Pfeil)Schütze* m ‖ *Drücker, Abzug* m *am Gewehr* ‖ *Federabspanner* m *an der Uhr* ‖ *(mechanische) Ausrückung* f ⟨Fot⟩ *Auslöser* m ‖ ⟨Mar⟩ *taube Jütte* f ‖ ~ *automático* ⟨Fot⟩ *Selbst-, Fern|auslöser* m ‖ ◇ *poner a uno en el* ~ ⟨figf⟩ *jdn zum Äußersten treiben, jdn auf die Folter spannen* ‖ **–rar** vt ab|*feuern, -schießen, losdrücken (Waffe)* ‖ *abgeben (Schuss), schleudern, werfen (z.B. Stein)* ‖ *schleudern (Wurfspieß)* ‖ ⟨Fot⟩ *knipsen, schießen* ‖ ⟨Tech⟩ *einrücken* ‖ *starten, abschießen (Rakete)* ‖ *abschnellen (Feder, Pfeil)* ‖ ~ vi ⟨fig⟩ *kopflos handeln* ‖ *losgehen (Waffe)* ‖ *abdrücken, feuern* ‖ *schießen* ‖ ⟨Fot⟩ *auslösen* ‖ ⟨Mar⟩ *vor Anker gehen* ‖ ◇ ~ *al aire in die Luft* od *zur Warnung schießen* ‖ ~ *con od en una risa in ein Lachen ausbrechen, hell auflachen* ‖ ~**se** *loslassen (Springfeder)* ‖ *losgehen (Waffe)* ‖ ⟨fig⟩ s. *verschärfen, eskalieren* ‖

⟨fig⟩ *in die Höhe schnellen (Preise usw.)* ‖ ⟨fig⟩ *plötzlich davonrennen* ‖ *durchgehen (Pferd, Motor)* ‖ ⟨fig⟩ *losbrüllen* ‖ ⟨Arg⟩ *plötzlich davonrennen* ‖ Mex *Geld ausgeben*
dispara|tado adj un|*gereimt, -sinnig, aberwitzig* ‖ *absurd* ‖ ⟨fam⟩ *irrsinnig* un|*überlegt, -besonnen* ‖ ⟨fam⟩ *ungeheuer, riesig, fabelhaft* ‖ adv: ~**amente** *unsinnig* ‖ un|*überlegt, -besonnen* ‖ **–tador** adj *Unsinn redend, faselnd* ‖ ~ m *Schwätzer* m ‖ **–tar** vi *albernes Zeug schwatzen* ‖ *Unsinn reden, irrereden* ‖ *einfältig, töricht handeln* ‖ **–te** m *Dummheit, Albernheit* f ‖ *Unsinn* m ‖ *Blödsinn* m ‖ ⟨fam⟩ *Quatsch* m, *Blech* n ‖ ◇ *me gusta un* ~ *es gefällt mir irrsinnig gut* ‖ *er (sie) gefällt mir ganz toll* ‖ ¡*qué* ~! *was für ein Blödsinn! wie dumm!* ‖ **–tero** m *bes Am* → **–tador** ‖ **–torio** m *unsinniges Gerede bzw Geschreibsel* n
dispa|rejo adj → **dispar** ‖ **–ridad** f *Ungleichheit* f ‖ *Verschiedenheit* f ‖ ⟨Com⟩ *Gefälle* n, *Disparität, Preisschere* f ‖ ~ *de cultos Konfessionsverschiedenheit* f
disparo m *Schuss* m (& Sp) ‖ *Abschießen, Losdrücken, (Ab)Feuern* n *(e–r Waffe)* ‖ ⟨Fot⟩ *Auslösung* f ‖ *Losschnellen* n *(Feder)* ‖ ⟨Tech⟩ *Ausrücker* m ‖ ⟨fig⟩ *Albernheit* f ‖ ~ *al aire od intimidatorio Warnschuss* m
dispen|dio m *Aufwand* m ‖ *Verschwendung* f ‖ ⟨fig⟩ *Zeitverschwendung* f ‖ **–dioso** adj *kostspielig* ‖ *aufwendig* ‖ *teuer* ‖ ⟨fig⟩ *zeitraubend* ‖ adv: ~**amente**
dispen|sa f *Dispens* m (Kath und Öst f), *Entbindung* f *(von e–r Verbindlichkeit)* ‖ *Befreiung, Erlassung* f ⟨Kath⟩ *(Ehe)Dispens* m ‖ *Befreiungszeugnis* n, *Dispensschein* m ‖ ~ *de ley Span* ⟨Jur⟩ *zivilrechtliche Ermessenssache* f *(z.B. gerichtliche Legitimation)* ‖ **–sable** adj *(m/f) erlässlich* ‖ *entschuldbar* ‖ ◇ *es* ~ *es ist zu entschuldigen* ‖ **–sación** f *Entbindung* f *(von e–r Verbindlichkeit)* ‖ *Dispenserteilung* f ‖ **–sador** m *Spender* m ‖ *Ver-, Aus|teiler* m
¹**dispen|sar** vt *frei-, los|sprechen, entbinden (de von)* ‖ *ent|ediegen (gen), erlauben* ‖ *(e–r Sache) entheben, (mit e–r Sache) verschonen* ‖ *(e–r Verpflichtung) entheben* ‖ *entschuldigen, verzeihen* ‖ ◇ ~ *a alg. de algo jdn et. erlassen* ‖ *jdn von et. befreien (bzw dispensieren)* ‖ ~ *a alg. del servicio militar jdn vom Militärdienst freistellen* ‖ ~ *de asistir al entierro von der Teilnahme am Begräbnis entbinden* ‖ *–se Vd. que no haya venido entschuldigen Sie, dass ich nicht gekommen bin* ‖ ~ vi *(über et.) verfügen* ‖ *entschuldigen, verzeihen* (& vt) ‖ *Vd. –se verzeihen Sie* ‖ ~**se** s. *hinwegsetzen über* ‖ ~ *de a. (od de & inf) auf et. verzichten* (acc), s. *et. schenken* ‖ *no poder* ~ *de … nicht umhinkönnen zu …* ‖ *no podemos –sarnos de observar que … wir können nicht unerwähnt lassen, dass …*
²**dispensar** vt *aus-, er-, ver|teilen* ‖ *erweisen (Gunst usw.)* ‖ *spenden (Beifall)* ‖ *gewähren* ‖ *zuteil werden lassen* ‖ *ab-, aus|geben* ‖ *verteilen* ‖ ~ *una amable acogida a alg. jdm e–n freundlichen od liebenswürdigen Empfang bereiten od zuteil werden lassen* ‖ ~ *cuidados a alg. jdn pflegen* ‖ ~ *favores a alg. jdm Gunst gewähren* ‖ ~ *protección a alg. jdn in Schutz nehmen, jdn beschützen*
dispensaría f Chi Pe → **dispensario**
dispensario m ⟨Med⟩ *Poliklinik* f ‖ *Ambulanz* f ‖ *ärztliche Beratungsstelle* f
dis|pepsia f ⟨Med⟩ *Verdauungsstörung* f, *Dyspepsie* f ‖ **–péptico** adj/s *magenkrank, dyspeptisch*
dispermia f ⟨Gen Med⟩ *Dispermie* f

disper|sador *m Zerstreuer* m *(an e–m
Blitzableiter)* ‖ **–sar** vt *aus-, zer|streuen* ‖ *in
Unordnung bringen* ⟨Phys Chem Mil⟩ *streuen* ‖
⟨Mil⟩ *zersplittern, auseinander sprengen (den
Feind, Truppen)* ‖ Am ⟨fig⟩ *ver|teilen, -schenken* ‖
~ sus esfuerzos s. *verzetteln* ‖ ~**se** s. *zerstreuen* ‖
auseinander laufen ⟨Mil⟩ *ausschwärmen* ‖ **–sión**
f Zerstreuung f ‖ *Dispersion* f ‖
Zersplitterung f ‖ *Verzettelung* f ‖ ⟨Mil⟩ *Streuung*
f *(Schießen)* ‖ ~ de esfuerzos, ~ de fuerzas
Kräfte|zersplitterung, -verzettelung f ‖ ◇ poner en
~ *zerstreuen* ‖ **–sivo** adj *zerstreuend* ‖ *Streuung
bewirkend* ‖ ⟨fig⟩ *auseinander gezogen* ‖ ⟨Opt⟩
Streu- ‖ **–so** adj *zerstreut* ‖ ⟨Mil⟩ *versprengt*
displacer → **desplacer**
displasia *f* ⟨Med⟩ *Dysplasie, Missgestaltung* f
display *m Display* n ⟨& Inform⟩
displi|cencia *f Miss|fallen, -vergnügen* n ‖
Verdrießlichkeit, üble Laune f ‖ *Missmut* m ‖
Unfreundlichkeit f ‖ *Widerwille* m, *Unlust,
üble Laune* f ‖ *Lang(e)weile* f ‖ ◆ con ~
unfreundlich, barsch ‖ *verdrießlich* ‖
–cente adj/s *(m/f) missfällig, unliebsam,
missvergnügt* ‖ *missgestimmt, verdrießlich* ‖
mürrisch, barsch
dispo|nente adj *(m/f) disponierend* ‖ ~ *m/f*
⟨Jur⟩ *Verfügende(r* m) f ‖ **–ner** [irr → **poner**] vt
ordnen, in Ordnung bringen ‖ *anordnen,
einrichten, aufstellen* ‖ *beschließen, ver|ordnen,
-fügen* ‖ *(vor)bereiten* ‖ *Sorge tragen für (et.)* ‖
decken (Tisch) ‖ ◇ ~ para ... *genügen machen zu
...* ‖ ~ en hileras *in Reihen aufstellen* ‖ ~ un
legado *et. letztwillig vermachen* ‖ ~ vi *zur
Verfügung haben, verfügen (de über* acc) ‖
befehlen, anordnen ‖ ◇ ~ de capitales (medios)
über Kapital (Mittel) verfügen ‖ no dispongo de
mucho tiempo *ich habe nicht viel Zeit* ‖ disponga
Vd., disponga Vd. de mí cuando guste *verfügen
Sie jederzeit über mich* ‖ ~**se** s. *anschicken zu* (&
inf), s. *vorbereiten auf* (acc) ‖ ~ a *od* para salir s.
zum Fortgehen anschicken
dispo|nibilidad *f Verfügbarkeit* f ‖ *verfügbarer
Bestand* m ‖ *Wartestand* m ‖ ~ biológica ⟨Pharm⟩
biologische Verfügbarkeit, Bioverfügbarkeit f ‖ ◆
en ~ *zur Disposition od Verfügung* ‖ ◇ pasar a ~
⟨Mil⟩ *zur Disposition stellen* ‖ **–es** *fpl Bestand* m
(Geld, Ware) ‖ *flüssige od verfügbare Mittel* npl ‖
Ressourcen fpl ‖ **–nible** adj *(m/f) verfügbar, zur
Verfügung* ‖ *flüssig (Gelder)* ‖ *vorrätig, auf Lager
(Ware)* ‖ ⟨Mil⟩ *einsatzbereit* ‖ *zur Disposition
stehend* ‖ ~ para entrega *lieferbar* ‖ ◇ estar ~
verfügbar sein ‖ tener ~ *zur Verfügung od
verfügbar halten*
disponiente adj → **disponente**
¹disposición *f Anordnung, Einrichtung,
Aufstellung* f ‖ *Gliederung, Disposition* f ‖ *Lage,
Beschaffenheit* f ‖ *Zustand* m ‖ ⟨Tech⟩ *Ein-,
Vor|richtung* f ‖ ~ clara *übersichtliche Anordnung*
f ‖ *Übersichtlichkeit* f *(in der Gliederung e–s
Gebäudes)*
²disposición *f Anlage, Veranlagung* f ‖
Fähigkeit, Tauglichkeit f ‖ *Bereitschaft* f ‖
Verfügung f ‖ *Talent* n, *Begabung* f *(para für)* ‖
Neigung, Lust f ‖ *Bereitwilligkeit* f ‖
Empfänglichkeit f ‖ *Gesundheitszustand* m ‖ ~ de
ánimo *Verfassung, Stimmung* f ‖ *gefälliges
Äußeres* n ‖ ~ natural *Natur|anlage, -gabe* f ‖ ◇
estar *(od hallarse)* en ~ (de) *in der Lage sein (zu*
& inf) ‖ *bereit sein (de zu* & inf) ‖ en ~ de hacer
fuego *schussbereit (Waffe)* ‖ estoy a la ~ de Vd.
(od a su ~), me tiene Vd. a su ~ *ich stehe zu
Ihrer Verfügung* ‖ pongo la mercancía a su ~ *ich
stelle die Ware zu Ihrer Verfügung* ‖ tener a su ~
zu Gebote haben ‖ *verfügen über* (acc) ‖ tener a la
~ de alg. *zu jds Verfügung halten*

³disposición *f Anordnung, Verfügung* f, *Befehl*
m ‖ ⟨Jur⟩ *Bestimmung, Verfügung* f ‖ *Maßnahme* f
‖ *Vorsichtsmaßregel* f ‖ ~ adicional
Zusatzbestimmung f ‖ ~ facultativa *Kann-
Bestimmung* f ‖ ~ final *Schlussbestimmung(en)*
f(pl) ‖ ~ obligatoria *Muss-Bestimmung* f ‖ ~
transitoria *Übergangsbestimmung* f ‖ última ~
letztwillige Verfügung f, *letzter Wille* m,
Testament n ‖ ◇ tomar una ~ *e–e Verfügung
treffen* ‖ tomar las disposiciones precisas *die
notwendigen Vorkehrungen treffen* ‖ contrario a
las disposiciones *entgegen den Bestimmungen*
dispositivo *m* ⟨Tech⟩ *Vor-, Ein|richtung* f,
Apparat(ur f) m, *Gerät* n ‖ *Anlage* f ‖ ⟨Mil⟩
Gliederung f ‖ ~ de ajuste *Justier-,
Einstell|vorrichtung* f ‖ ~ de alarma *Alarmanlage*
f ‖ ~ antiparasitario ⟨Radio⟩ *Störschutz, Entstörer*
m ‖ ~ antirrobo *Diebstahlsicherung* f ‖ ~
basculante *Kippvorrichtung* f ‖ ~ de cambio
Schaltvorrichtung f ‖ ~ de combate ⟨Mil⟩
Gefechtsgliederung f ‖ ~ de disparo
Abzugsvorrichtung f ‖ ~ de despegue ⟨Flugw⟩
Startvorrichtung f ‖ ~ de embrague y
desembrague *Ein- und Ausrück|vorrichtung* f ‖ ~
indicador *Anzeigevorrichtung* f ‖ ~ de
interceptación ⟨Tel⟩ *Abhörvorrichtung* f ‖ ~
fonométrico *Schallmessgerät* n ‖ ~ de mando
Steuer|gerät n, *-einrichtung* f ‖ ~ de marcha
⟨Mil⟩ *Marsch|gliederung, -folge* f ‖ ~ de mira
Visier-, Ziel|einrichtung f *(beim Schießen)* ‖ ~
*(automático) de paro (automatische)
Abstellvorrichtung* f ‖ ~ policial *Polizeiaufgebot*
n ‖ ~de protección *Schutz- bzw
Sicherheits|vorrichtung* f ‖ ~ de seguridad
Sicherheitsvorrichtung, Sicherung f ‖ ~ de
tracción *Zugvorrichtung* f ‖ → auch **¹aparato,
²instalación, mecanismo**
disproporcionalidad *f Disproportionalität* f,
Missverhältnis n
disprosio *m* **(Dy)** ⟨Chem⟩ *Dysprosium* n
dispuesto pp/irr von **disponer** ‖ *fertig, bereit* ‖
angerichtet (Essen) ‖ *entschlossen* (a *zu* & inf) ‖
geneigt, willig (a *zu*) ‖ *fähig, imstande* (& *im
Stande), geschickt* ‖ *gelaunt* ‖ *begabt (para für)* ‖
aufgeräumt ‖ *stattlich, wohlgebaut* ‖ ~ para la
impresión *druckfertig* ‖ ~ para salir *od* partir
reisefertig ‖ ◇ estar ~ a ... *(od* para ...) & inf
bereit bzw entschlossen sein zu ... & inf ‖ estar
bien (mal) ~ *gut (schlecht) aufgelegt bzw gelaunt
sein* ‖ *bei guter (schlechter) Gesundheit sein* ‖
estar favorablemente ~ *günstig gesonnen sein* ‖
estar muy ~ a ... *nicht abgeneigt sein zu ...*
dispu|ta *f (Wort)Streit, Wortwechsel, Zank,
Disput* m, ⟨fam⟩ *Krach* m ‖ *Streitfrage* f ‖
Disputation f, *Religionsgespräch* n ‖ ◆ sin ~
unbestritten ‖ *unzweifelhaft* ‖ *unbestreitbar* ‖
–table adj *(m/f) streitig* ‖ *fraglich* ‖ *problematisch*
‖ **–tador** adj/s → **discutidor** ‖ **–tar** vt *bestreiten* ‖
streitig machen ‖ ⟨Sp⟩ *austragen (Spiel,
Meisterschaft)* ‖ no *–tado unbestritten
(Forderung)* ‖ ◇ ~ un derecho a alg. *jdm ein
Recht bestreiten* ‖ eso no se lo *–to das will ich
Ihnen nicht bestreiten* ‖ ~ vi *streiten, zanken,
hadern (con mit, por wegen)* ‖ *disputieren (sobre
über od um* acc) ‖ ~ acerca de *od* de *od* sobre
un asunto *um e–e Angelegenheit streiten* ‖ ~ por
una pequeñez *wegen e–r Kleinigkeit streiten* ‖
~**se** ⟨fam⟩ *streiten, ringen (um)* ‖ ◇ ~ algo s. *um
et.* (acc) *streiten (bzw reißen)* ‖ s. *et. streitig
machen* ⟨fig⟩ *miteinander um et.* (acc)
wetteifern ‖ ⟨Sp⟩ *um et.* (acc) *kämpfen* ‖ ~ una
copa ⟨Sp⟩ *um e–n (Ehren)Pokal kämpfen* ‖ ~ a
golpes u/c s. *um et. schlagen,* ⟨fam⟩ s. *um et.
raufen* ‖ ~ el primer puesto *um den ersten Platz
kämpfen*

disquería f Arg *Schallplattengeschäft* n ‖ *Diskothek* f *(Tanzlokal)*
disque|te m ⟨Inform⟩ *Diskette* f ‖ ~ de entrada *Eingabediskette* f ‖ ~ de salida *Ausgabediskette* f ‖ ~ de trabajo *Arbeitsdiskette* f ‖ **–tera** f *Diskettenlaufwerk* n
disquinesia f ⟨Med⟩ *Dyskinesie* f
disquisición f *wissenschaftliche Untersuchung* f, *Gutachten* n ‖ *Studie, Abhandlung* f
disquisiciones fpl *überflüssige Bemerkungen* fpl
disruptivo adj ⟨El⟩ *durchschlagend*
distal adj *(m/f)* ⟨An⟩ *distal, weiter von der Körpermitte entfernt liegend*
distan|cia f *Entfernung, Distanz* f, *Abstand* m ‖ *Zwischenraum* m ‖ *Wegstrecke* f, *Weg* m ‖ ⟨fig⟩ *Zahlungsfrist* f ‖ ⟨fig⟩ *Abstand* m, *Distanz* f ‖ ⟨fig⟩ *Zeitunterschied* m ‖ ⟨fig⟩ *Standesunterschied* m ‖ ⟨fig⟩ *Entfremdung, Abneigung* f ‖ ~ cenital ⟨Astr⟩ *Zenitdistanz* f ‖ ~ de defensa ⟨Biol⟩ *Verteidigungsdistanz* f ‖ ~ explosiva ⟨Radio⟩ *Funken|schlagweite, -strecke* f ‖ ~ focal ⟨Opt⟩ *Brennweite* f ‖ ~ de frenado ⟨Auto⟩ *Bremsweg* m ‖ ~ de huida ⟨Biol⟩ *Fluchtdistanz* f ‖ ~ individual ⟨Zool⟩ *Individualdistanz* f ‖ ~ marítima ⟨Mar⟩ *Schiffsroute* f ‖ ~ polar *Polhöhe* f, *Polabstand* m ‖ ~ recorrida en avión ⟨Flugw⟩ *Flug|strecke* f, *-weg* m ‖ ~ de seguridad ⟨Auto⟩ *Sicherheitsabstand* m ‖ ~ de visibilidad, ~ visual *Seh-, Sicht|weite* f ‖ ♦ a ~ *aus* (bzw *in*) *der Ferne* ‖ *weit, fern* ‖ a ~ *de entfernt von* ‖ a corta ~ *auf kurze Entfernung* ‖ *aus der Nähe* ‖ a gran ~ (*od* larga) ~ *auf weite Entfernung* ‖ *in, aus weiter Entfernung* ‖ a respetable ~ ⟨fig⟩ *in od aus gebührender Entfernung* ‖ a una ~ de 100 km *in* (bzw *auf*) *100 km Entfernung, 100 km entfernt* ‖ ◇ *guardar las* ~s *auf Distanz achten, Distanz halten* ‖ *recorrer od salvar una* ~ *e–e Strecke zurücklegen* ‖ *tener a uno a* ~ *(fam) s. jdn vom Leib halten* ‖ **–ciación** f *Distanzierung* f ‖ *Zurückbleiben* n ‖ *Zurücklassen* n ‖ **–ciado** adj *zurückbleibend* ‖ *im Rückstand bleibend* ‖ *(voneinander) entfernt* ‖ ⟨lit⟩ *verfremdet* ‖ ◇ *estar* ~s ⟨fig⟩ *nicht mehr befreundet sein, auseinander kommen (Freunde)* ‖ **–ciamiento** m *Distanzierung* f ‖ *Entfremdung* f ‖ ⟨Kunst⟩ *Verfremdung* f ‖ **–ciar** vt *trennen* ‖ *voneinander entfernen* ‖ *ver-, auf|schieben* ‖ *einteilen (Zahlungen)* ‖ ~**se** s. *entfernen* ‖ *auseinander kommen, einander fremd werden* ‖ *s. distanzieren* ‖ ◇ ~ *del enemigo* ⟨Mil⟩ *s. absetzen (vom Feind)* ‖ **–te** adj *entfernt, fern, abgelegen* ‖ *zeitlich entfernt* ‖ ⟨fig⟩ *zurückhaltend, reserviert*
distar vi *fern, entfernt sein, abstehen (de von)* ‖ ⟨fig⟩ *verschieden sein* ‖ ◇ *el pueblo dista dos horas de camino der Ort ist zwei Stunden entfernt (de von)* ‖ *disto mucho de aprobarlo ich bin weit davon entfernt, es zu billigen* ‖ *dista mucho de ser un buen pianista er ist noch lange kein guter Klavierspieler*
distena f ⟨Min⟩ *Kyanit, Cyanit, Disthen* m
disten|der [-ie-] vt *gewaltsam aus|dehnen, -spannen* ‖ *auseinander ziehen, strecken* ‖ ⟨Tech⟩ *entspannen, lockern* ‖ ⟨Med⟩ *dehnen* ‖ ◇ ~ *los miembros s. strecken* ‖ ~**se** *s. entspannen* ‖ *s. entkrampfen* ‖ **–dido** adj *ent|spannt, -krampft, locker* ‖ **–sible** adj *(m/f) dehnbar* ‖ **–sión** f *Dehnung, Reckung, Streckung* f ‖ *Überstreckung* f ‖ *Abglitt* m *(Phonetik)* ‖ ⟨An⟩ *(starke) Ausdehnung* f ‖ ⟨Med⟩ *Zerrung* f ‖ ⟨Pol Tech⟩ *Entspannung* f ‖ **–sor** m: ~ *para películas* ⟨Fot⟩ *Filmstreckschalter* m *(beim Entwickeln)*
distermia f ⟨Med⟩ *Dysthermie, Störung* f *des Temperatursinnes*
¹dístico m ⟨Poet⟩ *Distichon* n *(Verspaar)*

²dístico adj ⟨Bot⟩ *zweizeilig*
¹distinción f *(Unter)Scheidung* f, *Unterschied* m ‖ *Ab|sonderung, -teilung* f ‖ *genaue Bestimmung* f ‖ *Klarheit, Deutlichkeit, Bestimmtheit* f ‖ ♦ a ~ de … *zum Unterschied von …* ‖ sin ~ *rücksichtslos* ‖ *aufs Geratewohl, blindlings* ‖ sin ~ de persona(s) *ohne Ansehen der Person* ‖ ◇ *hacer* ~ *unterscheiden*
²distinción f *Vornehmheit* f ‖ *feine od gute Erziehung* f ‖ *Anstand* m ‖ *Distinguiertheit* f ‖ *Stand, Rang* m
³distinción f *Auszeichnung* f ‖ *Verdienst* n ‖ *Auszeichnung* f, *Orden* n
distin|go m *Distinktion, Unterscheidung* f ‖ *Vorbehalt* m ‖ **–guible** adj *(m/f) erkennbar* ‖ *unterscheidbar* ‖ **–guido** adj *ausgezeichnet, geachtet, angesehen* ‖ *vornehm, fein, distinguiert* ‖ *von feinem Benehmen* ‖ *von guter Erziehung* ‖ mi ~ amigo *sehr verehrter Freund (Briefanrede)* ‖ **–guir** [gu/g] vt *unterscheiden (können)* ‖ *auseinander halten* ‖ *trennen, bezeichnen* ‖ *erkennen, bezeichnen, ausmachen* ‖ *kennzeichnen* ‖ *mit Kennzeichen versehen* ‖ ⟨fig⟩ *sondern, abteilen* ‖ ⟨fig⟩ *auszeichnen,* ⟨fig⟩ *vorziehen* ‖ *hoch schätzen, mit Auszeichnung behandeln* ‖ ◇ ~ *con … auszeichnen mit …* ‖ ~ *de lejos von weitem erkennen, unterscheiden* ‖ ~ *entre … e–n Unterschied machen zwischen …* (dat) ‖ *saber* ~ *de colores Urteilskraft haben* ‖ *Fingerspitzengefühl (bzw Takt) haben* ‖ no ~ de colores, no ~ lo blanco de lo negro (figf) *sehr beschränkt sein, k–e Urteilskraft haben* ‖ *saber* ~ *Urteilsvermögen besitzen* ‖ *los favores con que nos han* –guido *hasta la fecha Ihr bisher erwiesenes Wohlwollen* ‖ ~**se** *s. auszeichnen, s. hervortun, hervorragen* ‖ *s. unterscheiden* ‖ *sichtbar werden, zu erkennen sein, deutlich werden* ‖ ◇ ~ *por su celo s. durch s–n Fleiß auszeichnen*
distin|tamente adv *verschieden* ‖ *klar, deutlich, verständlich* ‖ muy ~ *auf ganz andere Weise* ‖ **–tivo** adj *unterscheidend, trennend* ‖ *Unterscheidungs-* ‖ ⟨Ling Phon⟩ *distinktiv* ‖ ~ m *Ab-, Kenn|zeichen* n ‖ *Merkmal* n ‖ *Erkennungszeichen* n ‖ *Ehrenzeichen* n ‖ ⟨Mil⟩ *Rangabzeichen* n ‖ ~ de nacionalidad ⟨Flugw⟩ *Hoheitszeichen* n ‖ ~ de tirador *Schützenabzeichen* n ‖ **–to** adj *unterschieden* ‖ *unähnlich, verschieden* ‖ *deutlich, klar, unterschiedlich (Resultat)* ‖ ◇ ser ~ de *anders sein als* (nom) ‖ *estar* ~ *verändert erscheinen* ‖ eso es muy ~ *das ist et. ganz anderes* ‖ ~**s** mpl *verschiedene, mehrere, einige* ‖ einzelne ‖ los ~ casos *die Einzelfälle* mpl ‖ los ~ motivos *die einzelnen Gründe* mpl ‖ de ~ tipos *verschiedene(rlei)* ‖ a veces ~**as** *bei verschiedenen Gelegenheiten*
dis|timia f ⟨Med⟩ *Dysthymie* f ‖ **–tireosis** f *Dysthyreose, Funktionsstörung* f *der Schilddrüse* ‖ **–tocia** f *Dysthokie, erschwerte Geburt* f ‖ **–tonía** f *Dystonie* f ‖ ~ neurovegetativa *vegetative Dystonie* f ‖ **–topia** f ⟨Med⟩ *Dystopie, Verlagerung* f
distor|sión f ⟨Med⟩ *Verstauchung, Distorsion* f ‖ ⟨Opt TV⟩ *Distorsion, Bild|verzerrung, -verzeichnung* f ‖ ⟨Radio⟩ *Verzerrung* f *(der Wiedergabe)* ‖ ~ de la competencia *Wettbewerbsverzerrung* f ‖ **–torsionar** vt ⟨Med⟩ *verstauchen* ‖ ⟨fig⟩ *verzerren*
distr. ⟨Abk⟩ = **distrito**
¹distracción f *Unachtsamkeit, Zerstreutheit, Vergesslichkeit* f ‖ *Ablenkung* f ‖ *Zerstreuung, Erholung* f, *Vergnügen* n ‖ *Abschweifen m der Gedanken, Geistesabwesenheit* f ‖ ♦ por ~ *aus Versehen*

²**distracción** f ⟨Jur⟩ *Unterschlagung, Veruntreuung* f ‖ ~ de fondos *(Geld)Unterschlagung* f

¹**distraer** [irr → **traer**] vt *(jdn) zerstreuen, (jds Aufmerksamkeit) ablenken* ‖ *vom Arbeiten abhalten* ‖ *auf andere Gedanken bringen* ‖ *ablenken, entfernen* ‖ *unterhalten, vergnügen, amüsieren* ‖ *(jdn) absondern, trennen* ‖ *abbringen* (de *von*) ‖ ⟨fig⟩ *(jdn) sittlich verderben* ‖ ◇ ~ la atención *die Aufmerksamkeit ablenken* ‖ ~ el tiempo *s. die Zeit zerstreuen* ‖ ~**se** *s. zerstreuen* ‖ *s. erholen, s. unterhalten, s. vergnügen* ‖ *nicht achtgeben, nicht aufpassen* ‖ ◇ ~ con (*od* por) el ruido *s. durch den Lärm ablenken* ‖ ~ del (en el) trabajo *s. von (bei) der Arbeit zerstreuen*

²**distraer** [irr → **traer**] vt ⟨Jur⟩ *unterschlagen, veruntreuen (Gelder)*

dis|**traído** adj/s *zerstreut, un|achtsam, -aufmerksam, geistesabwesend* ‖ *frei, zügellos, ausschweifend* ‖ *unterhaltsam, vergnüglich (Spiel usw.)* ‖ Chi Mex *liederlich, zerlumpt, abgerissen* ‖ *verwahrlost* ‖ ◇ hacerse el ~ *den Zerstreuten spielen* ‖ *s. zieren (beim Essen)* ‖ adv: ~**amente** ‖ –**traimiento** m → –**tracción**

distribución f *Aus-, Ein-, Ver|teilung* f ‖ *Zuteilung* f ‖ *Anordnung, Einteilung* f ‖ *Briefausgabe* f, *Austragen* n *der Briefe* ‖ *Zustellung* f *(Post)* ‖ ⟨Th⟩ *Rollen|besetzung, -verteilung* f ‖ ⟨Typ⟩ *Ablegen* n ‖ ⟨Typ⟩ *Ablegesatz* m ‖ ⟨Com⟩ *Absatz, Vertrieb* m ‖ *Ausschüttung* f *(Dividende)* ‖ *Zuweisung* f *(Arbeit)* ‖ *(Film)Verleih* m ‖ ⟨Ling⟩ *Distribution* f ‖ ⟨Jur⟩ *Ab|schichtung, -sonderung* f ‖ ⟨Tech⟩ *Steuerung* f ‖ *Schaltung* f ‖ *Verteilung* f ‖ *Anschluss* m *(Wasser, Gas)* ‖ ⟨Rhet⟩ *Aufzählung* f ‖ ~ de beneficios *Gewinnausschüttung* f ‖ ~ de la carga *Lastausgleich* m, *Belastungsverteilung* f ‖ ~ a domicilio *Zustellung* f *ins Haus* ‖ ~ de equipajes ⟨EB⟩ *Gepäckausgabe* f ‖ ~ exclusiva *Alleinvertrieb* m ‖ ~ geográfica *geographische Verteilung* f ‖ ~ de premios *Preisverteilung* f *(an die fleißigen Schüler)*

distri|**buidor** m *Aus-, Ver|teiler* m ‖ *(Film)Verleiher* m ‖ ⟨Com⟩ *Vertreter, Agent* m ‖ ⟨Com⟩ *Auslieferer* m ‖ ⟨Jur⟩ *Abschichter* m ‖ ⟨Tech Radio⟩ *Verteiler* m ‖ (El Hydr) *Schalter* m ‖ ⟨Tech⟩ *Schieber* m ‖ ~ automático *Waren-, Münz|automat* m ‖ *Spender* m ‖ ~ de condones *Kondomat* n (& m) ‖ ~ de encendido *Zündverteiler* m ‖ ~ exclusivo *Alleinvertriebshändler* m ‖ ~ de gasolina *Zapf-, Tank|säule* f ‖ *Tankstelle* f ‖ ~ de ignición → ~ de encendido ‖ ~ de llamadas (Tel) *Anrufverteiler* m ‖ –**buidora** f ⟨Agr⟩ *Düngerstreuer* m ‖ *Dungverteiler* m ‖ ~ (cinematográfica) *Filmverleih* m *(Firma)* ‖ –**buir** [-uy-] vt/i *aus-, ein-, ver|teilen* ‖ *zuteilen* ‖ *verbreiten* ‖ *aus-, ver|streuen* ‖ *gliedern* ‖ ⟨Th⟩ *zuteilen, besetzen (Rollen)* ‖ *aus|tragen, -teilen (Briefe)* ‖ *verbreiten (Schriften)* ‖ *verteilen (Preise)* ‖ *ab-, ein|teilen* ‖ *(richtig) anordnen (Lebensmittel) ausgeben* (a an acc) ‖ *ausschütten (Gewinn, Dividende)* ‖ *zuweisen (Arbeit)* ‖ ⟨Typ⟩ *(Schrift) ablegen* ‖ ◇ ~ en grupos *gruppenweise aufstellen* ‖ ~ entre muchos *unter viele (& Viele) verteilen* ‖ ~**se** *zugeteilt werden* ‖ ◇ ser –**buido** *verteilt werden*

distribu|**tivo** adj *aus-, ver-, ein|teilend* ‖ *zerlegend* ‖ ⟨Gr⟩ *trennend, distributiv* ‖ –**tor** m → **distribuidor**

distrital adj *(m/f)* Am *Distrikts-*
distrito m *(Gerichts)Bezirk* m ‖ *Kreis* m ‖ *Distrikt* m ‖ *Gebiet* n ‖ *Revier* m (& Ethol) ‖ *Ortschaft* f ‖ ~ aduanero *Zollgebiet* n ‖ ~ electoral *Wahlbezirk* m ‖ ~ escolar *Schulbezirk* m

‖ ~ fabril *Fabrikbezirk* m ‖ ~ Federal *Stadt|gebiet* n, *-bezirk* m *(Bundesgebiet) von Buenos Aires, Mexiko usw.* ‖ ~ forestal *Forstamtsbereich* m ‖ ~ industrial *Industriegebiet* n ‖ ~ manufacturero → ~ fabril ‖ ~ militar *Wehrbereich* m ‖ *Wehrkreis* m ‖ ~ postal *Postbezirk* m

dis|**trofia** f ⟨Med⟩ *Dystrophie, Ernährungsstörung* f ‖ ~ adiposogenital *Fröhlichsches Syndrom* n ‖ –**trofo** adj *dystroph, die Ernährung störend*

distur|**bar** vt *(zer)stören* ‖ *zerrütten* ‖ *unterbrechen* ‖ ◇ ~ el sueño a alg. *jdn im Schlaf stören* ‖ –**bio** m *(Ruhe)Störung, Unruhe* f ‖ ~**s** mpl ⟨Radio⟩ *(Empfangs)Störungen* fpl ‖ ~ estudiantiles *Studentenunruhen* fpl ‖ ~ políticos *politische Unruhen* fpl ‖ ~ raciales *Rassenunruhen* fpl

disua|**dir** vt *(jdm) abraten, jdn abbringen* (de *von*) ‖ *(jdm) abraten (von)* ‖ *(jdm) abraten, et. zu tun* ‖ *(jdm et.) ausreden* ‖ *(jdn von et.) abbringen* ‖ ◇ ~ a alg. de su propósito *jdn von s–m Vorsatz abbringen* ‖ –**sión** f *Ausreden, Ab-, Wider|raten* n ‖ *Überredung* f ‖ ⟨Pol Mil⟩ *Abschreckung* f ‖ –**sivo** adj *abratend* ‖ ⟨Pol Mil⟩ *abschreckend, Abschreckungs-*

disuelto pp/irr von **disolver**
disuria f ⟨Med⟩ *Dysurie* f ‖ ~ (p)síquica *Harnstottern* n

disyun|**ción** f *Trennung* f ‖ *Lockerung* f ‖ –**tiva** f *Alternative* f ‖ –**tivo** adj ⟨Gr⟩ *trennend, absondernd, ausschließend, disjunktiv (Bindewort)* ‖ –**tor** m ⟨El⟩ *Trennschalter, (Selbst)Unterbrecher* m

dita f *Bürge* m ‖ *Pfand* n ‖ Alb Chi Guat *Schuld(en)* f(pl) ‖ And *Wucherdarlehen* n ‖ ◆ a ~ *auf Borg*, ⟨fam⟩ *auf Pump*
ditar ⟨pop⟩ → **dictar**
ditero m And *Wucherer* m
diti|**rámbico** adj ⟨Poet⟩ *dithyrambisch* ‖ ⟨fig⟩ *überschwänglich, schwungvoll* ‖ –**rambo** m *Dithyrambe* f, *Dithyrambus* m *(Lied)* ‖ ⟨fig⟩ *Loblied* n ‖ ◇ contar ~s (figf) *jds Lob in allen Tönen singen*
di|**tíscidos** mpl ⟨Ins⟩ *Schwimmkäfer* mpl (Dytiscidae) ‖ –**tisco** m ⟨Ins⟩ *(Gemeiner) Gelbrand* m (Dytiscus marginalis)
¹**diuca** f Arg Chi ⟨V⟩ *Diukafink* m (Diuca diuca) ‖ ◇ al canto de la ~ Chi *bei Tagesanbruch*
²**diuca** m Arg Chi (pej) *Lieblingsschüler* m
diu|**resis** f ⟨Med⟩ *Diurese* f ‖ –**rético** adj *diuretisch, harntreibend* ‖ ~ m *Diuretikum, harntreibendes Mittel* n
diurno adj *täglich, Tag(e)-, Tages-* ‖ ~ m ⟨Kath⟩ *Tagzeitenbrevier, Diurnal(e)* n
diuturno adj *langwierig, lange dauernd*
diva f (poet) *Göttin* f ‖ ⟨Th⟩ *Diva* f
diva|**gación** f *Abschweifung* f ‖ *Irreden* n ‖ *Gefasel*, ⟨fam⟩ *Gequassel* n ‖ *Umherirren* n ‖ –**gante** adj *(m/f) ausschweifend* ‖ ⟨V⟩ *umherstreifend* ‖ ⟨fig⟩ *zügellos (Phantasie)* ‖ –**gar** [g/gu] vi *irregehen* ‖ *(im Reden) abschweifen, vom Thema abkommen* ‖ *umherirren* ‖ *frei herumlaufen (Tier)* ‖ ⟨V⟩ *umherstreifen* ‖ *reden (im Wahnsinn)* ‖ *ungereimtes Zeug reden* ‖ *faseln* ‖ *durcheinander reden* ‖ ◇ ¡no ~! *zur Sache!* ‖ dejar ~ la mirada *den Blick streifen lassen* (en, por *über*)
divalente adj → **bivalente**
¹**diván** m *Diwan* m, *(Schlaf)Sofa* n ‖ [in der Psychoanalyse] *Sofa* n
²**diván** m ⟨Lit⟩ *Diwan* m, *orientalische Gedichtsammlung* f
³**diván** m ⟨Hist⟩ *türkischer Staatsrat* m
△ **divel, divé** m *Engel* m

divergen|cia *f Divergenz* f, *Auseinanderlaufen* n *zweier Linien* ‖ *Abweichung* f ‖ *Uneinigkeit, Misshelligkeit* f ‖ ⟨fig⟩ *Gegensätzlichkeit* f ‖ ⟨Text⟩ *Webfehler* m ‖ ⟨Math⟩ *Divergenz* f ‖ ~ (de opiniones) *Meinungsverschiedenheit* f ‖ **–te** adj *(m/f)* ⟨Math⟩ *auseinander laufend, divergent, divergierend* ‖ ⟨fig⟩ *gegensätzlich* ‖ ⟨fig⟩ *abweichend (Meinungen)*

divergir [g/j] vi *divergieren, auseinander laufen* ‖ *auseinander streben, voneinander abweichen* ‖ ◇ ~ en opiniones ⟨fig⟩ *verschiedener Meinung sein*

diver|samente adv *verschieden, unterschiedlich* ‖ *verschiedentlich* ‖ **–sidad** *f Mannigfaltigkeit, Verschiedenheit* f ‖ *Verschiedenartigkeit* f ‖ **–sificar** [c/qu] vt *mannigfaltig, verschieden machen* ‖ *abwechseln, Abwechslung bringen (a. in et. acc)* ‖ *abwechslungsreich gestalten* ‖ *diversifizieren* ‖ **–siforme** adj *(m/f) verschiedenartig*

diver|sión *f Zerstreuung, Ablenkung* f ‖ *Lustbarkeit, Erholung* f, *Vergnügen* n ‖ *Zeitvertreib* m ‖ *Diversion* f (& Pol) ⟨Mil⟩ *Ablenkung* f (& fig) ‖ ◆ por ~ *zum Vergnügen* ‖ ◇ *servir de* ~ ⟨fig⟩ *als Spielball dienen* ‖ *das Ziel des Spottes sein* ‖ **–sivo** adj *ablenkend, Ablenkungs-* ‖ ⟨Med⟩ *ableitend* ‖ ~ m ⟨Med⟩ *ableitendes Mittel* n

diverso adj *verschieden, -artig* ‖ *un|gleich, -ähnlich* ‖ *anders* ‖ *abweichend (de von)* ‖ ~ de *carácter von anderer Gemütsart* ‖ **~s** mpl *verschiedene, mehrere, manche* ‖ ◆ en ~as *ocasiones zu wiederholten Malen* ‖ *bei verschiedenen Gelegenheiten*

diver|ticulitis *f* ⟨Med⟩ *Divertikulitis* f ‖ **–tículo** *m* ⟨An⟩ *Divertikel* n

diver|tido adj (ser) *lustig, unterhaltend, unterhaltsam* ‖ (estar) *vergnügt, bei guter Laune, in guter Stimmung* ‖ Arg Chi *beschwipst* ‖ ¡estoy ~! (fam) *da bin ich schön dran! das ist e–e schöne Bescherung!* ⟨fam⟩ *da sitzen wir (schön) in der Patsche od Tinte!* ‖ **–timento** (it) *m* ⟨Mus⟩ *Divertimento* n ‖ **–timiento** *m Belustigung* f ‖ *Vergnügen* n, *Lustbarkeit* f, *Zeitvertreib* m ‖ *Ablenkung* f (der Aufmerksamkeit) ‖ **–tir** [ie/i] vt *ablenken (de von)* ‖ *auf-, hin|halten* ‖ *ergötzen, zerstreuen, aufheitern* ‖ *belustigen, unterhalten* ‖ ⟨Mil⟩ *ablenken (den Feind)* ‖ ⟨Med⟩ *ableiten* ‖ ~se *s. unterhalten, s. amüsieren* ‖ *s. belustigen* ‖ *s. ablenken* ‖ *s. vergnügen (con mit)* ‖ *abschweifen (in der Rede)* ‖ ◇ ~ a costa de alg. ⟨fig⟩ *s. auf jds Kosten lustig machen* ‖ ~ en *dibujar zum Zeitvertreib malen* ‖ ¡que Vd. se divierta! (¡~!) *viel Vergnügen!*

divi|dendo *m* ⟨Math⟩ *Dividend* m, *zu teilende Zahl* f ‖ *Dividende* f, *Anteil* m ‖ ~s *acumulados aufgelaufene Dividenden* fpl ‖ ~ bruto *Brutto-, Roh|dividende* f ‖ ~ *complementario Zusatzdividende* f ‖ ~ *distribuido ausgeschüttete od gezahlte Dividende* f ‖ ~ exigible *fällige Dividende* f ‖ ~ interino *Interimsdividende* f ‖ ~ neto *Rein-, Netto|dividende* f ‖ ~ prioritario *Vorzugsdividende* f ‖ ~ provisional → ~ interino ‖ ~ suplementario *Bonus* m, *Extra-, Mehr|dividende* f ‖ ◇ fijar (percibir) el ~ *die Dividende bestimmen, festsetzen (erheben)* ‖ repartir el ~ (od los ~s) *die Dividende(n) ausschütten* ‖ **–didero** adj *teilbar* ‖ *zu teilen(d), aufzuteilen(d)* ‖ **–dir** vt (ab)teilen ‖ *ver-, zer|teilen* ‖ ⟨Math⟩ *teilen, dividieren* ‖ ⟨fig⟩ *entzweien, trennen* ‖ *spalten, entzweihauen* ‖ ⟨Gr⟩ *trennen (Wörter)* ‖ ◇ ~ entre (od con) muchos *unter viele verteilen* ‖ ~ en partes *in Teile trennen, zerlegen* ‖ ~ por mitad(es), ~ por la mitad *halbieren* ‖ ¡divide y vencerás! *teile und herrsche!* ‖ 10 **–dido**

por (od entre) 5 (igual a) 2 *10 geteilt durch 5 ist 2* ‖ ~se *s. trennen* ‖ ⟨fig⟩ *s. entzweien, s. spalten (Weg, Meinungen)* ‖ *s. gabeln (Weg)* ‖ **–duo** adj ⟨Jur⟩ *teilbar*

divi|divi, –diví *m* ⟨Bot⟩ *Dividivi, Amerikanischer Schlehdorn* m (Caesalpinia coriaria) ‖ *Schote* f *des Dividivis*

divierta *f Guat Volksfest* n

divieso *m* ⟨Med⟩ *Furunkel* m, *Blutgeschwür* n, *Eiterbeule* f

divi|nal adj *(m/f)* (poet) *göttlich* ‖ **–namente** adv *göttlich* ‖ ⟨fig⟩ *köstlich* ‖ ⟨fig⟩ *großartig* ‖ ⟨fig⟩ *ausgezeichnet* ‖ **–nativo, –natorio** adj: *(hell)seherisch, divinatorisch* ‖ *Seher-, Wahrsage-* ‖ **–nanza** *f* → **adivinanza** ‖ **–nidad** *f Gottheit* f ‖ *Göttlichkeit, Divinität* f ‖ *Gott* m, *höchstes Wesen* n ‖ *Abgott* m ‖ ⟨fig⟩ *Götterweib* n, *göttliche Schönheit* f *(Frau)* ‖ *wunderbar schönes Stück* n ‖ ◇ decir ~es ⟨figf⟩ *wie ein Gott sprechen*

divinizar [z/c] vt *vergöttlichen* ‖ ⟨fig⟩ *göttlich verehren, vergöttern* ‖ ⟨fig⟩ *heiligen*

¹divino adj *göttlich, Gottes-* ‖ *heilig* ‖ *erhaben* ‖ *geistlich* ‖ ⟨fig⟩ *göttlich,* ⟨fam⟩ *überirdisch, himmlisch, Götter-* ‖ (fam) *wunderbar, herrlich, großartig* ‖ La ~a Comedia ⟨Lit⟩ *die Göttliche Komödie*

²divino *m Hellseher, Wahrsager* m

divisa *f Kenn-, Unterscheidungs|zeichen, Merkmal* n ‖ *Sinnbild* n ‖ *Devise* f, *Denk-, Sinn-, Wahl|spruch* m ‖ *Kennwort* n ‖ *Motto* n ‖ ⟨Her⟩ *Devise* f ‖ *Kokarde* f ‖ *Rangabzeichen* n *(an der Uniform)* ‖ ⟨Taur⟩ *Züchtereiabzeichen* n *der Kampfstiere* ‖ ~s fpl *Devisen* fpl

divisar vt *undeutlich wahrnehmen* ‖ *erblicken, (von weitem) entdecken (können)* ‖ ⟨Her⟩ *mit e–r Devise versehen* ‖ ⟨Jgd⟩ *eräugen* ‖ ~se *auftauchen, erscheinen, zu sehen sein* ‖ *wahrgenommen werden (können)*

divi|sibilidad *f Teilbarkeit* f ‖ **–sible** adj *(m/f) teil-, trenn|bar*

¹división *f Teilung, Trennung* f ‖ *Ein-, Zer|teilung* f ‖ *Gliederung* f ‖ ⟨fig⟩ *Spaltung* f, *Zwiespalt, Zwist* m, *Auseinanderbringen* n ‖ ⟨Math⟩ *Division, Teilung* f ‖ ~ celular ⟨Biol Gen⟩ *Zellteilung* f ‖ ~ de la ganancia *Teilung* f *des Gewinnes* ‖ ~ de las palabras *Silbentrennung* f ‖ ~ del trabajo *Arbeitsteilung* f

²división *f Abschnitt* m ‖ *Abteilung* f ‖ ⟨Mil⟩ *Division* f ‖ ~ acorazada *Panzerdivision* f ‖ ~ administrativa *Verwaltungsabteilung* f ‖ ~ aerotransportada *Luftlandedivision* f ‖ ~ blindada → ~ acorazada ‖ ~ hidrográfica *Wasserpolizeibehörde* f

³división *f* ⟨Gr Typ⟩ *Teilungs-, Binde|strich* m, *Divis* n

divi|sional adj *(m/f) Teilungs-* ‖ **–sionario** adj *Teilungs-* ‖ ⟨Mil⟩ *Divisions-* ‖ **–sionismo** *m Spaltertätigkeit* f ‖ **–so** pp/irr v. **dividir** ‖ **–sor** *m* ⟨Math⟩ *Divisor, Teiler* m ‖ ⟨Tech⟩ *Teiler, Teilapparat* m ‖ máximo común ~ ⟨Math⟩ *größter gemeinschaftlicher Teiler* m ‖ **–soria** adj: (línea) ~ de aguas *Wasserscheide* f ‖ ~ *f* ⟨Mus⟩ *Taktstrich* m

¹divisorio adj *trennend, teilend* ‖ *Grenz-, Scheide-* ‖ ~ m ⟨Tel⟩ *Teilgabel* f

²divisorio *m* ⟨Typ⟩ *Tenakel* n, *Manuskripthalter* m

divo adj *göttlich* ‖ *göttergleich* ‖ ⟨Th⟩ *hervorragend (Sänger)* ‖ ~ m (poet) *heidnischer Gott* m ‖ ⟨Th fig⟩ *Bühnengröße* f *(Sänger usw.)*

divor|ciado adj *geschieden (Ehe)* ‖ ⟨fig⟩ *getrennt* ‖ ~ de la realidad *welt-, wirklichkeits|fremd* ‖ ~ m *Geschiedene(r)* m ‖

–ciar vt *scheiden (die Ehe)* ‖ ⟨fig⟩ *voneinander bringen, trennen* ‖ ◇ *hacerse ~ s. scheiden lassen* ‖ *~se s. scheiden lassen* ‖ ⟨fig⟩ *auseinander gehen, s. trennen* ‖ **–cio** m *Ehe|scheidung, -trennung* f ‖ ⟨fig⟩ *Trennung, Scheidung* f ‖ *~ de lecho y mesa Trennung* f *von Tisch und Bett* ‖ *~ moral sittliche Trennung* f ‖ *~ vincular Scheidung* f *vom Eheband* ‖ ◆ *en ~ con ... getrennt von ...*

divul|gación f *Verbreitung* f ‖ *Bekanntmachung, Ausbreitung* f ‖ *Bekanntwerden* n, *Verlautbarung* f ‖ *Popularisierung, gemeinverständliche Darstellung* f ‖ *~ agrícola landwirtschaftliche Beratung* f ‖ **–gador** m *Ver-, Aus|breiter* m ‖ **–gar** [g/gu] vt *verbreiten* ‖ *ruchbar machen, ausbreiten* ‖ *aussprengen (Gerüchte)* ‖ *popularisieren, gemeinverständlich darstellen* ‖ *~se ruchbar werden, s. verbreiten, bekannt werden*

dixi ⟨lat⟩ = **he dicho** *rednerische Schlussformel ("ich habe gesprochen")*

diyambo m *Di-, Doppel|jambus* m *(Versfuß)*

diz: *~ que* ⟨fam⟩ = **dicen que** ‖ *man sagt, dass ..., angeblich ...*

Djibouti n ⟨Geogr⟩ *Dschibuti* n

dl ⟨Abk⟩ = **decilitro(s)**

Dl ⟨Abk⟩ = **decalitro(s)**

d/m ⟨Abk⟩ = **dos meses**

dm ⟨Abk⟩ = **decímetro(s)**

Dm ⟨Abk⟩ = **decámetro(s)**

D.ⁿ, d.ⁿ ⟨Abk⟩ = **Doña, doña**

dna(s) ⟨Abk⟩ = **docena(s)**

DNI ⟨Abk⟩ = **Documento** Nacional de Identidad

¹do adv ⟨poet⟩ → **donde**

²do m ⟨Mus⟩ *das C* ‖ *~ sostenido* ⟨Mus⟩ *Cis* n ‖ *~ sostenido doble* ⟨Mus⟩ *Cisis* n ‖ *~ bemol* ⟨Mus⟩ *Ces* n ‖ *~ de pecho hohes C, Tenor-C* n ‖ ⟨figf⟩ *Höchstleistung* f

dóberman m [Hund] *Dobermann* m

¹dobla f *Verdopp(e)lung* f *(des Einsatzes beim Spiel)*

²dobla f Chi *Gratisessen* n

³dobla f ⟨Bgb⟩ *Tagesschürflohn* m

⁴dobla f ⟨Hist⟩ *e–e altspan. Goldmünze* f

dobla|damente adv *von* **–do** ‖ **–das** fpl Cu *Abendläuten* n ‖ **–dillo** m *(Kleider)Saum, umgeschlagener Saum* m ‖ *Strichzwirn* m ‖ **–do** adj *doppelt, Doppel-* ‖ ⟨fig⟩ *kräftig, gedrungen, untersetzt, stämmig (Person)* ‖ ⟨fig⟩ *doppelzüngig, falsch, verschlagen* ‖ *uneben, bergig (Gelände)* ‖ *~ m* ⟨Tech⟩ *Biegen* n ‖ *Falzen* n ‖ ⟨Text⟩ *Dopp(e)lung* f

¹doblador m *Falzer, Falzapparat* m ‖ *Biegegerät* n ‖ ⟨El⟩ *Verdoppler* m, *Verdopplerstufe* f

²doblador m ⟨Film Radio TV⟩ *Double* n ‖ *Synchronsprecher* m

dobla|dora f ⟨Typ⟩ *Falzmaschine* f ‖ **–dura** f *Falte* f ‖ *Falz* m ‖ *Faltenbruch* m, *Biegung* f

doblar vt *verdoppeln* ‖ *(zusammen)falten* ‖ *biegen, krümmen, beugen* ‖ *knicken* ‖ *umlegen (Kragen)* ‖ ⟨fig⟩ *biegen, bewegen* ‖ ⟨Mar⟩ *um|schiffen, -segeln* ‖ ⟨Typ⟩ *hintergießen (Galvanos)* ‖ ⟨Film⟩ *synchronisieren* ‖ ⟨Tech⟩ *(ab-, durch)biegen* ‖ ⟨Typ Text⟩ *doublieren* ‖ *falzen (Blech)* ‖ ⟨Mar⟩ *umfahren (Kap)* ‖ *um die Ecke biegen* ‖ Mex *(jdn) niederschießen* ‖ ◇ *~ la cabeza das Haupt neigen* ‖ ⟨fig⟩ *sterben* ‖ *~ la cerviz* ⟨fig⟩ *den Nacken beugen, s. unterwerfen* ‖ *le doblas la edad du bist zweimal so alt wie er (sie)* ‖ *~ la esquina um die Ecke biegen* ‖ *fortlaufen* ‖ *~ la hoja* ⟨fig⟩ *zu e–m anderen Punkt übergehen* ‖ *~ a palos verprügeln,* ⟨fam⟩ *vertrimmen,* ⟨fam⟩ *windelweich schlagen* ‖ *~ el paso die Schritte verdoppeln, sehr eilig gehen, zulegen* ‖ *~ la rodilla das Knie beugen* ‖ *~ el trabajo feiern, die Arbeit beenden (Fabrik)* ‖ *~ los turnos Doppelschichten einlegen* ‖ *~ vi abbiegen (von der Richtung)* ‖ ⟨Kath⟩ *zwei Messen an e–m Tag lesen* ‖ *läuten (für e–n Toten)* ‖ ⟨Taur⟩ *e–e Wendung machen* ‖ ⟨Th⟩ *e–e Doppelrolle spielen* ‖ *el precio ha doblado der Preis hat s. verdoppelt* ‖ *~ (a) otra calle in e–e andere Straße einbiegen* ‖ *~se s. biegen* ‖ *s. durchbiegen* ‖ *s. krümmen* ‖ ⟨fig⟩ *nachgeben, s. der Gewalt fügen, s. beugen (& vi) zusammenknicken* ‖ ◇ *antes ~ que quebrar* ⟨Spr⟩ *lieber biegen als brechen*

¹doble adj/adv *doppelt, zweifach, Doppel-* ‖ *stark, stämmig* ‖ ⟨Bot⟩ *gefüllt (Nelke usw.)* ‖ ⟨fig⟩ *heuchlerisch, doppelzüngig, falsch* ‖ *~ bemol* ⟨Mus⟩ *Doppel-B* n *(bb)* ‖ *~ columna* ⟨Arch⟩ *Doppelsäule* f ‖ ⟨Typ⟩ *Doppelspalte* f ‖ *~ contra sencillo zwei gegen eins (Wette beim Spiel)* ‖ *~ cuerda* ⟨Mus⟩ *Doppelgriff* m ‖ *~ fondo Doppelboden* m *(Koffer usw.)* ‖ *~ franqueo doppeltes Porto* n ‖ *~ sostenido* ⟨Mus⟩ *Doppelkreuz* n *(✖)* ‖ *~ ventana Doppelfenster* n ‖ *~ vía* ⟨EB⟩ *Doppelgleis* n ‖ *doppel-, zwei|gleisige, zwei|spurige Strecke* f ‖ ◆ *al ~ noch einmal soviel* ‖ *de ~ fondo* ⟨fig⟩ *listig, hinterhältig* ‖ *zweideutig*

²doble m *das Doppelte* ‖ *Doppelgänger* m ‖ *Falte* f ‖ *Falz* m ‖ *Bügelfalte* f, *Hosenkniff* m ‖ *Totengeläut(e)* n ‖ ⟨Com⟩ *Prolongationsgebühr* f *(im Termingeschäft)* ‖ ⟨Com⟩ *Duplikat* n ‖ *Rückkaufgeschäft* n *(Börse)* ‖ ⟨Film Th⟩ *Double* n ‖ ⟨Lit⟩ *Dublette* f ‖ *Pasch (beim Domino)* ‖ Chi *Doppelliter* m ‖ *~ de cerveza großes Glas Bier* ‖ ◇ *costar el ~ das Doppelte (doppelt soviel) kosten* ‖ *jugar el ~ double spielen (Billard)* ‖ *~s mpl* Rioja *ein Kuttelgericht* n ‖ ◇ *estar a tres ~ y un repique* Am ⟨figf⟩ *aus od auf dem letzten Loch pfeifen*

doble|gable adj *(m/f) biegsam* ‖ *faltbar* ‖ **–gadizo** adj *gefügig* ‖ *nachgiebig* ‖ **–gar** [g/gu] vt *biegen, krümmen* ‖ *beugen* ‖ ⟨fig⟩ *nachgiebig machen* ‖ *~se nachgeben* ‖ ⟨fig⟩ *s. demütigen, kriechen* ‖ **–mente** adv *doppelt* ‖ *um so mehr, desto mehr* ‖ ⟨fig⟩ *listig, falsch, hinterhältig* ‖ **–te** m *Doppeltaft* m ‖ ⟨Jgd⟩ *Dublette* f, *Doppelschuss* m ‖ ⟨Ling⟩ *Dublette* f *(& gekitteter Edelstein)* ‖ *dublierter Ball* m *(Billard)* ‖ ⟨Mus⟩ *Dubletteregister* n *(der Orgel)*

¹doblez [pl *~ces*] m *(Bügel)Falte* f, *Hosenkniff* m ‖ *Einschlag* m *(am Ärmel)* ‖ *Dopp(e)lung* f *(Kleidung)* ‖ *Falz* m ‖ *Bruch* m *(im Papier)*

²doblez [pl *~ces*] m *(& f) Falschheit, Zweizüngigkeit, Arglist* f ‖ *Scheinheiligkeit* f ‖ ◆ *sin ~ ohne Falsch*

doblón m ⟨Hist⟩ *Dublone* f *(alte span. Goldmünze)* ‖ ⟨Hist⟩ *chil. Goldmünze* f ‖ ◇ *apalear doblones* ⟨figf⟩ *steinreich sein,* ⟨fam⟩ *stinkreich sein*

doblonada f ⟨fam⟩ *Menge* f *Geld*

dobra f [Währungseinheit] *Dobra* m *(Db)* ‖ ⟨Hist⟩ *port. Goldmünze* f

doc.ᵃ, doc. ⟨Abk⟩ = **docena**

△ **docample** adv *wohin immer*

doce num *zwölf* ‖ *zwölfte(r)* ‖ *Carlos ~ Karl XII.* ‖ *~ m Zwölf* f ‖ *~ de agosto 12. August* ‖ *a las ~ de la noche um 12 Uhr nachts* ‖ ◇ *echarlo (todo) a ~* ⟨figf⟩ *außer s. geraten* ‖ ⟨fam⟩ *ein Gespräch absichtlich überschreien* ‖ **–añista** m/adj Span *Anhänger* bzw *Verfasser* m *der Verfassung von Cádiz (1812)*

doceavo adj *zwölftel* ‖ *~ m Zwölftel* n

docén m Zar *bewaldrechtetes Holz* n

doce|na f *Dutzend* n ‖ *(etwa) zwölf* ‖ *la ~ del fraile* (joc) *13 Stück* ‖ ◇ *no entrar ~* ⟨figf⟩ *vom Rest verschieden sein* ‖ *vender por ~(s)*

dutzendweise od *im Dutzend verkaufen* ‖ a ~s
dutzendweise, im Dutzend, zu Dutzenden ‖ **–nal**
adj *(m/f) dutzendweise verkauft* ‖ **–nario** adj *aus
zwölf Teilen bestehend*
docen|cia *f Lehramt* n ‖ *Lehrberuf* m ‖ *Lehre* f
‖ Arg *Lehrkörper* m ‖ ◇ ejercer la ~ *lehren* ‖ **–te**
adj *(m/f) lehrend, unterrichtend, Lehr-* ‖ ~ *m/f
Unterrichtende(r* m) f ‖ *Lehrende(r* m) f ‖
Dozent(in f) m ‖ ~ de universidad *Universitäts-,
Hochschul|dozent(in* f) m
  doceno adj *der, die, das zwölfte*
  docetismo *m* ⟨Rel⟩ *Doketismus* m
  docible adj → **dócil**
  docientos adj → **doscientos**
  dócil adj *(m/f) füg-, folg-, bieg-, schmieg|sam,
geschmeidig* ‖ *artig* ‖ *willig, gefügig* ‖ *nachgiebig*
‖ *gelehrig* ‖ *gehorsam* ‖ *abrichtbar (Tiere)* ‖
dehnbar (Metall) ‖ *gut zu bearbeiten(d)
(Werkstoff)* ‖ ~ *para aprender lerneifrig, gelehrig*
‖ ~ de condición *folgsam veranlagt* ‖ más ~ que
un borrego *od cordero allzu fügsam* ‖ adv:
~**mente**
  docili|dad *f Gelehrigkeit* f ‖ *Folgsamkeit,
Nachgiebigkeit, Fügsamkeit* f ‖ *Geschmeidigkeit* f
‖ *Dehnbarkeit* f ‖ **–tar** vt *gelehrig, fügsam
machen*
  docima|sia *f* ⟨Hist⟩ *Dokimasie f (bei den alten
Griechen)* ‖ ⟨Bgb⟩ *Probierkunst, Dokimastik* f ‖
⟨Med⟩ *Probe, Dokimasie* f ‖ **–siología** *f* ⟨Med⟩
Probierkunst, Dokima|siologie, -stik f
  dock *m Dock* n ‖ *Lager|hof* m, *-haus* n ‖
Hafenlager n ‖ ~ flotante *Schwimmdock* n ‖ **–er**
m Hafenarbeiter m
  Doct. ⟨Abk⟩ = **Doctor**
  docto adj *gelehrt* ‖ *kenntnisreich* ‖ *bewandert*
(en *in* dat) ‖ adv: ~**amente** ‖ ~ *m Gelehrte(r)* m
  doctor *m Doktor* m ‖ ⟨fam⟩ *Arzt, Doktor* m ‖
⟨fig⟩ *(hervorragender) Lehrer, Meister* m ‖ ⟨Rel⟩
Kirchen|lehrer, -vater m ‖ ~ en cánones *Doktor*
m *des Kirchenrechts* ‖ ~ en ciencias económicas
Doktor m *der Wirtschaftswissenschaften, Dr. rer.
oec.* ‖ ~ en ciencias naturales *Doktor* m *der
Naturwissenschaften, Dr. rer.nat., Dr. sc.nat.* ‖ ~
en derecho *Doktor* m *der Rechte, Dr. jur.* ‖ ~ en
farmacia *Doktor* m *der Arzneikunde, Dr. pharm.* ‖
~ en filosofía y letras *Doktor* m *der Philosophie,
Dr. phil.* ‖ ~ graduado *Doktor* m *ohne
Berufsberechtigung* ‖ ~ honoris causa, ~
honorífico *Ehrendoktor* m, *Doktor* m *Ehren
halber, Dr. h. c., Dr. E.h.* ‖ ~ de la Iglesia
Kirchenlehrer m ‖ ~ en leyes → ~ en derecho ‖
~ en medicina *Doktor* m *der Medizin, Dr. med.* ‖
~ en teología *Doktor* m *der Theologie, Dr. theol.*
‖ ~ titulado *Doktor* m *mit Berufsberechtigung* ‖
los ~es de la ley *die Schriftgelehrten* mpl *(Bibel)*
  docto|ra *f Ärztin* f ‖ ⟨figf⟩ *Blaustrumpf* m ‖
–ración *f Verleihung* f *der Doktorwürde* ‖
Promotion f ‖ **–rado** *m Doktorwürde* f ‖
Doktortitel m ‖ *Promotion* f ‖ *Doktor|prüfung* f,
-examen n ‖ ⟨fig⟩ *genaue Fachkenntnis* f ‖ **–ral**
adj *(m/f) Doktor(en)-* ‖ *pedantisch* ‖ adv: ~**mente**
‖ **–rando** *m Doktorand* m ‖ **–rar** vt *(zum Doktor)
promovieren* ‖ ~**se** *die Doktorwürde erhalten,
promovieren* ‖ ⟨fam⟩ *s–n Doktor machen* od
bauen ‖ ⟨Taur⟩ → tomar la **alternativa** ‖ **–rear** vi
⟨fam⟩ *den Gelehrten spielen*
  doctor|cillo, –cito *m* ⟨fam desp⟩ *von* **doctor**
  doctri|na *f Unter|richt* m, *-weisung* f ‖ *Lehre,
Doktrin* f, *Lehrsätze* mpl ‖ *Gedankengut* n ‖
(Lehr)Meinung f ‖ *Gelehrtheit* f ‖ ⟨Rel⟩ *Doktrin* f
‖ *Katechismus* m ‖ ⟨Philos⟩ *Lehre* f ‖ ⟨Philos⟩
Schule f ‖ Am *Ordenspfarre* f ‖ Am *Dorf* n
christlicher Indianer ‖ ~ condenada *verurteilte
Lehre* f ⟨& Kath⟩ ‖ ~ corporativa
Korporationslehre f ‖ ~ cristiana *Christenlehre* f

(Lehrfach) ‖ ~ errónea *Irrlehre* f ‖ ~
fundamental *Grundlehre* f ‖ ~ jurisprudencial
rechtswissenschaftliche (Lehr)Meinung f ‖
Rechtsprechung f ‖ ~ de Monroe ⟨Pol⟩
Monroedoktrin f ‖ ~ racial *Rassenlehre* f ‖ ~ de
la separación de poderes *Lehre* f *der
Gewaltenteilung* ‖ ~ (legal) vigente *geltende
Rechtslehre* f ‖ ◇ beber la ~ de alg. *jds Lehre
genau befolgen od beachten* ‖ no saber la ~ ⟨figf⟩
sehr unwissend sein ‖ **–nal** adj *(m/f) belehrend,
Lehr-, dogmatisch* ‖ ~ *m Unterrichtswerk* n ‖
Lehrbuch n (bes. Rel, & desp) ‖ **–nar** vt/i
(be)lehren, unterweisen ‖ → **adoctrinar** ‖ **–nario**
adj *doktinär* ‖ ~ *m Doktrinär, Pedant,
Schulfuchs* m ‖ ⟨fig⟩ *Prinzipienreiter* m ‖
–narismo *m Schulweisheit* f ‖ *Theoretisieren* n ‖
Doktrinarismus m ‖ **–nero** *m Katechet,
Unterweiser* m *in der christlichen Lehre* ‖ Am
⟨Hist⟩ *Pfarrer* m *e–s christlichen Indianerdorfs* ‖
–no *m Waisenhauszögling* m ‖ ◇ parecer un ~
⟨figf⟩ *sehr schüchtern sein*
  documen|tación *f Beurkundung* f ‖ *Beleg* m ‖
Dokumentation f ‖ *urkundliches Beweismaterial* n
‖ *Unterlagen* fpl ‖ *Ausweispapiere* npl ‖ *Schrift-,
Reise|papiere* npl ‖ ~ del buque *Schiffspapiere*
npl ‖ ~ del coche *Auto-, Wagen|papiere* npl ‖ ~
de envío ⟨Com⟩ *Versandpapiere* npl ‖ ~
fotográfica *Bildmaterial* n ‖ ~ justificativa *Belege*
mpl ‖ **–tado** adj *mit Belegen, (urkundlich) belegt* ‖
genau unterrichtet ‖ *mit Ausweispapieren
ausgestattet* ‖ muy bien ~ *mit großem
Hintergrundwissen (Person)* ‖ *sehr gut
(urkundlich, bildlich usw.) belegt (Buch)* ‖ **–tal**
adj *(m/f) urkundlich, beurkundet* ‖ *durch
Urkunden gestützt* ‖ *Beweis-* ‖ ~ *m
Dokumentarfilm* m ‖ *Kulturfilm* m ‖ **–talista** *m/f*
Dokumen|talist(in f), *-tar(in* f) m ‖ **–talmente** adv
urkundlich ‖ *dokumentarisch* ‖ *an Hand von
Belegen* ‖ *aktenmäßig* ‖ **–tar** vt *beurkunden,
urkundlich beweisen* ‖ *belegen* ‖ *informieren* ‖
~**se** *s. Belege verschaffen (sobre über* acc) ‖
Unterlagen sammeln ‖ **–to** *m Belehrung,
Vorschrift* f ‖ *Dokument* n, *Urkunde* f ‖ ⟨fig⟩
Beweis m ‖ ⟨fig⟩ *Beleg* m ‖ *Unterlagen* fpl,
Papiere npl ‖ ~ de abdicación
Abdankungsurkunde f ‖ ~ auténtico ⟨Jur⟩
öffentliche od *notarielle Urkunde* f ‖ ~ de cargo
Lastschrift f ‖ ~ de constitución
Gründungsurkunde f ‖ ~ endosable → ~ al
portador ‖ ~-guía ⟨Pol⟩ *Grundsatz|papier,
-programm* n ‖ ~ histórico *historischer Beleg* m ‖
~ justificativo *Beleg* m ‖ *Beweisstück* n ‖ ~
nacional de identidad Span *Kennkarte* f,
Personalausweis m ‖ ~ original *Erstschrift,
Originalurkunde* f ‖ ~ al portador *Inhaberpapier*
n ‖ ~ privado *Privaturkunde* f ‖ ~ probatorio
Beleg m, *Beweisurkunde* f ‖ ~ público *öffentliche
Urkunde* f ‖ ~ transferible → ~ al portador ‖ ◇
servir de ~ *als Beweis dienen* ‖ ~**s** *mpl:* ~ de
aduana *Zollpapiere* npl ‖ ~ en cartera
Wechselbestand m ‖ ~ de embarque
Verschiffungsdokumente npl ‖ *Verladepapiere* npl
‖ *Schiffspapiere* npl
  △ **docurdó** *m Schullehrer* m
  dode|caedro *m* ⟨Math⟩ *Zwölfflächner* m,
Dodekaeder n ‖ **–cafonía** *f,* **–cafonismo** *m* ⟨Mus⟩
Zwölfton|musik f, *-system* n, *Dodekaphonie* f ‖
–cafonismo adj *dodekaphonisch* ‖ **–cágono** *m
Zwölfeck* n ‖ **–casílabo** adj *zwölfsilbig* ‖ ~ *m
Zwölfsilbner* m *(Vers)*
  dodo *m* ⟨V⟩ *Dodo* m *(1750 ausgestorben)*
  ¹**doga** *f Mancha (Fass)Daube* f
  △ ²**doga** *f Geldstück* n, *Münze* f ‖ *Schuld* f
  dogal *m Strick* m *zum Anbinden von Tieren* ‖
Galgenstrick m, *Schlinge* f ‖ *Schleifknoten* m

(zum Holzbinden) ‖ ⟨figf⟩ *Tyrannei* f, *Joch* n ‖ ◇
estar con el ~ al cuello ⟨fig⟩ *in äußerster Not
sein* ‖ estoy con el ~ al cuello ⟨figf⟩ *mir steht
das Wasser bis zum Hals* ‖ echar el ~ a alg. ⟨fig⟩
jdn unterjochen, ⟨pop⟩ *unterkriegen* ‖ *jdn an die
Kandare nehmen*

dogaresa *f Dogaressa, Gemahlin* f *e–s Dogen*

dog-cart *[pl ~s] m Dogcart* m *(offener
Einspänner)*

dog|ma *m (Glaubens)Lehrsatz* m ‖ *Dogma* n ‖
⟨allg⟩ *Lehre* f ‖ *Lehrbegriff* m ‖ *Grundsatz* m *e–s
Lehrsystems* ‖ **–mática** *f Dogmatik* f ‖ **–mático**
adj *dogmatisch* ‖ *die (Glaubens)Lehre betreffend* ‖
⟨fig⟩ *lehrhaft* ‖ *streng gebunden (an Lehrsätze)* ‖
~ *m Dogmatiker* m

dogma|tismo *m Dogmatismus* m ‖ *Lehrsätze*
mpl *e–r Wissenschaft* ‖ *dogmatische Haltung* f ‖
dogmatische Äußerungen fpl ‖ ⟨fig⟩ *Einbildung,
Schulmeisterei* f ‖ **–tista** *m/f Anhänger(in* f) m
starrer Lehren ‖ **–tizador,** **–tizante** adj *(m/f)
dogmatisierend* ‖ **–tizar** [z/c] vt/i *dogmatisieren* ‖
zum Dogma erheben ‖ *in lehrhaftem Ton sprechen
bzw schreiben* ‖ ⟨fig⟩ *schulmeistern*

dogo *m* [Hund] *Dogge* f ‖ ~ *alemán (danés)
Deutsche (Dänische) Dogge* f ‖ ⟨fig⟩ *Aufpasser* m
‖ *Rausschmeißer* m

dogre *m* ⟨Mar⟩ *Dogger* m

dohor *m Marr* ⟨Rel⟩ *Mittagsgebet* n

△ **dojí** *m Schuld* f ‖ *Laster* n

dola|dera adj: ⟨Zim⟩ (segur) ~ *Böttcherbeil* n
‖ *Breithacke* f ‖ **–dor** *m Fasshobler* m ‖ **–dura** *f
Hobel|span* m, *-späne* mpl

dolar [-ue-] vt *(ab)hobeln* ‖ *abkanten (Stein)*

dólar *m Dollar* m *(und Zusatz je nach Land,
z. B. US-$)* ‖ ~ *oro Golddollar* m

dolce adj ⟨it⟩ ⟨Mus⟩ *dolce, süß, sanft*

dolencia *f Leiden* n, *Krankheit* f, *Gebrechen* n
‖ ~ *secreta geheime Krankheit* f

doler [-ue-] vi *weh tun* (a alg. jdm), *schmerzen*
(a alg. jdn) (& fig) ‖ ⟨fig⟩ *jdm leid tun* ‖ ◇ me
duele la cabeza *ich habe Kopfweh* ‖ me duele que
Vd. ... subj *es schmerzt mich, dass Sie* ... ind ‖
no me duele el dinero *Geld ist mir dabei
Nebensache* ‖ ¡ahí le duele! ⟨figf⟩ *das ist des
Pudels Kern! das ist* od *da steckt der Haken! da
drückt der Schuh!* ‖ **~se:** ~ de algo *et. bereuen* ‖
et. be|dauern, -klagen ‖ *über et. klagen* (acc) ‖ ~
de alg. *jdn bedauern* ‖ se duele de la cabeza *er
(sie, es) klagt über Kopfschmerzen* ‖ ~ con alg.
jdm sein Leid klagen

dolerita *f Dolerit* m *(ältere Bezeichnung für
grobkörnige basaltische Gesteine)*

dolicocéfalo adj ⟨Anthrop⟩ *langschäd(e)lig* ‖ ~
m Dolichozephale, Langschädel m

dolido adj *schmerzerfüllt, leidend* ‖ ◇ estar ~
de *(od* por) s. *beleidigt fühlen durch* ‖ estar ~ con
alg. s. *durch jds Benehmen verletzt fühlen*

doliente adj *(m/f) unpässlich, krank* ‖ *leidend* ‖
betrübt ‖ *leidtragend* ‖ ~ *m Kranke(r), Patient* m
‖ *nächste(r) Leidtragende(r)* m *e–s Verstorbenen*

△ **dolí** *m Altar* m

dolimán *m* ⟨Hist⟩ *Dolman* m,
Husarenpelzjacke f

dolina *f* ⟨Geol⟩ *Doline* f *(Karsttrichter)*

dóllimo *m* ⟨Zool⟩ Chi *Flussmuschel* f (Unio
chilensis)

dolmán m → **dolimán**

dolmen *m Dolmen* m, *keltisches Steindenkmal,
keltisches Hünengrab* n

dolo *m* ⟨Jur⟩ *Vorsatz, Dolus* m ‖ *Arglist* f ‖
arglistige Täuschung f ‖ *Schädigungsabsicht* f ‖
Betrug m

dolobre *m* ⟨Agr⟩ *Spitzhaue* f

dolo|mía, –mita *f Dolomit* m ‖ **–mítico** adj
⟨Min⟩ *dolomithaltig, Dolomit-, dolomitisch*

dolor *m Schmerz* m, *Weh* n, *Pein* f ‖ *Betrübnis*
f ‖ *Leid* n ‖ *Wehen* fpl ‖ *Reue* f, *Reuegefühl* n ‖ ~
agudo heftiger Schmerz m ‖ ~ de barriga ⟨fam⟩
Bauchweh n ‖ ~ de cabeza *Kopfweh* n ‖ ~ de
costado *Seitenstechen* n ‖ ~ de choque
Stoßschmerz m ‖ ~ *desgarrante reißender
Schmerz* m ‖ ~ de estómago *Magen|weh* n,
-schmerzen mpl ‖ ~ *fulgurante jäher, brennender
Schmerz* m ‖ ~ de garganta *Halsweh* n ‖ ~ en las
ijadas *Seitenstechen* n ‖ ~ *irradiado
ausstrahlender Schmerz* m ‖ ~ *lancinante
stechender Schmerz* m ‖ ~ de muelas *Zahnweh* n
‖ ~ *nefrítico Nierenschmerz* m ‖ ~ de oído
Ohren|stechen, -weh n ‖ ~ a la presión
Druckschmerz m ‖ ~ *pulsátil,* ~ *pulsativo
pulsierender Schmerz* m ‖ ~ *pungitivo stechender
Brustschmerz* m ‖ ~ *reflejo reflektorischer
Schmerz* m ‖ ~ de riñones *Kreuzschmerz(en)* m
(pl) ‖ ~ *roedor nagender Schmerz* m ‖ ~ *sordo
dumpfer Schmerz* m ‖ ~ *tensivo,* ~ *tirante
dehnender, ziehender Schmerz* m ‖ ~ *terebrante,*
~ *triturante bohrender Schmerz* m ‖ ~ *urente
brennender Schmerz* m ‖ ~ de vientre
Leibschmerzen mpl ‖ ~ de viuda, ~ de viudo
tiefes, rasch vorübergehendes Leid n ‖ ⟨fig⟩ *durch
e–n heftigen Schlag verursachter Schmerz* m *in
den Knochen* ‖ ¡que ~! *wehe, wehe!* ‖ **~es** mpl:
~ *expulsivos,* ~ *concausantes* ⟨Med⟩
Treibwehen npl ‖ ~ *menstruales
Menstruationsschmerzen* mpl ‖ ~ (del parto)
Geburtswehen fpl ‖ los ~ de Nuestra Señora *die
sieben Schmerzen Mariä (Freitag vor der
Karwoche)* ‖ ◇ estar con ~ *in Kindesnöten liegen
(Frau)*

dolora *f* ⟨Poet⟩ *Klagelied* n *(span. Elegienform
von Campoamor)*

dolorci|llo, –to *m* dim von **dolor**

Dolo|res (dim **–ritas**) *f* np *Dolores* f ‖ los ~
Gloriosos de Nuestra Señora ⟨Rel⟩ *die
schmerzensreiche Mutter Gottes, die
Schmerzensreiche, die Schmerzensmutter*

dolo|rido adj *schmerzend* ‖ *traurig, betrübt* ‖
klagend, stöhnend ‖ **–riento** adj *schmerzerfüllt,
leidend* ‖ **–rimiento** *m Schmerzgefühl* n ‖ *Schmerz*
m ‖ **=rosa** *f Mater Dolorosa, Schmerzensmutter* f
‖ la ~ ⟨figf⟩ *die Rechnung (bes. im Restaurant)* ‖
–roso adj *schmerz|lich, -haft, peinlich* ‖ *traurig* ‖
betrüblich, beklagenswert, kläglich

doloso adj *arglistig* ‖ *vorsätzlich, dolos* ‖
betrügerisch ‖ ~ *unvorsätzlich*

dom *m Dom* m *(Titel der Ordensgeistlichen bei
Salesianern, Kartäusern und Benediktinern)*

D.O.M. ⟨Abk⟩ = **Deo Optimo Maximo**

doma *f Zähmung, Abrichtung* f *(von Tieren)* ‖
⟨fig⟩ *Bezähmung* f *(der Leidenschaften)*

doma|ble adj *(m/f) zähmbar, bezwingbar* ‖
–dor *m Tierbändiger, Dompteur, Dresseur* m ‖
Bezwinger m ‖ ~ de leones *Löwenbändiger* m ‖
~ de potros *Zureiter* m ‖ ~ de serpientes
Schlangenbeschwörer m ‖ **–dura** *f Zähmung,
(Tier)Bändigung, Dressur* f ‖ ⟨fig⟩ *Be|zwingung,
-zähmung* f

domar vt *zähmen, bändigen* ‖ *zureiten (Pferd)*
‖ ⟨fig⟩ *bezwingen, unterwerfen* ‖ *zügeln*

dombo *m Am Gewölbe* n ‖ (→ auch **domo**)

domeñar vt ⟨lit⟩ *zähmen* ‖ *(über jdn) Herr
werden, (jdn) bezwingen* ‖ *erweichen, beugen* ‖
unterwerfen

doméstica *f Magd* f, *Dienstmädchen* n ‖
Hausangestellte f

domesti|cable adj *(m/f) leicht zu zähmen(d)* ‖
zähmbar ‖ *zu bändigen* ‖ **–cación** *f Zähmung* f ‖
Abrichtung f ‖ **–cado** adj *zahm, gezähmt* ‖ **–cador**
m Zähmer m

domésticamente adv *häuslich* ‖ *vertraulich*

domesti|car [c/qu] vt *zähmen, domestizieren (Tiere)* ‖ *dressieren (Tiere)* ‖ ⟨fig⟩ *zähmen, verfeinern* ‖ ⟨fig⟩ *bändigen* ‖ *(be)sänftigen (raues Wesen)* ‖ **~se** *s. beherrschen* ‖ **–cidad** *f häusliches Wesen* n, *Häuslichkeit* f ‖ *Leutseligkeit* f ‖ *Zahmheit* f ‖ **–cismo** *m* ⟨fam⟩ *Kriecherei* f, *Knechtsinn* m

doméstico adj *häuslich, Haus-* ‖ *zahm (Haustier)* ‖ *Haus-* ‖ *innere(r, s)* ‖ ~ *m Hausdiener, Bedienstete(r)* m ‖ *Dienstbote* m ‖ *Hausangestellte(r)* m ‖ ⟨Sp fam⟩ [Radrennen] *Wasserträger* m

domestiquez [*pl* **~ces**] *f Zahmheit, Sanftheit* f *(e–s Tieres)*

domici|liación *f Niederlassung* f ‖ *Domizilierung* f *(Wechsel)* ‖ ~ *bancaria Bankeinzug* m, *Abbuchungsverfahren* n ‖ ~ *fortuita Notadresse* f *(Wechsel)* ‖ **–liado** adj *ansässig, sesshaft, wohnhaft* (en *in* dat) ‖ *mit Sitz* (en *in* dat) ‖ ◇ *estar* ~ *s–n Wohnsitz haben* (en *in* dat) ‖ ~ *m (Orts)Ansässige(r)* m ‖ *Domiziliat* m *(Wechsel)* ‖ **–liante** *m/f Domiziliant(in* f) m ‖ **–liar** vt *ansiedeln* ‖ *einheimisch machen, einbürgern* ‖ *(e–n Wechsel) domizilieren* (en *bei*) ‖ Mex *adressieren (Brief)* ‖ **~se** *s. ansiedeln, s. niederlassen* ‖ *ansässig werden* ‖ *s–n (festen) Wohnsitz nehmen* ‖ **–liario** adj *ortsansässig* ‖ *Haus-* ‖ *Heim-* ‖ *Wohnsitz-* ‖ ~ *m (Orts)Ansässige(r)* m ‖ **–lio** *m Aufenthaltsort, Wohn|ort, -sitz* m ‖ *Haus* n, *Wohnung* f ‖ *Sitz* m *(e–r juristischen Person)* ‖ *Niederlassung, Ansiedlung* f *(Wechsel)Domizil* n, *Zahlstelle* f ‖ (derecho de) ~ *Heimats-, Bürger|recht* n ‖ *Wohn-, Niederlassungs|recht* n ‖ ~ *conyugal ehelicher Wohnsitz* m ‖ ~ *forzoso Zwangswohnsitz* m ‖ ~ *habitual ständiger Wohnsitz* m ‖ ~ *legal gesetzlicher Wohnsitz* m ‖ *Rechtssitz* m ‖ *segundo* ~ *Zweitwohnung* f ‖ *zweiter Wohnsitz* m ‖ ~ *social* ⟨Com⟩ *Sitz* m *der Gesellschaft* ‖ ◇ *adquirir* ~ *s–n Wohnsitz aufschlagen, s. einbürgern* ‖ *buscar a* ~ *vom Hause abholen* ‖ *contraer* ~ → *adquirir* ‖ *declarar* ~ *s. bei der Polizei melden (Polizeiaufsicht)* ‖ *entregado a* ~ *frei Haus* ‖ *establecer* ~, *fijar* ~ *s–n Wohnsitz nehmen, s. niederlassen* ‖ *llevado a* ~ → *entregado a* ~ ‖ *recogido a* ~ *ab Haus* ‖ *servir a* ~ *frei Haus liefern* ‖ ◆ *sin* ~ *obdachlos* ‖ *sin* ~ *fijo ohne festen Wohnsitz*

dómina *f* [Prostituierte] *Domina* f

domi|nación *f (Ober)Herrschaft* f ‖ *Beherrschung* f ‖ ⟨Mil⟩ *beherrschende Anhöhe* f ‖ ~ *extranjera Fremdherrschaft* f ‖ **–nado** adj *beherrscht* ‖ *unterworfen* ‖ **–nador** adj *herrisch* ‖ *herrschsüchtig* ‖ *beherrschend* ‖ ~ *m (Be)Herrscher, Gebieter* m ‖ **–nadora** *f* → **–natriz** ‖ **–nalidad** *f* ⟨Jur⟩ *Eigentumseigenschaft* f ‖ **–nancia** *f* ⟨Biol Gen⟩ *Dominanz* f ‖ **–nante** adj *(m/f) herrschsüchtig, anmaßend* ‖ *vorherr|schend (Meinung)* ‖ *herrschend, dominierend* ‖ *überwiegend* ‖ *Haupt-* ‖ ⟨Gen Biol⟩ *dominant* ‖ ~ *f* ⟨Mus⟩ *Dominant* m ‖ ⟨Astrol⟩ *Herrscher, Dominant* m ‖ ⟨Typ⟩ *Dominante* f, *vorherrschendes Merkmal* n ‖ **–nar** vt *(be)herrschen* ‖ *beherrschen (Sprache, Macht)* ‖ *bändigen, unterjochen* ‖ *herausragen über* (acc) ‖ *bezwingen, zügeln, meistern* ‖ ⟨Mil⟩ *überragen, beherrschen* ‖ *übertönen (Geräusch)* ‖ ⟨fig⟩ *die Aussicht beherrschen (von hoch gelegenen Punkten)* ‖ ⟨fig⟩ *eindämmen* ‖ ◇ ~ *con la vista beherrschen (Aussicht), überblicken* ‖ vi *herr|schen* ‖ *vorherrschen (Meinung)* ‖ ~ *sobre hoch aufragen über* (acc) ‖ *emporragen über* acc *(Berg, Gebäude)* ‖ **~se** *s. selbst beherrschen* ‖ **–nativo** adj → **–nante** ‖ **–natriz** [*pl* **~ces**] *f Herrscherin, Gebieterin* f

dómine *m* ⟨fam⟩ *(Haus)Lehrer* m ‖ ⟨desp⟩ *Schulmeister* m

domingada *f Sonntagsvergnügen* n ‖ *sonntägliches Fest* n

domingas *fpl* ⟨vulg⟩ *Titten* fpl

domingo *m Sonntag* m ‖ ~ *de in albis,* ~ *de Cuasimodo Weißer Sonntag* m ‖ ~ *de Pascua Ostersonntag* m ‖ ~ *de Pentecostés Pfingstsonntag* m ‖ ~ *de Ramos Palmsonntag* m ‖ ~ *de Resurrección* → ~ *de Pascua* ‖ ◇ *hacer* ~ *blauen Montag machen* ‖ *vestirse de* ~ *s. sonntäglich anziehen* ‖ (los) ~s *y días festivos an Sonn- und Feier|tagen* ‖ *todos los* ~s *jeden Sonntag, sonntags* ‖ ~ *m* np *Dominikus* m ‖ *Santo* ~ *m* [Stadt] *Santo Domingo* n

domin|guejo *m* → **–guillo** ‖ Am ⟨fig⟩ *armer Teufel* m ‖ Chi Pe *verachtenswerter Trottel* m ‖ Chi Pe *Vogelscheuche* f ‖ **–guero** adj *sonntäglich, Sonntags-* ‖ ~ *m* ⟨fam desp Auto⟩ *Sonntagsfahrer* m ‖ *Sonntagsreiter* m ‖ *Sonntagsausflügler* m ‖ **–guillo** *m* dim von **–go** ‖ *Gaukelmännchen, Stehaufmännchen* n ‖ ⟨fig⟩ *Gegenstand* m *des Spottes (Mensch)* ‖ ◇ *traer a uno hecho* od *como un* ~ ⟨figf⟩ *jdm k–e Ruhe lassen, jdn herumhetzen*

dominial adj *(m/f) eigentumsrechtlich* ‖ *auf ein Herrschaftsgebiet bezüglich*

dominica *f* ⟨Rel⟩ *Dominikanernonne* f

Dominica *f* ⟨Geogr⟩ *Dominica* n

domínica ⟨lat⟩ *f Sonntag(sperikope* f) m

¹dominical adj *(m/f) sonntäglich, Sonntags-*

²dominical adj *(m/f) herrschaftlich* ‖ *gutsherrlich* ‖ *eigentumsrechtlich* ‖ *Eigentums-, Eigentümer-* ‖ *auf Gott bezüglich, des Herrn*

dominicanismo *m Dominikanismus* m *(e–e nur im dominikanischen Spanisch vorkommende sprachliche Erscheinung)*

¹dominicano adj *aus Santo Domingo, dominikanisch* ‖ ~ *m Bewohner* m *der Dominikanischen Republik*

²dominicano *m* ⟨Rel⟩ *Dominikaner(mönch)* m

¹domínico adj *Herrschafts-*

²domínico adj ⟨Rel⟩ *dominikanisch, Dominikaner- (Orden)* ‖ (fraile) ~ *m Dominikaner(mönch)* m

³domínico *m* Cu MAm *kleine Banane(nart)* f

dominio *m Macht, Gewalt, (Ober)Herrschaft* f ‖ *Eigentum(sgewalt* f) n ‖ *Besitz* m, *Gut* n ‖ *Gebiet* n ‖ *Revier* n (& Zool) ‖ *Domäne* f ‖ *Beherrschung* f (z. B. *e–r Sprache)* ‖ ⟨fig⟩ *Gebiet, Fach* n, *Zuständigkeit, Kompetenz* f ‖ ~ *aéreo Lufthoheit* f ‖ *Luftraum* m ‖ ⟨Mil⟩ *Überlegenheit im Luftraum, Luftherrschaft* f ‖ ~ *del balón* ⟨Sp⟩ [Fußball] *Ballbeherrschung* f ‖ ~ *público Staatseigentum* n ‖ ~ *de sí mismo,* ~ *sobre sí,* ~ *propio Selbstbeherrschung* f ‖ ◆ *con reserva de* ~ *unter Eigentumsvorbehalt* ‖ *de* ~ *público* ⟨fam⟩ *allgemein bekannt* ‖ ◇ *ejercer* ~ *sobre alg. Gewalt* od *Macht über jdn ausüben, haben* ‖ ⟨pop⟩ *jdn in s–n Klauen* od *an der Kandare* od *an der Leine haben* ‖ *perder el* ~ *de sí mismo die Beherrschung verlieren* ‖ *ser del* ~ *público Gemeingut bzw Staatseigentum sein* ‖ *los* ~s *británicos* ⟨Hist⟩ *die britischen Dominions* npl

dominó *m Domino(spiel)* n ‖ *Domino (Maskenkostüm)* ‖ ◇ *hacer un* ~ *im Dominospiel gewinnen*

domo *m* ⟨Abk⟩ *Kuppel* f ‖ ⟨Tech⟩ *Dom* m

¹dompedro *m* ⟨Bot⟩ *Wunderblume* f (Mirabilis jalapa)

²dompedro *m* ⟨fam⟩ *Nachttopf* m

¹don *m Don, Herr* m *(vor dem Vornamen: vertrauliche, doch respektvolle Anrede)* ‖ *Señor* (señor) … *Herr* … *(in der Anschrift* od *als höfliche, distanzierte Anrede)* ‖ ~ *Cómodo* ⟨fam⟩

auf s–e Bequemlichkeit bedachter Mensch m ‖ ~
Diego → **dondiego** ‖ ~ Juan ⟨fig⟩
Herzensbrecher, Frauenheld m ‖ ~ Nadie ⟨fam⟩
(Junker) Habenichts m, ⟨fam⟩ *e–e Null* f ‖ ~
Pedro → **dompedro** ‖ ~ Pereciendo ⟨fam joc⟩
Blender m ‖ *Pumpgenie* n ‖ ~ Sabelotodo ⟨fam
joc⟩ *Besser-, Alles|wisser, Superkluge(r)* m ‖ ni ~
Pedro, ni Periquillo ⟨figf⟩ *weder Herr noch
Knecht* ‖ *weder Fisch noch Fleisch* ‖ ◇ el ~ sin
el din ⟨fam⟩ *Titel ohne Mittel* ‖ *mal suena el* ~
sin el din ⟨Spr⟩ *ein Titel erfordert Mittel*
²don m *Gabe* f, *Geschenk* n ‖ *Gabe, Fähigkeit,
Begabung* f, *Talent* n ‖ ~ de gentes *Kunst* f, *s.
beliebt zu machen, Gewandheit* f *im Umgang mit
Menschen* ‖ ~ de lenguas *Gabe* f *der Zungenrede
(Bibel)* ‖ ~ de mando *Herrschergabe* f ‖ *Gabe* f
der Menschenführung ‖ ~ natural *natürliche
Begabung, Naturbegabung* f ‖ *Gabe* f *der Natur* ‖
~ de la palabra *Wortgewandtheit* f ‖ *Rednertalent*
n ‖ ~ de persuasión *Überredungsgabe* f ‖ ◇ tener
el ~ de errar *od* de equivocarse ⟨iron⟩ *es nie
treffen,* ⟨fam⟩ *immer danebenhauen* ‖ los siete
~es del Espíritu Santo *die sieben Gaben des
Heiligen Geistes* ‖ los ~es de la fortuna *die
Glücksgüter* npl
¹dona f Chi *Vermächtnis* n ‖ ~s fpl
Hochzeitsgabe f *des Bräutigams* ‖ Ast *Angebinde*
n
²dona f Cat *Frau, Dame* f
dona|ción f ⟨Jur⟩ *Spende, Schenkung,
Zuwendung* f ‖ *Schenkungsurkunde* f ‖ ~ de
esperma ⟨Med⟩ *Samenspende* f ‖ ~ de órganos
⟨Med⟩ *Organspende* f ‖ ~ de riñón *Nierenspende*
f ‖ ~ de sangre ⟨Med⟩ *Blutspende* f ‖ ~ entre
vivos ⟨Jur⟩ *Schenkung* f *unter Lebenden* ‖ ◇
hacer ~ de algo *et. schenken, spenden* ‖ **–dío** m
⟨Hist⟩ *Schenkung* f ‖ *Landgut* n *(vom König
geschenkt)* ‖ Cat ⟨Hist⟩ *Morgengabe* f ‖ **–do** m
Laienbruder m *(in e–m Kloster)* ‖ *Pfründenträger*
m ‖ **–dor** m *Schenker, Spender* m ‖ ⟨Phys⟩
Donator m
donai|re m *Anmut* f *(& im Reden)* ‖
Niedlichkeit f ‖ *nette, reizende Art* f ‖ *Grazie,
Zierlichkeit* f ‖ *Artigkeit* f, *Anstand* m ‖ *Schick,
Chic* m ‖ *gewandtes Auftreten* n, *Gewandheit* f ‖
Scherz m ‖ *Witzwort* n ‖ *Kompliment* n ‖ ◇ decir
~s *witzig reden* ‖ **–roso** adj *voll Anmut* ‖ *witzig,
lustig* ‖ *entzückend, reizend* ‖ *geistreich*
donante m/f *Schenker(in* f), *Spender(in* f) m ‖
Stifter(in f) m ‖ *Geber* m ‖ ~ de esperma
Samenspender m ‖ ~ de (un) órgano
Organspender(in f) m ‖ ~ de riñón
Nierenspender(in f) m ‖ ~ de sangre
Blutspender(in f) m ‖ ~ universal
Universalspender(in f) m
donar vt ⟨Jur⟩ *(be)schenken* ‖ *spenden, stiften,
zuwenden* ‖ ⟨Sp⟩ *widmen (z. B. Pokal)*
donas fpl → **¹dona**
donatorio m ⟨Jur⟩ *Beschenkte(r)* m
donativo m *(milde) Gabe* f ‖ *Geschenk* n,
Spende f ‖ *Stiftung* f ‖ *Taufgeschenk* n
¹doncel adj *(poet) jungfräulich* ‖ *jung* ‖ *mild,
lieblich (Wein)* ‖ *süß (Paprika)* ‖ ~ m *Edelknabe,
Knappe* m ‖ *noch keuscher Mann* ‖ ⟨reg⟩ *Junge,
Bursche* m ‖ ⟨poet⟩ *Jüngling* m
²doncel m Ar Murc ⟨Bot⟩ *Wermut* m
(Artemisia absinthium)
¹doncella f/adj *Jungfrau* f ‖ *Kammermädchen*
n, *Zofe* f ‖ *Haushälterin, Beschließerin* f ‖ ~ de
honor *Ehren-* bzw *Braut|jungfer* f ‖ ~ de cámara,
~ de labor *Kammer|mädchen* n, *-jungfer, Zofe* f ‖
la ~ de Lorena *Jeanne d'Arc, die Jungfrau von
Orléans* ‖ ~ primera ⟨Th⟩ *erste junge Damenrolle*
f
²doncella f ⟨Fi⟩ *Meerjungfer* m (Coris julis) ‖

⟨Ins⟩ *Libelle* f ‖ ⟨Bot⟩ (hierba) ~ *Immergrün* n
(Vinca sp)
³doncella f And Col Ven *Fingergeschwür* n
doncellez f *Jungfräulichkeit, Unberührtheit* f ‖
Jungfrauschaft f ‖ *mannbares Alter* n
¹donde adv *wo* ‖ *wovon, worin* ‖ *wohin* ‖ ~
quiera → **dondequiera** ‖ a ~ *wohin* ‖ de ~
woher, von wo ‖ *woraus* ‖ de ~ se infiere que …
woraus hervorgeht, dass … ‖ cerca de ~ *vivimos
nahe bei unserer Wohnung* ‖ hacia ~, para ~
wohin (Richtung) ‖ hasta ~ *wohin (Ziel)* ‖ en ~
wo ‖ por ~ *wo|durch, -nach, auf dem Weg, wo* ‖
worüber ‖ la casa ~ *nací das Haus, wo ich
geboren bin* ‖ de ~ diere *(fam) kopflos, aufs
Geratewohl* ‖ ~ no *wo nicht, wenn nicht, im
entgegengesetzten Fall* ‖ ahí, ~ *dort, wo* ‖ aquí ~
Vd. me ve *so wie Sie mich sehen, ich selbst* ‖ ob
Sie es glauben oder nicht(, ich … bin bzw *habe
usw.)* ‖ el pueblo por ~ pasamos *die Ortschaft,
über die wir fahren* ‖ voy ~ mi amigo *ich gehe
zu m–m Freund* ‖ está ~ mi hermano *er (sie, es)
ist bei m–m Bruder*
²¿dónde? adv *(direkt od indirekt fragend) wo?*
‖ ¿a ~? *wohin?* ‖ ¿de ~? *woher?* ‖ *von wo?* ‖ ¿en
~? *wo?* ‖ ¿hacia ~? *wohin?* ‖ in *welche* bzw
welcher Richtung? ‖ ¿por ~? *durch welchen Ort,
durch welche Gegend? woher?* ‖ *warum?
weshalb?* ‖ ¿por ~ cae ese pueblo? *wo liegt
dieses Dorf?* ‖ ¿por ~ se va allá? *wie kommt man
hin?* ‖ veremos por ~ sale *wir werden sehen,
worauf er (sie, es) hinaus will* ‖ no sé ~ se oculta
ich weiß nicht, wo er (sie, es) s. verborgen hält
³dónde m: el ~ y el cuándo *das Wo und (das)
Wann* ‖ sin darse cuenta del ~ ni del cuándo *ohne
s. des Ortes und der Zeit bewusst zu sein*
dondequiera adv *überall* ‖ *irgendwo, wo
immer* ‖ ~ que hemos llegado *überall, wo wir
ankamen* ‖ ~ que sea *wo(hin) immer es auch sei*
dondiego m ⟨Bot⟩ *Abend-, Wunder|blume* f ‖ ~
de día *Tagblume, Dreifarbige Winde, Affodilllilie* f
(Convolvulus tricolor) ‖ ~ de noche
Wunderblume f (Mirabilis jalapa)
dondio adj Ast *weiß (Brot)*
dondos m *Dondo, Negeralbino* m
Doné m → **Dionisio**
dong m *[Währungseinheit] Dong* m (Abk = D)
dóngola f *Bock-, Zicken|leder* n
donillero m ⟨fam⟩ *Bauernfänger* m
(Falschspieler)
¹donjuán m ⟨figf⟩ *Herzensbrecher,
Frauenheld, Don Juan* m
²donjuán m ⟨Bot⟩ → **dondiego**
donjua|nesco ⟨Mil⟩ adj *in der Art des Don
Juan, Don-Juan-* ‖ **–nismo** m *Art und Weise (*bzw
Wesen) des Don Juan, „Donjuanismus"
dono|sidad f → **–sura** ‖ **–so** adj *anmutig, nett,
niedlich* ‖ *artig, witzig, drollig* ‖ ¡~a ocurrencia!
(iron) ein glänzender Einfall! ‖ **–sura** f
Zierlichkeit, Anmut, Grazie f ‖ *Munterkeit,
Lebhaftigkeit* f ‖ *Witzwort* n
donostiarra m/adj *aus San Sebastián* (P Guip)
‖ *auf San Sebastián bezüglich*
donprisas m *stets eiliger Mensch* m
donqui m Am ⟨Tech⟩
Zweitrommel(schlepp)winde f
donquijotesco adj *quichottesk*
donsantiago m Chi ⟨EB⟩ *Schienenbieger* m
doña f *Donna* f *(vor dem Taufnamen:
vertrauliche, doch respektvolle Anrede)* ‖ *Señora*
~ (señora ~) … *Frau* … *(in der Anschrift od als
höfliche, distanzierte Anrede)*
doñaguil adj Sal *zu e–r kleinen, runden
Olivenart gehörig*
doñajuanita f Mex *Haschisch* n
doñear vi *ein Schürzenjäger sein*

do|paje m ⟨Sp⟩ *Doping* n ‖ **–par** vt *dopen* ‖
~se s. *dopen*
dope m *Wirkstoff* m, *Zusatzmittel, Additiv* n *(Öl)*
doping m ⟨Sp⟩ *Doping* n
doque m → **dock**
doquier (doquiera) adv → **dondequiera** ‖ por
~ ⟨poet⟩ *überall, nach allen Seiten (hin)*
d.^or ⟨Abk⟩ = **deudor**
dora|d(ill)a f (Am **–do** m) ⟨Fi⟩ *Gold|brassen,
-strich* m (Chrysophrys aurata) ‖ *Goldfisch* m
¹**doradillo** adj *honigfarben (Pferd)*
²**doradillo** m *dünner Messingdraht (für
Fassungen)*
³**doradillo** m ⟨V⟩ *Schaf- bzw Gebirg|stelze* f
(Motacilla flava bzw cinerea)
¹**dorado** adj *vergoldet* ‖ *golden* ‖ *goldgelb* ‖
Gold- ‖ ⟨Kochk⟩ *gebräunt* ‖ ~ al fuego
feuervergoldet ‖ ~ en hojas *blattvergoldet* ‖ ~ m
Vergoldung f ‖ *Vergolderarbeit* f ‖ *Vergoldetes* n ‖
~ al fuego *Feuervergoldung* f ‖ ~ *galvánico
galvanische Vergoldung* f ‖ ~ en hojas
Blattvergoldung f ‖ ~ a mano *Handvergoldung* f ‖
el ~ *fabelhaftes Goldland, Eldorado* n ‖ el ~
becerro das Goldene Kalb (& fig) ‖ **~s** mpl
Goldverzierung f (bes. *auf dem Einband*)
²**dorado** m ⟨Fi⟩ *Gabelmakrele* f (Lychia amia)
‖ *Goldmakrele* f (Coryphaena spp)
dora|dor m *Vergolder* m ‖ **–dura** f *Vergoldung*
f ‖ ~ en hojas *Blattvergoldung* f
dorar vt *vergolden* ‖ fig *be|schönigen,
-mänteln* ‖ ⟨Kochk⟩ *leicht (goldbraun) backen,
leicht goldbraun werden lassen* ‖ ⟨Kochk⟩ *mit
Eigelb bestreichen* ‖ ◇ ~ al fuego *feuervergolden*
‖ ~ en hojas *blattvergolden* ‖ ~ a mano
handvergolden ‖ ~ en seco *kalt* od *trocken
vergolden* ‖ ~ la píldora ⟨fig⟩ *die Pille versüßen* ‖
~se ⟨fig⟩ s. *bräunen, s. braun brennen lassen
(am Strand usw.)* ‖ ⟨Kochk⟩ *goldbraun werden* ‖
⟨lit⟩ *golden (auf)leuchten (in der Sonne usw.)*
△ **doray** m *Hauptmann* m
dórico adj *dorisch (Stil)* ‖ ~ m *dorischer
Dialekt* m
dorífora f ⟨Ins⟩ *Kartoffelkäfer* m (Leptinotarsa
decemlineata)
dorio adj *dorisch* ‖ ~ m *Dorer* m
dormán m → **dol(i)mán**
dormida f *Schlafen* n ‖ *Übernachten* n ‖
Erstarrung f *der Seidenraupen vor der Häutung* ‖
Nachtlager n *(Vögel, Vieh)* ‖ ⟨vulg⟩ *Beischlaf* m
mit Übernachten ‖ Bol Col CR Chi *Schlafstätte* f
¹**dormidera** f → **adormidera**
²**dormidera** f Cu → **sensitiva**
dormi|deras fpl: tener buenas ~ ⟨fam⟩ *leicht
einschlafen (können)* ‖ **–dero** adj *einschläfernd* ‖
~ m *Schlafstätte* f od *Nachtlager* n *des Viehs* ‖
Schlafplatz m *des Wildes* ‖ **–do** adj *eingeschlafen*
‖ *schlaftrunken, schläfrig* ‖ *verschlafen* ‖ *gefühllos
(Glied)* ‖ ⟨fam⟩ *träge, faul* ‖ medio ~ *fast* od *halb
eingeschlafen, verschlafen* ‖ dejar ~ a uno
⟨fig⟩ *jdm zuvorkommen* ‖ estar ~ *schlafen (& fig)*
‖ quedarse ~ *einschlafen* ‖ **–dor** m *(Lang)Schläfer*
m ‖ **–lento** adj *schlummernd*
¹**dormilón** adj *schläfrig, verschlafen* ‖
schlafmützig ‖ ~ m *(Lang)Schläfer* m ‖ ⟨fam⟩
Schlafmütze f
²**dormilón** m Chi ⟨V⟩ *Grundtyrann* m
(Muscisaxicola spp)
¹**dormilona** f *Langschläferin* f, ⟨fam⟩
Schlafmütze f ‖ ⟨reg⟩ *Schlafstuhl* m ‖ Am
Nachthemd n ‖ *Ohrgehänge* n
²**dormilona** f Cu → **sensitiva** ‖ **~s** fpl Am
Stirnband n
dormir [-ue/u-] vt *einschläfern* ‖ ~ la mona
⟨fam⟩ *s–n Rausch ausschlafen* ‖ ~ la serena
⟨fam⟩ *bei Mutter Grün schlafen* ‖ ~ la siesta *den*

Mittagsschlaf od *das Mittagsschläfchen halten* ‖
~ el sueño eterno ⟨fig⟩ *gestorben sein* ‖ ~ el
sueño de los justos *den Schlaf der Gerechten
schlafen* ‖ ~ la zorra → ~ la mona ‖ ~ vi
schlafen (& fig) ‖ *übernachten* ‖ ⟨Mar⟩ *s.
unbeweglich scheinen (Kreisel in Bewegung)* ‖
⟨Mar⟩ s. *nicht mehr bewegen (Kompassnadel)* ‖ ◆
a od entre duerme y vela *halb schlafend, halb
wach* ‖ ◇ ~ a cortinas verdes ⟨fam⟩ *bei Mutter
Grün übernachten* ‖ dejar ~ algo *e–e
Angelegenheit ruhen lassen* ‖ echarse a ~ s.
schlafen legen ‖ hacer ~ *einschläfern* ‖ ~ al
descubierto ⟨figf⟩ *unter freiem Himmel schlafen* ‖
~ en Dios ⟨fig⟩ *im Herrn verscheiden, sterben* ‖
~ como un bendito od un lirón ⟨fam⟩ *wie ein
Murmeltier schlafen* ‖ ~ con los ojos abiertos
⟨figf⟩ *mit offenen Augen schlafen, e–n leichten
Schlaf haben* ‖ ~ con sus padres ⟨fig⟩ *gestorben
sein* ‖ ~ en la paz del Señor → ~ en Dios ‖ ~ a
pierna suelta ⟨fam⟩ *sorglos und tief schlafen* ‖ ~
al raso → ~ al descubierto ‖ ~ sobre algo *e–e
Sache be-* od *über|schlafen* ‖ ¡duerma Vd. sobre
ello! *überlegen Sie es s. über Nacht! überschlafen
Sie es!* ‖ ~ en el Señor → ~ en Dios ‖ ~ como
un tronco → ~ como un lirón
~se *einschlafen (& Glieder)* ‖ ⟨fig⟩ *müßig sein*
‖ ⟨fig⟩ *die Gelegenheit verpassen* ‖ ⟨Mar⟩ s. *nicht
mehr bewegen (Kompassnadel)* ‖ ⟨Mar⟩ *krängen* ‖
◇ no ~ en las pajas ⟨figf⟩ *tätig* od *wachsam sein*
‖ volver a ~ *wieder einschlafen* ‖ se me ha
dormido el pie *mir ist der Fuß eingeschlafen*
dormirlas m *Versteckspiel* n
dormi|tar vi *im Halbschlaf liegen,* ⟨fam⟩
duseln, schlummern ‖ *einschlafen* ‖ *gefühllos
werden (Glied)* ‖ **–tivo** adj *schlafbringend* ‖ ~ m
Schlafmittel n ‖ **–torio** m *Schlaf|zimmer, -gemach*
n ‖ *Schlafraum* m ‖ *Schlafstelle* f ‖ *Schlafsaal* m ‖
[im Kloster] *Dormitorium* n
dorna f ⟨Mar⟩ *galicisches Fischerboot* n
dornajo m *Trog, Kübel* m ‖ *runder
Schweinetrog* m ‖ Can *Futterkrippe* f ‖ ⟨Tech⟩
Schleif(stein)trog m
dorniel m Seg ⟨V⟩ → **alcaraván**
dornillo m → **dornajo** ‖ *Holz|schüssel* f, *-napf*
m ‖ *hölzerner Spucknapf* m
dorondón m Ar *dichter, kalter Nebel* m
Dorotea f np *Doro|thee, -thea* f
dorsal adj *(m/f) rückseitig, zum Rücken
gehörend, dorsal, Rücken-* ‖ ⟨Phon⟩ *dorsal,
Zungenrücken-* ‖ ⟨Sp⟩ *Rückennummer* f
dorsiano adj ⟨Lit⟩ *auf Eugenio d'Ors
(1882–1954) bezüglich*
dorso m *Rücken* m ‖ *Rückseite* f *(Blatt,
Fragebogen usw.)* ‖ *Außenseite* f ‖ el ~ de la
mano *der Handrücken* ‖ ◆ al ~ *auf der (bzw auf
die) Rückseite*
dos num *zwei* ‖ *zweite(r, -s)* ‖ ~ a ~ *zu
zweien, zwei gegen zwei* ‖ *paarweise* ‖ a ~ *zu
zweien* ‖ a ~ por tres ⟨fam⟩ *ohne viel Umstände* ‖
ohne Überlegung ‖ de ~ en ~ *zu zwei und zwei,
zwei zugleich, paarweise, immer zwei* ‖ los ~ *alle
zwei, beide* ‖ *wir zwei, wir beide* ‖ entre los ~
unter vier Augen ‖ en un ~ por tres *sofort, im Nu*
‖ *geradezu, ohne viel Federlesens* ‖ *ohne
Überlegung* f ‖ cada ~ por tres *dauernd, alle
Augenblicke, ständig* ‖ ~ por ~ *son cuatro
2×2 = 4* ‖ *tan cierto como* ~ y ~ son cuatro *so
sicher wie zweimal zwei vier ist, so sicher wie
nur etwas, so sicher wie das Amen in der Kirche*
od *im Gebet* ‖ ~ puntos *Doppelpunkt* m ‖ ~
tantos doppelt (soviel) ‖ *zwei Tore* npl *(Fußball)* ‖
roto en ~ *entzwei(gebrochen)* ‖ ◇ escribir ~
letras ⟨fig⟩ *ein paar Zeilen schreiben* ‖ ~ m *Zwei
f, Zweier* m *(Zahl)* ‖ el ~ *der Zweite (des
Monats)* ‖ el ~ de Mayo *Fest* n *der*

Maigefallenen (i.J. 1808 gegen die Franzosen) ‖
~ por cuatro ⟨Mus⟩ ²/₄ *-Takt* m ‖ ◇ tomar el ~
⟨fam⟩ *Reißaus nehmen*
dos. ⟨Abk⟩ → **dosis**
dosado *m* ⟨Pharm⟩ *Dosierung* f ‖
Mischungsverhältnis n
dosalbo adj *mit zwei weißen Füßen (Pferde)*
dosañal adj *(m/f) zweijährig* ‖ *zweijährlich*
dosar vt *dosieren*
doscientos num *zweihundert* ‖
zweihundertste(r, s) ‖ ~ *m Zweihundert* f ‖ el ~
der (die, das) Zweihundertste
dosel *m Thronhimmel, Baldachin* m ‖
Türvorhang m ‖ *Tapetentür* f ‖ ~ (de cama)
Betthimmel m
doselera f *Schabracke* f *des Betthimmels*
dosifi|cación f ⟨Pharm Med Chem Tech⟩
Dosierung, Zumessung f ‖ *Mischungsverhältnis* n
‖ ~ *excesiva Überdosis* f ‖ **–cadora** f
Dosiermaschine f ‖ **–car** [c/qu] vt *verteilen,*
dosieren (Arznei) ‖ *ab-, zu|messen* ‖ *verteilen* ‖
⟨Chem⟩ *titrieren* ‖ *qualitativ bzw quantitativ*
bestimmen ‖ ⟨fig⟩ *dosieren*
dosillo *m* ⟨Kart⟩ *e–e Art Lomberspiel* ‖ ⟨Mus⟩
Duole f
do|simetría f ⟨Atom Med Phys⟩ *Dosimetrie* f ‖
–símetro *m Dosimeter* n
dosis f *Dosis, Arzneigabe* f ‖ *Gabe, Menge* f ‖
⟨fig⟩ *Dosis* f, *(gehöriges) Maß* n ‖ ~ *excesiva*
Über-, (Maximal)Dosis f ‖ ~ *focal* [in der
Strahlentherapie] *Herddosis* f ‖ ~ *homeopáticas*
⟨fig⟩ *verschwindend kleine Mengen* fpl ‖ ~
insuficiente Unterdosis f ‖ ~ *letal tödliche* od
letale Dosis f ‖ ~ *límite Grenzdosis* f ‖ ~
máxima Maximaldosis f ‖ ~ de mantenimiento
Erhaltungsdosis f ‖ ~ *mortal,* ~ *mortífera* → ~
letal ‖ ~ *piel* [in der Strahlentherapie] *Hautdosis*
f ‖ ~ *tóxica toxische Dosis* f ‖ una buena ~ de
orgullo ein gut Teil (od *e–e ganze Menge) Stolz*
dossier *m Akte* f → **expediente**
dostoievskiano adj *auf F.M. Dostojewski*
(1821–1881) bezüglich
dotación f *Ausstattung* f ‖ *Aussteuer* f ‖
Dotation f ‖ *Schenkung, Stiftung* f ‖ *Subvention* f,
zugewiesene Einkünfte fpl ‖ ⟨Mil Mar Flugw⟩
Be|mannung, -satzung, Mannschaft f ‖ ⟨Mil⟩
Aus|rüstung, -stattung f ‖ *Personal* n ‖ ⟨Psychol⟩
Begabung f ‖ *Am Beamtenschaft* f, *Personal* n ‖
~ de un cañón ⟨Mil⟩ *Geschützbedienung* f ‖ ~
cromosómica ⟨Biol⟩ *Chromosomensatz* m ‖ ~ de
un príncipe *Apanage* f ‖ ~ de reemplazo ⟨Mil⟩
Ersatzbedienung f
dotal adj *(m/f) Heiratsgut-* ‖ *Mitgift-*
dotante m/f *Spender(in* f), *Schenker(in* f) m
dotar vt *aus|statten, -steuern, -rüsten,*
versehen (de, con mit) ‖ *besolden, stiften* ‖
dotieren ‖ *versorgen (de mit)* ‖ *mit Personal und*
Einrichtung versehen (Fabrik, Schiff) ‖ ⟨Mar Mil⟩
bemannen ‖ *(Einkünfte) zuweisen* ‖ ⟨fig⟩
aus|statten, -rüsten
¹dote m/f *Mitgift, Aussteuer* f, *Heiratsgut* n ‖
milde Stiftung f ‖ ◇ dar (recibir) en ~ *in die Ehe*
mitgeben (mitbekommen)
²dote f *Gabe, Begabung* f, *Talent* n ‖ **~s** pl
Geistesgaben fpl, *Vorzüge* mpl ‖ ~ de
combinación Kombinationsgabe f ‖ ~
intelectuales geistige Fähigkeiten fpl
³dote *m* ⟨Kart⟩ *Anzahl* f *(von Spielmarken zu*
Beginn des Spiels)
doublé *m* → **dublé**
dovela f ⟨Arch⟩ *Wölb-, Schluss|stein* m *e–r*
Bogenwölbung ‖ ⟨Arch⟩ *Keilstein* m
doxometría f *Meinungsforschung* f
doy → **dar**
doza|vado adj *was zwölf Teile* od *zwölf Seiten*

hat ‖ **–vo** adj → **doceavo** ‖ ~ m ⟨Typ⟩
Duodezformat n
d/p ⟨Abk⟩ = *días plazo*
dplo. ⟨Abk⟩ = **duplicado**
dp/v ⟨Abk⟩ = **doble pequeña velocidad**
Dr., dr. ⟨Abk⟩ = **doctor**
Dr.ª ⟨Abk⟩ = **doctora**
draba f ⟨Bot⟩ *Hungerblümchen* n (Draba spp)
¹dracena f *weiblicher Drache* m
²dracena f → **drago**
dracma f [frühere griechische
Währungseinheit] *Drachme* f (Abk = Dr.) ‖
⟨Pharm⟩ *Drachme* f *(früheres Apothekergewicht)*
draconiano adj *drakonisch (Gesetz)* ‖ ⟨fig⟩
sehr streng, Blut-
DRAE ⟨Abk⟩ = *Diccionario* de la Real
Academia Española
dra|ga f *Bagger(maschine* f) m ‖ *Nassbagger*
m ‖ ⟨Mar⟩ *Baggerschiff* n ‖ ~ aspirante
Saugbagger m ‖ ~ con cadena de cangilones
Eimerkettenbagger m ‖ ~ flotante
Schwimmbagger m ‖ *Baggerschiff* n ‖ ~ en pañol
Bunkerbagger m ‖ ~ de rosario
Eimerkettenbagger m ‖ ~ de succión *Saugbagger*
m ‖ **–gado** *m (Aus)Baggern* n ‖ **–gador** adj/s: ~
m Baggerer m *(Arbeiter)* ‖ (buque) ~
Baggerschiff n ‖ **–gaminas** *m* ⟨Mar⟩ *Minen|sucher*
m, *-suchboot, -räumboot* n ‖ **–gante** *m* ⟨Her⟩
Drachenkopf m ‖ **–gar** [g/gu] vt *(aus)baggern* ‖
säubern (Flüsse)
drago *m* ⟨Bot⟩ *Drachen(blut)baum* m,
Drazäne, Drachenlilie f (Dracaena draco)
dragomán *m* ⟨Hist⟩ *Dragoman, Dolmetscher*
m
¹dragón *m Drache, Lindwurm* m ‖ ~ ⟨Astr⟩
Drache m ‖ ~ de seguridad) ⟨fig joc⟩
Anstandswauwau m
²dragón *m* ⟨Bot⟩ *Drachenkraut* n ‖ ⟨Zool⟩
Flugdrache m (Draco volans) ‖ ~ de Komodo
Komodowaran m (Varanus komodoensis) ‖ ~
volador, ~ *volante Flugdrache* m ‖ ⟨Fi⟩
Petermännchen n (Trachinus draco)
³dragón *m* ⟨Mil Hist⟩ *Dragoner* m
⁴dragón *m Murc großer Papierdrachen* m
dragona f *Drachenweibchen* n ‖ ⟨Mil⟩ *(Art)*
Achsel|klappe, -schnur f ‖ ⟨Mil⟩ *Degenquaste* f ‖
⟨Mil⟩ *Portepee* n, *Troddel* f ‖ ⟨Mil⟩
Dragonermarsch n ‖ *Mex (Art) Umhang* m
¹dragoncillo *m* dim von **¹dragón** ‖ ⟨Bot⟩
Estragon m (Artemisia dracunculus) ‖ **~s** mpl
⟨Bot⟩ *Drachenkraut* n
²dragoncillo *m* ⟨Fi⟩ *Gestreifter Leierfisch* m
(Callionymus lyra) ‖ ~ moteado *Gefleckter*
Leierfisch m (C. maculatus)
drago|neante *m* Am ⟨Mil⟩ *Gefreite(r)* m, *der*
e–e Korporalschaft führt ‖ Col *Aushilfsbeamte(r)*
m ‖ **–near** vi ⟨fam⟩ *s. grob und roh benehmen* ‖
Am ein Amt unbefugt bekleiden od *innehaben* ‖ *s.*
aufspielen (de als nom) ‖ Am *s. brüsten, großtun*
(de mit) ‖ Arg Ur *flirten*
dragonero *m* → **drago**
dragontea f ⟨Bot⟩ *Drachenwurz* f
(Dracunculus)
dragontino adj *auf e–n Drachen bezüglich*
draisiana f ⟨Hist⟩ *Draisine* f
dralón *m* ⟨Text⟩ *Dralon* n
drama *m Drama* n (& fig) ‖ *Schauspiel,*
Bühnenstück n ‖ *dramatisches Werk* n ‖
dramatische Dichtung f ‖ ⟨fig⟩ *erschütternde*
Szene f ‖ ~ de carácter *Charakterdrama* n ‖ ~ de
celo Eifersuchtsdrama n (& fig) ‖ ~ de familia
Familiendrama n ‖ ~ íntimo ⟨fig⟩ *Seelendrama* n
‖ ~ lírico *lyrisches Drama* n ‖ *Musikdrama* n ‖
Oper f ‖ ~ pasional *Liebesdrama* n ‖
Beziehungstat f ‖ ~ populachero *reißerisches*

Volksstück n ‖ ~ popular *Volksdrama* n ‖ ~ religioso *geistliches Drama* n ‖ ~ profano *weltliches Trauerspiel* n ‖ ~ sensiblero ⟨iron⟩ *Rührstück* n ‖ ~ de tesis *Tendenzdrama* n ‖ *Thesenstück* n ‖ ~ trágico *Tragödie* f ‖ ~ en verso *Versdrama* n
dramá|tica *f Schauspielkunde, Dramaturgie* f ‖ *dramatische (Dicht)Kunst* f ‖ **–tico** adj *dramatisch, Schauspiel-, Bühnen-, Theater-* ‖ *bühnenwirksam* ‖ ⟨fig⟩ *tragisch, unheilvoll* ‖ ⟨fig⟩ *erschütternd, rührend* ‖ ⟨fig⟩ *packend* ‖ *dramatisch* ‖ *sensationell* ‖ ~m, **dramatista** *m/f Dramatiker(in* f), *Schauspieldichter(in* f) m
dramatismo *m Dramatik* f (& fig), *dramatische Veranlagung* f
dramatizar [z/c] vt *dramatisieren* (& fig), *für die Bühne einrichten* ‖ ⟨fig⟩ *dramatisch, packend darstellen* od *erzählen* ‖ ~ a. *et (zu) tragisch nehmen*
dramatur|gia *f* → **dramática** ‖ **–go** *m Schauspieldichter, Dramatiker* m ‖ *Dramaturg, Bühnenbeirat* m
△ **dramia** *f Woche* f
dramón *m* augm von **drama** ‖ ⟨desp⟩ *Schauerdrama* n ‖ ⟨fam⟩ *Riesendrama* n ‖ ⟨Film Th fam⟩ *Schinken* m
△ **dranar** vt *kauen*
△ **drané** *m Zahn* m
△ **drante** *m Tinte* f
¹drao *m* ⟨Mar⟩ *(Hand)Ramme* f ‖ *Bolzenzieher* m
△ **²drao** *m Gift* n
drapa *f* ⟨Arch⟩ *Krampe* f
drape|ado *m Draperie* f, *Faltenwurf* m ‖ **–ar** vt *drapieren*
draque *m* Mex *wäss(e)riger Schnaps* m ‖ Am *Getränk* n *aus Wasser, Schnaps und Muskat*
drástico adj *stark wirkend, drastisch (Heilmittel)* (& fig) ‖ ~ *m* ⟨Med⟩ *stark wirkendes (Abführ)Mittel* n
dra|vidiano, –vídico adj ⟨Geogr⟩ *drawidisch*
drawback *m Zollrückvergütung* f
drecera *f Reihe* f *(Häuser, Bäume)*
dren *m* ⟨Med⟩ *Drän,* Schw *Drain* m
dre|nable adj *(m/f)* ⟨Agr Med⟩ *dränier-,* Schw *drainier|bar* ‖ **–naje** *m* ⟨Med⟩ *Dränage,* Schw *Drainage* f ‖ ⟨Arg⟩ *(Boden)Entwässerung, Trockenlegung* f, *Dränung, Dränage,* Schw *Drainage* f ‖ ⟨fig⟩ *Abwerbung* f *(meist in der Wirtschaft)* ‖ ~ linfático (med) *Lymph|dränage,* Schw *-drainage* f ‖ **–nar** vt ⟨Med⟩ *dränieren,* Schw *drainieren* ‖ ⟨Agr⟩ *entwässern, trockenlegen, dränieren,* Schw *drainieren* ‖ ⟨Bgb⟩ *sümpfen*
dreno *m* ⟨V⟩ *Misteldrossel* f *(Turdus viscivorus)*
drento adv ⟨pop⟩ → **dentro**
drepano|citemia, –citosis *f* ⟨Med⟩ *Drepanozytose, Sichelzellenanämie* f
Dres|de *m* [Stadt] *Dresden* n ‖ **–dense** adj *aus Dresden* ‖ *auf Dresden bezüglich* ‖ ~ *m Dresdner* m
¹dríada, –de *f* ⟨Myth⟩ *Dryade, Waldnymphe* f
²dríada *f* ⟨Bot⟩ *Silberwurz,* ⟨fam⟩ *Bergnymphe* f *(Dryas octopetala)*
dri|bling *m* ⟨Sp⟩ [Fußball] *Dribbeln, Dribbling* n ‖ **–blar** vt/i *dribbeln*
¹dril *m* ⟨Text⟩ *Drillich* m
²dril *m* ⟨Zool⟩ *Mandrill* m *(Mandrillus sphinx)*
drino *m* ⟨Zool⟩ *grüne Baumschlange* f
drive *m* ⟨Sp⟩ [Tennis, Golf] *Drive* m
driver *m* ⟨Inform⟩ *Treiber* m ‖ ~ de impresión *Druckertreiber* m
dri|za *f* ⟨Mar⟩ *Hisstau* n, *Leine* f, *Fall* n ‖ **–zar** [z/c] vt *hissen (Lasten)* ‖ *niederholen*

¹droga *f Droge* f ‖ *Rauschgift* n ‖ *Apotheker-, Material|waren, Drogen* fpl ‖ ⟨fig⟩ *Ente, Lüge* f ‖ ⟨fig⟩ *Schwindel* m ‖ ⟨fig⟩ *Bosheit, List* f ‖ ⟨fig⟩ *Unannehmlichkeit* f ‖ ~ alucinógena *halluzinogene Droge* f ‖ ~ del amor *Ecstasy* f ‖ ~ blanda *weiche Droge* f ‖ ~ de diseño *Designerdroge* f ‖ ~ dura *harte Droge* f ‖ ~ sintética *Designerdroge* f ‖ ~ de la verdad *Wahrheitsdroge* f ‖ ~s fpl *Drogen* fpl
²droga *f* Chi Mex Pe *(Geld)Schuld* f ‖ ◇ echar la ~ a uno Hond ⟨figf⟩ *jdn (kurz und bündig) abfertigen*
dro|gadicción *f Rauschgift-, Rauschmittel-, Drogen|sucht* f ‖ **–gadicto** adj *(m/f) rauschgift-, rauschmittel-, drogen|süchtig* ‖ ~ *m Rauschgift-, Rauschmittel-, Drogen|süchtige(r)* m ‖ **–garse** vr *Rausch|gift* od *-mittel* od *Drogen nehmen* bzw *gebrauchen* ‖ s. **dopen** ‖ *Aufputschmittel nehmen* ‖ **–gata** *m/f Junkie* m/f ‖ *Jargon* m *der Drogenszene* ‖ *Missbrauch mit Medikamenten treiben* ‖ **–godelincuencia** *f (Drogen)Beschaffungskriminalität* f ‖ **–godependencia** *f Rauschgift-, Rauschmittel-, Drogen|abhängigkeit* f ‖ **–godependiente** adj *rauschgift-* od *rauschmittel-* od *drogen|abhängig* ‖ **–guería** *f Drogerie* f ‖ Am *Apotheke* f ‖ **–guero** *m Drogist* m ‖ Am *Apotheker* m ‖ **–guis** *m* Arg *alkoholhaltiges Getränk* n ‖ **–guista** *m/f* → **–guero** ‖ ⟨fig⟩ *Betrüger* m
dromedario *m Dromedar, einhöck(e)riges Kamel* n *(Camelus dromedarius)* ‖ ⟨fam desp⟩ *Kamel* n *(Schimpfwort)*
dromia *f* ⟨Zool⟩ *Krabbe* f ‖ ~ común *Wollkrabbe* f *(Dromia vulgaris)*
dronte *m* ⟨V⟩ *Dronte* f, *Dodo* m *(Raphus* spp*) (um 1800 ausgestorben)*
¹drope *m* ⟨fam⟩ *niederträchtiger, verächtlicher Mensch* m, ⟨desp⟩ *Knilch, Kerl* m
²drope *m* ⟨Mar⟩ *Ladekran* m
dropo adj Ar *faul, träg(e)*
drosera *f* ⟨Bot⟩ *Sonnentau* m *(Drosera* spp*)*
drosófila *f* ⟨Ins⟩ *Tau-, Essig|fliege (Drosophila melanogaster)*
drosómetro *m Taumessgerät, Drosometer* m
D.ʳˢ ⟨Abk⟩ = **Doctores**
drugstore *m Drugstore* m
drui|da *m* (**druidesa**) *f* ⟨Hist⟩ *Druide* m ‖ **–dismo** *m Druidismus* m
dru|pa *f*, **–po** *m* ⟨Bot⟩ *Steinfrucht* f ‖ *grüne Nussschale* f
drusa *f* ⟨Min⟩ *(Kristall)Druse* f
druso adj *drusisch* ‖ ~ *m Druse* m *(Volk)*
dry adj *trocken (Sekt, Wein)*
ds. ⟨Abk⟩ = **días**
dscto. ⟨Abk⟩ = **descuento**
d/u ⟨Abk⟩ = **dos usos**
dual adj *(m/f) dyadisch* ‖ *(número ~)* ⟨Gr⟩ *Zweizahl* f ‖ ~ *m* ⟨Gr⟩ *Zweizahl* f, *Dual* m
dua|lidad *f Zweiheit* f ‖ *Dualität* f ‖ Chi *unentschiedene Wahl* f ‖ **–lismo** *m (politischer) Dualismus* m ‖ ⟨Philos Rel⟩ *Dualismus* m, *Zweiheitslehre* f → **dualidad** ‖ **–lista** adj *(m/f) dualistisch* ‖ ~ *m/f Dualist(in* f) m ‖ **–lístico** adj *dualistisch*
duba *f Erdwall* m
Dubai *m* ⟨Geogr⟩ *Dubai* n
dubio *m* ⟨Jur⟩ *zweifelhafter Fall* m ‖ ⟨Com⟩ *zweifelhafter Schuldner* m ‖ in ~ pro reo *(lat)* ⟨Jur⟩ *im Zweifel für den Angeklagten*
dubitable adj *(m/f) zweifelhaft*
dubita|ción *f* ⟨Rhet⟩ *rhetorische Zweifelsfragen, Dubitatio(n)* f ‖ **–tivo** adj *e–n Zweifel ausdrückend* od *enthaltend* ‖ **tivamente** adv *zweifelnd*
dublé *m Dublee, Doublé* n

Dublín *m* [Stadt] *Dublin* n
△ **duca** *adv kaum*
ducado *m Herzogtum* n ‖ *Herzogswürde* f ‖
Dukaten m *(Goldmünze)* ‖ Gran ⁓
Großherzogtum n
ducal *adj (m/f) herzoglich, Herzogs-*
ducas *fpl* [Zigeunersprache] *Leiden* npl, *Mühen*
fpl, *Trübsal* f
duce ⟨it⟩ *m* ⟨Hist⟩: el ⁓ *der Duce (Benito
Mussolini)*
ducentésimo *m/adj Zweihundertstel* n
dúcil *m* Ast *Fass-, Zapf|hahn* m
¹ducha *f Dusche* f ‖ *Brause(bad* n) f ‖ ⁓ de
agua (fría) *(Kalt)Wasserdusche, kalte Dusche* f (&
fig) ‖ ⁓ de aire (caliente) *(Heiß)Luftdusche* f ‖ ⁓
bucal *Munddusche* f ‖ ⁓ fría ⟨fig⟩ *kalte Dusche;
Enttäuschung* f ‖ ⁓ nasal *Nasen|schiffchen* n,
-dusche f ‖ ⁓ ocular *Augendusche* f ‖ ⁓ de vapor
Dampfdusche f ‖ dar(se) una ⁓ *(s.) duschen,
(s.) abbrausen* ‖ tomar una ⁓ *duschen*
²ducha *f* ⟨Text⟩ *farbiger Streifen* m *(in
Geweben)*
³ducha *f* Mancha *Mahdstück* n
duchar *vt duschen, abbrausen, Dusche geben*
(dat) ‖ ⟨fig⟩ *völlig durchnässen* ‖ ⟨figf⟩
ernüchtern, abkühlen
duchí *m* Cu *Holzsitz* m
ducho *adj bewandert, geübt* ‖ *tüchtig, versiert*
(en *in* dat) ‖ *erfahren* ‖ ◇ *ser* ⁓ *en la materia ein
guter Sachkenner sein* ‖ ⁓ *en negocios
geschäftstüchtig*
duco *m Spritz-, Nitrozellulose|lack* m ‖ pintado
al ⁓ *spritzlackiert*
△ **ducó** *m Geist* m
ducroire *m* ⟨Com⟩ *Delkredere* n,
Bürgschaft(svergütung) f
ductibilidad *f Dehnbarkeit* f ‖ *Biegsamkeit* f ‖
Ziehbarkeit f *(Draht)*
dúctil *adj (m/f) dehnbar, streckbar, formbar* ‖
geschmeidig ‖ ⟨Tech⟩ *streckbar* ‖ *ziehbar (Draht)*
‖ *hämmerbar (Eisen)* ‖ ⟨fig⟩ *nachgiebig, fügsam* ‖
⟨fig⟩ *weich, lenksam*
ductilidad *f Dehnbarkeit, Streckbarkeit,
Formbarkeit* f ‖ *Duktilität* f ‖ ⟨fig⟩ *Weichheit,
Lenksamkeit* f ‖ ⟨fig⟩ *Nachgiebigkeit* f
ductivo *adj zweckdienlich*
ductor *m Führer* m ‖ ⟨Med⟩ *Führungssonde* f ‖
⟨Typ⟩ *Duktor, Farbenzylinder* m
duda *f Zweifel* m, *Ungewissheit* f ‖
Unschlüssigkeit f, *Bedenken* n ‖ *Skepsis* f ‖
Ver|mutung f, *-dacht* m ‖ *Befürchtung* f ‖ ◆ sin ⁓
(alguna) *ohne Zweifel, zweifellos* ‖ *sicher,
unzweifelhaft* ‖ *sicherlich* ‖
(höchst)wahrscheinlich ‖ ◇ *abrigar* ⁓s *Zweifel
hegen* ‖ *aclarar una* ⁓ *e–n Zweifel aufklären* ‖ no
admitir ⁓ *k–m Zweifel unterliegen* ‖ no cabe ⁓
(que …) *es ist unzweifelhaft(, dass …), es besteht
kein Zweifel(, dass …)* ‖ ¡que ⁓ cabe! Am ¿qué
⁓ tiene? *das ist unzweifelhaft!* ‖ *wahrhaftig!* ‖ dar
lugar a ⁓s *zweifelhaft sein, Zweifel einflößen* ‖
dejar en ⁓ *(et.) im Unklaren lassen* ‖ dejar en las
⁓s *(jdn) im Zweifel lassen* ‖ dejar lugar a ⁓s →
dar lugar a ⁓s ‖ dejar subsistir una ⁓ *e–n Zweifel
bestehen lassen* ‖ no dejar ninguna ⁓ *k–n Grund
zu Bedenken lassen* ‖ está fuera de ⁓ que … *es
ist gewiss, dass …* ‖ estar en ⁓ *zweifelhaft sein* ‖
zweifeln ‖ *wanken* ‖ *unschlüssig sein* ‖ no hay ⁓
es besteht kein Zweifel ‖ *es ist sicher* ‖ poner en
⁓ *bezweifeln* ‖ *in Frage stellen* ‖ poner ⁓s
Zweifel aufwerfen ‖ *zweifeln* ‖ queda la ⁓ *en pie
der Zweifel bleibt bestehen* ‖ sacar de la ⁓, sacar
de ⁓s *den Zweifel beheben, Gewissheit geben* ‖
salir de la ⁓ *(od de* ⁓s) *den Zweifel ablegen,
aufhören zu zweifeln* ‖ *Gewissheit erlangen* ‖ ser
(od estar) fuera de toda ⁓ *ganz unzweifelhaft sein*

‖ *surge una* ⁓ *ein Zweifel erhebt s.* ‖ tener sus ⁓s
(so) s–e Zweifel haben, nicht sicher sein ‖ *Zweifel
hegen* (acerca de *od* sobre *wegen, hinsichtlich)* ‖
tengo por sin ⁓ que … *ich zweifle nicht, dass …*
dudable *adj (m/f) zweifelhaft*
dudar *vt bezweifeln* ‖ ◇ lo dudo *das bezweifle
ich* ‖ a no ⁓lo *unzweifelhaft* ‖ ⁓ *vi zweifeln* (de
an dat) ‖ *Bedenken tragen* ‖ *nicht (recht) wissen* ‖
unschlüssig sein ‖ *misstrauen* (de alg. *jdm)* ‖ no
dudo de su sinceridad *ich zweifle nicht an s–r
(ihrer, Ihrer) Aufrichtigkeit* ‖ no dudo (de) que es
sincero *gewiss ist er (es) aufrichtig* ‖ no dudo
(de) que sea sincero(, pero …) *er (sie, es) mag
aufrichtig sein(, aber …)* ‖ dudo de que venga *ich
zweifle, ob er (sie, es) kommen wird* ‖ ⁓ de
hacerlo *Bedenken tragen, es zu tun* ‖ ⁓ en hacer
algo *s. zu e–r Sache nicht entschließen können* ‖
no hay que ⁓ *da ist nicht lange zu zaudern, man
muss s. ohne Zögern entschließen* ‖ ⁓ de alg. *jdn
verdächtigen, jdn in Verdacht haben*
dudo|samente *adv unsicher, zweifelhaft* ‖
kaum, schwerlich ‖ **–so** *adj zweifelhaft, ungewiss* ‖
fragwürdig ‖ *unschlüssig* ‖ *verdächtig* ‖ *zweideutig*
‖ *dubios, dubiös* ‖ *von zweifelhaftem Wert* ‖
unsicher, schwankend ‖ ⟨fig⟩ *schwach, trüb(e)
(Licht)* ‖ ◆ de reputación ⁓a *von zweifelhaftem
Ruf, nicht gut beleumundet* ‖ ◇ es muy ⁓ *das ist
sehr zweifelhaft, fraglich* ‖ estar *(od* sentirse) ⁓
schwankend, unschlüssig sein, schwanken
duela *f (Fass)Daube* f ‖ **-je** *m Weinschwund* m
(im Fass)
duelería *f (Fass)Dauben* fpl, *Daubenholz* n
duelista *m Duellant, Zweikämpfer* m ‖ ⟨fig⟩
Raufbold m
¹duelo *m Zweikampf* m, *Duell* n ‖ ⁓ de
artillería ⟨Mil⟩ *Artillerieduell* n ‖ ⁓ a espada
Duell n *auf Säbel* ‖ ⁓ entre estudiantes *Mensur* f
‖ ⁓ oratorio ⟨fig⟩ *Rededuell* n ‖ ⁓ a pistola *Duell
n auf Pistolen* ‖ ◇ batirse en ⁓ *s. duellieren*
²duelo *m Traurigkeit, Betrübnis* f ‖ *Trauer* f ‖
Leichenbegängnis n ‖ *Trauergefolge* n ‖ el ⁓ *die
Leidtragenden* pl ‖ *feierliche Beileidsbezeugung* f
‖ ◇ el ⁓ se despide en … *das Trauergefolge wird
in … verabschiedet* ‖ encabezar el ⁓ *den
Trauerzug anführen* ‖ estar de ⁓ *in Trauer sein,
trauern* (por *um)* (& fig) ‖ hacer ⁓ de a/c *s. über
e–e Beleidigung beklagen* ‖ presidir el ⁓ *die
Beileidsbezeigung als Vertreter der Leidtragenden
(bei e–m Begräbnis) entgegennehmen* ‖ *den
Leichenzug führen* ‖ gastar sin ⁓ ⟨fig⟩
Geld mit vollen Händen auswerfen ‖ no tener ⁓
de a/c *(ein Opfer) nicht bereuen* ‖ ◆ sin ⁓ *ohne
Grenzen, maßlos* ‖ ⁓s *mpl Kummer, Verdruss* m,
Leid n
duelos *mpl:* ⟨Kochk⟩ ⁓ y quebrantos ⟨Kochk⟩
Geflügel- bzw Hammel|klein n ‖ Mancha *Rührei* n
mit Hirn
duende *m Gespenst* n, *Kobold, Poltergeist* m ‖
⟨fig⟩ *Wildfang, Irrwisch* m ‖ ⁓ de imprenta ⟨fig⟩
Druckfehlerteufel m ‖ And ⟨fig⟩ *etwa: das
gewisse Etwas* n ‖ ◇ allí andan ⁓s *dort spukt es* ‖
andar uno como un ⁓ *unvermutet irgendwo
auftauchen* ‖ tener ⁓ ⟨fig⟩ *Pfiff (od das gewisse
Etwas) haben* ‖ *attraktiv sein* ‖ ése tiene ⁓ *den
(die) beunruhigt et.* ‖ *dem (der) geht et. im Kopf
herum* ‖ dim: ⁓**cillo**
duendo *adj zahm*
due|ña *f Eigentümerin, Besitzerin* f ‖
Hausbesitzerin f ‖ *Herrin* f ‖ *Dame* f *des Hauses* ‖
[veraltet] *ehrwürdige Frau, Matrone* f ‖ [veraltet]
Gesellschafterin, Erzieherin, Wirtschafterin f ‖
[veraltet] *Anstandsdame* f ‖ ⁓ de honor
Ehrendame f *(der Königin)* ‖ ◇ poner a alg. como
(no) digan ⁓s ⟨figf⟩ *jdn sehr heruntermachen* ‖
quedar cual digan ⁓s ⟨figf⟩ *ins Gerede kommen,*

heruntergerissen werden ‖ **–ñesco** adj [veraltet]
auf die dueña *bezüglich* ‖ **–ñez** f [veraltet]
Stellung od Würde f *e–r* dueña ‖ **–ño** m
Eigentümer, Besitzer m ‖ *Haus|besitzer, -herr* m ‖
Arbeitgeber, Chef, ⟨fam⟩ *Boss* m ‖ *Handels-,*
Kauf|herr m ‖ *Wirt* m ‖ *Herr, Gebieter* m ‖ ◇
hacerse ~ de a/c *s. et. aneignen, et. beherrschen,*
s. zum Herrn von et. (dat) *machen* ‖ es Vd. muy
~ *ganz wie Sie belieben, bitte* ‖ no ser ~ de sí
⟨fig⟩ *außer s. sein, s. nicht beherrschen können* ‖
adonde no está el ~, ahí está su duelo ⟨Spr⟩ *das*
Auge des Herrn macht das Vieh fett ‖ cual el ~,
tal el perro ⟨Spr⟩ *wie der Herr, so's Gescherr* ‖
(cosa) sin ~ *herrenlos(e Sache)*
  duermevela m ⟨fam⟩ *Hindämmern* n,
Halbschlaf, unruhiger Schlaf m, ⟨fam⟩ *Duseln* n
  duerna f *Backtrog* m
  duerno m ⟨Typ⟩ *Lage* f *von zwei Bogen* ‖ →
duerna
  Duero m [Fluss]: el ~ *der Duero*
  due|tino m ⟨Mus⟩ *kleines Duett* n ‖ **–tista** m/f
Duettist(in f), *Duett|sänger*(in f), *-spieler*(in f) m
‖ **–to** m *Duett* n
  dufrenita f ⟨Min⟩ *Dufrenit* m
  △ **dugida** f *Tochter* f
  dugo m: de ~ Hond *unentgeltlich* ‖ ◇ correr
~s, echar ~s, hacer ~s Hond *jdm behilflich sein*
  dugong(o) m ⟨Zool⟩ *Gabelschwanz-Seekuh* f,
Dugong m (Dugong spp)
  △ **duis** adj *zwei*
  dujo m Sant *Bienen|korb, -stock* m
  dula f *Gemeindeweide* f ‖ *Allmende* f ‖
Bewässerungsparzelle f
  dulcamara f ⟨Bot⟩ *Bittersüß* n, *Bittersüßer*
Nachtschatten m (Solanum dulcamara)
  ¹dulce adj *(m/f) süß* ‖ *süß, nicht herb (Wein)* ‖
un|gesalzen, -gewürzt ‖ *süß, nicht salzig* ‖ ⟨fam⟩
lieblich, mild(e), sanft ‖ ⟨fig⟩ *liebreich, hold* ‖
⟨fig⟩ *leicht, mäßig* ‖ ⟨fig⟩ *sanftmütig, ruhig,*
friedlich ‖ ⟨fig⟩ *angenehm* ‖ ⟨fig⟩ *nachgiebig* ‖
⟨fig⟩ *dehnbar (Metall)* ‖ ⟨fig⟩ *weich (Metall)* ‖
(Mal) *zart, weich* ‖ entre ~ y amargo *bittersüß* ‖
◇ poner (los) ojos ~s a alg. ⟨figf⟩ *jdn verliebt*
ansehen ‖ ~ Nombre de Jesús *süßer Name Jesu*
(kath. Fest)
  ²dulce adv → **dulcemente**
  ³dulce m *Zuckerwerk, Konfekt* n ‖
Eingemachtes n ‖ *Süßigkeit* f ‖ *Süßspeise* f ‖
Kompott n ‖ ~ de almíbar *in Zuckersirup*
eingemachtes Obst n ‖ ~ de ciruela
Pflaumenkompott n ‖ ~ de guayaba *Guajavepaste*
f ‖ ~ de guinda *eingemachte Kirschen* fpl ‖ ~ de
leche *Milchkonfitüre* f ‖ ~ de membrillo
Quittengelee n ‖ ~ del paraíso *(Art)*
Biskuitkuchen m *mit Mandeln* ‖ ◇ a nadie le
amarga un ~ *et. Angenehmes hört* (bzw *hat*) *man*
immer gern ‖ ~s mpl *Süßigkeiten* fpl ‖
Zucker(back)werk n
  dulce|dumbre f *Süßigkeit* f ‖ *Milde* f ‖
Sanftmut f ‖ → auch **dulzura** ‖ **–mente** adv *süß,*
angenehm ‖ *lieblich, wonnig* ‖ *zart, fein* ‖
≈**nombre** f np ⟨fam⟩ *span. Frauenname*
  dulce|ra f *Einmachgefäß* n ‖ *Marmeladendose*
f ‖ *Konfekt-* bzw *Kompott|schale* f ‖
Zuckerbäckerin f ‖ **–ría** f *Konditorei* f,
Zuckerladen m, ⟨Schw⟩ *Konfiserie* f ‖ *Zuckerwerk*
n ‖ **–ro** adj ⟨fam⟩ *naschhaft* ‖ ~ m *Konditor,*
Zuckerbäcker m ‖ **–te** adj CR → **dulzón**
  dulciamargo adj *bittersüß*
  dulcifi|cación f *Versüßung* f ‖ **–cante** adj *(m/f)*
(ver)süßend ‖ **–car** [c/qu] vt *süßen, süß machen* ‖
⟨fig⟩ *versüßen* ‖ ⟨fig⟩ *besänftigen* ‖ ⟨fig⟩ *mildern* ‖
~**se** ⟨fig⟩ *milder werden* (bes. *Wetter*)
  dulci|llo adj dim von *dulce* ‖ **–locuo** adj
schmeichlerisch redend

  Dulcinea (del Toboso) f np ⟨Lit⟩ *Dulzinea* f
von Toboso, Herzensdame f *des Don Quijote* ‖
⟨fig⟩ *Schatz* m, *Geliebte* f ‖ ⟨fig⟩ *Ideal* n,
Sehnsucht f ‖ su ~ ⟨fig⟩ *s–e Thusnelda*
  dulcísono adj ⟨poet⟩ *süß klingend*
  dulero m *Gemeindehirt* m ‖ *Flur-,*
Weide|wächter m
  dulía f ⟨Kath⟩ *Heiligen|kult* m bzw *-verehrung*
f
  dulimán m ⟨Hist⟩ *Dolman* m
  dulleta f *Über|zieher, -wurf* m *aus wattierter*
Seide ‖ *warmer, wattierter Hausrock* m
  dulosis f ⟨Ins⟩ *Dulosis* f *(Form e–s*
Sozialparasitismus bei den Ameisen)
  dulzai|na f ⟨Mus⟩ *Dolzflöte, (Art) Schalmei* f ‖
⟨fig⟩ *Übersüßigkeit* f ‖ ⟨fig⟩ *billiges Zuckerwerk* n
‖ **–nero** m *Dolzflötenspieler* m ‖ **–no** adj fam
übersüß, widerlich süß
  dulzamara f ⟨Bot⟩ → **dulcamara**
  dul|zarrón adj ⟨fam⟩ *übersüß, widerlich süß* ‖
–zón adj *süßlich, widerlich süß* ‖ ⟨fig⟩ *süßlich* ‖
⟨Mus⟩ *schmalzig* ‖ adv: **–zonamente** ‖ **–zura** f,
–zor m *Süßigkeit, Süße* f (& fig) ‖ ⟨fig⟩
Lieblichkeit, Anmut f ‖ ⟨fig⟩ *Freundlichkeit* f ‖
⟨fig⟩ *Milde* f ‖ *Sanftmut, Zartheit* f ‖ ⟨fig⟩
(Seelen)Ruhe f
  Duma f *Duma* f *(russisches Parlament)*
  dum-dum m ⟨Mil⟩ *Dumdumgeschoss* n
  dumper m → **volquete**
  dumping m ⟨Com⟩ *Dumping* n
  duna f *Düne* f ‖ *Sandhügel* m
  △ **duncó** m *Sonntag* m
  dun|dera f MAm *Dummheit* f ‖ **–do** adj/s
MAm Col *einfältig, dumm*
  △ **dundilo** m *(Nacht)schicht* n
  dundún m ⟨Mil⟩ → **dum-dum**
  duneta f ⟨Mar⟩ *Achterhütte* f
  Dunquerque n [Stadt] *Dünkirchen* n
  ¹dúo m ⟨Mus⟩ ~ *Duo* n *(Instrumente)* ‖ *Duett*
n *(Gesang)* ‖ ◆ a ~ *zu zweit, zu zweien, zugleich*
‖ *im Duett* (& fig)
  ²dúo m ⟨Met⟩ *Duowalzgerüst* n
  duo|décima f ⟨Mus⟩ *Duodezime* f ‖ *Zwölftel* n
‖ **–decimal** adj *(m/f) duodezimal* ‖ *zwölfteilig* ‖
–décimo adj *zwölfte(r, s)* ‖ ~ m *Zwölftel* n
  duode|nal adj *(m/f)* ⟨An⟩ *Zwölffingerdarm-* ‖
–nitis f ⟨Med⟩ *Zwölffingerdarmentzündung* f
  ¹duodeno adj *zwölfte (r, s)*
  ²duodeno m ⟨An⟩ *Zwölffingerdarm* m
  duólogo m [veraltet] *Zwiegespräch* n
  duomesino adj *zweimonatig*
  dupar vt *anführen, hintergehen*
  dup.ᵈᵒ m ⟨Abk⟩ = **duplicado**
  dúplex adj *Duplex-* ‖ *zweifach wirkend,*
doppeltwirkend ‖ ~ m *durch e–e Innentreppe*
verbundene Wohnung mit zwei Ebenen ‖ ⟨Mus⟩
Doppelflügelhorn n
  dúplica f ⟨Jur⟩ *Duplik, Gegen|erwiderung,*
-antwort f
  dupli|cación f *Verdopp(e)lung* f ‖ ⟨Mus⟩
Notenverdopp(e)lung f ‖ **–cado** adj *(ver)doppelt* ‖
número siete ~ *Nummer 7a (bei span.*
Hausnummern) ‖ ◆ por ~ *in doppelter*
Ausfertigung ‖ contra recibo por ~ *gegen*
doppelte Quittung ‖ hecho por ~ y a un solo
efecto *doppelt für einfach (gültig)* ‖ ~ m *Duplikat*
n, *Doppelschrift* f, *Doppel* n ‖ **–cador** m
Duplikator m ‖ **–car** [c/qu] vt *verdoppeln* ‖
wiederholen ‖ ⟨Math⟩ *mit zwei multiplizieren* ‖ ~
vi *s. verdoppeln* ‖ ⟨Jur⟩ *auf die Replik antworten* ‖
–cativo adj *verdoppelnd*
  dúplice adj *doppelt*
  duplicidad f *Doppelheit, Zwiespältigkeit* f ‖
Duplizität f (& fig) ‖ ⟨fig⟩ *Zweideutigkeit* f ‖ ⟨fig⟩
Doppelzüngigkeit f

duplo adj *doppelt, zweifach, Doppel-* ‖ el ~ *das Doppelte*
△ **dupon** m *Tintenfass* n
¹duque m *Herzog* m ‖ gran ~ *Großherzog* m ‖ *Großfürst* m *(Russland)* ‖ ◇ *vivir a lo ~, vivir como un ~* ⟨figf⟩ *fürstlich leben* ‖ *los ~s das Herzogspaar*
²duque m ⟨V⟩ *Uhu* m (Bubo bubo)
³duque m: ~ *de alba* ⟨Mar⟩ *Duckdalbe* f
duquesa f *Herzogin* f
duquesita f ⟨Kochk⟩ *Gebäck* n *mit Schokoladenfüllung*
dura f *Dauer* f ‖ ◆ *de* (mucha) ~ ⟨fam⟩ *dauerhaft, zuverlässig*
dura|bilidad f *Dauerhaftigkeit* f ‖ **–ble** *(m/f)* adj → **–dero** ‖ **–ción** f *Dauer* f ‖ *Zeitdauer* f ‖ *Beständigkeit, Dauerhaftigkeit* f ‖ ⟨Tech⟩ *Haltbarkeit* f ‖ ⟨Tech⟩ *Lebensdauer* f ‖ ⟨Tech⟩ *Standzeit* f *(Werkzeug)* ‖ ~ *de empleo Gebrauchsdauer* f ‖ ~ *de endurecimiento Erhärtungsdauer* f ‖ ~ *de la fermentación Gärungsdauer* f ‖ ~ *del frenado Brems|dauer, -zeit* f ‖ ~ *de oscilación* ⟨Radio⟩ *Schwingungsdauer* f ‖ ~ *de solidificación Erhärtungsdauer* f ‖ ~ *de(l) tiempo Zeitdauer* f ‖ ◇ *de* ~ *ilimitada unverwüstlich* ‖ *unbegrenzt haltbar* ‖ *de larga* ~ *langwierig* ‖ ⟨Tech⟩ *langlebig* (z.B. *Maschine*) ‖ *por la* ~ *de … während …* ‖ **–dero** adj *(m/f) dauerhaft, fest* ‖ *dauernd* ‖ *haltbar* ‖ *nachhaltig*
duraluminio m *Duralumin* n
dura|madre, –máter f ⟨An⟩ *Dura mater, harte Hirnhaut* f
duramen m *Kern(teil)* m *(e–s Baumstammes)*
duramente adv *hart, herzlos, grausam*
Duran|dal, –darte m ⟨Lit⟩ *Durendal, Durandart* n *(Rolands Schwert im Rolandslied)*
durante prep *während* ‖ ~ *la guerra während des Krieges* ‖ ~ *tres meses während dreier Monate* ‖ *drei Monate lang* ‖ ~ *el viaje unterwegs* ‖ *während* od *auf der Reise* ‖ ~ *largos años jahrelang* ‖ *während vieler Jahre*
durar vi *(fort)dauern, währen* ‖ *(aus)halten, durchhalten* ‖ *(ver)bleiben* ‖ *s. halten können* (z.B. *in e–r Stellung*) ‖ ⟨fam⟩ *(weiter)leben* ‖ ⟨fam⟩ *bleiben, ertragen, (es) aushalten, halten (Stoff)* ‖ ◇ *este traje no le durará el invierno diesen Anzug wird er (es) nicht den ganzen Winter tragen können* ‖ *¡que dure!* ⟨fam⟩ *nur so weiter! (als Aufmunterung, Beglückwünschung usw.)*
durativo adj ⟨Gr⟩ *durativ (Aspekt)*
△ **duratón** m *Duro* m *(Fünfpesetenstück)*
duraz|nero m ⟨Bot⟩ *Herzpfirsichbaum* m ‖ **–nilla** f *Herzpfirsich* m ‖ **–nillo** m ⟨Bot⟩ *Flohknöterich* m (Polygonum persicaria) ‖ Mex *(Art) Feigenkaktus* m (Opuntia leucotricha) ‖ **–no** m *Herzpfirsichbaum* m ‖ *Herzpfirsich* m ‖ Arg *Pfirsich* m, *jede pfirsichartige Frucht* f
durazo m *augm von* **¹duro**
Durero m: **Alberto** ~ *Albrecht Dürer*
durete m *dim von* **¹duro**
dureto m *Hartapfel* m
dureza f *Härte, Festigkeit, Zähigkeit* f ‖ *Derbheit* f ‖ ⟨fig⟩ *Hartherzigkeit* f ‖ ⟨fig⟩ *Harnäckigkeit* f ‖ ⟨fig⟩ *Härte, Strenge* f ‖ ⟨fig⟩ *Rauheit* f ‖ ⟨fig⟩ *Unbarmherzigkeit* f ‖ ⟨fig⟩ *Gefühllosigkeit* f ‖ ⟨fig⟩ *Zähigkeit* f ‖ ⟨fig⟩ *Schroffheit* f *im Benehmen* ‖ ⟨Med⟩ *Schwieligkeit* f ‖ ⟨Med⟩ *Verstopfung* f ‖ ~ *del agua Härte* f *des Wassers* ‖ ~ *Brinell* ⟨Tech⟩ *Brinellhärte* f ‖ ~ *de corazón* ⟨fig⟩ *Hartherzigkeit, Gefühllosigkeit* f ‖ ~ *de(l) oído Schwerhörigkeit* f ‖ ⟨Mus⟩ *schweres Gehör* n ‖ ~ *de rayado* ⟨Tech⟩ *Ritzhärte* f ‖ ~ *de vientre* ⟨Med⟩ *Hartleibigkeit* f

‖ ~s fpl *Verhärtungen* fpl *im Körper, Gewächse* npl
duriano m ⟨Bot⟩ *Durian, Zibethbaum* m (Durio zibethinus)
¹duri|llo, –to adj *dim von* **¹duro**
²durillo m ⟨Bot⟩ *Kornelkirsche(nbaum* m) f (Cornus sp) ‖ *Laurustinus* m (Viburnum tinus)
△ **durindaina** f *(die) strafende Gerechtigkeit* f
△ **durlines** m *Häscher* m
durmidero m PR *Nachtlager* n *der Haustiere*
¹durmiente adj *(m/f) schlafend* ‖ ~ *m/f Schläfer(in* f) m, *Schlafende(r* m) f ‖ *la Bella* ~ (del bosque) *Dornröschen* n *(Märchengestalt)*
²durmiente m ⟨Zim⟩ *(Grund)Schwelle* f ‖ ⟨Zim⟩ *Tragbalken* m ‖ Am ⟨EB⟩ *Schwelle* f
△ **durnán** m *Galeere* f ‖ *Lastschiff* n
¹duro adj *hart, fest, zäh* ‖ *schwer, schwierig, mühselig* ‖ ⟨fig⟩ *hart, schwer zu ertragen(d)* ‖ *schwer zu verstehen(d)* ‖ *stark, widerstandsfähig* ‖ *hart, rau (Stimme)* ‖ *hartnäckig, eigensinnig* ‖ *streng, hartherzig, herzlos, grausam* ‖ *rau, unfreundlich* ‖ *abgehärtet* (contra *gegen*) ‖ *rau (Klima)* ‖ *hart (Wasser)* ‖ *knaus(e)rig, geizig* ‖ *hart, nicht flüssig (Stil)* ‖ ⟨Fot Mal⟩ *hart* ‖ ~ *como el acero stahlhart* (& fig) ‖ ~ *de corazón hartherzig* ‖ ~ *de entendederas schwer von Begriff* ‖ ~ *de oído schwerhörig* ‖ ⟨fig⟩ *unfolgsam* ‖ ⟨fig Mus⟩ *mit schlechtem Gehör* ‖ ~ *y parejo* Arg ⟨fam⟩ *mit Kraft und Ausdauer* ‖ ~ *de pelar* ⟨fig⟩ *schwer auszuführen(d),* ⟨fam⟩ *e–e harte Nuss* ‖ *dar en* ~ *auf Schwierigkeiten stoßen* ‖ *estar a las* ~as *con od por las maduras* ⟨figf⟩ *nicht wählerisch sein* ‖ *ponerse* ~a ⟨vulg⟩ *steif werden (Penis)* ‖ *a* ~as *penas mit knapper Not*
²duro adj Mex Ur *betrunken*
³duro adv *tüchtig, kräftig* ‖ *¡dale* ~! ¡~ *con él!* ⟨fam⟩ *schlag zu!,* ⟨pop⟩ *gib ihm Saures!* ‖ ¡~ (ahí)! ⟨fam⟩ *nur zu! nur k–e Rücksichten!*
⁴duro m Span *Duro* m, *Fünfpesetenstück* n ‖ ⟨fig⟩ *Knauser, Knicker* m ‖ ~ *sevillano ehem. in Sevilla geprägtes Fünfpesetenstück* n ‖ ⟨fig⟩ *falsches Fünfpesetenstück* n ‖ ◇ *ser más falso que un* ~ *de plomo falsch wie e–e Schlange sein,* ⟨fam⟩ *ein falscher Fuffziger sein*
⁵duro m ⟨Mar⟩ *starker Wind* m
durómetro m ⟨Tech⟩ *Härteprüfer* m
duroplástico adj → **termoestable**
duroscopio m → **durómetro**
durse adj And ⟨pop⟩ → **dulce**
△ **dutoy** adj *strahlend, leuchtend*
duun|vir(o) m ⟨Hist⟩ *Duumvir* m ‖ **–virato** m *Duumvirat* n
duvetina f ⟨Text⟩ *Duvetine* f
dux m ⟨Hist⟩ *Doge* m *in Venedig*
duz [pl ~ces] adj And *süß*
d/v ⟨Abk⟩ = **días vista**
Dy ⟨Abk⟩ = **disprosio**

E

E, ¹e *f* [= E, e, *pl* Ees, ees] *E, e* n
²e conj *statt* y *vor Wörtern, die mit nicht diphthongiertem* i *od* hi *anfangen:* España e Italia, padre e hijo, aber cobre y hierro, piedra y hierba *(jedoch nicht anlautend in Frage- und Imperativsätzen:* ¿y Ignacio? ¡y Italia!)
³e ⟨Abk⟩ = **entrega**
E ⟨Abk⟩ = **einsteinio** ‖ **empalme** ‖ **España** ‖ **estación** ‖ **Este** ‖ **exterior** ‖ **extranjero**
¡ea! *nun! los! auf!* ‖ *wohlan! frisch zu!* ‖ *ach was!* ‖ *fertig!, aus!* ‖ ¡~ pues! *nun denn!*
Eaco *m* ⟨Myth⟩ *Aakus, Aiakos* m
easonense adj/s ⟨lit⟩ *aus San Sebastián*
ebanis|ta *m/f (Möbel)Tischler(in* f) m ‖ *Kunsttischler(in* f) m ‖ *Ebenist(in* f) m ‖ **–tería** *f (Kunst)Tischlerei* f ‖ *(Möbel)Tischlerei* f ‖ *Schreinerei* f ‖ *Tischler-, Schreiner|arbeit* f ‖ *Möbel* npl
ébano *m* ⟨Bot⟩ *Ebenholzbaum* m (Diospyros ebenum) ‖ *Ebenholz* n
ebenáceas *fpl* ⟨Bot⟩ *Ebenholzgewächse* npl (Ebenaceae)
ebionita *m* ⟨Hist Rel⟩ *Ebionit* m
ebonita *f Ebonit* n, *Hartgummi* m (& n)
eborario adj *aus Elfenbein* ‖ *Elfenbein-*
ebriaguez [*pl* ~**ces**] *f* ⟨fig⟩ → **ebriedad**
ebriedad *f Trunkenheit* f, *Rausch* m (& *fig*) ‖ ◇ conducir en estado de ~ ⟨StV⟩ *in alkoholisiertem Zustand fahren* ‖ ⟨Spr⟩ la ~ es amiga de la verdad *im Wein liegt Wahrheit*
ebrio adj *betrunken* ‖ ⟨fig⟩ *trunken, berauscht* (de *vor* dat) ‖ *blind* (de *vor* dat) ‖ *hingerissen (von)* ‖ ~ de alegría *taumelnd, trunken vor Freude* ‖ ~ de ira *in blinder Wut* ‖ ~ m: ~ habitual *Gewohnheitstrinker* m
Ebro *m* [Fluss]: el ~ *der Ebro*
ebullición *f Aufkochen, Sieden, Aufwallen* n (& fig) ‖ ⟨fig⟩ *Aufbrausen* n ‖ ♦ de fácil ~ *leicht siedend* ‖ en ~ *kochend, siedend* ‖ ◇ entrar en ~ *den Siedepunkt erreichen* (& fig)
ebu|llómetro *m* ⟨Phys⟩ *Siedepunktmesser* m, *Ebullioskop* n ‖ **–lloscopia** *f Ebullioskopie* f ‖ **–lloscopio** *m Ebullioskop* n
eburnación *f* ⟨Med⟩ *Verknöcherung, Ebur|neation, -nifikation* f
ebúrneo adj ⟨poet⟩ *Elfenbein-, elfenbeinern*
ecarté *m* ⟨Kart⟩ *Ekarté* n
ec.ᶜᵒ ⟨Abk⟩ = **eclesiástico**
eccehomo *m Christus* m *mit der Dornenkrone* ‖ ◇ estar hecho un ~ ⟨fig⟩ *erbärmlich (od wie das Leiden Christi) aussehen*
ecce|ma *m* ⟨Med⟩ *Ekzem* n, *Juckflechte* f, *(Haut-, Flechten)Ausschlag* m ‖ **–matoso** adj *ekzematös*
ecdisomo *m* ⟨Ins⟩ *Ecdyson* n
eceto ⟨reg⟩ → **excepto**
ECG ⟨Abk⟩ = **electrocardiograma**
echa|cantos *m* ⟨fam⟩ *Maulheld* m ‖ *Null,* ⟨fam⟩ *Flasche* f ‖ **–cuervos** *m Zuhälter* m ‖ *Kuppler* m ‖ *Schwindler* m ‖ *Gauner, Taugenichts* m
echa|da *f Wurf* m, *Werfen* n ‖ *Manneslänge* f *(als Maß)* ‖ Arg Mex ⟨fig⟩ *Ente* f ‖ ⟨fig⟩ *Aufschneiderei* f ‖ **–dero** *m Ruheplatz* m, *Lager* n ‖ **–dillo** *m* ⟨fam⟩ *Findelkind* n ‖ **–dizo** adj *weggeworfen* ‖ *zum Wegwerfen, unbrauchbar* ‖ *untergeschoben, unecht, falsch (Buch, Urkunde)* ‖

ver|meintlich, -mutlich ‖ ~ *m Ausstreuer* m ‖ *Schnüffler* m ‖ ⟨fam⟩ *Findelkind* n ‖ ~**s** *mpl Ausschuss* m ‖ **–do** adj *liegend* ‖ ⟨Bot⟩ *(nieder)liegend* ‖ CR *träge* ‖ ~ *para adelante* ⟨figf⟩ *mutig, beherzt, kühn, entschlossen, unerschrocken* ‖ ~ *para atrás hoch|mütig, -näsig* ‖ ~ a perder *verdorben,* ⟨fam⟩ *kaputt* ‖ ⟨vulg⟩ *abgefuckt* ‖ ◇ estar ~ *liegen* ‖ ~a está la suerte *die Würfel sind gefallen* ‖ ser ~ *hinausgeschmissen werden,* ⟨fam⟩ *fliegen* ‖ ~ *m* ⟨Bgb⟩ *Neigung* f *(e–s Flözes)* ‖ **–dor** *m Schleuderer, Werfer* m ‖ *Schenkkellner* m *(Ausschank von Kaffee und Milch am Tisch)* ‖ **–dora** *f:* ~ de cartas *Kartenlegerin* f ‖ **–dura** *f Wurf* m, *Werfen* n ‖ *Brüten, Sichsetzen* n *zum Brüten (Glucke)* ‖ **–miento** *m Wurf* m ‖ *Schleudern, Werfen* n
echar vt/i a) *werfen* (a *od* en *auf* od *in* acc) ‖ *schleudern* ‖ *weg|schütten, -werfen* ‖ *verjagen, hinauswerfen* ‖ *verstoßen* ‖ *(Blick) werfen* (a, sobre *auf* acc) ‖ *ansetzen (Glucke)* ‖ *paaren (Tiere)* ‖ *austreiben (Vieh)* ‖ *absetzen (Beamte)* ‖ *(hin)wegwerfen* ‖ *(hin)einwerfen* ‖ *vertreiben* ‖ *entlassen* ‖ *einwerfen (Brief)* ‖ *werfen (Anker)* ‖ *auswerfen (Samen, Netz)* ‖ *umwerfen (Wagen, Menschen)* ‖ *ausstoßen (Drohungen)* ‖ *sprühen, speien (Flammen)* ‖ *treiben (Blüten, Knospen)* ‖ *ausbreiten, von s. geben, aus|strahlen, -strömen* ‖ ⟨fam⟩ *verbreiten (Geruch)* ‖ *auflegen (Sattel)* ‖ *anlegen (Fesseln)* ‖ *auferlegen (Strafen, Steuern)* ‖ *ansetzen, bekommen (Zähne, Bart)* ‖ *bekommen (e–n Bauch)* ‖ *setzen (s–e Unterschrift)* ‖ *aufdrucken (Siegel, Zeichen)* ‖ *hineinstecken (Schlüssel)* ‖ *vorschieben (Riegel)* ‖ *hinzu|tun, -fügen, -gießen* ‖ *eingießen, schütten, füllen* ‖ *einschenken* ‖ *(hin)legen, setzen, stellen* ‖ *(Geld) ausspielen* ‖ *spielen (Partie)* ‖ *auslegen (Karten)* ‖ *an|stecken, -machen (Feuer)* ‖ *rauchen (Zigarre, Zigarette)* ‖ *tun (Schluck),* ‖ *(zu s.) nehmen* ‖ ⟨Film Th TV⟩ *aufführen, geben (Stück, Film)* ‖ *(jdm) zuschreiben, (auf jdn) wälzen (Schuld)* ‖ *abschätzen (Alter)* ‖ *hersagen (Gedicht)* ‖ *erlassen (Verordnung)* ‖ *halten (Rede)* ‖ *ausstoßen (Fluch, Drohung)* ‖ *neigen (den Kopf)* ‖ Arg Pe PR *als besonders geeignet herausstellen (Menschen od Tiere für den Kampf)* ‖ *benennen (für den Hahnenkampf)* ‖ ◇ ~ abajo *nieder-, ab|reißen (Gebäude)* ‖ ⟨fig⟩ *vernichten, zunichte machen, zerstören* ‖ *ablehnen* ‖ ~ al agua *ins Wasser werfen* ‖ ⟨Mar⟩ *zu Wasser lassen, vom Stapel laufen lassen* ‖ ~ el alma ⟨fig⟩ *kaum aufatmen können* ‖ ~ barriga *dick werden, e–n Bauch bekommen* ‖ ~ de beber a alg. *(pop) jdm einschenken* ‖ ~ la bendición a alg. *jdn (ein)segnen* ‖ *trauen* ‖ ~ el bigote *Schnurrbart ansetzen* ‖ ~ bilis ⟨figf⟩ *wütend sein, Galle spucken* ‖ ~ los bofes *(fig) s. gewaltig anstrengen* ‖ ~ un borrón *e–n Tintenklecks machen* ‖ ~ un brindis *e–e Gesundheit ausbringen od trinken* ‖ ~ cálculos *Berechnungen machen, (be)rechnen* ‖ *nachdenken* ‖ ~ carnes *Fleisch ansetzen* ‖ ~ de casa *ausquartieren,* [stärker] *hinauswerfen, auf die Straße setzen* od *werfen* ‖ ~ el cerrojo *zu-, ver|riegeln* ‖ ~ al coleto ⟨figf⟩ *hinunterschlucken* ‖ ~ coplas *Lieder vorsingen* ‖ ~ la corredera ⟨Mar⟩ *loggen* ‖ ~

(sus) cuentas, ~ a la cuenta *berechnen* ‖ *nachdenken* ‖ ~ el cuerpo fuera *s. hinausbeugen* ‖ ~ cuerpo a tierra ⟨Mil⟩ *s. hin|werfen, -legen* ‖ ~ la culpa a alg. *die Schuld auf jdn schieben* ‖ ~ chispas ⟨figf⟩ *vor Wut schäumen* ‖ ~ los dientes *Zähne bekommen, zahnen* ‖ ~ un discurso *e–e Rede halten, reden* ‖ ~ espumarajos ⟨fig⟩ *vor Wut schäumen* ‖ ~ un fallo *ein Urteil fällen* ‖ ~ la firma ⟨fam⟩ *unterschreiben* ‖ ~ fuego ⟨figf⟩ *vor Wut schnaufen* ‖ ~ fuera *hinauswerfen* ‖ ~le galgos a la esperanza *die Hoffnung aufgeben* ‖ ~ gasolina ⟨Auto⟩ *tanken* ‖ ~ mal genio ⟨fig⟩ *wütend sein* ‖ ~ un granito de sal ⟨figf⟩ *die Rede mit e–m witzigen Einfall würzen* ‖ ~ hojas *Blätter bekommen (Pflanze)* ‖ ~ la lengua *die Zunge herausstrecken* ‖ ~ leña al fuego ⟨fig⟩ *Öl ins Feuer gießen* ‖ ~ maldiciones *fluchen* ‖ ~ mano a *od* de … *anfassen* ‖ *greifen zu … ‖ (et.) verwenden* ‖ *(et.) zu Hilfe nehmen* ‖ *et. fördern* ‖ ~ una mano *helfen, zur Hand gehen, unter die Arme greifen,* ⟨fam⟩ *mit anfassen* ‖ ~ palos en la rueda *Knüppel zwischen die Beine werfen* ‖ → ~ una partida ‖ ~ margaritas a puercos ⟨figf⟩ *Perlen vor die Säue werfen* ‖ ~ al mundo *auf die Erde senden* ‖ ⟨fig⟩ *gebären* ‖ ~ una ojeada *e–n Blick werfen* ‖ ~ una partida *e–e Partie spielen* ‖ ~ pelillos a la mar ⟨fam⟩ *allen Groll vergeben und vergessen* ‖ ~ el perro a la perra ⟨pop⟩ *die Hündin vom Rüden decken lassen* ‖ ~ pestes ⟨figf⟩ *wettern, fluchen* ‖ ~ pie a tierra *absteigen (vom Pferd)* ‖ *aussteigen (aus dem Wagen)* ‖ ~ raíces *Wurzeln schlagen (Pflanzen)* ‖ ~ raya *aus-, durch|streichen* ‖ ⟨fig⟩ *s. hervortun* ‖ ~ rayos ⟨fig⟩ *Feuer sprühen, wüten* ‖ ~ sangre *Blut spucken* ‖ *zur Ader lassen* ‖ ~ sanguijuelas *Blutegel ansetzen* ‖ ~ el sello *die Briefmarke aufkleben* ‖ ~ suertes *losen* ‖ ~ tacos ⟨figf⟩ *fluchen und wettern* ‖ ~ tierra a algo *et. mit Erde zuschütten* ‖ ⟨figf⟩ *et. ins Meer der Vergessenheit versenken* ‖ ~ un trago ⟨fam⟩ *e–n Schluck tun* ‖ ~ ventosas *Schröpfköpfe ansetzen* ‖ ~ (la) voz ⟨fig⟩ *ein Gerücht ausstreuen* ‖ ~la de escritor *den Schriftsteller spielen* ‖ ~la de gracioso ⟨fam⟩ *den Witzigen spielen* ‖ ~las Chi *fliehen, flüchten* ‖ ¿qué echan? *was wird gegeben? (Theater, Kino)* ‖ ¿cuántos años le echa Vd. a esta chica? *wie alt schätzen Sie dieses Mädchen?*

b) in Verb. mit Präpositionen (od präpositionalen Adverbialverbindungen):

1. in Verb. mit **a:** ~ a … *anfangen zu …* ‖ ~ al aire *in die Luft werfen* ‖ ⟨fig⟩ *entblößen* ‖ ~ a broma *u/c et. von der scherzhaften Seite auffassen* ‖ ~ a la cara *vor|werfen, -halten (z. B. Fehler)* ‖ ~ a chanza → a broma ‖ ~ a correr *anfangen zu laufen, loslaufen* ‖ *davonlaufen* ‖ ~ a la derecha *nach rechts gehen* ‖ ~ a escobazos *hinausprügeln* ‖ ~ a las espaldas *u/c → ~ a un lado u/c* ‖ ~ a fondo ⟨Mar⟩ *in den Grund bohren* ‖ ~ a la izquierda *nach links gehen* ‖ ~ a un lado *u/c s. et. aus dem Sinn schlagen* ‖ ~ al mar *über Bord werfen* ‖ *ins Meer werfen* ‖ ~ a buena parte *gut aufnehmen od auslegen* ‖ ~ a mala parte *schlecht aufnehmen od auslegen* ‖ ~ a perder *verkommen lassen* ‖ *verderben, zugrunde (& zu Grunde) richten, zunichte machen* ‖ ~ a pique ⟨Mar⟩ *in den Grund bohren* ‖ ~ a la puerta a alg. ⟨fam⟩ *jdn vor die Tür setzen* ‖ *jdn brotlos machen* ‖ ~lo todo a rodar ⟨figf⟩ *auf nichts Rücksicht nehmen, rücksichtslos vorgehen* ‖ ~ a tierra *zu Boden werfen* ‖ ⟨fig⟩ *zerstören, zugrunde (& zu Grunde) richten, zunichte machen* ‖ ~ a zumba → ~ a broma

2. in Verb. mit **de:** ~ de beber *einschenken* ‖ ~ de casa *aus dem Haus weisen od*

jagen od werfen ‖ ~ de comer *füttern (Tiere)* ‖ ⟨pop⟩ *zu essen geben,* ⟨pop⟩ *Futter geben (dat)* ‖ ~ de menos *vermissen* ‖ *s. sehnen nach* ‖ ~ de patitas a la calle a alg. *jdn vor die Tür setzen* ‖ ~ de repente ⟨fam⟩ *aus dem Stegreif sprechen* ‖ ~ de sí *von s. geben* ‖ *von s. weisen* ‖ ⟨fig⟩ *zurückstoßen* ‖ ~ de ver *sehen* ‖ *erblicken, bemerken* ‖ *verstehen, einsehen*

3. in Verb. mit **en:** ~ en … *hineinwefen in …* ‖ ~ algo en cara a alg. *jdm et. vorwerfen* ‖ ~ en falta a alg. *jdn vermissen*

4. in Verb. mit **por:** ~ por alto ⟨fig⟩ *verachten* ‖ ~el atajo *den kürzesten Weg einschlagen* ‖ ~ por la derecha (izquierda) *nach rechts (links) abbiegen* ‖ ~ por el suelo, ~ por tierra *zu Boden werfen, schleudern* ‖ ⟨fig⟩ *zerstören, zugrunde (& zu Grunde) richten, zunichte machen*

~ vt/i a) *werfen, schleudern* ‖ *einschenken* ‖ *würfeln* ⟨Kart⟩ *ausspielen* ‖ *wetten* ‖ *e–n Weg einschlagen* ‖ ¡echa, echa! ⟨pop⟩ *denk mal an!* ¡nanu!* ‖ ¡échate! kusch! (zu Hunden)*

~se a) *s. niederlegen* ‖ *kuschen (Hunde)* ‖ *s. schlafen legen* ‖ *s. legen (Wind)* ‖ *s. stürzen (sobre auf acc)* ‖ *s. hinlegen* ‖ ⟨fig⟩ *s. zum Brüten setzen (Vogel)* ‖ ⟨fig⟩ *den Mut verlieren* ‖ *s. widmen (e–m Beruf)* ‖ ~ & s ⟨fam⟩ *s. anschaffen, s. zulegen (acc)* ‖ ◇ ~ un cigarrillo *e–e Zigarette rauchen* ‖ ~ una copita *s. ein Gläschen genehmigen, e–n heben* ‖ ~ una espina *e–e Gräte verschlucken* ‖ *s. e–n Dorn einreißen od einjagen* ‖ ~ un novio (fam) *ein Liebesverhältnis anknüpfen (Mädchen),* ⟨fam⟩ *s. e–n Bräutigam bzw Freund zulegen* ‖ ~ un trago → ~ una copita ‖ ~ atrás *zurückweichen* ‖ *zurückwerfen* ⟨fig⟩ *von s–m Wort abgehen, e–n Rückzieher machen*

b) in Verb. mit Präpositionen (od präpositionalen Adverbialverbindungen): ~ a … *anfangen zu …* ‖ ~ a … & inf *anfangen od beginnen zu …* (& ‖ ~ a dormir *s. zum Schlafen hinlegen* ‖ ⟨fig⟩ *s. um nichts kümmern, s–e Geschäfte vernachlässigen* ‖ ~ a llorar *zu weinen anfangen* ‖ ~ a morir ⟨figf⟩ *verzweifeln, k–n Ausweg sehen* ‖ *s. dem Missmut od dem Trübsinn überlassen* ‖ ~ a perder *verderben,* ⟨fam⟩ *kaputtgehen* ‖ ⟨fig⟩ *sittlich verkommen* ‖ ~ al agua *ins Wasser springen* ‖ ⟨fig⟩ *s. plötzlich zu e–r schweren und gewagten Unternehmung entschließen,* ⟨fig⟩ *ins kalte Wasser springen* ‖ ~ de la cama *aus dem Bett springen* ‖ ~ en la cama *s. ins Bett legen* ‖ ~ de codos *s. auf den Ellbogen auflegen, stützen* ‖ echárselas de conocedor *s. als Kenner aufspielen, den Kenner markieren* ‖ ~ a cuestas ⟨figf⟩ *auf s. nehmen, übernehmen (Pflicht, Geschäft, Auftrag usw.)* ‖ echárselas de erudito *gelehrt tun* ‖ ~ de menos *vermissen* ‖ ~ a los pies de alg. *s. jdm zu Füßen werfen* ‖ ~ de ver *gewahr werden* ‖ echárselas de valiente *s. als Held aufspielen* ‖ ~ en a/c *s. in et. (acc) stürzen* ‖ ~ sobre *od* a alg. *jdn plötzlich anfallen*

echarpe *m Schulterschal* m ‖ Am *Schärpe, Feldbinde* f

echazón *f Wurf* m ‖ ⟨Mar⟩ *See-, Ab|wurf* m *(der Ladung)* ‖ ⟨Mil⟩ *Notwurf* m

echona *f* Arg Chi Pe *Sichel* f

echonería *f* Ven *Prahlerei* f

eclampsia *f* ⟨Med⟩ *Eklampsie* f

eclámptico adj ⟨Med⟩ *eklamptisch*

eclecticis|mo *m* ⟨Philos⟩ *Eklektizismus* m ‖ ⟨fig⟩ *Mangel* m *an Einheitlichkeit und Urwüchsigkeit* ‖ **–ta** adj *(m/f)* → **ecléctico**

ecléctico adj ⟨Philos⟩ *eklektisch (& fig)* ‖ ~ *m Eklektiker* m *(& fig)*

eclesial adj *(m/f) kirchlich*
Eclesiastés *m:* el ~ *der Prediger (Salomo in der Bibel)*
eclesiástico adj *geistlich, kirchlich* ‖ ~ *m Geistliche(r)* m ‖ el ~ *(das Buch) Jesus Sirach (Ekklesiastikus)*
eclesiastizar [z/c] vt *verkirchlichen, in Kirchenhand überführen*
eclímetro *m* ⟨Tech⟩ *Neigungsmesser* m
eclip|sar vt ⟨Astr⟩ *ver|finstern, -dunkeln* ‖ ⟨fig⟩ *in den Schatten stellen* (a alg. *jdn*) ‖ ⟨fig⟩ *überstrahlen* (a alg. *jdn*), *den Rang ablaufen* (a alg. *jdm*), *ausstechen* ‖ ~**se** *s. verfinstern* ‖ ⟨figf⟩ *verschwinden, s. aus dem Staub machen,* (fam) *türmen, abhauen* ‖ **-se** *m* ⟨Astr⟩ *Verfinsterung, Finsternis* f ‖ ⟨fig⟩ *Verschwinden* n ‖ ~ *lunar, ~ solar Mond-, Sonnen|finsternis* f ‖ ~ *parcial, ~ total* ⟨Astr⟩ *Teil-, Total|finsternis* f
eclipsis *f* ⟨Gr Math⟩ → **elipsis**
eclípti|ca *f* ⟨Astr⟩ *Ekliptik* f ‖ **-co** adj *ekliptisch*
eclisa *f* ⟨EB⟩ *Lasche* f *(e–r Schiene)*
eclosión *f Aufbrechen* n ‖ *Aufblühen* n ‖ ⟨Ins⟩ *Auskriechen* n *(der Larve aus dem Ei)* ‖ ⟨fig⟩ *Anbruch* m *(Tag)* ‖ ⟨fig⟩ *Ausbruch* m, *Entstehung* f ‖ ⟨fig⟩ *Werden* n, *Entfaltung* f
eco *m Echo* n, *Widerhall* m ‖ *Nachhall* m ‖ *Echo* n *(Dichtform)* ‖ ⟨fig⟩ *Nachklang* m ‖ ⟨fig⟩ *Nachahmung* f ‖ ⟨fig⟩ *Wiedergabe* f *e–r Neuigkeit* ‖ ~ *del sonido Schallecho* n ‖ ◇ *hacer ~ Aufsehen erregen* ‖ *hacer ~ passen* (con *zu*), *harmonieren* (con *mit*), *s. schicken* (con *zu*) ‖ *hacer ~* a alg. *(jdm) beistimmen* ‖ *hacerse ~ de algo et. weiter|verbreiten, -geben* ‖ *hallar, encontrar (un)* ~ ⟨fig⟩ *Widerhall finden* ‖ *tener ~* ⟨figf⟩ *willige Aufnahme finden (Mode usw.)* ‖ ~**s** *mpl:* ~ *de sociedad* ⟨Ztg⟩ *Nachrichten* fpl *aus der Gesellschaft*
eco|genética *f Ökogenetik* f ‖ **–geografía** *f Ökogeografie* f ‖
eco|goniómetro *m Echopeilgerät* n ‖ **–grafía** *f Echografie* f ‖ **–gráfico** *echografisch* ‖ **–grama** *m Echogramm* n ‖ **–ico** adj *Echo-* ‖ **–lalia** *f* ⟨Med⟩ *Echolalie* f ‖ **–locación** *f Echoorientierung* f
eco|logía *f Ökologie* f ‖ *Umweltschutz* m ‖ *Umweltforschung* f ‖ **–lógico** adj *ökologisch* ‖ *Umweltschutz-* ‖ **–logismo** *m Umweltschutz* m ‖ **–logista** adj *(m/f) auf die Ökologie bezüglich* ‖ *auf die Umweltschutzbewegung bezüglich* ‖ ~ *m/f Umweltschützer(in* f) m ‖ ⟨Pol⟩ *Grüne(r* m) f m
ecólogo *m Ökologe* m ‖ *Umweltschützer* m ‖ ⟨Pol⟩ *Grüne(r)* m
ecómetro *m* ⟨Tech⟩ *Echolot* n
econo|mato *m Verwalterstelle* f ‖ *Konsumverein* m ‖ **–mía** *f Haushaltung, Wirtschaft* f ‖ *Volkswirtschaft* f ‖ *Wirtschaftswissenschaft* f ‖ *Einsparung* f ‖ *Wirtschaftlichkeit, Sparsamkeit* f ‖ *zweckmäßige Einteilung, Anordnung* f ‖ ⟨Physiol⟩ *Haushalt* m ‖ ~ *agraria od agrícola Agrar-, Land|wirtschaft* f ‖ ~ *aplicada angewandte Wirtschaftswissenschaft* f ‖ ~ *coactiva Zwangswirtschaft* f ‖ ~ *dirigida Planwirtschaft, gelenkte od gesteuerte Wirtschaft* f ‖ ~ *doméstica Hauswirtschaft* f ‖ ~ *de la(s) empresa(s) Betriebswirtschaft(slehre)* f ‖ ~ *empresarial Unternehmerwirtschaft* f ‖ ~ *de gastos Kostenersparnis* f ‖ ~ *de guerra Kriegswirtschaft* f ‖ ~ *hídrica* ⟨Physiol⟩ *Wasserhaushalt* m ‖ ~ *libre freie Wirtschaft* f ‖ ~ *de mercado Marktwirtschaft* f ‖ ~ *nacional Volkswirtschaft* f ‖ ~ *pecuaria Viehwirtschaft* f ‖ ~ *planificada* → ~ *dirigida* ‖ ~ *política* → ~ *nacional* ‖ ~ *rural Landwirtschaft* f ‖ ~ *de sucedáneos Ersatzwirtschaft* f ‖ ~ *subterránea, sumergida Schattenwirtschaft* f ‖ ~ *de tiempo Zeit|ersparnis* f *od -gewinn* m ‖ ~**s** *fpl*

Ersparnisse fpl ‖ ~ *de cabos de vela* ⟨fig⟩ *Sparen* n *am falschen Ende* ‖ ◇ *hacer ~ sparen*
económico adj/s *(land)wirtschaftlich, Wirtschafts-* ‖ *finanziell* ‖ *rationell* ‖ *volkswirtschaftlich* ‖ *billig* ‖ *preiswert* ‖ *Spar-, sparsam* ‖ *haushälterisch* ‖ *genau, geizig* ‖ ◆ a precio ~ *zu e–m niedrigen Preis* ‖ adv: ~**amente**
econo|mista *m/f Volkswirt(in* f) m ‖ *Volkswirtschaftler(in* f) m ‖ *Volkswirtschaftslehrer(in* f) m ‖ *Wirtschaftsfach|mann* m, *-frau* f ‖ *Finanz|mann* m, *-frau* f ‖ **–mizador** *m Sparer* m ‖ ⟨Tech⟩ *Ekonomiser* m *(bei Dampfkesseln)* ‖ *Spargerät* n, *Sparer* m ‖ ~ *de corriente* ⟨El⟩ *Stromsparer* m ‖ **–mizar** [z/c] vt/i *(er-, ein)sparen* ‖ *sparsam wirtschaften* ‖ *sparsam, haushälterisch umgehen* (algo *mit et.*) ‖ *erübrigen* ‖ *haushalten, sparsam leben* ‖ ~ *dinero (tiempo) Geld (Zeit) sparen* ‖ no ~ *esfuerzos k–e Mühe scheuen*
ecónomo *m Verwalter* m ‖ *(Pfründen)Verwalter* m ‖ *Vermögensverwalter* m
eco|pacifista *m/f Ökopazifist(in* f) m ‖ **–sistema** *m Ökosystem* n
ecosonda *f* → **ecómetro**
eco|tasa *f Ökosteuer* f ‖ **–toxicología** *f Umwelttoxikologie* f ‖ **–turismo** *m Ökotourismus* m
ecrasita *f Ekrasit* n
ecta|sia *f* ⟨Med⟩ *Ausdehnung, Erweiterung, Ektasie* f
ectasis *f* ⟨Lit⟩ *Ekta|se, -sis* f
ectima *f* ⟨Med⟩ *Ekthym* n, *Lochschwäre* f
ecto|dermo *m* ⟨Biol⟩ *Ektoderm* n ‖ **–desmos** *mpl* ⟨Bot⟩ *Ektodesmen* pl ‖ **–parásito** *m* ⟨Biol⟩ *Ekto|parasit, -sit* m ‖ **–pia** *f* ⟨Med⟩ *Ektopie* f ‖ **–plasma** *m* ⟨Biol⟩ *Ektoplasma* n ‖ **–scopia** *f* ⟨Med⟩ *Ektoskopie* f ‖ **–toxina** *f* ⟨Med⟩ *Ektotoxin* n ‖ **–tumor** *m* ⟨Med⟩ *Ektotumor* m
ectropión *m* ⟨Med⟩ *Ektro|pion, -pium* n
ecu *m* ⟨Hist⟩ *Ecu* n
ecuación *f Gleichung* f ‖ ~ *(in)determinada (un)bestimmte Gleichung* f ‖ ~ *de primero (segundo) grado Gleichung* f *ersten (zweiten) Grades* ‖ ◇ *resolver una* ~ *e–e Gleichung auflösen*
ecuador *m* ⟨Geogr⟩ *Äquator* m ‖ ⟨Mar⟩ *Linie* f
Ecuador *m* ⟨Geogr⟩: el ~ *Ecuador* n
ecualizador *m* ⟨Elektron⟩ *Entzerrer, Dämpfer* m
ecuánime adj *gleichmütig* ‖ *ruhig, gelassen*
ecuanimidad *f Gleichmut* m, *Gelassenheit* f ‖ *Geistesruhe* f ‖ *Unparteilichkeit* f
ecuato|rial adj *(m/f) Äquator(ial)-* ‖ ~ *m* ⟨Astr⟩ *Äquatoreal, Äquatorial* n *(Gerät)* ‖ **–rianismo** *m Ecuadorianismus* m *(e–e nur im ecuadorianischen Spanisch vorkommende sprachliche Erscheinung)* ‖ **–riano** adj *aus Ecuador, ecuadorianisch* ‖ ~ *m Ecuadorianer* m
ecuestre adj *(m/f) ritterlich, Ritter-* ‖ *Reit-, Reiter-*
ecumene *f Ökumene* f
ecu|ménico adj *allgemein, ökumenisch* (z. B. *Konzil*) ‖ **–menismo** *m ökumenische Bewegung* f
ecuóreo adj ⟨poet⟩ *zum Meer gehörend*
ecuyere *f Kunstreiterin* f
eczema *f* ⟨Med⟩ → **eccema**
edad *f (Menschen)Alter* n, *Lebenszeit* f ‖ *Altersstufe* f ‖ *Zeitalter* n ‖ *Zeitabschnitt* m ‖ *Epoche* f ‖ *Dienstalter* n ‖ ⟨Geol Hist⟩ *Zeit(alter* n) f ‖ ~ *adulta Erwachsenenalter, reifes Alter* n ‖ la ~ *antigua das Altertum* ‖ la ~ *áurea* → la ~ *de oro* ‖ ~ *avanzada fortgeschrittenes Alter, hohes Alter* n ‖ la ~ *de bronce das eherne Zeitalter* ‖ ~ *de(l) bronce* ⟨Geol⟩ *Bronzezeit* f ‖ la ~ *burral* → la ~ *ingrata* ‖ la ~ *crítica die kritische Zeit (der*

Frau), die Wechseljahre npl ‖ la ~ del chivates → la ~ ingrata ‖ ~ de discernimiento *zurechnungsfähiges Alter* n ‖ la ~ dorada → la ~ de oro ‖ ~ escolar *Schulalter, schulpflichtiges Alter* n ‖ ~ de escolarización *Einschulungsalter* n ‖ ~ geológica *Erdzeitalter* n ‖ la ~ glacial *die Eiszeit* ‖ ~ heroica *Heldenzeitalter* n, *Sagenzeit* f ‖ la ~ de hierro *das eiserne Zeitalter* ‖ la ~ de(l) hierro ⟨Geol⟩ *die Eisenzeit* ‖ la ~ de la informática *das Computerzeitalter* ‖ la ~ ingrata *die Flegeljahre* npl ‖ ~ de jubilación *Renten-, Pensions-, Pensionierungs|alter* n ‖ *Altersgrenze* f ‖ la ~ madura *die Jahre der Reife, das reife Alter* ‖ ~ matrimonial ⟨Jur⟩ *Ehemündigkeit* f ‖ la ~ media *das Mittelalter* ‖ ~ mental ⟨Psychol⟩ *Intelligenzalter* n ‖ la ~ moderna *die Neuzeit* ‖ ~ núbil, ~ nupcial *Heiratsalter* n ‖ la ~ de oro *das Goldene Zeitalter* ‖ *das goldene Alter* ‖ *die goldenen Jahre* ‖ la ~ del pavo → la ~ ingrata ‖ la ~ de piedra ⟨Geol⟩ *die Steinzeit* ‖ ~ preescolar *Vorschulalter* n ‖ ~ pupilar *minderjähriges* od *unmündiges Alter* n ‖ ~ de retiro → ~ de jubilación ‖ ~ temprana *frühes Alter* n, *Jugend* f ‖ la tercera ~ *die Senioren* mpl ‖ la tierna ~ *die Kinderjahre* npl, *das Kindesalter* n ‖ ~ tope *Höchstalter* n ‖ ~ viril *Mannesalter* n ‖ ~ de voto *Wahlalter* n ‖ ◆ a la ~ de ... *im Alter von* ... (dat) ‖ a mi ~ *in m–m Alter* ‖ de cierta ~ *in mittlerem* od *reifem Alter* ‖ de corta ~ *(noch) sehr jung* ‖ de mediana ~ *in mittlerem* od *reifem Alter* ‖ de provecta ~ *in fortgeschrittenen* od *vorgerücktem Alter, bejahrt* ‖ en ~ escolar *schulpflichtig* ‖ ◇ entrar en ~ *alt werden, in die Jahre kommen* ‖ es de mi ~ *er (sie, es) ist in m–m Alter* od *ist so alt wie ich* ‖ tener ~ de ... *alt genug sein, um zu ...* ‖ estar en la ~ de ... *im richtigen Alter sein zu ...* ‖ no se le echaría la ~ que tiene *(fam) er (sie, es) sieht nicht so alt aus, wie er (sie, es) ist* ‖ tengo más ~ que tú *ich bin älter als du* ‖ ¿qué ~ tiene Vd.? ¿cuál es su ~? *wie alt sind Sie?*

eda|fología f *Bodenkunde* f ‖ **–fológico** adj *bodenkundlich* ‖ **–fólogo** m *Edaphologe* m

Edda f ⟨Lit⟩ *Edda* f ‖ las ~s ⟨Lit⟩ *die Edden* fpl

edecán m ⟨Mil⟩ ⟨Hist⟩ *(Feld)Adjutant* m ‖ ⟨figf⟩ *Begleiter, Adlatus* m ‖ ⟨figf iron⟩ *Zuträger* m, ⟨fam⟩ *Klatschmaul* m

edelweiss m ⟨Bot⟩ *Edelweiß* n (Leontopodium alpinum)

ede|ma m ⟨Med⟩ *Ödem* n, *Wassergeschwulst* f ‖ ~ de hambre *Hungerödem* n ‖ **–matoso** adj *ödematös*

Edén, edén m *Eden, Paradies* n (& fig) ‖ **–ico** adj *paradiesisch, Eden-*

eder m ⟨V⟩ → **éider**

edición f *(Her)Ausgabe* f, *Druck* m *(e–s Werkes)* ‖ *Ausgabe* f ‖ *Auflage* f ‖ *Verlagswesen* n ‖ ⟨Inform⟩ *Edition* f, *Editieren* n ‖ *Verlagsbuchhandel* m ‖ ~ abreviada *gekürzte Ausgabe* f ‖ ~ ampliada *erweiterte Ausgabe* f ‖ ~ anónima *anonyme Ausgabe* f ‖ ~ anotada → ~ comentada ‖ ~ apócrifa *apokryphe Ausgabe* f ‖ ~ de arte *künstlerische Ausgabe* f ‖ ~ aumentada → ~ ampliada ‖ ~ del autor *Ausgabe* f *im Selbstverlag* ‖ ~ de batalla → ~ económica ‖ ~ de bolsillo *Taschenausgabe* f → ~ clandestina → ~ pirata ‖ ~ comentada *kommentierte Ausgabe* f ‖ ~ completa *Gesamtausgabe* f ‖ ~ corregida *verbesserte Ausgabe* f ‖ ~ crítica *kritische Ausgabe* f ‖ ~ crítica histórica *historisch-kritische Ausgabe* f ‖ ~ definitiva *endgültige Ausgabe* f ‖ ~ de diamante *Ausgabe* f *letzter Hand* ‖ ~ diamante *Diamantausgabe* f ‖ ~ económica *verbilligte Ausgabe* f ‖ ~ escolar *Schulausgabe* f ‖ ~

expurgada *gereinigte Ausgabe* f, ⟨lat⟩ *Editio* f *castigata* ‖ ~ extraordinaria *Sonderausgabe* f (z. B. *e–r Zeitung*) ‖ *Sondernummer* f ‖ ~ en facsímile *Faksimileausgabe* f ‖ ~ ilustrada *illustrierte Ausgabe* f ‖ ~ íntegra *ungekürzte Ausgabe* f ‖ ~ de jubileo *Jubiläumsausgabe* f ‖ ~ limitada *limitierte Auflage* f ‖ ~ de lujo *Pracht-, Luxus|ausgabe* f ‖ ~ de la mañana ⟨Ztg⟩ *Morgenausgabe* f ‖ ~ de la noche ⟨Ztg⟩ *Nachtausgabe* f ‖ ~ original *Originalausgabe* f ‖ ~ popular *Volksausgabe* f ‖ ~ particular → ~ privada ‖ ~ pirata *Raubdruck* m ‖ ~ verbotener *Nachdruck* m ‖ ~ príncipe *erste Ausgabe*, ⟨lat⟩ *Editio* f *princeps* ‖ ~ privada *Privatdruck* m ‖ ~ enteramente refundida *vollkommen überarbeitete Ausgabe* f ‖ ~ (no) resumida *(un)gekürzte Ausgabe* f ‖ ~ revisada *durchgesehene Ausgabe* f ‖ ~ vespertina ⟨Ztg⟩ *Abendausgabe* f ‖ ◇ ser la segunda ~ de ... *die zweite Auflage sein von ...* ‖ ⟨figf⟩ *genauso aussehen wie ...* (nom), *ein Abklatsch* od *e–e Kopie von ...* (dat) *sein*

edicto m ⟨Jur⟩ *Aufgebot* n ‖ (bes. Hist) *Edikt* m ‖ *(behördlicher) Erlass* m ‖ *öffentliche Bekanntmachung* f *Verordnung* f ‖ ~ matrimonial *Eheaufgebot* n

edifi|cable adj *(m/f) bebaubar* ‖ *baureif* ‖ **–cación** f *Erbauung* f (& fig) ‖ *Errichtung* f ‖ *Bau* m, *Gebäude* n ‖ **–cador** adj *Bau-* ‖ ~ m *Erbauer* m ‖ → **–cante** ‖ **–cante** adj *(m/f) erbaulich, lehrreich, belehrend* ‖ *poco* ~ *un|angenehm, -erquicklich* ‖ *nicht ganz anständig, nicht ganz salonfähig*, ⟨fam⟩ *nicht ganz stubenrein (Scherz, Witz)* ‖ **–car** [c/qu] vt ⟨Arch⟩ *(er)bauen* ‖ *errichten (bedeutendes Bauwerk)* ‖ *aufführen* ‖ ⟨fig⟩ *begründen* ‖ ⟨fig⟩ *erbauen, belehren* ‖ vi *bauen* ‖ ~**se** ⟨fig⟩ s. *erbauen* (con *an* dat) ‖ **–cativo** adj *erbaulich* ‖ **–catorio** adj *Bau-* ‖ **–cio** m *Gebäude* n, *Bau* m, *Bauwerk* n ‖ ~ anexo *Nebengebäude* n ‖ ~ escolar *Schulgebäude* n ‖ ~ fabril *Fabrikgebäude* n ‖ ~ de oficinas *Bürogebäude* n ‖ ~ de varias plantas *Geschossbau* m ‖ ~ trasero *Hintergebäude* n

edil m ⟨Hist⟩ *Ädil* m *(im alten Rom)* ‖ ⟨fig⟩ *Ratsherr, Stadtrat* m ‖ **–icio** adj *kommunal* ‖ *Ratsherrn-* ‖ **–idad** f *Ratsherrenamt* n

Edimburgo m [Stadt] *Edinburg* n

Edipo m ⟨Myth⟩ *Ödipus* m

Edisa f np ⟨fam⟩ → **Ester**

edi|tar vt *verlegen* ‖ *(her)ausgeben (ein Werk)* ‖ *edieren* (bes. *klassische Werke*) ‖ ⟨Inform⟩ *editieren* ‖ ◇ ~ de nuevo *neu auflegen* ‖ **–tor** m/adj *Verleger, Herausgeber* m ‖ ~ responsable *verantwortlicher Herausgeber* m ‖ ⟨fig iron joc⟩ *vermeintlicher Vater* m ‖ **–torial** adj/s: *Verlags- verlegerisch* ‖ *Leitartikel-* ‖ *(artículo)* ~ *Leitartikel* m ‖ *(casa)* ~ *Verlagshaus* n, *Verlag* m ‖ ~ f *Verlagshaus* n, *Verlag* m ‖ ~ comisionista *Kommissionsverlag* m ‖ **–torialista** m/f *Leitartikler(in* f) m ‖ **–torializar** [z/c] vi *Leitartikel schreiben*

Edmundo m np *Edmund* m

edredón m *Federbett* n ‖ *Daune* f

Eduardo m np *Eduard* m

educa|bilidad f *Bildungsfähigkeit* f ‖ *Erziehbarkeit* f ‖ **–ble** adj *(m/f) bildungsfähig* ‖ *erziehbar* ‖ *gelehrig* ‖ **–ción** f *Erziehung* f ‖ *Erziehungslehre* f ‖ *Gesittung, Sittenbildung* f ‖ *Bildung* f *(gutes) Benehmen* n ‖ *Ausbildung* f ‖ *Abrichtung, Dressur* f ‖ ~ acatólica *nichtkatholische Erziehung* f ‖ ~ de adultos *Erwachsenenbildung* f ‖ ~ artística *künstlerische Erziehung* f ‖ ~ cívica *staatsbürgerliche Bildung* f ‖ *Bürgerkunde* f ‖ ~ cristiana *christliche*

Erziehung f ‖ ~ doméstica *häusliche Erziehung,*
Familienerziehung f ‖ ~ especial
Sonderschulwesen n ‖ ~ extraescolar
außerschulische Erziehung f ‖ ~ física
Leibesübungen fpl, *körperliche Ertüchtigung* f ‖
Sportunterricht m ‖ *Turnen* n *(Schulfach)* ‖ ~
general básica *Grund- und Hauptschul\ausbildung*
f ‖ ~ infantil *Vorschulerziehung* f ‖ ~ mixta
Koedukation f ‖ ~ preescolar *Vorschulerziehung* f
‖ ~ profesional *Fachbildung* f ‖ ~ sexual
Sexualunterricht m ‖ ~ vial *Verkehrserziehung* f ‖
♦ sin ~ *schlecht erzogen, ungezogen, rüpelhaft* ‖
ungebildet ‖ ◇ tener ~ *wohlerzogen sein* ‖ no
tener ~ *k–n Schliff haben, kein Benehmen haben,*
e–e schlechte Kinderstube haben ‖ *ungebildet sein*
‖ **–cional** adj *(m/f)* Am → **–tivo** ‖ **–do** adj *erzogen*
‖ *gebildet* ‖ bien ~ *wohlerzogen, höflich,*
aufmerksam ‖ mal ~ *ungezogen* ‖ **–dor** m
Erzieher m
edu\cando m *Schüler, Zögling* m ‖ **–car** [c/qu]
vt *erziehen* ‖ *unterrichten* ‖ *ausbilden (& die*
Körperkräfte) ‖ *schulen (Blick, Gehör usw.)* ‖ ~
la mano *die Hand(fertigkeit) ausbilden* ‖ ~ en la
piedad *zur Frömmigkeit erziehen* ‖ **–cativo** adj
Bildungs- ‖ *erzieherisch, bes. Öst erziehlich* ‖
belehrend ‖ *Lehr-, Erziehungs-* ‖ ⟨Sp⟩ *trainierend*
educir [-zc-, pret ~uje] vt → **deducir**
edulco\rante adj *(m/f) süßend* ‖ ⟨fig⟩
versüßend ‖ ~ m *Süßstoff* m ‖ **–rar** vt *(ver-,*
aus)süßen ‖ ⟨fig⟩ *versüßen*
Eduwigis *f* np *Hedwig* f
E/E, e/e ⟨Abk⟩ = **en ésta**
EEB ⟨Abk⟩ = **encefalopatía espongiforme**
bovina
EE. UU. ⟨Abk⟩ = **Estados Unidos**
ef/c ⟨Abk⟩ = **efectos a cobrar**
efe *f F, f* n
efe\bo m *Ephebe* m ‖ ⟨lit⟩ *Jüngling* m ‖ ⟨pop⟩
Strichjunge m ‖ **–bofilia** *f* ⟨Med⟩ *Ephebophilie* f ‖
–bófilo adj ⟨Med⟩ *ephebophil*
efectis\mo m *Effekt\hascherei, -macherei* f
(Mal *usw.*) ‖ **–ta** adj *(m/f) effekthascherisch* ‖ *auf*
Wirkung angelegt bzw ausgehend ‖ ~ m/f
Effekthascher(in f) m
efecti\vamente adv *wirklich, tatsächlich* ‖
–vidad *f Wirklichkeit, Tatsächlichkeit* f ‖ *Wirkung*
f ‖ *Auswirkung, Wirksamkeit* f ‖ *endgültige, feste*
(bzw *planmäßige) Anstellung* f ‖ ⟨Mil⟩ *aktive*
Verwendung f ‖ ⟨Tech⟩ *Effektivwert* m ‖ ~
jurídica *Rechtswirkung* f ‖ **–vo** adj *wirklich*
(vorhanden) ‖ *tatsächlich, effektiv* ‖ *sicher,*
zuverlässig ‖ *real* ‖ *reell (Zahl)* ‖ *bar (Geld)* ‖
⟨Com⟩ *Bar-* ‖ ⟨Tech⟩ *Effektiv-* ‖ *definitiv*
angestellt ‖ *planmäßig (Beamter)* ‖ *ordentlich* bzw
aktiv (Mitglied) ‖ *wirksam (& Jur)* ‖ ◇ hacer ~ *in*
die Tat umsetzen, vollziehen ‖ *ein\ziehen, -lösen*
(Gelder) ‖ Am *wirksam gestalten* ‖ ~ m *Bestand*
m ‖ ⟨Com⟩ *Vorrat* m, *Lager* n *(Waren)* ‖
Barbestand m ‖ *Belegschaft* f *(Fabrik)* ‖
Mitgliederzahl f *(Partei)* ‖ ⟨Mil⟩ *Truppenstärke* f
‖ *tatsächlicher (Truppen)Bestand* m ‖ *Stärke* f ‖ ~
en caja *Kassenbestand* m ‖ ~ de combate ⟨Mil⟩
Gefechtsstärke f ‖ ~ previsto → teórico ‖ ~ real
Ist-Bestand m ‖ ~ reglamentario ⟨Mil⟩ *Sollstärke*
f ‖ ~ teórico *Soll-Bestand* m ‖ ~ en ~ bar, in
barem Geld ‖ **~s** mpl ⟨Com⟩ *Deckung* f ‖ ⟨Mil⟩
Kräfte fpl ‖ ~ de guerra *Kriegsstärke* f ‖ ~ en
tiempo de paz *Friedensstand* m
¹efecto m *Wirkung* f ‖ *Erfolg* m ‖ *Ergebnis* n,
Folge f ‖ *Effekt* m ‖ *Eindruck* m ‖ ⟨Mal⟩ *Wirkung*
f, *Effekt* m ‖ ⟨Tech⟩ *(Arbeits)Leistung* f ‖ ~
cáustico *Ätzwirkung* f ‖ ~ colateral ⟨Pharm⟩
Nebenwirkung f ‖ ~ de color *Farbeffekt* m ‖ ~ de
contraste *Kontrastwirkung* f ‖ ~ directo → ~
inmediato ‖ ~ escénico *Bühnenwirkamkeit* f ‖ ~

del fuego ⟨Mil⟩ *Feuerwirkung* f ‖ ~ inmediato
unmittelbare Wirkung, sofortige Wirkung, sofort
eintretende Wirkung f ‖ ~ invernadero
Treibhauseffekt m ‖ ~ jurídico *Rechtswirkung* f ‖
~ prolongado ⟨Pharm⟩ *Langzeit-* od
Retard\wirkung f ‖ ~ recíproco *Wechselwirkung* f
‖ ~ retardado → ~ prolongado ‖ ~ retroactivo
Rückwirkung f ‖ ~ secundario ⟨Pharm⟩
Nebenwirkung f ‖ **~s** sonoros *Geräuscheffekte*
mpl ‖ ~ suspensivo ⟨Jur⟩ *aufschiebende Wirkung*
f ‖ ~ teatral *Knalleffekt* m ‖ ~ ulterior
Nachwirkung f ‖ ~ útil (bes. Tech) *Nutz\leistung*
f, *-effekt* m ‖ ♦ al ~ *dazu, zu diesem Zweck* ‖
zweckdienlich ‖ con ~ *wirksam* ‖ *erfolgreich* ‖ a
~s (legales) ⟨Jur⟩ *im Sinne (des Gesetzes)* ‖ de
(mucho) ~ *(sehr) wirkungsvoll* ‖ ⟨fig⟩
eindrucksvoll ‖ ⟨Mal⟩ *effektvoll* ‖ a los ~s del
artículo 20 de la Ley *im Sinne des § 20 des*
Gesetzes ‖ con ~ retroactivo *rückwirkend* ‖ en ~
wirklich, tatsächlich ‖ para los ~s *praktisch,*
eigentlich ‖ *sozusagen* ‖ sin ~, de ningún ~
wirkungs-, erfolg\los ‖ sin ~ jurídico
rechtsunwirksam ‖ ◇ causar buen (mal) ~ *e–n*
guten (schlechten) Eindruck machen ‖ dejar sin ~
nicht berücksichtigen ‖ *ungültig* bzw *unschädlich*
machen ‖ hacer *(od* surtir, producir) ~ *e–n Erfolg*
hervorbringen, Erfolg haben ‖ ⟨fig⟩ *e–e (starke)*
Wirkung ausüben, wirken (a, sobre *auf* acc) ‖
hacer buen (mal) ~ *e–n guten (schlechten)*
Eindruck machen ‖ calculado para hacer ~ *auf*
(den) Effekt berechnet ‖ llegar a ~ *zustande (&*
zu Stande) kommen ‖ llevar a ~, poner en ~
zustande (& zu Stande) bringen, bewerkstelligen,
verwirklichen ‖ producir ~ *wirken* ‖ *Erfolg haben*
‖ ser de mal ~ *e–n schlechten Eindruck machen* ‖
tener ~ *statt\haben, -finden* ‖ *zustande (& zu*
Stande) kommen
²efecto m ⟨Com⟩ *Wertpapier* n ‖ *Wechsel* m ‖
Geschäftsartikel m ‖ *Handelsware* f ‖ ~ cambial,
~ cambiario *Wechsel* m ‖ ~ de cortesía
Gefälligkeitswechsel m ‖ **~s** mpl (allg) *Sachen* fpl
‖ *Habseligkeiten* fpl ‖ ⟨Com⟩ *Wertpapiere* npl,
Effekten pl ‖ ~ en cartera *Wertpapiere* npl,
Effekten pl, *Fonds* mpl ‖ *Wechselbestand* m ‖ ~ a
larga fecha *langsichtige Wechsel* mpl ‖ ~
militares *Militärartikel* mpl ‖ ⟨Com⟩ *langsichtige*
Wechsel mpl ‖
~ públicos *Wertpapiere* npl, *Effekten* pl ‖
Staatspapiere npl ‖ ~ usados *gebrauchte Sachen*
fpl ‖ *Gebrauchtwaren* fpl
efector m ⟨An Biol Physiol⟩ *Effektor* m
efec\tuación *f Verwirklichung* f ‖ **–tuar** [pres
~úo] vt *ausführen, zustande (& zu Stande)*
bringen ‖ *bewerkstelligen, vollführen* ‖ *bewirken,*
verwirklichen ‖ *machen, unternehmen* ‖ *tätigen*
(Geschäft) ‖ *abschließen (Ver\sicherung, -trag)* ‖
vornehmen (Amtshandlung) ‖ *leisten (Zahlung)* ‖
zurücklegen (Strecke) ‖ *ausführen (Bewegung)* ‖
◇ ~ el cobro *das Inkasso besorgen* ‖ ~ una
compra *e–n Kauf besorgen* ‖ ~ una entrega
liefern ‖ ~ un recorrido *e–e Strecke durchlaufen*
od zurücklegen ‖ ~ el seguro *die Versicherung*
nehmen, besorgen, s. versichern ‖ **~se** *zustande*
(& zu Stande) kommen, stattfinden ‖ *s. vollziehen,*
geschehen ‖ *verwirklicht werden, in Erfüllung*
gehen
efedra *f* ⟨Bot⟩ *Ephedra* f (Ephedra sp)
efedrina *f* ⟨Pharm⟩ *Ephedrin* n
efeleoflo m Hond *intime Angelegenheit* f ‖
Schmuck, Zierrat m *(in der Frauenbekleidung)*
efélide *f Sommersprosse* f
efémera *f* ⟨Ins⟩ *Eintagsfliege* f (Ephemera
vulgata)
efeméri\de(s) *f(pl) Tagebuch* n ‖
Abreißkalender m ‖ *Ephemeriden* fpl,

astronomisches Jahrbuch n ‖ *Chronik* f ‖ **–dos**
mpl ⟨Ins⟩ *Eintagsfliegen* fpl (Ephemerida)
 efémero *m* ⟨Bot⟩ *Sumpfschwertlilie* f (Iris
foetidissima)
 efemerón *m* ⟨Med fam⟩ *Eintagsfieber* n
 efendi *m Efendi, Herr* m *(türkischer Titel)*
 eferente adj *(m/f)* [An] *efferent, ableitend
(Gefäß)* ‖ *herausführend (aus e–m Organ)*
 eferves|cencia *f* ⟨Chem⟩ *(Auf)Brausen* n (&
fig) ‖ *Brodeln* n ‖ ⟨fig⟩ *Auf-, Er|regung* f ‖ ⟨fig⟩
Aufruhr m ‖ ◇ *entrar en* ~ *sprudeln* ‖ **–cente** adj
(m/f) aufbrausend (& fig), *Brause-*
 efesi(n)o adj/s ⟨Hist⟩ *aus Ephesus*
 Efeso *m* ⟨Hist⟩ *Ephesus (Stadt)* n
 efeto *m* ⟨pop⟩ → **efecto**
 efialtes *f Alptraum* m
 efi|cacia *f Wirksamkeit* f, *Nachdruck* m ‖
Wirkung f ‖ *Leistungsfähigkeit* f ‖
(Arbeits)Leistung f (& Tech) ‖ ⟨Tech⟩
Wirkungsgrad m ‖ ~ *jurídica Rechtswirksamkeit* f
‖ *Rechtskraft* f ‖ ~ *luminosa Lichtausbeute* f ‖ ~
probatoria ⟨Jur⟩ *Beweiskraft* f ‖ ~ *publicitaria*, ~
propagandística Werbewirkung f ‖ ◆ *con* ~
erfolgreich ‖ *sin* ~ *erfolglos* ‖ *zwecklos* ‖
unwirksam ‖ **–caz** [*pl* **~ces**] adj *(m/f) wirksam,
wirkend* ‖ *wirkungsvoll* ‖ *rechtswirksam* ‖ *kräftig
(Mittel)* ‖ *tatkräftig* ‖ *erfolgreich* ‖ *leistungsfähig* ‖
adv: **~mente**
 eficien|cia *f Wirksamkeit* f ‖ *Tatkraft* f ‖
Leistungsfähigkeit f ‖ *Tüchtigkeit* f ‖ *Nutzeffekt* m
‖ **–te** adj *(m/f) wirksam* ‖ *bewirkend* ‖ *tüchtig,
leistungsfähig (Mensch)* ‖ adv: **~mente**
 efigie *f Bildnis, Bild* n ‖ *Abbild(ung* f) n ‖
Verkörperung f, *Bild* n ‖ *Bildseite* f, *Avers* m,
Vorderseite f *(Münze)*
 ¹efímera *f* ⟨Med⟩ *Eintagsfieber* n
 ²efímera *f* → **efémera**
 efímero adj *eintägig* ‖ *vorübergehend
(Wirkung)* ‖ *vergänglich, flüchtig, ephemer* ‖
kurzlebig
 ¡efla! int Chi *au(a)!*
 eflorescen|cia *f* ⟨Bot⟩ *Abblühen* n *der Blumen* ‖
⟨Chem Min⟩ *Ausblühung, Effloreszenz* f ‖ ⟨Bgb⟩
Anflug m ‖ ⟨Med⟩ *(Haut)Ausschlag* m,
Effloreszenz f ‖ **–te** adj *(m/f)* ⟨Bot⟩ *abblühend* ‖
⟨Chem Min⟩ *auswitternd*
 eflorescerse vr ⟨Chem Min Bgb⟩ *aus|blühen,
-wittern, verwittern*
 e|fluente *m Abwasserzufluss* m ‖ **–fluir** [-uy-]
vi *aus|treten, -fließen (Flüssigkeit)* ‖ *austreten
(Gas)*
 efluvio *m Aus|fluss* m, *-strömung* f ‖
Ausdünstung f ‖ ⟨fig⟩ *Duft* m, *Aroma* n ‖ ⟨fig⟩
Ausfluss m, *Fluidum* n ‖ ⟨Phys⟩ *Emanation* f ‖
Glimmen n, *Glimmentladung* f
 ef/r ⟨Abk⟩ = **efectos a recibir**
 efracción *f Gewaltakt* m ‖ *Einbruch* m ‖
Einbruch(s)diebstahl m
 Efraín *m* np *Ephraim* m
 efugio *m Ausflucht* f ‖ *Ausrede* f
 efundir vt *ausgießen* ‖ *ver|gießen, -schütten*
 efu|sión *f Aus-, Ver|gießung* f ‖ *Ausströmung* f
‖ ⟨Med⟩ *Erguss* m ‖ ⟨Opt⟩ *Ausströmen* n *(des
Lichtes)* ‖ ⟨fig⟩ *Aus-, Ver|breitung* f ‖ ⟨fig⟩
Herzenserguss m, *Zärtlichkeit* f ‖ ⟨fig⟩ *Wärme,
Herzlichkeit* f ‖ ~ *de sangre Blutvergießen* n ‖ ◆
con ~ *herzlich, innig* ‖ **–sivo** adj ⟨fig⟩
überströmend, zärtlich, innig, herzlich ‖ **–so** pp/irr
von **efundir**
 efvo. ⟨Abk⟩ = **efectivo**
 egabrense adj/s *aus Cabra* (P Córd) ‖ *auf
Cabra bezüglich*
 egarense adj/s *aus Tarrasa* (P Barc) ‖ *auf
Tarrasa bezüglich*
 E.G.B. ⟨Abk⟩ = **enseñanza general básica**

 egeo adj *ägäisch*
 egetano adj/s *aus Vélez Blanco od Rubio* (P
Alm)
 égida, egida *f* ⟨fig⟩ *Schirm, Schutz* m, *Ägide* f
‖ ◇ *bajo la* ~ *de …* ⟨fig⟩ *unter der
Schirmherrschaft od Ägide von … bzw gen*
 egip|cíaco, –ciaco, –cio, –ciano adj *ägyptisch* ‖
–ciano *m Ägypter* m ‖ **–cio** *m Ägypter* m ‖
ägyptische Sprache f ‖ **≠to** *m* ⟨Geogr⟩ *Ägypten* n ‖
–tología *f Ägyptologie* f ‖ **–tológico** adj
ägyptologisch ‖ **–tólogo** *m Ägyptologe* m
 égira *f Hedschra* f *(Beginn der islamischen
Zeitrechnung)*
 eglantina *f* ⟨Bot⟩ *Weinrose, Schottische
Zaunrose* f (Rosa rubiginosa)
 eglefino *m* ⟨Fi⟩ *Schellfisch* m (Melanogrammus
aeglefinus)
 égloga *f* ⟨Poet⟩ *Ekloge* f, *Hirtengedicht* n
 ego *m:* el ~ *das Ich*
 ego|céntrico adj *egozentrisch* ‖ ~ *m
Egozentriker* m ‖ **–centrismo** *m Egozentrik,
Ichbezogenheit* f ‖ **–centrista** adj/*m* → **–céntrico**
 egoís|mo *m Egoismus* m, *Selbstsucht,
Eigenliebe* f ‖ *Eigennutz* m ‖ ◆ *por* ~ *aus
Selbstsucht* ‖ **–ta** adj *(m/f) egoistisch,
selbstsüchtig, eigennützig* ‖
~ *m/f Egoist(in* f) m, *Selbstsüchtige(r* m) f ‖ adv:
~mente ‖ augm: **egoistón** ‖ **–tico** adj *egoistisch,
selbstsüchtig*
 egolatría *f Selbstverherrlichung, Egolatrie* f
 ego|tismo *m Ich-Betonung* f, *Egotismus* m ‖
–tista adj *(m/f) selbstisch* ‖ ~ *m/f Egotist(in* f) m
 egregio adj *herrlich, vortrefflich* ‖ *edel* ‖
erlaucht (Titel)
 egre|sar vi Arg Chi *(e–e Schule od
Hochschule) absolvieren* ‖ *die Schul- od
Hochschul|ausbildung abschließen*
 ¹egreso *m* Arg Chi *Schul-, Studien|abschluss* m
 ²egreso *m* ⟨Com⟩ *Ausgabe* f
 ¡eh! *he!* ‖ *hallo!* ‖ *¿~? wie? was?*
 Eibar *m* [Stadt] *Eibar* n (P Guip)
 éider *m* ⟨V⟩ *Eiderente* f (Somateria
mollissima) ‖ ~ *real Prachteiderente* f (S.
spectabilis) ‖ ~ *de Steller Scheckente* f (Polysticta
stelleri)
 eidé|tica *f* ⟨Philos Psychol⟩ *Eidetik* f ‖ **–tico**
adj/s *eidetisch*
 eidetismo *m* → **eidética**
 eido Am ⟨pop⟩ → **ido** (→ **ir**)
 Eila *f* np ⟨pop⟩ → **Luisa**
 einsteiniano adj: *la teoría* ~a *de la relatividad
die Einsteinsche Relativitätstheorie*
 einsteinio *m* ⟨E⟩ ⟨Chem⟩ *Einsteinium* n
 eje *m Achse* f ‖ *Achs-, Mittel|linie* f ‖ ⟨Tech⟩
Welle f ‖ *(Rad)Achse* ‖ ~ *de abscisas* ⟨Math⟩
Abszissenachse f ‖ ~ *anterior* ⟨Auto⟩ *Vorderachse*
f ‖ ~ *cardán* ⟨Auto⟩ *Kardan-, Gelenk|welle* f ‖ ~
cigüeñal ⟨Auto⟩ *Kurbelwelle* f ‖ ~ *conductor*
⟨Auto⟩ *Lenkachse* f ‖ ~ *de coordenadas* ⟨Math⟩
Koordinatenachse f ‖ ~ *delantero* → ~ *anterior* ‖
~ *director* → ~ *conductor* ‖ ~ *falso, floral* ⟨Bot⟩
falsche (Blumen)Achse f ‖ ~ *focal* ⟨Opt⟩
Brennachse f ‖ ~ *de mando* ⟨Tech⟩ *Antriebswelle*
f ‖ ~ *mayor* ⟨Math⟩ *Hauptachse* f ‖ ~ *menor*
⟨Math⟩ *Nebenachse* f ‖ ~ *de ordenadas* ⟨Math⟩
Ordinatenachse f ‖ ~ *oscilante Schwingachse* f ‖
⟨Auto⟩ *Pendelachse* f ‖ ~ *de progresión* ⟨Mil⟩
Vormarschstraße f ‖ ~ *polar* ⟨Astr⟩ *Erdachse* f,
Polhalbmesser m ‖ ~ *posterior* ⟨Auto⟩
Hinterachse f ‖ ~ *de tiro* ⟨Mil⟩ *Schussrichtung* f ‖
~ *de transmisión* ⟨Mil TV⟩ *Stammleitung* f ‖ ~
trasero → ~ *posterior* ‖ ~ *visual Sehachse* f ‖ ◇
dividir od partir a uno por el ~ ⟨fig⟩ *(meist joc)
jdm schaden* ‖ *jdn zugrunde* (& *zu Grunde*)
richten, jdn kaputtmachen

¹ejecución f *Ausführung, Durchführung, Erledigung* ‖ *Voll|ziehung* f, *-zug* m ‖ ~ *chapucera schlechte Ausführung,* ⟨fam⟩ *miserable Arbeit* f ‖ ~ *esmerada tadellose* od *sorgfältige* od *feinste Ausführung* f ‖ ~ *especial Sonder|anfertigung, -ausführung* f ‖ ~ *de una orden* od *un pedido* ⟨Com⟩ *Erledigung* f *e–s Auftrag(e)s* ‖ ⟨bes. Mil⟩ *Ausführung* f *e–s Befehls* ‖ ◆ *de* ~ *esmerada sauber gearbeitet, von sorgfältiger* od *qualitätvoller Ausführung* ‖ *en vías de* ~ *in Bearbeitung* ‖ ◇ *adelantar la* ~ *de un proyecto die Durchführung e–s Vorhabens fördern* ‖ *poner en* ~ *ausführen* ‖ *retrasar la* ~ *de un proyecto die Durchführung e–s Vorhabens verzögern* ‖ *la no* ~ *die Nichterfüllung* f
²ejecución f ⟨Mus⟩ *Vortrag* m, *Spiel* n ‖ ⟨Th⟩ *Aufführung* f ‖ ⟨Mal⟩ *Fertigkeit, Geläufigkeit* f *(in der Ausführung)* ‖ ~ *brillante glänzende Aus-* od *Auf|führung* f
³ejecución f ⟨Jur⟩ *Voll|streckung, -ziehung* f, *-zug* m *(e–s Urteils)* ‖ *Hinrichtung* f *(e–s Verurteilten)* ‖ ⟨Mil⟩ *Erschießung* f ‖ *gerichtliche Beschlagnahme* f ‖ ⟨Jur⟩ *Vollstreckung* f ‖ ⟨Jur⟩ *Pfändung* f ‖ ~ *arbitraria de una pena unzulässige Strafvollstreckung* f ‖ ~ *capital Hinrichtung* f ‖ ~ *forzosa* ⟨Jur⟩ *Zwangsvollstreckung* f ‖ ~ *general* ⟨Jur⟩ *Insolvenzverfahren* n ‖ ~ *judicial* ⟨Jur⟩ *Pfändung* f ‖ ~ *jurídica* ⟨Jur⟩ *Rechtsdurchsetzung* f ‖ ~ *en masa Massenhinrichtung* f ‖ ~ *de la pena,* ~ *penal* ⟨Jur⟩ *Strafvollstreckung* f ‖ ~ *de la sentencia Urteilsvollstreckung* f ‖ ~ *universal* ⟨Jur⟩ *Konkursverfahren* n
¹ejecutable adj *(m/f) ausführbar* ‖ *erfüllbar* ‖ *tunlich* ‖ ⟨Mus Th⟩ *spiel-, aufführ|bar*
²ejecutable adj *(m/f)* ⟨Jur⟩ *pfändbar* ‖ *einklagbar* ‖ *vollzieh-, vollstreck|bar*
ejecu|tado pp von **–tar** ‖ ~ *m* ⟨Jur⟩ *Vollstreckungsschuldner* m
¹ejecutante adj *(m/f) ausführend* ‖ ~ *m/f vortragende(r) Künstler(in* f) m ‖ *Mitwirkende(r* m) f ‖ *Ausführende(r* m) f ‖ ⟨Mus⟩ *Virtuo|se* m, *-sin* f
²ejecutante m ⟨Jur⟩ *Vollstreckungsgläubiger* m
¹ejecutar vt *durch-, aus|führen, voll|bringen, -ziehen* ‖ *verrichten, tun* ‖ *verfertigen* ‖ *vollenden* ‖ ⟨Th⟩ *aufführen, geben, spielen* ‖ ⟨Mus⟩ *spielen* ‖ ◇ ~ *una orden e–n Auftrag erledigen* ‖ *e–n Befehl durchführen* ‖ ~ *un plan e–n Plan ausführen* ‖ ~ *un trabajo e–e Arbeit verrichten*
²ejecutar vt ⟨Jur⟩ *vollstrecken* ‖ *pfänden, mit Beschlag belegen* ‖ *hinrichten (e–n Verurteilten)* ‖ ⟨Mil⟩ *erschießen* ‖ ~ *una sentencia ein Urteil vollstrecken*
ejecutiva f *Vorstand* m (z.B. *e–s Vereins*)
¹ejecutivo adj *ausübend* ‖ *vollziehend* ‖ *ausführend* ‖ *dringend, drängend* ‖ ~ *m Führungskraft* f, *leitende(r) Angestellte(r)* m ‖ ⟨Pol⟩ *ausübende, vollziehende Gewalt, Exekutive* f ‖ *el* ~ *die Regierung* ‖ adv: ~**amente**
²ejecutivo adj ⟨Jur⟩ *vollstreckbar* ‖ *Vollstreckungs-* ‖ *Exekutiv-*
¹ejecutor adj *ausführend* ‖ ~ *m Ausführende(r)* m
²ejecu|tor *m* ⟨Jur⟩ *(Gerichts)Voll|zieher, -strecker* m ‖ ~ *de la justicia Henker, Scharfrichter* m ‖ ~ *testamentario Testamentsvollstrecker* m ‖ **–toria** f ⟨Jur⟩ *Pfändungsbefehl* m ‖ *Vollstreckungsbefehl* m ‖ *vollstreckbares (End)Urteil* n ‖ *gesetzlich bestätigter Adelsbrief* m ‖ ⟨fig⟩ *Helden-* bzw *Ruhmes|tat* f, *-blatt* n ‖ ~*de hidalguía Adelsbrief* m ‖ **–toría** f *Amt* n *e–s Exekutors* ‖ *Gerichtsvollzieherei* f ‖ *Vollstreckungsbehörde* f ‖ **–torio** adj ⟨Jur⟩ *vollstreckbar* ‖ *rechtskräftig (Urteil)*

¡ejem! ¡ejém! int *hm! (Räusperlaut)*
ejem|plar adj *(m/f) muster|haft, -gültig* ‖ *beispielhaft* ‖ *vorbildlich* ‖ *lehrreich* ‖ *moralisch* ‖ *exemplarisch, abschreckend (Strafe)* ‖ *es un hombre* ~ *er ist ein Mustermensch* ‖ adv: ~**mente** ‖ ~ *m Muster, Vorbild* n ‖ *Exemplar* n, *Abdruck* m *(e–s Buches)* ‖ *Exemplar* n *(Stück e–r wissenschaftlichen Sammlung)* ‖ *(Beleg)Stück* n ‖ ~ *de autor Hand-, Autoren|exemplar* n ‖ ~ *dedicado,* ~ *con dedicatoria Widmungsexemplar* n ‖ ~ *de gracia,* ~ *gratis,* ~ *gratuito Freiexemplar* n ‖ ~ *intonso unbeschnittenes Exemplar* n ‖ ~ *de lance antiquarisches Exemplar* n ‖ ~ *libre Freiexemplar* n ‖ ~ *de muestra Probeexemplar* n (bes. *Zeitschrift* od *Zeitung*) ‖ ~ *de ocasión* → ~ *de lance* ‖ ~ *de propaganda,* ~ *de publicidad Werbeexemplar* n ‖ ~ *de regalo Geschenkexemplar* n ‖ ~ *de reseña Besprechungs-, Rezensions|exemplar* n ‖ ~ *único Uni|kum, -kat* n ‖ ⟨fig⟩ *Unikum, sonderbarer Kauz* m ‖ ~ *virgen* → ~ *intonso* ‖ ◆ *sin* ~ *beispiellos, unerhört* ‖ **–plaridad** f *Mustergültigkeit* f ‖ *exemplarisches, abschreckendes Beispiel* n ‖ **–plarizar** [z/c] vt/i *mit gutem Beispiel vorangehen* ‖ *ein (gutes) Beispiel geben* ‖ *ein abschreckendes Beispiel geben* ‖ **–plificar** [c/qu] vt *durch Beispiele erklären* od *erläutern* ‖ *exemplifizieren* ‖ *mit Beispielen belegen* od *beweisen* ‖ **–plo** m *Beispiel* n ‖ *Muster, Vorbild* n ‖ *Beleg* m *(warnendes, abschreckendes) Beispiel, Exempel* n ‖ ~ *clásico Schulbeispiel* n ‖ ~ *a título de* ~, *por* ~, p.ej. *zum Beispiel, z.B.* ‖ *sin* ~ *beispiellos unvergleichlich* ‖ *unerhört* ‖ ◇ *dar buen* (mal) ~ *ein gutes (schlechtes) Beispiel geben* ‖ *poner de* od *por* ~ *als Beispiel hinstellen* ‖ *predicar con el* ~ *mit gutem Beispiel vorangehen, ein gutes Beispiel geben* ‖ *servir de* ~ *als Beispiel dienen* (a *für*) ‖ *tomar por* ~ *zum Beispiel nehmen*
ejer|cer [c/z] vt *ausüben, betreiben* ‖ *verwalten, bekleiden (Amt)* ‖ *ausüben (Gewalt, Beruf)* ‖ *betreiben (Geschäft)* ‖ *üben (Wohltätigkeit)* ‖ *geltend machen (Recht)* ‖ *schulen, bilden* ‖ ◇ ~ *un comercio ein Geschäft betreiben* ‖ ~ *un derecho ein Recht ausüben* ‖ ~ *funciones ein Amt bekleiden* ‖ ~ *influencia Einfluss ausüben, haben* ‖ ~ vi *s–s Amtes walten, amtieren* ‖ *praktizieren (Arzt)* ‖ ⟨Mil⟩ *exerzieren* ‖ **–cicio** m *Übung* f ‖ *Ausübung* f ‖ *Beschäftigung, Verrichtung* f ‖ *Diensterfüllung* f ‖ *Amtszeit* f ‖ *Wirtschafts-, Rechnungs-, Amts-, Geschäfts|jahr* n ‖ *Leibesübung* f *(Turner)* ‖ *(Körper)Bewegung* f ‖ *üblicher Spaziergang* m ‖ ⟨Sp⟩ *Training* n ‖ *Geltendmachung, Ausübung* f *(Recht, Anspruch)* ‖ *Amt* n, *Dienst, Beruf* m ‖ *Schul-, Sprach|übung* f ‖ *Schul-, Haus|aufgabe* f ‖ *Aufgabe* f ‖ *Prüfung(saufgabe)* f ‖ ⟨fig⟩ *Befähigungsnachweis* m ‖ ⟨Mil⟩ *Waffenübung* f ‖ ~ *de alerta Probealarm* m ‖ ~ *de anillas Übung* f *an den Ringen* ‖ ~ *de las armas Waffendienst* m ‖ ~ *de combate* ⟨Mil⟩ *Gefechtsübung* f ‖ ~ *de un comercio Betrieb* m *e–s Geschäftes* ‖ ~ *corporal,* ~ *físico Leibesübungen* fpl ‖ ~ *económico Geschäfts-, Rechnungs|jahr* n ‖ ~ *indebido de* (una) *profesión unberechtigte Berufsausübung* f ‖ ~ *libre de* (la) *religión* od *de las religiones Religionsfreiheit* f ‖ ~ *práctico Praktikum* n ‖ ~ *en las paralelas Übung* f *am Barren* ‖ ~ *de tiro Schießübung* f ‖ ~ *de traducción Übersetzungsübung* f ‖ ◆ *con* ~ *zu Dienstverrichtungen verpflichtet (Beamter)* ‖ *en* ~ *praktizierend (Arzt)* ‖ *im Amt, amtierend* ‖ *im aktiven Dienst* ‖ *ausübend* ‖ ◇ *hacer* ~ *Bewegung machen* ‖ ⟨Mil⟩ *exerzieren* ‖ *tener falta de* ~ *nicht genug Bewegung haben* ‖ ~**s** mpl *Prüfung* f

(Schule) ‖ ~ con aparatos *Geräteturnen* n ‖ ~ sin
aparatos *Freiübungen* fpl ‖ ~ espirituales
Andachtsübungen fpl, *Exerzitien* pl ‖ ~
(espirituales) de San Ignacio *Exerzitien des
heiligen Ignatius (von Loyola)* ‖ ~ deportivos
militares *Geländesport* m ‖ ~ físicos, ~
gimnásticos *mpl Turn-, Leibes\übungen* fpl,
Turnen n ‖ ~ de rehabilitación
Rehabilitationsübungen fpl ‖ ~ de relajación
Entspannungsübungen fpl ‖ ~ respiratorios
Atemübungen fpl ‖ ~ de velocidad ⟨Mus⟩
Fingerübungen fpl ‖ **–citado** adj *geübt, bewandert*
(en *in* dat) ‖ **–citante** adj *(m/f) (ein)übend* ‖ ~ *m/f
Prüfling* m ‖ ⟨Kath⟩ *Teilnehmer(in* f) m *an
Exerzitien* ‖ **–citar** vt *(ein)üben, unterweisen* ‖
schulen ‖ *bilden* ‖ *abrichten* ‖ *ausüben, treiben
(Gewerbe)* ‖ *verwalten, bekleiden (Amt)* ‖ *ausüben
(Beruf)* ‖ *geltend machen, ausüben (Recht,
Anspruch)* ‖ ⟨Mil⟩ *drillen* ‖ ⟨Mil⟩ *einexerzieren,
exerzieren lassen* ‖ *trainieren (Muskeln usw.)* ‖ ◇
~ la musculatura *die Muskeln üben* ‖ ~**se** *s.
üben, Übungen machen* (en a. *in et.* dat) ‖
praktizieren (z.B. *Arzt)* ‖ ~ en las armas *s. in den
Waffen üben*
ejército m ⟨Mil⟩ *(Kriegs)Heer* n ‖ *Armee* f ‖
Streitkräfte fpl *(e–s Landes)* ‖ *Kriegsmacht* f ‖
⟨fig⟩ *Schwarm* m ‖ *Heer* n, *Menge* f *Volkes* ‖ ~
activo ⟨Mil⟩ *stehendes Heer* n ‖ ~ del aire
Luftwaffe f ‖ ~ permanente → ~ activo ‖ ~
popular *Volksheer* n ‖ ⟨Pol⟩ *Volksarmee* f ‖ ~
profesional *Berufsheer* n ‖ ~ de reserva ⟨Mil⟩
Reserve f ‖ ~ de la Salvación *Heilsarmee* f ‖ ~**s**
mpl: ~ de tierra, mar y aire *Heer* n, *Marine und
Luftwaffe* f
ejido m *Gemeindetrift* f ‖ *Gemeindeweide* f ‖
Gemeindeanger m ‖ Arg *Gemeinde* f
ejión m ⟨Arch⟩ *Knagge* f, *Querholz* n *(bei
Gerüsten)*
ejote m MAm Mex *(unreife, essbare)
Bohnenschote* f
¹el a) art m *der* (bes. *bei Flussnamen und oft
bei Ländernamen)* ‖ el Japón *Japan* n ‖ el Ebro
der Ebro ‖ a su padre, ~ *donante s–m Vater, dem
Schenker* ‖ a Juan ~ tonto *dem dummen Johann* ‖
con ~ su marido ⟨reg pop⟩ *mit ihrem Mann* ‖ b)
~ que derjenige(, der) ‖ welcher, wer ‖ (der
Umstand,) dass … ‖ ~ que no haya venido *sein
Ausbleiben, s–e Abwesenheit* ‖ *beim Superlativ:* ~
más corto *der Kürzeste* ‖ c) *für* **la,** *vor weiblichen
Hauptwörtern, die mit der betonten Silbe (h)a
anfangen* (z.B. el agua, el águila, el haya, *aber* la
aguja, la harina)
²él pron *er, sie, es* ‖ el terreno es todo ~ un
yermo *das ganze Gebiet ist nichts als eine Einöde*
‖ es ~ *er ist es* ‖ ~ *Er, Gott*
elabo\rable adj *(m/f) herstellbar* ‖ *be-,
ver\arbeitbar* ‖ **–ración** f *Aus-, Ver-,
Durch\arbeitung* f ‖ *Zubereitung, Herstellung* f ‖
Ausarbeitung f ‖ *Auswertung* f ‖ ~ electrónica de
datos *elektronische Datenverarbeitung* f ‖ ~ del
material estadístico *Aufbereitung* f *des
statistischen Materials* ‖ ~ de materiales
Stoffveredelung f ‖ ~ ulterior *Weiterverarbeitung*
f ‖ **–rado** adj *verarbeitet* ‖ *veredelt* ‖ *geschliffen,
ausgefeilt (Stil)* ‖ **–rador** adj ⟨allg & Tech⟩
verarbeitend ‖ **–rar** vt *aus-, ver\arbeiten* ‖
anfertigen ‖ *veredeln* ‖ *herstellen* ‖ *ausarbeiten
(Vorhaben)* ‖ ⟨Physiol⟩ *verarbeiten (Speisen)* ‖
⟨fig⟩ *vollenden, ausarbeiten*
elanio m ⟨V⟩: ~ azul *Gleitaar* m (Elanus
caeruleus)
elástica f *Trikotweste* f ‖ *Jersey, Pullunder* m ‖
Unterhemd n
elasticidad f *Feder-, Spann-, Prall\kraft,
Elastizität* f (& fig) ‖ *Dehnbarkeit* f (& fig) (z.B.

e–s Begriffes) ‖ *Federn* n ‖ ~ de la demanda
⟨Com⟩ *Nachfrageelastizität* f
elástico adj *elastisch, federnd* ‖ *dehnbar* (&
fig) ‖ *geschmeidig* (& fig) ‖ ⟨fig⟩ *fügsam* ‖
(tirantes) ~**s** *Hosenträger* mpl *mit Gummizug* ‖ ◇
ser (demasiado) ~ *(zu) geschmeidig sein* ‖ es un
término muy ~ *es ist ein sehr dehnbarer Begriff* ‖
~ m *Elastik* n (& f) ‖ *Gummi\gewebe, -zeug* n ‖
Gummizug m ‖ *Gummi\band* m, *-schnur* f ‖ *oberer
Teil* m *der Socke* ‖ ~**s** mpl *federnde Schuhe* mpl
elastómero m ⟨Ku⟩ *Elastomer* n (meist pl)
elatéridos mpl ⟨Ins⟩ *Schnell-, Spring\käfer* mpl
(Elateridae)
elativo m *Elativ* m *(Superlativ ohne Vergleich
als hohe Steigerung)*
△ **elay** m *Herr* m
elayómetro, elaiómetro m *Ölmesser* m ‖
Öläraometer n
Elba m [Fluss]: el ~ *die Elbe* ‖ [Insel] *Elba* n
Elche m [Stadt] *Elche* n (P Ali) ‖
el palmar de ~ *der Palmen\wald* od *-garten von
Elche*
Eldorado, El Dorado m *fabelhaftes Goldland,
Eldorado* n
¹ele f / n
²¡ele! *richtig! so!*
¡elé! ⟨pop⟩ Am *siehe da!*
ele\ático adj ⟨Philos⟩ *eleatisch* ‖ **–atismo** m
Eleatismus m
eléboro m ⟨Bot⟩: ~ verde *Grüner Germer*
(Veratrum viride)
elec\ción f *Wahl, (Aus)Erwählung* f ‖ *Auswahl* f
‖ ⟨Rel⟩ *Auserwählung* f ‖ ~ por aclamación *Wahl*
f *durch Zuruf* od *Akklamation* ‖ ~ compromisario,
~ *Auftragswahl* f ‖ *Wahl* f *durch ein
Wahlgremium* ‖ ~ (in)directa *(in)direkte Wahl* f ‖
~ municipal *Gemeindewahl* f ‖ la ~ del Papa *die
Papstwahl* ‖ **–ciones** primarias *Primärwahlen* fpl ‖
~ de reemplazo *Nachwahl* f ‖ ◇ a ~ *nach Wahl,
nach Belieben* ‖ de ~ *Wahl-* *según mi* ~ *nach
m–m Gutdünken* ‖ ◇ le dejo a Vd. la ~ *ich
überlasse Ihnen die Wahl* ‖ hacer una ~ *e–e
Auswahl treffen* ‖ las elecciones ⟨Pol⟩ *die Wahlen*
fpl ‖ **–cionario** adj Am → **electoral** ‖ **–tividad** f
Wählbarkeit f ‖ *Selektivität* f ‖ *Gutdünken* n ‖
–tivo adj *auf Wahl beruhend* ‖ *durch Wahl
bestimmt* ‖ *Wahl-* ‖ **–to** pp/irr von **elegir** ‖
gewählt(, aber noch nicht im Amt), designiert ‖ ~
m *Gewählte(r) (vor Annahme des Amtes),
Designierte(r)* m ‖ **–tor** adj *wahlberechtigt* ‖ ~ m
Wähler m ‖ *Wahlberechtigte(r)* m ‖ ⟨Hist⟩
(príncipe) ~ m *Kurfürst* m ‖ ~ papal
Wahlkardinal m ‖ **–torado** m *Wählerschaft* f ‖
⟨Hist⟩ *Kurfürstentum* n ‖ **–toral** *(m/f)* adj *Wahl-,
Wähler-* ‖ *Wahlrechts-* ‖ ⟨Hist⟩ *kurfürstlich* ‖ *Kur-*
‖ **–toralismo** m *Wählerfang* m
Wählerbeeinflussung f ‖ **–torero** m
Wahlmanipulierer m
electri\cidad f *Elektrizität* f ‖ ~ animal
tierische Elektrizität f ‖ ~ atmosférica
Luftelektrizität, atmosphärische Elektrizität f ‖ ~
cinética *strömende Elektrizität* f ‖ ~ estática
ruhende od *statische Elektrizität* f ‖ ~ por
frotamiento *Reibungselektrizität* f ‖ ~ galvánica
galvanische Elektrizität f ‖ ~ inducida
Induktionselektrizität f ‖ ~ negativa, positiva
negative, positive Elektrizität f ‖ **–cista** m/f
Elektriker(in f) m ‖ *Elektromonteur(in* f) m
¹eléctrico adj *elektrisch, Elektrizitäts-* ⟨fig⟩
elektrisierend, entflammend
²eléctrico adj *glänzend, leuchtend blau*
electri\ficación, –zación f *Elektrifizierung* f
(z.B. *e–r Eisenbahn)* ‖ *Umstellung* f *auf
elektrischen Betrieb* ‖ *Stromversorgung* f ‖ **–ficar**
[c/qu] vt *elek\trisieren, -trifizieren*

electriz [pl ~ces] f ⟨Hist⟩ Gemahlin f des Kurfürsten
electri|zable adj (m/f) elektrisierbar ‖ **–zación** f Elektrisierung f, Elektrisieren n ‖ ⟨fig⟩ Begeistern, Entflammen n ‖ Beleben n ‖ **–zador** adj/s, **–zante** adj (m/f) elektrisierend (& fig) ‖ **–zar** [z/c] vt elektrisieren (& fig) ‖ ⟨fig⟩ begeistern, entflammen ‖ **–zarse** [z/c] vr s. elektrisieren ‖ ⟨fig⟩ s. entflammen, s. begeistern (con an dat)
electro m Bernstein m ‖ Elektron n (Gold-Silber-Legierung)
electro|acústica f ⟨Phys Tech⟩ Elektroakustik f ‖ **–acústico** adj elektroakustisch ‖ **–análisis** m ⟨Chem⟩ Elektroanalyse f ‖ **–biología** f ⟨Biol⟩ Elektrobiologie f ‖ **–bomba** f Elektropumpe f ‖ **–bús** m → trolebús ‖ **–cardiografía** f ⟨Med⟩ Elektrokardiographie f ‖ **–cardiógrafo** m Elektrokardiograph m ‖ **–cardiograma** m ⟨Med⟩ Elektrokardiogramm (EKG) n ‖ **–choque** m ⟨Med⟩ Elektroschock m ‖ **–cinética** f Elektrokinetik f ‖ **–cirugía** f ⟨Med⟩ Elektrochirurgie f ‖ **–coagulación** f ⟨Med⟩ Elektrokoagulation f
electro|cución f Hinrichtung f, Tod m durch den elektrischen Strom (bzw Stuhl) ‖ **–cutar** vt durch den elektrischen Strom töten, auf dem elektrischen Stuhl hinrichten ‖ ◇ morir –cutado vom elektrischen Strom getötet werden
electro|diagnóstico m ⟨Med⟩ Elektrodiagnose f ‖ **–dinámica** f Elektrodynamik f ‖ **–dinámico** adj elektrodynamisch
electrodo m Elektrode f ‖ ~ negativo Kathode f ‖ ~ positivo Anode f
electro|doméstico adj/s: aparatos ~s Elektrogeräte, elektrische Haushaltsgeräte npl ‖ **–encefalografía** f ⟨Med⟩ Elektroenzephalographie f ‖ **–encefalógrafo** m ⟨Med⟩ Elektroenzephalograph m ‖ **–encefalograma** m ⟨Med⟩ Elektroenzephalogramm (EEG) n ‖ **–extracción** f ⟨Met⟩ Elektrogewinnung f
electrofisiología f Elektrophysiologie f
electrófono m Koffergrammofon n, Phonokoffer m
electroforesis f Elektrophorese f ‖ Elektrophor m ‖ **–galvánico** adj elektrogalvanisch
electróforo m Elektrophor m
electrogalvánico adj elektrogalvanisch
electrógeno adj elektrizitätserzeugend
electroimán m Elektromagnet m
elec|trólisis f Elektrolyse f ‖ **–trolítico** adj elektrolytisch ‖ **–trolito, –trólito** m Elektrolyt m ‖ **–trolizador** m Elektrolyseur m ‖ **–trolizar** [z/c] vt elektrolysieren
electro|magnético adj elektromagnetisch ‖ **–magnetismo** m Elektromagnetismus m ‖ **–mecánica** f Elektromechanik f ‖ **–mecánico** adj elektromechanisch ‖ **–medicina** f Elektromedizin f ‖ **–metalurgia** f Elektrometallurgie f
elec|trometría f Elektrizitätsmessung f ‖ **–trómetro** m Elektrometer m ‖ **–tromotor** m Elektromotor m ‖ **–tromotriz** [pl ~ces] adj: fuerza ~ elektromotorische Kraft f ‖ ~ f elektrische Lokomotive, E-Lok f ‖ **–tromóvil** m/adj Elektro|mobil, -auto n
electrón m Elektron n
electro|narcosis f ⟨Med⟩ Elektronarkose f ‖ **–negativo** adj elektronegativ
elec|trónica f Elektronik f ‖ ~ recreativa Unterhaltungselektronik f ‖ **–trónico** adj elektronisch, Elektronen-
electro|positivo elektropositiv ‖ **–química** f Elektrochemie f ‖ **–químico** adj elektrochemisch
electrosco|pia f Elektrizitätsmessung f ‖ **–pio** m Elektroskop n

electrostáti|ca f ⟨Phys⟩ Elektrostatik f ‖ **–co** adj elektrostatisch
electro|tecnia, –técnica f Elektrotechnik f ‖ **–técnico** adj/s elektrotechnisch ‖ **–terapia, –terapéutica** f ⟨Med⟩ Elektrotherapie f ‖ **–termia** f Elektrothermie f ‖ **–tomía** f ⟨Med⟩ Elektrotomie f ‖ **–tipia** f → galvanotipia
electuario m ⟨Pharm⟩ Latwerge f
elefancia f → elefantiasis
elefan|ta f ⟨Zool⟩ Elefantenkuh f ‖ **–te** m ⟨Zool⟩ Elefant m ‖ ~ africano ⟨Zool⟩ Afrikanischer Elefant m (Loxodonta spp) ‖ ~ blanco Luxusgegenstand m ‖ höchst kostspieliges, unnützes Vorhaben n ‖ ~ índico ⟨Zool⟩ Indischer Elefant m (Elephas maximus) ‖ ~ marino ⟨Zool⟩ Walross n (Odobenus rosmarus) ‖ **–tiasis** f ⟨Med⟩ Elefantiasis f ‖ **–tino** adj Elefanten-
elegan|cia f Feinheit, Zierlichkeit, Eleganz f ‖ Anmut f ‖ Geschmack m ‖ ~ espiritual edles, vornehmes Wesen n ‖ ◆ con ~ elegant, geschmackvoll ‖ **–te** adj (m/f) fein, zierlich, elegant ‖ geschmackvoll ‖ vornehm ‖ anmutig ‖ fein ‖ elegant (Kleid) ‖ ~ m Geck, Stutzer, Modenarr m ‖ adv: ~mente ‖ **–tizar** [z/c] vt elegant machen ‖ ~se s. elegant bzw neu kleiden ‖ **–tón** adj augm von **–te** ‖ ⟨fam⟩ elegant, piekfein ‖ **–toso** adj Am → elegante
ele|gía f ⟨Poet⟩ Elegie f, Klagelied n ‖ **–giaco, –gíaco** adj elegisch, Klage- ‖ traurig, wehmütig ‖ ⟨fig⟩ schwermütig
elegi|bilidad f Wählbarkeit f ‖ **–ble** adj (m/f) wählbar ‖ **–do** adj gewählt ‖ ausgesucht ‖ ⟨Rel⟩ auserwählt ‖ muchos son los llamados, mas pocos los ~ viele sind berufen, aber wenige sind auserwählt (Evangelium)
elegir [-i-, g/j] vt (er)wählen ‖ aus|suchen, -wählen ‖ auslesen ‖ durch Abstimmung wählen ‖ ◆ a ~ nach Wahl, nach Belieben
elemen|tal adj (m/f) grundlegend, elementar, Elementar- ‖ Anfangs- ‖ ⟨fig⟩ grundlegend ‖ ⟨fig⟩ primitiv, uranfänglich ‖ ⟨fig⟩ selbstverständlich, elementar
¹elemento m ⟨Chem⟩ Element n, Grundstoff m ‖ ⟨El Tech⟩ Element n, Baugruppe f ‖ Faktor, Bestandteil m ‖ Grundlage f ‖ Element n, Naturgewalt f ‖ Am Ware f, Artikel m ‖ ~ de conexión ⟨El⟩ Schaltelement n ‖ ~ galvánico ⟨El⟩ galvanisches Element n ‖ ~ de máquina ⟨Tech⟩ Maschinenelement n ‖ ~ de (la) memoria ⟨Inform⟩ Speicherelement n ‖ ~ pasional Gefühlsmoment n ‖ ~ sensible ⟨Tech⟩ Fühler m ‖ ~ de sintonización ⟨Radio⟩ Abstimmelement n ‖ ~ típico ⟨Zool⟩ Tatbestandsmerkmal n ‖ ◇ estar en su ~ in s–m Element sein ‖ ~s mpl Anfangsgründe, Anfänge mpl ‖ ⟨fig⟩ (Geld)Mittel, Hilfsmittel npl ‖ los ~ die Naturkräfte fpl ‖ ~ constitutivos Bauteile, wesentliche Bestandteile mpl ‖ ~ destacados führende Persönlichkeiten fpl ‖ ~ perturbadores unruhestiftende Elemente npl ‖ ◇ contar con ~ (para) über Mittel (Material, Personal usw.) verfügen (zu)
²elemento m (meist desp) Person f, Kerl, Mensch m ‖ ¡qué ~! was für ein Kerl! (& bewundernd) ‖ un buen ~ ein guter Mensch bzw Genosse bzw Mitarbeiter usw. ‖ Chi Pe (desp) Einfaltspinsel m ‖ ~s mpl Elemente npl ‖ ~ dudosos dubiose Gestalten fpl ‖ ~ oscuros dunkle Elemente npl ‖ ~ subversivos ⟨Pol⟩ subversive Elemente npl
elemí m Elemi n (Harz)
Elena f np Helene f
elenco m Verzeichnis n, Liste f ‖ ⟨Th⟩ Besetzung f, Ensemble n ‖ Chi Pe ⟨Sp⟩ Mannschaft f, Team n ‖ ⟨fig⟩ Auswahl f ‖ Am Personal n

elepé m ⟨Mus⟩ *LP, Langspielplatte* f
eleusino adj *eleusinisch*
elevación f *Anhebung* f, *Heben* n ‖ *Steigerung*
f ‖ ⟨fig⟩ *Verbesserung* f ‖ *Er|höhung, -hebung* f
(zu e–r Würde) ‖ *Emporkommen* n ‖ *Anhöhe,
Gelände-, Boden|erhebung* f ‖ *Hügel* m ‖ ⟨Mil⟩
Richthöhe f ‖ ⟨Kath⟩ *Wandlung* f ‖ *Aufriss* m,
Vorderansicht f *(darstellende Geometrie)* ‖ ⟨fig⟩
Erhabenheit, (Geistes)Größe f ‖ ⟨fig⟩ *Entzückung*
f ‖ ⟨fig⟩ *Hochmut* m ‖ ⟨fig⟩ *Überlegenheit* f ‖
⟨fig⟩ *Verzückung* f ‖ ~ de agua *Wasserförderung* f
‖ ~ de aranceles *Tarif-, Zoll|erhöhung* f ‖ ~ de un
globo *Ballonaufstieg* m ‖ ~ del nivel de vida
Verbesserung f *des Lebensstandards* ‖ ~ a
potencia(s) ⟨Math⟩ *Potenzierung* f ‖ ~ de precios
Preis|steigerung, -erhöhung f ‖ ~ de sentimientos
hohe Gesinnung f, *Edelmut* m ‖ ~ de la
temperatura, ~ térmica *Temperaturerhöhung* f ‖
~ del tipo de descuento *Diskontsatzerhöhung* f ‖
~ al trono *Thronbesteigung* f
eleva|do adj *hoch, erhaben* ‖ *hoch (Preis)* ‖
gehoben (Stil) ‖ ⟨fig⟩ *entzückt* ‖ ⟨fig⟩
hervorragend ‖ ◇ ser de precio ~ *hoch im Preis
stehen* ‖ ocho ~ a la cuarta (potencia), ocho ~ a
cuatro ⟨Math⟩ *acht hoch vier* ‖ adv: ~**amente** ‖
–dor m ⟨Tech⟩ *Aufzug* m, *Hebezeug* n ‖
Hebebühne f ‖ Am *Personen- bzw Lasten|aufzug*
m ‖ ⟨El⟩ *Aufspanntransformator* m ‖ ⟨Agr⟩
Elevator m ‖ ⟨An⟩ *Heber* m *(Muskel)* ‖ ~ de agua
Wasserhebewerk n ‖ **–dorista** m/f Am
Fahrstuhlführer(in f) m
elevalunas m ⟨Auto⟩ *Fensterheber* m
elevar vt *er-, empor|heben* ‖ *erhöhen, höher
stellen, steigern* ‖ *fördern (Pumpe usw.)* ‖ *erhöhen
(Preise)* ‖ *heben, winden (Lasten)* ‖ *errichten
(Denkmal)* ‖ *(Eingabe) machen* (a *an* acc),
(Gesuch) einreichen (a *bei*) ‖ ⟨fig⟩ *(zu Würden)
erheben* ‖ ◇ ~ a … *erheben auf* … (acc) *(Preis)*
‖ ~ a los altares ⟨fig⟩ *heilig (bzw selig) sprechen*
‖ ~ al cuadrado ⟨Math⟩ *ins* od *zum Quadrat
erheben, quadrieren* ‖ ~ al cubo ⟨Math⟩ *zur
dritten Potenz erheben* ‖ ~ una instancia *e–n
Antrag einreichen* ‖ ~ una instancia al Ministerio
ein Gesuch ans Ministerium richten od *einreichen*
‖ ~ a instrumento público *öffentlich beurkunden* ‖
~ su mente a Dios *s–n Geist zu Gott erheben* ‖
a uno hasta las od por las nubes ⟨figf⟩ *jdn bis in
den Himmel erheben* ‖ ~ una petición *ein
Verlangen stellen* ‖ *ein Gesuch einreichen* ‖ ~ al
pontificado *zum Papst bestimmen* ‖ ~ en un diez
por ciento (10 por 100, 10%) el precio *den Preis
um 10% erhöhen* ‖ ~ a potencia(s) ⟨Math⟩ *zur
Potenz erheben, potenzieren* ‖ ~ una protesta
protestieren ‖ ~ a la silla de San Pedro ⟨fig⟩ *zum
Papst krönen* ‖ ~ el tipo del interés *den Zinssatz
erhöhen* ‖ ~ al trono *auf den Thron erheben* ‖
~**se** s. *erheben* ‖ *emporragen* ‖ ⟨fig⟩
emporkommen ‖ ⟨fig⟩ s. *überheben* ‖ ⟨fig⟩ *in
höheren Regionen schweben* ‖ *in Ekstase geraten*
‖ *eitel* od *eingebildet werden* ‖ ~ a *betragen, s.
belaufen auf* (acc) *(Summe)*
elevón m ⟨Flugw⟩ *kombiniertes Höhen- und
Quer|ruder* n
elfo m *Elf, Alb* m ‖ *Kobold* m
Elías m np *Elias* m *(Prophet)*
elictro m, ~**a** f → **élitro**
elidir vt ⟨Ling⟩ *ausstoßen, elidieren* ‖ *beheben
(Schwierigkeit)*
elimi|nación f *Aus|merzung, -schaltung,
Beseitigung* f ‖ *Ausschließung* f ‖ *Aus|sonderung,
-stoßung* f ‖ *Heraushebung, Elimination* f ‖
Wegschaffung, Entfernung f *Streichung* f *(e–r
Eintragung)* ‖ ⟨Med Sp⟩ *Ausscheidung* f ‖ ⟨Pol⟩
Kaltstellung f ‖ ~ de ruidos od perturbaciones
⟨Radio⟩ *Entstörung* f ‖ ~ de ondas ⟨Radio⟩

Wellenscheidung f ‖ **–nador** m ⟨El Radio⟩
Entstörer m ‖ ~ de bacilos ⟨Med⟩
Bazillenausscheider m ‖ **–nar** vt/i *ausmerzen,
beseitigen* ‖ *ausstoßen, wegschaffen* ‖
ausschließen, entfernen (z.B. *aus e–r
Gesellschaft)* ‖ ⟨Med⟩ *ausscheiden* ‖ ⟨Com⟩
verdrängen, schlagen (Konkurrenz) ‖ *beheben
(Störung, Fehler)* ‖ ⟨Math⟩ *eliminieren* ‖ ⟨Sp⟩
ausscheiden (Spieler) ‖ ◇ ~ por entrenamiento
abtrainieren ‖ **–natoria** f ⟨Sp⟩ *Ausscheidungsspiel*
n ‖ *Ausscheidungsrunde* f ‖ *Vorrunde* f ‖ **–natorio**
adj ⟨bes Sp⟩ *Ausscheidungs-*
    elipse f ⟨Math⟩ *Ellipse* f ‖ *Oval* n, *ovale Form*
f
    elipsis f ⟨Gr⟩ *Auslassung, Ellipse* f
    elip|sógrafo m ⟨Math⟩ *Ellipsenzirkel* m ‖
–soide m *Ellipsoid* n
    elíptico adj *elliptisch* ‖ *Ellipsen-*
Eli|sa f np *Elise* f ‖ **–seo** m np *Elisäus* m
elíseo, elisio adj *elys(ä)isch* ‖ los Campos ~s
die elysäischen Gefilde ‖ *die Champs-Elysées
(Paris)* ‖ ~ m *Elysium* m
    elisión f ⟨Gr⟩ *Aus|lassung, -stoßung, Elision* f
eli|te, selten: **élite** f *Elite* f ‖ **–tismo** m *elitäres
Bewusstsein* od *Verhalten* n ‖ **–tista** adj *(m/f)
elitär*
    élitro m ⟨Ins⟩ *Flügeldecke* f, *Deckflügel* m *(der
Käfer)*
elixir, elíxir m *Elixier* n ‖ *Heil-, Zauber|trank*
m ‖ *Stein* m *der Weisen* ‖ ⟨Pharm⟩ *konzentrierte
Tinktur* f ‖ ⟨fig⟩ *Wundermittel* n ‖
Quintessenz f ‖ ~ bucal, ~ dentífrico
Mundwasser n ‖ ~ de larga vida *Lebenselixier* n
ella pron *sie* ‖ su *(od* el) hermano de ~ *ihr
Bruder* ‖ a ~ se lo doy *ihr gebe ich es* ‖ ¡aquí va
a ser ~! *da haben wir die Geschichte!* ‖ *jetzt
geht's los!* ‖ ¡después será ~! *dann wird der
Teufel los sein!* ‖ mañana será ~ ⟨fam⟩ *morgen
wird es geschehen* ‖ *morgen geht's los* ‖ ~**s** fpl
pron *sie*
elle f *das span. ll*
Ellé m np ⟨fam⟩ → **Miguel**
ello pron *er, es das, dieses* ‖ a ~ *dazu* ‖ con ~
damit ‖ de ~ *davon* ‖ entre ~ *dazwischen* ‖ para
~ *dafür* ‖ *dazu* ‖ por ~ *darum* ‖ *davon, daraus* ‖
es ~ *das ist es, das ist die Sache* ‖ estar en ~
(schon) dabeisein ‖ *es verstehen* ‖ estar para ~
⟨fam⟩ *bereit sein, drauf und dran sein* ‖ estar por
~ *dafür sein* ‖ *willens sein* ‖ ¡a ~! ⟨fam⟩ *nur zu!
nur drauf zu!* ‖ mañana será ~ ⟨fam⟩ *morgen
wird es geschehen* ‖ *morgen geht's los!* ‖ ~ es que
… *die Sache ist die, dass* …
ellos mpl pron *sie* ‖ su od la madre de ~ *ihre
Mutter* ‖ son ~ *sie sind es* ‖ ¡a ~! ⟨fam⟩ *los! nur
zu! packt sie!*
Elmo m np → **Telmo** ‖ → **Erasmo**
elo|cución f *Ausdrucksweise* f ‖
Darstellungsweise f ‖ *Sprechweise* f ‖ *Vortragsart*
f ‖ *Diktion* f ‖ ⟨fig⟩ *Stil* m ‖ **–cuencia** f
Beredsamkeit f ‖ *Redegabe* f ‖ *Redekunst* f ‖ ◆
con ~ *beredt* ‖ ◇ *hacer uso de toda su* ~ para …
s–e ganze Redekunst aufbieten, um zu … ‖
–cuente adj *(m/f) beredt, wohlredend* ‖ ⟨fig⟩
vielsagend ‖ ⟨fig⟩ *bedeutungsvoll* ‖ ⟨fig⟩
sprechend (Beweis) ‖ ◇ ser harto ~ ⟨fig⟩ *Bände
sprechen*
elo|giable adj *(m/f) lobens-, rühmens|wert* ‖
–giar vt *loben, rühmen* ‖ *preisen* ‖ **–gio** m ⟨Lob⟩,
Lobrede f ‖ *Belobigung* f ‖ ◇ *hacer* ~s de algo
bzw alg. *et.* bzw *jdn rühmen* od *loben* (acc) ‖
recibir ~s, cosechar ~s *Lob ernten* ‖ merecer ~
lobenswert sein, Lob verdienen ‖ **–gioso** adj
lobend, anerkennend ‖ ◆ *en términos* ~s *mit
lobenden Worten*
Eloísa f np *Heloise* f ‖ *Louise* f

elongación f ⟨Astr Phys⟩ *Elongation* f ‖ ⟨Med⟩ *Dehnung, Zerrung* f
elote m MAm Mex ⟨Kochk⟩ *zarter Maiskolben* m ‖ ◇ pagar los ~s ⟨figf⟩ Hond CR *es ausbaden müssen, die Zeche zahlen müssen*
eloxar vt ⟨Tech⟩ *eloxieren (Aluminium)*
Eloy m np *Eligius* m
El Salvador m ⟨Geogr⟩ *El Salvador* n
eluci|dación f *Aufklärung* f ‖ *Erläuterung* f ‖ **–dar** vt *aufklären* ‖ *er|läutern, -klären* ‖ **–dario** m *Erläuterungsschrift* f
elución f ⟨Chem⟩ *Elution* f, *Herausspülen* n
elucubración f → **lucubración**
eludir vt *umgehen (Gesetz, Schwierigkeit, Frage)* ‖ *ausweichen (Frage, Pflicht)* (dat) ‖ ◇ ~ la ley *das Gesetz umgehen* ‖ ~ la responsabilidad *s. der Verantwortung entziehen*
elze|vir(io) m ⟨Typ⟩ *Elzevirausgabe* f ‖ **–viriano** adj *Elzevir-*
E.M. ⟨Abk⟩ = **Estado Mayor**
Em.ª ⟨Abk⟩ = **Eminencia**
emacia|ción f ⟨Med lit⟩ *Abmagerung* f ‖ **–do** adj *abgemagert* ‖ *abgezehrt, ausgemergelt*
e-mail m ⟨Inform⟩ → **correo** electrónico
¹emanación f *Aus|fluss* m, *-strömen* n ‖ *Ausdünstung* f ‖ *Ausstrahlung* f ‖ *Emanation* f (& Philos) ‖ ⟨Phys⟩ *Emanation, Ausströmung* f *(radioaktiver Gase)*
²emanación m → **radón** ‖ [früher] *Emanation* f
emanantismo m ⟨Philos⟩ *Emanationslehre* f
emanar vt *aus|fließen, -strömen* ‖ *ausstrahlen* ‖ *entspringen* ‖ *hervorgehen* (de *aus*) ‖ *herrühren, ausgehen* (de *von*)
emanci|pación f *Emanzipation* f (z. B. *von Frauen*) ‖ *Gleichstellung* f (z. B. *von Frau und Mann*) ‖ *Verselbständigung* f ‖ *Volljährigkeitserklärung, Mündigsprechung* f ‖ *Entlassung* f *aus der elterlichen Gewalt* ‖ ⟨Hist⟩ *Freilassung* f *von Sklaven* ‖ la ~ americana ⟨Hist⟩ *die Lostrennung der amerikanischen Kolonien vom span. Mutterland* ‖ ~ social ⟨fig⟩ *sozialer Aufstieg* m ‖ **–par** vt *emanzipieren* ‖ *gleichstellen* ‖ *befreien, frei machen* ‖ *für volljährig erklären* ‖ *aus der elterlichen Gewalt entlassen* ‖ *mündig sprechen* ‖ [Sklaven] ⟨Hist⟩ *freilassen* ‖ ⟨fig⟩ *emanzipieren, gleichstellen* ‖ ⟨fig⟩ *frei machen* ‖ ~se *frei machen, losmachen* (de *von*) ‖ *s. selbständig* od *unabhängig machen* ‖ ⟨fig⟩ *flügge werden* ‖ ⟨fig⟩ *s. abnabeln* ‖ ⟨fig⟩ *über die Stränge schlagen*
emascu|lación f ⟨Med⟩ *Emaskulation* f ‖ *Entmannung* f ‖ *Kastrierung* f ‖ ⟨fig⟩ *Verweichlichung* f ‖ **–lar** vt ⟨Med⟩ *emaskulieren* ‖ *entmannen* ‖ *kastrieren* ‖ ⟨fig⟩ *verweichlichen* ‖ ⟨fig⟩ *entkräften*
embabiamiento m ⟨fam⟩ *Geistesabwesenheit* f ‖ *Verdummen* n
embadur|nador m/adj ⟨desp⟩ *Schmierer, Kleckser* m ‖ **–nar** vt *über-, be-, ver|schmieren* ‖ *beschmutzen* ‖ *elend malen* ‖ *(Streupulver) auftragen* ‖ ◇ ~ de pintura *mit Farbe beschmieren* ‖ ~se *s. beschmieren*
embaído adj *eingebildet* ‖ *eitel*
em|baidor m *Betrüger* m ‖ **–baimiento** m *Blendwerk* n ‖ **–baír** (def, fast nur inf und part) vt *an-, be|schwindeln*
embaja|da f *Botschaft* f (Amt) ‖ *Botschaft(sgebäude* n) f ‖ *Botschaft(sangehörige(n)* mpl) f ‖ *Botschaft, Nachricht* f ‖ ~ alemana *deutsche Botschaft* f ‖ ¡linda ~! (fam iron) *schöner, gelungener Vorschlag!* ‖ **–dor** m *Botschafter* m ‖ *Gesandte(r)* m ‖ *Sendbote* m ‖ *(geheimer) Bote* m ‖ ~ en *od* cerca de … *Botschafter* m *bei* … (dat) ‖ ~ extraordinario *außerordentlicher Botschafter,*

(Sonder)Gesandte(r) m ‖ ~ itinerante *fliegender Botschafter* m
embajo adv ⟨reg⟩ → **debajo**
embalado m *Überdrehen, Hochdrehen* n *(des Motors)*
embala|dor m *Packer* m ‖ **–dora** f *Packerin* f ‖ *Verpackungsmaschine* f ‖ **–dura** f Chi →
embalaje ‖ **–je** m *(Ein)Packen* n, *Verpackung* f ‖ *Verpackungsmaterial* n ‖ *Verpackungskosten* pl ‖ ~ defectuoso, ~ deficiente *mangelhafte Verpackung* f ‖ ~ incluido, ~ incluso → *einschließlich Verpackung* f ‖ ~ transparente *Klarsichtpackung* f ‖ ~ (para transporte) marítimo *seemäßige Verpackung* f ‖ ◆ sin ~ *lose, unverpackt, ohne Verpackung* f
¹embalar vt *ein-, (ver)packen* ‖ ~ en tela *in Leinwand verpacken*
²embalar vt *überdrehen* ‖ *auf Touren bringen (Motor)* ‖ **–se** *auf Touren kommen (Motor)* ‖ ⟨fig⟩ *s. ereifern, s. hinreißen lassen* ‖ ⟨fig⟩ *Feuer und Flamme sein* ‖ ◇ salir **–lado** ⟨figf⟩ *davon-, los|schießen*
embaldo|sado m *Fliesenboden* m ‖ *Fliesenbelag* m ‖ *Fliesenlegen* n ‖ **–sador** m *Fliesenleger* m ‖ **–sar** vt *mit (Boden)Fliesen* od *Platten belegen*
embalsadero m *Sumpf(lache* f), *Tümpel* m
embal|samador m *(Ein)Balsamierer* m ‖ **–samamiento** m *Einbalsamieren* n ‖ **–samar** vt *(ein)balsamieren* ‖ *mit Wohlgeruch erfüllen*
embal|samiento m *Versumpfung* f ‖ **–sar** vt *stauen (Wasser)* ‖ **–se** *s. (an)stauen (Wasser)* ‖ **–se** m *Stau* m, *Anstauen* n ‖ *Stau|see* m, *-becken* n ‖ *Stauwasser* n ‖ *Stau|damm* m, *-wehr* n
embalumar vt *überladen* (& fig) ‖ **~se** *s. übernehmen, s. zuviel zumuten*
emballenado adj *mit Fischbeinstäben (versehen)* ‖ ~ m *Fischbeinstäbe* mpl
embanastar vt *in e–n Korb legen* ‖ ⟨fig⟩ *überfüllen* ‖ ⟨fig⟩ *zusammenpferchen*
embancarse [c/qu] vr ⟨Mar⟩ *auflaufen* ‖ Chi Ec *verlanden (Fluss, See)*
embanderar vt *mit Fahnen schmücken*
embara|zada adj *schwanger* ‖ ~ de tres meses *schwanger im 3. Monat* ‖ ~ f *Schwangere* f ‖ **–zado** adj *verlegen, in Verlegenheit* ‖ *gehemmt* ‖ *wirr* ‖ *verwirrt* ‖ *unschlüssig* ‖ *in Schwierigkeiten* ‖ adv: ~**amente**
¹embarazar [z/c] vt *hindern, hemmen* ‖ *verzögern* ‖ *versperren* ‖ *verstopfen* ‖ *belästigen, stören* ‖ *in Verlegenheit bringen* ‖ *verwirren* ‖ **~se** ⟨fig⟩ *in Verlegenheit geraten* ‖ *gestört werden* ‖ *aufgehalten werden* (con *bei, mit*) ‖ *s. aufhalten* (con *mit*) an (dat)
²embarazar [z/c] vt *schwängern* ‖ **~se** *schwanger werden*
¹embarazo m *Hemmnis, Hindernis* n ‖ *Hemmung* f ‖ *Störung* f ‖ *Schwierigkeit* f ‖ *(Ver)Sperrung* f ‖ *Ver|legenheit, -wirrung* f ‖ ◇ causar ~ *Verlegenheit verursachen*
²embarazo m *Schwangerschaft, Gravidität* f
embarazoso adj *hinderlich* ‖ *lästig* ‖ *verfänglich* ‖ *peinlich (Lage)*
embarbar vt ⟨Taur⟩ *(den Stier) bei den Hörnern packen*
embarbecer [-zc-] vi *bärtig werden, e–n Bart bekommen*
embar|cación f *Schiff, Wasserfahrzeug* n ‖ *Boot* n ‖ *Fahrt(dauer)* f ‖ *Einschiffung* f ‖ ~ cabinada *Kabinenboot* n ‖ ~ hidroala *Trag|flächenboot, -flügelboot* n ‖ ~ menor *kleines Wasserfahrzeug* n ‖ *Schlepper* m ‖ *Hafenboot* n ‖ **–cadero** m ⟨Mar EB⟩ *Ladeplatz* m ‖ *Löschplatz* m ‖ *Landungsbrücke* f ‖ *Hafendamm* m ‖ ⟨reg EB⟩ *Bahnsteig* m ‖ **–cador** m ⟨Mar⟩ *Verlader* m

embar|car [c/qu] vt *einschiffen, an Bord nehmen* ‖ ⟨Flugw⟩ *einchecken* ‖ ⟨EB Mil⟩ *verladen* ‖ ⟨fig⟩ *verwickeln, hineinziehen* (en *in* acc) ‖ ~**se** *s. einschiffen, an Bord gehen* (para *nach*) ‖ *einsteigen (in das Flugzeug)* ‖ *reisen* (para *nach*) ‖ ⟨fig⟩ *s. einlassen* (en *auf* acc) ‖ ◇ *en una aventura s. in ein Abenteuer stürzen* ‖ –**co** *m Einschiffung f von Passagieren, An-Bord-Gehen* n ‖ ⟨Flugw⟩ *Einschecken* n ‖ ⟨Mil EB⟩ *Verla|den* n, *-dung* f

embar|gable adj *(m/f) pfändbar* ‖ *beschlagnahmbar* ‖ –**gado** adj: ~ *por el asombro in Staunen versetzt* ‖ ~ *por la emoción von Bewegung ergriffen* ‖ *von Rührung überwältigt* ‖ ~ *m* ⟨Jur⟩ *Pfändungsschuldner* m ‖ –**gante** adj *(m/f) no* ~ *(eso) dessenungeachtet* ‖ ~ *m/f* ⟨Jur⟩ *Pfändungsgläubiger(in* f) m ‖ –**gar** [g/gu] vt *(ver)pfänden* ‖ *beschlagnahmen* ‖ ⟨Mar Pol⟩ *mit (e–m) Embargo belegen* ‖ ⟨fig⟩ *hindern, hemmen, stören* ‖ ⟨fig⟩ *entzücken* ‖ ⟨fig⟩ *gefangen nehmen, in Bann schlagen* ‖ *in Beschlag nehmen*

¹**embargo** *m Beschlagnahme, Sperre* f ‖ *Pfändung* f ‖ *Embargo* n ‖ *Magenbeschwerde* f ‖ ~ *de armas Waffenembargo* n ‖ ◇ *levantar el* ~ *die Beschlagnahme aufheben*

²**embargo:** sin ~ *trotzdem, dennoch, andererseits, dagegen* ‖ *jedoch, wohl* ‖ sin ~ de que … *obwohl, trotzdem*

embarnecer [-zc-] vi *dicker, kräftiger werden* (bes. *Kind*)

embarnizar [z/c] vt → **barnizar**

embarque *m Einschiffung* f *(von Waren)* ‖ *Verschiffung* f ‖ *An-Bord-Gehen* n ‖ *Verladung* f (& *EB*)

embarra|da *f Arg Col Chi PR Albernheit, Dummheit, Torheit* f ‖ –**dor** *m Schwindler* m ‖ *Ränkeschmied* m

embarran|camiento *m* ⟨Mar⟩ *Stranden* n ‖ –**car** [c/qu] vi *stecken bleiben (in e–m Sumpf)* ‖ ⟨Mar⟩ *stranden, auf Grund (auf)laufen* ‖ ~**se** *nicht vorwärts kommen*

embarrar vt *(mit Kot od feuchter Erde) be|schmieren od -werfen* ‖ *berappen (Mauer)* ‖ *Sal weißen, tünchen (Mauer)* ‖ *Arg Chi* ⟨fig⟩ *schänden, entehren* ‖ *(jdn) anschwärzen* ‖ *Mex in e–e schmutzige Angelegenheit verwickeln* ‖ ~ vi *Chi sinnlos handeln* ‖ ~**se** *s. beschmutzen, s. dreckig machen* ‖ *s. mit Schlamm beschmieren*

embarriar vt ⟨Postw⟩ *Postsendungen sortieren*

embarrilar vt *auf Fässer füllen* ‖ *in Fässer(n) verpacken*

embaru|llador *m/adj Pfuscher, Stümper, Hudler* m ‖ –**llar** vt *verwirren, durcheinanderbringen* ‖ *verwechseln* ‖ ⟨fam⟩ *hastig und unordentlich machen*, ⟨fam⟩ *hinhauen* ‖ ~**se** *(fam) in Verwirrung geraten*

embasamiento *m* ⟨Arch⟩ *Haussockel* m

embas|tar vt *(an)heften, mit weiten Stichen nähen* ‖ *benähen (Matratzen)* ‖ *absteppen* ‖ –**te** *m Heftnaht* f

embastecer [-zc-] vi *zunehmen, dick werden* ‖ ~**se** ⟨fig⟩ *grob werden*

embasurar vt *mit Müll bedecken*

embate *m* ⟨Mar⟩ *heftige Brandung* f ‖ ⟨Mar⟩ *Windstoß* m ‖ ⟨fig⟩ *Anprall, heftiger Angriff* m ‖ ~**s** *mpl* ⟨fig⟩ *Schicksalsschläge mpl* ‖ ~ *del mar Wellenschläge* mpl ‖ *starke Brandung* f

embau|cador *m Betrüger* m ‖ *Schwindler* m ‖ –**camiento** *m Betrug, Schwindel* m ‖ –**car** [c/qu] vt *be|trügen, -schwindeln, -rücken, umgarnen, beschwatzen* ‖ *foppen*

embaular vt *(in e–n Koffer) packen* ‖ *hinunterschlucken* ‖ ⟨figf⟩ *s. vollstopfen mit*

embazar vt *braun färben* ‖ ⟨fig⟩ *hemmen,*

hindern ‖ ⟨fig⟩ *in Erstaunen setzen* ‖ ~ vi ⟨fig⟩ *in Erstaunen geraten*

¹**embazarse** [z/c] vr *(e–r Sache) überdrüssig werden*

²**embazarse** [z/c] vr *Seitenstechen n bekommen*

embebe|cer(se) [-zc-] vt (vr) → **embelesar(se)** ‖ –**cido** adj *verzückt, begeistert*, ⟨fam⟩ *ganz weg*

embe|ber vt *einziehen (Feuchtigkeit)* ‖ *auf-, ein|saugen* ‖ *einpassen* ‖ *(hin)einstecken, versenken* ‖ *tränken, nässen* (de *mit*) ‖ *tauchen* (en *in* acc) ‖ ⟨fig⟩ *einverleiben* ‖ ⟨fig⟩ *eingliedern* ‖ ⟨Typ⟩ *einbringen (kurze Ausgangszeile)* ‖ ~ vi *einlaufen (Tuch)* ‖ *einschrumpfen* ‖ *durchschlagen (Flüssigkeit)* ‖ ~**se** ⟨fig⟩ *s. vertiefen* (en *in* acc) ‖ *s. gründlich vertraut machen* ‖ *eingenommen werden (für)* ‖ ~ *de algo et. in s. (ein)saugen* ‖ ⟨fig⟩ *s. gründlich unterrichten über* (acc) –**bido** adj ⟨fig⟩ *geistesabwesend* ‖ ⟨fig⟩ *versunken (in et.* acc)

embejucar [c/qu] vt *Col verwirren* ‖ ~**se** *Col ab|nehmen, -magern*

embele|car [c/qu] vt *be|trügen, -schwindeln* ‖ –**co** *m Betrug, Schwindel* m ‖ ⟨fig⟩ *lästige Person* f ‖ *Tand* m

embele|sado adj *entzückt, begeistert* ‖ –**samiento** *m* → –**so** ‖ –**sar** vt *entzücken, begeistern* ‖ *be|zaubern, -rücken* ‖ *betäuben* ‖ ~**se** *außer s. sein* (con *durch* acc) ‖ *s. begeistern* (con, en *an* dat) ‖ ◇ ~ *en oír algo et. mit Entzücken anhören* ‖ –**so** *m Entzücken* n, *Verzückung* f ‖ *Begeisterung* f ‖ *Wonne* f ‖ ◇ *con* ~ *verzückt* ‖ ◇ *es un* ~ *es ist e–e wahre Wonne*

embelle|cedor *m* ⟨Auto⟩ *Radzierkappe* f ‖ –**cer** [-zc-] vt *verschönern* ‖ –**cimiento** *m Verschönerung* f ‖ *Putz* m ‖ *Verzierung* f ‖ ⟨fig⟩ *Idealisierung* f ‖ *Ausschmückung* f *(Text)*

△ **embeo** *m Evangelium* n

embeodarse vr *s. betrinken*

emberiza *f* ⟨V⟩ → ²**escribano**

embe|rrenchinarse, –rrincharse vr *e–n Wutanfall bekommen*, ⟨fam⟩ *Gift und Galle spucken od speien, in die Luft gehen*

embes|tida *f heftiger Angriff, Anfall* m ‖ ⟨Mil⟩ *Ansturm* m ‖ ◇ *dar una* ~ *heftig angreifen* ‖ –**tir** [-i-] vt/i *anfallen* ‖ *angreifen* (& *Mil*) ‖ ⟨Mil⟩ *(an)stürmen* ‖ ⟨figf⟩ *(jdn) inständig bitten, (jdn) anliegen* ‖ ◇ ~ *con od contra alg. jdn anfallen od anrennen (gegen jdn)*

embetunar vt *teeren, mit Bitumen tränken* ‖ *wichsen, eincremen (Schuhe)*

¹**embicar** [c/qu] vt ⟨Mar⟩ *luven*

²**embicar** [c/qu] vi *Am (allzu)gern e–n heben*

embicharse vr *Arg madig werden (Wunde)*

embijar vt *zinnoberrot färben* ‖ *Hond Mex be|schmutzen, -schmieren*

embiste *m* ⟨Taur⟩ *Hornstoß* m

emblandecer [-zc-] vt *erweichen* ‖ ~**se** ⟨fig⟩ *weich werden* ‖ ⟨fig⟩ *s. rühren lassen*

emblanquecer [-zc-] vt ⟨reg⟩ *weiß anstreichen, tünchen*

emble|ma *m Sinnbild, Emblem* n ‖ *Kennzeichen* n ‖ *Wahrzeichen* n ‖ ~ *nacional Hoheitszeichen* n ‖ ~ *de soberanía Hoheitszeichen* n ‖ –**mático** adj *sinnbildlich*

embo|bado adj *betäubt, erstaunt* ‖ –**bamiento** *m Betäubung* f ‖ *Staunen* n, *Verzückung* f ‖ *Ver|dummung, -blödung* f ‖ –**bar** vt *betäuben* ‖ *ver|blüffen, -wirren* ‖ *erstaunen* ‖ *verblöden, dumm machen* ‖ ~**se** *verblüfft werden* ‖ *ganz verliebt od* ⟨fam⟩ *verschossen od verknallt sein* (de, con, en *in* acc) ‖ –**becimiento** *m Dumm-, Einfältig|werden* n ‖ –**becer** [z/c] vt/i *ver|dummen, -blöden*

embocadero *m Mündung, Öffnung* f ‖ *Einfahrt* f ‖ *Engpass* m

embocado adj *süffig, lieblich (Wein)*
¹embocadura *f Mündung f (e–s Flusses)* ||
Einfahrt f (in e–e Meerenge) || *Mundstück, Gebiss*
n *(des Pferdes)* || ⟨Tech⟩ *Mundstück* n || ⟨Mus⟩
Ansatz m || *Begabung* f (para *für*) || ◇ *tener buena*
~ ⟨Mus⟩ *e–n guten Ansatz haben (Bläser)* ||
zügelfromm sein (Pferd)
²embocadura *f Süffigkeit, Lieblichkeit* f *(des*
Weines) || ◇ *tener buena* ~ *süffig sein,*
(angenehm) munden (Wein)
embocar [c/qu] *vt in den Mund stecken* || *in*
e–e enge Öffnung treiben, bringen ||
hinein\stecken, -treiben || ⟨Mus⟩ *ansetzen*
(Instrument) || *einleiten, anfangen (Sache)* ||
(Bissen) schnappen (Hund) || ⟨Tech⟩ *ansetzen* ||
einführen || ⟨reg⟩ *einschlagen (Weg)* || ⟨fam⟩
aufbinden, weismachen (e–e Lüge) || ⟨fam⟩ *gierig*
verschlucken || ⟨fig⟩ *(ein Geschäft) unternehmen* ||
~ *vi, vr (hin)einfahren (por in acc)*
embodegar [g/gu] *vt einkellern*
embolada *f* ⟨Tech⟩ *Kolbenspiel* n ||
(Doppel)Hub m
embolado m/adj ⟨Taur⟩ *Stier* m *mit*
Schutzkugeln an den Hörnern || ⟨fig Th⟩
unbedeutende Rolle f || (figf) *Lüge, Ente,*
Vorspiegelung f
embola\dor *m* Col *Schuhputzer* m || **⁼r** *vt*
Schuhe putzen
embo\lectomía *f* ⟨Med⟩ *Embolektomie* f || **–lia** *f*
Embolie, Verstopfung f *(e–s Blutgefäßes)* || ~
cerebral Gehirnschlag m || ~ *gaseosa Luftembolie*
f || ~ *grasosa Fettembolie* f || ~ *pulmonar*
Lungenembolie f
embolis\mar *vt verhetzen, Unfrieden stiften*
(entre *zwischen* dat) || **–mático** adj *verwirrt (Rede)*
embolismo *m* ⟨Wiss⟩ *Embolismus* m || ⟨fig⟩
Intrige f || ⟨fig⟩ *Wirrwarr* m || ⟨fig⟩ *Klatsch* m
embolita *f* ⟨Min⟩ *Embolit* m
¹émbolo *m Kolben* m || ~ *buzo Tauchkolben* m
|| ~ *rotatorio Drehkolben* m
²émbolo *m* ⟨Med⟩ *Embolus, Gefäßpfropf* m
embol\sado adj: *carreras ~as Sackrennen* n
(Kinderbelustigung) || **–sar** *vt einstecken (Geld)* ||
einnehmen (Geld) || **–so** *m Einnahme* f ||
Einnehmen n
¹embonar *vt (et.) verbessern*
²embonar *vt* ⟨Kochk⟩ *panieren*
³embonar *vt* ⟨Mar⟩ *spiekern*
⁴embonar And Cu Ec Mex *zusammenfügen,*
verbinden
emboque *m* ⟨fam⟩ *Betrug* m, *Lüge* f ||
Täuschung f || ⟨fig⟩ *Passieren* n *(e–s engen*
Durchlasses)
emboqui\llado m/adj *Mundstück* n || **~s** mpl
Zigaretten mit Mundstück, Filterzigaretten fpl ||
–llar *vt mit Mundstück, Spitze bzw Filter*
versehen (Zigarren, Zigaretten) || ⟨Bgb⟩ *verbohren*
emborrachacabras *f* ⟨Bot⟩ *Gerbermyrte* f
(Coriaria myrtifolia)
emborrachamiento *m* ⟨fam⟩ → **borrachera,**
embriaguez
emborrachar *vt berauschen* || ⟨fig⟩ *betäuben* ||
~se *s. betrinken* || *betrunken werden* || ⟨fig⟩
betäubt werden || ⟨fig⟩ *ineinander laufen (Farben)*
|| (figf) *den Motor absaufen lassen* || ◇ ~ *con* od
de vino s. mit Wein betrinken
em\borrar *vt/i polstern, ausstopfen (Wolle)*
aufkratzen || (figf) *gierig verschlingen*
emborrascar(se) [c/qu] *vi/r stürmisch werden*
(Wetter) || ⟨fig⟩ *in Hitze geraten* || ⟨fig⟩ *zunichte*
werden (Geschäft) || Arg Hond Mex ⟨Bgb⟩ *s.*
erschöpfen (Erzader)
emborricar [c/qu] *vt* ⟨fam⟩ *verdummen* || **~se**
⟨fam⟩ *s. bis über beide Ohren verlieben* ||
verblüfft sein, ⟨fam⟩ *am Ende s–s Lateins sein*

emborronar *vt beklecksen* || *(hin-,*
ver)\schmieren || ⟨fig⟩ *hinkritzeln*
emborrullarse *vt* ⟨fam⟩ *lärmen, Krach machen*
|| *streiten,* ⟨fam⟩ *s. herumzanken*
embos\cada *f Hinterhalt* m || *Lauer* f ||
geheimes Versteck n || ⟨fig⟩ *Kabale* f || ⟨fig⟩ *Falle*
f || ⟨fig⟩ *Intrige* f || ◇ *atraer a una* ~ *in e–n*
Hinterhalt locken || *caer en una* ~ *in e–n*
Hinterhalt fallen || **–cado** *m Heckenschütze* m ||
⟨fam⟩ *Drückeberger* m || **–carse** [c/qu] *s.*
verstecken || *s. auf die Lauer* od *in e–n Hinterhalt*
legen || ⟨fig⟩ *s. hinter e–r anderen Tätigkeit (als*
der eigentlichen) verschanzen || ⟨figf⟩ *s. drücken*
embosquecer [-zc-] *vi s. bewalden*
embostar *vt* ⟨Agr⟩ *mit Kuh-* od *Pferde\dung*
düngen
embota\do adj *stumpf, abgestumpft (& fig)* ||
–dura *f Abstumpfen* n || **–miento** *m Abstumpfen* n
|| ⟨fig⟩ *Stumpfsinn* m || ~ *sensorial Benommenheit*
f
embotar *vt abstumpfen (& fig), stumpf machen*
|| *in e–e Büchse* od *Dose füllen (bes. Tabak)* ||
⟨fig⟩ *schwächen* || **~se** *stumpf(sinnig) werden,*
abstumpfen
embote\lladora *f Abfüllmaschine* f || **–llado** adj
eingefüllt, auf Flaschen gefüllt || ⟨fig⟩ *vorbereitet,*
nicht improvisiert (Rede usw.) || ~ *m Abfüllen* n
(auf Flaschen) || **–llamiento** *m* ⟨StV⟩
Verkehrsstauung f, Stau m || **–llar** *vt ab\füllen,*
-ziehen (auf Flaschen) || *aufhalten, e–n Stau*
verursachen, behindern (Verkehr) || ⟨Mar⟩ *die*
Ausfahrt verlegen (dat) || *stören, hemmen*
(Geschäft) || ⟨fig⟩ *(jdn) in die Enge treiben* ||
auswendig lernen, ⟨fam⟩ *eintrichtern*
embotijar *vt in Krügen abfüllen*
¹embotonar *vi* Dom *s. entwickeln, knospen*
(Mädchenbrust)
²embotonar *vi Sporen bekommen (Hahn)*
embovedar *vt* → **abovedar**
embo\zado adj *ver\hüllt, -mummt* || ⟨fig⟩
rätselhaft || **–zadura** *f Verhüllung* f
embozalar *vt den Maulkorb anlegen* (dat)
embo\zar [z/c] *vt ver\hüllen, -mummen (& fig),*
-schleiern || *mit e–m Maulkorb versehen* || *den*
Mantelkragen hochschlagen || ⟨fig⟩ *bemänteln* ||
~se *s. ver\hüllen, s. -mummen* || *s. in die Decke*
(bzw in den Mantel) hüllen || ◇ **~se** *con la capa*
[veraltet] s. in den (Rad)Mantel hüllen || **~se** *en*
la reserva s. in Zurückhaltung hüllen || **–zo** *m*
Verhüllung f, Gesichtsschleier m || *Vermummung* f
|| *Futter n e–s Herrenmantels* || *umgeschlagener*
Teil m *des Betttuches am Kopfende des Bettes* ||
⟨fig⟩ *Hülle, Verhüllung* f || ◆ *sin* ~ ⟨figf⟩
offenherzig, freimütig || ◇ *quitarse el* ~ ⟨figf⟩ *die*
Maske abwerfen
embra\gar [g/gu] *vt* ⟨Auto Tech⟩ *(ein)kuppeln*
|| *anseilen (Last)* || **–gue** *m (ein- und ausrückbare)*
Kupplung f *(Ein)Kuppeln, (Ein)Rücken* n || ~ *de*
discos Mehrscheibenkupplung f || ~ *de fricción*
Reibungskupplung f || ~ *hidráulico hydraulische*
Kupplung f
embrave\cer [-zc-] *vi* ⟨Meer⟩ *stürmisch*
werden || **–cido** adj *zornig, wütend* || *tobend*
(Wind, Meer) || **–cimiento** *m heftiger Zorn m, Wut*
f, *Toben* n
embrazalar *vt mit e–m Armband schmücken*
embrazar [z/c] *vt ergreifen, mit der linken*
Hand fassen (Schild)
embrear *vt* ⟨Mar⟩ *teeren* || *verpichen*
embria\gado adj *be\trunken, -rauscht (& fig)* ||
⟨fig lit⟩ *trunken* || ⟨fig⟩ *begeistert* || **–gador** adj
berauschend (& fig), betäubend (Duft) ||
berückend || *verführerisch (Schönheit)* ||
begeisternd (Idee) || **–gar** [g/gu] *vt berauschen* ||
⟨fig⟩ *entzücken, berücken* || *begeistern, hinreißen* ||

⟨fig⟩ *verblenden* ‖ ~**se** *s. betrinken, s. berauschen* (con *mit*) ‖ *s. betäuben* ‖ ◇ ~ de júbilo *vor Freude außer s. sein* ‖ **–guez** [*pl* ~**ces**] *f Trunkenheit* f, *Rausch* m ‖ *Taumel* m ‖ *Betäubung* f ‖ ⟨fig⟩ *Entzücken* n ‖ ~ *al volante* ⟨StV⟩ *Trunkenheit* f *am Steuer*
¹**embridar** vt Sal *zum Essen einladen*
²**embridar** vt *(auf)zäumen (Pferd)*
³**embridar** vt ⟨Tech⟩ *verlaschen*
em|briogenia *f* ⟨Biol⟩ *Embryogenese, Keimesentwicklung* f ‖ **–briología** *f* ⟨Biol⟩ *Embryologie* f ‖ **–briológico** adj *embryologisch* ‖ **–brión** *m* ⟨Biol⟩ *Embryo, Keim* m ‖ ⟨fig⟩ *Keim* m, *Keimzelle* f ‖ ⟨fig⟩ *Anfang* m ‖ ♦ en ~ ⟨fig⟩ *im Keim, im Anfangsstadium* ‖ **–brionario** adj *embryonal, Keim-* ‖ ⟨fig⟩ *(noch) nicht ausgereift (Untersuchung, Vorhaben)* ‖ ◇ estar en estado ~ ⟨& fig⟩ *im Werden sein, s. in den Anfängen befinden* ‖ **–briopatía** *f* ⟨Med⟩ *Embryopathie* f ‖ ~ rubeolar *Rötelnembryopathie* f ‖ **–briotomía** *f* ⟨Med⟩ *Embryotomie* f
embro|lla *f* ⟨fam⟩ → **–llo** ‖ **–llado** adj *wirr* ‖ *verwirrt* ‖ **–llador** *m*/adj *Störenfried* m ‖ *Wirrkopf* m ‖ **–llar** vt *verwirren* ‖ ⟨fig⟩ *verwickeln* ‖ *stören, Unruhe stiften (unter* dat*)* ‖ ⟨fig⟩ *entzweien* ‖ **–llo** *m Verwirrung* f ‖ *Wirrwarr* m ‖ *Durcheinander* n ‖ ⟨fam⟩ *Patsche* f ‖ *Betrug, Schwindel* m ‖ *Lüge, Anführung* f ‖ ⟨fig⟩ *missliche Lage, Patsche* f ‖ ~**s** *mpl Ränke* mpl, *Intrigen* fpl ‖ **–llón** *m Wirrkopf* m ‖ *Lügner, Schwindler* m ‖ *Intrigant* m ‖ **–lloso** adj ⟨fam⟩ *verwirrend* ‖ *Unruhe stiftend* ‖ *verworren*
embromador *m geschickter Betrüger* m ‖ *Spaßvogel, Witzbold* m ‖ Arg *Plagegeist* m
¹**embromar** vt/i *narren, verulken* ‖ *(jdn) necken* ‖ *mit Lärm erfüllen* ‖ *(jdn) an der Nase herumführen* ‖ *(jdn) belästigen* od *langweilen* ‖ Arg *(jdm) e–e Unannehmlichkeit bereiten* ‖ Am *die Zeit stehlen* (dat)
²**embromar** vt ⟨Mar⟩ *(ver)stopfen (Fugen)*
embroncarse [c/qu] vr Arg *s. ärgern*
embru|jamiento *m Be-, Ver|hexung* f ‖ *Verzauberung* f ‖ *Zauberei* f ‖ ⟨fig⟩ *Zauber* m ‖ **–jar** vt *be-, ver|hexen* ‖ *verzaubern* ‖ ⟨fig⟩ *verführen, be|tören, -zaubern* ‖ ⟨fig⟩ *gefangen nehmen (Geist)* ‖ **–jo** *m Be-, Ver|hexung* f ‖ *Verzauberung* f ‖ ⟨fig poet⟩ *Zauber* m
embru|tecer [-zc-] vt/i *verdummen, geistig abstumpfen* ‖ *verblöden, stumpfsinnig machen* ‖ *verrohen (lassen)* ‖ ~**se** *s. abstumpfen (geistig)* ‖ *stumpfsinnig werden* ‖ *ver|blöden, -tieren* ‖ *verrohen* ‖ **–tecido** adj *abgestumpft, verblödet* ‖ *stumpfsinnig geworden* ‖ *verroht* ‖ *brutal* ‖ **–tecimiento** *m Ver|dummung, -tierung* f ‖ *Dummwerden* n ‖ *Stumpfsinn* m ‖ *Verrohung* f
¹**embuchado** *m Wurst(ware)* f, *(Art) Presssack* m
²**embuchado** *m Ablenkungsmanöver* n ‖ ⟨Pol⟩ *Wahlschwindel* m *(Hineinmogeln von Stimmzetteln in die Urne)*
³**embuchado** *m* ⟨Th⟩ *extemporierte Stelle* f ‖ ~**s** *mpl* ⟨Typ⟩ *Einschaltungen* fpl *(in den Text)*
⁴**embuchado** *m heimlicher Groll* m
embuchar vt/i *stopfen (Wurst)* ‖ *kröpfen (Geflügel)* ‖ ⟨figf⟩ *gierig (ver)schlingen* ‖ ⟨fam⟩ *(et.) einpauken* ‖ ⟨Jgd⟩ *weidwund schießen*
embu|dado adj *trichterförmig* ‖ **–dar** vt *den Trichter aufsetzen auf* (acc) ‖ ⟨fig⟩ *betrügen* ‖ ⟨Jgd⟩ *einkreisen (Wild)* ‖ **–dista** *m*/f ⟨fam⟩ *Schwindler(in* f) m ‖ *Ränkeschmied* m ‖ **–do** *m Trichter* m ‖ ⟨Mil⟩ *Granattrichter* m ‖ ⟨fam⟩ *Schwindelei* f ‖ ~ de llene *Fülltrichter* m
embullar vt ⟨fam⟩ *zum Feiern auffordern* od *animieren*
emburriar vt Sant Ast Burg León Pal Zam *stoßen, treiben* ‖ *drücken*

embu|rujar vt *verfilzen, zusammenknäueln* ‖ ⟨figf⟩ *verwirren* ‖ ~**se** Col Mex PR Ven *s. einmumme(l)n* ‖ **–jo** *m* Dom PR *Betrug, Schwindel* m, *Täuschung* f
embus|te *m Betrug, Schwindel* m ‖ *Flause, Flunkerei* f ‖ *Aufschneiderei* f ‖ ~**s** *mpl Flitterkram* m ‖ **–tería** *f* ⟨fam⟩ *Flunkerei* f ‖ ⟨fam⟩ *Betrug* m, *Anführung* f ‖ ⟨fam⟩ *Verlogenheit* f ‖ **–tero** adj *lügnerisch, verlogen* ‖ *betrügerisch* ‖ ~ *m Lügner* m ‖ *Flunkerer, Prahler* m ‖ *Betrüger, Schwindler* m ‖ ◇ antes se coge a un ~ que a un cojo ⟨Spr⟩ *Lügen haben kurze Beine*
embutar vt Ast Burg Nav Sant *schieben, stoßen*
¹**embute** *m* Mex *Bestechung* f ‖ Arg *Geheimlager* n *(Waffen usw.)*
²**embute** adv: de ~ ⟨pop⟩ *sehr gut*
embutidera *f* ⟨Tech⟩ *Gegenhalter* m *(beim Nieten)*
¹**embutido** adj [Kunst] *eingelegt* ‖ ~ *m eingelegte Arbeit, Intarsie* ‖ Am *Spitzenbesatz* m ‖ ♦ con ~**s** de concha *mit Perlmutt(er) eingelegt*
²**embutido** *m Wurst* f ‖ ~ *casero Hausmacherwurst* f ‖ ~**s** *mpl Wurstwaren* fpl
embutir vt/i *voll-, aus|stopfen (de mit)* ‖ *füllen, stopfen (Wurst, Polster)* ‖ *hinein|pressen, -drücken* ‖ *ein|schlagen, -tun* ‖ *einlegen (Holzarbeit usw.)* ‖ *treiben (Metall)* ‖ *tiefziehen, drücken (Bleche)* ‖ *einlassen (Niet)* ‖ *ziehen (Hohlkörper)* ‖ *einlegen* ‖ ⟨figf⟩ *gierig verschlucken* od *verschlingen*
eme *f m* n ‖ *Euphemismus für* **mierda** ‖ ◇ mandar a alg. a la ~ *jdn zum Teufel schicken*
emenagogo *m*/adj ⟨Med⟩ *menstruationsförderndes Mittel* n
emendar [-ie-] vt ⟨pop⟩ → **enmendar**
emer|gencia *f Auftauchen* n ‖ *(plötzliches) Zutagetreten* n *(unerwartetes) Vorkommnis* n ‖ ♦ de ~ *Not-* ‖ ◇ declarar en estado de ~ *zum Notstandsgebiet erklären* ‖ **–gente** adj *(m/f) auftauchend* ‖ *hervor-, heraus|tretend* ‖ *entstehend* ‖ *eintretend (Schaden im Versicherungswesen)* ‖ **–ger** vi *auftauchen* ‖ *hervor-, heraus|ragen* ‖ *emporragen (über e–e Fläche)* ‖ *entspringen* ‖ ⟨fig⟩ *zum Vorschein kommen*
emeritense adj/s *aus Mérida (P Bad)* ‖ *auf Mérida bezüglich*
emérito adj *ausgedient* ‖ *im Ruhestand* ‖ *emeritiert* ‖ ~ *m Emeritus* m ‖ ⟨Hist⟩ *(römischer) Veteran* m
emersión *f Emportauchen* n ‖ ⟨Astr⟩ *Emersion* f, *Wiederhervortreten* n, *Austritt* n *(e–s Gestirns)*
emético adj ⟨Med⟩ *emetisch* ‖ ~ *m Brechmittel, Emetikum* n ‖ *Brechweinstein* m
emetina *f* ⟨Pharm⟩ *Emetin* n
E.M.G. ⟨Abk⟩ = **Estado Mayor General**
emi|gración *f Auswanderung* f ‖ *Auswanderungswesen* n ‖ *Auswanderer* mpl ‖ ⟨Zool⟩ *Wanderung* f, *Zug* m, *Ziehen* n ‖ ⟨Pol⟩ *Emigration* f ‖ ~ de científicos *Brain-Drain* m ‖ ~ golondrina *saisonale Auswanderung* f ‖ **–grado** *m Ausgewanderte(r)* m ‖ *(politischer) Emigrant* m ‖ **–grante** adj *(m/f) auswandernd, emigrierend* ‖ ~ *m Auswanderer* m ‖ *[im Zielland vorübergehend] Gastarbeiter(in* f) m ‖ ⟨Zool⟩ *Wanderungs-, Zieh-* ‖ **–grar** vi *auswandern* ‖ ⟨Zool⟩ *fort-, weg|ziehen (z. B. Zugvögel)* ‖ ⟨pop⟩ *verduften* ‖ **–gratorio** adj *Auswanderungs-* ⟨Zool⟩ *Wanderungs-, Zieh-*
Emilio *m* np *Emil* m
eminen|cia *f Anhöhe, (Boden)Erhebung* f ‖ ⟨An⟩ *Höcker, Vorsprung* m, *Vorwölbung* f ‖ ⟨fig⟩ *Erhabenheit, Überlegenheit* f ‖ ⟨fig⟩ *Vor|züglichkeit, -trefflichkeit* f ‖ *hervorragende Persönlichkeit* f *(bes. der Wissenschaft)* ‖ ~ gris ⟨fig⟩ *graue Eminenz* f ‖ Su

~ *S–e Eminenz (Titel)* ‖ **–te** adj *(m/f) erhaben, hervorragend* ‖ ⟨fig⟩ *ausgezeichnet, vorzüglich* ‖ ~**mente** adv *höchst, überaus, vorzugsweise* ‖ ⟨Philos⟩ *wesentlich* ‖ ⁼**tísimo** adj *Hochwürdigste(r) (Ehrentitel der Kardinäle)* ‖ ~ *Señor Euer Eminenz (Titel der Kardinäle)*

e‖**mir** m *Emir* m ‖ **–mirato** m *Emirat* n ‖ ~**s** mpl *Arabes Unidos* ⟨Geogr⟩ *Vereinigte Arabische Emirate* npl

emisario m *Emissär, Send-, Geheim‖bote* m ‖ *Ableitungskanal* m ‖ ⟨Ökol⟩ *Emittent* m\

¹emisión f *Aussenden* n ‖ *Aus-, Ab‖lassen* n ‖ ⟨Med⟩ *Aus‖fluss* m, *-scheidung* f ‖ ⟨Ökol⟩ *Emission* f ‖ ⟨Phys⟩ *Abgabe, Ausstrahlung, Entsendung, Emission* f ‖ ~ *de bacilos* ⟨Med⟩ *Bazillenausscheidung* f ‖ ~ *del sufragio Stimmabgabe* f

²emisión f ⟨Com⟩ *Ausgabe, Auflage, Emission* f *(von Banknoten, Briefmarken, Wertzeichen usw.)* ‖ ~ *de acciones Ausgabe* f *von Aktien* ‖ ~ *de billetes de banco Ausgabe* f *von Banknoten* ‖ ~ *de obligaciones Ausgabe* f *von Schuldverschreibungen*

³emisión f ⟨Radio TV⟩ *Sendung* f ‖ ~ *agrícola Landfunk* m ‖ ~ *en directo Live-Sendung* f ‖ ~ *escolar Schulfunk* m ‖ ~ *femenina Frauenfunk* m ‖ ~ *de la noche Abendsendung* f ‖ ~ *publicitaria Werbesendung* f ‖ ~ *de radio Rundfunksendung* f ‖ ~ *de sobremesa Mittagssendung* f ‖ ~ *televisada od de televisión Fernsehsendung* f

¹emisor adj ⟨Com⟩ *Ausgabe-* ‖ ~ *m Ausgeber, Emittent* m

²emisor adj ⟨Radio TV⟩ *Sende-* ‖ ~ *m Sender* m, *Sendestation* f

emi‖**sora** f *Sender* m ‖ *Sendeanlage* f ‖ *Funkstelle* f ‖ ~ *de aficionados Amateursender* m ‖ ~ *clandestina Schwarzsender* m ‖ ~ *femenina Frauenfunk* m ‖ ~ *infantil Kinderfunk* m ‖ ~ *de intercepción, de perturbación (od interceptora, perturbadora) Störsender* m ‖ ~ *de onda corta (larga, media, ultracorta) Kurz(Lang-, Mittel-, Ultrakurz)wellensender* m ‖ ~ *pirata Piratensender* m ‖ ~ *de radiodifusión (televisión) Rundfunk-, (Fernseh)Sender* m ‖ **–tir** vt *aus‖strahlen, -strömen* ‖ *von s. geben* ‖ *ausstoßen, entsenden* ‖ *erlassen (Verordnung)* ‖ *äußern (e–e Meinung usw.)* ‖ *abgeben (Stimme, Urteil, Gutachten, Zeugnis, Meinung)* ‖ *ausstoßen, hervorbringen (Laute)* ‖ *emittieren, ausgeben, in Umlauf bringen (Wertpapiere)* ‖ *auflegen (Anleihe)* ‖ ⟨Radio TV⟩ *senden, ausstrahlen* ‖ ◇ ~ *un empréstito e–e Anleihe auflegen* ‖ ~ *su juicio (opinión, parecer) sein Urteil abgeben (sobre über acc)* ‖ ~ *la voz die Stimme erheben*

emmenthal m [Käse] *Emmentaler* m

Em.ᵐᵒ ⟨Abk⟩ = **Eminentísimo**

emoción f *(Gemüts)Bewegung, Ergriffenheit, Rührung, (Seelen)Regung* f ‖ *Aufregung, Erregtheit* f ‖ *Erschütterung* f ‖ *Emotion* f ‖ ◆ *con honda* ~ *tief gerührt* ‖ *la escena de más* ~ *die rührendste Szene*

emocio‖**nal** adj *(m/f) er-, auf‖regend* ‖ *emotional, Gemüts-* ‖ **–nante** adj *(m/f) aufregend, bewegend, er‖schütternd, -greifend (Szene, Anblick)* ‖ **–nar** vt *rühren, bewegen, ergreifen* ‖ *zu Herzen gehen (dat)* ‖ *auf-, er‖regen* ‖ ◇ *no me –na das berührt mich nicht,* ⟨fam⟩ *das lässt mich kalt* ‖ ~**se** *gerührt werden* ‖ *s. aufregen*

emoliente m/adj *erweichendes Mittel, Aufweichmittel* n ‖ ⟨Med⟩ *Emolliens* n

emolumento m *Gewinn, Nutzen* m ‖ *Gebühr* f ‖ *Bezüge* pl ‖ *Gehalt* n, *Besoldung* f ‖ ~**s** mpl *Nebeneinkünfte* pl ‖ ⟨Kath⟩ *Stolgebühren* fpl

emoti‖**vidad** f *Erregbarkeit* f ‖ *Emotionskraft* f ‖ ⟨Psychol⟩ *Emotivität* f ‖ **–vo** adj *er-, auf‖regend*

‖ *leicht erregbar* ‖ *empfindsam* ‖ *emotional* ‖ *Gemüts-, Erregungs-*

empa‖**cador** m *Verpacker* m ‖ **–cadora** f *Verpackungsmaschine* f ‖ **–car** [c/qu] vt *(ein)packen, verpacken (in Ballen od Bündel)* ‖ *bündeln* ‖ *Am die Koffer packen*

empa‖**carse** [c/qu] vr *außer s. geraten* ‖ *bockig werden, s. (auf et. acc) versteifen* ‖ *Am bocken (Pferd usw.)* ‖ Am ⟨fig⟩ *stur werden* ‖ **–cón, –cado(r)** adj *Am hartnäckig* ‖ *widerspenstig* ‖ *Arg Pe bockig (Pferd usw.)*

empa‖**chado** adj *plump, ungeschickt* ‖ *mit verdorbenem Magen* ‖ ◇ *estar* ~ *e–n verdorbenen Magen haben* ‖ ⟨fig⟩ *verlegen sein* ‖ **–char** vt *(ver)hindern* ‖ *verwirren* ‖ *verhehlen* ‖ *überladen, verderben (den Magen)* ‖ ~**se** *bestürzt werden* ‖ *verlegen werden* ‖ *stecken bleiben (beim Reden)* ‖ *s. den Magen überladen* ‖ **–cho** m *Magen‖überladung, -verstimmung* f ‖ *Verdauungsstörung* f ‖ *Hindernis* n, *Behinderung* f ‖ *Verlegenheit* f ‖ ~ *(de estómago) Magen‖überladung, -verstimmung* f ‖ *Verdauungsstörung* f ‖ ◇ *coger un* ~ *s. den Magen verderben* ‖ ◆ *sin* ~ ⟨fig⟩ *un‖gezwungen, -befangen,* ⟨fam⟩ *frei von der Leber weg* ‖ **–choso** adj *schwer (im Magen)* ‖ ⟨fig⟩ *hemmend beschämend* ‖ *hinderlich* ‖ *schüchtern, verlegen*

empadrar vt *paaren (Tiere)* ‖ ~**se** *s. paaren (Tiere)*

empadrarse vr *s–n Vater bzw s–e Eltern übermäßig lieben*

empadro‖**namiento** m *Eintragung* f *in ein Register (Einwohner-, Steuer‖register usw.)* ‖ **–nar** vt *in ein Register eintragen (Einwohner-, Steuer‖register usw.)*

empa‖**jada** f ⟨Agr⟩ *Streu* f ‖ **–jar** vt *mit Stroh füllen bzw (be)decken* ‖ **–je** m Col *Strohdach* n

empala‖**gador** adj *ekelhaft* ‖ **–gar** [g/gu] vt *anekeln, Ekel verursachen* ‖ *(jdn) langweilen, (jdm) lästig fallen* ‖ ~ vi *widerlich süß sein* ‖ ⟨fig⟩ *ekelhaft sein* ‖ ~**se** *Ekel bekommen (de von)* ‖ *(e–r Sache, bes. Süßigkeiten) überdrüssig werden,* ⟨fam⟩ *et. überbekommen* ‖ ~**go** m *Ekel* m ‖ *Überdruss* m ‖ **–goso** adj/s *ekelhaft, widerlich (bes. Süßigkeit)* ‖ ⟨fig⟩ *süßlich* ‖ ⟨fig⟩ *lästig, zudringlich* ‖ ⟨fig⟩ *schwerfällig (Stil)*

empa‖**lamiento** m ⟨Hist⟩ *Pfählen* n ‖ **–lar** vt *pfählen, an e–n Pfahl binden (als Strafe)*

empalidecer [z/c] vi *erbleichen, blass werden*

empali‖**zada** f *Pfahlwerk* n, *Palisade* f ‖ *Pfahl‖zaun* m, *-decke* f ‖ **–zado** adj: ~ *de frío Am starr vor Kälte (Glieder)*

empalmado adj ⟨vulg⟩ *mit e–m Ständer, geil, aufgeilt*

empal‖**mar** vt ⟨Tech Zim⟩ *zusammenfügen, ein‖falzen, -passen* ‖ *miteinander verbinden* ‖ *(ver)spleißen (Seilenden)* ‖ *verlaschen (Balken)* ‖ *kleben (Filmstreifen)* ‖ ⟨fig⟩ *verbinden (con, en mit), anschließen (an acc)* ‖ ⟨fig⟩ *ins Unendliche ausdehnen (Unterhaltung)* ‖ ⟨fig vulg⟩ *aufgeilen* ‖ ◇ ~ *un tiro* ⟨Sp⟩ *ein Tor erzielen* ‖ ~ vi *Anschluss haben (con an acc)* ‖ *[öffentliche Verkehrsmittel] folgen* ‖ *s. treffen (Straßen usw.)* ‖ *abzweigen (con nach dat)* ‖ *el tren –ma con el rápido der Zug hat Anschluss an den Schnellzug* ‖ ~**me** m *Zusammenfügung* f ‖ ⟨Tech⟩ *Verbindung(sstelle)* f ‖ ⟨El⟩ *Anschluss* m ‖ ⟨Tel⟩ *Drahtklemme* f ‖ ⟨Zim⟩ *Holzverband (meistens e–e Stoßverbindung), Anschluss* m, *Fügung* f ‖ ⟨EB⟩ *Knotenpunkt* m ‖ *Verbindungsbahn* f ‖ ~ *de cable Kabelanschluss* m ‖ *(estación de)* ~ ⟨EB⟩ *Anschlussbahnhof* m

empalmarse vr *e–n Ständer haben, s. aufgeilen, geil werden*

empalomado m ⟨Hydr⟩ *Stauwehr* n

empamparse vr SAm *s. in der Pampa verirren*
empampirolado adj ⟨fam⟩ *hoch\mütig, -näsig* ‖ *angeberisch*
empa\nada *f Pastete* f ‖ *Fleisch-, Fisch\pastete* f ‖ ⟨fam⟩ *heimlicher Streich* m ‖ ⟨fig⟩ *Vertuschen* n ‖ ⟨fig⟩ *Betrug, Schwindel* m ‖ ~ *mental* ⟨fig⟩ *geistige Verwirrtheit* f ‖ **–nadilla** *f Pastetchen* n ‖ **–nar** vt *in Teig einwickeln* ‖ *panieren (Fleisch)* ‖ ⟨Agr⟩ *Weizen säen* ‖ ~**se** ⟨Agr⟩ *ersticken (wegen des dichten Säens)*
empanta\narse vr *sumpfig werden, versumpfen* ‖ *in e–n Sumpf geraten* ‖ ⟨fig⟩ *ins Stocken geraten* ‖ *s. festfahren* ‖ ◇ *dejar –nado a alg.* ⟨figf⟩ *jdn im Stich lassen, jdn im Regen stehen lassen*
empantasmado adj Logr *verblüfft*
empanzarse And Am ⟨fam⟩ *s. den Bauch voll schlagen*
empa\ñado adj *trübe, matt (Glas, Metall, Farbe)* ‖ *beschlagen (Scheibe)* ‖ *verschleiert (Stimme)* ‖ *feucht (Auge)* ‖ **–ñar** vt *wickeln (Kinder)* ‖ *matt machen, trüben (& fig)* ‖ *beschlagen (Glas)* ‖ ⟨fig⟩ *verdunkeln (Ruhm)* ‖ ⟨fig⟩ *heruntersetzen* ‖ ⟨fig⟩ *feuchten (Auge)* ‖ ~**se** *trüb werden* ‖ *feucht werden (Auge)* ‖ *anlaufen (Glas)*
empañetar vt Am *verputzen*
empa\pador *m Windelhose* f ‖ **–par** vt *(durch)tränken* ‖ *einweichen* ‖ *(ein)tunken* (en *in* acc) ‖ *benetzen* ‖ *aufsaugen (Flüssigkeit)* ‖ ~ vi *s. voll saugen (de mit)* ‖ ◇ ~ *un bizcocho en leche e–n Zwieback in Milch ein\tunken, -tauchen* ‖ *la lluvia empapa los vestidos der Regen (durch)nässt die Kleider* ‖ ~**se** *s. voll saugen, s. tränken (mit Flüssigkeit) durchweichen* ‖ ⟨fig⟩ *s. tief versenken* (en *in* acc) ‖ ⟨figf⟩ *s. voll stopfen, s. überessen,* ⟨fam⟩ *s. den Bauch voll schlagen* ‖ ◇ ~ *de a/c s. et. tief einprägen* ‖ *la tierra se empapa de agua die Erde nimmt Wasser auf* ‖ *–pado en sudor* ⟨fig⟩ *schweißgebadet, in Schweiß gebadet (Person)* ‖ *¡para que te empapes!* ⟨pop⟩ *da siehst du's! siehste!*
empape\lado *m Tapezieren* n ‖ *Tapeten* fpl ‖ **–lador** *m Tapezierer* m ‖ **–lar** vt *in Papier ein\wickeln, -packen* ‖ *tapezieren* ‖ ⟨figf⟩ *gerichtlich verfolgen*
empapirotar vt ⟨fam⟩ → **emperejilar**
empapu\ciar, –jar, Ar Al Nav **–zar** [z/c] vt ⟨fam⟩ *voll stopfen, nudeln (& Geflügel)* ‖ *mästen* ‖ ~ vi ⟨fam⟩ *mampfen*
¹empaque *m Einpacken* n ‖ *Verpackung* f ‖ *Packmaterial* n
²empaque *m* ⟨fam⟩ *Aussehen* n, *Aufmachung* f *(e–r Person)* ‖ *(gespreizte) Würde* f ‖ *Gravität* f ‖ ⟨fam⟩ *gezierter Ernst* m ‖ Pe PR *Frechheit, Dreistigkeit* f ‖ Am *Störrigkeit* f *(des Pferdes)* ‖ Am *Becken* n *(e–s Tieres)*
empaque\tador *m (Ver)Packer* m ‖ **–tadora** *f Packerin* f ‖ *Verpackungsmaschine* f ‖ **–tadura** *f Zusammenpacken* n ‖ ⟨Tech⟩ *Packung, Dichtung* f ‖ Chi *Werg* n ‖ *aro od anillo de* ~ *Dichtungsring* m ‖ ~**s** *fpl Packungsmaterial* n ‖ **–tar** vt *(ein-, ver)packen, einrollen* ‖ ⟨Tech⟩ *(ab)dichten* ‖ *herausputzen,* ⟨fam⟩ *auftakeln* ‖ ~ vi *packen* ‖ ~**se** ⟨fam⟩ *s. herausputzen*
emparamarse vr ⟨fig⟩ *vor Kälte erstarren*
emparchar vt ⟨fam⟩ *bepflastern, mit e–m Pflaster versehen od bedecken (Wunde)* ‖ *flicken (Schlauch)*
empardar vt Ar Arg → **empatar**
empare\dado adj *eingemauert* ‖ *eingeschlossen* ‖ ~ *m* ⟨Kochk⟩ *belegte Doppelschnitte (Brot), Toast, Sandwich* m ‖ **–dar** vt *einmauern (Sträfling, Büßer)* ‖ *einschließen* ‖ *verbergen*
emparejar vt *paaren* ‖ *paarweise setzen* ‖ *ebnen (Boden)* ‖ *zusammentun* ‖ *gleichmachen,*

ebnen ‖ *ausrichten, auf e–e Höhe setzen* (con *mit*) ‖ *angleichen* ‖ *anlehnen (Tür)* ‖ ~ *los precios con … die Preise ausrichten nach …* ‖ ~ vi *gleich od sehr ähnlich sein* ‖ ◇ ~ *con alg.* ⟨fig⟩ *jdm gleichkommen* ‖ *jdn einholen* ‖ ~**se** *s. (mit jdm) gleichstellen*
emparentar [-ie] vi *s. verschwägern* (con *mit*) ‖ ◇ *estar bien ~ado* ⟨fam⟩ *gute (Familien)Beziehungen haben* ‖ *estar ~ados miteinander verschwägert sein*
emparrado *m Wein-, Bogen\laube* f ‖ *Laubengang* m
emparri\llado *m* ⟨Mar⟩ *Schutzgitter* n ‖ *Gräting* f ‖ ⟨Tech⟩ *Rost* m ‖ *Feuerrost* m ‖ **–llar** vt *grillen* ‖ *auf dem Rost braten*
emparvar vt ⟨Agr⟩ *auf der Tenne ausbreiten (Getreide)*
empascuar vi Chi *s. zu Ostern vergnügen*
empastado *m* → **empaste**
empasta\dor *m* Chi *Buchbinder* m ‖ **–dura** *f Buch(ein)band* m ‖ *Buchbinden* n
empastar vt *ver\kleben, -kitten, einschmieren* ‖ *klebrig, teigig machen* ‖ *plombieren, füllen (Zahn)* ‖ *Paste auftragen* ‖ *stopfen, mästen (Geflügel)* ‖ ⟨Mal⟩ *(die Farbe) dick auftragen, impastieren* ‖ ⟨Mal⟩ *grundieren* ‖ *kartonieren (Bücher)* ‖ Am *binden (Bücher)* ‖ Am ⟨Agr⟩ *zu Weideland machen* ‖ ~ vi *schmieren*
¹empaste *m (Zahn)Plombe* f ‖ *Plombieren* n *(Zahn)* ‖ *Einschmieren, Verkitten* n ‖ ~ *de cemento Zement(zahn)plombe* f ‖ ~ *dentario Zahnplombe* f ‖ ~ *de oro Gold(zahn)plombe* f
²empaste *m* ⟨Mal⟩ *Impasto* n, *dicker Farbauftrag* m
³empaste *m* Arg ⟨Vet⟩ *Trommelsucht* f *(des Viehs)*
empaste\lado *m* ⟨Typ⟩ *Zwiebelfische* mpl ‖ **–lar** vt *quirlen (Satz)* ‖ *verfischen (Setzkasten)*
empa\tadera *f Zwickmühle* f ‖ **–tado** adj *unentschieden (Spiel, Wahl usw.)* ‖ *tot (Rennen)* ‖ **–tar** vt *hemmen, aufhalten, aussetzen (Entschließung)* ‖ Arg *genau zusammenfügen* ‖ CR *(an)binden* ‖ ~ vi *unentschieden enden od ausgehen (Wahl, Spiel)* ‖ ◇ ~ *a dos* ⟨Sp⟩ *unentschieden 2:2 spielen* ‖ ~**se:** *empatársela a uno* ⟨fig⟩ *mit jdm gleichziehen* ‖ **–te** *m Stimmengleichheit* f ‖ *Hemmung, Einstellung* f ‖ ⟨Sp⟩ *unentschiedenes Resultat, Unentschieden* n ‖ ⟨fig⟩ *Gleichziehen* n ‖ ~ *nuclear* ⟨Pol⟩ *nukleares Patt* n
empavar vt Pe *s. (über jdn) lustig machen* ‖ Ec *reizen, ärgern* ‖ ~ vi Ven *Pech haben*
empave\sada *f* ⟨Hist⟩ *Verschanzung* f ‖ ⟨Mar⟩ *Beflaggung* f ‖ ⟨Mar⟩ *Schanzkleid* n ‖ **–sado** adj ⟨Mar⟩ *beflaggt* ‖ ~ *m* ⟨Mar⟩ *Beflaggung* f ‖ *Flaggengala* f ‖ ⟨Hist⟩ *Schildgewappnete(r)* m ‖ **–sar** vt ⟨Mar Mil⟩ *beflaggen,* ⟨Mar⟩ *Flaggengala anlegen (dat)* ‖ *verhüllen (ein Denkmal vor der Einweihung)* ‖ Col *(ein)schmieren*
em\pavonado adj ⟨Met⟩ *blau angelaufen* ‖ **–pavonar** vt *brünieren*
empavorecido adj *erschrocken* ‖ *voller Angst od Furcht*
empecatado adj *böswillig* ‖ *schalkhaft* ‖ *nichtsnutzig*
empecer [-zc-] vt *verhindern*
empeci\nado adj *hartnäckig, trotzig, zäh* ‖ ~ *m Pechsieder* m ‖ ⟨Hist⟩ *el* ~ *der span. Guerillaführer Juan Martín Díaz (unter Ferdinand VII.)* ‖ **–namiento** *m Hartnäckigkeit* f, *Trotz* m ‖ **–nar** vt *verpichen* ‖ ~**se** *s. beschmutzer* ‖ *(auf e–r Sache) hartnäckig bestehen, s. auf et. versteifen* ‖ ~ *en … eisern beharren auf … (dat)*
empedarse vr Arg *s. betrinken*
empeder\nido adj *steinhart* ‖ ⟨fig⟩

leidenschaftlich, hartnäckig, verstockt (Spieler,
Trinker) ‖ ⟨fig⟩ *unerbittlich, hart(herzig)* ‖
grausam ⟨fig⟩ *eingefleischt (Junggeselle)* ‖ **–nir**
vt *(ohne* pres) *verhärten* ‖ ~**se** *(stein)hart werden*
   empe|drado m *(Stein)Pflaster* n ‖ *Pflasterung* f
‖ ◇ *arrancar el* ~ *das Pflaster aufreißen* ‖
–drador m *Pflasterer* m ‖ **–drar** [-ie-] vt
(be)pflastern ‖ ~ *de* ⟨fig⟩ *spicken mit* (dat)
   empegar [g/gu] vt *(ver)pichen (Fässer)* ‖ *mit*
Pech überziehen ‖ *verpichen (Schlauch)* ‖ *mit e–m*
Pechmal versehen (Vieh)
   ¹empeine m ⟨An⟩ *Unterleib* m ‖ ⟨An⟩
Fußrücken m ‖ *Vorderblatt* n *(des Schuhs)*
   ²empeine m ⟨Med⟩ *Impetigo* f
   ³empeine m ⟨Bot⟩ *Leberblümchen* n (Hepatica
sp)
   empelechar vi *Haare bekommen* ‖ *haarig*
werden
   ¹empella f *Vorderblatt* n *(des Schuhs)*
   ²empella f Col Chi Mex *(Schweine)Schmalz* n
   empellar vt *stoßen, schubsen*
   empellita f Cu *Schmalzgriebe* f
   empellón m *heftiger Stoß, Ruck, Schubs* m,
⟨fam⟩ *Puff* m ‖ ◆ a empellones ⟨figf⟩ *stoß-,*
ruck|weise ‖ *mit Gewalt* ‖ ◇ *dar un* ~ a alg. *jdn*
stoßen od schubsen ‖ *tratar a u. a empellones*
⟨fig⟩ *jdn hart anfassen*
   empelo|tarse vr ⟨figf⟩ s. *verwirren* ‖ *in Streit*
geraten ‖ Extr Col Cu Chi Mex s. *(splitter)nackt*
ausziehen ‖ **–to** adj Chi ⟨pop⟩ *(splitter)nackt*
   empenachado adj *e–n Federbusch tragend*
   empenaje m ⟨Flugw⟩ *Leitwerk* n ‖ ~
horizontal ⟨Flugw⟩ *Höhenleitwerk* n
   empen|tada f, **–tón** m Ar Nav → **empellón** ‖
–tar vt Ar Nav And Cue → **empujar, empellar**
   empeña|damente adv *nachdrücklich* ‖ **–do** adj
verschuldet ‖ *verpfändet* ‖ *beharrlich, hartnäckig*
‖ *heftig, erbittert, hitzig (Streit)* ‖ ~ *hasta los ojos*
bis über die Ohren verschuldet ‖ ◇ *estar od*
hallarse ~ *verschuldet sein* ‖ *estar* ~ *en hacer*
algo beharrlich darauf bestehen, et. zu tun ‖ *está*
~ *en hacerlo er (es) besteht hartnäckig darauf, es*
zu tun
   empe|ñar vt *ver|pfänden, -setzen* ‖
vorschieben, als Vermittler gebrauchen ‖
veranlassen ‖ *nötigen, verpflichten, zwingen* (a,
para zu) ‖ *(jdn) bloßstellen, blamieren* ‖ *anfangen*
(Streit) ‖ ⟨Mil⟩ *einsetzen (Truppen)* ‖ ◇ ~ *en diez*
mil euros für 10000 Euro verpfänden ‖ ~ *su*
palabra sein Wort geben od verpfänden ‖ ~ *títulos*
⟨Com⟩ *Wechsel lombardieren* ‖ ~**se** *Schulden*
machen, s. verschulden (en in Höhe von) ‖ s.
einlassen auf (acc) ‖ *hartnäckig bestehen* (en *auf*
dat) ‖ s. *verpflichten* (a zu) ‖ s. *(für jdn)*
verwenden ‖ *beginnen* ‖ ⟨Mar⟩ *in Gefahr kommen*
(zu stranden) ‖ ◇ ~ *con (od* por) alg. s. *für jdn*
einsetzen ‖ *für jdn einstehen* ‖ ~ *en algo et.*
beginnen ‖ s. *in et.* (acc) *einlassen* ‖ ~ *en salir*
um jeden Preis ausgehen wollen ‖ ~ *por contrato*
s. *vertraglich binden* ‖ *empeñóse luego una reñida*
discusión es kam dann zu e–m heftigen Streit ‖
–ño m *Ver|pfändung* f, *-setzen* n ‖ *(Unter)Pfand* n
‖ *Pfand-, Ehren|schuld* f ‖ *Bemühung* f, *Eifer* m ‖
Be|harrlichkeit f, *-streben* n ‖ *Unter|fangen,*
-nehmen n ‖ *Verpflichtung* f ‖ *Geschäft* n ‖
Verwicklung f ‖ ⟨Mar⟩ *missliche Lage, Gefahr* f ‖
⟨fig⟩ *Einfluss* m, *gute Beziehungen* fpl ‖ ◆ con ~
mit Eifer, beharrlich ‖ en ~ *als Pfand, als*
Sicherheit ‖ ◇ *insistir con* ~ en alg. *in jdn*
lebhaft dringen ‖ *hacer* ~ *de a/c* s. *et. zur Pflicht*
machen ‖ *tener* ~ *en algo* s. *auf et. versteifen, auf*
et. beharren ‖ **–ñoso** adj SAm *unnachgiebig,*
⟨fam⟩ *stur*
   empeo|ramiento m *Ver|schlimmerung,*
-schlechterung f ‖ **–rar** vt *ver|schlimmern,*

-schlechtern ‖ ~ vi s. *verschlimmern* ‖ ◇ *los*
negocios –ran die Geschäfte verschlechtern s. ‖
~**se** s. *ver|schlimmern od -schlechtern* ‖
schlimmer od schlechter werden
   empequeñecer [-zc-] vt *verkleinern* (& fig) ‖
herabsetzen
   ¹emperador m *Kaiser* m ‖ ⟨fig⟩ *Herrscher* m ‖
⟨Hist⟩ *römischer Imperator* m ‖ el ~ *Karl V.* ‖ el
~ *de Alemania der deutsche Kaiser*
   ²emperador m ⟨Fi⟩ *Schwertfisch* m (Xiphias
gladius)
   emperatriz f [pl ~**ces**] *Kaiserin* f ‖
Herrscherin f
   emperchar vt *auf den Bügel hängen*
   empereji|lado adj ⟨fam⟩ *herausgeputzt,*
aufgedonnert ‖ **–lar** vt *herausputzen, aufdonnern*
‖ ~**se** s. *herausputzen, s. aufdonnern*
   emperezar [z/c] vt ⟨fig⟩ *auf-, hinaus|schieben*
‖ ~ vi (auch ~**se**) *träge od faul werden* ‖
faulenzen
   emperga|mentar, –minar vt ⟨Buchb⟩ *in*
Pergament binden
   empericarse vr Col s. *betrinken*
   emperifo|llado adj → **emperejilado** ‖ **–llarse**
vr → **emperejilarse**
   empernar vt *mit Bolzen befestigen*
   empero conj *doch, jedoch, aber* ‖ *indes, wohl* ‖
andererseits, dagegen
   empe|rramiento m ⟨fam⟩ *Halsstarrigkeit* f ‖
–rrarse vr: ~ en a/c ⟨fam⟩ *auf et. hartnäckig*
bestehen (dat, selten acc)
   △ **emperso = encima**
   empetro m a) ⟨Bot⟩ *Meerfenchel* m (Crithmum
maritimum) ‖ b) *Krähenbeere* f (Empetrum sp)
   empezar [-ie-, z/c] vt *anfangen, beginnen,*
einleiten ‖ *eröffnen* ‖ *in Angriff nehmen* ‖ *antreten*
(Reise) ‖ *an|schneiden, -brechen (Brot usw.)* ‖ ~
vi *anfangen, beginnen, einsetzen* ‖ *am Anfang*
stehen ‖ *anlaufen (Arbeit)* ‖ ◆ al ~ *anfangs, zu*
Beginn ‖ para ~ *zunächst einmal* ‖ *erstens, als*
erstes ‖ *als erster Gang (beim Essen)* ‖ ◇ ~ a &
inf *anfangen zu* & inf ‖ ~ a escribir *zu schreiben*
anfangen ‖ ~ *por lo más difícil mit dem*
Schwersten anfangen ‖ ~ *con bien e–n guten*
Anfang machen ‖ *empezó por decir od diciendo*
… er (sie, es) sagte zuerst
   empicarse [c/qu] vr s. *übermäßig (an et.)*
gewöhnen, ganz verrückt (nach et.) werden
   empicharse vr Ven *faulen, faul werden*
   empiece m ⟨fam⟩ → **comienzo**
   empiema m ⟨Med⟩ *Empyem, Eitergeschwür* n
   empilonar vt Col Cu PR *aufhäufen*
   empi|nado f: irse a la ~ s. *aufbäumen (Pferd)* ‖
–nado adj *hoch, hoch stehend* ‖ *hoch ragend* ‖
steil, schroff, abschüssig ‖ ⟨fig⟩ *stolz, eingebildet*
‖ *hochmütig* ‖ ⟨fig⟩ *hoch stehend* ‖ ⟨figf⟩
angetrunken, beschwipst ‖ ◇ *tenerla* ~a ⟨vulg⟩
e–n Steifen haben ‖ **–nador** m ⟨fam⟩ *Zecher* m ‖
–nar vt *steil aufrichten, er-, empor|heben* ‖ ~ el
codo od ~la ⟨figf⟩ *gern trinken, ein wackerer*
Zecher sein ‖ ⟨fam⟩ *(allzu)gern e–n heben* ‖ ~**se**
s. *aufbäumen (Pferd)* ‖ ⟨fig⟩ *hoch emporragen*
(Baum, Berg) ‖ ~ *(sobre los pies)* s. *auf die*
Fußspitzen stellen ‖ ~(le bzw ~me etc) ⟨vulg⟩
e–n Steifen od e–n hoch bekommen
   empingoro|tado adj ⟨figf⟩ *von vornehmer*
Abkunft ‖ *hoch stehend, hoch gestellt* ‖ ⟨fig⟩
emporgekommen ‖ ⟨fig⟩ *stolz, dünkelhaft,*
hochnäsig ‖ **–tar** vt ⟨fam⟩ *obenauf stellen* ‖ *sozial*
höher stellen od stufen
   empiñonado m *Gebäck* n *mit Pinienkernen*
   △ **empiolar** vt *totschlagen*
   empi|pada f Am *Übersättigung* f ‖ ⟨fam⟩
Fresserei f ‖ **–parse** vr Am *teilweise auch Span* s.
überessen, ⟨fam⟩ s. *überfressen*

empíreo adj *himmlisch, empyreisch* ‖ ~ *m*
⟨poet⟩ *Himmel* m ‖ ⟨Philos⟩ *Empyreum* n
Empíreo *m* ⟨Rel⟩ *Feuerhimmel* m
empireu|ma *m Brandgeruch* m *(organischer
Substanzen)* ‖ **–mático** adj *brenzlig,
empyreumatisch*
em|pírico adj *empirisch* ‖ ~ *m* ⟨Philos⟩ *m
Empiriker* m ‖ **–pirismo** *m* ⟨Philos⟩ *Empirismus*
m ‖ *Empirie, Erfahrung(swissenschaft)* f
empirotado adj ⟨fam⟩ *erstaunt gaffend*
empitimarse vr ⟨fam⟩ *s. beschwipsen, s. e–n
andudeln*
empitonadora *f* ⟨Tech⟩ *Dübelmaschine* f
empitonar vt *(den Stierkämpfer) aufspießen od
auf die Hörner (Stier)*
empiza|rrado *m Eindecken* n *mit Schiefer* ‖
Schieferdach n ‖ **–rrar** vt *mit Schiefer decken*
empl. ⟨Abk⟩ = **empleado**
emplas|tar vt *ein Pflaster auflegen* (dat) ‖ ⟨fig⟩
zurechtmachen ‖ *ein Schönheitspflästerchen
(auf)legen* ‖ *behindern (Vorhaben, Geschäft)* ‖
~se s. voll schmieren, s. einschmieren ‖ **–tecer**
[-zc-] vt ⟨Mal⟩ *spachteln*
emplástico adj *klebrig* ‖ ⟨Med⟩ *eiterableitend*
emplasto *m* ⟨Med⟩ *Pflaster* n ‖ ⟨fam⟩ *Pflaster*
n, *oberflächliche Ausbesserung* f ‖ ⟨fam⟩ *halbe
Arbeit* f ‖ ⟨fam⟩ *nutzloser Mensch* m ‖ ⟨Tech⟩
Spachtelkitt m ‖ ~ *adhesivo, ~ aglutinante
Heftpflaster* n ‖ ~ *de cantáridas
Spanischfliegenpflaster* n ‖ ~ *de colodión
Kollodiumpflaster* n ‖ ~ *gomoso
Kautschukpflaster* n ‖ ~ *poroso poröses Pflaster*
n ‖ ~ *vejigatorio Zugpflaster* n ‖ ◇ *aplicar un ~
ein Pflaster auflegen* ‖ *estar hecho un ~* ⟨figf⟩
sehr kränklich sein
¹emplazamiento *m Platz* m ‖ *Stelle* f ‖ *Lage* f ‖
(Stand)Ort m (z.B. *e–r Industrieanlage)* ‖
Bau|platz m, *-gelände* n ‖ ⟨Mil⟩ *Stellung* f ‖ ⟨Mil⟩
Aufstellung, Montierung, Montage f ‖ ⟨Mil⟩
Geschützstand m, *Bettung* f ‖ ⟨Jur⟩ *Vorladung* f ‖
⟨Jur⟩ *Anberaumung* f ‖ ~ *de las avanzadas* ⟨Mil⟩
Vorpostenaufstellung f ‖ ~ *de batería
Batteriestellung* f ‖ *Instellungbringen* n *e–r
Batterie*
²emplazamiento *m* ⟨Jur⟩ *Vorladung* f ‖ ~ *por
edicto öffentliche Vorladung* f
¹emplazar [z/c] vt *ansiedeln (Industrie)* ‖
⟨Mil⟩ *montieren, in Stellung bringen, aufstellen*
²emplazar [z/c] vt ⟨Jur⟩ *anberaumen (Termin)*
‖ *vorladen, vor Gericht laden* ‖ ◇ ~ *delante Dios
vor Gottes Richterstuhl laden*
emplazarse [z/c] vr *in der Mitte der Arena
stehen bleiben und stutzen (Stier)*
emplea|da *f Angestellte* f ‖ ~ *de hogar
Haus|wirtschaftsgehilfin, -haltshilfe* f ‖ **–do** adj: le
está bien ~ ⟨fam⟩ *es ist ihm (ihr) ganz recht
geschehen* ‖ *dar algo por bien ~ s–e Schritte od
sein Opfer nicht bereuen* ‖ ~ *m Angestellte(r)* m ‖
Beamte(r) m ‖ ~ *consular Konsulatsbeamte(r)* m
‖ ~ *del Estado Staatsbeamte(r)* m ‖ ~ *de fábrica
Werksangestellte(r)* ‖ ~ *fúnebre Leichenträger* m
‖ ~ *del hogar Hausangestellte(r)* m ‖ ~**s** *mpl
Angestellte(n)* mpl, *Personal* n ‖ **–dor** *m
Arbeitgeber* m
emplear vt *an-, auf-, ver|wenden, benutzen,
gebrauchen* ‖ *verwerten* ‖ *anstellen, beschäftigen* ‖
anlegen, verwenden (Geld) ‖ *(Zeit) zubringen*
(con *mit)* ‖ ◇ ~ *el día en a/c den Tag mit et.
zubringen* ‖ ~ *mal el tiempo die Zeit schlecht
ausnutzen* ‖ ~ *un medio zu e–m Mittel greifen* ‖
~ *todas las fuerzas alle Hebel in Bewegung
setzen, s. sehr anstrengen, alle Kräfte aufbieten* ‖
~ *la violencia Gewalt anwenden* ‖ **~se** *s.
betätigen* ‖ ◇ ~ *en a/c s. e–r Sache befleißigen
(od s. betätigen)* ‖ *s. mit et.* (dat) *beschäftigen* ‖ ~

a fondo gründlich machen ‖ *s. verwenden, s.
einsetzen* (para *für)* ‖ *sein Bestes geben*
empleo *m Gebrauch* m, *An-, Ver|wendung* f ‖
Einsatz m ‖ *Stelle, Anstellung* f, *Amt* n ‖
Beschäftigung f ‖ ⟨Com⟩ *Geldanlage* f ‖ *Aufwand*
m *(von Mitteln)* ‖ *Verwendungszweck* m,
Bestimmung f ‖ ~ *de confianza Vertrauensposten*
m ‖ ~ *fijo feste Stelle* f, *fester Arbeitsplatz* m,
feste Anstellung f ‖ ~ *honorario Ehrenamt* n ‖
pleno ~ Vollbeschäftigung f ‖ ~ *remunerado
bezahlte Stellung* f ‖ ~ *vacante freie Stelle* ‖ ◆ en
pleno ~ vollbeschäftigt ‖ *sin ~ ohne Anstellung,
arbeitslos* ‖ *außer Dienst* ‖ *unbenutzt* ‖ ◇ *dar ~
e–e Anstellung geben* ‖ *suspender a uno del ~ jdn
(vorübergehend) s–s Amtes entheben, entsetzen* ‖
tener ~ (para) *Verwendung haben (für)* ‖ **–manía**
f ⟨fig⟩ *Stellen-, Ämter|jagd* f, *Strebertum* f
emplo|madura *f* ⟨Tech⟩ *Verbleiung* f ‖
Plombierung f ‖ **–mar** vt *verbleien, mit Blei
ausfüllen od beschichten* ‖ ⟨Com⟩ *plombieren,
verplomben* ‖ *Am plombieren (Zahn)*
emplumado adj *gefiedert* ‖ ~ *m Gefieder* n
¹emplumar vt *mit Federn schmücken* ‖ *(teeren
und) federn (Strafe)* ‖ ~ vi *Federn ansetzen od
bekommen (Vögel)*
²emplumar vt Cu *(jdn) entlassen* ‖ Cu Guat
(jdn) betrügen, ⟨fam⟩ *einseifen* ‖ Hond *verprügeln*
‖ Col *Reißaus nehmen* ‖ ◇ *que me emplumen, si
… ⟨fam⟩ wenn …, dann heiß' ich Meier; ich will
Meier heißen, wenn …*
emplumecer [z/c] vi *Federn ansetzen od
bekommen (Vögel)* ‖ *flügge werden*
empo|brecer [-zc-] vt *arm machen* ‖ *(den
Boden) aussaugen* ‖ ~ vi *verarmen, arm werden* ‖
~se *verarmen, arm werden* ‖ **–brecimiento** *m
Verarmung* f ‖ *Erschöpfung* f (z.B. *des Bodens)* ‖
Verschlechterung f ‖ ⟨fig⟩ *Auslaugung* f (& *des
Bodens)*
empodrecer [-zc-] vi *verderben, faulen*
empolinar vt Dom *(e–n Weg) befestigen*
empo|llado adj *bebrütet* ‖ ⟨figf⟩
stubenhockerisch ‖ ◇ *estar (bien) ~ en, tener
algo (bien) ~* ⟨figf⟩ *et. (tüchtig) gepaukt haben* ‖
–llador *m* ⟨fam⟩ *(Ein)Pauker* m *(Lehrer)* ‖
–lladura *f Brut* f *(der Bienen)* ‖ **–llar** vt/i
(an)brüten, bebrüten ‖ *ausbrüten* ‖ ⟨fam⟩ *büffeln,
einpauken* (& vr) ‖ ~ vi *Eier legen, Brut
bekommen (Bienen)*
¹empolleta *f* Cu PR *unverschämter Antrag* m,
unverschämte Forderung f
²empolleta *f* Cu PR → **ampolleta**
empollón *m/*adj ⟨desp fam⟩ *Büffler, Streber* m
empol|vado adj *staubig* ‖ **–var** vt/i *be-,
an|stäuben* ‖ *verstauben, mit Staub bedecken* ‖
(ein)pudern ‖ Dom *Reißaus nehmen* ‖ ⟨Med⟩
einpulvern ‖ **~se** *einstauben, staubig werden* ‖ *s.
pudern* ‖ Mex *einrosten, die Übung verlieren*
emponcharse vr Am *s. in den Poncho
einhüllen, s. mit dem Poncho einmummen*
emponzo|ñamiento *m Vergiftung* f ‖ **–ñar** vt
vergiften ‖ ⟨fig⟩ *anstecken, verderben*
empopar vi ⟨Mar⟩ *das Heck in den Wind
drehen* ‖ *stark hecklastig sein*
emporcar [-ue-, c/qu] vt *be|schmutzen, -sudeln*
emporio *m Handels-, Stapel|platz* m, *-zentrum*
n ‖ *großes Absatzgebiet* n ‖ *Messe-, Hafen|stadt* f
‖ *Kulturzentrum* n ‖ ⟨fig⟩ *Weltstadt* f ‖ Am *großes
Warenhaus* n
empo|rrado adj *[in der Drogenszene] unter
Drogeneinfluss stehend, high* ‖ **–rrar** vi *haschen*
emposta *f* ⟨Arch⟩ *Anfall* m
△ **emposunar** vt *ängstigen*
empo|trado adj *ein|gebaut, -gemauert* ‖
eingespannt ‖ *unter Putz* ‖ **–trar** vt *ein|keilen,
-zwängen* ‖ *ein|zapfen, -lassen, -mauern* ‖

einkeilen ‖ ◇ ~ en el muro *in die Mauer fassen,*
einlassen ‖ *einmauern*
¹empozar [z/c] vt *in e–n Brunnen werfen*
²empozar [z/c] vt *(jdm) Geld zur Verfügung*
stellen
³empozar [z/c] vi Am *unter Bildung von*
Lachen stehen bleiben (Wasser)
empren|dedor adj *unternehmungslustig* ‖
unternehmerisch ‖ ~ *m Unternehmer* m ‖ **–der** vt
unternehmen, s. vornehmen ‖ *(et.) anfangen, (et.)*
in Angriff nehmen ‖ *(an et.* acc) *herangehen* ‖
übernehmen (Lieferung, Bau, Auftrag) ‖ ◇ *al*
amanecer la –dimos para el monte *mit*
Tagesanbruch brachen wir nach dem Berg auf ‖
~ la retirada ⟨Mil⟩ *s. zurückziehen (& fig)* ‖ ~
una vertiginosa carrera fortrasen ‖ ~ un viaje *e–e*
Reise unternehmen ‖ ~la ⟨fam⟩ *an die Sache*
herangehen ‖ ~la con *od* contra alg. *mit jdm*
handgemein werden, mit jdm streiten ‖ ~la a tiros
⟨fam⟩ *schießen*
empreñar vt ⟨pop⟩ *schwängern, ein Kind*
machen ‖ ⟨pop⟩ *(jdm) lästig fallen, (jdn)*
belästigen ‖ ~se *trächtig werden (Tier)* ‖ ⟨pop⟩
schwanger werden (Frau) ‖ Ar ⟨pop⟩ *in Zorn*
geraten
empre|sa f *Unternehmung* f, *Unternehmen* n ‖
Absicht f, *Vorhaben* n, *Anschlag* m ‖ *(Helden)Tat*
f ‖ *Sinnbild* n, *Wahlspruch* m, *Devise* f ‖ ⟨Com⟩
Unternehmen n, *Betrieb* m, *Firma* f ‖ *Konzert-,*
Theater|direktion f ‖ ~ agrícola
landwirtschaftlicher Betrieb m ‖ ~ comercial
Handels|firma f, *-unternehmen* n ‖ ~
consignataria de buques *Reedereiagentur* f ‖ ~
fantasma *Scheinfirma* f ‖ ~ industrial
Industrieunternehmen n ‖ ~ de limpieza
Reinigungsfirma f ‖ ~ militar *militärisches*
Unternehmen n ‖ ~ modelo *Musterbetrieb* m ‖ ~
de mudanzas *Möbelspedition* f,
Umzugsunternehmen n ‖ ~ naviera
Schifffahrtsunternehmung f ‖ ~ de pompas
fúnebres *Bestattungsinstitut* n ‖ ~ privada
Privatunternehmen n ‖ ⟨fig⟩ *eigenes Anliegen* n,
eigene Sache f ‖ ~ de seguridad *Wach- und*
Schließ|gesellschaft f ‖ ~ suministradora
Lieferfirma f ‖ ~ tapadera *Tarnfirma* f ‖ ~ teatral
Theaterunternehmen n ‖ ~ titánica
Riesenunternehmung f, *gigantisches Unternehmen*
n ‖ ~ de venta por correo *Versandhaus* n ‖ ◇
acometer una ~ *ein Unternehmen anfangen* ‖ et.
unternehmen ‖ *aventurarse od* meterse en ~s
arriesgadas *s. in gefährliche od risikoreiche*
Geschäfte einlassen ‖ **–sariado** *m*
Unternehmertum n, *(die) Unternehmer* mpl ‖ *(die)*
Arbeitgeber mpl ‖ *die Arbeitgeberseite* f ‖ **–sarial**
adj *(m/f) unternehmerisch, Unternehmer-,*
Unternehmens-, Betriebs- **–sario** *m*
Unternehmer m ‖ *Arbeitgeber* m ‖
Konzertunternehmer m ‖ *Theaterunternehmer,*
Impresario m ‖ pequeño ~ *Kleinunternehmer* m ‖
–sarismo *m Unternehmertum* n
empréstito *m Anleihe* f ‖ *Staatsanleihe* f ‖ ~
amortizable *Tilgungsanleihe* f ‖ ~ forzoso *Zwangsanleihe* f ‖ ~
con garantía oro *Goldanleihe* f ‖ ~ del gobierno
→ ~ del Estado ‖ ~ gradual *Staffelanleihe* f ‖ ~
de guerra *Kriegsanleihe* f ‖ ~ público → ~ del
Estado ‖ ◇ contraer, suscribir, hacer un ~ *e–e*
Anleihe abschließen, e–e Anleihe zeichnen
empringar vt → **pringar**
empu|jar vt/i *(fort)stoßen, fortschieben,*
treiben, puffen ‖ *drücken* ‖ ⟨fig⟩ *antreiben,*
aufmuntern ‖ ⟨fig⟩ *(jdn) emporbringen* ‖ ◇ ~ al
abismo *in den Abgrund stürzen* ‖ ~ contra la
pared *an od gegen die Wand drücken* ‖ ~ hacia
arriba *hochrücken* ‖ ¡~! *drücken! (Tür)* ‖ ~ vt

ver|drängen, -treiben ‖ *aufmuntern, anstoßen* ‖
~se *s. gegenseitig stoßen* ‖ **–je** *m Stoß* m ‖ *Druck*
m ‖ *(Feder)Kraft* f ‖ ⟨Tech⟩ *Schub, Stoß, Druck* m
‖ *Wucht* f ‖ ⟨fig⟩ *Nachdruck* m ‖ ⟨fig⟩ *Schwung* m
‖ *Nachdruck* m ‖ ⟨fig⟩ *(Tat)Kraft* f, *Mut* m ‖ ~
ascensional *Auftrieb* m ‖ ~ estático ⟨Flugw⟩
statischer *Schub* m ‖ **–jón** *m heftiger Stoß* m ‖
Schub m ‖ *Stauchen* n ‖ ⟨fam⟩ *Puff* m ‖ ⟨fig⟩ *Ruck*
m *(rasches Fortschreiten e–r Arbeit)* ◆ a
empujones ⟨figf⟩ *stoßweise* ‖ *mit Gewalt* ‖ *mit*
Unterbrechungen, sprungweise ‖ ◇ dar un ~ *e–n*
(heftigen) Stoß versetzen
empulgar [g/gu] vt *spannen (Armbrust)*
empulgarse [g/gu] vr *Flöhe bekommen*
empulgueras fpl ⟨Hist⟩ *Daumenschrauben* fpl
(Foltergeräte)
empuntar vt *zuspitzen (Nadeln)* ‖ Sal *entlassen*
‖ *hinauswerfen* ‖ Sal Col → **encaminar** ‖ ~ vi
Col *weggehen* ‖ *davonfahren* ‖ ~las ⟨fam⟩ Col
Reißaus nehmen ‖ ~se Ven *beharren*
empu|ñadura f *Griff, Handgriff* m *(Stock-,*
Schirm)Knauf m ‖ ⟨fig⟩ *einleitende Formel* f *(e–s*
Märchens, e–r Rede usw.) ◆ hasta la ~ ⟨figf⟩
bis an den Degengriff, bis ans Heft ‖ ⟨fig⟩ *bis*
zum Äußersten ‖ **–ñar** vt *ergreifen, packen* ‖ *(am*
Griff) fassen ‖ ⟨fig⟩ *in den Griff bekommen* ‖
bekommen (Stellung usw.) ‖ ◇ ~ las armas *zu*
den Waffen greifen ‖ ~ el bastón *den Oberbefehl*
übernehmen ‖ ~ el cetro *zur Regierung gelangen*
‖ *die Führung übernehmen*
emputecer [-zc-] vt ⟨vulg⟩ *prostituieren* ‖ *auf*
den Strich schicken
emú *m* ⟨V⟩ *Emu* m *(Dromaeus*
novae-hollandiae)
emu|lación *f Nacheiferung* f, *Wetteifer* m ‖
Eifersucht f ‖ **–lador** *m*/adj *Nach-, Wett|eiferer* m
‖ *Nebenbuhler, Rival(e)* m ‖ **–lar** vt/i *(jdm)*
nacheifern, (con alg. mit jdm) wetteifern
emulgente adj *(m/f)* ⟨Chem⟩ *emulgierend* ‖ ~
m ⟨Med⟩ *erweichendes Mittel, Emolliens,*
Emulgens n
émulo adj *nach-, wett|eifernd (en in dat)* ‖ ~ *m*
Nacheiferer m ‖ *Nebenbuhler* m ‖ *Widersacher,*
Gegner, Rivale m ‖ ◇ ser (el) ~ de alg. *jdm*
nacheifern, mit jdm wetteifern
emul|sión *f* ⟨Chem Fot Med⟩ *Emulsion* f ‖
Emulgierung f ‖ **–sionar** vt *emulgieren* ‖ *kirnen* ‖
–sivo adj *ölig, emulsiv*
en prep *in* ‖ *an* ‖ *auf* ‖ *bei* ‖ *mit* ‖ *um* ‖ *zu* ‖ *für*
‖ *über* ‖ *gegen, wider* ‖ *aus* ‖ *von*
1. **O r t , R a u m , L a g e** (und seltener:)
R i c h t u n g : *an, auf, in (dat bzw acc)* ‖ *aus (dat)*
‖ ~ la calle *auf (bzw in) der Straße* ‖ *auf die*
Straße ‖ ~ casa *zu Hause* ‖ ~ otro lugar
anderswo ‖ ~ Madrid *in Madrid* ‖ ~ la pizarra *an*
der (bzw an die) Tafel ‖ ~ el sobre *auf dem (bzw*
den) Briefumschlag ‖ *in dem (bzw den)*
Briefumschlag ‖ ~ todas partes *überall* ‖ la
comida está ~ la mesa *es ist aufgetischt* ‖ beber
~ un vaso *aus e–m Glas trinken* ‖ fumar ~ pipa
aus e–r Pfeife rauchen ‖ el lápiz ~ la oreja *mit*
dem Bleistift hinter dem Ohr
2. **Z e i t ,** a) *Zeitpunkt: in* ‖ ~ cinco minutos
in fünf Minuten (vgl: *dentro de in, binnen*) ‖ ~
verano *im Sommer* ‖ ~ breve *binnen* (od *in*)
kurzem ‖ ~ fin *schließlich* ‖ ~ un momento
sogleich ‖ b) *abwechselnd:* de día ~ día *von Tag*
zu Tag ‖ de vez (od cuando) ~ cuando *ab und zu,*
hin und wieder ‖ *von Zeit zu Zeit*
3. **Z i e l , E n d e :** besar ~ la frente *auf die*
Stirn küssen ‖ caer ~ el agua *ins Wasser fallen* ‖
caer ~ gracia *Gnade finden, gefallen* ‖
convertirse ~ enemigo *s. in e–n Feind*
verwandeln
4. **W e r t , P r e i s :** vender ~ mil euros *für*

tausend Euro verkaufen ‖ calcular ~ *cien dólares auf hundert Dollar schätzen* ‖ comprar ~ *od por mil euros für tausend Euro kaufen* ‖ apreciar ~ *mucho hoch schätzen*
5. Art und Weise: ~ *absoluto überhaupt* ‖ *gänzlich* ‖ *keineswegs* ‖ *durchaus nicht* ‖ ~ *broma zum Spaß, im Scherz* ‖ ~ *español auf spanisch* ‖ ~ *favor de … zugunsten* (& *zu Gunsten) von … ‖* ~ *honor de … zu Ehren von …* ‖ ~ *su provecho zu s–m (ihrem) Nutzen* ‖ ~ *serio im Ernst* ‖ ~ *voz alta laut* ‖ ~ *voz baja leise* ‖ *lo conocí* ~ *el andar ich erkannte ihn an s–m Gang* ‖ *ir* ~ *coche im (bzw mit dem) Wagen fahren* ‖ *terminar* ~ *punta spitz zulaufen, spitz sein* ‖ *terminar* ~ *una vocal auf e–n Selbstlaut enden*
6. Inhalt, Beziehung: *an* (dat) ‖ *fértil* ~ *granos reich an Korn, kornreich* ‖ *pobre* ~ *metal arm an Metall (Erz)* ‖ *rico* ~ *adornos reich geschmückt* ‖ ~ *todo caso jedenfalls* ‖ *abundar* ~ *algo Überfluss an et. (dat) haben* ‖ *creer* ~ *Dios an Gott glauben* ‖ *pensar* ~ *ti an dich denken* ‖ *trabajo* ~ *ello ich arbeite daran*
7. in adverbiellen Redensarten: ~ *absoluto absolut, gänzlich* ‖ ~ *efecto in der Tat* ‖ ~ *particular besonders* ‖ ~ *secreto heimlich* ‖ ~ *silencio stillschweigend* ‖ ~ *vano ver|gebens, -geblich*
8. mit e–m Gerundium: *nachdem* ‖ *wenn* ‖ *als, sowie, sobald* ‖ *da, weil* ‖ a) *temporale Bedeutung, Gleichzeitigkeit:* ~ *diciendo esto indem er (sie, es) dies sagte* ‖ ~ *colocando la última piedra beim Legen des letzten Steines* ‖ b) *Bedingung, Mittel, Grund:* ~ *pagándole, todo se terminará sobald (wenn) man ihn bezahlt, wird alles gut sein*
9. mit e–m Infinitiv: no hay inconveniente ~ *hacerlo es gibt k–n Grund od nichts spricht dagegen, es nicht zu tun*
enaceitar vt *(ein)ölen, schmieren*
enacerar vt *stählen*
△ **enagrar** vt *(ver)bessern*
enagua(s) f(pl) *(Frauen)Unterrock* m
ena|guachar vt *durch zu viel Flüssigkeit verderben (& Magen)* ‖ **–guar** *verwässern* ‖ **–guazar** [z/c] vt *schlammig machen*
ena|güillas fpl dim von **–gua(s)** ‖ *Lendenschurz* m *des Gekreuzigten* ‖ *Rock* m *einiger Volkstrachten (z. B. der Schottenkilt)*
enaje|nabilidad f (Jur) *Veräußerlichkeit* f ‖ **–nable** adj *(m/f) veräußerlich* ‖ **–nación** f *Entfremdung, Abneigung* f ‖ *Veräußerung* f ‖ *Verkauf* m ‖ *Ent-, Ver|zückung* f ‖ *Geistesabwesenheit* f ‖ ~ *mental Wahn-, Irr|sinn* m, *Irresein* n ‖ **–nado** adj *wahnsinnig* ‖ ~ *de alegría außer s. vor Freude* ‖ **–namiento** m → **–nación** ‖ **–nar** vt *entfremden, abspenstig machen* (a alg. de alg. *jdn jdm)* ‖ *entrücken, verzücken* ‖ *von Sinnen bringen* ‖ *veräußern, weggeben* ‖ *enteignen* ‖ **~se** s. *(jdm) entfremden* ‖ s. *(e–r Sache) entäußern* ‖ s. *(mit jdm) entzweien* ‖ s. *zurückziehen (de alg. vom Umgang mit jdm)* ‖ *von Sinnen kommen* ‖ *außer s. geraten* ‖ ◇ ~ *las simpatías s. unbeliebt machen*
enalbar vt (Met) *zum Weißglühen bringen*
¹**enalbardar** vt *den Packsattel auflegen (e–m Tier)*
²**enalbardar** vt (Kochk) *panieren* ‖ *spicken*
enaltecer [-zc-] vt *erhöhen* ‖ *erheben, loben, rühmen, verherrlichen, preisen* ‖ **~se** s. *über andere erheben*
enamo|rada f *Geliebte* f ‖ **– radizo** adj *von verliebter Gemütsart, leicht entflammbar* ‖ *liebebedürftig* ‖ **–rado** adj *verliebt* (de in acc) ‖ *eingenommen* (de *für), entzückt* ‖ *perdidamente* ~

(un)sterblich verliebt ‖ ~ m *Geliebte(r), Liebhaber* m ‖ *Bewunderer, Anhänger, Freund* m (de gen) ‖ *los* ~s *die Liebenden* mpl, *das Liebespaar* n ‖ adv: **~amente** ‖ **–ramiento** m *Verliebtheit* f ‖ *Liebelei* f ‖ *Erweckung* f *der Liebe* ‖ **–rar** vt *(jdm) Liebe einflößen* ‖ *(jdm) den Hof machen, (jdn) umwerben* ‖ *(jdn) lieben* ‖ **~se** s. *verlieben* (de in acc) ‖ ◇ ~ *de a/c et. lieb gewinnen* (acc), *Gefallen finden an et.* (dat) ‖ **–ri(s)carse** [c/qu] vr *(fam) s. (leicht) verlieben*
enancarse [c/qu] vr Am s. *ungerufen (in et.* acc) *einmischen*
ena|nismo m (Biol Med) *Zwergwuchs, Nanismus* m ‖ **–no** adj *zwergenhaft, zwergig, Zwerg-* ‖ ~ m *Zwerg* m ‖ ~ *de jardín Gartenzwerg* m ‖ ◇ *divertirse como un* ~ s. *köstlich amüsieren*
enante m (Bot) *Rebendolde* f (Oenanthe sp)
enarbo|lado m/adj (Arch) *Gerüst, Gebälk* n *(Turm usw.)* ‖ **–lar** vt *auf|richten, -pflanzen* ‖ (Mar) *hissen (Flagge)* ‖ (fig) *schwingen* ‖ **~se** s. *(auf)bäumen* ‖ *zornig werden*
enarcar [c/qu] vt *bogenförmig biegen* ‖ *binden, bereifen (Fässer)* ‖ *eichen (Schiff)* ‖ ◇ ~ *el busto die Brust hoch tragen* ‖ (fig) *stolzieren* ‖ ~ *las cejas große Augen machen* ‖ **~se** s. *ducken* ‖ Mex s. *bäumen (Pferd)*
enar|decer [-zc-] vt *entzünden (& fig)* ‖ (fig) *erhitzen (das Blut)* ‖ (fig) *begeistern* ‖ **~se** s. *erhitzen, s. entzünden (bei Anstrengungen* bzw *Krankheiten) (& fig)* ‖ (fig) s. *begeistern* (por *für)* ‖ **–decido** adj (fig) *entflammt* ‖ **–decimiento** m *Erhitzung* f ‖ *Begeisterung* f
enarenar vt *mit Sand bestreuen* ‖ **~se** (Mar) *stranden, auflaufen*
enarmonar vt *(et.) aufrichten*
enarmónico adj (Mus) *enharmonisch*
enartrosis f (An) *Nussgelenk* n, *Enarthrose* f
enas|tado adj *gehörnt* ‖ **–tar** *stielen (Werkzeug)*
encaballar vt *übereinander legen (Ziegel usw.)* ‖ (Typ) *verschieben (Form)* ‖ ~ vi *aufliegen*
encabestrar vt *(an)halftern* ‖ (fig) *einfangen,* (fam) *in Schlepp nehmen* ‖ **~se** s. *in dem Halfter verfangen*
¹**encabezado** m *Kopf* m *(e–s Kapitels)*
²**encabezado** m *Verschneiden* n *(des Weines)*
encabezamiento m *Steuerrolle* f ‖ *Steuerquote* f ‖ *Eingangsformel* f ‖ *Kopf* m *(e–r Urkunde, e–s Briefes, e–s Kapitels)* ‖ *Einschreibung, Registrierung* f *(Verwaltung)*
¹**encabezar** [z/c] vt *(Wein) verschneiden*
²**encabezar** [z/c] vt *in die Steuerrolle eintragen* ‖ *einschreiben* ‖ *mit e–r Kopfquote belegen* ‖ (Zim) *an den Enden verbinden (Balken)* ‖ (Tech) *(an)stauchen (Nagelköpfe)* ‖ *(e–e Urkunde, Schrift usw.) formelhaft einleiten* ‖ *einleiten* ‖ *als Erster stehen (auf e–r Liste)* ‖ Am *(an)führen (als Oberhaupt)* ‖ ◇ ~ *la oposición s. an die Spitze der Opposition stellen* ‖ *la dirección que* –za *esta líneas die obige Adresse* ‖ **~se** (fig) *das kleinere Übel wählen*
encabritarse vr s. *bäumen (Pferd) (& fig)* ‖ (Flugw Auto) *bocken* ‖ (fig) s. *ärgern*
encachado m (EB) *Pflasterung* f *zwischen der Gleisen*
encachilarse vr Arg s. *ärgern*
encade|nado adj *zusammenhängend, verkettet* ‖ ~ m (Arch) *Traggebälk* n ‖ *Widerlager* n ‖ (Bgb) *Abstrebung* f ‖ **–nadura** f, **–namiento** m, **–nación** f *Ankettung* f ‖ (fig) *Verkettung* f ‖ **–nar** vt *in Ketten legen, fesseln, anketten* (a *an* acc) ‖ *an die Kette legen (Hund)* ‖ (fig) *an-, ver|ketten* ‖ *miteinander verbinden* ‖ (fig) *hemmen, hindern* ‖ (Mar) *mit Ketten sperren (Einfahrt des Hafens)* ‖ **~se** (fig) *ineinander greifen*

enca|jadura *f Ein\|fügung, -passung* f ‖
Fassung f *(e–s Edelsteines)* ‖ **–jar** vt *ein\|fügen,
-passen* ‖ *einfassen* ‖ *ein\|fassen, -legen* ‖
ineinander fügen ‖ *(hin)ein\|stecken, -passen* ‖
einrenken (z.B. *ein Glied*) ‖ *einstecken (Schläge)*
‖ *eintragen (Angaben in e–e Karte)* ‖ *genau
zuschließen (Tür)* ‖ *vorschieben (Riegel)* ‖
abfeuern (Schuss) ‖ *versetzen (Schlag)* ‖ ⟨fam⟩
verpassen (Schuss) ‖ ⟨figf⟩ *zum Besten geben* ‖
(jdm et.) aufdringen ‖ *(et.) zuschieben* od
aufbürden ‖ *(jdm et.) weismachen (Unwahres)* ‖
aufhängen, ⟨fam⟩ *andrehen (Ware, Falschgeld)* ‖
(jdn) hintergehen ‖ *(jdm et.) aufschwatzen* ⟨fam⟩
(et.) aufnehmen, ⟨fam⟩ *(et.) schlucken* ‖ *(mit et.)
fertig werden* ‖ *(in die Rede) einflechten* ‖ ⟨Mar⟩
einpinnen ‖ ⟨Sp⟩ *schießen (Tor)* ‖ ◇ *el director
me –jó una arenga* ⟨fig iron⟩ *der Direktor hat
mich mit e–r Ansprache beglückt* ‖ ~ *las manos s.
die Hände reichen und drücken* ‖ ~ *un palo e–n
Stockschlag verpassen* ‖ ~ vi *passen* (con *zu,* en
auf acc), *s. schicken* (& fig) ‖ *eingreifen* ‖
schließen (Fenster, Tür) ‖ *einschnappen (Schloss)*
‖ *ineinander passen, schließen* ‖ *einrasten* ‖ ⟨fig⟩
übereinstimmen (con *mit) greifen* ‖ ◇ ~ *bien
passen* ‖ *la puerta –ja bien die Tür schließt gut* ‖
*el boxeador –ja bien der Boxer kann was
einstecken* ‖ ~ *un gol* ⟨Sp⟩ *ein Tor kassieren* ‖ *tu
proposición –ja mal dein Vorschlag ist
unannehmbar* ‖ ~ *en la vida s. ins Leben fügen* ‖
~*se s. eindrängen (in e–e Menschenmenge)* ‖ *s.
aufdrängen* ‖ *s. hineinzwängen* ‖ ⟨fam⟩ *s. (den
Hut) aufstülpen* ‖ ⟨fam⟩ *s. anziehen (Mantel)* ‖
RPl ⟨Auto⟩ *s. festfahren, stecken bleiben* ‖ *el niño
se –jó entre nosotros* ⟨fam⟩ *der Junge schlich s.
bei uns ein*

¹encaje *m Ein\|fügen, -passen* n, *(Ein)Fassung* f
‖ *Zusammen-, Ein\|fügung* f ‖ *(genaue) Anpassung*
f ‖ *Beilage* f *(e–r Zeitung)* ‖ ⟨Tech⟩ *Nut, Fuge* f,
Falz m ‖ *Einsatz* m ‖ *Sitz* m *(bei Passungen)* ‖
Eingriff m ‖ *eingelegte Arbeit* f ‖ ⟨Arch⟩
Einschnitt m ‖ *Spitze, Kante* f ‖ *la ley del* ~ *das
Gesetz der Willkür* ‖ ⟨fam⟩ *richterliche Willkür* f
bei Entscheidungen e–r Sache

²encaje *m* ⟨Com⟩ *Kassen\|(be)stand* m, *-reserve*
f, *Deckung* f ‖ ~ *oro Goldreserve* f

encajes *mpl* ⟨Text⟩ *Spitzen* fpl ‖ ⟨Her⟩
Dreiecksfelder npl ‖ ~ *de bolillos Klöppelspitzen*
fpl ‖ ~ *a máquina Maschinenspitzen* fpl ‖ ~ *de
seda Seidenspitzen, Blonden* fpl ‖ ~ *de tul
Tüllspitzen* fpl ‖ ◇ *hacer* ~ *de bolillos klöppeln*

encajera *f Spitzen\|klöpplerin, -macherin* f
encajetar vt Arg Chi → **encajar**
encajetillar vt *in Packungen abfüllen (Tabak)*
encajo|nado *m (Stau)Wehr* n ‖ *Lehmmauer* f ‖
-nar vt *in e–e Kiste packen, legen* ‖ *eindeichen
(Fluss)* ‖ ⟨Hydr⟩ *(Steinkasten) versenken* ‖ ⟨Arch⟩
abstützen (Mauer) ‖ ⟨fig⟩ *einengen* ‖ ~*se e–e
Enge bilden* (z.B. *Flusslauf)* ‖ *s. verfangen
(Wind)*

encalabernarse vr Chi *s. versteifen (auf et.)*
cc)
encalabozar [z/c] vt *einkerkern, in den Kerker
werfen*
encalabrinar vt ⟨fam⟩ *benebeln (durch starke
Getränke usw.)* ‖ ◇ ~ *los nervios* ⟨figf⟩ *die
Nerven erregen* ‖ ~*se* ⟨fam⟩ *s. verlieben* ‖
aufgebracht werden ‖ *erpicht sein* (con *auf* acc) ‖
. versteifen (con *auf)*
enca|lado *m Weißen, Tünchen* n ‖ **–lador** *m
Tüncher* m ‖ *Äscher* m *(der Gerber)* ‖ **–ladura** *f
→ encalado*
encalambrarse vr Am *e–n Krampf bekommen*
Col Chi Mex PR *vor Kälte erstarren*
encalar vt *weißen, tünchen* ‖ *äschern
Tierhaut)*

encalillarse vr Chi *s. verschulden*
enca|llad(ur)a *f,* **–lle** *m* ⟨Mar⟩ *Stranden* n ‖
–lladero *m* ⟨Mar⟩ *(Sand)Bank* f ‖ ⟨figf⟩ *Patsche,
Klemme* f ‖ **–llar** vi *stranden, auflaufen* ‖ ⟨fig⟩
stocken, auflaufen, stranden (Geschäft) ‖
stehenbleiben (Motor) ‖ ⟨Tech⟩ *s. festfressen
(Gewinde)* ‖ ~*se* ⟨Kochk⟩ *hart werden* ‖
–llad(ur)a *f* ⟨Kochk⟩ *Hartwerden* n
encalle|cer [-zc-] vi *schwielig werden* ‖ ~*se*
⟨fig⟩ *hart werden* ‖ *s. abhärten* ‖ **–cido** adj
schwielig ‖ ⟨fig⟩ *abgehärtet* ‖ ⟨fig⟩ *abgestumpft*
encallejo|nado adj: viento ~ *Zugwind* m ‖
–nar vt: ~*los toros die Stiere in e–e enge Gasse
treiben*
encal|mado adj ⟨Mar⟩ *abgeflaut (Wind),
windstill* ‖ *flau (Börse)* ‖ **–marse** vr *abflauen
(Wind)*
△ **encalomar** vt *tragen*
encalvecer [-zc-] vi *kahl werden*
encama|do adj/*s bettlägerig* ‖ **–rse** vr *s.
niedertun (Wild)* ‖ *s. legen (Heu, Getreide)* ‖
⟨fam⟩ *s. ins Bett (für längere Zeit) legen* (z.B.
Kranke) ‖ ⟨vulg⟩ *ins Bett gehen (zur Ausübung
des Geschlechtsverkehrs)*
encambijar vt *(Wasser) speichern und
verteilen*
encamelar vt → **enamorar** ‖ *becircen (bes.
Frauen)*
encami|nado adj *angebahnt* ‖ ◇ *ir* od *estar* ~
a ... & inf darauf abzielen zu ... & inf ‖ **–nar** vt
auf den (rechten) Weg bringen ‖ *führen,
(hin)leiten, (hin)lenken* ‖ *einleiten* ‖ *befördern
(Post)* ‖ ⟨fig⟩ *in Gang bringen (Angelegenheit)* ‖
~ vi *hinführen (Weg)* ‖ ~*se s–n Weg nehmen* (a,
hacia *nach)*
encamisar vt *das Hemd anziehen* ‖ *beziehen
(Betten usw.)* ‖ ⟨Tech⟩ *um\|hüllen, -manteln* ‖ ⟨fig⟩
verdecken
encamotarse vr ⟨fam⟩ Arg CR Chi Ec →
enamorarse ‖ → **amartelarse**
encampanado adj: dejar a uno ~ *jdn im Stich
lassen,* ⟨fam⟩ *jdn im Regen stehen lassen*
encana|lar, –lizar [z/c] vt *kanalisieren*
encana|llado adj *verroht* ‖ **–llarse** vr *sittlich
ver\|kommen, -lottern, -ludern*
encanar vt Arg Col Chi *verhaften* ‖ *einkerkern*
‖ ~*se nicht mehr können (vor Lachen* bzw
Weinen)
encanastar vt *in e–n Korb legen*
encanchinarse vr Guat → **enamori(o)carse** ‖
Guat *zornig werden*
encandecer [-zc-] vt *zum Weißglühen bringen*
encandelar vt Col Pe *anzünden (Licht)*
¹encandilado adj ⟨fam⟩ *aufgerichtet*
²encandilado adj *leuchtend (Augen)* ‖ ⟨fig⟩
bezaubert
encandila|dera → **–dora**
encandiladora *f* ⟨fam⟩ *Kupplerin* f
encandilar vt *blenden* ‖ ⟨fig⟩ *hinters Licht
führen, täuschen* ‖ *bezaubern* ‖ *(Feuer) anfachen* ‖
Chi *(Feuer) anmachen* ‖ PR *wecken (Schlafenden)*
‖ PR Col *erschrecken* ‖ PR *böse, zornig werden* ‖
⟨fig⟩ *begeistern* ‖ ~*se glühende Augen bekommen*
(z.B. *Betrunkener)* ‖ *glühen, (auf)leuchten*
encanecer [-zc-] vi *ergrauen, grau werden
(Haare)* ‖ ⟨fig⟩ *alt werden* ‖ *schimm(e)lig werden
(Brot usw.)* ‖ ◇ ~ *en los trabajos in der Arbeit alt
und grau werden*
encani|jado adj *kränklich, siech, krüppelhaft* ‖
–jarse vr *kränklich werden, verkümmern (bes.
Kinder)* ‖ Ec Pe *vor Kälte erstarren*
encani|lladora *f* ⟨Text⟩ *Kötzerspulmaschine* f ‖
–llar vt ⟨Text⟩ *spulen*
encanta|do adj *be-, ver\|zaubert* ‖ *verhext* ‖
verwunschen (bes. in Märchen, Sagen usw.) ‖

Zauber- ‖ ⟨fig⟩ *entzückt, hingerissen* ‖ ¡~! ⟨fam⟩
glänzend! ‖ *sehr gerne!, mit Vergnügen!* ‖ *das
lass' ich mir gefallen!* ‖ ¡~ de conocerlo! *es freut
mich sehr, Sie kennenzulernen,* ⟨fam⟩ *sehr
angenehm!* ‖ ¡~ de la vida! ⟨fam⟩ *von Herzen
gerne!* ‖ ~ *m Verzauberte(r)* m ‖ **–dor** adj
zaubernd, Zauber- ‖ ⟨fig⟩ *bezaubernd, reizend,
entzückend, charmant* ‖ ~ *m Zauberer* m ‖ ~ de
serpientes *Schlangenbeschwörer* m ‖ **–dora, –triz**
[*pl* ~ces] *f Zauberin* f ‖ **–miento** *m Bezauberung,
Zauberei* f ‖ *Zauber* m (& fig)
encan|tar vt *be|zaubern, -hexen, verzaubern* ‖
be|schwören, -rücken ‖ ⟨fig⟩ *entzücken, einnehmen*
‖ **–te** *m Versteigerungsraum* m ‖ *Trödelmarkt* m
(& pl) ‖ *Versteigerung* f ‖ **–to** *m Zauber* m (& fig)
‖ *Liebreiz, Charme* m ‖ *Wonne* f, *Entzücken* n ‖
Staunen n ‖ como por ~ *wie durch Zauberhand* ‖
⟨fig⟩ *im Nu* ‖ era un ~ escucharlo *ihm zuzuhören
war bezaubernd* ‖ ¡~ (mío)! *(mein) Schatz!* ‖ **–s**
mpl ⟨fig⟩ *(weibliche) Reize* mpl
encantusar vt → **engatusar**
encaña|da *f Engpass* m ‖ *hohle Gasse* f ‖ **–do**
m Rohr-, Röhren|leitung f, *Röhrensystem* n ‖
Dränage Schw *Drainage* f ‖ ⟨Agr⟩ *Rohrspalier·*
n
encañar vt *durch Röhren leiten (Wasser)* ‖
⟨Agr⟩ *entwässern, dränieren,* Schw *drainieren* ‖
*mit Stützstäbchen versehen (Garten- od
Schling|pflanzen)* ‖ *aufwickeln, spulen (Seide,
Garn usw.)* ‖ *(Holzscheite) übereinander schichten
(beim Kohlenbrennen)* ‖ ~ vi *in die Halme
schießen (Getreide)*
enca|pado adj *in e–n Mantel gehüllt* ‖
–peruzar [z/c] vt ⟨fig⟩ *verhüllen* ‖ **–pillar** vt *mit
e–r Kapuze bekleiden* ‖ ~se ⟨figf⟩ *ein
Kleidungsstück anziehen*
encapo|tado adj *bedeckt, trüb(e) (Himmel)* ‖
–tamiento *m Bedecken* n *(des Himmels)* ‖ ⟨fig⟩
finstere Miene f ‖ **–tar** vt *ein-, ver|hüllen* ‖ ~se
⟨fig⟩ *s. bedecken (Himmel)* ‖ ⟨fig⟩ *mürrisch
werden (Person)* ‖ ⟨fig⟩ *e–e finstere Miene
aufsetzen* ‖ *s. in den Umhang hüllen*
encapri|chamiento *m Versessenheit* f ‖ *Laune*
f, *Eigensinn* m ‖ **–charse** vr ⟨fam⟩ *s. kopflos
verlieben* ‖ *s. (auf et.) kaprizieren* ‖ ◇ ~ con algo
s. et. in den Kopf setzen ‖ *versessen sein auf et.*
(acc) ‖ ⟨figf⟩ *e–n Narren gefressen haben an et.*
(dat)
encapsu|lación *f Einkapselung* f ‖ **–lado** adj
eingekapselt ‖ **–lar** vt *einkapseln, mit e–r Kapsel
versehen*
encapuchado adj *vermummt* ‖ ~ *m
Vermummte(r)* m ‖ **–s** *mpl Kapuzenträger* mpl
(bei kirchlichen Umgängen und Prozessionen)
encapullado adj *in der Knospe eingeschlossen*
‖ *eingesponnen (Raupe)* ‖ ⟨fig pop⟩ *von der
Vorhaut umgeben (Eichel des männlichen
Gliedes)*
encara adv Ar *trotzdem* ‖ *trotz allem*
encarado adj: bien (mal) ~ *schön (hässlich)
von Gesicht*
encaramar vt *empor-, hinauf|heben* ‖
hinaufstellen ‖ ⟨fig⟩ *übertreiben* ‖ *übermäßig
loben* ‖ *herausstreichen,* ⟨fam⟩ *verhimmeln* ‖ ~se
et. er|klettern, -klimmen ‖ *(hinauf)klettern* (a, en,
sobre *auf* acc) ‖ ⟨fig⟩ *sehr hoch steigen* ‖ Chi
schamrot werden ‖ ◇ ~ en un árbol, al (*od* sobre
el) tejado *auf e–n Baum, auf das Dach klettern*

encaramiento *m starres Anblicken* n ‖
Gegenüberstellung f ‖ *Anschlag* m *(mit e–r Waffe)*
encarapitarse vr Col Ec → **encaramarse**
encarar *an|schlagen, -legen (Schießwaffe)* ‖
einander gegenüberstellen ‖ ⟨fig⟩
gegenübertreten, die Stirn bieten (dat), *(et.) in
Angriff nehmen* ‖ ◇ ~ con *od* a alg. *jdn starr
anblicken* ‖ ~se: ~ con alg. *jdm gegenübertreten*
‖ *jdm widerstehen*
encaratularse vr *e–e Maske aufsetzen*
encarce|lación *f* → **encarcelamiento** ‖ **–lado**
adj *inhaftiert,* ⟨fam⟩ *eingesperrt* ⟨Med⟩
eingeklemmt (Hernie) ‖ **–lamiento** *m Einweisung
in e–e Haftanstalt, Inhaftierung* f, ⟨fam⟩
Einsperren n ‖ **–lar** vt *in das Gefängnis
einweisen, inhaftieren,* ⟨fam⟩ *einsperren* ‖ ⟨Arch⟩
vermauern ‖ *einlassen*
encardinación *f Eingliederung in e–e Diözese,
Inkardination* f
encare|cedor adj *preissteigernd* ‖ *rühmend* ‖
–cer [-zc-] vt *verteuern* ‖ *(den Preis) steigern* ‖
⟨fig⟩ *sehr loben* ‖ *angelegentlich od dringend
empfehlen* ‖ ⟨fig⟩ *betonen, hervorheben* ‖ ◇ ~ a
alg. que … (& subj) *jdn inständig bitten zu …* (&
inf) ‖ ~ vi *im Preis steigen, teuer (bzw teurer)
werden* (& vr) ‖ **–cidamente** adv *angelegentlichst,
dringlichst* ‖ *inständig (bitten)* ‖ **–cimiento** *m
Verteuerung, Preissteigerung* f ‖ *Lob* n,
Anpreisung f ‖ *Nachdruck* m ‖ ◆ con ~ *dringlich,
inständig, eifrig*
encargada *f*: ~ de los lavabos ⟨fam⟩
Toilettenfrau f
encargado *m/adj Beauftragte(r), Mandatar* m ‖
Vertreter m ‖ *Geschäftsführer, Sachwalter* m ‖
Disponent m ‖ *Werkführer* m ‖ ⟨Typ⟩ *Faktor* m ‖
~ de (la) clase ⟨Sch⟩ *Klassenlehrer* m ‖ ~ de
curso *Lehrbeauftragte(r)* m ‖ ~ de negocios
Geschäftsträger m ‖ ~ de primera Span
technischer Unterabteilungsleiter m ‖ ~ de
segunda Span *Werkmeister* m ‖ ~ del registro
civil *Standesbeamter* m ‖ ~ de la vigilancia
Aufsichtführende(r) m
encar|gar [g/gu] vt *(jdm et.) auftragen* ‖ *(jdn)
beauftragen* ‖ *(jdm et.) übergeben* ‖ *anbefehlen* ‖
empfehlen, raten ‖ *bestellen* ‖ ◇ ~ algo a alg.
jdm et. an-, über|tragen ‖ *jdm et. anvertrauen* ‖
jdn mit et. (dat) *beauftragen, jdm et. auftragen* ‖
~ a alg. que … (& subj) *jdm den Auftrag geben
zu …* (& inf) ‖ me ~gan para ti muchos recuerdos
ich soll dir viele Grüße von ihnen bestellen ‖
~se: ~ de et. *übernehmen* ‖ ~ de la ejecución
die Besorgung übernehmen ‖ volver a ~ de sus
negocios *die Geschäfte (wieder) aufnehmen* ‖ ~
(od estar –gado) de a/c *et. übernehmen, auf s.
nehmen* ‖ *s. anheischig machen, et. zu tun* ‖ **–go**
m Auftrag m, *Bestellung* f ‖ *Befehl* m ‖ *bestellte
Ware, Sendung* f ‖ *Amt* n, *Stelle* f ‖ ◆ como
(hecho) de ~ *genau entsprechend* ‖ *in tadelloser
Aufführung* ‖ ⟨fam⟩ *wie auf Bestellung* ‖ ⟨fam⟩
wie gerufen ‖ de ~ *auf Bestellung* ‖ nuevo ~
Nachbestellung f ‖ por ~ de … *auf Veranlassung
od im Auftrag von …* ‖ ◇ tener ~ de … *beauftragt sein zu …* ‖ efectuar ~s *Aufträge
erledigen* ‖ hacer ~s ⟨fam⟩ *Besorgungen
erledigen*
encari|ñamiento *m Gewogenheit* f ‖ *Liebe* f,
Verliebtsein n ‖ **–ñar** vt *(bei jdm) Zuneigung
erwecken* ‖ ◇ ~se con algo *od* alg. *et. od jdn
liebgewinnen, s. mit et. od mit jdm befreunden*
encarnación *f* ⟨fig⟩ *Ver|körperung,
-wirklichung* f ‖ ⟨Rel⟩ *Mensch-, Fleisch|werdung* f
‖ *Inkarnation* f ‖ ⟨Mal⟩ *Fleischfarbe* f, *Inkarnat* n
‖ **Encarnación,** ⟨fam⟩ **Encarna** *f np span.
Frauenname*
encar|nado adj *fleischfarben* ‖ *(hell)rot* ‖

hochrot ‖ *eingewachsen (Finger- od Zehen\nagel ins Fleisch)* ‖ ⟨Rel⟩ *mensch-, fleisch\geworden* ‖ ⟨fig⟩ *leibhaftig* ‖ **–nadura** *f* ⟨Med⟩ *Heilungsneigung* f *(der Gewebe bzw Wunden)* ‖ *Eindringen* n *ins Fleisch (Waffe)* ‖ *Sichverbeißen* n *(Hetz- od Kampf\hunde)* ‖ ◇ *ponerse ~ erröten (vor Scham)*

encar|nar vt ⟨fig⟩ *verkörpern, darstellen (e–e Idee usw.)* ‖ ⟨Mal⟩ *im Fleischton malen* ‖ ⟨Th Film⟩ *verkörpern (Rolle)* ‖ ⟨Fi⟩ *mit e–m Fleischköder versehen (Angelhaken)* ‖ ⟨Jgd⟩ *vom Fleisch des erlegten Wildes fressen lassen (Jagdhunde)* ‖ ~ vi *Mensch od Fleisch werden (Gottheit)* ‖ *Fleisch ansetzen, heilen (Wunde)* ‖ ⟨Jgd⟩ *hitzig auf das Wild werden (gehetzte Hunde)* ‖ **~se** ⟨fig⟩ *s. vermischen, s. einverleiben* ‖ ⟨fig⟩ *eins werden, miteinander verschmelzen* ‖ *verwachsen* ‖ *einwachsen (Finger- od Zehen\nagel ins Fleisch)* ‖ **–necer** [z/c] *vi Fleisch ansetzen*

encarnizado *adj rot entzündet (Wunden)* ‖ *blutunterlaufen (Auge)* ‖ *blutgierig* ‖ ⟨fig⟩ *heftig, ungestüm* ‖ ⟨fig⟩ *erbittert (Kampf)* ‖ *la ~a competencia die scharfe Konkurrenz* ‖ *adv:* **~amente**

encarni|zamiento *m Erbitterung, Wut* f ‖ *Blutgier, Grausamkeit* f ‖ ⟨fig⟩ *Leidenschaft(lichkeit)* f ‖ ⟨fig⟩ *Ausdauer, Versessenheit* f ‖ **–zar** [z/c] *vt erbittern* ‖ *wütend machen, aufreizen* ‖ *scharf machen, hetzen (contra auf acc) (Hetz- od Kampf\hunde)* (& *fig*) ‖ **–zarse** [z/c] *vr s. verbeißen (Hund, Raubtier)* ‖ *die Beute zerreißen (Hund, Raubtier)* ‖ ⟨fig⟩ *in größte Wut geraten* ‖ ⟨fig⟩ *unaufhörlich verfolgen (contra alg. jdn)* ‖ ⟨fig⟩ *verbissen kämpfen* ‖ ⟨fig⟩ *pausenlos arbeiten* ‖ *~ en od con alg. jdn grausam behandeln*

encaro *m eingehendes Beobachten, (An)Starren* n ‖ *An\legen* n, *-schlag* m *(Waffe)* ‖ *Kolbenwange* f *(am Gewehr)*

encarpetar vt *einheften, in Mappen legen (Dokumente)* ‖ ⟨fig⟩ *e–n Vorgang liegen lassen*

encarretadora *f* ⟨Text⟩ *Spulmaschine* f

encarrilar vt ⟨EB⟩ *aufgleisen* ‖ ⟨fig⟩ *in die Wege leiten, in Gang bringen (Geschäft, Vorhaben usw.)*, ⟨fam⟩ *einfädeln* ‖ ⟨fam⟩ *einrenken* ‖ *~ a alg.* ⟨fig⟩ *jdn auf e–n bestimmten Weg bringen, jdn in e–e bestimmte Richtung lenken* ‖ **~se** ⟨fig⟩ *ins (rechte) Geleise kommen*, ⟨fam⟩ *s. einrenken*

encarroñarse vr *verderben*

encarru|jado adj *ge\ringelt, -kräuselt* ‖ *Mex uneben (Gelände)* ‖ **–jarse** vr *s. ringeln, s. kräuseln*

encar|taciones *fpl Vizc Ortschaften fpl an der Grenze zu Burgos, die Foralrechte haben* ‖ **–tado** *adj in (Untersuchungs)Haft* ‖ *~ m Beschuldigte(r), (Untersuchungs)Häftling* m ‖ *in Abwesenheit Verurteilte(r)* m ‖ *Vizc aus den encartaciones Gebürtige(r)* m

¹encartar vt ⟨Jur⟩ *(jdm) den Prozess machen* ‖ *in Abwesenheit verurteilen*

²encartar vt ⟨Ztg⟩ *beilegen (Ein- od Bei\lage)*

³encartar vt ⟨Kart⟩ *in die Hand spielen*

encarte *m* ⟨Ztg⟩ *Ein-, Bei\lage* f ‖ *Insert* n ‖ **–lar** vt *mit Plakaten bekleben*

encarto|nado adj ⟨Buchb⟩ *kartoniert* ‖ *~ m Kartonierung* f ‖ **–nador** *m Kartonierer* m ‖ **–nar** vt *kartonieren (Bücher)* ‖ *einfalzen* ‖ *in Schachteln verpacken*

encartuchar vt *in Rollen packen (z.B. Geld)* ‖ *Chi* ⟨fam⟩ *in die Tasche stecken (Geld)*

encasar vt ⟨Med⟩ *reponieren*

encascabelar vt *Schellen od Glöckchen anhängen*

encascotar vt ⟨Arch⟩ *mit Steinen, Bauschutt usw. ausfüllen*

¹encasillado adj *mit Kästchen versehen (Formular)* ‖ *Chi Pe schachbrettartig* ‖ *~ m Fächerwerk* n *(e–s Schrankes usw.)* ‖ *Einteilung* f *in Felder* ‖ *Kästchen, Häuschen* n *(Formular)*

²encasillado *m Liste* f *der von der Regierung gestützten Wahlkandidaten*

¹encasillar vt *ein\ordnen, -reihen* (entre *unter* acc)

²encasillar vt *(regierungsseitig) e–n Kandidaten für die Wahl aufstellen* ‖ *Chi* → **escaquear** ‖ **~se** *s. festlegen* (en *für* acc), *s. anschließen* (dat)

encasquetar vt *aufstülpen, tief in die Stirn drücken (Hut, Mütze)* (& vr) ‖ ⟨fig⟩ *versetzen (Schlag)* ‖ ⟨fig⟩ *ein\hämmern, -reden* ‖ *~ le a alg. jdm in den Kopf setzen* ‖ **~se:** *~ algo s. et. in den Kopf setzen*

encasqui|llador *m Am* → **herrador** ‖ **–llar** vt ⟨Tech⟩ *einbuchsen* ‖ *Am* → **herrar** ‖ **~se** *stecken od hängen bleiben (bewegliches Teil)* ‖ *Ladehemmung haben (Schusswaffe)* ‖ *Cu* ⟨fig⟩ *s. einschüchtern lassen*

encastar vt *(durch Zucht) veredeln* ‖ *~ vi züchten*

encasti|llado adj ⟨fig⟩ *hochmütig* ‖ *hartnäckig* ‖ **–llar** vt *mit Burgen befestigen* ‖ ⟨Ins⟩ *die Weiselzelle bauen (Bienen)* ‖ **~se** *s. verschanzen* (& *fig*) ‖ ⟨fig⟩ *hartnäckig bestehen* (en *auf* dat) ‖ *~ en el silencio* ⟨fig⟩ *hartnäckig schweigen*

encastrar vt ⟨Tech⟩ *verzahnen* ‖ *ein\fügen, -kerben* ‖ *verlaschen* ‖ ⟨El⟩ *(ein)kapseln*

encatalejar vt *Sal von weitem ausmachen*

encatastrar vt *in den Kataster eintragen*

encatrinarse vr *Mex zum Gecken werden* ‖ *s. elegant kleiden*

encau|chado *m Kautschukleinwand* f ‖ **–char** vt *mit Gummi überziehen*

encau|sado adj ⟨Jur⟩ *in ein Strafverfahren verwickelt* ‖ *~ m Angeklagte(r)* m ‖ **–sar** vt *an-, ver\klagen, gerichtlich belangen* ‖ *~ a alg. gegen jdn ein Strafverfahren betreiben*

encaus|to, –te *m Brandmalerei* f ‖ *Enkaustik* f

encáustico adj *enkaustisch* ‖ *~ m Polierwachs* n ‖ *Beize* f ‖ *Politur* f

encau|zamiento *m s* von **–zar** ‖ **–zar** [z/c] vt *in e–n Kanal leiten* ‖ *regulieren (Fluss)* ‖ *eindeichen* ‖ *eindämmen* ‖ ⟨fig⟩ *lenken* ‖ ⟨fig⟩ *e–e bestimmte Richtung geben* ‖ ⟨fig⟩ *in Gang bringen* ‖ *~ por el camino de la virtud auf den Weg der Tugend bringen*

encavarse vr ⟨Jgd⟩ *zu Bau fahren, in s–n Bau flüchten (Kaninchen, Fuchs usw.)*

encebadar vt *mit Hafer überfüttern (Pferd)*

encebollar vt ⟨Kochk⟩ *mit viel Zwiebeln zubereiten*

ence|fálico adj *Gehirn-* ‖ **–falitis** *f* ⟨Med⟩ *Enzephalitis, Gehirnentzündung* f

encéfalo *m* ⟨An⟩ *Gehirn* n

encefa|lografía *f* ⟨Med⟩ *Enzephalographie* f ‖ **–lógrafo** *m Enzephalograph* m ‖ **–lograma** *m Enzephalogramm* n

encefalopatía *f* ⟨Med⟩ *Enzephalophathie* f ‖ *~ espongiforme bovina (EEB)* ⟨Vet⟩ *bovine spongiforme Enzephalopathie* f *(BSE)*

enceguecer [-zc-] vi *Am blind werden*

encejar vt: *~ algo a alg. jdm et. unterjubeln*

encelado adj *Ar bis über beide Ohren verliebt*

encelajarse vr *s. mit Schleierwolken bedecken (Himmel)*

encelar vr *eifersüchtig machen* ‖ **~se** *brünstig werden (Tiere)* ‖ *eifersüchtig werden* (de *auf* acc)

enceldar vt *in e–e Zelle einschließen*

encella *f Form zur Herstellung von Käse, Käseform* f

encena|gado adj *kotig* ‖ *verschlammt* ‖ ⟨fig⟩

verkommen ‖ **–gar** [g/gu] vt *beschmutzen* (& fig)
‖ **–garse** [g/gu] vr *in den Kot geraten* ‖ ~ *en
vicios* ⟨fig⟩ *verkommen, s. dem Laster ergeben*
encen|daja(s) *f(pl) Reisig* n *(zum
Feueranmachen)* ‖ **–dedor** *m (An)Zünder* m,
Zündvorrichtung f, *Feuerzeug* n ‖ ~ *(de bolsillo),*
~ *mecánico Taschenfeuerzeug* n ‖ ~ *de bencina
Benzinfeuerzeug* n ‖ ~ *de gas Gasfeuerzeug* n ‖
–der [-ie-] vt *(an)zünden, anstecken* ‖ *in Brand
setzen od stecken* ‖ *anmachen (Feuer)* ‖
(ein)heizen (Ofen) ‖ ⟨Auto⟩ *zünden* ‖ *an|drehen,
-machen (Beleuchtung, Licht)* ‖ ⟨fig⟩ *entzünden,
anfeuern* ‖ ⟨fig⟩ *ent|fachen, -flammen* ‖ ⟨fig⟩ *e–e
Farbe auffrischen* ‖ ⟨fig⟩ *erhitzen* ‖ Cu ⟨fig⟩
bestrafen ‖ ~**se** *s. entzünden* ‖ *s. erhitzen* ‖
aufflammen ‖ ⟨fig⟩ *erröten* (de, por *vor* dat) ‖ ~
en ira zornig werden ‖ **–didamente** adv ⟨fig⟩
hitzig ‖ *feurig* ‖ *inbrünstig*
¹encendido adj *feurig, glühend* ‖ *heiß* ‖ *erhitzt*
‖ *hochrot* ‖ *hitzig* ‖ ~ *m Zündung* f *(e–s Motors)* ‖
Anheizen n *(e–s Kessels)* ‖ ~ *automático
Selbstzündung* f
²encendido *m Chi Tracht* f *Prügel*
encenizar [z/c] vt *mit Asche bedecken*
encentar [-ie-] vt *anschneiden (Brot usw.)* ‖
~**se** *s. wund liegen*
encentrar vt → **centrar**
ence|par vt *schäften (Gewehr)* ‖ ⟨Hist⟩ *in den
Block spannen (Strafe)* ‖ ~ vi ⟨Bot⟩ *tiefe Wurzeln
treiben* ‖ **–pe** *m* ⟨Agr⟩ *An-, Ver|wurzeln* n
encera|do *m Wachspflaster* n (bes. Med) ‖
Wachstuch n ‖ *Wachspapier* n ‖ *Wachstafel* f *zum
Schreiben* ‖ *Wand-, Schreib-, Schul|tafel* f ‖ ⟨Mar⟩
Persenning f, *Ölzeug* n ‖ *(Ein)Wachsen* n ‖
Wachsen n ‖ **–dor** *m Bohnerbesen* m ‖
–dora *f Bohnermaschine* f
encerar vt *(ein)wachsen* ‖ *bohnern* ‖ Mex *mit
Kerzen versehen (Leuchter)*
encerra|da *f Chi* → **encerrona** ‖ ⟨fam⟩ *Betrug*
m, *Bauernfängerei* f ‖ **–dero** *m Pferch* m ‖ ⟨Taur⟩
Stierzwinger m ‖ **–miento** m, **–dura** *f Verschluss*
m, *Einschließen* n ‖ *Gehege* n ‖ *Einzelhaft* f,
Kerker m
encerrar [-ie-] vt *ver-, ein|schließen,
einsperren,* ‖ *um|geben, -zingeln* ‖ ⟨fig⟩ *in s.
fassen, ein-, um|schließen, enthalten* ‖ ⟨fig⟩
niederlegen (Gedanken usw.) ‖ *matt setzen
(Schach)* (& fig) ‖ ~**se:** ◇ ~ *en su casa s. in s–e
vier Wände zurückziehen*
encerrizar [z/c] vt *Ast hetzen* ‖ *reizen*
encerrona *f* ⟨fam⟩ *listiger Anschlag* m, *Falle* f
‖ ⟨fam⟩ *Fopperei, Bauernfängerei* f ‖ ⟨fig⟩
Zwangslage f ‖ ⟨fig⟩ *Sitzen* n *(Gefängnis)* ‖ ⟨fig⟩
privater Stierkampf m
enceso pp/irr ⟨reg⟩ von **encender**
encespedar vt *mit Rasen bedecken*
ences|tar vt *in e–n Korb legen* ‖ ⟨Sp⟩ *in den
Korb treffen (mit dem Ball)* ‖ **–te** *m* ⟨Sp⟩ *Korb* m
(Treffer)
enchambrabar vt *Ven in Unordnung bringen,
durcheinander bringen*
enchancharse vr *Arg s. betrinken*
encha|pado *m Furnierarbeit* f, *Furnierung* f ‖
–par vt *furnieren*
enchaquetarse vr *Am den Mantel* od *die Jacke
anziehen*
enchar|cada *f Pfütze, Lache* f ‖ *stehendes
Wasser* n ‖ **–cado** adj *sumpfig (Wasser)* ‖ **–car**
[c/qu] vt *in e–n Sumpf verwandeln* ‖ ~**se**
versumpfen ‖ ◇ ~ *en vicios s. den Lastern
ergeben, im Laster versinken*
enchastrar vt *Arg Par Ur beschmutzen*
enchaucharse vr *Arg s. betrinken*
enchicar [c/qu] vt *verkleinern, kleiner machen*
‖ ⟨fig⟩ *demütigen, heruntermachen*

enchicharse vr *s. mit chicha betrinken*
enchila|da *f Mex Guat* ⟨Kochk⟩ *Maisfladen* m
mit Aji-Pfeffer ‖ **–do** Mex *gefüllte Tortilla* f
enchilar vt *Mex belästigen* ‖ ~**se** Mex *wütend
werden*
enchipar vt *Col einrollen*
enchiquerar vt ⟨Taur⟩ *(die Kampfstiere)
einzeln einsperren*
enchironar vt ⟨pop⟩ *(ins Gefängnis)
einsperren,* ⟨fam⟩ *einlochen*
enchismar *Dom PR klatschen* ‖ *PR böse
werden*
enchispar vt *Ec trunken machen* ‖ *Chi
erzürnen*
enchivarse vr *Col Ec PR wütend werden*
enchuchar vt → ⟨fig⟩ **encarrilar**
enchuecar [c/qu] vt *Mex ver|drehen, -biegen*
enchu|far vt *an|schließen, -stecken* ‖ *(Röhren)
ineinander stecken* ‖ ⟨Maur⟩ *(ver)binden* ‖ ⟨El⟩
einschalten, verbinden ‖ ⟨fig⟩ *verbinden,
kombinieren* ‖ ⟨fam⟩ *(jdm) ein Pöstchen
verschaffen* ‖ ~**se** ⟨figf⟩ *s. ein Plätzchen
verschaffen* ‖ *ein Amt durch Verbindungen
erlangen* ‖ **–fe** *m* ⟨Tech⟩ *Angel* f ‖ ⟨El⟩
Einschaltung f ‖ ⟨El⟩ *Verbindungsmuffe* f ‖ ⟨Tech⟩
Verbindungsstück n ‖ ⟨El⟩ *Stecker* m ‖ ⟨figf⟩
Pöstchen n ‖ ~ *adaptador Zwischenstecker* m ‖ ~
hembra Steckdose f ‖ ◇ *tener* ~s ⟨figf⟩ *gute
Beziehungen haben* ‖ **–fillo** *m* dim von **enchufe** ‖
Pöstchen n ‖ **–fismo** *m* ⟨figf⟩ *Vetternwirtschaft* f ‖
Filzokratie f ‖ *Ausnutzung* f *von Beziehungen*
enchularse vr *Zuhälter werden*
encía *f* ⟨An⟩ *Zahnfleisch* n
encíclica *f* ⟨Kath⟩ *Enzyklika* f *(päpstliches
Rundschreiben)*
enciclo|pedia *f Enzyklopädie* f *(Sammelwerk)* ‖
Konversationslexikon n ‖ *Gesamtwissen* n ‖
Gesamt|unterricht m, *-bildung* f ‖ ~ *f franz.
Enzyklopädie* f *(1751–1772)* ‖ ~ *Espasa größtes
span. Konversationslexikon (Barcelona 1906 bis
heute)* ‖ ~ *práctica Sachwörterbuch* n ‖ ~
Bildungsbuch n ‖ ◇ *ser una* ~ *(viviente)* ⟨fig⟩
alles wissen, ein wandelndes Lexikon sein ‖
–pédico adj *enzyklopädisch, allgemein
wissenschaftlich* ‖ *(alle Wissenschaften)
umfassend* ‖ **–pedismo** *m Lehre* f *der
französischen Enzyklopädisten* ‖ **–pedista** *m/f
Enzyklopädist(in* f) m ‖ *Verfasser(in* f) m *e–r
Enzyklopädie*
encielado *m Chi (Zimmer)Decke* f
encie|rra *f Chi Einschließen* n *des Viehs im
Schlachtraum* ‖ **–rro** *m Ein-, Ver|schließen,
Einsperren* n ‖ ⟨Taur⟩ *Stall* m *der Stiere vor dem
Stierkampf* ‖ ⟨Taur⟩ *Eintreiben* n *der Stiere* ‖
⟨Jgd⟩ *Bau* m *(Kaninchen, Raubtiere)* ‖ *Gehege* n,
Einzäunung f ‖ ⟨fig⟩ *Zurückgezogenheit* f ‖
Klausur f ‖ *Gefängnis* n, *Einzelhaft,
Einschließung* f ‖ ⟨fig⟩ *Weltabgeschiedenheit* f ‖
⟨fig⟩ *abgelegener Ort* m
¹encima 1. adv a) *oben, obenauf, obendrauf* ‖
oberhalb ‖ *ganz oben* ‖ *obendrein* ‖ *bei s.* ‖ *noch
dazu, außerdem* ‖ de ~ *von oben* ‖ *obere* ‖ lo de
~ *das Obere, Oberste, der obere Teil* ‖ por ~
darüber ‖ *hinüber* ‖ ⟨fig⟩ *ohnehin, oberflächlich* ‖
echarse ~ *algo* ⟨fig⟩ *et. auf s. nehmen, et.
übernehmen* ‖ *estar* ~ *oben(auf) sein* ‖ ⟨fig⟩ *in
Sicht sein, ganz nahe sein, bevorstehen* ‖ *s. um
alles kümmern* ‖ *la guerra está* ~ *der Krieg ist in
Sicht* ‖ *llevar* ~ *an-, mit|haben* ‖ *auf dem Rücken
tragen* ‖ *ponerle a alg. el ojo* ~ *jdn bewachen,
beobachten* ‖ *jdn ins Visier nehmen* ‖ *ponerse* ~
(dar)auflegen ‖ *anlehnen (Kleid)* ‖ *quitarse
algunos años de* ~ *s. ein paar Jahre jünger
machen* ‖ *se me quitó un gran peso de* ~ *ein
Stein ist mir vom Herzen gefallen* ‖ *lo hace todo*

mal y ~ se queja *er (sie, es) macht alles verkehrt und schimpft noch dazu* ‖ no les quita los ojos de ~ ⟨fig⟩ *er (sie, es) ist ihnen stets auf den Fersen* ‖ tener a alg. ~ ⟨fam⟩ *jdn auf dem Hals(e) haben* ‖ no tengo dinero ~ *ich habe kein Geld bei mir* od *mit* ‖ la noche se venía ~ *die Nacht brach herein* ‖ b) *außerdem, obendrein* ‖ dar ~ *zugeben* (z. B. *zum Lohn)* ‖ me dieron un pequeño regalo ~ *man gab mir dann noch* od *außerdem ein kleines Geschenk* ‖ cuatro duros ~ *außerdem vier Duros* ‖ ~ dirás que no es verdad ⟨fam⟩ *dann wirst du noch sagen, dass es nicht wahr sei* ‖ le robó y ~ le hirió *er (sie, es) bestahl ihn und verwundete ihn noch dazu*
2. ~ de (prep) *auf* ‖ *über, oberhalb* ‖ ~ de nosotros, ~ nuestro *über uns* ‖ ~ de la mesa *auf dem Tisch* ‖ *oberhalb des Tisches* ‖ está por ~ de nosotros ⟨fig⟩ *er (sie, es) ist uns überlegen* ‖ está por ~ de mis fuerzas *es geht über m–e Kräfte* ‖ por ~ de todo *allem, in erster Linie* ‖ *unbedingt, auf jeden Fall*
²encima *f* → **enzima**
encimar vt *obenauf legen* od *stellen* ‖ *übereinander legen* ‖ ⟨Kart⟩ *den Einsatz erhöhen um* (acc) ‖ Col Pe *zusätzlich geben* ‖ Chi *den Gipfel erreichen* (gen)
encimera *f Arbeitsplatte* (z. B. *in der Küche)*
encimero *m* Nav ⟨fam⟩ *Kiebitz* m *(beim Kartenspiel)*
enci|**na** *f,* **–no** *m* ⟨Bot⟩ *Steineiche* f (Quercus ilex) ‖ *Eiche* f ‖ **–nar, –nal** *m Steineichenwald* m ‖ *Steineichenbestand* m
encinchar vt *gurten*
encinta adj *schwanger, in anderen Umständen,* ⟨lit⟩ *guter Hoffnung*
encin|**tado** *m* ⟨Arch⟩ *Bord-, Rand*|*stein* m, *Bordkante* f ‖ *Umsockelung, Bordschwelle* f ‖ **–tar** vt *bebändern, mit Band versehen* ‖ *Bord-, Rand*|*steine setzen an* (acc)
en|**ciñar, –cisсar** [c/qu] vt Logr *beschmutzen*
encismar vt → **encizañar**
encizañar vt *entzweien, Zwietracht säen zwischen* (dat)
enclaustrar vt *in ein Kloster einschließen* ‖ ⟨fig⟩ *ver*|*stecken, -bergen*
encla|**vado** adj *eingefügt* ‖ ⟨fig⟩ *einge-, ver*|*schlossen* ‖ **–vadura** *f Einschnitt* m ‖ **–vamiento** *m* ⟨Tech⟩ *Verriegelung* f ‖ *Blockierung, Sperrung* f ‖ **–var** vt *an-, fest*|*nageln* ‖ *verriegeln, sperren* ‖ *einfügen* ‖ *einstecken* ‖ ⟨fig⟩ *einschließen (in ein Gebiet)* ‖ ⟨fig⟩ *durchbohren* ‖ ⟨figf⟩ *jdn hintergehen, hinters Licht führen*
enclave *m Enklave* f (& Ling) ‖ ⟨Min⟩ *Einschluss* m
enclavijar vt *anpflocken* ‖ *einstöpseln* ‖ *ineinander stecken* ‖ *verstiften* ‖ *ver-, zusammen*|*klammern* ‖ ⟨Mus⟩ *mit Wirbeln versehen*
enclenque adj/s *(m/f) kränklich, schwächlich*
énclisis *f* ⟨Gr⟩ *Enklise* f
enclítico adj ⟨Gr⟩ *enklitisch*
enclo|**car** [-ue-, c/qu], **–quecer** [-zc-] vt *gluck(s)en, gackern (Henne)* (& vr)
encobar vt *bebrüten*
encobertado adj *bedeckt*
encobrar vt *verkupfern*
encochar vt *in e–n Wagen (bes. Taxe) aufnehmen*
encocorar vt ⟨fam⟩ *belästigen* ‖ ~se ⟨fam⟩ *s. ärgern*
enco|**frado** *m* ⟨Arch Bgb⟩ *Verschalung* f ‖ ~ *deslizante Gleitschalung* f ‖ **–frador** *m Gerüstbauer* m ‖ **–frar** vt ⟨Arch Bgb⟩ *ein-, ver*|*schalen*

enco|**ger** [g/j] vt *ein-, zurück*|*ziehen (den Arm usw.)* ‖ *zusammenziehen, verkürzen* ‖ ⟨fig⟩ *einschüchtern* ‖ ~**se** *zusammenschrumpfen* ‖ *einlaufen (Stoff)* ‖ *s. zusammenziehen* ‖ *schwinden (Beton)* ‖ ⟨fig⟩ *schüchtern werden* ‖ ◇ ~ de *(od* ~ los) hombros *die Achseln zucken* ‖ **–gido** adj/s ⟨fig⟩ *schüchtern, scheu, verlegen* ‖ *eingeschüchtert* ‖ *gehemmt* ‖ *linkisch* ‖ **–gimiento** *m Zusammenziehung* f ‖ *Einlaufen* n *(des Stoffes)* ‖ *Einschrumpfen* n ‖ ⟨fig⟩ *Kleinmut* m ‖ *Schüchternheit, Befangenheit* f ‖ *Ängstlichkeit, Feigheit* f
encohetarse vr Bol CR *wütend* od *zornig werden*
encojar vt *lahm machen, lähmen* ‖ ~se ⟨fam⟩ *krank werden* ‖ *s. krank stellen*
enco|**lado** adj Chi ⟨fam⟩ *geckenhaft* ‖ ~ *m Verleimung* f ‖ ⟨Fot⟩ *Aufkleben* n *(der Kopien)* ‖ *Abklären* n *(Wein)* ‖ **–ladora** *f Beklebemaschine* f ‖ ⟨Zim⟩ *Leimauftragmaschine* f ‖ ⟨Text⟩ *Schlichtmaschine* f ‖ **–ladura** *f* ⟨Mal⟩ *Leimen* n *(bei Tempera)* ‖ **–lar** vt *(an)leimen* ‖ *(an)kleben* ‖ *zusammenleimen* ‖ ⟨Mal⟩ *aufleimen* ‖ *leimen, streichen (Papier)* ‖ *schlichten (Gewebe)* ‖ *klären (Wein)*
encolerizar [z/c] vt *erzürnen* ‖ ~**se** *in Zorn geraten, aufbrausen, wütend werden*
encomendable adj *(m/f) empfehlenswert*
¹encomendar [-ie] vt *empfehlen* ‖ *(be)auftragen* ‖ *anvertrauen* ‖ *über*|*geben, -tragen* ‖ ◇ ~ algo a alg. *jdn mit et. (dat) beauftragen* ‖ *jdm et. anvertrauen* ‖ ~ en manos de alg. *in jds Hände geben* ‖ ~**se** *s. (dem Schutz) empfehlen* ‖ ◇ ~ a alg. *s. jdm anvertrauen* ‖ sin ~ a Dios ni al diablo ⟨figf⟩ *unüberlegt* ‖ me encomiendo *[veraltet] ich empfehle mich (Abschied)*
²encomendar [-ie] vt ⟨Hist⟩ *mit dem Komturkreuz auszeichnen* ‖ *zum Komtur machen* ‖ *als Kommende übergeben*
¹encomendero *m Bevollmächtigte(r)* m ‖ *Kommendeninhaber* m
²encomendero *m* Cu Pe *Lebensmittelhändler* m
encomenzar [z/c] vt *(pop reg)* → **comenzar**
enco|**miable** adj *(m/f) lobenswert* ‖ **–miar** vt *loben, preisen, rühmen* ‖ **–miástico** adj *lobrednerisch* ‖ *Lob-*
¹encomienda *f Auftrag* m ‖ *Empfehlung* f, *Lob* n ‖ *Schutz* m, *Beschützung* f ‖ Arg Col Chi Pe *Postpaket* n ‖ ~**s** fpl Mex *Obststände* mpl
²encomienda *f* ⟨Hist⟩ *Komturei, Komturwürde* f ‖ *Kommende* f ‖ *Komturkreuz* n ‖ Am ⟨Hist⟩ *Siedlung* f *höriger Indianer (e–m Statthalter zugewiesen)*
³encomienda *f* ⟨Bot⟩: ~ de Santiago *Jakobslilie* f (Sprekelia sp)
encomio *m Lob* n, *Lob*|*spruch* m, *-rede* f
enco|**nado** adj *schwärend (Wunde)* ‖ *tödlich (Hass)* ‖ ⟨fig⟩ *verbissen* ‖ *erbittert* ‖ **–namiento** *m Vereiterung* f *(e–r Wunde)* ‖ **–nar** vt *infizieren, vereitern (Wunde)* ‖ ⟨fig⟩ *(den Zorn) reizen, erzürnen* ‖ ⟨fig⟩ *schüren (Feindschaft)* ‖ ⟨fig⟩ *belasten (Gewissen)*
¹enconarse vr *eitern, s. entzünden, schwären (Wunde)* ‖ ⟨fig⟩ *s. erzürnen*
²enconarse vr Mex *Kleinigkeiten stehlen,* ⟨fam⟩ *klauen, stibitzen, mitgehen lassen*
encon|**chado** adj Pe ⟨Möbel⟩ *mit Einlegearbeiten (bes. mit Perlmutt)* ‖ **–charse** vr ⟨figf⟩ *s. sein Schneckenhaus zurückziehen*
encongarse [g/gu] vr Mex *böse werden, s. erzürnen*
encono *m Erbitterung* f *(contra gegen)* ‖ *Groll* m ‖ *Anfeindung* f ‖ *Verbissenheit* f
¹enconoso adj ⟨fig⟩ *nachtragend*

²**enconoso** adj *schwärend (Wunde)*
encon|tradizo adj ◇ *hacerse* (el) ~ *es so
einrichten, dass man jdm wie zufällig begegnet* ‖
–trado adj *entgegengesetzt* ‖ *gegenteilig* ‖ adv:
~**amente** ‖ **–trar** [-ue-] vt *jdm begegnen, auf jdn
stoßen* ‖ *(an)treffen, finden* ‖ *ausfindig machen* ‖
dafürhalten, finden ‖ *auf et. (Hindernis,
Schwierigkeit usw.) stoßen* (acc) ‖ ◇ ~ *conforme
konform finden* ‖ ~ *dificultades auf
Schwierigkeiten stoßen* ‖ lo encuentro malísimo
ich finde es sehr schlecht ‖ difícil de ~ *schwer zu
finden(d)* ‖ imposible de ~ *unauffindbar* ‖ ~ vi
aufeinander stoßen, zusammenstoßen ‖ ~**se** s.
begegnen ‖ s. *(irgendwo) befinden* ‖
übereinstimmen ‖ *aufeinander stoßen,
zusammenstoßen* ‖ s. *befinden, sein (&
gesundheitlich)* ‖ ◇ ~ *malo* s. *unwohl fühlen* ‖ ~
con a/c *et. vorfinden* ‖ ~ *ante od con hechos
consumados vor vollendeten Tatsachen stehen* ‖ ~
sus pareceres *od opiniones verschiedener
Meinung sein* ‖ –trárselo todo hecho ⟨figf⟩ *sehr
geschickt, gewandt sein* ‖ **–trón, –tronazo** m
Anrennen n, *Zusammenstoß* m *(zweier* s.
Begegnender) ‖ ◇ dar un ~ con *stoßen auf* (acc)
enco|ñado adj ⟨vulg⟩ *geil (Mann)* ‖ *sexuell
hörig (Mann)* ‖ ⟨fig⟩ *besinnungslos verliebt
(Mann)* ‖ **–ñamiento** m ⟨vulg⟩ *Geilsein* n *(des
Mannes)* ‖ *sexuelle Hörigkeit* f *(des Mannes)* ‖
⟨fig⟩ *besinnungsloses Verliebtsein* n *(des Mannes)*
‖ **–ñarse** vr ⟨vulg⟩ *geil werden (Mann)* ‖ *sexuell
hörig werden (Mann)* ‖ ⟨fig⟩ s. *besinnungslos
verlieben (Mann)*
encopado adj Chi *beschwipst*
encope|tado adj ⟨fig⟩ *hochfahrend* ‖
eingebildet, stolz ‖ ⟨fig⟩ *von vornehmer Herkunft*
‖ **–tarse** vr s. *aufblähen*
encorajinar vt ⟨fam⟩ *(den Zorn) reizen,
erzürnen* ‖ ~**se** ⟨fam⟩ *in Wut geraten, zornig
werden* ‖ Chi s. *zerschlagen (gutes Geschäft)*
enco|rar [-ue-] vt *mit Leder überziehen* ‖ ~ vi
heilen (Wunde) ‖ **–razado** adj *gepanzert* ‖ *mit
Leder überzogen*
△ **encorbar** vt *ermorden*
encor|chado m *Netzkorken* mpl ‖ **–chadora** f
Flaschenverkorkmaschine f ‖ **–char** vt *(Flaschen)
zukorken* ‖ *in den Bienenstock tun
(Bienenschwarm)* ‖ *die Netzkorken anbringen*
(acc)
encor|dadura f *Saitenbezug* m, *Besaitung* f ‖
–dar [-ue-] vt ⟨Mus⟩ *besaiten (Instrument)* ‖
*umschnüren, durch Stricke abgrenzen (z.B.
Ringplatz)* ‖ ~**se** s. *anseilen (Bergsteiger)* ‖
–delar vt *mit Stricken befestigen* ‖ **–donar** vt *mit
Schnüren besetzen (bzw versehen)*
encor|nado adj: bien ~ *schön gehörnt
(Rindvieh)* ‖ **–nadura** f *Gehörn* n ‖ **–nar** [-ue-] vt
mit den Hörnern verwunden ‖ **–nudar** vt ⟨fam⟩
Hörner aufsetzen (zum Hahnrei machen) ‖ ~ vi
Gehörn bekommen
encorquetarse vr Mex *steigen, klettern*
encorralar vt *einpferchen (Vieh)*
encorrear vt *mit (Leder)Riemen befestigen
(bzw verschnüren)*
encorse|lar And Can Am, **–tar** vt *(jdm) ein
Korsett anlegen* ‖ *(jdn) in das Korsett pressen* ‖
~**se** s. *(ein)schnüren*
encortinar vt *mit Vorhängen versehen* ‖
zuhängen
encor|vada f *Krümmen* n *des Leibes* ‖
Leibesbiegung f ‖ **–vado** adj *gebückt, mit
gebeugtem Rücken (Mensch)* ‖ *(durch)gebogen* ‖
gekrümmt ‖ **–vadura** f, **–vamiento** m *Biegen* n ‖
(Ver)Krümmung f ‖ **–var** vt *krümmen, biegen* ‖
(nieder)beugen ‖ *verkrümmen* ‖ ~**se** s. *krümmen* ‖
s. *bücken*

encovar [-ue-] vt *in e–e Höhle (bzw in e–n
Hohlraum) tun* ‖ ⟨fig⟩ *einsperren* ‖ ~**se** ⟨fig⟩ s.
verbergen, s. verstecken
encrasar vt *eindicken (Flüssigkeit)* ‖ ⟨Agr⟩
düngen
encres|pado adj *kraus, gesträubt (Haar)* ‖
⟨poet⟩ *schäumend (Wellen)* ‖ **–pador** m
Kräuseleisen n ‖ **–padura** f, **–pado** m *Kräuseln* n ‖
–par vt *kräuseln (Haare)* ‖ *aufrühren (Wellen)* ‖
~**se** s. *sträuben (Haare)* ‖ *das Gefieder sträuben
(Vogel)* ‖ ⟨fig⟩ *schäumen (Meer)* ‖ *anschwellen
(Meereswellen)* ‖ ⟨fig⟩ s. *regen (Leidenschaften)* ‖
⟨fig⟩ s. *entzweien* ‖ ⟨fig⟩ *wütend werden* ‖ ⟨fig⟩
schwierig werden
encrestado adj ⟨fig⟩ *hoffärtig, hoch|mütig,
-näsig*
encristalar vt *verglasen (Fenster usw.)*
encrucijada f *(Weg)Kreuzung* f, *Kreuzweg* m ‖
⟨fig⟩ *Scheideweg* m ‖ ⟨fig⟩ *Falle* f, *Hinterhalt* m
encrude|cer [-zc-] vt *roh machen, verrohen* ‖
⟨fig⟩ *erbittern* ‖ ~**se** s. *entzünden (Wunde)* ‖ ⟨fig⟩
wütend werden ‖ **–cimiento** m ⟨fig⟩ *Erbitterung* f
encuadernación f *Einbinden* n *(von Büchern)* ‖
(Buch)Binden n ‖ *(Buch)Einband* m ‖
Buchbinderei f ‖ ~ *artística Künstlereinband,
künstlerischer Einband* m ‖ ~ *en cartón,* ~ *en
cartoné Pappeinband* m ‖ ~ *en cuero
Ledereinband* m ‖ ~ *en cuero flexible biegsamer
od flexibler Ledereinband* m ‖ ~ *editorial
Verlagseinband* m ‖ ~ *(a la) holandesa
Halbfranzband* m ‖ ~ *(a la) inglesa biegsamer od
flexibler Einband* m *mit abgerundeten Ecken* ‖ ~
de lujo Prachteinband m ‖ ~ *original
Originaleinband* m ‖ ~ *en papel Papiereinband*
m ‖ ~ *en pasta (española) starker
Schweinslederband* m *mit getigertem Leder* ‖ ~
en pasta italiana Pergamenteinband m ‖ ~ *en
media pasta,* ~ *en media piel Halbledereinband*
m ‖ ~ *en pergamino Pergamenteinband* m ‖ ~ *en
piel Ledereinband* m ‖ ~ *en od a la rústica
Pappband* m, *Broschüre* f ‖ *Heften, Broschieren* n
‖ ~ *semipiel Halbfranzband* m ‖ ~ *en tafilete
Maroquineinband* m ‖ ~ *en tela Leineneinband* m
‖ ~ *en tela flexible biegsamer od flexibler
Leineneinband* m ‖ ~ *en media tela
Halbleineneinband* m
encuader|nador m *Buchbinder* m ‖
Buchbinder-, Heft|nadel f ‖ *Musterklammer* f ‖
–nadora f *Buchbindemaschine* f ‖ **–nar** vt
(ein)binden (Bücher) ‖ ◇ ~ *en cuero in Leder
binden* ‖ ~ *en od a la rústica broschieren*
encua|drar vt *(ein-, um)rahmen (& fig)* ‖
⟨Mil⟩ *die Kader aufstellen* ‖ *zwischen andere
Einheiten einschieben* ‖ *anlehnen (taktisch)* ‖
⟨TV⟩ *(den Bildausschnitt) einstellen* ‖ ⟨fig⟩
(hin)einpassen ‖ ⟨fig⟩ *in s. fassen* ‖ ◇ ~ *un
blanco* ⟨Mil⟩ s. *einschießen* ‖ **–dre** m ⟨Film Fot⟩
Bildausschnitt m ‖ ⟨Film⟩ *Rähmchen* n,
Einfassung f
¹**encubado** m *Ein|lagerung* f, *-legen* n *(des
Weines)*
²**encubado** m ⟨Bgb⟩ *Schachtausbau* m
encubar vt *in od auf Fässer füllen*
encu|bierta f *Heimtücke* f ‖ *Hehlerei* f ‖
–bierto pp/irr von **encubrir** ‖ *heimlich* ‖
heimtückisch ‖ *betrügerisch* ‖ *ver|deckt, -blümt* ‖
verdeckt (Ermittler) ‖ *ehrbar, züchtig*
encubri|dor m/adj ⟨Jur⟩ *Hehler* m ‖
Begünstiger m ‖ *Begünstigende(r)* m *(Strafrecht)* ‖
–miento m *Ver|hehlen, -heimlichen* n ‖ *Hehlerei* f
(Delikt) ‖ *Begünstigung* f ‖ ~ *fiscal
Steuerhehlerei* f
encubrir [pp encubierto] vt *verdecken* ‖
(ver)hehlen, verheimlichen ‖ ⟨Jur⟩ *hehlen* ‖
verschleiern (Bilanz) ‖ *begünstigen, decken*

¹**encuentro** m Zusammen\treffen n, -kunft f (&
Pol) ‖ Begegnung f ‖ (Zusammen)Stoß, Anprall m
‖ ⟨Mar⟩ Bugspitze f ‖ Uneinigkeit f, Streit m ‖
Wider\stand, -spruch m ‖ Abprallen n (Billard) ‖
◊ ir (od salir) al ~ de alg. jdm entgegengehen ‖
jdn abholen gehen ‖ s. jdm entgegenstellen
²**encuentro** m ⟨Sp⟩ Spiel, Treffen n, Begegnung
f, Match n (& m, bes. Schw) ‖ ⟨Mil⟩ Gefecht,
Treffen n ‖ ~ amical Freundschaftsspiel n ‖ el ~
decisivo der Entscheidungskampf m ‖ ~
preliminar Vorkampf m
³**encuentro** m ⟨An⟩ Achselhöhle f ‖ ⟨An V⟩
Flügelansatz m ‖ ⟨Arch⟩ Winkel m (von
zusammentreffendem Gebälk) ‖ ⟨Arch⟩ Schnittlinie
f (des Gewölbes)
encue|rar vt And Extr Cu Mex (jdn)
ausziehen, entblößen ‖ **–rado** adj Cu splitternackt
encues|ta f ⟨Jur⟩ Untersuchung, Nachforschung
f ‖ gerichtliche Untersuchung f ‖ Enquete f,
öffentliche Untersuchung f ‖ Umfrage f ‖
Erhebung f (Statistik) ‖ ~ de coyuntura ⟨Com⟩
Konjunkturerhebung f ‖ ~ relámpago
Blitzumfrage f ‖ **–tador** m Meinungsbefrager m
encue|vado adj ⟨Ven⟩ diskret, zurückhaltend ‖
–var vt →∙ encovar
encuitarse vr s. grämen, s. schweren Kummer
machen
encularse vr Mex s. (in e–e Frau) verlieben
enculillarse vr Dom Angst haben
encum|brado adj hoch, erhaben ‖ hoch gestellt
‖ glänzend, hervorragend ‖ stolz, hoch\mütig,
-näsig ‖ adv: ~**amente** ‖ **–bramiento** m
Emporheben n ‖ Erhabenheit f ‖ Bodenerhebung f
‖ (fig) Aufstieg m ‖ (fig) Hochmut m ‖ (fig)
Lobeserhebung f ‖ **–brar** vt er\heben, -höhen ‖
(fig) erheben, rühmen, preisen, loben ‖ ~ vt/i
(e–n Berg) ersteigen, auf den Gipfel steigen ‖ ~**se**
hoch-, empor\ragen ‖ hoch hervorragen (Berge) ‖
⟨fig⟩ s. wichtig machen ‖ ⟨fig⟩ emporkommen ‖ ◊
~ sobre sus rivales s. über s–e Gegner erheben
encunar vt (ein Kind) in die Wiege legen
encurdelarse vr s. betrinken
encur|tidos mpl Eingemachte(s) n in Essig ‖
Mixed Pickles pl ‖ **–tir** vt in Essig einlegen
ende adv dort ‖ por ~ folglich, daher
ende|ble adj (m/f) kraftlos, schwächlich ‖
schwach (& fig) ‖ ⟨fig⟩ unbedeutend ‖ **–blez** [pl
~**ces**] f Schwäche, Kraftlosigkeit f ‖ **–blucho** adj
⟨fam⟩ schwächlich, mickerig
endecágono m/adj ⟨Math⟩ Elfeck n
endecasílabo m ⟨Poet⟩ elfsilbiger Vers m
ende|cha f ⟨Poet⟩ trauriges Lied, Klagelied n,
Elegie f ‖ Endecha f (Strophe aus vier Sechs- od
Sieben\silbern) ‖ ~**s** fpl Totenklage f ‖ **–char** vt
beklagen, Klagelieder singen (auf acc)
endehesar vt auf die Weide treiben (Vieh)
en|demia f ⟨Med⟩ Endemie f ‖ **–démico** adj
endemisch ‖ **–demismo** m ⟨Bot Zool⟩
Endemismus m ‖ **–demoepidemia** f
Endemoepidemie f
endemo|niado adj vom Teufel besessen ‖ ⟨figf⟩
teuflisch ‖ ⟨fam⟩ ver\dammt, -flixt, -teufelt ‖ ~ m
Besessene(r) m ‖ ⟨fig⟩ Teufel m ‖ **–niar** vt
verteufeln
endenantes adv ⟨pop⟩ →∙ antes ‖ Am ⟨pop⟩
unlängst
enden|tado adj ⟨Her⟩ gezahnt ‖ **–tar** [-ie-] vt
verzahnen ‖ ~ vi ineinander greifen (Zahnräder)
‖ **–tecer** [-zc-] vi zahnen (Kinder)
endeñarse vr s. entzünden (Wunde)
endereza|damente adv gerade(swegs) ‖ **–do**
adj geeignet gelegen ‖ zweckmäßig ‖ **–dor** m
Führer m ‖ ⟨Med⟩ Geradehalter m ‖ ⟨Typ⟩
Bogengradeleger m ‖ ~ de (en) tuertos ⟨Lit⟩ der
alles Unrecht wieder einrenkt (Rittertugend)

enderezar [z/c] vt wieder gerade richten ‖ in
Ordnung bringen ‖ berichtigen ‖ gutmachen ‖ (auf
jdn) verweisen ‖ zueignen, widmen ‖ ⟨Tech⟩
(auf)richten ‖ gerade biegen od machen ‖
ausrichten ⟨Flugw⟩ aufrichten, trimmen ‖ ⟨fig⟩
richten (s–e Schritte) ‖ ⟨fig⟩ leiten, führen ‖
strafen, züchtigen ‖ ◊ ~ a od hacia ... lenken
bzw richten auf ... (acc) ‖ ~ la vara de la justicia
⟨fig⟩ das Recht wiederherstellen ‖ ~ el avión
⟨Flugw⟩ das Flugzeug abfangen ‖ ~ el espinazo
den Körper aufrichten (& fig) ‖ ~**se** s. (gerade)
aufrichten ‖ ~ a s. begeben nach ... (dat) ‖ s.
anschicken zu ... (& inf)
endeu|dado adj/s verschuldet ‖ **–damiento** m
Verschuldung f ‖ ~ exterior
Auslandsverschuldung f ‖ **–darse** vr s. in
Schulden stürzen ‖ (s.) verschulden, Schulden
machen
endeveras adv Am ⟨pop⟩ →∙ de veras
endevotado adj sehr fromm
endia|blado adj (figf) teuflisch, verteufelt ‖
⟨fam⟩ ver\dammt, -flixt, -teufelt ‖ ⟨fig⟩
grässlich ‖ ⟨fig⟩ wütend ‖ **–blar** vt ⟨fam⟩
verführen ‖ verderben ‖ ~**se** ⟨fig⟩ wütend od
zornig werden
endibia f Chicorée m
endicharse vr Col heiraten
endija f Am ⟨pop⟩ →∙ rendija
endilgar [g/gu] vt ⟨fam⟩ führen, einfädeln, (in
die Wege) leiten ‖ ⟨fig⟩ auf\hängen, -halsen ‖ ⟨fig⟩
auftischen (Lügen) ‖ ⟨fig⟩ schnell machen, ⟨fam⟩
hinhauen ‖ ◊ ~ algo a alg. (fam) jdm et.
verpassen ‖ jdm et. aufhängen od aufhalsen ‖ ~
un discurso (fam) e–e Rede halten ‖ (fam) (jdm)
die Leviten lesen
endino adj ⟨pop⟩ →∙ indigno ‖ ⟨fam⟩ sehr
schlecht (Mensch)
endiñar vt ⟨pop⟩ (ab)geben ‖ endiñársela a uno
⟨pop⟩ jdn prellen
endio|sado adj ⟨fig⟩ stolz, hoch\mütig, -näsig ‖
–samiento m Vergötterung f ‖ ⟨fig⟩ Hochmut m ‖
⟨fig⟩ Verzückung f ‖ ⟨iron⟩ Gottähnlichkeit f ‖
–sar vt vergöttern ‖ ~**se** ⟨fig⟩ hoffärtig od
hochmütig werden ‖ ⟨fig⟩ in Verzückung geraten ‖
⟨fig⟩ s. über alles erhaben glauben
endispués adv ⟨reg⟩ →∙ después
endivia f →∙ endibia
endo|cardio m ⟨An⟩ Endokard n,
Herzinnenhaut f ‖ **–carditis** f ⟨Med⟩ Endokarditis
f ‖ **–carpio** m ⟨Bot⟩ Endokarp n ‖ **–crino** adj:
⟨Physiol⟩ endokrin, inkretorisch (Drüse) ‖
–crinología f ⟨Med⟩ Endokrinologie f ‖
–crinológico adj ⟨Med⟩ endokrinologisch ‖
–crinólogo m ⟨Med⟩ Endokrinologe m ‖ **–dermo**
m ⟨Bot⟩ Endodermis f ‖ **–flebitis** f ⟨Med⟩
Endophlebitis f
endo|gamia f Endogamie f ‖ **–gámico** adj
endogam(isch)
endógeno adj endogen, von innen stammend
(bzw wirkend)
endometrio m ⟨An⟩ Endometrium n,
Schleimhaut f der Gebärmutter
endomingado adj ⟨fam⟩ (sonntäglich)
heraus\geputzt, -staffiert
endo|parásito m ⟨Biol⟩ Endoparasit m ‖
–prótesis f ⟨Med⟩ Endoprothese f
endo|sable adj (m/f) indossierbar, durch
Indossament übertragbar ‖ **–sado** m Girat(ar),
Indossat, Wechselnehmer m ‖ **–sante** m Indossant,
Girant, Begeber, Übertragende(r) m ‖ ~ anterior
Vor(der)mann m ‖ ~ posterior Nachmann m (auf
Wechseln) ‖ ◊ hacer responsable al primer ~ s.
an s–n Vormann halten ‖ **–sar** vt indossieren,
girieren, durch Indossament übertragen (Wechsel)
‖ (den Buchrücken) runden ‖ (figf) auf\halsen,

-*bürden* ‖ ◇ ~ *una orden e–n Auftrag vergeben* ‖
–satario *m Indossatar, Giratar* m
 endos|copia *f* ⟨Med⟩ *Endoskopie* f ‖ **–cópico**
adj endoskopisch ‖ **–copio** *m Endoskop* n
 endósmosis *f* ⟨Biol⟩ *Endosmose* f
 endoso *m Indossierung* f, *Indosso, Giro* n ‖
Übertragungsvermerk m ‖ *Überschreibung* f ‖ ~
en blanco Blankoindossament n ‖
~ *sin compromiso Indossament* n *ohne*
Obligo
 endo|spermo *m* ⟨Bot⟩ *Endosperm* n ‖ **–spora** *f*
⟨Bot⟩ *Endospore* f ‖ **–telio** *m* ⟨An⟩ *Endothel(ium)*
n ‖ **–telioma** *m* ⟨Med⟩ *Endotheliom(a)* n ‖
–térmico *adj endotherm, Wärme bindend* ‖
–toxina *f* ⟨Med⟩ *Endotoxin* n ‖ **–venoso** *adj*
⟨Med⟩ *intravenös*
 endriago *m* ⟨Myth⟩ *Drache* m
 endri|na *f Schlehe* f *(Frucht)* ‖ **–no** *adj*
schlehfarben ‖ *(pech)schwarz* (bes. *von Augen,*
Haar) ‖ ~ *m Schlehdorn* m (Prunus spinosa)
 endrinera *f* ⟨Ins⟩ *Pflaumenzipfelfalter* m
(Strymonidia pruni)
 ¹endrogarse [g/gu] *vr* → **drogarse**
 ²endrogarse [g/gu] *vi Mex SAm s.*
verschulden
 enducharse *vr* ⟨fam⟩ *e–e Dusche nehmen*
 endul|zadura *f Süßen* n ‖ *Versüßung* f ‖ **–zante**
m Süßstoff m ‖ **–zar** [z/c] *vt süßen* ‖ ⟨fig⟩
versüßen
 endurar *vt härten* ‖ *(Leiden) ertragen* ‖
aufschieben ‖ **~se** *abhärten*
 endure|cer [-zc-] *vt hart machen, härten* ‖
⟨Tech⟩ *härten* ‖ *verhärten* (& fig) ‖ ⟨fig⟩
körperlich abhärten ‖ **~se** *s. abhärten* (con, por
durch) ‖ *hartherzig werden* ‖ *s. gewöhnen* (a *an*
acc) ‖ **–cidamente** *adv hartnäckig* ‖ **–cimiento** *m*
Härte f ‖ *Verhärtung* f ‖ ⟨fig⟩ *Verstocktheit* f ‖
Abhärtung f ‖ ⟨Tech⟩ *Härtung* f
 ene *f n* n ‖ *adj x (unbestimmte Zahl)* ‖ ~ *de*
palo (joc) *Galgen* m ‖ ◇ *repetir un número* ~
x-mal wiederholen
 ENE ⟨Abk⟩ = **estenordeste**
 enea *f* ⟨Bot⟩ *Rohrkolben* m (Typha sp) ‖ Cu
Bast m
 eneágono *adj* ⟨Math⟩ *neuneckig* ‖ ~ *m*
Neuneck n
 Eneas *m* np ⟨Lit⟩ *Äneas* m
 eneasílabo *m*/adj ⟨Poet⟩ *neunsilbiger Vers* m
 ene|bral *m Wacholdergebüsch* n ‖ **–brina** *f*
Wacholderbeere f ‖ **–bro** *m* ⟨Bot⟩ *Wacholder* m
(Juniperus spp) ‖ *Wacholderholz* n
 enechado *m Findelkind* n
 Eneida *f* ⟨Lit⟩ *Äneide, Äneis* f
 eneldo *m* ⟨Bot⟩ *Dill* m (Anethum graveolens)
 enema *m* (& *f*) *Klistier* n, *Einlauf* m ‖ ~
alimenticio Nährklistier n ‖ ~ *opaco od de*
contraste Kontrasteinlauf m
 enemi|ga *f Feindin* f ‖ *Feindschaft* f, *Hass* m ‖
–go *adj feind|lich, -selig* ‖ *widrig* ‖ *verfeindet* ‖
Feindes- ‖ ◆ *en país* ~ *in Feindesland* ‖ *lo mejor*
es ~ *de lo bueno das Bessere ist der Feind des*
Guten ‖ ~ *m Feind, Widersacher* m ‖ *Feind* m
(im Krieg) ‖ *Gegner* m ‖ ~ *acérrimo Erzfeind* m ‖
~ *capital Tod-, Erz|feind* m ‖ ~ *declarado offener,*
abgesagter Feind m ‖ ~ *del Estado*
staatsgefährdende Person f, *Staatsfeind* m ‖ ~
formal → ~ *declarado* ‖ ~ *hereditario Erbfeind*
m ‖ ~s *irreconciliables Todfeinde, unversöhnliche*
Feinde m ‖ ~ *jurado geschworener Feind* m ‖
~ *del pueblo Volksfeind* m ‖ ~ *sañudo Todfeind*
m ‖ ~ *tradicional Erbfeind* m ‖ ◇ *soy* ~ *de*
disputas ich streite nicht gern ‖ *ganar* ~s *s.*
Feinde machen, s. unbeliebt machen ‖ *pasarse al*
~ *zum Feinde übergehen, desertieren* ‖ *al* ~ *que*
huye, puente de plata ⟨Spr⟩ *dem geschlagenen*

 Feind baue goldene Brücken ‖ *el* ~ *malo* ⟨fig⟩
der böse Feind, der Teufel m
 enemis|tad *f Feind|schaft, -seligkeit* f ‖ **–tado**
adj feindselig, verfeindet ‖ **–tar** *vt verfeinden,*
entzweien ‖ **~se** *s. verfeinden* (con alg. *mit jdm*)
 éneo *adj* ⟨poet⟩ *ehern*
 ener|gética *f Energetik* f ‖ **–gético** *adj*
kraftspendend, energetisch, Energie- ‖ ~ *m*
Energetiker m ‖ **–gía** *f Energie, Kraft* f (& Phys)
‖ *Strenge* f ‖ ~ *absorbida Leistungsaufnahme* f ‖
~ *alternativa alternative Energie* f ‖ ~ *atómica*
Atom-, Kern|energie f ‖ ~ *calorífica*
Wärmeenergie f ‖ ~ *cinética kinetische Energie* f
‖ ~ *consumida* ⟨El⟩ *Stromverbrauch* m ‖
~*eléctrica elektrische Energie* f ‖ ~ *de emisión*
⟨Radio TV⟩ *Sendestärke* f ‖ ~ *hidráulica*
hydraulische Energie, Wasserkraft f ‖ ~ *nuclear*
→ ~ *atómica* ‖ ~ *productiva Leistungsfähigkeit* f
‖ ~ *de radiación Strahlungsenergie* f ‖ ~
renovable erneuerbare Energie f ‖ ~ *solar*
Sonnen-, Solar|energie f ‖ ~ *vibratoria*
Schwingungsenergie f ‖ ~ *vital Lebenskraft* f ‖ ◆
con ~ *tatkräftig* ‖ *nachdrücklich* ‖ *sin* ~ *energie-,*
kraft|los ‖ *ohne Nachdruck* ‖ ◇ *desplegar* ~
Energie entwickeln ‖ *emplear todas sus* ~s *en …*
s–e ganze Kraft einsetzen für …(, um) zu …
 enérgico *adj entschieden, tatkräftig, energisch*
‖ *nachdrucksvoll, mit Nachdruck* ‖ *kühn, mutig* ‖
wirksam (Arznei) ‖ *kräftig (Mittel)* ‖ *schneidig* ‖
kraftvoll (Stil) ‖ *adv:* **~amente**
 energúmeno *m Besessene(r), Rasende(r)* m (&
fig) ‖ ◇ *correr como un* ~ ⟨fam⟩ *wie verrückt*
(hin und her) laufen ‖ *gritar como un* ~ *wie toll*
schreien
 enero *m Januar, Öst Jänner* m
 ener|vación *f, –vamiento m* ⟨Med⟩
Ent|nervung, -kräftung, Schwächung, nervöse
Erschöpfung f ‖ *Verweichlichung* f ‖ **–var** *vt*
ent|nerven, -kräftigen (& fig)
 enésimo *adj* ⟨Math⟩ *n-te(r)* ‖ ~a *potencia n-te*
Potenz f ‖ *por* ~a *vez* ⟨fam⟩ *zum x-ten Mal*
 enfa|dadizo *adj reizbar, schnell beleidigt* ‖
–dar *vt ärgern, erzürnen* ‖ **~se** *s. ärgern, böse*
werden (con, contra *auf* acc) ‖ ◇ ~ *por poco*
leicht aufgebracht werden ‖ *estar –dado con alg.*
jdm od auf jdn böse sein ‖ *¿está Vd. –dado*
conmigo? sind Sie mir böse? ‖ **–do** *m Ärger,*
Verdruss m ‖ *Überdruss* m ‖ *Unwille* m ‖
Plackerei f ‖ *Eifer* m, *Mühe* f ‖ ◆ *con* ~ *unwillig*
‖ **–doso** *adj ärgerlich, lästig, unwillig, zornig* ‖
adv: **~amente**
 enfaenado *adj verbissen arbeitend*
 enfajinado *m* ⟨Arch⟩ *Packwerk* n
 enfal|dado adj: *gente* ~a ⟨figf⟩ *Frauen* fpl ‖
–do *m Aufschürzen* n *(des Kleides)* ‖
Kleiderbausch m
 enfangar [g/gu] *vt beschmutzen* (& fig) ‖ **~se**
s. verschlammen ‖ ⟨fig⟩ *s. einlassen* (en *in* acc) ‖
⟨fig⟩ *sittlich verkommen* ‖ ~ *en la lujuria* ⟨fig⟩
sinnlichen Lüsten frönen
 enfar|dador *m Packer* m ‖ **–dadora** *f*
Packmaschine f ‖ **–dar** *vt (ein)packen*
 enfardelar *vt in ein Bündel tun* ‖ *zu (e–m)*
Ballen zusammenpacken
 énfasis *m Emphase* f, *Nachdruck* m, *Pathos* n ‖
Eindringlichkeit f ‖ *Übertreibung f (im Stil)* ‖
⟨Rhet⟩ *Hyperbel* f ‖ ⟨fig⟩ *Geziertheit* f
 enfático *adj nachdrucksvoll* ‖ *emphatisch,*
schwülstig ‖ *eindringlich*
 enfebrecer *vt Fieber verursachen*
 enfeltrar *vi* → **afeltrar**
 enfer|mar *vt krank machen* ‖ ⟨fig⟩ *schwächen,*
entkräften ‖ ~ *vi erkranken, krank werden* (con
durch) ‖ ~ *del pecho brustkrank werden* ‖ **~se**
Am → **enfermar** ‖ **–masanos** *m* (joc) *(schlechter)*

Arzt m ‖ *Quacksalber* m ‖ **–medad** f *Krankheit* f,
Leiden n ‖ *Erkrankung* f ‖ ⟨fig⟩ *Leidenschaft,
Sucht* f ‖ ~ de Alzheimer *Alzheimerkrankheit* f ‖
~ de los buzos *Taucherkrankheit* f ‖ ~ card|iaca
od -íaca *Herz|leiden* n, *-krankheit, -erkrankung* f ‖
~ carencial *Mangelkrankheit* f ‖ ~ consuntiva
zehrende Krankheit f ‖ ~ contagiosa *ansteckende
Krankheit* f ‖ *Seuche* f ‖ ~ del corazón
Herz|leiden n, *-krankheit, -erkrankung* f ‖ ~ de
declaración obligatoria *meldepflichtige Krankheit*
f ‖ ~ epidémica *epidemische Krankheit, Seuche* f
‖ ~ fingida *simulierte* od *vorge|spielte* od
-täuschte Krankheit f ‖ ~ grave *schwere
Krankheit* f ‖ ~ hereditaria *Erbleiden* n ‖ ~ de la
infancia *Kinderkrankheit* f ‖ ~ infecciosa
infektiöse od *ansteckende Krankheit* f ‖ *Seuche* f ‖
~ invasiva *Invasionskrankheit* f ‖ ~ de los
legionarios *Legionärskrankheit* f ‖ ~ leve *leichte
Krankheit* f ‖ ~ mental *Geisteskrankheit* f ‖ ~ de
la nutrición *Ernährungskrankheit* f ‖ ~ orgánica
organische Krankheit f ‖ *Organerkrankung* f ‖ ~
originaria *Grundleiden* n ‖ ~ pertinaz *hartnäckige
Krankheit* f ‖ ~ profesional *Berufskrankheit* f ‖ ~
del sueño *Schlafkrankheit* f ‖ ~ tropical, ~ de los
trópicos *Tropenkrankheit* f ‖ ~ de las vacas locas
⟨fam⟩ *Rinderwahnsinn* m ‖ ~ venérea
Geschlechtskrankheit f ‖ ◇ contraer *od* ⟨fam⟩
coger *od* ⟨fam⟩ pescar una ~ *erkranken, krank
werden* ‖ ~es *fpl Krankheiten* fpl ‖ ~ de la
civilización *Zivilisationskrankheiten* fpl ‖ ~
internas *innere Krankheiten* fpl ‖ ~ de
transmisión sexual *sexuell übertragene
Krankheiten* fpl
  enferme|ra f *Krankenschwester* f ‖ **-ría** f
Krankenhaus n ‖ *Kranken|stube* f, *-saal* m ‖
Kranken|zimmer n, *-station* f ‖ ⟨Mil⟩ *Revier* n ‖
⟨Taur⟩ *Rettungswache, Unfallstation,
Verbandstätte* f *(in e–r Arena)* ‖ ⟨fam joc⟩
Versatzamt n ‖ **-ro** m *Kranken|pfleger, -wärter* m
  enfer|mizo adj *kränklich, siech* ‖ *schwächlich* ‖
⟨fig⟩ *krankhaft (Leidenschaft)* ‖ **-mo** adj *krank* ‖
kränklich, gebrechlich ‖ *gesundheitswidrig* ‖
schwach ‖ ~ de cuidado *schwer krank* ‖ ~ con
fiebre *fieberkrank* ‖ ~ de gravedad *ernstlich
erkrankt, schwer krank* ‖ ~ de hígado *leberkrank*
‖ ~ de muerte *todkrank* ‖ ~ de peligro *gefährlich
erkrankt, schwer krank* ‖ ◇ caer ~, ponerse ~
krank werden, erkranken (de an dat) ‖ ~ m
Kranke(r) m ‖ *Patient* m ‖ ~ ambulante *nicht
bettlägerige(r) Kranke(r)* m ‖ ~ grave
Schwerkranke(r) m ‖ **-mucho, -mito** adj dim von
enfermo
  enfervorizar [z/c] vt *begeistern, erwärmen*
  enfeudar vt *belehnen*
  enfielar vt *ins Gleichgewicht bringen (Waage)*
  enfiestarse vr Col Chi Hond Mex Ven *s.
vergnügen, s. amüsieren*
  enfi|lación f ⟨Mar⟩ *Deckpeilung* f ‖ **-lada** f
⟨Mil⟩ *Längsbestreichung* f
  ¹enfilar vt *anreihen, aneinander reihen* ‖ *auf-,
ein|fädeln* ‖ *durchbohren (mit dem Degen)* ‖ **~se**
s. einreihen ‖ ⟨StV⟩ *s. einordnen*
  ²enfilar vt *(an)visieren, anpeilen* ‖ ⟨Mil⟩ *(der
Länge nach) bestreichen, enfilieren*
  enfisema m ⟨Med⟩ *Emphysem* m
  enfi|teusis f etwa: *(Erb)Pacht* f ‖ *Erbzinsgut* n
‖ ⟨Hist⟩ *Emphyteuse* f ‖ ◇ (con)ceder en ~
verpachten ‖ **-teuta** f etwa: *Erbpächter* m ‖
-teuticario m *Verpächter* m *bei der Erbpacht* ‖
-téutico adj etwa: *Erb(pacht)-*
  enflaque|cer [-zc-] vt *schwächen, entkräften* ‖
abzehren ‖ ⟨fig⟩ *entkräften* ‖ ~ vi/r *abmagern* ‖
⟨fig⟩ *erschlaffen* ‖ ⟨fig⟩ *mutlos werden* ‖ **-cido** adj
mager ‖ **-cimiento** m *Entkräftung, Mattigkeit* f ‖
Abmagerung f

  enflatarse vr CR Salv *traurig werden* ‖ *in
schlechte Laune geraten*
  enflau|tado adj ⟨fam⟩ *aufgedunsen,
geschwollen* ‖ ~ m, ~a f Hond Pe *Dummheit* f,
Unsinn m ‖ **-tar** vt *aufblähen* ‖ ⟨fam⟩ *verführen* ‖
⟨fam⟩ *anführen, betören, täuschen* ‖ *verkuppeln* ‖
Col Mex ⟨fam⟩ *(Unpassendes) sagen, einwerfen*
  enfloración f *Enfleurage* f *(zur Gewinnung
ätherischer Öle)*
  enflo|rado adj *blumengeschmückt* ‖
blumenbestreut ‖ **-rar** vt *mit Blumen schmücken*
  enfo|cado m ⟨Fot⟩ *Einstellung* f ‖ *Visieren* n ‖
⟨Atom Film⟩ *Fokussierung* f ‖ **-cador** m ⟨Fot
Opt⟩ *Sucher* m ‖ ⟨Fot⟩ *Einstelllinse* f ‖ **-car**
[c/qu] vt/i ⟨Fot Opt⟩ *visieren* ‖ *einstellen* ‖ ⟨fig⟩ *in
das richtige Geleise bringen (ein Geschäft usw.)* ‖
⟨fig⟩ *richtig anfassen (Aufgabe)* ‖ *beleuchten,
untersuchen (Frage, Sache)* ‖ ◇ ¿cómo enfoca
Vd. este asunto? *wie sehen Sie diese
Angelegenheit?*
  enfollonar vt *(jdn) in e–e unangenehme
Situation bringen* ‖ *(jdn) in e–e unangenehme
Sache verwickeln* ‖ **-se** *in e–e unangenehme
Situation gebracht werden* od *geraten* ‖ *in e–e
unangenehme Sache verwickelt werden*
  enfoque m ⟨Fot Op⟩ *Einstellung* f ‖ ~
aproximado *Grobeinstellung* f ‖ ~ de la cuestión
⟨fig⟩ *Fragestellung* f ‖ ~ nítido *Scharfeinstellung*
f
  enfoscadero m Sal *verborgener Engpass* m
  enfos|cado adj *verputzt* ‖ ~ m *Grundputz* m ‖
-car vt *den Grundputz auftragen (auf* acc) ‖
(Löcher in der Wand) zuschmieren
  enfotarse vr Ast *zuviel Selbstbewusstsein
haben*
  enfrailar vt *zum Mönch machen* ‖ ~ vi *Mönch
werden*
  enfranque m *Schuhgelenk* n
  enfras|camiento m s von **-car(se)** ‖ **-car**
[c/qu] vt *in Flaschen (bzw in e–e Flasche) füllen*
‖ **~se** *im Dickicht stecken bleiben* ‖ ⟨fig⟩ *s.
vertiefen (od versenken) (en in* acc) ‖ ⟨fig⟩ *s. (in
et.) verwickeln* ‖ ◇ ~ por un camino ⟨fam⟩ *e–n
Weg einschlagen* ‖ **-cado** en la conversación *ganz
vom Gespräch eingenommen, im Gespräch
vertieft* ‖ **-cado** en su tarea *ganz in s–e Arbeit
vertieft*
  enfre|nado adj *zügelfromm (Pferd)* ‖ **-nar** vt
(auf)zäumen ‖ *zügeln (& fig)* ‖ ⟨Tech⟩ *verlaschen* ‖
bremsen
  enfren|tamiento m *Konfrontation* f ‖ **-tar** vt
gegenüberstellen (dat) ‖ *die Stirn bieten, s.
widersetzen (dat)* ‖ ⟨Zim⟩ *(zusammen)stoßen* ‖ ~
vi *s. gegenüber befinden* ‖ ◇ **~se** con alg. *jdm
die Stirn bieten* ‖ *mit jdm zusammenkommen* ‖ *jdm
gegenübertreten* ‖ **-te** adv *gegenüber* ‖ ~
entgegengesetzt, im Widerspruch, entgegen ‖ ~ de
gegenüber (dat) ‖ ~ de la universidad *dem
Universitätsgebäude gegenüber*
  enfríabotellas m *Flaschenkühler* m
  enfria|dera f *Wein-, Sekt|kühler, Kühlkrug* m ‖
⟨Chem⟩ **-do** adj: carne ~a Am *Kühlfleisch* n ‖
-dor m *Kühler* m ‖ *Kühl|box, -truhe* f ‖ **-miento**
m *Abkühlung* f ‖ *Kühlung* f ‖ *Kaltwerden* n ‖
Erkaltung f ‖ *Erkältung* f
  enfriar [pres ~ío] vt/i *(ab)kühlen (& fig)* ‖
⟨figf⟩ *töten,* ⟨figf⟩ *kaltmachen* ‖ ~ bruscamente
⟨Tech⟩ *abschrecken, plötzlich abkühlen* ‖ **~se**
erkalten, s. abkühlen ‖ *kalt werden* ‖ *kühler
werden (Wetter)* ‖ ⟨fig⟩ *lau werden*
  enfuertearse vr Col *s. stärken*
  enfullar vi *falsch spielen*
  enfunchar vt Cu PR *erzürnen, ärgern*
  enfun|dar vt *in ein Futteral* od *e–e Hülle* od
e–n Überzug stecken ‖ *voll stopfen, ausstopfen* ‖

⟨fig⟩ *an-, aus|füllen* ‖ ◇ *hallábase –dado en un traje oscuro* er steckte in e–m dunklen Anzug
enfure|cer [-zc-] vt *wütend machen* ‖ **~se** ⟨fig⟩ *toben, rasen* ‖ *wütend werden* (con, contra *auf* acc, por *wegen, über* acc) ‖ **–cimiento** m *Toben, Rasen* n ‖ *Wut* f

enfurru|ñado adj ⟨fam⟩ *mürrisch* ‖ *un|wirsch, -willig* ‖ *bockig* ‖ **–ñamiento** m *üble Laune* f ‖ *Murren* n ‖ **–ñarse** vr ⟨fam⟩ *böse od mürrisch werden* ‖ *trüb werden (Himmel)*

enfurtir vt ⟨Text⟩ *walken*

engabanado adj *mit e–m Mantel bekleidet*

engai|tabobos m ⟨fam⟩ → **¹engañabobos** ‖ **–tar** vt ⟨fam⟩ *beschwatzen, hintergehen,* ⟨fam⟩ *einwickeln* ‖ *überlisten*

engalabernar vt Col *miteinander verbinden*

engala|miento m s von **–nar** ‖ **–nado** adj ⟨Mar⟩ *beflaggt* ‖ **–nar** vt *(aus)schmücken, aufputzen* ‖ ⟨fam⟩ *herausputzen* ‖ *verzieren* ‖ **~se** *s. herausputzen* ‖ ◇ **~** *con plumas ajenas s. mit fremden Federn schmücken*

enga|llado adj ⟨fig⟩ *steif, stolz* ‖ *befruchtet (Hühnerei)* ‖ **–lladura** f *Hahnentritt* m *im Ei* ‖ **–llarse** vr *den Kopf hoch tragen (Pferd)* ‖ ⟨fig⟩ *stolz einhergehen* ‖ ⟨fam⟩ *trotzen* ‖ ⟨figf⟩ *s. (jdm gegenüber) auf die Hinterbeine stellen*

engan|chado adj [in der Drogenszene] *drogenabhängig, rauschgiftsüchtig* ‖ ◇ *estar* **~** *an der Nadel hängen* ‖ **–chador** m ⟨Mil Hist⟩ *Werber* m ‖ ⟨Mar⟩ *Heuerbaas* m ‖ **–chamiento** m → **enganche** vt *mit e–m Haken festhalten* ‖ *an-, ein|hakeln, an|haken, -hängen* ‖ *anspannen (Pferde)* ‖ ⟨fig⟩ *bereden, verleiten, ködern* ‖ *überreden* ‖ ⟨fam⟩ *(jdn) einfangen, (s.) (jdn) kapern* ‖ ⟨Mil Hist⟩ *anwerben (mit Handgeld)* ‖ ⟨Mil⟩ *aufprotzen* ‖ ⟨Tech⟩ *an-, ver|koppeln* ‖ ⟨EB⟩ *koppeln (Wagen)* ‖ ⟨Taur⟩ *aufspießen (Stier den Stierkämpfer)* ‖ ⟨reg⟩ *an-, auf|kleben* ‖ **~** vi *anspannen (Wagen)* ‖ ⟨reg⟩ *gut kleben (Leim)* ‖ **~se** *hängen bleiben, s. festhaken* ‖ ⟨fam⟩ *e–e Beziehung eingehen* ‖ *süchtig werden (Spiel, Drogen)* ‖ ⟨Mil Hist⟩ *s. anwerben lassen* ‖ **–che** m *Festhaken* n ‖ ⟨Tech⟩ *(Haken)Kupplung* f ‖ *Koppel* f *(e–r Orgel)* ‖ ⟨Mil Hist⟩ *Anwerben* n ‖ ⟨Mar⟩ *Anheuerung* f ‖ **–chón** m *Hängenbleiben* n

engangrenarse vr ⟨Med⟩ *gangränös werden*

¹engañabobos m *Bauernfänger, Betrüger* m
²engañabobos m And ⟨V⟩ *Ziegenmelker* m (Caprimulgus europaeus)

engaña|damente adv *irrtümlicherweise* ‖ **–dizo** adj *leicht zu hintergehen(d)* ‖ **–dor** adj *täuschend* ‖ *(be)trügerisch* ‖ **~** m *Betrüger* m ‖ **–mundo(s), –miserables** m *Betrüger* m ‖ *Hochstapler* m ‖ ⟨fam⟩ *Bauernfänger* m ‖ **–necios** m → **¹engañabobos** ‖ **–niños** m *Betrug* m, *Bauernfängerei* f

engañapastores m → **²engañabobos**

engañar vt *hintergehen, anführen* ‖ *betören* ‖ *beschwatzen* ‖ *(vor)täuschen, (be)trügen* ‖ *be|lügen,* ⟨fam⟩ *-schwindeln, -schummeln,* ⟨fam⟩ *hereinlegen, austricksen* ‖ ⟨fig⟩ *verführen (Frau)* ‖ ◇ **~** *el hambre den Hunger nur ungenügend stillen* ‖ **~** *un plato ein Essen schmackhafter machen (durch Zutaten, Gewürze usw.)* ‖ **~** *el tiempo od las horas die Zeit töten od vertreiben* ‖ **~** vi *(be)trügen* ‖ *las apariencias engañan (od la vista engaña) der Schein trügt* ‖ *no dejarse* **~** *s. nicht übervorteilen lassen* ‖ **~se** *s. irren, s. täuschen (en in dat)* ‖ ◇ **~** *en la cuenta s. verrechnen* ‖ Vd. *se engaña Sie irren s.*

enga|ñifa (And Chi **–ñifla**) f ⟨fam⟩ *List, Hintergehung* f ‖ *Hinterhältigkeit* f, *Betrug* m ‖ **–ño** m *Betrug, listiger Streich* m, *Betrügerei* f ‖ *Übervorteilung* f ‖ *Täuschung* f ‖ *Irrtum* m ‖

Unwahrheit f ‖ ◇ *deshacer un* **~** *(jdn) aus e–m Irrtum reißen, e–n Irrtum aufklären* ‖ *es* **~** ⟨fam⟩ *es ist erlogen* ‖ *llamarse a* **~** *s. auf Betrug od Täuschung berufen* ‖ **–ñoso** adj *betrügerisch* ‖ *täuschend* ‖ ⟨fam⟩ *erlogen*

engarabatar vt ⟨fam⟩ *anhaken*

engarabitar vi ⟨fam⟩ *klettern, steigen*

engarabitarse vr *s. krümmen* ‖ *klamm od starr werden (Finger)*

engaratusar vt Col MAm Mex → **engatusar**

engarbullar vt ⟨fam⟩ *durcheinander bringen, verwirren*

engarce m *Aufreihen* n *(von Perlen)* ‖ *Fassung* f *(von Steinen)* ‖ *An-, Ver-|kettung* f ‖ *Einfädeln* n ‖ ⟨fig⟩ *Zusammenhang* m ‖ Col *Streit* m

engaripolarse vr Ven *s. heraus|putzen, -staffieren*

engarrullar vt Col ⟨fam⟩ *verwirren*

engar|zar [z/c] vt *einfädeln (auf e–n Draht)* ‖ *anreihen, verketten* ‖ *(Edelsteine) fassen* ‖ *kräuseln (Haare)* ‖ **~se** Am *zanken* ‖ **–zo** m *Verkettung, Anreihung* f

engasar vt ⟨fig⟩ *umfloren*

engas|tador m *Schmuckarbeiter* m ‖ **–tadura** f → **engaste** ‖ **–tar** vt *(ein)fassen (Edelsteine)* ‖ ⟨Tech⟩ *einpassen, ineinander passen (Teile)* ‖ ◇ **~** *con perlas mit Perlen belegen* ‖ **–te** m *Fassung* f *e–s Edelsteines* ‖ *Fassungsring* m ‖ *ungleiche Perle* f

engatada f Ast *Falle, Hinterlist* f

enga|tado adj *listig, diebisch (wie e–e Katze)* ‖ **–tar** vt ⟨fam⟩ → **–tusar**

engatillar vt ⟨Tech⟩ *einschnappen lassen, einklinken* ‖ *bördeln (Blech)* ‖ ⟨Zim⟩ *verklammern*

engatu|sador m *Schmeichler, Charmeur, Betörer* m ‖ **–tusamiento** m ⟨fam⟩ *Betörung* f ‖ **–tusar** vt ⟨fam⟩ *be|tören, -rücken, umschmeicheln,* ⟨fam⟩ *ein|seifen, -wickeln* ‖ ⟨fam⟩ *(Mann) becircen*

engaviar vt/i *(er)klettern* ‖ *emporsteigen* ‖ Val *einkäfigen*

engavillar vt ⟨Agr⟩ *in Garben binden*

engayolar vt Arg *ins Gefängnis stecken od werfen*

engelamiento m ⟨Flugw⟩ *Vereisung* f

engen|dramiento m *Zeugung* f ‖ **–drar** vt *(er)zeugen* ‖ *generieren* ‖ ⟨fig⟩ *hervorbringen, bewirken* ‖ *verursachen* ‖ *veranlassen* ‖ **–dro** m ⟨An⟩ *Leibesfrucht* f, *Fetus, Fötus* m ‖ *Missgeburt* f ‖ ⟨fam⟩ *Kreatur* f ‖ ⟨fig⟩ *Ausgeburt* f *(der Fantasie), Hirngespinst* n ‖ ⟨fig desp⟩ *Brut* f ‖ ⟨fig⟩ *Machwerk* n ‖ **~** *del diablo Teufelsbrut* f

△ **engi|bacaire, –bador** m *Kuppler* m

engibarse vr *buck(e)lig werden*

englobar vt *zusammenfassen* ‖ *einbegreifen* ‖ *einverleiben*

englutir vt → **engullir**

engola|do adj *mit Halskrause* ‖ ⟨fig⟩ *hochtrabend, schwülstig* ‖ **–miento** m ⟨fig⟩ *Einbildung* f, *Dünkel* m

engolfar vt ⟨Mar⟩ *in e–n Golf einfahren* ‖ ⟨Mar⟩ *auf hohe See gehen* ‖ **~se** ⟨fig⟩ *s. vertiefen, s. versenken (en in acc)* ‖ ⟨fig⟩ *s. (in missliche Geschäfte) verwickeln* ‖ ⟨Mar⟩ *in See stechen*

engoli|llado adj ⟨fig⟩ *steif* ‖ ⟨figf⟩ *altfränkisch* ‖ **–llarse** vr Cu *in Schulden geraten*

engollamiento m ⟨fig⟩ *Einbildung* f, *eitler Stolz* m

engollar vt *auftrensen (Pferd)*

engolletado adj ⟨fam⟩ *stolz, aufgeblasen*

engolliparse vr *s. den Bauch vollschlagen*

engolondri|nado adj ⟨fam⟩ *anmaßend* ‖ ⟨joc⟩ *verliebt* ‖ **–narse** vr *s. verlieben* ‖ *vornehm tun* ‖ *prahlen*

engolosinar vt *anködern* ‖ *(herbei)locken* ‖ ◇ ~se con ... *s. gewöhnen an ...* (acc), *Geschmack finden an* (dat) ‖ *erpicht sein auf* (acc)
engo|mado adj *gummiert, Klebe-* ‖ Chi *geckenhaft (gekleidet)* ‖ **–mar** vt *gummieren*
engor|da f Chi Mex *Mast* f ‖ Chi Mex *Mastvieh* n ‖ **–dar** vt *mästen* ‖ *dick machen* ‖ ~ vi *fett, dick werden, zunehmen* ‖ **–de** m *Mast* f ‖ ◆ de ~ *Mast-*
engorgonar vt Hond ⟨fig⟩ *verschleudern, zum Fenster hinauswerfen (Geld)*
engo|rro m *Hindernis, Hemmnis* n ‖ *Hemmung* f ‖ *Belästigung* f ‖ ⟨fam⟩ *Schwierigkeit, Unannehmlichkeit* f ‖ *Ver|wick(e)lung, -wirrung* f ‖ **–rroso** adj *hinderlich, lästig* ‖ *umständlich* ‖ *müh|sam, -selig* ‖ *verwickelt*
engoznar vt *einhängen (Fenster, Tür)*
Engracia f np *Engratia* f
engrama m ⟨Psychol⟩ *Engramm* n
engra|naje m *Verzahmung* f ‖ *(Zahnrad) Getriebe, Räderwerk* n ‖ ⟨Tech⟩ *Zahneingriff* m ‖ ⟨fig⟩ *Ineinandergreifen* n ‖ ⟨fig⟩ *Mechanismus* m ‖ ⟨fig⟩ *Zusammenhang* m ‖ ~ *cilíndrico Stirnradverzahnung* f ‖ *Stirnradgetriebe* n ‖ ~ *cónico Kegelradverzahnung* f ‖ *Kegelradgetriebe* n ‖ ~ *helicoidal Schrägverzahnung* f ‖ *schrägverzahntes Stirnradgetriebe, Schrägzahnstirnradgetriebe* n ‖ *Schraubenradgetriebe* n ‖ ~ *de inversión Umkehrgetriebe* n ‖ ~ *de tornillo sin fin Schneckengetriebe* n ‖ **–nar** vt/i ⟨fig⟩ *zusammenfügen, vereinigen* ‖ ⟨Tech⟩ *eingreifen (Zähne)* ‖ *ineinander greifen* (& fig)
engran|decer [-zc-] vt *vergrößern* ‖ *übertreiben* ‖ *anpreisen, verherrlichen* ‖ *bereichern* ‖ ⟨fig⟩ *erhöhen* ‖ ~ vi *groß werden, aufwachsen (Kind)* ‖ **~se** ⟨fig⟩ *an Macht, Größe zunehmen* ‖ *aufsteigen* ‖ **–decimiento** m *Vergrößerung* f ‖ *Lobeserhebung* f ‖ *Rangerhöhung* f, *Aufstieg* m
engrane m ⟨Tech⟩ *(Zahn)Räderübersetzung* f ‖ *Zahneingriff* m
engranujarse vr *viele Pickel bekommen* ‖ *ver|lumpen, -kommen, herunterkommen*
engra|padora f *Heftmaschine* f ‖ **–par** vt *mit Klammern befestigen* ‖ *heften* ‖ *verklammern*
engra|sado m → **engrase** ‖ **–sador** m *Schmierapparat* m ‖ *Schmier-, Fett|büchse* f ‖ *Öler* m ‖ ⟨EB⟩ *Schmierer* m ‖ *Schmiernippel* m ‖ ~ *de aguja Nadelöler* m ‖ ~ *cuentagotas Öltropfapparat* m, *Tropföler* m ‖ ~ *de jeringa Fettspritze* f ‖ ~ *de mecha Dochtöler* m ‖ ~ *Stauffer Staufferbüchse* f ‖ **–sadora** f *Schmierkanne* f ‖ **–samiento** m *Schmieren, Einfetten* n ‖ **–sar** vt/i *(ein)fetten, ölen* ‖ ⟨Auto⟩ *(ab)schmieren* ‖ ⟨Agr⟩ *düngen* ‖ ⟨fig⟩ *schmieren (bestechen)* ‖ **–se** m *Einfetten* n ‖ *Schmierung* f ‖ *Fettwerden* n ‖ ⟨Auto⟩ *(Ab)Schmieren* n ‖ *Schmiermittel* n ‖ *Schmier(vorricht)ung* f ‖ *Öl, Fett* n ‖ ⟨fig⟩ *Schmieren* n *(Bestechen)* ‖ ~ *por circulación Umlaufschmierung* f ‖ ~ *continuo Dauerschmierung* f ‖ ~ *a presión Druckschmierung* f ‖ ~*por rociado Ölspritzschmierung* f
engreído adj *stolz, eingebildet, dünkelhaft*
engreimiento m *Aufgeblasenheit* f ‖ *Dünkel* m ‖ *Einbildung* f
engreír [pres ~ío] vt *dünkelhaft machen* ‖ Pe *verhätscheln* ‖ **~se** *s. aufblasen, dick(e)tun, prahlen* ‖ ◇ ~ *con alg.* Am *jdn liebgewinnen*
engrescar [c/qu] vt *auf-, ver|hetzen* ‖ *aufstacheln (zum Streit)*
engrifada adj/s ⟨Her⟩ *stilisiert (Adler)* ‖
engrifado adj [in der Drogenszene] *rauschgiftsüchtig*

engrifar vt *sträuben* ‖ **~se** *s. bäumen (Pferd)* ‖ [in der Drogenszene] *rauschgiftsüchtig werden*
engrillar vt *Fußschellen anlegen* (dat)
engringarse [g/gu] vr Am *Art und Weise der Fremden* (bes. *der Gringos = US-Amerikaner) annehmen*
engro|samiento m s von **–sar** ‖ **–sar** [-ue] vt *dicker machen* ‖ *verdicken* ‖ ⟨fig⟩ *übertreiben* ‖ ⟨fig⟩ *ver|mehren, -größern* ‖ ◇ ~ *las filas die Truppenstärke erhöhen* ‖ ~ vi *zunehmen, wachsen* (z. B. *Fluss*) ‖ *zunehmen, dicker werden (Mensch)* ‖ *stürmisch werden (See)*
engru|dar vt *(an)kleistern* ‖ **–do** m *(Mehl)Kleister* m
engrumecerse [-zc-] vr *verklumpen*
engruñar vt *(zer)knittern, verkrumpeln*
engrupir vi Arg *lügen*
enguadar vt Cu → **engatusar**
engualdrapar vt *die Satteldecke auflegen*
engualichar vt Arg Ur *verzaubern, becircen (bezirzen)*
enguantado adj *mit (angezogenen) Handschuhen, behandschuht*
enguaraparse vr MAm *gären* ‖ *säuern*
enguarrar vt ⟨fam⟩ *beschmutzen*
enguasimar vt Cu *erhängen*
enguatar vt *wattieren*
enguayabado adj Col Ven ⟨fam⟩ *unwohl* ‖ *verkatert*
enguijarrar vt *beschottern*
enguilar vt ⟨vulg⟩ *vögeln, vernaschen*
enguillotarse vr ⟨fam⟩ *s. vertiefen (en in acc)*
enguirnaldar vt *bekränzen, mit Girlanden behängen*
engu|llidor adj/s *gefräßig* ‖ **–llir** [pret ~lló] vt *ver|schlingen, -schlucken,* ⟨pop⟩ *fressen* ‖ ⟨fig⟩ *alles leicht glauben*
engurrar vt → **engruñar**
engurrio m *Traurigkeit* f ‖ *Melancholie* f ‖ **–so** adj Col *neidisch*
engurruñarse vr *(ein)schrumpfen*
engusanado adj Am *wurmstichig*
enharinar vt *mit Mehl bestreuen* ‖ **~se** ⟨fam⟩ *s. pudern*
enhastiar [pres ~ío] vt *langweilen* ‖ **~se** ⟨fam⟩ *s. langweilen*
enhebrar vt *einfädeln* ‖ *auffädeln* ‖ ⟨fig⟩ *aneinanderreihen*
enhenar vt ⟨Agr⟩ *mit Heu bedecken*
enhestar [-ie-] vt *auf-, empor|richten* ‖ **~se** *s. aufrichten*
enhielar vt *mit Galle vermischen*
enhiestar(se) vt/r → **enhestar(se)**
enhiesto pp/irr von **enhestar** ‖ adj *emporgerichtet, gerade* ‖ *steil (aufragend)* ‖ *mit steifen Spitzen (Schnurrbart)*
enhilar vt/i *einfädeln* ‖ ⟨fig⟩ *ordnen* (z. B. *Gedanken)* ‖ *bezwecken*
enhollinarse vr *s. mit Ruß verschmieren*
enhora|buena f *Glückwunsch* m ‖ ◇ *dar la* ~ a alg. *jdm gratulieren, jdn beglückwünschen* ‖ ¡*reciba Vd. mi* ~! *nehmen Sie m–n Glückwunsch entgegen! ich gratuliere!* ‖ *von mir aus!* ‖ als adv: *que lo haga* ~ *er mag es nun meinetwegen tun!* ‖ ¡*Vd. está de* ~! ⟨fam⟩ *Sie können s. gratulieren!* ‖ ¡*sea* ~! *viel Glück!* ‖ **–mala:** ¡~! *zum Teufel!* ‖ ◇ ¡*que se vaya* ~! ⟨fam⟩ *der Teufel soll ihn (sie, es) holen!*
enhornar vt *in den Ofen schieben (Brot)*
enhorquetar vt Arg Cu Mex PR *auf dem Rücken,* ⟨fam⟩ *huckepack tragen* (bes. *Kinder)*
enig|ma m *Rätsel* n ‖ ◇ *descifrar un* ~ *ein Rätsel lösen* ‖ *es un* ~ *er (bzw sie, es) ist ein rätselhafter Mensch* ‖ *estar ante un* ~ *vor e–m*

Rätsel stehen ‖ **–mático** adj *rätselhaft,
geheimnisvoll*
 enima m ⟨pop⟩ → **enigma**
 enjabo|nado adj *eingeseift* ‖ ⟨fig⟩ *dunkel
(Schimmel)* ‖ **–nadura** f, **–nado** m *Einseifen* n ‖
Abseifen n ‖ **–nar** vt *einseifen* ‖ *abseifen* ‖ ⟨figf⟩
(jdm) den Kopf waschen ‖ ⟨figf⟩ *(jdm) Honig um
den Bart od den Mund od das Maul streichen,*
⟨fam⟩ *jdm Honig ums Maul schmieren* (dat)
 enjae|zamiento m *Anschirren* n ‖ **–zar** [z/c] vt
anschirren (Pferd) ‖ Am *satteln*
 enjal|begadura f, **–begado, –biego** m *Tünchen*
n ‖ **–begar** [g/gu] vt *weißen, weiß anstreichen,
tünchen* ‖ **~se** ⟨fig⟩ s. *schminken*
 enjal|ma f *(leichter) Saumsattel* m ‖ **–mar** vt
satteln ‖ **–mero** m *Saumsattler* m
 △ **enjallar** vi *erinnern*
 enjamás ⟨pop⟩ → **jamás**
 enjam|bradera f *Weiselzelle* f *(der Bienen)* ‖
–brar vi *schwärmen (Bienen)* ‖ ⟨fig⟩ *wimmeln* ‖
vt *e–n Bienenschwarm einfangen* ‖ ⟨fig⟩ *in
Mengen hervorbringen* ‖ **–brazón** f *Schwärmen* n
(der Bienen) ‖ **–bre** m *Bienenschwarm* m (& fig) ‖
⟨fig⟩ *Unmenge* f
 enjarciar vt ⟨Mar⟩ *auftakeln*
 enjardinar vt *begrünen* ‖ **~** vi *e–n Garten
anlegen*
 enjare|tado m ⟨Mar⟩ *Gräting* f ‖ ⟨Mil⟩
Gitterwerk n ‖ **–tar** vt *durchziehen (Band)* ‖ *in
e–n Hohlsaum einziehen* ‖ ⟨figf⟩ *eilig
fertigmachen,* ⟨fam⟩ *zusammenhudeln* ‖ ⟨figf⟩
herunterleiern (Rede) ‖ *(jdm et.) aufhalsen* ‖
⟨figf⟩ *(jdn) traktieren (mit)* ‖ ◇ *me enjaretó su
teoría acerca del amor er traktierte mich mit s–n
Ansichten über die Liebe*
 enjaular vt *in e–n Käfig stecken* ‖ ⟨figf⟩
ein|sperren (ins Gefängnis), ⟨fam⟩ *-buchten,
-lochen*
 enjebar vt *vergipsen*
 enjerir vt *einfügen* (z.B. *Wörter in e–n Text*)
 △ **enjibar** vt *empfangen*
 enjillirse vr s. *nicht richtig entwickeln
(Person, Tier, Frucht)*
 enjo|y(el)ar vt *(mit Juwelen) schmücken bzw
besetzen* ‖ ⟨fig⟩ *verschönern* ‖ **–yelado** adj: *oro ~
Schmuckgold* n ‖ **–yelador** m *Goldschmied* m ‖
Schmuckarbeiter m
 enjua|gadientes m *Mundvoll* m *Wasser zum
Mundspülen* ‖ *Mundwasser* n ‖ ⟨fig⟩ *Schluck* m ‖
–gadura f *Ausspülen* n *des Mundes* ‖ *Spülwasser*
n ‖ **–gar** [g/gu] vt *ab-, aus|spülen (Mund, Glas)*
(ab)spülen (Geschirr) ‖ **~se** s. *den Mund
ausspülen* ‖ **–gatorio** m *Spülwasser* n ‖
Mundwasser n ‖ *Spülglas* n ‖ **–gue** m
(Mund)Spülen n ‖ *Mundspülung* f ‖ *Mundwasser* n
‖ ⟨Tech⟩ *Spülung* f ‖ ⟨figf⟩ *Intrigen* fpl, *Ränke*
mpl, *dunkle Machenschaften* fpl
 enju|gadero f *Trockenplatz* m ‖ *Trockenständer*
m ‖ ⟨Chem⟩ *Abtropfschale* f ‖ **–gador** m
Abtrockner m ‖ ⟨Fot⟩ *Trockenständer* m ‖
–gamanos m Am *Handtuch* n ‖ **–gamiento** m
Abtrocknen n ‖ **–gar** [g/gu] vt *(ab)trocknen,
austrocknen* ‖ *ab-, auf|wischen* ‖ ⟨fig⟩ *streichen
(e–e Schuld)* ‖ **~se** *austrocknen,* s. *(ab)trocknen*
einschrumpfen ‖ ◇ **~** *el llanto* s. *die Tränen
trocknen*
 enjui|ciable adj *(m/f) gerichtlich verfolgbar* ‖
–ciamiento m *Beurteilung* f ‖ ⟨Jur⟩ *Einleitung* f
des Gerichtsverfahrens ‖ *Prozess* m ‖ **~** *civil
Zivilprozess* m ‖ **~** *criminal Strafprozess* m ‖
–ciar vt/i *beurteilen, ein Urteil fällen (über* acc) ‖
⟨fig⟩ *zensieren, kritisieren* ‖ ⟨Jur⟩ *vor Gericht
verhandeln* ‖ ⟨Jur⟩ *in Untersuchung bringen* ‖

⟨Jur⟩ *das Urteil fällen* ‖ **~** a alg. *jdn beurteilen* ‖
⟨Jur⟩ *jdm den Prozess machen*
 enjumar vt ⟨fam⟩ *betrunken machen,
berauschen*
 enjunciar Ar *schmücken* (z.B. *Straßen zu e–m
Fest)*
 enjun|dia f *den Eierstock umgebendes Fett* n
(beim Geflügel) ‖ *Schmer* m, *tierisches Fett,
Schmalz* n ‖ ⟨fig⟩ *Grundlage* f ‖ ⟨fig⟩ *Gehalt* m,
Kraft f ‖ ⟨fig⟩ *Gemütsart* f ‖ ◆ *de ~* ⟨fam⟩
bedeutend, wichtig ‖ **–dioso** adj *fettreich* ‖ ⟨fig⟩
bedeutend ‖ *substanzreich* ‖ *markig*
 enjunque m ⟨Mar⟩ *Ballast* m
 enju|tar vt ⟨Arch⟩ *(Kalk) abtrocknen* ‖ Am
trocknen ‖ **–tez** [pl **~ces**] f *Trockenheit* f ‖ **–to**
pp/irr von **enjugar** ‖ adj *mager, dürr, trocken* ‖ **~**
de carnes von magerer Gestalt ‖ ◆ a *pie ~
trockenen Fußes* ‖ ⟨fig⟩ *ohne Mühe und Arbeit*
 enlabiar vt *be|rücken, -tören, umgarnen,* ⟨fam⟩
be|circen, -schwatzen
 enlace m *Ver|schlingung, -flechtung* f ‖
Ver|bindung, -knüpfung f ‖ *Verwandschaft* f ‖
Zusammenhang m ‖ *Zusammengehörigkeit* f ‖
⟨fig⟩ *Heirat, Vermählung* f ‖ ⟨El⟩ *Anschluss* m ‖
⟨StV EB⟩ *Anschluss(linie, -bahn* f) m ‖ ⟨EB⟩
Kurswagen m ‖ ⟨Chem⟩ *(Ver)Bindung* f ‖ ⟨allg⟩
Verbindungsmann m ‖ ⟨Mil⟩ *Melder, Meldegänger*
m ‖ **~** *aéreo Flugverbindung* f ‖ **~** *hacia atrás
rückwärtige Verbindung* f ‖ **~** *lateral* ⟨Mil⟩
Seitenverbindung f ‖ **~** *matrimonial Hochzeit* f ‖
eheliche Verbindung f ‖ **~** *radiofónico
Funksprechverbindung* f ‖ **~** a *retaguardia* ⟨Mil⟩
rückwärtige Verbindung f ‖ **~** *sindical* ⟨Span⟩
Betriebsrat m ‖ **~** *telefónico Telefonverbindung* f
‖ **~** *visual Sichtverbindung* f
 enlacrar vt *(ver)siegeln*
 enladri|llado m *Backstein|boden* m, *-pflaster* n
‖ **–llar** vt *mit Backsteinen belegen*
 enlagunar vt *überschwemmen*
 enlanado adj *mit Wolle bedeckt bzw gefüllt*
 enlardar vt *spicken*
 enlatar vt *in Blechbüchsen füllen* ‖ And Hond
mit Latten decken
 enlaza|damente adv *vereint, Hand in Hand* ‖
–dor m Am *Schlingenwerfer, Lassoschwinger* m ‖
–dura f, **–miento** m *Ver|schlingung, -bindung* f
 enlazar [z/c] vt/i *verflechten, ineinander
schlingen* ‖ ⟨fig⟩ *festbinden, ver|knüpfen, -binden*
(con mit) ‖ *mit e–r Fangschlinge, mit dem Lasso
fangen (Tier)* ‖ ⟨StV Tel⟩ *anschließen* (con an
acc) ‖ ⟨EB⟩ *Anschluss haben* (con an acc) ‖ Am
(Garben) binden ‖ **~** *los brazos die Arme kreuzen*
‖ ◇ *el tren enlaza en ... con el expreso para ...
der Zug hat in ... Anschluss an den Schnellzug
nach ...* ‖ *el tren no ha enlazado der Zug hat den
Anschluss verfehlt* ‖ **~se** s. *verwickeln* ‖ s.
schlingen (Pflanze) ‖ ⟨fig⟩ s. *vermählen* ‖ s. *durch
Heirat verbinden* (z.B. *Herrscherhäuser*) ‖ *in die
Verwandtschaft kommen* ‖ ◇ *se enlazó a su cuello
er (sie, es) warf s. ihm (ihr) an den Hals*
 enlegajar vt *zu e–r Akte bündeln*
 enlentecer [-zc-] vt *verlangsamen* ‖ *verzögern*
 enlerdar vt *verzögern, aufhalten*
 enlevitado adj *e–n Gehrock tragend* ‖ ⟨fam⟩
angesehen
 enligarse [g/gu] vr *auf den Leim gehen (Vogel)*
 en línea adj/adv ⟨Inform⟩ *online* ‖
angeschlossen
 enlistar vt ⟨Mil⟩ *werben* ‖ *Rekruten einstellen*
 enlistonado m ⟨Arch⟩ *Leistenwerk* n
 enllantar vt → *mit Felge(n) versehen*
 enllocar [c/qu] vi → **enclocar**
 enllenar vt ⟨pop⟩ → **llenar**
 enlobreguecer [-zc-] vt *verfinstern*
 enlo|dado adj *kotig, schmutzig* ‖ **–dadura** f,

–damiento m Be|schmutzung, -sud(e)lung f ||
–dar, –dazar [z/c] vt be|schmutzen, -sudeln (&
fig) || ⟨Arch⟩ mit Lehm bewerfen || ⟨Bgb⟩
verstopfen (Sprengloch)

enloque|cedor adj ⟨fig⟩ toll, wahnsinnig,
fabelhaft || **–cer** [-zc-] vt der Vernunft berauben ||
⟨fig⟩ betören || **~(se)** vi/r den Verstand verlieren,
verrückt werden || ⟨fig⟩ aus dem Häuschen
geraten || ◊ ~ de ira vor Wut außer s. geraten ||
–cimiento m Tollheit f, Wahnsinn m ||
Verrücktheit f

enlo|sado m Bodenplatten fpl || **–sar** vt fliesen
(Boden), mit Bodenplatten belegen

enlozado adj Am emailliert

enlu|cido m Verputz m || **–cidor** m Gipser,
Verputzer m || **–cir** [-zc-] vt verputzen

enlustre m ⟨Arch⟩ Putz m

enlu|tado adj/m in Trauer (gekleidet) || mit
Trauerrand (Papier) || **–tar** (Am & **–tecer** [-zc-])
vt ⟨fig⟩ ver|düstern, -dunkeln || ⟨fig⟩ betrüben ||
~se Trauer anlegen

enmaderar vt mit Holz ausschlagen || täfeln
(Wand) || ◊ ~ el piso den Boden dielen

enma|drado adj ⟨Psychol⟩ auf die Mutter
fixiert (Kind) || **–drarse** vr immer am
Schürzenbund od am Rockzipfel der Mutter
hängen (Kind)

enmagrecer [-zc-] vi abmagern

enmalecer [-zc-] vi erkranken

enmaletar vt in den Koffer stecken || ⟨fig⟩
verstecken

enmalezado adj Am verwachsen (mit Dickicht)

en|mallarse vr in den Maschen
hängenbleiben (Fisch) || **–malle** m Fischfang m
mit dem Stellnetz

enmangar vt mit e–m Stiel versehen
(Werkzeug)

enmantar vt zudecken (mit e–r Decke) || ~se
s. aufplustern (kranker Vogel, krankes Geflügel)

enmara|ñado adj verworren, wirr, verwickelt ||
–ñamiento m Verwirrung f || **–ñar** vt verfilzen
(Haare usw.) || verwirren (& fig), verwickeln ||
verfahren (Angelegenheit) || ~se s. verwirren

enmararse vr ⟨Mar⟩ in See stechen

enmar|car vt um-, ein|rahmen || umranden ||
–cador m Rahmer m

enmarillecerse [-zc-] vr vergilben

enmaridar(se) vi/r (s. ver)heiraten (Frau)

enmas|carado m/adj Maske f, verkleideter
Mensch m || ⟨Typ⟩ Maskenverfahren n ||
–caramiento m Verkleidung f || ⟨fig⟩
Verschleierung f || ⟨Mil Zool⟩ Tarnung f || **–carar**
vt maskieren, vermummen || verkleiden || ⟨fig⟩
verschleiern || ⟨fig⟩ be|mänteln, -schönigen || ~se
s. maskieren

enmasillar vt verkitten || einkitten (Scheiben)

enmatarse vr ⟨Jgd⟩ s. im Gebüsch verstecken
(jagdbares Tier)

enme|lado m mit Honig bestrichenes
Backwerk, Honiggebäck n || **–lar** [-ie-] vt mit
Honig bestreichen || ⟨fig⟩ versüßen || ~ vi Honig
erzeugen (Bienen)

enmendar [-ie-] vt (ver)bessern, berichtigen,
richtig stellen || beseitigen, ausmerzen (Fehler) ||
entschädigen, gutmachen || ⟨Jur⟩ abändern,
berichtigen (Urteile) || ⟨Mar⟩ berichtigen (Kurs) ||
◊ ~ una ley ein Gesetz novellieren || ~ la plana
a alg. ⟨figf⟩ jdn übertreffen || et. besser machen
wollen als jd || ~se s. (moralisch) bessern

enmicado m Mex Plastikhülle f

enmienda f (Ver)Besserung f || Entschädigung
f || Geldstrafe, Buße f || Änderung f (der Satzung
bzw der Verfassung) || Abänderung f (e–s Urteils)
|| ⟨Pol⟩ Abänderung(santrag m) f || ~ a la ley
Gesetzesänderung f || ◊ no tener ~ ⟨fam⟩

unverbesserlich sein || poner ~ a … verbessern ||
~s fpl ⟨Agr⟩ (Mineral)Dünger m

enmohe|ceduras fpl Schimmel m || **–cer** [-zc-]
vt rostig bzw schimm(e)lig machen || ~se (& vi)
(ver)rosten || (ver)schimmeln, vermodern (& fig) ||
s. beschlagen (Flüssigkeit) || schwammig werden
(Holz) || **–cimiento** m (Ver)Rosten n ||
(Ver)Schimmeln n

enmonarse vr Chi Pe s. betrinken, ⟨fam⟩ e–n
Affen kriegen

enmoque|tador m Teppichbodenleger m || **–tar**
vt mit Teppichboden auslegen

enmude|cer [-zc-] vi verstummen || ⟨fig⟩
absichtlich schweigen || ⟨fig⟩ sprachlos werden ||
–cimiento m Verstummen n || Schweigen n

enmugrecer(se) [-zc-] vi/r (s.) mit Schmutz
bedecken

ennegre|cer [-zc-] vt/t (an-, ein)schwärzen ||
~se schwarz werden || ⟨fig⟩ s. verfinstern ||
–cimiento m Schwärzen n, Schwarzwerden n

enno|blecer [-zc-] vt adeln (& fig) || veredeln,
erhöhen || ⟨fig⟩ verherrlichen || ~se geadelt
werden || **–blecimiento** m Adeln n || Vered(e)lung f
|| ⟨fig⟩ Verherrlichung f

ennoviarse vr s. e–n Freund bzw e–e Freundin
zulegen

ennudecer [-zc-] vi aufhören zu wachsen, das
Wachstum einstellen

en° ⟨Abk⟩ = **enero**

enodio m ⟨Zool⟩ drei- bis fünf|jähriger Hirsch
m

eno|jadizo adj reizbar, zornmütig, jähzornig ||
–jado adj verärgert || zornig || verdrießlich ||
gekränkt || **–jar** vt ärgern, kränken, erzürnen ||
unwillig, böse machen || Kummer machen (dat) ||
(jdm) beschwerlich fallen || ~se in Zorn geraten ||
s. erzürnen, s. ärgern (con, contra, de über acc) ||
–jo m Zorn m || Verdruss, Ärger, Unwille, Unmut
m || Kummer m || Unannehmlichkeit f || ◆ con ~
zornig || **–jón** adj Chi Mex → **–jadizo** || **–joso** adj
zornig, aufgebracht || lästig || unangenehm ||
ärgerlich || adv: ~**amente**

enología f Wein(bau)kunde, Önologie f

enólogo m Weinfachmann m

enometría f Bestimmung f des Alkoholgrades
des Weines

enorgu|llecerse [-zc-] vr stolz werden od sein
(de auf acc) || **–llecimiento** m Stolzwerden n ||
Stolz m

enor|me adj (m/f) über|mäßig, -trieben,
ungeheuer || unerhört || adv: ~**mente** || **–midad** f
Übermaß n || Ungeheuerlichkeit f || entsetzliche
Tat f || ⟨fig⟩ Ungereimtheit f

enotecnia f Weinbereitung(slehre) f

enpadrado adj ⟨Psychol⟩ auf den Vater fixiert
(Kind) || ~se s. völlig auf den Vater einstellen

enquiciar vt einhängen (Fenster, Tür) || ⟨fig⟩
ins rechte Lot bringen

enquijotarse vr ⟨fig⟩ wie ein Don Quijote (&
Don Quichotte) (schwärmerisch) werden

enquillotrarse vr ⟨fam⟩ s. verlieben

enquimosis f ⟨Med⟩ Blutunterlaufung f

enquiridión m Enchiridion n (kurz gefasstes
Handbuch)

enquis|tado adj: ⟨Med⟩ ab-, ein|gekapselt ||
–tarse vr ⟨Med⟩ zystisch entarten || s. ab-,
ein|kapseln (& fig)

enrabiar vt wütend, rasend machen || ~se in
Wut geraten

enracimarse vr s. dicht belauben || ⟨fig⟩ s.
dicht (wie Trauben) zusammendrängen

enraizar vi Wurzel(n) schlagen (& fig)

enralecer [-zc-] vt (aus)lichten, (Bäume)
ausästen || ~ vi licht werden

enra|mada f Laubwerk n || Laube, Laubhütte f

‖ **–mar** vt *mit Laubwerk, Reisig usw.*
ausschmücken bzw *umranken* ‖ ~ vi *s. belauben* ‖
~**se** *s. belauben* ‖ *Zweige bekommen*
  enran|ciadura *f Ranzigwerden* n ‖ **–ciarse** vr
ranzig werden
  enrare|cer [-zc-] vt *selten machen, verknappen*
‖ *verdünnen, dünn machen (Gase)* ‖ *lichten* ‖ ~**se**
dünn werden ‖ ⟨fig⟩ *knapp* bzw *selten(er) werden*
‖ **–cido** adj *ver|dorben, -unreinigt, -dünnt (Luft)* ‖
getrübt (Beziehungen) ‖ **–cimiento** *m* ⟨Phys⟩
Verdünnung f ‖ ⟨fig⟩ *Verknappung* f ‖ ~ *de las*
relaciones ⟨Pol⟩ *Verschlechterung* f *der*
Beziehungen
  enrasar vt ⟨Zim Tech⟩ *ab-, aus|gleichen* ‖
⟨Zim⟩ *bündig machen*
  enredadera f/adj ⟨Bot⟩ *Schling-,*
Kletter|pflanze f ‖ *Winde* f (Convolvulus)
  enre|dador adj *ränkevoll* ‖ *zu Unfug aufgelegt,*
ruhelos, zappelnd (Kind) ‖ ~ *m Zänker, Hetzer* m
‖ ⟨figf⟩ *Ränkeschmied* m ‖ *Quertreiber* m ‖ **–dar**
vt *in ein Netz fangen, ver|wickeln, -stricken* ‖
durcheinander bringen ‖ *verflechten, ineinander*
flechten ‖ ⟨fig⟩ *ver|wickeln, -wirren* ‖ ⟨fig⟩
entzweien, verunreinigen ‖ ⟨fig⟩ *betören* ‖ ◇ ~
u/c *con* od *a, en otra et. ineinander wirren,*
verwickeln ‖ ~ vi *Unfug treiben* ‖ *hetzen* ‖ ◇ ¡no
enredes! ⟨fam⟩ *hetze mich nicht auf!* ‖ ⟨fam⟩ *das*
ist e–e Lüge! ‖ ~**se** ⟨fig⟩ *s. ver|wickeln, s. -wirren*
‖ *s. verstricken* (en *in* acc) ‖ *hängen bleiben* (a.
con, en *an in* dat) *s. verfangen* (*in* dat) ‖ ⟨fam⟩ *in*
eheählnlicher Gemeinschaft (früher: *in wilder*
Ehe) leben ‖ ◇ ~ *en mentiras s. in Lügen*
verstricken ‖ ◇ ~ *de palabras in Wortwechsel*
geraten
  enre|dijo *m* ⟨fam⟩ *Verwicklung, missliche Lage*
f ‖ **–dista** m/f *Am Ränkeschmied* m ‖ **–do** *m*
Ver|wicklung, -wirrung f ‖ *Wirrwarr* m ‖ ⟨fig⟩
verwickelter Handel m ‖ *Betörung, Umgarnung* f
‖ *Erdichtung, Lüge* f ‖ *Intrige* f ‖ *ränkevoller*
Anschlag m ‖ *missliche Lage, Patsche* f ‖
Liebeshandel m, ⟨fam⟩ *Techtelmechtel* n ‖
zänkisches Gemüt m *(von Kindern)* ‖ *Knoten* m,
Verwick(e)lung f *(in e–m Drama usw.)* ‖ ~**s** pl
Kram m, *Zeug* n, *Sachen* fpl ‖ **–dón** adj/s
händelsüchtig, ränkevoll ‖ **–doso** adj *ver|wickelt,*
-worren ‖ *schwierig* ‖ *heikel* ‖ Chi Mex →
enredador
  enreja|do adj *gegittert, gitterförmig* ‖ ~ *m*
Gitterwerk n ‖ *(Draht-, Rohr)Geflecht* n ‖
Rankgitter n *(für Rankgewächse)* ‖ *Netzgewebe* n
‖ *Gitterladen* m ‖ ⟨Arch⟩ *(Pfahl)Rost,*
Verbundbalken m ‖ ⟨Tech⟩ *Rost* m ‖ ⟨Mar⟩
Gräting f ‖ ⟨pop⟩ *Gefangene(r)* m ‖ **–lar** →
enrejar
  enrejar vt *um-, ver|gittern* ‖ *einzäunen* ‖
(ver)flechten ‖ *kreuzweise stapeln* bzw
übereinander schichten ‖ *(Backsteine)*
gitterförmig übereinander legen ‖ Mex *flicken* ‖
zunähen ‖ ⟨pop⟩ *einbuchten*
  enrevesado adj ⟨fig⟩ *ver|wickelt, -worren* ‖
unleserlich (Schrift) ‖ *störrisch* ‖ *widerspenstig* ‖
ausgelassen
  enriar [pres ~ío] vt *(Flachs, Hanf) rösten*
  enriedo *m Am* ⟨pop⟩ → **enredo**
  enrielar vt *in Gang bringen (Geschäft)* ‖ Chi
Mex → **encarrilar**
  enrigidecer [-zc-] vt *steif machen, versteifen*
  Enrique *m* np *Heinrich* m ‖ ~ *el Pajarero*
⟨Hist⟩ *Heinrich der Vogler* od *Finkler*
  enrique|cer [-zc-] vt *bereichern* ‖ *reich*
machen ‖ *reich besetzen* (de *mit*) ‖ *vermehren* ‖
anreichern (con, de *mit*) ‖ ⟨fig⟩ *erweitern*
(Kenntnisse) ‖ ⟨fig⟩ *verzieren* ‖ ⟨fig⟩ *verschönern*
‖ ~**se** *a costa ajena s. auf fremde Kosten*
bereichern ‖ **–cido** adj *reich geworden* ‖ ~ *m*

Reichgewordene(r), Neureiche(r) m ‖
Emporkömmling m ‖ **–cimiento** *m Bereicherung* f
‖ ⟨Bgb⟩ *Anreicherung* f (con, de *mit*) ‖ ~ *injusto*
⟨Jur⟩ *ungerechtfertigte Bereicherung* f
  Enriqueta *f* np *Henriette* f
  enris|cado adj *felsig, bergig* ‖ *steil* ‖ **–car**
[c/qu] vt ⟨fig⟩ *er-, empor|heben* ‖ ~**se** *s. auf* od *in*
steile Berge flüchten
  enristrar vt/i *(die Lanze) einlegen* ‖ ⟨fig⟩
gerade auf sein Ziel losgehen ‖ *zu Schnüren*
zusammenbinden (Knoblauch, Zwiebel)
  enrobinarse vr Alb Ar *verschimmeln*
  enrocar [c/qu] vt/i *rochieren (Schachspiel)* ‖
~**se** *an e–m Felsen hängenbleiben* (z. B.
Angelhaken)
  enrodar [-ue-] vt *rädern (Strafe)*
  enrodrig(on)ar ([g/gu]) vt *pfählen*
(Weinstöcke)
  enrojar vt *rot glühend machen* ‖ *einheizen*
(Ofen)
  enroje|cer [-zc-] vt *röten, rot färben* ‖ *rot*
glühend machen ‖ ~**se** *erröten* (& fig) ‖ *rot*
glühend werden ‖ **–cido** adj *rot (glühend)* ‖
–cimiento *m Erröten* n ‖ *Rotwerden* n ‖ *Röte* f ‖
Scham(röte) f
  enrolar vt ⟨Mar⟩ *heuern* ‖ ⟨Mil⟩ *erfassen,*
mustern ‖ *ein|berufen, -ziehen (Rekruten)* ‖ ⟨Hist⟩
anwerben ‖ ~**se** ⟨Hist⟩ *s. anwerben lassen*
  en|rollador *m* ⟨Tech⟩ *Aufwickler* m ‖ **–rollar** vt
ein-, zusammen|rollen ‖ *auf-, ein|rollen* ‖
herumwickeln
  enrollante adj *(m/f)* ⟨pop⟩ *attraktiv,*
verführerisch
  enronque|cer [-zc-] vt *heiser machen* ‖ ~**se**
heiser werden (& vi) ‖ **–cimiento** *m Heiserkeit* f
  enroque *m Rochade* f *(Schachspiel)*
  enrosca|do adj *ver-, aufge|schraubt* ‖
zusammengerollt, spiralförmig ‖ adv: **–amente** ‖
–dura f, **–miento** *m Ver-, Auf|schrauben* n ‖
Zusammenrollen n
  enroscar [c/qu] vt *ver-, auf|schrauben* ‖
zusammenrollen ‖ *spiral-, schnecken|förmig*
(um)winden ‖ ~**se** *s. zusammenrollen, s. winden*
(Schlange)
  enrostrar vt Am *(jdm et.) vorwerfen*
  enru|be(s)cer [-zc-] vt ⟨reg⟩ *rot färben, röten* ‖
–biar vt *blond färben* ‖ **–biarse** vr *blond werden*
(Haare)
  enru|decer [-zc-] vi *verrohen* ‖ *vergröbern* ‖
~**se** *verrohen* ‖ *verbauern* ‖ **–decimiento** *m*
Abstumpfung f ‖ *Verrohung* f
  enrulado adj Arg *gelockt, lockig (Haar)* ‖
zusammengerollt (Schlange)
  enrumbarse vr: ~ *a alg. jdm entgegengehen*
  ¹ensabanado *m erster Gipsanstrich m (beim*
Verputzen)
  ²ensabanado *m And Büßer m (bei Umgängen*
in ein Lakentuch gehüllt)
  ¹ensabanar vt *(ver)gipsen*
  ²ensabanar vt *in ein Leichentuch hüllen*
  ensa|cado *m Einsacken n* ‖ **–car** [c/qu] vt
einsacken, in Säcke füllen ‖ ~**se** ⟨Mar⟩ *in e–e*
Bucht geraten
  ensaimada f ⟨Kochk⟩ *spiralförmig gerolltes*
Blätterteiggebäck n (Spezialität aus Mallorca)
  ¹ensalada f *Salat* m ‖ *Mischmasch,* ⟨fam⟩ *Salat*
m ‖ ~ *de apio Selleriesalat* m ‖ ~ *de arenque*
Heringssalat m ‖ ~ *de ave Geflügelsalat* m ‖ ~
de berros Brunnenkressesalat m ‖ ~ *de*
cohombros Gurkensalat m ‖ ~ *de diente de león*
Löwenzahnsalat m ‖ ~ *de escarola Endiviensalat*
m ‖ ~ *italiana italienischer (Kräuter)Salat* m ‖ ~
de judías Bohnensalat m ‖ ~ *de lechuga*
Kopfsalat, grüner Salat m ‖ ~ *de lechuga romana*
römischer Salat m ‖ ~ *nizarda Nizzasalat* m ‖ ~

de patatas *Kartoffelsalat* m ‖ ~ de pescado
Fischsalat m ‖ ~ de pimientos *Paprikasalat* m ‖
~ de remolachas *Rübensalat* m ‖ ~ romana
römischer Salat m ‖ ~ rusa *russischer Salat* m ‖
~ de tiros (pop) *Schusswechsel* m ‖ ~ de
tomate(s) *Tomatensalat* m ‖ ~ variada *bunter od
gemischter Salat* m ‖ ~ de verdura *Gemüsesalat*
m ‖ 〈fig〉 *grelles Farbengemisch* n
²ensalada f 〈Lit〉 *Mischgedicht* n
³ensalada f Cu *Erfrischungsgetränk* n *(mit
Ananas, Minze und Zitrone)*
ensaladera f *Salat\schüssel, -schale* f ‖ 〈Sp
fam〉 *Davis-Cup* m
ensaladilla f *gemischtes Konfekt* n ‖ *bunter
Edelsteinschmuck* m ‖ 〈fig〉 *Mischmasch* m ‖ ~
rusa 〈Kochk〉 *russischer Salat* m
ensalivar vt *einspeicheln* ‖ *viel Speichel
absondern in* (acc)
ensal\madora f *Gesundbeterin* f ‖
Knocheneinrenkerin f ‖ *Zauberin* f ‖ **–mar** vt *(e–e
Krankheit) besprechen* ‖ *(Knochen, Glieder)
einrenken* ‖ *(Kranke) gesundbeten* ‖ **–mista** m/f
Gesundbeter(in f) m ‖ *Knocheneinrenker(in* f) m ‖
–mador m → **–mista** ‖ **–mo** m *Besprechen* n *der
Krankheiten* ‖ *Beschwörung(sformel)* f ‖ ◇
desaparecer (como) por ~ *wie weggezaubert sein*
‖ **–zador** m *Lobredner* m ‖ **–zamiento** m
(Lobes)Erhebung f ‖ *Verherrlichung, Lobhudelei* f
‖ **–zar** [z/c] vt *erheben* ‖ *lobpreisen, rühmen* ‖
verherrlichen
ensam\bladura f 〈Tech〉 *Verbindung* f (& fig) ‖
Verfugung f ‖ 〈Zim〉 *Verzapfung, (Ver)Blattung* f ‖
〈Zim〉 *Einkerbung* f ‖ 〈Zim〉 *Verband* m ‖ 〈An〉
Geflecht n *der Muskeln* ‖ ~ a cola de milano
Schwalbenschwanzverbindung f ‖ ~ a diente
Verzahnung f ‖ ~ de lengüeta *Spunden* n ‖ ~
solapada *gedeckte Zinke* f ‖ **–blador** m 〈Inform〉
Assembler m ‖ **–bl(aj)e** m → **–bladura** ‖ **–blar** vt
〈Zim〉 *(zusammen)fügen, verzapfen* ‖ *verdübeln* ‖
zusammenblatten ‖ 〈Inform〉 *assemblieren*
ensan\chador m *(Hand)Schuh(aus)weiter* m ‖
〈Tech〉 *Rohraufweiter* m ‖ **–char** vt *vergrößern,
erweitern* ‖ *ausdehnen* ‖ *aus\weiten, -dehnen
(Kleider)* ‖ ◇ ~ el corazón 〈fig〉 *s–m Herzen Luft
machen* ‖ ~ su esfera mercantil *s–n
Geschäftsverkehr erweitern* ‖ ~ un negocio *ein
Geschäft vergrößern* ‖ **–se** *s. ausdehnen* ‖ *weiter
werden* ‖ 〈figf〉 *s. breit machen (viel Platz
beanspruchen)* ‖ 〈fig〉 *s. bitten lassen* ‖ **–che** m
Erweiterung, Ausdehnung f ‖ *Einschlag* m *(zum
Auslassen an Kleidung)* ‖ *Anlage* f *von neuen
Stadtvierteln* ‖ *neues Stadtviertel* n (bes. *in
Barcelona)* ‖ *Sanierung, Bauregulierung* f
ensandecer [-zc-] vi *verrückt machen*
ensangren\tado adj *blutig, blutbefleckt* ‖
blutüberströmt ‖ *blutrot* ‖ **–tar** [-ie-] vt *mit Blut
beflecken* ‖ **~se** 〈fig〉 *wütend werden* ‖ ◇ ~ con
alg. (fig) *gegen jdn grausam vorgehen*
ensa\ñado adj *grimmig, ergrimmt* ‖ **–ñamiento**
m *Grimm* m, *Wut, Erbitterung* f ‖ **–ñar** vt *wütend
machen* ‖ **~se** *in Wut geraten* ‖ ~ en *od* con alg.
s–e Wut an jdm auslassen
ensarnecer [-zc-] vi 〈Med〉 *krätzig werden*
ensar\tar vt *einfädeln (Perlen, Nadel)* ‖ 〈fig〉
aneinander reihen ‖ 〈fig〉 *aufspießen* ‖ ◇ ~
desatinos (figf) *unnützes Zeug reden, schwatzen* ‖
~ mentiras *in e–m fort lügen* ‖ ~ padrenuestros
ein Vaterunser nach dem anderen beten od 〈fam〉
herunterleiern ‖ ~ simplezas → ~ desatinos ‖
-te, –tamiento m, **–tadura** f *Aneinanderreihung* f
‖ *Reihenfolge* f
ensa\yador m *Eichbeamter* m *(Gold, Silber
usw.)* ‖ **-yar** vt/i *versuchen, (aus)probieren* ‖ *ab-,
unter\richten* ‖ *proben, üben* ‖ 〈Tech〉 *versuchen,
testen, erproben* ‖ *prüfen (Münzen, Metalle)* ‖

〈Th〉 *eine Probe abhalten, proben, üben* ‖ estar
–yando 〈Mus Th〉 *bei der Probe sein* ‖ **~se** s.
(ein)üben ‖ ◇ ~ a cantar s. *im Gesang üben* ‖
-ye m *Metallprobe* f
ensa\yismo m 〈Lit〉 *Essayistik* f ‖ **–yista** m/f
Essayist(in f) m ‖ **–yístico** adj *essayistisch*
¹ensayo m *Versuch* m, *Probe* f ‖ *Test* m ‖
Erprobung f ‖ *Versuch* m, *Experiment* n ‖ *Münz-,
Metall\probe* f ‖ *Theater-, Musik\probe* f ‖ ~
general 〈Th〉 *Generalprobe* f ‖ ~ en gran escala
Großversuch m ‖ ~ con orquesta 〈Mus〉
Orchesterprobe f ‖ ~ probatorio *Probeversuch* m
‖ a manera *(od* a guisa, a título) de ~, por vía de
~ *probeweise, auf Probe*
²ensayo m 〈Lit〉 *Essay* m (& n)
ensebar vt *einfetten, mit Talg einschmieren*
△ **enseclar** vt *aufrichten*
enseguida *sofort, gleich, unverzüglich*
ensel\vado adj *bewaldet* ‖ **–var** vi *im Wald
verbergen* ‖ **~se** s. *im Wald verbergen* ‖ *s. auf die
Lauer legen*
ense\nada f 〈Mar〉 *Bucht, Bai* f ‖ Arg
eingefriedete Fohlenweide f ‖ **–nado** adj
busenförmig ‖ *buchtig* ‖ **–narse** vr 〈Mar〉 *in e–e
Bucht einfahren*
ense\ña f *Fahne* f ‖ *Banner* n ‖ *Parteifahne* f ‖
la ~ nacional *die Landesflagge* ‖ **–ñable** adj *(m/f)
(leicht) lehrbar* ‖ **–ñadero** adj *(vor)zeigbar* ‖
–ñado adj *ge\lehrt, -schickt* ‖ *bien (mal)* ~
wohlerzogen (schlecht erzogen) ‖ ~ en las artes
kunst\sinnig, -verständig ‖ **–ñamiento** m
Unterweisung f
ense\ñanza f *Lehre, Belehrung, Unterweisung* f
‖ *Unterricht* m ‖ *Unterrichtswesen* n ‖
Unterrichtsmethode f ‖ *Lehranstalt* f ‖ *gutes (bzw
belehrendes) Beispiel* n ‖ *Lehre* f ‖ ~ de adultos
Erwachsenen(fort)bildung f ‖ ~ asistida por
ordenador *computergestützter Unterricht* m ‖ ~
audiovisual *audiovisueller Unterricht* m ‖ ~
básica, ~ general básica *Grund- und
Hauptschul\wesen* n ‖ *Grund- und
Hauptschul\unterricht* m ‖ ~ bisexual
Koedukation f ‖ ~ por correspondencia → ~ a
distancia ‖ ~ por discos *Schallplattenunterricht* m
‖ ~ a distancia *Fernunterricht* m ‖ ~ elemental
→ ~ general básica ‖ ~ especial
Sonderschulwesen n ‖ *Sonderschulunterricht* m ‖
~ femenina *Frauenstudium* n ‖ ~ general
Allgemeinbildung f ‖ ~ de idiomas
Sprachunterricht m ‖ ~ intuitiva
Anschauungsunterricht m ‖ ~ laboral
Fachschulwesen n ‖ ~ libre *freier Schulunterricht*
m ‖ ~ media *Mittel- und höheres Schulwesen,
Sekundarschulwesen* n ‖ *Mittelschulbildung und
höhere Schulbildung* f, *Sekundarschulunterricht* m
‖ ~ mixta *Koedukation* f ‖ ~ obligatoria
allgemeine Schulpflicht f ‖ *Schulzwang* m ‖ ~
oficial *öffentliches Schulwesen* n ‖ ~ postescolar
para adultos *Erwachsenen(fort)bildung* f ‖ ~
preescolar *Vorschulwesen* n ‖ *Vorschulunterricht*
m ‖ ~ primaria, primera → ~ básica ‖ ~
profesional *Berufs-, Fach\schulwesen* n ‖ ~
programada *programmierter Unterricht* m ‖ ~
pública *Unterrichtswesen* n ‖ ~ radiofónica
Rundfunkunterricht m ‖ *Funkstudienprogramm* n ‖
~ religiosa *Religionsunterricht* m ‖ ~ secundaria,
segunda ~ → ~ media ‖ ~ superior, ~
universitaria *Hochschulwesen* n ‖
Hochschulausbildung f ‖ ~ técnica
Fachschulwesen n ‖ *Fachschulunterricht* m ‖ ~
por televisión *TV-Studienprogramm* n ‖ ~ teórica
Lehre f ‖ **–ñar** vt *(jdn et.) lehren, (jdn in et.* dat)
unter\richten, (jdn in et. dat) *-weisen, (jdm et.)
beibringen* ‖ *erklären* ‖ *abrichten (Tiere)* ‖
(an)zeigen, weisen ‖ *vor\zeigen, -führen* ‖ ◇ ~ a

leer *lesen lehren* ‖ ~ con el ejemplo *mit gutem Beispiel vorangehen* ‖ ¡–ñas la camisa! ⟨fam⟩ *dein Hemd guckt hervor!* ‖ ~ vi *unterrichten* ‖ ◇ ~ gratuitamente *unentgeltlich Unterricht geben* ‖ ~se *s. üben* (en *in* dat) ‖ *s. gewöhnen (an* acc)
enseño *m* ⟨reg⟩ *Gewohnheit f*
enseñorearse vr *s. in Besitz setzen* ‖ *s. bemächtigen* (de gen)
enseres *mpl Werkzeuge, Geräte npl, Sachen, Gerätschaften fpl* ‖ *Einrichtung(sgegenstände mpl) f, Möbel npl* ‖ ⟨Bgb⟩ *Gezäh n* ‖ ~ domésticos *Hausgerät n* ‖ ~ de labor *Ackerbaugerät n*
enseriarse vr Cu Pe PR Ven *ernst werden* ‖ *Unmut zeigen*
ensiforme adj *(m/f) schwertförmig*
ensi|lado *m* ⟨Agr⟩ → **ensilaje** ‖ **–ladora** *f Siliermaschine f* ‖ **–laje** *m (Ein)Silieren n, Einlagerung f (in Silos)* ‖ **–lar** vt *(ein)silieren*
ensi|llada *f Bergsattel m* ‖ **–llado** adj *satteltief (Pferd)* ‖ ⟨fam⟩ *hochrückig, mit hohlem Kreuz (Mensch)* ‖ **–lladura** *f Satteln n* ‖ ⟨An⟩ *Krümmung f der Lendenwirbelsäule* ‖ **–llar** vt *satteln* ‖ ⟨fig⟩ Chi Mex *plagen, belästigen*
ensi|mado *m* ⟨Text⟩ *Schmälzen n* ‖ **–mar** vt *schmälzen*
ensimis|mado adj *in Gedanken vertieft, gedankenverloren* ‖ *nachdenklich* ‖ *geistesabwesend* ‖ **–mamiento** *m Insichversunkensein n* ‖ *Nachdenklichkeit f* ‖ *Geistesabwesenheit f* ‖ *Grübelei f* ‖ **–marse** vr *s. in Gedanken vertiefen* ‖ *nachsinnen* ‖ Col Chi Ec *s. einbilden, großtun*
ensoberbe|cerse [-zc-] vr ⟨fig⟩ *s. überheben, hochmütig werden* ‖ ⟨fig⟩ *brausen, toben (Meer)* ‖ *hochgehen (Meereswogen)* ‖ **–cimiento** *m Hochmut m* ‖ *Eigendünkel m*
ensobrar vt *in e–n Umschlag stecken, kuvertieren*
ensogar [g/gu] vt *umflechten (Korbflaschen)*
ensombre|cer [-zc-] vt *überschatten, verdüstern* (& fig) ‖ ~se ⟨fig⟩ *düster od trübsinnig werden* ‖ **–cido** adj *dunkel* ‖ ⟨fig⟩ *düster, verdüstert*
ensombrerado adj ⟨fam⟩ *mit e–m Hut bedeckt, e–n Hut tragend*
enso|ñado adj *träumend, träumerisch* ‖ **–ñador** adj *träumerisch* ‖ ~ *m (Tag)Träumer m* ‖ *Schwärmer m* ‖ **–ñamiento** *m (Tag)Träumerei f* ‖ **–ñar** [-ue-] vi *(Tag- od Zukunfts)Träumen nachhängen*
ensopar vt *ein|tauchen, -tunken (Brot usw.)* ‖ Arg Hond PR Ven *durchnässen*
ensor|decedor adj *(ohren)betäubend* ‖ **–decer** [-zc-] vt *betäuben, taub machen* ‖ *dämpfen* ‖ ⟨Gr⟩ *stimmlos machen* ‖ ~ vi *taub werden, ertauben* ‖ *s. taub stellen* ‖ ⟨Gr⟩ *stimmlos werden* ‖ **–decimiento** *m Betäubung f* ‖ *Taubheit f* ‖ **–dinado** adj *gedämpft (Stimme)*
ensorti|jado adj *ge|kräuselt, -ringelt, kraus (Haar)* ‖ **–jar** vt *kräuseln, locken (Haar)* ‖ an e–m Ring *aufhängen* ‖ *mit e–m Nasenring versehen (Tier)* ‖ ~ las manos *die Hände ringen* ‖ ~se *s. kräuseln, lockig werden (Haar)*
ensota|nado *m* ⟨fam⟩ *Priester, Pfarrer m* ‖ **–narse** vr ⟨fam⟩ *Priester werden*
ensu|ciado adj *schmutzig* ‖ **–ciamiento** *m Beschmutzung, Verunreinigung f* ‖ **–ciar** vt *beschmutzen, verunreinigen* ‖ *be|schmieren, -flecken* ‖ *besudeln* ‖ ⟨fig⟩ *schänden* ‖ ~la ⟨pop⟩ *die Sache versauen* ‖ ~se *s. schmutzig machen* ‖ *s. beschmutzen,* ⟨fam⟩ *das Bett voll machen,* ⟨fam⟩ *in die Hose machen* ‖ ⟨fig⟩ *s. bestechen lassen* ‖ *trübe werden (Wetter)* ‖ ◇ ~ las manos ⟨fam⟩ *lange Finger machen*

ensueño *m Traum m, Träumen n* ‖ *Träumerei f* ‖ *Illusion f, Wahn m* ‖ *Täuschung f* ‖ ♦ de ~ ⟨fam⟩ *traumhaft, Traum-* ‖ ~s *mpl Traumbilder npl*
entabacarse [c/qu] vr *Tabakmissbrauch treiben*
entabla|ción *f Täfelung f* ‖ *Auf-, In|schrift f (in Kirchen)* ‖ **–do** adj ⟨Mar⟩ *stehend (Wind)* ‖ ~ *m Täfelung f, Täfelwerk, Getäfel n* ‖ *Gerüst n* ‖ *Bretterboden m* ‖ *Parkettboden m* ‖ **–dura** *f Täfelwerk n* ‖ **–mento** *m Sims n*
¹entablar vt *einleiten, vornehmen, unternehmen (Geschäfte, Briefwechsel)* ‖ *(e–e Frage) aufs Tapet bringen* ‖ *beginnen (Schlacht)* ‖ *anschneiden (Frage)* ‖ ⟨Jur⟩ *ein|leiten, -reichen (Klage)* ‖ ⟨Jur⟩ *anstrengen, beginnen (Prozess)* ‖ *aufstellen (Schachfiguren usw.)* ‖ Arg *(Rindvieh) an das Herdenleben gewöhnen* ‖ ◇ ~ una acción *e–e gerichtliche Klage anstrengen, erheben* ‖ ~ una conversación *ein Gespräch anfangen* ‖ ~ el divorcio *die Ehescheidung einreichen* ‖ ~ un juicio → ~ un pleito ‖ ~ negociaciones *Verhandlungen aufnehmen* ‖ ~ un pleito *e–n Prozess anstrengen, führen* ‖ ~ vi Am ⟨reg⟩ *unentschieden spielen* ‖ ~se *anfangen (Schlacht, Gespräch usw.)* ‖ *s. nicht seitlich wenden wollen (Reitpferd)* ‖ *s. versteifen (Wind)*
²entablar vt *dielen, täfeln* ‖ *zusammenfügen* ‖ ⟨Med⟩ → **entablillar**
entable *m Aufstellung f (auf dem Schachbrett)* ‖ Col *Unternehmung f, Geschäft n* ‖ → **entablado**
entablerarse vr ⟨Taur⟩ *s. an das Schutzgeländer anlehnen und nicht angreifen (Stier)*
entablillar vt ⟨Med⟩ *(ein gebrochenes Glied) (ein)schienen*
entablón *m* Pe *Prahler m* ‖ *Schlingel, Lausbub m*
entadía adv ⟨pop⟩ → **todavía**
entalegar [g/gu] vt *einsacken* ‖ *in Beutel stecken* ‖ ⟨fig⟩ *anhäufen, sparen (Geld)*
entalla|do adj *(am Gürtel) anliegend, gut sitzend (Kleid)* ‖ ~ *m Schnitzwerk n* ‖ *Taillenmantel m* ‖ **–dor** *m (Bild)Schnitzer m* ‖ *Stein-, Stempel|schneider m* ‖ **–dura** *f Einschnitt m (in die Baumrinde)* ‖ *Schnitzwerk n* ‖ *Kerbe f, Kerbschnitt m (Baumfällen)* ‖ *Ausklinkung f (Blech)* ‖ ⟨Tech⟩ *Aussparung f* ‖ *Taillierung f (Kleid)* ‖ ⟨Med⟩ *Schnittwunde f* ‖ ⟨Med⟩ *Schröpfschnitt m*
¹entallar vt *(ein)graben, stechen, schnitzen (in Holz) schneiden, schnitzeln* ‖ *(in Stein) aushauen, meißeln* ‖ *(ein)kerben* (& Tech) ‖ *aus-, ein|meißeln* ‖ ⟨Tech⟩ *aussparen* ‖ ⟨Zim⟩ *einblatten* ‖ Chi *(Brotteig) teilen* ‖ ◇ ~ a su dedo con la puerta Extr *s. e–n Finger an der Tür quetschen*
²entallar vt *auf Taille arbeiten, anpassen (Kleid, Rock)* ‖ ~ vi *in der Taille anliegen* ‖ *knapp anliegen, passen (Kleid)*
entallecer(se) [-zc-] vi/r *Sprösslinge treiben* ‖ *keimen*
entalpía, entalpia *f* ⟨Phys⟩ *Enthalpie f*
entanto adv ⟨pop⟩ → **entretanto**
entapar vt Chi *einbinden (Buch)*
entaparar Ven *verbergen*
entapizar [z/c] vt *mit Teppichen belegen* ‖ *mit Wandteppichen behängen* ‖ *tapezieren*
entaponar vt *ver-, zu|korken*
entapujar vt ⟨fam⟩ *(zu)decken (bes. fig)* ‖ *ver|hüllen, -mummen* ‖ ~ vi *die Wahrheit verbergen*
entarascarse [c/qu] vr ⟨fam⟩ *s. aufdonnern (Frau)*
entari|mado *m Täfelung f, Tafelwerk, Getäfel n* ‖ *Parkettbelag m, Parkett n* ‖ *(Auf)Tritt m, Podium n* ‖ ⟨Mar⟩ *Bodenplatte, Kuhbrücke f* ‖

–mador *m Parkettleger* m ‖ **–mar** vt *täfeln* ‖ *mit Parkett belegen* ‖ *auf ein Podium stellen* ‖ ~**se** ⟨fig⟩ *herausragen*

entaru|gado *m Holzpflaster* n ‖ **–gar** [g/gu] vt *mit Holzstücken pflastern*

entasis *f* ⟨Arch⟩ *Entase, Entasis, Schwellung* f *des Säulenschaftes*

ente *m Wesen* n ‖ el ~ ⟨Philos⟩ *das Seiende* n ‖ ⟨fam⟩ *auffallende, sonderbare Person* f, *Sonderling,* ⟨fam⟩ *(komischer) Kauz* m ‖ *Einrichtung* f ‖ ~ *público öffentliche Einrichtung* f ‖ hecho ~ ⟨fig⟩ *zur Wirklichkeit geworden* (z. B. *Traum*)

enteco adj *siech, schwächlich* ‖ *sehr mager*

entejar vt Am *(mit Ziegeln) decken*

¹entelado adj *trüb(e) (Auge)*

²entelado adj *(auf Leinwand) aufgezogen (Karte)*

¹entelar vt *trüben (Auge)*

²entelar vt *auf Leinwand aufziehen (Karte)*

³entelar vi León *Blähungen verursachen*

entelequia *f* ⟨Philos⟩ *Entelechie* f

entelerido adj *vor Kälte erstarrt* ‖ *erschüttert, bestürzt* ‖ And CR Hond Ven *schwächlich* ‖ Hond *betrübt*

entena *f* ⟨Mar⟩ *Rute, lateinische Rahe* f

entenado *m Stiefsohn* m ‖ *Stiefkind* n

enten|dederas *fpl* ⟨fam⟩ *Verstand* m, ⟨fam⟩ *Grips* m, *Grütze* f ‖ buenas (malas) ~ ⟨fam⟩ *scharfer (schwacher) Verstand* m ‖ ◇ *tener buenas* ~ ⟨fam⟩ *Köpfchen haben, schnell kapieren* ‖ corto (*od* duro) de ~ ⟨fam⟩ *einfältig,* ⟨fam⟩ *schwer von Begriff* ‖ **–dedor** *m Kenner* m ‖ al buen ~, pocas palabras *etwa: ich bin wohl deutlich genug?* ‖ **–der** [-ie-] vt *verstehen, begreifen* ‖ *verstehen, können (e–e Sprache)* ‖ *deutlich vernehmen* ‖ *bemerken, wahrnehmen* ‖ *meinen, glauben* ‖ *einsehen, begreifen* ‖ ⟨fam⟩ *kapieren* ‖ ◇ ~ *alemán Deutsch verstehen* (bzw *können)* ‖ ~ *mal schlecht verstehen* ‖ *missverstehen* ‖ no ~ *nada de … nicht klug werden aus …* ‖ no ~ *nada de nada* ⟨fam⟩ *k–e blasse Ahnung haben* ‖ si entiendo bien *wenn ich recht verstehe* ‖ *haber entendido verstanden,* ⟨fam⟩ *spitzgekriegt,* ⟨pop⟩ *gefressen haben* ‖ eso se entiende *das versteht s.* ‖ ¿qué entiende Vd. por ciencia? *was verstehen Sie unter Wissenschaft?* ‖ ¡vaya si lo entiendo! ⟨fam⟩ *na und ob!* ‖ ~lo ⟨fam⟩ *s. gut auskennen, sein Handwerk verstehen* ‖ no lo entiendo así *ich bin anderer Meinung* ‖ yo me entiendo *ich weiß, was ich tue* ‖ yo te entiendo *ich weiß, wohin du zielst* ‖ ~ vi *vermuten* ‖ *dafürhalten, meinen* ‖ ⟨Jur⟩ *erkennen (als Gericht)* ‖ *entscheiden (als Gericht)* ‖ hacerse ~ *s. verständlich machen* ‖ no entiendo de ello *darauf verstehe ich mich nicht* ‖ ~ de algo *von e–r Sache et. verstehen* ‖ ~ de burlas *Spaß verstehen* ‖ ~ de caballos *Pferdekenner sein, s. auf Pferde verstehen* ‖ ~ en a/c *s. mit e–r Sache beschäftigen od abgeben* ‖ *s. auf et.* (acc) *verstehen* ‖ *Kenner sein in et.* ‖ el juez que entiende en la causa *der Richter, der in der Sache Recht spricht* ‖ entiendo por ello que … *ich verstehe darunter, dass …* ‖ dar a ~ algo a uno *jdm et. zu verstehen geben, durchblicken lassen* ‖ *äußern* ‖ a mi ~, en mi ~, a (*od* por) lo que yo entiendo *soweit ich weiß, m–r Meinung nach* ‖ según mi leal saber y ~ *nach bestem Wissen und Gewissen* ‖ bailaron como Dios les dio a ~ ⟨fam⟩ *sie tanzten, so gut es ging* ‖ ~**se** *s. verstehen* ‖ *s. verständigen* ‖ *s. auseinander setzen* ‖ *ein Abkommen treffen* ‖ *wissen, was man will* ‖ ◇ ~ *bien s. gut vertragen* ‖ ~ *con a/c s. nach et. richten, s. zu et. bequemen* ‖ *s. für et. schicken* ‖ ~ *con alg. s. mit jdm verstehen, mit jdm gut*

auskommen ‖ *s. mit jdm verständigen* (acerca de, sobre *über* acc) ‖ ⟨fam⟩ *mit jdm ein Verhältnis haben* ‖ eso no se entiende conmigo *das geht mich nichts an* ‖ ~ *con una mujer mit e–r Frau ein (Liebes)Verhältnis haben, mit e–r Frau liiert sein* ‖ ~ *por señas s. durch Gebärden verständigen (Stumme)* ‖ eso se entiende por sí mismo *das versteht s. von selbst* ‖ cada uno se entiende *jeder weiß, wo ihn der Schuh drückt* ‖ los precios se entienden al contado *die Preise verstehen s. gegen bar* ‖ ¿cómo se entiende? *was soll das heißen? wieso?* ‖ ¡yo me entiendo! ⟨fam⟩ *ich weiß schon Bescheid!* ‖ *ich weiß genau, was ich will* (bzw *sage)*

enten|dido adj *erfahren, klug* ‖ *be|schlagen, -wandert* ‖ *ge|wandt, -scheit* (en *in* dat) ‖ *sachverständig* ‖ *einverstanden* ‖ ◇ *darse por* ~ *s. einverstanden erklären* (con *mit)* ‖ ⟨fam⟩ *s. dankbar erweisen* ‖ *no darse por* ~ *s. dumm stellen* ‖ eso lo doy por ~ *das halte ich für selbstverständlich* ‖ queda ~ *es ist selbstverständlich* ‖ ser ~ en … *(Fach)Kenntnisse haben in …* (dat), *s. verstehen auf …* acc ‖ tener ~ *dafürhalten, meinen, davon ausgehen* (que … *dass …)* ‖ ten ~ que … *bedenke, dass …!* ‖ bien ~ que …, cosa ~a que … *selbstverständlich …, es versteht s. von selbst, dass …* ‖ ¡~! ¡~s! *einverstanden!* ‖ ~ *m Sachverständige(r), (Fach)Kenner* m ‖ ◇ *hacer el* ~ *den Klugen spielen* ‖ **–dimiento** *m Ver|stand* m, *-nunft* f ‖ *Begriffsvermögen* n ‖ *Fassungskraft* f ‖ *Verständnis* n ‖ *Einsicht* f ‖ *Verständigung* f ‖ *Vereinbarung* f ‖ *Vernehmung* f *(Willenserklärung)* ‖ ◆ de ~ *sehr gebildet* ‖ *sehr aufgeweckt* ‖ con ~ *vernünftig* ‖ buen ~ *Eintracht* f ‖ ◇ *sobrepasar el* ~ *undenkbar od unfassbar sein*

entenebre|cer(se) vr [-zc-] vt *(s.) verfinstern* ‖ **–cido** adj *finster, düster* ‖ **–cimiento** *m Verfinsterung* f

entente *f* ⟨Pol⟩ *Entente* f

enteo *m* Sal *Wunsch* m ‖ *Gelüst* n

enteque *m* ⟨Vet⟩ *Durchfall* m *der Kälber* ‖ *durchfallbedingte Abmagerung* f *der Kälber*

entequez *[pl* ~**ces]** *f Schlaffheit, Schwächlichkeit* f

entera *f* León *Schwelle* f

enterado adj *eingeweiht* (de *in* acc) ‖ *vertraut (mit)* ‖ *gewandt, erfahren* ‖ *unterrichtet, benachrichtigt* ‖ ⟨Mil⟩ ¡~! *verstanden!* ‖ ⟨Com⟩ *gesehen (Vermerk)* ‖ ⟨Taur⟩ *erfahren (Stierkämpfer)* ‖ Chi *eingebildet* ‖ Chi *unhöflich* ‖ ◇ *estar* ~ *auf dem Laufenden od im Bilde sein* (de *über* acc) ‖ *Bescheid wissen* (de *über* acc, in dat) ‖ no darse por ~ de algo *et. ignorieren* ‖ *s. unwissend stellen* ‖ ¡quedamos ~s! ⟨fam⟩ *das soll e–r verstehen!*

ente|ral adj *(m/f) enteral, auf den Darm bezüglich* ‖ **–ralgia** *f* ⟨Med⟩ *Darmschmerzen* mpl

enteramente adv *ganz, durchaus, vollständig, gänzlich* ‖ ◇ *satisfacer* ~ *voll befriedigen*

¹enterar vt *(jdm) Aufschluss od Auskunft geben* (de *über* acc) ‖ *unterrichten, benachrichtigen, informieren (von)* ‖ ~**se** *s. überzeugen* (de *von)* ‖ *Kenntnis erhalten (von)* ‖ *(et.) erfahren, in Erfahrung bringen* ‖ *unterrichtet werden (de a. über et.* acc) ‖ ◇ ~ *en a/c s. in et. einarbeiten* ‖ ~ *por la carta dem Brief entnehmen* ‖ ¡para que te enteres! ⟨fam⟩ *damit du (das) endlich kapierst!* ‖ ¿se entera Vd.? Am *verstehen Sie?*

²enterar Arg Chi *auffüllen, voll machen (e–n Betrag)* ‖ Col CR Hond Mex *(ein)zahlen*

entercarse [c/qu] vr *hartnäckig werden*

entereza *f Vollständigkeit* f ‖ ⟨fig⟩ *Vollkommenheit* f ‖ ⟨fig⟩ *Redlichkeit,*

Rechtschaffenheit f, *Biedersinn* m ‖ ⟨fig⟩
Beharrlichkeit, Standhaftigkeit f ‖ ⟨fig⟩
(Charakter)Festigkeit f ‖ ⟨fig⟩ *Unbescholtenheit* f
‖ ⟨fig⟩ *ernstes, steifes Betragen* n ‖ ~ *de ánimo
Geistesgegenwart* f ‖ ~ virginal *Jungfräulichkeit* f
entérico adj ⟨Med⟩ *enteral, Darm-, auf den
Darm bezogen*
enteritis f ⟨Med⟩ *Enteritis, Darm|entzündung* f,
-katarrh m
enterizo adj *ganz, vollständig* ‖ *aus e–m Stück
(Säule)* ‖ *fest, dauerhaft*
enterne|cedor adj *rührend (Anblick usw.)* ‖
–cer [-zc-] vt *zart* od *weich machen, auf-,
er|weichen* ‖ ⟨fig⟩ *rühren, erweichen* ‖
~**se** s. *erweichen, weich werden (& fig)* ‖
⟨fig⟩ *gerührt werden* ‖ **–cidamente** adv *zart,
mit rührender Zärtlichkeit* ‖ **–cido** adj ⟨fig⟩
gerührt ‖ ⟨fig⟩ *zärtlich* ‖ **–cimiento** m *Rührung* f ‖
rührende Zärtlichkeit f ◆ *con* ~ *rührend,
zärtlich*
entero adj *ganz (& Zahl)* ‖ *völlig* ‖ *vollkommen*
‖ *voll|ständig, -zählig* ‖ *ungeteilt* ‖ *un|angetastet,
-geschmälert, -versehrt* ‖ *voll (Summe)* ‖ *lang
(Hose)* ‖ *ganzseitig (Abbildung)* ‖ *unverschnitten
(Hengst, Tier)* ‖ ⟨Bot⟩ *ganzrandig (Blatt)* ‖ ⟨fig⟩
gesund, kräftig ‖ ⟨fig⟩ *jungfräulich* ‖ ⟨fig⟩ *redlich,
rechtschaffen, bieder* ‖ ⟨fig⟩ *beharrlich,
unbiegsam, standhaft* ‖ *fest (Charakter, Stimme)* ‖
⟨fig⟩ *klug, einsichtsvoll* ‖ *dicht gewoben, fest
(Tuch)* ‖ ⟨Taur⟩ *voller Kampflust, nicht
abgeschwächt (Stier)* ‖ Guat Pe Ven *sehr ähnlich*
‖ *(estocada)* ~a ⟨Taur⟩ *durchgehender Degenstich*
m ‖ *(número)* ~ ⟨Math⟩ *ganze Zahl* f ‖ ◆ *con voz*
~a *mit fester, entschlossener Stimme* ‖ *durante
días* ~s *tagelang* ‖ ◇ *escribir por* ~ *ausschreiben*
‖ *pagar por* ~ *voll einzahlen* ‖ ~ m ⟨Math⟩ *ganze
Zahl* f, *Ganze(s)* n ‖ *Punkt* m *(Börse)* ‖ ⟨Sp⟩
Punkt m ‖ Col CR Chi Mex *(Ein)Zahlung,
Geldleistung* f
entero|colitis f ⟨Med⟩ *Enterokolitis* f ‖
–neurosis f *Enteroneurosis, nervöse Darmstörung*
f ‖ **–patía** f *Darm|krankheit* f, *-leiden* n ‖ **–ptosis** f
Enteroptose, Darmsenkung f ‖ **–rragia** f
Enterorrhagie, Darmblutung f ‖ **–stomia** f
Enterostomie, Anlegung f *e–s künstlichen Afters* ‖
–tomía f *Enterotomie* f, *Darmschnitt* m ‖ **–toxina**
f *Enterotoxin* n ‖ **–virus** m *Enterovirus* n (& m)
enterrado m *Beerdigte(r)* m
¹enterrador m *Totengräber* m
²enterrador m ⟨Ins⟩ *Totengräber* m
(Necrophorus vespillo)
³enterrador m ⟨Taur⟩ *Gehilfe* m *des Matadors*
ente|rramiento m *Be|gräbnis* n, *-erdigung* f ‖
Grabstätte, Grab n ‖ *Ver|grabung, -schüttung* f ‖
–rrar [-ie-] vt *be|graben, -erdigen, -statten* ‖
einscharren, ver-, ein|graben ‖ ⟨fig⟩ *jdn überleben*
‖ ⟨fig⟩ *begraben sein lassen* ‖ ⟨fig⟩ *vergessen
(lassen)* ‖ ◇ ~ *vivo lebendig begraben* ‖ ¡contigo
me entierren! *(fam) mit dir will ich leben und
sterben!* ‖ ~**se**: *en vida* ⟨fig⟩ *s. lebendig
begraben, s. (von den Menschen) abschließen* ‖
quedó –rrado *bajo los escombros er (es) wurde
unter den Trümmern begraben* ‖ **–rratorio** m Arg
Chi Ur *Friedhof* m
ente|sado adj *starr, steif* ‖ *gespannt* ‖
–samiento m *Steifheit, Starre, Versteifung* f ‖ ~
intestinal Darmversteifung f ‖ ~ *muscular
Muskelversteifung* f ‖ **–sar** [-ie-] vt *versteifen* ‖
spannen
enti|bación f ⟨Bgb⟩ *(Strecken)Ausbau* m,
Abstützung, (Ver)Zimmerung f ‖ **–bado** m ⟨Bgb⟩
Grubenzimmerung f ‖ **–bador** m ⟨Bgb⟩
Zimmerhauer, (Gruben)Zimmermann m ‖ **–bar** vt
⟨Arch⟩ *abspreizen* ‖ ⟨Bgb Zim⟩ *abstützen* ‖
ver|zimmern, -pfählen ‖ ⟨Bgb⟩ *ausbauen*

enti|biamiento m *Lauwerden, Abkühlen* n ‖
⟨fig⟩ *Erkaltung* f ‖ **–biar** (Am & **–biecer** [z/c]) vt
lau machen ‖ *abschrecken (Wasser)* ‖ ⟨fig⟩
abkühlen, mäßigen (Gefühle) ‖ ⟨fig⟩ *mildern* ‖
~**se** *lau werden, abkühlen (& fig)*
entibo m ⟨Arch⟩ *Stütze, Strebe* f ‖ ⟨Bgb⟩
Stempel m, *Grubenholz* n ‖ ⟨Zim⟩ *Stütze* f (& fig)
¹entidad f *Wesenheit* f ‖ *Wesen* n ‖ ⟨Philos⟩
Seinshaftigkeit, Entität f ‖ ⟨fig⟩ *Bedeutung,
Bedeutsamkeit, Wichtigkeit* f ‖ ◆ *de* ~ *wesentlich,
von Belang* ‖ *wertvoll, wichtig*
²entidad f *Körperschaft, Vereinigung* f, *Verein*
m ‖ ⟨Com⟩ *Firma* f, *Unternehmen* n ‖ *Stelle* f
(Amt) ‖ ~ *aseguradora Versicherungsgesellschaft*
f ‖ ~ *colegial Kammer* f ‖ ~ *coral Chor,
Gesangverein* m ‖ ~ *cultural Kulturverein* m ‖ ~
financiera Finanzinstitut n ‖ ~ *jurídica,* ~ *legal
juristische Person* f ‖ ~ *local Gemeindewesen* n ‖
~ *recreativa Vergnügens-, Geselligkeits|verein* m
entierro m *Be|gräbnis* n, *-erdigung, -stattung* f
‖ *Leichen|begängnis* n, *-zug* m ‖ *Grabstätte* f ‖
ver|grabener, -borgener Schatz m ‖ *Vergraben,
Einscharren* n ‖ *Betrug* m *unter dem Vorwand e–s
verborgenen Schatzes* ‖ ~ *de la sardina
Faschingsabschlussfest* n *am Aschermittwoch* ‖
Santo ~ *Karfreitagsprozession* f *des Heiligen
Grabes*
entiesar vt *spannen, steifen* ‖ *straffen* ‖ *(die
Ohren) spitzen*
entigrecerse [-zc-] vr *wütend* od *zornig
werden, s. ärgern*
¹entinar vt *in e–n Zuber tun*
△ **²entinar** vt *ver|geben, -zeihen*
entin|tar vt *mit Tinte beflecken, beklecksen* ‖
färben ‖ ⟨Typ⟩ *ein|färben, -walzen* ‖ **–te** m *Färben*
n
entirriarse vr ⟨fam⟩ *wütend werden,* ⟨fam⟩
einschnappen
entisar vt *umflechten (Korbflaschen)*
entizar [z/c] vt *(den Billardstock) einkreiden*
entiznar vt *mit Ruß beschmieren*
ent.ˡᵒ ⟨Abk⟩ = **entresuelo**
ento(d)avía adv And ⟨pop⟩ → **todavía**
entomatar vt ⟨Kochk⟩ *mit Tomaten zubereiten*
entol|dado adj *behangen (zum Schutz mit
Planen)* ‖ *überwölbt (Laube mit Reben)* ‖ ⟨fig⟩
trübe (Himmel) ‖ ~ m *Planenbehang* m ‖
Sonnenzelt n ‖ *Sonnendach* n ‖ *Fest-, Tanz|zelt* n
(bes. Cat) ‖ *Tapetenbehang* m ‖ *Behängen* m *mit
Tapeten* ‖ **–dar** vt *mit Tüchern überspannen (zum
Schutz)* ‖ *mit e–m Sonnendach versehen* ‖
(Sonnenzelt) (aus)tapezieren, behängen ‖ ~**se** s.
umwölken (Himmel) ‖ ⟨fig⟩ s. *trüben (Freude)* ‖
⟨fig⟩ *stolz werden*
entoldo m *Stolz* m, *Einbildung* f
ento|mófago adj *insektenfressend* ‖ **–mogamia**
f ⟨Bot⟩ *Insektenblütigkeit, Entomogamie* f ‖
–mógamo adj ⟨Bot⟩ *insektenblütig, entomogam* ‖
–mología f *Entomologie, Insekten|lehre, -kunde* f
‖ **–mológico** adj *entomologisch* ‖ **–mólogo** m
Entomologe, Insektenforscher m
entomostráceos mpl ⟨Zool⟩ *Kleinkrebse,
niedere Krebse* mpl
entompea|tada f Mex *Betrug* m ‖ **–tar** vt/i
betrügen
ento|nación f *Anstimmen* n, *Einsatz* m ‖ ⟨Mus⟩
In|tonation, -tonierung f ‖ *Tonführung* f ‖ *Tonfall*
m *(Sprache)* ‖ ⟨Mal⟩ *Abtönung* f ‖ ⟨fig⟩
Anmaßung f, *Dünkel* m ‖ ⟨fig⟩ *Selbstbewusstsein*
n ‖ **–nado** adj *wohlklingend* ‖ ⟨fig⟩ *hochmütig* ‖
⟨fig⟩ *anmaßend, dünkelhaft* ‖ ⟨fig⟩ *selbstbewusst* ‖
⟨fig⟩ *vornehm* ‖ **–nador** adj *kräftigend* ‖ ~ m
Vorsänger m ‖ *(Blase)Balgtreter, Bälgetreter,
Kalkant* m ‖ **–namiento** m ⟨Mus⟩ *Intonierung* f ‖
⟨fig⟩ *Hochmut, Dünkel* m

¹entonar vt *richtig singen, intonieren* ‖ *anstimmen (Gesang)* ‖ *(die Bälge) treten (bei der Orgel)* ‖ ⟨Mal⟩ *abtönen, in Einklang bringen* ‖ ~ vi ⟨Mus⟩ *intonieren, den Ton halten (im Singen)* ‖ *(Orgelpfeifen) nachstimmen* ‖ *passen, passend sein* (con *zu*), *harmonieren* (con *mit*) ‖ ⟨fig⟩ *den Ton angeben*

²entonar vt ⟨Med⟩ *kräftigen, stärken* ‖ ~se ⟨fig⟩ *dick(e)tun, s. aufblähen, s. aufblasen*

entonces adv *damals, zu jener Zeit* ‖ *alsdann* ‖ *in diesem Fall, unter solchen Umständen, dann* ‖ *da* ‖ ◆ de ~ *damalig* ‖ desde ~ *seit jener Zeit, seitdem* ‖ en *od* por aquel ~ ⟨pop⟩ *damals, zu jener Zeit* ‖ hasta ~ *bis dahin* ‖ ¡(pues) ~! *(nun) also! das will ich meinen!* ‖ *endlich!* ‖ ¿y ~ qué? *was nun?* ‖ ¿por qué no lo hiciste ~? *warum hast du es also nicht getan?*

entone|lamiento m *Eintonnen* n ‖ **–lar** vt *in Fässer füllen* ‖ *eintonnen*

entono m ⟨fig⟩ *Stolz, Dünkel* m ‖ *Selbstbewusstsein* n ‖ ⟨fam⟩ *festes Auftreten* n

entontar vt → **entontecer**

entonte|cer [-zc-] vt *verdummen, dumm machen* ‖ ~ vi, ~se *einfältig werden, ver|dummen,* ⟨fam⟩ *-blöden* ‖ **–cimiento** m *Ver|dummung,* ⟨fam⟩ *-blödung* f ‖ *Dummheit, Einfalt* f

entoñar vt Sal Vall Zam *ein-, ver|graben*

entorchado m *Gold-, Silber|faden* m, *-tresse* f ‖ *Gold-, Silber|stickerei* f *(auf Uniformen)*

entorilar vt ⟨Taur⟩ *in den Zwinger sperren (Stiere)*

entor|nado adj *halb geschlossen (Tür, Augen)* ‖ *seitwärts geneigt* ‖ *aufgeschlagen (Hut)* ‖ **–nar** vt *halb schließen (Tür, Augen)* ‖ *anlehnen (Tür, Fenster)* ‖ *um|werfen, -kippen* ‖ Ar *umsäumen (Wäsche)* ‖ ~se *s. seitwärts neigen* ‖ **–no** m *Umgebung* f ‖ *Umfeld* n (& fig) ⟨Inform⟩ *Umgebung* f ‖ ⟨fig⟩ *Milieu* n, *Umwelt* f ‖ Ar *(Kleider)Saum* m

entor|pecer [-zc-] vt *behindern, stören, hemmen* ‖ *verzögern* ‖ *lähmen, betäuben* ‖ ⟨fig⟩ *abstumpfen* ‖ ⟨fig⟩ *hemmen, erschweren* ‖ ~se ⟨fig⟩ *stumpf werden* ‖ **–pecimiento** m *Behinderung* f, *Hindernis* n ‖ *Lähmung* f ‖ ⟨fig⟩ *Stumpfsinn* m ‖ ⟨fig⟩ *Hemmung* f, *Hindernis* n ‖ ⟨fig⟩ *Benommenheit* f ‖ *Ladehemmung* f *(der Feuerwaffe)*

entós ⟨pop⟩ → **entonces**

ento|zoario, –zoo m ⟨Biol⟩ *Entozoon* n, *tierischer Endoparasit* m

entrabar vt And Col *behindern, hemmen*

¹entrada f *Ein-, Zu|gang* m ‖ *Einfahrt* f *(bes. Mar)* ‖ *Ein|tritt* m, *-treten* n ‖ *Einfahrt* f, *-zug* m ‖ *Einreise* f ‖ *Zutritt* m ‖ ⟨Inform⟩ *Eingabe* f ‖ ⟨Mil⟩ *Ein|zug, -marsch* m ‖ ⟨Mil⟩ *(feindlicher) Einfall* m ‖ *Zu|fahrt* f, *-gang* m ‖ *Vorplatz* m, *Diele* f ‖ ⟨Flugw⟩ *Einstieg* m ‖ ⟨fig⟩ *Anfang, Beginn* m ‖ ⟨fig⟩ *Ein|führung, -leitung* f *(zu e–m Buch)* ‖ ⟨fig⟩ *Titelblatt* n *(e–s Buches)* ‖ *Stichwort* n *(Lexikon)* ‖ ⟨fig⟩ *Amtsantritt* m ‖ ⟨fam⟩ *kurzer Besuch* m ‖ ⟨Kochk⟩ *Vor|gericht* n, *-speise* f ‖ ⟨Arch⟩ *Einsprung* m *(e–r Mauer)* ‖ *Balken- (bzw Pfeiler)Ende* n ‖ ⟨Tech⟩ *Ein|lass, -tritt* m ‖ *Zufuhr* f ‖ *Einführung* f ‖ ⟨Bgb⟩ *Schicht* f ‖ ⟨Mus⟩ *Ein|fallen, -setzen* n *(e–r Stimme)* ‖ ⟨fig⟩ *Verständnis* n ‖ ⟨fig⟩ *Vertrauen* n ‖ ⟨fig⟩ *Gunst* f ‖ ⟨Taur⟩ *Angriff* m ‖ ~ a la *(od* de la*)* autopista *Autobahnauffahrt* f ‖ ~ del año *Jahresanfang* m ‖ ¡buena ~ de año *prosit Neujahr!* ‖ ~ delantera *Vordereingang* m ‖ ~ en funciones *Amts|antritt* m, *-übernahme* f ‖ ~ gratis → ~ libre ‖ ~ en guerra *Kriegseintritt* m ‖ ~ libre *Zutritt frei* ‖ *freier Eintritt* m ‖ *freier Zutritt* m ‖ *kein Kaufzwang* m ‖ ~ de la llave

Schlüsselloch n ‖ *Schlüsselführung* f *(im Schloss)* ‖ ~ prohibida *(no hay* ~*) Eingang verboten (Aufschrift)* ‖ ~ trasera *Hintereingang* m ‖ ◆ de ~ *als Vorspeise* ‖ de primera ~ *im ersten Anlauf* ‖ ◇ dar ~ *einräumen, erlauben* ‖ *aufnehmen* (a alg. *jdn*) ‖ hacer su ~ (en) *s–n Einzug halten* ‖ *ein|rücken, -ziehen (Truppen)* ‖ hallar ~ ⟨fig⟩ *Aufnahme, Beifall finden* ‖ irse ~ por salida ⟨fam⟩ *im Gleichgewicht bleiben* ‖ tener ~ (en) *eingeführt sein (bei), Zutritt haben (zu)* ‖ tener ~ con alg. *(jederzeit) Zutritt bei jdm haben* ‖ ~s fpl *zurücktretende Stirnwinkel* mpl *oberhalb der Schläfen,* ⟨fam⟩ *Geheimratsecken* fpl ‖ con muchas ~ y salidas ⟨fig⟩ *mit vielen Machenschaften* ‖ ⟨fig⟩ *Kniffe* mpl

²entrada f ⟨Film Th Taur⟩ *Geld-, Tages|einnahmen* fpl ‖ *Besucherzahl* f, *Zuschauer* mpl ‖ *Eintrittskarte* f, Schw *Billett* n ‖ media ~ *halb voll* ‖ ~ de sol (sombra) ⟨Taur⟩ *Eintrittskarte für die Sonnenseite (Schattenseite) der Arena* ‖ ~ de tendido ⟨Taur⟩ *Sperrsitzkarte* f ‖ ◇ dar ~s *Erfolg haben (Stück)* ‖ hubo una gran ~ *die Vorstellung war stark besucht*

³entrada f ⟨Com⟩ *Buchung* f ‖ *(Haben)Posten* m ‖ *Eingang* m ‖ *Einlauf* m *(Post)* ‖ *Eingangsdatum* n ‖ *Einfuhr* f ‖ *Einfuhrzoll* m ‖ ~ en caja *Kasseneingang* m ‖ ~ libre *freie Einfuhr* f ‖ ~ por salida *durchlaufender Posten* m ‖ ~ de un socio *Aufnahme* f *e–s Teilhabers* ‖ ~s fpl *Zugänge* mpl (& *Krankenhaus usw.*) ‖ ~ y salidas *Einnahmen und Ausgaben* fpl ‖ *Ein- und Aus|gänge* mpl

⁴entrada f Cu Mex *Überfall* m ‖ Mex *Prügelei* f

¹entradilla f ⟨Ztg⟩ *Zusammenfassung* f *(e–s Artikels)*

²entradilla f León *ein Volkstanz* m

entra|do adj *vorgeschritten* ‖ ~ en años, ~ en días *alt, be|tagt, -jahrt* ‖ hasta muy ~ la *weit in den Tag hinein* ‖ muy ~a la noche *spät in der Nacht* ‖ hasta muy ~ el siglo XV *bis spät ins XV. Jh. hinein* ‖ **–dor** m/adj CR Mex Ven *kühn, waghalsig* ‖ ~ m Nic Guat *Freund, Kumpan* m ‖ Chi *Eindringling* m

entra|mado m ⟨Arch⟩ *Fach-, Bind|werk* n ‖ **–mar** vt *in Fachwerk bauen*

entram|bos, –bas m/fpl ⟨lit⟩ *(alle) beide*

entram|pado adj: estar ~ *Schulden haben* ‖ estar ~ hasta las cejas *od* los tuétanos *bis über die od beide Ohren in Schulden stecken, mehr Schulden als Haare auf dem Kopf haben* ‖ **–pador** m *Betrüger* m ‖ **–par** vt *in e–e Falle locken* ‖ ⟨fig⟩ *be|rücken, -tören* ‖ *austricksen* ‖ *(jdn) in Schulden stürzen, mit Schulden belasten* ‖ ⟨figf⟩ *verwickelt machen* ‖ ~se ⟨fig⟩ s. *verschulden, in Schulden geraten*

entrante adj/s *(m/f) eintretend, kommend (Woche, Monat usw.)* ‖ *einspringend (Winkel)* ‖ el ~ mes de abril *der kommende April* ‖ el 15 del ~ *am 15. nächsten Monats* ‖ ~ m *Vorspeise* f

entra|ña f *Eingeweide* n, *innerer Teil* m *des Körpers* ‖ ⟨fig⟩ *Inner(st)e(s)* n ‖ mala ~ *Herz-, Gefühl|losigkeit* f ‖ *gefühlloser Mensch* m ‖ ~s fpl *Eingeweide* npl ‖ ⟨fig⟩ *Innere(s)* n, *Kern* m *e–r Sache* ‖ *(Mit)Gefühl, Herz* n ‖ *Gemüt* n ‖ *Charakter* m ‖ las ~ de la tierra *das Erdinnere* ‖ hasta las ~ Am *bis ins Einzelne* ‖ (hijo de) mis ~ *mein Herzblatt (Kosewort), mein Herzenssohn* ‖ ◇ esto me arranca las ~ ⟨figf⟩ *das Herz bricht mir dabei* ‖ dar hasta las ~ ⟨figf⟩ *alles hergeben* ‖ echar las ~ ⟨figf⟩ *stark brechen, speien* ‖ sacar(le) a alg. las ~ *jdm das Herz aus dem Leib reißen* ‖ ⟨figf⟩ *alles von jdm bekommen,* ⟨fam⟩ *jdn bis aufs Hemd ausziehen* ‖ no tener ~ ⟨figf⟩ *kein Herz haben* ‖ **–ñable** adj *(m/f) innig, sehr tief,*

herzlichst (Liebe, Freundschaft) ‖ *innigst geliebt,
Herzens-* ‖ **–ñablemente** adv *inni(gst),
herzlich(st)* ‖ **–ñado** adj *voll, durchdrungen* (de
mit) ‖ **–ñar** vt *in s. fassen, einschließen* ‖ *mit s.
bringen* ‖ *(in s.) bergen* ‖ *führen zu* (dat) ‖ *ins
Inner(st)e führen* ‖ ⟨Mar⟩ *trensen* ‖ *~se s. innig
verbinden* ‖ ◇ *~ con alg. s. mit jdm sehr eng
befreunden* ‖ **–ñoso** adj *vertraulich, heikel* ‖
–ñudo adj RPl *hartherzig*
   entrapajar vt *mit Lappen umwickeln (Glied,
Wunde)* ‖ *~se* Arg *s. aufdonnern*
   entrar vt/i *hinein|tun, -bringen, -führen,
-stecken* ‖ *hineinfahren* ‖ *einreihen* (en *in* acc) ‖
eintragen (in die Bücher), buchen ‖ *einführen
(Waren)* ‖ *überfallen (ein Land)* ‖ *überfallen (e–e
Krankheit)* ‖ *befallen* (a acc) *(Fieber,
Depressionen, Parasiten usw.)* ‖ *anwandeln* (a
acc) *(z.B. Lust)* ‖ ⟨Mar⟩ *einlaufen (in den Hafen)*
‖ ⟨Mil⟩ *ein|rücken, -marschieren* ‖ ⟨EB Bgb⟩
einfahren ‖ ⟨Typ⟩ *(die Zeile) einziehen* ‖ ◇ *~ a
uno jdn überreden, veranlassen (zu …)* ‖ *no hay
por donde ~le* ⟨fam⟩ *es ist schwer, mit ihm
auszukommen* od *fertig zu werden* ‖ *~ en cuenta
berücksichtigen* ‖ *~ en cuenta corriente in
laufende Rechnung bringen* ‖ *me entró un mareo
mir wurde schwindlig* ‖ *¡entre Vd. mi tarjeta!
geben Sie m–e Visitenkarte ab!*
   ~ vi eintreten ‖ *hinein|gehen, -laufen, -fahren* ‖
einziehen (en *in* acc) ‖ *ankommen* ‖ *anfangen,
beginnen* ‖ *eingehen (Gelder, Postsendung)* ‖
eindringen (Kugel ins Fleisch) ‖ *eintreten
(Jahreszeit, Fieber)* (en *in* acc)*, beitreten* (en dat)
‖ *Zutritt haben* (z.B. *bei Hofe*) (en *zu*) ‖
aufgenommen werden (en *in* acc) ‖ *hineingehen* ‖
enthalten sein (en *in* dat) ‖ *(e–e Stelle* od *ein Amt)
antreten* ‖ *s. einlassen* (en *auf* acc) ‖ *s.
einarbeiten* (en *in* acc) ‖ ⟨Mus⟩ *ein|fallen, -setzen*
‖ ⟨Taur⟩ *angreifen (Stier)* ‖ ⟨Mil⟩ *als Sieger
einziehen* ‖ ◇ *el año que entra das nächste Jahr* ‖
le ha entrado apetito er hat Appetit bekommen ‖
~ bien gelegen kommen, passend sein ‖ *le entra
coraje er gerät in Wut, er wird wütend* ‖ *al ~ el
día bei Tagesanbruch* ‖ *me entran ganas de ir al
cine ich habe Lust, ins Kino zu gehen* ‖ *ese
hombre no me entra* ⟨figf⟩ *diesen Menschen kann
ich nicht leiden,* ⟨fam⟩ *d(ies)en Kerl kann ich
nicht ausstehen* ‖ *le entró una idea ihm (ihr) kam
ein Gedanke* ‖ *el pie no me entra ich bringe den
Fuß nicht in den Schuh* ‖ *der Schuh ist mir zu
klein* ‖ *~ como socio als Teilhaber eintreten* ‖ *me
entró una sospecha ich schöpfte Verdacht, ein
Verdacht stellte s. bei mir ein* ‖ *le entra el sueño
er (sie, es) wird schläfrig* ‖ *ahora entro yo jetzt
bin ich an der Reihe,* ⟨fam⟩ *jetzt bin ich dran* ‖ *el
zapato no me entra der Schuh ist mir zu klein* ‖
*eso no me entra das geht mir nicht in den Kopf
(herein),* ⟨fam⟩ *das kapiere ich nicht* ‖ *entra y sal*
⟨Taur⟩ *Ersatzpikador* m ‖ *¡entre! herein!* ‖ *~ y
salir hin und her gehen* ‖ *ni ~ ni salir s. aus e–r
Sache heraushalten*
   In Verb. mit Präpositionen:
   a) in Verb. mit **a:** *~ a ojos cerrados*
⟨fam⟩ *blindlings eintreten* ‖ *~ a saco plündern* ‖
~ a servir in Dienst treten ‖ *… entra a formar
parte de nuestra razón social* ⟨Com⟩ *… ist in
unsere Firma eingetreten*
   b) in Verb. mit **con:** *~ con calzador*
⟨figf⟩ *mit Mühe hineinkommen* ‖ *~ con haches y
erres* ⟨figf⟩ *(ein Spiel) mit schlechten Karten
anfangen*
   c) in Verb. mit **de:** *~ de aprendiz in die
Lehre eintreten* od *gehen* ‖ *~ de por medio
vermitteln* ‖ *~se de sopetón plötzlich eintreten* ‖ *mit
der Tür ins Haus fallen*
   d) in Verb. mit **en:** *(hinein)gehören* (in

acc) ‖ *no me entra en la cabeza das geht mir
nicht in den Kopf hinein,* ⟨fam⟩ *das kapiere ich
nicht* ‖ *~ en calor in Hitze geraten, s. erwärmen* ‖
~ en campaña ⟨Mil⟩ *ins Feld rücken* ‖ *~ en celo
brünstig werden (Tier)* ‖ *~ en consideración in
Betracht kommen* ‖ *~ en el corazón de alg.* ⟨fam⟩
jds Zuneigung gewinnen ‖ *~ en cuenta in
Anschlag kommen* ‖ *~ en cuentas consigo
Einkehr in s. halten* ‖ *ya voy entrando en
curiosidad ich werde schon neugierig* ‖ *~ en
descomposición in Verwesung übergehen* ‖ *~ en
detalles → ~ en pormenores* ‖ *~ en disputas s. in
Streitigkeiten einmischen* ‖ *~ en edad älter
werden* ‖ *~ en juicio Rechenschaft fordern* (con
von) ‖ *no ~ en la maleta k–n Platz mehr im
Koffer haben* ‖ *en la mezcla entran diez
ingredientes die Mischung besteht aus zehn
Bestandteilen* ‖ *~ en los ochenta in das achtzigste
Lebensjahr treten* ‖ *entran ocho en libra es gehen
acht aufs Pfund* ‖ *me ha entrado algo en el ojo et.
ist mir ins Auge geflogen* od *gefallen* ‖ *el clavo
entra en la pared der Nagel geht in die Wand
(hinein)* ‖ *~ en pormenores auf Einzelheiten
eingehen* ‖ *ins Detail gehen* ‖ *~ en posesión in
den Besitz gelangen* ‖ *~ en el puerto einlaufen
(Schiff)* ‖ *eso no entra en mi programa das passt
nicht in mein Programm* ‖ *~ en recelo in Furcht
geraten* ‖ *~ en relaciones* (con) *Beziehungen
aufnehmen (zu, mit)* ‖ *~ en relaciones
comerciales Geschäftsverbindungen anknüpfen* ‖
~ dentro de sí (mismo) ~ en sí mismo ⟨fig⟩ *in s.
gehen* ‖ *~ en sudor anfangen zu schwitzen, in
Schweiß geraten* ‖ *~ en suertes teilhaben (an e–r
Verlosung)* ‖ *~ en temor in Furcht geraten* ‖ *en
este vestido entra mucha tela zu diesem Kleid ist
viel Stoff nötig* ‖ *entrar en algo et. mit e–r Sache
zu tun haben* ‖ *no ~ ni salir en a/c* ⟨figf⟩ *an et.
k–n Anteil haben*
   e) in Verb. mit **por:** *~ por alto
eingeschmuggelt werden (Waren)* ‖ *~ por la
puerta durch die Tür eintreten, (hindurch)gehen* ‖
entra por (od con) *un quinto er (sie) ist mit e–m
Fünftel beteiligt*
   ~se hineingehen ‖ *herein|kommen, -treten* ‖
erscheinen ‖ *eindringen* (en *in* acc) ‖ *~ por la
casa* ⟨fig⟩ *unvermutet zufallen (Glück)* ‖ *~ por las
puertas de uno* ⟨figf⟩ *bei jdm ungerufen
erscheinen* ‖ *~ de rondón* ⟨fam⟩ *unangemeldet
eintreten*
   entrazado adj: *bien ~ Chi wohlgestaltet
(Person)*
   entre prep *zwischen* (dat, acc) ‖ *unter* (dat) ‖
bei (dat) ‖ *in*
   1. R a u m , O r t : *~ Barcelona y Madrid
zwischen Barcelona und Madrid* ‖ *~ dos luces im
Zwielicht* ‖ *hablar ~ dientes zwischen den Zähnen
murmeln* ‖ *~ dos y tres zwischen zwei und drei
(Uhr)*
   2. Z u s a m m e n w i r k e n z w e i e r
E l e m e n t e : *~ el granizo y la sequía quedé sin
cosecha teils der Hagel, teils die Dürre hat mich
um die Ernte gebracht* ‖ *~ tú y yo wir beide
(zusammen)* ‖ *unter uns beiden* ‖ *zwischen uns
beiden* ‖ *cien hombres, ~ marineros y soldados
hundert Mann, teils Matrosen, teils Soldaten* ‖ *~
tres se comieron una gallina sie aßen zu dritt ein
Huhn auf*
   3. Z e i t d a u e r : *~ día tagsüber, den Tag
über* ‖ *~ semana die Woche über, während der
ganzen Woche* ‖ *~ tanto (= entretanto)
inzwischen, unterdessen*
   4. U n b e s t i m m t h e i t , Ü b e r g a n g : *~
lobo y can* ⟨figf⟩ *weder Fisch noch Fleisch* ‖ *~
dulce y agrio bittersüß (& bitter-süß)* ‖ *~ rojo y
azul rötlich blau, violett* ‖ *~ agradecido y*

rencoroso *halb dankbar, halb grollend* ‖ ~ difícil
y costoso *teils schwer, teils kostspielig*
  5. Teil e–r Gruppe: uno ~ muchos *e–r
unter vielen* ‖ ~ amigos *unter Freunden* ‖ 30 ~ 5
da 6 *5 in 30 geht 6-mal*
  6. statt para: lo dije ~ mí *ich sagte es für
mich* ‖ tal pensaba yo ~ mí *so dachte ich bei mir*
  **7. in Verbindung mit anderen
Präpositionen:** hablando para ~ los dos
unter uns gesagt ‖ salió de ~ las malezas *er (sie,
es) kam aus dem Gebüsch hervor* ‖ pasó por ~
las filas *er (sie, es) ging zwischen den Reihen
hindurch* ‖ miró por ~ la rendija *(er, sie, es)
schaute durch den Spalt*
  8. in präpositionalen (bindewörtlichen)
Verbindungen: ~ que (= *mientras*) dormía
während ich schlief ‖ ~ tanto que no lo indique
yo *solange ich es nicht angebe* ‖ por ~ durch ‖
por ~ los campos *durch die Felder*
  entre|abierto pp/irr von **–abrir** ‖ ~ adj *halb
offen (Tür, Knospe)* ‖ **–abrir** vt *halb öffnen, halb
aufmachen* ‖ *ein wenig öffnen* ‖ **~se** *halb offen
bleiben* ‖ **–acto** m ⟨Th⟩ *Zwischenakt, Entreakt* m ‖
⟨Th⟩ *Zwischenaktmusik* f ‖ *kleine, walzenförmige
Zigarre* f ‖ **–barrera(s)** *f* (pl) ⟨Taur⟩ *Gang* m
zwischen der Schranke und den ersten Sitzreihen
  entre|cano adj/s *halb grau, (grau)meliert
(Haar)* ‖ *mit halb grauem Haar (Person)* ‖ **–caras**
m ⟨Tech⟩ *Maul-, Schlüssel|weite* f ‖ **–cavar** vt
überackern ‖ **–cejo** m *Raum* m *zwischen den
Augenbrauen* ‖ *Stirnrunzeln* n ‖ *(fig) Kopf* m,
Hirn n ‖ ◇ *fruncir(e) el* ~ *die Stirn runzelnd,
mit mürrischer Miene* ‖ **–cerrado** adj *halb
geschlossen (Augen)* ‖ **–cerrar**
[-ie-] vt *bes. Am halb schließen (Tür, Fenster)* ‖
–chocar [c/qu] vt/i *aneinander stoßen* ‖
aufeinander prallen ‖ *anstoßen (Gläser)* ‖ **–claro**
adj *halb hell, dämmerig* ‖ **–coger** [g/j] vt *auflesen*
‖ *packen, ergreifen* ‖ *(fig) erhaschen* ‖ *(fig) in die
Enge treiben* ‖ **–comar** vt *zwischen Kommas
setzen, in Kommas einschließen* ‖ **–comillar** vt *in
Anführungszeichen setzen, mit Anführungszeichen
versehen* ‖ *(fig) kenn-, be|zeichnen* ‖ **–coro** m
⟨Arch⟩ *Zwischenchor* m (& n) ‖ **–cortado** adj
kurzatmig, stoßweise (Atem) ‖ *erstickt (Seufzer,
Stimme)* ‖ *stockend (Stimme)* ‖ ◆ con voz ~a por
los sollozos *mit e–r vom Schluchzen erstickten
Stimme* ‖ **–cortar** vt *unterbrechen* ‖ *einschneiden*
‖ *hineinschneiden in* (acc) ‖ ◇ los sollozos
–cortaban su voz *Seufzer unterbrachen s–e (ihre)
Rede* ‖ **~se** *stoßweise sprechen* ‖ **–corte** m ⟨Arch⟩
abgestumpfte Ecke f ‖ **–cot** m ⟨Kochk⟩ *Entrecote*
n ‖ **–cruzamiento** m *Kreuzung* f (& Gen An) ‖
Überschneidung f ‖ **–cruzar** [z/c] vt
(durch)kreuzen ‖ *ineinander schlingen* ‖ *über
Kreuz gehen lassen (bzw flechten)* ‖ *kreuzen (&
Gen)* ‖ **~se** *kreuzweise übereinander liegen* ‖
–cubierta *f* ⟨Mar⟩ *Zwischendeck* n
  entredecir [irr → **decir**] vt *verbieten* ‖ *Am
andeuten, zu verstehen geben*
  entre|dicho pp/irr von **–decir** ‖ **–dicho** m
Verbot n ‖ *Interdikt* n, *(Art) Kirchenbann* m ‖
Gottesdienstsperre f ‖ *vom Gottesdienst
Ausgeschlossene(r)* m ‖ *Interdiktierte(r)* m ‖ ◇
estar en ~ *im Bann stehen* ‖ *(fig) in Verruf sein* ‖
(fig) verboten sein ‖ *alzar od levantar el* ~ *den
Bann lösen* ‖ *poner a alg. en* ~ *jdn in Acht und
Bann tun* ‖ *poner algo en* ~ *fig et. in Zweifel
ziehen* ‖ *alzar (od levantar) el* ~ *den Bann lösen* ‖
–dós m *(Spitzen)Einsatz* m ‖ *Wandschränkchen* n
bzw Konsoltisch zwischen zwei Fenstern ‖ ⟨Arch⟩
–keilstein m ⟨Typ⟩ *Korpus* f *(10-Punkt-Schrift)* ‖
Garmond n *(Schriftkegel)* ‖ **–filete** m ⟨Typ⟩
Zeitungsnotiz f ‖ *Zitat* n *im Text (typographisch
hervorgehoben)* ‖ *eingeschobener kurzer*

(Zeitungs)Artikel m ‖ *Anzeige* f *im Text* ‖ **–fino**
adj *halb-, mittel|fein* ‖ **–forro** m → **entretela**
  entre|ga *f Über|gabe, -bringung* f ‖
Überreichung f ‖ *(Ein)Lieferung* f ‖ *Zustellung* f ‖
Auslieferung, Einhändigung f ‖ *(sexuelle)
Hingabe* f *(e–r Frau)* ‖ ⟨Jur⟩ *Auslieferung* f ‖
⟨Mil⟩ *Übergabe, Auslieferung* f ‖ ~ (del balón)
⟨Sp⟩ *Ballabgabe* f, *Zuspiel* n ‖ ~ sin compromiso
freibleibende Lieferung f ‖ ~ a domicilio
Zustellung od Lieferung f ins Haus ‖ ~ franco (a)
domicilio *Zustellung od Lieferung f frei Haus* ‖ ~
desde la *od* en fábrica *Lieferung* f *ab Werk* ‖ ~
inmediata, ~ pronta *sofortige Lieferung* f ‖ ~
personal, ~ en propia mano *eigenhändige
Zustellung* f ‖ ◆ en el acto de la ~ *bei
Ablieferung* ‖ contra *(od mediante)* ~ *gegen
Aushändigung* ‖ ◇ cobrar el importe a la ~ *den
Betrag durch Nachnahme erheben* ‖ comprar a ~
auf Lieferung kaufen ‖ efectuar la ~ (de) *liefern,
übergeben* ‖ hacer ~ de algo *et. einhändigen,
abgeben, zustellen* ‖ pagadero a la ~ *zahlbar bei
(Ab)Lieferung* ‖ pronto para la ~ *lieferfertig* ‖
–gable adj *(m/f) (ab)lieferbar* ‖ *abzugeben(d)* ‖
–gadero adj *lieferbar* ‖ **–gado** adj ⟨Arch⟩
eingebunden (Säule) ‖ ~ por *überreicht durch*
  entregar [g/gu] vt/i *aus-, ein|händigen,
übergeben, abliefern* ‖ *überbringen* ‖ *überreichen*
‖ *zustellen (Post)* ‖ *austragen (Post)* ‖ *einzahlen
(Geld)* ‖ ⟨Com⟩ *(ab-, aus)liefern* ‖ ⟨Typ⟩ *anlegen* ‖
⟨Mil⟩ *ausliefern (Gefangene)* ‖ ⟨Mil⟩ *übergeben
(Festung, Stadt)* ‖ ⟨Mil⟩ *strecken (Waffen)* ‖ *(fig)
opfern, hingeben* ‖ ◇ ~ el alma, ~ su alma a
Dios *s–n Geist aufgeben* ‖ *(fig) sterben* ‖ ~la
(fam) sterben, (fam) *ins Gras beißen* ‖ ~ fondos
Geldmittel geben ‖ ~ su mano a alg. *jdm die
Hand reichen* ‖ ~ una plaza *e–e Festung
übergeben* (para) ~ a ... *zu Händen von ...*
(dat) ‖ abzugeben bei ... (dat) ‖ ~se s. hin-,
er|geben s. ganz widmen (a dat) ‖ ⟨Mil⟩ s.
ergeben ‖ *s. (sexuell) hingeben (Frau)* (a dat) ‖ s.
stellen (Täter) ‖ ◇ ~ a la bebida *s. dem Trunk
ergeben* ‖ ~ en manos de alg. *s. jdm ganz
anvertrauen* ‖ *s. in jds Hand geben* ‖ ~ a los
placeres *s. in Vergnügungen stürzen* ‖ ~ a los
vicios *dem Laster frönen* od *s. ergeben od
verfallen* ‖ ~ al sueño *einschlafen*
  entre|guerra f *Zwischenkriegszeit* f ‖ ◆ de ~s
auf die Zwischenkriegszeit bezüglich ‖ *aus der
Zwischenkriegszeit* ‖ **–guismo** m ⟨Pol⟩
Nachgiebigkeit f ‖ *zu weitgehende
Kompromissbereitschaft* f
  entrejunto adj *halboffen*
  entre|lazado adj *verwebt* ‖ *verschränkt* ‖
verflochten ‖ *(fig poet) verwoben* ‖ **–lazar** [z/c] vt
ineinander flechten, verflechten ‖ *ineinander
schlingen od weben* ‖ ⟨Typ⟩ *verschränken
(Durchschuss)* ‖ **~se** *s. verflechten (& fig)* ‖ *(fig)
ineinander greifen* ‖ **–línea** f *Zeilenabstand* m ‖
–linear vt *zwischen die Zeilen schreiben* od
eintragen ‖ ⟨Typ⟩ *durchschießen* ‖
–liño m ⟨Agr⟩ *Gang (bzw Raum)* m *zwischen
Rebenzeilen bzw Ölbaumreihen* ‖ **–llevar** vt
(jdn od et.) zusammen tragen ‖ **–lucir** [-zc-] vi
durchschimmern
  entre|matarse vr *s. gegenseitig umbringen* ‖
–medias adv *in-, da|zwischen* ‖ **–medio** adv
halb(wegs) ‖ ~ m *Am Zwischenraum* m ‖ *Am
Zwischenzeit* f ‖ **–més** m ⟨Th⟩ *Zwischenspiel* n,
(ursprünglich) Posse f *zwischen zwei Aufzügen
e–s Schauspiels* ‖ **–mesera** f *Vorspeisenplatte,
Hors-d'œuvre-Schale* f ‖ **–meses** mpl ⟨Kochk⟩
Zwischen-, Bei|gericht n ‖ *Vorspeise* f ‖ ~
variados gemischte Vorspeisen fpl ‖ ~ de vigilia
fleischlose Vorspeisen fpl ‖ **–mesil** adj *(m/f)
Zwischenspiel-* ‖ **–mesista** m/f *Verfasser(in* f) m

von Zwischenspielen ‖ **–meter** vt
(hin)einschieben, -stecken ‖ *ver|mengen, -mischen*
‖ *~se s. unberufen einmischen* (en *in* acc) ‖
–metido adj/s *zudringlich* ‖ *vorlaut, naseweis* ‖
⟨fam⟩ *verworren, wirr* ‖ *~ m Naseweis* m ‖
–metimiento *m Aufdringlichkeit* f ‖ *Einmischung*
f ‖ *Vorwitz* m ‖ **–mezclar** vt *(unter-, ver)mischen* ‖
–morir [-ue-] vi *verlöschen* (z. B. *Kerze)*

entre|nado adj *trainiert, geübt* ‖ **–nador** *m*
Trainer, Coach ‖ Am *Schulflugzeug* n ‖
[Radrennen] *Schrittmacher* m ‖ *~ de vuelo*
Flugtrainer m *(Gerät)* ‖ **–namiento** *m Training* n
(bes. Sp), *Einübung* f ‖ *Ausbildung* f ‖ *Drill* m ‖
Ertüchtigung f ‖ *Abhärtung* f ‖ *~ autógeno*
autogenes Training n ‖ *~ fraccionado*
Intervalltraining n ‖ **–nar** vt ⟨Sp⟩ *trainieren* ‖
einüben ‖ *schulen* ‖ *ertüchtigen* ‖ *abhärten* ‖ *~se*
trainieren, s. üben (en *in* dat) ‖ *Geläufigkeit*
erlangen (en *in* dat) ‖ ◇ *~ para el campeonato*
⟨Sp⟩ *auf die Meisterschaft trainieren*

entrenzar [z/c] vt *in Zöpfe flechten*

entreoír [irr → oír] vt *undeutlich hören, nur*
halb hören ‖ *munkeln hören* ‖ *erlauschen*

entre|panes mpl ⟨Agr⟩ *Brachfelder* npl
zwischen bestellten Äckern ‖ **–paño** *m Täfelung* f,
Tafelwerk, Getäfel n ‖ *Feld, Fach* n ‖ *Paneel* n,
Wandverkleidung f ‖ *Türfüllung* f ‖ *Fach, Gestell*
n ‖ ⟨Arch⟩ *Säulen-, Spann-, Stütz|weite* f ‖
–parecerse
[-zc-] vr *durch|scheinen, -schimmern* ‖ **–paso** *m*
Mittelgang m *(des Pferdes)* ‖ **–pechado** adj ⟨reg⟩
brustkrank (Person) ‖ **–pierna** *f Mittelfleisch* n,
zwischen den Oberschenkeln ‖ *Hosenkreuz* n (&
sg), *Hosenzwickel* m ‖ Chi *Badehose* f ‖ *pasarse*
algo por la ~ auf et. pfeifen ‖ **–piso** *m* ⟨Bgb⟩
Zwischensohle f ‖ Arg → **–planta** *f*
Zwischengeschoss n ‖ **–puente** *m* ⟨Mar⟩
Zwischendeck n

entre|rrenglón *m zwischen zwei Zeilen*
Geschriebene(s) n ‖ **–rrenglonadura** *f Einfügung*
f *zwischen den Zeilen* ‖ **–rrenglonar** vt
zwischen die Zeilen schreiben ‖ **–rrisa** *f leises*
Lächeln n

entresacar [c/qu] vt *auslesen, (her)aussuchen*
(de *aus)* ‖ *ausjäten (Unkraut)* ‖ ⟨Agr⟩ *aus|ästen,*
-putzen ‖ *abputzen (Bäume)* ‖ *lichten, aushauen*
(Wald) ‖ *effilieren, ausdünnen (Haar)*

entre|sijo *m* ⟨An⟩ *Gekröse, Netz* n ‖ *~s* mpl
(Korb)Geflecht n ‖ ◇ *tener muchos ~* ⟨fig⟩ *sehr*
zurückhaltend und geheimnisvoll sein ‖ *schwer zu*
durchschauen sein (Person) ‖ *s–e Haken haben*
(Sache) ‖ **–suelo** *m Halbgeschoss* n,
Zwischenstock m, *Hochparterre* n ‖ ⟨Th⟩ *erster*
Rang m ‖ **–sueño** *m Halbschlaf* m ‖ **–surco** *m*
⟨Agr⟩ *Acker-, Furchen|beet* n

entre|talla(dura) *f Flachrelief* n ‖ **–tallar** vt
als Flachrelief arbeiten ‖ *(Leinwand) auszacken* ‖
ausschneiden ‖ *in Stein, Holz, Metall schneiden* ‖
⟨fig⟩ *(jdn) hinhalten, (jdn) behindern* ‖ **–tanto**
adv/s *inzwischen, unterdessen, einstweilen* ‖ en
este ~ währenddessen, inzwischen ‖ **–techo** *m*
Arg Chi *Dachboden* m ‖ **–tejer** vt *durch|weben,*
-wirken ‖ *(hin)einweben* ‖ *durchschlingen* ‖
verflechten ‖ ⟨fig⟩ *einflechten* ‖ *~se* ⟨fig⟩ *s.*
einmischen (entre *unter)* ‖ **–tela** *f Zwischenfutter*
n ‖ *Steif-, Glanz|leinen* n ‖ *Scheidewand* f ‖ *~s* fpl
⟨fig⟩ *das Innerste des Herzens* ‖ ◇ *sacar las ~ a*
alg. ⟨fig⟩ *jdn (aus)rupfen* ‖ **–tención** *f* Am
Unterhalt m ‖ Mex → **–tenimiento** ‖ **–tener** [irr
→ **tener**] vt *auf-, hin|halten* ‖ *zerstreuen,*
unterhalten, belustigen ‖ *ablenken* ‖ *beschäftigen* ‖
(e–e Frau) aus-, unter|halten ‖ *(jdn finanziell)*
unterhalten ‖ *aufbewahren* ‖ *beschwichtigen*
(Hunger) ‖ *(in e–m Zustand) erhalten* ‖ *in gutem*
Zustand (er)halten, pflegen, warten ‖ *(et.)*

hinauszögern ‖ *auf-, ver|schieben* ‖ ◇ *~ a sus*
acreedores s–e Gläubiger hinhalten od *vertrösten*
‖ *~ la espera* → *~ el tiempo* ‖ *~ el hambre den*
Hunger beschwichtigen ‖ *~ el tiempo s. die Zeit*
vertreiben ‖ *~ con vanas promesas mit leeren*
Versprechungen vertrösten ‖ *~se s. unterhalten, s.*
vergnügen, s. die Zeit vertreiben (con, & ger, &
inf *mit* dat) ‖ *s. aufhalten bzw ablenken lassen* ‖
aufgehalten werden ‖ ◇ *~ en leer s. mit Lesen*
die Zeit vertreiben ‖ *¡no te –tengas! bummle nicht*
herum! *(bei der Arbeit)* ‖ **–tenida** *f Hinhalten* n ‖
(unterhaltene, ausgehaltene) Geliebte f ‖ ◇ *dar la*
~ a alg. ⟨fam⟩ *jdn vertrösten* ‖ *jdm listig*
schmeicheln ‖ **–tenido** adj *unterhaltend,*
kurzweilig ‖ *lustig, aufgeräumt, vergnügt* ‖
langwierig, zeitraubend

¹entretenimiento *m Unterhaltung* f ‖ *Unterhalt*
m ‖ *Zeitvertreib* m ‖ *Beschäftigung* f ‖
Belustigung f ‖ *Kurzweil* f, *Scherz* m ‖
Verzögerung f, *Aufschub* m, *Hinhalten* n ‖
Aufbewahrung f

²entretenimiento *m Wartung, Pflege* f ‖ *Er-,*
Instand|haltung f ‖ *Aufbewahrung* f ‖ ◆ *de fácil*
~ pflegeleicht ‖ *sin ~ wartungsfrei*

entretiempo *m Übergangszeit* f ‖ *Vor-,*
Nach|saison f ‖ ◆ *en el ~ in der Zwischenzeit*

entre|ventana *f* ⟨Arch⟩ *Fensterzwischenraum*
m ‖ **–ver** [irr → **ver**] vt *flüchtig, undeutlich sehen*
‖ ⟨fig⟩ *mutmaßen, ahnen* ‖ *durchschauen*
(Vorhaben) ‖ *dejar* od *hacer ~ algo et.*
durchblicken lassen, et. in Aussicht stellen ‖
–verado adj *durchwachsen (Stück Fleisch* od
Speck) ‖ Cu ⟨fig⟩ *weder Fisch noch Fleisch,*
mittelmäßig ‖ *~ m Arg Narr* m ‖ **–verar** vt
unter-, ver|mengen ‖ *durcheinander werfen* ‖ *~se*
Arg *in Unordnung geraten* ‖ ⟨fig⟩ *s. vertiefen* (en
in acc) ‖ **–vero** *m* Arg Chi *Verwirrung* f,
Wirrwarr m, *Unordnung* f ‖ *Maskenzug* m ‖ Arg
Vermengung f ‖ **–vía** *f (Gleis) Spur* f ‖
Schienenzwischenraum, Gleisabstand m ‖ **–vigado**
m ⟨Arch⟩ *Ausfüllung* f *der Räume zwischen*
Balken ‖ **–vista** *f Zusammenkunft, Begegnung* f ‖
Besprechung f ‖ *Rücksprache* f ‖
Vorstellungsgespräch n ‖ *Interview* n ‖
Unterredung, Konferenz f ‖ ◇ *celebrar una ~ e–e*
Besprechung abhalten (con mit) ‖ *conceder*
(pedir) una ~ e–e Unterredung bewilligen
(verlangen) ‖ **–vistador** *m Interviewer* m ‖
–vistar vt *interviewen* ‖ *ausfragen* ‖ *~se s.*
treffen, zusammenkommen (con mit) ‖ *s. (mit jdm)*
besprechen

entripado adj *Bauch-* ‖ *Leib-* ‖ *~ m* ⟨fam⟩
verbissener Groll m

entripar vt Dom Mex PR *eintauchen,* ⟨reg⟩
tunken ‖ Arg Col Ec *(jdn) belästigen, (jdm) lästig*
fallen

entriste|cedor adj *traurig, betrüblich* ‖
niederdrückend, düster ‖ **–cer** [-zc-] vt *betrüben,*
traurig stimmen ‖ *~se traurig werden* (de, por
wegen) ‖ **–cido** adj *traurig, betrübt* ‖ **–cimiento** *m*
Traurigkeit f

entrojar vt ⟨Agr⟩ *einfahren (Ernte)* ‖
(auf)speichern ‖ *einscheunen (Getreide)*

entrome|ter(se) vt (vr) → **entremeter(se)** ‖
–tido adj/s → **entremetido**

entromparse vr ⟨fam⟩ *s. betrinken* ‖ Arg *s.*
ärgern, beleidigt sein

entronar vt → **entronizar**

entron|camiento *m s von* **–car** ‖ **–car** [c/qu] vi
(mit jdm) verwandt sein ‖ *s. verschwägern (con*
mit) ‖ Cu Mex PR *Anschluss haben* (EB, *Straße)*
‖ *~* vt *die Abstammung nachweisen* ‖ ◇ *~ a alg.*
jds Verwandtschaft (con mit) nachweisen ‖ *~se s.*
verschwägern ‖ Cu Mex PR ⟨EB⟩ *s. verbinden, s.*
anschließen

entroni|zación f Thronerhebung f ‖
Thronbesteigung f ‖ **–zar** [z/c] vt auf den Thron
erheben ‖ feierlich einsetzen ‖ ⟨fig⟩ zu hohen
Ehren bringen ‖ ⟨fig⟩ rühmen ‖ ~se ⟨fig⟩ s.
überheben
entronque m (Bluts)Verwandtschaft f ‖
Verschwägerung f ‖ Cu Mex PR Anschluss m,
Verbindung f (EB, StV)
entropía f ⟨Phys⟩ Entropie f
entropión m ⟨Med⟩ Entropium n
entru|chada f Forellenpastete f ‖ ⟨figf⟩
Schelmenstreich m ‖ ⟨figf⟩ Intrige, Verschwörung
f ‖ **–chado** m → **–chada** ‖ **–char** vt ⟨fam⟩
beschwindeln ‖ ~se Mex s. einmischen (en in
acc)
entrujar vt → **entrojar** ‖ ⟨figf⟩ einstecken
(Geld)
entu|bación f Verrohung f ‖ ⟨Med⟩ Intubation f
‖ **–bar** vt verrohren ‖ ⟨Med⟩ intubieren
entuerto m Unrecht n ‖ Beleidigung f ‖ ~s mpl
⟨Med⟩ Nachwehen fpl
entulle|cer [-zc-] vt lähmen, lahmlegen ‖ ~se
gelähmt werden ‖ **–cido** adj (glieder)lahm
entume|cer [-zc-] vt lähmen (Glied) ‖ ~se
erstarren, starr werden ‖ einschlafen (Glied) ‖
anschwellen (Meer, Fluss) ‖ **–cido** adj steif,
erstarrt (Glied) ‖ taub (Glied) ‖ angeschwollen
(Meer, Fluss) ‖ **–cimiento** m Erstarrung f ‖
Taubheit f (e–s Gliedes) ‖ Anschwellen n
(Gewässer)
entupirse vr s. verstopfen (Röhre)
△ **enturar** vt geben ‖ ansehen
entur|biamiento m Trübung f ‖ Trüben n ‖
–biar vt trüben (& fig)
entusias|mar vt begeistern, entzücken ‖ ~se in
Entzücken geraten ‖ s. begeistern, schwärmen
(con, por für) ‖ **–mo** m Begeisterung f,
Enthusiasmus m ‖ Schwärmerei f ‖ Verzückung f,
Entzücken n ‖ ⟨Rel⟩ Verzückung f ‖ **–ta** adj (m/f)
enthusiastisch, begeistert ‖ schwärmerisch
eingenommen (de für) ‖ leicht zu begeistern ‖ ~
m/f Schwärmer(in f), Enthusiast(in f) m,
Begeisterte(r m) f ‖ begeisterte(r) Anhänger(in f)
m
entusiástico adj enthusiastisch, begeistert
entutumarse vr Col s. irren
enucleación f ⟨Med⟩ Enukleation f, Ausschälen
n (e–s Organs)
enume|ración f Aufzählung f ‖ **–rar** vt
aufzählen ‖ ⟨Com⟩ aufführen (Posten)
enun|ciación f Äußerung f ‖ Mitteilung f ‖
–ciado m (kurze) Darlegung, Exposition f (e–s
Problems) ‖ Briefing n ‖ ⟨Gr⟩ Aussage f ‖ Text,
Wortlaut m ‖ **–ciar** vt äußern, ausdrücken,
vorbringen, kurz darlegen ‖ aussprechen ‖ ⟨Gr⟩
aussagen ‖ **–ciativo** adj ⟨Gr⟩ aussagend
enuresis f ⟨Med⟩ Enurese f unwillkürliches
Harnlassen, Bettnässen n
envaguecer [-zc-] vt (et.) konturenlos machen
envainar vt/i in die Scheide stecken (Degen) ‖
Am ⟨fam⟩ ein|sperren, -kernen ‖ ~ la bayoneta
⟨Mil⟩ das Seitengewehr an Ort bringen ‖
¡envainen! ⟨Mil⟩ Seitengewehr an Ort! ‖ ~ vi
⟨figf⟩ s. beruhigen
envalen|tonamiento m Er|mutigung,
-munterung f ‖ ⟨fig⟩ Großtuerei f ‖ **–tonar** vt
(jdn) er|mutigen, -muntern ‖ ~se Mut fassen ‖
großtun, bramarbasieren ‖ ~ con alg. jdn derb
anfahren, mit jdm anbinden
envalijar vt in Koffer packen
envane|cer [-zc-] vt stolz machen ‖ ~se stolz
werden ‖ stolz sein (de, con auf acc) ‖ s. et.
einbilden (auf e–e Sache) ‖ **–cido** adj eitel,
selbstgefällig ‖ eingebildet ‖ überheblich ‖
–cimiento m Eitelkeit f, Eigendünkel m

enva|rado adj steif, (er)starr(t) (Hals) ‖
–ramiento m Steifsein n (& fig) ‖ ⟨Med⟩ Starre f
‖ **–rarse** vr steif od starr werden (& fig)
envaronar vi s. gut und kräftig entwickeln
enva|sador m Abfülltrichter m ‖ **–sadora** f
Abfüll|maschine f, -gerät n ‖ **–sar** vt ein-,
ab|füllen (bes. Flüssigkeit) ‖ eingießen (en in acc)
‖ in Behälter ab-, ver|packen ‖ ~ al vacío
vakuumverpacken ‖ vt/i ⟨fam⟩ übermäßig trinken
‖ ~se m (Ab-, Ein)Füllen n (Wein usw.) ‖
Verpackung f ‖ Behälter m, (Transport)Gefäß n ‖
~ automático automatische Abfüllung f ‖ ~ de
hojalata Blechemballage f ‖ ~ de madera
Holzgebinde n ‖ ~ marítimo seemäßige
Verpackung f ‖ ~ original, ~ de origen
Original|(ver)packung, -abfüllung f ‖ ~ perdido
→ ~ sin retorno ‖ ~ de recambio
Nachfüllpackung f ‖ ~ retornable Pfand|packung
od -flasche f ‖ ~ sin retorno Wegwerfpackung f ‖
~ tramposo Mogelpackung f ‖ ~ al vacío
Vakuumverpackung f ‖ ~(s) de vuelta Leergut n
envate m Am → **embate**
envecho m → **embate**
envechoso adj Val → **envidioso**
envedijarse vr s. verheddern ‖ verfilzen
(Haare, Wolle usw.) ‖ ⟨figf⟩ s. verzanken
envegarse [g/gu] vr Chi versumpfen, sumpfig
werden (Gelände)
enveje|cer [-zc-] vt alt machen ‖ ~ vi alt
werden, altern, ergrauen (Person) ‖ ~se alt
werden ‖ ⟨fig⟩ s. einwurzeln ‖ **–cido** adj gealtert ‖
⟨fig⟩ veraltet ‖ ⟨fig⟩ althergebracht ‖ ⟨fig⟩
eingewurzelt ‖ ~ en el oficio im Beruf ergraut ‖
–cimiento m Altwerden, Altern n ‖ Ver-,
Über|alterung f ‖ Alterung f (& Tech)
envene|nado adj vergiftet n (& fig) ‖ **–nador**
m Giftmischer m ‖ **–namiento** m Vergiftung f ‖
–nar vt vergiften ‖ ⟨fig⟩ anstecken, verführen ‖
⟨fig⟩ ver|fälschen, -schlimmern ‖ gehässig
darstellen ‖ bösartig auslegen ‖ ~se s. vergiften,
Gift nehmen ‖ ⟨fig⟩ geistig verdorben werden
enverar vi ⟨Agr⟩ s. färben, rot werden (Obst,
bes Trauben) ‖ → **envero**
enverdecer [-zc-] vi ergrünen
enver|gadura f ⟨Mar⟩ Segelbreite f ‖ ⟨Flugw⟩
Flügelspannweite f ‖ ⟨fig⟩ Ausmaß n, Größe f ‖
⟨fig⟩ Bedeutung f ‖ ⟨fig⟩ Umfang m
(Unternehmen) ‖ ~ espiritual ⟨fig⟩ geistige
Veranlagung f ‖ ◆ de gran ~ ⟨fig⟩ sehr wichtig ‖
sehr bedeutend ‖ **–gar** [g/gu] vt ⟨Mar⟩ anschlagen
(Segel)
envergue(s) m(pl) ⟨Mar⟩ Zeising n (Tau)
enver|jado m Gitterwerk n ‖ **–jar** vt umzäunen
envero m Farbe f, Farbenwechsel m der
reifenden Trauben ‖ reifende Traube f
envés m Rück-, Kehr|seite f ‖ ⟨fig⟩ Schatten-,
Kehr|seite f ‖ ⟨fam⟩ Rücken m
enviado m Gesandte(r) m ‖ (Send)Bote m ‖ ~
especial Sonder|berichterstatter, -korrespondent m
‖ ~ extraordinario außerordentliche(r)
Gesandte(r) m
envia|jado adj Col reisefertig ‖ unterwegs ‖
–jarse vr Col Ven s. reisefertig machen
enviar [pres ~vío] vt (ab-, ver)senden,
schicken ‖ ab-, fort|schicken ‖ aussenden ‖ (jdn)
entsenden, schicken ‖ abordnen ‖ ~ por el aire
in die Luft schleudern ‖ ~ por algo, ⟨fam⟩ ~ a
por algo et. holen lassen ‖ ~ por alg. jdn
(ab)holen lassen, nach jdm schicken ‖ ~ de
apoderado als Bevollmächtigten entsenden ‖ ~
una circular ein Rundschreiben versenden ‖ ~ por
correo mit der Post od ⟨fam⟩ per Post schicken ‖
~ a decir algo a alg. jdm et. sagen od bestellen
lassen ‖ ~ al diablo a alg. ⟨fam⟩ jdn zum Teufel
schicken ‖ ~ fondos Geld schicken od einsenden
‖ mit Deckung versehen ‖ ~ al infierno → ~ al

diablo ‖ ~ noramala a alg. *jdm die Tür weisen* ‖ ~ a paseo, a pasear a alg. *jdm die Tür weisen,* ⟨pop⟩ *jdn herausschmeißen* ‖ ~ un telegrama *ein Telegramm aufgeben*
envi|ciado adj *lasterhaft, verderbt* ‖ **–ciar** vt *sittlich verderben* ‖ ~ vi ⟨Agr⟩ *ins Laub bzw ins Kraut schießen* ‖ **~se** s. *dem Laster ergeben* ‖ *moralisch verkommen* ‖ ◇ ~ en *od* con el juego s. *dem Spiel unmäßig ergeben*
envi|dada f, **–dado** m ⟨Kart⟩ *Gebot, Bieten, Reizen* n ‖ **–dar** vt/i *(jdm) ein Gebot machen, bieten, reizen* ‖ *(auf e–e Karte) setzen* ‖ ◇ ~ el resto *um den Rest spielen* ‖ ⟨fig⟩ *das Letzte daransetzen* ‖ ~ en falso ⟨Kart⟩ *bluffen* (& fig)
envi|dia f *Neid* m ‖ *Eifersucht* f ‖ ⟨fig⟩ *Lust* f ‖ ⟨fig⟩ *Verlangen* n ‖ ~ de los desposeídos *Neid m der Besitzlosen* ‖ ~ profesional *Konkurrenz-, Brot|neid* m ‖ ~ de provisión *Brotneid* m ‖ ◇ comerse uno de ~, estar roído *od* devorado por la ~ *von Neid zerfressen werden* ‖ daba ~ verlo *es war ein beneidenswerter Anblick* ‖ dar ~ *die Lust erwecken* (de *zu*) ‖ poner ~ a alg. *jdn mit Neid erfüllen* ‖ tener ~ a alg. *jdn beneiden* (de, por *um*) ‖ le tengo ~ *ich beneide ihn* ‖ **–diable** adj *(m/f) beneidenswert* ‖ *zu beneiden(d)* ‖ **–diar** vt *neidisch sein auf* (acc) ‖ *(jdn) beneiden* (por *um, wegen*) ‖ ⟨fig⟩ *(eifrig) begehren, (sehnsüchtig) wünschen* (algo a. alg. *et. von jdm*) ‖ ~ a/c a alg. *jdn um et. beneiden* (acc) ‖ ◇ no ~ algo a alg. *jdm et. gönnen* ‖ no tener nada que ~ a ... *nicht nachstehen* (dat), *nicht weniger sein als ...* (nom) ‖ **–dioso** adj/s *neidisch, missgünstig* (de *auf* acc) ‖ ◆ con ojos ~s *mit scheelen Augen*
enviejar vt Sal → **envejecer**
envi|gado m *Gebälk* n ‖ **–gar** [g/gu] vt *das Gebälk einbauen*
envile|cedor adj *erniedrigend, herabwürdigend* ‖ **–cer** [-zc-] vt *erniedrigen, herabwürdigen* ‖ **~se** *die Achtung verlieren* ‖ s. *erniedrigen* ‖ **–cimiento** m *Erniedrigung, Herabwürdigung* f ‖ *Verkommenheit* f
envinagrar vt *mit Essig versetzen*
envinar vt *mit Wein vermischen*
envío m *Sendung* f ‖ *Ab-, Über-, Ver|sendung* f, *Versand* m ‖ ⟨poet⟩ *Sendung, Zueignung* f ‖ ~ por correo *Post|sendung* f, *-versand* m ‖ ~ bajo faja *Kreuzband-, Streifband|sendung* f ‖ ~ de fondos *Übersendung vom Geld, Geldsendung* f ‖ ~ parcial *Teilsendung* f ‖ ~ contra rembolso *Nachnahmesendung* f ‖ ~ con valor(es) declarado(s) *Wertsendung* f ‖ ~ a *od* en gran velocidad ⟨EB⟩ *Eilgutsendung* f ‖ ~ a *od* en pequeña velocidad ⟨EB⟩ *Frachtgutsendung* f ‖ ~ de ... *Absender ... (auf Postsendungen)* ‖ ◇ hacer un ~ de algo *et. senden, expedieren*
envión m *Stoß, Ruck* m
envirotado adj *steif und hochmütig*
enviscar [c/qu] vt *mit Vogelleim bestreichen* ‖ *hetzen* ‖ *antreiben*
envite m *Eröffnung* f *des Spiels* ‖ *Bieten, Angebot* n *im Spiel* ‖ *Stoß* m ‖ *Sprung* m ‖ ⟨fig⟩ *Einladung* f ‖ ⟨fig⟩ *Anerbieten* n ‖ ◆ al primer ~ *gleich von Anfang an*
enviudar vi *verwitwen, Witwe(r) werden*
envol|torio m *Hülle* f ‖ *Verpackung* f ‖ *Bündel* n ‖ **–tura** f *Einwicklung* f ‖ *Umschlag* m, *Umhüllung* f ‖ *natürliche od künstliche Hülle* f ‖ *Frischhaltepackung* f ⟨Tech⟩ *Umhüllung, Hülle* f ‖ ⟨Tech⟩ *Mantel* m ‖ ⟨Med⟩ *Wickel* m, *Packung* f ‖ ~ diaforética ⟨Med⟩ *Schwitzpackung* f ‖ ~ fría ⟨Med⟩ *kalte Packung* f ‖ ~ parcial ⟨Med⟩ *Teilpackung* f ‖ ~ sinapizada ⟨Med⟩ *Senfpackung* f ‖ ~ torácica ⟨Med⟩ *Brustpackung* f ‖ ~ total ⟨Med⟩ *Ganzpackung* f ‖ **~s** *fpl Windeln* fpl, *Wickelzeug* n ‖ **–vedero** m *natürliche od*

künstliche Hülle f ‖ *Wickel|kommode* f, *-tisch* m ‖ **–vedor** m *Packer* m *(von Waren)* ‖ *Wickel|kommode* f, *-tisch* m ‖ *Wickeltuch* n ‖ **–vente** adj *bestrickend, unwiderstehlich* ‖ *liebenswürdig* ‖ ~ m ⟨Tech⟩ *Verkleidung* f, *Mantel* m ‖ ⟨Flugw⟩ *Hülle* f ‖ ⟨Arch⟩ *Ausschalung* f, *Gesims* n ‖ **–ver** [-ue-, pp/irr envuelto] vt *ein|wickeln, -schlagen, -hüllen, -packen* (en, con *in* acc) ‖ *verhüllen* (& *fig*) ‖ *aufhaspeln* ‖ ⟨fig⟩ *verdecken* ‖ ⟨fig⟩ *verbrämen* ‖ ⟨fig⟩ *ver|wickeln, -wirren* ‖ ⟨fig⟩ *verblüffen* ‖ ⟨fig⟩ *(mit) beinhalten* ‖ ⟨fig⟩ *hineinziehen* (en *in* acc) ‖ ⟨Mar⟩ *(den Feind) umzingeln* ‖ ⟨Mil⟩ *um|zingeln, -fassen* ‖ ⟨Tech⟩ *ummanteln, einhüllen* ‖ ⟨Tech⟩ *umwickeln* ‖ *einschlagen (Stoff, Rand)* ‖ ◇ ~ en papel in *Papier einwickeln* ‖ el frío envuelve la cara *die Kälte schneidet ins Gesicht* ‖ **~se** ⟨fig⟩ s. *verwickeln* (en *in* acc) ‖ ⟨fig⟩ s. *einlassen auf, in* (acc) ‖ ⟨fig⟩ *in eheählicher Gemeinschaft* (früher: *in wilder Ehe* f) *leben*, ⟨fam⟩ *zusammenleben* ‖ ◇ ~ en *od* con *od* entre mantas s. *in Decken ein|hüllen, -wickeln*
envuel|ta f *Hülle, Umhüllung* f ‖ ⟨Tech⟩ *Be-, Um|wicklung* f ‖ *Gehäuse* n, *Mantel* m ‖ *Verkleidung* f ‖ **–to** pp/irr von **envolver** ‖ ~ m Mex *gefüllte Maispastete* f
enyerbar vi Am *vergrasen*
enye|sado m *Gipsen* n ‖ ⟨Med⟩ *Gipsverband* m ‖ **–sar** vt *(ein)gipsen* (& Med) ‖ *übergipsen*
enyugar [g/gu] vt *ins Joch spannen, das Joch auflegen* (dat)
enzar|zado adj *dicht, buschig* (bes. *Augenbrauen*) ‖ **–zar** [z/c] vt *in Dorngesträuch verwickeln* ‖ *mit e–r Dornenschicht versehen (Mauer)* ‖ ⟨fig⟩ *verfeinden, hetzen* ‖ **~se** ⟨fig⟩ s. *in schwierige Angelegenheiten verwickeln* ‖ ⟨fig⟩ s. *veruneinigen, aneinander geraten* ‖ s. *verfeinden* (con *mit*) ‖ ⟨fig⟩ *im Netz stecken bleiben (Vogel, Fisch)* ‖ ◇ ~ en una pelea *handgemein werden, aneinander geraten*
enzi|ma f ⟨Biol⟩ *Enzym* n ‖ **–mático** adj *enzymatisch, Enzym-,* ‖ **–mología** f *Enzymologie* f ‖ **–mólogo** m *Enzymologe* m
enzootia f ⟨Vet⟩ *Viehseuche, Enzootie* f
enzunchar vt *umreifen*
enzurizar [z/c] vt *aufheizen*
eñe f *ñ* n
eoceno adj ⟨Geol⟩ *eozän* ‖ ~ m *Eozän* n
Eolia, Eólida f *Äolien* n *(Land)*
eólico adj/s ⟨Mus Poet⟩ *äolisch*
eolio adj *äolisch* ‖ ~ m *Äolier* m
eón m *Äon* m
eosi|na f ⟨Chem⟩ *Eosin* n ‖ **–nofilia** f ⟨Med⟩ *Eosinophilie* f ‖ **–nófilo** adj ⟨Med⟩ *eosinophil*
¡epa! int Mex Ven → **¡hola!** ‖ Chi *auf! los!*
epanadiplosis f ⟨Rhet⟩ *Epanalepse* f
eparca m *Eparch* m
epatar vt ⟨gall⟩ *verblüffen*
epazote m ⟨Bot⟩ *Mexikanisches Teekraut* (Chenopodium ambrosioides ambrosioides)
E. P. D. ⟨Abk⟩ = **en paz descanse**
epecha m Nav ⟨V⟩ *Goldhähnchen* n (Regulus sp)
epéntesis f ⟨Ling⟩ *Epenthe|se, -sis* f
eperlano m ⟨Fi⟩ *Europäischer Stint* m (Osmerus eperlanus)
épica f ⟨Lit⟩ *Epik, epische Dichtkunst* f
epi|canto m ⟨An Med⟩ *Epikanthus* m, *Mongolenfalte* f ‖ **–cardio** m ⟨An⟩ *Epikard* n ‖ **–carpio** m ⟨Bot⟩ *Epikarp* n
epiceno adj ⟨Gr⟩ *beiderlei Geschlechts, für beide Geschlechter geltend (Artikel)*
epi|centro m *Epizentrum* n ‖ **–ciclo** m ⟨Astr Math⟩ *Epizykel, Nebenkreis* m ‖ **–cicloide** f ⟨Math⟩ *Epizykloide* f

épico adj ⟨Lit⟩ *episch, Helden-* ‖ ⟨fig⟩ *erhaben, heroisch* ‖ ⟨fam⟩ *gewaltig, riesig, fabelhaft* ‖ ~ *m Epiker, epischer Dichter* m
epi|craneal adj *(m/f)* ⟨An⟩ *Schädel-* ‖ **–cráneo** *m* ⟨Ins⟩ *Epicranium* n
epicrisis *f* ⟨Med⟩ *Epikrise* f
epi|cureísmo *m* ⟨Philos⟩ *Epikureismus* m (& fig) ‖ ⟨fig⟩ *wollüstige Selbstsucht* f ‖ **–cúreo** adj *epikur(e)isch* ‖ ⟨fig⟩ *wollüstig* ‖ ~ *m Epikureer* m
epi|demia *f* ⟨Med⟩ *Epidemie, Seuche* f ‖ ⟨fig⟩ *Ansteckung* f ‖ **–demial** *(m/f)* **–démico** adj *epidemisch, Seuchen-* ‖ **–demiología** *f* ⟨Med⟩ *Seuchenlehre, Epidemiologie* f
epi|dérmico adj ⟨An⟩ *epidermal, Oberhaut-* ‖ ⟨figf⟩ *äußerlich* ‖ **–dermis** *f* ⟨An Bot⟩ *Epidermis, Oberhaut* f ‖ *(Gesichts)Haut* f ‖ *Teint* m ‖ ◊ *tener la* ~ *sensible* ⟨fig⟩ *(sehr) empfindlich sein*
epidiascopio *m Epidiaskop* n
epi|didimitis *f* ⟨Med⟩ *Epididymitis, Nebenhodenentzündung* f ‖ **–dídimo** *m* ⟨An⟩ *Epididymis* f, *Nebenhoden* m
Epifanía *f:* la ~ *das Fest der Heiligen Drei Könige, das Dreikönigsfest*
epifisis *f* ⟨An⟩ *Epiphyse* f, *Knochenansatz* m
epifitas *fpl* ⟨Bot⟩ *Epiphyten* pl
¹**epífora** *f* ⟨Med⟩ *Epiphora* f, *Tränenträufeln* n
²**epífora** *f* ⟨Rhet⟩ *Epiphora* f
epigastrio *m* ⟨An⟩ *Epigastrium* n, *Magen|gegend, -grube* f
epiglotis *f* ⟨An⟩ *Epiglottis* f, *Kehlkopfdeckel* m
epígono *m Epigone* m ‖ *(unbedeutender) Nachahmer* od *Nachfolger* m
epígrafe *m Überschrift* f ‖ *Inschrift* f ‖ *erklärender Text* m *(e–s Films)* ‖ *Motto* n, *Sinnspruch* m ‖ *Epigraph* n
epi|grafía *f Epigraphik* f, *Inschriftenkunde* ‖ **–gráfico** adj *epigraphisch* ‖ **–grafista** *m/f Epigraphiker(in* f), *Inschriftenforscher(in* f) m ‖ **–grama** *m Inschrift* f ‖ *Sinn-, Spott|gedicht, Epigramm* n ‖ **–gramático** adj *epigrammatisch* ‖ ⟨fig⟩ *kurz, knapp, lakonisch* ‖ *geistreich* ‖ *witzig* ‖ *treffend* ‖ **–gramatista** *m/f Epigrammatiker(in* f) m
epi|lepsia *f* ⟨Med⟩ *Epilepsie, Fallsucht* f ‖ **–léptico** adj *epileptisch* ‖ ~ *m Epileptiker, Fallsüchtige(r)* m ‖ **–leptiforme, –leptoide** adj *(m/f) epileptiform, epileptoid*
epilo|gal adj *(m/f) kurz gefasst* ‖ **–gar** [g/gu] vt *mit e–m Nachwort versehen (Schrift)* ‖ ⟨fig⟩ *abschließen*
epílogo *m Zusammenfassung* f ‖ *Schlussrede* f ‖ *Nachwort* n ‖ *Epilog* m ‖ ⟨fig⟩ *Schluss* m
epinicio *m Siegeshymne* f, *Epinikion* n
epiplón *m* ⟨An⟩ *Netz* n ‖ ~ *mayor großes Netz* n

Epiro *m* ⟨Geogr⟩ *Epirus* m
episco|pado *m bischöfliche Würde* f ‖ *Bischofsamt* n ‖ *Episkopat* n ‖ **–pal** adj *(m/f) Bischofs-, bischöflich* ‖ ~ *m Episkopale* n *(Ritenbuch)* ‖ **–palismo** *m Episkopalismus* m
episcopio *m Episkop* n
episcopologio *m Bischofsverzeichnis* n
episiotomía *f* ⟨Med⟩ *Episiotomie* f
epi|sódico adj *episodisch, eingeschaltet* ‖ *vorübergehend, gelegentlich* ‖ *nebensächlich* ‖ *Neben-* ‖ **–sodio** *m Episode* f (& fig, Mus) ‖ *Neben-, Zwischen|handlung* f ‖ *Einschaltung* f ‖ *Episode, Nebenerzählung* f ‖ ⟨Th⟩ *Neben|auftritt* m, *-szene* f ‖ ⟨Lit⟩ *Kapitel* n ‖ ⟨Rhet⟩ *Abschweifung* f ‖ *Teil* m, *Abteilung* f *e–r Filmreihe* f ‖ ⟨Lit Th⟩ *Teil* m *e–r Reihe*
epispástico adj/s ⟨Med⟩ *epispastisch, blasenziehend*
epispermo *m* ⟨Bot⟩ *Samenhüllen* fpl
epistaxis *f* ⟨Med⟩ *Epistaxis* f, *Nasenbluten* n

epistemología *f* ⟨Philos⟩ *Erkenntnistheorie, Epistemologie* f
epístola *f Brief* m, *Sendschreiben* n ‖ *Unterdiakonat* n ‖ ⟨Lit⟩ *Epistel* f ‖ *las ≈s de San Pablo die Paulinischen Briefe, die Briefe des Apostels Paulus*
episto|lar adj *(m/f) brieflich, Brief-* ‖ **–lario** *m* ⟨Lit⟩ *gesammelte Briefe* mpl ‖ *Briefsammlung* f ‖ *Briefwechsel* m ‖ *Briefsteller* m ‖ *Epistolarium* f *(der Kirche)* ‖ ~ *amoroso Liebesbriefsteller* m
epitafio *m Epitaph* n, *Grabschrift* f
epitalamio *m* ⟨Poet⟩ *Hochzeitsgedicht, Epithalamion* n
epitaxia *f* ⟨Geol⟩ *Epitaxie* f
epite|lial adj *(m/f)* ⟨An⟩ *epithelial, zum Epithel gehörend, Epithel-* ‖ **–lio** *m Epithel(ium)* n ‖ ~ *cilíndrico Zylinderepithel* n ‖ ~ *plano Plattenepithel* n ‖ ~ *renal Nierenepithel* n ‖ ~ *vibrátil Flimmerepithel* n ‖ **–lioma** *m* ⟨Med⟩ *Epitheliom* n
epíteto *m Epitheton, Beiwort* n
epítima *f Trost* m
epítome *m* ⟨Lit⟩ *Epitome* f, *Auszug* m, *Kurzfassung* f
epizo|ario *m* ⟨Zool⟩ *Epizoon* n ‖ **–otia** *f Tier-, Vieh|seuche, Epizootie* f
E. P. M. ⟨Abk⟩ = **en propia mano**
época *f Epoche* f; *Anfang* m *e–r Zeitrechnung* ‖ *geschichtlicher Zeitpunkt* m ‖ *Zeit* f, *-raum, -punkt, v-abschnitt* m ‖ *Zeit(alter* n) f ‖ *Abschnitt* m *(im Film)* ‖ ~ *de calma* ⟨Com⟩ *Flaute,* ⟨fam⟩ *Sauregurkenzeit* f ‖ ~ *climatérica* ⟨Med⟩ *Wechseljahre* fpl, *Klimakterium* n ‖ ~ *colonial Kolonialzeit* f ‖ ~ *crítica kritische Jahre* npl, *Wechseljahre* npl *(der Frau)* ‖ *del deshielo Tauwetterperiode* f (& fig Pol), *Zeit* f *der Schnee- bzw Eis|schmelze* ‖ ~ *estival Sommerzeit* f ‖ ~ *de florecimiento Blütezeit* f ‖ ~ *invernal Winterzeit* f ‖ ~ *medieval Mittelalter* n ‖ ~ *de las pelucas* ⟨Hist⟩ *Zopfzeit* f ‖ *la* ~ *de la posguerra die Nachkriegszeit* f ‖ ~ *precolumbina präkolumbische Zeit, Zeit* f *vor der Entdeckung Amerikas* ‖ *la* ~ *de la preguerra die Vorkriegszeit* f ‖ ~ *de (la) pubertad Pubertät, Entwicklungsperiode* f ‖ ~ *de la recolección Erntezeit* f ‖ ~ *de la Reforma* ⟨Hist⟩ *Reformationszeit* f ‖ ~ *de (la) siega Ernte-, Mahd|zeit* f ‖ ~ *de transición Übergangszeit* f ‖ ~ *de veda* ⟨Fi Jgd⟩ *Schonzeit* f ‖ ◆ *de* ~ *aus der Zeit (Antiquitäten)* ‖ *en la* ~ *reciente neuerlich, in neuerer Zeit* ‖ *en aquella* ~ *zu jener Zeit* f, *damals* ‖ *que hace* ~ *epochal, epochemachend* ‖ *aufsehenerregend* ‖ ◊ *es un invento que hace* ~ *es ist e–e epochemachende Erfindung* f
epónimo adj *eponym* ‖ ~ *m Eponym* n, *Namengeber* m
epopeya *f* ⟨Lit⟩ *Epos, Heldengedicht* n (& fig) ‖ ◆ *de* ~ ⟨figf⟩ *hervorragend*
epóxido *m* ⟨Chem⟩ *Epoxid* n
épsilon *f griech.* ϵ *(E), Epsilon* n
epsomita *f* ⟨Min⟩ *Bittersalz* n, *Epsomit* n
epulón *m* ⟨fig⟩ *sehr guter Esser* m
equiángulo adj ⟨Math⟩ *gleichwink(e)lig*
equi|dad *f Gleichmut* m ‖ *Billigkeit, Rechtlichkeit, Gerechtigkeit* f ‖ *Mäßigkeit* f *(im Preis)* ‖ ◆ *con* ~ *recht und billig* ‖ **–distancia** *f* ⟨Math⟩ *Äquidistanz, gleich weite Entfernung* f ‖ **–distante** adj *(m/f) äquidistant, gleich weit entfernt* ‖ **–distar** vi *gleich weit entfernt sein*
equidna *f* ⟨Zool⟩ *Ameisenigel* m (Tachyglossus aculeata)
équidos *mpl* ⟨Zool⟩ *Pferde* npl, *Pferdeartige* pl, *Equiden* mpl (Equidae)
equilátero adj *gleichseitig (Dreieck)*
equi|librado adj ⟨fig⟩ *ausgeglichen* ‖

vernünftig ‖ ⟨Tech⟩ *ausgewuchtet* ‖ ~ *m* ⟨Tech⟩
Auswuchten n ‖ **–librar** vt *ausgleichen, -*
balancieren, ins Gleichgewicht bringen (& fig) ‖
⟨Tech⟩ *auswuchten* ‖ ⟨Tech⟩ *auslasten* ‖ *tarieren*
(Waage) ‖ ⟨Luftw Mar⟩ *trimmen* ‖ **–librio** *m*
Gleichgewicht n ‖ *Gegengewicht* n ‖
Ausgewogenheit f ‖ *Ausgleich* m ‖
Ausgeglichenheit, Seelenruhe f ‖ ~ *de fuerzas*
Gleichgewicht n *der Kräfte* ‖ ~ *inestable* (estable)
labiles (stabiles) Gleichgewicht n ‖ ~ *del terror*
⟨Pol⟩ *Gleichgewicht* n *des Schreckens* ‖ ◇
guardar el ~ *das Gleichgewicht (be)halten* ‖
llevar a/c en ~ (sobre la cabeza) *et. frei auf dem*
Kopf tragen (Last) ‖ perder el ~ *das*
Gleichgewicht verlieren ‖ sacar del ~ *aus dem*
Gleichgewicht bringen ‖ **~s** *mpl*
Ausgleichsversuche mpl ‖ ⟨fig desp⟩
Seiltänzerkunststücke npl ‖ **–librista** *m/f*
Äquilibrist(in f), *Seiltänzer(in* f) m
  equimosis *f* ⟨Med⟩ *Ekchymose* f,
Blutunterlaufung, blutunterlaufene Stelle f
  ¹**equino** adj *Pferde-*
  ²**equino** *m* ⟨Zool⟩ *Seeigel* m (Echinus sp)
  ³**equino** *m* ⟨Arch⟩ *Echinus* m, *Säulenwulst* f
  equinoc|cial adj *(m/f)* ⟨Astr⟩ *Äquinoktial-* ‖
–cio *m Tagundnachtgleiche* f, *Aquinoktium* n
  equino|coco *m* ⟨Zool Med⟩ *Finne* f,
Hundebandwurm, Echinokokkus m ‖ **–cocosis** *f*
⟨Med⟩ *Echinokokkose* f
  equinodermos *mpl* ⟨Zool⟩ *Stachelhäuter,*
Echinodermen mpl (Echinodermata)
  equinoideos *mpl* ⟨Zool⟩ *Seeigel* mpl
(Echinoidea)
  equi|paje *m* ⟨Reise⟩*Gepäck* n ‖ *Ausrüstung* f
(bes. Mil) ‖ *Habseligkeiten* fpl ‖ *Feldgerät* n ‖
⟨Mil⟩ *Tross, Train* m ‖ ⟨Mar⟩ *Mannschaft* f ‖
⟨Mar⟩ *Schiffsbesatzung* f ‖ **~libre**, ~ gratuito, ~
franco de porte, ~ de transporte gratuito
Freigepäck n ‖ ◇ facturar el ~ *das Gepäck*
aufgeben ‖ **–pal** *m* Mex *Lederstuhl* m ‖
–pamiento *m* ⟨Auto⟩ *Aus|rüstung, -stattung* f ‖ ~
de serie *serienmäßige Ausstattung* f ‖ **–par** vt
aus|rüsten, -statten, (fam) -staffieren, versehen
(con, de *mit*) ‖ ⟨Tech⟩ *montieren* ‖ ⟨Mar⟩
ausrüsten ‖ ⟨Mar⟩ *bemannen* ‖ ◇ ~ con *od* de lo
necesario *mit dem Nötigen versehen*
  ¹**equipo** *m Aus|rüstung, -stattung* f ‖
Einrichtung f ‖ ⟨Tech⟩ *Gerät* n, *Anlage* f,
Ausrüstung f, *Aggregat* n ‖ ~ de armas *Waffen*
fpl, *Bewaffnung* f ‖ ~ de campaña
Feldausrüstung f ‖ ~ de deporte *Sportausrüstung*
f ‖ ~ de entrada ⟨Inform⟩ *Eingabegerät* npl ‖ ~
de novia *Brautausstattung* f ‖ ~ rodante
Wagenpark m ‖ ~ de salida ⟨Inform⟩
Ausgabegerät npl ‖ ~ de salvamento
Rettungsgerät n
  ²**equipo** *m Mannschaft* f ‖ *Team* n ‖ *Crew* f ‖
(Schiffs)Besatzung f ‖ *Arbeits|schicht, -gruppe* f ‖
Equipe f *(im Reitsport)* ‖ Schw *Partie* f
(Arbeitergruppe) ‖ ~ de fútbol
Fußballmannschaft f ‖ ~ ganador *siegreiche*
Mannschaft f ‖ ~ juvenil *Jugendmannschaft* f ‖ ~
local *heimische Mannschaft* f ‖ ~ nacional
Nationalmannschaft f ‖ ~ de rescate, ~ de
salvamento *Rettungsmannschaft* f ‖ ~ selecto *od*
seleccionado *Auswahlmannschaft* f ‖ ~ de
tiradores ⟨Mil⟩ *Schützenausrüstung* f ‖ ⟨Sp⟩
Fechtanzug m ‖ ~ visitante *Gästemannschaft* f
  ¹**equis** *f* *x* n ‖ ◆ en ~ días in *x* Tagen,
irgendwann ‖ ◇ averiguar la ~ ⟨Math⟩ *(die*
unbekannte Größe) x ausrechnen ‖ estar hecho

una ~ ⟨figf⟩ *mit gekreuzten Beinen dastehen* ‖
einherschwanken (Betrunkener)
  ²**equis** *f* Col Ven Ur ⟨Zool⟩ *Lanzenotter* f
(Bothrops atrox)
  equiseto *m* ⟨Bot⟩ *Schachtelhalm* m
  equita|ción *f Reitkunst* f ‖ *Reiten* n ‖ *Reitsport*
m ‖ ~ de alta escuela *Hohe Schule* f *(Reitkunst)* ‖
–dor *m* Am *Reiter* m
  equitativo adj *billig, gerecht* ‖ *recht und billig* ‖
rechtlich denkend
  equi|valencia *f Äquivalenz, Gleichwertigkeit* f
‖ *Gleichheit* f ‖ *Entsprechung* f ‖ *Gegenwert* m ‖
–valente adj *(m/f) gleichwertig* (a *mit*) ‖
äquivalent ‖ *entsprechend* ‖ ⟨Gr⟩ *gleichbedeutend*
‖ ~ *m Gegenwert* m ‖ *Entsprechung* f, *Ersatz* m ‖
Äquivalent n ‖ **–valer** [irr → valer] vi
gleich(wertig) sein, gleichkommen (dat) ‖ ⟨Math⟩
inhaltsgleich sein ‖ *äquivalent sein* ‖ ⟨fig⟩
bedeuten (acc)
  equivo|cación *f Verwechs(e)lung* f ‖ *Irrtum* m,
Missverständnis n ‖ ◆ por ~ *irrtümlich* ‖ *aus*
Versehen, versehentlich ‖ ◇ incurrir en *od* sufrir
una ~ *s. irren* ‖ para evitar –caciones *zur*
Vermeidung von Missverständnissen ‖
–cadamente adv *irrtümlicherweise* ‖
versehentlich ‖ **–cado** adj *irrig, unrichtig,*
irrtümlich ‖ ¡está Vd. ~! *Sie irren s.!* ‖ **–car**
[c/qu] vt *(irrtümlich) verwechseln* ‖ *verfehlen* ‖
missdeuten ‖ ◇ ~ el camino *den Weg verfehlen,*
e–n falschen Weg gehen ‖ **~se** *s. irren, s.*
täuschen (de, en *in* dat, sobre *hinsichtlich*) ‖ *s.*
versprechen ‖ ◇ ~ con algo *et. falsch verstehen* ‖
~ con alg. jdn *verwechseln* ‖ ~ en el cálculo *s.*
verzählen ‖ ~ leyendo *s. verlesen* ‖ ~ de número
⟨Tel⟩ *s. verwählen* ‖ ~ de tren *in den falschen*
Zug einsteigen, (fam) den falschen Zug erwischen
‖ **–cidad** *f Zweideutigkeit* f
  ¹**equívoco** adj *doppelsinnig, zweideutig* ‖
irrig ‖ *mehrdeutig* ‖ *verdächtig* ‖ ⟨fig⟩ *schlüpfrig* ‖
~ *m Doppelsinn* m ‖ *Zweideutigkeit* f ‖ *Wortspiel*
m
  ²**equívoco** *m* ⟨fam⟩ *Irrtum* m, *Täuschung* f
  equivoquista *m/f jd, der gern Zweideutigkeiten*
bzw Wortspiele zum besten gibt ‖ *Schriftsteller(in*
f) m, *der (die) s. mit Vorliebe verschleierter*
(doppelsinniger) Ausdrücke bedient
  Er ⟨Abk⟩ = **erbio**
  ¹**era** *f Ära* f ‖ *Zeit|raum, -abschnitt* m, *Zeitalter*
n ‖ ⟨Geol⟩ *Ära* f, *(Erd)Zeitalter* n ‖ ~ atómica
Atomzeitalter n ‖ ~ común, ~ cristiana
christliches Zeitalter n ‖ *christliche Zeitrechnung*
f ‖ ~ industrial *Industriezeitalter* n
  ²**era** *f (Dresch)Tenne* f ‖ *(Garten)Beet* n,
Ackerbeet n ‖ ⟨Arch⟩ *Mörtelmischplatz* m
  △ **eraipé** *m Priester* m
  △ **era|jal** *m Mönch* m ‖ **–jailolé** *m Bischof* m
  eraje *m* Ar *Jungfernhonig* m
  eral *m/f ein- bis zweijähriges Rind* n
  erapebaró *m Domherr* m
  erario *m Staatskasse* f ‖ *Staatsvermögen* n,
Fiskus m ‖ ⟨Hist⟩ *Ärar* n (& Öst)
  eras|mismo *m* ⟨Philos⟩ *Lehre* f *des Erasmus*
(von Rotterdam) ‖ **–mista** adj *(m/f) auf Erasmus*
(von Rotterdam) bezüglich ‖ ~ *m/f Erasmist(in* f),
Anhänger(in f) m *der Lehre des Erasmus (von*
Rotterdam) ‖ **–mo** *m* np *Erasmus* m
  Érato *f* np ⟨Myth⟩ *Erato* f *(Muse)*
  △ **eraño** *m Herr* m
  érbedo *m* Ast ⟨Bot⟩ *Sandbeere* f
  erbio *m* ⟨Er⟩ ⟨Chem⟩ *Erbium* n
  ercer [c/z] vt Sant *(auf)heben*
  △ **erdicha** *f Armut* f
  ere *f* r n
  erebia (ligea) *f* ⟨Ins⟩ *Mohrenfalter, Milchfleck*
m (Erebia ligea)

Erebo *m* ⟨Myth⟩ *Erebus* m ‖ ⟨poet⟩ *Unterwelt* f ‖ ⟨poet⟩ *Hölle* f

erec|ción *f Aufstehen, Steifwerden* n ‖ *Aufrichten, Heben* n ‖ *Errichtung, Gründung, Stiftung* f ‖ ⟨Physiol⟩ *Erektion* f ‖ ⟨fig⟩ *Straff-, Steif|heit* f

eréctil adj *(m/f) aufrichtbar* ‖ ⟨Physiol⟩ *schwell-, erektions|fähig, erektil*

erec|to adj *steif* ‖ *senkrecht, steil (emporragend)* ‖ *aufrecht* ‖ **-or** adj *aufrichtend* ‖ *errichtend* ‖ ~ *m Errichter* m

ere|mita *m Einsiedler, Klausner, Eremit* m ‖ **-mítico** adj *einsiedlerisch* ‖ *Einsiedler-, Eremiten-* ‖ **-mitorio** *m Einsiedelei* f

△ **ererió** *m Herr* m

eretismo *m* ⟨Med⟩ *Ere|thismus* m, *-thie* f

erg(io) *m* ⟨Phys⟩ *Erg* n

ergo ⟨lat⟩ adv *daher, also, folglich, ergo* (bes. joc)

er|gografía *f* ⟨Med⟩ *Ergographie* f ‖ **-gógrafo** *m Ergograph* m ‖ **-gología** *f Ergologie* f ‖ **-gomanía** *f Ergomanie* f, *Beschäftigungsdrang* m ‖ **-gometría** *f Ergometrie* f ‖ **-gómetro** *m Ergometer* n ‖ **-gonomía** *f Ergono|mie, -mik* f

ergotamina *f* ⟨Chem⟩ *Ergotamin* n

ergoterapia *f* ⟨Med⟩ *Ergotherapie* f

ergotina *f* ⟨Chem⟩ *Ergotin* n

¹ergotismo *m* ⟨Med⟩ *Ergotismus* m, *Mutterkornvergiftung* f

²ergo|tismo *m* ⟨Philos⟩ *Ergotismus* m ‖ ⟨allg⟩ *Rechthaberei* f ‖ **-tista** adj *(m/f) rechthaberisch* ‖ ~ *m/f* ⟨Philos⟩ *Ergotist(in* f) m ‖ ⟨allg⟩ *Rechthaber(in* f) m ‖ **-tizante** adj *(m/f) rechthaberisch* ‖ **-tizar** [z/c] vi *sophistisch reden, Worte wechseln* ‖ *kritteln* ‖ *alles besser wissen wollen* ‖ *meckern, (über Kleinigkeiten) nörgeln* bzw *streiten*

erguido adj *aufrecht* ‖ ⟨fig⟩ *stolz, mit erhobenem Kopf* ‖ ⟨fig⟩ *aufgeblasen*

erguir [g/gu, pres yergo *od* irgo] vt *auf-, empor|richten (Kopf, Hals)* ‖ *(er)heben* ‖ ~**se** *s. aufrichten* ‖ *s. erheben* ‖ ⟨fig⟩ *s. aufblähen*

erial *(m/f)*, **eriazo** adj *öde, brach* ‖ ~ *m Ödland* n ‖ *Brachfeld* n, *Brache* f

eri|ca, érica *f* ⟨Bot⟩ *Erika, Heide(kraut* n) f (Erica spp) ‖ **-cáceas** *fpl Heidekrautgewächse* npl, *Erikazeen* fpl (Ericaceae)

erigir [g/j] vt *auf-, er|richten* ‖ *aufstellen* ‖ *stiften, gründen* ‖ *(er)bauen* ‖ *erheben* ‖ *ernennen zu umwandeln in* (acc) ‖ ⟨Jur⟩ *(die Umstände gesetzlich) festlegen* ‖ ~**se** *errichtet werden* ‖ *s. erheben* ‖ ⟨fig⟩ *s. aufblähen* ‖ ⟨fig⟩ *s. auf|werfen, -spielen* (en *zu, als* nom)

erin|ge f, **-gio** *m* ⟨Bot⟩ *Männertreu, Edeldistel* f (Eryngium spp) ‖ ~ *marítimo Stranddistel* f (E. maritimum)

erinias *fpl* ⟨Myth⟩ *Erinnyen, Rachegöttinnen* fpl

△ **eriné** *m Schwein* n

erio adj *öde, wüst* ‖ ~ *m Einöde* f

erisi|pela *f* ⟨Med⟩ *Erysipel(as)* n, *(Wund)Rose* f ‖ ~ del cerdo → **erisipeloide** ‖ **-peloide** *f* ⟨Vet⟩ *(Schweine)Rotlauf* m, *Rotlaufseuche* f

eri|tema *m* ⟨Med⟩ *Erythem* n ‖ ~ *solar Sonnen|erythem* n, *-brand* m ‖ **-tematoso** adj *erythematös, erythemartig* ‖ *das Erythem betreffend*

eritrasma *m* ⟨Med⟩ *Zwergflechte, Erythrasma* n

Eritrea *f* ⟨Geogr⟩ *Eritrea* n

eritrina *f* ⟨Min⟩ *Kobaltblüte* f, *Erythrin* m

eritrismo *m Rotfärbung* f (bes. *bei Tieren*), *Erythrismus* m ‖ ⟨Med⟩ *Erythrismus* m, *Rothaarigkeit* f

eritrocito *m* ⟨Biol⟩ *Erythrozyt* m, *rotes Blutkörperchen* n

eritro|dermia *f* ⟨Med⟩ *Erythrodermie* f ‖ **-fobia** *f* ⟨Med Psychol⟩ *Erythrophobie* f ‖ **-poyesis** *f* ⟨Med Physiol⟩ *Erythropoese* f

erizado adj *borstig, stach(e)lig* ‖ *rau* ‖ *ge|deckt, -spickt* (de *mit*) *starrend, strotzend* (de *von* dat) ‖ *voll(er)* (de acc) ‖ ~ de clavos *beschlagen* ‖ ◇ estar ~ de obstáculos *von Hindernissen starren* ‖ *voller Schwierigkeiten sein*

erizar [z/c] vt *sträuben, borstig machen* ‖ ⟨fig⟩ *spicken, ausstatten, versehen* (de *mit*) ‖ ◇ ~ la cresta *den Kamm aufstellen (Hahn)* ‖ ~**se** *s. sträuben, zu Berge stehen (Haare)* ‖ *s. (mit spitzen Gegenständen) bedecken* ‖ ⟨fig⟩ *e-e ablehnende Haltung einnehmen*

¹erizo *m* ⟨Zool⟩ *Igel* m (Erinaceus europaeus) ‖ ~ de mar, ~ *marino Seeigel* m (Echinoidea sp) ‖ ⟨Bot⟩ *Igelkraut* n ‖ *Stachelschale* f *der Kastanie usw.* ‖ ⟨Fi⟩ *Igelfisch* m (Diodon hystrix)

²erizo *m Kratzbürste* f ‖ *Eisenstacheln* mpl *(auf Mauern)* ‖ ⟨Mil⟩ *spanischer Reiter* m ‖ ⟨fig⟩ *Kratzbürste* f *(Person)* ‖ ⟨figf⟩ *Zänker, stets übel gelaunter Mensch* m

erizón *m* ⟨Bot⟩ *Stechginster* m (Ulex sp)

ermita *f Einsiedelei, Klause, Eremitage* f ‖ *Wallfahrtskapelle* f ‖ ⟨pop⟩ *Kneipe* f

¹ermitaño *m Einsiedler, Eremit, Klausner* m ‖ ⟨fig⟩ *Einsiedler, weltabgewandter Mensch* m

²ermitaño *m* ⟨Zool⟩ *Einsiedlerkrebs, Eremit* m (Eupagurus bernardus)

Ernes|tina *f* np *Ernestine* f ‖ **-to** *m* np *Ernst* m

ero|gación *f Verteilung* f *(von Gütern* od *Sachen)* ‖ Mex *Salv (Geld)Ausgabe* f ‖ **-gar** [g/gu] vt *ausgeben, verteilen (Geld, Güter)* ‖ Mex Salv *(Ausgaben) verursachen*

erógeno adj *erogen*

Eros *m* ⟨Myth⟩ *Eros* m

ero|sión *f* ⟨Med⟩ *Hautabschürfung* f ‖ ⟨Geol Tech⟩ *Erosion* f ‖ **-sionar** vt *erodieren* ‖ **-sivo** adj ⟨Geol Tech⟩ *Erosions-*

erostratismo *m* ⟨Med⟩ *Herostratentum* m

eró|tica *f Liebesdichtung* f ‖ **-tico** adj/s *erotisch, Liebes-*

ero|tismo *m Erotismus* m ‖ *übersteigerte Sinnlichkeit* f ‖ *Erotik* f ‖ ~ de grupo *Gruppensex* m ‖ **-tización** *f Erotisierung* f ‖ **-tizante** adj *erotisierend* ‖ **-tizar** [z/c] vt *erotisieren* ‖ **-tomanía** *f Erotomanie* f, *Liebeswahn* m ‖ **-tómano, -tomaníaco** *m Erotomane, Liebeswahnsinnige(r)* m

errabundo adj*/s umher|irrend, -schweifend*

erra|da *f Fehl|wurf, -stoß* m *(bei Ballspielen, Billard usw.)* ‖ *Fehlschuss* m ‖ **-damente** adv *irrtümlicherweise, fälschlich*

erradi|cación *f Ausreißen* n *(mit der Wurzel)* ‖ *Ausmerzung* f ‖ *Ausrottung* f *(von Seuchen usw.)* ‖ **-car** [c/qu] vt *ausreißen* ‖ *ausmerzen* ‖ *ausrotten (Seuchen usw.)*

erra|dizo adj *(m/f) umher|irrend, -schweifend* ‖ **-do** adj *irrig, unrichtig* ‖ ◇ andar ~ *im Irrtum sein*

erraj *m zermahlene Olivenkerne* mpl *(zum Heizen)*

errante adj *irrend, verfehlend* ‖ *umher|irrend, -schweifend* ‖ *ziellos*

errar [pres yerro] vt *verfehlen, nicht recht machen* ‖ ~ el blanco *das Ziel verfehlen* ‖ ⟨fam⟩ *danebenschießen* ‖ ~ el camino *vom richtigen Weg abkommen, den Weg verfehlen* ‖ ⟨figf⟩ *auf dem Holzweg sein* ‖ ~ el tiro *fehlschießen* ‖ *vorbeischießen* (& fig) ‖ ~ la vocación *den Beruf verfehlen* ‖ ~ vi *(s.) irren* ‖ *s. verirren* ‖ *herumirren, umher|schweifen, -irren* ‖ ◇ ~ en la respuesta *falsch antworten* ‖ ~ es cosa humana *Irren ist menschlich*

errata *f Schreib-, Druck|fehler* m

errá|tico adj *unstet, umherirrend* ‖ *wandernd (Volk, Schmerz)* ‖ ⟨Geol⟩ *erratisch* ‖ **–til** adj *(m/f) unsicher, schwankend* ‖ *umherirrend*
erre f *das spanische r bzw rr* ‖ *erre que erre* ⟨fam⟩ *halsstarrig* ‖ *immer wieder* ‖ ⟨fam⟩ *ich bleibe dabei.* ‖ ◇ *estar erre que erre* ⟨figf⟩ *steif und fest bestehen auf ...* (dat)
erróneo adj *irrig, irrtümlich, Fehl-* ‖ adv: **~amente**
error m *Irrtum* m, *Versehen* n ‖ *irrige Meinung* f ‖ *Mangel, Fehler* m ‖ *Sünde* f, *Vergehen* n ‖ *Fehl-, Miss|griff* m ‖ *Verfehlung* f ‖ *Verirrung* f (& fig) ‖ ~ *accidental zufälliger Fehler* m ‖ ~ *de acto* ⟨Jur⟩ *Tatirrtum* m ‖ ~ *de anotación* ⟨Com⟩ *Buchungsfehler* m ‖ ~ *de audición Hörfehler* m ‖ ~ *de caja* ⟨Typ⟩ *Druckfehler* m ‖ ~ *de cálculo Rechenfehler* m ‖ *Schätzungsfehler* m ‖ ~ *capital Grundirrtum* m ‖ ~ *de hecho* → ~ *de acto* ‖ ~ *de imprenta,* ~ *de impresión Druckfehler* m ‖ ~ *judicial Justizirrtum* m ‖ ~ *ortográfico,* ~ *de pluma Schreibfehler* m ‖ ~ *de puntería Zielfehler* m ‖ ~ *sistemático systematischer Fehler* m ‖ ~ *tipográfico Druckfehler* m ‖ ◆ *por* ~ *irrtümlicherweise* ‖ *salvo* ~ *u omisión* (S. E. u O.) ⟨Com⟩ *Irrtum vorbehalten* ‖ ◇ *Vd. está en un* ~ *Sie irren s.* ‖ *caer en un* ~, *cometer un* ~, *dar od incurrir en un* ~ *in e–n Irrtum verfallen, e–n Fehler begehen* ‖ *inducir a alg. a* ~ *jdn irre|führen, -leiten* ‖ *rectificar un* ~ *e–n Irrtum gutmachen* ‖ **~es** mpl ⟨fig⟩ *Verirrungen* fpl
ert|zaina m/f *Angehörige(r)* f(m) *der baskischen Polizei* ‖ **–zantza** f *baskische Polizei* f
erubescen|cia f *Schamröte* f ‖ **–te** adj *errötend* ‖ *schamrot*
eruc|tar vt/i *aufstoßen,* ⟨pop⟩ *rülpsen* ‖ *ausstoßen (Speise)* ‖ **–to(s)** m(pl) *Aufstoßen,* ⟨pop⟩ *Rülpsen* n
erudi|ción f *Gelehrsamkeit, wissenschaftliche Bildung* f ‖ *Belesenheit* f ‖ ~ *pedantesca Schulweisheit* f ‖ ~ *universal umfassende Gelehrsamkeit od Kenntnisse* f, *Universalbildung* f ‖ **–tismo** m ⟨Lit⟩ *gelehrte Manier od Schreibart* f ‖ **–to** adj *gelehrt* ‖ *gebildet* ‖ *be|schlagen, -wandert* (en in dat) ‖ ~ m *Gelehrte(r)* m ‖ ~ *a la violeta Pseudo-, Halb|gebildete(r)* m ‖ *Schöngeist* m ‖ adv: **~amente**
erup|ción f *(Vulkan)Ausbruch* m, *Eruption* f ‖ ⟨Med⟩ *Hautausschlag* m ‖ *Durchbrechen* n *(der Zähne)* ‖ ⟨fig⟩ *Ausbruch* m ‖ ~ *pustulosa* ⟨Med⟩ *Pustelausschlag* m ‖ **–tivo** adj: ⟨Geol⟩ *eruptiv* ‖ ⟨Med⟩ *mit Ausschlag verbunden, eruptiv*
erutar vi ⟨pop⟩ → **eructar**
ervilla f ⟨Bot⟩ *Platterbse* f ‖ *Wicke* f ‖ → **arveja**
es → **ser**
¹es- ⟨pop⟩ → **des-**
²es- → *auch* **ex-**
esaborío adj And *langweilig* (& fam) ‖ ⟨fam⟩ *doof*
Esaú m np *Esau* m
esbardo m Ast *junger Bär* m
esbarizar [z/c] vi Ar *ausgleiten*
△ **¡ésbate!** int *Ruhe!*
esbatimentar vt/i ⟨Mal⟩ *Schatten aufbringen* (auf acc)
esbel|tez f *Schlankheit* f ‖ *schlanker Wuchs* m ‖ **–to** adj *schlank, stattlich gewachsen* ‖ *schlankwüchsig*
esbirro m *Gerichtsdiener* m ‖ *Scherge, Häscher* m ‖ *Büttel, Sbirre* m ‖ *(Polizei)Spitzel* m
esborregar vi León Sant *ausgleiten (auf feuchtem Boden)* ‖ **~se** Sant *rutschen, einstürzen (Erde, bes. nach Regenfällen)*
esbo|zar [z/c] vt *entwerfen, skizzieren* ‖ ◇ ~ *una sonrisa* ⟨fig⟩ *leicht lächeln* ‖ **–zo** m *Entwurf*

m, *Skizze* f ‖ ⟨fig⟩ *Andeutung* f, *erster Ansatz* m (de *zu*)
esbronce m Ar *heftige od plötzliche Bewegung* f
escabe|chado adj ⟨Kochk⟩ *mariniert* ‖ ⟨figf⟩ *geschminkt bzw mit gefärbten Haaren (Person)* ‖ **–char** vt *marinieren* ‖ *beizen* ‖ ⟨figf⟩ *erstechen, töten,* ⟨pop⟩ *abmurksen,* ⟨fam⟩ *umbringen* ‖ ⟨figf⟩ *durchfallen lassen (bei e–r Prüfung)* ‖ *färben (graue Haare)* ‖ **–che** m *(Salz)Lake* f ‖ *Marinade* f ‖ *marinierte Speise* f ‖ *Beize* f ‖ Chi *Essigobst* n ‖ ⟨fig⟩ *Haarfärbetinktur* f
escabechina f ⟨fam⟩ *Katastrophe* f ‖ *Zerstörung* f ‖ *Verheerung* f ‖ ⟨figf Sch⟩ *Prüfungsergebnis* n *mit e–r großen Anzahl von Durchgefallenen,* ⟨fam⟩ *Schlachtfest* n
escabel m *(Fuß)Schemel* m ‖ *Fußgestell* n ‖ *kleiner Sitz* m *ohne Rücklehne* ‖ Schw *Skabelle* f ‖ ⟨fig⟩ *Beziehung* f ‖ ⟨fig⟩ *Sprungbrett* n
escabino m *Beisitzer, Schöffe* m
escabio m Arg *alkoholhaltiges Getränk* n
escabiosa f ⟨Bot⟩ *Skabiose* f (Scabiosa spp)
escabio|sis f ⟨Med⟩ *Krätze* f ‖ **–so** adj *auf die Krätze bezüglich* ‖ *Krätze-*
escabro m a) ⟨Vet⟩ *Schafräude* f ‖ b) ⟨Bot⟩ *Baumkrebs* m
escabro|sidad f *Holp(e)rigkeit, Rauheit, Unebenheit* f (& fig) ‖ *Schwierigkeit* f ‖ ⟨fig⟩ *Schlüpfrigkeit* f ‖ **–so** adj *holp(e)rig, rau, uneben* ‖ *felsig* ‖ ⟨fig⟩ *heikel, kitz(e)lig* ‖ ⟨fig⟩ *schlüpfrig*
escabullir [pret **~lló**] vi *ent|kommen, -wischen, -gleiten (e–r Gefahr)* ‖ **~se** *(aus den Händen) entschlüpfen* ‖ ⟨fig⟩ *entweichen, heimlich entwischen*
esca|char vt ⟨reg⟩ *zerbrechen* ‖ **–charrar** vt *zerbrechen (bes. Geschirr)* ‖ ⟨fig⟩ *et. verpfuschen (Angelegenheit usw.)*
escachi|follar, -fullar vt ⟨fam⟩ *ärgern, foppen, zum Narren halten* ‖ ⟨fam⟩ *zerstören, zerrütten*
escaecer [-zc-] vi *schwach od matt werden, ermatten*
escafan|dra f, **–dro** m *Taucheranzug, Skafander* m ‖ *Tauchgerät* n
escafoides m/adj ⟨An⟩ *Kahnbein* n
escajo m → **escalio**
¹escala f *Leiter* f ‖ *Treppe,* Öst Südd *Stiege* f ‖ ~ *de artimón* ⟨Mar⟩ *Fallreep* n ‖ ~ *de asalto Sturmleiter* f ‖ ~ *de bomberos Feuerwehrleiter* f ‖ ~ *de cuerda Strickleiter* f ‖ ~ *de gato* ⟨Mar⟩ *Jakobsleiter* f ‖ ~ *giratoria Drehleiter* f ‖ **~s** *paralelas* ⟨Sp⟩ *Barren* m
²escala f *Reihe(nfolge)* f ‖ *Maßstab* m, *Skala* f ‖ *Gradmesser* m ‖ *Liste* f, *Verzeichnis* n ‖ *Gebührenstufe* f ‖ ⟨Mil⟩ *Rangliste* f ‖ ⟨Mil⟩ *Muster-, Stamm|rolle* f ‖ ⟨Mus⟩ *Tonleiter, Skala* f ‖ ⟨fig⟩ *Verhältnis* n, *Größe* f ‖ ⟨fig⟩ *Maß* n, *Ausdehnung* f ‖ ⟨fig⟩ *Staffelung, Rangordnung* f ‖ ~ *aritmética arithmetische Reihe* f ‖ ~ *auxiliar* Span *Laufbahn* f *des mittleren Dienstes* ‖ ~ *de colores Farbenskala* f ‖ ~ *cromática,* ~ *diatónica* ⟨Mus⟩ *chromatische, diatonische Tonleiter* f ‖ ~ *ejecutiva* Span *Laufbahn* f *des gehobenen und höheren Dienstes* ‖ *Einstellskala* f ‖ ~ *graduable Gleitskala* f ‖ ~ *Gradeinteilung* f ‖ ~ *graduada Stufenleiter* f ‖ ~ *impositiva Steuersatz* m ‖ ~ *de intereses Zinsstaffel* f ‖ ~ *móvil de salarios gleitende Lohnskala* f ‖ ~ *reducida verjüngter Maßstab* m ‖ ~ *subalterna* Span *Laufbahn* f *des einfachen Dienstes* ‖ ◆ *en gran (mayor)* ~, *en pequeña (menor)* ~ *in großem (größerem), kleinem (kleinerem) Umfang, Maß* ‖ ◇ *hacer* **~s** *Tonleiterübungen machen,* ⟨fam⟩ *Läufe üben* ‖ *hacer negocios en gran* ~ *Geschäfte im Großen betreiben*
³escala f ⟨Mar⟩ *Zwischenhafen* m ‖ ⟨Flugw Mar⟩ *Zwischenlandung* f ‖ ◆ *sin* ~ *ohne*

Zwischenlandung ‖ ◇ hacer ~ ⟨Mar⟩ *e–n Zwischenhafen anlaufen* ‖ ⟨Flugw⟩ *zwischenlanden* ‖ ⟨fig⟩ *rasten, Pause machen*
escala\ción *f* ⟨Pol⟩ *Eskalation* f ‖ **–da** *f Er\steigen, -klettern* n ‖ ⟨Mil⟩ *Erstürmen* n ‖ ⟨Pol⟩ *Eskalation* f ‖ ~ *de precios Preis\anstieg* m, *-lawine* f ‖ **–dor** *m Bergsteiger* m ‖ *Kletterer* m ‖ *Einsteigedieb, Fassadenkletterer* m
esca\lafón *m Rang-, Beförderungs\liste* f ‖ *Stellenplan* m ‖ *Besoldungsgruppe* f ‖ Span *Personalregister* n ‖ ⟨Mil⟩ *Armeeliste* f ‖ ~ jerárquico ⟨Mil⟩ *Rangklassen* fpl ‖ ~ *judicial Gerichtslaufbahn* f ‖ *Liste* f *des Gerichtspersonals* ‖ **–lamiento** *m* → **escalada** ‖ **–lar** adj *(m/f)* ⟨Math⟩ *skalar* ‖ **–lar** vt/i *(mit Leitern) ersteigen* ‖ *besteigen, erklettern* ‖ *eskalieren* ‖ ⟨Mil⟩ *erstürmen* ‖ *e–n Einbruch durch Einsteigen verüben* ‖ *e–e Schleuse öffnen* ‖ ⟨fig⟩ *(e–n hohen Posten) erlangen* ‖ ◇ ~ *el poder die Macht an s. reißen*
escalaria *f* ⟨Zool⟩ *Wendeltreppe* f (Scala communis)
escalatorres *m Fassadenkletterer* m
Escalda *m* [Fluss]: el ~ *die Schelde*
escal\dado adj ⟨figf⟩ *gewitzigt, klug geworden (durch Schaden)* ‖ ⟨figf⟩ *ausgekocht, durchtrieben, schamlos (Dirne)* ‖ los ojos ~s del llanto *vom Weinen entzündete Augen* npl ‖ **–dadura** *f Ver\brühen, -brennen* n ‖ *Glühen* n ‖ *Brandwunde* f ‖ ⟨Med⟩ *Verbrühung* f ‖ ⟨Med⟩ *Wolf* m ‖ **–damiento** *m* → **–dadura** ‖ **–dar** vt *(ab)brühen* ‖ *glühend machen* ‖ ⟨Kochk⟩ *(ab)brühen* ‖ *abscheuern* ‖ ⟨Med⟩ *verbrühen* ‖ ⟨Med⟩ *wund reiben* ‖ ⟨fig⟩ *verletzen* ‖ ~**se** *s. ver\brühen, s. -brennen* ‖ *s. wund laufen* ‖ (fam) *s. e–n Wolf laufen* ‖ ⟨fig⟩ *s. die Finger verbrennen*
escaldo *m* ⟨Lit⟩ *Skalde* m *(nordischer Sänger und Dichter)*
escaleno adj ⟨Math⟩ *schief (Kegel)* ‖ *ungleichseitig (Dreieck)* ‖ ~ *m* ⟨An⟩ *Skalenus* m *(Muskel)*
escalera *f Treppe*, Öst Südd *Stiege* f ‖ *Treppenhaus* m ‖ *Leiter* f ‖ *Wagenleiter* f ‖ *Klettergerüst* n ‖ ⟨Bgb⟩ *Fahrt* f ‖ ⟨fig⟩ *Stufe* f *(bei unrichtigem Scheren der Haare)* ‖ Ar *(Treppen)Stufe* f ‖ ~ *de asalto* ⟨Mil⟩ *Sturmleiter* f ‖ ~ *automática Rolltreppe* f ‖ ~ *de caracol Wendel-, Spindel\treppe* f ‖ ~ *doble* → *de tijera* ‖ ~ *con escalones Tritt-, Stufen\leiter* f ‖ ~ (en) *espiral* → ~ *de caracol* ‖ ~ *excusada,* ~ *falsa Geheim-, Neben\treppe* f ‖ ~ *de gallinero Hühnerleiter* f ‖ ~ *de honor Haupttreppe* f ‖ ⟨Mar⟩ *Fallreeptreppe* f ‖ ~ *maestra Haupttreppe* f ‖ ~ *de mano Hand-, Tritt\leiter* f ‖ ~ *mecánica* → ~ *automática* ‖ ~ *plegadiza Klappleiter* f ‖ ~ *portátil* → ~ *de mano* ‖ ~ *de servicio Dienstboten-, Neben\treppe* f ‖ ~ *de tijera Doppelleiter* f ‖ ◇ *subir (bajar)* ~s *Treppen steigen (hinuntergehen)*
escale\reja, –rilla, –ruca *f* dim von **escalera** ‖ ⟨Flugw⟩ *Gangway* f ‖ ◆ en –rilla *treppen-, staffel\förmig*
escalerón *m* augm von **escalera** ‖ *Baumleiter* f *(Stamm mit Aststummeln)*
escaleta *f* ⟨Tech⟩ *Achsheber* m, *Hebezug* n
escal\fado adj *pochiert (Ei)* ‖ *blasig (schlecht getünchte Wand)* ‖ **–fador** *m Schüssel-, Teller\wärmer* m ‖ *Wasserwärmer* m ‖ *Wärmeplatte* f ‖ **–far** vt *(er)wärmen* ‖ *pochieren (Eier)* ‖ ~**se** *blasig werden (im überheizten Ofen gebackenes Brot, Anstrich usw.)*
escalibar vt *schüren (& fig)*
Escalígero *m* np ⟨Hist⟩ *Scaliger* m
escalinata *f Vortreppe* f ‖ *Freitreppe* f ‖ *Treppenaufgang* m *(am Hauseingang)*

escalio *m Brachland* n, *Brache* f
escalo *m Klettern* n
escalo\friado adj *fiebernd, fieberhaft* ‖ *fröstelnd* ‖ **–friante** adj *(m/f)* ⟨fig⟩ *schaurig, schaudererregend* ‖ **–friar** [pres ~ío] vt *schaudern lassen, in Schaudern versetzen* ‖ **–frío** *m* ⟨Med⟩ *Schüttelfrost, Fieber\schauer, -frost* m ‖ ⟨fig⟩ *Schauder* m, *Schaudern* n ‖ ◇ tengo ~s *es fröstelt mich*
¹escalón *f Treppenstufe* f ‖ *(Leiter)Sprosse* f ‖ *stufenförmiger Absatz* m ‖ ⟨fig⟩ *Stufe, Staffel* f ‖ ⟨fig⟩ *Dienstgrad* m ‖ ⟨Mil⟩ *Rangliste* f ‖ ~ *lateral* ⟨StV⟩ *Randstreifen* m *(Straße)* ‖ ~ *de peces Fisch\treppe, -leiter* f ‖ ◆ en escalones ⟨fig⟩ *treppenförmig* ‖ *stufenweise* ‖ por escalones Am *in Zeitabständen* ‖ *ab und zu*
²escalón *m* ⟨Mil⟩ *Trupp* m, *Staffel* f ‖ ~ *de asalto Sturmwelle* f ‖ ~ *de combate Gefechtsstaffel* f ‖ ~ *de reconocimiento Vortrupp* m
escalona *f* → **ascalonia**
escalonado adj *gestaffelt, abgestuft* ‖ *staffelweise*
escalo\namiento *m (Ab)Stufung* f ‖ *Staffelung* f ‖ *Rang* m ‖ **–nar** vt *abstufen* ‖ *stufen* ‖ *(in Ordnung) aufstellen, einteilen*
escalo\nia, –ña *f* → **ascalonia**
escalo\pa *f,* **–pe** *m* ⟨Kochk⟩ *Schnitzel* n ‖ ~ *a la vienesa Wiener Schnitzel* n
escalpar vt *skalpieren*
escalpelo *m* ⟨Med⟩ *Skalpell* n ‖ ⟨Zim⟩ *Stecheisen* n
esca\ma *f Schuppe* f ‖ *Hautschuppe* f ‖ *Schuppenflechte* f ‖ *Panzerschuppe* f ‖ *Stickschuppe* f ‖ ⟨figf⟩ *Misstrauen* n, *Argwohn* m ‖ ⟨fig⟩ *Groll* m ‖ ~s *de jabón Seifenflocken* fpl ‖ ◇ mudar ~ Am *die Haut abstreifen (Schlange)* ‖ **–mado** adj *schuppig* ‖ ⟨fig⟩ *misstrauisch* ‖ ⟨fig⟩ *ge\witzt, -rissen* ‖ ~ *m Schuppung* f ‖ *Schuppen\geflecht, -werk* n ‖ ◇ quedar ~ *gewitzigt werden* ‖ **–mar** vt *(ab)schuppen (Fische)* ‖ *mit Schuppen (be)sticken, besetzen* ‖ ⟨figf⟩ *durch schlechte Erfahrungen klug machen, argwöhnisch od stutzig machen* ‖ ◇ me escama *das verdutzt mich* ‖ ~**se** ⟨figf⟩ *durch Schaden klug werden* ‖ *misstrauisch od stutzig werden*
escamo\cha *f* Mex *Essens- od Getränke\reste* mpl ‖ **–char** vt ⟨fam⟩ And *(nicht essbare Blätter) abreißen (von Kopfsalat usw.)* ‖ ⟨fig⟩ *verschwenden* ‖ **–cho** *m Tellerreste* mpl
escamón adj/s ⟨fam⟩ *vorsichtig, misstrauisch*
escamondar vt *ausästen (Baum)*
escamo\nea *f* ⟨Bot⟩ *Purgierwinde, Skammonie* f (Convolvulus scammonia) ‖ ⟨Pharm⟩ *Purgierharz* n ‖ **–nearse** vr ⟨fam⟩ → **escamarse**
escamoso adj *schuppig, geschuppt*
escamo\tar vt → **escamotear** ‖ **–teable** adj *(m/f)* ⟨Flugw⟩ *einziehbar (Fahrgestell)* ‖ **–teador** *m/adj Taschenspieler* m ‖ *geschickter Dieb* m ‖ **–tear** vt *eskamotieren, wegzaubern, verschwinden lassen (Taschenspieler)* ‖ ⟨fam⟩ *wegstibitzen, mausen* ‖ *mit leichter Hand beiseite schaffen (Schwierigkeit)* ‖ ~ *la novia a alg.* ⟨fam⟩ *jdm sein Mädchen wegschnappen od ausspannen* ‖ **–teo** *m Taschenspieler\streich* bzw *-trick* m ‖ *Gaukelei* f ‖ *Stibitzen* n ‖ *Umgehen* m *(Frage, Problem)* ‖ ⟨fig⟩ *geschickte Ausrede* f
escam\pada *f (kurzes) Aufklaren* n *(des Regenwetters)* ‖ **–pado** adj *einzeln, hier und da auftretend, zerstreut* ‖ **–par** vt *räumen, leer machen* ‖ ~ vi *aufhören zu regnen* ‖ ⟨fig⟩ *nachlassen* ‖ ◇ ya escampa *es hört schon auf zu regnen, es klart auf*
escampavía *f* ⟨Mar⟩ *Erkundungsschiff* n ‖ *Zollkutter* m

escampo *m Räumung* f ‖ ◇ *esperar el ~ warten, bis der Regen aufhört*
escan|ciador *m Einschenker, Mundschenk* m ‖ **–ciar** vt *einschenken* ‖ *kredenzen, (bei Tisch Wein usw.)* ‖ ~ vi *zechen, trinken (Wein usw.)*
escanda *f ⟨Art⟩ Spelz* m
escanda|lera *f ⟨fam⟩ Riesenskandal* m ‖ **–lizado** adj *entrüstet* ‖ **–lizar** [z/c] vt *⟨Ärgernis od Anstoß⟩ erregen (bei* dat) ‖ *empören* ‖ *ärgern* ‖ ~se *Anstoß od Ärgernis nehmen, s. ärgern, s. aufhalten (de über* acc)
escanda|llar vi *⟨Mar⟩ loten* ‖ *⟨Com⟩ Stichproben entnehmen* (dat) ‖ *⟨Com⟩ den Preis (e–r Ware) bestimmen* ‖ **–llo** m *⟨Mar⟩ (Senk)Lot* n ‖ *⟨Com⟩ Stichprobe* f ‖ *Probe(entnahme)* f ‖ *Wertfeststellung* f ‖ *Preistaxierung* f ‖ *Preisanpassung* f
escándalo *m Skandal* m ‖ *Ärgernis* n, *Anstoß* m ‖ *Lärm* m ‖ *Aufruhr* m ‖ *Tumult* m ‖ *Empörung* f ‖ *Dreistigkeit, Frechheit* f ‖ *⟨fig⟩ Erstaunen* n ‖ *aufsehenerregendes Vorkommnis* n ‖ *un ~ formidable ein riesiger Skandal* ‖ *~ público öffentliches Ärgernis* n ‖ *~ del SIDA Aids-Skandal* m ‖ ◇ *armar od dar un ~ e–n Skandal (bzw e–n Tumult) verursachen* ‖ *e–e Szene machen*
escandalo|sa *f ⟨Mar⟩ Gaffeltroppsegel* n ‖ ◇ *echar la ~ ⟨figf⟩ s. derber Ausdrücke bedienen, ⟨fam⟩ derb vom Leder ziehen (a* alg. *gegen jdn)* ‖ **–samente** adv *äußerst, schrecklich, toll (zur Steigerung e–s Adjektivs)* ‖ **–so** adj/s *skandalös, ärgerlich, anstößig* ‖ *lärmend, unruhig, aufrührerisch* ‖ *unerhört* ‖ *schlüpfrig, unanständig* ‖ *rubio ~ unverschämt blond, grellblond (Haar)*
Escandina|via *f ⟨Geogr⟩ Skandinavien* n ‖ **=vo** adj *skandinavisch* ‖ *~ m Skandinavier* m
escandio *m ⟨Sc⟩ ⟨Chem⟩ Scandium* n
escandir vt *skandieren (Verse)*
es|caneo *m Scanning* n ‖ **–cáner** *m Scanner* m ‖ **–canear** vt/i *scannen*
escanilla *f Burg Wiege* f
escantillón *m ⟨Tech⟩ Schablone, Lehre* f ‖ *⟨Tech⟩ Vergleichsmaß* n
escaña *f ⟨Bot⟩ Sandspelz, Spelt* m
escañarse vr Ar *s. verschlucken*
escañeto *m* Sant *Bärenjunges* n
esca|ñil *m* León *kleine Bank* f ‖ **–ño** *m Bank* f *mit Lehne* ‖ *Kirchenstuhl* m ‖ *⟨Pol⟩ Abgeordnetensitz* m ‖ *⟨fig⟩ Sitz* m ‖ Am *Promenadenbank* f ‖ **–ñuelo** *m Fuß|schemel* m, *-bank* f
escapa|da *f Entwischen* n, *heimliche Flucht* f ‖ *Wort* n, *das e–m entschlüpft* ‖ *⟨fig⟩ Ausflucht* f ‖ *⟨fig⟩ Eskapade* f ‖ *Abstecher* m ‖ *Ausbrechen* n *(des Pferdes vor e–m Hindernis)* ‖ ◆ *en una ~ ⟨fam⟩ eilig, im Flug(e), im Nu* ‖ ◇ *hacer una ~ e–n Abstecher machen* ‖ **–dizo** adj *ent|schlüpfend, -weichend* ‖ ◇ *hacer ~ a* alg. *jdm zum Entweichen verhelfen*
escapar vt *abhetzen (Pferd)* ‖ *befreien (von e–r Schwierigkeit usw.)* ‖ ~ vi *entrinnen* ‖ *ent|wischen, -weichen* ‖ *entkommen* ‖ *davonkommen* ‖ *⟨fam⟩ durchbrennen* ‖ *entschlüpfen* ‖ *entfahren (Name, Wort)* ‖ *(der Hand) (ent)gleiten (de aus)* ‖ *entgehen (Gelegenheit)* ‖ *durchgehen, s. heimlich davonmachen* ‖ *ha debido de ~ (se habrá escapado) a la atención de Vd. es muss offenbar Ihrer Aufmerksamkeit entgangen sein* ‖ *~ de un peligro e–r Gefahr entgehen* ‖ *~ sin gran perjuicio ohne großen Schaden davonkommen* ‖ *~ en una tabla ⟨fig⟩ mit knapper Not entkommen* ‖ ◇ *dejar ~ una oportunidad s. e–e Gelegenheit entgehen lassen* ‖ *dejar ~ unas cuantas palabras einige Worte fallen lassen* ‖ *dejar ~ un grito*

unwillkürlich aufschreien ‖ *~se entwischen, s. davonmachen* ‖ *s. losmachen* ‖ *ausbrechen (Pferd vor e–m Hindernis)* ‖ *⟨fig⟩ entfahren (ein Wort)* ‖ *⟨Tech⟩ ent|weichen, -rinnen (Gase, Rauch usw.) (de aus)* ‖ *lecken, (aus)rinnen* ‖ *⟨Tech⟩ auspuffen* ‖ *nicht einrasten (Hebel usw.)* ‖ ◇ *escapársele a uno a/c ⟨fig⟩ et. übersehen od vergessen* ‖ *escapársele a uno la lengua ⟨fig⟩ et. übereilt sagen,* ⟨fam⟩ *s. verplappern* ‖ *la ocasión se nos ha escapado die Gelegenheit ist uns entgangen* ‖ *se ha escapado una malla od un punto e–e Masche ist gefallen (am Strumpf)*
escapara|te *m Laden-, Schau|fenster* n, *Auslage* f ‖ *verglaster Wandschrank* m ‖ *Glasschrank* m ‖ *Heiligenschrein* m ‖ *Putzschrank* m ‖ Am *(Kleider)Schrank* m ‖ ⟨fam⟩ *Aufwand, Tamtam* m ‖ ⟨pop⟩ *Milchladen* m, *Titten* fpl ‖ **–tismo** *m Schaufensterdekoration* f ‖ **–tista** *m/f Schaufensterdekorateur(in* f) m
esca|patoria *f Flucht* f, *Ausweichen* n ‖ *Ausgang, (kurzer) Spaziergang* m ‖ ⟨fam⟩ *geheimer Ausflug* m ‖ ⟨fam⟩ *Aus|flucht, -rede* f, *Vorwand* m ‖ *Ausweg* m ‖ *⟨fig⟩ Hintertür* f ‖ *Ausreißen, Entrinnen* n ‖ *Eskapade* f ‖ *⟨fig⟩ Seitensprung* m ‖ **~s** fpl *Jugendstreiche* mpl ‖ **–pe** *m Entwischen* n, *(eilige) Flucht* f ‖ *Entrinnen* n ‖ *Rinnen, Lecken* n ‖ *Aus|tritt* m, *-strömung* f ‖ *Undichtigkeit* f *(Leitung)* ‖ *Abdampf* m *(Dampfmaschine)* ‖ *⟨Uhrm⟩ Hemmung* f ‖ *Vorfall* m *(am Schlagwerk der Uhr)* ‖ *⟨Tech⟩ Auspuff* m ‖ *~ de aire ⟨Tech⟩ Entlüftung* f, *Luftabzug* m ‖ *~ de áncora Ankerhemmung* f *(Uhr)* ‖ *~ del calor Wärmeabfluss* m ‖ *~ de gas Gas|austritt, -abzug* m ‖ *~ libre, ~ abierto offener Auspuff* m ‖ ◆ *a ~ eilig, im Flug(e)* ‖ ◇ *correr a todo ~ in gestrecktem Galopp reiten* ‖ *hay ~ de gas es entweicht Gas* ‖ *ya no hay ~ es gibt kein Entrinnen mehr, wir sind gefangen* ‖ *es gibt k–e Lösung* ‖ *partir (od irse, alejarse) a ~ eiligst davonlaufen* ‖ *tener ~ Wasser durchsickern lassen, e–n Sprung haben (Gefäß)* ‖ *abblasen (Kessel)* ‖ **–pismo** *m ⟨Psychol⟩ Eskapismus* m ‖ **–pista** adj *(m/f) eskapistisch*
¹escapo *m ⟨Ins⟩ Scapus* m ‖ *⟨Bot⟩ Blütenschaft* m
²escapo *m ⟨Arch⟩ Säulenschaft* m
escápula *f ⟨An⟩ Schulterblatt* n
¹escapular adj *(m/f) Schulter-*
²escapular vt *⟨Mar⟩ umschiffen*
escapulares fpl *⟨V⟩ Schulterfedern* fpl
escapulario *m ⟨Kath⟩ Skapulier, geweihtes Band* n
esca|que *m Feld* n *auf e–m Schachbrett* ‖ *Feld* n, *Raute* f *(im Wappen)* ‖ **~s** mpl *Schachspiel* n ‖ **–queado** adj *gewürfelt* ‖ *schachbrettförmig* ‖ **–quear** vt *schachbrettförmig anlegen*
escara *f Schorf* m, *Kruste* f *(auf e–r Wunde)*
escarabajas fpl Sal *Anmachholz* n
escaraba|jear vt *⟨figf⟩ beunruhigen, wurmen (Kummer)* ‖ *⟨fig⟩ kitzeln, beunruhigen, besorgt od* ⟨fam⟩ *kribb(e)lig machen* ‖ *⟨fig⟩ zwicken (Gewissen)* ‖ ◇ *le –jea la conciencia ⟨fig⟩ das Gewissen lässt ihn nicht zur Ruhe kommen* ‖ *~* vi *(wie die Käfer) krabbeln, hin und her laufen* ‖ *kribbeln* ‖ *⟨fig⟩ kritzeln* ‖ **–jeo** *m Krabbeln* n ‖ *⟨fig⟩ nagender Kummer* m
¹escarabajo *m ⟨Ins⟩ m Käfer* m ‖ *Skarabäus* m ‖ ⟨fam⟩ *Küchensch(w)abe* f ‖ *⟨figf Auto⟩ Käfer* m ‖ *⟨figf⟩ Scheusal* n, *Vogelscheuche* f ‖ *~ bolero ~ pelotero ~ estercolero Mistkäfer* m *(Geotrupes stercorarius)* ‖ *~ Hércules Herkuleskäfer* m *(Dynastes hercules)* ‖ *~ en leche ⟨figf⟩ weiß gekleidete braune bzw schwarze Frau* f ‖ *~ del lirio Lilienhähnchen* n *(Lilioceris merdigera)* ‖ *~ de la patata, ~ del Colorado*

Kartoffel-, Kolorado|käfer m (Leptinotarsa
decemlineata) ‖ ~ pelotero *Pillendreher* m
(Käfer) ‖ ~ sagrado *Heiliger Pillendreher*
(Scarabaeus sacer) ‖ ~ sanjuanero *Gemeiner
Maikäfer* m (Melolontha melolontha)
²escarabajo *m* ⟨Text⟩ *Webfehler* m ‖ ⟨Met⟩
Gießfehler m ‖ ⟨fig⟩ *Knirps* m ‖ ~s *mpl* ⟨figf⟩
Gekritzel n
    escarabajuelo *m* ⟨Ins⟩ *Rebschneider* m
(Lethrus apterus)
    escaramucear vi ⟨Mil⟩ *plänkeln, scharmützeln*
    escaramujo *m* ⟨Bot⟩ *Hecken-, Hunds|rose* f
(Rosa canina) ‖ *Hagebutte* f ‖ ⟨Zool⟩
Entenmuschel f (Lepas anatifera)
    escaramu|za *f* ⟨Mil⟩ *Geplänkel* n (& fig) ‖
⟨Mil⟩ *Scharmützel* n ‖ ⟨fig⟩ *Wortgeplänkel* n ‖
–zador *m* ⟨Mil⟩ *Plänkler* m ‖ **–zar** [z/c] vt
scharmützeln
    escarape|la *f* ⟨Mil⟩ *Feldzeichen* n ‖
Hutschleife, Kokarde f ‖ (fam) *Rauferei* f ‖ ⟨Kart⟩
falsche Dreierkombination f *(in dem Tresillospiel)*
‖ **–lar** vt *zanken (bes. Frauen)*
    escarba|dero *m Suhle* f, *Wühlstelle* f *(des
Wildes)* ‖ **–dientes** *m* bes. Am *Zahnstocher* m ‖
–dor *m Scharr-, Kratz|eisen* n ‖ **–dura** *f Kratzen,
Scharren* n ‖ *Stochern* n ‖ **–orejas** *m Ohrlöffel* m ‖
escar|bar vi/t *(in der Erde) kratzen, scharren
(Hühner, Pferde usw.)* ‖ *(auf)wühlen* (den Boden)
(Schweine) ‖ *schüren (Feuer)* ‖ *stochern (mit dem
Zahnstocher)* ‖ ⟨fig⟩ *herum|stochern, (-)schnüffeln*
‖ ⟨fig⟩ *auskundschaften* ‖ ◇ le –ba la conciencia
⟨fig⟩ *er hat Gewissensbisse* ‖ ~se *s.* den Kopf
kratzen ‖ *s. (die Ohren, die Zähne) säubern* ‖ **–bo**
m Kratzen, Scharren n
    escarcear vi Arg Ven *s. feurig im Kreis drehen
(Pferd)*
    escarcela *f Gürteltasche* f ‖ *(reg) Jagd-,
Reise|tasche* f ‖ *(Art) Frauenhaube* f
    escarceo *m Wellenspiel* n ‖ ~s *mpl
Kreisdrehung* f *(feuriger Pferde)* ‖ ⟨fig⟩ *Umstände*
mpl ‖ *Umschweife* pl ‖ *Ziererei* f
    escarcha *f (Rau)Reif* m ‖ *Zuckerguss* m *zum
Kandieren* ‖ *kristallisierter Zucker* m *(im Likör)* ‖
cubierto de ~ *mit Reif bedeckt* ‖ la ~ de las
ventanas *die Eisblumen* fpl *an den
Fensterscheiben* ‖ *bereifte Fenster* npl
    escarchada *f* ⟨Bot⟩ *Eiskraut* n
(Mesembryanthemum crystallinum)
    ¹escarchado adj *bereift* ‖ *kandiert (Frucht)*
    ²escarchado *m* ⟨Art⟩ *Gold- od Silber|stickerei* f
    ¹escarchar vt *mit Reif bedecken, bereifen* ‖
kandieren (Früchte) ‖ *mit Talkum (bzw
Glasstaub) bestreuen*
    ²escarchar vt/i **a)** *mit Gold- od Silber|draht
sticken* ‖ **b)** *(den Ton) schlämmen (Töpferei)*
    escarche *m Stickerei* f *mit Gold- od
Silber|draht*
    escarchi|lla *f vereister Schnee, Firn* m ‖ **–llar**
vi *graupeln*
    escar|da *f* ⟨Agr⟩ *Jäten* n ‖ *Jätzeit* f ‖ *Jät-,
Distel|hacke* f ‖ **–dadera** *f Jät-, Distel|hacke* f ‖
–dador *m Jäter* m ‖ → **–dadera** ‖ **–dadora** *f
Jäterin* f ‖ *Jäthaue* f ‖ **–dadura** *m (Aus)Jäten* n ‖
–dar vt *(aus)jäten* ‖ ⟨fig⟩ *auslesen, säubern* ‖
–dilla *f Jäthacke* f ‖ **–dillo** *m Jäthaue* f ‖ ⟨fam⟩
Kringel m *(der Sonnenstrahlen)* ‖ ⟨fam⟩
Lichtreflex, Widerschein m
    esca|riador *m* ⟨Tech⟩ *Reibahle* f ‖ ~
extensible, ajustable verstellbare Reibahle f ‖
–riar vt *(mit der Reibahle) bearbeiten,
aus|reiben, -weiten* ‖ *ausweiten (Bohrloch)*
    ¹escarificación *f* ⟨Med⟩ *Schröpfschnitt* m,
Verschorfung f ‖ *Skarifikation* f
    ²escarificación *f* ⟨Agr⟩ *Rigolen* n ‖ ⟨Agr⟩
Vertikutieren n ‖ [Straßenbau] *Aufreißen* n

    ¹escarificador *m* ⟨Med⟩ *Schröpf|messer,
-schnäpper* m
    ²escarificador *m* ⟨Agr⟩
Bodenlockerungsmaschine, Messeregge f,
Grubber m ‖ *Vertikutierer* m ‖ [Straßenbau]
Aufreißer m
    ¹escarificar [c/qu] vt ⟨Med⟩ *schröpfen, von
Schorf säubern (Wunde)* ‖ *Einschnitte* mpl *(in die
Haut) machen* ‖ *skarifizieren*
    ²escarificar [c/qu] vt ⟨Agr⟩ *rigolen* ‖ ⟨Agr⟩
vertikutieren ‖ [Straßenbau] *aufreißen*
    escarla|ta *f/adj Scharlach* m, *Scharlachfarbe* f
‖ *Scharlachtuch* n ‖ (de) color ~ *scharlachrot* ‖
hochrot ‖ **–t(in)a** *f/adj Scharlachtuch* n ‖ ⟨Med⟩
Scharlach(fieber n) m
    escarme|nador *m* Am *großer Aufsteckkamm* m
‖ **–nar** vt *auseinander wirren, auswirren (Haare,
Wolle)* ‖ *(Erz) sieben* ‖ *(Hanf) brechen* ‖ ⟨fig⟩
*(jdm) Geld abnehmen, nach und nach
abschwindeln* ‖ (fam) *(jdn) kurz halten* ‖ ~ vi Am
grübeln
    escar|mentado adj/s *gewitzigt, behutsam* ‖
vorsichtig(er) geworden ‖ *abgeschreckt* (de *von)* ‖
verdutzt ‖ ◇ de los ~s nacen los avisados (Spr)
durch Schaden wird man klug ‖ **–mentar** [-ie-] vt
hart, exemplarisch bestrafen ‖ *abschrecken* ‖ ◆ ~
vi *gewitzigt werden* (con *durch)* ‖ *aus Erfahrung
lernen* ‖ ~ en cabeza ajena *durch fremden
Schaden klug werden* ‖ **–miento** *m Züchtigung,
Strafe* f ‖ *abschreckendes Beispiel* n ‖ *Warnung* f ‖
Lehre, schlimme Erfahrung f ‖ *Gewitztheit* f ‖ ◇
esto te servirá de ~ *daran wirst du dir ein
Beispiel für die Zukunft nehmen*
    escarne|cer [-zc-] vt *ver|spotten, -höhnen* ‖
–cidamente adv *spöttischerweise* ‖ **–cimiento** *m*
→ **escarnio**
    escarnio *m Spott, Hohn* m ‖ *Verhöhnung* f ‖ ◆
por *od* en ~ *zum Spott, aus Hohn* ‖ ◇ hacer ~ de
alg. *jdn verspotten*
    escaro adj *krummbeinig* ‖ ~ *m* ⟨Fi⟩
Seepapagei m (Scarus cretensis)
    escaro|la ⟨Bot⟩ *Endivie* f (Chicorium endivia) ‖
Lattich m (Lactuca serriola) ‖ ⟨Hist⟩ *Fältelkragen*
m ‖ **–lado** adj/s *ge|fältelt, -kräuselt* ‖ *kraus* ‖ de
papel *Papiermanschette* f (z. B. *an Blumentöpfen)*
‖ **–lar** vt *fälteln, kräuseln*
    escarótico *m* ⟨Med⟩ *Ätzmittel* n
    escar|pa *f (Mauer)Böschung, Senkung* f,
Steilhang m ‖ Mex *Fußweg* m ‖ **–pado** adj
abschüssig, steil, jäh ‖ ~ *m Böschung* f ‖
–padura *f Abdachung, Böschung* f ‖ *Abhang* m
    ¹escarpar vt *glätten, polieren, (ab)raspeln*
    ²escar|par vt *böschen, abflachen* ‖ **–pe** *m
Böschung, Senkung* f ‖ *Abhang* m ‖ ⟨Mar⟩
Laschung f ‖ ⟨Zim⟩ *schräges Blatt* n
    escarpelo *m* ⟨Zim⟩ *Raspel* f
    escar|pia *f Hakennagel, Wandhaken* m ‖ ⟨EB⟩
Schienennagel m ‖ **–piador** *m Rohrhaken* m
    escarpidor *m weiter Kamm, Auskämmekamm* n
    escarpín *m Slipper* m ‖ *leichter Schuh,
Tanzschuh* m ‖ *Bettschuh* m ‖ *Füßling,
Überstrumpf* m
    escarramanchones: a ~ adv Ar ⟨fam⟩ → auch
horcajadas
    escarza *f* ⟨Vet⟩ *Hufzwang* m
    escarzano adj: arco ~ ⟨Arch⟩ *Flach-,
Stich|bogen* m
    escar|zador *m Imker* m ‖ **–zar** vt *zeideln*
    ¹escarzo *m Zeidel* n
    ²escarzo *m Feuerschwamm, Zunder* m
    esca|samente adv *knapp* ‖ *schwerlich, kaum* ‖
provisto ~ ⟨Com⟩ *spärlich versorgt (Markt)* ‖
–sear vt *kärglich zuteilen* ‖ *sparen, schonen* ‖
knausern mit (dat) ‖ ~ vi *selten od knapp werden*
‖ *knausern, knickern* ‖ *spärlich vorhanden sein* ‖

◇ en la guerra –sean los víveres *im Krieg herrscht Mangel an Nahrungsmitteln* ‖ nuestras existencias van –seando ⟨Com⟩ *unser Vorrat wird knapp* ‖ **–sero** adj ⟨fam⟩ *knaus(e)rig, knick(e)rig* ‖ **–sez** [*pl* ~**ces**] *f Mangel m* ‖ *Verknappung* f ‖ *Seltenheit* f ‖ *Knauserei, Knickerei, Knappheit* f ‖ ~ de dinero, ~ de fondos *Geld\not, -knappheit* f ‖ ~ de mano de obra *Arbeitskräfte\mangel, -engpass* m ‖ ~ de personal *Personalmangel* m ‖ ~ de suministro *Versorgungsengpass* m ‖ ~ de viviendas *Wohnungsnot* f ‖ ◇ vivir con ~ *(be)dürftig leben* ‖ **–so** adj/s *knapp, spärlich* ‖ *selten* ‖ *karg, knaus(e)rig* ‖ *unvollständig* ‖ *wenig* ‖ *ärmlich, eng (Wohnung)* ‖ ⟨Com⟩ *schwach (Nachfrage)* ‖ ~ de bienes *arm, unbegütert* ‖ ~ de comida y bebida *mäßig im Essen und Trinken* ‖ ~ crédito ⟨Com⟩ *schwacher Kredit* m ‖ ~**a** demanda ⟨Com⟩ *spärliche Nachfrage* f ‖ ~ de dinero ⟨fam⟩ *knapp bei Kasse* ‖ con ~**a** ganancia *mit geringem Gewinn* ‖ ~ de luces *unwissend, geistig beschränkt* ‖ ~ de medios *dürftig an Mitteln* ‖ ~ de palabras *wortkarg* ‖ ~ en población *dünn bevölkert (Ort)* ‖ tres días ~**s** *kaum drei Tage* ‖ ◇ andar ~ de dinero ⟨fam⟩ *knapp bei Kasse sein*

¹escatimar vt *abzwacken, schmälern* ‖ *knapp abmessen* ‖ *sparen mit* ‖ ◇ no ~ medios *kein Mittel unversucht lassen*

²escatimar vt *verdrehen (Sinn von Wörtern)*

esca\|tofagia *f* → **coprofagia** ‖ **–tófago** adj → **coprófago**

¹escatología *f* ⟨Theol⟩ *Eschatologie* f
²escatología *f* → **coprología**
¹escatológico adj ⟨Theol⟩ *eschatologisch*
²escatológico adj → **coprológico**

escayo\|la *f Modellgips* m *(Bildhauerei)* ‖ *Stuckgips* m ‖ ⟨Arch⟩ *Stuck* m ‖ ⟨Med⟩ *Gips(verband)* m ‖ ◇ vaciar algo en ~ *von et. e-n Gipsabguss machen* ‖ **–lar** vt *vergipsen* ‖ *stuckieren* ‖ ⟨Med⟩ *eingipsen* ‖ **–lista** m/f *Stukkateur(in* f) m ‖ *Gipsarbeiter(in* f) m

esce\|na *f (Schau)Bühne* f ‖ *Bühnenbild* n, *Szene* f ‖ ⟨fig⟩ *Bühnenkunst* f ‖ *Theater* n ‖ ⟨fig⟩ *dramatische Kunst* f ‖ *Szene* f, *Auftritt* m ‖ ⟨fig⟩ *Schauplatz* m ‖ ⟨fig⟩ *Szene* f, *Krach, heftiger Wortwechsel* m ‖ ~ de campo *Landschaftsbild* n ‖ una ~ desgarradora *e–e herzzerreißende Szene* ‖ ~ final *Schlussauftritt* m ‖ *Aktschluss* m ‖ ~ giratoria *Drehbühne* f ‖ ~ primera *erster Auftritt* m ‖ ◇ adaptar a la ~ *für die Bühne bearbeiten* ‖ aparecer en la ~ *öffentlich auftreten (& fig)* ‖ desaparecer de ~ *abtreten* ‖ ⟨fig⟩ *sterben*, ⟨pop⟩ *dem Leben Lebewohl sagen* ‖ entrar en ~ *auftreten (& fig)* ‖ hacer una ~ a algo. ⟨fig⟩ *jdm e–e Szene machen* ‖ llamar a la ~ *herausrufen* ‖ poner en ~ *auf die Bühne bringen* ‖ *inszenieren* ‖ ⟨fig⟩ *durchführen, verwirklichen* ‖ *in Szene setzen* ‖ salir a la ~ *auftreten* ‖ **–nario** m *Bühnenraum* m, *Bühne* f ‖ *(Bühnen)Dekoration, Szenerie* f ‖ ⟨fig⟩ *Schauplatz* m ‖ ⟨fig⟩ *Szenerie* f ‖ *Bühnenanweisung* f, *Szenar(ium)* n ‖ *Umgebung* f ‖ *Rahmen* m ‖ ~ del crimen ⟨Jur⟩ *Tatort* m ‖ ~ giratorio *Drehbühne* f ‖ ~ simultáneo *Simultanbühne* f ‖ **–narista** m/f *Drehbuchautor(in* f) m ‖ *Drehbuchbearbeiter(in* f) m ‖ *Szenenregisseur(in* f) m

escénico adj *szenisch, Bühnen-, Theater-* ‖ *bühnenwirksam*

esce\|nificable adj *(m/f) für die Bühne geeignet* ‖ **–nificación** *f Inszenierung* f ‖ **–nificar** [c/qu] vt *inszenieren* ‖ **–nografía** *f Bühnenmalerei* f ‖ ⟨Mal⟩ *perspektivische Zeichnung* f ‖ **–nográfico** adj *bühnenbildmäßig* ‖ ⟨Mal⟩ *perspektivisch* ‖ **–nógrafo** m *Bühnen\bildner, -maler* m

escepticismo m *Skepsis* f, *Misstrauen* n,

Zweifel m ‖ ⟨Philos⟩ *Skeptizismus* m ‖ ◆ con ~ *misstrauisch*

escéptico adj *skeptisch* ‖ ⟨fig⟩ *zweifelnd, misstrauisch* ‖ ~ m *Skeptiker* m ‖ ⟨fig⟩ *Zweifler* m

eschangar vt Av Extr *in Stücke reißen*

escharchar vt MAm *zerquetschen, platt drücken* ‖ ⟨fig⟩ *entlassen*

esciénidos mpl ⟨Fi⟩ *Umberfische* mpl (Sciaenidae)

escila *f* ⟨Bot⟩ *Meerzwiebel* f (Urginea maritima)

Escila *f Skylla* f ‖ ◆ entre ~ y Caribdis ⟨fig⟩ *zwischen Szylla und Charybdis,* ⟨fig⟩ *zwischen Hammer und Amboss*

es\|cíncidos mpl ⟨Zool⟩ *Skinke* mpl, *Wühlechsen* fpl (Scincidae) ‖ **–cinco** m *Skink* m ‖ ~ oficinal *Sand-, Apotheker\skink* m (Scincus officinalis)

escin\|dible adj *(m/f) spaltbar* ‖ **–dir** vt *(auf)spalten* ‖ *trennen* ‖ *teilen*

escinti\|lador m ⟨Med Phys⟩ *Szintillator, Szintillationszähler* m ‖ **–lografía** *f Szintigraphie* f ‖ **–lograma** m *Szintigramm* m ‖ **–lómetro** m *Szintillationszähler* m

Escipión m np: ~ el Africano ⟨Hist⟩ *Scipio Africanus* m

escisión *f* ⟨Phys Chem⟩ *Spaltung* f ‖ ⟨Biol⟩ *Teilung* f ‖ ⟨fig⟩ *Spaltung, Misshelligkeit* f ‖ ⟨Med⟩ *Exzision* f, *Ausschneiden* n, *(operative) Entfernung* f ‖ ~ nuclear → **fisión** nuclear

escisi\|paridad *f* ⟨Gen⟩ *Fortpflanzung* f *durch Teilung*

escita m/adj ⟨Hist⟩ *Skythe* m *(Angehöriger e–s Volkes)*

escítico adj ⟨Hist⟩ *skythisch*

esclafar vt Ar Cue Murc *zerdrücken*

esclare\|cer [-zc-] vt *beleuchten, er\|leuchten, -hellen* ‖ *aufhellen* ‖ ⟨fig⟩ *verherrlichen* ‖ ⟨fig⟩ *erläutern, aufklären* ‖ ⟨fig⟩ *ins Klare bringen* ‖ ⟨fig⟩ *Glanz verleihen (dat)* ‖ ~ vi *dämmern, Tag werden* ‖ **–cido** adj *herrlich, vortrefflich* ‖ *berühmt* ‖ *vornehm, erlaucht* ‖ adv: ~**amente** ‖ **–cimiento** m *Aufklären* n ‖ *Erhellung* f ‖ *Erläuterung* f ‖ *Klarheit, Helle* f ‖ ⟨fig⟩ *Glanz, Ruhm* m

¹esclava *f Sklavin* f ‖ ⟨figf⟩ *Dienerin* f
²esclava *f Armreif* m, *glattes Armband* n

escla\|vatura *f* Arg Pe ⟨Hist⟩ *Belegschaft* f *an Sklaven* ‖ **–vina** *f Pelerine* f ‖ *Pilgermantel* m ‖ ⟨Hist⟩ *Palatine* f *(Pelzgewand der Frauen)* ‖ *Halskragen* m *(der span. Geistlichen)* ‖ ⟨Mil⟩ *kurze Pelerine* f ‖ **–vista** m/f *(& adj) Anhänger* m *der Sklaverei* ‖ **–vitud** *f Sklaverei* f, *Sklaventum* n, *Frondienst* m ‖ ⟨fig⟩ *Knechtschaft, Knechtung* f ‖ ⟨fig⟩ *Unterjochung* f ‖ ⟨Kath⟩ *Bruderschaft* f *(Ordensgemeinschaft)* ‖ ~ feudal ⟨Hist⟩ *Frondienst* m

esclavi\|zación *f Versklavung* f ‖ *Unter\|jochung, -werfung* f ‖ *Knechtung* f ‖ **–zar** [z/c] vt *versklaven* ‖ *unter\|jochen, -werfen* ‖ ⟨fig⟩ *tyrannisieren*

esclavo adj *sklavisch* ‖ *Sklaven-* ‖ ~ m *Sklave, Knecht* m *(& fig)* ‖ *Leibeigene(r)* m ‖ ⟨Kath⟩ *Mitglied* n *e–r Bruderschaft* ‖ Am ⟨pop⟩ *Diener* m ‖ ◇ ser un ~ de su palabra ⟨fig⟩ *das gegebene Wort streng halten*

esclavón m/adj → **esclavo**

escle\|rodermia *f* ⟨Med⟩ *Sklerodermie* f ‖ **–roma** m *Sklerom* n ‖ **–rosado** adj *sklerotisch, verkalkt* ‖ ⟨fig⟩ *ver\|kalkt, -bohrt* ‖ **–rosar** vt *sklerosieren, veröden* ‖ **–rosarse** vr *sklerotisch werden* ‖ **–rósico** adj *sklerotisch, verkalkt* ‖ **–rosis** *f Sklerose* f ‖ ⟨fig⟩ *Verbohrtheit* f ‖ ~ coronaria *Koronarsklerose* f ‖ ~ múltiple *multiple Sklerose* f ‖ **–roso** adj *sklerotisch, verhärtet* ‖ **–rótica** *f* ⟨An⟩ *Sklera, Lederhaut* f *(des Auges)*

esclu|sa *f Schleuse* f ‖ *Wehr* n ‖ ~ *de cámara Kammerschleuse* f ‖ **–sero** *m Schleusenwärter* m
¹escoba *f Besen* m ‖ *Scheuerbesen, Schrubber* m ‖ ⟨figf⟩ *sehr dürre Frau, Bohnenstange* f ‖ ~ *de césped Laubrechen* m ‖ ◇ *la* ~ *nueva barre bien neue Besen kehren gut* ‖ *pasar la* ~ *mit dem Besen (aus)kehren* ‖ *parece haber tragado el mango de una* ~ ⟨fig⟩ *er hat wohl e–n Besenstiel verschluckt* ‖ *tieso como el palo de la* ~ ⟨figf⟩ *steif wie ein (Lade)Stock* ‖ *no vender ni una* ~ ⟨fam⟩ *k–n Umsatz machen*
²escoba *f* ⟨Bot⟩ *Besenginster* m (Sarothamnus scoparius)
esco|bada *f Besenstrich* m ‖ ◇ *dar una* ~ *a algo et. flüchtig kehren* ‖ **–badera** *f Kehrfrau* f ‖ **–bajo** *m abgepflückter Kamm* m *e–r Weintraube*
¹escobar vt *(aus)kehren, fegen*
²escobar *m Besenginsterfeld* n
esco|bazo *m Schlag* m *mit dem Besen* ‖ ◇ *echar a uno a* ~s ⟨figf⟩ *jdm die Tür weisen,* ⟨fam⟩ *jdn hinauswerfen*
escobén *m* ⟨Mar⟩ *(Bug)Klüse* f
escobera *f* → **²escoba**
esco|bero *m Besenschrank* m ‖ *Besenbinder* m ‖ **–beta** *f (Kleider)Bürste* f ‖ *Drahtbürste* f ‖ *Wedel* m ‖ *Pfeifenreiniger* m ‖ **–betear** vi Mex *fegen*
¹escobilla *f* → **escobeta**
²escobilla *f* ⟨El⟩ *Stromabnehmer* m ‖ ~ *de carbón Kohlebürste* f
³escobilla *f* ⟨Text⟩ *Raukratze* f
⁴escobilla *f* ⟨Bot⟩ → **²escoba** ‖ *Besenheide, Heidekraut* n (Calluna spp)
⁵escobilla f ⟨Mus⟩ *Schlagbesen* m
escobillado *m* Arg *Stampfen* n *mit dem Fuß (beim Tanz)*
¹escobillar vt *reinigen, abwischen* ‖ *fegen, bürsten*
²escobillar vi Arg *aufstampfen (beim Tanz)*
escobi|llero *m WC-Bürstengarnitur* f ‖ **–llón** *m Flaschenbürste* f ‖ *Feger* m *für Backöfen* ‖ *Wischer* m *(zum Reinigen von Holzblasinstrumenten, von Gewehren usw.)* ‖ *Schrubber* m
escobina *f Feilspäne* mpl ‖ *Bohrmehl* n
¹escobón *m Kehrwisch* m ‖ *Stöberbesen* m ‖ *Flachskopf* m *(am Spinnrad)* ‖ *Kaminbesen* m ‖ *Handfeger* m
²escobón *m* → **²escoba**
esco|cedura *f Brennen, Stechen* n ‖ **–cer** [-ue-, c/z] vi/t *brennen, stechen (Wunde)* ‖ *jucken, Jucken verursachen* ‖ ⟨fig⟩ *kränken, reizen, ärgern* ‖ ~**se** *s. wund reiben* ‖ *s. röten* ‖ ⟨fig⟩ *üble Laune bekommen*
esco|cés adj *schottisch* ‖ ~ *m Schotte, Schottländer* m ‖ *schottische Mundart* f ‖ **–cesa** *f Schottin* f ‖ *Schottisch, schottischer Tanz* m
escocia *f* ⟨Arch⟩ *Hohlkehle* f
Escocia *f* ⟨Geogr⟩ *Schottland* n
esco|cido adj *juckend* ‖ ~s *de llorar vom Weinen gerötet (Augen)* ‖ **–cimiento** *m* → **–zor**
esco|da *f* ⟨Tech⟩ *Steinaxt* f, *Spitzhammer* m ‖ *Krönel(eisen)* n ‖ **–dadero** *m* ⟨Jgd⟩ *Fegebaum* m
¹escodar vt *(Steine) mit dem Kröneleisen behauen*
²escodar vt ⟨Jgd⟩ *abfegen (Geweih)*
³escodar vt *(e–m Tier) den Schwanz stutzen*
escofín *m* ⟨reg⟩ *Tragkorb* m
escofi|na *f Raspel* f ‖ *Grobfeile* f ‖ **–nar** vt *raspeln* ‖ *(grob)feilen*
esco|ger [g/j] vt *(aus)wählen, aus|suchen, -lesen (de, entre, de entre aus, unter* (dat)) ‖ ⟨Agr Tech⟩ *verlesen, aussortieren* ‖ ◇ ~ *por esposa zur Gattin wählen* ‖ *dar a* ~ *a alg. jdm die Wahl lassen* ‖ *al que le dan, no –ge* ⟨Spr⟩ *e–m*

geschenkten Gaul sieht man nicht ins Maul ‖ *el que mucho –ge, lo peor coge* ⟨Spr⟩ *wer lange sucht, geht irre* ‖ **–gido** adj *auserlesen, vorzüglich* ‖ *auserlesen, erwählt* ‖ *vornehm* ‖ *auserwählt* ‖ ◇ *muchos son los llamados, y pocos los* ~s *viele sind berufen, aber wenige auserwählt* ‖ *estas fresas están ya muy* ~as ⟨fam⟩ *hier sind die besten Erdbeeren schon verkauft* od ⟨fam⟩ *weg*
esco|lán *m Knabenkirchenchor* m ‖ **–lanía** *f Chorknaben* mpl ‖ *Knabenkirchenchor* m (z.B. *in Montserrat)* ‖ *Sänger|knabe* m
¹escolano *m Chor-, Sänger|knabe* m
²escolano *m* ⟨Fi⟩ *Leng* m ‖ ~ *azul Blaulleng* m (Molva dipterygia dipterygia) ‖ ~ *del Mediterráneo Mittelmeerleng* m (Molva dipterygia elongata)
escolapio adj ⟨Rel⟩ *piaristisch* ‖ *Piaristen-* ‖ ~ *m Piarist* m
esco|lar adj *(m/f) Schul-* ‖ ♦ *en edad* ~ *schulpflichtig* ‖ ~ *m Schüler, Scholar* m ‖ **–laridad** *f Schul-, Studien|zeit* f ‖ *Schulbesuch* m ‖ *Schulbildung* f ‖ ~ *obligatoria Schulpflicht* f ‖ **–larización** *f Einschulung* f ‖ **–larizar** [z/c] vt *einschulen*
esco|lásti|ca *f,* **–lasticismo** *m* ⟨Philos⟩ *Scholastik* f ‖ *scholastischer Geist* m ‖ *Scholastizismus* m ‖ ⟨desp⟩ *übertriebene Spitzfindigkeit* f ‖ **–co** adj *scholastisch* ‖ *Schul-* ‖ ~ *m Scholastiker* m ‖ ⟨desp⟩ *Wortklauber* m
escolero *m* Pe *Schüler* m
escólex *m* ⟨Zool Med⟩ *Skolex, Bandwurmkopf* m
esco|liador *m Glossator* m ‖ **–liar** vt *mit Glossen versehen* ‖ **–lio** *m Scholie, Scholion* n, *Glosse* f
escoliosis *f* ⟨Med⟩ *Skoliose* f
esco|llar vi Arg ⟨Mar⟩ *stranden* ‖ ⟨fig⟩ *scheitern* ‖ **–llera** *f* ⟨Mar⟩ *Steinschutzwall* m ‖ ⟨Mar⟩ *Damm(aufschüttung* f) m ‖ ⟨Mar⟩ *Wellenbrecher* m ‖ **–llo** *m* ⟨Mar⟩ *Klippe* f ‖ ⟨fig⟩ *Klippe, Gefahr* f ‖ ⟨fig⟩ *Hindernis* n ‖ ◇ *sortear los* ~s (& fig) *die Klippen umschiffen*
escolopendra *f* ⟨Ins⟩ *Skolopender* m (Scolopendra spp) ‖ ⟨Bot⟩ *Hirschzunge* f (Phyllitis scolopendrium)
escol|ta *f* ⟨Mil⟩ *Eskorte, Begleitmannschaft, Bedeckung* f, *(Schutz)Geleit* n ‖ *Begleitkommando* n ‖ *Begleitmannschaft* f ‖ *Leibwache* f ‖ ⟨Mar⟩ *Geleitschiff* n ‖ ⟨fig⟩ *Begleitung* f ‖ ⟨fig⟩ *Gefolge* n ‖ ~ *real kgl. Leibgarde* f ‖ ◇ *servir de* ~ *als Bedeckung dienen* ‖ **–tar** vt (Mar Mil) *geleiten, decken, eskortieren* ‖ *(jdn) begleiten, geleiten*
escom|bra *f Weg-, Auf|räumen* n ‖ Ar *Abraum, Schutt* m ‖ **–brar** vt *aus-, ab|räumen* ‖ *Schutt (fort)räumen, Trümmer beseitigen* ‖ ⟨fig⟩ *säubern, räumen* ‖ *klauben (Rosinen)* ‖ **–brera** *f Kehrricht-, Mist-, Schutt|haufen* m ‖ *Schuttablade|halde* f, *-platz* m, *Deponie* f ‖ ⟨Bgb⟩ *(Abraum)|Kippe, -halde* f
¹escombro *m* (Bau)*Schutt, Abraum* m ‖ *Trümmer* pl ‖ ⟨Bgb⟩ *Abraum* m, *Berge* mpl ‖ ◇ *reducir a* ~ *in Trümmer schlagen*
²escombro *m* ⟨Fi⟩ *Makrele* f (Scomber scombrus)
³escombro *m schlechte Rosinen, Ausschussrosinen* fpl
escomerse vr *zerfressen werden (Gestein durch Wasser)*
escon|dedero *m* → **–drijo** ‖ **–der** vt *ver|stecken, -bergen (de vor* dat) ‖ ⟨fig⟩ *verheimlichen* ‖ ~**se** *s. verstecken* ‖ **–dida** *f* Arg *Versteckspiel* n ‖ ♦ *a* ~s *heimlich, versteckt, verstohlenerweise* ‖ *im Geheimen* ‖ *a* ~s *de alg. ohne jds Wissen* ‖ **–didizo** adj *scheu* ‖ **–dido** adj *verborgen, geheim* ‖ ~ *m* CR Salv *Versteckspiel* n

‖ **–dimiento** *m* Verstecken n ‖ Verbergen n ‖ **–dite** *m* Versteck n ‖ ◇ jugar al ~ Versteck spielen ‖ **–drijo** *m* Versteck n, Schlupfwinkel m

escon|zado adj ⟨Arch⟩ abgeschrägt ‖ **–zar** [z/c] vt abschrägen

escoñar vt ⟨vulg⟩ ver|hunzen, -patzen ‖ ~se ⟨vulg⟩ schief gehen, ⟨pop⟩ in die Hose gehen

escope|ta *f* Flinte, Büchse f, (Schieß)Gewehr n ‖ ~ de aire comprimido Luftgewehr n ‖ ~ de dos cañones zweiläufige Flinte, Doppelflinte f ‖ ~ de caza Jagdflinte f ‖ ~ de perdigón Schrot|büchse, -flinte f ‖ ~ de salón Zimmerflinte f ‖ ~ de tiro doble → de dos cañones ‖ ~ de viento Windbüchse f ‖ ◇ ¡aquí te quiero ver, ~! ⟨fam⟩ jetzt wird's ernst! ‖ **–tado** adj eilig, hastig, fix ‖ **–tar** vi mit et. herausplatzen ‖ **–tazo** *m* Flinten-, Büchsen|schuss m ‖ ⟨fig⟩ überraschende Nachricht f ‖ **–tear** vt/i wiederholt schießen (auf acc) ‖ ~se s. gegenseitig mit Komplimenten (bzw mit Beschimpfungen) überschütten ‖ **–tero** *m* Büchsenmacher m ‖ Schütze m

esco|pleadora *f* ⟨Tech⟩ Stemmmaschine, Senkrechtstoßmaschine f ‖ **–plear** vt (aus)meißeln ‖ stemmen ‖ **–plo** *m* [für Holz] Stemmeisen n, (Stech)Beitel m ‖ [für Stein] (Stein)Meißel m

esco|ra *f* ⟨Mar⟩ größte Schiffsbreite f ‖ ⟨Mar⟩ Krängung f ‖ Schlagseite f ‖ Schore f ‖ ~s *fpl* ⟨Mar⟩ Schoren fpl ‖ **–rar** vt ⟨Mar⟩ krängen ‖ Schlagseite haben ‖ abstützen (Schiffseiten) ‖ den tiefsten Stand erreichen (Ebbe)

escor|bútico adj ⟨Med⟩ skorbutisch, skorbutartig ‖ **–buto** *m* Skorbut, Scharbock m

escor|char vt ab|häuten, -schinden, -schürfen (Haut) ‖ **–chón** *m* Kratzer m, (Haut)Abschürfung f

escordio *m* ⟨Bot⟩ Wassergamander m (Teucrium scordium)

esco|ria *f* (Metall)Schlacke f, Gekrätz n ‖ Zunder, Hammerschlag m ‖ ⟨fig⟩ Schund, Ramsch m ‖ ⟨fig⟩ Abschaum, Auswurf m, Hefe f ‖ ~ de la humanidad ⟨fig⟩ Auswurf m der Menschheit ‖ ~ del populacho ⟨fam⟩ Hefe f des Pöbels ‖ **–rial** *m* ⟨Bgb⟩ (Schlacken)Halde f ‖ Schlackenhaufe(n) m ‖ el ~ Escorial m (Schloss bei Madrid) ‖ **–riar** vt wund reiben, abschürfen

escor|pena, –pera, –pina *f* ⟨Fi⟩ Meersau f (Scorpaena scrofa)

¹escorpión *m* ⟨Zool⟩ Skorpion m (& Astr) ‖ ~ mediterráneo Feldskorpion m (Buthus occitanus)

²escorpión *m* ⟨Fi⟩ Seeskorpion m ‖ ~ común Seeskorpion m (Myoxocephalus scorpius) ‖ ~ cuadricorne Vierhörniger Seeskorpion m (Myoxocephalus quadricornis) ‖ ~ enano Zwergseeskorpion m (Taurulus lilljeborgi) ‖ ~ marino Seebull m (T. bubalis)

³escorpión *m* ⟨Hist Mil⟩ Skorpion m

escor|zar [z/c] vt ⟨Mal⟩ perspektivisch verkürzen ‖ **–zo** *m* ⟨Mal⟩ perspektivische Verkürzung f ‖ ⟨Mal⟩ schiefe Stellung f ‖ ⟨fig⟩ Abriss, Überblick m

escorzón *m* ⟨Zool⟩ Kröte f

escota *f* ⟨Mar⟩ Schot(e), Segelleine f

esco|tado adj weit ausgeschnitten, dekolletiert (Frauenkleid) ‖ ⟨Bot⟩ an der Spitze ausgezackt (Blatt) ‖ muy ~ tief ausgeschnitten ‖ ~ *m* → **–te** ‖ ⟨Th⟩ Schnürboden m ‖ ⟨Th⟩ Versenkung f ‖ **–tadura** *f* Ausschnitt m (am Kleid) ‖ Aussparung f (& Tech) ‖ Ausschnitt m ‖ ⟨An⟩ Furche f ‖ Kerbe f ‖ ⟨Th⟩ große Versenkung f

¹escotar vt ausschneiden (Frauenkleid) ‖ ⟨Tech⟩ ausklinken ‖ ⟨Tech⟩ aussparen

²escotar vi s–n Anteil zahlen, s. an der Zeche beteiligen (bei gemeinsamen Ausgaben)

¹escote *m* Halsausschnitt m, Dekolleté n ‖ Hemdenpasse f ‖ ⟨Tech⟩ Aussparung f ‖ Ausklinkung f (Blech) ‖ ~ en pico V-Ausschnitt m

²escote *m* Zeche f, Anteil m an der Zeche ‖ ◆ a ~ anteilmäßig, durch Umlage (Zahlung) ‖ ◇ pagar a ~ anteilmäßig getrennt zahlen

escoti|lla *f* ⟨Mar⟩ Luke f, Luk n (im Verdeck) ‖ **–llón** *m* Falltür f ‖ ⟨Th⟩ Versenkung f ‖ ⟨Mar⟩ Springluke f ‖ ◇ aparecer por el ~ überraschend auftauchen ‖ desaparecer por el ~ ⟨figf⟩ plötzlich spurlos verschwinden ‖ entrar por el ~ ⟨fam⟩ unvermutet erscheinen

escotismo *m* ⟨Philos⟩ Scotismus m (die Lehre des Duns Scotus)

escotoma *m* ⟨Med⟩ Skotom n

escoyo *m* ⟨Agr⟩ Kamm m (der Traube)

escozor *m* (starkes) Jucken, Brennen n ‖ ⟨fig⟩ nagender Kummer, Gram m

escrachar vt (Kandidaten aus e–r Wahlliste) streichen

escri|ba *m* Schriftgelehrte(r) m (bei den Juden) ‖ ⟨desp⟩ Skribent, schlechter Schriftsteller m ‖ ⟨fam⟩ Schreiberling m ‖ **–banía** *f* Amt n e–s Amtsschreibers ‖ Kanzlei f ‖ Schreibzeug n ‖ Schreibtischgarnitur *f* ‖ Am Notariat n

¹escribano *m* ⟨Amts⟩Schreiber m ‖ Am Notar m

²escribano *m* ⟨V⟩ Ammer f (Emeriza spp) ‖ ~ cabecinegro Kappenammer f (E. melanocephala) ‖ ~ ceniciento Grauer Ortolan m (E. caesia) ‖ ~ cerillo Goldammer f (E. citrinella) ‖ ~ cinéreo Kleinasiatische Ammer f (E. cineracea) ‖ ~ hortelano Gartenammer f, Ortolan m (E. hortulana) ‖ ~ lapón Spornammer f (Calcarius lapponicus) ‖ ~ montesino Zippammer f (E. cia) ‖ ~ nival Schneeammer f (Plectrophenax nivalis) ‖ ~ palustre Rohrammer f (E. schoeniclus) ‖ ~ pigmeo Zwergammer f (E. pusilla) ‖ ~ rústico Waldammer f (E. rustica) ‖ ~ soteño Zaunammer f (E. cirlus)

³escribano *m* ⟨Ins⟩: ~ del agua Taumelkäfer m (Gyrinus natator)

escri|bido pp inc von **–bir:** ◇ ser muy leído y ~ ⟨fam iron⟩ e–n hohlen Kopf haben ‖ **–bidor** *m* ⟨fam⟩ Skribent, schlechter Schriftsteller, Schreiberling m ‖ **–biente** *m* [früher] (berufsmäßiger) Schreiber m ‖ Abschreiber m

escribir [pp escrito] vt/i (auf)schreiben ‖ niederschreiben ‖ verfassen ‖ ⟨Mus⟩ komponieren ‖ adressieren (Brief) ‖ ~ vi/t schreiben (a an acc) ‖ perezoso para ~ schreibfaul ‖ ◇ ~ en alemán deutsch schreiben ‖ ~ sobre od de algo von (dat od über acc) et. schreiben ‖ ~ de corrido geläufig schreiben ‖ al dictado nach Diktat schreiben ‖ ~ en limpio ins Reine schreiben ‖ ~ a mano mit der Hand schreiben ‖ ~ a máquina auf der (Schreib)Maschine schreiben ‖ no saber ~ (ni) su nombre ⟨fig⟩ sehr unwissend sein ‖ ~ a pluma mit der Feder schreiben ‖ volver a ~ umschreiben ‖ ~ vi schriftstellern ‖ ~se miteinander im Briefwechsel stehen ‖ ¿cómo se escribe eso? wie schreibt man das?

escriño *m* Fresskorb m (für Zugtiere) ‖ Korb m (für Getreide usw.) ‖ Kasten m, Kästchen n

escrit.ª ⟨Abk⟩ → **escritura**

escrita *f* ⟨Fi⟩ Engelhai, Meerengel m (Squatina squatina)

escritillas fpl Schafbockshoden mpl, ⟨fam⟩ Hammelhoden mpl

escri|to pp/irr von **escribir** ‖ ~ adj geschrieben (Gesetz usw.) ‖ be|schrieben, -kritzelt ‖ schriftlich (Aufgabe, Beweis) ‖ lo ~ was geschrieben ist, das Geschriebene ‖ ~ en el agua ⟨fig⟩ in den Wind geredet ‖ ~ a mano handschriftlich ‖ ~ a máquina maschinenschriftlich ‖ ◆ por ~ schriftlich ‖ ◇ estaba ~ es stand geschrieben ‖ no hay nada ~ sobre eso ⟨fig⟩ das ist sehr zu bestreiten ‖ tomar por ~ niederschreiben ‖ ~ *m* Geschriebene(s) n,

Schrift f ‖ *Schriftstück* n ‖ *Schreiben* n, *Brief* m ‖
Buch, Werk n ‖ ⟨Jur⟩ *Schrift(satz* m) f ‖ *Gesuch* n
‖ *Antrag* m ‖ ~ *de debate* ⟨Jur⟩ *Schriftsatz* m ‖ ~
polémico *polemische Schrift* f ‖ **–tor** m *Schreiber*
m ‖ *Schriftsteller, Verfasser, Autor* m ‖ ~ ameno
Belletrist m ‖ ~ *de nota bekannter Schriftsteller*
m ‖ ~ novelista *Novellen-, Roman|schreiber* m ‖
~ popular *Volksschriftsteller* m ‖ **–torio** m
Schreib|tisch m, *-pult* m ‖ *Schreibstube* f,
Geschäftszimmer, Büro n ‖ ⟨Inform⟩ *Desktop* m
escritor|zuelo, –cillo m ⟨desp⟩ *erbärmlicher
Schriftsteller,* ⟨fam⟩ *Schreiberling* m
¹escritura f *Schreiben* n ‖ *Schrift* f ‖
Schreibkunst f ‖ *Handschrift, Schriftart* f ‖ ~ de
adorno *Zierschrift* f ‖ ~ alemana *deutsche Schrift*
f ‖ ~ árabe *arabische Schrift* f ‖ ~ de Braille, ~
para ciegos *Braille-, Blinden|schrift* f ‖ ~
cuneiforme *Keilschrift* f ‖ ~ cursiva *Kursivschrift*
f ‖ ~ española *spanische gerade (leicht
verschnörkelte) Schrift* f ‖ ~ en espejo
Spiegelschrift f ‖ ~ fonética *Lautschrift* f ‖ ~
gótica → ~ alemana ‖ ~ hierática *(altägyptische)
hieratische (Priester)Schrift* f ‖ ~ ideográfica
Ideenschrift f ‖ ~ inglesa *Kurrentschrift* f ‖ ~
jeroglífica *Hieroglyphen-, Bilder|schrift* f ‖ ~ a
máquina *(Schreib)Maschinenschrift* f ‖ ~ oblicua
Schrägschrift f ‖ ~ de palo seco *Blockschrift* f ‖
~ pictográfica *Bilderschrift, Piktographie* f ‖ ~
recta *Steilschrift* f ‖ ~ redondilla *Rundschrift* f ‖
~ rúnica *Runenschrift* f ‖ ~ uncial *Unzialschrift,
Unziale* f ‖ ~ vertical → ~ recta
²escritura f *Schriftstück* n ‖ *amtliche Urkunde*
f ‖ *Notarschrift, notarielle Urkunde* f ‖
Schuldverschreibung f ‖ *Buch, Werk* n, *Schrift* f ‖
~ de compraventa *Kauf-, Verkaufs|urkunde* f ‖ ~
de constitución *Gründungsurkunde* f ‖ ~ de
enajenación *Veräußerungsurkunde* f ‖ ~ notarial
notarielle Urkunde f ‖ ~ pública *öffentliche
Urkunde* f ‖ la Sagrada ~ *die Heilige Schrift, die
Bibel* ‖ ~ social *Gesellschaftsvertrag* m
escritu|ración f ⟨Jur⟩ *Beurkundung* f ‖ **–rar** vt
schriftlich ausfertigen ‖ *beurkunden* ‖ **–rario** adj
amtlich ausgefertigt, Amts- ‖ *notariell* ‖ ⟨Rel⟩
Bibel-, Schrift- ‖ ~ m *Schriftforscher, Bibelkenner*
m
escrófula f ⟨Med⟩ *Skrofel, Drüsengeschwulst* f
escrofu|laria f ⟨Bot⟩ *Braunwurz* f
(Scrophularia spp) ‖ **–lariáceas** fpl ⟨Bot⟩
Rachenblütler mpl (Scrophulariaceae)
escrofu|lismo m, **–losis** f ⟨Med⟩ *Skrofulose* f ‖
–loso adj *skrofulös*
escro|tal adj *(m/f) auf den Hodensack
bezüglich* ‖ **–to** m ⟨An⟩ *Hodensack* m, *Skrotum* m
¹escrúpulo m *Skrupel* m, *Besorgnis* f,
Bedenken n ‖ *Bedenklichkeit* f ‖
Ge|wissenhaftigkeit, -nauigkeit f ‖ ⟨fig⟩ *Ekel,
Widerwille* m ‖ *Steinchen* n *(im Schuh)* ‖ ~s de
monja ⟨figf⟩ *kleinliche, lächerliche Bedenken* npl
‖ ♦ sin el menor ~ *unbedenklich, ohne Bedenken*
n ‖ ◇ no hago ~ de ... *ich habe k–e Bedenken
zu ...* ‖ *leichtfertig*
²escrúpulo m ⟨Pharm⟩ *Skrupel* n *(altes
Gewicht)*
escrupulo|sidad f *peinliche Gewissenhaftigkeit*
f ‖ *(ängstliche) Genauigkeit* f ‖ *Skrupel* mpl ‖ **–so**
adj *sehr gewissenhaft, ängstlich* ‖ *Bedenken
erregend* ‖ *bedenkenvoll* ‖ ⟨fig⟩ *peinlich genau,
sehr gewissenhaft* ‖ ⟨fig⟩ *übertrieben vorsichtig* ‖
adv: **–amente**
escru|tador adj *forschend (Blick)* ‖ ~ m
Stimmenzähler m ‖ **–tar** vt/i *peinlich genau
untersuchen* ‖ *forschen* ‖ *spähen* ‖ *Stimmen zählen*
‖ **–tinio** m *(Zettel)Wahl* f ‖ *(Wahl)Prüfung* f ‖
Wahlgang m ‖ *Stimmenzählung* f ‖ ⟨fig⟩ *Wahl* f ‖
Untersuchung f ‖ ⟨fig⟩ *Screening* m

escs. ⟨Abk⟩ = **escudos**
¹escuadra f *Winkel|maß, -eisen* n,
(Anlege)Winkel m ‖ *Zeichendreieck* n ‖
Winkelhaken m ‖ ⟨Astr⟩ *Winkelmaß* n ‖ ~ de
agrimensor *Feldmesserwinkel* m ‖ ~ de
delineante *Reißschiene* f ‖ ~ de hierro
Winkeleisen n ‖ ~ de madera *Holzwinkel* m ‖ ~
de sesgo *Gehrungswinkel* m ‖ ♦ a ~ *winkelrecht*
²escuadra f ⟨Mil Flugw Mar⟩ *Geschwader* n ‖
⟨Mil⟩ *Gruppe* f, *Trupp* m ‖ ⟨Mil⟩ *Reitergruppe* f
escua|drar vt ⟨Zim⟩ *abvieren* ‖ *rechtwink(e)lig
zuschneiden, be|hauen, -schneiden* ‖ *(Bäume)
zustutzen* ‖ **–drado** adj *beschlagen (Holz)* ‖ ~,
–dreo m *Flächenvermessung* f ‖ *Fläche(nausmaß*
n) f ‖ **–dría** f *Schnittmaß* n *(e–s Balkens)*
escuadrilla f ⟨Mar⟩ *Flottille* f, *kleines
Geschwader* n ‖ ⟨Flugw⟩ *(Flieger-,
Flugzeug)Staffel* f ‖ *Trupp* m ‖ ~ de construcción
Bautrupp m
escuadro m → **escrita**
escuadrón m ⟨Mil⟩ *Schwadron* f,
(Reiter)Geschwader n ‖ ⟨Flugw⟩ *Geschwader* n ‖
~ de caza ⟨Flugw⟩ *Jagdgeschwader* n ‖ ~ de la
muerte *Todesschwadron* f
es|cualidez *[pl ~ces] Verwahrlosung* f ‖
Schmutz m ‖ *Schwäche* f ‖ *Abmagerung* f ‖
–cuálido adj *schmutzig, unflätig* ‖ *schwach,
abgemagert*
es|cuálidos mpl ⟨Fi⟩ *Haie, Haifische* mpl
(Selachii) ‖ **–cualo** m *Hai(fisch)* m
¹escucha f *(Ab-, Zu)Hören, Lauschen* n ‖
Radargerät n ‖ ⟨Mil⟩ *Erkundung* f ‖ ◇ estar de od
a la ~ ⟨fam⟩ *auf der Lauer liegen* od *sitzen* ‖
ponerse a la ~ *auf Empfang stellen* od *gehen*
²escucha m *Horcher* m ‖ ⟨Mil⟩ *Späher,
Kundschafter* m ‖ ⟨Mil⟩ *Horch|posten* m, *-stelle* f
‖ ⟨Fort⟩ *Abhörstollen* mpl ‖ ⟨Radio⟩
Rundfunkteilnehmer, Hörer m ‖ ⟨Tel⟩ *Abhörposten*
m ‖ ⟨Hist⟩ *geheimes Fenster* n *(des Königs zum
Sitzungssaal u.ä.)*
escu|char vt *(an)hören* ‖ *belauschen* ‖ *(jdm)
zuhören* ‖ *folgen* ‖ *Gehör schenken* (dat), *erhören*
(acc) ‖ ~ a alg. *auf jdn hören* ‖ ~ algo *et. hören* ‖
~ vi *(zu)hören* ‖ ⟨Radio⟩ *(e–e Rundfunksendung)
(mit)hören* ‖ ⟨Tel⟩ *ab-, mit|hören* ‖ *(auf)horchen* ‖
◇ quien –cha, su mal oye ⟨Spr⟩ *der Horcher an
der Wand hört s–e eigene Schand* ‖ no ~ *nicht
hören wollen, ungehorsam sein (bes. Kind)* ‖
¡escucha! *pass auf! hör mal!* ‖ **–se** ⟨fig⟩ *s. gern
reden hören* ‖ **–chete** m → **–cho**
escuchimizado adj *schwächlich* ‖ ~ m ⟨fam⟩
Schwächling m
escu|chita(s) f(pl) ⟨fam⟩ *Getuschel, Tuscheln* n ‖
–cho m Sant León *leises Flüstern, Ins-Ohr-
Flüstern* n ‖ *Tuscheln* n ‖ ♦ a(l) ~ *heimlich, ins
Ohr* ‖ en voz de ~ *in flüsterndem Ton* ‖ **–chón** m
heimlicher Zu- od *Mit|hörer* m
escudar vt *mit e–m Schild (be)decken,
schützen* ‖ ⟨fig⟩ *(be)schirmen, beschützen, decken*
‖ **–se** ⟨fig⟩ *in Deckung gehen* ‖ ⟨fig⟩ *s.
verschanzen* (con en *hinter* dat) ‖ ⟨fig⟩ *s.
wappnen* (con, de *mit*) ‖ ◇ ~ con un pretexto *et.
vorschützen*
escudella f ⟨Kochk⟩ *typischer katalanischer
Eintopf* m
escude|ril *(m/f),* **-ro** adj *Schildknappen-* ‖ adv:
~mente ‖ **-ro** m ⟨Hist⟩ *(Schild)Knappe* m,
Waffenträger m ‖ ⟨Hist⟩ *Ritter, Vasall* m ‖ ⟨Jgd⟩
Jungkeiler m ‖ ⟨fig⟩ *ständiger Begleiter* m
escuderón m *Prahler* m
¹escudete m dim von **¹,²escudo** ‖ *Keil, Zwickel*
m *(Wäsche)* ‖ *Nahtverstärkung* f ‖ *Schlüsselblech*
n ‖ ⟨Agr⟩ *Pfropfauge* n ‖ ◇ injertar de ~ ⟨Bot⟩
äugeln
²escudete m ⟨Bot⟩ *Seerose* f (Nymphaea spp)

escudi|lla f *Suppennapf* m ‖ *Suppenschüssel* f ‖ *Saugnapf* m *(bei Patentwandhaken usw.)* ‖ **–llar** vt/i *(die Suppe) ausschöpfen, austeilen* ‖ *(Brotsuppe) bereiten* ‖ ⟨fig⟩ *nach s–m Willen schalten und walten*
¹escudo m ⟨Geol Her⟩ *Schild* m ‖ *Schlüsselblech* n ‖ ⟨fig⟩ *Schutz, Beistand* m ‖ *Meteorstein* m ‖ ⟨Mar⟩ *Rückenlehne* f *(im Bootsheck)* ‖ ∼ *de armas Wappenschild* m
²escudo m *Schild* n ‖ ∼ *de od con la marca Markenschild* n
³escudo m [Währungseinheit] *Escudo* m *und Zusatz je nach Land, z. B. Kap-Verde-Escudo* (Abk = KEsc)
escudri|ñador adj *forschend, untersuchend* ‖ *prüfend* ‖ **–ñ(amient)o** m *Nachsuchung, (Aus)Forschung* f ‖ *Ergründung* f ‖ **–ñar** vt/i *aus-, er|forschen* ‖ *nachforschen* ‖ *durchsuchen* ‖ ∼ vt *auskundschaften*
escuela f *Schule* f ‖ *Fachhochschule* f ‖ *Schulgebäude* n ‖ *(Schul)Unterricht* m ‖ *Schulwesen* n ‖ *Erziehung, Bildung* f ‖ *Schulung* f ‖ *Übung* f ‖ ⟨Philos⟩ *Schule* f ‖ *Lehre, Sekte* f ‖ *Lehrsystem* n ‖ *Lehrkörper* m ‖ *Schulkinder* npl ‖ ∼ *de od para adultos Fortbildungsschule* f ‖ ∼ *de agricultura landwirtschaftliche Schule* f ‖ ∼ *al aire libre Freiluftschule* f ‖ ∼ *de artes Kunstschule* f ‖ ∼ *de artes y oficios Gewerbeschule* f ‖ ∼ *de aviación Flieger-, Flug|schule* f ‖ ∼ *de Bellas Artes Kunstakademie* f ‖ ∼ *asilo Kindergarten* m ‖ ∼ *de baile Tanzschule* f ‖ ∼ *de canto Gesang-, Sing|schule* f ‖ ∼ *de capacitación Fachschule* f ‖ ∼ *de ciegos Blindenanstalt* f ‖ ∼ *coeducativa,* ∼ *bisexual Koedukationsschule* f ‖ ∼ *de comercio Handelsschule* f ‖ ∼ *de conductores od chóferes Fahrschule* f ‖ ∼ *de cuadros* ⟨Pol⟩ *Kader-, Partei|schule* f ‖ ∼ *dominical Sonntagsschule* f ‖ ∼ *elemental Elementarschule* f ‖ ∼ *de equitación Reitschule* f ‖ ∼ *especial Fachschule* f ‖ ∼ *de altos estudios económicos Handelshochschule* f ‖ ∼ *flamenca* ⟨Mal⟩ *flämische Schule* f ‖ ∼ *de formación profesional berufsbildende Schule* f ‖ *Fortbildungsschule* f ‖ ∼ *gratuita Freischule* f ‖ ∼ *de guerra* → ∼ *militar* ‖ ∼*-hogar Internatsschule* f ‖ ∼ *industrial Gewerbeschule* f ‖ *Fortbildungsschule* f ‖ ∼ *de ingenieros Technikum* n, *technische Schule* f ‖ ∼ *de iniciación profesional Berufsschule* f ‖ ∼ *interconfesional Gemeinschaftsschule* f ‖ ∼ *laica freie, konfessionslose Schule* f ‖ ∼ *maternal Kindergarten* m ‖ ∼ *militar früher: Kriegsschule,* heute: *Offiziersschule* f ‖ ∼ *de minas Bergakademie* f ‖ ∼ *mixta Am Grundschule* f *für beide Geschlechter, Koedukationsschule* f ‖ ∼ *modelo Musterschule* f ‖ ∼ *de montes Forstakademie* f ‖ ∼ *municipal städtische (Grund)Schule* f ‖ *Konservatorium* n *in Barcelona* ‖ ∼ *de música Musikschule* f ‖ *Konservatorium* n ‖ ∼ *nacional de EGB Span Grund- und Haupt|schule* f ‖ ∼ *de náutica,* ∼ *naval Seemannsschule* f ‖ ∼ *de niñas Mädchenschule* f ‖ [früher] *Töchterschule* f ‖ ∼ *de niños Knabenschule* f ‖ ∼ *nocturna Abend|schule* f, *-kursus* m ‖ ∼ *para (niños) subnormales Sonderschule* f ‖ ∼ *normal (de maestros, de maestras)* [veraltet] *Lehrer-, Lehrerinnen|bildungsanstalt* f ‖ Deut *pädagogische Hochschule* f ‖ ∼ *particular,* ∼ *privada Privatschule* f ‖ ∼ *de párvulos Kindergarten* m ‖ ∼ *de periodismo Journalistenschule* f ‖ ∼ *de pintura Malschule* f ‖ ∼ *politécnica technische Hochschule* f, *Polytechnikum* n ‖ ∼ *preparatoria Vor(bereitungs)schule* f ‖ ∼ *primaria* [veraltet]

Grundschule f ‖ *Vorschule* f ‖ ∼ *profesional Fachschule* f ‖ ∼ *realista* ⟨Kunst⟩ *realistische Schule* f ‖ ∼ *reconocida Span staatlich anerkannte (private od kirchliche) Schule* f ‖ ∼ *romántica* ⟨Lit⟩ *romantische Schule* f ‖ ∼ *de segunda enseñanza* [veraltet] *Mittelschule, höhere Schule* f ‖ ∼ *de sordomudos Taubstummenanstalt* f ‖ ∼ *superior* [veraltet] *höhere Schule* f ‖ *Ober-, Mittel|schule* f ‖ *Fortbildungsschule* f ‖ ∼ *superior de comercio Handelshochschule* f ‖ ∼ *de tauromaquia Stierkämpferschule* f ‖ ∼ *técnica superior Span technische Fachhochschule* f ‖ ∼ *de tiro Schießschule* f ‖ ∼ *unitaria einklassige Schule* f ‖ ∼ *universitaria Span etwa: Fachhochschule* f *(e–r Universität angeschlossen)* ‖ ∼ *de la vida Schule f des Lebens* ‖ ∼ *volante wandernde Schule* f ‖ ◆ con ∼ *schulgerecht* ‖ ◇ *correrse la* ∼ *Sant die Schule schwänzen* ‖ ¿a qué ∼ vas? *in welche Schule gehst du?* ‖ *hacer* ∼ *Schule machen (Kunst)* ‖ *faltar a la* ∼ *die Schule schwänzen* ‖ *frecuentar (od asistir a) la* ∼ *die Schule besuchen* ‖ *no tener* ∼ **a)** ⟨Sch⟩ *freihaben* **b)** k–e *Bildung haben*
escue|lante m/f *Mex Volksschullehrer(in* f) m ‖ **–lero** m *Am* ⟨pop⟩ *Schulmeister* m ‖ Arg Ven *Schulkind* n ‖ **–lista** m/f *Ur Schullehrer(in* f) m
escuerzo m *Kröte* f (& fig) ‖ ⟨fig⟩ *unansehnliches (bzw hässliches) Geschöpf* n
escue|tamente adv *von* **–to** *kurz und bündig* ‖ *lediglich, allein* ‖ *in knappen Worten* ‖ **–to** adj *frei, ungehindert* ‖ *unbeladen* ‖ *kahl (Mauer)* ‖ *schlicht, einfach* ‖ *knapp* ‖ *trocken (Stil)*
escuin|cle, –tle m *Mex streunender Hund* m ‖ *Knabe, Junge* m ‖ ⟨fig⟩ *schmächtiges Kind* n
Esculapio m ⟨Myth⟩ *Äskulap* m
esculcar [c/qu] vt *nachforschen* ‖ Am *durchsuchen (Person, Raum)*
escullar vi *Burg Sant ab-, aus|laufen (Flüssigkeit)* ‖ *ab-, aus|tropfen* ‖ ∼ vt ⟨reg⟩ → **escudillar**
escullir vi *Murc ausrutschen*
esculpir vt *hauen, meißeln (Stein usw.)* ‖ *schnitzen (Holz)* ‖ *graben, stechen* ‖ ◇ ∼ *a cincel stechen* ‖ ∼ *en mármol in Marmor aushauen*
escul|tismo m *Pfadfinderbewegung* f ‖ **–tista** m/f *Anhänger(in* f) *der Pfadfinderbewegung, Pfadfinder(in* f) m
escul|tor m *Bildhauer* m ‖ *Bildschnitzer* m ‖ ∼ *de nota bekannter Bildhauer* m ‖ **–tórico** adj
escultural ‖ **–tura** f *Bildhauerkunst, Bildhauerei* f ‖ *Skulptur, Bildsäule* f ‖ *Plastik* f ‖ *Schnitzwerk* n ‖ *(Gips)Abguss* m ‖ **–tural** adj *(m/f) Bildhauerei-, Bildhauer-* ‖ *plastisch* ‖ ◆ *de una belleza* ∼ ⟨fig⟩ *bildschön* ‖ *wie gemeißelt*
escuna f ⟨Mar⟩ *Schoner* m
escupeaguas m ⟨Auto⟩ *Wasser(führungs)rinne* f
escupi|dera f *Spucknapf* m ‖ *And Arg Chi Ec Nachtgeschirr* n ‖ **–do** adj: ◇ *es* ∼*a la madre* (fam) *sie ist der Mutter wie aus dem Gesicht geschnitten* ‖ ∼ m *Speichel* m, *Spucke* f ‖ **–dor** adj *oft (aus)spuckend* ‖ ∼ m *And Ec PR Spucknapf* m ‖ *Am Uringlas* n ‖ *MAm Mex Feuerwerk* n ⟨Arch⟩ *Regenleiste* f ‖ **–dura** f *(ausgeworfener) Speichel, Auswurf* m ‖ *Fieberausschlag* m *(am Mund)*
escupir vt *aus|spucken, -speien* ‖ *an-, be|spucken* ‖ ⟨fig⟩ *auswerfen, sprühen, schleudern* ‖ ⟨fig⟩ *verhöhnen, von s. weisen* ‖ ⟨pop⟩ *mit der Wahrheit herausrücken, gestehen* ‖ *(Feuer) speien (Gewehre, Vulkane)* ‖ *absondern, ausschwitzen* ‖ ⟨Taur⟩ *(den Degen) abschütteln (Stier)* ‖ ◇ ∼ *la bilis* ⟨fig⟩ *s–n Zorn auslassen, Gift und Galle speien* ‖ ∼ *al cielo* ⟨figf⟩ *gegen den Wind*

spucken, s. ins eigene Fleisch schneiden ‖ ~
doblones ⟨figf⟩ *mit s–m Reichtum protzen* ‖ le
escupió esta palabra *er schleuderte ihm dieses
Wort ins Gesicht* ‖ ~ sangre *Blut spucken* ‖ ~ vi
(aus)spucken ‖ ~ al *(od* en el) suelo *auf den
Boden spucken* ‖ *widersinnig handeln* ‖ ~ por el
colmillo ⟨figf⟩ *prahlen, großtun, protzen*
escu|pi(ti)na f, **–pit(in)ajo, –po** m ⟨fam⟩
Speichel m, *Spucke* f
   escurialense adj *(m/f) zum Escorial gehörig*
   escuro adj ⟨pop⟩ → **oscuro**
   escurre|platos m *Abtropf|ständer* m (bzw *-brett*
n) *(Küchengerät)* ‖ **–vasos** m *Trockengestell* n *für
Gläser* ‖ **–verduras** m *Abtropfsieb* n *für Gemüse*
   escurri|banda f ⟨fam⟩ *Ausflucht* f ‖ ⟨fam⟩
Durchfall m ‖ ⟨fam⟩ *Tracht* f *Prügel* ‖ *Hiebe* mpl
‖ **–dera** f, **–dero** m *Abtropfbrett* n ‖ *Abtropfbank* f
‖ **–dero** m *schlüpfriger Ort* m ‖ ⟨Fot⟩
Plattentrockner m ‖ **–dizo** adj *schlüpfrig, glatt
(Aal, Gelände)* ‖ *leicht ausgleitend* ‖ ⟨fig⟩ *aalglatt*
‖ ◇ *hacerse* ~ ⟨figf⟩ *s. heimlich davonmachen*
   escurrido adj *dünn, schmächtig, schlank,
schmal(hüftig)* ‖ ⟨Bot⟩ *stiellos (Blatt)* ‖ Mex PR
beschämt ‖ ~ m *Schleudern* n *(z.B. an der
Waschmaschine)*
   escurri|dor m *Durchschlag, (Küchen)Sieb* n ‖
→ **escurreplatos** ‖ ⟨Fot⟩ *Platten(trocken)ständer*
m ‖ **–duras** fpl *Bodensatz* m ‖ *Neige* f ‖ ⟨fam⟩
letzte Tropfen mpl ‖ ⟨fig⟩ *Rest* m ‖ **–miento** m
Ab|tropfen, -laufen n ‖ ⟨fam⟩ *Fehltritt* m
   ¹escurrir vt *ab-, aus|tropfen lassen, vollends
auslaufen lassen* ‖ *ausdrücken (Schwamm)* ‖
(aus)wringen (Wäsche) ‖ *bis auf die Neige leeren
(Glas)* ‖ ⟨pop⟩ *(ab)teilen, trennen* ‖ ◇ ~ el bulto
⟨fam⟩ *s. drücken, s. ducken* ‖ ⟨fam⟩ *kneifen* ‖ ~ el
hombro ⟨figf⟩ *s. ducken* ‖ ~ vi *abfließen,
austropfen* ‖ *rinnen* ‖ *aus|gleiten, -rutschen* ‖ ~**se**
s. davonmachen ‖ *aus|gleiten, -rutschen,
herabrutschen* ‖ *entwischen* ‖ *entschlüpfen* ‖
⟨Flugw⟩ *abrutschen* ‖ ⟨vulg⟩ *kommen (e–n
Orgasmus haben)* ‖ ⟨figf⟩ *mehr sagen (bzw
geben), als man sollte* ‖ ⟨fam⟩ *s. verplappern* ‖
⟨fam⟩ *s. vergeben* ‖ ⟨fam⟩ *e–n Fehltritt begehen* ‖
~ de *(od* entre, *de* entre) las manos *aus den
Händen gleiten* ‖ los pies se escurren sobre el
hielo *die Füße gleiten od schlittern auf dem Eis*
   ²escurrir vt Ast Sant Pal *(jdn) hinausbegleiten
(beim Abschied)*
   escusabarajo f *Weidenkorb* m *mit Deckel*
   escusón m ⟨Her⟩ *Herzschild* m
   escute|lado, –lar adj ⟨Bot⟩ *schüssel-,
schild|förmig*
   escutelaria f ⟨Bot⟩ *Helmkraut* n (Scutellaria
sp)
   escutelo m ⟨Bot Ins⟩ *Scutellum* n
   escúter m *Motorroller* m
   escutiforme adj *(m/f) schildförmig*
   escutismo m *Pfadfinderbewegung* f
   esdrúju|lo m/adj ⟨Gr⟩ *auf der drittletzten Silbe
betont (Wort)* ‖ *(voz)* **–la** *auf der drittletzten Silbe
betontes Wort, Proparoxytonon* n *(z.B.* benévolo,
decírselo)
   ¹ese, esa, eso *(alleinstehend:* **ése, ésa** *[gemäß
Beschluss (1959) der Real Academia kann der
Akzent wegfallen, wenn k–e Verwechslung
möglich])* pron *der da, die da, das da* ‖ *jener,
jene, jenes* ‖ *dieser, diese, dieses, dies* ‖ ~ mismo
ebender ‖ *derselbe* ‖ ese hombre *dieser Mann* ‖ el
hombre ese *(nachgestellt oft desp) der Kerl da* ‖
en ésa *dort, am dortigen Platze, in Ihrer Stadt* ‖
en ese instituto *in jenem Institut* ‖ *am dortigen
Institut* ‖ ésa sí que es buena ⟨fam⟩ *das ist
gelungen! das ist (wirklich) köstlich!* ‖ ¡por ésas!
→ ¡por éstas! (→ **este**) ‖ ¡ni por ésas! *keineswegs!*
‖ *auf k–n Fall* ‖ eso sí *das allerdings, freilich* ‖

eso sí, pero ... ‖ *das mag stimmen, aber* ... ‖ con
eso de ser su amigo ... *weil er sein (ihr) Freund
ist,* ... ‖ eso mismo *jawohl* ‖ *eben* ‖ *natürlich* ‖
das ist es ‖ (y) eso que ... *(conj) trotzdem* ‖ a eso
de (las ocho) *ungefähr (od etwa) um (acht Uhr)* ‖
en eso de ... *auf dem Gebiet* ... ‖ por eso
deswegen ‖ no por ~ *nichtsdestoweniger* ‖ ¡nada
de ~! *keineswegs!* ‖ ¡eso (es)! *eben! jawohl! sehr
richtig!* ‖ ¿y eso? *wieso?* ‖ y eso ¿qué? *na und?* ‖
¿cómo va esa salud? *(fam) wie steht es mit Ihrer
Gesundheit? wie geht es Ihnen?* ‖ ¿crees que soy
una de ésas? *glaubst du, dass ich so eine bin?*
   ²ese f s n ‖ ~**s** fpl *Zickzack* m ‖ hacer ~ ⟨figf⟩
hin und her torkeln (Betrunkener)
   E. S. E. ⟨Abk⟩ = **estesudeste**
   esecilla f *Haken* m ‖ *Öse* f *(Verschluss)*
   esen|cia f *Wesen, Sein* n ‖ *Wesenheit, Essenz* f ‖
Essenz f, *ätherisches Öl* n ‖ ⟨fig⟩ *(das) Feinste* ‖
Inhalt, Kern m ‖ ~ de alcanfor *Kampfergeist* m ‖
~ de almendras amargas *Bittermandelöl* n ‖ ~ de
anís *Anisöl* n ‖ ~ de arnica *Arnikageist* m ‖ ~ de
clavo *Gewürznelkenöl* n ‖ ~ de eucalipto
Eukalyptusöl n ‖ ~ de rosas *Rosenöl* n ‖ ~ de
trementina *Terpentinöl* n ‖ la quinta ~ ⟨fig⟩ *die
Quintessenz* ‖ *das Beste, der Kern* ‖ ◇ ponerse
~(s) *s. parfümieren* ‖ ser de ~ *wesentlich sein* ‖
–cial adj *(m/f) wesentlich, hauptsächlich* ‖
unumgänglich, notwendig ‖ ⟨Chem⟩ *ätherisch* ‖
essentiell (Aminosäure) ‖ lo ~ es que ... *die
Hauptsache ist, dass* ... ‖ puntos ~es
Hauptpunkte mpl ‖ adv: ~**mente** *im wesentlichen*
‖ *dem Wesen nach* ‖ **–ciero** m *Riechfläschchen* n ‖
Rauchverzehrer m
   esenio mpl ⟨Hist⟩ *Essener* mpl
   esfenoides m/adj ⟨An⟩ *Keilbein* n
   esfera f *Kugel, Sphäre* f ‖ *Erd-, Welt|kugel* f ‖
Zifferblatt n *(e–r Uhr)* ‖ *Skalenscheibe* f ‖ ⟨fig⟩
Bereich m, *Sphäre* f ‖ ⟨fig⟩ *Stand, Rang* m ‖ ~ de
acción, ~ de actividad ⟨fig⟩ *Wirkungskreis* m ‖ ~
de aplicación *Anwendungsbereich* m ‖ ~ celeste
Himmelskugel f ‖ ~ de influencia *Einfluss|sphäre*
f, *-bereich* m ‖ ~ íntima *Intimsphäre* f ‖ ~
privada *Privat-, Intim|sphäre* f ‖ ~ sexual
Sexual|sphäre f od *-bereich* m ‖ ~ terráquea, ~
terrestre *Erd|kugel* f, *-ball* m ‖ ♦ en forma de ~
kugelförmig
   esferal adj *(m/f)* → **esférico**
   esfericidad f *Kugel|form, -gestalt, Rundung* f
   esférico adj *kugel|förmig, -rund, sphärisch* ‖
Kugel- ‖ ⟨Math⟩ *sphärisch (Trigonometrie,
Dreieck usw.)* ‖ ~ m ⟨Sp⟩ *Ball* m
   esferográfico m SAm *Kugelschreiber* m
   esferoi|dal adj *(m/f) kugelähnlich* ‖ **–de** m
Sphäroid n
   esfigmógrafo m ⟨Med⟩ *Sphygmograph* m
   ¹esfinge f *Sphinx* f ‖ ⟨fig⟩ *geheimnisvoller
Mensch* m
   ²esfinge f ⟨Ins⟩ *Abend-, Nacht|falter,
Schwärmer* m ‖ ~ abejorro *Hummelschwärmer* m
(Hemaris luciforme) ‖ ~ del álamo
Pappelschwärmer m (Laothoe populi) ‖ ~ del
aligustre *Ligusterschwärmer* m (Sphinx ligustri) ‖
~ de la calavera *Totenkopf(schwärmer)* m
(Acherontia atropos) ‖ ~ colibrí
Taubenschwänzchen n (Macroglossum
stellaratum) ‖ ~ de la correhuela
Windenschwärmer m (Agrius convolvuli) ‖ ~ del
chopo → ~ del álamo ‖ ~ de las euforbias, ~ de
la lechetreznas *Wolfsmilchschwärmer* m (Celerio
euphorbiae) ‖ ~ mayor de la vid *Mittlerer
Weinschwärmer* m (Deilephila elpenor) ‖ ~
ocelada *Abendpfauenauge* n (Smerinthus ocellata)
   esfíngidos mpl ⟨Ins⟩ *Schwärmer* mpl
(Sphingidae)
   esfínter m ⟨An⟩ *Sphinkter, Schließmuskel,* m

esfo|gar vt ⟨vulg⟩ → **desfogar**
esfolar vt Ast Sal *ab|häuten, -ledern*
esfor|zado adj *mutig, tapfer, kühn* ‖ **–zar**
[-ue-, z/c] vt *anstrengen* ‖ *beanspruchen* ‖
verstärken ‖ *be|kräftigen, -stärken* ‖ *ermutigen* ‖
~**se** *s. bemühen, s. anstrengen* ‖ *s. beeifern* ‖ ◇
~ **en** (*od por, a*) *hacer algo s. um et. bemühen* ‖
~ **por** *granjearse la confianza das Vertrauen zu*
verdienen trachten
   esfoyaza f Ast *Zusammenkunft* f (*des*
Landvolkes zum Entblättern von Maiskolben)
   esfuerzo m *Anstrengung, Bestrebung,*
Bemühung, Mühe f ‖ *Mut* m, *Tapferkeit, Kraft* f ‖
Aufwand m, *Opfer* n ‖ ⟨Tech⟩ *Beanspruchung* f ‖
Spannung f (*Statik*) ‖ ⟨Tech⟩ *Kraft* f ‖ ~ *estéril*
vergebliche Mühe f ‖ ~ *físico körperliche*
Anstrengung f ‖ ~ *del material Werkstoff-,*
Material|beanspruchung f ‖ ◇ *hacer un* ~ *s.*
anstrengen ‖ *s. zusammennehmen* ‖ *hacer el*
último ~ (*fam*) *das Unmögliche versuchen* ‖
valer el ~ *der Mühe wert sein* ‖ *hacer* ~s *por ...*
bestrebt sein zu ... ‖ *hacer todos los* ~s *alles*
aufbieten ‖ *no omitir* ~s *k–e Anstrengung*
scheuen, alle Hebel in Bewegung setzen ‖ ◆ *sin*
~ *mühelos*
   esfu|mar vt ⟨Mal⟩ (*ver*)*wischen* ‖ *abtönen* ‖
schummern (Landkarte) ‖ ⟨Fot⟩ (*den Bildrand*)
verwischen ‖ *die Konturen (e–r Zeichnung)*
verwischen ‖ ~**se** *ver|schwimmen, -laufen* ‖ ⟨fig⟩
auseinander gehen, zergehen, s. auflösen (Wolken
u. ä.) ‖ ⟨fig⟩ *in der Ferne verschwinden* ‖ ⟨figf⟩
ver|schwinden, ⟨fam⟩ *-duften* ‖ **–mino** m ⟨Mal⟩
Wischer m
   esgarro m Arg Chi Cu *Schleimauswurf* m
   esgra|fiado m ⟨Mal⟩ *Sgraffito* n ‖ **–fiar**
[pres ~**ío**] vt ⟨Mal⟩ *sgraffieren*
   esgri|ma f *Fechtkunst* f ‖ *Fechten* n ‖ *Fechtart*
f ‖ *Fechtübung* f ‖ *Pauken* n (*in e–r*
Studentenverbindung) ‖ **–midor** m (*geübter*)
Fechter m ‖ **–mir** vt (*et.*) *schwingen* ‖ ⟨fig⟩
herumfuchteln (mit) ‖ ⟨fig⟩ (*et.*) *ausspielen,*
anführen, ins Treffen führen ‖ ~ vi *fechten*
   esgua|zar [z/c] vt *durchwaten* ‖ **–zo** m *Furt,*
seichte Stelle f
   ¹esguila f Ast ⟨Zool⟩ *Eichhörnchen* n
   ²esguila f ⟨Zool⟩ *Garnele* f
   esguilar vi Ast *klettern (auf e–n Baum u. ä.)* ‖
~**se** *rutschen, gleiten*
   esguín m ⟨Fi⟩ *Junglachs* m
   ¹esguince m *Drehung, Biegung* f *des Körpers,*
um e–m Schlag auszuweichen ‖ *Bewegung* f, *mit*
der man Geringschätzung andeutet
   ²esguince m ⟨Med⟩ *Verrenkung* f ‖ ⟨Med⟩
Verstauchung f
   esk... → *auch* **sk...**
   eskí m → **esquí**
   esl... → *auch* **sl...**
   ¹eslabón m (*Ketten*)*Glied* n, *Kettenring* m ‖
⟨Chem⟩ (*Ring*)*Glied* n ‖ ⟨fig⟩ *Ver|bindung,*
-kettung f, *Bindeglied* n
   ²eslabón m *Feuerstahl* m ‖ *Wetzstahl* m
   ³eslabón m ⟨Zool⟩ *Afrikanischer Skorpion* m
(*Scorpio maurus*)
   eslabo|nado adj *gegliedert* ‖ **–nar** vt *ver|ketten,*
-knüpfen ‖ ⟨fig⟩ *verbinden* ‖ ⟨Mar⟩ *schäkeln* ‖ ~**se**
s. anknüpfen ‖ ⟨fig⟩ *im Zusammenhang stehen*
   eslálom m ⟨Sp⟩ *Slalom* m
   esla|vismo m *Slawentum* n ‖ *Slawismus* m ‖
–vista m/f *Slawist(in* f) m ‖ **–vística** f *Slawistik* f ‖
–vístico adj *slawistisch* ‖ **–vizar** [z/c] vt
slawisieren ‖ **–vo** adj *slawisch* ‖ ~ m *Slawe* m ‖
slawische Sprache f ‖ **–vófilo** m/adj *Slawenfreund,*
Slawophile(r) m ‖ **–vón, eslavonio** adj *slawisch* ‖
~ m *Slawone* m ‖ **≈vonia** f ⟨Geogr⟩ *Slawonien* n
   eslilla f Am ⟨An⟩ *Schlüsselbein* n

   eslinga f ⟨Mar⟩ *Haken-, Lasten|schlinge* f
   eslip m *Slip* m
   eslizón m ⟨Zool⟩ *Erzschleiche* f (*Chalcides*
chalcides)
   eslogan m *Slogan,* (*Werbe*)*Spruch* m,
Werbeschlagwort n ‖ ⟨Hist⟩ *schottischer*
Schlachtruf m ‖ ~ *electoral Wahlparole* f ‖ ~
publicitario Werbeslogan m
   eslora f ⟨Mar⟩ *größte Länge des Schiffes,*
Schiffs-, Kiel|länge f
   eslova|co adj *slowakisch* ‖ ~ m *Slowake* m ‖
slowakische Sprache f ‖ **≈quia** f ⟨Geogr⟩ *Slowakei* f
   Eslove|nia f ⟨Geogr⟩ *Slowenien* n ‖ **≈no** adj
slowenisch ‖ ~ m *Slowene* m ‖ *slowenische*
Sprache f
   esm... → *auch* **sm...**
   Esmalcalda f ⟨Geogr⟩ *Schmalkalden* n
   esmal|tado adj *emailliert, Email-* ‖ ~ *de flores*
⟨fig⟩ *blumengeschmückt* ‖ ~ m *Emaillieren* n ‖
Emaillierung f ‖ *Emaillierschicht* f *Email(le* f)
n, *Schmelz* m ‖ **–tador** m *Emailleur* m ‖ **–tar** vt
emaillieren ‖ *lasieren* ‖ ⟨fig⟩ *ausschmücken* (*con,*
de mit) ‖ **–te** m *Email(le* f) n, *Schmelz* m ‖
glasartiger Überzug m ‖ *Schmelzwerk* n ‖
Schmelzarbeit f ‖ *Emailgeschirr* n ‖ ⟨Mal⟩
Smaltblau n ‖ ⟨An⟩ *Glasur* f *der Zähne,*
(*Zahn*)*Schmelz* m ‖ ⟨fig⟩ *Schmuck* m, *Zier* f ‖
Farbe f (*im Wappen*) ‖ ⟨fig⟩ *Glanz* m ‖ ⟨fig⟩
Schmuck m ‖ ~ *de uñas Nagellack* m ‖ ~**s**
Emailarbeiten fpl ‖ **–tín** m ⟨Mal⟩ *Smalt-,*
Kobalt|blau n ‖ **–tina, –tita** f ⟨Min⟩ *Smaltin* m ‖
–tista m/f *Emailleur(in* f) m
   esmerado adj *vor|züglich, -trefflich* ‖
gewissenhaft, genau ‖ *sorgsam* ‖ *gepflegt*
   ¹esmeralda adj *smaragdgrün* ‖ ~ f ⟨Min⟩
Smaragd m ‖ ~ *oriental Korund* m
   ²esmeralda f Cu ⟨Fi⟩ *aalartiger Fisch der*
Antillen
   esmeral|dero m *Smaragdhändler* m ‖ **–dino**
adj *smaragdfarben*
   esmerar vt *glätten, polieren* ‖ *putzen* ‖ ~**se** *s.*
die größte Mühe geben, s. anstrengen (*en um zu*)
‖ *Hervorragendes leisten*
   esmerejón m ⟨V⟩ *Merlin* m (*Falco*
columbarius)
   esme|ril m ⟨Min⟩ *Schmirgel* m ‖ ◇ *pulir od*
alisar con ~ *schmirgeln* ‖ **–rilado** adj *geschliffen*
‖ ~ m *Schmirgeln* n ‖ *Schliff* m, *Schleifen* n ‖
–rilar vt (*ab*)*schmirgeln,* (*ein*)*schleifen*
   esmero m *Sorgfalt, Gewissenhaftigkeit* f ‖
Gründlichkeit f ‖ ◆ *con* ~ *sorgsam, genau,*
gewissenhaft ‖ *tadellos* ‖ *con el mayor* ~ *mit*
größter Sorgfalt
   Esmirna f [Stadt] *Smyrna* n
   esmirnio m ⟨Bot⟩ *Pferdeeppich* m
   esmirriado adj ⟨fam⟩ *mager, ausgemergelt,*
⟨fam⟩ *mick(e)rig* ‖ *kränklich*
   esmoquin m *Smoking* m
   esna f ⟨Ins⟩: ~ *azul Blaugrüne Mosaikjungfer*
f (*Aescha cyanea*)
   esnac [pl ~s] m *Snackbar* f
   esni|fada f [*in der Drogenszene*] *Sniff* m ‖
Sniffen n ‖ **–far** vt/i *sniffen*
   esnob [pl ~**s**] m *Snob, Geck* m ‖ **–ismo** m
Snobismus m, *Geckenhaftigkeit* f ‖ *Vornehmtuerei*
f ‖ **–ista** adj (m/f) *snobistisch*
   esnórquel m *Schnorchel* m
   eso pron → **ese**
   esófago m ⟨Med⟩ *Speiseröhre* f, *Oesophagus* m
   esópico adj *auf Äsop bezüglich* ‖ *äsopisch*
   Esopo m np *Äsop* m
   eso|térico adj *esoterisch, geheim* ‖ **–terismo** m
Esoterik, Geheimlehre f ‖ **–terista** m/f
Esoteriker(in f) m
   esotro pron *jener (andere)* (= **ese otro**)

esp... → auch **sp...**
esp. ⟨Abk⟩ = **español** ‖ **especial** ‖ **espíritu** △ **espá** *m Schlüssel* m
espabi|laderas *fpl* → **despabiladeras** ‖ **–lar** vt → **despabilar**
espaccato *m* ⟨it⟩ ⟨Sp⟩ *Spagat* m
espachurrar vt → **despachurrar**
espa|ciado adj ⟨Typ⟩ *gesperrt (gedruckt)* ‖ *durchschossen, mit Durchschuss (Zeile)* ‖ ~ *m* ⟨Typ⟩ *Spatium* n ‖ *Spationieren* n ‖ *Ausschließung* f ‖ **–ciador** *m Leertaste* f *(Schreibmaschine)* ‖ *Sperrvorrichtung* f ‖ **–cial** adj *(m/f) räumlich, Raum-* ‖ *Weltraum-* ‖ **–ciar** vt *räumlich* (bzw zeitlich) *auseinander ziehen* ‖ *Zwischenräume lassen zwischen* ‖ *ausdehnen, ausstreuen, aus-, ver|breiten* ‖ ⟨Typ⟩ *sperren* ‖ ⟨Typ⟩ *durchschießen* ‖ (fig) *(et.) immer seltener werden lassen* ‖ (fig) *(et.) immer seltener tun* ‖ ◇ ~ *las visitas nicht mehr so oft besuchen* ‖ ~ *la vista die Augen rings um s. gehen lassen* ‖ **~se** *s. aus|dehnen, -breiten* ‖ (fig) *lustwandeln, s. ergötzen* ‖ *s. zerstreuen* ‖ (fig) *seltener werden (Berichte)*
¹espacio *m Raum* m ‖ *Platz* m ‖ *Strecke, Weite* f ‖ *Zwischenraum, Abstand* m ‖ *Weg* m (bes. Astr) ‖ *Zeit|raum, -abstand* m ‖ *Langsamkeit, Muße* f ‖ *Fläche* f ‖ ⟨Mus⟩ *Pause* f ‖ ⟨Typ⟩ *Spatium* n, *Zwischenraum* m ‖ ⟨Tech⟩ *Lücke* f ‖ ⟨poet⟩ *Welten-, Himmels|raum* m ‖ (fig) *Zerstreuung* f ‖ *Ast freies, offenes Gelände* n ‖ ~ *aéreo Luftraum* m ‖ ~ *batido* ⟨Mil⟩ *bestrichener Raum* m ‖ ~ *de carga Laderaum* m ‖ ~ *cósmico Weltraum* m ‖ ~ *de chispa Funkenstrecke* f ‖ ~ *disponible verfügbarer Raum* od *Platz* m ‖ ~ *económico Wirtschaftsraum* m ‖ ∼ *Económico Europeo (EEE) Europäischer Wirtschaftsraum* m *(EWR)* ‖ ~ *intercostal* ⟨An⟩ *Zwischenrippenraum* m ‖ ~ *interdental* ⟨An⟩ *Zahnlücke* f ‖ ~ *interdigital* ⟨An⟩ *Zwischenfingerraum* m ‖ ~ *interestelar, interplanetario* → ~ *cósmico* ‖ ~ *libre freier Raum* m ‖ ⟨Mil⟩ *freies Schussfeld* n ‖ ⟨Mil Auto⟩ *Bodenfreiheit* f ‖ ⟨Tech⟩ *Spielraum* m ‖ ~ *muerto* ⟨Flugw⟩ *Totraum* m ‖ ⟨Fort⟩ *toter Winkel* m ‖ ~ *natural protegido Naturschutzgebiet* n ‖ ~ *ocupado Platzbedarf* m ‖ ~ *requerido Platz-, Raum|bedarf* m ‖ ~ *sideral* → ~ *cósmico* ‖ ~ *de tiempo Zeit|raum* m, *-spanne* f ‖ ~ *útil* ⟨Tech⟩ *Arbeitsraum* m ‖ ~ *vacío luftleerer Raum* m ‖ ~ *verde Grünfläche* f ‖ ~ *virtual* ⟨Inform⟩ *Cyberspace* n ‖ ~ *vital* ⟨Biol⟩ *Lebensraum* m ‖ ⟨Tech⟩ *freier Raum* m ‖ ◆ *en el ~ de una hora in e–r Stunde* ‖ *(por) un buen ~ ziemlich lange* ‖ *por ~ de muchos años während vieler Jahre* ‖ ◇ *poner* ~**s** ⟨Typ⟩ *spationieren, ansperren*
²espacio *m* ⟨Radio TV⟩ *Sendung* f ‖ *Sendezeit* f ‖ ~ *cultural Kultursendung* f ‖ ~ *deportivo Sportsendung* f ‖ ~ *infantil Kindersendung* f ‖ ~ *informativo Nachrichtensendung* f ‖ ~ *musical Musiksendung* f
espacio|sidad *f Geräumigkeit* f ‖ *Ausdehnung* f ‖ **–so** adj *geräumig, weit* ‖ *langsam* ‖ *phlegmatisch* ‖ **–tiempo** ⟨Phys⟩ *Raum-Zeit* f
¹espada *f/m Degen* m, *Schwert* n ‖ ⟨Mil⟩ *Rapier* n ‖ ⟨Mil⟩ *Seitengewehr* n ‖ ⟨Taur⟩ *Degen* m *(des Matadors)* ‖ ⟨fig⟩ *guter Fechter* m ‖ ⟨fig⟩ *Klinge* f ‖ (fig) *(hervorragender) Soldat* m ‖ ⟨Arch⟩ *Pfeilhöhe* f *(e–s Bogens)* ‖ ⟨Mar⟩ *Notsteuer* n ‖ ~ *en cinta mit umgürtetem Schwert* ‖ ~ *de Damocles* (fig) *Damoklesschwert* n ‖ ~ *diplomática Staatsdegen* m ‖ ~ *de esgrima,* ~ *negra (Fecht)Rapier* n ‖ ~ *de dos filos zweischneidiges Schwert* n (& fig) ‖ ~ *de la justicia Schärfe* f *des Gesetzes* ‖ *primer(a)* ~ ⟨Taur⟩ *Hauptfechter* m ‖ (fig) *sehr gewandter Mensch* m ‖ ◆ *a punta de* ~ ⟨fig⟩ *mit Gewalt* ‖

con la ~ *desnuda* ⟨fig⟩ *entschlossen, mit allen Mitteln* ‖ *con* ~ *en mano* ⟨fig⟩ *gewaltsam, heftig* ‖ ◇ *asentar la* ~ *den Degen ablegen (Fechtkunst)* ‖ (fig) *in den Ruhestand treten* ‖ (fig) *die Sache fallen lassen* ‖ *ceñir* ~ ⟨fig⟩ *Waffendienst tun* ‖ *ceñirse la* ~ *das Schwert umgürten* ‖ *desnudar la* ~ *das Schwert ziehen* ‖ *estar entre la* ~ *y la pared* (fig) *zwischen Amboss und Hammer sein, mit dem Rücken an der* od *zur Wand stehen* ‖ *pasar a* ~ ⟨Mil⟩ *niedermetzeln* ‖ *poner a uno entre la* ~ *y la pared* ⟨figf⟩ *jdn in die Enge treiben* ‖ *sacar la* ~ *das Schwert ziehen* ‖ *es buen* ~ ⟨fig⟩ *er ist ein tüchtiger Polemiker* ‖ ~**s** *fpl as de* ~ ⟨Kart⟩ *Pikas* n
²espada *m* → **¹pez** *espada*
espadachín *m gewandter, tüchtiger Fechter* m ‖ (fig) *Haudegen, Raufbold* m
¹espadaña *f* ⟨Bot⟩ *Rohr-, Teich|kolben* m (Typha spp) ‖ *Schwertlilie* f, *Schwertel* m (Iris spp)
²espadaña *f flacher, spitzer Glockenturm* m
espadañal *m Kolbenröhricht* n
espadar vt *(Hanf) brechen*
espadarte *m* → **¹pez** *espada*
espadazo *m Schwerthieb* m
espádice *m* ⟨Bot⟩ *Kolben* m *(Blütenstand)*
¹espadilla *f dim von* **espada** ‖ ⟨Text⟩ *Flachs-, Hanf|breche* f ‖ *Falzbein* n
²espadilla *f* ⟨Mar⟩ *Wiggriemen* m ‖ *Notruder* n
³espadilla *f Abzeichen* n *der Ritter des Santiago-Ordens*
⁴espadilla *f* ⟨Kart⟩ *Pikas* n
espadi|llado *m Hanf-, Flachs|brechen* n ‖ **–llar** vt *(Flachs, Hanf) brechen, schwingen*
¹espadín *m kurzer Degen* m ‖ *Staats-, Zier|degen* m ‖ ~ *de aguja* ⟨EB⟩ *Weichenzunge* f
²espadín *m* ⟨Fi⟩ *Sprotte* f (Sprattus sprattus)
espadón *m augm von* **espada** ‖ ⟨fig⟩ *Haudegen, Raufbold* m ‖ ⟨figf⟩ *hohes Tier* n ‖ ⟨desp⟩ *plumper Degen* m, ⟨fam⟩ *Plempe* f ‖ (fig) *Eunuch* m
espagueti *m* ⟨Kochk⟩ *Spaghetti* m
espahí [*pl* ~**íes**] *m* ⟨Hist⟩ *Spahi* m
espalar vt/i *schaufeln (Schnee)*
espalda *f Rücken* m ‖ *Schulter* f ‖ *Schulterstück* n *(des Kleides)* ‖ *Rück-, Kehr|seite* f ‖ ⟨Kochk⟩ *Schulter* f ‖ ⟨Kochk⟩ *Vorderkeule* f ‖ ~ *mojada* ⟨fam⟩ *illegaler Einwanderer* m *(der über das Meer gekommen ist)* ‖ ◆ *a la* ~ *(nach) hinten, von hinten* ‖ ◇ *acometer por la* ~ *von hinten überfallen* ‖ *cargarse a/c a la* ~ *et. auf den Rücken nehmen* ‖ *coger por la* ~ *(dem Feind) in den Rücken fallen* ‖ *dar la(s)* ~*(s) den Rücken kehren* ‖ (fig) *die Flucht ergreifen* ‖ *dar* od *volver la* ~ *a alg. jdm die kalte Schulter zeigen* ‖ *herir por la* ~ ⟨figf⟩ *(jdn) hinterrücks verleumden* ‖ *volver la* ~ *a la realidad s. der Wirklichkeit verschließen* ‖ ~**s** *fpl:* ◆ *a (las)* ~ *de alg. hinter jds Rücken* ‖ *hinter jdm* ‖ *de* ~ *a … mit dem Rücken nach* od *zu …* ‖ ◇ *caer* od *caerse de* ~ *in höchstem Maß überrascht sein* ‖ *dar de* ~ *auf den Rücken fallen* ‖ *dar las* ~ *a alg. jdm den Rücken zudrehen* ‖ *echar una cosa sobre las* ~ *de alg.* ⟨fig⟩ *jdm et. aufbürden* ‖ ⟨pop⟩ *aufhalsen* ‖ *echarse a las* ~ *a/c* ⟨fig⟩ *et. beiseite legen, absichtlich vergessen* ‖ *s. um et. nicht (mehr) kümmern* ‖ *echarse sobre* ~ *a/c* ⟨fig⟩ *et. auf s. nehmen* ‖ *guardarse las* ~ *s. den Rücken decken* ‖ *hacer* ~ *a alg.* ⟨figf⟩ *jdm den Rücken decken* ‖ *medirle a uno las* ~ ⟨figf⟩ *jdn durchprügeln* ‖ *tener anchas las* ~ *e–n breiten Rücken haben* (& fig) ‖ ⟨fig⟩ *e–n breiten Buckel haben* ‖ *tener guardadas las* ~ ⟨figf⟩ *in Sicherheit sein* ‖ *e–e gute Rückendeckung haben* ‖ *volver las* ~ *a alg. jdm den Rücken zudrehen*

espal|dar m *Rückenlehne* f *(e–s Stuhles usw.)* ‖ ⟨Mar⟩ *Spant* n ‖ *Rückenpanzer* m *(der Schildkröte usw)* ‖ → **–dera** ‖ **–darazo** m *(Fuchtel)Hieb* m *auf den Rücken* ‖ ⟨Hist⟩ *Ritterschlag* m ‖ ◇ dar el ~ a alg. *jdn zum Ritter schlagen* ‖ ⟨fig⟩ *jdn als Gleichberechtigten anerkennen* ‖ **–dear** vt ⟨Mar⟩ *gegen das Heck (des Schiffes) branden* ‖ Chi *(jds Rücken) schützen*

espaldera f *Spalier* n *(für Schlingpflanzen)* ‖ *Stützkorsett* n ‖ ⟨Sp⟩ *Sprossenwand* f

espal|dilla f *dim von* **espalda** ‖ ⟨An⟩ *Schulterblatt* n ‖ *Vorderbug* m *der Schlachttiere* ‖ **–dista** m/f ⟨Sp⟩ *Rückenschwimmer(in* f) m ‖ **–ditendido** adj *auf dem Rücken liegend* ‖ **–dón** adj Col *breitschult(e)rig* ‖ ~ m ⟨Mil⟩ *Rücken-, Schulter-, Schutz|wehr* f ‖ *Schutzmauer* f *(gegen Überschwemmungen)* ‖ ⟨Zim⟩ *Achselung* f ‖ ~ de tiro ⟨Mil⟩ *Kugelfang* m

espal|dones mpl ⟨Mar⟩ *Bughölzer* npl ‖ **–dudo** adj *breitschult(e)rig* ‖ ⟨figf⟩ *plump* ‖ adv: ~**amente**

espalto m ⟨Mal⟩ *Bister* m *(& n)*

espan|table adj *(m/f)* → **espantoso** ‖ **–tabobos** m *(fam) jd, der Dummen und Furchtsamen Furcht einjagt* ‖ **–tada** f *Ausbruch, Scheuwerden* n *(bes. von Tieren)* ‖ *plötzliche Entmutigung* f ‖ **–tadizo** adj *furchtsam* ‖ *scheu (Pferd usw.)*

espanta|dor adj *scheu (Pferd usw.)* ‖ **–gustos** m ⟨fam⟩ *Freudenstörer, Spaßverderber* m ‖ **–hombres** m ⟨fam⟩ *Menschenscheuche* f ‖ **–jo** m *Vogelscheuche* f ‖ ⟨figf⟩ *Schreckbild* n ‖ ⟨fam⟩ *Popanz* m ‖ ⟨figf⟩ *geschmacklos gekleidete Frau* f

espantalobos m ⟨Bot⟩ *Blasenstrauch* m (Colutea arborescens)

espanta|moscas m *Fliegenwedel* m ‖ *Fliegennetz* n *(für Pferde)* ‖ **–nublos** m *sehr hässlicher Mensch* m ‖ **–pájaros** m *Vogelscheuche* f ‖ ⟨figf⟩ *Geck, Gimpel* m, *Vogelscheuche* f

espan|tar vt *erschrecken, (jdm) Furcht einjagen* ‖ *ver|scheuchen, -jagen (Vogel, Fliegen)* ‖ *scheu machen (Pferd)* ‖ ⟨fig⟩ *in Erstaunen setzen* ‖ ~ la caza ⟨Jgd⟩ *das Wild vergrämen* ‖ ⟨fig⟩ *s–n Zweck durch Übereilung verfehlen* ‖ ~**se** *Furcht bekommen* ‖ *erstaunen* ‖ *scheu werden (Pferd)* ‖ ◇ ~ con od de, por algo *durch et. erschreckt werden* ‖ quien canta, sus males espanta ⟨Spr⟩ *heiterer Sinn hilft Unglück tragen* ‖ **–to** m *Schrecken* m, *Entsetzen* n ‖ *Grauen* n, *Schauder* m ‖ *drohende Gebärde* f ‖ *Erstaunen* n ‖ Am *Gespenst* n (bes. pl) ‖ ◇ causar ~ a alg. *jdm Grauen einflößen* ‖ *jdm Schreck(en) einjagen* ‖ estar curado de ~(s) ⟨figf⟩ *nicht so leicht erschrecken* ‖ *s. über nichts mehr wundern*, ⟨fam⟩ *abgebrüht sein* ‖ ser de ~ *entsetzlich sein* ‖ **–toso** adj *schrecklich, fürchterlich, entsetzlich* ‖ *ungeheuer (& fig)* ‖ *erstaunlich, wunderbar* ‖ ◆ con una rapidez ~a *mit rasender Schnelligkeit*

espanzurrar vt → **despanzurrar**

Espa|ña f ⟨Geogr⟩ *Spanien* n ‖ ¡~! ⟨Hist Mil⟩ *Gut Freund! (auf den Ruf: Halt, wer da?)* ‖ ~ del Norte *Nordspanien* n ‖ la ~ del flamenco y de las castañuelas, la ~ de (la) pandereta *das folkloristisch-kommerzielle Spanienbild* n *(bes. für Touristen)* ‖ Nueva ~ ⟨Hist⟩ *Mexiko* n *(in der Kolonialzeit)* ‖ ¡(Santiago y) cierra ~! ⟨Hist⟩ *greif an, Spanien! (mit Hilfe des heiligen Jakob) (alter Schlachtruf der Spanier)* ‖ ¡viva ~! *hoch Spanien!* ‖ ¡arriba ~! ⟨Hist⟩ *Spanien, es lebe hoch (urspr. Ruf der Falangisten, später des Franco-Spaniens)* ‖ ⁼**ñol** adj *spanisch* ‖ ◆ a la ~a, al uso ~ *nach span. Art* ‖ ~ m *Spanier* m ‖ el ~ *die spanische Sprache, das Spanische*

españo|lada f *den Spaniern eigene Handlungs- od Rede|weise* f ‖ ⟨fam⟩ *verzerrtes Bild aus dem span. Leben (bes. im Film)* ‖ **–lado** adj *wie ein Spanier wirkend od aussehend (Nichtspanier)* ‖ **–lar** vt → **–lizar** ‖ **–lería** f ⟨meist desp⟩ → **–lada** ‖ *span. Gemütsart* f ‖ *Wesen* n *des Spaniers*

¹**españole|ta** f ⟨Mus⟩ *alter span. Tanz* m ‖ El ⁼**to** ⟨Mal⟩ *Beiname des span. Malers José de Ribera*

²**españoleta** f *Espagnoletteverschluss* m

españo|lismo m *Spaniertum* n ‖ *span. Wesen* n ‖ *span. Spracheigentümlichkeit* f ‖ *Spanienliebe* f ‖ **–lista** m/f *(& adj) Anhänger(in* f) m *des españolismo* ‖ ⟨Pol⟩ *Befürworter(in* f) m *der span. Einheit* ‖ ⟨Sp⟩ *Mitglied n des span. Fußballklubs „Español"* ‖ **–lita** f *(fam) junge hübsche Spanierin* f ‖ ⟨Art⟩ *Gebäck* ‖ **–lizar** [z/c] vt *hispanisieren, dem span. Wesen anpassen* ‖ ~**se** *hispanisiert werden* ‖ *zum Spanier werden*

esparadrapo m *Heftpflaster* n ‖ *Leukoplast* n

esparaván m ⟨V⟩ *Sperber* m (Accipiter nisus)

¹**esparavel** m *Wurf-, Senk|garn* n *(Fischnetz)* ‖ ⟨Jgd⟩ *Stoßgarn* n

²**esparavel** m ⟨Arch⟩ *Mörtel-, Aufzieh-, Putzer|brett* n

esparceta f ⟨Bot⟩ *Esparsette* f (Onobrychis viciifolia)

esparci|damente adv *stellenweise, hier und da* ‖ **–do** adj ⟨fig⟩ *lustig, munter* ‖ *zerstreut* ‖ **–miento** m *Ver-, Aus|streuung, Verbreitung* f ‖ ⟨Tech⟩ *Streuung* f ‖ ⟨fig⟩ *Ungezwungenheit* f ‖ ⟨fig⟩ *Zerstreuung* f, *Vergnügen* n

esparcir [c/z] vt/i *(aus)streuen (Blumen)* ‖ *auflockern* ‖ *verbreiten (Nachricht)* ‖ ⟨fig⟩ *unter die Leute bringen* ‖ ~ el ánimo *s. zerstreuen, s. ergötzen* ‖ ~**se** ⟨fig⟩ *s. zerstreuen (& fig)* ‖ *s. vergnügen*

espardec m ⟨Mar⟩ *Spardeck* n

espardeña f Cat *Hanf-, Esparto|schuh* m (→ **alpargata**)

esparra|gal m *Spargel|feld, -beet* n ‖ **–gar** [g/gu] vi *Spargel anbauen* ‖ *Spargel stechen* ‖ ◇ ¡anda od vete a ~! (figf) *geh zum Kuckuck!*

¹**espárrago** m ⟨Bot⟩ *Spargel* m (Asparagus sp) ‖ ⟨figf⟩ *Hopfenstange* f *(hoch aufgeschossene Person)* ‖ ~ largo *Stangenspargel* m ‖ solo como el ~ ⟨fam⟩ *mutterseelenallein* ‖ ◇ ¡anda od vete a freír –s! ⟨figf⟩ *geh zum Teufel! hau ab!*

²**espárrago** m *Zeltstange* f ‖ *Stehbolzen* m ‖ *Stiftschraube* f ‖ ⟨Bgb⟩ *Leiter* m ‖ ⟨Bgb⟩ *Fahrt* f

esparra|guera f *Spargel* m *(Pflanze)* ‖ *Spargelbeet* n ‖ *Spargelschüssel* f ‖ *Spargelverkäuferin* f ‖ **–guero** adj *Spargel-* ‖ ~ m *Spargel|züchter bzw -verkäufer* m

esparran|cado adj *(fam) mit gespreizten Beinen* ‖ ⟨fam⟩ *sperrig* ‖ **–carse** [c/qu] vr ⟨fam⟩ *die Beine auseinander spreizen*

esparrin m ⟨Sp⟩ *Sparringspartner* m

Espar|ta f ⟨Stadt⟩ *Sparta* n ‖ **–taco** m np ⟨Hist⟩ *Spartakus* m ‖ ⁼**tano** adj *spartanisch* ‖ ~ m *Spartaner* m

espartaquista m/f *(& adj)* ⟨Pol Hist⟩ *Spartakist(in* f) m

espar|tar vt *And mit Espartogras umflechten (Flaschen)* ‖ **–tena** f *Hanf-, Esparto|schuh* m (→ **alpargata**) ‖ **–tería** f *Arbeiten* fpl *aus Espartogras* ‖ *Laden* m, *in dem Espartowaren verkauft werden*

esparterista m ⟨Hist⟩ *Anhänger(in* f) m *des Generals Espartero (i.J. 1843)*

espar|tero m *Espartoarbeiter* m ‖ *Espartograsverkäufer* m ‖ ⟨Bot⟩ → **esparto** ‖ **–tilla** f *Striegel* m *aus Espartogras* ‖ **–tizal** m *Espartofeld* n ‖ **–to** m *Esparto(gras)* n, *Faden* m, *Strick-, Pfriemen|gras* n (Stipa tenacissima)

esparvel m Al *Wurf-, Senk|garn* n

esparver m → ¹**gavilán**

espas|mar vt → **pasmar** ‖ **–mo** m ⟨Med⟩ *Spasmus, Krampf* m ‖ ~ *clónico Klonus, Zuckkrampf, Klonus* m ‖ ~ *facial,* ~ *mímico Gesichtskrampf* m ‖ ~ *tónico Starrkrampf* m ‖ ~**s** mpl ⟨Med⟩ *Nervenzuckungen* fpl ‖ **–módico** adj *krampfhaft, spasmodisch, Krampf-* ‖ **–molítico** adj *spasmolytisch, krampflösend* ‖ ~ *m Spasmolytikum, krampflösendes Mittel* n
espástico adj → **espasmódico**
espatadan|za ⟨bask⟩ *f Schwertertanz* m ‖ **–zari** m *Schwertertänzer* m
espatarrarse vr ⟨fam⟩ → **despatarrarse**
espático adj *spatartig*
espato m ⟨Min⟩ *Spat* m ‖ ~ *calizo Kalkspat* m ‖ ~ *flúor Fluorit, Flussspat* m ‖ ~ *de Islandia Doppelspat* m
¹espátula *f Spachtel* f (& m, bes Öst) ‖ *Lanzette* f *(der Former)* ‖ *Streicheisen* n ‖ ⟨Kochk⟩ *Wender* m
²espátula *f* ⟨V⟩ *Löffler* m (Platalea leucorodia)
espaturrar vt Chi → **despaturrar**
espaviento m ⟨pop⟩ → **aspaviento**
espavorido adj → **despavorido**
espay m → **espahí**
especia *f Gewürz* n ‖ ~**s** fpl *Gewürze* npl, *Gewürzwaren* fpl
especial adj *(m/f) besonder, speziell* ‖ *vorzüglich, ausgezeichnet* ‖ *bedeutend* ‖ *Sonder-, Fach-, Spezial-* ‖ ◆ en ~ → **especialmente** ‖ ~ adv Chi → **especialmente**
especia|lidad *f Spezialität, Besonderheit, Eigentümlichkeit* f ‖ *Fach, Fach|studium, -gebiet* n ‖ *Fachkenntnis* f ‖ *Spezialität, besondere Veranlagung* f ‖ ⟨Com⟩ *Geschäftszweig* m ‖ ⟨Kochk⟩ *Spezialität* f ‖ ◆ en ~ *speziell, besonders* ‖ es su ~ *das ist s–e Spezialität, das ist sein Fach* ‖ **–lista** adj *(m/f) Spezial-, Sonder-* ‖ ~ *m/f Fachmann, Spezialist(in* f) m ‖ *Fach|arzt* m, *-ärztin* f ‖ **–lización** *f Spezialisierung* f ‖ **–lizado** adj *spezialisiert, Fach-* ‖ **–lizar** [z/c] vt *einzeln anführen* ‖ *auf ein Fach (bzw e–n Zweck) begrenzen* ‖ ~**se** *s. spezialisieren (en in dat, auf acc/dat)*
especialmente adv *besonders, insbesondere, vor allen Dingen* ‖ muy ~ *ganz besonders*
especiar vt *würzen*
especie *f Art* f ‖ ⟨Biol⟩ *Art, Spezies* f ‖ *Menschengattung* f ‖ *Geschlecht* n ‖ *bares Geld* n ‖ *Geldsorte* f ‖ ⟨Com⟩ *Warengattung* f ‖ *Bild* n, *Vorstellung, Idee* f ‖ *Vorschlag* m ‖ *Ding* n, *Sache, Angelegenheit* f ‖ *Stoff, Gegenstand* m ‖ *Beweggrund* m ‖ *Vorwand* m ‖ *Anblick* m, *Gestalt* f ‖ ⟨An⟩ *Schein* m ‖ *Finte* f *beim Fechten* ‖ ⟨Mus⟩ *(Einzel-* bzw *Orchester)Stimme* f *(e–r Tondichtung)* ‖ ⟨fig⟩ *Gerücht* n ‖ ⟨fig⟩ *Zeitungsente* f ‖ ~ *de la mercancía Gattung* f *der Ware* ‖ ~ *rara seltene (od selten vorkommende) Art* f ‖ ◆ *bajo la* ~ *de ... in Gestalt von ... (dat) od in Gestalt ... (gen)* ‖ en ~ *in natura, in Naturalien, (in) bar* ‖ *escapársele a uno una* ~ ⟨figf⟩ *s. verplappern* ‖ *propio (od peculiar) de la* ~ *arteigen* ‖ *soltar una* ~ ⟨figf⟩ *e–e unauffällige Bemerkung machen, um e–e fremde Meinung zu erforschen* ‖ ~**s** *fpl Münz-, Geld|sorten* fpl ‖ *Arzneimittel* npl ‖ *las cuatro* ~ ⟨Math⟩ *die vier Grundrechnungsarten* fpl ‖ *las* ~ *eucarísticas, las* ~ *sacramentales die Gestalten des Abendmahls (Brot und Wein)*
especie|ría *f Gewürz-, Spezerei|laden* m ‖ **–ro** *m Gewürz-, Spezerei|händler* m ‖ *Gewürzbehälter* m ‖ *Gewürzschränkchen* n ‖ *Gewürzregal* n
especifi|cación *f Spezifikation, Einzelangabe* f ‖ *Unterscheidung* f ‖ *Stückeverzeichnis* n ‖ ⟨Jur⟩ *Vertragsbedingungen* fpl ‖ *Eigentumserwerb* m *durch Verarbeitung* ‖ ⟨Jur Pharm⟩ *Spezifizierung* f

‖ **–cado** adj *einzeln* ‖ *detailliert (Verzeichnis)* ‖ *(einzeln) aufgeführt* ‖ *genau bestimmt* ‖ ⟨Jur⟩ *spezifiziert (Strafbarkeit)* ‖ las mercancias ~as a continuación *die nachstehend angeführten Waren* fpl ‖ adv: ~**amente** ‖ **–car** [c/qu] vt *besonders bezeichnen, einzeln angeben* ‖ *genau bestimmen* ‖ *spezifizieren* ‖ *aufschlüsseln* ‖ *erläutern*
específico adj *besondere(r, -s), eigentümlich, eigenartig, spezifisch (Wärme, Gewicht, Mittel)* ‖ *dem besonderen Fall entsprechend* ‖ *unterscheidend* ‖ *kennzeichnend* ‖ ~ m ⟨Pharm⟩ *spezifisches Heilmittel* n
espécimen [pl *especímenes*] m *Muster* n ‖ *Probestück* n *(Heft, Blatt, Nummer usw.)* ‖ *Exemplar* n ‖ ⟨Typ⟩ *(Beleg)Exemplar* n
especioso adj *vortrefflich* ‖ ⟨fig⟩ *scheinbar, mit e–m Schein des Rechts od der Wahrheit* ‖ *(äußerlich) bestechend, Schein-*
especiota *f* ⟨fam⟩ *ausgefallener Vorschlag* m
espec|tacular adj *eindrucks-, wirkungs|voll* ‖ *Aufsehen erregend, spektakulär* ‖ *Schau-* ‖ **–táculo** m ⟨Th⟩ *Schauspiel* n, *Darbietung, Vorstellung* f ‖ ⟨fig⟩ *Schauspiel* n, *Szene* f ‖ *Schau* f ‖ ⟨fig⟩ *Anblick* m ‖ ◇ dar (el) ~ ⟨fig⟩ *e–n Skandal machen* ‖ *Aufsehen erregen* ‖ ⟨meist pej⟩ *auffallen* ‖ ¡qué ~! *welch ein Anblick!* ‖ ~**s** públicos *öffentliche Vergnügungsstätten* fpl
espec|tador m *Zuschauer* m ‖ **–tante** adj *(m/f) abwartend, reserviert*
¹espectral adj *(m/f) geisterhaft, gespenstisch* ‖ *Geister-, Gespenster-*
²espectral adj *(m/f)* ⟨Phys⟩ *spektral, Spektral-*
¹espectro m *(Polter)Geist* m, *Gespenst, Phantom* n ‖ *Schreckbild* n ‖ ⟨fig⟩ *sehr magerer od dürrer Mensch* m
²espectro m ⟨Phys⟩ *Spektrum* n ‖ ⟨Pharm⟩ *Wirkungsbreite* f ‖ ~ *de absorción Absorptionsspektrum* n ‖ ~ *cromático Farbenspektrum* n ‖ ~ *de emisión Emissionsspektrum* n ‖ ~ *luminoso* → ~ *cromático* ‖ ~ *de masa Massenspektrum* n ‖ ~ *solar Sonnenspektrum* n ‖ ◆ *de amplio* ~ ⟨Pharm⟩ *Breitband-*
espectro|fotometría *f* ⟨Phys⟩ *Spektralphotometrie* f ‖ **–fotométrico** adj *spektralphotometrisch* ‖ **–fotómetro** m *Spektralphotometer* m
espectrógrafo m ⟨Phys⟩ *Spektrograph* m
espectro|metría *f* ⟨Phys⟩ *Spektrometrie* f ‖ **–métrico** adj *spektrometrisch*
espectrómetro m ⟨Phys⟩ *Spektrometer* n
espectro|scopia *f* ⟨Phys⟩ *Spektroskopie* f ‖ **–scópico** adj *spektroskopisch* ‖ **–scopio** m *Spektroskop* n
especu|lación *f Forschung, Betrachtung* f ‖ *Nachdenken* n ‖ ⟨Com Philos⟩ *Spekulation* f (& fig) ‖ ~ *arriesgada,* ~ *aventurada gewagtes Unternehmen, Risikogeschäft* n ‖ ~ *de bolsa Börsenspekulation* f ‖ ~ *en (od sobre) diferencias Differenzgeschäft* n ‖ **–lador** m ⟨Philos⟩ *Spekulant* m (& fig) ‖ ⟨Com⟩ *kaufmännischer Unternehmer, Spekulant* m ‖ *Forscher* m ‖ ~ *al alza Haussier* m *(Börse)* ‖ ~ *a la baja Baissier* m *(Börse)* ‖ ~ *de bolsa Börsenspekulant* m
¹especular adj *(m/f) spiegelnd* ‖ *Spiegel-* ‖ vi ⟨Med⟩ *spiegeln, mit dem Spiegel untersuchen*
²especu|lar vt/i *erforschen* ‖ *nach|denken, -sinnen, grübeln (en, sobre über acc)* ‖ *spekulieren, handeln* ‖ ◇ ~ *con algo auf et. (acc) (od mit et.) rechnen, et. in die Waagschale werfen* ‖ ~ *sobre el alza auf Hausse spekulieren* ‖ ~ *sobre las diferencias auf Differenzen spekulieren* ‖ **–lativa** *f Denkfähigkeit* f ‖ *Forschungssinn* m ‖ **–lativo** adj *betrachtend* ‖ *spekulativ* ‖ *s. von der Wirklichkeit*

entfernend ‖ *theoretisch* ‖ ⟨Com⟩ *spekulativ, Spekulations-*
espéculo *m* ⟨Med⟩ *Spiegel* m, *Spekulum* n ‖ ~ nasal *Nasen|spiegel, -spekulum* n ‖ ~ vaginal *Scheiden|spiegel, -spekulum* n
espe|jear vi *wie ein Spiegel glänzen* ‖ *gleißen, glitzern* ‖ *s. (ab)spiegeln* ‖ **–jeante** adj *spiegelnd* ‖ *schillernd* ‖ *glänzend* ‖ *glitzernd* ‖ **–jero** *m Spiegel|macher bzw -händler* m
espe|jismo *m Luftspiegelung* f ‖ *Fata Morgana* f ‖ ⟨fig⟩ *Illusion, Sinnestäuschung* f ‖ ⟨fig⟩ *Spiegelfechterei* f ‖ ⟨fig⟩ *Blendwerk* n ‖ **–jo** *m Spiegel* m (& Jgd) ⟨fig⟩ *Spiegel* m ‖ ⟨fig⟩ *(spiegelglatte) Fläche* f (bes. *des Meeres usw.*) ‖ ⟨fig⟩ *treues Abbild* n ‖ ⟨fig⟩ *Muster* n ‖ ~ de afeitar *Rasierspiegel* m ‖ ~ ardiente *Brennspiegel* m ‖ ~ de bolsillo *Taschenspiegel* m ‖ ~ cóncavo *Hohlspiegel* m ‖ ~ convexo *Konvexspiegel* m ‖ ~de cristal *Glasspiegel* m ‖ ~ de cuerpo entero *Stand-, Pfeiler|spiegel, Trumeau* m ‖ ~ deformante *Zerr-, Vexier|spiegel* m ‖ ~ exterior ⟨Auto⟩ *Außenspiegel* m ‖ ~ retráctil ⟨Fot⟩ *hochklappbarer* od *schwenkbarer Ablenkspiegel* m ‖ ~ retrovisor, ~ retroscópico ⟨Auto⟩ *Rückspiegel* m ‖ ~ ustorio *Brennspiegel* m ‖ ◆ en ~ *Spiegel-* (z.B. escritura) ‖ ◇ mirarse al ~ *s. im Spiegel betrachten* ‖ mirarse en uno como en un ~ ⟨figf⟩ *jdn mit außerordentlicher Zärtlichkeit lieben* ‖ *jdn als Vorbild betrachten* ‖ ~s mpl *Haarwirbel* m *(auf der Brust der Pferde)*
¹espejuelo *m* ⟨Arch⟩ *Dachfenster* n, *Giebelluke* f
²espejuelo *m Strahlgips* m
³espejuelo *m* ⟨Jgd⟩ *Lockspiegel* m (bes. *für Lerchen*)
⁴espejuelo *m Kastanie* f *(beim Pferd)*
⁵espejuelo *m Maserung* f *(des Holzes)*
espejuelos mpl *Brillengläser* npl
espeleño adj *aus Espiel* (P Córd) ‖ *auf Espiel bezüglich*
espe|leología f *Höhlenkunde, Speläologie* f ‖ **–leológico** adj *speläologisch* ‖ **–leólogo** *m Höhlenforscher, Speläologe* m
espelotarse vr ⟨pop⟩ *zunehmen, rundlich werden*
espelta f ⟨Bot⟩ *Spelz, Dinkel* m (Triticum spelta)
espelunca f *Höhle, Grotte* f
espeluz|nante adj *(m/f)* ⟨fam⟩ *haarsträubend, grauenhaft* ‖ **–nar** vt *sträuben (Haare)* ‖ *entsetzen* ‖ **~se** *s. sträuben (Haare)* ‖ *s. entsetzen* ‖ *entsetzt werden* ‖ **–no** *m Schauer* m
espenceriano adj ⟨Philos⟩ *auf Herbert Spencer bezüglich*
espeque *m* ⟨EB⟩ *(Gleis)Hebebaum* m
espe|ra f ⟨Er)Warten* n ‖ *Erwartung, Hoffnung* f ‖ ⟨Jur⟩ *Frist* f, *Aufschub* m ‖ ⟨Jgd⟩ *An|stand, -sitz* m ‖ *Hinterlist* f ‖ *Beharrlichkeit, Geduld* f ‖ *Ruhe* f ‖ ◆ en ~ … *in Erwartung* (gen) … ‖ en ~ de sus gratas noticias *Ihren werten Nachrichten entgegensehend* ‖ ◇ cazar a ~ ⟨Jgd⟩ *auf den Anstand gehen, auf dem Ansitz sitzen* ‖ no tiene ~ es verträgt k–n Aufschub* ‖ **–radero** *m* ⟨Jgd⟩ *An|stand, -sitz* m ‖ **–rado** adj *erhofft* ‖ no ~ *unverhofft*
espera f ⟨Mus⟩ *Stoßzunge* f *(am Klavier)*
esperan|tista m/f *(& adj) Esperantist(in* f), *Esperanto|kenner(in* f) bzw *-anhänger(in* f) m ‖ **–to** *m Esperanto* n
esperanza f *Hoffnung* f ‖ *Erwartung* f ‖ *Aussicht* f ‖ ~ engañosa *trügerische Hoffnung* f ‖ ~ (in)fundada *(un)begründete Hoffnung* od *Erwartung* f ‖ ~ de vida *Lebenserwartung* f ‖ ◆ contra toda ~ *gegen alle Vermutung* ‖ en estado de buena ~ *in gesegneten Umständen, guter*

Hoffnung, schwanger ‖ ◇ dar ~(s) a alg. *jdm Hoffnung machen* ‖ frustrar la ~ *die Hoffnung täuschen* ‖ infundir ~ *Hoffnung einflößen* ‖ llenar la ~ *der Erwartung entsprechen* ‖ günstig ausfallen* ‖ perder la ~ *die Hoffnung aufgeben* ‖ no renunciamos a la ~ *wir lassen die Hoffnung nicht schwinden* ‖ ¡qué ~! Arg *ist das e–e Idee!* ‖ *k–e Rede!* ‖ ~s fpl: ~ frustradas (od defraudadas) getäuschte Hoffnungen* fpl ‖ ◇ alentar ~ *s. Hoffnungen hingeben* ‖ alimentarse de ~ *s. (eitlen) Hoffnungen hingeben* ‖ concebir ~ *s. Hoffnungen machen* ‖ fundar *od* poner ~ en alg. *auf jdn Hoffnungen setzen* ‖ responder a las ~ *die Hoffnungen erfüllen* ‖ superar las ~ *die Hoffnungen übertreffen*
Esperanza *f* np span. *Frauenname*
esperan|zado adj *voller Hoffnung* ‖ **–zador** adj *verheißend, hoffnungsvoll, viel versprechend* ‖ **–zar** vt *(jdm) Hoffnung machen*
espe|rar vt/i *warten* ‖ *abwarten* ‖ *erwarten, (er)hoffen* ‖ *auf et.* (acc) *hoffen* (bzw *warten*) ‖ *vermuten, glauben, annehmen, voraussetzen* ‖ ◇ ~ a (que venga) alg. *auf jdn warten* ‖ ~ contra toda esperanza *trotzdem die Hoffnung nicht aufgeben* ‖ –ro en Dios *ich hoffe auf Gott* ‖ –ro en su justicia de Vd. *ich hoffe auf Ihre Gerechtigkeit* ‖ mala noche nos –ra *uns steht e–e schlechte Nacht bevor* ‖ nos lo esperábamos *darauf waren wir gefasst* ‖ *das haben wir erwartet* ‖ hacer ~ *warten lassen* ‖ *hoffen lassen* ‖ hacer ~ mucho tiempo *lange warten lassen* ‖ hacerse ~ *auf s. warten lassen* ‖ puedes ~ sentado ⟨fam⟩ *darauf kannst du lange warten* ‖ es de ~ que … *es ist zu erwarten* od *es steht in Aussicht, dass …* ‖ hoffentlich* ‖ voraussichtlich* ‖ ¡–re Vd. un momento! *gedulden Sie s. ein wenig!* ‖ quien –ra, desespera ⟨Spr⟩ *Hoffen und Harren macht manchen zum Narren* ‖ contra lo –rado *wider Erwarten, unverhofft* ‖ **~se** *warten, s. gedulden* ‖ me lo –raba de Vd. *ich erwartete es von Ihnen*
esperencia f Am ⟨pop⟩ → **experiencia**
esperezarse vr → **desperezarse**
esperiega f *Renette* f *(Apfelsorte)*
esper|ma *m* (& f) *Sperma* n, *Samen* m ‖ ~ de ballena *Walrat* m ‖ *Spermazet(i)* n ‖ Col *Kerze* f ‖ **–maceti** *m Spermazet(i)* n, *Walrat* m ‖ **–maticida** *m* ⟨Med⟩ *Spermatizid* n ‖ **–mático** adj: cordón ~ ⟨An⟩ *Samenstrang* m ‖ **–matocito** *m Spermatozyt* m ‖ **–matofitas** fpl ⟨Bot⟩ *Spermatophyten* pl, *Blüten-, Samen|pflanzen* fpl ‖ **–matogénesis** f ⟨Biol⟩ *Sper|matogenese, -miogenese, Samenbildung* f *(im Hoden)* ‖ **–matorrea** f ⟨Med⟩ *Spermatorrhö(e)* f, *unwillkürlicher Samenabgang* m ‖ **–matozoarios, –matozoos** mpl ⟨Biol⟩ *Spermatozoen* npl ‖ **–matozoides** mpl *Spermatozoiden* npl ‖ **–micida** adj →
espermaticida
espernancarse vr → **esparrancarse**
espernible adj *(m/f)* Ar *verächtlich*
esperón *m* ⟨Mar⟩ *(Ramm)Sporn* m ‖ ⟨Hist⟩ *Schiffsschnabel* m
esper|pento *m* ⟨fam⟩ *Sonderling, komischer Kauz* m, *Vogelscheuche* f ‖ *Albernheit* f, ⟨fam⟩ *Quatsch*, ⟨fam⟩ *Blödsinn* m ‖ **–péntico** adj *komisch* ‖ *grotesk* ‖ *absurd*
espesado *m* Bol ⟨Kochk⟩ *Eintopf(gericht* n) m
¹espesar *m dichtester Punkt* m *e–s Hochwaldes*
²espe|sar vt *ein-, ver|dicken, dick machen (Flüssigkeit)* ‖ *(zusammen)pressen* ‖ *ver|dichten, -stärken* ‖ ⟨Text⟩ *engmaschiger stricken* ‖ *dichter machen (Gewebe)* ‖ ~ vi, **~se** *dick, dicht, fest werden* ‖ *dicht zusammenwachsen (Bäume)* ‖ **–so** adj *dick, dick(flüssig), zähflüssig* ‖ *fest, gedrängt* ‖ *engmaschig* ‖ *massiv, stark, fest, dick* ‖ ⟨fig⟩ *schmutzig, fettig* ‖ *griffig (Papier)* ‖ Ar Ven ⟨fig⟩

lästig, zudringlich ‖ las cosas claras y el
chocolate ~ ⟨fam⟩ *Klarheit geht über alles* ‖ **–sor**
m Dicke, Stärke f *e–s Körpers* ‖ *Dichtigkeitsgrad*
m *(e–r Flüssigkeit usw.)* ‖ ⟨Bgb⟩ *Mächtigkeit* f
(e–s Flözes) ‖ **–sura** f *Dicke, Dichte* f ‖
Dichtigkeit f *(e–r Flüssigkeit)* ‖ ⟨fig⟩ *Dickicht,
Gestrüpp* n ‖ *dichtes Haar* n ‖ ⟨figf⟩ *Schmutz* m ‖
⟨figf⟩ *Schlampigkeit* f
  espeta|do adj ⟨fam⟩ *feierlich, steif
einhergehend* ‖ **–perro** adv: a ~ ⟨pop⟩ *eiligst,
Hals über Kopf*
  espe|tar vt *anspießen (Geflügel)* ‖ *auf-,
durch|spießen* ‖ *durchbohren* ‖ ⟨figf⟩ *(jdm et.)
auf|binden, -bürden,* ⟨fam⟩ *an den Kopf werfen* ‖
~**se** *s. in die Brust werfen*
  espetera f *Küchen-, Schüssel|brett* n *(zum
Aufhängen der Pfannen, des Fleisches usw.)* ‖
Pfannen fpl, *Töpfe* mpl ‖ ⟨fam⟩ *großer Busen,*
⟨fam⟩ *Mordsbusen* m ‖ ⟨fam iron⟩ *Klempnerladen*
m *(Ordensspange)*
  ¹espetón *m (Brat)Spieß* m ‖ *Schnürhaken* m ‖
Stoßdegen m ‖ *lange Anstecknadel* f
  ²espetón *m* ⟨Fi⟩ *Pfeilhecht, Barrakuda* m
(Sphyraena spp)
  ³espetón *m* ⟨Met⟩ *Kratze, Krücke* f
  ¹espía m/f *Spion(in* f), *Späher(in* f),
Kundschafter(in f) m ‖ ⟨fam⟩ *heimliche(r)
Angeber(in* f) m ‖ *Polizeispion(in* f), *Spitzel* m
  ²espía f ⟨Mar⟩ *Bugsiertau* n, *Verholleine* f ‖
⟨Mar⟩ *Verholen* n
  espiar [pres ~ío] vt *aus|spähen, -kundschaften,
-spionieren* ‖ *belauschen* ‖ *bespitzeln* ‖ ⟨Mar⟩
verholen, warpen
  espiazar vt Ar *zer|stückeln, -reißen*
  espi|bia f, **–bio, –bión** m → **estibia**
  espicanar|di, –do m ⟨Bot⟩ *Spieke* f ‖ ⟨Bot⟩
Bartgras n (Andropogon spp) ‖ ⟨Pharm⟩
Nardenwurzel f
  espicha f → **³espiche**
  espi|char vt *auf-, an|spießen* ‖ *verwunden* ‖ Chi
anzapfen (ein Fass usw.) ‖ Chi *herausrücken
(Geld)* ‖ ~ vi ⟨pop⟩ *sterben,* ⟨fam⟩ *krepieren* ‖
~**se** Cu Mex *abmagern* ‖ Arg *auslaufen
(Flüssigkeit)* ‖ Mex *s. schämen, in Verlegenheit
geraten* ‖ Guat *s. einschüchtern lassen*
  ¹espiche *m* ⟨fam⟩ *(Wurf)Spieß* m ‖ *spitzes
Werkzeug* n
  ²espiche *m (emphatische) Rede* f
  ³espiche *m Propfen* m ‖ ⟨Mar⟩ *Spikerkinne* f
  espichón *m Stich* m ‖ *Stichwunde* f
  espídico adj [in der Drogenszene] *berauschend
(Droge)*
  ¹espiga f *(Korn)Ähre* f ‖ *Angel* f *(am Degen,
Messer)* ‖ *Pflock, Stift, Nagel* m *(ohne Kopf)* ‖
Glockenschwengel m ‖ *Pfropfreis* n ‖ ⟨Taur⟩ *Pike*
f ‖ ⟨Zim⟩ *Zapfen* m ‖ ⟨Tech⟩ *Bolzen* m ‖ *Dorn* m ‖
(Schlag)Zünder m ‖ ⟨Mar⟩ *Topp* m
  ²espiga f Chi ⟨figf⟩ *Predigt* f
  Espiga f ⟨Astr⟩ *Spika* f
  espigadilla f ⟨Bot⟩ *Mäusegerste* f (Hordeum
murinum)
  espiga|do adj ⟨Bot⟩ *unbehindert wachsend* ‖
⟨fig⟩ *hoch gewachsen, aufgeschossen (Salat,
junger Mensch)* ‖ *ährenförmig* ‖ **–dor** *m
Ährenleser*
m
  espi|gar [g/gu] vt *(Ähren) lesen, nachstoppeln*
‖ ⟨Zim⟩ *verzapfen, spunden (Bretter)* ‖ ⟨fig⟩
zusammenstoppeln (Buch) ‖ ⟨fig⟩ *sammeln,
auslesen, zusammensuchen* ‖ ~ vi *Nachlese
halten* ‖ *in die Ähren schießen (Getreide)* ‖ ~**se**
⟨Agr⟩ *ins Kraut (bzw in Samen) schießen* ‖ ⟨fig⟩
schnell wachsen ‖ ⟨fig⟩ *in die Höhe schießen (von
jungen Leuten)* ‖ **–go** *m Zapfen* m ‖ Leon
Treibgerte f ‖ **–gón** *m Spitze* f *(e–s Nagels)* ‖

Dorn m ‖ *Zacke* f ‖ ⟨Bot⟩ *Granne, Spelze* f *an
Ähren* ‖ *Ährenbüschel* n *an der Hirse* ‖ *Mais-,
Rohr|kolben* m ‖ *spitzer, kahler Hügel* m ‖ *starker
Stahlstift* m ‖ *Wehrdamm* m ‖ *Mole* f ‖ ⟨Mar⟩
Masttopp m ‖ ⟨fig⟩ *nagender Kummer* m ‖ ~ de
ajo *Knoblauchzehe* f ‖ **–guear** vi Mex *mit dem
Schweif schlagen (Pferd)* ‖ **–gueo** *m Ährenlese* f
  espiguilla f ⟨Bot⟩ *Pappelkätzchen* n ‖
Ährenbüschel n ‖ *Rispengras* n (Poa spp) ‖ ⟨Text⟩
Fischgrätenmuster n
  △ **espi|llador** *m Spieler* m ‖ **–llantes** *mpl
Spielkarten* fpl
  ¹espín *m* ⟨Phys⟩ *Spin* m
  ²espín *m* → **puercoespín**
  espina f *Dorn* m ‖ *Stachel* m ‖ *(Fisch)Gräte* f ‖
(Holz)Splitter m ‖ ⟨An⟩ *Stachel, Grat* m ‖ ⟨An⟩
Dorn m ‖ ⟨An⟩ *Gräte* f ‖ ⟨fig⟩ *Argwohn, Verdacht*
m ‖ ⟨fig⟩ *nagender Schmerz* m ‖ ~ dorsal ⟨An⟩
Rückgrat n ‖ ~ de pescado *Fischgräte* f ‖ ⟨Text⟩
Fischgrätenmuster n ‖ ◇ eso me da mala ~
⟨fam⟩ *das ist mir verdächtig, das macht mich
misstrauisch* ‖ meterse una ~ en el dedo *s. e–n
Dorn in den Finger stechen* od *einjagen* ‖ quedar
en la ~ Am ⟨pop⟩ *sehr abmagern (Pferd)* ‖
sacarse la ~ ⟨figf⟩ *s. rächen, s. revanchieren* ‖
s–n Verlust (wieder) wettmachen
  espinaca f ⟨Bot⟩ *Spinat* m (Spinacia oleracea)
‖ ~**s** fpl *Spinat m (als Gericht)*
  espinacia f ⟨Fi⟩ *Seestichling* m (Spinachia
spinachia)
  espinal adj *(m/f)* ⟨An⟩ *zum Rückgrat gehörig,
spinal, Rückgrat-* ‖ ~ *m* Am *Dorngebüsch* n
  espinapez *m* ⟨Zim⟩ *Fischgrätenparkett* n ‖
⟨Text⟩ *Fischgrätenmuster* n
  ¹espinar *m Dorngebüsch* n ‖ ⟨fig⟩
Schwierigkeit, heikle Angelegenheit f
  ²espinar vt *stechen (mit e–m Dorn)* ‖ *mit
Dornenranken schützen* ‖ ⟨fig⟩ *quälen, sticheln,
(jdm) Nadelstiche versetzen*
  espinazo *m* ⟨An⟩ *Rückgrat* n, *Wirbelsäule* f ‖
⟨Arch⟩ *Schlussstein* m *(e–s Gewölbes)* ‖ doblar el
~ ⟨figf⟩ *den Nacken beugen* ‖ ⟨figf⟩ *kein
Rückgrat haben* ‖ ⟨figf⟩ *kriecherisch nachgeben* ‖
partir el ~ *das Genick brechen*
  ¹espinela f ⟨Min⟩ *Spinell* m
  ²espinela f *Dezime, Espinela* f, *Gedicht* n *aus
zehn Versen, nach Vicente Espinel (1550–1624)
benannt*
  espíneo adj *Dorn(en)-*
  ¹espineta f ⟨Mus⟩ *Spinett* n
  ²espineta f *Gebiss* n *(am Zaumzeug)*
  espingarda f ⟨Mil Hist⟩ *Feldschlange* f ‖ *lange
Araberflinte* f ‖ ⟨figf⟩ *Mensch* m (bes. *Frau) von
langer, schlechter Figur*
  espiniano adj *auf Concha Espina (1879–1955)
bezüglich*
  ¹espinilla f dim von **espina** ‖ ⟨An⟩ *Schienbein*
n
  ²espini|lla f ⟨Med⟩ *Mitesser* m ‖ **–llento,
–lludo** adj *an Mitessern leidend*
  espinillera f ⟨Sp Tech⟩ *Schienbeinschutz* m ‖
⟨Hist⟩ *Beinschiene* f *(Rüstung)*
  espino *m* a) ⟨Bot⟩ *Hage-, Weiß|dorn* m ‖ Chi
Akazie f ‖ ~ albar, ~ blanco ⟨Bot⟩ *Weißdorn* m
(Crataegus laevigata) ‖ ~ cerval → ~ hediondo ‖
~ de fuego *Feuerdorn* m (Pyracantha spp) ‖ ~
hediondo *Purgierkreuzdorn* m (Rhamnus
catharticus) ‖ ~ negro *Schwarz-, Schleh|dorn* m
(Prunus spinosa) ‖ *Kreuzdorn* m (Rh. sp) **b)** ~
artificial *Stacheldraht* m
  espinocha f ⟨Fi⟩ *Stichling* m (Gasterosteus sp)
  Espino|sa *m* np *Spinoza* m ‖ **≈sismo** *m* ⟨Philos⟩
Spinozismus m
  espinosillo *m* ⟨Fi⟩ *Zwergstichling* m (Pungitius
pungitius)

¹**espinoso** adj *dornig, stach(e)lig* ‖ *Dornen-, Stachel-* ‖ *voll Gräten (Fisch)* ‖ ⟨fig⟩ *schwierig, heikel* ‖ ⟨fig⟩ *dornenreich*

²**espinoso** m ⟨Fi⟩ → **espinocha**

espinudo adj Am *dornenreich*

espínula f *Dörnchen* n

espiocha f *Pickel* m *(Hacke)*

espion m [selten] *Spion, Späher* m

espio|naje m *Spionage* f, *Spionendienst* m ‖ *Auskundschaftung* f ‖ ~ *industrial Werk(s)spionage* f ‖ **–nar** vt Chi *spähen*

espíquer m ⟨Pol⟩ *Speaker, Sprecher* m ‖ ⟨Radio TV⟩ *Sprecher* m

espira f *Schneckenlinie* f ‖ ⟨Math⟩ *Spirale* f ‖ ⟨Tech⟩ *(Schrauben-, Spiral-, Spulen)Windung* f ‖ ⟨Arch⟩ *Schaftgesims* n

Espira f [Stadt] *Speyer* n

espiración f *Ausatmung* f ‖ *Ausdünstung* f

espiral adj/s *(m/f) schneckenförmig* ‖ *spiralförmig, Spiral-* ‖ ~ f *Spirale, Spiral|linie* f ‖ ⟨Uhrm⟩ *Spiral-, Uhr|feder* f ‖ ~ *de precios y salarios Preis-Lohn-Spirale* f ‖ ◆ *en* ~ *spiral(förm)ig, gewunden* ‖ ~*es de humo Rauch(k)ringe(l)* mpl *(e–r Zigarette)* ‖ adv: ~**mente**

espi|rante f ⟨Gr⟩ *Spirans* f, *Spirant* m ‖ **–rar** vt *aus|hauchen, -atmen* ‖ *aus|dünsten, -duften* ‖ ⟨fig⟩ *beseelen* ‖ ~ vi *(aus)atmen* ‖ ⟨poet⟩ *wehen (Wind)* ‖ ⟨fig⟩ *sterben* ‖ **–ratorio** adj *exspiratorisch, Atmungs-*

espirea f ⟨Bot⟩ *Spierstrauch* m (Spiraea spp)

espirilos mpl ⟨Med⟩ *Spirillen* fpl

espiri|tado adj *vom bösen Geist besessen* ‖ ⟨fam⟩ *aufgebracht* ‖ ⟨fam⟩ *ausgemergelt, abgemagert* ‖ **–tillo** m dim von **espíritu** ‖ **–tismo** m *Spiritismus, Geisterglaube* m ‖ **–tista** adj *(m/f) spiritistisch* ‖ ~ *m/f Spiritist(in* f) m ‖ **–toso** adj *feurig, lebhaft* ‖ *beseelt* ‖ *geistsprühend* ‖ *mutig, tapfer*

¹**espíritu** m *Geist* m ‖ *Seele* f ‖ *Gemüt* n ‖ *Lebenskraft* f ‖ *Mut, Geist* m ‖ *Empfinden, Gefühl* n ‖ *Sinn* m ‖ *Lebhaftigkeit, Feuer* n ‖ *Verstand* m ‖ *Eingebung* f ‖ *Veranlagung, Gabe, Fähigkeit, geistige Anlage* f ‖ *Wesen* n, *Charakter* m ‖ *Geist, Witz, Scharfsinn* m ‖ *Gesinnung, Neigung* f ‖ *Stimmung* f ‖ *Denkungsart, Denkweise* f ‖ *Tatkraft, Energie* f ‖ *Ausdünstung* f, *Dunst* m ‖ *Geist, Extrakt* m ‖ *Teufel, böser Geist* m ‖ ⟨Gr⟩ *Hauchzeichen* n ‖ ~ *de bandería Parteigeist* m ‖ ~ *de casta Kastengeist* m ‖ ~ *de clase Klassengeist* m ‖ *Standesdünkel* m ‖ ~ *comunitario Gemeinschafts|geist, -sinn* m ‖ ~ *de contradicción Widerspruchsgeist* m ‖ ~ *de cuerpo Korps-, Mannschafts|geist* m ‖ ~ *detectivesco Spürsinn* m ‖ ~ *dominador Herrschergeist* m ‖ ~ *emprendedor Unternehmungsgeist* m ‖ ~ *de la época Zeitgeist* m ‖ ~ *de equipo Teamgeist* m ‖ ~ *exclusivista Exklusivdenken* n, *Cliquengeist* m, *elitäres Denken* n ‖ ~ *familiar Kobold, Hausgeist* m ‖ ~ *de fronda aufrührerischer Geist* m ‖ ~ *gregario Herden|geist, -trieb* m ‖ ~ *guerrero Kriegsgeist* m ‖ ~ *inventor Erfindungsgeist* m ‖ ~ *de iniciativa Unternehmungsgeist* m ‖ ~ *inmundo* → ~ *mal(ign)o* ‖ ~ *de la ley Sinn* m *des Gesetzes* ‖ ~ *mal(ign)o böser Geist, Teufel* m ‖ ~ *mercantil Geschäftstüchtigkeit* f ‖ ~ *militar soldatischer Geist* m ‖ ~ *nacional Nationalgefühl* n ‖ *Volksgeist* m ‖ ~ *de observación Beobachtungsgabe* f ‖ ~ *de orden Ordnungssinn* m ‖ ~ *de partido Parteigeist* m ‖ ~ *de profecía Gabe* f *des Wahrsagens* ‖ ~ *de sacrificio Opferbereitschaft* f ‖ ~ *servil Sklavensinn* m ‖ ~ *del siglo Zeitgeist* m ‖ ⟨Rel⟩ *Weltgeist* m (Gegensatz: *Geist der Kirche*) ‖ ~ *del tiempo Zeitgeist* m ‖ ~ *de venganza Rachegeist* m ‖ ~

vital Lebensgeist m ‖ *pobre de* ~ *das Weltliche verschmähend, arm im Geiste (Evangelium)* ‖ *arm an Geist* ‖ *ängstlich, furchtsam* ‖ ◆ *sin* ~ *geistlos* ‖ *beber el* ~ *a alg.* ⟨fig⟩ *s. jds Meinung zu eigen machen* ‖ *calmar los* ~*s die Gemüter beruhigen* ‖ *cobrar* ~ ⟨fig⟩ *Mut fassen* ‖ *dar (od despedir, entregar, exhalar, rendir) el* ~ ⟨fig⟩ *den Geist aufgeben* ‖ *estar poseído por el* ~ *del mal vom bösen Geist besessen sein* ‖ *levantar el* ~ ⟨fig⟩ *s. ermutigen* ‖ *la bajada od venida del* ~ *Santo die Ausgießung des Heiligen Geistes* ‖ *levantar los* ~*s* ⟨fig⟩ *die Gemüter aufwühlen* ‖ *el* ~ *está pronto, pero la carne es flaca od débil* ⟨Spr⟩ *der Geist ist willig, aber das Fleisch ist schwach*

²**espíritu** m *Spiritus* m ‖ *Sprit* m ‖ *alkoholisches Getränk* n ‖ ~ *de vino Weingeist, Alkohol* m

espiri|tual adj *(m/f) geistig, spirituell* ‖ *geistlich, religiös* ‖ *unkörperlich, übersinnlich* ‖ *vergeistigt* ‖ *geist|reich, -voll* ‖ adv: ~**mente** *geistig* ‖ *geistlich* ‖ **–tualidad** f *Geistigkeit* f, *geistiges Wesen* n ‖ ⟨Rel⟩ *geistliches Leben* n ‖ *Auffassungsvermögen* n ‖ **–tualismo** m ⟨Philos⟩ *Spiritualismus* m ‖ **–tualista** adj *(m/f) spiritualistisch* ‖ ~ *m/f Spiritualist(in* f) m ‖ **–tualizar** [z/c] vt *vergeistigen* ‖ *beseelen, Geist einhauchen* ‖ *zum Besitz der Kirche machen (Güter)* ‖ ~**se** *vergeistigt werden* ‖ ⟨fig⟩ *mager werden* ‖ **–tuosidad** f *geistige Stärke* f

espirituoso adj *alkohol-, sprit|haltig, spirituos*

espirómetro m ⟨Med⟩ *Atemmesser* m, *Spirometer* m

espiroque|to, –te m, **–ta** f ⟨Bact⟩ *Spirochäte* f ‖ *–ta pálida Erreger* m *der Syphilis* (Treponema pallidum, früher: Spirochaeta pallida)

△ **espirrabao** m *Leiche* f

espi|ta f *Hahn, Zapfen, Fasshahn* m ‖ *Fasszapfen* m ‖ ⟨figf⟩ *Säufer, Trunkenbold* m ‖ ~ *de cierre Absperrhahn* m ‖ ~ *de descarga Entleerungshahn* m ‖ ~ *de estrangulación Quetschhahn* m ‖ **–tar** vt *(ein Fass) anzapfen*

espito m ⟨Typ⟩ *Aufhängekreuz* n

esplacnología f ⟨Med⟩ *Lehre von den Eingeweiden, Splanchnologie* f

esplegar m ⟨Agr⟩ *Lavendelfeld* n

esplen|dente adj *(m/f) geistig* ⟨poet⟩ *strahlend, leuchtend* ‖ **–der** vi ⟨poet⟩ *erglänzen, strahlen* ‖ *prangen* ‖ **–didez** [pl ~**ces**] f *Pracht, Herrlichkeit* f ‖ *Freigebigkeit* f

espléndido adj *prächtig, herrlich, prunkvoll* ‖ *großen Aufwand treibend* ‖ *freigebig* ‖ ⟨poet⟩ *leuchtend, strahlend, glänzend*

esplen|dor m *Glanz, Schimmer* m ‖ ⟨fig⟩ *Pracht, Herrlichkeit* f, *Glanz* m ‖ ⟨fig⟩ *Ruhm* m ‖ **–doroso** adj ⟨poet⟩ *leuchtend, strahlend, glänzend* ‖ *prächtig, glanzvoll, glänzend*

esplénico adj/s ⟨An⟩ *Milz-*

esple|nio, m ⟨An⟩ *Splenius, Kopfheber* m *(Muskel)* ‖ **–nitis** f ⟨Med⟩ *Milzentzündung* f ‖ **–nomegalia** f *Splenomegalie, Milzvergrößerung* f

espliego m ⟨Bot⟩ *Echter Lavendel* m (Lavandula angustifolia *od* officinalis)

esplín m *Lebensüberdruss, Spleen* m ‖ *üble Laune* f ‖ *Grille* f ‖ *Schrulligkeit* f

espoiler m ⟨Auto⟩ *Spoiler* m

espo|lada f, **–lazo** m *Sporn|stich, -stoß* m ‖ ⟨figf⟩ *Ansporn* m ‖ ⟨figf⟩ *Schluck* m *(Wein)* ‖ **–leadura** f *Spornwunde* f ‖ *(An)Sporen* n ‖ **–lear** vt/i *spornen, (dem Pferd) die Sporen geben* ‖ ⟨fig⟩ *an|spornen, -treiben* ‖ **–leo** m *(An)Sporen* n

¹**espoleta** f *Brustbein* n *(des Geflügels)*

²**espoleta** f ⟨Mil⟩ *Zünder* m ‖ ~ *instantánea Augenblickszünder* m ‖ ~ *de percusión Aufschlagzünder* m ‖ ~ *de relojería Uhrwerk(zeit)zünder* m ‖ ~ *retardada,* ~

retardatriz, ~ con retardo *Verzögerungszünder* m ‖ ~ de tiempo *Zeitzünder* m

¹espolín m dim von **¹espuela**

²espolín m ⟨Text⟩ *geblümter Taft* m

espolio m ⟨Kath⟩ *Spolien* npl

espolique m *Fersenschlag* m *beim Bockspringen (Kinderspiel)* ‖ ⟨fig⟩ *An|trieb, -sporn* m

¹espolón m *(Hahnen)Sporn* m ‖ *Stahlsporn* m *(der Kampfhähne)* ‖ *Sporn* m *(des Reiters)* ‖ ⟨Tech⟩ *Sporn* ‖ ⟨fig⟩ *Frostbeule* f *an der Ferse*

²espolón m ⟨Arch⟩ *Strebepfeiler* m ‖ *Pfeilerkopf* m ‖ *Widerlager* n *(e–r Brücke)*

³espolón m ⟨Mar⟩ *Rammsporn* m ‖ *Schiffsschnabel* m ‖ *Wellenbrecher* m ‖ *Eisbrecher* m ‖ *Kai, Dammweg* m ‖ *öffentlicher Dammweg* m, *Uferpromenade* f

⁴espolón m *Ausläufer* m *(e–s Gebirges)*

espo|lonada f *plötzliches Zureiten (auf jdn)* ‖ **–lonazo** m *Stoß* m *mit dem Sporn* ‖ *Spornstoß* m *(des Kampfhahnes)* ‖ *Rammstoß* m ‖ **–lonear** vt → **–lear** ⟨Mar⟩ *rammen*

espolvo|rear vt *in Staub verwandeln* ‖ *zu Pulver reiben, pulvern* ‖ *be-, an|stäuben* ‖ *(ein)pudern* ‖ *bestreuen (con mit)* ‖ ◇ ~ de *azúcar mit Zucker bestreuen* ‖ **–reo** m *(Be)Stäuben* n ‖ **–rizar** [z/c] vt *bestäuben*

espon|daico adj/s ⟨Poet⟩ *spondeisch (Vers)* ‖ **–deo** m *Spondeus* m *(Versfuß)*

espondi|litis f ⟨Med⟩ *Spondylitis Wirbelentzündung* f ‖ **–losis** f *Spondylose* f

espongiarios mpl ⟨Zool⟩ *Schwämme* mpl (Porifera)

¹esponja f *Schwamm* m ‖ *Badeschwamm* m ‖ *Schulschwamm* m ‖ *Bimsstein* m ‖ ⟨Text⟩ *Frottee* n (& m), Öst *Frotté* m ‖ ⟨Met⟩ *(Eisen)Schwamm* m ‖ ⟨fig⟩ *Aussauger, Schmarotzer* m ‖ ~ *vegetal* ⟨Bot⟩ *Luffaschwamm* m (Luffa cylindrica) ‖ ◇ *arrojar la* ~ ⟨Sp⟩ *das Handtuch werfen* ‖ *beber como una* ~ ⟨figf⟩ *wie ein Schwamm trinken, ein großer Trinker sein* ‖ *borrar con la* ~ *mit dem Schwamm abwischen* ‖ *exprimir la* ~ *den Schwamm ausdrücken* ‖ *pasar una* ~ *sobre todo* ⟨figf⟩ *alles vergessen, nichts mehr aufwärmen wollen* ‖ *tirar la* ~ → *arrojar la*

²esponja f ⟨Zool⟩: ~ *del ermitaño Meerorange* f

espon|jado adj *schwammig* ‖ ⟨fig⟩ *aufgeblasen, stolz* ‖ ⟨fig⟩ *aufgeplustert (z.B. Vogel)* ‖ ~ m *(Schaum)Zuckergebäck* n ‖ **–jadura** f *Anschwellen* n *e–s schwammigen Körpers* ‖ **–jamiento** m Arg *Auf|schwellen, -laufen* n ‖ **–jar** vt *schwammig machen* ‖ *aufblähen* ‖ *in die Höhe treiben (Teig)* ‖ *anschwellen lassen* ‖ *mit e–m Schwamm reinigen od abwischen* ‖ *auflockern (Erdreich, Polster)* ‖ ~ vi/r *aufquellen* ‖ *aufgehen (Teig)* ‖ ⟨fig⟩ *gesund und kräftig werden* ‖ ⟨fig⟩ *s. auf|blasen, s. -blähen* ‖ ⟨fig⟩ *s. aufplustern (Vogel)* ‖ **–jera** f *Schwammbehälter* m ‖ **–jilla** f *Schwämmchen* n ‖ ~ *humedecedora Anfeuchter* m ‖ **–josidad** f *Schwammigkeit* f ‖ *Lockerheit* f ‖ **–joso** adj *schwammig* ‖ *locker, porös*

espon|sales mpl, **–salias** fpl *Verlobung* f ‖ *Verlöbnis* n ‖ *Eheversprechen* n ‖ *Verlobungsfeier* f ‖ **–salicio** adj *Verlobungs-* ‖ *Verlöbnis-*

es|pónsor m *Sponsor* m ‖ **–ponsorización** f *Sponsoring* n ‖ **–ponsor(iz)ar** vt *sponsern*

espon|táneamente adv *freiwillig, aus eigenem Antrieb* ‖ *von selbst, spontan* ‖ **–tanearse** vr *(freiwillig) (jdm) sein Inneres enthüllen, erschließen, s. eröffnen s. outen* ‖ ⟨Jur⟩ *freiwillig ein Geständnis ablegen* ‖ **–taneidad** f *Freiwilligkeit, ohne äußere Einwirkung erfolgte Handlung* f ‖ *Unmittelbarkeit, Spontaneität* f ‖ *Ursprünglichkeit* f *(e–r Idee usw.)* ‖ *Natürlichkeit*

f ‖ **–táneo** adj *spontan, freiwillig, aus eigenem Antrieb handelnd* ‖ *s. von selbst ergebend, unaufgefordert* ‖ ⟨Biol Physiol⟩ *von selbst entstanden, spontan, selbst-, Spontan-* ‖ ⟨Bot⟩ *wild wachsend* ‖ *Am ursprünglich* ‖ ~ m ⟨Taur⟩ *Zuschauer* m, *der plötzlich und unerlaubterweise in die Arena springt, um gegen den Stier zu kämpfen*

espora f, **–ro** m ⟨Bot Med⟩ *Spore* f

esporádico adj *vereinzelt vorkommend, sporadisch*

espo|rangio m ⟨Bot⟩ *Sporen|bildner, -behälter* m, *Sporangium* n ‖ **–rófila** f ⟨Bot⟩ *sporentragendes Blatt, Sporophyll* n ‖ **–rofito** m ⟨Bot⟩ *Sporophyt* m ‖ **–rogonio** m ⟨Bot⟩ *Sporogon* n *(der Moospflanzen)* ‖ **–rotricosis** f ⟨Med⟩ *Sporotrichose* f ‖ **–rozo(ari)os** mpl ⟨Zool⟩ *Sporentierchen* npl (Sporozoaria)

esport m *Sport* m

esportear vt *in Körben befördern*

esportilla f dim von **espuerta** ‖ ⟨Mal⟩ *Feuerwedel* m

espor|tillero m *Korbträger* m ‖ **–tillo** m *Korb* m *aus Esparto- od Palm|geflecht*

esportón m augm von **espuerta**

espo|sa f *Gattin, Ehefrau* f ‖ *Am Bischofsring* m ‖ **–sado** adj/s *neuvermählt*

espo|sar vt *mit Handschellen fesseln* ‖ **–sas** fpl *Handschellen* fpl ‖ *poner las* ~ *a alg. jdm die Handschellen anlegen*

esposo m *Gemahl, Ehegatte* m ‖ **–s** mpl *Eheleute* pl

espot m *Spot* m ‖ ~ *promocional od publicitario Werbespot* m

espray m *Spray* m (& n) ‖ ~ *para el pelo Haarspray* m (& n)

esprint m ⟨Sp⟩ *Sprint* m

esprínter m ⟨Sp⟩ *Sprinter* m

esprit m *Esprit* m

esprúe f ⟨Med⟩ *Sprue* f

¹espuela f *(Reiter)Sporn* m ‖ ⟨fig⟩ *Sporn, Antrieb* m *Anreiz* m ‖ ⟨An⟩ *Sporn* m *der Vögel* Arg *Brustbein* n *(des Geflügels)* ‖ ⟨fig⟩ *Ritter sein* ‖ *aplicar las* ~s *(dem Pferd) die Sporen geben* ‖ *calzar la(s) a alg.* ⟨Hist⟩ *jdn zum Ritter schlagen* ‖ *dar de (la)* ~, *dar* ~s → *aplicar las* ~s ‖ *echar la* ~ ⟨fig⟩ *den letzten Schluck tun* ‖ *poner* ~s (a) *(an)spornen (& fig)* ‖ *sentir la* ~ ⟨fig⟩ *den Druck (der Arbeit, der Verantwortung usw) spüren, unter Druck od Stress stehen*

²espuela f ⟨Bot⟩: ~ *de caballero Rittersporn* m (Delphinium spp)

espuelero m *Sporenmacher* m

espuerta f *Kiepe* f, *zweihenk(e)liger, biegsamer Korb* m ‖ *Tragkorb (für Saumtiere)* ‖ ⟨figf iron⟩ *großer, hässlicher Mund* m ‖ ♦ *a* ~s *haufenweise, im Überfluss*

espul|gar [g/gu] vt *(ab)flöhen* ‖ *(ent)lausen* ‖ ⟨fig⟩ *ausforschen* ‖ **–go** m *Abflöhen* n ‖ *Entlausen* n ‖ ⟨fig⟩ *Ausforschen, Durchsuchen* n

espuma f *Schaum* m, *(Wellen)Gischt* m (& f) ‖ *Geifer* m *(bei Tieren)* ‖ *Zuckerschaum* m *(Zuckerwerk)* ‖ *Schaum(stoff)* m ‖ And ⟨Text⟩ *Milchflor, feiner Krepp* m ‖ ~ *de afeitar Rasierschaum* m ‖ ~ *de baño Badeschaum* m ‖ ~ *de jabón Seifenschaum* m ‖ ~ *de mar Meerschaum* m ‖ ~ *de nitro Mauersalpeter* m ‖ ◇ *crecer como (la)* ~ ⟨figf⟩ *rasch wachsen* ‖ ⟨fig⟩ *schnell sein Glück machen* ‖ *levantar* ~ *Schaum machen*

espumadera f *Schaum|löffel* m, *-kelle* f

espumadora f ⟨Ins⟩ *Schaumzikade* f (Philaenus spumarius)

espuma|jear vi *schäumen* ‖ ⟨fig⟩ *(vor Wut) schäumen* ‖ **–ollas** m ⟨fam⟩ *Tellerlecker* m

espu|mar vt *abschäumen, den Schaum abschöpfen* || ~ vi *schäumen* || *aufschäumen* || ⟨fig⟩ *zusehends wachsen* || *gedeihen, rasch vorankommen* || **–ma(ra)jo** m *Geifer, Speichel* m || *Schaum* m || ◇ *echar* ~s *de rabia* (por la boca) ⟨figf⟩ *vor Wut schäumen* || **–mear** vi *schäumen* || **–milla** f ⟨Text⟩ *feiner Krepp, Milchflor* m || Ec Hond *Schaumgebäck* n, *Meringe* f || **–mosidad** f *Schäumen* n || *Schaumiges* n || **–moso** adj *schaumig, schäumend* || *schaumbildend*

espundia f Bol ⟨Med⟩ *Espundia, Haut-Schleimhaut-Leishmaniase* f

espurio, espúreo adj *unehelich* || ⟨fig⟩ *falsch* || ⟨fig⟩ *unecht, verfälscht*

espu|rrear, –rriar [pres ~ío] vt *anfeuchten* || *be|sprengen, -spritzen*

¹espurrir vt Sant Ast Burg León Pal *ausstrecken* (bes *Arme, Beine*) || ~se Sant Ast León s. *recken*

²espurrir vt *anfeuchten*

espu|tar vt/i *(aus)spucken* || *aushusten* || *Auswurf haben* || **–to** m *Auswurf, Speichel* m || ⟨Med⟩ *Auswurf* m, *Sputum* n

esq. ⟨Abk⟩ = **esquina**

esquech m *Sketch* (& *Sketsch*) m

esqueje m *Ableger, Steckling, Setzling* m

esquela f *Blättchen Papier, Billett, kurzes Schreiben* n || *Kartonzettel* m || *gedruckte Anzeige* f || *Todesanzeige* f *(in Zeitungen)* || ⟨reg⟩ *Brief* m || ~ *amorosa Liebesbriefchen* n || ~ *de convite Einladungskarte* f || ~ *de defunción, fúnebre Todesanzeige* f || *Trauerkarte* f || ~ *de invitación* → ~ *de convite* || ~ *mortuoria* → ~ *de defunción*

esque|letado adj ⟨fig⟩ *sehr abgemagert* || **–lético** adj *Gerippe-* || ⟨fig⟩ *sehr mager, spindeldürr* || **–leto** m *Gerippe, Skelett* n || ⟨Mar⟩ *Schiffsgerippe* n || ⟨fig⟩ *Gerüst* n || Col CR Guat Mex ⟨fig⟩ *Formular* n || Chi ⟨fig⟩ *Entwurf* m, *Skizze* f || ◆ *en* ~ ⟨fig⟩ *unfertig* || ⟨fig⟩ *ohne jeglichen Zierrat* || ◇ *estar hecho un* ~ ⟨figf⟩ *spindeldürr sein* || *menear el* ~ ⟨pop⟩ *tanzen* || *tumbar el* ~ ⟨pop⟩ s. *hinlegen* || ~s mpl ⟨Th⟩ *innere Bühnenlichter* npl

esquelita f dim von **esquela** || ⟨Min⟩ *Scheelit* m

esque|ma m *Schema* n, *Abriss, Plan, Entwurf* m || *Bild* n || *Diagramm* n || *Übersicht(stafel)* f || *Vordruck* m, *Muster* n || ⟨Tech Arch⟩ *schematische Darstellung* f, *Abriss* m || ⟨Radio⟩ *Schema* n || ~ *de conexiones Schalt|schema, -bild* n, *-plan* m || **–mático** adj *schematisch* || *in Hauptzügen* || **–matismo** m *Schematismus* m || **–matización** f *Schematisierung* f || **–matizar** [z/c] vt *schematisieren, bildlich darstellen*

esquena ⟨cat⟩ f ⟨reg⟩ *Rückgrat* n

esquenanto m ⟨Bot⟩ *Kamelgras* n (Andropogon schoenanthus)

esquero m *Gürteltasche* f

esquí m *Ski* m || ⟨Flugw⟩ *Kufe* f || *Skisport* m || *Ski|laufen, -fahren* n || ~ *acuático Wasserskilaufen* n || ~ *de fondo (Ski)Langlauf* m || ~ *náutico* → ~ *acuático*

esqui|able adj *(m/f) mit Skiern befahrbar* || **–ador** m ⟨Sp⟩ *Ski|fahrer, -läufer* m || ~ *de fondo (Ski)Langläufer* m || **–aje** n *Skisport* m || *Ski|laufen, -fahren* n || **–ar** [pres ~ío] vi *Ski fahren* od *laufen*

esquicio m ⟨Mal⟩ *Skizze* f, *Entwurf* m

esquife m ⟨Mar⟩ *Beiboot* n, *kleiner Kahn* m || ⟨Sp⟩ *Skiff* n

¹esquila f *Vieh|schelle, -glocke* f || *Glocke* f *(in Schulen usw.)*

²esquila f *Woll-, Schafsschur* f

³esquila f ⟨Bot⟩ *Meerzwiebel* f (Urginea maritima)

⁴esquila f ⟨Zool⟩ *Sandgarnele* f (Crangon crangon) || *Felsengarnele* f (Palaemon serratus) || ⟨Ins⟩ *Taumelkäfer* m (Gyrinus natator)

esquila|da f Ar → **cencerrada** || **–dero** m *Scherstall* m, *Schurstelle* f || **–dor** m *Schafscherer* m || *Hundetrimmer* m || ◇ *ponerse como el chico del* ~ ⟨figf⟩ s. *voll stopfen*, ⟨fam⟩ *gewaltig (r)einhauen* || **–dora** f *Schermaschine* f

¹esquilar vt/i *(e–e Glocke) läuten*

²esqui|lar vt/i *scheren (Schafe)* || *trimmen (Hunde)* || **–leo** m *Schafschur* f || *Schurzeit* f || *Schurstall* m

³esquilar vi Burg Pal Sant Vizc *klettern (auf e–n Baum usw.)*

esquilero m ⟨Fi⟩ *Garnelenfangnetz* n

esquilimoso adj ⟨fam⟩ *zimperlich*

esquil|mador m/adj *Aussauger* m || **–mar** vt/i *(ein)ernten, einsammeln* || *(den Boden) aus|saugen, -laugen* || ⟨figf⟩ *aussaugen, verarmen* || **–mo** m *Ertrag* m || *Ernte* f

¹esquilo m Sant ⟨Zool⟩ *Eichhörnchen* n

²esquilo m Ar *Woll-, Schaf|schur* f

Esquilo m np *Äschylus* m

esquilón m *große Viehglocke* f || *kleine Turmglocke* f

esqui|mal adj *(m/f) Eskimo-* || ~ *m/f Eskimo* m, *Eskimofrau* f || ~ *m* ⟨Ling⟩ *Eskimo* n || ~es mpl *Inuit* pl || **–motaje** n ⟨Sp⟩ *Eskimotieren* n

esqui|na f *Ecke, Kante* f || ~ *de (la) calle Straßenecke* f || ◆ *a la vuelta de la* ~ *(gleich) um die Ecke* || *de od en* ~ *Eck-* || ◇ *darse contra una* ~ ⟨fig⟩ *(mit dem Kopf) gegen die Mauer anrennen* || *estar de* ~ ⟨fam⟩ *entzweit sein, miteinander schmollen* || *hacer* ~ *e–e Ecke bilden* || *an der Ecke (der Straße) liegen* || *jugar a las cuatro* ~s „*wechselt eure Plätze!*" *spielen* || **–nado** adj *eckig* || *spitz (Gesicht)* || ⟨fig⟩ *barsch, übel gelaunt, verstimmt* || *eckig* || *verschlagen* || *schmollend* || **–nar** vt *in e–e Ecke legen* od *stellen* || ⟨Zim⟩ *wink(e)lig anlegen, im Eck verlegen* || ⟨fig⟩ *entzweien* || ⟨fig⟩ *missmutig machen* || ~ vi *e–e Ecke bilden* || ~se ⟨fig⟩ *verstimmt werden* || *schmollen* || s. *(mit jdm) verfeinden* || **–nazo** m ⟨fam⟩ *Ecke, Kante* f || Chi *Abendständchen* n || Chi *Tumult* m || ◇ *dar* ~ ⟨fam⟩ *(beim Umbiegen um e–e Straßenecke) plötzlich verschwinden* || *dar* ~ *a alg. jdn abhängen (e–n Verfolger)* || *jdn versetzen*

esquinco m → **escinco**

¹esquinera f Col *Eckschrank* m || *Ecktisch* m || *Eckmöbel* n

²esquinera f ⟨pop⟩ *Straßenmädchen* n

Esquines m np *Äschines* m

esquinudo adj *kantig*

esquirla f ⟨Med⟩ *Knochensplitter* m || ⟨Mil⟩ *(Granat)Splitter* m || ~ *de vidrio Glassplitter* m

¹esqui|rol m *Streikbrecher* m || **–rolaje** m *Streikbrechen* n

²esquirol m Ar ⟨Zool⟩ *Eichhörnchen* n

esquis|to m *(Dach)Schiefer* m || ~ *arcilloso Tonschiefer* m || **–toso** adj *schieferartig, blätt(e)rig* || *Schiefer-*

esquite m Mex ⟨Kochk⟩ *Puffmais* m, *Popcorn* n

esquitero m Mex *Knall* m

esqui|va f ⟨Sp⟩ *ausweichende Bewegung* f || **–var** vt *(ver)meiden, umgehen, ausweichen* (dat) || ◇ ~ *un golpe e–m Schlag ausweichen* || ~se s. *heimlich davonmachen* || **–vez** [pl ~ces] f *Sprödigkeit, Schroffheit* f || *stolze Verachtung* f || *(Menschen)Scheu* f || **–vo** adj *spröd(e), abstoßend* || *abweisend* || *schroff* || *ungesellig* || *(menschen)scheu*

esquizocarpo m ⟨Bot⟩ *Spaltfrucht* f

esquizo|frenia f ⟨Med⟩ *Schizophrenie,*

Bewusstseinsspaltung f ‖ **–frénico** adj *schizophren*
‖ ~ *m Schizophrene(r)* m ‖ **–ide** adj *seelisch
zerrissen, gespalten, schizoid* ‖ **–timia** *f
Schizothymie* f ‖ **–timo** adj/s *schizothym* ‖ ~ *m
Schizothyme, schizothymer Typ* m
    est... → auch **st...**
    estabi|lidad *f Stabilität, Haltbarkeit,
Dauerhaftigkeit, Beständigkeit* f ‖ *Festigkeit* f ‖
Stand\festigkeit, -sicherheit f ‖ *Wertbeständigkeit* f
‖ *Gleichgewichtslage* f ‖ ⟨Flugw Mar Com Tech⟩
Stabilität f (& *fig*) ‖ ⟨Tech El⟩ *Konstanz* f ‖ ~
monetaria Währungsstabilität f ‖ ♦ *de gran* ~
sehr stabil ‖ ⟨Auto⟩ *mit guter Straßenlage* f
⟨Auto⟩ *sehr laufruhig (Motor)* ‖ ◇ *tener* ~
Bestand haben ‖ **–lísimo** adj sup von **estable** ‖
–lización *f Stabilisierung* f ‖ *feste Begründung* f ‖
–lizador *m* ⟨Mar El Tech⟩ *Stabilisator* m ‖
⟨Radio⟩ *Konstanthalter* m ‖ *~es* mpl ⟨Flugw⟩
Leitwerk n ‖ *Flosse* f ‖ ~ *de aletas
Flossenleitwerk* n *(Raketen)* ‖ **–lizar** [z/c] vt
stabilisieren ‖ *fest begründen* ‖ *festmachen* ‖
konsolidieren ‖ *verfestigen* ‖ *ausgleichen* ‖
stabilisieren, festigen (Währung, Preise) ‖ ⟨Mar
Flugw⟩ *trimmen* ‖ *~se s. stabilisieren* ‖ *s.
normalisieren (Lage usw.)* ‖ *gleich bleiben*
    estable adj *(m/f) fest, dauerhaft, dauernd* ‖
standhaft ‖ *beständig (& Wetter)* ‖ *stetig* ‖ *stabil* ‖
haltbar ‖ *Dauer-* ‖ ~ *a la luz lichtecht* ‖ **~mente**
adv *fest* ‖ *dauernd, bleibend, beständig*
    establear vt *an den Stall gewöhnen (Vieh)*
    estable|cer [-zc-] vt *fest\setzen, -stellen* ‖
bestimmen, (ver)ordnen ‖ *eröffnen (Geschäft)* ‖
aufschlagen (Lager) ‖ *aufbauen, herstellen
(Geschäftsverbindungen)* ‖ *anknüpfen
(Beziehungen)* ‖ *herstellen (Gleichgewicht)* ‖
verlegen (Kanalisation) ‖ *stiften (Orden)* ‖
(be)gründen, errichten ‖ *aufstellen (Tabelle,
Regel)* ‖ *ein\führen, -setzen (a alg. jdn)* ‖
begründen (Recht) ‖ *einführen (Gesetz, Mode)* ‖
einrichten ‖ *nach-, be\weisen* ‖ ~ *la comunicación
(telefónica) verbinden (con mit)* ‖ ~ *una moda
e-e Mode einführen* ‖ ~ *un negocio ein Geschäft
eröffnen* ‖ ~ *que ... (subj) bestimmen, dass ...*
(ind) ‖ ~ *relaciones comerciales
Geschäftsverbindungen aufnehmen* ‖ *~se s.
häuslich niederlassen, s. festsetzen* ‖ *s. ansiedeln* ‖
s. selbständig machen ‖ ⟨Com⟩ *s. etablieren* ‖ *lo
–cido das Hergebrachte*
    ¹establecimiento *m Aufstellung, Festsetzung,
Bestimmung* f ‖ *Verordnung* f ‖ *Gründung,
Errichtung* f
    ²establecimiento *m Geschäftslokal, Geschäft* n,
Laden m ‖ *Unternehmen* n, *Firma* f ‖ *öffentliche
Anstalt* f ‖ *Etablissement* n ‖ ~ *asistencial
Fürsorgeanstalt* f ‖ ~ *bancario Bank* f ‖ ~ *de
baños Badeanstalt* f ‖ ~ *de beneficencia,* ~
benéfico Wohlfahrtseinrichtung f ‖ ~ *carcelario
Straf(vollzugs)anstalt* f, *Gefängnis* n ‖ ~ *de
caridad milde Stiftung* f ‖ ~ *comercial
Geschäftshaus* n, *Firma* f ‖ ~ *de crédito
Kreditanstalt* f ‖ ~ *de enseñanza
Unterrichtsanstalt, Schule* f ‖ ~ *filial
Tochterfirma* f ‖ ~ *hospitalario Heilanstalt* f ‖ ~
penal, ~ *penitenciario Straf(vollzugs)anstalt* f,
Gefängnis n ‖ ~ *receptor (Toto)Annahmestelle* f ‖
~ *de socorro Hilfsstation* f ‖ ~ *termal Kuranstalt*
f, *Thermal\bad* n, *-station* f ‖ *(Warm)Bäder* npl ‖
~ *tipográfico Druckanstalt, Druckerei* f
    esta|blero *m Stallknecht* m ‖ **–blo** *m (Vieh)Stall*
m ‖ Cu *Remise* f ‖ ~ *de Augias Augiasstall* m ‖
◇ *esto es un (auténtico)* ~ ⟨fig⟩ *das ist ein
Schweinestall* ‖ **–bulación** *f Stallviehzucht* f ‖
–bular vt *im Stall aufziehen*
    esta|ca *f Pfahl, Stecken, Stock, Pflock* m ‖
Latte f ‖ *Riegel* m, *Querholz* n ‖ *Stecken, Prügel*

m ‖ *großer Brettnagel* m ‖ *Balkennagel* m ‖
Setzling, Fechser m ‖ *grober Tabak* m ‖ ⟨Agr⟩
Steckreis n ‖ *Spieß* m *(des Hirsches)* ‖ ⟨EB⟩
Runge f ‖ ♦ *a* (la) ~ ⟨fam⟩ *zwangsweise* ‖ *clavar*
~*s* ⟨Mar fig⟩ *stampfen (Schiff)* ‖ *no dejar* ~ *en
pared* ⟨figf⟩ *alles (völlig) zerstören* ‖ *estar en la* ~
am Hungertuch nagen ‖ *in e–r misslichen Lage
sein* ‖ *plantar la* ~ ⟨vulg⟩ *scheißen, kacken* ‖
plantar ~*s* → **clavar** ~*s* ‖ **–cada** *f Verpfählung,
Einhegung* f ‖ *Pfahl-, Latten-, Stangen\zaun* m,
Staket, Gatter n ‖ *Pfahlmole* f ‖ *Pfahlwerk* n ‖
Schranken fpl ‖ *Kampfplatz* m ‖ *Turnierplatz* m ‖
⟨Fort⟩ *Verhau* m ‖ ◇ *dejar a uno en la* ~ ⟨fig⟩ *jdn
im Stich lassen, jdn im Regen stehen lassen* ‖
quedar(se) en la ~ ⟨fig⟩ *großen Misserfolg haben*
‖ ⟨fig⟩ *auf dem Platz bleiben* ‖ ⟨fig⟩ *verlieren,
unterliegen* ‖ **–cado** adj *steifbeinig (Pferde)* ‖ ~ *m
Pfahlwerk* n ‖ *Schranken* fpl ‖ *abgestecktes Gebiet*
n ‖ **–car** [c/qu] vt *ab\pfählen, -grenzen* ‖
einzäunen ‖ *anpflocken (Tier)* ‖ *Am spannen
(Häute)* ‖ *~se* ⟨fig⟩ *holzsteif werden* ‖ Am *s.
stechen* ‖ Am *s. e–n Splitter einreißen* ‖ Am ⟨fig⟩
s. verlieben ‖ **–cazo** *m Schlag* m *mit e–m Stock* ‖
⟨fig⟩ *großer Schaden bzw Verdruss* m ‖ ⟨figf⟩
Grippeanfall m ‖ Am *Sporenhieb* m *e–s
Kampfhahnes usw.*
    ¹estación *f Zustand* m, *Lage, Situation* f ‖
An\lage, -stalt f ‖ *(Beobachtungs)Stelle, Station* f
‖ *Aufenthalt(sort)* m ‖ *Kur-, Bade\ort* m ‖
Ferienort m ‖ *Stätte* f ‖ *Fundstätte* f ‖ ⟨Rel⟩
Station f ‖ ⟨Rel⟩ *Stationsgebete* npl ‖ ⟨Astr⟩
(scheinbarer) Stillstand m *(der Planeten)* ‖ ⟨Biol⟩
Standort m ‖ *Station* f *(Krankenhaus)* ‖ ~
agronómica landwirtschaftliche Versuchsstation f
‖ ~ *a bordo Bordfunkstelle* f ‖ ~ *central
Zentrale* f ‖ ~ *climática Klima-, Luft\kurort* m ‖
~ *cósmica* → ~ *espacial* ‖ ~ *depuradora
Kläranlage* f ‖ ~ *emisora* ⟨Radio TV⟩ ‖
Sendestation f ‖ ~ *espacial (Welt)Raumstation* f ‖
~ *de invierno od invernal Wintersportplatz* m ‖
Winterkurort m ‖ ~ *meteorológica Wetter\warte* f,
-amt n ‖ ~ *radiodifusora Rundfunksender* m ‖ ~
radiotelefónica Funk\station, -stelle f ‖ *Funkamt* m
‖ ~ *receptora* ⟨Radio⟩ *Empfangsstelle* f ‖ ~
sanitaria ⟨Mil⟩ *Sanitätsposten* m ‖ ~ *de servicio*
⟨StV⟩ *Tankstelle* f ‖ *Servicestelle* f ‖ ~ *telefónica
Sprechstelle* f ‖ ~ *termal Badesaison* f ‖ *Badeort*
m, *Bad* n ‖ ~ *de tra(n)sbordo Umschlagstelle* f ‖
~transmisora ⟨Radio⟩ *Sendestation* f, *Sender* m ‖
Sendestelle f ‖ **estaciones** pl: *hacer* ~ *oft stehen
bleiben* ‖ *andar od* (re)*correr (las)* ~ *von Altar zu
Altar gehen* (bes. *in der Karwoche*) ‖ *den
Kreuzweg gehen* ‖ ⟨figf⟩ *s–e übliche Runde
machen* ‖ ⟨figf⟩ *e–m Geschäft nachgehen* ‖ ⟨pop⟩
von Kneipe zu Kneipe ziehen
    ²estación *f Jahreszeit* f ‖ *Saison* f ‖ *Erntezeit* f
‖ *Jagdzeit* f ‖ *Zeitpunkt* m, *Zeit* f ‖ ~ *del año
Jahreszeit* f ‖ *Saison* f ‖ ~ *avanzada späte od
vorgerückte Jahreszeit* f ‖ ~ *de las lluvias,* ~
lluviosa Regen\zeit od -periode f ‖ ~ *muerta od
paralizada stille od tote Saison* f ‖ ~ *veraniega
Sommerfrische* f ‖ ◇ *de media* ~ Am
Übergangs(Mantel usw.) ‖ *ir con la* ~ *s. nach der
Jahreszeit richten* ‖ *vestir con la* ~ *s. nach der
Jahreszeit kleiden* ‖ *las cuatro estaciones (del año)
die vier Jahreszeiten*
    ³estación *f* ⟨EB⟩ *Bahnhof* m, *Station* f ‖
Haltestelle f ‖ *Wagen\halle* f, *-schuppen* m,
Remise f ‖ ⟨Inform⟩ *Station* f ‖ ~ *de autobuses
Omnibus-, Linienbus\bahnhof* m ‖ ~ *de autocares
Überlandbusbahnhof* m ‖ ~ *de cabezuela
Kopfbahnhof* m ‖ ~ *de carga Güter-,
Verlade\bahnhof* m ‖ ~ *central Hauptbahnhof* m ‖
~ *de clasificación Rangierbahnhof* m ‖ ~ *de
destino Bestimmungsbahnhof* m ‖ ~ *de empalme*

Anschlussbahnhof m ‖ ~ de expedición
Versandbahnhof m ‖ ~ de ferrocarril Bahnhof m ‖
~ final Endstation f ‖ ~ de frontera
Grenz|bahnhof m, -station f ‖ ~ inter|media,
-mediaria Zwischenstation f ‖ ~ de llegada
Ankunftsbahnhof m, Endstation f ‖ ~ de
maniobras Rangierbahnhof m ‖ ~ para
mercancías Güterbahnhof m ‖ ~ del metro
U-Bahn-Station f ‖ ~ de origen Abgangsbahnhof
m ‖ ~ de paso Nebenstation f ‖ ~ principal
Hauptbahnhof m ‖ ~ de salida Abfahrtsstation f ‖
~ terminal Endstation f ‖ ~ de tránsito
Durchgangsstation f ‖ Übergangsbahnhof m ‖ ~
de viajeros Personenbahnhof m ‖ ◆ puesto en ~
ab Bahnhof (Lieferung)
　estacional adj (m/f) jahreszeitlich-,
saison|bedingt, saisonal ‖ der Jahreszeit
entsprechend, saisonüblich ‖ Saison-
　　estacio|namiento m Stehenbleiben n ‖ Rast f,
Halt m (& Mil) ‖ ⟨StV⟩ Parken n, Schw
Parkieren n ‖ Stau m (Wasser) ‖ ⟨Mil⟩
Stationierung f ‖ ~ indebido Falschparken n ‖ ~
en línea Längsparken n ‖ ~ prohibido ⟨StV⟩
Parkverbot n ‖ Parken, Schw Parkieren n
verboten ‖ –nar vt abstellen (für e–e gewisse
Zeit) ‖ ⟨Mil⟩ stationieren ‖ ~ vt/i ⟨StV⟩ parken,
Schw parkieren ‖ ~ vi Arg verweilen, s.
aufhalten ‖ ~se stehen bleiben, halten ‖ s.
anhäufen (Menschenmenge) ‖ nicht vorwärts
kommen, ins Stocken geraten (z. B. Geschäfte) ‖
⟨Med⟩ s. nicht mehr verschlimmern ‖ Am bleiben,
verweilen ‖ –nario adj stillstehend, nicht
fortkommend ‖ ortsgebunden ‖ ⟨Med⟩ stationär,
gleich bleibend ‖ ⟨Med⟩ stationär (Behandlung) ‖
⟨Com⟩ flau, stockend (Geschäfte)
　　estacón m augm von estaca
　　estacha f ⟨Mar⟩ Verholleine f ‖ ⟨Mar⟩
Harpunenleine f
　△ estache m Hut m
　　estada f Aufenthalt m Verweilen n
　　estadal m ein Längenmaß (3,334 m) ‖ And
mannshoher Wachsstock m
　　estadía f Aufenthalt(sort) m ‖ ⟨Com⟩
(Über)Liegetage mpl ‖ Liegegeld n
　　estadímetro m Entfernungsmesser m
　¹estadio m ⟨Sp⟩ Stadion n, Sportplatz m ‖
⟨Hist⟩ griechische Rennbahn f ‖ ~ de fútbol
Fußballplatz m ‖ ~ olímpico Olympiastadion n
　²estadio m Stadium n (bes. Med) ‖
Entwicklungsstufe f
　³estadio m ein Längenmaß (ca. 185 m)
　　estadista m/f (& adj) Staatsmann,
Politiker(in f) m
　　estadísti|ca f Statistik f ‖ ~ demográfica
Bevölkerungsstatistik f ‖ –co adj statistisch ‖ ~ m
Statistiker m ‖ adv: ~mente: ~ demostrable
statistisch erfassbar
　　estádium m → ¹estadio
　　estadizo adj stehend (Wasser) ‖ verbraucht (Luft)
　¹estado m (Zu)Stand m ‖ (Sach)Lage f,
Beschaffenheit, Situation f, Stadium n ‖
Aufstellung, statistische Tabelle, (tabellarische)
Übersicht f, Ausweis m (der Rechnungen) ‖
Bericht m (über den Geschäftsstand) ‖ Stillstand
m, Ruhe f ‖ ~ abúlico → abulia ‖ ~ afectivo
⟨Psychol⟩ Affektivität f ‖ ~ de alarma
Alarmzustand m ‖ ~ de alma Seelenzustand m ‖
~ de ánimo Gemütsverfassung f ‖ ~ atmosférico
Wetterlage f ‖ ~ de carreteras Straßenzustand m ‖
~ civil Familien-, Personen-, Schw Zivil|stand m
‖ ~ de coacción ⟨Jur⟩ Nötigungsstand m ‖ ~
comatoso ⟨Med⟩ komatöser Zustand m ‖ el ~ de
cosas der Sach|verhalt, die -lage ‖ ~ crepuscular
⟨Psychol Med⟩ Dämmerzustand m ‖ ~ de la
cuenta Kontostand m ‖ ~ económico

Vermögenslage f ‖ ~ de emergencia Notstand m ‖
~ enfermizo Kränklichkeit f ‖ Krankhaftigkeit f ‖
~ excepcional Ausnahmezustand m ‖ ~ de
excitación Erregungszustand m ‖ ~ extático
Verzückung f ‖ ~ febril ⟨Med⟩ fieberhafter
Zustand, Fieberzustand m ‖ ~ gaseoso
gasförmiger (Aggregat)Zustand m ‖ ~ gravídico
Schwangerschaft f ‖ ~ de guerra Kriegszustand m
‖ ⟨fig⟩ Standrecht n ‖ ~ letárgico ⟨Med⟩
Lethargie f ‖ ~ líquido flüssiger
(Aggregat)Zustand m ‖ ~ mental Geisteszustand
m ‖ ~ del mercado ⟨Com⟩ die Marktlage ‖ ~
de miseria Notlage, Not f ‖ ~ de necesidad
(nacional) ⟨Pol⟩ (Staats)Notstand m ‖ ~ de los
negocios Geschäftslage f ‖ ~ noble Adel(sstand)
m ‖ ~ primero od primordial ursprünglicher
Zustand m ‖ ~ de prosperidad Wohlstand m ‖ ~
de sitio Standrecht n, Belagerungszustand m ‖
verschärfter Not- bzw Ausnahme|zustand m ‖ ~
de (la) situación Lagebericht m ‖ ~ de situación a
fin de mes Monatsabschluss m ‖ ~ sólido fester
(Aggregat)Zustand m ‖ ~ subconsciente
Unterbewusstsein n ‖ ~ de transición
Übergangsstadium n ‖ ◆ del ~ staatlich, Staats-
‖ en buen ~ in gutem Zustand ‖ unbeschädigt
(Ware) ‖ en ~ de (buena) esperanza schwanger, in
anderen Umständen ‖ en ~ de guerra im
Kriegszustand ⟨fig⟩ auf (dem) Kriegsfuß ‖ en el
~ de la inocencia im Stand(e) der Unschuld ‖ en
~ interesante schwanger, in anderen Umständen ‖
en ~ de merecer (fam) noch nicht verheiratet,
ledig (Mädchen) ‖ en ~ de servicio ⟨Mil⟩ im
Dienst ‖ ◇ causar ~ rechtskräftig werden ‖
endgültig sein ‖ den Verwaltungsweg erschöpfen ‖
entrar en un ~ in ein Stadium kommen ‖ estar en
~ (interesante) in anderen Umständen od
schwanger sein ‖ estar en ~ de … (& inf)
imstande (& im Stande) (bzw fähig) sein zu …
(& inf od dat) ‖ dar ~ a uno jdn versorgen ‖ dar
~ a su hija s–e Tochter verheiraten ‖ mudar ~
den Stand verändern, s. verheiraten ‖ poner en ~
in den Stand setzen ‖ verheiraten ‖ quedar en ~
(fam) schwanger werden, in andere Umstände
kommen ‖ tomar ~ heiraten
　²estado m Stand m ‖ Status m ‖ Rang m,
Stellung f ‖ ~ común → ~ llano ‖ ~ eclesiástico
geistlicher Stand m ‖ ~ llano ⟨Hist⟩ dritter Stand
m ‖ ~ mayor ⟨Mil⟩ Stab m ‖ ~ mayor general
Generalstab m ‖ el tercer ~ ⟨Hist⟩ der dritte
Stand ‖ das Bürgertum ‖ tomar ~ in e–n Orden
eintreten ‖ ~s mpl (Reichs)Stände mpl ‖ los ~
Generales ⟨Hist⟩ die Generalstände mpl ‖ los ~
Provinciales ⟨Hist⟩ die Provinzialstände mpl
　³estado, Estado m Staat m ‖ ~ agrario
Agrarstaat m ‖ ~ autoritario autoritärer Staat m ‖
~ de beneficencia Wohlfahrtsstaat m ‖ ~
constitucional Verfassungsstaat m ‖ ~ corporativo
Ständestaat m ‖ ~ de derecho Rechtsstaat m ‖ ~
federal Bundesstaat m ‖ ~ limítrofe Nachbarstaat
m ‖ ~ marítimo Seestaat m ‖ ~ miembro
Mitglied(s)staat m ‖ ~ minúsculo Zwergstaat m ‖
~ policíaco Polizeistaat m ‖ ~ de previsión
Wohlfahrts-, Versorgungs|staat m ‖ ~ satélite
Satellitenstaat m ‖ ~ semisoberano
halbsouveräner Staat m ‖ ~ signatario
Unterzeichnerstaat m ‖ ~ soberano souveräner
Staat m ‖ ~ sucesor Nachfolgestaat m ‖ ~
tampón Pufferstaat m ‖ ~ totalitario totalitärer
Staat m ‖ ~ tributario, ~ vasallo ⟨Hist⟩
Vasallenstaat m ‖ ~s mpl: ~ Berberíes ⟨Hist⟩
Berbereistaaten fpl, Berberei f ‖ los ~ de la
Iglesia, los ~ Pontificios der Kirchenstaat m ‖ los
~ Unidos de América die Vereinigten Staaten von
Amerika ‖ los ~ Unidos Mexicanos die
Vereinigten Staaten von Mexiko

⁴estado m [früher] *ein Längen-* bzw *Flächen\maß* ‖ siete ~s *debajo de la tierra* ⟨fig⟩ *im tiefsten Loch verborgen, unauffindbar*

estadounidense adj *nordamerikanisch, US-amerikanisch*

estaf m *Stab* m

¹estafa f *Betrug* m ‖ *Schwindel(ei* f) m ‖ *mittelbare Urkundenfälschung* f ‖ ~ *contractual* ⟨Jur⟩ *Eingehungsbetrug* m

²estafa f *Steigbügel* m

esta\fador m *Betrüger* m ‖ *Gauner, Schwindler, Defraudant* m ‖ *Hochstapler* m ‖ ~ *de bodas Heiratsschwindler* m ‖ **–far** vt/i *betrügen* ‖ *prellen* ‖ *(be)schwindeln* ‖ *veruntreuen (Geld)* ‖ *(et.) ergaunern* ‖ ~ *algo a alg. jdm et. abgaunern*

estafermo m ⟨fam⟩ *unbrauchbarer Mensch* m ‖ ⟨fam⟩ *Tropf* m ‖ ⟨fig⟩ *lächerlich gekleidete Person*, ⟨fam⟩ *Schießbudenfigur* f

estafe\ta f *Stafette* f, *(reitender) Eilbote* m ‖ *(Brief)Post* f ‖ *(Neben)Postamt* n ‖ *diplomatische Post* f ‖ ⟨Mil⟩ *Feldpost* f ‖ ⟨Mil⟩ *Meldegänger* m ‖ ~ *de correos (Neben)Postamt* n ‖ **–tero** m *Post\verwalter, -meister* m

estafilínidos mpl ⟨Ins⟩ *Kurzflügler* mpl (Staphylinidae)

¹estafilino adj ⟨An⟩ *Zäpfchen-*

²estafilino m ⟨Ins⟩ *Moderkäfer* m (Staphylinus olens)

estafilo\coco m ⟨Bact⟩ *Staphylokokkus* m ‖ **–dermia** f ⟨Med⟩ *Staphylodermie* f

estafisagria f ⟨Bot⟩ *Läuse-Rittersporn* m (Delphinium staphysagria)

estagirita adj/s *aus Stageira (Mazedonien)* ‖ el ~ *(Name für) Aristoteles*

estagnación f *Hemmung, Stockung, Stagnation* f (bes. Com)

estajo m → **destajo**

esta\lactita f ⟨Geol⟩ *Stalaktit* m ‖ **–lagmita** f ⟨Geol⟩ *Stalagmit* m

estali\nismo m ⟨Pol Hist⟩ *Stalinismus* m ‖ **–nista** adj *(m/f) stalinistisch* ‖ ~ *m/f Stalinist(in* f) m

esta\llador m: ~ *de chispa* ⟨Radio⟩ *Funkenstrecke* f ‖ **–llante** adj *(m/f) angehend, im Anfang* ‖ *Knall-* ‖ **–llar** vi *(zer)platzen, zerspringen, bersten, explodieren* ‖ *knallen, krachen* ‖ ⟨fig⟩ *ausbrechen (Krieg, Feuer, Zorn)* ‖ *losbrechen (Sturm)* ‖ ◇ ~ *en llanto in Tränen ausbrechen* ‖ ha –llado el neumático ⟨Auto⟩ *der Reifen ist geplatzt* ‖ está que estalla ⟨figf⟩ *er geht gleich in die Luft* ‖ hacer ~ *(ab-* bzw *in die Luft) sprengen* ‖ **–llido, –llo** m *Knall, Krach(en* n) m ‖ *Explosion* f ‖ ⟨fig⟩ *Ausbruch* m ‖ ~ *de la guerra Kriegsausbruch* m ‖ ~ *de júbilo Freudenausbruch* m ‖ ◆ en pleno ~ *de (la) juventud in der Blüte der Jugend* ‖ dar un ~ *bersten* (bes. fig)

estambre m *(& f)* ⟨Text⟩ *(Woll)Garn* n ‖ *Kamm\garn* n, *-stoff* m ‖ *(Garn)Faden* m ‖ *Weber\zettel, Aufzug* m ‖ *(Pflanzen)Faser* f ‖ ⟨Bot⟩ *Staub\faden* m, *-gefäß* n

Estambul m [Stadt] *Istanbul* n

estamento m Ar ⟨Hist⟩ *Stand* m *(bei den aragonesischen Cortes)* ‖ ⟨Hist⟩ *gesetzgebende Körperschaft* f *des „Estatuto Real"* ‖ los ~s sociales *die Gesellschaftsschichten* fpl

estameña f ⟨Text⟩ *Etamin* n (& m)

estami\nífero adj ⟨Bot⟩ *Staubgefäße tragend* ‖ **–nodio** m *rück-* bzw *um\gebildetes Staubgefäß, Staminodium* n

estam\pa f *(Ab)Druck* m ‖ *Farbendruck* m (bes. *Heiligenbild*) ‖ *Bild* n ‖ *(Kupfer)Stich* m ‖ *Fußspur* f ⟨Tech⟩ *Stanze, Presse* f ‖ *Gesenk* n *(Schmiede)* ‖ ⟨Typ⟩ *Estampe* f ‖ ⟨fig⟩ *Muster, Vorbild* n ‖ ⟨fig⟩ *Gepräge* n, *Eindruck* m ‖ ⟨fig⟩

Aussehen n ‖ ⟨fig⟩ *Figur, Gestalt* f ‖ ⟨fig⟩ *(Muster)Beispiel* n ‖ ⟨fig⟩ *Spur* f ‖ ◆ de buena ~ *schön, stattlich (Mann)* ‖ *rassig (Pferd)* ‖ dar a la ~ ⟨Typ⟩ *in Druck geben* ‖ ir a la ~ ⟨Typ⟩ *in Druck gehen* ‖ forjar en ~ ⟨Met⟩ *im Gesenk schmieden* ‖ recortar ~s *Bilder ausschneiden* ‖ ¡maldita sea mi ~! ⟨pop⟩ *der Teufel soll es holen!* ‖ **–pación** f *(Ab)Drucken* n ‖ *Prägung, Stanzung* f ‖ *Abklatsch* m ‖ **–pado** adj ⟨Text⟩ *bedruckt (Zeug)* ‖ ⟨Text⟩ *gemodelt* ‖ ge\prägt, *-stanzt* ‖ ~ en oro ⟨Typ Buchb⟩ *mit Goldprägung* ‖ la firma ~a abajo *die unten stehende Unterschrift* ‖ ~ m *Druck\weise, -art* f ‖ ⟨Text⟩ *bedruckte Leinwand* f, *Kattun-, Stoff-, Zeug\druck* m ‖ *Papiertapete* f, *bedrucktes Papier* n ‖ ~ *de las telas Zeugdruck* m ‖ **–pador** m *Präger, Drucker* m ‖ **–par** vt *(ab)drucken* ‖ *in Druck geben (Buch)* ‖ ⟨Text⟩ *bedrucken* ‖ *abdrücken (Petschaft)* ‖ [Siegel, Stempel] *anbringen, aufprägen, stempeln* ‖ ⟨Tech⟩ *pressen, stanzen* ‖ *aufprägen* ‖ *stempeln* ‖ ⟨fig⟩ *ein\prägen, -graben (z. B. ins Gedächtnis)* ‖ ⟨fam⟩ *herunterhauen, versetzen, ⟨fam⟩ verpassen, e–e schmieren (Ohrfeige)* ‖ ⟨figf⟩ *knallen, werfen* (contra, en *an, auf* acc) ‖ ◇ ~ un beso (en la boca) *e–n Kuss (auf den Mund) drücken* ‖ ~ su firma en un documento *s–e Unterschrift unter ein Dokument setzen* ‖ **–pería** f *Verkauf* m *von Stichen* ‖ *Kunstantiquariat* n

estam\pía f: partir od salir de ~ ⟨fam⟩ *(et.) hastig* od *ohne Vorbereitung tun* ‖ *lossausen* ‖ ⟨Auto⟩ *los-, ab\brausen* ‖ **–pido** m *Knall* m *(des Geschützes)* ‖ *Krachen, Rollen* n *(des Donners)* ‖ ◇ dar un ~ *knallen* ‖ ⟨fig⟩ *(großes) Aufsehen erregen, wie e–e Bombe einschlagen* ‖ ⟨fig⟩ *scheitern, ⟨fam⟩ platzen* ‖ dar ~s *krachen, rollen (Donner)* ‖ *dröhnen*

estampi\lla f *(Namens)Stempel* m ‖ *Gummistempel* m ‖ ⟨allg⟩ *Stempelunterschrift* f, Öst *Stampiglie* f ‖ ⟨Tech⟩ *Stempeleisen* n ‖ Am *Frei-, Brief\marke* f ‖ **–llado** m/adj *Abstempelung* f *(der Staatsschuld)* ‖ Span *Schatzanweisung* f *für Ausländer* ‖ (oficial) ~ m ⟨Hist fam⟩ *Kriegsoffizier* m *(für die (Bürger)Kriegsdauer [1936–1939])* ‖ **–llar** vt *abstempeln*

estancación f s von estancar(se) ‖ *Stagnation* f ‖ (bes. Med) *Stauung, Stockung* f ‖ ~ *de ventas Absatzstockung* f

¹estancado adj *stillstehend, stockend* ‖ *stagnierend* ‖ estar ~ *stagnieren, stillstehen, stocken (Geschäfte)* ‖ quedar ~ *ins Stocken geraten*

²estancado adj *monopolisiert, regiepflichtig* ‖ *Monopol-, Regie-*

¹estancamiento m *Hemmung, Stockung* f ‖ *Stagnation, Stockung* f *(auf dem Markt)* ‖ *Stillstand* m ‖ *Flaute* f ‖ ⟨Tech⟩ *Abdichtung* f ‖ ~ de los negocios *Geschäftsstockung* f

²estancamiento m *Monopolisierung* f ‖ *Regiebetrieb* m

¹estancar [c/qu] vt *aufhalten* ‖ *stauen (Wasser)* ‖ ⟨fig⟩ *hemmen, unterbrechen* ‖ ⟨Tech⟩ *abdichten* ‖ ~se *stehen bleiben (Flusswasser usw.)* ‖ ⟨fig⟩ *stocken* ‖ s. stauen

²estancar [c/qu] *monopolisieren, verstaatlichen, in Regiebetrieb nehmen (z. B. Tabakvertrieb in Spanien)*

¹estancia f *Aufenthalt* m, *Verweilen* n ‖ *Aufenthaltsort* m ‖ *Wohnsitz* m, *Wohnung* f ‖ *Stube* f, *Zimmer, Gemach* n ‖ *Aufenthalt(skosten* pl) m ‖ *Pflegezeit* f *(Krankenhaus usw.)* ‖ *Pflegegeld* n ‖ ⟨Mil⟩ *Lager* n, *-platz* m ‖ ~ veraniega *Sommer\aufenthalt* m, *-frische* f ‖ *Sommerwohnung* f

²estancia f Arg Chi *Estanzia, Farm* f, *Landgut* n ‖ Cu Ven *Villa* f

³estancia f ⟨Poet⟩ *Stanze* f
estanciera f *Lieferwagen* m
estanciero m Arg Chi *Estanziero, Farmer, Landwirt, Viehzüchter* m
¹estanco adj *wasser-, fugen\dicht* ‖ ⟨Tech⟩ *dicht, undurchlässig* ‖ ⟨fig⟩ *hermetisch abgeschlossen*
²estanco m *Alleinhandel* m, *Monopol* n, *Staatsregie* f, *Regieladen* m ‖ Span *Tabak- und Briefmarken\laden* m ‖ ⟨fig⟩ *Niederlage* f
estand m *Stand* m
estándar adj *Standard-* ‖ ~ m *Standard* m ‖ ~ de vida *Lebensstandard* m
estandari\zación f *Standardisierung, Normung, Typisierung* f ‖ **–zar** [z/c] vt *standardisieren, normen, typisieren, vereinheitlichen*
estandarte m ⟨Mil⟩ *Standarte, (Reiter)Fahne* f, *Feldzeichen* n ‖ *Kirchenfahne* f
estangurria f ⟨Med⟩ *Harnzwang* m
Estanislao m np *Stanislaus* m
estánnico adj ⟨Chem⟩ *Zinn(IV)-*
estannífero adj ⟨Min Chem⟩ *zinn\haltig, -führend*
estannoso adj ⟨Chem⟩ *Zinn(II)-*
estanque m *(Fisch)Teich, Weiher* m ‖ *Wasserbecken* n ‖ Chi ⟨Auto⟩ *Tank* m
estan\quero, –quillero m *Tabakhändler,* Öst *Trafikant* m
estanquillo m dim von **estanque** od **estanco** ‖ Mex *Kramladen* m ‖ Ec *Kneipe* f
estanquizar [z/c] vt *abdichten*
estantalar vt ⟨Arch⟩ *ab\stützen, -sprießen*
¹estante pa von **estar** ‖ ~ adj *(m/f) fest, bleibend* ‖ *ver\weilend, -bleibend* ‖ ~ en la corte Span *von der Hauptstadt aus*
²estan\te m *(Fächer)Schrank, Ständer* m, *Regal* n ‖ *Bücher\brett, -gestell, -bord* n, *Etagere* f ‖ *Wandgestell* n ‖ ~ clasificador *Kartothek* f ‖ ~ de música *Notenständer* m
³estante m Murc *Träger* m *des Heilandsbildes bei Umzügen in der Karwoche*
estantería f *Fächer* npl *(e–s Bücherschrankes)* ‖ *Wandgestell* n ‖ *Bücherbrett* n ‖ *Regal* n ‖ *Ladeneinrichtung* f, *Regale* npl ‖ ~ giratoria *drehbares Bücher- od Ordner\gestell* n
estantigua f *Gespensterzug* m ‖ *Gespenst, Schreckbild* n ‖ ⟨fig⟩ *hässliche Erscheinung* f
estantío adj *stehend, stockend* ‖ ⟨fig⟩ *apathisch, träge* ‖ ⟨fig⟩ *schwach, matt* ‖ *stickig (Luft)*
△ **estaña** f *Kerkerstube* f ‖ *Kaufladen* m
esta\ñado adj/s *verzinnt* ‖ ~ m *Verzinnung* f ‖ **–ñador** adj *Zinn-* ‖ ~ m *Verzinner* m ‖ **–ñar** vt *verzinnen* ‖ *(mit Zinn zusammen)löten* ‖ **–ñero** m *Zinn\gießer, -wäscher* m ‖ *Verkäufer* m *von Zinnarbeiten* ‖ **–ño** m **(Sn)** ⟨Chem⟩ *Zinn* n ‖ ~ en barras *Stangenzinn* n
estaquero m ⟨Jgd⟩ *Damjährling, Spießer* m
estaqui\lla f *kleiner Pflock, Holznagel* m ‖ *Schuhzwecke* f, *Pflock* m ‖ *Pflocknagel* m ‖ *Lattennagel* m ‖ ~s fpl Chi *Wagenleitern* fpl ‖ **–llar** vt *(an)pflöcken*
¹estar vi 1. **örtliches od gesundheitliches Befinden** (bes. *als selbständiges Begriffszeitwort*): *sein, bestehen* ‖ *s. befinden, bleiben (an e–m Ort)* ‖ *s. befinden (gesundheitlich)* ‖ ~ a sus anchas *s. behaglich fühlen* ‖ ~ bueno *(od bien)*, ~ malo *(od mal) s. wohl (übel) befinden* (dagegen: ser bueno *(malo) von Natur gut (schlecht) sein)* ‖ estoy mejor *es geht mir besser* ‖ ¿cómo está Vd.? ¿qué tal está Vd.? *wie geht es Ihnen?* ‖ ~ en la calle *auf der Straße sein* ‖ ⟨fig⟩ *arbeitslos sein* ‖ ~ en casa *zu Hause sein* ‖ ~ de más (~ de sobra) *überflüssig sein* ‖ ~ a la mesa *bei Tisch sitzen* ‖ ~ a oscuras

im Dunkeln sitzen ‖ ⟨fig⟩ *k–e Ahnung haben* ‖ le está bien (empleado) *el castigo s–e (ihre) Strafe ist wohlverdient* ‖ ¡está bien! *schon gut! wir wollen einmal sehen!*
2. **vorübergehende Eigenschaft od Beschaffenheit, Stimmung**: *sein* ‖ *s. fühlen* ‖ ~ alegre *fröhlich sein* ‖ estoy bien *es geht mir gut* ‖ estoy bien con Juan *ich verstehe mich gut mit Hans, ich stehe mit Hans auf gutem Fuß* ‖ está bien *es geht ihm (ihr) gut* ‖ ¡está bien! *schon gut! in Ordnung! o.k.!* ‖ ~ deprimido *deprimiert sein* ‖ ~ de mal humor *schlecht gelaunt sein* ‖ ~ limpio *rein, sauber sein* (dagegen: ser limpio *reinlich sein)* ‖ soy pobre, pero estoy contento *ich bin (zwar) arm, aber ich bin zufrieden* ‖ ~ triste *traurig sein* ‖ ~ de ser sehenswert od interessant sein ‖ ~ verde *unreif od noch grün sein* (dagegen: ser verde *grün sein (Farbe))*
3. **Zugehörigkeit, Betreffen**: *angehen, betreffen* ‖ eso le está a él *das ist s–e Sache, das geht ihn an* ‖ ¡está de Dios! *das liegt in Gottes Hand!*
4. **Entsprechung, Passen**: *passen, stehen* ‖ *sitzen (Kleid)* ‖ el traje le está bien *der Anzug steht ihm (ihr) gut* ‖ el chaleco me está ancho (estrecho) *die Weste ist mir zu weit (eng)* ‖ no te está bien esta conducta *dieses Benehmen passt nicht zu dir*
5. **Verständnis, Begreifen, Fertigsein**: *verstehen, begreifen* ‖ ¿está Vd.? *verstehen Sie? verstanden? alles klar?* ‖ ya estoy *jetzt verstehe ich es,* ⟨fam⟩ *jetzt hab' ich's!* ‖ ⟨fam⟩ *jetzt ist mir's aufgegangen* ‖ ich bin schon fertig ‖ *ich bin schon da* ‖ ¿estamos? *verstanden?* ‖ *habe ich nicht recht?* ‖ *einverstanden?* ‖ ¡ya está! *(soeben) fertig! Schluss!* ‖ ¡está la comida! *das Essen ist fertig! der Tisch ist gedeckt!*
6. **in Verb. mit dem Gerundium Bezeichnung der Dauer** *(noch nicht beendete, gerade stattfindende Handlung):* ~ escribiendo, ~ leyendo *(gerade) schreiben, lesen: beim Schreiben, beim Lesen sein (vgl. engl. I am writing, I am reading)* ‖ ~ agonizando *im Sterben liegen* ‖ hablo francés, pero estoy hablando español *ich spreche (= kann) Französisch, aber jetzt (gerade, in diesem Augenblick) spreche ich Spanisch* ‖ el coche tiene que ~ llegando *der Wagen muss jeden Augenblick da sein* ‖ estamos siendo engañados *man betrügt uns fortwährend* ‖ ¡lo estoy viendo! *das ist klar!*
7. **in Verb. mit dem Part. Perf. Pass.** a) *als Ergebnis des Passivs (in diesem Sinn oft durch* hallarse, quedar, ir *od* venir, resultar, aparecer *usw. ersetzt):* todo está arreglado *es ist alles in Ordnung* ‖ el alumno está examinado *der Schüler ist (schon) geprüft* (dagegen: es examinado *wird geprüft, befindet sich in od bei der Prüfung)* ‖ el representante está nombrado *der Vertreter ist (schon) ernannt* (dagegen: es nombrado por la junta *wird durch den Ausschuss ernannt)* ‖ está probado *es ist erwiesen* ‖ b) *als Ersatz für einfache deutsche Verben od Adjektiva:* ~ acostado, ~ echado, ~ tumbado *liegen* ‖ ~ colocado, ~ emplazado *liegen, gelegen sein, s. befinden (örtlich)* ‖ ~ derecho, ~ de pie *stehen* ‖ ~ sentado *sitzen*
8. **in Verb. mit Präpositionen (od präpositionalen Adverbialbestimmungen)**: a) in Verb. mit **a**: 1. Zeit, Datum: ¿a cuántos estamos? *den Wievielten haben wir heute?* ‖ estamos a 5 de mayo *heute ist der 5. Mai, wir haben den 5. Mai* ‖ estamos a fines de julio *wir haben Ende Juli* ‖ 2. Preis: las patatas están a

cien euros *die Kartoffeln kosten hundert Euro* ‖ 3.
Bereitschaft, unmittelbare Folge: las dos están a
caer ⟨fam⟩ *es wird gleich zwei (Uhr) schlagen* ‖
~ a matar (con) *tod-, spinne\feind sein (mit)* ‖ ~
a la mira *aufmerksam beobachten, aufpassen* ‖ ~
a la orden *od bajo las órdenes de alg. unter jds
Befehl stehen* ‖ ~ a la que salta ⟨fam⟩ *das Glück
suchen* ‖ ~ a todo *alles im Auge halten, besorgen*
‖ *die volle Verantwortung haben* ‖ ~ a punto *s.
bereithalten* ‖ *soweit sein* ‖ *gar, fertig sein
(Speise)* ‖ estamos a tiempo *wir haben (gerade)
noch Zeit* ‖ ~ a la última *auf dem neuesten Stand
sein*
   b) in Verb. mit **con:** *zusammensein* ‖ ~
con algo *mit et. beschäftigt sein* ‖ estoy con él *ich
stehe bei ihm* ‖ *ich wohne bei ihm* ‖ *ich bin mit
ihm zusammen* ‖ ⟨fig⟩ *ich stehe auf s–r Seite* ‖ *ich
bin e–r Meinung mit ihm* ‖ enseguida estoy con
Vd. *ich stehe sofort zu Ihrer Verfügung* ‖ *bitte
gedulden Sie s. noch e–n Augenblick* ‖ *ich bin
gleich wieder da* ‖ estoy mal con ella *ich bin mit
ihr verfeindet,* ⟨fam⟩ *ich stehe schlecht mit ihr* ‖
estoy con fiebre *ich habe Fieber* ‖ estoy con las
manos vacías *ich stehe müßig da*
   c) in Verb. mit **de:** Bereitschaft,
Beschäftigung, Beruf, Zustand: ~ de partida
reisefertig sein ‖ ~ de viaje *im Begriff sein
abzureisen* ‖ *auf Reisen sein* ‖ *unterwegs sein* ‖
estoy de abogado en Huesca *ich habe e–e
Rechtsanwaltspraxis in Huesca* ‖ ~ de aprendiz
*Lehrling od Auszubildender sein, in der Lehre
sein* ‖ ~ de charla *ein Schwätzchen halten* ‖ estoy
de empleado con Pérez *ich bin Angestellter* (od
ich arbeite) bei Pérez ‖ ~ de luto *Trauer haben,
Trauer tragen, trauern* ‖ (el tiempo) está de lluvia
es sieht nach Regen aus ‖ ~ de seis meses *im
sechsten Monat sein (Schwangere)* ‖ está de
miedoso que … ⟨fam⟩ *er hat solche Angst, dass
…* ‖ ~ de mudanza *im Umzug begriffen sein* ‖ ~
de parto *Geburtswehen haben* ‖ ~ de paso *auf
der Durchreise sein, s. vorübergehend aufhalten* ‖
~ de pega *Pech haben* ‖ ~ de permiso *Urlaub
haben* ‖ ~ de pie *stehen* ‖ ~ de prisa *Eile haben* ‖
~ de suerte *Glück haben*
   d) in Verb. mit **detrás de:** ~ detrás de
algo ⟨fam⟩ *hinter et. her, auf et. scharf od erpicht
sein* ‖ ~ detrás de alg. *hinter jdm her sein* ‖ está
detrás de esa chica *er ist hinter dem Mädchen
her, er umwirbt das Mädchen* ‖ la policia está
detrás del criminal *die Polizei ist hinter dem
Täter her* od *sucht den Täter*
   e) in Verb mit **en:** Einsicht, Verständnis:
~(et.) einsehen ‖ (et.) begreifen, (et.) verstehen ‖
~(et.) schon wissen ‖ (von et.) überzeugt sein ‖ an
~(et.) arbeiten ‖ auf (et.) (dat) beruhen ‖ in (et.)
~(dat) bestehen ‖ ~ en ascuas *wie auf glühenden
Kohlen sitzen* ‖ ~ en forma *in Form od fit sein* ‖
⟨fam⟩ *gut drauf sein* ‖ ~ en la greña con alg. *s.
~mit jdm nicht verstehen, mit jdm im Clinch liegen*
‖ ~ en todo *alles wissen, von allem genau
Kenntnis haben, alles im Griff haben* ‖ ~ en sí
⟨fig⟩ *bei s., bei Sinnen sein* ‖ estoy en eso (*od
~esto) ich denke ernstlich daran* ‖ *ich sehe es ein* ‖
~estoy en que vendrá *ich nehme an, dass er (sie,
~es) kommt*
   f) in Verb. mit **para:** *1. im Begriff sein
~(& inf zu & inf)* ‖ ~ para morir *im Sterben liegen*
‖ estoy para marcharme *ich bin im Begriff
~abzureisen* ‖ *2. geneigt sein, aufgelegt sein zu …
~(dat)* ‖ no estoy para bromas *ich bin nicht zu
~Späßen aufgelegt, mit mir ist nicht zu spaßen* ‖ *3.
~Zweck, Bestimmung!* la habitación está para
~alquilar *das Zimmer ist zu vermieten (d. h. es ist
~zum Vermieten bestimmt)*
   g) in Verb. mit **por:** *1. geneigt, willens,*

fest entschlossen sein(, et. zu tun) ‖ ~ por alg. *auf
jds Seite stehen, zu jdm halten, für jdn sein* ‖ ~
por algo *für et.* (acc) *sein od eintreten* ‖ estoy por
decir que … *ich würde beinahe sagen, dass …* ‖
2. Vorsatz, bevorstehende Erfüllung ‖ ~ por hacer
noch zu tun übrig sein, noch geschehen müssen ‖
esta habitación está por alquilar *dieses Zimmer ist
zu vermieten (d. h. es ist noch nicht vermietet)* ‖
está por ver *man wird sehen, das ist nicht sicher,
es kommt drauf an* ‖ *es steht (noch) bevor*
   h) in Verb. mit **sin:** ~ sin algo *et. nicht
haben* ‖ ~ sin blanca ⟨figf⟩ *blank sein, kein Geld
haben* ‖ ~ sin fiebre *fieberlos sein, kein Fieber
haben* ‖ ~ sin miedo *k–e Furcht haben* ‖ ~ sin
nada *nichts (mehr) haben, alles eingebüßt od
verloren haben*
   i) in Verb. mit **sobre:** 1. Macht,
Beherrschung: ~ sobre sí *Herr s–r selbst sein* ‖
vorsichtig, auf der Hut sein ‖ 2. Eifer, Interesse,
Vorsicht: ~ sobre un negocio *eifrig e–m Geschäft
nachgehen* ‖ ~ sobre uno *unermüdlich in jdn
dringen, jdm mit e–r Bitte in den Ohren liegen* ‖
~ sobre aviso *auf der Hut sein* ‖ ~ mano sobre
mano *untätig sein, nichts tun*
   9. in Verb. mit **que** od **porque:** ~ que
… (meist fam) *in e–m Zustand* (bzw *in e–r
Verfassung), dass …* ‖ está que arde *od* brama *od*
bota ⟨figf⟩ *er (sie, es) ist wütend* ‖ estoy porque
no se haga eso *ich meine, dass man das nicht tun
soll* ‖ estoy de trabajo, que no puedo más *ich
kann m–e Arbeit nicht mehr bewältigen,* ⟨fam⟩ *die
Arbeit wächst mir über den Kopf* ‖ ~**se** (bes. *in
volkstümlichen Wendungen): sein* ‖ *bleiben* ‖ *s.
aufhalten* ‖ *ruhig bleiben, s. ruhig verhalten* ‖
verweilen ‖ *zaudern* ‖ ~ con los brazos cruzados
⟨fam⟩ *müßig dastehen* ‖ ~ muriendo *im Sterben
liegen* ‖ ¡estáte quieto! *sei ruhig! Ruhe!*
²estar m *Aufenthalt* m ‖ *Da-, Dabei-,
Darin\sein* n ‖ *Befinden* n ‖ ◆ a *od* con todo ~
mit voller Verpflegung (Pension)
   estar|cido m *Schablone* f ‖ **–cir** [z/c] vt
schablonieren, mit der Schablone malen
   △ **estar|dar** vt *einkerkern* ‖ **–dó** m *Sträfling* m
   △ **esta|rí, –ribel** m *Gefängnis* n, ⟨pop⟩ *Knast* m
   estárlet f *Starlet(t), Filmsternchen* n
   estarna f ⟨V⟩ → **perdiz** *pardilla*
   estárter m ⟨Auto⟩ *Starter* m
   estasis f ⟨Med⟩ *Stase, Stasis, Stauung* f ‖ ~
sanguínea *Blutstauung* f
   esta|tal adj *(m/f) staatlich, Staats-* ‖ **–talizar**
[z/c] vt *verstaatlichen*
   estáti|ca f *Statik* f ‖ **–co** adj *statisch* ‖ ⟨fig⟩
starr, sprachlos ‖ ~ m *Statiker* m
   estatificar vt *verstaatlichen*
   esta|tismo m *Unbeweglichkeit* f ‖ ⟨Pol⟩
Staatsallmacht f, *Etatismus* m ‖ **–tización** f
Verstaatlichung f ‖ **–tizar** [z/c] vt *verstaatlichen*
   estatolito m ⟨An⟩ *Statolith* m
   esta|tor m ⟨El⟩ *Ständer, Stator* m ‖ **–torreactor**
m ⟨Flugw⟩ *Staustrahltriebwerk* n
   estatoscopio m ⟨Flugw⟩ *Statoskop* n
   esta|tua f *Statue, Bildsäule* f, *Standbild* n ‖
Skulptur f ‖ ~ de medio bulto *halberhabenes
Standbild* n ‖ ~ ecuestre *Reiterstandbild* n ‖ ~ de
sal ⟨Bibl⟩ *Salzsäule* f ‖ ~ yacente *ruhende Statue*
(bzw *Figur)* f ‖ ◆ a gran ~, gran basa *Ehre, wem
Ehre gebührt* ‖ ◇ merecer una ~ *s. große
Verdienste erworben haben* bzw *erwerben* ‖ **–tuar**
[pres –úo] vt *mit Statuten versehen od
schmücken* ‖ **–tuaria** f *Bildhauerkunst* f ‖ **–tuario**
adj *Statuen-, Bildhauer-* ‖ *statuenhaft* ‖ ~ m
Bildhauer m
   esta|túder m ⟨Hist⟩ *Statthalter* m (*der
Niederlande)* ‖ **–tuderato** m ⟨Hist⟩
Statthalterschaft f

estatuir [-uy-] vt *bestimmen, verordnen* ‖ ⟨fig⟩ *(ein warnendes Beispiel) geben, statuieren*
esta|tuita, -tuilla *f* dim von **–tua**
estatura *f Wuchs* m, *(Körper)Gestalt, Statur* f ‖ bajo de ~ *von kleinem Körperwuchs* ‖ colocar por ~s *nach der Größe ordnen (Personen)*
estatu|tario adj *satzungsmäßig, satzungs-, statuten|gemäß, statutarisch* ‖ **–to** *m Status* m ‖ *Statut* n, *Satzung, Verordnung* f ‖ *Beschluss* m ‖ ⟨Jur⟩ *Rechtskraft* f ‖ ~ de Berlín ⟨Hist⟩ *Berlinstatus* m ‖ ~ de ocupación *Besatzungsstatut* n ‖ ~s *mpl Satzung* f ‖ *Statuten* npl
estatus *m Status* m ‖ ~ quo (ante) ⟨lat⟩ *Status* m *quo (ante)*
estay *m* ⟨Mar⟩ *Stag* n
¹**este** (~) *m Ost(en)* m ‖ *Ostwind* m ‖ al ~, de(l) ~ *östlich (de von)* ‖ la España del ~ *Ostspanien*
²**este, esta, esto** pron *(allein stehend* **éste, ésta** *[gemäß Beschluss (1959) der Real Academia kann der Akzent wegfallen, wenn k–e Verwechslung möglich]) dieser, diese, dieses* ‖ *der, die, das hiesige* ‖ este ..., aquel ... *dieser ..., jener ...* ‖ en ésta *hier am Platz(e), am hiesigen Ort* ‖ llegamos a ésta ayer *wir sind gestern in dieser Stadt (hier) angekommen* ‖ ¡ésta sí que es buena! ⟨fam⟩ *das ist (wirklich) gelungen! das ist einfach toll!* ‖ esto es *das ist, das heißt, nämlich* ‖ con esto *deswegen, daher* ‖ en esto de ... *was ... anlangt, betreffend ...* ‖ (estando) en esto, durante esto *unterdessen, mittlerweile, inzwischen* ‖ y a todo esto *und bei alledem* ‖ éste *(von e–m Anwesenden) piensa lo mismo* ⟨pop⟩ *der da meint dasselbe* ‖ conozco a éstos *ich kenne diese Leute* ‖ en éstas y en estotras, en éstas y ésas ⟨fam⟩ *unter-, in|dessen* ‖ ¡por éstas (que son cruces)! *beim Allmächtigen! (drohende Beteuerung; dabei küsst der Spanier Zeigefinger und Daumen (gekreuzt) der rechten Hand)* ‖ → auch **ese, esa, eso**
esté → **estar**
este|árico adj ⟨Chem⟩ *Stearin-* ‖ **–arina** *f Stearin* n
esteatita *f Steatit, Speckstein* m
esteato|ma *m* ⟨Med⟩ *Steatom* n, *Talggeschwulst* f ‖ **–pigia** *f Steatopygie* f ‖ **–sis** *f Verfettung, Steatose* f
△ **estebállar** vt *erdolchen*
Esteban *m* np *Stephan* m
Estefanía *f* np *Stephanie* f
¹**estela** *f* ⟨Mar⟩ *Kielwasser, Sog* n, *Kielspur* f ‖ ⟨fig⟩ *Spur* f ‖ ⟨Flugw⟩ *Kondensstreifen* m ‖ ⟨fig⟩ *Folge* f ‖ ~ de luz *Lichtstreifen* m ‖ *Leuchtspur* f ‖ ◇ dejó una ~ de recuerdos *er (sie) hinterließ ein liebevolles Andenken*
²**estela** *f Grabsäule, Stele* f ‖ *Grabplatte* f
³**estela** *f* ⟨Bot⟩ *Pflanzensäule, Stele* f ‖ ⟨Bot⟩ → **estelaria**
estelar adj *(m/f) Stern(en)-* ‖ ⟨fig⟩ *Star-*
estelaria *f* ⟨Bot⟩ *Frauenmantel* m (Alchemilla spp)
estelaridad *f* Chi *Beliebtheit* f (z. B. *e–r Fernsehsendung)*
este|lífero adj ⟨poet⟩ *gestirnt* ‖ **–liforme** adj *(m/f) sternförmig* ‖ *stelenförmig*
estelión *m* ⟨Zool⟩ *Mauergecko* m (Tarentola mauritanica)
estemple *m* ⟨Bgb⟩ *(Gruben)Stempel* m
esténcil *m* bes. Am *(Wachs)Matrize* f
estenocardia *f* ⟨Med⟩ *Angina pectoris, Stenokardie, [veraltet] Herzbräune* f
esteno|grafía *f Stenografie, Kurzschrift* f ‖ **–grafiar** [pres –ío] vt *stenografieren* ‖ **–gráfico** adj *stenografisch*
estenógrafo *m Stenograf* m

estenograma *m Stenogramm* n
estenordeste *m Ostnordost(wind)* m
esteno|sante adj *(m/f) stenosierend* ‖ **–sis** *f* ⟨Med⟩ *Stenose* f ‖ ~ aórtica *Aortenstenose* f ‖ ~ mitral *Mitralstenose* f ‖ ~ traqueal *Trachealstenose* f
esteno|tipia *f Stenotypie, Maschinenkurzschrift* f ‖ **–tipista** *m/f Stenotypist(in* f) m ‖ **–tipo** *m Stenografiermaschine* f
estentóreo adj: voz ~a *Stentorstimme* f ‖ adv: ~amente
¹**estepa** *f Steppe* f
²**estepa** *f* ⟨Bot⟩ *Zistrose* f (Cistus spp)
estepario adj *Steppen-*
estepilla *f* → **estepa**
estequiometría *f* ⟨Chem⟩ *Stöchiometrie* f
éster *m* ⟨Chem⟩ *Ester* m
Ester *f* np *Esther* f
estera *f (Esparto-, Schilf)Matte* f ‖ *Fußabstreifer* m (& fig) ‖ ~ de baño *Badematte* f ‖ ~ de coco *Kokosmatte* f ‖ ~ de esparto *Espartomatte* f
esteral *m* ⟨Arg⟩ *Sumpfgebiet* n *(an e–m Fluss)*
¹**esterar** vt *mit Matten belegen*
²**esterar** vi ⟨fam⟩ *s. (schon frühzeitig) winterlich ausstaffieren*
esterco|ladura *f Düngen* n ‖ *Misten* n *(der Tiere)* ‖ **–lar** vt *düngen, jauchen* ‖ ~ vi *misten, (den Stall) säubern* ‖ **–lero** *m Mist|knecht, -bauer* m ‖ *Mist|haufe(n)* m, *-grube* f (& **–lar**) ‖ **–rar** vt/i → **–lar**
esterculia *f* ⟨Bot⟩ *Sterkulia* f (Sterculia)
¹**estéreo** *m Ster* m *(Holzmaß)*
²**estéreo** adj Kurzform für **estereotípico**
³**estéreo** adj ⟨pop⟩ *bi(sexuell)*
estereocomparador *m Stereokomparator* m
estereo|fonía *f* ⟨Ak⟩ *Stereofonie* f ‖ **–fónico** adj *stereofon(isch)*
estereo|fotografía *Stereofotografie* f ‖ **–fotogrametría** *f Stereofotogrammetrie* f ‖ **–gráfico** adj *stereografisch* ‖ **–grama** *m Stereogramm* n ‖ **–metría** *f Stereometrie* f ‖ **–métrico** adj *stereometrisch* ‖ **–química** *f Stereochemie* f ‖ **–scopia** *f Stereoskopie* f ‖ **–scópico** adj *stereoskopisch* ‖ **–scopio** *m Stereoskop* n
estereo|tipado adj ⟨Typ⟩ *stereotyp* (& fig) ‖ **–tipar** vt *stereotypieren* ‖ **–tipia** *f Stereotypie* f ‖ **–típico** adj: edición ~a *Stereotypen|ausgabe* f, *-druck* m ‖ **–tipo** *m Stereotypplatte* f, *Stereo* n
este|rería *f Mattenverkauf* m ‖ **–rero** *m Matten|flechter, -wirker* m ‖ *Mattenleger* m ‖ *Mattenverkäufer* m
estérico adj ⟨Chem⟩ *sterisch*
esterifi|cación *f* ⟨Chem⟩ *Veresterung* f ‖ **–car** [c/qu] vt *verestern*
estéril adj *(m/f) unfruchtbar (Mensch, Tier)* (& fig) ‖ *zeugungsunfähig* ‖ ⟨Med⟩ *steril, keimfrei* ‖ *dürr, trocken* ‖ *nutzlos, leer* ‖ *taub (Frucht)* ‖ *kinderlos, ohne Nachkommen (Ehe)* ‖ ⟨Bgb⟩ *gehaltlos, taub* ‖ ⟨fig⟩ *mager (Jahr)* ‖ ⟨fig⟩ *gedankenarm, seicht* ‖ ⟨fig⟩ *unproduktiv, steril* ‖ ⟨fig⟩ *unschöpferisch* ‖ ⟨fig⟩ *vergeblich, ergebnislos* ‖ ⟨fig⟩ *unergiebig* ‖ ~ de od en frutos *fruchtarm* ‖ esfuerzo ~ *vergebliche Mühe* f ‖ ◇ resultar ~ *zwecklos sein (Mühe)*
esterili|dad *f Unfruchtbarkeit, Sterilität* f (& fig) ‖ *Zeugungsunfähigkeit* f ‖ *Dürre, Unergiebigkeit* f ‖ ⟨fig⟩ *Gedankenarmut, Seichtheit* f ‖ **–zación** *f* ⟨Med⟩ *Unfruchtbarmachung* f ‖ ⟨Med⟩ *Entkeimung, Sterilisierung* f ‖ **–zador** *m Sterilisiergerät* n, *Sterilisator* m ‖ **–zar** [z/c] vt *unfruchtbar machen* ‖ *entkeimen, sterilisieren*
esteri|lla *f* dim von **estera** ‖ *kleine Matte* f ‖

Fußabstreifer m ‖ *Strohgeflecht* n ‖ *schmale*
(Gold- od *Silber)Borte* f ‖ Arg *Strohgeflecht* n *für*
Stuhlsitze ‖ ~ de baño *Bademmatte* f ‖ **–llado** adj
mit Strohgeflecht (Stuhl)
    esterlina adj → **libra** esterlina
    ester|nal adj *(m/f)* ⟨An⟩ *Brustbein-* ‖ **–nón** m
⟨An⟩ *Brustbein* n
    ¹este|ro m *Salzteich* m, *Lagune* f ‖ *breite*
Flussmündung f ‖ *Überschwemmungsland* n *(e–r*
Flussmündung) ‖ ⟨Mar⟩ *Schlupfhafen* m ‖ Chi
kleiner Fluss, Bach m ‖ Arg *Sumpfniederung* f ‖
Ven *stehendes Gewässer* n ‖ Ec *trockenes*
Flussbett n ‖ augm: **esterón**
    ²estero m *(Jahreszeit zum) Auslegen* n *mit*
Matten (Spätherbst)
    esterquero m *Mistplatz* m
    ester|tor m *Röcheln* n ‖ *Todesröcheln* n ‖
⟨Med⟩ *Rasseln, Rasselgeräusch* n ‖ ~ anfórico
amphorisches Geräusch n ‖ ~ cavernoso
Höhlengeräusch n ‖ ~ crepitante *knisterndes*
Rasselgeräusch n ‖ ~ húmedo *feuchtes*
Rasselgeräusch n ‖ ~ ronco *brummendes Rasseln*
n ‖ ~ seco *trockenes Rasselgeräusch* n ‖ ~
sibilante *pfeifendes Rasselgeräusch* n ‖ ◇ estar en
los últimos ~es *(fam) in den letzten Zügen liegen*
‖ **–torear** vi *röcheln* ‖ **–toroso** adj *röchelnd*
    estesudeste m *Ostsüdost(wind)* m
    esteta *m/f Ästhet(in* f) m ‖ *Kunstfreund(in* f) m
‖ ⟨fig desp⟩ *Immoralist(in* f) m
    estética f *Ästhetik, Schönheitslehre* f
    esteti|cismo m *Ästhetizismus* m ‖ **¹–cista** *m/f*
Ästhetizist(in f) m
    ²esteticista *m/f Kosmetiker(in* f) m
    estético adj *ästhetisch* ‖ *schöngeistig* ‖ *kunst-,*
geschmack|voll ‖ *~ m Ästhetiker* m
    este|tista *m/f* → **esteticista** ‖ **–tización** *f*
Ästhetisierung f ‖ **–tizar** [z/c] vt *ästhetisieren*
    estetosco|pia f ⟨Med⟩ *Stethoskopie* f ‖ **–pio** *m*
⟨Med⟩ *Stethoskop, Hör-, Horch|rohr* n
    esteva f ⟨Agr⟩ *Sterz* m, *Sterze* f *(des Pfluges)*
    estevado adj *krummbeinig*
    estiaje m *niedrigster Wasserstand* m *(e–s*
Flusses usw.) ‖ *Zeit* f *des Niedrigwassers* ‖ *Dürre*
f
    esti|ba f ⟨Mil⟩ *Ansetzkolben* m ‖ *Füllraum* m
für Wollsäcke ‖ *Wollpresse* f ‖ ⟨Mar⟩
(Lasten)Stauung f, *Trimm* m ‖ ⟨Mar⟩ *(Ver)Stauen*
n ‖ *Trimm(en* n) m ‖ **–bador** m ⟨Mar⟩ *Stauer* m ‖
Chi *Wollpresser* m ‖ **–badora** f ⟨Tech⟩ *Stapler* m,
Stapelpresse f ‖ ~ de horquilla *Gabelstapler* m ‖
–bar vt ⟨Mar⟩ *(ver)stauen, stapeln* ‖ *trimmen*
(Ballast, Ladung) ‖ *einsacken (Wolle)*
    estibia f ⟨Vet⟩ *Genickverrenkung* f
    esti|biado adj *Spießglanz-* ‖ **–bina** f ⟨Min⟩
Antimonglanz, Antimonit m ‖ **–bio** m →
antimonio
    △ **estibió** m *Zimmer* m
    △ **estibón** m *Trunkenbold* m
    ¹estiércol m *Dung, Dünger, Mist* m ‖ *Kot,*
Tier-, Menschen|kot m ‖ ~ de vaca *Kuhmist* m ‖
◇ sacar el ~ del establo *den Stall (aus)misten*
    ²estiércol m ⟨Bot⟩: ~ del diablo → **asafétida**
    Esti|gia f ⟨Myth⟩ *Styx* m ‖ **°gio** adj *stygisch* ‖
⟨poet⟩ *Höllen-, Unterwelt(s)-*
    estig|ma [pl & **estígmatas**] m *Stigma,*
Wundmal n ‖ *(Brand)Mal* n ‖ ⟨Ins Med Zool⟩
Stigma n ‖ ⟨Bot⟩ *Narbe* f ‖ ⟨fig⟩ *Mal, Stigma* n,
Spuren fpl ‖ ⟨fig⟩ *Schandfleck* m, *Kainszeichen* n
‖ ~ (de la Crucifixión) ⟨Theol⟩ *Stigma,*
Erscheinen n *der Wundmale Christi* ‖
–matización f *Stigmatisierung* f ‖ ⟨fig⟩
Brandmarkung f ‖ **–matizado** m *Stigmatisierte(r)*
m ‖ **–matizar** [z/c] vt *stigmatisieren* ‖
brandmarken ‖ ⟨fig⟩ *geißeln*
    estil adj Sal ⟨pop⟩ → **estéril**

¹estilar vt *gebrauchen* ‖ *abfassen, formulieren*
‖ *ausstellen (Urkunden)* ‖ ~ vi *pflegen, gewohnt*
sein ‖ ~**se** *üblich, gebräuchlich* od *Mode sein* ‖
ya no se estila *es ist nicht mehr Mode, es ist*
überholt
    ²estilar vi And Sal Am *tropfen, destillieren*
    estilema m ⟨Ling Lit⟩ *Stilem* n
    estilete m ⟨Hist⟩ *kleiner Schreibgriffel* m ‖
Zeiger m *an der Sonnenuhr* ‖ *Pinne* f *(am*
Kompass) ‖ *Stachel, Dorn* m ‖ *Stilett* n,
Stockdegen m ‖
⟨Bot⟩ *Teilgriffel* m ‖ ⟨Med⟩ *Stilett* n, *Knopfsonde*
f
    esti|lismo m *übertriebene Pflege* f *des Stils* ‖
⟨Taur⟩ *Stil* m *(im Stierkampf)* ‖ **–lista** *m/f Stilist(in*
f) m ‖ *gewandte(r) Schriftsteller(in* f) m ‖
Designer, Stylist m ‖ *Formgestalter* m ‖
Haarstylist m ‖ **–lística** f *Stilistik* f ‖ **–lístico** adj
stilistisch, Stil-
    estilita m ⟨Hist Rel⟩ *Stylit, Säulenheilige(r)* m
    esti|lizado adj *stilisiert (z. B. Zeichnung)* ‖
–lizar [z/c] vt *stilisieren, stilvoll gestalten*
    ¹estilo m ⟨allg⟩ *Stil* m (& *Kunst Lit Mus)* ‖
⟨Arch⟩ *(Bau)Stil* m ‖ ⟨fam⟩ *Stil* m, *Eleganz* f ‖
Art, Weise f ‖ *(Ge)Brauch* m, *Mode* f ‖ *Anstand*
m, *Betragen* n ‖ ⟨Bot⟩ *Griffel* m *(des Stempels)* ‖
~ árabe *arabischer Stil* m ‖ ~ arte nuevo
Sammelbegriff für die Reaktion gegen den
Historismus um das Jahr 1900 (Sezessionsstil,
Jugendstil, Art nouveau) ‖ ~ clásico *klassischer*
Stil m ‖ ~ colonial *Kolonialstil* m ‖ ~ cubista
kubistischer Stil m ‖ ~ curial(esco) ⟨meist desp⟩
Kanzleistil m ‖ ~ churrigueresco
Churriguerismus, spanischer Barock m ‖ ~ delfín
⟨Sp⟩ *Delphinstil* m ‖ ~ depurado ⟨Lit⟩ *gepflegter*
Stil m ‖ ~ directo ⟨Gr⟩ *direkte Rede* f ‖ ~
directorio *Direktoirestil* m ‖ ~ dórico *dorischer*
Stil m ‖ ~ elevado *gehobener Stil* m ‖ ~ epistolar
Briefstil m ‖ ~ de equitación *Reitstil* m ‖ ~
familiar *umgangssprachlicher Stil* m ‖ ~ festivo
humoristischer Stil m ‖ ~ funcional
Funktionalstil m ‖ ~ lleno de galanura
glänzender Stil m ‖ ~ gótico *gotischer Stil* m ‖ ~
imperial *Empirestil* m ‖ ~ indirecto ⟨Gr⟩ *indirekte*
Rede f ‖ ~ lacónico *lakonischer Stil* m ‖ ~
lapidario *Lapidarstil* m ‖ ~ libre ⟨Sp⟩ *Freistil* m ‖
~ morisco *maurischer Stil* m ‖ ~ mozárabe
mozarabischer Stil m ‖ ~ mudéjar *Mudejarstil* m
‖ ~ narrativo *erzählender Stil* m ‖ ~ de natación
Schwimmstil m ‖ ~ novelístico *Romanstil* m ‖ ~
ojival *Spitzbogenstil* m ‖ ~ oratorio *Rednerstil* m
‖ ~ periodístico *Zeitungsstil* m ‖ ~ plateresco
Plateresko-, Platero|stil m ‖ ~ renacimiento
Renaissancestil m ‖ ~ rococó *Rokokostil* m ‖ ~
románico *romanischer Stil* m ‖ ~ rústico
Bauernstil m ‖ ~ rustikaler *Stil* m ‖ ~ secesionista
Sezessionsstil m ‖ ~ de vida *Lebensstil* m ‖ ◆ al
~ moderno *nach heutigem Geschmack, modern* ‖
por el ~ *in derselben Weise* ‖ *ähnlich* ‖ y así por
el ~ *(fam) und so weiter* ‖ y otras cosas por el ~
und dergleichen mehr
    ²estilo m *Stift* m ‖ *Zeiger* m *(an der*
Sonnenuhr) ‖ ⟨Hist⟩ *(Schreib)Griffel* m
    estilobato m ⟨Arch⟩ *Säulenstuhl, Stylobat* m
    estilográfico adj: (pluma) ~a, Col Nic
    estilógrafo *Füllfeder* f ‖ *Füllfederhalter* m, ⟨fam⟩
Füller m ‖ ~ m Am *Drehbleistift* m
    estiloid|e(o), –es adj *griffelförmig*
    ¹estima f *(Hoch)Achtung, Schätzung* f,
Ansehen n ‖ *Ehrfurcht* f ‖ *(Ab)Schätzung* f ‖
(Wert)Schätzung f ‖ *Bewertung* f ‖ *Würdigung* f ‖
~ de sí mismo *Selbstachtung* f ‖ ◇ tener en alta
~ od gran ~ *hoch achten* od *schätzen*
    ²estima f ⟨Mar⟩ *Gissing, Gissung,*
Standortschätzung f

estima|bilísimo adj sup von **–ble** ‖ **–ble** adj
(m/f) schätzbar, taxierbar ‖ *achtungs-,
schätzens|wert* ‖ su ~a carta ⟨Com⟩ *Ihr wertes
Schreiben* ‖ **–clón** f *Schätzung, (Hoch)Achtung* f ‖
Ansehen n ‖ *Abschätzung* f ‖ *Bewertung* f ‖
(Wert)Schätzung f ‖ *Ansatz* m ‖ ~ *aduanera
Zollansatz* m ‖ ~ *del daño Schadensschätzung* f ‖
~ *propia Selbst|achtung, -einschätzung* f ‖ *digno
de toda* ~ *sehr achtenswert* ‖ *según* ~
aproximada nach ungefährer Schätzung ‖ *gozar de*
~ *Achtung genießen, angesehen sein* ‖ **–do** adj
geschätzt, geehrt ‖ *geachtet* ‖ *wert (im Briefstil)* ‖
⟨Com⟩ *gesucht* ‖ ◇ ser ~ *in Achtung stehen* ‖ su
~a ⟨Com⟩ *Ihr geschätztes Schreiben* n ‖ **–dor** adj
(ab)schätzend

esti|mar vt *hoch achten, würdigen, schätzen* ‖
(ab)schätzen, veranschlagen, taxieren (en *auf*
(acc), *zu*) ‖ *dankbar anerkennen* ‖ ◇ ~
*convenient für passend und erforderlich
(angemessen, angebracht) erachten* ‖ ~ *la
distancia die Entfernung (ab)schätzen* ‖ ~ *en
poco gering achten* od *schätzen* ‖ ~ *el recurso*
⟨Jur⟩ *dem Rechtsmittel stattgeben* ‖ ~ *en su justo
valor richtig einschätzen* ‖ ~ *en … auf* (acc) …
schätzen ‖ ◇ *lo estimo muy oportuno ich halte es
für sehr passend* ‖ *se lo estimo mucho ich bin
Ihnen dafür sehr verbunden, ich finde es sehr lieb
von Ihnen* ‖ *como mejor lo estime wie Sie
wünschen, wie es Ihnen beliebt, nach Ihrem
Gutdünken* ‖ ~ vi *glauben, meinen, dafürhalten* ‖
~**se** s. *schätzen* ‖ s. *gegenseitig achten* od
schätzen ‖ *auf s. halten, Selbstachtung haben* ‖ s.
selbst lieben, Eigenliebe haben ‖ **–mativa** f
Urteilsvermögen n ‖ *Naturtrieb, Instinkt* m *(bei
Tieren)* ‖ **–mativo** adj *Schätz-* ‖ **–matorio** adj *auf
Schätzung beruhend, Schätz-, Schätzungs-*

estimu|lación f *Stimulierung, Reizung* f, *Reizen*
n ‖ **–lador** adj *anregend, reizend, stimulierend* ‖
~ m ⟨Med⟩ *Anregungsmittel, Stimulans,
Reizmittel* n ‖ **–lante** adj *(m/f)* → **estimulador** ‖
~ m ⟨Med⟩ *Anregungsmittel, Stimulans,
Reizmittel* n ‖ ⟨fig⟩ *Anreiz* m ‖ ~ *nervioso
nervenstärkendes Mittel* n ‖ ~s *mpl Genussmittel*
npl ‖ **–lar** vt *stacheln, anspornen, antreiben* ‖
⟨fig⟩ *antreiben, anregen, reizen, stimulieren* ‖
⟨fig⟩ *ermutigen (zu inf od dat)* ‖ ◇ ~ *el apetito
die Esslust anregen* ‖ ~ *al estudio zum Lernen
anhalten* ‖ **–lativo** adj → **–lante**

estímulo m *Reiz* m, *Anregung* f ‖ ⟨fig⟩
An|sporn, -trieb m ‖ ⟨fig⟩ *Belebung* f ‖ ⟨fig⟩
Triebfeder f ‖ ◇ *eso me servirá de* ~ *das wird
mir als anregendes Beispiel dienen*

estinco m ⟨Zool⟩ → **escinco**

estío m *Sommer* m

estipen|diario adj *besoldet* ‖ ~ m *Söldner,
Besoldete(r)* m ‖ *Lohnempfänger* m ‖ **–dio** m
Sold, Lohn m, *Besoldung* f ‖ *Schulgeld* n ‖ ⟨Kath
Hist⟩ *Stipendium* n

estíptico adj ⟨Med⟩ *blutstillend* ‖ *stopfend* ‖
zusammenziehend ‖ *verstopft* ‖ ⟨fig⟩ *geizig,
schäbig* ‖ ~ m *Stiptikum, blutstillendes* bzw
stopfendes Mittel n

estiptiquez f Am ⟨Med⟩ *(Stuhl)Verstopfung* f

estípula f ⟨Bot⟩ *After-, Neben|blatt* n

estipu|lación f *Festsetzung, vertragsmäßige
Verabredung, Abmachung* f, *mündliche
Vereinbarung* f ‖ ⟨Jur⟩ *Klausel,
Vertragsbestimmung* f ‖ **–lante** adj *(m/f)
vereinbarend* ‖ *vertragsschließend* ‖ ~ m/f
Vertragsschließende(r m) f ‖ **–lar** vt *festsetzen,
bestimmen* ‖ *ausbedingen, abmachen, stipulieren* ‖
◇ ~ *por contrato vertragsmäßig vereinbaren* ‖ *lo
–lado die Vereinbarung* ‖ *die
(Vertrags)Bestimmungen* fpl

estiquirín m Hond ⟨V⟩ *Eule* f

esti|rado adj *gezogen (& Tech)* ‖ ⟨figf⟩ *hoch
aufgeschossen, von hohem Wuchs* ‖ ⟨fig⟩
wichtigtuerisch, hochnäsig ‖ ⟨fig⟩ *stolz,
aufgeblasen* ‖ ⟨figf⟩ *filzig, knaus(e)rig* ‖ ~ m
Ziehen n (& Tech) ‖ adv: ~**amente** ‖ **–rador** m
Aufspannrahmen m ‖ *Stiefelspanner* m ‖ **–rajar** vt
⟨fam⟩ → **–rar** ‖ **–rajón** m ⟨fam⟩ → **–rón** ‖
–ramiento m *Aus|ziehen, -strecken* n ‖ ⟨Med⟩
Dehnung f ‖ ⟨Med⟩ *Streckung* f ‖ ⟨fig⟩ *Stolz,
Dünkel* m ‖ **–rar** vt *(aus)ziehen, strecken, dehnen,
ausspannen* ‖ *recken und strecken (Arme, Beine)* ‖
⟨fig⟩ *in die Länge ziehen* ‖ ⟨Tech⟩ *ziehen (Draht,
Rohre)* ‖ ⟨Tech⟩ *ausrecken* ‖ ⟨Tech⟩ *strecken* ‖ ◇
~ *el bolsillo* ⟨fam⟩ *die Börse zuschnüren, sparen*
‖ ~ *la masa den Teig ausrollen* ‖ ~ *la pata* (pop)
alle viere von s. strecken, den Löffel weg|werfen
od *-schmeißen* od *sinken lassen* ‖ ~ *la ropa die
Wäsche mange(l)n, rollen* bzw *leicht überbügeln* ‖
~**se** s. *dehnen* ‖ *die Glieder strecken* ‖ s.
ausstrecken ‖ ⟨fig⟩ s. *in die Brust werfen* ‖ **–razar**
vt → **–rar** ‖ **–rón** m *Ruck, Puff* m ‖ ~ *de orejas
Zerren* n *an den Ohren* ‖ ◇ *dar un* ~ *a algo et.
ausziehen, in die Länge ziehen* ‖ ⟨figf⟩ *rasch
wachsen*

Esti|ria f ⟨Geogr⟩ *Steiermark* f ‖ ᵘ**rio** adj
steirisch ‖ ~ m *Steiermärker, Steirer* m

estirpe f *Stamm* m, *Geschlecht* n ‖ *Herkunft* f ‖
Sippe, Gruppe f *von Blutsverwandten* ‖ ♦ *de
(elevada)* ~ *vornehmer Herkunft*

estituquez [pl ~**ces**] f Am ⟨Med⟩
(Stuhl)Verstopfung f

esti|vación f *Anpassung* f *an die sommerliche
Hitze und Dürre* ‖ **–val** adj *(m/f) Sommer-* ‖ (ave)
~ ⟨V⟩ *Sommervogel* m

estivar vt → **estibar**

esto → **este**

estoc m *Stock, Lagervorrat, Bestand* m ‖
Grundkapital n ‖ *Effekten* pl, *Wertpapiere* npl ‖ ♦
en ~ *auf Lager, vorrätig*

estocada f *Degen|stich, -stoß* m ‖ *Stichwunde* f
‖ ⟨fig⟩ *Stoß* m *ins Herz* ‖ ⟨figf⟩ *derbe Antwort* f ‖
~ *entera* ⟨Taur⟩ *durchgehender Degenstich* m ‖ ~
honda ⟨Taur⟩ *tief gehender Degenstich* m ‖ *media*
~ ⟨Taur⟩ *halber Degenstich* m ‖ ~ *lagartijera*
⟨Taur⟩ *kurzer, aber tödlicher Degenstich* m ‖ ~
por cornada ⟨figf⟩ *Wurst wider Wurst* ‖ ~ *hasta la
taza tiefer Degenstich* m

estocástico adj ⟨Math Mus⟩ *stochastisch*

Estocolmo m [Stadt] *Stockholm* n

estoconazo m ⟨Taur⟩ *Degenstich* m

estofa f ⟨Text⟩ *gestickter Stoff* m *(meist Seide)*
‖ ⟨fig⟩ *Güte* f ‖ ⟨desp⟩ *Sorte, Art* f

¹**estofado** adj ⟨Kochk⟩ *ge|schmort, -dünstet* ‖
⟨fig⟩ *herausgeputzt, fein gemacht*

²**estofado** adj ⟨Text⟩ *staffiert*

³**estofado** m ⟨Kochk⟩ *Schmorfleisch,
gedünstetes Fleisch* n

¹**estofar** vt ⟨Kochk⟩ *schmoren, dämpfen,
dünsten*

²**estofar** vt ⟨Text⟩ *staffieren*

estoi|cismo m ⟨Philos⟩ *Stoa* f (& Kath Hist) ‖
⟨Philos⟩ *Stoizismus* m, *stoische Haltung* f ‖ ⟨fig⟩
(gekünstelte) Gefühllosigkeit f ‖ ⟨fig⟩
Unerschütterlichkeit, Seelenruhe f ‖ **–co** adj
stoisch ‖ ⟨fig⟩ *standhaft, streng* ‖ ⟨fig⟩
unerschütterlich ‖ ⟨fig⟩ *gelassen* ‖ ~ m *Stoiker* m

estola f *Stola* f *(auch Teil der liturgischen
Kleidung der kath. Priester)*

estólido adj/s *dumm, einfältig*

estolón m ⟨Bot⟩ *Ablegerranke* f, *Ausläufer* m

estoma m ⟨Biol⟩ *Stoma* n, *Spaltöffnung* f *(des
Pflanzenblattes)* ‖ ⟨Med⟩ *Stoma* n, *Mund-,
Spalt|öffnung* f

estoma|cal adj/s *(m/f) Magen-* ‖ ⟨Med⟩
stomachal ‖ *magenstärkend (Mittel, Likör)* ‖

–gante adj *(m/f)* ⟨fam⟩ *lästig*, ⟨fam⟩ *auf die Nerven gehend* ‖ **–gar** [g/gu] vt *(den Magen) überladen* bzw *verderben* ‖ ⟨fig⟩ *ärgern*, ⟨fam⟩ *(jdm) auf die Nerven* od *den Wecker gehen*

estómago m *Magen* m ‖ ~ *revuelto* ⟨fam⟩ *verkorkster Magen* m ‖ ~ *saburroso verschleimter Magen* m ‖ ◇ *asentarse en el* ~ *unverdaut im Magen bleiben (Speise)* ‖ *echarse algo al* ~ *reichlich essen* bzw *trinken* ‖ *hacer* ~ *a todo* ⟨fig⟩ *auf alles gefasst sein* ‖ *me ladra el* ~ ⟨fam⟩ *mir knurrt der Magen (vor Hunger)* ‖ *no retener uno nada en el* ~ ⟨figf⟩ *(stets) alles aus\|plaudern* od *-plappern* ‖ *eso me revuelve el* ~ ⟨fig⟩ *das ekelt mich an* ‖ *tener el* ~ *en los talones* ⟨figf⟩ *sehr hungrig sein*, ⟨fam⟩ *e–n Bären-* od *Wolfs\|hunger haben* ‖ *tener mucho (od buen)* ~ *e–n guten Magen haben* ‖ ⟨figf⟩ *ein dickes Fell haben* ‖ *tener a alg. sentado en la boca del* ~ ⟨figf⟩ *jdn nicht riechen* od *ausstehen können*

esto\|mático adj ⟨Med⟩ *Magen-* ‖ **–matitis** f *Stomatitis, Mundschleimhautentzündung* f ‖ **–matología** f *Stomatologie* f ‖ **–matológico** adj *stomatologisch* ‖ **–matólogo** m *Stomatologe* m ‖ **–matomicosis** f *Soor* m ‖ **–matópodos** mpl ⟨Zool⟩ *Maulfüßer* mpl (Stomatopoda)

estonce(s) adv ⟨reg⟩ → **entonces**

△ **estongrí** m *Geld* n

△ **estongular** vt *wägen, wiegen*

Esto\|nia f ⟨Geogr⟩ *Estland* n ‖ **⁼nio** adj *estnisch, estländisch* ‖ ~ m *Estländer, Este* m ‖ *el* ~ *die estnische Sprache, das Estnische*

estop m ⟨StV⟩ *Haltezeichen* n

esto\|pa f *Werg* n, *Hede* f ‖ *Wergtuch* n ‖ ~ *de cañamo Hanfflachs* m ‖ ~ *de lana Putzwolle* f ‖ ~**s** fpl *Dichtung, Packung* f ‖ **–pada** f ⟨Tech⟩ *Wergpackung* f ‖ *Liderung* f ‖ *Stopfbüchse* f ‖ *Dichtung* f ‖ **–par** vt *(ver)packen* ‖ ⟨Tech⟩ *lidern, abdichten (mit Werg)*

estoperol m ⟨Mar⟩ *Nagel* m *mit großem Kopf* ‖ Am *Ziernagel* m

estoperón m *Mancha grobes, primitives Weib* n

estopilla f ⟨Text⟩ *Leinengaze* f ‖ *Baumwollstoff* m

estopín m *Zündladung* f *(e–r Feuerwaffe)*

estopón m ⟨Text⟩ *grober Wergstoff* m ‖ *Packleinwand* f ‖ *Sackleinen* n

estopor m ⟨Mar⟩ *(Ketten)Stopper* m

estoposo adj *wergartig, faserig (Holz, Fleisch)* ‖ *Werg-* ‖ ⟨fig⟩ *grob, struppig*

¹estoque m *Stoßdegen* m ‖ *Rapier* m

²estoque m ⟨Bot⟩ *Gladiole, Siegwurz* f (Gladiolus spp)

esto\|queador m ⟨Taur⟩ *Matador* m ‖ **–quear** vt *mit dem Degen (nieder)stoßen* ‖ **–queo** m *Degenstich* m

estor m *Store* m (Schw f)

estoraca m Cu ⟨pop⟩ *Blödian, Dummkopf* m

estoraque m *Storaxbaum* m (Styrax officinalis) ‖ *Storaxharz* n

estor\|bar vt *stören, beunruhigen* ‖ *abwehren, hindern* ‖ *(jdn) auf-, ab\|halten* ‖ *(jdm) im Wege stehen* ‖ ◇ ~*le a alg. lo negro* ⟨figf⟩ *nicht gern lesen, nicht lesen wollen* ‖ *nicht lesen können* ‖ ~ vi *hinderlich sein, stören* ‖ *stören (in der Schule)* ‖ **–bo** m *Störung* f, *Hindernis, Hemmnis* n ‖ *Behinderung* f ‖ ⟨figf⟩ *lästiger Mensch* m ‖ ◆ *sin* ~(s) *ungestört* ‖ ◇ *servir de* ~ ⟨fam⟩ *(jdm) im Wege stehen, überflüssig sein* ‖ **–boso** adj *hinderlich* ‖ Ar Logr *schlecht, regnerisch (Wetter)*

△ **estormar** vt *ver\|geben, -zeihen*

estornija f *Nabenring* m ‖ Ar *Klipperspiel* n *(Kinderspiel)*

estornino m ⟨V⟩ *Star* m (Sturnus spp) ‖ ~ *negro Einfarbstar* m (S. unicolor) ‖ ~ *pinto Star*

m (S. vulgaris) ‖ ~ *rosado Rosenstar* m (S. roseus) ‖ ⟨Fi⟩ *Mittelmeermakrele* f (Scomber japanicus)

estornu\|dar vi *niesen* ‖ ◇ *cada uno estornuda como Dios le ayuda* ⟨Spr⟩ *jeder macht's so gut er('s) kann* ‖ **–do** m *Niesen* n ‖ **–tatorio** adj *zum Niesen reizend* ‖ ~ m *Niesmittel* n

estotro, ~**a** pron *dieser, diese, dieses andere* (= *este otro*)

estovar vt *schmoren, dämpfen*

estoy → **¹estar**

esto\|zar [z/c] vt Ar, **–zolar** vt Ar Nav → **desnucar**

estrábico adj ⟨Med⟩ *schielend* ‖ ~ m *Schieler* m

estrabismo m ⟨Med⟩ *Schielen* n ‖ ◆ *con un ligero* ~ *(en la mirada) leicht schielend*

Estrabón m np *Strabo* m

estrabotomía f ⟨Med⟩ *Strabotomie, Schieloperation* f

estracilla f *Lümpchen* n, *kleiner Fetzen* m ‖ *dünneres Packpapier* n

estrada f *Straße* f, *Weg* m ‖ *Landstraße* f ‖ *Dammweg* m

estradivario m ⟨Mus⟩ *Stradivari(geige)* f

estrado m *Estrade* f, *Podium* m ‖ *Auftritt* m, *erhöhter Platz* m *im Thronsaal* ‖ [veraltet] *Empfangs-, Besuchs\|zimmer* n ‖ *Auflegebrett* n *der Brotbäcker* ‖ ~ *de los testigos* ⟨Jur⟩ *Zeugenstand* m ‖ ~**s** mpl *Gerichts\|saal* m, *-säle* mpl ‖ ◇ *citar para* ~ ⟨Jur⟩ *gerichtlich vorladen* ‖ *hacer* ~ ⟨Jur⟩ *Gerichtssitzung halten, verhören*

estraer vt ⟨pop⟩ → **extraer**

estrafalario adj ⟨fam⟩ *nachlässig, liederlich* ‖ ⟨figf⟩ *wunderlich, ausgefallen, extravagant, sonderbar* ‖ *lächerlich, skurril, verschroben* ‖ adv: ~**amente** ‖ ~ m ⟨fam⟩ *Sonderling* m ‖ ⟨fam⟩ *seltsamer Kauz* m

estraga\|do adj *liederlich, nachlässig* ‖ *verwüstet* ‖ *zerrüttet* ‖ *verdorben (Geschmack)* ‖ **–dor** adj *verderbend* ‖ *verderblich*

estragal m Sant *Vorhalle* f *(e–s [Bauern]Hauses)*

estra\|gamiento m *Verderben* n *(des Geschmacks)* ‖ → **–go** ‖ **–gar** [g/gu] vt *ver\|wüsten, -heeren* ‖ *verderben* ‖ **–go** m *Ver\|wüstung, -heerung, Zerstörung* f ‖ *Greuel* m *(des Krieges)* ‖ *Blutbad* n ‖ *Beschädigung* f ‖ *Zerrüttung* f ‖ *Schaden* m ‖ ◇ *causar* ~(s) *zerstören, verwüsten* ‖ *Unheil stiften*

estragón m ⟨Bot⟩ *Estragon* m (Artemisia dracunculus) ‖ *Estragon* m *(Gewürz)*

estrambote m ⟨Poet⟩ *Schlussstrophe* f *(im Sonett)*

estrambótico adj/s ⟨fam⟩ *seltsam, sonderbar* ‖ *närrisch*

estramonio m ⟨Bot⟩ *Gemeiner Stechapfel* m (Datura stramonium)

estrangu\|lación f *Erdrosseln* n, *Erdross(e)lung* f, *Erwürgen* n ‖ *Strangulation* f ‖ ⟨Sp⟩ *Würgen* n *(Judo)* ‖ *Abschnürung* f ‖ *Ab-, Ein\|klemmung* f ‖ ⟨Auto Tech⟩ *(Ab)Dross(e)lung* f ‖ ⟨Med⟩ *Strangulation; Abschnürung* f *(e–s Organs)* ‖ ⟨fig⟩ *Verengung* f ‖ ⟨fig⟩ *Enge* f ‖ **–lado** adj ⟨Med⟩ *eingeklemmt (Bruch)* ‖ *abgeschnürt* ‖ ⟨Tech⟩ *(ab)gedrosselt* ‖ **–lador** m *Würger* m ‖ ⟨Tech⟩ *Drossel* f ‖ **–lamiento** m ⟨Com⟩ *(wirtschaftlicher) Engpass* m ‖ ⟨Hydr⟩ *(Ab)Dross(e)lung* f ‖ → **–lación** ‖ *lar* vt *er\|drosseln, -würgen* ‖ *würgen, die Luft abschnüren (dat)* ‖ *ein-, be\|engen* ‖ *zu eng machen* ‖ ⟨fig⟩ *im Keim ersticken* ‖ ⟨fig⟩ *zugrunde (& zu Grunde) richten* ‖ ⟨fig⟩ *übers Knie brechen (Sache)* ‖ ⟨Med⟩ *abschnüren (Glied)* ‖ *abklemmen (Ader)* ‖ ⟨Tech⟩ *(ab)drosseln* ‖ *zusammenschnüren* ‖ *abquetschen (Schlauch)*

estranguria f ⟨Med⟩ *Harnzwang* m, *Strangurie* f

estrapalucio m ⟨fam⟩ → **estropicio**

estraper|lear vi ⟨fam⟩ *Schwarzhandel treiben*, ⟨fam⟩ *schieben* ‖ **-lista** adj *(m/f) Schieber-* ‖ ~ *m/f Schwarzhändler(in* f), *Schieber(in* f) m ‖ **-lo** m ⟨fam⟩ *Schwarzhandel* m ‖ *schwarzer Markt* m ‖ ◇ (comprar) de ~ *auf dem schwarzen Markt, schwarz, unterderhand, hintenherum (kaufen)*

estrapontín m ⟨Auto EB⟩ *Klapp-, Not|sitz* m

estrás m *Strass* m

Estrasbur|go m [Stadt] *Straßburg* n ‖ **=gués** m/adj *Straßburger* m

estra|tagema f ⟨Mil⟩ *Kriegslist* f ‖ ⟨fig⟩ *Arg-, Hinter|list* f ‖ **-tega** m *Feldherr, Stratege* m (& fig) ‖ ~ de (mesa de) café ⟨fam desp⟩ *Stammtischstratege* m ‖ **-tegia** f ⟨Mil⟩ *Strategie, Kriegskunst* f ‖ ⟨fig⟩ *Strategie* f ‖ ⟨fig⟩ *Führergabe* f ‖ ~ marítima *Seekriegführung* f ‖ **-tégico** adj *strategisch* (& fig) ‖ ~ m *Stratege, Feldherr* m

estra|tificación f ⟨Ku⟩ *Schichtung* f, *Schichten* n ‖ ⟨Geol⟩ *Aufschichtung, Lagerung* f ‖ **-tificado** adj ⟨Geol Ku⟩ *geschichtet* ‖ ~ m ⟨Ku⟩ *Schicht(press)stoff* m ‖ ~ de papel *Hartpapier* n ‖ ~ de tejido *Hartgewebe* n ‖ **-tificar** [c/qu] vt ⟨Geol Ku⟩ *schichten* ‖ **-se** ⟨Geol⟩ *Schichten bilden* ‖ **-tigrafía** f ⟨Geol⟩ *Stratigraphie* f ‖ **-tigráfico** adj *stratigraphisch* ‖ **-to** m ⟨Geol⟩ *Lage, Schicht* f ‖ ⟨Meteor⟩ *Stratus* m, *Schichtwolke* f ‖ ⟨fig⟩ *Schicht* f *(der Gesellschaft)*

estrato|cúmulos mpl ⟨Meteor⟩ *Stratokumuluswolken* fpl, *Stratokumuli* mpl ‖ **-pausa** f ⟨Meteor⟩ *Stratopause* f ‖ **-sfera** f ⟨Meteor⟩ *Stratosphäre* f ‖ **-sférico** adj ⟨Meteor⟩ *stratosphärisch* ‖ **-volcán** m ⟨Geol⟩ *Stratovulkan* m

estrave m ⟨Mar⟩ *Vordersteven* m

estraza f *Fetzen, Lumpen* m ‖ *Strazza* f ‖ *Wirr-, Flock|seide* f

estrébedes mpl Ar ⟨pop⟩ → **trébedes**

estrebedilla f ⟨Agr⟩ *(Art) Pflug* m *(für Ölbaumfelder)*

estre|chamiento m *Verengung* f ‖ *Einengung* f ‖ *Verschmälerung* f ‖ ⟨fig⟩ *Einschränkung* f ‖ **-char** vt *ver-, ein|engen, enger machen* ‖ *schmäler machen* ‖ *zusammenschnüren* ‖ *einschränken* ‖ ⟨fig⟩ *enger gestalten (Beziehungen usw.)* ‖ *eng(er) verbinden* ‖ *drücken (Hand)* ‖ ⟨fig⟩ *(jdn) in die Enge treiben* ‖ ⟨fig⟩ *nötigen* ‖ *umklammern* ‖ ◇ ~ en los brazos *umarmen, in die Arme schließen* ‖ ~ el cerco *den Ring enger schließen* (bes. Mil) ‖ ~ el golfo *die Kluft verringern* (z. B. *zwischen zwei Nationen)* ‖ ~ los lazos de la amistad *die freundschaftlichen Beziehungen enger gestalten* ‖ ~ las relaciones (comerciales) ⟨Com⟩ *in nähere (Handels)Beziehungen treten* ‖ **-se** s. *zusammenziehen* ‖ *enger werden* (& fig) ‖ *zusammenrücken* ‖ ⟨fig⟩ s. *schmiegen* (a, con *an* acc) ‖ ~ con alg. ⟨fig⟩ *freundschaftlich in jdn dringen* ‖ ~ en los gastos s. *einschränken* ‖ **-chez** [pl **-ces**] f *Enge* f ‖ *Nähe* f, *Raum-, Zeit|mangel* m ‖ *Knappheit* f ‖ *Beengtheit* f ‖ *Verlegenheit, Not* f ‖ *Eingeschränktheit* f ‖ *Kleinlichkeit* f ‖ *Geldmangel* m, *Armut* f ‖ ⟨fig⟩ *Dürftigkeit* f ‖ ⟨fig⟩ *Innigkeit* f ‖ ~ de espíritu *Borniertheit* f ‖ ~ de miras *Engstirnigkeit* f ‖ ◇ vivir con ~ s. *mit Mühe durchschlagen* ‖ pasar **-ces** ⟨figf⟩ *(Geld)Not leiden* ‖ **-cho** adj *eng, schmal* ‖ *ver-, be|engt* ‖ ⟨fig⟩ *genau, pünktlich* ‖ *streng* ‖ *eng, drückend (Schuh, Kleid)* ‖ ⟨fig⟩ *arm(selig), dürftig, beschränkt* ‖ *verzagt* ‖ ⟨fig⟩ *geizig, karg* ‖ ⟨fig⟩ *innig* ‖ *eng (Freundschaft)* ‖ *vertraut (Freund)* ‖ ~ de conciencia *gewissenhaft*

‖ ~ de medios *ohne Unterhaltsmittel* ‖ adv: **-amente** ‖ ◇ el zapato me está *(od* va) ~ *mich drückt der Schuh* ‖ ~ m *Engpass* m ‖ ⟨Mar⟩ *Meerenge, Straße* f ‖ ⟨fig⟩ *Not, Bedrängnis* f ‖ el ~ de los Dardanelos *die Dardanellen* pl ‖ el ~ de Gibraltar *die Straße von Gibraltar* ‖ el ~ de Magallanes *die Magalhãesstraße*

¹estrechón m ⟨fam⟩ → **apretón**

²estrechón m ⟨Mar⟩ *Schlagen, Killen* n *(des Segels)*

estrechura f *Enge, Einengung* f ‖ *Verengung* f ‖ *Engpass* m ‖ ⟨fig⟩ *Notlage, Not* f ‖ ⟨fig⟩ *Zurückgezogenheit* f ‖ *enge, innige Verbindung* f ‖ ⟨fig⟩ *Not, Entbehrung* f

estre|gadera f *Schuhabstreifer* m *(an der Tür)* ‖ *Wurzel-, Borsten|bürste* f ‖ **-gadero** m *Wäscheplatz* m ‖ *Reib-, Schupp|pfahl* m ‖ ⟨Jgd⟩ *Malbaum* m ‖ **-gar** [g/gu] vt *(ab)reiben* ‖ *bürsten, scheuern* ‖ **-se** s. *reiben* ‖ s. *kratzen* ‖ **-gón** m ◇ darse un ~ s. *stark reiben*

¹estrella f *Stern* m ‖ ⟨fig⟩ *Glücksstern* m, *Schicksal* n ‖ ⟨fig⟩ *Stern, Star* m, *Bühnengröße* f ‖ ~ del alba *Morgenstern* m ‖ ~ de cine, ~ cinematográfica *Filmstar* m ‖ ~ de David ⟨Hist⟩ *Davidstern* m ‖ ~ doble *Doppelstern* m ‖ ~ errante, ~ errática *Planet* m ‖ ~ fija *Fixstern* m ‖ ~ del filme *Filmstar* m ‖ ~ fugaz *Sternschnuppe* f ‖ ~ matutina *od* de la mañana *Morgenstern* m ‖ ~ de mar → **estrellamar** ‖ ~ del Norte → ~ polar ‖ ~ nova *Nova* f ‖ ~ de primer orden *Stern* m *erster Größe* (& fig) ‖ ~ de la pantalla, ~ de la película *Filmstar* m ‖ ~ polar *Nord-, Polar|stern* m ‖ ~ de rabo ⟨pop⟩ *Komet* m ‖ ~ temporaria *Nova* f ‖ ~ vaga *Sternschnuppe* f ‖ ~ variable *veränderlicher Stern* m ‖ ~ de Venus, ~ vespertina *Abendstern* m ‖ ◇ haber nacido con buena (mala) ~ *unter e–m günstigen (ungünstigen) Stern geboren sein* ‖ tener ~ *Glück haben, ein Glückskind sein* ‖ unos nacen con ~ y otros estrellados ⟨Spr⟩ *die e–n haben (immer) Glück, die anderen (immer) Pech* ‖ **-s** fpl *sternförmige (Suppen)Nudeln* fpl ‖ levantarse a las ~ ⟨fig⟩ s. *aufblasen, angeben, aufschneiden, prahlen* ‖ *sehr aufgebracht sein* ‖ levantarse con (las) ~ ⟨fam⟩ *sehr früh aufstehen* ‖ poner a uno sobre *od* por las ~ ⟨fig⟩ *jdn bis in den Himmel (er)heben* ‖ querer contar las ~ ⟨fig⟩ *Unmögliches unternehmen (bzw wollen)* ‖ ver las ~ ⟨figf⟩ *(vor Schmerz usw.) die Engel im Himmel singen hören, Sterne sehen* ‖ barras y ~ *Sternenbanner* n *(USA)* ‖ tachonado de ~ ⟨poet⟩ *sternübersät (Himmel)*

²estrella f [Abzeichen am Tierkopf] *Stern* m

³estrella f a) *Spornrädchen* n ‖ b) ⟨Mar⟩ *Windrose* f ‖ c) ⟨Typ⟩ *Sternchen* n

⁴estrella f: ~ de los Alpes ⟨Bot⟩ *Edelweiß* n (Leontopodium alpinum) ‖ ~ de mar ⟨Zool⟩ → **estrellamar** ‖ ~ de Navidad ⟨Bot⟩ *Weihnachtsstern* m (Euphorbia pulcherrima)

estre|lladera f *breiter Löffel* m *zum Herausnehmen von Spiegeleiern, Eierheber* m ‖ **-lladero** m *Eierpfanne* f ‖ **-llado** adj *be-, ge|stirnt, Sternen-* ‖ ⟨poet⟩ *sternbesät* ‖ *sternenklar* ‖ *sternförmig* ‖ ⟨fig⟩ *gesprungen (Glas)*

estrellamar m ⟨Bot⟩ *Maiglöckchen* n (Convallaria majalis) ‖ ⟨Zool⟩ *Seestern* m (Asteroideum)

estre|llar adj *Stern(en)-* ‖ **-llar** vt *mit Sternen be|decken, -streuen* ‖ *zer|schlagen, -schellen, -schmettern* (contra, en *an* dat) ‖ ⟨Kochk⟩ *(Ei) in die Pfanne schlagen* ‖ ⟨fig⟩ *(jdm et.) vorwerfen* ‖ **-se** s. *mit Sternen bedecken* ‖ *zer|schellen, -platzen, brechen* (contra, en *an* dat) ‖ ⟨Flugw⟩ *zerschellen* ‖ ⟨fig⟩ *auf stärksten Widerstand*

stoßen ‖ (fig) *gänzlichen Misserfolg haben* ‖ (fig)
s. derb auslassen (con *gegen*) ‖ ~ contra ...
(StV) *gegen ... fahren* ‖ **-llería** *f* → **astrología**
　estrellero adj *den Kopf zu hoch tragend*
(Pferd)
　estre|llita *f* dim von ¹**estrella** ‖ (Typ)
Notensternchen n ‖ ~ (de cine) *(Film)Sternchen,*
Starlet(t) n ‖ **-llón** *m* augm von ¹**estrella** (figf)
plötzliches Glück n ‖ Arg Chi Hond *Ruck, Stoß* m
‖ Mex (StV) *Zusammenstoß* m
　estrellones *mpl* (Mil) *spanische Reiter* mpl
　estrelluela *f Spornrädchen* n
　estreme|cedor adj *erschütternd* ‖ **-cer** [-zc-]
vt/i *er|schüttern, -beben lassen* ‖ (fig)
er|schüttern, -schrecken ‖ *schaudern* ‖ ◇ *eso me*
hace ~ *das macht mich schaudern* ‖ *el ruido del*
cañonazo estremeció la casa der Kanonendonner
ließ das Haus erbeben ‖ ~**se** (fig)
zusammenfahren, erzittern ‖ *beben, zittern* ‖
zusammenzucken ‖ *schaudern* (de *vor* dat) ‖ ◇ ~
de alegría vor Freude hüpfen ‖ ~ *de horror*
zusammenschrecken ‖ **-cimiento** *m Erzittern* n
Schauder, Schauer m ‖ *Erschütterung* f ‖
Zusammen|fahren, -zucken n ‖ (Med) *Schwirren* n,
(lat) *Fremitus* m ‖ ~ *de alegría Freudenrausch* m
‖ **-zón** *m (plötzliches) Schaudern* n
　estre|na *f Angebinde, (Geburtstags)Geschenk*
n, *Aufmerksamkeit* f ‖ ◇ *hacer la* ~ (fam) *das*
erste Geld verdienen ‖ *(et.) zum ersten Mal tun* ‖
→ **-no** ‖ **-nar** vt/i *zum ersten Mal gebrauchen,*
einweihen ‖ *das erste Geld zu verdienen geben* ‖
zum ersten Mal fahren (Wagen) ‖ *als erster (e–e*
Wohnung) beziehen ‖ *(ein Amt) antreten* ‖ (Th
Filmw) *zum ersten Mal aufführen*‖ (vulg) *das*
erste Mal beschlafen (e–e Frau) ‖ ◆ *sin* ~
ungebraucht ‖ *noch nicht getragen, neu*
(Kleidung) ‖ *fabrikneu (Ware)* ‖ ~ *un edificio ein*
Gebäude einweihen ‖ ~ *una escopeta mit e–m*
Gewehr zum ersten Mal schießen ‖ ~ *un piso als*
erster Mieter in e–e Wohnung einziehen ‖ *este*
teatro estrena mucho diese Bühne veranstaltet
viele Uraufführungen ‖ ~ *un traje ein Kleid bzw*
e–n Anzug zum ersten Mal tragen ‖ ~**se** *(ein Amt*
od e–e Arbeit) antreten ‖ *s. (in e–n Beruf)*
einarbeiten ‖ (fam) *dahinter kommen* ‖ *die erste*
Einnahme des Tages haben (Verkäufer) ‖ (Th
Filmw) *debütieren, zum ersten Mal auftreten* ‖ ◇
~ *con una obra maestra s. mit e–m Meisterwerk*
einführen ‖ **-nista** *m/f gewohnheitsmäßige(r)*
Premierenbesucher(in f) n ‖ **-no** *m*
Geburtstagsgeschenk, Angebinde n ‖ *erster*
Gebrauch m, *Einweihung* f ‖ *erster Versuch* m ‖
(Th Filmw) *Erst-, Ur|aufführung, Premiere* f ‖ ~
cinematográfico Erst-, Ur|aufführung f *(e–s*
Films) riguroso ~ *absolute Uraufführung* f ‖ ~
teatral Theaterpremiere f ‖ ¡mal ~! (fam)
schlechter Anfang!
　estre|ñido adj/s (Med) *verstopft, hartleibig* ‖
(fig) *geizig, filzig* ‖ **-ñimiento** *m* (Med)
(Stuhl)Verstopfung, Hartleibigkeit f ‖ **-ñir**
[-i-, perf ~ñó] vt *(ver)stopfen (Speise)* ‖
verstopfend wirken ‖ ~**se** *Verstopfung bekommen*
　estrepada *f* (Mar) *Ruck* m *(am Tau)* ‖
plötzliche Beschleunigung f *e–s Schiffes* ‖ ◇ *halar*
a ~**s** (Mar) *fieren und holen*
　estrépito *m Lärm* m, *Getöse* n ‖ *Gepolter* n ‖
Klirren, Prasseln n ‖ (fig) *Lärm, Spektakel* m ‖ *un*
~ *de mil diablos od demonios ein Höllenlärm,*
ein ohrenbetäubender Lärm m ‖ *ein*
Heidenspektakel n ‖ ◆ *con* ~ *geräuschvoll* ‖ ◇
reír con gran ~ *lachen, dass alles zittert*
　estrepitoso adj *lärmend* ‖ *tosend, rauschend*
　estrepto|coco *m* (Bact) *Streptokokkus* m ‖
-micina *f* (Pharm) *Streptomy|cin, -zin* n
　es|trés *m Stress* m ‖ **-tresado** adj *gestresst* ‖

-tresante adj *(m/f) stressig, Stress bewirkend* ‖
-tresar vt *stressen*
　es|tría *f* (Arch) *(Säulen)Riefe* f ‖ *Striemen,*
Streifen m, *Rippe* f ‖ (Arch) *Hohlkehle, Kannelur,*
Kannelüre f ‖ ~**s** *fpl Züge* mpl *(e–r Feuerwaffe)* ‖
Kannelierung f *(e–r Säule)* ‖ (Med) *Streifen* mpl ‖
(Opt) *streifenförmige Schlieren* fpl ‖ (Geol)
Streifen mpl ‖ ~**s** del embarazo
Schwangerschaftsstreifen mpl ‖ ~**s** sanguíneas
Blutstreifen mpl *im Eiter* ‖ **-triado** adj *gerieft* ‖
gerillt ‖ *kanneliert (Säule)* ‖ *gestreift (Stoff)* ‖
gezogen (Lauf e–r Feuerwaffe) ‖ (Med) *von*
Blutstreifen durchzogen (Eiter) ‖ ~ m
Kannelierung f *(e–r Säule)* ‖ *Kehlung* f ‖ (Mil)
Drall m *(e–s (Gewehr)Laufs)* ‖ **-triar** [pres ~ío]
vt *riffeln, riefe(l)n* (bes. Tech) ‖ (Arch Zim)
kehlen ‖ *kannelieren (Säule)* ‖ (Mil) *ziehen (Lauf*
e–r Feuerwaffe)
　estri|bación, –bazón *f Ausläufer* m *(e–s*
Gebirges) ‖ **-bar** vi *ruhen (auf* dat) (& fig), *s.*
stützen (auf acc) ‖ (fig) *be|ruhen, -stehen, s.*
gründen (en *auf* dat) ‖ ◇ *en ello –ba la dificultad*
darin liegt die Schwierigkeit ‖ ~ vt *ab|fangen,*
-stützen ‖ ~**se** *s. stemmen* ‖ *s. (auf)stützen* ‖ *beim*
Sturz vom Pferd mit dem Fuß im Bügel hängen
bleiben
　estri|billo m (Poet) *Rund-, Schluss-, Kehr|reim,*
Refrain m ‖ (fam) *Lieblingswort* n ‖ *stereotype*
Redensart f ‖ ¡siempre el mismo ~! (fam) *immer*
dieselbe Leier!
　estribo m *(Steig)Bügel* m ‖ *Trittbrett* n *(am*
Wagen) ‖ *Fußraste* f *(am Motorrad)* ‖
Kutschentritt m ‖ *Trittblech* n ‖ (EB) *Trittstufe* f ‖
Fußhaken, Trittbolzen m *(am Fahrrad)* ‖ (EB)
Auftritt m ‖ *Befestigungsklammer* f ‖ (Arch)
Strebepfeiler m ‖ (Zim) *Stützbalken* m ‖
Stützmauer f ‖ *Widerlager* n ‖ (Tech El) *Bügel* m
‖ *Landstoß* m *(e–r Brücke)* ‖ *Ausläufer (e–s*
Gebirges), Vorberg m ‖ (An) *Steigbügel* m *(im*
Ohr) ‖ (fig) *Stütze* f, *Stützpunkt* m ‖ ◇ *estar con*
el pie en el ~ (figf) *im Begriff sein abzureisen* ‖
dem Tode nahe sein ‖ ~**s** mpl: *perder los* ~ (fig)
den Halt verlieren ‖ *die Geduld verlieren* ‖
Unsinn reden, faseln
　estribor m (Mar) *Steuerbord* n, *rechte Seite*
des Schiffes ‖ ¡todo a ~! *hart Steuerbord!*
　estricnina *f* (Chem) *Strychnin* n
　¹**estricote** *m:* al ~ (fam) *durcheinander* ‖
andar al ~ (fam) *s. herumbalgen* ‖ *traer a uno al*
~ (fam) *jdn zum Besten haben*
　²**estricote** *m* Ven *liederliches Leben* n
　estric|tamente adv *genau, streng, unbedingt* ‖
lo ~ *necesario das unbedingt Notwendige* ‖ ◇
obedecer ~ *aufs Wort gehorchen* ‖ **-tez** *f*
Stringenz f ‖ Arg Chi Pe *Genauigkeit,*
Pünktlichkeit f ‖ *Strenge* f ‖ **-to** adj *streng, genau,*
pünktlich ‖ *strikt* ‖ *rigoros*
　estri|dencia *f Schrillheit* f ‖ *Geschwirr* n ‖
schriller Ton m ‖ (fig) *Extrem* n ‖ **-dente** adj
schrill, gellend, durchdringend (Töne usw.) ‖ adv:
~**mente** ‖ **-dor, estrídulo** *m Schrillheit* f,
Geschwirr n ‖ *durchdringender Schrei* m ‖ *Gellen*
n ‖ *Pfeifen* n ‖ (Ins) *Zirpen* n *(Grillen, Zikaden*
usw.) ‖ **-dulación** *f* (Ins) *Stridulation* f, *Zirpen* n ‖
-dular vi *schrill zirpen (Zikaden)*
　es|trige *f* (V) *Eule* f (→ ¹**lechuza**) ‖ **-trígidas**
fpl Eulen fpl (Strigidae)
　estri|lar vi Arg *s. ärgern* ‖ **-lo** *m* Arg *Ärger* m
　estrip|tis *m Striptease* m *(& n)* ‖ **-tisera** *f*
Stripteasetänzerin, Stripperin f
　estro m (poet) *dichterische Begeisterung* f ‖
göttlicher Funke m *(der Dichter und Künstler)* ‖
　estro m (Zool) *Brunst* f, *Östrus* m
　estroboscopio *m* (Phys) *Stroboskop* n
　estrofa *f* (Poet) *(Reim)Strophe* f

estrofan|tina f ⟨Pharm⟩ *Strophanthin* n ‖
–tinismo m ⟨Med⟩ *Strophanthinismus* m ‖ **-to** m
⟨Bot⟩ *Strophanthus* m (Strophantus spp)
estrófico adj *metrisch, Strophen-*
estrógeno m ⟨Physiol⟩ *Östrogen* n
estroma m ⟨An⟩ *Stroma* n
estroncio m **(Sr)** ⟨Chem⟩ *Strontium* n
estropa|jear vi *scheuern, abreiben* ‖ **–jo** m
⟨Bot⟩ *Scheuerkürbis* m ‖ *Scheuer-, Stroh|wisch* m
(aus Spartogras) ‖ *Scheuer-, Wisch|lappen* m ‖
⟨fig⟩ *wertloser Kram* m ‖ ⟨fig⟩ *unbrauchbarer*
Mensch m ‖ ◇ *poner a* alg. *como un* ~ ⟨figf⟩ *jdn*
herunterputzen ‖ *servir de* ~ ⟨figf⟩ *schmählich*
ausgenützt werden ‖ **–joso** adj ⟨figf⟩ *lumpig,*
zerlumpt ‖ *stammelnd, stotternd* ‖ *zäh, fas(e)rig*
(Fleisch usw.)
estro|peado m/adj *Lahme(r), Krüppel* m ‖ ~
de brazo mit verstümmeltem Arm ‖ ~ *de manos y*
pies Krüppel m *ohne Hände und Füße* ‖ **–pear** vt
‖ *beschädigen* ‖ *zerschlagen, verderben,*
entzweimachen, ⟨fam⟩ *kaputtmachen, verhunzen* ‖
ver|derben, ⟨fam⟩ *-pfuschen* ‖ *verletzen* ‖ *lähmen,*
ver|krüppeln, -stümmeln ‖ *vereiteln (Vorhaben)* ‖
◇ ~ *el vestido das Kleid zerreißen* ‖ *el reloj está*
estropeado die Uhr ist entzwei ‖ **~-se** *verderben,*
zunichte werden ‖ ⟨fig⟩ *scheitern* ‖ ⟨fig⟩
arbeitsunfähig werden (z.B. Vieh) ‖ **–picio** m
⟨fam⟩ *geräuschvolles Zerschlagen* n *(von Geschirr*
usw.) ‖ *(Scherben)Geklirr* n ‖ *Lärm, Radau* m ‖
⟨fig⟩ *viel Lärm um nichts,* ⟨fam⟩ *Trara* n ‖ ◇ *hacer*
un ~ ⟨fam⟩ *e–n Mordsskandal machen*
estructu|ra f *Bau* m, *Bauart* f ‖ *Bauwerk* n ‖
Struktur f, *Gefüge* n ‖ ⟨fig⟩ *Gliederung, Struktur* f
‖ ~ *de fondo,* ~ *profunda Tiefenstruktur* f ‖ ~
del suelo Bodenbeschaffenheit f ‖ **–ración** f
Gestaltung f ‖ *Strukturierung* f ‖ **–rado** adj
gestaltet ‖ *gegliedert* ‖ *aufgebaut* ‖ *strukturiert* ‖
–ral adj *(m/f) Gestaltungs-* ‖ *Struktur-* ‖
strukturell ‖ **–ralismo** m ⟨Ling⟩ *Strukturalismus* m
‖ **–ralista** adj *strukturalistisch* ‖ ~ *m/f*
Strukturalist(in f) m ‖ **–rar** vt *bauen* ‖ *gestalten* ‖
strukturieren ‖ ⟨fig⟩ *ausbilden*
estruen|do m *Dröhnen* m, *Getöse* n, *großer*
Lärm m ‖ ⟨fig⟩ *Getümmel* n, *Auflauf* m ‖ ⟨fig⟩
Prunk m, *Pracht* f ‖ ♦ *con* ~ *geräuschvoll,*
lärmend ‖ **–doso** adj *lärmend* ‖ *donnernd* ‖ ⟨fig⟩
prunkvoll, pompös
estru|jado m, **–jadora** f *Saftpresse* f
(Küchengerät) ‖ **–jadura** f, **–jamiento** m
Zerknüllen n ‖ *Auspressen, Quetschen* n ‖ **–jar** vt
aus|drücken, -pressen ‖ *zusammendrücken* ‖
zer|knittern, -knüllen ‖ *zermalmen* ‖ ⟨figf⟩
aus|saugen, -pressen ‖ ⟨fig⟩ *drängen* ‖ *Am*
drücken (Hände) ‖ **~-se** s. *drängen*
(Menschenmenge) ‖ ~ *el cerebro* ⟨fig⟩ s. *den*
Kopf zerbrechen ‖ **–jón** m *Zerdrücken* n ‖
Quetschen, Auspressen n ‖ ⟨Agr⟩ *Tresterkelterung*
f ‖ ◇ *dar un* ~ *a* algo *et. stark auspressen*
estru|ma f ⟨Med⟩ *Kropf* m, *Struma* f ‖
–mectomía f *Strumektomie* f ‖ **–mitis** f *Strumitis,*
Kropfentzündung f ‖ *Thyr(e)oiditis* f
estrum|pido m *Sal Donner* m, *Getöse* n ‖ **–pir**
vi *knallen* ‖ *ein (starkes) Getöse verursachen*
estrutor m *Am* ⟨pop⟩ → **instructor**
es|tuación f ⟨Mar⟩ *Flut* f ‖ **–tuario** m *breite*
Flussmündung f, *Ästuar* m
estu|cado m ⟨Arch⟩ *Stuckieren* n ‖ *Stuckatur* f
‖ **–cador** m *Stuckateur, Stuck|arbeiter, -künstler* m
‖ **–car** [c/qu] vt *mit Stuck bekleiden, stuckieren* ‖
verputzen
estu|char vt *abpacken (z.B. Würfelzucker)* ‖
–che m *Futteral, Gehäuse* n ‖ *Kästchen, Etui* n ‖
Schuber m ‖ ⟨Med⟩ *Besteck* n ‖ ~ *de botánico*
Botanisiertrommel f ‖ ~ *de compases*
Zirkelkasten m ‖ ~ *para lentes Brillenetui* n ‖ ~

de lujo Zierdose f ‖ ~ *de violín Geigenkasten* m ‖
◇ *ser un* ~ ⟨figf⟩ *zu allem zu verwenden sein* ‖
alles wissen, sehr gebildet sein ‖ ⟨fam⟩ *ein Genie,*
ein Tausend|kunstler od *-sa(s)sa sein*
estuco m *(Gips)Stuck* m ‖ *Stuck-, Gips|mörtel*
m ‖ *Stuckbewurf* m ‖ ~ *de yeso Gipsstuck* m ‖ ◇
parecer od *ser un* ~ *k–e Gefühlsregung zeigen*
estudia|damente adv *mit Vorbedacht* ‖
absichtlich ‖ **–do** adj *einstudiert* ‖ *erkünstelt,*
gemacht ‖ *(wohl) durchdacht* ‖ ⟨Com⟩ *kalkuliert* ‖
–dor adj ⟨fam⟩ *eifrig, fleißig*
estudian|tado m *Studenten(schaft* f) mpl ‖ *Chi*
(Mittel)Schule f ‖ **–te** *m/f Student(in* f) m ‖
Studierende(r m) f ‖ ⟨fam⟩ *Schüler(in* f) m ‖
Hochschüler(in f) m ‖ *Hörer(in* f) m *e–r*
Unterrichtsanstalt ‖ ~ *de bachillerato*
Gymnasiast(in f) m ‖ ~ *de filosofía*
Philosophiestudent(in f) m ‖ ~ *de universidad*
Student(in f), *Hochschüler(in* f) m ‖ **–til** adj *(m/f)*
⟨fam⟩ *studentisch, Studenten-* ‖ **–tina** f
Estudiantina, Studenten(musik)kapelle f
(Wohltätigkeitskapelle der span. Studenten) ‖
(span.) musizierende Studentengruppe f *in alter*
Tracht ‖ **–tino** adj ⟨fam⟩ *Studenten-* ‖ ♦ *a la* ~*a*
⟨fam⟩ *nach Studentenart* ‖ **–tón** m ⟨desp⟩ *von*
estudiante ‖ *ewiger Student,* ⟨fam⟩ *(unbegabter)*
Büffler m ‖ **–tuelo** m dim *von* **-te**
estu|diar vt/i *studieren* ‖ *lernen* ‖ *erlernen* ‖
auswendig lernen, einstudieren ‖ *durcharbeiten* ‖
ausdenken, überlegen ‖ *zu erforschen suchen* ‖
untersuchen, ergründen ‖ *durcharbeiten* ‖ *prüfen* ‖
⟨Th⟩ *einstudieren (Rollen)* ‖ ◇ ~ *con aplicación*
fleißig studieren, lernen ‖ ~ *en los Escolapios bei*
den Piaristen studieren ‖ ~ *medicina,* ⟨fam⟩ ~
para médico Medizin studieren ‖ *lo estudiaré ich*
werde darüber nachdenken, ich werde es mir
überlegen
¹estudio m *Studium, Studieren* n ‖ *Studienzeit* f
‖ ⟨fig⟩ *(Lern)Fleiß* m ‖ *Einüben* n ‖ *Ausbildung* f ‖
Untersuchung, Forschung f ‖ *Bericht* m ‖
Abhandlung, Studie f ‖ *Muster(stück)* n ‖ ⟨Mal⟩
Studie, Skizze f, *Entwurf* m ‖ ⟨Mus⟩ *Studie, Etüde*
f, *Übungsstück* n ‖ ⟨fig⟩ *Eifer* m ‖ ⟨fig⟩
Geschraubtheit f ‖ ⟨fig⟩ *Getue* n ‖ ⟨fig⟩ *Künstelei*
f ‖ ~ *de espera* ⟨fam⟩ *Parkstudium* n ‖ ~ *general*
→ ~*s generales* ‖ ~ *de campo Feldstudie* f ‖ ~
del mercado Markt|untersuchung, -forschung f,
Marketing-Research n ‖ ~ *piloto Pilotstudie* f ‖ ~
de posgraduados Graduiertenstudium n ‖ ~
prospectivo prospektive Studie f ‖ ~ *retrospectivo*
retrospektive Studie f ‖ ♦ *con* ~ *absichtlich,*
vorsätzlich ‖ ◇ *consagrarse* od *entregarse al* ~ s.
dem Studium widmen (de gen) ‖ *hacer* ~ *de* a/c
⟨fig⟩ s. *e–r Sache besonders widmen* ‖ *estar a* ~
de a/c s. *e–r Sache befleißigen* ‖ *es de* ~ ⟨fam⟩
das ist bedenklich! ‖ ~*s mpl Kenntnisse* fpl ‖ ~
adicionales Kontaktstudium n ‖ ~ *generales*
Studium generale n ‖ ⟨Hist⟩ *Universität* f ‖ ~
preparatorios Vorstudien fpl ‖ ~ *universitarios*
Universitäts-, Hochschul|studium n ‖ ◇ *dar* ~ *a*
alg. *jdn studieren lassen* ‖ *tener* ~ *ein gebildeter,*
studierter Mann sein
²estudio m *Studierzimmer* n ‖ *Lehranstalt* f ‖
Hörsaal m ‖ *(Foto)Atelier* n ‖ *(Maler)Atelier* n ‖
Werkstatt f *(e–s Malers, Bildhauers usw.)* ‖ ⟨Film⟩
Studio n ‖ *Kanzlei* f, *Büro* n *(e–s Notars usw.)* ‖
Einzimmer|wohnung f, *-appartement, Studio* n ‖ ~
fotográfico Fotoatelier n
estudio|sidad f *Lerneifer, Fleiß* m ‖ **–so** adj
fleißig (studierend) ‖ *wissbegierig* ‖ *eifrig*
estu|fa f *(Zimmer)Ofen* m *Schwitz|kasten* m,
-bad n, *-stube* f ‖ ⟨Med Tech⟩ *Trockenofen,*
Trockner m ‖ *Fußwärmer* m ‖ *Kohlenbecken* n ‖
⟨Agr⟩ *Treib-, Gewächs|haus* n ‖ ~ *de aire caliente*
Trockenkammer m ‖ ~ *de azulejos Kachelofen* m ‖

~ bacteriológica *Brutschrank* m ‖ ~ de baño *Badeofen* m ‖ ~ de cerámica *Kachelofen* m ‖ ~ de cultivo(s) *Brutschrank* m ‖ ~ de desinfección ⟨Med⟩ *Desinfektionsofen, Sterilisationskasten, Sterilisator* m ‖ ~ eléctrica *elektrischer (Zimmer)Ofen* m ‖ ~ de gas *Gasofen* m ‖ ~ de incubación *Brutschrank* m ‖ ~ permanente *Dauerbrandofen* m ‖ ~ de radiación *Heizstrahler* m ‖ ~ seca *Schwitzbad* n ‖ ◇ criar en ~ ⟨Agr⟩ *im Treibhaus (auf)ziehen* ‖ ⟨figf⟩ *ver|wöhnen, -weichlichen* ‖ **–fador** m ⟨Kochk⟩ *Schmortopf* m ‖ **–fero** m → **estufista** ‖ **–filla** f *Kohlenbecken* n ‖ *Fußwärmer* m ‖ *Feuerkieke* f, *kleines Feuerbecken* n ‖ *Muff* m ‖ **–fista** m/f

Ofen|bauer(in f), *-setzer(in* f) m
estul|ticia f *Dummheit, Albernheit* f ‖ **–to** adj *dumm, töricht, albern, einfältig*
estuoso adj *heiß, brennend*
estupe|facción f *Verblüffung* f ‖ *Entsetzen* n, *Bestürzung, Sprachlosigkeit* f ‖ ⟨Med⟩ *Betäubung, Erstarrung* f ‖ **–faciente** adj *(m/f)* ⟨Med⟩ *betäubend* ‖ ~ m *Betäubungsmittel, Rauschgift* n ‖ dado a los ~s *rauschgiftsüchtig* ‖ **–facto** adj *höchst erstaunt, bestürzt, entsetzt* ‖ *betroffen, verblüfft, sprachlos,* ⟨fam⟩ *wie vor den Kopf geschlagen* ‖ ◇ quedar ~ *sprachlos sein* od *werden* (ante, por *über* acc)
estupendo adj *erstaunlich* ‖ *großartig, kolossal, fabelhaft, stupend,* ⟨fam⟩ *toll* ‖ ¡~! (Ausruf!) *prima! Klasse! (klasse!) Spitze!* ‖ adv: ~**amente**
estupidez [pl ~**ces**] f *Dummheit, Albernheit* f ‖ *Blödsinn* m ‖ *Stumpfsinn* m ‖ *Beschränktheit* f
estúpido adj *stumpfsinnig, dumm, albern* ‖ *beschränkt, stupid(e),* ⟨fam⟩ *unterbelichtet* ‖ ~ m *Dummkopf* m
estupor m *Betäubung, Erstarrung* f (& fig) ‖ ⟨Med⟩ *Benommenheit* f, ⟨lat⟩ *Stupor* m ‖ ⟨fig⟩ *maßloses) Erstaunen* n ‖ ⟨fig⟩ *Entsetzen* n
estu|prar vt *schänden, entehren, notzüchtigen* ‖ **–pro** m *Notzucht, Schändung* f ‖ *Verführung* f *(e–r Minderjährigen)* ‖ ⟨Hist⟩ *Geschlechtsverkehr* m *mit Jungfrau* od *Witwe*
estu|que m → **estuco** ‖ **–quería** f *Stuckatur(kunst)* f ‖ **–quista** m/f, **–quero** m *Stuckateur(in* f), *Stuck|arbeiter(in* f), *-künstler(in* f) m
esturdir vt → **aturdir**
esturión m ⟨Fi⟩ *Stör* m *(Acipenser sturio)*
esturrear vt *(das Vieh durch lautes Schreien) scheuchen*
estuve → **estar**
¡estuviste! int Arg *genau! stimmt! erraten!*
ésula f ⟨Bot⟩ → **lecheruela**
esvarar vi *(aus)rutschen*
esvástica f *Swastika* f, *Hakenkreuz* n
esviaje m ⟨Arch⟩ *Abschrägung* f *(e–r Wand)*
eta f griech. η (H), *Eta* n
ETA f *baskische Untergrundbewegung* f *mit separatistischer Zielsetzung* (Euskadi Ta Askatasuna)
etalaje m ⟨Met⟩ *Rast* f
etano m ⟨Chem⟩ *Äthan* n
[1]etapa f *Etappe* f, *Abschnitt* m, *(Reise-, Weg-, Teil)Strecke* f ‖ *Teilflugstrecke* f ‖ ⟨Mil⟩ *Rastort* m ‖ ⟨Mil⟩ *(Verpflegungs)Ration* f ‖ ⟨Mil⟩ *Marschverpflegung* f ‖ ⟨Mil⟩ *Etappe* f ‖ ⟨Mil⟩ *Tagesmarsch* m ‖ ⟨fig⟩ *Zeitraum* m, *Epoche* f ‖ ⟨fig⟩ *Phase, Stufe, Etappe* f ‖ ~ de montaña od en escalada ⟨Sp⟩ *Bergetappe* f ‖ ◆ por ~s *tappenweise* ‖ *nach und nach* ‖ ◇ *Etappen überspringen,* quemar ~s *jeden Aufenthalt vermeiden*
[2]etapa f *Stufe* f ‖ ⟨Raumf⟩ *Raketenstufe* f ‖ ◆ de varias ~s *mehrstufig*

etarra m *Mitglied* n *der ETA*
etc. ⟨Abk⟩ = **etcétera**
etcétera adv ⟨lat⟩ *und so weiter (usw.)*
[1]éter m ⟨Chem⟩ *Äther* m ‖ ~ metílico ⟨Chem⟩ *Methyläther* m ‖ ~ sulfúrico *Schwefeläther (Diäthyläther)* m
[2]éter m *(Welt)Äther* m ‖ *Himmelsraum* m
etéreo adj *ätherisch, Äther-* ⟨poet⟩ *himmlisch, ätherisch, Äther-*
eterifi|cación f ⟨Chem⟩ *Ätherbildung* f ‖ **–car** [c/qu] vt *veräthern, ätherifizieren*
eteri|zación f ⟨Med⟩ *Äthernarkose* f ‖ **–zar** [z/c] vt ⟨Med⟩ *mit Äther betäuben* ‖ ⟨Chem⟩ *veräthern, mit Äther verbinden* bzw *versetzen, ätherisieren*
eter|nal adj *(m/f)* ⟨poet⟩ → **eterno** ‖ **–nidad** f *Ewigkeit* f ‖ *Unsterblichkeit* f ‖ *Unvergänglichkeit* f ‖ *ewige Dauer* f ‖ ⟨fig⟩ *sehr lange Zeit* f ‖ ◇ hace ~es que ... ⟨figf⟩ *es ist schon e–e Ewigkeit her, dass ...* ‖ **–nización** f *Verewigung* f ‖ **–nizar** [z/c] vt *verewigen* ‖ ⟨fig⟩ *endlos hinziehen, in die Länge ziehen* ‖ ~**se** [z/c] s. *verewigen, e–e Ewigkeit dauern* ‖ ⟨fig⟩ *e–e Ewigkeit brauchen* ‖ s. (irgendwo) *ewig aufhalten* ‖ ⟨figf⟩ *ewig sitzen bleiben* (con, en casa de alg. *bei jdm*) ‖ **–no** adj *ewig, immerwährend, unvergänglich* ‖ *unsterblich* ‖ ⟨fig⟩ *unendlich, endlos* ‖ la eterna canción ⟨figf⟩ *die alte Leier* f ‖ adv:~**amente**
etero → **hetero-**
etesio adj: vientos ~s ⟨Meteor⟩ *Etesien* pl
ética f *Ethik, Sittenlehre* f ‖ *Ethos* n ‖ ~ de los negocios *Geschäftsmoral* f ‖ ~ profesional *Berufsethos* n ‖ ~ sexual *Sexualethik* f
[1]ético adj *sittlich, ethisch, Sitten-* ‖ ~ m *Morallehrer, Ethiker* m
[2]ético adj → **hético**
eti|leno m ⟨Chem⟩ *Äthylen* n ‖ **–lo** m ⟨Chem⟩ *Äthyl* n
étimo m ⟨Gr⟩ *Etymon* n
etimo|logía f ⟨Gr⟩ *Etymologie* f ‖ **–lógico** ⟨Gr⟩ adj *etymologisch* ‖ **–logista** m/f, **etimólogo** m *Etymolo|ge* m, *-gin* f
etio|logía f ⟨Philos⟩ *Ätiologie, Ursachenlehre* f ‖ ⟨Med⟩ *Ätiologie, Lehre* f *von den Krankheitsursachen* ‖ ⟨Med⟩ *Krankheitsursache* f ‖ **–lógico** adj *ätiologisch, ursächlich, begründend*
etiope, etíope adj *äthiopisch* ‖ ~ m *Äthiopier* m
Etiopía f ⟨Geogr⟩ *Äthiopien* n
etiópico adj *äthiopisch*
etiopio adj/s → **etiope**
[1]etiqueta f *Hofsitte, Etikette* f ‖ *strenge gesellschaftliche Umgangsformen* fpl, *Förmlichkeit* f ‖ ~ de Palacio *Hofetikette* f ‖ ◆ de rigurosa ~ *in großer Gala* ‖ *im Abendanzug* ‖ ◇ estar de ~ *einander entfremdet sein (frühere Freunde)* ‖ *(nur noch) förmlich miteinander verkehren*
[2]etiqueta f *Etikett* n (& Inform), Öst Schw *Etikette* f ‖ *(Kleb)Zettel* m ‖ *Klebeadresse* f ‖ *Preisschild* n ‖ ~ autoadhesiva, ~ autopegante *Selbstklebe-Etikett* n ‖ ~ colgante *Anhänger* m ‖ colgarle a u. dos ~s *jdn in zwei Schubläden stecken* ‖ ~ de disquete ⟨Inform⟩ *Diskettenaufkleber* m ‖ ◇ poner ~s a algo *et. etikettieren* (acc), *Preisschilder anbringen (an* acc) ‖ *auszeichnen (Ware)*
etique|tado m *Etikettieren* n ‖ *Auszeichnen* n *(der Waren)* ‖ **–tadora** f *Etikettier-, Auszeichnungs-, Banderolier|maschine* f ‖ **–tar** vt *etikettieren*
etiquetero adj *sehr förmlich, sehr auf die Etikette achtend*
etivocarse vr → **equivocarse**
etmoides m ⟨An⟩ *Siebbein* n

Etna *m* [Vulkan]: el ~ *der Ätna*
etnia *f* ⟨Geogr⟩ *Volkstum* n ‖ *Sprach- und Kultur|gemeinschaft, Ethnie* f
étnico adj *ethnisch* ‖ *völkisch* ‖ *volklich* ‖ *Volks-* ‖ *Völker-* ‖ *heidnisch (in der Bibel)*
etno|grafía *f Völkerkunde, Ethnografie* f ‖ **–gráfico** adj *ethnografisch*
etnógrafo *m Ethnograf* m
etno|lingüística *f Ethnolinguistik* f ‖ **–logía** *f Ethnologie* f, *allgemeine Völkerkunde* f ‖ **–lógico** adj *ethnologisch, völkerkundlich*
etnólogo *m Ethnologe, Völkerkundler* m
etno|medicina *f Ethnomedizin* f ‖ **–(p)sicología** *f Ethnopsychologie* f ‖ **–centrismo** *m Ethnozentrismus* m ‖ **–cidio** *m Ethnozid* m (& n)
Etolia *f* ⟨Geogr⟩ *Ätolien* n
e|tología *f Ethologie, Verhaltenslehre* f ‖ *Verhaltensforschung* f (bes. *der Tiere*) ‖ **–tológico** adj *die Ethologie betreffend, ethologisch* ‖ **–tólogo** *m Ethologe, Verhaltensforscher* m
Etruria *f* ⟨Geogr Hist⟩ *Etrurien* n
etrus|co adj ⟨Hist⟩ *etruskisch* ‖ ~ *m Etrusker* m ‖ el ~ *die etruskische Sprache, das Etruskische* ‖ **–cología** *f Etruskologie* f ‖ **–cólogo** *m Etruskologe* m
ETS ⟨Abk⟩ = **enfermedades** de transmisión sexual
etusa *f* ⟨Bot⟩ *Wasserschierling* m (Cicuta virosa)
Eu ⟨Abk⟩ = **europio**
E.U.(A.) *od* **EE.UU.** ⟨Abk⟩ = **Estados Unidos (de América)**
Eubea *f* ⟨Geogr⟩ *(die Insel) Euböa*
eubiótica *f Eubiotik, Gesundheitslehre* f
eucalipto *m* ⟨Bot⟩ *Eukalyptus* m (Eucalyptus globulus)
eucariontes *mpl* ⟨Biol⟩ *Eukaryo(n)ten* mpl
euca|ristía *f* ⟨Rel⟩ *Eucharistie* f ‖ *Abendmahlsfeier* f, *heiliges Abendmahl* n ‖ **–rístico** adj *eucharistisch, Abendmahls-*
euclidiano adj *auf Euklides (Euclides) bezüglich, euklidisch*
eucologio *m Kirchenagende* f ‖ *Gottesdienstordnung* f ‖ ~ *Euchologion* n
eucrasia *f* ⟨Med⟩ *Eukrasie* f
eudemonismo *m* ⟨Philos⟩ *Eudämonie* f
eudiómetro *m* ⟨Chem⟩ *Eudiometer* m
eufe|mismo *m Euphemismus, mildernder Ausdruck* m ‖ ◇ *no andarse con* ~s ⟨fam⟩ *kein Blatt vor den Mund nehmen* ‖ **–místico** adj *euphemistisch*
eu|fonía *f Euphonie* f, *Wohl|klang, -laut* m ‖ **–fónico** adj *euphonisch, wohl|klingend, -lautend*
eufor|biáceas *fpl* ⟨Bot⟩ *Wolfsmilchgewächse* npl (Euphorbiaceae) ‖ **–bio** *m Wolfsmilch, Euphorbie* f (Euphorbia spp)
eu|foria *f* ⟨Med⟩ *Euphorie* f (& fig) ‖ *(subjektives) Wohlbefinden* n ‖ **–fórico** adj *euphorisch* ‖ ⟨fig⟩ *beschwingt*
Eufrates *m* [Fluss]: el ~ *der Euphrat*
eufuismo *m* ⟨Lit⟩ *Euphuismus* m *(urspr. in England, nach dem Roman „Euphues" von J. Lyly)*
euge|nesia *f Eugenik, Erbgesundheitslehre* f ‖ *Rassenhygiene* f ‖ **–nético** adj *eugen(et)isch*
Eugenia *f* np *Eugenie* f
eugénica, eugenia *f* → **eugenesia**
Eugenio *m* np *Eugen* m
Eulalia *f* np *Eula|lia, -lie* f
eulitina *f* ⟨Min⟩ *Eulytin* m
Eulogia *f* np *Eulogia* f
Eumenide *f* ⟨Myth⟩ *Eumenide* f
eu|nuco *m Eunuch, Verschnittene(r)* m ‖ **–nucoidismo** *m* ⟨Med⟩ *Eunuchismus* m
E.u O.E. ⟨Abk⟩ = **error u omisión exceptuados**

eupelágico adj ⟨Mar⟩ *eupelagisch*
eu|pepsia *f* ⟨Med⟩ *Eupepsie* f ‖ **–péptico** *eupeptisch* ‖ ~ *m Digestivum* n
¡eura! Am *auf! marsch!*
Eur|áfrica *f* ⟨Geogr⟩ *Eurafrika* n ‖ **–asia** *f* ⟨Geogr⟩ *Eurasien* n ‖ **≠asiático** adj *eurasiatisch* ‖ ~ *m Eurasier* m
¡eureka! ⟨fam⟩ *heureka! gefunden! endlich!*
Eurídice *f* ⟨Myth⟩ *Eurydike* f
Eurípides *m* np *Euripides* m
eu|ritmia *f Eurhythmie* f ‖ *Ebenmaß* n, *Harmonie* f ‖ ⟨Med⟩ *Gleichmäßigkeit* f *des Pulses* ‖ ⟨fig⟩ *(innere) Ausgeglichenheit* f ‖ **–rítmico** adj *eurhythmisch* ‖ *ebenmäßig* ‖ *harmonisch* ‖ *ausgeglichen*
¹euro *m* [Währung] *Euro* m
²euro *m* ⟨poet⟩ *Ostwind* m
euro|céntrico adj *eurozentrisch* ‖ **–centrismo** *m Eurozentrismus* m ‖ **–cheque** *m Euroscheck* m
Eurocity *m* ⟨EB⟩ *Eurocity* m ‖ **–comisario** *m Eurokommissar* m
eurocomu|nismo *m* ⟨Pol⟩ *Eurokommunismus* m ‖ **–nista** adj *(m/f) eurokommunistisch* ‖ ~ *m/f Eurokommunist(in* f) m
eurócrata *m/f Eurokrat* m
euro|diputado *m* ⟨Pol⟩ *Europaabgeordnete(r)* m ‖ **–dólar** *m Eurodollar* m ‖ **–elección** *f Europawahl* f ‖ **–escéptico** *m Euroskeptiker* m ‖ **–mercado** *m Euromarkt* m
Europa *f* ⟨Geogr⟩ *Europa* n ‖ (la) ~ *del Sur*, (la) ~ *Central Süd-, Mittel|europa* n
euro|peísmo *m Europagedanke* m ‖ *Europabewegung* f ‖ **–peísta** adj *(m/f) auf den Europagedanken bzw die Europabewegung bezüglich* ‖ ~ *m/f Anhänger(in* f) m *des Europagedankens bzw der Europabewegung* ‖ **–peización** *f Europäisierung* f ‖ **–peizar** [z/c] vt *europäisieren* ‖ ~**se** *europäische Sitten annehmen* ‖ *die europäischen Normen bzw Vorstellungen übernehmen* ‖ **–peo** adj *europäisch* ‖ ~ *m Europäer* m
europida adj *(m/f)* ⟨Anthrop⟩ *europid* ‖ ~ *m/f Europide* m
europio *m* (Eu) ⟨Chem⟩ *Europium* n
Europol *f Europol* f
eurovisión *f Eurovision* f
eurritmia *f* → **euritmia**
euscal|dún, –duna adj *baskisch* ‖ ~ *m die baskische Sprache* f ‖ **–no** *m Baskischsprechende(r)* m
éuscaro, éusquero, eusquero, eusquera adj *baskisch* ‖ ~ *m*: el ~ *die baskische Sprache, das Baskische*
Eusebio *m* np *Eusebius* m
euskera batua *m e–e aus mehreren dialektalen Varianten zusammengesetzte baskische Kunstsprache*
Eustaquio *m* np *Eustach(ius)* m
Eustasio *m* np *Eustasius* m
eutanasia *f* ⟨Med⟩ *Euthanasie* f ‖ *Gnadentod* m
eutéctico adj ⟨Phys Met⟩ *eutektisch*
Euterpe *f* np ⟨Myth⟩ *Euterpe* f *(Muse)*
eutonía *f* ⟨Med⟩ *Eutonie* f
eutrapelia *f Selbstbeherrschung, Mäßigung* f ‖ *harmloser Spaß* m ‖ *Schlagfertigkeit* f
eutro|fia *f Eutrophie* f ‖ **–fo** adj *eutroph*
eva *f* [in der Drogenszene] *Designerdroge* f
Eva *f* np *Eva* f
eva|cuación *f Ent-, Aus|leerung* f ‖ *Ausräumung* f ‖ ⟨Mil Jur⟩ *Räumung, Evakuierung* f (& allg) ‖ ⟨Tech⟩ *Beseitigung* f ‖ *Abführung* f, *Ab|lass, -lauf, -fluss* m ‖ ~ *forzosa Zwangsräumung* f ‖ ~ *intestinal*, ~ *de vientre Darmentleerung* f, *Stuhlgang* m ‖ ~ *de residuos*

Abfall\beseitigung, -entsorgung f ‖ **–cuaciones** *fpl* ⟨Med⟩ *Ent-, Aus\leerungen* fpl ‖ *~ alvinas Stuhlentleerung* f ‖ **–cuador** *m Räumer, Entleerer* m ‖ *~ de estiércol* ⟨Agr⟩ *Stalldungräumer* m ‖ **–cuar** [pres *~úo*] vt *(aus)leeren* ‖ *räumen, evakuieren* ‖ *abtransportieren* ‖ *verlagern* ‖ ⟨Tech⟩ *ablassen* ‖ *abführen* ‖ *erledigen (Formalitäten, Geschäft)* ‖ *abhalten (Besprechung)* ‖ *schwächen, entnerven* ‖ ◇ *~ un asunto ein Geschäft erledigen* ‖ **–cuativo, –cuante** *m*/adj ⟨Med⟩ *Abführmittel* n ‖ **–cuatorio** *m*/adj → **–cuativo** ‖ *öffentliche Bedürfnisanstalt* f

evadir vt/i *vermeiden* ‖ *ent\rinnen, -gehen (e–r Gefahr)* ‖ *umgehen, entgehen, ausweichen, s. entziehen* (dat) ‖ ⟨fig⟩ *ausweichend antworten* (& vr) ‖ *~se (ent)fliehen* ‖ *entkommen* ‖ *ausbrechen (aus dem Gefängnis)* ‖ (fam) *s. drücken (um et. acc)*

evaginación *f* ⟨Med⟩ *Evagination* f

eva\luación *f (Ab)Schätzung, Bewertung* f ‖ *Wert\bestimmung, -schätzung* f ‖ *Auswertung* f ‖ *~ unitaria Einheitsbewertung* f ‖ **–luar** [pres *~úo*] vt *(ab)schätzen* ‖ *bewerten* ‖ *auswerten* ‖ *veranlagen, taxieren*

evanes\cencia f *Flüchtigkeit* f ‖ **–cente** adj *(m/f) flüchtig, schnell verschwindend* ‖ *nicht greifbar* ‖ **–cer** [-zc-] vt *zerstreuen, auflösen* ‖ *zum Verschwinden bringen*

evan\geliario *m Evangelienbuch* f, *Evangeliar(ium)* n ‖ **–gélico** adj ⟨allg⟩ *evangelisch* ‖ *fromm, gottesfürchtig* ‖ ⟨Rel⟩ *protestantisch, evangelisch* ‖ *~ m Protestant* m ‖ adv: *~amente* ‖ **–gelio** *m Evangelium* n ‖ *Evangelienbuch* n ‖ ⟨fig⟩ *Christentum* n ‖ *~ según S. Mateo Mattäusevangelium* n ‖ *los ~s sinópticos die synoptischen Evangelien, die Evangelien* npl *der Synoptiker* ‖ ◇ *dice od habla como el ~* ⟨fig⟩ *er spricht die reine Wahrheit* ‖ *esto (que te digo) es el ~ was ich dir sage, ist die lautere Wahrheit* ‖ **–gelista** *m*/f *Evangelist* m ‖ *Evangeliensänger(in* f) m ‖ *Mex öffentliche(r) Briefschreiber(in* f) m ‖ **–gelización** *f Verkündung* f *des Evangeliums* ‖ *Evangeli\sation, -sierung* f ‖ ⟨fig⟩ *Bekehrung* f (bes. *zum Christentum*) ‖ **–gelizar** [z/c] vt/i *(das Evangelium) predigen, verkünden* ‖ *(zum Christentum) bekehren* ‖ ⟨fig⟩ *bekehren* ‖ ⟨fig⟩ *erbauen (geistig)* ‖ ⟨fig⟩ *gute Nachrichten bringen*

Evang.º, Evang.ᵗᵃ ⟨Abk⟩ = **evangelio, evangelista**

evapo\ración *f* ⟨Chem Phys⟩ *Ver\dunstung* f, *-dampfen* n ‖ *Verflüchtigung* f ‖ **–rador** *m* ⟨Tech⟩ *Verdampfer, Evaporator* m ‖ **–rar** vt *ver\fliegen, -rauchen lassen* ‖ *verdunsten lassen* ‖ *eindampfen* ‖ *~se ver\dunsten, -dampfen* (& vi) ‖ ⟨fig⟩ *ver\fliegen, -schwinden* ‖ ⟨figf⟩ *verduften, s. drücken,* ⟨fam⟩ *s. aus dem Staub(e) machen* ‖ **–ratorio** *m*/adj *Abrauchschale* f ‖ **–rímetro** *m Verdampfungsmesser* m ‖ *Verdampfer, Verdunstungsapparat* m ‖ **–rizar** [z/c] vt → **vaporizar**

eva\sión *f Flucht* f ‖ *Entwischen* n ‖ *Ausbruch* m ‖ *Aus\flucht, -rede* f ‖ ⟨fig⟩ *Ablenkung, Zerstreuung* f ‖ *Am Erledigung* f *(e–s Geschäftes)* ‖ *~ de capitales Kapitalflucht* f ‖ *~ fiscal Steuerflucht* f ‖ *Steuerverkürzung* f ‖ *~ de la realidad* ⟨fig⟩ *Flucht* f *aus der Wirklichkeit, Eskapismus* m ‖ **–sionismo** *m Eskapismus* m ‖ *Flucht* f *vor der Wirklichkeit* ‖ **–siva** *f Aus\flucht, -rede* f ‖ *ausweichende Antwort* f ‖ **–sivo** adj *ausweichend (Antwort)* ‖ *ablenkend* ‖ **–sor** *m Ausbrecher* m ‖ *Steuerhinterzieher* m

evección *f* ⟨Astr⟩ *Evektion* f

Evelina *f* np *Eveline* f

evento *m Ereignis* n, *Begebenheit* f ‖ ◆ *a todo ~ auf jeden Fall* ‖ *jedenfalls*

---

eventración *f* ⟨Med⟩ *Eventration* f ‖ *Vorfall* m *von Baucheingeweiden*

even\tual adj *(m/f) etwaig, zufällig, möglich, eventuell* ‖ ⟨Jur⟩ *bedingt (Vorsatz)* ‖ ⟨Jur⟩ *Eventual-* ‖ ⟨Wir⟩ *Neben-* ‖ ◆ *en caso ~ gegebenenfalls* ‖ **–tualidad** *f Eventualität, Möglichkeit* f ‖ *möglicher Fall* m ‖ ◇ *proveer una ~ e–r Möglichkeit* (dat) *begegnen* ‖ **–tualmente** adv *möglicherweise, möglichenfalls, unter Umständen, eventuell, gegebenenfalls*

Everardo *m* np *Eberhard* m

eversión *f* ⟨Med⟩ *Eversion, Ausstülpung* f

evicción *f* ⟨Jur⟩ *Besitzentziehung, Eviktion* f

evi\dencia *f Offenkundigkeit, Augenscheinlichkeit, Evidenz* f ‖ ⟨Philos⟩ *Evidenz* f ‖ ◇ *poner en ~* ⟨fig⟩ *ans Licht bringen* ‖ *klar beweisen, darlegen* ‖ *blamieren, bloßstellen* (a alg. *jdn*) ‖ *quedar en ~ s. bloßstellen* ‖ *unangenehm auffallen* ‖ *rendirse a la ~ s. (durch Tatsachen) überzeugen lassen, s. den Tatsachen beugen* ‖ **–denciar** vt *einleuchtend beweisen* ‖ *an den Tag legen* ‖ **–dente** adj *(m/f) augenscheinlich, handgreiflich, offenbar, klar, evident* ‖ *es (cosa) ~ que … es liegt auf der Hand, dass …* ‖ ◇ *ser ~ ersichtlich sein* ‖ adv: *~mente: offensichtlich natürlich, selbstverständlich*

evisce\ración *f* ⟨Med⟩ *Eviszeration* f ‖ *Ausnehmen* n *(von Geflügel)* ‖ **–rar** vt *ausnehmen (Geflügel)*

evi\table adj *(m/f) vermeid\bar, -lich* ‖ *abwendbar* ‖ **–tación** *f Vermeidung, Vorbeugung* f ‖ *Abwendung, Verhütung* f ‖ ◆ *en ~ de od para –tar errores zur Vermeidung von Irrtümern, um Irrtümern vorzubeugen* ‖ *en ~ de od para –tar mayores males um Schlimmeres abzuwenden od zu verhüten* ‖ **–tar** vt *(ver)meiden* ‖ *verhindern, abwenden* ‖ *vorbeugen* (dat) ‖ *ausweichen, meiden, fliehen, aus dem Weg(e) gehen* ‖ *(jdm et.) ersparen* ‖ ◇ *~ un error e–m Irrtum vorbeugen* ‖ *~ gastos Kosten vermeiden* ‖ *~ molestia a alg. jdm die Mühe (er)sparen* ‖ *~ un retraso e–e Verzögerung vermeiden*

eviterno adj *ewig, immer während (aber mit e–m Anfang in der Zeit: z.B. die Engel)*

evo *m unabsehbare Zeit* f ‖ *Ewigkeit* f ‖ ⟨poet⟩ *Äon* m

evo\cación *f Anrufung* f ‖ *Hervorrufen* n ‖ *Geisterbeschwörung* f ‖ *Zurückdenken* n (de *an* acc) ‖ *Erinnerung* f (de *an* acc) ‖ *Zurückrufen* n *(in die Erinnerung)* ‖ *~ del pasado Erinnerung* f *an die Vergangenheit* ‖ **–cador** adj *an-, hervor\rufend, Erinnerungen heraufbeschwörend* ‖ ⟨fig⟩ *historisch, von historischer Bedeutung* ‖ ⟨fig⟩ *merkwürdig* ‖ *~ de erinnernd an* (acc) ‖ **–car** [c/qu] vt *anrufen, zu Hilfe rufen* ‖ *hervorrufen* ‖ *(Geister) beschwören* ‖ *(Tote) anrufen* ‖ ⟨fig⟩ *ins Gedächtnis rufen, erinnern, evozieren, wachrufen* ‖ ◇ *~ a Dios Gott anrufen* ‖ *~ el pasado die Vergangenheit wieder aufleben lassen od heraufbeschwören*

¹evolución *f Entwicklung* f ‖ *Entwicklungsgang* m ‖ *Verlauf* m (& Med) ‖ ⟨fig⟩ *Wandel* m ‖ *(Körper)Wendung* f ‖ *Umschwung* m ‖ *Bewegung, Schwenkung* f ‖ ⟨Biol⟩ *Evolution* f

²evolu\ción *f* ⟨Mil⟩ *Aufmarsch* m ‖ **–ciones** *fpl* ⟨Mil Mar⟩ *Schwenkungen* fpl, *Manöver* npl ‖ *Figuren, Bewegungen* fpl *(beim Tanzen)* ‖ ◇ *hacer ~* ⟨Mar Flugw⟩ *Schwenkungen ausführen, manövrieren*

¹evolucionar vi *s. fort-, weiter\entwickeln* ‖ *s. allmählich ändern* ‖ ⟨fig⟩ *s. entwickeln* ‖ *vorwärts kommen* ‖ *mit der Zeit gehen* ‖ *s–e Gesinnung wechseln*

²evolucionar vi ⟨Mil Mar⟩ *Schwenkungen machen, manövrieren* ‖ ⟨Flugw⟩ *manövrieren*

evolu|cionismo *m* ⟨Biol⟩ *Entwicklungslehre* f ‖ *Evolutionstheorie* f ‖ ⟨Philos⟩ *Evolutionismus* m ‖ **–cionista** adj *(m/f) Evolutions-, Entwicklungs-* ‖ ~ *m/f Evolutionist(in* f), *Anhänger(in* f) m *der Evolutionstheorie bzw des Evolutionismus* ‖ **–tivo** adj: grado ~ *Entwicklungsstufe* f
evoluta *f* ⟨Math⟩ *Evolute* f
evolutivo adj *Evolutions-, Entwicklungs-*
evolvente *f* ⟨Math⟩ *Evolvente* f
evónimo *m* ⟨Bot⟩ *Spindel|baum, -strauch* m, *Pfaffenhütchen* n (Euonymus spp)
evorsión *f* ⟨Geol⟩ *Evorsion* f
¹ex prep ⟨lat⟩: ~ abrupto *plötzlich, ohne Vorbereitung* ‖ (fig) *unbesonnen, übereilt* ‖ *willkürlich* ‖ un ex abrupto *m e–e barsche Äußerung* f ‖ ◇ respondió con un ~ *er gab e–e scharfe Antwort*
²ex *vor e–m Hauptwort: ehemalig, gewesen* ‖ ~ catedrático *ehemaliger (ehem.) Professor* m ‖ ~ discípulo *ehemaliger Schüler, Absolvent* m ‖ ~ ministro *gewesener Minister, Exminister* m
³ex ⟨lat⟩: *stammend aus:* ~ fábrica *ab Werk*
⁴ex- *oft inc für* **es-**
exa- → *auch* **hexa-**
exacción *f Erpressung* f ‖ *Abgabe* f ‖ *Steuer(erhebung)* f ‖ *Erhebung, Einforderung* f ‖ *Eintreibung* f ‖ ~ ilegal *Gebühren|übererhebung, -schneiderei* f
exacer|bación *f Verschlimmerung* f ‖ *Reizung* f ‖ **–bar** vt *reizen* ‖ *verschlimmern* (& Med) ‖ *(v)erbittern* ‖ **~se** *s. verschlimmern, bösartiger werden (Krankheit)* ‖ (fig) *in heftigen Zorn geraten*
exac|titud *f Genauigkeit, Pünktlichkeit* f ‖ *Richtigkeit* f ‖ *Wahrheitsliebe* f ‖ *Richtigbefund* m *(e–r Rechnung)* ‖ ◇ comprobar la ~ *die Richtigkeit feststellen* ‖ **–to** adj *genau* ‖ *richtig, pünktlich* ‖ *zuverlässig* ‖ *exakt* ‖ *ganz, vollständig* ‖ ¡~! *richtig! so ist es!* ‖ ◇ dar informes ~s *genaue Auskunft erteilen* ‖ no está ~ *das stimmt nicht* ‖ adv: **~amente** *genau* ‖ *richtig*
exactor *m Steuereintreiber* m
ex aequo ⟨lat⟩ *ex aequo, gleichermaßen*
exage|ración *f Übertreibung* f ‖ *übermäßige Lobeserhebung* f ‖ *Überspanntheit* f ‖ **–rado** adj *über|trieben, -spannt* ‖ *überhöht (Preis)* ‖ *zu hoch gegriffen* ‖ *zu stark betont* ‖ *gezwungen (Lachen)* ‖ ◇ considerar ~ *für übertrieben halten* ‖ ¡no seas tan ~! *übertreibe (doch) nicht so!* ‖ **–rador** *m Aufschneider* m ‖ **–rar** vt/i *übertreiben* ‖ *zu hoch anschlagen, überschätzen* ‖ *das Maß überschreiten* ‖ *zu weit gehen, s. zuviel erlauben* ‖ **–rativo** adj *übertreibend*
exal|tación *f Er|höhung, -hebung, Verherrlichung, Lobpreisung* f ‖ *Begeisterung, Schwärmerei* f ‖ *Erregung, Leidenschaftlichkeit, Überschwänglichkeit* f ‖ *Überspanntheit* f ‖ *Exaltation* f ⟨Psychol⟩ *Steigerung* f ‖ ⟨Med⟩ *Erregung, Exaltiertheit* f ‖ ~ al trono *Thronerhebung* f ‖ ~ de la Santa Cruz ⟨Kath⟩ *Fest* n *der Kreuzeserhöhung (14. Sept.)* ‖ **–tado** adj *überspannt* ‖ *überschwänglich* ‖ *exaltiert* ‖ *schwärmerisch* ‖ ⟨Pol⟩ *radikal (Partei)* ‖ **–tar** vt *er|höhen, -heben (zu Würden)* ‖ (fig) *erheben, lobpreisen, verherrlichen, rühmen* ‖ (fig) *erhitzen, begeistern* ‖ (fig) *auf|regen, -reizen* ‖ (fig) *erhöhen (Eifer)* ‖ ⟨fig⟩ *verstärken (Gefühl)* ‖ ⟨Psychol⟩ *steigern* ‖ **~se** *s. überheben* ‖ *s. steigern, s. erhitzen* ‖ *in Schwärmerei geraten* ‖ *in Begeisterung geraten* ‖ *s. hinreißen lassen (con von)* ‖ ◇ se me –ta la bilis (figf) *die Galle läuft mir über*
examen [*pl* **exámenes**] *m Prüfung, Untersuchung* f ‖ *Examen* n, *Schulprüfung* f ‖

⟨Med⟩ *Untersuchung* f ‖ *(Nach-, Über)Prüfung* f ‖ *Erforschung* f ‖ *Erwägung* f ‖ *Probe* f ‖ *Über|holung, -prüfung, Instandsetzung* f *(Maschine)* ‖ ~ de admisión *Aufnahmeprüfung* f ‖ ~ anual *Jahresprüfung* f ‖ ~ de conciencia *Gewissens-, Selbst|prüfung* f ‖ ⟨Rel⟩ *Gewissenserforschung* f ‖ ~ de conductor ⟨StV⟩ *Fahrprüfung* f ‖ ~ de una cuenta *Prüfung* f *e–r Rechnung* ‖ ~ de doctor(ado) *Doktorprüfung* f ‖ ~ (por) escrito *schriftliche Prüfung* f ‖ ~ de estado *staatliche Prüfung* f ‖ Am *Staatsexamen* n ‖ ~ final, ~ de fin de curso *Jahresprüfung* f ‖ ~ de ingreso *Aufnahmeprüfung* f ‖ ~ intermedio *Zwischenprüfung* f ‖ libre ~ ⟨Rel⟩ *freie Forschung* f ‖ *Gewissensfreiheit* f ‖ ~ médico *ärztliche Untersuchung* f ‖ ~ minucioso *eingehende Untersuchung* f ‖ ~ por oposición *öffentlicher Wettbewerb* m *(Prüfung)* ‖ ~ oral *mündliche Prüfung* f ‖ ~ pericial *Untersuchung durch Sachverständige, Begutachtung* f ‖ ~ preventivo (Med) *Vorsorgeuntersuchung* f ‖ ~ radiológico, ~ por rayos X *Röntgenuntersuchung, Durchleuchtung* f ‖ ~ de reválida *Zulassungsprüfung* f (z. B. *für im Ausland approbierte Ärzte*) ‖ ~ riguroso *strenge Prüfung* f ‖ *Rigorosum* n, *Doktorprüfung* f ‖ ~ semestral *Semesterprüfung* f ‖ ~ de testigos ⟨Jur⟩ *Zeugenverhör* n ‖ ~ verbal *mündliche Prüfung* f ‖ ♦ tras detenido ~ *bei näherer Prüfung* ‖ *nach eingehender Überlegung* ‖ ◇ hacer ~ de algo *et. untersuchen* ‖ quedar suspendido en un ~ *e–e Prüfung nicht bestehen, bei e–r Prüfung durchfallen* ‖ salir bien de un ~ *ein Examen bestehen* ‖ someter a un ~ *prüfen, e–r Prüfung unterziehen* ‖ someterse *od* sufrir *od* verificar un ~ *s. e–r Prüfung (dat) unterziehen*
exami|nador adj *prüfend, untersuchend, Prüfungs-, Untersuchungs-* ‖ ~ *m Examinator, Prüf(end)er* m ‖ **–nando** *m Prüfling, (Prüfungs)Kandidat* m ‖ **–nar** vt/i *prüfen, untersuchen* ‖ *prüfen (bei Schulprüfungen)* ‖ *aufmerksam betrachten, ansehen* ‖ [in allen Einzelheiten] *analizar* ‖ *amtlich untersuchen, zensieren (Buch)* ‖ *(nach-, über)prüfen* ‖ *durch|gehen, -sehen, -sichten* ‖ *durchsuchen (Haus)* ‖ *erwägen, examinieren* ‖ *beobachten, genau ansehen* ‖ *erforschen (Gewissen)* ‖ ⟨Med⟩ *untersuchen* ‖ *kontrollieren* ‖ ⟨Jur⟩ *verhören, befragen* ‖ *Einsicht nehmen in* (acc), *einsehen (Urkunden, Akten)* ‖ ♦ al ~ nuestros libros ⟨Com⟩ *bei Durchsicht unserer Bücher* ‖ para ~ ⟨Com⟩ *zur Ansicht* ‖ ~ de cerca *eingehend prüfen* ‖ ~ por rayos X ⟨Med⟩ *röntgen* ‖ volver a ~ *nachprüfen, nochmals prüfen* ‖ **~se** *geprüft werden (de in dat), e–e Prüfung ablegen (fam machen)* ‖ *s. selbst, sein Gewissen erforschen* ‖ *s. (sorgfältig) beobachten* ‖ ~ de gramática *s. in der Grammatik prüfen (lassen)* ‖ volver a ~ *die Prüfung wiederholen (Prüfling)*
exangüe adj *blut|los, -leer, ausgeblutet* ‖ ⟨fig⟩ *kraftlos, matt* ‖ ⟨fig⟩ *leblos, tot*
exánime adj *ent-, unbe|seelt, leblos* ‖ ⟨fig⟩ *mutlos, niedergeschlagen* ‖ ⟨fig⟩ *kraftlos*
exante|ma *m* ⟨Med⟩ *Exanthem* n, *Hautausschlag* m ‖ **–mático** adj *exanthematisch*
exarca *m* ⟨Rel⟩ *Exarch* m (& Hist)
exaspe|ración *f Erbitterung* f ‖ *Entrüstung* f ‖ *Wut* f ‖ ⟨Med⟩ *Verschlimmerung* f ‖ **–radamente** adv *mit Erbitterung* ‖ **–rado** adj *erbittert* ‖ *außer s.* ‖ *verschärft* ‖ ⟨Med⟩ *verschlimmert* ‖ **–rante** adj *(m/f)* ⟨fig⟩ *verzweifelt, unerträglich* ‖ **–rar** vt ⟨fig⟩ *zur Verzweiflung bringen, im höchsten Grad(e) aufbringen* ‖ *(v)erbittern, in Wut versetzen* ‖ *aufbringen* ‖ *verschlimmern (Übel)* ‖ **~se** *außer s. od in Wut geraten* ‖ *s. verschärfen*

(Feindschaft) ‖ *s. verschlimmern (Krankheit)* ‖ *s. entzünden (Wunde)*
   Exc.ª ⟨Abk⟩ = **excelencia**
   excande|cencia *f Wut f, Zorn* m, ⟨fam⟩ *Rage f* ‖ **–cer** [-zc-] *vt wütend od zornig machen,* ⟨fam⟩ *in Rage bringen*
   excarce|lación *f Haftentlassung f* ‖ *Entlassung f aus dem Gefängnis* ‖ **–lar** *vt aus der Haft (bzw aus dem Gefängnis) entlassen*
   excardinación *f* ⟨Kath⟩ *Exkardination f*
   ex cáthedra ⟨lat⟩ *adv* ⟨figf⟩ *herrisch, lehrmeisterlich* ‖ ⟨Kath⟩ *aus päpstlicher Vollmacht, ex cathedra*
   exca|va *f Aufgraben* n *(der Erde)* ‖ **–vación** *f (Aus)Graben* n, *Ausgrabung f* ‖ *Ausschachtung f* ‖ *(Aus)Baggerung f* ‖ *Höhlung, Vertiefung f* ‖ ⟨Archäol⟩ *Ausgrabung f* ‖ ⟨Bgb⟩ *Grubenraum* m ‖ **–vaciones** *fpl* ⟨Geol⟩ *Hohlräume* mpl, *Höhlenbildungen fpl* ‖ **–vadora** *f* ⟨Tech⟩ *Bagger* m ‖ ~ *de cangilones Eimerbagger* m ‖ ~ *de cuchara Löffelbagger* m ‖ ~ *de desfonde Tiefbagger* m ‖ ~ *de desmonte Hochbagger* m ‖ ~ *niveladora Nivellierbagger* m ‖ ~ *de orugas Raupenbagger* m ‖ ~ *de rosario Eimerkettenbagger* m ‖ ~ *retroexcavadora Rückwärtsbagger* m ‖ **–var** *vt aus|graben, -höhlen* | *auf|graben, -wühlen* | *(die Erde) auf|lockern, -graben* | *häufeln (Pflanzen)* ‖ ⟨Bgb⟩ *(ab)teufen* ‖ *schürfen* ‖ ⟨Tech Arch⟩ *aus|baggern, -schachten* ‖ *vertiefen*
   ¹excedencia *f Überzähligkeit f*
   ²excedencia *f einstweilige Außerdienststellung f* ‖ *Wartestand* m ‖ *Gehalt* n *während des einstweiligen Ruhestandes* ‖ *Wartegeld* n ‖ ◇ *tomar la ~ s. beurlauben lassen*
   ¹excedente *adj (m/f) über|flüssig, -zählig* ‖ *über|mäßig, -trieben* ‖ *überschießend* ‖ ⟨Com Tech⟩ *überschüssig* ‖ ⟨Tech⟩ *als Reserve vorhanden* ‖ ~ m *Über|fluss, -schuss* m ‖ *Mehr(betrag* m) n ‖ *Vorratsüberhang* m ‖ *Über|länge f bzw -gewicht* n ‖ ~ *de mano de obra Überschuss* m *an Arbeitskräften*
   ²excedente *adj (m/f) außer Dienst bzw im Wartestand (Beamter)* ‖ *zur Wiederverwendung*
   exceder *vt über|steigen, -schreiten (en um)* ‖ *über|treffen (en an dat), -ragen* ‖ ◇ ~ *de bersteigen (über acc)* ‖ *hinausgehen (über acc)* ‖ *inausreichen (über acc)* ‖ ~ *el peso das Gewicht überschreiten* ‖ ~ *a toda ponderación* ⟨fig⟩ *jeder Beschreibung spotten* ‖ *vi, ~se zu weit gehen, Maß und Ziel überschreiten* ‖ *e–e Ausschweifung egehen* ‖ ◇ *no ~ de lo corriente s. nicht über das Mittelmaß erheben* ‖ ~ *a sí mismo* ⟨fig⟩ *s. elbst übertreffen*
   excelencia *f Vor|trefflichkeit, -züglichkeit, Vollkommenheit f* ‖ *Auszeichnung f* ‖ *Vorzug* m ‖ *Vorzügliches* n *(Schulnote)* ‖ ◆ *por ~ namentlich, schlechthin, besonders* ‖ *im wahrsten Sinne des Wortes*
   Excelencia *f Exzellenz f* ‖ *(Su, Vuestra) ~ S–e, Euer, Ew.) Exzellenz f*
   excelente *adj (m/f) exzellent, vortrefflich, ausgezeichnet, hervorragend, vorzüglich* ‖ *adv: –mente*
   Excelentísimo *adj:* ~ *Señor Don … Sr. xzellenz Herrn …*
   excel|situd *f Erhabenheit f* ‖ **–so** *adj hoch, –haben* ‖ ⟨fig⟩ *aus|erlesen, -gezeichnet*
   excéntrica *f* ⟨Tech⟩ *Exzenter m*
   excentricidad *f Mittenabstand* m, *Exzentrizität f* ‖ ⟨Tech⟩ *Außermittigkeit f* ‖ *Unrundsein* n, *schlag* m ‖ ⟨fig⟩ *Überspanntheit f* ‖ ⟨fig⟩ *aunenhaftigkeit f* ‖ ⟨figf⟩ *Spinnerei f* ‖ ⟨fig⟩ *usschweifende Lebensweise f*
   excéntrico *adj exzentrisch (& Tech)* ‖ ⟨Tech⟩

außermittig ‖ *unrund* ‖ ⟨fig⟩ *ungewöhnlich, überspannt* ‖ ⟨fig⟩ *auffällig* ‖ ~ m → **excéntrica** ‖ ⟨fig⟩ *Exzentriker* m
   ¹excepción *f Ausnahme f* ‖ *Ausnahmefall* m ‖ ◆ *a ~ de (~ hecha de) mit Ausnahme von* (dat), *ausgenommen* (acc) ‖ *por ~ ausnahmsweise* ‖ *con pocas ~es mit wenigen Ausnahmen* ‖ *sin ~ ausnahmslos, ohne Ausnahme* ‖ *la ~ de la regla die Ausnahme von der Regel* ‖ ◇ *hacer ~ e–e Ausnahme machen* ‖ *ausnehmen* ‖ *no hay regla sin ~ Ausnahmen bestätigen die Regel*
   ²excepción *f* ⟨Jur⟩ *Ein|rede, -wendung f* ‖ *(Zoll)Befreiung, Franchise f* ‖ ~ *de compromiso previo Vergleichseinrede f* ‖ ~ *de cosa juzgada Einrede f der Rechtskraft* ‖ ~ *de derecho Rechtseinwendung f* ‖ ~ *dilatoria prozesshindernde Einrede f* ‖ ~ *de fondo materiellrechtliche Einrede f* ‖ ~ *de incompetencia Einrede f der Unzuständigkeit*
   excep|cional *adj (m/f) ausnahmsweise (auftretend)* ‖ *außer|ordentlich, -gewöhnlich* ‖ ◆ *en caso ~ im Ausnahmefall* ‖ **–mente** *adv ausnahmsweise* ‖ *außerordentlich* ‖ ~ *ventajoso ganz besonders od äußerst günstig* ‖ **–tivo** *adj Ausnahmen festsetzend (Gesetz), Ausnahme–* ‖ **–to** *adj ausgenommen, nicht mit inbegriffen* ‖ ~ *adv mit Ausnahme von, außer, abgesehen von …* ‖ ~ *que… außer, dass …* ‖ **–tuación** *f Ausnahme f* ‖ **–tuar** [pres –úo] *vt aus|nehmen, -schließen (von der Regel)* ‖ *entbinden (de von)* ‖ ◇ ~ *del pago von der Zahlung entbinden* ‖ *–tuando eso mit Ausnahme dessen* ‖ **~se** *s. ausschließen* ‖ *nicht mitmachen (wollen)*
   excerp|ta *f Exzerpt* n, *Auszug* m ‖ **–tar** *vt exzerpieren, ausziehen (Druckwerk)*
   exce|sivo *adj über|mäßig, -trieben (Preis, Erhöhung)* ‖ *überschwänglich* ‖ *ungemein (groß)* ‖ *grell (Licht)* ‖ ~ *en número zu zahlreich* ‖ **–so** m *Übermaß* n ‖ *Überschuss* m ‖ *Über-, Mehr|zahl f* ‖ *Zuviel* n ⟨Com⟩ *Über|schuss, -hang* m ‖ ⟨Phys Math⟩ *Exzess* m ‖ ⟨Com⟩ *Mehrlieferung f* ‖ *Aus|schreitung, -schweifung f* ‖ *Frevel, Unfug* m ‖ ~ *de carga Über|fracht, -ladung f* ‖ *Mehrgewicht* n ‖ ~ *de consumo Mehrverbrauch* m ‖ *Mehrbedarf* m ‖ ~ *de demanda Nachfrageüberhang* m, *übermäßige Nachfrage f* ‖ ~ *de equipaje Übergepäck* n ‖ ~ *de exposición* ⟨Fot⟩ *Überbelichtung f* ‖ ~ *de flete Mehrfracht f* ‖ *el ~ de gastos der Mehraufwand* m ‖ ~ *de liquidez Überliquidität f* ‖ ~ *de negocios Überhäufung f mit Geschäften* ‖ ~ *de peso Mehr-, Über|gewicht* n ‖ ~ *de población Übervölkerung f* ‖ ~ *de producción* ⟨Com⟩ *Produktionsüberschuss* m ‖ ~ *de trabajo Übermaß n an Arbeit, Arbeitsüberhäufung, Überarbeitung f* ‖ ~ *de velocidad* ⟨StV⟩ *Überschreitung f der Geschwindigkeit* ‖ *zu hohe Geschwindigkeit f* ‖ ◆ *con ~ übermäßig* ‖ *übertrieben* ‖ *en ~, por ~ überschwänglich* ‖ ◇ *pecar por ~ des Guten zuviel tun* ‖ **~s** *mpl Ausschreitungen fpl* ‖ *Ausschweifungen fpl* ‖ ◇ *cometer ~ Ausschreitungen begehen*
   excipiente m ⟨Pharm⟩ *Vehikel* n, *Träger* m, *Lösungsmittel* n, *Grundlage f*
   exci|tabilidad *f (m/f) Reizbarkeit f* ‖ **–table** *adj (m/f) reizbar, erregbar* ‖ *leicht erregbar, jähzornig* ‖ **–tación** *f Er-, Auf|regung f, Reiz* m ‖ *Anregung f* ‖ *Zorn* m ‖ ⟨fig⟩ *Aufhetzung f* ‖ ⟨fig⟩ *Anstiftung f* ‖ ⟨fig⟩ *Aufwallung f* ‖ ⟨El⟩ *Erregung f* ‖ ⟨Physiol⟩ *Erregung (Herz)* ‖ ~ *brusca* ⟨Radio⟩ *Stoßerregung f* ‖ **–tador** *adj → excitante* ‖ ~ m *Erreger* m ‖ ⟨El⟩ *Erreger* m ‖ *Erregermaschine f* ‖ **–tante** *adj (m/f) anregend (& Pharm)* ‖ *erregend* ‖ ⟨fig⟩ *packend, spannend* ‖ ~ m ⟨Med⟩ *Reiz-, Anregungs|mittel* n ‖ **–tar** *vt/i an-, auf-, er|regen,*

anreizen ‖ ⟨El⟩ *erregen* ‖ ⟨fig⟩ *an|feuern, -treiben,
aufmuntern* ‖ *anspornen* (a *zu*) ‖ *auf-, ver|hetzen* ‖
auf|stacheln, -wiegeln (a *zu*) ‖ *sinnlich erregen* ‖
◇ ~ a la rebelión *zur Rebellion reizen* ‖ ~**se** *s.
aufregen* ‖ *in Zorn geraten* ‖ ⟨fig⟩ *s. lärmenden
Zerstreuungen ergeben* ‖ **–tativo** adj *an-,
er|regend* ‖ ⟨El⟩ *erregend*
 excl. ⟨Abk⟩ = **exclusive**
 excla|mación *f Ausruf* m ‖ *(Auf)Ruf* m ‖ ⟨Gr⟩
Ausrufezeichen n ‖ ~ de júbilo *Jubelschrei* m ‖
–mar vt/i *(aus)rufen, -schreien* ‖ ~**se** ⟨fam⟩ *s.
beschweren* ‖ *Einspruch erheben, protestieren*
(contra *gegen*) ‖ **–mativo, –matorio** adj *kraftvoll
tönend (Stimme)*
 exclaus|trado adj *aus dem Kloster entlassen
bzw ausgetreten (Mönch)* ‖ **–trar** vt *aus dem
Kloster entlassen* ‖ ~**se** *das Kloster verlassen,
aus dem Orden austreten*
 exclave *m Exklave* f ‖ ~ aduanero
Zollausschluss(gebiet n) m
 excluir [-uy-] vt *ausschließen* (de *aus, von*) ‖
aus|schalten, -scheiden ‖ *verwerfen* ‖ *verhindern* ‖
◇ ~ toda duda *jeden Zweifel ausschließen* ‖ ~
una partida de una cuenta *e–n Posten von e–r
Rechnung absetzen* ‖ ~ el público *die
Öffentlichkeit ausschließen* ‖ ~**se** *s. ausschließen*
‖ *s. (gegenseitig) ausschließen*
 exclu|sión *f Aus|schließung, -stoßung,
-schaltung* f ‖ *Ausschluss* m ‖ ~ de culpabilidad
⟨Jur⟩ *Schuldausschließung* f ‖ ◆ con ~ de ...
unter Ausschluss von ..., mit Ausnahme von ... ‖
por ~ *ausnahmsweise* ‖ **–siva** *f ausschließliches
Recht, Vorzugsrecht* n ‖ *Alleinvertretung(srecht* n)
f ‖ *Monopol* n ‖ ~ cinematográfica
Verfilmungsrechte npl ‖ ~ de venta *Allein|verkauf,
-vertrieb* m ‖ **–sivamente** adv *ausgeschlossen, mit
Ausnahme von* ‖ *ausschließlich, einzig (und
allein)* ‖ **–sive** adv *ausgeschlossen, mit Ausschluss
von ...* ‖ *nicht inbegriffen, exklusive* ‖ hasta el 15
de enero ~ *bis ausschließlich 15. Januar* ‖
–sividad *f Exklusivität* f ‖ *Privileg* n ‖ **–sivismo** *m
völliges Abgeschlossensein* n ‖ *Abgeschlossenheit*
f ‖ *Ausnahmestellung* f ‖ *Einseitigkeit* f ‖
Ausschließlichkeit f ‖ *Exklusivität* f ‖ ⟨fam⟩
Kastengeist m ‖ ⟨fam⟩ *Cliquengeist* m ‖ ⟨fam⟩
Bonzentum m ‖ **–sivista** adj *(m/f) exklusiv,
Exklusivitäts-* ‖ **–sivo** adj *aus|schließend,
-schließlich* ‖ *Allein-, Exklusiv-* ‖ **–yente** adj *(m/f)
ausschließend* ‖ **–so** pp irr von **excluir**
 Exc.ᵐᵒ, Excmo. ⟨Abk⟩ = **excelentísimo**
 excogitar vt ⟨lit⟩ *ausdenken*
 excombatiente *m (ehemaliger)
Kriegsteilnehmer* m
 excomul|gado adj *exkommuniziert* ‖ ~ *m
Exkommunizierte(r)* m ‖ **–gar** [g/gu] vt
exkommunizieren ‖ *mit dem Kirchenbann belegen*
‖ ⟨figf⟩ *verbannen, ächten* ‖ **–gatorio** adj *Bann-*
 excomunión *f Exkommunikation* f ‖
(Kirchen)Bann m ‖ *Bannbrief* m
 exco|riación *f Haut|schrunde, -abschürfung* f ‖
Scheuerwunde f ‖ **–riar** vt *aufscheuern, wund
scheuern* ‖ ~**se** *s. die Haut aufscheuern, wund
werden*
 excrecencia *f* ⟨Med⟩ *(Fleisch)Auswuchs* m,
Wucherung f
 excreción *f* ⟨Physiol⟩ *Ausscheidung, Exkretion*
f
 excremen|tar vi *ausleeren (Kot)* ‖ ⟨Med⟩ *den
Darm entleeren* ‖ **–ticio** adj *Kot-, Exkrement-* ‖
–to *m Aus|wurf* m, *-leerung* f ‖ *Exkret* n ‖
menschl. Kot m ‖ ◇ expeler el ~ *den Darm
entleeren* ‖ ~**s** mpl *Ausscheidung(en* fpl) f ‖
Exkremente npl ‖ ⟨Jgd⟩ *Losung* f ‖ **–toso, –ticio**
adj ⟨Med⟩ *Kot-*
 excre|tar vt/i ⟨Physiol⟩ → **excrementar** ‖

aus|scheiden, -sondern ‖ **–tor(io)** adj
aus|scheidend, -sondernd, Ausscheidungs-
 excul|pación *f Rechtfertigung, Entschuldigung*
f ‖ **–par** vt *von Schuld befreien* ‖ *rechtfertigen* ‖
~**se** *s. rechtfertigen*
 excur|sión *f Ausflug, Abstecher* m ‖ *kurze
Vergnügungsreise* f ‖ *Landpartie* f ‖ ⟨fam⟩
Spritztour f ‖ ⟨wiss⟩ *Exkursion* f ‖ ⟨fig⟩ *Exkurs* m,
Abschweifung f ‖ ~ en barco *Bootsfahrt* f ‖ ~ en
coche *Autotour* f ‖ ~ colectiva *gemeinsamer
Ausflug* m ‖ ~ dominical *Sonntagsausflug* m ‖ ~
por las montañas *(od de montaña) Gebirgs-,
Berg|tour* f ‖ ~ a pie *Fußwanderung* f ‖ ~ en
trineo *Schlittenfahrt* f ‖ ◇ ir *od* salir de ~ *e–n
Ausflug machen* ‖ **–sionismo** *m Wandersport* m ‖
Ausflugsbetrieb m ‖ **–sionista** adj *(m/f) Ausflugs-,
Wander-* ‖ ~ *m/f Teilnehmer(in* f) m *an e–m
Ausflug od e–r Wanderung* ‖ *Ausflügler* m ‖
Wanderer m, *Wanderin* f
 excu|sa *f Entschuldigung* f ‖
Entschuldigungsgrund m ‖ *Aus|flucht, -rede* f ‖
⟨Jur⟩ *Rechtfertigung* f ‖ ◆ por ~ *als
Entschuldigung* ‖ ◇ dar *od* presentar sus ~**s** *s.
entschuldigen* ‖ **–sable** adj *(m/f) entschuldbar* ‖
–sado adj *überflüssig, unnütz, vergeblich* ‖
reserviert, abgeteilt ‖ *geheim, verborgen* ‖ *von der
Steuerzahlung befreit* ‖ no ~ *unentbehrlich* ‖ ◇
pensar en lo ~ ⟨fig⟩ *Luftschlösser bauen,
Unmögliches unternehmen wollen* ‖ ~ es que (yo)
lo diga *es ist nicht nötig, dass ich es sage; es ist
selbstverständlich* ‖ adv: ~**amente** ‖ ~ *m Klosett,
WC* n ‖ **–sador** *m Stellvertreter*, *(bes. Mil)
Ersatzmann* m ‖ *Pfarrverweser* m
 excusalí *[pl* ~**íes]** *m kleine Schürze* f
 excusar vt/i *entschuldigen* (con *bei),
rechtfertigen* (ante *vor* dat) ‖ *vermeiden, umgehen*
‖ *vorbeugen* (dat) ‖ *ablehnen, verweigern* ‖
unterlassen ‖ ⟨Hist⟩ *von Abgaben befreien* ‖ ◇ ~
a uno de una obligación *jdn e–r Verpflichtung
entheben, jdm et. ersparen* ‖ ~ -saré con él *ich
werde dich bei ihm entschuldigen* ‖ –sa *decir que
... es ist selbstverständlich, dass ...* ‖ –samos
decir a Vd. que ... *wir brauchen Ihnen wohl nich.
zu sagen, dass ...* ‖ ~**se** *s. entschuldigen* (con *bei
mit*) ‖ *s. entschuldigen* (de, por & inf *dafür, dass*
& ind) ‖ ◇ ~ de hacer algo *et. abschlagen* ‖ *et.
umgehen, vermeiden* ‖ el que se ~sa, se acusa *wer
s. entschuldigt, klagt s. an*
 excusión *f* ⟨Jur⟩ *Verfahren* n *gegen den
Hauptschuldner* ‖ *Vollstreckung* f *in das
Vermögen des Hauptschuldners*
 excuso *m Entschuldigen* n
 exe|crable adj *(m/f) verabscheuenswert,
abscheulich, gräulich* ‖ **–cración** *f Abscheu,
Gräuel* m ‖ *Verwünschung* f ‖ *Verfluchung* f ‖
Fluch m ‖ ⟨Rel⟩ *Exsekration* f ‖ **–crando** adj →
–crable ‖ **–crar** vt *ver|fluchen, -abscheuen,
-dammen* ‖ ⟨Rel⟩ *exsekrieren* ‖ ⟨fig⟩ *nicht leiden
können* ‖ **–cratorio** adj *Fluch-*
 exedra *f* ⟨Arch⟩ *Exedra* f
 exégesis *f Exegese, (Bibel)Auslegung* f
 exe|geta *m Exeget, Ausleger, Erklärer* m ‖
–gético adj *exegetisch, auslegend, erklärend* ‖
deutend
 exen|ción *f Befreiung* f ‖ *Dispens* m (& f) ‖
Freistellung f *(vom Wehrdienst)* ‖
Immunität(srecht n) f ‖ ~ de derechos de aduana
Zollfreiheit f ‖ ~ de impuestos *Steuerfreiheit* f ‖
Steuerbefreiung f ‖ ~ del servicio militar
Freistellung, Befreiung f vom Militärdienst ‖ **–ta**
vt → **eximir** ‖ **–to** pp/irr von **eximir** ‖ ~ adj *frei,
befreit* (de *von)* ‖ *frei, unabhängig* ‖ *offen (Platz)*
‖ *freistehend (Gebäude, Säule)* ‖ *(et.) entbehrend,
beraubt* (gen) ‖ ~ de cuidados *sorgenfrei* ‖ ~ de
derechos ⟨Com⟩ *zollfrei* ‖ ~ de esperanza

hoffnungslos ‖ ~ *de franqueo portofrei* ‖ ~ *de polvo staubfrei* ‖ ~ *de toda responsabilidad jeglicher Verantwortung enthoben* ‖ ~ *de temor ohne Furcht*

exequátur, ⁓ *m* ⟨lat⟩ *Exequatur* n, *Anerkennung* f *e–s ausländischen Konsuls* ‖ *Exequatur* n, *Vollstreckbarkeitserklärung* f

exequias *fpl Trauer-, Toten|feier* f, *Exequien* pl ‖ *Leichenbegängnis* n ‖ *Begräbnisfeierlichkeiten* fpl

exequible adj *(m/f) möglich, tunlich*

exfo|liación f *Ab|blätterung* f, *-blättern (Rinde, Gestein, Schiefer), Abschiefern* n ‖ ⟨Kosm⟩ *Peeling* n ‖ ⟨Med⟩ *Abschilferung, Exfolation* f ‖ **–liador** *m* Col Chi Mex *Abreiß|kalender* m bzw *-heft* n ‖ **–liar** vt *abblättern* ‖ ~**se** *abblättern* ‖ *abschilfern*

exha|lación f *Aus|hauchung, -dünstung, -strömung, Exhalation* f ‖ *Duft, Dunst* m ‖ *Hauch* m ‖ *Blitz* m ‖ *Sternschnuppe* f ‖ ◊ *desaparecer od pasar como una* ~ ⟨figf⟩ *im Nu verschwinden* ‖ **–lar** vt *aus|atmen, -hauchen, -dünsten, -strömen* ‖ *ausstrahlen (Wärme)* ‖ *ausstoßen (Seufzer)* ‖ ◊ ~ *ayes od gemidos ächzen, stöhnen* ‖ ~ *el último suspiro s–e Seele aushauchen, den letzten Seufzer ausstoßen, sterben* ‖ ~**se** ⟨fig⟩ *enteilen, laufen* ‖ *(sehr schnell) verschwinden* ‖ ~ *por algo vor Verlangen nach et. vergehen*

exhaus|tivo adj *(bes.* fig) *erschöpfend* ‖ *vollständig* ‖ **–to** adj *erschöpft, kraftlos* ‖ *erschöpft (an Geldmitteln)* ‖ **–tor** *m* ⟨Tech⟩ *Sauglüfter, Exhaustor* m

exheredar vt *enterben*

exhibi|ción f *Vorzeigung, Dar-, Vor|legung* f ‖ *Beibringung, Vorlage* f *(von Beweisen, Urkunden usw.)* ‖ *Schaustellung* f *Vorführung* f ‖ *Darbietung, Schaustellung* f (z. B. *e–r besonderen Fertigkeit)* ‖ *Ausstellung* f *(von Waren)* ‖ ⟨fig⟩ *Bloß|stellung, -legung* f ‖ ⟨Med⟩ *Exhibition, Zurschaustellung* f ‖ ~ *cinematográfica Filmvorführung* ‖ ~ *deportiva Sportschau* f ‖ *sportliche Darbietungen* fpl ‖ ~ *de pinturas Gemäldeausstellung* f ‖ **–cionismo** *m* ⟨Med⟩ *Exhibitionismus* m ‖ ⟨Psychol⟩ *Sucht* f od *Bedürfnis* n *aufzufallen* bzw *s. selbst zur Schau zu stellen* ‖ **–cionista** *m/f* ⟨Med⟩ *Exhibitionist(in*) m

exhi|bir vt *vorzeigen, aufweisen, darlegen* ‖ *vorlegen (Beweise, Urkunden usw.)* ‖ *einreichen* ‖ *vorbringen* ‖ *aus|legen, -stellen (Waren)* ⟨fig⟩ *zur Schau stellen, tragen* ‖ ◊ ~ *para la venta um Verkauf ausstellen* ‖ ~**se** *en público vor die Öffentlichkeit treten (Künstler)* ‖ **–bitorio** adj: *actitud* ~*a* ⟨fam⟩ *Paradieren* n

exhombre *m* ⟨fig⟩ *verlorene Existenz* f

exhor|tación f *Ermahnung, Aufforderung* f ‖ *Mureden* n, *Aufmunterung* f ‖ *kurze Predigt, Ermahnung* f ‖ ~ *a (la) penitencia Bußpredigt* f ‖ **–tador** *m Mahner* m ‖ **–tar** vt *(er)mahnen (a zu)* ‖ *auf|muntern, -fordern*

exhu|mación f *Exhumierung, Ausgrabung* f *(e–r Leiche)* ‖ **–mar** vt *exhumieren, ausgraben (e–e Leiche)* ‖ ⟨fig⟩ *(längst vergessene Dinge) wieder zum Vorschein bringen*

exicial adj ⟨lit⟩ *tödlich*

△ **exición** f *Ecke* f

exi|gencia f *Erfordernis, Bedürfnis* n, *Bedarf* m *Anforderung* f ‖ *Anspruch* m ‖ ~s *exageradas übertriebene Forderungen* fpl ‖ ~ *mínima Minimal-, Mindest|forderung* f ‖ ◆ *según las* ~s *nach Erfordernis* ‖ *satisfacer (od responder a)* *las* ~s *den Anforderungen entsprechen* ‖ *tener muchas* ~s *sehr anspruchvoll sein* ‖ **–gente** adj/s *(m/f) anspruchsvoll* ‖ *unbescheiden* ‖ *ser (muy)* ~ *(große) Ansprüche stellen* ‖ **–gible** adj *(m/f)* ⟨Jur

Com) *ein|treibbar, -klagbar* ‖ *fällig* ‖ ~ *a la vista täglich fällig* ‖ **–gir** [g/j] vt *fordern, beanspruchen* ‖ *(dringend) verlangen* ‖ *eintreiben (Steuern)* ‖ *erfordern* ‖ ◊ ~ *algo de od a alg. bei jdm auf et.* (acc) *dringen* ‖ *et. von jdm fordern* ‖ ~ *una contestación auf Antwort dringen, Antwort heischen* ‖ ~ *cuenta Rechenschaft fordern* ‖ ~ *el cumplimiento de una promesa auf die Erfüllung e–s Versprechens drängen* ‖ ~ *una deuda e–e Schuld eintreiben* ‖ ~ *el pago a alg. jdn an die Zahlung erinnern, mahnen* ‖ ~ *satisfacción Genugtuung verlangen*

exi|güidad f *Geringfügigkeit* f ‖ *Winzigkeit, Spärlichkeit* f ‖ *Beschränktheit* f ‖ *Kleinheit* f ‖ **–guo** adj *winzig, geringfügig, kärglich* ‖ *gering(fügig)* ‖ *knapp*

exi|lado, –lar → **–liado, –liar**

exi|liado adj *des Landes verwiesen* ‖ ~ *m Landesverwiesene(r)* m ‖ *Verbannte(r)* m ‖ *im Exil Lebende(r)* m ‖ ⟨Pol⟩ *Emigrant* m ‖ **–liar** vt *des Landes verweisen* ‖ *verbannen* ‖ ~**se** *ins Exil gehen* ⟨Pol⟩ *emigrieren* ‖ **–lio** *m Exil* n ‖ *Landesverweisung* f *Verbannung* f

eximente adj/s *(m/f)* ⟨Jur⟩ *straf-* bzw *schuld|ausschließend* ‖ ~ *f* ⟨Jur⟩ *Ausschließung(sgrund* m) f

eximio adj ⟨lit⟩ *vortrefflich, ausgezeichnet*

eximir vt *ausnehmen, befreien (von e–r Last, vom Zoll, von Steuern)* ‖ ◊ ~ *de derechos von Gebühren befreien* ‖ ~ *de una obligación von e–r Verpflichtung befreien* ‖ ~ *de la responsabilidad der Verantwortung entheben* ‖ ~**se** *s. entziehen* (de dat) ‖ *s. losmachen (von e–m Zwang od e–r Verpflichtung*

existen|cia f *Dasein* n, *Existenz* f ‖ *Leben* n ‖ *Lebens|form, -weise* f ‖ *Bestehen* n ‖ *Vorhandensein* n ‖ *Dauer* f ‖ ⟨Com Wir⟩ *Vorrat* m, *Lager* n ‖ ~ *parasitaria Schmarotzerleben* n ‖ *en* ~ ⟨Com⟩ *vorrätig, am Lager* ‖ ~s *fpl* ⟨Com Wir⟩ *Bestände* mpl ‖ *Vorrat* m ‖ *Lager* n ‖ ~ *en almacén Vorrat* m *an Waren* ‖ *Lagerbestände* mpl ‖ ◊ *agotar las* ~ *die Waren ausverkaufen, das Lager räumen* ‖ *mientras tengamos od nos queden* ~ *solange der Vorrat reicht* ‖ **–cial** adj *existentiell* ‖ *Existential-* ‖ **–cialismo** *m* ⟨Philos Lit⟩ *Existentialismus* m ‖ **–cialista** adj *(m/f) existentialistisch* ‖ ~ *m/f Existentialist(in* f) m ‖ **–te** adj *bestehend, vorhanden, existent* ‖ *el* ~ *m* ⟨Philos⟩ *der Daseiende* m ‖ *lo* ~ ⟨Philos⟩ *das Seiende* n

existir vt *bestehen, da sein, existieren* ‖ *leben* ‖ *vorhanden sein, vorkommen* ‖ ◊ *eso no existe das gibt es nicht* ‖ *existen muchos que ... es gibt viele, die ...*

exitazo *m Riesenerfolg* m

éxito *m Ausgang* m, *Erledigung* f ‖ *günstiger Abschluss, Erfolg* m ‖ ~ *clamoroso (durch)schlagender Erfolg* m ‖ ~ *comercial geschäftlicher Erfolg* m ‖ ~ *editorial Verlagserfolg* m ‖ ~ *loco Bombenerfolg* m ‖ *gran* ~ *de risa* ⟨Th⟩ *großer Lacherfolg* m ‖ ~ *ruidoso lärmender, geräuschvoller Erfolg* m ‖ ~ *de taquilla Kassen|erfolg, -schlager* m, *Zugstück* n ‖ ~ *tangible spürbarer Erfolg* m ‖ ~ *de venta Verkaufserfolg* m ‖ *Verkaufsschlager* m ‖ *coronado de* ~ *erfolg|gekrönt, -reich* ‖ ◆ *con (buen)* ~ *mit gutem Erfolg, erfolgreich* ‖ *sin* ~ *ohne Erfolg, erfolglos* ‖ ◊ *tener od alcanzar buen* ~ *Erfolg haben* ‖ *ser un* ~ *de risa Lachstürme hervorrufen, ein Heiterkeitserfolg sein*

exitoso adj *erfolgreich*

ex libris, exlibris *m Exlibris, Bücherzeichen* n

exocarpio *m* ⟨Bot⟩ *Exokarp* n

exocrino adj ⟨Physiol⟩ *exokrin, exkretorisch, nach außen absondernd (Drüse)*

exodermis f ⟨Bot⟩ *Exodermis* f
¹éxodo m *Exodus, Auszug* m ‖ ⟨fig⟩ *Pilger-, Wander|fahrt* f *(e–s Volkes)* ‖ ~ rural *Landflucht* f ‖ ~ urbano *Stadtflucht* f
²éxodo m ⟨Rel⟩ *Exodus* m
exoesqueleto m ⟨Zool Ins⟩ *Haut-, Ekto|skelett* n
exo|ftalmía, –ftalmia f ⟨Med⟩ *Exophthalmus* m, *Glotzauge* n ‖ **–ftálmico** adj *exophthalmisch*
exo|gamia f *Exogamie* f ‖ **–gámico** adj *exogam(isch)*
exógeno adj *exogen, von außen stammend (bzw wirkend)*
exone|ración f *Entlastung* f ‖ *Befreiung* f ‖ *Absetzung* f ‖ *(Amts)Enthebung* f ‖ **–rar** vt *ent|lasten, -ledigen, befreien (de von)* ‖ *absetzen (Beamten)* ‖ ~ de un empleo *od* cargo *aus e–m Amt entlassen, e–s Amtes entheben* ‖ ~ el vientre *den Darm entleeren*
exoparásito m ⟨Biol⟩ *Ekto(para)sit* m
exopilativo adj/s ⟨Med⟩ *öffnend*
exorable adj *(m/f) Bitten zugänglich* ‖ *gnädig*
exorbitan|cia f *Übermaß* n ‖ *Frevel* m, *Vergehen* n ‖ *Übertreibung* f ‖ ◇ es una ~ *das ist e–e übertriebene Forderung* ‖ **–te** adj *(m/f) über|mäßig, -trieben* ‖ *überhöht, unerschwinglich (Preis)*
exor|cismo m *Exorzismus* m, *Teufelsbeschwörung, Geisterbannung* f ‖ **–cista** m/f *Exorzist(in* f), *Geister-, Teufels|banner* m ‖ **–cizar** [z/c] vt *(den bösen Geist) beschwören, austreiben*
exordio m *Ein|gang* m, *-leitung* f, *Exordium* n ‖ ⟨fig⟩ *Anfang* m
exor|nar vt *(aus)schmücken, auszieren* ‖ *verschönern* ‖ **–no** m *Schmuck* m, *Zier* f ‖ ~ de escaparate ⟨Com⟩ *Schaufensterausschmückung* f
exosfera f ⟨Meteor⟩ *Exosphäre* f
exósmosis f ⟨Biol⟩ *Exosmose* f
exospora f ⟨Bot⟩ *Exospore* f
exotario m *Exotarium* n
exotérico adj *exoterisch* ‖ *(all)gemein verständlich*
exotérmico adj ⟨Phys⟩ *exotherm, Wärme freigebend*
exoti|cidad, –quez f *exotische Art* bzw *Herkunft* f ‖ *Fremdartigkeit* f
exótico adj *exotisch, fremdartig* ‖ ⟨fig⟩ *exotisch, fremd, sonderbar, merkwürdig, bizarr*
exotismo m *Exotik, Fremdartigkeit, Sonderbarkeit* f ‖ *Vorliebe für exotische Dinge, Neigung* f *für Exotik, Exotismus* m
exotoxina f ⟨Med⟩ *Ekto-, Exo|toxin* n
exp. ⟨Abk⟩ = expreso
expan|dir vt *ausdehnen (Reich)* ‖ *verbreiten (Ideen)* ‖ ~se s. *ausdehnen* ‖ ⟨fig⟩ *um s. greifen* ‖ **–sibilidad** f *(Aus)Dehnbarkeit* f ‖ **–sible** adj *(m/f) (aus)dehnbar (& Phys)* ‖ *expansibel* ‖ **–sión** f ⟨Phys Chem Com Pol⟩ *Expansion, Ausdehnung* f ‖ *Aus-, Ver|breitung* f ‖ *Ausweitung* f ‖ ⟨fig⟩ *Überströmen* n ‖ ⟨fig⟩ *Mitteilungsgabe, Offenherzigkeit* f ‖ ⟨fig⟩ *Gefühlserguss* m ‖ ⟨fig⟩ *vertrauliche Mitteilung* f ‖ ⟨fig⟩ *Ablenkung* f ‖ ⟨fig⟩ *Entspannung* f ‖ ~ del ánimo *geistige Zerstreuung* f ‖ ~ económica *Wirtschaftsanstieg* m ‖ la constante ~ de nuestros negocios *die andauernde Ausdehnung unserer Geschäftsverbindungen* ‖ **–sionarse** vr s. *ausdehnen* ‖ ⟨fig⟩ *sein Herz ausschütten (con dat)* ‖ *ausspannen* ‖ **–sionismo** m *(bes. Pol) Expansionsdrang* m ‖ **–sionista** adj *(m/f) expansionistisch* ‖ **–sivo** adj *ausdehnend, expansiv, Ausdehnungs-* ‖ *ausdehnbar* ‖ *elastisch (Buchrücken)* ‖ ⟨fig⟩ *mitteilsam, offen, expansiv* ‖ *herzlich* ‖ *überströmend (Freude)* ‖ *überschwänglich*

expa|triación f *Landesverweisung* f ‖ *Ausbürgerung* f ‖ *Auswanderung* f ‖ **–triado** adj *ausgewiesen* ‖ *ausgebürgert* ‖ *ausgewandert* ‖ ~ m *Verbannte(r), Landesverwiesene(r)* m ‖ *Ausgebürgerte(r)* m ‖ **–triar** [pres ~ío, seltener: ~io] vt *des Landes verweisen* ‖ *verbannen* ‖ *ausbürgern* ‖ ~se *auswandern* ‖ *das Vaterland verlassen*
expec|tación f *Erwartung* f, *Hoffen* n ‖ *Neugierde* f ‖ ⟨Med⟩ *abwartende, nicht aktive Heilmethode* f ‖ ~ de vida *Lebenserwartung* f ‖ ◆ en ~ de destino *in Erwartung e–s Amtes* ‖ lleno de ~ *erwartungsvoll* ‖ ◇ no responder a la ~ *der Erwartung nicht entsprechen* ‖ **–tante** adj *(m/f) abwartend (& Med)* ‖ *Erwartungs-* ‖ ⟨Jur⟩ *anstehend, zu erwarten(d)* ‖ ◆ en actitud ~ in *abwartender Haltung* ‖ *voll(er) Neugierde* ‖ ~ f *Schwangere* f ‖ **–tativa** f *Erwartung* f ‖ *Aussicht* f *Anwartschaft* f *(de auf* acc) ‖ ~ de vida *Lebenserwartung* f ‖ ◇ estar a la ~ (de) *zuwarten, (et.) abwarten* ‖ *gewärtig sein* ‖ s. *abwartend verhalten* ‖ estar en ~ de ... *Anwärter sein auf* ... (acc) ‖ tener en ~ *in Aussicht haben* ‖ tener buenas ~s *gute Aussichten haben* ‖ el mercado continúa a la ~ ⟨Com⟩ *der Markt zeigt weiterhin e–e abwartende Haltung* ‖ **–tativo** adj *Warte-*
expecto|ración f ⟨Med⟩ *(Schleim)Auswurf* m ‖ *Aushusten* ‖ **–rante** adj *(m/f) schleim|lösend, -fördernd* ‖ ~ m *den Auswurf förderndes Mittel, schleimlösendes Mittel, Expektorantium* n ‖ **–rar** vt/i ⟨Med⟩ *(den Schleim) auswerfen* ‖ *(aus)husten* ‖ ⟨fig⟩ *von s. geben*
¹expedición f *Ver|sendung* f, *-sand* m, *Beförderung, Spedition* f *(von Waren)* ‖ *Ver|schiffung* f, *-sand* m ‖ ~ colectiva ⟨EB⟩ *Sammelladung* f ‖ ~ por mar → ~ marítima ‖ ~ por tierra *Versand* m *auf dem Landweg* ‖ ~ por gran velocidad *Versand* m *als Eilgut* ‖ ~ por vía marítima *Versand* m *auf dem Seeweg* ‖ pronto (*od* dispuesto *od* listo) para la ~ *versandbereit*
²expedición f *Aus-, Ab|fertigung, Ausstellung* f *(von Urkunden)* ‖ *Erledigung* f *(von Geschäften)* ‖ ⟨Kath⟩ *Schreiben* n *(der römischen Kurie)* ‖ ⟨fig⟩ *Fertigkeit, Geschicklichkeit* f ‖ ⟨fig⟩ *Geschwindigkeit, Flinkheit* f
³expedición f *Expedition, Forschungsreise* f ‖ *Exkursion* f ‖ ⟨Mil⟩ *Feld-, Heeres|zug* m ‖ ~ antártica, ~ al Polo Sur *Südpolfahrt* f ‖ ~ ártica, ~ polar, ~ al Polo Norte *Nordpolfahrt* f ‖ ~ investigadora *Forschungsreise* f
expedicionario adj: cuerpo ~ *Expeditionskorps* n ‖ ~ m *Teilnehmer* m *an e–r Expedition usw.*
expedidor m *Ab-, Ver|sender* m ‖ *Spediteur* m *Aussteller* m *(von Urkunden usw.)*
expe|dientar vt *disziplinarrechtlich verfolgen* ‖ **–diente** m *Rechtssache, Akte* f ‖ *(Gerichts)Akten* fpl ‖ *Personalakte* f ‖ *Dienststraf-, Disziplinar|verfahren* n ‖ *Aktenstoß* m ‖ *Verwaltungssache* f ‖ *Protokoll* n ‖ *Bittschrift* f, *Gesuch* n, *Eingabe* f ‖ *Gerichtsverfahren* n ‖ *Fertigkeit, Gewandtheit* f ‖ *Grund* m, *Ursache* f ‖ *Ausflucht* f, *Vorwand* m ‖ *Ausweg, Behelf* m, *Hilfsmittel* n ‖ *Vorrat, Bestand* m ‖ ~ disciplinari *Disziplinarverfahren* ‖ ◇ abrir ~ contra ... *ein Dienststraf- od Disziplinar|verfahren gegen ... einleiten* ‖ arbitrar un ~ *e–n Ausweg (ver)suchen* ‖ cubrir el ~ ⟨figf⟩ *s–e Pflicht nur scheinbar erfüllen, den Schein wahren,* ⟨fam⟩ s. *kein Bein ausreißen* ‖ dar ~ a algo *et. rasch erledigen (z.E Gesuch)* ‖ formar *od* instruir ~ a alg. *(od contra* alg.) *gegen jdn verfahren* ‖ *gegen jdn e–e amtliche Untersuchung einleiten* ‖ instruir un ~ *ein Gesuch einreichen* ‖ *ein Verfahren betreiben*

–dienteo *m* ⟨fam⟩ *Amtsverhandlungen* fpl ‖ *Verfahrensbetrieb* m ‖ ⟨desp⟩ *Papierkrieg* m ‖ ⟨desp iron⟩ *Akten-, Papier|kram* m

¹expedir [-i-] vt *ab-, über-, ver|senden, expedieren* ‖ *ver|frachten, -laden* ‖ *verschiffen* ‖ *befördern* ‖ *abfertigen* (& fig) ‖ *(fort)schicken* ‖ ⟨fig⟩ *erledigen (Angelegenheit)* ‖ ~ a la cárcel *einsperren* ‖ ~ en pequeña velocidad *als Frachtgut versenden*

²expedir [-i-] vt *ausstellen (Urkunde usw.)* ‖ *erlassen (Dekret usw.)* ‖ *ausfertigen (Brief usw.)* ‖ *ausschreiben (Rezept)* ‖ ~ una factura *e–e Rechnung ausstellen* ‖ ~ un telegrama *ein Telegramm aufgeben*

expe|ditivo adj *ge|schwind, -schäftig,* ⟨fam⟩ *fix* ‖ *findig* ‖ *flink, ohne Umstände, behände, rasch, schnell* ‖ **–dito** adj *behände, gewandt, unbehindert, frei* ‖ *rasch entschlossen* ‖ *schnell (bei der Arbeit)*

expeler vt *aus-, ver|treiben, verjagen* ‖ *ausstoßen, von s. stoßen, auswerfen* (& *Blut, Schleim usw.*) ‖ *abführen, ausleeren (aus dem Körper)* ‖ ◊ ~ por la boca *durch den Mund ausleeren*

expen|dedor *m Ver|käufer, -treiber* m ‖ ~ (automático) de cigarrillos *Zigarettenautomat* m ‖ ~ de moneda falsa *Falschgeldverbreiter* m ‖ **–deduría** *f Kleinverkauf,* Öst *Verschleiß* m ‖ *Ausgabestelle* f ‖ *Verkaufsstelle* f ‖ *Tabak|laden* m, *-geschäft* n, Öst *Trafik* f ‖ **–der** vt *ausgeben, verausgaben* ‖ *(im Kleinen) ver|kaufen, -treiben* ‖ *(Falschgeld) verbreiten* ‖ ◊ ~ billetes *Fahrkarten ausgeben* ‖ **–dición** *f Ab-, Aus|gabe* f, *Verkauf* m (bes. *von Monopolwaren*) ‖ ~ de moneda falsa *Verbreitung* f *von Falschgeld* ‖ **–dio** *m* Am *Verkaufs|laden* m, *-bude* f

expensas *fpl (Un)Kosten, Ausgaben* pl ‖ ◆ a mis ~ *auf m–e Kosten* ‖ ◊ vivir a ~ del prójimo ⟨figf⟩ *ein Schmarotzerleben führen, nassauern*

experiencia *f Erfahrung* f ‖ *Versuch* m, *Probe* f ‖ ~ atómica *Atomversuch* m ‖ ~ de largos años *langjährige Erfahrung* f ‖ ~ de laboratorio *Laboruntersuchung* f ‖ ◊ adquirir ~ *Erfahrung(en) sammeln* ‖ la ~ enseña *od* demuestra que ... *die Erfahrung lehrt, dass ...* ‖ he hecho varias veces la ~ *ich habe mehrmals* od *des öfteren die Erfahrung gemacht* ‖ lo sé por ~ *ich weiß es aus Erfahrung* ‖ la ~ es madre de la ciencia ⟨Spr⟩ *Erfahrung ist die Mutter der Weisheit* ‖ tener (mucha) ~ *(sehr) erfahren sein,* ⟨fam⟩ *ein alter Fuchs (auf e–m bestimmten Gebiet) sein*

experimen|tación *f Experimentieren* n, *Erprobung* f ‖ *Experiment* n, *Probe* f ‖ *Versuch* m ‖ *empirische Forschung* f ‖ **–tado** adj *erfahren* ‖ *beschlagen* ‖ *erprobt, bewährt* ‖ ◊ ser ~ en ... *erfahren sein in ...* (dat) ‖ es cosa ~a (que ...) *es ist e–e erprobte Tatsache(, dass ...)* ‖ **–tador** *m Versucher, Experimentator* m ‖ ⟨fig⟩ *Bahnbrecher* m ‖ **–tal** adj *(m/f) experimentell* ‖ *Versuchs-, Experimental-* ‖ adv: ~**mente** ‖ **–tar** vt/i *erfahren, erleben* ‖ *erleiden* ‖ *fühlen, spüren* ‖ *empfinden* ‖ ~ vi *Versuche anstellen, experimentieren, (aus)probieren, erproben* ‖ ◊ ~ un accidente *e–n Unfall haben,* Schw *verunfallen* ‖ ~ un alza *anziehen, steigen (Preise)* ‖ ~ una pérdida *e–n Verlust erleiden* ‖ **–to** *m Versuch* m, *Experiment* n ‖ ~ con animales *Tierversuch* m ‖ ~ de orientación, ~ preliminar *Vorversuch* m

exper|ticia *f* Am *Expertise, Begutachtung* f *(durch Experten)* ‖ *Gutachten* n ‖ **–to** adj *erfahren, sachkundig* ‖ ~ *Sachverständige(r), Kenner, Fach|mann* m (pl *-leute*)

ex|piación *f Sühne, Buße, Abbüßung* f *(de für)* ‖ *Ab-, Ver|büßen* n ‖ *Sühneopfer* n ‖ **–piar** vt

[pres ~ío] *(ab)büßen, sühnen* ‖ *aussöhnen* ‖ ⟨fig⟩ *reinigen (Entweihtes)* ‖ **–piativo, –piatorio** adj *Sühn-, Versöhnungs-*

expilar vt *ausrauben*

expillo *m* ⟨Bot⟩ → **matricaria**

expi|ración *f Ausgehen, Erlöschen* n ‖ *Ablauf* m *(e–r Frist)* ‖ *Ausgang* m, *Beendigung* f, *Schluss* m ‖ *Tod* m ‖ ⟨Physiol⟩ *Ausatmung* f ‖ ◆ después de *od* tras la ~ de ... *nach Ablauf ....* (gen) ‖ ~ de un contrato *Vertragsablauf* m ‖ **–rante** adj *(m/f) sterbend* ‖ *erlöschend* ‖ *zu Ende gehend* ‖ *ablaufend* ‖ **–rar** vi *den Geist aufgeben, sterben* ‖ *erlöschen (Flamme)* ‖ *ablaufen, verstreichen, erlöschen (Frist)* ‖ *verfallen (Pass, Ausweis)* ‖ *verklingen (Ton)* ‖ *verstummen (Stimme)* ‖ *verwelken (Pflanze, Blume)* ‖ *außer Kraft treten (Norm, Bestimmung)* ‖ ⟨fig⟩ *ausgehen* ‖ ◆ al ~ *nach Ablauf* ‖ antes de ~ el mes *vor Monatsschluss* ‖ ◊ mañana expira el plazo *morgen läuft die Frist ab*

¹explanación *f Ebnen* n, *Einebnung* f ‖ *Bodenebnung, Nivellierung, Planierung* f

²explanación *f Er|klärung, -läuterung* f

explana|da *f (eingeebnetes) Gelände* n ‖ *Ebene* f ‖ *Vorplatz* m ‖ *(freier) Platz* m, *Esplanade* f ‖ ⟨Mil⟩ *Wallböschung* f, *Glacis* n ‖ ⟨Fort⟩ *Mauerplattform* f ‖ ⟨Mil⟩ *Batterieplanke, Geschützbettung* f ‖ **–dora** *f Flachbagger* m

¹explanar vt *einebnen, nivellieren*

²explanar vt *erklären, auslegen*

explayada adj ⟨Her⟩ *mit ausgebreiteten Schwingen (Doppeladler)*

explayar vt *erweitern, aus|dehnen, -breiten* ‖ ⟨fig⟩ *erklären, auseinander setzen, darlegen* ‖ ⟨fig⟩ *schweifen lassen bzw weiten (Blick)* ‖ ~**se** *s. ausdehnen* ‖ ⟨fig⟩ *s. verbreiten (im Reden)* ‖ ⟨fig⟩ *s. zerstreuen* ‖ ⟨fig⟩ *sein Herz ausschütten, s. aussprechen*

expletivo adj ⟨Ling⟩ *expletiv, Füll-*

expli|cable adj *(m/f) erklärlich* ‖ *verständlich* ‖ **–cación** *f Erklärung* f, *Aufschluss* m ‖ *Auseinandersetzung* f ‖ *Auslegung, Deutung* f ‖ *Vortrag* m ‖ ~ de los signos *Zeichenerklärung* f ‖ *Legende* f ‖ ◆ sin dar ~ *ohne Angabe des Grundes* ‖ dar ~ *Aufschluss geben (sobre über* acc) ‖ dar ~es *e–e Ehrenerklärung abgeben, Genugtuung geben* ‖ *s. verantworten* ‖ pedir ~ *Genugtuung verlangen* ‖ **–caderas** *fpl:* tener buenas ~ ⟨fam⟩ *ein gutes Mundwerk haben* ‖ **–car** [c/qu] vt *er|klären, -läutern, auseinander setzen* ‖ *deuten, auslegen* ‖ *aufklären* ‖ *äußern, ausdrücken* ‖ *entschuldigen* ‖ ~ vi/t *Vorlesungen halten, lesen (an der Universität usw.)* ‖ *vortragen, unterrichten* ‖ ~**se** *s–e Meinung kundgeben* ‖ *s. rechtfertigen, entschuldigen (con* alg. *bei jdm)* ‖ *s. auseinander setzen* ‖ *s. et. erklären sein (et.) begreifen, (et.) verstehen* ‖ ◊ ¡explíquese! *sprechen Sie klar und deutlich!* ‖ no me lo –co, eso no se –ca *das ist (mir) unbegreiflich* ‖ ¿me –co? *verstehen Sie (verstehst du, versteht ihr) mich?* ‖ **–cativo, –catorio** adj *er|klärend, -läuternd*

explicitar vt *verdeutlichen*

explícito adj *ausdrücklich, bestimmt, klar* ‖ *explizit* ‖ adv: ~**amente**

explicitud *f Klarheit, Deutlichkeit* f

explicotear vt *kurz bzw unvollständig erklären*

explo|ración *f Erforschung* f ‖ *Forschung* f ‖ *Nachforschung* f ‖ *Aufspürung* f ‖ ⟨Mil⟩ *Kundschaft, Erkundung, Aufklärung* f ‖ ⟨Med⟩ *ärztliche Untersuchung* f ‖ ⟨Tel El⟩ *Abtastung* f ‖ ⟨Bgb⟩ *Schürfung* f ‖ ⟨Bgb⟩ *Prospektion* f ‖ ⟨fig⟩ *Prüfung, Sondierung* f ‖ ~ aérea *Luftaufklärung* f ‖ ~ ártica *Nordpolarforschung* f ‖ ~ cósmica, ~ del cosmos, ~ espacial *(Welt)Raumforschung* f ‖

–rador m *Forscher, Untersucher* m ‖
Entdeckungsreisende(r) m ‖ *Pfandfinder* m ‖
⟨Mil⟩ *Kundschafter, Aufklärer* m ‖ *Späher* m ‖
~es de las regiones árticas *Nordpolfahrer* mpl ‖
–rar vt *aus-, er\forschen* ‖ *genau untersuchen* ‖
auskundschaften, erkunden ‖ ⟨Med⟩ *ärztlich
untersuchen* ‖ ⟨Mil⟩ *aufklären, auskundschaften,
erkunden* ‖ ⟨Mil⟩ *ausspähen* ‖ ⟨TV⟩ *abtasten* ‖
–rativo, –ratorio adj *Forschungs-* ‖ ⟨fig⟩
Sondierungs- ‖ **–ratorio** m ⟨Med⟩
Untersuchungsgerät n ‖ *Sonde* f
explo\sión f *Explosion* f ‖ *Zer\springen,
-platzen, Bersten* n ‖ *Sprengung* f ‖ *Ausbruch* m
(Vulkan usw.) ‖ *Zer\bersten, -springen, Bersten* n ‖
⟨fig⟩ *Ausbruch* m *e–r Leidenschaft* ‖ ⟨fig⟩
Explosion f ‖ ~ de cólera *Zornesausbruch* m ‖ ~
demográfica *Bevölkerungsexplosion* f ‖ ~ nuclear
Kernexplosion f ‖ ~ de odio *Hassausbruch* m ‖ ~
prematura *Früh-, Fehl\zündung* f ‖ ~ retardada
⟨Mil⟩ *Spätzünder* m ‖ ⟨Auto⟩ *Spätzündung* f ‖ ~
de risa *Lach\salve* f, *-stürme* mpl ‖ ◇ hacer ~
explodieren ‖ **–sionar** vi ⟨Tech⟩ *explodieren* ‖
–sivo adj ⟨Chem⟩ *explosiv, Spreng-, Explosiv-,
Knall-, Schlag-* ‖ ~ m *Sprengstoff* m ‖
Sprengkörper m ‖ **–sor** m ⟨Tech Bgb⟩
Zündapparat m, *Zündmaschine* f
explo\table adj *(m/f) nutzbar* ‖ *urbar,
anbaufähig* ‖ *betriebsfähig* ‖ *verwertbar* ‖ ⟨Bgb⟩
abbaufähig
¹explotación f *(Aus)Nutzung* f *(& fig)* ‖
Ausbeutung f ‖ ⟨Bgb⟩ *Abbau* m ‖ *Berg-,
Gruben\bau* m ‖ ~ abusiva *Raubbau* m ‖ ~
agrícola *landwirtschaftlicher Betrieb* m ‖ ~ a
cielo abierto *Tagebau* m ‖ ~ forestal *Waldnutzung*
f ‖ *Forstbetrieb* m ‖ ~ minera *Bergbau* m ‖ ~
subterránea *Untertagebau* m
²explotación f *Unternehmen* n ‖ *Betrieb* m ‖
Fabrik f ‖ ~ vitivinícola *Weingut* n ‖ ◇ instalar
una ~ *e–n Betrieb einrichten*
explotador m *Nutzer* m ‖ *Ausbeuter* m *(& fig)*
¹explotar vt *(an)bauen* ‖ *betreiben (Geschäft)* ‖
bewirtschaften ‖ *aus\beuten, -nützen* ‖ ⟨Bgb⟩
ausbeuten, betreiben ‖ ⟨fig⟩ *ausnützen* ‖ ⟨fig⟩
aus\beuten, -saugen ‖ ~ un negocio *ein Geschäft
betreiben*
²explotar vi *explodieren, zerplatzen, in die
Luft gehen, bersten* ‖ *krepieren (Geschoss)* ‖ ⟨fig⟩
*explodieren, s. plötzlich Luft machen (Gefühl,
Zorn)*
expo f *Kurzform für* **exposición**
expo\liación f *Beraubung, Plünderung* f ‖
–liador m *Plünderer* m ‖ **–liar** vt *(aus)plündern,
ausrauben* ‖ **–lio** m → **–liación**
exponencial adj *(m/f)* ⟨Math⟩ *Exponential-,
exponentiell*
¹exponente m ⟨Math⟩ *Exponent* m
²exponente m ⟨fig⟩ *Exponent* m, *Galionsfigur* f
‖ ⟨fig⟩ *Gradmesser, Maßstab* m ‖ Am *Muster* n
³exponente m/f ⟨Jur⟩ *Antrag-, Bitt\steller(in* f),
Einreichende(r m) f
exponer [irr → **poner**] vt/i *(öffentlich)
ausstellen (Waren, e–n Leichnam)* ‖ *ausstellen,
e–e Ausstellung beschicken* ‖ *dar-, vor\legen,
-tragen* ‖ *auslegen, erklären* ‖ *entwickeln,
auseinander setzen (Gedanken, Plan)* ‖ *aussetzen
(e–r Gefahr)* ‖ *aussetzen (ein Kind)* ‖ *preisgeben* ‖
⟨Jur⟩ *vorstellen, auseinander setzen* ‖ ⟨Fot⟩
belichten ‖ ~ (el Santísimo Sacramento) ⟨Kath⟩
das Allerheiligste aussetzen ‖ ◇ ~se a un desaire
s. e–r Unannehmlichkeit aussetzen ‖ ~se a un
riesgo *(s.) e–r Gefahr aussetzen* ‖ ~ la vida *sein
Leben aufs Spiel setzen*
expor\table adj *(m/f) exportfähig (Ware)* ‖
–tación f *Export* m, *Ausfuhr* f ‖ *Export-,
Ausfuhr\handel* m ‖ *ausgeführte Ware* f ‖ ~ de

cereales *Getreideausfuhr* f ‖ **–taciones** pl *Export-,
Ausfuhr\handel* m ‖ *ausgeführte Güter* npl
expor\tador adj *exportierend* ‖ *Export-,
Ausfuhr-* ‖ ~ m *Exporteur, Ausfuhrhändler* m ‖
Export\firma f, *-haus* n, *Ausfuhr\firma* f, *-haus* n ‖
–tar vt *exportieren, ausführen (Waren)* ‖ ⟨fig⟩
exportieren, ins Ausland verpflanzen (Sitten usw.)
¹exposición f *(öffentliche) Ausstellung* f ‖
(Kunst-, Gewerbe)Ausstellung f ‖ *Besichtigung* f
(bei Auktionen) ‖ ~ ambulante *Wander\schau,
-ausstellung* f ‖ ~ de arte *Kunstausstellung* f ‖ ~
canina *Hundeausstellung* f ‖ ~ del automóvil
Automobilausstellung f ‖ ~ colectiva
Gemeinschaftsausstellung f ‖ *Gesamtausstellung* f
‖ ~ floral *Blumenschau* f ‖ ~ de horticultura
Gartenbauausstellung f ‖ *Gartenschau* f ‖ ~ de
hostelería *Hotelfachausstellung* f ‖ ~ industrial
Industrie-, Gewerbe\ausstellung f ‖ ~ itinerante
→ ~ ambulante ‖ ~ permanente *Dauerausstellung*
f ‖ ~ universal *Weltausstellung* f ‖ ◇ concurrir a
la ~ *die Ausstellung beschicken, ausstellen*
²exposición f *Auslegung, Erklärung* f ‖
Darlegung f ‖ *Äußerung, Aussage* f ‖
(ausführliche) Erzählung f ‖ *Exposition* f *(im
Drama)* ‖ ~ sumaria *kurzgefasste Darlegung* f ‖
Gesamtdarstellung f ‖ ⟨Jur⟩ *Eingabe, Vorstellung*
f ‖ ~ de hechos *Sachverhaltsdarstellung* f
³exposición f *Aussetzung* f *(e–r Gefahr usw.)*
(auch e–s Kindes) ‖ *Bloßstellung* f ‖ *Gefährdung* f
⁴exposición f **a)** ⟨Fot⟩ *Belichtung(szeit)* f ‖
Zeitaufnahme f ‖ ~ corta, ~ insuficiente
Unterbelichtung f ‖ ~ excesiva *Überbelichtung* f
‖ ~ a plena luz *Freilichtaufnahme* f ‖ ◇
fotografiar con ~ *e–e Zeitaufnahme* bzw
Zeitaufnahmen machen ‖ **b)** *Lage* f *(zu den
Himmelsrichtungen)* ‖ ~ al mediodía, ~ al sur
Lage f *nach Süden*
exposímetro m ⟨Fot⟩ *Belichtungsmesser* m
expositivo adj *darlegend, erläuternd*
expósito m/adj *Findelkind* n ‖ *ausgesetztes
Kind* n
¹expositor m *Aussteller* m *(in e–r Ausstellung)*
²expositor m *Ausleger, Erklärer* m
exprés adj *Express- ‖ Schnell- ‖ Eil-* ‖ (café) ~
Espresso m ‖ ~ m ⟨EB⟩ *Schnellzug* m ‖ Mex
Transportgeschäft n
expre\sado adj *erwähnt, oben erwähnt,
genannt* ‖ *ausdrücklich* ‖ ◆ en las condiciones
–sadas *unter den gegebenen Bedingungen* ‖
–samente adv *ausdrücklich, besonders*, (lat)
expressis verbis ‖ *absichtlich* ‖ *eigens* ‖ **–sar** vt
aus\drücken, - sprechen ‖ *äußern, zu erkennen
geben* ‖ *genau angeben* ‖ *(Dank) aussprechen* ‖ ◇
~ su temor *s–e Besorgnis aussprechen* ‖ su
semblante –só pesadumbre *er machte e–e
betrübte Miene* ‖ **–se** *s. ausdrücken, s. äußern* ‖
◇ ~ bien *s. richtig ausdrücken* ‖ como *(od
según)* abajo se expresa *wie unten angeführt* ‖
¿me expreso? ⟨Am⟩ *verstehen Sie, was ich
meine?* ‖ **–sión** f *Ausdruck* m *(in der Rede)* ‖
(Gesichts)Ausdruck m, *Gebärde* f ‖ *Äußerung,
Kundgebung* f ‖ *Eröffnung, Erklärung* f ‖
Nachdruck m ‖ ⟨Mus⟩ *Gefühl* n, *Vortrag,
Ausdruck* m ‖ ⟨Mal⟩ *Ausdruck* m ‖ *algebraischer
Ausdruck* m, *(Glied* n *e–r) Formel* f ‖ *Wort* n,
Ausdruck m ‖ *Redensart, Redewendung* f ‖
Aus\drücken, -pressen n ‖ ~ apicarada
schelmischer Gesichtsausdruck m ‖ ~ baja
gemeiner Ausdruck m ‖ ~ de boquilla
Lippenbekenntnis n ‖ ~ de la cara
Gesichtsausdruck m ‖ ~ chabacana
Gossenausdruck m ‖ ~ familiar
umgangssprachlicher Ausdruck m ‖ ~ ordinaria
ordinärer Ausdruck m ‖ ~ ponderativa *Ausdruck*
m *des größten Lobes* ‖ ~ popular *Volksausdruck*

m ‖ ~ del rostro *Gesichtsausdruck* m ‖ ~ trivial *abgedroschener, nichtssagender Ausdruck* m ‖ ~ vulgar *vulgärer Ausdruck* m ‖ derber, gemeiner Ausdruck* m ‖ ◆ sin ~ *ausdruckslos*
expre|siones *fpl Grüße, Empfehlungen* pl *an jdn* ‖ ~ fuertes ⟨fig⟩ *Kraftausdrücke* mpl ‖ ¡(muchas) ~ a su padre! *(viele) Empfehlungen an Ihren Herrn Vater!* ‖ **–sionismo** m [Kunstrichtung] *Expressionismus* m ‖ **–sionista** adj *(m/f)* [Kunstrichtung] *expressionistisch* ‖ ~ m [Kunstrichtung] *Expressionist(in* f) m ‖ **–sividad** f *Ausdrucksfähigkeit* f ‖ **–sivo** adj *ausdrucksvoll, rührend, gefühlvoll* ‖ *herzlich, liebevoll* ‖ ⟨Mus⟩ *ausdrucksvoll* ‖ dar las más ~as gracias ⟨Com⟩ *s–n verbindlichsten Dank aussprechen, verbindlichst danken* ‖ **–so** pp/irr von **–sar** ‖ ~ adj *ausdrücklich, deutlich* ‖ *genau angeben* ‖ (tren) ~ *Schnellzug* m ‖ ~ m *Eilbote* m ‖ *Eilbrief* m ‖ ◇ mandar por ~ *als Eilgut versenden* ‖ *durch Eilboten schicken* ‖ ~ adv *absichtlich*
expri|melimones m, **–midera** f *Zitronen|auspresser* m, *-presse* f *(Tischgerät)* ‖ **–midero, –midor** m *Pressvorrichtung* f ‖ **–mir** vt *aus|pressen, -drücken* ‖ ⟨fig⟩ *(jdn) auspressen, (jdn) ausbeuten* ‖ ⟨fig⟩ *(jdn) aussaugen* ‖ ⟨fig⟩ *aus|drücken, -sprechen*
ex profeso, exprofeso ⟨lat⟩ adv *mit Bedacht, eigens, geflissentlich* ‖ *absichtlich*
expro|piación f ⟨Jur⟩ *Enteignung* f ‖ *Expropriation* f ‖ ~ por causa de utilidad pública *Enteignung* f *im öffentlichen Interesse* ‖ ~ forzosa ⟨Jur⟩ *Zwangsenteignung* f ‖ **–piador** adj *enteignend, Enteignungs-* ‖ ~ m *Enteigner* m ‖ *Expropriateur* m *(in der marxistischen Lehre)* ‖ **–piar** vt ⟨Jur⟩ *(zwangsweise) enteignen* ‖ *expropriieren (in der marxistischen Lehre)*
expuesto pp/irr von **exponer** ‖ ~ adj *gefährdet* ‖ *preisgegeben, ausgesetzt, exponiert* ‖ *gefahrvoll, gefährlich* ‖ ~ a perturbaciones ⟨Tech⟩ *störanfällig* ‖ (no) ~ ⟨Fot⟩ *(un)belichtet* ‖ estar ~ al público *aufliegen (Liste)* ‖ eso es muy ~ *das ist sehr gefährlich*
expugnar vt *er|stürmen, -obern (Bollwerk, Festung)*
expul|sado m *Vertriebene(r)* m ‖ **–sar** vt *vertreiben (de aus)* ‖ *aus|treiben, -stoßen (de aus)* ‖ *verbannen, ausstoßen* ‖ *ausschließen (aus e–r Gesellschaft)* ‖ *relegieren (e–n Studenten)* ‖ ⟨Tech⟩ *aus|spülen, -stoßen, -werfen* ‖ ⟨Sp⟩ *vom Platz stellen* ‖ ⟨Med⟩ *abstoßen* ‖ *entfernen* ‖ ~ a puntapiés *(fam) hinauswerfen* ‖ **–sión** f *Aus-, Ver|treibung* f ‖ *Aus-, Ver|weisung* f ‖ *Ausschluss* m ‖ *Verstoßung* f ‖ *Rele|gierung, -gation* f *(e–s Studenten)* ‖ ⟨Jur⟩ *Ausweisung* f ‖ ⟨Kath⟩ *Entlassung* f ‖ ⟨Tech⟩ *Aus|stoßen, -werfen* n ‖ ⟨Sp⟩ *Platzverweis* m ‖ ⟨Med⟩ *Ausscheidung* f, *Ab|gang* m, *-stoßung, Austreibung* f ‖ ~ del feto ⟨Med⟩ *Austreibung* f *(des Fetus)* ‖ **–so** pp/irr von
expeler, –sar
expur|gación f, **–go** m *Reinigung, Säuberung* f ‖ *Zensieren* n ‖ *Ausmerzung* f *anstößiger Stellen (aus e–m Buch)* ‖ **–gador** m *Zensor* m ‖ **–gar** (g/gu) vt *reinigen, säubern* ‖ ⟨fig⟩ *zensieren, die anstößigen Stellen ausmerzen od entfernen (aus e–m Buch usw.)* ‖ **–gatorio:** (índice) ~ ⟨Kath⟩ *Index* m *(librorum prohibitorum), Verzeichnis* n *der verbotenen Bücher* ‖ **–go** m *Reinigung, Säuberung* f
exqui|sitez *[pl ~ces]* f *Vor|trefflichkeit, -züglichkeit, Köstlichkeit* f ‖ *Leckerbissen* m ‖ **–sito** adj *auserlesen, köstlich, exquisit, vor|züglich, -trefflich, ausgezeichnet* ‖ ⟨lit⟩ *ambrosisch* ‖ *reizend*
ext. ⟨Abk⟩ = **exterior(mente)** ‖ **extremo** ‖ **externo** ‖ **extensión** ‖ **extracto**

extasiar [pres ~ío] vt *verzücken* ‖ *hinreißen* ‖ ~se *in Verzückung geraten, schwärmen* ‖ ⟨figf⟩ *(laut) s–e Bewunderung äußern*
¹éxtasis m *Entzückung, Ekstase* f ‖ *religiöse Verzückung* f ‖ *Schwärmerei, Ekstase, Verzückung* f ‖ ◇ caer en ~ *in Verzückung geraten*
²éxtasis m [in der Drogenszene] *Ecstasy* f
³éxtasis m inc → **estasis**
extático adj *ent|zückt, -rückt, ekstatisch, begeistert* ‖ *schwärmerisch* ‖ ~ m *Verzückte(r), Ekstatiker* m
extempo|raneidad f *Mangel* m *an Vorbereitung, Plötzlichkeit* f ‖ **–ráneo** adj *unzeitgemäß* ‖ *unvorbereitet, plötzlich* ‖ *un|angebracht, -passend*
extendedor m *Nudel|holz* n, *-walker* m *(Küchengerät)* ‖ *Schuhspanner* m
¹extender [-ie-] vt *aus|breiten, -strecken* ‖ *aus|dehnen, -spannen* ‖ *ausbreiten (Heu)* ‖ *strecken, recken* ‖ ⟨Jur⟩ *ausdehnen (ein Recht)* ‖ *erweitern, ausdehnen, vergrößern* ‖ *aus|stellen, -fertigen (Urkunden, Scheck)* ‖ *ausstellen (Pass)* ‖ *verbreiten (Nachrichten)* ‖ *ausbreiten (Teppich, Decke)* ‖ *streichen (Butter, Honig)* ‖ *verstreichen (Farbe)* ‖ *verlängern (Frist)* ‖ ◇ ~ el límite *das Limit ausdehnen* ‖ ~ el mercado ⟨Com⟩ *das Absatzgebiet erweitern* ‖ ~ la pintura *die Farbe (mit dem Pinsel) verstreichen* ‖ ~ los poderes *die Vollmacht erweitern* ‖ ~ las relaciones *die Verbindungen ausdehnen* ‖ ~ por tierra *auf der Erde ausbreiten (Decke)* ‖ ~ la vista *in die Ferne blicken* ‖ ~se *s. ausdehnen, s. ausbreiten (hasta bis in* acc, *bis zu)* ‖ *s. verbreiten* ‖ *s. hinziehen (Berge)* ‖ *s. erstrecken (Land)* ‖ *dauern (a bis)* ‖ ⟨fig⟩ *s. verbreiten, um s. greifen* ‖ ⟨fig⟩ *Wurzel fassen* ‖ ⟨fig⟩ *s. weitläufig auslassen (im Reden)* ‖ ⟨Mil⟩ *ausschwärmen* ‖ ⟨figf⟩ *dick(e)tun* ‖ ◇ ~ hasta el valle *s. bis in das Tal erstrecken* ‖ ~ en discusiones *s. weitläufig auslassen* ‖ *s. in Diskussionen verlieren* ‖ ~ sobre un asunto *s. über et. verbreiten, bei e–r Sache verweilen*
²extender [-ie-] vt *aus|stellen, -fertigen (Urkunde usw.)* ‖ *ausstellen (Pass)* ‖ ◇ ~ una escritura *ein Schriftstück aufsetzen, ausfertigen*
¹extendido adj *ausgedehnt, weit* ‖ *weit verzweigt (Verwandtschaft, Geschäftsverbindungen)* ‖ *ausführlich, umständlich* ‖ adv: ~amente ‖ estar muy ~ *weit verbreitet sein*
²extendido adj *aus|gestellt, -gefertigt* ‖ ~ a nombre de ... *auf den Namen ... ausgestellt*
exten|sibilidad f *Dehnbarkeit* f ‖ **–sible** adj *(m/f) dehn-, streck|bar* ‖ *elastisch* ‖ *ausdehnbar* ‖ *erweiterungsfähig* ‖ *ausziehbar (Tisch)* ‖ **–sión** f *(räumliche) Ausdehnung* f ‖ *(Aus)Streckung* f ‖ *Erweiterung* f ‖ *Fläche* f ‖ *Umfang* m ‖ *Dehnung* f ‖ *Länge* f ‖ *Dauer* f ‖ ⟨Mus⟩ *Stimmumfang* m ‖ *Strecke* f *Landes* ‖ ⟨Tel⟩ *Nebenstelle* f ‖ ⟨fig⟩ *allgemeine Bildung* f ‖ la ~ de los negocios *der Umfang der Geschäfte* ‖ la ~ del tiempo *die Länge der Zeit* ‖ ◆ en toda la ~ de la palabra *in des Wortes wahrstem Sinne* ‖ ◇ tomar ~ *Umfang annehmen, zunehmen* ‖ **–sivo** adj *ausdehnbar* ‖ ⟨Agr⟩ *extensiv* ‖ *Dehn-, Streck-* ‖ ◇ hacer ~ a ... *ausdehnen auf ...* (acc) ‖ hago ~ mi agradecimiento a ... *ich danke ferner ...* (dat) ‖ **–so** pp/irr von **extender** ‖ *ausgedehnt, weit* ‖ *ausführlich, eingehend* ‖ *ausgedehnt (Lager, Handel)* ‖ ◆ por ~ *umständlich, ausführlich* ‖ ~as relaciones *ausgedehnte Verbindungen* fpl ‖ adv: ~amente *umständlich* ‖ *weit ausholend* ‖ *ausführlich* ‖ **–sor** adj *Streck-* ‖ ~ m ⟨An⟩ *Streckmuskel, Strecker* m ‖ ⟨Tech⟩ *Spanner* m ‖ ⟨Sp⟩ *Expander* m
exte|nuación f *Entkräftung, Er|mattung, -schöpfung* f ‖ ⟨Rhet⟩ → **atenuación** ‖ **–nuado**

adj *matt, erschöpft* ‖ *mager, ausgemergelt* ‖
–nuante, *(m/f),* **–nuativo** adj *erschöpfend* ‖
schwächend ‖ *ermattend* ‖ **–nuar** [pres ~úo] vt
abzehren, entkräften, erschöpfen ‖ ~**se** *s.*
erschöpfen ‖ *s. aufreiben* ‖ *s. abarbeiten*
   exte|rior adj *(m/f) äußere(r, -s), äußerlich,*
Außen- ‖ *außerhalb befindlich* ‖ *auswärtig*
(Handel, Markt) ‖ *ausländisch* ‖ ~ *m Äußere(s)* n
‖ *Aussehen* n ‖ *Benehmen* n ‖ *Anstand* m ‖
Ausland n ‖ *Außenwelt* f ‖ ◆ *al* ~, *a lo* ~
äußerlich ‖ ~**es** *mpl* 〈Film〉 *Außenaufnahmen* fpl
‖ *adv:* ~**mente** ‖ **–rioridad** *f Äußerlichkeit* f ‖
~**es** *fpl Formalitäten* fpl ‖ *äußeres Gepränge* n ‖
–riorización *f Äußerung* f ‖ *Veräußerlichung* f ‖
Ausdruck m ‖ **–riorizar** [z/c] vt *äußern, erklären,*
ausdrücken ‖ *an den Tag legen*
   exter|minación *f* → **–minio** ‖ **–minador** adj
ausrottend, ver|tilgend, -nichtend ‖ **–minar** vt
ver|bannen, -jagen ‖ 〈fig〉 *aus|rotten, -merzen,*
ver|tilgen, -nichten ‖ *ver|bannen, -jagen* ‖ 〈Mil〉
verwüsten ‖ **–minio** *m Ausrottung, Ver|tilgung,*
-wüstung, -nichtung, Zerstörung f ‖ 〈fig〉
Untergang m
   exter|nado *m Externat* n ‖ **–namente** adv
äußerlich ‖ *nach außen* ‖ **–no** adj *äußerlich,*
Außen- ‖ *außerhalb wohnend* ‖ *fremd* ‖ *auswärtig*
‖ 〈Pharm〉 *äußerlich (Gebrauch)* ‖ ~ *m*
Externe(r), auswärtiger Schüler, Außenschüler m
   exterritorialidad *f* → **extraterritorialidad**
   extin|ción *f (Aus)Löschen (des Feuers)* ‖
Löschung f ‖ *Erlöschen, Aussterben* n *(e–r Rasse,*
e–r Art usw.) ‖ 〈fig〉 *(völlige) Erschöpfung* f ‖
〈fig〉 *Vertilgung, Ausrottung* f ‖ 〈fig〉 *Tilgung* f
(e–r Rente) ‖ 〈fig〉 *Untergang* m *(e–s Staates)* ‖ ~
de una deuda Löschung, Tilgung f e–r Schuld ‖ ◆
en vías de ~ *am Aussterben* ‖ **–guido** adj
erloschen (Firma) ‖ **–guir** [gu/g] vt *(aus)löschen*
(Licht, Flamme) ‖ *ersticken (Flamme, Glut)* ‖
〈fig〉 *ausrotten (Rasse, Art)* ‖ 〈fig〉 *dämpfen,*
schwächen ‖ 〈fig〉 *vertilgen, ausrotten* ‖ *tilgen*
(Rente) ‖ *aufheben* ‖ ◇ ~ *los odios den Hass*
tilgen ‖ ~**se** 〈allg Com Jur〉 *erlöschen (& fig)* ‖
verlöschen ‖ 〈fig〉 *ausgehen* ‖ 〈fig〉 *verklingen*
(Ton, Stimme) ‖ *abklingen* ‖ 〈fig〉 *aussterben* ‖ **–to**
pp/irr *von* **extinguir** ‖ ~ adj Arg Chi *tot,*
verschieden ‖ ~ *m Tote(r), Verschiedene(r)* m ‖
–tor adj *Lösch-* ‖ ~ *m Feuerlöscher(gerät)* n ‖
para coches Autofeuerlöscher m ‖ ~ *de incendios*
Feuerlöschgerät n ‖ ~ *a mano od* manual
Handfeuerlöscher m ‖ ~ *de nieve carbónica*
Kohlensäure(feuer)löscher m ‖ ~ *seco*
Trocken(feuer)löscher m
   extir|pable adj *(m/f) aus|rottbar, -zurotten(d)* ‖
〈Med〉 *operierbar* ‖ **–pación** *f Ausrottung,*
Entwurz(e)lung f ‖ 〈Med〉 *Exstirpation,*
Wegnahme f ‖ 〈Med〉 *Wegnahme, Exstirpation,*
Entfernung f ‖ 〈Agr〉 *Vernichtung* f *(Unkraut)* ‖
–pador *m* 〈Agr〉 *(Tiefen)Grubber* m ‖ **–par** vt
ausrotten (Unkraut) ‖ *herausreißen* ‖ 〈Med〉
exstirpieren, entfernen ‖ *(Missbrauch) abstellen* ‖
(Irrtum) berichtigen
   extorno *m* 〈Com〉 *Gegen-, Rück|buchung* f,
Storno m *(& n)* ‖ *Prämienrückvergütung* f
   extor|sión *f Erpressung* f ‖ 〈fig〉
Beeinträchtigung, Störung f ‖ **–sionar** vt
erpressen ‖ 〈fig〉 *beeinträchtigen, stören* ‖
–sionista *m/f Erpresser(in* f) m
   extr. 〈Abk〉 **= extracto** ‖ **extranjero**
   [1]extra prep 〈fam〉 *außer, nicht inbegriffen* ‖ ~
del sueldo 〈fam〉 *außer dem Lohn*
   [2]extra *m* 〈fam〉 *Lohnzulage, Zugabe* f ‖
Extravergütung f ‖ *Extraspeise* f ‖ 〈Mil〉
Sonderverpflegung f ‖ 〈Auto〉 *Sonderzubehör* n
(& m), Extra n ‖ 〈Film〉 *Statist(erie* f) m ‖ 〈fam〉
Aushilfskellner m ‖ Am *Extraspesen* fpl

   [3]extra adj 〈fam〉 *außergewöhlich,*
ausgezeichnet ‖ *Sonder-, Extra-* ‖ 〈fam〉 *feinste(r),*
〈fam〉 *prima* ‖ *es algo* ~ *das ist et. (ganz)*
Besonderes ‖ 〈fam〉 *das ist prima* ‖ ~ *brut* [Sekt]
extra brut
   extracción *f (Her)Ausziehen* n ‖ 〈Bgb〉
Förderung, (Erz)Gewinnung f ‖ 〈Chem〉
Ausziehen n*, Extraktion* f ‖ *Bergung* f *(e–s*
Schiffes) ‖ *Ausziehen* n *e–s Zahnes, Extraktion* f ‖
〈Med〉 *(Magen)Aushebung* f ‖ 〈fig〉 *Herkunft* f ‖
~ *de calor Wärmeentzug* m ‖ ~ *del contenido*
gástrico Aushebung f *des Magens* ‖ ~ *sin dolor*
schmerzloses Zahnziehen n ‖ ~ *de sal*
Salzgewinnung f ‖ ~ *de sangre Blutentnahme* f ‖
~ *de la raíz* 〈Math〉 *Wurzelziehen* n ‖ ◆ *de baja*
od humilde ~ *niederer Herkunft*
   extracelular adj 〈Physiol〉 *extrazellulär,*
außerhalb der Zelle (gelegen)
   extracomunitario adj *außerhalb der*
Gemeinschaft ‖ *außerhalb der EG*
   extracontractual adj 〈Jur〉 *außervertraglich*
   extracorpóreo adj 〈Med〉 *extrakorporal;*
außerhalb des Körpers
   extracorriente *f* 〈El〉 *Extrastrom* m
   extracorto adj/s 〈Radio〉 *ultrakurz (Welle)*
   extrac|tar vt *ausziehen, im Auszug bringen* ‖
exzerpieren (ein Werk), Auszüge machen (aus e–m
Buch usw.) ‖ *zusammenfassen (Buch)* ‖ **–tivo** adj
Auszugs- ‖ *Extraktiv-* ‖ *Förder-* ‖ **–to** *m Auszug* m,
kurz gefasste Angabe f *(bei e–r Rechnung, bei*
e–m Konto od e–m Text) ‖ 〈Chem〉 *(alkoholischer,*
ätherischer) Extrakt m ‖ ~ *de café Kaffee-Extrakt*
m ‖ ~ *de carne Fleischextrakt* m ‖ ~ *de malta*
Malzextrakt m ‖ ~ *de valeriana Baldrianextrakt*
m ‖ ◆ *en* ~ *im Auszug, auszugsweise* ‖
zusammengefasst ‖ ◇ *hacer el* ~ *de cuenta e–e*
Rechnung ausziehen ‖ **–tor** *m* 〈Tech〉 *Auszieher* m
(an Waffen) ‖ *Abzieher* m ‖ *Absauger* m ‖ 〈Agr〉
Schleuder f ‖ ~ *de aire Entlüftungsapparat* m
   extracurricular adj *(m/f) nicht im Curriculum*
enthalten
   extra|dición *f Auslieferung* f *(von*
Rechtsbrechern durch e–n ausländischen Staat) ‖
–dido *m Ausgelieferte(r)* m
   [1]extradós *m* 〈Arch〉 *Bogen-, Gewölbe|rücken*
m
   [2]extradós *m* 〈Flugw〉 *Saugseite* f (z. B. *der*
Luftschraube)
   extradural adj *(m/f)* 〈An〉 *extradural*
   extraembrionario adj 〈Med〉 *extraembryonal;*
außerhalb des Embryos
   extraer [irr → **traer**] vt *heraus|ziehen,*
-nehmen ‖ *herausreißen (Pflanze)* ‖ *abziehen*
(Flüssigkeit) ‖ *ausheben (Erde)* ‖ *(her)auspressen*
(Saft) ‖ *entfernen (Fremdkörper)* ‖ *ausführen*
(Waren) ‖ 〈Chem〉 *ausziehen* ‖ *gewinnen* ‖ 〈Bgb〉
fördern ‖ *exzerpieren (Buch)* ‖ ◇ ~ *un diente sin*
dolor e–n Zahn schmerzlos (aus)ziehen ‖ ~ *la*
raíz 〈Math〉 *die Wurzel ziehen*
   extraescolar adj *(m/f) außerschulisch*
   extra|europeo adj *außereuropäisch* ‖ **–fino** adj
extra-, super|fein
   extra|judicial adj *außergerichtlich* ‖ **–jurídico**
adj *außerrechtlich* ‖ **–legal** adj *außergesetzlich* ‖
unerlaubt ‖ **–limitación** *f* 〈fig〉 *Überschreitung* f
(der Befugnisse) ‖ *Ausschreitung* f *(über die*
Grenzen des Erlaubten) ‖ **–limitarse** vr 〈fig〉 *die*
Grenzen (des Erlaubten) überschreiten ‖ 〈fig〉 *zu*
weit gehen ‖ **–lingual** adj *(m/f) extralingual,* ‖
–lingüístico adj *extralinguistisch* ‖ **–marital,**
–matrimonial adj *außerehelich* ‖ **–muros** adv
außerhalb der Stadt, außerhalb der Tore
   extrangular vt inc *für* **estrangular**
   extran|jería *f Ausländerstatus* m ‖
Ausländer|gesetz n*, -bestimmung* fpl ‖ *Ausländer-,*

Fremden|tum n ‖ ⟨desp⟩ *Ausländerei* f ‖ **–jerismo** m **a)** *Fremdwort* n, *fremdsprachliche Redewendung* f ‖ **b)** *Vorliebe* f *für alles Fremde od Ausländische* ‖ *Ausländerei* f ‖ **–jerización** *f Einführung* f *ausländischer od fremder Sitten* ‖ *Überfremdung* f ‖ **–jerizante** adj *überfremdend* ‖ **–jerizar** [z/c] vt *ausländische od fremde Sitten einführen, überfremden* ‖ ~**se a)** *s. im Ausland einbürgern* ‖ **b)** *ausländische od fremde Sitten annehmen od s. aneignen* ‖ **–jero** m **a)** *Ausländer* m ‖ *Fremde(r)*, ⟨lit⟩ *Fremdling* m ‖ *im Ausland ansässige Person* f ‖ Am *Bewohner* m *Iberoamerikas nichtspanischer Abstammung bzw dessen Muttersprache nicht Spanisch ist* ‖ **b)** *Ausland* n ‖ *Fremde* f ‖ ◇ *residir en el ~ im Ausland leben* ‖ **–jía** *f* ⟨fam⟩ → **–jería** ‖ ◆ *de ~* ⟨fam⟩ → **extranjero** ‖ ⟨figf⟩ *überraschend, sonderbar* ‖ *unerwartet* ‖ **–jis** m ⟨pop⟩ *Ausländer* m ‖ *Ausland* n ‖ ◆ *de ~* ⟨fam⟩ *heimlich, verstohlen*

    extranumerario adj/s *außerordentlich(es Mitglied e–r Körperschaft)*

    extra|ñamente adv *sonderbar* ‖ *merkwürdig, seltsam* ‖ **–ñamiento** m *Verbannung* f *(aus dem Staatsgebiet)* ‖ Span *Landesverweisung* f *(12–20 Jahre)* ‖ → **extrañeza** ‖ **–ñar** vt *verbannen, des Landes verweisen* ‖ *ver|stoßen, -jagen* ‖ *verschmähen* ‖ *ungewohnt finden, nicht gewöhnt sein (an* acc) ‖ *seltsam vorkommen* (dat) ‖ *befremden, wundern* ‖ *erstaunen über* (acc) ‖ And MAm Chi Ec Mex *vermissen* ‖ ◇ *me extraña su conducta sein Benehmen befremdet mich* ‖ *me extrañó comprobar que ... ich stellte mit Erstaunen fest, dass ...* ‖ *extraño esta cama ich bin an dieses Bett nicht gewöhnt* ‖ *no lo extraño ich wundere mich nicht darüber* ‖ ~**se** s. *(über et.* acc) *wundern, (über et.* acc) *erstaunt sein* ‖ ~ *de algo (über et.* acc) *staunen, stutzen, verwundert sein* (Am & vi) ‖ *s. entfremden* ‖ *s. entzweien* ‖ *s. weigern* ‖ *befremdend wirken* ‖ ~ *de hacer a/c s. e–r Sache entziehen* ‖ **–ñeza, extrañez** [*pl* ~**ces**] f *Entfremdung, Abneigung* f ‖ *Verwunderung* f, *Erstaunen* n ‖ *Befremden* n ‖ *Seltsam-, Sonderbar|keit* f ‖ ◇ *causar ~ befremdend wirken, verdutzen* ‖ **–ño** adj *fremd, ausländisch* ‖ *fremdartig, nicht arteigen* ‖ *auswärtig, ungewohnt, außerordentlich* ‖ *seltsam, sonderbar* ‖ *launenhaft* ‖ ~ *al hecho nicht zur Sache gehörig* ‖ *¡cosa* ~*a! sonderbar!* ‖ *¡qué* ~*! wie sonderbar!* ‖ ◇ *ser* ~ *a ... nichts zu tun haben mit ...* ‖ *no es* ~ *que ...* (subj) *es ist kein Wunder, dass ...* (ind) ‖ *me parece* ~ *es befremdet mich* ‖ ~ *m Fremde(r), Ausländer* m ‖ ◇ *hacer un* ~ *zusammenschrecken (Pferd)*

    extra|oficial adj *außeramtlich* ‖ *inoffiziell, offiziös* ‖ **–ordinario** adj *außer|ordentlich, -gewöhnlich* ‖ *seltsam, ungewöhnlich* ‖ *merkwürdig* ‖ *großartig* ‖ *Sonder-, Extra-* ⟨fam⟩ *toll, hervorragend* ‖ ⟨fam⟩ *fantastisch* ‖ ~ *m Sondergericht* n, *Extraspeise* f ‖ *Extrablatt* n *(Zeitung)* ‖ *Eilbote(nbrief)* m ‖ Am *Trinkgeld* n ‖ **–parlamentario** adj *außerparlamentarisch* ‖ **–polación** *f* ⟨Math⟩ *Extrapolation* f ‖ *Hochrechnung* f ‖ **–polar** vt ⟨Math⟩ *extrapolieren* ‖ *hochrechnen* ‖ **–rradio** m *(äußeres) Stadtgebiet* n ‖ ⟨pop⟩ *Taxifahrt* f *außerhalb des Stadtgebietes* ‖ **–rrápido** adj *über-, extra|schnell* ‖ **–rregistral** adj *(m/f) nicht im Grundbuch eingetragen* ‖ **–sensorial** adj *(m/f) außersinnlich* ‖ **–sístole** *f* ⟨Med⟩ *Extrasystole* f ‖ **–social** adj *(m/f) außerhalb der gesellschaftlichen Ordnung* ‖ **–terrestre** *(m/f)*, **–terreno** adj *außer|irdisch, -terrestrisch* ‖ **–territorial** adj *(m/f) extraterritorial* ‖ **–territorialidad** *f Extraterritorialität* f ‖ **–tributario** adj *nicht steuerlich (erfasst)* ‖

–uterino adj ⟨Med⟩: *embarazo* ~, *gravidez* ~*a Bauchhöhlenschwangerschaft* f

    extravagan|cia *f Sonderbarkeit* f ‖ *Narrheit, Extravaganz* f ‖ *(toller) Streich* m, *Ungehörigkeit* f ‖ *Ausschweifung, Überspanntheit, Ungereimtheit* f ‖ ◇ *no puedo aguantar sus* ~s *ich kann s–e Launen od Grillen nicht ertragen od leiden* ‖ **–te** adj *(m/f)* extravagant, *seltsam, sonderbar* ‖ *überspannt, verstiegen* ‖ *närrisch, toll, verrückt* ‖ *wunderlich* ‖ ~ *m Narr, Fantast,* ⟨fam⟩ *ulkiger Kauz, Spinner* m

    extra|vasarse vr *austreten, s. ergießen (von Flüssigkeiten)* ‖ ⟨Med⟩ *aus den Gefäßen ins Zellgewebe austreten (Blut)* ‖ *ausfließen* ‖ **–venarse** vr ⟨Med⟩ *aus den Blutgefäßen austreten*

    extra|versión f ⟨Psychol⟩ *Extra-, Extro|version, Extra-, Extro|vertiertheit* f ‖ **–vertido** adj *extra-, extro|vertiert*

    extra|viado adj *verirrt* ‖ ⟨fig⟩ *vom rechten Weg abgekommen* ‖ *verloren, in Verlust geraten (Gegenstand)* ‖ *abgelegen* ‖ **–viar** [pres ~ío] vt *vom Weg(e) abbringen, irreführen* ‖ *verlegen (Papiere),* ⟨fam⟩ *verkramen* ‖ *auf die Seite schaffen* ‖ ◇ ~ *la mirada den Blick ins Unbestimmte schweifen lassen* ‖ ~**se** s. *verirren* ‖ ⟨fig⟩ *auf Abwege geraten* ‖ *abhanden kommen, verloren gehen* ‖ ◇ *se me ha* ~ *el pasaporte ich habe den Pass verlegt, der Pass ist mir abhanden gekommen, ich habe m–n Pass verloren* ‖ *con los ojos* –*viados mit verlorenem Blick* ‖ **–vío** m *Irregehen* n, *Verirrung* f *vom rechten Weg* ‖ *Abweg* m ‖ *Verlust* m ‖ *Abhandenkommen* n ‖ ⟨fig⟩ *Ausschweifung* f ‖ ⟨figf⟩ *Störung* f ‖ ⟨figf⟩ *Unbequemlichkeit* f ‖ ~ *en correos Postverlust* m

    extrema *f* ⟨fam⟩ → **extremaunción**

    extremado adj *übertrieben, äußerst, extrem* ‖ *übermäßig* ‖ ~ *bailarín leidenschaftlicher Tänzer*

    Extremadura f ⟨Geogr⟩ *Estremadura* n *(historische, heute autonome Region in Spanien)*

    extre|mamente adv *äußerst* ‖ *übermäßig unbeschreiblich* ‖ **–mar** vt *aufs Äußerste treiben* ‖ *übertreiben* ‖ ◇ ~ *su bondad s–e Güte zu weit treiben* ‖ ~ *las medidas es zu weit treiben* ‖ ~ *los precios die Preise in die Höhe treiben* ‖ ~ *sus súplicas dringend bitten* ‖ ~**se** *en hacer algo s. e–r Sache befleißigen, s. anstrengen (bei* dat bzw zu & inf)

    extremaunción *f Krankensalbung* f ‖ [früher] *Letzte Ölung* f

    extremecer [-zc] vt/i inc *für* **estremecer**

    extremeño adj/s *aus Estremadura*

    extre|midad *f Äußerste(s), äußerstes Ende* n ‖ *entferntester Punkt* m ‖ *Rand* m, *Spitze* f ‖ ~**es** *fpl Gliedmaßen, Extremitäten* fpl ‖ *las* ~ *inferiores, superiores die unteren, oberen Gliedmaßen* fpl ‖ **–mis** ⟨lat⟩ m ~ ⟨fig⟩ *in den letzten Zügen* ‖ *está in* ~ ⟨fam⟩ *bei ihm ist Matthäi am letzten* ‖ **–mismo** *m* ⟨Pol⟩ *Extremismus* m, *(übersteigert) radikale Haltung* f ‖ ~ *de derechas (de izquierdas) Rechts-(Links-)extremismus* m ‖ **–mista** ~ adj *(m/f) radikal, extremistisch* ‖ ~ *m/f Anhänger(in* f) m *e–r extremen Ideologie* ‖ *Radikale(r* m) f, *Extremist(in* f) m

    ¹extremo adj *letzt, äußerst, am weitesten entfernt* ‖ *äußerst, übermäßig, hochgradig* ‖ *extrem* ‖ *entgegengesetzt, gegensätzlich* ‖ *derecha (izquierda)* ⟨Pol⟩ *die äußerste Rechte (Linke), die Rechtsextremisten (Linksextremisten)* mpl ‖ ~ *m äußerstes Ende* n ‖ *äußerste Grenze* f ‖ *Rand* m ‖ *höchster Grad* m ‖ *Extrem* n ‖ ~ *derecha (izquierda)* ⟨Sp⟩ *Rechts-(Links-)außen* m ‖ ◆ *a tal* ~ *so weit* ‖ *de* ~ *a* ~ *von e–m Ende*

zum anderen ‖ *vom Anfang bis zum Ende* ‖ en ~,
con ~, por ~ *äußerst, im höchsten Grad(e)* ‖
außerordentlich ‖ ◇ ir de un ~ a otro *plötzlich
umschlagen (Meinungen, Wetter usw.)* ‖ *von e–m
Extrem ins andere fallen* ‖ llevar al ~ *auf die
Spitze treiben* ‖ llevó la broma hasta el ~ de ...
er (sie, es) trieb den Spaß so weit, dass ... ‖ pasar
de un ~ a otro →ꞏ ir de un ~ a otro ‖ quedó
reducido al ~ de pedir limosna *es blieb ihm
nichts anderes übrig, als betteln zu gehen* ‖
tímido hasta el ~ de no poder contestar *so
schüchtern, dass er nicht einmal antworten kann* ‖
~s pl ⟨Math⟩ *Außenglieder* npl *(e–r Formel)* ‖ ◇
los ~ se tocan ⟨fig⟩ *die Extreme berühren s.*

²extremo *m Punkt* m *(e–r Diskussion usw.)* ‖
Angelegenheit f ‖ *Umstand* m ‖ ◆ en este ~ *in
dieser Hinsicht* ‖ en *od* por todo ~ *in jeder
Hinsicht* ‖ *in allen Punkten* ‖ contestó a todos los
~s de mi carta *er beantwortete m–n Brief Punkt
für Punkt* ‖ ⟨fam⟩ *äußerste Freude* (bzw *Schmerz,
Wut usw.) zeigen* ‖ ⟨fam⟩ *s. schrecklich anstellen* ‖
adv: ~**amente**

 extremos mpl ⟨Agr⟩ *Winterweide* f *(der
Wanderherden)*

 ¹extremoso adj *über\mäßig, -trieben* ‖
übertreibend ‖ *überspannt (Person)*

 ²extremoso adj *sehr od äußerst zuvorkommend*
‖ *überzärtlich*

 extrínseco adj *äußerlich* ‖ *nicht wesentlich* ‖
⟨Jur⟩ *außergerichtlich*

 extro\versión *f,* **–vertido** adj/s →ꞏ
extra\versión, –vertido

 extrudir vt ⟨Ku⟩ *strangpressen, extrudieren* ‖
⟨Met⟩ *fließpressen*

 ¹extrusión *f* ⟨Ku⟩ *Strangpressen, Extrudieren* n
‖ ⟨Met⟩ *Fließpressen* n

 ²extrusión *f* ⟨Geol⟩ *Extrusion* f *(Sammelbegriff
für Ausfluss von Lava und Auswurf von
Lockermaterial an Vulkanen)*

 extrusor *m* ⟨Ku⟩ *Strangpresse* f, *Extruder* m ‖
⟨Met⟩ *Fließpressmaschine* f

 exuberan\cia *f Überfülle, Üppigkeit* f ‖
Überschwang m ‖ *Ausgelassenheit* f ‖ ⟨fig⟩
überschäumende Lebenskraft f ‖ ⟨fig⟩ *Wortschwall*
m ‖ **–te** adj *(m/f) üppig, wuchernd* ‖ *über\mütig,
-schwänglich* ‖ *ausgelassen* ‖ *strotzend* (de *vor*
dat) ‖ ~ de salud *vor Gesundheit strotzend*

 exu\dación *f,* **–dado** *m* ⟨Med Chem⟩
Ausschwitzen n ‖ ⟨Med⟩ *Exsudat* n ‖ **–dar** vt/i
⟨Med Chem⟩ *ausschwitzen* ‖ **–dativo** adj ⟨Med⟩
exudativ

 exulcerarse vr ⟨Med⟩ *schwären*

 exul\tación *f Frohlocken* n ‖ **–tar** vi
frohlocken, jauchzen

 exutorio *m* ⟨Med⟩ *künstliches Geschwür* n ‖
Aus-, Ab\fluss m ‖ ⟨fig⟩ *Ventil* n, *Ablenkung* f

 exvoto *m Weih-, Gedenk-, Votiv\bild* n, *-tafel* f
‖ *Weihgeschenk* n

 ey *m* Cu *(Art) Volksgesang* m

 eyacu\lación *f Ejakulation* f, *Samenerguss* m ‖
⟨fig⟩ *Ausfluss, Niederschlag* m ‖ **–lar** vt
ejakulieren, ausspritzen (z. B. den Samen) ‖
–latorio adj *ausspritzend*

 eyec\ción *f (Schleim)Auswurf* m ‖ ⟨Tech⟩
Auswerfen n ‖ **–tar** vt *auswerfen*

 eyectiva *f* ⟨Ling⟩ *Knacklaut* m

 eyector *m Ejektor* m, *Dampfstrahlpumpe* f ‖
Auswerfer m *(am Gewehr)*

 ey\ra, –rá *m* Arg Bras Ur *gelblich-roter
Jaguarundi* m (Herpailurus yaguarundi)

 Ezequiel *m* np *Ezechiel* m

 △ **ezor** *m Macht* f

F

F, f *f* [= Efe, efe, *pl* Efes, efes] *F, f* n
f. ⟨Abk⟩ = **²factura** ‖ **fecha** ‖ **femenino** ‖ **fin** ‖ **fuerte** ‖ **futuro**
f/ ⟨Abk⟩ = **factura** ‖ **fardo** ‖ **fecha** ‖ **fin**
F ⟨Abk⟩ = **¹flúor**
F. ⟨Abk⟩ = ⟨EB⟩ **¹fonda**
f.ª ⟨Abk⟩ = **factura**
fa *m* ⟨Mus⟩ *das F* ‖ ~ sostenido ⟨Mus⟩ *Fis* n ‖ ~ mayor *F-Dur* n ‖ ~ menor *f-Moll* n
△ **fá** *f Meldung* f
faba *f* Ar Ast Gal *Saubohne* f ‖ Ast *Bohne* f
fabada *f* ⟨Kochk⟩ *(Art) asturischer Bohneneintopf* m
Fabián *m* np *Fabian* m
Fabio *m* np *Fabius* m
fabla *f* ⟨reg⟩ → **habla** ‖ ⟨Lit⟩ *Nachahmung* f *der altspanischen Sprache (in neuerer Dichtung)*
fabo *m* Ar ⟨Bot⟩ → **¹haya**
fabordón *m* ⟨Mus⟩ *falscher Bass* m
¹fábrica *f Fabrik* f, *Werk* n ‖ *Fabrikgebäude* n ‖ *Herstellung, Fabrikation* f ‖ ~ de aguardiente *Branntweinbrennerei* f ‖ ~ de armas *Waffenfabrik* f ‖ ~ de azúcar *Zuckerfabrik* f ‖ ~ de cerveza *Bierbrauerei* f ‖ ~ de gas *Gas|werk* n, *-anstalt* f ‖ ~ de harina(s) *Getreidemühle* f ‖ ~ matriz *Stammwerk* n ‖ ~ metalúrgica *Metallhütte* f ‖ ~ de papel *Papierfabrik* f ‖ ~ de porcelana(s) *Porzellanmanufaktur* f ‖ ~ de productos químicos *chemische Fabrik* f ‖ ~ de tabaco *Tabakfabrik* f ‖ Real ~ de tapices Span *ehem. königl. Gobelin- und Teppichwirkerei* f *(in Madrid)* ‖ ~ de tejidos *Textilfabrik* f ‖ *Weberei* f ‖ ~ de vidrio *Glashütte* f ‖ ◆ en ~, ex ~ ⟨Com⟩ *ab Fabrik, ab Werk*
²fábrica *f Mauerwerk* n ‖ *Bau* m, *Gebäude* n ‖ ◆ de ~ *gemauert*
³fábrica *f Kirchenmittel* npl *(für Bau, Erhaltung und Kultus)*
fabri|cación *f Herstellung, Anfertigung, Fabrikation* f ‖ ~ en gran escala, ~ en masa *Massen|herstellung, -produktion* f ‖ ~ nacional *inländisches Erzeugnis* n ‖ ~ en serie *Serien|herstellung, -erzeugung, -fertigung, Reihenfertigung* f **–cado** *m Erzeugnis, Fabrikat* n ‖ **–cador** adj/s ⟨fig⟩ *fabrizierend* ‖ ~ de embustes, ~ de enredos,~ de mentiras ⟨figf⟩ *Lügen|beutel* m, *-maul* n ‖ *Ränkeschmied* m ‖ ~ de títulos *Urkunden-, Pass|fälscher* m *usw.* ‖ **–cano** *m/*adj Chi *Fabrikarbeiter* m ‖ **–cante** *m Fabrikant, Hersteller, Produzent* m ‖ **–car** [c/qu] vt *an-, ver|fertigen, herstellen* ‖ *bearbeiten, fabrizieren* ‖ *(er)bauen* ‖ *errichten* ‖ *künstlich erzeugen* ‖ *brauen (Bier)* ‖ ⟨fig⟩ *aushecken, schmieden (Lügen)* ‖ ⟨fig⟩ *er|finden, -dichten* ‖ ⟨fig⟩ *(ver)fälschen* ‖ ◇ ~ como churros ⟨fam⟩ *massenhaft herstellen* ‖ ~ su fortuna *sein Glück machen* ‖ ~ en el aire ⟨figf⟩ *ohne Aussicht hoffen*
fabril adj *(m/f)* fabrikmäßig, Fabrik(s)-, Industrie-
fabriquera *f* Arg *Arbeiterin* f
fabuco *m* → **hayuco**
fábula *f Fabel* f ‖ *Tierfabel* f ‖ *Erzählung* f, *Märchen* n ‖ *Erdichtung, ersonnene Erzählung* f ‖ *Fabel, Handlung* f *(e–s Dramas* od *Epos)* ‖ *Göttersage* f, *Mythos, Mythus* m ‖ ⟨fig⟩ *Märchen* n, *Lüge, Erfindung* f ‖ ⟨fig⟩ *Gegenstand* m *des Geredes (bzw des Gespötts)* ‖ ~ apológica

Lehrfabel f ‖ ~s esópicas ⟨Lit⟩ *Äsopische Fabeln* fpl ‖ ~ de Prometeo *Mythus* m *des Prometheus* ‖ ◇ es pura ~ *das ist e–e reine Erfindung*
fabu|lación *f Erfindungsgabe, Gestaltungskraft* f ‖ *(krankhafte) Einbildung* f ‖ **–lario** *m Fabelbuch* n ‖ *Fabelsammlung* f ‖ *Sagenbuch* n ‖ **–lismo** *m* Pe *Erfindungsgabe* f ‖ **–lista** *m/f Fabeldichter(in* f) m ‖ **–loso** adj *fabelhaft, erdichtet, erfunden* ‖ ⟨fig⟩ *ans Fabelhafte grenzend, beispiellos* ‖ ⟨fig⟩ *unwahrscheinlich* ‖ ⟨fig⟩ *unglaublich* ‖ adv: **~amente**
faca *f krummes Messer* n ‖ *langes, spitzes (Jagd)Messer* n
¹facción *f Meuterei, Zusammenrottung* f ‖ *Rotte, Bande* f ‖ ⟨Pol⟩ *Klüngel* m, *Clique* f ‖ *aufrührerische Gruppe* f ‖ *(politische) Partei* f
²facción *f* ⟨Mil⟩ *Dienst* m ‖ *Wache* f ‖ ◇ estar de ~ *den Dienst verrichten, Dienst haben* ‖ *Wache* od *Posten stehen*
faccionalismo *m Bandenbildung* f ‖ *Cliquenbildung* f ‖ *Gruppenbildung* f *innerhalb e–r Partei*
facciones fpl *(Gesichts)Züge* mpl
faccio|nario adj *Partei-* ‖ ~ *m Parteigänger* m ‖ *Aufwiegler, Meuterer* m ‖ **–so** adj *aufrührerisch* ‖ *faktiös* ‖ ~ *m Parteigänger* m ‖ *Rebell, Meuterer* m ‖ *Aufwiegler* m
face|ta *f Raute(nfläche)* f ‖ *Facette, Schlifffläche* f ‖ ⟨Ins⟩ *Einzelauge* n *des Facettenauges* ‖ ⟨An⟩ *Gelenkfläche* f ‖ ⟨fig⟩ *Stand-, Gesichts|punkt* m ‖ ◇ esto tiene muchas ~s *das ist sehr vielseitig* ‖ **–tada** *f* Mex *geistloser Witz* m ‖ *plumper Streich* m ‖ **–tado** adj *geschliffen (Edelstein)* ‖ **–t(e)ar** vt *facettieren, schleifen*
faceto adj Mex *witzig, spaßig*
¹facha *f* ⟨fam⟩ *An-, Aus|sehen, Äußere(s)* n ‖ ⟨fam⟩ *Fratze* f ‖ *Fratzengesicht* n ‖ ⟨fam⟩ *Aufzug* m ‖ ◇ echar ~ ⟨pop⟩ *großtun, protzen* ‖ ⟨fam⟩ *s–e Vorkehrungen treffen* ‖ ser *(od* estar hecho) un(a) ~ *ungemein hässlich sein* ‖ tener buena ~ *gut aussehen, e–e gute Figur haben* ‖ tener mala ~ ⟨pop⟩ *schlecht aussehen* ‖ *sehr liederlich sein*
²facha *f* ⟨reg⟩ *Fackel* f ‖ △ *Hitze* f
³facha *f* ⟨reg⟩ *Axt* f, *Beil* n
⁴facha *f* ⟨reg⟩ → **faja**
⁵facha *m* ⟨pop desp⟩ *Faschist* m
⁶facha *f* ⟨Mar⟩ *Beiliegen* n ‖ ◇ ponerse en ~ *beidrehen*
facha|da *f* ⟨Arch⟩ *Fassade, Vorder-, Außen|seite* f ‖ ⟨Typ⟩ *Buchtitel* m ‖ *Titelseite* f ‖ ⟨figf⟩ *Äußere(s)* n, *Fassade* f ‖ ~ exterior, ~ principal, ~ a la calle *Straßen|seite, -front* f ‖ ~ litoral *od* marítima *Küstengegend* f ‖ ◇ hacer ~ *gegenüberliegen (von Gebäuden)* ‖ tener gran ~ ⟨fam⟩ *stattlich aussehen* ‖ **–do** adj: bien ~ ⟨fam⟩ *stattlich, rüstig* ‖ *gut aussehend*
fachear vi ⟨Mar⟩ *beidrehen*
fachen|da *f* ⟨fam⟩ *Eitelkeit* f ‖ *Angeberei, Aufschneiderei* f ‖ *Einbildung* f ‖ *Geckenhaftigkeit* f ‖ **–dear** vi ⟨fam⟩ *angeben, aufschneiden, prahlen, protzen* ‖ **–dista** *m/f,* **–dón** *m/*adj *Angeber, Aufschneider, Prahlhans* m ‖ *Wichtigtuer* m ‖ **–doso** adj ⟨fam⟩ *protzig, großtuerisch* ‖ ~ *m* → **fachendista**
△ **fachó** *f Gedächtnis* n

fachosear, fachondear vi Am → **fachendear**
fachoso adj ⟨fam⟩ *hässlich, lächerlich
aussehend* ‖ Pe *anmutig* ‖ Chi Mex →
fachendoso
    fachudo adj ⟨fam⟩ *lächerlich gekleidet* ‖
→ **fachoso**
facial adj *(m/f) Gesichts-*
    facies *f* ⟨Med⟩ *Gesicht* n *(& fam joc)* ‖ ⟨Geol⟩
Fazies f ‖ ~ *leonina* ⟨Med⟩ *Facies* f *leonina,
Löwengesicht* n *(des Leprakranken)*
fácil adj *(m/f),* adv *leicht, mühelos* ‖ *bequem* ‖
nachgiebig ‖ *willfährig* ‖ *gefügig* ‖ *leicht(fertig)* ‖
zu nachgiebig (Frau) ‖ *leicht (Mädchen)* ‖
wahrscheinlich ‖ *plauderhaft* ‖ *zuvorkommend*
(con, para, para con zu) ‖ *fließend (Verse)* ‖ *billig
(Witz)* ‖ *gewandt, glatt (Stil)* ‖ ◆ de ~ *despacho
od* venta *gängig, leicht verkäuflich (Artikel)* ‖ ~
de aprender *leicht zu erlernen* ‖ ~ en creer
leichtgläubig ‖ ~ de digerir *leicht verdaulich* ‖ ~
de manejar, de manejo ~ *leicht zu handhaben(d)*
‖ *handlich* ‖ *wendig (Wagen)* ‖ ◇ es ~ que ... *es
ist leicht möglich, dass* ... ‖ es ~ que venga
vielleicht kommt er (sie, es) ‖ no es ~ *schwerlich,
das bezweifle ich!* ‖ no lo veo ~ *ich glaube nicht,
dass es so leicht ist; so ganz einfach ist das nicht*
    faci|lidad *f Leichtigkeit, Mühelosigkeit* f ‖
leichte Auffassungsgabe f ‖ *Fertig-, Geläufig|keit*
f ‖ *Fähigkeit, Begabung* f, *Talent* n ‖
Nachgiebigkeit f ‖ *Ungezwungenheit* f ‖
Gefälligkeit f ‖ *Leichtfertigkeit* f ‖ ~ de crédito
Krediterleichterung f ‖ ~ de elocución
Sprachfertigkeit, Redegewandtheit, Eloquenz f ‖
~ de pago *Zahlungserleichterung* f ‖ ~ de
palabra *Wortgewandtheit* f ‖ ~ de venta *leichte
Verkäuflichkeit* f ‖ ◇ hablar con ~ *geläufig
sprechen* ‖ tener ~ para (los) idiomas
sprachbegabt sein ‖ ~**es** *fpl Entgegenkommen* n ‖
Erleichterung f ‖ ◇ dar ~ *(jdm et.) erleichtern* ‖
le daré toda clase de ~ *ich werde Ihnen (ihm,
ihr) in jeder Hinsicht entgegenkommen* ‖ **–lillo** adj
dim von **fácil** ‖ ⟨iron⟩ *nicht (gerade) leicht* ‖
–lísimo adj sup von **fácil** ‖ *sehr leicht,
kinderleicht*
    facili|tación *f Erleichterung* f ‖ *Bereitstellung,
Zuteilung, Gewährung* f *(von Geldmitteln usw.)* ‖
An-, Be|schaffung f ‖ **–tador** adj *unterstützend* ‖
–tar vt *erleichtern, (be)fördern* ‖ *ermöglichen* ‖
ver-, an|schaffen, besorgen, zur Verfügung stellen
‖ *fördern (Verdauung)* ‖ ◇ ~ dinero *Geld
verschaffen* ‖ ~ la venta *den Verkauf, den Absatz
erleichtern* ‖ **–tón** adj *leichtgläubig*
fácilmente adv *mit Leichtigkeit, leicht* ‖
wahrscheinlich
    facilón adj ⟨fam⟩ *allzu leicht* ‖ *bequem*
facineroso adj *ruchlos, schurkisch, schuftig* ‖
~ m *Bösewicht* m ‖ *Missetäter, Verbrecher* m
facistol adj Ant Mex Ven *anmaßend* ‖
eingebildet ‖ *prahlerisch* ‖ ~ m *(Chor)Pult* n
Faco m ⟨reg⟩ → **Francisco**
facón m Arg Ur *langes, spitzes Messer* n
facóquero m ⟨Zool⟩ *Warzenschwein* n
(Phacochoerus sp)
facsímil(e) m *Faksimile* n, *getreue
Nachbildung* f ‖ ⟨El⟩ *Bildtelegrafie* f
fact.ª ⟨Abk⟩ = **factura**
    facti|bilidad *f Durchführbarkeit,* ⟨engl⟩
feasibility f ‖ **–ble** adj *(m/f) tunlich, möglich* ‖
machbar, durchführbar
facticio adj *künstlich, erkünstelt, unnatürlich* ‖
Schein-
    fáctico adj *faktisch, tatsächlich, wirklich*
facti|tivo adj ⟨Gr⟩ *faktitiv, bewirkend* ‖ **–vo** adj
tatsächlich, wirklich
    facto: de ~ ⟨lat⟩ adv *tatsächlich* ‖ ipso ~
sofort

¹factor m *Geschäftsführer, Agent,
Bevollmächtigte(r), Faktor* m ‖ ⟨EB⟩
Gepäckmeister m ‖ ⟨Mil⟩
Beschaffungsbeauftragte(r) m
²factor m ⟨allg⟩ *Faktor* m ‖ ⟨Math⟩ *Faktor,
Multiplikator* m ‖ ⟨fig⟩ *Umstand* m, *Moment* n ‖
⟨fig⟩ *Mittel* n, *Faktor* m, *Element* n ‖ ~ climático
Klimafaktor m ‖ ~ de coherencia ⟨Psychol⟩
Kohärenzfaktor m ‖ ~ de confidencia ⟨Inform⟩
Vertrauensfaktor m ‖ ~ determinante ⟨Jur⟩
Bestimmungsfaktor m ‖ ~ hereditario ⟨Gen⟩
Erbfaktor m ‖ ~ letal ⟨Gen⟩ *Letalfaktor* m ‖ ~
Rhesus ⟨Gen Med⟩ *Rhesusfaktor* m ‖ ~ de riesgo
⟨meist Med⟩ *Risikofaktor* m ‖ ~ tiempo *Zeitfaktor*
m
    facto|raje m *Amt* bzw *Geschäft* n *des* ¹factor ‖
–ría *f Faktorei, Handelsniederlassung* f *(bes. im
Ausland)* ‖ ⟨Mar⟩ *Walfangmutterschiff* n ‖ →
–raje
    facto|rial *f* ⟨Math⟩ *Fakultät* f ‖ **–ring** m
⟨Wirtsch⟩ *Factoring* n ‖ **–rización** *f
Faktorzerlegung* f ‖ **–rizar** [z/c] vt *in Faktoren
zerlegen*
    factótum [...tun] m *Faktotum* n ‖ ⟨fam⟩ *die
rechte Hand* ‖ ⟨joc⟩ *Mädchen* n *für alles*
factual adj *(m/f) die Tatsachen betreffend* ‖
Tatsachen-
¹factura *f Gestalt* f, *Aussehen* n ‖ ⟨Mal⟩
Ausführung f
²factura *f Rechnung* f ‖ [veraltet] *Faktur(a)* f ‖
~ consular *Konsularrechnung* f ‖ ~ detallada
spezifizierte Rechnung f ‖ ~ proforma
Proformarechnung f ‖ ~ con el recibí, ~ saldada
quittierte Rechnung f ‖ ◇ abonar una ~ *e–e
Rechnung be|gleichen od -zahlen* ‖ acompañar la
~, adjuntar la ~ *die Rechnung beifügen* ‖
extender la ~ *die Rechnung ausstellen* ‖ liquidar
la ~, satisfacer una ~ ~ abonar una ~
³factura *f* Arg *Kleingebäck* n *(z.B. Brötchen,
Croissants usw.)*
    factu|ración *f Berechnung, Fakturierung,
Ausstellung* f *e–r Rechnung* ‖ ⟨EB⟩
Gepäckaufgabe f ‖ **–rar** vt *e–e Rechnung
ausstellen, fakturieren* ‖ ⟨EB⟩ *(das Gepäck)
besorgen und aufgeben* ‖ ⟨Flugw⟩ *einchecken* ‖ ◇
~ a bajo precio ⟨Com⟩ *niedrig ansetzen,
berechnen*
facturería *f* Arg *Milchbrötchenladen* m
fácula *f* ⟨Astr⟩ *Sonnenfackel* f
¹facultad *f Kraft, (Geistes)Gabe* f ‖ *Fähigkeit* f
‖ *Befähigung* f ‖ *Begabung, Gabe* f, *Können* n ‖
Talent n ‖ *Macht, Be|rechtigung, -fugnis* f ‖ *Recht*
n ‖ *Erlaubnis, Genehmigung* f ‖ *Berufstätigkeit* f ‖
~ de adaptación *Anpassungsfähigkeit* f ‖ ~ de
asimilación **a)** *Anpassungsfähigkeit* f ‖ **b)**
Aufnahmefähigkeit f ‖ ~ de castigar ⟨Jur⟩
Strafbefugnis f ‖ ~ de cazar *Jagdgerechtigkeit* f ‖
~ de concentración *Konzentrationsfähigkeit* f ‖ ~
de disponer ⟨Jur⟩ *Verfügungsbefugnis* f ‖ ~
discrecional ⟨Jur⟩ *Ermessen* n, *Ermessensfreiheit* f
‖ ~ discursiva *Urteilskraft* f ‖ ~ imaginativa
Einbildungskraft f ‖ ~ nutritiva *Nährkraft* f ‖ ~
pensante *Denkvermögen* n ‖ ◇ tener ~ be|fugt,
-rechtigt sein (para zu) ‖ ~**es** *fpl Geistesgaben* fpl
‖ ~ intelectuales *geistige Begabung* f ‖ ~
mentales *Verstand* m ‖ ~ narrativas *Erzähl-,
Fabulier|gabe, -kunst* f ‖ ◇ recobrar sus ~ *wieder
zu s. kommen*
²facultad *f Fakultät* f *e–r Universität* ‖ ⟨Hist⟩
Hof|ärzte und -apotheker mpl ‖ ⟨Hist⟩ *Privileg* n ‖
~ de Ciencias *naturwissenschaftliche Fakultät* f ‖
~ de Ciencias Económicas y Comerciales
wirtschaftswissenschaftliche Fakultät f ‖ ~ de
Derecho *juristische Fakultät* f ‖ ~ de Filosofía y
Letras *philosophische Fakultät* f ‖ ~ de Medicina

medizinische Fakultät f ‖ ~ *de Teología theologische Fakultät* f
   facul|tar vt *ermächtigen* ‖ *befähigen* ‖ *befugen* ‖ ◇ ~ a alg. para *jdn ermächtigen* (bzw *be|fähigen* od -*fugen*) *zu* & dat bzw & inf ‖ no estar –tado para *nicht berechtigt sein zu* (& dat bzw & inf)
   facultati|vamente adv *vom Standpunkt der Wissenschaft (aus)* ‖ *fachgerecht* ‖ *nach Belieben* ‖ –**vo** adj *wissenschaftlich* ‖ *ärztlich, medizinisch* ‖ *ermächtigend* ‖ *beliebig, wahlfrei, fakultativ* ‖ *wahlfrei (Unterrichtsfach)* ‖ *Fach-, Fakultäts- Ermächtigungs-* ‖ ~ m *Arzt* m ‖ *Fachmann* m ‖ (funcionario) ~ *Beamte(r)* m *des höheren Dienstes*
   facun|dia f *Redseligkeit* f ‖ *Beredsamkeit* f ‖ *Redegewandtheit, Eloquenz* f ‖ –**do** adj *redselig* ‖ *redegewandt, eloquent* ‖ *beredt*
   Facundo m np *Facundus* m
   fada f *Zauberin, Fee* f ‖ *Nixe* f
   fading m ⟨Radio⟩ *Schwund, Fading* m
   fadista m Arg ⟨pop⟩ *Zuhälter* m
   fado m ⟨Mus⟩ *Fado* m (*portugies. Volkslied*)
   fadrín m Val *junger Bursche* m ‖ Cat *erster Lehrling, Geselle* m
   fae|na f *(körperliche) Arbeit* f ‖ ⟨fig⟩ *harte Arbeit, Plackerei* f ‖ ⟨Mar⟩ *Schiffsdienst* m ‖ *häusliche Beschäftigung, Hausarbeit* f ‖ ⟨figf⟩ *übler Streich* m ‖ ⟨Taur⟩ *Leistung* f *e–s Stierkämpfers* ‖ Cu *Abteilung* f *Arbeiter* ‖ Am *Erntezeit, Kampagne* f ‖ Arg *Schlachten* n *(von Großvieh)* ‖ ~s agrícolas, ~ del campo *Feldarbeit* f ‖ ~ doméstica *Hausarbeit* f ‖ ~ de muleta ⟨Taur⟩ *Muletaarbeit* f *(Phase des Stierkampfes)* ‖ ◇ hacerle a uno una ~ ⟨figf⟩ *jdm übel mitspielen, jdm e–n üblen Streich spielen* ‖ meterse en ~ *an die Arbeit gehen* ‖ tener mucha ~ ⟨fam⟩ *viel zu tun haben, sehr beschäftigt sein* ‖ –**nar** vt ⟨Fi⟩ *(berufsmäßig) auf hoher See fischen* ‖ Arg *schlachten (Großvieh)* ‖ –**nero** m And Am *Landarbeiter* m
   faenza f *Fayence* f
   faetón m ⟨Hist⟩ *Phaeton* m *(leichter Wagen)*
   fafara|char vi Col *angeben, aufschneiden, prahlen* ‖ –**chero** m/adj *Angeber, Aufschneider, Prahlhans* m
   fago|citar vt *fressen (Fresszellen)* ‖ –**citos** mpl ⟨Biol⟩ *Phagozyten* mpl, *Fresszellen* fpl ‖ –**citosis** f *Phagozytose* f
   fagoril m Ast *Leuchtfeuer* n
   fago|t m ⟨Mus⟩ *Fagott* n ‖ → –**tista** ‖ –**tista** m/f *Fagottist(in* f), *Fagottbläser(in* f) m
   fagote m *Bündel* n *(Holz)*
   faifa f Hond *(Tabak)Pfeife* f
   fainá m Arg ⟨Kochk⟩ *gesalzener Kichererbsenkuchen* m
   fainada f Cu *unhöfliche Bemerkung* f ‖ *grobe Antwort* f
   fair play m *Fair play* n
   fai|sán m ⟨V⟩ *Fasan* m ‖ ~ vulgar ⟨V⟩ *Fasan* m (Phasianus colchicus) ‖ –**sana** f *Fasanenhenne* f ‖ –**sandé** m ⟨Kochk⟩ *Hautgout* m ‖ –**sanería** f *Fasanerie* f
   fai|te m Ec Pe *Raufbold* m ‖ *Schläger* m ‖ –**tón** m Arg → **faetón**
   fa|ja f *(Leib)Binde* f ‖ *Band* n ‖ *Schärpe* f (→ **fajín**) ‖ *Gürtel* m, *Gürtelschärpe* f *span. Bauern Hosenband* f ‖ *Streif, Saum* m ‖ *Zigarrenbinde* f ‖ *Abschnitt* m ‖ ⟨StV⟩ *Fahrstreifen* m, *Spur* f ‖ ⟨Arch⟩ *Fries* m, *Leiste* f ‖ *Band(Gesims)* n ‖ ⟨Her⟩ *Balken* m, *Leiste* f ‖ *Erdstrich* m ‖ *Wickelband* n *(für Säuglinge)* ‖ ~ de aparcamiento ⟨StV⟩ *Park|streifen* m, *-spur* f ‖ ~ verde, ~ de vegetación *grüner Streifen* m ‖ ◇ enviar bajo ~ *unter Kreuzband senden* ‖ ~s fpl

Wickelgamaschen fpl ‖ –**jada** f Arg *Tracht* f *Prügel* ‖ –**jado** adj *bandförmig (gestreift)* ‖ ~ m ⟨Bgb⟩ *Stempel-, Gruben|holz* n
   ¹**fajar** vt *binden, (mit e–r Binde) umwickeln* ‖ *wickeln (Säugling)* ‖ ~se s. gürten ‖ s. e–e *Schärpe anlegen*
   ²**fajar** vt Can Cu Chi Pe ⟨fam⟩ *(jdm) e–e herunterhauen* ‖ Am *(jdn) anpumpen* ‖ ~ vi: ~ con alg. *(jdn) an|greifen, -fallen* ‖ ~se Am s. *prügeln*
   fajardo m ⟨Kochk⟩ *Fleischpastete* f *(in Blätterteig)*
   fajero m *Wickelzeug* n *für Säuglinge*
   fajilla f Am *Kreuzband* n *(für Postsendungen)*
   fajín m dim von **faja** ‖ *(Generals-, Diplomaten-, Amts)Schärpe* f ‖ *Zigarrenbinde* f
   ¹**fajina** f *Garbenhaufe(n)* m *auf der Tenne* ‖ *Reisigbündel* n ‖ ⟨Mil⟩ *Faschine, Wurst* f
   ²**fajina** f ⟨Mil⟩ *Essen fassen! (Ruf)*
   fajinada f *Faschinenwerk* n
   fajo m *(Reisig)Bündel, Büschel (Holz)* n ‖ Mex ⟨figf⟩ *Schlag, Hieb* m
   ¹**fajos** mpl *Wickelzeug* n, *Windeln* fpl
   ²**fajos** m Am *Schluck* m *Schnaps*
   fajol m ⟨Bot⟩ *Buchweizen* m (Fagopyrum sp)
   fajón m augm von **faja** ‖ ⟨Arch⟩ *Fenster-, Tür|gesims* n
   fajuela f dim von **faja**
   fakir m → **faquir**
   falacia f *(Be)Trug* m
   falandero adj ⟨reg⟩ *am Rock der Mutter klebend, an den Rockschößen hängend*
   ¹**falange** f ⟨Hist Mil⟩ *Phalanx* f (& fig) ‖ *größere Truppenabteilung* f ‖ *Stoßtrupp* m (& fig) ‖ ⟨lit⟩ *Heer(schar* f) n
   ²**falange** f ⟨An⟩ *Finger- bzw Zehen|glied* n, *Phalanx* f
   Falange Española y de las JONS f Span ⟨Hist Pol⟩ *Falange* f *(von José Antonio Primo de Rivera 1933 gegründete Bewegung)* ‖ **Falange Española Tradicionalista y de las JONS** f Span ⟨Hist Pol⟩ *Falange* f *(1937 span. Einheitspartei)*
   falan|gero, –gista m ⟨Zool⟩ *Kletterbeutler* m (Phalanger sp)
   falan|geta f ⟨An⟩ *drittes Fingerglied* n ‖ –**gina** f *zweites Fingerglied* n
   falangio m ⟨Zool⟩ *Weberknecht* m (Phalangium spp)
   falangista adj *(m/f)* ⟨Pol⟩ *falangistisch* ‖ ~ m/f *Anhänger(in* f) m *der spanischen bzw der libanesischen Falange* ‖ ⟨Hist⟩ *Kämpfer* m *e–r Phalanx* (& fig)
   falar vt/i Gal → **hablar**
   falaris f ⟨V⟩ → **focha**
   falaropo m ⟨V⟩ *Hühnchen* n (Phalaropus spp) ‖ ~ picofino *Odinshühnchen* n (P. lobatus) ‖ ~ picogrueso *Thorshühnchen* n (P. fulicarius) ‖ ~ de Wilson *Wilson-Wasserstreter* m (P. tricolor)
   falaz [pl ~**ces**] adj *(be)trügerisch*
   falbalá [pl –**aes**] f *Falbel* f, *Faltensaum* m
   falca f *Keil* m ‖ ⟨Mar⟩ *Setzbord* n
   fal|cado adj *sichelförmig* ‖ –**car** [c/qu] vt *sicheln, mit der Sichel schneiden* ‖ –**ce** f *Sichel* f ‖ –**ciforme** adj *(m/f)* *sichelförmig*
   falcinelo m ⟨V⟩ *Brauner Sichler* m (Plegadis falcinellus)
   falcirrostro adj ⟨V⟩ *sichelschnäb(e)lig*
   falcón m ⟨Mil Hist⟩ *Falkaune* f
   falconete m *Falkonett* n *(altes Geschütz)*
   falcónidas fpl ⟨V⟩ *falkenartige Vögel* mpl, *Falken* mpl (Falconidae)
   ¹**falda** f *(Frauen)Rock* m ‖ *Rockzipfel* m ‖ ⟨fig⟩ *(Berg)Abhang* m, *Berghalde* f ‖ *(breite) Hutkrempe* f ‖ *loses Fleisch* n *an den Vorderrippen des Schlachtviehes* ‖ ~ bajera

Unterrock m ‖ ~ cruzada *Wickelrock* m ‖ ~
escocesa *Schottenrock* m ‖ ~ materna *Schoß* m ‖
~ con peto *Latzrock* m ‖ ~ plisada *Plisseerock* m
‖ ~ tableada *Faltenrock* m ‖ ~ de vuelo
Glockenrock m ‖ ◆ a la ~ del monte *am Fuß des
Berges* ‖ en la ~ *auf dem Schoß* ‖ ~s *fpl
Schoßteil* m *(der Kleidung)* ‖ ⟨fig⟩ *Frauen* fpl ‖ ◇
arremangarse las ~ s. *den Rock aufschürzen* ‖ es
un asunto de ~ ⟨joc⟩ *da steckt e–e Frau dahinter*
‖ ser muy aficionado a las ~ ⟨figf⟩ *den Weibern
nachlaufen*
²falda f ⟨Mar⟩ *Gilling, Gillung* f ‖ ⟨Typ⟩
Seitensteg m ‖ ⟨Tech⟩ *Stulp* m, *Manschette* f
faldamen|ta f, **–to** m *langer, hässlicher Rock*
m
falda-pantalón m *Hosenrock* m
fal|dellín m *kurzer Unterrock* m ‖ *kurzes
Röckchen* n ‖ Ven *kurzer, hinten aufgeschürzter
Frauenrock* m ‖ *Taufmantel* m ‖ Arg Chi
Berg|flanke, -lehne f ‖ **–der(ill)o** m
Schoßhündchen n ‖ **–dero** adj *gern unter Frauen
verweilend* ‖ ⟨fig⟩ *verhätschelt, weibisch* ‖ ~ m
Schürzenjäger, Frauenheld m ‖ **–deta** f dim von
falda ‖ ⟨Th⟩ *Vorhang* m *vor e–r Kulisse* ‖
–dicorto adj *kurzröckig* ‖ **–dillas** fpl *Satteltaschen*
fpl ‖ *Schößchen* npl *(an Kleidern)*
faldistorio m ⟨Kath⟩ *Faldistorium* n,
(faltbarer) Armlehnstuhl m *der Bischöfe*
faldón m augm von **¹falda** ‖ *langer Rockschoß*
m ‖ *Blatt* n *(e–s Rockes, e–s Hemdes)* ‖ *unterer
Teil* m *(e–s Behangs), Saum* m ‖ *Herddecke* f ‖
⟨Arch⟩ *Leistenwerk* n ‖ ⟨Arch⟩ *Walm* m ‖
Kaminrahmen m ‖ *Satteltaschen* fpl ‖ ◇ agarrarse
od asirse a los faldones de uno ⟨figf⟩ s. *unter jds
Schutz flüchten, s. an jds Rockzipfel hängen*
faldriquera f → **faltriquera**
faldu|do adj *mit langen Schößen (Kleid)* ‖ *mit
langem Rock (Frau)* ‖ **–lario** m *Schleppkleid* n
falena f ⟨Ins⟩ *Nachtfalter* m
falencia f *Irrtum* m, *Täuschung* f ‖ Arg Chi
Hond *Insolvenz* f
falerno m/adj *Falerner* m *(Wein)*
fali|bilidad f *Fehlbarkeit* f ‖ **–ble** adj *(m/f)
fehlbar* ‖ ⟨fig⟩ *trügerisch*
fálico adj *phallisch, Phallus-*
fa|lismo m *Phalluskult* m ‖ **–lo** m ⟨An⟩
männliches Glied n, *Phallus* m
¹falla f *Fehler, Defekt* m *(z.B. im Tuch)* ‖
Erdriss m, *Bergspalte* f ‖ ⟨Bgb Geol⟩ *Bruch* m,
Verwerfung f ‖ *Ladehemmung* f *(Waffe)* ‖ ⟨Tech⟩
Störung f ‖ *Versager* m ‖ Am *Nichteinhalten* n
(Versprechen, Wort usw.) ‖ ~ del motor
Motorpanne f
²falla f ⟨Val⟩ *Sankt-Josefs-Feuer* n *(19. März)* ‖
Falla f *(Figurengruppen, die am Abend des 19.
März abgebrannt werden)* ‖ ~s fpl Val *Volksfest* n
am 19. März
fallanca f *Regenleiste* f *(an Fenster od Tür)*
¹fallar vt/i ⟨Kart⟩ *nicht Farbe bekennen*
²fallar vt/i ⟨Jur⟩ *fällen (Urteil)* ‖ *durch Urteil
entscheiden* ‖ ~ ejecutoriamente *rechtskräftig
entscheiden* ‖ ~ un pleito *e–n Rechtsstreit
entscheiden*
³fallar vi *misslingen, scheitern* ‖ *fehl|schlagen,
-gehen* ‖ *e–e verabredung nicht einhalten* ‖ ◇
falló el tiempo ⟨fam⟩ *das Wetter machte e–n
Strich durch die Rechnung* ‖ no falla *das ist
sicher, das ist erprobt* ‖ *das klappt mit Sicherheit*
⁴fallar vi *(ab)brechen* ‖ *reißen* ‖ *nachgeben
(Stützmauer)* ‖ ⟨Tech⟩ *aussetzen, nicht
funktionieren, versagen* ‖ *nicht losgehen, versagen
(Geschoss)* ‖ ◇ ~ el blanco *danebengehen,
vorbeischießen*
falleba f *Drehriegel* m *(Tür-, Fenster|riegel)* ‖
Espagnoletteverschluss m

falle|cedero adj *vergänglich, hinfällig* ‖
sterblich ‖ **–cer** [-zc-] vi *sterben, verscheiden* ‖
aufhören, zu Ende gehen ‖ **–cido** adj *verstorben* ‖
~ m *Verstorbene(r), Verschiedene(r)* m ‖
–cimiento m *Tod* m, *Hinscheiden* n, Schw
Hinschied m
¹fallero adj Val *auf e–e* **²falla** *bezüglich*
²fallero adj *arbeitsscheu* ‖ Chi *wortbrüchig*
falli|ble adj *(m/f) fehlbar, trügerisch* ‖ **–do** adj
misslungen, fehlgeschlagen ‖ *verfehlt* ‖ *bankrott,
in Konkurs geraten* ‖ *uneintreibbar
(Schuldsumme)* ‖ ◇ salir ~ *fehlschlagen,
misslingen* ‖ ~ m *Bankrotteur* m
fallir [pret ~lló] vi *ausgehen, zu Ende gehen* ‖
irren, fehlgehen, in die Irre gehen
¹fallo adj Chi *albern, tölpelhaft*
²fallo m ⟨Jur⟩ *Richterspruch* m, *Urteil* n,
Entscheidung f ‖ ~ arbitral *Schieds|spruch* m,
-urteil n ‖ ~ en conciencia
Ermessensentscheidung f ‖ ~ inapelable
unanfechtbares Urteil n ‖ ~ judicial
Gerichtsentscheidung f ‖ ◇ dictar od emitir el ~
das Urteil fällen, die Entscheidung verkünden
³fallo m *Fehler, Irrtum* m ‖ *Lücke* f ‖ *Ausfall* m
‖ *Fehlleistung* f ‖ *Auslassung* f ‖ ⟨Tech⟩ *Versagen*
n ‖ *Störung* f ‖ ~ por atascamiento *Ladehemmung*
f *(der Feuerwaffe)* ‖ ~ humano *menschliches
Versagen* n ‖ ~ del motor *Fehlzündung* f ‖ ◇
tener un ~ *versagen* ‖ *fehlschlagen, misslingen* ‖
esto no tiene ~ ⟨fam⟩ *das ist e–e todsichere
Sache*
⁴fallo m ⟨Kart⟩ *Fehlkarte* f
fallón adj s. *oft irrend* ‖ Ec *wortbrüchig* ‖
arbeitsscheu
fallu|tería f Arg Ur *Heuchelei, Gleisnerei,
Scheinheiligkeit* f ‖ **–to** adj Arg Ur *heuchlerisch,
gleisnerisch, scheinheilig*
fa|locracia f *Phallokratie* f ‖ **–lócrata** m
Phallokrat m ‖ **–locrático** adj *phallokratisch* ‖
–loplástica f ⟨Med⟩ *Phalloplastik* f
falondres adv Cu Ven: de ~ *plötzlich,
unvermutet, unversehens*
falopa f Arg ⟨pop⟩ *Droge* f ‖ **–do** adj *unter
Drogeneinfluss* ‖ *verfälscht (z.B. Wein)*
Falopio m np: trompas de ~ ⟨An⟩ *Eileiter* mpl
falor(d)ia f Ar *Märchen* n, *Erfindung* f ‖ *Lüge* f
falsabraga f ⟨Mil⟩ *Unterwall* m
falsamente adv *falsch, fälschlich(erweise)*
falsaportada f ⟨Typ⟩ *Schmutztitel* m
falsario m/adj *(Ver)Fälscher* m ‖ *Falschmünzer*
m ‖ *Lügner, Wortbrüchige(r)* m
falsarregla f *Winkel* m *(zum Zeichnen)* ‖ And
Pe Ve *Linienblatt* n
false|able adj *(m/f) fälschbar* ‖ no ~
fälschungssicher ‖ **–ador** m *(Ver)fälscher* m ‖
–amiento m *(Ver)Fälschung* f ‖ *Verdrehung* f ‖
–ar vt *(ver)fälschen, entstellen* ‖ *türken* ‖
ver|biegen, -drehen ‖ *(e–e Karte) falsch
ausspielen* ‖ *biegen (Degen, Säbel)* ‖ ⟨Lit Kunst⟩
verfremden ‖ ⟨Arch⟩ *schief führen, schneiden* ‖
nicht lotrecht bauen ‖ ⟨Tech⟩ *andrehen
(Schraube)* ‖ *überdrehen (Schloss)* ‖ ◇ ~ el
cuerpo *den Körper hin und her bewegen* ‖ ~ las
guardas ⟨fig⟩ *e–n Nachschlüssel anfertigen
(lassen)* ‖ ~ vi *weichen, s. biegen* ‖ vom *Lot
abweichen (Wand)* ‖ s. *senken (Gebäude)* ‖ ⟨Mus⟩
verstimmt sein ‖ **–dad** f *Unwahrheit, Falschheit,
Verlogenheit* f ‖ ⟨Jur⟩ *Vorspiegelung* f *falscher
Tatsachen* ‖ ~ en documento *Urkundenfälschung*
f ‖ **–o** m ⟨Arch⟩ *schiefer Schnitt* m *(e–s Balkons
usw.)* ‖ ⟨Arch⟩ *Abweichung* f *von der Senkrechten*
falseta f ⟨Mus⟩ *Überleitung* f *(bei
Gitarrenbegleitung von Volksliedern)*
¹falsete m a) *Geheim-, Tapeten|tür* f ‖ b)
(Fass)Spund m

²falsete m ⟨Mus⟩ *Falsett* n ‖ *Fistelstimme* f ‖ ◇ cantar de *od* en ~ *mit Fistelstimme singen*

falsía f *Falschheit* f ‖ *Treulosigkeit* f

falsifi|cación f *(Ver)Fälschung* f ‖ ~ de documentos *Urkundenfälschung* f ‖ ~ de moneda *Falschmünzerei* f ‖ **–cador** m *(Ver)Fälscher* m ‖ *Urkundenfälscher* m ‖ ~ de moneda *Falschmünzer* m ‖ **–car** [c/qu] vt *(ver)fälschen* ‖ ⟨bes. lit⟩ *entstellen*

falsilla f *Linienblatt* n, Öst *Faulenzer* m

¹falso adj *falsch, verstellt, verkehrt* ‖ *unecht, nachgemacht* ‖ *verfälscht* ‖ *un|richtig, -wahr* ‖ *falsch, treulos, trügerisch, unaufrichtig* ‖ *tückisch, geheuchelt* ‖ *blind, Schein-, After-* ‖ *Fehl-, Schein-* ‖ *Doppel-* ‖ Ar Nav *träge, faul* ‖ Chi *feige* ‖ *ungeschickt* ‖ ~a portada ⟨Typ⟩ *Schmutztitel* m ‖ ~a rienda *Beizügel* m ‖ ~ testimonio ⟨Jur⟩ *falsche Zeugenaussage* f ‖ ◇ dar un paso en ~ ⟨fig⟩ *e–n Fehltritt tun* ‖ jurar en ~ *falsch schwören* ‖ levantar ~ testimonio ⟨Rel⟩ *(ein) falsches Zeugnis ablegen* ‖ ¡~! *falsch! das stimmt nicht! das ist nicht wahr!* ‖ ~ m *Treulose(r)* m ‖ *Übernaht* f ‖ *falscher Saum* m ‖ *Stoßband* n ‖ *Einsatz* m

△ **²falso** m *Henker* m

¹falta f *Mangel* m, *Fehlen* n ‖ *Fernbleiben* n ‖ *Nichtvorhandensein* n ‖ *Abwesenheit* f, *Ausbleiben* n ‖ ⟨Med⟩ *Ausbleiben* n *der Regel* ‖ ~ de apetito *Appetit|losigkeit* f, *-mangel* m ‖ ~ de aprecio *Nichtachtung* f ‖ ~ de atención *Ungefälligkeit* f ‖ ~ de coherencia *Mangel* m *an Einheitlichkeit* ‖ ~ de conciencia **a)** *Gewissenlosigkeit* f ‖ **b)** *Bewusstlosigkeit* f ‖ ~ de confianza *Misstrauen* n ‖ ~ de consideración *Rücksichtslosigkeit* f ‖ ~ de cortesía *Unhöflichkeit* f ‖ *Verstoß* m *gegen den Anstand* ‖ ~ de costumbre *Ungewohnheit* f ‖ mangelnde *Übung* f ‖ ~ de cumplimiento *Nichterfüllung* f ‖ ~ de dinero *Geld|mangel, -bedarf* m ‖ ~ de educación *Ungezogenheit* f ‖ *Mangel* m *an Benehmen* ‖ ~ de escrúpulos *Skrupellosigkeit* f ‖ *Gewissenlosigkeit* f ‖ ~ de existencias *Vorratsmangel* m ‖ ~ de franqueo *ungenügende Freimachung* f *(e–r Postsendung)* ‖ ~ de gratitud *Un|dank* m, *-dankbarkeit* f ‖ ~ de honradez *Un|ehrlichkeit, -redlichkeit* f ‖ ~ de interés *Interesselosigkeit* f ‖ ~ de medios *Mittellosigkeit* f ‖ ~ de memoria *Vergesslichkeit* f ‖ *Aussetzen* n *des Gedächtnisses* ‖ *Gedächtnislücke* f ‖ ~ de palabra *Wortbrüchigkeit* f ‖ ~ de peso *Gewichtsverlust* m ‖ *unrichtiges Gewicht, Fehlgewicht* n ‖ ~ de práctica *Mangel* m *an Übung* ‖ ~ de preparación *mangelnde Vorbereitung* f ‖ ~ de probidad *Unredlichkeit* f ‖ ~ de protección *Schutzlosigkeit* f ‖ ~ de puntualidad *Unpünktlichkeit* f ‖ *mangelnde Genauigkeit* f ‖ ~ de recursos *Mittellosigkeit* f ‖ ~ de respeto *Respektlosigkeit* f ‖ *Rücksichtslosigkeit* f ‖ ~ de seguridad *Unsicherheit* f ‖ *Ungewissheit* f ‖ ~ de sentido *Sinn-, Zweck|losigkeit* f ‖ *Ziellosigkeit* f ‖ ~ de sinceridad *Unaufrichtigkeit* f ‖ ~ de tacto *Taktlosigkeit* f ‖ ~ de trabajo *Arbeitslosigkeit* f ‖ ~ de trabazón *Zerfahrenheit, Abgerissenheit* f, *Mangel* m *an Einheitlichkeit* ‖ ~ de urbanidad *Mangel* m *an Erziehung, mangelnde Umgangsformen* fpl ‖ ~ de valor *Wert|mangel* m, *-losigkeit* f ‖ ~ de voluntad *Willensschwäche* f ‖ *Willenlosigkeit* f ⟨Jur⟩ *Willensmangel* m ‖ ♦ a ~ de … in *Ermang(e)lung* (gen) ‖ a ~ de pan, buenas son tortas ⟨Spr⟩ *in der Not frisst der Teufel Fliegen* ‖ a ~ de algo mejor *in Ermangelung e–s Besseren* ‖ por ~ de … *mangels* (gen) ‖ por ~ de pago ⟨Com⟩ *mangels Zahlung (Protest)* ‖ por ~ de pruebas *wegen mangelnder Beweise* ‖ por ~ de tiempo *aus Zeitmangel* ‖ sin ~ *sicherlich* ‖ ◇ dar quince y ~ a alg. ⟨figf⟩ *jdm weit überlegen sein* ‖ echar en ~ ⟨fam⟩ *vermissen* ‖ hacer ~ *fehlen, nicht da sein, ausbleiben* ‖ *nötig, erforderlich sein* ‖ aquí no haces ~ *hier braucht man dich nicht, du bist hier überflüssig* ‖ no lo hará, ni ~ que le hace ⟨fam⟩ *er (sie) wird es nicht tun und hat auch recht* ‖ no me hace ~ *ich kann es entbehren* ‖ ¡ni ~ que me hace! ⟨fam⟩ *das habe ich auch gar nicht nötig!* ‖ ¡menuda ~ me hace! ⟨fam⟩ *das brauche ich ganz und gar nicht!* ‖ notar la ~ de a/c *et. vermissen* ‖ suplir la ~ de alg. *jdn in s–r Abwesenheit ersetzen* ‖ vendré sin ~ *ich werde ganz bestimmt kommen*

²falta f *Fehler* m ‖ *Unterlassung* f ‖ *Fahrlässigkeit* f ‖ *Verschulden* n, *Schuld* f ‖ *Ver|stoß* m, *-gehen* n, *-fehlung* f ‖ *Übertretung* f ‖ *Irrtum* m ‖ *Lücke* f ‖ ⟨Sp⟩ *Fehler* m, *Foul* n, *Minuspunkt* m ‖ ⟨Tech⟩ *Mangel, Defekt, Schaden* m ‖ *Versagen* n ‖ ~ de escritura *Schreibfehler* m ‖ ~ de estilo *Stil|fehler, -bruch* m ‖ ~ garrafal *(sehr) grober Fehler* m ‖ ~ de imprenta *Druckfehler* m ‖ ~ ortográfica *Rechtschreibfehler* m ‖ ~ de puntería *Zielfehler* m ‖ ~ de régimen ⟨Med⟩ *Diätfehler* m ‖ ~ de traducción *Übersetzungsfehler* m ‖ ◇ caer en ~ ⟨fam⟩ *in e–n Fehler verfallen, et. fehlerhaft machen* ‖ coger en ~ a alg. *jdn bei e–m Fehler ertappen* ‖ cometer una ~ *e–n Fehler begehen* ‖ corregir una ~ *e–n Fehler verbessern* ‖ *e–n Fehler wieder gutmachen* ‖ hormiguear de ~s *voller Fehler sein, von Fehlern wimmeln* ‖ incurrir en una ~ *e–n Fehler begehen* ‖ poner ~s a alg. *an jdm auszusetzen haben* ‖ sacar ~s a alg. *jds Fehler aufzählen* ‖ exento de ~s *fehler|frei, -los*

¹faltar vi *fehlen, mangeln* ‖ *nicht vorhanden, abwesend sein* ‖ *knapp sein* ‖ *vermisst werden* ‖ *ausbleiben* ‖ *s. nicht einstellen* ‖ *nötig sein* ‖ *noch zu tun sein* ‖ *aufhören, zu Ende gehen* ‖ *nicht erscheinen, abwesend sein* ‖ *nicht mehr leben, gestorben sein* ‖ ◇ ~ a una reunión *s. zu e–r Sitzung nicht einstellen* ‖ falta aprendiz *Lehrling gesucht (als Anzeige)* ‖ falta de Berlín desde hace 10 años *er ist seit 10 Jahren von Berlin abwesend* ‖ ~ del mundo *sterben* ‖ falta poco para terminarse el año *das Jahr ist beinahe zu Ende* ‖ falta (por) saber si viene *es ist nun die Frage, ob er (sie, es) kommt* ‖ faltan 10 minutos para las once *es ist in 10 Minuten 11 Uhr* ‖ sólo esto falta por terminar *nur das ist noch zu tun* ‖ le faltó tiempo para delatarlo al juez *er (sie, es) hatte nichts Eiligeres zu tun, als es dem Richter anzuzeigen* ‖ no faltaba quien dijese que … *mancher sagte (sogar), dass …* ‖ no les faltó ánimo para ello *es fehlte ihnen nicht an Mut dazu* ‖ no faltaba más sino que … *es hätte nur noch gefehlt, dass …* ‖ no faltaré en dárselo *ich werde nicht versäumen, es ihm (ihr) zu geben* ‖ ¡no faltaba *od* faltaría más! **a)** *das fehlte gerade noch! das wäre noch schöner! k–e Rede!* ‖ **b)** *aber mit Vergnügen! selbstverständlich!* ‖ le faltaron fuerzas *die Kräfte versagten ihm (ihr)* ‖ por si algo faltaba ⟨iron⟩ *als wäre das noch nicht genug* ‖ noch dazu ‖ por mí no ha de ~ *an mir soll's nicht liegen*

²faltar vt/i *e–n Fehler machen, fehlen* ‖ *verstoßen (gegen)* ‖ *s. versündigen, s. vergessen* ‖ *verfehlen (ein Ziel)* ‖ *versagen* ‖ ◇ ~ a alg. *s. an jdm versündigen, s. jdm gegenüber vergessen* ‖ *jdn schimpflich behandeln* ‖ *die Achtung vor jdm verletzen* ‖ ~ a la ley *gegen das Gesetz verstoßen, das Gesetz übertreten* ‖ ~ a su obligación *s–e Pflicht versäumen* od *nicht erfüllen* ‖ *s–r Verpflichtung nicht nachkommen* ‖ ~ a su palabra *sein Wort nicht halten, sein Wort* *brechen* ‖ *wortbrüchig werden* ‖ ~ a la promesa *od* a lo prometido *sein Versprechen nicht halten* ‖ ~ a la verdad *die Wahrheit verheimlichen, lügen* ‖ Juan me faltó *Juan hat s. ungezogen gegen mich benommen* ‖ *Juan ist mir zu nahe getreten* ‖ ha faltado gravemente *er (sie) hat s. schwer vergangen*

faltazo *m* Arg: pegar el ~ *(die Schule) schwänzen*

fal|to *adj mangelhaft, unzureichend* ‖ *unvollzählig* ‖ *nicht vollwichtig* ‖ *geizig, karg* ‖ ~ de algo *entblößt, beraubt, entbehrend, bar, ohne et., in Ermangelung e–r Sache* (gen) ‖ ~ de instrucción *ungebildet, ohne Ausbildung* ‖ ~ de juicio *töricht, verrückt* ‖ ~ de medios, ~ de recursos *mittellos, unbemittelt* ‖ ~ de pago *notleidend (Wechsel)* ‖ **–tón** *adj* ⟨fam⟩ *wortbrüchig, treulos* ‖ ⟨fam⟩ *unzuverlässig* ‖ ⟨fam⟩ *beleidigend* ‖ **–toso** *adj* ⟨fam⟩ *verrückt* ‖ *vertrottelt,* ⟨pop⟩ *nicht ganz dicht*

faltriquera *f (Rock)Tasche* f ‖ *Gürteltasche* f *(unter dem Kleid)* ‖ ◇ rascar(se) la ~ ⟨figf⟩ *in den Beutel greifen* ‖ tener a uno en la ~ ⟨figf⟩ *auf jdn ganz sicher rechnen können*

falúa *f* ⟨Mar⟩ *Feluke* f ‖ *Wacht-, Zoll|schiff* n ‖ *Hafenbarkasse* f

falucho *m* ⟨Mar⟩ *kleine Feluke* f, *Küstenschiff* n

fama *f Volksstimme, Sage, Fama* f ‖ *Gerücht* n ‖ *(guter) Ruf, guter Name* m ‖ *Berühmtheit* f, *Ruhm* m ‖ ◆ de ~ mundial *weltberühmt* ‖ *von Weltruf* ‖ de mala ~ *anrüchig, berüchtigt* ‖ ◇ corre (la) ~ *es läuft das Gerücht* ‖ dar ~ a alg. *jdn in e–n (bestimmten) Ruf bringen* ‖ tener ~ *berühmt sein* ‖ es ~ que ... *man sagt od man munkelt, dass ...* ‖ unos tienen *od* se llevan la ~ y otros cardan la lana ⟨Spr⟩ *der e–e hat den Beutel, der and(e)re hat das Geld* ‖ *der e–e tut die Arbeit, der and(e)re hat den Ruhm*

famélico *adj ausgehungert* ‖ *hungerleidend, hungrig*

△ **famiar** *vt anzeigen*

familia *f Familie* f (& Inform, allg wiss) ‖ *Nachkommenschaft* f ‖ *(nächste) Verwandtschaft* f ‖ *Hausstand* m ‖ *Dienerschaft* f ‖ *Gesinde* n ‖ *Herkunft* f ‖ *Geschlecht* n, *Sippe* f ‖ ⟨Zool Bot⟩ *Familie* f ‖ ⟨Hist⟩ *Dienerschaft* f, *Gesinde* n ‖ Chi *Bienenschwarm* m ‖ ~ humana *Mensch|engeschlecht* n, *-heit* f ‖ ~ numerosa *kinderreiche Familie* f ‖ la ~ real *das königliche Haus* ‖ la Sagrada ~ ⟨Kath⟩ *Fest der Heiligen Familie (19. Januar)* ‖ *von Gaudí entworfene Kirche in Barcelona* ‖ ◆ en ~ *im Familienkreis* ‖ ⟨figf⟩ *unter vier Augen* ‖ ⟨fig⟩ *im engsten Kreis* ‖ ◇ cargarse de ~ ⟨fam⟩ *viele Kinder bekommen* ‖ estar esperando ~ ⟨fam⟩ *Familienzuwachs erwarten* ‖ ser de buena ~ *aus guter Familie (od gutem Hause) sein* ‖ tener mucha ~ *viele Kinder haben*

familiar *adj (m/f) zur Familie gehörig, Familien-* ‖ *ver|traut, -traulich (Umgang)* ‖ *genau bekannt, vertraut* (con *mit*) ‖ *ungezwungen, familiär* ‖ *einfach, schlicht* ‖ ◇ hacerse ~ *s. vertraut machen* (con *mit*) ‖ eso me es muy ~ *damit bin ich ganz vertraut* ‖ ~ m *Familien|angehörige(r)* m, *-glied* n ‖ *Dienstbote, Diener, Famulus* m ‖ *Gehilfe, Diener* m *(im Kloster)* ‖ *Vertraute(r), Hausfreund* m ‖ *Hauskaplan* m *(des Bischofs)* ‖ *Hausgeist* m ‖ ⟨fam⟩ *Teufel* m ‖ ~ del Santo Oficio ⟨Hist⟩ *Gehilfe* m *der Inquisition*

familia|ridad *f Vertraulichkeit* f ‖ *Vertrautheit* f ‖ *vertraulicher Umgang* m ‖ **~es** *fpl: permitirse od* tomarse ~ con alg. *s. gegen jdn Freiheiten herausnehmen* ‖ **–rizar** [z/c] *vt vertraut machen*

(con *mit*) ‖ *(jdn) in et. einweihen, (jdm) et. beibringen, (jdn) an et.* (acc) *gewöhnen* ‖ **~se** *s. vertraut machen* (con *mit*) ‖ *vertraulich, vertraut werden* (con *mit*) ‖ *s. in et.* (acc) *einarbeiten* ‖ *s. in et.* (acc) *hineinfinden*

familiarmente *adv vertraulich, ungezwungen*

familión *augm von* **familia**

familismo *m* ⟨Soz⟩ *Familismus* m

famoso *adj berühmt* ‖ *vortrefflich, herrlich* ‖ *gehörig, vollendet* ‖ *ausgezeichnet* ‖ ⟨fam⟩ *famos* ‖ ⟨fam⟩ *toll* ‖ *berüchtigt, anrüchig*

fámu|la *f* ⟨fam⟩ *Hausmädchen* n (meist desp) ‖ *Magd, Dienerin* f ‖ **–lo** *m Famulus, Dienstbote* m ‖ *Hausdiener* m ‖ *Gehilfe, Diener* m *(im Kloster)*

fan *m* → **²hincha**

fanal *m* ⟨Mar⟩ *(Schiffs-, Hafen)Laterne, Seeleuchte* f ‖ *Leuchtfeuer* n ‖ ⟨Mar⟩ *Leuchtgeld* n ‖ *Lichtschirm* m ‖ *Lampenglocke* f ‖ *Stülp-, Glas|glocke* f ‖ Öst *Glassturz* m ‖ ⟨fig⟩ *Licht* n, *Leuchte* f ‖ ⟨fig⟩ *Fanal* n

fanático *adj fanatisch, schwärmerisch* ‖ *fanatisch, unduldsam* ‖ ⟨fig⟩ *fanatisch, bis zum Äußersten entschlossen* ‖ ~ m *Fanatiker* m ‖ *(Glaubens)Eiferer* m ‖ *(blinder) Bewunderer* m ‖ *Schwärmer* m ‖ ~ del fútbol *Fußballfanatiker* m ‖ ◇ ser (un) ~ de alg. *ein fanatischer Anhänger jds sein* ‖ ser (un) ~ de algo *von et. hell begeistert sein*

fana|tismo *m Fanatismus* m ‖ *Glaubenseifer* m ‖ *(übertreibende) Schwärmerei* f ‖ ⟨fig⟩ *Eingenommenheit* f ‖ **–tizar** [z/c] *vt jdn fanatisieren* ‖ *auf|putschen, -hetzen*

fandan|go *m* [span. Tanz] *Fandango* m ‖ ⟨fig⟩ *tolles Treiben* n, ⟨fam⟩ *Wirbel* m ‖ Chi ⟨pop⟩ *Lärm, Radau* m ‖ ◇ este mundo es un ~ ⟨figf⟩ *alles Irdische vergeht* ‖ **–guear** *vi* ⟨fam⟩ *geräuschvoll, lustig sein* ‖ **–guero** *m/adj Fandangotänzer* m ‖ ⟨meist fig⟩ *Freund* m *von Tanz und Unterhaltung* ‖ **–guillo** *m* [span. Tanz] *Fandanguillo* m

fané *adj ver|welkt, -blüht* ‖ *geschmacklos* ‖ Arg *müde*

faneca *f* ⟨Fi⟩ *Franzosendorsch* m (Trisopterus luscus) ‖ ~ brava *Viperqueise* f (Trachinus viper) ‖ ~ menor *Zwergdorsch* m (Trisopterus minutus)

fane|ga *f Fanega* f, span. *Trockenmaß* n (in Kastilien: 12 Celemines = 55¹/₂ Liter) ‖ ~ de tierra *kastilisches Flächenmaß (64,596 Ar)* ‖ **–gada** *f* → **fanega** de tierra ‖ ◆ a ~s ⟨figf⟩ *scheffelweise, in Hülle und Fülle, in rauen Mengen*

fanerógamas *fpl* ⟨Bot⟩ *Samen-, Blüten|pflanzen, Phanerogamen* fpl

fanfa *m* Kurzform für **fanfarrón** ‖ **–rrear** *vi* → **fanfarronear** ‖ **–rría** *f* ⟨fam⟩ *Angeberei, Aufschneiderei, Prahlerei* f ‖ **–rrón** *adj* ⟨fam⟩ *angeberisch, prahlerisch, großsprecherisch* ‖ ⟨fig⟩ *blendend* ‖ ~ m *Angeber, Aufschneider, Prahlhans* m ‖ **–rronada** *f Angeberei, Aufschneiderei, Prahlerei, Großsprecherei* f ‖ **–rronear** *vi angeben, aufschneiden, prahlen, großtun* ‖ **–rronería** *f* → **fanfarronada**

fanfurriña *f* ⟨fam⟩ *Jähzorn* m

fan|gal, –gar *m Morast* m, *-loch* n ‖ **–go** *m Schlamm, Morast* m ‖ ⟨fig⟩ *Schmutz, Kot* m, ⟨fam⟩ *Dreck* m ‖ ~ medicinal *Fango* m ‖ ◇ arrastrar por el ~ ⟨fig⟩ *durch den Schmutz ziehen od zerren, verunehren* ‖ cubrir de ~ ⟨fig⟩ *(jdn) mit Schmutz bewerfen* ‖ **–goso** *adj schlammig, morastig, kotig* ‖ **–goterapia** *f* ⟨Med⟩ *Behandlung* f *mit Moorbädern od Fangopackungen*

Fanny *f* ⟨fam⟩ → **Estefanía** ‖ → **Francisca**

fanón *m* ⟨Kath⟩ *Fanon* m *(zweiteiliger Schulterkragen des Papstes)*

fantaciencia *f* ⟨Neol⟩ → **ciencia** ficción

fantase|ar vi *fantasieren* (& Med) ‖ *der Einbildungskraft freien Lauf lassen* ‖ *s. übertriebene Vorstellungen machen* ‖ *prunken* (con *mit*) ‖ *faseln, fantasieren* (de *von*) ‖ ~ vt *erträumen* ‖ **–o** *m* Arg *Träumerei* f

fanta|sía f *Einbildungskraft, Fantasie* f ‖ *Trugbild* n ‖ *Traumbild* n ‖ *Träumerei* f ‖ ⟨fam⟩ *wunderlicher Einfall* m ‖ *Eigendünkel* m, *Einbildung* f ‖ ⟨fig⟩ *Erfindungsgeist* m, *Fantasie, schöpferische Kraft* f ‖ ⟨fam⟩ *Großtuerei* f ‖ ⟨Mus⟩ *Fantasie* f, *Fantasiestück* n ‖ *Laune, Grille* f ‖ ◆ de ~ *Mode-* ‖ ◇ llueve con ~ Am *es regnet in Strömen* ‖ **–sioso** adj ⟨fam⟩ *dünkelhaft* ‖ *grillenhaft* ‖ ~ *m Fantast* m

fantas|ma *m Luft-, Traum|bild, Phantom* n ‖ *Gespenst* n ‖ ⟨fig⟩ *Schreckgespenst* n ‖ *Trugbild, Hirngespinst* n, *Grille* f ‖ *Erscheinung* f, *Gesicht* n ‖ aparecer como un ~ *aus dem Nichts auftauchen* ‖ **–magoría** f *Phantasmagorie* f, *Scheinbild* n ‖ ⟨fig⟩ *Blendwerk* n, *Spiegelfechterei, Gaukelei* f ‖ **–magórico** adj *phantasmagorisch, gaukelhaft* ‖ **–mal** adj *(m/f) gespenstisch, Gespenster-, Geister-* ‖ **–món** *m*/adj ⟨fam⟩ *eingebildeter Mensch* m ‖ *Angeber, Aufschneider, Prahlhans* m ‖ *Fantast* m

fantástico adj *fantastisch, wunderlich, Fantasie-* ‖ *gespenstisch, Gespenster-, Geister-* ‖ ⟨fig⟩ *schwärmerisch* ‖ ⟨fig⟩ *trügerisch* ‖ ⟨fig⟩ *hochmütig, stolz* ‖ ⟨fam⟩ *ungeheuer, kolossal* ‖ ⟨figf⟩ *toll* ‖ Arg *launig*

fanto|chada f ⟨fam⟩ *Narrheit* f ‖ *Bubenstreich* m ‖ **–che** *m Hampelmann* m, *Gliederpuppe, Marionette* f ‖ ⟨fig⟩ *Geck, Stutzer* m ‖ ⟨fig⟩ *Hampelmann, Hanswurst* m

fa|ñado *m einjähriges Tier* n ‖ **–ñar** *das Vieh durch e–e Einkerbung am Ohr kennzeichnen*

fañoso adj Can Cu Mex PR Ven *näselnd*

faquí [*pl* ~íes] *m* → **alfaquí**

faquín *m (Last)Träger, Dienstmann* m

faquir *m Fakir* m

△ **farabustear** vt/i *suchen, spähen*

fa|rádico adj ⟨El⟩ *faradisch (Strom)* ‖ **–radímetro** *m Faradimeter* n, *Kapazitätsmesser* m ‖ **–rad(io)** *m* (F) *Farad* n ‖ **–radización** f ⟨Med⟩ *Faradisation* f

faralá [*pl* ~aes, ⟨pop⟩ ~ares] *m* → **farfalá**

farallo *m* Sal *Brotkrümchen* n

farallón *m Klippe* f ‖ ⟨Bgb⟩ *oberer Teil* m *e–s Flözes*

farama|lla f ⟨fam⟩ *Geschwätz* n ‖ *Betrug, Schwindel* m ‖ Chi *Angeberei, Aufschneiderei, Prahlerei* f ‖ Am *Läpperei, Lappalie, Kleinigkeit* f ‖ ~ *m*/adj ⟨fam⟩ *Schwätzer* m ‖ **–llear** vi Chi *angeben, aufschneiden, prahlen* ‖ **–llero, –llón** *m*/adj ⟨fam⟩ *Schwätzer, Bauernfänger* m ‖ Mex *Angeber, Aufschneider*

¹farandola f ⟨provenz. Tanz⟩ *Farandole*

²farandola f Ar Nav → **farfalá**

farándula f *Komödiantentum* n ‖ ⟨Th⟩ *primitive Wanderbühne,* ⟨pop⟩ *Schmiere* f ‖ ⟨figf⟩ *Geschwätz* n ‖ ⟨fig⟩ *Bauernfängerei* f, *Betrug* m

farandu|lear vi → **farolear** ‖ **–lero** *m*/adj ⟨Th⟩ *wandernder Komödiant* m ‖ ⟨fam⟩ *Schwindler, Bauernfänger* m

faranga f Hond *Trägheit, Faulheit* f

fara|ón *m Pharao* m ‖ ⟨Kart⟩ *Pharao(spiel)* n ‖ **–ónico** adj *pharaonisch, Pharaonen-*

faraute *m Bote, Abgesandte(r)* m ‖ ⟨Hist⟩ *Herold* m ‖ ⟨Th Hist⟩ *Sprecher* m *(des Prologs)* ‖ ⟨fam⟩ *Faktotum* n, *rechte Hand* f ‖ ⟨figf⟩ *Wichtigtuer, Prahler* m

¹farda f *Kleiderbündel* n

²farda f: pagar ~ a alg. ⟨figf⟩ *jdm aus Angst od Eigeninteresse Ehre erweisen*

fardada f *Angeberei* f

fardacho *m* ⟨Zool⟩ *Eidechse* f

far|daje *m Bündelpacken* m ‖ *(Reise)Gepäck* n ‖ **–dar** vi ⟨fam⟩ *elegant daherkommen* ‖ *nobel, schick, fesch sein* ‖ *angeben* ‖ **–del** *m Ranzen* m ‖ *Provianttasche* f ‖ *Bündel* n ‖ *Ballen, großer Pack* m ‖ ⟨fig⟩ *schlampiger Mensch* m, *Scheusal* n ‖ **–dería** f *Bündel* npl ‖ *Gepäck(stücke* npl) n ‖ ⟨EB Mar⟩ *Stückgut* n ‖ **–dero** *m* Ar *Last-, Gepäck|träger* m ‖ **–do** *m Ballen* m

△ **fardialedra** f *Kleingeld* n

fardo *m Ballen* m ‖ *Ranzen* m ‖ *Last* f ‖ ◇ descargar el ~ ⟨figf⟩ *sein Herz ausschütten* ‖ ⟨pop⟩ *entbunden werden (Frau),* ⟨pop⟩ *ihr Päckchen loswerden* ‖ ~ de la deuda *Schuldenlast* f ‖ **–s** *mpl Stückgut* n

fardón adj ⟨fam⟩ *nobel, schick, fesch*

farero *m Leuchtturm|wächter, -wärter* m

farfalá [*pl* ~aes] *m Falbel* f, *Faltenzierat* m *(an Frauenröcken)* ‖ ⟨figf⟩ *Firlefanz, Flitterkram* m

farfa|llón *m*/adj ⟨fam⟩ *Pfuscher* m ‖ **–lloso** adj Ar *stotternd*

far|fante, –fantón *m* ⟨fam⟩ *Angeber, Aufschneider, Prahlhans* m

¹fárfara f ⟨Bot⟩ *Huflattich* m (Tussilago farfara)

²fárfara f *inneres Häutchen* n *im Ei* ‖ ◆ en ~ ⟨fig⟩ *unvollendet*

△ **farfaro** *m Geistliche(r)* m

farfolla f *Hülse* f *(e–s Maiskolbens)* ‖ ⟨fig⟩ *unbedeutendes Ding* n *mit großartiger Aufmachung,* ⟨fam⟩ *(leeres) Protzen* n

farfu|lla f ⟨fam⟩ *Stammeln, Stottern* n ‖ **–llar** vt/i *(her)stammeln* ‖ *stottern* ‖ ⟨figf⟩ *(ver)pfuschen* ‖ **–llero** *m* ⟨fam⟩ *Stammler, Stotterer* m ‖ ⟨fam⟩ *Pfuscher* m ‖ Am *Angeber, Aufschneider, Prahlhans* m

fargallón adj ⟨fam⟩ *schlampig, nachlässig* ‖ ~ *m Pfuscher* m

farigola f Cat *Thymian* m (→ **tomillo**)

fari|náceos *mpl Mehl|erzeugnisse, -produkte* npl ‖ *Mehlspeisen* fpl ‖ **–netas** *fpl* Ar *Brei* m *von Mehl und Honig*

faringe f ⟨An⟩ *Schlund(kopf), Rachen, Pharynx* m

faríngeo adj ⟨An⟩ *Rachen-*

faringitis f ⟨Med⟩ *Pharyngitis, Entzündung der Rachenschleimhaut, Rachenentzündung*

fariña f Arg *Maniokmehl* n

fari|saico adj *pharisäisch* ‖ ⟨fig⟩ *pharisäisch, heuchlerisch* ‖ **–seísmo** *m pharisäische Lehre* f ‖ ⟨fig⟩ *Scheinheiligkeit, Heuchelei* f, *Pharisäertum* n ‖ **–seo** *m Pharisäer* m ‖ ⟨fig⟩ *Heuchler, Pharisäer* m

farlopa f ⟨pop⟩ [in der Drogenszene] *Schnee* m *(Kokain)*

farm. ⟨Abk⟩ = **farmacia** ‖ **farmacéutico**

farmacéutico adj *pharmazeutisch* ‖ ~ *m Pharmazeut* m ‖ *Apotheker* m

farmacia f *Apotheke* f ‖ *Pharmazie* f ‖ ⟨pop fig⟩ *Hosenschlitz* m

fármaco *m Arzneimittel, Medikament, Pharmakon* n ‖ ~s *genéricos Generika* npl

farmaco|cinética f *Pharmakokinetik* f ‖ **–dependencia** f *Arzneimittelsucht* f ‖ **–dependiente** adj *(m/f) arzneimittelsüchtig* ‖ **–dinamia** f *Pharmakodynamik* f ‖ **–genética** *Pharmakogenetik* f ‖ **–logía** f *Pharmakologie, Arzneimittel|kunde, -lehre* f ‖ **–lógico** adj *pharmakologisch*

farmacólogo *m Pharmakologe* m

farmaco|manía f *Arzneimittelsucht* f ‖ **–pea** f *Pharmakopöe* f, *(amtliches) Arzneibuch* n ‖ **–(p)sicosis** f *Pharmakopsychose* f ‖ **–terapia** f *Pharmakotherapie* f

faro m ⟨Mar⟩ *Leuchtturm* m ‖ ⟨Mar⟩ *Leuchtfeuer* n ‖ ⟨Flugw Mar⟩ *(Leucht-, Feuer)Bake* f ‖ ⟨Auto⟩ *Scheinwerfer* m ‖ ⟨fig⟩ *Leuchte* f ‖ ⟨fig⟩ *Licht, Fanal* n ‖ ⟨fig⟩ *Führer* m, ⟨Sp fig⟩ *Kerze* f ‖ ~ *antiniebla Nebelscheinwerfer* m ‖ ~ *buscador,* ~ *detector Suchscheinwerfer* m ‖ ~ *de marcha atrás Rückfahrscheinwerfer* m ‖ ~ *móvil* → ~ *buscador* ‖ ~ *de tierra* ⟨Flugw⟩ *Bodenscheinwerfer* m ‖ ~ *transmisor Seefunktstation* f

¹farol m *Laterne, Leuchte* f ‖ *Straßenlaterne* f ‖ *Stocklaterne* f ‖ *Laternenpfahl* m ‖ *Papierlaterne* f, *Lampion* m (& n) ‖ ⟨Taur fig⟩ *e–e Figur beim Stierkampf* ‖ Arg ⟨fig⟩ *Balkon* m ‖ ~ *de costado* ⟨Mar⟩ *Seitenlaterne* f ‖ ~ *de popa* ⟨Mar⟩ *Hecklaterne* f ‖ ~ *público Straßenlaterne* f ‖ ~ *de señales Signallampe* f ‖ ¡adelante con los ~es! ⟨fam⟩ *vorwärts! los! nur zu!*

²farol m ⟨fam⟩ *Wichtigtuerei* f ‖ *Angeberei, Aufschneiderei, Prahlerei* f ‖ ⟨fam⟩ *Wichtigtuer* m ‖ *Angeber, Aufschneider, Prahlhans* m ‖ *nicht einzuhaltendes Versprechen* n (z. B. *e–s Politikers*)

farola f *Straßenlampe* f ‖ *Lichtmast* m ‖ ⟨Mar⟩ *(See)Leuchte* f ‖ **–lazo** m *Schlag* m *mit e–r Laterne* ‖ *Zeichen* n *mit e–r Laterne* ‖ Mex ⟨figf⟩ *ein kräftiger Schluck* m *Schnaps*

farolear vi ⟨fam⟩ *(s.) wichtig tun* ‖ *angeben, aufschneiden, prahlen* ‖ **–leo** m *Wichtigtuerei* f ‖ *Angeberei, Aufschneiderei, Prahlerei* f

¹farolería f *Lampengeschäft* n ‖ ⟨Mar⟩ *Lampenspind* n

²farolería f → **faroleo**

¹farolero m [veraltet] *Laternenanzünder* m ‖ *Lampenputzer* m

²farolero m *Wichtigtuer* m ‖ *Angeber, Aufschneider, Prahlhans* m

¹farolillo m *kleine Laterne* f ‖ ~ *chino Lampion* m (& n) ‖ ~ *rojo* ⟨figf Sp⟩ *Schlusslicht* n, *rote Laterne* f ‖ ~ *a la veneciana Lampion* m (& n)

²farolillo m ⟨Bot⟩ *Glocken|malve, -blume* f (Campanula spp)

¹farolón m *große Laterne* f

²farolón m/adj → **²farolero**

farota f ⟨fam⟩ *freches, leichtsinniges Weib* n ‖ **–tón** adj ⟨fam⟩ *frech, schamlos*

farpa f *Spitze* f (*e–s Saums, e–s Fahnentuchs usw.*) ‖ **–pado** adj *ausgezackt*

¹farra f ⟨Fi⟩ *Blaufelchen* m (Coregonus wartmanni) ‖ *Gangfisch, Kröpfling* m (C. macrophthalmus)

²farra f → **juerga** ‖ ◇ *ir de* → **juerguearse**

farraca f Sal Zam → **faltriquera**

fárrago m *Plunder, Kram* m ‖ *Wirrwarr* m, *Durcheinander* n ‖ ⟨fig⟩ *Wortkram, Ballast* m

farragoso adj *überladen* ‖ **–guista** m/f *Wirrkopf* m

farrapas fpl Ast ⟨Art⟩ *Maisbrei* m

farrear vi Arg Bol Chi → **juerguear** ‖ **–rrero** m Chi Pe, **–rrista** m Am → **juerguista**

farro m *Gerstengraupen* fpl ‖ *Gerstengrütze* f ‖ ⟨Art⟩ *feiner Weizen* m

¹farruco adj ⟨fam⟩ *tapfer, kühn* ‖ *draufgängerisch* ‖ ◇ *ponerse* ~ (con alg.) *(jdm) die Stirn bieten, s. (jdm gegenüber) auf die Hinterbeine stellen*

²farruco m/adj ⟨fam⟩ *jüngst ausgewanderter Galicier od Asturier (Spitzname)* ‖ ⟨fam⟩ *Provinzler* m

Farruco m Ast Gal ⟨fam⟩ → **Francisco**

farruto adj Chi *kränklich*

farsa f *Posse, Schnurre* f, *Schwank* m ‖ ⟨Th⟩ *Possenspiel* n, *Posse* f ‖ ⟨fig⟩ *elendes Theaterstück* n ‖ ⟨Th fam⟩ *Schmarren* m ‖ ⟨fig⟩ *Farce, Komödie* f ‖ ⟨fig⟩ *Ränke* mpl ‖ *Betrug, Schwindel* m

Farsalia f ⟨Hist⟩ *Pharsalos (antike Stadt)*

farsante m/f ⟨fam⟩ *Komödiant(in* f), *Heuchler(in* f), *Schwindler(in* f) m ‖ **–tería** f *Possen* m ‖ ⟨figf⟩ *Heuchelei* f ‖ **–tón** m ⟨fam⟩ *großer Heuchler* m

farsear vi Chi ⟨fam⟩ *spaßen* ‖ **–ro** adj *possierlich*

farsista m/f ⟨Th⟩ *Possenschreiber(in* f) m

fartar vt ⟨reg⟩ → **hartar**

fas ⟨lat⟩: por ~ o por nefas ⟨fam⟩ *mit Recht oder mit Unrecht* ‖ *so oder so*

fasces fpl ⟨Hist⟩ *Ruten-, Liktoren|bündel* n

fascia f ⟨An⟩ *Faszie* f ‖ **–cial** adj *(m/f)* ⟨An⟩ *Faszien-*

fascículo m *Bündel* n ‖ *Heft* n, *Lieferung* f ‖ ⟨Typ⟩ *Faszikel* n ‖ ⟨An⟩ *Bündel* n, *Strang, Zug* m ‖ ⟨Bot⟩ *Büschel* n

fascinación, –namiento m *Faszination, Be|zauberung, -rückung* f ‖ *Verblendung* f, *Zauber* m ‖ *Behexung* f ‖ *Bannen* n *mit dem Blick* ‖ ⟨fig⟩ *Verblendung, Täuschung* f ‖ **–nador, –nante** adj *(m/f) faszinierend, be|zaubernd, -rückend* ‖ *blendend* ‖ ⟨fig⟩ *fesselnd* ‖ ~ m *Zauberer* m ‖ **–nar** vt *faszinieren, be|zaubern, -rücken* ‖ *fesseln, bannen, blenden* ‖ *behexen* ‖ *hypnotisieren* ‖ ⟨fig⟩ *verblenden, betrügen* ‖ ⟨fig⟩ *fesseln*

fascismo m ⟨Pol⟩ *Faschismus* m ‖ **–cista** adj *m/f faschistisch* ‖ [ungenau] *rechtsradikal* ‖ ~ m/f *Faschist(in* f), *Anhänger(in* f) m *des Faschismus* ‖ **–cistoide** adj *(m/f) faschistoid*

fase f ⟨Astr⟩ *Phase* f ‖ ⟨fig⟩ *Phase, (Entwicklungs)Stufe* f ‖ *Stadium* n ‖ *Abschnitt, Stand* m ‖ *Arbeitstakt* m ‖ ⟨Chem El Tech⟩ *Phase* f ‖ ~ *áster* ⟨Biol⟩ *Asterphase* f ‖ ~ *de ensayo Versuchsstadium* n ‖ ~ *inhibidora* ⟨Chem⟩ *Hemmungsphase* f ‖ ~ *juvenil* ⟨Biol⟩ *jugendliches Stadium* n ‖ ~s *de la luna* ⟨Astr⟩ *Mondphasen* fpl ‖ ~ *de oscilación* ⟨Phys⟩ *Schwingungsphase* f ‖ ◆ *de tres* ~s *dreistufig* (z. B. *Rakete*) ⟨El⟩ *dreiphasig*

fásoles mpl *Bohnen, Fasolen* fpl

fassaita f ⟨Min⟩ *Fassait* m

fastidiar vt *anekeln* ‖ ⟨fig⟩ *(jdn) belästigen, (jdm) lästig sein, (jdn) ärgern od plagen* ‖ *(jdm) auf die Nerven gehen* ‖ *(jdn) anöden od langweilen* ‖ ~**se** *e–e Unannehmlichkeit erfahren* ‖ *s. ärgern* (con, de *über* acc) ‖ *es que –die!* ⟨fam⟩ *es geschieht ihm recht!, das hat er verdient!* ‖ ¡fastídiate! ⟨fam⟩ *ätsch!* ‖ ¡nos hemos –diado! *jetzt sind wir in der Patsche!, da haben wir e–e schöne Bescherung!* ‖ **–dio** m *Ekel* m ‖ *Lang(e)weile* f ‖ *Widerwille* m ‖ ⟨fig⟩ *Ärger, Verdruss* m ‖ ⟨fig⟩ *Widerwärtigkeit, Unannehmlichkeit* f ‖ ¡qué ~! *wie unangenehm! so ein Ärger!* ⟨fam⟩ *so was Dummes!* ‖ *der (Kerl) geht mir auf die Nerven!* ‖ **–dioso** adj *widrig lästig, beschwerlich* ‖ *langweilig,* ⟨fam⟩ *doof* ‖ *langwierig*

fastigio m *Gipfel* m, *Spitze* f (bes. fig) ‖ **–gioso** adj ⟨Bot⟩ *gleich hoch* ‖ *in die Höhe wachsend*

fasto adj ⟨Hist lit⟩ *glücklich, Glücks-* ‖ *günstig* ‖ ~ m *Prunk* m, *Pracht* f ‖ ~s adj *mpl* ⟨Hist⟩ *Fasten* pl ‖ **–tuosidad** f *Prunksucht* f → **fasto** ‖ **–tuoso** adj *prunkvoll* ‖ *prunksüchtig* ‖ *hochtrabend*

fatal adj *(m/f) fatal, verhängnisvoll* ‖ *unselig* ‖ *nachteilig* ‖ *tödlich, todbringend* ‖ *schicksalhaft, un|abwendbar, -vermeidbar* ‖ *entscheidend* ‖ ⟨fam⟩ *elend, fatal* ‖ ⟨figf⟩ *widerwärtig, unmöglich* ‖ ◇ *está* ~ ⟨fam⟩ *er ist ganz betrunken* ‖ *er macht alles verkehrt*

fata|lidad *f Verhängnis* n ‖ *Widerwärtigkeit* f ‖ *Fatum, Schicksal(sfügung* f) n ‖ ⟨fig⟩ *Fatalität* f, *Missgeschick* n ‖ *Zwang* m, *Zwangsläufigkeit* f ‖ *unglückliche Umstände* mpl ‖ ⟨fam⟩ *fatale Sache* f ‖ **–lismo** *m Fatalismus, Schicksalsglaube* m ‖ **–lista** adj *(m/f) fatalistisch* ‖ ~ *m/f Fatalist(in* f) m

fatalmente adv *unglücklich(erweise)* ‖ *unvermeidlich* ‖ *zwangsläufig* ‖ *fatalerweise* ‖ ⟨fam⟩ *elend, schlecht*

fatamorgana *f Fata Morgana* f

fati adj *(m/f)* ⟨fam⟩ *dick, fett*

fatídico adj *wahrsagend* ‖ *unheil|verkündend, -voll* ‖ *unselig* ‖ *schicksalhaft* ‖ ⟨lit⟩ *weissagend, prophetisch*

fati|ga *f Müdigkeit* f ‖ *Er|müdung, -mattung* f ‖ *Mühe, Plage, Qual* f ‖ *Strapaze, ermüdende Arbeit* f ‖ ⟨fig⟩ *Beschwerlichkeit* f ‖ *Leiden* n ‖ ⟨Tech⟩ *Ermüdung* f ‖ ~(s) *f(pl) Strapaze(n), Mühe(n)* f(pl), *Mühsal* f ‖ ~ *del material* ⟨Tech⟩ *Werkstoffermüdung* f ‖ ~ *ocular Ermüdung* f *der Augen* (bes. Inform) ‖ ◇ *estar abrumado de* ~ *todmüde sein* ‖ **–gado** adj *müde* ‖ *ermüdet, matt, niedergeschlagen* ‖ *abgespannt* ‖ *abgenutzt, brüchig* ‖ *zerlesen (Buch)* ‖ *erschöpft (Boden)* ‖ *abgetragen (Kleidungsstück)* ‖ **–gante** adj *(m/f) ermüdend, anstrengend* ‖ *beschwerlich, lästig* ‖ **–gar** [g/gu] vt *er|müden, -matten,* ⟨fam⟩ *müde machen* ‖ ⟨lit⟩ *abmatten* ‖ *anstrengen, strapazieren* ‖ *belästigen* ‖ *lästig werden (das)* ‖ *quälen, plagen* ‖ ⟨Typ⟩ *übermäßig abnutzen (Schrift)* ‖ *erschöpfen (Boden)* ‖ ⟨Tech⟩ *ermüden* ‖ ◇ ~ *la atención die Aufmerksamkeit ermüden* ‖ **~se** *(s.) ermüden, s. abmatten* ‖ *müde werden* ‖ *außer Atem kommen* ‖ *erschlaffen (Gesichtszüge)* ‖ *überanstrengt werden (Augen)* ‖ *s. anstrengen, s. abmühen* ‖ ◇ ~ *de andar s. müde gehen* ‖ **–goso** adj *ermüdend, mühsam, beschwerlich* ‖ *kurzatmig*

fatimitas mpl ⟨Hist⟩ *Fatimiden* mpl

fato adj *Hues Rioja* ⟨fam⟩ *albern, einfältig* ‖ Ast *eingebildet* ‖ *geckenhaft* ‖ ~ *m* Ar Extr *Geruchssinn* m ‖ And Extr León Sal Zam *Geruch* m (meist *Gestank* m)

fatsia *f* ⟨Bot⟩ *Fat|sia, -sie* f (Aralia sieboldi)

fatuidad *f Geckenhaftigkeit* f ‖ *Eitelkeit, Aufgeblasenheit* f ‖ *Überheblichkeit* f ‖ *Albernheit* f

fátum [… tun] *m Fatum, Schicksal* n

fatuo adj *einfältig, albern, töricht* ‖ *eingebildet* ‖ *aufgeblasen* ‖ *geckenhaft* ‖ ~ *m Geck, Laffe* m ‖ *Gimpel, Dummkopf, Einfaltspinsel* m

fauces fpl ⟨An⟩ *Schlund* m

faufau *m* ⟨fam⟩ *Wichtigtuerei* f

fáula *f* ⟨reg⟩ *Fabel* f ‖ *Märchen* n

fau|na *f Fauna, Tierwelt* f ‖ ~ *Landes* ‖ ~ *abisal,* ~ *de las profundidades Tiefseefauna* f ‖ ~ *glacial Glazialfauna* f ‖ ~ *mediterránea Mittelmeerfauna* f ‖ **–nesco** adj ⟨lit⟩ *faunisch, Fauns-* ‖ ⟨fig⟩ *lüstern (wie ein Faun)* ‖ **–no** *m Faun* m (Waldgott) ‖ ⟨figf⟩ *geiler Mensch* m

faustamente adv *prunkhaft, mit Prunk* ‖ *glücklich*

faustiano, fáustico adj ⟨lit⟩ *faustisch, Faust-* ‖ **Fausti|na** *f* np *Faustine* f ‖ **–no** *m* np *Faustinus* m

¹fausto adj *glückbringend* ‖ *glücklich, günstig* ‖ *Glücks-*

²fausto *m großer Aufwand, Prunk* m ‖ *Pracht* f, *Pomp* m

Fausto *m* np *Faustus* m ‖ *el* ~ *de Goethe Goethes Faust* ‖ ~ *y Margarita Faust und Gretchen*

fautor *m Anstifter, Drahtzieher* m ‖ *Aufwiegler* m ‖ *Beschützer* m

fauvismo *m* ⟨Mal⟩ *Fauvismus* m

favela *f* Am *Hütte, Baracke* f

favilas fpl ⟨poet⟩ *Asche* f

favismo *m* ⟨Med⟩ *Fa|vismus, -bismus* m, *Bohnenkrankheit* f

favo *m* ⟨Med⟩ *Favus, Kopfgrind* m

favonio *m Westen* m ‖ *Westwind* m ‖ ⟨poet⟩ *Zephir* m

favor *m (Gunst)Bezeigung* f ‖ *Begünstigung* f ‖ *Bevorzugung* f ‖ *Gewogenheit* f ‖ *Hilfe* f, *Beistand* m ‖ *Gefälligkeit, Liebenswürdigkeit* f, *Gefallen* n ‖ *Schmeichelei* f ‖ ⟨Kart⟩ *Trumpffarbe* f ‖ [veraltet] *(Haar)Schleife* od *Blume* f *(als Gunstbezeigung von e–r Dame überreicht)* ‖ ◆ a ~ *de … für …, zugunsten von …* ‖ *durch …, mit Hilfe …* (gen), *vermöge …* ‖ a ~ *de la corriente stromabwärts* ‖ ⟨fig⟩ *mit der Strömung, mit dem Wind* ‖ en *od* a mi ~ *zu m–n Gunsten* (& Com) ‖ en ~ *de … zugunsten* (& *zu Gunsten*) *…* ‖ por ~ *aus Gefälligkeit* ‖ *aus Gnade, aus Mitleid* ‖ ¡por ~! *bitte!* ‖ ¡(por) ~! *Hilfe!* ‖ ◇ *acoger con* ~ *günstig aufnehmen* ‖ *corresponder a un* ~ *e–e Gefälligkeit erwidern* ‖ *¡dígame, por favor, …! sagen Sie mir bitte, …!* ‖ *estar a* ~ *de alg. für jdn einstehen* od *Partei ergreifen* ‖ *estar en* ~ ~ *in Gunst stehen* ‖ *estar en* ~ *con alg. auf jdn großen Einfluss ausüben* ‖ *¡es* ~ *(que me hace Vd.)! Sie schmeicheln mir, sehr liebenswürdig!* ‖ *hacer un* ~ *e–n Gefallen tun* ‖ *haga* od *hágame Vd. el* ~ *de un tenedor wollen Sie mir bitte e–e Gabel geben* od *reichen?* ‖ *hágame Vd. el* ~ *de firmarlo unterschreiben Sie es bitte* ‖ *pedir* ~ *al cielo den Himmel um Hilfe bitten* ‖ *le pido a Vd. un* ~ *ich bitte Sie um e–e Gefälligkeit* ‖ *se lo pido, por* ~ *ich bitte Sie höflichst darum* ‖ *de él he recibido muchos* ~*es er hat mir viel Gutes erwiesen* ‖ *se salvó a* ~ *de la noche er (sie, es) rettete s. im Schutze der Nacht* ‖ *tener a su* ~ *a alg. auf jds Unterstützung rechnen können*

favo|rable adj *(m/f) günstig* ‖ *ge|wogen, -neigt* (a dat) ‖ *vorteilhaft* (a, *para für*) ‖ **–recedor** adj *begünstigend* ‖ *vorteilhaft* ‖ ~ *m Gönner, Beschützer* m ‖ **–recer** [-zc-] vt *begünstigen, fördern* ‖ *(jdm) günstig sein* ‖ *helfen* (dat) ‖ *Vorschub leisten* (dat) ‖ *(jdm) beistehen* ‖ ⟨Gunst⟩ *gewähren (von Frauen)* ‖ *(jdm) gut passen, stehen* (z. B. *Frisur, Kleid*) ‖ *(jdm) schmeicheln (Bild, Spiegel)* ‖ ⟨Com⟩ *beehren (mit Aufträgen)* ‖ ⟨Wir⟩ *ankurbeln* ‖ ◇ *rogándole siga –reciéndonos con sus gratos encargos* ⟨Com⟩ *mit der Bitte um Ihre weiteren Aufträge* ‖ *¡Dios me –rezca! Gott stehe mir bei!* ‖ **–recido** adj *begünstigt (por durch)* ‖ *geschmeichelt (Porträt)* ‖ ~ *m Günstling, Liebling* m ‖ *Schützling* m ‖ ~ *de la suerte* ⟨fam⟩ *Glückskind* n ‖ **–rita** *f Favoritin* f *(Geliebte)* ‖ **–ritismo** *m Günstlingswirtschaft* f ‖ **–rito** adj *Lieblings-, Leib-* ‖ ~ *m Günstling* m ⟨fig⟩ *Schoßkind* n ‖ *Favorit* m *(Rennpferd)* ‖ ⟨Sp⟩ *Favorit* m ‖ *Liebling* m *(des Publikums)*

favoso adj ⟨Med⟩ *wabenförmig* ‖ *Grind-*

fax *m Kurzform für telefax* ‖ ◇ *pasar un* ~ *faxen* ‖ **–ear** vi *faxen* ‖ **–eo** *m Faxen* n

¹faya *f* ⟨Text⟩ *Ripsseide, Faille* f

²faya *f* Sal *Fels* m, *Klippe* f

fayado *m* Gal *unbewohnter Speicher* m

fayanca *f unsicherer Stand* m *(e–r Person)*

fayauco *m* Korb m

fayenza *f Fayence* f

¹fayuca *f* Col *Geschwätz* n

²fayuca *f* Mex *Schmuggelware* f

fax *m Fax* n

¹faz *[pl* ~*ces] f* ⟨An⟩*Gesicht, Antlitz* n ‖ *Außenseite* f, *Äußere(s)* n ‖ *Vorderseite* f *(e–s Gebäudes)* ‖ *Bildseite* f *e–r Münze* ‖ *rechte Seite* f *(e–s Gewebes)* ‖ ⟨fig⟩ *Gesichtspunkt, Anschein* m, *Seite* f ‖ *la Santa* od *Sacra* ~ *das Heilige Antlitz, das Schweißtuch* n *der Veronika* ‖ ~ a ~ *von*

Angesicht zu Angesicht ‖ *Auge um Auge* ‖ ◆ a la
~ de..., en ~ de ... *angesichts ... (gen)* ‖ *vor ...*
(dat) ‖ a la ~ del mundo *vor aller Welt*
²faz [*pl* ~**ces**] *f Bündel, Bund* n
△ **fazo** *m Taschentuch* n
f/c, f.c. ⟨Abk⟩ = **ferrocarril**
f.ca ⟨Abk⟩ = **¹fábrica**
fcha., fcho. ⟨Abk⟩ = **fecha, ¹fecho**
fd. ⟨Abk⟩ = **fardo**
f.e. ⟨Abk⟩ = **franco envase**
¹fe *f Glaube* m (en *an* acc) ‖ *Zu-, Ver|trauen* n
(en *in* acc, *zu*) ‖ *Treue* f ‖ *Versprechen, Wort* n ‖
Beglaubigung f ‖ *Bekräftigung* f ‖ *Schein* m,
Zeugnis n, *Urkunde* f ‖ ⟨Rel⟩ *Glaube* m ‖ ⟨fig⟩
Glaubwürdigkeit f ‖ ⟨Pol⟩ *Überzeugung* f ‖ ~ de
bautismo *Tauf-, Abstammungs|schein* m ‖ ~ del
carbonero ⟨fig⟩ *Köhlerglaube* m ‖ ~ católica
katholischer Glaube m ‖ ~ conyugal *eheliche
Treue* f ‖ ~ de erratas ⟨Typ⟩
(Druck)Fehlerverzeichnis n ‖ ~ de matrimonio
Trauschein m ‖ ~ púnica ⟨fig⟩ *Wortbruch* m ‖ ~
de soltería *Ledigenzeugnis* n ‖ ~ de vacuna
Impfschein m ‖ ~ de vida *Lebensnachweis* m ‖ ~
de viudedad *Witwenattest* n ‖ buena ~ *Ehrlichkeit*
f ‖ *guter Glaube* m ‖ *Leichtgläubigkeit* f ‖ ⟨Jur⟩
Treu und Glauben ‖ mala ~ *Unredlichkeit,
Treulosigkeit* f ‖ *böser Wille* m ‖ ⟨Jur⟩ *böser
Glaube* m ‖ digno de ~ *glaubwürdig* ‖ ◆ a ~
wahr|lich, -haftig ‖ a ~ de caballero *auf
Ehrenwort* ‖ a ~ mía *(bei) meiner Treu, ganz
gewiss, mein Wort darauf* ‖ a buena ~ *sicher,
unzweifelhaft* ‖ de ~ *unzweifelhaft, sicher* ‖ de
buena ~ *ehrlich, treuherzig* ‖ *guten Glaubens* ‖
⟨Jur⟩ *gutgläubig* ‖ *auf Treu und Glauben* ‖ de
mala ~ *un|ehrlich, -aufrichtig* ‖ *böswillig* ‖
arglistig, betrügerisch ‖ ⟨Jur⟩ *bösgläubig* ‖ en ~
de ... *zufolge* (gen), *kraft ...* (gen), *laut ...* (dat) ‖
en ~ de lo cual *zur Beglaubigung dessen,
urkundlich dessen* ‖ por mi ~ → a ~ mía ‖ ◇ dar
~ *Glauben schenken* (a dat), *für wahr halten* (a
acc) ‖ *billigen, gutheißen* (a acc) ‖ *bürgen, haften*
(a acc) *für* ‖ dar ~ (de) ⟨Jur⟩ *bezeugen* ‖
beglaubigen ‖ dar ~ cumplida *lückenlos* (bzw
überzeugend) beweisen ‖ estar en *od* de ~ de que
... *(davon) überzeugt sein, dass ...* ‖ hacer ~
beglaubigen ‖ *bescheinigen* ‖ *beweisen* ‖
Beweiskraft haben ‖ *maßgebend sein* ‖ la ~
mueve las montañas *der Glaube versetzt Berge* ‖
obrar de buena ~ *in gutem Glauben handeln* ‖
prestar ~ *Glauben schenken* ‖ tener ~ *Vertrauen
haben* (en *zu, in* acc), *vertrauen* (dat)
△ **fe** *f:* ~ de mozo *Löffel* m
Fe ⟨Abk⟩ = **hierro**
fea *f hässliche Frau* f ‖ ~ agradecida
hässliche, aber charmante Frau f
feacio *m* ⟨Myth⟩ *Phäake* m
fealdad *f Hässlichkeit* f ‖ ⟨fig⟩ *Scheußlichkeit* f
‖ ⟨fig⟩ *Gemeinheit* f ‖ ⟨fig⟩ *Ungezogenheit* f ‖
⟨fig⟩ *Schändlichkeit* f
feamente adv *hässlich* ‖ ⟨fig⟩ *schändlich* ‖
⟨fig⟩ *ungezogen*
Febe *f* ⟨Myth⟩ *Phöbe* f
febeo adj ⟨Myth⟩ *auf den Sonnengott (Phöbus)
bezüglich, Phöbus-* ‖ ⟨fig⟩ *Sonnen-*
feble adj *(m/f) schwach, kraftlos* ‖
unvollwichtig (Münze)
Febo *m* ⟨Myth⟩ *Phöbus* m, *der Sonnengott* ‖
⟨poet⟩ *Sonne* f
feb., febr. ⟨Abk⟩ = **febrero**
febre|rillo *m* dim von **febrero** ‖ ~ loco, de
todo un poco ⟨Spr⟩ etwa: *April, April macht, was
er will* ‖ **–ro** *m Februar, Öst Feber* m
febricitante adj *(m/f)* ⟨Med⟩ *fiebernd,
fieberkrank*
febrí|cula *f* ⟨Med⟩ *leichtes Fieber* n ‖ **–fugo**

adj/s *fiebervertreibend(es Mittel* n) ‖ **–geno** adj/s
→ **pirógeno**
febril adj *(m/f)* ⟨Med⟩ *fiebrig, fieberhaft* ‖
fieberartig ‖ *Fieber-* ‖ ⟨fig⟩ *heftig, fieberhaft,
fiebernd*
fecal adj *(m/f) Kot-*
fecha *f Datum* n ‖ *Tag* m ‖ *Termin* m ‖ *Sicht* f
(e–s Wechsels) ‖ *Brief* m *(Börsenausdruck
[Gegensatz: Geld])* ‖ ~ de caducidad
Verfallsdatum n ‖ ~ del día *Tagesdatum* n ‖ ~ del
matasellos *Datum* n *des Poststempels* ‖ ~ de
nacimiento *Geburts|datum* n, *-tag* m ‖ ~ ut retro
(lat) *Datum* n *wie vor* ‖ ~ del sello postal → ~
del matasellos ‖ ~ ut supra (lat) *Datum wie oben*
‖ ◆ a ~ fija *an dem bestimmten Datum* ‖ *am
festgesetzten Termin* ‖ a esta ~ *damals* ‖ a corta
~ *mit kurzer Verfallzeit* ‖ (a) dos meses ~ *zwei
Monate dato (Wechsel)* ‖ a estas ~s ya habrá
llegado *heute wird er (sie, es) schon od wohl
angekommen sein, sicher ist er (sie, es) jetzt
schon da* ‖ a partir de esta ~ *vom heutigen
Datum an* ‖ con (la) ~ de hoy, con esta ~ *unter
heutigem Datum, heute* ‖ de larga ~ *längst* ‖ hasta
la ~ *bis jetzt, bis heute, bis dato* ‖ por orden de
~ *nach dem Datum, dem Datum nach* ‖ sin ~
undatiert ‖ [bei Büchern] *ohne Jahresangabe* ‖ ◇
adelantar la ~ *vordatieren* ‖ hace ya ~ *es ist
schon lange her* ‖ pasada esta ~ *nach diesem
Termin* ‖ poner la ~ *das Datum setzen, datieren* ‖
poner ~ adelantada a algo *et. vordatieren* ‖ poner
~ atrasada a algo *et. zurückdatieren* ‖ eso es de
larga ~ *das ist schon lange her* ‖ esta carta ha
tardado tres ~s *dieser Brief ist (erst) am dritten
Tag eingegangen*
fechador *m Datumstempel* m ‖ Chi Mex
Poststempel m
fech|ar vt *datieren* ‖ ◇ mi escrito ~ado el 30
de junio *mein Schreiben vom 30. Juni*
¹fecho *m Erledigungsvermerk* m *in Urkunden*
²fecho *m:* ~ de azúcar *Kiste* f *Zucker bis 12
Arrobas*
fechoría, fechuría *f Missetat, Untat* f ‖
Ruchlosigkeit f
fechura *f* → **hechura** ‖ *Aussehen* n, *Figur* f
fecí [*pl* ~**íes**] adj/s *aus Fez (in Marokko)* ‖ *auf
Fez bezüglich*
fécula *f Stärke* f, *Stärkemehl* n ‖ ~ de patata
Kartoffel|stärke f, *-mehl* n
fecu|lento adj *stärke(mehl)haltig* ‖ *heftig* ‖
–lería *f Stärkefabrik* f ‖ **–loso** adj *stärkehaltig*
fecun|dación *f Befruchtung* f ‖ ~ artificial
künstliche Befruchtung f ‖ ~ cruzada
Kreuzbefruchtung f ‖ ~ "in vitro" *In-vitro-
Fertilisation, -Insemination* f ‖ ~ selectiva ⟨Bot⟩
selektive Bestäubung f ‖ **–damente** adv *fruchtbar*
‖ *im Überfluss* ‖ **–dante** adj *(m/f) befruchtend* ‖
–dar vt *befruchten* ‖ *fruchtbar machen* ‖ *urbar
machen* ‖ ⟨fig⟩ *bereichern* ‖ **–dativo** adj
befruchtend ‖ **–didad** *f Fruchtbarkeit* f ‖ *reiche
Vermehrung* f ‖ ⟨fig⟩ *Ergiebigkeit* f ‖ ⟨fig⟩ *Fülle,
Reichhaltigkeit* f ‖ **–dizar** [z/c] vt *fruchtbar od
ertragreich machen* (bes. *Boden)* ‖ **–do** adj
fruchtbar (& Boden) ‖ *fortpflanzungsfähig* ‖
ergiebig, reich, üppig ‖ ⟨fig⟩ *fruchtbar* ‖ ~ de
palabras *beredt* ‖ *wortreich*
fedatario *m Urkundsbeamte(r)* m ‖ *Notar* m
fedayín *m Fedajin* m
feder vi → **heder**
fede|rable adj *(m/f) bündnisfähig* ‖ **–ración** *f
Bündnis* m, *(Sonder)Bund* m ‖ *Verband* m ‖
Zusammenschluss m ‖ *Bundesgenossenschaft* f ‖
Staatenbund m, *Föderation* f ‖ *Ver|brüderung,
-einigung* f ‖ ~ de Rusia ⟨Geogr⟩ *russische
Föderation* f ‖ ~ Suiza ⟨Geogr⟩ *Schweizerische
Eidgenossenschaft* f ‖ **–ral** adj *(m/f) föderativ,*

Bundes- ‖ Schw: *eidgenössisch* ‖ **–ralismo** *m*
Föderalismus m ‖ **–ralista** adj *(m/f) föderalistisch*
‖ ~ *m/f Föderalist(in* f) m ‖ **–ralizar** [z/c] vt *auf
den Bund überführen* ‖ *in e–n Bundesstaat
umwandeln* ‖ **–rar(se)** vt (vr) *(s.) verbünden* ‖ *(s.)
verbinden (e–n Bund bzw Bundesstaat bilden)* ‖
–rativo adj *bundesmäßig, föderativ*
Federi|ca *f np Friederike* f ‖ **–co** *m* np
Friedrich m
   Fedra *f* np *Phädra* f
   feeder *m* 〈Tech〉 → **alimentador**
   feérico adj *feenartig* ‖ *feen-, zauber|haft*
   féferes *mpl* Col CR Cu Ec Mex *Krimskrams,
Plunder* m
   fegura *f* 〈reg〉 → **figura**
   fehaciente adj *(m/f) beglaubigend* ‖
beweiskräftig ‖ *glaubwürdig*
   feíllo adj dim von **feo**
   Fela *m* 〈reg〉 → **Rafael**
   felá *m Fellache* m
   fela|ción *f Fellatio* f ‖ **–tor** *m Fellator* m ‖
–triz [*pl* ~**ces**] *f Fellatrix* f
   feldespato *m* 〈Min〉 *Feldspat* m
   feldmariscal *m Feldmarschall* m
   felibre *m Mitglied* n *der neuprovenzalischen
Dichterbewegung (Félibrige, gegr. 1854)*
   felice adj 〈poet〉 → **feliz**
   △ **feli|cha** *f Fenster* n ‖ **–cho** *m Balkon* m
   feliciano *m*: echar un ~ 〈vulg〉 *bumsen,
vögeln, ficken*
   Feliciano *m* np *Felizianus* m
   felicidad *f Glückseligkeit* f ‖ *Glück, glückliches
Ereignis* n ‖ ~**es** *fpl Glücksgüter* npl ‖ ◆ con ~
glücklich (= *ohne Zwischenfälle*) ‖ ◇ *desear
muchas* ~es *viel Glück wünschen* ‖ ¡~! *meine
Glückwünsche!*
   Felicita *f* np *Felizitas* f
   felici|tación *f Glückwunsch, Gratulation* f ‖
–tar vt *(jdn) beglückwünschen* (por *zu*), *(jdm)
Glück wünschen* (por *für*) ‖ *(jdm) gratulieren* (por
zu) ‖ ◇ ¡le felicito! *ich beglückwünsche Sie! m–n
Glückwunsch!* ‖ ~**se** 〈fam〉 *s. gratulieren, s.
glücklich schätzen, s. freuen* (de que … subj *dass
… *ind)
   félidos *mpl* 〈Zool〉 *katzenartige Raubtiere* npl,
Katzen fpl (*Felidae*)
   feli|grés *m Pfarrkind* n ‖ 〈fig〉 [veraltet]
Kamerad, Freund m ‖ **–greses** *mpl* 〈fig〉
Gemeinde f ‖ **–gresía** *f Kirch|sprengel* m, *-spiel* n
‖ *Gemeinde* f
   felino adj 〈Zool〉 *Katzen-* ‖ 〈fig〉 *katzenhaft* ‖
~s *mpl katzen(artige Tiere* npl) fpl
   Felipe *m* np *Philipp* m ‖ ~ el Hermoso *Philipp
der Schöne* ‖ ~ Segundo *Philipp II.*
   Felisa *f* np *Felicia* f
   Félix *m* np *Felix* m
   feliz [*pl* ~**ces**] adj *(m/f) glücklich, (glück)selig,
beglückt* ‖ *froh, zufrieden* ‖ *erfolgreich* ‖
vorteilhaft, günstig ‖ *glänzend* ‖ *gelungen* ‖ ◆ de
~ *memoria seligen Angedenkens* ‖ ¡~ Año
Nuevo! *prosit Neujahr!* ‖ ¡~es Pascuas! *fröhliche
Weihnachten (Ostern, Festtage)!* ‖ hacer ~
beglücken, glücklich machen ‖ eso me hace ~ *das
freut mich* ‖ ¡que los tenga Vd. muy ~es! *meine
Glückwünsche zu Ihrem Namenstag!* ‖ ¡felices!
guten Tag! gute Nacht! (*Gruß od Antwort darauf*)
   felizmente adv *glücklich(erweise)*
   felón adj *treu|brüchig, -los* ‖ 〈fig〉
verbrecherisch ‖ ~ *m Treu|brüchige(r), -lose(r)* m ‖
〈Hist〉 *gegen den Lehnseid verstoßend*
   felonía *f Verrat, Treubruch* m ‖ *Treulosigkeit* f ‖
Arg-, Hinter|list f ‖ 〈fam〉 *Gemeinheit* f ‖ 〈Hist〉
Lehnsfrevel m, *Felonie* f (*Bruch der Lehnstreue*)
   ¹felpa *f* 〈Text〉 *Plüsch* m ‖ ~**s** *pl Plüschartikel*
mpl

   ²felpa *f* (*Tracht* f) *Prügel, Keile* mpl ‖ *derber
Verweis, Rüffel, Tadel,* 〈fam〉 *Anschnauzer* m
   felpar vt *mit Plüsch überziehen* ‖ 〈poet〉
samtartig überziehen (z. B. *Gras*)
   felpeada *f* Arg → **²felpa**
   fel|pilla *f* 〈Text〉 *Raupengarn* n, *Chenille* f ‖
–po *m Kokosmatte* f ‖ **–poso** adj *plüschartig*
   felpuda *f* Can *Nutte* f
   ¹felpudo adj *plüschartig* ‖ (*Fuß*)*Matte* f ‖ Am
Kokosmatte f
   ²felpudo *m Schamhaare* npl (*der Frau*)
   f. e. m. 〈Abk〉 **= fuerza electromotriz**
   fematero *m* Ar *Müllmann* m
   feme|nil adj *(m/f) weiblich* ‖ *weibisch* ‖
–nilmente adv *nach Weiberart* ‖ **–nino** adj
weiblich, feminin ‖ 〈fig〉 *weibisch* ‖ 〈fig〉
verweichlicht ‖ 〈Gr〉 *weiblich, feminin* ‖ el eterno
~ *das Ewigweibliche* n ‖ ~ *m* 〈Gr〉 *Femininum* n
   fementido adj *treulos, wortbrüchig* ‖ *falsch* ‖
unecht
   femera *f* Ar *Mistgrube* f
   femina *f* 〈reg〉 *Muttertier* n
   fémina *f* 〈lit〉 (*moderne*) *Frau* f
   femi|n(e)idad *f Weiblichkeit* f ‖ **–nismo** *m
Femininismus* m, *Frauenbewegung* f ‖
Frauenemanzipation f ‖ 〈Med〉 *Feminismus* m,
Verweiblichung f (*beim Mann*) ‖ **–nista** adj *(m/f)
feministisch, frauenrechtlerisch* ‖ ~ *m/f
Feminist(in* f), *Frauenrechtler(in* f) m ‖ 〈fig〉
Frauenfreund m ‖ **–noide adj** 〈Med〉 *feministisch,
weibisch* (*Mann*)
   femoral adj *(m/f)* (*Ober*)*Schenkel-*
   fémur [*pl* **–(e)s**] *m* 〈An〉
(*Ober*)*Schenkelknochen, Femur* m
   fenacetina *f* 〈Chem〉 *Phenacetin* n
   fenal *m* Ar *Weide* f
   fenazona *f* 〈Chem〉 *Phenazon* n
   fene|cer [-zc-] vt *beendigen, vollenden* ‖ (*e–e
Rechnung*) *abschließen* ‖ ~ vi *enden, aufhören* ‖
sterben, verscheiden ‖ **–cido** *m Verstorbene(r)* m ‖
–cimiento *m Schluss* m, *Ende* n ‖ *Tod* m, *Sterben,
Ableben, Verscheiden* n
   fenec(o) *m* 〈Zool〉 *Fennek, Wüstenfuchs* m
(*Vulpes* [*Fennecus*] *zerda*)
   fenestración *f* 〈Med〉 *Fensterung* f
   feniano *m Mitglied* n *der irischen
nationalistischen Partei Sinn Fein*
   fenicado adj *karbolhaltig, Karbol-*
   feni|cio adj 〈Hist〉 *phönizisch* ‖ ~ *m Phönizier*
m ‖ **–cia** *f Phönizien* n
   fénico adj 〈Chem〉 *Karbol-*
   fenilo *m* 〈Chem〉 *Phenyl* n
   fénix [*pl* ~**ces**] *m* 〈Myth〉 *Phönix* m (*Vogel*) ‖
〈fig〉 *große Seltenheit* f ‖ 〈fig〉 *Wunder(ding),
Phänomen* n ‖ el ~ de los Ingenios *Beiname* m
Lope de Vegas (1562–1635)
   fennig [*pl* **fennigs**] *m Pfennig* m
   fenogreco *m* 〈Bot〉 *Bockshorn* n (*Trigonella
foenum-graecum*)
   fenol *m* 〈Chem〉 *Phenol* n
   fenolftaleína *f* 〈Chem〉 *Phenolphthalein* n
   feno|menal adj *(m/f) wunderbar, erstaunlich* ‖
〈fam〉 *kolossal, phänomenal, großartig* ‖ 〈Philos〉
Phänomen- ‖ **–menalismo** *m* 〈Philos〉
Phänomenalismus m ‖ **–menalista** adj *(m/f)
phänomenalistisch* ‖ ~ *m/f Phänomenalist(in* f) m
‖ **–ménico** adj 〈Philos〉 *Phänomen-* ‖
Erscheinungs-
   fenómeno adj/adv (*ohne pl*) *wunderbar,
herrlich, großartig,* 〈fam〉 *toll* ‖ un coche ~ *toller
Wagen* ‖ pasarla ~ *s. toll amüsieren* ‖ ~ *m
Phänomen* n (& *Med*) ‖ *Vorgang* m ‖
(*Natur*)*Erscheinung* f ‖ *Sehenswürdigkeit* f ‖
〈Med〉 *Symptom, Zeichen* n ‖ 〈fam〉 *Wunderkind,
Genie, Phänomen* n ‖ 〈fig〉 *Monstrum, abnormes*

Wesen n ‖ ~ *carencial* ⟨Med⟩ *Mangelerscheinung*
f ‖ ~ *de espejismo trügerische Spiegelung* f ‖ ~
vital Lebenserscheinung f
  fenomeno|logía f ⟨Med Philos⟩
Phänomenologie f ‖ **–lógico** adj
phänomenologisch
  fenotiacina f ⟨Chem⟩ *Phenotiazin* n
  feno|típico adj ⟨Biol Gen⟩ *phänotypisch, auf
das Erscheinungsbild bezogen* ‖ **–tipo** m
Phänotyp(us) m, *Erscheinungsbild* n
  ¹feo adj/s *hässlich, garstig* ‖ *schändlich* ‖ ⟨fig⟩
abscheulich, gemein, niederträchtig ‖ ⟨fig⟩
unangenehm ‖ ◇ *dejar* ~ *a uno* ⟨figf⟩ *jdm e–n
Verdruss verursachen* ‖ *jdn in den Schatten stellen*
‖ *jdn bloßstellen, jdn in e–e peinliche Lage
bringen* ‖ *el asunto se pone* ~, *la cosa se pone*
~*a die Sache wird misslich*, ⟨fam⟩ *die Sache
fängt an zu stinken* ‖ *quedar* ~ *in ungünstigem
Licht erscheinen* ‖ *s. nicht gut machen* ‖ *tocarle a
uno bailar con la más* ~*a* ⟨figf⟩ *am schlimmsten
davonkommen* ‖ *más* ~ *que el cagar* (que el
pecado mortal, que pegar a su padre, que Picio,
que el sargento Utrera, que Tito etc) ⟨fam⟩
hässlich wie die Nacht, grundhässlich
  ²feo m ⟨fam⟩ *Gehässigkeit, Kränkung* f ‖ ⟨fam⟩
großer Verdruss m ‖ *hässlicher Mensch* m
  feote, ~a, fe(ot)ón, ona adj *äußerst hässlich*,
⟨fam⟩ *grund-, mords|hässlich*
  feracidad f *Fruchtbarkeit, Ergiebigkeit* f (des
Bodens)
  feraz [pl ~ces] adj (m/f) *fruchtbar (Boden,
Jahr)*
  feretreque m Cu *Durcheinander* n, *Unordnung*
f
  féretro m *Sarg* m, *Totenbahre* f
  ¹feria f *Feier-, Ruhe-, Ferien|tag* m ‖ *Feiern,
Ausruhen* n *von der Arbeit* ‖ *(Jahr)Markt* m ‖
Messe f, *(großer) Jahrmarkt* m *(mit
Volksbelustigungen)* ‖ *Kirchweih* f ‖ *Volksfest* n ‖
~ *anual Jahrmarkt* m ‖ ~ *del campo
Landwirtschaftsmesse* f ‖ ~ *de ganado Viehmarkt*
m ‖ ~ *del libro Buchmesse* f ‖ ~ *de muestras
Mustermesse* f ‖ ~ *semanal Wochenmarkt* m ‖ ~
segunda, tercera etc ⟨Rel⟩ *Montag, Dienstag* m
usw ‖ ◇ *celebrar una* ~ *e–n Jahrmarkt abhalten* ‖
hacer ~ *de u/c et. zur Schau stellen* ‖ *ir a la* ~
auf den Markt gehen
  ²feria f Mex *Kleingeld* n ‖ CR Salv *Trinkgeld*
n
  feriado adj *festlich* ‖ *(día)* ~ *Ferientag* m ‖
Tag m, *an dem die Gerichte geschlossen sind* ‖
día medio ~ *halber Feiertag* m
  ferial adj *(m/f) auf die Wochentage bezüglich* ‖
Jahrmarkts- ‖ *Messe-* ‖ ~ *m Jahrmarkt* m ‖ *Markt*
m ‖ *Jahrmarktplatz* m ‖ *Kirmes-, Rummel|platz* m
  feriante m/adj *Markt-, Messe|besucher* m ‖
(Messe)Aussteller m ‖ *Schausteller* m
  feriar vt *auf der Messe (bzw dem Jahrmarkt)
kaufen od verkaufen* ‖ *verkaufen, ver-,
ein|tauschen* ‖ ~ *vi feiern, Feierabend machen*
  ferino adj *tierisch*
  Ferino m ⟨fam⟩ → **Zeferino**
  ferlín m *Vierling* m *(alte Münze)*
  ferma f ⟨Th⟩ *breites Verbindungsstück* n *e–r
Dekoration*
  fermata f ⟨Mus Rhet⟩ *Fermate* f
  fermen|table adj *(m/f) gärungsfähig* ‖ *gärbar* ‖
–tación f *Gärung (& fig), Fermentation* f ‖
Vergärung f ‖ ~ *acética Essigsäuregärung* f ‖ ~
alta Obergärigkeit f ‖ ~ *baja Untergärigkeit* f ‖ ~
cítrica Zitronensäuregärung f ‖ ~ *láctica
Milchsäuregärung* f ‖ **–tado** adj *ausgegoren* ‖
gesäuert (Brot) ‖ *no* ~ *unvergoren* ‖ **–tante** m/adj
Gärmittel n ‖ **–tar** vt *(ver)gären, in Gärung
bringen od versetzen* ‖ *fermentieren* ‖ *säuern*

(Teig) ‖ ~ *vi (ver)gären* ‖ ⟨fig⟩ *gären, unruhig
werden (Geister)* ‖ ◇ *poner a* ~ *gären lassen* ‖
–tativo adj *in Gärung versetzend* ‖ ~ *m Gärmittel*
n ‖ **–tescible** adj *(m/f) gärungsfähig* ‖ **–to** m
Ferment n ‖ ⟨Med⟩ *Enzym* n ‖ *Gär|mittel* n, *-stoff*
m ‖ *(Wein)Hefe* f ‖ *Hefegut* n ‖ *Sauerteig* m ‖
⟨fig⟩ *Hefe* f, *Ferment* n ‖ ⟨fig⟩ *Ursache* f
  Fermín m np *Firmian* m
  fermio m **(Fm)** ⟨Chem⟩ *Fermium* n
  fernambuco m: (palo de ~) *Pernambuk-,
Brasil|holz* n
  fernandino adj *auf König Ferdinand bezüglich*
‖ ~ *m* ⟨allg⟩ *Anhänger* m *König Ferdinands, bes.
Ferdinands VII.*
  Fernando m np *Ferdinand* m
  fero|ce adj ⟨poet⟩ → **feroz** ‖ **–cidad** f *Wildheit,
Roheit* f ‖ *Grausamkeit* f
  feromona f ⟨Biol⟩ *Pheromon* n
  feróstico adj ⟨fam⟩ *unbändig* ‖ *grimmig* ‖
störrisch ‖ *äußerst hässlich*, ⟨fam⟩ *mords-,
ur|hässlich*
  feroz [pl ~ces] adj *(m/f) wild, grausam* ‖
unbändig ‖ ⟨fam⟩ *fürchterlich, schrecklich* ‖ adv:
~**mente**
  ferrada f *eiserne Keule* f ‖ *Ast
eisenbeschlagener Eimer* m
  ferrado m Gal *ein Flächenmaß* n *(4–6 Ar)* ‖
Gal ein Getreidemaß n *(13–16 l)*
  ferragosto m ⟨lit⟩ *Hundstage* mpl
  ferra|lla f *Schrott* m ‖ **–llista** m/f
Schrotthändler(in f) m ‖ *Eisen|bieger(in* f),
-flechter(in f) m
  ferramenta f ⟨figf⟩ *Gebiss* n
  ferrar vt *mit Eisen beschlagen* ‖ ⟨reg⟩
beschlagen (Pferd)
  ferre m Ast ⟨V⟩ *Habicht* m *(→* **azor***)*
  férreo adj *eisern, Eisen-* ‖ ⟨fig⟩ *eisern, hart,
unbändig*
  fe|rrer m Ar Cat → **herrero** ‖ **–rrería** f →
herrería ‖ *Eisenhütte* f
  ferreruelo m [früher] *Mantel* m *(mit
Stehkragen, ohne Kapuze)*
  ¹ferrete m *Stempeleisen* n
  ²ferrete m ⟨Chem⟩ *Kupfer(I)-sulfat* n
  ferretear vt *mit Eisen beschlagen*
  ferrete|ría f *Eisenwaren* fpl ‖
Eisenwarenhandlung f ‖ *Eisenhütte* f ‖ **–ro** m
Eisenwarenhändler m
  férrico adj ⟨Chem⟩ *Eisen(III)-, eisensauer*
  ferrífero adj *eisenhaltig* ‖ ⟨Bgb⟩ *eisenführend*
  ferrita f ⟨Chem⟩ *Ferrit* n ‖ ⟨Met⟩ *Ferrit* m
  ferrito m ⟨Chem⟩ *Ferrit* n
  ferrizo adj *Eisen-*
  ferro m ⟨Mar⟩ *Anker* m
  ferroaleación f *Eisen-, Ferro|legierung* f
  ferro|bús m *Schienenbus* m ‖ **–carril** m
Eisenbahn f ‖ ~ *aéreo*, ~ *colgante Hänge-,
Schwebe|bahn* f ‖ ~ *aéreo por cable
Seilschwebebahn* f ‖ ~ *de cercanías
Nahverkehrsbahn* f ‖ ~ *de circunvalación
Ringbahn* f ‖ ~ *de cremallera Zahnradbahn* f ‖ ~
Decauville Feldbahn f ‖ ~ *eléctrico elektrische
Bahn* f ‖ ~ *elevado Hochbahn* f ‖ ~ *de empalme
Verbindungsbahn* f ‖ ~ *funicular Standseil-,
Zahnrad|bahn* f ‖ *Drahtseil-, Schwebe|bahn* f ‖ ~
interurbano Vorortbahn, Intercity-Bahn f ‖ ~ *local
Lokalbahn* f ‖ ~ *metropolitano Stadtbahn* f ‖
Span bes. *U-Bahn* f *(→* **²metro***)* ‖ ~ *de montaña
Bergbahn* f ‖ ~ *portátil Feldbahn* f ‖ ~ *de sangre
Pferdebahn* f ‖ ~ *secundario Nebenbahn* f ‖ ~
subterráneo Untergrundbahn, U-Bahn f *(→*
metro*)* ‖ ~ *suburbano Vorort-, Nahverkehrs|bahn*
f ‖ ~ *suspendido* ~ *aéreo* f ‖ ~ *transiberiano
Transsibirische Eisenbahn, Transsib* f ‖ ~ *de vía
(Arg Chi de trocha) ancha (normal, estrecha)*

Breit-, (Normal-, Schmal)spurbahn f ‖ ~ *vecinal*
Klein-, Neben|bahn f ‖ *Sekundärbahn* f ‖ ~ *de*
una, dos, varias vía(s) ein-, zwei-, mehr|gleisige
Bahn f ‖ ◇ *enviar od* expedir por ~ *per Bahn,*
mit der Eisenbahn senden ‖ ir en ~ *mit der*
Eisenbahn fahren ‖ ~*-***carrilero** adj Am →
ferroviario
   ferro|cianuro, –prusiato m ⟨Chem⟩
Ferrocyanid, Hexacyanoferrat(II) n ‖ **–cromo** m
Ferrochrom n
   ferrolano adj/s *aus El Ferrol* (P Cor) ‖ *auf El*
Ferrol bezüglich
   ferro|magnético adj ⟨Phys⟩ *ferromagnetisch* ‖
–magnetismo m ⟨Phys⟩ *Ferromagnetismus* m ‖
–manganeso m *Ferromangan* n ‖ **–metales** mpl
Eisenlegierungen fpl *(mit Edelmetallen)* ‖
–molibdeno *Ferromolybdän* n ‖ **–níquel** m
Ferronickel n ‖ **–silicio** m *Ferrosilizium* n ‖ **–so**
adj *Eisen(II)-* ‖ *stark eisenhaltig*
   ferrotipia f ⟨Fot⟩ *Ferrotypie* f
   ferro|titanio m *Ferrotitan* n ‖ **–tungsteno** m
Ferrowolfram n ‖ **–vanadio** m *Ferrovanadin* n
   ferro|vía f *Eisenbahn* f ‖ **–viario** adj
Eisenbahn- ‖ ~ m *(Eisen)Bahn|beamter, -arbeiter*
m
   ferruco m Mex *Junge, Bursche* m
   ferruginoso adj *eisenhaltig* (z. B.
Mineralwasser), Eisen-
   ferry m *Fährschiff* n, *Auto-, Eisenbahn|fähre* f
   fértil adj *(m/f) fruchtbar* ‖ *ergiebig* ‖ ⟨Atom⟩
brutfähig, Brut- ‖ ⟨fig⟩ *schöpferisch* ‖ ⟨fig⟩
ergiebig (Jahr) ‖ ⟨fig⟩ *ertragreich* ‖ ~ *de grano*
fruchtbar an Getreide ‖ ~ *en recursos fruchtbar*
an Hilfsmitteln, erfinderisch ‖ *gerissen*
   fertili|dad f *Fruchtbarkeit* f ‖ *Ergiebigkeit* f ‖
⟨fig⟩ *Findigkeit* f ‖ **–zación** f *Fruchtbarmachung* f
‖ ~ *"in vitro" In-vitro-|Fertilisation,*
-Insemination f ‖ **–zante** f *Düngemittel* n ‖ **–zar**
[z/c] vt *fruchtbar machen* (& fig) ‖ *düngen*
   ¹férula f ⟨Bot⟩ *Riesenfenchel* m (Ferula
communis)
   ²férula f *(Zucht)Rute, Fuchtel* f ‖ ⟨fig⟩ *Verweis*
m, *Züchtigung* f ‖ ◇ *estar bajo la* ~ *de alg. unter*
jds Zucht od Fuchtel stehen
   ³férula f ⟨Med⟩ *Verband(s)schiene* f
   ferventísimo adj sup von **ferviente**
   férvido adj *inbrünstig, heiß, feurig*
   fer|viente adj *(m/f) eifrig* ‖ *heftig* ‖ *inbrünstig* ‖
fromm ‖ adv: ~**mente** ‖ **–vor** m ⟨fig⟩ *Heftigkeit* f,
Feuereifer m ‖ ⟨fig⟩ *Hingabe, Inbrunst* f ‖ *Glut* f ‖
–vorar vt → **enfervorizar** ‖ **–vorín** m
(Stoß)Gebet n ‖ **–voroso** adj *heftig* ‖ *eifrig* ‖ *innig,*
inbrünstig ‖ *leidenschaftlich* ‖ adv: ~**amente**
   feseta f Murc ⟨Agr⟩ *kleine Hacke* f
   fesoria f Ast *(kleine) Hacke* f
   fest. ⟨Abk⟩ = **festivo**
   feste|ar vt Ar Val Murc → **festejar** ‖ **–jada** f
⟨figf⟩ Am → **festejo** ‖ Mex *Prügelei* f
   feste|jador, –jante m *Gastgeber* m ‖
Kurmacher, Verehrer, Galan m ‖ **–jar** vt *festlich*
bewirten ‖ *feierlich begehen, feiern* ‖ *(e–r Frau)*
den Hof machen ‖ Mex *verprügeln* ‖ ~**se** s.
belustigen, s. e–n lustigen Tag machen ‖ s.
vergnügen ‖ **–jo** m *gastliche Aufnahme* f ‖
Festlichkeit f ‖ *Fest* n, *Lustbarkeit* f ‖ **–s** mpl
öffentliche Feste npl, *Lustbarkeiten* fpl ‖ **–ro** adj
vergnügungssüchtig ‖ ~ m *Freund* m *von Festen*
und Vergnügungen ‖ ⟨figf⟩ *Schmuser* m
   festín m *Bankett* n ‖ *Festmahl, Gelage* n,
Schmaus m ‖ *Haus-, Familien|fest* n ‖ el ~ *de*
Baltasar ⟨Bibl⟩ *Belsazars Königsmahl* n
   festi|nación f *Eile, Schnelligkeit* f ‖ **–nar** vt
Am *beschleunigen, überhasten*
   festi|val m *Musikfest* n ‖ *Festspiele* npl ‖
Festival n ‖ *Sportfest* n ‖ ~ *aeronáutico Flugtag*

m ‖ ~ *de la canción Schlagerfestival* n ‖ ~
folklórico Volks-, Trachten|fest n ‖ ~ *gimnástico*
Turnfest n ‖ ~ pop *Popfestival* n ‖ ~ *rock*
Rockfestival n ‖ **–es** mpl *Festspiele* npl ‖ ~
cinematográficos Filmfestspiele npl ‖ **–vamente**
adv *feierlich, fröhlich, vergnügt* ‖ *scherzweise* ‖
–vidad f *Festlichkeit* f, ⟨fam⟩ *Festivität* f ‖
(Kirchen)Fest n, *Festtag* m ‖ ⟨Kirchlig⟩ *Feier* f ‖
Fröhlichkeit f, *Vergnügen* n ‖ la ~ *del Corpus das*
Fronleichnamsfest ‖ **–vo** adj *festlich, feierlich,*
Fest- ‖ *fröhlich, lustig* ‖ *scherzhaft* ‖ *witzig,*
komisch, humoristisch
   festón m *Feston, (Blumen)Gehänge,*
Laubgewinde n, *Girlande* f ‖ *Kettensaum* m ‖
ausgezackte Randzeichnung f ‖ ⟨Arch⟩ *Feston* n,
Girlande f ‖ ◇ *acabar en* ~ *festonieren*
   festo|n(e)ar vt *mit Blumengehängen schmücken*
‖ *umrändern* ‖ ⟨Arch⟩ *festonieren (& Handarbeit)*
‖ ⟨fig⟩ *säumen* ‖ **–neo** m *Ausschmückung* f *mit*
Girlanden
   FE(T) y de las JONS ⟨Abk⟩ → **Falange**
   fetal adj *(m/f)* ⟨An⟩ *fetal, Fetus-*
   fetén adj ⟨pop⟩ *echt, unverfälscht* ‖ ⟨fig⟩ *toll* ‖
⟨fig⟩ *fantastisch* ‖ ♦ *de* ~ *tatsächlich* ‖ *vom*
Herzen ‖ ◇ *esto es la* ~ ⟨pop⟩ *darauf kannst du*
(können Sie, könnt ihr) Gift nehmen!
   △ **fetel** m *Kauderwelsch* n
   feti|che m *Fetisch* m, *Zauberding* n ‖ ⟨Med⟩
Fetisch m ‖ **–chismo** m *Fetischdienst* m,
-verehrung f ‖ ⟨Med⟩ *Fetischismus* m ‖ ⟨fig⟩ *blinde*
Verehrung f ‖ **–chista** adj *(m/f) Fetisch-* ‖ ~ *m/f*
Fetischanbeter(in f) m ‖ ⟨Med⟩ *Fetischist(in* f) m
   fetici|da adj *(m/f) abtreibend* ‖ *Abtreibungs-* ‖
~ *m/f* a) *Abtreiber(in* f) m ‖ b) *Abtreibungsmittel*
n ‖ **–dio** m *Abtreibung* f
   fetidez [pl **–ces**] f *Gestank, übler Geruch* m,
Stinken n ‖ ~ *del aliento* ⟨Med⟩ *übler*
Mundgeruch m
   fétido adj *übel riechend, stinkend* ‖ ⟨Med⟩ *fötid*
   fetista m/f *Abtreibungsgegner(in* f) m
   feto m *Fetus, Fötus* m, *Leibesfrucht* f ‖ *[als*
Schimpfwort] Missgeburt f ‖ *übler Patron* m
   feúcho, feúco adj dim von **feo** ‖ ⟨fam⟩ *recht*
hässlich
   feu|dal adj *(m/f)* ⟨Hist⟩ *feudal, Lehns-* ‖
lehnspflichtig ‖ **–dalidad** f, **–dalismo** m
Lehnswesen, Feudalsystem n, *Feudalismus* m ‖
Lehnsverhältnis n ‖ **–datario** adj *lehn|bar,*
-pflichtig, Lehns-, Feudal- ‖ ~ m *Lehns|mann,*
-träger m ‖ **–do** m *Lehen* n ‖ *Lehnsgut* n ‖
Lehnsgebühr f ‖ *Lehnshuldigung* f ‖ ⟨fig⟩
Abhängigkeitsverhältnis n ‖ ◇ *dar od otorgar en*
~ *a alg. jdm zu Lehen geben* ‖ *jdn belehnen* (algo
mit et.)
   ¹feúra f → **fealdad**
   ²feúra f ⟨reg⟩ → **figura**
   fez [pl **–ces**] m *Fes, Fez* m *(orientalische*
Kopfbedeckung)
   fha., fho. ⟨Abk⟩ = **fecha, fecho**
   fhda. ⟨Abk⟩ = **fechada**
   fi f griech. φ (φ), *Phi* n
   fía f *Borgen* n ‖ *geborgtes Gut* n ‖ Sant Extr
Verkauf m *auf Borg* ‖ Logr *Bürgschaft* f ‖ *Bürge*
m
   fiabilidad f *Zuverlässigkeit* f ‖ ⟨Tech⟩
Betriebssicherheit f
   fiable adj *(m/f) zuverlässig, vertrauenswürdig*
   fiacre ⟨Hist⟩ *Fiaker* m, *Droschke* f
   fiado adj/s *geborgt* ‖ *zuversichtlich-*‖ ♦ *al* ~
auf Borg ‖ en ~ *unter Bürgschaft* ‖ ◇ *dar, tomar*
al ~ *auf Borg,* (fam) *auf Pump geben, nehmen* ‖
vender al ~ *auf Borg verkaufen* ‖ *cochino* ~
gruñe todo el año (Spr) *Borgen macht Sorgen*
   ¹fiador m *Bürge, Gewährsmann* m ‖ *Honorant*
m *(e–s Wechsels)* ‖ *Vorschlagende(r), Wahlbürger*

m *(bei Kandidatenlisten)* ‖ ~ principal
Hauptbürge m ‖ ~ solidario *Solidar-,
Gesamt|schuldner* m ‖ ~ subsidiario *Rückbürge* m
‖ ◇ salir ~ por alg. *für jdn bürgen od Bürgschaft
leisten*
  ²fiador m *Sicherheitskette* f ‖ ⟨Tech⟩
Sicherheitsverschluss m ‖ *Sperrkegel* m *(Uhr)* ‖
Riegel m ‖ *Raste* f ‖ *Sperrklinke* f ‖ *Seilzug* m *(am
Zelt)* ‖ *Spange* f, Öst *Haftel, Heftel* n *(am
Mantelkragen)* ‖ ⟨Mil⟩ *Portepee* n ‖ *Lederschlaufe*
f *(am Säbel)* ‖ *Abzugssperrstück* n *(am Gewehr)* ‖
Faustriemen m *(am Sattel)* ‖ *Schieber* m *(am
Zügel)* ‖ ⟨figf⟩ *(Kinder)Popo* m ‖ Chi Ec
Sturmriemen m
  ¹fiambre adj *kalt (von Speisen)* ‖ ⟨fig⟩
abgestanden ‖ ⟨figf⟩ *alt, unbenutzt* ‖ ⟨figf⟩
un|zeitig, -passend ‖ ⟨fig⟩ *überholt, alt (Bericht)* ‖
(noticia) ~ *(fam) verspätete Nachricht* f ‖
überholte Nachricht f ‖ ~ m *kalte Küche* f ‖
kalter Aufschnitt m ‖ *kalte Fleisch- od
Fisch|speise* f ‖ ⟨fig⟩ *unpassendes Ding* n ‖ Mex
pikantes Salatgericht n ‖ ~ con gelatina *Sülze* f ‖
~s surtidos *Aufschnitt* m ‖ *kalte Platte* f, *kalter
Aufschnitt* m ‖ ◆ de ~ ⟨joc⟩ *auf Kredit* ‖ ◇
almorzar ~ *kalt frühstücken*
  ²fiambre m *(pop) Leiche* f
  ¹fiambrera f *Blech-, Trag|büchse* f *für kalte
Speisen* ‖ *Traggeschirr* n *für warme Speisen* ‖
Proviant-, Picknick|korb m ‖ Am *Kühlschrank* m ‖
Kaltmamsell f ‖ ⟨figf⟩ *abgeschmackte Rede* f
  ²fiambrera f Arg *(pop) Leichenhalle* f
  fiambrería f Arg Par Ur *Aufschnittgeschäft* n ‖
Delikatessgeschäft n, *Feinkosthandlung* f
  fianza f *Bürgschaft, Sicherheit,
Gewährleistung, Kaution* f ‖ *Pfand* n ‖ *Pfand|gut,
-geld* n ‖ *Bürge, Gewährsmann* m ‖ ~ bancaria
Bankbürgschaft f ‖ ~ judicial *Prozessbürgschaft* f
‖ ◇ dar *od* prestar ~ *Bürgschaft leisten (por für)*
  fiar [pres fío] vt/i *bürgen* ‖ *gutstehen (por für)*
‖ *auf Kredit od auf Borg geben* ‖ *auf Borg
verkaufen* ‖ *anvertrauen* ‖ *vertraulich mitteilen* ‖
Chi *auf Kredit haben wollen* ‖ ~ vi *vertrauen (en
auf acc)* ‖ *Vertrauen haben (zu)* ‖ *Kredit geben
(Kaufmann)* ‖ ◇ ~ en *od* a alg. *jdm trauen* ‖ ~
en Dios *auf Gott vertrauen* ‖ ser de ~ *zuverlässig
sein (Person)* ‖ ~se de alg. s. *auf jdn verlassen,
jdm trauen* ‖ hoy no se fía aquí, mañana sí (joc)
heute wird nichts geborgt, morgen ja ‖ no hay que
~se de las apariencias *der Schein trügt*
  fiasco m *Fiasko* n, *Flop* m, *(starker)
Misserfolg* m, *Zusammenbruch* m
  fiat ⟨lat⟩ m *Einwilligung* f
  fibra f *Fiber, Faser,* ⟨reg⟩ *Zaser* f ‖ ⟨An⟩
Muskelfaser f ‖ ⟨Bot⟩ *Faser, Fiber* f ‖
Fasergewebe n ‖ ⟨Bot⟩ *Wurzelfaser* f ‖
Faserwurzel f ‖ *Bast* m ‖ ⟨fig⟩ *Kraft, Energie* f ‖
~ de agave *Pitahanf* m ‖ ~ artificial *Kunstfaser* f
‖ ~ estriada ⟨An⟩ *quergestreifte Faser* f ‖ ~
longitudinal ⟨An⟩ *Längsfaser* f ‖ ~ de madera
Holzfaser f ‖ *Holzschliff* m ‖ ~ muscular ⟨An⟩
Muskelfaser f ‖ ~ natural *Naturfaser* f ‖ ~ óptica
Lichtleitfaser f ‖ ~ sintética *synthetische Faser,
Chemiefaser* f ‖ ~ textil *Textilfaser* f ‖ ~ vegetal
Pflanzenfaser f ‖ ~ de vidrio *Glasfaser* f ‖ ~
vulcanizada *Vulkanfiber* f ‖ ~ de yute *Jutefaser* f
‖ ◇ tener ~ para algo ⟨fig⟩ *für et. geeignet sein
od das Zeug haben*
  fibrilación f ⟨Med⟩ *Flimmern* n ‖ ~ auricular
Vorhofflimmern n ‖ ~ cardiaca, ~ cardíaca
Herzflimmern n ‖ ~ ventricular *Kammerflimmern* n
  fibri|lado, –lar adj *aus Fasern bestehend,
Faser-* ‖ **–lla** f ⟨Bot⟩ *Wurzelfäserchen* n ‖ ⟨An⟩
Fibrille f, *Muskel- bzw Nerven|fäserchen* n
  fibri|na f ⟨Physiol⟩ *Fibrin* n, *Blutfaserstoff* m ‖
–nólisis f ⟨Med⟩ *Fibrinolyse* f

  fibro|cartílago m ⟨An⟩ *Faserknorpel* m ‖
–célula f ⟨Biol⟩ *Faserzelle* f ‖ **–cemento** m
⟨Arch⟩ *Faserzement* m ‖ **–ma** m ⟨Med⟩ *Fibrom* n,
Fasergeschwulst f ‖ **–scopio** m *Fibroskop* n ‖ **–sis**
f ⟨Med⟩ *Fibrose* f ‖ **–so** adj *fas(e)rig,* ⟨reg⟩
zaserig ‖ *faserartig* ‖ ⟨Med⟩ *fibrös*
  fíbula f *Fibel, Spange* f
  △ **ficar** [c/qu] vi *spielen*
  △ **ficaró** m *Spieler* m
  ficción f *Fiktion, (Er)Dichtung* f ‖ *Verstellung,
Vorspiegelung* f ‖ ~ poética *dichterische
Erfindung* f
  ¹ficha f *Spielmarke* f, *Jeton* m ‖ *Zahl-,
Rechen|marke* f ‖ *Bon* m ‖ *Münze* f *(für
Fernsprecher, Automaten usw.)* ‖ *Stein* m
(Domino) ‖ *Katalog-, Archiv|zettel* m,
Karteikarten f ‖ *Karteikarte* f ‖ Chi *Zahlnote* f *in
e–m Kaufladen* ‖ ~ antropométrica
Identifikationsschein, Erkennungsbogen m ‖ ~
artística ⟨Th⟩ *Liste* f *der künstlerischen
Mitarbeiter* ‖ ~ dactiloscópica *Fingerabdruck* m ‖
~ perforada *Lochkarte* f ‖ ~ técnica ⟨Th⟩ *Liste* f
der technischen Mitarbeiter
  ²ficha f Arg Col Mex *Gauner, Gesinnungslump* m
  ³ficha f Hond *Silbermünze* f *(zu zehn
Centavos)*
  ⁴ficha f Chi *Pfahl* m *(zur Grenzmarkierung)*
  fi|chaje m *Verpflichtung* f *e–s Sportlers durch
e–n Sportverein (bes. Fußball)* ‖ **–char** vt
aufnehmen, registrieren ‖ *karteimäßig erfassen* ‖
bongen ‖ *stechen (an der Stechuhr)* ‖ *polizeilich
identifizieren* ‖ *verpflichten (e–n Sportler)* ‖ ◇ ~
a alg. ⟨fig⟩ *jdn beschatten, jdn überwachen* ‖ lo
tengo ~chado *ich habe ihn mir vorgemerkt,* ⟨fam⟩
*ich habe ihn im Visier, ich habe ihn auf der
Abschlussliste, ich hab' ihn auf dem Kieker* ‖ ~ vi
⟨Sp⟩ *(mit e–m Klub) e–n Vertrag schließen (bes.
Fußballspieler)* ‖ Col *sterben*
  fichero m *Registratur* f ‖ *Kartenregister* n,
Kartothek, Kartei f ‖ *Zettelkasten* m ‖ ⟨Inform⟩
Datei f ‖ *Polizeiregister* n ‖ ~ ajeno ⟨Inform⟩
Fremddatei f ‖ ~ de cinta ⟨Inform⟩ *Banddatei* f ‖
~ en disquete(s) ⟨Inform⟩ *Diskettendatei* f ‖ ~ de
entrada ⟨Inform⟩ *Eingabedatei* f ‖ ~ de salida
⟨Inform⟩ *Ausgabedatei* f ‖ ~ de trabajo ⟨Inform⟩
Arbeitsdatei f ‖ ◇ ya lo tenemos *(od* ya lo hemos
metido) en el ~ ⟨figf⟩ *wir haben ihn schon auf
der Liste* ‖ ser un ~ viviente *ein wandelndes
Lexikon sein*
  fichú ⟨gall⟩ m Am *Fichu, Hals-, Spitzen|tuch*
n
  ficomicetos mpl ⟨Bot⟩ *Algenpilze* mpl,
Phykomyzeten pl (Phycomycetes)
  fic|ticio adj *fiktiv, erdichtet, vorgeblich, erdacht*
‖ *fingiert* ‖ *scheinbar, Schein-* ‖ **–to** pp/irr von
fingir
  fidedigno adj *glaubwürdig* ‖ *zuverlässig*
  fideero m *Nudelfabrikant* m
  fideicomi|sario ~ adj *fideikommissarisch* ⟨Jur⟩
Fideikommisserbe m ‖ **–so** m *Fideikommiss,
unveräußerliches Stammgut* n, *treuhänderische
Übereignung* f ‖ **–tente** m *Erblasser* m *e–s
Fideikommisses*
  fideís|mo m ⟨Theol⟩ *Fideismus* m ‖ **–ta** adj
(m/f) fideistisch ‖ ~ *m/f Fideist(in* f) m
  fide|lidad f *Treue* f ‖ *Ehrlichkeit, Redlichkeit* f
‖ *treue Wiedergabe* f ‖ *Zuverlässigkeit* f ‖
Genauigkeit f ‖ *Pünktlichkeit* f ‖ ◇ guardar ~ a
alg. *jdm treu bleiben* ‖ alta ~ *Hi-Fi* f ‖ **–lísimo**
adj *allergetreuest(er)* ‖ ⟨Hist⟩ *Titel* m *der Könige
von Portugal*
  fidelismo m → **castrismo**
  fideo m *Nudel* f ‖ ⟨figf⟩ *sehr magerer Mensch*
m, *Hopfenstange* f ‖ **~s** mpl *Fadennudeln* fpl
  fiduciario adj ⟨Jur⟩ *fiduziarisch,*

treuhänderisch ‖ *mündelsicher* ‖ *Treuhand-* ‖ ~ *m Treuhänder, Fiduziar* m

fiebre *f* ⟨Med⟩ *Fieber* n (& fig) ‖ ⟨fig⟩ *Auf-, Er|regung* f ‖ ⟨fig⟩ *Unruhe* f ‖ ~ *de aclimatación Klimafieber* n ‖ ~ *aftosa* ⟨Vet⟩ *Aphtenseuche, Maul- und Klauen|seuche* f ‖ ~ *álgida Frostfieber* n ‖ ~ *amarilla Gelbfieber* n ‖ ~ *del cateterismo Katheterfieber* n ‖ ~ *cerebral Gehirnentzündung* f ‖ ~ *coleccionista Sammelwut* f ‖ ~ *consuntiva Zehrfieber* n ‖ ~ *cotidiana täglich wiederkehrendes Fieber* n ‖ ~ *cuartana Quartanafieber* n ‖ ~ *hé(c)tica Zehrfieber* n ‖ ~ *del heno Heu|schnupfen* m, *-fieber* n ‖ ~ *intermitente Wechselfieber* n ‖ ~ *láctea Milchfieber* n ‖ ~ *de Lassa Lassafieber* n ‖ ~ *malárica* →~ *palúdica* ‖ ~ *del Mediterráneo,* ~ *de Malta Maltafieber* n (→ **brucelosis**) ‖ ~ *miliar Schweiß|fieber* n, *-friesel* m ‖ ⟨lat⟩ *Febris* f *miliaris* ‖ ~ *del oro* ⟨fig⟩ *Goldfieber* n ‖ ~ *ortigosa Nesselfieber* n ‖ ~ *palúdica Malaria* f, *Sumpffieber* n ‖ ~ *puerperal Kindbettfieber* n ‖ ~ *recurrente Rückfallfieber* n ‖ ~ *reumática rheumatisches Fieber* n ‖ ~ *séptica septisches Fieber* n ‖ ~ *terciana Tertiana* f, *Dreitagefieber* n ‖ ~ *tifoidea Typhus* m ‖ ~ *traumática Wundfieber* n ‖ ◇ *la* ~ *declina* (*od* baja), *aumenta* (*od* sube) *das Fieber lässt nach, nimmt zu*

fiebrón *m* ⟨fam⟩ *sehr hohes Fieber* n, *starker Fieberanfall* m

¹fiel adj *(m/f) (ge)treu* ‖ *redlich, ehrlich* ‖ *wahrhaft, zuverlässig* ‖ *richtig* ‖ *wahrheitsgemäß* ‖ *sinngetreu* ‖ *wortgetreu (Umschrift)* ‖ *naturgetreu* ‖ ⟨Rel⟩ *gläubig* ‖ ~ *con, para* (con) *sus amigos s–n Freunden treu* ‖ ◇ *es* ~ *retrato de su madre er* (*sie, es*) *ist s–r* (*ihrer*) *Mutter sprechend ähnlich* ‖ *quedar* ~ *a sus principios s–n Grundsätzen treu bleiben* ‖ ~ *m Gläubige(r)* m ‖ *los* ~*s die Gläubigen* ‖ adv: ~**mente**

²fiel *m Eichmeister* m ‖ *Aufseher* m *(der Stadtwaage)* ‖ *Zünglein* n *(an der Waage)* ‖ *Zeiger* m *(an e–m Messgerät)* ‖ *Scherenbolzen* m ‖ (~) *contraste Eichmeister, Aufseher* m ‖ *Aufseher über Maß und Gewicht, Eichmeister* m ‖ ~ *de fechos* ⟨Hist⟩ *Gemeindeschreiber* m ‖ ~ *de muelle Hafenwaagenmeister* m ‖ *Kaiempfangsschein* m ‖ ◆ *al* ~ *Chi genau* ‖ *en* ~ ⟨fig⟩ *im Gewicht* ‖ ◇ *estar en el* ~ *im Gleichgewicht sein* ‖ adv: ~**mente**

fielato *m Akzisen-, Stadtzoll|amt* n ‖ *Mauthäuschen* n ‖ *Akzisengebühr* f ‖ ~ *de consumos städtische Akzise* f

fiel|trar vt *(ver)filzen* ‖ **–tro** *m Filz* m ‖ *(breiter) Filzhut* m ‖ *Filzkappe* f

fiemo *m Ar Nav Rioja And Mist, Kot* m

fiera *f Raubtier, wildes Tier* n (& fig) ‖ ⟨fig⟩ *Bestie* f ‖ ◇ *es una* ~ *trabajando* ⟨fam⟩ *er ist ein Arbeitstier, er arbeitet für zwei* ‖ *estar hecho una* ~ ⟨figf⟩ *vor Wut schäumen, außer s. sein* ‖ ~**s** fpl ⟨Zool⟩ *Raubtiere* npl ‖ △ *Häscher* mpl

Fierabrás *m* np *Name* m *e–s berühmten Riesen in den alten Ritterromanen* ‖ ~ *m* ⟨figf⟩ *böser, ruchloser Mensch* m ‖ ⟨figf⟩ *ungezogenes Kind* n, *Range* f

fiere|cita, –cilla *f* dim von **fiera** ‖ ⟨fig⟩ *kleines wildes Biest* n ‖ **–za** *f Wildheit* f ‖ *Ungestüm* n ‖ ⟨fig⟩ *Sprödigkeit* f ‖ ⟨fig⟩ *Scheußlichkeit* f

fie|ro adj *wild* ‖ *grausam, grimmig* ‖ *scheußlich, hässlich* ‖ *ungeheuer* ‖ ⟨fig⟩ *spröd(e), barsch* ‖ ⟨fig⟩ *furchtbar, schrecklich* ‖ **–ros** mpl *Drohungen* fpl ‖ *Einschüchterungsversuch(e)* m(pl) ‖ ◇ *echar* ~ *Drohungen ausstoßen*

fierra *f* Am *Beschlagen* n *(e–s Pferdes)*

¹fierro *m* Am → **hierro** ‖ *Brandmarke* f *(zum Zeichnen des Viehes)* ‖ Arg *Lockenschere* f ‖ Ec *Werkzeug* n

²fierro *m* Mex *Geld* n ‖ Mex *Münze* f

fies|ta *f (Kirchen)Fest* n ‖ *Feier* f ‖ *Fest-, Feier|tag* m ‖ *Volksfest* n (bes. *Stierkampf*) ‖ *öffentliche Lustbarkeit* f ‖ *Festlichkeit* f ‖ *Freudenbezeugung, Liebkosung* f *(auch von Tieren)* ‖ *Schmeicheln* n ‖ ⟨fam⟩ *Spaß* m ‖ ⟨iron⟩ *Zänkerei* f ‖ ~ *abonable y no recuperable Span bezahlter, nicht nachzuarbeitender Feiertag* m ‖ ~ *de cubrir aguas Richtfest* n ‖ ~ *de la aldea Kirchweih, Kirmes* f ‖ ~ *del árbol Tag* m *des Baumes, Baumpflanzungsfest* n ‖ ~ *de baile Tanzfest* n ‖ ~ *benéfica Wohltätigkeitsfest* n ‖ ~ *de las Candelas* ⟨Kath⟩ *Mariä Lichtmess* ‖ ~ *civil nichtkirchlicher Feiertag* m ‖ ~ *conmemorativa Gedächtnis-, Gedenk|feier* f ‖ ~ *del Corpus Fronleichnams|fest* n, *-tag* m ‖ ~ *de los (fieles) difuntos* ⟨Kath⟩ *Allerseelentag* m ‖ ~ *doble* ⟨Kath⟩ *Duplex* n, *Feiertag* m *mit zwei Vespern* ‖ ⟨allg⟩ *hoher Feiertag* m ‖ *Tag* m, *auf den zwei Festtage fallen* ‖ ~ *de familia Familienfest* n ‖ ~ *de guardar gebotener Feiertag* m ‖ ~ *inmoble* →~ *fija* ‖ ~ *de San Isidro Span Volksfest* n *in Madrid (15. Mai)* ‖ ~ *mayor Kirchweih* f, *Kirchweihfest* n, *Kirmes* f ‖ ⟨allg⟩ *hoher Feiertag* m ‖ ~ *movible bewegliches Fest* n ‖ ~ *nacional National-, Volks|fest* n ‖ *Nationalfeiertag* m ‖ Span *Stierkampf* m ‖ ~ *natalicia Geburtstagsfest* n ‖ ~ *de Navidad* od *navideña Weihnachtsfest* n ‖ ~ *onomástica Namenstag(sfest)* m (n) ‖ ~ *patronal* →~ *mayor* ‖ ~ *popular Volksfest* n ‖ ~ *de precepto* → ~ *de guardar* ‖ ~ *(no) recuperable Feiertag* m, *für den die Arbeit (nicht) nachzuholen ist* ‖ ~ *de la Raza span. und span.-am. Nationalfest n (am 12. Oktober, Tag der Entdeckung Amerikas)* ‖ ~ *de los Reyes Dreikönigsfest* n ‖ ~ *rústica Kirchweih, Kirmes* f ‖ *Dorffest* n ‖ ~ *sacramental Kirchweih* f ‖ ~ *semidoble* ⟨Kath⟩ *Mittelfest* n ‖ ~ *simple einfaches Kirchenfest* n ‖ ~ *de los tabernáculos* (Rel) *Laubhüttenfest* n ‖ ~ *taurina* → ~ *de toros* ‖ ~ *de tijerales* ⟨Arch⟩ *Richtfest* n, Öst *Gleichenfeier* f ‖ ~ *de tiro Schützenfest* ‖ *la* ~ *de Todos los Santos Allerheiligen(fest)* n ‖ ~ *de toros Stierkampf* m ‖ ◆ *para fin de* ~ ⟨fam⟩ *zum Schluss, schließlich* ‖ *obendrein* ‖ ◇ *¡se acabó la* ~! ⟨fam⟩ *Schluss damit!* ‖ *aguar la* ~ *a alg.* ⟨figf⟩ *jdm ein Vergnügen ver|derben* od ⟨pop⟩ *-sauen* ‖ *coronar la* ~ ⟨fig⟩ *das Fest krönen* ‖ ⟨figf⟩ *e–e Erzdummheit begehen* ‖ *estar de* ~ *lustig, guter Dinge sein, feiern* ‖ *hacer* ~ *feiern, nicht arbeiten,* ⟨fam⟩ *blaumachen* ‖ *freihaben (Schulkinder)* ‖ *organizar una* ~ *ein Fest veranstalten* ‖ *¡tengamos la* ~ *en paz!* ⟨figf⟩ *bitte, k–n Streit!* ‖ *Ruhe, bitte!* ‖ *nun wollen wir mal hübsch friedlich sein!* ‖ ~**s** fpl *Oster-, Pfingst- und Weihnachts|feiertage* mpl ‖ *las* ~ *mayas Arg die Unabhängigkeitsfeiern am 25. Mai (Nationalfeiertag)* ‖ ◇ *no estar para* ~ ⟨figf⟩ *nicht aufgelegt, übler Laune sein* ‖ *estar en* od *de* ~ *Kirchweih (bzw ein Volksfest) feiern* ‖ *hacer* ~ *liebkosen, schmeicheln* ‖ *hacer* ~ *a alg.* ⟨fam⟩ *jdm um den Bart gehen* ‖ *el perro hace* ~ *der Hund schmeichelt s. ein* ‖ *celebrar* od *guardar* od *santificar las* ~ *die Feiertage halten, beachten* ‖ *pasadas las* ~ *nach den Feiertagen* ‖ **–tear** vt Pe PR *feiern* ‖ **–tecilla** *f* dim von **–ta** ‖ **–tero** adj → **festero**

fifi adj *verweiblicht* ‖ ~ *m* Mex CR *Geck, Stutzer* m

fifia *f* Mex *Spott* m

fifiri|che adj Mex CR *schwächlich, kränklich* ‖ ~ *m schwächlicher Mensch* m ‖ *Geck, Stutzer* m ‖ **–chi** *m* Pe ⟨fam⟩ → **–che**

fig. ⟨Abk⟩ = **figura(do)**

fígaro m (fig joc) Barbier, Figaro m ‖ eng anliegendes, kurzes Wams n

figle m ⟨Mus⟩ Ophikleide f, tiefes Klapphorn n

figón m (einfache) Speisegaststätte f ‖ (heute auch) typisches Restaurant n

figonero m Speisewirt m

figuerense adj/s (m/f) aus Figueras (P Ger) ‖ auf Figueras bezüglich

figu|lina, –rina f kleine Tonfigur f ‖ **–no** adj tönern

¹figura f Figur, Gestalt f ‖ (Eben)Bild n ‖ (Text)Abbildung, Figur f ‖ Gesicht, Antlitz n ‖ Aussehen n ‖ Sinnbild, Symbol n ‖ ⟨Mus⟩ Figur f ‖ (rednerische) Figur f ‖ Tanzfigur f ‖ ⟨Th⟩ Figur, Rolle f ‖ ⟨Math⟩ Figur f ‖ ⟨Kart⟩ Figur f, Bild n ‖ ⟨fig⟩ Persönlichkeit f ‖ ⟨fig⟩ Gesicht n ‖ ⟨fig⟩ (Zier)Puppe f ‖ ⟨fig⟩ Redefigur f ‖ ⟨fig⟩ Metapher f ‖ ~ de ajedrez Schachfigur f ‖ ~ de bulto Bildsäule f ‖ (Marmor)Büste f ‖ ~ central Hauptperson f ‖ ~ de cera Wachsfigur f ‖ ~ clave Schlüsselfigur f ‖ ~ de construcción grammatische Figur f ‖ ~ decorativa Dekorationsfigur f ‖ ⟨fig Th⟩ stumme Person od Rolle f, Statist m ‖ ⟨fig⟩ Alibifigur f ‖ ~ delictiva, ~ de delito (Straf)Tatbestand m ‖ ~ de dicción Redewendung f ‖ ~ de guiñol Marionette f ‖ ~ jurídica Rechtsfigur f ‖ ~ libre ⟨Sp⟩ Kür|übung f, -lauf m ‖ ~ de nieve Schneemann m ‖ ~ obligatoria ⟨Sp⟩ Pflicht|übung f, -lauf m ‖ ~ de pesebre Krippenfigur f ‖ ~ de proa ⟨Mar⟩ Galionsfigur f ‖ ~ retórica Redefigur f ‖ ~ de vidriera Zierpüppchen n ‖ ~ de yeso Gipsfigur f ‖ ~ hacer ~s (figf) Grimassen schneiden ‖ s. lächerlich gebärden

²figu|ra m (fam) Wichtigtuer m ‖ (fam) lächerlicher, hässlicher Mensch m ‖ **–rable** adj (m/f) vor-, dar|stellbar ‖ **–ración** f Bildung, Gestaltung f ‖ **–radamente** adv in figürlichem, übertragenem Sinne

figu|rado adj figürlich, (sinn)bildlich ‖ figürlich, bilderreich (Stil) ‖ ⟨Mus⟩ figuriert ‖ ⟨Mil Th⟩ markiert ‖ ◆ en sentido ~ in übertragener Bedeutung ‖ **–ranta** f ⟨Th⟩ Statistin, Figurantin f (& fig) ‖ **–rante** m Statist, Figurant m (& fig) ‖ ⟨reg⟩ Schauspieler m ‖ **–rar** vt bilden, gestalten ‖ abbilden, vorstellen ‖ darstellen ‖ vorgeben ‖ ◇ ~ (una) sorpresa s. überrascht stellen ‖ figuraron no verlo sie taten, als ob sie ihn nicht sähen ‖ ~ vi vorkommen ‖ erscheinen (z. B. in e–m Verzeichnis) ‖ vorhanden, anwesend sein ‖ ⟨fig⟩ e–e Rolle spielen ‖ ◇ ~ como …, ~ de … auftreten od erscheinen als … (nom) ‖ (et.) sein ‖ ~ en cuenta in der Rechnung erscheinen ‖ su nombre no –ra en la lista sein (ihr) Name steht nicht auf der Liste ‖ **~se** s. einbilden, s. denken, s. vorstellen ‖ ¡figúrese! denken Sie nur! stellen Sie s. vor! ‖ das glaube ich! ‖ ¡qué se ha –rado Vd. wo denken Sie hin? ‖ ¡me lo –raba! das habe ich mir (gleich) gedacht! ‖ se me –ra que … ich bilde mir ein od ich vermute, dass …

figu|rativo adj (sinn)bildlich, figürlich ‖ gegenständlich (Kunst) ‖ las artes ~as die bildenden Künste fpl ‖ **–rera** f ⟨fam⟩ Zierpuppe f ‖ **–rería** f ⟨fam⟩ Fratze, Gebärde f ‖ Grimasse f ‖ ⟨fam⟩ Ziererei f ‖ **–rero** adj ⟨fam⟩ zimperlich ‖ eingebildet ‖ ~ m Figurenverkäufer m ‖ Figurenmacher m ‖ ⟨fig⟩ Gesichterschneider, Faxenmacher m ‖ **–rita, –rita** f dim von **–ra** ‖ Statuette f ‖ ⟨fam⟩ s. lächerlich gebärdende Person f ‖ **~s** fpl Nippsachen fpl ‖ **–rín** m Figur f ‖ Modebild n ‖ Mode(n)zeitung f ‖ ⟨Th⟩ Kostüm, Rollen|bild n ‖ ⟨fig⟩ Modepuppe f ‖ **–rinista** m/f ⟨Th⟩ Kostümbildner(in f) m ‖ Modezeichner(in f) m ‖ **–rón** m augm von **figura** ‖ ⟨figf⟩ Angeber,

Aufschneider, Prahlhans m ‖ ~ de proa ⟨Mar⟩ Galionsfigur f ‖ → **comedia**

¹fija f Tür-, Fenster|band n ‖ ◇ esto es la ~ ⟨fam⟩ das ist völlig sicher

²fija f ⟨Arch⟩ Fugenkelle f

³fija f Arg Harpune f, Fischspeer m

fijacarteles m (Plakat)Ankleber m

fijación f Befestigung f ‖ Feststellung f ‖ Anschlagung f ‖ Festsetzung, Bestimmung f ‖ Bindung f ‖ ⟨Chem⟩ Verdichtung f ‖ Bodensatz m ‖ ⟨Fot Mal⟩ Fixieren n ‖ ⟨Sp⟩ Bindung f (am Ski) ‖ ~ del tiempo Zeitbestimmung f, Timing n

fijacorbatas m Krawattenhalter m

fija|do m ⟨Fot⟩ Fixieren n ‖ **–dor** adj befestigend, fixierend ‖ ~ m Feststeller m, Sperr-, Verriegelungs|einrichtung f ‖ Haarfestiger m ‖ ⟨Fot Mal⟩ Fixativ n ‖ ⟨Arch⟩ Fenster-, Tür|einsetzer m ‖ ⟨Arch⟩ Verfuger m ‖ **–mente** adv fest, starr ‖ aufmerksam ‖ ◇ mirar a uno ~ jdn starr ansehen ‖ no lo sé ~ ich weiß es nicht bestimmt

fijante adj (m/f): fuego ~ ⟨Mil⟩ im Ziel liegendes Feuer n

fija|papeles m Papierhalter m ‖ **–pelo** m Haarfestiger m

fijar vt befestigen, festmachen, fixieren ‖ ein|schlagen, -treiben ‖ knüpfen, binden (en an acc) ‖ an|heften, -schlagen ‖ festsetzen, bestimmen ‖ feststellen (Schaden) ‖ ankleben (Plakate) ‖ ⟨Fot Mal⟩ fixieren ‖ ⟨Arch⟩ verfugen ‖ vergießen ‖ ⟨Zim⟩ einsetzen (Fenster, Tür) ‖ (Aufmerksamkeit, Blick) richten (en auf acc) ‖ anberaumen (Termin) ‖ fest|legen, -setzen (Preis, Bedingung, Termin) ‖ ansiedeln, sesshaft machen (Sinti bzw Roma) ‖ ⟨Mil⟩ binden (Feind) ‖ ◇ ~ la atención en (od sobre) a/c die Aufmerksamkeit auf et. (acc) richten ‖ ~ el cambio den Kurs festsetzen ‖ ~ carteles Plakate anschlagen ‖ ~ con un clavo mit e–m Nagel befestigen ‖ ~ un cuadro en la pared ein Bild an der Wand aufhängen ‖ ~ la hora die Zeit bestimmen ‖ ~ un límite ein Limit stellen ‖ ~ los ojos die Augen heften (en auf acc) ‖ ~ un plazo e–n Termin festsetzen ‖ ~ su residencia en Madrid s. in Madrid niederlassen ‖ ~ al toro ⟨Taur⟩ den Stier vor dem Todesstoß fixieren ‖ ~ la vista → ~ los ojos ‖ **~se** auf|passen, -merksam sein ‖ die Aufmerksamkeit lenken (en auf acc), (et.) merken, gewahr werden, achtgeben ‖ (et.) in Erwägung ziehen ‖ s. festsetzen (Schmerz) ‖ s. (auf Dauer) niederlassen ‖ ◇ no me fijo en ello ich beachte es nicht ‖ ¡fíjese (bien)! passen Sie (gut) auf! geben Sie acht! ‖ lassen Sie s. das ein für allemal gesagt sein! ‖ ¡fíjate! (fam) nein, so was! stell dir (nur) vor! ‖ ¡~! Achtung! ‖ hemos fijado que … wir haben beschlossen, dass

fijativo m ⟨Mal⟩ Fixativ n

fijeza f Bestimmtheit, Sicherheit f ‖ Festigkeit f ‖ Unbeweglichkeit f ‖ Beharrlichkeit f ‖ Beständigkeit f ‖ ◇ mirar con ~ starr anblicken

Fiji m ⟨Geogr⟩ Fidschi n

fijo adj/s fest ‖ gewiss, zuverlässig ‖ sicher ‖ bestimmt ‖ unveränderlich, beständig ‖ richtig ‖ unbeweglich, starr (& Tech) ‖ ⟨Tech⟩ orts-, stand|fest, stationär ‖ ⟨Chem⟩ feuerfest ‖ ◆ ~ con clavos angenagelt ‖ de ~, a punto ~ (Am a la fija) sicher, mit Bestimmtheit, gewiss ‖ de ~ que no ganz bestimmt nicht ‖ con la mirada ~a mit starrem Blick ‖ ~ adv bestimmt, sicher ‖ ~ m ⟨Mil⟩ Bettung f (e–r Kanone)

fijodalgo m → **hijodalgo**

fil m ⟨Mar⟩ Richtung, Strömung f ‖ ◇ estar en (un) ~ ⟨fig⟩ einander entsprechen (zwei Dinge)

¹fila f Reihe(nfolge) f ‖ (Baum)Allee f ‖ ⟨Mil⟩ Reihe f, Glied n ‖ ⟨Mil⟩ Rotte f ‖ Zar rundes Bauholz n ‖ ~ delantera Vorderreihe f ‖ ~ india

Gänsemarsch m ‖ ♦ en ~ *der Reihe nach,*
ordnungsmäßig ‖ ⟨Mil⟩ *in Reih und Glied* ‖ ¡en
~! ⟨Mil⟩ *richt euch!* ‖ de segunda ~ ⟨fig⟩ *zweiten*
Ranges ‖ en ~ india ⟨fam⟩ *im Gänsemarsch* ‖ en
primera ~ *in der ersten Reihe* ‖ ⟨fig⟩ *im (bzw in*
den) Vordergrund ‖ ◇ apretar *od* cerrar ~s ⟨fig⟩
fester zusammenschließen, enger
zusammenrücken, ⟨Mil⟩ *aufschließen* ‖ entrar en
~s *einberufen werden, Soldat werden* ‖ llamar a
~s *einberufen* ‖ salir de la ~ *aus der Reihe*
tanzen
   ²fila *f* Ast *Spinnen* n ‖ *Spinnfest* n
   ³fila *f Gesicht* n ‖ ⟨pop⟩ *Hass, Groll* m ‖ ◇
tener(le) ~ a alg. *jdn nicht leiden,* ⟨fam⟩ *nicht*
riechen können ‖ tenerle ~ a un alumno ⟨Sch⟩
e–m Schüler auf dem Nacken sitzen (Lehrer)
   filacteria *f Phylakterion* n *(Gebetsriemen)*
   Filadelfia *f* [Stadt] *Philadelphia* ‖ ~ *f (Art)*
Gebäck n
   filadelfo m ⟨Bot⟩ *Falscher Jasmin,*
Pfeifenstrauch m (Philadelphus coronarius)
   filadiz *[pl ~ces] m* ⟨Text⟩ *Flock-, Rauch|seide*
f
   filamen|to *m Faser, Zaser* f ‖ *Faden* m ‖ *Draht*
m ‖ ⟨Bot⟩ *Wurzelfaser* f ‖ ⟨Bot⟩ *Staubfaden* m ‖
⟨El⟩ *Glüh- bzw Heiz|faden* m ‖ **–toso** adj
fas(e)rig, ⟨reg⟩ *zaserig*
   filandón *m* Ast *Spinnstube* f
   filandria *f Fadenwurm* m *der Vögel*
   filanto *m* ⟨Ins⟩ *Bienenwolf* m (Philanthus
triangutum)
   filan|tropía *f Philanthropie, Menschen|liebe,*
-freundlichkeit f ‖ **–trópico** adj *philanthropisch,*
menschenfreundlich
   filántropo *m Philanthrop, Menschenfreund* m
   ¹filar *m* ⟨Mar⟩ *Reling* f
   ²filar vi ⟨Mar⟩ *(weg)fieren*
   ³filar vt ⟨pop⟩ *beobachten, ansehen, beschatten*
(a alg. *jdn)*
   fila|ria *f* ⟨Zool⟩ *Filarie* f, *Fadenwurm* m
(Filaria spp, Wuchereria spp und a.) ‖ ~ de
Medina ⟨Zool⟩ *Medinawurm* m (Dracunculus
medinensis) **–riasis, –riosis** *f* ⟨Med⟩
Filarienkrankheit, Filariose f
   filar|monía *f Philharmonie* f ‖ **–mónica** *f*
philharmonisches Orchester n, *Philharmonie* f ‖
Chi *Tanz(saal)* m ‖ **–mónico** adj *philharmonisch* ‖
(orquesta) ~a *philharmonisches Orchester* n ‖ ~
m Musik|liebhaber, -freund m ‖ *Mitglied* n *e–s*
philharmonischen Orchesters, Philharmoniker m
   filástica *f* ⟨Mar⟩ *Kabelgarn* n
   fila|telia *f Philatelie, Briefmarkenliebhaberei* f
‖ *Philatelie, Briefmarkenkunde* f ‖ **–télico** adj
philatelisch, Briefmarken- ‖ **–telismo** *m*
Philatelie f ‖ **–telista** *m/f Philatelist(in* f),
Briefmarkensammler(in f) m
   filatura *f Spinnerei* f ‖ *Spinnart* f,
Spinnverfahren n ‖ → auch **hilatura**
      △ **file** *m Lauern, Spähen* n
   Filemón *m* np *Philemon* m
   ¹filete *m* ⟨Arch⟩ *Streif, Reif* m, *Leiste* f ‖
⟨Arch⟩ *Eierstab* m ‖ ⟨Typ⟩ *Zier- bzw Stanz|linie,*
Linie f ‖ *Schneidleiste* f *(für Papier)* ‖ *Filet* n (pl
Fileten) ‖ ⟨Her⟩ *Streif* m ‖ ⟨Mar⟩ *Geitau* n *(für*
lat. Segel) ‖ ⟨Flugw⟩ *Ausrundung* f *zwischen*
Rumpf und Flügel ‖ ⟨An⟩ *Zungenband* n ‖ *kleiner,*
dünner Bratspieß m ‖ ~ de aire *(kalter,) dünner*
Luftzug m ‖ ~ de cola ⟨Typ⟩ *Schlusslinie* f ‖ ~
dorado ⟨Typ⟩ *Goldschnitt* m ‖ ~ ondulado ⟨Typ⟩
Wellenlinie f ‖ ~ puntillado ⟨Typ⟩ *Punktlinie* f ‖
~ sacalíneas ⟨Typ⟩ *Setzlinie* f ‖ ~ sombreado
⟨Typ⟩ *Strichlinie* f
   ²filete *m* ⟨Kochk⟩ *Fleischschnitte* f ‖ *Filet* n *(pl*
Filets), Öst *Lungenbraten* m ‖ *Lendenstück* n ‖
Filet n *(pl Filets) (vom Fisch)* ‖ ~ de cerdo

Schweineschnitzel n ‖ ~ empanado *paniertes*
Schnitzel n ‖ ~ de pavo *Putenschnitzel* n ‖ ~ de
pescado *Fischfilet* n ‖ ~ de solomillo asado
Filetsteak n ‖ ~ de ternera (mechado) *Kalbsfilet* n
(gespickt) ‖ ◇ darse *od* pegarse el ~ *fummeln (an*
e–r Frau), grapschen
   ³filete *m* ⟨Text⟩ *Verbrämung* f ‖ *Saum* m, *Filet*
n *(pl Filets)* ‖ *Filetarbeit* f ‖ *Sohlennaht* f *an*
Schuhen
   ⁴filete *m* ⟨Tech⟩ *Schraubengewinde* n ‖
Gewinde-, Schrauben|gang m ‖ ~ de tuerca
Muttergewinde n
   ⁵filete *m Trense* f
   ⁶filete *m* ⟨vulg⟩ *Knutscherei* f
   ¹fileteado *m Leisten-, Linien|verzierung* f ‖ ~
dorado *Goldschnitt* m
   ²fileteado *m* ⟨Text⟩ *Filetarbeit* f
   ³fileteado *m* ⟨Tech⟩ *Gewindegänge* mpl
   ¹filetear vt *mit Leisten* od *Streifen absetzen* od
verzieren ‖ *mit Goldstreifen versehen (Buch)*
   ²filetear vt *Gewinde schneiden* (algo *in et.* acc)
   ³filetear vt ⟨Kochk⟩ *in Filets schneiden*
   filfa *f* ⟨fam⟩ *Lüge, Ente* f ‖ *Betrug* m ‖ *Plunder*
m ‖ ◇ esto es (una) ~ ⟨fam⟩ *das ist (völlig)*
wertlos
   filiación *f Abstammung, Herkunft* f ‖
Personalbeschreibung f, *Personalien* pl ‖
Parteizugehörigkeit f ‖ *Mitgliedschaft* f ‖ ⟨Mil⟩
Eintragung f *in die Stammrolle* ⟨fig⟩
Ver|bindung, -kettung f ‖ ⟨fig⟩ *Herkunft* f ‖ ⟨fig⟩
Folge f ‖ ◇ tomar la ~ *die Personalien*
aufnehmen
   filial adj *(m/f) kindlich, Kindes-, Sohnes-,*
Tochter- ‖ adv: **~mente**
   filiar vt *Personalien aufnehmen* (a alg. *jds)* ‖
in die Stammrolle eintragen ‖ **~se** → **afiliarse**
   filibus|tear vi ⟨Hist⟩ *Freibeuterei treiben* ‖
–tería *f Freibeuterei* f ‖ **–terismo** *m*
Unabhängigkeits|bewegung f *bzw -parteien* fpl
(in den span. Kolonien Amerikas) ‖ → **–tería** *f* ‖
–tero *m Freibeuter, Seeräuber, Flibustier* m ‖
Anhänger bzw Verfechter m *der Unabhängigkeit*
(des span. Amerikas)
      △ **filicho** *m Weste* f
   filici|da s/adj *(m/f) Kindesmörder(in* f) m ‖
–dio *m Kindes|mord* m bzw *-tötung* f
   filícula *f* ⟨Bot⟩ *Gemeiner Tüpfelfarn* m,
Engelsüß n (Polypodium vulgare)
   filiforme adj *(m/f) fadenförmig*
   ¹filigrana *f Filigran(arbeit* f) n ‖
Wasserzeichen n *(im Papier)* ‖ ⟨fig⟩ *Niedlichkeit* f
‖ ◇ hacer ~s ⟨Taur⟩ *kunstvolle Figuren ausführen*
(Stierkämpfer) ‖ ¡no te metas en ~s! ⟨figf⟩ *mach*
dir k–e Ungelegenheiten! lass die Finger davon!
halt dich raus!
   ²filigrana *f* Cu ⟨Bot⟩ *Wandelröschen* n
(Lantana spp)
   filigranado adj *mit Filigranen versehen* ‖
filigranartig
   fililí *[pl ~íes] m* ⟨fam⟩ *Niedlichkeit* f
      △ **filimicho** *m Galgen* m
   filipi|ca *f Philippika, heftige Kampfrede* f ‖ **–co**
adj ⟨poet⟩ *auf den König Philipp bezüglich*
   filipina *f* Cu *(reverslose) Drillichjacke* f
   Filipi|nas *fpl* ⟨Geogr⟩: (las Islas) ~ *die*
Philippinen ‖ **=nismo** *m Philippinismus* m *(e–e*
nur im philippinischen Spanisch vorkommende
sprachliche Erscheinung) ‖ **=no** adj *von den*
Philippinen, philippinisch ‖ ~ *m Filipino* m
   Fili|po *m* np *Philipp* m *(von Mazedonien)* ‖
–pos *m* ⟨Geogr⟩ *Philippi* n
   filis *f* ⟨fam⟩ *Geschicklichkeit* f ‖ ⟨poet⟩ *Anmut,*
Grazie f, *Liebreiz* m
   Filis *f* np *Phyllis* f
   filis|teo *m/adj Philister* m (& fig) ‖ ⟨fig⟩

großer Mann, Riese m ‖ **–trín** *m* Dom *kleine,
schwächliche Person* f ‖ Ven *Geck, Stutzer* m
  fillingo *m* RPl *kleines Messer* n
  filloga *f* Zam ⟨Kochk⟩ *(Art) Blutwurst* f
  fil|mación *f Filmen* n ‖ *Verfilmung* f ‖ **–mador**
m Filmer m ‖ **–madora** *f Filmapparat* m ‖ **–mar**
vt *(ver)filmen* ‖ ~ vi *filmen*
  fil|me *m Film* m ‖ ~ *de acción Actionfilm* m ‖
~ *de aventuras Abenteuerfilm* m ‖ ~ *de bulto*
⟨fam⟩ *plastischer* od *dreidimensionaler Film,
3-D-Film* m ‖ ~ *de caballistas Cowboyfilm* m ‖ ~
de carácter Hauptfilm m ‖ ~ *de ciencia ficción
Science-fiction-Film* m ‖ ~ *didáctico,* ~
educativo Lehrfilm m ‖ ~ *de época historischer
Film* m ‖ ~ *de horror Horrorfilm* m ‖ ~ *mudo
Stummfilm* m ‖ ~ *parlante* (bes. Am) → ~ *sonoro*
‖ ~ *policíaco Kriminalfilm,* ⟨fam⟩ *Krimi* m ‖ ~
porno(gráfico) pornographischer Film, ⟨pop⟩
Porno m ‖ ~ *sonoro Ton-, Sprech|film* m ‖ ~ *de
terror Gruselfilm* m ‖ → ~ *auch* **película**
  fílmico adj *Film-, filmisch*
  fil|mín *m Bildstreifen* m ‖ **–mina** *f Dia(positiv)*
n
  filmlet *m Spot* m
  filmo|grafía *f Filmografie* f ‖ **–logía** *f
Filmwissenschaft* f ‖ **–teca** *f Filmothek,
Kinemathek* f, *Filmarchiv* n
  ¹filo *m (Schnitt)Linie* f ‖ *Schneide, Schärfe* f
(e–s Messers) ‖ *Halbierungslinie* f ‖ ⟨Mar⟩
Richtung f ‖ ⟨fig⟩ *äußerster Rand* m ‖ Mex Hond
Hunger m ‖ ~ *de la mano Handkante* f ‖ ◆ *al* ~
de medianoche (gerade, beinahe) um Mitternacht
‖ *al* ~ *del día bei Tagesanbruch* ‖ *de* ~ Col
unmittelbar ‖ *mit Entschlossenheit* ‖ *en el* ~ *de la
silla auf dem äußersten Rand des Stuhles* ‖ *por* ~
genau, haarscharf ‖ *haarklein* ‖ *gerade* ‖ *por* ~
de la aurora im ersten Morgengrauen ‖ ◇ *darse
un* ~ *a la lengua* ⟨fig⟩ *scharf werden* ‖ *era por* ~
*de sus veinte años er (sie, es) war gerade
zwanzig Jahre alt* ‖ *estar en el* ~ *de la navaja auf
des Messers Schneide stehen* ‖ **–s** *mpl*: *de dos* ~
zweischneidig (Messer) ‖ ◇ *botar los* ~ *(et.)
abstumpfen* (& fig) ‖ ⟨fig⟩ *lähmen* ‖ *herir por los
mismos* ~ ⟨fig⟩ *(jdn) mit s–n eigenen Waffen
schlagen*
  ²filo adj Ec *scharf, geschliffen*
  ³filo *m* ⟨Biol⟩ *Phylum* n, *Tier- und
Pflanzen|stamm* m
  filodendro *m* ⟨Bot⟩ *Philodendron* m (& n)
(Philodendron)
  filo|génesis, –genia *f* ⟨Biol⟩ *Phylo|genese,
-genie, Stammesgeschichte* f *der Lebewesen* ‖
–genética *f Phylogenetik* f ‖ **–genético** adj
*phylogenetisch, die Stammesgeschichte betreffend,
stammesgeschichtlich*
  filología *f Philologie* f ‖ ~ *clásica klassische
Philologie, Altphilologie* f ‖ ~ *comparada,* ~
comparativa vergleichende Sprachwissenschaft f ‖
~ *germánica Germanistik* f ‖ ~ *moderna
Neuphilologie* f ‖ ~ *románica Romanistik* f
  filológi|ca *f* → **filología** ‖ **–co** adj
sprachwissenschaftlich, philologisch ‖ adv:
~amente
  filólogo *m Philologe* m ‖ ~ *clásico, moderno
Alt-, Neu|sprachler, Alt-, Neu|philologe* m
  filolumenista *m/f Philumenist(in* f) m
(Sammler von Zündholzschachteletiketten)
  filome|la, –na *f* ⟨poet⟩ *Nachtigall* f ‖ **≈na** f np
Philomena f
  filón *m* ⟨Bgb⟩ *(Erz)Ader* f ‖ *Flöz* n ‖ ⟨Bgb⟩
(Erz)Gang m ‖ ⟨fig⟩ *(Gold)Ader* f, ⟨figf⟩ *tolles
Geschäft* n, ⟨pop⟩ *Masche* f
  filosa *f* ⟨Bot⟩ *(Art) Schmarotzerblumengewächs*
n (Cytinus hypocistis)
  filoseda *f* ⟨Text⟩ *Halbseide* f

  filosemi|ta *m Philosemit* m ‖ **–tismo** *m
Philosemitismus* m
  filoso Arg CR Hond *scharf, geschliffen* ‖ *spitz*
  filoso|fador adj/s *philosophierend* ‖ **–fal** adj
(m/f): piedra ~ *Stein* m *der Weisen* ‖ adv:
~mente ‖ **–far** vi *philosophieren* ‖ ⟨fig⟩ *grübeln,
nach|denken, -sinnen* (sobre *über* acc) ‖ **–fastro** *m*
⟨desp⟩ *After|philosoph, Philosophaster* m ‖ **–fía** *f
Philosophie* f ‖ *philosophische Fakultät* f ‖
Philosophikum n (bes. *bei der theol. Ausbildung)*
‖ ⟨Typ⟩ *Korpus* f ‖ ⟨fig⟩ *Seelenruhe, Gelassenheit,
Abgeklärtheit* f, *Gleichmut* m ‖ ~ *moral
Moralphilosophie, Ethik* f ‖ ~ *natural
Naturphilosophie* f ‖ ~ *del ser Seinsphilosophie* f
‖ ◇ *tomar* od *llevar algo con* ~ *et. gelassen
ertragen, et. mit Fassung tragen*
  filo|sófico adj *philosophisch* ‖ **–sofismo** *m
Schein-, Pseudo|philosophie* f
  filósofo *m/adj Philosoph, Denker* m ‖ *Weise(r)*
m ‖ ⟨figf⟩ *Lebenskünstler* m
  filote *m* ⟨Bot⟩ *Seide* f *(des Mais)*
  filo|xera *f* ⟨Ins⟩ *Reblaus* f (Viteus =
Dactylosphaera vitifolii) ‖ ⟨figf⟩ *Rausch* m,
Trunkenheit, ⟨pop⟩ *Besäufnis* f ‖ **–xérico** adj *auf
die Reblaus bezüglich*
  fil|tración *f Durch|seihen, -sickern* n ‖
Filtrieren n ‖ ⟨fig⟩ *Unterschlagung* f ‖ **–trador** *m
Filtriergerät* n, *Filter* m (& n: meist fachspr.),
Seiher m ‖ **–trar** vt *(durch)seihen, durchschlagen,
passieren, filtrieren, filtern* ‖ *durchsickern lassen* ‖
⟨fig⟩ *heimlich passieren lassen* ‖ ⟨fig⟩ *zuspielen*
(z. B. *Informationen an die Presse)* ‖ ~ vi
durchsickern ‖ **~se** ⟨fig⟩ *durch-, ein|dringen* (en,
por *in* acc) ‖ ⟨fig⟩ *rasch ausgehen (Geld)*
  ¹filtro *m Filter* m (fachspr. n) ‖ *Seiher* m,
Seihtuch n, *Durchschlag* m ‖ *Filtrierbeutel* m ‖ ~
de aire Luftfilter n ‖ ~ *antiparasitario* ⟨Radio⟩
Entstörfilter n ‖ ~ *de color,* ~ *cromático
Farbfilter* n ‖ ~ *eléctrico* ⟨Radio⟩ *elektrisches
Filter, Wellen|filter, -sieb* n, *Siebkette* f ‖ ~ *de
gasolina Benzinfilter* n ‖ ~ *de luz* ⟨Fot⟩ *Lichtfilter*
n ‖ ~ *de pelusas Flusenfilter* n ‖ ~ *solar
Lichtschutzfilter* n
  ²filtro *m Liebes-, Zauber|trank* m ‖ ~ *amatorio
Liebestrank* m ‖ ~ *mágico Zaubertrank* m
  △ **filuche** *m Gesicht* n
  filudo adj Chi *scharf, fein geschliffen*
  filum *m* ⟨Biol⟩ → **³filo**
  filustre *m* ⟨fam⟩ *Feinheit, Eleganz* f ‖ ⟨fam⟩
Benimm m
  fimbria *f Saum* m *(an langen Gewändern)*
  fimo *m Mist, Kot* m
  fimosis *f* ⟨Med⟩ *Phimose, Vorhautverengung* f
  fin *m Ende* n, *Beendigung* f, *(Ab)Schluss* m (&
f) ‖ *Ausgang* m ‖ *Tod* m, *Ableben* n ‖ *(End)Zweck*
m, *Ziel* n, *Absicht* f ‖ ~ *de año Jahresende* n ‖ ~
de mesa Nachspeise f ‖ ~ *secundario Mit-,
Neben|zweck* m ‖ ~ *de semana Wochenende* n,
Weekend n ‖ ~ *de sílaba* ⟨Gr⟩ *Silbenauslaut* m ‖
~ *terapéutico Heilzweck* m ‖ ~ *de la Tierra Kap*
n *Finisterre* ‖ ◆ *a* ~(es) *de mes (zu) Ende des
Monats, am Monatsende* ‖ *a* ~ *de descubrir el
asesino um den Mörder zu entdecken* ‖ *a* ~ *de
que no ocurra alguna desgracia damit kein
Unglück geschieht* ‖ *a ese* ~ *deshalb, dazu, zu
diesem Zweck* ‖ *a* ~ *de … (inf) um zu …* ‖ *a* ~
de … (subj) in der Absicht zu … ‖ *al* ~, (*al* ~ *al*
~) *endlich* ‖ *al* ~ *del (mes) corriente zu Ende des
laufenden Monats* ‖ *al* ~ *del mundo* ⟨figf⟩ *bis ans
Ende der Welt* ‖ *am Ende der Welt, ganz weit
(weg)* ‖ *al* ~ *y al (od a la) postre, al* ~ *y al cabo
zuallerletzt, letztens Endes, letztlich* ‖ *mit e–m
Wort* ‖ *con el* ~ *de … (inf) um zu …* ‖ *con el* ~
de … (subj) ‖ *damit …, in der Absicht zu …* ‖
con ese ~ → *a ese* ~ ‖ *con buen* ~ *mit guter*

Absicht ‖ en ~ *endlich, schließlich* ‖ *kurz und gut, kurzum* ‖ *letzten Endes* ‖ para ~ de fiesta *zum Schluss* ‖ *noch obendrein* ‖ por ~ *endlich, zuletzt* ‖ por ~ y postre *endlich, schließlich* ‖ sin ~ *unendlich* ‖ *unzählig* ‖ un sin ~ de obstáculos *unzählige Hindernisse* npl ‖ salvo buen ~ ⟨Com⟩ *unter üblichem Vorbehalt (u.ü.V.)* ‖ ◇ conseguir un ~ → lograr un ~ ‖ dar ~ ⟨fig⟩ *ableben, verscheiden* ‖ dar ~ a … *vollenden, (ab)schließen, beend(ig)en* ‖ dar ~ de algo *et. aufzehren, durchbringen* ‖ leer hasta el ~ *auslesen (Buch)* ‖ lograr un ~ *zu e–m Ziel gelangen* ‖ *e–n Zweck erreichen* ‖ llevar a buen ~ *glücklich zu Ende führen* ‖ poner ~ a … → dar ~ a … ‖ *Schluss machen mit* ‖ *Einhalt tun* (dat) ‖ el ~ corona la obra *Ende gut, alles gut*

finado adj/s *ver|gangen, -flossen (Monat usw.)* ‖ ~ m *Ver|storbene(r), -schiedene(r)* m ‖ ♦ su ~ padre *sein (ihr) seliger Vater*

¹final adj *(m/f) schließlich, endgültig, End-, Schluss* ‖ *final* (& Gr), *zweckbestimmt*

²final m *Ende* n, *Schluss, Ausgang* m ‖ *Endstück* n ‖ *Schlussteil* m ‖ ⟨Tech⟩ *Auslauf* m ‖ ⟨Mus⟩ *Finale* n, *Schlusssatz* m ‖ ~ de trayecto *Endstation* f *(e–r Straßenbahn usw.)* ~ de sílaba *Silbenauslaut* m ‖ ♦ al ~ *am Ende* ‖ por ~ *zuletzt, endlich*

³final f ⟨Sp⟩ *Finale, Endspiel* n, *Schlussrunde* f

fina|lidad f ⟨fig⟩ *Zweck* m, *Ziel* n, *Absicht* f ‖ *Zweckbestimmtheit,* ⟨Wiss⟩ *Finalität* f ‖ ~ específica *Zweckbestimmung* f ‖ ♦ sin ~ *unzweckmäßig* ‖ **–lismo** m ⟨Philos⟩ *Finalismus* m ‖ *Zweckmäßigkeit* f ‖ **–lista** s/adj *(m/f)* ⟨Sp⟩ *Finalist(in* f), *Teilnehmer(in* f) m *am Endspiel* ‖ ⟨Philos⟩ *Finalist(in* f), *Anhänger(in* f) m *der teleologischen Lehre* ‖ **–lizar** [z/c] vt *beend(ig)en, abschließen*

finalmente adv *endlich, zuletzt* ‖ *kurz und gut, kurzum*

finamente adv *fein, zart* ‖ ⟨fam⟩ *schlau*

finan|ciación f, **–ciamiento** m *Finanzierung* f ‖ ~ anticipada *Vorfinanzierung* f ‖ ~ con fondos *od* medios ajenos (propios) *Fremd-, (Eigen)Finanzierung* f ‖ ~ parcial *Teilfinanzierung* f ‖ **–ciar** [pres ~ío] vt *finanzieren* ‖ **–ciera** f Chi *Finanzierungsinstitut* n ‖ **–ciero** adj *finanziell, Finanz-* ‖ ~ m *Finanzmann, Finanzier* m ‖ **–cista** m/f → **financiero** ‖ **–za** f *Finanz* f, *Finanzwesen* n ‖ alta ~ *Hochfinanz* f ‖ **~s** fpl *Finanzen* fpl

¹finar vi *enden, ausgehen* ‖ *ablaufen (Frist)* ‖ *sterben, verscheiden* ‖ **~se:** ~ por algo *et. sehnsüchtig wünschen,* ⟨lit⟩ *nach et. schmachten*

△ **²finar** vi *scheißen*

¹finca f *Grundstück* n, *Grundbesitz, Besitz* m ‖ *Landgut* n ‖ *Bauernhof* m ‖ *Pfandgut* n ‖ *Hypothek* f ‖ Am *(Kaffee)Plantage* f ‖ ~ rústica *Landgut* n ‖ ~ urbana *Grundstück* n *in der Stadt* ‖ ~ de veraneo *Sommer-, Ferien|haus* n ‖ ¡buena ~! ⟨iron⟩ *e–e schöne Bescherung!*

²finca f Col *Schmuckstück* n

fincar [c/qu] vt Am ⟨reg⟩ *beruhen* (en *auf* dat) ‖ ~ vi *(Gelder) hypothekarisch anlegen* ‖ *erwerben (Grundstück)*

finchado adj/s ⟨fam⟩ *aufgeblasen, eitel*

fin. **do** Abk = **finado**

finés adj → **finlandés**

fineza f *Güte, Feinheit, Vortrefflichkeit* f ‖ *Zierlichkeit, Zartheit* f ‖ *Gefälligkeit, Aufmerksamkeit* f ‖ *Liebesgeschenk* n ‖ *kleines Geschenk* n ‖ *Artigkeit* f, *gefälliges Betragen* n

finfano m Extr *Stechmücke* f

fingi|do adj *verstellt, erheuchelt, vorgespiegelt* ‖ *falsch, fingiert, Schein-* ‖ no ~ *unverstellt, ¦natürlich* ‖ adv: **~amente** ‖ **–dor** m/adj *Simulant,*

Heuchler m ‖ **–miento** m *Verstellung, Heuchelei* f ‖ *Vorspiegelung* f

fingir [g/j] vt *er|dichten, -sinnen* ‖ *vor|geben, -spiegeln, -täuschen* ‖ *(er)heucheln, fingieren* ‖ ◇ ~ pobreza *s. arm stellen* ‖ ~ vi *s. verstellen* ‖ *dichten, Dinge erfinden* ‖ **~se** *s. stellen, als ob …* ‖ *s. ausgeben für* ‖ ◇ ~ enfermo *s. krank stellen, simulieren*

△ **finguelé** m *Mücke* f

finibusterre m ⟨pop⟩ *Ende* n ‖ *Galgen* m ‖ ⟨figf⟩ *Gipfel* m, *Höhe(punkt* m) f

finiqui|tar vt *saldieren, liquidieren, (e–e Rechnung) quittieren* ‖ ⟨figf⟩ *(ab)schließen* ‖ **–to** m *Rechnungsabschluss* m ‖ *Schlussquittung* f ‖ *Entlastungsschein* m ‖ *Augleich* m *(e–s Saldos)* ‖ ♦ en ~ ⟨fam⟩ *kurz und gut* ‖ ◇ dar ~s ⟨figf⟩ *die Rechnungen abschließen*

finir vi Col Chi Ven *enden, ein Ende nehmen*

finisecular adj *(m/f) aus der* (bzw *zur) Zeit der Jahrhundertwende* bzw *des Fin de siècle*

finítimo adj *angrenzend*

fini|to adj *begrenzt* ‖ *beschränkt* ‖ *vergänglich* ‖ ⟨Philos Math⟩ *endlich* ‖ **–tud** f *Endlichkeit* f

finlan|dés adj *finn(länd)isch* ‖ ~ m *Finnländer, Finne* m ‖ el ~ *die finnische Sprache, das Finnische* ‖ **˰dia** f ⟨Geogr⟩ *Finnland* n ‖ **–dización** f ⟨Pol⟩ *Finnlandisierung* f

finn m ⟨Sp Mar⟩ *Finn-Dingi* n

¹fino adj *fein, zart, dünn* ‖ *schmächtig* ‖ *schlank, elegant* ‖ *fein gebaut, zierlich* ‖ *fein, aus|erlesen, -gesucht, gut, ausgezeichnet* ‖ *vortrefflich* ‖ *wohlwollend zärtlich* ‖ *treu, beständig* ‖ *höflich, artig* ‖ *aufmerksam* ‖ *taktvoll* ‖ *liebenswürdig, feinfühlig, fein* ‖ *feinsinnig* ‖ ◇ coser en ~ *fein nähen*

²fino m *listig* ‖ *schlau* ‖ *klug* ‖ *anstellig* ‖ *scharfsinnig* ‖ *geschickt* ‖ *scharf, fein, gut (Sinn)* ‖ ◇ ese es muy ~ ⟨fig iron⟩ *der da ist ein sehr schlauer Kerl*

finolis adj ⟨fam⟩ *affektiert, ge|künstelt, -ziert* ‖ ◇ ser (un) ~ ⟨fam⟩ *den feinen Mann markieren od spielen*

fino-ugrio adj ⟨Ling⟩ *finnisch-ugrisch*

fin|quero m *Landgutbesitzer* bzw *Pflanzer* m *(im ehemaligen Spanisch-Guinea)* ‖ **–quita** f dim von **¹finca**

fin|ta f *listiges, trügerisches Gebaren* n ‖ *Finte* f (& Sp) ‖ *Fechterlist* f ‖ *Scheinhieb* m ‖ **–tear** vi Am *mit Tricks arbeiten*

finuco dim ⟨pop⟩ von **fino**

finura f *Feinheit, Zartheit* f ‖ *guter Ton* m ‖ *Wohlerzogenheit* f ‖ *Scharfsinn* m ‖ *Liebenswürdigkeit* f ‖ ~ de alma, ~ de espíritu *Fein|fühligkeit* bzw *-sinnigkeit* f ‖ ~ de grano *Feinkörnigkeit* f

fi|nústico adj ⟨fam desp⟩ *übertrieben höflich* ‖ **–nustiquería** f *übertriebene* bzw *falsche Höflichkeit* f

fiord, fiordo m *Fjord* m

fique m Col Mex Ven *Agavenfaser* f

¹firma f *(Namens)Unterschrift* f ‖ *(amtliche) Unterzeichnung* f ‖ *Testat* n *(an Hochschulen)* ‖ *zu unterzeichnendes* (bzw *unterzeichnetes) Schriftstück* n ‖ *Zeichnungsbefugnis* f ‖ *Vollmacht* f ‖ ⟨Com⟩ *Prokura* f ‖ ⟨fig⟩ *(berühmter) Schriftsteller* m ‖ ~ en blanco *Blankounterschrift* f ‖ ~ colectiva *gemeinschaftliche Unterschrift* f ‖ ~ y *od* con rúbrica *Unterschrift* f *mit Schnörkel* ‖ ◇ buena ~ *bekannter Schriftsteller* m ‖ ◇ dar la ~ *an-, ab|testieren (Hochschule)* ‖ echar una ~ ⟨fam⟩ *unterzeichnen* ‖ ⟨pop⟩ *s–e Notdurft verrichten* ‖ ⟨vulg⟩ *e–e Nummer schieben* ‖ falsificar una ~ *e–e Unterschrift fälschen* ‖ honorar una ~ *e–e Unterschrift honorieren, anerkennen* ‖ legalizar una ~ *e–e Unterschrift*

beglaubigen ‖ llevar la ~ *Prokura haben,*
Prokurist sein ‖ poner su ~ *unterzeichnen* ‖
someter a la ~ *zur Unterschrift vorlegen* ‖ tomar
la ~ *an-, ab|testieren lassen (Hochschule)* ‖ ~s
fpl: cotejo de ~ *Unterschriftsvergleich* m
 ²firma *f Firma* f ‖ *Unternehmen* n ‖ buena ~
gutes Geschäftshaus n ‖ *solides Unternehmen* n
 firmal *m broschenartiges Schmuckstück* n
 firmamento *m Himmelsgewölbe, Firmament* n
‖ ⟨poet⟩ *(Sternen)Himmel* m
 firmante *m Unterzeichner* m ‖ los ~s *die*
zeichnenden Parteien fpl *(e–s Vertrages), die*
Unterzeichneten mpl
 firmar *vt/r unter|schreiben, -zeichnen* ‖ ⟨fig⟩
abschließen ‖ Ar *in Dienst nehmen, dingen* ‖ ◇ ~
en blanco *blanko unter|schreiben* od *-zeichnen,*
unausgefüllt unterschreiben ‖ eso no lo firmo
⟨fig⟩ *das halte ich nicht für sicher* ‖ ~
conjuntamente *gemeinschaftlich zeichnen* ‖ ~ de
propia mano, ~ de propio puño *eigenhändig*
unterschreiben ‖ ~ por poder *per Prokura*
zeichnen ‖ ~se *unterschreiben* ‖ ⟨Com⟩ *zeichnen*
 ¹firme adj *(m/f),* adv *fest, stark* ‖ *unbeweglich* ‖
fest|stehend, -haltend ‖ *beständig* ‖ ⟨fig⟩ *standhaft,*
unerschütterlich ‖ *stabil, sicher* ‖ *kräftig,*
nachdrücklich ‖ *rechtskräftig* (Urteil) ‖ *fest*
(Boden) ‖ el cambio (precio) se sostiene ~ *der*
Kurs (Preis) bleibt fest ‖ ◆ a pie ~ *mit festem*
Fuß ‖ ⟨fig⟩ *fest, tüchtig* ‖ *un|erschütterlich,*
-beirrt, beharrlich ‖ en ~ *fest, verbindlich* ‖ ~ en
su decisión *fest entschlossen* ‖ ◇ estar ~ en algo
auf et. beharren, in e–r Sache nicht nachgeben ‖
estar en lo ~ ⟨figf⟩ *s–r Sache sicher sein* ‖
fest überzeugt sein ‖ pisar ~ ⟨fig⟩ *entschlossen*
auftreten ‖ ponerse ~ *fester, stärker werden* ‖
ponerse ~s ⟨Mil⟩ *(stramme) Haltung einnehmen* ‖
¡~s! ⟨Mil⟩ *stillgestanden!* ‖ *Augen geradeaus!*
 ²firme adv *fest, kräftig, gewaltig* ‖ ⟨Jur⟩
rechtskräftig ‖ ◆ de ~ *fest, tüchtig, ordentlich,*
heftig ‖ *unaufhörlich*
 ³firme *m fester Baugrund, Bauplatz* m ‖
befestigte Straßendecke f ‖ *Schotterschicht,*
Bettung, Packlage f *(e–r Landstraße)* ‖ ~
asfáltico *Asphaltdecke* f ‖ ~ comprimido
verdichtete Straßendecke f ‖ ~ de hormigón
Betondecke f
 firmemente adv *fest* ‖ *unerschütter|t, -lich* ‖
entschlossen ‖ *zuversichtlich*
 firmeza *f Festigkeit, Standhaftigkeit* f ‖
Be|harrlichkeit f, *-harren* n ‖ *Entschlossenheit* f ‖
Willensstärke f ‖ *Gewissheit* ‖ ⟨fig⟩ *Fassung* f ‖ ~
del mercado *Festigkeit* f *des Marktes* ‖ ~ de roca
⟨fig⟩ *Beharrlichkeit* f ‖ *felsenfeste Überzeugung* f
‖ ◇ acusar ~ *Festigkeit zeigen* (Markt)
 firmón *m/adj* ⟨fam desp⟩ *Strohmann,*
Unterschriftsleistende(r) m
 firu|letes *mpl* Arg *Putz, Schmuck, Schnörkel* m
‖ *unnützer Kram* m ‖ **–lístico** adj ⟨desp⟩ Ant →
finolis
 firmware *m* ⟨Inform⟩ *Firmware* f
 fisán *m* Sant *(Schnitt)Bohne* f
 fisarmónica *f* ⟨Mus⟩ *Windharmonika,*
Hausorgel f
 △ **fisberta** *f Schwert* n, *Degen* m
 fiscal adj *(m/f) fiskalisch, Fiskus-, Steuer-,*
Finanz-, Rechnungs- ‖ ⟨Jur⟩ *Staatsanwalts-* ‖ ~ m
⟨Jur⟩ *Staatsanwalt, (öffentlicher) Ankläger* m ‖
Finanzbeamte(r) m ‖ Am ⟨Hist⟩ *indianischer*
Laienhelfer m *(bei der Mission)* ‖ ⟨fig⟩ *Zuträger*
m ‖ ⟨fig⟩ *Kritiker, Nörgler* m ‖ ~ general
Generalstaatsanwalt m ‖ ~ togado ⟨Mil⟩
Staatsanwalt m *(Militärgerichtsbarkeit)*
 fisca|lía *f Staatsanwaltschaft* f ‖ *Amt* n bzw
Amtsbereich m *e–s Staatsanwalts* ‖ ~ de tasas od
de tasación ⟨Span Hist⟩ *Preisüberwachungsstelle*

f ‖ **–lización** *f Über|wachung, -prüfung,*
(staatliche) Kontrolle f ‖ ⟨fig⟩ *Durchsicht* f ‖
 –lizar [z/c] vt ⟨Jur⟩ *prüfen* ‖ *(staatlich)*
kontrollieren ‖ *überwachen* ‖ *beschlagnahmen*
(zugunsten [& zu Gunsten] der Staatskasse) ‖
⟨fig⟩ *tadeln, kritisieren, bekritteln* ‖ ⟨Jur⟩
staatsanwaltliche Befugnisse ausüben
 ¹fisco *m Fiskus, Staats|schatz* m, *-kasse* f, Öst
Ärar n ‖ *Steuerbehörde* f
 ²fisco *m* Ven *Kupfermünze* f *(¹/₄ Centavo)*
 fiscorno *m* ⟨Mus⟩ *(Art) Trombone* f
 ¹fisga *f dreizackige Harpune, Fischgabel* f ‖
Guat Mex *Banderilla* f *der Stierkämpfer*
 ²fisga *f verkapptes Spotten* n
 ¹fisgar [g/gu] vt *(Fische) mit der Harpune*
fangen
 ²fis|gar [g/gu] vt/i *aus|spüren, -schnüffeln,*
herumschnüffeln ‖ *belauern, aufpassen auf* (acc) ‖
(jdn) verulken ‖ ◇ ~se de alg. *jdn verhöhnen (&*
vi) ‖ **–gón** adj *spöttisch, höhnisch* ‖
herumschnüffelnd, spähend ‖ ~ m *Spötter,*
Spottvogel m ‖ *Schnüffler, Spion* m ‖ ⟨fig⟩
Spürhund m ‖ **–gonear** vt/i *ver|spotten, -höhnen* ‖
herumschnüffeln, spähen ‖ *ver|spotten, -ulken* ‖
 –goneo *m Spott, Hohn* m ‖ *Schnüffelei* f
 fisiatría *f* → **fisioterapia**
 fisi|bilidad *f* ⟨Phys Atom⟩ *Spaltbarkeit* f ‖ **–ble**
adj *(m/f) spaltbar*
 física *f Physik* f ‖ ~ atómica *Atomphysik* f ‖ ~
cuántica *Quantenphysik* f ‖ ~ experimental
Experimentalphysik f ‖ ~ nuclear *Kernphysik* f ‖
~ solar *Sonnenphysik* f ‖ ~ teórica *theoretische*
Physik f ‖ **–camente** adv *körperlich* ‖ *wirklich* ‖
~ disminuido *körperbehindert*
 ¹físico adj *physikalisch* ‖ *naturwissenschaftlich*
‖ ~ m *Physiker* m ‖ Cast ⟨Hist⟩ *Arzt* m
 ²físico adj *körperlich, physisch* ‖ *sinnlich* ‖
wirklich, natürlich ‖ Mex ⟨fig⟩ *pedantisch,*
kleinlich ‖ ~ m *körperliches Aussehen* n ‖
Äußere(s) n *(e–r Person)*
 fisicoquími|ca *f physikalische Chemie,*
Physikochemie f ‖ **–co** adj *physikochemisch*
 físil adj *(m/f)* ⟨Phys Atom⟩ → **fisible**
 fisio *f Kurzform für* **fisioterapia**
 fisio|cracia *f* ⟨Wir⟩ *Physiokratismus* m ‖
 –crático adj *physiokratisch*
 fisio|logía *f Physiologie* f ‖ **–lógico** adj
physiologisch
 fisiólogo *m Physiologe* m
 fi|sión *f* ⟨Phys Atom⟩ *Spaltung* f ‖ ⟨Biol⟩
Teilung f ‖ ~ nuclear ⟨Atom⟩ *Kernspaltung* f ‖
 –sionable adj → **fisible**
 fisionomía *f* → **fisonomía**
 fisio|patología *f Pathophysiologie* f ‖
 –patólogo *m Pathophysiologe* m ‖ **–química** *f*
physiologische Chemie f ‖ **–terapeuta** *m*
Physiotherapeut m ‖ **–terapia** *f Physiotherapie,*
physikalische Therapie f
 fi|siparidad *f* ⟨Biol⟩ *Fortpflanzung* f *durch*
Zellteilung ‖ **–síparo** adj *s. durch (Zell)Teilung*
fortpflanzend
 fisípedos *mpl* ⟨Zool⟩ *Zweihufer* mpl
 fisirrostros *mpl* ⟨V⟩ *Spaltschnäbler* mpl
 fiso|nomía *f Physiognomie* f ‖
Gesichtsausdruck m ‖ ⟨fig⟩ *(eigenes) Gepräge* n ‖
~ de un pueblo *Gesicht* n *e–s Dorfes* bzw *e–s*
Volkes ‖ **–nómico** adj *physiognomisch, Gesichts-* ‖
(ciencia) ~a *Physiognomik* f ‖ **–nomista** *m/f*
Physiognom(iker) m ‖ ◇ es un buen ~ *er hat ein*
gutes Gedächtnis für Gesichter
 fisónomo *m Physiognom(iker)* m
 fisóstomos *mpl* ⟨Fi⟩ *Physostomen* mpl
 fístula *f Röhre, Rinne* f ‖ *Rohrpfeife, Schalmei*
f ‖ ⟨Med⟩ *Fistel* f ‖ ~ dental *Zahnfistel* f ‖ ~
lagrimal *Tränenfistel* f

fistu|lar adj *(m/f)* ⟨Med⟩ *fistelartig, Fistel-* ‖
–loso adj *fistelnd* ‖ *fistelartig, Fistel-*
 fisura *f* ⟨An⟩ *Spalt, Riss* m, *Fissur, Schrunde* f
 ‖ *Knochensprung* m *(Knochenbruch)* ‖ ⟨Bgb Geol⟩
 Kluft, Spalte f, *Riss, Sprung* m ‖ ~ *del ano* ⟨An⟩
 Afterschrunde f
 fito pp/irr von **fincar**
 fitó|fago adj ⟨Zool⟩ *phytophag,*
 pflanzenfressend ‖ **–geno** adj *phytogen, aus*
 Pflanzen entstanden
 fito|genética *f Phytogenetik* f ‖ **–geografía** *f*
 Phyto-, Pflanzen|geografie f ‖ **–logía** *f Phytologie,*
 Pflanzenkunde f ‖ **–medicina** *f Phytomedizin* f ‖
 –paleontología *f Phytopaläontologie,*
 Paläobotanik f ‖ **–parásito** *m*
 Pflanzenschmarotzer m ‖ **–patología** *f*
 Phytopathologie f ‖ **–plancton** *m Phytoplankton* n
 ‖ **–sanitario** *Pflanzenschutz-* ‖ **–terapia** *f*
 Phytotherapie f ‖ **–zo(ar)os** *mpl* ⟨Zool⟩
 Phytozoen, Pflanzentiere npl
 fixing *m* [Börse] *Fixing* n
 fizz *m* [Getränk] *Fizz* m
 flabe|liforme adj *(m/f) fächerförmig* ‖ **–lo** *m*
 Fliegenwedel m
 flacamente adv *schwach, kraftlos*
 flac(c)idez [*pl* ~**ces**] *f* ⟨Med⟩ *Schlaffheit,*
 Erschlaffung f ‖ ⟨Med⟩ *Weichheit* f
 flác(c)ido adj *schlaff, weich, erschlafft* ‖ *welk*
 (Haut)
 △ **flacha** *f Asche* f
 flaco adj *mager, dünn, dürr, schmächtig, hager*
 ‖ *schlaff* ‖ ⟨fig⟩ *schwach, matt* ‖ ⟨fig⟩ *mut-,*
 energie|los ‖ ⟨fig⟩ *schwächlich, kränklich* ‖ ⟨fig⟩
 erfolglos ‖ *unfruchtbar (Boden)* ‖ ⟨fig⟩ *lau, flau* ‖
 ~ *de estómago von schwachem Magen* ‖ ~
 servicio Bärendienst m ‖ *la ~a* ⟨pop⟩ *der*
 Sensenmann (der Tod) ‖ ◇ *ponerse ~ abmagern,*
 mager werden ‖ *ser ~ de memoria ein kurzes,*
 schlechtes Gedächtnis haben ‖ ~ *m (jds)*
 schwache Seite, Achillesferse f ‖ ◇ *mostrar su ~*
 s. e–e Blöße geben
 flacu|cento adj Chi Ec → **–cho** ‖ **–cho** adj
 ⟨desp⟩ *sehr mager, dürr, schlaff* ‖ **–ra** *f Mattigkeit,*
 Schwäche, Erschlaffung f ‖ *Magerkeit* f
 flag *m* ⟨Inform⟩ *Flag* f
 flage|lación *f Geißelung* f ‖ ⟨Med⟩ *Flagellation*
 f ‖ **–lado** adj/s *(bes. Biol) geißeltragend, Geißel-*
 ‖ **~s** *mpl* ⟨Zool⟩ *Geißeltierchen* npl, *Flagellaten*
 mpl ‖ **–lador** *m*/adj *Auspeitscher* m ‖ **–lantes** *mpl*
 ⟨Hist⟩ *Flagellanten, Geißelbrüder, Geißler* mpl ‖
 –lar vt *geißeln* ‖ *peitschen* ‖ ⟨fig⟩ *scharf*
 kritisieren ‖ **–lo** *m Geißel, Peitsche* f ‖
 Dreschflegel m ‖ ⟨fig⟩ *Geißel, Landplage* f ‖ ⟨fig⟩
 Züchtiger m ‖ ⟨Biol⟩ *Flimmerhärchen, Flagellum*
 n, *Geißel* f
 flagrancia *f* ⟨Jur⟩ *frische Tat* f ‖ ⟨poet⟩ *Frische*
 f ‖ *Glut* f, *Glanz* m, *Funkeln* n
 ¹flagrante adj (m/f) ⟨poet⟩ *glänzend, funkelnd*
 ‖ *frisch, gegenwärtig* ‖ *neu*
 ²flagrante adj (m/f) ⟨Jur⟩ *soeben begangen*
 (Tat) ‖ ~ *delito frische Tat* f ‖ ◆ *en* ~ *auf*
 frischer Tat, ⟨lat⟩ *in flagranti*
 flagrar vi ⟨poet⟩ *funkeln, glühen, flammen*
 flajolé *m* Gal ⟨Mus⟩ *kleine Oktavflöte* f
 fla|ma *f Flamme* f ‖ *Widerschein, Abglanz* m ‖
 –mante adj *(m/f)* ⟨fam⟩ *(funkel)nagelneu* ‖
 flammend ‖ *glänzend*
 flambear vt ⟨Kochk⟩ *flambieren*
 fla|meante adj *(m/f) flammend, flackernd* ‖
 –mear vi *Flammen sprühen, flammen* ‖ *blitzen,*
 funkeln ‖ ⟨Mar⟩ *killen, im Wind(e) flattern, am*
 Mast anschlagen (Segel) ‖ ~ vt *abflammen* ‖
 ⟨Kochk⟩ *(ab)sengen*
 flamen *m* (*pl* **flámenes**) ⟨Hist⟩ *Priester* m *(der*
 alten Römer)

flamenca *f*/adj *schlankes, schönes Mädchen* n
 mit Zigeunerzügen ‖ *Zigeunerin f* ‖ *e–e Art* ¹**chula**
 ¹flamenco adj *flämisch, flamländisch,*
 flandrisch ‖ ~ *m Flame, Flamländer* m ‖ *el* ~ *die*
 flämische Sprache, das Flämische
 ²flamenco adj *zigeunerhaft, zigeunerisch* ‖
 p.ex andalusisch ‖ ⟨fig pop⟩ *angeberisch* ‖ ⟨fig
 pop⟩ *dreist, vorlaut* ‖ *volkstümlich elegant* ‖ ◇ *no*
 te pongas ~ ⟨pop⟩ *gib nicht so an! schneide nicht*
 so auf! ‖ *va muy* ~ ⟨pop⟩ *er kleidet s. sehr*
 auffällig (in volkstümlicher Art) ‖ ⟨pop⟩ *er*
 stolziert einher ‖ ~ *m Flamenco, andalusischer*
 Volksgesang u. Tanz m ‖ *(in Südspanien) junger,*
 strammer Bursche, e–e Art ²**chulo** ‖ *andalusischer*
 Zigeuner m ‖ *Andalusier* m *mit Zigeunereinschlag*
 ³flamenco adj Hond Mex PR *hager*
 ⁴flamenco *m* ⟨V⟩ *Flamingo* m *(Phoenicopterus*
 ruber)
 flamen|cología *f Flamencokunde* f ‖ **–cólogo** *m*
 Flamencokenner m ‖ **–quería** *f zigeunerisch-*
 andalusische Art f ‖ ⟨fig pop⟩ *Angeberei,*
 Prahlerei f
 ¹flamenquilla *f kleine (Servier)Platte* f
 ²flamenquilla *f* ⟨Bot⟩ *(Garten)Ringelblume* f
 (Calendula officinalis) ‖ *Mondwinde* f
 (Calonyction = Ipomea)
 flamenquismo *m Vorliebe* f *für den*
 andalusischen Volksgesang bzw Tanz ‖ →
 flamenquería
 flamígero adj ⟨poet⟩ *flammensprühend* ‖
 ⟨Arch⟩ *Flamboyant-*
 flámula *f* ⟨Mar⟩ *Wimpel* m ‖ ⟨Taur⟩ → **muleta**
 ¹flan *m* ⟨Art⟩ *(Karamel)Pudding* m ‖ ◇ *estar*
 hecho un ~ *k.o. sein, aus dem letzten Loch*
 pfeifen
 ²flan *m Münzplatte* f *(zum Prägen)* ‖ ⟨Typ⟩
 Mater f
 flanco *m Seite* f ‖ *Seitenteil* m, *Flanke, Weiche*
 f ‖ *(Berg-, Ab)Hang, Abfall* m ‖ ⟨Arch⟩
 Seitenflügel m ‖ ⟨Her⟩ *Schildflanke* f ‖ ⟨Mil⟩
 Flanke f ‖ ◇ *atacar por el* ~ *e–n Flankenangriff*
 machen (& fig) ‖ ¡~ *derecho!* ⟨Mil⟩ *rechtsum!* ‖
 ~**s** *mpl Weichen* fpl *(des Pferdes)*
 Flandes *f* ⟨Geogr⟩ *Flandern* n ‖ ◇ *pasar por*
 los bancos de ~ ⟨fig⟩ *e–e schwierige und*
 gefährliche Sache ausführen ‖ ⟨fig⟩ *von üppiger*
 Schönheit sein ‖ *¿estamos aquí o en* ~? *(fam) das*
 können Sie e–m anderen weismachen! was reden
 Sie (denn) da?
 flaner|a *f,* **–o** *m Puddingform* f
 flan|queado adj: *fuego* ~ ⟨Mil⟩ *Flankenfeuer*
 n ‖ **–quear** vt ⟨Mil⟩ *flankieren, seitlich decken* ‖
 ⟨Mil⟩ *seitlich bestreichen, seitlich beschießen* ‖
 flankieren, neben … (dat) gehen (bzw stehen) ‖
 –queo *m* ⟨Mil⟩ *Bestreichen* n ‖ ⟨Mil⟩
 Flanken|deckung f *bzw -angriff* m, *Flankierung* f
 flaps *mpl* ⟨Flugw⟩ *(Lande)Klappen* fpl
 fla|quear vi *schwach (bzw schwächer) werden,*
 nachlassen ‖ *versagen, schwach sein* ‖ *wanken,*
 wackeln ‖ *nachgeben, weichen (Mauer)* ‖
 abnehmen ‖ ⟨fig⟩ *nachgeben* ‖ ⟨fig⟩ *kleinmütig*
 werden, verzagen ‖ ⟨fig⟩ *im Fleiß nachlassen*
 (Schüler) ‖ ◇ *su salud flaquea er (sie, es)*
 kränkelt ‖ **–queza** *f Schwäche, Schlaffheit* f ‖
 Kraftlosigkeit f ‖ *Magerkeit* f ‖ ⟨fig⟩ *Schwäche* f ‖
 ⟨fig⟩ *Gebrechlichkeit* f ‖ *Fehler* m, *Gebrechen* n ‖
 ⟨fig⟩ *Kleinmut* m
 flash *m* ⟨Fot⟩ *Blitzlicht(lampe* f) n ‖ ⟨Film⟩
 kurze Filmszene f ‖ ⟨fig⟩ *Blitznachricht, wichtige*
 Kurznachricht f ‖ ~ *electrónico*
 Elektronenblitz(gerät n) m
 fla|to *m* ⟨Med⟩ *Blähung(en)* f(pl) ‖ MAm Col
 Mex Ven *Trübsinn* m, *Schwermut* f ‖ **–toso** an
 Blähungen leidend ‖ **–tosidad, –tulencia** *f*

Blähsucht, Flatulenz f ‖ **–tulento** *adj/s blähend* ‖ *an Blähungen leidend*
flat(u)oso *adj Am schwermütig*
¹flauta *f* ⟨Mus⟩ *Flöte* f ‖ ~ *de barro Tonflöte* f ‖ ~ *de caña Rohrflöte* f ‖ ~ *de Pan Panflöte* f ‖ ~ *traversa Querflöte* f ‖ *y sonó la* ~ *(por casualidad) etwa: ein blindes Huhn findet auch einmal ein Korn* ‖ *Glück muss der Mensch haben!* ‖ ~ *m/f Flötist(in* f) m, *Flötenspieler(in* f) m
²flauta *f* ⟨pop⟩ *Nutte* f
△ **³flauta** *f Dietrich* m
flautado *adj flöten|förmig, -artig* ‖ ~ *m* ⟨Mus⟩ *Flötenregister* n *(der Orgel)*
flaute|ado *adj rund, flötenartig (Stimme)* ‖ ⟨fig⟩ *zimperlich* ‖ **–ar** *vi Flöte spielen* ‖ ⟨fig⟩ *zwitschern (Vogel)* ‖ ⟨fig⟩ *abmagern* ‖ **–o** *m Zwitschern* n ‖ **–ro** *m Flötenmacher* m
flau|tillo *m* ⟨Mus⟩ *Schalmei, Hirtenflöte, Rohrpfeife* f ‖ **–tín** *m Pikkoloflöte* f, *Pikkolo* n ‖ ⟨Mus⟩ *Pikkolospieler* m ‖ **–tista** *m/f Flötist(in* f), *Flötenspieler(in* f) m ‖ *el* ~ *de Hamelin der Rattenfänger von Hameln*
flautos *mpl: cuando* ~ *pitos, cuando pitos* ~ ⟨fam⟩ *bald so, bald so* ‖ *(ein)mal so, (ein)mal so*
flavo *adj honiggelb* ‖ *goldgelb, gelblich*
flavona *f Flavon* n *(Farbstoff)*
flebectasia *f* ⟨Med⟩ *Phlebektasie, Venenerweiterung* f
flébil *adj (m/f) beweinenswert* ‖ ⟨poet⟩ *kläglich, traurig*
flebitis *f* ⟨Med⟩ *Phlebitis, Venenentzündung* f
flebo|grafía *f* ⟨Med⟩ *Phlebographie* f ‖ **–lito** *m Phlebolith, Venenstein* m ‖ **–patía** *f Phlebopathie, Venenerkrankung* f ‖ **–tomía** *f Phlebotomie* f
fle|botomo, **–bótomo** *m* ⟨Med Ins⟩ *Pappatacimücke* f (Phlebotomus papatasii)
flecha *f Pfeil* m ⟨& Typ⟩ ‖ ⟨Arch⟩ *(Turm)|Helm* m, *-spitze* f ‖ ⟨Arch⟩ *Stichhöhe, Bogen-, Sehnen|höhe* f ‖ ⟨Math⟩ *Ordinate* f *(im Koordinatensystem)* ‖ ⟨Flugw⟩ *Pfeilstellung, Flügelpfeilung* f ‖ ⟨Tech⟩ *Durchbiegung* f *(Balken, Brücken)* ‖ *Ausbiegung* f, *Durchhang* m ‖ *flache Spannfeder* f ‖ ⟨Mil⟩ *Gipfelhöhe* f *(Geschossbahn)* ‖ *(Mil) pfeilförmige Feldschanze* f ‖ ~ *m* ⟨fig⟩ *Qual, Pein* f, *Schmerz* m ‖ ~ *del alambre Leitungsdurchhang* m ‖ ~ *de un arco* ⟨Arch⟩ *Bogen|stich, -pfeil* m ‖ ⟨Math⟩ *Pfeilhöhe* f ‖ ~ *incendiaria* ⟨Mil⟩ *Brandpfeil* m ‖ ~ *indicadora Hinweispfeil* m ‖ *Richt(ungs)pfeil* m ‖ ◆ *como una* ~, *con la rapidez de una* ~ *pfeilschnell* ‖ ◇ *entrar de* ~ ⟨fam⟩ *schnell hereintreten*
flecha|do *adj* ⟨fam⟩ *verliebt* ‖ **–dor** *m Bogen-, Pfeil|schütze* m ‖ **–dura** *f* ⟨fam⟩ *Verliebtheit* f
flechar *vt mit e–m Pfeil treffen* ‖ *mit Pfeilen beschießen* ‖ ⟨figf⟩ *den Kopf verdrehen, mit Liebe bestricken* ‖ ~ *vi e–n Pfeil abschießen* ‖ ~ *vt spannen (den Bogen)*
flechaste *m* ⟨Mar⟩ *Webeleinen fpl (als Sprossen zum Aufentern)*
fle|chazo *m Pfeilschuss* m ‖ *Pfeilwunde* f ‖ ⟨fig⟩ *plötzliches Verlieben* n, *Liebe* f *auf den ersten Blick* ‖ *Liebesqual* f ‖ ◇ *dar* ~ *a una mujer* ⟨figf⟩ *e–e Frau blitzschnell erobern* ‖ *ha sido un* ~ ⟨figf⟩ *ihn (sie) hat's erwischt* ‖ *es war Liebe auf den ersten Blick* ‖ **–chería** *f Pfeilhagel* m ‖ *Pfeile mpl* ‖ **–chero** *m Pfeilschütze* m ‖ *(Pfeil)Köcher* m
flechilla *f Arg kräftiges Weidefutter* n
fleco *m Franse* f ‖ *Quaste, Troddel* f ‖ *Stirnhaar* n, *Stirnlocke* f ‖ *ausgefranster Rand (e–s Kleidungsstückes)*
fleje *m Bandeisen, Stahlband* n ‖ *(Fass)Reif* m ‖ *Tonnenband* n ‖ ~ *ancho Breitband* n ‖ ~ *laminado en caliente warmgewalztes Band* n ‖ ~ *laminado en frío kaltgewalztes Band* n

¹flema *f klebriger Schleimauswurf* m
²flema *f Trägheit* f, *Phlegma* n ‖ *Kaltblütigkeit, Gleichgültigkeit* f ‖ *Gelassenheit, Langmut* f ‖ *gastar od tener* ~ *phlegmatisch od* ⟨joc⟩ *ein Phlegmatikus sein, e–n breiten Buckel od Rücken haben* ‖ *tomar algo con* ~ *et. gelassen hinnehmen*
³flema *f* ⟨Chem⟩ *Schlempe* f ‖ *Rohalkohol* m ‖ *Rückfluss* m
flemático *adj phlegmatisch, träge, schwerfällig,* ⟨fam⟩ *pomadig* ‖ ~ *m Phlegmatiker,* ⟨joc⟩ *Phlegmatikus* m
¹flemón *m augm von* **²flema**
²flemón *m* ⟨Med⟩ *Phlegmone* f ‖ *Zahngeschwür* n ‖ ◇ *tener un* ~ *e–e dicke Backe haben*
flemoso *adj schleimig*
flemudo *adj träg, langsam, phlegmatisch*
fleo *m* ⟨Bot⟩ *Lieschgras* n (Phleum spp)
fle|quezuelo, **–quillo** *m dim von* **fleco** ‖ *Pony-,* ⟨fam⟩ *Simpel|fransen fpl*
Flesinga *f* [Stadt] *Vlissingen* n
fleta|dor *m* ⟨Mar Flugw⟩ *Befrachter, Charterer* m ‖ **–mento** *m* ⟨Mar⟩ *Befrachtung* f ‖ *Charter* f ‖ *Frachtvertrag* m ‖ ~ *aéreo Flugcharter* f ‖ **~-transporte** *Stückgütervertrag* m ‖ **–nte** *m/f* ⟨Mar⟩ *Verfrachter(in* f) m ‖ *Arg Chi Ec Schiffsvermieter(in* f) m ‖ *Vermieter(in* f) m *von Lasttieren*
¹fletar *vt befrachten, mieten, chartern* ‖ *Span Arg Chi Ec Mex mieten (Wagen, Lasttier usw.)*
²fletar *vt Chi Pe beschimpfen, schmähen* ‖ *Chi Pe e–e herunterhauen, e–n Schlag versetzen* ‖ **~se** *Arg s. einschmuggeln* ‖ *Cu Mex s. aus dem Staub machen*
¹flete *m* ⟨Mar Flugw⟩ *Fracht* f, *Charter* m ‖ *Charterung* f *(e–s Schiffes bzw e–s Flugzeuges)* ‖ *Fracht, Ladung* f ‖ *Am Frachtgut* n ‖ ~ *aéreo Luftfracht* f ‖ ~ *corrido Durchfracht* f ‖ ~ *de ida y vuelta Hin- und Rückfracht* f
²flete *m* ⟨pop⟩ *Freier* m ‖ *Sant Strichmädchen* n ‖ *Sant Homo, warmer Bruder* m ‖ *Cu Pe galante Begleitung* f ‖ ◇ *echar un* ~ ⟨pop⟩ *e–e Nummer schieben*
³flete *m Arg leichtes, feuriges Pferd* n
fle|tear *vi Cu auf den Strich gehen* ‖ **–tera** *f Strichmädchen* n
flexi|bilidad *f Biegsamkeit, Geschmeidigkeit* f ‖ ⟨fig⟩ *Lenksamkeit, Nachgiebigkeit* f ‖ ⟨fig⟩ *Anpassungsfähigkeit* f ‖ **–ble** *adj (m/f) biegsam, geschmeidig (& fig), flexibel* ‖ *biegsam (Einband)* ‖ ⟨fig⟩ *lenksam, nachgiebig* ‖ ⟨fig⟩ *anpassungsfähig* ‖ ⟨fig⟩ *erweichbar* ‖ ~ *a la razón durch Vernunftgründe zu bewegen(d)* ‖ (sombrero) ~ *weicher Hut* m ‖ ◇ *es* ~ *como un guante* ⟨figf⟩ *man kann ihn (sie, es) um den Finger wickeln* ‖ ~ *m* ⟨El⟩ *Schnur* f, *Litze* f, *Leitungsdraht, flexibler Leiter* m ‖ *weicher (Filz)Hut* m
fle|xión *f Biegung, Beugung* f ‖ ⟨Gr⟩ *Biegung, Flexion* f ‖ ⟨Tech⟩ *Biegung, (Durch)Beugung, Durchfederung* f ‖ ⟨Med⟩ *Flexion* f ‖ ~ *de cintura Rumpfbeuge* f ‖ ~ *de rodillas Kniebeuge* f *(& Sp)* ‖ **–xional** *adj (m/f) Biegungs-, Flexions-* ‖ **–xionar** *vt biegen* ‖ ~ *vi* ⟨Gr⟩ *abwandeln*
flexo *m Schlauchlampe* f
flexografía *f* ⟨Typ⟩ *Flexodruck* m
flexor *m/adj* ⟨An⟩ *Beugemuskel, Flexor* m
flexuoso *adj gewunden, mehrfach* ‖ *gebogen* ‖ *wellig*
flexura *f* ⟨Geol⟩ *Flexur, Monokline* f
flictena *f* ⟨Med⟩ *Pustel* f
△ **fligó** *m Brille* f
△ **flima** *f Kupfergeld* n
△ **flimé** *adv reichlich*
flint *m Flintglas* n, *Flint* m

fli|pado adj *ausgeflippt* ‖ **–par** vi *ausflippen* ‖
–pero m [in der Drogenszene]
Drogenabhängige(r) m
    flirt m *Flirt* m, *Liebelei* f
    flir|tear vi *flirten, liebeln, tändeln, kokettieren*
‖ *(mit et.) liebäugeln* ‖ **–teo** m *Flirten, Liebeln,
Tändeln, Kokettieren* n
    fliscorno m → **fiscorno**
    flocadura f *Be\flocken* n, *-flockung* f ‖
Fransenbesatz m *(des Schultertuches)*
    floculación f ⟨Chem⟩ *(Aus)Flockung* f ‖ ⟨Med⟩
Flockenlesen n *(bei Typhus)*
    flóculo m ⟨Chem⟩ *Flocke* f ‖ ⟨Zool⟩ *Flocke* f,
⟨lat⟩ *Flocculus* m ‖ ~s solares ⟨Astr lat⟩ *Flocculi*
mpl
    flo|gístico adj ⟨Med⟩ *entzündlich* ‖ ⟨Chem⟩
entzündbar ‖ **–gógeno** adj ⟨Med⟩ *phlogogen,
Entzündungen hervorrufend* ‖ **–gosis** f ⟨Med⟩
Phlogose, Entzündung f
    △ **floja** f *Rechnung* f ‖ *Seide* f
    flo|jamente adv *schwach* ‖ *nachlässig,
liederlich* ‖ *müßig* ‖ **–jazo** adj augm von **–jo** ‖
–jear vi *schwach (bzw schwächer) od matt
werden* ‖ *in s–r Tätigkeit nachlassen* ‖ *wanken,
wackeln* ‖ *s. lockern (Schraube usw.)* ‖ **–jedad** f
Schwäche, Kraftlosigkeit, Mattigkeit f ‖
Schlappheit f ‖ *Nachlässigkeit, Faulheit* f ‖ ⟨Film⟩
Unschärfe f ‖ *Flauheit, flaue Stimmung* f *(Börse)*
‖ ⟨fig⟩ *Trägheit, Nachlässigkeit* f ‖ la ~ del
cambio ⟨Com⟩ *die Schwäche des Kurses* ‖ ~ en
las ventas ⟨Com⟩ *Absatzflaute* f
    flojel m ⟨Text⟩ *Tuch\flocken, -fasern* fpl ‖
Schwerwolle f ‖ *Flaum* m, *Flaumfedern, Daunen*
fpl
    flo|jera f ⟨fam⟩ *Schlappheit* f ‖ *Schwäche,
Mattigkeit* f ‖ *Lendenlahmheit* f ‖ **–jindango** adj
⟨pop⟩ *schmutzig, verdreckt* ‖ **–jito, –jillo** dim von
–jo
    flo|jo adj *kraftlos* ‖ *schlaff, locker* ‖ *schlaff
(Seil)* ‖ *weich, nachgiebig* ‖ *schlicht (Haare)* ‖
weichlich ‖ *schwach, matt, abgespannt, flau
(Wind, Börse)* ‖ ⟨pop⟩ *impotent* ‖ *lappig (Papier,
Gewebe)* ‖ *abbröckelnd (Gestein)* ‖ *gehaltlos,
schwach (Wein)* ‖ *locker (Schraube)* ‖ ⟨Film Opt⟩
unscharf, flau ‖ ⟨fig⟩ *lendenlahm* ‖ ⟨fig⟩ *träge,
nachlässig, faul* ‖ ⟨fig⟩ *schwach (Roman,
Theaterstück)* ‖ ⟨fig⟩ *schlecht (gemacht) (Arbeit)* ‖
Am *feige, mutlos* ‖ ~ de muelles ⟨figf⟩
weichherzig, nachgiebig ‖ ~ de piernas *mit
schwachen Beinen* ‖ ~ m *schlechter Fußgänger* m
‖ ◇ el mercado está ~ ⟨Com⟩ *der Markt ist flau
od gedrückt* ‖ **–jón** adj augm von **–jo** ‖ **–jonazo**
adj augm von **–jón,** ⟨fam⟩ And Pe *träge,
arbeitsscheu* ‖ **–jucho** adj dim von **–jo** ‖ ⟨fam⟩
kränklich, schwächlich
    floppy disc m ⟨Inform⟩ *Floppy Disk* f
    ¹**flor** f *Blume* f ‖ *Blüte* f ‖ *Blüte(zeit)* f (& fig) ‖
⟨fig⟩ *Kern, Ausbund* m ‖ ⟨fig⟩ *Schmeichelei,
Artigkeit, Floskel* f, *Kompliment* n ‖ ⟨fig⟩
Jungfräulichkeit, Unschuld f ‖ ⟨fig⟩ *Auslese* f,
(das) Beste, (das) Feinste n ‖ ⟨fig⟩ *Elite* f ‖ ~ del
amor ⟨Bot⟩ *Tausendschön* n *(Abart des
Gänseblümchens:* Bellis perennis) ‖
Fuchsschwanz m (Amaranthus spp) ‖
Hahnenkamm m (Celosia spp) ‖ ~ de andamio
⟨fig pop⟩ *Knaster, schlechter Tabak* m ‖ ~ de
ángel Al ⟨Bot⟩ *Gelbe Narzisse* f (Naercissus
pseudonarcissus) ‖ ~ de azahar ⟨Bot⟩
Orangenblüte f ‖ la ~ de la canela ⟨figf⟩ *das
Beste, Feinste* ‖ ~ de cantueso ⟨figf⟩ *eitles,
nutzloses Ding* n ‖ ~ en corimbo *Doldenblüte* f ‖
~ de la harina *Blütenmehl* n ‖ *Auszugsmehl* n ‖ ~
de un día ⟨fig⟩ *rasch vergängliche Sache* f ‖ ~ de
la edad ⟨figf⟩ → ~ de la vida ‖ ~ de estufa ⟨figf⟩
verfrorene Person f ‖ ~ de lis *(Wappen)Lilie* f *(im

alten bourbonischen Wappen) ‖ ⟨Bot⟩ *Jakobslilie,
Spanische Lilie* f (Sprekelia formosissima) ‖ ~ de
mayo *Maiandacht* f ‖ ~ natural *echte Blume* f ‖
⟨fig Lit⟩ *Preis* m *bei den juegos florales
(Dichterwettbewerb)* ‖ ~ de la pasión Chi ⟨Bot⟩
Passionsblume f (Passiflora incarnata) ‖ ~ de los
prados *Wiesenblume* f ‖ ~ de primavera ⟨Bot⟩
Maßliebchen n ‖ ~ primaveral *Frühlingsblume* f ‖
~ de sauce ⟨Bot⟩ *Weidenkätzchen* n ‖ ~ terminal
gipfelständige Blüte f ‖ ~ de la vida ⟨fig⟩ *Jugend,
Blüte* f *der Jahre* ‖ ⟨lit⟩ *Lebensmai* m ‖ ~ del
vino *Weinblüte* f ‖ la ~ y nata de la sociedad
⟨fig⟩ *die Blüte, die Creme der Gesellschaft* ‖ ◆ a
~ de *waagerecht, mit et. gleich dicht über* (dat) ‖
aus … heraus ‖ a ~ de agua *kaum das Wasser
berührend* ‖ ⟨Mar⟩ *an der Wasserlinie* ‖ a ~ de
piel *oberflächlich (& Gefühle usw.)* ‖ *äußerlich* ‖
a ~ de tierra *auf der Erdoberfläche* ‖ *zu ebener
Erde* ‖ ⟨Bgb⟩ *zutage (& zu Tage) liegend* ‖ de mi
~ ⟨fam⟩ *glänzend, ausgezeichnet* ‖ en ~ ⟨fig⟩
noch vor erreichter Vollendung ‖ en la ~ de la
edad ⟨fig⟩ *in der Blüte s–r Jahre, in s–n besten
Jahren* ‖ ◇ caer en ~ ⟨fig⟩ *in der Blüte der Jahre
sterben* ‖ dar en la ~ (de) ⟨fam⟩ *das Richtige
treffen* ‖ *die (komische bzw schlechte)
Gewohnheit annehmen* ‖ entender la ~ a alg.
⟨fig⟩ *jds Absichten durchschauen* ‖ estar en ~ *in
der Blüte stehen (& fig)* ‖ llevarse la ~ → quitar
la ~ ‖ perder la ~ *ab-, ver\blühen* ‖ quitar la ~
⟨fam⟩ *den Rahm abschöpfen* ‖ tener por ~ a/c *s.
et. Böses angewöhnt haben* ‖ ¡esta ~ le faltaba al
ramo! ⟨fam⟩ *das hat noch gefehlt!* ‖ **~es** fpl
Redeblumen, Schmeicheleien fpl, *Komplimente*
npl ‖ ⟨fam⟩ *leere Phrasen* fpl ‖ ~ de sartén *(Art)
Ölgebäck* n ‖ ◆ en ~ ⟨fig⟩ *nüchtern* ‖ ◇ andarse
en ~ ⟨fam⟩ *Hofkomplimente machen* ‖ decir od
echar ~ ⟨fam⟩ *Komplimente machen* ‖ echar ~
Blüten treiben ‖ pasársela en ~ ⟨fig⟩ *auf Rosen
gebettet sein*
    ²**flor** f a) *Narben-, Haar\seite* f *(des Leders)* ‖
b) *Oberfläche* f *(e–r Sache)*
    ³**flor** f *weißer od bläulicher Staub* m *auf
Pflaumen usw.* ‖ *Schimmel* m *(auf dem Wein)* ‖
Irisieren n *(des abgeschreckten Eisens)* ‖ ~ de
azufre ⟨Chem⟩ *Schwefelblume* f ‖ ~ de cinc
⟨Chem⟩ *Zinkblüte* f
    ⁴**flor** f ⟨Kart⟩ *drei Karten* fpl *von derselben
Farbe* ‖ *Dreiblatt* n ‖ *Betrug od Kniff* m (bes.
beim Spiel)
    flo|ra f *Flora* f *(& Biol Med)* ‖ *Pflanzenwelt,
Gesamtheit* f *der Pflanzen (e–s Landes)* ‖
Pflanzenbeschreibung f ‖ ~ glacial *Glazialflora* f
‖ ~ intestinal *Darmflora* f ‖ ~ f ⟨Myth⟩ *Flora* f ‖
–ración f *Blüte(zeit)* f ‖ *Blühen* n ‖ segunda ~
⟨Bot Agr⟩ *Nachblüte* f *(& fig)* ‖ ◆ en plena ~ *in
voller Blüte (Pflanze)* m
    floraina f *Betrug* m
    flo|ral adj *(m/f) Blüten-, Blumen-* ‖ **–rar** vi
⟨Bot⟩ *blühen, Blüten ansetzen*
    floreado adj *geblümt (Stoff, Muster)* ‖ *mit
Eisblumen (bedeckt) (Fenster im Winter)*
    floreal m ⟨Hist⟩ *Floreal, Blütenmonat* m *(im
frz. Revolutionskalender)*
    flore|ar vt/i *mit Blumen schmücken* ‖ *sieben
(feines Mehl)* ‖ ⟨Mus⟩ *präludieren* ‖ ⟨fig⟩
*Liebenswürdigkeiten sagen, Komplimente machen
(bes. e–r Frau)* ‖ Arg Chi Salv ⟨fig⟩ *die Auslese
abschöpfen (von)* ‖ ~ vi *tremolieren (auf der
Gitarre)* ‖ *zittern (Degenspitze)* ‖ Col Guat Hond
blühen (Pflanze) ‖ Arg *angeben, aufschneiden,
prahlen* ‖ **–cer** [-zc-] vi *blühen* ‖ ⟨fig⟩ *blühen,
gedeihen, vorwärtskommen* ‖ ⟨fig⟩ *s. hervortun* ‖
◇ ~ en virtudes *reich an Tugenden sein* ‖ **–se**
schimmeln ‖ ⟨Bgb⟩ *auswittern* ‖ **–cido** adj
schimm(e)lig, verschimmelt (→ **enmohecer,**

mohoso) ‖ **–ciente** adj *(m/f)* *blühend* ‖ *(fig)*
gedeihend, herrlich ‖ en estado ~ *in blühendem*
Zustand ‖ **–cilla, –cita** (Am = **florcita**) *f* dim von
¹flor ‖ **–cimiento** *m Blühen* n ‖ *(fig) Blühen,*
Gedeihen, Wachsen n
¹Florencia *f* [Stadt] *Florenz* n
²Floren|cia *f,* **–cio** *m* np *span. Rufnamen*
floren|tín, –tino adj *florentinisch* ‖ ~ *m*
Florentiner m
Florentina *f* np *Florentine* f
florentísimo adj sup von **floreciente**
floreo *m (fig) überflüssiger Wortschwall* m,
(fig) Floskeln fpl ‖ *(fig) gezierte Rede* f ‖ *(fig)*
Schmeicheleien fpl ‖ *(Mus) Präludieren bzw*
Tremolieren n (Gitarre) ‖ *(Art) Pirouette* f *(in*
spanischen Tänzen) ‖ *Zittern, Vibrieren* n *(der*
Degenspitze) ‖ ◇ *andar en* ~s *(fam)*
Komplimente machen, (fam) Honig um den Bart
schmieren ‖ *(pop) Ausflüchte suchen*
flore|ra *f Blumenmädchen* n ‖ *(fig)*
Schmeichlerin f ‖ **–ría** *f* → **floristería** ‖ **–ro** adj
witzig od schmeichelhaft redend ‖ ~ *m*
Blumen|macher, -verkäufer m ‖ *Blumenstock* m ‖
Blumentopf m ‖ *(Blumen)Vase* f ‖ *Blumengarten* m
‖ *Blumenkrippe* f ‖ *Blumengestell* n ‖ *Blumentisch*
m ‖ *(Mal) Blumenstück* n ‖ *(fig)*
Komplimentenmacher m ‖ *(fig) Schwätzer* m
florescencia *f Blühen* n, *Floreszenz* f ‖
Blütezeit f ‖ *(Min) Auswittern* n
flores|ta *f Forst, Wald* m ‖ *Hain* m ‖ →
florilegio ‖ **–tero** *m Förster* m
flore|ta *f Florettschritt* m *(in e–m span. Tanz)* ‖
–tazo *m Florettstoß* m ‖ Mex *(figf) (An)Pumpen*
n ‖ **–te** *m Florett* n, *Stoßdegen* m ‖
Florettleinwand f ‖ ~ de cazoleta *Florett* n *mit*
Glocke ‖ ◇ manejar el ~ *mit dem Florett fechten*
¹floretear vt *mit Blumen schmücken od*
besetzen
²floretear vi *mit dem Florett fechten*
¹floreteo *m Blumenschmuck* m
²flore|teo *m Florettfechten* n ‖ **–tista** *m/f*
(geschickte|r) Florettfechter(in f) m
floricol *m* Murc *(pop)* → **coliflor**
Florida *f (Geogr) Florida* n
floridamente adv *mit Anmut, mit Liebreiz, mit*
Eleganz
flori|dano adj *aus Florida* (USA) ‖ **–dense** adj
aus Florida (Ur) ‖ *jeweils auf Florida bezüglich*
flori|dez *[pl* ~**ces**] *f Blütenfülle* f ‖ *(fig)*
schwülstiger Stil m, *Blumigkeit* f ‖ **–do** adj
blühend ‖ *blumig, blumengeschmückt* ‖
geschmackvoll (Stil, Vortrag) ‖ *kostbar, erlesen* ‖
(Arch) geschnörkelt (Stil) ‖ *(fam) geil, lüstern* ‖
Schwulst-, Schnörkel- ‖ △ *reich, wohlhabend*
florífero adj *blüten-, blumen|tragend*
florilegio *m (Lit) Chrestomathie, Anthologie,*
Blütenlese f
florín *m* [frühere niederländische
Währungseinheit] *Gulden* m (fl) ‖
[Währungseinheit] *Suriname-Gulden* m (Sf) ‖
(Hist) florentinischer Taler m
floripondio *m (Bot) Großer Stechapfel* m
(Datura arborea) ‖ *(figf) geschmackloser Schmuck*
m
floris|ta *m/f Blumenmacher(in* f) m ‖
Blumenhändler(in f) m ‖ *Blumenbinder(in* f) m ‖
Blumenmaler(in f) m ‖ **–tería** *f Blumen|geschäft*
n, *-handlung* f, *-laden, -kiosk* m
floritura *f Zierrat* m, *Verschnörkelung* f,
Ornament n
florón *m* augm von **¹flor** ‖ *Blumenmitte* f ‖
(Arch) Blumenrosette f ‖ *(Her) Blumenwerk* n ‖
(fig) Kleinod n, *Perle* f, *Prachtstück* n ‖ *(fig)*
Heldentat f
flórula *f Blümchen* n

flósculo *m (Bot) Einzelblüte* f *(e–r Komposite)*
flota *f (Mar) Handels-, Kriegs|flotte* f ‖
Wagenpark m ‖ *(fig) Menge* f ‖ Am *(fig)*
Angeberei, Aufschneiderei, Prahlerei f ‖ ~ aérea
(Flugw) Luftflotte f ‖ ~ ballenera *Walfangflotte* f
‖ ~ de guerra *Kriegsflotte* f ‖ ~ mercante
Handelsflotte f ‖ ~ petrolera *Tankerflotte* f ‖ ◇
echar ~s Am *wichtig tun, protzen*
flota|bilidad *f (Phys) Auftrieb* m ‖ *(Mar)*
Schwimm|fähigkeit f, *-vermögen* n ‖ **–ble** adj *(m/f)*
schwimmfähig ‖ *flößbar (Gewässer)* ‖ **–ción** *f*
Schwimmen n (auf der Oberfläche) ‖ *Flößen* n ‖
Flottsein n ‖ *(Tech) Flotation* f *(von Erzen)* ‖
Flößerei, Flößen n ‖ *Floating* n *(Währung)* ‖
–dor adj *schwimmend* ‖ ~ *m Kork,*
Korkschwimmer m *(Fischerei)* ‖ *(Mar Flugw*
Tech) Schwimmer m ‖ *Wasserwaage* f ‖ **–dura** *f,*
–miento *m Schwimmen* n *auf der Oberfläche* ‖
Flößerei f, *Flößen* n ‖ *(Auto) Flattern* n *(Räder)*
flotante adj *(m/f) schwimmend* ‖ *treibend,*
Treib- ‖ *schwebend* ‖ *lose, fliegend (Krawatte)* ‖
(Mar) flott ‖ *wallend (Haar)* ‖ *flatternd (Fahne)* ‖
~ *m Col Angeber, Aufschneider, Prahler* m
flo|tar vi *(obenauf) schwimmen* ‖ *treiben* ‖ *(in*
der Luft) schweben, flattern, wehen, wallen,
wogen, fliegen ‖ *(Mar) über dem Wasser*
herausragen (Klippe) ‖ vt *(Mar) flottmachen*
(Schiff) ‖ *flößen (Holz)* ‖ *(Met) flotieren,*
(auf)schwemmen (Erze) ‖ **–te** *m (Mar) Flottsein* n
‖ *(Mar) Schwimmen* n ‖ ◆ a ~ *(Mar) flott* ‖ *(fig)*
obenauf ‖ ◇ estar a ~ *flott sein* (& fig) ‖ poner a
~ *(Schiff) flottmachen* ‖ sacar a ~ *(Mar)*
flottmachen, abbringen ‖ *(fig) (jdn) auf die Füße*
stellen ‖ salir a ~ *flott werden* ‖ *(fig) aus e–r*
schwierigen Lage herauskommen ‖ *(fig) s.*
herauswinden ‖ vender a ~ *(Com) schwimmend*
verkaufen ‖ **–tilla** *f (Mar) Flottille, kleine Flotte* f
‖ *(Flugw) Geschwader* n ‖ ~ de remolque *(Mar)*
Schleppzug m
flou *m* objetivo de ~ *(Fot) Weichzeichner* m
flox *m (Bot) Phlox* m (Phlox)
fluc|tuación *f Schwankung, Fluktuation* f ‖
Wallen n *des Wassers* ‖ *(fig) Unentschlossenheit*
f, *Schwanken* n ‖ ~ del cambio *(Com)*
Kursschwankung f ‖ ~ coyuntural, ~ de la
coyuntura *(Wir Com) Konjunkturschwankung* f ‖
–tuaciones de precios *Preisschwankungen* fpl ‖
–tuante adj *(m/f) (fig) schwankend, fluktuierend* ‖
(fig) schwankend, un|beständig, -sicher ‖ *(fig)*
unschlüssig ‖ **–tuar** vi [pres –úo] *auf den Wogen*
schwanken ‖ *(fig) wanken, wackeln* ‖ *(fig)*
schwanken ‖ *(fig) flattern* ‖ *(fig) unschlüssig sein,*
schwanken ‖ *(fig) in Gefahr schweben* ‖ *(Wir)*
dem Wechsel unterliegen ‖ *fluktuieren* ‖ **–tuoso**
adj *(fig) schwankend, unschlüssig*
fluen|cia *f (Ab)Fließen* n ‖ *Ausfluss* m,
Ausflussstelle f ‖ **–te** adj *fließend*
flui|dez *[pl* ~**ces**] *f Flüssigkeit* f, *flüssiger*
Zustand m ‖ *Fließen* n ‖ *Fluidität* f ‖ la ~ del
estilo *das Fließende des Stils* ‖ ~ del tráfico
Fließen n des (Straßen)Verkehrs ‖ **–dificación** *f*
Verflüssigung f ‖ **–dificar** [c/qu] vt *(Phys)*
verflüssigen ‖ ~**se** *flüssig werden*
fluido adj *flüssig* ‖ *(Chem) (leicht)flüssig* ‖
(fig) fließend, glatt (Stil) ‖ muy ~ *dünnflüssig* ‖
~ *m Flüssigkeit* f ‖ *(Phys) Fluid, fließendes*
Medium, Fluidum n, *flüssiger bzw gasförmiger*
Körper m ‖ *(El) elektrischer Strom* m ‖ *(Pharm*
Chem) Fluid n ‖ ~s *elásticos* mpl *Gaskörper* mpl
fluir [-uy-] vi *fließen, rinnen* ‖ *ausfließen* ‖
verfließen (Zeit) ‖ *(fig) flüssig sein (Stil)*
flujo *m Fließen* n, *Fluss, Lauf* m ‖ *(Mar)*
Strömung f ‖ *(Tech) Strömen, Fließen* n ‖ *(El)*
Fluss m ‖ *(Med) Ausfluss* m ‖ *(fig) Schwall* m ‖
~ blanco *(Med) Weißfluss, weißer Fluss* m,

Leukorrhö(e) f ‖ ~ de efectivo ⟨Wirtsch⟩ *Cash-flow* m ‖ ~ de iones *Ionen\fluss* m, *-wanderung* f ‖ ~ menstrual ⟨Med⟩ *Menstrualfluss* m ‖ *Menstruationsblutung* f ‖ ~ de palabras ⟨fig⟩ *Wortschwall* m ‖ ~ de risa *Lachkrampf* m ‖ ~ salival *Speichelfluss* m ‖ ~ de sangre ⟨Med⟩ *Blutfluss* m ‖ *Blutsturz* m ‖ ~ sonoro *Schallstrom* m ‖ ~ de tráfico ⟨StV⟩ *Verkehrsfluss* m ‖ ~ de vientre ⟨Med⟩ *Durchfall* m ‖ ~ (y reflujo) ⟨Mar⟩ *(Ebbe* f *und) Flut* f ‖ ⟨fig⟩ *das Hin und Her* n
   fluminense adj *(m/f) aus Rio de Janeiro* ‖ *auf Rio de Janeiro bezüglich*
   ¹flúor (F) *m* ⟨Chem⟩ *Fluor* n
   ²flúor *m* ⟨Med⟩ *Fluor* n, *Ausfluss* m
   fluoresceína *f* ⟨Chem⟩ *Fluoreszein* n
   fluorescen|cia *f Fluoreszenz* f ‖ *Schillern* n ‖ ~ azul ⟨Atom⟩ *Glimmlicht* n ‖ **–te** adj *(m/f) fluoreszierend* ‖ *schillernd*
   fluorhídrico adj: *ácido* ~ ⟨Chem⟩ *Fluorwasserstoff-, Fluss\säure* f
   fluo|rina, –rita *f* ⟨Min⟩ *Fluorit, Flussspat* m
   fluori|zación *f* ⟨Med⟩ *Fluoridierung* f *(des Trinkwassers)* ‖ **–zar** [z/c] vt *fluoridieren*
   fluorosco|pia *f* ⟨Med⟩ *Fluoroskopie* f ‖ **–pio** *m Fluoroskop* n
   fluorosis *f* ⟨Med⟩ **a)** *Fluorvergiftung* f ‖ **b)** *Fluorose* f
   fluoruro *m* ⟨Chem⟩ *Fluorid* n
   fluosilicato *m* ⟨Chem⟩ *Fluorosilikat* n
   flus *m* Cu → **flux**
   fluvial adj *(m/f) Fluss-* ‖ ♦ por vía ~ *auf dem Flussweg* m
   fluvió|grafo *m Schreibpegel* m ‖ **–metro** *m Pegel* m
   flux *m* ⟨Kart⟩ *Sequenz* f ‖ Am *ganzer Herrenanzug* m *(Rock, Weste und Hose) aus demselben Stoff* ‖ ◇ estar a ~ (hacer ~, quedarse a ~) Arg ⟨figf⟩ *bettelarm sein, (s. ruinieren, Bankrott machen)* ‖ tener ~ Arg ⟨figf⟩ *Glück haben*
   fluxión *f Fluss, Ab-, Aus\fluss* m ‖ ⟨Med⟩ *Blutandrang* m, *Stauung* f ‖ *Durchströmen* n *(e–s Organs)* ‖ ⟨fam⟩ *Schnupfen* m
   fluyo → **fluir**
   f/m ⟨Abk⟩ = **fin (de) mes**
   Fm ⟨Abk⟩ = **fermio**
   FM ⟨Abk⟩ = **frecuencia modulada**
   FMI ⟨Abk⟩ = **Fondo Monetario Internacional**
   ¡fo! int *pfui!*
   f.º ⟨Abk⟩ = **folio**
   FOB., f.o.b., fob. ⟨Abk⟩ = **franco a bordo**
   fobia *f* ⟨Psychol Med⟩ *Phobie, krankhafte Angst* f ‖ ⟨Med⟩ *starke Abneigung* f *(& fig)* (contra *gegen*)
   foca *f* ⟨Zool⟩ *Seehund* m, *Robbe* f ‖ *(Pelzwerk:) Seal(skin)* m *(& n)* ‖ ~ común *Gemeiner Seehund* m (Phoca vitulina) ‖ ~ de Groenlandia *Sattelrobbe* f (Pagophilus groenlandicus) ‖ ⟨fig pop⟩ *dicke, hässliche Person* f
   fo|cal adj *(m/f)* ⟨Opt Math Med⟩ *fokal* ‖ *Brenn(punkt)-* ‖ ⟨Med⟩ *Herd-, Fokal-* ‖ **–calizar** [z/c] vt *bündeln (Licht)* ‖ *fokussieren* ‖ ⟨fig⟩ *auf den Punkt (zurück)bringen (Diskussion usw.)*
   foceifiza *f maurisches Glassplittermosaik* n
   focense adj *aus Phokis (Fócida)*
   ¹focha *f* ⟨V⟩ *Blässhuhn* n ‖ ~ común *Blässhuhn* n (Fulica atra) ‖ ~ cornuda *Kammblässhuhn* n (F. cristata)
   ²focha *f* Am *Frauenrock* m
   foche adj/s Chi ⟨pop⟩ *stinkend* ‖ ⟨fig⟩ *verdorben (Mensch)*
   fócidos *mpl* ⟨Zool⟩ *Seehunde* mpl (Phocidae) ‖ → **pinnípedos**
   foco *m* ⟨Phys Math⟩ *Brennpunkt, Fokus* m ‖

starke Lichtquelle f ‖ *Wärmequelle* f ‖ Am *Glühbirne* f ‖ Am *Straßenlampe* f ‖ Am *Scheinwerfer* m *(Auto)* ‖ ⟨Mil⟩ *Zündloch* n *(e–r Kanone)* ‖ ⟨Med⟩ *Eiterherd* m ‖ ⟨fig⟩ *Sitz, Herd* m ‖ ⟨fig⟩ *Ausgangspunkt* m, *Brutstätte* f ‖ ⟨fig⟩ *Brenn-, Mittel\punkt* m ‖ ~ acústico *Schallfokus* m ‖ ~ de infección, ~ infeccioso *Infektions-, Ansteckungs\herd* m ‖ ~ luminoso *Lichtquelle* f ‖ ~ de propaganda *Propagandazentrum* n ‖ ~ purulento *Eiterherd* m ‖ ~ de tensión *Spannungsherd* m ‖ ~ tuberculoso *Tuberkuloseherd* m
   focomelia *f* ⟨Med⟩ *Phokomelie* f
   fodolí *[pl* ~**íes]** adj ⟨fam⟩ *geschwätzig* ‖ *auf-, zu\dringlich, lästig fallend*
   fodongo adj Mex *schmutzig, unflätig* ‖ ~ *m* Mex ⟨vulg⟩ *Furz* m
   foehn *m* ⟨Meteor⟩ *Föhn* m
   foete *m* Am *Peitsche* f
   fo|fadal *m* Ar *Morast, Zitterboden, sumpfiger, unter den Füßen einsinkender Boden* m ‖ **–fo** adj *schwammig, locker, weich* ‖ *aufgedunsen,* ⟨fam⟩ *schwabb(e)lig* ‖ *bauschig*
   foga|je *m* Ar *Herd* m ‖ Arg Col PR Ven *Schwüle* f ‖ Arg *Hitzblattern* fpl ‖ PR ⟨fig⟩ *Beschämung, peinliche Lage* f ‖ **–rada** *f Flackerfeuer* n, *Lohe* f ‖ **–ril** *m Signalfeuer* n ‖ *Feuerzeichen* n ‖ Ar And *Herd* m ‖ **–ta** *f helles Flackerfeuer* n, *Lohe* f ‖ *Freudenfeuer* n ‖ *Johannisfeuer* n ‖ *Lagerfeuer* n ‖ ⟨Jgd⟩ *Fackeljagd* f ‖ ⟨Mar⟩ *Kombüse, Schiffsküche* f ‖ ⟨Mil Bgb⟩ *Spreng\mine, -munition* f ‖ ⟨Mil⟩ *Flatter-, Land-, Teller-, Tret\mine* f
   fogón *m Küchenherd* m *(für Holz oder Kohle)* ‖ *Heizraum* m, *Feuerung* f *(e–s Dampfkessels)* ‖ ⟨Mar⟩ *Schiffsküche* f ‖ Arg CR Chi *Flackerfeuer* n, *Lohe* f ‖ Arg *Runde* f *(am Lagerfeuer)*
   ¹fogonadura *f* ⟨Mar⟩ *Mastloch* n ‖ ⟨Arch⟩ *Balkenloch* n ‖ Am *eingelassener Teil* m *(e–s Balkens)*
   ²fogonadura *f* Col *Herd* m
   ¹fogonazo *m kurzzeitiges Aufleuchten* n *(bei e–r Explosion, beim Blitzlicht usw.)*
   ²fogonazo *m* Mex *Kaffee* m *mit Schnaps*
   fogonero *m Heizer* m
   fogo|sidad *f Aufblitzen* n, *Feuerblitz* m *(e–s abgeschossenen Gewehrs)* ‖ *Mündungsfeuer* n ‖ *Pulverblitz* m ‖ *Stichflamme* f ‖ ⟨fig⟩ *Feuer* n, *Heftigkeit* f, *Ungestüm* n ‖ **–so** adj *feurig, hitzig, ungestüm, Feuer-*
   fo|guear vt ⟨Mil⟩ *ans Feuer gewöhnen* ‖ ⟨Taur⟩ *(dem Stier) die Banderillas mit Schwärmern einstechen* ‖ ⟨fig⟩ *an Unannehmlichkeiten* od ⟨fam⟩ *Schikanen gewöhnen (e–s Berufes, e–r Lage usw.)* ‖ ⟨Vet⟩ *kauterisieren* ‖ Chi ⟨figf⟩ *(jdm) derb zusetzen* ‖ **–gueo** *m* ⟨Mil⟩ *Gewöhnung* f *ans (Aufblitzen des) Feuer(s)* ‖ ⟨fig⟩ *eifriger Wortwechsel* m ‖ **–guerear** vt Cu *in Brand setzen* ‖ **–guezuelo** *m* dim von **¹fuego**
   foguista *m/f* Arg *Heizer(in* f) m
   foie-gras *m Gänseleberpastete* f
   ¹foja *f* Am *Folio* n, *Blattseite* f *(e–s Aktenstücks)*
   ²foja *f* → **¹focha**
   fojo adj Mex *schwammig, locker*
   fol. ⟨Abk⟩ = **folio**
   folc|lor(e) *m Volkskunde* f ‖ *Folklore* f, *Brauchtum* n ‖ ⟨figf⟩ → **²follón** ‖ **–lórico** adj *volkskundlich* ‖ *folkloristisch* ‖ **–lorista** *m/f Volkskundler(in* f) m, *Folklorist(in* f) m
   fólder *m* Am *Aktenmappe* f
   folding *m* ⟨Fot⟩ *Balgen-, Klapp\kamera* f
   fole *m* ⟨Mus⟩ *Ledersack* m *(des Dudelsacks)*
   folgo *m Fußsack* m
   folía *f* ⟨Mus⟩ *Folia* f *(kanarische Volksweise)* ‖

leichte Musik f *im Volkston* ‖ ~s *fpl altspan.
Solotanz* m *mit Kastagnetten*
foliáceo *adj blattartig* ‖ *blätt(e)rig*
folia|ción *f* ⟨Typ⟩ *Paginierung* f *(e–s Buches)* ‖
Seitenzahl f ‖ ⟨Bot⟩ *Blätterstand* m ‖ ⟨Bot⟩
Blattansatz m ‖ **–do** *adj* ⟨Bot Min⟩ *blätt(e)rig* ‖
–dor *m* ⟨Typ⟩ *Folienordner* m
foliar vt ⟨Typ⟩ *paginieren* ‖ ~ *adj* ⟨Bot⟩ *Blatt-*
folicu|lar *adj (m/f)* ⟨Bot⟩ *schlauchartig, Balg-* ‖
⟨An⟩ *Follikel-* ‖ **–lina** *f* ⟨Physiol⟩ *Follikelhormon*
n ‖ **–litis** *f* ⟨Med⟩ *Folliculitis,
Haarbalgentzündung* f
folículo *m* ⟨An⟩ *Follikel* m ‖ ⟨Bot⟩ *Balgkapsel,
Samenhülle* f
¹folio *m* ⟨Typ⟩ *Blatt* n, *Blattseite* f *(e–s
Buches)* ⟨Typ⟩ *Seitenzahl, Kolumnenziffer* f ‖
Folio(format), Großformat n ‖ ~ *apaisado
Querfolio* n ‖ ~ *atlántico Atlasformat, Großfolio*
n ‖ ~ *español* ⟨Typ⟩ *Quart(format)* n ‖ ~ *francés
Großoktav(format)* n ‖ ~ *grande Großfolio* n ‖ ~
imperial Groß|folio, -format n ‖ ~ *mayor
Großfolio* n ‖ ~ *menor Klein-, Median|folio* n ‖ ◆
al primer ~ ⟨fig⟩ *beim ersten Anblick* ‖ *de a* ~
⟨Typ⟩ *in Folio*
²folio *m* Col *Trinkgeld* n
folk|lore *m* → **folclor(e)** ‖ **–lórico** *adj* →
folclórico ‖ **–lorista** *m/f* → **folclorista**
folla *f* ⟨fam⟩ *Durcheinander, Gemisch* n ‖ ⟨Th⟩
Quodlibet n
¹follada *f Blätterteigpastetchen* n
²follada *f* ⟨vulg⟩ *Bumserei* f
¹follador *m (Blase)Balgtreter* m
²follador *m* ⟨vulg⟩ *(großer) Ficker* m
follaje *m Laub(werk)* n ‖ *Laubgewinde* n ‖
Flitterkram, geschmackloser Schmuck m ‖ *leeres
Geschwätz* n
follapavas *m* ⟨vulg⟩ *Dummerjan, Depp* m,
doofe Nuss f
¹follar [-ue-] *vt/i mit dem Blasebalg anblasen* ‖
den Orgelbalg treten ‖ ~**se** ⟨pop⟩ *e–n
geräuschlosen Wind streichen lassen,* ⟨pop⟩ *e–n
streichen lassen*
²follar *vt blattförmig zusammen|fallen* bzw
-legen
³follar *vt* ⟨fam⟩ *durchfallen lassen (bei e–r
Prüfung)* ‖ ~ *vi* ⟨vulg⟩ *bumsen, vögeln, ficken*
follero *m Blasebalg|macher, -verkäufer* m ‖ Chi
(Blase)Balgtreter m
folleta *f ein Weinmaß* n
folle|tín *m dim von* **–to** ‖ *Feuilleton, Beiblatt* n
‖ *Unterhaltungsteil* m *(der Zeitung)* ‖
belletristischer Aufsatz m ‖ *Fortsetzungs|roman*
bzw *-artikel* m ‖ ⟨fam⟩ *Hintertreppenroman* m ‖
⟨fam⟩ *seichter Film* m ‖ *Broschüre* f ‖ **–tinesco**
adj auf ein Feuilleton bezüglich, Feuilleton- ‖ ⟨fig
lit⟩ *auf den Effekt berechnet, Sensations-* ‖
–tinista *m/f Verfasser(in* f) m *belletristischer
Artikel (e–r Zeitung), Feuilletonist(in* f) m ‖ **–tista**
m/f Pamphletschreiber(in f) m ‖
Broschürenschreiber(in f) m ‖ **–to** *m Broschüre* f,
Prospekt m, *Beiblatt* n ‖ **–tón** *m Feuilleton* m
follín *m* Chi *jähzorniger Mensch* m
follisca *f* Am *Schlägerei* f
follista *m/f* ⟨fam⟩ *(Blase)Balgtreter(in* f) m
¹follón *adj träge, faul, arbeitsscheu* ‖ *gemein,
feige* ‖ *eitel, eingebildet* ‖ *frech, unverschämt* ‖ ~
m feiger Schlingel, Lümmel m ‖ *Müßiggänger,
Taugenichts* m ‖ ⟨pop⟩ *Lump, ehrloser
Kerl* m ‖ *Feuerwerkskörper* m, *der ohne Knall
platzt* ‖ ⟨vulg⟩ *Fist, Schleicher, geräuschloser
Wind* m
²follón *m* ⟨fam⟩ *Krach, Radau, Krakeel,
Spektakel* m ‖ ◇ *armar od organizar un* ~ *Krach
anfangen, (e–n großen) Spektakel machen* ‖ *alles
durcheinander wirbeln* ‖ ¡(*habría que ver*) *el* ~

que se organizaría! ⟨fam⟩ *das würde e–n schönen
Spektakel geben*
³follón *m* ⟨Bot⟩ *Wurzelschössling* m *(e–s
Baumes)*
follo|nazo *m augm von* **follón** ‖ **–nista** *m/f*
⟨pop⟩ *Radaubruder, Krakeeler(in* f) m
fomen|tación *f* ⟨Med⟩ *Blähung* f ‖ ⟨Med⟩
Foment n, *feuchtwarmer Umschlag* m ‖ **–tador**
adj fördernd ‖ ~ *m Förderer, Begünstiger* m ‖
Anstifter, Aufwiegler, Hetzer m ‖ **–tar** vt
erwärmen (z.B. das Huhn die Eier) ‖ ⟨fig⟩
begünstigen, fördern ‖ ⟨fig⟩ *schützen* ‖ ⟨fig⟩
hegen, unterhalten ‖ ⟨fig⟩ *aufregen, schüren
(Leidenschaften)* ‖ ⟨Med⟩ *feuchtwarme Umschläge
machen (dat od auf* acc) ‖ Cu PR *aufbauen
(Geschäft)* ‖ ◇ ~ *las relaciones, el comercio die
Handelsverbindungen fördern, beleben* ‖ ~ *los
intereses die Interessen wahrnehmen* ‖ **–tativo** *adj
förderlich* ‖ **–to** *m Erwärmung* f ‖ ⟨fig⟩ *Schüren* n
(e–r Leidenschaft) ‖ ⟨fig⟩ *Belebung* f ‖ ⟨fig⟩
Unterstützung f ‖ ⟨fig⟩ *Schutz, Schirm* m ‖
Förderung f ‖ ⟨Med⟩ *Foment* n, *feuchtwarmer
Umschlag* m ‖ ~ *del comercio Förderung,
Hebung* f *des Handels* ‖ ~ *cultural Kulturpflege* f
fon *m* ⟨Ak⟩ *Phon* n
fonación *f* ⟨Phon⟩ *Stimm-, Laut|bildung,
Phonation* f
¹fonda *f Wirts-, Gast|haus* n, *Gasthof* m ‖ Span
(kleineres) Hotel n ‖ Arg *Kneipe, Spelunke* f ‖
Guat *Destille* f, *Branntweinausschank* m ‖ ~ *de
estación Bahnhofsgaststätte* f
²fonda *f* ⟨Mar⟩ *(Tief)Lot* n
fonda|ble *adj (m/f) zum Ankern geeignet
(Seegrund)* ‖ **–do** *adj mit verstärktem Boden
(Fass)* ‖ Col Ven ⟨fig⟩ *reich, wohlhabend,
vermögend* ‖ ⟨Mar⟩ *vor Anker liegend* ‖ **–dor,
–minas** *m* ⟨Mar⟩ *(buque)* ~ *Minenleger* m
fonde|adero *m* ⟨Mar⟩ *Anker|grund, -platz* m ‖
–ar vt ⟨Mar⟩ *(aus)loten* ‖ *(Versunkenes) aus der
Tiefe heraufholen* ‖ *auf Konterbande durchsuchen
(Schiff)* ‖ *e–e Zollinspektion (des Schiffes)
durchführen* ‖ Chi *ins Meer werfen* ‖ ⟨fig⟩
gründlich untersuchen bzw *durchsuchen* ‖ ~ vi
⟨Mar⟩ *ankern* ‖ ~**se** Am ⟨reg⟩ *reich werden, s.
bereichern* ‖ **–o** *m* ⟨Mar⟩ *Auswerfen des Ankers,
Ankern* n ‖ *Durchsuchung* f *(auf Konterbande)* ‖
Zollinspektion f *(des Schiffes)*
fondela *f* ⟨pop⟩ *Kneipe* f
fondero *m* Am ⟨desp⟩ *Gastwirt* m
fondillón *m alter Alicantewein* m ‖ *Fassneige* f
fondillos *mpl Hosenboden* m
¹fondista *m/f Gast-, Speise|wirt(in* f) m
²fondista *m/f* ⟨Sp⟩ *Langstreckenläufer(in* f) m ‖
Langläufer(in f) m
¹fondo *m Boden, Grund* m ‖ *(Fass-, Kessel-,
Koffer- usw.) Boden* m ‖ *(Wasser)Tiefe* f ‖
Ackergrund m ‖ *Meeresgrund* m ‖ *Flussbett* n ‖
(Tal)Sohle, Mulde f ‖ *Grund und Boden* m ‖ ⟨Mal
Th⟩ *Hintergrund* m ‖ ⟨Mal⟩ *Malgrund* m ‖
Grundfarbe f, *Grundierung* f ‖ *Bodenstück* n ‖
⟨Arch⟩ *Tiefe* f *(e–s Gebäudes)* ‖ ⟨fig⟩ *Grundlage* f
‖ ⟨fig⟩ *Unterton* m ‖ ⟨fig⟩ *Innere(s)* n, *Wesensart* f
(bzw Grundveranlagung) e–s Menschen ‖ ⟨fig⟩
(das) Wichtigste, Wesentlichste ‖ ⟨fig⟩ *Inhalt,
Kern* m ‖ ~ *profundo große Tiefe* f ‖ ~ *de
reserva Rücklage* f ‖ *Notkapital* n ‖ ~ *de virtud
Besitz* m *an Tugend* ‖ ◆ *a* ~ *von Grund auf* ‖ *von
Grund aus, gründlich* ‖ *energisch* ‖ *de* ~ *wichtig,
bedeutend* ‖ *gebildet* ‖ *Haupt-, Leit-* ‖ *de bajo* ~
seicht (Fluss, Ufer) ‖ *de mucho* ~ *tief (Wasser,
Bau, Haus)* ‖ *en el* ~ *im Grunde, eigentlich,
genau genommen* ‖ *sin* ~ *grundlos* ‖ *bodenlos (&
fig)* ‖ *unergründlich* ‖ ⟨fig⟩ *un|endlich, -geheuer* ‖
◇ *dar* ~ ⟨Mar⟩ *den Anker werfen, ankern* ‖ ⟨fig⟩
zu Ende gehen ‖ *echar a* ~ ⟨Mar⟩ *in den Grund*

bohren ‖ emplearse a ~ *es gründlich machen* ‖ es hombre de buen ~ *er ist im Grunde kein schlechter Mensch* ‖ hacer ~ de a/c *auf et. bauen* ‖ ir a(l) ~ ⟨fig⟩ *in die Tiefe gehen, auf den Grund gehen* ‖ ⟨fig⟩ *untergehen* ‖ irse a(l) ~ ⟨Mar⟩ *untergehen, sinken* (& fig) ‖ limpiar a ~ *gründlich reinigen* ‖ perder ~ *Grund verlieren* (& fig) ‖ tratar a ~ *gründlich behandeln* ‖ ~s *mpl* ⟨Mar⟩ *Wassertiefe* f ‖ ⟨Mar⟩ *Teil* m *des Schiffes, der unter Wasser ist* ‖ bajos ~ ⟨fig⟩ *Pöbel* m, *Hefe* f *des Volkes* ‖ *Unterwelt* f, *Asoziale(n)* mpl
²fondo m *Bestand* m *(e–r Bibliothek, e–r Buchhandlung, e–s Verlags, e–s Museums)*
³fondo m *Fonds* m ‖ *Kapital, Stammvermögen* n ‖ ~ de amortización *Tilgungsfonds* m ‖ ~ de compensación *Ausgleichsfonds* m ‖ ~ de estabilización *Stabilisierungs-, Ausgleichsfonds* m ‖ ~ del Estado *Staatsfonds* m ‖ ~ de garantía *Garantiefonds* m, *Deckung* f ‖ ~ Monetario Internacional *Internationaler Währungsfonds* m ‖ ~ de reptiles *Reptilienfonds* m ‖ ~ de reserva *Rücklage* f ‖ *Notkapital* n ‖ ~s *mpl Vermögen, Kapital, Geld* n ‖ *(Geld)Deckung* f ‖ *(Wert)Papiere* npl ‖ ~ ajenos *Fremdkapital* n ‖ ~ en circulación *Umlaufvermögen* n ‖ ~ de cobertura *Deckungsmittel* npl ‖ ~ disponibles *verfügbare Mittel od Gelder* npl ‖ ~ de inversión *Investmentfonds* m ‖ ~ propios *Eigen|kapital* n, *-mittel* npl ‖ ~ públicos *Staatspapiere* npl ‖ ◇ disponer de ~ *über Geldmittel verfügen* ‖ entregar ~ *Fonds liefern* ‖ enviar ~ ⟨Com⟩ *Deckung einsenden* ‖ estar desprovisto *od* falto de ~ *über kein Kapital verfügen* ‖ estar en ~ *verfügbares Geld haben* ‖ ⟨fam⟩ *bei Kasse sein* ‖ procurar ~ *für Deckung sorgen* ‖ remitir ~ *für Deckung sorgen* ‖ votar ~ *Haushaltsmittel bewilligen*
⁴fondo m Cu *Mischkessel* m *(in e–r Zuckerfabrik)*
⁵fondo m Mex *weißer Unterrock* m *(der Frauen)*
¹fondón adj ⟨fam⟩ *sehr fettleibig, dick* ‖ ⟨fam⟩ *mit dickem Gesäß*
²fondón m *Weinhefe* f, *Trub* m
³fondón m ⟨Text⟩ *Grund* m *(Brokatstickerei)*
fonducho m ⟨desp⟩ *billiges Gasthaus* n, *elende Kneipe* f
fondue f (& m) *Fondue* n (& f) ‖ ~ de carne *Fleischfondue* n (& f) ‖ ~ de queso *Käsefondue* n (& f)
fone|ma m ⟨Ling⟩ *Phonem* n ‖ **–mática** f *Phonologie* f *(in der französ. Linguistik)*
fonémica f ⟨Ling⟩ *Phonologie* f *(in der amerikanischen Linguistik)*
fonendoscopio m ⟨Med⟩ *Phonendoskop, Schlauchhörrohr* n
fonéti|ca f *Phonetik* f ‖ *Lautbestand* m *e–r Sprache* ‖ **–co** adj *phonetisch, Laut-*
fonetis|mo m *(Buchstaben)Lautschrift* f ‖ **–ta** m/f *Phonetiker(in* f) m
fonía f → **radiofonía**
foniatría f ⟨Med⟩ *Phoniatrie* f
fónico adj *phonisch, Schall-* ‖ *Laut-*
fon(i)o m ⟨Ak⟩ *Phon* n
fono m Chi ⟨pop⟩ *Telefonhörer* m
fono|amplificador m *Schallverstärker* m ‖ **–captor** m *Tonabnehmer* m ‖ **–cardiografía** f ⟨Med⟩ *Phonokardiographie* f ‖ **–cardiógrafo** m ⟨Med⟩ *Phonokardiograph* m ‖ **–cardiograma** m ⟨Med⟩ *Phonokardiogramm* n ‖ **–fobia** f ⟨Med⟩ *Phonophobie, Sprechangst* f ‖ *Phonophobie, Angst* f *vor Geräuschen* ‖ **–grafía** f *Schallaufnahme* f
fonógrafo m ⟨Hist⟩ *Phonograph* m ‖ *Grammofon* n

fonograma m *Phonogramm* n, *Laut-* bzw *Schall|aufzeichnung* f ‖ *Tonaufzeichnung* f ‖ *Lautzeichen* n
fonola f *Phonola* f, *Klavierspielapparat* m
fonolita f ⟨Geol⟩ *Phonolith* m
fono|logía f ⟨Ling⟩ *Phonologie* f ‖ **–lógico** adj *phonologisch*
fonomanía f ⟨Med Psychol⟩ *Phonomanie, Mord|gier, -lust* f ‖ *Amok(lauf)* m
fo|nometría f ⟨Ak⟩ *Phonometrie, Schallmessung* f ‖ **–nómetro** m *Phonometer, Schallmessgerät* n
fono|scopio m *Phonoskop* m ‖ **–teca** f *Phonothek* f ‖ **–tecnia** f *Schalltechnik* f
fon|tal adj *(m/f) Quell-* ‖ ⟨fig⟩ *hauptsächlich, Grund-* ‖ **–tana** f *Springbrunnen* m, *Fontäne* f ‖ ⟨poet⟩ *Quell* m ‖ **–tanal** adj *(m/f) Quelle-, Quell-* ‖ ~ m *quellenreiche Stelle* f ‖ **–tanar** m ⟨lit poet⟩ *Quelle* f
fontanela f ⟨An⟩ *Fontanelle* f
fontane|ría f *Installation* f *von Rohren* bzw *Brunnen* ‖ *Klempnerei* f ‖ *Rohrleitung* f ‖ **–ro** adj *auf Brunnen, Quellen bezüglich, Brunnen-, Quell(en)-* ‖ ~ m *Klempner* m ‖ *Installateur* m
fontezuela f dim von **¹fuente**
fontículo m ⟨An⟩ *Fontanelle* f
foñico m And ⟨Agr⟩ *getrocknetes Maisblatt* n
footing m → **jogging**
foque m ⟨Mar⟩ *Klüver* m ‖ ⟨figf⟩ *Stehkragen* m *mit steifen Spitzen,* ⟨fam⟩ *Vatermörder* m
foqui m ⟨vulg⟩ *Bumserei* f ‖ *Fick* m ‖ ◇ hacer ~ *bumsen, vögeln, ficken*
forado m Am *Loch* n, *Öffnung* f
forajido m/adj *Straßenräuber, Strolch* m ‖ *flüchtiger Verbrecher* m ‖ ⟨fig⟩ *Bösewicht* m ‖ ⟨Hist⟩ *Geächtete(r)* m
foral adj *(m/f) auf die fueros bezüglich, foral-, partikular|rechtlich ‖ gerichtlich ‖ gesetzlich ‖ ~ m Gal Pachtgut* n
foramen m *Loch* n, *Aushöhlung* f ‖ ⟨An Biol⟩ *Foramen, Loch* n, *Öffnung* f
foraminíferos mpl ⟨Zool⟩ *Loch(schalen)träger* m, *Kammerlinge* mpl, *Porentierchen* npl, *Foraminiferen* fpl (Foraminifera)
foráneo adj *fremd, Außen-*
   △ **forano** m *Ausländer, Fremder* m
foraste|ría f *Fremdentum* n ‖ *Fremdsein* n ‖ **–ro** adj *auswärtig, fremd ‖ fremdartig* ‖ ⟨fig⟩ *fremd* ‖ ◇ ser ~ *fremd sein* ‖ soy ~ *aquí ich bin nicht von hier, ich weiß hier nicht Bescheid* ‖ ~ m *Fremde(r), Fremdling* m ‖ *Auswärtige(r)* m
   △ **forata** m *Ausländer, Fremder* m
forcado m: mozo de ~ *port. Stierkämpfergehilfe* m
forcaz [pl ~ces] adj *(m/f) mit zwei Deichseln (Wagen)*
force|jar vi *s. eifrigst bemühen, alle Kräfte aufwenden* ‖ ⟨fig⟩ *s. hartnäckig entgegensetzen* ‖ *(miteinander) ringen* ‖ ⟨Mar⟩ *gegen Wind und Sturm rudern* ‖ ◇ ~ por librarse de los vínculos *alle Kräfte anwenden, um s. aus den Fesseln zu befreien* ‖ **–jear** vi → **–forcejar** ‖ **–j(e)o** m *äußerste Kraftanstrengung* f ‖ *Ringen* n ‖ ⟨fig⟩ *Auseinandersetzung* f ‖ ⟨fig⟩ *Widerstand* m ‖ **–jón** m *Ruck* m, *um s. (von jdm) loszureißen* ‖ adj *kräftig, handfest*
fórceps m ⟨Med⟩ *Geburtszange* f
forcípula f *Kluppe* f *(zum Messen der Baumstärke)*
fo|rense adj *(m/f) gerichtlich, Gerichts-* ‖ *auswärtig* ‖ (médico) ~ *Gerichtsarzt* m
forero adj *auf e–n fuero bezüglich* ‖ *nach gültigem fuero* ‖ ~ m *Untereigentümer* m *des foro* ‖ *Foralrechtler* m ‖ Gal *Erbpächter* m

fore|sia *f* ⟨Zool, bes. Ins⟩ *Phoresie* f ‖ **–sis** *f* ⟨Med⟩ *Phorese* f

fores|tación *f Aufforstung* f ‖ **–tal** adj *(m/f) forstwirtschaftlich* ‖ *Forst-, Wald-* ‖ **–tar** vt *aufforsten*

forfait ⟨frz⟩ *m* ⟨Com⟩ *Pauschale* f ‖ ⟨Sp⟩ *Forfait* n

forficula *f* ⟨Ins⟩ *Ohrwurm* m (Forficula spp) △ **fori** *m (Taschen)Tuch* n

forillo *m* ⟨Th⟩ *Vorhang* m *in dem Haupttor der hinteren Dekoration*

forint *m* [Währungseinheit] *Forint* m (Ft)

for|ja *f Schmiede* f ‖ *Eisenhammer* m ‖ *Schmieden, Hämmern* n ‖ *Erz-, Eisen|hütte* f ‖ ⟨Arch⟩ *Mörtel* m ‖ Col *tragbarer Ofen* m ‖ ~ de afino *Frischherd* m ‖ ~ (a la) catalana *Rennfeuer* n ‖ ~ en estampa *Gesenkschmieden* n ‖ **–jable** adj *(m/f) schmiedbar* ‖ **–jación** *f Bearbeitung, Gestaltung* f ‖ *(Eisen)Hammerwerk* n ‖ **–jado** adj *geschmiedet* ‖ *Schmiede-* ‖ ~ en bruto *roh geschmiedet* ‖ ~ *m Schmieden* n ‖ ⟨Arch⟩ *Decke* f ‖ *Fach-, Bind|werk* n ‖ *Füllung* f *(des Fachs bei Fachwerk)* ‖ **–jador** *m Schmied* m ‖ ⟨fig⟩ *Anstifter, Urheber* m ‖ ~ de su suerte *s–s Glückes Schmied* ‖ **–jadura** *f Schmieden* n ‖ *Schmiedearbeit* f ‖ **–jar** vt *schmieden, hämmern* ‖ ⟨Maur⟩ *mauern* ‖ *berappen, grob tünchen (Mauer)* ‖ *einziehen (Zwischendecke)* ‖ ⟨fig⟩ *verfertigen* ‖ ⟨fig⟩ *anstiften* ‖ *ersinnen, ausdenken,* ⟨desp⟩ *ausbrüten* ‖ ⟨fig⟩ *schmieden (Pläne, Vorhaben)* ‖ ⟨fig⟩ *aufstellen* ‖ ⟨fig⟩ *fälschen* ‖ ⟨fig⟩ *bilden (Wort)* ‖ ⟨fig⟩ *erfinden (Ausrede, Vorwand)* ‖ ◇ ~ en caliente *warm schmieden* ‖ ~ embustes ⟨fig⟩ *Lügen schmieden* ‖ *Lügereien aufstellen* ‖ ~ en estampa *im Gesenk schmieden* ‖ ~ en frío *kalt schmieden* ‖ ~ a martillo *mit dem Hammer schmieden* ‖ ~ planes ⟨fig⟩ *Pläne schmieden* ‖ ~ en prensa *in der Presse schmieden* ‖ no te –jes ilusiones ⟨fig⟩ *mach(e) dir k–e Illusionen!*

¹**forma** *f Gestalt, Form* f ‖ *Körperform* f, *Äußeres* n ‖ *Versform* f ‖ *Form, Art, Weise* f ‖ *Form, Vorschrift* f ‖ *Formel* f ‖ *Formalität, Förmlichkeit* f ‖ *Modell* n ‖ *Handlungsweise* f ‖ *Möglichkeit, Gelegenheit* f ‖ *Handschrift, Schreibart* f ‖ ⟨Kath⟩ *Sakramentsformel* f ‖ ~ ⟨Kath⟩ *(heilige) Hostie* f ‖ ⟨Sp⟩ *Form, Verfassung* f ‖ ~ de comportamiento *Verhaltensform* f ‖ ~ dialogal *Dialog-, Gesprächs|form* f ‖ ~ de envío *Versandart* f ‖ ~ escrita *Schriftform* f ‖ ~ esférica *Kugelform* f ‖ ~ de gobierno *Regierungsform* f ‖ ~ de pago *Zahlungsweise* f ‖ la Sagrada ~ ⟨Kath⟩ *die heilige Hostie* ‖ ~ verbal ⟨Gr⟩ *Verbalform* f ‖ ◆ de ~ ⟨Jur⟩ *prozessual, Verfahrens-* ‖ *also, daher* ‖ de ~ que … *so dass …, dergestalt, dass …* ‖ de una u otra ~ *so oder so* ‖ *auf jeden Fall* ‖ en ~ *in Ordnung* ‖ *gehörig, ordentlich* ‖ *förmlich, formell* ‖ *vorschriftsmäßig* ‖ en toda ~ *regelrecht* ‖ en ~ de … *nach (der) Art (und Weise), in Gestalt* (gen) ‖ *wie* ‖ -förmig *in Gestalt* (gen) ‖ en debida ~ *in gehöriger Form, wie sich's gebührt* ‖ en (toda) ~ *mit allem Ernst, gebührend* ‖ ◇ dar ~ a algo et. *ausführen* ‖ et. *in Ordnung bringen* ‖ et. *gestalten* ‖ es pura ~ *es ist reine Formsache, es ist bloße Förmlichkeit* ‖ estar en ~ ⟨Sp⟩ *in Form, trainiert sein* ‖ no hay ~ de obligarlo *er ist auf k–e Weise dazu zu bringen* ‖ no hay ~ de vivir con ese hombre *mit diesem Menschen ist nicht auszukommen* ‖ interponer en (debidos) tiempo y ~ ⟨Jur⟩ *frist- und form|gerecht einlegen (Berufung usw.)* ‖ ir tomando ~ *feste Formen annehmen* ‖ tomar ~ humana *Menschengestalt annehmen* ‖ **~s** *fpl Gliederbau* m ‖ *Figur* f, *Formen* fpl ‖ ⟨fig⟩ *Umgangsformen, Manieren* pl ‖ ~ recientes ⟨Biol⟩ *rezente Formen* fpl ‖ ◇ guardar las ~ ⟨fig⟩ *die Form wahren*

²**forma** *f* ⟨Met Ku⟩ *(Guss)Form* f ‖ ⟨Typ⟩ *Satzform* f ‖ *(Buch)Format* n ‖ segunda ~ ⟨Typ⟩ *Widerdruck(form* f) m ‖ ~ tipográfica *Druckform* f

forma|ble adj *(m/f) bildsam, gestaltbar* ‖ ⟨Tech⟩ *verformbar* ‖ **–ción** *f (Heraus)Bildung, Gestaltung* f ‖ *Form, Gestalt, Figur* f ‖ *Bildungsart* f, *Gebilde* n ‖ ⟨Geol⟩ *Formation* f ‖ ⟨Mil⟩ *Formation, Gliederung, Aufstellung* f *von Truppen* ‖ *Schulung* f ‖ *Ausbildung* f *(Beruf)* ‖ *Entwicklung* f ‖ ~ de acarreo ⟨Geol⟩ *Schwemmland* n ‖ ~ acelerada *Kurzausbildung* f ‖ ~ acorazada ⟨Mil⟩ *Panzerverband* m ‖ ~ básica *Grundausbildung* f ‖ ~ blindada → ~ acorazada ‖ ~ de capital *Kapitalansammlung, Vermögensbildung* f ‖ ~ carbonífera ⟨Geol⟩ *Karbon* n ‖ ~ de causa ⟨Jur⟩ *Beginn* m *e–s Prozesses* ‖ ~ de combate ⟨Mil⟩ *Schlachtordnung* f ‖ ~ continuada *Fortbildung* f ‖ ~ detrítica ⟨Geol⟩ *Trümmer-, Verwitterungs|formation* f ‖ ~ geológica *geologische Formation* f ‖ ~ del inventario ⟨Com⟩ *Inventaraufnahme* f ‖ ~ jurásica ⟨Geol⟩ *Jura* m ‖ ~ de palabras ⟨Ling⟩ *Wortbildung* f ‖ ~ profesional *Berufsausbildung* f ‖ ~ de una sociedad *Bildung* f *e–r (Handels)Gesellschaft* ‖ ~ de sociedades secretas *Geheimbündelei* f ‖ ◆ de buena ~ *wohl|gestaltet, -gebaut* ‖ en ~ *angehend, in spe* ⟨Mil⟩ *in Reih und Glied* ‖ sin ~ *ohne Ausbildung* ‖ *ungebildet* ‖ **–do** adj: bien ~ *wohlgebaut* ‖ mal ~ *missgestalt(et)* ‖ **–dor** adj *Former-, Bildner-* ‖ ~ m: ~ de la opinión *Meinungsbildner* m

formal adj *(m/f) formal* ‖ *förmlich, Form-* ‖ *förmlich, aus-, nach|drücklich* ‖ *pflichtbewusst, rechtschaffen, seriös, solide* ‖ *artig (Kind)* ‖ *ernst|lich, -haft* ‖ ⟨Jur⟩ *formell* ‖ ◇ la cosa va haciéndose ~ *die Sache wird ernst* ‖ ¡~! *wirklich! tatsächlich!* ‖ *im Ernst!*

formaldehído *m* ⟨Chem⟩ *Formaldehyd* m

formaleza *f* ⟨Mar⟩ *Pflichttanker* m

formalidad *f Förmlichkeit, Formalität* f ‖ *Form(vorschrift)* f ‖ *Formalien* fpl ‖ *Umständlichkeit* f ‖ *ernstes Wesen, gesetztes Betragen* n ‖ *Artigkeit* f *(Kinder)* ‖ *Rechtschaffenheit, Redlichkeit* f ‖ *Zuverlässigkeit* f ‖ *Pünktlichkeit* f ‖ ⟨Com⟩ *seriöses Wesen* n ‖ para mayor ~ *um der guten Ordnung willen* ‖ ¡niños, ~! ⟨Sch⟩ *seid artig, Kinder!* ‖ ◇ cumplir *od* llenar una ~ *e–e Formalität, Förmlichkeit erfüllen* ‖ **–es** *fpl* ~ de la aduana *Zollformalitäten* fpl ‖ ~ de boda *Hochzeitsbräuche* mpl ‖ las ~ necesarias *od* de rigor *od* de rúbrica *die notwendigen* od *üblichen Formalitäten* fpl ‖ *die amtlich vorgeschriebenen Formalitäten*

formalina *f* ⟨Chem⟩ *Formalin* n

forma|lismo *m Formalismus* m ‖ *(übertriebene) Förmlichkeit* ‖ *Umstandskrämerei* f ‖ **–lista** adj *m/f formalistisch* ‖ *streng auf die Form achtend* od *bedacht* ‖ ⟨fig⟩ *kleinlich* ‖ *umständlich* ‖ ~ *m/f Formalist(in* f) m ‖ *Formenmensch* m ‖ *Umstandskrämer* m ‖ **–lito** adj dim von **formal** ‖ ⟨fam⟩ *sehr artig (Kind)* ‖ **–lización** *f Formulierung, Ausfertigung* f ‖ *Formvollendung* f ‖ ~ por escrito ⟨Jur⟩ *Einhaltung* f *der Schriftform* ‖ **–lizar** [z/c] vt *ausfertigen, in die endgültige Form bringen* ‖ *gesetz-* od *vorschriftsmäßig erledigen* ‖ *förmlich errichten* ‖ ◇ ~ acusaciones *od* cargos ⟨Jur⟩ *Anklagen vorbringen* ‖ ~ por documento público *beurkunden* ‖ ~ un expediente *ein Aktenstück formell erledigen* ‖ ~ las relaciones *dem Liebesverhältnis ernste Form geben* ‖ ⟨fig⟩ s. *verloben* ‖ ~ una protesta *e–n Protest erheben* ‖

~se *ernst(haft) werden* ‖ *formell werden* ‖ *übelnehmen*

for|malmente adv *in gehöriger Form* ‖ *gewissenhaft, genau* ‖ *ernstlich, seriös* ‖ **–malote** adj ⟨fam⟩ *sehr seriös, redlich*

formante m *Formant, Formativ* m

formar vt *bilden, gestalten, formen* ‖ *zusammen|stellen, -setzen* ‖ *ausbilden, entwickeln, erziehen* ‖ *schulen* ‖ *veranstalten* ‖ *anordnen* ‖ *schmieden (Plan)* ‖ *aufbauen (Sammlung, Bibliothek)* ‖ *fassen (Beschluss)* ‖ *prägen (Wort)* ‖ *schließen (Bündnis)* ‖ *zusammenstellen bzw rangieren (Zug)* ‖ ⟨Mil⟩ *aufstellen, formieren* ‖ ◇ ~ *causa* ⟨Jur⟩ *e–e Klage anbringen, e–e Anklage erheben* ‖ ~ *pabellones* ⟨Mil⟩ *(die) Gewehre zusammensetzen* ‖ ~ *parte gehören* (de *zu*) ‖ *teilnehmen* (de, en *an* dat) ‖ ~ *el propósito de …* s. *vornehmen zu …* ‖ ~ *queja* s. *beschweren, s. beklagen* ‖ ~ *una sociedad e–e (Handels)Gesellschaft bilden* ‖ ~ (un) *tribunal e–n Gerichtshof bzw e–e Prüfungskommission zusammensetzen* ‖ ~ vi *erhaben sticken* ‖ *antreten, zu bestimmter Zeit erscheinen (in e–m Amt usw.)* ‖ ⟨Mil⟩ *antreten* ‖ *Aufstellung nehmen* ‖ ◇ ~ *en filas* ⟨Mil⟩ s. *in Reih und Glied stellen* ‖ ~ *en fila* Am s. *anstellen,* ⟨fam⟩ *Schlange stehen* ‖ ¡~! ⟨Mil⟩ *antreten!* ‖ ¡formen filas! ⟨Mil⟩ *angetreten!* ‖ ~ *por compañías* ⟨Mil⟩ *in Kompanien aufstellen* ‖ ¡~ *para el rancho!* ⟨Mil⟩ *Essenholer raus!* ‖ ~se *entstehen, s. bilden* ‖ *ausgebildet werden* ‖ s. *(aus)bilden* ‖ *wachsen, groß werden* ‖ *zusammentreten (ein Gerichtshof)* ‖ *errichtet werden, gegründet werden (Gesellschaft)* ‖ ◇ ~ *concepto* s. *e–n Begriff od e–e Vorstellung machen* (de *von*) ‖ ~ *una opinión* s. *e–e Meinung bilden* ‖ *urteilen* (de, sobre *über* acc) ‖ *no puede* Vd. ~ *idea de lo malo que es Sie machen* s. *k–n Begriff davon, wie schlecht er (es) ist*

forma|tear vt/i ⟨Inform⟩ *formatieren* ‖ **–teo** m *Formatier|en n, -ung* f

formativo adj *formativ, bildend* ‖ *Bildungs- Gestalt gebend* ‖ *Gestaltungs-*

formato m *Format* n ⟨& Inform⟩ ‖ ~ *de bolsillo Taschenformat* n ‖ ~ *de entrada* ⟨Inform⟩ *Eingabeformat* n ‖ ~ *de salida* ⟨Inform⟩ *Ausgabeformat* n

formi|cante adj *(m/f) wie e–e Ameise krabbelnd bzw laufend* ‖ *Ameisen-* ‖ ⟨fig⟩ *langsam* ‖ ⟨fig⟩ *schwerfällig* ‖ ⟨Med⟩ *flach und schnell (Puls)* ‖ **–cario** adj *Ameisen-* ‖ ~ *m Formikarium, künstliches Ameisennest* n *(zur Verhaltensbeobachtung)*

fórmico adj: *ácido* ~ ⟨Chem⟩ *Ameisensäure* f

formicular adj *(m/f)* ⟨Ins⟩ *auf die Ameisen bezüglich, Ameisen-*

formidable adj *(m/f) furchtbar, fürchterlich, schrecklich* ‖ *ungeheuer* ‖ ⟨fam⟩ *großartig, toll* ‖ ⟨fam⟩ *fantastisch*

formillón m *Hutbandformer* m *(Instrument)*

formol m ⟨Chem⟩ *Formalin* n

formón m *Stemm-, Schrot|eisen* n, *Beitel, Stechbeitel* m ‖ *Holzmeißel* m ‖ *Form* f *zum Abstechen der Hostien* ‖ ~ *de barrilete Stechbeitel* m ‖ ◇ *agujerear con el* ~ *stemmen*

Formosa f ⟨Geogr⟩ (hoy **Taiwan**) *Formosa* n (heute *Taiwan*)

¹**fórmula** f *Formel* f ‖ *Höflichkeitsformel* f ‖ *Form* f, *Abkommen* n, *Lösung* f ‖ ⟨fig⟩ *Muster* n ‖ ⟨Pharm⟩ *Rezept(formel* f) n ‖ ~ *de cortesía Höflichkeitsformel* f ‖ ~ *de despedida,* ~ *final Schlussformel* f *(im Brief)* ‖ ~ *mágica Zauberformel* f ‖ ~ *magistral* ⟨Pharm⟩ *erprobte Arzneiformel* f ‖ *erst anzufertigendes Arzneimittel* n *(nach ärztlicher Vorschrift)* ‖ ~ *de salutación Begrüßungsformel* f ‖ ◆ *por* ~ *der Form wegen* ‖

◇ *todo es pura* ~ *es ist reine Formsache, es ist alles bloße Form(alität)* ‖ *llenar una* ~ *ein Formblatt (Formular) ausfüllen*

²**fórmula** f ⟨Chem Math Med⟩ *Formel* f ‖ ~ *aditiva* ⟨Chem⟩ *Summenformel* f ‖ ~ *aproximada* ⟨Math⟩ *Näherungsformel* f ‖ ~ *bruta* ⟨Chem⟩ *Bruttoformel* f ‖ ~ *dental od dentaria* ⟨Med⟩ *Zahn-, Gebiss|formel* f ‖ ~ *empírica* ⟨Chem⟩ *Bruttoformel, empirische Formel* f ‖ ~ *estructural* ⟨Chem⟩ *Strukturformel* f ‖ ~ *de una lente* ⟨Opt⟩ *Linsenformel* f

formu|lación f *Formulierung* f ‖ ~ *de la propuesta* ⟨Jur⟩ *Antragstellung* f ‖ **–lar** vt ⟨Math Jur⟩ *formulieren, abfassen, aufsetzen* ‖ ⟨Math⟩ *auf e–e Formel bringen* ‖ *klar od bestimmt fassen* ‖ *in Worte fassen, zum Ausdruck bringen* ‖ *erheben (Einwand)* ‖ *stellen (Antrag)* ‖ *ärztlich vorschreiben* ‖ ◇ ~ *cargos* ⟨Jur⟩ *Klagen vorbringen, beschuldigen* ‖ ~ *las conclusiones definitivas* ⟨Jur⟩ *den Schlussvortrag halten* ‖ ~ *una denuncia e–e (gerichtliche) Anzeige machen* (por *wegen*) ‖ ~ *una oposición Einspruch einlegen* ‖ ~ *una reclamación e–e Reklamation vorbringen, e–e Beschwerde einlegen* ‖ ~ (una) *reserva e–n Vorbehalt machen* (a *gegen*) ‖ **–lario** adj *formell, förmlich* ‖ ~ *m Formular, Formblatt* n, *Vordruck* m ‖ *Formblattsammlung* f ‖ *Formelanhang m (e–s Buches)* ‖ ⟨Med⟩ *Arznei-, Rezept|buch* n ‖ ~ *continuo Endlosformular* n ‖ ~ *de contrato Kontrakt-, Vertrags|formular* n ‖ ~ *de inscripción Anmeldeformular* n ‖ ~ *de solicitud Antrags- od Gesuchs|formular* n ‖ ◇ *llenar un* ~ *ein Formblatt od Formular ausfüllen* ‖ **–lismo** m *Formen|wesen* n, ⟨fam⟩ *-kram* m ‖ **–lista** m/f →

formalista

forni|cación f *außerehelicher Geschlechtsverkehr, Ehebruch* m ‖ *Unzucht, Hurerei* f ‖ **–cador** adj *hurerisch, unzüchtig* ‖ ~ *m Hurer, Hurenbock* m ‖ **–car** [c/qu] vt/i *huren, Hurerei treiben* ‖ **–cario** adj/s *unzüchtig, geil* ‖ **–cio** m → **fornicación**

fornido adj *stark, stämmig, rüstig* ‖ *kräftig, handfest*

△ **fornir** vt *ver|bessern, -stärken*

fornitura f ⟨allg⟩ *Zubehör* n (& m) (bes. *Uhren- und Schneider|zubehör*) ‖ ⟨Mil⟩ *Leder- bzw Koppel|zeug* n

¹**foro** m *Forum* n ‖ ⟨Jur⟩ *Gerichtshof* m ‖ ⟨Jur⟩ *Gerichtssaal* m ‖ ⟨Jur⟩ *Rechtsverfahren* n ‖ ⟨Hist⟩ *Forum* n

²**foro** m ⟨Th⟩ *Hintergrund* m *(der Bühne)* ‖ (telón de) ~ *Kulissenvorhang* m ‖ ◆ *por tal* ~ *unter dieser Bedingung* ‖ *unter diesen Umständen* ‖ ~ *desaparecer por el* ~ ⟨fig⟩ *(ungesehen) verschwinden,* ⟨fam⟩ *verduften,* ⟨pop⟩ s. *dünne machen*

³**foro** m Ast Gal León *Erbpacht* f ‖ (Erb)Pachtzins m

△ ⁴**foro** m *Stadt* f

forofo m ⟨fam⟩ *Fan* m

forrado adj *gefüttert* (de *mit*) ‖ ⟨Tech⟩ *überzogen, gekleidet, ausgeschlagen* ‖ *umhüllt, be-, um|sponnen* ‖ ⟨figf⟩ *reich* ‖ ~ *de pergamino mit Pergamenteinband (Buch)* ‖ ~ *de piel pelzgefüttert* ‖ ~ *de hojalata mit (Weiß)Blecheinlage* ‖ ~ *m* ⟨Mal⟩ *D(o)ublieren* n *(der Leinwand)* ‖ ⟨Mar⟩ *Schalung* f

forra|dura f *Füttern* n ‖ **–je** m *Vieh-, Pferde|futter* n (bes. *Grünfutter*) ‖ Arg Chi Mex *Trockenfutter* n ‖ *Fütterung* f (bes. *der Pferde*) ‖ *Futtermahd* f ‖ ⟨figf⟩ *Gemengsel* n, *Mischmasch* m ‖ ~ *en verde Grünfutter* n ‖ **–jeador** m ⟨Mil⟩ *Futterknecht* m ‖ **–jear** vt *mähen, schneiden (Futterheu)* ‖ ⟨Mil⟩ *furagieren* ‖ **–jero** adj *Futter-*

forrar vt *(aus)füttern (Kleidungsstück)* (con,

de *mit)* ‖ *über-, be|ziehen, beschlagen* ‖ *(ein Buch) einschlagen* ‖ ⟨Mal⟩ *d(o)ublieren (Leinwand)* ‖ *um|flechten, -wickeln* ‖ ◇ ~ la cubierta *od* las tapas *den (Buch)Deckel beziehen* ‖ ~ de hierro *mit Eisen beschlagen (Kisten)* ‖ ~ de *(od* con, en*) papel mit Papier auslegen* ‖ *in Papier schlagen (Buch)* ‖ ~ de piel *mit Pelz füttern* ‖ ~**se:** ~ (de dinero) *Geld in Hülle und Fülle verdienen* ‖ ~ bien el estómago *(fig) tüchtig essen, dreinhauen*

¹**forro** *m (Unter)Futter* n *(bei Kleidung)* ‖ *innerer Überzug* m ‖ *Bezug* m ‖ *Hülle* f ‖ *Papierumschlag* m *(e–s Buches)* ‖ *weicher Bucheinband* m ‖ *Überziehen, Besetzen* n ‖ Arg ⟨pop⟩ *Präservativ* n ‖ ⟨Tech⟩ *Futter* n, *Ausfütterung, Verkleidung* f ‖ *Einlage* f ‖ *Belag* m ‖ *Beschlag* m ‖ *Verschalung* f ‖ ⟨Mar⟩ *Bodenbeschlag* m, *Beplankung* f ‖ *Außen- bzw Innen|haut* f *(des Schiffes)* ‖ ~ *amovible ausknöpfbares od herausnehmbares Futter* n ‖ ~ de ancla ⟨Mar⟩ *Ankerfütterung* f ‖ ~ de(l) freno ⟨Auto⟩ *Bremsbelag* m ‖ ~ de libros *Schutzumschlag* m ‖ ~ de pieles *Pelzfutter* n ‖ ~ de (media) seda (halb)seidenes *Futter* n ‖ ◆ ni por el ~ ⟨fam⟩ *nicht im Geringsten* ‖ *absolut nicht* ‖ ◇ ni por el ~ lo conoce ⟨figf⟩ *er (sie, es) hat k–e blasse Ahnung davon* ‖ pasarse algo por el ~ ⟨vulg⟩ *auf et. pfeifen* ‖ ~**s** mpl *Futterstoffe* mpl

²**forro** *m* Chi *Gewandtheit* f

forsitia *f* ⟨Bot⟩ *Forsythie* f, *Goldglöckchen* n (Forsythia suspensa)

fortacán *m* León *Fangdamm* m, *Abdämmung* f, *Wehr* n *(Mühle)*

forta|cho Arg Chi, **–chón** adj ⟨fam⟩ *stark, rüstig, handfest*

fortale|cedor adj *stärkend, kräftigend* ‖ **–cer** [-zc-] vt *stärken, kräftigen, Kraft verleihen* ‖ *ermutigen, aufmuntern* ‖ ⟨Mil⟩ *befestigen* ‖ ◇ ~ la confianza *das Vertrauen befestigen* ‖ ~**se** *s. kräftigen* ‖ *s. (be)stärken* ‖ *erstarken* ‖ **–cimiento** *m Stärkung, Kräftigung* f ‖ *Abhärtung* f ‖ *Erstarkung* f ‖ ⟨Mil⟩ *Befestigung* f

¹**fortaleza** *f Stärke, Kraft* f ‖ *Charakter-, Seelen|stärke* f ‖ *Mut* m ‖ *Ausdauer, Standhaftigkeit* f ‖ ⟨Mil⟩ *Festung* f ‖ ~ de ánimo *od* anímica *Seelen|größe, -stärke* f

²**fortaleza** *f* Chi *Gestank* m

³**fortaleza** *f* Chi *(Art) Klickerspiel* n

¹**forte** adv ⟨Mus⟩ *stark, forte* ‖ ~ *m Forte* n

²**¡forte!** int ⟨Mar⟩ *halt! stop!*

fortepiano *m* ⟨Mus⟩ *Klavier* n

fortezuelo *m* dim von **fuerte**

fortifi|cación *f* ⟨Mil⟩ *Befestigung* f ‖ *Festungsbau* m ‖ ⟨Mil⟩ *Festungswerk* n ‖ ⟨Mil⟩ *Verschanzung* f ‖ *Kriegsbaukunst* f ‖ ⟨Bgb⟩ → **entibación** ‖ (fig) *Befestigung, Verstärkung* f ‖ **–cante** adj/s *(m/f) kräftigend, stärkend* ‖ ~ *m* ⟨Med⟩ *Stärkungsmittel* n ‖ **–car** [c/qu] vt *kräftigen, stärken* ‖ *bestärken, Kraft verleihen* ‖ *verstärken* ‖ *abhärten* ‖ *spriten (Wein)* ‖ ⟨Mil⟩ *befestigen, ausbauen, verstärken (Gelände), verschanzen* (con *mit)* ‖ ~**se** ⟨Mil⟩ *s. verschanzen* ‖ *s. abhärten*

fortín *m* ⟨Mil⟩ *Schanze* f ‖ ⟨Mil⟩ *kleine Festung* f, *Bunker* m

fortísimo adj sup von **fuerte**

fortui|tamente adv *zufällig, durch Zufall* ‖ **–tez** [pl ~**ces**] *f Zufälligkeit* f ‖ **–to** adj *zufällig, unvermutet*

fortuna *f Glück* n, *Glückszufall* m ‖ *Zufall* m ‖ *Schicksal, Geschick, Los* n ‖ *Geld, Vermögen* n ‖ ⟨Mar⟩ *Sturm* m ‖ la ~ de las armas *das Kriegsglück* ‖ ~ personal *Privatvermögen* n ‖ ~ próspera *Glück* n ‖ ◆ con ~ *glücklich* ‖ de ~

Not- ‖ por ~ *glücklicherweise* ‖ *zufällig(erweise)* ‖ *vielleicht, etwa* ‖ mala ~ *Unglück, böses Schicksal, Pech* n ‖ ◇ acumular ~ *Vermögen sammeln* ‖ correr ~ ⟨Mar⟩ *e–n Sturm ausstehen* ‖ *reich werden* ‖ estar de ~ *Glück haben* ‖ hacer ~ *sein Glück machen* ‖ *berühmt, bekannt werden* ‖ *allgemein akzeptiert werden* ‖ probar (la) ~ *sein Glück versuchen*

Fortuna *f* ⟨Myth⟩ *Fortuna, Glücksgöttin* f

Fortuna|ta *f* np *Fortunata* f ‖ **–to** *m* np *Fortunatus* m

fortunón *m* ⟨fam⟩ *großes Glück* n ‖ *großes Vermögen* n ‖ ◇ cuesta un ~ ⟨fam⟩ *es kostet ein Heidengeld od Vermögen*

fortunyano adj *auf Mariano Fortuny (1838–1874) bezüglich*

fo|rúnculo *m* → **furúnculo** ‖ **–runculosis** *f* → **furunculosis**

forza|damente adv *mit Gewalt* ‖ *gezwungen* ‖ *erzwungenerweise* ‖ **–do** adj *erzwungen, unnatürlich* ‖ *gezwungen* ‖ *zwangs|läufig, -weise* ‖ *Zwangs-* ‖ → *auch* **forzoso** ‖ ◆ a marchas ~as *in Gewalt-, in Eil|märschen* ‖ ~ *m* ⟨allg⟩ *Sträfling* m ‖ *Zwangsarbeiter* m (& fig) ‖ **–dor** *m Vergewaltiger, Notzüchtiger, Notzuchtverbrecher* m ‖ ~ de bloqueo ⟨Mar⟩ *Blockadebrecher* m

forzal *m Kammrücken* m

forzamiento *m Nötigung* f, *Zwang* m ‖ *Vergewaltigung, Notzucht* f ‖ *(gewaltsamer) Durchbruch* m

forzar [-ue-, z/c] vt *(er)zwingen, forcieren* ‖ *(gewaltsam) ein|brechen, -dringen (in* acc) ‖ *nötigen* ‖ *(jdm) Gewalt antun* ‖ *vergewaltigen* ‖ *sprengen, erbrechen, aufbrechen (Tür, Schloss, Koffer)* ‖ *steigern, vorantreiben, in die Höhe treiben (Börse, Preis)* ‖ *über|anstrengen, -lasten* ‖ *übertreiben* ‖ ⟨Tech⟩ *über|beanspruchen, -lasten* ‖ *überwältigen* ‖ ⟨Mil⟩ *einnehmen, erobern (Festung)* ‖ ⟨Mar⟩ *(durch)brechen (Blockade)* ‖ ◇ ~ a alg. a … (inf) *od* a que … (subj) *jdn zwingen zu …* (dat *od* inf) ‖ ~ el cambio ⟨Com⟩ *den Kurs hinauftreiben* ‖ ~ un cordón de policía *e–e polizeiliche Absperrung durchbrechen* ‖ ~ el pago *die Zahlung erzwingen* ‖ ~ el paso ⟨Mil⟩ *durchbrechen, den Übergang erzwingen* ‖ ~ una puerta *e–e Tür sprengen* ‖ ~ la voz ⟨Mus⟩ *die Stimme überspannen* ‖ ~**se** s. *Zwang antun, s. zwingen*

forzo|samente adv *gezwungenermaßen, mit Gewalt* ‖ *notgedrungen, unumgänglich* ‖ *unumwunden* ‖ *unvermeidlich* ‖ *zwangs|läufig, -weise* ‖ **–sidad** *f Zwang* m ‖ *Unumgänglichkeit* f ‖ ~ de declarar ⟨Jur⟩ *Zeugniszwang* m ‖ **–so** adj *notwendig, un|vermeidlich, -umgänglich* ‖ *gezwungen* ‖ *notgedrungen* ‖ *Not-, Zwangs-* ‖ ◇ ser ~ *verbindlich sein*

forzu|damente adv *gewaltig, heftig* ‖ **–do** adj *stark und rüstig*

¹**fosa** *f Grabstätte* f ‖ *Grab* n, *Gruft* f ‖ *Schacht* m, *Grube* f ‖ ⟨Geol⟩ *Graben* m ‖ ⟨An⟩ *Grube, Höhle* f ‖ ~ axilar ⟨An⟩ *Achselhöhle* f ‖ ~ de colada ⟨Met⟩ *Gießgrube* f ‖ ~ común n *Gemeinschafts-, Massen|grab* n ‖ ~ lagrimal ⟨An⟩ *Tränenhöhle* f ‖ ~ marina *ozeanischer Graben* m ‖ ~ séptica *Absetz-, Klär|becken* n ‖ *Klärgrube* f ‖ ◇ cavar su (propia) ~ (fig) *sein eigenes Grab schaufeln* ‖ quien ~ cava, en ella caerá ⟨Spr⟩ *wer andern e–e Grube gräbt, fällt selbst hinein* ‖ tener un pie en la ~ (fig) *mit e–m Bein im Grab(e) stehen* ‖ ~**s** nasales ⟨An⟩ *Nasenhöhle* f

²**fosa** *f* Sal *Landgut* n *mit Obstbau*

fosado *m* ⟨Mil⟩ *Festungsgraben* m

fosar vt *mit e–m Graben umgeben*

fos|ca *f sehr leichter Nebel* m ‖ **–co** adj → **hosco** ‖ *dunkel*

fosero *m* Arg *Totengräber* m
fosfa|tar vt ⟨Chem⟩ *mit Phosphaten anreichern* ‖ *phosphatieren, mit Phosphat behandeln* ‖ **–to** *m* ⟨Chem⟩ *Phosphat* n ‖ ~ *de cal Kalziumphosphat* n ‖ **–turia** *f* ⟨Med⟩ *Phosphorharnen* n
fosfeno *m* ⟨Med⟩ *Phosphen* n
fosfito *m* ⟨Chem⟩ *Phosphit* n
fosfo|rado adj ⟨Chem⟩ *phosphorhaltig* ‖ **–rar** vt *mit Phosphor vermischen* ‖ **–recer** [-zc-] vi *phosphoreszieren*
fosfore|ra *f Streich-, Zünd\holzschachtel* f ‖ **–ro** *m Streich-, Zünd\holzverkäufer* m
fosforescen|cia *f*, **fosfóreo** *m Phosphoreszenz* f ‖ ⟨Mar⟩ *Meeresleuchten* n ‖ **–te** adj *phosphoreszierend*
fosfórico adj ⟨Med⟩ *Phosphor-*
fosfo|rismo *m* ⟨Med⟩ *Phosphorvergiftung* f ‖ **–rita** *f* ⟨Min⟩ *Phosphorit* m
fósforo *m* **(P)** ⟨Chem⟩ *Phosphor* m ‖ *Zünd-, Streich\holz* m ‖ ⟨Astr⟩ *Morgenstern* m ‖ Col *Zündhütchen* n *(e–r Feuerwaffe)* ‖ Arg *Grips* m ‖ Mex *Kaffee* m *mit Schnaps* ‖ ~ *blanco (rojo) weißer (roter) Phosphor* m
fosforoso adj ⟨Chem⟩ *phosphorig*
fosfu|rado adj ⟨Chem⟩ *phosphorhaltig* ‖ **–ro** *m Phosphid* n ‖ ~ *de hierro Eisenphosphid* n
fosgeno *m* ⟨Chem⟩ *Phosgen* n
fosia *f* ⟨Med⟩ → **fotismo**
fósil adj *(m/f)* ⟨Geol⟩ *versteinert, fossil* ‖ ⟨fig⟩ *vorsintflutlich, altmodisch, zopfig* ‖ ~ *m fossiler Körper* m, *Versteinerung* f, *Fossil* n ‖ ⟨fig⟩ *alter Schinken, alter Schmöker* m ‖ ⟨figf⟩ *rückständiger Mensch*, ⟨fam⟩ *Steinzeitmensch* m ‖ ⟨figf⟩ *alter Trottel* m ‖ ⟨figf⟩ *Fossil* n ‖ ~**es** mpl *Fossilien* npl
fosili|zación *f* ⟨Geol⟩ *Versteinerung, Fossilierung* f ‖ **–zarse** [z/c] vr *versteinern, fossilieren* ‖ ⟨figf⟩ *erstarren*
fosita *f* dim von **fosa**
¹foso *m Graben* m ‖ ⟨Mil⟩ *(Festungs)Graben* m, *Grube* f, *ausgegrabenes Loch* n ‖ ⟨Th⟩ *Versenkung* f ‖ ⟨Auto EB⟩ *Arbeits-, Besichtigungs\grube* f ‖ *Schmelzgrube* f *(Gießerei)* ‖ ⟨Sp⟩ *Sprunggrube* f ‖ ~ *antitanque* ⟨Mil⟩ *Panzerabwehrgraben* m ‖ ~ *de engrase* ⟨Auto⟩ *Abschmiergrube* f ‖ ~ *de lingoteras* ⟨Metal⟩ *Abstichsohle* f ‖ ~ *séptico Klärgrube* f, *Faul\behälter* m, *-becken* n ‖ ◇ *irse al* ~ ⟨Th pop⟩ *durchfallen (Theaterstück)*
△ **²foso** *m Westentasche* f
fostró *m* PR Ven (joc) *Getöse, Lärmen* n
fot *m* (ph) ⟨Opt⟩ *Phot* n
fotismo *m* ⟨Med⟩ *Photismus* m
¹foto *f* ⟨fam⟩ Kurzform für **fotografía** ‖ *Foto* n ‖ ~ *de llegada* ⟨Sp⟩ *Zielfoto* n
²foto *m* → **fot**
foto|activo adj *lichtempfindlich* ‖ **–bacteria** *f Leuchtbakterie, lichterzeugende Bakterie* f ‖ **–biología** *f Photobiologie* f ‖ **–calco** *m Lichtpause* f ‖ **–catálisis** *f* ⟨Chem⟩ *Photokatalyse* f ‖ **–célula** *f* ⟨El⟩ *Photozelle* f ‖ **–cincografía** *f Photozinkographie* f ‖ **–cinesis** *f* ⟨Biol⟩*Photokinese* f ‖ **–coagulación** *f* ⟨Med⟩ *Photokoagulation* f ‖ **–componedora** *f* ⟨Typ⟩ *Lichtsetzmaschine* f ‖ **–composición** *f* ⟨Typ⟩ *Foto-, Licht\satz* m ‖ **–conductividad** *f* ⟨El⟩ *Photoleitfähigkeit* f ‖ **–conductor** adj ⟨El⟩ *photoleitfähig* ‖ **–copia** *f Fotokopie, Ablichtung* f ‖ **–copiadora** *f Fotokopiergerät* n, ⟨fam⟩ *Fotokopierer* m ‖ **–copiar** vt *fotokopieren, ablichten* ‖ **–cromía** *f* ⟨Typ⟩ *Farb(en)druck* m, *Photochromie* f ‖ **–dermatosis** *f* ⟨Med⟩ *Photoderma\titis, -tose* f ‖ **–dinámico** adj *photodynamisch* ‖ **–diodo** *m* ⟨El⟩ *Photodiode* f ‖ **–electricidad** *f Photo-, Licht\elektrizität* f ‖ **–eléctrico** adj *photo-, licht\elektrisch* ‖ **–fija** *f*

⟨Film⟩ *Filmfoto* n ‖ **–finish** *m* ⟨Sp⟩ *Fotofinish* n ‖ **–fisiología** *f* ⟨Bot⟩ *Photophysiologie* f ‖ **–fobia** *f* ⟨Med⟩ *Photophobie* f, *Lichtscheu* f
fotófobo adj ⟨Med⟩ *photophob, lichtscheu*
fotofono *m Photophon* n, *Lichtsprecher* m
fotóforo *m Photophor* n, *Lämpchen* n *(im Mikroskop)* ‖ ⟨Zool⟩ *Photophor* n
foto|genia *f Fotogenität, Bildwirksamkeit* f (z. B. *e–s Gesichts*) ‖ **–génico** adj *fotogen, bildwirksam* ‖ ⟨Chem⟩ *vom Licht erzeugt*
fotógeno adj *lichterzeugend*
foto|geología *f Fotogeologie* f ‖ **–grabado** *m Helio-, Photo\gravüre* f
foto|grafía *f Fotografie, Lichtbildkunst* f ‖ *Lichtbild* n, *Aufnahme, Fotografie* f ‖ ~ *aérea Luft\bild* n, *-aufnahme* f ‖ ~ *de aficionado Liebhaber-, Amateur\aufnahme* f ‖ ~ *en blanco y negro Schwarzweißfotografie* f ‖ ~ *cinematográfica Filmaufnahme* f ‖ ~ *de od en colores Farbfotografie* f ‖ ~ *de desnudo Aktaufnahme* f ‖ ~ *de exterior Außenaufnahme* f ‖ ~ *instantánea Momentaufnahme* f, ⟨fam⟩ *Schnappschuss* m ‖ ~ *de interior Innenaufnahme* f ‖ ~ *submarina Unterwasseraufnahme* f ‖ ~ *trucada Trickfotografie* f ‖ ◇ *hacer od sacar od tomar fotografías fotografieren, (fotografisch) aufnehmen,* ⟨fam⟩ *knipsen* ‖ **–grafiar** [pres ~ío] vt *fotografieren* ‖ ⟨fig⟩ *naturgetreu schildern* ‖ ⟨fig⟩ *s. (et.) genauestens einprägen od vormerken bzw s. (an et.) haargenau erinnern* ‖ **–gráficamente** adv *fotografisch, auf fotografischem Weg* ‖ **–gráfico** adj *fotografisch, Foto-*
fotógrafo *m Fotograf, Lichtbildner* m ‖ ~ *aficionado*, ~ *amateur Liebhaber-, Amateur\fotograf* m ‖ ~ *de prensa Pressefotograf* m
fotogra|ma *m Photogramm* n ‖ ⟨Film⟩ *Einzelaufnahme* f, *Standfoto, Still* n ‖ ~**s** *por segundo* ⟨Film⟩ *Bilder* npl *pro Sekunde* ‖ **–metría** *f Luftbildmessung, Photogrammetrie* f ‖ *Bildauswertung* f
foto|lisis, fotólisis *f Zersetzung durch Lichtwirkung, Photolyse* f ‖ **–litografía** *f Fotolithographie* f ‖ **–litográfico** adj *fotolithographisch* ‖ **–luminescencia** *f Photolumineszenz* f ‖ **–mecánico** adj ⟨Typ⟩ *fotomechanisch* ‖ **–metría** *f Photometrie* f ‖ **–métrico** *photometrisch*
fotómetro *m Photometer* n ‖ ⟨Fot⟩ *Belichtungsmesser* m
foto|modelo *m/f Fotomodell* n ‖ **–montaje** *m Fotomontage* f ‖ **–murales** mpl *Wandfotografien* fpl
fotón *m* ⟨Phys⟩ *Photon* n
fotonovela *f Foto-, Bild\roman* m
fotopsia *f* ⟨Med Phys⟩ *Photopsie* f
foto|química *f Photochemie* f ‖ **–rreacción** *f* ⟨Chem⟩ *Photoreaktion* f ‖ **–rrealismo** *m* [Kunst] *Fotorealismus* m ‖ **–rrealista** m/f *Fotorealist(in* f) m ‖ **–rreceptor** *m* ⟨Biol⟩ *Lichtrezeptor* m ‖ **–rrelieve** *m Relieffotografie* f ‖ **–rreportaje** *m Bild-, Foto\reportage* f ‖ **–rrobot** *m Phantombild* n ‖ **–sensibilidad** *f Lichtempfindlichkeit* f ‖ **–sensible** adj *(m/f) lichtempfindlich*
fotosfera *f* ⟨Astr⟩ *Photosphäre* f
foto|síntesis *f* ⟨Chem Biol⟩ *Photosynthese* f ‖ **–taxia** *f* ⟨Biol⟩ *Phototaxis* f ‖ **–teca** *f Fotothek* f, *(Licht)Bild\archiv* n *bzw -sammlung* f ‖ **–telegrafía** *f* ⟨Tel⟩ *Bildtelegrafie* f ‖ **–telegrama** *m Bildtelegramm* n ‖ **–teodolito** *m* ⟨Top⟩ *Phototheodolit* m ‖ **–terapia** *f* ⟨Med⟩ *Photo-, Licht\therapie* f ‖ **–tipia** *f Phototypie* f ‖ **–tipografía** *f Lichtdruck(verfahren* n) m ‖ **–topografía** *f Photogrammetrie* f ‖ **–tropía** *f*

⟨Chem⟩ *Phototropie* f ‖ **–tropismo** *m* ⟨Biol⟩
Phototropismus m ‖ **–voltaica** *f* ⟨El⟩
Photovoltaik f
fotuto *m* Cu Ven *großes Muschelhorn* n *(zum
Rufen der Feldarbeiter)* ‖ SAm *Indianerflöte* f ‖
Cu ⟨pop⟩ *Autohupe* f
foul *m* ⟨Sp⟩ *Foul* m
fox *m* Kurzform für **foxterrier** ‖ Kurzform für
foxtrot
   foxterrier *m* [Hund] *Foxterrier* m
   foxtrot *m* *Foxtrott* m *(Tanz)*
foya *f* Ast *Kohlenschicht* f ‖ *Kohlengrube* f
foyer *m* ⟨Th⟩ *Foyer* n, *Vorhalle* f
¹foz [*pl* ~**ces**] *f* *Sichel* f
²foz [*pl* ~**ces**] *f* *Engpass* m, *Bergenge* f
fozar [z/c] vt ⟨reg⟩ → **hozar**
Fr ⟨Abk⟩ = **francio**
Fr. ⟨Abk⟩ = **fray**
fr. ⟨Abk⟩ = **francés** ‖ **frasco** ‖ **favor**
fra. ⟨Abk⟩ = **¹factura**
frac *m* *Frack* m
fraca|sado *m*/adj ⟨fig⟩ *gescheitert(e Existenz* f)
(Person) ‖ **–sar** vi ⟨allg⟩ *scheitern, zerschellen (&*
Mar) ‖ ⟨fig⟩ *misslingen, fehlschlagen,
missglücken, ein Fiasko erleben* ‖ ⟨Th⟩
durchfallen (Theaterstück) ‖ ◇ ~ *con algo et. in
den Sand setzen, mit et. Pech haben* ‖ ~ *en el
examen in der Prüfung durchfallen* ‖ *Fiasko* n,
Fehlschlag, Flop m ‖ *Misserfolg* m, *Miss|lingen,
-glücken* n ‖ *Scheitern* n ‖ ⟨fig⟩ *Desaster* n ‖ ⟨fig⟩
Schlappe f ‖ ~ *electoral Wahlschlappe* f ‖ ◇
sufrir un ~ *e–e Schlappe erleiden* ‖ ⟨Th⟩
durchfallen
   △ **fracasó** *m* *Schwein* n
fracatán *m* Dom Pr *Unmenge* f *(Menschen,
Dinge)*
fracción *f* *Brechen, Teilen* n (z. B. *Brot*) ‖
Bruch|stück n, *-teil* m ‖ *Bruchfläche* f ‖ ⟨Math⟩
Bruch m, *Bruchzahl* f ‖ *Scherbe* f ‖
Partei(gliederung) f ‖ ⟨Chem Pol⟩ *Fraktion* f ‖
⟨Chem⟩ *Fraktion* f ‖ ⟨fig⟩ *Gruppe* f ‖ ~ *común
gemeiner Bruch* m ‖ ~ *continua Kettenbruch* m ‖
~ *decimal Dezimalbruch* m ‖ ~ *doble
Doppelbruch* m ‖ ~ *impropia unechter Bruch* m ‖
~ *mixta gemischter Bruch* m ‖ ~ *propia,* ~ *pura
echter Bruch* m ‖ ◇ *convertir od reducir una* ~
e–n Bruch kürzen
fraccio|nable adj *(m/f)* *brüchig, bruchfähig* ‖
–namiento *m* *Zerlegung, Auf-, Zer|splitterung* f ‖
Einteilung f ‖ ⟨Chem⟩ *Fraktionieren* n ‖ ⟨Mil⟩
Gliederung f ‖ *(Partei)Gliederung, Spaltung* f ‖
Mex *Parzelle* f *(Bauland)* ‖ **–nar** vt ⟨Math⟩ *in
Brüche zerlegen* ‖ *in kleine Stücke zerbrechen* ‖
aufsplittern ‖ *zerstückeln* ‖ *(in Parteien) teilen* ‖
⟨Chem⟩ *fraktionieren* ‖ ⟨Mil⟩ *gliedern* ‖ ◇ *precio
–nado nicht abgerundeter Preis* ‖ **–nario** adj
⟨Math⟩ *gebrochen (Zahl), Bruch-*
   fractual adj *(m/f)* ⟨Math Phys⟩ *fraktal*
fractu|ra *f* *(Auf-, Zer)Brechen* n ‖ ⟨Med⟩
(Knochen)Bruch m, *Fraktur* f ‖ ⟨Min⟩
Bruch(fläche f) m ‖ ~ *por arma de fuego
Schussbruch* m ‖ ~ *conminuta Splitterbruch* m ‖
~ *de costilla Rippenbruch* m ‖ ~ *del cráneo
Schädelbruch* m ‖ ~ *del cuello del fémur
(Ober)Schenkelhalsbruch* m ‖ ~ *directa direkte
Fraktur* f ‖ ~ *indirecta indirekte Fraktur* f ‖ ~
longitudinal Längenbruch m ‖ ~ *transversa
Querbruch* m ‖ **–rar** vt *brechen, zerbrechen* ‖
auf-, er|brechen (Tür, Koffer) ‖ ⟨pop⟩ *knacken
(Tresor)* ‖ ◇ ~*(se) un hueso s. e–n Knochen
brechen*
frada *f* Ast Sant *völliges Beschneiden* n *der
Bäume*
¹fraga *f* *mit Gestrüpp bewachsenes, felsiges
Gelände* n ‖ *Abfallholz* n

²fraga *f* ⟨reg⟩ *Himbeerpflanze* f (→
frambuesa) ‖ Ar *Erdbeere* f (→ **¹fresa**)
fragan|cia *f* *Wohlgeruch, Duft* m ‖ **–te** adj
(m/f) *wohlriechend* ‖ *glänzend, funkelnd* ‖ ◇
coger en ~ *od* *in fraganti auf frischer Tat
ertappen* (→ **flagrante**)
fragaria *f* ⟨reg⟩ *Erdbeerpflanze* f ‖ *Erdbeere* f
(→ **¹fresa**)
¹fragata *f* ⟨Mar⟩ *Fregatte* f ‖ ⟨Mar⟩ *Schulschiff*
n ‖ ~ *ligera Korvette* f
²fragata *f* ⟨V⟩ *Fregattvogel* m (Fragata
magnificens)
frágil adj *(m/f)* *zerbrechlich, spröde* ‖ ⟨fig⟩
gebrechlich, hinfällig ‖ ⟨fig⟩ *vergänglich* ‖ ⟨fig⟩
sündhaft, schwach ‖ ⟨fig⟩ *zart, dünn* ‖ ¡~! *nicht
stürzen! (Aufschrift auf Kisten)*
fragilidad *f* *Zerbrechlichkeit* f ‖ *Sprödigkeit* f ‖
⟨fig⟩ *Hinfälligkeit, Vergänglichkeit* f ‖ ⟨fig⟩
Zartheit f ‖ ⟨fig⟩ *(weibliche) Schwäche* f ‖ ~
humana menschliche Schwäche f
fragma *f* ⟨Bot Ins⟩ *Querwand* f
fragmen|tado adj *in Stücke geteilt* ‖ **–tación** *f*
Abbröckeln n ‖ *Zerkleinerung* f ‖ *Zer-, Ver|fall* m
‖ ⟨Biol⟩ *(direkte) Zellteilung, Fragmentation* f ‖ ~
del núcleo, ~ *nuclear* ⟨Biol⟩ *Kernteilung* f *(der
Zelle)* ‖ **–tario** adj *aus Bruchstücken
zusammengesetzt, frágmentarisch* ‖ *trümmerhaft* ‖
Trümmer- ‖ ⟨fig⟩ *unterbrochen (Schluss)* ‖ **–to** *m*
Bruchstück n, *Splitter* m ‖ *Teil* m ‖ *Fetzen* m
(Papier) ‖ ⟨Lit⟩ *Fragment, Bruchstück* n ‖
(Knochen)Splitter m ‖ ♦ *en* ~s *bruchstückweise* ‖
–toso adj Am → **–tario**
fragmobasi|dio *m* ⟨Bot⟩ *Phragmobasidium* n ‖
–diomiceto *m* ⟨Bot⟩ *Phragmobasidiomyzet* m
fra|gor *m* *Geprassel, Prasseln, Klirren,
Krachen* n ‖ *Ge|töse, -polter* n ‖ *Brausen* n ‖ ~ *de
las armas Waffengeklirr(e)* n ‖ ♦ *en el* ~ *del
combate* ⟨fig⟩ *im Eifer od in der Hitze des
Gefechts* ‖ **–goroso** adj *krachend, prasselnd,
klirrend* ‖ *dröhnend*
frago|sidad *f* *Unwegsamkeit* f *e–r Gegend* ‖
Weg m *durch Schluchten und Dornen* ‖ **–so** adj
unwegsam, holp(e)rig ‖ *rau* ‖ → **fragoroso**
fragrante adj → **fragante**
fra|gua *f* *Schmiede* f ‖ *(Schmiede)Esse* f ‖ ~ *de
mentiras* ⟨fig⟩ *Lügenfabrik* f ‖ ~ *fija
Schmiedeherd* m ‖ ~ *portátil Feldschmiede* f ‖ ◇
volver a la ~ ⟨fig⟩ *(ein Werk) umarbeiten* ‖
–guado *m* ⟨Tech⟩ *Abbinden* n *(& Kunststoffe)* ‖
Er|härten, -starren n *(des Zements)* ‖ **–guador** *m*
⟨fig⟩ *Anstifter* m ‖ ⟨fig⟩ *Ränkeschmied* m ‖ ~ *de
embustes Lügenschmied* m
fraguar [gu/gü] vt *schmieden (& fig)* ‖ ⟨fig⟩
ausdenken, ersinnen ‖ ⟨fig⟩ *an|zetteln, -stiften* ‖
(figf) ausbrüten ‖ ~ vi *abbinden (Kitt, Kalk)* ‖
härten (Kunststoff)
fragüín *m* Extr *Sturzbach* m
fragura *f* → **fragosidad**
frai|lada *f* ⟨fam⟩ *Mönchsdummheit* f, ⟨fam⟩
Pfaffenstück n ‖ *alberne, grobe Handlung* f ‖
–lazo m augm von **¹fraile**
¹fraile *m* *(Ordens)Mönch* m ‖ ~ *descalzo
Barfüßermönch* m ‖ ~ *mendicante Bettelmönch* m
‖ ~ *de misa y olla unstudierter, einfältiger
Priester* m ‖ ♦ *a lo* ~ ⟨figf⟩ *un|geniert,
-gezwungen* ‖ ◇ *meterse* ~ *Mönch werden* ‖ ~
que pide por Dios, pide por od para dos ⟨Spr⟩
Wohltaten belohnt Gott selbst ‖ *wer für jdn et.
verlangt, tut es nicht umsonst*
²fraile *m* **a)** *Falte* f *(am Kleid)* ‖ **b)**
Wandeinschnitt m *(an e–m Kaminherd)*
³fraile *m* ⟨Typ⟩ *Walzenstreifen* m
⁴fraile *m* And *Haufe(n)* m *Drusch*
frailear vt And *(Bäume) stutzen*
¹frailecillo *m* dim von **¹fraile**

²**frailecillo** *m* ⟨V⟩ *Dompfaff, Gimpel* m
(Pyrrhula pyrrhula) ‖ *Papageitaucher* m
(Fratercula arctica) ‖ *Kiebitz* m (Vanellus
vanellus)
¹**frailecito** *m* dim von ¹**fraile**
²**frailecito** *m* Cu PR ⟨V⟩ *Schreiregenpfeifer* m
(Charadrius vociferans) ‖ ⟨Zool⟩
Totenkopfäffchen, Saimiri n (Saimiri sciureus)
fraileño adj *mönchisch, Mönchs-*
fraile|ría *f* ⟨fam⟩ *Mönch(s)tum* n, *Mönchsstand*
m ‖ *Mönche* mpl ‖ **–ro** adj/s ⟨fam⟩ *mönchisch*
(gesinnt), Mönchs-
frailesco adj *mönchisch, Mönchs-*
frailezuelo *m* dim von ¹**fraile**
frailía *f Ordensgeistlichkeit* f
frai|lón, –lote *m* ⟨desp⟩ *ungeschlachter, grober*
Mönch m ‖ **–luco** *m* ⟨iron⟩ *elender Mönch* m ‖
–luno adj ⟨desp⟩ *pfäffisch*
frambue|sa *f Himbeere* f ‖ **–so** *m* ⟨Bot⟩
Himbeer|strauch m, *-e* f (Rubus idaeus)
francachela *f* ⟨fam⟩ *Schwelgerei, Schlemmerei*
f, *Saufgelage* n ‖ ◇ *estar de* ~ ⟨fam⟩ *schwelgen,*
bummeln, feiern, ⟨fam⟩ *e–n draufmachen*
francalete *m Riemen* m *mit Schnalle*
francamente adv *frei(heraus), offen* ‖
aufrichtig ‖ ◆ *en términos* ~ *cordiales mit sehr*
herzlichen Worten ‖ ◇ *debo declarar* ~ *ich muss*
unumwunden erklären ‖ *hablando* ~ *offen*
gestanden, offen gesagt
francés adj *französisch* ‖ ◆ *a la* ~*a auf*
französische Art ‖ ◇ *despedirse a la* ~*a* ⟨fam⟩ *s.*
(auf) französisch empfehlen; fortgehen, ohne
Abschied zu nehmen ‖ ~ *m Franzose* m ‖ *el* ~
die französische Sprache f, *das Französische* ‖ *el*
~ ⟨fam⟩ *Napoleon* m
france|sa *f Französin* f ‖ **–sada** *f*
Franzosenstreich m ‖ *französische Invasion* f
Spaniens unter Napoleon I. ‖ ⟨desp⟩ *(et.)*
Französisches n (z. B. *Sitte, Mode, Redensart*)
¹**francesilla** *f* ⟨Bot⟩ *Ranunkel* f, *Asiatischer*
Hahnenfuß m (Ranunculus asiaticus) ‖
Pflaume(nart) f *aus Tours*
²**francesilla** *f längliches Brötchen* n
³**francesilla** *f* ⟨Text⟩ *schmal gestreifte*
Leinwand f
francesismo *m Gallizismus* m, *französische*
Spracheigentümlichkeit f
Franc|fort *m* [Stadt]: ~ *del Meno Frankfurt*
am Main ‖ ~ *del Oder Frankfurt an der Oder* ‖
⁼**fortés** *m/*adj *Frankfurter* m
franchipán *m* Am ⟨Art⟩ *Pomade* f
fran|chón adj ⟨fam⟩ *franzosenfreundlich* ‖
⟨fam⟩ *französisch* ‖ **–chote, –chute** *m* ⟨desp⟩
Franzmann m *(Spottname für den Franzosen)*
Francia *f* ⟨Geogr⟩ *Frankreich* n ‖ ◇ ¿*estamos*
aquí en ~? ⟨fam⟩ *was reden Sie da?, das können*
Sie e–m anderen weismachen!
francio *m* ⟨Fr⟩ ⟨Chem⟩ *Francium* n
Francis|ca (dim **–quita**) *f* np *Franziska* f ‖
⁼**cano** adj/s ⟨Rel⟩ *den Franziskanerorden*
betreffend, franziskanisch ‖ *franziskanerbraun* ‖ ~
m Franziskaner m ‖ ⁼**co** adj ⟨Rel⟩ *zum*
Franziskanerorden gehörig ‖ **–co** (dim **–quito**) *m*
np *Franz(iskus)* m ‖ *San* ~ ⟨Geogr⟩ *San*
Francisco ‖ *San* ~ *de Asís der hl. Franz(iskus)*
von Assisi m ‖ *San* ~ *de Borja der hl. Franz von*
Borgia m ‖ *San* ~ *Javier der hl. Franz Xaver* m
francma|són *m Freimaurer* m ‖ **–sonería** *f*
Freimaurer|ei f, *-tum* n ‖ **–sónico** adj
freimaurerisch
¹**franco** adj *fränkisch, auf die Franken*
bezüglich ‖ ~ *m Franke* m
²**franco** adj *französisch (in*
Zusammensetzungen, z. B. ~*-hispano)*
³**franco** adj *frei, ungehindert* ‖ *unentgeltlich* ‖

abgabenfrei ‖ ⟨Hist⟩ *freiherrlich* ‖ ~ **Condado** *m*
(die) Franche Comté, (die) Freigrafschaft
Hochburgund ‖ (~) *ex almacén ab Lager* ‖ ~ *a*
bordo frei an Bord ‖ ~ *al costado del buque frei*
Längsseite Schiff ‖ ~ (a) *domicilio frei Haus* ‖ ~
estación (frei ab Bahn) ‖ ~ *muelle frei ab Kai* ‖
~ (de) *porte postfrei, frachtfrei* ‖ ~ *transportista*
frei Frachtführer ‖ ~ *sobre vagón frei Waggon* ‖
◇ *estar* ~ *s. leicht und frei bewegen*
⁴**franco** adj *offenherzig, aufrichtig* ‖ *freimütig* ‖
freigebig, großmütig ‖ ~ *a (con para, para con)*
alg. offenherzig gegenüber jdm ‖ ◇ *de carácter*
von offenem Wesen od *Charakter* ‖ ◇ *seré* ~ *ich*
werde ganz aufrichtig sprechen, offen gestanden
od *gesagt*
⁵**franco** *m* [Währungseinheit]: ~ *suizo*
Schweizer Franken m (sfr) ‖ [Währungseinheit in*
mehreren afrikanischen Ländern] Franc m (F)
⁶**franco** *m* ⟨fam⟩ *Poststempel* m bzw
Briefmarke f
francoalemán adj *deutsch-französisch*
francocuartel *m* ⟨Her⟩ *Freiviertel, Obereck* n
francofilia *f Frankophilie* f, *Vorliebe* f *für*
französisches Wesen
fran|cófilo adj *frankophil, franzosenfreundlich*
‖ **–cofobia** *f Frankophobie,*
Franzosenfeindlichkeit f ‖ **–cófobo** adj
frankophob, franzosenfeindlich ‖ **–cofonía** *f*
Frankophonie f ‖ **–cófono** adj *frankophon*
francolín *m* ⟨V⟩ *Frankolin* m ‖ ~ *de collar*
Halsbandfrankolin m (→ **grévol**)
Franconia *f* ⟨Geogr⟩ *Franken* n ‖ *Alta* ~
Oberfranken n ‖ *Baja* ~ *Unterfranken* n ‖ *la*
Selva od los Montes de ~ *der Frankenwald*
francote adj ⟨fam⟩ *sehr offenherzig, freimütig*
francotirador *m* ⟨Mil⟩ *Freischärler,*
Franktireur m ‖ *Heckenschütze* m
¹**franela** *f Flanell* m ‖ ⟨Taur⟩ *rotes Tuch* n *(des*
Stierkämpfers) ‖ Cu PR Ven *(Herren)Unterhemd* n
²**frane|la** *f* Arg ⟨Med⟩ *Frottage* f,
Friktionismus m ‖ **–lear** vi *die Frottage*
praktizieren
frangible adj *(m/f) zerbrechlich*
frango|llar vt *(Getreidekörner) zermalmen* ‖
⟨figf⟩ *ver|pfuschen,* ⟨fam⟩ *-korksen* ‖ **–llo** *m*
gekochter Weizenschrot m ‖ *Viehfutter* n *aus*
Schrot und Gemüse ‖ ⟨fam⟩ *liebloss*
zusammengekochtes Essen n, ⟨pop⟩
(Schlangen)Fraß m ‖ And Am ⟨fig⟩ *Machwerk* n,
Murks m ‖ Arg *e–e Art Gericht* n *aus*
feingemahlenem Mais m ‖ Chi *Mais-,*
Weizen|schrot m ‖ Cu PR *Süßgericht* n *aus*
zerriebenen Bananen ‖ **–llón** *m* And Am *Pfuscher,*
Kleckser m ‖ *Umstandskrämer* m
franhueso *m* Ast ⟨V⟩ → **quebrantahuesos**
fran|ja *f Franse* f, *Saum* m ‖ *Streifen* m, *Linie*
f ‖ ⟨Arch⟩ *Leiste* f ‖ ~ *de color* ⟨TV⟩ *Farbsaum*
m ‖ ~ *costera Küstenstreifen* m ‖ ~ *de Gaza*
⟨Geogr⟩ *Gazastreifen* m ‖ ~ *de tierra Landstreifen*
m ‖ ~*s sinoviales* fpl ⟨An⟩ *Synovialhäute* fpl ‖
–jar, –jear vt *mit Fransen besetzen* ‖ **–jeado** adj
ge|franst, -säumt, mit Fransen besetzt ‖ **–jón** *m*
augm von **franja** ‖ **–juela** *f* dim von **franja**
franqueable adj *(m/f) passierbar* ‖ *zugänglich*
fran|queado adj *frankiert* ‖ **–queadora** *f*
Frankiermaschine f, *Freistempler* m ‖
–queamiento *m* → **–queo**
¹**franquear** vt *freimachen, frankieren (Brief)* ‖
freistempeln (auf der Frankiermaschine) ‖ ~ *en*
destino Porto n *zahlt Empfänger* ‖ ◆ *sin* ~
unfrankiert
²**franquear** vt *losmachen, freimachen* ‖
freigeben bzw *erzwingen* ‖ *über|queren, -schreiten*
‖ *überspringen* ‖ *nehmen (Hindernis)* ‖ *passieren* ‖
befreien (von Hindernissen) ‖ *befreien,*

ausnehmen (de *von*) ‖ *freilassen (Sklaven)* ‖ *bewilligen, gewähren* ‖ *öffnen, offenlassen* ‖ ◇ ~ la puerta, ~ la entrada *in ein Haus ein|dringen, -treten* ‖ ~ el paso a alg. *jdm den Weg freigeben* ‖ *den Durchgang erzwingen* ‖ ~se ⟨Mar⟩ *absegeln* ‖ *s. freimütig auslassen* ‖ ◇ ~ con *od* para con un amigo *e–m Freund sein Herz ausschütten*

franqueo *m Freimachen, Frankieren* n, *Frankatur* f *(von Postsendungen)* ‖ *Postgebühren* fpl, *Porto* n ‖ *Freilassung* f *(e–s Sklaven)* ‖ ~ adicional *Nachporto* ‖ ~ insuficiente *ungenügende Freimachung* f ‖ ~ obligatorio *Porto|zwang* m, *-pflicht* f ‖ ~ suplementario *Zuschlagporto* n ‖ exento de ~ *portofrei* ‖ sometido *od* sujeto a ~ *portopflichtig*

franqueza f *(Abgaben)Freiheit* f ‖ *Befreiung* f *(von Leistungen)* ‖ ⟨fig⟩ *Großmut, Freigebigkeit* f ‖ ⟨fig⟩ *Offen|heit, -herzigkeit, Freimütigkeit* f ‖ ◆ con ~ *freimütig, offen(herzig)* ‖ con toda ~ *ohne Hehl, unumwunden* ‖ *Hand aufs Herz!* ‖ dicho *od* hablando con ~ *offen gestanden, offen gesagt*

fran|quía f ⟨Mar⟩ *Seebereitschaft* f, *seeklarer Zustand* m ‖ ◇ estar en ~ ⟨Mar⟩ *seeklar od bereit sein* ‖ ⟨fig⟩ *frei sein*

¹franquicia f *Abgaben-, Zoll|freiheit* f ‖ *Vorrecht* n ‖ *freie Hand* f ‖ ~ aduanera *Zollfreiheit* f ‖ ~ de equipaje *Freigepäck* n ‖ ~ impositiva, ~ de impuestos *Steuerfreiheit* f ‖ ~ postal *Porto-, Post|freiheit* f ‖ ◇ en ~ *zollfrei* ‖ ◇ conceder ~ a u/c *et. zollfrei zulassen* ‖ disfrutar *od* gozar de ~ aduanera *Zollfreiheit genießen*

²franqui|cia ⟨Com⟩ f *Franchis|e, -ing* n ‖ **–ciado** m *Franchisee, Franchisenehmer* m ‖ **–ciador** m *Franchisor, Franchisegeber* m ‖

franquista adj *(m/f)* ⟨Hist Pol⟩ *frankistisch, Franco-* ‖ ~ *m/f Anhänger(in* f) m *von Franco*

frañer vt Ast *zerbrechen*

fraque m → **frac**

frasca f *Reisig, dürres Laub* n ‖ Mex *Lärm* m

frasco m *Flasche* f ‖ *Riechfläschchen, Flakon* n ‖ *Pulverhorn* n ‖ Cu *Flüssigkeitsmaß (2,44l)* ‖ Arg *Flüssigkeitsmaß (2,37 l)* ‖ ~ cuentagotas ⟨Pharm⟩ *Tropf|glas* n, *-flasche* f ‖ ~ dosificador *Dosier|flasche* f, *-flakon* m ‖ ~ nebulizador *Sprühflasche* f, *Spray* m (& n) ‖ ~ de tinta *Tintenflasche* f

Fras|co m ⟨fam⟩ → **Francisco** ‖ **–cuelo** m dim von **Frasco** ‖ *Frascuelo* m *(berühmter span. Stierkämpfer)*

frase f *Phrase, Redensart* f ‖ *Satz(teil)* m ‖ *berühmter Ausspruch* m ‖ *geflügeltes Wort* n ‖ *Ausdruck* m, *Wendung* f ‖ ~ de cajón *geflügeltes Wort* n ‖ *obligate Redensart* f ‖ ~ hecha *(Rede)Wendung, allgemeine Redensart* f ‖ *Schlagwort* n ‖ ~ musical ⟨Mus⟩ *musikalische Phrase* f ‖ ~ proverbial *Sprichwort* n ‖ ~ sacramental *Sakramentsformel* f ‖ ⟨fig⟩ *(Gerichts)Formel* f ‖ ◇ gastar ~s ⟨fam⟩ *viel Worte verlieren* ‖ ¡eso son sólo ~s! *das ist (nur) leeres Gerede! das ist Phrasendrescherei! das sind nur Worthülsen!*

frasear vt *in Sätze teilen* bzw *Sätze bilden* ‖ ⟨desp⟩ *Phrasen od Sprüche machen* ‖ ⟨Mus⟩ *phrasieren*

fraseo|logía f *Phraseologie, Ausdrucksweise* f ‖ ⟨fig⟩ *Wortschwall* m ‖ ⟨desp⟩ *Phrasendrescherei* f ‖ **–lógico** adj *phraseologisch*

frasista m/f ⟨fam⟩ *Phrasen|drechsler(in* f), *-drescher(in* f), *-macher(in* f) m

fras|quera f *Flaschenkiste* f ‖ *Flaschentragkorb* m ‖ **–quería** f *Flaschenartikel* mpl

¹frasqueta f dim von **frasco**

²frasqueta f ⟨Typ⟩ *Papierrahmen* m *(der Handpresse)*

frasquitero m Ven ⟨fam⟩ *Lügner, Schwindler* m ‖ *Betrüger* m

Frasquito m ⟨fam⟩ → **Francisco**

frastero adj ⟨pop⟩ Mex Chi *fremd, auswärtig, nicht heimisch* (→ **forastero**)

fra|tás m ⟨Arch⟩ *Reibebrett* n *(zum Verputzen)* ‖ **–tasado** m *Reiben* n *(des Verputzes)* ‖ **–tasar** vt *reiben (Verputz)*

fraterna f *strenger Verweis, Wischer* m, ⟨fam⟩ *Nase* f ‖ Ven PR ⟨fam⟩ *Katzenmusik* f ‖ PR *allzu anstrengende Arbeit* f

frater|nal adj *(m/f) brüderlich, Bruder-* bzw *schwesterlich, Schwester-* ‖ *geschwisterlich* ‖ *unter vier Augen (Verweis)* ‖ **–nidad** f *Brüderlichkeit, Verbrüderung* f ‖ *Bruder-* bzw *Schwester|liebe* f ‖ *Bund* m ‖ ⟨fig⟩ *Verbindung* f ‖ **–nización** f *Verbrüderung* f ‖ ⟨Pol⟩ *Fraternisation* f ‖ **–nizar** [z/c] vi *s. verbrüdern, Bruderschaft schließen* (con alg. *mit jdm*) ‖ *sympathisieren, mitempfinden* (con *mit*) ‖ *Schmollis trinken (Studenten)* ‖ ⟨Pol⟩ *fraternisieren* ‖ **–no** adj *brüder-* bzw *schwester|lich* ‖ *Bruder-* bzw *Schwester-* ‖ *Geschwister-* ‖ *unter vier Augen (erfolgt) (Verweis)*

fratría f *Blutgemeinschaft* f (& Hist) ‖ ⟨fig⟩ *Bruderschaft* f, *enger Bund* m

fratrici|da adj *(m/f) brüder-* bzw *schwester|mörderisch* ‖ ~ *m/f Bruder-* bzw *Schwester|mörder(in* f) m ‖ **–dio** m *Bruder-* bzw *Schwester|mord* m

fraude m *Betrug* m ‖ *Unterschleif* m ‖ *Hinterlist* f ‖ *arglistige Täuschung* f ‖ *(Steuer)Hinterziehung* f ‖ ~ electoral *Wahl|betrug* m, *-fälschung* f ‖ ~ de etiqueta *Etikettenschwindel* m ‖ ~ fiscal *Steuer|betrug* m, *-hinterziehung* f ‖ ◇ cometer un ~ *e–n Betrug begehen*

fraudulen|cia f → **fraude** ‖ **–to** adj *betrügerisch, hinterlistig* ‖ *Schwindel-*

fräulein f *(deutsches) Kindermädchen* n ‖ *(deutsche) Erzieherin, (deutsche) Hauslehrerin* f

fray m *Bruder* m *(Mönchstitel)* ‖ → auch **frey**

frazada f *wollene Bettdecke* f

freático adj *phreatisch*

frecuen|cia f *öftere Wiederholung, Häufigkeit* f ‖ *Menge, Vielfalt* f ‖ ⟨StV⟩ *Verkehrs|dichte* f ‖ ⟨Phys El Tech⟩ *Frequenz* f ‖ ⟨El⟩ *Frequenzzahl* f ‖ ~ acústica *Ton-, Audio|frequenz* f ‖ alta ~ *Hochfrequenz* f ‖ ~ audible *(Physiol) Hörfrequenz* f ‖ baja ~ *Niederfrequenz* f ‖ ~ de cuadro ⟨TV⟩ *Teilbildfrequenz* f ‖ ~ de exploración ⟨TV⟩ *Abtastfrequenz* f ‖ ~ fundamental ⟨Radio⟩ *Grundfrequenz* f ‖ ~ de imagen ⟨TV⟩ *(Voll)Bildfrequenz* f ‖ ~ modulada *Modulationsfrequenz* f ‖ *Ultrakurzwelle* f *(UKW)* ‖ ~ de onda *Wellenfrequenz* f ‖ ~ portadora ⟨El⟩ *Trägerfrequenz* f ‖ ~ de pulsación ⟨Radio⟩ *Schwebungsfrequenz* f ‖ ⟨Med⟩ → del pulso ‖ ~ del pulso ⟨Med⟩ *Pulsfrequenz* f ‖ ~ respiratoria ⟨Physiol⟩ *Atemfrequenz* f ‖ ~ de socorro marítimo ⟨Radio⟩ *Seenotfrequenz* f ‖ ~ del transmisor ⟨Radio⟩ *Senderfrequenz* f ‖ ~ ultraelevada *Ultrahochfrequenz, UHF-Frequenz* f ‖ ◆ con ~ *häufig, öfters, oft* ‖ **–címetro** m ⟨Radio⟩ *Frequenzmesser* m ‖ **–table** adj *(m/f) frequentierbar* ‖ ◇ no es ~ *mit dem darf* (bzw *kann*) man nicht verkehren *od* ⟨fam⟩ *s. nicht einlassen* ‖ *dorthin darf* (bzw *kann*) *man nicht gehen* ‖ **–tación** f *öfterer Gebrauch* m ‖ *öfterer Umgang* m *(mit jdm)* ‖ *häufiges Besuchen* n ‖ *häufiger Verkehr* m ‖ *häufiger Zulauf* m ‖ ⟨fig⟩ *Vertrautheit* f (z.B. *mit e–m Buch)* ‖ *häufige Benutzung* f (z.B. *e–s Buches)* ‖ ~ escolar *(stetiger) Schulbesuch* m ‖ **–tado** adj *belebt* bzw *viel befahren (Straße)* ‖ *viel besucht (Ort)* ‖

–tador *m häufiger Besucher* m ‖ ⟨fam⟩
Stammgast m ‖ **–tar** vt *öfters wiederholen* ‖
häufig besuchen, frequentieren ‖ *(oft) gehen (Weg)*
‖ *(oft) befahren (Straße)* ‖ *verkehren (mit* bzw *in*
dat) ‖ *besuchen (Schule, Kirche)* ‖ *oft empfangen*
(die Sakramente) ‖ ⟨fig⟩ *oft lesen, studieren*
(Buch) ‖ ~ vi Mex *regelmäßig zur Beichte und*
zur Kommunion gehen ‖ ◇ ~ la amistad de alg.
mit jdm befreundet sein od *auf freundschaftlichem*
Fuß stehen ‖ ~ una casa in e–m Haus verkehren ‖
~ el colegio *die Schule besuchen* ‖ ~ el trato de
alg. *mit jdm verkehren* ‖ **–tativo** adj ⟨Gr⟩
frequentativ ‖ **–te** adj *häufig, oftmalig, öfter* ‖
wiederholt ‖ *s. öfters einfindend* ‖ *gewöhnlich,*
üblich ‖ *rasch, schnell (Schwingungen, Puls)* ‖
–temente adv *oft, häufig* ‖ **–tímetro** m →
frecuencímetro
   Fredegunda *f* np *Friedgund* f
   fregadero *m Aufwaschküche* f ‖ *Aufwaschort* m
‖ *Spüle* f ‖ *Spül|becken* n, [veraltet] *-stein* m ‖
Spülschrank m ‖ *Waschkessel* m ‖ *Scheuerfass* n
   ¹fregado adj Arg Chi *zudringlich, vorwitzig* ‖
Col *hartnäckig, dickköpfig, stur* ‖ PR *frech,*
unverschämt ‖ Mex *gaunerisch*
   ²frega|do *m Spülen, Scheuern, Abwaschen* n
(des Küchengeschirrs) ‖ ⟨figf⟩ *Affäre* f ‖ ⟨fig⟩
schmutzige Angelegenheit f ‖ ⟨fig⟩ *Verwicklung* f ‖
⟨fig⟩ *Ränke* Angel, *Intrigen* fpl ‖ ◇ ¡no me metas
en este ~! *(fam) ziehe mich nicht in diese*
(schmutzige) Geschichte mit hinein! ‖ no quiero
saber nada de ese ~ ⟨figf⟩ *ich lasse mich nicht in*
diese Sache (bzw Affäre) ein, ich halte mich da
heraus ‖ **–dor** *m Scheuerlappen* m ‖ → **–dero**
–dora *f* (automática) *Geschirrspülmaschine* f ‖
–dura *f Scheuern, Abwaschen* n ‖ **–miento** m
(Ab)Reibung f
   fregandera *f* Mex → **fregona**
   ¹fregar [-ie-, g/gu] vt *(ab)reiben* ‖ *(durch*
Reiben) reinigen, waschen, spülen, scheuern,
abwaschen (Teller, Küchengeschirr) ‖ *aufwaschen*
(Fußboden)
   ²fregar [-ie, g/gu] vt Cu *schlagen, stoßen* ‖ Am
⟨fig⟩ *belästigen, plagen* ‖ *~se* Am ⟨fig⟩ *s. plagen,*
s. ab|rackern, s. -mühen
   frega|tina, –zón *f* Am *Ärger* m, *Belästigung* f
   fregatriz [*pl* ~ces] *f* → **fregona**
   △ **frégoli** *m: sombrero* ~ *weicher Filzhut* m
   fregón adj Ec PR *frech, unverschämt*
   frego|na *f Putzfrau* f ‖ *Mop* m ‖ ⟨fig⟩ *grobes*
Weib n ‖ **–tear** vt ⟨desp fam⟩ *(nachlässig)*
scheuern, waschen, reiben
   frei|dera *f Bratpfanne* f ‖ Mancha *Schaumlöffel*
m ‖ **–dor** *m Fritüre-Gerät* n, ⟨fam⟩ *Fritüre* f ‖
And *Fischbräter* m ‖ **–dora** *f Friteuse* f ‖ **–dura** *f*
Braten, Backen n *(in der Pfanne)* ‖ *Fritiertes* n ‖
–duría *f Fischbraterei* f ‖ *(typisches)*
Fischrestaurant n ‖ *Garküche* f
   freila *f weibliches Mitglied* n *e–s Ritterordens*
   freile, freire *m Ritter* m *e–s geistlichen*
Ritterordens
   freimiento *m Backen (im Fett), Fritieren* n
   freír [-i-, pres: frío, pret: freí, freíste, frió, ger:
friendo, pp/irr: frito, neben freído] *(im Fett)*
backen ‖ *fritieren* ‖ ⟨fig⟩ *(jdn) quälen, plagen,*
(jdm) auf die Nerven gehen ‖ ◇ ~ con od en
aceite in Öl *backen* ‖ ~ a tiros ⟨fig⟩ *erschießen*, ⟨pop⟩
abknallen ‖ ◇ ¡estoy frito! *da bin ich (aber)*
schön hereingefallen! ‖ me trae frito con sus
necedades ⟨figf⟩ *s–e (ihre) Dummheiten sind mir*
unausstehlich, ⟨fam⟩ *er (sie, es) geht mir auf die*
Nerven mit s–m (ihrem) Blödsinn ‖ ¡vete a ~
espárragos! ⟨figf⟩ *geh zum Kuckuck!* ‖ **~se:** ~ de
calor *vor Hitze braten, umkommen, schmelzen* ‖
~sela a alg. ⟨figf⟩ *jdm e–n Possen spielen*

freje *m* Sev *(Band)Reif* m
fréjol *m* → **frijol**
frémito *m* ⟨poet⟩ *Brüllen, Gebrüll* n ‖ ⟨Med⟩
Fremitus m, *Schwirren* n *(bei Rasselgeräuschen)*
frena|da *f* → **frenazo** ‖ **–do** *m* ⟨Tech⟩ *Brem|sen*
n, *-sung* f ‖ (dispositivo de) ~ *Bremsvorrichtung*
f ‖ ~ útil *Nutzbremsen* n ‖ **–dor** *m* ⟨Sp⟩ *Bremser*
m ‖ **–je** *m Bremsen* n
fre|nar vt/i ⟨Tech⟩ *bremsen (& fig)* ‖ ⟨fig⟩
hemmen, zügeln, eindämmen, zurückhalten ‖ ~ vi
innehalten ‖ ◇ ~ bruscamente, ⟨fam⟩ ~ en seco
scharf (ab)bremsen ‖ *~se s. zügeln, s.*
zurückhalten ‖ **–nazo** *m (kräftiger) Tritt* m *auf die*
Bremse ‖ ⟨fig⟩ *kräftiger Rückgang* m (z. B. *der*
Preise) ‖ ◇ dar un ~ *scharf* od *plötzlich bremsen*
‖ dar un ~ a alg. ⟨fig⟩ *jdm e–n Dämpfer*
aufsetzen
fre|nesí [*pl* ~íes] *m* ⟨Med⟩ *Tobsucht* f,
tobender Wahnsinn m ‖ ⟨fig⟩ *Raserei* f ‖ ⟨fig⟩
Ungestüm n ‖ ♦ en loco ~ *mit rasendem*
Ungestüm ‖ **–nético** adj *tobsüchtig, wahnsinnig,*
frenetisch ‖ ⟨fig⟩ *rasend, tobend, toll* ‖ *frenetisch,*
stürmisch (Beifall)
   frénico adj ⟨An⟩ *Zwerchfell-*
freni|cotomía, –cectomía *f* ⟨Med⟩
Phrenikotomie f
   frenillo *m Beißkette* f, *Maulkorbriemen* m ‖
⟨An⟩ *Zungenband* n ‖ ⟨An⟩ *Eichelbändchen* n ‖
⟨Mar⟩ *Jochleine* f ‖ ◇ no tener ~ (en la lengua)
⟨figf⟩ *kein Blatt vor den Mund nehmen*
   frenitis *f* ⟨Med⟩ *Phrenitis, Entzündung* f *des*
Zwerchfells
   ¹freno *m* ⟨Tech⟩ *Bremse* f ‖ ⟨Tech⟩
Bremsvorrichtung f ‖ ~ aerodinámico ⟨Flugw⟩
Luftbremse f ‖ *Bremsklappe* f ‖ *Brems(fall)schirm*
m ‖ ~ de aire comprimido *Druckluftbremse* f ‖ ~
de alarma *Notbremse* f ‖ ~ asistido ⟨Auto⟩
Servobremse f ‖ ~ de aterrizaje ⟨Flugw⟩
Landebremsvorrichtung f ‖ ~ de cable *Seilbremse*
f ‖ ~ de cinta *Bandbremse* f ‖ ~ de collares
Backenbremse f ‖ ~ de contrapedal
Rücktrittbremse f ‖ ~ de cuña *Keilbremse* f ‖ ~
de disco *Scheibenbremse* f ‖ ~ de embrague
Kupplungsbremse f ‖ ~ de emergencia → ~ de
alarma ‖ ~ de estacionamiento *Feststellbremse* f ‖
~ hidráulico *hydraulische Bremse* f ‖ ~ sobre la
llanta *Felgenbremse* f ‖ ~ de mano *Handbremse* f
‖ ~ mecánico *mechanische Bremse* f ‖ ~ de
mordazas *Backenbremse* f ‖ ~ neumático
Druckluftbremse f ‖ ~ de pedal, ~ de pie
Fußbremse f ‖ ~ sobre la rueda *Radbremse* f ‖ ~
de tambor *Trommelbremse* f ‖ ~ de tornillo
Schrauben-, Spindel|bremse f ‖ ~ de vacío
Vakuumbremse f ‖ ~ de zapata *Klotz-,*
Backen|bremse f
   ²freno *m* [Reitkunst] *Gebiss* n ‖ *Mundstück* n
(am Zaumzeug) ‖ ⟨fig⟩ *Zaum, Zügel* m ‖ ~ de
brida *Kandarengebiss* n ‖ ~ de filete
Trensengebiss n ‖ ◇ correr sin ~ ⟨fig⟩ *ein*
zügelloses Leben führen ‖ meter a uno en ~ ⟨fig⟩
jdn zügeln ‖ morder el ~ *auf dem Gebiss kauen* ‖
⟨fig⟩ *s–n Zorn verbeißen*, ⟨fam⟩ *s–n Ärger*
hinunterschlucken ‖ perder el ~ ⟨fig⟩ *den Halt*
verlieren ‖ soltar el ~ a su imaginación ⟨fig⟩ *die*
Zügel schießen lassen ‖ tascar el ~ → *morder el*
~ ‖ tirar del ~ a uno ⟨fig⟩ *jdn am Zügel halten*
   ³freno *m* Arg *Hunger* m
fre|nocardia *f* ⟨Med⟩ *Phrenokardie,*
Herzneurose f ‖ **–nología** *f Phrenologie,*
Schädellehre f ‖ **–nológico** adj *phrenologisch* ‖
–nólogo *m Phrenologe* m
   frentazo *m* Mex → **chasco**
   ¹frente *f Stirn* f ‖ ⟨fig⟩ *Gesicht, Antlitz* n ‖
Vorder-, Stirn|seite, Fassade, Front f ‖ *Vorderteil*
n od m ‖ *Spitze* f ‖ *Vorderseite* f *(e–r Münze)* ‖

⟨Bgb⟩ *Ort* n ‖ *Kopfteil* m *e–r Urkunde* ‖ ⟨Bgb⟩
Stoß m ‖ ~ *abombada gewölbte Stirn* f ‖ ~ *alta
hohe Stirn* f ‖ ~ *baja*, ~ *calzada niedere Stirn* f ‖
~ *despejada breite Stirn* f ‖ ~ *con entradas
breite, hohe Stirn* f ‖ ◆ *con la* ~ *entre los brazos
den Kopf auf die Hände gestützt* ‖ *con la* ~
levantada ⟨figf⟩ *stolz, erhobenen Hauptes* ‖
ungezwungen, offen ‖ *dreist, ungeniert, ohne
Hemmungen* ‖ ◇ *acometer algo de* ~ ⟨fig⟩ *et. mit
Energie betreiben od unternehmen,* ⟨fam⟩ *den
Stier bei den Hörnern packen* ‖ *arrugar la* ~ ⟨fig⟩
die Stirn runzeln, verstimmt sein ‖ *bajar la* ~ *s.
schämen* ‖ *ir con la* ~ *alta erhobenen Hauptes
gehen* ‖ *s. nicht ducken müssen* ‖ *lo trae escrito en
la* ~ ⟨figf⟩ *es steht ihm (ihr) an od auf der Stirn
geschrieben* ‖ *das sieht man ihm (ihr) gleich an* ‖
hacer ~ ⟨fig⟩ *die Stirn bieten, Widerstand leisten,
widerstehen* (dat) ‖ *(e–r Verantwortung dat)
nachkommen* ‖ *hacer* ~ *a la competencia der
Konkurrenz die Stirn bieten* ‖ *hacer* ~ *a sus
compromisos s–n Verpflichtungen nachkommen*

²**frente** m ⟨Mil⟩ *Frontteil* m *e–s
Befestigungswerkes* ‖ ⟨Mil⟩ *Front, Spitze f (des
Heeres)* ‖ ⟨Pol Meteor⟩ *Front* f ‖ ~ *de ataque
Angriffsfront* f ‖ ~ *de batalla Schlachtlinie,
Kampf-, Gefechts⎪front* f ‖ ~ *cálido* ⟨Meteor⟩
Warmluftfront f ‖ ~ *de combate* → ~ *de batalla* ‖
~ *defensivo Abwehrfront* f ‖ ~ *frío* ⟨Meteor⟩
Kaltluftfront f ‖ ~ *de Juventudes Span* ⟨Hist⟩
Jugendfront f *(Jugendorganisation der span.
Falange)* ‖ ~ *de onda* ⟨Ak El⟩ *Wellenfront* f ‖ ~
polar ⟨Meteor⟩ *Polarfront* f ‖ ~ *popular* ⟨Pol⟩
Volksfront f ‖ ~ *rojo* ⟨Pol⟩ *Rotfront* f ‖ ~ *de
turbonada* ⟨Meteor⟩ *Böenfront* f ‖ ~ *único* ⟨Pol⟩
Einheitsfront f ‖ ◇ *rectificar el* ~ ⟨Mil⟩ *die Front
begradigen* ‖ *romper el* ~ ⟨Mil⟩ *die Front
durch⎪brechen, -stoßen* ‖ *(r)establecer un* ~
defensivo ⟨Mil⟩ *e–e Abwehrfront
(wieder)aufbauen*

³**frente** prep, adv *gegenüber* ‖ ~ *a la casa dem
Haus gegenüber* ‖ ~ *a* ~ *von Angesicht zu
Angesicht, gegenüber, Auge in Auge* ‖ ~ *por* ~
genau gegenüber ‖ ◆ *a la* ~ *(gerade) vor s.* ‖ *al*
~ *an der* (bzw *die*) *Spitze* ‖ *oben (Überschrift)* ‖
vor s. ⟨Com⟩ *vorgetragen (Saldo)* ‖ ⟨Com⟩ *zu
übertragen(d)* ‖ *al pasar por* ~ *a la ventana als er
(bzw sie) am Fenster vorüberging* ‖ *de* ~ *von
(bzw nach) vorn* ‖ *¡de* ~! *¡ar!* ⟨Mil⟩ *im
Gleichschritt! marsch!* ‖ *en* ~, ~ *por* ~ *gerade
gegenüber* ‖ ◇ *estar* ~ *a* ~ *s. gegenüberstehen* ‖
ponerse al ~ *s. an die Spitze setzen* ‖ *die
Führung übernehmen* (de gen od *von*) ‖ *seguir de*
~ *geradeaus gehen*

frentepopu⎪lismo m *Volksfront(bewegung)* f ‖
–lista adj *(m/f) auf die Volksfront bezüglich,
Volksfront-* ‖ ~ *m/f Volksfrontanhänger(in* f) m

fren⎪tón, –tudo adj *breitgestirnt*

freo m ⟨Mar⟩ *Meerenge* f

fres m Ar *Tresse* f

¹**fresa** f *Erdbeere* f ‖ ~ *de bosque
Walderdbeere* f

²**fresa** f ⟨Tech⟩ *Fräser* m, *Fräse* f ‖ ⟨Med⟩
Gallensteinbrecher m ‖ ~ *angular Winkelfräser* m
‖ ~ *cilíndrica Walzenfräser* m ‖ ~ *cónica
Kegelfräser* m ‖ ~ *esférica Kugelfräser* m ‖ ~ *de
forma* → ~ *perfilada* ‖ ~ *frontal Schaftfräser* m ‖
~ *de labranza* ⟨Agr⟩ *Bodenfräse* f ‖ ~ *para
machihembrar Spundfräser* m ‖ ~ *para madera
Holzfräser* m ‖ ~ *perfilada Formfräser* m ‖ ~ *de
ranurar Nutenfräser* m ‖ ~ *de roscar
Gewindefräser* m ‖ ◇ *quitar a* ~ *abfräsen*

fresada f *ein Teller* m *voll Erdbeeren* ‖ *Speise* f
aus Mehl, Milch und Butter

fresa⎪do m ⟨Tech⟩ *Fräsen* n ‖ *Fräsarbeit* f ‖
–dor m *Fräser* m *(Beruf)* ‖ **–dora** f *Fräsmaschine*

f ‖ ~ *a mano Handfräsmaschine* f ‖ ~ *de mesa
Tischfräse* f ‖ ~ *universal Universalfräsmaschine*
f ‖ ~ *vertical Senkrechtfräsmaschine* f ‖ **–dura** f,
–je m ⟨Tech⟩ *Fräsen* n

fresal m *Walderdbeere* f, *Erdbeerstrauch* m
(Fragaria vesca) ‖ *Erdbeerbeet* n

¹**fresar** vt/i *mit Tressen versehen*

²**fresar** vt/i ⟨Tech⟩ *(aus)fräsen* ‖ ◇ ~ *ranuras
Nuten fräsen*

fres⎪ca f *Morgen-, Abend⎪kühle* f ‖ *frische Luft*
f ‖ ⟨figf⟩ *derber Ausdruck* m, *Unverschämtheit* f ‖
◇ *salir con la* ~ *frühmorgens ausgehen* ‖ *ser
capaz de decir od plantar una* ~ *al lucero del alba*
⟨figf⟩ *vor niemandem Respekt haben* ‖ *soltar una
od cuatro* ~s *dreist reden* ‖ *(jdm) dreist antworten*
‖ *(jdm) Frechheiten sagen* ‖ *(jdn) derb anreden* ‖
*(jdm) gehörig die Meinung sagen, (jdm) den
Marsch blasen* ‖ *tomar la* ~ *frische Luft schöpfen*
‖ **–cachón** adj ⟨fam⟩ *von frischem, gesundem
Aussehen,* ⟨fam⟩ *frisch und gesund (Person)*

frescal adj *(m/f) wenig gesalzen (Fisch)* ‖ *nicht
mehr ganz frisch (Seefisch)*

fres⎪cales m ⟨figf⟩ *Frechdachs* m ‖ *dreister
Kerl* m ‖ **–camente** adv *kürzlich, vor kurzem* ‖
⟨fig⟩ *dreist, frech* **–cana** f ⟨fam⟩ *Kühle, frische
Luft* f ‖ **–car** [c/qu] vi ⟨Mar⟩ *kühlen (Wind)*

¹**fresco** adj *frisch, kühl (Luft, Wasser)* ‖
kühlend ‖ *frisch, gesund* ‖ *frisch, neu* ‖ *lebhaft,
munter* ‖ *frisch, (erst) kürzlich geschehen* ‖ ⟨fig⟩
leicht (Sommerkleid, Stoff) ‖ ⟨fig⟩ *frisch, blühend*
‖ ⟨fig⟩ *kaltblütig, kühl, gelassen* ‖ ⟨fig⟩ *frech,
dreist, keck* ‖ *¡lárgate con viento* ~! ⟨fam⟩ *scher
dich zum Teufel! geh zum Kuckuck!* ‖ ◆ ◇ *estar
(od quedar[se])* ~ ⟨figf⟩ *s. blamieren, großen
Misserfolg haben* ‖ *quedarse tan* ~ *(figf) s. nicht
aus dem Konzept bringen lassen (durch od bei)* ‖
⟨fig⟩ *breite Schultern haben* ‖ *¡(ya) está Vd.* ~!
⟨figf⟩ *machen Sie das e–m ander(e)n weis!* ‖
¡estaríamos ~s! ⟨fig⟩ *das fehlte noch!* ‖ *¡está
gelungen!* ‖ *¡estamos* ~s! ⟨fam⟩ *das ist e–e
schöne Geschichte! wir sind (ganz schön)
angeschmiert!* ‖ *da sitzen wir (schön) in der
Patsche!*

²**fresco** m *Frische, Kühle, Kühlung* f ‖ *frische
Luft* f ‖ ⟨figf⟩ *frecher Kerl, Frechdachs* m ‖ And
Am *erfrischendes Getränk* n ‖ ◆ *al* ~ *unter
freiem Himmel* ‖ ◇ *hace* ~ *es ist kühl(es Wetter),
es ist frisch* ‖ *tomar el* ~ *frische Luft schöpfen,
spazieren gehen* ‖ *es un* ~ ⟨fam⟩ *er ist ein frecher
Kerl*

³**fresco** m ⟨Mal⟩ *Freskomalerei, Freske* f,
Fresko n ‖ ◇ *pintar al* ~ *Fresko malen*

⁴**fresco** m ⟨Text⟩ *Fresko* m ‖ *leichter
Sommerstoff* m

fres⎪cón adj *sehr frisch, blühend im Gesicht* ‖
–cor m *Frische, Kühle* f ‖ *frische (Gesichts)Farbe*
f (& Mal) ‖ **–cote** adj (augm von **fresco**) *sehr
frisch* ‖ ⟨figf⟩ *blühend, jung aussehend* ‖ **–cura** f
Frische, Kühle, Kühlung f ‖ ⟨fig⟩ *Kaltblütigkeit,
Geistesruhe* f ‖ ⟨fig⟩ *Unachtsamkeit,
Fahrlässigkeit* f ‖ ⟨fig⟩ *Plattheit, derbe Redensart*
f ‖ *(jdm) Schnodd(e)rigkeit* f ‖ ⟨fig⟩ *Frechheit,
Un⎪verfrorenheit, -verschämtheit, Dreistigkeit* f ‖
◇ *tomar las cosas con* ~ *s. k–e Sorgen machen* ‖
¡qué ~! ⟨fam⟩ *wie unverschämt!*

fre⎪sera f *Erdbeerpflanze* f ‖ *Erdbeerschale* f ‖
–sero m *Erdbeerverkäufer* m

fresia f ⟨Bot⟩ *Freesie* f *(Freesia* spp)

fresilla → **fresal**

fres⎪nal adj *(m/f)* ⟨Bot⟩ *Eschen-* ‖ **–neda** f,
–nal m *Eschen⎪pflanzung* f bzw *-wald* m ‖ **–nillo**
m → **díctamo** ‖ **–no** m *Esche* f, *Eschenbaum* m
(Fraxinus spp) ‖ ⟨poet⟩ *Lanze* f ‖ ~ *del maná
Manna-, Blumen⎪esche* f (F. ornus)

fresón m *große Gartenerdbeere* f

fresquear vi Chi *dreist handeln* ‖ *Frechheiten sagen*

fresque|cito, –cillo adj dim von ¹**fresco** ‖ *schön frisch*

fresquedal *m grüne Stelle* f *im dürren Land*

fres|quera f *Kühlkasten* m ‖ *Fliegenschrank* m ‖ ⟨fam⟩ *Kühlschrank* m ‖ *Speisekammer* f ‖ **–quería** f Am *Erfrischungsstand* m ‖ **–quero** *m Frischfischhändler* m

fresquilla f *e–e Pfirsichart* f

fresquillo adj *schön frisch, kühl*

fresquista m/f ⟨Mal⟩ *Freskomaler(in* f) m

fresquito adj *recht frisch, kühl*

freudia|nismo *m* ⟨Psychol⟩ *Freudsche Theorie* bzw *Methode* f ‖ **–no** adj *auf Freud bezüglich, Freud-* ‖ ~ *m Freudianer, Anhänger* m *Freuds*

frey *m Bruder* m, *Ehrenbenennung der geistlichen Ritter* (*zum Unterschied von* **fray,** *dem Titel einiger Ordensmönche*)

frez [pl ~**ces**] f *Tierkot* m

¹**freza** f *(Tier)Kot* m

²**freza** f ⟨Fi⟩ *Laichen* n ‖ *Laichzeit* f ‖ *Fischlaich* m ‖ *junge Fischbrut* f

³**freza** f ⟨Jgd⟩ *Spur, Wühle* f ‖ *Hirschlosung* f

frezada f → **frazada**

¹**frezar** [z/c] vi *misten (von Tieren)*

²**frezar** [z/c] vi *fressen (Seidenwürmer)* ‖ ⟨Jgd⟩ *nach Fraß wühlen (Wildschwein)*

³**frezar** [z/c] vi ⟨Fi⟩ *laichen (Fische)*

⁴**frezar** *m* ⟨Ins⟩ *Fresszeit* f *der Seidenraupe*

fria|bilidad f *Bröck(e)ligkeit, Brüchigkeit, Mürbheit, Zerreibbarkeit* f ‖ **–ble** adj *(m/f) bröck(e)lig, brüchig, mürbe, (leicht) zerreibbar*

frialdad f *Kälte* f, *Kältegefühl* n ‖ *Gefühlskälte* f ‖ *Gleichgültigkeit* f ‖ ⟨Med⟩ *Unvermögen* n, *Impotenz* f *(des Mannes)* ‖ *Frigidität* f *(der Frau)* ‖ ⟨fig⟩ *Nüchternheit, Unlebendigkeit* f *(des Stils)* ‖ ⟨fig⟩ *Nachlässigkeit, Fahrlässigkeit* f ‖ ⟨fig⟩ *Albernheit* f ‖ ~ *escultural* ⟨fig⟩ *Marmorkälte* f ‖ ♦ *con* ~ *kalt, gleichgültig*

fríamente adv *kalt(blütig), eiskalt* ‖ ⟨fig⟩ *ohne Anmut, ohne Grazie*

friático adj *frostig* ‖ ⟨fig⟩ *dumm* ‖ ⟨fig⟩ *ohne Anmut*

Friburgo *m* (de Brisgovia) [Stadt] *Freiburg* n *(im Breisgau)* ‖ ~ *m* [Stadt] *Fribourg* n *(Schweiz)*

fri|ca f Chi ⟨fam⟩ *Tracht* f *Prügel* ‖ **–cación** f *(Ein)Reibung* f ‖ *Reiben* n ‖ ⟨Phon⟩ *Reibung* f ‖ *Reibegeräusch* n

fricandó *m* ⟨Kochk⟩ *Frikandeau* n

fricar [c/qu] vt/i *reiben, fegen* ‖ *schneiden (Kälte)*

fricasé *m* ⟨Kochk⟩ *Frikassee* n ‖ ~ *de pollo Hühnerfrikassee* n

fricativo adj ⟨Phon⟩ *frikativ*

fric|ción f *(Ab-, Ein)Reibung* f ‖ ⟨Tech⟩ *Reibung* f (& *fig*) ‖ ~ *de cabellos Haarmassage* f ‖ ~ *de deslizamiento Gleitreibung* f ‖ ~ *eléctrica elektrische Massage* f ‖ ~ *fría, húmeda kalte, feuchte Abreibung* f ‖ ~ *seca trockene Abreibung* f ‖ ♦ *sin fricciones reibungslos* (& *fig*) ‖ ◇ *dar* ~*s fricciones* (a) ⟨Med⟩ *abreiben* bzw *einreiben* acc (con *mit*) ‖ **–cionar** vt *(ab-, ein)reiben, frottieren*

¹**friega** f *(Ab-, Ein)Reibung* f ‖ ◇ *dar* ~*s* ⟨Med⟩ → *dar* **fricciones**

²**friega** f Chi *Tracht* f *Prügel* ‖ Col CR *Mühe, Plage* f ‖ Mex Pe PR ⟨fam⟩ *derber Verweis, Denkzettel* m

friegaplatos *m Tellerwäscher* m ‖ *Geschirrspüler* m ‖ ⟨figf⟩ *armer Schlucker* od *Teufel* m

friera f ⟨Med⟩ *Frostbeule* f *(an der Ferse)*

Frigia f ⟨Hist⟩ *Phrygien* n *(Land)*

frigi|daire, Chi **–der** *m* ⟨frz⟩ → **frigorífico** *m*

frigi|dez [pl ~**ces**] f *Kälte* f ‖ *Frost* m ‖ ⟨fig⟩

Gefühllosigkeit f ‖ ⟨Med Psychol⟩ *Frigidität* f *(der Frau)* ‖ **–dísimo** adj sup von ¹**frío** ‖ *eiskalt*

frígido adj ⟨poet⟩ → ¹**frío** ‖ ⟨Med Psychol⟩ *frigid(e)*

frigio adj ⟨Hist⟩ *phrygisch* ‖ ~ *m Phrygier* m

frigori|a f ⟨Phys⟩ *Frigorie, Kältekalorie* f ‖ **–fero** adj → **–fico** ‖ **–fico** adj *kälteerzeugend, Kälte-* ‖ ~ *m Kühlschrank* m ‖ Am *Gefrier|fleischfabrik, -fischfabrik* f ‖ **–metro** *m Frigorimeter* n

frigo|rista m/f/adj *Kältetechniker(in* f) m ‖ **–rizar** [z/c] vt *einfrieren, gefrieren (lassen)* ‖ **–roso** adj ⟨poet⟩ *Kälte erzeugend*

frigoterapia f ⟨Med⟩ *Kältebehandlung* f

frijol bes Am, **fríjol** *m* (Schmink-, Garten) *Bohne* f (Phaseolus spp) ‖ ⟨fig⟩ Cu *schmutzige Angelegenheit* f ‖ ~**es** mpl Mex ⟨fig⟩ *Angeberei, Aufschneiderei, Prahlerei* f ‖ ◇ *no ganar para (los)* ~*es* ⟨figf⟩ Mex *nicht (einmal) das Lebensnotwendigste verdienen*

frijolar *m Bohnenfeld* n

frijolillo *m* Am *verschiedene Bäume, Sträucher und Gemüse*

frijolizar [z/c] vt Pe *behexen, verzaubern*

frijón *m* And → **fréjol**

frimario *m* ⟨Hist⟩ *Frimaire, Reifmonat* m *(im frz. Revolutionskalender)*

fringílidos mpl ⟨V⟩ *finkenartige Vögel, Finken(vögel)* mpl (Fringillidae)

fringolear vt Chi *verprügeln*

¹**frío** adj *kalt* ‖ *frostig, fröstelnd* ‖ *kühl (Getränk)* ‖ *kalt|(sinnig), -blütig* ‖ *sinnlos, abgeschmackt* ‖ ⟨fig⟩ *gleichgültig, ohne Interesse* ‖ ⟨fig⟩ *gefühllos* ‖ ⟨fig⟩ *unempfindlich, hart* ‖ ⟨fig⟩ *nüchtern, ausdrucks-, seelen|los (Stil)* ‖ ⟨figf⟩ *impotent* bzw *frigid(e)* ‖ ◇ *eso me deja* ~ ⟨fig⟩ *das lässt mich kalt* ‖ *estampar en* ~ ⟨Typ Buchb⟩ *kalt prägen* ‖ *quedarse* ~ ⟨fig⟩ *(vor Schrecken) starr werden* ‖ ¡*frío! kalt! (beim Suchen e–r versteckten Sache)*

²**frío** *m Kälte* f, *Frost* m ‖ *Frieren, Frösteln* n ‖ ⟨fig⟩ *Kälte, Kühle* f ‖ ~ *de evaporación Verdunstungskälte* f ‖ ~ *siberiano sibirische Kälte* f ‖ ◇ *coger* ~ *s. erkälten* ‖ *coger en* ~ *kalt erwischen* ‖ *dar* ~ ⟨fig⟩ *erschauern lassen* (a alg. *jdn*) ‖ *eso me da* ~ *en la espalda* ⟨figf⟩ *es überläuft mich kalt* ‖ *no me da ni* ~ *ni calor* od *calentura* ⟨figf⟩ *das lässt mich kalt, das ist mir einerlei* ‖ *hace* ~ *es ist kalt* ‖ *hace un* ~ *que se hielan los suspiros* od *que pela* ⟨figf⟩ *es friert Stein und Bein* ‖ *tengo frío es friert mich, mir ist kalt, ich friere* ‖ ♦ *tengo* ~ *en los pies ich habe kalte Füße* ‖ *resistente al* ~ *kältebeständig*

frio|lento, –lero, –liento adj/s *verfroren, sehr kälteempfindlich*

friolera f *Kleinigkeit, Läpperei, Lappalie* f ‖ ◇ *cuesta la* ~ *de cien euros* ⟨iron⟩ *es kostet nur* bzw *die Kleinigkeit von hundert Euro* ‖ *hace una* ~ *de años es ist schon ein paar gute Jahre her* ‖ *pararse en* ~*s s. bei Kleinigkeiten aufhalten*

frión adj ⟨fam⟩ *(sehr) kalt* ‖ *ohne Grazie*

fri|sa f ⟨Text⟩ *Fries, Flausch* m *(Gewebe)* ‖ León *(Art) Umhang* m *(Wolldecke)* ‖ Arg Chi *haarige Oberfläche* f *(gewisser Tucharten)* ‖ **–sado** *m* ⟨Text⟩ *aufgerautes Seidenzeug* n ‖ **–sador** *m* ⟨Text⟩ *Rauer* m *(Arbeiter)*

¹**frisadura** f ⟨Text⟩ *Rauen, Ratinieren* n

²**frisadura** f ⟨Palisadenhindernis* n ‖ ⟨Mar⟩ *Dichtung* f ‖ ◇ *sacar a uno la* ~ Chi ⟨figf⟩ *jdn verprügeln*

¹**frisar** vt ⟨Text⟩ *(Tuch) rauen, ratinieren* f *(ab)reiben* ‖ ⟨Mil⟩ *umpfählen* ‖ ⟨Mar⟩ *abdichten*

²**frisar** vi *ähnlich sein, übereinstimmen* ‖ *s. nähern* (dat), *herankommen* (en *an* acc), *fast*

berühren (acc) ‖ ~ en los cincuenta (años) *od* en
la cincuentena *fast fünfzig (Jahre alt) sein*
Fri|sia *f* ⟨Geogr⟩ *Friesland* n ‖ caballo(s) de ~
(*od* Frisa) ⟨Mil⟩ *spanische Reiter* mpl ‖ =**sio** adj
→ **frisón**
friso *m* ⟨Arch⟩ *Fries* m ‖ ⟨Arch⟩ *Vertäf(e)lung*
f, *Paneel* n ‖ ~ de enmaderado ⟨Zim⟩
Holztäf(e)lung f ‖ ~ historiado *Figurenfries* m
frísol, frisol *m* Col → **frijol**
frisolera *f* Col *Bohnenpflanze* f
frisón adj *friesisch, friesländisch* ‖ ⟨fig⟩
ungeheuer, riesig ‖ ~ m *Friese, Friesländer* m ‖
friesische Sprache f ‖ *friesisches Pferd* n
frisudo adj Chi *haarig (Tuch)*
frisuelo *m* → **frijol** ‖ ⟨Kochk⟩ *(Art)*
Pfannensüßgericht n
frita *f* ⟨Met⟩ *(Metall)Schlacke* f ‖ *Schmelze,*
Fritte f
fritada *f* ⟨Kochk⟩ *Fritüre* f, *Fritierte(s)* n ‖ ~
de pescado *Fischfritüre* f
fritan|ga *f* ⟨desp⟩ Ar → **fritada** ‖ –**guero** *m*
Arg *Fritüreverkäufer* m
fritar vt ⟨Tech⟩ *fritten* ‖ Sal Col ⟨fam⟩
fritieren, (in der Pfanne) braten
frite|ra *f* Guat *Bratpfanne* f ‖ –**ro** *m*
Glasbrenner m
fri|tilla *f* *geröstete Speckschnitte* f ‖ ~**s** *fpl*
Mancha *Pfannensüßgericht* n ‖ –**to** pp/irr von
freír ‖ ◇ estoy ~ ⟨figf⟩ *ich habe es satt, ich habe*
die Nase od ⟨pop⟩ *die Schnauze voll* (con, de *von*)
‖ me tiene *od* me trae ~ ⟨figf⟩ *ich kann den Kerl*
nicht riechen ‖ ⟨figf⟩ *er fällt mir auf die Nerven*
od ⟨fam⟩ *auf den Wecker* ‖ ~**s** mpl *Gebackene(s),*
Fritierte(s) n ‖ *fritierte Appetithappen* mpl ‖
–**tura** *f* → **fritada** ‖ ~**s** *fpl* ⟨Radio⟩ *Knirschen* n
Friúl *m* ⟨Geogr⟩: el ~ *Friaul* n
friura *f* Burg Sant León Ven → **frialdad** ‖
⟨Kochk⟩ *Frostschorf* m
frivolidad *f* *Gehaltlosigkeit* f ‖ *Leicht|sinn* m,
-*fertigkeit, Frivolität* f ‖ *Eitelkeit* f
frivolités *fpl* ⟨Text⟩ *Frivolitäten(arbeit* f) fpl
frívolo adj *eitel, leer, schal* ‖ *unbedeutend,*
nichtssagend ‖ *läppisch* ‖ *leicht|fertig, -sinnig,*
frivol ‖ *schlüpfrig, unanständig, frivol* ‖ *frech,*
schamlos
friz *f* ⟨Bot⟩ *Buchenkätzchen* n
¹fronda *f* *Blatt* n ‖ *Laub* n ‖ *Wedel* m *(der*
Farne) ‖ ~**s** *fpl* *Laubwerk* n ‖ ⟨poet⟩ *(Laub)Wald*
m
²fronda *f* ⟨Med⟩ *Schleuderverband* m,
Kinnschleuder f
³fronda *f* ⟨Hist⟩ *Fronde* f (& fig)
fronde *m* ⟨Bot⟩ *Wedel* m *(der Farne)*
frondio adj And Col *schlecht gelaunt* ‖ Col
Mex *schmutzig, schlampig*
frondo|sidad *f* *Laubwerk, dichtes Laub* n,
dichte Belaubung f ‖ *üppiges Wachstum* n ‖ –**so**
adj *dicht belaubt* ‖ *buschig* ‖ *dicht (Wald)*
¹frontal adj *(m/f) Stirn-* ‖ *frontal, Frontal-* ‖
⟨Tech⟩ *auf der Stirnseite, Stirn-*
²frontal *m* *Stirn|band* n, -*binde* f ‖ *Stirnriemen*
m *(am Zaumzeug)* ‖ ⟨An⟩ *Stirnbein* n ‖ *(Art)*
Kopfputz m, ⟨reg⟩ *Stirn* f ‖ Ar *Fassboden* m ‖
Frontale, Altarvorderblatt n *(Parament)* ‖
Kapodaster an der Gitarre, Gitarrenbund m ‖
⟨Zim⟩ *Binder(balken)* m
³frontal *m* Ar *Fußboden* m
frontalera *f* *Altarbehang* m ‖ *Paramenttruhe* f
‖ *Stirnriemen* m *(am Zaumzeug)*
fronte|ra *f* *(Landes)Grenze* f ‖ ⟨Arch⟩ *Fassade,*
Vorderseite f ‖ ⟨fig⟩ *Grenze* f ‖ ~ aduanera
Zollgrenze f ‖ ~ lingüística *Sprachgrenze* f ‖ ~
marítima *Seegrenze* f ‖ ◆ de ~s para fuera *im*
Ausland ‖ ◇ cruzar la ~, pasar la ~ *über die*
Grenze gehen od *fahren, die Grenze überschreiten*

⟨fig⟩ *ins Ausland gehen* ‖ –**rizo** adj *angrenzend*
(*an* acc), *Grenz-* ‖ *gegenüberliegend* ‖ –**ro** adj
gegenüberliegend (de dat) ‖ ~ del castillo
gegenüber der Burg ‖ la ~a orilla *das andere*
Ufer ‖ ~ m ⟨Hist⟩ *Grenzkommandant* m ‖ ~ adv
gegenüber
frontil *m* *Jochkissen* n *der Zugochsen*
frontín *m* Mex *Nasenstüber* m
frontino *m* *mit e–m Stirnmal* n *(Tier)*
frontis *m* → **frontispicio**
frontispicio *m* ⟨Arch⟩ *Frontispiz* n,
Vorder|seite f ‖ *Fronton* n ‖ ⟨Arch⟩
(Fenster)Giebel m ‖ ⟨Typ⟩ *Titelblatt, Frontispiz* n
‖ ⟨iron⟩ *Gesicht, Antlitz* n
¹frontón *m* ⟨Arch⟩ *Giebel* m ‖ ⟨Arch⟩
Giebel|dach n *bzw -wand* f ‖ *Fronton, Frontispiz*
n ‖ ⟨Arch⟩ *Fenstergiebel* m ‖ *Abschluss, Aufsatz* m
²frontón *m* ⟨Sp⟩ *Aufschlagwand* f *(im*
Pelotaspiel) ‖ *Spielhalle* f *(für das Pelotaspiel)*
frontudo adj *breitgestirnt (Vieh)*
frota|ción, –**dura** *f,* –**miento** *m (Ab-,*
Ein)Reiben n ‖ *Frottieren* n ‖ ⟨Med⟩ *Einreibung* f
‖ ⟨Tech⟩ *(Ab)Reibung* f
frotador *m* ⟨El⟩ *Stromabnehmer* m
frotamiento *m* → **frotación**
fro|tar vt *(ab-, ein)reiben* ‖ *frottieren* ‖ ~**se** *s.*
reiben (contra *an* dat) ‖ ◇ ~**se** *las manos s. die*
Hände reiben (vor Kälte, Freude usw.) ‖ –**társela**
vr ⟨vulg⟩ *wichsen (masturbieren)* ‖ –**te** *m* →
frotamiento
frotis *m* ⟨Med⟩ *Ab-, Aus|strich* m,
Ausstrichpräparat n
fructidor *m* ⟨Hist⟩ *Fruktidor, Fruchtmonat* m
(im frz. Revolutionskalender)
fructífero adj *frucht|bringend, -tragend,*
Frucht- ‖ ⟨fig⟩ *nutzbringend (Kapitalanlage)* ‖
⟨fig⟩ *gesegnet, üppig*
fructi|ficación *f* ⟨Bot⟩ *Fruchtbildung* f ‖ ⟨Bot⟩
Fruchtstand m ‖ ⟨fig⟩ *Ertrag* m, *Fruchttragen* n ‖
–**ficar** [c/qu] vi *Früchte tragen* ‖ ⟨fig⟩ *einträglich*
sein ‖ ⟨fig⟩ *fruchten, gedeihen* ‖ ◇ hacer ~ el
dinero *das Geld zinsbringend anlegen* ‖ –**forme**
adj *(m/f) fruchtförmig*
fruc|tosa *f* ⟨Chem⟩ *Fruktose* f, *Fruchtzucker* m
‖ –**tosuria** *f* ⟨Med⟩ *Fruktosurie* f
fructuario adj *in Naturalien* ‖ ~ m →
usufructuario
fructuo|sidad *f* *Fruchtbarkeit, Einträglichkeit* f
‖ –**so** adj *frucht|tragend, -bringend* ‖ *einträglich* ‖
fruchtbar, nützlich
frufrú *m* onom *Froufrou* m (& n), *Knistern,*
(knisterndes) Geräusch n *(der Seide, Leinwand,*
Bäume usw.)
fru|gal adj *(m/f) mäßig, genügsam* ‖ *frugal,*
spärlich, genügsam (im Essen und im Trinken) ‖
adv: ~**mente** ‖ –**galidad** *f* *Mäßigkeit,*
Genügsamkeit f ‖ *Einfachheit* f
frugí|fero adj ⟨poet⟩ *Früchte tragend* ‖ –**voro**
adj ⟨Zool⟩ *früchtefressend* ‖ ~ m *Früchtefresser*
m
fruición *f* *Genuss* m, *Wonne* f ‖ *Vergnügen* n ‖
maliciosa ~ *Schadenfreude* f ‖ ◆ con ~ *mit*
Wonne ‖ *vergnügt, freudig*
fruir [-uy-] vi *(fast nur inf gebräuchlich)*
genießen ‖ ◇ ~ de Dios ⟨Myst⟩ *Gott anschauen*
fruitivo adj *genussbringend*
△ **frujerio** *m* *Frucht* f ‖ *Wald* m
△ **frullá** *f* *Draht* m
frumen|tal *(m/f),* –**tario,** –**ticio** adj ⟨lit⟩
Weizen- ‖ *Getreide-* ‖ –**to** *m* ⟨poet⟩ *Weizen* m ‖
Getreide n
frun|ce *m* *Falte* f *(in e–m Gewebe, am Kleid)* ‖
–**cido** adj *stirnrunzelnd* ‖ ~ m *Falte, Runzel* f ‖
⟨fig⟩ *Derbheit, Schärfe* f ‖ –**cimiento** *m* *Falten,*
Fältchen, Kräuseln n *(e–s Stoffes)* ‖ *Kräuseln* n

(der Lippen) ‖ *(Stirn)Runzeln* n ‖ ⟨fig⟩ *Verstellung* f, *Betrug* m ‖ **–cir** [c/z] vt *runzeln, in Falten ziehen* ‖ *falten, fälteln, kräuseln (Stoff)* ‖ *zer|knittern, -knüllen* ‖ ⟨fig⟩ *zusammenziehen, aufwerfen, kräuseln (Mund, Lippe)* ‖ *runzeln (Brauen, Stirn)* ‖ ⟨fig⟩ *lügenhaft verdunkeln* ‖ ◇ ~ el ceño, ~ el entrecejo ⟨fig⟩ *düster blicken, die Stirn runzeln, e–e düstere Miene aufsetzen* ‖ ~ la frente *die Stirn runzeln*

frusle|ría f *Lappalie* f ‖ *unnützes, wertloses Zeug, Larifari* n, *Firlefanz* m ‖ ⟨figf⟩ *leeres Geschwätz, hohles Gerede* n ‖ **–ro** adj *leer, nichtig* ‖ *nutz-, wert|los* ‖ *belanglos* ‖ ~ m *Nudelholz* n

frus|tración f *Frustration* f ‖ *Enttäuschung* f ‖ *Desillusionierung* f ‖ *geschwundene Hoffnung* f ‖ *Unbefriedigtsein* n *Vereit(e)lung* f *(e–r Absicht, e–s Planes)* ‖ ⟨fam⟩ *Frust* m ‖ **–trado** adj *frustriert* ‖ *ent-, ge|täuscht* ‖ *unbefriedigt* ‖ *vereitelt (Absicht, Plan)* ‖ *geschwunden (Hoffnung)* ‖ **–trar** vt *frustrieren* ‖ *täuschen, vereiteln, scheitern lassen (Absicht, Plan)* ‖ *zunichte machen, nicht erfüllen, täuschen (Hoffnungen)* ‖ ◇ ~ los planes de alg. *jds Pläne durchkreuzen* ‖ **~se** *scheitern, misslingen* ‖ **–tratorio** adj *auf Täuschung beruhend* ‖ *Vereitelungs-* ‖ *verzögernd (Zahlung)* ‖ *frustratorisch*

fruta f *(Baum)Frucht* f ‖ *Obst* n ‖ *Früchte* fpl, *Obst* n *als Nachtisch* ‖ ⟨figf⟩ *Frucht, Folge* f ‖ Chi *Wassermelone* f ‖ Arg *Aprikose* f ‖ ~ bomba Cu *Papaya(frucht)* f ‖ ~ del cercado ajeno ⟨fig⟩ *fremdes Gut* n, *das Neid erregt* ‖ *Kirschen* fpl *aus Nachbars Garten* ‖ ~ de guarda *Lagerobst* n ‖ ~ de hueso *Steinobst* n ‖ ~ de invierno *Winter-, Lager|obst* n ‖ ~ madura *reife Frucht* f ‖ ~ nueva *neues, junges Obst* n ‖ ~ del país *heimisches Obst* n ‖ ~ de pepita *Kernobst* n ‖ ~ prohibida ⟨fig⟩ *verbotene Frucht* f ‖ ~ de sartén *Backwerk* n ‖ *Pfannensüßgericht* n ‖ *Pfannkuchen* m ‖ ~ en sazón *reife Frucht* f ‖ ~ seca *getrocknetes Obst, Dörrobst* n ‖ *Backobst* n ‖ *Schalfrüchte* fpl ‖ *Rosinen* fpl ‖ ~ tardía *Spätobst* n ‖ ~ temprana *Frühobst* n ‖ ~ del tiempo *frisches Obst* n *(das die Jahreszeit bietet)* ‖ ⟨figf⟩ *das Übliche in der entsprechenden Jahreszeit (z.B. Erkältung, das Sommertheater in der Politik usw.)* ‖ ~ tropical *Südfrucht* f ‖ ~ verde *unreifes Obst* n ‖ **~s** fpl *Früchte* fpl, *Obst* n ‖ ~ agrias *Zitrusfrüchte* fpl ‖ ~ en almíbar *in Sirup eingemachte Früchte* fpl ‖ ~ azucaradas ‖ ~ escarchadas ‖ ~ de cáscara *Hülsenfrüchte* fpl ‖ ~ confitadas *in Zucker eingemachte Früchte* fpl ‖ ~ en conserva *eingemachte Früchte* fpl, *eingemachtes Obst* n ‖ ~ de cuelga *Früchte* fpl *zum Aufhängen (zum Trocknen)* ‖ ~ escarchadas *kandierte Früchte* fpl ‖ ~ meridionales *Südfrüchte* fpl ‖ ~ de mesa, ~ de postre *Tafelobst* n

fru|taje m ⟨Mal⟩ *Fruchtstück* n ‖ **–tal** adj *(m/f) Früchte tragend* ‖ *Obst-* ‖ (árbol) ~ *Obstbaum* m ‖ ~ m *Obstkuchen* m ‖ **–tar** vi *Früchte bzw Obst tragen (Baum)*

frute|cer [-zc-] vi ⟨poet⟩ *anfangen Früchte zu tragen* ‖ **–ra** f *Obsthändlerin* f ‖ *Obstschüssel, Obstschale* f ‖ **–ría** f *Obstgeschäft* n ‖ *Obstladen* m ‖ **–ro** adj: plato ~ *Obstteller* m ‖ ~ m *Obsthändler* m ‖ *Obstkörbchen* n ‖ *Obstteller* m ‖ *Obstschüssel* f ‖ *Obstkammer* f ‖ *Obstschiff* n ‖ ⟨Mal⟩ *Fruchtstück* n

frutescente adj *(m/f)* ⟨Bot⟩ *busch-, strauch|artig*

frútice m ⟨Bot⟩ *Staude* f ‖ *Strauch* m

frutícola adj *(m/f)* *Obst-, Obstbau-*

fruti|cultor m *Obst(an)bauer* m ‖ **–cultura** f *Obstbau* m

---

fruti|lla f dim von **fruta** ‖ *Rosenkranzperle* f ‖ SAm *(Chile)Erdbeere* f ‖ **–llar** m SAm *Erdbeerbeet* n ‖ **–llero** m SAm *Erdbeerverkäufer* m

fruto m *Frucht, Baum-, Erd|frucht* f ‖ ⟨fig⟩ *Nutzen, Ertrag* m ‖ ⟨fig⟩ *Vorteil, Gewinn, Nutzen* m ‖ ⟨fig⟩ *Frucht, Folge* f ‖ ~ alado ⟨Bot⟩ *Flügelfrucht* f ‖ ~ de baya ⟨Bot⟩ *Beerenfrucht* f ‖ ~ de bendición ⟨fig⟩ *eheliches Kind* n ‖ ~ en cápsula ⟨Bot⟩ *Kapselfrucht* f ‖ ~ compuesto ⟨Bot⟩ *Sammelfrucht* f ‖ ~ de (la) concepción *Leibesfrucht* f ‖ ~ dehiscente ⟨Bot⟩ *Springfrucht* f ‖ ~ en drupa ⟨Bot⟩ *Steinfrucht* f ‖ ~ en esquizocarpo ⟨Bot⟩ *Spaltfrucht* f ‖ ~ en folículo ⟨Bot⟩ *Balgfrucht* f ‖ ~ indehiscente ⟨Bot⟩ *Schließfrucht* f ‖ ◆ sin ~ ⟨fig⟩ *ergebnislos* ‖ *zwecklos* ‖ dar *(od* llevar) ~ *Früchte tragen (Baum)* ‖ ⟨fig⟩ *Nutzen abwerfen* ‖ sacar ~ ⟨fig⟩ *Nutzen ziehen* ‖ **~s** mpl *Geldfrüchte* fpl ‖ ~ civiles *Rechtsfrüchte* fpl ‖ ~ coloniales *Kolonialwaren* fpl ‖ ~ en especie *Naturalien* pl ‖ ~ del mediodía *Südfrüchte* fpl ‖ ~ del mar ⟨Kochk⟩ *Meeresfrüchte* fpl

ftaleína f ⟨Chem⟩ *Phthalein* n

¹fu m *Fauchen* n *(der Katze)* ‖ ◇ hacer ~ ⟨figf⟩ *Reißaus nehmen* ‖ *fauchen*

²¡fu! *pfui!* ‖ ni ~ ni fa ⟨fam⟩ *weder Fisch noch Fleisch, mittelmäßig,* ⟨fam⟩ *so lala*

fuacatina f Cu *Armut* f, *Elend* m

Fúcar m np *(Johann) Fugger, Kaufmann (in Augsburg, 16. Jh.)* ‖ ~ ⟨fig⟩ *sehr reicher Mann* m **¡fucha!** Mex *puff! pfui!*

△ **fuchero** m *Arzt* m

fuchina f Ar *Ausflucht* f

fuci|lar vi *wetterleuchten* ‖ ⟨fig⟩ *glitzern, flimmern* ‖ **–lazo** m *Wetterleuchten* n

fuco m ⟨Bot⟩ *Leder|alge* f, *-tang* m (Fucus sp) ‖ ~ aserrado *Sägetang* m (F. serratus)

fuc|sia f ⟨Bot⟩ *Fuchsie* f (Fuchsia spp) ‖ **–sina** f ⟨Chem⟩ *Fuchsin* n

fucú m Col Dom *Pech* n *(Unglück)*

¹fuego m *Feuer* n ‖ *Feuerstätte* f, *Herd, Kamin* m ‖ *Feuersbrunst* f, *Brand* m ‖ ⟨Med⟩ *Hitze|ausschlag* m, *-pocken* fpl ‖ ⟨Vet⟩ *Brenner, Kauter* m ‖ ⟨Mar⟩ *Leucht-, Signal|feuer* n ‖ *Feuerwerk* n ‖ ⟨fig⟩ *Herd, Haushalt* m ‖ ⟨fig⟩ *Hitze, Glut* f ‖ ⟨fig⟩ *Lebhaftigkeit, Leidenschaft* f, *Feuer* n ‖ ~ del cielo ⟨fig⟩ *Strafe* f *des Himmels* f ‖ ~ de destello ⟨Flugw Mar⟩ *Blinkfeuer* f ‖ ~ fatuo *Irrlicht* n ‖ ~ del hígado ⟨fig Med⟩ *Leberflecken* mpl ‖ ~ del infierno *Qualen* fpl *der Hölle* ‖ ~ intencionado *Brandlegung* f ‖ *(böswillige) Brandstiftung* ‖ ~ de Santelmo, ~ de San Telmo ⟨Mar⟩ *Elmsfeuer* n ‖ ◆ a ~ lento *od* manso *bei kleinem Feuer* ‖ ⟨fig⟩ *in aller Stille* ‖ a sangre y ~, a ~ y hierro *mit Feuer und Schwert* ‖ a prueba de ~ *feuer|beständig, -fest* ‖ en el ~ de la disputa ⟨fig⟩ *in der Hitze des Gefechts* ‖ ◇ apagar el ~ con aceite ⟨fig⟩ *Öl ins Feuer gießen* ‖ atizar el ~ *das Feuer schüren* (& fig) ‖ déme Vd. ~, por favor *darf ich Sie um Feuer bitten?* ‖ echar ~ *Feuer speien (Vulkan)* ‖ echar ~ por los ojos ⟨fig⟩ *ganz Feuer und Flamme sein* ‖ echar ~, estar hecho un ~ ⟨fig⟩ *äußerst erhitzt sein* ‖ echar leña al ~ ⟨fig⟩ *Öl ins Feuer gießen* ‖ gritar al ~ *Feuer rufen* ‖ hacer ~ *Feuer machen* ‖ huir del ~ y dar en las brasas ⟨figf⟩ *aus dem Regen in die Traufe kommen* ‖ jugar con ~ ⟨fig⟩ *mit dem Feuer spielen* ‖ llevar ~ ⟨Taur⟩ *die banderillas de fuego bekommen (Stier)* ‖ meterla las manos en el ~ por ella ⟨fig⟩ *er (sie, es) würde für sie durchs Feuer gehen, er (sie, es) würde für sie die Hand ins Feuer legen* ‖ pegar ~ a una casa *ein Haus in Brand setzen* ‖ poner ~, prender ~ *Feuer (an)legen, in Brand setzen* ‖ romper el ~ ⟨fig⟩

anfangen, s. entschließen ‖ tocar a ~ *die Feuerglocke läuten* ‖ vomitar ~ *Feuer speien (Vulkan)* ‖ ¡~! *potz Blitz! Donnerwetter!* ‖ ~s *mpl:* ~ artificiales, ~ de artificio *Feuerwerk* n
²fuego m *(Mil) (Geschütz)Feuer* n ‖ ~ acelerado *Schnellfeuer* n ‖ ~ alternado *Wechselfeuer* n ‖ ~ de ametralladoras *Maschinengewehrfeuer* n ‖ ~ de aniquilamiento *Vernichtungsfeuer* n ‖ ~ de artillería *Artilleriefeuer* n ‖ ~ de barrera *Sperrfeuer* n ‖ ~ de cañón *Geschützfeuer* n ‖ ~ concentrado, ~ convergente *konzentriertes Feuer* n ‖ ~ cruzado *Kreuzfeuer* n ‖ ~ curvo *Bogenfeuer* n ‖ ~ de dispersión *Streuschießen* n ‖ ~ fijante *im Ziel liegendes Feuer* n ‖ ~ de flanco *Flankenfeuer* n ‖ ~ graneado *Trommelfeuer* n ‖ ~ de hostigamiento *Stör-, Beunruhigungs\feuer* n ‖ ~ de línea *Reihenfeuer* n ‖ ~ de metralla *Kartätschenfeuer* n ‖ *Maschinengewehrfeuer* n ‖ ~ nutrido *anhaltendes Feuer, Schnellfeuer* n ‖ ~ oblicuo *Schrägfeuer* n ‖ ~ de protección *Feuerschutz* m ‖ ~ rápido *Schnellfeuer* n ‖ ~ rasante *Flachbahn-, Strich\feuer* n ‖ ~ de tambor *Trommelfeuer* n ‖ ◇ abrir el ~ *das Feuer eröffnen* ‖ dar ~ *(ab)feuern* ‖ echar ~ *Feuer speien (Geschütz)* ‖ hacer ~ *feuern, schießen* ‖ romper el ~ → *abrir el* ~ ‖ vomitar ~ → *echar* ~ ‖ ¡~! *Feuer!* ‖ ¡~ a discreción! *Feuer frei!* ‖ ¡alto el ~! *Feuer einstellen!*
fuegue|cillo, –cito, –zuelo m dim von **¹fuego** ‖ **–ro** m Ven *Feuerwerker* m
fueguino adj *aus Feuerland (Tierra del Fuego), feuerländisch* ‖ ~ m *Feuerländer* m
fueguito m dim von **¹fuego**
fuelga f Ast → **huelga**
fue|llar vt/i *(reg) mit dem Blasebalg anfachen* ‖ **–lle** m *(Blase)Balg* m ‖ *Dudelsackbalg* m ‖ ⟨Fot⟩ *Balgen* m *(der Kamera)* ‖ ⟨EB⟩ *Faltenbalg* m, *Verbindungsstück* n, *Harmonika* f *(von D-Zug-Wagen)* ‖ *faltbares Wagenverdeck* n ‖ *Halbverdeck* n *(an Kutschen)* ‖ *(fig) Ohrenbläser, Zwischenträger, Angeber* m ‖ Arg *Bandonion* n ‖ ~ acordeón *Faltenbalg* m *(bei D-Zug-Wagen)* ‖ ~ doble *(Fot) Doppelauszug* m ‖ ~ fotográfico *Balgen* m *(e–r Kamera)* ‖ ~ de fragua *Schmiede\balg* m, *-gebläse* n ‖ ◇ dar al ~ *den Balg treten* ‖ ~s mpl *Gebläse* n *(der Schmiede)* ‖ ⟨figf⟩ *Falten* fpl, *Bauschen* m *e–s schlechtsitzenden Kleides* ‖ *Windwolken* fpl ‖ ~ de órgano ⟨Mus⟩ *Orgelbälge* mpl
fuéllega f And *Fußabdruck* m *(im Boden)*
fuel|(oil), –óleo m *Heizöl* n
fuentada f *e–e Schüssel* f *voll*
¹fuente f *Quell, Born* m ‖ *Brunnen* m ‖ *Springbrunnen* m ‖ *Fontäne* f ‖ *Wasserkunst* f ‖ ⟨fig⟩ *Ursprung* m, *Quelle* f ‖ ~ de abastecimiento *Versorgungsquelle* f ‖ ~ artificial *Wasserkunst* f ‖ ~ ascendente *aufsteigende Quelle* f ‖ ~ de emisión ⟨Öko⟩ *Emissionsquelle* f ‖ ~ de energía *Energiequelle* f ‖ ~ de Herón *Heronsball* m ‖ ~ de información *Informationsquelle* f ‖ ~ de ingresos *Einnahmequelle* f ‖ ~ de Juvencia *Jungbrunnen* m ‖ ~ luminosa, ~ mágica *Leuchtfontäne* f ‖ ~ rejuvenecedora → ~ de Juvencia ‖ ~ de riqueza *Quelle* f *des Reichtums* ‖ ~ de soda *Trinkwassersprudler* m ‖ Chi Mex *Cafeteria* f ‖ ◆ de ~ bien informada *aus gut unterrichteter Quelle* ‖ ◇ beber en buenas ~s ⟨figf⟩ *aus guter Quelle schöpfen* ‖ hacer ~s ⟨vulg⟩ *wichsen (masturbieren)*
²fuente f *Schüssel, Platte* f ‖ *Napf* m ‖ *Taufbecken* n ‖ ~ para ensalada *Salatschüssel* f ‖ ~ para fiambres *Aufschnittplatte* f ‖ ~ de gratinar *Gratinierform* f ‖ ~ para legumbres *Gemüseschüssel* f

fuentezuela f dim von **fuente**
fuer m → **fuero** ‖ a ~ de *kraft, auf Grund von* ‖ als (nom) ‖ *nach Maßgabe* (gen) ‖ a ~ de español, no puedo consentir eso *als Spanier kann ich das nicht dulden*
¹fuera adv 1. *(dr)außen, außerhalb* ‖ *anderswo* ‖ *auswärts* ‖ *hervor, heraus* ‖ *hinaus* ‖ *unterwegs, auf Reisen* ‖ ⟨Mar⟩ *seewärts* ‖ *auf See* ‖ con la lengua ~ *mit heraushängender Zunge* ‖ de ~ von *außen, außerhalb* ‖ *vom Ausland* ‖ *von auswärts, nicht aus dem Ort, nicht heimisch* ‖ por ~ *außerhalb, äußerlich* ‖ ~ (de) bordo ⟨Mar⟩ *außenbords* ‖ echar ~ *hinauswerfen, (jdm) die Tür weisen* ‖ ¡fuera (de aquí)! *weg da! fort! ab! hinaus! raus!* ‖ ¡~ el sombrero, ~ sombreros! *Hut ab!*
2. ~ de *als* prep: *außer* (dat), *ausgenommen* (acc), *mit Ausnahme* (gen) ‖ ~ del alcance *außer Reichweite* ‖ ~ de banda ⟨Sp⟩ *im Aus* ‖ ~ del caso *unangebracht* ‖ *ungelegen* ‖ *nicht dazugehörig* ‖ ~ de circulación *außer Kurs (& fig)* ‖ ~ de combate *kampfunfähig, außer Gefecht* ‖ ~ de es(t)o *außerdem* ‖ ~ de toda esperanza *ganz hoffnungslos* ‖ *wider Erwarten* ‖ ~ de Europa *außereuropäisch* ‖ ~ de juego ⟨Sp⟩ *im Abseits (& fig)* ‖ ~ de juicio *widersinnig* ‖ ~ de lugar *un\statthaft, -angebracht* ‖ ~ de propósito *widersinnig, verfehlt* ‖ *ungelegen* ‖ ~ de razón *widersinnig* ‖ ~ de su seno ⟨fig⟩ *aus s–r Mitte* ‖ ~ de serie *als Sonderanfertigung, außer Serie (hergestellt)* ‖ ⟨figf⟩ *großartig,* ⟨fam⟩ *toll, prima (Mensch)* ‖ este investigador es un ~ de serie *dieser Forscher ist e–e Autorität,* ⟨fam⟩ *dieser Forscher ist e–e Kanone (auf s–m Gebiet)* ‖ ~ de servicio *außer Betrieb* ‖ ~ de tiempo *zur Unzeit, unzeitgemäß* ‖ ~ de toda esperanza *wider Erwarten* ‖ *ganz hoffnungslos* ‖ estar ~ de juego ⟨Sp⟩ *im Abseits stehen (& fig)* ‖ estar ~ de juicio *den Verstand verloren haben* ‖ estar ~ de sí ⟨fig⟩ *außer s. sein,* ⟨fam⟩ *ganz aus dem Häuschen sein* ‖ está ~ de la esfera de mi acción *es liegt außerhalb m–s Wirkungskreises* ‖ ◇ ir ~ de camino ⟨fig⟩ *s. irren* ‖ poner ~ de la ley *für vogelfrei erklären* ‖ quedar ~ de combate ⟨Mil⟩ *kampfunfähig sein* ‖ vivir ~ de la ciudad *außerhalb der Stadt wohnen*
3. *als* conj; ~ de que ... *abgesehen davon, dass ...; ausgenommen, dass ...*
²fuera m *Pereat-Ruf* m *(z.B. im Theater)* ‖ ¡~! *raus!* ⟨Th⟩ *absetzen! buh!*
³fuera ~ ser od ir
fuerabor|da m ⟨Mar⟩ *Außenbordmotor* m ‖ *Außenborder* m ‖ **–dismo** m *Motorwassersport* m
fuereño adj ⟨fig⟩ *dumm, einfältig* ‖ ~ m Mex *Provinzler* m ‖ *Fremde(r)* m
fuerista m/f *Foral-, Partikular\rechtler(in* f) m ‖ ⟨fig⟩ *Verfechter(in* f) m *der fueros*
fuero m *Vor-, Sonder\recht* n ‖ *Partikularrecht* n ‖ *(Gemeinde)Gesetz, Stadtrecht* n ‖ *Satzung* f ‖ *Gesetzessammlung* f ‖ *Gewohnheitsrecht* n ‖ *Gerichtsbarkeit* f ‖ ⟨fig⟩ *Vorrecht, Privileg* n ‖ ⟨fig⟩ *Stolz* m, *Überhebung* f ‖ ~ de Castilla ⟨Hist⟩ *kastilische Gesetzessammlung* f ‖ ~ de la conciencia *Gewissensbereich* m ‖ ~ eclesiástico *kirchliche Gerichtsbarkeit* f ‖ ~ de los Españoles ⟨Hist⟩ *Grundgesetz* n od *Charta* f *der Spanier (1945)* ‖ ~ de guerra *Kriegsgerichtsbarkeit* f ‖ el ~ interno od interior ⟨fig⟩ *der Richterstuhl des Gewissens, der innere Bereich* m ‖ ~ Juzgo *Sammlung f der westgotischen Gesetze in altkastilischer Sprache* ‖ ~ municipal *Stadtrecht* n ‖ ~ parlamentario *Abgeordnetenimmunität* f ‖ ~ pasivo *Gerichtsstand* m *des Beklagten* ‖ ~ secular *weltliche Gerichtsbarkeit* f ‖ ~ del Trabajo ⟨Hist⟩ *Grundgesetz* n od *Charta* f *der Arbeit (1938)* ‖ ◆

a(l) ~ *nach dem Gesetz* ‖ *gewohnheitsmäßig,* *nach den Landesgesetzen* ‖ de ~ *von Rechts wegen* ‖ en su ~ interno *bei s., im Inner(e)n (denken)* ‖ por ~ *ehrlich* ‖ ¿con qué? *mit welchem Recht?* ‖ ~s *mpl* Span *Fueros* mpl, *besondere Rechte, Freiheiten einzelner Provinzen od Städte* ‖ ⟨fig⟩ *Dünkel* m ‖ ⟨fig⟩ *Anmaßung* f ‖ ◇ volver siempre por los ~ de la verdad *immer für die Wahrheit einstehen*

¹**fuerte** adj *(m/f) stark, kräftig* ‖ *heftig* ‖ *fest, haltbar* ‖ *dick, dicht* ‖ *tapfer, wacker* ‖ *groß, bedeutend, ansehnlich* ‖ *beleibt, korpulent, dick* ‖ *widerstandsfähig, haltbar, fest, dauerhaft* ‖ *stabil, fest(sitzend)* ‖ ⟨Mil⟩ *befestigt* ‖ ⟨Mil⟩ *haltbar* ‖ *gut (Aussicht, Möglichkeit)* ‖ *kräftig, wirksam* ‖ *heftig, derb* ‖ *hart, schwer, mühsam* ‖ *starrsinnig* ‖ *eigenwillig* ‖ *energisch* ‖ *standhaft, mutig* ‖ *tüchtig* ‖ ⟨fig⟩ *gut beschlagen, bewandert* ‖ ⟨fig⟩ *unglaublich* ‖ ⟨fig⟩ *grob, hässlich, unanständig (Wort)* ‖ *hart, energisch (Rede)* ‖ *dick aufgetragen (Farbe)* ‖ *scharf (Soße, Essig)* ‖ *schwer (Wein)* ‖ *stark (wirkend) (Arznei)* ‖ *stark (Geruch)* ‖ *hoch, beträchtlich, groß (Summe, Vermögen)* ‖ *hart (Währung)* ‖ *fest(gezogen) (Knoten)* ‖ *schwer (Geld, Münze)* ‖ *aus Silber (Münze, mit Kupfergeld verglichen)* ‖ ⟨Gr⟩ *auf dem Stammvokal betont* ‖ Chi *stinkend* ‖ ◇ estoy ~ en matemáticas *ich bin stark (gut beschlagen) in der Mathematik, Mathematik ist m–e starke Seite* ‖ hacerse ~ *s. verschanzen* ‖ ⟨fig⟩ *nicht nachgeben* (en *in* dat) ‖ (eso) es más ~ que yo *ich kann mir nicht helfen* ‖ ¡eso es demasiado ~! *das ist unerhört (bzw unglaublich)!*

²**fuerte** adv *stark* ‖ *laut* ‖ *ausgiebig* ‖ *gehörig* ‖ ⟨Mus⟩ *nachdrücklich, forte* ‖ ◇ comer ~ *stark, ausgiebig essen* ‖ hablar ~ *laut sprechen* ‖ jugar ~ *hoch spielen* ‖ llamar ~ *stark, kräftig, (an)klopfen*

³**fuerte** m *der Starke* ‖ ⟨fig⟩ *Stärke* f ‖ ⟨Mil⟩ *Festung* f, *(Festungs)Werk, Fort* n ‖ ⟨Mus⟩ *Forte* n ‖ ⟨fig⟩ *Stärke* f ‖ ⟨fig⟩ *starke bzw stärkste Seite* f ‖ ⟨fig⟩ *Hauptsache* f ‖ el canto es su ~ *der Gesang ist s–e (ihre) starke Seite* ‖ en lo ~ del invierno *mitten im Winter* ‖ ~ avanzado ⟨Mil Fort⟩ *Außenwerk* n

fuerte|mente adv *stark, nachdrücklich, tüchtig* ‖ ⟨fig⟩ *kraftvoll, heftig* ‖ **–zuelo** m dim von **fuerte**

fuerza f *Kraft, (Leibes)Stärke* f ‖ *Widerstandsfähigkeit* f ‖ *Macht, Gewalt* f ‖ ⟨Tech⟩ *(Trieb)Kraft* f ‖ *Entschlossenheit* f, *Mut* m ‖ *Zwang* m, *Macht* f *(über jdn)* ‖ *Nachdruck* m ‖ *Überzeugungskraft* f ‖ *Notzucht* f ‖ ⟨fam⟩ *(elektrischer) Strom* m ‖ ⟨Mil⟩ *Streit-, Heeres|macht* f ‖ ⟨Mar Mil⟩ *Verband* m ‖ ~ aceleratriz *Beschleunigungskraft* f ‖ ~ activa *wirksame Kraft* f ‖ ⟨Mil⟩ *Ist-Stärke* f ‖ ~ de adhesión *Adhäsionskraft* f ‖ ~ aérea *Luftwaffe* f ‖ ~ animal *Betrieb* m *durch Tiere, tierische (Zug)Kraft* f ‖ ~ armada *bewaffnete Macht* f ‖ ~ de arranque ⟨Tech⟩ *Anzugskraft* f ‖ ~ ascensional *Steigkraft* f ‖ ⟨Flugw⟩ *Auftrieb(skraft* f) m ‖ *Hebekapazität* f *(e–s Docks)* ‖ ~ atractiva *Anziehungskraft* f (& fig) ‖ *Zugkraft* f ‖ ~ bruta *rohe Gewalt* f ‖ ~ centrífuga *Zentrifugal-, Flieh|kraft* f ‖ ~ centrípeta, ~ central *Zentripetalkraft* f ‖ ~ coercitiva *Koerzitivkraft* f ‖ ~ combativa ⟨Mil⟩ *Schlagkraft* f ‖ ~ de (com)presión *Druckkraft* f ‖ ~ de la corriente ⟨El⟩ *Stromstärke, Stärke* f *des elektrischen Strom(e)s* ‖ ~ de cosa juzgada ⟨Jur⟩ *Rechtskraft(wirkung)* f ‖ ~ de la costumbre *Macht* f *der Gewohnheit* ‖ ~ de choque nuclear ⟨Mil Pol⟩ *Atomstreitmacht* f ‖ ~ de disuasión *Abschreckungskraft* f ‖ ~ elástica *Feder-, Spann|kraft* f ‖ ~ eléctrica *elektrische Kraft* f ‖ ~

electromotriz *elektromotorische Kraft* f ‖ ~ elemental *Elementarkraft* f ‖ *Urkraft* f ‖ ~ expansiva *Ausdehnungs-, Expansions|kraft* f ‖ ~ física *Körper|kraft, -stärke* f ‖ ~ generadora ⟨Biol⟩ *Zeugungskraft* f ‖ ~ hercúlea *herkulische Kraft* f ‖ ~ humana *Menschenkraft* f ‖ ~ de inercia *Beharrungsvermögen* n ‖ ~ de (la) ley *Gesetzeskraft* f ‖ ~ de locomoción *Zugkraft* f ‖ ~ marítima → ~ naval ‖ ~ mayor *höhere Gewalt* f, *zwingende Umstände* mpl ‖ ~ mecánica *mechanische Kraft, Maschinenkraft* f ‖ ~ mental *geistige Kraft* od *Stärke* f ‖ ~ motriz *Triebkraft* f ‖ ~ muscular *Muskelkraft* f ‖ ~ naval *See-, Kriegs|macht* f *zur See* ‖ ~ nuclear multilateral ⟨Mil⟩ *multilaterale Atomstreitmacht f (MLF)* ‖ ~ de percusión *Durchschlagskraft* f ‖ ~ de persuasión *Macht* f *der Überredung, Überzeugungskraft* f ‖ ~ preservadora *schützende Kraft* od *Macht* f ‖ ~ de presión *Druckkraft* f ‖ ~ probatoria *Beweiskraft* f ‖ ~ pública *öffentliche Sicherheitsorgane* npl ‖ *Polizei* f ‖ ~ repulsiva *Abstoßungskraft* f ‖ ~ resistente *Widerstandskraft* f ‖ ~ retardatriz *Verzögerungskraft* f ‖ ~ de retroceso *rückwirkende Kraft* f ‖ ~ de sangre *Tier-, Pferde|kraft* f ‖ *Vollblütigkeit* f ‖ la ~ de la sangre ⟨fig⟩ *die Stimme des Blutes* ‖ la ~ del sino *die Macht des Schicksals* ‖ ~ sobrehumana *übermenschliche Kraft* od *Anstrengung* f ‖ ~ de sustentación ⟨Flugw⟩ *Tragkraft* f ‖ ~ titánica *Riesenkraft* f ‖ ~ de torsión *Drehkraft* f ‖ ~ de tracción *Zugkraft* f ‖ ~ de vapor *Dampfkraft* f ‖ ~ viril *Manneskraft* f ‖ ~ viva *kinetische Energie, lebendige Kraft* f ‖ (→ auch ~s vivas) ‖ ~ de voluntad *Willens|kraft, -stärke* f ‖ ◆ a ~ de (inf od s) *durch (viel)* acc, *mit viel* (dat), *durch vieles* ‖ a ~ de armas *mit Waffengewalt* ‖ a ~ de brazos ⟨figf⟩ *durch fleißige Arbeit, mit Gewalt* ‖ a ~ de correr *durch heftiges Laufen* ‖ a ~ de dinero *mit Geld* ‖ a ~ de estudiar *durch vieles Studium, nach vielem Lernen* ‖ a ~ de manos ⟨figf⟩ *mit Ausdauer und Beständigkeit* ‖ a ~ de ser repetido *durch dauernde Wiederholung* ‖ a ~ de ruegos *nach vielem Bitten* ‖ a ~ de tiempo *mit der Zeit* ‖ a viva ~, con toda la ~ *mit aller Kraft* ‖ a toda ~ ⟨Tech⟩ *mit voller Kraft* ‖ a la ~ *unumgänglich notwendig, schlechterdings* ‖ *gewaltsam, zwangsweise, mit Gewalt* ‖ *selbstverständlich* ‖ a la ~ ahorcan ⟨fam⟩ *Not kennt kein Gebot* ‖ ~ a ~ *mit ganzer Macht* ‖ con toda ~ *mit aller Gewalt* ‖ unbedingt ‖ (→ auch con todas sus ~s) ‖ de por ~ ⟨fam⟩ → por ~ ‖ en ~ de … *ver|mittels …, -möge …* ‖ *kraft, gemäß, zufolge* ‖ por ~ *zwangsweise, mit Gewalt* ‖ *schlechterdings* ‖ *natürlich, selbstverständlich* ‖ ◇ cobrar ~ *s. verstärken* ‖ *s. verdichten* (z.B. *Hypothese)* ‖ es ~ *es ist notwendig* ‖ es ~ reconocerlo *man muss es anerkennen* ‖ estar en la ~ de la edad *im besten Alter sein* ‖ hacer ~ *s. anstrengen* ‖ *überzeugen, beweisen* ‖ hacer ~ a alg. *jdn zwingen* ‖ *jdn zu überzeugen suchen* ‖ la ~ prima sobre el derecho *Gewalt geht vor Recht* ‖ usar de ~ *Gewalt anwenden* ‖ ~s mpl *Kriegs-, Heeres|macht* f ‖ ~ aéreas *Luftstreitkräfte* fpl, *Luftwaffe* f ‖ ~ aéreas tácticas (estratégicas) *taktische (strategische) Luftstreitkräfte* fpl ‖ ~ armadas ⟨Mil⟩ *Streitkräfte* fpl ‖ ~ de choque *Stoßtruppen* fpl ‖ ~ de combate *Kampftruppen* fpl ‖ ~ navales ⟨Mar⟩ *Seestreitkräfte* fpl ‖ ~ de ocupación *Besatzungsmacht* f ‖ ~ del orden público *Polizeikräfte* fpl ‖ ~ regulares *reguläre Streitkräfte* fpl ‖ ~ telúricas *tellurische Kräfte* fpl ‖ ~ vivas ⟨fig⟩ *(in) Handel* m *und Industrie* f *(tätige Bevölkerung* f) ‖ ⟨Hist⟩ *kampffähiger Teil* m *des Volkes* ‖ con todas sus ~ *aus Leibeskräften* ‖ ◇ cobrar ~ *Kräfte sammeln, genesen* ‖ dar ~

stärken ‖ recuperar sus ~ *wieder zu Kräften
kommen* ‖ sacar ~ *de flaqueza aus der Not e–e
Tugend machen, s. ermannen*
fuese → **ser** od **ir**
fuet *m* Cat *e–e katalanische Hartwurst* f
fue|tazo *m* Am *Peitschenhieb* m ‖ **–te** *m* Am
Peitsche f ‖ *Reitgerte* f ‖ **–tear** vt Am
(aus)peitschen ‖ **–tiza** *f* Dom PR *Tracht* f *Prügel*
fufar vi *fauchen (Katze)*
fufo *m* → **¹fu**
fufú *m* Col Cu PR ⟨Kochk⟩ *Brei* m *aus
Bananen, Yamswurzel od Kürbis* ‖ Dom → **gofio** ‖
Cu ⟨fig⟩ *Begabung* f ‖ PR ⟨fig⟩ *Zaube-, Hexe|rei* f
¹fuga *f Flucht* f, *Entfliehen, Ausreißen* n ‖
⟨Tech⟩ *Undichtheit, undichte Stelle* f, *Leck* n *(an
Röhren usw.)* ‖ ~ *hacia adelante Flucht* f *nach
vorn* ‖ ~ *de capitales Kapitalflucht* f ‖ ~ *de
cerebros Brain-Drain* m, *Abwanderung* f *von
Wissenschaftlern ins Ausland* ‖ ~ *del conductor*
⟨StV⟩ *Fahrerflucht* f ‖ ~ *de gas Gas|entweichung*
f, *-abzug* m ‖ ~ *de vocales Rätsel* n, *bei dem die
Selbstlaute durch Punkte angedeutet werden* ‖ ◇
hacer ~ ⟨Jur⟩ *entfliehen* ‖ poner en ~ *in die
Flucht jagen* ‖ ponerse en *od* darse a la ~ *die
Flucht ergreifen, fliehen, flüchten* ‖ tener ~(s)
undicht leck sein
²fuga *f* ⟨Mus⟩ *Fuge* f
³fuga *f* ⟨Med⟩ *Absence* f
fugacidad *f Flüchtigkeit* f ‖ ⟨fig⟩
Vergänglichkeit, Kurzlebigkeit f
fugada *f* ⟨Meteor⟩ *Windstoß* m, *Bö(e)* f
¹fugado adj *ent-, ge|flohen, ausgebrochen* ‖ ~
m Ausbrecher, Entsprungene(r) m
²fuga|do, –to *m* ⟨Mus⟩ *Fugato* m
fugarse [g/gu] vt *(ent)fliehen, ausbrechen* (de
aus) ‖ *flüchten, fliehen* ‖ ~ *con alg. mit jdm
durchbrennen*
fugaz [*pl* ~ces] adj *(m/f) flüchtig, fliehend* ‖
⟨fig⟩ *vergänglich, kurzlebig*
fúgido adj ⟨poet⟩ *flüchtig, vergänglich*
fugitivo adj *fliehend* ‖ *flüchtig (& fig)* ‖ ⟨fig⟩
(schnell) vorübergehend ‖ ⟨fig⟩ *vergänglich* ‖ ~ *m
Flüchtling* m ‖ *Ausbrecher, Flüchtige(r)* m
fugo adj/s Guat → **prófugo**
fugona *f* ⟨fam⟩: echarse, pegarse una ~ *die
Schule schwänzen*
fuguillas *m* ⟨fam⟩ *Hitzkopf* m ‖ *Heißsporn* m
führer *m* Deut ⟨Hist⟩: el ~ *der Führer (Adolf
Hitler)* ‖ ⟨allg⟩ *Diktator* m
fui → **ser** od **ir**
fuina *f* ⟨Zool⟩ *Stein-, Haus|marder* m (Martes
foina)
¹ful adj *(m/f)* ⟨pop⟩ *falsch* ‖ *missraten,* ⟨fam⟩
verkorkst ‖ *minderwertig, zweitklassig*
²ful *m Kauderwelsch* n
³ful *m* ⟨vulg⟩ *Scheiße* f
fula|na *f Frau X* ‖ *Fräulein Y* ‖ *e–e Person,
jemand* ‖ ⟨fam desp⟩ *Freundin, Geliebte* f ‖ ⟨fam⟩
Nutte, Hure f ‖ **–no** *m Herr X* ‖ *e–e Person,
jemand* ‖ ⟨fam desp⟩ *ein Kerl* m, *ein Subjekt* n ‖
~, zutano y mengano *der und der (wenn von
mehreren Personen die Rede ist)*
fular *m* ⟨Text⟩ *Foulard* m *(Gewebe)* ‖ *Foulard*
n *(Halstuch)*
fulastre adj ⟨fam⟩ *stümper-, pfuscher|haft*
fulcro *m* ⟨Tech⟩ *Dreh-, Unterstützungs|punkt* m
(e–s Hebels) ‖ ⟨Bot⟩ *Stütze* f *(Organ)*
fulero adj ⟨fam⟩ *stümper-, pfuscher|haft* ‖ →
fullero ‖ Ar *falsch, verlogen*
fulgen|cia *f Glanz, Schimmer* m ‖ **–te, fúlgido**
adj ⟨lit⟩ *glänzend, schimmernd, leuchtend,
blitzend, strahlend*
ful|gir [g/j] vi *glänzen, schimmern, strahlen* ‖
blitzen, funkeln ‖ **–gor** *m Glanz, Schimmer* m ‖
Blitzen, Funkeln, Strahlen n ‖ ⟨fig⟩ *Pracht* f

fulgu|ración *f Strahlen, Glänzen* n ‖
Aufleuchten, Funkeln n ‖ *Wetterleuchten* n ‖
(Ab)Glanz m ‖ *Blitzschlag* m ‖ ⟨Med⟩ *Fulguration*
f, *Blitzschlagsyndrom* n ‖ ⟨Med⟩ *Fulguration,
Behandlung* f *mit Funken* ‖ **–ral** adj *(m/f) Blitz-*
–rante adj *(m/f)* ⟨poet⟩ → **fulgente** ‖ *blitzartig
auftretend (Schmerz)* ‖ ⟨fig⟩ *blitzschnell, rasant,
pfeilschnell* ‖ ⟨fig⟩ *heftig, überwältigend* ‖ ⟨Med⟩
blitzartig auftretender Anfall m ‖ **–rar** vi
(er)glänzen ‖ *(aus)strahlen* ‖ *blitzen, aufleuchten*
fulgurita *f* ⟨Min⟩ *Blitzröhre* f, *Fulgurit* m ‖
[Sprengstoff] Fulgurit m
fulguroso adj *strahlend, strahlenwerfend,
leuchtend, blitzend*
△ **fulidor** *m Lehrer, Unterweiser* m *(von
Dieben)*
fúlica *f* → **¹focha**
fuligi|nosidad *f Rußigkeit* f ‖ *leichte
Rußschicht* f ‖ *Rußschwärze* f ‖ **–noso** adj
ruß|artig, -farbig, rußig ‖ ⟨lit⟩ *tiefschwarz*
full *m Full house (beim Poker)*
fulle|ar vi/t ⟨fam⟩ *im Spiel betrügen,
(be)mogeln* ‖ **–rear** vi Chi *prahlerische
Drohungen ausstoßen* ‖ *angeben, aufschneiden,
prahlen, großtun* ‖ **–resco** adj *betrügerisch,
mogelnd* ‖ **–ría** *f Mogelei* f, *Mogeln, Falschspiel*
n ‖ ⟨fig⟩ *Gaunerei, Prellerei* f ‖ ⟨fig⟩ Col
Einbildung ‖ *Angeberei, Aufschneiderei, Prahlerei*
f ‖ **–ro** adj *betrügerisch* ‖ Am *angeberisch,
aufschneiderisch, prahlerisch* ‖ *m* Col *lebhaftes,
ausgelassenes Kind* m ‖ *Betrüger, Mogler* m ‖
Falschspieler m ‖ *Gauner, Preller* m
fullingue adj Chi *minderwertig (Tabak)* ‖ ⟨fig⟩
kränklich (Mensch)
fullona *f* ⟨fam⟩ *lärmende Zänkerei* f
fulmar *m* ⟨V⟩ *Eissturmvogel* m (Filmurus
glacialis)
fulmi|cotón *m* ⟨Chem⟩ *Kollodiumwolle,
Schießbaumwolle* f ‖ **–nación** *f Blitzen* n ‖
Blitzschlag m ‖ *Knall* m, *Aufblitzen* n ‖
Detonation f ‖ ⟨fig⟩ *Verdammung* f, *Schleudern* n
(des Bannstrahles) ‖ **–nado** adj *vom Blitz
getroffen* ‖ **–nador** adj/s *blitzend, donnernd* ‖
⟨poet⟩ *blitzschleudernd, Blitze schleudernd* ‖ ⟨fig⟩
verdammend ‖ **–nante** adj *blitzartig· blitzend,
drohend* ‖ *detonierend* ‖ *zündend* ‖ *Knall-, Spreng-*
‖ ⟨fig⟩ *niederschmetternd* ‖ ⟨fig⟩ *tobend, zornig* ‖
⟨fig⟩ *sehr heftig* ‖ ⟨fig⟩ *Blitz-, Donner-,
Verdammungs-* ‖ ⟨Med⟩ *plötzlich auftretend bzw
von schnellem Verlauf (Krankheit)* ‖ ⟨Chem⟩
Knall-, Schlag-, Spreng- ‖ ~ *m Initialsprengstoff*
m ‖ *Zündhütchen* n ‖ *Zündblättchen* n ‖ **–nar** vt
durch Blitzschlag töten ‖ *(Blitz und Donner)
schleudern* ‖ ⟨fig⟩ *treffen (Blitz)* ‖ ⟨fig⟩
niederschmettern ‖ ⟨fig⟩ *mit dem Bannstrahl
treffen, den Bannstrahl schleudern* ‖ ⟨fig⟩
verhängen lassen (Richterspruch) ‖ ⟨Mil⟩
beschießen ‖ ~ vi ⟨fig⟩ *im Zorn toben, donnern,
wettern,* ⟨fam⟩ *explodieren* ‖ **–nato** *m* ⟨Chem⟩
Fulminat n
fulmí|neo adj *blitz|artig, -schnell, Blitz-,
Donner-* ‖ ⟨allg⟩ adj: ácido ~ ⟨Chem⟩ *Knallsäure* f
fulmi|nífero adj ⟨poet⟩ *blitztragend* ‖ **–noso**
adj → **fulmíneo**
fulo adj **a)** Pan *blond* ‖ **b)** *nicht ganz schwarz
(Neger, Mulatte)* ‖ Am ⟨fig⟩ *blass vor Zorn* ‖
wutentbrannt
fuma|ble adj *(m/f) rauchbar, zum Rauchen
geeignet* ‖ **–da** *f Zug* m *beim Rauchen* ‖ Arg Bol
⟨fig⟩ *Streich, Possen* m ‖ **–dero** *m Rauchzimmer* n
‖ ~ *de opio Opiumhöhle* f ‖ **–do** adj *[in der
Drogenszene] im Drogenrausch, high*
fumador *m (Tabak)Raucher* m ‖ ⟨fam⟩
Rauchzimmer n ‖ ~ *de cigarrillos
Zigarettenraucher* m ‖ ~ *de cigarros*

Zigarrenraucher m ‖ ~ de opio *Opiumraucher* m
‖ ~ de pipa *Pfeifenraucher* m ‖ ~ de puros
Zigarrenraucher m ~ de tabaco *Tabakraucher* m
‖ no ~es *Nichtraucher* mpl
fumante adj *(m/f) rauchend ‖ dampfend ‖*
⟨Chem⟩ *rauchend (Säure)*
fumar vt *rauchen (Tabak)* ‖ ~ vi *qualmen ‖*
dampfen ‖ ◇ ~ en boquilla *mit Mundstück*
rauchen ‖ ~ cigarrillos *Zigaretten rauchen ‖* ~
cigarros *Zigarren rauchen ‖* ~ en pipa *Pfeife*
rauchen ‖ ~ puros → ~ cigarros ‖ prohibido ~
Rauchen verboten ‖ ~se ⟨fam⟩ *(et.) restlos*
ausgeben, ⟨fam⟩ *(et.) ver|jubeln, (et.) -juxen ‖*
(et.) (Verpflichtendes) absichtlich versäumen, (zu
et. dat) *nicht hingehen ‖ blaumachen (Arbeit) ‖*
(et.) schwänzen (z.B. *Schule)* ‖ ~ toda su paga
⟨figf⟩ *s–n ganzen Lohn verjuxen* od *auf den Kopf*
hauen ‖ fumarse (alegremente) la herencia ⟨fam⟩
s–e (ganze) Erbschaft verjubeln ‖ ~ u/c ⟨fam⟩ *et.*
gänzlich vergessen
fumarada f *Stoß* m *(des Rauchers) ‖*
Rauchwolke f ‖ *Pfeifevoll* f *Tabak*
fumarel m ⟨V⟩ *Seeschwalbe* f (Chlidonias spp)
‖ ~ aliblanco *Weißflügelseeschwalbe* f (C.
leucopterus) ‖ ~ cariblanco *Weißbartseeschwalbe*
f (C. hybrida) ‖ ~ común *Trauerseeschwalbe* f
(C. niger)
fumaria f ⟨Bot⟩ *Erdrauch* m (Fumaria
officinalis)
fumarola f ⟨Geol⟩ *Fumarole, vulkanische*
Gasaushauchung f
fumata f *[in der Drogenszene] Rauchen* n *von*
Drogen ‖ Zusammenkunft f *zum Rauchen von*
Drogen m
fume|ta m *[in der Drogenszene] Hascher* m ‖
-tear vi *dauernd rauchen*
fumífero adj ⟨poet⟩ *rauchend*
fumi|forme *(m/f)* adj *rauchförmig ‖* **-gación** f
(Durch)Räuchern, Ausräuchern n ‖ **-gador** m/adj
Desinfektor m ‖ ⟨Agr Mil⟩ *Nebelerzeuger* m ‖
-gantes mpl/adj ⟨Chem⟩ *Räuchermittel* npl *(zur*
Desinfizierung bzw Schädlingsbekämpfung) ‖
-gar [g/gu] vt *durch-, aus|räuchern, vergasen ‖*
durchdampfen ‖ **-gatorio** adj *Räucher-* ‖ ~ m
Rauchfass n, *Räucherpfanne* f
fumígeno adj *raucherzeugend, Rauch-,* ⟨bes.
Mil⟩ *Nebel-*
fumín m Cu ⟨Mal⟩ *Wischer* m
fumis|ta m/f *Ofensetzer(in* f) m ‖
Ofenhändler(in f) m ‖ **-tería** f *Geschäft* n *bzw*
Werkstatt f *e–s Ofensetzers ‖ Ofenhandlung* f ‖
Arg *Spaßvogel* m
fumívoro adj *rauch|verzehrend* bzw *-abführend*
~ m *Rauchverzehrer* m
fumo m Arg [in der Drogenszene] *rauchbare*
Droge f
fumógeno adj → **fumígeno**
fumo|sidad f *Räucherigkeit* f ‖ *Dampf, Dunst*
m ‖ **-so** adj *rauchig, räucherig ‖ qualmend*
funambulesco adj *seiltänzerisch, Seiltänzer-* ‖
⟨fig⟩ *verstiegen, wunderlich, extravagant*
funámbulo m *Seiltänzer* m
funche m Cu Mex PR ⟨Kochk⟩ *Mais|suppe* f,
-brei m
funcia f Ven *öffentliche Vorstellung* f
¹función f *Aufgabe, Tätigkeit, Funktion* f ‖ *Amt*
n ‖ *Verrichtung* f ‖ *Amts-, Dienst|verrichtung* f ‖
Math Tech⟩ *Funktion,* ⟨Tech⟩ *Aufgabe* f ‖ ⟨Med
Physiol⟩ *Tätigkeit, Funktion* f *(der Organe) ‖*
Kriegs|tat, -handlung f (bes. lit Hist) ‖ ⟨Mil⟩
Feldzug m ‖ ~ trigonométrica ⟨Math⟩
trigonometrische Funktion f ‖ ◆ en ~ *amtierend* ‖
◇ cesar en sus funciones *die Tätigkeit einstellen ‖*
ein Amt niederlegen ‖ s–s Amtes entheben
werden ‖ conferir funciones a alg. *jdm e–e*

Tätigkeit übertragen ‖ ejercer una ~ *e–e Tätigkeit*
verrichten od *ausüben ‖* entrar en funciones *ein*
Amt antreten ‖ in Kraft treten
²función f *Festlichkeit, Feier* f ‖ *Haus-,*
Freuden|fest n ‖ ⟨Th⟩ *Vorstellung* f *(& Zirkus*
usw.) ‖ ⟨Rel⟩ *Gottesdienst* m ‖ ~ benéfica, ~ de
beneficiencia *Wohltätigkeits-, Benefiz|vorstellung*
f ‖ ~ de cine, ~ cinematográfica *Kinovorstellung*
f ‖ ~ de circo *Zirkusvorstellung* f ‖ ~ de
despedida *Abschiedsvorstellung* f ‖ ~ de gran
etiqueta, ~ de gala *Galavorstellung* f ‖ ~ infantil
Kindervorstellung f ‖ ~ de tarde
Abendvorstellung f ‖ ~ de la tarde [Kino]
Nachmittagsvorstellung f ‖ ◆ mañana no hay ~
morgen gibt es k–e Vorstellung
funcio|nal adj *(m/f) auf die Funktion*
bezüglich, funktion|ell, -al ‖ Tätigkeits-
funktionalistisch ‖ Betriebs-, Leistungs- ‖ ⟨fig⟩
wirtschaftlich, rationell ‖ **-nalismo** m
Funktionalismus m ‖ **-nalista** m/f *Funktionalist(in*
f) m ‖ **-nalizar** vt *funktionalisieren ‖* **-namiento**
m *Gang, Betrieb* m ‖ *Gang, Lauf* m *e–r Maschine*
‖ *Arbeitsweise* f *(e–s Geräts, e–s Mechanismus) ‖*
Funktionieren, Arbeiten n ‖ ⟨Biol⟩
Lebensverrichtungen fpl *des Organismus ‖* ~
(totalmente) automático *(voll)automatischer*
Antrieb m, *Automatik* f ‖ ~ continuo, ~
ininterrumpido *Dauerbetrieb* m ‖ ~ intermitente
Aussetzerbetrieb m ‖ ◆ en condiciones de ~
betriebsfähig ‖ **-nar** vi *gehen, funktionieren,*
laufen, im Gang(e) sein (Maschine) ‖ klappen (&
Beziehung zwischen zwei Personen) ‖ in Betrieb
sein, arbeiten ‖ ⟨vulg⟩ *noch potent sein (Mann) ‖*
◇ no *-na außer Betrieb ‖* hacer ~ una máquina
e–e Maschine in Betrieb setzen
funcio|nariado m *Beamtenschaft* f ‖ **-nario** m
(Staats)Beamte(r) m ‖ ⟨Pol Sp⟩ *Funktionär* m ‖ ~
de carrera *Berufsbeamter* m ‖ ~ del Estado
Staatsbeamte(r) m ‖ ~ en jubilación
pensionierte(r) Beamte(r) m ‖ ~ público
öffentliche(r) Beamte(r) m ‖ ~ no retribuido
Ehrenbeamte(r) m ‖ ~ subalterno
Subalternbeamte(r) m ‖ ~ vitalicio *Beamte(r)* m
auf Lebenszeit ‖ **-narismo** m *Bürokratismus* m ‖
-narización f *Verbeamtung* f ‖ **-narizar** [z/c] vt
verbeamten
funda f *Überzug, Bezug* m ‖ *Futteral* n,
Scheide f ‖ *Überzug* m, Öst *Zieche* f *(e–s*
Federbettes) ‖ ⟨pop⟩ *Präservativ* n ‖ ⟨vulg⟩
(Hoden)Sack m ‖ ~ de almohada
Kopfkissenbezug m ‖ ~ para gafas *Brillenfutteral*
n ‖ ~ protectora *Schonbezug, Schoner* m ‖ ◇
poner la ~ a … *überziehen* (z.B. *Bett) ‖* sacar de
la ~ *aus dem Futteral herausnehmen* (z.B. *Geige)*
funda|ción f *Gründung* f ‖ *Stiftung, Errichtung*
f ‖ *(milde) Stiftung* f ‖ *Stift* n ‖ *Grundlage* f ‖
⟨Arch⟩ *Fundament* n, *Fundierung* f, *Unterbau* m ‖
Am *Wohnsitz* m ‖ Col *Farm* f ‖ ~ de una casa
Gründung f *e–s Geschäftes ‖* ~ de interés público
öffentliche Stiftung f ‖ **-cional** adj *(m/f)*
Gründungs- ‖ Stiftungs-
funda|damente adv *begründeterweise, mit*
Sicherheit ‖ **-do** adj *gegründet ‖ gewiss ‖ wohl*
begründet, berechtigt ‖ ◇ estar ~ *be|gründet,*
-rechtigt sein ‖ **-dor** m *Gründer* m ‖ *Stifter* m ‖
-mentación f *Stützung* f ‖ *Abstützen* n ‖
Begründung f ‖ ~ de la sentencia ⟨Jur⟩
Urteilsbegründung f ‖ **-mentado** adj *gründlich ‖*
-mental adj *(m/f) wesentlich, Haupt-, Grund-* ‖
gründlich ‖ grundlegend, fundamental ‖ ⟨fig⟩
ursprünglich ‖ adv: ~**mente** *grundsätzlich ‖ von*
Grund aus ‖ im wesentlichen ‖ **-mentalismo** m
Fundamentalismus m ‖ **-mentalista** m/f
Fundamentalist(in f) m ‖ **-mentar** vt *e–e*

(sichere) Grundlage geben (dat), *stützen,
untermauern* (& fig) ‖ ⟨fig⟩ *begründen* ‖ ⟨fig⟩
sicherstellen ‖ **–mento** *m Grund* m, *Grundlage* f,
Fundament n (& fig) ‖ *Begründung* f ‖
Grund(bau) m ‖ *(Haupt)Grund* m ‖ *Grundbegriff*
m ‖ ⟨fig⟩ *Grundlage, Hauptstütze* f ‖ ⟨fig⟩
Verlässlichkeit f ‖ ⟨fig⟩ *Ernst* m, *Gesetztheit* f ‖
⟨pop⟩ *After* m, *Gesäß* n ‖ ♦ con ~ *auf reiflicher
Überlegung beruhend* ‖ *begründet(erweise)* ‖ sin
~ *ohne Begründung, un|begründet, -berechtigt* ‖
grundlos ‖ ◇ carecer de ~, no tener ~
un|begründet od -berechtigt ‖ *leichtfertig,
unzuverlässig sein* ‖ **~s** *mpl* ⟨Arch⟩ *Grundmauern*
fpl, *Fundament* n ‖ ◇ sentar los ~ *die
Grundlagen od das Fundament legen* (& fig)
fundar vt/i ⟨Arch⟩ *gründen, errichten (Kloster,
Schule usw.)* ‖ *erbauen* ‖ *stiften* ‖ *festsetzen* ‖
entwerfen (Plan) ‖ *(be)gründen, stützen* (en *auf*
acc) *(Ansicht, Forderung usw.)* ‖ ~ en el aire
⟨fig⟩ *Luftschlösser bauen* ‖ *auf Sand bauen* ‖ ~
una casa *ein Geschäft gründen, errichten* ‖ ~ un
imperio *ein Reich gründen* ‖ ~ su opinión en la
experiencia *s–e Meinung auf die Erfahrung
gründen* ‖ ~ una organización *e–e Organisation
gründen* ‖ ~ grandes esperanzas en alg. *auf jdn
große Hoffnungen setzen* ‖ en eso funda toda su
dicha *darauf baut er sein ganzes Glück* ‖ **~se** *s.
gründen od stützen* ‖ *fußen* (en *auf* dat) ‖ *ruhen*
(auf dat) ‖ *entspringen* (dat)
fundente adj *(m/f) schmelzend* ‖ ~ m ⟨Chem
Tech⟩ *Schmelz-, Fluss|mittel* n, *Zuschlag* m ‖
⟨Med⟩ *auflösendes Mittel, Auflösungsmittel* n
(gegen Geschwülste)
fundería f *Gießerei, Schmelzhütte* f (→ auch
fundición) ‖ ⟨Typ⟩ *Schriftgießerei* f
fundible adj *(m/f) schmelz-, gieß|bar*
fundición f *Gießen, (Ein)Schmelzen* n ‖ *Guss*
m ‖ ⟨Typ⟩ *Schriftgarnitur* f, *Sortiment* n *Schriften*
‖ *Gießerei, Schmelzhütte* f ‖ *Gusseisen* n ‖ ~ de
acero, ~ acerada *Stahlguss* m ‖ ~ amarilla
Gelbguss m ‖ ~ en arena *Sandguss* m ‖ ~ blanca
Weißguss m ‖ ~ bruta Arg *Roheisen* n ‖ ~ de
campanas *Glockengießerei* f ‖ *Glockenguss* m ‖ ~
en coquilla *Kokillenguss* m ‖ ~ dulce (dura)
Weich-, (Hart)guss m ‖ ~ especular *Spiegeleisen*
n ‖ ~ gris *Grauguss* m ‖ ~ de hierro *Eisenguss* m
‖ ~ en lingotera *Kokillenguss* m ‖ ~ maciza
Kern-, Voll|guss m ‖ ~ maleable *Temperguss* m ‖
~ en molde *Formguss* m ‖ ~ de plomo
Bleigießen n ‖ *Bleihütte* f ‖ ~ ornamental
Zierguss m ‖ ~ de tipos, ~ de caracteres (de
imprenta) ⟨Typ⟩ *Schriftgießerei* f
fundi|do adj *ge|schmolzen, -gossen* ‖ *aufgelöst*
‖ *flüssig* ‖ *verschwommen* ‖ Am ⟨pop⟩ *pleite* ‖ ~
m ⟨Film⟩ *Überblendung* f ‖ *Farbabstufung* f ‖
Warmlaufen n *(e–s Lagers)* ‖ ◇ abrir (cerrar) en
~ ⟨Film⟩ *auf-, (ab)blenden* ‖ **–dor** m *Gießer,
Schmelzer* m ‖ ~ de campanas *Glockengießer* m ‖
~ de tipos ⟨Typ⟩ *Schriftgießer* m ‖ **–dora** f ⟨Typ⟩:
~ de caracteres de imprenta, de tipos
Letterngießmaschine f
fundi|llos *mpl* Am *Hosenboden* m ‖ Mex
Gesäß n ‖ **–lludo** adj Chi ⟨pop⟩ *mit großem
Hinterteil* ‖ ~ m ⟨fig⟩ *Pantoffelheld* m
fundir vt *schmelzen (Erze)* ‖ *gießen (Glocken,
Lettern)* ‖ *(ein)schmelzen* ‖ *zerlassen (Butter)* ‖
⟨fig⟩ *verschmelzen, innig verbinden* ‖ ⟨fig⟩ *in
Einklang bringen* ‖ Am *zugrunde* (& *zu Grunde)
richten, ruinieren* ‖ ◇ ~ de nuevo *um|gießen,
-schmelzen* ‖ difícil (fácil) de ~ *streng-,
(leicht)|flüssig* ‖ **~se** *schmelzen, zergehen* ‖ ⟨El⟩
durch|schmelzen, -brennen (Sicherung) ‖ ⟨fig⟩ *in
Einklang kommen* ‖ ⟨fig⟩ *s. zusammenschließen*
(& Com) ‖ ⟨Com⟩ *fusionieren* ‖ *ineinander laufen
(Farben)* ‖ ⟨fig⟩ *auftauen (Eis)* ‖ Am ⟨fig⟩ *s.*

zugrunde (& *zu Grunde) richten, s. ruinieren,
Pleite machen* ‖ ◇ su corazón se fundía de
ternura *sein (ihr) Herz zerfloss in zärtlicher
Rührung* ‖ se fundieron en un abrazo *sie
umarmten s. innigst*
fundo m ⟨Jur⟩ *Grundstück* n ‖ ~ dominante
(sirviente) ⟨Jur⟩ *herrschendes (dienendes)
Grundstück* n ‖ Chi *Landgut* n
fundón m Col *Reitkleid* n *(für Frauen)*
fúnebre adj *(m/f) Grab-, Begräbnis-, Leichen-,
Trauer-* ‖ ⟨fig⟩ *traurig, düster* ‖ ⟨fig⟩ *finster*
fune|ral adj *(m/f) zum Leichenbegräbnis
gehörig, Begräbnis-, Bestattungs-* ‖ **~(es)** *m(pl)
Trauergottesdienst* m ‖ *Totenfeier* f ‖
Leichen|begängnis n, *-feier* f ‖ **~es** nacionales
Staatsbegräbnis n ‖ **–rala** adv: a la ~ ⟨Mil⟩ *mit
gesenkten Waffen (als Zeichen der Trauer)* ‖ ⟨fig⟩
blau, blutunterlaufen (Auge) ‖ **–raria** f
Bestattungsinstitut n ‖ *(caja)* ~ *Sterbekasse* f ‖
–rario adj *Begräbnis-, Leichen-*
funéreo adj *(poet)* → **fúnebre**
funes|tar vt *beflecken, entweihen* ‖ **–tidad** f
Mex *trauriges Ereignis* n ‖ **–to** adj *traurig,
kläglich, beklagenswert* ‖ *un|glücklich, -heilvoll* ‖
unheilbringend ‖ *verhängnisvoll* ‖ *verderblich,
todbringend, tödlich* ‖ adv: **–amente**
fungi|bilidad f *Verzehrbarkeit* f ‖
Verbrauchbarkeit f ‖ ⟨Jur⟩ *Vertretbarkeit* f *(von
Sachen)* ‖ **–ble** adj *(m/f) verzehrbar* ‖
verbrauchbar ‖ ⟨Jur⟩ *vertretbar, fungibel
(Sachen)*
fungi|cida adj *(m/f) pilztötend, fungizid* ‖ ~ m
Fungizid n, *Mittel* n *gegen Pilzbefall* ‖ **–forme** adj
(m/f) pilzförmig ‖ **–stático** adj *fungistatisch, das
Pilzwachstum hemmend* ‖ ~ m *Fungistatikum, das
Pilzwachstum hemmendes Mittel* n
fungir [g/j] vi Mex *an jds Stelle treten* ‖ MAm
Mex *ein Amt ausüben* ‖ ⟨fam⟩ *s. in ein Geschäft
unberufen einmischen*
fun|go m ⟨Med⟩ *Fungus, Schwamm, fleischiger
Auswuchs* m ‖ **–gosidad** f *Schwammigkeit* f ‖
⟨Med⟩ *Fungosität, schwammige Wucherung* f ‖
–goso adj *schwammig, porös* ⟨Med⟩ *fungös,
schwammig*
funicular adj: *(ferrocarril)* ~ m *Standseilbahn*
f ‖ ~ aéreo *(Draht)Seilbahn, Schwebebahn* f
funículo m ⟨An⟩ *Samenstrang* m ‖ ⟨An⟩
Nabelschnur f ‖ ⟨Bot⟩ *Keimgang,* ⟨lat⟩ *Funiculus*
m ‖ ⟨Ins⟩ *Funiculus* m ‖ ⟨Ins⟩ *Fühlergeißel* f
funiforme adj *(m/f) strangförmig*
funkia f ⟨Bot⟩ *Funkie* f (Hosta)
△ **fuñador** m *Streit|hahn, -hammel* m
fuñido adj Cu *schwächlich, kränklich* ‖ Ven
streitsüchtig
fuñique adj/s *(fam) plump, linkisch* ‖
ängstlich, zimperlich, ⟨fam⟩ *pingelig*
fuqui adj *(m/f)* Marr *hoch (gelegen)*
fura|car vt Ar → **horadar, agujerear** ‖ **–co** m
Ar → **agujero**
furcia f/adj ⟨pop⟩ *Nutte, Hure* f ‖ ⟨fig⟩
verachtenswertes Weib n
furente adj *(poet) wütend, rasend, tobend*
fúrfur m, **fúrfura** f ⟨Med⟩ *Schinnen,
Kopfschuppen* fpl
furfuráceo adj *kleienartig* ‖ ⟨Med⟩ *Schuppen-*
fur|gón m ⟨EB⟩ *Pack-, Gepäck|wagen* m ‖
⟨Auto⟩ *Kastenwagen* m ‖ ~ celular *Polizeiwagen*
m ‖ ~ de cola ⟨EB⟩ *letzter Zugwagen* ‖ ~ de
correos ⟨EB⟩ *Postwagen* m ‖ ~ de los equipajes
⟨EB⟩ *Gepäckwagen* m ‖ ~ para ganado ⟨EB⟩
Viehwagen m ‖ **–goneta** f ⟨Auto⟩ *Lieferwagen,
(kleiner) Gepäckwagen* m
¹furia f *Furie* f ‖ *Wut, Raserei* f, *Toben* n ‖
⟨fig⟩ *Toben* n *(des Meeres)* ‖ ⟨fig⟩ *Heftigkeit* f ‖
Ungestüm n ‖ ⟨fam⟩ *böses Weib* n ‖ ⟨Myth⟩ *Furie*

f (& fig) ‖ ◆ con (od a) toda ~ *mit voller Kraft* ‖ *in aller Eile* ‖ *(wie) wild* ‖ hecho una ~ *wütend, sehr zornig, tobend*

²furia f Mex *wirrer Haarschopf* m

furibun|do adj *wütend, rasend* ‖ **–dez** [pl ~ces] f *Wut* f, *Zorn* m, *Rage* f

furierismo m ⟨Soz⟩ *Fourierismus* m, *System* n *des Charles Fourier*

furio|sidad f *wütendes Gebaren* n ‖ **–so** adj *rasend, wütend, toll* (& fig) ‖ *tobsüchtig* ‖ ⟨fig⟩ *gewaltig, schrecklich* ‖ ⟨Mus⟩ *furioso* ‖ ⟨poet⟩ *verheerend, furchtbar (Sturm)* ‖ ~ de cólera *vor Wut schnaubend* ‖ loco ~ *Tobsüchtige(r)* m ‖ ◇ está ~ contra mí *er ist wütend auf mich* ‖ se puso ~ al saberlo *als er es erfuhr, wurde er wütend*

furlana f *Furlana* f *(italienischer Tanz)*

furnáridos mpl ⟨V⟩ *Töpfervögel* mpl (Furnariidae) (→ ²hornero

¹furo adj *barsch, menschenscheu* ‖ Ar *unbändig (Tiere)* ‖ Ar Al Nav → **furioso**

²furo m: ◇ hacer ~ de algo Ar *et. verbergen, um es s. heimlich anzueignen*

³furo m *Einfüllöffnung* f *der Form für Zuckerhüte* ‖ Mex *Spitze* f *des Zuckerhuts*

furoína f ⟨Chem⟩ *Furoin* n

furor m *Raserei, Wut* f, *(In)Grimm* m ‖ *Ent-, Ver|zückung, Begeisterung* f ‖ ⟨Med⟩ *Wutausbruch* m, *Wüten, Toben* n ‖ ⟨fig⟩ *dichterischer Wahnsinn* m ‖ ⟨fig⟩ *rasende Schnelligkeit* f ‖ ~ popular *Volkswut* f ‖ ~ teutónico *Furor* m *teutonicus* (lat) ‖ *deutsches Ungestüm* n ‖ ~ uterino ⟨Med⟩ *Mannstollheit, Nymphomanie* f ‖ ◇ hacer ~ *sehr beliebt (od in Mode) sein, Furore machen*

△ **furre** adj *ausgezeichnet*

furriel, furrier m ⟨Mil⟩ *Quartiermacher, Furier* m

furriña f Mex *Zornausbruch* m

furris adj fam Al Ar Nav Mex Ven *schlecht, elend, erbärmlich* ‖ *verpfuscht*

furrumalla f Cu *Gesindel* n ‖ ⟨fig⟩ *erbärmliche, schlechte Sache* f

furrusca f Col *Streit, Zank* m

furti|vamente adv von **–vo** ◇ cazar ~ *wildern* ‖ **–vismo** m *Wilddieberei, Wilderei* f, *Wildern* n ‖ **–vo** adj *heimlich, verstohlen* ‖ ◇ hacer caza ~a *wildern, Waldfrevel treiben*

furto m ⟨reg⟩ → **hurto**

fu|rúnculo m ⟨Med⟩ *Furunkel* m ‖ **–runculosis** f *Furunkulose* f

fusa f ⟨Mus⟩ *Zweiunddreißigstelnote* f

fusado adj ⟨Her⟩ *mit Spindeln*

fusca f Extr Sal *Unterholz* n

fusco adj *dunkel, schwärzlich*

fuse|lado adj ⟨Her⟩ → **fusado** ‖ ~ m *(Flugw) Verkleidung* f ‖ **–laje** m ⟨Flugw⟩ *Rumpf* m ‖ ~ de rejilla *Gitterrumpf* m

fusi|bilidad f *Schmelzbarkeit* f ‖ **–ble** adj *(m/f) schmelzbar, leichtflüssig* ‖ ~ m ⟨El⟩ *Sicherung* f ‖ *Schmelzeinsatz* m ‖ ~ automático *Sicherungsautomat* m ‖ ~ de recambio *Ersatzsicherung* f ‖ ◇ cambiar od reemplazar un ~ *e–e Sicherung auswechseln od ersetzen*

fusiforme adj *(m/f) spindelförmig*

fusil m *Gewehr* n ‖ ⟨fig⟩ *Schütze* m ‖ ~ acuático ⟨Sp⟩ *Harpune* f ‖ ~ de aguja *Zündnadelgewehr* n ‖ ~ de aire comprimido *Luftgewehr* n ‖ ~ ametrallador *leichtes Maschinengewehr* n ‖ ~ de asalto *Sturmgewehr* n ‖ ~ automático *Selbstladegewehr* n ‖ ~ de avancarga, ~ de baqueta *Vorderlader* m ‖ ~ de chispa *Steinschlossgewehr* n ‖ ~ Máuser *Mausergewehr* n ‖ ~ de percusión, ~ de pistón *Hammergewehr* n ‖ ~ rayado *gezogenes Gewehr* n ‖ ~ de reglamento *Dienstgewehr* n ‖ ~ de repetición *Magazingewehr* n, *Mehrlader* m ‖ ~ de

retrocarga *Hinterlader* m ‖ ◇ apuntar (con) el ~ *zielen* ‖ cargar el ~ *das Gewehr laden* ‖ disparar el ~ *schießen, das Gewehr abfeuern*

fúsil adj *(m/f)* → **fusible**

fusi|lamiento m *(standrechtliche) Erschießung* f ‖ ~ en masa *Massenerschießung* f ‖ **–lar** vt ⟨Mil⟩ *standrechtlich erschießen, füsilieren* ‖ ⟨figf⟩ *nachmachen, zusammenstoppeln, plagiieren (Buch usw.)* ‖ **–lazo** m *Gewehrschuss* m ‖ *Schusswunde* f ‖ **–lería** f *Gewehrfeuer* n ‖ *Infanteriefeuer* n ‖ *Gewehre* npl ‖ ⟨fig⟩ *Schützen* mpl

fusilero m ⟨Mil⟩ *(Gewehr)Schütze* m ‖ *Musketier, Füsilier* m ‖ ~ de montaña ⟨Mil⟩ *Gebirgsjäger* m

fusinita f *Fusinit* n

fusión f *(Ein)Schmelzen* n ‖ *Schmelze* f, *Fluss* m ‖ *Schmelzprozess* m ‖ ⟨Atom⟩ *(Kern)Fusion, (Kern)Verschmelzung* f ‖ ⟨Met⟩ *Gießen* n, *Guss* m ‖ ⟨fig⟩ *Ver|schmelzung, -einigung* f ‖ ⟨fig⟩ *Zusammenschluss* m ‖ ⟨fig⟩ *Aufgehen* n ‖ ⟨Pol Com⟩ *Fusion(ierung)* f ‖ ~ de acciones ⟨Wir⟩ *Aktienzusammenlegung* f ‖ ~ de dos empresas comerciales *Fusion* od *Vereinigung* f *zweier Handelsgesellschaften* ‖ ~ del esmalte *Einbrennen* n *des Emails* ‖ ◆ en (estado de) ~ *in geschmolzenem Zustand, schmelzflüssig* ‖ ◇ entrar en ~ ⟨Chem⟩ *schmelzen*

fusionar vt *ver|ein(ig)en, -schmelzen, zusammenlegen* ‖ ⟨Com⟩ *fusionieren* ‖ ~ vi, ~se *verschmelzen, s. vereinigen* ‖ *fusionieren*

fuso m ⟨Her⟩ *Raute* f

fusor m *Schmelztiegel* m

¹fusta f *dünnes Holz* n ‖ *Reisig, Reisholz* n ‖ *Reitpeitsche* f ‖ *Kutscherpeitsche* f

²fusta f ⟨Mar⟩ *Fuste* f, *kleines Wachtschiff* n

³fusta f ⟨Text⟩ ⟨Art⟩ *Wollstoff* m

⁴fusta f ⟨Fi⟩ *Große Schlangennadel* f (Entelerus aequoreus)

fustado adj ⟨Her⟩ *geschäftet*

fus|tán, –taño m ⟨Text⟩ *Barchent* m ‖ Mex *Unterrock* m ‖ SAm *Frauenrock* m

fustazo m *Peitschenhieb* m

fuste m *(Baum)Holz* n ‖ *Holzstange* f ‖ *Schaft* m ‖ *Rute, Gerte* f ‖ *Sattelbaum* m ‖ *Deichselstange* f *am Wagen* ‖ ⟨Arch⟩ *Säulenschaft* m ‖ ⟨fig⟩ *innerer Gehalt, Kern* m ‖ ⟨fam⟩ *Bedeutung* f ‖ Gal *großes Weinfass* n ‖ ⟨poet⟩ *Sattel* m ‖ ⟨poet⟩ *Lanze* f, *Speer* m ‖ ◆ de ~ ⟨fig⟩ *wichtig, bedeutend* ‖ de poco ~ *unbedeutend* ‖ ⟨fig⟩ *inhalt-, charakter|los*

fustero m *Drechsler* m ‖ *Tischler* m ‖ *Zimmermann* m ‖ Mex *Sattelbaummacher* m

fustete m ⟨Bot⟩ *Perückenstrauch* m, *Fisettholz* n (Cotinus coggygria)

fusti|gación f *Auspeitschen* n ‖ **–gador** m *Auspeitscher* m ‖ **–gar** [g/gu] vt *(aus)peitschen, geißeln* ‖ ⟨fig⟩ *derb tadeln, rügen*

fusto m Hues ⟨Art⟩ *Bauholz* n

fusuco m Ven *Rakete* f

fut. ⟨Abk⟩ = **futuro**

futbito m ⟨Sp⟩ ⟨Art⟩ *Hallenfußball, jedoch im Freien gespielt*

fútbol, futbol m ⟨Sp⟩ *Fußball* m, *Fußballspiel* n ‖ ~ femenino *Damenfußball* m ‖ ~ de sala *Hallenfußball* m

futbo|lero adj *auf den Fußball bezüglich, Fußball-* ‖ ~ m *Fußballfan* m ‖ **–lín** m *Tischfußball* m ‖ **–lista** m/f *Fußballspieler(in* f), ⟨fam⟩ *Fußballer(in* f) m ‖ **–lístico** adj *Fußball-*

futearse vr Col *faulen (Obst)*

futesa f ⟨fam⟩ *Kleinigkeit, Läpperei, Lappalie* f ‖ *Firlefanz* m

fútil adj *(m/f) nichtig, nichtssagend* ‖ *geringfügig* ‖ *unbedeutend, belanglos*

futi|lidad, –leza f *Nichtigkeit, Seichheit* f ‖

Kleinigkeit, Läpperei f ‖ *Inhaltslosigkeit* f ‖
Kindlichkeit f ‖ *Nutzlosigkeit* f
    futir vi Ant *ärgern* ‖ ~**se** Ant *s. ärgern* ‖ Chi
⟨pop⟩ *zugrunde (& zu Grunde) gehen*
    futraque *m* ⟨fam⟩ *Jacke* f, *Rock* m
    futrarse vr Arg → **fastidiarse** ‖ me futro en
(& *gemeintes Objekt*) Arg ⟨vulg⟩ etwa: *verfluchte
Scheiße!*
    futre *m*/adj SAm *Geck, Stutzer, Modenarr* m
    futriaco *m* ⟨desp⟩ Col Dom PR *Kerl* m,
Subjekt n
    futrirse vr → **futrarse**
    ¹futura *f Anwartschaft* f ‖ ⟨fam⟩ *Braut,
Zukünftige* f
    ²futura *f* ⟨Typ⟩ *Futura* f *(Schrift)*
    futu|rario adj *Anwartschafts-* ‖ **–rismo** *m*
[Kunst] *Futurismus* m ‖ *Zukunftsorientierung* f ‖
–ista adj *(m/f) futuristisch* ‖ ~ *m/f Futurist(in* f)
m
    futuro adj *(zu)künftig* ‖ ⟨fig⟩ *angehend, in spe*
‖ ◆ de ~ *für die Zukunft* ‖ en lo ~ *in Zukunft* ‖
~ *m* ⟨Gr⟩ *Futur(um)* n ‖ ⟨fam⟩ *Bräutigam,
Zukünftige(r)* m ‖ ~ *imperfecto*, ~ *absoluto
erstes Futur(um)* n ‖ ~ *perfecto zweites
Futur(um)* n ‖ ◆ en un ~ *próximo in nächster
Zeit*
    futu|rología *f Futurologie* f ‖ **–rólogo** *m
Futurologe* m
    fututo *m* Pan *Blasmuschel* f
    fvr. ⟨Abk⟩ = **favor**
    fzas. ⟨Abk⟩ = **fuerzas**

G

G, g *f* [= Ge, ge, *pl* Ges, ges] *G, g* n
g ⟨Abk⟩ = **gramo(s)**
g., g/ ⟨Abk⟩ = **género** ‖ **giro** ‖ **gran(de)**
g.ᵃ ⟨Abk⟩ = **ganancia**
G. ⟨Abk⟩ = **Gracia** ‖ **Gobierno** ‖ **Gloria** ‖
Gran(de)
Ga ⟨Abk⟩ = **galio**
gabacho adj *aus den Pyrenäen* ‖ ⟨fam desp⟩
französisch ‖ ~ *m Dorfbewohner* m *(einiger
Dörfer in den Pyrenäen)* ‖ ⟨fam desp⟩ *Franzmann*
m ‖ ⟨fam desp⟩ *französische Sprache* f ‖ ⟨fam
desp⟩ *mit Gallizismen durchsetztes Spanisch* n
gabán *m Mantel* m ‖ *Über|zieher, -rock* m ‖ ~
de entretiempo leichter Übergangsmantel m ‖ ~
de pieles Herrenpelzmantel m ‖ → *auch* **abrigo**
   gabanero *m Garderobe* f
   △ **gabaradé** *m Franzose* m
   gabarda *f* ⟨Bot⟩ Ar → **escaramujo**
   gabardina *f* ⟨Text⟩ *Gabardine* m (& f) *(Stoff)* ‖
   Trenchcoat m ‖ *(imprägnierter) Regenmantel* m ‖
   Bauernjacke f *mit engen Ärmeln* ‖ ⟨pop⟩ *Kondom*
   n (& m)
   gabarra *f* ⟨Mar⟩ *Lastkahn* m ‖ *Leichter* m ‖
   Schute f ‖ And ⟨figf⟩ *lästige Sache* od
   Angelegenheit f
   gabarrero *m* ⟨Mar⟩ *Schiffsführer* m *(e–s
   Lastkahns, e–s Leichters, e–r Schute)* ‖
   Schleppschiffer m
   ¹gabarro *m* ⟨Text⟩ *Webernest* n *(Webfehler)*
   ²gabarro *m* ⟨Vet⟩ **a)** *Hufgeschwür* m ‖ **b)** *Pips*
   m *(der Hühner)*
   ³gabarro *m* ⟨Min⟩ *Steinknoten* m
   ⁴gabarro *m* ⟨Com⟩ *Rechenfehler* m ‖ ⟨fig⟩
   unangenehme Verpflichtung f
   ⁵gabarro *m* Sal ⟨Ins⟩ *Hummel* f ‖ ⟨fig⟩ *Drohne*
   f, ⟨fam⟩ *Faulenzer* m
   gabato *m* ⟨Zool⟩ *noch nicht einjähriges
   Hirschkalb* n
   gabela *f Abgabe, Steuer* f ‖ ⟨fig⟩ *Belastung,
   Last, Beschwernis, Bürde* f ‖ *lästige Bedingung* f ‖
   Col *Nutzen, Gewinn* m
   gabera *f* And → **gavera**
   △ **Gabia** *f Frankreich* n
   △ **gabicote** *m Buch* n
   gabina *f* And ⟨fam⟩ *Angströhre* f
   gabinete *m Kabinett, (Neben)Zimmer* n ‖
   Geheimzimmer n ‖ *Salon* m ‖ *Studier-,
   Arbeits|zimmer* n ‖ *(Kunst)Sammlung* f, *Kabinett* n
   ‖ ⟨Med⟩ *Behandlungsraum* m ‖ ⟨El⟩ *Gehäuse* n ‖
   Am *Gehäuse* n *(e–s Rundfunkgeräts)* ‖ Am
   Musiktruhe f ‖ Col *Erker* m ‖ ~ *de censura
   Zensuramt* n ‖ ~ *de estampas Kupferstichkabinett*
   n ‖ ~ *de figuras de cera Wachsfigurenkabinett* n ‖
   ~ *de física physikalisches Kabinett* n ‖
   physikalischer Versuchsraum m ‖ ~ *de lectura
   Lesesaal* n ‖ *Leihbücherei* f
   gabinete *m* ⟨Pol⟩ *Kabinett* n, *Regierung* f ‖
   Ministerrat m ‖ *Staatsrat* m ‖ ~ *de ministros
   Ministerrat* m ‖ ~ *en la sombra Schattenkabinett*
   n
   gablete *m* ⟨Arch⟩ *Giebel(abschluss)* m ‖
   Spitztürmchen n ‖ *Wimperg* m
   Gabón *m* ⟨Geogr⟩ *Gabun* n
   gabonés adj *gabunisch* ‖ ~ *m Gabuner* m
   Gabriel *m* np: Arcángel ~ *Erzengel* m *Gabriel*
   gabrieles *mpl* ⟨fam⟩ *Kichererbsen* fpl

gabucha *f* Chi *Bast-, Holz|schuh* m
ga|cel *m Gazellenbock* m ‖ **–cela** *f* ⟨Zool⟩
Gazelle f (Gazella spp) ‖ ⟨fig⟩ *schlanke, anmutige
Frau* f
   gacella *f* ⟨Poet⟩ *Gasel* n *(persische
   Gedichtform)*
   ¹gaceta *f Zeitung* f, *Zeitungsblatt* n ‖
   Staatsanzeiger m ‖ *(Fach)Zeitung* f ‖ ⟨figf⟩
   Zuträger m, *Klatschmaul* n ‖ ~ *oficial Amtsblatt*
   n ‖ ◇ *mentir más que la* ~ ⟨figf⟩ *lügen wie
   gedruckt*
   ²gaceta *f* ⟨Tech⟩ *Brennkasten* m *(für Kacheln
   usw.)*
   gace|tera *f Zeitungsfrau* f ‖ **–tero** *m*/adj
   Zeitungs|schreiber, -mann, Journalist m ‖
   Zeitungsverkäufer m ‖ **–tilla** *f* ⟨Ztg⟩
   Ver|mischte(s), -schiedene(s) n ‖ *kleine
   Nachrichten* fpl ‖ *Kurznachrichtenteil* m *(e–r
   Zeitung)* ‖ **–tillero** *m Zeitungsschreiber* m, *der
   kleine Nachrichten aufsetzt* ‖ **–tín** *m kleine
   Nachricht* f ‖ And ⟨Typ⟩ *Setzkasten* m ‖ **–tista** *m/f*
   eifrige(r) Zeitungsleser(in f) m ‖ ⟨fam⟩
   Neuigkeitskrämer m
   gacha *f Brei* m, *flüssige Masse* f ‖ Col Ven
   irdener Napf m ‖ ⟨figf⟩ *Zorn* m ‖ ~**s** *fpl* ⟨Kochk⟩
   Milch-, Honig|brei m *mit Mehl* ‖ And
   Zärtlichkeiten fpl ‖ ¡ánimo a las ~! ⟨figf⟩ *frisch
   ans Werk!*
   gachapazo *m heftiger Sturz* m
   gachí *f* And ⟨pop⟩ *Frauenzimmer, Mädchen* n,
   ⟨pop⟩ *Puppe* f ‖ ⟨pop⟩ *Nutte* f
   gacho adj *ge|beugt, -bückt, zu Boden hängend*
   ‖ *Schlapp-* ‖ *nach unten gekrümmt (Hörner)* ‖ ⟨fig
   pop⟩ *trüb(e) (Himmel)* ‖ ◆ *con la cabeza* ~a *mit
   gesenktem Kopf* ‖ *con las orejas* ~as *mit
   gesenkten Ohren (Pferd usw.)* ‖ *mit Schlappohren
   (Hund)* ‖ ◇ *volvió con las orejas* ~as ⟨figf⟩ *er
   kam mit hängenden Ohren zurück* ‖ a ~as adv
   ⟨fam⟩ *auf allen vieren (kriechend)*
   gachó *m* ⟨pop⟩ *Mann, Bursche, Kerl* m ‖
   ⟨desp⟩ *Subjekt* n
   gachón adj/s ⟨fam⟩ *niedlich, hübsch, reizend,
   putzig* ‖ And *verwöhnt (Kind)*
   gachonada *f* ⟨fam⟩ *Anmut, Grazie* f ‖ ⟨fam⟩
   Schöntuerei f
   gachondo adj And *verwöhnt (Kind)*
   gacho|near vi ⟨fam⟩ *listig schmeicheln,
   schöntun* ‖ **–nería** *f* ⟨fam⟩ *Anmut, Grazie* f,
   Liebreiz, Charme (& *Scharm*) m
   gachu|pín *m* Mex *ursprünglich: neu
   eingewanderter Spanier* m ‖ *heute meist
   Schimpfwort: Spanier* m ‖ ⟨desp⟩ *pöbelhafter
   Spanier* m ‖ → **cachupín** ‖ **–pincito** *m* Mex dim
   von **gachupín**
   gada *f* Marr *Brachfeld* n
   gadget *m Gadget* n
   gádidos *mpl* ⟨Fi⟩ *Dorsche, Schellfische* mpl
   (Gadidae)
   gaditano adj/s *aus Cádiz* (Stadt und Provinz in
   Spanien) ‖ *auf Cádiz bezüglich*
   gado *m* ⟨Fi⟩ *Dorsch, Schellfisch* m (Gadus spp)
   gadolinio *m* ⟨Gd⟩ ⟨Chem⟩ *Gadolinium* n
   gaélico adj *gälisch*
   gafa *f Armbrustspanner* m ‖ *Klammer, Krampe*
   f ‖ ⟨Mar⟩ *Schenkelhaken, Hakenstropp* m ‖ ~**s** *fpl*
   ⟨Maur⟩ *Lastkrampe* f

gafas *fpl Brillenbügel* mpl ‖ *Brille* f ‖ ~ ahumadas *dunkle Brille* f ‖ *getönte Brille* f ‖ *Sonnenbrille* f ‖ ~ auditivas *Hörbrille* f ‖ ~ bifocales *Bifokalbrille* f ‖ ~ de buceo *Taucherbrille* f ‖ ~ de carrera(s) *Rennbrille* f ‖ ~ de esquí *Skibrille* f ‖ ~ de lectura *Lesebrille* f ‖ ~ de lejos *Fernbrille* f ‖ ~ sin montura *randlose Brille* f ‖ ~ de nieve *Gletscher-, Schnee\|brille* f ‖ ~ de protección, ~ protectoras *Schutzbrille* f ‖ ~ de sol *Sonnenbrille* f ‖ ~ de soldador *Schweißerbrille* f

ga\|fe *m (fam) Unglücksbringer* m ‖ **–fedad** *f krampfartige Fingerlähmung* f ‖ *Krallenfingrigkeit* f *(bei Leprakranken)* ‖ **–fo** adj ⟨Med⟩ *krallenfingrig* (bes. *Leprakranke)* ‖ *gelähmt* ‖ *aussätzig* ‖ ~ *m Aussätzige(r)* m

ga\|foso, –fudo *m/*adj *(fam desp) Brillenträger* m, ⟨fam⟩ *Brillenschlange* f

gag *m Gag* m *(witziger Einfall)*

gagá adj/s *vertrottelt, kindisch*

gago adj Can Chi Pe PR Ven *stotternd*

gagú [*pl* ~úes], **gagón** *m* ⟨Bot⟩ *Gagubaum* m

gague\|ar vi Sal *murren, munkeln, maulen* ‖ Am *stottern* ‖ **–ra** *f* Can Chi Pe PR Ven *Stottern* n

gaicano *m* ⟨Fi⟩ → **rémora**

¹gaita *f* ⟨Mus⟩ *Dudelsack* m ‖ *Kurbelgeige* f ‖ *Schalmei, Hirtenflöte* f ‖ *ein span. Tanz* m ‖ ⟨figf⟩ *Kopf* m ‖ ⟨fig⟩ *Hals* m ‖ (figf) *Laune* f ‖ ⟨figf⟩ *Widerwärtigkeit, Unannehmlichkeit* f, ⟨iron⟩ *Vergnügen* n ‖ ⟨fig⟩ *derber Scherz* m ‖ ~ gallega *Dudelsack* m ‖ ~ zamorana *Kurbelgeige* f ‖ ◆ alegre como una ~ ⟨fig⟩ *munter wie ein Fisch im Wasser* ‖ ◇ estar de ~ ⟨figf⟩ *fröhlich, aufgeräumt, froh\|gemut, -gestimmt, gut aufgelegt sein* ‖ templar ~s ⟨figf⟩ *den Zorn zu besänftigen suchen* ‖ *(ständig) Rücksicht nehmen müssen* ‖ ¡vaya una ~! *(fam) das ist e–e schöne Bescherung! das ist ja ein schönes Vergnügen!*

²gaita *m* Arg ⟨fig⟩ *Galicier,* p.ex *Spanier* m (oft desp)

³gaita *m* Mex *Betrüger* m

gaitero adj ⟨fam⟩ *lebhaft, bunt, knallig* (z.B. *Kleidung)* ‖ ⟨fam⟩ *lustig, fröhlich, vergnügt, heiter, aufgekratzt* ‖ ~ *m Dudelsack\|pfeifer, -spieler* m

gajarro *m* ⟨Kochk⟩ *e–e Pfannen(süß)speise* f

gaje *m Sold, Lohn, Gehalt* m ‖ ~s *mpl Sold* m, *Löhnung* f ‖ *Nebeneinnahmen* fpl ‖ ~ del empleo, ~ del oficio ⟨iron⟩ *Unbequemlichkeiten, Beschwerden, Freuden* fpl *des Berufs*

△ **gajesar** vt/i *(be)drohen*

gajo *m abgebrochener Baumast, Zweig* m ‖ *Büschel* n *(Kirschen, Birnen usw.)* ‖ *Traubenbüschel* n *Bündel* n *Bananen* ‖ *Scheibe* f *(Orange usw.)* ‖ *Zacken* m, *Zinke* f *(e–s Rechens)* ‖ *Ausläufer* m *e–s Gebirges* ‖ ⟨Bot⟩ *Lappen, Flügel* m ‖ SAm ⟨reg⟩ *Kinn* n ‖ Col MAm *Locke* f ‖ ◇ ser del ~ de arriba *(fam)* Col *zur höheren Gesellschaftsschicht gehören, zu den oberen Zehntausend gehören*

gajoso adj *viel\|ästig, -teilig*

¹gal *m* ⟨Phys⟩ *Gal* n *(cm/s²)*

△ **²gal** *m Dorf* n

¹gala *f Gala-, Fest\|kleid* n ‖ *Staatskleidung* f ‖ *festliche Ausschmückung* f ‖ *Gala* f, *Prunk, Staat* m ‖ *Hoffest* n ‖ *(das) Auserlesen(st)e, (der) Kern* ‖ ⟨fig⟩ *Zierde* f ‖ ⟨fig⟩ *Anmut, Grazie, Charme (& Scharm)* m ‖ ◆ de ~ *in Gala(kleidung)* ‖ *Fest-, Gala-, Parade-* ‖ de media ~ *in Halbgala\|uniform, -kleidung* ‖ cantar la ~ de alg. *jds Lob singen* ‖ hacer ~ de a/c ⟨fig⟩ *et. zur Schau tragen,* s. *e–r Sache* (gen) *rühmen* ‖ *angeben* ‖ llevar la ~ *(fam) den Vorzug erhalten* ‖ tener a ~ ⟨fig⟩ *für fein halten* ‖ → hacer ~ de ‖ vestirse de ~ *Galakleider anziehen* ‖ ~s fpl

Staat, Putz, Prunk m ‖ las ~s de la novia *der Brautputz* ‖ vestir sus primeras ~s de mujer ⟨fig⟩ *[veraltend] sein Debüt in der Gesellschaft geben (Mädchen)*

²gala *f* ⟨Bot⟩: ~ de Francia → **balsamina**

³gala *f* Ant Mex *Trinkgeld* n

Galacia *f* ⟨Hist⟩ *Galatien* n

galactagogo adj ⟨Med⟩ *die Milchabsonderung fördernd* ‖ ~ *m milchtreibendes Mittel, Lactagogum* n

galáctico adj ⟨Astr⟩ *galaktisch, zum System der Milchstraße gehörend, Milchstraßen-*

galac\|tología *f* ⟨Med⟩ *Galaktologie* f ‖ **–tómetro** *m Galaktometer, Laktodensimeter* n, *Milchmesser* m ‖ **–torrea** *f* ⟨Med⟩ *Galaktorrhö(e), vermehrte Milchabsonderung* f ‖ **–tosa** *f* ⟨Chem⟩ *Galaktose* f ‖ **–tostasis** *f* ⟨Med⟩ *Galaktostase, Milchstauung* f

galafate *m* ⟨fam⟩ *Spitzbube* m

△ **galafré** *m Hund* m ‖ *Pudel* m

gálago *m* ⟨Zool⟩ *Galago* m

galaico adj ⟨Hist Ling Lit⟩ *galicisch* ‖ ~-**portugués** adj *galicisch-portugiesisch*

galalita *f* ⟨Ku⟩ *Galalith* n

galamperna *f* [Pilz] *Parasolpilz* m (Lepiota procera)

galán *m/*adj *hübscher, stattlicher Mann* m ‖ *Liebhaber, Galan* m ‖ ⟨Th⟩ *Liebhaber* m ‖ ~ de carácter ⟨Th⟩ *Charakterliebhaber* m ‖ ~ joven ⟨Th⟩ *jugendlicher Liebhaber* m ‖ primer ~, segundo ~ ⟨Th⟩ *erster, zweiter Liebhaber* m ‖ ◇ ¡conozco al ~! *(fam) ich kenne den losen Vogel!*

galanamente adv *elegant* ‖ *im Galakleid* ‖ ⟨fig⟩ *zierlich, elegant*

galancete *m* dim von **galán** ‖ ⟨fam⟩ *Putznarr* m ‖ ⟨Th⟩ *jugendlicher Liebhaber* m

galana *f* Sal ⟨Bot⟩ *Gänseblümchen* n (Bellis perennis)

galano adj *zierlich, hübsch, niedlich* ‖ *nett* ‖ *elegant* ‖ *schön gekleidet* ‖ *ge\|schmückt, -ziert, -putzt* ‖ ⟨fam⟩ *üppig (Pflanzen)* ‖ Cu *gefleckt (Vieh)*

galan\|te adj *(m/f) galant, zuvorkommend, aufmerksam gegen Damen* ‖ *kokett* ‖ *witzig, spaßhaft* ‖ **–teador** *m Galan, Liebhaber* m ‖ **–tear** vt/i *(e–r Dame) den Hof machen* ‖ *(e–r Frau) schmeicheln, Artigkeiten sagen* ‖ ⟨fig⟩ *zu erreichen suchen* ‖ **–temente** adv *liebenswürdig, entgegenkommenderweise, großmütig, galant* ‖ **–teo** *m Hofmachen* n ‖ *Liebeswerben* n ‖ **–tería** *f Höflichkeit, Zuvorkommenheit* f *gegen Damen* ‖ *Artigkeit* f ‖ *Aufmerksamkeit* f, *Entgegenkommen* n ‖ *Kompliment* n ‖ *Uneigennützigkeit, Freigebigkeit* f ‖ *Zierlichkeit, Niedlichkeit, Nettigkeit* f ‖ *Schick* m *(Sachen)*

galantina *f* ⟨Kochk⟩ *Galantine* f

galanura *f Schmuck, Zierrat* m ‖ *Putz* m ‖ *Anmut* f, *vornehmes Betragen* n

galapagar *m Schildkröten\|sumpf, -weiher* m

¹galápago *m* **a)** ⟨Arch⟩ *Bogengerüst* n ‖ ⟨Arch⟩ *(Dach)Ziegelform* f ‖ ⟨Agr⟩ *Scharstock* m *am Pflug* ‖ ⟨Tech⟩ *Flachkolben* m ‖ ⟨Tech⟩ *Schraubstock* m ‖ ⟨Met⟩ *Barren* m ‖ ⟨Hist⟩ *Sturmdach* n *(der Römer)* ‖ **b)** *Wulstsattel* m ‖ Hond *Damensattel* m ‖ **c)** Col *runder Stuhl* m

²galápago *m* ⟨Mar⟩ *Ballastgans* f ‖ *Klampe* f ‖ *Klüse* f

³galápago *m* ⟨Vet⟩ *Frosch* m *(Hufkrankheit)* ‖ ⟨Med⟩ *Schleuderverband* n

⁴galápago *m* ⟨Zool⟩ *Süßwasserschildkröte* f ‖ ⟨fig⟩ *boshafter, verschmitzter Mensch* m ‖ ~ europeo *Europäische Teich-* od *Sumpf\|schildkröte* f ‖ ◇ tener más conchas que un ~ ⟨figf⟩ *sehr schlau und gerieben sein*

galapaguero adj *aus Villagonzalo* (P Bad) ‖ *auf Villagonzalo bezüglich*

△ **galar** vt *gewinnen*

galar|dón m *Belohnung* f ‖ *Lohn, Preis* m (de, por *für*) ‖ **–donar** vt *(be)lohnen, vergelten (Dienste, Verdienste)* ‖ *verleihen (Preis)* ‖ *auszeichnen (mit e–m Preis)* ‖ ◇ ~ con el primer premio *mit dem ersten Preis auszeichnen* ‖ ha sido –donado con el Premio Nobel de Literatura *er hat den Nobelpreis für Literatur erhalten*

gálatas mpl *die Galater* ‖ epístola de San Pablo a los ~ *Galaterbrief* m *des Apostels Paulus*

galato m ⟨Chem⟩ *Gallat* n

galaxia f ⟨Astr⟩ *Galaxis, Milchstraße* f

galayo m *nackter Fels* m

galba|na f ⟨fam⟩ *Faulheit, Trägheit* f ‖ *Müßiggang* m ‖ **–noso** adj ⟨fam⟩ *träge, faul, müßig*

gálbula f ⟨Bot⟩ *Fruchtzapfen* m

galdosiano adj *auf Benito Pérez Galdós (1843–1920) bezüglich*

galdrufa f *Kreisel* m *(Spielzeug)*

△ **galea** f *Karre* f

galeaza f ⟨Mar⟩ *Galeasse* f

galega f ⟨Bot⟩ *Geißraute* f (Galega officinalis)

galena f ⟨Min⟩ *Bleiglanz, Galenit* m ‖ (detector de) ~ ⟨Radio⟩ *Kristalldetektor* m

galénico adj: remedios ~s ⟨Med⟩ *galenische Präparate* npl

galeno adj: viento ~ ⟨Mar⟩ *leichte Brise* f

Galeno m np *Galen(us)* m ‖ ~ ⟨fam⟩ *Arzt* m

galeón m ⟨Mar Hist⟩ *Ga|leone, -lione* f ‖ And ⟨fig⟩ *Lager* n, *Speicher* m

galeo|ta f ⟨Mar⟩ *Kuff, Ga|leote, -liote* f ‖ **–te** m ⟨Hist⟩ *Galeot, Galeeren|sklave, -sträfling* m

¹galera f *bedeckter Reise-, Last-, Fracht|wagen* m ‖ ⟨Hist⟩ *Galeere* f, *Ruderschiff* n ‖ *Strafschiff* n ‖ *Frauengefängnis* n ‖ ~s fpl *Galeerenstrafe* f

²galera f ⟨Zim⟩ *Raubank* f ‖ ⟨Met⟩ *Frischofenbatterie* f ‖ ⟨Math⟩ *Bruchstrich* m *(zwischen Dividend und Divisor)* ‖ ⟨Typ⟩ *Setzschiff* n ‖ Hond Mex *Schuppen* m ‖ Arg Chi Ur ⟨figf⟩ *Zylinder(hut)* m

³galera f ⟨Zool⟩ *Heuschreckenkrebs* m (Squilla mantis)

galerada f ⟨Typ⟩ *Fahne* f, *Fahnen-, Bürsten|abzug* m ‖ ~s fpl ⟨Typ⟩ *Korrektur(fahnen fpl)* f

¹galería f *Galerie* f, *(bedeckter) Gang, Korridor* m ‖ *Trinkhalle* f *(in Kurorten)* ‖ *Emporkirche* f ‖ ⟨Bgb Tech Mil⟩ *Stollen* m ‖ ⟨Mil⟩ *bedeckter Weg* m ‖ ⟨Th⟩ *Galerie* f ‖ ⟨Th⟩ [veraltet] *Galeriepublikum* n ‖ *Zuschauertribüne* f *(im Parlament)* ‖ ⟨Mar⟩ *Mittelteil* m *des Decks* ‖ *Omnibusverdeck* n ‖ ~ de aireación ⟨Bgb⟩ *Wetterstrecke* f

²galería f ⟨Kunst⟩*Galerie* f ‖ ⟨Kunst⟩*Sammlung* f ‖ ~ de esculturas *Skulpturensammlung* f ‖ ~ de pinturas *Bilder-, Gemälde|sammlung* f ‖ *Pinakothek* f

galerías fpl *Einkaufspssagen* fpl

galerín m ⟨Typ⟩ *Setz|schiff, -brett* m

galerista m/f [Kunst] *Galerist(in* f) m

galerita f *Haubenlerche* f (→ **cogujada**)

galer|na f *plötzliches Umschlagen* n *des Windes von Nordost auf Nordwest an der kantabrischen Küste* ‖ p.ex *steifer Nordwestwind an der span. kantabrischen Küste* ‖ **–nazo** m augm von **galerna**

¹galerón m SAm ⟨Lit⟩ *Ballade, Romanze* f ‖ Ven *ein Volkstanz* m

²galerón m CR Salv *Schuppen* m

Gales f ⟨Geogr⟩ *Wales* n

galés adj *walisisch* ‖ ~ m *Waliser* m ‖ *das Walisische* n, *die kymrische Sprache* f

galfarro m León ⟨V⟩ *Sperber* m (→ **¹gavilán**)

¹galga f *Stein, Felsbrocken* m *(bei Steinschlag)* ‖ *Läufer, Schleifstein* m *(in Ölmühlen)*

²galga f ⟨Med⟩ *krätzartiger Ausschlag* m *am Hals*

³galga f *kreuzförmig gebundenes Schuhband* n *der Frauen*

⁴galga f *Hemmschuh, Bremsknüppel* m, *Radsperre* f *am Wagen* ‖ *einfacher Brettersarg* m, *Trage, Bahre* f *(beim Armenbegräbnis)* ‖ ⟨Mar⟩ *Ankergatt* n ‖ ⟨Tech⟩ *Bremskeil* m

⁵galga f *Lehre* f, *Kaliber (Maß)* n ‖ *Nadelstärke* f (z.B. *bei Webnadeln)* ‖ *Maßbrett* n *der Maurer*

⁶galga f [Hund] *Windhündin* f ‖ Hond *gelbe, schnelllaufende Ameise(nart)* f ‖ ◇ ése es como la ~ de Lucas *(gelegentlich mit dem vulgären Zusatz:)*, que cuando salía la liebre se ponía a mear *auf den ist kein Verlass*, ⟨fam⟩ *der ist ein unsicherer Kantonist*

¹galgo m/adj [Hund] *Windhund* m ‖ ◇ vender el ~ a alg. ⟨fam⟩ *jdn betrügen, prellen* ‖ ¡échale un ~! ⟨fig⟩ *das (bzw den, die usw.) siehst du nicht mehr!* ‖ *das kannst du abschreiben! das kannst du vergessen!* ‖ ¡váyase a espulgar un ~! ⟨fam⟩ *machen Sie, dass Sie fortkommen! scheren Sie s. zum Kuckuck* od *zum Teufel!*

²galgo adj Am *naschhaft, feinschmeckerisch*

galguear vi Arg *Hunger leiden*

gal|gueño adj *windhundartig* ‖ **–guita** f [Hund] *Windspiel* m

Galia(s) f(pl) ⟨Geogr⟩ *Gallien* n

galiana f → **cañada**

gálibo m ⟨Mar⟩ *Mall(besteck)* n ‖ ⟨Mil⟩ *Kaliberlehre* f *(e–s Geschützes)* f ‖ ⟨EB⟩ *Durchfahrtsprofil, Lademaß* n ‖ ⟨fig⟩ *(Aus)Maß* n ‖ ⟨fig⟩ *Eleganz* f

galica|nismo m ⟨Rel⟩ *Gallikanismus* m ‖ **–no** adj *gallikanisch*

Gali|cia f ⟨Geogr⟩ *Galicien* n *(historische, heute autonome Region in Spanien)* ‖ *Galizien* n *(in Polen)* ‖ **=ciano** m/adj *Galicier* m *(aus Spanien)* ‖ *Galizier* m *(aus Polen)* ‖ ⟨fig⟩ *Ostjude* m

gali|cismo m *Gallizismus* m, *franz. Spracheigentümlichkeit* f ‖ **–cista** adj *(m/f) gallizistisch* ‖ ~ m/f jd, *der (bzw die) (gern) Gallizismen verwendet*

¹gálico adj *gallisch (Sachen: sonst* **galo***)* ‖ morbo ~ [alte Bezeichnungen] *Lustseuche* f, ⟨fam⟩ *Franzosen* mpl, *Franzosenkrankheit* f *(Syphilis)*

²gálico adj: ácido ~ ⟨Chem⟩ *Gallussäure* f

galicursi m/f ⟨fam iron⟩ jd, *der Gallizismen verwendet*

galifordo m Arg *Tagedieb* m

Galile|a f ⟨Geogr⟩ *Galiläa* n ‖ ~ *Kirchenvorhof* m ‖ **=o** adj *galiläisch* ‖ ~ m *Galiläer* ‖ el ~ *Christus*

galillo m ⟨An⟩ *Zäpfchen* n ‖ ⟨fam⟩ *Kehle* f, *Schlund* m

galimatías m ⟨fam⟩ *Galimathias* m, *Kauderwelsch* n ‖ *Unsinn, Nonsens, Quatsch* m

galináceo adj → **gallináceo**

△ **galindo** m *Geschlechtskranke(r)* m

galio m (Ga) ⟨Chem⟩ *Gallium* n

galipar|la f ⟨iron⟩ *mit Gallizismen durchsetzte Sprache* f ‖ **–lante** m, **–lista** m/f jd, *der Gallizismen verwendet*

galipo m ⟨pop⟩ *Spucker* m

galipot m ⟨Pharm⟩ *Galipotharz* n, *Galipot* m

△ **galipota** f *Lustseuche* f, *Franzosen* mpl, *Franzosenkrankheit* f *(Syphilis)*

galipote m ⟨Mar⟩ *Teer* m *(zum Kalfatern)*

△ **galla** f *Fünfpesetenstück* n

gallada f Chi *Angeberei, Aufschneiderei, Prahlerei* f ‖ Chi *Gesindel* n
gallado pp Sant *befruchtet (Hühnerei)* (→ **gallar**)
galladura f *Hahnentritt* m *im Ei*
gallar vt → **gallear** ‖ *(die Henne) treten (Hahn)*
¹**gallarda** f ⟨Mus⟩ *Gaillarde* f
²**gallarda** f ⟨Typ⟩ *Petit* f *(8-Punkte-Schrift)*
gallar|dear vi *Mut zeigen* ‖ *angeben, aufschneiden, prahlen* (de *mit*) ‖ ~ de... *zur Schau tragen*
gallar|dete m ⟨Mar⟩ *(Kommando) Stander* m ‖ *(Signal)Wimpel, Banner* m ‖ *(Schmuck)Fähnchen* n ‖ **–detón** m *augm von* **–dete** ‖ *Kommandostander* m
gallar|día f *Stolz* m ‖ *stolze (Körper)Haltung* f ‖ *Stattlichkeit* f ‖ *Würde* f, *würdevoller Anstand* m ‖ *Mannhaftigkeit* f ‖ *Mut* m ‖ *Entschlossenheit* f ‖ *Anmut, Grazie, Zierlichkeit* f, *Charme* (& *Scharm*) m ‖ **–do** adj *stolz* ‖ *mannhaft* ‖ *stattlich, rüstig, kräftig* ‖ *mutig, tapfer, unerschrocken, beherzt* ‖ ⟨fig⟩ *vortrefflich, ausgezeichnet* ‖ *großmütig* ‖ *würdevolles Auftreten* n △ **gallardo** adj *schwarz*
gallareta f ⟨V⟩ → **focha**
gallarofa f ⟨Agr⟩ *Blatt* n *des Maiskolbens*
gallarón m ⟨V⟩ → ²**sisón**
gallear vt *(die Henne) treten (Hahn)* ‖ ~ vi ⟨figf⟩ *großtun, protzen* ‖ ⟨figf⟩ *schreien, (los)brüllen* ‖ ⟨figf⟩ *herausragen*
gallegada f *Trupp* m *Galicier* ‖ *galicischer (Volks)Brauch* m ‖ *Gallegada* f *(typische galicische Volksweise bzw typischer galicischer Volkstanz)*
¹**gallego** adj *galicisch* ‖ ~ m *Galicier* m ‖ *galicische Sprache* f ‖ ⟨figf⟩ *Knauser, Knicker* m ‖ ⟨figf⟩ *Dienstmann, Gepäckträger* m ‖ Am ⟨reg⟩ *(eingewanderter) Spanier* m
²**gallego** m Cast ⟨Meteor⟩ *Nordwestwind* m
galleguismo m *galicische Spracheigentümlichkeit* f
galleo m *Oberflächenrauheit* f *(von Metallgussstücken)* ‖ ⟨figf⟩ *Angeberei, Aufschneiderei, Prahlerei* f
galle|ra f *Kampfhahnstallung* f ‖ *Platz* m *für Hahnenkämpfe* ‖ *Kampfhahnbestand* m ‖ **–ría** f *Kampfhahnzucht* f ‖ **–ro** m/adj *Kampfhahnzüchter* m ‖ Am *Liebhaber* m *von Hahnenkämpfen* ‖ Am *Hahnenkampfarena* f
¹**galleta** f *Keks* m ‖ *Kleingebäck* n ‖ *(Schiffs)Zwieback* m, *Backwerk* n ‖ *Brotkuchen* m
²**galleta** f ⟨Tech⟩ *Kontaktplatte* f ‖ *Flachspule* f ‖ *Würfelkohle* f ‖ ⟨figf⟩ *Ohrfeige* f
³**galleta** f Arg ⟨fam⟩ *Entlassung* f ‖ Chi ⟨figf⟩ *derber Verweis* m ‖ Mex *Elan* m ‖ ◇ *colgar la ~* Arg *(e–n Angestellten) entlassen*, ⟨fam⟩ *feuern, den Laufpass geben, in die Wüste schicken* ‖ *dar ~ a alg.* Am ⟨pop⟩ *jdm e–n Korb geben*
⁴**galleta** f ⟨Mar⟩ *Napfschüssel* f
gallete m: *beber a ~* ⟨fam⟩ *aus e–m Krug trinken, ohne ihn an den Mund zu setzen*
galletear vt Arg ⟨fam⟩ *(e–n Angestellten) entlassen*, ⟨fam⟩ *feuern, den Laufpass geben, in die Wüste schicken*
galletería f *Keksladen* m
galletero adj Chi ⟨figf⟩ *tadelsüchtig* ‖ Chi *schmeichlerisch* ‖ ~ m *Keks|bäcker bzw -hersteller* m ‖ *Keksverkäufer* m ‖ *Keksteller* m ‖ *Keksbüchse* f
galligato adj/s Ven *klug, schlau* ‖ ~ m Ven *wichtige Person* f, ⟨fam⟩ *hohes Tier* n
gallina f *Henne* f ‖ *Huhn* n *(als Art)* ‖ ⟨figf⟩ *Feigling* m, *Memme* f, *Hase* m ‖ ~ de agua *Teichhuhn* n (Gallinula chloropus) ‖ ~ asada

Brathuhn n ‖ ~ ciega *Blindekuhspiel* n ‖ ~ de corral *Freilandhuhn* n ‖ ~ de Guinea *Perlhuhn* n ‖ la ~ de los huevos de oro *das Huhn, das goldene Eier legt* ‖ ~ de mar ⟨Fi⟩ *Knurrhahn* m (Trigla spp) ‖ ~ en pepitoria ⟨Kochk⟩ *Hühnerfrikassee* n ‖ ~ ponedora *Legehenne* f ‖ ~ de río *Blässhuhn* n (→ **focha)** ‖ ~ sorda *Waldschnepfe* f (Scolopax rusticola) ‖ ◇ *acostarse con las ~s* ⟨figf⟩ *mit den Hühnern zu Bett gehen* ‖ *cantar la ~ gackern (im Kampf geschlagener Hahn)* ‖ ⟨figf⟩ *s. besiegt erklären*, ⟨pop⟩ *den Schwanz einziehen* ‖ *¡viva la ~, y viva con su pepita! man kann krank sein, wenn man nur das Leben behält!* ‖ ⟨fig⟩ *glücklich ist, wer vergisst, was nicht mehr zu ändern ist* ‖ *cuando meen las ~* ⟨vulg fig⟩ *überhaupt nicht, nie im Leben*, ⟨fam⟩ *am Nimmerleinstag* m, ⟨fam⟩ *wenn der Kater Junge kriegt*
galli|náceas fpl ⟨V⟩ *Hühnervögel* mpl (Rasores) ‖ **–náceo** adj *hühnerartig, Hühner-* ‖ **–naza** f *Hühnermist* m
gallinazo m ⟨V⟩ *Schmutzgeier* m (Neophron percnopterus) ‖ ⟨figf⟩ *Schürzenjäger* m
galli|nera f *Hühnerhändlerin* f ‖ **–nería** f *Hühnervolk* n ‖ *Hühner|markt, -verkauf* m ‖ ⟨figf⟩ *Feigheit* f ‖ **–nero** m/adj *Hühner|stall, -hof* m ‖ *Hühnerhändler* m ‖ *Hühnerkorb* m ‖ *Hühnerzucht* f ‖ *Hühnerbestand* m ‖ ⟨Mar⟩ *Hühnerkäfig* m ‖ ⟨V⟩ *Hühnergeier* m ‖ ⟨Th figf⟩ *Olymp* m ‖ ⟨figf desp⟩ *Frauenversammlung* f ‖ *Ort* m, *wo es lautstark hergeht*, ⟨fam⟩ *Hühnerstall*, ⟨fam⟩ *Affenstall* m ‖ ◇ *alborotar el ~* ⟨figf⟩ *toben, donnern, wettern* ‖ **–neta** f ⟨V⟩ *Teichhuhn* n (Gallinula chloropus) ‖ *Waldschnepfe* f (Scolopax rustica) ‖ Arg Col Chi Ven *Perlhuhn* n
gallínula f ⟨V⟩ → **gallineta**
gallipato m ⟨Zool⟩ *Spanischer Rippenmolch* m (Pleurodeles waltl) ‖ ⟨allg⟩ *Molch* m (Triturus spp)
gallipavo m → ¹**pavo** ‖ ⟨fam⟩ *Gicks* m, *falsche Note* f *(beim Singen)*
gallístico, gallista adj *(m/f) Kampfhahn- Hahnen(kampf)-*
¹**gallito** m dim von ¹**gallo** ‖ ⟨fig⟩ *Hahn* m *im Korb* ‖ ⟨fig⟩ *Held* m ‖ ⟨fig⟩ *Angeber, Aufschneider, Prahlhans* m ‖ ◇ *ponerse ~ frech werden*
²**gallito** m a) Ec *Pfeife* f *(aus Rohr)* ‖ b) Col *Federpfeil* m ‖ c) Mex *reiches Erz* n
³**gallito** m Col ⟨An⟩ *Zäpfchen* n *am Hals*
⁴**gallito** m CR ⟨Ins⟩ *Libelle* f ‖ Col Ven ⟨V⟩ *Felsenhuhn* n (Rupicola rupicola) ‖ ⟨Fi⟩: ~ del rey *Schleimfisch* m (Blennius spp)
¹**gallo** m ⟨V⟩ *Hahn*, ⟨fam⟩ *Gockel* m ‖ ⟨fig⟩ *Wetterhahn* m ‖ ⟨fig⟩ *Hahn* m *im Korb* ‖ ⟨figf⟩ *Auswurf* m, *Sputum* n ‖ ~ de abedul → ~ lira ‖ ~ de combate *Kampfhahn* m ‖ ~ lira *Birkhuhn* n (Lyrurus tetrix) ‖ ~ del lugar ⟨fig⟩ *Hahn* m *im Korb* ‖ ~ de monte Al *Krähe* f ‖ ~s de monte *Raufuß-, Wald|hühner* npl (Tetraonidae) ‖ ~ de pelea → ~ de combate ‖ ~ de pueblo → ~ de lugar ‖ ~ de riña → ~ de combate ‖ ~ de roca, ~ de peñasco *Felsenhahn, Klippenvogel* m (Rupicola rupicola) ‖ ~ silvestre *Auerhahn* m (Tetrao urogallus) ‖ ♦ *al canto del ~ beim Morgengrauen* ‖ *como el ~ de Morón, cacareando y sin plumas nach e–m Misserfolg oder Versagen noch selbstbewusst auftretend* ‖ *engreído como un ~ de cortijo* ⟨figf⟩ *stolz wie ein Hahn* od *ein Spanier*, ⟨fam⟩ *eitel wie ein Gockel* ‖ *estirado* od *orgulloso como un ~ stolz wie ein Hahn* od *ein Spanier*, ⟨fam⟩ *eitel wie ein Gockel* ‖ ◇ *alzar el ~ den Kopf hoch tragen, stolzieren, s. aufspielen* ‖ *bajarle el ~ a alg.* ⟨figf⟩ *jdn demütigen* ‖ *otro ~ me cantara si ... es wäre*

mir ànders ergangen, wenn ... ‖ *aquí hay ~*
tapado ⟨figf⟩ *an der Sache ist etwas faul* ‖
levantar el *~* → *alzar el ~* ‖ *tener mucho ~* ⟨fig⟩
stolz od hochmütig sein
²gallo *m* **a)** ⟨Arch⟩ *Zugbalken* m ‖ **b)** Col
Federpfeil m ‖ **c)** Chi *Schlauchwagen* m *(der
Feuerwehr)* ‖ *dar un ~*, *hacer un ~*, *soltar un ~
e–n Kickser tun, kicksen*
³gallo *m Quieklaut* m ‖ ⟨Mus⟩ *falscher Ton* m ‖
Mex *Serenade* f
⁴gallo *m* ⟨Fi⟩ *Flügelbutt* m (Lepidorhombus
whiff-iagonis)
⁵gallo *m älterer Mann* m
gallocresta *f* ⟨Bot⟩ *Hahnenkamm* m
gallo|fa *f Suppenkraut* n ‖ ⟨fam⟩ *Geschwätz* n,
Klatsch m ‖ Sant Vizc *Brötchen* n ‖ ◇ *andar a la
~*, **–f(e)ar** *vi* ⟨fam⟩ *herumstrolchen* ‖ *betteln*
galludo *m* ⟨Fi⟩ *Dornhai* m (Squalus acanthias)
gallup *m* → **galup**
galo *adj gallisch* ‖ ⟨fig⟩ *französisch* ‖ *~ m
Gallier* m ‖ ⟨fig⟩ *Franzose* m ‖ *gallische bzw*
⟨fig⟩ *französische Sprache* f
Galo *m* np: San ~ *St. Gallen* m, *der hl. Gallus*
galocha *f Überschuh* m ‖ *Holzschuh* m ‖
Galosche f, *Regenschuh* m
galocho *adj* Sal *liederlich, ausschweifend* ‖
nachlässig, schlampig, schludrig, unordentlich
galó|filo *m*/adj → **francófilo** ‖ **–fobo** *m*/adj →
francófobo
galomanía *f Franzosenschwärmerei,
Gallomanie* f
¹galón *m Tresse, Litze, Borte* f, *Galon* m,
Paspel m (& f) ‖ ⟨Mil⟩ *Litze* f ‖ *Hosen-,
Ärmel|streifen* m ‖ ◇ *quitar a uno los galones*
⟨fig⟩ *jdn des Amtes entsetzen* ‖ ⟨Mil⟩ *jdn
degradieren*
²galón *m Gallone* f *(Hohlmaß)* ‖ *amerik. ~
(3,785 l)* ‖ *engl. ~ (4,545 l)* ‖ *kuban. ~ (3,66 l)*
galoncillo *m* dim von **¹galón**
galo|neadura *f Tressenbesatz* m ‖ **–near** *vt mit
Tressen besetzen* ‖ **–nista** *m* ⟨fam Mil⟩ *Rangkadett*
n
galonera *f* Pe *Benzinkanister* m
galop *m*, **galopa** *f Galopp* m *(Tanz)* ‖ *Kehraus* m
galopada *f Galopp* m ‖ *(längerer) Ritt* m *im
Galopp*
galo|pante *adj (m/f)*: *tisis ~ f* ⟨Med fig⟩
galoppierende Schwindsucht f ‖ **–par** *vi
galoppieren, im Galopp reiten*
¹galope *m Galopp* m ‖ ⟨fig⟩ *Hast, Eile* f ‖ *~
de carreras, ~ de competición Renngalopp* m ‖ *~
corto* → *~ reunido* ‖ *~ derecho Rechtsgalopp* m ‖
~ desunido ungleicher Galopp m ‖ *~ falso
Kontergalopp* m ‖ *~ izquierdo Linksgalopp* m ‖
~ reunido versammelter Galopp m ‖ *~ tendido
gestreckter Galopp* m ‖ ◆ *a*(l) *~, de ~ im
Galopp* ‖ ⟨fig⟩ *eilig, hastig* ‖ *a ~ tendido (od
largo) in gestrecktem Galopp* ‖ ⟨fig⟩ *geschwind,
eilends, flugs, in höchster Eile, schleunigst* ‖ ◇
alzar el ~ angaloppieren ‖ *lanzar al ~ in Galopp
setzen*
²galope *m Galopp* m *(Rundtanz im ²/₄ -Takt)*
galopeado *adj* ⟨fam⟩ *ge|hudelt, -pfuscht,
murkst, Pfusch-* ‖ *~ m Ohrfeigen* n
galopear *vi* → **galopar**
galo|pillo *m Küchenjunge* m ‖ **–pín** *m
traßenjunge, (Gassen)Bube* m ‖ *Laufbursche* m ‖
Küchenjunge m ‖ ⟨Mar⟩ *Scheuerjunge* m ‖ ⟨figf⟩
Gauner, Spitzbube m ‖ **–pinada** *f Schurkenstreich*
n ‖ *Hochstapelei* f ‖ **–po** *m Gauner, Spitzbube,
Ganove* m
galorromano *adj galloromanisch*
galpón *m* SAm *Schuppen* m ‖ *Hütte* f ‖
Pumpelkammer f ‖ Col *Ziegelei* f
¹galúa *f* ⟨Fi⟩ *Meeräsche* f (Mugil sp)

²galúa *f* Cu *Ohrfeige* f
galu|cha *f* Col CR Cu PR Ven *Galopp* m ‖
–char *vi* Col CR Cu PR Ven *galoppieren*
△ **galuchí** *m Zucker* m
galup *m Meinungsbefragung* f *(des Gallup-
Instituts)*
Galván *m* np: *no lo entenderá ~ das versteht
kein Mensch; das verstehe, wer will*
galvánico *adj* ⟨Phys⟩ *galvanisch*
galva|nismo *m* ⟨Phys Med⟩ *Galvanismus* m ‖
–nización *f* ⟨Tech⟩ *Galvanisierung* f ‖ *Verzinkung*
f ‖ ⟨Med⟩ *Galvanisation* f ‖ ⟨fig⟩ *Entflammen,
Begeistern* n ‖ **–nizado** *adj galvanisiert* ‖ *verzinkt*
‖ *~ al fuego feuerverzinkt* ‖ *~ m Verzinkung* f ‖
–nizador *m Galvaniseur* m ‖ *Verzinker* m ‖
–nizar [z/c] *vt galvanisieren* ‖ *verzinken* ‖ ⟨fig⟩
beleben, elektrisieren ‖ ⟨fig⟩ *mitreißen,
entflammen, begeistern,* ⟨lit⟩ *enthusiasmieren* ‖
⟨fig⟩ *aufpeitschen*
galvano, gálvano *m* ⟨Typ⟩ *Galvano* n
galva|nocaustia *f* ⟨Med⟩ *Galvanokaustik* f ‖
–nocauterio *m* ⟨Med⟩ *Galvanokauter, Glühstift* m
‖ **–nómetro** *m* ⟨Phys⟩ *Galvanometer* n ‖
–noplastia *f* ⟨Tech Typ⟩ *Galvano-, Elektro|plastik*
f ‖ **–noscopio** *m* ⟨Phys El⟩ *Galvanoskop* n ‖
–nostegia *f* → **–noplastia** ‖ **–notecnia,
–notécnica** *f Galvanotechnik* f ‖ **–noterapia** *f*
⟨Med⟩ *Galvanotherapie* f ‖ **–notipia** *f
Galvanoplastik* f ‖ **–notipo** *m* → **galvano**
–notropismo *m* ⟨Biol⟩ *Galvanotropismus* m
¹gama *f* ⟨Zool⟩ *Damtier* n *(Weibchen)*
²gama *f* ⟨Mus⟩ *Tonleiter, Skala* f ‖ *Bereich* m ‖
Gamma n ‖ *~ audible* ⟨Ak⟩ *Hörbereich* m ‖ *~ de
colores Farbenskala* f ‖ ⟨fig⟩ *Farbenspiel* n ‖ *~
de frecuencias Frequenzbereich* m ‖ *~ de
productos Produktpalette* f ‖ → *auch* **gamma**
³gama *f* Sant *Horn* n
gamada *adj*: *cruz ~ Hakenkreuz* n
gámaro *m Sand-, Strand|floh* m (Talitrus
saltator) ‖ *Küstenhüpfer* m (Orchestia
gammarellus)
gamarra *f* [Reitkunst] *Martingal* n
gama|sidiosis *f* ⟨Med Vet⟩ *Vogelmilbenkrätze,
Gamasidiose* f ‖ **–so** *m* ⟨Zool⟩ *Vogelmilbe* f
¹gamba *adj dumm, tölpelhaft* ‖ ◇ *meter la ~ s.
blamieren* ‖ *e–n Bock schießen* ‖ *ins Fettnäpfchen
treten*
²gamba *f* ⟨Zool⟩ *Garnele* f ‖ *~ roja
Tiefseegarnele* f (Pandalus borealis)
gambado *adj* Am *krummbeinig*
gambalúa *m* ⟨fam⟩ *langer Kerl* m
gámbaro *m* ⟨Zool⟩ → **¹camarón**
gambe|rra *f* And *Hure* f ‖ **–rrada** *f* ⟨fam⟩
Halbstarkenstreich m, *Flegelei* f ‖ *Gaunerei* f ‖
–rrismo *m Halbstarken|(un)wesen, -tum* n ‖ **–rro**
m Halbstarke(r) m ‖ *Grobian, Flegel* m ‖ *~ de la
carretera* ⟨fam⟩ *Verkehrsrowdy* m
gambeta *f Kreuzsprung* m *im Tanz* ‖
[Reitkunst] *Kurbette* f ‖ Am *Ausweichbewegung* f
‖ Arg ⟨fig⟩ *Ausrede* f
Gambia *f* ⟨Geogr⟩ *Gambia* n
gambito *m Gambit* n *(beim Schachspiel)*
gamboa *f* ⟨Agr⟩ *saftige Quitte(nart)* f
gambota *f* ⟨Mar⟩ *Heckpfeiler* m
gamburino *m Bergmann* m ‖ SAm *Goldsucher*
m
gamela *f Tragkorb* m ‖ Chi *(Tränk)Eimer* m
¹gamella *f Jochbogen, Seitenbug* m *am Joch
für Ochsen* ‖ ⟨Agr⟩ *Furchenrücken* m
²gamella *f (Fress)Trog, Napf* m ‖
Soldatenschüssel f ‖ *Wasch|kübel, -napf* m ‖
Kochgeschirr n
³gamella *f* ⟨Text⟩ *Kamelott* m *(Stoff)*
gameto *m* ⟨Gen Biol⟩ *Gamet* m,
Fortpflanzungszelle f

gamezno m ⟨Zool⟩ *Damkalb* n
gamín m Col *Junge* m
gamitar vi *blöken (Damhirsch)*
gamma f *griech.* γ (*Γ*), *Gamma* n ‖ *Gamma-Wert* m *(in der Sensitometrie)* ‖ **–globulina** f ⟨Physiol⟩ *Gammaglobulin* n
gamo m *Damhirsch* m (Dama spp) ‖ *Dambock* m ‖ ◇ *correr como un* ~ ⟨fig⟩ *blitz-, pfeil|schnell rennen* (bzw *sein), wie ein Wiesel laufen*
gamón m ⟨Bot⟩ *Affodill* m (Asphodelus spp)
¹gamonal adj *(m/f)* MAm *verfault* ‖ *prächtig*
²gamonal m mit *Affodill bewachsene Wiese*
³gamo|nal m Am *Kazike, Bonze* m ‖ Guat Salv *Verschwender* m ‖ **–nalismo** m Am *Kazikismus, Bonzentum* n
gamo|pétalo adj ⟨Bot⟩ *gamopetal* ‖ **–sépalo** adj ⟨Bot⟩ *gamosepal*
gamusino m *ein Fantasietier* n, ⟨reg⟩ *Elwetritsche* f
gamu|za f ⟨Zool⟩ *Gämse* f, *Bergreh* n (Rupicapra rupicapra) ‖ *Gamsfarbe* f ‖ *Gamsfell* n ‖ *Sämisch-, Wild-, Wasch|leder* n ‖ *Auto-* bzw *Fenster-* bzw *Putz|leder* n ‖ ⟨Text⟩ *Buckskin, (Art) Flanell* m ‖ Col *(Art) Schokolade* f ‖ (paño) ~ *gelber, weicher Flanell* m ‖ **–zado** adj *gemsfarben* ‖ *sämischartig (Leder)*
gana f *Verlangen, Begehren* n ‖ *Wunsch* m ‖ *Lust, Begierde* f ‖ *Esslust, Appetit* m ‖ ◆ *de* ~ *mit Eifer, eifrig* ‖ *willig, willens, eifrig* ‖ *herzlich, nach Herzenslust (lachen)* ‖ *de (buena)* ~ *(herzlich) gern* ‖ *de mejor* ~ *lieber* ‖ *de mala* ~ *wider|strebend, -willig,* [stärker] *zähneknirschend* ‖ *de su* ~ *freiwillig* ‖ ◇ *darse* ~ *Lust (zu et.) bekommen* ‖ *no me da la (real)* ~ *es fällt mir nicht ein, ich will nicht* ‖ *estar de mala* ~ ⟨Arg⟩ *s. unwohl fühlen* ‖ *donde hay* ~, *hay maña* ⟨Spr⟩ *wo ein Wille ist, da ist auch ein Weg* ‖ *hacer* ~ *Lust zum Essen bekommen* ‖ *pago lo que da la* ~ *ich zahle, was ich will; ich bestimme, was ich bezahle* ‖ *ya se me pasó la* ~ *ich habe k–e Lust mehr* ‖ *no tener* ~ (de) *abgeneigt sein (zu)* ‖ *ni* ~(s) ⟨fam⟩ *um k–n Preis, nicht im Traum* ‖ ~s fpl: ~ *de reír Lust* f *zum Lachen* ‖ ~ *de trabajar Arbeits|freude, -lust* f ‖ ~ *de vivir Lebenslust* f ‖ ~ *de vomitar Brechreiz* m, *Übelkeit* f ‖ ◆ *sin* ~ *de comprar* ⟨Com⟩ *wenig kauflustig* ‖ ◇ *abrirse las* ~ ⟨figf⟩ *schon Lust d(a)rauf bekommen* ‖ *abrir(se) las* ~ *de comer Esslust, Appetit bekommen* ‖ *me están dando unas* ~ *de ... ich habe tausend Gelüste zu ...,* ⟨fam⟩ *ich kriege (auf einmal) Lust zum* (inf *od* dat) ‖ *estar sin* ~ *k–n Appetit haben* ‖ *quedarse con las* ~ ⟨fam⟩ *leer ausgehen,* ⟨fam⟩ *an die Schornstein schreiben müssen* ‖ *tener* ~ *de fiesta* (fig) *s. amüsieren wollen* ‖ *Lust zum Raufen haben* ‖ *tenerle* ~ *a alg. s. an jdm rächen wollen,* ⟨fam⟩ *jdn auf dem Kieker haben* ‖ *¡las* ~! (pop) *i wo (denn)!* ‖ *denkste!* ‖ *das könnte dir so passen!*
gana|dear vi And *das Vieh hüten* ‖ **–dería** f *Menge* f *Vieh* ‖ *Viehzucht* f ‖ *Viehhandel* m ‖ *Stierzucht* f *(für Stierkämpfe)* ‖ *Stierzüchterei* f ‖ ⟨Taur⟩ *Herkunft* f *des Kampfstieres* ‖ ~ *de toros para la lidia Kampfstierzucht* f *(bes. in Andalusien)* ‖ **–dero** adj *Vieh-* ‖ ~ m *Herdenbesitzer* m ‖ *Viehzüchter* m ‖ *(Vieh)Farmer* m ‖ *Stierzüchter* m *(für Stierkämpfe)* ‖ *Viehhändler* m
¹ganado adj: *lo tiene Vd. bien* ~ *das haben Sie redlich verdient* ‖ *como* ~, *así gastado wie gewonnen, so zerronnen*
²ganado m *Herde* f *Vieh* ‖ *Vieh* n ‖ *Volk* n (Bienen) ‖ Am *Rindvieh* n ‖ ⟨figf⟩ *Menge* f *Leute,* ⟨fam⟩ *Läuse* fpl ‖ ⟨fam⟩ *das ganze Volk* n, (pop) *die ganze Herde* f ‖ ⟨vulg⟩ *Mädchenschar* f *(Prostituierte)* ‖ ~ *de aparta* Col *entwöhntes Vieh*

n ‖ ~ *bovino Rindvieh* n ‖ ~ *bravo nicht gezähmtes Vieh* n ‖ *für den Stierkampf bestimmte Stiere, Kampfstiere* mpl ‖ ~ *caballar Pferde* npl ‖ ~ *cabrío,* ~ *cabruno Ziegen* fpl ‖ ~ *de carne Schlachtvieh* n ‖ ~ *de cerda* → ~ *porcino* ‖ ~ *de cría Zuchtvieh* n ‖ ~ *equino* → ~ *caballar* ‖ ~ *lanar Schafe* npl, *Wollvieh* n ‖ ~ *de matadero* → ~ *de carne* ‖ ~ *mayor Groß-, Horn|vieh* n ‖ ~ *menor Kleinvieh* n ‖ ~ *menudo Jungvieh* n ‖ ~ *moruno* → ~ *porcino* ‖ ~ *mular Maultiere* npl ‖ ~ *ovino,* ~ *ovejuno* → ~ *lanar* ‖ ~ *de pata hendida,* ~ *de pezuña hendida Spalthufer* mpl ‖ ~ *porcino od porcuno Schweine* npl, ⟨fam⟩ *Borstenvieh* n ‖ ~ *trashumante Triebvieh* n ‖ ~ *vacuno Rindvieh* n ‖ ◇ *criar* ~ *Vieh züchten* ‖ *guardar* ~ *das Vieh hüten*
ganador adj *gewinnend* ‖ *siegreich* ‖ ~ m *Gewinner* m *im Spiel* ‖ ⟨Sp⟩ *Sieger* m
ganan|cia f *Gewinn* m ‖ *Nutzen, Vorteil* m ‖ *Zins, Ertrag* m ‖ *Verdienst* m ‖ *Überschuss* m ‖ ⟨Radio⟩ *(Antennen)Gewinn* m ‖ *Verstärkungsgrad* m ‖ Chi Guat Mex *Zugabe* f, *Trinkgeld* n ‖ ~ *accesoria Neben-, Mehr|gewinn* m ‖ ~ *bruta Brutto-, Roh|gewinn* m ‖ ~ *extraordinaria* → ~ *accesoria* ‖ ~ *imaginaria eingebildeter Gewinn* m ‖ ~ *líquida,* ~ *neta Netto-, Rein|gewinn* m ‖ ~ *de votos Stimmengewinn* m ‖ ◇ *acusar* ~ *e–n Gewinn ausweisen* ‖ *andar de* ~ *Glück haben* ‖ *no le arriendo la* ~ ⟨fam⟩ *ich möchte nicht in s–r Haut stecken* ‖ *arrojar* ~ → *acusar* ~ ‖ *asegurar* ~ *Gewinn sichern* ‖ *dejar escapar una* ~ *s. e–n Gewinn entgehen lassen* ‖ *dejar mucha* ~ *viel einbringen (Geschäft)* ‖ *partir la* ~ *den Gewinn teilen* ‖ *sacar od tener* ~ *Gewinn ziehen* (de *aus*) ‖ ~s fpl: ~ *y pérdidas* ⟨Com⟩ *Gewinn- und Verlust-Rechnung* f ‖ ◇ *dar* ~ *Nutzen abwerfen* ‖ *hacer* ~ *fabulosas fabelhafte Summen gewinnen, verdienen* ‖ **–cial** adj *(m/f)* (Zu)Gewinn- ‖ (bienes) ~es ⟨Jur⟩ *in d–r Ehe erworbene Güter* npl ‖ **–cioso** adj *einträglich, nutzbringend* ‖ *erfolgreich* ‖ ~ m → **ganador** ‖ **–zuela** f dim von **–cia**
gana|pán m ⟨desp⟩ *(Last)Träger, Sackträger* m ‖ ⟨desp⟩ *Gelegenheitsarbeiter* m ‖ ⟨figf⟩ *Grobian, Flegel* m ‖ ⟨figf⟩ *Strolch* m ‖ **–panería** f *(ungeliebte) Arbeit* f *zum Broterwerb*
ganapierde m/f *Schlagdame* f *(Damespiel, bei dem gewinnt, wer zuerst die Steine verliert)*
ganar vt/i *gewinnen (im Spiel, Handel, Krieg usw.)* ‖ *siegen* ‖ *er|ringen, -zielen* ‖ *davontragen (Sieg)* ‖ *verdienen, s. erwerben* ‖ *siegen (in e–r Schlacht)* ‖ *erreichen, gewinnen, erlangen* ‖ *s. zuziehen (e–e Krankheit)* ‖ ⟨Mil⟩ *erobern, einnehmen* ‖ △ *stehlen* ‖ *wohin gelangen* ‖ ⟨fig⟩ *jdm zuvorkommen, (jdn) übertreffen (an Geschicklichkeit)* ‖ *voraushaben* ‖ ⟨Kart⟩ *überstechen* ‖ *um s. greifen* ‖ ◇ *a trabajar no le gana nadie niemand kann besser arbeiten als er* ‖ *im Arbeiten macht ihm niemand etwas vor* ‖ ~ *amigos s. Freunde machen od erwerben* ‖ ~ *la boca a uno* ⟨figf⟩ *jdn überreden* ‖ ~ *el cielo den Himmel gewinnen, in den Himmel kommen* ‖ ~ *la copa* ⟨Sp⟩ *den Pokal gewinnen* ‖ ~ *mucho dinero viel Geld verdienen* ‖ ~ *la llanura bis zu der Ebene gelangen* ‖ ~ *las oposiciones s. mit Erfolg um ein Amt bewerben* ‖ ~ *la orilla das Ufer erreichen* ‖ *le he ganado dos partidas ich habe zwei Partien gegen ihn gewonnen* ‖ ~ *un partido* ⟨Sp⟩ *ein (Wett)Spiel gewinnen* ‖ ~ *peso zunehme* ‖ *no le ganarías a pícaro dem wirst du an Geriebenheit kaum od nicht gleichkommen* ‖ ~ *u pleito e–n Prozess gewinnen* ‖ ~ *el primer premi de la lotería das Große Los gewinnen,* (fig) *ziehen* ‖ ~ *por puntos* ⟨Sp⟩ *nach Punkten siegen* (& fig) ‖ ~ *al ser conocido bei näherem Kennenlernen gewinnen* ‖ ~ *terreno (an) Boden*

gewinnen, aufholen (& *fig*) ‖ ⟨*fig*⟩ *s. verbreiten, um s. greifen* ‖ ~ *tiempo Zeit gewinnen* ‖ ~ *a uno en años älter sein* ‖ ~ *a uno en destreza jdn an Geschicklichkeit übertreffen* ‖ *no gano nada con od en este negocio bei diesem Geschäft verdiene ich nichts* ‖ ¡así no vas a ~ nada! ⟨*fig*⟩ *so wirst du nichts erreichen!* ‖ *me ha ganado mil euros er (sie, es) hat mir tausend Euro abgewonnen* ‖ *no hay nada que* ~ (*od no se gana nada*) *con ello es kommt nichts dabei heraus* ‖ ~ *vi gewinnen* ‖ ~ *al ajedrez im Schachspiel gewinnen* ‖ ~ *en categoría an Rang gewinnen* ‖ ~ *de comer s. den Lebensunterhalt verdienen* ‖ ~ *con su cuerpo s. prostituieren, s. preisgeben* ‖ ~ *a dos por cero* ⟨*Sp*⟩ *2:0 gewinnen* ‖ ~ *de posición s–e Lage sichern* ‖ ~ *en reconocimiento s. Anerkennung verschaffen* ‖ ~ *tiempo Zeit gewinnen* ‖ ~ *para vivir* → ~ *de comer* ‖ *hacer* ~ *a uno jdn verdienen lassen* ‖ *jdn (beim Spiel) gewinnen lassen* ‖ *llevar las de* ~ ⟨*fam*⟩ *am Gewinnen sein, auf der Gewinnerstraße sein* ‖ *alle Trümpfe in der Hand haben* ‖ *volver a* ~ *wieder gewinnen* ‖ ~**se:** ~ *a alg. jdn bestechen bzw verführen* ‖ *jdn gewinnen (para algo für et.)* ‖ ~ *las simpatías generales s. allgemein beliebt machen* ‖ ~ *la vida s–n Lebensunterhalt verdienen* ‖ ~ *la voluntad de alg. jds Wohlwollen, jdn für s. gewinnen* ‖ ⟨*pop*⟩ ~ *una Prügel bekommen* ‖ ¿*dónde se ha ganado?* ⟨*Am pop*⟩ *wo ist er (sie, es) abgeblieben?*

ganaza *f augm von* **gana**
¹ganchero *m* Cue *Floßführer* m ‖ Arg *Helfer* m, *Hilfe* f (*Person*) ‖ Chi *Gelegenheitsarbeiter* m
²ganchero *m* Ec *Damenreitpferd* n
gan|chete *m Häkchen* n ‖ ◆ *al* ~ Ven *verstohlen, unbemerkt* ‖ *de medio* ~ Mex *halbfertig* ‖ *unsicher* ‖ Col Guat Pe PR *Arm in Arm (gehen)* ‖ **–chillero** *m Häkler* m ‖ **–chillo** *m Häkchen* n ‖ *Häkelnadel* f ‖ *Häkelarbeit* f ‖ Am And *Haarnadel* f ‖ ~ *de guantes Handschuhknöpfer* m ‖ ◇ *hacer* ~ *häkeln* ‖ **–chito** *m* ⟨Kochk⟩ *Cräcker* m
¹gancho *m Haken* m (& *beim Boxen*) ‖ ⟨Tech⟩ (*Greif-, Schließ)Haken* m ‖ *Greifer* m ‖ *Widerhaken* m ‖ ⟨Mar⟩ *Bootshaken* m ‖ *Schäferstab* m ‖ *Aststumpf* m ‖ *Häkelnadel* f ‖ *Hirschgeweih* n ‖ ⟨*fig*⟩ *Strich, Kratzer* m (*mit der Feder*) ‖ Mex Col Pe MAm *Haarnadel* f ‖ Chi *Dieb* m ‖ ~ *de alambre Drahthaken* m ‖ ~ *de carabina Karabinerhaken* m ‖ ~ *de carga Lasthaken* m ‖ ~ *doble Doppelhaken* m ‖ ~ *de grapa Klammerhaken* m ‖ ~ *de pared Wandhaken* m ‖ ~ *de remolque Schlepphaken* m ‖ ~ *en* S *S-Haken* m ‖ ~ *de sujeción Klemmhaken* m ‖ ~ *de suspensión Aufhängebügel* m ‖ ~ *terminal Endhaken* m ‖ ◇ *colgar de un* ~ *an e–m Haken aufhängen* ‖ *echar a uno el* ~ ⟨*figf*⟩ *jdn einfangen*
²gancho *m* ⟨*fam*⟩ *anziehendes Wesen* n ‖ *Attraktivität* f ‖ ◇ *tener* ~ *jdn becircen, umgarnen können* ‖ *jdn einwickeln können*
³gancho *m* ⟨*pop*⟩ *Schlepper* m ‖ *Lockvogel* m (*bei betrügerischem Straßenverkauf*) ‖ *lästiger Bittsteller* ‖ *Ware, die dem Kundenfang dient*
gan|choso *adj hakenförmig* ‖ *mit Haken versehen* ‖ **–chudo** *adj krumm, (um)gebogen* ‖ **–chuelo** *m dim von* **¹gancho**
gandaya *f* ⟨*fam*⟩ *Faulenzerei* f ‖ *Lotterleben* n
gandido *adj* MAm *gefräßig*
¹gandinga *f* ⟨Bgb⟩ (*Erz)Schlich* m ‖ Cu ⟨*fig*⟩ *Gleichgültigkeit* f ‖ ◇ *buscar la* ~ ⟨*fam*⟩ *s–n Lebensunterhalt verdienen*
²gandinga *f* **a)** Cu ⟨Kochk⟩ *ein Gericht* n *aus Schweineleber* **b)** Má *e–e minderwertigere Rosinenart* f
gan|dul *adj faul* ‖ *träge* ‖ *Faulenzer, Faulpelz* m ‖ *Müßiggänger* m, *Drohne* f ‖ **–dula** *f* ⟨*fam*⟩

–dulear *vi faulenzen, bummeln* ‖ ⟨*fam*⟩ *rum\hängen, -freaken* ‖ ⟨*fam*⟩ *s. auf die faule Haut legen, dem lieben Gott die Zeit stehlen* ‖ **–dulería** *f Faulenzerei, Bummelei* f *Müßiggang* m ‖ **–dulitis** *f* ⟨*joc*⟩ *Faulitis* f
gandumbas *m/adj* ⟨*fam*⟩ *Faulenzer* m ‖ Am *Einfaltspinsel* m ‖ ~ *mpl* ⟨*vulg*⟩ *Eier* npl (*Hoden*)
ganforro *m/adj* ⟨*fam*⟩ *Gauner, Ganove* m
gang *m* (*Verbrecher)Bande* f
¹ganga *f* ⟨V⟩ *Spießflughuhn* n ‖ ~ *común Spießflughuhn* n (Pterocles alchata) ‖ ~ *de Pallas Steppenhuhn* n (Syrrhaptes paradoxus)
²ganga *f* ⟨Bgb⟩ *Gangart* f, *taubes Gestein* n ‖ *Ganggestein* n ‖ ⟨*fig*⟩ *unverhofftes Glück* n ‖ ⟨*fig*⟩ *vorteilhaftes Geschäft, Schnäppchen* n ‖ ⟨*fig*⟩ *Gelegenheitskauf* m ‖ ◇ *es una* ~ *es ist spottbillig* ‖ ¡*valiente* ~! ⟨*iron*⟩ *ein sauberes Geschäft!* ‖ ¡*qué* ~! ¡*vaya una* ~! ⟨*iron*⟩ *schöne Wirtschaft!* ‖ *andar a caza de* ~s ⟨*fam*⟩ *guten Geschäften nachjagen* ‖ *s. vergebliche Mühe (um et.) machen* ‖ *auf Schnäppchensuche gehen*
³ganga *f* Chi *Näseln* n ‖ Mex *Spott* m
Gan|ges *m* [Fluss]: *el* ~ *Ganges* m ‖ **=gético** *adj auf den Ganges bezüglich*
gan|gliectomía *f* ⟨Med⟩ *Gangli(on)ektomie* f ‖ **–gliforme** *adj (m/f)* ⟨An⟩ *nervenknotenförmig* ‖ ⟨An⟩ *drüsenförmig* ‖ **–glio** *m* ⟨An⟩ *Nerven- bzw Lymphknoten* m ‖ ~ **–glión** ‖ ~ *hiliar,* ~ *del hilio Hilus\drüse* f, *-lymphknoten* m ‖ ~ *inguinal Leisten\drüse -lymphknoten* m ‖ ~ *linfático Lymphknoten* m ‖ ~ *nervioso Nervenknoten* m ‖ **–glión** *m* ⟨Med⟩ *Überbein* n ‖ **–glionar** *adj (m/f)* ⟨An⟩ *Ganglien-* ‖ **–glionectomía** *f* → **–gliectomia** ‖ **–glionitis** *f* ⟨Med⟩ *Gangli(oni)tis, Nervenknotenentzündung* f ‖ **–pléjico** *m* ⟨Med⟩ *Ganglienblocker* m
ganglios *mpl* ⟨*vulg*⟩ *Titten* fpl
gangolina *f* Arg *Lärm, Krach* m ‖ *Durcheinander* n
gangorra *f* Dom *Schnur* f
gango|sear *vi* Chi → **ganguear** ‖ **–sidad** *f Näseln* n ‖ **–so** *adj/s näselnd* ‖ ◇ *hablar* ~ *näseln, durch die Nase reden*
gangre|na *f* ⟨Med⟩ *Brand* m, *Gangrän* f ‖ ⟨Bot Agr⟩ *Holzfäulnis* f ‖ ⟨*fig*⟩ *Sittenverderbnis* f ‖ ~ *gaseosa* ⟨Med⟩ *Gas\brand* m, *-grangrän* f, *-ödem* n ‖ ~ *húmeda feuchte Gangrän* f ‖ ~ *seca trockene Gangrän* f ‖ ~ *senil Altersbrand* f ‖ **–narse** *vr* ⟨Med⟩ *brandig werden, gangräneszieren* ‖ **–noso** *adj brandig, jauchig, zerfallend, gangränös*
gángster *m Gangster* m
gangsterismo *m Gangster\unwesen, -tum* m
gangue|ar *vi näseln, durch die Nase sprechen* ‖ *näselnd, matt klingen (Drehorgel)* ‖ **–o** *m Näseln* n ‖ *Gurgeln* n ‖ *näselnde Aussprache* f
gánguil *m* ⟨Mar⟩ *Baggerprahm* m, *Klappschute* f
Ganimedes *m np* ⟨Myth⟩ *Ganymed(es)* m
ganoideos *mpl* ⟨Fi⟩ *Ganoiden* pl, *Schmelzschupper* mpl
ganoso *adj verlangend, begierig* ‖ Chi *feurig, lebhaft (Pferd)* ‖ ~ *de conseguir algo mit dem Verlangen, et. zu erreichen*
gan|sa *f Gans* f, *Gansweibchen* n ‖ ⟨*fig*⟩ *dummes, faules Mädchen* n, *dumme Gans* f ‖ **–sada** *f* ⟨*figf*⟩ *Tölpelhaftigkeit* f ‖ ⟨*figf*⟩ *Dummheit,* ⟨*fam*⟩ *Albernheit* f ‖ *Flegelhaftigkeit* f ‖ ◇ *hacer* ~s ⟨*figf*⟩ *albern, s. albern aufführen* ‖ **–sarón** *m* Junggans f ‖ *Ganser* m, *Gänserich* m ‖ ⟨*fig*⟩ *langer, magerer Mensch* m, ⟨*fam*⟩ *lange Latte* f ‖ **–sear** *vi* ⟨*fam*⟩ *albern, s. albern benehmen, Albernheiten sagen bzw treiben* ‖ **–so** *m/adj (Haus)Gans* f *Wildgans* f (→ **ánsar**) ‖ ~ (*macho*) *Gänserich, Ganser, Ganter* m ‖ ⟨*fig*⟩

träger, müßiger Mensch m ‖ ⟨fam⟩ *Flegel* m ‖
⟨fig⟩ *Dummkopf, Tölpel* m ‖ ⟨fig⟩ *Grobian* m ‖ ~
ahumado *Spickgans* f ‖ ~ asado *Gänsebraten* m ‖
~ cebado *Mastgans* f ‖ ~ de mar *Delfin* m ‖ ~
silvestre, bes. Am ~ bravo *Wildgans* f ‖ ◊ ser un
~ ⟨figf⟩ *albern sein,* ⟨fam⟩ *e–e blöde Gans* od
ein blöder Kerl sein ‖ ⟨fam⟩ *k–n Schliff haben* ‖
los ~s del Capitolio ⟨Hist⟩ *die Gänse vom
Kapitol*

gánster m → **gángster**
ganta f Fil *ein Hohlmaß* n *(3 Liter)*
Gan|te m [Stadt] *Gent* n ‖ **≠tés** adj *aus Gent*
¹**ganzúa** f *Haken-, Nach|schlüssel, Dietrich* m ‖
⟨fig⟩ *Einbrecher* m ‖ ⟨fig⟩ *Gauner* m ‖ ◊ ser una
~ ⟨figf⟩ *s. auf geschicktes Ausfragen verstehen*
△ ²**ganzua** m *Henker* m
gañafote m Extr *Heuschrecke* f
gañán m *Acker-, Schäfer|knecht* m ‖
Tagelöhner m ‖ ⟨fig⟩ *derber, starker Kerl* m ‖
⟨fam⟩ *(Bauern)Lümmel, Flegel* m
gañido m *Gekläff, Heulen, Gewinsel* n ‖
Krächzen n *(Vögel,* ⟨fam⟩ *Menschen)*
gañiles mpl *Rachen* m, *Kehle* f *(e–s Tieres)* ‖
Kiemen fpl *(der Fische)*
gañín m Sant Ast *höflicher, aber scheinheiliger
Mensch* m
gañir [pret ~ñó] vi *heulen, winseln* (bes. *wie
ein geschlagener Hund)* ‖ *kläffen* ‖ ⟨fam⟩ *heulen,
weinen* ‖ *krächzen (Vogel)* ‖ ⟨fam⟩ *schnaufen
(Personen)* ‖ ◊ sin ~ ⟨fig⟩ *ohne auszuatmen*
△ **gañiz** [pl ~ces] m *Würfel* m
¹**gañón** m: de ~ *umsonst, gratis, kostenlos*
¹**gañón, gañote** m ⟨fam⟩ *Schlund* m, *Kehle,
Gurgel* f ‖ ◊ agarrarse por el ~ ⟨pop⟩
handgemein werden, s. raufen
△ **gañoteo** m *Galgen* m
△ ¹**gao** m *Laus* f
△ ²**gao** m *Volk* n
gaollo m Pal ⟨Bot⟩ *Erika(art)* f (→ **brezo**)
gapalear vi Cu *verzweifelt um s. schlagen* ‖ Cu
s. den Kopf zerbrechen
gáraba f Sant → **árgoma** ‖ *Brennholz* n
△ **garabar** vt *beerdigen*
garaba|tear vi *kritzeln, unleserlich schreiben* ‖
mit Haken arbeiten ‖ ⟨figf⟩ *Ausflüchte suchen* ‖
–teo m *Gekritzel* n ‖ ⟨figf⟩ *Ausflüchte* fpl ‖ **–to** m
Haken m *mit abgerundetem Kopf* ‖
Fleischerhaken, Aufhänger m ‖ *Feuerhaken* m ‖
Kesselhaken m ‖ *Jäthaue* f ‖ *Hakenpflug* m ‖
⟨fam⟩ *Gekritzel* n ‖ ⟨figf⟩ *Liebreiz, Charme (&
Scharm)* m *(e–r Frau)* ‖ Am *Heugabel* f ‖ ~ de
ancla ⟨Mar⟩ *Anker|schaufel, -schar* f ‖ ~ de
carnicero *Fleischerhaken* m ‖ ~s mpl *Kritzeleien*
fpl, *Gekritzel* n, *Krakelfüße* mpl ‖ ⟨fig⟩
übertriebenes Gebärdenspiel n ‖ **–toso** adj
kritz(e)lig (Schrift)
¹**garabelar** vt *besitzen*
²**garabelar** vt *pflegen*
¹**garabina** f Arg → **garambaina**
²**garabina** f → **carabina**
garabita f Sant ⟨Bot⟩ → **árgoma** ‖ → **retama**
¹**garabito** m *Bude* f *(auf dem Markt)*
²**garabito** m *Haken* m
³**garabito** m And [Hund] *Kreuzung* f *von
Dachs- und span. Vorsteh|hund*
⁴**garabito** m Arg *Landstreicher* m ‖ *Gauner,
Ganove* m
¹**garabo** m ⟨fam⟩ *Trick* m, *List* f ‖
Betrugsmanöver n
△ ²**garabo** m *Haken* m
garafatear vt Col *ohrfeigen*
gara|je m *Garage* f ‖ *Autowerkstatt* f ‖ ~ la
Estrella (joc) *Laternengarage* f ‖ ~ de pisos
Hoch-, Stockwerks|garage f ‖ ~ subterráneo

Tiefgarage f ‖ Ven *Bordell* n ‖ **–jista** m/f
Garagen|besitzer(in f) bzw *-angestellte(r* m) f ‖
Automechaniker(in f) m ‖ *Tankstelleninhaber(in* f)
m
garambaina f *Flitterkram* m ‖ ~s ⟨fam⟩
Fratzengesichter npl ‖ *Grimassen* fpl ‖ ⟨fam⟩
Gekritzel n ‖ *Getue* n
gara|món, –mond m ⟨Typ⟩ *Garamond* f *(e–e
Antiquaschriftart)*
△ **garandar** vi *herumlungern, müßig
herumstehen*
garandumba f SAm *(Art) Leichter* m ‖ Arg
⟨fig⟩ *dickes, großes Weib* n
garan|te m *Gewährsmann, Bürge, Garant* m ‖
◊ salir ~ (de) *Bürgschaft leisten, haften (für)* ‖
–tía f *Bürgschaft, Gewähr(leistung)* f ‖
(Unter)Pfand n ‖ ⟨Jur⟩ *Sicher|heit, -stellung,
Garantie* f ‖ *Kaution* f ‖ *Deckung* f ‖ *Revers* m ‖
⟨Pol⟩ *Garantie* f ‖ ⟨fig⟩ *Schutz* m ‖ ~s
constitucionales *verfassungsmäßige Rechte* npl ‖
~ de un crédito *Kredit|sicherheit, -sicherung* f ‖
~ de devolución *Rückgabegarantie* f ‖ ~ de
fábrica *Werksgarantie* f ‖ ~ pecuniaria
Geldbürgschaft f ‖ ~ prendaria *Pfandbürgschaft* f
‖ ~ solidaria *Solidar|haftung, -verpflichtung,
gesamtschuldnerische Haftung* od *Verpflichtung* f
‖ ♦ como ~, en concepto de ~ *als Sicherheit*
(por, de *für*) ‖ con ~ *gesichert* ‖ sin ~ *ohne
Gewähr* ‖ *freibleibend* ‖ ◊ dar ~ *Bürgschaft
stellen, leisten* ‖ *e–e Summe hinterlegen* ‖ dar ~
~ *als Sicherheit* od *Kaution geben* ‖ depositar en
~ *als Sicherheit hinterlegen* ‖ exigir ~, pedir ~
Sicherheit fordern, verlangen ‖ suspender las ~s
constitucionales *die verfassungsmäßigen Rechte
aufheben* od *außer Kraft setzen* ‖ **–tir** def (Am
auch **–tar**) vt → **–tizar** ‖ **–tizar** [z/c] vt
gewährleisten, sichern, garantieren (algo et. acc)
‖ *s. verbürgen,* (für et. acc) *gutstehen* od *bürgen*
od *haften* ‖ *schützen, bewahren* (contra, de *vor*
dat) ‖ ◊ ~ un pago *e–e Zahlung garantieren*
garanón m *Eselhengst* m ‖ MAm Mex p.ex
(Deck-, Zucht)Hengst m ‖ Chi ⟨figf⟩ *Hurenbock* m
garapacho m *Rückenschild* m *der Schildkröten*
garapi|ña f *Gerinnsel* n ‖ *halbgefrorenes,
erfrischendes Getränk* n ‖ *Flocke* f *in geronnenem*
od *gefrorenem Getränk* ‖ *Überzuckern* n, *Glasur,
Kandierung* f ‖ Mex Cu Chi PR *erfrischendes
Getränk* n *aus Ananasschalen* ‖ **–ñar** vt *zu Eis
machen (Früchte)* ‖ *überzuckern, glasieren,
kandieren* ‖ **–ñera** f *Eiskübel* m *(für die garapiña)*
garapita f *kleines, dichtes Fischfangnetz* n
garapito m ⟨Ins⟩ *Rückenschwimmer* m
(Notonecta glauca)
garapullo m *Federpfeil* m
gara|ta f PR Dom *Streit* m ‖ **–tear** vi *Streit
entfachen* bzw *suchen* ‖ **–tero** adj *streitsüchtig*
garatusa f ⟨fam⟩ *Schmeichelei, Schöntuerei* f
garba f Ar Murc *Garbe* f ‖ Nav *Grünfutter* n
garbanceo m ⟨figf⟩ *Lebensunterhalt* m
garban|cero adj *Kichererbsen-* ‖ ⟨figf⟩
alltäglich, Alltags- ‖ **–zal** m *Kichererbsenfeld* n ‖
–zo m *Kichererbse* f (Cicer arietinum) ‖ Mex
⟨fig⟩ *junge(r) Bediente(r)* m ‖ ◊ meter a uno el
~ en el cuerpo Am ⟨fig⟩ *jdm Furcht einjagen* ‖
ser el ~ negro (de la familia) ⟨fam⟩ *das schwarze
Schaf (der Familie) sein* ‖ tropezar en un ~ ⟨figf⟩
an allem Anstoß nehmen ‖ ese ~ no se ha cocido
en su olla ⟨fam⟩ *das hat er (sie, es) nicht aus s–m
eigenen Kopf,* ⟨fam⟩ *das ist nicht auf s–m (ihrem)
Mist gewachsen* ‖ por un ~ (más o menos) no se
descompone la olla *auf et. mehr oder weniger
kommt es nicht an*
garbanzuelo m dim von **garbanzo**
garbar vt Ar *in Garben binden*
¹**garbear** vi *dick-, groß|tun*

²**garbear** vt/i Ar → **garbar** ‖ ~ vi ⟨fam⟩ *das Leben fristen*
△ ³**garbear** vt/i *rauben, plündern*
⁴**gar|bear(se)** vi/r ⟨fam⟩ *(herum)bummeln* ‖ *spazieren gehen* ‖ s. *durchschlagen* ‖ **–beo** m ⟨fam⟩ *Bummeln* n ‖ *Spaziergang* m ‖ ◇ dar(se) un ~ ⟨fam⟩ *e–n Bummel machen* ‖ *spazieren gehen*
garbera f ⟨Agr⟩ *(Getreide)Schober* m
¹**garbillar** vt ⟨Agr⟩ *(Korn) worfeln*
²**garbillar** vt ⟨Bgb⟩ *(Erz) sieben*
¹**garbillo** m *Sieb* n
²**garbillo** m ⟨Bgb⟩ *Kleinerz* n
garbino m ⟨Meteor⟩ *Südwestwind* m
garbo m *feiner Anstand* m, *Anmut, Grazie* f, *Charme* (& *Scharm*) m, *Eleganz* f ‖ ⟨fig⟩ *Uneigennützigkeit* f ‖ ⟨fig⟩ *Großzügigkeit* f ‖ ⟨fig⟩ *Ausdruck* m ‖ ◇ con ~ *stattlich* ‖ *graziös, elegant*
garbón m ⟨V⟩ *Rebhahn* m
garboso adj *stattlich, rüstig* ‖ *anmutig, elegant, smart* ‖ ⟨fig⟩ *freigebig, großmütig*
garbula f Sal *trockene Kichererbsenhülse* f *(Brennmaterial)*
garbullo m → **barullo**
garcear vi Col *faulenzen, müßig sein, nichts tun*
garceta f ⟨V⟩ *Reiher* m ‖ ~ común *Seidenreiher* m (Egretta garzetta) ‖ ~ grande *Silberreiher* m (E. alba) ‖ *Reiherfeder* f ‖ ⟨fig⟩ *Schläfenlocke* f
garcía m/f Ast And Rioja ⟨fam⟩ *Fuchs* m
garcilla f ⟨V⟩ *Reiher* m ‖ ~ bueyera *Kuhreiher* m (Bubulcus ibis) ‖ ~ cangrejera *Rallenreiher* m (Ardeola ralloides)
garcita f dim von ¹**garza**
garçon|ne f pelo a la ~ *Bubikopf* m ‖ **–nière** f *Junggesellenwohnung*, Öst *Garçonnière* f
△ ¹**garda** f *Umtausch* m
△ ²**garda** f *Balkon* m
gardacho m Al Nav ⟨Zool⟩ *Echse* f (→ **lagarto**)
gardama f ⟨Ins⟩ *Holz-, Bohr|wurm* m (→ **carcoma**)
△ **gardar(binar)** vt *(um)tauschen*
gardenia f ⟨Bot⟩ *Gardenie* f (Gardenia spp)
garden party f *Gartenfest* n
△ **gardo** m *Bursche* m
gar|duna f ⟨Zool⟩ *Haus-, Stein|marder* m (Martes foina) ‖ ⟨figf⟩ *schlaue Diebin* f ‖ ⟨fig⟩ *Falle* f ‖ **–duno** m ⟨fam⟩ *(Brieftaschen)Marder* m
garete: ◇ ir(se) al ~ ⟨Mar⟩ *(vorm Wind) treiben* ‖ *abgetrieben werden* ‖ ⟨fig⟩ *vom Weg abkommen* ‖ ⟨fig⟩ s. *treiben lassen*
gar|fa f *Klaue, Kralle* f ‖ **–fear** vi *anhaken*
garfia f → **garfa**
△ **gar|fiña** f *Diebstahl* m ‖ **–fiñar** vt/i *stehlen, klauen*
garfio m *Haken* m, *Krampe* f ‖ *Stichhaken* m ‖ *Handhaken* m ‖ *Schür-, Feuer|haken* m ‖ *Kletter-, Steig|eisen* n *(für Telegrafenmaste)* ‖ ~ de *abordaje Enterhaken* m ‖ ~ de detención ⟨Flugw⟩ *Fang-, Brems|haken* m ‖ ~ de traviesa ⟨EB⟩ *Schwellenklammer* f ‖ ~s mpl ⟨Film⟩ *Greifer* mpl
garga|jear vi *ausspucken* ‖ s. *räuspern* ‖ **–jeo** m *Ausspucken* n *(Schleim)* ‖ *Räuspern* n ‖ **–jiento** adj → **–joso** ‖ **–jo** m *zäher Schleim, Auswurf* m ‖ **–joso** adj *verschleimt* ‖ *oft spuckend* ‖ ~ m ⟨fam⟩ *Spucker* m
gargal m Chi *ein essbarer Baumpilz* m
△ **gargamillón** m *Körper* m
garganchón m ⟨pop⟩ *Kehle* f ‖ *Rachen* m
¹**garganta** f *Kehle, Gurgel* f ‖ *Hals* m ‖ ⟨fig⟩ *Brust(ansatz* m) f ‖ ⟨fig⟩ *Stimme* f ‖ ⟨fig⟩ *Fuß|biege* f, *-rist* m ‖ ⟨Tech⟩ *Kehlnut, Kehle* f ‖ *Seilnut* f ‖ ◇ *mentir por la* ~ *dreist lügen* ‖ *tener buena* ~ *e–e gute Stimme haben* ‖ *tener un nudo*

en la ~ ⟨fig⟩ *nicht sprechen können (vor Schreck usw.)*, ⟨fam⟩ *e–n Kloß im Hals haben*
²**garganta** f *Bergenge* f, *Engpass* m ‖ *Schlucht* f ‖ *Hohlweg* m ‖ ⟨fig⟩ *Engpass* m
gargan|tada f *Schluck, Mundvoll* m ‖ **–tear** vt/i ⟨Mar⟩ *stroppen* ‖ ⟨Mus⟩ *Koloratur singen* ‖ *trillern* ‖ △ *ein Geständnis ablegen* ‖ *in der Folter gestehen* ‖ **–teo** m *Koloratur* f
¹**gargantilla** f *Halsband* n ‖ *Halskette, Perlenschnur* f ‖ *Perle* f *e–r Perlenschnur*
²**gargantilla** f *Fil Kühlkrug* m
gargan|tón, –tuesco adj ⟨fam⟩ *gefräßig*
gárgara f *Gurgeln* n ‖ ◇ *hacer* ~s *gurgeln* ‖ *mandar a hacer* ~s ⟨pop⟩ *zum Teufel schicken*
garga|rear vi Chi *gurgeln* ‖ **–rismo** m *Gurgeln* n ‖ *Halsspülung* f ‖ ⟨Pharm⟩ *Gurgel|wasser, -mittel* n
¹**gargarizar** [z/c] vi *gurgeln*
²**gargarizar** [z/c] vi *hudern (Vogel)*
gargol adj/s: *huevo* ~ *Windel* n ‖ ~ m *Kerbe, Nut* f ‖ *Gargel* m, *Kröse* f *(Fass)*
gargola f *Spei-, Trauf|röhre* f *(am Dach)* ‖ ⟨Arch⟩ *Wasserspeier* m ‖ *Kapsel* f *des Leinsamens*
gar|guero, -güero m *Kehle, Gurgel* f ‖ *Luftröhre* f ‖ *Rachen* m
garibal|dina f *kurzes rotes Hemd* n ‖ *kurze rote Jacke* f ‖ **–dino** m/adj *Garibaldi(a)ner* m
garifo adj → **jarifo** Am *schlau, tüchtig* ‖ CR Ec *gefräßig* ‖ CR Ec Pe *hungrig*, ⟨fam⟩ *verhungert* ‖ ~ m Pe *Bettler* m
garigola f Murc *Frettchenkäfig* m
gario m Sant ⟨Agr⟩ *Mistrechen* m ‖ León Pal Seg Vall ⟨Agr⟩ *Worfelschaufel* f
garipota f Chi *Geschenk* n ‖ Chi *derber Verweis*, ⟨fam⟩ *Rüffel* m
gari|ta f ⟨Mil⟩ *Schilderhaus* n, *Torwache* f ‖ *Pförtnerloge* f ‖ *Kontrollhäuschen* n ‖ *Toilettenhäuschen* n ‖ ⟨fam⟩ *enge Wohnung* f ‖ ⟨Th⟩ *Gitterloge* f ‖ *Wartehäuschen* n ‖ ⟨EB⟩ *Führerstand* m ‖ ⟨EB⟩ *Bahnwärterhäuschen* n ‖ ⟨EB⟩ *Bremserhäuschen* n ‖ Mex *Stadttor* n ‖ ~ *del perro Hundehütte* f ‖ **–tear** vi ⟨fam⟩ *die Spielhöllen besuchen* ‖ **–tero** m *Inhaber* m *e–r Spielhölle* ‖ *Spielhöllenbesucher* m ‖ △ *(Diebes)Hehler* m ‖ **–to** m *Spielhölle* f ‖ *Spielgewinn* m ‖ △ *Haus* n ‖ **–tón** m Mex *Stadttor* n
gar|la f ⟨fam⟩ *Plauderei* f, ⟨fam⟩ *Schwatz* m ‖ **–lador** adj *geschwätzig* ‖ ~ m ⟨fam⟩ *Plauderer, Schwätzer* m ‖ *Plaudertasche* f *(Frau)* ‖ **–lar** vi ⟨fam⟩ *plaudern, schwätzen*
△ **garlear** vi *siegen*
△ **garlera** f *Wagen* m
garlito m *(Fisch)Reuse* f ‖ ⟨figf⟩ *Falle* f, *Fallstrick* m ‖ ◇ *caer en el* ~ ⟨figf⟩ *in die Falle geraten, auf den Leim gehen* ‖ *coger a uno en el* ~ ⟨figf⟩ *jdn auf frischer Tat ertappen*
△ **garlo** m *Plauderei* f ‖ *Hals* m
garlocha f *Wurfspieß* m
△ **garlochí(n)** m *Herz* n
△ **garlon** m *Schwätzer* m
garlo|pa f *Lang-, Bank-, Schrot|hobel* m ‖ *Schlicht-, Glatt|hobel* m ‖ *Hobel* m *mit Nase* ‖ ~ *mecánica Schlichtmaschine* f ‖ **–pín** m *kleiner Hobel, Kurz-, Putz|hobel* m
garma f Ast Sant *sehr steiler Abhang* m
garnabada f Col PR Dom *Ohrfeige* f
¹**garnacha** f *Talar* m, *Amtsrobe* f ‖ *Talar-, Amtsroben|träger* m
²**garnacha** f *e–e (süße) Traubenart* f ‖ *Wein* m *aus der* garnacha
³**garnacha** f León ⟨fam⟩ *Schlag* m *auf den Nacken* ‖ ◆ *a la* ~ *mit Gewalt*
⁴**garnacha** f Mex ⟨Kochk⟩ *(Art) Fleischgericht* n

garnierita f ⟨Min⟩ *Garnierit* m
garnucho m Mex *Nasenstüber* m
△ **garo** m *Dorf* n
Garona m [Fluss]: el ~ *Garonne* f
garoso adj Col Ven *hungrig, ausgehungert*
garra f *Klaue, Kralle* f (& fig) ‖ ⟨figf⟩ *Hand, Patsche* f ‖ ⟨Tech⟩ *Klaue, Kralle* f ‖ *Klammer* f ‖ *Spannbacke* f ‖ Arg CR Col Chi *schrump(e)liges, hart gewordenes Stück* n *Leder* ‖ Col *Lederbeutel* m ‖ ◇ echarle a uno la ~ ⟨figf⟩ *jdn festnehmen, beim Kragen fassen,* ⟨fam⟩ *jdn am Schlafittchen kriegen* ‖ venir de ~ Am ⟨pop⟩ *streiten, raufen* ‖ ha costado cinco y la ~ ⟨fam⟩ *das ist Diebesgut, das ist gestohlen worden* ‖ ~s fpl *Fänge* mpl *e–s Greifvogels* ‖ Am *Fetzen, Lumpen* m ‖ ~ de astracán *Persianerklaue* f *(Pelz)* ‖ ◇ caer en las ~ de alg. ⟨fig⟩ *jdm in die Hände fallen*
garrafa f *Karaffe, Kristallflasche* f ‖ *Kühlflasche* f
garrafal adj *(m/f) großfrüchtig* ‖ ⟨fig⟩ *ungeheuer, riesig*
garrafiñar vt ⟨fam⟩ *wegraffen, entreißen,* ⟨fam⟩ *grapschen, stibitzen*
¹garrafón m *große Karaffe* f ‖ *große Transportflasche* f ‖ *Ballon* m *(Gefäß)*
²garrafón m *Erpressung* f
garra|ma f ⟨fam⟩ *Diebstahl* m ‖ *Plünderung* f ‖ *Betrug* m ‖ **–mar** vt ⟨fam⟩ *stehlen, klauen, stibitzen*
garrampa f Ar *Krampf* m (→ **calambre**)
garrancha f ⟨fam⟩ *Degen* m
garrancho m *(Ast) Splitter, Aststumpf* m
garrapa|ta f ⟨Zool⟩ *Holzbock* m, *Zecke* f (Ixodes ricinus) ‖ ⟨Mil figf⟩ *ab-* od *aus|gemustertes* od *verbrauchtes Pferd* n, *Schindmähre* f, *Klepper* m ‖ **–tear** vt *kritzeln* ‖ ⟨desp⟩ *(hin)schmieren* ‖ **–teo** m *Gekritzel* n ‖ ⟨desp⟩ *Geschreibsel* n ‖ **–to(s)** m(pl) *Gekritzel* n, *Kritzelei* f, ⟨fam⟩ *Krakelfüße* mpl ‖ *Käfer* m (→ **¹escarabajo**) ‖ **–tón** m ⟨fam⟩ *Unsinn,* ⟨fam⟩ *Quatsch* m ‖ *Aussprache- bzw Ausdrucks|schnitzer* m ‖ **–toso** adj *kritz(e)lig (Schrift)*
garrapi|ñar vt → **garrafinar** ‖ **–ñera** f → **garapiñera**
garrapo m Sal *Ferkel* n
garrar vi ⟨Mar⟩ *vor schleppendem Anker treiben*
garraspera f ⟨pop⟩ *rauer Hals* m
garrear vi Arg ⟨figf⟩ *stehlen* ‖ Arg ⟨figf⟩ *auf Kosten anderer leben, nassauern, schnorren*
garrido adj *hübsch, nett, zierlich, fesch,* ⟨fam⟩ *stramm* ‖ *schneidig* ‖ ~a moza *strammes Mädel* n
garrir vi *schreien (Papagei)*
△ **garro** m *Hand* f
garro|ba f → **algarroba** ‖ **–bo** m ⟨Bot⟩ → **algarrobo**
garro|cha f *Wurfspieß* m *mit Widerhaken* ‖ *Spieß* m *der Stierhirten* ‖ *Lanze* f *des Picadors* ‖ Chi *Federpfeil* m ‖ **–chador** m ⟨Taur⟩ *Picador* m ‖ **–chazo** m ⟨Taur⟩ *Stich* m *mit der Lanze (des Picadors)* ‖ **–chear** vt ⟨Taur⟩ *mit der Lanze (des Picadors) treffen* ‖ **–chero** m → **–chador** ‖ **–chón** m ⟨Taur⟩ *Stachelspieß* m *(für den Stierkampf zu Pferd)*
garrofa f → **algarroba**
garro|ta f *Knüttel* m ‖ *Schäferstab* m ‖ **–tazo** m *Schlag* m *mit e–m Knüppel* ‖ **–te** m *Knüppel, kurzer Stock* m ‖ *Gerte* f, *Knebel* m ‖ *Prügel, Stock* m ‖ ⟨Med⟩ *Knebelpresse* f ‖ *Würg|schraube* f, *-eisen* n *bei Hinrichtungen* ‖ *Garrotieren* n, *Erdrosselung* f *durch die Würgschraube* ‖ Mex *Bremsscheit* n ‖ ◇ dar ~ (vi) a alg. *jdn. garrotieren, knebeln, er|drosseln, -würgen* ‖ *mit der Würgschraube hinrichten*

¹garrote m ⟨reg⟩ *Korb* m, *Kiepe* f
²garrote m ⟨Agr⟩ *Olivensetzreis* n
garrotero adj Cu Chi ⟨pop⟩ *geizig* ‖ Chi *feilschend* ‖ ~ m Mex *Bremser* m
¹garrotillo m ⟨Med⟩ *Diphtherie, Halsbräune* f
²garrotillo m Rioja ⟨Agr⟩ *Holzknebel* m *(zum Garbenbinden)*
garrotín m ⟨Hist⟩ *ein span. Tanz* m *(in der zweiten Hälfte des 19. Jh.)*
garrotiza f Ec Mex *Tracht* f *Prügel*
garrovica f Mancha *Trinkgeld* n
garru|cha f *Block, Kloben* m ‖ *Blockrolle, (Block)Scheibe* f ‖ *Rolle* f *an e–m Ziehbrunnen* ‖ *Flasche* f *(des Flaschenzugs)* ‖ *Flaschenzug* m ‖ *Haspel* f (& m) ‖ ⟨Mar⟩ *Taukloben* m, *Takel* n ‖ ⟨fig⟩ *Patsche, Bredouille, Zwangslage, missliche Lage* f ‖ ~ combinada, ~ fija (loca) *feste (lose) Rolle* f ‖ **–cho** m ⟨Mar⟩ *Eisen- bzw Holz|ring* m
garrudo adj *starkkrallig* ‖ Mex *stark, kräftig* ‖ ~ m Chi *Teufel* m
garru|lería f ⟨fam⟩ *Ge|schwätz, -schnatter* n ‖ **–lidad** f *Geschwätzigkeit* f
gárrulo adj *laut zwitschernd, plappernd (Vögel)* ‖ ⟨fig⟩ *geschwätzig* ‖ ⟨fig⟩ *murmelnd (Bach)* ‖ ⟨fig⟩ *sausend (Wind)* ‖ ⟨fig⟩ *flüsternd (Laub)*
gárrulos, garrulinos mpl ⟨V⟩ *elsterartige Vögel* mpl
△ **garsi|na** f *Diebstahl* m ‖ **–nar** vt/i *stehlen, klauen*
garsón m → **garzón**
garúa f ⟨Mar⟩ Murc Am *Sprüh-, Staub|regen* m ‖ *feuchter Nebel* m ‖ PR *Krawall* m
garuar [3 sg pres ~úa], **garugar** [g/gu] vt Am *fein regnen, stieben, nieseln*
garujo m → **¹hormigón**
garulo m ⟨desp⟩ *ungeschlachte, grobe, primitive Person* f
garu|lla f *ausgekernte Traube* f ‖ *Trockenobstmischung* f, *Studentenfutter* n ‖ ⟨figf⟩ *Menschenauflauf* m ‖ ⟨figf⟩ *Haufen* m *Gesindel* ‖ **–llada** f ⟨figf⟩ *(Haufen* m) *Gesindel* n ‖ ⟨figf⟩ *Menschenauflauf* m ‖ *Krawall* m
garullo m **a)** Sal *junger Puter* m ‖ And Av Tol *Truthahn* m *(Zuchttier)* ‖ **b)** Sant And Extr *(Art) wilde Birne* f ‖ Col → **barullo**
△ **garvé** m *Weste* f
¹garza f ⟨V⟩ *Reiher* m ‖ Chi ⟨fig⟩ *langhalsiger Mensch* m ‖ ~ cenicienta → ~ real ‖ ~ imperial *Purpurreiher* m (Ardea purpurea) ‖ ~ real *Fischreiher* m (A. cinerea)
²garza f ⟨Fi⟩ *Schwertfisch* m
³garza f Chi *Glas* n *Bier*
garzo adj *hell-, blass|blau* ‖ *tiefblau (Augen)* ‖ *blauäugig*
¹garzón m *junger Bursche* m
²garzón m ⟨V⟩: ~ azul, ~ soldado Col Mex *Amerikanischer Graureiher* m (Ardea herodias)
garzon(er)ía f *lockerer Lebenswandel* m
garzota f ⟨V⟩ *Cayennereiher* m (Nyctanassa violacea) ‖ *Reiherbusch* m *(am Hut)*
gas m *Gas* n ‖ ~ del alumbrado (Am & ~ iluminante) *Leuchtgas* n ‖ ~ de cloaca *Kloaken-, Faul|gas* n ‖ ~ de combate ⟨Mil⟩ *Gaskampfstoff* m, *Kampfgas* n ‖ ~ cruz amarilla → ~ mostaza ‖ ~ destilado *Schwelgas* n ‖ ~ detonante *Knallgas* n ‖ ~ de escape *Auspuff-, Abdampf|gas* n ‖ ⟨Auto⟩ *Auspuff-, Ab|gas* n ‖ ~ fulminante → ~ detonante ‖ ~ de gasógeno *Generatorgas* n ‖ ~ de guerra → ~ de combate ‖ ~ hilarante *Lachgas* n ‖ ~ lacrimógeno *Tränengas* n ‖ ~ líquido *Flüssiggas* n ‖ ~ motor, ~ para fuerza motriz *Treibgas* n ‖ ~ mostaza ⟨Mil⟩ *Senfgas, Gelbkreuz(gas)* n ‖ ~ natural *Erd-, Natur|gas* n ‖ ~ noble *Edelgas* n ‖ ~ oxhídrico *Knallgas* n ‖ ~ de los pantanos

Sumpfgas n ‖ ~ perdido *Auspuff-, Abdampf|gas* n ‖ ~ pobre *Wasser-, Kraft-, Misch|gas* n ‖ *Gas von geringer Heizkraft, Schwachgas* n ‖ ~ propelente *Treibgas* n ‖ ~ ‖ ~ público *Stadtgas* n ‖ ~ rico *angereichertes Gas* n ‖ ~ suministrado a gran distancia *Ferngas* n ◆ con ~ carbónico añadido, ⟨fam⟩ con ~ (agua mineral) *mit Kohlensäure (versetzt)* ‖ sin ~ carbónico añadido, ⟨fam⟩ sin ~ *ohne Kohlensäure* ‖ ◇ cortar el ~ *das Gas abstellen (Haushalt)* ‖ ⟨Auto⟩ *das Gas wegnehmen* ‖ dar (más) gas ⟨Auto⟩ *Gas geben, beschleunigen* ‖ quitar el ~ → cortar el ~ ‖ ~**es** *mpl schlechte Ausdünstungen* fpl ‖ *Blähungen* fpl ‖ ~ asfixiantes *pl erstickende Kampfstoffe* mpl ‖ ~ deletéreos, ~ mefíticos ⟨Bgb⟩ *Grubengas* n, *böse Wetter* npl ‖ ~ de reacción *Rückstoßgase* npl *(Rakete)* ‖ ~ tóxicos *Giftgase* npl

gasa *f Gaze* f ‖ *Flor* m ‖ *Trauerflor* m ‖ *Mull* m ‖ *Am Schleier* m ‖ ~ esterilizada *sterilisierte Verbandgaze* f ‖ ~ metálica *Drahtgaze* f ‖ ~ organdí *Organdygaze* f

gas|cón, –conés *m*/adj *Gaskogner* m ‖ *gaskognische Mundart* f ‖ **–conada** *f* ⟨fam⟩ *Aufschneiderei, Großsprecherei,* ⟨lit⟩ *Gaskonade* f
△ **gascote** *m Buch* n

Gascuña *f* ⟨Geogr⟩ *Gaskogne* f

gase|ado adj *gaskrank* ‖ *vergast* ‖ ⟨Text⟩ *abgesengt* ‖ **–amiento** *m* ⟨Neol⟩ *Vergasung* f *(Tötung)* ‖ **–ar** vt → **gasificar** ‖ ⟨Neol⟩ *vergasen (töten)* ‖ ⟨Text⟩ *(ab)sengen*

gaseiforme adj *(m/f) gasförmig*

gaseoducto *m* → **gasoducto**

gaseo|sa *f Brauselimonade* f, *Sodawasser* n *(mit Fruchtgeschmack), Sprudel* m ‖ **–so** adj *gasförmig* ‖ *gashaltig* ‖ ⟨Chem⟩ *dampfend (Flüssigkeiten)*

¹**gasero** *m Gaserzeuger* m

²**gasero** *m Gazeweber* m

gas|fiter *m* Chi *Gasinstallateur* m ‖ **–fitero** *m* Am → **gasista**

gasifi|cación *f* ⟨Chem⟩ *Verdampfung* f ‖ *Vergasung* f ‖ *Gasbildung* f ‖ **–car** [c/qu] vt *vergasen, in Gas verwandeln* ‖ *mit Kohlendioxid versetzen (Wasser)*

gasista *m/f Gasinstallateur(in* f) m ‖ *Laternenputzer(in* f) m

gasoducto *m Fern-, Erd|gasleitung* f

gasógeno adj *gasbildend* ‖ ~ *m Gasgenerator* m

gasóleo *m Gasöl* n ‖ *Dieselkraftstoff* m, ⟨fam⟩ *Diesel* m

gasoli|na *f (Auto)Benzin* n ‖ ~ extra *Extra-, Super|benzin* n ‖ ~ de marca *Markenbenzin* n ‖ ~ normal *(normales) Benzin, Normalbenzin* n ‖ ~ sin plomo *bleifreies Benzin* n ‖ (~) súper *Super(benzin)* n ‖ ◇ cargar *od* echar *od* reponer *od* tomar *od* ⟨fam⟩ coger ~ *(auf)tanken* ‖ **–nera** *f* a) *Motorboot* n ‖ b) *Tankstelle* f ‖ **–nero** *m Tankwart* m

gasometría *f* ⟨Chem⟩ *Gasanalyse* f

gasómetro *m Gasometer, Gasbehälter* m ‖ *Gas|messer* m, *-uhr* f, *-zähler* m

Gaspar *m* np *Kaspar* m

gasta|dero *m* ⟨fam⟩ *Ursache* f *von Ausgaben* ‖ ~ de paciencia, ~ de nervios ⟨figf⟩ *Nervensäge* f ‖ **–do** adj *aufgezehrt* ‖ *abgenutzt, verbraucht* ‖ *abgetragen* ‖ ⟨fig⟩ *veraltet* ‖ ⟨fig⟩ *herunter-, ver|kommen* ‖ ⟨fig⟩ *ab|genutzt, -gedroschen*

¹**gastador** adj *verschwenderisch* ‖ ~ *m Verschwender* m ‖ *Vernichter* m

²**gastador** *m* ⟨Mil⟩ *Pionier* m ‖ ⟨Mil⟩ *Melder, Funker* m ‖ *Zuchthaussträfling* m

gasta|dura *f Abnutzung* f, *Verschleiß* m ‖ **–miento** *m Abnutzung* f ‖ *Verbrauch* m

gastar vt/i *(Geld) aus|geben, -legen,*

verausgaben ‖ *aufwenden* (en *für*) ‖ *ver|schwenden, -geuden, durchbringen* ‖ *ab|nutzen, -tragen (durch den Gebrauch)* ‖ *verschleißen* ‖ *ver|zehren, -brauchen* ‖ ⟨Typ⟩ *versetzen (Schrift)* ‖ *(ge)brauchen, anwenden* ‖ *s. bedienen* (gen) ‖ *(regelmäßig) tragen, haben, besitzen (Kleid, Brille usw.)* ‖ *verderben, zerstören* ‖ ~ anteojos *Brille tragen* ‖ ~ barba *Bart tragen* ‖ ~ bigote *Schnurrbart tragen* ‖ ~ una broma *e–n Spaß machen, spaßen* ‖ no ~ bromas *k–n Spaß verstehen* ‖ ~ ceremonias *od* cumplidos *viele Umstände machen* ‖ ~ energías *Kräfte aufwenden (od einsetzen)* ‖ ~ energías inútilmente *(od en vano) Kräfte vergeuden* ‖ ~ buen humor *stets bei guter Laune sein* ‖ ~ mucho (dinero) *viel Geld ausgeben* ‖ ~ palabras, ⟨fam⟩ ~ saliva (en vano) *umsonst reden* ‖ ~ mucha salud ⟨fam⟩ *sehr gesund sein* ‖ ~ sin tasa *Geld verschleudern* ‖ ~ el tiempo *die Zeit verschleudern* ‖ a medio ~ *abtragen (Kleidungsstücke)* ‖ con eso gastaremos media hora *dafür werden wir e–e halbe Stunde brauchen* ‖ así las gasto yo ⟨fam⟩ *ich bin nun einmal so* ‖ ¡no sabe Vd. como las gasta! ⟨fam⟩ *Sie haben k–e Vorstellung od Ahnung, wie gefährlich er (sie, es) ist* ‖ en ello se ha gastado la mitad de su fortuna *das hat sie (ihn) die Hälfte des (s–s) Vermögens gekostet* ‖ ~**se** *s. ab|nützen, -tragen (Kleid)* ‖ *verschleißen (& vi)* ‖ *verwittern (Steine usw.)* ‖ *ver|derben, -faulen* ‖ ⟨fig⟩ *s. erschöpfen* ‖ ~ físicamente *s. ausarbeiten*

gasterópodos *mpl* ⟨Zool⟩ *Bauchfüßer, Gastropoden* mpl, *Schnecken* fpl (Gastropoda)

gasto *m Ausgabe* f ‖ *Auf|wand* m, *-wendung* f ‖ *Verausgabung* f ‖ *Kosten, Unkosten* pl ‖ *Verbrauch* m ‖ *Zeche* f ‖ *Verzehr* m *(Restaurant usw.)* ‖ *Schüttung(smenge), Ergiebigkeit* f *(Quelle)* ‖ hacer el ~ *Geld ausgeben* ‖ hacer *od* llevar el ~ de la conversación *die Kosten od die Last der Unterhaltung tragen* ‖ es lo que hace el ~ ⟨fam⟩ *das ist die Hauptsache* ‖ pagar el ~ *die Zeche bezahlen* ‖ ~**s** *mpl (Un)Kosten* pl ‖ *Spesen* pl ‖ *Auslagen* fpl ‖ ~ de acarreo *Fuhrgeld* n, *Abfuhrkosten* pl ‖ ~ accesorios, ~ accidentales, ~ adicionales *Nebenkosten, Extraspesen* pl, *Mehrausgaben* fpl ‖ ~ de adquisición *Beschaffungskosten* pl ‖ ~ de almacenaje *Lagergebühren* fpl ‖ ~ de camionaje *Rollgeld* n ‖ ~ de la casa *Haushalts-, Wirtschafts|geld* n ‖ ~ cobrados *nachgenommene Spesen* pl ‖ ~ de cobranza *Einziehungs|gebühr* f, *-kosten* pl ‖ ~ de cobro *Inkasso|gebühren* fpl, *-spesen* pl ‖ ~ de composición ⟨Typ⟩ *Satzkosten* pl ‖ ~ de conservación → ~ de mantenimiento ‖ ~ de construcción *Baukosten* pl ‖ ~ de correo *Postgebühren* fpl, *Portokosten* pl ‖ ~ deducibles (im Steuerwesen) *Werbungskosten* pl ‖ ~ de descarga *Abladegebühr* f ‖ ⟨Mar⟩ *Löschgebühr* f ‖ ~ domésticos *Haushaltungskosten* pl ‖ ~ de embalaje *Verpackungskosten* pl ‖ ~ de envío *Versandkosten* pl ‖ ~ de explotación *Betriebskosten* pl ‖ ~ de franqueo *Portokosten* pl ‖ ~ de fundación *Anlagekosten* pl ‖ ~ generales *allgemeine Kosten, Gemeinkosten* pl ‖ los ~ hechos *od* habidos *die angefallenen Spesen* pl ‖ ~ de imprevistos *Druckkosten* pl ‖ ~ imprevistos *unvorhergesehene Ausgaben* fpl ‖ ~ e ingresos *Ausgaben und Einnahmen* fpl ‖ ~ de instalación *Anlagekosten* pl ‖ ~ judiciales, ~ legales *Gerichtskosten* pl ‖ ~ de mantenimiento *Unterhaltungskosten* pl ‖ ~ de manutención *Lebensunterhalt* m ‖ ~ de material *Sachaufwand* m ‖ ~ materiales *Sachausgaben* fpl, *Materialkosten* pl ‖ ~ menores, ~ menudos ⟨Com⟩ *kleine Ausgaben* fpl ‖ ~ notariales

Notariats|gebühren fpl, *-kosten* pl ‖ ~ de
ocupación ⟨Pol⟩ *Besatzungskosten* pl ‖ ~
ordinarios *laufende Kosten* pl ‖ ~ de personal
Personalkosten pl ‖ ~ personales *persönliche*
Ausgaben fpl ‖ ~ de pleito *Prozesskosten* pl ‖ ~
de porte *Frachtkosten* pl ‖ ~ preliminares
vorläufige Kosten pl ‖ ~ presupuestos
veranschlagte Kosten pl ‖ ~ de protesto
Protestkosten pl *(Wechsel)* ‖ ~ de publicación
⟨Typ⟩ *Herstellungskosten* pl ‖ ~ públicos
Ausgaben fpl *der öffentlichen Hand* ‖ ~ de
reembolso *Nachnahmespesen* pl ‖ ~ de
reparación *Reparaturkosten* pl ‖ ~ de
representación *Aufwandsentschädigung* f,
Repräsentationskosten pl ‖ ~ de residencia
Wohnkosten pl ‖ *Wohnungsgeld* n ‖ los ~ que
resultan *die entstehenden Spesen* pl ‖ ~ de
sepelio *Bestattungskosten* pl ‖ *Sterbegeld* n
(Versicherung) ‖ ~ de subasta *Auktions-,*
Versteigerungs|kosten pl ‖ ~ de transporte
Frachtkosten pl, *Fracht* f ‖ ~ de traslado
Umzugskosten pl ‖ ~ de viaje *Reisespesen* fpl ‖ ◆
a ~ comunes *auf gemeinschaftliche Kosten* ‖ libre
de ~, sin ~ *spesenfrei* ‖ sin atender *od* mirar a ~
ohne auf die Kosten zu sehen, ⟨fam⟩ *egal was es*
kostet
◇ acarrear *od* causar ~ *Kosten verursachen* ‖
condenar en los ~ ⟨Jur⟩ *zu den Kosten*
verurteilen ‖ contribuir a sufragar los ~ *zu den*
Kosten beitragen ‖ cubrir los ~ *die Unkosten*
decken, die Spesen bestreiten ‖ economizar los ~
die Kosten sparen ‖ hacer ~ *Ausgaben machen* ‖
Geld ausgeben ‖ hacer frente a los ~ *die Kosten*
bestreiten od aufbringen ‖ incluso sus ~
einschließlich Ihrer Spesen ‖ meterse en ~ *s. in*
Unkosten stürzen ‖ ⟨figf⟩ *s. gewaltig anstrengen,*
s. viel Mühe machen (mit et. dat) ‖ originar ~ *mit*
Kosten verbunden sein, Kosten verursachen ‖
reducir los ~ *die Kosten verringern* ‖ reembolsar
los ~ *die Kosten vergüten* ‖ reembolsarse de sus
~ *die Spesen nachnehmen* ‖ resarcirse de los ~
die Kosten wiedererlangen

gas|tralgia f ⟨Med⟩ *Magen|schmerz, -krampf*
m, *Gastralgie* f ‖ **–trea** f ⟨Zool⟩ *(von Haeckel)*
angenommenes Urdarmtier n, *Gasträa* f ‖
–trectasia f ⟨Med⟩ *Magenerweiterung,*
Gastrektasie f ‖ **–trectomía** f **–tricismo** m
⟨Med⟩ *Magenresektion, Gastrektomie* f ‖ *Magenverstimmung* f, *Gastrizismus* m
gástri|ca f ⟨Med⟩ *Magenkatarrh* m ‖ **-co** adj
⟨Physiol Med⟩ *zum Magen gehörend, den Magen*
betreffend, gastral, Magen-
gastritis f ⟨Med⟩
Magen|schleimhautentzündung f, *-katarrh* m,
Gastritis f
gastro|diafanoscopia f ⟨Med⟩
Magendurchleuchtung, Gastrodiaphanie f ‖
–duodenal adj ⟨An⟩ *Magen und Zwölffingerdarm*
betreffend, gastroduodenal ‖ **–duodenitis** f ⟨Med⟩
Gastroduodenitis f ‖ **–enteral** adj ⟨An⟩ *Magen*
und Darm betreffend, gastroenteral ‖ **–enteritis** f
⟨Med⟩ *Magen-Darm-Entzündung, Gastroenteritis*
f ‖ **–enterocolitis** f ⟨Med⟩ *Gastroenterokolitis* f ‖
–enterología f ⟨Med⟩ *Gastroenterologie* f ‖
–enterólogo m ⟨Med⟩ *Gastroenterologe, Magen-*
Darm-Spezialist m ‖ **–intestinal** adj *(m/f)* ⟨An⟩
Magen und Darm betreffend, gastrointestinal,
Magen-Darm- ‖ **–lito** m ⟨Med⟩ *Magenstein,*
Gastrolith m
gastrólogo m ⟨Med⟩ *Gastrologe, Facharzt* m
für Magenleiden
gas|tronomía f *Gastronomie, Kochkunst* f ‖
Feinschmeckerei f ‖ **–tronómico** adj
gastronomisch ‖ *Feinschmecker-* ‖ **–trónomo** m
Gastronom, Koch(künstler) m ‖ *Feinschmecker* m

gas|tropatía f ⟨Med⟩ *Magenleiden* n,
Gastropathie f ‖ **–tropexia** f *Gastropexie* f ‖
–trópodos mpl → **–terópodos** ‖ **–troptosis** f
Gastroptose f ‖ **–trorragia** f ⟨Med⟩
Magenblutung, Gastrorrhagie f ‖ **–troscopia** f
⟨Med⟩ *Magenspiegelung, Gastroskopie* f ‖
–trosofía f *Gastrosophie* f ‖ **–trotomía** f ⟨Med⟩
Gastrotomie f, *Magenschnitt* m ‖ **–trotricos** mpl
⟨Zool⟩ *Gastrotrichen* pl
gástrula f ⟨Gen Zool⟩ *zweischichtiger*
Becherkeim m, *Gastrula* f
¹gata f *Katze* f, *Katzenweibchen* n ‖ ⟨pop fig⟩
aus Madrid stammende Frau, Madriderin f, ⟨fam⟩
Madrider Kind n ‖ ⟨figf⟩ *geriebene*
Frauensperson f ‖ Mex *(Dienst)Mädchen* n ‖ ⟨fig⟩
kleine Wolke f *am Berghang* ‖ ~ *parida* ⟨figf⟩
magere, abgezehrte Person f ‖ ◇ hacer la ~
muerta ⟨figf⟩ *s. bescheiden bzw harmlos stellen* ‖
~s fpl: a ~ *auf allen vieren* ‖ Arg *kaum,*
schwerlich, mühsam
²gata f ⟨Bot⟩ → **gatuña** ‖ ⟨Ins⟩ *(große) Raupe*
f *(meist dicht behaart)*
³gata f ⟨Mar⟩ *Gatt* f ‖ ⟨Mar⟩ *Fockmars* m ‖ Chi
Hebewerkzeug n, *Winde* f ‖ Chi *Griff* m, *Heft* n
gatada f *Katzenstreich* m ‖ *Krallenhieb* m ‖
Wurf m *junger Katzen* ‖ ⟨fig⟩ *schlauer Diebstahl*
m ‖ ⟨figf⟩ *Schurkenstreich* m, *Gaunerei* f ‖ ⟨fig⟩
Falle f ‖ ◇ dar ~s ⟨Jgd⟩ *Haken schlagen (Hase)*
gata|llón m ⟨fam⟩ *Ganove, Gauner* m ‖
Schlauberger m ‖ **–muso** m Vall *Heuchler* m ‖
–tumba f ⟨fam⟩ *Schöntuerei* f ‖ *Simulation,*
Vortäuschung f *(e–r Krankheit)*
gatazo m augm von **gato** ‖ ⟨fam⟩ *Prellerei* f ‖
⟨fam⟩ *Schurkenstreich* m, *Gaunerei* f ‖ ◇ dar ~
betrügen, täuschen, hintergehen, ⟨pop⟩ *neppen*
△ **gaté** m *Hemd* n
gateado adj *katzenfarbig* ‖ *getigert (Marmor)* ‖
~ m Am *stark gemasertes Holz* n
gatear vt/i ⟨fam⟩ *(zer)kratzen* ‖ ⟨fam⟩ *stehlen,*
mausen, stibitzen ‖ ~ vi *klettern, klimmen* ‖ ⟨fam⟩
auf allen vieren kriechen ‖ Arg *schmeicheln* ‖
Mex ⟨figf⟩ *hinter den Dienstmädchen her sein*
gate|ra f ⟨fam⟩ *Katzenliebhaberin* f ‖
Katzenloch n *(Einlass)* ‖ ⟨Arch⟩ *Lüftungsloch* n ‖
⟨Mar⟩ *(Anker)Klüse* f ‖ ⟨figf⟩ *Taschendiebin* f ‖
Bol *zänkische Frau* f ‖ Bol Ec Pe
Gemüsehändlerin f ‖ **–ría** f ⟨fam⟩
Katzen(versammlung f) fpl ‖ ⟨figf⟩
Halbstarken(ansammlung f) mpl ‖ ⟨figf⟩
Katzenfreundlichkeit f ‖ ⟨figf⟩ *Schmeichelei,*
Duckmäuserei f ‖ **–ro** adj *Katzen-* ‖ ~ m
Katzenverkäufer m ‖ *Katzenliebhaber* m
gatesco m *Einschnappen* n *des Drückers (am*
Gewehr) ‖ dar ~, ⟨pop⟩ pegar ~ ⟨figf⟩ *versagen*
(& *Gewehr)* ‖ *sein Ziel nicht erreichen* ‖ ⟨fig pop⟩
geschlechtlich versagen (Mann)
gatillero m Mex *Killer* m
¹gatillo m *Hahn, Drücker, Abzug(sbügel)* m
(Gewehr) ‖ *Zahnzange* f ‖ *Klinke* f ‖ *Gesperre* n ‖
⟨Zim⟩ *Klammer, Klaue* f
²gatillo m *Widerrist* m
³gatillo m Pal ⟨Bot⟩ *Akazienblüte* f
gati|ta f, **-to** m *Kätzchen* n
¹gato m ⟨Zool⟩ *Katze* f ‖ *Kater* m ‖ *Geldkatze*
‖ *Ersparnisse* fpl ‖ ⟨fig⟩ *schlauer Taschendieb* m ‖
⟨fam⟩ *verschmitzter Mensch* m ‖ ⟨figf⟩ *Madrider,*
in Madrid geborener Spanier m ‖ ⟨Sch⟩ *der*
älteste Schüler e–r Klasse ‖ ~ de algalia
Zibetkatze f *(Viverra zibetha)* ‖ ~ de Angora
Angorakatze f ‖ el ~ con botas *der Gestiefelte*
Kater (Märchengestalt) ‖ ~ callejero *streunende*
od herrenlose Katze f ‖ ~ cerval *Serval* m
(Leptailurus serval) ‖ ~ común *Hauskatze* f ‖ ~
montés *Wildkatze* f (Felis catus) ‖ ~ persa *Perser*
m, *Perserkatze* f ‖ ~ siamés *Siamesische Katze* f

‖ ~ silvestre → montés ‖ ◆ pa el ~ ⟨pop⟩ *für die Katz* ‖ ◇ andar buscando *od* buscar tres pies al ~ *e–n Streit vom Zaun brechen* ‖ correr como ~ por ascuas ⟨fam⟩ *wie verrückt laufen, um e–r Gefahr zu entkommen* ‖ dar ~ por liebre ⟨figf⟩ *(jdn) prellen, betrügen, übervorteilen,* ⟨fam⟩ *(jdn) übers Ohr hauen* ‖ no había ni un ~ ⟨figf⟩ *kein Mensch* od *k–e Menschenseele war dabei* ‖ no hacer mal a un ~ ⟨figf⟩ *k–r Fliege et. zuleide (& zu Leide) tun* ‖ aquí hay ~ encerrado ⟨figf⟩ *da stimmt et. nicht, da ist et. faul, da steckt et. dahinter* ‖ ir como ~ por ascuas → correr como ~ por ascuas ‖ jugar al ratón y al ~ ⟨fig⟩ *Katz und Maus spielen* ‖ lavarse a lo ~ ⟨fam⟩ *s. nachlässig waschen,* ⟨fam⟩ *Katzenwäsche machen* ‖ llevar el ~ al agua ⟨figf⟩ *e–r Gefahr mutig trotzen* ‖ ⟨figf⟩ *den Vogel abschießen* ‖ llevarse como el perro y el ~ *s. wie Hund und Katze vertragen* ‖ llevarse el ~ al agua ⟨figf⟩ *den Sieg davontragen* ‖ pasar como ~ por ascuas → correr como ~ por ascuas ‖ vender ~ por liebre → dar ~ por liebre ‖ ~ escaldado, del agua fría huye ⟨Spr⟩ *gebranntes Kind scheut das Feuer* ‖ el ~ maullador nunca buen cazador ⟨Spr⟩ *Hunde, die bellen, beißen nicht* ‖ ~s *mpl:* al teatro asistieron cuatro ~ ⟨desp⟩ *das Theater blieb fast leer* ‖ hasta los ~ quieren zapatos *sprichw. Ansp. auf Leute, die s. über ihren Rang erheben wollen: selbst der Kleinste möchte hoch hinaus*
²gato *f* ⟨Tech⟩ *Hebe|winde* f, *-bock* m ‖ *Schraubenwinde* f ‖ ⟨Auto⟩ *Wagenheber* m ‖ *Schreiner-, Schraub|zwinge* f ‖ *Reifzange* f *(der Böttcher)* ‖ ⟨Mil⟩ *Visiereisen* n *(am Geschütz)*
³gato *f ein argentinischer Tanz* m
⁴gato *f* **a)** Mex *Diener* m ‖ **b)** Mex *Trinkgeld* n
gatuno adj *Katzen-*
gatuña *f* ⟨Bot⟩ *Hauhechel* f (Ononis spp) ‖ ~ espinosa *Dornige Hauhechel* f (O. spinosa)
gatuperio *m* ⟨fam⟩ *Mischmasch* m, *Durcheinander* n ‖ ⟨figf⟩ *Ränke* mpl, *Intrige* f, *Machenschaften* fpl
gau|cha *f* Arg ⟨fig⟩ *Mannweib* n ‖ Arg ⟨fig⟩ *leichtes Mädchen* ‖ **–chada** *f* Am *(gewagter, schlauer) Streich* m ‖ Arg *Stegreifverse* mpl ‖ Arg ⟨fig⟩ *Freundschafts-, Liebes|dienst* m ‖ ⟨fig⟩ *Klatsch* m, *Geschwätzigkeit* f ‖ ⟨fig⟩ *Witz, Spaß* m ‖ ⟨fig⟩ *Großtuerei, Prahlerei* f ‖ **–chaje** *m* Arg *die Gauchos* mpl ‖ *Gauchotrupp* m ‖ ⟨fig⟩ *Gesindel* n ‖ **–ch(e)ar** vn Am *s. wie ein Gaucho benehmen* ‖ ⟨fig⟩ *s. in gefährliche Liebesabenteuer einlassen* ‖ **–chesco** adj *Gaucho-* ‖ ◆ al uso ~ *gauchohaft, nach Gauchoart* ‖ **–chismo** *m Gaucholiteratur* f ‖ **–chita** *f Gaucholiedchen* n ‖ ⟨fam⟩ *hübsche Frau* f
¹gaucho *m Gaucho, Bewohner der Pampas, meist Viehzüchter* m ‖ ⟨fig⟩ *geriebener Mensch* m ‖ Arg *Mestize* m ‖ ◆ a lo ~ *gauchohaft, nach Gauchoart* ‖ ◇ ser un buen ~ ⟨fig⟩ *ein guter Freund sein*
²gaucho adj ⟨Tech⟩ *schief, nicht waagerecht* ‖ Arg Chi *geübt im Reiten* ‖ Arg Chi *tapfer, mutig, unerschrocken* ‖ Arg *grob, ungeschliffen* ‖ Arg Chi *gerieben, schlau* ‖ *herrenlos herumlaufend (Hund)* ‖ Ec *breitkrempig (Hut)*
gaudeamus ⟨lat⟩ *m* ⟨fam⟩ *Freudenfest, Vergnügen* n, *Schmauserei* f
gaudiniano adj *auf den span. Architekten Antonio Gaudí (1852–1926) bezüglich*
gaudón Al *m* → **alcaudón**
Gaula *f* ⟨Geogr Hist⟩ *Gallien* n
gaullismo *m* ⟨Pol Hist⟩ *Gaullismus* m
gaulteria *f* ⟨Bot⟩ *Gaultheria* f (Gaultheria procumbens)
gausio, gauss *m* (G, Gs) ⟨Phys⟩ *Gauß* m
gavan|za *f Wildrose* f *(Blüte)* ‖ **–zo** *m* ⟨Bot⟩ → **escaramujo**

gavera *f* And *Ziegelform* f ‖ Pe *Fachwerk* n
gaveta *f Schublade* f ‖ *Schubfach* n ‖ *Schatulle* f
¹gavia *f* ⟨Hist⟩ *(Holz)Käfig* m *für Tobsüchtige* ‖ ⟨Mar⟩ *Mastkorb, Mars* m ‖ ⟨Mar⟩ *Marssegel* n ‖ *Entwässerungsgraben* m
²gavia *f* → **gaviota**
gavial *m* ⟨Zool⟩ *Gavial* m, *indisches Schnabelkrokodil* n (Gavialis gangeticus)
gaviero *m* ⟨Mar⟩ *Marsgast* m ‖ **–te** *m Boots-, Schiffs|davit* m
¹gavilán *m* ⟨V⟩ *Sperber* m (Accipiter nisus) ‖ ⟨fig⟩ *Ausstrich* m *e–s Buchstabens* ‖ ⟨fig⟩ *Schnörkel* m ‖ ~ griego *Kurzfangsperber* m (A. brevipes) ‖ ⟨figf⟩ *Taschendieb* m
²gavilán *m* ⟨Med⟩ *Nasenverband* m ‖ And MAm *ins Fleisch eingewachsener Nagel* m
³gavilán *m* ⟨Mar⟩ *Ruderdolle* f
gavi|lla *f Garbe* f ‖ *Bündel* n *Reisig* f ‖ ⟨fig⟩ *Bande* f, *Gesindel* n ‖ ~ de ladrones *Diebesvolk* n ‖ **–lladora** *f* → **agavilladora** ‖ **–llar** vt/i → **agavillar** ‖ **–llar** *m* ⟨reg⟩ *Garbenhaufe(n)* m ‖ **–llero** *m Garben|schicht, -reihe* f ‖ *Getreideschober* m
gavina *f* → **gaviota** ‖ ⟨fam⟩ And *Zylinderhut* m
¹gavión *m* ⟨V⟩ *Mantelmöwe* f (Larus marinus)
²gavión *m* ⟨Fort⟩ *Schanzkorb* m
gaviota *f* ⟨V⟩ *(See)Möwe* f ‖ ~ argéntea *Silbermöwe* f (Larus argentatus) ‖ ~ de Bonaparte *Bonaparte-Möwe* f (L. philadelphia) ‖ ~ cabecinegra *Schwarzkopfmöwe* f (L. melanocephalus) ‖ ~ cana *Sturmmöwe* f (L. canus) ‖ ~ enana *Zwergmöwe* f (L. minutus) ‖ ~ hiperbórea *Eismöwe* f (L. hyperboreus) ‖ ~ marfil *Elfenbeinmöwe* f (Pagophila eburnea) ‖ ~ picofina *Dünnschnäblige Möwe* f (L. genei) ‖ ~ polar *Polarmöwe* f (L. glaucoides) ‖ ~ reidora (común) *Lachmöwe* f (L. ridibundus) ‖ ~ sombría *Heringsmöwe* f (L. fuscis) ‖ ~ tridáctila *Dreizehenmöwe* f (Rissa tridactyla)
gavota *f Gavotte* f *(Tanz)*
gay *m* ⟨pop⟩ *Homo, Schwule(r)* m
¹gaya *f farbiger Streifen* m
²gaya *f* ⟨V⟩ *Elster* f *(→* **urraca***)*
gaya ciencia *f* ⟨Lit⟩ *Dichtung* f *der Toulouser Troubadoure im 14. Jh.* ‖ ⟨Lit allg⟩ *Poesie, Dichtung* f
gayado adj *bunt (gestreift)* ‖ Cu *weiß gesprenkelt (hellbraunes Pferd)*
gayano *m* ⟨Fi⟩ *Kuckuckslippfisch* m (Labrus ossifagus)
¹gayo adj *munter, lustig, fröhlich, fidel* ‖ *bunt (farbig)*
²gayo *m* ⟨V reg⟩ *Häher* m (→ **arrendajo**)
Gayo m np *Cajus, Gajus* m
gayola *f* ⟨fam⟩ *Kittchen* n ‖ ⟨vulg⟩ *Wichsen* n *(Masturbieren)*
gay saber → **gaya ciencia**
gayuba *f Bärentraube* f (Arctostaphylos uvaursi)
gaza *f* ⟨Mar⟩ *Stropp* m
gazafatón *m* → **garrapatón**
gazapa *f* ⟨fam⟩ *Lüge* f, *Schwindel* m
gazapatón → **garrapatón**
gaza|pera *f Kaninchenbau* m ‖ ⟨figf⟩ *Schlupfwinkel* m *(von Verbrechern)* ‖ ⟨figf⟩ *Streitigkeit, Zankerei* f *(mehrerer Personen)* ‖ **–pina** *f* ⟨fam⟩ *Bande* f ‖ *Zankerei, Schlägerei* f
gazapito *m ein Kinderspiel* n *(Öffnen und Schließen der Hände)*
gazapo *m (junges) Kaninchen* n ‖ ⟨figf⟩ *grober Irrtum* m ‖ ⟨figf⟩ *geriebener Junge,* ⟨fam⟩ *Schlaumeier, Schlitzohr, Pfiffikus* m ‖ ⟨figf⟩ *(Zeitungs)Ente* f
gazapón *m* ⟨pop⟩ *Spielhölle* f

gazmiar vt *naschen*
gazmo|ñada, –ñería *f Scheinheiligkeit, Heuchelei* f ‖ *geheuchelte Sittsamkeit, Prüderie* f ‖ **–ñera, –ña** *f Heuchlerin, Frömmlerin, Betschwester* f ‖ **–ñero, –ño** adj *prüde* ‖ *heuchlerisch, schmeichlerisch* ‖ ~ *m Heuchler, Schmeichler, Frömmler* m
gaznápiro *m*/adj ⟨pop⟩ *dummer Gaffer, Einfaltspinsel* m
gaznate *m Kehle* f, *Schlund* m ‖ ◇ *apretar el* ~ *a alg.* ⟨vulg⟩ *jdn er|würgen, -drosseln* ‖ *refrescarse el* ~ ⟨figf⟩ *trinken,* ⟨fam⟩ *s. die Kehle nass machen, s. e–n hinter die Binde gießen, e–n kippen, e–n zwitschern*
gazpacho *m* Span ⟨Kochk⟩ *Gazpacho* m *(kalte Gemüsesuppe mit Brot aus Andalusien* ‖ *Brotsuppe mit Fleisch aus La Mancha und Murcia)*
gazuza *f* ⟨fam⟩ *(Bären)Hunger,* ⟨fam⟩ *Kohldampf* m ‖ CR *Lärm* m
g. c., g/c ⟨Abk⟩ = *grados centígrados*
Gd ⟨Abk⟩ = *gadolinio*
ge *Aussprache des span. g*
Ge ⟨Abk⟩ = *germanio*
Gea *f* ⟨Myth⟩ *Gäa, Gaia, Mutter Erde* f ‖ ~ *physische Geographie (e–s Landes bzw e–r Landschaft)*
ge|co *m* ⟨Zool⟩ *Gecko* m (→ *auch* **salamanquesa**) ‖ **–cónidos** mpl *Geckos, Haftzeher* mpl (Gekkonidae)
Gede|ón *m* np *Gideon* m ‖ *Name e–s ehemaligen span. Witzblattes* ‖ **◦onada** *f* ⟨fam⟩ *Tölpelei* f
Gehena, gehena *f* ⟨Rel⟩ *Gehenna, Hölle* f
geiser *m Geysir, Geiser* m
geisha *f Geisha* f
gejionense adj/s *(m/f) aus Gijón* (P Ast) ‖ *auf Gijón bezüglich*
△ **gejostré** *m Sünde* f
gel *m* ⟨Pharm Chem⟩ *Gel* n ‖ ~ *de baño Badegel* n ‖ ~ *bronceador Sonnengel* n ‖ ~ *colorante Tönungsgel* n ‖ ~ *desmaquillante Reinigungsgel* n
gelatina *f Gelatine* f ‖ *Gallerte, Sülze* f ‖ *Fotogelatine* f ‖ ~ *animal Tierleim* m ‖ ~ *cromatada Chromgelatine* f *(Lichtdruck)* ‖ ~ *de pies de ternera Eisbeinsülze* f
gelati|niforme adj *(m/f) gallertartig* ‖ **–nización** *f Gelatinierung* f ‖ *Gelieren* n ‖ **–nizarse** [z/c] vr *gelieren* ‖ **–nobromuro** *m* ⟨Fot⟩ *Bromsilbergelatine* f ‖ **–nografía** *f* ⟨Typ⟩ *Gelatinedruck* m ‖ **–noso** adj *gallertartig, sulzig* ‖ *schleimig*
△ **geliché** *m Bindfaden* m
gélido adj ⟨poet⟩ *gefroren* ‖ *eisig kalt, eiskalt*
gelificación *f* ⟨Chem⟩ *Gelierung, Aushärtung* f ‖ **geli|fracción** *f Frost|verwitterung, -wirkung* f ‖ **–vación** *f Frostwirkung* f
¹**gema** *f Edelstein* m, *Gemme* f
²**gema** *f* ⟨Biol⟩ *Knospe* f
³**gema** *f* ⟨Zim⟩ *Baum-, Wald|kante* f
gemación *f* ⟨Bot⟩ *Knospung* f
gemebundo adj ⟨poet⟩ *tief seufzen, stöhnend* ‖ *schmerzvoll klagend*
geme|la *f Zwillingstochter* f ‖ **–lación** *f:* ~ *de ciudades Städtepartnerschaft* f ‖ **–lado** adj *Zwillings-, Doppel-* ‖ **–lar** adj *(m/f)* ⟨Biol⟩ *Zwillings-* ‖ **–lo** adj *doppelt* ‖ *Zwillings-, Doppel-* ‖ ~ *m Zwillingssohn, Zwilling* m ‖ ~ *(músculo)* ~ *m Zwillingsmuskel* m
¹**gemelos** mpl *Zwillinge* mpl, *Zwillingspaar* n ‖ ~ *bivitelinos zweieiige Zwillinge* mpl ‖ ~ *univitelinos eineiige Zwillinge* mpl
²**gemelos** mpl *Manschettenknöpfe* mpl ‖ ⟨Opt⟩ *Fernglas* n, *Feldstecher* m ‖ ~ *de campaña*

Feldstecher m ‖ ~ *de marina Marineglas* n ‖ ~ *prismáticos Feldstecher* m ‖ ~ *de teatro Opernglas* n
Gemelos mpl ⟨Astr⟩ *Zwillinge* mpl
gemi|do *m Seufzen, Ächzen, Stöhnen, Schluchzen, Wimmern* n ‖ *Klagelaut(e* mpl*)* m ‖ *Heulen* n *(des Windes)* ‖ *Brausen* n *(des Meeres)* ‖ **–dor** adj *seufzend, stöhnend, ächzend, klagend* ‖ *wimmernd* ‖ ⟨fig⟩ *brausend, heulend* ‖ ⟨fig⟩ *sausend (Wind)* ‖ *knarrend (Fußboden)*
gemífero adj ⟨Biol⟩ *knospentragend*
gemi|nación *f Verdopp(e)lung, Paarung* f ‖ ⟨Gen Biol⟩ *Teilung* f ‖ ⟨Ling⟩ *Gemination, Konsonantenverdoppelung* f ‖ **–nada** *f* ⟨Gr⟩ *Doppelkonsonant* m ‖ **–nado** adj ⟨Biol⟩ *geteilt* ‖ ⟨Bot⟩ *gepaart, paarweise geordnet* ‖ ⟨Arch⟩ *Doppel-, Zwillings-* ‖ **–nativo** adj *paarend* ‖ **–nifloro** adj ⟨Bot⟩ *paarig blühend, zweiblütig*
Géminis *m* ⟨Astr⟩ *Zwillinge* mpl
gemiquear vi And → **gimotear**
gemir [-i-] vi *seufzend, ächzen, stöhnen* ‖ *schluchzen, wimmern, winseln* ‖ *heulen (Tiere)* ‖ *sausen (Wind)* ‖ *brausen (Meer)* ‖ *krachen, knarren (Holz)* ‖ ◇ ~ *en un calabozo im Gefängnis schmachten*
ge|mologia *f Gemmologie, Edelsteinkunde* f ‖ **–mológico** adj *gemmologisch* ‖ **–mólogo** *m Gemmologe* m
gen *m* ⟨Gen⟩ *Gen* n ‖ ~ *marcador Markierungsgen* n ‖ ~ *mutador Mutatorgen* n
genciana *f* ⟨Bot⟩ *Enzian* m (Gentiana spp)
gendar|me *m Gendarm* m ‖ Mex *Schutzmann, Polizist* m ‖ **–mería** *f Gendarmerie* f
gene *m* → **gen**
genea|logía *f Genealogie, Geschlechter-, Familien|kunde* f ‖ *Stammbaumforschung* f ‖ *Abstammungsforschung* f ‖ *Abstammung* f ‖ *Stammtafel* f ‖ *Stammregister* n ‖ **–lógico** adj *genealogisch* ‖ **–logista** *m*/f *Genealo|ge* m, *-gin* f
genecología *f Genökologie* f
genemutación *f* ⟨Gen⟩ *Genmutation* f
genera|ble adj *(m/f) erzeugbar* ‖ **–ción** *f* ⟨Biol⟩ *Zeugung* f ‖ *Fortpflanzung* f (→ ¹**reproducción**) *Gewinnung* f ‖ *Nachkommenschaft* f ‖ *Stamm* m, *Geschlecht* n ‖ *Menschenalter* n ‖ *Generation* f ‖ *Geschlechterfolge* f ‖ ⟨Phys Chem El⟩ *Erzeugung, Entwicklung* f ‖ ~ *agámica* ⟨Gen⟩ *ungeschlechtliche Fortpflanzung* f ‖ ~ *alternante* ⟨Gen⟩ *Generationswechsel* m ‖ ~ *de energía* ⟨Phys⟩ *Energieerzeugung* f ‖ ~ *espontánea* ⟨Gen Philos⟩ *Urzeugung* f ‖ *la* ~ *futura das kommende Geschlecht* ‖ *la* ~ *de la posguerra die Nachkriegsgeneration* f ‖ *la* ~ *presente das gegenwärtige Geschlecht* ‖ ~ *sexual geschlechtliche Fortpflanzung* f ‖ *la* ~ *del (18)98* ⟨Lit⟩ *die Generation* f *von (18)98* ‖ **–cional** adj *(m/f) Generations-* ‖ *Generationen-* ‖ **–cionismo** *m* ⟨Rel⟩ *Generationismus* m ‖ **–dor** adj *erzeugend* ‖ ⟨fig⟩ *bewirkend* ‖ *Zeugungs-* ‖ ~ *m* ⟨El⟩ *Generator (im Kraftwerk), Dynamo, Stromerzeuger* m ‖ ⟨Inform⟩ *Generator* m ‖ *Gaserzeuger* m ‖ *Dampferzeuger* m ‖ ⟨Math⟩ *Erzeugende* f ‖ ~ *de acetileno Azetylenerzeuger* m ‖ ~ *de aire caliente Warmlufterzeuger* m ‖ ~ *de corriente continua Gleichstromgenerator* m ‖ ~ *eléctrico Stromerzeuger* m ‖ ~ *de frío Kälteerzeuger* m ‖ ~ *de vapor Dampferzeuger* m
¹**general** adj *(m/f) allgemein* ‖ *Haupt-, General-, Allgemein-, Ober-, Grund-, Gesamt-* ‖ *umfassend* ‖ *generell* ‖ *ge|wöhnlich, -läufig, üblich* ‖ ◆ *en* ~, *por lo* ~ *im Allgemeinen* ‖ *überhaupt* ‖ *de interés* ~ *gemeinnützig* ‖ *de uso* ~ *allgemein gebräuchlich* ‖ *de validez* ~ *allgemein gültig* ‖ *allgemein verbindlich* ‖ **–es** *fpl:* ~ *de la ley* ⟨Jur⟩ *allgemeine Fragen zur Person, Personalien* fpl

²**general** m ⟨Mil⟩ *General* m ‖ ⟨Kath⟩
Ordensgeneral m ‖ *Zollamt* n ‖ Deut
Brigadegeneral m ‖ Öst *Generalmajor* m ‖ Schw
Oberstbrigadier m ‖ ~ de división Deut
Generalmajor m ‖ Öst *General* m ‖ Schw
Oberst|kommandant, -divisionär m ‖ ~ en jefe
Oberbefehlshaber m ‖ *Feldherr* m ‖ *Heerführer* m
‖ ~ jefe de … *kommandierender General* m ‖ el
~ Invierno ⟨fig⟩ *General Winter* m
△ ³**general** m *Strohsack* m
genera|la ⟨Mil⟩ *Generalmarsch* m
(Alarmsignal) ‖ tocar (a) ~ ⟨Mil⟩ *den
Generalmarsch blasen (od schlagen)* ‖ **–lato** m
Generalrat m *e–s Klosters* ‖ *Generalswürde* f,
Generalat n *(Ordensgemeinschaft)* ‖ ⟨Mil⟩
Generals|rang m, *-würde* f ‖ ⟨Mil⟩ *Generalität* f ‖
–lero m Ar *Zöllner, Zollbeamte(r)* m ‖ **–licio** adj
Generals- ‖ **–lidad** f *Allgemeinheit* f,
Allgemeingültigkeit f ‖ *Allgemeine(s), Ganze(s)* n
‖ *allgemeine Kenntnis* f ‖ Ar *Gemeinde* f ‖ la ~
de los hombres *die meisten Menschen* mpl ‖ la ~
(Cat *Generalitat f)* de Cataluña *die katalanische
autonome Landesregierung* f ‖ ◇ contestó con
una ~ *er gab e–e unbestimmte Antwort* ‖ **~es** *fpl
allgemeine Ausdrücke, Angaben, Begriffe* pl ‖
Allgemeine(s) (in Schriften, Büchern usw.) ‖
allgemeine Ideen bzw *Redensarten* fpl,
*un|genaue, -präzise, verschwommene
Ausdrucksweise* f ‖ ⟨Jur⟩ *Generalklausel* f ‖ Ar
Zollgebühren fpl ‖ **–lísimo** m *Generalissimus,
Oberbefehlshaber* m ‖ el ~ Span ⟨Hist⟩ *der
Generalissimus (Francisco Franco)* ‖ **–lista** m
Generalist m
    genera|lizable adj *(m/f) zu verallgemeinern,
verallgemeinerungsfähig* ‖ **–lización** f
Verallgemeinerung f ‖ *allgemeine Verbreitung* f ‖
–lizador adj *verallgemeinernd* ‖ **–lizar** [z/c] vt
der Öffentlichkeit übergeben ‖ *verallgemeinern* ‖
verbreiten ‖ podemos afirmar generalizando *man
darf ganz allgemein behaupten* ‖ **~se** *allgemein
werden, s. (allgemein) verbreiten (Sitten usw.),
zum Gemeingut werden*
    generalmente adv *allgemein, im Allgemeinen* ‖
üblicher-, normaler|weise ‖ *meistens* ‖ ~ hablando
(ganz) allgemein gesagt od gesprochen
    generalote m ⟨desp⟩ *ungeschliffener, grober
General* m
    gene|rar vt *(er)zeugen, generieren* ‖ **–rativo**
adj *Zeugungs-* ‖ ⟨Ling⟩ *generativ* ‖ **–rativista** m/f
⟨Ling⟩ *Generativist(in* f) m ‖ **–ratriz** *[pl –ces]*
adj: fuerza ~ *zeugende Kraft* f ‖ ~ f ⟨Math⟩
(línea) ~ f *Erzeugende, Mantellinie* f
    genéri|camente adv *allgemein (gesagt)* ‖ **–co**
adj *allgemein* ‖ *Gattungs-* ‖ ⟨Gr⟩ *Genus-* ‖ ⟨Th⟩
Charge, Nebenrolle f ‖ ~ m ⟨Film⟩ *Vorspann* m ‖
~s ⟨Pharm⟩ *Generika* npl ‖ ~ de fin *Nachspann*
m
    ¹**género** m *Geschlecht* n ‖ ⟨Zool Bot⟩ *Gattung* f
‖ ⟨Gr⟩ *Genus, Geschlecht* n ‖ ⟨Lit⟩ *Gattung* f ‖
Genre n *(Kunst)* ‖ *Art, Sorte* f ‖ *Art, Weise, Art
und Weise* f ‖ ⟨fig⟩ *Geschmack, Stil* m ‖ ~
ambiguo ⟨Gr⟩ *Doppelgeschlecht* n (z.B. el, la
mar) ‖ ~ chico ⟨Span⟩ *ein- od zwei|aktiges (meist
lustiges) Volksstück* n (zarzuela, sainete usw.) ‖
leichte Muse, Kleinkunst f ‖ *Posse* f ‖ ~ común
gemeinschaftliche Form f *für männliches und
weibliches Geschlecht* (z.B. el, la testigo) ‖ ~
dramático *dramatische Gattung* f ‖ ~ epiceno
Gebrauch m *e–s Geschlechts zur Bezeichnung
von Männchen und Weibchen* (z.B. el gato, la
perdiz) ‖ ~ épico *Epik* f ‖ ~ y especie ⟨Bot Zool⟩
Gattung f *und Art* f ‖ ~ femenino *weibliches
Geschlecht, Femininum* n ‖ ~ folletín ⟨Lit⟩
Sensationsliteratur f ‖ ~ grande *mehraktiges
Theaterstück* n ‖ ~ humano *Menschengeschlecht*

n ‖ ~ lírico *Lyrik* f ‖ ~ masculino *männliches
Geschlecht, Maskulinum* n ‖ ~ neutro *sächliches
Geschlecht, Neutrum* n ‖ ~ policíaco
Kriminalliteratur f ‖ *Kriminalromane,* ⟨fam⟩
Krimis mpl ‖ ~ de vida *Lebens|art, -weise* f ‖
◆ de ~ ⟨Mal⟩ *Genre-* ‖ de mal ~ *un|passend,
-angebracht* ‖ *unzeitgemäß* ‖ este ~ de hombres
diese Art Leute, ⟨pop⟩ *Leute dieser Sorte* ‖ sin
ningún ~ de duda *ohne jeden Zweifel* ‖ le deseo
todo ~ de felicidades *ich wünsche Ihnen alles
Gute (übliche Wunschformel)* ‖ ése no es mi ~
⟨fig⟩ *das ist nicht m–e Art* bzw *mein Stil, das
liegt mir nicht* ‖ se tomarán todo ~ de
precauciones *jede Vorsorge wird getroffen*
    ²**género** m *Ware* f ‖ ⟨Text⟩ *Stoff* m, *Gewebe* n ‖
~ de batalla *Dutzend-, Schleuder|ware* f ‖ ~ (de
calidad) inferior *minderwertige Ware* f ‖ ~ de
primera calidad *Qualitätsware* f ‖ *Qualitätsstoff* m
‖ ~s *mpl* Waren fpl, *Artikel* mpl ‖ ~ de algodón
Baumwollwaren fpl ‖ ~ (de) fantasía *Modestoffe,
modische Stoffe* mpl ‖ ~ inflamables
feuergefährliche Waren fpl ‖ ~ lisos *glatte Stoffe*
mpl ‖ ~ listados *gestreifte Gewebe* npl ‖ ~
mermantes ⟨Mar⟩ *leckende Güter* npl *(Wein, Obst
usw.)* ‖ ~ de moda *Modewaren* fpl ‖ ~ de
pacotilla *Ramschwaren* fpl ‖ ~ de punto *Wirk-,
Trikot|waren* fpl ‖ *Trikotagen-,
Wirkwaren|herstellung* f ‖ ~ sin salida
unverkäufliche Ware f ‖ ~ de buena *od* pronta
salida *leicht verkäufliche Ware* f ‖ ~ sin tacha
fehlerfreie od einwandfreie Waren fpl ‖ ~
voluminosos *sperrige Güter* npl
    genero|samente adv *von* **–so** ‖ **–sidad** f
Edelmut m ‖ *Seelengröße* f ‖ *Großmut* f ‖
Freigebigkeit f ‖ *Großzügigkeit* f ‖ **–so** adj **a)**
edel-, groß|mütig ‖ *freigebig* ‖ *großzügig* ‖
vor|züglich, -trefflich ‖ *(rein)rassig, feurig (Pferd),
edel (Pferd)* ‖ *fruchtbar, ergiebig (Land, Boden)* ‖
fein (Wein) ‖ ⟨poet⟩ *üppig, reich* ‖ **b)** *ad(e)lig, von
edler Abkunft* ‖ ~ de espíritu *edelmütig* ‖ ~ con
(od para, para con) los pobres *freigebig
gegenüber den Armen*
    gene|siaco, -síaco adj *kosmogonisch* ‖
Weltentstehungs- ‖ *Schöpfungs-* ‖ *die Genesis
(Mosis) betreffend*
    genésico adj ⟨Biol⟩ *genetisch* ‖ *Geschlechts-* ‖
Zeugungs- ‖ *Fortpflanzungs-*
    génesis f ⟨fig⟩ *Werden* n, *Entstehung* f ‖
Entwicklung(sgeschichte) f ‖ *Werdegang* m
    Génesis m ⟨Rel⟩ *Genesis* f, *1. Buch* n *Mosis*
    genesta f → **hiniesta**
    genética f *Genetik, Erb|forschung* bzw *-lehre,
Vererbungs|forschung* bzw *-lehre* f ‖ ~ del
desarrollo *Entwicklungsgenetik* f ‖ ~ humana
Humangenetik f ‖ ~ molecular *Molekulargenetik* f
‖ ~ química *Chemogenetik* f
    geneticista m/f → **genetista**
    genético adj *erblich bedingt* ‖ *die Vererbung
betreffend* ‖ *genetisch* ‖ *auf Herkunft* bzw
Entstehung bezüglich (& fig)
    genetista m/f *Genetiker(in* f) m, *Erbforscher(in*
f) m
    gene|tliaco, -tlíaco adj/s ⟨Astrol⟩ *Nativitäts-,
Geburts-* ‖ (poema) ~ m ⟨Poet⟩ *(antikes)
Geburtstagsgedicht, Genethliakon* n
    Gengis-Kan m np ⟨Hist⟩ *Dschingis-Khan* m
    geniada f Chi *rücksichtslose Handlung* f ‖
⟨fam⟩ *Protzstück* n
    genial adj *(m/f) genial, hervorragend* ‖ *hoch
begabt, talentiert* ‖ *begnadet* ‖ *der Natur, dem
Geist angemessen* ‖ *eigentümlich* ‖ *angeboren* ‖
⟨fig⟩ *dämonisch* ‖ *geistvoll* ‖ *witzig* ‖ *behaglich,
angenehm* ‖ ~ m Ar *Sal Sant* ⟨pop⟩ *Gemütsart* f,
Charakter m ‖ ◇ es un tipo ~ *er ist ein toller
Kerl* ‖ tiene unas salidas ~es *er hat tolle Einfälle*

(im positiven Sinn) ‖ adv: ~**mente** ‖ ~ *m* Ar Sal
Sant ⟨fam⟩ *Gemütsart* f
  genia|lidad *f geniales Wesen* n, *Genialität* f ‖
Genie n ‖ *Eigentümlichkeit* f ‖ ◇ tener ~es *s–e*
Eigenheiten bzw ⟨iron⟩ *Grillen haben* ‖ **–zo** *m*
⟨fam⟩ *großes Genie* n ‖ ⟨fam⟩ *Kraftgenie* n ‖
⟨fam⟩ *reizbare Gemütsart* f, *Jähzorn* m
  génico adj ⟨Gen⟩ *genisch*, *Gen-*
  geniecillo *m* dim von **genio** ‖ *Elf*, *Kobold* m
(→ **duende, elfo, trasgo**)
  genio *m Genius, Geist* m ‖ *Schutzgeist* m ‖
Naturgabe, natürliche Anlage f ‖ *Gemütsart,*
Veranlagung f, *Charakter* m ‖ *Genie* n ‖ *geniale*
Veranlagung f ‖ ⟨fam⟩ *Feuer* n, *Lebendigkeit* f ‖
Geist m, *innerstes Wesen* n (z. B. *e–r Sprache*) ‖
~ *alegre munteres Temperament* n ‖ ~ *inventor*
Erfindungs|gabe f, *-geist* m ‖ ~ *tutelar*
Schutzgeist m ‖ ~ *universal allumfassender Geist*
m ‖ *Universalgenie* n ‖ ~ *vivo munteres*
Temperament n ‖ *leicht aufbrausendes*
Temperament n ‖ corto de ~ *geistig beschränkt* ‖
ohne Unternehmungsgeist ‖ *schüchtern* ‖ buen ~
Gutmütigkeit f ‖ mal ~ *üble Laune* f ‖ pronto de
~ *leicht aufbrausend, jähzornig, reizbar* ‖
llevarle a alg. el ~ *(figf) jdm nicht*
widersprechen, mit jdm umzugehen verstehen ‖
tener ~ *Anlage haben* (para *zu* dat) ‖ tener buen
~ *gutmütig sein* ‖ tener mal ~ *leicht aufbrausend*
sein ‖ *jähzornig sein* ‖ tener mucho ~ *jähzornig*
sein ‖ *trotzig sein (Kind)* ‖ tener el ~ de la
organización *ein ausgesprochener*
Organisationsmensch sein ‖ ~ y figura, hasta la
sepultura ⟨Spr⟩ *Gemüt ist Gemüt, niemand kann*
über s–n Schatten springen
  ge|nista, –nesta *f* ⟨Bot⟩ → **hiniesta**
  genital adj *(m/f) Zeugungs-, Geschlechts-,*
Genital- ‖ (órganos) ~es *⟨An⟩ Zeugungsorgane,*
Genitalien npl, *Geschlechtsteile* npl (& mpl) ‖ ~
m ⟨An⟩ *Genitale* n
  ¹genitivo adj *zeugungsfähig*
  ²genitivo *m* ⟨Gr⟩ *Genitiv, Wesfall* m
  genitor *m Erzeuger* m *(Vater)* ‖ *männliches*
Zuchttier n
  genitourinario adj ⟨An⟩ *Geschlechts- und*
Harn|organe betreffend
  genitriz [*pl* ~**ces**] *f* ⟨poet lit⟩ *Zeugerin, Mutter*
f
  genízaro adj → **jenízaro**
  genmutación *f* ⟨Gen⟩ *Genmutation* f
  genoci|da adj *(m/f) völker-* bzw
rassen|mordend ‖ ~ *m Völker-* bzw
Rassen|mörder m ‖ **–dio** *m Völker-* bzw
Rassen|mord m, *Genozid* n
  genoma *m* ⟨Gen⟩ *Genom* n
  genopatía *f* ⟨Med⟩ *Genopathie* f
  geno|típico adj ⟨Biol Gen⟩ *genotypisch, auf*
das Erbbild bezüglich ‖ **–tipo** *m Genotyp(us)* m,
Erbbild n
  Génova *f* [Stadt] *Genua* n
  genovés *m*/adj *Genuese(r)* (m)
  gente *f Menschen* mpl, *Leute* pl ‖ *Volksklasse* f
‖ *Volk* n, *Nation* f ‖ ⟨Mil⟩ *Kriegsvolk* n,
Mannschaft f ‖ ⟨Mar⟩ *Schiffsmannschaft* f ‖
Personal, Gesinde n ‖ *anständige Menschen* mpl ‖
höhere Gesellschaftsschichten fpl ‖ ⟨fam⟩
Angehörige(n) mpl ‖ ~ *aldeana Landvolk* n ‖ ~
de alpargata *(selten) Arbeiter, Bauern* mpl ‖ ⟨fig⟩
Pöbel m ‖ ~ de armas *Kriegsvolk* n, *Soldaten* mpl
‖ ~ baja *Pöbel* m, *gemeines Volk* n ‖ ~ de bien,
~ buena *rechtschaffene Leute* pl, *gute Menschen*
mpl ‖ ~ de a caballo ⟨Mil⟩ *Reiterei* f ‖ ~ de capa
negra *(figf)* (selten) *Stadtleute* pl ‖ ~ de capa
parda *(figf)* (selten) *Landleute* pl, *Bauern* mpl,
Landvolk n ‖ ~ de casa *Nachbarn* mpl, *bekannte*
Leute pl ‖ ~ de coleta *Stierkämpfer* mpl ‖ ~ de

color *Farbige(n)* mpl ‖ ~ de chape Chi *bessere*
Leute pl ‖ ~ de chaqueta *Leute* pl *aus dem Volke*
‖ ~ decente *rechtschaffene, anständige Leute* pl ‖
~ de dinero ⟨fam⟩ *reiche Leute* pl ‖ ~ de
escaleras abajo *Dienerschaft* f, *Hauspersonal* n ‖
niederes Volk n ‖ *Pöbel* m ‖ ~ de baja estofa
gemeines Volk n, *Pöbel* m ‖ ~ de la garra
Diebsgesindel n ‖ ~ gorda *wohlhabende Leute* pl
‖ *gesellschaftlich hoch stehende Leute* pl ‖ la ~
guapa *die Schickeria* ‖ ~ de guerra *Kriegsvolk* n ‖
~ del hampa *die Unterwelt* ‖ ~ honrada
anständige Leute pl ‖ ~ de levita *(figf)*
Angehörige mpl *der gebildeten Stände* ‖ ~ de
mar ⟨Mar⟩ *Seeleute* pl ‖ ~ menuda ⟨fam⟩ *Kinder*
npl ‖ ~ moza *junge Leute* pl ‖ ~ de paz
friedliche Leute pl ‖ ¡~ de paz! ⟨Mil⟩ *gut Freund!*
‖ ~ de pelo *wohlhabende Leute* pl ‖ ~ de medio
od poco pelo ⟨fam⟩ *kleine Leute* pl, *Volk* n ‖ ~ de
pelusa ⟨fam⟩ *reiche Leute* pl ‖ ~ perdida → ~ de
mal vivir ‖ ~ de pluma *(fam) Schreiber|volk* n,
-zunft f ‖ ⟨fam⟩ *Schriftsteller, Literaten* mpl ‖ ~
de poco más o menos ⟨fam⟩ *kleine Leute* pl ‖ ~
de posibles *vermögende, reiche Leute* pl ‖ ~ del
pueblo *Landvolk* n ‖ ~ de pupila *gescheite Leute*
pl ‖ ~ rústica *Land-, Bauern|volk* n ‖ ~ non
sancta *elendes Volk* n, *Pöbel, Mob* m ‖ ~ de trato
Geschäfts-, Kauf- und Handels|leute pl ‖ ~ del
trueno ⟨pop⟩ *Saufbolde, Bummler* mpl ‖ *Gauner*
mpl ‖ ~ de la vida (airada) *Wüstlinge* mpl,
Lebemänner mpl ‖ ~ de mal vivir ⟨fam⟩
liederliches Volk n ‖ *Gauner* mpl ‖ *Gesindel* n ‖
Land-, Stadt|streicher mpl ‖ ◆ de ~ en ~ *von*
Mund zu Mund ‖ ◇ la ~ no lo cree *man glaubt*
es nicht ‖ bullir de ~ ⟨fig⟩ *von Menschen*
wimmeln ‖ burlarse de la ~ *s. über die anderen*
lustig machen ‖ al decir de la ~ *volkstümlich,*
nach der Volksmeinung ‖ hablar como la ~ ⟨fam⟩
anständig reden ‖ hacer ~ ⟨Mil Hist⟩ *Soldaten*
anwerben ‖ ⟨fig⟩ *Aufsehen erregen* ‖ ser ~ ⟨fam⟩
zur Gesellschaft gehören, ⟨fam⟩ *wer sein* ‖
gesellschaftsfähig sein ‖ ande yo caliente y ríase
la ~ ⟨fam⟩ *eigene Bequemlichkeit über alles!* ‖ yo
conozco a mi ~ ⟨fam⟩ *ich kenne m–e Leute* od
⟨fam⟩ *m–e Pappenheimer* ‖ ~**s** *fpl*: las ~ *pl die*
Leute, die Welt ‖ *die Völker* npl ‖ *die Stämme* mpl
‖ todas las ~ *alle Völker* npl
  gentecilla *f* dim von **gente** ‖ ⟨desp⟩
Lumpenpack, Gesindel, Gelichter n, *Mob, Pöbel*
m
  gentil adj *(m/f) artig* ‖ *nett, lieb, freundlich,*
liebenswürdig ‖ *anmutig, hübsch, reizend,*
entzückend, niedlich ‖ *brav, mutig* ‖ *heidnisch* ‖
¡~ disparate! (iron) *ein schöner Blödsinn!* ‖ sin
más que su cuerpo ~ (joc) *wie er geht und steht,*
ohne et. zu besitzen ‖ ~es hombres *Edelleute* pl ‖
~ *m Heide* m ‖ los ~es *die Heiden* mpl
  gentileza *f Anstand* m ‖ *Höflichkeit, Artigkeit* f
‖ *Geschicklichkeit* f ‖ *Niedlichkeit, Feinheit,*
Anmut f, *Charme* (& *Scharm*) m ‖ *reizende, nette,*
anmutige Art f ‖ *ad(e)lige Herkunft* f ‖ *Adel* m
  gentilhombre *m* [*pl* **gentileshombres**]
Edelmann, Ad(e)lige(r) m ‖ ~ de cámara
(ad(e)liger) Kammerherr, Kämmerer m
  gentilicio adj: nombre ~ *Volksname* n
(Spanier, Deutscher usw.) ‖ *Orts|adjektiv,*
-substantiv n ‖ *Geschlechts-, Familien|name* n
  gentílico adj *heidnisch, Heiden-*
  genti|lidad *f*, **–lismo** *m Heidentum* n ‖ *Heiden*
mpl
  gentilmente adv *anständig, schicklich* ‖
anmutig ‖ *nett, reizend* ‖ *artig, gefällig*
  gentío *m Menschenmenge* f ‖ *Gedränge,*
Menschengewühl n ‖ ◇ hay gran ~ allí *dort ist*
ein (großes) Gedränge
  gentle|man [*pl* ~**men**] *m Gentleman* m

gentualla, gentuza f ⟨desp⟩ *(Lumpen)Gesindel, Bettelvolk* n, *Pöbel, Mob, Pack* m ‖ *Hefe* f *des Volkes*
genufle|xión f *Kniebeuge* f ‖ *Kniefall* m ‖ *Niederknien* n ‖ ⟨fig⟩ *Unterwürfigkeit, Kriecherei* f ‖ ◇ *hacer una* ~ *niederknien* ‖ ⟨fig⟩ *e–n Kniefall machen, s. unterwerfen* ‖ **–xo** adj *kniend*
genui|nidad f *Echtheit* f ‖ **–no** adj *genuin* ‖ *echt, rein* ‖ *un\verfälscht, -gemischt* ‖ *urwüchsig, angeboren* ‖ *naturgemäß*
GEO m Span (grupo especial de operaciones de la policía nacional) *Sonderpolizeieinheit* f
geobiótico adj ⟨Biol⟩ *geobiotisch*
geo|acústica f *Geoakustik* f ‖ **–biología** *Geobiologie* f ‖ **–botánica** f *Pflanzengeografie, Geobotanik* f ‖ **–botánico** adj *pflanzengeografisch, geobotanisch* ‖ **–carpia** f ⟨Bot⟩ *Erdfrüchtigkeit, Geokarpie* f ‖ **–céntrico** adj *geozentrisch* ‖ **–centrismo** m *Egozentrik* f
geocronita f ⟨Min⟩ *Geokronit* m
geoda f ⟨Geol⟩ *Geode* f
geo|desia f *Vermessungskunde, Geodäsie* f ‖ **–désico** adj *geodätisch* ‖ **–desta** m *Landmesser, Geodät* m ‖ **–dinámica** f *Geodynamik* f ‖ **–dímetro** m *Geodimeter* n
geoestacionario adj *geostationär*
geofagia f *Geophagie* f (& Med)
geó|fago adj *erd(fr)essend* ‖ ~ m *Erd(fr)esser* m ‖ **–filo** adj ⟨Bot⟩ *in der Erde wachsend* ‖ ⟨Zool⟩ *in der Erde lebend*
geo|física f *Geophysik* f ‖ **–físico** adj *geophysikalisch* ‖ ~ m *Geophysiker* m
Geofredo m np *Gottfried* m
geo|génesis, –genia f *Geo\genese, -genie* f ‖ **–gnosia** f → **geología** ‖ **–gnosta** m → **geólogo**
geo|grafía f *Erdkunde, Geografie* f ‖ *erdkundliches Werk* n ‖ ~ astronómica *Kosmografie* f ‖ ~ descriptiva *beschreibende Geografie* f ‖ ~ económica *Wirtschaftsgeografie* f ‖ ~ física *physische Geografie* f ‖ ~ humana *Anthropo-, Human\geografie* f ‖ ~ linguística *Geolinguistik* f ‖ ~ política *politische Geografie* f ‖ ~ zoológica *Tiergeografie* f ‖ **–gráfico** adj *erdkundlich, geografisch*
geógrafo m *Geograf* m
geoide m *Geoid* n
geo|logía f *Geologie* f ‖ **–lógico** adj *geologisch*
geólogo m *Geologe* m
geo|magnético adj *erdmagnetisch* ‖ **–magnetismo** m *Erdmagnetismus* m ‖ **–mancia** f *Geoman\tie, -tik* f ‖ **–mecánica** f *Geomechanik* f ‖ **–medicina** f *Geomedizin* f
geómetra m *Geometer* m
geometral adj → **geométrico**
geometría f *Geometrie* f ‖ ~ analítica *analytische Geometrie* f ‖ ~ aplicada *angewandte Geometrie* f ‖ ~ descriptiva *darstellende Geometrie* f ‖ ~ elemental *niedere Geometrie* f ‖ ~ del espacio *Geometrie des Raumes, Stereometrie* f ‖ ~ (no) euclidiana *(nicht)euklidische Geometrie* f ‖ ~ fractual *fraktale Geometrie* f ‖ ~ plana *Planimetrie* f ‖ ~ superior, ~ sublime *höhere Geometrie* f
geométrico adj *geometrisch* ‖ ⟨fig⟩ *sehr genau, pünktlich*
geométridos mpl ⟨Ins⟩ *Spanner* mpl (Geometridae)
geo|morfología f *Geomorphologie* f ‖ **–morfológico, –mórfico** adj *geomorphologisch* ‖ **–política** f *Geopolitik* f ‖ **–político** adj *geopolitisch* ‖ ~ m *Geopolitiker* m ‖ **–ponía** f → **agricultura** ‖ **–química** f *Geochemie* f ‖ **–químico** adj *geochemisch* ‖ ~ m *Geochemiker* m
georama f *Georama* n
Georgia f ⟨Geogr⟩ *Georgien* n ‖ **≈no** adj

georgisch ‖ ~ m *Georgier* m ‖ el ~ *die georgische Sprache, das Georgische*
geórgi|cas fpl ⟨Poet⟩ *Georgika* fpl *(Vergils) Gedichte* npl *über den Landbau* ‖ **–co** adj *auf die Georgika bezüglich* ‖ ⟨fig⟩ *idyllisch*
georgina f ⟨Bot⟩ *Georgine, Dahlie* f (Dahlia spp)
geo|sfera f *Geosphäre* f ‖ **–sinclinal** f *Geosynklinale* f ‖ **–stática** f *Geostatik* f ‖ **–tecnia** f *Geotechnik, Ingenieurgeologie* f ‖ **–terapia** f ⟨Med⟩ *Geotherapie, klimatische Heilbehandlung* f ‖ **–termia** f *Geothermik* f ‖ **–tropismo** m ⟨Bot⟩ *Geotropismus* m ‖ **–zoología** f *Geozoologie* f
gépidos mpl ⟨Hist⟩ *(die) Gepiden (Volk)*
ger. ⟨Abk⟩ = ¹**gerundio** ‖ **gerente**
gerani|áceas fpl ⟨Bot⟩ *Storchschnabelgewächse* npl (Geraniaceae) ‖ **–o** m *Storchschnabel* m, *Geranie* f (Geranium spp)
Gerardo m np *Gerhard(t)* m
gerbera f ⟨Bot⟩ *Gerbera* f (Gerbera jamesonii)
gerbero adj *aus Villahoz* (P Burg) ‖ *auf Villahoz bezüglich*
gerbo m ⟨Zool⟩ → **jerbo**
geren|cia f *Geschäftsführung* f ‖ *Verwaltung* f ‖ ◇ *encargarse de (od tomar) la ~ de una casa die Führung e–s Geschäftes übernehmen* ‖ **–te** m *Geschäftsführer, Leiter* m ‖ *Disponent, Prokurist* m ‖ *Hotelwirt* m ‖ *Verwalter* m ‖ ⟨Mar⟩ *Korrespondenzreeder* m ‖ ~ de imprenta ⟨Typ⟩ *Druckereileiter* m
geria|tra m *Facharzt* m *der Geriatrie* ‖ **–tría** f ⟨Med⟩ *Alters\heilkunde, -medizin, Geriatrie* f
geriátrico adj ⟨Med⟩ *geriatrisch*
gericul|tor m *Altenpfleger* m ‖ **–tura** f *Altenpflege* f
gerifalte m ⟨V⟩ *Ger-, Jagd\falke* m (Falco rusticolus) ‖ ⟨fig⟩ *hervorragender Mensch* m
gerineldo m ⟨fam⟩ *Stutzer, Geck* m
germán m → **germano**
Germán m np *Hermann* m ‖ San ~ *St. Germain*
germanesco adj *Gauner-*
Germania f *Germanien* n ‖ ⟨fig⟩ *Deutschland* n
germanía f *Rotwelsch* n, *Gauner-, Diebes\sprache* f ‖ *Zigeunersprache* f (→ **caló**) ‖ ⟨Hist⟩ Val *Zunftbruderschaft* f ‖ *Gaunerbande* f ‖ *Lumpenvolk* n
germánico adj/s *germanisch* ‖ *deutsch* ‖ el ~ *die germanische Sprache, das Germanische* ‖ ~ m np *Germanikus* m
germanio m (Ge) ⟨Chem⟩ *Germanium* n
germa|nismo m *Germanismus* m ‖ **–nista** m/f *Germanist(in* f) m ‖ **–nística** *Germanistik* f ‖ **–nización** f *Germanisierung* f ‖ *Eindeutschung* f ‖ **–nizante** adj *(m/f) germanisierend* ‖ **–nizar** [z/c] vt *eindeutschen* ‖ *germanisieren* ‖ ~ vi *Germanismen gebrauchen* ‖ **~se** *deutsches Wesen annehmen*
germa|no adj *germanisch* ‖ *deutsch* ‖ ~ m *Germane* m ‖ *Deutsche(r)* m ‖ *Halbbruder* m ‖ **–nofilia** f *Deutschfreundlichkeit, Vorliebe* f *für deutsches Wesen* ‖ **–nófilo** adj *deutschfreundlich* ‖ ~ m *Deutschenfreund* m ‖ **–nofobia** f *Deutschfeindlichkeit* f ‖ **–nófobo** adj *deutschfeindlich* ‖ ~ m *Deutschenfeind* m
germanohispano adj *germanisch-spanisch, deutsch-spanisch*
germano|occidental adj *westdeutsch (auch im hist. Sinne)* ‖ **–oriental** adj *ostdeutsch (auch im hist. Sinne)*
germen *[pl gérmenes]* m ⟨Biol Med⟩ *(Frucht)Keim* m ‖ ⟨Bot⟩ *erster Spross* m ‖ ⟨fig⟩ *Keim, Ursprung* m, *Quelle* f ‖ ~ del contagio *Infektionskeim, Keim* m *der Ansteckung* ‖ ~

patógeno, ~ séptico *Krankheits|keim, -erreger* m
‖ ~ piógeno *Eitererreger* ‖ ◆ *en* ~ ⟨fig⟩
angehend, in spe
  germicida adj *(m/f) keimtötend* ‖ ~ *m*
keimtötendes Mittel n
  germinación *f Kei|men* n, *-mung* f ‖
Germination f ‖ ⟨fig⟩ *Entstehen* n ‖ *Werden* n
  germi|nal *m* adj *(m/f) Keim-* ‖ ~ *m* ⟨Hist⟩
Germinal, Keimmonat m *(im frz.*
Revolutionskalender) ‖ **–nar** vi *keimen* (& fig) ‖
sprießen ‖ *s. entwickeln* (& fig) ‖ *entstehen* ‖
werden ‖ **–nicida** adj *keimtötend*
  gerocul|tor m → **gericultor** ‖ **–tura** f →
gericultura
  gerodermia *f* ⟨Med⟩ *Gerodermie* f
  Gerona *f* [Stadt und Provinz in Spanien]
Gerona n
  geron|te *m* ⟨Hist⟩ *Geront* m ‖ **–tocracia**
Gerontokratie f
  geróntico adj *auf das Alter bzw Altern*
bezüglich
  gerontocracia *f Gerontokratie, Altenherrschaft* f
‖ **geron|tología** *f* ⟨Med⟩ *Gerontologie,*
Alternsforschung f ‖ **–tológico** adj *gerontologisch*
‖ **–tólogo** *m Gerontologe, Alternsforscher* m
  △ **gertas** *fpl Ohren* npl
  Gertrudis *f* np *Gertrud* f
  gerundense adj *(m/f) geronesisch, aus Gerona*
(Stadt und Provinz in Spanien)
  gerun|diada *f* ⟨fam⟩ *alberne Redensart* f ‖
⟨fam⟩ *gezierte, affektierte, gespreizte, schwülstige*
Redeweise f ‖ **–diano** adj ⟨fam⟩ *geziert, affektiert,*
gespreizt, schwülstig (Stil)
  ¹gerundio *m* ⟨Gr⟩ *Gerundium* n
  ²gerundio *m* ⟨fam⟩ *schlechter, schwülstiger,*
lächerlicher Prediger m ‖ ⟨fam⟩ *anmaßender und*
dabei unwissender Mensch m *(nach „Fray*
Gerundio de Campazas", Titel e–r Satire des
span. Jesuiten Isla)
  gerundivo *m* ⟨Gr⟩ *Gerundiv* n
  Gervasio *m* np *Gervas(ius)* m ‖ *San* ~
Stadtviertel in Barcelona
  gesta *f Heldentat(en* fpl) f ‖ **~s** *fpl Helden-,*
Ruhmes|taten fpl
  ges|tación *f Schwangerschaft* f ‖ *Trächtigkeit* f
(bei Tieren) ‖ ⟨fig⟩ *Entstehung* f ‖ ⟨fig⟩ *Werden* n
‖ ◆ *en* ~ *schwanger* ‖ *trächtig (Tier)* ‖ ⟨fig⟩ *im*
Werden ‖ **–tágeno** *m* ⟨Physiol⟩ *Gestagen* n ‖
–tante adj *schwanger* ‖ *trächtig (Tier)* ‖ ~ *f*
Schwangere f ‖ **–tar** vt *tragen (Leibesfrucht)* ‖
⟨fig⟩ *austragen*
  gestatorio adj: *silla* ~a *Tragsessel* m (z. B. *des*
Papstes)
  geste|ar vi *Gebärden machen, gestikulieren* ‖
–ro *m*/adj *jd, der Gebärden macht* ‖
Grimassenschneider m
  gesticu|lación *f Gestikulieren, übertriebenes*
Gebärdenspiel n ‖ *Gesichterschneiden* n ‖
Mienenspiel n ‖ *Gebärdensprache* f ‖ **–lador** adj/s
→ **gestero** ‖ **–lar** adj *(m/f) Gebärden-* ‖ ~ vi
Gebärden machen, gestikulieren ‖ **–loso** adj
gestikulierend
  ges|tión *f Betreibung* f *(e–s Anliegens usw.)* ‖
Führung, Handhabung f ‖ *Verwaltung* f ⟨&
Inform⟩ ‖ *Management* n, *Geschäfts|führung,*
-verwaltung f ‖ ~ *de cartera Verwaltung* f *von*
Wertpapieren ‖ *gestiones preliminares*
Vorverhandlungen fpl ‖ ⟨Jur⟩ *Vorverhör* n ‖ ~ *del*
tiempo Timemanagement n ‖ ◇ *hacer las*
gestiones necesarias die nötigen Schritte
unternehmen (para & inf *od* nom, *um zu* & inf, *zu*
& dat) ‖ **–tionador** *m Vermittler* m ‖ *Betreiber* m
‖ **–tionar** vt/i *betreiben, fördern, Schritte tun (zu)*
‖ *(amtlich) vermitteln, besorgen* ‖ *s. (um e–e*
Angelegenheit) bemühen ‖ *s. Urkunden ausstellen*

lassen ‖ ◇ ~ *la obtención de una patente Schritte*
zwecks Erlangung e–s Patentes unternehmen ‖ ~
algo a alg. für jdn et. bei amtlichen Stellen
erledigen
  gesto *m Gebärde, Geste* f ‖ *Miene* f,
Gesichtsausdruck m ‖ *Gesicht, Antlitz* n ‖
Gesichtsverzerrung, Fratze f ‖ *Fratzengesicht* n ‖
Bewegung f *(des Körpers)* ‖ ⟨fig⟩ *Geste,*
großzügige Tat f ‖ ~ *admirativo Gebärde* f *der*
Bewunderung ‖ ~ *de desagrado,* ~ *de*
reprobación missbilligende Miene od *Geste* f ‖ ◇
afirmar con el ~ *schweigend bejahen* ‖ *estar de*
mal ~ *v́erdrießlich sein* ‖ *hacer un* ~ *ein Zeichen*
machen ‖ *hacer* ~s *Gesichter, Fratzen schneiden* ‖
gestikulieren ‖ *poner* ~ *ein verdrießliches Gesicht*
machen, ⟨fam⟩ *schmollen*
  ges|tor adj *Vermittler-* ‖ ~ *m Vermittler* m ‖
tätiger Teilhaber m ‖ *Agent* m *für*
Verwaltungssachen ‖ *Geschäftsführer* m ‖ ~
administrativo Span *Bevollmächtigter bzw Agent*
m *vor den Verwaltungsbehörden* ‖ ~ *patrimonial*
Vermögenspfleger m ‖ **–toría** *f* Span: ~
administrativa Agentur f *zur (raschen) Erledigung*
verwaltungsbehördlicher Formalitäten bzw zur
Beschaffung von Urkunden
  gestosis *f* ⟨Med⟩ *Gestose* f
  gestual adj *(m/f) Gesten-, Gebärden-*
  gestudo ⟨fam⟩ *mit verdrießlichem Gesicht* ‖
schmollend
  getas mpl ⟨Hist⟩ *Geten* mpl *(Volk)*
  Gethsemaní *m Gethsemane* n *(Bibel)*
  getter *m* ⟨El⟩ *Getter* m, *Fangstoff* m
  géyser *m* → **géiser**
  Ghan|a *m* ⟨Geogr⟩ *Ghana* n ‖ **⁼és** adj
ghanaisch ‖ ~ m (f) *Ghanaer(in* f) m
  ghazel *m* ⟨Poet⟩ *Gasel, Gaselle* f *(orientalische*
Gedichtform)
  gi- → *auch* **ji-**
  △ **gi** m *Korn* n
  giaur *m* ⟨Rel⟩ *Giaur, Ungläubige(r)* m
  gi|ba *f Höcker, Buckel* m ‖ ⟨figf⟩
Unannehmlichkeit, Last f ‖ *Ballen* m ‖ *Ranzen* m
‖ **–bado** adj/s *höck(e)rig, buck(e)lig* ‖ ⟨figf⟩
verärgert ‖ **–bar** vt *krümmen, höck(e)rig machen*
‖ ⟨figf⟩ *belästigen, plagen, behelligen* ‖ ⟨pop⟩
(jdn) zur Sau machen
  gibelinos mpl ⟨Hist⟩ *Ghibellinen, Waiblinger* mpl
  gibión m → **jibión**
  gibón *m* ⟨Zool⟩ *Gibbon* m (Hylobates spp)
  gibo|sidad *f Höcker, Buckel,* ⟨Med⟩ & *Gibbus*
m ‖ **–so** adj/s *höck(e)rig, buck(e)lig* ‖ *holp(e)rig*
(Boden)
  Gibral|tar *m* ⟨Geogr⟩ *Gibraltar* n ‖ **⁼tareño**
adj/s *aus Gibraltar* ‖ *auf Gibraltar bezüglich*
  gicleur *m* ⟨Auto⟩ [veraltet] *Vergaserdüse* f
  giennense adj *(m/f)* → **jiennense**
  ¹giga *f* ⟨Mus⟩ *Gigue* f
  ²giga-... Präf *Giga...*
  gigabit *m* ⟨Inform⟩ *Gigabit* n
  gigabyte *m* ⟨Inform⟩ *Gigabyte* n
  ¹giganta *f Riesin* f ‖ *Riesenweib* n
  ²giganta *f* → **girasol**
  ¹gigante adj *(m/f)* → **gigantesco** ‖ ~ *m Riese,*
Gigant m (& fig) ‖ ◆ *a paso de* ~ ⟨fig⟩ *mit*
Riesenschritten ‖ **~s** mpl: ~ *y cabezudos Riesen*
und großköpfige Pappgestalten fpl, *die bei span.*
Volksfesten herumgetragen werden
  ²gigante *m* ⟨Ins⟩ *größte, riesenköpfige*
Ameisenarbeiterin f *(bes. bei den Ernteameisen)*
  gigan|tesco, –teo adj *riesenhaft, riesig,*
gigantisch, Riesen- (& fig) ‖ ⟨fig⟩ *gewaltig,*
ungeheuer ‖ ⟨fig⟩ *sehr herausragend* ‖ **–tez** [pl
~ces] *f Riesengestalt, riesige Größe* f ‖
Riesenwuchs m
  ¹gigantilla *f groteske, unproportionierte Figur*

f, etwa: *Schwellkopf* m ‖ ⟨iron⟩ *sehr fettes, kleines Weibsbild* n
²gigantilla f ⟨Bot⟩ *(Art)* Sonnenblume f (Helianthus multiflorus)
gigan|tismo m ⟨Med⟩ *Riesenwuchs, Gigantismus* m ‖ ⟨fig⟩ *Riesenhaftigkeit* f ‖ → **–tomanía** ‖ **–tomanía** f *Gigantomanie* f ‖ **–tomaquia** f ⟨Lit Myth⟩ *Gigantomachie* f, *Titanenkampf* m (& fig)
¹gigantón m *augm von* **¹gigante** ‖ *~ m großer Riese* m ‖ *Riesenfigur* f *(bei Prozessionen)* ‖ *groteske Gestalt* f
²gigantón m a) Mex → **girasol** ‖ b) Cu → **¹dalia**
gigoló m *Gigolo* m ‖ *Eintänzer* m
gigote m ⟨Kochk⟩ *Hackfleisch(gericht)* n ‖ *(geschmorte) Hammel-, Lamm-, Reh|keule* f
gijonense adj/s *(m/f) aus Gijón* (P Ast) ‖ *auf Gijón bezüglich*
gil adj Arg Chi Ur → **gilí**
Gil m np *Ägidius* m
gilí adj ⟨fam⟩ *blöd, einfältig* ‖ ⟨fam⟩ *dämlich*
gilipo|llas m ⟨vulg⟩ *Fatzke, Possenreißer* m ‖ ◇ *ser un ~ dämlich und arrogant sein* ‖ **–llear** vi ⟨vulg pop⟩ *s. idiotisch und arrogant benehmen* ‖ **–llez** f ⟨vulg pop⟩ *dämliche Arroganz* f ‖ *Blöd-, Schwach|sinn* m
gilvo adj *aschblond*
gimna|sia f *Turnen* n ‖ *Gymnastik* f ‖ ⟨fig⟩ *Übung* f ‖ *~ correctiva Heilgymnastik* f ‖ *~ para embarazadas Schwangerschaftsgymnastik* f ‖ *~ funcional* → *~ correctiva* ‖ *~ maternal* → *~ para embarazadas* ‖ *~ mental geistige Gymnastik* f ‖ *Gedächtnistraining* n ‖ *~ de preparación para el parto* → *~ para embarazadas* ‖ *~ respiratoria Atmungsgymnastik* f ‖ *~ rítmica rhythmische Gymnastik* f ‖ *~ sueca schwedische Gymnastik* f ‖ *~ terapéutica Heilgymnastik* f ‖ ◇*confundir la magnesia con la ~ (y la velocidad con el tocino* ⟨fam⟩ *die Begriffe völlig verwechseln* ‖ *schwer von Begriff sein* ‖ *hacer ~ turnen* ‖ **–sio** m *Turn|anstalt* f, *-platz* m ‖ *Turnhalle* f ‖ ⟨Hist⟩ *Gymnasium* m
gimnasta m *Gymnast* m ‖ *(Vor)Turner* m ‖ *Akrobat, Athlet* m ‖ **~s** mpl *Turnerschaft* f
gimnásti|ca f *Gymnastik, Turnkunst* f ‖ *Turn-, Leibes|übungen* fpl ‖ **–co** adj *gymnastisch, turnerisch, Turn-*
gímnico adj ⟨lit⟩ *Turn-, Athletik-*
gimnosofista m ⟨Hist Philos⟩ *Gymnosophist* m
gimnospermas fpl ⟨Bot⟩ *nacktsamige Pflanzen* fpl, *Gymnospermen* fpl (Gymnospermae)
gim|nótidos mpl ⟨Fi⟩ *Messerfische* mpl (Gymnotidae) ‖ **–noto** m *Zitteraal* m (Electrophorus electricus)
gimoquear vi CR → **gimotear**
gimo|tear vi ⟨fam⟩ *winseln* ‖ *greinen* ‖ *wimmern* (oft desp) ‖ **–teo** m ⟨fam⟩ *Gewimmer* n ‖ *Greinen* n (oft desp)
gin m *Gin, Wacholderbranntwein* m ‖ *~ fizz* m *Gin-Fizz* m ‖ *~ tonic* m *Gin Tonic* m
ginan|dria f ⟨Bot⟩ *Gynandrie* f ‖ ⟨Zool⟩ *Scheinzwitt(e)rigkeit, Gynandrie* f ‖ **–dro** adj *gynandrisch* ‖ **–dromorfismo** m ⟨Med⟩ *Gynandromorphie* f, *Scheinzwittertum* n ‖ → **hermafroditismo** ‖ **intersexualidad**
ginatresia f ⟨Med⟩ *Gynatresie* f
gincana f ⟨Sp⟩ *Gymkhana* n
gincgo m ⟨Bot⟩ → **gingko**
△ **gindama** f *Furcht, Feigheit* f
¹ginebra f *Gin, Genever, Wacholderbranntwein* m
²ginebra f ⟨Mus⟩ *Klapperfiedel* f *(ein Bauerninstrument)* ‖ ⟨figf⟩ *Unordnung* f, *Wirrwarr* m, *Durcheinander* n

³ginebra f *ein Kartenspiel*
Ginebra f a) [Stadt] *Genf* n ‖ b) *Ginevra* f *(e–e Sagenfigur)*
ginebrada f *ein Blätterteiggebäck mit Cremefüllung*
gine|brino, –brés adj *aus Genf* ‖ *auf Genf bezüglich*
gineceo m ⟨Bot⟩ *Gynäzeum* n ‖ ⟨Hist⟩ *Frauengemach, Gynaeceum, Gynäzeum, Gynäkeion* n
gineco|cracia f *Weiberherrschaft, Gynäkokratie* f ‖ **–fobia** f ⟨Med Physiol⟩ *Weiberhass* m, *Gynäkophobie* f
gineco|logía ⟨Med⟩ *Gynäkologie, Frauenheilkunde* f ‖ **–lógico** adj *gynäkologisch* ‖ **–logista** m/f *Gynäkolo|ge* m, *-gin* f, *Frauen|arzt* m, *-ärztin* f ‖ **ginecólogo** m → **ginecologista**
gineco|mastia f ⟨Med⟩ *Gynäkomastie, Brustbildung* f *(bei Männern)* ‖ **–tropo** adj *gynäkotrop*
Ginés m np *Gines* m
ginesta f ⟨Bot⟩ *Ginster* m (→ auch **retama**)
gineta f ⟨Zool⟩ → **¹jineta**
gin-fizz m *Gin-Fizz* m
ginger-ale m *Ginger-Ale* n
gingivitis f ⟨Med⟩ *Zahnfleischentzündung, Gingivitis* f
gingko m ⟨Bot⟩ *Ginkgo* m (Ginkgo biloba) ‖ **–áceas** fpl ⟨Bot⟩ *Ginkgobäume* mpl (Ginkgoaceae)
gin|seng, –sén m ⟨Bot⟩ *Ginseng* m (Panax ginseng) ‖ ⟨Pharm⟩ *Wurzel* f *des Ginsengs*
gin-tonic m *Gin-Tonic* m
gipsífero adj *gipshaltig*
gira f *Rundreise* f ‖ *gemeinsamer Ausflug* m ‖ *Landpartie* f ‖ ⟨Th⟩ *Tournee* f
giradiscos m *Plattenteller* m *(beim Plattenspieler)*
gira|do m *Bezogene(r), Trassat* m *(e–s Wechsels)* ‖ **–dor** m *Aussteller, Trassant* m ‖ *Zedent* m
girafa f ⟨Zool⟩ → **jirafa**
giralda f *Wetterfahne* f *(in Gestalt e–r menschlichen* bzw *tierischen Figur)* ‖ *la ~ der Domturm in Sevilla*
giraldilla f dim von **giralda** ‖ *ein asturischer Volkstanz*
girándula f a) *Feuerrad* n *(Feuerwerk)* ‖ b) *mehrarmiger Leuchter* m
girante m *(m/f)* → **girador**
¹girar vt/i *in Kreisbewegung bringen, drehen, kreisen* ‖ ◇ *~ una visita e–n (Rund)Besuch machen* ‖ *~* vi *s. (im Kreise) um|drehen* ‖ *rotieren* ‖ *umherziehen* ‖ *Geschäfte (aus)führen* ‖ *~ alrededor de … s. drehen od herum|gehen od -laufen um … (acc)* ‖ *~ en un círculo vicioso s. in e–m Teufelskreis befinden* ‖ *~ a od hacia la derecha (izquierda) nach rechts (links) drehen* ‖ ⟨StV⟩ *(nach) rechts (links) abbiegen* ‖ *~ en torno s. im Kreis (herum)drehen* ‖ *~ (la) visita pastoral die (jährliche) Visitation vornehmen (Bischof)* ‖ *hacer ~ drehen, in Umlauf setzen, in e–e Kreisbewegung versetzen* ‖ *la casa girará bajo la razón social (de) … das Geschäft wird unter der Firma … geführt werden* ‖ *la conversación gira acerca de … das Gespräch dreht s. um … (acc)*
²girar vt/i ⟨Com⟩ *überweisen (Geld)* ‖ *ziehen, ausstellen, trassieren (e–n Wechsel)* ‖ *~ a una cuenta auf ein Konto überweisen* ‖ *~ una letra (de cambio) e–n Wechsel ziehen, ausstellen, trassieren* ‖ *~ un oficio e–e amtliche Mitteilung machen*
girasol m *Sonnenblume* f (Helianthus annuus) ‖ ⟨Min⟩ *(gelblicher) Opal* m
giratorio adj *kreisend, rotierend* ‖ *umdrehend* ‖

Dreh-, Kreis- ‖ (estantería) ~a *f drehbares Büchergestell* n ‖ ~ *m drehbares Büchergestell* n
gi|rínidos *mpl* ⟨Ins⟩ *Taumelkäfer mpl* (Gyrinidae) ‖ **–rino** *m* ⟨Ins⟩ *Taumelkäfer* m (Gyrinus natator)
girl *f Revuetänzerin* f, *Girl* n
¹giro *m Kreisbewegung* f ‖ *Kreislauf* m ‖ *Umlauf* m ‖ *Drehung, Wendung* f ‖ *Handelsverkehr* m ‖ *Geldumsatz* m *(in e–m Geschäft)* ‖ *Vertrieb, Absatz* m ‖ ⟨fig⟩ *Schmiss* m *(im Gesicht)* ‖ ⟨fig⟩ *Wendung* f *(Leben, Angelegenheit, Krieg)* ‖ ⟨fig⟩ *Rede-, Stil|wendung* f ‖ ⟨fig⟩ *Drohung* f ‖ ⟨fig⟩ *Großtuerei* f ‖ ~ *copernicano kopernikanische Wende* f ‖ *tomar un ~ favorable e–e günstige Wendung nehmen* ‖ *tomar uno otro ~ s. e–s anderen besinnen, s–e Pläne ändern, s. anders entscheiden* ‖ ~ *obligatorio* ⟨StV⟩ *Kreisverkehr* m
²giro *m* ⟨Com⟩ *Überweisung* f *(von Geld)* ‖ *gezogener Wechsel* m, *Tratte* f ‖ *Ausstellung* f *(e–s Wechsels)* ‖ ~ *bancario Banküberweisung* f ‖ ~ *a una cuenta Überweisung* f *auf ein Konto* ‖ ~ *ficticio Kellerwechsel* m ‖ ~ *postal Postanweisung* f ‖ ~ *telegráfico telegrafische Überweisung* f ‖ ~ *a la vista Sichtwechsel* m
³giro *adj And Murc Am bzw Arg Chi mit gelbroten bzw schwarzweißen Federn getüpfelt (Hahn)*
giro|avión *m* ⟨Flugw⟩ *Drehflügelflugzeug* n ‖ **–bús** *m* ⟨Auto⟩ *Gyrobus* m ‖ **–clinómetro** *m* ⟨Flugw⟩ *Wendezeiger* m ‖ **–compás** *m* ⟨Mar⟩ *Kreiselkompass* m ‖ **–dino** *m* ⟨Flugw⟩ *Flugschrauber* m ‖ **–faro** *m* ⟨Auto⟩ *Drehleuchte* f
giroflé *m* ⟨Bot⟩ *Gewürznelkenbaum* m (Eugenia caryophyllata = Caryophyllum aromaticum)
girohorizonte *m* ⟨Auto Flugw Mar⟩ *Kreiselhorizont* m
girola *f* ⟨Arch⟩ *Chorumgang* m, *Deambulatorium* n
girómetro *m Drehzahlmesser, Tourenzählapparat* m, *Gyrometer* m
Giron|da *f* ⟨Geogr⟩ *Gironde* f ‖ **⁼dinos** *mpl* ⟨Hist⟩ *Girondisten* mpl ‖ **⁼nés** *adj aus Gerona* (Stadt und Provinz in Spanien)
giro|piloto *m* ⟨Flugw⟩ *Autopilot* m ‖ **–plano** *m Drehflügelflugzeug* n ‖ **–scópico** *adj gyroskopisch, Kreisel-* ‖ **–scopio** *m* → **giróscopo**
girós|copo *m Kreisel* m, *Gyroskop* n ‖ **–tato** *m Gyrostat* m
giróvago *m adj herumschweifend* ‖ ~ *m* ⟨lit⟩ *Vagabund* m ‖ ⟨Hist Kath⟩ *Gyrovage* m *(von Kloster zu Kloster ziehender Mönch)*
¹gis *m (Maler)Kreide* f (→ *tiza*) ‖ *Col Griffel* m
²gis *m Mex* → **pulque** ‖ ⟨fig⟩ *Betrunkene(r)* m
Gisela *f* np *Gisela* f
giste *m Bierschaum* m
gita|na *f Zigeunerin, Rom* f *(& als Kosewort)* ‖ ⟨fig⟩ *durchtriebene, liederliche Frau* f ‖ ⟨figf⟩ *Schlampe* f ‖ **–nada** *f Zigeunerstreich* m ‖ ⟨fig⟩ *Schmeichelei* f ‖ ⟨fig⟩ *Schöntuerei* f ‖ **–near** *vi schmeicheln* ‖ *gerissen vorgehen* ‖ *feilschen, schachern* ‖ **–nería** *f Zigeunertruppe* f ‖ *Zigeunerleben* n ‖ *Zigeunerstreich* m ‖ ⟨fig⟩ *Verschmitztheit* f ‖ **–nesco** *adj zigeunerisch* ‖ *zigeunerhaft* ‖ *Zigeuner-* ‖ ⟨fig⟩ *schlau, durchtrieben* ‖ **–nismo** *m Zigeunerart* f ‖ *Zigeunertum* n ‖ ⟨Ling⟩ *Wort* n *od Redewendung* f *aus der Zigeunersprache* ‖ **–no** *adj zigeunerisch* ‖ *zigeunerhaft* ‖ *zigeunerisch* ‖ ⟨fig⟩ *verführerisch, reizend (Frau)* ‖ *schlau, verschmitzt, pfiffig* ‖ *schmeichlerisch* ‖ ~ *m Zigeuner, Rom* m ‖ ⟨fig⟩ *schlauer, durchtriebener Mensch* m ‖ ⟨fig⟩ *Schmeichler* m
glabro *adj* ⟨Zool Bot⟩ *unbehaart, kahl* ‖ ⟨lit⟩ *kahl (Mensch)*

gla|ciación *f Eisbildung, Vereisung* f ‖ *Vergletscherung* f ‖ **–cial** *adj (m/f) eiskalt, eisig* (& fig) ‖ *Eis-* ‖ ⟨Geol⟩ *glazial, glaziär, glazigen* ‖ ◇ *hace un frío ~ es ist eisig kalt* ‖ *adv:* ~**mente** ‖ **–ciar** *m Gletscher* m ‖ **–ciología** *f Gletscherkunde* f ‖ **–ciológico** *adj gletscherkundlich* ‖ **–ciólogo** *m Gletscherforscher* m
glacis *m* ⟨Mil⟩ *Feldbrustwehr, Wallböschung* f, *Glacis* n ‖ ⟨Geol⟩ *Glacis, Pediment* n
gladia|dor, –tor *m* ⟨Hist⟩ *Gladiator* m ‖ ⟨fig⟩ *Raufbold* m
gla|díolo, –diolo *m* ⟨Bot⟩ *Gladiole, Siegwurz* f (Gladiolus spp) ‖ *Schwertlilie* f (Iris spp)
glagolítico *adj glagolitisch (Schrift)*
glande *m* ⟨An⟩ *Eichel* f *(des männlichen Gliedes)* ‖ ⟨Bot⟩ *Nuss* f *(Fruchtart)* ‖ Rioja ⟨Bot⟩ *Eichel* f
glandi|fero, –gero *adj Nüsse bzw Eicheln tragend*
glándula *f* ⟨An⟩ *Drüse* f ‖ ~ *excretoria Ausscheidungsdrüse* f ‖ ~ *genital* → ~ *sexual* ‖ ~ *lagrimal Tränendrüse* f ‖ ~ *linfática Lymph|knoten* m, *-drüse* f ‖ ~ *mamaria Milchdrüse* f ‖ ~ *mucosa Schleimdrüse* f ‖ ~ *pineal Zirbeldrüse* f ‖ ~ *pituitaria Hypophyse* f ‖ ~ *prostática Prostata, Vorsteherdrüse* f ‖ ~ *salival Speicheldrüse* f ‖ ~ *sebácea Talgdrüse* f ‖ ~ *sexual Keimdrüse* f ‖ ~ *sudorípara Schweißdrüse* f ‖ ~ *timo Thymusdrüse* f ‖ ~ *tiroides Schilddrüse* f ‖ ~ *uropigiana* ⟨V⟩ *Bürzeldrüse* f ‖ ~**s** *fpl:* ~s *endocrinas endokrine, innersekretorische, inkretorische Drüsen, Drüsen* fpl *(mit) innerer Sekretion* ‖ ~ *exocrinas exokrine, exkretorische Drüsen, Drüsen* fpl *(mit) äußerer Sekretion* ‖ ~ *de secreción interna* → ~ *endocrinas* ‖ ~ *suprarrenales Nebennieren* fpl
glandu|lar *adj (m/f) glandulär, Drüsen-* ‖ **–loso** *adj drüsen|artig, -förmig, drüsig, Drüsen-*
glano *m* ⟨Fi⟩ *Wels, Waller* m (Silurus glanis)
gla|sé *m Glanztaft* m ‖ *Am Zickel-, Lamm-, Glacé|leder* n ‖ **–sear** *vt glasieren (Textilien, Töpfe, Speisen usw.)* ‖ *satinieren (Papier)* ‖ *polieren*
glasto *m* ⟨Bot⟩ *Färberwaid* m (Isatis tinctoria)
glauberita *f* ⟨Min⟩ *Glauberit* m
glauco *adj meer-, blau-, grau|grün* ‖ *hellgrün* ‖ ~ *m* ⟨Zool⟩ ⟨Art⟩ *Fadenschnecke* f (Glaucus marinus)
glaucoma *m* ⟨Med⟩ *grüner Star* m, *Glaukom* n
glauconita *f* ⟨Min⟩ *Glaukonit* m
gleba *f* ⟨Erd⟩ *Scholle* f (& fig) ‖ *Grundbesitz* m ‖ Ar *Grasboden* m
glía *f* ⟨An⟩ *Glia* f
glicemia *f* ⟨Med⟩ → **glucemia**
glicérido *m* ⟨Chem⟩ *Glyzerid* n
glice|rina *f*, **–rol** *m* ⟨Chem⟩ *Glyzerin* n
¹glicina *f* ⟨Chem⟩ *Glyzin, Glykokoll* n
²glici|na, –nia *f* ⟨Bot⟩ *Glyzin(i)e, Wistarie* f, *Blauregen* m (Wisteria spp)
glicocola *f* → **¹glicina**
glico|génesis, –genia *f* → **glucogénesis**
glicógeno *m* → **glucógeno**
glicol *m* ⟨Chem⟩ *Glykol* n
glicósido *m* → **glucósido**
glicosuria *f* → **glucosuria**
glifo *m* ⟨Arch⟩ *Glyphe, Glypte* f
glíptica *f Steinschneidekunst, Glyptik* f
gliptoteca *f Glyptothek* f
glisar *m Am rutschen, gleiten*
glo|bal *adj (m/f) global, pauschal, Global-, Pauschal-* ‖ **–balidad** *f Ganzheit* f ‖ **–balización** *f Globalisierung* f ‖ **–balizado** *adj als Globalkontingent, globalkontingentiert* ‖ **–balizar** [z/c] *vt bes.* ⟨Com Wir⟩ *im Ganzen nehmen,*

globalisieren ‖ **–balmente** *adv im Ganzen
(genommen)* ‖ *in Bausch und Bogen (berechnet)*
globetrotter *m Weltenbummler, Globetrotter* m
globito *m Sprechblase (in e–m Comic)*
globo *m Kugel* f*, Ball* m ‖ *Erd\ball* m*, -kugel* f
‖ *Weltkugel* f ‖ *Himmelskugel* f ‖ *(Hist)
Reichsapfel* m ‖ *(Glas-, Lampen)Glocke* f ‖ *[in
Comics] Sprechblase* f ‖ ⟨pop⟩ *Pariser* m
(Kondom) ‖ ~ aerostático *Luftballon* m ‖ ~ de
barrera (aérea) *(Luft)Sperrballon* m ‖ ~ cautivo
Fesselballon m ‖ ~ celeste *(künstliche)
Himmelskugel* f ‖ ~ dirigible *lenkbares Luftschiff*
n ‖ ~ de ensayo *Versuchsballon* m ‖ ~ histérico
⟨Med⟩ *hysterische Kugel* f ‖ ~ de lámpara
Lampen\glocke f*, -glas* n ‖ ~ ocular *od* del ojo
Augapfel m ‖ ~ de papel *papier(e)ner Luftballon*
m ‖ ~ piloto *Pilot-, Windrichtungsweiser\ballon*
m ‖ ~-sonda *Ballonsonde* f ‖ ~ terráqueo, ~
terrestre *Erd\ball* m*, -kugel, Erde* f ‖ *Globus* m ‖
~ tripulado *bemannter Ballon* m ‖ ◆ en ~ *im
Großen, im Ganzen, in Bausch und Bogen* ‖ *in
runder Summe* ‖ ~**s** *mpl* ⟨vulg⟩ *Titten* fpl ‖ **–so**
adj kugel(förm)ig
 globular *adj (m/f) kugel(förm)ig* ‖ *kernig, Kern-*
 globulina *f* ⟨Physiol Chem⟩ *Globulin* n
 glóbulo *m Kügelchen* n ‖ *Blutkörperchen* n ‖
⟨Pharm⟩ *Arzneikugel, Pille* f ‖ ~ blanco *weißes
Blutkörperchen* n ‖ ~ rojo *rotes Blutkörperchen* m
 glo-glo, gloglό *m onom gluck, gluck,
Gluckgluck, Geräusch* n *des träufelnden od
sprudelnden Wassers* ‖ *Plätschern* n ‖ *Kollern* n
(Pfau, Truthahn)
 gloglotear *vi plätschern* ‖ *Gluckgluck machen
(Wasser)* ‖ *kollern (Truthuhn)*
 glomerulitis *f* ⟨Med⟩ *Glomerulitis* f
 glomérulo *m Knäuel* m *(& n)* ‖ ⟨An⟩
(Gefäß)Knäuel m *(& n), Glomerulus* m
 glomerulo\nefritis *f* ⟨Med⟩ *Glomerulonephritis*
f ‖ **–sclerosis** *f Glomerulosklerose* f
 ¹gloria *f Ruhm* m*, Ehre* f*, Glanz* m ‖
Herrlichkeit f ‖ *Seligkeit* f ‖ ⟨Kath⟩ *Gloria* n *(Teil
der Messe)* ‖ ⟨Mal⟩ *Glorie* f*, Heiligenschein* m ‖
Heiligenbild n ‖ ⟨Th fig⟩ „*Vorhang" (für den
Beifall)* ‖ ⟨Phys⟩ *Glorie* f ‖ ⟨fig⟩ *Wonne* f*, Genuss*
m ‖ ~ imperecedora *unvergänglicher Ruhm* m ‖
⟨Theol⟩ *ewige Herrlichkeit* f ‖ ~ póstuma
Nachruhm m ‖ ¡~ santa! *um Gottes willen!* ‖ ◆
en la ~ ⟨fam⟩ *im Himmel* ‖ ◇ cubrirse de ~ ⟨fig⟩
Ruhm ernten ‖ ⟨iron⟩ *s. bis auf die Knochen
blamieren* ‖ dar ~ *Ruhm verschaffen* ‖ dar la ~
die ewige Seligkeit verleihen ‖ estar en la ~ ⟨figf⟩
ruhig, zufrieden leben ‖ estar en sus ~s ⟨fam⟩ *in
s–m Element sein, im sieb(en)ten Himmel sein* ‖
… *día en santa* ~ *esté, que santa* ~ *haya
(q. s. g. h.) der, die selige; der, die verewigte* … ‖
Dios le tenga en la (od en su santa) ~ *Gott habe
ihn selig (von Verstorbenen)* ‖ saber a ~ ⟨fam⟩
köstlich, delikat, exquisit schmecken ‖ *tener
avidez od estar ávido de* ~ *ruhmsüchtig sein* ‖
tocar a ~ *Ostern einläuten, (am Ostersonntag)
mit allen Glocken läuten* ‖ *Cervantes es (la)* ~ *de
España Cervantes ist Spaniens Stolz* ‖ ¡pedazo de
~! *mein Herzliebchen! (Kosewort)*
 ²gloria *f* ⟨Text⟩ *Gloriaseide* f
 ³gloria *f* ⟨Kochk⟩ *(Art) süße Blätterteigpastete*
f ‖ *(Art) Mandelgebäck* n
 ⁴gloria *f Cast Wärmebecken* n
 Gloria *f np Gloria* f
 gloriado *m Am (Art) Punsch* m
 gloria patri *m* ⟨lat⟩ ⟨Kath⟩ *Gloria* n ‖ ◆ en un
~ ⟨figf⟩ *im Nu*
 gloriar [*pres* ~*ío, seltener:* ~*io] vt →*
 glorificar ‖ ~**se** *s. freuen, s. ergötzen, vergnügt
sein* ‖ ~ de … *s. einbilden, stolz sein auf* … *(acc)*
‖ *s. e–r Sache rühmen (gen)*

 glorieta *f (Garten)Laube* f ‖ *Platz* m *mit
Anlagen* ‖ ⟨Arch⟩ *Lusthäuschen* n ‖ *runder
Altan(platz)* m
 glorifi\cación *f Verherrlichung* f ‖
Glorifizierung f *(& pej)* ‖ ⟨Rel⟩ *Verklärung* f ‖
–cador *m Verherrlicher* m ‖ **–car** [c/qu] *vt
verherrlichen* ‖ *rühmen, preisen, (von jdm) in den
höchsten Tönen reden,* ⟨fam⟩ *in den Himmel
heben, über den grünen Klee loben* ‖ *(Gott)
hochpreisen* ‖ *verklären* ‖ ~**se** (de) a/c *s. e–r
Sache rühmen*
 △ **glorinqué** *m Welt* f
 Glorio\sa *f: la* ~ *die ruhmreiche Jungfrau
Maria* f ‖ ⟨Hist fig⟩ *die span. Revolution von
1868* ‖ ◇ echar de la ~ ⟨pop⟩ *prahlen, großtun* ‖
≈so *adj glor-, ruhm\reich, ruhmvoll* ‖ *ehrenvoll,
rühmlich* ‖ *Ruhmes-* ‖ *ruhmsüchtig* ‖ *selig,
verklärt* ‖ *(pop) prahlerisch, großtuerisch* ‖ el ~
San José der heilige Joseph ‖ la ~a *Ascensión
del Señor a los cielos die ruhmreiche
Himmelfahrt Christi* ‖ ◆ de ~a *memoria seligen
Andenkens*
 glo\sa *f Glosse, erklärende Note* f ‖
Erläuterung f ‖ ⟨Jur⟩ *Vermerk* m ‖ *Glosse* f
(Versform) ‖ ⟨Mus⟩ *freie Variation* f ‖ ⟨fig⟩
Bemerkung f ‖ ~ marginal *Randglosse* f ‖ ~**s** *fpl
Kommentar* m ‖ **–sador** *m Glossator* m ‖
Ausleger, Deuter, Erklärer, Kommentator m
 glosalgia *f* ⟨Med⟩ → **glosodinia**
 glosar *vt auslegen, glossieren, deuten,
erklären, kommentieren* ‖ *(fam) übel auslegen* ‖
⟨fig⟩ *ausschmücken (e–e Erklärung)* ‖ ⟨fig⟩
besprechen ‖ ⟨fig⟩ *bekritteln, rügen, maßregeln,
beanstanden*
 glo\sario *m Glossar, (erklärendes)
Wörterverzeichnis* n ‖ *Wortschatz* m*, Vokabular* n
(e–r Sprache) ‖ **–se** *m Glossieren* n ‖ *Eintragung* f
von Vermerken (in Büchern, Urkunden usw.)
 glosema *m* ⟨Ling⟩ *Glossem* n
 glosilla *f* ⟨Typ⟩ *Kolonel* f *(7-Punkt-Schrift)*
 glo\sitis *f* ⟨Med⟩ *Zungenentzündung, Glossitis* f
‖ **–sodinia** *f* ⟨Med⟩ *Gloss\odynie, -algie* f ‖
–sofaríngeo *adj* ⟨An⟩ *glossopharyngeal* ‖ **–solalia**
f ⟨Rel⟩ *Zungenreden* n*, Glossolalie* f ‖ **–sopeda** *f*
⟨Vet⟩ *Maul- und Klauen\seuche* f
 glótico *adj* ⟨An⟩ *Stimmritzen-*
 glotis *f* ⟨An⟩ *Stimmritze, Glottis* f
 glotón *adj gefräßig, gierig* ‖ ~ *m Fresser,
Schlemmer, Vielfraß* m ‖ ⟨Zool⟩ *Vielfraß, Jerf,
Järv* m (Gulo gulo)
 gloto\near *vt gierig essen, schlingen,* ⟨pop⟩
fressen ‖ **–nería** *f Gefräßigkeit, Völlerei* f ‖
Schlemmerei f ‖ ⟨pop⟩ *Fresserei* f
 gloxínea *f* ⟨Bot⟩ *Gloxinie* f (Sinningia speciosa)
 glucagón *m* ⟨Physiol⟩ *Glukagon* n
 glucemia *f* ⟨Physiol⟩ *Glykämie* f*,
Zucker\gehalt, -spiegel* m *des Blutes*
 glúcidos *mpl* ⟨Chem⟩ *Kohle(n)hydrate* npl
 glucocorticoides *mpl* ⟨Physiol⟩
Glukokortikoide npl
 gluco\génesis, –genia *f* ⟨Physiol⟩ *Glukogenese*
f ‖ **–génico** *adj Glykogen-*
 glu\cógeno *m* ⟨Physiol⟩ *Glykogen* n ‖
–cogenolisis *f* ⟨Biol⟩ *Glykogenolyse* f ‖ **–cólisis** *f*
⟨Physiol⟩ *Glykolyse* f ‖ **–cómetro** *m* ⟨Chem⟩
Glykometer n*, Zuckergehaltsmesser* m
 glucosa *f Glukose, Dextrose* f*, Stärke-,
Trauben\zucker* m
 glucósido *m* ⟨Chem⟩ *Glykosid* n
 glucosuria *f* ⟨Med⟩ *Glykosurie, Ausscheidung* f
von Zucker im Harn, Zuckerharnen n
 gluglu (gluglú) *m onom Geräusch* n *des
Trinkens od des quellenden Wassers* ‖ *Kollern* n
des Puters ‖ el ~ de la fuente *das Murmeln der
Quelle* ‖ **–tear** *vi kollern (Puter)*

glu|támico adj: ácido ~ ⟨Chem⟩
Glutaminsäure f ‖ *–tamina* f *Glutamin* n
glutatión m ⟨Chem⟩ *Glutathion* n
gluten *m Klebstoff* m ‖ ⟨Chem⟩ *Kleber* m,
Gluten n
glúteo adj *gluteal, Gesäß-*
glutinoso adj *klebrig, leimartig* ‖ *Schleim-*
gneis *m* ⟨Geol⟩ *Gneis* m
gnómico adj *gnomisch, aus (Sinn)Sprüchen
bestehend* ‖ *Spruch-* ‖ (poeta) ~ *Spruchdichter,
Gnomiker* m
gnomo *m Gnom, Erd-, Berg|geist, Kobold* m ‖
Sinnspruch m, *Gnome* f ‖ ⟨fig⟩ *hässlicher Zwerg*
m
gnomon *m* ⟨Math Top⟩ *Gnomon* m ‖
Sonnenuhr(& zeiger m) f
gnoseo|logía f ⟨Philos⟩ *Erkenntnis|lehre,
-theorie, Gnoseologie* f ‖ *–lógico* adj
gnoseologisch
gnosis f ⟨Rel⟩ *Gnosis, Erkenntnis, göttliche
Offenbarung* f ‖ *Gnostizismus* m *(Sekte)*
gnosticismo *m* ⟨Rel⟩ *Gnostizismus* m
gnósticos *mpl/adj* ⟨Rel⟩ *Gnostiker* mpl
gnte. ⟨Abk⟩ = *gerente*
gnu [*pl* ~**úes**] *m* ⟨Zool⟩ *Gnu* n (Connochaetes
spp) ‖ ~ *azul Blaugnu* n (C. taurinus) ‖ ~ *de
barba blanca Weißbartgnu* n (C. albojubatus) ‖ ~
de cola blanca Weißschwanzgnu n (C. gnou)
goa f ⟨Met⟩ *Massel* f ‖ *Roheisen* n *nach dem
Abstich*
△ **gobarey** *m Turteltaube* f
△ **gobarí** f *Taube* f
gobelino *m* ⟨Text⟩ *Gobelin* m
gober|nable adj *(m/f) regierbar* ‖ ⟨fig⟩
lenksam, leitbar ‖ *–nabilidad* f *Regierbarkeit* f ‖
–nación f *Regieren* n ‖ *Am Statthalterschaft* f ‖
(Ministerio de la) ~ ⟨Hist⟩ *Innenministerium,
Ministerium* n *des Inneren*
¹gobernador *m Gouverneur, Statthalter* m *(e–r
Provinz)* ‖ ⟨Mil⟩ *Stadtkommandant,
Militärgouverneur* m ‖ *Gouverneur, Leiter* m *e–r
Zentralnotenbank* ‖ ~ *civil Zivilgouverneur* m
(Statthalter) ‖ ~ *militar Militärgouverneur* m
²gobernador *m* ⟨V⟩ *Grünkardinal* m
(Gubernatrix cristata)
gober|nalle *m* ⟨Mar⟩ *Steuer(ruder), Ruder* n ‖
–nanta f *Gouvernante, Haushälterin* f ‖
Beschließerin f *(e–s Hotels)* ‖ *Arg Kinderfrau* f ‖
⟨pop⟩ *Puffmutter* f ‖ *–nante m Herrscher* m ‖
Regent m ‖ ~**s** *mpl: los* ~ *die Regierenden* mpl ‖
–nar [-ie-] vt *regieren* ‖ *beherrschen* ‖ *leiten,
führen* ‖ *lenken* ‖ *vorstehen, verwalten (Amt)* ‖
beaufsichtigen ‖ ⟨Mar⟩ *(ein Schiff) steuern* (Am &
⟨Tech⟩) ‖ ~ vi *regieren* ‖ *den Oberbefehl führen* ‖
⟨fig⟩ *das Wort führen* ‖ ⟨fig⟩ *den Haushalt führen*
‖ ◇ *llegar a* ~ *ans Ruder kommen* ‖ *die Macht
ergreifen* ‖ ~*se s. führen lassen* ‖ *s. steuern
lassen, dem Steuer gehorchen (Schiff) (& fig)* ‖ *s.
in der Gewalt haben,* (fam) *s. zusammenreißen* ‖
–nativo → *gubernativo*
△ **goberó** *m Gebärde* f
gobierna f *Wetterfahne* f (→ auch **veleta**)
gobiernista adj *(m/f) Am* → **gubernamental**
gobierno *m Herrschaft* f ‖ *(Staats)Regierung,
Staatsbehörde* f ‖ *Regierungsform, Verfassung* f ‖
Regierungsgebäude n ‖ *Statthalterei* f ‖
Ministerialrat m ‖ *Statthalterschaft* f ‖
Gouvernement n ‖ *Gouverneursamt* n ‖
Regierungsbezirk m, *Provinz* f ‖ ⟨Mil⟩ *Kommando*
n ‖ *Haushaltung* f ‖ *Verwaltung* f ‖ *Verwaltung,
Aufsicht* f ‖ *Führung, Leitung* f ‖ *Norm,
Richtschnur* f ‖ *Gewandtheit* f ‖ ⟨Mar⟩ *Steuerung
bzw Manövrierfähigkeit* f *(e–s Schiffes)* ‖ ~
absoluto absolutistische Regierung f ‖ ~ *de las
almas* ⟨fig⟩ *Seelsorge* f ‖ ~ *de la casa*

Haushaltung f ‖ ~ *central Zentralregierung* f ‖ ~
cipayo → ~ *fantoche* ‖ ~ *civil Zivilverwaltung* f
‖ *Zivilverwaltungsgebäude* n ‖ ~ *de clase
Klassenherrschaft* f ‖ ~ *de coalición
Koalitionsregierung* f ‖ ~ *constitucional
konstitutionelle Regierung* f ‖ ~ *a distancia
Fern|steuerung, -lenkung* f ‖ ~ *exiliado,* ~ *en el
exilio Exilregierung* f ‖ ~ *fantoche
Marionettenregierung* f ‖ ~ *de las faldas
Weiberherrschaft* f ‖ ~ *fantasma Schattenkabinett*
n ‖ ~ *federal Bundesregierung* f ‖ ~ *marioneta* →
~ *fantoche* ‖ ~ *militar Militärverwaltung* f ‖
Militärverwaltungsgebäude n ‖ *Militärregierung* f
‖ ~ *parlamentario konstitutionelle Regierung* f ‖
~ *presidencial Präsidialregierung* f ‖ ~
provisional Interimsregierung f ‖ ~ *representativo
repräsentative Regierung(sform)* f ‖ ‖ ~ *títere* →
~ *fantoche* ‖ ♦ *para su* ~ *zu Ihrer
Kenntnisnahme* f ‖ *por vía de buen* ~ *zum
allgemeinen Wohl* ‖ ◇ *formar* (derrocar un) ~ *e–e
Regierung bilden* (stürzen) ‖ *mirar contra el* ~
⟨joc fam⟩ *schielen* ‖ *servir de* ~ *als Norm, als
Richtschnur dienen*
gobio *m* ⟨Fi⟩ *Grundel* f (& m) ‖ ~ *de arena
Sandgrundel* f (Pomatoschistus minutus) ‖ ~
cristal Kristallgrundel f (Crystallogobius
nilssonii) ‖ ~ *nadador Schwimmgrundel* f
(Coryphopterus flavescens)
Gob.ⁿᵒ ⟨Abk⟩ = **Gobierno**
gob.ʳ ⟨Abk⟩ = **gobernador**
goce *m Genuss* m, *Vergnügen* n, *Wonne* f ‖
Glückseligkeit f ‖ *Behagen* n ‖ ⟨fig⟩ *Freude* f ‖
⟨Jur⟩ *Genuss, Nießbrauch* m, *Nutznießung* f ‖
(Be)Nutzung(srecht n) f ‖ ~ *sensual Sinnenlust* f ‖
◇ *darse od entregarse al* ~ *de ... schwelgen in
... (dat)*
Gocia f ⟨Geogr⟩ *Gotland* n *(schwedische
Provinz)*
goci(an)o adj/s *gotländisch*
¡goch! int *Rufwort für Schweine* ‖ **–o** *m* ⟨fam⟩
Schwein n (& fig)
△ **godeño** adj *reich*
△ **godería** f *Saufgelage* n
△ **godizo** adj → **godeño**
godo adj *gotisch* ‖ ~ *m Gote* m ‖ *Am* ⟨desp⟩
Spanier m ‖ ~**s** *mpl* ⟨Hist⟩ *Goten* mpl ‖ *iberische
Ad(e)lige in Spanien, die s. mit den eindringenden
Goten vermischten*
goecia f *Schwarze Magie* f
goethiano adj *auf Johann Wolfgang von
Goethe (1749–1832) bezüglich*
goethita f ⟨Min⟩ *Goethit* m
gofio *m Can Arg Bol Cu Ec PR Zuckerteig* m ‖
Mehl n *von geröstetem Mais*
gofo adj/s *roh, grob, unwissend* ‖ ⟨fig⟩
zwergenhaft
go|frado *m Präge-, Blind|druck* m, *Gaufrieren*
n ‖ *–frar* vt *Muster aufprägen, gaufrieren*
Gofredo *m* np → **Godofredo**
gogo(girl) f *Go-go-Girl* n
gogó adv: *a* ~ *unbeschränkt, ohne Limit (meist
alkoholische Getränke, Sex usw.)*
goguta f *Extr* ⟨V⟩ *Wachtel* f
Goito *m* np ⟨fam⟩ → **Gregorio**
△ **goji** f *Wurst* f
gol *m* ⟨Sp⟩ *Tor* n, *Treffer* m, *Öst Goal* n ‖ ~ *de
cabeza Kopfballtor* n ‖ ~ *de empate
Ausgleichstor* n ‖ ~ *de honor Ehrentor* n ‖ ~
oportunista Abstaubertor n ‖ ~ *de la victoria
Siegestor* n ‖ ~ *visitante Gästetor* n ‖ ◇ *dar un* ~
→ *marcar un* ~ ‖ *encajar un* ~ *ein Tor einstecken
(müssen)* ‖ *marcar od meter un* ~ *ein Tor
schießen od erzielen* ‖ *tirar un* ~, *tirar a* ~ *ein
Tor schießen*
¹gola f *Kehle* f ‖ *Schlund* m ‖ ⟨Hist⟩

Halskrause f, *span. Halskragen* m ‖ ⟨Hist⟩
Halsstück n *(e–r Rüstung)* ‖ *Busenstreif* m ‖ ⟨Mil⟩
Brustschild n *(Dienstabzeichen)* ‖ *Beffchen* n *(der
Geistlichen)* ‖ *Ausschnitt* m *am Barbierbecken* ‖
◇ *hacer* ~ *Col* ⟨fig⟩ *hartnäckig sein*
²gola f ⟨Mar⟩ *Seegatt* n ‖ *enge Hafeneinfahrt
bzw Flussmündung* f ‖ *Einfahrtrinne* f *(für Schiffe
im Hafen)*
³gola f ⟨Arch⟩ *Karnies* n
△ **golar** vt/i *rufen* ‖ *schreien*
goldre m *Köcher* m
△ **gole** m *Stimme* f
gole|ada f ⟨Sp⟩ *große Anzahl* f *von Toren*,
⟨fam⟩ *Tor|flut* f, *-segen* m ‖ **–ador** m ⟨Sp⟩
Tor|schütze, -jäger, Öst *Goalgetter*, ⟨fam⟩ *Bomber*
m ‖ **–ar** vi/t ⟨Sp⟩ *ein Tor schießen*
goleta f ⟨Mar⟩ *Schoner* m
golf m ⟨Sp⟩ *Golf* m *(Ballspiel)*
gol|fa f ⟨pop⟩ *Nutte, Dirne* f ‖ **–fante** m ⟨fam⟩
Gauner, Ganove m ‖ *skrupelloser Mensch* m ‖
Gammler m ‖ **–fear** vi *ein liederliches Leben
führen* ‖ *herumstrolchen* ‖ **–fería** f *Schwarm* m
Buben ‖ *Straßenjugend* f ‖ *Strolche, Lumpen,
Ganoven* mpl ‖ *Buben|stück* n, *-streich* m ‖ **–filla** f
⟨fam⟩ *(kesse) Göre* f ‖ *Range* f ‖ **–fillo** m ⟨fam⟩
Gassenjunge m ‖ *kleiner Gauner* m
golfista m/f ⟨Sp⟩ *Golfspieler(in* f) m
¹golfín m *Bandendieb* m
²golfín m → **¹delfín**
¹golfo m *Meerbusen, Golf* m, *Bucht* f ‖ *große
insellose Meeresfläche* f ‖ el ~ *Arábico der arab.
Meerbusen* ‖ ~ *de Bengala Golf* m *von Bengalen*
‖ ~ *Mexicano Golf* m *von Mexiko* ‖ el ~ *Pérsico
der Persische Golf* m ‖ ~ *de Vizcaya Biskaya* f,
Golf m *von Biskaya*
²golfo m *Gassen-, Straßen|junge* m ‖ *Gauner,
Ganove, Strolch* m ‖ ⟨fig⟩ *liederlicher Mensch,
Vagabund* m ‖ ⟨fig⟩ *Chaos, Durcheinander* n
³golfo m *Golf* n *(Kartenspiel)*
⁴golfo m Ar *Türband* n
Gólgota m: el ~ *Golgatha* n
goliardo adj *schlemmerhaft* ‖ *ausschweifend,
liederlich* ‖ *zügel-, hemmungs|los*
goliat m ⟨Ins⟩ *Goliathkäfer* m *(Goliathus
giganteus)*
Goliat m np *(der Riese) Goliath* m
¹golilla f dim von **¹gola** ‖ *span. Halskrause* f ‖
⟨figf⟩ *Amtsperson* f ‖ *Busenstreif* m *der Frauen* ‖
wallende Halsfedern fpl *(& bes. des Hahnes)* (→
auch **muceta**) ‖ ⟨Bot⟩ *Kragen* m *der Pilze* ‖ Am
⟨fam⟩ *Halstuch* n *der Gauchos* ‖ ~s fpl ⟨fam⟩
Zivilisten mpl ‖ ⟨fam⟩ *Gerichtsbeamte(n)* mpl
²golilla f Cu ⟨fam⟩ *(Geld)Schuld* f
golim|bro, –brón adj And Sant *naschhaft*
golista m/f ⟨Sp⟩ *Tor|jäger, -schütze* m
golle|ría f *Leckerbissen* m, *Köstlichkeit* f ‖
⟨figf⟩ *Überspanntheit* f ‖ ⟨figf⟩ *Zuviel* n *des
Guten* ‖ ◇ *no poder pedir* ~s *k–e Wunder(dinge)
erwarten dürfen, nicht zuviel verlangen dürfen* ‖
–roso adj *zimperlich*, ⟨fam⟩ *pimperlich*
golle|tazo m *Abschlagen* n *des Flaschenhalses*
‖ ⟨fig⟩ *Gewaltmittel* n ‖ ⟨figf⟩ *rücksichtslose
Beendigung* f *(e–r Angelegenheit)* ‖ ⟨Taur⟩
Halsstich m ‖ **–te** m *Kehle* f ‖ *(Flaschen)Hals* m ‖
⟨Zim⟩ *Zapfen* m ‖ ⟨Kath⟩ *Halskragen* m *(der
Laienbrüder e–s Klosters)* ‖ ◇ *estar hasta al* ~
⟨figf⟩ *die Nase* od ⟨pop⟩ *die Schnauze voll haben*
‖ *überdrüssig sein* *(de algo e–r Sache gen)* ‖ *estoy
metido en eso hasta el* ~ ⟨figf⟩ *ich sitze bis zum
Hals drin (in Schwierigkeiten)*
golliz(n)o m *Fußrist* m ‖ *Berg-, Eng|pass* m
golma|jear vi Rioja *naschen* ‖ **–jería** f
Naschwerk n ‖ **–jo** adj *naschhaft*
¹golondri|na f ⟨V⟩ *Schwalbe* f *(Hirundo sp)* ‖
~ *común Rauchschwalbe* f *(H. rustica)* ‖ ~

dáurica Rötelschwalbe f *(H. daurica)* ‖ ~ *de
ribera* ⟨V⟩ *Uferschwalbe* f *(Riparia riparia)* ‖ ~ *de
mar Seeschwalbe* f *(Sterna spp)* (→ **²charrán**) ‖
◇ *voló la* ~ ⟨figf⟩ *der Vogel ist ausgeflogen* ‖
una ~ *no hace verano* ⟨Spr⟩ *e–e Schwalbe macht
noch k–n Sommer*
²golondrina f Cat *kleiner Dampfer* m *für den
Personentransport im Hafen*
³golondrina f Chi *Möbelwagen* m
¹golondrino m *junge Schwalbe* f ‖ ⟨fig⟩ *Land-,
Stadt|streicher, Vagabund* m
²golondrino m ⟨Med⟩ *Achseldrüsengeschwulst*
f
golondro m ⟨fam⟩ *Lust* f, *Verlangen, Gelüsten*
n *(& de nach)* ‖ ◇ *andar de* ~ ⟨fam⟩
Luftschlösser bauen ‖ *campar de* ~ *auf anderer
Leute Kosten leben, nassauern, schnorren*
golorito m Rioja *Distelfink* m (→ **jilguero**)
golo|sazo m *Leckermaul* n ‖ **–sear** vi →
–sin(e)ar ‖ **–sina** f *Leckerbissen* m, *Naschwerk* n
‖ *Delikatesse* f ‖ *unmäßige Lust* f *(de nach),
Nasch|sucht, -erei, -haftigkeit* f ‖ ⟨fig⟩ *Lockspeise*
f, *Köder* m ‖ ~s fpl ⟨fam⟩ *Süßigkeiten,
Schleckereien, Leckereien* fpl, *Naschwerk* n ‖
–sin(e)ar vi *naschen* ‖ *naschhaft sein* ‖ **–so** adj
nasch-, lecker|haft ‖ *gefräßig* ‖ ⟨fig⟩ *gierig* ‖
anreizend, verlockend ‖ ~ *de … gierig nach …
(dat) (& fig)* ‖ m *Leckermaul* n ‖ ⟨fig⟩
Feinschmecker, Schlemmer, Gourmet m
golpazo m augm von **golpe**
¹golpe m *Schlag, Stoß, Hieb, Puff* m ‖ *Stich* m
‖ *Aufschlag* m, *Unfall* m, *plötzliches Unglück* n ‖
Zug, Schluck m *(Wein)* ‖ ⟨Mal⟩ *Strich* m *(im
Zeichnen)* ‖ *Zu|lauf, -fluss* m, *(Menschen)Menge* f
‖ *heftiger Andrang* m *von Wasser* ‖ *Streich* m,
schnell ausgeführte Tat f ‖ ⟨pop⟩ *Coup* m, *Ding* n
‖ ⟨fig⟩ *Handlung* f ‖ ⟨fig⟩ *Witz* m ‖ ⟨fig⟩ *Reiz* m ‖
⟨fig⟩ *geistreicher Einfall* m ‖ ⟨fig⟩ *Eindruck* m ‖
⟨fig⟩ *Wirkung* f ‖ *Pulsschlag* m ‖ ⟨fig⟩ *Kunstgriff,
Pfiff* m ‖ ⟨fig⟩ *Vorhaben* n, *Absicht* f ‖ ⟨Sp⟩
Treffer m ‖ Mex *Schlegel, Klöpfel* m ‖ ~ *de agua
Platzregen* m ‖ ~ *de arco* ⟨Mus⟩ *Bogenstrich* m ‖
~ *bajo Tiefschlag* m *(Boxkampf)* ‖ ~ *de bombero
blöder Einfall* m, *Schnapsidee* f ‖ ~ *de calor*
⟨Med⟩ *Hitzschlag* m ‖ ~ *del destino
Schicksalschlag* m ‖ ~ *de efecto*, ~ *de escena
Knalleffekt* m ‖ *überraschende Wendung* f ‖
unerwartetes Ereignis n ‖ ~ *de estado
Staatsstreich* m ‖ *Putsch* m ‖ ~ *de fortuna
(Glücks)Zufall, Glücksfall* m ‖ *Schicksalsschlag* m
‖ ~ *franco* ⟨Sp⟩ *Freistoß* m ‖ ~ *de gente
Gedränge* n ‖ ~ *de gracia Gnadenstoß* m ‖ ~
maestro Meisterstück n ‖ ~ *de mano Handstreich*
m ‖ ~ *de mar* ⟨Mar⟩ *Sturzsee* f, *Brecher* m ‖ ~
militar Militärputsch m ‖ *un (buen)* ~ *de patatas
ein Haufen Kartoffeln* ‖ ~ *seco kurzer, harter
Schlag* m ‖ ~ *de sol* ⟨Med⟩ *Sonnenstich* m ‖ ~
sordo dumpfer Schlag m ‖ ~ *de teatro* → ~ *de
escena* ‖ ~ *de tos* ⟨Med⟩ *Hustenanfall* m ‖ ~ *en
vacío*, ~ *en vago Fehlschlag* m ‖ ~ *de viento
Windstoß* m ‖ ~ *tras* ~ *Schlag auf Schlag, ohne
Unterbrechung, ununterbrochen* ‖ ◆ a ~ *seguro
sicher, ganz gewiss, unfehlbar* ‖ *al primer* ~ *de
vista* ⟨fig⟩ *auf den ersten Blick* ‖ *de* ~ ⟨fig⟩ *auf
einmal, plötzlich* ‖ *de un* ~ *zugleich, auf einmal* ‖
in e–m, ohne Unterlass ‖ *de* ~ *y porrazo* ⟨figf⟩
urplötzlich, unversehens ‖ *unüberlegt* ‖ ◇ *dar el*
~ ⟨fig⟩ *großes Aufsehen erregen, großen
Eindruck machen* ‖ *no dar* ~ ⟨figf⟩ *überhaupt
nichts tun* ‖ *faulenzen* ‖ *k–n Handschlag tun* ‖ *dar
un* ~ ⟨fig⟩ *ein Ding drehen* ‖ ⟨fam⟩ *losgehen* (a
auf acc) ‖ *ha errado el* ~ ⟨fig⟩ *es hat
fehlgeschlagen* ‖ *hacer un buen* ~ ⟨fam⟩ *ein gutes
Geschäft machen* ‖ *parar el* ~ *den Schlag
abwehren* ‖ *si sale bien el* ~ ⟨fig⟩ *wenn die Sache*

gut ausfällt ‖ ~s mpl: los ~ del destino *die Schicksalsschläge* mpl ‖ ◆ a ~ ⟨fig⟩ *stoßweise* ‖ *mit Unterbrechungen* ‖ *hier und da* ‖ a ~ *de alpargata od calcetín* ⟨fam⟩ *zu Fuß* ‖ ◇ *andar a* ~ *s. (dauernd) prügeln od schlagen* (con alg. mit jdm) ‖ dar de ~ a alg. *jdn prügeln* ‖ dar ~ *schuckeln (Auto usw.)* ‖ darse ~ de pecho s. *an die Brust schlagen (vor Reue)* ‖ salir a ~ *stoßweise ausfließen (Wasser)*

²golpe m ⟨Text⟩ *Klappe* f *(an der Jackentasche)* ‖ *aufgenähter Zierbesatz* m *(am Kleid)*

golpe|adero m *Klopfen, Schlagen* n ‖ *Auftreffstelle* f *(e–s Wasserfalls)* ‖ **–adura** f *Schlag(& en n)* m ‖ *Klopfen* n ‖ **–ar** vt/i *schlagen* ‖ *stoßen* ‖ *klopfen* ‖ *(die Wäsche) klopfen* ‖ ⟨Typ⟩ *abklopfen* ‖ *treffen* ‖ ◇ ~ el suelo con el pie *auf den Boden stampfen* ‖ ¡te –arán los dedos! *du bekommst et. auf die Finger!* ‖ ~ vi ⟨Tech⟩ *schlagen, pochen* ‖ *klopfen (Motor)* ‖ **~se:** ~ la cabeza s. *vor den Kopf schlagen* ‖ *mit dem Kopf anstoßen* ‖ ~ los hombros s. *(gegenseitig) auf die Schulter klopfen* ‖ **–cillo, –cito** m *kleiner, leichter Schlag od Stoß* m

golpeo m *Schlagen, Klopfen, Geklopfe* n *(& Geräusch)* ‖ ⟨Auto⟩ *Nageln, Klopfen* n *(Motor)*

golpete m *Hebel, Anschlag* m *(& um Tür od Fenster offen zu halten)*

golpetear vt/i *wiederholt stoßen, schlagen* ‖ *hämmern*

golpis|mo m *Putschistenwesen* n ‖ **–ta** m/f *Putschist(in* f) m, *Umstürzler(in* f) m

golpiza f *Mex Tracht* f *Prügel*

golver vi ⟨pop⟩ → **volver**

¹goma f *Gummi* n (& m) ‖ *Gummiband* n ‖ *Kautschuk* m ‖ *Gummifluss* m *(der Bäume), Gummi(harz)* n ‖ ⟨pop⟩ *Gummi, Pariser m (Kondom)* ‖ ⟨pop fig⟩ *vornehme Gesellschaft* f ‖ ~ arábiga *Gummiarabikum* n ‖ ~ (de borrar) *Radiergummi* m ‖ ~ elástica *Gummielastikum* n, *Kautschuk* m ‖ ~ esponjosa, ~ espum(os)a *Schaumgummi* m ‖ ~ guta *Gummigutt* n ‖ ~ higiénica *Kondom* n (& m), *Präservativ* n ‖ ~ laca *Schellack* m ‖ ~ líquida *Klebstoff* m, *Gummilösung* f ‖ ~ de mascar *Kaugummi* m ‖ ~ perfilada *Profilgummi* m (& m) ‖ ~ plástica *Knetgummi* n (& m) ‖ ~s fpl *Gummiwaren* fpl

²goma m ⟨Med⟩ *Gumma* n, *Gummigeschwulst* f *(bei Syphilitikern)*

³goma f: ◇ estar de ~ MAm ⟨fig⟩ *e–n Kater haben*

gomal m Am *Kautschukpflanzung* f

△ **goma|rra** f *Henne* f ‖ **–rrero** m *Hühnerdieb* m ‖ **–rrón** m *(Hühner)Küken* n

gomecillo m ⟨fam⟩ → **lazarillo**

gomeo m ⟨Sp⟩ *Bungee-Springen* n

gomera f Am → **tiragomas**

gomero m/adj *Kautschuk|sammler, -händler* m ‖ ⟨Bot⟩ *Parakautschukbaum* m (Hevea brasiliensis) ‖ ⟨Bot⟩ *Gummibaum* m (Ficus elastica)

gomia f ⟨reg⟩ *Popanz* m, *Schreckbild* n, *schwarzer Mann* m ‖ ⟨figf⟩ *Vielfraß* m ‖ ⟨fig⟩ *Aussauger, Parasit* m ‖ ⟨figf⟩ *verzehrende Krankheit* f, ⟨allg⟩ *Verzehrende(s)* n

gomífero adj *Gummi-*

gomina f *Haarfestiger* m

gominola f *Gummibonbon* n (& n)

gomioso adj ⟨fam⟩ *gefräßig* ‖ ⟨fam⟩ *gierig* ‖ ⟨fam⟩ *ver|zehrend, -nichtend*

gomista m/f *Gummi(waren)händler(in* f) m

gomita f [in der Drogenszene] *Haschisch* n (& m) *bester Qualität*

Gomorra f ⟨Hist⟩ *Gomorrha* n

gomorresina f *Schleim-, Gummi|harz* n

gomoso adj *gummi|artig bzw -haltig, Gummi-* ‖ ⟨Med⟩ *gummös* ‖ ~ m ⟨fam⟩ *Geck, Stutzer, Modenarr, Gigerl* m

gónada f ⟨Biol Gen⟩ *Geschlechts-, Keim|drüse, Gonade* f

gonadotropo adj ⟨Biol Gen Med⟩ *gonadotrop*

gonce m *(Tür)Angel* f

gondita f ⟨Min⟩ *Gondit* m

góndola f *Gondel* f *(& auch z.B. e–s Luftballons)* ‖ *Gondel-, Stell|wagen* m ‖ Col Chi *Omnibus* m

gondolero m *Gondelführer, Gondoliere* m

gonfa|lón m → **confalón** ‖ **–loniero** m → **confaloniero**

gong(o) m ⟨Mus⟩ *Gong* m

gongo|rino adj ⟨Lit⟩ *schwülstig (Stil)* ‖ ~ m *Gongorist* m ‖ **–rismo** m *Gongorismus* m, *Schwülstigkeit* f *des Stils (nach Art des span. Dichters Luis de Góngora)* ‖ **–rizar** [z/c] vi *im Schwulststil schreiben*

go|niometría f *Winkelmessung, Goniometrie* f ‖ **–niómetro** m ⟨Opt⟩ *Winkelmesser* m, *Goniometer* n ‖ ⟨Mil⟩ *Richtkreis* m *(Artillerie)* ‖ ⟨Flugw⟩ *Peilscheibe* f

△ **gonó** m *Beutel* m ‖ *Frauenrock* m

gono|cocia f ⟨Med⟩ *Gonokokkeninfektion* f ‖ **–cócico** adj *auf Gonokokken bezüglich, Gonokokken-* ‖ **–cocos** mpl ⟨Bact⟩ *Gonokokken* mpl

gonocorismo m ⟨Biol⟩ *Geschlechtstrennung, Getrenntgeschlechtigkeit* f, *Gonochorismus* m

gono|rrea f ⟨Med⟩ *Gonorrhö(e)* f, *Tripper* m ‖ **–rreico** adj *gonorrhoisch, Tripper-*

Gonzalo m np *Gonzalo* m

gorbea f *e–e bask. Käseart*

gorbión m → **gurbión**

gorbiza f Ast *Erika* f *(→ brezo)*

gor|da f *Fett* n ‖ ⟨figf⟩ *Hader, Zwist, Skandal* m ‖ ⟨pop⟩ *10-Céntimos-Münze* f ‖ ◇ estar sin una ~ ⟨fam⟩ *blank sein, k–n Pfennig haben, abgebrannt sein* ‖ se va a armar la ~ *es wird e–n Skandal geben,* ⟨fam⟩ *es wird rundgehen, es wird Rabatz geben* ‖ **–dal** adj *überdurchschnittlich rund bzw groß (Sache)* ‖ **–dezuelo** adj dim von **gordo** ‖ ~ m *Dickerchen* n

gordiano adj *gordisch* ‖ ◇ cortar el nudo ~ ⟨fig⟩ *den gordischen Knoten durchhauen,* ⟨fig⟩ *e–e gewaltsame Lösung herbeiführen*

gor|dillo adj dim von **gordo** ‖ **–di(n)flón** adj/s ⟨fam⟩ *fett, aufgedunsen, dicklich, pumm(e)lig* ‖ *pausbäckig*

gordo adj/s *dick, fleischig* ‖ *korpulent* ‖ *beleibt, fett, feist, massig, dickleibig* ‖ *fettig* ‖ *grob (Zwirn, Wort, Gewebe)* ‖ *hart (Wasser)* ‖ ⟨fig⟩ *groß, derb, ungeheuer* ‖ ⟨figf⟩ *reich, mächtig* ‖ ⟨fig⟩ *schlimm, spektakulär (z. B. Unfall)* ‖ ~ de talle *von breiter Taille* ‖ ◇ ¡ésta sí que es ~a! ⟨fam⟩ *das ist (doch) ein starkes Stück!* ‖ ⟨fam⟩ *da hört (s.) doch alles auf:* ‖ ese tío me cae ~ ⟨pop⟩ *den Kerl kann ich nicht riechen* ‖ estar ~a ⟨pop⟩ *dick sein (schwanger)* ‖ hacer la vista ~a *tun, als sehe man nichts; ein Auge zudrücken* ‖ allí ha pasado algo muy ~ ⟨fam⟩ *dort ist et. ganz Schreckliches passiert* ‖ tener la lengua ~a ⟨figf⟩ *e–e schwere Zunge haben* ‖ ¡buenas y ~as! ¡guten Tag! ‖ ⟨fam⟩ *schöne Geschichte!* ‖ ~ m *Fett* n, *Speck* m ‖ el (premio) ~ m *das Große Los (Lotterie)* ‖ sacar el ~ *den Haupttreffer ziehen* ‖ el ~ y el flaco (fam Film) *Dick und Doof* m *(Oliver Hardy und Stan Laurel)*

gordolobo m ⟨Bot⟩ *Königskerze* f (Verbascum spp)

gordonita f ⟨Min⟩ *Gordonit* m

gor|dote adj ⟨fam⟩ *et. beleibt, dicklich* ‖ *untersetzt* ‖ **–dura** f *Fett* n ‖ *Talg* m ‖

Fettleibigkeit, Korpulenz f ‖ Arg PR *Sahne* f,
Rahm m
gorgo|jo *m* ⟨Ins Agr⟩ *Rüsselkäfer, Kornwurm*
m ‖ ~ *del avellano Haselnussbohrer* m (Curculio
nucum) ‖ ~ *de las bellotas Eichelbohrer* m (C.
glandium) ‖ ~ *del trigo,* ~ *de los cereales*
Kornkäfer m (Calandra granaria) ‖ ⟨figf⟩ *Knirps*
m ‖ ⟨fam⟩ *Zwerg* m ‖ **–joso** adj ⟨fam⟩ *von*
Kornwürmern befallen
gorgona *f* ⟨Arch⟩ *Medusenhaupt* n
Gorgona *f* ⟨Myth⟩ *Gorgo* f ‖ *~s fpl Gorgonen*
fpl
gorgonzola *m* [Käse] *Gorgonzola* m
gorgorear vi Chi *trällern*
¹**gorgorita** *f Bläschen* n
²**gorgorita** *f Triller* m
gorgori|tear vi *trällern, trillern* ‖ **–to** *m Triller*
m ‖ *Trillern* n ‖ ⟨fam⟩ *Koloratur* f ‖ ◇ *hacer ~s*
trällern, trillern
gorgorotada *f Schluck* m
gorgo|tear vi *Blasen werfen, brodeln (Wasser,*
Schlamm) ‖ **–teo** *m Brodeln* n *(des Wassers, der*
Lava) ‖ *Gurgeln* n *(Geräusch)*
gorgotero *m* → **buhonero**
gorguera *f Koller* n, *Halskrause* f ‖
Halspanzer m
gorigori *m* ⟨fam⟩ *Trauerchor* m, *Grablied* n
gorila *m* ⟨Zool⟩ *Gorilla* m (Gorilla gorilla) ‖
⟨fig⟩ *Gorilla, Leibwächter* m
Goriza, Goricia *f* ⟨Geogr⟩ *Görz* n
gorja *f Kehle* f ‖ ⟨Mar⟩ *Scheeg* m ‖ ◇ *estar de*
~ ⟨fam⟩ *fröhlich, aufgeräumt sein*
gorjal *m Priesterkragen* m ‖ *(Hals)Kragen* m
(e–s Kleides)
gor|jear vi *trillern* ‖ *zwitschern (Vögel)* ‖
tirilieren (Lerche) ‖ *lallen (Kind)* ‖ ⟨fig⟩
plätschern, murmeln (Bach) ‖ ⟨fig⟩ *flüstern* ‖ **–jeo**
m Triller m ‖ *Trillern, Trällern* n ‖ *Gezwitscher* n
‖ *Lallen, Brabbeln (Kind)* ‖ *Geplätscher,*
Murmeln n *(Bach)*
gorkiano adj *auf den russischen Schriftsteller*
Maxim Gorki (1868–1936) bezüglich
gormar vt/i ⟨reg⟩ *erbrechen*
gorobeto adj/s Am → **jorobado**
△ **goró** *m Füllen* n
△ **gorque** *m Gurke* f
¹**gorra** *f Mütze, Kappe* f ‖ *Kindermütze* f ‖
Tuch-, Bauern|mütze f ‖ ~ *(de plato) Tellermütze,*
⟨Mil⟩ *Dienstmütze* f ‖ ~ *de jockey Jockeimütze* f
‖ ~ *de piel(es) Pelzmütze* f ‖ ~ *con od de visera*
Schirmmütze f
²**gorra** *m* ⟨fig⟩ *Schnorrer, Nassauer,*
Schmarotzer m ‖ ◆ *de* ~ *umsonst, gratis* ‖ ◇
andar de ~ *schnorren, nassauern* ‖ *vivir de* ~ *auf*
Kosten anderer leben
gorrear vi ⟨fam⟩ *schnorren, nassauern,*
schmarotzen
gorrero *m Schnorrer, Nassauer, Schmarotzer* m
gorretada *f Abnehmen* n *der Mütze (zum Gruß)*
gorriato *m* Al And Các Sal *Sperling, Spatz* m
gorrín *m Schwein* n (& fig)
gorri|nería, –nada *f Schweinerei* f ‖ *Zote* f ‖
–nera *f Schweinestall* m ‖ **–no** *m Spanferkel* m ‖
Schwein n (& fig)
go|rrión *m* ⟨V⟩ *Sperling, Spatz* m ‖ ⟨fam⟩
Gauner m ‖ MAm ⟨V⟩ *Kolibri* m ‖ ~ *alpino*
Schneefink m (Montifringilla nivalis) ‖ ~ *común*
Haussperling m (Passer domesticus) ‖ ~ *chillón*
Steinsperling m (Petronia petronia) ‖ ~ *molinero*
Feldsperling m (Passer montanus) ‖ ~ *moruno*
Weidensperling m (Passer hispaniolensis) ‖ ◇
comer como un ~ ⟨figf⟩ *wie ein Spatz essen* ‖ ◇
conocido como un ~ ⟨pop⟩ *bekannt wie ein*
bunter Hund ‖ **–rriona** *f Sperlings|weibchen* n,
-henne f

gorrionci|llo, –to *m* dim von **gorrión**
gorrionera *f* ⟨figf⟩ *Schlupfwinkel* m *von*
Gesindel
gorrista *m/f* ⟨fam⟩ *Schnorrer(in* f),
Nassauer(& in f), *Schmarotzer(in* f) m
gorro *m runde Kappe* f ‖ *Beutel-, Zipfel|mütze*
f ‖ *Kindermütze* f ‖ ⟨Mil⟩ *Mütze (ohne Schirm),*
Feldmütze f, ⟨fam⟩ *Schiffchen* n, *Käppi* n ‖ ~
catalán katalanische Beutelmütze f (& *rot* od
violett) ‖ ~ *de dormir Schlaf-, Nacht-,*
Zipfel|mütze f ‖ ~ *frigio phrygische Mütze* f ‖ ~
de natación Bade|mütze, -kappe f ‖ ◇ *apretarse el*
~ ⟨figf⟩ *s. anschicken auszureißen,* ⟨pop⟩ *die*
Beine in die Hand nehmen ‖ *se le caería el* ~ Am
⟨fig⟩ *er würde sprachlos sein,* ⟨fam⟩ *ihm bliebe*
die Spucke weg ‖ *estar hasta el* ~ ⟨pop⟩ *die*
Schnauze voll haben ‖ *llenársele a uno el* ~ *die*
Geduld verlieren ‖ *ponerle a uno el* ~ ⟨fig⟩ *jdn*
blamieren ‖ ⟨fig pop⟩ *jdm die Hörner aufsetzen*
¹**gorrón** *m/adj große Mütze* f
²**gorrón** *m* ⟨Tech⟩ *Zapfen, Kloben* m ‖ ⟨Zim⟩
Dolle f ‖ *Angelstift* m ‖ ⟨Mar⟩ *(Gang)Spillspake* f
‖ *glatter, runder Kieselstein* m
³**gorrón** *m* ⟨fam⟩ *Schnorrer, Nassauer,*
Schmarotzer m ‖ ⟨figf⟩ *Wüstling, ausschweifender*
Mensch m
gorrona *f/adj Nutte* f
gorro|near vi ⟨fam⟩ *schnorren, nassauern,*
schmarotzen ‖ **–neo** *m,* **–nería** *f* ⟨fam⟩ *Schnorren,*
Nassauern, Schmarotzen n ‖ ⟨Jur⟩ *Zechprellerei* f
gosi|pino adj *Baumwoll-* ‖ ⟨Bot⟩ *gossypin* f ‖
–po *m* ⟨Bot⟩ *Baumwollpflanze* f (→ **algodonero**)
gospel *m* ⟨Mus Rel⟩ *Gospel* n (& m)
¹**gota** *f (Regen)Tropfen* m ‖ ⟨Arch⟩
Tropfenornament n ‖ ~ *de rocío Tautropfen* m ‖
~ *de sudor Schweißtropfen* m ‖ una ~ ⟨figf⟩ *ein*
bisschen, ein klein wenig ‖ ◇ *una y otra* ~
apagan la sed (Spr) *Beharrlichkeit führt zum Ziel*
‖ *la* ~ *que desborda el vaso der Tropfen, der das*
Fass zum Überlaufen bringt ‖ ~ *se llena la*
bota ⟨Spr⟩ *mit Geduld und Spucke fängt man e–e*
Mucke ‖ *parecerse alg. como dos ~s de agua,*
parecerse como una ~ *de agua a otra* ⟨figf⟩ *s. wie*
ein Ei dem ander(e)n gleichen, jdm bildähnlich
sein ‖ *quedó sin* ~ *de sangre* ⟨fig⟩ *er war starr*
vor Entsetzen ‖ *esto es la última* ~ *das bringt das*
Fass zum Überlaufen ‖ *sudar la* ~ *gorda* ⟨figf⟩
wie ein Neger arbeiten, Blut schwitzen ‖ *no ver ni*
~ ⟨figf⟩ *kein bisschen sehen* ‖ *no se ve* (ni) ~ *es*
ist stockfinster ‖ *ni* ~ *nichts, kein bisschen* ‖ **~s**
fpl (Arznei)Tropfen mpl ‖ ~ *estomacales*
Magentropfen mpl
²**gota** *f* ⟨Med⟩ *Gicht* f ‖ ~ *serena Amaurose* f
Gotardo *m* np *Gotthard* m
gotario *m* Am → **cuentagotas**
△ **gote** *m (Trink)Glas* n
gote|ado adj *bespritzt* ‖ *gesprenkelt* ‖ **–ar** vi
tropfen ‖ *tröpfeln* (& fig) ‖ ⟨fig⟩ *in kleinen Gaben*
geben ‖ v. impers *tröpfeln (Regen)* ‖ ~ *de … von*
… (dat) heruntertropfen ‖ ◇ *está –ando es*
tröpfelt ‖ **–o** *m Tropfen* n ‖ *Tröpfeln* n ‖ **–ra** *f*
beständiges Tröpfeln n *(des Regenwassers)* ‖
undichte Stelle f *im Dach* ‖ *eingedrungenes*
Regenwasser n ‖ *Regenwasserfleck* m ‖
(Dach)Traufe, Ablauf-, Dach|rinne f ‖ *Traufloch* n
‖ *Wasserfäule f der Bäume* ‖ ⟨fig⟩ *Gebrechen* n ‖
⟨fig⟩ *Plage, Belästigung* f ‖ ⟨figf⟩ *laufende*
Ausgabe f ‖ ◇ *la* ~ *cava la piedra* ⟨Spr⟩ *steter*
Tropfen höhlt den Stein ‖ **~s** fpl ⟨fig⟩ *Gebrechen*
n ‖ **–ro** m Am → **cuentagotas** ‖ **–rón** *m großer*
Regentropfen m ‖ ⟨Arch⟩ *Tropf-, Wasser|nase,*
Unterschneidung, Rinne f *am Dachkarnies*
góti|ca *f* ⟨Typ⟩ *Fraktur* f ‖ *gotische Schrift* f ‖
–co adj *gotisch, Goten-* ‖ *Fraktur-* ‖ ⟨fig⟩
vornehm, ad(e)lig ‖ ~ *m Gotik* f ‖ ~ *de apogeo*

Hochgotik f ‖ ~ flamígero, ~ florido → ~ tardío ‖ ~ primitivo *Frühgotik* f ‖ ~ tardío *Spätgotik* f ‖ el ~ *die gotische Sprache, das Gotische*
Gotinga *f* [Stadt] *Göttingen* n
gotoso adj ⟨Med⟩ *gichtisch* ‖ ~ *m Gichtleidende(r)* m
gouache *m* ⟨Mal⟩ *Guasch-, Gouache|malerei* f
gourmet *m Gourmet* m
gouvernante *f Erzieherin* f
Goyes|cas *Musikwerk* n *des katalanischen Komponisten Enrique Granados (†1916)* ‖ **⸗co** adj *auf den span. Maler Francisco de Goya (1746–1828) bezüglich*
Goyo np ⟨fam⟩ → **Gregorio**
go|zador *m Genussmensch* m ‖ *Genießer* m ‖ **–zar** [z/c] vt/i *genießen* ‖ *den Genuss haben* ‖ *im Besitz sein, teilhaftig sein* (gen), *besitzen* ‖ *s. freuen an …* (dat) ‖ ◇ ~ *de algo et. genießen, e–n Genuss haben (von)* ‖ *s. erfreuen* (de gen *od* an dat) ‖ ~ *de la autoridad de cosa juzgada* ⟨Jur⟩ *rechtskräftig sein* ‖ ~ *de confianza od de crédito Kredit, Vertrauen genießen* ‖ ~ *con la desgracia de alg. jdn gegenüber Schadenfreude empfinden* ‖ ~ *de Dios die ewige Seligkeit genießen* ‖ ~ *de una mujer mit e–r Frau schlafen (Geschlechtsverkehr haben)* ‖ ~ *del privilegio de pobreza* ⟨Jur⟩ *auf Prozesskostenhilfe Anspruch haben* ‖ ~ *de una rebaja (normalerweise) Rabatt erhalten* ‖ ~ *de buena salud s. e–r guten Gesundheit erfreuen, gesund sein* ‖ ~ *de sueldo Sold, Lohn beziehen* ‖ *gozaba contemplándola er schaute sie mit Vergnügen an* ‖ *gozaban pensando en ella sie freuten s. auf sie* ‖ ~la ⟨fam⟩ *es genießen*
gozne *m (Tür)Angel, Haspe* f ‖ *Gelenk, Scharnier* m
go|zo *m Freude, Lust, Wonne* f, *Vergnügen* n ‖ *Genuss* m, *(Wohl)Behagen* n ‖ *Jubel* m ‖ ⟨fig⟩ *Aufflackern* n *des Feuers* (& *bes. des Reisigfeuers*) ‖ ◇ *da* ~ *oírlo es ist e–e Wonne, es (ihn) zu hören* ‖ *no caber en sí de* ~, *saltar de* ~ ⟨fig⟩ *vor Freude außer s. sein* ‖ *esperar con* ~ *s. freuen auf* (acc) ‖ *manifestar su* ~ *sobre s–e Freude bezeugen über* (acc), *s–r Freude Ausdruck geben* ‖ *saltar de* ~ → *no caber en sí de* ~ ‖ (todo) *mi* ~ *en un pozo* ⟨fam⟩ *ich kann m–e Hoffnung begraben,* ⟨fam⟩ *alles ist im Eimer!* ‖ ~**s** mpl ⟨Kath⟩ *Lobgesang* m (& *zu Ehren der Jungfrau Maria od der Heiligen*) ‖ *los* ~ *de la Virgen die Lobgesänge* mpl *zu Ehren der Jungfrau Maria* ‖ **–zoso** adj *fröhlich, freudig, vergnügt* ‖ *erfreut* (con *über* acc) ‖ ~ *de froh über* (acc) ‖ ~ *del resultado über den Erfolg erfreut* ‖ ◇ *esperar* ~ *a/c s. auf et.* (acc) *freuen, et.* (acc) *mit Freude erwarten*
gozque *m Kläffer* m *(Hund)* ‖ *Spitz* m *(Hund)* ‖ ◇ *el* ~ *al mastín ladra der Hund bellt den Mond an*
gozquecillo, gozquejo *m* dim von **gozque** ‖ *Spitz* m *(Hund)* ‖ *kleiner Haushund* m
G. P. ⟨Abk⟩ = **ganancias y pérdidas**
gr. ⟨Abk⟩ = **!griego** ‖ **grande**
Graal *m* ⟨Lit⟩ → **Grial**
graba|ción *f Tonaufnahme* f ‖ ⟨fig⟩ *Schallplatte* f ‖ ~ *de discos Schallplattenaufnahme* f ‖ ~ *de alta fidelidad Hi-Fi-Aufnahme* f ‖ ~ *magnetofónica Tonbandaufnahme* f ‖ ~ *de vídeo Videoaufzeichnung* f ‖ ⟨Typ⟩ → **grabado** ‖ **–do** *m Kunst* f *des Grabstichels* ‖ *Graviermethode* f ‖ *Gravierkunst* f ‖ *(Kupfer)Stich* m ‖ *Gravüre* f ‖ *Illustration, Abbildung* f, *Bild* n ‖ ~ *en acero Stahlstich* m ‖ ~ *al ácido* ⟨Typ⟩ *Ätzung* f ‖ ~ *al agua fuerte Ätzung, Radierung* f ‖ ~ *en cobre Kupferstich* m, *Radierung* f ‖ ~ *electromecánico Nadeltonaufnahme* f ‖ ~ *al fuego* ⟨Buchb⟩

Heißprägung f ‖ ~ *hueco* ⟨Typ⟩ *Tiefdruck* m ‖ ~ *de línea(s)* ⟨Typ⟩ *Strichätzung* f ‖ ~ *en madera Holzschneidekunst* f ‖ *Holzschnitt* m ‖ ~ *en piedra Steindruck* m ‖ ~ *en relieve* ⟨Typ⟩ *Hochdruck* m ‖ ~ *en talla dulce Kupferdruck* m ‖ **–dor** *m Graveur, (Kupfer)Stecher* m ‖ ⟨Typ⟩ *Klischier-, Ätz|gerät* n ‖ *(Ton)Aufnahmegerät* n, *Recorder* m ‖ ~ *en madera Holzschneider* m ‖ **–dora** *f Gravier-, Ätz|maschine* f ‖ *Recorder* m ‖ **–dura** *f Gravierung* f
grabar vt/i *stechen, schneiden* ‖ *gravieren* ‖ *einspielen (Schallplatte)* ‖ ◇ ~ *al agua fuerte ätzen, radieren* ‖ ~ *en cinta (en discos) auf Tonband (auf Schallplatten) aufnehmen* ‖ ~ *en madera in Holz schneiden* ‖ *la escena se le grabó profundamente en la memoria die Szene prägte s. ihm (ihr) tief ins Gedächtnis ein*
graben *m* ⟨Geol⟩ *Graben* m
grace|jada *f* Mex MAm *alberner Streich* m, *Hanswurstiade* f ‖ **–jar** vi *mit Witz sprechen* ‖ *witzeln* ‖ *s. gewandt ausdrücken* ‖ *schlagfertig antworten* ‖ *Witze erzählen* ‖ **–jo** *m Witzigkeit* f, *(Mutter)Witz* m ‖ *Schlagfertigkeit* f ‖ *Spaß, Scherz* m ‖ *Grazie, Anmut* f, *Charme* (& *Scharm*) m ‖ Mex Guat *zotiger Kerl* m ‖ *schlechter Clown* m ‖ CR *Spaßmacher* m
gracia *f Gnade* f *(Gottes)* ‖ *Gunst, Gewogenheit* f ‖ *Begnadigung* f ‖ *Verzeihung* f ‖ *Leutseligkeit* f ‖ *witziger Einfall, Witz* m ‖ *Scherzwort* n ‖ *Reiz* m ‖ *Grazie, Anmut* f, *Charme* (& *Scharm*) m ‖ *Erkenntlichkeit, Dankbarkeit* f ‖ ~ *ática attisches Salz* n ‖ ~ *de Dios Gottes Gnade* f ‖ ◆ *a la* ~ *de Dios auf gut Glück* ‖ *con* ~ *schalkhaft* ‖ *drollig, spaßig* ‖ *anmutig, mit Grazie* ‖ *de* ~ *umsonst, unentgeltlich, kostenlos* ‖ *en* ~ *de … zugunsten* (& *zu Gunsten*) (gen), (dat) *zuliebe, um … (gen) willen* ‖ *in Anbetracht* (gen), *unter Berücksichtigung* (gen) ‖ *por* ~ *zum Scherz* ‖ *por la* ~ *de Dios von Gottes Gnaden (König)* ‖ *¡por la* ~ *de Dios! um Gottes willen!* ‖ *por* ~ *zum* (bzw *als*) *Scherz* ‖ *unentgeltlich* ‖ ◇ *caer de la* ~ ⟨fig⟩ *in Ungnade fallen* ‖ *caer en* ~ *gefallen, gute Aufnahme finden* ‖ *dar en la* ~ (& inf) *in die Gewohnheit verfallen zu …* (& inf) ‖ *hacer* ~ *de algo a alg. jdm et. erlassen od ersparen* ‖ *hacerle* ~ *a uno jdn amüsieren* ‖ *jdm gefallen* ‖ ⟨iron⟩ *jdm missfallen* ‖ *¡hace* ~! → *¡tiene* ~! ‖ *¡es una triste* ~! *es ist scheußlich! es ist zum Heulen!* ‖ *tendría* ~ *si … es wäre (ja) noch schöner, wenn …* ‖ *tiene* ~! ⟨fam⟩ *das ist gelungen!* ‖ *¡reizend!* ‖ ⟨iron⟩ *die Sache ist gut! sehr witzig, was?* ‖ *no tiene* ~ *das ist (aber) nicht witzig* ‖ *da fehlt das gewisse Etwas* ‖ *das ist ja wirklich nicht zum Lachen!* ‖ *¿(cuál es) su* ~ *(de Vd.)?* [veraltet] *(wie ist) Ihr werter Name?* ‖ *¡maldita la* ~! ⟨fam⟩ *e–e schöne Bescherung! das hat mir (gerade) noch gefehlt!* ‖ *¡qué* ~! *was für e–e Zumutung! das ist gelungen! wo denken Sie hin?* ‖ *¡qué poca* ~! *wie albern!* ‖ *más vale caer en* ~ *que ser gracioso* ⟨Spr⟩ *besser ein Quentlein Glück als ein Pfund Weisheit* ‖ ~**s** fpl *Dank* m ‖ *Reize* mpl, *Anmut* f *Witz* m ‖ *¡~! danke!* ‖ ~ *a … dank …* (gen *od* dat) ‖ ~ *a su ayuda dank s–r (ihrer) Hilfe* ‖ *¡~* a *Vd.! ich danke Ihnen!* ‖ *¡muchas* ~! *danke sehr!* ‖ *… y ¡~s! … und man kann izquierden sein!* ‖ ◇ *dar* ~ *anticiparlas im Voraus danken* ‖ *decir* ~ *witzeln* ‖ *geistreiche Einfälle haben* ‖ *hacer* ~ *drollige Sachen tun (Kind)* ‖ *(allerhand) Schabernack treiben* ‖ *dar las* ~ *danken, s. bedanken* ‖ *le doy mis* ~ *más expresivas ich spreche Ihnen meinen innigsten Dank aus* ‖ *¡… y* ~! *er* (& bzw *ich, sie, wir usw.*) *hat noch einmal Glück gehabt!* ‖ *es hätte schlimmer kommen können!* ‖ *und damit basta! und damit hat's s.* ‖ *¡~* a *Dios! Gott sei Dank!*

Gracia f ⟨Myth⟩ *Grazie* f ‖ *las tres ~s die drei Grazien*
graciable adj *(m/f) gnädig, huldreich* ‖ *leicht zu bewilligen(d)*
graciano m *e–e Traubenart*
Gracias m ⟨fam⟩ → **Deogracias**
grácil adj *(m/f) zierlich, grazil* ‖ *schlank* ‖ *zart*
gracilidad f *Zierlichkeit, Grazilität* f
graciola f ⟨Bot⟩ *Gnaden-, Gicht|kraut* n (Gratiola officinalis)
gracio|sa f ⟨Th⟩ *Naive, Soubrette* f ‖ **–samente** adv *graziös* ‖ *gnädig* ‖ *gnadenweise* ‖ *unentgeltlich* ‖ **–sidad** f *Schönheit, Anmut, Grazie* f, *Liebreiz* m ‖ *Witzigkeit* f ‖ **–so** adj *anmutig, reizend, lieblich* ‖ *drollig, witzig* ‖ *gnädig, huldvoll* ‖ *unentgeltlich* ‖ *~ m Spaßmacher* m ‖ *Witz|ling, -bold* m ‖ *Hanswurst, Possenreißer* m ‖ ⟨Th⟩ *lustige Person* f, *Komiker, Gracioso* m ‖ ◇ *hacer(se) el ~ den Hanswurst spielen* ‖ ¡métete a *~! ⟨fam⟩ macht der aber schlechte Witze!*
Graco m np *Gracche, Gracchus* m
¹grada f *(Treppen)Stufe* f ‖ *Altarstufe* f ‖ ⟨Th⟩ *Rangreihe* f ‖ *Stufensitz* m *(Stadion)* ‖ ⟨Taur⟩ *Sitzreihe* f ‖ *~ ascendente* ⟨Bgb⟩ *Firstenstoß* m ‖ *~s fpl Freitreppe* f ‖ *Gerichtshof* m ‖ Chi Pe *Vor|hof* m, *-halle* f ‖ *las ~ del altar die Altarstufen* fpl
²grada f ⟨Mar⟩ *Helling* f, *Stapel* m ‖ *Werft* f
³grada f ⟨Agr⟩ *Egge* f ‖ *~ de discos Scheibenegge* f
gra|dación f *Abstufung, Reihenfolge, Steigerung* f ‖ ⟨Mus⟩ *Steigerung* f ‖ *Stufenreihe* f (& fig) ‖ ⟨Gr Mus⟩ *Steigerung* f ‖ ⟨Rhet Fot⟩ *Gradation* f ‖ ⟨Tech⟩ *Staffelung* f ‖ *~ de velocidad* ⟨Tech⟩ *Geschwindigkeitsabstufung* f ‖ **–dado** adj *abgestuft* ‖ *gestaffelt*
gra|d(e)ar vt ⟨Agr⟩ *eggen* ‖ **–deo** m *Eggen* n
gradería f *Stufen|gang* m, *-reihe* f ‖ *Freitreppe* f ‖ *~s fpl Terrassen* fpl *(bei Bewässerungswerken)*
gra|diente m ⟨Math⟩ *Steigungsmaß* n *(e–r Funktion), Gradient* m ‖ ⟨Meteor El⟩ *Gefälle* n, *Gradient* m ‖ *~ f* Arg Chi Ec *Gefälle* n, *Abhang* m
¹gradilla f *tragbare Treppe* f
²gradilla f ⟨Chem⟩ *Reagenzglasständer* m
³gradilla f *(alte, hölzerne) Ziegelform* f
¹grado m *Grad* m, *Stufe* f ‖ (fig) *Stufe* f, *Grad* m ‖ *Einstufung* f ‖ *Grad* m *(des Kreises)* ‖ *(Mess)Grad* m ‖ *Thermometergrad* m ‖ *Grad, Höhenpunkt* m ‖ ⟨Typ⟩ *Schriftkegel* m ‖ *Schul|jahr* n, *-klasse* f ‖ ⟨Jur⟩ *Verwandtschaftsgrad* m ‖ *Einteilungsgrad* m ‖ *Gehalt* m ‖ (fig) *Stadium* n ‖ *~ de afinidad* ⟨Jur⟩ *Verwandtschaftsgrad* m ‖ *~ alcohólico Alkoholgehalt* m ‖ *5 ~s centígrados 5 Grad Celsius* ‖ *~ comparativo* ⟨Gr⟩ *Komparativ* m ‖ *~ de congelación Gefrierpunkt* m ‖ *~ de divulgación Bekanntheitsgrad* m ‖ *~ de dureza* ⟨Tech⟩ *Härtegrad* m ‖ *~ de evolución Entwicklungsstufe* f ‖ *~ de latitud, (~ de longitud) Breiten-, (Längen)|grad* m ‖ *~ de mecanización Mechanisierungsgrad* m ‖ *~ positivo* ⟨Gr⟩ *Positiv* m ‖ *~ de rodadura Grenzgradient* m *(Straßenbau)* ‖ *~ de saturación Sättigungsgrad* m ‖ *~ superlativo* ⟨Gr⟩ *Superlativ* m ‖ *tercer ~ Folter* f *beim Verhör* ‖ *~ térmico Wärmegrad* m ‖ *~ de urgencia Dringlichkeitsstufe* f ‖ ◆ *de ~ en ~ stufenweise, nacheinander* ‖ *en ~ superlativo* (fig) *im höchsten Grad* ‖ *~s mpl: por ~ stufenweise* ‖ *~ por mil Promillegehalt* m ‖ *marcar cinco ~ bajo (sobre) cero auf 5 Grad unter (über) Null stehen (Thermometer)*
²grado m *Rang* m, *Rangstufe* f ‖ *akademischer Grad* m ‖ *akademische Würde* f ‖ *~ de doctor Doktorwürde* f ‖ *~ universitario akademischer*

Grad m ‖ ◇ *sacar el ~* ⟨fam⟩ *(zum Doktor) promovieren*
³grado m *Bereitwilligkeit* f ‖ ◇ *de (buen) ~ gutwillig, gern* ‖ *freiwillig* ‖ *de mal ~ wider|strebend, -willig, ungern* ‖ *de ~ o por fuerza in Güte od mit Gewalt, wohl oder übel* ‖ (a) *mal de mi (tu etc) ~ ungern* ‖ *wider m–n (d–n usw.) Willen*
gradua|ble adj *(m/f) abstufbar* ‖ *richtbar* ‖ *ein-, ver|stellbar* ‖ *abblendbar (Lampe)* ‖ **–ción** f *Gradeinteilung, Graduierung* f ‖ *Schätzung, Würdigung* f ‖ *Abstufung* f ‖ ⟨Mil⟩ *Rangordnung* f, *Rang* m ‖ ⟨Mil⟩ *Dienstgrad* m ‖ ⟨Mil⟩ *Beförderung* f ‖ *Alkoholgehalt* m *(Wein usw.)* ‖ ⟨Tech⟩ *Einstellung* f ‖ *~ del alza* ⟨Mil⟩ *Aufsatzteilung* f ‖ *~ de (la) espoleta* ⟨Mil⟩ *Zünderstellung* f ‖ *~ de inmersión* ⟨Mar⟩ *Tiefeneinstellung* f ‖ **–do** adj *stufenweise gehend, allmählich* ‖ *abgestuft, graduiert* ‖ *Grad-, Mess- mit Skaleneinteilung* ‖ *~ m Inhaber m e–s Hochschultitels, Graduierte(r)* m ‖ ⟨Mil⟩ *Dienstgrad* m
gra|dual adj *(m/f) allmählich, langsam fortschreitend, graduell* ‖ *~ m* ⟨Kath⟩ *Graduale* n ‖ **–dualmente** adv *stufenweise* ‖ **–duando** m *Promovend, Doktorand* m
¹graduar [pres ~úo] vt *in Grade abteilen* ‖ *abmessen, bestimmen* ‖ *abstufen, stufenweise bestimmen* ‖ *regeln* ‖ *ein-, ver|stellen* ‖ *abschätzen, beurteilen* ‖ *eichen* ‖ ⟨Th⟩ *abstufen* ‖ ◇ *~ de bueno für gut erklären*
²graduar [pres ~úo] vt *(jdm) e–n akademischen Grad verleihen* ‖ *(jdm) e–n Dienstgrad erteilen* ‖ *~ de coronel (jdn) zum Oberst ernennen* ‖ **–se** *e–n akademischen Grad erwerben* ‖ *~ en leyes Doktor der Rechte werden*
grafema m ⟨Ling⟩ *Graphem* n
grafía f *Schreibweise, Grafie* f
gráfi|ca f *lineare od grafische Darstellung* f, *Diagramm, Schema* n ‖ *Grafik* f ‖ *Wetterlinie* f ‖ *Kurve* f *(Statistik)* ‖ *~ de temperaturas* ⟨Med⟩ *Fieberkurve* f ‖ **–co** adj *schriftlich, graphisch* ‖ *Schrift- Schreib-* ‖ (fig) *anschaulich, deutlich* ‖ (fig) *illustriert (Zeitung)* ‖ adv: *~amente* ‖ *~ m Zeichnung* f ‖ *Bild* n ‖ *grafische Darstellung* f ‖ *Grafiker* m
grafio m *Griffel* m
gra|fismo m *Schreibung* f ‖ *Schrift|art, -form* f ‖ *Gebrauchsgrafik* f ‖ *~ publicitario Werbegrafik* f ‖ **–fista** m/f *Grafiker(in* f) m
grafi|ti mpl *Graffiti* mpl (& npl) ‖ **–tero** m *Graffitisprayer* m
gra|fítico adj *grafit|haltig bzw -artig* ‖ **–fito** m ⟨Min⟩ *Grafit* m
grafo m ⟨Inform⟩ *Graph* m
grafoespasmo m → **grafospasmo**
gra|fología f *Graphologie* f ‖ **–fológico** adj *graphologisch* ‖ **–fólogo** m *Graphologe* m ‖ **–fomanía** f ⟨Med⟩ *Graphomanie, Schreibwut* f (& fig)
grafómetro m *Winkelmessgerät* n
grafosoma m ⟨Ins⟩ *Gestreifte Schildwanze* f (Graphosoma italicum)
grafospasmo m ⟨Med⟩ *Schreibkrampf, Graphospasmus* m
gragea f ⟨Pharm⟩ *Dragee* n
gra|ja f *(Saat)Krähenweibchen* n ‖ ⟨V⟩ *Saatkrähe* f (Corvus frugilegus) ‖ **–jear** vi *krächzen (Rabenvögel)* ‖ **–jilla** f ⟨V⟩ *Dohle* f (Corvus monedula)
¹grajo m → **graja, grajilla, corneja, chova** ‖ (fig) *Schwätzer, Plapperer, Quassel|kopf* m, *-strippe* f, *Plappermaul* m
²grajo m Cu Col Ec Pe PR *Schweiß-, Achsel|geruch* m

gral., gr.ᵃˡ ⟨Abk⟩ = **¹general**
grama f ⟨Bot⟩ *Bermuda-, Hundszahn|gras* n
(Cynodon dactylon) ‖ *Rasen* m
gramaje m *Papiergewicht* n, *Grammatur* f
gramallera f Gal *Kesselhaken* m
gramática f *Grammatik, Sprachlehre* f ‖ ~
comparada *vergleichende Grammatik* f ‖ ~
descriptiva *beschreibende Grammatik* f ‖ ~
estructural *strukturelle Grammatik* f ‖ ~
generativa *generative Grammatik* f ‖ ~ histórica
historische Grammatik f ‖ ~ normativa *normative*
od *präzeptive Grammatik* f ‖ ~ parda ⟨fig⟩
Mutterwitz m ‖ *Schlauheit* f ‖ ~ preceptiva → ~
normativa ‖ ~ transformacional
*Transformationsgrammatik, transformationelle
Grammatik* f ‖ ~s fpl ⟨fam⟩ *Spitzfindigkeiten* fpl
gra|matical adj *(m/f)* grammati*(kali)sch* ‖
–maticalizar [z/c] vt *grammatikalisieren* ‖
–mático adj → **–matical** ‖ ~ m *Grammatiker* m ‖
–matiquería f ⟨fam, oft desp⟩ *grammatische
Spitzfindigkeit, Grammatiktüftelei* f
gramicidina f ⟨Pharm⟩ *Gramicidin* n
gramil m ⟨Tech⟩ *Reißstock, Parallelreißer* m ‖
Streichmaß m
¹gramilla f ⟨Agr⟩ *Schlagbrett* n *(für Flachs
und Hanf)*
²gra|milla f Arg *„Knot grass"* n *(Viehfutter)*
(Paspalum distichum) ‖ **–mináceas, –míneas** fpl
⟨Bot⟩ *Süßgräser* npl (Gramineae) ‖ **–mináceo** adj
grasartig
gramnegativo adj ⟨Med⟩ *gramnegativ*
gramo m *Gramm* n *(Gewicht)*
gramófono m *Grammofon* n (Schw & m) ‖ ~
portable *Koffergrammofon* n
gramola f *Plattenspieler* m ‖ *Musikbox* f
grampa f Arg Ur → **¹grapa**
grampositivo adj ⟨Med⟩ *grampositiv*
gran adj sg (& *statt* **grande** *vor
Hauptwörtern*) *groß* (& fig) ‖ ~ bebedor *großer
Trinker* m ‖ ~ casa *großes, vornehmes Haus* n ‖
~ cruz *Großkreuz* n ‖ ~ duque *Großherzog* m ‖
Großfürst m ‖ ⟨V⟩ *Uhu* m (→ **búho** real) ‖ ~
hombre *bedeutender, guter Mensch* m ‖ el ~
Mogol *der Großmogul* ‖ ~ pícaro *Erzschelm* m ‖
~ potencia *Großmacht* f ‖ ~ prior *Großprior* m ‖
~ visir *Großwesir* m ‖ ◇ no es ~ cosa ⟨fam⟩ *das
ist ziemlich unbedeutend* ‖ no ha conseguido ~
cosa *er (sie, es) hat nicht viel erreicht*
¹grana f ⟨Bot⟩ *Samenkörner* npl ‖ → auch
granazón
²grana f/adj *Koschenille, Kermesschildlaus* f
(Dactylopius coccus) ‖ *Kermesrot* n ‖
Scharlachfarbe f ‖ *Scharlachrot* n ‖ rojo como
una ~ *hochrot* (& fig) ‖ ◇ ponerse como la ~
⟨fig⟩ *tief erröten, schamrot werden*
³grana f ⟨Bot⟩ *Kermesbeere* f (Phytolacca
americana)
△ **⁴grana** m *Gauner, Ganove* m
¹granada f *Granatapfel* m
²granada f ⟨Mil⟩ *Granate* f ‖ ~ arrojadiza
Wurfgranate f ‖ ~ cegadora *Blendgranate* f ‖ ~
de fragmentación → ~ rompedora ‖ ~ fumígena
Rauch-, Nebel|granate f ‖ ~ de gas *Gasgranate* f
‖ ~ incendiaria *Brandgranate* f ‖ ~ lastrada *blind
geladene Granate* f ‖ ~ de mano *Handgranate* f ‖
~ (de mano) con mango *Stielhandgranate* f ‖ ~
(de mano) ovoide *Eierhandgranate* f ‖ ~
rompedora *Splitter-, Spreng|granate* f ‖ ~
trazadora *Leuchtspurgranate* f
Granada f ⟨Geogr⟩ *Grenada* n ‖ [Stadt und
Provinz in Spanien] *Granada* n ‖ Nueva ~ *Neu-
Granada* n ‖ ◇ quien no ha visto (a) ~, no ha
visto nada *sprichwörtliche Lobeserhebung der
Schönheiten Granadas*
granadera f ⟨Mus⟩ *Grenadiermarsch* m

¹granadero m ⟨Mil⟩ *Grenadier* m ‖ ⟨Mil⟩
Handgranatenwerfer m ‖ ⟨Mil⟩ *Soldat* m ‖ ~
tanquista *Panzergrenadier* m
²granadero m ⟨Fi⟩ *Grenadierfisch* m
(Coryphaenoides rupestris)
granadilla f ⟨Bot⟩ *Passionsblume* f (Passiflora
maliformis)
¹granadina f ⟨Text⟩ *Grenadine* f, *(Art)
Gazegewebe* n
²granadina f *Grenadine* f, *Granatapfeltrank* m
³granadina f *Granadina* f *(and. Tanz)*
granadino adj *aus Granada* (Stadt und
Provinz in Spanien) ‖ *auf Granada bezüglich* ‖
⟨Mus⟩ *im Stile des katalanischen Komponisten
Enrique Granados* ‖ ~ m ⟨Bot⟩ *Granatblüte* f
granado adj *körnig* ‖ ⟨fig⟩ *berühmt* ‖ ⟨fig⟩
erfahren ‖ ⟨fig⟩ *reif* ‖ ⟨fig⟩ *hübsch* ‖ ⟨fig⟩
vornehm, erlesen ‖ ⟨fig⟩ ~a *schwanger (Frau)* ‖
lo más ~ (& od ~dito) de la sociedad ⟨figf⟩ *die
Creme der Gesellschaft* ‖ ~ m ⟨Bot⟩
Granat(apfel)baum m (Punica granatum)
granalla f *kleines Gesäme* n ‖ *Metallschrot,
Stahlkies* m, *Metallkörner* npl ‖ ~ de oro *Gold* n
in Körnern ‖ ♦ en ~ *granuliert (Erz)*
granangular adj *(m/f)* ⟨Fot⟩ *Weitwinkel-*
granar vt *körnen, sieben (Pulver)* ‖ ~ vi
Körner ansetzen (Getreide) ‖ ⟨figf⟩ *gedeihen* ‖
⟨fig⟩ *reich werden* ‖ ◇ la cosa va que grana ⟨figf⟩
das läuft wie geschmiert! ‖ → auch **granear**
granate adj *granatrot* ‖ ~ m ⟨Min⟩
Granat(stein) m ‖ *Granatfarbe* f ‖ ~ de Bohemia
böhmischer Granat, Pyrop m
granazón f *Körneransetzen* n *des Getreides* ‖
⟨allg⟩ *Samenbildung* f ‖ ⟨fig⟩ *Reife* f
Gran Bretaña f ⟨Geogr⟩ *Großbritannien* n
grancé adj *krapprot*
grande [*vor* s gran, comp & mayor *od*
regelmäßig] adj *(m/f)* groß *(im Ausmaß)* ‖ *(lang)
gewachsen* ‖ *großartig, prachtvoll, grandios* ‖
wichtig, bedeutend ‖ *gut* ‖ *stark* ‖ *erhaben* ‖ *edel* ‖
gewaltig ‖ *großzügig* ‖ *luxuriös* ‖ *zahlreich* ‖ *hoch
(gestellt), erstrangig* ‖ *Groß-* ‖ ~ en (& *od* por)
sus dotes literarias *mit außerordentlicher
literarischer Begabung* ‖ ~ de estatura, ~ de talla
hochgewachsen ‖ ♦ a lo ~ *großartig* ‖ en ~ *im
Großen (und Ganzen)* ‖ ◇ los zapatos me están
~s *die Schuhe sind mir zu groß* ‖ hacer ~s viajes
ausgedehnte Reisen machen od *unternehmen* ‖
pasarlo en ~ ⟨fam⟩ s. *großartig amüsieren* od
vergnügen ‖ s. *ein flottes Leben machen* ‖ ¡es ~!
das ist gelungen! ‖ vivir en ~ *auf großem Fuß
leben* ‖ ~ m ⟨fam⟩ *Erwachsene(r)*, ⟨fam⟩
Große(r) m ‖ los ~s *die Großen des Reiches* ‖ la
~ Arg ⟨fam⟩ *das Große Los* n
Grande m: ~ de España *span. Grande* m
grande|cito adj *ziemlich groß* ‖ *schon
herangewachsen*, ⟨fam⟩ *schon größer (Kinder)* ‖
–mente adv *recht, sehr* ‖ *ungemein, ungeheuer* ‖
–vo adj ⟨lit⟩ *hochbetagt* ‖ **–za** f *Größe, Hoheit,
Macht* f ‖ *Pracht, Herrlichkeit* f, *Pomp* m ‖
Erhabenheit f ‖ *Würde* f *e-s span. Granden* ‖
Grandezza f ‖ **–zuelo** adj dim von **grande** ‖
ziemlich groß
grandi|locuencia f *hochtrabende* bzw
geschwollene Ausdrucksweise f, ⟨fam⟩ *Bombast* m
‖ **–locuente, –locuo** adj *hochtrabend* bzw
geschwollen redend bzw *schreibend* ‖
bombastisch
grandillón adj/s ⟨fam⟩ *augm* von **grande**
grandio|sidad f *Großartigkeit, Erhabenheit,
Pracht* f ‖ **–so** adj *großartig, prächtig, herrlich,
grandios* ‖ *majestätisch, fürstlich, gebieterisch* ‖
großzügig
grandísimo adj sup von **grande** ‖ ¡~ pillo!
⟨pop⟩ *ausgemachter Gauner, Spitzbube* m

gran|dísono adj ⟨poet⟩ *hochtönend* ‖ **–dón** adj ⟨fam⟩ *sehr od recht groß, enorm*

gran|dor *m Größe* f ‖ **–dote** adj ⟨fam⟩ *enorm, riesig, riesengroß*

grand slam *m* ⟨Sp⟩ [Tennis] *Grand Slam* m

grandullón adj *hoch aufgeschossen* ‖ ~ *m* ⟨fam⟩ *hoch aufgeschossener Mensch* m ‖ ⟨fam⟩ *baumlanger Kerl* m, *lange Latte* f, *langer Lulatsch* m

grane|ado adj *gekörnt (Pulver)* ‖ *gesprenkelt* ‖ Am *genarbt (Leder)* ‖ **–ar** vt *(be)säen* ‖ *bespritzen* ‖ *körnen (Pulver, Steine, Platten)* ‖ Am *narben (Leder)*

granel *m:* a ~ *haufenweise* ‖ *lose, unverpackt* ‖ *offen* ‖ *vom Fass* ‖ ⟨fig⟩ *im Überfluss* ‖ ⟨fig⟩ *in Bausch und Bogen* ‖ ◇ *vender a* ~ *im Großen verkaufen*

grane|o *m Pulversieben* n ‖ *Körnen, Narben* n ‖ **–ro** *m Kornboden, (Getreide)Speicher* m, *Scheune* ‖ *Dachraum* m ‖ ⟨fig⟩ *Kornkammer* f ‖ el ~ *de España die Kornkammer Spaniens (& das Gebiet der Tierra de Campos in der* P Vall)

granete *m* ⟨Tech⟩ *Körner* m

granguardia *f* ⟨Mil⟩ *Feldwache* f

Gránico [Fluss] ⟨Hist⟩: el ~ *der Granikos*

△ **granido** adj *reich, wohlhabend, vermögend*, ⟨fam⟩ *betucht* ‖ ~ *m Barzahlung* f

graniforme adj *(m/f) korn|förmig, -ähnlich*

granifugo adj: *cañón* ~ *Hagelkanone* f

granigrueso adj *grobkörnig (Kies)*

¹granilla *f Traubenkern* m

²granilla *f* ⟨Text⟩ *Füllhaar* n

granilloso adj *pick(e)lig*

granítico adj *Granit-, graniten*

¹granito *m dim von* **grano** ‖ ◆ *con su* ~ *de sal* ⟨figf⟩ *mit Überlegung* ‖ ◇ *echar un* ~ *de sal* ⟨figf⟩ *das Gespräch (& mit e–r Bemerkung od e–m Witzwort usw.) würzen*

²granito *m* ⟨Med⟩ *Pickel* m

³granito *m* ⟨Min⟩ *Granit* m ‖ ~ *porfídico, porfiroide Porphyrgranit* m

granívoro adj *körnerfressend*

¹granizada *f Hagel(schauer)* m ‖ ⟨fig⟩ *Hagel* m, *Menge* f

²graniza|da *f*, **–do** *m* ⟨Kochk⟩ *Sorbet(t)* m (& n)

grani|zar [z/c] v. imp *hageln (& fig)* ‖ ◇ **–za** *es hagelt* ‖ **–zo** *m Hagel* m, *Schloßen, Graupeln* fpl ‖ ⟨fig⟩ *Menge* f, *Haufe(n)* m ‖ ◇ *cae* ~ *es hagelt*

gran|ja *f Gutshof* m, *Landgut* n ‖ *Bauernhof* m ‖ *Farm* f ‖ *Milch|bar, -stube* f ‖ ~ *agrícola Bauerngut* n ‖ ~ *avícola Geflügelfarm* f ‖ ~-*escuela Landwirtschaftsschule* f ‖ ~-*escuela modelo Mustergut* n ‖ ~ *experimental Versuchsgut* n ‖ ~ *de indulgencias* ⟨desp⟩ *Ablasshandel* m ‖ **–jear** vt *mit et. (& bes. Vieh) handeln* ‖ *erwerben (Reichtümer, Ehre)* ‖ ⟨Mar⟩ *Fahrt machen* ‖ Chi *be|trügen, -gaunern* ‖ *stehlen, klauen* ‖ ~**se:** ~ *generales simpatías s. allgemein beliebt machen* ‖ ~ *la voluntad de alg. jdn für s. gewinnen, jds Wohlwollen gewinnen* ‖ s: **–jeo** *m* ‖ **–jería** *f Ertrag* m *der Landwirtschaft* ‖ ⟨Agr⟩ *Bewirtschaftung* f ‖ ⟨fig⟩ *Gewinn* m ‖ ⟨fig⟩ *Erwerb* m ‖ **–jero** *m Landwirt* m ‖ *Farmer* m ‖ ⟨fig⟩ *Geschäftemacher* m

¹grano *m* ⟨Samen⟩Korn n ‖ *Getreidekorn* n ‖ *Korn, Getreide* n ‖ *Körnerfutter* n ‖ *Erntefrucht* f ‖ *Kern* m *(von Trauben, Gewürzkräutern, Granatäpfeln)* ‖ *(Kaffee)Bohne* f ‖ *Beere* f ‖ *Hagelkorn* n ‖ ⟨Med⟩ *Pickel* m ‖ *Gran* m *(früheres Apothekergewicht)* ‖ ⟨fig⟩ *Schmetterlings-, Falter-, Raupen|eier* npl ‖ ⟨fig⟩ *bisschen* n ‖ ⟨fig⟩ *Auswahl* f, *(das) Beste, Feinste* ‖ ~ *de anís Aniskern* m ‖ ~ *de arena Sandkorn* n ‖ ~ *de*

cacao Kakaobohne f ‖ ~ *de café Kaffeebohne* f ‖ ~ *de cebada* ⟨Bot⟩ *Gerstenkorn* n ‖ ~ *de maíz* (~ *de mostaza) Mais- (Senf)Korn* n ‖ ~ *de naranja Orangenschnittchen* n ‖ ~ *de uva Weinbeere* f ‖ ◆ ¡al ~! *zur Sache!* ‖ *con su* ~ *de sal* ⟨fig⟩ *mit Überlegung* ‖ *cum* ~ *salis* (lat) ⟨fig⟩ *nicht ganz wörtlich zu nehmen* ‖ ◇ *apartar el* ~ *de la paja* ⟨fig⟩ *die Spreu vom Weizen scheiden* ‖ *aportar su* ~ *(& od granito) de arena* ⟨fig⟩ *sein Scherflein (dazu) beitragen* ‖ *echar* ~ *a las gallinas den Hühnern Korn hinwerfen* ‖ *sacar* ~ ⟨figf⟩ *Nutzen ziehen* ‖ ¡*ahí es un* ~ *de anís!* ⟨figf⟩ *das ist wichtig (bzw schwer), das ist k–e Lappalie, da ist (schon) et. dran* ‖ ~s mpl *Korn, Getreide* n

²grano *m* ⟨allg⟩ *Feingefüge* n ‖ *Narbenseite* f *(des Leders)* ‖ *Korn* n *(Film, Leder, Metall, Papier)* ‖ ~ *fino* ⟨Fot⟩ *Feinkorn* n ‖ ~ *grueso* ⟨Fot⟩ *Grobkorn* n ‖ ◆ *de* ~ *grueso grob genarbt (Leder)*

granollerense adj *(m/f) aus Granollers (P Barc)* ‖ *auf Granollers bezüglich*

grano|so adj *körnig* ‖ *rau (Oberfläche)* ‖ *kornreich* ‖ *voller Pickel (Haut)*

△ **granobe** *m Gerste* f

△ **gransia** *f Müdigkeit* f

granudo adj → **granuloso**

¹granuja *f entkernte Traube* f ‖ *Traubenkamm* m

²granu|ja *m/adj Gassen-, Straßen|junge* m ‖ ⟨fig⟩ *Gauner, Spitzbube, Lump, Schuft, Halunke* m ‖ *un* ~ *redomado ein ausgemachter Gauner* ‖ **–jada** *f Gaunerei, Gaunerstreich* m ‖ **–jería** *f* ⟨fam⟩ *Niederträchtigkeit, Gemeinheit* f ‖ ⟨fig⟩ *Gesindel* n ‖ *Gaunerbande* f ‖ *Gaunerstreich* m

granujiento adj *pick(e)lig* ‖ *gekörnt*

granujilla *m/f* ⟨fam⟩ *(Spitz)Bube* m

granujoso adj → **granujiento**

granu|lación *f Granulierung, Granulation, Körnung* f ‖ *Körnigkeit* f ‖ *Korngröße* f ‖ *Körnen* n *der Metalle* ‖ ⟨Med⟩ *Körnchenbildung, Granulation* f ‖ **–laciones** fpl ⟨Med⟩ *Knötchen* npl ‖ **–lado** adj *körnig* ‖ *gekörnt* ‖ *narbig (Leder)* ‖ *finamente* ~ *feinkörnig* ‖ ~ *m Körnung* f *(z. B. des Papiers)* ‖ Am *Kristallzucker* m

¹granular adj *(m/f) körnig*

²granular vt *körnen, granulieren*

granulia *f* ⟨Med⟩ *Miliartuberkulose* f

granulita *f* ⟨Min⟩ *Granulit* m

gránulo *m Körnchen* n

granulo|citos mpl ⟨An⟩ *Granulozyten* mpl ‖ **–ma** *m* ⟨Med⟩ *Granulom* n ‖ **–matosis** *f* ⟨Med⟩ *Granulomatose* f ‖ **–metría** *f* ⟨Tech⟩ *Körnung* f ‖ **–sis** *f* ⟨Med⟩ *Granulose* f ‖ **–so** adj *körnig* ‖ *gekörnt* ‖ *granulös*

¹granza *f* ⟨Bot⟩ *(Färber)Krapp* m, *Färberröte* f (Rubia tinctorum)

²granza *f* ⟨Bgb⟩ *Schlich* m, *zerriebenes Erz, Feinerz, Stauberz* n ‖ ~s fpl *Kornsiebsel* n ‖ *Metallschlacken* fpl

granzón *m Spreu* f ‖ ⟨Met⟩ *größeres Erzstück* n ‖ ⟨Geol⟩ Am *Grobsand* m

grañón *m Weizen- bzw Körner|grieß* m

grao *m* ⟨Mar⟩ *flaches Seeufer* n *(z. B. bei Valencia) Landungsplatz* m

¹grapa *f (Heft)Klammer, Krampe* f ‖ *Klammerhaken* m ‖ ⟨Med⟩ *Wundklammer* f ‖ ~ *de unión Verbindungsklammer* f

²grapa *f Grappa* f *(Tresterbranntwein)*

³grapa *f* ⟨Vet⟩ *Mauke* f

gra|padora *f Heftmaschine* f ‖ **–par** vt *heften*

grapefruit *m Grapefruit* f (→ **pomelo**)

grapón *m große Klammer* f ‖ ~ *de traviesa* ⟨EB⟩ *Schwellenklammer* f

△ **gras** *m Pferd* n
gra|sa *f Fett* n ‖ *Schmalz* n ‖ ⟨Tech⟩ *Fett* n,
Schmiere f ‖ *Schmiermittel* n ‖ *schmieriger*
Schmutz m ‖ ~ *de cerdo Schweineschmalz* n ‖ ~
para coches, ~ *Am de carro Wagenschmiere* f ‖ ~
vegetal Pflanzenfett n ‖ ◇ *echar* ~(s) ⟨fam⟩ *dick*
werden, Speck ansetzen ‖ *tener mucha* ~ ⟨fam⟩
sehr fettleibig sein ‖ ~**s** *fpl Fette* npl, *Fettwaren*
fpl ‖ **–saria** *f e–e Krankheit der Seidenraupe* ‖
–sera *f Fettgefäß* n ‖ *Untersetzpfanne* f ‖ **–sero** *m*
⟨Bgb⟩ *Schlackenhalde* f ‖ **–seza** *f Fettigkeit* f ‖
Fettleibigkeit f ‖ **–siento** *adj fett(ig)* ‖ *schmierig* ‖
–so *adj fett* ‖ *ölig* ‖ *fettig* ‖ *speckig* ‖ *schmierig* ‖
–soso *adj* → **–siento**
   grata *f Drahtbürste* f ‖ *Kratze* f
   gratamente *adj lieblich, angenehm*
   gratén *m:* al ~ ⟨Kochk⟩ *gratiniert, überbacken*
   gratifi|cación *f Gratifikation, Sondervergütung*
f ‖ *Belohnung* f ‖ *Prämie* f ‖ *Zuwendung* f ‖
Gehaltsaufbesserung f ‖ *Trinkgeld* n ‖ ~ *anual*
Jahresprämie f ‖ ~ *de destino* ⟨Mar⟩
Arbeitsplatzzulage f ‖ ~ *de mando* ⟨Mar⟩
Heuerzuschlag m *(für Schiffsführung)* ‖ **–cante**
adj (m/f) einträglich ‖ **–car** [c/qu] *vt be|lohnen,*
-schenken ‖ *vergüten* ‖ *(jdm) e–n Gefallen tun* ‖
(jdm) e–e Sondervergütung geben ‖ ⟨Com⟩ *e–e*
Ausfuhrprämie gewähren (dat) ‖ ⟨fig⟩ *befriedigen*
‖ *erfreuen* ‖ se *gratificará Belohnung ausgesetzt*
   gratinar *vt* ⟨Kochk⟩ *gratinieren, überbacken*
   gratis *adv unentgeltlich, umsonst, gratis,*
kostenlos ‖ ~ y *libre de portes gratis und franko*
   gratitud *f Dankbarkeit, Erkenntlichkeit* f ‖ ~
sin límites unbegrenzte Dankbarkeit f ‖ ◆ *por* ~
aus Dankbarkeit
   grato *adj angenehm, lieblich* ‖ *lohnend*
(Arbeit) ‖ *unentgeltlich* ‖ *willkommen* ‖ *erwünscht*
‖ *Am dankbar* ‖ ~ *al od para el oído angenehm*
anzuhören ‖ ~ *de recordar woran man s. gerne*
erinnert
   gratui|dad *f Unentgeltlichkeit* f ‖
Gebührenfreiheit f ‖ ⟨fig⟩ *Grundlosigkeit,*
Unmotiviertheit f ‖ *Willkür* f ‖ **–to** *adj*
unentgeltlich, kostenfrei, gratis, kostenlos ‖
umsonst ‖ *Gratis-, Frei-* ‖ *unverzinslich*
(Darlehen) ‖ *schulgeldfrei (Unterricht)* ‖ ⟨fig⟩
un|begründet, -motiviert ‖ ⟨fig⟩ *grundlos* ‖ ⟨fig⟩
willkürlich, arbiträr, Willkür- ‖ ⟨Rel⟩ *unverdient*
(Gnade) ‖ *adv:* ~**amente**
   gratu|lación *f Glückwunsch* m ‖ **–latorio** *adj*
Glückwunsch-
   grauero *adj/s aus El Grao* (P Val) ‖ *auf El*
Grao bezüglich
   grauvaca *f Grauwacke* f
   grava *f Kieselsand* m ‖ *Kies* m ‖
Schotter(sand) m
   gra|vamen *m [pl gravámenes] Last* f ‖
Leistungspflicht f ‖ *Belastung* f ‖
Abschöpfung(sbetrag m) f *(EG)* ‖ ◆ *libre de* ~
abgaben-, lasten- bzw hypotheken|frei ‖ *tener*
gravámenes dinglich belastet sein ‖ **–var** *vt*
(be)drücken ‖ *beschweren* ‖ *belasten* ‖ ◇ ~ *con*
impuestos be|steuern, mit Steuern -lasten
gra|ve *adj (m/f) schwer (körperlich)* ‖ ⟨fig⟩
schwer, groß (Verbrechen, Sünde) ‖ *ernst,*
ernsthaft ‖ *feierlich, steif* ‖ *stolz* ‖ *zurückstoßend* ‖
wichtig ‖ *hart, schlimm* ‖ *folgenschwer* ‖
bedenklich ‖ *schwer, böse (Krankheit)* ‖ *stark*
(Geruch) ‖ *tief (Stimme)* ‖ ⟨Mus⟩ *tief (Ton)* ‖ ◆
estar ~ *schwer krank sein* ‖ *ser* ~ *gefährlich sein*
‖ ⟨fig⟩ *ernst, wichtig sein* ‖ ~**mente** *adv ernst* ‖
⟨fig⟩ *schwer* ‖ *herido* ~ *schwer verwundet* ‖
–vedad *f Schwere* f ‖ *Gewicht* n ‖ ⟨fig⟩ *Größe* f
(e–s Verbrechens) ‖ ⟨fig⟩ *Wichtigkeit, Bedeutung*
f, *Gewicht* n ‖ *Gefährlichkeit* f *(e–r Krankheit)* ‖
Ernst m, *Ernsthaftigkeit* f ‖ ⟨fig⟩ *Feierlichkeit,*

Würde f ‖ *Amtsmiene, (steife) Würde* f ‖ ⟨fig⟩
Tiefe f *(Stimme, Ton)* ‖ ◇ *con afectada* ~ *mit*
gespieltem Ernst ‖ *herido de* ~ *schwer verwundet*
   Gravelinas *f* [Stadt] *Gravelines, Gravelingen* n
   gravera *f Kiesgrube* f
   grávida *adj schwanger*
   gra|videz *[pl* ~**ces]** *f Schwangerschaft* f ‖
–vídico *adj Schwangerschafts-* ‖ **–vidismo** *m*
Schwangerschaft, Gravidität f
   grávido *adj* ⟨poet⟩ *trächtig* ‖ *voll, üppig*
   gravilla *f Kies* m ‖ ⟨StV⟩ *Roll-, Grob|splitt* m
   gra|vimetría *f Gravimetrie* f ‖ **–vimétrico** *adj*
gravimetrisch ‖ **–vímetro** *m Schwerkraftmesser*
m, *Gravimeter* n
   gravísimo *adj s von grave* ‖ ◇ *está* ~ *er ist*
schwer krank
   gravi|tación *f* ⟨Phys⟩ *Gravitation, Schwerkraft,*
Massenanziehung f ‖ *Strebekraft* f ‖ ~ *terrestre,*
~ *de la tierra Erdanziehung* f ‖
Erdbeschleunigung f ‖ **–tar** *vi* ⟨Phys⟩ *gravitieren,*
dem Schwerpunkt zustreben ‖ *angezogen werden*
(hacia von) ‖ ⟨fig⟩ *ruhen, lasten (sobre auf* dat) ‖
⟨fig⟩ *drücken, beschweren* ‖ ⟨fig⟩ *hinneigen* ‖ ◇ ~
alrededor de algo um et. kreisen ‖ ~ *alrededor de*
alg. ⟨fig⟩ *ständig um jdn sein*
   gravoso *adj beschwerlich, mühsam, lästig* ‖
kostspielig ‖ *kieshaltig*
   graz|nar *vi krächzen (Raben, Krähen, Dohlen)*
‖ *schnattern (Gänse, Enten)* ‖ *quaken (Enten)* ‖
–nido *m Krächzen, Gekrächz(e)* n (& fig desp) ‖
Quaken n ‖ *Schnattern, Geschnatter* n ‖ ⟨fig⟩
widerliches Geschrei n ‖ ⟨fig⟩ *schlechter Gesang*

   greba *f* ⟨Hist⟩ *Beinröhre* f *(Rüstung)*
   ¹greca *f Mäander* m *(Ornament)*
   ²greca *f Am Kaffeemaschine* f
△ **grecar** [c/qu] *vi sündigen*
△ **grecaró** *m Verbrechen* n
   Gre|cia *f* ⟨Geogr⟩ *Griechenland* n ‖ **ᵘcismo** *m*
⟨Ling⟩ *Gräzismus* m ‖ **–co** *adj griechisch, Gräko-*
‖ ~ *m Grieche* m
   Greco *m:* El ~ *Beiname des span. Malers*
Domenikos Theotokópulos (1541–1614)
   greco|hispano *adj griechisch-spanisch* ‖
–latino *adj griechisch-lateinisch* ‖ **–rromano** *adj*
griechisch-römisch ‖ *byzantinisch (Kaisertum)*
   gre|da *f Ton, Letten* m ‖ *Kreide* f ‖ **–dal** *m*
Ton|boden m, *-erde* f ‖ *Kreidegrube* f ‖ **–doso** *adj*
tonig ‖ *kreidig*
   gre|gal *m* ⟨reg⟩ *Nordost(wind)* m ‖ ~ *adj* →
–gario ‖ **–gario** *adj Herden-* ‖ ⟨Zool⟩ *herdenweise*
lebend ‖ ⟨fig⟩ *herdenmäßig* ‖ ⟨fig⟩ *gewöhnlich* ‖
⟨fig⟩ *Massen-* ‖ ⟨fig⟩ *Durchschnitts-* ‖ ~ *m* ⟨Sp⟩
Wasserträger m ‖ **–garismo** *m* ⟨Zool⟩ *Herdentrieb*
m (& fig) ‖ ⟨fig⟩ *Herdengeist* m
   grego|riánica *f* ⟨Mus⟩ *Gregorianik* f ‖ **–riano**
adj Gregorianisch (Kalender, Gesang)
   Gregorio np *Gregor(ius)* m
   greguería *f verwirrtes, unverständliches*
Geschrei n *(z.B. der Vögel)* ‖ ⟨fig⟩ *toller Einfall*
m ‖ ~**s** *fpl* ⟨Lit⟩ *geistreiche bzw satirische*
Aussprüche m *(des span. Schriftstellers Ramón*
Gómez de la Serna [1888–1963]
   gregüescos *mpl* ⟨Hist⟩ *breite Knie-,*
Pluder|hosen fpl
△ **grejerí** *m Spargel* m
   grelo *m Gal León* ⟨Kochk⟩ *Steckrübenstengel*
m (pl)
   ¹gremial *adj (m/f) Innungs-, Zunft-*
genossenschaftlich ‖ ~ *m Zunft-, Innungs|genosse*
m
   ²gremial *m* ⟨Kath⟩ *Gremiale* n
   gremialismo *m Zunftwesen* n
   ¹gremio *m Innung* f ‖ *Genossenschaft* f ‖ ⟨Hist⟩
Zunft f (& fig) ‖ *Körperschaft* f, *Verband* m ‖

Kammer f ‖ ~ docente *Lehrkörper* m *(e–r Universität)*
²gremio m ⟨Kath⟩ *Schoß* m *(der Kirche)*
△ **greno** m *Neger* m
gre|ña f *zerzauste Locke, Haarlocke* f ‖ ⟨fig⟩ *Verwirrung* f, *Wirrwarr* m ‖ ◇ andar a la ~ ⟨pop⟩ *(s.) raufen* ‖ estar a la ~ con alg. *s. mit jdm nicht verstehen, mit jdm im Clinch liegen* ‖ ~s fpl *zerzaustes Haar* n ‖ *zerzauster Haarschopf* m ‖ ◆ a ~ *zerzaust* ‖ **–ñudo** adj *zerzaust, mit wirrem Haar* ‖ *zottig*
grequesco adj *auf den span. Maler El Greco (1541–1614) bezüglich*
gres m *Steingut* n
gresca f *Lärm, Radau* m ‖ *Streit* m, *Zänkerei* f ‖ ◇ armar una ~ ⟨fam⟩ *e–n Skandal machen*
△ **gresé** m *Zeit* f
grévol m ⟨V⟩ *Haselhuhn* n (Tetrastes bonasia)
grey f *(Vieh)Herde* f ‖ ⟨fig⟩ *Schar* f *der Gläubigen* ‖ ⟨fig⟩ *Herde* f ‖ ⟨fig⟩ *Gruppe* f *(Menschen)* ‖ ⟨fig desp⟩ *Klub* m
Grial m *der Heilige Gral*
gribar vi ⟨Mar⟩ *abtreiben*
¹griego adj *griechisch* ‖ ~ m *Grieche* m ‖ el ~ *die griechische Sprache, das Griechische* n ‖ ~ antiguo, ~ clásico *Altgriechisch* n ‖ ~ moderno *Neugriechisch* n ‖ ~ uniato *griechisch-uniert* ‖ dejar para las calendas ~as ⟨fig⟩ *auf den Nimmerleinstag verschieben* ‖ hablar en ~ ⟨figf⟩ *dunkel od unverständlich reden* ‖ es ~ para mí ⟨figf⟩ *das sind für mich böhmische Dörfer; das verstehe, wer will!*
²griego m ⟨vulg⟩ *Analverkehr* m
△ **³griego** m *(Falsch)Spieler* m
grie|ta f *Riss, (Erd)Spalte* m ‖ *Riss* m *(in der Haut, auf Gemälden usw.)* ‖ *Schrunde* f ‖ ⟨Bgb⟩ *Spalte, Kluft* f ‖ ⟨Met⟩ *(Ein)Riss* m ‖ *Lunker* m ‖ ⟨Pol⟩ *Spaltung* f (& fig) ‖ **–tado, –toso** adj → **agrietado** ‖ **–tarse** vr → **agrietarse**
grifa f *Marihuana* n ‖ p.ex. *Rauschgift* n
grifería *(Wasser)Hahn|armaturen* fpl bzw *-armaturenhandlung* f
grifero m Pe *Tankstellenwart* m
¹grifo adj: letra ~a *Kursivschrift* f
²grifo adj *kraus, wirr, zerzaust (Haar), kraushaarig*
³grifo adj Col *prahlerisch* ‖ Mex *berauscht (& vom Alkohol od vom Rauschgift)* ‖ [in der Drogenszene] *high*
⁴grifo m *(Wasser)Hahn* m ‖ *Umstellhahn* m ‖ ~ de compresión *Zischhahn* m ‖ ~ de descarga *Ablasshahn* m ‖ ~ de tres pasos *Dreiwegehahn* m ‖ ~ de prueba *Probierhahn* m ‖ ~ de purga, ~ de salida → ~ de descarga
⁵grifo m Cu PR *Farbige(r)* m *(Mensch)*
⁶grifo m Pe *Tankstelle* f ‖ Pe ⟨fig⟩ *Chichakneipe* f
⁷grifo m ⟨Myth Her⟩ *Greif* m
¹grifón m augm von **⁴grifo** ‖ *großer (Wasser)Hahn* m
²grifón m [Hund] *Pinscher* m
grifota m [in der Drogenszene] *Haschraucher* m
grill m *Grill* m
¹grilla f *Grillenweibchen* n ‖ ⟨figf⟩ *Lüge, Ente* f ‖ ◇ ¡ésa es ~ (y no canta)! ⟨figf⟩ *das ist e–e glatte Lüge! das kannst du e–m anderen erzählen!*
²grilla f ⟨El⟩ *Gitter* n
△ **³grilla** f *kleiner Dietrich* m
grillarse vr *(aus)keimen (Kartoffeln usw.)*
grillera f *Grillenloch* n ‖ *Grillenkäfig* m ‖ ⟨fam⟩ *viele Grillen* fpl ‖ ⟨figf⟩ *Wirrwarr* m, *Durcheinander* n ‖ ⟨figf⟩ *Stimmengewirr* n
grillete, ~s mpl *Fußschellen* fpl, *Fußeisen* n ‖ ⟨Mar⟩ *Schäkel* m

¹grillo m ⟨Ins⟩ *Grille* f ‖ ~ campestre *(Feld)Grille* f ([Lio]Gryllus campestris) ‖ ~ cebollero *Maulwurfsgrille*, Öst Südd *Werre* f (Gryllotalpa vulgaris) ‖ ~ doméstico, ⟨lit⟩ ~ del hogar *Heimchen* n (Gryllus domesticus) ‖ ~ real, ~ topo → ~ cebollero ‖ ◇ coger ~s ⟨fig⟩ *Grillen fangen* ‖ andar a ~s ⟨fam⟩ *auf Grillenfang gehen* ‖ ⟨figf⟩ *die Zeit vertrödeln*
²grillo m *Keim, Spross* m *(gelagerter Kartoffeln usw.)*
△ **³grillo** m *Feld* n
grillos mpl *Fußschellen* fpl
grill-room m *Grillroom* m
grillotalpa f → **¹grillo** cebollero
¹grima f *Schauder* m, *Grausen* n ‖ ◇ da ~ verlo *es graust e–n, wenn man es sieht*
²grima f: una ~ Chi *ein bisschen*
grimillón m Chi *Menge* f, *Haufen* m
grimniano adj: los cuentos ~s ⟨Lit⟩ *die Grimmschen Märchen* npl
grímpola f *Wimpel* m *(bes. Mar)*
grin|ga f Am *Ausländerin* f ‖ **–gada** f Am *toller bzw plumper Streich* m *e–s Gringo* ‖ **–go** m/adj ⟨fam desp⟩ *Gringo* m ‖ bes. Am *Ausländer* m, *der kein Spanier ist* ‖ ⟨fam⟩ *Kauderwelsch* n
Grino np ⟨fam⟩ → **Peregrino**
¹griñón m *Nonnenschleier* m
²griñón m ⟨Bot⟩ *Nektarine* f
gripa f Col Ur → **gripe**
gri|pal adj *(m/f)* ⟨Med⟩ *grippal* ‖ *grippeartig* ‖ **–pe-** ‖ **-pe** f *Grippe, Influenza* f ‖ **–poso** adj *grippeartig, grippös* ‖ *grippekrank*
¹gris adj *(m/f)* *grau(farbig)* ‖ ⟨fig⟩ *traurig, matt, trüb, grau* ‖ ⟨fig⟩ *düster, dumpf* ‖ ⟨fig⟩ *gedämpft* ‖ ⟨fig⟩ *unauffällig (Mensch)* ‖ ~ azulado *blaugrau* ‖ ~ oscuro *dunkelgrau* ‖ ~ perla *perlgrau* ‖ ~ plomo *bleigrau* ‖ ~ m *graue Farbe* f, *Grau* n ‖ ⟨figf⟩ *kalter Wind* m ‖ ⟨figf⟩ *kaltes Wetter* ‖ ~ de plata, ~ plateado *Silbergrau* n ‖ ◆ de cabellos ~es *grauhaarig* ‖ ◇ hace od sopla un ~ que pela ⟨fam⟩ *es weht ein schneidender Wind* ‖ los ~es Span ⟨desp⟩ *die kasernierte Polizei (grau uniformiert)*
²gris m ⟨Zool⟩ *Feh, Transbaikal-Eichhörnchen* n ‖ *Feh, Grauwerk* n *(Pelz)*
grisáceo adj *gräulich, ins Graue gehend*
¹grisalla f ⟨Mal⟩ *Grisaille* f
²grisalla f Mex *Schrott* m
grisear(se) vi/r *grau durchschimmern* ‖ *grau aussehen*
gríseo adj *grau, gräulich*
¹griseta f ⟨Text⟩ *Grisett* m, *Grisaille* f
²griseta f ⟨Agr⟩ *Wasserfäule* f *(der Bäume)* ‖ [Pilz] *Graukopf* m
³griseta f *Grisette* f
gri|són adj/s *graubündnerisch* ‖ **=sones** mpl ⟨Geogr⟩ *Graubünden* n *(Kanton in der Schweiz)*
grisoso adj Am → **grisáceo**
grisú [pl ~ues] m ⟨Bgb⟩ *Grubengas* n, *schlagende Wetter* npl ‖ **–metro** m *Grubengas|anzeiger, -messer* m
grisura f *graue Beschaffenheit* f
gri|ta f *Geschrei* n ‖ ⟨Th⟩ *Aus|buhen, -pfeifen, -zischen* n ‖ ◇ dar ~ a alg. *hinter jdm herschreien* ‖ ⟨Th⟩ *jdn aus|buhen, -pfeifen, -zischen* ‖ **–tar** vt *an-, aus|rufen* ‖ *(jdn) anschreien* ‖ *zurufen (& algo a alg. jdm et. acc)* ‖ ⟨Th⟩ *aus|buhen, -pfeifen; -zischen* ‖ ⟨fig⟩ *ausposaunen* ‖ ~ vi *schreien* ‖ *rufen* ‖ *knarren, knirschen, kreischen* ‖ ⟨Th⟩ *buhen, zischen* ‖ **–tería** f, **–terío** m Ge|schrei, -kreisch, -gröle n ‖ **–to** m *Schrei* m ‖ *Gegröle* n ‖ *(Aus)Ruf* m ‖ *Tierstimme* f ‖ ~ del estaño *Zinnschrei* m ‖ ~ de socorro *Hilferuf* m ‖ ◆ a ~s *mit lautem Geschrei* ‖ a voz en ~, a ~ *herido od pelado mit großem Geschrei, laut*

schreiend ‖ en ~ *schreiend* ‖ último ~ ⟨figf⟩
letzter Schrei m, *allerneu(e)ste Mode* f ‖ ◇
acometer a ~s *an|schreien, -brüllen* ‖ alzar el ~
losschreien, ein Geschrei erheben ‖ dar ~s
schreien, brüllen, kreischen, lärmen ‖ levantar el
~ → alzar el ~ ‖ llorar a ~s *laut weinen* ‖ pedir
a ~s *laut schreiend verlangen* ‖ mit
(aller)größtem Nachdruck fordern ‖ poner el ~ en
el cielo ⟨figf⟩ *herumlamentieren* ‖ *wettern und
toben, Zeter und Mordio schreien* ‖ –**tón** m ⟨fam⟩
Schreihals m

gritonear vi Pe *herumschreien*
grizzli m ⟨Zool⟩ *Grizzly(-), Grau|bär* m (Ursus
arctos horribilis)
g.ʳᵒ ⟨Abk⟩ = **género**
△ **grodogopo** m *Aussätzige(r)* m
groe(n)landés adj *grönländisch* ‖ ~ m
Grönländer m ‖ ≈**landia** f ⟨Geogr⟩ *Grönland* n
groera f ⟨Mar⟩ *Kabel- bzw Spei|gat(t)* n
△ **grofa** f *Nutte* f
grog m *Grog* m *(Getränk)*
grogui adj *(m/f)*, adv ⟨Sp⟩ *groggy, benommen*
(& fig)
gro|ja f Col *Spaß, Scherz* m ‖ –**jear** vi *Spaß
machen od treiben, scherzen, witzeln*
gromo m *Baumschössling* m ‖ Ast
Ginsterzweig m
△ **groñi** m *Misthaufen* m
groom m *Groom, Laufbursche* m ‖ *junger
Diener, Page* m
grosa f → **gruesa**
grose|lla f *Johannisbeere, Öst Ribisel* f ‖
Erfrischungsgetränk n *aus Johannisbeersaft* ‖ ~
espinosa *Stachelbeere* f ‖ –**llero** m
Johannisbeerstrauch m (Ribes rubrum) ‖ ~
espinoso *Stachelbeerstrauch* m (R. uva-crispa)
grose|ramente adv *auf grobe, unhöfliche Art* ‖
–**ría** f *Grobheit, Unhöflichkeit* f ‖ *Flegelei* f ‖
Plumpheit f ‖ *Rüpelei* f ‖ *Zote* f ‖ –**ro** adj *grob,
roh, flegelhaft, unflätig, ungehobelt* ‖ *plump* ‖
ungebildet ‖ *plump, kunstlos (Arbeit)* ‖ ~ m
grober Mensch, Grobian, Rüpel, Lümmel m
gro|sicie, –sidad f *fetter, schmieriger Stoff* m
gro|sísimo adj *von* **grueso** ‖ –**so** adj *körnig
(Tabak)* ‖ –**sor** m *Dicke, Größe, Stärke* f ‖
Leibesumfang m ‖ *Fett* n ‖ –**sura** f *Fett* n ‖
⟨Kochk⟩ *Pfoten* fpl *und Gekröse* n
grosso modo ⟨lat⟩ ⟨adv⟩ *grosso modo, im
Großen und Ganzen*
grotesco adj *grotesk, seltsam, wunderlich* ‖
auffällig, grob ‖ ⟨Arch⟩ *grotesk* ‖ ⟨Typ⟩ *Grotesk-* ‖
~ m *Groteske* f
grotorar vi ⟨pop⟩ → **crotorar**
grúa f ⟨Tech⟩ *Kran* m ‖ *Hebelade, Baumwinde*
f ‖ ⟨StV⟩ *Abschlepp(kran)wagen* m ‖ ⟨Mar⟩
Winsch f ‖ ~ de a bordo *Bordkran* m ‖ ~ de
caballete *Bockkran* m ‖ ~ de carga *Ladekran* m ‖
~ colgante *Hängekran* m ‖ ~ flotante
Schwimmkran m ‖ ~ giratoria *Drehkran* m ‖ ~
municipal *Abschlepp(kran)wagen* m ‖ ~ mural
Wandkran m ‖ ~ para obras *Baukran* m ‖ ~ de
pared → ~ mural ‖ ~ de pluma *Auslegerkran* m ‖
~ de pórtico *Portalkran* m ‖ ~ de puente
Laufkran m ‖ ~ transbordadora *Umladekran* m
grue|sa f [veraltend] *Gros* n, *zwölf Dutzend* npl
‖ CR ⟨pop⟩ *Schwangere* f ‖ –**so** adj *dick, beleibt* ‖
dick (Buch usw.) ‖ *groß, zahlreich* ‖ *grob(körnig)*
‖ ⟨fig⟩ *schwerfällig* ‖ ⟨fig⟩ *grob, schwer (See)* ‖
⟨Mus⟩ *tief (Saite)* ‖ ~ de cuello *dickhalsig* ‖ ♦ en
~ *im Großen* ‖ *en gros* ‖ ~ m *Dicke, Stärke* f ‖
Haupt|sache f, *-teil* m ‖ *Masse* f ‖ ⟨Mil⟩
Hauptmacht f, *Gros* n ‖ *Grundstrich* m *(Schrift)* ‖
⟨Typ⟩ *Schriftkegel* m ‖ el ~ del ejército ⟨Mil⟩ *das
Haupttheer, die Kerntruppe*
gruir [-uy-] vi *schreien (Kranich)*

¹**grulla** f ⟨V⟩ *Kranich* m ‖ ⟨figf⟩ *hässliches
Weib* n ‖ ⟨figf⟩ Mex *gerissener Mensch* m ‖ ~
común *Kranich* m (Grus grus) ‖ ~ damisela
Jungfernkranich m (Anthropoides virgo)
²**grulla** f → **perogrullada**
Grulla f ⟨Astr⟩ *Kranich* m
△ **grullas** fpl *Gamaschen* fpl
¹**grullo** adj Mex *aschgrau (Pferd)* ‖ ~ m Arg
kräftiger Hengst m
²**grullo** m ⟨fam⟩ *Tölpel, Tollpatsch* m ‖ ⟨fam⟩
Einfaltspinsel m
¹**grumete** m Mex *Silberpeso* m ‖ Bol *Geld* m
△ ²**grumete** m *Häscher* m
¹**grumete** m ⟨Mar⟩ *Schiffsjunge* m
△ ²**grumete** m *Fassadenkletterer, Kletterdieb* m
gru|mo m *Klumpen* m *(Blut, Milch)* ‖ *Krume* f
‖ ⟨Bot⟩ *kleiner Schössling* m, *Auge* n ‖ *Herz* n
(Salat, Kohl) ‖ ~ de uvas *Bündel* n *Trauben* ‖ ◇
formar ~s *verklumpen* ‖ *gerinnen* ‖ –**moso** adj
klumpig, knollig
gru|ñente m ⟨pop⟩ *Schwein* n ‖ –**ñido** m
Grunzen n *des Schweines (& fig)* ‖ *Knurren* n *des
Hundes (& fig)* ‖ *Brummen* n *des Bären (& fig)* ‖
⟨fig⟩ *Brummen, Murren* n ‖ –**ñidor** m ⟨fam⟩
Brummbär m ‖ –**ñir** [pret ~ñó] vi *grunzen
(Schwein) (& fig)* ‖ *brummen (Bär) (& fig)* ‖
knurren (Hund) (& fig) ‖ *schnurren (Katze) (&
fig)* ‖ ⟨fig⟩ *knarren (Tür, Wagenrad, Magen)* ‖
–**ñón** adj *mürrisch, brummig* ‖ ~ m ⟨fam⟩
Brummbär, Miesepeter, Muffel, Sauertopf m
grupa f *Kruppe* f, *Kreuz* n *der Pferde* ‖ ⟨fam⟩
Hintern m (& bes. *e–r Frau*) ‖ ♦ en la ~ del
caballo *hinter dem Reiter sitzend* ‖ ♦ volver la ~,
volver ~s *Kehrt machen (Reiter)* ‖ p.ex.
kehrtmachen
grupada f *Wolkenbruch* m ‖ *starke Bö(e)* f
grupear vi Arg *schwindeln*
grupera f *Schweifriemen* m *(des Pferdes)*
grupeto m ⟨Mus⟩ *Doppelvorschlag* m
grupi f *Groupie* n
¹**grupo** m *Gruppe* f ‖ *Zirkel* m ‖ ⟨Com⟩
Konsortium, Syndikat n, *Konzern* m ‖ ⟨Mil⟩
Gruppe, Abteilung f, *Verband* m ‖ *Abteilung* f
(Artillerie) ‖ ⟨Pol⟩ *Fraktion* f *(Parlament)* ‖ ~ de
cabeza ⟨Mil⟩ *Infanteriespitze* f ‖ ~ de combate
⟨Mil⟩ *Kampfgruppe* f ‖ ~ destinatario *Zielgruppe*
f ‖ ~ de ejércitos ⟨Mil⟩ *Heeresgruppe* f ‖ ~ de
estudio *Studiengruppe* f ‖ ~ etimológico ⟨Ling⟩
Wortfamilie f ‖ ~(s) de presión
Interessengruppe(n) f(pl) ‖ ~ de riesgo
Risikogruppe f ‖ ~ sanguíneo *Blutgruppe* f ‖ ~
táctico ⟨Mil⟩ *Kampfgruppe* f ‖ ~ terrorista
Terroristengruppe f ‖ ~ de trabajo *Arbeits|gruppe*
f, *-kreis* m ‖ ~ de turistas *Reisegruppe* f ‖ ♦
por ~s *gruppenweise*
²**grupo** m ⟨El Tech⟩ *Satz* m, *Einheit* f ‖
Aggregat n ‖ *Anlage* f ‖ ~ de bomba(s)
Pumpenaggregat n ‖ ~ compresor
Kompressoranlage f ‖ ~ convertidor
Umformeraggregat n ‖ ~ electrógeno
Stromaggregat n ‖ ~ flotador ⟨Flugw⟩
Schwimmwerk n ‖ ~ motopropulsor ⟨Flugw⟩
Triebwerk n
grupúsculo m ⟨Pol⟩ *kleine, radikale
Organisation* f
gru|ta f *Grotte, Höhle* f ‖ la ~ de Fingal *die
Fingalshöhle* f ‖ –**tesco** adj/s → **grotesco**
gruyère m [Käse] *Gruyère-, Schweizer|käse* m
gr/vd. ⟨Abk⟩ = **gran velocidad**
¡**gua(h)!** int Am *ach! oh!*
guabinear vi Cu *s. mit allen Leuten od mit
aller Welt gut stellen*
guaca f Am ⟨Hist⟩ *(steinerner) Grabhügel* m
(der Indianer) ‖ Am *vergrabener Schatz* m ‖ Pe
Indianertempel m ‖ ⟨fig⟩ Bol CR Cu Mex

Sparbüchse f ‖ Cu ⟨fig⟩ *(scharfer) Verweis* m ‖
Chi ⟨fig⟩ *Durchfall* m ‖ Ven ⟨fig⟩ *hässliche, alte*
Jungfer f ‖ ◇ dar ~ a alg. Cu ⟨figf⟩ *jdm e–e*
Standpauke halten ‖ tener ~ Chi ⟨figf⟩ *steinreich*
sein
   guacama|ya *f* MAm Col Mex → **–yo** ‖ **–yo** *m*
⟨V⟩ *Ara* m
   guacamole *m* Mex ⟨Kochk⟩ *gewürzte*
Avocadocreme f
   guacarnaco *m* Chi ⟨fig⟩ *lange Latte* f
   guachacay *m* Chi *billiger Schnaps* m
   guacha|fita, –pa *f* Ven *Durcheinander* n,
Wirrwarr m
   guachapazo *m heftiger Sturz* m
   guachapear vi *plätschern* ‖ *klappern* ‖ ⟨figf⟩
hudeln, pfuschen, stümpern, schlampen
   guáchara *f* Cu ⟨fam⟩ *Lüge, Schwindelei, Ente* f
   ¹guache *m* ⟨Mal⟩ *Gouache, Guasch* f
   ²gua|che *m* Col Ven *Flegel, Lümmel* m ‖ **–cho**
adj Arg *ausgesetzt (Findelkind)* ‖ Arg *verwaist* ‖
SAm ⟨figf⟩ *schutz-, hilf|los* ‖ ~ *m* Arg
Waisenkind n ‖ *junger Vogel* m
   ¹guaco *m* ⟨Bot⟩ *südamer. Liane* f ‖ Am *Name*
verschiedener Pflanzen
   ²guaco *m* ⟨V⟩ **a)** *Hokkohuhn* n ‖ **b)** CR
Chimango m (Ibycter americanus)
   ³guaco *m* Mex *Zwillingskind* n
   ⁴guaco *m* MAm *präkolumbischer*
Keramikgegenstand m
   gua|da *f* Mex *Pfütze* f ‖ **–dal** *m* Arg
ausgetrockneter, sandiger Sumpfboden m ‖ Am
kleine Düne f
   Guadalaja|ra *f* [Stadt und Provinz in Spanien],
[Stadt in Mexiko] *Guadalajara* n ‖ **≈rense** adj/s
(m/f) aus Guadalajara (in Mexiko) (stammend) ‖
≈reño adj *aus Guadalajara (in Spanien)*
(stammend) ‖ jeweils: *auf Guadalajara bezüglich*
   guadalmecí *m* → **guadamecí**
   Guadalquivir *m* [Fluss]: el ~ *der*
Guadalquivir
   Guadalupe *m* [Stadt] *Guadalupe* n ‖ ~ *f* np
span. *Frauenname*
   guadame|cí, –cil *m weiches, gepunztes Leder* n
   guada|ña *f Sense* f ‖ la de la ~ ⟨figf⟩ *der*
Sensenmann, Freund Hein ‖ **–ñadora** *f* ⟨Agr⟩
⟨Gras⟩*Mäher* m, *Mähmaschine* f ‖ **–ñ(e)ar** vt/i
⟨ab⟩*mähen* ‖ **–ñero** *m Mäher, Schnitter* m
   guadañeta *f* Sant *Kalmarfänger* m *(Gerät)*
   guadapero *m* ⟨Bot⟩ *Holzbirnbaum* m
   guadarnés *m Sattel-, Geschirr|kammer* f ‖
Schirrmeister m
   Guadiana *m* [Fluss]: el ~ *der Guadiana*
   ¹guadijeño adj/s *aus Guadix* (P Gran) ‖ *auf*
Guadix bezüglich
   ²guadijeño *m* ⟨Art⟩ *Messer* n
   △ **guadra** *f Schwert* n
   ¹guagua *f wertloses Ding* n ‖ ◆ de ~ *umsonst,*
gratis
   ²guagua *f* Chi *Säugling* m
   ³guagua *f* Can Cu PR *(Auto)Bus* m
   ⁴guagua *f* Col ⟨Zool⟩ *Pakarana* (Dynomis sp)
   guaguá *m* Guat *Popanz, Kinderschreck* m
   guaguarear vi Mex ⟨fam⟩ *schwatzen*
   guaguatear vt Chi Guat *(ein Kind) stillen*
   guaiquear vt Bol *verprügeln*
   guaira *f* MAm ⟨Mus⟩ *Indianerflöte* f
   guaja *m* ⟨fam⟩ *Schelm* m ‖ *Spitzbube* m
   guajaca *f* ⟨Bot⟩ *Louisiana-Moos* n (Tillandsia
*usneoides)
   guajada *f* Mex *Dummheit* f, *Blödsinn* m
   guaje *m* ⟨Bot⟩ **a)** *e–e Akazienart* ‖ **b)** Mex
Flaschenkürbis m ‖ ⟨fig⟩ *Tölpel* m ‖ ⟨fig⟩ *Junge,*
Knabe, Bursche m
   guaji|ra *f kubanischer ländlicher Tanz* m ‖ **–ro**
m Cu *weißer Landbewohner* m ‖ ⟨allg⟩ *Bauer* m

   guajolote *m* Mex *Truthahn* m (→ **¹pavo**) ‖
Mex ⟨figf⟩ *Tölpel, Tollpatsch* m
   guala *f* Col Ven ⟨V⟩ *Truthahngeier* m →
zopilote
   ¡gualá! int *Gott befohlen!*
   gual|da *f* ⟨Bot⟩ *Reseda* f, *Wau* m (Reseda
luteola *bzw* R. lutea) ‖ **–do** adj/s *(gold)gelb (bes.*
Wein)
   gualdrapa *f Schabracke, Satteldecke* f ‖ ⟨figf⟩
Fetzen m
   gualdrapero *m in Lumpen gekleideter Mensch*
m
   gualetudo adj CR *großfüßig*
   gualicho *m* Arg Col Chi *Be-, Ver|hexung* f ‖
Hexerei f, *Zauber* m ‖ Arg *Talisman* m
   Gualter(i)o *m* np *Walt(h)er* m
   gualve *m* Chi *sumpfiges Gebiet* n
   Guam *m* ⟨Geogr⟩ *Guam* n
   guamango *m* Arg ⟨V⟩ *Falke* m
   guambas *m* CR *Tor, törichter Mensch* m
   guambiar vt Salv *bestrafen* ‖ *verprügeln*
   guambra *m* Ec *Indianer-* od *Mestizen|junge* m
   guamear vi Dom *übermäß arbeiten*
   guamice *f* Cu ⟨V⟩ *e–e Taubenart*
   guamil *m* Mex *Stoppelfeld* n
   guam|pa *f* Arg Par Ur Horn n *(des Rindviehs)*
‖ **–pudo** adj SAm *gehörnt (Hahnrei)*
   guanaco *m* ⟨Zool⟩ *Guanako, wildes Lama* n
(Lama huanachos) ‖ ⟨fig⟩ MAm SAm *Dummkopf*
m
   guanajo *m* Ant *Truthahn* m (→ **pavo**) ‖ Am
⟨fig⟩ *Tölpel* m
   guanche *m*/adj *Guanche* m *(Ureinwohner der*
Kanarischen Inseln) ‖ *(das) Guanche* n *(Sprache)*
   Guancho np ⟨fam⟩ → **Juan**
   gua|near vi Chi *mit Guano düngen* ‖ **–nera** *f*
Guano|fundstätte f bzw *-lager* m, *-vorkommen* n ‖
–nero *m Guano|schiff* n bzw *-fahrer* m
   ¹guano *m* Am ⟨allg⟩ *Palme* f ‖ *Palmwedel* m
   ²guano *m Guano, Vogeldünger* m ‖ ~ *artificial*
Kunstguano m
   ³guano *m* Cu PR ⟨fig⟩ *Zaster* m, *Moneten, Piepen*
pl
   guan|tada, –tazo *m Ohrfeige* f, *Schlag* m *mit*
der flachen Hand ‖ **–te** *m Handschuh* m ‖
Waschhandschuh m ‖ ~ de ante
Wildlederhandschuh m ‖ ~ de cabritilla
Glacéhandschuh m ‖ ~ de esgrima
Fechthandschuh m ‖ ~ forrado *gefütterter*
Handschuh m ‖ ~ de gamuza → ~ de ante ‖ ~
protector *Schutzhandschuh* m ‖ ◇ alzar el ~ *den*
Fehdehandschuh aufnehmen (& fig) ‖ arrojar el
~, echar el ~ a alg. *jdn herausfordern, jdm den*
Fehdehandschuh hinwerfen (& fig) ‖ echarle el ~
a algo ⟨fig⟩ *et. entwenden* od ⟨fam⟩ *klauen,*
stibitzen ‖ echarle el ~ a alg. ⟨fig⟩ *jdn verhaften*
od ⟨fam⟩ *schnappen* ‖ poner a uno como un ~
⟨figf⟩ *jdn um den Finger wickeln* ‖ quedarse más
suave que un ~ ⟨figf⟩ *gefügig* od *lammfromm*
werden ‖ recoger el ~ ⟨fig⟩ *die Herausforderung*
annehmen, ⟨fig⟩ *den Fehdehandschuh aufnehmen*
‖ sentar como un ~ ⟨fig⟩ *wie angegossen sitzen* ‖
⟨fig⟩ *vortrefflich passen* ‖ tratar a alg. con ~
blanco *jdn mit Glacéhandschuhen anfassen* ‖ **~s**
mpl *Handschuhe* mpl ‖ *Trinkgeld* n ‖ ~ de boxeo
Boxhandschuhe mpl ‖ ~ de hilo
Zwirnhandschuhe mpl ‖ ~ de punto *gestrickte*
Handschuhe mpl ‖ ~ de señora
Damenhandschuhe mpl ‖ ◇ colgar los ~ *das*
Boxen aufgeben, s. aus dem Boxsport
zurückziehen ‖ hacer ~ [Boxen] *trainieren* ‖
ponerse (quitarse) los ~ *die Handschuhe an-,*
aus|ziehen ‖ **–tecillo** *m* dim von **–te** ‖ **–telete** *m*
Stulp(en)handschuh m ⟨Hist⟩ *Panzerhandschuh*
m ‖ **–tera** *f* ⟨Auto⟩ *Handschuhfach* n ‖ **–tería** *f*

Handschuh\laden m, *-fabrik* f ‖ *Handschuhwaren*
fpl ‖ **–tón** *m* Am → **–tazo**
  guañir [pret ~ñó] vi Extr *quieken (Spanferkel)*
gua\pamente adv ⟨fam⟩ *kühn, mutig, beherzt,*
couragiert ‖ *vorzüglich, glänzend* ‖ **–pear** vi
⟨fam⟩ *keck auftreten* ‖ ⟨fam⟩ *großtun* ‖ *protzen* ‖
–pería *f* ⟨fam⟩ *Protzertum* n ‖ **–petón** adj/s ⟨fam⟩
sehr hübsch ‖ *schneidig* ‖ *äußerst tapfer, mutig,*
tollkühn ‖ **–peza** *f* ⟨fam⟩ *Mut* m, *Kühnheit,*
Entschlossenheit f ‖ ⟨fam⟩ *Großtuerei, Angabe* f,
Protzertum n ‖ *Schneid* m ‖ ⟨fam⟩ *Putzsucht,*
Geckenhaftigkeit f ‖ *(stämmige) Schönheit* f ‖ **–po**
adj *hübsch, schön* ‖ *fesch* ‖ *zierlich, nett, schick* ‖
⟨fam⟩ *mutig, tapfer, wacker* (bes. Am) ‖ ⟨fam⟩
angeberisch, prahlerisch, protzenhaft ‖ Chi *ernst,*
streng ‖ ◇ echarla de ~ ⟨fam⟩ *den Tapferen*
spielen, großtun ‖ ~ m ⟨fam⟩ *streitsüchtiger*
Mensch, Raufbold m ‖ *Messerheld* m ‖ *Angeber* m
‖ ⟨fam⟩ *Großsprecher* m ‖ ⟨fam⟩ *Liebhaber* m ‖
–pote adj ⟨fam⟩ *schön, hübsch* ‖ ⟨figf⟩ *gutmütig* ‖
–pura *f* ⟨fam⟩ *Schönheit* f
  guaque\ar vi Am *Schätze suchen* ‖ **–ro** *m* Am
Schatz\sucher, -gräber m
  guaraca *f* SAm *Lederschleuder* f
  guarachero *m*/adj Cu → **juerguista** ‖ PR
Spaßmacher m
  guaragua *f* Chi Pe *Grazie, Anmut* f, *Charme*
(& Scharm) m ‖ ⟨fig⟩ *Umschweife* pl ‖ Hond *Lüge*
f ‖ ~s *fpl* Chi *Putz, Schmuck* m
  guaral *m* Col Ven *Schnur* f
  guarán *m* Ar *(Zucht)Hengst* m
  guarangada *f* Am *Grobheit, Unverschämtheit* f
  guarango adj Arg Chi Par Ur *ungezogen, grob*
‖ *frech*
  ¹guaraní [*pl* ~íes] *m Ursprache* f *der Indianer*
in Paraguay und Corrientes ‖ *Guaraní(indianer)* m
  ²guaraní [*pl* ~íes] *m* [Währungseinheit]
Guarani m (g)
  ³guara\ní, –nítico adj *auf die Guaranisprache*
bezüglich
  guarapalo *m* Chi → **varapalo** ‖ ⟨fig⟩ *Grobian,*
Rüpel m
  guarapo *m Zuckerrohrsaft* m ‖
Zuckerrohrbranntwein m
  guarapón adj SAm *plump* (Person)
  ¹guarda *f Wache, Aufsicht* f ‖ *Aufbewahrung* f
‖ *Degengefäß* n ‖ *Säbelkorb* m ‖ *Schutz, Schirm* m
‖ ◇ estar de ~ *Dienst haben*
  ²guarda *m Wächter, Wachmann, Aufseher,*
Hüter m ‖ *Feldhüter* m ‖ ⟨EB⟩ *Bahnwärter* m ‖
⟨reg⟩ *Zugschaffner* m ‖ Arg *Straßenbahnschaffner*
m ‖ Arg *Zollwächter* m ‖ ~ de campo *Feldhüter*
m ‖ ~ de caza *Jagdaufseher* m ‖ ~ forestal
Waldhüter, Forstwart, Revierförster m ‖ ~jurado
beeidigter Wächter bzw *Jagdhüter* bzw *Aufseher*
m ‖ *Weinbergschütze* m ‖ ~ nocturno
Nachtwächter m ‖ ~ piscícola *Fischereiaufseher*
m
  ³guarda *f* ⟨Typ⟩ *Vorsatz* m ‖ *Vorsatzpapier* n ‖
~s *fpl Außenstäbe* mpl *(e–s Fächers)* ‖
Zuhaltungen fpl *(e–s Schlosses)*
  ⁴¡guarda! int *Vorsicht! Achtung!*
  guarda\agujas *m* ⟨EB⟩ *Weichensteller* m ‖
–almacén *m Lagerverwalter* m ‖ ⟨Mil⟩
Kammerunteroffizier m ‖ **–banderas** *m* ⟨Mar⟩
Aufseher m *des Kompasshäuschens* ‖ **–barrera(s)**
m ⟨EB⟩ *Schrankenwärter* m ‖ **–barros** *m*
Kotflügel (am Wagen) ‖ *Spritzleder,*
Schutzblech n ‖ **–bicicletas** *m Fahrradständer* m ‖
–boca *m Mündungsschoner* m *(für Feuerwaffen)* ‖
–bosque *m Waldhüter, Forstwart, Förster* m ‖
Jagdhüter m ‖ **–brisa(s)** *m Sturmlaterne* f ‖
⟨Auto⟩ *Windschutzscheibe* f ‖ Mex *Schutztür* f ‖
Türvorhang m ‖ **–cabo(s)** *m* ⟨Mar Flugw⟩
Kausche f ‖ **–cabras** *m Ziegenhirt* m ‖ **–cadena** *m*

Ketten\schutz, -kasten m *(für Fahrräder usw.)* ‖
–calor *m Kaminschacht* m ‖ *Kaffee- bzw Fleisch-*
bzw *Eier\wärmer* m ‖ ⟨Mar⟩ *Maschinenschacht* m
‖ **–camisa** *m* Ven *Unterhemd* n ‖ **–cantón** *m*
Prell-, Eck\stein m ‖ *Meilenstein* m ‖ **–coches** *m*
Parkwächter m ‖ **–costas** *m Küsten-* bzw
Strand\wache f ‖ ⟨Mar⟩ *Zoll-,*
Fischerei\aufsichtsschiff n ‖ ⟨Mar⟩
Küstenwachtschiff n ‖ **–cuerpo** *m* ⟨EB⟩
Schutzgeländer n
  guardador adj *bewachend* ‖ *vorsichtig* ‖ ⟨fig⟩
beobachtend (Gesetze, Vorschriften usw.) ‖
knick(e)rig, filzig ‖ ~ m *Wächter* m ‖ *Beschützer*
m ‖ ⟨fam⟩ *Knicker* m
  guarda\esclusa(s) *m Schleusen\wärter, -meister*
m ‖ **–espaldas** *m* ⟨fig⟩ *Leibwächter, Gorilla* m ‖
–esquís *Skihalter* m ‖ **–faldas** *m Fahrradnetz* n ‖
–fango *m Kotschützer* m *(am Wagen)* ‖ **–flanco** *m*
⟨Mil⟩ *Seitendeckung* f ‖ **–frenos** *m* ⟨EB Bgb⟩
Bremser m ‖ **–fronteras** *m Zollbeamte(r)* m ‖
–fuego *m Feuer-, Kamin\schirm* m ‖ *Bodenblech*
n ‖ ⟨Mar⟩ *Feuerschirm* m ‖ **–gujas** *m* → **–agujas**
‖ **–infante** *m Reifrock, Wulst* m *um die Hüfte* ‖
–joyas *m Schmuckkassette* f *(→ joyero)* ‖
–lado(s) *m (Brücken)Geländer* n ‖ ⟨Mar⟩ *Reling* f
‖ **–lanzaderas** *m* ⟨Text⟩ *Schiffchen-,*
Schützen\fänger m ‖ **–lápiz** [*pl* ~ces] *m*
Bleistifthalter m ‖ **–lmacén** *m* → **–almacén**
‖ **–lobo(s)** *m* ⟨Bot⟩ *Wolfskerze* f (Osyris
alba)
  guarda\lodos *m* Am → **–barros** ‖ **–llamas** *m*
Zündsicherung f ‖ **–mano** *m Stichblatt* n *am*
Degen, Degengefäß n ‖ *Säbelkorb* m ‖ ⟨Mar⟩
Geländerstange f ‖ ⟨Mil⟩ *Handschutz* m *(Gewehr)*
‖ **–meta** *m* ⟨Sp⟩ *Torwart* m ‖ ~ *suplente*
Ersatztorwart m
  ¹guardamonte *m Förster* m ‖ *Forstmeister* m
  ²guardamonte *m Wetterumhang* m ‖ *kurzer*
Überrock m ‖ Arg *Lederschutz* m *(für die Beine*
des Reiters)
  guarda\muebles *m Möbellager* n ‖
Möbelüberzug m ‖ **–nieves** *m Schneefanggitter* n ‖
–pelo *m Medaillon* n *(zur Aufbewahrung von*
Locken, Bildchen usw.) ‖ **–pesca** *m*
Fischereiaufsichtsboot n ‖ **–piés** *m Fußdecke* f ‖
–polvo *m Wetterdach* n ‖ *Staub-, Reise\mantel* m ‖
Staubdeckel m *(e–r Uhr)* ‖ *(Möbel)Überzug* m ‖
–puentes *m Brückenwärter* m ‖ **–puerta** *f*
Türvorhang m ‖ **–puntas** *m Bleistifthülse* f
  guardar vt *auf\bewahren, -heben, bewahren* ‖
(bei)behalten ‖ *für s. behalten, zurückbehalten* ‖
behalten (im Gedächtnis) ‖ *bewahren (Geheimnis)*
‖ *(be)hüten* ‖ *bewachen* ‖ *beaufsichtigen* ‖
aufpassen (& a algo auf et. acc) ‖ *überwachen* ‖
beobachten ‖ *warten, pflegen* ‖ *be\schützen,*
-schirmen ‖ *(ein)halten (Gesetz, Wort)* ‖ *feiern*
(Festtag) ‖ *(er)sparen (Geld)* ‖ ◇ ~ a alg. de algo
jdn vor et. (dat) *bewahren, jdm et.* (acc) *ersparen*
m ‖ ~ *entre algodones* ⟨fig⟩ *in Watte packen* ‖ ~ *las*
apariencias den Schein od den Anstand wahren ‖
~ (la) cama *das Bett hüten* ‖ ~ la derecha ⟨StV⟩
rechts fahren ‖ ~ las distancias ⟨fig⟩ *Abstand*
wahren ‖ *s. zurückhaltend benehmen* ‖ ~ la
izquierda ⟨StV⟩ *links fahren* ‖ ~ con *od* bajo
llave unter Verschluss halten ‖ ~ *miramientos a*
alg. Rücksicht nehmen auf jdn ‖ ~ *silencio*
schweigen, Stillschweigen bewahren ‖ ¡Dios
guarde a Vd.! *seien Sie willkommen! leben Sie*
wohl! ‖ ~**se** *s. in Acht nehmen, s. vorsehen, s.*
hüten (de vor dat) ‖ *s. sichern (contra gegen)* ‖ *s.*
verwahren (de gegen) ‖ ◇ guardársela a uno
⟨figf⟩ *jdm et. nachtragen, jdm grollen* ‖ *auf die*
passende Gelegenheit warten(, um s. zu rächen) ‖
¡guárdese de no caer! *geben Sie Acht, dass Sie*
nicht fallen!

guardarraíl *m* ⟨StV⟩ *Leitplanke* f
¹guardarropa *f Garderobenfrau, Garderobiere, Kleiderwärterin* f ‖ ~ *m Kleiderraum* m, *Garderobe* f ‖ *Kleiderschrank* m ‖ ⟨Th⟩ *Garderobe, Kleiderablage* f ‖ ⟨Th⟩ *Kleiderwart, Garderobier* m ‖ *Vorrat* m *an Kleidungsstücken*
²guardarropa *f* ⟨Bot⟩ *Eberraute* f (Artemisia abrotanum)
guarda|rropía *f Kleidervorrat* m *und Requisiten* npl *e–s Theaters* ‖ *Garderobe, Kleiderkammer* f ‖ ◆ de ~ ⟨fam⟩ *falsch, nur dem Schein nach* ‖ **–rruedas** *m Räder-, Schutz|kasten* m ‖ ⟨Arch⟩ *Radabweiser, Prellstein* m ‖ **–sellos** *m Siegelbewahrer* m ‖ **–silla** *f Wandleiste* f *(zum Schutz gegen die Stuhllehnen)* ‖ **–sol** *m Sonnenschirm* m ‖ **–temperaturas** *m* ⟨Tech⟩ *Temperaturwächter* m ‖ **–trén** *m* Arg *Zugführer* m ‖ **–valla** *m* Am ⟨Sp⟩ *Torwart* m ‖ **–vía** *m* ⟨EB⟩ *Streckenwächter, Begeher* m ‖ **–vida** *m Bade-, Schwimm|meister* m
guardería *f Wächteramt* n ‖ *Anstalt* f, *Heim* n ‖ ~ *canina Hundeheim* n ‖ ~ *infantil Kinder|hort* m, *-krippe* f ‖ *Säuglingsheim* n
guardesa *f Wächterin, Aufseherin* f
¹guardia *f* ⟨Mil⟩ *(Schild)Wache* f ‖ ⟨Mil⟩ *(Wacht)Posten* m ‖ ⟨Mil⟩ *Wach(t)haus* n, *Wache* f ‖ ⟨Mil⟩ *Wachlokal* n ‖ ⟨Mil⟩ *Garde* f ‖ *Schutz, Schirm* m ‖ *(Ob)Hut* f ‖ *Gewahrsam* m, *Bewachung* f ‖ *Grundstellung* f *(beim Boxen)* ‖ *Nachtdienst, Bereitschaftsdienst* m (z. B. *Apotheken)* ‖ *Auslage* f *(Fechtkunst)* ‖ ~ *avanzada* ⟨Mil⟩ *Vorposten* m ‖ ~ *civil Gendarmerie, Landpolizei* f ‖ Span meist unübersetzt ‖ ~ *de corps Leibwache* f ‖ ~ *costera Küstenwache* f ‖ ~ *entrante* ⟨Mil⟩ *aufziehende Wache* f ‖ ~ *franca* ⟨Mar⟩ *Freiwache* f ‖ ~ *de honor Ehrenwache* f ‖ *Ehrengarde* f ‖ ~ *libre* → ~ *franca* ‖ ~ *media* ⟨Mar⟩ *Mittel-, Hunde|wache* f ‖ ~ *municipal Gemeinde-, Stadt|polizei* f ‖ ~ *nacional Nationalgarde* f ‖ ~ *de noche Nachtwache* f *(am Krankenbett)* ‖ ~ *de orden público Ordnungspolizei* f ‖ ~ *de perro* → ~ *media* ‖ ~ *principal* ⟨Mil⟩ *Hauptwache* f ‖ ~ *de la sala Saalschutz* m ‖ ~ *saliente abziehende Wache* f ‖ ~ *suiza Schweizergarde* f *(des Papstes)* ‖ ~ *de tráfico Verkehrspolizei* f ‖ ~ *urbana Stadtpolizei* f ‖ *Verkehrspolizei* f ‖ ◆ ¡en ~! *Obacht! Vorsicht!* ‖ ◇ *entrar de* ~, *montar la* ~ ⟨Mil⟩ *die Wache beziehen* ‖ *estar de* ~ ⟨Mil⟩ *Posten stehen, auf Wache sein* ‖ *estar en* ~ ⟨fig⟩ *auf der Hut sein, s. hüten (contra vor* dat) ‖ *mudar la* ~ → *relevar la* ~ ‖ *poner en* ~ *warnen (contra vor* dat) ‖ *ponerse en* ~ ⟨fig⟩ *Vorsichtsmaßregeln treffen (contra gegen)* ‖ *s. vorsehen, s. in Acht nehmen* ‖ *auslegen (Fechten)* ‖ *relevar (& od* mudar*) la* ~ ⟨Mil⟩ *die Wache ablösen* ‖ ¡~ a formar! ⟨Mil⟩ *Wache heraus!*
²guardia *m Polizist, Schutzmann* m ‖ ⟨Mil⟩ *Schildwache* f, *Posten* m ‖ ⟨Mil⟩ *Gardist, Gardesoldat* m ‖ ~ *civil Gendarm, Landpolizist* m ‖ Span meist unübersetzt ‖ ~ *forestal Forstwächter* m ‖ ~ *municipal Schutzmann* m ‖ ~ *nacional Nationalgardist* m ‖ ~ *de orden público,* ~ *de seguridad Polizist* m ‖ ~ *de la porra* (pop) *Schutzmann* m ‖ ~ (civil) *de tráfico Verkehrspolizist* m ‖ ~ *urbano Stadtpolizist* m ‖ *Verkehrspolizist* m ‖ → *auch* **²guarda, policía** ‖ ◇ *cuéntaselo a un* ~ (figf) *das kannst du deiner Großmutter erzählen*
guardián *adj Wach-, Schutz-* ‖ ~ *m Bewahrer, Hüter* m ‖ *Aufseher* m ‖ *Wächter* m ‖ *Platzwart* m ‖ (Kloster)*Guardian, Klostervorsteher* m ‖ ⟨Mar⟩ *Lieger* m, *Trosse* f
guardi|lla *f (Dach)Luke* f ‖ *Dach|stube,*

-*kammer* f ‖ **–llón** *m elende* bzw *große Dachkammer* f ‖ *Hängeboden* m
guardín *m* ⟨Mar⟩ *Ruderkette* f
guar|dón, –doso adj/s *sparsam* ‖ *geizig, knaus(e)rig, knick(e)rig* ‖ *nachtragend*
gua|recer [-zc-] vt *(be)schützen* (de *vor* dat) ‖ *ver-, aufbe|wahren, (jdn) beherbergen, (jdm) Obdach gewähren* ‖ *(jdn) pflegen* bzw *heilen* ‖ ~se *flüchten, s. in Sicherheit bringen* ‖ ~ *en un lugar s. an e–n Ort flüchten* ‖ ◇ ~ *de la lluvia s. vor dem Regen schützen*
guariao *m* Ant Cu ⟨V⟩ *Riesenralle* f (Aramus gaurauna)
guaricha *f* Col Ec Ven ⟨desp⟩ *Weib* n ‖ *Schlampe* f ‖ Ven *ledige Indianerin* f ‖ Col Ven Ec Pan *Dirne* f
guarida *f Höhle* f, *Bau* m *e–s (wilden) Tieres* ‖ *Wildlager* n ‖ *Zufluchtsort, Schlupfwinkel* m ‖ ⟨fig⟩ *Lieblingsort* m ‖ ⟨fig⟩ *Stammlokal* n
guarilla *f* ⟨Taur⟩ → **burladero**
guarisapo *m* Ec *Kaulquappe* f
guarismo *m Zahl, Ziffer* f ‖ *Bezifferung* f ‖ *Reihenfolge* f ‖ ◇ *no tener* ~ ⟨fig⟩ *un|berechenbar, -zählig sein*
guarmiel *m* Ec *Tasche* f, *Beutel* m
guarmilla *m* Ec *verweiblichter Mann* m
guarne|cer [-zc-] vt *einfassen, auslegen (mit Gold, Silber)* ‖ *staffieren, besetzen (Kleider)* ‖ *garnieren (Hut)* ‖ *zieren, ausschmücken* (de, con *mit)* ‖ *verputzen (Wand)* ‖ *aus-, be|schlagen, aus-, be|kleiden* ‖ *ver|sehen, -sorgen* (con *de mit)* ‖ *anschirren (Pferd)* ‖ ⟨Mil⟩ *ausrüsten (Festung)* ‖ *ausrüsten (Schiff)* ‖ ⟨Kochk⟩ *garnieren* ‖ **–cido** *m*/adj ⟨Arch⟩ *Verkleidung* f ‖ *Verputz* m
guarni|ción *f Besatz, Zierrat* m ‖ *Versatz* m ‖ *Garnitur* f ‖ *Verzierung* f ‖ *(Ein)Fassung* f *(von Edelsteinen)* ‖ *Degengefäß* n ‖ *Zubehör* n ‖ *Beschlag* m ‖ *(Ein-, Auf)Satz* m, *Aus|rüstung, -stattung* f ‖ *(Ab)Dichtung* f ‖ *Futter* n ‖ *Geschirr* n *(Pferd)* ‖ ⟨Kochk⟩ *Garnierung* f, *Beilagen* fpl ‖ ⟨Mil⟩ *Besatzung, Garnison* f ‖ ⟨fig⟩ *Garnisonstadt* f, *Standort* m ‖ ~ *de carda* ⟨Text⟩ *Kratzenbeschlag* m ‖ ~ *de cuerdas* ⟨Mus⟩ *Saitenbezug* m ‖ ~ *de fieltro Filzdichtung* f ‖ ~ *de freno Bremsbelag* m ‖ ~ *de oro Goldfassung* f ‖ **–ciones** fpl *Pferdegeschirr* n ‖ *Armaturen* fpl ‖ ~ *para muebles Möbelbeschläge* mpl ‖ ~ *para sombreros Hutbesätze* mpl ‖ **–cionar** vt *mit Garnison belegen* ‖ ⟨Mil⟩ *in Garnison legen* ‖ **–cionería** *f Sattlerei, Geschirrmacherei* f ‖ **–cionero** *m Sattler,* ⟨reg⟩ *Riemer* m ‖ *Geschirrmacher* m
guarnigón *m Wachtelküken* n
guaro *m* MAm → **guarapo** ‖ ⟨Mil⟩ *SAm Papagei* m
guarolo *m* Ven *Dummkopf, Tölpel* m
guaroso adj Chi *anmutig (beim Tanz)*
guarura *m* Mex *Leibwächter* m
gua|rrada *f* ⟨fam⟩, **–rrería** *f Dreck, Schmutz* m ‖ ⟨fam⟩ *Saustall* m ‖ ⟨fig⟩ *Sauerei, Schweinerei* f ‖ ⟨fig⟩ *Pfuscherei, schlampige Arbeit* f ‖ ⟨fig⟩ *Un|anständigkeit, -sittlichkeit* f ‖ **–rrero** m (pop) *Schweinehirt* m ‖ **–rro** adj/s *dreckig, schmutzig* ‖ *schweinisch* ‖ ⟨fig⟩ *unmoralisch* ‖ ~ *m Schwein* n (& *fig)* ‖ ⟨fig⟩ *Mistfink* m
guarrusca *f* Col *Machete* f
¡guarte! *aufgepasst!*
guasa *f* ⟨fam⟩ *Schwerfälligkeit, Plumpheit* f ‖ ⟨fam⟩ *Scherz, Witz* m ‖ ◆ *con* ~ *im Scherz* ‖ de ~ *im Scherz* ‖ ◇ *tener mucha* ~ *lustig sein, ein Witzbold* od *Spaßmacher sein* ‖ *s.* (über andere) *lustig machen*
guasada *f* Arg *Grobheit, Unverschämtheit* f
guas|ca *f* SAm *Strick* m *aus Pitahanf, Leder usw.* (& *als Peitsche* bzw *Zügel benutzt)* ‖ Am ⟨fig pop⟩ *männliches Glied* n ‖ ◇ *dar* ~ a alg.

⟨figf⟩ *jdn auspeitschen* ‖ **–cazo** *m* SAm *Hieb* m
mit e–m Pitastrick
guase|ar vi *scherzen, witzeln,* ⟨fam⟩ *blödeln* ‖
–arse vr *spötteln* (de *über* acc), *s. lustig machen*
(de *über* acc) ‖ *s. gegenseitig verulken* ‖ **–ría** *f*
Arg Chi *Tölpelhaftigkeit* f
guaso adj Chi *auf den* guaso *bezüglich* ‖ Arg
Chi Cu Ec *bäu(e)risch, grob* ‖ ~ *m* Chi *Bauer* m
‖ *(chilenischer) Gaucho* m
gua|són *m*/adj ⟨fam⟩ *langweiliger Mensch* m ‖
⟨fam⟩ *Spaßvogel, Witzbold* m ‖ **–sonería** *f* ⟨fam⟩
Spaß(treiben n) m
guasquear vt Am *peitschen* (→ **guasca**)
guasusa *f* Cu *Hunger* m
¹guata *f* *Watte* f ‖ *Wattierung* f ‖ *Watteline* f ‖
wattierte Decke f ‖ ⟨Text⟩ *Flor* m
²guata *f* Chi *Wanst, Bauch* m ‖ ⟨fig⟩
(Ver)Werfen n *(Holz, Wand)* ‖ Cu *Lüge* f,
Schwindel m
¹guataca *f* Cu *(kurze) Jäthacke* f
²guataca *f* Cu Dom ⟨fam⟩ *(großes) Ohr* n ‖ Cu
⟨fig⟩ *Schmeichler* m
guatacazo *m* Chi PR → **batacazo**
guataco adj Hond *dicklich* ‖ Cu *ungehobelt, grob*
guatado adj *wattiert* ‖ *mit Watte*
(aus)gepolstert ‖ *Stepp-* ‖ ⟨fig⟩ *mäßig* ‖ *gemäßigt*
‖ ~ *m Wattierung* f
guate *m* MAm *Futtermais* m
guate|ado adj/s → **guatado** ‖ **–ar** vt *wattieren*
‖ *mit Watte (aus)polstern* ‖ **~se** ⟨fig⟩ *Bauch*
ansetzen
Guate|mala *f* ⟨Geogr⟩ *Guatemala* n ‖ **–malteco**
adj/s *aus Guatemala* ‖ *guatemaltekisch* ‖ ~ *m*
Guatemalteke m ‖ **=maltequismo** *m*
Guatemaltekismus m *(e–e nur im*
guatemaltekischen Spanisch vorkommende
sprachliche Erscheinung)
Guatepeor: *salir de Guatemala y entrar en* ~
⟨figf⟩ *vom Regen in die Traufe kommen*
guatepín *m* Mex *Faustschlag* m *(an den Kopf)*
guate|que *m* ⟨fam⟩ *(Tanz)Party* f ‖ **–quear** vi
⟨fam⟩ *an e–r Party teilnehmen* ‖ *e–e Party*
veranstalten
guatero *m* Chi *(Gummi)Wärmflasche* f
gua|toco adj ⟨Bol⟩ *dicklich* ‖ **–tón** *m* Chi ⟨fam⟩
Dickwanst m
guatu|sa, –tuza *f* ⟨Zool⟩ CR Ec Hond
Goldhase m (Dasyprocta sp)
guatuso adj Salv ⟨fig⟩ *blond*
¡guau! onom *wau! (Bellen des Hundes)*
¡guay! int ⟨poet⟩ *ach! weh!* ‖ adj ⟨pop⟩ *prima,*
klasse, super, toll
¹guayaba *f* ⟨Bot⟩ *Guajave|apfel* m, *-birne* f
²guayaba *f* Col *minderwertige Kaffeebohne* f ‖
Pan *Lappalie* f ‖ Am *Lüge* f ‖ Mex ⟨fig⟩ *Braut* f ‖
Geliebte f ‖ Guat ⟨fig⟩ *Kuss* m
³guayaba *f* *Fußknöchel* m
guaya|bear vi ⟨fam⟩ *gern* (bzw *oft*) *Umgang*
mit jungen Mädchen haben ‖ **–beo** *m Umgang* m
mit jungen Mädchen
guayabera *f* ⟨Art⟩ *kurze, leichte Jacke* f ‖ *(Art)*
Buschhemd n
guayabero *m* Am *Lügner, Schwindler* m ‖
Aufschneider m
¹guayabo *m* ⟨Bot⟩ *Guajavenbaum* m (Psidium
guajava)
²guayabo *m junges, kesses Mädchen* n ‖ ⟨fam⟩
süße(, kleine) Krabbe f
guaya|ca *f* Arg Bol Chi *(Geld)Beutel* m ‖ ⟨fig⟩
Talisman m
guaya|cán, –co *m* ⟨Bot⟩ *Guajakbaum* m
(Guajacum officinale) ‖ *Pock-, Guajak|holz* n ‖
–col *m* ⟨Pharm⟩ *Guajakol* n
guayar vt/i Cu Dom *reiben (mit dem*
Reibeisen) ‖ **~se** PR ⟨fig⟩ *s. betrinken*

guayo *m* Cn Dom *Reibeisen* n
guazubirá *m* ⟨Zool⟩ Arg *Roter Spießhirsch* m
(Mazama rufina)\
guber|namental adj *(m/f) Regierungs-* ‖ *der*
Regierung nahestehend ‖ *regierungsfreundlich* ‖
–nativamente adv *durch die Regierung* ‖ *von*
seiten der Regierung ‖ *regierungsseitig* ‖ **–nativo**
adj *Regierungs-* ‖ *Verwaltungs-* ‖ **–nista** adj *(m/f)*
Am → **–namental** ‖ ~ *m/f* Am *Anhänger(in* f) m
der Regierungspartei
gubia *f* *Hohl|meißel, -beitel* m
gubio *m* ⟨Fi⟩ → **gobio**
△ **gucarar** vt *öffnen*
guede|ja *f* *langes Haar* n ‖ *Mähne* f *des Löwen*
‖ *(Stirn)Locke, Schmachtlocke* f ‖ ⟨joc⟩
Herrenwinker m ‖ ◇ *tener* a/c *por la* ~ ⟨fig⟩ *bei*
et. die Gelegenheit beim Schopf(e) fassen od
packen ‖ **–jar** vt *(das Haar) kräuseln* ‖ **–jón** *m*
augm von **–ja**
güegüecho adj Am *kropfkrank* ‖ MAm Col
⟨fig⟩ *schwachsinnig* ‖ ~ *m* Am ⟨Med⟩ *Kropf* m
△ **guel** *m* *Krätze* f
Güel|dres *m* ⟨Geogr⟩ *Geldern* n *(Holland)* ‖
=drés adj/s *aus Geldern*
güelfo adj ⟨Hist⟩ *welfisch* ‖ ~ *m* *Welfe* m ‖ **~s**
y gibelinos *Welfen und G(h)ibellinen*
△ **guel|te, –tre** *m* *Geld* n
guepardo *m* ⟨Zool⟩ *Gepard* m (Acinonyx
jubatus)
´△ **guer(é)** *m* *Dienstag* m
Guernikako adj ⟨bask⟩ *aus Guernica* (P Vizc)
‖ *auf Guernica bezüglich* ‖ ~ *arbola* *e–e* bask.
Hymne f
güero adj Mex *blond*
guerra *f* *Krieg* m ‖ *Kampf, Streit, Zwist* m,
Fehde f ‖ *Streitig-, Zwistig|keiten* fpl ‖
Feindschaft f ‖ ⟨fig⟩ *Widerstand* m ‖ ⟨fig⟩ *Ärger*
m ‖ ⟨fig⟩ *Mühe* f ‖ ~ *abierta offene Fehde* f ‖ ~
aérea Luftkrieg m ‖ ~ *de agresión Angriffskrieg*
m ‖ ~ *de aniquilamiento Vernichtungskrieg* m ‖
~ *atómica Atomkrieg* m ‖ ~ *bacteriológica*
Bakterienkrieg m ‖ ~ *bifrontal Zweifrontenkrieg*
m ‖ ~ *biológica biologischer Krieg* m ‖ ~ *de los*
bóeres ⟨Hist⟩ *Burenkrieg* m ‖ ~ *caliente heißer*
Krieg m ‖ ~ *campal Krieg* m *im offenen Felde* ‖
~s *carlistas* ⟨Hist⟩ *Karlistenkriege* mpl *(Spanien)*
‖ ~ *civil Bürgerkrieg* m ‖ ~ *comercial*
Handelskrieg m ‖ ~ *de conquista*
Eroberungskrieg m ‖ ~ *sin cuartel Krieg auf*
Leben und Tod, erbarmungs- od *gnaden|loser*
Krieg m ‖ ~ *defensiva Verteidigungskrieg* m ‖ ~
de desgaste Abnutzungskrieg m ‖ ~ *económica*
Wirtschaftskrieg m ‖ ~ *europea Erster Weltkrieg*
m ‖ ~ *de exterminación* od *exterminio*
Vernichtungskrieg m ‖ ~ *fratricida Bruderkrieg* m
‖ ~ *de* od *en dos frentes Zweifrontenkrieg* m ‖ ~
fría kalter Krieg m ‖ ~ *de fronteras Grenzkrieg* m
‖ ~ *galana* ⟨fig⟩ *Scheinkrieg* m ‖ ~ *de las*
galaxias Krieg m *der Sterne* ‖ ~ *de gas Gaskrieg*
m ‖ ~ *del Golfo* ⟨Hist⟩ *Golfkrieg* m ‖ *Gran* ~
Erster Weltkrieg m ‖ ~ *de guerrillas*
Guerillakrieg m ‖ ~ *de los husitas* ⟨Hist⟩
Hussitenkriege mpl ‖ ~ *de independencia*
Unabhängigkeitskrieg m ‖ ~ *de la independencia*
⟨Hist⟩ *Unabhängigkeitskrieg* m *(Spanien)* ‖ ~
(in)justa (un)gerechter Krieg m ‖ ~s *intestinas*
Bürgerkrieg m ‖ ~ *de liberación Befreiungskrieg*
m ‖ *la* ~ *de Liberación Span der Bürgerkrieg*
1936–1939 ‖ ~ *marítima* → ~ *naval* ‖ ~ *de*
movimiento Bewegungskrieg m ‖ ~ *a muerte*
Krieg m *auf Leben und Tod* ‖ ~ *mundial*
Weltkrieg m ‖ *primera* ~ *mundial Erster*
Weltkrieg m ‖ *segunda* ~ *mundial Zweiter*
Weltkrieg m ‖ ~ *naval Seekrieg* m ‖ ~ *de nervios*
Nervenkrieg m ‖ ~ *ofensiva Angriffskrieg* m ‖ ~

de posiciones *Stellungskrieg* m ‖ ~ preventiva
Präventivkrieg m ‖ ~ psicológica *psychologische
Kriegführung* f ‖ ~s púnicas ⟨Hist⟩ *die Punische*n
Kriege mpl ‖ ~ química *chemischer Krieg* m ‖ ~
relámpago *Blitzkrieg* m ‖ ~ de religión, ~ de
religiones *Religionskrieg* m ‖ la ~ de las Dos
Rosas ⟨Hist⟩ *die Rosenkriege* mpl ‖ ~ santa
Glaubenskrieg, Kreuzzug m ‖ ~ de Secesión
⟨Hist⟩ *Sezessionskrieg* m *(Nordamerika)* ‖ ~
sicológica → ~ psicológica ‖ ~ de sitio
Belagerungskrieg m ‖ ~ submarina *U-Boot-Krieg*
m ‖ ~ de sucesión *Erbfolgekrieg* m ‖ ~ terrestre
Landkrieg m ‖ ~ de trincheras *Graben-,
Stellungs|krieg* m ‖ la ~ de los Treinta Años
⟨Hist⟩ *der Dreißigjährige Krieg* ‖ las ~s contra
los turcos ⟨Hist⟩ *die Türkenkriege* mpl ‖ ◆ en
buena ~ ⟨fig⟩ *mit ehrlichen Waffen, mit
anständigen Mitteln* ‖ en la ~ como en la ~
⟨fam⟩ *Krieg ist Krieg* ‖ *man muss s. ins
Unvermeidliche fügen* ‖ ◇ armar ~ *Krieg
anfangen* ‖ ⟨fam⟩ *Krach machen* ‖ armar en ~
⟨Mar⟩ *als Hilfskreuzer ausstatten (Schiff)* ‖ dar ~
a alg. ⟨figf⟩ *jdn be|lästigen, -kriegen* ‖ *jdm zu
schaffen machen* ‖ declarar la ~ *den Krieg
erklären* ‖ estar en ~ s. *im Krieg(szustand)
befinden* ‖ ⟨fig⟩ *im Streit liegen (con mit)* ‖ hacer
la ~ *Krieg führen* ‖ hacer la ~ a algo *et.
bekämpfen (& fig)* ‖ irse a la ~ *in den Krieg
ziehen* ‖ mover ~ → armar ~ ‖ tener (la) ~
declarada a alg. *jds offener Feind sein*
  guerre|ar vi *Krieg führen (& fig)* ‖ ⟨fig⟩
streiten ‖ ⟨fig⟩ *kämpfen* ‖ **-ra** f ⟨Mil⟩ *Waffenrock*
m ‖ *Feldbluse* f ‖ **-ro** adj *kriegerisch* ‖ *Kriegs-,
Kampf-* ‖ ~ m *Krieger* m ‖ *Soldat* m
  guerri|lla f *Kleinkrieg* m ‖ ⟨Mil⟩ *Guerilla* f ‖
⟨Mil⟩ *kleines Gefecht, Scharmützel* n ‖ ⟨Mil⟩
Streifzug m ‖ **-llear** vi ⟨Mil⟩ *scharmützeln* ‖
-llero m ⟨Mil⟩ *Freischärler* m ‖ *Guerillakämpfer* m
  gueto m *G(h)etto* n (& fig)
  △ **gui** m *Getreide* n
  ¹guía f *Richtschnur, Anleitung* f ‖ *Führer,
Leitfaden* m *(Buch)* ‖ *Reiseführer* m *(Buch)* ‖
Leitkarte f *(Kartei)* ‖ *Adressbuch* n ‖ *Fahrplan* m
‖ *Kursbuch* n ‖ ⟨Com⟩ *Begleitschein* m ‖ ⟨Radio
TV⟩ *Werbefunk* m ‖ ⟨Tech⟩ *Führung, Steuerung,
Leitstange* f ‖ *Leitschiene* f ‖ *Gleitbahn* f (&
⟨Geschütz⟩) ‖ *Lenkstange* f *(am Fahrrad)* ‖ ⟨Mar⟩
Wurfleine f ‖ ⟨fig⟩ *Richtschnur* f ‖ ⟨fig⟩ *Leitstern*
m ‖ ⟨fig⟩ *Anweisung* f ‖ ⟨fig⟩ *Plan* m ‖ ~ aérea
Luftkursbuch n ‖ ~ de bolsillo *Taschen-,
Bestimmungs|buch* n ‖ *Taschenfahrplan* m ‖ ~ de
carga *Frachtbrief* m ‖ ~ comercial *Adressbuch* n
‖ ⟨Radio TV⟩ *Werbefunk* m ‖ ~ de depósito
Lagerschein m ‖ ~ de ferrocarriles *Kursbuch* n,
Fahrplan m ‖ ~ telefónica *Telefonbuch* n ‖ ~ de
tránsito *Zollbegleit-, Durchfuhr|schein* m ‖ ~ de
viajeros *Reisehandbuch* n ‖ ~s fpl
Schnurrbartspitzen fpl
  ²guía m/f *Führer(in* f), *Wegweiser* m ‖ ⟨fig⟩
Führer(in f), *Lehrmeister(in* f) m ‖ ⟨Sp⟩
Schrittmacher m ‖ ⟨Mil⟩ *Flügel-* bzw
Vorder|mann m ‖ *Leitstier* m ‖ *Richtholz* n am
Hobel ‖ ~ de forasteros *Fremdenführer(in* f) m ‖
~ de montaña *Bergführer(in* f) m
  guia|dera f *Führerin* f ‖ ⟨Tech⟩ *Leitschiene* f ‖
Führungsstück n ‖ *Leitriemen* m ‖ **-dor** adj
führend, leitend ‖ ~ m *Führer, Leiter* m
  guía-intérprete m/f *sprachkundige(r) Reise-
bzw Fremden|führer(in* f) m
  guiaondas m ⟨Radio⟩ *wellenführende Leitung* f
  guiar [pres ~ío] vt/i *(den Weg) weisen, zeigen
leiten, führen (& fig)* ‖ *lenken (Pferde, Wagen,
Geschoss)* ‖ *ziehen (Pflanze)* ‖ ~ vi *voran|gehen,
fahren* ‖ ~**se** s. *führen od lenken lassen (por von)*
s. *richten (por, según nach)*

  guia|tipos m *Typenführung* f *(Schreibmaschine)*
‖ **-virutas** m *Spanführung* f
  △ **guichitó** m *Adler* m
  △ **guido** adj *gut*
  Guido, Guidón m np *Guido, Veit* m
  guienés adj → **guineo**
  ¹guiguí m ⟨Zool⟩ *Fil Taguan* m,
Riesenflughörnchen n (Petaurista petaurista)
  ²¡guiguí! int Cu *ätsch!*
  guija f *Kiesel(stein)* m ‖ *Kies* m ‖ ⟨Bot⟩
Platterbse f (→ **almorta**) ‖ **-rral** m *kieselreiche
Stelle* f ‖ **-rreño** adj → **guijarroso** ‖ ⟨fig⟩
stämmig
  guija|rro m *Kiesel(stein)* m ‖ ~**s** mpl ⟨Geol⟩
Geröll n ‖ **-rroso** adj *Kiesel-*
  gui|jeño adj *kiesel-, schotter|artig* ‖ ⟨fig⟩ *hart,
grausam* ‖ ⟨fig⟩ *hart(näckig)* ‖ **-jero** m *Steinfeld* n ‖
-jo m *(Quarz)Schotter* m ‖ ⟨Tech⟩ *Dorn, Zapfen* m
  güila f Mex *Nutte* f
  guilla f *reiche Ernte* f ‖ ◆ de ~ ⟨fig⟩ *in Hülle
und Fülle*
  △ **guillabar** vt/i *singen*
  guilla|do adj ⟨fam⟩ *verdreht, halb verrückt* ‖
-dura f ⟨fam⟩ *Verrücktheit* f
  guillame m ⟨Zim⟩ *Sims-, Falz-, Spund|hobel* m
  guillarse vr ⟨fam⟩ *(halb) verrückt werden,*
⟨fam⟩ *durchdrehen* ‖ *ent|weichen, -laufen* ‖ **-las**
⟨fam⟩ *Reißaus nehmen,* ⟨fam⟩ *abhauen*
  güllegüille m Ec *Kaulquappe* f (→ **renacuajo**)
  Guiller|mina f np *Wilhelmine* f ‖ **-mo** m np
Wilhelm m
  guilloque m ⟨Tech⟩ *Guilloche* f
  guilloti|na f *Fallbeil* n, *Guillotine* f ‖
Planschneider m, *Papierschneidemaschine* f ‖
Tafelschere f ‖ ◆ de ~ *senkrecht verstellbar(es)
(Schiebefenster)* ‖ **-nar** vt *mit der Guillotine
hinrichten, guillotinieren* ‖ *(Papier) beschneiden*
  guimbalete m *Pumpenhebel* m
  guimbarda f ⟨Zim⟩ *Nuthobel* m
  guimeriona adj *auf den katalanischen
Schriftsteller A. Guimerá (1849–1924) bezüglich*
  güinca m Chi *Spanier* m ‖ *Weißer* m ‖ ⟨fam⟩
Freund, Kamerad m
  ¹guinda f *Weichsel-, Sauer|kirsche* f ‖ ~ agria
Weichselkirsche f ‖ ~ garrafal *Herzkirsche* f ‖
⟨figf⟩ *Krönung* f, *Höhepunkt* m ‖ ◇ ser la ~ en el
pastel *die Krönung, der Höhepunkt sein*
  ²guinda f ⟨Mar⟩ *Flaggen-, Mast|höhe* f
  △ **³guinda** f *Rucksack* m
  guin|dal m → **guindo** ‖ **-dalera** f
Sauerkirschpflanzung f
  guindaleta f *Hanfseil* n
  guinda|leza f ⟨Mar⟩ *Trosse* f ‖ **-maina** f ⟨Mar⟩
Flaggengruß m
  guin|dar vt *hinauf|winden, -bringen* ‖ *hissen,*
⟨Mar⟩ *heißen* ‖ ⟨fam⟩ *wegschnappen,* ⟨fam⟩
angeln ‖ ⟨pop⟩ *(auf)hängen* ‖ ⟨pop⟩ *klauen,
stibitzen* ‖ ~**se** s. *abseilen* ‖ **-daste** m
Schiffs(lade)winde f ‖ ⟨Flugw⟩ *Ballonwinde* f
  ¹guindilla f ⟨Bot Kochk⟩ *Peperoni* f ‖ ⟨Bot⟩
Spanische Pfefferkirsche f ‖ *Sauerkirsche* f ‖
Spanischer Pfeffer m
  ²guindilla m ⟨fam desp⟩ *Schutzmann, Polyp* m
‖ ⟨desp⟩ *Spitzel* m
  guindo m ⟨Bot⟩ *Weichsel-, Sauerkirsch|baum*
m (Prunus cerasus)
  guindola f ⟨Mar⟩ *Rettungsboje* f ‖ *Logscheit* m
  guinea f ⟨Hist⟩ *Guinea* f (& *frühere brit.
Goldmünze bzw Rechnungseinheit)*
  Guinea f ⟨Geogr⟩ *Guinea* n ‖ ~**-Bissau** f
⟨Geogr⟩ *Guinea-Bissau* n ‖ ~ **Ecuatorial** ⟨Geogr⟩
Äquatorialguinea n
  gui|neano adj *aus Guinea* ‖ *auf Guinea
bezüglich* ‖ **-neo** adj *aus Guinea* ‖ *Guinea-* ‖ ~ m
Guineabanane f ‖ *ein Negertanz* m

guinga f ⟨Text⟩ *Gingang* m
guin|ja f, **–jo(lero)** m ⟨Bot⟩ → **azufai|fa** f, **–fo** m
guiña(da) f *Äugeln, (Zu)Blinzeln, (Zu)Zwinkern* n, *Augenwink* m ‖ ⟨Mar⟩ *Gieren* n ‖ ⟨Flugw⟩ *Schrauben* n
guiña|po m *alter Lumpen, Fetzen* m ‖ ⟨fig⟩ *Waschlappen* m ‖ ◇ *estar hecho un* ~ ⟨figf⟩ *völlig heruntergekommen sein* ‖ figf) s. *wie ein Waschlappen od ein Wrack fühlen* ‖ **–poso** adj *lumpig, zerrissen*
gui|ñar vt *(jdm) (zu)winken, (jdn) anschielen* ‖ ◇ ~ *los ojos zwinkern* ‖ *(jdm) zublinzeln* ‖ ⟨Mar⟩ *gieren* ‖ ~la ⟨pop⟩ → **diñarla** ‖ **–ño** m *Augenzwinkern, Blinzeln* n ‖ *Fratzen* f ‖ ~ *de entendimiento Zuzwinkern* n *(als geheimes Einverständnis)* ‖ ◇ *hacer* ~s *(jdm) zublinzeln* ‖ *zwinkern*
gui|ñol s/adj *Puppenspielfigur* f ‖ ⟨fig⟩ *Kasperle* m ‖ **–ñolesco** adj *Marionetten-, Kasperle-*
guiñote m ⟨Kart⟩ *ein Kartenspiel*
¹guión m *Kirchen-, Prozessions|fahne* f ‖ *Tragkreuz* n ‖ ⟨Hist⟩ *Königsbanner* n ‖ ⟨Mil⟩ *Standarte* f, *Stander* m ‖ *Vortänzer* m ‖ ⟨Jgd⟩ *Leithund* m ‖ ⟨fig⟩ *Führer, Wegweiser* m ‖ ⟨Radio⟩ *Manuskript, Skript* n ‖ ⟨Film⟩ *Drehbuch, Skript* n
²guión m ⟨Gr⟩ *Bindestrich* m ‖ ⟨Typ⟩ *Divis* n
³guión m ⟨V⟩: ~ *de (las) codornices Wachtelkönig* m (Crex crex)
guionista m/f *Drehbuch|autor(in* f), *-verfasser(in* f) m ‖ ~ *de cine Filmdrehbuchautor(in* f) m ‖ ~ *de televisión Fernsehdrehbuchautor(in* f) m
guipar vt ⟨pop⟩ *sehen, (be)merken* ‖ ⟨pop⟩ *spannen*
Guipúzcoa f [Stadt und Provinz in Spanien] *Guipúzcoa* n
guipuzcoano adj/s *aus Guipúzcoa* ‖ *auf Guipúzcoa bezüglich* ‖ *e–e der acht baskischen Mundarten*
güira f ⟨Bot⟩ Ant Mex *Flaschenkürbis* m (Lagenaria vulgaris) ‖ *Kürbisbaum* m (Crescentia sp) ‖ *Guirafrucht* f, *Baumkürbis* m
¹guiri m ⟨Hist desp⟩ *Liberale(r)* m *(in den Karlistenkriegen)*
△ **²guiri** m *Gendarm, Polyp* m
guirigay m ⟨fam⟩ *Rot-, Kauder|welsch* n ‖ ⟨fam⟩ *Getöse* n, *Radau* m ‖ *Schreierei* f ‖ *lärmendes Durcheinander* n, *Wirrwarr* m
guirlache m *(Art) Turron* m (→ **¹turrón**)
guirnalda f *Girlande* f, *Zier-, Blumen|kranz* m ‖ *Blumengehänge* n ‖ ⟨Mar⟩ *Stoßtau* n ‖ *Fender* m ‖ ◇ *tejer* ~s *Kränze winden*
güiro m ⟨Bot⟩ Ant *Flaschenkürbis* m (→ **güira**) ‖ Cu *Musikinstrument* n, *das aus e–m Flaschenkürbis hergestellt wird* ‖ Cu ⟨fig⟩ *heimliches Verhältnis* n ‖ Cu ⟨fig⟩ *Liebhaber* m bzw *Geliebte* f ‖ Guat ⟨fig⟩ *Straßenjunge* m
△ **guirpiñar** vt/i *essen, verzehren*
△ **guirrar** vi *lachen*
guisa f: a ~ *de als, wie* (nom), *nach Art* (gen), *nach Art von* ‖ a ~ *de ensayo probeweise, auf Probe* ‖ *de tal* ~ *derart, dergestalt*
guisa|do m *Gericht* n, *zubereitete Speise* f ‖ *Schmor-, Würz|fleisch* n *(Gericht mit Kartoffeln und Sauce)* ‖ *Saftbraten* m ‖ ⟨allg⟩ *Gericht* n *mit Sauce* ‖ ⟨fig⟩ *Änderung, Bearbeitung* f ‖ ~ *de liebre Hasenklein* n ‖ **–dor** adj *kochend* ‖ ~ m *Koch* m
guisandero m *Koch* m
guisan|tal m *Erbsenacker* m ‖ **–te** m ⟨Bot⟩ *Erbse(nstaude)* f (Pisum sativum) ‖ *(Garten)Erbse* f ‖ ~ *de olor Wohlriechende Wicke* f (Lathyrus odoratus) ‖ ~s mpl: ~ *en conserva*

Erbsenkonserve f ‖ ~ *secos gelbe Erbsen* fpl ‖ ~ *verdes grüne Erbsen* fpl
gui|sar vt/i *kochen, (Speisen) zubereiten* ‖ *schmoren* ‖ ⟨fig⟩ *einrichten, anordnen* ‖ ◇ *ellos se lo guisan, ellos se lo coman* ⟨figf⟩ *wer s. die Suppe eingebrockt hat, soll sie auch auslöffeln* ‖ **–so** m *Gericht* n, *zubereitete Speise* f ‖ *Geschmorte(s)* n ‖ ~ *de liebre Hasenklein* n ‖ **–sote** m ⟨fam⟩ *Sudelkocherei* f, ⟨vulg⟩ *Fraß* m
güis|que m Am *Branntwein* m ‖ **–qui** m *Whisky* m
¹guita f *Schnur* f ‖ *Bindfaden* m ‖ *Seil* n
△ **²guita** f *Moneten, Kohlen* fpl, *Zaster* m, *Moos* n, *Marie* f
¹guitarra f *Gitarre* f ‖ *buena* ~ ⟨figf⟩ *geriebener Kerl* m ‖ ~ *solista Sologitarre* f ‖ ◇ *eso viene od pega como* ~ *en un entierro* ⟨fig⟩ *das passt zusammen wie Tag und Nacht* ‖ *otra cosa es con* ~ ⟨figf⟩ *das ist et. anderes!* ‖ *das sieht ihm (ihr usw.) ähnlich!*
²guitarra f ⟨Tech⟩ *Gipsschlegel* m
³guitarra f Ven *Feiertagsanzug, Sonntagsstaat* m
⁴guitarra f ⟨desp⟩ *altes, abgetakeltes Schiff* n, ⟨fig⟩ *Seelenverkäufer* m
⁵guitarra f Pe *Säugling* m
guita|rrazo m *Schlag* m *mit der Gitarre* ‖ **–rreo** m *Gitarrenspiel* n ‖ ⟨desp⟩ *Gitarrengeklimper* n ‖ **–rrero** m *Gitarren|macher* bzw *-händler* m ‖ **–rrista** m/f, **–rrero** m *Gitarrenspieler(in)* m ‖ **–rro** m ⟨Mus⟩ *kleine, viersaitige Gitarre* f *(meist aragon(es)ische Form der span. Gitarre)*
guitero m ⟨reg⟩ *Seiler* m
guito adj Ar *tückisch, falsch (Lasttier)*
¹güito m Cu *Leber-, Haut|fleck* m ‖ ⟨fig⟩ *Kopf* m, ⟨pop⟩ *Birne* f
△ **²güito** m *Zylinderhut* m
guizque m *Hakenstange* f
gula f *Gefräßigkeit, Schlemmerei, Völlerei* f
gulasch m ⟨Kochk⟩ *Gulasch* n (& m)
gulden m → **florín**
gules mpl ⟨Her⟩ *Rot* n
gulusme|ar vi *naschen* ‖ **–ro** adj *naschhaft*
gullería f *Leckerhaftigkeit* f ‖ *Leckerbissen* m ‖ *Lüsternheit* f ‖ → *auch* **gollería**
△ **guma** f *Henne* f
gúmena f ⟨Mar⟩ *Ankertau* n
gumía f *krummer maurischer Dolch* m
gumífero adj *Gummi-*
△ **gura** f *Justizbehörde* f
△ **gurapandó** m *Sonne* f
¹gurbia adj Col *geschickt in geschäftlichen Dingen*
²gurbia f Col *Hunger* m
³gurbia f CR *Geld* n
gurbio adj *gebogen (Blechinstrument)*
gurbión m ⟨Text⟩ *Stoff* m *aus gedrehter Seide*
gurdo adj *töricht*
gurgunera f Col *Bau* m *(e–s Tieres)*
gurí m Arg Ur *Indianer-* bzw *Mestizen|junge* m ‖ p.ex *Junge* m
guripa m ⟨pop⟩ *Soldat* m ‖ *Rekrut* m ‖ *Schlingel* m ‖ *Schutzmann,* ⟨pop⟩ *Schupo* m ‖ *Drückeberger* m
gurisa f RPl *Indianer-* bzw *Mestizen|mädchen* n ‖ p.ex *Mädchen* n
△ **guritanó** m *Schweigen* n
gurmet m *Gourmet* m
△ **gurón** m *Kerkermeister* m
△ **gurrea** m *Henker* m
gurrero m Col *unfruchtbares Land* n
¹gurriato m *junger Sperling* m ‖ ⟨fig⟩ *Kleine(r)* m, ⟨fam⟩ *Küken* n ‖ León Sal Zam *Ferkel* n

²**gurriato** adj ⟨pop⟩ *aus El Escorial*
¹**gurrumina** *f Unterwürfigkeit* bzw *allzu große Nachgiebigkeit f (des Ehemannes)*
²**gurrumina** *f* Am ⟨fam⟩ *Last, Plage* f ‖ Ec Guat Mex *Ärger* m ‖ Col *Schwermut* f ‖ MAm Mex *Lappalie* f
³**gurrumina** *f* Mex *Mädchen* n
gurrumino adj ⟨fam⟩ *elend, erbärmlich, mick(e)rig* ‖ Hond *gerieben* ‖ ~ *m* ⟨fam⟩ *Pantoffelheld* m ‖ Am *Feigling* m ‖ *Schwächling* m ‖ Mex *Bube* m
gurruñar vt *knittern*
gurrupié *m* Am *Croupier* m ‖ Cu Ec *Strohmann* m *bei Versteigerungen*
gurú *m* ⟨Rel⟩ *Guru* m
gusa|na *f* Sant *Regenwurm* m ‖ **–near** vi *wimmeln* ‖ *kribbeln* ‖ **–nera** *f Wurm\nest, -loch* n ‖ *Madengewimmel* n ‖ ⟨fig⟩ *Gewürm* n ‖ ⟨fig⟩ *Brutstätte* f ‖ ⟨figf⟩ *nagender Schmerz* m ‖ **–niento** adj *wurmstichig* ‖ *madig* ‖ **–nillo** *m* dim von **–no** ‖ *Besatz* m *auf Wäsche* ‖ ⟨figf⟩ *Hunger, Appetit* m ‖ ⟨figf⟩ *Gewissenswurm* m ‖ ◇ *matar el* ~ ⟨figf⟩ *(früh)morgens Schnaps trinken* ‖ *essen (gehen)* ‖ **–no** *m* ⟨Zool⟩ *Wurm* m ‖ ⟨fam⟩ *Made* f ‖ ⟨fam⟩ *Raupe* f (→ ¹**oruga**) ‖ ⟨fig⟩ *widerlicher Kerl* m ‖ Cu ⟨pop⟩ *Gegner Fidel Castros* ‖ ~ *de la conciencia* ⟨fig⟩ *Gewissenswurm* m, *nagende Reue* f ‖ ~ *de la harina Mehlwurm* m ‖ ~ *intestinal Eingeweidewurm* m ‖ ~ *de luz* → **luciérnaga** ‖ ~ *de la patata* ⟨Ins reg⟩ *Raupe* f *des Totenkopf(es)* ‖ ~ *de seda Seidenraupe* f ‖ ~ *de tierra Regenwurm* m ‖ **–noso** adj *wurmstichig* ‖ *madig*
gusara|piento adj *voller Maden* bzw *voller Ungeziefer* ‖ ⟨fam⟩ *un\rein, -sauber* ‖ *unflätig* ‖ **–po** *m*, **–pa** *f wurmartiges Tierchen* n (z.B. *im faulenden Wasser*)
gusla, gusle *f*, **gusli** *m(pl)* ⟨Mus⟩ *Gusla* f *(Saiteninstrument)*
gusta|ción, –dura *f Kosten* n ‖ **–r** vt *schmecken* ‖ *kosten, versuchen* ‖ *abschmecken* ‖ *genießen, goutieren* ‖ *wünschen* ‖ ~ vi *gefallen, behagen* ‖ ◇~ *de bromas Spaß lieben* ‖ *gern scherzen* ‖ ~ *de cazar gern jagen* ‖ *me gusta comerlo ich esse es gern* ‖ *no le gusta estudiar er (sie, es) studiert nicht gern* ‖ ~ *de jugar am Spiel Gefallen finden, gern spielen* ‖ *gusto de oírlo ich höre es gern* ‖ *como gustes wie du willst* ‖ *si Vd. gusta wenn es Ihnen genehm ist* ‖ *¿Vd. gusta? wollen Sie mitessen?* ‖ *¡cuando (Vd.) guste! wann Sie wollen!* ‖ *¡así me gusta! das gefällt mir!* ⟨iron⟩ *das haben wir gern!*
gusta|tivo, –torio adj ⟨An⟩ *Geschmacks-*
Gustavo *m* np *Gustav* m
gus|tazo *m* augm von **gusto** ‖ *Riesenfreude* f ‖ ⟨fam⟩ *Schadenfreude* f ‖ ⟨fam⟩ *Rachegefühl* n ‖ ◇ *darse el* ~ ⟨pop⟩ *s. et. (Besonderes) leisten* ‖ **–tillo** *m* dim von **gusto** ‖ *Beigeschmack* m ‖ *Nachgeschmack* m ‖ ◇ *cogerle el* ~ *a algo an et. Spaß bekommen*
gusto *m Geschmack(ssinn)* m ‖ *guter Geschmack* m ‖ *Vorliebe* f ‖ *Vergnügen, Gefallen n an* (dat) ‖ *Gefälligkeit* f, *Dienst* m ‖ *Laune* f, *Einfall* m ‖ ~ *por las flores Vorliebe* f *für Blumen* ‖ ~ *insípido fader Geschmack* m ‖ ~ *a la música Sinn* m *für Musik* ‖ ~ *oleoso Ölgeschmack* m ‖ ~ *picante scharfer Geschmack* m ‖ ~ *pueblero bäu(e)rischer Geschmack* m ‖ ~ *salado Salzgeschmack* m ‖ ~ *soso* → ~ *insípido* ◆ *a* ~ *nach Belieben* ‖ *behaglich* ‖ *gern* ‖ *a* ~ *del comprador nach Wunsch des Käufers* ‖ *al* ~ *español nach span. Art* ‖ *con* ~ *gern* ‖ *con mucho* ~, *con sumo* ~ *sehr gern, herzlich gern* ‖ *de buen* ~ *geschmackvoll* ‖ *de mal* ~ *geschmacklos, ohne Geschmack* ‖ *de último* ~ *nach dem*

neuesten Geschmack ‖ *en la variación está el* ~ *in der Abwechslung liegt der Reiz* ‖ *por* ~ *zum Vergnügen, aus Spaß, spaßhalber* ‖ Pe ⟨fam⟩ *umsonst, vergebens* ‖ *sobre* ~(s) *no hay disputa über Geschmack lässt s. nicht streiten*, ⟨fam⟩ *die Geschmäcker sind verschieden* ‖ *das ist Geschmack(s)sache* ‖ *correrse de* ~ ⟨pop⟩ *s. ganz toll freuen* ‖ *dar* ~ *gefallen, behagen* (dat) ‖ *dar* ~ *a alg. jdm entgegenkommen* ‖ *(jdm) ein Vergnügen bereiten* (dat) ‖ *dar a uno por el* ~ *jdm (et.) zu Gefallen tun* ‖ *darse el* ~ *de … es s. leisten zu …* ‖ *despacharse a su* ~ ⟨fam⟩ *nach Belieben schalten und walten*, ⟨figf⟩ *frei von der Leber weg reden* ‖ *estar a (su)* ~ *s. behaglich fühlen* ‖ *hablar al* ~ ⟨fam⟩ *nach dem Mund(e) sprechen* ‖ *hacer su* ~ *der Bequemlichkeit pflegen* ‖ *nach Belieben handeln* ‖ *¿me hará Vd. el* ~ *de comer conmigo? wollen Sie mein Gast sein?* ‖ *hay* ~s *que merecen palos* ⟨fam⟩ *Geschmäcker gibt's!* ‖ *mearse de* ~ ⟨pop⟩ *s. ganz toll freuen* ‖ *quitar a alg. el* ~ (de) *jdm et. verleiden* ‖ *tener buen* ~ ⟨fig⟩ *(e–n) guten Geschmack haben* ‖ *tener* ~ *para vestir s. mit Geschmack kleiden* ‖ *tener el* ~ *de … das Vergnügen haben zu …* ‖ ⟨tengo⟩ *mucho* ~ *en conocerlo* (¡*tanto* ~!) *es freut mich sehr, Ihre Bekanntschaft zu machen* ‖ *el* ~ *es mío ganz meinerseits (Höflichkeitsformel)* ‖ *no es de mi* ~ *es sagt mir nicht zu, es gefällt mir nicht* ‖ *tomar el* ~ *Geschmack finden* (a *an* dat)
gusto|samente adv *mit Vergnügen, gern* ‖ **–so** adj *schmackhaft* ‖ *behaglich* ‖ *willig, bereitwillig* ‖ ◇ *lo haré* ~ *ich werde es gern tun*
guta|gamba *f* ⟨Bot⟩ *Gummiguttbaum* m *(Garcinia spp)* ‖ ⟨Chem Mal⟩ *Gummigutt* n ‖ ⟨Pharm⟩ *Gutti* n ‖ **–percha** *f Guttapercha* f
gutara *f* CR Ven *Sandale* f
gutíferas fpl ⟨Bot⟩ *Johanniskraut-, Hartheu\gewächse* npl (Guttiferae)
gutu|ral adj *(m/f) kehlig, Kehl-, Rachen-, Hals-* ‖ ⟨Gr⟩ *guttural, Kehl-* ‖ **–rar** vt/i *guttural aussprechen*
Guya|na *f* ⟨Geogr⟩ *Guyana* f ‖ **⸗nés** adj/s *aus Guyana* ‖ *auf Guyana bezüglich*
guz|ga adj Mex *naschhaft* ‖ **–guerar** vi *heimlich nach et. Essbarem suchen*
guzla *f* → **gusla**
△ **guzpátaro** *m Loch* n
gymkhana *f Gymkhana* n

H

H, h *f* [= Hache, hache, *pl* Haches, haches]
H, h n
h. ⟨Abk⟩ = **habitantes** ‖ ¹**hoja(s)** ‖ ¹**hora(s)**
H ⟨Abk⟩ = **hidrógeno**
ha ⟨Abk⟩ = **hectárea**
¹**ha** (→ **haber**) *er (sie, es) hat* ‖ veinte años ~
⟨lit⟩ *zwanzig Jahre ist es her, vor zwanzig Jahren*
(= hace veinte años)
²¡ **ha**! *he! ach! ei!*
HA ⟨Abk⟩ = **hotel-apartemento**
¡**ha, ha**! *haha!*
hab. ⟨Abk⟩ = **habitantes**
¹**haba** *f*[el]⟨Bot Agr⟩ *Acker-, Sau-,*
Pferde⎮bohne f (Vicia faba) ‖ *(Kakao-,*
Kaffee)Bohne f ‖ ⟨fig⟩ *in e–r Ostertorte versteckte*
Glücksfigur aus Porzellan ‖ ⟨fig vulg⟩ *Eichel f*
(des männlichen Gliedes) ‖ ~ de cacao
Kakaobohne f ‖ ~ cochinera *Saubohne* f ‖ ~ de
San Ignacio, ~ de los jesuitas ⟨Bot⟩
Ignatiusstrauch m, *-bohne f* (Strychnos ignatii) ‖
⟨Pharm⟩ *Ignatia, Ignatiusbohne* f ‖ ~ de soja
Sojabohne f ‖ ~ tonca SAm *Tonka-, Tonga⎮bohne*
f *(von* Dipteryx odorata) ‖ ~**s** *fpl:* son ~ contadas
⟨fig⟩ *das ist eine abgekartete Sache* ‖ lo que tiene
son ~ contadas (figf) *er muss mit dem Pfennig*
rechnen ‖ en todas partes (se) cuecen ~ ⟨Spr⟩ *es*
wird überall mit Wasser gekocht
²**haba** *f*[el] ⟨Med⟩ *Quaddel* f ‖ ⟨Vet⟩
Gaumengeschwulst f *(der Pferde)*
³**haba** *f*[el] ⟨Min⟩ *Steinknoten* m
△ ⁴**haba** *f*[el] *(Finger)Nagel* m
Habacuc *m* np ⟨Bibl⟩ *Habakuk* m *(Prophet)*
Haba⎮na f [Stadt]: la ~ *Havanna* ‖ **–nera**
f⎮adj *Habanera* f *(Tanz)* ‖ **–no** adj *aus Havanna* ‖
auf Havanna bezüglich ‖ *hellbraun (Tabak)* ‖ ~ *m*
(echte) Havanna(zigarre) f
habar *m* ⟨Agr⟩ *Saubohnenacker* m
hábeas corpus *m* ⟨Jur⟩ *Habeaskorpusakte* f
¹**haber** [pres ind: he, has, ha, hemos, habéis,
(hais), han; pres subj: haya *etc.*; pret: hube *etc*;
fut habré] vt/i **a)** [veraltet] *haben, besitzen*
(= tener) ‖ ~ menester *brauchen, nötig haben,*
bedürfen (gen) ‖ no ha lugar de ... *es ist*
unstatthaft zu ... ‖ ~las, habérselas con alg.
⟨fam⟩ *es mit jdm zu tun haben* ‖ *es mit jdm*
aufnehmen ‖ ¡~lo sabido! *hätte ich es gewusst!*
b) *haben, sein (als Hilfszeitwort bei allen*
span. Zeitwörtern, z.B. he nadado *ich bin*
geschwommen, he corrido *ich bin gelaufen,* había
sabido *ich (bzw er, sie, es) hatte gewusst)* cuando
lo habré hecho *wenn ich es getan habe*
c) *bekommen, empfangen, erhalten* ‖ *eintreiben*
(Gelder) ‖ *festnehmen* ‖ los malhechores no
pudieron ser habidos *man konnte der Verbrecher*
nicht habhaft werden ‖ leo cuantos libros puedo
~ *ich lese alle Bücher, die ich bekommen kann* ‖
¡mal haya! *(bes. lit) verflucht!* ¡mal haya la hora!
verflucht sei die Stunde! ‖ bien haya el que ...!
wohl dem, der ...! ‖ → auch **habido**
d) *in Zeitangaben:* = *hacer* ‖ un año ha *es ist*
jetzt ein Jahr (her) ‖ no ha mucho tiempo, poco
tiempo ha *vor kurzer Zeit* ‖ mucho ha que ...
schon seit langer Zeit ...
e) ~ de = 1. *Ausdruck der Notwendigkeit* od
Wahrscheinlichkeit: müssen, sollen ‖ hube de
creerlo *ich musste es glauben* ‖ se ha de hacer *es*

muss geschehen ‖ ha de ~ muchos *es sind*
sicherlich viele ‖ sé lo que he de hacer *ich weiß,*
was ich zu tun habe ‖ no le ha de faltar ayuda *es*
soll ihm (ihr) an Hilfe nicht fehlen ‖ he de salir
ich muss ausgehen ‖ habré de soportarlo *ich*
werde es ertragen müssen
2. *(verstärkter) Sinn des einfachen Futurums:*
ganz sicher werden: cuando lo sepas, no lo has de
creer *wenn du es erfährst, wirst du es (sicher,*
bestimmt) nicht glauben ‖ Vd. no ha de delatarnos
Sie werden uns sicher nicht verraten ‖ habrá de
hacerse *es muss getan* od *gemacht werden* ‖
habrá de suceder *es wird (wohl) geschehen*
müssen
f) hay *(nur 3. sg aus* ha) y, *vgl.* frz il y a):
1. *es ist, es sind; es gibt, kommt vor, es findet*
statt ‖ hay mucha gente *es gibt viele Leute* ‖ no
hay nada que hacer *da ist nichts zu machen, da*
ist jede Mühe vergebens ‖ no hay nadie *es ist*
niemand da ‖ no hay como la previsión *es geht*
nichts über Vorsicht ‖ no hay más que decirlo
man braucht es nur zu sagen ‖ no hay que decir
que ... *es ist selbstverständlich, dass ...* ‖ hay
quien no lo sabe *(od* hay quienes no lo saben)
manche wissen es nicht ‖ no hay quien lo sepa
niemand weiß es ‖ no hay tal *das ist nicht wahr,*
das stimmt nicht ‖ es listo, si los hay *(fam) er*
(es) ist ein Ausbund an Klugheit ‖ *er (es) ist*
hochintelligent ‖ es valiente, si los hay *er (es) ist*
über alle Maßen, unvergleichlich tapfer ‖ mañana
no hay *(od* habrá) función ⟨Th⟩ *morgen findet k–e*
Vorstellung statt ‖ hubo un instante de silencio *ein*
Augenblick des Schweigens trat ein ‖ ayer hubo
junta *gestern fand e–e Versammlung statt* ‖ ¡algo
habrá! *etwas wird schon dasein!* ‖ *etwas muss (an*
der Sache) dran sein! ‖ ¡hay que ver! ⟨fam⟩
unglaublich! (fam) denken Sie nur an! ‖ ¡habrá
infame! *gibt es e–n (größeren) Halunken?* ‖ ¿qué
hay? *was ist los?* ‖ *was gibt es?* ‖ ⟨fam⟩ *wie*
geht's? ‖ ¿qué hay de nuestro asunto? *wie steht es*
mit unserer Angelegenheit? ‖ ¡no hay de qué
(darlas)! *k–e Ursache! (Antwort auf:* ¡gracias!
danke!) ‖ ¡es de lo que no hay! *so etwas findet*
man nicht wieder! ‖ *Sachen gibt's!*
g) habida: cuenta ~ de ..., ~ cuenta de ...
unter Berücksichtigung... (gen) (= teniendo en
cuenta [que])
2. hay que = *man muss* od *man soll:* no hay
que olvidar que ... *man darf nicht vergessen, dass*
... ‖ no hay que preocuparse *man braucht s. k–e*
Sorgen zu machen ‖ no hay que temer nada *es ist*
nichts zu (be)fürchten ‖ hay que trabajar *man*
muss od *man soll arbeiten*
~**se:** ¡habráse visto! *wer hätte es geglaubt! das*
ist unerhört! na, so was!
²**haber** *m* *Haben* n *(Buchhaltung)* ‖ *Guthaben*
n, *Habenseite* f ‖ *Geldforderung, Löhnung* f, *Sold*
m ‖ *Anteil* m ‖ ~ monedado *(Bar)Geld* n ‖ debe y
~ *Soll und Haben* n ‖ ◇ pasar al ~ ⟨Com⟩
gutschreiben, kreditieren ‖ ~**es** *mpl Vermögen*
npl, *Einkünfte* pl ‖ *Habe* f, *Hab und Gut* n ‖
(Gut)Haben n ‖ *Gehalt* n ‖ *Bezüge* pl ‖ ~ pasivos
Ruhegehalt n, *Rente* f
habe⎮río *m Viehbestand* m *e–s Landgutes* ‖
–roso adj León *reich, begütert*
habichuela f *(Weiß)Bohne, Schmink-,*

Prinzess|bohne f || *braune Bohne* f || *Salatbohne* f
|| ◇ ganar las ~s ⟨figf⟩ *s–e Brötchen verdienen*
habido pp von **haber** || la conversación ~a
ayer *das gestrige Gespräch* || los hijos habidos de
ese matrimonio ⟨Jur⟩ *die Kinder aus dieser Ehe* ||
la reunión ~a hoy *die heutige* od *die heute*
abgehaltene Versammlung || (todo) lo ~ y por
haber ⟨fam⟩ *alles Mögliche, alles Erdenkbare*
habiente pa von **haber** || ~ causa, ~ derecho
Rechtsnachfolger m || derecho ~ → **
derechohabiente**
hábil adj *(m/f) geschickt, fähig* || *tüchtig,*
tauglich || *diensttauglich* || *flink, gewandt* ||
geeignet || *zur Ausübung e–s Amtes befähigt* ||
berechtigt (para zu dat) || ~ *para adquirir* ⟨Jur⟩
erwerbsfähig || ~ *en* od *para los negocios*
geschäftstüchtig || ~ *para testar* ⟨Jur⟩ *testierfähig*
habili|dad f *Geschick(lichkeit* f) n || *Tüchtigkeit*
f || *Gewandtheit* f || *Kunstgriff, Kniff* m ||
Kunststück n || *Kunstfertigkeit* f || ~ *manual*
Handfertigkeit, handwerkliche Begabung f ||
–doso adj *geschickt, be|gabt, -fähigt* || *der alles*
kann
habili|tación f ⟨Jur⟩ *Befähigung* f || *(Erteilung*
f *der) Befugnis* f || *Bevollmächtigung* f ||
Ermächtigung f *(z.B. e–s Minderjährigen)* || ⟨Mil⟩
Zahlmeisterei f || *Zahlmeisteramt* n || ~ *de*
créditos ⟨Com⟩ *Mittelbewilligung* f || ~ *de edad*
⟨Jur⟩ *Volljährigkeitserklärung* f || **–tado** adj
be|fähigt, -rechtigt, -fugt (para zu [dat od inf]) ||
~ m *Bevollmächtigte(r)* m || *Kassenleiter,*
Zahlungsbevollmächtigte(r) m || *Quästor* m
(Universität) || ⟨Mil⟩ *Zahlmeister* m || **–tar** vt
befähigen || *ermächtigen* || *bevollmächtigen* ||
berechtigen || *rechtskräftig machen (Urkunde)* ||
versorgen (de mit) || *ausrüsten, versorgen (para*
für) || *ein-, her|richten, bewohnbar machen (z.B.*
ein altes Haus) || ⟨Mar⟩ *(ein Schiff) klarieren* ||
⟨Com⟩ *finanzieren, fundieren, mit Geldmitteln*
versehen || Am *leihen (Geld)* || **~se** s. *ausrüsten*
(para für bzw de mit) || ⟨fig⟩ *s. qualifizieren (para*
für) || Am *gebraucht werden, dienen (de zu)*
hábilmente adv *ge|schickt, -wandt* || *tüchtig*
habiloso adj Am *geschickt, clever*
habi|tabilidad f *Bewohnbarkeit* f || **–table** adj
(m/f) bewohnbar || **–tación** f *Wohnung, Wohnstätte*
f || *(Wohn)Zimmer* n, *(Wohn)Stube* f, *(Wohn)Raum*
m || *Schlafzimmer* n || *Hotelzimmer* n || ⟨Biol⟩ →
hábitat || ~ *amueblada möbliertes Zimmer* n || ~
doble Doppelzimmer n || ~ *exterior äußeres*
Zimmer, Zimmer n *nach außen bzw zur Straße* ||
~ *para huéspedes Gäste-, Fremden|zimmer* n || ~
individual Einzelzimmer n || ~ *interior Innen-*
bzw Hof|zimmer n || ~ *de lujo Luxuszimmer* n ||
~ *de matrimonio Doppelzimmer* n || ~ *de* od *para*
niños Kinderzimmer n || ~ *vacante freies Zimmer*
n *(z.B. im Hotel)* || **–tacional** adj *Wohnungs-,*
Wohn- || **–táculo** m ⟨lit⟩ *Wohnung* f || ⟨Flugw⟩
Kabine f, *Raum* m || **–tante** m *Einwohner* m ||
Bewohner m || ⟨pop joc⟩ *(Kopf)Laus* f || ~ *de la*
sierra Bergbewohner m || **–tar** vt *bewohnen* || ~ vi
wohnen, hausen
hábitat m ⟨Biol⟩ *Habitat, Wohn-,*
Verbreitungs|gebiet, Vorkommen n, *Standort* m ||
Lebensraum m
¹hábito m *Kleid* n || *Tracht* f, *Habit,*
Ordenskleid n || ~ *sacerdotal Priestergewand* n ||
◇ *tomar el* ~ *in e–n Orden eintreten* || *el* ~ *no*
hace al monje ⟨Spr⟩ *die Kutte macht noch k–n*
Mönch, der Schein trügt || *el* ~ *hace al monje*
⟨fig⟩ *Kleider machen Leute* || **~s** mpl: *colgar (od*
ahorcar) los ~ ⟨fam⟩ *das Ordenskleid ablegen* ||
⟨pop joc⟩ *aus der Kutte springen* || ⟨fig⟩ *das*
Studium, den Beruf usw. an den Nagel hängen ||
tomar los ~ ⟨fig⟩ *ins Kloster gehen*

²hábito m *Gewohnheit* f || ~ *de las drogas*
gewohnheitsmäßige Einnahme f *von Drogen* || ◇
tomar el ~ *de algo s.et. angewöhnen*
habi|tuación f *Angewöhnung* f || *Gewöhnung* f
|| ⟨Med⟩ *Gewöhnung, Habituation* f || **–tuado** m
(Rauschgift)Abhängige(r) m || **–tual** adj *(m/f)*
gewohnt, gewöhnlich || *üblich* || *gebräuchlich* ||
Gewohnheits- || adv: ~**mente:** *gewohnheitsmäßig*
|| **–tualidad** f ⟨Jur⟩ *Gewohnheitsmäßigkeit* f *(e–r*
strafbaren Handlung) || **–tuar** [pres –úo] vt
gewöhnen (a an acc) || ~**se** s. *(an et.* acc)
gewöhnen || ~ *al calor s. an die Wärme gewöhnen*
habitud f *Zusammenhang* m *zwischen zwei*
Sachen || Am *Gewohnheit* f
habla f[el] *Sprache, Rede* f, *Sprechen* n ||
Sprechweise f || *Sprache* f *e–s Volkes* ||
Sprachgebrauch m || *Mundart* f || *Jargon* m ||
Anrede f || *Rücksprache, Unterredung* f || ♦ *de* ~
española Spanisch sprechend, spanischsprachig ||
◇ *dar* ~ *a alg. mit jdm sprechen* || *estar al* ~ *con*
alg. mit jdm verhandeln || *estar en* ~ *verhandelt*
werden (ein Geschäft) || *estar sin* ~ *sprachlos*
sein || *perder el* ~ ⟨fig⟩ *die Sprache verlieren* ||
nos hizo perder el ~ ⟨fig⟩ *es hat uns die Sprache*
verschlagen || *ponerse al* ~ *s. in Verbindung*
setzen, in Verhandlung treten (con mit) || *¡al*
habla! ⟨Tel⟩ *am Apparat!*
habla|dero m Chi *Gerede* n || **–do** adj: *bien* ~
beredt || *anständig (in der Ausdrucksweise)* || *gut*
gesprochen || *¡~! sehr richtig!* || *mal* ~ *grob im*
Ausdruck || *unanständig, zotig (im Ausdruck)* || ~
adv/s ⟨Th⟩ *gesprochen (Prosapartie)* || **–dor** adj
geschwätzig || *gesprächig* || *klatschsüchtig* ||
schwatzhaft || ~ m *Schwätzer* m || ⟨pop⟩
Klatschmaul n || *Zuträger* m || *Angeber,*
Aufschneider, Prahler, Großtuer m || **–duría** f
Geschwätz n || **~s** fpl *Klatsch* m, *Gerede* n || *üble*
Nachrede f || ~ *de mujer(es) Weibergeschwätz* n ||
–nchín adj/s ⟨fam⟩ → **–dor** || **–nte** adj *(m/f)*
sprechend, -sprachig || ~ m: *nativo*
Muttersprachler m
hablar vt *(aus)sprechen* || *reden* || *hersagen,*
vortragen || ◇ *no le hablo ich bin ihm böse, ich*
spreche mit ihm nicht (mehr) || ~ *perfectamente*
alemán perfekt Deutsch sprechen || ~ *castellano*
Spanisch sprechen || ~ *en castellano Spanisch*
sprechen || ~ *(en) castellano,* ~ *(en) cristiano, no*
~ *(en) chino,* ~ *(en) español, no* ~ *(en) griego,*
~ *(en) romance deutlich und verständlich reden,*
etwa: auf gut Deutsch sagen || ~ *disparates*
Unsinn, Nonsens, dummes Zeug reden || *esta*
palabra la habla mal dieses Wort spricht er (sie,
es) falsch aus || *Dios le habló Gott hat es ihm*
(ihr) eingegeben || ~ vt/i *sprechen, Rücksprache*
nehmen (con mit) || *miteinander sprechen* || s.
unterhalten (mit bzw de über acc) || *e–e Rede,*
Ansprache halten || *plaudern* || *klatschen* || ◇ ~ *a*
(od ~ *con) alg. mit jdm sprechen* || ~ *de ... ⟨lit⟩*
künden von ... || ~ *al aire in den Tag hinein*
reden || ~ *alto laut sprechen* || ~ *bajo leise reden*
|| ~ *bien korrekt bzw präzise sprechen, s. genau*
ausdrücken || ~ *bien de alg. von jdm od über jdn*
gut sprechen || ~ *a borbotones sprudeln, hastig*
sprechen || ~ *al caso s. fachmännisch äußern* || ~
claro klar und deutlich sprechen || ~ *s–e Meinung*
unverblümt sagen || ~ *por los codos ⟨fam⟩*
schwätzen, unaufhörlich reden, wie ein Buch od
ein Wasserfall reden || *eso habla conmigo das*
geht mich an, das ist m–e Sache || ~ *consigo mit*
s. selbst sprechen || ~ *de* od *en* od *sobre u/c von*
od über et. sprechen || ~ *con una chica ein*
Liebesverhältnis mit e–m Mädchen haben, ⟨fam⟩
mit e–m Mädchen gehen || ~ *a chorros* → ~ *a*
borbotones || ~ *entre dientes brummeln, in s–n*
Bart brummen || ~ *con Dios beten* || ~ *por*

enigmas *in Rätseln sprechen* ‖ ~ fuerte *energisch reden* ‖ ~ gordo *herrisch od anmaßend sprechen* ‖ ~ a gritos *schreien*, ⟨reg⟩ *kreischen* ‖ ~ por ~ *in den Tag hinein reden* ‖ ~ hueco *stolz od anmaßend reden* ‖ ~ como un libro *wie ein Buch reden* ‖ ~ mal *schlecht sprechen, nicht korrekt sprechen* ‖ *s. falsch ausdrücken* ‖ *undeutlich sprechen* ‖ *anstößig sprechen* ‖ ~ mal de alg. *von jdm od über jdn schlecht sprechen* ‖ ~ con las manos *mit den Händen reden* ‖ *s. durch Gebärden verständlich machen (Taubstumme)* ‖ ~ por la nariz *näseln* ‖ ~ quedo *leise reden* ‖ ~ recio *herrisch od anmaßend sprechen* ‖ ~ por señas *s. durch Zeichen verständigen* ‖ ~ entre sí *mit s. selbst sprechen* ‖ ¡no se hable más de *od* en ello! *Schluss damit! Schluss der Debatte!* ‖ ¡es ~ por demás! *eitle Reden!* ‖ yo hablaré por Vd. *ich werde mich für Sie verwenden* ‖ dar que ~ *Anlass zu Gerede geben* ‖ *Aufsehen erregen* ‖ hacer ~ a uno ⟨fig⟩ *jdn zum Sprechen bringen* ‖ el cuadro está hablando ⟨fig⟩ *das Bild ist sprechend ähnlich* ‖ hablando entre los dos *unter uns gesagt* ‖ ¡eso se llama ~! *das ist ein Wort! das lasse ich mir gefallen!* ‖ de eso no hay que ~ *das versteht s. von selbst* ‖ ~se *miteinander sprechen, s. sprechen* ‖ *s. besprechen* ‖ no nos hablamos *wir sprechen nicht (mehr) miteinander, wir sind verfeindet,* ⟨fam⟩ *wir sind verkracht* ‖ se habla mucho de ello *darum wird viel Gerede gemacht* ‖ quien mucho habla, mucho yerra ⟨Spr⟩ etwa: *Reden ist Silber, Schweigen ist Gold*
   hab|lilla(s) *f(pl) Ge|rücht, -rede* n ‖ *Klatsch* m ‖ **–lista** *m/f gewandte(r) Redner(in* f) m ‖ *Redekünstler(in* f) m
   habón *m augm von* **haba** ‖ ⟨Med fam⟩ *Quaddel* f
   habré → **haber**
   Habsburgo *m* ⟨Hist⟩: la Casa de ~ (häufiger: la Casa de Austria) *die Habsburger* mpl
   hace|dero adj *tunlich, möglich* ‖ *leicht* ‖ **–dor** m *Täter* m ‖ *Urheber* m ‖ Arg *Verwalter e–r Hazienda, Gutsverwalter* m ‖ ~ de versos *Verseschmied, Versifex* m ‖ el Supremo ~ *der Schöpfer*
   hacen|dado adj *begütert, wohlhabend* ‖ ~ m *Grundeigentümer, Gutsbesitzer* m ‖ Am *Besitzer* m *e–r Hazienda* ‖ *Viehzüchter* m ‖ **–dar** vt *(ein Grundstück) übertragen (an* acc) ‖ *mit Ländereien ausstatten* ‖ ~se *Grundbesitz erwerben, s. mit Grundbesitz niederlassen* ‖ **–dera** f *gemeinsame Gemeindearbeit* f ‖ **–dero** adj/s *haushälterisch* ‖ **–dilla, –dita, –duela** f *dim von* **hacienda** ‖ **–dista** *m/f Finanzmann* m ‖ *Staatswirtschaftler(in* f) m ‖ *Haushaltsexper|te* m, *-tin* f ‖ **–doso** adj *geschäftig, emsig, regsam, eifrig, rührig* ‖ *haushälterisch*
   hacer [pres hago, pret hice, fut haré, pp hecho] A) ~ vt *machen, tun* ‖ *machen, ausüben* ‖ *(be)wirken* ‖ *verfertigen* ‖ *ausmachen, betragen (e–e Summe)* ‖ *schöpfen, erschaffen* ‖ *vollbringen, ausführen* ‖ *anfertigen, herstellen, fabrizieren (Gegenstand)* ‖ *verwandeln in* (acc) ‖ *gewöhnen (a an* acc) ‖ *versorgen (con, de mit)* ‖ ⟨Th⟩ *vorstellen, spielen* ‖ *bauen (Haus)* ‖ *schneidern, machen (Kleid)* ‖ *anfertigen, machen (Anzug)* ‖ *machen (Bett)* ‖ *packen (Koffer)* ‖ *aufräumen (Zimmer)* ‖ *tun, machen, erledigen (Arbeit)* ‖ *zubereiten (Essen)* ‖ *backen (Brot)* ‖ *verrichten (Notdurft)* ‖ *verdienen (Geld)* ‖ *ausstellen (Rechnung)* ‖ *führen (den Krieg)* ‖ *ableisten (Militärdienst)* ‖ *abstatten, machen (Besuch)* ‖ *erweisen (Dienst, Gefälligkeit)* ‖ *tun (Gefallen)* ‖ *machen, verursachen (Lärm)* ‖ *machen (Vorschlag)* ‖ *unterbreiten (Angebot)* ‖ *geben (Zeichen)* ‖ *schneiden (Grimasse)* ‖ *begehen*

(Dummheit, Irrtum) ‖ *erfüllen (Pflicht)* ‖ *verfassen (Dichtung)* ‖ *ausmachen (Anzahl, Summe)* ‖ *(veran)lassen, bewirken, verursachen, zur Folge haben* ‖ *glauben* ‖ *halten für* ‖ *sein* ‖ *werden* ‖ *enthalten, fassen* ‖ hará un gran abogado *er wird (einmal) ein großer Anwalt werden* ‖ ~ buena acogida a una letra de cambio *e–n Wechsel honorieren* ‖ ~ agua(da) *s. mit Wasser versehen (Schiff)* ‖ ~ aguas ⟨fam⟩ *pinkeln, Pipi machen* ‖ ⟨Mar⟩ *leck sein, lecken* ‖ ~ alguna ⟨fam⟩ *e–n tollen Streich begehen* ‖ ⟨fam⟩ *s. sehr danebenbenehmen* ‖ ~ el amor a alg. *jdm den Hof machen* ‖ ⟨pop⟩ *mit jdm Liebe machen* ‖ ~ el ánimo *den Vorsatz fassen* ‖ *Stimmung machen* ‖ ~ añicos *in Stücke hauen, kurz und klein schlagen, in Fetzen reißen* ‖ ~ el balance *die Bilanz ziehen* ‖ ~ la barba *den Bart schneiden od stutzen* ‖ ~ bien *richtig handeln* ‖ *recht haben* ‖ ~ blanco *treffen, e–n Volltreffer erzielen* ‖ ~ bueno *bekräftigen* ‖ *verbürgen* ‖ ~ burla *(derben) Spaß treiben* ‖ ~ burla de uno *jdn verspotten* ‖ ~ caediza u/c *et. absichtlich fallen lassen* ‖ ~ calceta *stricken* ‖ ~ la cama *das Bett machen* ‖ ~ caso *Wert legen (de auf* acc), *(et.) beachten* ‖ *(et.)* hoch *schätzen* ‖ no ~ caso *übersehen, außer Acht lassen* ‖ ~ la comida *das Essen zubereiten, kochen* ‖ ~ una concesión *ein Zugeständnis machen* ‖ ~ un contrato *e–n Vertrag abschließen* ‖ ~ cuesta *abschüssig sein (Gelände)* ‖ ~ chacota, ~ chanza, ~ chunga → ~ burla ‖ ~ dedo *per Anhalter fahren, Autostopp machen* ‖ ~ dedos ⟨Mus⟩ *Fingerübungen machen* ‖ ~ diana → ~ blanco ‖ ~ dinero *Geld verdienen* ‖ ~ economías *(Geld) sparen* ‖ *sparsam leben* ‖ ~ un favor a alg. *jdm e–e Gefälligkeit erweisen* ‖ ¡hágame el favor de callar! *schweigen Sie, bitte!* ‖ ~ fe *be|glaubigen, -weisen* ‖ ~ gestos *gestikulieren* ‖ ¡me hace gracia! *das ist köstlich!* ‖ ~ (la) guerra *Krieg führen* ‖ ~ honor *Ehre erweisen* ‖ ~ humo *rauchen, qualmen, Rauch entwickeln* ‖ ~ el inventario *das Inventar aufnehmen* ‖ ~ juego *spielen* ‖ ⟨fig⟩ *zueinander passen (z.B. zwei Gegenstücke)* ‖ ~ juicio *ein Urteil fällen* ‖ *urteilen, dafürhalten* ‖ ~ justicia *gerecht behandeln, beurteilen* ‖ esta botella hace un litro *diese Flasche fasst e–n Liter,* ⟨fam⟩ *in diese Flasche geht ein Liter* ‖ ~la *s. et. zuschulden (& zu Schulden) kommen lassen* ‖ ¡la hemos hecho buena! ⟨iron⟩ *da sind wir schön hereingefallen! da haben wir was Schönes angerichtet!* ‖ ~ a un lado *beiseite setzen* ‖ *beiseite schaffen* ‖ ~ memoria *s. besinnen* ‖ *s. erinnern* ‖ hecho una mierda ⟨vulg⟩ *verwahrlost, heruntergekommen, zerlumpt* ‖ ~ sus necesidades *s–e Notdurft verrichten* ‖ ~ su negocio ⟨fam⟩ *gut abschneiden* ‖ ~ (las) paces *Friede machen* ‖ ~ un pago *e–e Zahlung leisten* ‖ ~ un papel ⟨Th⟩ *e–e Rolle spielen* ‖ ~ un papelón → el ridículo ‖ ~ parte *mitteilen* ‖ ~ pedazos *in Stücke hauen, kurz und klein schlagen* ‖ ~ penitencia *Buße tun, büßen* ‖ ~ el plato *vorlegen (Suppe, Speise)* ‖ ~ posible *ermöglichen* ‖ ~ el ridículo ⟨fam⟩ *s. lächerlich machen, s. blamieren* ‖ ~ sombra *Schatten werfen* ‖ *beschatten* ‖ ~ de las suyas *sein Unwesen treiben* ‖ ~ tiempo ⟨fam⟩ *die rechte, günstige Zeit für et. abwarten* ‖ *s. zerstreuen, s. die Zeit vertreiben (beim Warten)* ‖ ~ trizas, ~ trozos → ~ pedazos ‖ ~ las uñas *die Nägel schneiden* ‖ ~ las veces de alg. *jds Stelle vertreten* ‖ ~ vela ⟨Mar⟩ *(ab)segeln* ‖ no la hago tan necia *ich halte sie nicht für so dumm* ‖ ~ que se hace *so tun, als ob (man arbeitete)* ‖ yo le hacía en Madrid *ich glaubte, er wäre in Madrid* ‖ nueve y cuatro hacen trece *9+4=13* ‖ no lo hizo a mal ~ *er (sie, es) hat es nicht absichtlich getan* ‖

¡haga Vd. su gusto! *machen Sie sich's bequem!* ‖
¡buen provecho le haga! *wohl bekomm's ihm!*
  1. in Verb. mit inf = „*heißen, lassen*" od
als Ersatz für einfache deutsche Zeitwörter: ~
andar el reloj die Uhr in Gang bringen ‖ ~ *callar
zum Schweigen bringen* ‖ ¡hágalo entrar! *bitten
Sie ihn herein* ‖ ~ *hablar a uno jdm zum Sprechen
bringen* ‖ ~ *llegar algo a alg. jdm et. zukommen
lassen* ‖ ~ *reír zum Lachen bringen* ‖ ~ *saber
(jdn) benachrichtigen, (jdm et.) mitteilen, zur
Kenntnis bringen* ‖ ~ *sudar a uno* ⟨figf⟩ *jdm zum
Schwitzen bringen* ‖ ~ *valer su derecho sein
Recht geltend machen* ‖ ~ *ver zu verstehen geben*
‖ *zeigen*
  2. in Verb. mit subj.: ~ *que*) subj
veranlassen, zur Folge haben, bewirken, dass ...)
ind ‖ *esto hace que venga das hat zur Folge, dass
er kommt*
  3. in Verb. mit Adjektiven, bes. *als
Ersatz einfacher deutscher Zeitwörter:* ~ *fácil
erleichtern* ‖ ~ *difícil erschweren* ‖ ~ *patente an
den Tag legen* ‖ ~ *presente erinnern an* (acc) ‖
erklären, darlegen ‖ ~ *público bekannt machen* ‖
~ *suyo s. zu eigen machen* ‖ *annehmen*
  B) ~ vi *arbeiten, schaffen* ‖ *handeln* ‖ *passend
sein, passen, harmonieren* ‖ *ausmachen, betreffen*
‖ *fungieren* (*als* nom) ‖ ¡déjele ~! *lassen Sie ihn
gewähren!* ‖ ~ *mal schlecht handeln* ‖ *unrecht
haben* ‖ *dar que* ~ *a alg. jdm zu schaffen machen*
‖ *tener mucho que* ~ *viel zu tun haben* ‖ *estarse
haciendo im Werden sein* ‖ ~ *feo nicht passen*
(con *zu*) ‖ *hässlich aussehen* ‖ ⟨fig⟩ *e–n
schlechten Eindruck machen* ‖ ¿qué (le) hemos de
hacer? ¿qué se le ha de ~? ¡qué le vamos a ~!
was ist zu tun? was soll man da weiter machen? ‖
*das ist nicht zu ändern! was will man da
machen!* ‖ donde(quiera que) fueres, haz como
vieres ⟨Spr⟩ *andere Länder, andere Sitten*
  1. in Verb. mit con, de, por: ~ con algo
s. schicken zu et., zu et. passen ‖ ~ de aprendiz
in der Lehre sein ‖ ~ del cuerpo → ~ de vientre
‖ ~ por ~ (*et.*) *ohne e–n bestimmten Zweck tun* ‖
~ de intérprete *den Dolmetscher machen, als
Dolmetscher fungieren* ‖ ~ de vientre *s–e
Notdurft verrichten, zu Stuhl gehen* ‖ ~ por llegar
s. anstrengen, um anzukommen
  C) ~ v. impers: ¿hace? *einverstanden? o.k.?* ‖
hace calor *es ist warm* ‖ hace frío *es ist kalt* ‖
hace sol *die Sonne scheint* ‖ hace buen, mal
tiempo *es ist schönes, schlechtes Wetter* ‖ hace
quince días *vor vierzehn Tagen* ‖ ayer hizo un
mes *gestern war es ein Monat* ‖ hacía tiempo que
se ocupaba en ello *er (sie, es) beschäftigte s.
schon seit längerer Zeit damit* ‖ se me hace que
... *es scheint mir, dass ...* ‖ por lo que hace al
precio *was den Preis anbetrifft, hinsichtlich des
Preises* ‖ eso no le hace *das spielt k e Rolle* ‖ eso
no hace al caso *das hat nichts damit zu tun*
  hacerse (vgl. **hacer**) vr *werden, entstehen* ‖ *s.
gewöhnen* (a con *an* acc) ‖ *s. versehen* (de *mit*) ‖
s. irgendwohin begeben ‖ *s. (et.) aneignen* ‖
afuera hinaus-, fort|gehen ‖ ~ *de algo s. mit et.
versehen* ‖ *no poder* ~ *con el caballo das Pferd
nicht in der Gewalt haben* ‖ ~ *con a/c s. e–r
Sache bemächtigen, s. et. aneignen* ‖ ~ *cristiano
das Christentum annehmen* ‖ *se me hacía fácil es
kam mir leicht vor* ‖ ~ *fuerte* ⟨Mil⟩ *s.
verschanzen* ‖ *hartnäckig bestehen* (en *auf* dat) ‖
~ *el interesante* (fam) *s. interessant machen,
aufzufallen versuchen* ‖ ~ *a un lado zur Seite
treten* ‖ ~ *con el mando die Führung
übernehmen, die Führung an s. reißen* ‖ ~ *a la
mar* (Mar) *in See stechen* ‖ *ya se está haciendo de
noche es wird schon Nacht* ‖ ~ *obedecer s.
Gehorsam verschaffen* ‖ *s–n Willen durchsetzen* ‖

~ *el olvidadizo s. stellen, als ob man s. nicht
(daran) erinnere* ‖ *s. stellen, als ob man es
vergessen habe* ‖ ~ *a una parte s. seitwärts
stellen* ‖ *beiseite gehen* ‖ ~ *con el poder die
Macht übernehmen bzw an s. reißen* ‖ ~ *presente
vortreten, s. vorstellen* ‖ ~ *responsable die
Verantwortung übernehmen* (de *für*) ‖ ~ *rico
reich werden* ‖ ~ *de rogar s. (sehr) bitten lassen,
spröde tun* ‖ ~ *servir s. gern bedienen lassen* ‖ ~
el sordo den Tauben spielen ‖ ~ *al trabajo s. an
die Arbeit gewöhnen* ‖ ~ *el tonto den
Unwissenden spielen* ‖ ~ *viejo alt werden, altern*
‖ *se hace lo que se puede man tut, was man kann*
‖ *ya se hace tarde es wird schon spät* ‖ ¡eso no se
hace! *so etwas tut man nicht!* ‖ ¡qué se (le) va a
~! ⟨fam⟩ *da hilft alles nichts!* ‖ *da kann man
nichts machen!*
  hacezuelo *m* dim von **haz**
  ¹hacha *f*[el] *(Wachs)Fackel f* ‖ *Strohbündel n
zum Dachdecken* ‖ ⟨fig⟩ *Stern m, Leuchte f* ‖ ~
de viento *Windfackel f*
  ²hacha *f*[el] *Axt f, Beil n* ‖ *Horn n (des Stiers)*
‖ ~ de armas *Streitaxt f* ‖ ~ con peto
Hammerbeil n ‖ ~ de piedra, ~ de sílex *Steinbeil
n (Steinzeit)* ‖ ◇ desenterrar el ~ de guerra ⟨figf⟩
das Kriegsbeil ausgraben ‖ enterrar el ~ de la
guerra ⟨figf⟩ *das Kriegsbeil begraben* ‖ ser un ~
⟨figf⟩ *ein As sein*
  ³hacha *f* ⟨Hist⟩ *spanischer (Volks)Tanz m*
  hacha|dor *m Am Holzfäller m* ‖ **–zo** *m Axt-,
Beil|hieb m* ‖ ⟨fig⟩ *Hornstoß m (e–s Stiers)* ‖ *Am*
⟨fig⟩ *tiefe Wunde f*
  hache *f*[el] *das span. H* ‖ ◇ llámelo (usted) ~
⟨figf⟩ *es ist ganz dasselbe!* ‖ *das ist Jacke wie
Hose!* ‖ por ~ o por be ⟨figf⟩ *aus dem e–n od
anderen Grund, so oder so*
  hachear vt *mit dem Beil bearbeiten* ‖ ~ vi
hacken (mit dem Beil)
  hachemitas *mpl* ⟨Hist⟩ *Haschimiden mpl*
  ¹hachero *m Holzfäller m* ‖ ⟨Mil⟩
Schanzarbeiter m
  ²hachero *m Fackelständer m*
  ha|chís, –chis *m Haschisch n,* [in der
Drogenszene] *Shit m (& n), Pot n, Tea m (& n)*
  ha|cho *m Strohbündel n* ‖ *Kienspan m* ‖ **–chón**
m Pech-, Wind|fackel f ‖ ⟨Hist⟩ *Flammenmal n* ‖
Freudenfeuer n ‖ **–chote** *m (Mar) Windlicht n*
  hachuela *f Handbeil n*
  hacia prep *gegen, nach, auf et. zu, in Richtung
auf* (acc) ‖ *gegen, etwa um (Zeitangabe)* ‖ ~
ungefähr ‖ *zu* (dat) ‖ ~ abajo *(strom)abwärts* ‖
nach unten ‖ ~ acá *hierher* ‖ ~ adelante *nach
vorn, vorwärts* ‖ ~ allí *dorthin, hin* ‖ ~ el año de
1890 *um das Jahr 1890* ‖ ~ arriba *aufwärts, hinauf* ‖ ~ atrás *rückwärts,
zurück, nach hinten* ‖ ~ las cinco *ungefähr um 5
Uhr* ‖ ~ dentro *nach innen* ‖ ~ donde *wohin,
woher* ‖ ~ fuera *nach außen* ‖ ~ el interior *nach
innen* ‖ ~ el interior del país *landeinwärts* ‖ ~ el
norte *nach (dem) Norden zu* ‖ *nördlich* ‖ su
aversión ~ mí *s–e Abneigung gegen mich* ‖ mirar
~ ... *hinsehen zu*
  hacienda *f Besitzung f, Landgut n* ‖ *Pachthof
m* ‖ *Grundstücke npl* ‖ *Vermögen n, Habe f* ‖
Feld, Land n ‖ *Haushalt m* ‖ *(Staats)Finanzen pl* ‖
Finanzwesen n ‖ *Staatsschatz m* ‖ *Am Hazienda f*
‖ *Farm f* ‖ *Plantage f* ‖ *Vieh n* ‖ *Viehzüchterei f* ‖
~ pública *Staatsfinanzen pl* ‖ *Finanzwesen n* ‖
Finanzverwaltung f ‖ ~ vacuna *SAm
Rinder(bestand m) pl*
  haci|na *f* ⟨Agr⟩ *(Heu)Schober m, Hocke, Feime
f* ‖ *Haufen m (Heu, Getreidegarben)* ‖ ⟨fig⟩
Haufen m ‖ **–namiento** *m Aufschichten n,
Anhäufung f (& fig)* ‖ ⟨fig⟩ *Zusammendrängen n
(Menschen)* ‖ *Zusammenpferchen n (Tiere)* ‖ **–nar**

vt *aufschichten (Garben)* ‖ ⟨fig⟩ *an-, auf\häufen* ‖
~se *aufgehäuft sein* ‖ ⟨fig⟩ *s. drängen* ‖ *s.
zusammenballen*
   hacker *m* ⟨Inform⟩ *Hacker m*
   hada *f*[el] *Fee f (& fig)* ‖ ◇ *tener dedos od
manos de* ~ *sehr geschickt sein (Mädchen, Frau)*
   ha|dado adj *vom Schicksal verhängt* ‖ → auch
bien-, mal|hadado ‖ **–dar** vt *verzaubern* ‖ ~ vi
das Schicksal künden
   hadji *m* ⟨Rel⟩ *Hadschi m*
   hado *m Schicksal, Geschick* n ‖ *Los* n ‖ ⟨fig⟩
Vorsehung f
   hafnio *m* (**Hf**) ⟨Chem⟩ *Hafnium* n
   ha|giografía *f Hagiographie,
Lebensbeschreibung* f *von Heiligen* ‖ **–giógrafo** *m
Hagiograph* m ‖ **–giolatría** *f Hagiolatrie,
Verehrung* f *der Heiligen*
   hago → **hacer**
   hahnemaniano adj ⟨Med⟩ *homöopathisch
(nach dem dt. Arzt S.F. Hahnemann)*
   hai Am ⟨pop⟩ → **ha de** (→ ¹**haber**)
   haiduco *m* → **jeduque**
   haiga ⟨pop⟩ → **haga** (→ **hacer**) ‖ ~ *m Span*
⟨fig iron⟩ *Straßenkreuzer* m
   hais → ¹**haber**
   Hai|tí *m* ⟨Geogr⟩ *Haiti* n ‖ ≠**tiano** adj *aus Haiti*
‖ ~ *m Haitianer* m
   haje f ⟨Zool⟩ *Uräusschlange* f *(Naja haje)*
   ¡hala! *he! holla! (Ruf)* ‖ *nur los! auf geht's!*
   hala|gador adj *schmeichelhaft* ‖
schmeichlerisch ‖ *verheißungsvoll* ‖ **–gar** [g/gu] vt
liebkosen ‖ *hofieren, flattieren* ‖ *schmeicheln,
schöntun (a alg. jdm)* ‖ *freuen (a alg. jdn)* ‖
vergnügen ‖ ◇ *me halaga tu hablar deine Worte
gefallen mir* ‖ ~ *al paladar* ⟨fig⟩ *kitzeln* ‖ **–go** *m
Schmeichelei* f ‖ *Schmeicheln* n ‖ *Liebkosung* f ‖
Vergnügen n, *Genuss* m ‖ **–güeño** adj
schmeichelhaft ‖ *reizend, lockend* ‖
vielversprechend
   halalí *m* ⟨Jgd⟩ *Halali* n
   halar vt/i ⟨Mar⟩ *auf-, ein-, an\holen* ‖
(aus)fieren ‖ *Am ziehen (por an)*
   hal|cón *m* ⟨V⟩ *Falke* m ‖ ~ *abejero
Wespenbussard* m *(Pernis apivorus)* ‖ ~ *borní
Feldeggsfalke* m *(Falco biarmicus)* ‖ ~ *común
Wanderfalke* m *(F. peregrinus)* ‖ ~ *de Eleonor
Eleonorenfalke* m *(F. eleonorae)* ‖ ~ *gerifalte
Gerfalke* m *(F. rusticolus)* ‖ ~ *sacre Würgfalke* m
(F. cherrug) ‖ **–conear** vi ⟨fig⟩ *die Männer
herausfordern, auf Männerjagd gehen (Frau)* ‖
–conera *f Falkengehege* n ‖ **–conería** *f* ⟨Jgd⟩
Falken\beize bzw *-jagd* f ‖ *Falknerkunst* f ‖
–conero *m* ⟨Jgd⟩ *Falkner, Falkenier* m
   hal|da *f*[el] → ¹**falda** *(Rock)Schoß* m ‖
(grober) Sack m ‖ ◇ *de ~s o de mangas* ⟨figf⟩
um jeden Preis, so oder so ‖ **–dada** *f Sackvoll* m ‖
Schoßvoll m ‖ **–dear** vi ⟨lit⟩ *mit fliegenden
Rockschößen eilen* ‖ **–deta** *f* dim von ¹**falda** ‖
⟨fig⟩ *Frackschoß* m ‖ *(kurzer) Rockschoß* m
   hal|divoldera adj *Mancha flatterhaft* ‖
unzuverlässig
   hale → **le ha** (→ ¹**haber**) ‖ ¡~! → **¡hala!**
   haleche *m* ⟨Fi⟩ *Sardelle* f *(Engraulis
encrasicolus)*
   halibut *m* ⟨Fi⟩ *Heilbutt* m *(Hippoglossus
hippoglossus)* ‖ ~ *negro Schwarzer Heilbutt* m
(Reinhardtius hippoglossoides)
   halieto *m* ⟨V⟩ *Fischadler* m *(Pandion
haliaëtus)*
   hálito *m Hauch* m ‖ *Atem* m ‖ ~ *de vida*
⟨poet⟩ *Lebenshauch* m ‖ ~ *de viento* ⟨poet⟩ *Luft-,
Wind\hauch* m
   halitosis *f* ⟨Med⟩ *übler Mundgeruch, Halitus* m
   hall *m (Eingangs)Halle* f
   halla|da *f Finden* n, *Fund* m ‖ **–dera** adj ⟨fam⟩

Sant *gemütlich (Ort)* ‖ **–do** adj: *bien* ~ *zufrieden*
‖ *gewohnt (con an acc)* ‖ **–dor** *m*/adj ⟨Jur⟩ *Finder*
m ‖ ⟨Mar⟩ *Berger* m
   hallar vt *(auf)finden* ‖ *(an)treffen* ‖ *ausfindig
machen* ‖ *begegnen (a alg. jdm)* ‖ *er\finden,
-sinnen* ‖ *(be)finden, meinen, der Ansicht sein
(que … dass …)* ‖ *dafürhalten* ‖ *empfinden (als)* ‖
er\forschen, -mitteln ‖ ◇ ~ *buena acogida gut
empfangen werden* ‖ *honoriert werden (Wechsel)* ‖
~ *aprobación Anklang finden* ‖ ~ *su cuenta en
a/c bei e–r Sache auf s–e Rechnung kommen* ‖ ~
*que decir contra todo überall et. auszusetzen
haben* ‖ ~ *lento despacho schwer verkäuflich sein
(Ware)* ‖ *apenas halló palabras para … er (sie)
fand kaum Worte, um…* ‖ ~ *rápida venta
schnellen Absatz finden (Ware)* ‖ ~se *sein* (=
estar) ‖ *s. (irgendwo) befinden* ‖ *s. fühlen* ‖ *s.
einfinden* ‖ *s. begegnen, s. treffen* ‖ *da sein,
vorhanden sein* ‖ ⟨Zool Bot Geol⟩ *vorkommen* ‖
◇ ~ (= estar) *enfermo krank sein* ‖ *s. krank
fühlen* ‖ ~ *en condiciones de … imstande (& im
Stande) sein zu …* ‖ ~ *con un obstáculo auf ein
Hindernis stoßen* ‖ ~ *presente zugegen sein* ‖ ~
*en situación de … imstande (& im Stande) sein
zu …* ‖ ~ *en una situación embarazosa s. in e–r
heiklen Lage befinden*
   hallazgo *m Entdeckung* f ‖ *Auffinden* n ‖ *Fund*
m ‖ ⟨Med⟩ *Befund* m ‖ ⟨Jur⟩ *Fund(gegenstand)* m
‖ ⟨fig⟩ *glücklicher Fund, guter Einfall* m,
glänzende Idee f, ⟨fam⟩ *Volltreffer* m
   halo *m* ⟨Astr⟩ *Hof* m *um Sonne, Mond usw.* ‖
⟨Fot⟩ *Lichthof* m ‖ ⟨fig⟩ *Schein* m ‖ ⟨fig⟩ *Aureole*
f, *Nimbus* m ‖ ♦ *con supresión del* ~ *lichthoffrei*
   ha|lobionto adj → **–lófilo** ‖ ~ *m Halobiont* m
‖ **–lófilo** adj ⟨Biol⟩ *halophil* ‖ **–lógeno** adj ⟨Chem⟩
halogen, salzbildend ‖ ~ *m Halogen* n ‖ **–loideo**
adj/s ⟨Chem⟩: *sal* ~a *Haloid* n
   halón *m* ⟨Astr⟩ *Hof* m bzw *Korona* f *(der
Gestirne)*
   halte|ra *f*, **–rio** *m* ⟨Sp⟩ *Hantel* f ‖ **–rofilia** *f*
⟨Sp⟩ *Gewichtheben* n
   halulla *f Aschenbrot* n
   hama|ca *f Hängematte* f ‖ *Schaukelnetz* n ‖ Am
Schlafnetz n ‖ *Schaukel* f ‖ Arg *Schaukelstuhl* m ‖
~**-columpio** *f Hollywoodschaukel* f ‖ **–car(se)**
[c/qu] vt/r Am *(s.) schaukeln* ‖ ◇ *tener que* ~se
Arg ⟨fig⟩ *s. anstrengen* od ⟨fam⟩ *durchschaukeln
müssen*
   hamada *f* ⟨Geogr⟩ *Hamada* f
   hamadríade *f* ⟨Myth⟩ *Dryade, Baum-,
Wald\nymphe* f
   hamadrías *m* ⟨Zool⟩ *Mantelpavian,
Hamadryas* m *(Papio hamadryas)*
   hámago *m Bienenpech* n ‖ ⟨fig⟩ *Überdruss* m
   hamamelidáceas *fpl* ⟨Bot⟩ *Zaubernuss-,
Hamamelis\gewächse* npl *(Hamamelidaceae)*
   hamaque|ar vt Am *wiegen* ‖ ⟨fig⟩ *verwöhnen* ‖
⟨fig⟩ *vertrösten* ‖ → **hamacar** ‖ **–ro** *m
Hängematten\hersteller* bzw *- träger* m ‖ Am
Haken m *(für Hängematten)*
   hambergita *f* ⟨Min⟩ *Hambergit* m
   hambre *f*[el] *Hunger* m ‖ *Hungersnot* f ‖ ⟨fig⟩
heftiges Verlangen n *(de nach)* ‖ ~ *de bigote*
⟨fam⟩ *Mordshunger* m ‖ ~ *canina Heiß-, Bären-,
Wolfs\hunger* m ‖ ~ *de cariño Liebeshunger* m ‖
~ *de ciencia Wissensdurst* m ‖ ~ *devoradora* →
~ *canina* ‖ ~ *estudiantina* ⟨fam⟩ *Bärenhunger* m
‖ ◇ *andar muerto de* ~ *verhungern, vor Hunger
vergehen* ‖ *apagar el* ~ → *matar el* ~ ‖ *estar
muerto de* ~ → *andar muerto de* ~ ‖ *matar el* ~
⟨fig⟩ *den Hunger stillen* ‖ *matar de* ~ ⟨fig⟩
(ver)hungern lassen ‖ *morirse de* ~ *verhungern,
vor Hunger vergehen* ‖ *perecer de* ~ *vor Hunger
sterben,* ⟨lit⟩ *Hungers sterben* ‖ *saciar el* ~ ⟨fig⟩
s–n Hunger stillen ‖ *ser más listo que el* ~ ⟨figf⟩

sehr schlau bzw *sehr gewitzt sein* ‖ ser un muerto de ~ ⟨fig⟩ *ein Hungerleider sein* ‖ tener ~ *Hunger haben, hungrig sein* ‖ tengo un ~ *que no veo* ⟨fam⟩ *ich habe e–n Bärenhunger* ‖ a buen(a) ~ *no hay pan duro* ⟨Spr⟩ *Hunger ist der beste Koch* ‖ el ~ *aguza el ingenio Not macht erfinderisch*
   hambreador *m* Chi Pe *Ausbeuter m*
   ham|brear vi *hungern (lassen)* ‖ ⟨fig⟩ *bettelarm sein* ‖ Chi Pe *ausbeuten* ‖ **–briento** adj/m *hungrig* ‖ ⟨fig⟩ *sehr begierig* (de *nach*) ‖ **–brina, –bruna** *f* And *große Hungersnot* f ‖ **–brón** adj ⟨fam⟩ *hungrig, nimmersatt* ‖ *unersättlich* ‖ *gierig* ‖ ~ *m Nimmersatt* m (& fig)
   Hambur|go *m* [Stadt] *Hamburg* n ‖ ⁼**gués** adj *hamburgisch* ‖ ~ *m Hamburger* m ‖ ⁼**guesa** *f Hamburgerin* f ‖ ⟨Kochk⟩ *deutsches Steak* n, *Frikadelle* f, *Hamburger* m (& n) ‖ ⁼**guesería** f *Hamburgerlokal* n
   hamletiano adj *auf Shakespeares Hamlet bezüglich* ‖ *Hamlet-*
   hammán *m* [türk Badehaus] *Hammam* m
   hamo *m Angelhaken* m ‖ *kleine Harpune* f ‖ → auch ¹**anzuelo**
   ham|pa *f*[el] *Welt* f *der Verbrecher* ‖ *Gaunertum* n ‖ *Unterwelt* f ‖ *Gesindel* n, *Ganoven* mpl ‖ *Lumpen-, Bummel|leben* n ‖ **–pesco** adj *Gesindel-, Gauner-, Ganoven-* ‖ **–pón** m/adj *Raufbold* m ‖ *Gauner, Ganove* m
   hámster *m* ⟨Zool⟩ *Hamster* m ‖ ~ *común Großhamster* (Cricetus cricetus) ‖ ~ *dorado Goldhamster* m (Mesocricetus auratus)
   han → ¹**haber**
   handball *m* ⟨Sp⟩ *Handball* m
   hándicap *m* ⟨Sp⟩ *Handicap, Vorgaberennen* n ‖ ⟨fig⟩ *Handikap* n
   hanega *f* → **fanega**
   hangar *m Hangar* m, *Schutzdach* n ‖ *Flugzeug-, Luftschiff|halle* f
   Han|nóver *m* [Stadt] *Hannover* f ‖ ⁼**noveriano** m/adj *Hannoveraner* m
   Han|sa *f*[el] *Hanse* f ‖ ⁼**seático** adj *hanseatisch* ‖ *Hanse-* ‖ ~ *m Hanseat* m
   hapálidos *mpl* ⟨Zool⟩ *Krallenäffchen* npl (Hapalidae)
   haplología *f* ⟨Ling⟩ *Haplologie* f (z. B. *cejunto für cejijunto*)
   happening *m Happening* n
   hara|gán adj *faul, träg(e), bequem* ‖ ~ *m Faulenzer, Faulpelz, Nichtstuer, Tagedieb* m ‖ *Stromer* m ‖ **–ganear** vi *faulenzen, k–n Finger rühren, herumlungern, ein Lotterleben führen* ‖ **–gan(er)ía** *f Faulenzerei* f, *Müßiggang* m
   harakiri *m* → **haraquiri**
   hara|piento adj *lumpig, zerlumpt* ‖ **–po** *m Lumpen, Fetzen* m ‖ *letzter Abguss* m *(Branntwein)* ‖ ◇ *andar od estar hecho un ~* ⟨figf⟩ *lumpig gekleidet gehen* ‖ **–poso** adj → **–piento**
   haraquiri *m Harakiri* n
   haras *m* Arg *Gestüt* n
   harca *f*[el] ⟨Mar Mil⟩ *Truppe, Abteilung* f ‖ *Kriegszug* m
   hard rock *m* ⟨Mus⟩ *Hard Rock* m
   hardware *m* ⟨Inform⟩ *Hardware* f
   haré → **hacer**
   harem, harén [beides gespr. aré] *m Harem* m, *Frauengemach* n *der Mohammedaner*
   harense adj/s *(m/f) aus Haro* (P Logr) ‖ *auf Haro bezüglich*
   harija *f Staubmehl* n
   harina *f Mehl* n ‖ ⟨fam⟩ *Puder* m ‖ ~ *animal Tiermehl* n ‖ ~ *de avena Hafer|grütze* f, *-mehl* n ‖ ~ *blanca Weißmehl* n ‖ ~ *de centeno Roggenmehl* n ‖ ~ *cernida Beutelmehl* n ‖ ~ *extrafina,* ~ *de*

flor Auszugsmehl n ‖ ~ *fósil Kieselgur* m ‖ ~ *de huesos Knochenmehl* n ‖ ~ *lacteada Kindermehl* n ‖ ~ *de maíz Maismehl* n ‖ ~ *morena Schwarzmehl* n ‖ ~ *panadera,* ~ *panificable Brotmehl* n ‖ ~ *de patatas Kartoffelmehl* n ‖ ~ *de pescado Fischmehl* n ‖ ~ *de trigo Weizenmehl* n ‖ ◇ *hacer* ~ *u/c* ⟨fig⟩ *et. in Stücke schlagen* ‖ *ésta es* ~ *de otro costal* ⟨figf⟩ *das ist ganz was anderes* ‖ *estar metido en* ~ ⟨figf⟩ *bis über die Ohren (in der Arbeit) stecken* ‖ *hacerse* ~ ⟨figf⟩ *zer|brechen, -splittern* (→ auch ¹**polvo**)
   hari|nado *m Mehlbrei* m ‖ **–nero** adj *Mehl- Mahl-* ‖ ~ *m Mehlhändler* m ‖ *Mehlkasten* m ‖ **–nilla** *f* dim von **harina** ‖ **–noso** adj *mehlig, Mehl-* ‖ **~s** *mpl Mehlspeisen* fpl
   harka *f* → **harca**
   har|monía, –mónico, –monio(so) → **ar|monía, –mónico, –monioso**
   harnero *m Sieb* n
   harón adj *faul, träg(e)*
   har|pa *f* → **arpa** ‖ **–pado** adj → **arpado**
   Harpagón np *Harpagon (in Molières L'Avare)* ‖ ⟨fig⟩ *Geizhals* m
   harpía *f* → **arpía**
   harpillera *f* → **arpillera**
   har|tada *f* → **hartazgo** ‖ **–tamente** adv *vollauf, reichlich*
   har|tar vt/i *(über)sättigen* ‖ ⟨fig⟩ *überhäufen* ‖ ⟨fig⟩ *befriedigen* ‖ ⟨fig⟩ *anekeln* ‖ ◇ *eso harta das sättigt, das ist ergiebig* ‖ *me harta ich habe es satt* (& inf, *zu* inf) ‖ ~ *de insultos (jdn) mit Schimpfworten überhäufen* ‖ **~se** *s. satt essen, s. überladen* ‖ *s. sättigen* ‖ ⟨fig⟩ *satt bekommen,* ⟨fam⟩ *satt kriegen* ‖ ◇ *ya me he –tado de eso* ⟨figf⟩ *das habe ich schon satt, das hängt mir zum Hals(e) heraus* ‖ ~ *de ganar dinero* ⟨fam⟩ *jede Menge Geld verdienen* ‖ ~ *de esperar des Wartens überdrüssig od müde sein* ‖ ~ *con fruta s. an Obst vollessen* ‖ **–tazgo** *m Sattheit* f *Überladung* f *des Magens* ‖ *Übersättigung* f ‖ ◇ *darse un* ~ *s. überladen* (& fig) ‖ *darse un* ~ *de cine ständig ins Kino gehen* ‖ *darse un* ~ *de leer* ⟨figf⟩ *s. satt lesen* ‖ **–tazón** *m* → **–tazgo**
   ¹**harto** pp irr, s von **hartar** ‖ ~ adj/s *(über)satt* ‖ *hinreichend* ‖ ⟨fig⟩ *überdrüssig* ‖ ~ *de trabajar arbeitsmüde* ‖ *estar* ~ *de algo* ⟨fig⟩ *e–r Sache* (gen) *überdrüssig sein* ‖ *estoy* ~ *de oírte lamentar ich habe genug von d–n Klagen* ‖ *el buey* ~ *no es comedor* ⟨Spr⟩ *wenn die Maus satt ist, schmeckt das Mehl bitter* ‖ *~as veces viele Male, oft*
   ²**harto** adv *genug* ‖ *viel* ‖ *sehr* ‖ *ziemlich* ‖ ~ *difícil ziemlich schwer* ‖ *sehr schwer* ‖ ~ *sé que es verdad ich weiß sehr wohl, dass es wahr ist* ‖ ~ *conocida es la causa der Grund ist sattsam bekannt*
   ¹**hartón** adj Mex ⟨fig⟩ *lästig* ‖ ~ *m* MAm *Vielfraß* m
   △ ²**hartón** *m Brot* n
   hartura *f (Über)Sättigung* f ‖ *Überfluss* m ‖ *Übermaß* n ‖ ⟨fig⟩ *völlige Befriedigung* f ‖ ◆ *con* ~ *vollauf, reichlich, mehr als genug, sattsam*
   haschich *m* → **hachís**
   hase → **se ha** (→ ¹**haber**)
   ¹**hasta** prep/adv a) *bis* ‖ ~ *ahora bis jetzt, bisher* ‖ ~ *dentro de una semana erst in e–r Woche* ‖ ¡~ *después! bis nachher! auf Wiedersehen!* ‖ ~ *el tercer día no volvió er (sie, es) kehrte erst am dritten Tag zurück* ‖ ~ *unos dos kilómetros de allí etwa 2 Kilometer von dort* ‖ ¡~ *luego! bis nachher! bis dann! auf Wiedersehen!* ‖ ~ *la muerte bis zum Tode* ‖ *bis in den Tod* ‖ *no me levanto* ~ *las nueve ich stehe erst um 9 Uhr auf, ich stehe nicht vor 9 Uhr auf* ‖ ~ *nueva orden bis auf weiteres, bis auf Widerruf* ‖ ¡~ *pronto! bis bald!* ‖ ¡~ *más tarde! bis später!*

b) in bindewörtlichem Sinne (*mit* inf; hasta que
mit subj *od* ind): él se olvidó ~ decirle groserías
er vergaß s. so weit, dass er ihr Grobheiten sagte
‖ ~ más no poder *im höchsten Grade* ‖ ~ que ...
bis dass ... ‖ ~ qué punto *wie weit* ‖ *inwieweit* ‖
~ que vuelva *bis er (sie, es) zurückkommt* ‖ le
golpearon ~ matarle *man hat ihn zu Tode
geprügelt* ‖ ~ que ella lo dijo *bis sie es (endlich)
sagte*
²hasta adv *sogar, selbst* ‖ ~ cuando llora está
bonita *sogar wenn sie weint, ist sie schön* ‖ ~ los
hombres lloraban *sogar die Männer weinten*
hastial *m* ⟨Arch⟩ *Giebel* m ‖ *Giebel|seite,
-wand* f ‖ ⟨Arch⟩ *Abseite, geneigte Fläche* f *e–s
Daches* ‖ ⟨Bgb⟩ *Stoß* m ‖ ⟨fig⟩ *bäu(e)rischer
Mensch* m ‖ ~ escalonado *Treppen-, Staffel|giebel*
m
has|tiar [pres ~ío] vt *langweilen* ‖ *anekeln* ‖
~se *überdrüssig sein* bzw *werden* (de gen) ‖ **–tío**
m Ekel, Widerwille m ‖ *Überdruss* m ‖ ◇ *causar*
~ a alg. *jdn anekeln* ‖ coger ~ a algo *e–r Sache*
(gen) *überdrüssig werden* ‖ morirse de ~ *s. zu
Tode langweilen*
hastora Am ⟨pop⟩ → **hasta ahora**
hataca f *großer, hölzerner Löffel* m
hata|jador m Mex *Führer* m *e–r Koppel Vieh* ‖
–jo m *kleine Herde* f ‖ *Trupp* m *Saumtiere* ‖ ⟨fig⟩
Bande f ‖ ⟨figf⟩ *Menge* f, *Haufen* m ‖ un ~ de
desatinos *e–e Menge Unsinn*
ha|tear vi *den Hirten* hatería *geben* ‖ *s–n
Reisebedarf packen* ‖ **–tería** f *Verpflegung und
Ausrüstung* f *(für Tagelöhner, Hirten usw.)* ‖ **–tillo**
m dim von **hato-**‖ *(Kleider)Pack* m ‖ coger *od*
tomar el ~ ⟨figf⟩ *weggehen*, ⟨fam⟩ *abhauen* ‖
echar u. el ~ al mar ⟨figf⟩ *s. ärgern, s. entrüsten*
hato m *Leibwäsche* f ‖ *Bündel* n, *Pack* m
(Kleider usw.) ‖ *kleine (Vieh)Herde* f ‖ *Weideplatz*
m ‖ ⟨fig desp⟩ *Bande, Rotte* f *(Gauner usw.)* ‖
⟨fig⟩ *Menschenmenge* f ‖ Cu Ven *Landgut* n,
Viehfarm f ‖ un ~ de pícaros *ein Haufen* m
Spitzbuben ‖ *e–e Bande* f *Gauner* ‖ ◇ liar el ~
⟨fam⟩ *s. davonmachen*, ⟨fam⟩ *sein Bündel
schnüren* ‖ ser un ~ de nervios *sehr nervös sein,
ein Nervenbündel sein*
hausa m ⟨Ling⟩ *Haus(s)a* n
havelda f ⟨V⟩ *Eisente* f (Clangula hyemalis)
hawaiano adj *hawaiisch, Hawaii-*
haxix m → **hachís**
¹hay → **¹haber** f)
²hay Am barb → **ahí, allí**
³hay Am barb → **ay**
haya f[el] ⟨Bot⟩ *(Rot)Buche* f (Fagus sylvatica)
‖ *Heister* m ‖ *Buchenholz* n
Haya f [Stadt]: La ~ *Den Haag* n
ha|yal, –yedo, León **–yucal** m *Buchenwald* m ‖
–yuco m *Buchecker* f
¹haz m [pl ~ces] *Bündel, Büschel, Bund* m
(Holz, Reisig) ‖ *Garbe* f ‖ *Garbenhaufen* m ‖
⟨Tech El⟩ *Bündel* n, *Strahl* m ‖ ⟨Radio El⟩
Büschel n ‖ ⟨Tel⟩ *Leitungsbündel* n ‖ ⟨Mil⟩ *Garbe*
f *(Geschoss)* ‖ ⟨Bgb⟩ *Gruppe* f *(Flöz)* ‖ ~
direccional ⟨Flugw⟩ *Leitstrahl* m ‖ ~ de fibras
⟨An⟩ *Faserstrang* m ‖ ~ de guía → ~ direccional
‖ ~ de láser *Laserstrahl* m ‖ ~ de leña *Reisig-,
Holz|bündel* n ‖ ~ del líctor ⟨Hist⟩ *Liktorenbündel*
n ‖ ~ luminoso *Lichtkegel* m ‖ *Licht|bündel,
-garbe* f *(Scheinwerfer)* ‖ ~ nervioso ⟨An⟩
Nervenstrang m ‖ ~ de paja *Bund* n *Stroh* ‖ ~ de
rayos *Strahlenbündel* n ‖ ~ de trigo *Korngarbe* f
²haz [pl ~ces] f[el] *Gesicht, Antlitz* n ‖ ⟨fig⟩
Vorderseite f ‖ ⟨fig⟩ *Oberfläche* f ‖ ◆ en ~ y en
paz ⟨fam⟩ *in Ruhe und Frieden* ‖ sobre la ~ de la
tierra ⟨fig⟩ *auf Erden*, ⟨lit⟩ *auf dem (weiten)
Erdenrund* ‖ ser uno de dos haces *doppelzüngig
sein*

³haz → **hacer**
haza f Sant ⟨Agr⟩ *Stück* n *Acker*
haza|ña f *Waffen-, Helden|tat* f ‖ *Ruhmestat* f ‖
⟨fig⟩ *hervorragende Leistung* f ‖ ⟨iron⟩ *Schandtat*
f ‖ ~ guerrera *Kriegstat* f ‖ ~ heroica *Heldentat* f
‖ **–ñero** adj/s *zimperlich, geziert* ‖ **–ñoso** adj
helden|haft, -mutig, Helden- ‖ *tapfer*
hazmerreír m ⟨fam⟩ *Prügelknabe* m,
Aschenbrödel n, *Zielscheibe* f *des Witzes (Person)*
‖ *lächerliche, komische Figur* f ‖ ⟨fam⟩ *Komiker,
Hanswurst* m ‖ ◇ es el ~ de todo el mundo *er ist
das Gespött der Leute*
hazte → **hacer(se)**
hazu|ela, Sant **–ca** f dim von **haza**
¹;he! int *siehe! sieh da! ‖ he! holla! halt!*
²;he! adv dem: ¡~(lo) aquí! *ei, da ist er (es)!* ‖
¡heme, héteme aquí! *da bin ich nun!* ‖ ¡henos
aquí! *da sind wir!* ‖ ¡helos allí (od ahí)! *ei, da
sind sie ja!* ‖ ~ aquí mi opinión *das ist m–e
Meinung* ‖ he(te) aquí que ... ⟨fam⟩ *da auf einmal
... ‖ ~ allí otro obstáculo da gibt es wieder ein
Hindernis*
³he → **¹haber**
He ⟨Abk⟩ = **helio**
heb|dómada f ⟨lit⟩ *Woche* f ‖ **–domadario** adj
wöchentlich, Wochen- ‖ ~ m *Wochenschrift* f ‖
⟨Kath⟩ *Hebdomadar(ius)* m
hebe f *(weibliche) Schamhaare* npl ‖ ⟨fig⟩
Mannbarkeit f ‖ *Pubertät* f
Hebe f ⟨Myth⟩ *Hebe* f
hebefrenia f ⟨Med⟩ *Hebephrenie* f,
Jugendirresein n
hebén adj *oberflächlich (Mensch)*
hebe|tado adj Am *stumpfsinnig, geistig
abgestumpft* ‖ **–tud** f ⟨Med⟩ *Stumpfsinnigkeit,
Sinnesabstumpfung* f
hebijón m *Schnallendorn* m
hebi|lla f *Schnalle* f ‖ *Schließe* f ‖ ~ de
cinturón *Gürtelschnalle* f ‖ ⟨Mil⟩ *Koppelschloss* n
‖ ~ corrediza *Schiebeschnalle* f ‖ ~ de zapato
Schuhschnalle f
hebra f *Faden, Zwirn* m ‖ *(Holz)Faser*, ⟨reg⟩
Zaser f ‖ *Fiber* f ‖ *Stempel* m *(in der Safranblüte)*
‖ ⟨fig⟩ *Faden* m *(des Gesprächs)* ‖ ◇ buscarle a
uno la ~ Am ⟨pop⟩ *jdn zum Streit reizen* ‖ estar
(od ser) de buena ~ ⟨figf⟩ *stark und rüstig sein* ‖
estar en punto de ~ ⟨Kochk⟩ *anfangen, Fäden zu
ziehen (gar sein) (Zuckersirup)* ‖ pegar la ~
⟨figf⟩ *ein Gespräch wieder anknüpfen* ‖ *lange od
ausgiebig plaudern* ‖ ~s fpl ⟨fig poet⟩ *Haare* npl
he|braico adj → **–breo** ‖ **–braísmo** m
Hebraismus m ‖ **–braísta** s/adj *(m/f) Hebraist(in*
f) m ‖ **–braística** f *Hebraistik* f ‖ **–braizante** adj/s
zum Judentum neigend ‖ **–braizar** [z/c] vi
Hebraismen gebrauchen ‖ **–breo** adj *hebräisch,
jüdisch* ‖ ~ m *Hebräer* m ‖ *Jude* m ‖ *Hebräisch* n
‖ ⟨figf⟩ *Wucherer* m ‖ ⟨figf⟩ *Schacherer* m
Hébridas fpl ⟨Geogr⟩ *Hebriden* pl *(Inseln)*
he|broso adj → **fibroso** ‖ **–brudo** adj And Am
fas(e)rig, Faser-
hecatombe f *großes, feierliches Opfer* n ‖
Hekatombe f *(& fig)* ‖ ⟨fig⟩ *Gemetzel, Blutbad* n ‖
Katastrophe f
¹hecha Am → **fecha** ‖ Ar *Bewässerungsgebühr*
f
²hecha f: de esta ~ *von nun an, seitdem*
hechi|cera f *Zauberin, Hexe* f ‖ **–cería** f
Zauberei f ‖ *Hexerei* f ‖ **–cero** adj *Zauber-* ‖ ⟨fig⟩
bezaubernd ‖ ◇ ser ~ *Zauberwesen* n ‖ ~ m
Zauberer, Hexenmeister m ‖ *Medizinmann* m *(bei
den Naturvölkern)* ‖ **–zar** [z/c] vt *be|zaubern,
-hexen, ver|zaubern, -hexen* ‖ ⟨fam⟩ *becircen* (a
alg. *jdn)* ‖ **–zo** adj **a)** *künstlich, gekünstelt* ‖ **b)**
Chi *einheimisch (Ware)* ‖ ~ m *Zauber* m,
Bezauberung f ‖ *Bann* m ‖ *Zaubertrank* m ‖

auberspruch m ‖ ◇ hacer desaparecer por ~
egzaubern
¹hecho pp/irr/adj von **hacer** ‖ *getan* ‖ *gemacht*
vollendet ‖ *ge|baut, -wachsen* ‖ *reif* ‖ *beschaffen*
hergerichtet ‖ ⟨Jur⟩ *ausgefertigt (en in dat),*
eschehen (zu) ‖ *gar, gekocht (Speise)* ‖ *durch*
Käse) ‖ *gewöhnt (a an* acc) ‖ *geworden (zu)* ‖ ~
la chanza *an den Scherz gewöhnt* ‖ ~ un Adán
figf) *nackt, im Adamskostüm* ‖ ~ carne *Fleisch*
eworden (Bibel) ‖ ~ y derecho *vollendet* ‖
·desp) ausgemacht ‖ ~ realidad *(zur) Wirklichkeit*
eworden ‖ ~ un tigre *wie ein Tiger (wütend)* ‖
·ien ~ *gelungen, richtig gemacht* ‖ *wohlgestaltet,*
·ut proportioniert (Körper) ‖ mal ~ *schlecht*
emacht ‖ *unproportioniert (Körper)* ‖ ¡hecho!
·kay! in Ordnung! geht klar! jawohl! ‖ dicho y ~
·esagt, getan ‖ ¡es cosa ~a! *abgemacht!* ‖ ¡bien
~! so ist's recht! ‖ ¡mal ~! *das ist nicht richtig*
·ehandelt! falsch! ‖ ¿te ha ~ bien? *hat es dir*
·eholfen? ‖ ◆ a cosa ~a *absichtlich* ‖ mit
·icherem Erfolg ‖ a lo ~, pecho *man soll zu s–m*
Nort od zu s–r Tat stehen, ⟨fam⟩ *geschehen ist*
·eschehen ‖ estar ~... ⟨fig⟩ *der vollendete* (⟨fam⟩
·einste) ... sein ‖ wie ... (nom) aussehen ‖ zu ...
·erden ‖ estar ~ a todo *an alles* (acc) *gewöhnt*
·ein
²hecho m *Tat, Handlung* f ‖ *Tatsache* f ‖ *Fakt* n
& m), Faktum n ‖ *Umstand* m ‖ *Vorfall* m,
Ereignis n ‖ *Begebenheit* f ‖ *Fall* m ‖ ⟨Jur⟩
·atbestand m ‖ ⟨Jur⟩ *Streitsache* f ‖ ~ ajeno ⟨Jur⟩
Handlung f *e–s Dritten* ‖ ~ antijurídico ⟨Jur⟩
·echtswidrige Handlung f ‖ ~ de armas *Waffen-,*
Kriegs|tat f ‖ ~ constitutivo ⟨Jur⟩
Entstehungsgrund m ‖ ~ consumado *vollendete*
·atsache f ‖ ~ contrario a la ley *rechtswidrige*
Handlung f ‖ *Faktum* n ‖ ~ de Dios *höhere*
Gewalt f ‖ ~ de guerra *Kriegshandlung* f ‖ el mal
~ die Missetat, das Verbrechen ‖ ~ del siglo
fam) (e–e) großartige, epochemachende Leistung
‖ *(die) Leistung des Jahrhunderts* ‖ ~
·ergonzoso beschämende Tatsache f ‖ ◆ a ~
·ogleich ‖ *im Ganzen* ‖ de ~ *wirklich, tatsächlich*
‖ *willkürlich* ‖ de ~ pensado *absichtlich* ‖ de ~ y
·le derecho recht und billig, von Rechts wegen ‖
·atsächlich und rechtlich ‖ ◇ el ~ es que ...
·atsache ist, dass.... ‖ *Fakt ist, dass ...* ‖ *die*
·ache ist die, dass ... ‖ *jedenfalls* ‖ es un ~ *da ist*
·ichts (mehr) zu ändern ‖ ~s mpl ⟨Jur⟩
·achverhalt m ‖ los ~ de los Apóstoles *die*
·postelgeschichte ‖ ~ controvertidos *streitiger*
·achverhalt m
¹hechor m Chi → **malhechor**
²hechor m Arg Chi Ven *(Esel)Hengst* m
hechura f *Machen* n ‖ *Verfertigung,*
·usführung f ‖ *Anfertigung* f ‖ *Machart, Fasson* f
‖ *Äußere(s), Aussehen* n ‖ *Macherlohn* m ‖
Machwerk n ‖ *Gestalt, Statur* f ‖ *Plastik* f ‖
Standbild n ‖ ⟨fig⟩ *Kreatur* f, *Geschöpf* n ‖ ⟨fig⟩
Günstling m ‖ ◆ a ~ de ... in der Art... (gen),
vie ... (nom) ‖ ◇ no tener ~ ⟨fam⟩ *nicht möglich*
·ein ‖ ~s fpl *Macherlohn* m
hectárea f *Hektar* m
héctico adj → **hético**
hectiquez [pl ~ces] f ⟨Med⟩ *Schwindsucht* f ‖
·ehrendes Fieber n
hecto|cotilo, -cótilo m ⟨Zool⟩ *Hectocotylus-*
·Arm, Geschlechtsarm m *(der Kopffüßer)*
hec|tografiar [pres ~ío] vt *vervielfältigen,*
·ektographieren ‖ **–tógrafo** m *Hektograph* m ‖
·-togramo m *Hektogramm* n
hec|tolitro, hectólitro m *Hektoliter* n ‖
·-tómetro m *Hektometer* n (& n) ‖ **–tovatio** m
·El⟩ Hektowatt n
Héctor m np *Hektor* m
hedentina f *durchdringender Gestank* m

heder [-ie-] vi *(unerträglich) stinken, übel*
riechen (a nach) ‖ ⟨fig⟩ *lästig sein* ‖ ~ a azufre
nach Schwefel riechen
hedion|dez [pl ~ces] f *Gestank* m ‖ *Unrat* m ‖
–do adj *stinkig, stinkend* ‖ *Stink-* ‖ ⟨fig⟩ *ekelhaft* ‖
⟨fig⟩ *lästig* ‖ ⟨fig⟩ *unflätig, geil* ‖ ~ m ⟨Bot⟩
Stinkstrauch m (Anagyris foetida) ‖ Arg ⟨Zool⟩
Skunk m, *Stinktier* n (Mephitis mephitis)
hedonis|mo m ⟨Philos⟩ *Hedonismus* m ‖
Hedonik f ‖ **–ta** adj (m/f) *hedonistisch* ‖ ~ m/f
Hedonist(in f) m
hedor m *Gestank, übler Geruch* m ‖ ~ a
azufre *Geruch* m *nach Schwefel* ‖ ~ a carroña
Aas-, Verwesungs|geruch m ‖ ~ de quema
Brandgeruch, Geruch m *nach Verbranntem*
Hefestos m ⟨Myth⟩ *Hephäst(us), Hephaistos* m
hegelia|nismo m ⟨Philos⟩ *Hegelsche*
Philosophie f ‖ **–no** adj *hegelianisch, hegelsch* ‖
~ m *Hegelianer* m
hege|monía f *Hegemonie, Ober-,*
Vor|herrschaft f ‖ **–mónico** adj *hegemonisch*
hégira f, **héjira** f [Islam] *Hedschra* f
heiniano adj *heinisch, auf Heinrich Heine*
(1797–1856) bezüglich
Hélada: la ~ ⟨Geogr⟩ *Hellas, Griechenland* n
hela|da f *(Ge)Frieren* n ‖ *Frost* m ‖ ~ blanca
(Rauh)Reif m ‖ ~ nocturna *Nachtfrost* m ‖ ◇
caen ~s *es friert* ‖ **–dera** f *Sekt|kühler, -kübel* m
‖ Arg ⟨reg⟩ *Kühlschrank* m ‖ **–dería** f *Eisdiele* f
(Speise)Eisindustrie f ‖ **–dero** m *Eisverkäufer* m
Eisdielenbesitzer m ‖ **–dizo** adj *leicht gefrierend* ‖
–do adj *gefroren, vereist* ‖ *mit Eis bedeckt* ‖ *vor*
Kälte erstarrt ‖ *eiskalt, eisig* (& fig) ‖ ⟨fig⟩
frostig, kalt ‖ ⟨fig⟩ *starr (vor Schrecken)* ‖ Ven
kandiert (Zuckerwerk) ‖ ◇ se quedó ~ ⟨fig⟩ *es*
verschlug ihm die Sprache ‖ ~ m *Speiseeis,*
Gefrorene(s) n ‖ *Eisgetränk* n ‖ ~ de fresa
Erdbeereis n ‖ ~ de frutas *Eisfrüchte* fpl ‖ ~ de
vainilla Vanilleeis n ‖ **–dora** f *Eismaschine* f ‖
Gefrierfach n ‖ **–dura** f *Gefrieren* n ‖ *Erstarren* n
‖ ⟨Agr⟩ *Frostschaden* m ‖ ⟨Med⟩ *Erfrierung* f ‖
–miento m *(Ge)Frieren* n ‖ *Erfrieren* n
helar [-ie-] vt/i *gefrieren lassen, einfrieren* ‖
kalt machen, kalt stellen ‖ *vereisen* ‖ p.ex
durchkälten ‖ *frappieren (Wein)* ‖ ⟨fig⟩ *erstarren*
lassen (vor Schreck, Angst usw.) ‖ ⟨fig⟩
unempfindlich machen ‖ ◇ eso hiela el corazón
⟨fig⟩ *das machte das Herz erstarren* ‖ la visión le
heló la sangre (las venas) *der Anblick ließ sein*
(ihr) Blut in den Adern) gerinnen ‖ ~ vi *frieren* ‖
gefrieren, zu Eis werden ‖ *erfrieren* ‖ hiela *es*
friert ‖ **~se** *gefrieren* ‖ *zufrieren (Gewässer)* ‖
erstarren ‖ ◇ se de frío *vor Kälte er|starren,*
-frieren ‖ el río se ha helado completamente *der*
Fluss ist zugefroren
heler|chal m *mit Farn bestandenes Gelände* n ‖
–cho m ⟨Bot⟩ *Farn(Kraut* n) m ‖ ~ acuático
Wasserfarn m ‖ ~ arborescente *Baumfarn* m
(Alsophila, Cyathea spp) ‖ ~ hembra *Frauenfarn*
m (Athyrium filix-femina) ‖ ~ macho *Wurmfarn*
m (Dryopteris filix-mas) ‖ ~ rey *Königsfarn* m
(Osmunda regalis)
helénico adj *hellenisch*
helenio m ⟨Bot⟩ *Alant* m (Inula helenium)
hele|nismo m *Hellenismus* m ‖ ⟨Ling⟩
Gräzismus m ‖ **–nista** m/f *Hellenist(in* f) m ‖
Gräzist(in f) m ‖ **–nística** f *Hellenistik* f ‖
Gräzistik f ‖ **–nizar** [z/c] vt *hellenisieren* ‖
griechische Wörter verwenden ‖ **~se** *hellenisier*
werden ‖ *griechischen Vorbild nachahmen* ‖ **–no**
adj *hellenisch* ‖ ⟨fig⟩ *griechisch* ‖ ~ m *Hellene* m ‖
Grieche m
¹helera f *Darre* f *(der Vögel)*
²helera f Arg *Kühlschrank* m

helero m ⟨Geol⟩ *Gletscher* m
Helesponto m ⟨Geogr⟩ *Hellespont* m
helga|do adj *mit ungleichmäßigen Zähnen
(ausgestattet), zahnlückig (Mensch)* ‖ **–dura** *f
Zahnlücke* f
heliantina f ⟨Chem⟩ *Helianthin, Methylorange*
n
helianto m ⟨Bot⟩ *Sonnenblume* f*, Helianthus* m
(*Helianthus* spp)
hélice f *Schraubenlinie, Wendel* f ‖
Schiffsschraube f ‖ *Luftschraube* f*, Propeller* m ‖
⟨An⟩ *Helix* f *(an der Ohrmuschel)* ‖ ⟨Chem Gen⟩
Helix f
helicicultura f *Schneckenzucht* f
heli|coide, –coideo, –coidal adj *(m/f)*
schraubenförmig ‖ *Schrauben-*
helicón m ⟨Mus⟩ *Helikon* n *(Blasinstrument)*
Helicón m ⟨Myth⟩ *Helikon* m
helicóptero m ⟨Flugw⟩ *Hubschrauber,
Helikopter* m ‖ ⟨Art⟩ *Spielzeug* n ‖ ~ *de combate
Kampfhubschrauber* m
helio m (**He**) ⟨Chem⟩ *Helium* n
Helio m → **Helios**
helio|calcador, –copiador m *Lichtpausgerät* n
‖ **–céntrico** adj ⟨Astr⟩ *heliozentrisch* ‖ **–cromía** f
Farbfotografie f
he|liófilo adj ⟨Zool⟩ *heliophil, sonnenliebend* ‖
–liofísica f *Solarphysik* f ‖ **–liófobo** adj ⟨Zool⟩
heliophob, den Sonnenschein meidend
heliogábalo m ⟨fig⟩ *Fresser, Vielfraß,* ⟨pop⟩
Fresssack m
heliograbado m *Heliogravüre* f*, Lichtdruck* m
heliografía f ⟨Astr⟩ *Heliographie,
Sonnenbeschreibung* f ‖ ⟨Mil⟩ *Blinkspruchsystem*
n ‖ ⟨Typ⟩ → **heliograbado**
heliógrafo m ⟨Astr⟩ *Heliograph* m ‖ ⟨Mil⟩
Blinkgerät n
helio|grama m ⟨Mil⟩ *Blinkspruch* m ‖ **–latría** f
Sonnenanbetung f
heliómetro m ⟨Astr⟩ *Heliometer* n
helión m ⟨Phys⟩ *Heliumkern* m
Helios m ⟨Myth⟩ *Helios* m
helioscopio m ⟨Astr⟩ *Helioskop* n
helióstato m ⟨Astr⟩ *Heliostat* m
helio|taxia f ⟨Biol⟩ *Heliotaxis* f ‖ **–técnica** f
Heliotechnik f ‖ **–terapia** f ⟨Med⟩
Lichtbehandlung, Heliotherapie f ‖ **–tropismo** m
⟨Biol⟩ *Heliotropismus* m ‖ **–tropo** m ⟨Bot⟩
Heliotrop m (*Heliotropium* spp) ‖ ⟨Min⟩ *Heliotrop*
m (& *Farbstoff*)
heli|puerto m ⟨Flugw⟩
Hubschrauber|landeplatz, -flughafen, Heliport m ‖
–transportar vt *mit Hubschrauber(n)
transportieren*
hélix f [*pl* ~**ces**] ⟨An⟩ *Helix* f
helmin|tagogo m/adj ⟨Med⟩ *Wurmmittel,
Helminthagogum* n ‖ **–tiasis** f ⟨Med⟩
Wurmkrankheit, Helmin|thiasis, -those f ‖ **–to** m
⟨Zool Med⟩ *Eingeweidewurm* m*, Helminthe* f ‖
–tología f *Helminthologie* f
helor m *Murc beißende Kälte* f
helos → **¹he**
Helve|cia f ⟨Geogr⟩ *Helvetien* n *(die Schweiz)* ‖
⁼cio, helvético adj *helvetisch* ‖ *schweizerisch* ‖ ~
m *Helvetier* m ‖ *Schweizer* m
hem|aglutinación f ⟨Med⟩ *Hämagglutination* f
‖ **–angioma** m *Hämangiom* n*, Blutschwamm* m ‖
–artrosis f *Hämarthrose* f
hemático adj ⟨Med⟩ *Blut-*
hematíe m *rotes Blutkörperchen* n
hematites f ⟨Min⟩ *Hämatit, Eisenglanz,
Blutstein* m
hema|toblastos mpl ⟨An⟩ *Häm(at)oblasten* pl ‖
–tocrito m *Hämatokrit* m ‖ **–tógeno** adj

hämatogen ‖ **–tología** f ⟨Med⟩ *Hämatologie* f ‖
–toma m ⟨Med⟩ *Bluterguss* m*, Hämatom* n ‖
–topoyesis f ⟨Physiol⟩ *Blutbildung, Hämatopoese*
f ‖ **–topoyético** adj *blutbildend, hämatopoetisch* ‖
–toxilina f ⟨Chem⟩ *Hämatoxylin* n ‖ **–tozoario** m
⟨Zool Med⟩ *Hämatozoon* n ‖ **–turia** f ⟨Med⟩
Blutharnen n*, Hämaturie* f
¹hembra f/adj *Frau* f*, Weib* n ‖ *Weibchen* n
(der Tiere) ‖ ~ *de placer Freudenmädchen* n
²hembra f *Heftelschlinge* f ‖ *Form, Matrize* f ‖
Öse f ‖ *Loch* n*, Buchse* f ‖ *(Bolzen)Mutter* f
hem|braje m *Am Frauen* fpl, ⟨fam⟩
Weibervolk n ‖ *Am alle weiblichen Tiere* npl *(der
Herden)* ‖ **–brear** vi *brünstig sein (Männchen)* ‖
nur weibliche Nachkommenschaft (er)zeugen ‖
–brilla f *dim von* **–bra** ‖ *Heftelschlinge* f ‖ ⟨El⟩
Buchse f
heme|rálope, –ralope adj ⟨Med⟩ *nachtblind* ‖
~ *m Nachtblinde(r)* m ‖ **–ralopia** f
Nachtblindheit, Hemeralopie f
hemeroteca f *Bibliothek* f *für Tagespresse,
Zeitungsarchiv* n (z. B. *in der städtischen
Bibliothek von Madrid*)
hemi|ciclo m *Halbkreis* m ‖ *Halbrund* n ‖
halbkreisförmiger Raum m ‖ **–cránea** f ⟨Med⟩
Hemikranie, Migräne f ‖ **–edro** adj *halbflächig
(Kristall)* ‖ ~ *m* ⟨Math⟩ *Hemieder* n
hemiplejía f ⟨Med⟩ *einseitige Lähmung,
Hemiplegie* f
hemípteros mpl ⟨Ins⟩ *Schnabelkerfe* mpl
(*Hemipteroidea*)
hemis|férico adj *halbkugelförmig* ‖
Hemisphären- ‖ **–ferio** m ⟨Math Astr⟩ *Halbkugel,
Hemisphäre* f ‖ ⟨Geogr⟩ *Erdhalbkugel* f ‖ ~
antártico, ~ *austral südliche (Erd)Halbkugel* f ‖
~ *ártico,* ~ *boreal nördliche (Erd)Halbkugel* f
hemistiquio m ⟨Poet⟩ *Hemistichi|on, -um* n,
Halbvers m
hemo|cianina f *Hämozyanin* n ‖ **–cito** m
Blutkörperchen n*, Hämozyt* m ‖ **–diálisis** f ⟨Med⟩
Hämodialyse, Blutwäsche f ‖ **–dinámica** f
Hämodynamik f ‖ **–filia** f ⟨Med⟩ *Bluterkrankheit,
Hämophilie* f ‖ **–fílico** m/adj *Bluter* m
hemo|globina f ⟨Physiol⟩ *Hämoglobin* n, *roter
Blutfarbstoff* m ‖ **–globinuria** f ⟨Med⟩
Hämoglobinurie f ‖ **–lisis, hemólisis** f ⟨Med⟩
Hämolyse f ‖ **–lítico** adj ⟨Med⟩ *hämolytisch* ‖
–patía f ⟨Med⟩ *Blutkrankheit, Hämopathie* f ‖
–ptisis f ⟨Med⟩ *Blut|husten* m*, -spucken* n,
Hämoptysis f ‖ **–rragia** f ⟨Med⟩ *Blutung,
Hämorrhagie* f ~ *pulmonar Lungenblutung* f ‖
–rrágico adj ⟨Med⟩ *hämorrhagisch*
hemorroi|dal adj *(m/f)* *hämorrhoidal* ‖ **–des**
mpl ⟨Med⟩ *Hämorrhoiden (& Hämorriden)* fpl
hemorroisa f *an Blutungen leidende Frau* f ‖
la ~ *das Weib, das den Blutgang hatte
(Evangelium)*
hemos → **¹haber**
hemo|stasia, –stasis f ⟨Med⟩ *Blutstillung,
Hämostase* f ‖ **–stático** adj *blutstillend* ‖ ~ *m
blutstillendes Mittel, Hämostatikum* n
hemotórax m ⟨Med⟩ *Häm(at)othorax* m
hena|dor m ⟨Agr⟩ *Heuer* m ‖ **–je** m
Heumachen n*, Mahd* f
henal m *Heuboden,* Öst *Heustadel* m
Henao m ⟨Geogr⟩ *Hennegau* m
henar m *Heuwiese* f
hen|chido adj *geschwollen* (& fig) ‖
aufgeblasen ‖ ⟨fig⟩ *strotzend (de von)* ‖ **–chidura**
f, **–chimiento** m *Schwellung* f ‖ **–chir** [-i-]
anfüllen, ausstopfen ‖ *voll stopfen* ‖ *polstern,
füllen (Matratze usw.)* ‖ *aufblasen* ‖ *anschwellen
lassen* ‖ ◊ ~ *de paja mit Stroh ausstopfen* ‖ ~**se**
s. aufblähen ‖ *anschwellen* ‖ *s. voll stopfen* ‖ *s.
vollsaugen (Zecke)* ‖ ⟨fam⟩ *s. wohl fühlen* ‖ ◊ ~.

de orgullo *mit Stolz erfüllt werden* ‖ → auch
llenar(se)
hen|dedura *f* → **–didura** ‖ **–der** [-ie-]
entzweispalten, zersprengen ‖ *auf\schneiden,
-schlitzen* ‖ *spalten* ‖ *aufreißen* ‖ ⟨poet⟩ *zerteilen
(die Wogen), durchfurchen (das Meer)* ‖ ~ el aire
durch die Luft schießen od *fliegen* ‖ ~**se**
(auf)reißen ‖ *bersten, s. spalten* ‖ *Risse, Sprünge
bekommen* ‖ **–dido** adj *gespalten* ‖ ⟨Bot⟩ *geteilt
(Blatt)* ‖ **–didura,** Am **–dija** *f* Spalt, Riss m ‖
Sprung m ‖ *Schlitz* m ‖ *Spalte, Ritze* f ‖ *Einschnitt*
m ‖ ⟨An⟩ *Spalt(e* f) m ‖ ⟨Geol⟩ *Kluft* f ‖ ⟨Tech⟩
Falz m ‖ *Kerbe, Fuge* f ‖ **–dimiento** *m Spalten* n
‖ *Auf\schneiden, -schlitzen* n ‖ (→ **–didura**)
hené *m Henna* f *(Haarfärbemittel)*
henear vt/i → **henificar**
henequén *m* ⟨Bot⟩ *Henequenagave* f (Agave
fourcroydes)
he|nificadora *f* ⟨Agr⟩ *Heuwender* m ‖ **–nificar**
[c/qu] vt/i *heuen, Heu machen* ‖ **–nil** *m
Heuboden,* Öst *Heustadel* m ‖ *Heuscheuer* f
he|no *m Heu(gras)* n ‖ *segundo* ~ *Grum(me)t*
n ‖ **–noso** adj *grasreich*
hen|rio, –ry *m* (H) ⟨El⟩ *Henry* n
heñir [-i-, pret ~ñó] vt *den Teig kneten*
heodes *f* ⟨Ins⟩ *Dukatenfalter* m (Heodes
virgaureae)
heparina *f* ⟨Physiol⟩ *Heparin* n
hepáti|ca *f* ⟨Bot⟩ *Leberblümchen* n (Anemone
hepatica) ‖ ~**s** *fpl* ⟨Bot⟩ *Lebermoose* npl
(Hepaticae) ‖ **–co** adj/s ⟨An⟩ *Leber-* ‖ ⟨Med⟩
leberkrank
hepati|tis *f* ⟨Med⟩ *Leberentzündung, Hepatitis*
f ‖ **–zación** *f* ⟨Med⟩ *Hepatisation* f
hepato|grafía *f* ⟨Med⟩ *Hepatographie* f ‖
–logía *f* ⟨Med⟩ *Hepatologie* f
hepatólogo *m Hepatologe* m
hepato|ma *m Lebergeschwulst* f ‖ **–megalia** *f
Hepatomegalie, Lebervergrößerung* f ‖ **–patía** *f
Hepatopathie, Leberkrankheit* f
hep|taedro adj ⟨Math⟩ *siebenflächig,
heptaedrisch* ‖ ~ *m Heptaeder* n ‖ **–tagonal** adj
(m/f) siebeneckig ‖ **–tágono** *m Siebeneck* n
heptano *m* ⟨Chem⟩ *Heptan* n
hepta|sílabo *m/adj* ⟨Poet⟩ *siebensilbiger Vers,
Siebensilbner* m ‖ ⁼**teuco** *m* ⟨Bibl⟩ *Heptateuch* m
héptodo, heptodo *m* ⟨Phys⟩ *Siebenpolröhre,
Heptode* f
hera|clida *auf Herakles bezüglich* ‖ *Herakles-* ‖
~**s** *mpl Herakliden, Nachkomme(n* mpl) m *des
Herakles* ‖ **–clitismo** *m* ⟨Philos⟩ *Heraklitismus* m
heraldía *f Heroldsamt* f
heráldi|ca *f Wappenkunde, Heraldik* f ‖ **–co** adj
heraldisch ‖ ~ *m Wappenkundige(r), Heraldiker*
m
heraldista *m/f Wappenkundige(r* m),
Heraldiker(in f) m
heraldo *m Herold* m ‖ ⟨fig⟩ *Vor\bote, -kämpfer* m
her|báceo adj *krautartig* ‖ **–bada** *f* ⟨Bot⟩
Seifenkraut n (Saponaria spp)
¹**herba|je** *m (Vieh)Weide* f ‖ *Futtergras* n ‖
Weidegeld n ‖ **–j(e)ar** vi *weiden, grasen (Vieh)* ‖
~ vt *auf die Weide treiben*
²**herbaje** *m* ⟨Mar Text⟩ *wasserdichter Wollstoff*
m
herba|jero *m Verpächter* m *von Weiden* ‖ **–rio**
m/adj Herbarium n, *Pflanzensammlung* f ‖ **–za** *f*
augm von **hierba** ‖ **–zal** *m Grasplatz* m
herbe|cer [-zc-] vi *hervorkeimen (Gras)* ‖
–cilla, –cita *f* dim von **hierba**
herbicida *m/adj Herbizid,
Unkrautvertilgungsmittel* n
herbívoro adj *pflanzenfressend* ‖ ~ *m
Pflanzenfresser* m

herbo|lario *m Kräuter\sammler, -kenner* m ‖
Kräuterladen m, etwa: *Reformhaus* n ‖ ⟨figf⟩
Spinner m ‖ **–rista** *m/f Kräuter\händler(in* f) bzw
-sammler(in f) m ‖ **–ristería** *f Kräuterladen* m ‖
–rizar [z/c] vi *Kräuter sammeln* ‖ *botanisieren* ‖
–so adj *grasig, begrast* ‖ *grasreich*
herciano adj → **hertziano**
herciniano adj ⟨Geol⟩ *herzynisch*
hercio *m* → **hertzio**
hercúleo adj *herkulisch, riesenstark, Riesen-*
Hércules *m Herkules, Herakles* m (& fig)
here|dabilidad *f* ⟨Gen⟩ *Erblichkeit* f ‖ ⟨Jur⟩
Vererbbarkeit f ‖ **–dable** adj *(m/f)* ⟨Gen⟩ *erblich* ‖
⟨Jur⟩ *vererbbar*
here|dad *f Stamm-, Erb\gut* n ‖ *Landgut,
Grundbesitz* n ‖ *Grundbesitz* m ‖ ~ *paniega
Landgut* n ‖ **–dado** adj *vererbt* ‖ *ererbt* ‖ *begütert*
‖ ⟨fig⟩ *angeerbt, Erb-* ‖ ~ *m (reicher)
Gutsbesitzer* m ‖ *Begüterte(r)* m ‖ **–damiento** *m
Erbvertrag* m ‖ **–dar** vt *vererben (de von)* ‖ *vererben
(de von)* ‖ *schenken, abtreten* ‖ *zum Erben
bestimmen* ‖ ◇ ~ a alg. *jdn beerben* ‖ *jdn zum
Erben einsetzen* ‖ ~ en *od* por línea directa *in
gerader Linie erben* ‖ **–dera** *f Erbin* f ‖ **–dero** adj
erbberechtigt ‖ ~ *m Erbe* m ‖ *Gutsbesitzer* m ‖ ~ *a
beneficio*
de inventario, ~ beneficiario *Erbe* m, *der ein
Inventar errichtet hat* ‖ ~ por estirpes *Erbe* m
nach Stämmen ‖ ~ fideicomisario *Nacherbe* m ‖
~ fiduciario *Vorerbe* m ‖ ~ forzoso
Pflichtteilberechtigte(r) m ‖ ~ principal
Haupterbe m ‖ ~ puro y simple *Erbe, der ohne
vorherige Inventarerrichtung die Erbschaft
annimmt* ‖ ~ testamentario *Testamenterbe* m ‖ ~
universal *Universal-, Allein\erbe* m ‖ ◇ *instituir
(por)* ~ *(jdn) zum Erben bestimmen* ‖ **–dípeta** *m
Erbschleicher* m ‖ **–ditario** adj *erblich* (& Gen) ‖
ererbt ‖ *Erb-* ‖ *hereditär*
heredo|biología *f Erbbiologie* f ‖ **–biológico**
adj *erbbiologisch* ‖ **–patía** *f Erbkrankheit* f
here|je *m/f Ketzer(in* f) m (& fig) ‖
Irrgläubige(r m) f ‖ ⟨fig⟩ *unverschämte Person* f,
unverschämter Kerl m ‖ **–jía** *f* ⟨Rel⟩ *Ketzerei* (&
fig), *Häresie, Irrlehre* f ‖ ⟨fig⟩ *Un\recht* n, *-bill* f ‖
⟨fig⟩ *Unsinn* m ‖ *sospechoso de* ~ ⟨Hist⟩
Häresieverdächtige(r) m ‖ *decir* ~s *anstößige
Dinge sagen* ‖ **–jote** *m* ⟨desp⟩ *(Erz)Ketzer* m
herencia *f Erbrecht* n ‖ *Erbfolge* f ‖ *Erbe* n ‖
Erbschaft f, *Erbteil* n, *Nachlass* m ‖ ⟨fig⟩ *Erbe* n
‖ ⟨Gen Biol⟩ *Erbanlage* f ‖ ◇ *adquirir por* ~
(er)erben ‖ *dejar en* ~ *vererben, hinterlassen* ‖
repudiar la ~ *die Erbschaft ausschlagen*
heresiarca *m* ⟨Rel⟩ *Häresiarch* m (& fig) ‖
Haupt e–r Sekte
herético adj/s *ketzerisch, häretisch* ‖
sektiererisch ‖ ⟨fig⟩ *ketzerisch*
hereu *m* Cat *Alleinerbe* m
herguijeleño adj *aus La Iglesuela* (P Tol) ‖ *auf
La Iglesuela bezüglich*
Heriberto *m* np *Her(i)bert* m
heri|da *f Wunde* (& fig), *Ver\wundung, -letzung*
f ‖ *Stich, Hieb* m ‖ ⟨fig⟩ *Beleidigung, Kränkung* f
‖ ~ de arma de fuego, ~ de bala
Schussverletzung f ‖ ~ contusa *Quetschwunde* f ‖
~ grave *schwere Wunde* f ‖ ~ incisa *Hieb-,
Schnitt\wunde* f ‖ ~ leve, ~ ligera *leichte Wunde*
f ‖ ~ mortal (de necesidad) *tödliche Wunde* f ‖ ~
de pronóstico reservado *gefährliche Wunde* f ‖ ~
profunda *tiefe Wunde* f ‖ ~ punzante *Stichwunde*
f ‖ ◇ *infligir una* ~ *e–e Verletzung beibringen* ‖
resollar od respirar por la ~ ⟨fig⟩ *s–e (verletzten)
Gefühle verraten* ‖ *producir una* ~ a alg. *jdm e–e
Wunde verursachen, jdn verwunden* ‖ *renovar
viejas* ~s ⟨fig⟩ *alte Wunden wieder aufreißen* ‖
vendar una ~ *e–e Wunde verbinden* ‖ **–do** adj

verwundet ‖ *verletzt* (& fig) ‖ ⟨fig⟩ *getroffen* ‖
⟨fig⟩ *beleidigt* ‖ ~ de consideración *ziemlich
schwer verwundet* ‖ gravemente ~, mal ~ *schwer
verwundet* ‖ ~ de muerte *tödlich verwundet* od
verletzt ‖ *tödlich getroffen* ‖ ♦ a grito ~ *aus
voller Kehle* ‖ a campana ~a *beim Glockenschlag*
‖ como ~ por un rayo *wie vom Blitz getroffen* ‖
◇ sentirse ~ ⟨fig⟩ *s. beleidigt fühlen* ‖ ⟨fig⟩
getroffen sein ‖ ~ m *Verwundete(r)* m ‖
Verletzte(r) m ‖ *Beleidigte(r)* m ‖ ~ de guerra
Kriegsversehrte(r) m

herir [-ie/i-] vt *ver|wunden, -letzen* ‖ *wund
reiben* ‖ *hauen, schlagen* ‖ *beschädigen* ‖ *treffen
(das Gehör)* ‖ *bescheinen, scheinen auf* (acc)
(Sonne) ‖ ⟨Mus⟩ *(die Saiten) anschlagen* ‖ *(in die
Saiten) greifen* ‖ ⟨fig⟩ *unangenehm berühren, weh
tun* (a alg. *jdm)* ‖ ⟨fig⟩ *erwecken (Gefühl)* ‖ ⟨fig⟩
rühren ‖ ⟨fig⟩ *beleidigen, kränken* ‖ ⟨fig⟩
beeinträchtigen (Rechte) ‖ ◇ ~ el aire *od* los
cielos con quejas *die Luft mit Klagen erfüllen* ‖
~se en el dedo *s. in den Finger schneiden* ‖ ~ al
miedo ⟨Taur⟩ *furchtlos sein* ‖ ~ de muerte *tödlich
verwunden* ‖ me hieren tales palabras *solche
Worte kränken mich* ‖ ~ el suelo con el pie *auf
den Boden stampfen* ‖ ~ la vanidad de alg. ⟨fig⟩
jds Eigenliebe verletzen ‖ ~ la vista *grell in die
Augen stechen* ‖ *blenden* ‖ ⟨fig⟩ *das Auge
verletzen* od *beleidigen* ‖ eso hiere la vista ⟨fig⟩
das sticht in die Augen

herma m *Hermessäule* f
hermafrodi|ta adj *(m/f) zweigeschlechtig,
Zwitter-* ‖ ~ m *Zwitter (Mensch, Tier, Pflanze),
Hermaphrodit* m **–tismo** m *Doppel-,
Zwei|geschlechtigkeit f, Zwittertum n, Zwittrigkeit
f, Hermaphroditismus* ‖ **–to** m → **-ta**
herma|na f *Schwester* f ‖ *(barmherzige)
Schwester, Ordensschwester* f ‖ *Krankenschwester*
f ‖ ~ de abuelo *Großtante* f ‖ ~ de la caridad
Barmherzige Schwester, Vinzentinerin f ‖ ~ carnal
leibliche Schwester f ‖ ~ consanguínea *Stief-,
Halb|schwester f (väterlicherseits)* ‖ ~s gemelas
Zwillingsschwestern fpl ‖ ~ de leche
Milchschwester f ‖ ~ mayor *ältere Schwester* f ‖
media ~ *Stief-, Halb|schwester* f ‖ ~ menor
jüngere Schwester f ‖ ~ política *Schwägerin* f ‖
–nado adj *zusammenpassend* ‖ ⟨Bot⟩
Zwillings(Pflanzenorgane) ‖ *Am ähnlich, gleich* ‖
–namiento m *Verbrüderung* f ‖
Schadensgemeinschaft f ‖ ~ de ciudades
Städtepartnerschaft f ‖ **–nar** vt *verbrüdern* ‖
zusammentun ‖ *zusammenstellen* ‖ *vereinen* ‖
gleichmachen ‖ Chi *paarweise anordnen* ‖ ~se *s.
verbrüdern* ‖ *s. verein(ig)en* ‖ *s. miteinander
vereinbaren lassen* ‖ *s. anpassen* ‖ *zueinander
passen*
△ **hermanas** fpl a) *Schere* f ‖ b) *Ohren* npl
herma|nastra f *Halb-, Stief|schwester* f ‖
–nastro m *Halb-, Stief|bruder* m ‖ ~s mpl *Halb-,
Stief|geschwister* pl ‖ **–nazgo** m *brüderliche bzw
schwesterliche Verwandtschaft* f ‖ *Bruderschaft* f ‖
Verbrüderung f
hermandad f *Brüder-, Schwestern|schaft* f ‖
Laienbruderschaft, Hermandad f ‖ ⟨fig⟩
Brüderlichkeit f ‖ *innige Freundschaft* bzw
Kameradschaft f ‖ ⟨fig⟩ *Verbrüderung f, Bündnis*
n ‖ *genaue Übereinstimmung* f ‖ ⟨fig⟩
Unterstützungsverein m ‖ Span *Art
Genossenschaft* f (bes. *der Fischer und der
Landwirte)* ‖ Santa ~ ⟨Hist⟩ *Wegepolizei* f
(heilige Hermandad)
herma|nito m dim von **–no** ‖ **–no** adj
verbrüdert ‖ *ähnlich* ‖ *passend* ‖ *gleich(förmig)* ‖
Bruder-, Schwester- ‖ ~ m *Bruder* m ‖ *Ordens-,
Kloster|bruder* m ‖ ⟨fig⟩ *Gegen-, Seiten|stück* n ‖
~ del abuelo *Großonkel* m ‖ ~ carnal *leiblicher*

Bruder m ‖ ~ consanguíneo *Halb-, Stief|bruder*
m *väterlicherseits* ‖ ~ de contrabando ⟨fam joc⟩
Halb-, Stief|bruder m ‖ ~ de la Doctrina
Cristiana ⟨Rel⟩ *Barmherziger Bruder* m ‖ ~ de
leche *Milchbruder* m ‖ ~ de madre *Bruder* m
mütterlicherseits ‖ ~ mayor *älterer Bruder* m ‖
medio ~ *Halb-, Stief|bruder* m ‖ ~ menor
jüngerer Bruder m ‖ ~ moravo ⟨Rel⟩ *Böhmischer*
od *Mährischer Bruder* m ‖ ~ político *Schwager*
m ‖ ~ de tanda *Arbeitskamerad* m ‖ ~ uterino →
~ de madre ‖ ~s mpl *Brüder* mpl ‖ *Brüder* mpl
und Schwestern fpl, *Geschwister* pl ‖ ⟨Com⟩
~ consanguíneos *Stief-,
Halb|geschwister* pl *väterlicherseits* ‖ ~ gemelos
Zwillingsbrüder mpl ‖ *Zwillinge* mpl ‖
Zwillingsgeschwister pl ‖ los ~ siameses *die
siamesischen Zwillinge* mpl (& fig) ‖ ~ uterinos
Stief-, Halb|geschwister pl *mütterlicherseits*
Hermenegildo m np *Hermengild* m
hermenéuti|ca f *Hermeneutik, Deutung,
Auslegekunst* f ‖ **–co** adj *hermeneutisch*
herméti|camente adv: ~ cerrado adj *luftdicht,
hermetisch verschlossen* ‖ **hermeticidad** f
Dichtigkeit f ‖ *Undurchlässigkeit* f ‖ ⟨fig⟩ →
hermetismo ‖ **–co** adj *luftdicht, hermetisch
(Verschluss)* ‖ *undurchlässig* ‖ ⟨Lit⟩ *hermetisch
(Dichtung)* ‖ ⟨fig⟩ *unverständlich* ‖ ⟨fig⟩
verschlossen, unzugänglich, hermetisch ‖ ~ m
⟨Philos⟩ *Hermetiker* m
hermetismo m *Verschlossenheit* f ‖
Unverständlichkeit f ‖ *Unnahbarkeit* f
hermo|sa f *(die) Schöne, schöne Frau* f ‖ ~ np
Hermosa f (span. Frauenname) ‖ **–samente** adv
schön, wundervoll ‖ ⟨fig⟩ *triftig* ‖ ⟨fig⟩ *vortrefflich*
‖ **–seamiento** m *Verschönerung* f ‖ **–sear** vt
verschönen ‖ *ausschmücken* ‖ ~se *s. schön
machen* ‖ s: **–seo, –seamiento** m ‖ **–sísimo** sup
von **–so** ‖ *bild-, wunder|schön, berückend,
bezaubernd* ‖ **–so** adj *schön* ‖ *stattlich (Mann)* ‖
prächtig (Tier) ‖ ⟨fig⟩ *ausgezeichnet* ‖ *großartig* ‖
~a letra *schöne Handschrift* f ‖ ♦ en un día ~
⟨fam⟩ *e–s schönen Tages* ‖ ~ m „*liebes Kind*"
(Zärtlichkeitsausdruck für Kinder) ‖ **–sote** adj
augm von **–so** ‖ **–sura** f *Schönheit* f ‖ ⟨fig⟩
Schönheit, schöne Frau f ‖ ⟨fig⟩ *Pracht* f ‖ una ~
de caballo *ein prächtiges Pferd* n ‖ ¡qué ~! *wie
schön!*

Herm.ˢ ⟨Abk⟩ = **Hermanos**
Hernán, Hernando m np → **Fernando**
her|nia f ⟨Med⟩ *Bruch* m, *Hernie* f ‖ ~ discal
Bandscheibenvorfall m ‖ ~ estrangulada
eingeklemmter Bruch, Klemmbruch m ‖ ~ hiatal
Hiatushernie f ‖ ~ inguinal *Leistenbruch* m ‖ ~
umbilical *Nabelbruch* m ‖ ◇ reducir una ~ *e–n
Bruch zurückdrücken* ‖ **–niado** m/adj
Bruchkranke(r) m ‖ **–niario, –nial** adj(m/f)
Bruch- ‖ **–niarse** vr s. *e–n Bruch zuziehen* ‖
–nioso m/adj *Bruchkranke(r)* m ‖ **–niotomía** f
Herniotomie, Bruchoperation f ‖ **–nista** m/f
Fach|arzt m, *-ärztin* f *für Bruchleiden*
hernuta m *Herrnhuter* m *(Brüdergemeine)*
Hero|des m np ⟨Hist⟩ *Herodes* m ‖ ◇ andar od
ir de ~ a Pilatos ⟨figf⟩ *von Pontius zu Pilatus
laufen, aus dem Regen in die Traufe kommen* ‖
⟨pop⟩ *hin und her laufen* ‖ ⁼**diano** adj *Herodes-* ‖
auf Herodes bezüglich
Herodías f np ⟨Hist⟩ *Herodias* f
Herodoto m np ⟨Hist⟩ *Herodot* m
héroe m *Halbgott, Heros* m ‖ *(Kriegs)Held* m ‖
⟨fig⟩ *Hauptperson* f ‖ ⟨fig⟩ *(Roman)Held* m ‖ ~
legendario *Sagenheld* m ‖ ~ de melodrama
Poseur m
heroi|camente adv *heldenhaft, heroisch* ‖
–cidad f *Heldenmut* m ‖ *Heldentum* n, *Heroismus*
m ‖ *Heldentat* f ‖ **–co** adj *helden|mütig, -haft,*

heroisch ‖ *Helden-, episch (Gedicht)* ‖ *sehr stark wirkend (Arznei)* ‖ *aufputschend (Arznei)* ‖ la ~a villa *Beiname* m *der Stadt Madrid*

heroicómico adj *komisch-heroisch*

heroida(s) *f(pl)* ⟨Poet⟩ *Heroide(n)* f(pl)

¹**heroína** *f Heroine, Roman-, Theater|heldin* f

²**he|roína** *f* ⟨Chem⟩ *Heroin* n ‖ **–roinomanía** *f Heroinsucht* f ‖ **–roinómano** *m Heroinsüchtige(r)* m

heroísmo *m Heldenmut* m ‖ *Heldentum* n, *Heroismus* m ‖ ~ *cívico Bürgermut* m, *Zivilcourage* f

herostra|tismo *m Herostratentum* n, *verbrecherische Ruhmsucht* f ‖ **=to** *m* ⟨Hist⟩ *Herostratos* m ‖ ⟨fig⟩ *Herostrat* m

her|pe(s) *m/f(pl)* ⟨Med⟩ *Herpes, Bläschenausschlag* m ‖ ~ *zoster* ⟨Med⟩ *Herpes zoster, Zoster* m, *Gürtelrose* f ‖ **–pético** adj *Herpes-*

herpetología *f Kriechtierkunde, Herpetologie* f

herpil *m Netz|beutel, -sack* m

herra|da *f eisenbeschlagener (Holz)Eimer, Bottich* m, *Bütte* f ‖ **–dero** *m Zeichnen, Brandmarken* n *(des Viehs)* ‖ *Ort* m *und Zeit* f *der Brandmarkung* ‖ ⟨Taur desp⟩ *regelwidriger Stierkampf* m ‖ **–do** adj *aus Eisen* ‖ *eisenbeschlagen* ‖ **–dor** *m (Huf)Schmied* m

¹**herradura** *f Hufeisen* n ‖ *Hufbeschlag* m ‖ ♦ en forma de ~ *hufeisenförmig* ‖ ◊ poner una ~ *ein Hufeisen anbringen* ‖ mostrar las ~s *ausschlagen (Pferde)*

²**herradura** *f* ⟨Zool⟩ *Hufeisennase* f (Rhinolopus ferrum-equinum)

¹**herraje** *m (Eisen)Beschlag* m ‖ *Hufbeschlag* m ‖ *Arg Hufeisen* n

²**herraje** *m* → **erraj**

herra|mental adj *(m/f) Werkzeug-* ‖ ~ *m Werkzeug* n ‖ *Werkzeugtasche* f ‖ **–mienta** *f Werkzeug* n ‖ ⟨fig⟩ *Ge|hörn, -weih* n *(der Tiere)* ‖ ⟨figf⟩ *Gebiss* n ‖ **~s** *fpl Werkzeuge* npl, *Arbeitsgerät, Handwerkzeug* n

herrar [-ie-] vt *(mit Eisen) beschlagen* ‖ *stempeln, brennen (Vieh)* ‖ ⟨Hist⟩ *brandmarken* ‖ ◊ ~ *en frío kalt beschlagen* ‖ ~ *a fuego heiß beschlagen*

he|rrén *m Sal* → **forraje** ‖ **–rrenear** vt *Sal* → **forrajear**

herrería *f Schmiede(werkstatt)* f ‖ *Eisen|hammer* m, *-hütte* f, *-werk* n ‖ ⟨fig⟩ *Getös(e), lärmendes Durcheinander* n

herreriano adj ⟨Arch⟩ *auf den span. Baumeister Juan de Herrera (1530–1597) bezüglich*

herrerillo *m* ⟨V⟩ *(Kohl)Meise* f ‖ ~ *capuchino Haubenmeise* f (Parus cristatus) ‖ ~ *ciáneo Lasurmeise* f (P. cyanus) ‖ ~ *común Blaumeise* f (P. caeruleus)

herrero *m (Huf)Schmied* m ‖ ~ *de grueso Grobschmied* m ‖ ♦ en casa del ~, cuchillo de palo ⟨Spr⟩ *der Schuster trägt die schlechtesten Schuhe, des Schusters Frau geht barfuß*

¹**herreruelo** *m* dim von **herrero** ‖ ⟨V⟩ *Tannenmeise* f (Parus ater)

²**herreruelo** *m* ⟨Hist⟩ *Schwarzer Reiter* m *(der dt. Kavallerie)*

herre|te *m* dim von **hierro** ‖ *Schnürsenkel, Nestelstift* m ‖ *Am Brenneisen* n *(zum Viehzeichnen)* ‖ *Am Stiefelschnur* f ‖ **–zuelo** *m* dim von **hierro**

herrial adj *(m/f): uva* ~ *große, dunkelrote Traube(nart)* f

herrum|bre *f (Eisen)Rost* m ‖ *Eisenschlacken* fpl ‖ *Eisengeschmack* m ‖ ⟨Bot Agr⟩ *Rost* m ‖ **–broso** adj *rostig*

hertz|iano adj ⟨El⟩ *Hertz-* ‖ **–(io)** *m* (Hz) *Hertz* n

hervidero *m*/adj *Aufwallen, Brodeln, Sprudeln* n ‖ ⟨fig⟩ *Röcheln, Rasseln* n ‖ ⟨fig⟩ *Sprudel* m ‖ ⟨fig⟩ *Ge|wimmel, -wühl* n *(Würmer, Insekten, Menschen)* ‖ ~ *de gente Menschengewimmel* n

hervidor *m Kocher* m ‖ *Siederohr* n ‖ *Am Kochapparat* m ‖ ~ *(eléctrico) sumergible Tauchsieder* m

her|vir [-ie/i-, Am & -i-] vi *(auf)brühen, sieden, kochen* ‖ *gären (Most)* ‖ *in Wallung geraten, wallen (Blut)* ‖ ⟨fig⟩ *sprudeln* ‖ ⟨fig⟩ *toben (Leidenschaft)* ‖ ⟨fig⟩ *wimmeln* ‖ *auskochen* ‖ ◊ ~ *de od en gente von Menschen wimmeln* ‖ ~ vt *(auf)kochen (lassen)* ‖ ~ *al vapor dünsten* ‖ **–vor** *m Kochen, Sieden* n, *Sud* m ‖ ⟨fig⟩ *Aufwallen, Sprudeln* n ‖ ⟨fig⟩ *Brausen* n ‖ ⟨fig⟩ *Hitze* f, *Feuer* n ‖ ⟨fig⟩ *Ungestüm* m (& n) ‖ ◊ alzar *od* levantar el ~ *zu sieden anfangen (Flüssigkeit)* ‖ dar algunos ~es a fuego lento ⟨Kochk⟩ *langsam (ver)kochen lassen* ‖ **–voroso** adj *kochend* ‖ → **fervoroso**

Hesíodo *m* np ⟨Hist⟩ *Hesiod* m

hesi|tación *f* ⟨lit⟩ *Bedenklichkeit, Unschlüssigkeit* f ‖ *Zaudern, Zögern* n, *Schwanken* n ‖ **–tar** vi ⟨lit⟩ *zaudern, zögern, schwanken*

Hesperia *f* ⟨Hist⟩ *Hesperien* n ‖ ⟨lit⟩ *Spanien* n ‖ *Italien* n ‖ *Westeuropa* n

hespéri|co, hesperio adj *hesperisch* ‖ **–de** adj *Hesperiden-*

Hespérides *fpl* ⟨Myth⟩ *Hesperiden* fpl

hesperidio *m* ⟨Bot⟩ *Hesperidium* n *(Fruchtart)*

hespero *m*/adj *Bewohner* m *Hesperiens*

héspero adj/s → **hespérico** ‖ ~ *m* ⟨poet⟩ *Abendstern* m ‖ ⟨Myth⟩ *Hesperus, Hesperos* m

hespirse [-i-] vr *Sant* → **hispirse**

△ **hetar** vt *rufen*

hete, héteme → ¹**he**

hetera, hetaira *f Hetäre* f ‖ *Buhlerin, Hure, Dirne* f

hete|rocíclico adj ⟨Bot Chem⟩ *heterozyklisch* ‖ **–rocigosis** *f* ⟨Gen⟩ *Heterozygotie* f ‖ **–rocigoto** *m* ⟨Gen⟩ *Heterozygote* f ‖ **–rocinesis** *f* ⟨Gen⟩ *Heterokinese* f ‖ **–róclito** adj ⟨Gr⟩ *regelwidrig* ‖ ⟨fig⟩ *seltsam, wunderlich* ‖ *verschiedenartig* ‖ **–rodino** *m* ⟨Radio⟩ *Heterodyn* n

hetero|doxia *f Andersgläubigkeit, Heterodoxie* f ‖ p.ex *Irrglaube* m ‖ ⟨Pol⟩ *Mangel* m *an Linientreue (→ desviacionismo)* ‖ **–doxo** adj *andersgläubig, heterodox* ‖ ⟨Pol⟩ → **desviacionista** ‖ ~ *m Andersgläubige(r)* m ‖ **–geneidad** *f Ungleich-, Verschieden|artigkeit, Heterogenität* f ‖ **–géneo** adj *ungleich-, verschieden|artig, heterogen*

heteromancia *f* ⟨Hist⟩ *Wahrsagung* f *(aus dem Vogelflug)*

hetero|morfismo *m* ⟨Biol Geol⟩ *Hetero|morphismus* m, *-morphie* f ‖ **–morfo** adj *heteromorph* ‖ **–nimia** *f* ⟨Ling⟩ *Heteronymie* f ‖ **–plasia** *f* ⟨Med⟩ *Heteroplasie* f ‖ **–plastia** *f* ⟨Med⟩ *Heteroplastik* f

hete|rópodos *mpl* ⟨Zool⟩ *Kielfüßer* mpl (Heteropoda) ‖ **–rópteros** *mpl* ⟨Ins⟩ *Wanzen* fpl (Heteroptera) ‖ **–rosexual** adj *(m/f) heterosexuell* ‖ **–rosexualidad** *f*, **–rosexualismo** *m Heterosexualität* f ‖ **–rotrasplante** *m* ⟨Med⟩ *Heterotransplantation* f

hético adj/s *schwindsüchtig, hektisch* ‖ ⟨fig⟩ *abgezehrt, eingefallen*

hetmán *m* ⟨Hist⟩ *Hetman* m *(Kosakenhauptmann)* (→ **atamán**)

heurística *f* ⟨Wiss⟩ *Heuristik* f

hevea *f* ⟨Bot⟩ *Kautschuk-, Gummi|baum* m (Hevea spp)

hexa|canto adj ⟨Zool⟩ *sechsstach(e)lig* ‖ **–cordo** *m* ⟨Mus⟩ *Hexachord* m (& n) ‖ **–dáctilo**

adj ⟨Zool Med⟩ *sechsfing(e)rig, hexadaktyl* ‖
–edro *m* ⟨Math⟩ *Sechsflächner* m, *Hexaeder* n ‖
–gonal adj *(m/f) sechseckig, hexagonal* ‖ ⟨Tech⟩
Sechskant- ‖ ~ *m:* ~ regular ⟨Math⟩ *Würfel* m
hexá|gono adj ⟨Math⟩ *sechseckig, hexagonal* ‖
~ *m* ⟨Math⟩ *Sechseck* n, *Hexagon* n ‖ **–metro** *m*
⟨Poet⟩ *Hexameter* m
hexano *m* ⟨Chem⟩ *Hexan* n
hexápodo adj/s *sechsfüßig*
hexavalente adj *(m/f)* ⟨Chem⟩ *sechswertig*
hez [*pl* ~**ces**] *f Hefe* f, *Bodensatz* m ‖
Ablagerung f ‖ ⟨fig⟩ *Hefe* f, *Abschaum* m ‖ la ~
del género humano *der Abschaum der Menschheit*
‖ la ~ del pueblo *die Hefe des Volkes, der*
niedrigste Pöbel ‖ **heces** *pl (Darm)Kot* m ‖ ~ de
cerveza *Bierhefe* f ‖ ~ fecales *Fäkalien* pl ‖ ◆
hasta las ~ ⟨fig⟩ *bis zur Neige*
hezbolá ⟨arab⟩ *f* ⟨Pol Rel⟩ *Hisbollah* f
Hf ⟨Abk⟩ = **hafnio**
hg ⟨Abk⟩ = **hectogramo(s)**
Hg ⟨Abk⟩ = **mercurio**
¹hi ⟨pop⟩ → **hijo** ‖ *Sohn* m ‖ ~ de puta ⟨vulg⟩
Hurensohn m *(Schimpfwort)* ‖ ⟨pop⟩ *Gauner* m
²hi Am ⟨pop⟩ → **he** (→ **haber**)
hia|lino adj ⟨Biol Geol Med⟩ *glasartig, hyalin*
‖ **–loideo** adj *glasartig*
hiato *m* ⟨Gr⟩ *Hiatus* m ‖ ⟨fig⟩ *Unterbrechung* f
‖ ⟨fig⟩ *Spalt* m ‖ ⟨fig⟩ *Lücke* f ‖ ⟨Geol An⟩ *Hiatus*
m
hiber|nación *f* ⟨Biol⟩ *Winterschlaf* m ‖
berwintern n ‖ ⟨Med⟩ *Heil-, Dauer|schlaf* m,
Hibernation f ‖ *Unterkühlung(stherapie)* f ‖
–náculo *m* ⟨Biol⟩ *Ort* m *des Winterschlafs* ‖ **–nal**
(m/f), **–nizo** adj *Winter-* ‖ **–nar** vi *Winterschlaf*
halten ‖ ~ vt ⟨Med⟩ *unterkühlen* ‖ *in Heilschlaf*
versetzen
hibisco *m Eibisch, Hibiscus* m (Hibiscus spp)
hibri|dación *f* ⟨Biol⟩ *Kreuzung* f ‖
Bastardierung f ‖ **–dez** [*pl* ~**ces**] *f*, **–dismo** *m*
Hybridität f, *Hybridismus* m ‖ *Bastardnatur* f ‖
hybrid(isch)er Charakter m
híbrido adj *Bastard-, Zwitter-, hybrid* (& fig) ‖
~ *m Hybride* f, *Bastard, Mischling* m
hice → **hacer**
hicotea *f* Ant Mex ⟨Zool⟩ *Sumpfschildkröte* f
(Emys rugosa)
hidal|ga *f Edel|frau* f, *-fräulein* n ‖ **–gamente**
adj *auf ritterliche Art* ‖ **–go** adj *ad(e)lig* ‖ *edel* ‖
erhaben, vortrefflich, ausgezeichnet ‖ *ritterlich* ‖
~ [früher *pl* & **hijosdalgo**] *m Edelmann, Edle(r),*
Ad(e)lige(r) m ‖ ~ de aldea *Dorfjunker* m ‖ ~
por los cuatro costados *reinblütige(r) Edelmann*
m ‖ ~ rústico → ~ de aldea ‖ ~ tronado, ~
venido a menos *heruntergekommener Edelmann*
m ‖ **–gote** *m* augm von **–go** ‖ **–guejo, –güelo,**
–guete, –guillo *m* dim von **–go** ‖ **–guez** [*pl*
~**ces**], **–guía** *f Adel, Adelstand* m ‖ ⟨fig⟩
Ritterlichkeit f ‖ ⟨fig⟩ *Seelenadel, Edelmut* m ‖ ~
de ejecutoria *Briefadel* m ‖ ~ de sangre
Geburtsadel m
hidra *f* ⟨Zool⟩ *Plättchenschlange* (Pelamis
platutus) ‖ *Süßwasserpolyp* m (Hydra spp)
Hidra *f* ⟨Myth⟩ *Hydra* f
hidrácido *m* ⟨Chem⟩ *Wasserstoffsäure* f
hidrante *m Hydrant* m
hidrar|gírico adj ⟨Chem⟩ *Quecksilber-* ‖
–girio, –giro *m Quecksilber* n ‖ **–girismo** *m*
⟨Med⟩ *Quecksilbervergiftung, Hydrar|gyrie,*
-gyrose f
hidrartrosis *f* ⟨Med⟩ *Gelenkwassersucht,*
Hydrarthrose f
hidra|tación *f* ⟨Chem⟩ *Hydra(ta)tion,*
Hydratisierung, Hydratbildung f ‖ **–tado** adj *mit*
Wasser verbunden ‖ **–tante** adj *(m/f)*
hydratbildend ‖ **–tar** vt *mit Wasser verbinden,*

hydratisieren ‖ **–to** *m Hydrat* n ‖ ~ de carbono
Kohle(n)hydrat n
hidráuli|ca *f Hydraulik, Wasserbaukunst* f ‖
–co adj *hydraulisch, Wasser-* ‖ *Wasserbau-* ‖
wasserbaulich ‖ ~ *m Hydrauliker* m ‖
Wasserbauingenieur m
hídrico adj *Wasser-*
hidro|ala *m Trag|flügelboot, -flächenboot* n ‖
–avión *m Wasserflugzeug* n ‖ **–biología** *f*
Hydrobiologie f ‖ **–carburo** *m* ⟨Chem⟩
Kohlenwasserstoff m ‖ ~ fluorado
Fluorkohlenwasserstoff m ‖ ~ clorofluorado
Fluorchlorkohlenwasserstoff m
hidro|cefalia *f* ⟨Med⟩ *Wasserkopf,*
Hydrocephalus m ‖ **–céfalo** adj *wasserköpfig* ‖ ~
m → **hidrocefalia** ‖ **–cele** *f Wasserbruch* m,
Hydrozele f
hidrocultivo *m Hydro|kultur, -ponik* f
hidro|deslizador *m* ⟨Mar⟩ *Luftkissenboot* n ‖
–dinámica *f Hydrodynamik* f ‖ **–eléctrico** adj:
central ~a *Wasserkraftwerk* n ‖ **–filia** *f* ⟨Biol
Chem⟩ *Hydrophilie* f ‖ **–fílidos** *mpl* ⟨Ins⟩
(Kolben)Wasserkäfer mpl (Hydrophilidae)
hidrófilo adj *wasseransaugend* ‖ *hydrophil* ‖
⟨Biol⟩ *wasserliebend* ‖ *Wasser-* ‖ ~ *m* ⟨Ins⟩
Kolbenwasserkäfer m (Hydrous piceus)
hidrofobia *f* ⟨Med⟩ *Wasserscheu* f ‖ ⟨Med⟩
Tollwut f
hidrófobo adj/s *wasserscheu* ‖ ⟨Text⟩
wasser|abstoßend, -abweisend, hydrophob ‖
⟨Med⟩ *tollwütig*
hidrofoil *m Trag|flügelboot, -flächenboot* n
hidrófugo adj ⟨Biol⟩ *wassermeidend* ‖ ⟨Text⟩
wasser|abstoßend, -abweisend, hydrophob
hidro|genación *f* ⟨Chem⟩ *Hydrierung* f ‖
Verflüssigung f ‖ **–genado** adj *wasserstoff|haltig*
bzw *-reich* ‖ **–genar** vt *hydrieren*
hidrógeno *m* (H) ⟨Chem⟩ *Wasserstoff* m
hidro|geología *f Hydrogeologie* f ‖ **–gimnasia** *f*
Wassergymnastik f ‖ **–grafía** *f Hydrographie,*
Gewässerkunde f ‖ ⟨fig⟩ *Gewässer* npl ‖ **–gráfico**
adj *hydrographisch, Gewässer-* ‖ **–jardinera** *f*
Pflanz|topf od *-kasten m für Hydrokultur* ‖ **–lisis,**
hidrólisis *f* ⟨Chem⟩ *Hydrolyse* f ‖ **–logía** *f*
Hydrologie, Wasserkunde f ‖ **–lógico** adj
hydrologisch
hidrólogo *m Hydrologe* m
hidro|masaje *m Unterwassermassage* f ‖ **–mel**
m → **hidromiel**
hidrómetra *m* ⟨Ins⟩ *Teichläufer* m
(Hydrometra sp)
hidro|metría *f* ⟨Phys⟩ *Hydrometrie* f ‖
–métrico adj *hydrometrisch*
hidrómetro *m Hydrometer* n, *Strömungsmesser*
m *(Wasser)*
hidromiel *m Honigwasser* n ‖ *Met* m
hidromodelismo *m Schiffsmodellbau* m
hidro|nefrosis *f* ⟨Med⟩ *Hydronephrose* f ‖
–patía *f Hydropathie, Wasserheilkunde* f ‖ **–pesía**
f Wassersucht f
hidrópico adj ⟨Med⟩ *hydropisch,*
wassersüchtig ‖ *unersättlich (Durst)* ‖ ~ *m*
Wassersüchtige(r) m
hidro|planeador *m* ⟨Flugw⟩
Wassersegelflugzeug n ‖ **–plano** *m Gleitboot* n ‖
Wasserflugzeug n
hidroponía *f Hydroponik* f
hidroquinona *f* ⟨Chem Fot⟩ *Hydrochinon* n
hidrosfera *f* ⟨Geogr⟩ *Hydrosphäre* f
hidro|sol *m Hydrosol* n ‖ **–soluble** adj
wasserlöslich
hidro|stática *f Hydrostatik* f ‖ **–stático** adj
hydrostatisch ‖ **–tecnia, –técnica** *f Hydro-,*
Wasserbau|technik f
hidro|terapia *f* ⟨Med⟩ *Hydrotherapie,*

Wasserheil|kunde f ‖ *Wasserheilverfahren* n ‖
–terápico adj *hydrotherapeutisch* ‖ **–tórax** *m*
Hydrothorax m
hidrovelero *m* → **hidroplaneador**
hidrovía *f Wasserstraße* f
hidróxido *m* ⟨Chem⟩ *Hydroxid* n
hidrozo|arios, –os *mpl* ⟨Zool⟩ *Hydrozoen* npl
(Hydrozoa)
hie- → *auch* **ye-**
hiedra *f* ⟨Bot⟩ *Efeu* m (Hedera spp)
hiel *f Galle* f ‖ ⟨fig⟩ *Er-, Ver|bitterung,*
Verärgerung f, *Groll* m ‖ ◇ echar *od* sudar la ~
⟨figf⟩ *s. ungemein anstrengen* ‖ no tener ~ ⟨figf⟩
e–e friedliche Gemütsart haben ‖ no hay miel sin
~ ⟨Spr⟩ *k–e Rose ohne Dornen* ‖ ~es *fpl*
Unannehmlichkeiten fpl ‖ ~ de ironía ⟨fig⟩
bitterer derber Spott m ‖ ◇ saber a ~ ⟨fig⟩ *bitter,*
peinlich sein ‖ → *auch* **bilis**
hie|lera *f Eiswürfelbehälter* m ‖ Chi Mex
Kühlschrank m ‖ **–lo** *m Eis* n ‖ *Frost* m ‖ ⟨fig⟩
eisige Kälte f ‖ ⟨fig⟩ *frostige Haltung, Kälte,*
Abneigung f ‖ ~s flotantes → ~ movedizo ‖ ~
glaseado *Glatteis* n, *Eisglätte* f ‖ ~ movedizo
Treibeis n ‖ ~ resbaladizo *Glatteis* n ‖ ♦ frío
como el ~ *eiskalt* (& fig) ‖ ◇ estar hecho un ~
⟨figf⟩ *kalt wie Eis sein* ‖ romper el ~ ⟨figf⟩ *die*
Schüchternheit überwinden ‖ *e–e alte*
Freundschaft erneuern ‖ ⟨figf⟩ *das Eis brechen,*
das Eis zum Schmelzen bringen
hiemal adj *(m/f) winterlich, Winter-* ‖ ⟨Bot⟩
winterhart, überwinternd
hiena *f* ⟨Zool⟩ *Hyäne* f ‖ ⟨fig⟩ *Hyäne* f,
gemeines Biest n ‖ ~ manchada *Flecken-,*
Tüpfel|hyäne f (Crocuta) ‖ ~ parda
Schabrackenhyäne f, *Strandwolf* m (Hyaena
brunnea) ‖ ~ rayada *Streifenhyäne* f (H. hyaena)
hienda *f* León Extr → **hendidura**
hiera Al → **hiedra**
hierático adj *hieratisch, priesterlich* ‖ ⟨fig⟩
ernst, steif, förmlich
hieratita *f* ⟨Min⟩ *Hieratit* m
hierba *f Kraut, Gewächs* n, *Pflanze* f ‖ *Gras,*
Grüne(s) n ‖ *Rasen* m ‖ *Heu* n ‖ (fam desp)
Gemüse n ‖ (in der Drogenszene) *Marihuana* n ‖
~ buena → **hierbabuena** ‖ ~ de la coyuntura
Ephedra f (Ephedra spp) ‖ ~ de cuajo *Labkraut* n
(Galium spp) ‖ ~ cana *Greis-, Kreuz|kraut* n
(Senecio spp) ‖ ~ doncella *Immer-, Winter|grün* n
(Vinca spp) ‖ ~ guardarropa *Eberraute* f
(Artemisia abrotanum) ‖ ~ hormiguera *Gänsefuß*
m (Chenopodium spp) ‖ ~ jabonera *Seifenkraut* n
(Saponaria spp) ‖ ~ luisa *Zitronenstrauch* m
(Aloysia triphylla) ‖ (~) mate *Mate-Teestrauch*
m, *Mate* f (Ilex paraguariensis) ‖ ~ medicinal
Heilkraut n ‖ ~ del Paraguay → (~) mate ‖ ~
piojera *Läusekraut* n (Pedicularis spp) ‖ ~
pulguera *Flohkraut* n (Pulicaria spp) ‖ ~ de San
Juan *Johanniskraut, Grundheil* n (Hypericum spp)
‖ *Mutterkraut* n (Chrysanthemum parthenium) ‖ ~
santa → **hierbabuena** ‖ ~ tora *Sommerwurz* f
(Orobanche spp) ‖ ♦ en ~ *noch grün* (Saat) ‖ ◇
crecer como la mala ~ (fam) *wie Unkraut*
wachsen ‖ haber pisado mala ~ *schlechten Erfolg*
haben ‖ ⟨figf⟩ *schlechter Laune sein* ‖ la mala ~
crece mucho *od* nunca muere ⟨Spr⟩ *Unkraut*
vergeht nicht ‖ ver crecer la ~ *das Gras wachsen*
hören ‖ ~s *fpl Kräuter* npl, *Kräuterwerk* n ‖
Gifttrank m ‖ *(Futter)Gras* n ‖ ~ finas *feine*
Kräuter npl ‖ ~ medicinales *Heilkräuter* npl ‖ y
otras ~ *usw., usf. (bei Aufzählungen)*
hierba|buena *f* ⟨Bot⟩ *Minze* f (Mentha spp) ‖
–jo *m* (desp) *Unkraut* n ‖ **–luisa** *f Zitronenstrauch*
m (→ **hierba** luisa) ‖ **–tero** *m* Chi Mex
Kräutermann m ‖ **–zal** *m Grasplatz* m (→
herbazal)

hierbecilla *f* dim von **hierba**
hiero|cracia *f Priesterherrschaft, Hierokratie* f
‖ **–fante** *m* ⟨Hist⟩ *Hierophant* m
hieroglífico adj → **jeroglífico**
hieromancia *f Hieromantie, Weissagung* f *aus*
Opfern
hierosolimitano adj/s *aus Jerusalem* ‖ *auf*
Jerusalem bezüglich
hierra *f* Am → **herradero**
hierre *m Brennen* n *(Markieren des Viehs)*
hierre|zuelo, –cillo *m* dim von **hierro**
hierro *m* **(Fe)** ⟨Chem⟩ *Eisen* n ‖ ⟨fig⟩ *Waffe* f ‖
⟨fig⟩ *eisernes Werkzeug* n ‖ ⟨fig⟩ *Brandeisen* n ‖
Brandmal n ‖ ⟨fig⟩ *Joch* n ‖ ⟨fig⟩ *Gefangenschaft*
f ‖ ~ afinado *Frischeisen* n ‖ ~ (en) bruto
Roheisen n ‖ ~ candente *glühendes Eisen* n ‖ ~
colado *Eisenguss* m ‖ ~ dulce(*Flusseisen* n ‖ ~
electrolítico *Elektroteisen* n ‖ ~ espático ⟨Min⟩
Spateisenstein m ‖ ~ especular *Spiegeleisen* n ‖
~ forjado *Schmiedeeisen* n ‖ ~ maleable
schmiedbares Eisen n ‖ ~ de marcar *Brenneisen* n
‖ ~ perfilado *Profileisen* n ‖ ~ pudelado
Puddeleisen n ‖ ~ viejo *Alteisen* n ‖ ♦ a ~ y
fuego *mit Feuer und Schwert* ‖ al ~ caliente batir
de repente ⟨Spr⟩ *man muss das Eisen schmieden,*
solange es heiß ist ‖ ◇ llevar ~ a Vizcaya ⟨figf⟩
Eulen nach Athen tragen ‖ perecer a ~ *durchs*
Schwert umkommen ‖ ser de ~ ⟨figf⟩ *eisern sein* ‖
quítale ~ (iron) *halb so wild (od schlimm)* ‖ ~s
mpl Eisenarten fpl ‖ *Fesseln* fpl ‖ ⟨fig⟩ *Joch* n
hietometría *f* → **pluviometría**
hifa *f* ⟨Bot⟩ *Pilzfaden* m, *Hyphe* f
hi-fi *m* Hi-Fi f
higa *f Amulett, Anhängsel* n ‖ *Gebärde* f *des*
Hohns bzw *als Abwehr gegen den bösen Blick* ‖
⟨fig⟩ *Hohn* m, *Verachtung* f ‖ ⟨fig vulg⟩ *Möse,*
Muschi f ‖ ◇ no me importa una ~ ⟨fam⟩ *das ist*
mir schnuppe
higadencia *f* Am *Ungehörigkeit, Frechheit* f ‖
Aufdringlichkeit f
higa|dilla *f,* **–dillo** *m Geflügel-, Vogel|leber* f
hígado *m* ⟨An⟩ *Leber* f ‖ malos ~s ⟨fig⟩ *ein*
schlechtes Herz ‖ ~ lardáceo *Speckleber* f ‖ ◇
echar los ~s ⟨figf⟩ *s. abrackern, hart arbeiten* ‖
(heftig) (er)brechen ‖ tener ~s *Mut haben* ‖
enamorado hasta los ~s ⟨figf⟩ *bis über die Ohren*
verliebt
higiene *f Gesundheitspflege, Hygiene* f ‖
Gesundheitslehre, Hygiene f ‖ ⟨fig⟩ *Reinlichkeit,*
Sauberkeit f ‖ ~ del aire *Lufthygiene* f ‖ ~
alimenticia *Nahrungsmittel-* bzw
Ernährungs|hygiene f ‖ ~ ambiental
Umwelthygiene f ‖ ~ corporal *Körperpflege* f ‖ ~
dental *Zahnpflege* f ‖ ~ escolar
Schulgesundheitspflege f ‖ ~ física *Körperpflege*
f ‖ ~ de la habitación *Wohnungshygiene* f ‖ ~
pública *öffentliches Gesundheitswesen* n ‖ ~
sexual *Sexualhygiene* f ‖ ~ social *Sozialhygiene* f
‖ ~ del suelo *Bodenhygiene* f
higiénico adj *hygienisch*
higienista *m/f Hygieniker(in* f) m
higo *m Feige* f ‖ ⟨fig⟩ *nichts* ‖ ⟨fig vulg⟩ *Möse,*
Muschi f ‖ ~ chumbo, ~ de tuna *Kaktusfeige,*
Nopalfrucht f ‖ ~ paso, ~ seco *getrocknete Feige*
f ‖ ~ de tuna → ~ chumbo ‖ ◇ (estar) hecho un
~ ⟨figf⟩ *vollkommen zerdrückt.(sein)* ‖ *völlig*
kaputt (sein) ‖ no vale un ~ ⟨figf⟩ *das ist k–n*
Pfifferling wert ‖ no se me da un ~ de eso ⟨figf⟩
das ist mir schnuppe ‖ ~s *mpl:* pan de ~
Feigenbrot n
hi|grofilia *f* ⟨Biol⟩ *Hygrophilie* f ‖ **–grófilo** adj
→ **–drófilo** ‖ **–grometría** *f*
→ **grometría** *f*
–grómetro *m (Luft)Feuchtigkeitsmesser* m,
Hygrometer n

higros|copicidad f *Hygroskopizität* f ‖ **–cópico** adj *hygroskopisch* ‖ **–copio** m → **higrómetro** ‖ *Wetterhäuschen* n

higue|ra f *Feigenbaum* m (Ficus carica) ‖ ⟨fig vulg⟩ *Möse, Muschi* f ‖ ~ chumba, ~ de Indias, ~ de pala, ~ de tuna *Feigenkaktus* m, *Opuntie* f, *Nopal* m ‖ ◇ estar en la ~ ⟨figf⟩ *mit den Gedanken abschweifen, geistesabwesend sein, dösen* ‖ **–reta, –rilla** f ⟨Bot⟩ *Rizinus* m (→ **ricino**)

¡hi, hi, hi! *hihi(hi)!* *(Lachen)*

hija f *Tochter* f ‖ *Zärtlichkeitsausdruck, etwa:* „meine Liebe", „mein Kind" ‖ ~s de la doctrina cristiana ⟨Kath⟩ *Ursulinennonnen* fpl ‖ ~s de Eva *Evastöchter, Frauen* fpl ‖ ~ de Madrid ⟨pop⟩ *Madrider Kind* n ‖ ~s de María ⟨Kath⟩ *Marientöchter* fpl ‖ ~ política *Schwiegertochter* f ‖ → auch **hijo**

hijadalgo f → **hidalga**

hijas|tra f *Stieftochter* f ‖ **–tro** m *Stiefsohn* m ‖ *Stiefkind* n ‖ ~s mpl *Stiefkinder* npl

hijito, hijillo m dim von **hijo**

hijo m *Sohn* m ‖ ⟨fig⟩ *Kind* n ‖ *Junge(s)* n *(von e–m Tier)* ‖ *Abkömmling, Sprössling* m ‖ *Eingeborene(r)* m ‖ *Zärtlichkeitsausdruck, etwa:* „mein Lieber", „mein Freund" ‖ ⟨fig⟩ *Erzeugnis, Erfolg* m ‖ ⟨fig⟩ *Folge* f ‖ ~ de algo → **hidalgo** ‖ ~ adoptivo *Adoptivkind* n ‖ *Ehrenbürger* m ‖ ~ adulterino *außereheliches Kind* n ‖ ~ bastardo *uneheliches Kind* n ‖ ⟨desp⟩ *Bastard* m ‖ ~ de cabra *Euphemismus für* hijo de puta ‖ ~ de confesión *Beichtkind* n ‖ ~ de crianza PR *Adoptivkind* n ‖ ~ deseado *Wunschkind* n ‖ ~ espiritual *Beichtkind* n ‖ ~ espurio *uneheliches Kind* n ‖ ~ de familia ⟨Jur⟩ *Minderjährige(r)* m ‖ *unter elterlicher Gewalt stehendes Kind* n ‖ ~ de buena familia *Kind* n *aus guter Familie* ‖ ~ del hombre *des Menschen Sohn (Jesus Christus)* ‖ ~ ilegítimo *uneheliches Kind* n ‖ ~ del primer lecho *Kind* n *aus erster Ehe* ‖ ~ legítimo *eheliches Kind* n ‖ ~ de la loba ⟨fig⟩ *(Alt)Römer* m ‖ ~ de madre ⟨pop⟩ → ~ de puta ‖ ~ de (su) madre *(Ausruf)* *ganz die Mutter* ‖ ~ de Madrid *Madrider Kind* n ‖ ~ de mamá *Muttersöhnchen* n ‖ ~ mancillado ⟨lit⟩ *uneheliches Kind* n ‖ ~ de Marte ⟨poet⟩ *Marssohn, Krieger* m ‖ ~ natural *uneheliches Kind* n *Findelkind* n ‖ ~ de papá *verwöhnter junger Mann* m *aus wohlhabendem Haus* ‖ ~ político *Schwiegersohn* m ‖ ~ póstumo *nachgeborenes Kind* n ‖ ~ predilecto *Ehrenbürger* m ‖ el ~ pródigo ⟨Bibl⟩ *der verlorene Sohn* m ‖ ~ de puta *Huren|kind* n, *-sohn* m (bes. *als Schimpfwort)* ‖ ⟨fig vulg⟩ *geriebener Kerl, Gauner, Schweinehund* m ‖ ~ sacrílego *Kind* n *e–s Priesters* ‖ ~ del Sur ⟨lit⟩ *Südländer* m ‖ ~ único *Einzelkind* n ‖ cada ~ de vecino ⟨fam⟩ *der erste beste, jeder* ‖ ¡~ de Dios! *Herr Jesus!* ‖ ~s mpl *Kinder* npl *(mit Bezug auf die Eltern)* ‖ ~ de primeras nupcias *Kinder* npl *aus erster Ehe* ‖ ◆ sin ~s *kinderlos* ‖ Montero ~s ⟨Com⟩ *Montero) Söhne*

hijodalgo m → **hidalgo**

hijopu|tada, –tez [pl ~ces] f ⟨vulg⟩ *Hundsgemeinheit* f ‖ **–tesco** adj *gemein, schäbig*

hijuca f dim von **hija**

¹hijuela f dim von **hija** ‖ *Erb-, Pflicht|teil* n ‖ *Erbschein* m, *Teilungsurkunde* f, *Erbteilungsschein* m

²hijuela f *Nebenstelle* f ‖ *Nebenweg* m ‖ *Landzustellung* f *(Post)*

³hijuela f ⟨Kath⟩ *Palla* f

hijuelo m dim von **hijo** ‖ ⟨Bot⟩ *Ableger, Wurzelschössling* m

¹hila f *Reihe* f ‖ *dünner Darm* m ‖ ~ de casas *Häuserreihe* f ‖ ◆ a la ~ *hintereinander,* ⟨fam⟩

im Gänsemarsch ‖ ~s fpl ⟨Text⟩ *Scharpie* f, *Zupflinnen* n

²hila f *Spinnen* n ‖ *Spinnzeit* f

³hila f ⟨Zool⟩ *Laubfrosch* m (Hyla spp)

hila|cha f, **–cho** m *Tuchfasern* fpl ‖ ⟨pop⟩ *Faden* m ‖ ~s fpl Am *Fetzen* mpl ‖ **–choso** adj *fas(e)rig, fuss(e)lig*

hilada f *Reihe* f ‖ *Schicht* od *Lage* f *(Steine)* ‖ *Wachsstock* m

hila|dillo m ⟨Text⟩ *Florettseide* f ‖ **–dizo** adj *spinnbar* ‖ **–do** m *Spinnen* n ‖ *Gespinst* n ‖ *Faden* m ‖ *Garn* n ‖ ~ mecánico *Maschinenspinnerei* f ‖ ~s mpl *Spinnstoffwaren* fpl ‖ ~ y tejidos *Spinnstoffwaren* fpl *und Textilien* pl ‖ **–dor** m *Spinner* m ‖ **–dora** f/adj *Spinnerin* f ‖ (máquina) ~ *Spinn|maschine* f, *-stuhl* m ‖ **–dura** f ⟨reg⟩ → **hilatura**

hilande|ra f ⟨Text⟩ *Spinnerin* f ‖ **–ría** f *Spinnerei* f ‖ *Spinnen* n ‖ **–ro** m, *Spinner* m ‖ *Spinnstube* f

hilanza f → **hilado**

¹hilar vt/i ⟨Text⟩ *spinnen* ‖ *verspinnen* ‖ ⟨fig⟩ *anknüpfen (Gespräch)* ‖ *anstiften (Ränke)* ‖ ◇ ~ muy delgado ⟨figf⟩ *sehr eingehend sein* ‖ *es sehr genau nehmen* ‖ *zweimal hinsehen*

²hilar adj *(m/f) (poet)* *fröhlich, vergnügt*

hila|rante adj *(m/f) erheiternd* ‖ **–ridad** f *Heiterkeit, Fröhlichkeit* f

Hilario m np *Hilarius* m

hila|tura f ⟨Text⟩ *(Ver)Spinnen* n ‖ *Spinnverfahren* n ‖ *Spinnerei* f ‖ ~ de algodón *Baumwollspinnerei* f ‖ **–za** f *dicker Zwirn* m ‖ *Gesponnene(s), Gespinst* n ‖ *Spinnfaden* m, *Stickgarn* n ‖ ~ de lino *Bast* m *(Flachs)* ‖ ◇ descubrir la ~ ⟨figf⟩ *sein wahres Wesen offenbaren*

Hildebrando m np *Hildebrand* m

¹hilera f *Reihe* f *(von Häusern, Bäumen)* ‖ ⟨Arch⟩ *Schicht* f *(Steine)* ‖ ⟨Mil⟩ *Glied* n, *Rotte* f ‖ ⟨Mil⟩ *Truppenlinie* f ‖ ~ de dientes *Zahnreihe* f ‖ ◆ con una ~ de botones *(Anzug, Kleid)* *einreihig*

²hilera f *Zugbalken* m

³hilera f *Strickgarn* n ‖ *Spinndüse* f ‖ *(Draht)Zieheisen* n ‖ *Drahtziehbank* f

⁴hilera f *Spinnwarze* f *(der Spinnen)*

hilero m ⟨Mar⟩ *Strom* m, *(Neben)Strömung* f ‖ *Stromstrich* m

hilillo m dim von **hilo** ‖ ⟨Text⟩ *Filet* n ‖ ~ de sangre *feiner Streifen* m *Blut*

hilio m ⟨An⟩ *Hilus* m

hilito m dim von **hilo** ‖ un ~ Am *ein bisschen*

hillebrandita f ⟨Min⟩ *Hillebrandit* m

hilo m *Faden* m ‖ *Garn* n ‖ *Zwirn* m ‖ *Zwirn* m ‖ *Hanfzeug* n ‖ ⟨El⟩ *Leitungsdraht* m ‖ *(dünner) Metalldraht* m ‖ *Schneide* f *(e–s Messers)* ‖ ⟨fig⟩ *feiner Strahl* m *(e–r Flüssigkeit)* ‖ ⟨fig⟩ *Reihe* f ‖ ⟨fig⟩ *Zusammenhang* m, *ununterbrochene Folge* f ‖ ~ de agua ⟨fig⟩ *dünner Wasserstrahl* m ‖ ~ de bordar *Stickgarn* n ‖ ~ de camello *Kamelhaar(gespinst)* n ‖ ~ conductor ⟨El⟩ *Leitungsdraht* m ‖ ~ de coser *Nähgarn* n ‖ ~ dental ⟨Med⟩ *Zahnseide* f ‖ ~ esmaltado *Lackdraht* m ‖ ~ de estambre *Kammgarn* n ‖ ~ de perlas *Perlenschnur* f ‖ ~ de seguridad *Sicherheitsfaden* m *(auf Bankkonten)* ‖ ~ de telaraña *Spinngewebsfaden* m ‖ ~ torcido *Zwirn* m ‖ ~ de trama *Schussfaden* m ‖ ~ de urdimbre *Kettfaden* m ‖ el ~ de la vida ⟨poet⟩ *der Lebensfaden* ‖ ~ de vidrio *Glasfaden* m ‖ ~ de zapatero *Schusterdraht* m ‖ ◆ a ~ *ununterbrochen* ‖ a ~ *allmählich* ‖ a ~ como ... *ganz genau wie ...* ‖ al ~ *fadengleich (Zeug)* ‖ al ~ de... *gleichlaufend mit ...* ‖ al ~ de mediodía *gerade um Mittag* ‖ de ~ *in gerader*

Linie ‖ por el ~ se saca el ovillo etwa: *e–e leise Spur gibt oft wesentlichen Aufschluss* ‖ ◇ cortar el ~ del discurso *od* de la conversación ⟨fig⟩ *den Faden des Gesprächs, der Rede unterbrechen* ‖ forrar con ~ *überspinnen* ‖ pegar el ~ ⟨fig⟩ *ein Gespräch beginnen* ‖ pender de un ~ ⟨fig⟩ *an e–m Faden hängen* ‖ perder el ~ ⟨fig⟩ *den Faden verlieren* ‖ el ~ se rompe *der Faden reißt ab* ‖ tomar el ~ ⟨fig⟩ *das Gespräch od die Rede wiederaufnehmen* ‖ vivir con el alma en un ~ ⟨fig⟩ *Todesangst ausstehen* ‖ ~s *mpl:* ~ de araña, ~ volantes *Sommerfäden* mpl, *Altweibersommer* m

   hilo|morfismo m ⟨Philos⟩ *Hylomorphismus* m ‖ **–teísmo** m ⟨Philos⟩ *Hylismus* m ‖ **–tropía** f *Hylotropie* f ‖ **–zoísmo** m ⟨Philos⟩ *Hylozoismus* m
   hilván m *Heftnaht* f ‖ *(Verloren)Heften* n ‖ Chi *Heftzwirn* m ‖ ◇ hablar de ~ ⟨figf⟩ *s. im Reden überstürzen*
   hilvanar vt *(verloren) heften* ‖ ⟨fig⟩ *entwerfen* ‖ ⟨figf⟩ *überstürzen* ‖ ⟨fig⟩ *anknüpfen*
   Himalaya ⟨Geogr⟩*: el ~ der Himalaya, das Himalayagebirge*
   himen m ⟨An⟩ *Hymen, Jungfernhäutchen* n ‖ ⟨poet Myth⟩ → **himeneo**
   Himeneo m *Hymen(äus)* m, *Gott der Ehe* ‖ ~ m *Hochzeit, Ehe* f
   himenio m ⟨Bot⟩ *Hymenium* n, *Fruchtschicht* f *(der Pilze)*
   himenópteros mpl ⟨Ins⟩ *Hautflügler* mpl, *Hymenopteren* pl (Hymenoptera)
   himnario m *Hymnensammlung* f ‖ ⟨Rel⟩ *Hymnar(ium)* n
   hímnico adj *hymnisch*
   himno m *Hymne* f ‖ *Lobgesang* m ‖ ⟨Mus⟩ *Hymne* f, *Choral* m ‖ ⟨Rel⟩ *Hymnus* m ‖ ~ nacional *Nationalhymne* f ‖ **–logía** f *Hymnenkunde, Hymnologie* f
   himpar vi *schlucksend wimmern (Kind)*
   hinca|dura f *Einschlagen* n ‖ **–pié** m *Aufstemmen* n *des Fußes* ‖ ⟨fig⟩ *Vorwand* m ‖ ◇ hacer ~ *den Fuß anstemmen* ‖ ⟨fig⟩ *s. versteifen* (en *auf* acc) ‖ *hartnäckig beharren* (en *auf* dat) ‖ *Nachdruck legen* (en *auf* acc)
   hincar [c/qu] vt *hineinstecken, ein|schlagen, -treiben, einrammen* ‖ *aufstemmen (Fuß)* ‖ ◇ ~ el diente en algo *in et. hineinbeißen, et. anbeißen* ‖ ~ el diente en alg. *jdn angreifen* ‖ ~ su mirada en … *s–n Blick heften auf …* (acc) ‖ ~ el pico ⟨figf⟩ *sterben,* ⟨fam⟩ *krepieren,* ⟨fam⟩ *ins Gras beißen* ‖ ~**se** *eindringen* ‖ ~se de rodillas, ~ la rodilla *niederknien*
   ¹hincha f ⟨fam⟩ *Hass, Groll* m ‖ ◇ ¡me tiene una ~! ⟨fam⟩ *der kann mich nicht riechen!*
   ²hincha m/f *Fan* m ‖ ~ de fútbol *Fußballfan* m
   hin|chable adj *(m/f)* ‖ colchón ~ *Luftmatratze* f ‖ **–ado** adj *geschwollen* ‖ *verquollen (Holz)* ‖ ⟨fig⟩ *aufgeblasen, eingebildet, stolz, dünkelhaft, versnobt* ‖ ⟨fig⟩ *schwülstig (Schreibart)* ‖ ◇ tener un carillo ~ *e–e dicke Backe haben* ‖ **–chamiento** m → **–chazón** ‖ **–char** vt *aufblasen (Backen)* ‖ *aufpumpen (Luftschlauch)* ‖ *anschwellen lassen* ‖ *auftreiben, (auf)blähen* ‖ *aufgehen lassen (Teig)* ‖ ⟨fig⟩ *übertreiben* ‖ ⟨fig⟩ *stolz machen* ‖ ~**se** *auf-, an|schwellen* ‖ ⟨fig⟩ *anschwellen (Bach)* ‖ ⟨fig⟩ *s. aufblähen, dicktun* ‖ ⟨pop⟩ *viel essen,* ⟨pop⟩ *s. voll stopfen, futtern, mampfen, schlingen* ‖ ⟨pop⟩ *viel Geld verdienen* ‖ ◇ ~ (por la humedad) *quellen* ‖ ~ el lomo ⟨Am pop⟩ *s. abrackern* ‖ ~ de risa *vor Lachen bersten* ‖ ~ de ver algo ⟨fam⟩ *s. satt od s. müde sehen an et.* (dat) ‖ **–chazón** f *Geschwulst* f ‖ *Schwellung* f ‖ *Blähung* f ‖ *Quellen n (Holz)* ‖ ⟨Tech⟩ *An-, Auf|schwellung* f ‖ ⟨fig⟩ *(Rede)Schwulst* f
   hincón m ⟨Mar⟩ *Anlegepfahl* m

   hin|di m ⟨Ling⟩ *Hindi* n ‖ **–dú** [*pl* ~**ués**] adj *hinduistisch* ‖ ~ m *Hindu* m ‖ → auch **¹indio** ‖ **–duismo** m ⟨Rel⟩ *Hinduismus* m
   hiniesta f ⟨Bot⟩ *Ginster* m (→ **aulaga, retama**)
   ¹hinojo m ⟨Bot⟩ *Fenchel* m (Foeniculum vulgare)
   ²hinojo m *Knie* n, nur in den Wendungen: ◆ de ~s *kniend* ‖ ◇ ponerse de ~s *auf die Knie fallen, niederknien*
   ³¡hinojo! int ⟨pop⟩ *zum Teufel!* ‖ ¡vete al ~! *geh zum Teufel! scher dich los!*
   hinterland m *Hinterland* n
   hioides m ⟨An⟩ *Zungenbein* n
   hip. ⟨Abk⟩ = **hipoteca(rio)**
   hipar vi *den Schluckauf haben, schlucken* ‖ *schlucksend weinen (bes. Kinder)* ‖ *keuchen, japsen (Hund)* ‖ *wimmern, winseln (mit hauchender Aussprache des H)* ‖ ⟨fig⟩ *sehnlich verlangen (por nach …)* ‖ ⟨fig⟩ *s. abarbeiten*
   hiper|abundancia f *Überfluss* m (→ **sobreabundancia**) ‖ **–acidez** f → **hiperchlorhidria**
   hiper|adrenalismo m ⟨Med⟩ *Hyperadrenalismus* m ‖ **–alg(es)ia** f *Hyperalgesie* f
   hipér|baton m ⟨Rhet⟩ *Hyperbaton* n ‖ **–bola** f ⟨Math⟩ *Hyperbel* f *(Kurve)* ‖ ◇ llegar a la ~ ⟨figf⟩ *das höchste Maß erreichen* ‖ **–bole** m ⟨Rhet⟩ *Hyperbel, Übertreibung* f
   hiper|bólico adj *hyperbolisch, übertreibend* ‖ *hyperbelartig, Hyperbel-* ‖ **–bolizar** [z/c] vi ⟨Rhet⟩ *Hyperbeln verwenden* ‖ *hyperbolisch reden bzw schreiben* ‖ **–boloide** m ⟨Math⟩ *Hyperboloid* n
   hiperbóreo adj ⟨lit Myth⟩ *hyperboreisch, nördlich, Nord-* ‖ ~ m *Hyperboreer* m
   hiper|clorhidria ⟨Med⟩ *Superazidität, Hyperchlorhydrie* f ‖ **–colesterolemia** f *Hypercholesterinämie* f
   hipercrítico adj *über-, hyper|kritisch*
   hiperdactilia f ⟨Med⟩ *Hyperdaktylie* f
   hiperdulía f ⟨Rel⟩ *Mariendienst* m ‖ *Marienverehrung* f
   hiper|émesis f ⟨Med⟩ *Hyperemesis* f, *übermäßiges Erbrechen* n ‖ **–emia** f *Hyperämie* f ‖ **–estesia** f *Hyperästhesie, Überempfindlichkeit* f ‖ **–función** f ⟨Med⟩ *Überfunktion* f ‖ **–galactosis** f *Hypergalaktie, übermäßige Milchabsonderung* f ‖ **–glucemia** f *Hyperglykämie* f
   hipericón m ⟨Bot⟩ *Johanniskraut* n (Hypericum perforatum)
   hipermanganato m ⟨Chem⟩ *übermangansaures Salz, Manganat(VII)* n
   hipermercado m *Supermarkt* m
   hiper|metamorfosis f ⟨Ins⟩ *Hypermetamorphose, Hypermetabolie* f ‖ **–metropía** f ⟨Med⟩ *Über-, Hypermetropie, Weit|sichtigkeit* f
   hipermoderno adj *über-, super|modern* ‖ *übertrieben modern*
   hiper|plasia f ⟨Med⟩ *Hyperplasie* f ‖ **–saturación** f *Übersättigung* f ‖ **–sensibilidad** f *Überempfindlichkeit* f ‖ **–sensible** adj (m/f) *überempfindlich* (& Fot) ‖ **–somnia** f *Hypersomnie* f, *übermäßiges Schlafbedürfnis* n
   hiper|tensión f ⟨Med⟩ *Hypertonie* f, *(Blut)Hochdruck* m ‖ ~ esencial *essentielle Hypertonie* f ‖ **–termia** f *Hyperthermie* f ‖ **–tiroidismo** m *Hyperthyreo|idie* f, *-idismus* m, *-se, Schilddrüsenüberfunktion* f ‖ **–tonía** f *gesteigerte Muskelspannung* f ‖ *Hypertonie* f ‖ **–tricosis** f *starke Behaarung, Hypertrichose* f ‖ **–trofia** f *Hypertrophie* f (& fig) ‖ **–trofiado, –trófico** adj *hypertroph(iert), zu stark* (bzw

krankhaft) entwickelt ‖ **–uricemia** *f*
Hyperurikämie f
hípi|ca *f Pferde-, Reit|sport* m ‖ **–co** *auf den*
Pferde- od *Reit|sport bezüglich* ‖ *Pferde-, Reit-*
hipismo *m Pferde-, Reit|sport* m
hípnico adj *Schlaf-*
hip|nosis *f Hypnose* f ‖ *~ de masas*
Massenhypnose f ‖ **–noterapia** *f* ⟨Med⟩
Schlaftherapie f ‖ **–nótico** adj *auf Hypnose*
bezüglich, hypnotisch ‖ *~ m Schlafmittel* n ‖
–notismo *m Hypnose* f ‖ *Hypnoselehre* f ‖
–notizador *m Hypnotiseur* m ‖ **–notizar** [z/c] vt
hypnotisieren
  hipo *m Schluckauf* m ‖ *Aufschlucken* n ‖
Schluchzen n (bes. *beim Weinen*) ‖ ⟨fig⟩ *Sehnsucht*
f, *Verlangen* n ‖ ⟨fig⟩ *Groll* m, *Erbitterung* f ‖ ◇
quitar el ~ ⟨figf⟩ *toll, fantastisch sein* ‖ *tener ~*
schlucken, Schluckauf haben
  hipocampo *m* ⟨Zool⟩ *Seepferdchen* n (→
caballo marino)
  hipocausto *m* ⟨Hist⟩ *Hypokaustum* n
  hipocentro *m* ⟨Geol⟩ *Hypozentrum* n
  hipo|condría *f Hypochondrie* f ‖ **–condríaco,**
–cóndrico adj ‖ *hypochondrisch* ‖ *~ m*
Hypochonder m ‖ **–condrio** *m* ⟨An⟩
Hypochondrium n
  hipocorístico *m* ⟨Ling⟩ *Kosename* m,
Hypokoristikum n ‖ *Verkleinerungsform* f
  hipocrás *m Gewürzwein* m
  Hi|pócrates *m* np ⟨Hist⟩ *Hippokrates* m ‖
≈pocrático adj *hippokratisch*
  hipocresía *f Heuchelei, Gleisnerei,*
Scheinheiligkeit f ‖ *Verstellung* f
  hipócrita adj *(m/f) heuchlerisch, scheinheilig* ‖
falsch, pharisäisch ‖ *~ m Heuchler, Gleisner,*
Scheinheilige(r) m
  hipo|dactilia *f* ⟨Med⟩ *Hypodaktylie* f ‖
–dérmico adj ⟨Med⟩ *subkutan* (z. B. *Injektion*) ‖
–dermo *m* ⟨An⟩ *Hypoderm* n
  hipódromo *m Rennbahn* f, *Hippodrom* n ‖
Kunstreiterzirkus m
  hipófisis *f* ⟨An⟩ *Hypophyse* f
  hipofosfito *m* ⟨Chem⟩ *Hypophosphit* n
  hipo|función *f* ⟨Med⟩ *Unter-, Hypo|funktion* f ‖
–galactosis *f* ⟨Med⟩ *Hypogalaktie* f ‖ **–gastrio** *m*
⟨An⟩ *Unterleib* m, *Hypogastrium* n ‖
–genitalismo *m* ⟨Med⟩ *Hypogenitalismus* m
  hipogeo *m* ⟨Arch⟩ *Hypogäum* n, *unterirdische*
Kapelle f bzw *unterirdischer Bau* m
  hipoglu|cemia *f* ⟨Med⟩ *Hypoglykämie* f ‖
–cemiante adj *(m/f) blutzuckersenkend,*
antidiabetisch ‖ *~ m Antidiabetikum* n
  hipogrifo *m* ⟨Myth⟩ *Hippogryph* m
(Musenross)
  Hipólito *m* np *Hippolyt* m
  hipólogo *m Pferdekenner* m
  hipomorfo adj *pferde|ähnlich, -förmig*
  hipo|potámidos *mpl* ⟨Zool⟩ *Nil-, Fluss|pferde*
npl (Hippopotamidae) ‖ **–pótamo** *m Nil-,*
Fluss|pferd n ‖ ⟨fig⟩ *Tölpel, Schafskopf* m,
Rhinozeros n ‖ *~ del Nilo* ⟨Zool⟩ *Großfluss-,*
Nil|pferd n (Hippopotamus amphibius)
  hiposo adj *aufschluchzend* ‖ *mit Schluckauf* od
Aufstoßen behaftet
  hi|pospadia(s) *m* ⟨Med⟩ *Hypospadie* f ‖
–póstasis *f* ⟨Rel Philos Med⟩ *Hypostase* f ‖
–postático adj ⟨Rel Philos Med⟩ *hypostatisch* ‖
⟨Philos⟩ *hypostasierend*
  hiposulfito *m: ~ sódico Natriumthiosulfat* n ‖
⟨Fot⟩ *Fixiernatron* n ‖ *Fixiersalz* n
  hipotálamo *m* ⟨An⟩ *Hypothalamus* m
  hipotaxis *f* ⟨Ling⟩ *Hypotaxe* f
  hipote|ca *f Hypothek, Grundschuld* f ‖ ◇ ¡*vaya*
una ~! (fam iron) *das ist e–e schöne*
Bescherung! ‖ **–cable** adj *(m/f) (mit e–r*

Hypothek) belastbar ‖ **–car** [c/qu] vt
(hypothekarisch) belasten ‖ ⟨fig⟩ *belasten* ‖ ⟨fig⟩
in Gefahr bringen, in Frage stellen ‖ ◇ *~*
voluntades ⟨fig⟩ *s. die öffentliche Meinung*
geneigt machen ‖ **–cario** adj *hypothekarisch,*
Hypotheken-, Hypothekar-
  hipotecnia *f Pferde|zucht, -kunde* f
  hipo|tensión *f* ⟨Med⟩, *Hypotonie* f, *niedriger*
Blutdruck m ‖ **–tensor** adj *blutdrucksenkend* ‖ *~*
m blutdrucksenkendes Mittel n
  hipotenusa *f* ⟨Math⟩ *Hypotenuse* f
  hipoterapia *f* ⟨Med Psychol⟩ *Hippotherapie* f
  hipotermia *f* ⟨Med⟩ *Hypothermie* f,
unternormale Temperatur f
  hipótesis *f Voraussetzung, Annahme,*
Hypothese f ‖ *Unterstellung* f
  hipotético adj *hypothetisch, angenommen*
  hipo|tiroidismo *m* ⟨Med⟩ *Hypothyreo|idie* f,
-idismus m, *-se, Schilddrüsenunterfunktion* f ‖
–tonía *f* ⟨Med⟩ *herabgesetzte Muskelspannung,*
Hypotonie f ‖ **–tónico** adj *hypotonisch* ‖ *~ m*
Hypotoniker m ‖ **–trofia** *f* ⟨Med⟩ *Hypotrophie,*
(krankhafte) Unterentwicklung f ‖ **–vitaminosis** *f*
⟨Med⟩ *Hypovitaminose* f
  hippie, hippy *m Hippie* m
  hipsómetro *m* ⟨Phys⟩ *Siedebarometer,*
Hypsometer n
  hiriente adj *(m/f) verletzend* (bes. fig) ‖
beleidigend
  hirsu|tismo *m* ⟨Med⟩ *starker Haarwuchs,*
Hirsutismus m ‖ **–to** adj *haarig, zottig, borstig* ‖
⟨Bot⟩ *haarig, stach(e)lig* ‖ ⟨fig⟩ *widerborstig* ‖
brummig, mürrisch
  hirudíneos *mpl* ⟨Zool⟩ *Blutegel* mpl
(Hirudinea) (→ **sanguijuela**)
  hirvien|te, –do adj *(m/f) siedend, kochend*
  hisca *f* ⟨Jgd⟩ *Schlinge* f *(für den Vogelfang)*
  hiso|pada *f Besprengung* f *mit Weihwasser* ‖
–pazo *m* (fam) *Schlag* m *mit dem Sprengwedel* ‖
–p(e)ar vt *mit Weihwasser besprengen*
  ¹**hisopillo** *m* ⟨Med⟩ *Tränklappen* m *(für*
Kranke)
  ²**hisopillo** *m* ⟨Bot⟩ *Winterbohnenkraut* n
(Satureja montana)
  ¹**hisopo** *m* ⟨Kath⟩ *Weihwedel* m ‖ *Am (großer)*
Pinsel m
  ²**hisopo** *m* ⟨Bot⟩ *Ysop* m (Hyssopus officinalis)
  hispalense adj *(m/f) aus Sevilla, sevillanisch* ‖
~ m Sevillaner m
  Hispania *f Hispanien (Spanien der Römerzeit)*
  hispánico adj *(hi)spanisch*
  hispa|nidad *f Spaniertum* n ‖ *Hispanität* f ‖
Gemeinschaft f *der hispanischen Völker* ‖
spanisches Wesen n ‖ **–nismo** *m span.*
Spracheigentümlichkeit f ‖ *Liebe* bzw *Neigung* f
zu Spanien (bzw *zur [hi]spanischen Kultur* od
Art) ‖ **–nista** *m/f Hispanist(in* f) m ‖ **–nística** *f*
Hispanistik f ‖ **–nizar** [z/c] vt *hispanisieren* ‖
–no adj *spanisch* ‖ *spanisch-* ‖ *~ m Spanier* m
(bes. lit) ‖ *Hispano* m ‖ **≈noamérica** *f Spanisch-*
Amerika (→ *auch* **Iberoamérica, Latinoamérica**)
‖ **–noamericanismo** *m spanisch- amerikanische*
Spracheigentümlichkeit f ‖ *Gemeinschaft(sgefühl*
n bzw *-gedanke* m) *f zwischen den spanisch-*
amerikanischen Ländern untereinander und mit
Spanien ‖ **–noamericano** adj/s *spanisch-*
amerikanisch ‖ *~ m Hispano-Amerikaner* m ‖
–nófilo adj/s *spanienfreundlich* ‖ **–nófobo** adj/s
spanienfeindlich ‖ **–nófono, –nohablante** *(m/f),*
–noparlante adj *(m/f) Spanisch sprechend,*
spanischsprachig ‖ *~ m Spanischsprachige(r)* m ‖
–nomusulmán adj/s ⟨Hist⟩ *spanisch-arabisch*
(8.–15. Jh.)
  híspido adj Sant ⟨fig⟩ *hochmütig*
  híspido adj *borstig* ‖ *stach(e)lig*

hispir vt Ast *auflockern* ‖ **~se** vr Sant ⟨fig⟩ *hochmütig werden*
hist. ⟨Abk⟩ = **historia**
histamina *f* ⟨Med⟩ *Histamin* n
histerectomía *f* ⟨Med⟩ *Hysterektomie, Entfernung* f *der Gebärmutter*
histéresis *f* ⟨Phys⟩ *Hysterese, -sis* f
his|teria *f* ⟨Med⟩ *Hysterie* f ‖ **–térico** adj *hysterisch* ‖ ~ *m Hysteriker* m
histéridos *mpl* ⟨Ins⟩ *Stutzkäfer* mpl (Histeridae)
histerismo *m* ⟨Med Psychol⟩ *Hysterie* f ‖ ~ colectivo *Massenhysterie* f
histograma *m Säulendiagramm, Histogramm* n
histo|logía *f* ⟨Med⟩ *Histologie* f ‖ **–lógico** adj *histologisch*
histólogo *m Histologe* m
histoquímica *f Histochemie* f
historia *f Geschichte* ‖ *Erzählung, Beschreibung* f ‖ ⟨fig⟩ *Geschichte, Erzählung* f ‖ *Fabel, Dichtung* f ‖ ⟨figf⟩ *Klatsch* m, *Gerede* n ‖ *Geschichtswissenschaft* f ‖ *Geschichtswerk* n ‖ ⟨Mal⟩ *Geschichtsbild* n ‖ ~ antigua *Alte Geschichte* f ‖ ~ del arte *Kunstgeschichte* f ‖ ~ clásica *klassische Geschichte* f ‖ ~ contemporánea *Zeitgeschichte, Neueste Geschichte* f ‖ ~ cultural, ~ de la cultura *Kulturgeschichte* f ‖ ~ eclesiástica *Kirchengeschichte* f ‖ ~ de la edad media *Geschichte* f *des Mittelalters* ‖ ~ de España span. *Geschichte* f ‖ ~ de horror → ~ de terror ‖ ~ de la Iglesia *Kirchengeschichte* f ‖ ~ imparcial *objektive Geschichte* f ‖ ~ de la literatura (española) (span.) *Literaturgeschichte* f ‖ ~ medieval → ~ de la edad media ‖ ~ moderna *Neuere Geschichte, Geschichte* f *der Neuzeit* ‖ ~ natural *Naturgeschichte* f ‖ *Naturkunde* f ‖ ~ profana *Weltgeschichte* f (*im Gegensatz zur Kirchengeschichte*) ‖ ~ sagrada *biblische Geschichte* f ‖ ~ de terror *Schauer-, Horror|geschichte* f ‖ ~ universal *Weltgeschichte* f ‖ ◆ de ~ *berühmt* ‖ ⟨iron⟩ *verrufen*, (fam) *mit Vergangenheit* ‖ ◇ hacer ~ *erzählen* ‖ *berichten* ‖ *Geschichte machen* ‖ pasar a la ~ *in die Geschichte eingehen*, (fig) *sehr berühmt werden* ‖ eso ha pasado a la ~ ⟨fam⟩ *das ist e–e alte Geschichte*, ⟨fam⟩ *das ist Schnee von gestern* ‖ ¡así se escribe la ~! *und das nennt man Wahrheit!* ‖ **~s** *fpl* ⟨fam⟩ *Vorwände* mpl, *Ausflüchte* fpl ‖ *Umschweife* pl ‖ *Zank, Streit* m ‖ ~ renovadas *aufgewärmte (alte) Geschichten* fpl ‖ ◇ ¡eso son ~! *das sind (nur) dumme Geschichten!* ‖ *das sind faule Ausreden!*
histo|riado adj ⟨Typ⟩ *verziert (Anfangsbuchstabe)* ‖ ⟨fig⟩ *kitschig, überladen* ‖ ⟨Mal⟩ *gut angeordnet (Figuren)* ‖ **–riador** *m Historiker, Geschichtsschreiber* m ‖ *Erzähler* m ‖ ~ de la literatura *Literaturhistoriker* m ‖ ~ parcial *parteiischer Historiker* m ‖ **–rial** *m*/adj *Entwicklungsgeschichte* f ‖ *geschichtlicher Rückblick* m ‖ *beruflicher Werdegang* m ‖ *Angaben* fpl *über den Lebenslauf (e–s Beamten)* ‖ ~ clínico, ~médico ⟨Med⟩ *Krankengeschichte* f ‖ **–riar** [pres ~io, seltener: ~ío] vt *erzählen* ‖ *darstellen* ‖ *e–e geschichtliche Darstellung geben (über* acc) ‖ *sehr eingehend schildern (algo et.* acc) ‖ Am ⟨fig⟩ *verwirren* ‖ ~ vi ⟨fam⟩ *Geschichten erdichten*
histori|cidad *f Geschichtlichkeit* f ‖ *geschichtlicher Wert* m ‖ **–cismo** *m Histor(iz)ismus* m
histórico adj *geschichtlich, historisch* ‖ *Geschichts-* ‖ *sicher, tatsächlich* ‖ *denkwürdig* ‖ ~-cultural *kulturgeschichtlich* ‖ ~-literario

literaturgeschichtlich ‖ ◇ ¡es ~! ⟨fam⟩ *das ist die reine Wahrheit!* ‖ adv: **~amente**
histo|rieta *f Geschichtchen* n ‖ *Kurzgeschichte* f ‖ *Comic strip* m ‖ ~ cómica *Cartoon* m (& n) ‖ **–riografía** *f Geschichtsschreibung, Historiographie* f ‖ **–riógrafo** *m Geschichtsschreiber, Historiograph* m
historismo *m Historismus* m
histri|ón *m* ⟨Hist lit⟩ *Histrione, Mime, Schauspieler* m (*im alten Rom*) ‖ ⟨iron⟩ *Komödiant* m ‖ *Spaßvogel, Witzbold* m ‖ ⟨fig⟩ *Heuchler* m ‖ **–onismo** *m Komödiantentum* n ‖ ⟨fig⟩ *Heuchlerei* f
hit *m Hit* m
hita *f Stift, Stecker* m ‖ ⟨Jgd⟩ *Ende* n, *Sprosse* f (*am Hirschgeweih*)
hitita adj ⟨Hist⟩ *het(h)itisch* ‖ ~ *m Het(h)iter* m
hitle|riano adj *auf (Adolf) Hitler bezüglich* ‖ *Hitler-* ‖ **–rismo** *m* ⟨Hist⟩ *Hitlerismus* m
¹hito *m Mark-, Grenz-, Meilen|stein* m ‖ ⟨fig⟩ *Ziel* n ‖ *Wurfspiel* n ‖ ◆ a ~ *fest* ‖ *standhaft* ‖ ◇ dar en el ~ ⟨fig⟩ *den Nagel auf den Kopf treffen* ‖ mirar de ~ (en ~) *unverwandten Blickes, fest ansehen*
²hito adj *unmittelbar, nächst* ‖ *angrenzend* ‖ *fest(stehend)*
³hito adj *makellos schwarz (Rappe)*
hit-parade *m Hitparade* f
HIV *m* ⟨engl⟩ ⟨Abk⟩ = (human immunodeficiency virus) **virus** m **de la inmunodeficiencia humana** ‖ ~ negativo adj *HIV-negativ* ‖ ~ positivo adj *HIV-positiv*
hizo → **hacer**
hl ⟨Abk⟩ = **hectolitro(s)**
hm ⟨Abk⟩ = **hectómetro(s)**
Hnos. ⟨Abk⟩ = **Hermanos**
¡ho! int → **¡oh!**
Ho ⟨Abk⟩ = **holmio**
hoba|chón adj/s *träg(e), faul (dicker Mensch)* ‖ **–chonería** *f Müßiggang* m
hobby [pl **~ies**, **~is**] *m Hobby* n
hoblón *m* Am → **lúpulo**
hocecilla *f* dim von **¹hoz**
hoci|cada *f Stoß* m *mit der Schnauze* ‖ ⟨fig vulg⟩ *grobe Antwort* f, *Anschnauzer* m ‖ **–car** [c/qu] vt *wühlen (Sau)* (→ **hozar**) ‖ ⟨figf⟩ *abschmatzen (küssen)* ‖ ~ vi *auf die Nase fallen* ‖ *auf ein Hindernis stoßen* ‖ ⟨figf⟩ *e–n Bock schießen* ‖ ⟨Mar⟩ *mit dem Bug tief im Wasser liegen* ‖ **–co** *m* ⟨Schweins⟩*Rüssel* m ‖ *Schnauze* f ‖ ⟨fam⟩ *Fratze, Visage* f ‖ ⟨figf⟩ *Gesicht* n ‖ ◇ cerrar el ~ ⟨vulg⟩ *das Maul halten* ‖ meter el ~ en todo ⟨figf⟩ *die Nase in alles stecken* ‖ poner ~, torcer el ~ ⟨figf⟩ *die Nase rümpfen* ‖ **~s** *mpl* ⟨fam⟩ *Maul* n, ⟨pop⟩ *Schnauze* f ‖ ◇ dar en el suelo de ~ ⟨fam⟩ *aufs Gesicht fallen* ‖ decir od echar od refregar u/c a alg. por los ~ ⟨figf⟩ *jdm e–e Unverschämtheit ins Gesicht sagen* ‖ estar de ~ ⟨figf⟩ *schmollen, maulen* ‖ **–cón** adj/s *schmollend* ‖ **–cudo** adj/s *mit großer Schnauze* ‖ ⟨fig⟩ *mit wulstigen Lippen*
¹hocino *m Reb-, Gärtner|messer* n
²hocino *m Talschlucht* f ‖ *Flussdurchbruch* m
hoci|quear vt/i ⟨be⟩*schnüffeln* ‖ *mit der Schnauze (an)stoßen* (→ **hozar**) ‖ Chi ⟨fam⟩ *ab|schmatzen, -drücken (küssen)* ‖ **–quera** *f* Cu Pe *Maulkorb* m ‖ **–quito** dim von **hocico** ‖ ◇ hacer ~s ⟨fam⟩ *den Mund verziehen*, ⟨pop⟩ *ein schiefes Maul ziehen* od *machen*
hockey *m* ⟨Sp⟩ *Hockey(spiel)* n ‖ ~ sobre hielo *Eishockey* n ‖ ~ sobre hierba *Rasenhockey* n ‖ ~ sobre patines *Rollschuhhockey* n
hoco *m* ⟨V⟩ *Hokko* m
hodierno adj ⟨lit⟩ *heutig*

hogaño adv ⟨fam⟩ *heuer, dieses Jahr* ‖ ⟨fig⟩ *heutzutage*

hogar m *(Feuer)Herd* m ‖ *Feuerstelle* f ‖ ⟨Tech⟩ *Kesselfeuerung* f *(der Lokomotive)* ‖ *Feuerraum* m ‖ ⟨fig⟩ *Heim* n, *Herd* m ‖ ⟨fig⟩ *Heim* n *(Verein)*‖ ~ *para ancianos od la tercera edad Alten-, Senioren|tagesstätte* f ‖ ~ *de estudiantes Studentenheim* n ‖ ~ *sindical Gewerkschaftshaus* n ‖ ◇ *retornar al* ~ *heimkehren*

hogareño adj *häuslich, Haus-*

hogaza f *Laib* m *Brot* ‖ *Kleienbrot* n

hoguera f *Scheiterhaufen* m ‖ *Freudenfeuer* n ‖ *Flackerfeuer* n ‖ *Lagerfeuer* n ‖ ~ *de San Juan Johannisfeuer* n

¹hoja f ⟨Bot⟩ *(Blumen)Blatt* n ‖ *Laub* n, *Blätter* npl ‖ *Nadel* f *(der Nadelbäume)* ‖ ~ *acicular nadelförmiges Blatt* n ‖ ~ *acorazonada herzförmiges Blatt* n ‖ ~ *aovada eiförmiges Blatt* n ‖ ~ *arriñonada nierenförmiges Blatt* n ‖ ~ *aserrada gesägtes Blatt* n ‖ ~ *doblemente aserrada doppeltgesägtes Blatt* n ‖ ~ *ciliada gewimpertes Blatt* n ‖ ~ *dentada gezähmtes Blatt* n ‖ ~ *digitada Fingerblatt* n ‖ ~ *entera ganzrandiges Blatt* n ‖ ~ *festoneada gekerbtes Blatt* n ‖ ~ *lanceolada lanzettliches Blatt* n ‖ ~ *lineal lineares Blatt* n ‖ ~ *lobulada ausgebuchtetes Blatt* n ‖ ~ *orbicular rundes Blatt* n ‖ ~ *de parra Rebblatt* n ‖ *Weinlaub* n ‖ ~ *sagitada pfeilförmiges Blatt* n ‖ ⟨fig⟩ *Feigenblatt* n ‖ ◆ *a la caída de la* ~ ‖ ⟨fig⟩ *im Herbst* ‖ ◇ *temblar como la* ~ *en el árbol* ⟨fig⟩ *wie Espenlaub zittern* ‖ ~s fpl *Laub* n, *Belaubung* f ‖ ~ *persistentes Dauerbelaubung* f ‖ ~ *de sen Sennesblätter* npl

²hoja f *Blatt* n *(Papier), Bogen* m ‖ *Folie* f ‖ *Formular* n, *Vordruck* m ‖ *Blatt* n, *Hälfte* f *von e–m Ärmel* ‖ *Klinge* f *(e–s Degens, Messers)* ‖ *Rasierklinge* f *(Metall)Folie* f ‖ ⟨fig⟩ *Degen* m, *Schwert* m ‖ *Flügel* m *(Tür, Fenster, Altar)* ‖ ⟨fig⟩ *Zeitung* f ‖ ~ *de afeitar Rasierklinge* f *Rasiermesser* n ‖ ~ *de cristal Glasscheibe* f ‖ ~ *de estaño Stanniol, Blattzinn* n ‖ *Spiegelfolie* f ‖ ~ *de instrucciones Merkblatt* n ‖ ~ *de lata* → **hojalata** ‖ ~ *de marcha Frachtbrief* m ‖ ~ *de pedido Auftragsschein, Bestellzettel* m ‖ ~ *plástica Kunststofffolie* f ‖ ~ *de ruta* ⟨Com⟩ *Frachtbrief, Laufzettel* m ‖ ⟨EB⟩ *Begleitschein* m ‖ ⟨Mil⟩ *Aufzeichnung* f *der Marschroute* ‖ ~ *de servicios Personalakte* f ‖ ~ *de sierra Sägeblatt* n ‖ ~ *de tocino Speckseite* f ‖ ~ *toledana Toledoklinge* f ‖ ~ *volante Flug|blatt* n, *-schrift* f ‖ *uno de la* ~ ⟨fam⟩ *e–r der Uns(e)rigen* ‖ ◇ *batir* ~ *(Gold) zu Blättchen schlagen* ‖ ¡*doblemos la* ~! ⟨fig⟩ *reden wir von et. anderem!* ‖ *mudar la* ~ ⟨figf⟩ *von s–m Vorhaben ablassen* ‖ *poner a alg. como* ~ *de perejil* ⟨pop⟩ *jdn herunterputzen* ‖ *ser de la* ~ ⟨Am pop⟩ *vornehm sein* ‖ *tener* ~ *e–n Sprung haben (Klinge)* ‖ *tener (la)* ~ *limpia* ⟨fig⟩ *s. tadellos führen* (bes. *Mil*) ‖ *no tiene vuelta de* ~ ⟨figf⟩ *das ist nun einmal so* ‖ *volver la* ~ ⟨fig⟩ *s–e Meinung ändern* ‖ ⟨fig⟩ *dem Gespräch e–e andere Wendung geben* ‖ ~s fpl: ~ *sueltas lose Blätter* npl

³hoja f ⟨Ins⟩ ~ *muerta del pino Kiefernspinner* m

⁴hoja f ⟨Agr⟩ *Brachfeld* n

hojala|ta f *Weißblech* n ‖ **–tería** f *Klempnerei, Spenglerei* f ‖ **–tero** m *Klempner, Spengler* m

hojal|drado m *Blätter-, Teig|gebackene(s)* n ‖ **–dre** m/f *Blätterteig* m ‖ *Schaumgebäck* n

hojaranzo m ⟨Bot⟩ → **ojaranzo**

hoja|rasca f *Laub(werk)* n ‖ *dürres Laub* n, *dürre Blätter* npl ‖ ⟨fig⟩ *unnützes Zeug* n ‖ ⟨fig⟩ *Klatsch* m ‖ **–zón** f ⟨reg⟩ *Laub* n(

hoje|ar vt *(durch)blättern (Buch)* ‖ *rauschen, s. bewegen (Laub)* ‖ Col Guat *Blätter treiben* ‖ **–o** m *Durchblättern* n

hojudo, hojoso adj *(leicht) belaubt* ‖ *blattreich*

hojuela f *Blättchen* n ‖ ⟨Bot⟩ *Teilblättchen* n ‖ ⟨Bot⟩ *Kelchblatt* n ‖ *Öl-, Oliven|trester* m ‖ *Waffel* f, *dünnes, flaches Gebäck* n ‖ ⟨Tech⟩ *Folie* f, *Blättchen* n *(aus Metall)* ‖ Cu *Blätterteig* m ‖ ~s fpl: → **miel**

¡**hola!** *holla! hallo! he! ei!* ‖ *o weh!* ‖ *so was!, nanu!* ‖ ⟨fam⟩ *guten Tag! (bzw Morgen usw.)* ‖ ⟨fam⟩ *grüß Gott!* Öst *Servus!* ‖ ¿~? *so? ist es möglich?*

Holan|da f ⟨Geogr⟩ *Holland* n ‖ ~ f ⟨Text⟩ *feine holländische Leinwand* f ‖ **=dés** adj *holländisch* ‖ ◆ *a la* ~a *auf holländische Art* ‖ ⟨Buchb⟩ *als Halbfranzband (gebunden)* ‖ ~ m *Holländer* m ‖ *el* ~ *die holländische Sprache* f, *das Holländische*

holártico adj ⟨Biol Geogr⟩ *holarktisch* ‖ (región) ~a f *Holarktis* f

Holding m (sociedad) ~ *Holdinggesellschaft* f

hole|ar vi *dauernd* ¡*hola! rufen*

holga|chón adj/s → **-zán**

holga|damente adv *bequem* ‖ *mit allen Bequemlichkeiten* ‖ **–do** adj *müßig, unbeschäftigt* ‖ *geräumig, breit* ‖ *weit, bequem* (bes. *Kleidung*)

hol|ganza f *Behaglichkeit* f ‖ *Muße* f ‖ *Müßiggang* m ‖ *Vergnügen* n ‖ **–gar** [-ue-, g/gu) vi *ausruhen, feiern* ‖ *ruhen, müßig sein* ‖ *stillstehen, nicht in Betrieb sein* ‖ *überflüssig sein* ‖ *s. ergötzen, s. belustigen* ‖ ◇ *huelga decir* (que…) *es ist selbstverständlich(, dass …)* ‖ *aquí huelga todo comentario jede Bemerkung erübrigt s. hier* ‖ ~**se** *s. belustigen* ‖ *s. freuen* (de con *über* acc) ‖ *holgárame de que … (subj) es würde mich freuen, wenn …*

holga|zán adj *müßiggängerisch* ‖ *faul* ‖ ~ m *Müßiggänger, Tagedieb, Faulenzer, Faulpelz* m ‖ **–zanear** vi *faulenzen, herumlungern* ‖ ⟨fam⟩ *blaumachen* ‖ **–zanería** f *Müßiggang* m *Faulenzerei* f

hol|gón adj/s *müßiggängerisch* ‖ *vergnügungssüchtig* ‖ **–gorio** m ⟨fam⟩ *lärmendes Vergnügen* n, ⟨fam⟩ *Rummel* m, *Tamtam* m ‖ ◇ *aquí hay mucho* ~ *hier geht es flott zu, da ist allerhand los, hier geht's rund* ‖ **–gura** f *Weite, Breite* f ‖ *Bequemlichkeit, Gemächlichkeit* f ‖ *Wohlhabenheit* f ‖ *freie Bewegung* f ‖ ⟨Tech⟩ *Spiel* n ‖ *toter Gang* m ‖ ◇ *vivir con* ~ *sein reichliches Auskommen haben*

holístico adj ⟨Philos⟩ *holistisch*

holla|dero adj *viel betreten (Weg)* ‖ **–do** adj *niedergetreten* ‖ *be|treten, -gangen* ‖ no ~ ⟨fig⟩ *unberührt, jungfräulich* ‖ **–dura** f *Betreten* n ‖ *Niedertreten* n

hollar [-ue-] vt *betreten (Weg)* ‖ *nieder-, zer|treten* ‖ ⟨fig⟩ *mit Füßen treten, verachten* ‖ ⟨fig⟩ *schänden* ‖ ◇ ~ *el suelo patrio den Heimatboden betreten*

hollejo m *dünne Obst-, Bohnen|schale* f ‖ *Traubenschale* f(

¹ho|llín m *Ruß* m ‖ *Kienruß* m ‖ *lleno de* ~ *verrußt* ‖ **–llinarse** vr Chi *verrußen* ‖ **–lliniento** adj *verrußt*

²hollín m ⟨fam⟩ → **jollín**

holli|narse vr Chi *verrußen* ‖ **–niento** adj *verrußt*

hollywoodense adj *(m/f) auf Hollywood bezüglich, Hollywood-*

holmio m **(Ho)** ⟨Chem⟩ *Holmium* n

holo|ártico adj → **holártico** ‖ **–béntico** adj ⟨Zool⟩ *holobenthisch*

holocausto m *Holocaust, Genozid* m ‖

(Sühne)Opfer n ‖ ⟨Rel⟩ *Brandopfer* n ‖ ◆ en ~ de la patria *dem Vaterland zum Opfer*

holoceno adj/s ⟨Geol⟩: (período) ~ m *Holozän, Alluvium* n

holo|édrico adj ⟨Min⟩ *holoedrisch* ‖ **–edro** m *Holoeder* n *(Kristall)*

holo|grafía f ⟨Phys⟩ *Holographie* f ‖ **–gráfico** adj *auf die Holographie bezüglich* ‖ ⟨Jur⟩ →

ológrafo

holograma m ⟨Phys⟩ *Hologramm* n

holome|tabolismo m ⟨Ins⟩ *Holometabolie* f ‖ **–tábolos** mpl *Holometabolen* pl

holómetro m *Höhenwinkelmessgerät* n

holo|turia f ⟨Zool⟩ *See|gurke, -walze, Holothurie* f ‖ **–túridos, –turioideos** *See|walzen, -gurken, Holothurien* fpl (Holothurioidea)

holstenés m/adj *Holsteiner* m

holter m ⟨Med⟩ *Holter-EKG-Gerät* n

¡hom! int Am *hm!*

homaro m ⟨Zool⟩ *Hummer* m (→ ¹bogavante)

hom|bracho, –brachón m augm ⟨desp⟩ von

hombre: ⟨figf⟩ *Schrank* m ‖ **–brada** f *mutige Mannestat* f ‖ (iron) *Prahlen* n *(mit Heldentaten)* ‖ ¡vaya ~! ⟨desp⟩ *das ist (ja) kein Ruhmesblatt!*

hombre m *Mensch* m ‖ *Mann* m, *männliche Person* f ‖ ⟨pop⟩ *(Ehe)Mann* m ‖ *Kerl, Bursche* m ‖ ⟨pop⟩ *Manns|person* f, *-bild* n ‖ ~ de acción *Mann* m *der Tat* ‖ ~ al agua ⟨fam⟩ *unrettbar verlorener Mann* m ‖ ¡~ al agua! ⟨Mar⟩ *Mann über Bord!* ‖ ~ de arraigo *gewichtiger Mann* m ‖ *Alteingesessene(r)* m ‖ ~ de asiento *ruhiger, gesetzter, reifer Mensch* m ‖ ~ de barba(s) *gestandener Mann, Mann* m *mit Erfahrung* ‖ ~ con toda la barba *ganzer Kerl* m ‖ ~ de bien *rechtschaffener Mensch, Ehrenmann* m ‖ ~ de bigote *Mann von Charakter, gestandener Mann* m ‖ el ~ blanco *der weiße Mann* m ‖ ~ de bríos *energischer Mensch* m ‖ *feuriger Mann* m ‖ ~ bueno *guter Mensch* m ‖ ⟨Jur⟩ *Schiedsmann, Vermittler* m ‖ ⟨Hist⟩ *Gemeinfreie(r)* m ‖ buen ~ ⟨fam⟩ *guter Kerl* m ‖ *armer Schlucker* m ‖ ¡buen ~! *mein Guter!* ‖ ~ de mala calaña *verdächtiger, gefährlicher Mensch* m ‖ ~ de calidad *angesehene Persönlichkeit* f ‖ ~ de calzas atacadas ⟨figf⟩ *altmodischer Mann* m ‖ ~ de la calle ⟨fig⟩ *Mann auf der Straße,* ⟨fam⟩ *Normalverbraucher,* (fam joc) *Otto Normalverbraucher* m ‖ ~ de(l) campo *Landmann* m ‖ ~ de capa y espada ⟨fig⟩ *angesehener Mann* m ‖ ~ de carácter *charakterfester Mann* m ‖ ~ de carrera *Akademiker* m ‖ *Intellektuelle(r)* m ‖ ~ (a carta) cabal *Ehrenmann, (ein) ganzer Mann* m ‖ ~ castizo *urwüchsiger Mann* m ‖ ~ de categoría *achtbare Persönlichkeit* f ‖ ~ de las cavernas *Höhlenmensch* m ‖ ⟨fig⟩ *Steinzeitmensch* m ‖ ~ de ciencia *Wissenschaftler, Gelehrte(r)* m ‖ ~ de ciudad *Stadtmensch, Städter* m ‖ ~ civilizado *Kulturmensch* m ‖ ~ de color *Farbige(r)* m ‖ ~ de confianza *Vertrauensmann* m ‖ ~ de (alto) copete *Mann* m *von Stand* ‖ ~ de (gran) corazón *hochherziger, großmütiger Mann, Mann* m *von Herz* ‖ ~ de alto coturno ⟨fig⟩ *sehr vornehmer Mensch* m ‖ ~ de cuenta *angesehener* od *bedeutender Mensch* m ‖ ~ de gran od mucha cultura *sehr gebildeter Mensch* m ‖ ~ de chapa ⟨fam⟩ *gesetzter Charakter* m ‖ ~ de días *be|jahrter* od *-tagter Mann* m ‖ ~ del día ⟨fam⟩ *Held* m *des Tages* ‖ ⟨fam⟩ *Modemensch* m ‖ ~ de dinero *reicher Mann* m ‖ ~ de distinción *feiner Mann* m ‖ ~ de edad *alter Mann* m ‖ ~ de cierta edad *älterer Mann* m ‖ un ~ ejemplar *ein Mustermensch* m ‖ ~ entero *Ehrenmann* m ‖ ~ de buenas entrañas *gut|mütiger, -herziger Mensch* m ‖ ~ de espíritu *mutiger, entschlossener Mensch*

m ‖ *Mann* m *von Geist* ‖ ~ de Estado *Staatsmann* m ‖ *Politiker* m ‖ ~ de estofa ⟨fam⟩ *angesehener Mann* m ‖ ~ estrafalario *Sonderling* m ‖ *komischer Kauz* m ‖ ~ de experiencia *erfahrener Mann* m ‖ ~ fáustico *faustischer Mensch* m ‖ ~ de fondo *Mann* m *von Wissen* ‖ ~ de fondos *reicher Mann* m ‖ ~ (ya) formado *erwachsener Mann* m ‖ ~ formal *rechtschaffener, redlicher Mann* m ‖ ~ de poca formaleza *unzuverlässiger, unsolider Mann* m ‖ ~ de fortuna *vermögender Mann* m ‖ ⟨fig⟩ *Glückskind* n ‖ gran(de) ~ ⟨fig⟩ *großer, bedeutender Mann* m ‖ ~ hecho *erwachsener Mann* m ‖ *erfahrener Mann* m ‖ *ganzer, aufrechter Mann* m ‖ ~ de hecho(s) *Mann* m *der Tat* ‖ ~ de honor *Ehrenmann* m ‖ ~ honrado *Biedermann* m ‖ ~ de iglesia *Kirchenmann* m ‖ *Geistliche(r)* m ‖ ~ de importancia *bedeutender Mensch, bedeutende Persönlichkeit* f ‖ ~ de iniciativa *taten-, unternehmungs|freudiger Mensch* m ‖ ~ íntegro *Ehrenmann* m ‖ ~ de juicios *erfindungsreicher Kopf, gescheiter Mensch* m ‖ *wohlhabender Mann* m ‖ ~ de letras *Schriftsteller, Literat* m ‖ ~ de leyes *Jurist* m ‖ ~ de los antes (de la guerra) ⟨fam⟩ *Mann vom alten Schlag, Mann* m *von altem Schrot und Korn* ‖ ~ de cortas od pocas luces *geistig beschränkter Mensch* m ‖ mal ~ *schlechter Mensch* m ‖ ~ de mar *Seemann* m ‖ ~ de marca *bedeutender Mensch* m ‖ ~ mayor *älterer Mann* m ‖ ~ de mérito *verdienst-, talent|voller Mann* m ‖ ~ mosca *Fassadenkletterer* m ‖ ~ de mundo *Weltmann* m ‖ ~ natural *Natur|mensch, -bursche* m ‖ ~ de negocios *Geschäftsmann* m ‖ ~ de nieve *Schneemann* m ‖ el ~ de las nieves der *Schneemensch* m ‖ ~ de paja ⟨fig⟩ *Strohmann* ‖ ~ de palabra *Mann von Wort, Ehrenmann* m ‖ ~ de dos palabras ⟨figf⟩ *doppelzüngiger* od *falscher Mensch* m ‖ ~ de pecho *mutiger Mann* m ‖ ~ de pelo en pecho ⟨figf⟩ *unerschrockener Mann* m ‖ un pobre ~ ⟨fam⟩ *ein armer Schlucker* od *Teufel* m ‖ ~ de postín ⟨pop⟩ *Geck, Fatzke* m ‖ *Hohlkopf* m ‖ ~ de prendas *begabter Mann* m ‖ *mit Talenten ausgestatteter Mann* m ‖ ~ sin pretensiones *anspruchsloser Mensch* m ‖ ~ de principios *prinzipientreuer* od *konsequenter Mensch* m ‖ ~ privado *Privatmann* m ‖ ~ de pro(vecho) *rechtschaffener, zuverlässiger Mensch* m ‖ ~ público *Politiker* m ‖ *politische Persönlichkeit* f ‖ *Mann* m *des öffentlichen Lebens* ‖ ~ del pueblo *Mann* m *aus dem Volk* ‖ ~ pundonoroso, ~ de punto (de honor) *Ehrenmann* m ‖ ~ rana *Froschmann, (Sport)Taucher* m ‖ ⟨Mil⟩ *Kampfschwimmer* m ‖ ~ raro *Sonderling* m ‖ ~ recto *rechtschaffener Mann* m ‖ un ~ con riñones ⟨pop⟩ *ein ganzer Mann* m ‖ ~ rústico *Bauer, Landmann* m ‖ el ~ del saco ⟨figf⟩ *der schwarze Mann* m *(Kinderschreck)* ‖ ~ sandwich *Sandwichmann, Plakatträger* m ‖ ~ serpiente *Schlangenmensch* m ‖ el ~ del siglo *der Mann des Jahrhunderts* ‖ ~ de su siglo *Mensch* m *s–r Zeit* ‖ *(normaler) Zeitgenosse* m ‖ ~ singular *merkwürdiger Mensch* m ‖ *Sonderling* m ‖ *Einzelgänger, Eigenbrötler, Außenseiter* m ‖ el ~ de la situación *der rechte Mann am Platz* ‖ ~ sin sustancia *geistloser, hohler Mensch* m ‖ ~ de verdad *wahrheitsliebender Mensch* m ‖ ~ de vergüenza *Mann* m *mit Ehrgefühl* ‖ ~ vulgar *Alltags-, Dutzend|mensch* m ‖ *ordinärer Mensch* m ‖ buen ~ pero mal sastre ⟨fam⟩ *ein guter Mann, aber ein schlechter Musikant* ‖ ◆ como un solo ~ *geschlossen, wie ein Mann* ‖ *einstimmig* ‖ de ~ a ~ *von Mann zu Mann* ‖ *unter vier Augen* ‖ ◇ hay ~ que ... *es gibt Leute, die ...* ‖ hacer un ~ *e–n Kunden* od *Freier aufgreifen (Nutte)* ‖

hacerse ~ *ins Mannesalter treten* ‖ ser mucho ~ *ein ganzer Mann sein* ‖ ser muy ~ *unerschrocken, tapfer sein* ‖ ser todo un ~ *ein ganzer Mann sein* ‖ ser poco ~ *nicht sehr mannhaft* (bzw *männlich*) *sein* ‖ ⟨fig⟩ *feig(e) sein* ‖ no ser el ~ indicado *nicht der geeignete Mann sein* ‖ un ~ tiene sólo una palabra *ein Mann, ein Wort* ‖ ¡~! *um Gotteswillen! unglaublich! was sagen Sie!* ‖ ⟨pop⟩ *Mensch! Überraschung, Zorn, Unwillen)* ‖ *nanu! das sind Sie? Überraschung, Zufriedenheit)* ‖ *„mein Lieber" (Anrede unter Freunden, Ausdruck der Vertraulichkeit)* ‖ *Ausdruck des Vorwurfs* (z.B. ¡no lo hagas, ~! *tu es doch nicht! das wirst du doch nicht tun!*) ‖ *Ausdruck des Zögerns, der Verlegenheit* (z.B. ¡~! ..., es difícil *nun ja ..., es ist (schon) schwer!* ‖ ¡pues ~! ⟨fam⟩ *da siehst du!* ‖ *ganz einfach!* ‖ ¡sí, ~! *natürlich! jawohl!* ‖ ¡vamos ~! *k–e Rede! wo denkst du hin!* ‖ *nur zu! Mut!* ‖ el ~ propone y Dios dispone ⟨Spr⟩ *der Mensch denkt, Gott lenkt* ‖ ~ pobre, todo es traza ⟨Spr⟩ *Not macht erfinderisch* ‖ ~ prevenido vale por dos ⟨Spr⟩ *Vorsicht ist besser als Nachsicht* ‖ ~s *mpl* ⟨Mil⟩ *Mannschaften* fpl ‖ los ~ en el poder *die Machthaber* mpl

hombre-|anuncio *m Sandwichmann* m ‖ **–araña** *m Fassadenkletterer*
[1]**hombrear** vi *den Mann spielen wollen (von Knaben)* ‖ ⟨fig⟩ *s. spreizen, protzen*
[2]**hombrear** vi *die Schultern, Achseln anstemmen* ‖ ⟨fig⟩ *(es jdm) gleichtun wollen (&* ~se) ‖ ~ vt Col Mex *fördern, unterstützen*
[1]**hombrecillo** *m* dim *von* **hombre** ‖ *Männchen* n
[2]**hombrecillo** *m* ⟨Bot⟩ *Hopfen* m, *-pflanze* f (→ **lúpulo**)
hombre-lobo *m* ⟨Myth⟩ *Werwolf* m
hombre-masa *m Massenmensch* m
hombre-pájaro *m Drachenflieger* m
hombrera *f Schulterpolster* n *(am Kleid)* ‖ *Träger* m *(Büstenhalter usw.)* ‖ ⟨Mil⟩ *Achselstück* n, *Schulterklappe* f
hombre-rana *m* → **hombre** rana
hombre|tón *m* augm von **hombre** ‖ **–zuelo** *m* dim von **hombre**
hombría *f Männlichkeit* f ‖ *Mannhaftigkeit* f ‖ ~ die bien *Redlichkeit, Rechtschaffenheit* f
hombrín *m* ⟨fam desp⟩ *kleiner Mann* m, *Männeken* n
hombro *m Schulter, Achsel* f ‖ ◆ al ~ *auf der Schulter* ‖ ¡(armas) al ~! ⟨Mil⟩ *Gewehr über!* ‖ ◇ arrimar el ~ *die Schulter anstemmen* ‖ ⟨fig⟩ *s. tüchtig ins Zeug legen* ‖ ⟨fig⟩ *s. anstrengen, s. Mühe geben* ‖ echar(se) al ~ a/c ⟨fig⟩ *et. auf s. nehmen* ‖ escurrir el ~, hurtar el ~ *s. (vor der Arbeit od e–r Mitarbeit) drücken* ‖ mirar a uno por encima del ~ ⟨figf⟩ *jdn über die Achsel ansehen* ‖ ~s *mpl:* encogerse de ~ *die Achseln zucken* (& fig) ‖ llevar *od* sacar a ~ *auf den Schultern tragen*
hom|brón *m* augm von **hombre** ‖ *grobschlächtiger Kerl* m ‖ ~ de nieve *Schneemann* m ‖ **–bruco** *m* dim von **–bre** ‖ **–bruno** adj ⟨fam⟩ *mannsmäßig (Frau)* ‖ *männlich* (z.B. *Gang e–r Frau*)
homena|je *m* ⟨Hist⟩ *Lehnseid* m ‖ ⟨fig⟩ *Ehrerbietung, Huldigung, Ehrung* f ‖ *(Ehren)Geschenk* n ‖ ~ de ... *gewidmet von...* (bes. *in Büchern*) ‖ ◆ en ~ de ... *zu Ehren von* ... ‖ en ~ de sus méritos *in Anerkennung s–r Verdienste* ‖ rendir, tributar ~ a alg. *jdm e–e Huldigung darbringen* ‖ *jdm Achtung entgegenbringen* ‖ **–jeado** *m der Geehrte* m ‖ **–jear** vt *ehren*
home|ópata *m*/adj ⟨Med⟩ *Homöopath* m ‖

–opatía *f Homöopathie* f ‖ **–opático** adj *homöopathisch* ‖ ⟨fig⟩ *verschwindend klein* ‖ ◆ en dosis ~as ⟨fig⟩ *in verschwindend kleinen Mengen*
homeóstasis, homeostasis *f* ⟨Physiol⟩ *Homöostase* f
Homepage *f* → **página** principal
homé|rico adj *homerisch* ‖ **–rida** *m* ⟨Hist Lit⟩ *Homeride* m
homero *n* → **aliso**
Homero *m* np *Homer* m
homi|cida adj *(m/f)* ⟨Jur⟩ *Totschlag(s)-* ‖ p.ex *mörderisch, Mord-* ‖ ⟨fig⟩ *tödlich, vernichtend* (z.B. *Blicke*) ‖ ~ *m/f Totschläger(in* f) m ‖ p.ex *Mörder(in* f) m *(→ asesino)* ‖ **–cidio** *m* ⟨Jur⟩ *Tötung* f, *Totschlag* m ‖ *Tötungsdelikt* n ‖ p. ex *Mord* m *(→ asesinato)* ‖ ~ culposo, ~ por imprudencia, ~ involuntario, ~ por negligencia ⟨Jur⟩ *fahrlässige Tötung* f ‖ ~ deliberado, voluntario ⟨Jur⟩ *Mord* m *(→ asesinato)*
homilía *f Homilie* f *(Erklärung)* ‖ *Predigt* f ‖ ⟨fig⟩ *(Tugend)Predigt* f
hominal adj *(m/f)* ⟨bes. Wiss⟩ *auf den Menschen bezüglich, Menschen-* (→ **humano**)
hominicaco *m* ⟨fam⟩ *feiger, verächtlicher Mensch* m ⟨fam desp⟩ *erbärmlicher Wicht* m
ho|mínido *m* ⟨Anthrop⟩ *Hominide* m ‖ **–minismo** *m* ⟨Philos⟩ *Hominismus* m ‖ **–minización** *f* ⟨Biol⟩ *(stammesgeschichtliche) Menschwerdung, Hominisation* f
homocigo|sis *f* ⟨Gen⟩ *Homozygotie, Reinerbigkeit* f ‖ **–to** adj *homozygot, reinerbig* ‖ ~ *m Homozygote* f
homocro|mía *f* ⟨Biol⟩ *Homochromie* f ‖ **–nía** *f* ⟨Geogr Meteor⟩ *Homochronie* f
homofilia *f Homo|philie, -sexualität* f
homófilo adj *homo|phil, -sexuell* f ‖ ⟨Bot⟩ *gleichblätt(e)rig*
homo|fobia *f Homo(sexuellen)feindlichkeit* f ‖ **–fóbico** adj *homo(sexuellen)feindlich*
ho|mofonía *f* ⟨Mus Ling⟩ *Homophonie* f ‖ **–mófono** adj *homophon*
homo|geneidad *f Homogenität, Gleichartigkeit* f ‖ **–geneización** *f Homogenisierung* f ‖ **–geneizar** [z/c] vt *homogenisieren, innig (ver)mischen* ‖ **–géneo** adj *homogen, gleichartig* ‖ ⟨Math⟩ *gleichnamig* ‖ ⟨Phys Tech⟩ *gleich|förmig, -mäßig* ‖ *einheitlich*
ho|mografía *f* ⟨Ling⟩ *Homographie* f ‖ **–mógrafo** adj *homograph*
homo|logación *f gerichtliche* bzw *amtliche Bestätigung* bzw *Genehmigung* f ‖ *Annahme* f *(e–s Schiedsspruchs)* ‖ *Vollziehung* f, *Ratifizierung* f ‖ ⟨Sp⟩ *Anerkennung* f *(e–s Rekords)* ‖ *(Typ)Prüfung* f *(e–s Rennwagens usw.)* ‖ **–logar** [g/gu] vt *gerichtlich od amtlich bestätigen* bzw *genehmigen* ‖ *Titel anerkennen für verbindlich erklären* ‖ ⟨Sp⟩ *anerkennen (Rekord)* ‖ *freigeben, prüfen (Rennwagen, Motor)* ‖ **–logía** *f Homologie* f
homólogo adj *homolog, übereinstimmend* ‖ ⟨Chem Math Biol⟩ *homolog* ‖ ~ *m Amtskollege* m
homomorfismo *m* ⟨Math⟩ *Homomorphismus* m
ho|monimia *f* ⟨Ling⟩ *Gleichlaut* m, *Homonymie* f ‖ **–mónimo** adj *gleichlautend, homonym* ‖ ~ *m Homonym* n ‖ *Namensvetter* m
homoplastia *f* ⟨Med⟩ *Homo(io)plastik* f
homópteros *mpl* ⟨Ins⟩ *Pflanzensauger, Gleichflügler* mpl (Homoptera)
homo|sexual adj *(m/f)* homosexuell, *gleichgeschlechtlich* ‖ ~ *m Homosexuelle(r)* m ‖ **–sexualidad** *f Homosexualität, Gleichgeschlechtlichkeit* f ‖ **–sexualismo** *m* → **homosexualidad**
homotransplante *m* ⟨Med⟩ *Homotransplantation* f

homúnculo *m Homunkulus* m ‖ ⟨fam desp⟩
Männlein n, *Wicht, Knirps* m
hon|da *f (Stein)Schleuder* f ‖ ◇ *tirar con ~
(Stein) schleudern* ‖ **–dado** *f,* **–dazo** *m
Schleuderwurf* m ‖ **–damente** adv *tief* ‖ *heftig,
stark* ‖ *ergreifend* ‖ ~ *afligido tief betrübt*
¹hondear vi/t ⟨Mar⟩ *(aus)loten* ‖ ⟨Mar⟩
leichtern, entladen (Schiff)
△ **²hondear** vt *ausbaldowern*
hondero *m* ⟨Hist⟩ *Schleuderer* m
hon|dillos *mpl Schritt* m *e–r Hose* (→ *auch*
fondillos) ‖ **–do** adj *tief(liegend)* ‖ ⟨fig⟩ *tief,
heftig* ‖ ◆ con ~ *pesar od sentimiento mit tiefem
Bedauern* ‖ ~ *m Tiefe* f ‖ *Boden* m ‖ **–dón** *m
Boden* m (z. B. *e–s Gefäßes*) ‖ *Schlucht* f,
Hohlweg m ‖ *Nadelöhr* n ‖ *Fußraste* f bzw *Schuh*
m *(des Steigbügels)* ‖ **–donada** *f Mulde,
Niederung* f ‖ *Hohlweg* m ‖ *Schlucht* f ‖ **–dura** *f,*
–dor *m Tiefe* f ‖ **–duras** *fpl: meterse en ~ s. mit
Dingen befassen od Dinge vortragen, von denen
man nicht allzu viel versteht*
Hondu|ras *m* ⟨Geogr⟩ *Honduras* n ‖ **≈reñismo**
m Hondurismus m *(e–r nur im honduranischen
Spanisch vorkommende sprachliche Erscheinung)*
‖ adj *honduranisch* ‖ **≈reño** *m Honduraner,
Bewohner* m *von Honduras*
hones|tidad *f Anständigkeit, Ehrbarkeit,
Sittsamkeit* f ‖ *Keuschheit* f ‖ *Ehrlichkeit,
Rechtschaffenheit* f ‖ **–to** adj *anständig, ehrbar,
sittsam* ‖ *keusch, züchtig* ‖ adv: **~amente**
hongo *m*/adj ⟨Bot⟩ *Pilz* m (& fig) ‖
(Erd)Schwamm m ‖ ⟨Med⟩ *Schwamm* m ‖ ⟨figf⟩
[e–e Hutart] *Melone* f ‖ ~ *marino* ⟨Zool⟩
Seeanemone, Meernessel f ‖ ~ *nuclear* ⟨fig⟩
Atompilz m ‖ ~ *venenoso giftiger Pilz, Giftpilz* m
‖ ~ *yesquero Echter Zunderschwamm* m
(Ungulina fomentaria) ‖ ◆ *solo como un ~* ⟨figf⟩
mutterseelenallein ‖ **~s** *mpl: ~ comestibles
essbare Pilze mpl* ‖ ~ *venenosos Giftpilze* mpl ‖
◇ *crecer od darse como ~* ⟨fig⟩ *wie Pilze aus
dem Boden schießen*
honor *m Ehre* f ‖ *Ehrung,
Ehrenbezeigung* f ‖ *Auszeichnung, Würde* f ‖
Ehrenamt n ‖ *Ehrentitel* m ‖ *Ruhm* m ‖ *Ehrbarkeit*
f ‖ *Zucht, Sittsamkeit* f ‖ ⟨fig⟩ *Zier(de)* f, *Stolz* m ‖
~ *de cuerpo Standesehre* f ‖ ~ *militar soldatische
Ehre, Soldatenehre* f ‖ ◆ *en ~ de … zu Ehren …*
(gen) ‖ *en ~ de la verdad um der Wahrheit
willen, (um) der Wahrheit die Ehre zu geben* ‖ *en
el campo del ~ auf dem Felde der Ehre* ‖ ◇ *lo
considero un gran ~ ich halte es für e–e große
Ehre* ‖ *hacer ~ a su firma* ⟨fam⟩ *s–n
Verpflichtungen nachkommen* ‖ *hacer ~ al giro
den Wechsel honorieren* ‖ *pagar por ~ de alg. zu
jds Ehre zahlen (e–n Wechsel)* ‖ *es para mí un ~
ich mache mir e–e Ehre daraus* ‖ *tener a mucho
~ s–e Ehre dareinsetzen* ‖ *tengo el ~ de
presentarme ich habe die Ehre, mich vorzustellen*
‖ *¿a quién tengo el ~ de hablar? mit wem habe
ich die Ehre zu sprechen?* ‖ **~es** *mpl
Ehrenbezeigung* f ‖ *Ehrentitel* m ‖ *Salut(schießen*
n) m ‖ ~ *militares militärische Ehren* fpl ‖ ◇
*hacer los ~ de la casa die Gäste willkommen
heißen* ‖ *hicimos los ~ a la comida wir ließen
uns das Essen gut schmecken* ‖ *rendir ~ Ehre
erweisen*
honora|bilidad *f Ehrenhaftigkeit* f ‖ *Ehrbarkeit*
f ‖ **–ble** adj *(m/f) ehrenhaft* ‖ *ehrenvoll* ‖ *rühmlich*
‖ *wohlgeboren (Titel)* ‖ adv: **–mente** ‖ **–r** vt →
honrar ‖ **–rio** adj *Ehren-* ‖ *Honorar-* ‖ ~ *m
Ehrensold* m, *Honorar* n ‖ *Lohn* m ‖ **~s** *mpl
Honorar, Gehalt* n ‖ ~ *notariales
Notariatsgebühren* fpl ‖ ~ *según resultado(s)
Erfolgshonorar* n
honórem [..ren]: ad ~ ⟨lat⟩ *ehrenhalber*

honorífico adj *ehrenvoll, rühmlich* ‖ *Ehren-*
Honorio *m* np *Honorius* m
honoris causa ⟨lat⟩ *ehrenhalber, honoris causa*
(Abk: *h. c.*)
honra *f Ehre* f ‖ *Ehrgefühl* n ‖ *Ehrerbietung,
Ehrfurcht* f ‖ *Ansehen* n ‖ *Keuschheit* f ‖
Ehrbarkeit f *(e–r Frau)* ‖ *Sittsamkeit* f ‖
Gunst(bezeigung) f ‖ ◆ con ~ *mit Ehren, ehrlich*
‖ ◇ *tener algo a mucha ~ s. et. zu großer Ehre
anrechnen* ‖ *¡a mucha ~! e–e große Ehre für
mich!* ‖ *allerdings!* ‖ *ich bin stolz darauf!* ‖ **~s**
fpl: ~ fúnebres Leichengepränge n ‖ *Trauerfeier* f
‖ *Totenamt* n, *Seelenmesse* f ‖ ◇ *hacer ~ a alg.
jdm die letzte Ehre erweisen*
honra|damente adv *redlich* ‖ *anständig* ‖
ehrlich (gesagt) ‖ **–dez** [*pl* **~ces**] *f Ehrbarkeit,
Anständigkeit* f ‖ *Rechtschaffenheit, Redlichkeit* f
‖ *Biederkeit* f ‖ ◆ con ~ *bieder, redlich* ‖ **–do** adj
ehrlich, redlich ‖ *anständig* ‖ *ehrenvoll* ‖ *ehrbar* ‖
rechtschaffen ‖ *bieder* ‖ *keusch, jungfräulich* ‖ ~
a todas luces ⟨fig⟩ *sehr ehrlich, rechtschaffen*
hon|rar vt *(ver)ehren* ‖ *in Ehren halten* ‖
schätzen, achten ‖ *auszeichnen, ehren* ‖ *Ehre
machen* (a alg. jdm) ‖ ⟨Com⟩ *honorieren,
einlösen, bezahlen (Wechsel usw.)* ‖ ◇ ~ *con
confianza mit Vertrauen beehren* ‖ ~ *una letra (de
cambio) e–n Wechsel einlösen* ‖ ~ *con pedidos
mit Aufträgen beehren od bedenken* ‖ **~se** *s. e–e
Ehre machen (con aus), et. als e–e Ehre ansehen*
‖ ◇ *me honro con la amistad de Vd. Ihre
Freundschaft ehrt micht* ‖ ~ *en … s. beehren zu
…* ‖ **–rilla** *f dim von* **honra** ‖ *falsches Ehrgefühl*
n ‖ *por la negra ~* ⟨fam⟩ *aus falscher Scham* ‖
des Scheines wegen ‖ **–roso** adj *ehrenvoll,
beehrend* ‖ *würdig*
honta|na *f* ⟨lit poet⟩ *Quell(e* f) m ‖ **–nal, –nar**
m ⟨lit poet⟩ *Quell(e* f) m ‖ ⟨allg⟩ *Quellgrund* m
hooligan *m Hooligan* m
¹hopa *f* ⟨Hist⟩ *langer Leibrock* m ‖
Pilgergewand n ‖ *Armsünderhemd* n
²¡hopa! MAm → **¡hola!**
hopalanda *f* ⟨Hist⟩ *langer Talar* m *der
Hochschüler* ‖ ⟨fig⟩ *Deckmantel* m
hoparse vr *flüchten,* ⟨fam⟩ *verduften*
hopear vi *schwänzeln* (& fig)
hoplita *m* ⟨Hist⟩ *Hoplit* m *(schwerbewaffneter
Fußsoldat im alten Griechenland)*
hopo *m stark behaarter Schwanz mancher
Tiere (z. B. Fuchs)* ‖ *Haarteil* n ‖ ◇ *nos ha de
sudar el ~* ⟨figf⟩ *es wird uns noch manchen
Schweißtropfen kosten*
¹hora *f Stunde* f ‖ *Uhr* f ‖ *Zeitpunkt* m,
schickliche Zeit m ‖ ⟨Kath⟩ *Hore* f, *Stundengebet* n
‖ ~ *baja Tief-, Null|punkt* m *(Stimmung)*
Lustlosigkeit f, *mangelnder Antrieb* m ‖ ⟨reg⟩
Meile f ~ *del ángelus Abendstunde* f ‖ ~ *cero
null Uhr* ‖ *Stunde* f *Null* ‖ ~ *de cese del trabajo
Feierabend* m ‖ ~ *de cerrar el comercio
Ladenschluss* m ‖ ~ *de cierre Geschäftsschluss* m
‖ *Polizei-, Sperr|stunde* f ‖ ⟨Ztg⟩
Redaktionsschluss m ‖ ~ *crítica entscheidender
Augenblick* m ‖ ~ *de descanso Ruhezeit* f ‖ ~ *de
emisión* (Radio TV) *Sendezeit* f ‖ ~ *de Europa
Central mitteleuropäische Zeit* f *(MEZ)* ‖ ~ *fatal
Todesstunde* f ‖ ~ *de Greenwich Greenwicher
Zeit* f ‖ ~ *de invierno Winterzeit* f ‖ ~ *local
Ortszeit* f ‖ ~ *de la muerte Todesstunde* f ‖ ~
normal Normalzeit f ‖ ~ *punta Stoßzeit,
(Verkehrs)Spitze, Rush-hour* f ‖ ~ *del rezo
Betstunde* f ‖ ~ *de (la) salida* ⟨EB⟩ *Abfahrtszeit* f
‖ ~ *suprema Todesstunde* f ‖ ~ *de verano
Sommerzeit* f ‖ ~ *de la verdad Stunde* f *der
Bewährung, Stunde* f *der Wahrheit* f ‖ ⟨Taur⟩
(das) Töten des Stieres ‖ *cada ~ immer,
fortwährend* ‖ ◆ *a la ~ augenblicklich, sogleich* ‖

pünktlich ‖ a la ~ *de ahora* ⟨fam⟩ *in diesem Augenblick, jetzt* ‖ a buena ~ *zur rechten Zeit* ‖ *bald* ‖ ⟨iron⟩ *zur Unzeit* ‖ ⟨fam⟩ *meinetwegen!* ‖ ¡a buena ~ *mangas verdes!* ⟨figf⟩ *die Gelegenheit ist schon verpasst!* ‖ a última ~ *im letzten Augenblick, zuletzt* ‖ *schließlich* ‖ en su ~ *zu s–r Zeit, zu gegebener Zeit* ‖ en ~ buena, en buen(a) ~, a la buena ~ *glücklich, in Gottes Namen* ‖ ¡en buen(a) ~! *meinethalben! von mir aus!* ‖ ¡en buena ~ lo digo!* ⟨fam⟩ *unberufen!* ‖ hasta esta ~ *bis zur Stunde* ‖ cien kilómetros por ~ *100 km pro Stunde* ‖ ◇ dar ~ *e–e Frist setzen* ‖ dar la ~ *schlagen (Uhr)* ‖ ⟨fig⟩ *vortrefflich sein* ‖ no darle la ~ a alg. *Arg jdn links liegen lassen* ‖ hacer ~ *die Zeit zu vertreiben suchen* ‖ ¡ya es ~! *es ist schon Zeit!* ‖ tener ~ con alg. *mit jdm e–n Termin haben* ‖ trabajar a tanto por ~ *für Stundenlohn arbeiten* ‖ ¡vaya Vd. en ~ mala! *gehen Sie zum Teufel!* ‖ ¿qué ~ es? *wieviel Uhr ist es?* ‖ ~s *fpl stündliche Gebete* npl, *Horen* fpl ‖ (libro de) ~ *Stunden-, Gebet|buch* n ‖ ~ de afluencia *Hauptgeschäftszeit* f ‖ *Hauptverkehrszeit, Rush-hour* f ‖ ~ concertadas *(vereinbarte) Termine* mpl ‖ ~ de consulta *Sprechstunden* fpl ‖ ~ de descanso *Mußestunden* fpl ‖ ~ desocupadas *Freistunden* fpl ‖ *Muße-, Frei|zeit* f ‖ ~ de despacho *Amts-, bzw Geschäfts|zeit* f ‖ *Geschäftsstunden* fpl ‖ ~ extraordinarias ⟨fam extra⟩ *Überstunden* fpl ‖ ~ muertas *leere Stunden* fpl ‖ *Mußestunden* fpl ‖ ~ de ocio *Mußestunden* fpl ‖ *Freizeit* f ‖ ~ punta *Stoßzeiten* fpl ‖ ~ de recibir *Empfangsstunden* fpl ‖ *Sprechstunden* fpl *(des Arztes usw.)* ‖ ~ de servicio *Betriebsstunden* fpl ‖ *Amtsstunden* fpl ‖ ~ de trabajo *Arbeitszeit* f ‖ ~ de ventanilla de ... *Publikumsverkehr von ... bis ...* ‖ ~ de visita *Besuchszeit* f ‖ las cuarenta ~ *das vierzigstündige Gebet* ‖ ◆ a ~ avanzadas *(od a altas* ~*) de la noche spät in der Nacht* ‖ a todas ~, de ~ a ~ *fortwährend, zu jeder Zeit* ‖ cada tres ~ *dreistündlich* ‖ entre ~ *zwischendurch, zwischen zwei Mahlzeiten* ‖ por ~ *unaufhörlich* ‖ *zusehends* ‖ *nach Zeit (Arbeit)* ‖ *stundenweise* ‖ a estas ~ ⟨fig⟩ *zur Zeit, jetzt* ‖ *im Augenblick* ‖ tiene sus ~ contadas ⟨fig⟩ *s–e Stunden od Tage sind gezählt*

²hora adv → **ahora** ‖ **ora**

hora|ciano adj *horazisch* ‖ **≈cio** m np *Horaz* m

hora|dar vi *durchlöchern* ‖ *lochen* ‖ *durchbohren* ‖ **–do** m *Loch* n ‖ *Höhle* f

horario adj *stündlich, Stunden-* ‖ ~ m *Stundenzeiger* m *(an der Uhr)* ‖ *Uhr* f ‖ *Stundenplan* m ‖ *Arbeitsplan* m ‖ *Fahrplan* m ‖ *Gebetbuch* n ‖ ~ aéreo *Flugplan* m ‖ ~ de clases ⟨Sch⟩ *Stundenplan* m ‖ ~ comercial *Geschäftszeiten* fpl ‖ ~ de comida *Essenszeiten* fpl ‖ ~ continuo *durchgehende Arbeitszeit* f ‖ ~ escolar → ~ de clases ‖ ~ flexible *gleitende Arbeitszeit* f ‖ ~ intensivo *durchgehende Arbeitszeit, Sommerarbeitszeit* f ‖ ~ de invierno ⟨EB⟩ *Winterfahrplan* m ‖ ~ de verano ⟨EB⟩ *Sommerfahrplan* m

Horas fpl ⟨Myth⟩ *Horen* fpl

horca m *Galgen* m ‖ *Stroh-, Heu|gabel* f ‖ *Zopf* m *(Zwiebel usw.)* ‖ ~ pajera ⟨Agr⟩ *Strohgabel* ‖ ◇ tener ~ y cuchillo ⟨Hist⟩ *Recht über Leben und Tod haben* ‖ ⟨figf⟩ *autoritär führen*

horcadura f *Gabelung* f ‖ *Abzweigung* f ‖ *Verästelung* f

horcaja|das: a ~, a ~ **–dillas** adv *rittlings* ‖ **–dura** f *Ansatzwinkel* m *der Muskeln* ‖ ◇ poner a uno la mano en la ~ ⟨figf⟩ *jdn von oben herab behandeln*

horcajo m *Gabeljoch* n ‖ *Gabel* f *(am Trottbalken der Ölmühle)* ‖ ⟨fig⟩ *Zusammenfluss* m *zweier Flüsse* ‖ *Vereinigung* f *zweier Berge*

horcha|ta f *ein Erfrischungsgetränk (aus Erdmandeln, Mandeln, Wassermelonenkernen usw.)* ‖ ~ de almendras *Mandelmilch* f ‖ ~ de chufa *Erdmandelmilch* f ‖ **–tería** f *Trinkhalle* f *(, in der horchata ausgeschenkt wird)* ‖ **–tero** m *Verkäufer* m *von* horchata

horco m *Zopf* m *(Zwiebel usw.)*

horcón m augm von **–ca**

horda f *Horde* f ‖ *Bande* f ‖ *Schar* f

hor|diate m *geschältes Gerstenkorn* n ‖ *Getränk* n *aus Gerste* ‖ **–dio** m Ar *Gerste* f (→ **cebada**)

horita f dim von ¹**hora** ‖ *Stündchen* n ‖ adv Am ⟨reg⟩: ~ mismo *jetzt, sofort*

horizon|tal adj *(m/f)* horizontal, waag(e)recht ‖ ⟨Mar⟩ *wasserpass* ‖ ~ f *Horizontale, Waag(e)rechte* f ‖ ⟨fig⟩ *Halbweltdame* f, ⟨pop⟩ e–e vom horizontalen Gewerbe ‖ **–talidad** f *waag(e)rechte Lage* f ‖ *Horizontalität* f ‖ **–te** m *Gesichtskreis, Horizont* m ‖ ⟨fig⟩ *Bildungskreis* m, *Denkweite* f ‖ ⟨Flugw⟩ *Horizont(kreisel)* m ‖ ⟨Geol⟩ *Schicht* f ‖ *Horizont* m ‖ ~ artificial ⟨Astr Mar Flugw⟩ *künstlicher Horizont* m ‖ ~ visual *Sehkreis* m ‖ ◆ de reducidos ~s, de estrechos ~s *von engem geistigem Bereich* ‖ *engstirnig* ‖ ◇ el ~ de sus conocimientos es muy limitado *s–e (ihre) Kenntnisse sind sehr beschränkt*

horma f *Form* f ‖ *Hutform, Kuppe* f ‖ *Leisten* m, *Schuhform* f ‖ *Schuhspanner* m ‖ *Wand* f *(aus Trockenmauerwerk)* ‖ Am *Hutzuckerform* f ‖ ◇ hallar la ~ de su zapato ⟨fam⟩ *s–n Mann finden; bekommen, was man sucht* ‖ *s–n Meister finden* ‖ meter *od* poner en (la) ~ *auf den Leisten schlagen od spannen* ‖ **–zo** m *Steinhaufen* m ‖ *Wand* f *aus Trockenmauerwerk*

hormiga f ⟨Ins⟩ *Ameise* f ‖ ⟨Med⟩ *Ameisenlaufen* n ‖ ~ alada *geflügelte Ameise* f ‖ ~ amazona *Amazonameise* f (Polyergus rufescens) ‖ ~ argentina *Argentinische Ameise* f (Iridomyrmex humilis) ‖ ~ aniera Am → cortahojas ‖ ~ blanca ⟨fam⟩ *Termite* f ‖ ~ busilera → ~ de miel ‖ ~ cortahojas *Blattschneiderameise* f (Atta sexdens) ‖ ~ cosechadora *Ernteameise* f (Messor spp) ‖ ~ león *Ameisen|jungfer* f, -*löwe* m (Myrmeleon formicarius) ‖ ~ de miel Mex *Honig(topf)ameise* f (Myrmecocystus horti-deorum) ‖ ~ obrera *Ameisenarbeiterin* f ‖ ~ recolectora de granos → ~ cosechadora ‖ ~ reina *Ameisenkönigin* f ‖ ~ roja *Rote Waldameise* f (Formica rufa) ‖ ~ soldado *Ameisensoldat* m ‖ ◇ ser una ~ ⟨fig⟩ *emsig, geschäftig, rührig, bienenhaft sein*

¹**hormigón** m *Beton* m ‖ ~ armado *Stahlbeton* m ‖ ~ de asfalto *Asphaltbeton* m ‖ ~ celular *Porenbeton* m ‖ ~ de cemento *Zementbeton* m ‖ ~ hidráulico *Wasserbau-, Unterwasser|beton* m ‖ ~ ligero, ~ liviano *Leichtbeton* m ‖ ~ magro *Magerbeton* m ‖ ~ (pre)tensado *Spannbeton* m ‖ ~ tipo *Regelbeton* m

²**hormigón** m *Wurzelfraß* m *(Pflanzenkrankheit)*

³**hormigón** m ⟨fam⟩ augm von **hormiga** ‖ *große Ameise, Riesenameise* f

hormigo|nado m *Betonierung* f ‖ **–nar** vt *betonieren* ‖ **–nera** f *Beton|mischer* m, *-mischmaschine* f ‖ ~ (auto)móvil *Transportmischer* m

hormi|guear vi *kribbeln, jucken* ‖ ⟨fig⟩ *wimmeln* ‖ *reichlich vorkommen* ‖ **–güela, –guilla, –guita** f dim von **hormiga** ‖ **–gueo** m *Kribbeln, Jucken, Ameisenlaufen* n ‖ *Wimmeln, Gewimmel* n ‖ ⟨fig⟩ *Menschengewimmel* n ‖ ⟨fig⟩ *innere Unruhe* f ‖ **–guero** adj *Ameisen-* ‖ ~ m *Ameisenhaufen* m ‖ *Ameisenstaat* m ‖ ⟨fig⟩

Menschengewimmel n ‖ **–guilla** *f* dim von
hormiga ‖ *(Haut)Jucken* n ‖ **–guillo** *m*
(Haut)Jucken n ‖ *(Huf)Grind* m *(der Pferde)* ‖
⟨fig⟩ *Kette* f *von Arbeitern, die s. Baumaterial*
o. ä. weiterreichen ‖ ◇ tener ~ ⟨fam⟩ *kribb(e)lig*
sein ‖ **–guita** *f* dim von **hormiga** ‖ ⟨fig⟩ *emsige*
Person f
    hor|mona *f* ⟨Med⟩ *Hormon* n ‖ ~ *del*
crecimiento Wachstumshormon, Somatotropin n ‖
~ *folicular Follikelhormon* n ‖ ~ *hipofisaria*
Hypophysenhormon n ‖ ~ *ovárica Ovarialhormon*
n ‖ ~*social* ⟨Ins⟩ *Soziohormon* n *(bei*
staatenbildenden Insekten) ‖ ~ *somatotropa*
somatotropes Hormon, Somatotropin n ‖ ~
tiroidea Schilddrüsenhormon n ‖ ~s *sexuales*
Geschlechtshormone npl ‖ **–monal** adj *(m/f)*
hormo|nal, -nell ‖ **–monoterapia** *f* ⟨Med⟩
Hormontherapie f
    hor(a)blenda *f* ⟨Min⟩ *Hornblende* f
    horna|cina *f* ⟨Arch⟩ *bogenförmige*
(Mauer)Nische f ‖ **–cho** *m (Sand)Grube* f
    hornada *f Ofenladung, Gicht* f, *Backofenvoll,*
Satz m ‖ *Brot* n ‖ *Brand* m, *Brennzeit* f *(Keramik)*
‖ ⟨fig⟩ *Ernennung* f *in Masse, Schub* m ‖ ⟨fig⟩
Menge f ‖ ⟨fig⟩ *Jahrgang* m
    hornaguera *f Steinkohle* f
    hornaje *m* Rioja *Backgeld* n
    horna|za *f Schmiedesse* f ‖ *kleiner*
Werkstattofen m *(der [Silber]Schmiede)* ‖ *gelbe*
Töpferglasur f ‖ **–zo** *m* augm von **horno** ‖
Osterkuchen m
    hornear vi *backen, Bäcker sein*
    ¹hornero *m Bäcker* m ‖ *Einschieber* m *(in der*
Backstube)
    ²hornero *m* ⟨V⟩ *Töpfervogel* m (Furnarius
rufus u. a.)
    hor|nilla *f Küchen-, Bratofen* m ‖ *Ofen-,*
Herd|loch n ‖ *Wärmeofen* m *in e–m Speisesaal* ‖
Nistloch n *(im Taubenschlag)* ‖ **–nillo** *m* dim von
–no ‖ *kleiner (Back)Ofen* m ‖ *Koch|platte* f bzw
-herd m ‖ *Kocher* m ‖ *Pfeifenkopf* m ‖ ⟨Mil⟩
Sprengladung f ‖ ~ *de alcohol Spirituskocher* m ‖
~ *eléctrico elektrischer Wärmeofen* m ‖
elektrische Kochplatte f ‖ *elektrischer Kocher* m ‖
~ *de gas Gaskocher* m ‖ *kleiner Ofen* m ‖ ⟨Mil⟩
Sprengladung f ‖ ~ *de la mina* ⟨Mil⟩
Minenkammer f
    hornito *m* Mex ⟨Geol⟩ *Hornito* m
(Ausbruchskegel auf Lavaströmen)
    horno *m Ofen* m ‖ *Back-, Küchen|ofen* m ‖
Brenn-, Ziegel|ofen m ‖ *Back-, Brat|ofen* m ‖ *Herd*
m ‖ *Bratröhre* f ‖ *Kohlenmeiler* m ‖ Ar
Bäckerladen m ‖ ~ *de afino Frischherd* m ‖ alto
~ *Hochofen* m ‖ ~ *de basura*
Müllverbrennungsofen m ‖ ~ *de calcinar*
Glühofen m ‖ ~ *circular Ringofen* m ‖ ~
continuo Durchlaufofen m ‖ ~ *crematorio*
Einäscherungs-, Verbrennungs-,
Krematoriums|ofen m ‖ ~ *de crisol Tiegelofen* m
‖ ~ *de cuba Schachtofen* m ‖ ~ *de cúpula*
Kupolofen m ‖ ~ *eléctrico Elektroofen* m ‖ ~ *de*
esmaltar Emaillierofen m ‖ ~ *de fusión*
Schmelzofen m ‖ ~ *de incubar Brutofen* m ‖ ~
Martin *SM-Ofen* m ‖ ~ *(de) microondas*
Mikrowellenherd m ‖ ~ *de panadero,* ~ *de*
panificación Backofen m ‖ ~ *de recocido,* ~ *de*
recocer Einsatz-, Glüh|ofen m ‖ ~ *de reverbero*
Flammofen m ‖ ~ *de sangría Stichofen* m ‖ ~ *de*
secado od secar Trockenofen m ‖ ~ Siemens-
Martin *SM-Ofen* m ‖ ~ *de solera Herdofen* m ‖ ~
tubular Rohrofen m ‖ ◇ *no está el* ~ *para bollos*
(dazu gelegentlich: ni la madera para hacer
cucharas) ⟨figf⟩ *jetzt ist nicht der richtige*
Augenblick dafür!
    horóscopo *m Horoskop* n ‖ *Sterndeuter* m ‖ ◇

hacer el ~ *de od* a alg. *jdm das* ~ *stellen* ‖ p. ex
(jdm) die Zukunft weissagen
    horque|ta *f* dim von **horca** ‖ *Gabelstütze* f *(der*
Obstbäume) ‖ *Astgabelung* f ‖ *Heu-,*
Getreide|gabel f ‖ Chi *Rechen* m ‖ Arg
Flusswinkel m ‖ **–tada** *f e–e Gabelvoll* f
    horquilla *f* dim von **horca** ‖ *(zweizinkige)*
Heugabel f ‖ *Gabel* f *am Fahrrad* ‖ ⟨Tel⟩ *Gabel* f
‖ ⟨Mar⟩ *Dolle* f ‖ ⟨Agr⟩ *Gabel, Forke* f ‖ ⟨Uhrm⟩
Gabel f ‖ *Haarnadel* f *(der Frauen)* ‖
Wagendeichsel f ‖ ⟨Med⟩ *Zungenheber* m ‖
Stimmgabel f ‖ ~ *de cola (Flugw) Schwanzgabel*
f ‖ ~ *de paratramas* ⟨Text⟩ *Abstellergabel* f ‖ ~
de presión ⟨Mil⟩ *Druckgabel f (Panzer)* ‖ ~ *de*
tocador Haarnadel f ⟨Mil⟩ *Gabelschießen* n
    horrar vt Am ⟨pop⟩ → **ahorrar**
    horrendo adj *entsetzlich, schrecklich,*
fürchterlich, monströs ‖ *unerhört* ‖ *ungeheuer*
(groß), immens ‖ ⟨fam⟩ *fabelhaft, kolossal*
    hórreo *m* ⟨Agr⟩ *Korn|boden* m, *-kammer* f ‖
Ast Gal *Kornhaus* n *auf Pfeilern*
    horri|ble adj *(m/f)* sup **–bilísimo** adj →
horrendo ‖ adv **~mente**
    hórrido, horrífico adj → **horrendo**
    horripi|lación *f Haarsträuben* n ‖ ⟨Med⟩
Kälteschauer, Schauder m *(bei Fieber)* ‖ ⟨fig⟩
Schaudern n ‖ **–lante** adj *(m/f), haarsträubend,*
himmelschreiend ‖ ⟨fig⟩ *schauerlich, schaurig,*
gruselig, gräulich, entsetzlich ‖ **–lar** vt *die Haare*
sträuben (a alg. *jdm*) ‖ ⟨fig⟩ *schaudern machen,*
mit Entsetzen erfüllen, ⟨fig⟩ *die Haare zu Berge*
stehen lassen (a alg. *jdm*) ‖ **~se** ⟨fig⟩ *schaudern,*
erschauern, gruseln
    horrísono adj ⟨poet⟩ *furchtbar tönend,*
schaurig hallend
    horro adj *freigelassen (Sklave)* ‖ *befreit* ‖ *frei,*
ungehindert ‖ *unbeladen, leer* ‖ *schal (billiger*
Tabak) ‖ *sorgenfrei*
    horror *m Grauen, Entsetzen* n, *Schauder* m ‖
Schrecken m ‖ *Gräß-, Entsetz-, Scheuß|lichkeit* f ‖
Abscheu (de *vor* dat), *Widerwille* m *(gegen)* ‖
Ruchlosigkeit, Bosheit f ‖ *Scheusal* n ‖ ⟨poet⟩
Graus m ‖ ¡~! *pfui!* ‖ ¡*un* ~! ⟨fam⟩ *schrecklich*
viel! ‖ ¡*qué* ~! *wie schrecklich!* ‖ ◇ *causar* ~
Abscheu, Schrecken erregen ‖ *me da* ~ *das ist*
mir ein Gräuel ‖ *divertirse* ~es *s. prächtig*
amüsieren ‖ *me gusta un* ~ *es gefällt mir ganz*
toll ‖ *hace un* ~ *de frío* ⟨fam⟩ *es ist bitter kalt* ‖
ella tiene un ~ *de dinero* ⟨fam⟩ *sie ist steinreich,*
⟨fam⟩ *sie hat Geld wie Heu* ‖ ~es mpl
Gräueltaten fpl, *Gräuel* mpl ‖ ◇ *contar* ~
Schauderhaftes berichten
    horro|rizar [z/c] vt *mit Schrecken, Entsetzen*
erfüllen ‖ *schaudern machen* ‖ **~se** *s. entsetzen*
(de, con *über* acc) ‖ **–roso** adj *entsetzlich,*
grässlich ‖ ⟨fam⟩ *abstoßend* ‖ → auch **horrendo**
    horrura *f Schmutz, Unrat* m ‖ *(Bau)Schutt* m ‖
⟨fig⟩ *Schund* m
    horst *m* ⟨Geol⟩ *Horst* m
    hortaliza *f grüne Gemüse* npl, *Grünzeug* n
    hortecillo *m* dim von **huerto**
    ¹hortelano adj *Garten(land)-* ‖ ~ *m Gärtner*
m
    ²hortelano *m* ⟨V⟩ *Gartenammer* f, *Ortolan* m
(Emberiza hortulana)
    hortense adj *(m/f) Garten-*
    hortensia *f* ⟨Bot⟩ *Hortensie* f (Hydrangea spp)
    Hortensia *f* np *Hortensia* f
    ¹hortera adj *plump, geschmacklos* ‖ *kitschig*
    ²hortera *m* ⟨fam desp⟩ *Ladenschwengel* m
    ³hortera *f hölzerner Suppennapf* m
    horte|rada *f,* **–rismo** *m Geschmacklosigkeit* f ‖
Stillosigkeit f
    hortícola adj *(m/f) Garten(bau)-*
    horticul|tor *m Obst-, Gemüse|gärtner* m ‖

Handelsgärtner m || **–tura** *f Gartenbau* m || *Kunstgärtnerei* f || *Handelsgärtnerei* f
hortofrutícola adj *Obst- und Garten-*
H.ᵒˢ ⟨Abk⟩ = **Hermanos**
hosanna *m Hosianna* n *(Lobgesang)* || ◇
cantar el ~ *jubeln, frohlocken, Hosianna singen* ||
¡~! *Hosianna! (Freudenruf)*
hosco adj *dunkelbraun, schwärzlich* || *düster, finster* || *mürrisch*
¡hospa! int Sant *weg von hier!*
hospe|daje *m Aufnahme und Bewirtung* f || *Beherbergung* f || *Unterkunft und Verpflegung* f || *Herberge* f || *Kostgeld* n || **–dar** vt *be|wirten, -herbergen* || *unterbringen* || **~se** *s. einquartieren, logieren* || *absteigen (in e–m Hotel usw.)* (& vt) || **–dera** *f Wirtin* f || **–dería** *f Herberge* f || *Gast-, Fremden|zimmer* n || *Einquartierung, Bewirtung* f || *Gastzimmer* npl *(in Klöstern)* || **–dero** *m (Haus)Wirt* m || *Gastfreund* m
hospi|ciano, Col Mex **–ciante** *m Armenhäusler* m || *Waisenkind* n || **–cio** *m Versorgungshaus* n, *Verpflegeanstalt* f || *Armenhaus* n || *Waisenhaus* n
hospital *m Krankenhaus, Hospital,* Schw *Spital* n || *Herberge* f, *Armenhaus* n || ~ ambulante* →* ~ *de sangre* || ~ *clínico Klinik* f || ~ *de incurables Pflegeheim* n || ~ *militar* → *de sangre* || ~ *municipal städtisches Krankenhaus* n || *Gemeindekrankenhaus* n || ~ *provincial Landeskrankenhaus* n || ~ *de sangre* ⟨Mil⟩ *Feldlazarett* n || ~ *universitario Universitätsklinik* f || ◇ estar hecho un ~ ⟨figf⟩ *zahlreiche Krankheiten haben*
hospita|lario adj *gast|frei, -freundlich, gastlich* || *Krankenhaus-* || **–lero** *m Krankenhausverwalter* m || **–licio** adj *gastfreundlich* || **–lidad** *f Gastfreundschaft* f || *gastliche Aufnahme* f || **–lismo** *m* ⟨Med⟩ *Hospitalismus* m || **–lización** *f Einweisung* bzw *Aufnahme* f *in ein Krankenhaus* || *Krankenhaus|aufenthalt* m bzw *-behandlung* f || **–lizar** [z/c] vt *in ein Krankenhaus einweisen* (bzw *einliefern* bzw *aufnehmen*)
hospodar *m* ⟨Hist⟩ *Hospodar* m *(ehemals Titel der Fürsten der Moldau und der Walachei)*
hosquedad *f düsteres* (bzw *mürrisches*) *Wesen* n
hostal *m Wirtshaus* n || *Gasthof* m || *rustikales Restaurant* n
hostal-residencia *m Hotel garni* n || *Pension* f
hoste|lería *f Hotel- und Gaststätten|gewerbe* n || *Hotellerie* f || **–lero** adj *Gaststätten-* || ~ *m (Gast)Wirt* m || *Wirtshausbesitzer* m || **–ría** *f Gasthaus* f
hostia *f Hostie* f, *Weihbrot* n || *Oblate* f || *Zuckeroblate* f || ~ *consagrada geweihte Hostie* f || mala ~ ⟨vulg⟩ *üble Laune* f || ni ~ ⟨vulg⟩ *ganz und gar nichts* || ¿qué ~ …? ⟨vulg⟩ *was zum Teufel …?* || ◆ a toda ~ ⟨vulg⟩ *mit affenartiger Geschwindigkeit* || de la ~ ⟨vulg⟩ *abzulehnend, schlecht* || *toll, unglaublich, fantastisch* || ◇ estar de mala ~ ⟨vulg⟩ *übel gelaunt sein* || hinchar a ~s ⟨vulg⟩ *verprügeln* || repartir ~s ⟨vulg⟩ *Schläge austeilen* || salir echando ~s ⟨vulg⟩ *blitzartig verschwinden* || ¡esto es la ~! ⟨vulg⟩ *das ist (aber) die Höhe!* || **–rio** *m Hostienbehälter* m *(für nichtgeweihte Hostien)*
hostión *m* ⟨vulg⟩ *Faustschlag* m
hosti|gador *m/adj Züchtiger* m || *Neckende(r)* m || **–gamiento** *m Quälerei, Plage* f || *Züchtigung* f || *Störung* f || ⟨Mil⟩ *Feuerüberfall* m || **–gar** [g/gu] vt *züchtigen, strafen* || ⟨fig⟩ *necken reizen,* ⟨fig⟩ *quälen, belästigen, plagen* || ⟨fig⟩ *ärgern* || ⟨fig⟩ *mit Worten angreifen* || ⟨Mil⟩ *stören, mit Störfeuer belegen*
hos|til adj *(m/f) feindlich* || *feindselig* || **–tilidad** *f Feind|seligkeit, -schaft* f || **~es** *fpl*

Feindseligkeiten, Kampfhandlungen fpl || ◇ romper, suspender las ~ *die Feindseligkeiten eröffnen, einstellen* || **–tilizar** [z/c] vt *an-, be|feinden*
hostilmente adv *auf feindliche Art*
hotel *m Hotel* n || *Villa* f || *vornehmes Privathaus* n || ~*-escuela Hotelfachschule* f || ~ *flotante Botel* n || ~ *de primer orden Hotel* n *ersten Ranges* || ~ *reja* ⟨pop⟩ *Gefängnis* n
hotel-apartamento *m Appart(ement)hotel* n
hote|lería *f Hotel- und Gaststätten|gewerbe* n || **–lero** *m Hotelbesitzer, Hotelier* m || **–lito** *m dim von* **hotel** || *kleines Hotel* n || *kleine Villa* f
hotel-residencia *m Hotel* n *garni*
hotelucho *m* ⟨desp⟩ *schäbiges Hotel* n
hotentotes *mpl/adj Hottentotten* mpl
hot-line *f* ⟨Inform⟩ *Hotline* f
hoto *m:* en ~ *im Vertrauen*
hovawart *m* [Hund] *Hovawart* m
hove *m* Al *Buchecker* f *(→* **hayuco**)
hover|craft, –foil *m Luftkissenboot* n
hoy adv *heute* || *heutzutage* || *jetzt* || ~ *día,* ~ *en día heute* || *heutzutage* || ~ *mismo noch heute, heute noch* || ~ *por* ~ *gegenwärtig, (bis) jetzt* || *vorläufig* || por ~ *vorläufig* || *einstweilen* || ~ *por mí, mañana por ti (fam) e–e Hand wäscht die andere* || de ~ *a mañana von heute auf morgen* || *demnächst* || de ~ *en adelante von heute an, künftig* || de ~ *en quince días heute über vierzehn Tage* || desde ~ *von heute, von nun an* || hasta ~ *bis heute* || *bis jetzt* || sin más por ~ *ohne weiteres für heute (Briefschluss)* || con fecha de ~ *vom heutigen Tag(e), heutig* || mi carta de ~ *mein heutiger Brief* m || por el correo de ~ *mit heutiger Post*
hoya *f Grube* f || *Grab* n || *eingeschlossene Ebene* f *(von Bergen umgeben)* || ⟨Agr⟩ *(Treib)Beet* n
ho|yada *f Untiefe* f || *Niederung* f || **–yanca** ⟨fam⟩ *Massengrab* n
ho|yito *m dim von* **hoyo** || **–yo** *m Grube* f, *ausgegrabenes Loch* n || *Vertiefung* f || *Grab* n, *Gruft* f || *Grübchen* n *(in der Wange)* || *Blatternarbe* f || ◇ mandar al ~ ⟨pop⟩ *totschlagen, abmurksen* || **–yoso** adj *pockennarbig (Gesicht)* || **–yuela** *f dim von* **hoyo** || *Grübchen* n *(in der Wange, im Kinn)* || *Halsgrube* f || *Grübchenspiel* n *(der Kinder)*
¹hoz [*pl* **–ces**] *f Sichel* f || ◆ de ~ y de coz ⟨pop⟩ *rücksichtslos* || *mir nichts, dir nichts* || la ~ y el martillo *Hammer und Sichel (Symbol des Kommunismus)* || ⟨fig⟩ *Kommunismus* m
²hoz [*pl* **–ces**] *f Bergenge* f, *Engpass* f || *Klamm* f
hozar [z/c] vt *mit dem Rüssel aufwühlen (Schwein usw.)* || ~ vi *in der Erde wühlen* || ⟨fig⟩ *s. suhlen*
HP, H.P. ⟨Abk⟩ = **caballo(s) de vapor**
HR ⟨Abk⟩ = **hotel-residencia**
Hs ⟨Abk⟩ = **hostal**
HsR ⟨Abk⟩ = **hostal-residencia**
¡hu! int *hu!*
hua- → *auch* **gua-**
△ **hua** *f Rauch* m
huacal *m* Mex *Kiste* f, *Kasten* m
huacalón *m/adj* Mex *Dickwanst* m || Mex *Schreihals* m
huacatay *m* Am ⟨Bot⟩ *Sammer-, Hoffahrts|blume* f *(Tagetes spp)*
huachache *m* ⟨Ins⟩ *Stechmücke* f
huacha|fería *f Kitsch, Kitschigkeit, Lächerlichkeit* f || **–fo, –foso** adj Pe *kitschig, lächerlich*
huachar vi Ec ⟨Agr⟩ *pflügen* m *(Acker)Furche* f
¹huacho *m* ⟨Agr⟩ *(Acker)Furche* f

²huacho m Chi *uneheliches Kind* n
huacio m Pe *starker Steinschlag* m
huahua m/f Ec Pe *Kind* n ‖ *Säugling* m
huambra m Ec Pe *Junge* m
huanaco m → **guanaco**
huapango m Mex *Huapango* m *(mex. Tanz)*
huaraches mpl Mex *(einfache) Sandalen* fpl
huarmi f Ec *arbeitsame Frau* f
huasca f Bol Pe *Peitsche* f
Huáscar m Chi *Wasserwerfer* m
huaso m Chi *Landmann, Viehwirt* m
hubo → **¹haber**
hucha f *(irdene) Sparbüchse* f ‖ *Sammelbüchse*
f ‖ ⟨fig⟩ *Ersparnisse* fpl
¹huebra f ⟨Agr⟩ *Tagewerk* n ‖ *Brachfeld* n
△ **²huebra** f *Spiel* n *Karten*
hueco adj *hohl* ‖ *leer (& fig)* ‖ *locker,*
schwammig (Erdboden) ‖ *(weit)bauschig (Kleid,*
Ärmel) ‖ ⟨fig⟩ *eitel, aufgeblasen* ‖ *geziert,*
geschmacklos (Stil) ‖ *hohlklingend, hallend*
(Stimme) ‖ ◇ ponerse ~ *s. bauschen* ‖ *s.*
aufblähen ‖ hablar ~ *in gebieterischem Ton reden*
‖ ~ m *Loch* n, *Öffnung* f ‖ *Vertiefung* f ‖ *Lücke* f ‖
Zwischenraum m ‖ *Aushöhlung* f, *Hohlraum* m ‖
⟨StV⟩ *Parklücke* f ‖ ⟨Arch⟩ *Nische* f ‖
Treppenschacht m ‖ *Fahrschacht* m *(Aufzug)* ‖
⟨Tech Typ⟩ *Aussparung* f ‖ ⟨Bgb⟩ *abgebaute*
Stelle f ‖ el ~ de la mano *die hohle Hand* f ‖ ~
en el mercado *Marktlücke* f ‖ ◇ llenar un ~ ⟨fig⟩
e–e Lücke schließen
huecograbado m ⟨Typ⟩ *Tiefdruck* m
huehuete m Guat *Geck* m
huele∣braguetas m ⟨vulg⟩ *Privatdetektiv* m ‖
–flor m PR *Einfaltspinsel* m ‖ **–guisos** m Pe
Zechpreller m
huelga f *Streik, Ausstand* m ‖ *Ruheplatz* m ‖
Ruhe, Erholung f *(von der Arbeit)* ‖ *Ausruhen,*
Feiern n ‖ ~ de advertencia *Warnstreik* m ‖ ~ de
brazos caídos Sitzstreik m ‖ ~ de celo
Bummelstreik m ‖ ~ espontánea *wilder Streik* m ‖
~ ferroviaria *Eisenbahnerstreik* m ‖ ~ general
Generalstreik m ‖ ~ del hambre *Hungerstreik* m ‖
~ patronal *Aussperrung* f ‖ ~ portuaria
Hafenstreik m ‖ ~ salvaje *wilder Streik* m ‖ ~ de
solidaridad Solidaritätsstreik m ‖ ◇ declararse en
~ *streiken, in den Ausstand treten* ‖ romper la ~
den Streik brechen
huelgo m *(Morgen)Luft* f, *Wind* m ‖ *Fuge,*
Lücke f ‖ *Spielraum* m ‖ *Spiel* n ‖ ◇ tomar ~
Atem holen, ausruhen
huel∣guista m/f *Streikende(r* m) f ‖ **–guístico**
adj *Streik-*
Huelva f [Stadt und Provinz in Spanien]
Huelva n ‖ ⁼**veño** adj/s *aus Huelva* ‖ *auf Huelva*
bezüglich
hue∣lla f *Spur, Fährte* f, *Fußtritt* m,
Fuß(s)tapfe f, *Fuß(s)tapfen* m ‖ ⟨fig⟩ *Spur* f ‖
Abdruck m ‖ *Einkerbung* f ‖ *Delle* f ‖ *Trittstufe* f ‖
~ dactilar, ~ digital *Fingerabdruck* m ‖ ~
genética genetischer Fingerabdruck m ‖ ni ~ de
ello *k–e Spur davon* ‖ seguir las ~s de alg. ⟨fig⟩
in jds Fuß(s)tapfen treten ‖ ⟨fig⟩ *jdn verfolgen* ‖
–llo m *Wegspur* f ‖ *Sohlenplatte* f *(des Hufes)*
huemul m Arg Chi ⟨Zool⟩ *Huemul* m
(Hippocamelus bisulcus)
huérfano adj *verwaist* ‖ ⟨fig⟩ *schutzlos* ‖ ~ de
valor ⟨poet⟩ *mutlos* ‖ ~ m *Waise* f, *Waisenkind* n,
-knabe m ‖ Chi *Findelkind* n ‖ ~ de padre
(madre) vaterlose (mutterlose) Waise, Halbwaise f
‖ ~ de padre y madre *Vollwaise* f ‖ quedar ~
verwaisen
huero adj *unbefruchtet (Ei)* ‖ ⟨fig⟩ *leer,*
gehaltlos, schal ‖ Am *faul (Ei)*
huer∣ta f *eingehegter Frucht-, Nutz∣garten* m ‖
großer Gemüsegarten m ‖ Val Murc Ar

bewässertes Obst- und Gemüse∣land n ‖ ‖ ~
naranjera Apfelsinenanbaugebiet n ‖ la ~ de
Valencia das fruchtbare Obstland um Valencia ‖
–tano m/adj *Bewohner* m *e–r Huerta* ‖
Gemüsebauer m
huerte∣cilla, –cita, –zuela f dim von **huerta**
huerto m *ummauerter (Obst)Garten, Gemüse-,*
Baum∣garten m ‖ ~ pensil *hängender*
(Lust)Garten m ‖ p.ex ⟨allg⟩ *Lustgarten* m
huesa f *Grube, Gruft* f, *Grab* n
huesarrón m augm von **hueso**
Huesca f [Stadt und Provinz in Spanien]
Huesca n
hue∣s(ec)illo, –secito, –sezuelo m dim von
hueso ‖ *Knöchelchen* n ‖ **–sera** f *León* Chi →
huesa
huesear vi Am *betteln*
hue∣so m *Knochen* m, *Bein* n ‖ *(Obst)Kern* m ‖
⟨Arch⟩ *Strebepfeiler* m ‖ ⟨fig⟩ *wertloses Ding* n,
⟨fam⟩ *Krimskrams* m ‖ Mex ⟨fig⟩ *Beziehung* f *(um*
et. zu erreichen) ‖ ⟨Sch fig⟩ *harter Prüfer* m ‖
⟨fig⟩ *Mühe, Last* f ‖ ⟨fig⟩ *(Haupt)Schwierigkeit* f ‖
⟨fig⟩ *schwere Arbeit bzw Schwierigkeit,* ⟨fig⟩
harte Nuss f ‖ ~ femoral *(Ober)Schenkelknochen*
m ‖ ~ frontal *Stirnbein* n ‖ ~ largo *langer*
Knochen, Röhrenknochen m ‖ ~ maxilar
(Ober)Kieferbein n ‖ ~ plano *platter Knochen* m
‖ ~ de sepia *Schulp* m, *Sepiaschale* f ‖ ~
zigomático Jochbein n ‖ la sin ~ ⟨fam⟩ *die Zunge*
‖ ~ duro de roer ⟨fig⟩ *harte Nuss f* ‖ ¡róete ese
~! ⟨figf⟩ *daran kannst du schwitzen!* ‖ ¡a otro
perro con ese ~! ⟨figf⟩ *machen Sie das e–m*
anderen weis! ‖ ~s mpl *Gebeine* npl ‖ *helado*
hasta los ~ *starr vor Kälte* ‖ ◇ estar en los ~
⟨fig⟩ *nur Haut und Knochen sein* ‖ no estar uno
bien con sus ~ *wenig auf s–e Gesundheit achten*
‖ no hacer uno los ~ *duros nicht lange (an e–m*
Ort) verweilen ‖ pinchar en ~ ⟨figf⟩ *auf Granit*
stoßen od *beißen* ‖ quedarse en los ~ *bis auf die*
Knochen abmagern ‖ roerle a alg. los ~ ⟨figf⟩
über jdn lästern ‖ romperle a uno los ~ ⟨figf⟩ *jdn*
tüchtig verprügeln (bes. *als Drohung*) ‖ tener los
~ *duros* ⟨figf⟩ *zu alt sein (para für)* ‖ tener los ~
molidos ⟨fig⟩ *sehr abgearbeitet sein* ‖ **–soso** adj
knochig ‖ *Knochen-*
huésped m *(Haus)Wirt* m ‖ *Gastwirt* m ‖ *Gast*
m ‖ *Kostgänger* m ‖ ⟨Biol Med⟩ *Wirt* m ‖ ⟨Zool
Ins⟩ *Gast* m ‖ ⟨fig pop⟩ *Ungeziefer* n (bes. *Läuse*
fpl) ‖ ~ cinegético *Jagdgast* m ‖ ~ a comer
Kostgänger m ‖ ~ definitivo ⟨Biol⟩ *Endwirt* m ‖
~ estable *Dauergast* m ‖ ~ intermediario ⟨Biol⟩
Zwischenwirt m ‖ ~ ocasional ⟨Biol⟩
Gelegenheitswirt m ‖ ~ puente ⟨Biol⟩
Brückenwirt m ‖ ~es de los termes ⟨Ins⟩
Termitengäste mpl
huéspeda f *Haus∣wirtin, -frau* f
hueste f *(Kriegs)Heer* n ‖ *Rotte, Bande* f ‖ ⟨lit⟩
Heer-, Kriegs∣schar f ‖ ~s fpl *Kriegsscharen* fpl ‖
Anhänger(schaft f) mpl ‖ *Mitläufer* mpl
huestia f Ast ⟨Myth⟩ *Gespensterzug* m
huesu∣da f: la ~ Arg *der Knochenmann* ‖ **–do**
adj *(dick)knochig*
hueva f *Fischei* n ‖ *Insektenei* n ‖ ~s fpl
(Fisch)Rogen m ‖ ~ de esturión *echter Kaviar,*
Störrogen m
huevada f Chi *Dummheit* f, *Blödsinn* m
huevamen m ⟨vulg⟩ *(die) Eier* npl *(Hoden)*
huevazos m ⟨pop⟩ *nachgiebiger Mensch* m ‖
Feigling, Angsthase m ‖ *Pantoffelheld* m
huevear vi Chi *Blödsinn machen*
hueve∣cillo, –cito m dim von **huevo** ‖ **–ra** f
Eierhändlerin f ‖ *Eier∣becher, -kelch* m ⟨vulg⟩
Suspensorium m ‖ **–ría** f *Eiergeschäft* n ‖ **–ro** adj
Eier- ‖ ~ m *Eierhändler* m ‖ *Eierbecher* m ‖
⟨fam⟩ *Eierliebhaber* m ‖ **–zuelo** m dim von **huevo**

huevo *m Ei* n ‖ *Stopfei* n ‖ ⟨Schuhm⟩
Sohlenformer m ‖ ⟨figf⟩ *Klein(st)wagen* m ‖ ⟨fam⟩
Kabinenroller m ‖ el ~ de Colón ⟨fig⟩ *das Ei des
Kolumbus* ‖ ~ de coser *Stopfei* n ‖ ~ crudo *rohes
Ei* n ‖ ~ fresco (del día) *Frischei, frisch gelegtes
Ei* n ‖ ~ de gallina *Hühnerei* n ‖ ~ huero *Windei*
n ‖ ~ de incubar *Brutei* n ‖ ~ de Pascua *Osterei*
n ‖ un ~ como un puño ⟨fam⟩ *ein Riesenei* n ‖ ◆
a puro ~ *mit viel Mühe* ‖ ◇ esto cuesta un ~
⟨pop⟩ *das ist sündhaft teuer* ‖ *das ist verdammt
schwierig* ‖ importar un ~ ⟨pop⟩ *piepegal sein* ‖
parecerse como un ~ a otro ⟨fig⟩ *einander sehr
ähnlich sein, s. sehr ähneln* ‖ poner un ~ ⟨vulg⟩
scheißen, kacken ‖ ¡tócame un ~! ⟨vulg⟩ *leck
mich am Arsch!* ‖ ~s *mpl* ⟨vulg⟩ *Eier* npl ⟨Hoden⟩
‖ ~ pasados por agua → ~ blandos ‖ ~ a la
americana *Spiegeleier* npl *mit Speck* ‖ ~ blandos
(wachs)weiche Eier npl ‖ ~ borrachos *Rühreier*
npl *mit Rotwein* ‖ ~ de codorniz *Wachteleier* npl
‖ ~ de corral *Freilandeier* npl ‖ ~ duros *hart
gekochte Eier* npl ‖ ~ escalfados *pochierte Eier*
npl ‖ ~ estrellados *Spiegel-, Setz|eier,
Ochsenaugen* npl ‖ ~ fritos *gebackene Eier* npl ‖
~ al plato → ~ estrellados ‖ ~ rellenos *gefüllte
Eier* npl ‖ ~ revueltos *Rühreier* npl ‖ ~ en
salmuera *Soleier* npl ‖ ~ al vaso *Eier* npl *im Glas*
‖ ◇ empollar *od* sacar los ~ *die Eier ausbrüten*
⟨Vögel⟩ ‖ tener ~ ⟨fig vulg⟩ *tapfer sein*
¹huevón adj *hervorstehend* ⟨Auge⟩
²huevón adj Chi ⟨fig⟩ *brutal* ‖ *dumm, einfältig*
‖ Ven *dumm* ‖ Cu Mex Guat *faul, träge*
¡huf! *ach! au!* ‖ *uff!*
Hugo np *Hugo* m
hugonotes *mpl*/adj ⟨Hist⟩ *(die) Hugenotten* mpl
hui- → auch **güi-**
huida f *Flucht* f, *Entweichen* n ‖ *Verschwinden*
n ‖ *Entschwinden* n ⟨Zeit⟩ ‖ *Ausbrechen* n ⟨Pferd⟩
‖ ⟨fig⟩ *Ausflucht* f ‖ ~ hacia adelante *Flucht* f
nach vorn ‖ ~ del conductor ⟨Jur⟩ *Fahrerflucht*
f
hui|dizo, –dor adj/s *flüchtig* ‖ *fliehend* ‖ *scheu,
befangen* ‖ *unbeständig*
huido adj *scheu* (bes., *Tiere*) ‖ ~ m *Flüchtling*
m ‖ *Ausbrecher, Flüchtige(r)* m
huipil m Mex *Frauenhemd* n
huir [-uy-] vt *(ver)meiden, umgehen* ‖ ◇ ~ el
cuerpo *e–m Schlag ausweichen* ⟨fam⟩ *s. ducken*
‖ ~ vi *(ent)fliehen, davonlaufen, flüchten* ‖
entwischen ‖ ⟨fig⟩ *Ausflüchte suchen* ‖
entschwinden, verfliegen ⟨Zeit⟩ ‖ *zurücktreten*
⟨Stirn⟩ ‖ ~ hacia adelante *die Flucht nach vorn
antreten* ‖ ~ de alg. *vor jdm fliehen* ‖ ~ de a/c *et.
meiden, umgehen* ‖ ~ al campo *aufs Land fliehen*
‖ hacer ~ *ver|scheuchen, -jagen* ‖ el tiempo huye
die Zeit flieht ‖ ha huido con ella *er ist mit ihr
durchgegangen* ‖ ~se *entfliehen* ‖ *nachgeben*
⟨Mauer⟩
huisache m Guat ⟨fam⟩ *Winkeladvokat* m
huizache m MAm Mex ⟨Art⟩ *Akazie* f
¹hule m *Wachstuch* n ‖ *Ölleinwand* f ‖ ~
encerado *Öltuch* n ‖ ⟨fam⟩ *Operationstisch* m ‖ ◇
va a haber ~ ⟨Taur⟩ *es wird blutig enden* ‖ ⟨figf⟩
es ist dicke Luft ‖ ⟨figf⟩ *es wird mit e–r Prügelei
enden*
²hu|le m Am *Kautschuk* m ‖ **–lero** m Am
Kautschukarbeiter m ‖ **–loso** adj MAm *zäh*
hu|lla f *Steinkohle* f ‖ ~ blanca *weiße Kohle* f
(Elektrizität aus Wasserkraft) ‖ ~ menuda
Nusskohle f ‖ ~ picea *Pechkohle* f ‖ **–llero** adj
steinkohlenhaltig, Steinkohlen-
hulviche f ⟨Mar Fi⟩ *Fischfangnetz* n
¡hum! *hm!*
humada f *stark rauchendes Feuer* n *(oft
Signalfeuer)*
huma|nal adj *(m/f)* ⟨lit⟩ → **–no** ‖ **–namente**
adv *menschlich* ‖ es ~ imposible *das ist nicht
menschenmöglich* ‖ ◇ hacer lo ~ posible *das
Menschenmögliche tun* ‖ **–nar** vt → **–nizar** ‖
–narse vr ⟨Rel⟩ *Mensch werden* ‖ ⟨fig⟩
menschlich werden ‖ Am *s. erniedrigen* ‖ ~ con
los vencidos *die Besiegten menschlich behandeln*
‖ **–nidad** f *Menschheit* f ‖ *Menschengeschlecht* n ‖
menschliche Natur f ‖ *Menschlichkeit,
Menschenliebe* f ‖ ⟨fig⟩ *Mitgefühl* n ‖ ⟨fig⟩
Leutseligkeit f ‖ ⟨fam⟩ *Dickleibigkeit* f ‖ ⟨fam⟩
Körper m ‖ ◇ tener gran ~ ⟨fam⟩ *sehr beleibt
sein* ‖ ~es *fpl humanistische Bildung* f ‖ *Studium*
n *der (klassischen) Literatur* ‖ *alte Sprachen* fpl
(als Fach) **–nismo** m *Humanismus* m ‖ **–nista**
adj *(m/f) humanistisch* ‖ ~ *m/f Humanist(in* f) m ‖
–nístico adj *humanistisch*
humani|tario adj/s *Humanitäts-* ‖ *human,
menschenfreundlich, humanitär, wohltätig* ‖
–tarismo m *Menschenfreundlichkeit* f ‖
humanitäre Bestrebung f ‖ **–zación** f
Humanisierung f ‖ *Vermenschlichung* f ‖ ⟨fig⟩
Zivilisierung f ‖ **–zar** [z/c] vt *zu gesitteten
Menschen machen* ‖ *vermenschlichen* ‖ *umgänglicher,
entgegenkommender machen* ‖ ⟨fig⟩
bezwingen, zähmen ‖ ~se *Gesittung, Kultur
annehmen* ‖ *menschlich(er) werden* ‖ *gesitteter,
entgegenkommender, freundlicher werden* ‖ ⟨fig⟩
s. besänftigen lassen
humano adj *menschlich, Menschen-* ‖
menschenfreundlich ‖ *gütig, mitleidig* ‖ ~ con los
vencidos *menschlich den Besiegten gegenüber* ‖
◇ ser más que ~ *übermenschlich sein* ‖ eso no
está en lo ~ *das liegt nicht in Menschenhand* ‖ ~
m ⟨poet⟩ *Mensch, Sterbliche(r)* m ‖ ~s *mpl* ⟨lit⟩
Menschen mpl
humareda f *Rauch-, Dampf|wolke* f
humazo m *dichter Rauch* m ‖ *Ausräuchern* n
(von Ungeziefer, Ratten usw.) ‖ ◇ dar ~ a alg.
⟨fig⟩ *jdn vertreiben* (z. B. *durch Spott*)
hume|ante adj *(m/f) rauchend, dampfend* ‖ **–ar**
vi *qualmen, rauchen* ‖ *glimmen* ‖ ⟨fig⟩ *dampfen
(Blut, Erde)* ‖ ⟨fig⟩ *großtun* ‖ ⟨fig⟩ *schwelen
(Feindschaft usw.)* ‖ ~ vt Am *verprügeln* ‖ Am
ausräuchern
humec|tabilidad f *Befeuchtungsfähigkeit* f ‖
–tación f *Be-, An|feuchtung* f ‖ *Benetzen* n ‖
–tador m ⟨Tech⟩ *Anfeuchter* m ‖ **–tante** adj *(m/f)*
be-, an|feuchtend ‖ ~ m *Netz-, Benetzungs|mittel*
n ‖ **–tar** vt *be-, an|feuchten* ‖ *(be)netzen*
húmeda f: la ~ ⟨pop⟩ *die Zunge*
hume|dad f *Feuchtigkeit* f ‖ *Nässe* f ‖ ~ del
aire, ~ ambiente, ~ atmosférica *Luftfeuchtigkeit* f
‖ ◆ resistente a la ~ *feuchtigkeitsbeständig* ‖ ◇
hay ~ *es ist nass* ‖ ¡guárdese de la ~! *vor Nässe
schützen! (auf Kisten)* ‖ *trocken aufbewahren!* ‖
–decer [-zc-] vt *an-, be|feuchten, benetzen* (con,
en *mit*) ‖ ◇ ~ la garganta ⟨fig⟩ *die Kehle
befeuchten*
húmedo adj/s *feucht* ‖ *nass* ‖ *dunstig* ‖ ◇ hace
un calor ~ *es ist feuchtwarm*
humera f *(mit gehauchter Aussprache des H)*
⟨fam⟩ *Rausch, Schwips* m
¹humeral adj *(m/f)* ⟨An⟩ *Oberarm(knochen)-*
²humeral m ⟨Kath⟩ *Humerale, Schultertuch* n
(des Priesters)
humero m *Rauch(ab)zug, -kanal* m
húmero m ⟨An⟩ *Oberarmknochen, Humerus* m
‖ *Schulter* f
humícola adj/s ⟨Biol⟩ *auf dem Humus lebend*
humidifi|cación f *Be-, An|feuchtung* f ‖ **–cador**
m *Be-, An|feuchter* m ‖ *Luftbefeuchter* m ‖ **–car**
[c/qu] vt *feucht machen*
húmido adj ⟨poet⟩ *feucht*
humifi|cación f *Humusbildung, Vermoderung,
Humifikation* f ‖ **–cador** adj/s *humusbildend* ‖

–car [c/qu] vt *humifizieren, zu Humus umwandeln* ‖ ~ vi *ver|modern, -faulen*

humil|dad f *Demut* f ‖ *Bescheidenheit* f ‖ ~ de linaje, ~ de nacimiento *niedrige Herkunft* f ‖ **–de** adj *(m/f)* demütig ‖ bescheiden ‖ gering, unbedeutend ‖ niedrig (Herkunft)

humi|llación f *Demütigung* f ‖ *Unterwerfung* f ‖ *Erniedrigung* f ‖ **–lladero** m *kleine Kapelle* f bzw *Bildstock* m *(an der Landstraße)* ‖ *Wegekreuz* n ‖ *Öst Südd Marterl* n ‖ **–llante** adj *(m/f)* demütigend ‖ erniedrigend ‖ ehrenrührig ‖ kränkend ‖ **–llar** vt *erniedrigen* ‖ ⟨fig⟩ *(jds Stolz)* beugen ‖ demütigen, kränken, verletzen ‖ *(den Körper) bücken* ‖ *(die Knie) beugen* ‖ ~se *s. erniedrigen* (ante, a *vor* dat) ‖ *s. beugen* (ante, a *vor* dat) ‖ ⟨Taur⟩ *den Kopf senken (Kampfstier)*

humillo m dim von **¹humo** ‖ ~s mpl ⟨fig⟩ *eitler Dunst* m

¹humita f Arg Chi Pe Bol ⟨Kochk⟩ *ein Maisgericht* n

²humita f ⟨Min⟩ *Humit* m

¹humo m *Rauch, Qualm* m ‖ *Dampf, Dunst* m ‖ *Schwaden* m ‖ *Pulverdampf* m ‖ ⟨fig⟩ *blauer Dunst* m, *Illusion* f ‖ ⟨fig⟩ *Eitelkeit* f, *Dünkel* m ‖ Cu *Rausch, Schwips* m ‖ lleno de ~ *rauchig, voll(er) Rauch* ‖ verräuchert ‖ ~ de párpados *Lidschatten* m *(Schminke)* ‖ ~ de tabaco *Tabakrauch* m ‖ ♦ a ~ de pajas ⟨figf⟩ *leichtsinnig* ‖ sin ~ *rauchlos* ‖ ◇ desaparecer como el ~ ⟨fig⟩ *spurlos verschwinden* ‖ ¡eche Vd. ~! ⟨fam⟩ *das ist verlorene Mühe!* ‖ la sopa está echando ~ *die Suppe dampft* ‖ hacer ~ *rauchen (Ofen)* ‖ hacer ~ a uno ⟨figf⟩ *jdn hinausekeln* ‖ hacer la del ~, hacerse ~ ⟨pop⟩ *ausreißen, Reißaus nehmen* ‖ la estufa hace ~ *der Ofen raucht* ‖ allí no hará ~ ⟨figf⟩ *dort wird er nicht lange bleiben* ‖ irse en ~ ⟨fig⟩ *zunichte werden (Hoffnung)* ‖ ¡la del ~! ⟨fam⟩ *es ist aus damit!* ‖ ~s mpl *Ofenrauch* m ‖ ◇ (re)bajarle a uno los ~ ⟨figf⟩ *jds Stolz brechen,* ⟨fam⟩ *jdn ducken* ‖ hacer algo a ~ de paja *et. unbedacht od leichtfertig tun* ‖ vender ~ ⟨figf⟩ *protzen*

²humo m → **humus**

¹humor m *Humor* m ‖ ⟨fig⟩ *Gemütsart* f ‖ ⟨fig⟩ *(heitere) Laune, Stimmung* f ‖ ⟨fig⟩ *Lust* f ‖ buen ~ *gute, heitere Laune* f ‖ ~ funambulesco *Galgenhumor* m ‖ ~ macabro → ~ negro ‖ mal ~ *schlechte od üble Laune* f ‖ ~ negro *schwarzer Humor* m ‖ ~ de patíbulo *od patibulario Galgenhumor* m ‖ ~ de perros ⟨fam⟩ *mürrische od schlechte od üble Laune,* ⟨fam⟩ *Stinklaune* f ‖ ~ de todos los diablos *sehr schlechte od ganz miese Laune* f ‖ ◇ estar de mal ~ *übel gelaunt sein* ‖ hacer algo de mal ~ *et. un|willig, -gern tun* ‖ llevarle *od* seguirle a uno el ~ *s. jds Laune fügen* ‖ ~es mpl ⟨fam⟩ *Unpässlichkeit* f

²humor m ⟨Physiol⟩ *Körper|saft* m, *-flüssigkeit* f

humora|cho m ⟨desp⟩ von **¹humor** ‖ *Stinklaune* f ‖ **–da** f *sonderbare Laune, Grille* f ‖ *witziger Einfall* m ‖ **–do** adj: bien (mal) ~ *gut (schlecht) gelaunt*

humoral adj *(m/f)* Körpersäfte betreffend, *Humoral-*

humorcillo m dim von **¹humor**

humorismo m ⟨Med⟩ *Humoralpathologie* f

¹humorista adj *(m/f)* humoristisch ‖ ~ m/f *Humorist(in* f) m ‖ *Spaßmacher(in* f) m ‖ *Witzbold* m

²humorista m/f ⟨Med⟩ *Vertreter(in* f) od *Anhänger(in* f) m *der Humoralpathologie*

humorístico adj *humoristisch*

humoso adj *rauchig, räucherig* ‖ *rauchend*

humus m *Humus* m

hundi|do adj *versenkt* ‖ *eingesunken* ‖ eingefallen, tief (Auge) ‖ ⟨fig⟩ *versunken* ‖ ~ del lomo *satteltief (Pferd)* ‖ **–miento** m *Versinken* n ‖ *Versenkung* f ‖ *Versenken* n ‖ *Einsenkung* f ‖ *Einsinken* n ‖ *Einsturz* m ‖ *Absacken* n *(e–s Dammes)* ‖ ⟨fig⟩ *Zusammenbruch* m ‖ *Verfall* m ‖ ~ de tierra *Erd|senkung* f, *-rutsch* m ‖ ~ de la cultura *Verfall* m *der Kultur*

hundir vt *ver|tiefen, -senken* ‖ *ein-, nieder|drücken* ‖ *(ein)senken* ‖ *ein|rammen, -treiben* ‖ ⟨fig⟩ *besiegen* ‖ ⟨fig⟩ *vernichten, zerstören* ‖ ⟨fig⟩ *erledigen* ‖ ~se *ein-, unter-, ver|sinken* ‖ *untergehen* ‖ *einfallen (Mauer)* ‖ *ins Wasser fallen, scheitern (Vorhaben)* ‖ *zunichte werden (Hoffnung)* ‖ ⟨fig⟩ *zusammenstürzen* ‖ ⟨figf⟩ *spurlos verschwinden* ‖ ⟨fig⟩ *verfallen* ‖ ◇ ~ en el cieno *im Schlamm stecken bleiben* ‖ ~ el gorro *die Mütze in die Stirn drücken* ‖ ~ en meditaciones *in Gedanken versinken* ‖ aunque se hunda el mundo ⟨figf⟩ *um jeden Preis*

hunga|rística f *Hungaristik* f ‖ **–rista** m/f *Hungarist(in* f) m

húngaro adj *ungarisch* ‖ ♦ a la ~a *nach ungarischer Art* ‖ ~ m *Ungar* m ‖ ⟨pop⟩ *Zigeuner* m ‖ el ~ *die ungarische Sprache, das Ungarische*

Hungría f ⟨Geogr⟩ *Ungarn* n

huno adj ⟨Hist⟩ *hunnisch* ‖ ~s mpl *Hunnen* mpl *(Volk)*

¡hup(a)! Chi *auf! hopp!*

hupe f *Holzschwamm* m

hura|cán m *Orkan, Sturmwind, Hurrikan* m ‖ *Wirbelsturm* m ‖ ⟨fig⟩ *Sturm* m ‖ **–canado** adj *orkanartig, stürmisch* ‖ ⟨fig⟩ *zerzaust*

huraco m *Loch* n (→ **¹agujero**)

hura|ñía, –ñería f *Ungeselligkeit* f, *barsches Wesen* n ‖ *Menschenscheu* f ‖ **–ño** adj *menschenscheu, ungesellig* ‖ *barsch, unwirsch*

hurdano adj *aus Las Hurdes* (P Các) ‖ *auf Las Hurdes bezüglich*

hurga|dero m Sal, **–dor** m/adj *Schüreisen* n △ **hurgamandera** f *Nutte* f

hur|gar [g/gu] vt/i *schüren* (acc), *stochern* (en *in* dat) ‖ *wühlen* (en *in* dat) ‖ *umrühren* ‖ *betasten* ‖ ⟨fig⟩ *aufwühlen* ‖ ⟨fig⟩ *aufstacheln* ‖ ⟨fig⟩ *quälen* ‖ ⟨fig⟩ *aufregen* ‖ ◇ ~ los tizones *das Feuer schüren* ‖ ~ en la nariz, ~se las narices *mit dem Finger in der Nase bohren* ‖ **–gón** m *Schüreisen* n ‖ ⟨fam⟩ *Degen* m ‖ **–gonada** f *Schüren* n ‖ ⟨fam⟩ *Degenstich* m ‖ **–gonear** vt/i *(Feuer) schüren* ‖ ⟨fam⟩ *(mit dem Degen) stechen* ‖ **–gonero** m *Schüreisen* n ‖ **–guete** m Arg Chi ⟨fam⟩ *Schnüffler* m ‖ **–guillas** m/f ⟨fam⟩ *Quälgeist* m

hurí f [pl ~íes] ⟨Rel⟩ *Huri* f, *Schöne in Mohammeds Paradies*

hurón m ⟨Zool⟩ *Frettchen* n (Putorius putorius var. domestica)

hurones mpl *Huronen* mpl *(Indianervolk)*

¹huronear vi ⟨fig⟩ *herum|stöbern, -spüren* ♦ ⟨fam⟩ *schnüffeln* ‖ *vorwitzig sein*

²huro|near vi ⟨Jgd⟩ *frettieren, mit dem Frettchen jagen* ‖ **–neo** m *Jagd* f *mit dem Frettchen* ‖ **–nera** f *Frettchenbau* m ‖ ⟨figf⟩ *Schlupfwinkel* m

huroniense adj/s *(m/f) Huron-* ‖ ~ m ⟨Geol⟩ *Huron* n *(Gesteinsserie)*

¡hurra! int *hurra! (Beifallsruf, Freudengeschrei)* ‖ los ~s *die Hurrarufe* mpl

hurta|dillas: a ~ *verstohlenerweise, heimlich, unter der Hand* ‖ **–dor** m/adj *Dieb* m ‖ **–mano:** de ~ ⟨fig⟩ *verstohlen*

hur|tar vt/i *stehlen, entwenden* ‖ *betrügen (im Maß od Gewicht)* ‖ *annagen (Ufer), wegschwemmen (Fluss)* ‖ ⟨fig⟩ *plagiieren* ‖ ⟨fig⟩ *ausweichen, vermeiden* ‖ ◇ ~ el cuerpo ⟨fig⟩ *durch e–e rasche Bewegung e–m Stoß ausweichen*

‖ ~ del peso *das Gewicht betrügerisch verringern*
‖ ~ el precio *im Preis betrügen* ‖ ¡no –tarás! *du
sollst nicht stehlen! (Gebot Gottes)* ‖ a –ta cordel
⟨fig⟩ *unversehens* ‖ ~se ⟨fam⟩ *entschlüpfen* ‖ *s.
drücken,* ⟨fig⟩ *kneifen* ‖ –to *m Diebstahl* m ‖
Diebesgut n ‖ *Unterschlagung* f ‖ ~ cualificado,
~ con (circunstancias) agravantes *schwerer
Diebstahl* m ‖ ~ de cosa encontrada
Fundunterschlagung f ‖ ~ doméstico
Hausdiebstahl m ‖ ~ famélico *Mundraub,
Notdiebstahl* m ‖ ~ con nocturnidad *Diebstahl* m
bei Nachtzeit ‖ ~ de tienda *Ladendiebstahl* m ‖ ◆
a ~ *verstohlen, heimlich, unter der Hand* ‖ *hinter
jds Rücken* ‖ ◇ coger a uno con el ~ en las
manos ⟨fig⟩ *jdn auf frischer Tat ertappen*

húsar *m* ⟨Mil⟩ *Husar* m
¹husillo *m (kleine) Spindel* f ‖ ⟨Tech⟩ *Welle* f ‖
Bohrstange f ‖ *Handwinde* f ‖ ~ de dirección
⟨Auto⟩ *Lenkspindel* f ‖ ~ hueco ⟨Uhrm⟩
Hohlschnecke f
²husillo *m Abzugsrinne* f
husi|ta adj ⟨Hist⟩ *hussitisch* ‖ ~ *m Hussit* m ‖
–tismo *m Hussitentum* n
husky *m* [Hund] *Husky* m
hus|ma *f* → **–meo** ‖ ◇ andar *od* estar a la ~
de a/c ⟨fig⟩ *e–m Ding nachspüren* ‖ *bei et.
herumschnüffeln* ‖ **–mar** vt → **–mear** ‖ **–meador**
adj *nachspürend* ‖ *schnüffelnd* ‖ ~ *m Schnüffler*
m ‖ *Spürnase* f ‖ **–mear** vt ⟨Jgd⟩ *wittern (& fig)* ‖
herumschnüffeln in (dat) ‖ *beschnüffeln* ‖ ⟨figf⟩
aufspüren, ausfindig machen ‖ ◇ ~ el peligro *die
Gefahr wittern* ‖ ~ vi *anfangen, schlecht zu
riechen,* ⟨fam⟩ *muffeln* ‖ **–meo** *m Wittern* n ‖
Riechen, Schnüffeln n *(& fig)* ‖ ⟨fig⟩ *Schnüffelei* f
‖ **–mo** *m muffiger Geruch* m *(des Fleisches)* ‖
Wildgeruch m ‖ ◇ estar al ~ ⟨figf⟩ *auf der Lauer
sein*

huso *m Spindel, Spille* f ‖ ⟨Her⟩ *schmale Raute*
f ‖ ~ de atracción ⟨Gen Biol⟩ *Anziehungsspindel*
f ‖ ~ esférico ⟨Math⟩ *Kreisbogensichel* f ‖ ~
horario ⟨Astr⟩ *Zeitzone* f ‖ ~ nuclear ⟨Gen Biol⟩
Kernspindel f ‖ más derecho que un ~ ⟨figf⟩
kerzengerade, sehr gerade (sein) ‖ *wie e–e Tanne
gewachsen*

huta *f* ⟨Jgd⟩ *(Jäger)Hütte* f
hutía *f* Ant ⟨Zool⟩ *Kuba-Baumratte, Hutia-
Conga* f (Capromys pilorides)
¡huturutas! int *na, wird's bald?*
¡huy! *au! weh!* ‖ *pfui! (Bewunderung,
Zärtlichkeit, Überraschung, Ekel)*
huye → **huir**
huyente adj *(m/f) fliehend, flüchtig*
¡huyuyuy! int *toll! phantastisch!*
Hz ⟨Abk⟩ = **hertzio**

I

I, i f = [I, i, *pl* Íes, íes] *I, i* n ‖ ~ latina *I* n ‖ ~ griega *Ypsilon* n ‖ ◇ poner los puntos sobre las íes ⟨figf⟩ *das Tüpfelchen auf das i setzen*
I ⟨Abk⟩ = **yodo**
Iah|vé, –veh *m* → **Yahvé**
ib *m* Mex *kleine Bohnenart*
íb. ⟨Abk⟩ = **íbidem**
iba → **ir**
Iberia f ⟨Geogr⟩ *Iberien* n *(Spanien und Portugal)*
ibérico adj *iberisch* ‖ *spanisch*
ibe|rio adj *iberisch*
iberis m ⟨Bot⟩ *Iberis* f
iberismo *m Iberismus* m ‖ *iberische Grundlage* f
ibero, íbero adj *iberisch* ‖ *spanisch m Iberer, Spanier* m
Ibero|américa f ⟨Geogr⟩ *Iberoamerika* n ‖ **–americano** (bzw **–-americano,** wenn beide Bestandteile Einzelbedeutung haben) adj *iberoamerikanisch* ‖ ~ *m Iberoamerikaner* m
íbice *m* ⟨Zool⟩ *Steinbock* m (→ **cabra** *montés*)
ibicenco adj/s *aus Ibiza* (Bal) ‖ *auf Ibiza bezüglich*
ibídem [… den] ⟨lat⟩ adv *ebenda,* ⟨lat⟩ *ibidem*
ibis f ⟨V⟩ *Ibis* m (Ibis spp) ‖ ~ *religiosa Heiliger Ibis* m (Threskiornis aethiopica)
ibón *m* Ar *Gebirgssee* m
△ **ibraín** *m Februar* m
ibsenista adj/s *auf den norwegischen Schriftsteller H. Ibsen (1828–1906) bezüglich*
icáreo, icario adj ⟨Myth⟩ *Ikarus-* ‖ ~ *m Hochakrobat* m
ícaro *m* ⟨Ins⟩ *Hauhechelbläuling* m (Polyommatus icarus)
Icaro *m* np *Ikarus* m
ice Ar ⟨pop⟩ → **dice**
ice|berg *m Eisberg* m ‖ *punta del* ~ *Eisbergspitze* f ⟨& fig⟩ ‖ **–field** *m Eisfeld* n *(Treibeis)*
¹icneumón *m* ⟨Zool⟩ *Ichneumon* m, *Pharaonenratte, Manguste* f (Herpestes ichneumon)
²icneu|món *m* ⟨Ins⟩ *(Riesen)Schlupfwespe* f *(Inchneumon* spp) ‖ **–mónidos** *mpl Schlupfwespen* *pl, Ichneumoniden* pl (Terebrantes)
icno|grafía f ⟨Arch⟩ *Grundriss* m ‖ *Bauplan* m ‖ **–grama** *m* ⟨Med⟩ *Gangspur* f, *Ichnogramm* n
icono *m Ikone* f *(russisches Heiligenbild)* ‖ ⟨Inform⟩ *Ikone* f, *Symbol* m
icono|clasta adj *ikonoklastisch, bilderstürmerisch* ‖ ~ *m Ikonoklast, Bilderstürmer* m ‖ **–clastia** f *Ikonoklasmus, Bildersturm* m
iconógeno *m* ⟨Fot⟩ *Entwickler* m, *Entwicklersubstanz* f
icono|grafía f *Bilderkunde* f ‖ *Bildersammlung* ‖ *Ikonographie* f ‖ **–gráfico** adj *ikonographisch*
iconólatra s/adj *(m/f)* ⟨Rel⟩ *Bilderverehrer(in*) m
icono|latría f *Bilderverehrung, Ikono|latrie,* *dulie* f ‖ **–logía** f *Ikonologie* f ‖ **–manía** f *Bilder)Sammelwut* f
ico|nométrico adj: visor ~ ⟨Fot⟩ *Rahmensucher* m ‖ **–nómetro** *m Rahmensucher* n, *Ikonometer* n ‖ **–noscopio** *m* ⟨TV⟩ *Ikonoskop* n

iconostasio *m* ⟨Rel⟩ *Bilderwand* f, *Ikonostas(e* f) m
icosaedro *m Ikosaeder* m, *Zwanzigflächner* m
ic|tericia f ⟨Med⟩ *Gelbsucht* f, *Ikterus* m ‖ **–tericiado, –térico** adj *gelbsüchtig, ikterisch* ‖ ~ *m Gelbsucht-, Ikterus|kranke(r)* m
ictéridos *mpl* ⟨V⟩ *Stärlinge* mpl (Icteridae)
ictio- präf *Fisch-, Ichthyo-*
icti|ocola f *Fischleim* m ‖ **–ófago** adj/s *fisch(fr)essend* ‖ ~ *m Fisch(fr)esser, Ichthyophage* m
ictiol *m* ⟨Pharm⟩ *Ichtyol* n
icti|ología f *Fischkunde, Ichthyologie* f ‖ **–ólogo** *m Ichthyologe* m ‖ **–osauro** *m* ⟨Paläont⟩ *Ichthyosau|rier, -rus* m, *Fischechse* f ‖ **–osis** f ⟨Med⟩ *Fischschuppenkrankheit, Ichthyo|se, -sis* f ‖ **–otoxismo** *m* ⟨Med⟩ *Fischvergiftung* f
ictus *m* ⟨Med poet⟩ *Iktus* m ‖ ~ apoplético ⟨Med⟩ *Schlaganfall* m
íd., id. ⟨Abk⟩ = **ídem**
I+D ⟨Abk⟩ = **Investigación más Desarrollo**
ida f *Gehen* n, *Gang* m ‖ *Weg, Gang* m ‖ *Hin|weg* m, *-reise* f ‖ *Hin|fahrt* f bzw *-flug* m ‖ *Weggehen* n ‖ ⟨Jgd⟩ *Fährte, Spur* f ‖ *Ausfall, Angriff* m *(beim Fechten)* (& fig) ‖ ⟨fig⟩ *plötzliche Anwandlung* f ‖ ~ y venida *Hin- und Her|weg* m ‖ ~ y vuelta *hin und zurück* ‖ la ~ del humo ⟨fig⟩ *das Verschwinden,* ⟨fam⟩ *das Abhauen* n *(auf Nimmerwiedersehen)* ‖ ~s y venidas *Hin- und Herlaufen* n
idea f *Begriff* m, *Idee* f ‖ *Gedanke, Einfall* m ‖ *Meinung, Ansicht* f ‖ *Anschauung* f ‖ *Vorstellung* f, *Bild* n ‖ *Darstellung* f ‖ *Plan* m, *Absicht* f ‖ *Entwurf* m, *Skizze* f ‖ ⟨fam⟩ *Grille, Laune* f ‖ ⟨fam⟩ *Einbildung, falsche Ansicht* f ‖ ⟨fam⟩ *Winzigkeit* f ‖ ⟨fam⟩ *Idee* f ‖ ~ de Dios *Gottesvorstellung* f ‖ ~ delirante *Wahnvorstellung* f ‖ ~ directriz *Leitgedanke* m ‖ ~ feliz *glücklicher Gedanke, glücklicher Einfall* m ‖ ~ fija *fixe Idee, Wahnvorstellung* f ‖ ~ fundamental *Grundgedanke* m ‖ ~ general *allgemeiner Überblick* m ‖ *Grundkenntnisse* fpl ‖ ~ matriz *Grundgedanke* m ‖ ~ del mundo *Vorstellung* f *von der Welt* ‖ *Weltanschauung* f ‖ ~ original *urwüchsiger Gedanke* m ‖ ~ preconcebida *vorgefasste Meinung* f ‖ *Vorurteil* n ‖ ~ racial *Rassengedanke* m ‖ una ~ de sal *e–e Prise* (od *ein bisschen) Salz* ‖ ♦ de mala ~ *boshaft* ‖ ◇ abrazar una ~ *Anhänger m e–r Idee werden* ‖ abrigar una ~ *e–e Idee hegen* ‖ dar una ~ de algo *e–n Begriff von et. geben* ‖ *e–e Vorstellung von et. vermitteln* ‖ formarse (una) ~ de u/c *s.* von *e–r Sache e–n Begriff* od *e–e Vorstellung machen* ‖ hacerse a la ~ de algo *s. mit et. abfinden* ‖ tener ~ de … beabsichtigen zu … ‖ ¿tienes alguna ~? *fällt dir irgend etwas ein?* ‖ no tiene Vd. ~ de lo rico que es *Sie können s. von s–m Reichtum k–e Vorstellung machen* ‖ no tengo (ni) la menor ~ de ello *ich habe k–e blasse Ahnung,* ⟨fam⟩ *k–n blassen Dunst davon* ‖ ni ~ *k–e Ahnung* ‖ *k–e Spur* (de *von)* ‖ ¡qué ~! ¡vaya una ~! *ist das ein Einfall!* ‖ ~s fpl: ~ apolilladas *verstaubte Ansichten* fpl ‖ ~ disolventes *(gesellschafts)zersetzende* bzw *sittenwidrige Ideen* fpl ‖ ~ políticas *politische Gesinnung* f ‖ ~ de venganza *Rache|gedanken* mpl, *-gelüste* npl ‖ ◇

adoptar *od* asumir las ~ de alg. *s. jds
Auffassungen zu eigen machen* ‖ cambiar ~
Gedanken austauschen ‖ hacer suyas las ~ de
alg. → asumir las ~ de alg. ‖ ser pobre de ~
gedankenarm sein ‖ ¡eso son ~ suyas! *das bildet
er (sie, es) s. nur ein!*
ideación *f Herausbildung* f *der Gedanken* ‖
Begriffsbildung f ‖ *Erfinden, Ausdenken* n
idea(-)fuerza *f Machtgedanke* m ‖ *kraftvoller
Gedanke* m ‖ *Leitgedanke* m
¹ideal adj *(m/f) ideell* ‖ *ideal, vorbildlich,
vollkommen* ‖ *ideal, erdacht, vorgestellt* ‖ ⟨Philos⟩
idealistisch
²ideal *m Ideal, Vor-, Muster|bild* n ‖ *Leitbild* n
‖ *Wunschbild* n ‖ *Ziel* n ‖ ~ de belleza
Schönheitsideal n ‖ ◇ los ~es que persigue este
político *das Ziel, das dieser Politiker verfolgt*
idea|lidad *f Idealität* f ‖ *ideale Anschauung* f ‖
–lismo *m* ⟨Philos⟩ *Idealismus* m (& fig) ‖ ⟨fam⟩
Schwärmerei, Träumerei f ‖ **–lista** *m/f Idealist(in*
f) m ‖ *Schwärmer(in* f), *Träumer(in* f), *Schöngeist*
m ‖ ⟨fig⟩ *weltfremder Mensch* m ‖ **–lización** *f
Idealisierung* f ‖ *Idealisieren* n ‖ **–lizador** adj
idealisierend ‖ ⟨fig⟩ *ver|edelnd, -schönernd* ‖
–lizar [z/c] vt *idealisieren* (& fig) ‖ ⟨fig⟩
verklären, leuchten lassen ‖ ⟨fig⟩ *veredeln*
idealmente adv *auf ideale Art, vollkommen,
ideal* ‖ *ideal, gedacht, vorgestellt*
idear vt *fassen, begreifen* ‖ *ersinnen* ‖
entwerfen, konzipieren, ein Konzept machen ‖
vorhaben, planen
ideario *m Gedankengut* n ‖ *Gedankenwelt* f ‖
Ideologie f (→ auch **ideología**)
ideático adj Am *grillenhaft* (→ auch **lunático,
maniático**)
ídem[i'den] ⟨lat⟩ pron *eben derselbe, eben
dasselbe* ‖ ~ per ~ *eins wie das andere* ‖ ~ adv
desgleichen ‖ ⟨Com⟩ *dito, desgleichen*
idéntico adj *identisch, einerlei* ‖
übereinstimmend ‖ *völlig gleich* ‖ *sehr ähnlich* (a
dat) ‖ *gleichlautend (Abschrift)* ‖ ♦ en sentido ~
in demselben Sinne ‖ adv: **–amente**
identidad *f Identität, völlige Übereinstimmung*
f ‖ *Gleichheit* f ‖ *Personalien* pl ⟨Com⟩
Nämlichkeit f *(e–r Ware im Zollverkehr)* ‖ ◇
declarar su ~ *s–e Personalien angeben* ‖ probar
la ~ *s. ausweisen*
identifi|cable adj *(m/f) identifizierbar* ‖
–cación *f Identifizierung, Feststellung* f *der
Persönlichkeit* ‖ *Ortung, Bestimmung* f *e–s Ortes*
‖ ⟨Psychol⟩ *Identifikation* f ‖ ~ dactiloscópica
Identifizierung f *durch Fingerabdrücke* ‖ **–cador**
m Identifizierer m ‖ ⟨Inform⟩ *Kennzeichen* n ‖
–car [c/qu] vt *identifizieren, gleichsetzen* ‖
identifizieren (como als acc) ‖ ⟨Jur⟩ *(die
Persönlichkeit) feststellen (von)* ‖ **~se** *s.
ausweisen* ‖ *s. identifizieren* (con *mit*) ‖ *s.
miteinander verschmelzen, ineinander aufgehen* ‖
übergehen (con *in* acc) ‖ *s. ganz hinein|denken,
-leben* (con *in* acc), *eins werden* (con *mit*) ‖ ~
con alg. *s. mit jdm identifizieren* ‖ ~ con las
ideas de otro *die Gedanken e–s anderen
übernehmen*
ideo|grafía *f Bilder-, Begriffs|schrift,
Ideographie* f ‖ **–gráfico** adj *ideographisch* ‖
–grama *m Begriffszeichen, Ideogramm* n
ideo|logía *f* ⟨Philos⟩ *Ideologie, Ideen-,
Begriffs|lehre* f ‖ *Denkart* f ‖ *Gedankenkreis* m ‖
geistige Veranlagung f ‖ ⟨Pol⟩ *Ideologie,
politische Anschauung bzw Weltanschauung* f ‖
–lógico adj *ideologisch, Begriffs-, Gedanken-* ‖
⟨desp⟩ *schwärmerisch, weltfremd* ‖ **–logización** *f
Ideologisierung* f ‖ **–logizar** [z/c] vt
ideologisieren
ideólogo *m Ideologe* m ‖ ⟨fig⟩ *Schöngeist* m ‖

⟨fig⟩ *weltfremder Mensch, Schwärmer* m ‖ ⟨fig⟩
reiner Theoretiker m ‖ ~ jefe *Chefideologe* m
idílico adj *idyllisch* ‖ *ländlich, einfach* ‖
friedlich
idilio *m* ⟨lit⟩ *Idylle* f ‖ *Schäferszene* f ‖
Schäferdichtung f ‖ ⟨fig⟩ *Idyll* n ‖ *romantische
Liebe* f
idioblasto *m* ⟨Gen⟩ *Idioblast* m
idiocia *f* ⟨Med⟩ *Idiotie* f
idiocromático adj *eigenfarbig, idiochromatisch*
idioglosia *f* ⟨Med⟩ *Idioglossie* f
idiolecto *m* ⟨Ling⟩ *Idiolekt* m
idio|ma *m (Landes)Sprache* f ‖ *Idiom* n ‖
Sprechart f ‖ ~ de destino *Zielsprache* f ‖ ~
extranjero *Fremdsprache* f ‖ ~s modernos
neue(re) Sprachen fpl ‖ ~ nacional
Landessprache f ‖ ~ nativo *Muttersprache* f ‖ ~s
neolatinos *romanische Sprachen* fpl ‖ ~ oficial
Amtssprache f ‖ ~ original *Ursprache* f ‖ ~ de
partida *Ausgangssprache* f ‖ ~ vernáculo
Landes-, Heimat|sprache f ‖ → auch **lengua** ‖
–mática *f* ⟨Ling⟩ *Idiomatik* f ‖ **–mático** adj
idiomatisch, mundartlich ‖ *Sprach(en)-*
idio|patía *f* ⟨Med⟩ *Idiopathie* f ‖ **–pático** adj
⟨Med⟩ *von s. aus entstanden, idiopathisch*
idioplasma *m* ⟨Gen⟩ *Idio-, Erb|plasma* n
idiosin|crasia *f scharf ausgeprägte
Eigentümlichkeit* f ‖ *(geistige) Veranlagung* f ‖
Charakter m, *Eigen- bzw Denk|art* f ‖ *Wesen* n ‖
⟨Med⟩ *Idiosynkrasie* f (& fig) ‖ **–crático** adj
eigentümlich, Charakter-, Temperament- ‖ ⟨Med⟩
idiosynkratisch, (krankhaft) überempfindlich
idio|ta adj *(m/f) blöd, idiotisch, blöd-,
stumpf|sinnig* ‖ ⟨Med⟩ *idiotisch* ‖ ~ m/f
Blödsinnige(r m) f, *Idiot* m ‖ *Dummkopf* m ‖
⟨Med⟩ *Idiot* m ‖ **–tez** [pl ~ces] *f Blöd-,
Stumpf|sinn* m ‖ *Dummheit* f ‖ ⟨Med⟩ *Idiotie* f
idiótico adj ⟨Ling⟩ *reich an Eigentümlichkeiten
(Sprache)*
idio|tismo *m Stumpfsinn* m, *Dummheit* f ‖
⟨Ling⟩ *Idiotismus* m, *Idiolexem* n ‖ ⟨Med⟩ *Idiotie*
f ‖ **–tizar** [z/c] vt *verdummen* ‖ *idiotisch machen* ‖
betäuben
¹ido *m Ido* n *(künstliche Welthilfssprache)*
²ido pp von **ir** ‖ *ver|gangen, -weht,
entschwunden* ‖ ◇ estar ~ *(de la cabeza)* ⟨fam⟩
verrückt sein
³ido adj Am *betrunken*
idólatra adj *(m/f) Götzendienst treibend* ‖
Götzen- ‖ ⟨allg⟩ *abgöttisch (verehrend)* ‖ ⟨fig⟩
leidenschaftlich verliebt ‖ ~ m/f *Götzendiener(in*
f) m ‖ ⟨fig⟩ *leidenschaftliche(r) Verehrer(in* f) m ‖
abgöttische(r) Liebende(r m) f
idola|trado adj *vergöttert* ‖ *abgöttisch geliebt* ‖
heiß geliebt ‖ **–trar** vt *abgöttisch verehren* (& fig)
‖ *vergöttern, leidenschaftlich lieben* ‖ **–tría** *f
Götzendienst* m, *Idolatrie* f ‖ ⟨fig⟩ *Vergötterung* f
‖ ⟨fig⟩ *abgöttische Verehrung* f ‖ ⟨fig⟩
leidenschaftliche Liebe f
idolátrico adj *abgöttisch* (& fig) ‖ *Götzen-*
ídolo *m Götze, Abgott* m, *Idol* n (& fig) ‖
Götzenbild n
idoneidad *f Tauglichkeit, Fähigkeit* f
idóneo adj *tauglich, fähig, geeignet* (para *für*)
Mex *echt*
¹idos → **ir**
²idos, idus mpl *Iden* pl ‖ los ~ de marzo *die
Iden des März*
i.e. ⟨Abk lat⟩ = **id est** *(d. h.)*
ig. ⟨Abk⟩ = **igual(es)**
igarapé *m* SAm *Seiten|kanal, -arm* m *(e–s
Flusses im Amazonasgebiet)*
igl.ª ⟨Abk⟩ = **iglesia**
igle|sia *f Kirche* f, *Tempel* m, *Gotteshaus* n ‖
Kirche, christliche Gemeinde f ‖

Kirchengemeinschaft f ‖ *Geistlichkeit* f ‖ *geistlicher Stand* m ‖ *Kirchenstaat* m ‖ *Religionsbekenntnis* n ‖ ~ catedral *Münster* n, *Domkirche* f ‖ ~ católica *katholische Kirche* f ‖ ~ colegial *Kollegialkirche* f ‖ ~ conventual *Ordens-, Kloster|kirche* f ‖ ~ evangélica *evangelische Kirche* f ‖ ~ filial *Filialkirche* f ‖ ~ griega →· ~ ortodoxa ‖ ~ matriz *Mutterkirche* f ‖ ~ mayor, ~ metropolitana *Haupt-, Metropolitan|kirche* f ‖ ~ militante *streitende Kirche* f ‖ ~ oriental *Ostkirche, griechische Kirche* f ‖ ~ ortodoxa *(griechisch-)orthodoxe Kirche* f ‖ ~ parroquial *Pfarrkirche* f ‖ ~ primitiva *Urkirche* f ‖ ~ protestante *protestantische Kirche* f ‖ ~ purgante *leidende Kirche* f ‖ ~ reformada *reformierte Kirche* f ‖ ~ triunfante *triumphierende Kirche* f ‖ ~ universal *Weltkirche* f ‖ la ~· *die katholische Kirche* f ‖ ◇ casárse por la ~ *s. kirchlich trauen lassen* ‖ casarse por detrás de la ~ ⟨fig⟩ *s. nicht kirchlich trauen lassen, ohne kirchlichen Segen heiraten* ‖ cumplir con la ~ *die österlichen Pflichten erfüllen* ‖ ir a la ~ *zur od in die Kirche gehen* ‖ **–siero** m/adj ⟨desp⟩ *Scheinheilige(r), Betbruder* m ‖ **–sieta** f dim von **–sia** ‖ *Kirchlein* n

iglú m *Iglu* m (& n) *(der Eskimos)*

igna|ciano adj *auf Ignatius von Loyola bezüglich* ‖ *den Jesuitenorden betreffend, jesuitisch, Jesuiten-*

Ignacio m np *Ignaz* m ‖ San ~ de Loyola *hl. Ignatius von Loyola*

ignaro adj *un|wissend, -gebildet*

ígneo adj *feurig* ‖ *Feuer-* ‖ *feuerfarbig*

ignescente adj ⟨m/f⟩ *(er)glühend*

ignición f *Glühen* n, *Glühzustand* m ‖ *Verbrennen* n ‖ *Verbrennung* f ‖ ⟨Auto⟩ *Zündung* f ‖ → auch **encendido**

igni|fero adj ⟨poet⟩ *feuersprühend* ‖ **–fugo** adj *flammen-, feuer|sicher, -beständig* ‖ *flammen-, feuer|sicher machend* ‖ ~ m *Feuerschutzmittel* n

ignipotente adj ⟨m/f⟩ ⟨poet⟩ *über das Feuer gebietend*

ignívomo adj ⟨poet⟩ *feuerspeiend*

ignomi|nia f *Schmach, Schande* f ‖ *Schimpf* m ‖ *Beschimpfung, Entehrung* f ‖ ◆ con ~ *schmachvoll* ‖ **–nioso** adj *schmachvoll, schändlich, schmählich, entehrend* ‖ *schimpflich*

ignoran|cia f *Un|wissenheit, -kenntnis* f ‖ *Bildungslücke* f ‖ *Ignoranz* f ‖ ~ afectada *vorgegebene Unkenntnis* f ‖ ~ del derecho *Rechtsunkenntnis* f ‖ ~ de hecho ⟨Jur⟩ *Tatirrtum* m ‖ ~ supina *gröbste Unwissenheit* f ‖ ◆ por ~ *durch Unkenntnis* ‖ ◇ pecar de ~ *aus Unkenntnis fehlen (sündigen)* ‖ ~ no quita pecado, ⟨Jur⟩ la ~ de la ley no excusa de su cumplimiento *Unkennntis schützt vor Strafe nicht* ‖ **–te** adj ⟨m/f⟩ *un|wissend, -kundig, -bewandert* ‖ *ungebildet* ‖ *uneingeweiht, ahnungslos* ‖ ~ m *Ignorant* m ‖ *Unwissende(r)* m ‖ ◇ hacerse el ~ *s. unwissend stellen* ‖ **–tismo** m *planmäßige Volksverdummung* ‖ **–tista** s/adj ⟨m/f⟩ *Volksverdummer(in* f) m ‖ *Verteidiger(in* f) m *der Volksverdummung* f ‖ **–tón** augm von **–te** ‖ ⟨fam desp⟩ *Schwach-, Hohl|kopf* m

   igno|rar vt *nicht wissen, nicht kennen* ‖ *nicht wissen, nicht kennen wollen, ignorieren* ‖ –ro su paradero *ich weiß nicht, wo er (sie, es) s. aufhält* ‖ no –ramos que ... *wir verkennen nicht, wir wissen wohl, es ist uns nicht unbekannt, dass ...* ‖ **-to** adj *unbekannt* ‖ *unerforscht (Länder)* ‖ lo ~ *das Unbekannte*

Igor m np *Igor* m

¹igual adj ⟨m/f⟩ *gleich(förmig)* ‖ *gleichmäßig* ‖ *eben, gleichmäßig (Weg, Gelände)* ‖ *gleichbleibend (Stimmung)* ‖ *gleichrangig* ‖

gleichwertig ‖ *entsprechend* ‖ *ähnlich* ‖ *einerlei, eins* ‖ *gleichgültig,* ⟨fam⟩ *egal* ‖ ⟨Math⟩ *gleichwertig* ‖ ⟨bes Geom⟩ *kongruent* ‖ ~ a ... *gleich wie* ... ‖ ~ *e–r Sache gewachsen* ‖ a la muestra *dem Muster entsprechend* ‖ dos y dos ~ a cuatro $2+2=4$ ‖ al ~ ⟨⟨pop⟩ a la ~a⟩ *auf dieselbe Weise (de wie)* ‖ *al pari* ⟨Com⟩ *al* ~ que ... *ebenso(sehr) wie* ... ‖ de ~ *calidad od condición ebenbürtig (Person)* ‖ ◆ en ~ de ... *an Stelle von* ... ‖ por (un) ~ *gleich, auf gleiche Weise* ‖ *von demselben Schlag* ‖ todo me es ~ *es ist mir alles eins (od gleich od einerlei od egal)* ‖ ◇ me quedo ~ ⟨fam⟩ *ich bin genauso schlau wie vorher,* ⟨fam⟩ *ich verstehe (immer) nur Bahnhof* ‖ ¿le sería a Vd. ~? *würde es Ihnen et. ausmachen?* ‖ ~ m *Gleichberechtigte(r)* m ‖ *Ebenbürtige(r)* m ‖ ⟨Math⟩ *Gleichheitszeichen* n (=) ‖ ~ m/f/n: el ~, la ~, lo ~ *der Gleiche* m, *die Gleiche* f, *das Gleiche* n ‖ ◆ de ~ a ~ *als gleichstehend (tratar behandeln)* ‖ sin ~ *sondergleichen* ‖ *unvergleichlich* ‖ *unerreicht* ‖ un ~ suyo *e–r wie er, e–r seinesgleichen* ‖ ◇ ha encontrado su ~ *er hat s–n Mann gefunden* ‖ *er hat s–n Meister gefunden* ‖ no tener ~ *nicht seinesgleichen haben* ‖ *ganz hervorragend sein* ‖ no tienes ~ *du bist nicht zu ersetzen, es gibt niemanden wie dich* ‖ tratar de ~ a ~ *als gleichstehend behandeln* ‖ ~es mpl ⟨fam⟩ *Lose* npl *(der span. Blindenlotterie)*

²igual adv *gleichfalls, auf diesselbe Weise* ‖ Arg Chi Ur *trotzdem*

¹iguala f *Gleichmachung* f ‖ *Angleichung* f

²iguala f *vereinbarte Zahlung* f ‖ *Pauschalhonorarvereinbarung* f *(bes zwischen Arzt und Patient)*

³iguala f ⟨Arch⟩ *Richtlatte* f

   igua|lación f *Gleichmachung* f ‖ *Gleichsetzung* f ‖ *Angleichung* f ‖ *Ausgleich* m ‖ *Anpassung* f ‖ ⟨fig⟩ *Glättung* f ‖ ⟨fig⟩ *Übereinkunft* f ‖ **–lado** adj/s *(schon) mit ausgeglichenem Gefieder (Jungvogel)* ‖ ⟨fig⟩ *unbefangen* ‖ ⟨fig⟩ *anmaßend* ‖ **–lador** adj *gleichmachend* ‖ *gleichmacherisch* ‖ ~ m *Ausgleichsvorrichtung* f ‖ ⟨Elektr⟩ *Entzerrer* m ‖ **–ladora** f *Egalisiermaschine* f ‖ **–lamiento** m → **–lación** ‖ ⟨Tech⟩ *Planierung* f ‖ *Egalisierung* f ‖ **–lar** vt/i *gleichmachen, ausgleichen* ‖ *ebnen (Wege)* ‖ *ausgleichen (Schritt)* ‖ *stutzen (Bart, Haar)* ‖ *einebnen, eben machen, nivellieren, planieren (Boden, Gelände)* ‖ *glatt streichen* ‖ Arg *stimmen (Gitarre)* ‖ ⟨fig⟩ *gleichhalten* ‖ ⟨fig⟩ *gleichmachen* ‖ ⟨fig⟩ *gleichstellen, für gleichwertig halten* ‖ ◇ ~ a uno *jdm gleichkommen (en an dat)* ‖ *gleich sein, die Waage halten* ‖ ~se *s. vergleichen (a, con mit)* ‖ *übereinkommen, e–e Vereinbarung treffen (über acc)* ‖ ◇ ~ a *od con alg. jdm gleichkommen (en in dat)* ‖ *s. mit jdm gleichstellen* ‖ *gleichkommen, gleichen (a, con dat)*

   igualdad f *Gleich|heit* f ‖ *Gleich|mäßigkeit* bzw -förmigkeit f ‖ *Gleichwertigkeit* f ‖ *Ebenmaß* n, *Übereinstimmung* f ‖ *Ebenheit* f *(des Bodens)* ‖ *Kongruenz* f ‖ ⟨fig⟩ *Ebenbürtigkeit* f ‖ ~ de ánimo *Gleichmut* m ‖ ~ de categoría *Ranggleichheit* f ‖ ~ de derechos *Gleichberechtigung* f ‖ ~ ante la ley *Gleichheit* f *vor dem Gesetz* ‖ ~ de oportunidades *Chancengleichheit* f ‖ ~ de puntos ⟨Sp⟩ *Unentschieden* n ‖ ~ tributaria *Steuergerechtigkeit* f ‖ *gleichmäßige Besteuerung* f ‖ ◆ en ~ de condiciones *bei od unter gleichen Bedinungen* ‖ en pie de ~ *gleichberechtigt*

igualita|rio adj *ausgleichend, gleichstellend* ‖ *das Prinzip der Gleichheit verfechtend* ‖ **–rismo** m *Egalitarismus* m, *Lehre* f *von der Gleichheit aller Menschen* ‖ ⟨desp⟩ *Gleichmacherei* f

igualmente adv *auf gleiche Weise* ‖ *gleichfalls, auch* ‖ ¡(gracias,) ~*! danke, gleichfalls! (Erwiderung auf gute Wünsche usw.)*
¹iguana *f* ⟨Zool⟩ *Leguan* m, *Kammeidechse* f *(Iguana iguana)*
²iguana *f* Mex ⟨Mus⟩ (Art) *Gitarre* f
igu|ánidos *mpl* ⟨Zool⟩ *Leguane* mpl *(Iguanidae)* ‖ **–onodonte** *m* ⟨Paläont⟩ *Iguanodon* n
igüedo *m Ziegenbock* m
IHS ⟨Abk⟩ = **Jesús**
ija|da *f* ⟨An⟩ *Seite, Weiche* f ‖ *Flanke* f *des Pferdes* ‖ **–dear** vi *keuchen* (bes. *Pferd, Hund usw.)*
ijar *m* → **ijada** ‖ ~**es** *mpl Flanken* fpl *(bes. des Pferdes, Hundes usw.)*
¡ijujú! int *juchhe(i)! heißa! heisa! (Jubelruf)*
ikastola ⟨bask⟩ *f baskische Schule* f *mit Baskisch als Unterrichtssprache*
ikebana *m Ikebana* n
ikurriña ⟨bask⟩ *f (die) baskische Flagge*
ila|ción *f Folgerung* f, *Schluss* m ‖ *(Gedanken)Verbindung* f ‖ **–tivo** adj *folgerecht* ‖ ⟨Gr⟩ *folgernd, konsekutiv (Bindewort)* ‖ ~ *m* ⟨Gr⟩ *Illativ* m
ilang-ilang *m* ⟨Bot⟩ *Ilang-Ilang, Ylang-Ylang* m *(Unona odorata)*
Ilda *f* np ⟨fam⟩ → **Casilda**
Ildefonso *m* np *Ildefons* m
Il.ᵉ ⟨Abk⟩ = **Ilustre**
ile|gal adj *(m/f) gesetz-, rechts|widrig, ungesetzlich, illegal* ‖ adv: ~**mente** ‖ **–galidad** *f Gesetzwidrigkeit, Ungesetzlichkeit, Illegalität* f ‖ p.ex. *Unrechtmäßigkeit* f ‖ **–galizar** [z/c] vt *für ungesetzlich* od *illegal erklären*
ilegi|bilidad *f Unleserlichkeit* f ‖ *Unlesbarkeit* f (& fig) ‖ **–ble** adj *(m/f) unleserlich* ‖ *unlesbar* (& fig)
ilegiti|mar vt *die Legitimität nehmen, gesetz- bzw rechts|widrig machen* ‖ *für unehelich erklären* ‖ **–midad** *f Gesetzwidrigkeit, Ungesetzlichkeit* f ‖ *Widerrechtlichkeit, Unrechtmäßigkeit* f ‖ *Unehelichkeit* f
ilegítimo adj *gesetzwidrig* ‖ *widerrechtlich* ‖ *unrechtmäßig* ‖ *unehelich* ‖ ⟨fig⟩ *ungerechtfertigt* ‖ ⟨fig⟩ *unbillig* ‖ ⟨fig⟩ *unecht* ‖ ⟨fig⟩ *verfälscht*
ileíble adj *(m/f)* Am → **ilegible**
íleo *m* ⟨Med⟩ *Ileus* m, *Darmver|schlingung* f, *-schluss* m
ileocecal adj *(m/f)* ⟨An⟩ *Blinddarm-*
íleon *m* ⟨An⟩ *Illeum* n
ilerdense adj/s *(m/f) aus Lérida* (P Tarr) ‖ *auf Lérida bezüglich*
ileso adj *unver|letzt, -sehrt, heil* ‖ ◇ *salir* ~ *de un peligro aus e–r Gefahr mit heiler Haut davonkommen*
iletrado adj *un|gelehrt, -gebildet, -geschult* ‖ *des Lesens und Schreibens unkundig, analphabetisch*
¹ilíaco, iliaco adj ⟨An⟩ *Darmbein-*
²ilíaco, iliaco adj ⟨Hist Lit⟩ *aus Ilium (= Troja)*
Ilíada, Iliada *f* ⟨Lit⟩ *(die) Ilias*
iliberal adj *(m/f) illiberal, engstirnig* ‖ *borniert, spießig*
ilicitano adj/s *aus Elche* (P Ali) ‖ *auf Elche bezüglich*
i|lícito adj *unerlaubt, verboten* ‖ *unlauter* ‖ *unstatthaft* ‖ **–licitud** *f Unerlaubtheit* f ‖ *Unerlaubte(s)* n ‖ *Unlauterkeit* f
iliense adj/s *(m/f)* → **troyano**
ilimitado adj *un|begrenzt, -beschränkt* ‖ *unumschränkt* ‖ *nicht genau festgelegt* ‖ *schrankenlos* ‖ ⟨Com⟩ *unlimitiert* ‖ *schrankenlos*
ilímite adj *(m/f)* (poet) *unbeschränkt, grenzenlos, grenzlos, weit (Gelände)*

ilion *m* ⟨An⟩ *Darmbein* n
Ilión *f* ⟨Hist⟩ *Ilion* n *(Troja)*
iliquidez *f* ⟨Com⟩ *Illiquidität* f ‖ *Zahlungsunfähigkeit* f
ilíquido adj *unbezahlt (Rechnung)* ‖ *illiquid, über k–e flüssigen Mittel verfügend*
Ili|ria *f* ⟨Geogr Hist⟩ *Illyrien* n ‖ **–rio** *m Illyr(i)er* m ‖ ~, **ilírico** adj *illyrisch*
Il.ᵐᵒ, Il.ᵐᵃ, Illmo., Illma. ⟨Abk⟩ = **Ilustrísimo,** ~**a**
△ **ilo** *m Geist* m
i|lógico adj *unlogisch, vernunftwidrig* ‖ **–logismo** *m Mangel* m *an Logik* ‖ *(das) Unlogische* n, ⟨fam⟩ *Unlogik* f
ilo|ta *m* ⟨Hist⟩ *Helot* m (& fig) ‖ ⟨fig⟩ *Entrechtete(r)* m ‖ ⟨desp⟩ *Sklave* m, *Sklavenseele* f ‖ **–tismo** *m* ⟨Hist⟩ *Helotentum* n (& fig)
ilumi|nación *f Er-, Be|leuchtung* f ‖ *Festbeleuchtung* f ‖ ⟨Mal⟩ *Kolorierung* f, *Ausmalen* n ‖ ⟨Opt Fot⟩ *Ausleuchtung* f ‖ *Beleuchtungsstärke* f ‖ ⟨Mar Flugw⟩ *Befeuerung* f ‖ ⟨Arch⟩ *Anstrahlen* n *(von Bauwerken)* ‖ ⟨fig⟩ *Licht* n *(das e–m aufgeht)* ‖ *Verklärung* f *(Mystik)* ‖ ⟨fig⟩ *Aufklärung* f ‖ ~ *indirecta indirekte Beleuchtung* f ‖ **–nado** adj *er-, be|leuchtet, festlich beleuchtet* ‖ *angestrahlt (Bauwerk)* ‖ ⟨fig⟩ *aufgeklärt, vorurteilsfrei* ‖ ⟨figf⟩ *beschwipst, ange|säuselt, -heitert, -dudelt* ‖ ⟨Rel⟩ *erleuchtet* ‖ ~ *con luz eléctrica mit elektrischer Beleuchtung* ‖ ~ *m* ⟨Hist⟩ *Illuminat(in* f) m *(Sektenangehöriger)* ‖ ⟨Rel⟩ *Erleuchtete(r)* m ‖ ⟨fig⟩ *Schwärmer* m ‖ ⟨fig⟩ *Verrückte(r)* m ‖ **–nador** *m Ausmaler, Kolorist* m ‖ *Erleuchter* m ‖ ⟨Opt Phys⟩ *Lichterzeuger* m ‖ **–nar** vt *er-, be|leuchten* ‖ *illuminieren, festlich beleuchten* ‖ ⟨Opt⟩ *ausleuchten* ‖ *anstrahlen (Bauwerke, Gebäude)* ‖ *ausmalen, kolorieren, färben* ‖ ⟨fig⟩ *belehren* ‖ ⟨fig⟩ *aufklären* ‖ ⟨Theol⟩ *erleuchten* ‖ **–naria(s)** *f(pl)* → **luminarias** ‖ **–nativo** adj *erleuchtend* ‖ **–nismo** *m* ⟨Hist⟩ *Illuminatentum* n ‖ *Illuminaten|orden* m, *-bewegung* f ‖ **–nista** *m/f* ⟨Hist⟩ *Illuminat(in* f) m *(Sektenangehöriger)*
ilusión *f* ⟨allg⟩ *Illusion* f (& Th) ‖ *Täuschung* f ‖ *eitle Hoffnung, Träumerei* f ‖ *Grille* f ‖ *Selbstbetrug* m ‖ *Vorspiegelung* f, *Blendwerk* n ‖ *Zauberkunststück* n ‖ *Vorfreude* f ‖ *große Erwartung* f ‖ ~ *óptica optische Täuschung* f ‖ ~ *sensorial,* ~ *de los sentidos Sinnestäuschung* f ‖ ◇ *me ha dado tanta* ~ ⟨fam⟩ *ich habe mich so sehr darüber (bzw darauf) gefreut* ‖ *hacerse* od *forjarse ilusiones s. eitlen Hoffnungen hingeben* ‖ *s. falsche Vorstellungen machen (acerca de, sobre über acc)*
ilusio|nar vt *blenden, täuschen (acerca de, sobre über* acc) ‖ ◇ ~ *a alg. con algo jdm Hoffnungen machen auf et. (acc)* ‖ ~**se** *s. Täuschungen hingeben* ‖ *s. et. vormachen* ‖ *s. Illusionen machen (acerca de, sobre über* acc) ‖ **–nismo** *m* ⟨Philos⟩ *Illusionismus* m ‖ ⟨allg⟩ *Zauberkunst* f ‖ **–nista** adj *(m/f) illusionistisch, illusionär* ‖ ~ *m/f ge- bzw ent|täuschter Mensch* m
ilu|sivo adj *illusorisch* ‖ *täuschend, trügerisch, irreführend* ‖ **–so** adj *betrogen, getäuscht* ‖ ~ *m Träumer, Schwärmer, Schwarmgeist* m ‖ **–sorio** adj *täuschend, Wahn-, trügerisch, illusorisch (Hoffnung)* ‖ *zwecklos, unnütz* ‖ ⟨Jur⟩ *verfänglich* ‖ *nichtig, kraftlos (Verordnung)* ‖ ◇ *resultar* ~ *s. als trügerisch erweisen*
ilus|tración *f* (Aus)Bildung f ‖ ⟨allg⟩ *Aufklärung* f ‖ *Erleuchtung* f ‖ *Erklärung, Auslegung* f ‖ *(Ruhmes)Glanz* m ‖ *Berühmtheit* f ‖ *Auszeichnung* f ‖ *Textbild* n, *Illustration* f ‖ *Bebilderung* f ‖ *illustriertes Werk* n

‖ *illustrierte Zeitschrift* f ‖ ⟨Sch⟩ *Kladde* f ‖ ~ *de página entera ganzseitige Abbildung* f ‖ ~ *en el texto Textabbildung* f ‖ ilustraciones fuera de texto *Bildtafel* f *(im Buch)* ‖ ~ *en tricromía dreifarbige Illustrationen* fpl ‖ **–trado** adj *aufgeklärt* ‖ *gebildet* ‖ *bebildert, illustriert (Zeitschrift)* ‖ **–trador** m *Illustrator, Bildmaler* m ‖ **–trar** vt *er-, be|leuchten* ‖ ⟨fig⟩ *der Gesittung zuführen, bilden, zivilisieren* ‖ *er|läutern, -klären* ‖ *aufklären* ‖ *belehren* ‖ ⟨Rel⟩ *erleuchten* ‖ *(e–n Text) mit Abbildungen versehen, illustrieren* ‖ ⟨fig⟩ *veranschaulichen, erläutern, illustrieren* ‖ *(jdn) berühmt machen* ‖ ~**se** *s. bilden, Kenntnisse erlangen* ‖ *Ansehen, Ruhm erlangen, s. berühmt machen, berühmt werden* ‖ *s. auszeichnen* ‖ **–trativo** adj *erklärend* ‖ *bildend* ‖ *anschaulich* ‖ *erbaulich* ‖ **–tre** adj *(m/f) berühmt, hervorragend* ‖ *vornehm, erlaucht* ‖ *rühmlich* ‖ *hochwohlgeboren (Titel)* ‖ ¡~ auditorio! *erlauchtes Publikum!*
△ **ilustres** mpl *Schuhe* mpl
Ilustrísi|ma f: Vuestra ~ Ew. *Hochwürden* ‖ *Bischöfl. Gnaden (Ehrentitel)* ‖ su ~ el obispo de Oviedo S. *Hochwürden der Bischof von Oviedo* ‖ **–mo** adj *Hochwürdigster (Ehrentitel hoher Amtsinhaber, z.B. Bischöfe, Gerichtspräsidenten, Bürgermeister usw.)* (Abk. = **Ilmo.**)
imagen f [pl **imágenes**] *Bild(nis)* n ‖ *Abbildung* f ‖ *Ebenbild* n ‖ *Heiligen|bild* n, *-statue* f ‖ ⟨Fot⟩ *Bild, Foto* n ‖ ~ *borrosa* ⟨Fot⟩ *unscharfes Bild, Foto* n ‖ ~ *devota Heiligenbild* n ‖ ~ *especular Spiegelbild* n ‖ ~ *fantasma* ⟨TV⟩ *Geisterbild* n ‖ ~ *fija Standbild* n ‖ ~ *invertida Umkehrbild* n ‖ ~ *milagrera Wunderbild* n ‖ ~ *nítida* ‖ ⟨Fot⟩ *scharfes Bild* n ‖ ~ *de potencia* ⟨TV⟩ *Ladungsbild* n ‖ ~ *pública Image* n ‖ ~ *de reflexión* ⟨Fot⟩ *Reflex-, Spiegel|bild* n ‖ ~ *de la retina,* ~ *retiniana Netzhautbild* n ‖ ~ *de un santo Heiligen|bild* n, *-figur* f ‖ ~ *virtual* ⟨Phys⟩ *virtuelles Bild, Scheinbild* n ‖ ◇ *parecer una* ~ ⟨fig⟩ *bildschön sein (Frau)* ‖ Dios hizo al hombre a su ~ *Gott schuf den Menschen nach s–m Ebenbild* ‖ **imágenes** fpl *Heiligenbilder* npl ‖ *Heiligenstatuen* fpl ‖ ◇ hablar en ~ *s. bildlich ausdrücken* ‖ quedar(se) para vestir ~ ⟨figf⟩ *e–e alte Jungfer bleiben, sitzen bleiben, k–n Mann bekommen (Mädchen)*
imagi|nable adj *(m/f) ersinnlich* ‖ *vorstellbar* ‖ *denkbar* ‖ lo más sólido ~ *denkbar fest* ‖ **–nación** f *Einbildung(skraft), Fantasie* ‖ *leere Einbildung* f ‖ *Vorstellung* f ‖ *Hirngespinst* n ‖ *Vorurteil* n ‖ ~ *creadora schöpferische Einbildungskraft* f ‖ ~ *novelesca romanhafte Fantasie* f ‖ imaginaciones vanas ⟨fig⟩ *Luftschlösser* npl ‖ ◇ no pasar por la ~ *(fam) nicht in den Sinn kommen* ‖ eso sobrepasa la ~ *das ist unvorstellbar* ‖ ni por ~ ⟨figf⟩ *um k–n Preis,* ⟨fam⟩ *nicht im Traum* ‖ **–nar** vt *aus-, er|denken, er|sinnen, -dichten, -finden* ‖ *ahnen, vermuten* ‖ *s. vorstellen, s. denken* ‖ *verfallen auf* (acc) ‖ ◇ ¡ni –lo siquiera! *nicht im Entferntesten!* ‖ ~ vi *s. einbilden* ‖ *Hirngespinste haben* ‖ *auf e–e Idee verfallen* ‖ nunca lo hubiera imaginado *das hätte ich mir nie träumen lassen* ‖ ~**se** *s. e–e Vorstellung machen, s. vorstellen, s. denken* ‖ *s. einbilden (ser zu sein)* ‖ ◇ ¡imagínese! *denken Sie an! stellen Sie s. vor!* ‖ no podérselo ~ *es s. nicht vorstellen können*
imaginaria m ⟨Mil⟩ *Wache* f, *Nachtwachhabende(r)* m *(Soldat im Schlafsaal der Kaserne)* ‖ ~ f ⟨Mil⟩ *Ersatz-, Bereitschafts|wache* f
imagi|nario adj *eingebildet* ‖ *in der Vorstellung* od *Einbildung* ‖ *er|dichtet, -dacht* ‖ *unwirklich* ‖ *Schein-* ‖ *imaginär (Größe, Gewinn)* ‖ **–nativa** f *Einbildungskraft* f ‖ *gesunder*

Menschenverstand m ‖ **–nativo** adj *erfindungsreich* ‖ *sinnreich* ‖ *fantasievoll* ‖ *Einbildungs-* ‖ **–nería** f *Fantasiestickerei* f ‖ *Blumenstickkunst* f ‖ *religiöse Bildhauerkunst, Heiligenbildschnitzerei* f ‖ *religiöse Malerei* f ‖ **–nero** m/adj *Maler* od *Schnitzer* m *von Heiligen|bildern* od *-statuen, Herrgottsschnitzer* m ‖ ⟨allg⟩ *Bild|schnitzer* bzw *-hauer* m
imago m ⟨Ins Psychol Theol⟩ *Imago* f
¹**imán** m *(natürlicher) Magnet* m ‖ ⟨fig⟩ *Köder* m, *Lockung* f ‖ ~ *de barra Stabmagnet* m ‖ ~ *elevador Hubmagnet* m ‖ ~ *de herradura Hufeisenmagnet* m ‖ ~ *permanente Dauermagnet* m
²**imán** m ⟨Rel⟩ *Imam* m ‖ *Iman* n
iman|(t)ación f *Magnetisierung* f ‖ **–(t)ado** adj *magnetisiert* ‖ *magnetisch* ‖ **–(t)ar** vt *magnetisieren* ‖ ~**se** *magnetisch werden*
imbatible adj *(m/f) unschlagbar*
imbebible adj *(m/f) nicht trinkbar*
imbécil adj *(m/f) schwach-, blöd|sinnig* ‖ *schwachköpfig, stupide* ‖ ~ m ⟨pop⟩ *Dumm-, Schwach-, Hohl|kopf, Einfaltspinsel, Tölpel* m ‖ ⟨Med⟩ *Geistesschwache(r), Schwachsinnige(r)* m
imbecilidad f *Schwachsinn* m ‖ ⟨fig⟩ *Blödsinn* m, *Dummheit,* ⟨fam⟩ *Eselei* f
imberbe adj/s *bartlos* ‖ ⟨fig⟩ *noch sehr jung (Mann),* ⟨desp⟩ *noch grün, mit Milchbart, noch feucht* od *noch nicht trocken hinter den Ohren*
imbibición f *Vollsaugen* n *(Brot, Schwamm usw.)* ‖ *Tränkung* f
imbíbito adj *Guat Mex (mit) einbegriffen*
imbornal m ⟨Mar⟩ *Speigatt* n
imborrable adj *(m/f) unauslöschlich* ‖ *unvergesslich* ‖ ⟨Inform⟩ *unlöschbar*
imbrica|ción f *dachziegelartige* od *schuppenförmige Anordnung, Überlappung* f ‖ ⟨Arch⟩ *Dachziegelverband* m ‖ *dachziegelartiges Übereinandergreifen* n ‖ ⟨fig⟩ *Verschachtelung* f, *Ineinandergreifen* n ‖ **–do** adj *dachziegelartig* od *schuppenförmig angeordnet*
im|buido adj *eingenommen (de od en für)* ‖ *versessen (auf acc)* ‖ ~ *de od en opiniones erróneas voller irrtümlicher Ansichten* ‖ **–buir** [-uy-] vt *ein|flößen, -prägen* ‖ *(algo a alg. jdm et.) eingeben* ‖ *beibringen*
imbun|char vt Chi *verhexen* ‖ *betrügen* ‖ *stehlen* ‖ **–che** m Chi *Popanz, Kinderschreck* m ‖ *Hexerei* f ‖ ⟨fig⟩ *verwickelte Angelegenheit* f
imi|table adj *(m/f) nachahmbar* ‖ **–tación** f *Nachahmung* f ‖ *Fälschung* f ‖ *Nachahmung, Imitation* f ‖ ⟨Rel⟩ *Nachfolge* f ‖ ~ *de coral* ⟨Mus⟩ *Choralimitation* f ‖ ~ *de Cristo Nachfolge f Christi* ‖ ~ *servil sklavische Nachahmung* f ‖ ~ *del sonido Schallnachahmung* f ‖ ¡desconfíe(se) de (las) imitaciones! *vor Nachahmungen wird gewarnt!* ‖ **–tado** adj *nach|geahmt, -gemacht* ‖ *unecht* ‖ **–tador** m/adj *Nachahmer* m ‖ ⟨lit⟩ *Epigone* m ‖ **–tar** vt *nach|ahmen, -bilden, -machen (algo et.* acc) ‖ *zum Vorbild nehmen (a alg. jdn* acc), *s. richten (a alg. nach jdm), nachfolgen (a alg. jdm) kopieren, imitieren* ‖ *fälschen* ‖ ⟨iron⟩ *nachäffen* ‖ **–tativo, –tatorio** adj *nachahmend* ‖ *Nachahmungs-*
imp. ⟨Abk⟩ = **impagado** ‖ **imperfecto** ‖ ¹**imperial** ‖ **importación**
impacien|cia f *Ungeduld* f ‖ ⟨fig⟩ *Erbitterung* f ‖ *Entrüstung* f ‖ ⟨fig⟩ *Neugierde* f ‖ ◆ con ~ *ungeduldig* ‖ ⟨fig⟩ *entrüstet* ‖ ⟨fig⟩ *gereizt* ‖ ⟨fig⟩ *neugierig* ‖ ⟨fig⟩ *erwartungsvoll* ‖ **–tar** vt *ungeduldig machen* ‖ ~**se** *ungeduldig werden, die Geduld verlieren* ‖ **–te** adj *(m/f) ungeduldig (de, con, por wegen)* ‖ ⟨fig⟩ *beängstigt, unruhig* ‖ ⟨fig⟩ *angespannt* ‖ ⟨fig⟩ *voller Sehnsucht (de nach)*

impac|tar vi einschlagen || ⟨fig⟩ *e–e starke Wirkung ausüben* || *Aufsehen erregen,* ⟨fam⟩ *ankommen* || **–to** *m Auf-, Ein|schlag, Aufprall* m *(Geschoss)* || *Einschuss* m || *Einschlagloch* n || *Treffer* m (& fig) || ⟨fig⟩ *große Wirkung* f || ~ *ambiental* ⟨Ökol⟩ *Umwelteinwirkung* f
impa|gable adj *(m/f) unbezahlbar* || **–gado** (Am **impago**) adj ⟨Com⟩ *unbezahlt* || **–go** *m Nicht(be)zahlung* f || Arg *unbefriedigter Gläubiger* m
impala *m* ⟨Zool⟩ *Schwarzfersenantilope* f (Aepyceros melampus)
impalpa|bilidad *f Unfühlbarkeit* f || **–ble** adj *(m/f) nicht fühlbar, unfühlbar* || *staubfein* || *nicht greifbar* || *verschwindend klein*
impar adj *(m/f) ungleich* || *ungerade* || ⟨Biol An⟩ *unpaarig (Organe)* || ⟨fig⟩ *unvergleichlich*
imparable adj *(m/f) unaufhaltbar*
impar|cial adj/s *(m/f) unparteiisch, gerecht (Richter, Urteil)* || *neutral* || *vorurteilslos* || *wertfrei* || adv: ~**mente** **–cialidad** *f Unparteilichkeit, Objektivität* f || *Neutralität* f || *Vorurteilslosigkeit* f || *Wertfreiheit* f || ◇ *hablando con entera* ~ *ganz unparteiisch gesprochen*
imparidad *f Ungleichheit* f || *Ungeradheit* f
imparisílabo ⟨Gr poet⟩ adj *ungleichsilbig*
impar|tición *f* ⟨Mil⟩ *Erteilung* f || ~ *de una orden Befehlserteilung* f || **–tir** vt *mitteilen* || ⟨Jur⟩ *gewähren* || *(Weisungen) geben* || *anfordern* || *aufteilen (Besitz)* || ◇ ~ *clases Stunden geben* || [Universität] *Vorlesungen halten* || ~ *enseñanza unterrichten* || *lehren* || ~ *justicia Recht sprechen*
impase *m Sackgasse* f || ⟨fig⟩ *ausweglose Situation, kritische Lage* f
impasi|bilidad *f Unempfindlichkeit* f || ⟨fig⟩ *Gefühllosigkeit* f, *Gleichmut* m || *Unbeirrbarkeit* f || **–ble** adj *(m/f) empfindungs-, gefühl|los* || *gleichgültig* || *gelassen, gleichmütig* || *(felsen)fest* || *unbeirrbar, äußeren Einflüssen unzugänglich*
im|pavidez [*pl* ~**ces**] *f Unerschrockenheit, Kaltblütigkeit* f || **–pávido** adj *furchtlos, unerschrocken, kaltblütig* || *un|beirrbar, -erschütterlich* || Chi *frech, anmaßend*
impeca|bilidad *f Fehlerlosigkeit* f || ⟨fig⟩ *Tadellosigkeit, Vollkommenheit* f || **–ble** adj *(m/f) sünd(en)los* || ⟨fig⟩ *tadellos, vollkommen, einwandfrei* || *von tadelloser Eleganz (Kleid, Krawatte)*
impedancia *f* ⟨El⟩ *Impedanz* f, *Scheinwiderstand* m
impe|dido adj/s *körperbehindert* || *(glieder)lahm, krüppelhaft* || ~ *de los pies an den Füßen gelähmt* || ~ *para trabajar arbeitsunfähig* || ~ *m Körperbehinderte(r)* m || **–didor** adj *hindernd, hemmend* || **–diente** adj *(m/f)* ⟨Jur⟩ *aufschiebend* (→ **–dimento**)
impedimenta *f* ⟨Mil⟩ *Tross* m
impe|dimento *m Hindernis* n, *Abhaltung* f || *Ehehindernis* n || *Hemmung* f || ~ *de consanguinidad Ehehindernis* n *der Blutsverwandtschaft* || ~ *dirimente trennendes Ehehindernis* n || ~ *impediente aufschiebendes Ehehindernis* n || ◇ *poner* ~ *a algo et. verhindern* || **–dir** [-i-] vi/i *(ver)hindern* || *hemmen, erschweren* || *aufhalten* || *unmöglich machen* || ◇ ~ *el tráfico* ⟨StV⟩ *den Verkehr hemmen* || *eso no se puede* ~ *das ist nicht zu vermeiden* || *eso no impide que trabajes dabei kannst du doch auch arbeiten* || **–ditivo** adj *hemmend* || *hindernd* || *hinderlich* || *(Ver)Hinderungs-*
impe|lente adj *(m/f) antreibend* || *anstoßend* || *bewegend* || **–ler** vt *(weg)stoßen* || *fortschieben* || *antreiben* || *bewegen* || *drücken (Pumpe)* || ⟨fig⟩ *an|treiben, -spornen, bewegen (a zu)* || *anregen* || ◇ **–lido** *de od por la necesidad durch die Not*

gezwungen, der Not gehorchend || **–lir** vt Chi → **–ler**
impenetra|bilidad *f Undurchdringlichkeit* f (& fig) || ⟨Phys Tech⟩ *Undurchlässigkeit, Dichtheit* f || ⟨fig⟩ *Undurchsichtigkeit* f || ⟨fig⟩ *Uner|forschlichkeit, -gründlichkeit* f || **–ble** adj *(m/f) undurchdringlich* || ⟨Phys Tech⟩ *undurchlässig, dicht* || *schussfest (Panzerung)* || ⟨fig⟩ *undurchsichtig* || ⟨fig⟩ *uner|forschlich, -gründlich*
impeniten|cia *f Unbußfertigkeit, Verstocktheit* f || **–te** adj/s *(m/f) unbußfertig, verstockt*
impensa(s) *f(pl) Auf|wand* m, *-wendung* f *(zur Aufrechterhaltung bzw Verbesserung e–s Besitzes)* || ~ *suntuaria(s),* ~ *de lujo Luxusaufwendung(en)* f(pl) || ~ *útil(es) nützliche Aufwendung(en)* f(pl)
impensa|ble adj *(m/f) undenkbar* || *unvorstellbar* || **–damente** adv *unverhofft, plötzlich* || **–do** adj *un|vermutet, -erwartet, -verhofft*
impepinable adj *(m/f)* ⟨fam⟩: *eso es* ~ ⟨fam⟩ *das ist indiskutabel, daran ist nicht zu rütteln*
impe|rante adj *(m/f) herrschend* || *la penuria* ~ *die herrschende Not* || **–rar** vi *herrschen* || **–ratividad** *f zwingender Charakter* m || **–rativo** adj/s *ge|bieterisch, -bietend* || *obligatorisch, verpflichtend, bindend* || *imperativ* || *zwingend* || *Zwangs-* || *(modo)* ~ *m* ⟨Gr⟩ *Befehlsform* f, *Imperativ* m || ⟨fig⟩ *Gebot* n, *Imperativ* m || ~ *categórico kategorischer Imperativ* m *(Kant)*
imperatoria *f* ⟨Bot⟩ *Kaiserwurz* f (Peucedanum ostruthium)
imperatorio adj → **imperial**
impercepti|bilidad *f Nichtwahrnehmbarkeit, fehlende Wahrnehmbarkeit* f || *Unfühlbarkeit* f || **–ble** adj *(m/f) un|merklich, -merkbar* || *unfühlbar* || *unhörbar* || adv: ~**mente**
imperdible adj *(m/f) unverlierbar* || ~ *m Sicherheits-, Patentsteck|nadel* f || *Gürtelnadel* f || *Brosche* f
imperdonable adj *(m/f) unverzeihlich, unentschuldbar*
imperecedero adj *unvergänglich* || *unwandelbar, ewig* || *immerwährend, ewig*
imper|fección *f Un|vollkommenheit, -vollständigkeit* f || *Mangelhaftigkeit* f || *Mangel* m, *Gebrechen* n || ◆ *con* ~ *mangelhaft* || **–fectibilidad** *f mangelnde Vervollkommnungsfähigkeit* f || **–fectible** adj *(m/f) nicht vervollkommnungsfähig* || **–fecto** adj *unvollkommen* || *unvollendet* || *mangel-, fehler|haft* || ~ *m* ⟨Gr⟩ *Imperfekt* n
imperfora|ble adj *(m/f) nicht durchbohrbar* || ⟨Med⟩ *imperforabel* || **–ción** *f* ⟨Med An⟩ *(angeborene) Verwachsung (e–r Körperöffnung), Imperforation* f || **–do** adj *verwachsen, imperforiert (Körperöffnung)*
¹imperial adj *(m/f) kaiserlich,* || *imperial, das Imperium betreffend* || ~ *y real kaiserl. u. königl. (k.u.k.)* || *los* ~**es** *die Kaiserlichen, die kaiserlichen Truppen* fpl || ~ *f Kutschenhimmel* m || *Betthimmel* m || *Verdecksitz* m
²imperial *f* ⟨Bot⟩ *Kaiserkrone* f (Fritillaria imperialis) || *Mirabelle* f
impe|rialismo *m Imperialismus* m, *Machtstreben* n || *Weltmachtpolitik* f || **–rialista** adj *(m/f) imperialistisch* || ~ *m/f Imperialist(in* f) m
impericia *f Unwissenheit* f || *Unfähigkeit* f || *Unerfahrenheit* f (z. B. *im Autofahren*)
imperio *m Herrschaft, Gewalt* f || *Imperium* n || *(Kaiser)Reich* n || *Kaisertum* n || ⟨Jur⟩ *richterliche Gewalt* f || ⟨fig⟩ *Macht* f || ⟨fig⟩ *Einfluss* m || ⟨fig⟩ *Stolz* m || *el Bajo* ~ ⟨Hist⟩ *das Byzantinische Kaisertum* || *los* ~**s** *Centrales* ⟨Hist⟩ *die*

Mittelmächte ‖ ~ colonial *Kolonialreich* n ‖ ~
Oriental ⟨Hist⟩ *byzantinisches Kaisertum* n ‖ el
Sacro Romano ~ ⟨Hist⟩ *das Heilige Römische
Reich (Deutscher Nation)* ‖ ~ sobre sí mismo
Selbstbeherrschung f ‖ ◆ con ~ *auf gebieterische
Art* ‖ ◇ actuar bajo el ~ de la necesidad *unter
dem Zwang der Not(wendigkeit) handeln* ‖ estar
bajo el imperio de alg. *unter jds Einfluss stehen* ‖
obrar *od* proceder bajo el ~ de alg. → actuar bajo
el ~ de alg. ‖ valer un ~ *unermesslich wertvoll
sein, Gold wert sein* ‖ **–rioso** adj *gebieterisch,
herrisch* ‖ ⟨fig⟩ *dringend*
   imperito adj *unerfahren* ‖ *unfähig* ‖ *unwissend*
   impermea|bilidad f *Undurchlässigkeit* f ‖
Dichtigkeit f ‖ **–bilización** f *Dichtung,
Dichtmachung, Undurchlässigmachung* f ‖
Imprägnierung f ‖ *Hydrophobierung* f ‖ **–bilizante**
adj *(m/f) undurchlässig machend* ‖ *imprägnierend*
‖ ~ m *Imprägnierungsmittel* n ‖ **–bilizar** [z/c] vt
wasserdicht (bzw *undurchlässig*) *machen,
imprägnieren (Stoffe)* ‖ **–ble** adj *(m/f) wasserdicht
‖ dicht* ‖ *undurchlässig* ‖ ⟨Phys⟩ *undurchdringlich*
‖ ~ m *Wetter-, Regen-, Gummi|mantel* m ‖ *Ölhaut*
f ‖ ⟨pop⟩ *Pariser* m *(Kondom)*
   impermutable adj *(m/f) nicht vertauschbar* ‖
⟨Math⟩ *nicht permutabel*
   imperso|nal adj *(m/f) unpersönlich* ‖ **–nalidad**
f *Unpersönlichkeit* f ‖ *Mangel* m *an
Persönlichkeit*
   impertérrito adj *unerschrocken* ‖ *furchtlos* ‖
unerschütterlich
   impertinen|cia f *Ungebührlichkeit* f ‖
Dreistigkeit, Keckheit, Aufdringlichkeit f ‖
Ungereimtheit f ‖ *Unverschämtheit, Frechheit* f ‖
Flegelei f ‖ ◆ con ~ *dreist, keck* ‖ **–te** adj/s *(m/f)
un|passend, -gebührlich, -verschämt, frech,
impertinent* ‖ *keck, dreist* ‖ *zudringlich, lästig* ‖
flegelhaft
   impertinentes mpl *Lorgnette, Stielbrille* f
   imperturba|bilidad f *Unerschütterlichkeit* f ‖
–ble adj *(m/f) unerschütterlich, ruhig*
   impesantez f *Schwerelosigkeit* f
   impétigo m ⟨Med⟩ *Impetigo* f ‖ ~ bovino ⟨Vet⟩
Rinderimpetigo f
   impe|tra f *Erlaubnis, Befugnis* f ‖ **–tración** f
Erlangung f *(durch Bitten)* ‖ **–trador, -trante**
m/adj *Ersuchende(r), Bittende(r)* m ‖
Antragsteller m ‖ **–trar** vt *er|langen, -reichen
(durch Bitten)* ‖ *erbitten* ‖ ~ auxilio de alg. *jdn
um Hilfe rufen*
   ímpetu m *Heftigkeit* f, *Ungestüm* n ‖ *Wucht* f ‖
Schwung m ‖ *Gewalt, Kraft* f ‖ *(An)Trieb* m ‖ ◆
con ~ *heftig, ungestüm* ‖ ◇ tomar ~ *Anlauf
nehmen (beim Springen)*
   impetuo|sidad f *Ungestüm* n, *Heftigkeit* f,
hinreißender Schwung m ‖ *Impetus* m ‖
stürmische Leidenschaft f ‖ **–so** adj *heftig,
ungestüm* ‖ *wuchtig* ‖ *reißend, tobend (Wasser,
Sturm)* ‖ *stürmisch (& fig)*
   impiedad f *Gott-, Ruch|losigkeit* f ‖
Herzlosigkeit, Grausamkeit f
   impignorable adj *(m/f) nicht verpfändbar*
   impío adj/s *gott-, ruch|los* ‖ *grausam* ‖
mitleidlos, hart, unbarmherzig ‖ ◇ jurar como un
~ *gottlos fluchen*
   implaca|bilidad f *Unversöhnlichkeit* f ‖ **–ble**
adj *(m/f) unversöhnlich* ‖ *unerbittlich,
schonungslos*
   implan|tación f *Einfügung* f ‖ ⟨Med Biol⟩
Implantation f ‖ ⟨fig⟩ *Ein|setzung, -führung* f ‖
⟨fig⟩ *Festsetzung* f ‖ ⟨fig⟩ *Verwurz(e)lung* f ‖ ⟨fig⟩
Einbürgerung f ‖ ~ de contingentes ⟨Wir⟩
Kontingentierung f ‖ **–tar** vt *einpflanzen* ‖ ⟨Med
Biol⟩ *implantieren* ‖ ⟨fig⟩ *ein|setzen, -führen* ‖
festsetzen ‖ ⟨fig⟩ *senken (Wurzel)* ‖ ⟨fig⟩

einbürgern ‖ ~ un sistema *ein System einführen* ‖
~**se** s. *festsetzen* ‖ ⟨fig⟩ s. *einbürgern, verwurzeln*
‖ ⟨fam⟩ s. *einnisten* ‖ **–tología** f ⟨Med⟩
Implantologie f
   implemen|tar vt *implementieren* (& Inform)
‖ **–to** m *Zubehör* n/m
   impli|cación f *Einbeziehung, Verwick(e)lung* f
(en algo *in et.* acc) ‖ ⟨Jur⟩ *Verwick(e)lung,
Teilnahme* f *(in e–e bzw an e–r Straftat)* ‖
⟨Philos⟩ *Implikation* f ‖ **–cancia** f *Am* ⟨Jur⟩
Unvereinbarkeit f, *Ablehnungsgrund* m ‖
Befangenheit f ‖ **–car** [c/qu] vt *ver|wickeln,
-wirren* (a alg. en algo *jdn in et.*) ‖ *(mit)
einbegreifen, (mit) enthalten, (mit) einschließen,
bedeuten* ‖ *implizieren* ‖ *mit s. bringen* ‖
voraussetzen ‖ ~ vi *widersprüchlich sein* ‖ ◇ ~
contradicción *e–n Widerspruch enthalten* ‖ eso no
–ca que ... *damit ist nicht gesagt, dass ...* ‖ ~**se:**
~ en algo s. *in et.* (acc) *hineinziehen lassen* ‖ ~
con alg. s. *mit jdm einlassen* ‖ estar –cado en algo
in et. verwickelt sein ‖ **–catorio** adj
widersprüchlich ‖ *mit s. bringend* ‖ *nach s.
ziehend*
   implíci|tamente adv *(mit) inbegriffen, implizite*
‖ *stillschweigend* ‖ **–to** adj *mit einbegriffen* ‖ *mit
enthalten, mit gemeint, selbstverständlich* ‖
stillschweigend, unausgesprochen ‖ *implizit*
   implo|ración f *Anflehung* f ‖ *Flehen* n ‖
Ansuchen n ‖ *(inständige) Bitte* f ‖ **–rante** adj
(m/f) flehend ‖ *flehentlich* ‖ **–rar** vt/i *an|rufen,
-flehen* ‖ *erbitten* ‖ *inständig bitten* ‖ ◇ ~ auxilio
um Hilfe rufen ‖ ~ la caridad pública *betteln, um
milde Gaben bitten* ‖ ~ perdón *um Verzeihung
bitten*
   implo|sión f ⟨Phon Phys⟩ *Implosion* f ‖ **–sivo**
adj *implosiv*
   implume adj *(m/f) ungefiedert* ‖ *federlos*
   impolítico adj *unpolitisch* ‖ *unklug* ‖ *taktlos*
   impoluto adj *makellos, rein*
   impondera|bilidad f ⟨Phys⟩ *Unwägbarkeit* f
(& fig) ‖ **–ble** adj *(m/f) unwägbar* ‖ ⟨fig⟩
un|säglich, -vergleichlich ‖ ~**s** mpl ⟨fig⟩
Unwägbarkeiten fpl, *Imponderabilien* pl
   ¹imponedor m *der Steuern auferlegt*
   ²imponedor m ⟨Typ⟩ *Seiteneinrichter* m
   ¹imponente adj *(m/f) imposant, eindrucksvoll,
beeindruckend* ‖ *Ehrfurcht einflößend* ‖ *mächtig
gewaltig* ‖ *großartig,* ⟨fam⟩ *toll, Klasse-* ‖ ◇
tengo unos dolores de cabeza ~s ⟨fam⟩ *ich habe
rasende Kopfschmerzen*
   ²imponente m ⟨Com⟩ *Aufgeber, Absender* m ‖
Einleger m *(von Geld)*
   ¹imponer [irr → *poner*] vt *auferlegen, erheben
(Steuern)* ‖ *(jdm) e–n Auftrag geben* ‖ *aufbürden,
zumuten, aufzwingen (Arbeit, Meinung)* ‖ *beilegen
(Namen, Titel)* ‖ *auflegen (die Hände)* ‖ *einflößen
(Ehrfurcht)* ‖ *gebieten (Achtung, Ruhe,
Schweigen)* (a alg. *jdm dat*) ‖ *einzahlen (Geld)* ‖
einlegen (Geld) ‖ *unterweisen* ⟨Typ⟩
ausschießen ‖ ◇ ~ un castigo *e–e Strafe
auferlegen* ‖ ~ un derecho *e–e Steuer auferlegen* ‖
~ dinero *Geld einlegen* ‖ ~ una obligación *e–e
Verpflichtung auferlegen* ‖ ~ a uno en sus
obligaciones *jdn in s–e (Amts)Pflichten einführen*
‖ ~ su opinión a alg. *jdm s–e Meinung
aufdrängen* ‖ ~ respeto *Respekt einflößen* ‖ ~
silencio *Stillschweigen auferlegen* ‖ ~ terror a
alg. *jdm Furcht einjagen* ‖ *jdn terrorisieren* ‖ ~
su voluntad *s–n Willen durchsetzen* ‖ ~ vi
Eindruck machen, imponieren (a alg. *jdm dat*) ‖
~**se** s. *aufzwingen* ‖ s. *aufdrängen, s. durchsetzen*
‖ *unvermeidlich sein* ‖ ⟨fig⟩ s. *lohnen* ‖ ~ (en *od*
de) s. *ausbilden (in dat)* ‖ s. *bekannt machen (mit)*
‖ ~ en lo referente a los precios ⟨Com⟩ s.
hinsichtlich der Preise behaupten ‖ la necesidad

se –ne *es erweist s. als notwendig* ‖ ¡una visita se –ne! *ein Besuch lohnt s. (immer)!*

²imponer vt ⟨Typ⟩ *einschießen*

imponi|bilidad *f Belastbarkeit* f ‖ *Besteuerbarkeit* f ‖ *Verzollbarkeit* f ‖ **–ble** adj *(m/f) belastbar* ‖ *besteuerbar* ‖ *verzollbar* ‖ Arg *untragbar, nicht zu tragen(d) (Kleidungsstücke)*

impopu|lar adj *(m/f) (beim Volk) unbeliebt* ‖ *nicht volkstümlich, unpopulär* ‖ **–laridad** *f Unbeliebtheit (beim Volk), mangelnde Popularität* f

impor|table adj *(m/f) einführbar* ‖ **–tación** *f (Waren)Einfuhr* f, *Import* m ‖ *eingeführte (Waren)Menge* f ‖ *Einfuhrgeschäft* n ‖ ⟨fig⟩ *Einschleppung* f *(e–r Seuche)* ‖ ⟨fig⟩ *Einführung* f *(e–r Sitte)* ‖ ~ *directa direkte Einfuhr* f ‖ ~ indirecta *indirekte Einfuhr* f ‖ las importaciones *die importierten Waren, der Import* ‖ ◇ restringir las importaciones *die Einfuhr drosseln* ‖ **–tador** adj *einführend, importierend* ‖ *Einfuhr-, Import-* ‖ ~ *m Importeur* m

importan|cia *f Wichtigkeit, Bedeutung* f ‖ *Stellenwert* m ‖ *Belang* m ‖ *Größe* f ‖ *Umfang* m *(Schaden)* ‖ *Höhe* f *(Summe)* ‖ *Ansehen* n, *Einfluss* m, *Gewichtigkeit* f ‖ ⟨figf⟩ *Angabe, Wichtigtuerei* f ‖ la ~ *del pedido* ⟨Com⟩ *die Größe der Bestellung* ‖ ◆ de poca ~ un|bedeutend, -erheblich ‖ de (mucha) ~ *(höchst) wichtig, von (großer) Bedeutung* ‖ ◇ adquirir *(od* alcanzar, tomar) ~ *Bedeutung erlangen* ‖ carecer de ~ *unbedeutend sein* ‖ dar ~ a algo *auf et.* (acc) *Wert legen, e–r Sache Bedeutung beimessen* ‖ darse ~ *s. ein gewichtiges Ansehen geben,* ⟨fam⟩ *s. wichtig machen* ‖ ⟨fam⟩ *angeben, mit et. prahlen* ‖ haber perdido toda importancia *k–e Bedeutung mehr haben,* ⟨fam⟩ *weg vom Fenster sein* ‖ es cosa de mi ~ *das geht (nur) mich an* ‖ restar ~ a algo *et. herunterspielen* ‖ ver|harmlosen, -niedlichen ‖ bagatellisieren ‖ es sin ~, no tiene ~ *das hat k–e Bedeutung, das ist belanglos* ‖ tomar ~ *Bedeutung erlangen* ‖ **–te** adj *(m/f) wichtig, bedeutend* ‖ *erheblich, beträchtlich, weitgehend* ‖ *nennenswert* ‖ *mächtig, einflussreich, angesehen, gewichtig* ‖ *hochwichtig (Miene)* ‖ *schwer (Verletzung)* ‖ poco ~ un|bedeutend, -wichtig ‖ ◇ hacerse el ~ ⟨figf⟩ *s. aufspielen, wichtig tun,* ⟨fam⟩ *angeben*

¹importar vt/i *(Waren) einführen, importieren* ‖ *mit s. bringen, herbeiführen* ‖ *einführen (Mode, Sitten)* ‖ *einschleppen (Krankheit, Seuche)* ‖ *Eingang verschaffen (Ideen, Ideologien)* ‖ ~ vi *Einfuhrhandel treiben*

²importar vi *betragen, s. belaufen auf* (acc) *(Rechnung)*

³impor|tar vi *von Wichtigkeit, von Bedeutung, von Belang sein* ‖ *e–e Rolle spielen* ‖ ◇ (eso) no (me) importa *das ist (mir) einerlei* ‖ eso me importa un bledo *od* un higo ⟨fam⟩ *das ist mir Wurs(ch)t, das ist mir schnuppe, das ist mir piepe od piepegal* ‖ eso importa mucho *das ist sehr wichtig* ‖ eso me importa un pito → eso me importa un bledo ‖ poco –ta *es spielt k–e Rolle, es kommt nicht so sehr darauf an* ‖ poco me –ta *das ist mir einerlei,* ⟨fam⟩ *egal,* ⟨pop⟩ *schnuppe* ‖ poco me importan sus asuntos *an s–n (ihren) Angelegenheiten ist mir wenig gelegen* ‖ lo que –ta *worauf es ankommt* ‖ ¿qué –ta? *was ist daran gelegen? na und?* ‖ ¡no –ta! *macht nichts!*

importe *m Betrag* m, *Summe* f ‖ *líquido reiner Überschuss, Barbetrag* m ‖ *Endsumme* f ‖ ~ neto *Nettobetrag* m ‖ ~ total *Gesamtbetrag* m ‖ ◆ hasta el ~ de … *bis zum Betrag von …* ‖ ◇ el ~ asciende a … *der Betrag beläuft s. auf …* (acc) *cobrar un ~ e–n Betrag einziehen* ‖ girar por el ~ de … *für den Betrag von … ziehen* ‖

remitir un ~ *e–n Betrag übergeben* (bzw *einsenden)*

importu|nación *f Belästigung* f ‖ **–namente** adv *zur Unzeit* ‖ **–nar** vt/i *(jdn) belästigen, (jdm) beschwerlich fallen* ‖ *aufdringlich sein* ‖ **–nidad** *f Auf-, Zu|dringlichkeit* f ‖ *Lästigkeit, Unannehmlichkeit* f ‖ *Belästigung* f ‖ *Unschicklichkeit* f ‖ **–no** adj *auf-, zu|dringlich, lästig* ‖ *ungelegen* ‖ *ungebeten (Gast)*

imposi|bilidad *f Unmöglichkeit* f ‖ *Unvermögen* n ‖ *unüberwindliche Verhinderung* f ‖ ~ pecuniaria *Geldschwierigkeiten* fpl ‖ ~ de venta *Unverkäuflichkeit* f ‖ imposible de toda ~ ⟨fam⟩ *ganz und gar, schlechterdings unmöglich* ‖ ◇ hallarse en la ~ (de) *außerstande sein (zu)* ‖ **–bilitado** adj/s *unfähig (zu)* ‖ *arbeitsuntüchtig* ‖ *(körper)behindert* ‖ *gelähmt (de an* dat) ‖ ◇ estar ~ *gelähmt sein* ‖ ⟨fig⟩ *in Verlegenheit sein* ‖ **–bilitar** vt *unmöglich machen* ‖ *vereiteln (Pläne)* ‖ *un|fähig, -brauchbar machen (para zu)* ‖ ◇ para ~ la entrada a los curiosos *um den Zutritt Neugieriger zu verhindern* ‖ ~se ⟨fig⟩ *zum Invaliden werden* ‖ **–ble** adj/s *(m/f) unmöglich* ‖ *unerträglich* ‖ Am *schwer krank, gelähmt* ‖ lo ~ *das Unmögliche* ‖ *die Unmöglichkeit* ‖ ~ de describir *unbeschreiblich* ‖ ◆ hasta lo ~ *bis zur Unmöglichkeit* ‖ ◇ estar ~ ⟨figf⟩ *sehr schmutzig sein* ‖ *abstoßend sein* ‖ Am *schwer krank* bzw *gelähmt sein* ‖ ¡este niño está ~! *es ist nicht zum Aushalten mit diesem Kind!* ‖ esta chica está ~ (con este vestido) *dieses Mädchen sieht (mit diesem Kleid) unmöglich aus* ‖ hacer ~ *unmöglich machen* ‖ *vereiteln* ‖ hacer lo ~ *alles aufbieten* ‖ pedir ~s *et. Unmögliches verlangen* ‖ ponerse ~ *unausstehlich werden* ‖ es ~ convencer a Juan *Hans lässt s. (einfach) nicht überzeugen* ‖ es ~ que … (subj) *es ist unmöglich, dass …*

¹imposición *f* a) ⟨Rel⟩ *Auflegung* f *(der Hände)* ‖ b) *Beilegung* f *(e–s Namens)* ‖ *Verleihung* f ‖ ~ de las insignias del Toisón de Oro *(feierliche) Bekleidung* f *mit den Insignien des Goldenen Vlieses*

²imposición *f (Steuer)Auflage* f ‖ *Be|steuerung, -lastung* f ‖ *steuerliche Erfassung* f ‖ *Steuerveranlagung* f ‖ doble ~ *Doppelbesteuerung* f ‖ ~ progresiva *progressive Besteuerung* f ‖ ~ ad valórem *Wertverzollung* f

³imposición *f (Geld)Einlage* f ‖ *Einlegen* n *(von Geld)*

⁴imposición *f* ⟨Typ⟩ *Ausschießen* n ‖ *Leiste* f, *Steg* m

impositivo adj *Steuer-*

impositor *m* → **²imponente** ‖ → **²imponedor**

imposta *f* ⟨Arch⟩ *Kämpfer, Widerlagerstein* m ‖ *Fries* m ‖ *Oberlicht* n

impostergable adj *(m/f) nicht zurückstellbar, unaufschiebbar* ‖ *nicht übergehbar*

impos|tor *m/*adj *Betrüger* m ‖ *Lügner* m ‖ *Heuchler* m ‖ *Hochstapler* m ‖ *falscher Kronprätendent* m ‖ **–tura** *f (Be)Trug* m ‖ *Lüge* f ‖ *Schwindel* m ‖ *Heuchelei* f ‖ *Hochstapelei* f ‖ *Verstellung* f ‖ *Vorspiegelung* f *falscher Tatsachen*

impotable adj *(m/f) untrinkbar*

impoten|cia *f Unvermögen* n, *Ohnmacht, Machtlosigkeit* f ‖ ⟨Med⟩ *Impotenz* f ‖ *Zeugungsunfähigkeit* f ‖ ~ coeundi (generandi) ⟨lat⟩ *Beischlafs- (Zeugungs)unfähigkeit* f ‖ ◇ reducir a la ~ *bewältigen, entwaffnen (& fig)* ‖ **–te** adj/s *(m/f) unvermögend, machtlos* (contra *gegenüber od gegen)* ‖ ⟨Med⟩ *impotent* ‖ *zeugungsunfähig*

impractica|bilidad *f Unaus-, Undurch|führbarkeit* f ‖ *Un|wegsamkeit, -gangbarkeit, -benutzbarkeit* f ‖ **–ble** adj *(m/f)*

unaus-, undurch\führbar, untümlich ‖
impraktikabel ‖ *un\wegsam, -gangbar, nicht*
begehbar ‖ *nicht befahrbar*
impre\cación *f Fluch* m ‖ *Verwünschung* f ‖
-car [c/qu] vt *verfluchen* ‖ *verwünschen* ‖
-catorio adj *Fluch-* ‖ *Verwünschungs-*
impre\cisión *f Ungenauigkeit* f ‖
Verschwommenheit f ‖ **-ciso** adj *ungenau* ‖
verschwommen
impredecible adj *(m/f) nicht voraussagbar*
impreg\nación *f* ⟨Chem⟩ *Tränkung,*
Imprägnierung f ‖ ⟨fig⟩ *Durchdringung* f ‖ ⟨fig⟩
Aneignung, Assimilation f ‖ *~ de madera*
Holzimprägnierung f ‖ **-nado** adj *imprägniert* ‖
⟨fig⟩ *durchdrungen* ‖ **-nar** vt *sättigen,*
durchtränken, imprägnieren ‖ *~se s. vollsaugen*
(de, con *mit*) ‖ ⟨fig⟩ *ganz in s. aufnehmen*
impremedita\ción *f Unüberlegtheit* f ‖ *fehlende*
Absicht, Absichtslosigkeit f ‖ **-do** adj *un\überlegt,*
-bedacht ‖ *absichtslos*
impren\ta *f (Buch)Druckerei* f ‖
Buchdruckerkunst f ‖ *Druck* m ‖ p.ex
Gedruckte(s) n ‖ *Drucksachen* fpl ‖ *~ artística*
Kunstdruckerei f ‖ *~ clandestina Geheim-,*
Winkel\druckerei f ‖ *~ del Estado Staatsdruckerei*
f ‖ *~ litográfica Steindruckerei* f ‖ *~ tipográfica*
Buchdruckerei f ‖ *listo para la ~ druckfertig* ◆
en ~ in Druck (Buch) ‖ **-tar** vt Chi → **imprimir**
‖ **-tilla** *f Hausdruckerset* n (& m)
imprescindible adj *(m/f) un\umgänglich,*
-vermeidlich ‖ *un\entbehrlich, -erlässlich*
imprescripti\bilidad *f* ⟨Jur⟩ *Unverjährbarkeit* f
‖ **-ble** adj *(m/f) unverjährbar* ‖ *unersetzbar* ‖
⟨allg⟩ *unantastbar*
impresentable adj *(m/f) nicht vorzeigbar* ‖
schlampig ‖ *así vestido, estoy ~* ⟨figf⟩ *in diesem*
Aufzug kann ich mich nicht sehen lassen
impresión *f (Ab)Druck* m ‖ *Aufdrücken* n ‖
⟨fig⟩ *Eindruck* m, *Wirkung* f ‖ ⟨fig⟩ *Eindellung* f ‖
⟨Typ⟩ *Druck* m ‖ *Druckwerk* n ‖ *Drucklegung* f ‖
Grundierung (Malerei) ‖ ⟨Text⟩ *Bedrucken* n ‖
(Ton)Aufnahme f ‖ *Bespielen* n *(Tonband)* ‖ *~*
artística Kunstdruck m ‖ *~ al carbón Kohlen-,*
Pigment\druck m ‖ *~ de cintas magnetofónicas*
Tonaufnahme f *(auf Magnetbändern)* ‖ *~*
clandestina unerlaubter (Nach)Druck m ‖ *~ en*
(dos) colores (Zwei)Farbendruck m ‖ *~ dactilar,*
~ digital Fingerabdruck m ‖ *~ de los dientes*
Zahnspur f ‖ *~ de discos Tonaufnahme* f *(auf*
Schallplatten) ‖ *~ estereotípica Plattendruck* m ‖
~ excesiva ⟨Fot⟩ *Überbelichtung* f ‖ *~*
fraudulenta Raubdruck, unerlaubter Nachdruck m
‖ *~ de libros Buchdruck* m ‖ *~ litográfica*
Steindruck m ‖ *~ con luz diurna* ⟨Fot⟩ *Kopieren* n
bei Tageslicht ‖ *~ de música Notendruck* m ‖ *~*
policroma Mehrfarbendruck m ‖ *~ offset*
Offsetdruck m ‖ *~ de remiendos Akzidenzdruck* m
‖ *~ sensorial Sinneseindruck* m ‖ *~ sonora*
Tonaufnahme f ‖ *~ táctil Tastenempfindung* f ‖ *~*
de un timbre Abdruck m *e–s Stempels* ‖ *~*
tipográfica Buchdruck m ‖ *~ tricolor*
Dreifarbendruck m ‖ ◇ *hacer, dejar (od causar od*
producir) (buena) *~ e–n (guten) Eindruck*
machen ‖ *hacer* (una) *~ desfavorable ungünstig*
wirken
impresio\nabilidad *f Eindrucksfähigkeit* f ‖
(leichte) Beeindruckbarkeit, Empfindlichkeit,
Reizbarkeit f ‖ *Empfänglichkeit, Sensibilität* f ‖
⟨Fot⟩ *Lichtempfindlichkeit* f ‖ **-nable** adj *(m/f)*
Eindrücken zugänglich, leicht erregbar ‖
eindrucksfähig ‖ *reizbar* ‖ *empfindlich, sensibel* ‖
⟨Fot⟩ *lichtempfindlich* ‖ **-nante** adj *(m/f)*
eindrucks- wirkungs\voll ‖ *eindrücklich, effektvoll*
‖ *aufregend* ‖ *großartig,* ⟨fam⟩ *toll, famos,*
grandios ‖ **-nar** vt *einprägen (in den Sinn)* ‖

Wirkung ausüben (a alg. *auf jdn* acc), *einwirken*
(a alg./algo *auf jdn/et.* acc) ‖ *beeindrucken,*
Eindruck machen (a alg. *auf jdn* acc) ‖ ⟨Fot⟩
belichten ‖ *bespielen (Schallplatten, Tonband)* ‖ *~*
en cera in Wachs abdrucken ‖ *dejarse ~ s.*
beeinflussen lassen (por *durch*) ‖ *la escena me ha*
–nado mucho die Szene hat mich tief erschüttert ‖
no me –na ⟨fam⟩ *das lässt mich kalt* ‖ *~se* ⟨fig⟩
s. hinreißen (bzw *beeindrucken) lassen* (por, de
von) ‖ ◇ *excesivamente* **-nado** ⟨Fot⟩
überbelichtet
impresio\nismo *m* [Kunstrichtung]
Impressionismus m ‖ **-nista** adj *(m/f)*
impressionistisch ‖ *~ m/f Impressionist(in* f) m
impre\so pp/irr von **imprimir** ‖ *~ m Druck* m ‖
Druck\schrift, -sache f ‖ *Druckstoff* m ‖
Vordruck m, *Formular* n ‖ ⟨Inform⟩ *Ausdruck* m ‖
~s ⟨Postw⟩ *Drucksache* f ‖ *~ certificado*
eingeschriebene Drucksache f ‖ *~ clandestino*
unerlaubter (Nach)Druck m ‖ *~ bajo faja*
Drucksache f *unter Streifband* ‖ **-sor** adj *Druck-*
~ m (Buch)Drucker m ‖ **-sora** *f* ⟨Inform⟩
Drucker m ‖ *~ de aguja Nadeldrucker* m ‖ *~ de*
caracteres Typendrucker m ‖ *~ de chorro de tinta*
Tintenstrahldrucker m ‖ *~ rápida Schnelldrucker*
m ‖ *~ térmica Thermodrucker* m
imprestable adj *(m/f) nicht (aus)leihbar*
impre\visibilidad *f Unvorhersehbarkeit* f ‖
-visible adj *(m/f) unvorhersehbar* ‖ **-visión** *f*
Mangel m *an Voraus- od Um\sicht* ‖
Unvorsichtigkeit f ‖ *Sorglosigkeit, Unbesorgtheit* f
‖ **-visor** adj *der nicht voraussieht* ‖ *unvorsichtig* ‖
sorglos, unbesorgt ‖ **-visto** adj *unvorhergesehen*
(Ereignis, Kosten) ‖ *unerwartet* ‖ *überraschend* ‖
ungeahnt ‖ *~s mpl unvorhergesehene Ereignisse*
bzw *Fragen* (gastos) *~ unvorhergesehene*
Ausgaben fpl ‖ *Unwägbarkeiten* fpl (→ *auch*
imponderables)
impri\mación *f* ⟨Mal⟩ *Grundierung* f ‖
-madera *f* ⟨Mal⟩ *Grundierspachtel* m (& f) ‖
-mador *m* ⟨Mal⟩ *Grundierer* m ‖ **-mar** vt ⟨Mal⟩
grundieren
impri\mátur ⟨lat⟩ *m Imprimatur* f/n,
Druckerlaubnis f *(der kirchlichen Behörde)* ‖
-mible adj *(m/f) druck\bar, -fähig* ‖ **-mir**
[pp **impreso**] vt *abdrucken (Siegel)* ‖ *(ab)drucken*
(Buch) ‖ *drucken lassen, auflegen (Buch)* ‖ ⟨fig⟩
herausbringen, verlegen (→ **editar**) ‖ ⟨fig⟩
einprägen (ins Gedächtnis usw.) ‖ ⟨fig⟩ *geben*
(Richtung) ‖ ⟨fig⟩ *übertragen* (a *auf* acc),
mitteilen (a dat) (z.B. *e–e Bewegung)* ‖ ◇ *en el*
ánimo ⟨fig⟩ *einprägen* ‖ *~ sobre cera in Wachs*
drucken ‖ *~ con od de letras de oro mit golden*
Lettern bedrucken ‖ *~ un movimiento a algo et.*
in Bewegung setzen ‖ *~ un sello e–n Stempel*
aufdrücken ‖ *~se* ⟨fig⟩ *s. einprägen*
improba\bilidad *f Unwahrscheinlichkeit* f ‖
-ble adj *(m/f) unwahrscheinlich*
impro\bación *f* → **desaprobación** ‖ **-bar**
[-ue-] vt → **desaprobar**
improbidad *f Unredlichkeit, Treulosigkeit* f
ímprobo adj *unredlich, treulos* ‖ *abtrünnig* ‖
wortbrüchig ‖ *mühsam, beschwerlich* ‖ ◇ *es un*
trabajo ~ es ist e–e äußerst ermüdende Arbeit
improceden\cia *f Unzulässigkeit* f ‖
Rechtswidrigkeit f ‖ **-te** adj *(m/f) unangebracht* ‖
unzweckmäßig ‖ *unzuverlässig* ‖ *rechtswidrig*
improductivo adj *unergiebig* ‖ *unwirtschaftlich*
‖ *unfruchtbar* ‖ *zwecklos* ‖ *unproduktiv* ‖ *tot*
(Kapital)
impromptu *m* ⟨Mus⟩ *Impromptu* n
impronta *f Ab\druck, -guss* m ‖ ⟨fig⟩ *Gepräge*
n ‖ ⟨fig⟩ *Eigenart* f ‖ ◇ *lo ha marcado con su ~*
⟨fig⟩ *(er bzw sie bzw es) hat ihn (es) geprägt*
impronuncia\bilidad *f Unaussprechbarkeit* f ‖

⟨fig⟩ *Unaussprechlichkeit* f ‖ **–ble** adj *(m/f)*
unaussprechbar, nicht aussprechbar ‖ ⟨fig⟩
unaussprechlich
   improperio(s) *m(pl) Schmähung, Schimpfrede*
f ‖ ⟨Kath⟩ *Improperien* pl
   impro|piedad *f Un|schicklichkeit,*
-zweckmäßigkeit f ‖ *Unpassende(s)* n ‖
Untauglichkeit f ‖ *Unrichtigkeit* f ‖ *falsche*
Anwendung f ‖ ⟨Philos⟩ *Uneigentlichkeit* f ‖ **–pio**
adj *un|geeignet, -passend* ‖ *unschicklich* ‖
unrichtig ‖ *falsch angewandt (Wort, Ausdruck)* ‖
⟨Math⟩ *unecht (Bruch)* ‖ ⟨Philos⟩ *uneigentlich* ‖ ◇
es ~ de *(od* a, en, para) su edad *es ist*
unschicklich für sein (ihr) Alter
   improrroga|bilidad *f Nichtverlängerbarkeit* f ‖
–ble adj *(m/f) nicht verlängerbar* ‖
unaufschiebbar
   improsulto adj Am *gewagt*
   impróvido adj → **desprevenido**
   improvi|sación *f Improvisation* f, *Stegreif|rede,*
-dichtung f, *-spiel* n, ⟨allg⟩ *-handlung* f ‖
behelfsmäßige Lösung f ‖ ⟨Th⟩ *Extemporieren* n ‖
⟨Mus⟩ *Improvisation* f, *Fantasieren* n ‖ *schnelle*
(unverdiente) Karriere f ‖ **–sa(da)mente** adv
plötzlich, unverhofft ‖ **–sado** adj *improvisiert* ‖
behelfsmäßig ‖ *Stegreif-* ‖ *rico* ~ ⟨fam⟩
Emporkömmling m ‖ **–sador** *m Improvisator* m ‖
–sar vt/i *improvisieren, aus dem Stegreif reden,*
dichten ‖ ⟨Mus⟩ *improvisieren* ‖ ⟨Th⟩
extemporieren, improvisieren ‖ *et. in aller Eile*
zustande (& *zu Stande) bringen* ‖ ◇ ~ una mesa
e–n Tisch behelfsmäßig aufstellen ‖ **–so** adj
unvermutet ‖ de *(od* al) ~ *unversehens* ‖ *plötzlich*
   impruden|cia *f Unvorsichtigkeit* f ‖ ⟨Jur⟩
Fahrlässigkeit f ‖ *Un|klugheit* f, *-verstand* m ‖
Unbesonnenheit f ‖ *Unvernunft* f ‖ ~ temeraria
⟨Jur⟩ *grobe Fahrlässigkeit* f ‖ ◆ por ~ *aus*
Unvernunft ‖ ◇ es una ~ inconcebible *es ist ein*
bodenloser Leichtsinn ‖ es de una ~ inconcebible
er (sie) ist unerhört leichtsinnig ‖ **–te** adj/s *(m/f)*
unvorsichtig ‖ ⟨Jur⟩ *fahrlässig* ‖ *un|klug, -*
verständig ‖ *unvernünftig* ‖ *unbesonnen*
   imp.^te *(Abk)* = **importe**
   impúber(o) adj *(geschlechts)unreif, noch nicht*
erwachsen ‖ ⟨Jur⟩ *unmündig* ‖ ~ m *Unreife(r)* m ‖
⟨Jur⟩ *Unmündige(r)* m
   impublicable adj *(m/f) nicht für die*
Veröffentlichung bestimmt od geeignet
   impu|dencia *f Schamlosigkeit* f ‖ → auch
inverecundia, desvergüenza ‖ **–dente** adj *(m/f)*
schamlos, frech ‖ **–di(ci)cia** *f Unkeuschheit* f ‖
Sitten-, Hemmungs|losigkeit f ‖ *Unzucht,*
unzüchtige Handlung bzw unzüchtiges Verhalten
n
   impúdico adj *un|keusch, -züchtig* ‖ *hemmungs-,*
scham|los
   impudor *m Schamlosigkeit* f ‖ *(schamlose)*
Unverschämtheit f
   impuesto pp/irr von **imponer** ‖ ~ de ... *auf*
dem Laufenden, unterrichtet über ... (acc) ‖ se ha
~ en todos los detalles *er hat s. mit allen*
Einzelheiten vertraut gemacht ‖ ~ m *Abgabe,*
Gebühr f ‖ *Steuer* f ‖ *Last* f ‖ *Taxe* f ‖ *Auflage* f ‖
~ adicional *Steuerzuschlag, Nachsteuer* f ‖ ~
sobre las bebidas *Getränkesteuer* f ‖ ~ sobre los
beneficios *Gewinnabgabe* f ‖ ~ sobre bienes
inmuebles *Grundsteuer* f ‖ ~ de capitación
Kopfsteuer f ‖ ~ sobre el capital
Vermögen(s)steuer f ‖ ~ sobre la cerveza
Biersteuer f ‖ ~ de consumo *Akzise,*
Verbrauchssteuer f ‖ ~ sobre donaciones
Schenkungssteuer f ‖ ~ eclesiástico *Kirchensteuer*
f ‖ ~ sobre las ganancias *Ertragssteuer* f ‖ ~
sobre el incremento de valor *Wertzuwachssteuer* f
‖ ~ industrial *Gewerbesteuer* f ‖ ~ sobre el lujo

Luxussteuer f ‖ ~ sobre patentes *Patentsteuer* f ‖
~ sobre el patrimonio *Vermögen(s)steuer* f ‖ ~
sobre la plusvalía *Wertzuwachssteuer* f ‖ ~ sobre
la renta de las personas físicas *Einkommensteuer* f
‖ ~ sobre los salarios *Lohnsteuer* f ‖ ~ sobre
sociedades *Körperschaft(s)steuer* f ‖ ~ sobre
sucesiones *Erbschaft(s)steuer* f ‖ ~ suntuario
Luxussteuer f ‖ ~ territorial *Grundsteuer* f ‖ ~ de
timbre *Stempelsteuer* f ‖ ~ sobre transacciones
Umsatzsteuer f ‖ ~ sobre usos y consumos
Verbrauchssteuer f ‖ ~ sobre el valor agregado
Am (teilweise) *Mehrwertsteuer* f ‖ ~ sobre el
valor añadido *Mehrwertsteuer* f ‖ **~s** mpl
Steuerwesen n ‖ *Steuern* fpl ‖ *Steuerlast* f ‖ ~
adicionales *Steuerzuschlag* m ‖ ~ (in)directos
(in)direkte Steuern fpl ‖ exento de ~ *steuerfrei* ‖
sujeto a ~(s) *steuerpflichtig* ‖ ◇ cargar *od* gravar
con ~ *besteuern* ‖ (→ auch **contribución**)
   impugna|bilidad *f* ⟨Jur⟩ *Anfechtbarkeit* f ‖
Bestreitbarkeit f ‖ **–ble** adj *(m/f) bestreitbar* ‖
anfechtbar ‖ **–ción** *f* ⟨Jur⟩ *Anfechtung* f ‖
Bestreiten n ‖ *Einwand* m ‖ *Bekämpfung* f ‖ **–dor**
adj *anfechtend* ‖ *bestreitend* ‖ *bekämpfend* ‖ ~ m
⟨Jur⟩ *Anfechtende(r)* m ‖ *Bestreiter, Gegner* m ‖
   impugnar vt *anfechten* ‖ *bestreiten* ‖
bekämpfen
   impul|sar vt → **impeler** ‖ **–sión** *f* → **–so** ‖ ~
de ondas ⟨Radio⟩ *Wellenstoß* m (→ auch
propulsión) ‖ **–sividad** *f Impulsivität,*
Triebhaftigkeit f ‖ **–sivo** adj *treibend, anstoßend,*
Trieb- ‖ ⟨fig⟩ *lebhaft, ungestüm, hitzig* ‖ *impulsiv*
‖ ~ m *impulsiver, rasch handelnder Mensch* m ‖
–so m *Stoß, Druck* m ‖ *(An)Trieb, Drang, Stoß* m
‖ (El) *Impuls* m (& *fig)* ‖ ⟨El⟩ *Stromstoß* m ‖
Schub m *(Rakete)* ‖ ⟨fig⟩ *Anregung* f ‖
Veranlassung f ‖ ⟨fig⟩ *Anreiz* m ‖ ⟨fig⟩ *Antrieb,*
Schwung m ‖ ~ agresivo *Angriffslust* f ‖ ◆ al
impulso de ... *angetrieben durch ...* ‖ dar ~ al
comercio *den Handel beleben* ‖ ◇ dar un nuevo ~
a los negocios *die Geschäfte wieder in Schwung*
bringen
   impu|ne adj *(m/f) straflos, unbe-, unge|straft* ‖
adv: **~mente** ‖ **–nidad** *f Straflosigkeit* f ‖
Unbestraftheit f ‖ *Ausbleiben* n *nachteiliger*
Folgen ‖ ◆ con ~ *straflos*
   impuntual adj *(m/f) unpünktlich* ‖ **–idad** *f*
Unpünktlichkeit f
   impu|reza *f Unreinheit* f (& Rel *fig)* ‖ ⟨Atom
Chem⟩ *Verunreinigung* f ‖ ⟨fig⟩ *Un|keuschheit,*
-sittlichkeit f ‖ ⟨fig⟩ *Unzucht* f ‖ **~s** fpl
Verschmutzung f ‖ **–rificar** [c/qu] vt *unrein*
machen ‖ *ver|unreinigen, schmutzen* ‖ **–ro** adj
unrein ‖ *schmutzig, verschmutzt* ‖ *un|keusch,*
-züchtig
   impu|tabilidad *f* ⟨Jur⟩ *Zurechnungsfähigkeit* f
‖ **–table** adj *(m/f) an-, zu|rechenbar* ‖
zuzuschreiben(d), zurückzuführen(d) (a *auf* dat) ‖
⟨Com⟩ *abzuziehen(d), zu jds Lasten gehend* ‖
–tación *f Anrechnung, Zumutung* f ‖ ⟨Jur⟩ *An-,*
Be|schuldigung f ‖ **–tador** *m/adj Bezichtiger* m ‖
–tar vt *(jdn) anschuldigen, (jdm et.) aufbürden,*
zurechnen, beimessen ‖ *zur Last legen, belasten*
(Konten) ‖ *verbuchen*
   imputrescible adj *(m/f) unverweslich* ‖ *nicht*
faulend, fäulnis|fest, -beständig (z. B. *Holz)*
   In ⟨Abk⟩ = ³**indio**
   inabarcable adj *(m/f) nicht umfassbar* ‖
unermesslich
   inabordable adj *(m/f) unzugänglich* ‖
unnahbar ‖ *barsch, unwirsch*
   inaca|bable adj *(m/f) unendlich, endlos* ‖
–bado adj *unvollendet* ‖ *unfertig*
   inaccesible adj *(m/f) unzugänglich* (& fig) ‖
unerreichbar ‖ *unnahbar*
   inacción *f Untätigkeit* f ‖ *Nichtstun* n

inacentuado adj *unbetont* ‖ ⟨Gr⟩ *ohne Akzent*
inaceptable adj *(m/f) unannehmbar*
inacostumbrado adj *ungewohnt*
inactínico adj ⟨Phys⟩ *nicht aktinisch*
inac|tivación *f* ⟨Chem⟩ *Inaktivierung* f ‖
–tivado adj *inaktiviert, passiviert* ‖ **–tividad** *f*
Untätigkeit f ‖ *Wartestand* m ‖ ⟨Chem Pharm⟩
Unwirksamkeit f ‖ (Wiss Philos) *Inaktivität* f ‖
⟨fig⟩ *Müßiggang* m ‖ **–tivo** adj *untätig* ‖
unwirksam ‖ *nicht in Betrieb* ‖ *inaktiv* ‖ ⟨fig⟩
müßig, untätig, inaktiv
  inactual adj *(m/f) nicht aktuell* ‖ *unzeitgemäß*
  inadapta|bilidad *f mangelnde*
Anpassungsfähigkeit f ‖ **–ble** adj *(m/f)*
unanwendbar (a *auf* acc) ‖ *nicht anpassungsfähig*
‖ ⟨fig⟩ *schwer erziehbar* ‖ **–ción** *f Mangel* m *an*
Anpassungsfähigkeit f ‖ *Ungeeignetheit* f,
Nichtpassen n ‖ **–do** adj/s *nicht angepasst* ‖
ungeeignet, nicht passend ‖ *schwer erziehbar* ‖
asozial ‖ ⟨fig⟩ *kontaktarm*
  inadecuado adj *unangemessen* ‖ *ungeeignet* ‖
inadäquat
  inad|misibilidad *f Unzulässigkeit* f ‖ **–misible**
adj *(m/f) unzulässig* ‖ **–misión** *f Nichtzulassung* f
  inadoptable adj *(m/f) unannehmbar*
  inadver|tencia *f Unachtsamkeit* f ‖ ◆ *por* ~
aus Versehen, versehentlich ‖ **–tido** adj *unachtsam*
‖ *unbemerkt* ‖ *unbesonnen* ‖ ◇ *pasar* ~
unbeachtet lassen, übergehen ‖ *nicht beachtet*
werden ‖ *nicht auffallen*
  inagotable adj *(m/f) unerschöpflich*
  inaguantable adj *(m/f) unerträglich*
  inajenable adj *(m/f) unveräußerlich*
  inalámbrico adj ⟨El⟩ *drahtlos*
  in albis ⟨lat⟩ adv ⟨fam⟩: *estar* ~ ⟨fam⟩ *k–n*
(blassen) Dunst od Schimmer haben ‖ *quedarse* ~
leer ausgehen ‖ *zu kurz kommen* ‖ *nicht im Bild(e)*
sein (de *über* acc) ‖ *nicht begreifen* (de *et.*) ‖ *me*
he quedado ~ ⟨figf⟩ *ich versteh' (immer) nur*
Bahnhof
  inalcanzable adj *(m/f) unerreichbar*
  inaliena|bilidad *f Unveräußerlichkeit* f ‖ **–ble**
adj *(m/f) un|veräußerlich, -übertragbar*
  inaltera|ble adj *(m/f) unver-, unab|änderlich* ‖
⟨fig⟩ *un|erschütterlich, -wandelbar* ‖ **–do** adj
unverändert
  ina|mical *(m/f)*, **–mistoso** adj *unfreundlich* ‖
feindselig
  inamovi|bilidad *f Unabsetzbarkeit* f *(der*
Beamten od Richter) ‖ **–ble** adj *(m/f) unabsetzbar*
  inampalancable adj *(m/f) nicht aushebelbar*
(Tür)
  inanalizable adj *(m/f) nicht analysierbar*
  ina|ne adj *seicht, gehaltlos, leer* ‖ **–nición** *f*
Entkräftung, Erschöpfung f ‖ *Verhungern* n ‖ ◇
morirse de ~ *an Entkräftung, Hunger sterben* ‖
–nidad *f Nichtigkeit* f
  inanimado, inánime adj *unbeseelt* ‖ *leblos, tot*
‖ *ohnmächtig*
  inapagable adj *(m/f) unlöschbar*
  inapeable adj *(m/f)* ⟨fam⟩ *halsstarrig, stur*
  inapelable adj *(m/f)* ⟨Jur⟩ *unberufbar, der*
Berufung nicht unterliegend ‖ *unanfechtbar* (&
fig) ‖ ⟨fig⟩ *unwiderruflich* ‖ ⟨fig⟩ *endgültig* ‖ ⟨fig⟩
unvermeidlich
  inapeten|cia *f Appetitlosigkeit* f ‖ ⟨fig⟩
Überdruss m ‖ **–te** adj/s *(m/f) ohne Esslust*
  inaplazable adj *(m/f) unaufschiebbar* ‖ *äußerst*
dringend
  inaplica|bilidad *f Unanwendbarkeit* f ‖ **–ble**
adj *(m/f) nicht anwendbar*
  inaplica|ción *f Nachlässigkeit* f ‖
Unaufmerksamkeit f ‖ *Faulheit* f ‖ **–do** adj *nicht*
angewandt ‖ *nachlässig* ‖ *unaufmerksam* ‖ *träge,*
faul

inapreciable adj *(m/f) unschätzbar* ‖ *nicht*
wahrnehmbar
  inaprensible adj *(m/f) nicht greifbar* ⟨oft fig⟩
  inaprovechable adj *(m/f) unbrauchbar*
  inap|titud *f Un|fähigkeit, -tüchtigkeit* f ‖
Ungeeignetheit f ‖ ⟨Mil⟩ *Untauglichkeit* f ‖ **–to**
adj *unfähig* ‖ *ungeeignet* ‖ ⟨Mil⟩ *untauglich*
  inarmónico adj *unharmonisch*
  inarrugable adj *(m/f) knitterfrei (Stoff)*
  inarticula|ble adj *(m/f) unaussprechbar (Laut)*
‖ **–do** adj *unartikuliert*
  in artículo mortis ⟨lat⟩ ⟨bes. Jur⟩ *auf dem*
Sterbebett
  inasequible adj *(m/f) unerreichbar*
  inasible adj *(m/f) nicht greifbar*
  inasimila|ble adj *(m/f) nicht assimilierbar* ‖
–ción *f mangelnde Assimilation* f
  inasisten|cia *f Nichtanwesenheit* f ‖ *Mangel* m
an Pflege ‖ **–te** adj *(m/f) abwesend, nicht*
anwesend
  inastillable adj *(m/f) splitterfrei (Glasscheibe)*
  inataca|bilidad *f Unangreifbarkeit* f ‖ ⟨fig⟩
Unantastbarkeit f ‖ ⟨fig⟩ *Unanfechtbarkeit* f ‖
⟨Tech⟩ *Beständigkeit* f ‖ **–ble** adj *(m/f)*
unangreifbar (& fig) ‖ ⟨fig⟩ *unantastbar* ‖ ⟨fig⟩
unanfechtbar ‖ ⟨Tech⟩ *beständig* ‖ ~ *por los*
ácidos säurefest
  inatento adj *unhöflich, grob*
  inaudi|ble adj *(m/f) unhörbar* ‖ **–to** adj
unerhört ‖ *empörend* ‖ *noch nie dagewesen*
  inaugu|ración *f Einweihung* f ‖ *Eröffnung* f
(e–s Lehrkurses) ‖ *Enthüllung* f *(e–s Denkmals)* ‖
⟨fig⟩ *Anfang, Beginn* m ‖ ~ *de los cursos Beginn*
des Schuljahres, Schulbeginn m ‖ **–ral** adj *(m/f)*
Einweihungs- ‖ *Eröffnungs-* ‖ *Antritts-* ‖ **–rar** vt
einweihen, (feierlich) eröffnen ‖ *enthüllen*
(Denkmal) ‖ ⟨fig⟩ *anfangen*
  inavenible adj *(m/f) un|erträglich, -gesellig*
  inaveriable adj *(m/f) pannensicher*
  inaveriguable adj *(m/f) unerforschlich*
  inca m Pe ⟨Hist⟩ *Inka* m ‖ ⟨allg⟩ *Bewohner* m
des Inkareiches ‖ Pe *Goldmünze* f = 20 *soles*
  incachable adj *(m/f)* MAm *nutzlos*
  incaducable adj *(m/f) nicht verfallend*
  incaico adj ⟨Hist⟩ *Inka-, inkaisch*
  incalculable adj *(m/f) unberechenbar* ‖
un|übersehbar, -ermesslich ‖ ⟨fig⟩ *nicht*
vorauszusehen(d), unberechenbar
  incalificable adj *(m/f)* ⟨pej⟩ *un|qualifizierbar,*
-beschreiblich ‖ ⟨fig⟩ *schmählich, schnöd(e)*
  incalmable adj *(m/f) nicht zu beruhigen(d)*
  incambiable adj *(m/f) nicht austauschbar*
  incanato m ⟨Hist⟩ *Epoche* f *der Inkaherrschaft*
  incandescen|cia *f* ⟨Phys⟩ *Weißglühen* n ‖
Weißglut f ‖ ⟨fig⟩ *Glut, Erhitzung, Erregung* f
(der Gemüter) ‖ *Glut, Gewalt* f, *Sturm* m *(der*
Leidenschaft) ‖ **–te** adj *(m/f) glühend, weiß*
glühend, Glüh- ‖ ⟨fig⟩ *erhitzt, erregt* ‖
aufbrausend
  incansable adj *(m/f) un|ermüdlich, -verdrossen*
  incantable adj *(m/f) nicht singbar*
  incapaci|dad *f Unfähigkeit* f ‖ *Untauglichkeit* f
‖ *Mangel* m *an Fassungsvermögen (Raum,*
Behälter usw.) ‖ ⟨fig⟩ *Einfalt, geistige*
Beschränktheit f ‖ ⟨fig⟩ *Unvermögen* n ‖ ⟨Jur⟩
Geschäftsunfähigkeit f ‖ *Arbeitsunfähigkeit* f ‖ ~
de od para adquirir Erwerbsunfähigkeit f ‖ ~ *de*
od para contratar ⟨Jur⟩ *Geschäfts-,*
Vertrags|unfähigkeit f ‖ ~ *física körperliche*
Untauglichkeit f ‖ ~ *de gestión* ⟨Jur⟩
Geschäftsunfähigkeit f ‖ ~ *laboral*
Arbeitsunfähigkeit f ‖ ~ *mental*
Unzurechnungsfähigkeit f ‖ **–tación** *f* ⟨Jur⟩
Entmündigung f ‖ **–tado** adj/s *behindert*
(körperlich) ‖ *beschränkt (geistig)* ‖ *nicht*

eingliederungsfähig (z. B. *in der Gesellschaft*) ||
arbeitsunfähig || ⟨Jur⟩ *für unfähig erklärt* ||
entmündigt || **–tar** vt *unfähig machen* || ⟨Jur⟩ *für*
unfähig erklären || *entmündigen*
 incapaz [*pl* ~**ces**] adj/s *(m/f)* un|*fähig, -tüchtig*
|| ⟨fig⟩ *einfältig, dumm* || Guat Mex *lästig, widrig*
|| ~ *para su cargo für sein Amt unfähig* || ~ *de*
hacerlo unfähig, es zu tun || ~ *de trabajar*
arbeitsunfähig || ◇ ser ~ *de hacer algo unfähig*
(bzw nicht imstande, & im Stande) sein, et. zu tun
 incarceración *f* ⟨Med⟩ *Inkarzeration* f
 incardinación *f* ⟨Kath⟩ *Inkardination,*
Eingliederung f *e–s Klerikers (in die Diözese)*
 incario *m* ⟨Hist⟩ *Inkareich* n
 ¹**incasable** adj *(m/f)* ⟨Jur⟩ *nicht revisionsfähig*
 ²**incasable** adj *(m/f) eheunfähig* || ⟨fig⟩
ehefeindlich || ◇ *esta chica es* ~ *dieses Mädchen*
wird wohl nie heiraten od *findet sicher k–n Mann*
 incásico adj ⟨Hist⟩ *auf e–n peruan. Inka*
bezüglich, Inka-, inkaisch
 incasto adj un|*keusch, -züchtig*
 incau|tación *f Beschlagnahme* f ||
Sicherstellung f || **–tarse** vr: ~ *de a/c* ⟨Jur⟩ *et.*
beschlagnahmen || *et. sicherstellen* || *s. e–r Sache*
bemächtigen
 incauto adj un|*vorsichtig, -bedacht, leicht-,*
gut|*gläubig, arglos, naiv, blauäugig*
 incen|diado *m Abgebrannte(r)* m || **–diar** vt
anzünden || *in Brand stecken* || ⟨fig⟩ *anfeuern* ||
~**se** ⟨fig⟩ *s. röten (Gesicht)* || **–diario** adj *Zünd-* ||
Brand- || ⟨fig⟩ *aufrührerisch, aufwiegelnd, Brand-*
bzw *Hetz-* || ~ *m Brandstifter* m || *Hetzer* m ||
–dio *m Brand* m || *Feuersbrunst* f || ⟨fig⟩ *Glut* f,
Feuer n || ~ *forestal Waldbrand* m || ~
intencionado, ~ *doloso Brandlegung, (böswillige)*
Brandstiftung f
 incen|sación *f Räuchern* n *mit Weihrauch* ||
Weihrauchstreuen n, *Beweihräucherung* f (& fig)
|| **–sar** [-ie-] vt *(ein)räuchern* (a. fig) || ⟨fig⟩
beweihräuchern, schmeicheln (a. alg. *jdm*) ||
–sario *m Weihrauch*|*fass* n, *-kessel* m || ⟨fig⟩
Lobhudelei f
 incensurable adj *(m/f) tadellos, untadelig,*
nicht zu tadeln
 incenti|var vt *an*|*spornen, -treiben* || **–vo** *m*/adj
An|*regung* f, *-sporn, -reiz* m || ⟨Pharm⟩ *Reizmittel*
n || ⟨fig⟩ *Lockmittel* n || ~ *fiscal Steueranreiz* m ||
Steuervergünstigung f || ◇ *no ofrecer* ~(s) *k–n*
Anreiz bieten
 incer|tidumbre *f Un*|*sicherheit, -gewissheit* f ||
Zweifel m || *Unschlüssigkeit* f || (man)*tener a alg.*
en la ~ *jdn im Ungewissen lassen* || **–tísimo** adj
sup von **incierto**
 incesante adj *(m/f) un*|*aufhörlich, -ablässig* ||
ununterbrochen
 inces|to *m Blutschande* f, *Inzest* m || **–tuoso** adj
blutschänderisch, inzestuös, Inzest- ||
blutschänderisch gezeugt || ~ *m Blutschänder* m
 incidencia *f Zwischenfall* m || *Nebenumstand* m
|| ⟨Phys Math⟩ *Einfall* m, *Auftreffen* n || → *auch*
 incidente adj ◆ *por* ~ *beiläufig* || *nebensächlich* ||
gelegentlich
 inciden|tal adj *(m/f) beiläufig* || *gelegentlich* ||
nebensächlich || **–te** adj *(m/f) dazwischenkommend*
|| *nebensächlich* || *gelegentlich* || ⟨Phys Math⟩
einfallend || *auftreffend* || *Zwischen-, Neben-* || ~
m Zwischenfall m || *unangenehmer Vorfall* m ||
⟨Jur⟩ *Zwischenstreit, strittiger Nebenpunkt* m ||
Nebenumstand m || ~ *fronterizo*
Grenzzwischenfall m || ~**mente** adv *gelegentlich,*
durch Zufall
 incidir vi ⟨Phys Opt⟩ *einfallen* || ⟨Med⟩
(ein)schneiden || ◇ ~ *en una falta in e–n Fehler*
verfallen
 incienso *m Rauchharz* n || *Weihrauch* m || ⟨figf⟩

übertriebenes Lob, Weihrauchstreuen n,
Lobhudelei f || ◇ *dar* ~ *weihräuchern* || ⟨fig⟩
Weihrauch streuen, beweihräuchern (a. alg. *jdn*)
 incierto adj *un*|*gewiss, -sicher* || *zweifelhaft,*
unwahr || *schwankend* || ◆ ~ *del éxito des*
Erfolges unsicher || *estar* ~ *unschlüssig sein*
 incine|ración *f Einäscherung* f ||
Feuerbestattung f || *Verbrennung* f || ⟨Chem⟩
Ver|*aschen* n, *-aschung* f || ~ *de viudas* ⟨Rel⟩
Witwenverbrennung f || **–rador** *m*
Verbrennungsanlage f || ~ *de basuras*
Müllverbrennungsanlage f || **–rar** vt *einäschern* ||
⟨Chem⟩ *veraschen, zu Asche verbrennen*
 incipiente adj/s *(m/f) beginnend, einsetzend*
 incircunciso adj ⟨Rel⟩ *unbeschnitten*
 incircunscri(p)to adj *nicht umschrieben*
 inci|sión *f (Ein)Schnitt* m || ⟨Med⟩ *(Ein)Schnitt*
m, *Inzision* f || ⟨Gr Poet⟩ *Zäsur* f || **–sivo** adj
einschneidend, Schneide- || ⟨fig⟩ *schneidend,*
bissig || *scharf (Stimme, Ton)* || (diente) ~
Schneidezahn m || **–so** adj: *herida* ~a
Schnittwunde f || ~ *m* ⟨Typ⟩ *Absatz* m || ⟨Gr⟩
Komma n, *Beistrich* m || *Zwischensatz,*
eingeschobener Satz, Einschub m *(im Satz)* || p. ex
Unterbrechung f || *Ausschweifung* f || *Exkurs* m ||
–sorio adj *(ein)schneidend* || **–sura** *f* ⟨An⟩
Einschnitt m, *Inzisur* f
 inci|tación *f Anreizung, Erregung* f || ⟨fig⟩
Anstiftung f || *Antrieb* m || *Aufstachelung* f ||
Verleitung f (a *zu*) || **–tador** adj/s *aufreizend* ||
anstiftend || **–tante** adj *(m/f) anregend* ||
antreibend || *aufstachelnd* || *verleitend* || **–tar** vt
(an)reizen, antreiben || *auf*|*hetzen, -wiegeln*
(contra *gegen*) || *anhalten* (a *zu*) || ◇ ~ *a la*
rebelión od *a rebelarse zum Aufstand treiben* ||
–tativo adj *anreizend* || ~ *m Anreizung* f
 inci|vil adj *(m/f) unhöflich* || *unge*|*bildet, -sittet*
|| **–vilidad** *f Unhöflichkeit* f || *Grobheit,*
Ungeschliffenheit f || **–vilizado** adj → **–vil**
 incl. ⟨Abk⟩ = **inclusive**
 inclaniano adj *auf den span. Schriftsteller*
Ramón del Valle-Inclán (1869–1936) bezüglich
 inclasificable adj *(m/f) nicht klassifizierbar,*
nicht einzuordnen(d)
 inclaustración *f Eintritt* m *in e–n Klosterorden*
 inclemen|cia *f Un*|*freundlichkeit,*
-barmherzigkeit f || ⟨fig⟩ *Rauheit* f *(des Klimas)* ||
⟨fig⟩ *Strenge* f *(des Winters)* || *la* ~ *del tiempo*
die Wetterunbilden, die Ungunst der Witterung ||
–te adj *(m/f) un*|*gnädig, -freundlich,*
-barmherzig, hart, sehr streng || *rau (Witterung,*
Klima)
 incli|nable adj *(m/f) neigbar* || *schrägstellbar* ||
–nación *f Neigung, Biegung* f || *Verbeugung,*
-neigung f, *Bückling* m || ⟨Mar⟩ *Schlagseite* f ||
⟨Mar Flugw⟩ *Krängung* f || ⟨Top⟩ *Neigung* f ||
⟨Astr⟩ *Neigungswinkel* m || ⟨Geogr⟩ *Inklination* f
(der Magnetnadel) || ⟨fig⟩ *Hang* m, *(Zu)Neigung* f
(a, hacia *zu*) || ⟨fig⟩ *Veranlagung* f || ~ *de la*
hélice ⟨Flugw⟩ *Drall* m *der Luftschraube* || ~ *a la*
ligereza Neigung f *zum Leichtsinn* || ~ *a las*
mentiras Verlogenheit, Lügenhaftigkeit f *(e–r*
Person) || ~ *de la trayectoria* ⟨Flugw⟩
Flugbahnneigung f || **–nado** adj *ge*|*bückt, -neigt* ||
schräg (gestellt) || *abfallend* || ⟨Bgb⟩ *tonnlägig* ||
zugetan, geneigt || ◇ *estar* ~ *a reconciliarse zur*
Versöhnung geneigt sein || **–nar** vt *neigen* ||
beugen || *schräg stellen* || ⟨fig⟩ *geneigt machen,*
veranlassen, beeinflussen || ◇ ~ *a la virtud auf*
den Weg der Tugend bringen || ~ vi ⟨fig⟩
hinneigen (a *zu*) || ~**se** *s. bücken, s. (ver)beugen* ||
e–n Hang haben (a *zu*) || ⟨fig⟩ *neigen* || *geneigt*
sein || *s. beugen (ante una razón e–m Argument)* ||
me –no a creerlo ich bin geneigt, es zu glauben ||
me –no a tu opinión ich neige zu d–r Meinung

(hin) ‖ **–natorio** *m* ⟨Mar⟩ *Magnetkompass* m ‖
–nómetro *m* ⟨Flugw Top⟩ *Neigungsmesser* m
   ínclito *adj berühmt, erlaucht*
   incluido *adj* ⟨Com⟩ *anbei, bei-, ein\liegend*
   incluir [-uy-] *vt einschließen, (in s.) begreifen,
fassen* ‖ *bei\fügen, -legen* ‖ *bei-, ein\schließen (in
e–n Brief)* ‖ *ein\verleiben, -reihen* ‖ ◇ ~ *en una
carta in e–n Brief einlegen* ‖ ~ *en la cuenta*
⟨Com⟩ *in die Rechnung einschließen* ‖ ~ *en el
número de invitados in die Liste der
Eingeladenen eintragen* ‖ ~ *entre el resto dem
Rest einverleiben* ‖ *sírvase* ~ *un 2% de comisión
para mí schließen Sie bitte 2% Provision für mich
ein*
   inclu\sa *f Findelhaus* n ‖ **–sero** *adj im
Findelhaus aufgezogen* ‖ ~ *m Findelkind* n
   inclu\sión *f Einschließung, Inklusion,
Einbeziehung* f ‖ *Einschluss* m ‖ *Einschaltung* f ‖
Einverleibung f ‖ *Einbegriffen-, Einbezogen\sein* n
‖ *Beipackung* f ‖ ⟨Met⟩ *Einschluss* m ‖ ⟨Geol⟩
Einlagerung f ‖ ⟨Min⟩ *Einsprengung* f ‖
Einsprengling m ‖ ♦ *con* ~ *(de) einschließlich*
(gen) ‖ **–siv(ament)e** *adv einschließlich* ‖ **–so**
pp/irr von **incluir** ‖ *eingeschlossen* ‖ *ein-,
bei\liegend* ‖ *anbei* ‖ ◇ *le remito* ~ ⟨Com⟩ *ich
sende Ihnen beiliegend* ‖ ~ *adv sogar, selbst, und
(selbst) wenn*
   inco\lación *f Anfang, Beginn* m ‖ ⟨Jur⟩
Eröffnung, Einleitung f *(e–s Verfahrens bzw e–s
Prozesses)* ‖ ~ *del proceso* ⟨Jur⟩
Einleitungs\beschluss m, *-verfahren* n ‖ **–ar** *vt def
anfangen, beginnen (fast nur Jur)* ‖ ◇ ~ *un
proceso e–n Prozess anstrengen* ‖ *ein Verfahren
einleiten* ‖ ~ *un sumario ein Ermittlungsverfahren
einleiten* ‖ **–ativo** *adj* ⟨Gr⟩ *inchoativ, den Beginn
anzeigend (Zeitwort) (z.B. amanecer)*
   incobrable *adj (m/f) unein\lösbar, -bringlich*
   incoerci\bilidad *f Unbezwingbarkeit* f ‖ **–ble**
adj (m/f) unbezwingbar, nicht zu unterdrücken(d)
‖ *unstillbar, nicht aufzuhalten(d) (z.B. Blutung)*
   incógni\ta *f* ⟨Math⟩ *unbekannte Größe,
Unbekannte* f ‖ ⟨fig⟩ *geheimer Grund* m ‖ *la* ~ *de
su conducta ⟨fig⟩ sein seltsames od nicht
durchschaubares Benehmen* ‖ **–to** *adj/s unbekannt*
‖ *unerkannt, unter fremdem Namen* ‖ ~ *m
Inkognito* n ‖ ◇ *guardar riguroso* ~ *ein strenges
Inkognito wahren* ‖ *viajar de* ~ *inkognito reisen*
   incognosci\bilidad *f* ⟨Philos⟩ *Unerkennbarkeit*
f ‖ **–ble** *adj (m/f) unerkennbar, der menschlichen
Erkenntnis entzogen bzw verschlossen*
   incoheren\cia *f Zusammenhanglosigkeit,
Inkohärenz* f ‖ **–te** *adj (m/f) zusammenhang(s)los,
unzusammenhängend, ohne Zusammenhang,
inkohärent*
   íncola *m Ein-, Be\wohner* m
   incoloro *adj farblos* ‖ *blass*
   in\cólume *adj (m/f) unversehrt, heil, unverletzt*
‖ ◇ *salir* ~ *mit heiler Haut davonkommen* ‖
–columidad *f Unversehrtheit* f
   incombusti\bilidad *f Un(ver)brennbarkeit* f ‖
Feuerfestigkeit f ‖ **–ble** *adj (m/f) un(ver)brennbar*
‖ *feuer\fest, -sicher, -beständig*
   incomible *adj (m/f) nicht essbar* ‖ *ungenießbar*
   incomo\dado *adj böse, erzürnt* ‖ **–dar** *vt (jdn)
belästigen, (jdm) beschwerlich fallen* ‖ *lästig sein*
‖ ◇ *¡no se de Vd.! nehmen Sie es nicht übel!* ‖
bemühen Sie s. nicht! ‖ **–didad** *f*, **–do** *m
Unbe\quemlichkeit, -haglichkeit* f ‖ *Ungemach* n ‖
Verdruss, Ärger m ‖ *Beschwerlichkeit* f
   incómodo *adj unbe\quem, -haglich* ‖
beschwerlich, lästig ‖ *böse, verärgert* ‖
unangenehm, peinlich
   incomparable *adj (m/f) unvergleichlich,
ohnegleichen* ‖ ⟨fig⟩ *unübertrefflich* ‖ *adv:*
‖ **–mente**

   incompare\cencia *f* ⟨Jur⟩ *Nichterscheinen* n ‖
–cer [-zc-] *vi nicht erscheinen (vor Gericht)*
   incompartible *adj (m/f) nicht (mit anderen)
teilbar*
   incompa\sible, –sivo *adj mitleidlos*
   imcompati\bilidad *f Unverträglichkeit* f ‖ ⟨Jur⟩
Unvereinbarkeit f ‖ *Unzulässigkeit* f ‖ ⟨Inform⟩
Imkompatibilität f ‖ ~ *de cargos Verbot* n *der
Ämterhäufung* ‖ **–es** *fpl Misshelligkeiten* fpl ‖
–ble *adj (m/f) unver\träglich, -einbar (con mit)* ‖
⟨Inform⟩ *imkompatibel*
   incompensable *adj (m/f) nicht kompensierbar*
   incompeten\cia *f* ⟨Jur⟩ *Un\zuständigkeit,
-befugtheit* f ‖ *Un\fähigkeit, -tauglichkeit* f ‖ **–te**
adj (m/f) ⟨Jur⟩ *un\zuständig, -befugt* ‖ *un\fähig,
-tauglich* ‖ *unmaßgeblich* ‖ *según mi parecer* ~
m–r unmaßgeblichen Meinung nach
   incompleto *adj unvollständig* ‖ *unvollkommen*
‖ *lückenhaft* ‖ *dürftig* ‖ ◇ *dejar* ~ *unvollendet
(hinter)lassen* ‖ **–s** *mpl* ⟨Typ⟩ *Defektbogen* mpl
   incomprehensible *adj (m/f)* ⟨Philos Psychol⟩
→ **incomprensible**
   incompren\dido *adj unverstanden (& fig)* ‖
(iron) verkannt (Genie) ‖ **–sibilidad** *f
Unverständlichkeit* f ‖ *Un\begreiflichkeit,
-fassbarkeit* f ‖ **–sible** *adj (m/f) un\begreiflich,
-fassbar* ‖ *unverständlich* ‖ ⟨fam⟩ *schleier-,
rätsel\haft* ‖ **–sión** *f Mangel* m *an Verständnis,
Verständnislosigkeit* f ‖ **–sivo** *adj verständnislos*
   incompresi\bilidad *f* ⟨Phys⟩ *Inkompressibilität,
Nichtpressbarkeit* f ‖ **–ble** *adj (m/f)
inkompressibel, nicht pressbar, nicht
zusammendrückbar*
   incomprobable *adj (m/f) nicht nachprüfbar*
   incomuni\cable *adj (m/f) außer Verbindung
(stehend)* ‖ *nicht übertragbar* ‖ *nicht mitteilbar* ‖
–cación *f Unterbrechung* f *e–r Verbindung*,
fehlender Anschluss m ‖ *Verkehrslosigkeit* f ‖
Unterbrechung f ‖ *Einzelhaft* f *(Gefangener)* ‖
–cado *adj außer Verkehr* ‖ *ohne Verbindung,
abgeschnitten* ‖ *in Einzelhaft (befindlich)* ‖ **–car**
[c/qu] *vt ab\sperren, -schließen* ‖ ⟨Jur⟩ *Einzelhaft
verhängen (a. alg. über jdn)* ‖ *unterbrechen
(Telefongespräch, Verbindung)* ‖ **–se** *s. absondern*
   inconcebible *adj (m/f) un\begreiflich, -fassbar*
   inconciliable *adj (m/f) unver\söhnlich,
-verträglich* ‖ *unvereinbar*
   inconcluso *adj un\beendet, -vollendet* ‖ *halb
fertig*
   inconcuso *adj un\streitig, -umstößlich* ‖
unbestreitbar ‖ ◇ *es un hecho* ~ *es ist e–e
unbestrittene Tatsache* ‖ *adv:* ~**amente**
   incondi\cional *adj (m/f) unbedingt (nötig)* ‖
bedingungslos ‖ ~ *m bedingungsloser Anhänger*
m *(bzw Freund* m) ‖ ~**mente** *adv unbedingt* ‖
bedingungslos ‖ *auf Gnade und Ungnade* ‖
–cionalismo *m Am bedingungslose Ergebenheit* f
   inconducta *f Arg schlechtes Betragen* n ‖
schlechter Lebenswandel m
   incone\xión *f Mangel* m *an Zusammenhang* ‖
Beziehungslosigkeit f ‖ **–xo** *adj
unzusammenhängend, zusammenhanglos,
unabhängig*
   inconfe\sable *adj (m/f) was nicht gebeichtet
werden kann (Schandtat)* ‖ ⟨fig⟩ *schändlich* ‖
⟨Jur⟩ *nicht geständig* ‖ ⟨fig⟩ *unaussprechlich* ‖ **–so**
adj ⟨Jur⟩ *ungeständig* ‖ ◇ *morir* ~ *ohne Beichte
sterben*
   inconfor\me *adj (m/f) nicht konform* ‖ *nicht
konformistisch* ‖ **–midad** *f Nichtübereinstimmung*
f ‖ *Nichtzustimmung* f ‖ *Nonkonformismus* m ‖
–mismo *m Nonkonformismus* m ‖ **–mista** *m/f
Nonkonformist(in* f) m
   inconfortable *adj (m/f) un\bequem, -gemütlich*
‖ *ohne Komfort*

inconfundible adj *(m/f)* *unverwechselbar* ‖ *unverwirrbar*
incongelable adj *(m/f)* *kältebeständig* ‖ *nicht einzufrieren(d)*
incon\|gruencia *f Missverhältnis* n ‖ *Inkongruenz* f ‖ *Unstimmigkeit* f ‖ *Ungereimtheit* f ‖ *Unschicklichkeit* f ‖ *Zusammenhang(s)losigkeit* f ‖ **–gruente** adj *(m/f)* *unverhältnismäßig* *un\|passend, -gehörig* ‖ *un\|gebührlich, -schicklich* ‖ *zusammenhang(s)los* ‖ *inkongruent* ‖ **–gruo** adj → **incongruente**
incongruo m ⟨Rel⟩ *Geistliche(r)* m *ohne standesgemäßen Unterhalt*
inconjugable adj *(m/f)* ⟨Gr⟩ *nicht konjugierbar*
inconmensurable adj *(m/f)* *unermesslich* ‖ ⟨fig⟩ *maßlos* ‖ ⟨Math⟩ *inkommensurabel*
inconmovible adj *(m/f)* *unbeweglich* ‖ *unerschütterlich, fest (in s–n Grundsätzen)*
inconquistable adj *(m/f)* *uneinnehmbar (Festung usw.)* ‖ ⟨fig⟩ *unerbittlich, nicht umzustimmen(d)*
inconscien\|cia *f Bewusstlosigkeit* f ‖ *Unzurechnungsfähigkeit* f ‖ *Leichtfertigkeit* f ‖ *Ahnungslosigkeit* f ‖ *fehlendes Bewusstsein* n ‖ **–te** adj *unbewusst* ‖ *unwillkürlich* ‖ *bewusstlos* ‖ *leichtfertig* ‖ lo ~ *das Unbewusste* n ‖ adv: **~mente**
inconsecuen\|cia *f Folgewidrigkeit* f ‖ *Widerspruch* m ‖ *mangelnde Folgerichtigkeit, Inkonsequenz* f ‖ **–te** adj/s *(m/f)* *folgewidrig, widersprechend* ‖ *inkonsequent* ‖ *leichtsinnig, un\|besonnen, -bedacht* ‖ *wankelmütig*
inconside\|ración *f Unbedachtsamkeit* f ‖ *Rücksichtslosigkeit* f ‖ **–rado** adj *un\|besonnen, -bedacht, -vorsichtig* ‖ *rücksichtslos*
inconsisten\|cia *f Bestand-, Halt\|losigkeit* f ‖ *Veränderlichkeit* f ‖ **–te** adj *(m/f)* *haltlos, unhaltbar, nicht haltbar* ‖ *nicht standfest* ‖ *veränderlich* ‖ *locker*
inconsolable adj *(m/f)* *untröstlich, trostlos*
inconstan\|cia *f Unbeständigkeit* f, *Wankelmut* m ‖ ⟨fig⟩ *Treulosigkeit, Untreue* f ‖ *Unbestand* m, *Veränderlichkeit* f *der Dinge* ‖ **–te** adj *(m/f)* *unbeständig* ‖ *wankelmütig* ‖ *wetterwendisch* ‖ ⟨fig⟩ *treulos, untreu*
inconstitucio\|nal adj *(m/f)* *verfassungswidrig, nicht verfassungsmäßig* ‖ **–nalidad** *f Verfassungswidrigkeit* f
inconsútil adj *(m/f)* *ohne Naht, nahtlos*
incontable adj *(m/f)* *unzählbar* ‖ *unzählig* ‖ *nicht erzählbar*
incontaminado adj *nicht kontaminiert* od *verseucht* ‖ *rein*
incontenible adj *(m/f)* *uneindämmbar* ‖ *unwiderstehlich (Drang)* ‖ ⟨Mil⟩ *unaufhaltsam (Angriff)* ‖ ⟨fig⟩ *unbezähmbar (Leidenschaft)*
incontestable adj *(m/f)* *un\|bestreitbar, -streitig* ‖ adv: **~mente**
incontestado adj *unbeantwortet (Brief usw.)* ‖ *unbestritten (Anspruch, Recht)*
incontinen\|cia *f Unenthaltsamkeit* f ‖ *Unkeuschheit* f ‖ *Hemmungslosigkeit* f ‖ ~ (de orina) ⟨Med⟩ *(Harn)Inkontinenz* f ‖ **–te** adj *(m/f)* *unenthaltsam* ‖ *unkeusch* ‖ *hemmungslos* ‖ ⟨Med⟩ *an (Harn)Inkontinenz leidend*
incontinen\|ti ⟨lat⟩, **–tinente(mente)** adv *unverzüglich, sogleich* ‖ *auf der Stelle*
incontrastable adj *(m/f)* *unerschütterlich* ‖ *unumstößlich* ‖ *unwiderstehlich*
incontrolable adj *(m/f)* *unkontrollierbar, nicht nachprüfbar* ‖ *nicht beherrschbar*
incon\|venible adj *(m/f)* *nicht passend, nicht angezeigt* ‖ **–veniencia** *f Un\|schicklichkeit, -gehörigkeit* f ‖ *Unannehmlichkeit, Schwierigkeit* f ‖ ⟨fam⟩ *Schattenseite* f ‖ **–veniente** adj *(m/f)*

un\|schicklich, -gebührlich ‖ *zweckwidrig* ‖ adv: **–mente** ‖ ~ m Miss-, Übel\|stand m ‖ *Nachteil* m ‖ *Unannehmlichkeit* f, *Hindernis* n ‖ *Schwierigkeit* f, ⟨fam⟩ *Schattenseite* f, ⟨fam⟩ *Haken* m ‖ ◆ sin ~ *alguno unbeanstandet, ohne Schwierigkeit* ‖ ◇ *acarrear (od causar) ~s Unannehmlichkeiten nach s. ziehen* ‖ *remediar un ~ e–m Übel(stand) abhelfen* ‖ *no tengo* ~ (en ello) *ich habe nichts dagegen (einzuwenden)* ‖ *ich bin nicht abgeneigt*
inconversable adj *(m/f)* *ungesellig* ‖ *menschenscheu*
inconverti\|bilidad *f Nichtkonvertierbarkeit* f (Währung) ‖ **–ble** adj *(m/f)* *nicht konvertierbar* od *umwechselbar* ‖ *unverwandelbar*
incoordinación *f* ⟨Med⟩ *Koordinationsmangel* m
incordi\|ar vt ⟨pop⟩ *ärgern, belästigen* ‖ **–o** m ⟨Med⟩ → **bubón** ‖ ⟨fig pop⟩ *Ärger* m ‖ *unerträgliche Person* f
incor\|poración *f Ein\|verleibung, -reihung* f ‖ *Eingliederung* f ‖ *Vereinigung* f ‖ *Aufnahme* f *in e–e Gesellschaft* ‖ ⟨Tech⟩ *Einbau* m ‖ ~ *al cargo Amts\|einführung, -übernahme* f ‖ ~ a filas ⟨Mil⟩ *Aufnahme* f *in das Heer* ‖ *Antritt* m *des Waffendienstes* ‖ *Einberufung* f ‖ **–porado** m ⟨Mil⟩ *Einberufene(r), Dienstpflichtige(r)* m
incorporal adj *(m/f)* → **incorpóreo**
incorporar vt *einverleiben* ‖ *einfügen* ‖ *eingliedern* ‖ *vereinigen (mit)* ‖ (in e–e Gesellschaft) *aufnehmen* ‖ ⟨Mil⟩ (in das Heer) *einstellen* ‖ *einziehen (Rekruten)* ‖ *aufrichten (Körper)* ‖ ⟨Tech⟩ *ein\|bauen, -verleiben* ‖ ◇ ~ a (od con, en) *(et.) einverleiben* (dat), *aufnehmen* (in acc) ‖ **~se** *s. einverleiben, s. anschließen* (a an acc) ‖ *s. vereinigen (mit)* ‖ *den Körper aufrichten, s. aufrichten* ‖ *antreten (Amt)* ‖ ⟨Mil⟩ *s. anschließen (an e–e Truppe)* ‖ *s–n Dienst antreten* ‖ ◇ ~ a (las) filas *in das Heer eintreten, Soldat werden*
incor\|poreidad *f Unkörperlichkeit* f ‖ **–póreo** adj *unkörperlich* ‖ *inmateriell (Güter)*
incorrec\|ción *f Fehlerhaftigkeit, Unrichtigkeit* f ‖ *Un\|höflichkeit, -korrektheit* f ‖ *unkorrektes Benehmen* n ‖ *Verstoß* m ‖ ⟨fig⟩ *Fehler, Irrtum* m *(Buch)* ‖ ◇ *cometer una ~ gegen den Anstand verstoßen* ‖ **–to** adj *fehlerhaft, unrichtig* ‖ *unhöflich, unkorrekt, nicht korrekt* ‖ *unvorschriftsmäßig*
incorregi\|bilidad *f Unverbesserlichkeit* f ‖ **–ble** adj *(m/f)* *unverbesserlich* ‖ *verstockt* ‖ ⟨Inform Tech⟩ *unbehebbar (Fehler)*
incorrosible adj *(m/f)* *korrosions\|fest, -beständig*
incorrup\|tibilidad *f Unverderblichkeit* f ‖ ⟨fig⟩ *Unbestechlichkeit* f ‖ **–tible** adj *(m/f)* *unverderblich* ‖ ⟨fig⟩ *unbestechlich* ‖ **–to** adj *un\|verdorben, -verwest* ‖ ⟨fig⟩ *unbestechlich* ‖ ⟨fig⟩ *unbescholten* ‖ ⟨fig⟩ *unverdorben, jungfräulich*
Incoterms mpl ⟨Com⟩ *Incoterms* pl = International Commercial Terms)
increado adj *unerschaffen*
increción *f* ⟨Physiol⟩ *Inkretion, innere Sekretion* f
incre\|dibilidad *f Unglaub\|haftigkeit, -würdigkeit* f ‖ **–dulidad** *f Un\|gläubigkeit* f, *-glaube* m ‖ *Misstrauen* n
incrédulo adj/s *ungläubig* ‖ *misstrauisch*
increíble adj *(m/f)* *unglaublich* ‖ ⟨fig⟩ *unerhört*
incremen\|tar vt *wachsen lassen* ‖ *vermehren* ‖ *verstärken* ‖ *erhöhen* ‖ **–to** m *Anwuchs, Zuwachs* m ‖ *Wachstum* n, *Zunahme* f ‖ *Steigerung, Erhöhung* f ‖ ⟨Ling Math Phys⟩ *Inkrement* n ‖ ~ *de la cifra de negocios Umsatzerweiterung* f ‖ ~ *de valor Wertaufstockung* f ‖ ◇ *tomar ~ zunehmen*

incre|pación *f scharfer Verweis* m ‖ **–par** vt
zurechtweisen, (aus)schelten, rügen,
herunter|machen, -putzen
incrimi|nación *f An-, Be|schuldigung* f ‖
–nar vt *an-, be|schuldigen, bezichtigen* (a alg.
de algo *jdn e–r Sache*) ‖ **~se** *s. selbst*
bezichtigen
incristalizable adj *(m/f) nicht kristallisierbar*
incruento adj *unblutig (Opfer)*
incrus|tación *f Inkrustation, Verkrustung,*
Krustenbildung f ‖ *Steinkruste, Übersinterung* f ‖
Kesselstein m ‖ *Kesselsteinbildung* f ‖ *Belag* m ‖
Einlegen n ‖ ⟨Arch⟩ *eingelegte Verzierung* f ‖
⟨Geol⟩ *Inkrustation, Ablagerung* f ‖ ⟨Bgb⟩ *Druse,*
Geode f ‖ ⟨Med⟩ *Schorfbildung* f ‖ ⟨Med⟩
Einlagerung f ‖ ◆ *con incrustaciones de nácar mit*
Perlmutter eingelegt ‖ **–tado** *eingelegt* ‖ ⟨Bot⟩
eingewachsen ‖ *~ en el asiento* ⟨fig⟩ *wie*
angenagelt sitzend ‖ *~ m eingelegte Arbeit* f ‖
–tar vt *(mit Holz, Metall usw.) aus-, be|legen,*
inkrustieren ‖ *überziehen, verkleiden* (con *mit*) ‖
einbetten ‖ ⟨Arch⟩ *mit Inkrustationen verzieren* ‖
~se s. mit e–r Kruste (bzw *mit Kesselstein*)
überziehen ‖ *s. ansetzen* ‖ *verkrusten* ‖ ⟨Min⟩ *s.*
überkrusten ‖ ⟨fig⟩ *s. festsetzen, s. einfressen*
(Ansicht, Meinung) ‖ *s. einnisten* (& *Person*)
incu|bación *f Brüten* n, *Ausbrütung* f ‖ *Brutzeit*
f ‖ *~ artificial künstliche Brut* f ‖ ⟨Med⟩
Inkubation, Bebrütung f ‖ ⟨fig⟩ *Vorbereitung* f ‖
–badora *f Brutofen* m ‖ *Brutapparat* m ‖ *~*
infantil ⟨Med⟩ *Brut|schrank, -apparat, Inkubator*
m ‖ **–bar** vt *ausbrüten* ‖ *~* vi *brüten (Henne)*
incubo *m Inkubus, Buhlteufel* m ‖ ⟨fig⟩ *Alp,*
Alpdruck m, *Alpdrücken* n
incuestionable adj *(m/f) fraglos, unbestreitbar*
incul|cación *f Einprägung* f ‖ **–car** [c/qu] vt
ein|schärfen, -prägen ‖ ⟨fam⟩ *ein|trichtern,*
-pauken ‖ ⟨fig⟩ *beibringen* ‖ ◇ *~ en el ánimo*
dem Geist einprägen ‖ *~se:* *~ en* ⟨fig⟩
hartnäckig (auf et.) beharren
inculpa|bilidad *f Schuldlosigkeit* f ‖ **–ble** adj
(m/f) ⟨Jur⟩ *schuldlos, unschuldig* ‖ *unsträflich* ‖
–ción *f* ⟨Jur⟩ *Anschuldigung* f ‖ *Beschuldigung* f ‖
–do *m Angeklagte(r), Beschuldigte(r)* m
inculpar vt *an-, be|schuldigen, anklagen*
incul|tivable adj *(m/f) nicht kulturfähig* ‖ ⟨Agr⟩
nicht anbaufähig ‖ **–tivado** adj *unbebaut (Land)* ‖
–to adj *unbebaut, öd(e) (Gelände)* ‖ ⟨fig⟩ *roh,*
unausgebildet ‖ ⟨fig⟩ *ungepflegt* ‖ ⟨fig⟩
unkultiviert ‖ **–tura** *f Unbildung, Roheit* f ‖
Unkultur f ‖ *Mangel* m *an geistiger*
Entwicklung(sfähigkeit)
incum|bencia *f Obliegenheit, Pflicht* f ‖
Zuständigkeit f, *Ressort* n ‖ ◇ *no es asunto de mi*
~ das geht mich nichts an ‖ *das fällt nicht in*
mein Ressort ‖ *dafür bin ich nicht zuständig* ‖
–bir vi *obliegen* ‖ ◇ *eso no me incumbe das geht*
mich nichts an ‖ *nos incumbe este deber diese*
Pflicht obliegt uns
incumpli|do adj *unerfüllt* ‖ **–miento** *m*
Nichterfüllung f ‖ *Nichteinhaltung* f *(e–r Frist)* ‖
Verletzung f *(e–s Vertrages)* ‖ *Zuwiderhandlung* f
incunable m/adj ⟨Lit⟩ *Inkunabel* f,
Wiegendruck m
incura|bilidad *f Unheilbarkeit* f ‖ **–ble** adj
(m/f) unheilbar ‖ ⟨fig⟩ *unverbesserlich, verstockt,*
starrsinnig ‖ **–do** adj *ungeheilt*
incu|ria *f Sorglosigkeit, Fahr-, Nach|lässigkeit*
f ‖ **–rioso** adj *sorglos, fahr-, nach|lässig* ‖
schlampig
incurrir [pp & irr incurso] vi *verfallen,*
geraten (en *in* acc) ‖ Am *s. hinreißen lassen* (en
zu) ‖ ◇ *~ en contradicciones s. in Widersprüche*
verwickeln ‖ *~ en un descuido s. ein Versehen*
zuschulden (& *zu Schulden*) *kommen lassen* ‖ *~*

en falta e–n Fehler begehen ‖ ⟨Rel⟩ *in Sünde*
verfallen ‖ *~ en una multa mit e–r Geldstrafe*
belegt werden ‖ *~ en murmuraciones ins Gerede*
kommen ‖ *~ en odio s. Hass zuziehen* ‖ *~ en*
responsabilidad verantwortlich gemacht werden
(por wegen)
incursión *f Einfall, Streifzug* m ‖ ⟨Flugw⟩
Einflug m ‖ ⟨Sp⟩ *Angriff* m ‖ *~ punitiva*
Strafexpedition f
incur|vación *f Biegung* f ‖ ⟨Biol Med⟩
(Ver)Krümmung f ‖ **–var** vt *biegen* ‖ *krümmen* ‖
einbuchten
ind. ⟨Abk⟩ = **individual** ‖ **indicativo**
inda|gación *f Nachforschung* f ‖ *Untersuchung*
f ‖ *Ermittlung* f ‖ *Erforschung* f *(der Vaterschaft)*
‖ **–gador** *m (Er)Forscher* m ‖ **–gar** [g/gu] vt/i
aufsuchen ‖ *nachspüren* ‖ *erforschen, forschen*
nach ‖ *auskundschaften* ‖ *ermitteln* ‖ *untersuchen*
‖ *(nach)fragen (de bei)* ‖ ◇ *~ el paradero de alg.*
jds Aufenthaltsort ermitteln ‖ **–gatoria** *f* ⟨Jur⟩
richterliche Vernehmung f ‖ *(uneidliche) Aussage*
f *(des Angeklagten)* ‖ *Vernehmung* f *zur Person* ‖
–gatorio adj *Vernehmungs-, Untersuchungs-,*
Ermittlungs-
indantrenos mpl ⟨Chem⟩ *Indanthrene* npl
(blaue Indanthrenfarbstoffe)
indebido adj *un|gebührlich, -gehörig* ‖
ungerechtfertigt ‖ *rechtswidrig* ‖ *nicht geschuldet*
‖ *unrichtig* ‖ adv: **~amente**
indecen|cia *f Unanständigkeit, Anstößigkeit* f ‖
Ungebührlichkeit f ‖ *gemeiner Ausdruck* m ‖ *Zote*
f ‖ ⟨figf⟩ *Gemeinheit* f ‖ **–te** adj *(m/f) schamlos* ‖
ungebührlich ‖ ⟨fam⟩ *gemein* ‖ ⟨fam⟩ *unmöglich*
indecible adj *(m/f) un|säglich, -sagbar* ‖
unaussprechlich ‖ adv: **~mente**
indeci|sión *f Un|entschlossenheit, -schlüssigkeit*
f ‖ *Wankelmut* m ‖ ⟨fig⟩ *Un|bestimmtheit,*
-genauigkeit, -klarheit f ‖ *Unentschiedenheit* f ‖
–so adj *un|entschlossen, -schlüssig* ‖ *un|bestimmt,*
-klar, -genau ‖ *unentschieden* ‖ *ungelöst* ‖
entschlusslos ‖ *~ en* *(od* para*) obrar unschlüssig*
handelnd ‖ ◇ *estar od quedar ~ unentschieden*
sein
indeclinable adj *(m/f) unumgänglich* ‖
unentrinnbar ‖ ⟨Gr⟩ *nicht beugungsfähig,*
undeklinierbar, indeklinabel
indeco|ro *m Taktmangel* m ‖ *mangelnde Würde*
f ‖ **–roso** adj *un|anständig, -ziemlich* ‖ *unrühmlich*
‖ *schändlich* ‖ *würdelos*
indefectible adj *(m/f) unaufhörlich* ‖
unausbleiblich ‖ *unvergänglich* ‖ ⟨fig⟩ *treu,*
unwandelbar, fest (Freundschaft, Liebe) ‖ adv:
~mente ‖ *unfehlbar, mit absoluter Sicherheit*
indefen|sible, –sable, –dible adj *(m/f)*
unhaltbar, nicht zu verteidigen(d) ‖ *nicht*
aufrechtzuerhalten(d) (Entscheidung) ‖ **–sión** *f*
Wehrlosigkeit f ‖ *Verteidigungslosigkeit* f ‖ **–so** adj
wehrlos, ohne Schutz (a gegen) ‖ ⟨Mil⟩
verteidigungslos, nicht verteidigt
indefi|nible adj *(m/f) undefinierbar, nicht*
definierbar, unbestimmbar ‖ ⟨fig⟩ *unbeschreiblich*
‖ ⟨fig⟩ *geheimnisvoll* ‖ **–nido** adj *unbestimmt* ‖
unerklärt ‖ *unbegrenzt* ‖ ⟨Gr⟩ *unbestimmt (Artikel)*
‖ ◆ *por tiempo ~ auf unbestimmte Zeit* ‖ *auf*
immer
indefor|mabilidad *f Form|beständigkeit, -treue*
f ‖ *Unverformbarkeit* f ‖ **–mable** adj *(m/f)*
form|beständig, -treu, nicht verformbar ‖
unverwüstlich
indehiscente adj *(m/f)* ⟨Bot⟩ *indehiszent, nicht*
aufspringend (Fruchthülle)
indeleble adj *(m/f) unauslöschlich* ‖ *nicht zu*
entfernen(d) (Fleck, Zeichen) ‖ *kuss|echt, -fest*
(Lippenstift) ‖ *un(ver)tilgbar* ‖ *un|auslöschlich,*
-vergänglich (Erinnerung)

indelegable adj *(m/f) nicht übertragbar, nicht delegierbar*
indeliberado adj *unüberlegt*
indelica|deza *f Mangel m an Zartgefühl* ‖ *Taktlosigkeit* f ‖ **–do** adj *un|zart, -fein* ‖ *takt-, rücksichts|los*
indemne adj *(m/f) schadlos, heil* ‖ ◇ *salir ~ de un accidente bei e–m Unfall nicht zu Schaden kommen*
indemni|dad *f Schadloshaltung, Entschädigung* f ‖ ⟨Jur Pol⟩ *Indemnität* f ‖ **–zable** adj *(m/f) entschädigungsfähig* ‖ **–zación** *f Entschädigung, Schadloshaltung* f ‖ *Schadenersatz* m ‖ *Ausgleich* m ‖ *Abfindung* f ‖ *~ por accidente Unfallentschädigung* f ‖ *~ por cesación Entlassungsentschädigung* f ‖ *~ por daño personal Schmerzensgeld* n ‖ *~ por daños y perjuicios Schadenersatz* m ‖ *~ por defunción Sterbegeld* n ‖ *~ por evicción Verdrängungsentschädigung* f ‖ *~ de guerra Kriegsentschädigung* f ‖ *~ por incumplimiento Schadenersatz* m *wegen Nichterfüllung* ‖ *~ de separación Trennungszulage* f ‖ ♦ *en calidad od a título de ~ als Entschädigung* f ‖ ◇ *pretender od exigir ~ de daños y perjuicios Entschädigungsansprüche geltend machen* ‖ *tener derecho a ~ Ersatzanspruch haben* ‖ **–zar** *[z/c] vt entschädigen, schadlos halten (de für)* ‖ *er|statten, -setzen* ‖ *vergüten* ‖ *~ a alg. jdn entschädigen* ‖ *jdn abfinden* ‖ *~se s. schadlos halten* ‖ ◇ *quedar od estar –zado entschädigt werden*
indemorable adj *(m/f) unaufschiebbar*
indemostrable adj *(m/f) nicht beweisbar*
indentación *f Aus|zahnung, -zackung* f ‖ *Einbuchtung* f
indepen|dencia *f Unabhängigkeit* f ‖ *Selbständigkeit* f ‖ *Freiheitsdrang* m ‖ *Freiheit* f ‖ *Eigenständigkeit* f ‖ **–dentismo** *m Streben* n *nach od Kampf* m *um (die) Unabhängigkeit* ‖ **–dentista** *m/f Anhänger(in* f) *der Unabhängigkeit, Unabhängigkeitskämpfer(in* f) m ‖ **–derse** *vr Am* → **–dizarse** ‖ **–diente** adj *(m/f) unabhängig, k–r Partei angehörend* ‖ *selbständig* ‖ *frei, ungebunden* ‖ *mit eigenem Eingang (Zimmer, Wohnung)* ‖ *~ de todos von niemandem abhängig* ‖ *~ de eso abgesehen davon* ‖ ◇ *hacerse ~ unabhängig werden* ‖ **–dista** adj *(m/f) Am Unabhängigkeits-, Freiheits-* ‖ *~ m/f Am Kämpfer(in* f) m *für die Unabhängigkeit* ‖ *Freiheitskämpfer(in* f) m ‖ **–dizar** *[z/c] vt unabhängig machen, verselbständigen* ‖ *befreien (de von)* ‖ *~se selbständig werden* ‖ *die Freiheit erringen, s. frei machen*
inderoga|bilidad *f Unabdingbarkeit* f ‖ **–ble** adj *(m/f) un|abdingbar, -aufhebbar*
indescifrable adj *(m/f) unentzifferbar* ‖ *unleserlich* ‖ *rätselhaft, un|begreiflich, -fassbar*
indescriptible adj *(m/f) unbeschreiblich*
indeseable adj/s *(m/f) unerwünscht* ‖ *lästig* ‖ *~ m/f* ⟨fam⟩ *unerwünschte Person* f
indesgastable adj *(m/f) verschleißfest*
indesmallable adj *(m/f)* ⟨Text⟩ *maschenfest*
indesmontable adj *(m/f) nicht abmontierbar*
indestructi|bilidad *f Unzerstörbarkeit* f ‖ **–ble** adj *(m/f) unzerstörbar*
indetermi|nable adj *(m/f) unbestimmbar* ‖ **–nación** *f Unbestimmtheit* f ‖ *Un|schlüssigkeit, -entschlossenheit* f ‖ **–nado** adj *unbestimmt (& Math)* ‖ *un|schlüssig, -entschlossen* ‖ ⟨Philos⟩ *undeterminiert* ‖ **–nismo** *m* ⟨Philos⟩ *Indeterminismus* m
index|ación *f* ⟨Inform⟩ *Indizierung* f ‖ **–ar** *vt* ⟨Inform⟩ *indizieren*
indezuelo adj → **indio**
India *f* ⟨Geogr⟩ *Indien* n ‖ *~ Francesa* ⟨Hist⟩

Indochina n ‖ *~ Holandesa* ⟨Hist⟩ *Holländisch-Indien* n ‖ *~ Inglesa* ⟨Hist⟩ *Britisch-Indien* n ‖ *las ~s pl* ⟨Hist⟩ *Spanisch-Amerika* n ‖ *las ~ Occidentales Westindien* n ‖ *las ~ Orientales Ostindien* n
indiada *f Am Indianer(volk* n) *mpl* ‖ *Menge* f *Indianer* ‖ *Indianerstreich* m ‖ *Chi heftiger Zornausbruch* m
indiana *f* ⟨Text⟩ *Zitz* m, *Indienne* f
india|nismo *m* ⟨Pol⟩ *indianische Bewegung* f ‖ *Förderung bzw Bevorzugung der indianischen Kultur* ‖ *Indianertum* n ‖ *Indienkunde* f ‖ *indische Spracheigentümlichkeit* f ‖ **–nista** adj *(m/f) indianerkundlich* ‖ *Indianer-* ‖ *indienkundlich* ‖ *~ m/f* ⟨Pol⟩ *Förderer* m *der Indianerkultur bzw des Indianersubstrats* ‖ *Indianerforscher(in* f) m ‖ *Indolo|ge* m, *-gin* f
india|no adj *indianisch* ‖ *indisch* ‖ *hindustanisch* ‖ *~ m* ⟨fig⟩ *(in Amerika reich gewordener und heimgekehrter) Spanier* m ‖ *~ de hilo negro Geiz|hals, -kragen* m ‖ **–zo** adj augm *von* **indio**
indi|cación *f Anzeige* f ‖ *Angabe* f ‖ *Anweisung* f ‖ *Kennzeichen, Merkmal* n ‖ *(An)Zeichen* n ‖ *Auskunft* f ‖ *Hinweis, Fingerzeig, Wink* m, *Andeutung* f ‖ *Vermerk* m ‖ ⟨Med⟩ *Indikation, Heilanzeige* f ‖ *~ de lugar Ortsangabe* f ‖ *~ de origen Ursprungsvermerk* m ‖ *~ de procedencia Herkunftsbezeichnung* f ‖ *~ vacunal* ⟨Med⟩ *Impfanzeige* f ‖ ♦ *por ~ de … auf Anregung von …* ‖ *salvo ~ en contrario falls nicht anderes angegeben ist* ‖ **–caciones** *pl: ~ de servicio Dienst|anweisungen, -vorschriften fpl* ‖ **–cado** adj *geeignet, passend* ‖ *angezeigt* ‖ ⟨Med⟩ *indiziert* ‖ *lo más ~ (para tal propósito) das Zweckmäßigste*
indicador *m/adj An|geber, -zeiger* m ‖ *Anzeige-, Mess|gerät* n, *Zeiger* m ‖ *Indikator* m (& Chem Tech Tel Wir) ‖ ⟨Tel⟩ *Zeichengeber* m ‖ *Maßstab* m ‖ *Kursbuch* n ‖ *Verzeichnis* n ‖ *~ de calles Straßenverzeichnis* n ‖ *~ de camino Wegweiser* m ‖ *~ de comercio Adressbuch* n ‖ *~ de (cambio de) dirección* ⟨Auto⟩ *Fahrtrichtungsanzeiger* m ‖ *~ a distancia Fernanzeiger* m ‖ *~ de ferrocarriles* ⟨EB⟩ *Semaphor* n (& m) ‖ *~ de gasolina* ⟨Auto⟩ *Benzinuhr* f ‖ *~ de grisú* ⟨Bgb⟩ *Schlagwetteranzeiger* m ‖ *~ de nivel de agua Wasserstandszeiger, Pegel* m ‖ **–es** *mpl* ⟨V⟩ *Indikatoren mpl*
indi|car *vt [c/qu] an|zeigen, -deuten* ‖ *angeben* ‖ *weisen (Weg)* ‖ *bezeichnen* ‖ *bekannt machen* ‖ *zu erkennen geben* ‖ ◇ *~ como domicilio* ⟨Com⟩ *als Erfüllungsort angeben (Firma)* ‖ **–cativo** adj *an|zeigend, -deutend* ‖ *bezeichnend* ‖ *richtung|gebend, -weisend* ‖ *~ (modo) ~* ⟨Gr⟩ *Indikativ* m ‖ *~ m Kenn|buchstabe m bzw -zeichen* n *(e–r Station)* ‖ ⟨Radio⟩ *Pausenzeichen* n ‖ ⟨TV⟩ *Erkennungszeichen* n
indicción *f* ⟨Kath⟩ *Einberufung* f *(zum Konzil, zur Synode)*
índice adj: (dedo) *~ Zeigefinger* m ‖ *~ m Merkmal, Anzeichen* n ‖ *Zeigefinger* m ‖ *Uhrzeiger* m ‖ *Stab* m *(der Sonnenuhr)* ‖ ⟨Tel⟩ *Zeiger* m ‖ *Inhaltsverzeichnis* n ‖ *Katalog* m *(e–r Bibliothek)*, p. ex *Katalogsaal* m ‖ *Register* n ‖ *Tabelle* f ‖ ⟨Com Inform Math⟩ *Index* m ‖ ⟨Math⟩ *Kennziffer* f *(der Logarithmen)* ‖ ⟨Math⟩ *(Wurzel)Exponent* m ‖ ⟨Math Tech⟩ *Kennziffer* f ‖ *Richtzahl* f ‖ ⟨Kath⟩ *Index* m ‖ *~ de acidez Säurezahl* f ‖ *~ alfabético alphabetisches Register* n ‖ *~ de audiencia* ⟨Radio TV⟩ *Einschaltquote* f ‖ *~ de cetano Cetanzahl* f ‖ *~ del coste de la vida Lebens|kostenindex, -haltungsindex* m ‖ *~ digital Daumenregister* n ‖ *~ de encarecimiento Teuerungsrate* f ‖ *~ estadístico statistische Kennziffer* f ‖

expurgatorio ⟨Kath⟩ *Index* m (librorum prohibitorum), *Verzeichnis* n *der verbotenen Bücher* ‖ ~ de materias *Sachregister* n ‖ *Inhaltsverzeichnis* n ‖ ~ de mercancías *Warenverzeichnis* n ‖ ~ de octano *Oktanzahl* f ‖ ~ organico *Sachregister* n ‖ ~ pluviométrico *Regenindex* m ‖ ~ de precios *Preisindex* m ‖ ~ de refracción ⟨Opt⟩ *Brechungsindex* m ‖ ~ de siniestralidad *Schadensziffer* f ‖ ~ de yodo ⟨Chem⟩ *Jodzahl* f ‖ ◇ poner en el ~ *auf den Index setzen (Buch, Person)* ‖ ⟨fig⟩ *auf die schwarze Liste setzen* ‖ ⟨fig⟩ *ächten, in Acht und Bann tun* ‖ *verbieten*

indici|ado adj/s ⟨Jur⟩ *jd, gegen den die Indizien sprechen* ‖ *verdächtig* ‖ **–ar** vt *auf Grund von Indizien überführen* ‖ *schließen lassen auf* (acc), *hinweisen auf* (acc) ‖ **–ario** adj *Indizien-* ‖ **–o** m *(An-, Kenn)Zeichen* n *(de für* acc, *von)* ‖ ⟨fig⟩ *Vorbote* m ‖ ~s *mpl* ⟨Jur⟩ *Indizien* npl

índico adj *indisch*

indicillo m *dim von* ¹*indio*

indiestro adj *ungeschickt*

indiferen|cia f *Gleichgültigkeit* f, *Teilnahmslosigkeit* f, *Desinteresse* n, *Uninteressiertheit* f ‖ ⟨Phys⟩ *Indifferenz* f ‖ ◇ con ~ *gleichgültig* (a, [para] con *gegenüber* dat) ‖ *teilnahmslos* ‖ **–te** adj *(m/f) gleichgültig* ‖ *interesselos,* [stärker] *apathisch* ‖ *teilnahmslos* ‖ ~**mente** adv *gleichgültig* ‖ *in gleicher Weise* ‖ *unterschiedlos* ‖ **–tismo** m ⟨Rel⟩ *Gleichgültigkeit* f, *Indifferentismus* m

indígena adj *(m/f) eingeboren* ‖ *einheimisch* ‖ ~ m *Eingeborene(r)* m ‖ ⟨bes. iron⟩ *Einheimische(r)*, *Inländer* m

indigenato m *Heimatrecht* n ‖ *Staatsangehörigkeit* f ‖ *eingesessene Bevölkerung* f

indigencia f *Armut, (Be)Dürftigkeit, Not* f ‖ ~ espiritual, ~ mental *geistige Armut* f

indigenismo m *Am „Indigenismo"* m *(politisch-kulturelle Bewegung, die das indianische Element fördert bzw über den Weißen stellt)*

indigente adj/s *(m/f) arm, (be)dürftig, unbemittelt*

indigerible adj *(m/f) unverdaulich*

indiges|tarse vr *schwer im Magen liegen (& fig), nicht bekommen* ‖ ◇ se me indigestó la comida *das Essen liegt mir schwer im Magen* ‖ se me indigestó ese hombre ⟨figf⟩ *dieser Mensch liegt mir im Magen* ‖ **–tible** adj *(m/f) unverdaulich* ‖ **–tión** f *schlechte Verdauung* f ‖ *(leichte) Verdauungsstörung, Indigestion* f ‖ *Unverdaulichkeit* f ‖ ⟨figf⟩ *Über|sättigung* f, *-druss* m ‖ ◇ coger *od* contraer una ~ *s. den Magen verderben* ‖ tener una ~ *e–n verdorbenen Magen haben* ‖ **–to** adj *unverdaulich (& fig)* ‖ ⟨fig⟩ *mürrisch, unleutselig, barsch*

indig|nación f *Entrüstung, Erzürnung, Empörung* f ‖ *Zorn, Unwille* m ‖ **–nante** adj *(m/f) empörend* ‖ **–nar** vt *empören, in Empörung versetzen, aufbringen, böse machen* ‖ ~**se** *unwillig, böse werden, s. entrüsten* ‖ ◇ ~ con *od* contra alg. *s. über jdn entrüsten* ‖ ~ de *od* por algo *s. wegen e–r Sache erzürnen* ‖ **–nidad** f *Unwürdigkeit* f ‖ *Niederträchtigkeit* f ‖ *schändlicher Streich* m ‖ *Ehrverlusterklärung* f ‖ ~ sucesoria ⟨Jur⟩ *Erbunwürdigkeit* f ‖ **–no** adj *unwürdig, e–r Sache nicht wert* ‖ *unehrenhaft* ‖ *niederträchtig, schmählich* ‖ ◇ es un proceder ~ *es ist e–e schnöde Handlungsweise*

índigo m/adj *Indigo* m (& n) ‖ *Indigoblau* n ‖ el ~ del firmamento ⟨fig⟩ *der indigoblaue Himmel*

indino adj ⟨pop⟩ → **indigno**

¹**indio** adj *indisch* ‖ *indianisch* ‖ ⟨fig⟩ *roh* ‖ ◆ en fila ~a ⟨fig⟩ *im Gänsemarsch* ‖ ~ m *Inder* m ‖ *Indianer* m ‖ *indianische Sprache* f ‖ ⟨fig⟩ *geriebener Kerl* m ‖ ⟨fig⟩ *roher Mensch* m ‖ ◇ hacer el ~ ⟨figf⟩ *s. albern benehmen*, ⟨fam⟩ *blödeln* ‖ ¿es que somos ~s? ⟨figf⟩ *sind wir vielleicht blöd? mit uns nicht!*

²**indio** adj *blau*

³**indio** m **(In)** ⟨Chem⟩ *Indium* n

indió|filo adj/s *indianerfreundlich* ‖ **–fobo** adj/s *indianerfeindlich*

indirecta f ⟨fam⟩ *Fühler, Wink* m, *Anspielung* f ‖ *Andeutung* f ‖ *Stichelrede* f ‖ ◇ echar *od* soltar *od* tirar ~s ⟨fam⟩ *(bissige) Anspielungen machen* ‖ ¡vaya ~! ⟨figf⟩ *das ist (ja) ein Wink mit dem Zaunpfahl!*

indirec|tamente adv *auf Schleichwegen* ‖ ⟨fam⟩ *durch die Blume* ‖ **–to** adj *mittelbar, indirekt*

indiscipli|na f *Zucht-, Disziplin|losigkeit* f ‖ ⟨fig⟩ *Ungehorsam* m ‖ **–nado** adj *zuchtlos, undiszipliniert* ‖ ⟨fig⟩ *ungehorsam* ‖ **–narse** vr *zuchtlos werden* ‖ *s. wider Zucht und Ordnung* (od wider die Disziplin) *auflehnen* ‖ *ungehorsam werden bzw sein*

indiscre|ción f *Un|bedachtsamkeit, -klugheit* f ‖ ⟨fig⟩ *unbedacht(sam)e Äußerung* f ‖ *Vertrauensbruch* m, *Indiskretion* f ‖ *Auf-, Zu|dringlichkeit* f ‖ *Taktlosigkeit* f ‖ ⟨fig⟩ *Neugier(de)* f ‖ *Schwatzhaftigkeit* f ‖ **–to** adj *un|bedacht(sam), -vorsichtig, indiskret* ‖ *vorwitzig, unbescheiden* ‖ *taktlos* ‖ *auf-, zu|dringlich* ‖ *neugierig* ‖ *schwatzhaft* ‖ ◇ ¿sería ~ preguntar si …? *dürfte ich vielleicht fragen, ob …?*

indiscriminadamente adv *willkürlich, wahllos*

indisculpable adj *(m/f) un|entschuldbar, -verzeihlich*

indiscu|tible adj *(m/f) unbestreitbar* ‖ ◇ es un hecho ~ *es ist e–e feststehende Tatsache* ‖ es unterliegt k–m Zweifel ‖ **–tido** adj *un|bestritten, -zweifelhaft*

indisolu|bilidad f *Unauflösbarkeit* f ‖ **–ble** adj *(m/f) un(auf)löslich* ‖ ⟨fig⟩ *unauflösbar* ‖ ⟨fig⟩ *unzertrennlich*

indispensable adj *(m/f) un|erlässlich, -umgänglich* ‖ *unentbehrlich* ‖ *unabkömmlich* ‖ ◇ es ~ que Vd. venga *Sie müssen unbedingt kommen* ‖ nadie es ~ *niemand ist unentbehrlich* ‖ lo ~ *das Allernotwendigste* n

indis|poner [irr → **poner**] vt *außerstande (& außer Stande) setzen, unfähig machen* ‖ *abgeneigt machen* ‖ *entzweien, verfeinden* (con *mit)* ‖ *verstimmen* ‖ *unwohl, krank machen* ‖ ~**se** *kränklich, unpässlich werden* ‖ *s. entzweien, s. verfeinden* (con *mit)* ‖ *ärgerlich werden* ‖ **–ponible** adj *(m/f) nicht verfügbar* ‖ *unabkömmlich* ‖ **–posición** f *Un|fähigkeit, -tüchtigkeit* f ‖ *Un|pässlichkeit* f, *-wohlsein* n ‖ **–puesto** pp/irr von **poner** ‖ *un|pässlich, -wohl* ‖ *auf schlechtem Fuß stehend* (con *mit)* ‖ ⟨fig⟩ *verstimmt* ‖ *ungehalten* ‖ *nicht aufgelegt* (para *zu)* ‖ ◇ ~ sentirse ~ *s. unwohl fühlen*

indisputable adj → **indiscutible**

indistin|guible adj *(m/f) nicht zu erkennen(d)* ‖ **–tamente** adv *ohne Unterschied* ‖ *undeutlich* ‖ **–tinto** adj *un|deutlich, -klar* ‖ *nicht verschieden*

indivi|duación f ⟨Philos Psychol Wiss⟩ *Individuation* f ‖ ⟨Jur⟩ *Spezifizierung* f ‖ → **–dualización** ‖ **–dual** adj *(m/f) persönlich* ‖ *einzeln* ‖ *individuell* ‖ *Am identisch, sehr ähnlich* ‖ adv: ~**mente** ‖ **–dualidad** f *Persönlichkeit, Individualität* f ‖ *Eigenart* f ‖ *Besonderheit, Eigentümlichkeit* f ‖ ⟨fig⟩ *Einzelperson* f ‖ **–dualismo** m *Individualismus* m ‖ **–dualista** adj *(m/f) individualistisch* ‖ ~ m/f *Individualist(in* f)

m ‖ **–dualización** *f Individualisierung* f ‖
–dualizar [z/c] vt *individualisieren ‖ für s.
betrachten ‖ einzeln behandeln* ‖ **–duar** [pres
~úo] vt *spezifizieren* ‖ → **–dualizar**
   individuo adj → **individual** ‖ *un|teilbar,
-geteilt ‖ individuell ‖ ~ m Individuum,
Einzelwesen* n ‖ *einzelne(r)* m, *Person* f ‖ *Mitglied*
n *(e–r gelehrten Gesellschaft)* ‖ ⟨desp⟩
Individuum, Subjekt n ‖ ◇ cuidar del ~ ⟨fam⟩ *für
s–e Person sorgen*
   indivi|sibilidad *f Unteilbarkeit* f ‖ **–sible** adj
(m/f) unteilbar ‖ **–sión** *f Ungeteiltheit* f ‖ ⟨Jur⟩
Gemeinschaft f ‖ **–so** adj *un|geteilt, -trennt,
Gesamt-* ‖ pro ~ ⟨Jur⟩ *gemeinschaftlich, zur
gesamten Hand*
   indi|zación *f* → **indexación** ‖ **–zar** vt →
indexar
   indo adj *indisch* ‖ *.~ m Inder* m
   Indo *m* [Fluss]: el ~ *der Indus*
   Indó *m* ⟨fam⟩ → **Pedro** ‖ ~ *f* ⟨fam⟩ →
Casilda
   indoario adj → **indoeuropeo**
   indoblegable adj *(m/f) un|beugsam,
-nachgiebig*
   Indo|china *f* ⟨Hist⟩ *Indòchina* n ‖ ⁼**chino** adj/s
indochinesisch
   in|dócil adj *(m/f) unlenksam* ‖ *unbeugsam* ‖
halsstarrig ‖ **–docilidad** *f Unlenksamkeit* f ‖
Unbeugsamkeit f ‖ *Starrsinn* m
   indocto adj *un|gelehrt, -gebildet*
   indoctri|namiento *m Indoktrination* f ‖ **–nar** vt
indoktrinieren
   indocumentado adj *ohne Ausweispapiere,
nicht ausgewiesen* ‖ ⟨fig⟩ *wenig bekannt (Person)*
‖ ⟨figf⟩ *un|wissend, -kundig* ‖ ~ *m Person* f *ohne
Ausweispapiere*
   indo|europeo, –germánico adj/s ⟨Hist⟩
indo|europäisch, -germanisch ‖ **–s** *mpl:* los
–europeos *die Indogermanen* mpl
   índole *f Gemütsart, Denkart* f, *Charakter* m,
Naturell n ‖ *Wesen* n ‖ *Veranlagung* f ‖ ♦ de tal
~, de esta ~ *dieser Art, derartig* ‖ de variada ~
allerhand
   indolen|cia *f Trägheit, Lässigkeit* f ‖
*Gleichgültigkeit, Interesselosigkeit,
Uninteressiertheit* f ‖ *Empfindungslosigkeit* f ‖
Indolenz f ‖ ♦ con ~ *sorglos, nachlässig* ‖ **–te**
adj *(m/f) lässig, träge, sorglos* ‖ *gleichgültig* (para
con *gegen*)
   indoloro adj *schmerzlos*
   indoma|bilidad *f Unbändigkeit* f ‖ **–ble** adj
(m/f) un|bändig, -(be)zähmbar ‖ *unbeugsam* ‖ **–do**
adj *un|gebändigt, -gezähmt*
   indomesticable adj *(m/f) unzähmbar, nicht zu
zähmen(d)*
   indómito adj *unbändig* ‖ *ungebändigt*
   Indo|nesia *f* ⟨Geogr⟩ *Indonesien* n ‖ ⁼**nésico**
adj, **–nesio** adj/s *indonesisch* ‖ ~ *m Indonesier* m
‖ *Indonesisch* n
   Indos|tán *m* ⟨Geogr⟩ *Hindustan* n ‖
Vorderindien n ‖ ⁼**tanés** adj *aus Hindustan* ‖
hindustanisch ‖ *indisch (im Gegensatz zu
pakistanisch)* ‖ ~ *m Inder* m *(im Gegensatz zum
Pakistaner)* ‖ ⁼**taní** *m (moderne) hindustanische
Sprache* f ‖ ⁼**tánico** adj *hindustanisch*
   indrómina *f* Mex → **maleficio**
   indu *m*/adj *Hindu-*
   indubitable adj *(m/f)* → **indudable**
   inducción *f Anstiftung, Verleitung* f ‖
Folgerung, Herleitung f ‖ *Schlussfolgerung* f ‖
Veranlassung f ‖ ⟨Philos El⟩ *Induktion* f ‖ ~
electromagnética ⟨El⟩ *elektromagnetische
Induktion* f ‖ ♦ por ~ *auf dem Induktionsweg*
   inducido *m* ⟨El⟩ *Anker, Läufer, Rotor, Stator,
Ständer* m ‖ ⟨Jur⟩ *Angestiftete(r)* m

   inducir [-zc-, pret ~je] vt *anstiften, verleiten,
verführen* (a, en *zu*) ‖ *veranlassen* (a *zu*) ‖ *folgern*
(de *aus*) ‖ ⟨El⟩ *induzieren* ‖ Am *provozieren* ‖ ◇
~ a hacer algo *bewegen* od *dazu bringen, et. zu
tun* ‖ ~ a error *irreführen, zum Irrtum verleiten* ‖
~ el parto *die Geburt einleiten*
   induc|tancia *f* ⟨El⟩ *Induktanz* f, *induktiver
Blindwiderstand* m ‖ ~ primaria *Primärinduktanz*
f ‖ ~ de sintonización *Abstimmungsinduktanz* f ‖
–tividad *f* ⟨El⟩ *Induktivität* f ‖ **–tivo** adj
verleitend ‖ *folgernd* ‖ ⟨Philos Phys⟩ *induktiv* ‖
–tor adj *anstiftend, verleitend* ‖ ⟨El⟩ *induzierend* ‖
~ m *Anstifter* m ‖ ⟨El⟩ *Induktionsapparat,
Induktor* m
   indudable adj *(m/f) unzweifelhaft, zweifellos* ‖
adv: ~**mente**
   indulgen|cia *f Nachsicht, Milde* f ‖ *Schonung* f
‖ *Langmut* f ‖ *Nachgiebigkeit* f ‖ ⟨Rel⟩ *Ablass* m ‖
~ plenaria (Abk indulg. plen.) *vollkommener
Ablass* m ‖ ◇ implorar *od* pedir *od* solicitar *od*
suplicar ~ *um Nachsicht bitten* ‖ proceder sin ~
schonungslos od *unnachsichtig vorgehen* (contra
gegen) ‖ **–ciar** vt *Ablass gewähren* (dat) ‖ **–te** adj
(m/f) nachsichtig ‖ *nachgiebig* ‖ *langmütig*
   indul|tar vt *(jdn) begnadigen* ‖ *freisprechen
(von e–r Sch)ld)* ‖ *ausnehmen (von e–m Gesetz)* ‖
◇ ~ de la pena de muerte *(jdm) die Todesstrafe
erlassen* ‖ **–to** *m Begnadigung* f ‖ *Gnadenerlass* m
‖ ⟨Rel⟩ *Indult* m ‖ ~ apostólico *päpstlicher Indult*
m ‖ → auch **amnistía**
   indumen|taria *f Kleidung* f ‖ *(Volks)Tracht* f ‖
Trachtenkunde f ‖ **–tario** adj *Kleidungs-* ‖ **–to** *m
Kleid* n, *Kleidung* f
   induración *f* ⟨Med⟩ *Verhärtung, Induration* f
   industria *f Betriebsamkeit* f, *Fleiß* m ‖
Geschicklichkeit f ‖ *(Gewerbe)Fleiß* m ‖ *Industrie*
f ‖ *Gewerbe* n ‖ *Betrieb* m ‖ *Unternehmen* n ‖
Kunstfertigkeit f ‖ *Erfindungsgabe* f ‖ *List,
Schlauheit* f ‖ ~ aceitera *Ölindustrie* f ‖ ~
agrícola *Landwirtschaft* f ‖ ~ algodonera
Baumwollindustrie f ‖ ~ de alimentación
Nahrungsmittelindustrie f ‖ ~ automovilística, ~
del automóvil *Kraftfahrzeug-,
Auto(mobil)|industrie* f ‖ ~ básica
Grundstoffindustrie f ‖ ~ de bienes de consumo
Konsum-, Verbrauchs|güterindustrie f ‖ ~ de
bienes de equipo *Ausrüstungsindustrie* f ‖ ~ de
bienes de producción *Produktionsgüterindustrie* f
‖ ~ del calzado *Schuhwarenindustrie* f ‖ ~ del
carbón y del acero *Montanindustrie* f ‖ ~ cárnica
fleischverarbeitende Industrie f ‖ ~ cervecera
Brauindustrie f ‖ ~ del cine *Filmindustrie* f ‖ ~
clave *Schlüsselindustrie* f ‖ ~ de la confección
Bekleidungsindustrie f ‖ ~ de la construcción
Bau|gewerbe n, *-industrie, -wirtschaft* f ‖ ~
corchera *Korkindustrie* f ‖ ~ elaboradora
verarbeitende Industrie f ‖ ~ extractiva *extraktive
Industrie* f ‖ ~ de fibras artificiales
Kunstfaserindustrie f ‖ una ~ floreciente *e–e
blühende Industrie* f, *ein blühender
Gewerbezweig* m ‖ ~ ganadera *Viehzucht* f ‖ ~
hotelera *Hotelindustrie* f ‖ *Gaststätten- und
Beherbergungs|wesen* n ‖ ~ hullera
Steinkohlenindustrie f ‖ ~ jabonera
Seifenindustrie f ‖ ~ lanera *Wollindustrie* f ‖ ~
lechera *Milch|wirtschaft, -industrie* f ‖ ~ del libro
Buchgewerbe n ‖ ~ ligera *Leichtindustrie* f ‖ ~
maderera *Holzindustrie* f ‖ ~ manufacturera
Manufakturindustrie f ‖ ~ nacional, ~ del país
einheimische Industrie f ‖ ~ naval
Schiffsbau(industrie f) m ‖ ~ del ocio
Freizeitindustrie f ‖ ~ papelera *Papierindustrie* f
‖ ~ pecuaria *Viehwirtschaft* f ‖ ~ pesada
Schwerindustrie f ‖ ~ petrolera, ~ petrolífera
Erdölindustrie f ‖ ~s químicas *chemische*

Industrie f ‖ ~ *siderúrgica Eisen- und Stahl\industrie* f ‖ ~ *tabacalera Tabakindustrie* f ‖ ~ *textil Textilindustrie* f ‖ ~ *de transformación verarbeitende Industrie* f ‖ ♦ *de* ~ *mit Fleiß, absichtlich* ‖ ◇ *favorecer la* ~ *das Gewerbe fördern*
   indus\trial adj *(m/f) industriell, Industrie-, Gewerbe-* ‖ *technisch* ‖ *Werk(s)-* ‖ ~ *m/f Industrielle(r* m), *Gewerbetreibende(r* m) f ‖ *Fabrikant(in* f) m ‖ **–trialismo** *m „Industrialismus"* m, *Vorherrschaft* f *der Industrie* ‖ **–trialización** f *Industrialisierung* f ‖ **–trializar** [z/c] vt ⟨Com⟩ *industrialisieren* ‖ **–triar** vt *unter-, ab\richten* ‖ ~**se** *s. zu helfen wissen* ‖ **–trioso** adj *geschickt* ‖ *erfinderisch* ‖ *betriebsam* ‖ *geschäftig, emsig, fleißig*
   ine\briante adj *(m/f)* Mex *be\rauschend, -trunken machend* ‖ **–briar** vt *betrunken machen*
   ine\cuación f ⟨Math⟩ *Ungleichung* f
   inedia f ⟨Med⟩ *Schwächezustand* m *(infolge Nahrungsmangels)*
   inédito adj *(noch) unveröffentlicht (Buch)* ‖ ⟨fig⟩ *urwüchsig, neu, originell* ‖ ⟨fam⟩ *funkelnagelneu*
   ine\ducación f *mangelnde Erziehung* bzw *Bildung* f ‖ *Ungezogenheit* f ‖ **–ducado** adj *unerzogen* ‖ *ungezogen*
   inefable adj *(m/f) un\aussprechlich, -säglich* ‖ *unbeschreiblich*
   inefi\cacia f *Unwirksamkeit* f ‖ *Wirkungslosigkeit* f ‖ *Zwecklosigkeit* f ‖ ~ *jurídica rechtliche Unwirksamkeit, Rechtsunwirksamkeit* f ‖ **–caz** [*pl* ~**ces**] adj *(m/f) unwirksam* ‖ *zwecklos*
   inejecu\ción f *Nichtausführung* f ‖ *Nichtvollstreckung* f ‖ *Nichtvollstreckbarkeit* f ‖ **–tabilidad** f *Unvollstreckbarkeit* f ‖ **–table** adj *(m/f) undurchführbar* ‖ *nicht erfüllbar* ‖ *unvollstreckbar*
   inelegan\cia f *mangelnde Eleganz* f ‖ *Taktlosigkeit* f ‖ **–te** adj *(m/f) unelegant* ‖ *taktlos*
   inelegi\bilidad f *Nichtwählbarkeit* f ‖ **–ble** adj *(m/f) nicht wählbar*
   ine\luctable, –ludible adj *(m/f) unumgänglich* ‖ *un\anwendbar, -entrinnbar*
   inembarga\bilidad f *Unpfändbarkeit* f ‖ **–ble** adj *(m/f) unpfändbar* ‖ *beschlagnahmefrei* ‖ *k–m Embargo unterworfen*
   inenarrable adj *(m/f) un\säglich, -beschreiblich* ‖ *nicht zu erzählen(d), nicht wiederzugeben(d)*
   inencogible adj *(m/f)* ⟨Text⟩ *nicht einlaufend*
   inep\cia f *Albernheit, Ungereimtheit* f ‖ **–titud** f *Unfähigkeit* ‖ *Ungeschicklichkeit* f ‖ *Beschränktheit* f ‖ **–to** adj/s *unfähig* ‖ *unzulänglich* ‖ *ungeeignet* ‖ *albern, blöd*
   inequívoco adj *eindeutig*
   iner\cia f *Untätigkeit* f ‖ ⟨fig⟩ *Stumpfheit* f ‖ ⟨fig⟩ *Energielosigkeit* f ‖ ⟨Phys⟩ *Beharrungsvermögen* n, *Trägheit* f ‖ **–cial** adj *(m/f)* ⟨Phys⟩ *Trägheits-, inertial*
   △ **inerín** *m Januar* m
   inerme adj *(m/f) waffenlos, unbewaffnet* ‖ ⟨fig⟩ *wehrlos* ‖ ⟨Zool⟩ *stachel-* ‖ ⟨Bot⟩ *dorn(en)\los*
   inerrante adj *(m/f)* ⟨Astr⟩ *fix*
   inerte adj *(m/f) schwach, schlaff* ‖ *bewegungs-, regungs\los* ‖ ⟨fig⟩ *träg(e)* (& Phys) ‖ ⟨fig⟩ *leblos, tot* ‖ *inert (Gas)*
   inerva\ción f ⟨Biol⟩ *Innervation* f ‖ **–do** adj *mit Nerven versorgt*
   Inés f np *Agnes* f
   ines\crutable adj *(m/f) unerforschlich* ‖ *nicht zu erraten(d)* ‖ **–cudriñable** adj *(m/f) unerforschlich*
   inesperado adj *un\verhofft, -erwartet* ‖ *plötzlich* ‖ adv: ~**amente**

inesta\bilidad f *Unbeständigkeit* f ‖ ⟨Phys⟩ *Labilität, Instabilität* f ‖ ⟨Med Psychol⟩ → **labilidad** ‖ **–ble** adj *(m/f) unbeständig, wandelbar* ‖ *schwankend* ‖ ⟨Phys⟩ *instabil, labil* ‖ ⟨Chem⟩ *unbeständig* ‖ *unsicher* (z.B. *Frieden*) ‖ ◇ *estar en equilibrio* ~ ⟨fig⟩ *auf der Kippe stehen*
   inestético adj *unästhetisch*
   inestima\bilidad f *Nichtabschätzbarkeit, Unschätzbarkeit* f ‖ **–ble** adj *(m/f) unschätzbar*
   inevitable adj *(m/f) un\vermeidlich, -umgänglich* ‖ *unausbleiblich*
   inexac\titud f *Un\genauigkeit* f ‖ *Unrichtigkeit* f ‖ *Nachlässigkeit* f ‖ *Fehler(haftigkeit* f) m ‖ **–to** adj *ungenau* ‖ *unrichtig* ‖ *fehlerhaft, falsch* ‖ *unzuverlässig*
   inexcusable adj *(m/f) un\entschuldbar, -verzeihlich* ‖ *unumgänglich* ‖ *zwingend*
   inexhaus\tible adj *(m/f) unerschöpflich, überreichlich* ‖ **–to** adj *unerschöpft*
   inexigi\bilidad f *Uneintreibbarkeit* f ‖ *Unverlangbarkeit* f ‖ *Unzumutbarkeit* f ‖ **–ble** adj *(m/f) uneintreibbar, nicht einzutreiben(d)* (z.B. *Schuld)* ‖ *unverlangbar* ‖ *unzumutbar (Bedingung)*
   inexisten\cia f *Nichtvorhandensein* n ‖ *Wesenlosigkeit* f ‖ *Nichtbestehen* n ‖ *Fehlen* n ‖ ⟨Jur⟩ *absolute Nichtigkeit* f ‖ **–te** adj *(m/f) nicht vorhanden, nicht bestehend* ‖ *wesenlos* ‖ *absolut nichtig* ‖ ⟨fam⟩ *unwichtig* ‖ *wertlos, unbedeutend*
   inexora\bilidad f *Unerbittlichkeit* f ‖ *Schonungslosigkeit* f ‖ **–ble** adj *(m/f) un\erbittlich, -nachgiebig, rigoros* ‖ ⟨fig⟩ *unbeirrbar*
   inex\periencia f *Unerfahrenheit* f ‖ **–perimentado** adj *(noch) nicht erprobt* ‖ **–perto** adj/s *unerfahren*
   inexpia\bilidad f *Unsühnbarkeit* f ‖ **–ble** adj *(m/f) unsühnbar* ‖ **–do** adj *ungesühnt*
   inexplicable adj *(m/f) un\erklärlich, -begreiflich, -fassbar* ‖ ⟨fig⟩ *sonderbar, merkwürdig, rätselhaft*
   inexplora\ble adj *(m/f) unerforschbar* ‖ **–do** adj *unerforscht* (& fig)
   inexplosible adj *(m/f) explosionssicher*
   inexplota\ble adj *(m/f) nicht auszubeuten(d)* ‖ *nicht verwertbar* ‖ ⟨Bgb⟩ *nicht abbau\fähig* od *-würdig* ‖ **–plotado** adj *unausgebeutet* ‖ *nicht in Betrieb (befindlich)*
   inexpresi\vidad f *Ausdruckslosigkeit* f ‖ **–vo** adj *ausdruckslos, nichtssagend*
   inexpugnable adj *(m/f)* ⟨Mil⟩ *uneinnehmbar* ‖ ⟨fig⟩ *unüberwindlich*
   inexten\sibilidad f *Un(aus)dehnbarkeit* f ‖ **–sible** adj *(m/f) un(aus)dehnbar, nicht (aus)dehnungsfähig* ‖ **–so** adj *(aus)dehnungslos*
   in extenso ⟨lat⟩ adv *in extenso*
   inextinguible adj *(m/f) nicht zu löschen(d)* ‖ ⟨fig⟩ *unauslöschlich* ‖ *untilgbar*
   inextirpable adj *(m/f) unausrottbar, nicht auszurotten(d)*
   in extremis ⟨lat⟩ *in den letzten Zügen (liegend)* ‖ ◇ *estar* ~ ~ *mit dem Tode ringen*
   inextricable adj *(m/f) unentwirrbar* ‖ ⟨fig⟩ *ver\worren, -zwickt, wirr* ‖ ⟨fig⟩ *undurchschaubar*
   inf. (Abk) = *inferior* ‖ *infinitivo*
   infa\libilidad f *Unfehlbarkeit* f ‖ *Untrüglichkeit* f ‖ *absolut sichere Wirkung* f, *absolut sicherer Erfolg* m ‖ ~ *pontificia päpstliche Unfehlbarkeit* f ‖ **–lible** adj *(m/f) unfehlbar* ‖ *untrüglich* ‖ *unausbleiblich* ‖ ⟨fam⟩ *(bomben)sicher*
   infalsificable adj *(m/f) unverfälschbar* ‖ *fälschungssicher*
   infa\mación f *Entehrung* f ‖ *Verleumdung* f ‖ **–mador** m *Verleumder, Lästerer* m ‖ **–mante** adj *(m/f) entehrend* ‖ *schimpflich* ‖ **–mar** vt *verlästern* ‖ *entehren* ‖ *schänden* ‖ *verleumden* ‖ **–matorio** adj *entehrend, schimpflich* ‖ *schmähend* ‖

verleumderisch ‖ **–me** adj/s *(m/f) ehrlos,*
unehrlich ‖ *infam, niederträchtig, gemein* ‖
schmählich, Schand- ‖ *verrufen, ruchlos* ‖ **–mia** *f*
Schändlichkeit, Niederträchtigkeit, Schmach f ‖
Schandtat f ‖ *Verruchtheit* f
  infan|cia *f Kindheit* f, *Kinderjahre* npl ‖ ⟨fig⟩
(die) Kinder npl ‖ ⟨fig⟩ *Anfang* m ‖ ◆ *desde la* ~
von Kindheit an ‖ **–ta** *f Infantin* f *(span. bzw*
⟨Hist⟩ *port. Prinzessin)* ‖ ⟨lit⟩ *kleines Mädchen* n
‖ **–tado** *m Grundbesitz* m *bzw Gebiet* n *e–s*
Infanten ‖ *Würde* f *des Infanten*
  ¹infante *m Infant* m *(span. bzw* ⟨Hist⟩ *port.*
Prinz m) ‖ ⟨lit⟩ *kleiner Knabe* m
  ²infante *m* ⟨Mil⟩ *Infanterist* m ‖ ~**s** *mpl*
Infanteristen mpl, *Fußvolk* n
  ³infante *m:* ~ *de coro Chor-, Sänger|knabe* m
  infantería *f* ⟨Mil⟩ *Infanterie* f ‖ *Fußvolk* n ‖ ~
acorazada, ~ *blindada Panzergrenadiere* mpl ‖ ~
ligera leichte Infanterie f ‖ ~ *de línea*
Linieninfanterie f ‖ ~ *de marina Marineinfanterie*
f ‖ ◆ *con apoyo de* ~ *mit Infanterieunterstützung*
  infan|ticida adj *(m/f) kindesmörderisch* ‖ ~ *m*
Kindesmörder m ‖ **–ticidio** *m Kind(e)smord* m ‖
Kindestötung f ‖ **–til** adj *(m/f) kindlich, Kinder-* ‖
kindisch ‖ ⟨Med⟩ *infantil* ‖ **–tilismo** *m* ⟨Med⟩
Infantilismus m
  infan|zón *m*/adj ⟨Hist⟩ *erbeingesessener*
Landedelmann m ‖ **–zonazgo** *m Gebiet* n *bzw*
Würde f *des infanzón*
  infar|tación *f* ⟨Med⟩ *Infarzierung* f ‖ **–to** *m*
Infarkt m ‖ ~ *de(l) miocardio Herzinfarkt* m ‖ *de*
~ ⟨fam⟩ *stressig*
  infatigable adj *(m/f) unermüdlich* ‖
ausdauernd, standhaft, durchhaltend
  infa|tuación *f Selbstgefälligkeit* f ‖ *eitle*
Einbildung f ‖ **–tuado** adj *selbstgefällig,*
eingebildet, dünkelhaft ‖ *töricht, eingenommen*
(*por für*) ‖ **–tuar** [pres ~úo] vt *betören* ‖ **~se** *s.*
et. einbilden (con *auf* acc) ‖ *eitel werden* (con *auf*
acc)
  infausto adj *unglücklich* ‖ *unheilvoll*
  infebril adj *(m/f)* ⟨Med⟩ *fieberfrei*
  infec|ción *f Ansteckung* f (& fig) ‖ ⟨Med⟩
Anstecku, Infektion f ‖ ~ *gripal grippaler Infekt*
m ‖ **–cionar** vt → **–tar** ‖ **–cioso** adj *ansteckend,*
infektiös ‖ ⟨fig⟩ *ansteckend* ‖ **–tado** adj *angesteckt*
‖ *infiziert* ‖ ⟨fig⟩ *ver|pestet, -seucht* ‖ ⟨fig⟩
vergiftet ‖ **–tar** vt *infizieren, anstecken* ‖ ⟨fig⟩
ver|giften, -derben ‖ **–to** adj → **–tado** ‖ *verseucht*
(& fig) ‖ ⟨fig⟩ *ver|dorben, -giftet* ‖ *schmutzig* ‖
stinkend, faulig
  infecun|didad *f Unfruchtbarkeit* f (& fig) ‖
Unergiebigkeit f ‖ **–do** adj *unfruchtbar*
  infe|licidad *f Unglückseligkeit* f ‖ *Unglück* n ‖
–liz [*pl* ~**ces**] adj *(m/f) unglücklich* ‖ ⟨fam⟩ *arm,*
elend ‖ ⟨fam⟩ *bedauernswert* ‖ ⟨fam⟩ *naiv* ‖ ~ *m*
→ **desgraciado** ‖ ⟨figf⟩ *armer Schlucker* m ‖
gutmütiger Trottel m ‖ ◇ *es un* ~ ⟨fam⟩ *er ist ein*
armer Schlucker ‖ **–lizote** *m* ⟨fam⟩ *gutmütiger*
Tropf m (& desp)
  inferencia *f Schlussfolgerung* f, *Schluss* m
  infe|rior adj *(m/f) untere, unten befindlich* ‖
gering(er) ‖ *minderwertig* ‖ *unterlegen* (a alg.
jdm) ‖ *untergeordnet* (a alg. jdm) ‖ *nieder, niedrig*
(Gefühl, Trieb) ‖ *schwächer (als nom) (der Zahl*
nach) ‖ *Nieder-, Unter-* ‖ ~ *en talento an*
Begabung zurückstehend ‖ *de calidad od valor* ~
minder-, gering|wertig ‖ *no* ~ *a … nicht weniger*
als … ‖ *minderwertiger sein* (a *als* nom) ‖ ~ *m*
untergeordnete Person f, *Untergeordnete(r)* m ‖
Untergebene(r) m ‖ **–rioridad** *f Minderwertigkeit,*
geringe Qualität f ‖ *Untergeordnetheit* f ‖
niedrigere Stellung f ‖ *Unterlegenheit* f ‖
Niedrigkeit f ‖ ~ *numérica* ⟨Mil⟩ *zahlenmäßige*
Unterlegenheit f

  inferir [ie/i] vt/i *folgern, schließen* (de, por
aus) ‖ *(mit s.) bringen* ‖ *zufügen (Beleidigung,*
Verletzung) ‖ ◇ ~ *una ofensa a alg. jdn*
beleidigen ‖ **~se** *s. ergeben* (de *aus*), *hervorgehen*
(de *aus*) ‖ *de od por ello se infiere daraus folgt,*
daraus ergibt s., daraus geht hervor
  infer|nal adj *(m/f) höllisch, Höllen-* ‖ **–nar**
[-ie-] vt ⟨fig⟩ *reizen* ‖ **–nillo** *m* ⟨fam⟩ → **infiernillo**
  ínfero adj ⟨Bot⟩ *unterständig*
  infes|tación *f* ⟨Agr Med⟩ *Verseuchung* f (& fig)
‖ *Befall* m *(Ungeziefer)* ‖ ⟨fig⟩ *Heimsuchung* f ‖
–tar vt *anstecken* (→ auch **infectar**) ‖
verseuchen, befallen ‖ ⟨fig⟩ *heimsuchen,*
verheeren ‖ ⟨fig⟩ *plagen* ‖ ⟨fig⟩ *unsicher machen*
(Räuber, Feinde) ‖ ⟨fig⟩ *über|schwemmen, -fluten*
‖ **–tado** *de piojos verlaust* ‖ *von Milben befallen*
(Vogel) ‖ **–to** adj *(poet) schädlich*
  infeu|dación *f* ⟨Hist⟩ *Belehnung* f ‖ **–dar** vt
belehnen
  infibulación *f* ⟨Med⟩ *Infibulation* f
  inficionar vt ⟨Med⟩ *anstecken* (& fig) ‖ →
auch **infectar**
  infi|delidad *f Treu|losigkeit* f, *-bruch* m ‖
Untreue f (& fig) ‖ ⟨Jur⟩ *Veruntreuung* f ‖
Verletzung f *von Amtspflichten* ‖ ⟨fig⟩
Ungenauigkeit f *(Übersetzung, Beschreibung)* ‖
⟨fig⟩ *Unzuverlässigkeit, Schwäche* f *(Gedächtnis)*
‖ ⟨Rel⟩ *Unglaube* m ‖ *Irrglaube* m ‖ ~ *en la*
custodia de documentos Urkunden|vernichtung
bzw -unterdrückung f ‖ **–delísimo** adj sup von
infiel
  infiel adj/s *(m/f) untreu, treulos* (en *in* dat) ‖
ungenau, nicht getreu, falsch (Wiedergabe) ‖
unzuverlässig (Gedächtnis) ‖ *ungewiss,*
schwankend (Glück) ‖ ⟨Rel⟩ *un- bzw irr|gläubig* ‖
la memoria me es ~ *das Gedächtnis versagt mir*
‖ ~ *m* ⟨Rel⟩ *Un- bzw Irr|gläubige(r)* m ‖ *los* ~**es**
die Ungläubigen, die Heiden mpl ‖ adv: ~**mente**
  infier|nillo *m* ⟨fam⟩ *Spirituskocher* m ‖ **–no** *m*
Hölle f ‖ *Unterwelt* f ‖ *Abrahams Schoß* m,
Vorhölle f ‖ ⟨figf⟩ *Höllenlärm* m ‖ ⟨figf⟩
unerträglich heißer Ort m ‖ ⟨figf⟩ *Wirrwarr* m,
Tohuwabohu n ‖ ⟨fig⟩ *Giftschrank* m *(Bibliothek)*
‖ ⟨fig⟩ *Höllenqualen* fpl ‖ ~ *verde grüne Hölle* f ‖
◇ *¡anda od vete al* ~! *geh zum Teufel!* ‖ *el* ~
está lleno de buenos propósitos der Weg zur Hölle
ist mit guten Vorsätzen gepflastert ‖ ~**s** *mpl (die)*
Hölle der Alten, (die) Unterwelt f ‖ *Hölle* f ‖ *los*
quintos ~ ⟨fam⟩ *sehr abgelegener Ort* m ‖ ◇
vivir en los quintos ~ (*od* en el quinto infierno)
⟨fam⟩ *jwd wohnen*
  infigurable adj *(m/f) unvorstellbar*
  infijo *m* ⟨Gr⟩ *Infix* n
  infil|tración *f Einsickern* n (& Pol) ‖
Unterwanderung f ‖ *Einschleusung* f ‖ ⟨Geol
Med⟩ *Infiltration* f ‖ → **–trado** ‖ **–trado** *m*/adj
⟨Med⟩ *Infiltrat* n ‖ **–trar** vt ⟨fig⟩ *einprägen,*
beibringen (Meinungen) ‖ *unterwandern* ‖
einschleusen ‖ *einflößen* ‖ **~se** *ein|sickern,*
-dringen (Flüssigkeiten) ‖ ⟨Med⟩ *(s.) infiltrieren* ‖
⟨fig⟩ *in den Geist eindringen (Meinungen)* ‖ ◇ ~
en algo ⟨Pol⟩ *et. unterwandern*
  ínfimo adj *niedrigst, unterst* ‖ *sehr niedrig,*
sehr gering ‖ *minderwertigst* ‖ ◆ *a precios* ~**s**
⟨Com⟩ *zu Schleuderpreisen, spottbillig*
  infini|dad *f Unendlichkeit* f ‖ ⟨fig⟩ *unendliche*
Zahl, Un|zahl, -menge f ‖ **–tamente** adv
unendlich ‖ ~ *mejor bei weitem besser* ‖ **–tesimal**
adj *(m/f) unendlich (od verschwindend) klein* ‖
⟨Math⟩ *Infinitesimal-* ‖ **–tivo** adj/s *Infinitiv-* ‖
⟨Math⟩ *Infinitesimal-* ‖ **–tivo** adj/s *Infinitiv-* ‖
(modo) ~ ⟨Gr⟩ *Infinitiv* m, *Nennform* f ‖ **–to** adj
unendlich, grenzen-, end|los ‖ ⟨fig⟩ *unzählig* ‖ ◆
hasta lo ~ *ins Unendliche* ‖ ~ *m* ⟨Math⟩ *Zeichen*
n *für unendlich* (∞) ‖ ⟨Math⟩ *Unendliches* n ‖ ◇
poner a(l) ~ ⟨Fot⟩ *auf „unendlich" stellen* ‖ ~ *n:*

lo ~ *das Unendliche* n ‖ *die Unendlichkeit* f ‖ ~
adv *unendlich, äußerst, überaus, sehr* ‖ **–tud** *f*
⟨bes. Lit Philos⟩ *Unendlichkeit* f
  infirmar vt ⟨Jur⟩ *außer Kraft setzen*
  inflable adj *(m/f) aufblasbar*
  ¹inflación *f Aufblasen, Anschwellen* m (z. B. *e–s
Ballons*) ‖ ⟨Med⟩ *Aufblähung* f ‖ ⟨fam⟩ *Stolz,
Dünkel* m
  ²infla|ción *f* ⟨Wir⟩ *Inflation* f ‖ ~ *furtiva,* ~
reptante schleichende Inflation f ‖ **–cionismo** *m
Inflationismus* m, *Inflationspolitik* f ‖ **–cionista**
adj *(m/f) inflationär, inflationistisch, inflatorisch* ‖
~ *m/f Inflationist(in* f), *Anhänger(in* f) m *e–r
inflationistischen Politik*
  inflado adj *aufgeblasen* ‖ MAm *eingebildet* ‖
~ *m Aufpumpen* n
  inflador *m Aufblasegerät* n ‖ *Luftpumpe* f
  inflagaitas *m* ⟨pop⟩ *dummer Kerl, Blödian* m
  inflama|bilidad *f* ⟨Phys⟩ *Entflammbarkeit,
Entzündbarkeit* f ‖ ⟨fig⟩ *Entflammbarkeit* f ‖ **–ble**
adj *(m/f) entzündbar* ‖ *brennbar* ‖ ⟨fig⟩ *leicht
entflammt* ‖ **–ción** *f Entzündung* f ‖ ⟨fig⟩
Auflodern n ‖ ~ *espontánea Selbstentzündung* f ‖
–do adj *entzündet* (& Med) ‖ *flammend, glühend* ‖
feurig ‖ *gerötet (Gesicht)* ‖ ⟨fig⟩ *begeistert* ‖ ⟨fig⟩
zündend (Rede)
  infla|mar vt *an-, ent|zünden* ‖ ⟨fig⟩
entflammen, erhitzen ‖ ~**se** *s. entzünden* (& Med)
‖ *in Brand geraten* ‖ *s. röten (Gesicht)* ‖ ◇ ~ *de
od en ira vor Wut entbrennen, in Zorn geraten* ‖
–matorio adj *entzündlich*
  inflapollas *m* ⟨pop⟩ *dummer Kerl, Blödian* m
  inflar vt *aufblasen* ‖ *anschwellen* ‖
aufbauschen ‖ ⟨fig⟩ *hochmütig machen* ‖ ~**se**
⟨fig⟩ *s. aufblasen* ‖ ⟨fig⟩ *s. aufblähen* ‖ ⟨fig⟩ *eitel
werden* ‖ ⟨figf⟩ *s. aufspielen*
  inflexi|bilidad *f Unbiegsamkeit* f ‖ ⟨fig⟩
Unbeugsamkeit, Härte f ‖ ⟨fig⟩ *Unerbittlichkeit* f ‖
–ble adj *(m/f) starr, unbiegsam* ‖ ⟨fig⟩ *unbeugsam*
‖ ⟨fig⟩ *unerbittlich* ‖ ~ *a los ruegos unerbittlich* ‖
~ *en su dictamen auf s–r Meinung unbeugsam
beharrend*
  inflexión *f Biegung* f ‖ *Beugung* f ‖ *Stimm-,
Ton|fall* m ‖ ⟨Gr⟩ *Beugung, Flexion* f ‖ ⟨Math⟩
Wendung f ‖ ⟨Phys⟩ *Ablenkung, Brechung* f ‖ ~
verbal ⟨Gr⟩ *Umlaut* m ‖ *inflexiones de ternura
Regungen* fpl *der Zärtlichkeit* ‖ ◆ *sin inflexiones
eintönig (Worte)*
  inflic|tivo adj: *penas* ~*as Leibesstrafen* fpl ‖
–to pp/irr von **infligir**
  infligir [g/j] vt ⟨Jur⟩ *(Strafen) auferlegen,
verhängen* ‖ *erteilen (Verweis)* ‖ *beibringen,
bereiten (Niederlage)* ‖ ◇ ~ *un castigo a uno jdn
bestrafen* ‖ ~ *gastos Kosten verursachen*
  inflorescencia *f* ⟨Bot⟩ *Blütenstand* m,
Infloreszenz f ‖ *Blüte* f ‖ ~ *racemosa
traubenförmiger Blütenstand* m, *razemose
Infloreszenz* f ‖ ~ *terminal gipfelständige Blüte* f
  influen|cia *f Ein|fluss* m ‖ *Einwirkung* f ‖ ⟨fig⟩
Gewalt f, *Ansehen* n ‖ *Geltung* f ‖ ⟨Phys El⟩
Influenz f ‖ ~**s** *ambientales Umwelteinflüsse* mpl
‖ ~ *mundial Weltgeltung* f ‖ ~ *recíproca
Wechselwirkung* f ‖ ◇ *de (mucha)* ~ *einflussreich*
‖ ◇ *ejercer* ~ *Einfluss (aus)üben* (en, sobre *auf*
acc) ‖ *(gute) Beziehungen haben* ‖ *estar bajo la* ~
de alg. unter jds. Einfluss stehen ‖ *tener* ~ → *
ejercer* ~ ‖ **–ciar** vt → **influir** ‖ **–te** adj *(m/f)* →
influyente
  influenza *f* ⟨Med⟩ *Grippe, Influenza* f
  in|fluir [-uy-] vt/i *(jdn) beeinflussen* ‖ *(auf jdn)
Einfluss ausüben* ‖ *(auf jdn) einwirken* ‖ ◇ ~ *con
alg. auf jdn Einfluss haben* ‖ *jdn beeinflussen* ‖ ~
en algo auf et. einwirken ‖ **–flujo** *m Einfluss* m ‖
Einwirkung, Gewalt f, *Ansehen* n ‖ **–fluyente** adj
(m/f) einflussreich

  infografía *f* ⟨Inform⟩ *Computergrafik* f
  infolio *m Folioband* m ‖ *Foliant* m ‖
Folioformat n
  informa|ción *f Erkundigung, Nachfrage* f ‖
Auskunft, Information f ‖ *Benachrichtigung,
Mitteilung* f ‖ *Meldung* f ‖ *Bericht* m,
Berichterstattung f ‖ *Nachweis* m ‖ *gerichtliche
Untersuchung* f ‖ ⟨Jur⟩ *einleitendes Verfahren,
Zeugenverhör* n ‖ ~ *gráfica Bildbericht* m ‖ ~
hidrográfica Wasserstandsmeldung f ‖ ~
tendenciosa Tendenzmeldung f ‖ ~ *textual*
⟨Inform⟩ *Textdaten* pl ‖ ◆ *a título de* ~
informationshalber ‖ *ohne Gewähr* ‖ **–ciones** *pl:
oficina de* ~ *Aus|kunftsbüro* n, *-kunftei* f ‖ **–dor** *m
Berichterstatter* m ‖ *Reporter* m ‖ *Informant* m
  infor|mal adj/s *(m/f) ordnungswidrig* ‖
formwidrig ‖ *unzuverlässig* ‖ *nicht seriös, nicht
reell, unsolid* ‖ *unartig (Kind)* ‖ *un|förmlich,
-gezwungen* ‖ **–malidad** *f Ordnungswidrigkeit* f ‖
Unzuverlässigkeit ‖ *Unschicklichkeit* f ‖ *unreelle
Handlungsweise* f ‖ *Ungezwungenheit* f ‖ **–mante**
m/f Informant(in f) m
  informar vt *benachrichtigen, unterrichten* (de,
sobre *von, über* acc) ‖ *anzeigen, melden* ‖ ⟨Philos⟩
Gestalt od Form geben (dat) ‖ ~ vi ⟨Pol⟩
berichten, Bericht erstatten ‖ ⟨Jur⟩ *plädieren, e–n
Vortrag halten (Verteidiger, Staatsanwalt)* ‖
*gerichtlich untersuchen, e–e Untersuchung
einleiten* ‖ ~**se** *s. erkundigen* (de, sobre *nach,
über* dat) ‖ *s. informieren* ‖ *s. bekannt machen
(mit)* ‖ *estar bien –mado gut unterrichtet sein*
  informáti|ca *f Informatik, Datenverarbeitung* f
‖ **–co** adj *auf die Informatik bezüglich* ‖ ~ *m
Informatiker* m
  informativo adj *informativ* ‖ *unterrichtend,
belehrend, unterweisend* ‖ *beratend* ‖ *Berichts-*
  informatizar [z/c] vt *auf Datenverarbeitung
umstellen, computerisieren*
  ¹informe adj *(m/f) unförmig, formlos, ungestalt*
  ²informe *m Erkundigung* f ‖ *Auskunft* f ‖
Nachricht f ‖ *(Rechenschafts)Bericht* m ‖
Gutachten n ‖ *Meldung* f ‖ ⟨Jur⟩ *gerichtliche
Untersuchung* f ‖ ⟨Jur⟩ *Verteidigungsrede* f,
Plädoyer n *(e–s Anwalts)* ‖ ~ *administrativo
Verwaltungsbericht* m ‖ ~ *arbitral* ⟨Sp⟩
Spielbericht m ‖ ~ *bancario Bankausweis* m ‖ ~
consular Konsulatsbericht m ‖ ~ *coyuntural
Konjunkturbericht* m ‖ ~ *documental
Dokumentarbericht* m ‖ *Feature* n (f) ‖ ~ *del
fiscal Plädoyer* m *des Staatsanwalts* ‖ ~ *acerca
del mercado Marktbericht* m ‖ ~ *pericial
Sachverständigengutachten* n ‖ ~ *acerca de la
situación Lagebericht* m ‖ ~**s** mpl *Referenzen* fpl
(bei Stellenanzeigen) ‖ ~ *minucioso od
detallados ausführliche Auskunft* f ‖ ~ *serios
zuverlässige Auskunft* f ‖ ◇ *adquirir* ~ → *tomar*
‖ *dar* ~ *Auskunft geben (acerca de über* acc) ‖
pedir ~ *Auskunft verlangen* ‖ *um Auskunft bitten* ‖
tomar ~ *Erkundigungen einziehen*
  informidad *f Unförmigkeit* f
  infortu|nadamente adv *unglücklicherweise* ‖
–nado adj *un|glücklich, -selig* ‖ **–nio** *m
Missgeschick, Unglück* n, *Schlag* m, [stärker]
Debakel n, *Zusammenbruch* m ‖ *Malheur* n ⟨lit⟩
Ungemach n ‖ ~**s** mpl *Schicksalsschläge* mpl
  infovía *f* ⟨Inform⟩ *Datenautobahn* f
  ¹infracción *f Verletzung, Übertretung* f *(e–s
Gesetzes)* ‖ ⟨allg⟩ *strafbare Handlung, Straftat* f ‖
Verstoß m ‖ *Zuwiderhandlung* f ‖ *Einbruch* m ‖ ~
del contrato Vertragsbruch m ‖ ~ *de un deber
Pflichtwidrigkeit* f ‖ ~ *de fondo materieller
Rechtsmangel* m ‖ ~ *de ley Gesetzesverletzung* f
‖ ~ *de las normas de la circulación* ⟨StV⟩
Verkehrsübertretung f ‖ ~ *tributaria Steuer|delikt*
od -vergehen n

²infracción f ⟨Med⟩ *Infraktion* f,
unvollständiger Bruch m
infractor adj *verletzend* ‖ *verstoßend* ‖ ~ *m
Verletzer* m *(e–s Rechtsgutes)* ‖ *Rechtsbrecher* m
infracturable adj *(m/f) einbruch(s)sicher*
infradesarrollado adj *unterentwickelt*
infraestructura f ⟨allg⟩ *Infrastruktur* f, ⟨Arch
Tech⟩ *Unterbau* m
infraganti, in fraganti ⟨lat⟩ adv *auf frischer
Tat (ertappen), in flagranti*
infrahumano adj *untermenschlich* ‖
menschenunwürdig
infrangible adj *(m/f) unzerbrechlich*
infranqueable adj *(m/f) unwegsam* ‖
unüberschreitbar ‖ ⟨fig⟩ *unüberwindlich
(Hindernis)*
infra|octava f ⟨Kath⟩ *Infraoktav* f ‖ **–rrojo** adj
infra-, ultra|rot, Infra-, Ultra|rot- ‖ **–scrito** adj
daruntergeschrieben ‖ ~ *m Unter|zeichnende(r),
-zeichnete(r)* m ‖ *yo el* ~ *ich Unterzeichneter* ‖
–sonido ⟨Phys⟩ *Infraschall* m ‖ **–utilizar** [z/c] vt
nicht voll auslasten ‖ **–valorar** vt *zu niedrig
bewerten* ‖ *unterbewerten* ‖ *unter Wert schätzen*
infrecuente adj *(m/f) selten*
infringir [g/j] vt *(ein Gesetz) übertreten, (e–m
Gesetz) zuwiderhandeln, (gegen ein Gesetz)
verstoßen* ‖ ◇ ~ *un contrato gegen e–n Kontrakt
verstoßen* ‖ ~ *la etiqueta gegen die Etikette
verstoßen*
infruc|tífero, –tuoso adj *unfruchtbar (& fig)* ‖
frucht-, ergebnis-, erfolg|los ‖ *vergeblich* ‖
–tuosidad f *Erfolglosigkeit* f ‖ *Nutzlosigkeit* f
infrutescencia f ⟨Bot⟩ *Fruchtstand* m,
Infrukteszenz f
ínfula f *Inful* f ‖ *(der Bischöfe,* ⟨Hist⟩ *der
altrömischen Priester,* ⟨Hist⟩ *der kaiserlichen
Statthalter)* ‖ **–s** fpl *Inful* f ‖ ⟨fig⟩ *eitle Hoffnung*
f ‖ ⟨fig⟩ *Arroganz* f ‖ ~ *de la vanidad Rausch* m
der Eitelkeit ‖ ◇ *tener muchas* ~ ⟨fig⟩ *s. sehr viel
einbilden* ‖ *sehr eitel sein*
infumable adj *(m/f) nicht rauchbar, nicht zu
rauchen(d) (Tabak)*
infundado adj *grundlos* ‖ *unbegründet* ‖ *~s
rumores leere Gerüchte* npl
infun|dibuliforme adj *(m/f)* ⟨Biol⟩
trichterförmig ‖ **–díbulo** m ⟨An Biol⟩ *Trichter* m,
Infundibulum n
infun|dio m *Lüge, Ente* f, *Gerücht* n ‖ **–dioso**
adj *lügnerisch* ‖ *lügenhaft*
infundir vt *einflößen (Vertrauen, Furcht)* ‖
◇ ~ *ánimo a od en alg. jdm Mut einflößen* ‖ ~ *algo en la mente de alg. jdm et. einprägen* ‖ ~
miedo a alg. jdm Furcht einjagen
infungible adj *(m/f)* ⟨Jur⟩ *nicht vertretbar*
infusible adj *(m/f) nicht schmelzbar,
unschmelzbar*
¹infusión f ⟨Pharm⟩ *Aufguss* m, *Infusion* f
(Pharm) ‖ *(Kräuter)Tee* m ‖ ⟨Med⟩ *Infusion* f ‖ ~
de flor de malva Malventee m ‖ ~ *de manzanilla
Kamillentee* m ‖ ~ *de menta Pfefferminztee* m ‖
~ *de valeriana Baldriantee* m ‖ ◇ *poner en* ~
ziehen lassen (Tee)
²infu|sión f ⟨Rel⟩ *Ausgießen* n *des Wassers (bei
der Taufe)* ‖ ~ *del Espíritu Santo Ausgießung* f
des Heiligen Geistes ‖ **–so** adj ⟨Rel⟩ *eingegeben,
offenbart, eingegossen* ‖ ⟨fig⟩ *angeboren,
natürlich, naturgegeben*
infusorios mpl ⟨Zool⟩ *Aufgusstierchen,
Infusorien* npl
ingeniar vt *ersinnen, (sinnreich) erfinden* ‖
~se *auf Mittel sinnen* ‖ *s. bemühen, versuchen*
(en hacer algo *et. zu tun)*
ingenie|ría f *Ingenieurtechnik* f ‖
Ingenieurwissenschaft f ‖ ⟨Mil⟩ *Ingenieur-,* Schw
Genie|wesen n ‖ ~ *genética Gentechnologie* f ‖

–ro m *(Diplom)Ingenieur* m ‖ ~ *aeronáutico
Luftfahrtingenieur* m ‖ ~ *agrónomo
Diplomlandwirt* m ‖ ~ *biólogo Ingenieurbiologe*
m ‖ ~ *de caminos, canales y puertos Hoch- und
Tief\bauingenieur, Straßenbauingenieur* m ‖ ~
civil Zivilingenieur m ‖ ~ *consultor beratender
Ingenieur* m ‖ ~ *electricista Elektroingenieur* m ‖
~ *geógrafo Ingenieurgeograph* m ‖ ~ *geólogo
Ingenieurgeologe* m ‖ ~ *hidráulico
Wasserbauingenieur* m ‖ ~ *industrial
(Diplom)Ingenieur* m ‖ ~ *de industrias textiles
Textilingenieur* m ‖ ~ (en) *jefe Chefingenieur* m ‖
~ *mecánico Maschinenbauingenieur* m ‖ ~ *de
minas* ⟨Bgb⟩ *Bergingenieur* m ‖ ~ *de montes
Diplomforstwirt* m ‖ ~ *naval Schiffsbauingenieur*
m ‖ ~ *de organización industrial
Betriebsingenieur* m ‖ ~ *químico
Diplomchemiker* m ‖ ~ *sanitario
Sanitätsingenieur* m ‖ ~ *de(l) sonido
Toningenieur* m ‖ ~ *de telecomunicación
Fernmeldeingenieur* m
¹ingenio m *Geist, Witz* m ‖ *geistreicher Mensch*
m ‖ *großer Geist* m (→ auch **genio**) ‖
Erfindungsgabe f ‖ *Ver\stand* m, *-nunft* f ‖
Kunstgriff m ‖ *Kunstwerk* n ‖ ◇ *aguzar el* ~ ⟨fig⟩
s. zusammennehmen, auf Mittel und Wege sinnen
²ingenio m *Anlage, Vorrichtung, Maschine* f ‖
Mechanismus m ‖ ⟨Typ⟩ *Beschneidemaschine* f ‖
⟨Mil⟩ *Geschoss* n, *Sprengkörper* m ‖ ⟨Raumf⟩
Rakete f ‖ ⟨Mil Hist⟩ *Kriegsmaschine* f ‖ Ar
Wachsgießerei f ‖ Am (bes Cu)
Zuckerrohrpflanzung bzw Zuckerfabrik f
inge|niosidad f *Scharfsinn* m ‖ *Witz* m ‖
Erfindungsgeist m ‖ *Geschicktheit, Findigkeit* f ‖
sinnvolle Einrichtung f ‖ ⟨iron⟩ *Verstiegenheit* f ‖
⟨fig desp⟩ *geistreiche Idee* f ‖ **–nioso** adj
erfinderisch, scharfsinnig, ⟨fam⟩ *findig* ‖ *künstlich
ersonnen* ‖ *sinnreich* ‖ *geistreich, witzig*
ingénito adj *angeboren* ‖ *von Natur aus
vorhanden* ‖ → **innato**
ingente adj *(m/f) ungeheuer, riesig, gewaltig,
immens, gigantisch*
inge|nua f ⟨Th Film⟩ *Naive* f ‖ **–nuidad** f
Harmlosigkeit f ‖ *Treu-, Offen\herzigkeit,
Aufrichtigkeit* f ‖ *Naivität* f ‖ **–nuo** adj *harmlos* ‖
treu-, offen\herzig ‖ *naiv* ‖ ◇ *hacerse el* ~ ⟨figf⟩
den Unschuldigen spielen od ⟨fam⟩ *markieren*
inge|rencia f *Einmischung* f (en *in* acc) ‖ **–rir**
[ie/e] vt *(hinunter)schlucken* ‖ *zu s. nehmen* ‖
⟨Med⟩ *schlucken, einnehmen* ‖ **~se → injerirse** ‖
–stión f *Einführen* n *(in den Magen)* ‖
(Hinunter)Schlucken n ‖ ⟨Med⟩ *Einnahme* f
Inglaterra f ⟨Geogr⟩ *England* n
ingle f ⟨An⟩ *(Scham)Leiste, Weiche,
Leistenbeuge* f
¹inglés adj *englisch* ‖ ♦ *a la* ~a *nach
englischer Art* ‖ *blutig, wenig gebraten (Fleisch)* ‖
~ m *Engländer* m ‖ *el* ~ *die englische Sprache* f,
das Englische ‖ ◇ *es mi* ~ ⟨pop⟩ *er ist mein
Gläubiger* ‖ *hablar* ~ *englisch sprechen*
²inglés m Chi *pünktlicher Mensch* m
ingle|sada f ⟨fam⟩ *Schwabenstreich* m ‖ **–sismo**
m *Anglizismus* m, *englische
Spracheingentümlichkeit* f (→ **anglicismo**) ‖ **–sar**
vt *verengländern*
ingle|te m ⟨Zim⟩ *Geh\rung, -re, Gehrungslade*
f ‖ **–tear** vt/i *Gehrungen schneiden (in* acc)
Ing.º ⟨Abk⟩ = **Ingeniero**
ingoberna|bilidad f *Unregierbarkeit* f ‖ **–ble**
adj *(m/f) unregierbar, nicht zu regieren(d)* ‖
unlenksam ‖ ⟨fig⟩ *unlenkbar*
ingra|titud f *(hacia gegen)* ⟨fig⟩
*Unfruchtbarkeit (Boden), Nutzlosigkeit,
Vergeblichkeit* f *(Arbeit, Mühe)* ‖ **–to** adj
un\dankbar, -erkenntlich (para, para con

gegenüber ‖ *unergiebig (Boden)* ‖ *nutzlos,*
vergeblich (Arbeit, Mühe) ‖ *unangenehm, widrig*
(Geschmack, Farbe, Arbeit) ‖ *hartherzig, spröde*
(Person) ‖ ~ a los beneficios *für empfangene*
Wohltaten nicht erkenntlich ‖ → auch
desagradecido ‖ adj: ~**amente** ‖ **–tón** adj/s
augm von **–to**
  in\gravidez *f Schwerelosigkeit* f (& fig) ‖
–grávido adj *schwerelos* ‖ *leicht, luftig*
  ingre *f* Burg → **ingle**
  ingrediente *m Zutat* f ‖ *Bestandteil* m ‖
Ingre\diens n, *-dienz* f
  ingre\sar vt/i *eintreten* (en *in* acc) ‖ *(ein Amt)*
antreten ‖ ⟨Med⟩ *eingeliefert* (bzw *aufgenommen*)
werden (in ein Krankenhaus) ‖ ⟨Mil⟩ *(in das*
Heer) eintreten ‖ *(als Wehrpflichtiger) erfasst*
werden ‖ ◇ ~ en caja *einkassieren* ‖ *einwechseln*
‖ *ein\gehen, -kommen (Gelder)* ‖ *einzahlen (Geld)*
‖ ~ en la carrera diplomática *die diplomatische*
Laufbahn einschlagen ‖ ~ en la cárcel *inhaftiert*
od in Haft genommen werden ‖ ~ en cuenta
kontieren ‖ ~ en el hospital *in das Krankenhaus*
eingeliefert (bzw *aufgenommen*) *werden* ‖ **–so** *m*
Eintritt m ‖ *Aufnahme* f ‖ *Einlieferung* f ‖
Einführung f ‖ ⟨Sch⟩ *Aufnahmeprüfung* f ‖ ⟨Sch⟩
Einschreibgebühr f ‖ ⟨Sch⟩ *Vorbereitungskurs(us)*
m ‖ ⟨Com⟩ *Einnahme* f, *eingenommenes Geld* n ‖
Eingang m *(von Geld)* ‖ ~ en caja *Kasseneingang*
m ‖ ~ de un socio ⟨Com⟩ *Eintritt* m *e–s*
Teilhabers ‖ ~**s** *mpl Ein\künfte* pl, *-kommen* n ‖ ~
fiscales Steuereinnahmen fpl ‖ ◇ los ~ son
superiores a los gastos *die Einnahmen sind*
größer als die Ausgaben
  íngrimo adj Am *einsam, verlassen* ‖ *ganz*
allein
  inguandio *m* Col *Lüge, Ente* f
  ingui\nal adj *(m/f) Leisten-* ‖ **–nodinia** *f*
Inguinodynie f, *Leistenschmerz* m
  ingurgi\tación *f* (bes. Med) *Verschlingen* n ‖
–tar vt *verschlingen, (hinunter)schlucken,* ⟨fam⟩
hinunter\schlingen, ⟨fam⟩ *-stürzen*
  inhábil adj *(m/f) unfähig* ‖ *untauglich (für ein*
Amt) ‖ ~ para ser testigo ⟨Jur⟩ *zeugnisunfähig*
  inhabili\dad *f Un\fähigkeit, -tüchtigkeit* f ‖
Untauglichkeit f ‖ *Ungeschicklichkeit* f ‖ ⟨Jur⟩ →
incapacidad ‖ **–tación** *f* ⟨Jur⟩ *Erklärung* f *der*
Unfähigkeit ‖ *Verbot* n *der Berufsausübung* ‖ ~
(absoluta) *Aberkennung* f *der bürgerlichen*
Ehrenrechte ‖ ~ para cargos públicos *Unfähigkeit*
f *zur Bekleidung öffentlicher Ämter* ‖ **–tar** vt
unfähig machen ‖ *für unfähig* (bzw *untüchtig*)
erklären ‖ *ein Berufsverbot verhängen* (a alg.
gegen jdn) ‖ ◇ ~ para un empleo *für ein Amt*
unfähig erklären ‖ ~**se** *unfähig werden* ‖ ~ para
navegar *seeuntüchtig werden*
  inhabi\tabilidad *f Unbewohnbarkeit* f ‖ **–table**
adj *(m/f) unbewohnbar* ‖ **–tado** adj *unbewohnt*
  inhabi\tuación *f Abgewöhnung* f ‖ *Entwöhnung*
f ‖ → auch **deshabituación** ‖ **–tuado** adj *nicht*
gewöhnt (a *an* acc) ‖ **–tual** adj *(m/f) ungewohnt* ‖
ungewöhnlich
  inha\lación *f Einatmung* f ‖ ⟨Med⟩ *Inhalation* f
‖ **–lador** *m* ⟨Med⟩ *Inhalationsapparat* m,
Inhaliergerät n, *Inhalator* m ‖ ~ de oxígeno
Sauerstoffinhalator m ‖ **–lante** *m*
Inhalationsmittel n ‖ **–lar** vt ⟨Med⟩ *einatmen,*
inhalieren ‖ ⟨Kath⟩ *in Kreuzesform hauchen*
(Ölweihe) ‖ **–latorio** *m* ⟨Med⟩ *Inhalatorium* n
  inhallable adj *(m/f) unauffindbar*
  inheren\cia *f Inhärenz, Zugehörigkeit* f ‖
(inniges) Verbundensein n ‖ **–te** adj *(m/f)*
innewohnend, eng verbunden (a *mit*) ‖ *verknüpft*
(a *mit*) ⟨Philos⟩ *inhärent* (dat)
  inhi\bición *f* ⟨Biol Psychol⟩ *Hemmung* f (&
fig) ‖ *Funktionsverlust* m ‖ ⟨Jur⟩ *Verbot* n ‖

Verhinderung f ‖ *(Selbst)Ablehnung* f (z.B. *e–s*
Richters) ‖ ⟨Chem⟩ *Inhibition, negative Katalyse* f
‖ **–bir** vt ⟨Jur⟩ *untersagen, verbieten* ‖ *ablehnen*
(Richter) ‖ ⟨Biol Psychol⟩ *hemmen* (& fig) ‖ ~**se**
s. *fernhalten* (de, en *von*), *(et.) vermeiden* ‖ ⟨Biol
Psychol⟩ *gehemmt werden* ‖ **–bitoria** *f*
Verfügungsbeschränkung f ‖ *Ablehnung* f *wegen*
Unzuständigkeit (des Gerichts) ‖ **–bitorio** adj
⟨Jur⟩ *verbietend, Verbots-* ‖ *Ausschließungs-* ‖
⟨Biol Psychol⟩ *hemmend* (& fig)
  inhonesto adj *unehrbar*
  inhos\pedable, –pitable, –pital adj *(m/f)* →
inhospitalario
  inhos\pitalario, ⟨lit⟩ **inhóspito** adj *ungastlich* ‖
fremdenfeindlich ‖ *unwirtlich (Land)* ‖ **–pitalidad**
f Ungastlichkeit f
  inhumación *f Be\erdigung, -stattung* f,
-gräbnis n
  inhuma\nidad *f Unmenschlichkeit,*
Grausamkeit f ‖ **–no** adj *unmenschlich, grausam* ‖
⟨fam⟩ *sehr anstrengend (Arbeit)* ‖ Chi *ekelhaft,*
unflätig ‖ adv: ~**amente**
  inhumar vt *be\erdigen, -statten, -graben*
  INI ⟨Abk⟩ = **Instituto Nacional de Industria**
  inicia\ción *f Ein\weihung, -führung* f (en *in*
acc) ‖ ⟨Rel⟩ *Initiation* f ‖ *Beginn* m ‖ ~ sexual
sexuelle Aufklärung f ‖ *erstes Sexualerlebnis* n ‖
–do adj *eingeweiht* ‖ ~ *m Eingeweihte(r)* m ‖
Insider m ‖ **–dor** adj *ein\führend, -leitend* ‖
bahnbrechend ‖ ~ *m* ⟨fig⟩ *Bahnbrecher,*
Wegbereiter m ‖ *Förderer* m ‖ *Einweihende(r)* m ‖
Initiator m ‖ ~**es** *mpl* ⟨Mil⟩ *Zündstoffe* mpl
  inicial adj/s *(m/f) anfänglich, Anfangs-* ‖ (letra)
~ *Anfangsbuchstabe* m, *Initiale* f ‖ ~**es** *fpl*
Monogramm n, *Namenszug* m ‖ *Initialen* fpl
  inicialización *f* ⟨Jur Pol⟩ *Paraphierung,*
Setzung f *der Initialen*
  ini\ciar vt *(in Geheimnisse) ein\weihen, -führen*
‖ *vertraut machen (en mit* dat) ‖ *zustande* (& *zu*
Stande) bringen ‖ *einleiten, anbahnen* ‖ *anfangen,*
beginnen ‖ ◇ ~ gestiones *Schritte einleiten* ‖ ~
relaciones comerciales *in Geschäftsverbindung*
treten ‖ ~ en un secreto *in ein Geheimnis*
einweihen ‖ ~**se** s. *vertraut machen* (en *mit*) ‖
anfangen ‖ *s–n Anfang nehmen* ‖ ⟨Rel⟩ *die*
niederen Weihen empfangen ‖ **–ciativa** *f Antrag* m
‖ *Anregung, Initiative* f ‖ *Antrieb* m ‖
Unternehmungsgeist m ‖ ~ popular ⟨Pol⟩
Volksbegehren n ‖ ◆ por (la) ~ del presidente *auf*
Anregung des Präsidenten ‖ ◇ carecer de ~ *k–n*
Unternehmungsgeist haben ‖ tomar la ~ *die*
Initiative ergreifen, den Anfang machen, ⟨fig⟩ *die*
Zügel in die Hand nehmen
  inicuo adj *unbillig,* p.ex *ungerecht* ‖ *schnöde,*
ruchlos
  inigua\lable adj *(m/f) unvergleichlich* ‖
unerreichbar ‖ **–lado** adj *un\erreicht, -übertroffen*
‖ *noch nicht eingestellt (Rekord)*
  in illo témpore ⟨lat⟩ *in jener Zeit* ‖ *in alten*
Zeiten
  inimagina\bilidad *f Unvorstellbarkeit* f ‖ **–ble**
adj *(m/f) un\vorstellbar, -denkbar, nicht*
auszudenken ‖ *unglaublich, unfassbar*
  inimitable adj *(m/f) unnachahmlich*
  inimpugna\bilidad *f* ⟨Jur⟩ *Unanfechtbarkeit* f ‖
–ble adj *(m/f) unanfechtbar*
  inimputa\bilidad *f Unzurechnungs-,*
Nichtanrechnungs\fähigkeit f ‖ causa de ~ ⟨Jur⟩
Schuldausschließungsgrund m ‖ **–ble** adj *(m/f)*
nicht anrechnungsfähig
  ininflamable adj *(m/f) nicht entzündbar* ‖
feuer-, flamm\fest
  in íntegrum ⟨lat⟩ *(in der Wendung):* restitutio
~ ⟨lat⟩ ⟨Jur⟩ *Wiedereinsetzung* f *in den vorigen*
Stand

ininteligi|bilidad *f Unverständlichkeit* f ‖ **–ble** adj *(m/f) unverständlich* ‖ *unleserlich*
ininterrumpido adj *ununterbrochen*
ini|quidad *f Unbilligkeit* f ‖ *(schwere) Ungerechtigkeit* f ‖ *Gott-, Ruch|losigkeit* f ‖ *Sünde* f ‖ ⟨fig⟩ *Gemeinheit* f ‖ **–quísimo** adj sup von **–cuo**
injerir [ie/i] vt *einführen (Sonde usw.)* ‖ ⟨fig⟩ *mit einbegreifen* ‖ ~**se** *s. einmischen* (en *in* acc), ⟨fam⟩ *s–e Nase in et. stecken*
injer|tar vt *pfropfen, äugeln, veredeln* ‖ *einpfropfen (Reis)* ⟨Med⟩ *über-, ver|pflanzen (Gewebe, Organe)* ‖ ⟨Tech⟩ *an-, ein|setzen (Rohr)* ‖ **–tera** *f Baumschule* f ‖ **–to** *m Pfropfen, Äugeln* n ‖ *Pfropfreis* n ‖ ⟨Med⟩ *Transplantation* f ‖ ⟨Med⟩ *Transplantat* n ‖ ⟨Tech⟩ *Abzweigrohr* n ‖ ~ (de colgajo) *libre* ⟨Med⟩ *freies Transplantat* n ‖ ~ *por colgajo od pediculado* ⟨Med⟩ *gestieltes Transplantat* n
inju|ria *f Beleidigung, Schmähung, Beschimpfung* f ‖ *Schmäh-, Schimpf|wort* n ‖ ⟨fig⟩ *angetanes Unrecht* n ‖ *Beschädigung* f ‖ ~ *de hecho (de palabra)* ⟨Jur⟩ *tätliche Beleidigung, Real- (Verbal)injurie* f ‖ *las* ~*s del tiempo* ⟨fig⟩ *der Zahn der Zeit* ‖ **–riado** adj *beleidigt* ‖ *beschädigt* ‖ ~ *m Beleidigte(r)* m ‖ **–riador** adj *beleidigend* ‖ *beschädigend* ‖ ~ *m Beleidiger* m ‖ **–riante** adj/s → **–riador** ‖ **–riar** vt *beleidigen, schmähen* ‖ *beeinträchtigen* ‖ **–rioso** adj *beleidigend, schimpflich* ‖ *aus|fallend, -fällig*
injus|tamente adv *zu Unrecht, unberechtigterweise* ‖ *ohne Grund* ‖ **–ticia** *f Ungerechtigkeit* f ‖ *Unrecht* n ‖ ♦ con ~ *zu Unrecht* ‖ ◇ *cometer (reparar) una* ~ *ein Unrecht begehen (wieder gutmachen)* ‖ **–tificable** adj *(m/f) nicht zu rechtfertigen(d)* ‖ *unentschuldbar* ‖ **–tificado** adj *ungerechtfertigt* ‖ *unberechtigt* ‖ adv: ~**amente** ‖ **–to** adj/s *ungerecht* (con *gegen*) ‖ *widerrechtlich* ‖ *unberechtigt* ‖ *ungerechtfertigt* (& fig)
inllevable adj *(m/f) untragbar* (& fig)
Inmacula|da *f:* la ~ *die Unbefleckte (Mutter Gottes)* ‖ la ~ (Concepción) *die Unbefleckte Empfängnis* (& *als Kunstwerk*), *die Immaculata* ‖ ⁼**do** adj *unbefleckt* ‖ *makellos* ‖ ⟨fig⟩ *rein*
inmadu|rez *Unreife* f (& fig) ‖ **–ro** adj *unreif* (& fig) ‖ *unausgegoren (Idee, Plan)*
inmaneja|bilidad *f Unhandlichkeit* f ‖ ⟨fig⟩ *Unlenksamkeit* f ‖ **–ble** adj *(m/f) unhandlich* ‖ ⟨fig⟩ *unlenksam*
inmanen|cia *f* ⟨Philos⟩ *Immanenz* f ‖ **–te** adj *(m/f) immanent, innewohnend, (mit)enthalten*
inmar|cesible, –chitable adj *(m/f) unverwelk|bar, -lich* ‖ ⟨fig⟩ *unvergänglich* ‖ ⟨fig⟩ *ewig* ‖ **–chito** adj *unverwelkt* ‖ ⟨fig⟩ *lebendig* ‖ ⟨fig⟩ *ewig jung*
inmate|rial adj *(m/f) unkörperlich, geistig* ‖ *unstofflich* ‖ (Jur Philos) *immateriell* ‖ **–rialidad** *f Unstofflichkeit* f ‖ *Unkörperlichkeit* f ‖ **–rialismo** *m* ⟨Philos⟩ *Immaterialismus* m ‖ **–rializar** [z/c] vt *entmaterialisieren* ‖ *vom Stofflichen befreien* ‖ ⟨fig⟩ *vergeistigen* ‖ → auch **espiritualizar**
inmatricular [c/qu] vt *immatrikulieren, einschreiben*
inmaturo ⟨bes. fig⟩ adj → **inmaduro**
inmedia|ción *f (unmittelbare) Nähe, Nachbarschaft* f ‖ ⟨Jur⟩ *unmittelbare Rechtsnachfolge* f *(Erbrecht)* ‖ *las inmediaciones angrenzende Gegend, Umgebung* f ‖ ♦ *en* las *inmediaciones de in nächster Nähe* (gen) ‖ **–ta** *f* ⟨fam⟩: la ~ *die unvermeidbare Folge* ‖ *die umgehende (scharfe) Antwort* ‖ **–tamente** adv *unmittelbar (nachher), gleich (darauf), unverzüglich* ‖ ~ *que tu termine sobald ich es beende* ‖ **–tez** *f Unmittelbarkeit* f ‖ **–to** adj

unmittelbar ‖ *direkt* ‖ *sofortig* ‖ *unverzüglich* ‖ *nächstfolgend* ‖ *nahe* ‖ *angrenzend* ‖ *nächst(gelegen)* ‖ *Grenz-* ‖ ~ *a la finca in nächster Nähe des Landgutes (gelegen)* ‖ ~ *a angrenzend an* (acc) ‖ *neben* (dat) ‖ ♦ *de* ~ *unmittelbar* ‖ *unverzüglich*
inmedicable adj *(m/f)* ⟨Med⟩ *untherapierbar*
inmejorable adj *(m/f) hervorragend, vortrefflich* ‖ *de calidad* ~ *von bester Beschaffenheit, erstklassig (Ware)* ‖ adv: ~**mente**
inmemo|rial, –rable adj *(m/f) uralt* ‖ *weit zurückliegend* ‖ ♦ *desde tiempos* ~*es seit Menschengedenken, seit undenklichen Zeiten*
inmen|samente adv *ungeheuer, immens* ‖ ⟨fam⟩ *riesig, fabelhaft* ‖ ~ *rico steinreich* ‖ **–sidad** *f Unermesslichkeit* f ‖ *unermessliche Weite* f ‖ ⟨fig⟩ *Unendlichkeit* f ‖ *ungeheure Größe, Menge* f ‖ **–so** adj *un|ermesslich, -endlich* ‖ *überaus groß* ‖ **–surable** adj → **inconmensurable**
inmerecido adj *unverdient*
inmergir [g/j] vt *ein-, unter|tauchen* ‖ *versenken (im Meer)*
inmérito adj *unverdient*
inmer|sión *f (Ein)Tauchen* n ‖ *Versenkung* f ‖ *Überflutung* f ‖ ⟨Phys Tech⟩ *Immersion* f ‖ ⟨Astr⟩ *Immersion f, Eintritt* m *in den Schatten* ‖ ⟨Math⟩ *Einbettung* f ‖ ⟨Mar⟩ *Eintauchtiefe* f ‖ **–so** adj ⟨bes. fig⟩ *versunken*
inmi|gración *f Einwanderung* f ‖ **–grado** adj *eingewandert* ‖ **–grante, –grado** *m Einwanderer* m ‖ **–grar** vi *einwandern* (a *in* acc, *nach*) ‖ **–gratorio** adj *Einwanderungs-*
inminen|cia *f nahes Bevorstehen* n ‖ *unmittelbares Drohen* n ‖ la ~ *del peligro die bevorstehende Gefahr* ‖ **–te** adj *(m/f) nahe bevorstehend* ‖ *drohend (Gefahr)* ‖ *imminent* ‖ ◇ *ser* ~ *nahe bevorstehen* ‖ *unmittelbar drohen*
inmisci|bilidad *f Un(ver)mischbarkeit* f ‖ **–ble** adj *(m/f) un(ver)mischbar*
inmiscuirse [-uy-] vr ⟨fig⟩ *s. (unbefugt) einmischen* (en *in* acc)
inmisión *f* ⟨Ökol⟩ *Immision* f
inmobilia|ria *f Wohnungsbaugesellschaft* f ‖ *Bauträger* m ‖ **–rio** adj ⟨Jur⟩ *unbeweglich* ‖ *Boden-, Grundstücks-, Immobiliar-*
inmode|ración *f Unmäßigkeit* f ‖ **–rado** adj *un-, über|mäßig, maßlos*
inmodes|tia *f Unbescheidenheit* f ‖ *Schamlosigkeit, Unanständigkeit* f ‖ **–to** adj *unbescheiden* ‖ *schamlos, unanständig*
inmo|lación *f Opferung* f ‖ *Aufopferung* f ‖ ⟨fig⟩ *Abschlachten, Hinmorden* n ‖ **–lar** vt ⟨Rel⟩ *opfern* (& fig) ‖ ⟨fig⟩ *abschlachten, hinmorden* ‖ ~**se** *s. (auf)opfern*
inmo|ral adj *(m/f) un|sittlich, -moralisch* ‖ *unanständig, anstößig* ‖ *ausschweifend* ‖ ⟨figf⟩ *in dunkle Geschäfte verwickelt* ‖ ~ *m Wüstling* m ‖ **–ralidad** *f Unsittlichkeit* f ‖ *Sittenlosigkeit* f ‖ *Immoralität* f ‖ **–ralismo** *m* ⟨Philos⟩ *Immoralismus* m
¹inmortal adj/s *(m/f) unsterblich*
²inmortal *f* Ec PR ⟨Bot⟩ *Strohblume* f (Helichrysum)
inmorta|lidad *f Unsterblichkeit* f ‖ ⟨fig⟩ *ewiger Ruhm* m ‖ ⟨fig⟩ *Unvergänglichkeit* f ‖ **–lizar** [z/c] vt *unsterblich machen* ‖ *verewigen*
inmotivado adj *grundlos, ohne Grund* ‖ *unberechtigt*
inmovible adj *(m/f) unbeweglich* ‖ *bewegungsunfähig*
inmóvil adj *(m/f) unbeweglich, fest* ‖ ⟨fig⟩ *standhaft, unerschütterlich, fest bleibend, durchhaltend*
inmovi|lidad *f Unbeweglichkeit, Festigkeit* f ‖ *Regungs-, Bewegungs|losigkeit, Starrheit* f ‖

Unerschütterlichkeit f ‖ ⟨fig⟩ *toter Punkt* m ‖ ⟨fig⟩
Starrheit f ‖ ~ *mental geistige Starrheit* f ‖
Stumpfsinn m ‖ **–lismo** *m Fortschrittsfeindlichkeit*
f ‖ *geistige Starrheit* f ‖ **–lista** *m/f*
Fortschrittsgegner(in f) m ‖ **–lización** *f*
Fest|legung, -stellung f ‖ *Unbeweglichmachen* n ‖
Stilllegung, Außerbetriebsetzung f ‖ ⟨Wir⟩ *feste*
Anlage f *(Kapital)* ‖ ⟨Jur⟩ *Immobilisierung* f ‖
⟨Jur⟩ *Einschränkung* f *des Veräußerungsrechts* ‖
⟨Med⟩ *Ruhigstellung* f ‖ **–lizaciones** *fpl*
Anlage(|kapital, -vermögen n) f ‖ **–lizar** [z/c] vt
unbeweglich machen ‖ *festlegen (Kapital)* ‖
immobilisieren (bewegliche Güter) ‖ *stilllegen*
(Fahrzeug) ‖ *sperren (Konto)* ‖ ⟨Tech⟩ *festlegen* ‖
⟨fig⟩ *lähmen*
   inmueble adj *(m/f) unbeweglich (Gut)* ‖
Grund|stück n, *-besitz* m, *-eigentum* n ‖ *Gebäude*
n ‖ (bienes) ~s *Liegenschaften* fpl, *Grundstücke*
npl, *Immobilien* fpl, *unbewegliche Güter* npl
   △ **inmulela** adj *(m/f) unsterblich*
   inmun|dicia *f Unreinigkeit* f, *Schmutz, Unrat*
m ‖ **–do** adj *unrein, schmutzig* (& fig)
   inmu|ne adj *(m/f) frei, unbelastet* ‖ *nicht*
verpflichtet, befreit ‖ *(steuer)frei* ‖ ⟨Med⟩ *immun*
(a, contra *gegen*) ‖ ⟨Pol⟩ *immun, unantastbar* ‖
–nidad *f (Steuer)Freiheit* f ‖ *Asylrecht* n ‖ ⟨Pol⟩
Immunität, Unantastbarkeit f ‖ ⟨Med⟩ *Immunität* f
‖ *Unbelastetheit, Befreiung* f *(Steuern, Abgaben)* ‖
◇ *levantar la* ~ *die Immunität aufheben* ‖ *otorgar*
la ~ *die Immunität gewähren* ‖ **–nización** *f* ⟨Med⟩
Immunisierung f ‖ **–nizante** adj *(m/f)*
immunisierend, Schutz- ‖ **–nizar** [z/c] vt ⟨Med⟩
immunisieren, immun machen (& fig) (contra
gegen) ‖ ⟨allg⟩ *unempfänglich machen* (contra
für) ‖ **–nodeficiencia** *f* ⟨Med⟩ *Immun|defizienz* f,
-mangel, -defekt m ‖ **–nodepresor** *m* ⟨Med⟩
Immunsuppressivum n ‖ **–nodiagnosis** *f* ⟨Med⟩
Immundiagnose f ‖ **–noglobulina** *f* ⟨Physiol⟩
Immunglobulin n ‖ **–nología** *f* ⟨Med⟩ *Immunologie*
f ‖ **–nológico** adj ⟨Med⟩ *immunologisch* ‖ **–nólogo**
m ⟨Med⟩ *Immunologe* m ‖ **–nosupresión** *f* ⟨Med⟩
Immunosuppression f ‖ **–noterapia** *f* ⟨Med⟩
Immuntherapie f
   inmuta|bilidad *f Unveränderlichkeit* f ‖
Unabänderlichkeit f *(e–s Urteils)* ‖ **–ble** adj *(m/f)*
un|veränderlich, -wandelbar ‖ *stets gleich*
(bleibend) ‖ *unabänderlich (Urteil)* ‖ ⟨fig⟩
unerschütterlich ‖ **–ción** *f Veränderung,*
Umwandlung f ‖ *Bestürzung* f ‖ ◆ *sin* ~ ⟨fig⟩ *in*
aller Ruhe ‖ **–do** adj *verstört*
   inmutar vt *um-, ver|ändern, umwandeln* ‖ ⟨fig⟩
erschüttern, aufregen ‖ *~se s. verändern* ‖ ⟨fig⟩
aus der Fassung kommen, die Fassung verlieren ‖
⟨fig⟩ *erblassen* ‖ ◆ *sin* ~ *in aller Ruhe* ‖ *ohne s.*
erschüttern zu lassen ‖ *souverän, gelassen*
   inna|tismo *m* ⟨Philos⟩ *Nativismus* m ‖ **–to** adj
angeboren ‖ *Erb-*
   innatural adj *(m/f) unnatürlich*
   in naturalibus → **in puris**
   innavega|bilidad *f Nichtschiffbarkeit* f ‖
Seeuntüchtigkeit f ‖ **–ble** adj *(m/f) nicht schiffbar*
(Fluss, Meeresenge) ‖ *seeuntüchtig (Schiff)*
   innecesario adj *un|nötig, -nütz*
   innega|ble adj *(m/f) un|leugbar, -bestreitbar* ‖
un|angreifbar, -widerlegbar ‖ **–do** adj
un|bestritten, -umstritten, (fam) hieb- und
stich|fest
   innegociable adj *(m/f)* ⟨Com⟩ *unübertragbar,*
nicht handels- bzw bank- bzw börsen|fähig
   innervación *f* → **inervación**
   innoble adj *(m/f) unedel* ‖ *niedrig, gemein,*
niederträchtig
   inno|cuidad *f Unschädlichkeit* f ‖
Harmlosigkeit f *(& e–s Medikamentes)* ‖ **–cuo** adj
unschädlich ‖ *harmlos*

inno|mbrado, –minado adj *unbenannt* ‖
ungenannt ‖ *namenlos*
   inno|vación *f Neuerung* f ‖ *Abänderung* f ‖
Innovation, Modernisierung f ‖ *Neuheit* f (→
novedad) ‖ ◇ *introducir innovaciones*
Neuerungen einführen ‖ **–vador** adj
neuerungsfreudig ‖ *nach Neuem suchend bzw*
strebend ‖ *~ m Neuerer, Bahnbrecher,*
Wegbereiter m ‖ **–var** [-ue-] vt *(Neuerungen bzw*
Neuheiten) einführen ‖ *modernisieren*
   innumerable, innúmero adj *(m/f) unzählig,*
zahllos ‖ *unzählbar*
   inobedien|cia *f Un|gehorsam* m, *-folgsamkeit* f
‖ *Nichtfolgeleistung* f ‖ *Gehorsamsverweigerung* ‖
–te adj *un|gehorsam, -folgsam*
   inobservan|cia *f Nicht|beachtung, -befolgung* f
‖ **–te** adj *(m/f) nicht Folge leistend*
   inocencia *f Unschuld* f ‖ *Schuldlosigkeit* f ‖
Reinheit f ‖ *Einfalt, Harmlosigkeit, Naivität* f ‖ la
~ *primitiva* ⟨Rel⟩ *die Seelenunschuld vor dem*
Sündenfall
   Inocencio *m* np *Innozenz* m
   inocen|tada *f* ⟨fam⟩ *harmlose naive Rede* od
Handlung f ‖ *Einfältigkeit* f ‖ ⟨fam⟩ *Aprilscherz* m
‖ ◇ *dar la* ~, *dar* ~s ⟨fam⟩ *(April)Scherze*
machen ‖ **–te** adj *(m/f) unschuldig* ‖ *schuldlos* ‖
unschädlich ‖ *einfältig, harmlos, naiv* ‖ ⟨fig⟩ *rein*
‖ *~ m Unschuldige(r)* m ‖ adv: **–mente** ‖ **–tón**
m/adj ⟨fam⟩ *Einfaltspinsel, dämlicher Kerl,*
Trottel m
   inocuidad *f* → **innocuidad**
   inocu|lable adj *(m/f)* ⟨Med⟩ *(über)impfbar* ‖
–lación *f* ⟨Med⟩ *(Über)Impfung* f ‖ *Einimpfung*
(& fig) ‖ ⟨fig⟩ *Einflößen* n ‖ **–lar** vt ⟨Med⟩
(ein)impfen, inokulieren ‖ ⟨fig⟩ *einflößen*
   inocuo adj → **innocuo**
   inocupado adj *unbeschäftigt*
   inodoro adj *geruchlos* ‖ *~ m Geruchbeseitiger,*
Geruchsverschluss m ‖ *Entdünstungsvorrichtung* f
(für Bedürfnisanstalten) ‖ *WC* n ‖
   inofensivo adj *harmlos* ‖ *ungefährlich* ‖ *giftfrei*
(Farbstoff) ‖ *unschädlich (Speise)*
   inoficio|sidad *f* ⟨Jur⟩ *Pflichtteilswidrigkeit* f ‖
–so adj ⟨Jur⟩ *pflichtteilswidrig* ‖ *nicht offiziös* ‖
Am nutzlos
   inolvidable adj *(m/f) unvergesslich*
   inope adj *(m/f)* ⟨lit⟩ *arm*
   inoperable adj *(m/f)* ⟨Med⟩ *inoperabel*
   inoperan|cia *f Unwirksamkeit,*
Wirkungslosigkeit f ‖ *Unvermögen* n *zu handeln* ‖
–te adj *(m/f) wirkungslos*
   inopia *f Dürftigkeit, Not* f ‖ ◇ *estar en la* ~
ahnungslos (bzw zerstreut) sein, k–n blassen
Schimmer od *Dunst (von et.) haben*
   inopinadamente adv *unvermutet* ‖
unvorhergesehen
   inoportu|nidad *f Unzweckmäßigkeit* f ‖
ungelegener Zeitpunkt m ‖ **–no** adj *ungeeignet* ‖
un|gelegen, -zeitig, -passend ‖ ◇ *ser* ~ *ungelegen*
kommen
   inordenado adj *ohne Ordnung*
   inorgánico adj ⟨Chem⟩ *anorganisch* ‖
ungegliedert, unorganisch
   inosita *f* ⟨Chem⟩ *Inosit(ol)* n
   inoxidable adj *(m/f)* ⟨Chem⟩ *unoxidierbar* ‖
nicht rostend, rostfrei
   in pace ⟨lat⟩ adv *in Frieden*
   in pártibus infidélium ⟨lat⟩ *im Gebiet der*
Ungläubigen (& fig)
   in perpétuum […uun] ⟨lat⟩ *in (alle) Ewigkeit,*
auf immer
   in p. inf. ⟨Abk⟩ = **in pártibus infidelium**
   in púribus ⟨lat fam⟩, **in puris naturálibus**
⟨lat⟩ *splitternackt*
   input *m* ⟨Inform⟩ *Input* m (& n)

inquebrantable adj *(m/f) unzerbrechlich* ‖ ⟨fig⟩ *unverbrüchlich, felsenfest, eisern*
inquie|tante adj *(m/f) beunruhigend* ‖ *besorgniserregend* ‖ *bedrohlich* ‖ **–tar** vt *beunruhigen* ‖ *besorgt machen* ‖ *Besorgnis erregen* (a alg. *jds), ängstigen* ‖ *necken, quälen* ‖ ⟨Jur⟩ *(im Besitz bzw im Genuss) stören* ‖ ~**se** *die Ruhe verlieren* ‖ *s. sorgen, s. Sorgen (bzw Gedanken) machen* (con, de, por *um, wegen)* ‖ **–to** adj *unruhig, ruhelos* ‖ ⟨fig⟩ *besorgt, ängstlich* ‖ ◇ estar ~ *beunruhigt sein* ‖ *ausgelassen, ungezogen sein (Kind)* ‖ adv: ~**amente** ‖ **–tud** *f Unruhe* f ‖ *Be|unruhigung, -sorgnis* f ‖ ◆ con ~ *unruhig* ‖ *ungeduldig* ‖ ~**es** *fpl* ⟨fig⟩ *Bemühungen* fpl
inqui|linaje *m* Chi, **–linato** *m Hausmiete* f, *Mietzins* m ‖ (derecho de) ~ *Mietsteuer* f ‖ **–lino** *m Mieter* m ‖ ~**s** *mpl* ⟨Ins⟩ *Inquilinen, Einmieter* mpl
inquina *f* ⟨fam⟩ *Abneigung* f, *Groll, Hass* m ‖ ◇ tener ~ a alg. *jdn nicht ausstehen* (fam *nicht riechen) können*
inqui|ridor, **–rente** adj *(m/f) forschend* ‖ *untersuchend* ‖ ~ *m*/adj *Nachforscher* m ‖ *Untersucher* m ‖ **–rir** [ie/i] vt *nachforschen* ‖ *untersuchen* ‖ ~ vi *nachfragen, s. erkundigen* (por, sobre *nach)* ‖ **–sición** *f Nachforschung* f ‖ ⟨Jur⟩ *(gerichtliche) Untersuchung* f ‖ *Glaubens-, Ketzer|gericht* n, *Inquisition* f ‖ *Kerker* m *der Inquisition* ‖ **–sidor** adj *(nach)forschend* ‖ *prüfend* ‖ *inquisitorisch* ‖ ~ *m Glaubens-, Ketzer|richter, Inquisitor* m ‖ Gran ~ ⟨Hist⟩ *Großinquisitor* m ‖ **–sitivo, –sitorio** adj *Forschungs-* ‖ **–sitorial** adj *(m/f) inquisitorisch, Inquisitions-* ‖ ◆ con aire ~ *mit argwöhnischer Miene*
inq.^or ⟨Abk⟩ = **inquisidor**
inri *m I.N.R.I* n *(Aufschrift am Kreuz Christi)* ‖ ⟨fig⟩ *Hohn* m, *Schmähung* f
insacia|bilidad *f Unersättlichkeit* f ‖ **–ble** adj *(m/f) unersättlich*
insacu|lación *f Kugelwahl, Ballotierung* f ‖ ⟨Med⟩ *Ballottement* n ‖ **–lar** vt *(in e–e Urne u. ä.) sammeln (Stimmzettel usw.)* ‖ *ballotieren*
insalivar vt *einspeicheln*
insalu|bre adj *(m/f) ungesund (Klima)* ‖ *gesundheitsschädlich* ‖ **–bridad** *f ungesunder Charakter* m *(z. B. e–r Gegend)*
insalvable adj *(m/f) unüberwindlich (Hindernis usw.)*
insa|nable adj *(m/f) unheilbar* ‖ **–nia** *f Wahnsinn* m, *Tollheit* f ‖ ⟨fig⟩ *Unsinn* m ‖ **–no** adj *wahnsinnig* ‖ ⟨barb⟩ *ungesund, schädlich (Speise, Klima)* ‖ *toll, verrückt*
insatis|facción *f Unzufriedenheit* f ‖ **–fecho** adj *unbefriedigt* ‖ *unzufrieden*
insatura|bilidad *f* ⟨bes Chem⟩ *Unersättlichkeit* f ‖ **–ble** adj *(m/f) unersättlich* ‖ **–do** adj *ungesättigt*
inscribir [pp **inscri(p)to**] vt *ein|schreiben, -tragen* (en *in* acc) ‖ *anmelden* (para *zu)* ‖ *einmeißeln (in ein Denkmal usw.)* ‖ ⟨Math⟩ *ein(be)schreiben, einzeichnen* ‖ ~**se** *s. einschreiben (lassen)* ‖ *s. anmelden*
inscripción *f Ein|schreibung, -tragung* f ‖ *Anmeldung* f ‖ *Auf-, Über|schrift* f ‖ *Inschrift* f ‖ ⟨Com⟩ *Buchung* f ‖ ⟨Pol⟩ *Aufnahme* f *(in die Tagesordnung)* ‖ ⟨Math⟩ *Einbeschreibung* f ‖ ~ *hipotecaria Eintragung* f *e–r Grundschuld* ‖ *inscripciones funerarias od sepulcrales Grabinschriften* fpl
inscri(p)to pp/irr von **inscribir** ‖ **–tor** adj: *aparato* ~ *(Ein)Schreibapparat, Schreiber* m
insec|ticida adj *(m/f) insekten|tötend, -vernichtend* ‖ ~ *m Insekten(vernichtungs)mittel, Insektizid* n ‖ ~ *de od por contacto*

Kontaktinsektizid n ‖ **–tífugo** adj *insektenvertreibend* ‖ ~ *m Insektenvertreibungsmittel* n ‖ **–tívoro** adj ⟨Biol⟩ *insektenfressend* ‖ ~ *m Insektenfresser* m ‖ ~**s** *mpl* ⟨Zool⟩ *Insektenfresser* mpl (Insectivora) ‖ **–to** *m Insekt, Kerbtier* n ‖ ~ *social soziales od staatenbildendes Insekt* n
insegu|ridad *f Unsicherheit* f ‖ ⟨fig⟩ *Schwanken* n, *Zweifel* m ‖ ◇ causar *od* provocar ~ *verunsichern* ‖ **–ro** adj *unsicher* ‖ *schwankend* ‖ *unzuverlässig*
insemi|nación *f* ⟨Gen⟩: ~ (artificial) *künstliche Befruchtung* f ‖ ⟨Vet⟩ *Besamung* f ‖ → *auch* **fecundación** ‖ **–nar** vt *(künstlich) befruchten* ‖ ⟨Vet⟩ *besamen* ‖ → *auch* **fecundar**
insensa|tez [*pl* ~**ces**] *f Unvernunft, Torheit* f ‖ *Unsinn* m ‖ **–to** adj/s *toll* ‖ *unvernünftig* ‖ *töricht, sinnlos* ‖ *wahnwitzig*
insensi|bilidad *f Unempfindlichkeit* f ‖ ⟨fig⟩ *Gefühllosigkeit* f ‖ *(Gefühls)Kälte* f ‖ *Mangel* m *an Sensibilität* ‖ ⟨fig⟩ *Herzlosigkeit* f ‖ **–bilizador** *m* ⟨Med⟩ *Betäubungsmittel* n ‖ **–bilizar** [z/c] vt *unempfindlich machen* ‖ *betäuben* ‖ **–ble** adj *(m/f) empfindungslos* ‖ ⟨& fig⟩ *unempfindlich* ‖ *gefühllos* ‖ ⟨fig⟩ *herz-, gefühl|los* ‖ ⟨fig⟩ *unmerklich* ‖ ~ *a la luz lichtunempfindlich* ‖ ~ *a los choques stoßunempfindlich* ‖ ~**mente** adv *allmählich* ‖ *unmerklich*
insepara|bilidad *f Untrennbarkeit* f ‖ **–ble** adj *(m/f) untrennbar* ‖ *unzertrennlich* ‖ ~**s** *mpl* ⟨V⟩ *Unzertrennliche(n)* pl (Agapornis spp)
insepulto adj *un|begraben, -beerdigt, -bestattet*
inserción *f Ein|rückung, -schaltung* f ‖ *Anzeige* f, *Inserat* n ‖ *Annoncieren, Inserieren* n ‖ *Veröffentlichung, Bekanntmachung* f ‖ ⟨An⟩ *Ansatz* m
inser|tar vt *ein|setzen, -fügen, -legen, -rücken, -schalten* ‖ *einblenden* ‖ *einflechten (in die Rede)* ‖ ◇ ~ *un anuncio e–e Anzeige einrücken* ‖ ~**se** ⟨Biol⟩ *einwachsen* ‖ ⟨An⟩ *ansetzen* ‖ **–to** pp/irr von **–tar** *veröffentlicht (Anzeige)* ‖ *eingerückt* ‖ *ein|geblandet, -geflochten* ‖ an-, *ein|gewachsen*
inservible adj *(m/f) un|benutzbar, -brauchbar*
insi|dia *f listige Nachstellung* f ‖ *Hinterlist* f ‖ *Schlinge, Falle* f ‖ ◇ con ~ *ränkevoll, tückisch* ‖ ~**s** *fpl Ränke* mpl ‖ **–diar** vt *überlisten* ‖ *(jdm) nachstellen* ‖ *(jdm) nach dem Leben trachten* ‖ **–dioso** adj/s *hinterlistig, tückisch* ‖ *schleichend, heimtückisch (Leiden)* ‖ *verfänglich (Frage)*
insig|ne adj *(m/f) ausgezeichnet, vor|trefflich, -züglich* ‖ *grandios, brillant, exzellent, süperb* ‖ *berühmt, weithin bekannt* ‖ **–nia** *f Merk-, Ab-, Kenn|zeichen* n ‖ *Fahne* f ‖ *Ehrenzeichen* n ‖ ~ *de(l) partido Parteiabzeichen* n ‖ ~**s** *fpl Insignien* pl
insignifican|cia *f Geringfügigkeit* f ‖ *Unbedeutendheit, Bedeutungslosigkeit* f ‖ *Belanglosigkeit* f ‖ ⟨fam⟩ *Lappalie* f, *Bagatelle* f ‖ **–te** adj *(m/f) unbedeutend* ‖ *gering(fügig)* ‖ *unerheblich* ‖ *belanglos*
insince|ridad *f Unaufrichtigkeit* f ‖ **–ro** adj *unaufrichtig* ‖ *falsch*
insi|nuación *f An|deutung, -spielung* f ‖ *Wink* m ‖ *Zumutung, Anregung* f ‖ *Einflüsterung* f ‖ *Unterstellung, Verdächtigung* f ‖ *Einschmeich(e)lung* f ‖ *Gunsterschleichung* f ‖ ⟨Rhet⟩ *Captatio* f *benevolentiae* ‖ **–nuante** adj *(m/f) ein|schmeichelnd, -nehmend* ‖ *verführerisch* ‖ ◆ con voz ~ *mit überredender bzw einschmeichelnder Stimme* ‖ **–nuar** [pres ~úo] vt *andeuten, zu verstehen geben* ‖ *einflüstern* ‖ *beibringen (e–e Meinung)* ‖ ⟨Jur⟩ *ein-, be|händigen* ‖ ◇ ~ *dudas Zweifel einflößen* ‖ ~**se** ⟨fig⟩ *unbemerkt eindringen (Wärme, Kälte)* ‖ ⟨fig⟩ *s. einschmeicheln, s. beliebt machen* ‖ ◇ ~ con

los poderosos *s. in die Gunst der Mächtigen einschleichen* od *einschmeicheln* ‖ ~ en el ánimo de uno *s. bei jdm einschmeicheln, jdn für s. gewinnen* ‖ **–nuativo** adj *einschmeichelnd* ‖ *verführerisch* ‖ *andeutend*

insipidez [*pl* ~**ces**] *f Geschmacklosigkeit, Schalheit* f ‖ ⟨fig⟩ *Abgeschmacktheit* f ‖ ⟨fig⟩ *Geistlosigkeit, Öde* f

insípido adj *geschmacklos, schal, fad(e)* ‖ ⟨fig⟩ *abgeschmackt* ‖ ⟨fig⟩ *witz-, geist\los*

insis\tencia *f Nachdruck* m ‖ *Drängen* n ‖ *Anliegen, Dringen* n (en *auf* acc) ‖ *Beharrlichkeit* f ‖ ♦ con ~ *nachdrücklich* ‖ **–tente** adj *(m/f) beharrlich* ‖ *nachdrücklich* ‖ **–tir** vi *dringen* (en *auf* acc), *be\stehen, -harren* (en *auf* dat) ‖ *e–n besonderen Nachdruck legen* (en *auf* acc) ‖ ◇ ~ en algo *et. besonders betonen* ‖ *auf et. bestehen* od *beharren* ‖ ~ en su oferta *auf sein Angebot zurückkommen* ‖ ~ sobre *od* en el pago *auf Zahlung dringen* ‖ **–to** en que no es verdad *ich beharre darauf, dass es nicht wahr ist* ‖ debo ~ en ello *ich muss darauf bestehen*

ínsito adj *angeboren* ‖ *zum Wesen gehörend*

in situ ⟨lat⟩ adv *in situ, an Ort und Stelle* ‖ ⟨Med⟩ *in der richtigen Lage* ‖ ⟨Archäol⟩ *in originaler Lage*

insobornable adj *(m/f) unbestechlich*

inso\ciabilidad *f Ungeselligkeit* f ‖ ⟨fig⟩ *Menschenscheu* f ‖ **–ciable, –cial** adj *(m/f) ungesellig* ‖ *unleutselig* ‖ ⟨fig⟩ *menschenscheu*

inso\lación *f Sonneneinwirkung* f ‖ *Sonnenscheindauer* f ‖ *Insolation, Sonneneinstrahlung* f ‖ *Sonnenbestrahlung* f *(der Weintrauben usw.)* ‖ ⟨Med⟩ *Sonnenstich* m ‖ **–larse** vr *e–n Sonnenstich bekommen*

insolen\cia *f Vermessenheit, Anmaßung* f ‖ *Frechheit* f ‖ *Grobheit* f ‖ *frecher Übermut* m ‖ *Schmähwort* n ‖ ◇ con ~ *frech, dreist* ‖ **–tarse** vr *unverschämt, frech werden* (con *gegenüber*) ‖ **–te** adj *(m/f) anmaßend, vermessen* ‖ *unverschämt, frech* ‖ ~ m *Grobian, Flegel, Rüpel, Rohling,* ⟨fam⟩ *Frechdachs* m

insólito adj *ungewohnt* ‖ *ungewöhnlich*

insolu\bilidad *f Unlöslichkeit* f ‖ **–ble** adj *(m/f) unlös\lich, -bar*

insolvencia *f Zahlungsunfähigkeit, Insolvenz* f ‖ ⟨fam⟩ *Pleite* f ‖ ~ fraudulenta *betrügerischer Bankrott* m ‖ ◇ declarar su ~ *s. für zahlungsunfähig erklären*

insolvente adj *(m/f) zahlungsunfähig, insolvent* ‖ ◇ declarar(se) ~ *(s.) für zahlungsunfähig erklären* ‖ resultar ~ *zahlungsunfähig werden bzw sein*

insom\ne adj *(m/f) schlaflos* ‖ ⟨fig⟩ *verstört (Blick)* ‖ **–nio** m *Schlaflosigkeit* f ‖ ◇ padecer ~s *an Schlaflosigkeit leiden*

insondable adj *(m/f) nicht auslotbar* ‖ ⟨fig⟩ *uner\gründlich, -forschlich*

insono\rización *f* (Ak Tech) *Schall\dämmung, -dichtung* f ‖ **–rizado** adj *schalldicht* ‖ **–rizar** [z/c] vt *schalldicht machen* ‖ **–ro** adj *ton-, klang\los* ‖ *schalldicht*

insoportable adj *(m/f) unerträglich*

insoslayable adj *(m/f) unausweichlich*

insospechado adj *unverhofft* ‖ *unerwartet*

insostenible adj *(m/f) unhaltbar* (& fig)

inspec\ción *f Besichtigung* f ‖ *Aufsicht, Beaufsichtigung* f ‖ *Untersuchung, Kontrolle* f ‖ *Wartung* f ‖ *(Über)Prüfung* f ‖ ⟨Mil⟩ *Musterung* f ⟨Mil⟩ *Besichtigung* f ‖ *Inspektionsgebäude* n ‖ *(Schul)Aufsicht* f ‖ ~ aduanera *Zollkontrolle* f ‖ ~ de productos cárnicos *Fleischbeschau* f ‖ ~de *cuentas Rechnungsprüfung* f ‖ ~ fiscal *(finanzamtliche) Betriebsprüfung* f ‖ ~ fluvial *Wasser-, Strom\polizei* f ‖ ~ funcional

Funktionsprüfung f ‖ ~ de los libros ⟨Com⟩ *Prüfung* od *Durchsicht der Bücher* ‖ ~ del lugar del hecho ⟨Jur⟩ *Besichtigung* f *des Tatortes, Lokaltermin* m ‖ ~ radiográfica *Röntgenuntersuchung* f ‖ ~ sanitaria *gesundheitliche Überwachung* f ‖ ~ técnica *technische Überwachung* f ‖ ~ técnica de vehículos (ITV) etwa: *Technischer Überwachungsverein* m (TÜV) ‖ ~ ultrasónica *Ultraschalluntersuchung* f ‖ ~ de vía ⟨EB⟩ *Streckenaufseher* m ‖ **–cionar** vt *be(auf)sichtigen* ‖ *untersuchen* ‖ *inspizieren* ‖ *kontrollieren* ‖ *(über)prüfen, nachsehen, überwachen* ‖ ⟨Mil⟩ *mustern* ‖ **–tor** m *Aufseher* m ‖ *Be(auf)sichtiger* m ‖ *Inspektor* m ‖ ~ de aduanas *Zollaufseher* m ‖ ~ de cuentas *Rechnungsprüfer* m ‖ ~ de estudios *Schulinspektor* m ‖ ~ de ferrocarriles *Eisenbahninspektor* m ‖ ~ fiscal *(finanzamtlicher) Betriebsprüfer* m ‖ ~ general *Generalinspektor* m ‖ ~ de policía *Polizeiinspektor* m

inspersión *f* ⟨Med⟩ *Einstäubung* f

inspi\ración *f Einatmung, Inspiration* f, *Atemholen* n ‖ *Ein\blasen, -hauchen* n ‖ ⟨fig⟩ *(dichterische) Begeisterung, Inspiration* f ‖ ⟨fig⟩ *göttliche Eingebung, Offenbarung* f ‖ ⟨figf⟩ *Einfall* m ‖ **–rado** adj *inspiriert* ‖ *poetisch, gedankenvoll, begeistert* ‖ **–rador** adj *inspirierend* ‖ *begeisternd* ‖ *anregend, belebend* ‖ ⟨An⟩ *Atem-* ‖ ~ m *Anreger, Inspirator* m ‖ *Anstifter* m ‖ **–rar** vt *einatmen* ‖ *ein\blasen, -hauchen* ‖ ⟨fig⟩ *ein\flößen, -geben* ‖ ⟨fig⟩ *begeistern, an\regen, -feuern, inspirieren* ‖ ◇ ~ confianza *Zutrauen erwecken* ‖ ~ una idea a *od* en alg. *jdm e–n Gedanken eingeben* ‖ ~ respeto *Achtung einflößen, s. Respekt verschaffen* ‖ ~**se** ⟨fig⟩ *s. begeistern, s. inspirieren (Künstler)* ‖ *Anregungen schöpfen* (en *an* dat *aus*)

inst.ª ⟨Abk⟩ = ²**instancia**

insta\bilidad *f*, **–ble** adj → **inesta\bilidad, –ble**

insta\damente adv *dringend, inständig* ‖ **–do** adj: ~ por mí *auf m–e Bitte, auf mein Drängen*

¹**instalación** *f Installation, Einrichtung* f ‖ *Einbau* m ‖ *Ausstattung* f ‖ *Aufstellung* f ‖ *Ein\führung, -weisung* f *(in ein Amt)* ‖ *Installation* f *(e–s Geistlichen)* ‖ ⟨Inform⟩ *Installation* f

²**instalación** *f Anlage* f ‖ *Vorrichtung* f ‖ *Einrichtung* f ‖ ~ de agricultura *landwirtschaftliche Anlage* f ‖ ~ de alarma *Alarmanlage* f ‖ ~ de alumbrado *Beleuchtungsanlage* f ‖ ~ de clarificación → ~ depuradora (de aguas) ‖ ~ de climatización *Klimaanlage* f ‖ ~ depuradora (de aguas) *Kläranlage* f ‖ ~ de destilación a baja temperatura *Schwelanlage* f ‖ ~ electrónica de elaboración de datos *elektronische Datenverarbeitungsanlage* f ‖ ~ frigorífica *Gefrier-, Kühl\anlage* f ‖ ~ generadora *Generatormaschinensatz* m ‖ ~ hidráulica *Wasserkraftanlage* f ‖ ~ de interpretación simultánea *Simultandolmetscheranlage* f ‖ ~ de luz eléctrica *elektrische Beleuchtungsanlage* f ‖ ~ piloto *Versuchsanlage* f ‖ instalaciones portuarias *Hafenanlagen* fpl ‖ ~ de radar *Funkmess-, Radar\anlage* f ‖ ~ radiogoniométrica *Funkpeilanlage* f ‖ ~ de riego *Berieselungsanlage* f ‖ *Bewässerungsanlage* f ‖ ~ sanitaria *sanitäre Einrichtung* f ‖ ~ telefónica *Fernsprechanlage* f ‖ → auch ¹**aparato**, ¹**equipo**, **dispositivo** ‖ **–lador** m *Monteur, Installateur, Aufsteller* m ‖ *Verleger* m *(von Kabeln usw.)*

instalar vt *ein\weisen, -führen (in ein Amt)* ‖ *aufstellen, installieren* ‖ ⟨Inform⟩ *installieren* ‖ *einrichten, ausstatten (Wohnung)* ‖ *errichten, einbauen (Anlage)* ‖ ◇ ~ a alg. en su casa *jdn in*

sein Haus aufnehmen ‖ ~se *s. (häuslich)*
einrichten ‖ *ein Haus beziehen, s. niederlassen*
¹instancia *f Inständigkeit* f ‖ *inständige Bitte* f
‖ *(schriftliches) Gesuch* n, *Eingabe* f ‖ ◆ a ~
⟨Jur⟩ *auf Ansuchen, auf Antrag* (de gen) ‖ a ~s de
... *auf Parteiantrag, auf Ersuchen* (gen od *von*
dat) ‖ ◇ elevar *od* hacer una ~ a ... *e–e Eingabe*
richten an ... (acc) ‖ hacer ~ *dringen (auf et.*
acc) ‖ *drängen*
²instancia *f* ⟨Jur⟩ *Instanz* f ‖ ◆ de primera ~
erster Instanz ‖ ⟨fig⟩ *zuerst* ‖ ⟨fig⟩ *mit e–m Schlag*
‖ en última ~ *in letzter Instanz* (& fig) ‖ ⟨figf⟩
wenn alle Stricke reißen
instan|tánea *f* ⟨Fot⟩ *Momentaufnahme* f ‖
Schnappschuss m ‖ **–táneo** adj *augenblicklich* ‖
nur e–n Augenblick dauernd ‖ *plötzlich*
(eintretend) ‖ **–te** *m Sekunde* f ‖ ⟨fig⟩ *Augenblick*
m ‖ ◆ al ~ *augenblicklich, sogleich* ‖ a los pocos
~s *kurz darauf* od *danach* ‖ cada ~ *jeden*
Augenblick, sehr häufig ‖ en un ~ *sehr schnell,*
im Nu ‖ sin cesar un ~ *ohne e–n Augenblick*
aufzuhören ‖ por ~s *unaufhörlich, immer mehr* ‖
a los pocos ~s *kurz darauf* ‖ → auch **momento,**
segundo ‖ **–temente** adv *(bes. lit) dringend,*
inständig
instar vt/i *nachdrücklich bitten, dringend*
auffordern ‖ *(mit scholastischen Argumenten)*
anfechten (Lösung) ‖ ◇ ~ a alg. *in jdn dringen* ‖
~ el despacho de un expediente *auf die*
Erledigung e–s Gesuchs dringen ‖ ~ vi *dringen* ‖
dringend sein (Erledigung)
in statu quo ⟨lat⟩ adv *im früheren Zustand, so*
wie es war (ist)
instau|ración *f (Be)Gründung, Errichtung* f ‖
Ein|setzung, -führung f ‖ **–rar** vt *(be)gründen,*
errichten ‖ *ein|setzen, -führen* ‖ *erneuern* ‖ *stiften*
(Ordnung) ‖ **–rativo** adj *(Be)Gründungs-,*
Einsetzungs- ‖ *Erneuerungs-*
insti|gación *f Anstiftung, Aufhetzung* f ‖ ~
frustrada ⟨Jur⟩ *versuchte Anstiftung* f ‖ ~ a la
guerra *Kriegshetze* f ‖ ◆ a ~ de alg. *auf jds*
Anregung f ‖ **–gador** adj *anstiftend, aufhetzend* ‖
~ *m Anstifter, Aufhetzer,* ⟨fam⟩ *Drahtzieher* m ‖
~ a la guerra *Kriegshetzer* m ‖ **–gar** [g/gu] vt
anstiften, aufhetzen (a *zu* dat)
insti|lación *f Einträu|f(e)lung* f, *-feln* n ‖
Instillation f ‖ **–lador** *m* ⟨Med⟩ *Tropfenzähler* m,
Tropfröhrchen n ‖ **–lar** vt *ein|tröpfeln, -träufeln* ‖
⟨fig⟩ *einflößen, träufeln*
instin|tivamente adv *unwillkürlich, von selbst,*
instinktiv ‖ **–tivo** adj *instinktiv, triebhaft* ‖ ⟨fig⟩
unwillkürlich ‖ **–to** *m Instinkt, Naturtrieb* m ‖
⟨fig⟩ *Hang, Drang* m, *Neigung* f (de *zu*) ‖ ⟨fig⟩
Einfühlungsvermögen n, *Instinkt* m ‖ ⟨fig⟩
angeborenes Gefühl n ‖ ~ de conservación
(Selbst)Erhaltungstrieb m ‖ ~ genésico
Geschlechtstrieb m ‖ ~ gregario *Herdentrieb* m
(& fig) ‖ ~ musical *(angeborenes) Gefühl* n *für*
die Musik ‖ ~ sexual *Geschlechtstrieb* m ‖ ◆ por
~ *instinktmäßig* ‖ *unwillkürlich* ‖ malos ~s ⟨fig⟩
schlechte Neigungen fpl
¹institución *f Einrichtung* f ‖ *Ein|setzung,*
-führung f *(in ein Amt)* ‖ *Anordnung, Satzung* f ‖
Errichtung, Gründung, Stiftung, Einsetzung f ‖
Unterweisung f ‖ ~ de heredero ⟨Jur⟩
(letztwillige) Erbeinsetzung f ‖ **instituciones** *fpl*
Lehrbuch n ‖ *Anfangsgründe* mpl *e–r*
Wissenschaft
²institución *f Anstalt, Einrichtung* f, *Institut* n
‖ ~ benéfica, ~ de beneficencia
Wohltätigkeits|anstalt, -einrichtung f ‖ ~
científica wissenschaftliche Anstalt od
Einrichtung f ‖ ~ de utilidad pública
gemeinnützige Einrichtung f
instituciones *fpl (staatliche) Institutionen* fpl

insti|tucional adj *(m/f) institutionell* ‖ **–tuidor**
adj/s → **–tutor** ‖ **–tuir** [-uy-] vt *stiften, errichten*
‖ *gründen* ‖ *anordnen, einrichten* ‖ *einsetzen* ‖
einführen ‖ *ernennen* ‖ *unter|richten, -weisen* ‖ ◇
~ (por) heredero ⟨Jur⟩ *als* od *zum Erben*
einsetzen ‖ **–tuta(s)** *f(pl)* ⟨Hist Jur⟩ *Institutionen*
fpl ‖ **–tutivo** adj *einrichtend, anordnend* ‖ **–tuto**
m (öffentliche) Anstalt f, *Institut* n ‖ ⟨Rel⟩
Kongregation, Gesellschaft f ‖ ~ de belleza
Schönheitssalon m ‖ ~ de cultura *Kulturinstitut* n
‖ ~ de enseñanza *Lehranstalt* f ‖ ~ de segunda
enseñanza *od* de enseñanza media ⟨Span⟩
Gymnasium n, *höhere Schule* f ‖ ~
Iberoamericano *Iberoamerikanisches Institut* n ‖
~ de investigación *Forschungs|anstalt, -institut* n
‖ ~ litográfico *Kunstdruckanstalt* f ‖ ~ de
sordomudos *Taubstummen|anstalt, -schule* f ‖
–tutor *m Stifter, (Be)Gründer* m ‖ Col
(Grundschul)Lehrer m ‖ **–tutriz** [*pl* **–ces**] *f*
Erzieherin, Hauslehrerin f ‖ *Gouvernante* f
instruc|ción *f Unterricht* m ‖ *Unterweisung,*
Schulung f ‖ *An-, Gebrauchsan|weisung* f ‖ *Lehre,*
Vorschrift f ‖ *Verhaltensmaßregel* f ‖ *Bildung* f ‖
Kenntnisse fpl, *Wissen* n ‖ *Benachrichtigung* f ‖
⟨Jur⟩ *Untersuchung* f ‖ ⟨Verw⟩ *Instruktion,*
Weisung f ‖ ⟨Mil⟩ *Ausbildung* f ‖ ~ de la causa
⟨Jur⟩ *Ermittlungsverfahren* n ‖ ~ cívica
Bürgerkunde f ‖ ~ de derechos ⟨Jur⟩
Rechtsbelehrung f ‖ ~ de entrada ⟨Inform⟩
Eingabebefehl m ‖ ~ general *Allgemeinbildung* f
‖ ~ premilitar *vormilitärische Ausbildung* f ‖ ~
previa ⟨Jur⟩ *Voruntersuchung* f ‖ ~ primaria
Grund- und Haupt|schulunterricht m ‖ ~
profesional Berufsausbildung f ‖ ~ pública
öffentliches Unterrichtswesen n ‖ ~ religiosa
Religionsunterricht m ‖ *religiöse Kenntnisse* fpl ‖
~ de salida ⟨Inform⟩ *Ausgabebefehl* m ‖ ~ del
sumario ⟨Jur⟩ *Ermittlungsverfahren* n ‖ ~ teórica
⟨Mil⟩ *Dienstunterricht* m ‖ ~ universitaria
Hochschulbildung f ‖ ◆ con ~ *technisch*
geschult ‖ sin ~, falto de ~ *ungebildet, ohne*
Ausbildung ‖ **–ciones** *fpl Verhaltensmaßregeln* fpl
‖ ~ para el empleo *od manejo* od *uso*
Gebrauchsanweisung f ‖ ~ de servicio
Dienst|anweisung, -vorschriften fpl ‖
Gebrauchsanweisung f ‖ ◆ de acuerdo *(od*
conformidad) con *(od según, siguiendo, conforme*
a, ateniéndome a) sus ~ *Ihren Weisungen gemäß*
‖ ◇ contravenir las ~ *den Weisungen*
zuwiderhandeln ‖ dar ~ *Weisungen geben,*
erteilen ‖ seguir las ~ *s. an die Weisungen halten*
‖ *die Vorschriften befolgen*
instruc|tivo adj *lehrreich* ‖ *instruktiv* ‖
belehrend (Buch, Reise) ‖ ⟨Jur⟩ *Untersuchungs-* ‖
–tor adj *unterweisend* ‖ *Untersuchungs-* (& Jur) ‖
~ *m Lehrer, Unterweiser* m ‖ ⟨Mil Sp⟩ *Ausbilder*
m ‖ ⟨Flugw⟩ *Link-, Flug|trainer* m *(Einrichtung)* ‖
~ de pilotaje, ~ de vuelo ⟨Flugw⟩ *Fluglehrer* m
instruido adj *gebildet*
instruir [-uy-] vt *unter|richten, -weisen* (en,
de, sobre *in* dat) ‖ *anweisen* ‖ *(be)lehren,*
instruieren ‖ ⟨Mil⟩ *schulen, ausbilden* ‖ *(e–n*
Lehrling) anlernen ‖ *benachrichtigen* ‖ *(jdm)*
Verhaltensmaßregeln geben ‖ ◇ ~ una causa
⟨Jur⟩ *e–n Prozess einleiten, führen* ‖ ~ las
diligencias, ~ el sumario ⟨Jur⟩ *Ermittlungen*
anstellen ‖ ~se *s. (aus)bilden* (en *in* dat),
Kenntnisse erwerben
instrumen|tación *f* ⟨Mus⟩ *Instrumentierung* f ‖
–tal adj *(m/f)* ⟨Mus⟩ *Instrumental-* ‖ ⟨Jur⟩
urkundlich, Urkunden-, Urkunds- ‖ ~ *m*
(chirurgisches) Instrumente npl, *Instrumentarium,*
Besteck n ‖ ⟨Gr⟩ *Instrumental* m ‖ ⟨Mus⟩
Orchesterbesetzung f ‖ ⟨allg⟩ *Arbeitsgerät* n ‖
–talización f *Instrumentalisierung* f ‖ **–talizar** vt

instrumentalisieren ‖ **–tar** vt ⟨Mus⟩
instrumentieren ‖ ⟨Taur⟩ *e–n Gang ausführen* ‖
–tista *m/f Instrumenten|bauer(in* f), *-macher(in* f)
m ‖ ⟨Mus⟩ *Instrumentalist(in* f) m *(Musiker)*
¹instrumento *m Werkzeug, Instrument* n (&
fig) ‖ ⟨Mus⟩ *Instrument* n ‖ *(Hilfs)Mittel* n ‖
Mittelsmann m ‖ ~ magistral ⟨Phys⟩
Präzisionsinstrument n ‖ ~ de medición
Messinstrument n ‖ ~ músico *Musikinstrument* n
‖ ~ de percusión ⟨Mus⟩ *Schlaginstrument* n ‖ ~
de placer *Lustobjekt* n *(im sexuellen Sinn)* ‖ ~
ratificatorio *Ratifikationsurkunde* f ‖ ~s *mpl:* ~
de arco ⟨Mus⟩ *Streichinstrumente* npl ‖ ~ de a
bordo ⟨Flugw⟩ *Bord-, Flugüberwachungs|geräte*
npl ‖ ~ de cuerda ⟨Mus⟩ *Saiteninstrumente* npl ‖
~ de la generación *Zeugungs-, Geschlechts|teile*
mpl (& npl) ‖ ~ de percusión ⟨Mus⟩
Schlaginstrumente npl ‖ ~ quirúrgicos
chirurgische Instrumente npl ‖ ~ de viento ⟨Mus⟩
Blasinstrumente npl
²instrumento *m* ⟨Jur⟩ *Urkunde* f, *Schriftstück*
n ‖ ~ negociable *Wertpapier* n ‖ ~ privado
Privaturkunde f ‖ ~ público *öffentliche Urkunde*
f
  insubordi|nación *f Widersetzlichkeit,*
Insubordination, Unbotmäßigkeit; Verweigerung f
des Gehorsams (im Dienst) ‖ **–nado** adj/s
unbotmäßig, widersetzlich, ungehorsam (im
Dienst) ‖ *aufständisch* ‖ **–nar** vt *zur*
Unbotmäßigkeit (od zur Gehorsamsverweigerung)
führen od *treiben* ‖ ~**se** *den Gehorsam*
verweigern
  insubsanable adj *(m/f) nicht*
wiedergutzumachen(d) ‖ ⟨fig⟩ *nicht heilbar*
  insubstancial adj *(m/f)* → **insustancial**
  insuficien|cia *f Unzulänglichkeit* f ‖ *Mangel* m
‖ *Un|tauglichkeit, -fähigkeit* f ‖ *Geistesarmut* f ‖
⟨Med⟩ *Insuffizienz, Schwäche* f ‖ ~ aórtica
Aorten(klappen)insuffizienz f ‖ ~ auditiva
Schwerhörigkeit f ‖ ~ car|diaca, -díaca
Herz|insuffizienz, -schwäche f ‖ ~ de franqueo
ungenügendes Porto n ‖ ~ gástrica
Magenschwäche f ‖ ~ muscular *Muskelschwäche*
f ‖ ~ de rendimiento *Minderleistung* f ‖
Ertragsminderung f ‖ **–te** adj *(m/f) un|genügend,*
-zulänglich, -zureichend ‖ *untauglich* ‖
minderwertig, mangelhaft
  insu|flación *f* ⟨Med⟩ *Einblasung, Insufflation* f
‖ **–flador** *m Einbläser* m *(Gerät)* ‖ **–flar** vt
(ein)blasen ‖ *einhauchen*
  insufrible adj *(m/f) unerträglich* ‖
unausstehlich
  ínsula *f* [veraltet] *Insel* f ‖ ~ (Barataria) ⟨fig
Lit⟩ *kleines Reich* n *(wie die Insel Barataria*
Sancho Panzas im „Don Quijote")
  insu|lano adj *Insel-* ‖ ⟨fig⟩ *einsam* ‖ ~ *m*
Inselbewohner m ‖ **–lar** adj *(m/f) Insel-*
  insuli|na *f* ⟨Physiol⟩ *Insulin* n ‖ **–noterapia** *f*
⟨Med⟩ *Insulin|therapie, -behandlung* f
  insul|sez [*pl* ~**ces**] *f Fadheit,*
Geschmacklosigkeit f ‖ ⟨fig⟩ *Abgeschmacktheit,*
Albernheit f ‖ **–so** adj *geschmacklos,*
unschmackhaft, fade ‖ ⟨fig⟩ *abgeschmackt, albern*
  insul|tada *f Am Schimpfkanonade* f ‖ **–tador** *m*
Beleidiger m ‖ **–tante** adj *(m/f) beleidigend,*
Beleidigungs-, Schmäh- ‖ **–tar** vt *be|leidigen,*
schimpfen, schimpflich -handeln ‖ **–to** *m grobe*
Be|leidigung, -schimpfung f, *Insult* m (& Med) ‖
⟩ ser un ~ ⟨fig⟩ *ein Hohn sein* (a, para *auf* acc)
  insu|me adj *(m/f) aufwendig, teuer* ‖ **–mir** vi
anlegen (Geld)
  insumergi|bilidad *f* (Mar) *Unsinkbarkeit* f ‖
Unversenkbarkeit f ‖ **–ble** adj *(m/f) unsinkbar* ‖
unversenkbar
  insumi|sión *f Ungehorsam* m ‖

Widerspenstigkeit f ‖ **–so** adj *ungehorsam* ‖
widerspenstig
  insuperable adj *(m/f) unüberwindlich* ‖ ⟨fig⟩
unvergleichlich, ausgezeichnet, unüber|trefflich,
-troffen
  insurgen|cia *f* → **insurrección** ‖ **–te** adj *(m/f)*
aufständisch ‖ ~ *m Aufständische(r)* m ‖ *Empörer,*
Aufrührer m
  insurrec|ción *f Aufstand* m, *Empörung,*
Erhebung, Insurrektion, Revolte f ‖ ~ de los
bóxers ⟨Hist⟩ *Boxeraufstand* m ‖ **–cional** adj *(m/f)*
aufständisch, Aufstands- ‖ **–cionar** vt *zum*
Aufstand treiben od *führen* ‖ ~**se** *s. erheben, s.*
empören (contra *gegen, wider*) ‖ **–to** adj
auf|ständisch, -rührerisch ‖ ~ *m Aufständische(r)*
m ‖ *Empörer, Aufrührer* m ‖ los ~s *die*
Aufständischen mpl
  insustan|cial adj *(m/f) gehalt-, substanz|los* ‖
fad(e), schal ‖ *unbedeutend* ‖ ⟨fig⟩ *oberflächlich*
(& *Person*) ‖ **–cialidad** *f Gehalt-,*
Substanz|losigkeit f ‖ *Bedeutungslosigkeit* f ‖ ⟨fig⟩
Oberflächlichkeit f
  insustituible adj *(m/f) unersetz|bar, -lich*
int. ⟨Abk⟩ = **interés** ‖ **interior** ‖ ⟨Pharm⟩
interiormente
  intacto adj ⟨fig⟩ *unberührt* ‖ *unverletzt* ‖
unversehrt, intakt, heil
  intachable adj *(m/f) tadellos* ‖ *musterhaft*
(Benehmen) ‖ *einwandfrei* ‖ *untad(e)lig*
  intangi|bilidad *f Unberührbarkeit* f ‖
Unantastbarkeit f ‖ **–ble** adj *(m/f) unbe-,*
unan|rührbar ‖ *unantastbar*
  integérrimo adj sup von **íntegro**
  integra|ble adj *(m/f)* ⟨Math⟩ *integrierbar* (&
fig) ‖ **–ción** *f* ⟨allg⟩ *Integration* (& Ling Math Pol
usw.), *Integrierung* f ‖ **–cionista** *m/f Verfechter(in*
f) m *der Integration völkischer Minderheiten* ‖
–dor *m* ⟨Math⟩ *Integrator* m
  inte|gral adj *(m/f) vollständig, ganz, völlig* ‖
uneingeschränkt ‖ *unvermindert* ‖ *ungekürzt (Text)*
‖ *Integral-* ‖ ~ *f* ⟨Math⟩ *Integral* n ‖ adv: **–mente**
‖ **–gralismo** *m* ⟨Kath⟩ *Integralismus* m
  inte|grando *m* ⟨Math⟩ *Integrand* m ‖ **–grante**
adj *(m/f) integrierend* ‖ *wesentlich (Bestandteil)* ‖
dazugehörend ‖ **–grar** vt *integrieren* (& Ling
Math Pol *usw.*) ‖ *ausmachen, bilden* (*et.*)
ersetzen ‖ ⟨fig⟩ *einfügen* (en *in* acc) ‖ Col
(aus)zahlen ‖ *–grado por … bestehend aus …*
(dat) ‖ **–gridad** *f Vollständigkeit, Integrität* f ‖
Unversehrtheit f ‖ *Integrität, Redlichkeit,*
Rechtschaffenheit f ‖ *Jungfräulichkeit* f ‖ **–grismo**
m ⟨Hist⟩ *konservativ-traditionalistische Bewegung*
f *im 19. Jh in Spanien*
  íntegro adj *ganz, vollständig, unversehrt* ‖
⟨fig⟩ *ehrlich, rechtschaffen, bieder, redlich,*
unbescholten, integer ‖ ◇ *pagar el precio* ~ *den*
vollen Preis zahlen
  intelec|tiva *f Verstandeskraft* f ‖ **–tivo** adj
Verstandes- ‖ **–to** *m Intellekt, Verstand* m ‖ **–tual**
adj *(m/f) geistig, intellektuell* ‖ *verstandesmäßig,*
Verstandes- ‖ ~ *m Intellektuelle(r)* m ‖
Verstandesmensch m ‖ **–tualidad** *f Geistig-,*
Verstandesmäßig|keit f ‖ ⟨fig⟩ *Intelligenz* f ‖
gebildete Kreise, Intellektuelle(n) mpl ‖ **–tualismo**
m Intellektualismus m ‖ **–tualista** adj *(m/f)*
intellektualistisch ‖ ~ *m/f Intellektualist(in* f) m ‖
–tualización *f Intellektualisierung* f ‖ *Ver-* (bzw
Durch)*geistigung* f ‖ **–tualizar** [z/c] vt ‖
intellektualisieren ‖ *ver-* (bzw *durch*)*geistigen*
  ¹inteligencia *f Intelligenz, Fassungskraft* f ‖
Verstand m ‖ *geistiges Wesen* n ‖ *Geist* m (&
Person) ‖ *Scharfsinn* m ‖ *Meinung, Auffassung* f ‖
Bedeutung f, *Sinn* m ‖ *Ge|schicklichkeit,*
-wandtheit f ‖ ~ artificial *künstliche Intelligenz* f
  ²inteligencia *f Einvernehmen* n ‖ *(geheimes)*

(Ein)Verständnis n, *(geheime) Verbindungen* fpl ‖ *Benachrichtigung, Nachricht* f ‖ buena ~ *gutes Einvernehmen* n ‖ mala ~ *Missverständnis* n ‖ *Uneinigkeit* f ‖ ◇ estar en ~ con el enemigo *mit dem Feind in Verbindung stehen* ‖ llegar a una ~ zu e–r *Verständigung gelangen*
inteli|gente adj *(m/f) verständig, intelligent* ‖ *einsichtig* ‖ *scharfsinnig* ‖ ge|*bildet, -lehrt* ‖ ~ en física *in der Physik bewandert* ‖ ~ en la materia *fachmännisch geschult* ‖ ~ m *Kenner* m ‖ *Kunst-, Sach*|*verständige(r)* m ‖ **–gibilidad** f *Verständlichkeit* f ‖ ⟨Philos⟩ *intelligible Artung* f ‖ **–gible** adj *(m/f) verständlich, begreiflich* ‖ *vernehmlich, deutlich* ‖ ⟨Philos⟩ *intelligibel*
intempe|rancia f *Unmäßigkeit* f (bes. *im Trinken und im Essen)* ‖ *Maßlosigkeit* f ‖ *Zügellosigkeit* f ‖ *Ausschweifung* f ‖ **–rante** adj *(m/f) unmäßig* ‖ *maßlos* ‖ *zügellos*
intemperie f *Unbilden* pl *der Witterung* ‖ ◆ a la ~ *obdachlos, dem Unwetter ausgesetzt* ‖ *unter freiem Himmel*
intemperización f ⟨Geol⟩ *Verwitterung* f
intempesti|vamente adv *zur Unzeit, ungelegen* ‖ **-vo** adj *un*|*zeitig, -zeitgemäß* ‖ *un*|*gelegen, -angebracht*
intemporal adj *(m/f) zeitlos* ‖ *ewig* ‖ **–idad** f *Zeitlosigkeit* f ‖ ⟨fig⟩ *Ewigkeit* f
intención f *Absicht* f ‖ *Vorhaben* n, *Plan* m ‖ *Vorsatz* m ‖ *Wille* m, *Willensmeinung, Gesinnung* f ‖ ⟨lit⟩ *Tendenz* f ‖ ⟨Philos⟩ *Intention* f ‖ ⟨fig⟩ *Verschlagenheit, Tücke* f ‖ segunda ~ ⟨fam⟩ *Falschheit* f, *Hintergedanke* m ‖ ~ de voto *Wahltrend* m ‖ ◆ con ~ *mit Absicht, absichtlich, vorsätzlich* ‖ ⟨fig⟩ *schelmisch, tückisch* ‖ con honda ~ *mit besonderem Nachdruck* ‖ con la ~ de … (inf) *damit …, auf dass …, um zu …* ‖ sin ~ *un*|*willkürlich, -absichtlich* ‖ de primera ~ *vorläufig, einstweilen* ‖ *zu Anfang, anfangs* ‖ *aus dem Stegreif (spielen usw.)* ‖ sin mala ~ *ohne böse Absicht* ‖ ◇ curar de primera ~ *(e–m Verwundeten) die erste Hilfe leisten* ‖ decir una misa en ~ de alg. ⟨Kath⟩ *für jdn e–e Messe lesen* ‖ salir con su ~ *sein Vorhaben ins Werk setzen* ‖ tengo la ~ de partir hoy *ich gedenke* od *beabsichtige, heute abzureisen* ‖ mis intenciones para lo futuro *m–e Pläne* mpl *für die Zukunft*
intencio|nadamente adv *absichtlich, mit Absicht, vorsätzlich* ‖ **–nado** adj *vorsätzlich (&* fig) ‖ *absichtlich* ‖ ◆ bien ~ *wohlgesinnt* ‖ *guten Willens* ‖ *ehrlich* ‖ mal ~ *böswillig* ‖ **–nal** adj *(m/f) absichtlich* ‖ *beabsichtigt* ‖ *bewusst* ‖ ⟨Philos⟩ *intentional* ‖ **–nalidad** f *Absicht(lichkeit)* f ‖ *Vorbedacht* m
intenden|cia f *Verwaltung, Oberaufsicht* f ‖ *Intendanz* f ‖ ⟨Mil⟩ *Intendantur* f ‖ *Bekleidungs- (bzw Beschaffungs)amt* n ‖ ~ de víveres ⟨Mil⟩ *Verpflegungsamt* n ‖ **–te** m *Intendant, Oberaufseher, Vorsteher* m ‖ ⟨Mil⟩ *Verwaltungs*|*offizier* bzw *-beamte(r)* m ‖ Arg *Bürgermeister* m ‖ ~ mercantil Span *Betriebsberater* m ‖ *Betriebswirt* m
inten|samente adv *heftig, stark* ‖ **–sidad** f *Heftigkeit, Stärke, Intensität* f ‖ *Nachdruck* m ‖ ⟨Tech⟩ *Kraft, Stärke* f ‖ ⟨Phon⟩ *Intensität* f ‖ ⟨EB⟩ *Streckenbelastung* f ‖ ⟨fig⟩ *Kraft, Tiefe* f ‖ ~ del alumbrado *Beleuchtungsstärke* f ‖ ~ de campo ⟨El⟩ *Feldstärke* f ‖ ~ de la corriente ⟨El⟩ *Stromstärke* f ‖ ~ luminosa,~ de la luz *Lichtstärke* f ‖ ~ del sonido *Ton-, Schall*|*stärke* f ‖ **–sificación** f *Verstärkung* f ‖ *Intensivierung* f ‖ *Ausweitung* f ‖ ⟨Com⟩ *Ausbau* m ‖ ~ de la competencia *Verschärfung* f *des Wettbewerbs* f ‖ **–sificador** adj *verstärkend* ‖ ~ m *Verstärker* m ‖ **–sificar** [c/qu] vt *verstärken, intensivieren* ‖ *steigern* ‖ *ausbauen (Beziehungen)* ‖ ~se

zunehmen ‖ **–sión** f → **–sidad** ‖ *Anglitt* m ⟨Phonetik⟩ ‖ **–sivo** adj *intensiv, heftig* ‖ *hochgradig* ‖ *durchgehend (Arbeitszeit)*
inten|tar vt *beabsichtigen, vorhaben* ‖ *trachten, suchen (nach)* ‖ *versuchen* ‖ *unternehmen* ‖ ◇ ~ una acusación contra od a alg. ⟨Jur⟩ *gegen jdn e–e Klage einreichen* ‖ *anstrengen (Prozess)* ‖ ⟨Philos⟩ *intendieren* ‖ **–to** m *Absicht* f, *Vorhaben* n ‖ *Vorsatz* m ‖ *Versuch* m (→ **tentativa**) ‖ ~ de crimen *Versuch* m *e–s Verbrechens* ‖ ◆ con ~ de … *in der Absicht zu …* ‖ de ~ *absichtlich, vorsätzlich* ‖ ◇ *frustrar un* ~ *ein Vorhaben zunichte machen* ‖ **–tona** f ⟨fam⟩ *gewagtes Unternehmen* n ‖ ⟨fam⟩ *(misslungener) Putsch* m ‖ ⟨fam⟩ *fehlgeschlagener (hinterhältiger) Versuch* m
¹ínter (lat) prep → **entre** ‖ ~ nos ⟨fam⟩ *unter uns, unter vier Augen* ‖ en el ~ *bis dahin*
²ínter m Arg *Kaplan, Pfarrvikar* m
interac|ción f *Wechselwirkung* f ‖ **–actividad** f *Interaktivität* f ‖ **–activo** adj *interaktiv*
inter|aliado adj/s *interalliiert* ‖ *die Verbündeten betreffend* ‖ *verbündet* ‖ **–americano** adj *interamerikanisch* ‖ **–andino** adj *interandin, auf die Andenländer bezüglich* ‖ **–articular** adj *(m/f) in (bzw zwischen) den Gelenken (liegend)* ‖ **–astral** adj *(m/f) inter*|*astral, -stellar*
inter|cadencia f *Unregelmäßigkeit* f *(des Pulses)* ‖ *Schwanken* n *(des Verhaltens, der Gefühle)* ‖ **–cadente** adj *(m/f) ungleichmäßig* ‖ *unregelmäßig (Puls)* ‖ *schwankend (Gefühl, Verhalten)*
interca|lación f *Einschaltung* f ‖ ⟨Typ⟩ *gemischter Satz* m ‖ **–lado** adj *eingeschaltet, Schalt-* ‖ *eingeschoben* ‖ **–lar** vt *ein*|*schalten, -schieben* ‖ ⟨El Tech⟩ *vor-, zwischen*|*schalten* ‖ *einrücken (Getriebe)*
inter|cambiable adj *(m/f) austauschbar* ‖ **–cambiador** m *Austauscher* m ‖ ~ térmico od de calor *Wärmeaustauscher* m ‖ **–cambio** m *Austausch* m ‖ ~ comercial *wechselseitige Handelsbeziehungen* fpl ‖ ~ intelectual *Austausch* m *geistiger Güter* ‖ ~ de mercancías *Warenverkehr* m ‖ *Tauschhandel* m ‖ ~ de notas ⟨Dipl⟩ *Notenaustausch* m
interceder vi *dazwischentreten, einschreiten, einspringen, interzedieren* ‖ *s. verwenden, Fürbitte einlegen (para alg., cerca de alg. für jdn, bei jdm)* ‖ ~ por una persona *s. für e–e Person verwenden (cerca de, con bei)*
intercelular adj *(m/f) zwischen den Zellen (befindlich), zwischenzellig, interzellular, Interzellular-*
intercep|ción f *Unterbrechung, Hemmung* f *(der Bewegung)* ‖ *Abfangen* n ‖ *Ab*|*hören, -horchen* n ‖ *Auffangen* n, *Unterschlagung* f ‖ **–tación** f *Unterbrechung, Sperrung* f ‖ ⟨Phys⟩ *Unterbrechung, Hemmung* f, *Auffangen* n *(e–r Bewegung)* ‖ ~ de la correspondencia *Unterschlagung* f, *Auffangen* n *der Briefe* ‖ ~ de la vía ⟨EB⟩ *Unterbrechung* od *Sperrung* f *der Strecke* ‖ **–tar** vt *hemmen, unterbrechen, sperren* ‖ *auffangen (Bewegung)* ‖ *unterschlagen, abfangen (Brief)* ‖ ⟨Mil Flugw⟩ *abfangen (& Rakete)* ‖ ⟨Tel⟩ *ab*|*hören, -horchen* ‖ ◇ ~ la vía *die Bahnverbindung sperren* ‖ **–tor** adj/s: (caza) ~ m ⟨Mil⟩ *Abfangjäger* m ‖ Am *Schalter* m (→ **interruptor**)
interce|sión f *Für*|*bitte, -sprache, Verwendung* f ‖ *Vermittlung* f ‖ ⟨Jur &⟩ *Interzession* f ‖ **–sor** m *Fürsprecher* m ‖ *Bürge* m ‖ *Vermittler* m
intercity m ⟨EB⟩ *Intercity* m
inter|clasificadora f *Kartenmischer, Zuordner* m *(Lochkarten)* ‖ **–colu(m)nio** m ⟨Arch⟩ *Säulenweite* f ‖ **–comunal** adj *(m/f)*

zwischengemeindlich || **–comunicación** *f*
wechselseitige Verbindung f || ⟨Tel⟩
Zwischenverkehr m || ~ *en dúplex* ⟨Tel⟩
Gegensprechanlage f || **–conectar** vt
zusammenschalten || *miteinander verbinden* ||
–conexión *f (Zwischen)Verbindung* f || ⟨El Tel⟩
Verkettung f || **–confesional** adj *(m/f)*
interkonfessionell, zwischenkirchlich ||
–continental adj *(m/f) interkontinental* ||
überseeisch || **–costal** adj *(m/f)* ⟨An⟩
Zwischenrippen-, Interkostal- || **–currente** adj
(m/f) hinzukommend || ⟨Med⟩ *inter|kurrent,*
-kurrierend, hinzukommend || **–decir**
[*irr* → **decir**] vt *untersagen, verbieten* || → auch
prohibir || **–dental** adj *(m/f)* ⟨An Phon⟩
interdental || ~ *m* ⟨Phon⟩ *Interdental,*
Zwischenzahnlaut m || **–departamental** adj *(m/f)*
interministeriell

inter|dependencia *f gegenseitige Abhängigkeit*
f || *Verflechtung* f (& Com) || *Wechselbeziehungen*
fpl || **–dependiente** adj *(m/f) voneinander*
abhängig

inter|dicción *f Verbot* n || *Untersagung* f ||
Amtsenthebung f || *Berufsverbot* n || ~ *civil*
Entmündigung f || **–dictal** adj *(m/f)* ⟨Jur⟩ *auf dem*
Weg(e) der einstweiligen Verfügung || *e–e*
einstweilige Verfügung betreffend || **–dicto** *m* ⟨Jur⟩
einstweilige Verfügung f || *(gerichtliches) Verbot* n
|| *Entmündigte(r)* m || ⟨Kath⟩ *Interdikt* n || ~ *de*
recobrar einstweilige Verfügung f *auf Herausgabe*
|| ~ *de retener einstweilige Verfügung* f *gegen*
Besitzstörung || ~ *posesorio einstweilige*
Verfügung f *auf Besitzschutz*

inter|digital adj *(m/f)* ⟨An⟩ *zwischen den*
Fingern (bzw den Zehen) gelegen ||
–disciplinar(io) adj *interdisziplinär* || **–ejecutivo**
adj *interexekutiv* || **–empresarial** adj *(m/f)*
zwischenbetrieblich

¹interés *m Nutzen, Vorteil* m || *Gewinn* m ||
Wert m || *Wichtigkeit* f || *Bedeutung* f || *Reiz* m ||
Lohn m || *Gewinn-, Hab|sucht* f || *Eigennutz* m ||
Beteiligung, Teilnahme f, *Anteil* m || *(Zu)Neigung*
f || *Interesse* m (por *für*) || *Gegenstand* m *des*
Interesses || ~ *vivo lebhaftes Interesse* n || ◆ con
~ *aufmerksam, interessiert* || de ~ *wichtig,*
interessant || de ~ *vital lebenswichtig* || por (el) ~
aus Eigennutz, des Nutzens wegen || sin ~
uninteressant || *unwichtig* || *unbedeutend* ||
gleichgültig, teilnahmslos, uninteressiert || ◇
actuar contra su propio ~ ⟨fig⟩ *s. ins eigene*
Fleisch schneiden || el ~ *de esa novela reside en*
el diálogo der Reiz dieses Romans liegt im Dialog
|| *excitar (od despertar) Interesse erregen od*
erwecken || *mostrar* ~ *Interesse zeigen* || *obrar*
contra su propio ~ *s. ins eigene Fleisch*
schneiden || *obrar por* ~ *aus Interesse, aus*
Selbstsucht handeln || *es de* ~ *para Vd. es liegt in*
Ihrem Interesse || *tener* ~ *en s. für et.*
interessieren, an et. (dat) *interessiert sein* || *tener*
~ *en un negocio an e–m Geschäft beteiligt sein* ||
no tiene ~ *para mí, no tengo* ~ *en ello es*
interessiert mich nicht || *tengo (mucho)* ~ *en ello*
es liegt mir (viel) daran || *tomar* ~ *s.*
interessieren (en *für*), *Anteil nehmen an* (dat) ||
interes *mpl Interessen* npl || *Vermögen* n ||
öffentliche Interessen npl || ~ *creados*
Interessengemeinschaft f || *Interessenverflechtung*
f || ~ *vitales* || *Lebensinteressen* npl || *contrario a*
los ~ *den Interessen zuwider* || ◇ *conciliar los* ~
die Interessen in Einklang bringen || *convenir a*
los ~ *de alg. jds Interesse entsprechen* || *cuidar*
de los ~ *de alg. jds Interessen wahren* || *ir od*
obrar contra los ~ *de alg. gegen jds Interesse*
handeln || *perjudicar a los* ~ *de alg. jds Interessen*
(dat) schädigen || *velar por los* ~ *de alg. jds*

Interessen wahren || *no es compatible con mis* ~
es ist mit m–n Interessen nicht vereinbar

²interés *m* ⟨Com⟩ *Zinsen* mpl || ~ *acreedor*
Aktiv-, Haben|zinsen mpl || ~ *compuesto*
Zinseszins m || ~ *deudor Passiv-, Debet|zinsen* pl
|| ~ *efectivo Effektivzins* m || ~ *fijo fester Zins* m
|| ~ *de intereses* → ~ *compuesto* || ~ *legal*
gesetzlicher Zinssatz m || ~ *del mercado*
Marktzins m || ~ *de los réditos* → ~ *compuesto* ||
~ *simple einfacher Zins* m || *einfache Verzinsung*
f || ~ *usurario Wucherzins* m || ◆ con ~ *Zins*
tragend, verzinst || sin ~ *zinslos* || ◇ *abonar un* ~
del 5 por ciento 5% Zinsen vergüten || *dar* ~
Zinsen tragen, s. verzinsen || *prestar a* ~ *auf Zins*
leihen || *tomar prestado a* ~ *auf Zins borgen od*
nehmen || **intereses** *mpl Zinsen* mpl || ~
acumulados aufgehäufte Zinsen pl || *Zinseszinsen*
mpl || ~ *atrasados rückständige Zinsen* mpl || ~
crecidos erhöhte Zinsen mpl || ~ *de demora,* ~
moratorios Verzugszinsen mpl || ~ *vencidos*
fällige Zinsen mpl || ◇ *abonar* ~ *Zins zahlen* ||
bonificar ~ *Zinsen vergüten* || *calcular los* ~ *die*
Zinsen berechnen || *cargar* ~ *Zinsen anrechnen* ||
cobrar ~ *Zinsen erheben* || *dar* ~, *devengar* ~,
producir ~ *Zinsen tragen* || *pagar* ~ *Zins zahlen* ||
producir ~ → *dar* ~

intere|sado adj/s *interessiert* (a *an* dat) ||
mitbeteiligt || *eigen, gewinnsüchtig* || *geizig,*
knaus(e)rig, filzig, kleinlich, knick(e)rig || ~ *en*
comprar kauflustig || ~ *en el negocio en … am*
Geschäft beteiligt mit … || *Betroffene(r)* m ||
Beteiligte(r) m || *Teilhaber* || *Liebhaber,*
Amateur m || *Bewerber, Interessent* m || *firmado*
por el ~ *eigenhändig unterschrieben* || **–sante** adj
(m/f) interessant, fesselnd, anziehend || *reizend* ||
wissenswert || *wichtig* || *bedeutsam* || *hacerse el*
(bzw la) ~ *die Aufmerksamkeit auf s. lenken* ||
–sar vt/i *interessieren, teilnehmen lassen* (en *an*
dat) || *heranziehen (zu)* || *gewinnen, einnehmen*
(para für) || *spannen, fesseln, interessieren (Rede,*
Buch) || *berühren, ergreifen* || *Teilnahme erregen* ||
betreffen, angehen || *wichtig, interessant sein* (e
alg. *für* jdn) || ⟨Com⟩ *beteiligen* (en *algo an* et.*)* ||
(Geld) anlegen (en *in* dat) || *verletzen, angreifen*
(Verwundung) || ◇ ~ *a alg. en un negocio jdn an*
e–m Geschäft interessieren || *eso me interesa*
mucho das geht mich sehr viel an || *por si le*
interesa zur gfl. Durchsicht || *ha logrado interesar*
su corazón er (sie) hat ihr (sein) Herz für s.
gewonnen || *esta herida interesa los pulmones*
diese Verletzung zieht die Lunge in
Mitleidenschaft || ~ vi *wichtig sein, Interesse*
erwecken || ~**se** *reflektieren* (por *auf* acc) || *s.*
interessieren (por *für*) || *s. beteiligen* (en *algo an*
et. dat) || *Wert darauf legen* (en *hacer algo et. zu*
tun) || *eintreten* (por *alg. für* jdn) || ◇ ~ *con alg.*
por una persona s. bei jdm für e–e Person
verwenden || *me interesa en ello s. ich nehme Anteil*
daran || ~ *en una empresa an e–r Unternehmung*
Anteil nehmen

interesencia *f persönliche Anwesenheit* bzw
Teilnahme f

inter|estatal adj *(m/f) zwischenstaatlich* ||
–estelar adj *(m/f)* ⟨Astr⟩ *interstellar* || **–facial** adj
(m/f) ⟨Chem⟩ *Grenzflächen-* || **–fase** *f*
Zwischenphase f || **–faz** *[pl* ~**ces]** *m* ⟨Inform⟩
Schnittstelle f, *Interface* n

inter|fecto adj *ermordet* || *gewaltsam getötet* ||
el ~ *der Ermordete, das Opfer*

interfe|rencia *f* ⟨Phys Radio⟩ *Interferenz* f ||
Überlagerung f || ⟨Tel⟩ *Übersprechen* n || ⟨fig⟩
Überschneidung f *(von Rechten usw.)* || ⟨fig⟩
Einmischung f || ~ *de segundo canal* ⟨Radio⟩
Nachbarkanalstörung f || **–rir** vt *überschneiden* ||
überlagern || ~ vi ⟨Phys⟩ *interferieren* || ⟨fig⟩ *s.*

einmischen ‖ ~se s. überschneiden ‖ s.
überlagern
  interfe|rometría f ⟨Phys⟩ Interferometrie f ‖
–rómetro m Interferometer n
  interferón m ⟨Physiol⟩ Interferon n
  interfo|liación f ⟨Typ⟩ Durchschießen n (e–s
Buches) ‖ **–liar** vt durchschießen
  inter|fono m (Gegen)Sprechanlage f ‖ ~ de
portería Türsprechanlage f ‖ **–galáctico** adj ⟨Astr⟩
intergalaktisch ‖ **–glaciar** adj (m/f): período ~
Zwischeneiszeit f, Interglazial n ‖
–gubernamental adj (m/f) zwischen den
Regierungen (bestehend) ‖ zwischenstaatlich ‖
–humano adj zwischenmenschlich
  ínterin m Zwischenzeit f ‖ Interim n ‖ (en el)
~ unterdessen ‖ einstweilen ‖ → auch **entretanto**
  interi|namente adv einstweilen ‖ vorläufig ‖
–nar vt vorübergehend wahrnehmen (Amt) ‖
–nato m Arg Chi Hond → **–nidad** ‖ **–nidad** f
einstweiliger Zustand, Zwischenzustand m,
Interimslösung f ‖ (Zeit f der) vorläufige(n)
Wahrnehmung f e–s Amtes ‖ **–no** adj
stellvertretend ‖ vorläufig, einstweilig,
interimistisch ‖ Zwischen- ‖ ~ m
stellvertretende(r) Beamte(r) m
  interinsular adj (m/f) zwischen (den) Inseln
(gelegen)
  inte|rior adj (m/f) innerer, innere, inneres ‖
innerlich, inwendig ‖ innerlich, geistig ‖
verborgen, geheim ‖ in-, binnen|ländisch ‖ Innen-
‖ Binnen- ‖ ~ m Innere(s) n ‖ inneres Stadtgebiet
n ‖ Inland n ‖ ⟨fig⟩ Innere(s), Herz n ‖ ⟨Mal Ku⟩
Innenansicht f, Interieur n ‖ ⟨Fot⟩ Innenaufnahme
f ‖ ⟨Film⟩ Atelieraufnahme f ‖ ⟨Sp⟩ Mittelstürmer
m ‖ ~ del bosque Waldinnere(s) n ‖ ~ izquierda
Halblinke(r) m (Fußball) ‖ ~ (del país) Inland n
‖ ~ Hier (bei Adressen) ‖ → auch **interno** ‖ ~es
mpl Innere(s) n ‖ Col Damenunterwäsche f ‖
–rioridad f Innerlichkeit f ‖ Innere(s) n, innere
Lage f ‖ ~es fpl innere, private Angelegenheiten
fpl ‖ ⟨fig⟩ Intimitäten fpl ‖ ⟨fig⟩ Privat,
Intim|sphäre f ‖ **–riorismo** m Innen|dekoration,
-architektur f ‖ **–riorista** m/f Innenarchitekt(in f)
m ‖ **–riorizar** [z/c] vt verinnerlichen ‖
–riormente adv innerlich ‖ innen ‖ ◇ murmurar
~ vor s. hinmurmeln
  interjec|ción f ⟨Gr⟩ Interjektion f,
Empfindungswort n ‖ ⟨fig⟩ Fluch m ‖ **–tivo** adj
als Interjektion, Interjektions-, Ausrufungs-
  interlínea f ⟨Typ⟩ Durchschuss, Zeilenabstand m
  interli|neación f ⟨Typ⟩ Durchschuss m ‖
Durchschießen n ‖ **–neado** adj: composición ~a
⟨Typ⟩ durchschossener Satz m ‖ **–neador** m/adj
Zeilenschalthebel m (Schreibmaschine) ‖ **–neal**
adj (m/f) Interlinear-, zwischen den Zeilen ‖
–near vt zwischen die Zeilen schreiben od
eintragen ‖ ⟨Typ⟩ durchschießen
  interlingüística f ⟨Ling⟩ Interlinguistik f
  interlobular adj (m/f) ⟨An Med⟩ interlobulär
  interlock m/adj ⟨Text⟩ Interlock n
  inter|locutor m Redende(r), Gesprächspartner
m ‖ Ansprechpartner m ‖ Wortführer m ‖ der beim
Interview Ausfragende ‖ ⟨Tel⟩
Gegensprechteilnehmer m ‖ ~ social
Sozialpartner m ‖ **–lope, intérlope** adj (m/f)
Schmuggel- (in Kolonien) ‖ **–ludio** m ⟨Mus⟩
Zwischenspiel, Intermezzo, Interludium n (& fig)
‖ **–lunio** m Neumond m ‖ **–maxilar** adj (m/f) ⟨An⟩
Zwischenkiefer-
  intermediar vi → **mediar** ‖ **–mediario**
Zwischen-, Mittel- ‖ ~ m Vermittler m ‖ ⟨Fot⟩
Kassetteneinlage f ‖ ◇ no se admiten ~s
Vermittler unerwünscht ‖ **–medio** adj in der Mitte
befindlich ‖ dazwischen|kommend bzw -liegend ‖
⟨wiss⟩ intermediär ‖ ~ m Zwischenzeit f ‖

Zwischenraum m ‖ ⟨Th⟩ Zwischen|spiel n (& fig),
-aktmusik, Einlage f ‖ ⟨Th⟩ Aktpause f ‖ ◆ por ~
de (ver)mittels, durch Vermittlung (gen) ‖ **–mezzo**
⟨it⟩ m ⟨Mus Th⟩ Intermezzo, Zwischenspiel n (&
fig)
  interminable (m/f), ⟨poet⟩ **intérmino** adj
endlos ‖ unabsehbar
  interministerial adj (m/f) inter-,
zwischen|ministeriell
  intermi|sión f Unterbrechung f ‖ **–so** adj
unterbrochen, ausgesetzt ‖ **–tencia** f Abwechseln n
‖ (kurze) Unterbrechung f ‖ ⟨El Med⟩ zeitweiliges
Aussetzen n ‖ ⟨Med⟩ Fieberpause f ‖ **–tente** adj
(m/f) ⟨Med⟩ aussetzend, ungleich, intermittierend
‖ ⟨allg⟩ zeitweilig unterbrochen ‖ (fiebre) ~
Wechselfieber n ‖ ~ m ⟨Auto⟩ Blinker m
  intermolecular adj (m/f) zwischenmolekular
  internación f → **internamiento**
  internacio|nal adj (m/f) international,
zwischenstaatlich ‖ ~ m ⟨Sp⟩ Internationale(r) m
‖ ⟨Pol⟩ Internationale f (Organisation, Hymne) ‖
–nalidad f Internationalität, Überstaatlichkeit f ‖
internationaler Status m ‖ **–nalismo** m
Internationalismus m ‖ **–nalista** adj (m/f)
internationalistisch ‖ ~ m/f ⟨Pol⟩
Internationalist(in f) m ‖ Anhänger(in f) m der
Internationale n ‖ ⟨Jur⟩ Völkerrechtler(in f) m ‖
–nalización f Internationalisierung f ‖ **–nalizar**
[z/c] vt international gestalten
  inter|nado adj ⟨Mil Pol⟩ interniert ‖ ⟨Med⟩ in
e–e geschlossene Klinik eingewiesen ‖ ~ m
Internat n (Erziehungsanstalt) ‖ Interne(r) m
(Schüler) ‖ ⟨Mil Pol⟩ Internierte(r) m ‖ **–namente**
adv innerlich, innen ‖ **–namiento** m Einweisung f
(in e–e geschlossene Klinik usw.) ‖
Unterbringung f (in e–r Anstalt) ‖ Verbringung f
(ins Internat, ins Landesinnere) ‖ ⟨Mil Pol⟩
Internierung f ‖ **–nar** vt ins Innere (e–s Landes)
verbringen ‖ in ein Internat geben ‖ hineinstecken
‖ ⟨Med⟩ in e–e geschlossene Klinik einweisen ‖
⟨Mil Pol⟩ internieren ‖ ◇ ~ en un colegio in ein
Internat geben (e–n Schüler) ‖ ~ en una clínica
(p)siquiátrica (in) e–e psychiatrische Klinik
einweisen ‖ ~se eindringen (in ein Land) ‖
vordringen (in e–n Wald) ‖ s. vertiefen (ins Gebet)
‖ s. einlassen (en in acc) ‖ ~ con alg. s. bei jdm
einschmeicheln
  internet m (& f) ⟨Inform⟩ Internet n
  inter|nista m/f ⟨Med⟩ Internist(in f) m,
Facharzt m (Fachärztin f) für innere Krankheiten
‖ **–no** adj inner, innerlich ‖ inwendig ‖
binnenländisch ‖ (alumno) ~ Interne(r),
Internatsschüler m ‖ Assistenz-, Öst Sekundar|arzt
m (im Krankenhaus) ‖ ◆ por vía ~a innerlich
(Arznei) ‖ de ~ innerlich
  inter nos ⟨lat⟩ ⟨fam⟩ unter uns, unter vier
Augen
  inter|nunciatura f Internuntiatur f ‖ **–nuncio**
m Internuntius m
  inter|oceánico adj zwischen zwei Ozeanen
befindlich, Ozeane verbindend, interozeanisch ‖
–parlamentario adj interparlamentarisch
  interpe|lación f (parlamentarische)
Interpellation, (große) Anfrage f ‖ Aufforderung f
‖ ⟨Jur⟩ Mahnung f (Schuldrecht) ‖ Vorhalt m
(Prozessrecht) ‖ **–lado** m der bei e–m Interview
Ausgefragte m ‖ zur Stellungnahme
Aufgeforderte(r) m ‖ **–lante** m/f Fragesteller(in f)
m ‖ ⟨Pol⟩ Interpellant(in f) m ‖ **–lar** vt/i
interpellieren ‖ (parlamentarisch) anfragen ‖
ausfragen ‖ um Beistand ersuchen ‖ mahnen ‖
⟨Jur⟩ e–n Vorhalt machen (e–m Zeugen)
  inter|penetración f gegenseitige
Durchdringung f ‖ Verflechtung f ‖ **–penetrarse**
vr s. gegenseitig durchdringen

inter|personal adj *(m/f) zwischenmenschlich* ||
–planetario adj *inter-, zwischen|planetarisch,*
Weltraum-
   Interpol *f Interpol f (Internationale*
Kriminalpolizeiliche Organisation)
   interpo|lación *f Ein|schaltung, -schiebung* f ||
⟨& Math Ling⟩ *Interpolation* f || **–lar** vt ⟨Math
Ling⟩ *interpolieren* || ⟨allg⟩ *ein|schalten, -schieben*
|| *fälschen (Text)*
   inter|poner [irr → **poner**] vt
dazwischen|stellen, -legen, -setzen || *zwischen-,*
ein|schalten || ⟨fig⟩ *ins Mittel legen* || ⟨Jur⟩
einlegen (Rechtsmittel) || *stellen (Antrag)* || ◊ ~
(el recurso de) apelación ⟨Jur⟩ *Berufung einlegen*
|| ~ en (debidos) tiempo y forma ⟨Jur⟩ *frist- und*
form|gerecht einlegen (Berufung usw.) || ~ sus
influencias en favor de alg. *s–n Einfluss für jdn*
verwenden || por persona –puesta *durch*
Mittelsperson || **~se** s. *ins Mittel od (fam)* s. *ins*
Zeug legen || *vermitteln* (entre zwischen) ||
–posición *f Einschiebung* f || *Dazwischen|stellen,*
-legen, -sein, -setzen n || *Zwischen|stellung, -lage*
f || ⟨fig⟩ *Dazwischentreten* n
   inter|prender vt ⟨Mil⟩ *überrumpeln* || **–presa** *f*
Überrump(e)lung f
   interpre|table adj *(m/f) auslegbar, deutbar* || *zu*
interpretieren(d) || ⟨Mus Th⟩ *spielbar* || **–tación** *f*
Auslegung, Erklärung, Deutung f || *Auswertung* f
|| *Er|läuterung, -klärung* f || *Dolmetschen* n ||
⟨fam⟩ *Verdolmetschung* f || ⟨Th Film⟩ *Darstellung*
f, *Spiel* n || ⟨Mus⟩ *Interpretation* f, *Spiel* n || ~ de
conferencias *Konferenzdolmetschen* n || ~
consecutiva *Konsekutivdolmetschen* n || ~ errónea
Missdeutung f || *falsche Wiedergabe* f || ~ literal
wörtliche Wiedergabe f || *wörtliche Auslegung* f ||
~ simultánea *Simultandolmetschen* n || ~ de los
sueños *Traumdeutung* f || **–tador** *m Ausleger,*
Erklärer, Deuter m || *Dolmetscher,* ⟨lit fig⟩
Dolmetsch m || **–tar** vt *auslegen, erklären, deuten*
|| *dolmetschen,* ⟨fam⟩ *verdolmetschen* || ⟨Th⟩
darstellen, verkörpern (Rolle) || ⟨Mus⟩ *spielen,*
interpretieren, wiedergeben || [Kunst] *wiedergeben*
|| ◊ ~ con acierto *sinngemäß auslegen* || ~ mal
missverstehen || ~ del alemán al español *aus dem*
Deutschen ins Spanische dolmetschen || ~ en
español *spanisch wiedergeben* || **–tariado** *m*
Dolmetscherwesen n || *Dolmetscherdienst* m ||
Dolmetscher mpl || **–tativo** adj *auslegend,*
er|läuternd, -klärend, deutend || *dolmetschend* ||
Deutungs- || *Interpretations-*
   intérprete *m/f Dolmetscher(in* f) m ||
Ausleger(in f), *Erklärer(in* f), *Deuter(in* f) m || ⟨lit
fig⟩ *Dolmetsch* m || ⟨fig⟩ *Fürsprecher(in* f) m ||
⟨Mus⟩ *Interpret(in* f) m || ⟨Film Th⟩ *Darsteller(in*
f), *Schauspieler(in* f) m || ~ de la canción
moderna (*od* de la canción de moda)
Schlagersänger(in f) m || ◊ *hacerse* ~ de alg. *s.*
zu jds Sprachrohr machen
   interprofesional adj (m/f) *alle Berufe*
umfassend
   interpuesto adj pp/irr von **interponer**
   interregno *m Zwischenregierungszeit* f,
Interregnum n || ⟨fig⟩ *Zwischenzeit,*
Unterbrechung f || ~ parlamentario
Parlamentsferien pl
   interregional adj *(m/f) überregional*
   interro|gación *f Frage* f || ⟨Gr⟩ *Fragezeichen* n
~ final ⟨Typ⟩ *Schlussfragezeichen* n (?) || ~
inicial *Anfangsfragezeichen* n (¿) || **–gador** adj
fragend, prüfend || *forschend* (z. B. *Blick*) || ⟨Jur⟩
erhörend || ~ *m (Aus)Frager* m || ⟨Jur⟩
Verhörende(r) m || **–gante** adj *(m/f) fragend* || ~ *m*
ungelöste) Frage f || *Unsicherheitsfaktor* m ||
punto) ~ ⟨Gr⟩ *Fragezeichen* n || **–gar** [g/gu] vt

(aus-, be)fragen || ⟨Jur⟩ *verhören (Beschuldigten)*
|| *vernehmen (Zeugen)* || ~se con la mirada *s.*
fragende Blicke zuwerfen || **–gativo** adj *fragend* ||
~ *m* ⟨Gr⟩ *Fragewort* n || **–gatorio** *m Ausfragung*
f, *Verhör* n || ⟨Jur⟩ *Verhör* n *(e–s Beschuldigten)* ||
Vernehmung, Einvernahme f (e–s Zeugen) ||
Protokoll n *des Verhörs* || *Fragebogen* m || ~
cruzado ⟨Jur⟩ *Kreuzverhör* n
   interrumpir vt *unter-, ab|brechen* || *stören* ||
hemmen || *(jdm) das Wort abschneiden* || ⟨El⟩
ausschalten, trennen || ◊ ~ las relaciones *die*
Beziehungen unterbrechen (bzw *abbrechen*) || ~
el viaje *die Reise unterbrechen* || ~se *in der Rede*
abbrechen
   interrup|ción *f Unterbrechung* f || *Störung* f ||
⟨El⟩ *Unterbrechung, Ab-, Aus|schaltung* f ||
Einstellen n *(Zahlen)* || *Zwischenruf* m
(Parlament) || ~ del embarazo
Schwangerschaftsabbruch f || ~ de relaciones
Unterbrechung f der (Geschäfts)Verbindungen ||
~ del servicio ⟨EB⟩ *Betriebsstörung* f || ◆ sin ~
ununterbrochen || **–tor** *m* ⟨allg⟩ *Unterbrecher* m ||
⟨El⟩ *Schaltapparat* m || *(Aus)Schalter* m || ~
automático *Selbstschalter* m || ~ en (baño de)
aceite *Ölschalter* m || ~ basculante *Kippschalter*
m || ~ de botón *Druckknopfschalter* m || ~ a
distancia *Fernschalter* m || ~ de fin de carrera
Endschalter m || ~ giratorio *Drehschalter* m || ~
horario *Schaltuhr* f || ~ minutero
Kurzzeitschaltuhr f || ~ de palanca *Hebelschalter*
m || ~ de urgencia *Notschalter* m
   inter|secarse vr ⟨Math⟩ s. *schneiden* || **–sección**
f ⟨Math⟩ *Durchdringung* f || *Schnitt|punkt* m bzw
-linie f || *Schnitt* m
   inter|sexual adj *(m/f)* ⟨Biol⟩ *intersexuell* ||
–sexualidad *f Intersexualität* f
   intersideral adj *(m/f)* ⟨Astr⟩ *interstellar,*
zwischen den Sternen || *Weltraum-*
   intersti|cial adj *(m/f)* ⟨Biol⟩ *interstitiell* || **–cio**
m Zwischenraum, Spalt m || *Zwischenzeit* f
   intertextualidad *f* ⟨Ling⟩ *Intertextualität* f
   intertrigo *m* ⟨Med⟩ *Intertrigo* f, ⟨fam⟩ *Wolf* m
   inter|tropical adj *(m/f) zwischen den*
Wendekreisen (gelegen) || **–universitario** *adj*
interuniversitär || **–urbano** adj ⟨Tel⟩ *Fern-* || *Öst*
interurban
   intervalo *m Zwischenraum* m || *Intervall* n,
Zwischenzeit f || *Abstand* m || ⟨Mus⟩ *Intervall* n ||
~s claros, ~s lúcidos *lichte Augenblicke* mpl *(bei*
e–m Geisteskranken) || ◆ a ~s *in Abständen* || *von*
Zeit zu Zeit, dann und wann || en el ~ de …
während e–s Zeitraums von … || con ~ de pocos
días *innerhalb weniger Tage*
   inter|vención *f Ein|schreiten* n, *-mischung,*
Intervention f || *Diskussionsbeitrag* m ||
Vermittlung f || ⟨Med⟩ *Eingriff* m, *Operation* f ||
⟨Com⟩ *Eingriff* m || *Bewirtschaftung* f *(von*
Waren) || *Beschlagnahme f (von Gütern)* || ⟨Jur⟩
Intervention f || *Beaufsichtigung* f || ⟨Pol⟩
Intervention f || *Kontrolluntersuchung* f ||
Aufsichtsbehörde f || ~ quirúrgica *chirurgischer*
Eingriff m, *Operation* f || ~ de teléfono
Telefonüberwachung f || la no ~ *die*
Nichtintervention, die Nichteinmischung f || ◆
mediante la ~ de … *durch Vermittlung von …* ||
sin mi ~ *ohne mein Zutun* || ◊ *pagar por* ~ *per*
Intervention zahlen || **–vencionismo** *m* ⟨Pol⟩
Interventionismus m || ⟨Wir⟩
Zwangsbewirtschaftung f, *Dirigismus,*
Interventionismus m || ~ *dirigismo* || ~ de la
vivienda *Wohnungsbewirtschaftung* f ||
–vencionista adj *(m/f) interventionistisch* || ~ *m/f*
Interventionist(in f) m || **–venir** [irr → **venir**] vt
nachprüfen, kontrollieren || *prüfen (Rechnung)* ||
staatlich beaufsichtigen || *sperren (Konto)* ||

beschlagnahmen (Güter beim Zoll) ‖
bewirtschaften (Waren) ‖ ~ vi *s. ereignen,
eintreten* ‖ *dazwischenkommen, vermitteln* ‖ ⟨fig⟩
hineinspielen ‖ *s. einmischen* (en *in* acc) ‖
mitarbeiten ‖ *(als Zeuge) beiwohnen* ‖ *inzwischen
eintreten, vorkommen* ‖ *eingreifen, intervenieren* ‖
⟨Med⟩ *e–n Eingriff vornehmen, operieren* ‖ ◇ ~
en la conversación *am Gespräch teilnehmen* ‖ ~
las cuentas *die Buchführung nachprüfen* ‖ ~ en
honor de una firma *zu Ehren e–r Unterschrift
intervenieren* ‖ ~ por alg. *s. für jdn einsetzen* ‖
–ventor adj *eingreifend, intervenierend* ‖ ~ m
Vermittler m ‖ *(Mit)Aufseher* m ‖ *Kontrolleur,
Inspektor, Prüfer* m ‖ *Staatskommissar* m
 inter|viú f *Interview* n, *Zusammenkunft und
Befragung* f ‖ **–viuvar** vt *interviewen* (a alg. *jdn*
acc)
 inter|vocálico adj ⟨Ling⟩ *intervokalisch* ‖
–yacente adj *(m/f) dazwischenliegend*
 intestado adj/s *(verstorben)* ‖ *ohne Testament
(verstorben)* ‖ → auch **abintestato**
 intesti|nal adj *(m/f)* ⟨An⟩ *Darm-, Eingeweide-,
intestinal* ‖ **–no** adj *innerlich* ‖ *intern* ‖ →
 interior ~ m ⟨An⟩ *Darm* m ‖ ~ ciego
Blinddarm m ‖ ~ delgado *Dünndarm* m ‖ ~
grueso *Dickdarm* m ‖ ~ recto *Mastdarm* m ‖ ~s
mpl *Gedärm, Eingeweide* n
 inti m [Währungseinheit] *Inti* m (I/.)
 intifada ⟨arab⟩ f [paläst.
Widerstandsbewegung] *Intifada* f
 íntima f ⟨An⟩ *Intima, innerste Haut* f *der
Gefäße*
 intimación f *Ankündigung* f ‖ *Bekanntmachung*
f ‖ *Mahnung* f, *Mahnbrief* m ‖ *Aufforderung* f ‖
Erteilung f *(Befehl)* ‖ ⟨Jur⟩ *Vorladung* f ‖
Mitteilung f *e–r richterlichen Verfügung* f ‖ ~ al
pago *Zahlungsaufforderung* f
 íntimamente adv *innigst, eng* ‖ ◇ estar ~
ligado con alg. *mit jdm eng verbunden sein*
 intimar vt *an|kündigen, -sagen* ‖ *einschärfen* ‖
erteilen (Befehl) ‖ ◇ ~ la rendición ⟨Mil⟩ *zur
Übergabe auffordern* ‖ ~ el retiro del capital
⟨Com⟩ *das Kapital kündigen* ‖ ~ vi *vertraut od
intim werden, (enge) Freundschaft schließen (con
mit)* ‖ ~se *s. anfreunden, intim werden* ‖ *(durch
Poren) eindringen* ‖ *durchtränken*
 intimatorio adj ⟨Jur⟩ *Aufforderungs-* ‖ *Mahn-* ‖
~ m *richterliche Verfügung* f
 intimidación f *Einschüchterung* f
 intimidad f *Vertraulichkeit* f ‖ *Vertrautheit,
Freundschaft* f ‖ *Gemütlichkeit* f ‖ *Intimität* f ‖ la
~ del hogar *die Gemütlichkeit des Familienlebens*
‖ ◆ en la más estricta ~ *in strengster
Vertraulichkeit* ‖ *im engsten Familienkreis* ‖ ◇
entrar en *od* hacer ~ con alg. *mit jdm vertraut
werden*
 intimidar vt *einschüchtern* ‖ ~se *s.
einschüchtern lassen,* ⟨fam⟩ *bange werden*
 íntimo adj *innerlich, innerst* ‖ *intim* ‖ *innig(st)*
‖ *vertraut* ‖ *tief* ‖ *gemütlich* ‖ ◇ penetrar en lo ~
del corazón *in das Innerste des Herzens
eindringen*
 intitular vt *betiteln* ‖ *benennen* ‖ ~se *s.
nennen* ‖ *s. e–n Titel* (gen) *geben*
 intocable adj *(m/f) unberührbar* ‖ ~ m: los ~s
die Unberührbaren mpl *(Parias)*
 intole|rable adj *(m/f) unerträglich* ‖
unausstehlich ‖ *intolerabel* ‖ ◆ hasta lo ~ *bis zur
Unverträglichkeit* ‖ **–rancia** f *Unduldsamkeit,
Intoleranz* f ‖ *(bes. Med) Unverträglichkeit* f ‖
–rante adj/s *(m/f) unduldsam, intolerant*
 intonso adj *ungeschoren* ‖ *unbeschnitten
(Buch)* ‖ ⟨fig⟩ *einfältig, dumm*
 intoxi|cación f *Vergiftung, Intoxikation* f ‖ ~
alcohólica *Alkoholvergiftung* f ‖ ~ alimentaria

Lebensmittelvergiftung f ‖ ~ por gas
Gasvergiftung f ‖ ~ saturnina *Bleivergiftung* f ‖
–car [c/qu] vt *vergiften* ‖ ~se *s. vergiften*
 intra|atómico adj ⟨Phys⟩ *intra-, inner|atomar* ‖
–celular adj *(m/f)* ⟨An⟩ *intrazellulär* ‖
–comunitario adj *innergemeinschaftlich*
 intradós m ⟨Arch⟩ *Leibung, innere Bogen- od
Gewölbefläche* f ‖ ~ del ala ⟨Flugw⟩
Flügelunterseite f ‖ ~ de ventana *Fensterlaibung*
f
 intraducible adj *(m/f) unübersetzbar*
 intra|empresarial adj *(m/f) innerbetrieblich* ‖
–estatal adj *(m/f) innerstaatlich*
 intragable adj *(m/f) nicht zu schlucken(d)* ‖
ungenießbar
 intralingual adj *(m/f)* ⟨Ling⟩ *intralingual* ‖
 intra|muros adv *innerhalb von Mauern (e–r
Stadt)* ‖ ⟨fig⟩ *hier, bei uns* ‖ ⟨fig⟩ *nichtöffentlich,
geheim* ‖ **–muscular** adj *(m/f) intramuskulär*
 intranqui|lidad f *Unruhe, Ruhelosigkeit* f ‖
–lizar [z/c] vt *beunruhigen* ‖ *aufregen* ‖ **–lo** adj
unruhig, aufgeregt, nervös ‖ *ängstlich, angstvoll,
besorgt*
 intranscenden|cia f *Unwichtigkeit* f ‖
Belanglosigkeit f ‖ ⟨Philos⟩ *Intranszendenz* f ‖ **–te**
adj *(m/f) unwichtig, belanglos*
 intransferi|bilidad f *Unübertragbarkeit* f ‖
–ble adj *(m/f) unübertragbar*
 intransigen|cia f *Unnachgiebigkeit* f ‖
Starrsinn m ‖ *Unversöhnlichkeit* f ‖
Unbewegbarkeit f ‖ *Unduldsamkeit* f ‖ **–te** adj/s
(m/f) unnachgiebig ‖ *unversöhnlich* ‖ *unduldsam*
 intransi|table adj *(m/f) unwegsam* ‖
unbefahrbar (Weg) ‖ *nicht begehbar* ‖ **–tivo** adj/s
⟨Gr⟩ *intransitiv, nichtzielend*
 intrans|misibilidad f *Unübertragbarkeit* f ‖
–misible adj *(m/f) unübertragbar* ‖ ⟨Gen⟩ *nicht
erblich* ‖ ~ por herencia ⟨Jur⟩ *unvererblich*
 intransparente adj *(m/f) undurchsichtig*
 intra|nuclear adj *(m/f)* ⟨Phys⟩ *intranuklear* ‖
–ocular adj *(m/f)* ⟨An⟩ *intra|okular, -okulär*
 intratable adj *(m/f) barsch, ungesellig* ‖
unzugänglich ‖ ⟨figf⟩ *ungenießbar*
 intra|telúrico adj ⟨Geol⟩ *intratellurisch* ‖
–uterino adj ⟨An⟩ *innerhalb der Gebärmutter
(gelegen), intrauterin* ‖ **–vaginal** adj *(m/f)* ⟨An⟩
innerhalb der Scheide (gelegen), intravaginal ‖
–venoso adj *intravenös*
 intrepidez *[pl ~ces]* f *Un|verzagtheit,
-erschrockenheit* f ‖ *Kühnheit, Verwegenheit* f,
Wagemut m
 intrépido adj *un|verzagt, -erschrocken* ‖ *kühn,
verwegen, wagemutig*
 intri|ga f *Intrige, Kabale* f, *Ränke* pl ‖
Kunstgriff, Kniff m ‖ *Verwicklung* f ‖ ⟨Th Lit⟩
Knoten m, *Verwicklung* f ‖ ~s fpl *Ränke* pl,
Machenschaften fpl ‖ **–gado** adj *eingenommen
(por für)* ‖ *voll Neugierde* ‖ *eifrig* ‖ *misstrauisch* ‖
–gante *(m/f)*, **–gador** adj *intrigierend* ‖ *ränkevoll*
‖ *spannend* ‖ ~ m/f *Intrigant(in* f), *Ränkeschmied*
m ‖ **–gar** [g/gu] vt *(jds) Aufmerksamkeit auf s.
ziehen, jds Neugier od Interesse erwecken* ‖
neugierig machen ‖ ~ vi *intrigieren, Ränke
schmieden* ‖ ◇ me intriga saber qué *(od* lo que)
… *ich möchte wirklich erfahren, was …*
 intrin|cado adj *ver|wickelt, -worren* ‖
unwegsam, dicht (Wald) ‖ ◆ en lo más ~ del
monte *im
tiefsten Dickicht* ‖ **–car** [c/qu] vt *ver|wirren,
-wickeln (& fig)*
 intríngulis m ⟨fam⟩ *geheime Absicht* f ‖ ⟨figf⟩
(des) Pudels Kern m ‖ *Wirrwarr* m, *Verwirrung* f
‖ *Schwierigkeit* f, ⟨fam⟩ *Haken* m ‖ ◇ éste es el
~ ⟨fam⟩ *da liegt der Hase im Pfeffer* ‖ *das ist de
Pudels Kern*

intrínseco adj *innerlich, inwendig, inner* ‖ *wesentlich*

intro|ducción f *Einführung* f, *Hineinbringen* n ‖ *Einfuhr* f ‖ *Eröffnung* f ‖ *Anfang, Eingang* m ‖ ⟨fig⟩ *Zutritt* m (a *zu*) ‖ ⟨fig⟩ *vertrauter Verkehr, Umgang* m *(mit)* ‖ *Aufkommen* n *(e–r Mode)* ‖ *Einleitung* f, *Vorwort* n *(e–s Buches)* ‖ ⟨Mus⟩ *Vorspiel* n, *Introduktion* f ‖ ⟨Tech⟩ *Zufuhr* f ‖ ⟨Tech⟩ *Hineinschieben* n, *Einführung* f ‖ ~ *de la demanda* ⟨Jur⟩ *Klageerhebung* f ‖ ~ *fraudulenta Schmuggel* m ‖ **–ducir** [-zc-, pret ~je] vt *hinein|bringen, -stecken, -tun* ‖ *einführen (Waren, Gewerbe, Mode)* ‖ *(bei jdm) einführen* ‖ ⟨Th⟩ *aufführen (Stück)* ‖ *(jdn) anleiten, (jdm) Anleitung geben* ‖ *einschalten* ‖ *einwerfen (ins Gespräch)* ‖ ⟨Jur⟩ *erheben (Klage)* ‖ *eröffnen, einleiten (Verfahren)* ‖ *einschleppen (Krankheit)* ‖ ⟨Lit⟩ *ein|schalten, -schieben* ‖ *säen (Zwietracht)* ‖ ⟨Tech⟩ *zuführen* ‖ ⟨Tech⟩ *ein|schieben, -stecken* ‖ ◇ ~ a alg. *jdn einführen (a bei)* ‖ ~ un artículo en el mercado *e–n Artikel auf den Markt bringen* ‖ ~ de contrabando, ~ clandestinamente *einschmuggeln (Ware)* ‖ ~ la discordia *Zwietracht stiften* ‖ ~ a golpes *einschlagen* ‖ ~ la llave en la cerradura *den Schlüssel in das Schloss hineinstecken* ‖ ~ una moneda *e–e Münze einwerfen* ‖ ~**se** *hinein|gehen, -kommen* ‖ *eindringen* ‖ *s. aufdrängen* ‖ *s. einschleichen* ‖ *s. einbürgern (Sitte, Tier-, Pflanzen|art)* ‖ *aufkommen (Mode)* ‖ *s. einmischen (in* acc*)* ‖ ◇ ~ con alg. *s. bei jdm Zutritt verschaffen* ‖ los ladrones se introdujeron en la casa *die Diebe drangen in das Haus ein* ‖ **–ductor** adj *ein|führend, -leitend* ‖ *Eingangs-* ‖ ~ m *Chef* m *des Protokolls*

introito m *Anfang, Eingang* m ‖ ⟨Kath⟩ *Introitus, Eingang* m *(der Messe)*

intromisión f *Einführung* f ‖ *Dazwischenkunft, Einmischung* f ‖ ~ en los asuntos internos ⟨bes. Pol⟩ *Einmischung* f *in die inneren Angelegenheiten*

introspec|ción f ⟨Psychol⟩ *Introspektion, Innenschau, Selbstbeobachtung* f ‖ ⟨fig⟩ *Selbstprüfung* f ‖ **–tivo** adj *introspektiv*

introver|sión f ⟨Psychol⟩ *Introversion* f ‖ **–tido** adj *introvertiert* ‖ ~ m *Introvertierte(r)* m

intru|sión f *(unberechtigtes) Eindringen* n (z. B. *in ein Amt)* ‖ *unberufener Eingriff* (en *in* acc*)* ‖ ⟨Geol⟩ *Intrusion* f ‖ **–sismo** m *unerlaubte Ausübung* f *e–s (freien) Berufes* ‖ *Amtsanmaßung* f ‖ ⟨Med⟩ *Kurpfuscherei* f (→ *curanderismo*) ‖ **–so** adj *unqualifiziert* ‖ *ohne Berechtigung eingedrungen* ‖ ~ m *Eindringling* m ‖ *ungebetener Gast* m ‖ ~ *informático* ⟨Inform⟩ *Hacker* m

ints. y dtos. ⟨Abk⟩ = **intereses y descuentos**

intubación f ⟨Med⟩ *Intubation* f

intuición f *Intuition, unmittelbare Erkenntnis* f ‖ *Einfühlungsvermögen* n ‖ *Anschauung* f ‖ ⟨Theol⟩ *Anschauung* f *Gottes* ‖ ⟨fig⟩ *(Vor)Ahnung* f ‖ ◆ por ~ *anschaulich, direkt*

intuir [-uy-] vt *(unmittelbar) erkennen* od *erfassen* ‖ ◇ ~ algo ⟨fig⟩ *et. ahnen*

intui|tivo adj *an|schauend, -schaulich* ‖ *intuitiv* ‖ **–to** m *Blick* m, *Ansicht* f

intumescen|cia f *Schwellung, Intumeszenz* f, *Anschwellen* n ‖ **–te** adj *(m/f) (an)schwellend*

intususcepción f ⟨Bot Med⟩ *Intususzeption* f

inuit m [Eskimo] *Inuit* m

ínula f ⟨Bot⟩ *Alant* m (Inula helenium) ‖ *Dürrwurz* f (I. conyza)

inulina f ⟨Pharm⟩ *Inulin* n

inulto adj *ungerächt* ‖ *ungestraft*

inunción f ⟨Med⟩ *Ein|reibung, -salbung, -nunktion* f

inun|dación f *Über|schwemmung, -flutung* f, *Hochwasser* n ‖ ⟨Bgb⟩ *Absaufen* n *(e–r Grube)* ‖ ⟨fig⟩ *Unmenge* f ‖ ~ del mercado con *od* por un artículo *Marktschwemme* f ‖ una ~ de turistas *ein gewaltiger Touristenstrom* m ‖ **–dar** vt *über|schwemmen, -fluten* (& fig) ‖ ⟨fig⟩ *s. ergießen (algo über, in et.* acc*) (Menschenmenge)* ‖ ~ de claridad ⟨poet⟩ *hell bescheinen (Mond, Sonne)* ‖ ~ el mercado de mercancías *den Markt mit Waren überschwemmen* ‖ estar –dado *unter Wasser stehen*

inurba|nidad f *Unhöflichkeit* f ‖ **–no** adj *unhöflich, -artig*

inu|s(it)ado, –sual adj *(m/f) ungewöhnlich* ‖ *ungewohnt* ‖ *ungebräuchlich* ‖ *außerordentlich*

inútil adj *(m/f) unnütz, nutzlos* ‖ *vergeblich, zwecklos* ‖ *unbrauchbar, wertlos* ‖ *unfähig* ‖ ⟨Mil⟩ *untauglich* ‖ ~ *para el servicio dienstuntauglich* ‖ ◇ todo es ~ *alles ist umsonst, vergeblich* ‖ *hacer esfuerzos* ~es *s. vergebens bemühen* ‖ ~ m *Nichtsnutz* m ‖ *Taugenichts* m

inutili|dad f *Nutzlosigkeit* f ‖ *Zwecklosigkeit* f ‖ *Ergebnislosigkeit* f ‖ *Vergeblichkeit* f ‖ *Unbrauchbarkeit* f ‖ ⟨Mil⟩ *Untauglichkeit* f ‖ **–zable** adj *(m/f) unbrauchbar* ‖ *wertlos, unnütz* ‖ **–zación** f *Unbrauchbarmachung* f ‖ *Entwertung* f ‖ ⟨fig⟩ *Vernichtung* f ‖ **–zar** [z/c] vt *unbrauchbar machen* ‖ *wertlos machen* ‖ *entwerten (Wertzeichen)* ‖ ⟨fig⟩ *vernichten, zerstören* ‖ ◇ ~ el sello *die Briefmarke entwerten*

inútilmente adv *unnützerweise* ‖ *vergebens, umsonst*

invadeable adj *(m/f) nicht passierbar (Fluss)*

invadir vt *(feindlich) überfallen* ‖ *(Feind) ein|fallen, -brechen, -dringen (algo in et.* acc*)* ‖ *(feindlich) einmarschieren* ‖ ⟨fig⟩ *überfluten, anfüllen* ‖ ⟨fig⟩ *beherrschen, einnehmen* ‖ *erfassen (Feuer)* ‖ *heimsuchen (Seuche, Plage)* ‖ *befallen (Krankheit, Schmarotzer, Schwermut)* ‖ ◇ el agua invadió la bodega *das Wasser drang in den Keller ein* ‖ el público invadió la plaza *die Leute überfluteten den Platz* ‖ ~ el dominio privado *in den privaten Bereich* (od *in die Privatsphäre) eindringen*

invagi|nación f ⟨Med⟩ *Einstülpung, Invagination* f ‖ **–nar** vt *einstülpen*

invali|dación f *Ungültigmachung* f ‖ *Rückgängigmachung* f ‖ *Nichtigkeitserklärung* f (→ auch *anulación*) ‖ **–dar** vt *entkräften, ungültig machen* ‖ *für ungültig erklären* ‖ *(ein Geschäft) rückgängig machen* ‖ **–dez** [pl ~ces] f *Ungültigkeit* f ‖ *Dienstuntauglichkeit* f ‖ *Arbeits-, Erwerbs|unfähigkeit* f ‖ *Invalidität* f ‖ ~ física *körperliche Untauglichkeit* f

inválido adj *kraftlos, schwächlich* ‖ *arbeits-, dienst|unfähig* ‖ *invalide* ‖ ⟨fig⟩ *geistig unvermögend* ‖ *ungültig* (& Jur) ‖ ◇ declarar la elección ~a *die Wahl für ungültig erklären* ‖ ~ m *Invalide* m ‖ ~ de guerra *Kriegsversehrte(r)* m ‖ los ~s del trabajo *die Arbeitsunfähigen* mpl

inva|lor m *Unwert* m *(Nietzsche)* ‖ **–lorable, –luable** adj *(m/f) un(ein)schätzbar*

invar m ⟨Met⟩ *Invar* n

invaria|bilidad f *Unveränderlichkeit* f ‖ **–ble** adj *(m/f) unveränderlich* (& Gr), *unwandelbar* ‖ *beständig, fest* ‖ ⟨Wir⟩ *krisenfest* ‖ **–nte** m ⟨Math⟩ *Invariante* f

inva|sión f *(Feindes)Einfall, Einmarsch* m, *Invasion* f ‖ *Ausbruch m (Seuche)* ‖ *plötzliches Auftreten* n *(e–r Krankheit)* ‖ ⟨fig⟩ *schnelle Verbreitung* f ‖ ~ de los bárbaros ⟨Hist⟩ *Völkerwanderung* f ‖ ~ de langostas *Heuschrecken|einfall* m, *-plage* f ‖ ~ de un mercado *Einbruch* m *(in e–n Markt)* ‖ ◇ hacer ~ en ⟨Mil⟩ *einbrechen in* (acc) ‖ **–sivo** adj *invasiv* ‖ **–sor** m/adj *einfallender Feind* m ‖ *Eindringling* m ‖ *Invasor* m

invectiva f *Schmährede, Invektive* f ‖ *Schmähschrift* f ‖ *Beleidigung* f ‖ *Schmähung* f ‖ *grober Ausfall* m ‖ ◇ proferir ~s contra alg. *s. gegen jdn in Schmähungen ergehen* ‖ **–mente** adv *mit Schimpfwörtern*

invenci|bilidad f *Unbesiegbarkeit* f ‖ **–ble** adj *(m/f) un|besiegbar, -überwindlich* ‖ *siegreich*

invención f *Erfindung* f (& fig und pej) ‖ ⟨pej⟩ *(reine) Fantasie, Lüge* f ‖ ⟨fig⟩ *Erdichtung* f (& pej) ‖ *Ausfindigmachen* n ‖ *Erfindungs|kraft, -gabe* f, *-geist* m ‖ la ~ de la Santa Cruz ⟨Kath⟩ *die Kreuzesauffindung* f *(Fest)* ‖ pobre de ~ *erfindungsarm (Künstler)*

invendi|ble adj *(m/f) unverkäuflich* ‖ (artículos) ~s *un|verkäufliche, -absetzbare Waren* fpl ‖ *Remittenden* fpl ‖ ⟨fam⟩ *Ladenhüter* mpl ‖ ◇ ser ~ *unverkäuflich sein* ‖ resultar ~ *s. als unverkäuflich erweisen* ‖ **–do** adj *unverkauft*

inventar vt *erfinden* ‖ *ersinnen, ausdenken* ‖ *erdenken (e–e Lüge)* ‖ ~**se** ⟨fam⟩: ◇ ~ algo *et. erfinden,* ⟨fam⟩ *et. aushecken* ‖ *s. et. zusammendichten*

inventa|riar [pres ~ío] vt/i *ins Inventar aufnehmen* ‖ Am *(genau) untersuchen* ‖ *Inventur machen* ‖ **–rio** m *Inventar, Bestandsverzeichnis* n ‖ *Bestandsaufnahme, Inventur* f ‖ *Vermögens- bzw Nachlass|verzeichnis* n ‖ ♦ a beneficio de ~ ⟨Jur⟩ *unter Inventarerrichtung* (aceptar *annehmen*) ‖ ◇ establecer *od* hacer *od* levantar el ~ *Inventur machen, den Lagerbestand aufnehmen*

inven|tiva f *Erfindungs|gabe, -kraft* f ‖ **–tivo** adj *erfinderisch* ‖ **–to** m *Erfindung* f ‖ *Erdichtung* f ‖ *Entdeckung* f ‖ **–tor** adj *Erfinder-* ‖ *Entdeckungs-* ‖ ~ m *Erfinder* m ‖ ⟨fam⟩ *Aufschneider, Lügner* m

inverecun|dia f *(bes. lit) Schamlosigkeit* f ‖ *Frechheit, Unverschämtheit* f ‖ **–do** adj *schamlos* ‖ *frech, unverschämt*

inverisímil adj → **inverosímil**

inver|na f Pe → **invernada** ‖ **–nación** f ⟨barb⟩ → **hibernación**

inver|náculo m *Treib-, Glas-, Gewächs|haus* n ‖ **–nada** f *Winter(s)zeit* f ‖ *Überwintern* n *(Boote)* ‖ Ven → **aguacero** ‖ Am *Winterweide* f ‖ *(Zeit* f *der) Wintermast* f ‖ **–nadero** m *Winteraufenthalt* m ‖ *Winterweide* f ‖ *Winterquartier* n ‖ *Treib-, Glas-, Gewächs|haus* n ‖ **–naje** m *Überwinterung* f *(Yacht usw.)* ‖ **–nal** adj *(m/f) winterlich, Winter-* ‖ ~ m *Winterstall* m ‖ *Winterkurort* m ‖ **–nante** m/adj ⟨allg⟩ *Wintergast* (& V) ‖ **–nar** [-ie-] vi *überwintern* (en *in* dat) ‖ *Winterschlaf halten (Tier)* ‖ ~ v. impers *Winter(zeit) sein* ‖ **–nil** m Ar *Viehpacht* f *(gegen Bezahlung durch den Eigentümer)* ‖ **–nizo** adj *winterlich* ‖ *im Winter geboren* ‖ *Winter-*

invero|símil adj *(m/f) unwahrscheinlich* ‖ *unglaubwürdig* ‖ **–similitud** f *Unwahrscheinlichkeit* f ‖ *Unglaubwürdigkeit* f

inversamente adv *umgekehrt* (& Math) ‖ *dagegen, hinwieder(um)*

¹inversión f *Um|kehrung, -stellung* f ‖ *Vertauschung* f *(von Begriffen)* ‖ *Verdrehung* f ‖ ⟨Med⟩ *Um|kehrung, -stülpung* f ‖ ⟨Med Gr Chem Math Mus⟩ *Inversion* f ‖ ⟨El⟩ *Umschaltung* f ‖ ⟨fig⟩ *(Zeit)Aufwand* m ‖ ~ de imagen ⟨Opt Fot⟩ *Bildumkehr* f ‖ ~ de marcha ⟨Tech⟩ *Bewegungsumkehr, Gangumkehr* f ‖ *Umsteuerung* f ‖ *Fahrtwendung* f ‖ ~ sexual *Homosexualität* f

²inver|sión f ⟨Com⟩ *Investition, Geldanlage* f ‖ ~ de capital, ~ de fondos *Kapitalanlage* f ‖

–sionista adj *(m/f) Investitions-* ‖ ~ m/f *Investor(in* f) m

inverso adj *umgekehrt* ‖ *verkehrt* ‖ ♦ a *od* por la ~a *umgekehrt, im Gegenteil*

inversor m *Investor* m

invertebrado adj/s *wirbellos* ‖ ⟨fig⟩ *ohne Rückgrat* ‖ ~s mpl ⟨Zool⟩ *wirbellose Tiere* npl, *Wirbellose* pl, *Ever-, Inver|tebraten* mpl *(Evertebrata)*

invertido adj *verkehrt, umgekehrt, auf dem Kopfe stehend* ‖ *angelegt (Kapital)* ‖ *homosexuell, gleichgeschlechtlich empfindend* ‖ ~ m *Homosexuelle(r)* m

¹invertir vt [ie/i] *um|drehen, -stürzen* ‖ *ver|setzen, -stellen* ‖ *umstürzen* ‖ ⟨El⟩ *umschalten*

²invertir vt [ie/i] *investieren, (Geld) anlegen* ‖ ⟨fig⟩ *(Zeit) aufwenden* (en *für*) ‖ ◇ ~ millones en una empresa *Millionen in e–m Unternehmen anlegen* ‖ invirtieron en el recorrido media hora *sie legten die Strecke in e–r halben Stunde zurück*

investidura f *Belehnung, Investitur* f ‖ *Einsetzung* f *(in ein Amt)* ‖ ⟨Rel Pol⟩ *Investitur* f

investi|gación f *(Er)Forschung* f ‖ *Nachforschung* f ‖ *Ermittlung* f ‖ *Untersuchung* f ‖ ~ científica *wissenschaftliche Forschung* f ‖ ~ criminal *gerichtliche Untersuchung* f ‖ ~ más Desarrollo Span ⟨Wirtsch⟩ *Forschung und Entwicklung* f ‖ ~ genealógica *Ahnenforschung* f ‖ ~ de los medios *Mediaforschung* f ‖ ~ nuclear *Atom-, Kern|forschung* f ‖ ~ operacional *Unternehmensforschung,* ⟨engl⟩ *Operations-Research* f ‖ ~ de la paternidad *Vaterschaftsbestimmung* f ‖ ~ de la paz *Friedensforschung* f ‖ ~ racial *Rassenforschung* f ‖ **–gador** adj *forschend* ‖ *Forscher-* ‖ *Forschungs-* ‖ ~ m *(Er)Forscher, Nachforscher* m ‖ ~ científico *Wissenschaftler* m ‖ **–gar** [g/gu] vt *erforschen* ‖ *untersuchen, prüfen* ‖ ~ vi *forschen, Forschung(en) treiben*

investir [-i-] vt *belehnen* (de *mit*) ‖ ◇ ~ de poder *mit Vollmacht ausstatten* ‖ ~ a alg. de *od* con una dignidad *jdn mit e–r Würde bekleiden*

invete|rado adj *eingewurzelt* ‖ *eingefleischt* ‖ *chronisch, hartnäckig (Leiden)* ‖ *notorisch, Gewohnheits- (Trinker, Rauschgiftsüchtiger, Verbrecher)* ‖ adv: **–amente** ‖ **–rarse** vr *zur festen Gewohnheit werden*

invicto adj *un|besiegt, -überwunden, siegreich*

inviden|cia f *Blindheit* f ‖ ⟨fig⟩ *geistige Blindheit* f ‖ **–te** adj *(m/f) (geistig) blind* ‖ ~ m/f *Blinde(r* m) f m ‖ ⟨fig⟩ *mit geistiger Blindheit Geschlagene(r* m) f

invierno m *Winter* m ‖ *Winter(s)zeit* f ‖ Am *Regen|zeit* f, *-winter* m ‖ Ven *Regenguss* m (→ **aguacero**) ‖ ~ tardío *Nachwinter* m ‖ ◇ contar 70 ~s ⟨fig⟩ *70 Jahre alt sein*

inviola|bilidad f *Un|verletzbarkeit, -antastbarkeit* f ‖ ~ de la correspondencia *Unverletzlichkeit* f *des Briefgeheimnisses* ‖ ~ parlamentaria ⟨Pol⟩ *Immunität* f ‖ **–ble** adj *(m/f) un|verletzlich, -antastbar* ‖ ⟨Pol⟩ *immun* ‖ *unverbrüchlich (Eid)* ‖ **–do** adj *(fig) unverletzt* ‖ *unversehrt* ‖ *unbezwungen (Berggipfel)*

invisi|bilidad f *Unsichtbarkeit* f ‖ **–ble** adj *(m/f) unsichtbar* ‖ *geheim, verborgen* ‖ ⟨fig⟩ *nie anzutreffen(de Person)* ‖ ~ m Arg *Haarspange* f ‖ Mex *Haube* f *(für das Haar)*

invi|tación f *Einladung* f ‖ *Einladungsschreiben* n ‖ *Aufforderung* f ‖ ⟨fig⟩ *Veranlassung, Aufmunterung* f ‖ ~ al pago *Zahlungsaufforderung* f ‖ ~ al Vals *Aufforderung* f *zum Tanz (von Carl Maria von Weber)* ‖ ◇ recibir una ~ *eingeladen werden* (para *zu*) ‖ **–tado** m/adj *Eingeladene(r), Gast* m ‖ ◇ estar ~ *eingeladen sein* ‖ **–tador, –tante** adj *(m/f)*

einladend ‖ ~ *m* Gastgeber m ‖ **–tar** vt *einladen*
(a, para *zu* dat *od* inf) ‖ *auffordern* (a & inf, *zu* &
inf) ‖ *aufmuntern, veranlassen* ‖ ◇ ~ a comer
zum Essen einladen ‖ lo invitó a que callara *er
gebot ihm Schweigen* ‖ **–tatorio** *m* ⟨Kath⟩
Invitatorium n *(Antiphon zur Matutin)*
  in vitro ⟨lat⟩ ⟨Med⟩ *in vitro*
  invivible adj *unbewohnbar, zum Wohnen
ungeeignet*
  in vivo ⟨lat⟩ ⟨Med⟩ *in vivo*
  invo|cación *f* An|*rufung, -flehung* f *(um
Beistand)* ‖ *flehentliche Bitte* f ‖ *Invokation* f ‖
–car [c/qu] vt an|*rufen, -flehen* ‖ *(flehentlich)
bitten* ‖ ⟨Jur⟩ *s. berufen auf* (acc), *s. beziehen auf*
(acc) ‖ *an*f*ühren (Bestimmung)* ‖ *geltend machen,
vorbringen* ‖ ◇ ~ el auxilio *um Hilfe rufen* ‖ ~
la indulgencia *um Nachsicht bitten* ‖ ~ la ley *s.
auf das Gesetz berufen* ‖ ~ a los Santos *die
Heiligen anrufen* ‖ **–catorio** adj *Anrufungs-*
  involución *f* ⟨Math Philos Biol⟩ *Involution* f ‖
⟨Biol⟩ *Rückbildung* f ‖ ⟨Bot⟩ *Einrollen* n
  involu|crado adj *von Hüllblättern umgeben* ‖
–crar vt *vermengen* ‖ *(ins Gespräch od in die
Rede) einflechten* ‖ **–cro** *m* ⟨Bot⟩ *Involukrum* n,
Hüllkelch m
  involunta|riedad *f Unfreiwilligkeit* f ‖
fehlender Wille m ‖ **–rio** adj *unfreiwillig* ‖
unwillkürlich ‖ *unabsichtlich, nicht willentlich,
unbeabsichtigt* ‖ adv: ~**amente**
  invulnera|bilidad *f Unverwundbarkeit* f ‖
Unverletzlichkeit f ‖ **–ble** adj *(m/f) unverwundbar*
‖ ⟨fig⟩ *unverletzlich* ‖ ⟨fig⟩ *gefeit* (a *gegen*) ‖ ⟨fig⟩
einbruch(s)sicher (Geldkasse)
  inyec|ción *f* ⟨Med Tech⟩ *Einspritzung,
Injektion* f ‖ ⟨Med⟩ *Spritze* f ‖ ~ *hipodérmica* →
~ *subcutánea* ‖ ~ *intraarterial intraarterielle
Injektion* f ‖ ~ *intramuscular intramuskuläre
Injektion* f ‖ ~ *intravenosa intravenöse Injektion* f
‖ ~ *subcutánea subkutane Injektion* f ‖ ◇ poner
una ~ *e–e Spritze geben* ‖ **–table** adj *(m/f)* ⟨Med⟩
injizierbar ‖ ~ *m Ampulle* f ‖ *Injektionsmittel* n ‖
–tado adj *blutunterlaufen (Auge)* ‖ **–tar** vt
einspritzen, injizieren ‖ *einspritzen (Zement,
Kraftstoff usw.)* ‖ ◇ los ojos se le inyectaron de
rabia *s–e Augen röteten s. vor Wut* ‖ **–tor** *m*
⟨Motor⟩ *(Ein)Spritzdüse, Düse* f ‖ *Injektor* m,
Dampfstrahlpumpe f
  inozobrable adj *(m/f)* ⟨Mar⟩ *nichtkenternd*
  Iñi|go *m* ↑p *Ignaz* m ‖ **–guista** *m/*adj *Jesuit* m ‖
  iodo *m* → **yodo**
  ion, ión *m* ⟨Phys⟩ *Ion* n ‖ ~ anfótero, ~
híbrido Zwitterion n
  iónico adj → **jónico**
  ioniza|ción *f* ⟨Phys⟩ *Ioni|sierung, -sation* f ‖
–dor *m Ionisator* m ‖ **–r** [z/c] vt *ionisieren*
  ionosfera *f* ⟨Meteor⟩ *Ionosphäre* f
  iota *f griech. i (I), Jota* n
  iota|ción *f* ⟨Gr⟩ *Jotation* f ‖ **–cismo** *m
Jotazismus* m
  I. P. ⟨Abk⟩ = **Indulgencia plenaria**
  i. p. c. ⟨Abk⟩ = **ignórase peso y contenido**
  ipecacuana *f* ⟨Bot⟩ *Ipekakuanha,
Brechwurz(el)* f (Cephaelis ipecacuanha)
  iperita *f* ⟨Chem Mil⟩ *Senfgas* n
  ípsilon *m griech. ν (Y), Ypsilon* n
  ipso: ~ facto ⟨lat⟩ *somit* ‖ *sogleich,
unverzüglich* ‖ ~-**jure** ⟨lat⟩ *von Rechts wegen*
  ¹ir [pres voy, vas etc. subj vaya, imperf iba,
pret fui, pp ido, ger yendo, imp ve, *vé]
   A) vi/t *hin* bzw *her gehen* ‖ *s. (wohin) begeben
(reiten, fahren, reisen usw.)* ‖ *kommen* ‖ ⟨Mil⟩
marschieren ‖ *(mit)folgen* ‖ *gehen, führen (Weg)* ‖
. (einem, s. ausdehnen (z. B. Gebirge) ‖ *ziehen
(Wolken, Vögel)* ‖ *zum Vorschein kommen* ‖ *sein,
bestehen, s. befinden* ‖ *handeln, vorgehen* ‖

stehen, passen (Farbe, Kleid) ‖ *auf dem Spiel
stehen, gelten (& fig)* ‖ *abhängen* (en *von*) ‖ ~
bien (de salud) s. wohl befinden ‖ el vestido le va
bien (mal) *das Kleid steht Ihnen gut (schlecht)* ‖
~ *fuera de camino* ⟨figf⟩ *irrereden* ‖ ~
descaminado ⟨fig⟩ *nicht Bescheid wissen* ‖ ~
(muy) lejos ⟨fig⟩ *zu weit gehen, s. übereifern* ‖ ~
mal *s. schlecht befinden, krank sein* ‖ va de mal
en peor *es geht ihm (ihr) immer schlechter* ‖ ~ y
venir *kommen und gehen* ‖ *hin und her gehen
(ohne Ziel)* ‖ *hin- und her*|*gehen (hin und zurück)*
‖ *auf und ab gehen* ‖ *herumspazieren* ‖ ni va ni
viene ⟨figf⟩ *er (sie, es) weiß nicht, wozu er (sie,
es) s. entschließen soll* ‖ ¡eso ni te va ni te viene!
⟨fam⟩ *das geht dich nichts an!* ‖ yendo y viniendo
en el corredor *auf dem Gang hin und her gehend,
spazierend* ‖ sin –le ni venirle ⟨figf⟩ *ohne dass
ihm (ihr) et. daran gelegen sei* ‖ tanto se le da
por lo que va como por lo que viene ⟨fam⟩ *es ist
ihm (ihr) alles einerlei, alles gleich* ‖ 7 de 5 no
va 7 *von 5 geht nicht* ‖ de 5 a 7 van 2 *von* 7
bleiben 2 (beim Abziehen) ‖ va mucho de uno a
otro *es ist ein großer (himmelweiter) Unterschied
zwischen den beiden* ‖ ¡lo que va de ayer a hoy!
⟨fig⟩ *wie s. die Zeiten ändern!* ‖ lo que va del
cielo a la tierra ⟨fig⟩ *ein himmelweiter
Unterschied* m ‖ esta alameda va hasta la
encrucijada *diese Baumallee zieht s. bis zur
Kreuzung hin* ‖ ¡van cien euros a que tú no lo
sabes! *ich wette hundert Euro, dass du es nicht
weißt!*
   a) a in Ausrufungen und fragenden
Redensarten: **voy:** ¡voy! *ich spiele mit (im
Kartenspiel)* ‖ ¡(allá) voy! *jawohl, ich komme
schon!* (Antwort des Kellners, den man
herbeiruft) ‖ **va:** ¿cómo le va? *wie geht es dir
bzw Ihnen?* ¡cómo le va! Am *was Sie (nicht)
sagen! das ist gelungen! (Überraschung,
Bewunderung, Freude usw.)* ‖ ¿cuánto va? *was
gilt die Wette?* ‖ ¿quién va (allá)? *wer da? wer ist
da? was gibt's?* ‖ allá va (eso)! ⟨fam⟩ *da haben
Sie es!* ‖ ⟨fam⟩ *Achtung! Vorsicht!* ‖ ¡ahora va de
veras! *jetzt wird die Sache ernst!* ‖ ¡jetzt spreche
ich im Ernst!* ‖ va que chuta *das klappt tadellos,
das haut (schwer) hin* ‖ ¡qué va! *ach was! ach
wo! wo (denn)!* ‖ ¡así va el mundo! ⟨fam⟩ *so geht's
in der Welt!* ‖ **vamos:** ¡vamos! *auf! na! vorwärts!
los! gehen wir! wir gehen!* ‖ *so! jetzt verstehe
ich!* ‖ *das ist gelungen!* ‖ *das glaube ich!* ‖ *gehen
Sie!* ‖ *das ist doch unmöglich!* ‖ *genug (schon)!*
halt! ‖ *das freut mich!* ‖ ¿cómo vamos? *wie geht
es dir bzw Ihnen?* ‖ ¡vamos con calma! *immer mit
der Ruhe! nur k–e Aufregung!* ¡vamos claros!
⟨fam⟩ *reden wir klar!* ‖ ¡vamos despacio! *nur
langsam! nicht so hastig! k–e Übereilung!* ‖
¡vamos por partes! *nur (mal) langsam! immer mit
der Ruhe! eins nach dem anderen! erst das eine,
dann das andere!* ‖ ... pero vamos, no está mal ...
aber trotz alledem ist es annehmbar ‖ vamos, no
sé explicármelo *ich kann es mir tatsächlich nicht
erklären* ‖ con este traje estás ... ¡vamos! ⟨fam⟩
dieses Kleid steht dir fabelhaft! ‖ **vaya:** ¡vaya!
wohlan! ‖ *meinetwegen, jawohl, es ist recht, es ist
mir recht!* ‖ *ach was! bah!* ‖ *natürlich! das glaube
ich! jawohl!* ‖ *ei! nanu! das würde noch fehlen!*
(Verdruss od Unwillen ausdrückend) ‖ ¡vaya por
Dios! *um Gotteswillen!* ‖ ¡vaya si lo sabe! *der
(die) muss es wissen! und ob der (die) es weiß!* ‖
es demasiado ¡vaya! *das ist wahrhaftig zu viel!* ‖
¡vaya un poco de vino! *da haben Sie ein
Gläschen Wein!* ‖ ¡vaya que sí! *natürlich! das
glaube ich wohl! und ob!* ‖ ¡vaya una sorpresa!
⟨fam⟩ *das ist ja e–e schöne Überraschung!* ‖
¡vayamos! *frisch! frischauf!*
   b) & Gerundium: *andauerndes*

Fortschreiten, durative Bedeutung od *(langsamer)*
Anfang der Handlung, oft auch als Ersatz des
Präsens: voy comprendiendo *ich komme schon*
(od *allmählich*) *dahinter* ‖ mañana lo iré
estudiando *morgen werde ich es in aller Ruhe*
studieren, durchnehmen ‖ cuanto más voy
estudiándolo *je länger ich es studiere* ‖ ~
zumbando ⟨fam⟩ *dahinsausen* ‖ eso va siendo
difícil *das wird schwer* ‖ va siendo la hora *es ist*
bald Zeit! ‖ los precios van bajando *die Preise*
sind im Sinken begriffen ‖ ¡ve diciéndolo todo!
sage alles freiheraus!

c) & pp: p a s s i v e Bedeutung *(Abschluss*
e–s passiven Vorgangs, oft statt estar): ir montado
reiten ‖ ~ perdido ⟨fam⟩ *den Kürzeren ziehen* ‖
todo va vendido ya *alles ist schon verkauft,*
abgesetzt ‖ iba vestido de negro *er war schwarz*
angezogen ‖ (ese tío) está ido ⟨figf⟩ *der (Kerl) hat*
nicht alle Tassen im Schrank! ‖ allí va apuntado
todo *darin ist alles verzeichnet!* ‖ ¡van apostados
cien euros! *die Wette gilt: 100 Euro (ist der*
Einsatz)! ‖ van pasados más de tres años *es ist*
über drei Jahre her

B) in Verb. mit P r ä p o s i t i o n e n :
1. in V e r b . mit **a** + inf:
a) hingehen, um et. zu tun: ~ a buscar a alg.
jdn abholen ‖ ~ a dormir (od descansar) *zu Bett*
gehen ‖ ~ a recibir a alg. *jdm entgegengehen* ‖ ~
a ver a alg. *jdn be-, auf|suchen* ‖ fue a verme ayer
er (sie, es) besuchte mich gestern ‖ al ~ a pagar
beim Zahlen

b) A b s i c h t , unmittelbares B e v o r s t e h e n ,
E n t s c h l u s s , W i l l e , Z i e l : *ich will, ich*
möchte, ich bin daran, … ‖ ~ a hacer algo *im*
Begriff sein; s. anschicken, et. zu tun ‖ voy a
hacerlo *ich will es sogleich tun* ‖ iba a hacerlo *ich*
war im Begriff, es zu tun ‖ voy a pedírselo *ich*
will ihn (sie) darum ersuchen ‖ es lo que iba a
decir *das wollte ich eben sagen* ‖ ibas a creerlo
du hättest es beinahe schon geglaubt ‖ vamos a
ver si nos quedamos *(wir wollen) mal sehen, ob*
wir hier bleiben ‖ ¿quién lo iba a suponer? *wer*
hätte das geglaubt? ‖ ¡vaya Vd. a saber! ⟨fam⟩
das ist schwer zu sagen! ‖ *das lässt s. nicht*
behaupten! ‖ ¡no vayas a perderlo! *verliere es*
nicht! ‖ *du könntest es leicht verlieren!* ‖ ¡no vaya
Vd. a creer que no lo hago! *glauben Sie ja nicht,*
dass ich es nicht tue! ‖ ¡no le vayas a decir nada
a nadie! *sage (nur) niemandem etwas!*

c) E r s a t z d e s F u t u r s : ~ a partir
mañana *ich reise morgen ab* ‖ tu ligereza va a
perderte *dein Leichtsinn wird dich zugrunde (&*
zu Grunde) richten ‖ el tren va a pasar el puente
der Zug wird gerade über die Brücke fahren ‖
¡vas a caer! *du wirst hinfallen!*

d) in s o n s t i g e n Verb. *mit* **a:** ~ a los
alcances de alg. *jdm auf dem Fuß (nach)folgen* ‖
voy a Berlín *ich gehe bzw fahre nach Berlin* ‖ ~
a caballo *reiten* ‖ ~ a la cama *zu* od *ins Bett*
gehen ‖ el camino va a la ciudad *der Weg führt in*
die Stadt ‖ voy a casa *ich gehe nach Hause* ‖ fui a
su casa *ich war bei ihm (ihr)* ‖ ~ a casa del *od*
⟨fam⟩ al sastre *zum Schneider gehen* ‖ ~ a la
ciudad *in die Stadt gehen* ‖ ~ al colegio *in die*
Schule gehen ‖ *die Schule besuchen* ‖ ~ al
encuentro de alg. *jdm entgegengehen* ‖ ¡a eso
voy! *darum handelt es s. gerade! gerade das*
meine ich! darauf wollte ich gerade zu sprechen
kommen! ‖ ~ a España *nach Spanien gehen (bzw*
reisen od *fahren* od *fliegen)* ‖ ~ a pie *zu Fuß*
gehen ‖ ~ a pique *untergehen, sinken (Schiff)* ‖ ~
a una *dasselbe Ziel verfolgen* ‖ *damit*
einverstanden sein

2. in V e r b . mit **con:** ~ con alg. *jdn*
begleiten, mit jdm (mit)gehen ‖ ⟨fig⟩ es mit jdm

halten ‖ voy contigo *ich gehe mit (dir mit)* ‖ ~
con tiento *vorsichtig handeln, auf der Hut sein* ‖
eso no va conmigo *das geht mich nichts an*

3. in V e r b . mit **de:** ~ de excursión *e–n*
Ausflug (od *e–e Landpartie) machen* ‖ ~ de
intérprete *als Dolmetscher beiwohnen,*
herangezogen werden ‖ ~ de luto *Trauer tragen* ‖
~ de putas ⟨vulg⟩ *ins Bordell gehen* ‖ ¿de qué
va? *worum geht es?* ‖ ~ de tiendas *e–en*
Einkaufsbummel od *Shopping machen* ‖ ~ de
viaje *verreisen*

4. in V e r b . mit **en:** ~ en coche, ~ en
carruaje *(mit dem Wagen) fahren* ‖ ~ en avión
fliegen (Flieger) ‖ ~ en barco *mit dem Schiff*
fahren ‖ ~ en bicicleta *Rad fahren* ‖ ~ en coche
(mit dem Wagen) fahren ‖ ~ en contra *s.*
widersetzen ‖ ~ en ferrocarril *mit der Eisenbahn*
fahren ‖ en eso va mi vida *davon hängt mein*
Leben ab ‖ esto va en serio *das ist kein Scherz,*
das ist ernst gemeint ‖ *jetzt wird es ernst!,* ⟨fam⟩
jetzt kommt es dick! ‖ va mucho en eso *es kommt*
viel darauf an ‖ en eso ni te va ni te viene ⟨fam⟩
das geht dich nichts an! ‖ el año en que vamos
das laufende Jahr ‖ los números van en cada
pieza *jedes Stück ist mit e–r Nummer versehen*

5. in V e r b . mit **hacia:** ~ hacia casa *nach*
Hause gehen ‖ voy hacia el mar *ich gehe in*
Meeresrichtung

6. in V e r b . mit **para:** voy para viejo *ich*
werde alt ‖ va para tres meses que no lo he visto
es sind fast 3 Monate her, dass ich ihn nicht
gesehen habe ‖ eso va para largo *das wird noch*
lange dauern

7. in V e r b . mit **por:** ~ por algo *nach et.*
gehen, s. nach et. richten ‖ *et. (auf)suchen, holen*
‖ *auf et. hinarbeiten* ‖ ~ por (fam a por) agua,
leña, pan *Wasser, Holz, Brot holen* ‖ este verbo va
por … *dieses Zeitwort wird nach … konjugiert* ‖
eso va por su cuenta *das geht auf Ihre Rechnung* ‖
¡va por la salud de Vd.! *auf Ihre Gesundheit!* ‖
¡va por Vd.! ⟨fam⟩ *das ist auf Sie gemünzt! das*
geht auf Sie! ‖ ¿por dónde vas? – voy por la
página 50 *wie weit (auf welcher Seite) bist du? –*
ich bin auf Seite 50

8. in V e r b . mit **sobre** *od* **tras:** ~ sobre
huella *auf der Spur sein (& fig)* ‖ ~ sobre seguro
volle Sicherheit haben ‖ ~ sobre (od tras) algo
e–r Sache nachgehen, et. nicht aus den Augen
verlieren ‖ *auf et. hinarbeiten* ‖ ir(se) tras alg. *jdm*
nachlaufen, jdn verfolgen ‖ ⟨fig⟩ *s. auf jds Seite*
stellen

C) ~**se:** (*oft gleichbedeutend mit vi*) *weg-,*
fort|gehen ‖ *abreisen* ‖ *s. (irgendwohin) begeben* ‖
entfahren (ein Wort) ‖ *ausgehen, s. erschöpfen*
(Vorrat) ‖ *hinscheiden, sterben* ‖ *im Sterben*
liegen ‖ *(her)auslaufen (Flüssigkeit)* ‖ *ver|dunsten,*
-fliegen (Flüssigkeit) ‖ *leck sein (Gefäß)* ‖
entgleiten ‖ *ausgleiten (Füße)* ‖ *s. senken (Mauer)*
‖ *zerreißen (Zeug, Kleid)* ‖ *ausströmen (Gas)* ‖
⟨pop⟩ *furzen,* ⟨pop⟩ *e–n fahren lassen* ‖ ⟨pop⟩ *in*
die Hose machen ◇ ~ abajo *zugrunde (& zu*
Grunde) gehen ‖ *hinunterstürzen* ‖ allá ⟨fam⟩
gleichkommen (dat) ‖ ~ al cielo ⟨fig⟩ *sterben,*
verscheiden ‖ ~ de copas ⟨figf⟩ *e–n fahren lassen*
‖ ¡vete a freír espárragos *od* a esparragar! ⟨figf⟩
geh zum Teufel! ‖ ~ de la mano *aus der Hand*
fallen ‖ ~ de la memoria *dem Gedächtnis*
entfallen, vergessen werden ‖ ~ por esos mundos
⟨fam⟩ *auf und davon gehen* ‖ ~ muriendo ⟨fig⟩
hinsiechen, dahinvegetieren ‖ ⟨fig⟩ *langsam*
schleichen ‖ ~ los ojos por a/c ⟨fig⟩ *et.*
herbeisehnen ‖ *et. sehr lieben* ‖ *s. et. sehnlichst*
wünschen ‖ ~ de un palo ⟨Kart⟩ *e–e Farbe*
abwerfen ‖ ¡vete a pasear *od* de paseo! *hau ab!*
geh zum Teufel! ‖ se le han ido los pies *er ist (zu*

Boden) gefallen ‖ ~ a pique *untergehen, sinken
(Schiff)* ‖ ~se de vareta ⟨joc⟩ *Durchfall haben* ‖
váyase lo uno por lo otro ⟨fam⟩ *das eine für das
and(e)re!* ‖ ¡no te vayas! *geh nicht fort!* ‖ ¡apaga
y vámonos! ⟨fig⟩ *da ist nichts zu machen!*
²ir *m:* el ~ y venir *das Hin- und Her\gehen*
　Ir ⟨Abk⟩ = **iridio**
　ira *f Zorn, Unwille* m ‖ *Groll* m ‖ ⟨fig⟩ *Wut f
der Elemente* ‖ ◇ descargar la ~ ⟨fig⟩ *s–n Zorn
auslassen (en an* dat) ‖ ¡~ de Dios! *Donnerwetter
(noch mal)!*
　iraca *f* ⟨Bot⟩ *Am Panama-, Iraka\palme f
(Carludovica sp)* ‖ *Col* ⟨fig⟩ *Hut* m
　iracun\dia *f Zorn(es)ausbruch* m ‖ *(Jäh)Zorn*
m ‖ **-do** adj/s *(jäh)zornig*
　Irak *m →* **Iraq**
　Irán *m* ⟨Geogr⟩ *Iran* m
　ira\ní [*pl* ~íes] adj *aus dem Iran, iranisch* ‖ ~
m Iraner m ‖ **-ni(an)o** adj/s *altiranisch* ‖ ~ *m
Altiraner* m ‖ ⟨Lit⟩ *(Alt)Iranisch* n, *(alt)iranische
Sprache* f ‖ **-nista** *m/f Iranist(in* f) m ‖ **-nística** *f
Iranistik* f
　Iraq *m* ⟨Geogr⟩ *Irak* m
　iraquí [*pl* ~íes] adj *aus dem Irak, irakisch* ‖ ~
m Iraker m
　irasci\bilidad *f Reizbarkeit* f ‖ *Jähzorn* m ‖
-ble adj *(m/f) jähzornig* ‖ ⟨Theol⟩ *zornmütig*
　irasco *m Ar Al Nav Ziegenbock* m (→ **macho
cabrío**)
　irato: ab ~ ⟨lat⟩ *zornig, im Affekt*
　Irene *f* np *Irene* f
　irgo, irguió → **erguir**
　iribú *m* RPl ⟨V⟩ → **³aura**
　iribuacabiray *m* ⟨V⟩ *(e–e Art) Neuweltgeier* m
　iridáceas fpl ⟨Bot⟩ *Schwertliliengewächse* npl
(Iridaceae)
　íride *m* ⟨Bot⟩ *Stinkschwertel* m (→ **lirio**)
　iridectomía *f* ⟨Med⟩ *Iridektomie* f
　iridio *m* (**Ir**) ⟨Chem⟩ *Iridium* n
　iridodiagnosis *f* ⟨Med⟩ *Augendiagnose* f
　iridiscen\cia *f Irisieren* n ‖ **-te** adj *irisierend,
in den Regenbogenfarben schillernd*
　iriense adj/s *(m/f) aus Iria Flavia* (P Cór) ‖ *auf
Iria Flavia bezüglich*
　iri\re *m* Bol *Chichagefäß* n ‖ **-rear** vi *Chicha
trinken*
　¹iris *m* ⟨Meteor⟩ *Regenbogen* m
　²iris *m* ⟨An⟩ *Iris, Regenbogenhaut* f
　³iris *m* ⟨Bot⟩ *Iris, Schwertlilie* f
　Iris *f* ⟨Myth⟩ *Iris* f
　iri\sación *f* ⟨Phys⟩ *Irisierung* f ‖ **-sado** adj
regenbogenfarbig, irisierend ‖ **-sar** vi *schillern,
farbig glänzen* ‖ ~ vt *schillern lassen* ‖ ~se *e–n
regenbogenfarbenen Glanz annehmen*
　iritis *f* ⟨Med⟩ *Iritis,
Regenbogenhautentzündung* f
　Irlan\da *f* ⟨Geogr⟩ *Irland* n ‖ **⸗dés** adj
irländisch, irisch ‖ ~ *m Irländer, Ire* m ‖ el ~ *die
irische Sprache, das Irländische*
　irolense adj/s *(m/f) aus La Iruela* (P Jaén) ‖
auf La Iruela bezüglich
　ironía *f Ironie* f ‖ *feiner Spott,* ⟨fig⟩ *Hohn* m ‖
~s de la suerte *Ironie* f *des Schicksals* ‖ ◆ con ~
ironisch ‖ ◇ es una ~ ⟨fam⟩ *es ist ein wahrer
Hohn*
　iróni\camente adv *auf ironische Art* ‖ ◇ reír ~
grinsen ‖ **-co** adj/s *ironisch, spöttisch, schalkhaft*
‖ ◆ en sentido ~ *ironisch*
　iro\nista *m/f Ironiker, Spötter(in* f) m ‖ **-nizar**
[z/c] vt/i *ironisieren, bespötteln* ‖ *ironische (bzw
bissige) Bemerkungen machen* ‖ *ironisch werden*
　iroqués adj *irokesisch* ‖ ~ *m Irokese* m
　IRPF ⟨Abk⟩ = **impuesto sobre la renta de las
personas físicas**
　irracio\nal adj *(m/f) vernunftwidrig* ‖

unvernünftig, vernunftlos ‖ *irrational* (& Math
Psychol) ‖ (ser) ~ *unvernünftiges Wesen, Tier* n ‖
-nalidad *f* ⟨Psychol Philos⟩ *Irrationalität,
Vernunftwidrigkeit* f ‖ **-nalismo** *m* ⟨Psychol
Philos⟩ *Irrationalismus* m
　irra\diación *f Strahlen* n, *Ausstrahlung* f ‖
⟨Med⟩ *Bestrahlung* f ‖ ⟨Opt⟩ *Irradiation* f ‖ **-diar**
vt/i *ausstrahlen* (& fig) ‖ *bestrahlen* ‖ ⟨Atom⟩
beschießen ‖ *strahlen*
　irrazonable adj *(m/f) unvernünftig*
　irreal adj *(m/f) unwirklich* ‖ ⟨Philos Wiss⟩
irreal ‖ ~ *m* ⟨Ling⟩ *Irrealis* m
　irreali\dad *f Unwirklichkeit* f ‖ ⟨Philos Wiss⟩
Irrealität f ‖ **-zable** adj *(m/f) unausführbar, nicht
zu verwirklichen(d)*
　irre\batible adj *(m/f) unwiderlegbar* ‖
-conciliable adj *(m/f) unversöhnlich* ‖ **-cuperable**
adj *(m/f) unwiederbringlich* ‖ **-cusable** adj *(m/f)
unabweislich* ‖ *unwiderlegbar, stichhaltig,
unangreifbar* ‖ *glaubwürdig (Zeuge)*
　irredentis\mo *m* ⟨Pol⟩ *Irredentismus* m ‖ **-ta**
adj *(m/f)* ⟨Pol⟩ *irredentistisch* (& fig) ‖ ~ *m/f
Irredentist(in* f) m ‖ **-dento** adj *unbefreit, (noch)
nicht heimgekehrt (Gebiet, auf das aus
geschichtlichen, rassischen od kulturellen
Gründen Anspruch erhoben wird)*
　irredimible adj *(m/f)* ⟨Theol⟩ *unerlösbar* ‖ ⟨Jur
Wir⟩ *unablöslich* ‖ *untilgbar*
　irre\ducible adj *(m/f) nicht reduzierbar* ‖
⟨Math⟩ *unkürzbar (Bruch)* ‖ ⟨Med⟩ *irre\ponibel,
-duktibel* ‖ **-ductible** adj *(m/f) nicht miteinander
vereinbar* ‖ *hart, un\beugsam, -nachgiebig,
-erbittlich* ‖ *nicht zu unterwerfen(d) (Feind)* ‖
-emplazable adj *(m/f) unersetzlich*
　irrefle\xión *f Un\bedachtsamkeit, -überlegtheit*
f ‖ ⟨fam⟩ *Kopflosigkeit* f ‖ **-xivo** adj *unüberlegt
(Handlung)* ‖ *un\bedacht(sam), -besonnen,
gedankenlos (Mensch)* ‖ ⟨fam⟩ *kopflos*
　irre\formable adj *(m/f) unabänderlich* ‖
unverbesserlich ‖ **-fragable** adj *(m/f)
unabweislich*
　irre\frenable adj *(m/f) zügellos, unbändig* ‖
-frenado adj *ungebändigt*
　irrefutable adj *(m/f) unwiderlegbar,
stichhaltig, unangreifbar* ‖ *unumstößlich*
　irregu\lar adj *(m/f) unregelmäßig* (& Gr) ‖
regel-, ordnungs\widrig ‖ *regellos* ‖
außerplanmäßig ‖ *irregulär* (& Mil) ‖
ungleichmäßig ‖ *uneben* ‖ ⟨fig⟩ *un\gebührlich,
-gehörig, -ziemlich, -geziemend* ‖ **-laridad** *f
Regellosigkeit* f ‖ *Unregelmäßigkeit,
Ordnungswidrigkeit, Unordnung* f ‖
Regelwidrigkeit f ‖ *Formfehler* m ‖ ⟨fig⟩
Verfehlung f ‖ *Kassenmanko* n, *Unterschlagung* f ‖
⟨fig⟩ *Missbrauch* m *der Amtsgewalt* ‖ ◆ con gran
~ *(od mucha)* ~ *sehr unregelmäßig*
　irreivindicable adj *(m/f) nicht herausforderbar*
　irrelevan\cia *f Irrelevanz, Unwichtigkeit,
Bedeutungslosigkeit* f ‖ **-te** adj *(m/f) irrelevant,
unwichtig, bedeutungslos, unerheblich, belanglos*
　irreligi\ón *f Unglaube* m ‖ **-osidad** *f
unreligiöse Einstellung, Religionslosigkeit,
Irreligiosität* f ‖ **-oso** adj/s *unreligiös, religions-,
glaubens\los* ‖ *gott\los, -vergessen*
　irre\mediable adj *(m/f) unheilbar* ‖
unwiderruflich ‖ *nicht wiedergutzumachen(d)* ‖
unvermeidlich ‖ ◇ es ~ *dem ist nicht abzuhelfen*
‖ → *auch* **-misible, -parable** ‖ adv: ~ **-mente**
unweigerlich ‖ ~ *perdido hilflos verloren* ‖
-misible adj *(m/f) unverzeihlich* ‖ *unersetzbar,
nicht wieder gutzumachen(d)* ‖ *unabänderlich* ‖
adv: ~ **-mente** *unumgänglich* ‖ *hilflos (verloren)* ‖
-mplazable adj *(m/f) unersetzlich* ‖ **-munerado**
adj *nicht entlohnt* ‖ **-nunciable** adj *(m/f)
un\verzichtbar, -abdingbar* ‖ ⟨fig⟩ *unentrinnbar* ‖

~ destino ⟨lit poet⟩ *unentrinnbares Schicksal* n ‖ **–parable** adj *(m/f) unersetzlich (Schaden)* ‖ *nicht wieder gutzumachen(d)* ‖ ⟨Med⟩ *irreparabel* ‖ ⟨Tech⟩ *nicht mehr zu reparieren(d)* ‖ adv: ~**mente** ‖ **–petible** adj *(m/f) nicht wiederholbar* ‖ *einmalig* ‖ **–prensible** adj *(m/f) untad(e)lig* ‖ *beispiel-, muster\haft* ‖ *einwandfrei* ‖ **–presentable** adj *(m/f)* ⟨Th⟩ *nicht aufführbar* ‖ →
inimaginable ‖ **–primible** adj *(m/f)*
ununterdrückbar ‖ **–prochable** adj *(m/f) tadellos* ‖ *fehlerfrei, unbescholten* ‖ **–sistible** adj *(m/f) unwiderstehlich*
irresolu\ble adj *(m/f) unlösbar* ‖ **–ción** f *Unschlüssigkeit* f ‖ *Unentschlossenheit* f ‖ *Wankelmut* m ‖ **–to** adj *unschlüssig* ‖ *unentschlossen* ‖ *entschlusslos* ‖ *wankelmütig* ‖ *unentschieden* ‖ *ungelöst*
irrespe\tar vt *missachten* ‖ *nicht respektieren* ‖ **–to** m, **–tuosidad** f *Unehrerbietigkeit, Respektlosigkeit* f ‖ **–tuoso** adj *unehrerbietig, respektlos*
irrespirable adj *(m/f) nicht zu atmen(d)* ‖ ⟨fig⟩ *unerträglich*
irresponsa\bilidad f *Unverantwortlichkeit* f ‖ *Unzurechnungsfähigkeit* f ‖ *Haftungsausschluss* m ‖ ⟨fig⟩ *Leichtfertigkeit* f ‖ ⟨fig⟩ *Verantwortungslosigkeit* f ‖ **–ble** adj *(m/f) unverantwortlich (de für)* ‖ *nicht haftbar (de für)* ‖ *unzurechnungsfähig* ‖ ⟨fig⟩ *leichtfertig, verantwortungslos*
irrestañable adj *(m/f)* ⟨Med⟩ *unstillbar (Blutung)* ‖ ⟨fig⟩ *unaufhaltsam, anhaltend*
irrestricto adj *uneingeschränkt, ohne Ein-, Be\schränkung*
irretroacti\vidad f ⟨Jur⟩ *Nichtrückwirkung* f ‖ **–vo** adj *nicht rückwirkend*
irreveren\cia f *Unehrerbietigkeit* f ‖ **–te** adj *(m/f) unehrerbietig* ‖ *rücksichtslos* ‖ adv: ~**mente**
irre\versible adj *(m/f)* ⟨Med Phys Chem⟩ *irreversibel, nicht umkehrbar* ‖ **–visable** adj *(m/f)* ⟨Jur⟩ *nicht revidierbar*
irrevoca\bilidad f *Unwiderruflichkeit* f ‖ *Unabsetzbarkeit* f ‖ **–ble** adj *(m/f) unwiderruflich* ‖ *unabsetzbar* ‖ *unwiederbringlich (Zeit)*
irriga\ción f ⟨Agr⟩ *Bewässerung* f ‖ *Berieselung* f ⟨Med⟩ *Spülung* f ‖ ⟨Med⟩ *Einlauf* m ‖ ⟨Physiol⟩ *Durchblutung* f ‖ ⟨Chem⟩ *Wässerung* f ‖ ~ *gástrica* (Med) *Magenspülung* f ‖ ~ *sanguínea Durchblutung* f ‖ **–dor** m ⟨Med⟩ *Irrigator, Spülapparat* m ‖ *(Bewässerungs)Spritze* f
irrigar [g/gu] vt ⟨Med⟩ *(be)spülen* ‖ ⟨Agr⟩ *bewässern* ‖ *berieseln* ‖ *beregnen*
irri\sible adj *(m/f):* precio ~ *Spott-, Schleuder\preis* m ‖ **–sión** f *Hohnlachen* n ‖ *Spott* m, *Verspottung* f ‖ ⟨fig⟩ *Lächerlichkeit* f ‖ ◇ *tomar en* ~ *lächerlich machen* ‖ **–sorio** adj *lachhaft, lächerlich*
irritabilidad f ⟨Biol⟩ *Reizbarkeit* f ‖ ⟨allg⟩ *Erregbarkeit, Empfindlichkeit* f
¹irritable adj *(m/f) reizbar* ‖ *(leicht) erregbar* ‖ *empfindlich* (& Med)
²irritable adj *(m/f)* ⟨Jur⟩ *vernichtbar, annullierbar*
¹irritación f *Reiz* m, *Reizung* f (& Biol Med) ‖ ⟨Med⟩ *Entzündung* f ‖ *Gereiztheit* f ‖ *Verärgerung* f ‖ *Wut* f, *Zorn* m ‖ *Entrüstung* f
²irritación f ⟨Jur⟩ *Vernichtung, Annullierung* f ‖ *Ungültigkeit* f
irritante adj *(m/f) anreizend, erbitternd* ‖ *ärgerlich* ‖ *erregend* ‖ *Reiz-* ‖ ~ m ⟨Med Pharm⟩ *Reizmittel* n
¹irritar vt *(auf)reizen* ‖ *aufbringen, er-, auf\regen* ‖ *er\bittern, -zürnen* ‖ ⟨Biol Med⟩ *reizen, angreifen* ‖ ⟨fig⟩ *aufstacheln, anspornen* ‖

◇ ~ *los celos de alg. jdn eifersüchtig machen* ‖ ~**se** s. *erzürnen, böse werden* (con *auf* acc) ‖ *in Harnisch geraten* (con *über* acc) ‖ ⟨Med⟩ s. *entzünden (Wunde)*
²irritar vt ⟨Jur⟩ *vernichten, annullieren, nichtig machen*
irritativo adj *reizend, erregend*
írrito adj ⟨Jur⟩ *ungültig, nichtig* ‖ ◇ *hacerse* ~ *unwirksam werden, erlöschen*
irro\gación f *Schadens\verursachung, -zufügung* f ‖ **–gar** [g/gu] vt *zufügen, antun (Schaden)* ‖ ◇ ~ *gastos Kosten verursachen*
irrompible adj *(m/f) unzerbrechlich* ‖ *splitterfrei (Glasscheibe)*
irrumpir vt *(mit Gewalt irgendwo) ein\dringen, -brechen*
irrupción f *feindlicher Einfall* m ‖ *heftiger Angriff* m ‖ *Einbruch* m ‖ ⟨fig⟩ *Eindringen, Hereinbrechen* n ‖ ⟨fig⟩ *Durchbrechen* n ‖ ⟨fig⟩ *Hineinstürzen* n *(in e–n Raum)* ‖ ⟨fig⟩ *schnelle Verbreitung, Einführung* f ‖ ⟨fig⟩ *plötzliches Überfluten* n *(Wasser)* ‖ ~ *de agua* ⟨Bgb⟩ *Wassereinbruch* m ‖ ◇ *hacer* ~ *eindringen* (en *in* acc)
I. S. ⟨Abk⟩ = **Ilustre Señor**
Isaac m np *Isaak* m
Isa\bel f np *Elisabeth* f ‖ *Isabella* f ‖ ~ *la Católica Isabella von Spanien* ‖ **=bela** adj: (color) ~ *isabellfarben* ‖ ~ m *Isabellfarbe* f ‖ **=belino** adj *auf das Zeitalter Isabellas II. (bzw I.) von Spanien bezüglich* ‖ *elisabethanisch, auf Elisabeth von England bezüglich* ‖ *isabellfarben (Pferd)* ‖ ~**s** *mpl Anhänger* mpl *Isabellas II. (in den Karlistenkriegen)*
isagoge f ⟨Rhet⟩ *Isagoge, Einführung* f
Isaías m np *Jesaja* m *(Prophet)*
ísatis m ⟨Zool⟩ *Eis-, Polar-, Weiß\fuchs* m (Alopex lagopus) ‖ ⟨Bot⟩ → **glasto**
isba f *Isba* f
Iscariote m: *(Judas de) (Judas) Ischariot* m ‖ ⟨fig⟩ *Verräter* m
Iseo f np *Isolde* f
isido\riano adj *auf den heiligen Isidor von Sevilla bezüglich* ‖ **=ro** m np *Isidor* m
Isidro m np *Isidor* m *(Schutzpatron von Madrid)* ‖ *(la fiesta de) San* ~ *Span Volksfest in Madrid (15. Mai)* ‖ ~ m ⟨fam desp⟩ *Provinzler, Bauer* m
Isis f np *Isis* f *(ägyptische Göttin)*
isla f *Insel* f, *Eiland* n ‖ *Häuserblock* m ‖ ⟨fig⟩ *einsamer Ort* m ‖ ~**s** *de corales od coralíferas Koralleninseln* fpl ‖ ~ *de tráfico* ⟨StV⟩ *Verkehrsinsel* f ‖ ◆ en ~ *vereinzelt*
Islam [izla'n] m *Islam* m, el ~ *die mohammedanische Welt* f, *die islamischen Völker* npl ‖ ⟨Rel⟩ *Islam* m
islámico adj *islamisch, Islam-*
isla\mismo m *Islam(ismus)* m ‖ **–mita** m/f *(& adj) Bekenner(in* f) *des Islams, Islamit(in* f) m ‖ **–mización** f *Islamisierung* f ‖ **–mizar** [z/c] vt *islamisieren, zum Islam bekehren*
islan\dés adj *isländisch* ‖ ~ m *Isländer* m ‖ el ~ *die isländische Sprache, das Isländische* ‖ **=dia** f ⟨Geogr⟩ *Island* n
islándico adj *isländisch*
islario m ⟨Geogr⟩ *Inselbeschreibung* f ‖ *Inselkarte* f
Islas fpl ⟨Geogr⟩: las ~ *del Almirantazgo die Admiralitäts-Inseln* ‖ las ~ *Baleares die Balearischen Inseln* ‖ las ~ *Filipinas die Philippinen* ‖ las ~ *Marianas die Marianen(inseln)* ‖ las ~ *Marshall die Marschallinseln* ‖ las ~ *Salomón die Salomonen* pl ‖ las ~ *de la Sociedad die Gesellschaftsinseln* ‖ las ~ *de Sotavento die*

Leeward-Inseln | las ~ Vírgenes *die Jungferninseln*
  isle|ño adj *Insel-* ‖ ~ *m Inselbewohner* m ‖ **–ta** *f* dim von **isla**
  islilla *f* ⟨An⟩ *Schlüsselbein* n
  islote *m Felseneiland* n ‖ *(kleine) Flussinsel* f ‖ ~ (de separación) ⟨StV⟩ *Trennungsinsel* f *(Straße)* ‖ ⟨StV⟩ *Verkehrsinsel* f
  ismaelita adj *(m/f)* ⟨Rel⟩ *ismaelitisch* ‖ ~ *m/f Ismaelit(in* f) m
  △ **¡isna!** int *ach*
  isobara, isóbara *f* ⟨Meteor⟩ *Isobare* f
  iso|bárico adj ⟨Meteor Phys⟩ *isobar, gleichen (Luft)Drucks* ‖ **–baro** *m* ⟨Phys⟩ *Isobar* n
  isocíclico adj ⟨Chem⟩ *isozyklisch*
  isocro|masia *f* ⟨Fot⟩ *Isochromasie* f ‖ **–mático** adj *isochrom(atisch)*
  isocronismo *m* ⟨Phys Uhrm Wiss⟩ *Isochronismus* m, *gleichzeitiges Ablaufen* n, *Gleichzeitigkeit* f
  isócrono adj *isochron, gleichzeitig (eintretend)* ‖ *regelmäßig (Schritte)* ‖ *eintönig*
  isoga|metos mpl ⟨Gen⟩ *Isogameten* pl ‖ **–mia** *f Isogamie* f
  isó|geno adj ⟨Biol⟩ *isogen* ‖ **–gono** adj ⟨Math⟩ *gleichwink(e)lig, isogonal*
  isome|ría *f* ⟨Bot Chem⟩ *Isomerie* f ‖ **–rización** *f* ⟨Chem⟩ *Isomerisation* f
  isómero adj ⟨Chem⟩ *isomer*
  isópodos mpl ⟨Zool⟩ *Asseln* fpl (Isopoda)
  isópteros mpl ⟨Ins⟩ *Termiten* fpl (Isoptera) (→ **termes**)
  isóceles adj: triángulo ~ ⟨Math⟩ *gleichschenk(e)liges Dreieck* n
  iso|termia *f* ⟨Phys Med⟩ *Isothermie* f ‖ **–térmico** adj *isotherm* ‖ **–termo** adj *isotherm* ‖ (líneas) ~as fpl ⟨Phys Geogr⟩ *Isothermen* fpl
  iso|tonía *f* ⟨Phys⟩ *Isotonie* f ‖ **–tónico** adj *isotonisch (Lösung)*
  isótono adj ⟨Atom⟩ *isoton* ‖ ~ *m Isoton* n
  isótopo *m* ⟨Atom⟩ *Isotop* n
  isotrón *m* ⟨Atom⟩ *Isotron* n
  isótropo adj ⟨Phys⟩ *isotrop*
  isquemia *f* ⟨Med⟩ *Ischämie, (örtliche) Blutleere* f
  is|quias, –quialgia *f* ⟨Med⟩ *Ischias* f (& m od n) ‖ **–quiático** adj ⟨An⟩ *Sitzbein-* ‖ **–quion** *m* ⟨An⟩ *Ischium, Sitzbein* n
  Israel *m* ⟨Geogr⟩ *Israel* n
  is|raelí [pl ~íes] adj *israelisch* ‖ ~ *m Israeli* m ‖ **–raelita** adj *(m/f) israelitisch, jüdisch* ‖ ~ *m/f Israelit(in* f) m ‖ **–raelítico** adj *israelitisch*
  istmo *m Landenge* f, *Isthmus* m ‖ ⟨An⟩ *Enge* f ‖ el ~ de Panama *die Landenge von Panama*
  Istria *f* ⟨Geogr⟩ *Istrien* f
  istrio *m*/adj *Istrier* m
  ít. ⟨Abk⟩ = **ítem**
  ita *m* → **aeta**
  Itaca (Itaca) *f die Insel Ithaka*
  Italia *f* ⟨Geogr⟩ *Italien* n
  italia|na *f Italienerin* f ‖ **–nini** *m* ⟨desp⟩ *Itaker* m ‖ **–nismo** *m italienische Spracheigentümlichkeit* f ‖ *Liebe* f *zu Italien* ‖ **–nista** *m/f Italianist(in* f) m ‖ **–nística** *f Italianistik* f ‖ **–nizar** [z/c] vt *itali|anisieren, -enisieren* ‖ **–no** adj *italienisch* ◆ a la ~a *nach italienischer Art* ‖ ~ *m Italiener* m ‖ el ~ *die italienische Sprache, das Italienische*
  itáli|ca *f* ⟨Typ⟩ *Kursivschrift* f ‖ **–co** adj ⟨Hist⟩ *italisch* ‖ ⟨Typ⟩ *Kursiv-* ‖ ⟨lit poet⟩ *italienisch* ‖ ~ *m Italiker* m
  ítalo adj ⟨poet⟩ *italienisch* ‖ ~ *m Italiener* m
  ita|lofilia *f Italienfreundlichkeit* f ‖ **–lófilo** adj *italienfreundlich* ‖ **–lofobia** *f Italienfeindlichkeit* f ‖ **–lófobo** adj *italienfeindlich*
  ítem [íten] adv *desgleichen, dito, ebenso* ‖

dazu ‖ *außerdem* ‖ *ferner* ‖ ~ *m* ⟨fig⟩ *Zusatz, Nachtrag* m ‖ ⟨fig⟩ *Punkt* m, *Sache* f
  itera|ción *f Iteration, Wiederholung* f ‖ **–r** vt *wiederholen* ‖ **–tivo** adj *wiederholend, iterativ* ‖ *wiederholt* ‖ ~ *m* ⟨Ling⟩ *Iterativ* n
  iterbio *m* (Yb) ⟨Chem⟩ *Ytterbium* n
  itifálico adj ⟨Poet⟩ *ithyphallisch* ‖ ~ *m* ⟨Poet⟩ *Ithyphallikus* m *(Kurzvers)*
  itine|rante adj *(m/f) Wander-* ‖ **–rario** adj *Weg-, Reise-* ‖ ~ *m Reise-, Marsch|route* f ‖ *Reiseplan* m ‖ *Reise|führer* m, *-handbuch* n ‖ *Reisebeschreibung* f ‖ *Itinerar* n ‖ ⟨EB⟩ *Fahrplan* m ‖ ⟨Flugw⟩ *Flugstrecke* f ‖ ⟨Mil⟩ *Marschroute* f
  itrio *m* (Y) ⟨Chem⟩ *Yttrium* n
  ITV ⟨Abk⟩ = **Inspección técnica de vehículos** (etwa: *TÜV*)
  i/u ⟨Abk⟩ = **interés usual**
  IVA ⟨Abk⟩ = **impuesto sobre el valor añadido** ‖ Am & **impuesto al valor agregado**
  Iván *m* np *Iwan* m ‖ ~ el Terrible ⟨Hist⟩ *Iwan der Schreckliche*
  ivorina *f künstliches Elfenbein* n
  ixtle *m* ⟨Bot⟩ Mex → **¹pita** ‖ Mex p. ex *Pflanzenfaser* f
  ¹iza *f (Auf)Hissen* n
  △ **²iza** *f Nutte* f
  izar [z/c] vt ⟨Mar⟩ *(auf)hissen (Flagge)* ‖ *heißen, setzen (Segel)* ‖ ¡~! ¡~! ⟨Mar⟩ *heiß auf!* ‖ ◇ ~ la bandera ⟨Mar⟩ *die Flagge hissen* ‖ ~se ⟨fam⟩ → **amancebarse**
  iz.ᵈᵒ ⟨Abk⟩ = **izquierdo**
  izquier|da *f Linke, linke Hand* f ‖ *linke Seite* f ‖ ⟨Pol⟩ *(die) Linke, (die) Linksparteien* fpl ‖ ◆ a la ~ *links, linker Hand* ‖ de ~ a derecha *von links nach rechts* ‖ segundo ~ (2º izq.) *zweiter Stock links* ‖ ◇ conservar la ~ → mantener la ~ ‖ desviar(se) a la ~ ⟨StV⟩ *links ab- od ein|biegen* ‖ guardar la ~ → mantener la ~ ‖ llevar la ~ *auf der linken Seite (der Straße) gehen, links gehen* ‖ mantener la ~ ⟨StV⟩ *links fahren (bzw gehen)* ‖ ¡~! ¡mar! ⟨Mil⟩ *links um!* ‖ ser un cero a la ~ ⟨figf⟩ *e–e Null sein* ‖ ¡tome Vd. la ~! *halten Sie s. links* ‖ **–dear** vi *unvernünftig (bzw ungeschickt bzw unrichtig) handeln* ‖ **–dismo** *m* ⟨Pol⟩ *linksgerichtete Tendenzen* fpl, *Linksdrall* m ‖ **–dista** adj *(m/f) linksgerichtet* ‖ ~ *m/f* ⟨Pol⟩ *Linke(r* m) f, *Linksgerichtete(r* m) f ‖ **–do** adj *linker, linke, linkes* ‖ *links(händig)* ‖ x-beinig *(Pferd)* ‖ ⟨fig⟩ *krumm, gebogen* ‖ ◇ tener lado ~ ⟨fam⟩ *Mut haben, mutig sein* ‖ tener dos manos ~as ⟨figf⟩ *unbeholfen sein,* ⟨fam⟩ *zwei linke Hände haben* ‖ **–doso** adj ⟨Pol fam⟩ *linksgerichtet,* ⟨fam⟩ *mit Linksdrall*

J

J, j *f* [= Jota, jota, *pl* Jotas, jotas] *J, j* n
J. ⟨Abk⟩: **a. J. (d. J.) = antes (después) de
Jesucristo**
¡ja! ¡ja! onom *haha! (Lachen)*
ja|ba *f* ⟨Hydr⟩ *kastenförmige Steinpackung* f
(in Maschendraht), Netz n *mit Steinschüttung* ‖
Am *Lattenkiste* f *(für Geschirr, Tonwaren usw.)* ‖
Binsenkorb m ‖ Cu ⟨fig⟩ *Buckel* m ‖ *Bettelsack* m
‖ ◇ *tomar la* ~ ⟨figf⟩ Cu *betteln* ‖ **–bado** adj
Murc *scheckig (Gefieder)* ‖ Cu ⟨fig⟩ *unschlüssig,
schwankend, zögernd* ‖ *ratlos* ‖ ~ *m* ⟨fig⟩
Mischling m
jabalcón *m* ⟨Arch Bgb⟩ *Strebe* f, *Druckpfosten*
m
jabalí [*pl* ~íes] *m* ⟨Zool⟩ *Wildschwein* n (Sus
scrofa) ‖ *Keiler, Wildeber* m ‖ Am → **saíno**
¹jabalina *f Wildsau, Bache* f
²jabali|na *f* ⟨Sp⟩ *(Wurf)Speer* m ‖ *(Jagd)Spieß*
m ‖ **–nista** *m/f Speerwerfer(in* f) m
jabardillo *f summender Insektenschwarm* m ‖
kreischender Vogelschwarm m ‖ ⟨fig⟩
Menschen|menge, -traube f
jabato *m* ⟨Zool Jgd⟩ *Frischling* m ‖ ⟨fig⟩
kühner Draufgänger m ‖ ⟨fig⟩ *Kraftmeier* m ‖ Am
Grobian, Rüpel, Rohling m
jabeca *f,* **¹jábega** *f dreiteiliges Stand-,
Schlepp|netz* n
¹jábega *f* ⟨Mar⟩ *(Fischer)Boot* n
jabeguero *m Schleppnetzfischer* m
△ **jabelar** vt *kennen* ‖ *verstehen*
jabeque *m* ⟨Mar⟩ *Schebeke* f ‖ (fam) *Schmiss* m
△ **jaberes** pron *wir*
ja|bí [*pl* ~íes] *m* ⟨Bot⟩ *(Art) Holz-, Wild|apfel*
m ‖ Am *Kopaiva-Baum* m (Copaifera spp) ‖
–billa *f,* **–billo** *m* ⟨Bot⟩ Am *Sandbüchsenbaum* m
(Hura crepitans) ‖ **–bín** *m* ⟨Bot⟩ Mex → **jabí** ‖
⟨Bot⟩ Mex *e–e Dalbergia-Art* f (Andira inermis) ‖
Andira-Wurzel f
jabón *m Seife* f ‖ ⟨pop⟩ *unverkaufte Ware* f,
(fam) *Ladenhüter* m ‖ ⟨figf⟩ *Prügel* m ‖ Arg Mex
PR *Schrecken* m, *Angst, Furcht* f ‖ ~ *de aceite
Ölseife* f ‖ ~ *de afeitar Rasierseife* f ‖ ~ *de
almendras Mandelseife* f ‖ ~ *de aprestar* ⟨Text⟩
Schlichtseife f ‖ ~ *de azúcar* ⟨Mal⟩ *Zuckerseife* f
‖ ~ *blando, (grüne) Schmier-, Kali|seife* f ‖ ~ *de
brea Teerseife* f ‖ ~ *de coco Kokosseife* f ‖ ~
dentífrico Zahnseife f ‖ ~ *doble Doppelseife* f ‖
~ *duro Kernseife* f ‖ ~ *en escamas Pulverseife* f,
Seifenpulver n ‖ ~ *firme* → ~ *duro* ‖ ~ *de (od a
la) glicerina Glycerinseife* f ‖ ~ *graso Fettseife* f ‖
Schmierseife f ‖ ~ *de (od a la) lanolina
Lanolinseife* f ‖ ~ *líquido flüssige Seife* f ‖ ~ *al
lisol Lysolseife* f ‖ ~ *medicinal medizinische Seife*
f ‖ ~ *metálico Metallseife* f ‖ ~ *de miel
Honigseife* f ‖ ~ *moreno,* ~ *negro Schwarz-,
Schmier|seife* f ‖ ~ *de olor wohlriechende Seife* f
‖ ~ *de Palencia* ⟨figf⟩ *Tracht* f *Prügel* ‖ ~ *en
panes Riegelseife* f ‖ ~ *en pasta Teigseife* f ‖ ~
de piedra Kernseife f ‖ ~ *(preparado) con piedra
pómez Bimssteinseife* f ‖ ~ *en polvo,* ~
pulverizado Seifenpulver n, *Pulverseife* f ‖ ~ *de
potasa Kaliseife* f ‖ ~ *quitamanchas Fleckseife* f ‖
~ *resinoso Harzseife* f ‖ ~ *de sastre
Schneiderkreide* f ‖ ~ *sulfuroso Schwefelseife* f ‖
~ *de tocador Fein-, Toiletten|seife* f ‖ ~ *de
trementina Terpentinseife* f ‖ ~ *transparente*

Transparentseife f ‖ ~ *verde grüne Schmierseife* f
‖ ~ *al yodo Jodseife* f ‖ ◆ *en* ~ *eingeweicht* ‖
Am ⟨fig⟩ *in Vorbereitung* ‖ ◇ *dar* ~ *a algo et.
einseifen* ‖ *dar* ~ *a alg.* ⟨figf⟩ *jdm Honig um den
Bart schmieren, jdn heuchlerisch loben, jdm um
den Bart gehen* ‖ *dar un* ~ *a alg.* ⟨fig⟩ *jdn tadeln,*
(fam) *jdm den Kopf waschen* ‖ ◇ *hacer* ~ Am
⟨pop⟩ *Angst haben* ‖ *poner* ~ *a algo et. einseifen*
jabona|da *f* Chi → **–do** ‖ Mex *derber Verweis*
m ‖ **–do** *m Einseifen* n ‖ *eingeseifte Wäsche* f ‖
Wäsche f *(zum Einseifen)*
jabo|nadura *f Einseifen* n ‖ ⟨figf⟩ *derber
Verweis* m ‖ ~*s fpl Seifenschaum* m ‖ **–nar** vt
(ein)seifen ‖ ⟨fig⟩ *(jdm) den Kopf waschen,* (fam)
(jdm) e–e Abreibung geben
¹jaboncillo *m Toilettenseife* f ‖ Chi *flüssige
Seife* f ‖ *Seifenpulver* n ‖ ~ *(de sastre)
Schneiderkreide* f
²jaboncillo *m* ⟨Bot⟩ *Name verschiedener
Seifenbaumgewächse* (z. B. Sapindus saponaria)
¹jabonera *f Seifen|behälter* m, *-schale* f ‖ ~
para afeitar Rasiernapf m
²jabonera *f* ⟨Bot⟩ *Seifenkraut* n (Saponaria
spp)
jabone|ría *f Seifensiederei* f ‖ *Seifenladen* m ‖
–ro adj *von schmutzigweißer Farbe mit gelbem
Stich (Stier)* ‖ ~ *m Seifensieder* m ‖ *Seifenhändler*
m ‖ **–ta** *f,* **–te** *m Toiletten-, Gesichts|seife* f ‖
Seifenkugel f
jabonoso adj *seif(enart)ig, Seifen-*
jaborandi *m* ⟨Bot⟩ Am *Jabo|randi, -rindi* m
(Pilocarpus jaborandi)
jaca *f kleines Pferd, Doppelpony* n ‖ Arg *alter
Hahn* m ‖ Cu *Wallach* m ‖ Pe *kleine Stute* f ‖ ⟨pop
fig⟩ *gut gebaute Frau* f, *tolles Weib* n
ja|cal *m* Guat Mex Ven → **choza** ‖ **–calón** *m*
Mex *Schuppen* m
△ **jacanó** *m Geizhals* m
jácara *f gesungene Romanze* f *heiteren Inhalts*
‖ *ein span. Volkstanz* m ‖ ⟨figf⟩ *lärmende
Fröhlichkeit* f ‖ ⟨figf⟩ *Ente, Lüge* f ‖ ¡*qué* ~! *wie
ärgerlich!*
jacarandá *f Jakarandabaum* m (Jacaranda spp)
‖ *mehrere Dalbergia-Arten* ‖ *verschiedene andere
Pflanzen*
△ **jacaranda(i)na** *f Gaunerbande* f
jacarandoso adj *(unternehmungs)lustig* ‖ *dreist,
keck*
jacaré *m* ⟨Zool⟩ Am *Schakaré,
Breitschnauzenkaiman* m (Caiman latirostris)
jacarear vt/i *jácaras singen* ‖ (fam) *lärmend
durch die Straßen ziehen* ‖ *Radau machen,
randalieren* ‖ *anpöbeln*
jacarero adj *lustig* ‖ ~ *m lustiger Geselle,
Spaßvogel* m
jácaro adj *großspurig, angeberisch,
aufschneiderisch* ‖ ~ *m Angeber, Aufschneider,
Prahlhans* m
jácena *f* ⟨Arch⟩ *(Trag)Balken, Unterzug* m
jacetano adj/s *aus Jaca* (P Huesca) ‖ *auf Jaca
bezüglich*
△ **jachá** *m Hitze* f
△ **jachipén** *m Schmaus* m
jachudo adj *kräftig (Mensch)*
¹jacinto *m* ⟨Bot⟩ *Hyazinthe* f (Hyacinthus spp)
²jacinto *m* ⟨Min⟩ *Hyazinth* m

³**Jacinto** m np *Hyazinth* m
jack m ⟨Tel Radio⟩ *(Anschluss)Klinke* f ‖ **–pot** m *Jackpot* m
jaco m *(kleiner) Klepper* m, ⟨fam⟩ *Schindmähre* f
Jacob m np ⟨Bibl⟩ *Jakob* m
jaco|beo adj *auf den Apostel Santiago bezüglich* ‖ **–binismo** m ⟨Pol Hist⟩ *Jakobinertum* n (& fig) ‖ **–bino** adj ⟨Pol Hist⟩ *jakobinisch, Jakobiner-* (& fig) ‖ **~** m *Jakobiner* m ‖ ⟨fig⟩ *radikaler Demokrat* m ‖ **–bita** m/adj ⟨Rel Hist⟩ *Jakobit* m *(Anhänger des J. Baradäus)*
Jacobo m np *Jakob* m
jacquard m ⟨Text⟩ *Jacquardmaschine* f ‖ *Jacquardgewebe* n
jactan|cia f *Angeberei, Aufschneiderei, Prahlerei* f ‖ **–cioso** adj *angeberisch, aufschneiderisch, prahlerisch* ‖ **~** m *Angeber, Aufschneider, Prahlhans* m
jactar vt: ◇ **~** *valor mit s–r Tapferkeit protzen* ‖ **~se** s. *brüsten (de mit)* ‖ ◇ **~** *de erudito mit s–r Gelehrsamkeit prahlen*
jacú m Bol *Zutat* f *(zum Essen)*
jaculato|ria f *Stoßgebet* n ‖ **–rio** adj *inbrünstig und kurz*
jáculo m *Wurfspieß* m
△ **jacuno** m *Sommer* m
jacuzzi m *Whirlpool* m
jada f Ar → **azada**
jade m ⟨Min⟩ *Jade* m, f
jade|ante adj *(m/f) keuchend* ‖ **–ar** vi *keuchen, schnauben, schnaufen* ‖ **–o** m *Keuchen* n
jaén adj: uva **~** *e–e Traubenart*
Jaén m [Stadt und Provinz in Spanien] *Jaén* n ‖ **jaenero, jaenés** adj/s *aus Jaén* ‖ *auf Jaén bezüglich*
¹**jaez** [pl **~ces**] m *Pferdegeschirr, Sattel-, Saum|zeug* n (& pl) ‖ ⟨fig⟩ *Art, Beschaffenheit* f ‖ *del mismo* **~** *vom selben Schlag* ‖ **~ar** vt → **enjaezar**
△ ²**jaez** [pl **~ces**] m *Kleidung* f
jafético adj *auf Japhet (den dritten Sohn Noahs) bezüglich*
jagellones mpl ⟨Hist⟩ *die Jagellonen* mpl
jaguar, SAm –eté m ⟨Zool⟩ *Jaguar* m *(Panthera onca)*
jaguarundi m ⟨Zool⟩ *Jaguarundi* m
jaguarzo m ⟨Bot⟩ *Zistrose(art)* f *(Cistus clusii)*
jagüey m Am *Wasser|loch* n, *-graben* m ‖ *(Art) Zisterne* f ‖ ⟨Bot⟩ Cu *Ficus* spp
jaharí adj: higo **~** And *e–e Feigenart*
jaha|rrar vt ⟨Arch⟩ *weißen, kalken* ‖ *verputzen* ‖ **–rro** m ⟨Arch⟩ *Weißen* n ‖ *Bewerfen, Verputzen* n ‖ *(Gips)Verputz* m
△ **jahivé** m *Morgen* m
jai-alai ⟨bask⟩ m *Pelotaspiel* n
jai|ba f ⟨Zool⟩ Am *Krebs* m ‖ ◇ *ser una* **~** Ant Mex ⟨fig⟩ *ein schlauer Fuchs sein* ‖ **–bero** m Am *Krebsreuse* f ‖ **–bería** f PR ⟨fig⟩ *Gerissenheit* f
jaibol m Mex *Cocktail, Highball* m
Jai|me m np *Jakob* m ‖ **~** *el Conquistador* ⟨Hist⟩ *Jakob* m *der Eroberer (1208–1276)*
jaique m *Haik, Überwurf* m *(der Nordafrikaner)*
△ **jairó** adj *dünn*
¡ja, ja, ja! onom *hahaha! (Lachen)*
jal(e) m Mex *Bimsstein* m ‖ *(grober) goldhaltiger Schwemmsand* m
ja|la f Col *Rausch* m, *Trunkenheit* f ‖ **–lado** adj *Am betrunken* ‖ MAm Col *krankhaft bleich aussehend* ‖ ◇ *no ser tan* **~** *para ... Mex nicht liebenswürdig genug sein, um ...*
jalapa f ⟨Bot⟩ *Jalapa-Wunderblume* f *(Mirabilis jalapa)* ‖ ⟨Pharm⟩ *Jalapenwurzel* f ‖ *Jalapenharz* n

¹**jalar** vt/i ⟨fam⟩ *ziehen, zu* s. *heranziehen* ‖ ⟨pop⟩ *essen, verschlingen* ‖ *¡jala y jala!* ⟨pop⟩ *immer zu!*
²**jalar** vi Pe *durchfallen, nicht bestehen (Prüfung)* ‖ Dom ⟨fig⟩ *ab|nehmen, -magern*
³**jalar** vi CR *flirten*
¹**jalarse** vr Cu s. *beschwipsen*
²**jalarse** vr Am s. *davonmachen, Reißaus nehmen* ‖ ◇ *no* **~** *con alg.* Mex s. *mit jdm schlecht vertragen*
jalbe|gar [g/gu] vt *weißen, tünchen* ‖ **–gue** m *Kalktünche* f ⟨fig lit⟩ *(weiße) Schminke* f
jalca f Pe *Bergerhebung* f *(in den Anden)*
jalde, jald(ad)o adj *(hoch)gelb*
jalea f *Gelee* n (& m), *Gallert* n ‖ **~** *de membrillo Quittengelee* n (& m) ‖ **~** *real Gelée* f *royale*
jale|ar vt/i ⟨Jgd⟩ *(an)hetzen (Hunde)* ‖ And *(Tänzer, Sänger) durch Händeklatschen usw. aufmuntern, anfeuern* (bes. *beim Flamenco*) ‖ Chi *belästigen* ‖ **–o** m ⟨Jgd⟩ *(An)Hetzen* n *der Hunde* ‖ *Tanzfest* n ‖ *Jaleo* m *(ein and. Volkstanz)* ‖ ⟨fam⟩ *lustiger Rummel* m ‖ ⟨fam⟩ *Radau, Krach, Lärm* m ‖ ⟨fam⟩ *Wirrwarr* m, *Durcheinander* n ‖ ◇ *armar* **~** ⟨fam⟩ *Radau machen* ‖ *armarse uno un* **~** ⟨fam⟩ s. *in e–e dumme Situation bringen* ‖ *meter a alg. en un* **~** *jdn in unangenehme Dinge verwickeln*
jalera f Cu *Rausch* m, *Trunkenheit* f
jaletina f ⟨pop⟩ *feines Obstgelee* n (& m) ‖ → **gelatina**
jali|fa m *marokkanischer Kalif* m *(im ehemal. span. Protektorat)* ‖ Marr *Statthalter, Stellvertreter* m ‖ **–fato** m Marr *Kalifat* n
jalisco adj Mex ⟨joc⟩ *betrunken* ‖ **~** m *Jaliscohut, großer Strohhut* m *aus Jalisco*
△ **jallares** mpl *Geld, Vermögen* n
jalleiro adj/s *aus Santa Comba* (P Cor) ‖ *auf Santa Comba bezüglich*
△ **jalli|pear** vt *gierig verschlingen* ‖ **–pén** m *Essen* n ‖ **–pí** m *Hunger* m ‖ *Durst* m
jallo adj *zimperlich* ‖ *nörglerisch* ‖ *prahlerisch*
¹**jalón** m ⟨Top⟩ *Absteckstange* f *Fluchtlatte* f ‖ *Land-, Grenz|marke* f ‖ ⟨fig⟩ *Markstein* m ‖ Mex Bol Chi *Strecke* f ‖ **~** *de alineación* ⟨Top⟩ *Visierstab, Richtpfahl* m ‖ **~** *de estación* ⟨Top⟩ *Fluchtstab* m ‖ **~** *de medir* ⟨Top⟩ *Vermessungsstange* f
²**jalón** m Am *Ruck, Zug* m ‖ MAm ⟨fig⟩ *Verehrer* m
jalona f MAm *kokette Frau* f ‖ *launische Frau* f
jalonador m ⟨Mil⟩ *Verbindungsmann* m
jalo|namiento m ⟨Top⟩ *Abpfählung* f ‖ **–nar** vt *ab|stecken, -pfählen, markieren* ‖ ⟨Mil⟩ *ausmessen* ‖ ⟨Mil⟩ *abgreifen* (en el mapa *auf der Karte*) ‖ ⟨fig⟩ *säumen* ‖ ◇ *su existencia estuvo jalonada de fracasos* ⟨fig⟩ *sein Leben war e–e Kette von Misserfolgen* ‖ **–nero** m ⟨Top⟩ *Messgehilfe* m
jaloque m *Südostwind* m *(→ auch siroco)*
jamaica f Mex ⟨Bot⟩ *Hibiskuskraut* n
Jama|ica f ⟨Geogr⟩ *Jamaika* n ‖ **~** Mex *Wohltätigkeitsfest* n ‖ **–cano, –quino** adj *aus Jamaika* ‖ *auf Jamaika bezüglich* ‖ **~** m *Jamaikaner* m
ja|mancia f ⟨pop⟩ *Essen* n ‖ **–mar** vt ⟨pop⟩ *essen,* ⟨pop⟩ *ver|schlingen, -drücken*
jamás adv *niemals, nie* ‖ *jemals, je* ‖ (**~**) *por* **~**, *nunca* **~** (fam [en] **~** *de los jamases*) *nimmermehr* ‖ ⟨fam⟩ *nie und nimmer* ‖ ⟨fam⟩ *nicht im Traum* ‖ *por siempre* **~** *auf ewig* ‖ *¿has visto* **~** *un caso parecido? hast du so e–n Fall jemals gesehen?* ‖ → auch **nunca**
jamba f *Tür-* bzw *Fenster|pfosten* m
jambado adj Mex ⟨fam⟩ *verfressen*

jambaje m ⟨Arch⟩ Tür- bzw Fenster|rahmen m
jam|barse vr Mex s. voll|fressen od -stopfen ‖
–bazón f Mex ⟨pop⟩ Fressen n ‖ Übersättigung f
jámbico adj → **yámbico**
¹jambo m → **¹yambo**
△ **²jambo** m (Ehe)Mann m ‖ Geliebte(r) m
jambosa f ⟨Bot⟩ Jambuse f (Jambosa vulgaris)
△ **jamelar** vt essen, verschlingen
jamelgo m ⟨fam⟩ Klepper m, Schindmähre f
jamerdana f Abfallgrube f des Schlachthofes
¹jamón m Schinken m ‖ ~ de bellota Schinken
m von Schweinen, die mit Eicheln gefüttert
werden ‖ ~ crudo roher Schinken m ‖ ~ (en)
dulce gekochter Schinken m ‖ ~ de Parma
Parmaschinken m ‖ ~ serrano Land-, Berg-,
Serrano|schinken m ‖ ~ de York gekochter
Schinken m ‖ ¡y un ~ (con chorreras)! (iron) das
kommt nicht in Frage! denkste! (ja,) Pustekuchen!
△ **²jamón** m Lohn m
jamona f/adj (fam) wohlerhaltene, mollige
Frau f mittleren Alters ‖ (fam) Fettpolster
anlegende, rüstige Frau f ‖ **–za** f/adj ⟨fam⟩ augm
von **jamona**
jámparo m Col Schaluppe f
jampudo adj dick und kräftig (Mensch)
jamuga(s) f(pl) Frauen-, Quer|sattel m
jamurar vt ⟨Mar⟩ (Wasser) ausschöpfen ‖ Col
(Wäsche) auswringen
¹jan m → **khan**
²jan m Cu Pfahl m
jana f Brunnen-, Wasser|holde f ‖ Nixe f
janano adj MAm hasenschartig
jándalo adj/s ⟨fam⟩ andalusisch ‖ im
kantabrischen Gebiet: der andalusische Sitten
und Spracheigentümlichkeiten angenommen hat
△ **jan|daripén, –dorro** m Geld m
janear vt Cu (Pfähle) ein|schlagen, -pfählen ‖
⟨fig⟩ über (ein Tier) hinwegspringen ‖ **~se** Cu
stehen bleiben
janeirino adj aus Rio de Janeiro ‖ auf Rio de
Janeiro bezüglich
jangada f → **gansada** ‖ ⟨Mar⟩ Rettungsfloß n ‖
Am Floß n
Ja|nín np ⟨pop⟩ dim von **Juan** ‖ **–nina** →
Juana
Jano m ⟨Myth⟩ Janus m
△ **janrelles** mpl Hoden fpl
△ **janró** m Säbel m
janse|nismo m ⟨Rel⟩ Jansenismus m ‖ **–nista**
adj (m/f) jansenistisch ‖ m/f ⟨Rel⟩ Jansenist(in f)
m, Anhänger(in f) m des Theologen Cornelius
Jansen (1585–1638)
jantina f ⟨Chem⟩ Xanthin n
Jantipa f np Xanthippe f
△ **jañar** vi harnen ‖ stinken
△ **jañí** m Quelle f
△ **jañiqué** m Brennen n
Japón ⟨Geogr⟩: el → Japan n
japo|nense (m/f), **–nés** adj japanisch ‖ **–nés** m
Japaner m ‖ el ~ die japanische Sprache, das
Japanische ‖ **–nismo** m ⟨Kunst⟩ Japonismus m
japuta f ⟨Fi⟩ Bläuel m (Lichia glauca) ‖ ⟨Fi⟩
Sternseher, Meerpfaff m (Uranoscopus scaber)
japutamo m Bol ⟨Zool⟩ → **filaria**
jaque m Schach m (Zuruf im Schachspiel) ‖
⟨figf⟩ Angeber, Aufschneider, Prahlhans m ‖ ◇
dar ~ Schach bieten ‖ dar (od poner) ~ mate
(schach)matt setzen ‖ tener en ~ ⟨fig⟩ im Schach
halten ‖ ~ (y) mate schachmatt ‖ ¡~ a la reina!
gardez! Schach n der Königin!
jaqué m Mex → **chaqué**
jaquear vt/i Schach bieten (dat) ‖ ⟨fig⟩ im
Schach halten
jaque|ca f ⟨Med⟩ (einseitiges) Kopfweh n,
Migräne f ‖ ◇ dar ~ Migräne bekommen ‖ dar ~

a alg. ⟨figf⟩ jdm auf die Nerven fallen ‖ **–coso** adj
an Migräne leidend ‖ ⟨figf⟩ lästig
jaquelado adj ⟨Her⟩ schachbrettartig ‖
quadratisch geschliffen (Edelstein)
jaquemate m Schachmatt n
jaquetilla f kurze Jacke f
¹jaquetón m ⟨fam⟩ Angeber, Aufschneider,
Prahlhans m
²jaquetón m ⟨Fi⟩ Weiß-, Menschen|hai m
(Carcharodon carcharias)
³jaquetón m → **chaquetón**
¹jáquima f Strickhalfter m (& n)
²jáquima f CR Betrug m ‖ Guat Salv Rausch m
△ **jar** vi harnen
¹jara f Wurfspieß m ‖ Pfeil m
²jara f ⟨Bot⟩ (Labdanum) Zistrose f (Cistus
ladanifer[us]) ‖ Mex Guat Pfeil m ‖ Mex ⟨Bot⟩
versch. Pflanzen ‖ Bol Rast f
¹jarabe m Sirup m ‖ ~ (de pico) Geschwätz n
‖ leere Versprechungen fpl ‖ ~ medicinal
Arzneisirup m ‖ ~ de palo ⟨figf⟩ Tracht f Prügel
‖ ~ pectoral Brustsirup m ‖ Hustensaft m ‖ ◇ dar
~ a alg. jdm schmeicheln, jdm Honig um den
Bart schmieren
²jarabe m Mex ein mexikanischer Tanz
jarabear vt/i (laufend) Sirup verschreiben
(bzw einnehmen) ‖ **~se** Sirup einnehmen
jaracabla f ⟨V⟩ → **alondra**
jaral m Zistenfeld, mit Zistrosen bestandenes
Gelände n ‖ Gestrüpp, Dickicht n ‖ ⟨fam⟩ Patsche
f ‖ ⟨fig⟩ Wirrwarr m
jaramago m ⟨Bot⟩ Doppelsame m (Diplotaxis
sp)
△ **jarampero** m Schmuggler m
jaramugo m ⟨Fi⟩ Jungfisch m
¹jarana f ⟨fam⟩ Lärm m ‖ lärmende
Fröhlichkeit f ‖ Volksvergnügen n ‖ ⟨fig⟩ Zank,
Streit m ‖ ⟨fig⟩ Falle f, ⟨fam⟩ Lug und Trug m ‖
Bol Pe Tanzvergnügen n ‖ Ant SAm Spaß, Scherz
m ‖ MAm Schuld f ‖ ◇ andar od ir de ~ → andar
od ir de juerga ‖ → **jaranear**
²jarana f → **jaranita**
jara|cia f (Mar) lärmen, poltern ‖ **–nero**
adj/s spaßliebend, immer lustig, stets froh
gestimmt, ⟨fam⟩ stets fidel ‖ MAm Schwindler m
‖ Mex Jaran(it)aspieler m
jaranita f Mex kleine Gitarre f
jarano m grauer bzw weißer Filzhut m
△ **jarapa** f ⟨Th⟩ Vorhang m
jarapote m Ar And → **potingue** ‖ → **jaropeo**
jararacá m ⟨Zool⟩ Schararaka f (Bothrops
lanceolatus)
jarca f Marr → **harca**
jar|near vi (Mar) Tau, Seil n ‖ Fischergerät n ‖
⟨fig⟩ Haufe(n) m ‖ Sant ⟨fig desp⟩ Gesindel n ‖
~s pl ⟨Mar⟩ Takelwerk n ‖ **–ciar** vt → **enjarciar**
jarcio adj Mex betrunken
¹jardín m (Lust-, Zier)Garten m ‖ ~ botánico
botanischer Garten m ‖ ~ colgante hängender
Garten m ‖ Lustgarten m ‖ ~ de infancia, Arg ~
de infantes Kindergarten m ‖ ~ a la inglesa engl.
Park m ‖ ~ pomológico Obstgarten m ‖ ~
público de recreo Erholungspark, öffentlicher
Lustgarten m ‖ ~ rocoso Steingarten m ‖ ~
zoológico Tier|park, -garten, zoologischer Garten,
Zoo m ‖ jardines municipales Stadtpark m
²jardín m Fleck m im Smaragd
³jardín m ⟨Mar⟩ Schiffsklosett n
△ **⁴jardín** m Markt m
jardinear vi im Garten arbeiten, ⟨fam⟩ gärteln
¹jardinera f Gärtnerin f ‖ Gärtnersfrau f ‖
Blumen|tisch, -ständer m, Jardiniere f ‖
Blumenkasten m ‖ Pflanzenkübel m ‖ ♦ a la ~
⟨Kochk⟩ mit Gemüsebeilage ‖ **~-educadora** f
Kindergärtnerin f

²jardinera f offener (Straßenbahn)Anhänger m ‖ ⟨Hist⟩ Kremser m (Wagen)
jardine|ría f Gärtnerei f ‖ Gartenkunst f ‖ Gartenarbeit f ‖ **–ro** m Gärtner m ‖ ~(-)**paisajista** Landschaftsgärtner m ‖ **–te** m Am Grünanlage f
jare|a f Mex → **gazuza** ‖ **–arse** vr Mex vor Hunger sterben ‖ Mex fliehen ‖ Mex schaukeln, schwingen
jare|ta f Durchzug, Bund, Saum m (zum Durchziehen e–s Bandes) ‖ Biese f ‖ ⟨Mar⟩ Verstärkungstau n ‖ CR Hosenlatz m ‖ Ven Unannehmlichkeit f ‖ **–tón** m breiter Saum m
jargón m Jargon m (e–e Abart von Zirkon)
jarife m → **jerife**
jarifo adj ⟨fam⟩ stattlich ‖ prunkvoll ‖ ⟨fig⟩ stolz
jarillo m ⟨Bot⟩ → **²aro**
jaripeo m Mex Rodeo m (& n) ‖ Bol Ritt m auf e–m Stier
jaro m ⟨Bot⟩ → **²aro** ‖ Gestrüpp, Dickicht n
jarocho adj ⟨reg⟩ grob, unhöflich ‖ ~ m Mex Bauer m des Küstenlandes bei Veracruz
△ **jaroí** m Mehl n
jaro|pe m (Arznei)Sirup m ‖ ⟨fam⟩ Ge|bräu, -söff n ‖ **–peo** m ⟨fam⟩ (laufendes) Schlucken n von (Husten)Säften
¹jarra f (ein- od zweihenk(e)liger) Krug m ‖ henkelloses irdenes Gefäß n ‖ (Blumen)Vase f ‖ Öl-, Wasser|krug m ‖ ◇ ponerse en ~s die Hände in die Seiten stemmen ‖ ⟨figf⟩ s. brüsten, protzen
²¡jarra! Am → **¡arre!**
jarrazo m augm von **jarro** ‖ Schlag m mit e–m Krug
jarrear vt ⟨fig⟩ sehr stark regnen, ⟨fig⟩ wie aus Kannen gießen ‖ vi mit dem Krug schöpfen ‖ mit e–m Krug zuschlagen
jarrepas fpl Sant (Art) Maisbrei m
jarre|ro m Krugmacher m ‖ **–ta** f dim von **jarra**
jarretar vt ⟨fig⟩ (jdm) die Kraft nehmen ‖ entmutigen ‖ → **desjarretar**
jarre|te m ⟨An⟩ Kniekehle f ‖ Sprunggelenk n (beim Pferd) ‖ ~ de ternera Kalbskeule f ‖ **–tera** f Knie-, Strumpf|band n
jarrito m dim von **jarro**
ja|rro m einhenk(e)liger (irdener od gläserner) Krug m (mit Schnabel) ‖ Henkelkrug m ‖ Kanne f ‖ Humpen m ‖ (Blumen)Vase f ‖ ~ para la leche Milchtopf m ‖ ~ para cerveza Bier|krug m, -kanne f ‖ un ~ de cerveza ein Krug m, e–e Maß f Bier ‖ ~ decorativo Ziervase f ‖ ~ para la leche Milchtopf m ‖ ~ refrigerante Kühlkrug m ‖ ◆ a ~s (fam) in Überfluss ‖ ◇ echarle a uno un ~ de agua fría ⟨fig⟩ jdm e–e kalte Dusche verabreichen ‖ **–rrón** m großer Krug m ‖ große Blumen-, Porzellan|vase f
△ **jas** m Husten m
jasar vt → **sajar**
Jasón m ⟨Myth⟩ Jason m
jas|pe m Jaspis m ‖ **–peado** adj/s gesprenkelt, marmoriert, geädert (z.B. Papier, Buchschnitt) ‖ **–pear** vt sprenkeln, aufsprengen, marmorieren, adern ‖ ⟨Text⟩ jaspieren
jaspiar vt Guat ⟨fam⟩ essen
¹jatear vt Sal wickeln (Säugling)
²jatear vi/r CR ⟨fig⟩ streiten
jateo m ⟨Jgd⟩ Fuchshund m
jatico m Guat Babykorb m
jativés adj/s aus Játiva (P Val) ‖ auf Játiva bezüglich
jato m Kalb n
jaudo adj Murc fad(e)
jauja f Am ⟨fam⟩ Lüge, Ente f
Jauja f Jauja f (Gegend von sprichwörtlicher Üppigkeit in Peru) ‖ ⟨fam⟩ Goldland, Eldorado n ‖ ⟨fam⟩ Schlaraffenland n ‖ ◇ vivir en ~ ⟨figf⟩ wie (der Herr)Gott in Frankreich leben
jau|la f Käfig m (& Tech) ‖ (Vogel)Bauer n ‖ Zelle f für Tobsüchtige ‖ Lattenkiste f ‖ ⟨Bgb⟩ Förderkorb, Fahrstuhl m ‖ ⟨Auto⟩ Box f, geschlossener Stand m (in e–r Großgarage) ‖ ⟨Tech⟩ Materialbox f ‖ Laufstall m (für Kleinkinder) ‖ ⟨fig⟩ Gefangenenwagen m, ⟨pop⟩ grüne Minna f ‖ ~ del ascensor Fahr(stuhl)korb m ‖ ~ de Faraday (El) Faradayscher Käfig m ‖ ~ para ganado ⟨EB⟩ Viehwagen m ‖ **–lera** f ⟨pop⟩ grüne Minna f ‖ augm: **–lón**
jauría f Meute, Koppel f Jagdhunde
jauto adj Ar fad(e)
java f Java m (Tanz)
Java f ⟨Georg⟩ Java n (Insel)
javanés adj javanesisch ‖ ~ m Javaner m
javelización f Behandlung f mit e–r wäss(e)rigen Kaliumhypochloritlösung
Javier m np Xaver m
jayán m rüstiger, kräftiger Mensch m ‖ grober Kerl m
jayón m Sant uneheliches Kind n
jaz|mín m ⟨Bot⟩ Jasmin m (Jasminum spp) ‖ **–míneo** adj jasminartig ‖ ⟨fig poet⟩ (schnee)weiß
jazz [ias] m ⟨Mus⟩ Jazz m ‖ ~ dixieland Dixieland-Jazz m ‖ **–ista** m/f Jazzmusiker(in f) m ‖ **–ístico** adj Jazz-
J.C. ⟨Abk⟩ = Jesucristo ‖ a. (d.) de J.C. = antes (después) de Jesucristo vor (nach) unserer Zeitrechnung
J.D. ⟨Abk⟩ = Junta Directiva
J. de G. ⟨Abk⟩ = Junta de Gobierno
je- → **ge-, he-**
jeans mpl ⟨Text⟩ Bluejeans, Jeans pl
¹jebe m → **alumbre** ‖ Col Chi Pe → **caucho**
△ **²jebe** m Loch n
△ **jeco** m Eis n
jedar vt Sant werfen (Kuh, Sau)
jedive m ⟨Hist⟩ Khedive m (Vizekönig von Ägypten)
jeduque m ⟨Hist⟩ Heiduck m
jeep m Jeep m
je|fa f ⟨fam⟩ Oberin, Vorsteherin, Chefin f ‖ **–fatura** f Vorsitz m ‖ Leitung, Direktion f (e–r Behörde) ‖ (obere) Behörde f ‖ (oberste) Führung f ‖ ~ del Estado Amt n des Staats|oberhaupts, -chefs ‖ p. ex Staats|oberhaupt n, -chef m ‖ ~ de policía Polizei|direktion f, -präsidium n ‖ **–fazo** m ⟨fam joc⟩ Chef, Boss m ‖ **-fe** m (Ober)Haupt n ‖ Führer m ‖ Vorgesetzte(r), Vorsteher, Obmann m ‖ Chef m (e–r Firma) ‖ (An)Führer, Befehlshaber m ‖ ~ de batallón Bataillonskommandeur m ‖ ~ de crónica ⟨Ztg⟩ Redakteur m des Tagesberichts ‖ ~ del escudo ⟨Her⟩ Schildhaupt n ‖ ~ de estación ⟨EB⟩ Bahnhofsvorsteher m ‖ ~ de maniobra ⟨EB⟩ Wagenmeister m ‖ ~ de negociado etwa: Abteilungsleiter m ‖ ~ de partido Parteivorsitzender m ‖ ~ de personal Personal|leiter, -chef m ‖ ~ de (la) recepción Empfangschef m ‖ ~ de ruta Reiseleiter m ‖ ~ de sección Abteilungsleiter m ‖ Sektionschef m ‖ ⟨Mil⟩ Zugführer m ‖ ~ de servicio ⟨EB⟩ Fahrdienstleiter m ‖ ~ de taller Werk|führer, -meister m ‖ ~ de tren Zugführer m ‖ ~ de ventas ⟨Com⟩ Verkaufsleiter m
Jehová m np ⟨Rel⟩ Jahve, Jahwe, Jehova(h) m
¡je, je, je! onom hehehe! (Lachen)
jején m Am (kleine) Stechmücke f (verschiedene Arten) ‖ Mex ⟨fig⟩ Unmenge f ‖ ⟨fig⟩ Hülle und Fülle f ‖ ◇ saber dónde el ~ puso el huevo Cu PR äußerst klug sein
△ **je|lanó** m Liebhaber m ‖ **–lar** vt lieben ‖ **–len, –lí** m Liebe(lei) f

jeme *m Spanne* f *(früheres Längenmaß)*
jémer *m Khmer* m ‖ *los ~es rojos die roten
Khmer* ‖ ⟨figf⟩ *schönes Frauengesicht,* ⟨fam⟩
Lärvchen n
jemique|ar vi → **gimotear** ‖ **-o** *m* →
-gimoteo
jena|be, -ble *m* ⟨Bot⟩ → **mostaza**
jengibre *m* ⟨Bot⟩ *Ingwer* m (Zingiber
officinale) ‖ *Ingwer* m *(Gewürz)*
¹**jenízaro** *m/adj* ⟨Hist⟩ *Janitschar* m *(türkischer
Soldat)* ‖ Mex ⟨fam⟩ *Gendarm* m
²**jenízaro** *m* Mex *Abkömmling* m *e–s cambujo
und e–r china*
jenjibre *m* → **jengibre**
△ **jenlí** *m Hammel* m
jenny *f* ⟨Text⟩ *Wagenspinner* m
Jenofonte *m* np *Xenophon* m
△ **jentivar** *m September* m
jeque *m Scheich* m ‖ *~ del petróleo Ölscheich*
m
jer. ⟨Abk⟩ = **jeringa**
¹**jera** *f* Sal *Tagelohn* m ‖ Zam *Beschäftigung* f
‖ Extr ⟨fig⟩ → **yugada**
²**jera** *f Behaglichkeit* f ‖ *Fest|essen* n, *-schmaus*
m ‖ Al *Liebenswürdigkeit* f
jerarca *m Hierarch* m ‖ ⟨fig⟩ *Würdenträger* m
je|rárquico adj *hierarchisch* ‖ *nach der
Rangordnung* ‖ ◆ *por la vía ~a auf dem
Dienstweg* ‖ **-rarquizar** [z/c] vt *rangmäßig
gliedern* ‖ *nach Bedeutung einstufen* ‖ **-rarquía** *f
Hierarchie* f ‖ ⟨fig⟩ *Abstufung* f ‖ *Rang* m,
-ordnung f
jerbo *m* ⟨Zool⟩ *(Wüsten)Springmaus* f (Jaculus
sp ‖ Dipus sp)
△ **jere** *m Mensch* m
jere|miada *f* ⟨fam⟩ *Klagelied* n ‖ ⟨fig⟩
Jammerreden fpl, *Jeremiade* f ‖ ⟨fig⟩ *Gejammer* n
‖ **-mías** *m* np *Jeremias* m ‖ ⟨fig⟩ *wehleidiger
Mensch* m ‖ **-miquear** vi Am *jammern* ‖ **-miqueo**
m Am ⟨fam⟩ *Gejammer* n
Jerez *m* [Stadt] *Jerez de la Frontera* ‖ *~ m*
⟨fig⟩ *Jerezwein, Sherry* m ‖ *~ dulce süßer
Jerezwein* m ‖ *~ seco trockener Jerezwein* m
¹**jerga** *f* ⟨Text⟩ *grobe Leinwand* f ‖ *Strohsack*
m
²**jerga** *f Kauder-, Rot|welsch* n ‖ ⟨fig⟩ *Jargon*
m ‖ *Sondersprache* f ‖ *unverständliche,
komplizierte Sprache* f ‖ ⟨fig⟩ *Berufssprache* f ‖
⟨fam⟩ *Quatsch* m ‖ *~ de delincuentes, ~ del
hampa Gauner-, Ganoven|sprache* f, *Rotwelsch* n
‖ *~ de presidio Geheimsprache* f *der Häftlinge* od
Zuchthäusler
jergal adj *(m/f) Jargon-*
jergón *m Bett-, Stroh|sack* m ‖ ⟨fig⟩ *schlecht
passende Kleidung* f, ⟨fam⟩ *Sack* m ‖ ⟨fam⟩
Dickwanst m
jerguilla *f* ⟨Text⟩ *leichter Stoff* m *(aus Seide
od Wolle)*
△ **jeria** *f Fuß* m ‖ *Bein* n
jeribeque *m Grimasse* f ‖ ◇ *hacer ~s
Grimassen schneiden*
Jericó: *rosa de ~ Jerichorose* f (Anastatica
hierochuntica)
jerifalte *m* → **gerifalte**
jeri|fe *m Scherif* m *(arab. Titel)* ‖ **-fiano** adj
Scherifen-
jerigonza *f Kauder-, Rot|welsch* n ‖
Gaunersprache f ‖ → auch **jerga** ‖ ⟨figf⟩
sonderbares, lächerliches Treiben n
jerin|ga *f (Injektions)Spritze* f ‖ *Klistierspritze*
f ‖ *Brätspritze* f, *Stopftrichter* m *(für die
Wurstbereitung)* ‖ *Krem-, Schokoladen|spritze* f
(für Torten usw.) ‖ *~ aspirante Saugspritze* f ‖ *~
ocular* ⟨Med⟩ *Augen|dusche, -spritze* f ‖ ◆ ¡qué
~! ⟨pop⟩ *wie unangenehm!* ‖ *wie langweilig!* ‖

-gar (g/gu) vt *(ein)spritzen* ‖ *e–e Spritze geben* (a
alg. *jdm*) ‖ ⟨figf⟩ *quälen, plagen* ‖ ⟨euph⟩ *für*
joder ‖ *~se* ⟨fig⟩ (euph *für* **joderse**) ‖ *s.
belästigen lassen (müssen)* ‖ *s. (widerwillig) (mit
et.) abfinden müssen* ‖ *s. langweilen* ‖ ◇ ¡no me
jeringues! ⟨pop⟩ *lass mich in Frieden!* ‖ *fall mir
nicht auf den Wecker!* ‖ → auch **fastidiarse** ‖
-gazo *m* ⟨fam⟩ *Einsprit|zung* f, *-zen* n ‖ *Strahl* m
aus der Spritze ‖ **-guear** vt ⟨pop⟩ *belästigen,
plagen*
¹**jeringuilla** *f* dim von **jeringa**
²**jeringuilla** *f* ⟨Bot⟩ *Falscher Jasmin,
Pfeifenstrauch* m (Philadelphus sp)
Jerjes *m* np ⟨Hist⟩ *Xerxes* m
△ **jerminachí** *f Biene* f
△ **jeró** *m Kopf* m
jeroglífico adj *hieroglyphisch* ‖ ⟨fig⟩ *rätselhaft*
‖ *~ m Hieroglyphe* f ‖ *Hieroglyphenschrift* f ‖
⟨fig⟩ *Geheimnis, Rätsel* n ‖ *Rebus* m,
(Bilder)Rätsel n ‖ ⟨fig⟩ *unverständliche Schrift
bzw Rede bzw Sprache* f
jerónimo *m/adj Hieronymit,
Hieronymitenmönch* m
Jerónimo *m* np *Hieronymus* m
jerosolimita(no) adj *aus Jerusalem,
jerusalemitisch* ‖ *~ m Jerusalemit* m
jerpa *f* ⟨Agr⟩ *unfruchtbare Rebe* f
△ **jerre** *m Gendarm* m
jerrycan *m Kanister* m
jersey *m Pull(over)* m ‖ *feines Garn* n
Jersey *m* ⟨Geogr⟩ *Jersey* n
Jerusalén *f* [Stadt] *Jerusalem* n
jeruza *f* ⟨fam⟩ *Gefängnis* n, ⟨fam⟩ *Kittchen* n,
⟨pop⟩ *Knast* m
△ **jestiá** *f Gedanke* m
Jesucristo *m* np *Jesus Christus* m (→ auch
Jesús)
jesu|ita *m/adj Jesuit* m (& fig) ‖ ⟨fig⟩ *Heuchler*
m ‖ ⟨fig⟩ *schlauer Fuchs* m ‖ **-ítico** adj *jesuitisch*
‖ ⟨fig⟩ *heuchlerisch (und schlau)* ‖ **-itismo** *m
Jesuitentum* n ‖ ⟨fig⟩ *Heuchelei, Hinterlistigkeit* f
△ **Jesunvay** *m* np *Jesus* m
Jesús *m* np *Jesus* m ‖ *~ Nazareno Jesus* m *von
Nazareth* ‖ *~ del Gran Poder berühmte, tragbare
Christusstatue in Sevilla* ‖ ◇ *es un ~* ⟨figf⟩ *es ist
wonnig (Kind), es ist ein kleines Engelchen
(Kind)* ‖ *en un (decir) ~* ⟨figf⟩ *in e–m Nu, im
Handumdrehen* ‖ *morir sin decir ~* ⟨fig⟩ *plötzlich
sterben* ‖ ¡~! *herrje! herrjemine!* ⟨reg⟩
herrjesses! ‖ ¡~! *Gesundheit!* (Heilwunsch beim
Niesen, worauf ¡gracias! erwidert wird)
Jesusa *f* np *span. Frauenname*
jesusear vi *laufend „Jesús!" (in der Rede)
wiederholen*
jet [-iet] *m* ⟨Flugw⟩ *Jet* m
¹**jeta** *f dicke Lippe* f ‖ *(Schweins)Rüssel* m ‖
Gebrech n *(des Wildschweins)* ‖ ⟨fig pop⟩ *Fratze,
Visage, Schnauze* f, *Rüssel* m
²**jeta** *m un|verschämter, -verfrorener Kerl* m
³**jeta** *f* ⟨reg vulg⟩ → ¹**coño** ‖ Ar → **espita** ‖
And ⟨pop⟩ → **seta**
jetazo *m* Ar Murc *Ohrfeige* f
jet-lag [-iet] *m Jet-lag* m ‖ **--set** *m Jet-set* m ‖
--setter *m Jett-setter* m
jetta(tura) ⟨it⟩ *f Verhexung* f, *böser Blick* m
je|tón, -tudo adj *dicklippig* ‖ *mit
vorspringender Schnauze*
Jhs. ⟨Abk⟩ = **Jesús**
ji *f griech.* χ *(X), Chi* n
ji- → auch **gi-, hi-**
jiba *f* → **giba**
jíba|ra *f/adj* Dom *leichtes Mädchen* n ‖ *Dirne* f
‖ **-rear** vi Dom → **coquetear**
¹**jíbaro** adj/s Am *wild* ‖ *verwildert* ‖
bäu(e)risch ‖ *ungesellig* ‖ Hond *stattlich (Mann)*

²**jíbaro** *m* → **jívaro**
△ **jibé** *m Schnee* m
jibia *f* ⟨Zool⟩ *(Gemeiner) Tintenfisch* m (Sepia officinalis) ‖ *Schulp* m *des Tintenfisches*
△ **jibilén** *m Brunnen* m
jibión *m (Kalk)Schulp* m *des Tintenfisches, Sepiaschale* f ‖ Sant → **calamar**
jibo|sidad *f* ⟨fig⟩ *Unebenheit* f ‖ *las* ~es del camino *die Unebenheiten des Weges* ‖ **–so** adj → **giboso**
¹**jícara** *f (kleine) Schokoladentasse* f ‖ *Kaffee-, Tee|tasse* f ‖ ⟨El⟩ *Isolator* m
²**jícara** *f* MAm *Frucht* f *des Kürbisbaums* ‖ *Trinkschale* f *aus dem Baumkürbis*
jicarazo *m Schlag* m *mit e–r* jícara ‖ ⟨figf⟩ *Giftmord* m
jicarón *m* augm von **jícara**
¹**jicote** *m* Mex *Wespe* f
²**jicote** *f* Am Mex ⟨Zool⟩ *Zierschildkröte* f (Chrysemys sp)
jicotera *f* MAm *(Wespen)Summen, Wespennest* n ‖ (fig) *Krach, Lärm* m ‖ ⟨fig⟩ *Krawall* m
△ **jidipén** *m Schmutz* m ‖ *Bosheit* f
jiennense adj/s *(m/f) aus Jaén* (Stadt und Provinz in Spanien) ‖ *auf Jaén bezüglich*
jifa *f Abfall* m *beim Schlachten*
jife|ría adj *dreckig, schmutzig* ‖ ~ *f Schlächterhandwerk* n ‖ ~ *m Schlächter* m ‖ *Schlachtmesser* n
jifia *f* → **pez** espada
jigger *m* ⟨Text⟩ *Jigger* m *(Breitfärbemaschine)*
jiguaga *f* ⟨Fi⟩ Cu *Stachelmakrele* f (Caranx spp)
jigüe *m* Cu *Nix, Wasserkobold* m
jija adj ⟨fam⟩ *dumm, blöd*
jijas *fpl* León Sal *Kraft* f
jije|ar vi Sal *juchhe(i)! rufen* ‖ **–o** *m* Sal *Juchhe(i)* n
¡**ji, ji, ji!** onom *hihihi! (Lachen)*
jijo|na *f* → **turrón** ‖ *e–e Weizensorte* f ‖ **–nenco** adj *aus Jijona* (P Ali) ‖ *auf Jijona bezüglich*
△ **jil** *m Luft* f
△ **jilé** *m*/adj *Dummkopf* m
jilguero *m* ⟨V⟩ *Stieglitz, Distelfink* m (Carduelis carduelis)
jili- → **gili-**
jilibioso adj Chi *weinerlich* ‖ *empfindlich (Pferd)*
jilimaestre *m* ⟨Mil⟩ *Schirrmeister* m
¹**jilo** *m* Am → **hilo** ‖ ◇ *de* ~ ⟨Am⟩ adv *entschlossen*
²**jilo** *m* MAm *grüner Maiskolben* m
jimba *f* Ec *Zopf* m
jimelga *f* ⟨Zim⟩ *Balkenverstärkung* f ‖ Mex *(Mast)Schalung* f
△ **jimiloy** *m Seufzer* m
△ **jimona** *f Mütze* f
△ **jina** *f Lohn* m
jinchera *f* PR ⟨pop⟩ *Schwellung* f
¹**jineta** *f* ⟨Zool⟩ *Genette, Genett-, Nordafrikanische Ginster|katze* f (Genetta genetta)
²**jineta** *f*: montar a la ~ *mit kurz geschnallten Steigbügeln reiten* ‖ tener los cascos a la ~ ⟨figf⟩ *kopflos handeln*
³**jineta** *f* Arg ⟨Mil⟩ *Tresse* f
jine|te *m Reiter* m ‖ ⟨Mil⟩ *Kavallerist* m ‖ *(leichtes) Reitpferd* n ‖ un ~ consumado *ein ausgezeichneter od vollendeter Reiter* m ‖ Cu ⟨figf⟩ → **sablista** ‖ **–tear** vt/i *herumreiten* ‖ ~ vt MAm Mex *zureiten (Pferde usw.)* ‖ **–teario** *m* Mex *schlechter Reiter* m
△ **jingalé** *m Hahnrei* m
¹**jinglar** vi *schaukeln* ‖ *schwanken*
△ ²**jinglar** vi *schnüffeln*

jingoísmo *m Hurrapatriotismus* m
jínjol *m* ⟨Bot⟩ → **azufaifa**
△ **jinochar** vt *entfernen*
jinojo *m* ⟨pop⟩ → ²**hinojo**
jinque|tazo, –te *m* PR *Faustschlag* m ‖ **–tear** vi PR *streiten*
¡**jip!** ⟨pop⟩ *auf!*
jip(i)ar vi *seufzen, schluchzen* (→ auch **hipar**) ‖ *schluchzend singen*
jipi adj → **hippie**
jípido adj *kläglich, weinerlich*
jipijapa *f* (fam **jipi** *m*): (sombrero de) ~ *Panamahut* m
jipío *m Klage* f *(im andal.* cante jondo) ‖ ~**s** *mpl* ⟨figf⟩ *Gejammer* n
jipo And = **hipo**
△ **jir** *m Kälte* f, *Frost* m
¹**jira** *f abgerissenes Stück* n *Zeug* ‖ *Fetzen* m
²**jira** *f Landpartie* f ‖ *Picknick, Mahl* n *im Freien* ‖ *Rundreise* f, *Ausflug* m ‖ ⟨Th⟩ *Tournee* f ‖ ~ campestre *Landpartie* f
jirafa *f* ⟨Zool⟩ *Giraffe* f (Giraffa camelopardis) ‖ ⟨figf⟩ *Hopfenstange* f *(Person)* ‖ ⟨Tech⟩ *(Mikrophon-, Ton)Galgen* m
jirapliega *f* ⟨Pharm⟩ *Purgierlatwerge* f
jirel *m Schabracke* f
△ **jiribí** *m Arglist* f
jiricaya *f* Mex ⟨Kochk⟩ *Pudding* m *(aus Eiern, Milch, Zucker und Zimt)*
¹**jirón** *m Volant, Besatz* m *(an Frauenkleidern)* ‖ ⟨Her⟩ *Ständer* m ‖ ⟨fam⟩ *(abgerissener) Fetzen* m ‖ hecho jirones *zerfetzt*
²**jirón** *m* Pe *Straße* f
jironado adj *zerfetzt* ‖ ⟨Her⟩ *geständert*
△ **jitarro** *m Fetzen* m
jitomate *m* MAm Mex *Tomate* f
jiu-jitsu *m* ⟨Sp⟩ *Jiu-Jitsu* n
jívaro *m Jivaro* m *(Angehöriger e–s Indianerstammes)*
△ **jiyabar** vi *singen*
¡**jo!** int → ¡**so!**
Joaquín *m* np *Joachim* m
joaquina *f* Arg ⟨joc⟩ *Nachttopf* m
job *m Job* m
Job *m* np ⟨Bibl⟩ *Hiob* m (& fig) ‖ el libro de ~ *das Buch Hiob* ‖ ◇ tener la paciencia de(l santo) ~ ⟨figf⟩ *e–e Hiobs-, Engels|geduld haben*
jocis|mo *m katholische Arbeiterjugendbewegung* f ‖ **–ta** *m/f Angehörige(r* m) f *der kath. Arbeiterjugendbewegung* (JOC = Juventud Obrera Católica)
jockey [*pl* **–eis**] *m Jockei* m
joco adj *sauer, scharf, gärend (Frucht)* ‖ *sauer, scharf (Speise, Geruch)*
jocó *m* → **orangután**
jocolote *m* Hond *Hütte* f
jocoque *m* Mex *Sauermilchkrem(speise)* f
joco|serio adj *halb im Spaß, halb im Ernst (Stil, Theaterstück)* ‖ ⟨fig⟩ *sauersüß* ‖ **–sidad** *f Scherzhaftigkeit* f ‖ *Schäkerei* f ‖ *Spaß* m, *Vergnügen* n ‖ **–so** adj *spaßhaft* ‖ *munter, lustig* ‖ *scherzend*
jocoyote *m* Mex *Benjamin* m, *jüngstes Kind* n
jocun|didad *f Fröhlichkeit* f ‖ **–do** adj *munter, fröhlich* ‖ *gefällig* ‖ *gemütlich*
jo|der vi/t ⟨vulg⟩ *bumsen, vögeln, ficken* ‖ ⟨fig vulg⟩ *plagen, ärgern, belästigen* ‖ *(jdm et.) vermasseln* ‖ *(jdn) abkanzeln*, ⟨pop⟩ *(jdn) zur Sau machen* ‖ *(et.) völlig kaputtmachen* ‖ ◇ ¡~! ⟨vulg⟩ *verflucht! verdammt noch mal!* ‖ ¡jódete! ⟨vulg⟩ *scher Dich zum Teufel! ätsch!* ‖ ¡que se joda! ⟨vulg⟩ *zum Teufel mit ihm (ihr)!* ‖ er (sie, es) soll *(nur) sehen, wie er (sie, es) (damit) fertig wird!* ‖ ¡no jodas! ⟨vulg⟩ *so was (gibt's ja gar nicht)!* ‖ ¡no me jodas! ⟨vulg⟩ *lass mich in*

Frieden! ‖ a mí ya no me jode Vd. más ⟨vulg⟩
von Ihnen lasse ich mir jetzt nichts mehr bieten ‖
~le a uno el empleo *(od* la plaza) ⟨vulg⟩ *jdn um
s–e Stellung bringen* ‖ ¡estoy –dido! ⟨vulg⟩ *ich
bin schön angeschmiert!* ‖ estoy –dido de las
muelas ⟨vulg⟩ *ich habe verdammte
Zahnschmerzen* ‖ ~**se** ⟨vulg fig⟩ *s. belästigen
lassen (müssen)* ‖ *s. abrackern* ‖ **–dienda** *f* ⟨vulg⟩
Bumsen, Vögeln, Ficken n ‖ ⟨vulg⟩ *Fick* m ‖ ⟨fig⟩
Plackerei, Schinderei f ‖ ⟨fig⟩ *Scheiße* f
   jofaina *f (Wasch)Becken* n
   joggin(g) [iogin] *m Jogging* n
   joint venture *m* ⟨Com⟩ *Jointventure* n
   △ **jojoy** *m Kaninchen* n
   jola *f* Mex *Geld* n, ⟨fam⟩ *Moneten* pl, *Zaster* m
   jolgorio *m →* **holgorio**
   ¡jo|**lín! ¡–lines!** ⟨pop⟩ (euph *für* **¡joder!**)
verflucht und zugenäht!
   jollín *m* ⟨fam⟩ *Radau, Tumult* m ‖ *→* **holgorio**
‖ ¡~! Vizc *Donnerwetter!*
   Jonas *m* np *Jona(s)* m *(Prophet)*
   Jonatán *m* np *Jonathan* m
   jondo adj And *→* **cante**
   jónico adj *ionisch* ‖ ~ *m Ionikus, ionischer
Vers* m ‖ ⟨Arch⟩ *ionischer Stil* m
   jonio adj *ionisch* ‖ ~ *m Ionier* m
   △ **jonjabar** vt *prellen* ‖ *plagen*
   jon|**jear** vt Chi *(jdn) verspotten* ‖ **–jero** *m
Spötter* m
   jonsista adj ⟨Hist⟩ *zu den JONS (Juntas de
Ofensiva Nacionalsindicalista) gehörend* (*→*
Falange)
   △ **jopa** *f Karst* m
   jo|**parse** vr ⟨pop⟩ *abhauen, verschwinden* ‖
–pear vi Nav *Hals über Kopf wegrennen*
   jopo *m →* **hopo** ‖ Bol *große Haarnadel* f
   jopona *f* ⟨And⟩ *Hase* m
   jora *f* SAm *vergorener Mais* m *(zur Bereitung
der* chicha*)*
   jordán *m* ⟨fig⟩ *Stätte* f bzw *Mittel* n *zur
Läuterung und Einkehr*
   Jordán *m* [Fluss]: el ~ *der Jordan*
   Jorda|**nia** *f* ⟨Geogr⟩ *Jordanien* n ‖ **⁼no** adj/s
jordanisch ‖ ~ *m Jordanier* m
   jorfe *m Trockenmauerwerk* n ‖ *steiler Fels* m
   jorge *m* ⟨Ins⟩ *Maikäfer* m *(Melolontha
melolontha)*
   Jorge *m* np *Georg* m
   jor|**guin** *m Zauberer, Hexenmeister* m ‖ **–guina**
f Hexe f *(→* **sorguina**) ‖ **–guinería** *f Zauberei* f
   jorja *f* Mex *Strohhut* m
   jorna|**da** *f (Tage)Reise* f ‖ *Reisedauer* f ‖
Tagewerk n ‖ *tägliche Arbeitsleistung* f ‖
Arbeitstag m ‖ *Arbeitszeit* f ‖ ⟨Mil⟩ *Tage(s)marsch*
m ‖ *Kriegstat* f ‖ *Lebensdauer* f ‖ ⟨fig⟩
Lebensende n ‖ ⟨Th⟩ *Akt* m, *Abteilung* f ‖ *Teil* m,
Abteilung f *(e–s Filmstückes)* ‖ ~ *continuada
durchgehende Arbeitszeit* f ‖ ~ *escalonada
gestaffelte Arbeitszeit* f ‖ ~ *flexible gleitende
Arbeitszeit* f ‖ ~ *de ocho horas Achtstundentag* m
‖ ~ *intensiva Sommerarbeitszeit, durchgehende
Arbeitszeit* f ‖ ~ *de marcha Tagesmarsch* m ‖ ~
de trabajo (Tages)Arbeitszeit f ‖ ◆ *al fin de la* ~
zum Schluss ‖ a grandes ~s ⟨Mil⟩ *in Eilmärschen*
‖ ⟨fig⟩ *in aller Eile* ‖ ◇ *hacer mala* ~ *schlechte
Geschäfte machen* ‖ ir de ~ *e–n Ausflug, e–e
Ausfahrt machen* ‖ trabajar media ~ *halbtags
arbeiten* ‖ ~**s** *fpl Tagung* f ‖ **–dista** *m/f
Tagungsteilnehmer(in* f) m
   jornal *m/adj Tagelohn* m ‖ ⟨Agr⟩ *Tagewerk* n ‖
◇ trabajar a ~ *auf Tagelohn arbeiten*
   jornalar vt *→* **ajornalar**
   jornalero *m/adj Tagelöhner* m
   joro|**ba** *f Buckel, Höcker* m ‖ ⟨figf⟩
Zudringlichkeit, Dreistigkeit f ‖ ⟨figf⟩ *Belästigung*

f ‖ ◇ ¡a mí me da ~ Vd! ⟨fam⟩ *das machen Sie
e–m anderen weis!* ‖ **–bado** adj *buck(e)lig,
höckerig* ‖ ⟨fig⟩ *übel dran* (*→* **joder** *(jodido),*
fastidiado) ‖ ◇ estar ~ ⟨pop⟩ *in der Patsche
sitzen* ‖ ~ *m Buck(e)lige(r), Höck(e)rige(r)* m ‖
–bar vt ⟨fig pop⟩ *belästigen* ‖ *sehr oft* ⟨euph⟩ *für*
joder ‖ ~**se** ⟨pop⟩ *Unannehmlichkeiten haben* ‖
sehr oft (euph) *für* **joderse** ‖ **–beta** *m* ⟨fam⟩
Spottname m für e–n Buck(e)ligen
   joronche adj Am *buck(e)lig, höck(e)rig*
   jorongo *m* Am *→* **²poncho** ‖ Mex *Wolldecke* f
   joropo *m* Ven *venezolanischer Nationaltanz*
m
   △ **joropoy** *m Land* n
   jorquín *m Ruß* m
   jorro *m Grundschleppnetz* n
   ¹jorungo *m* Cu Ven ⟨fam⟩ *lästig*
   ²jorungo *m* Ven *→* **gringo**
   José *m* np *Joseph, Josef* m ‖ ~ *Antonio* m np
Span ⟨Hist⟩ *José Antonio Primo de Rivera
(Gründer der Falange Española)* ‖ ~ de Arimatea
Joseph von Arimathia ‖ ~ María *span.
Männername*
   joseantoniano adj Span *auf José Antonio
(Primo de Rivera, Gründer der Falange)
bezüglich*
   Josefa *f* np *Josephine, Josefine* f
   Jose|**fina, –nita** *f* dim von **Josefa** ‖ **–fino** adj
⟨Hist⟩ *josephinisch (Zeitalter)* ‖ *bonapartistisch* ‖
Chi *klerikal* ‖ **–fo** *m* np *Josephus* m ‖ **–lito** *m* np
Beiname des span. Stierkämpfers José Gómez
(† 1926)
   ¡Josú! And ⟨pop⟩ *→* **¡Jesús!**
   Josué *m* np ⟨Bibl⟩ *Josua* m *(Prophet)*
   ¹jota *f das span. j nach s–r Aussprache* ‖ ⟨fig⟩
Jota n, *Deut* m, *Winzigkeit* f ‖ ◇ sin faltar (una)
~ ⟨figf⟩ *haargenau* ‖ ni una ~ ⟨fam⟩ *kein
Tropfen, gar nichts* ‖ no saber (una) ~ ⟨figf⟩ *k–e
Ahnung haben* ‖ *erzdumm sein*
   ²jota *f Jota* f *(span. Volkstanz)* ‖ ~ aragonesa,
~ valenciana, ~ navarra *aragon(es)ische,
valencianische, Navarreser Jota* f
   ³jota *f* ⟨Kochk⟩ *Gemüseeintopf* m *in
Fleischbrühe*
   ⁴jota *f* Am *→* **ojota**
   jote *m* Arg Chi Pe *→* **zopilote** ‖ ⟨fig desp⟩
Priester, Pfaffe m
   jotero *m Jota*|*tänzer* bzw *-sänger* m
   joto *m* Mex ⟨pop⟩ *Schwule(r)* m
   joule *m →* **²julio**
   jovada *f* ⟨Agr⟩ *Joch* n *(Fläche, die mit e–m
Ochsengespann an e–m Tag gepflügt werden
kann)*
   △ **jove** adj *sechs*
   Jove *m* np ⟨Myth⟩ *Jupiter, Jovis* m
   joven [*pl* **jóvenes**] adj *(m/f) jung* ‖ más ~ de
un año que ... *um ein Jahr jünger als ...* ‖ ~ *m
Jugendlicher, Jüngling* m ‖ *junger Mann* m ‖ ~
de carrera *Jungakademiker* m ‖ ~ de esperanzas
hoffnungsvoller junger Mann ‖ los jóvenes *die
jungen Leute* ‖ *die Jugend* ‖ ~ *f junges Mädchen*
n ‖ *junge Frau* f ‖ *Jungfrau* f
   jovenado *m* ⟨Kath⟩ *Noviziat* n *(bei bestimmten
Orden)*
   joven|**cito** adj/s, **–zuelo** adj/s von **joven**
⟨desp⟩ *Grünschnabel* m
   jo|**vial** adj *(m/f) jovial, aufgeräumt, leutselig,
gemütlich* ‖ *lustig, fröhlich* ‖ **–vialidad** *f
Heiterkeit* f, *Frohsinn* m ‖ *Jovialität* f ‖
Gemütlichkeit f
   joviano adj *Jupiter-*
   joya *f Juwel* n (& m), *Kleinod* n, *Schmuck* m
(& fig) ‖ ⟨fig⟩ *Schatz* m, *Perle* f (& lit) ‖ ⟨iron⟩
(nettes od sauberes) Früchtchen n ‖ ~**s** *fpl Wert-,
Schmuck*|*sachen* fpl ‖ ⟨poet⟩ *Geschmeide* n

joyante adj *(m/f) glänzend, Glanz- (Seide)*
joyel *m (kleines) Juwel* n
joye|ría *f Juwelierladen* m ‖ **–ro** *m Juwelier* m
‖ *Schmuck|kasten* m, *-schatulle* f
joyo *m* ⟨Bot⟩ → **cizaña**
joyolina *f* Guat ⟨fam⟩ *Gefängnis* n
joystick *m* ⟨Inform⟩ *Joystick* m
¡Jozús! And (pop) → **¡Jesús!**
J.P.I. ⟨Abk⟩ → **Juzgado** *de primera instancia*
jua- → **hua-**
Juan *m* np *Johann, Hans* m ‖ ~ *de buen alma,
buen* ~ ⟨fam⟩ *gutmütiger Tropf* m ‖ San ~
Bautista *Johannes der Täufer* ‖ ~ Español *(der)
Durchschnittsspanier* m *(dem deutschen Michel
entsprechend)* ‖ San ~ Evangelista *Johannes der
Evangelist* ‖ ~ Lanas ⟨fam⟩ *gutmütiger Mensch,
Tropf* m ‖ ⟨fam⟩ *Schwächling, Pantoffelheld* m ‖
~ Moreira *typische Figur der arg.
Gaucholiteratur* ‖ San ~ Nepomuceno *Johannes
von Nepomuk* ‖ ~ Pablo *Jean Paul (deutscher
Schriftsteller, 1763–1825)* ‖ ~ Palomo ⟨fam⟩
Taugenichts m ‖ *Selbstsüchtling* m ‖ ~ Perejil Chi
Haderlump m ‖ ~ Pérez ⟨fam⟩ *der Mann auf der
Straße,* ⟨fam⟩ *der Normalverbraucher* m ‖ Don ~
(Tenorio) *Don Juan* (bes. *im Drama von Zorilla)*
‖ ⟨fig⟩ *Frauenverführer, Don Juan, Casanova* m ‖
~ Sin Tierra ⟨Hist⟩ *Johann ohne Land*
Jua|na *f* np (dim **–nita, –nilla**) *Johanna,
Hanna* f ‖ (santa) ~ de Arco ⟨Hist⟩ *Jeanne d'Arc,
die Jungfrau von Orleans* ‖ (Doña) ~ la Loca
Span ⟨Hist⟩ *Johanna die Wahnsinnige (Tochter
der Katholischen Könige)* ‖ **≃s** *fpl
Handschuhspanner* m *(der Handschuhmacher)*
juanero *m* ⟨pop⟩ *Opferstockmarder* m
¹juanete *m (hervorstehender) Backen|knochen*
m, *-bein* n ‖ *hervorstehender Knöchel* m *an der
großen Zehe* ‖ ⟨Med⟩ *schmerzhafte Schwiele* f *auf
der Fußsohle* od *an der großen Zehe*
²juane|te *m* ⟨Mar⟩ *Toppsegel* m ‖ **–tero** *m
Toppsgast* m
juanetudo adj *mit hervorstehenden
Backenknochen (Gesicht)* ‖ *mit Schwielen* (bes. *an
der großen Zehe)*
juanillo *m* Pe *Trink-* bzw *Bestechungs|geld* n
juanramoniano adj *auf den span. Dichter
Juan Ramón Jiménez (1881–1958) bezüglich*
juapao *m* Ven *Peitschenschlag* m
juarda *f* ⟨Text⟩ *Woll|schweiß* m, *-fett* n
juarista *m/f* Mex ⟨Hist⟩ *Anhänger(in* f) m *des
Benito Juárez*
jubi|lación *f Versetzung* f *in den Ruhestand* ‖
Pensionierung f ‖ *Ruhestand* m ‖ *(Alters)Pension*
f, *Ruhegehalt* n ‖ *Emeritierung* f
(Hochschullehrer) ‖ ~ anticipada *Vorruhestand* m
‖ *Frührente* f ‖ **–lado** adj *im Ruhestand* ‖
pensioniert ‖ *außer Dienst (a.D.)* ‖ *emeritiert
(Hochschullehrer)* ‖ ◇ *declarar* ~ *in den
Ruhestand versetzen* ‖ ~ *m Pensionierte(r)* m ‖
Cu (fig) *schlauer Fuchs* m ‖ *erfahrener Mensch*
m ‖ Col ⟨fig⟩ *Trottel* m
¹jubilar adj *Jubiläums-*
²jubilar vt *pensionieren, in den Ruhestand
versetzen* ‖ *emeritieren (Hochschullehrer)* ‖ ◇ ~
del empleo *(e–n Beamten) in den Ruhestand
versetzen* ‖ ~ vi *jubeln (& vr)* ‖ **~se** *s.
pensionieren lassen* ‖ *in den Ruhestand versetzt
werden* bzw *treten* ‖ *sein Amt niederlegen* ‖ Col
⟨fig⟩ *herunterkommen* ‖ Col ⟨fig⟩ *ver|blöden,
-dummen* ‖ Ven Guat *die Schule schwänzen* ‖ Cu
Mex *erfahrener werden*
jubileo *m Jubiläum* n ‖ ⟨Rel⟩ *Jubeljahr* n ‖
(Kath) auch: *Jubiläumsablass* m ‖ *Ablassjahr* n ‖
(figf) *Andrang* m ‖ ⟨Hist⟩ *Jubelfest n der Juden* ‖
(año de) ~ *Jubeljahr* n ‖ ◆ por ~ ⟨figf⟩ *alle
Jubeljahre (einmal)*

júbilo *m Jubel* m, *Freude* f ‖ *Jubelgeschrei* n ‖
⟨lit Rel⟩ *Frohlocken* n ‖ ◆ con ~ *jubelnd*
jubo *m* Ar → **yugo**
jubón *m Wams, Leibchen* n ‖ *Unterjacke* f
△ **jucó** adj *schwach, dünn*
ju|daico adj *jüdisch* ‖ *judäisch* ‖ ⟨fig⟩ *arglistig*
‖ **–daísmo** *m Judentum* n ‖ *Judaismus* m ‖ **–daista**
m/f Judaist(in f) m ‖ **–daística** *f Judaistik* f ‖
–daización *f Judaisierung* f ‖ *Verjudung* f ‖
Annahme f *des jüdischen Glaubens* bzw *der
jüdischen Kultur* ‖ **–daizante** *m/f (& adj)
Anhänger(in* f) m *des jüdischen Glaubens* (bzw
Brauchtums) ‖ → auch **criptojudío** ‖ **–daizar**
[z/c] vi *die jüdische Religion* (bzw *das jüdische
Brauchtum) annehmen* ‖ *jüdischen Glaubens sein*
judas *m (gemeiner) Verräter* m ‖ Span
Strohpuppe f(, *die während der Karwoche auf der
Straße verbrannt wird)* ‖ Mex *Namenstag* m ‖ ◇
estar hecho un ~ ⟨fam⟩ *zerlumpt sein*
Judas *m* np ⟨Bibl⟩ *Judas* m
Judea *f* ⟨Geogr Hist⟩ *Judäa* n
judeoespañol adj *jüdisch-spanisch* ‖ ~ *m
spanischer Jude, Spaniole* m ‖ *(das)
Judenspanisch(e)*
judería *f Judenviertel* n ‖ *Judenvolk* n ‖ *Juden*
mpl ‖ *Judentum* n
△ **judia** *f Nudel* f
¹judía *f Jüdin, Hebräerin* f
²judía *(Schmink)Bohne* f ‖ ~ blanca *Welsche
Bohne* f ‖ ~ seca *Schminkbohne* f ‖ ~ tierna, ~
verde *grüne Bohne,* Öst *Fisole* f
judiada *f Judenversammlung* f ‖ *Menge* f
Juden ‖ ⟨figf desp⟩ *Wucher* m ‖ ⟨figf desp⟩
Gemeinheit f, *gemeiner Streich* m
judiar *m* ⟨Agr⟩ *Bohnenacker* m
judiazo *m* augm ⟨desp⟩ von **judío** *(& fig)*
judi|catura *f* ⟨Jur⟩ *Richteramt* n ‖
Richter|gewalt, -tätigkeit f ‖ *Gerichtsbarkeit* f ‖
Richterstand m ‖ *richterliche Amtsdauer* f ‖ **–cial**
adj *gerichtlich* ‖ *richterlich, Richter-* ‖ ◆ *por vía*
~ *auf dem Rechtswege* ‖ *gerichtlich* ‖ ◇ *recurrir
a medidas* ~es *den Rechtsweg betreten*
judío adj *jüdisch* ‖ *hebräisch* ‖ *Juden-* ‖ ~ *m
Jude, Hebräer* m ‖ ⟨fig desp⟩ *Geizhals, Wucherer*
m ‖ ⟨fig desp⟩ *gewissenloser Mensch* m ‖ ⟨fig
desp⟩ *Ungetaufte(r)* m ‖ el ~ errante *der Ewige
Jude* m
judión *m Stangenbohne(nart)* f ‖ ⟨fam⟩ *große
Bohne* f
Judit *f* np *Judith* f
ju|do *m* ⟨Sp⟩ *Judo* n ‖ **–dogui** *m Judoanzug* m
‖ **–doka** *m Judo|ka, -sportler* m
¹juego *m Spiel* n ‖ *Spielen* n ‖ *Belustigung* f,
Zeitvertreib m ‖ *Scherz, Spaß* m ‖ *Spielerei,
Tändelei* f ‖ *Spielhölle* f ‖ *Kinderspiel* n ‖
Kartenspiel n ‖ *Einsatz* m *(beim Spiel)* ⟨Tech⟩
Spiel n, *Spielraum, toter Gang* m ‖ ~ de aguas
Wasserspiele npl ‖ ~ de ajedrez *Schachspiel* n ‖
~ alegre *Spiel* n *mit hohem Einsatz* ‖ ~ (por) alto
⟨Sp⟩ *hohes Spiel* n *(Fußball)* ‖ ~ de azar
Glücksspiel n ‖ ~ de banderas ⟨Mar⟩ *Stell* m
Flaggen ‖ ~ de billar *Billardspiel* n ‖ ~ de bolos
Kegel|spiel, -schieben n ‖ ~ de bolsa *Börsenspiel*
n ‖ ~ de campanas *Schlagwerk* n *(e–r Turmuhr)* ‖
~ de cartas → ~ de naipes ‖ ~ a cartas vistas
⟨fig⟩ *offenes Spiel, Spiel* n *mit offenen Karten* ‖ ~
de los cientos ⟨Kart⟩ *Pikettspiel* n, *bei dem die
Gewinnzahl Hundert ist* ‖ ~ de colores
Farbenspiel n ‖ ~ de combinación, ~ combinado
Zusammenspiel n ‖ ~ de compadres ⟨figf⟩
Kamarilla f, *geheimes Einverständnis* n ‖ ~ de
dados *Würfelspiel* n ‖ ~ de damas *Damespiel* n ‖
~ del diablo *Diabolo(spiel) n (Kinderspiel)* ‖ ~
doble *Doppelspiel* n (fig) ‖ ~ duro ⟨Sp⟩ *hartes,
rohes Spiel* n ‖ ~ del émbolo ⟨Tech⟩ *Kolbenspiel*

n ‖ ~ de entretenimiento *Unterhaltungsspiel* n ‖ ~ de envite *Glücksspiel* n ‖ ~ de las cuatro esquinas *Wechselt eure Plätze! (Kinderspiel)* ‖ ~ fuerte *hohes Spiel* n (& fig) ‖ ~ del hombre ⟨Kart⟩ *Lomberspiel* n ‖ ~ de ingenio *Rätsel* n ‖ ~ de interés *Spiel* n *um Geld* ‖ ~ limpio ⟨Sp⟩ *saubéres Spiel* (bzw *Verhalten*) n, *Fairness* f, *Fair play* n (& fig) ‖ ~ de lotería *Lotto-, Lotterie\spiel* n ‖ ~ de luces *Lichtspiel* n ‖ ⟨Text⟩ *Schillern, Changieren* n ‖ ~ de la mano *Handgelenk* n ‖ ~ de manos *Klatschspiel* n *(Kinderspiel)* ‖ *Taschenspielerei* f ⟨fam⟩ *Gaunerei* f ‖ ~ mosaico *Puzzle(spiel)* n ‖ ~ de muchachos *Knabenspiel* n ‖ ~ de naipes *Kartenspiel* n ‖ ~ de niños *Kinderspiel* n (& fig) ‖ *Kinderei* f ‖ ~ de palabras *Wortspiel* n ‖ ~ de pasa pasa *Taschenspielerei* f ‖ ~ de pelota *Ballspiel* n ‖ *Fußball* m ‖ *baskisches Ballspiel* n ‖ ~ de(l) pistón ⟨Tech⟩ *Kolbenspiel* n ‖ ~ de prendas *Pfänderspiel* n ‖ ~ raso ⟨Sp⟩ *niederes Spiel* n *(Fußball)* ‖ ~ de ruleta *Roulettespiel* n ‖ ~ de sociedad *Gesellschaftsspiel* n ‖ ~ sucio ⟨Sp⟩ *rohes Spiel* n ‖ *unfaires* od *foulreiches Spiel* n ‖ ~ de suerte *Glücksspiel* n ‖ ~ de trucos *Billardspiel* n ‖ ~ de ventaja *Hasardspiel* n ‖ ~ de vocablos *od* voces *Wortspiel* n ‖ ~ del volante ⟨Sp⟩ *Federballspiel* n ‖ ◆ por ~ *zum Scherz* ‖ ◇ te conozco el ~ ⟨fam⟩ *ich durchschaue dich* ‖ dar mucho ~ *viel zu schaffen geben* ‖ no dejar a alg. entrar en ~ ⟨figf⟩ *jdn nicht zum Zug kommen lassen* ‖ descubrir su ~ ⟨fig⟩ *s–e Karten aufdecken* ‖ estar en ~ ⟨fig⟩ *auf dem Spiel stehen* ‖ hacer ~ *das Spiel eröffnen* ‖ ¡hagan ~! *bitte zu spielen! (Zuruf an die Spieler, z.B. beim Roulettespiel)* ‖ poner algo en ~ *et. in Tätigkeit setzen, aufbieten* ‖ no ser ~ de niños ⟨fig⟩ *kein Kinderspiel sein* ‖ ~s *mpl öffentliche Spiele* npl *(der Alten)* ‖ ~ circenses ⟨Hist⟩ *Zirkusspiele* npl (Rom) ‖ ~ florales *Blumenspiele* npl *(span. Dichterwettbewerb)* ‖ ~ icáricos *Akrobatik* f *am Hochtrapez* ‖ ~ malabares *(Jongleur)Kunststücke* npl ‖ ⟨fig⟩ *Seiltänzerkunststücke* npl (& Pol) ‖ ⟨fig⟩ *Gaukeleien* fpl ‖ ~ náuticos *wassersportliche Veranstaltung* f ‖ ~ olímpicos *Olympische Spiele* npl ‖ ~ parolímpicos *Parolympics* pl ‖ ◇ hacer ~ malabares *jonglieren*

²**juego** *m Satz* m, *Garnitur* f, *Set* n ‖ *Kit* n (& m) ‖ *Einrichtung, Ausstattung* f ‖ *Pendant, Gegenstück* n ‖ ~ de baño *Badezimmereinrichtung* f ‖ ~ de bobinas ⟨El⟩ *Spulensatz* m ‖ ~ de botones *Satz* m *Knöpfe* ‖ ~ de café *Kaffeeservice* n ‖ ~ completo *kompletter Satz* m ‖ ~ de herramientas *Satz* m *Werkzeuge* ‖ ~ de objetivos ⟨Fot⟩ *Objektivsatz* m, *Wechselobjektive* npl ‖ ~ para postre *Dessertgarnitur* f ‖ ~ de té *Teeservice* n ‖ ~ de tocador *Toilettengarnitur* f ‖ ◇ hacer ~ *zusammen\passen, -gehören* ‖ *ein Pendant sein* (con *mit*)

juegue\cillo, -cito, -zuelo *m* dim von **juego**

juer\ga *f* ⟨fam⟩ *lärmendes Vergnügen* n ‖ *Kneiperei* ⟨pop⟩ *Sauferei* f ‖ *lustiges Bummeln* n ‖ *Durcheinander* n ‖ (→ auch *jarana*) ‖ ◇ correr una ~, ir de ~ ⟨pop⟩ *s. e–n vergnügten Tag machen, bummeln (gehen)* ‖ *e–e Orgie veranstalten* ‖ estar de ~ ⟨fam⟩ *feiern* ‖ **–guearse** vr ⟨fam⟩ → correr una juerga ‖ → estar de juerga ‖ ~ de alg. ⟨fam⟩ *s. über jdn lustig machen* ‖ **–guista** *m/f* ⟨pop⟩ *Bummler(in* f), *Nachtschwärmer(in* f) m

jueves *m Donnerstag* m ‖ (todos) los ~ *jeden Donnerstag, donnerstags* ‖ ~ lardero, ~ gordo *der Donnerstag vor Fastnacht* ‖ ~ Santo *Gründonnerstag* m ‖ ◇ no es cosa del otro ~ ⟨fam⟩ *es ist nichts Welterschütterndes* ‖ eso será

la semana que no tenga ~ *das wird am Sankt-Nimmerleins-Tag sein*

juez [pl ~ces] *m Richter* m ‖ *Schiedsrichter* m *(bei Wettbewerben)* ‖ *(Be)Gutachter* m ‖ ~ de alzada *Berufungsrichter* m ‖ ~ arbitral, ~ árbitro *Schiedsrichter* m ‖ ~ de banda ⟨Sp⟩ *Linienrichter* m ‖ ~ de carrera *Berufsrichter* m ‖ ~ competente *zuständiger Richter* m ‖ ~ de lo criminal *Strafrichter* m ‖ ~ del distrito *Bezirksrichter* m ‖ ~ inquisidor, ~ instructor *Untersuchungsrichter* m ‖ ~ de línea ⟨Sp⟩ *Linienrichter* m ‖ ~ de llegada ⟨Sp⟩ *Zielrichter* m ‖ ~ de menores *Jugendrichter* m ‖ ~ municipal *Stadt-, Gemeinde-, Amts\richter* m ‖ ~ de paz *Friedensrichter* m ‖ ~ pesquisidor *Untersuchungsrichter* m ‖ ~ de salida ⟨Sp⟩ *Starter* m ‖ ~ de silla ⟨Sp⟩ [Tennis] *Schiedsrichter* m ‖ ~ tutelar *Vormundschaftsrichter* m ‖ ~ unipersonal *Einzelrichter* m ‖ ◇ comparecer ante el ~ *vor Gericht erscheinen*

juga\da *f Zug* m *(im Spiel)* ‖ ⟨figf⟩ *(gutes) Geschäft* n ‖ ⟨figf⟩ *(übler) Streich* m ‖ ⟨fig⟩ *Spekulation* f ‖ ⟨fig joc⟩ *Muschi, Möse* f ‖ ~ de bolsa *Börsen\spiel* n, *-spekulation* f ‖ ◇ hacer una ~ *ziehen* (z.B. *im Schachspiel*) ‖ hacer su ~ ⟨figf⟩ *gut abschneiden* ‖ hacer una mala ~ a alg. ⟨fam⟩ *jdm e–n bösen Streich spielen* ‖ ⟨fig⟩ *ein schlechtes Geschäft machen* ‖ **–do** adj Col Mex *erfahren, gerissen, listig, ausgekocht* ‖ **–dor** adj ⟨fig⟩ *dem Spiel verfallen* ‖ ~ m *Spieler* m ‖ *Glücksspieler* m ‖ *Börsen\spieler, -spekulant* m ‖ ~ de ajedrez *Schachspieler* m ‖ ~ de bolsa *Börsenspieler* m ‖ ~ de cubiletes *Taschenspieler* m ‖ ~ de fútbol ⟨Sp⟩ *Fußballspieler* m ‖ ~ de manos *Taschenspieler, Zauberkünstler* m ‖ *Jongleur* m ‖ ~ de naipes *Kartenspieler* m ‖ ~ profesional ⟨Sp⟩ *Berufsspieler* m ‖ ~ de tenis *Tennisspieler* m ‖ ~ titular ⟨Sp⟩ *Stammspieler* m ‖ ~ de ventaja *Falschspieler* m

jugar [-ue-, g/gu] vt *(aus)spielen* ‖ *verspielen* ‖ *bewegen (Tür)* ‖ *wetten, einsetzen* ‖ ⟨fig⟩ *einsetzen, spielen lassen* ‖ ⟨fig⟩ *aufs Spiel setzen* ‖ *schwingen (Säbel)* ‖ *führen (e–n Stoß)* ‖ ◇ ~ una carta *e–e Karte ausspielen* ‖ ~ la espada *das Schwert führen* ‖ ~(se) su fortuna *sein Vermögen verspielen* ‖ ~ un partido de ajedrez *e–e Schachpartie spielen* ‖ ~ una mala pasada a alg. ⟨figf⟩ *jdm e–n schlimmen Streich spielen* ‖ ~ el todo por el todo *alles aufs Spiel* od *auf e–e Karte setzen* ‖ ~ vi *(aus)spielen* ‖ *spielen, scherzen, tändeln* (con *mit*) ‖ *gehen (Maschinen)* ‖ ⟨fig⟩ *mitmachen (ein Geschäft)* ‖ *spielen (Farben)* ‖ ~ zueinander passen ‖ ~ al ajedrez *Schach spielen* ‖ ~ al alza (a la baja) *auf Hausse (Baisse) spielen (Börse)* ‖ ~ a la bolsa *Börsenspiel treiben, spekulieren* ‖ ~ con a/c *zu et. passen, s. schicken* ‖ ~ en a/c *mitwirken, et.* (dat) *teilnehmen* ‖ ~ a las damas *Dame spielen* ‖ ~ fuerte *hoch spielen, ein hohes Spiel spielen* ‖ ~ limpio ⟨fig⟩ *sauber* od *fair spielen* ‖ ~ a mano *mit der Hand spielen (baskisches Ballspiel)* ‖ **–se** *wetten, einsetzen* ‖ ⟨fig⟩ *riskieren* ‖ ⟨fig⟩ *aufs Spiel setzen* ‖ ⟨fig⟩ *verspielen* ‖ ~ la vida *das Leben aufs Spiel setzen,* ⟨fam⟩ *Kopf und Kragen riskieren* ‖ ~ el todo por el todo *alles aufs Spiel* od *auf e–e Karte setzen* ‖ son capaces de ~ hasta la camisa *sie sind imstande (& im Stande), sogar ihr Hemd zu verspielen* ‖ jugársela a alg. ⟨fam⟩ *jdm e–n üblen Streich spielen* ‖ ~ m: el ~ *pícaro de los ojos* ⟨figf⟩ *das schelmische Augenspiel*

jugarreta *f* ⟨fam⟩ *(Schelmen)Streich* m ‖ *Gaunerei* f ‖ *Neckerei* f ‖ ◇ hacer una ~ a alg. *jdm e–n bösen Streich spielen*

juglandáceas *fpl* ⟨Bot⟩ → **yuglandáceas**

jug|lar *m Gaukler, Possenreißer* m ‖ ⟨Lit⟩
Troubadour, Spielmann, fahrender Sänger m ‖
–laresco adj *gauklermäßig* ‖ *Gaukler-* ‖
Spielmanns- ‖ **–laría, –lería** f *Gaukel-,*
Possen|spiel n, *Gaukelei* f ‖ ⟨Hist⟩
Spielmannsberuf m
　　jugo *m Saft* m ‖ *Brühe* f ‖ *Bratenbrühe* f ‖ ⟨fig⟩
der Kern ‖ ~ digestivo, ~ gástrico *Magensaft* m
‖ ~ pancreático *Pankreassaft* m ‖ ◇ sacar ~ ⟨fig⟩
das Beste herausschlagen (de *aus*) ‖ *ausnutzen* ‖
sacar ~ a todo *aus allem Nutzen ziehen*
　　jugo|sidad *f Saftigkeit* f ‖ **–so** adj *saftig* ‖ ⟨fig⟩
kräftig, ausgiebig ‖ *substanzreich* ‖ *ergötzlich* ‖
erstklassig (Geschäft)
　　jugue|te *m Spielzeug* n (& fig) ‖ *Schwank,*
Scherz, Spaß m ‖ ⟨Th⟩ *Schwank* m ‖ ⟨fig⟩
Spielball m ‖ ~ cómico *leichtes* od *kurzes*
Lustspiel n ‖ *Schwank* m ‖ ~ de cuerda
aufziehbares Spielzeug n ‖ ~ educativo *Lern-* od
Lehr|spielzeug n ‖ ~ mecánico → ~ de cuerda ‖
~ de las olas ⟨fig poet⟩ *Spielball* m *der Wogen* ‖
◆ de ~ *Spiel-* ‖ por ~ *scherzweise, aus Scherz* ‖
◇ es un ~ ⟨fam⟩ *es ist spielend leicht* od
kinderleicht ‖ **–tear** vi *schäkern, tändeln* ‖ *spielen*
(& fig) ‖ **–teo** *m Spielerei* f ‖ **–tería** *f Spielwaren*
fpl ‖ *Spielwaren|laden* m (bzw *-handel* m) ‖ **–tero**
m Spielzeughersteller m, *Nippesvitrine* f ‖ **–tón**
adj *spielerisch* ‖ *verspielt (Kind, Welpe usw.)* ‖
tändelnd, kurzweilig, vergnüglich
　　jui|cio *m Urteilskraft* f, *Verstand* m ‖ *Vernunft*
f ‖ *Urteilsvermögen* n ‖ *Gutachten, Urteil* n ‖
Meinung f ‖ *Rechtsverfahren* n, *Verhandlung* f,
Prozess m ‖ *Urteilsspruch* m, *Urteil* n ‖ ~
autocrítico *Selbstkritik* f ‖ ~ de cognición
Erkenntnisverfahren n ‖ ~ de conciliación
Vergleichsverfahren n ‖ ~ de consignación
Hinterlegungsverfahren n ‖ ~ contencioso
Streitsache f, *streitiges Verfahren* n ‖ ~
declarativo *Erkenntnisverfahren* n ‖ ~
Feststellungsverfahren n ‖ ~ definitivo
abschließendes Urteil ‖ ~ ejecutivo
Zwangsvollstreckung f ‖ ~ erróneo *irrige Ansicht*
f ‖ ~ de faltas *Strafverfahren* n *bei Übertretungen*
‖ *Bagatellsachen* fpl ‖ el ~ final *das Jüngste*
Gericht ‖ ~ oral *Hauptverhandlung* f ‖ ~ a
puerta cerrada *nichtöffentliche*
Gerichtsverhandlung f ‖ ~ reivindicatorio
Herausgabeprozess m ‖ ~ salomónico
salomonisches Urteil n (& fig) ‖ ~ sumario
summarisches Verfahren n ‖ ~ sumarísimo
Schnellverfahren n ‖ el ~ universal *das Jüngste*
Gericht ‖ ~ verbal *Hauptverhandlung* f
(Strafprozess) ‖ *mündliche Verhandlung* f
(Zivilprozess) ‖ ◆ a nuestro ~ *nach unserem*
Urteil ‖ *unserer Meinung nach* ‖ a mi ~ *m–r*
Meinung nach, m–s Erachtens ‖ de buen ~
vernünftig, klug ‖ en mi ~ *nach m–m Dafürhalten*
‖ falto de ~ *unbesonnen* ‖ *verrückt* ‖ ◇ aplazar
(od dejar*)* algo para el día del ~ *(final)* ⟨figf⟩ *et.*
auf den Nimmerleinstag verschieben ‖ lo dejo a
su ~ *ich überlasse es Ihrer Entscheidung* ‖ emitir
un ~ *ein Urteil fällen* ‖ entrar en ~ con alg. *jdn*
zur Verantwor|tung ziehen ‖ (com)*parecer en* ~
vor Gericht erscheinen ‖ estar en su ~ *bei*
Verstand sein ‖ estar fuera de ~, no tener cabal ~
von Sinnen sein ‖ ⟨fig⟩ *verblendet sein* ‖ formarse
un ~ *s. ein Urteil bilden, urteilen* ‖ pedir en ~
vor Gericht fordern ‖ perder el ~ *von Sinnen*
kommen, den Verstand verlieren ‖ sacar de ~ a
uno ⟨figf⟩ *jdn aus dem Gleichgewicht* od ⟨fam⟩
aus dem Häuschen bringen ‖ lo someto a su ~
ich überlasse es Ihrer Beurteilung ‖ nos trae
vuelto al ~ a todos ⟨fam⟩ *er (sie, es) macht uns*
alle verrückt ‖ volver *(od* quitar *od* trastornar*)* a
uno el ~ *jdm den Kopf verdrehen* ‖ **–cioso** adj/s

vernünftig ‖ *klug, weise* ‖ *besonnen* ‖ *artig, brav,*
folgsam (Kind)
　　juir Am ⟨pop⟩ → **huir**
　　juje|ar vi Sant *juchhe(i) rufen* ‖ **–o** *m* Sant
Juchhe(i) n *(bei Volksliedern)*
　　△ **jul** adj *blau*
　　julay *m* ⟨pop⟩ *verachtenswerter Mensch* m ‖
einfältiger, unbedarfter Mensch m ‖ ⟨pop⟩ *Homo*
m ‖ △ *Wirt* m
　　¹**julepe** *m sirupartiger Arzneitrank* m
　　²**julepe** *m ein Kartenspiel* n
　　³**jule|pe** *m* ⟨figf⟩ *Prügel* pl ‖ *Strafe* f ‖ *Verweis*
m ‖ Am *Angst* f, *Schreck(en)* m ‖ MAm Mex
Arbeit, (fam) *Schufterei* f ‖ **–pear** vt (fam)
durchprügeln ‖ *rügen, tadeln* ‖ Mex *ärgern,*
belästigen ‖ *antreiben*
　　△ **julí** *m Papier* n
　　Julia *f* np *Ju|lie, -lia* f
　　juliana *f* ⟨Bot⟩ *Nachtviole* f (Hesperis spp)
　　juliano adj *julianisch, auf Julius Cäsar*
bezüglich
　　Ju|liano, –lián *m* np *Julian* m
　　Julieta *f* dim von **Julia**
　　¹**julio** *m Juli* m
　　²**julio** *m* (J) ⟨Phys⟩ *Joule* n
　　Julio *m* np *Julius* m ‖ ~ César *Julius Cäsar*
　　juliparda *m* Logr *Gauner, Spitzbube* m
　　△ **julistraba** *f Schlange* f
　　ju|ma *f* ⟨pop⟩ → **jumera** ‖ **–maca** *f* Mex
Rührlöffel m ‖ **–mado** adj *besoffen* ‖ **–marse** vr *s.*
besaufen ‖ **–matán** *m* Cu *Gewohnheitssäufer* m
　　jumazo *m* PR *Zigarre* f
　　△ **jumba** *f Hausfrau* f
　　jumbarayú *m* Bol *Hühnerkot* m
　　jumbo-jet *m* ⟨Flugw⟩ *Jumbojet* m
　　¹**jume** *m* Chi ⟨Fi⟩ *Blauhai* m (Carcharias
glaucus)
　　²**jume** *m* ⟨Bot⟩ *Salpeterbusch* m (Suaeda sp) ‖
(Hallopeplis sp) ‖ *Aschenlauge* f *(aus dem*
Salpeterbusch)
　　jumear vi *stinken*
　　júmel *m* ⟨Text⟩ *Mako(baumwolle), ägyptische*
Baumwolle f
　　jumento *m Esel* m (& fig) ‖ *Lasttier* n
　　jumera *f* ⟨pop⟩ *Rausch* m, *Trunkenheit* f ‖ ◇
papar una → ⟨pop⟩ *s. besaufen*
　　jumilla *f alkoholreicher Rotwein aus dem*
Gebiet von Murcia
　　juna! ¡ay ~! Am = **¡ahijuna!**
　　△ **junca** *f Geldschrank* m
　　juncáceas fpl ⟨Bot⟩ *Binsengewächse* npl
(Juncaceae)
　　¹**juncal** adj *(m/f) Binsen-*
　　²**juncal** adj *(m/f)* And *anmutig, stolz* ‖ *hehr,*
tapfer ‖ ⟨fam⟩ *glänzend, famos*
　　³**jun|cal, –car** *m Binsengebüsch* n ‖
binsenbestandenes Gelände n
　　juncia *f Zypergras* n (Cyperus spp) ‖ ~
avellanada *Erdmandelstrauch* m (C. esculentus)
(→ **chufa**) ‖ ◇ vender ~ ⟨fig⟩ *protzen, prahlen*
　　junciana *f* ⟨figf⟩ *(hohle) Prahlerei* f
　　junciera *f Riechtopf* m *(für aromatische*
Kräuter)
　　juncir vr Al → **uncir**
　　¹**jun|co** *m* ⟨Bot⟩ *Binse, Simse* f (Juncus spp) ‖
Spanisches Rohr n, *Rotangpalme* f (Calamus
rotang) ‖ *Spazierstock* m ‖ Am *Narzisse* f (→
narciso) ‖ ~ florido ⟨Bot⟩ *Schwanenblume* f
(Butomus umbellatus) ‖ **–coso** adj *binsenartig* ‖
mit Binsen bestanden
　　²**junco** *m* ⟨Mar⟩ *Dschunke* f
　　△ **jundó** *m Soldat* m
　　jungla *f Dschungel* m (& n) ‖ ~ de asfalto *od*
de la gran ciudad ⟨fig⟩ *Asphalt-, Weltstadt-,*
Großstadt|dschungel m (& n)

juniano adj ⟨Myth⟩ *auf Juno bezüglich* ‖ ⟨fig⟩ *bildschön*
junio *m Juni* m
júnior [*pl* **juniores**] *m Junior* m
junípero *m* ⟨Bot⟩ *Wacholder* m (→ **enebro**)
junquera *f* ⟨Bot⟩ *Binse* f (→ **¹junco**) ‖ → **¹juncal**
junquillo *m* ⟨Bot⟩ *Jonquille* f *(Narzisse)* (*Narcissus* jonquilla) ‖ *Spanisches Rohr* n (→ **¹junco**) ‖ *Stuhlrohr* n ‖ ⟨Arch⟩ *feines Stuckgesims* n ‖ *Stäbchen* n ‖ *(Zier)Leiste* f
¹junta *f Versammlung, Zusammenkunft* f ‖ *Sitzung* f ‖ *Ausschuss, Rat* m ‖ *ärztliche Beratung* f, *Konsilium* n ‖ *Abordnung, Kommission* f ‖ *Anhäufung* f ‖ ⟨Pol⟩ *Junta* f ‖ Am *Stadtrat* m ‖ ~ de acreedores *Gläubigerversammlung* f ‖ ~ de administración *Aufsichts-, Verwaltungs\rat* m ‖ ~ calificadora *Prüfungskommission* f ‖ ~ de concejales *Stadtrat* m ‖ ~ de conciliación *Schlichtungsausschuss* m ‖ ~ consultiva *beratender Ausschuss* m ‖ *Beirat* m ‖ ~ de defensa nacional *nationaler Verteidigungsrat* m ‖ ~ directiva *Vorstand* m, *Direktorium* n ‖ *leitender Ausschuss* m ‖ ~ electoral *Wahlvorstand* m ‖ *Wahlversammlung* f ‖ ~ de examen *Prüfungskommission* f ‖ ~ general *Generalversammlung* f ‖ ~ general (extra)ordinaria *(außer)ordentliche Generalversammlung* f ‖ ~ de gobierno *Regierungsausschuss* m ‖ *Verwaltungsrat* m (z.B. *e–r Bank*) ‖ ~ de médicos ⟨Med⟩ *Konsilium* n ‖ ~ militar *Militärjunta* f ‖ ~ de obras del puerto *Hafenbaubehörde* f ‖ ~ de propietarios *Eigentümerversammlung* f ‖ ~ de socios *Mitglieder-* bzw *Gesellschafter\versammlung* f ‖ ~ vecinal *Gemeindebezirksvertretung* f ‖ ◇ celebrar (convocar) una ~ *e–e Versammlung abhalten (einberufen)*
²junta *f* ⟨Tech⟩ *Dichtung* f ‖ *Fuge* f ‖ ~ de aceite *Ölabdichtring* m ‖ ~ de dilatación *Dehnungsfuge* f ‖ ~ por enchufe *Muffenverbindung* f ‖ ~ de goma *Gummidichtung* f ‖ ~ del muro *Mauerfuge* f
juntamente adv *zusammen* ‖ *gemeinsam* ‖ *gleichzeitig, zugleich*
juntar vt *ver\einigen, -binden, -sammeln* ‖ *(zusammen)fügen* ‖ *zusammenbringen* ‖ *zusammen-* bzw *nebeneinander\legen* ‖ *auf-, zusammen\bringen (Geld)* ‖ ◇ ~ las manos *die Hände falten* ‖ ~ la puerta *die Tür anlehnen, ohne sie zuzuschließen* ‖ ~ rabia ⟨Am pop⟩ *in Wut geraten* ‖ ~ al resto *mit dem Rest verbinden* ‖ ~se *zusammenkommen* ‖ *s. versammeln* ‖ *s. verbinden* ‖ *s. anschließen* ‖ *s. vereinigen* (pop *auch geschlechtlich*) ‖ *zusammenziehen (Lebensgefährten)*
juntera *f* ⟨Zim⟩ *Kant-, Falz\hobel* m
juntillo adj *ganz nahe (aneinander)* ‖ ◆ a pie ~, a pie(s) ~ as ⟨fam⟩ *mit beiden Füßen zugleich* ‖ ⟨figf⟩ *hartnäckig* ‖ *felsenfest (glauben)*
juntiña *f* Dom *Busenfreundschaft* f
¹junto pp/adj *ver\bunden, -einigt* ‖ *vereint* ‖ *versammelt* ‖ *angeschlossen* ‖ *zusammen* ‖ *aneinander gereiht* ‖ ◆ con las manos ~as *mit gefalteten Händen* ‖ ◇ ir ~s *zusammengehen* od *-fahren* ‖ viven ~s *sie leben zusammen*
²junto adv **a)** *in der Nähe, neben* ‖ *zugleich* ‖ *zusammen* ‖ (de) por ~ *im Ganzen* ‖ *in Bausch und Bogen* ‖ en ~ *insgesamt* ‖ *im Ganzen, im Großen* ‖ muy ~ *ganz in der Nähe* ‖ todo ~ *alles zusammen* ‖ ⟨fam⟩ *übereinander* ‖ **b)** ~ a ⟨prep⟩ *bei, neben, an* (dat) ‖ ~ a Madrid *bei Madrid* ‖ ~ a sí *bei s.* ‖ ◇ la chica se fue ~ a él *das Mädchen trat auf ihn zu*

juntura *f Gelenk* n, *Fügung* f ‖ *Verbindung* f ‖ ⟨An⟩ *Gelenk* n ‖ ⟨Tech⟩ *Naht* f ‖ *Dichtung* f ‖ *Scharnier* n ‖ *Gelenkstück* n ‖ *Fuge* f ‖ ⟨Zim⟩ *Stoß* m ‖ ⟨Geol⟩ *Kluft* f ‖ ~ de cabos ⟨Mar⟩ *Spleißung* f ‖ ~ de testa ⟨Zim⟩ *Hirnfuge* f
junza *f* Murc → **juncia**
juñir vt Ar → **uncir**
jupa *f* Am *Kürbis* m ‖ ⟨fig⟩ *Birne* f *(Kopf)* ‖ ◇ darse una ~ *s. abrackern, s. plagen, s. abarbeiten*
jupiar vt Pan *hetzen (Hunde)* ‖ ~se MAm *s. betrinken*
Júpiter *m* np ⟨Myth⟩ *Jupiter* m
jupiterino adj *jupiterhaft* ‖ *Jupiter-*
jura *f Huldigungs-, Treu\eid* m ‖ *(Amts)Eid* m ‖ ~ de la bandera ⟨Mil⟩ *Fahneneid* m *(der Rekruten)* ‖ ~ del cargo ⟨Pol⟩ *Amtseid* m
Jura *m* ⟨Geogr⟩: el ~ *das Juragebirge, der Jura*
jura\do adj *geschworen* ‖ *beeidigt* ‖ *vereidigt* ‖ ~ *m Geschworene(r)* m ‖ *Schöffe* m ‖ *Geschworenengericht* n ‖ *Jury* f, *Preisgericht* n ‖ ~ de empresa Span *Betriebsrat* m ‖ *Betriebsratsmitglied* n ‖ ~ de recompensa *Prämienjury* f (z.B. *bei e–r Ausstellung*) ‖ **–dor** *m (gewohnheitsmäßiger) Flucher* m ‖ ⟨Jur⟩ *Schwörende(r)* m ‖ **–duría** *f Geschworenen-* bzw *Schöffen\amt* n ‖ **–mentación** *f Vereidigung* f ‖ **–mentado** adj *eidlich verpflichtet* ‖ ~ *m eidlich Verpflichtete(r)* m ‖ **–mentar** vt *vereidigen, e–n Eid abnehmen* ‖ ~se *s. eidlich verpflichten* ‖ **–mento** *m Eid, Schwur* m ‖ *Schwur, Fluch* m ‖ *Fluchwort* n ‖ ~ falso *Meineid* m ‖ ~ de fidelidad *Treueid* m ‖ ~ hipocrático ⟨Med⟩ *hippokratischer Eid* m ‖ ~ profesional *Dienst-, Amts\eid* m ‖ ◆ bajo ~ *eidlich, unter Eid* ‖ ◇ afirmar bajo ~ *eidlich bestätigen* ‖ echar un ~ *e–n Fluch ausstoßen* ‖ echar ~s *Verwünschungen ausstoßen, fluchen* ‖ prestar (un) ~ *e–n Eid leisten* ‖ prorrumpir en ~s → echar ~s ‖ romper el ~ *den Eid brechen* ‖ soltar ~s → echar ~s
jurar vt *schwören* ‖ *beschwören* ‖ ◇ ~ la bandera ⟨Mil⟩ *den Fahneneid leisten* ‖ ~ un cargo *den Amtseid leisten, auf ein Amt vereidigt werden* ‖ ~ hacer algo geloben, et. zu tun; beteuern ‖ puedo –lo *ich kann e–n Eid darauf ablegen, ich kann es beschwören* ‖ ~ vi/t *schwören* ‖ *e–n Eid ablegen* ‖ *lästern, fluchen* ‖ ◇ ~ como un carretero od cochero ⟨fig⟩ *wie ein Fuhrmann fluchen* ‖ ~ sobre los evangelios *auf die Evangelien schwören* ‖ ~ en falso *falsch schwören, e–n Meineid schwören* ‖ ~ en od por el nombre de Dios *beim Namen Gottes schwören* ‖ no jurarás (el nombre de Dios) en vano *du sollst den Namen Gottes nicht unnütz führen* ‖ juro hacerlo *ich schwöre, dass ich es tue* ‖ ~se amor s. *Liebe schwören* ‖ jurárselas a alg. ⟨figf⟩ *jdm Rache schwören*
jurásico ⟨Geol⟩ adj *Jura-* ‖ ~ *m Jura* m
△ **jurba** *f Wasser* n
△ **jurdí** *f Pulver* n
jurdía *f (Art) Fischernetz* n
¹jurel *m* ⟨Fi⟩ *Stöcker* m, *Holzmakrele* m (*Trachurus* trachurus)
²jurel *m* ⟨pop⟩ *Rausch, Schwips* m ‖ ◇ tener ~ Cu *Angst haben*
△ **jurepén** *m Angst* f
jurero *m falscher Zeuge* m ‖ *Eidbrüchige(r)* m (→ **perjuro**)
jurga *f* Cu *ein Tanz*
jurg(u)ina *f* → **jorguina**
△ **jurí** *m Feile* f
ju\ridicidad *f strenge Befolgung* f *des Rechts* ‖ *Gesetzlichkeit, Legalität* f ‖ **–rídico** adj *juristisch, juridisch, rechtlich, rechtmäßig, Rechts-*
juris\consulto *m Rechts\gelehrte(r)*,

-kundige(r) m ‖ **–dicción** *f Gerichtsbarkeit* f ‖ *Gerichtssprengel* m ‖ *Gerichtsbehörde* f ‖ *Gerichtsstand* m ‖ *Zuständigkeit* f ‖ *Zuständigkeitsbereich* m ‖ *Rechtsprechung* f ‖ ⟨fig⟩ *Macht, Gewalt* f ‖ ~ administrativa *Verwaltungsgerichtsbarkeit* f ‖ ~ arbitral *Schiedsgerichtsbarkeit* f ‖ ~ criminal *Strafgerichtsbarkeit* f ‖ ~ temporal *weltliche Gerichtsbarkeit* f ‖ ◇ tener ~ sobre a/c *Gewalt über et. haben* ‖ **–diccional** adj *(m/f) Gerichts-* ‖ *Rechtsprechungs-* ‖ **–pericia** *f* → **–prudencia** ‖ **–perito** *m Rechtskundige(r)* m ‖ **–prudencia** *f Jurisprudenz* f ‖ *Rechts|kunde, -wissenschaft* f ‖ *Rechtsnorm* f ‖ *Rechtsprechung* f ‖ *Spruchpraxis* f ‖ ~ médica *gerichtliche Medizin* f ‖ ~ del Tribunal Supremo *Rechtsprechung* f od *Entscheidungen* fpl *des Obersten Gerichtshofes* ‖ *höchstrichterliche Entscheidungen* fpl ‖ ◇ sentar ~ *Rechtsprechung schaffen* ‖ **–ta** *m/f Jurist(in* f) m, *Rechtsbeflissene(r* m) f

juro *m Eigentumsrecht* n ‖ ◆ de ~ *sicherlich, bestimmt* ‖ *zwangsläufig* ‖ por ~ de heredad *für immer und vererblich*

jurón *m* Ec *Hühnerstall* m ‖ Ec *Korb* m △ **juru** *m Stier* m

jurunguear vt Ven *belästigen*

jurungo adj Ven *fremd, ausländisch*

jurutungo *m* PR *weit entfernter Ort* m

jusil *m* Am ⟨pop⟩ → **fusil**

jusnaturalismo *m* ⟨Jur⟩ *Naturrechtslehre* f

justa *f* ⟨Hist⟩ *Lanzenstechen* n ‖ *Turnier* n ‖ ⟨fig⟩ *Wettstreit* m ‖ ~(s) literaria(s) *literarischer Wettbewerb* m

justamente adv *mit (Fug und) Recht* ‖ *richtig* ‖ *gerade, eben,* Öst *justament* ‖ ~ como … *genauso wie …* ‖ el vestido le viene ~ al cuerpo *das Kleid passt ihr genau* ‖ lo ~ preciso *das unumgänglich Notwendige* ‖ de eso se trata ~ *darauf kommt es eben an*

justar vi ⟨Hist⟩ *im Turnier kämpfen*

justedad *f Knappheit* f ‖ *Genauigkeit* f

¹justicia *f Gerechtigkeit* f ‖ *Recht* n ‖ *Billigkeit* f ‖ *Gericht* n ‖ *Gerichtswesen* n ‖ *Justiz* f ‖ *Justiz-, Gerichts|behörde* f ‖ *die Gerichte* npl ‖ *Rechtspflege* f ‖ ⟨fam⟩ *Todesstrafe* f ‖ ⟨fam⟩ *Hinrichtung* f ‖ ⟨fam⟩ *Galgen* m ‖ *Polizei* f, *Polizeibeamte* mpl ‖ ~ del derecho *Berechtigung* f *(des Anspruchs)* ‖ la ~ de Dios *die Gerechtigkeit Gottes* ‖ la ~ punitiva *od* vengativa *od* vindicativa *die strafende Gerechtigkeit* f ‖ ◆ de ~ *von Rechts wegen* ‖ en ~ *objektiv gesehen, gerechterweise* ‖ ◇ administrar ~ *Recht sprechen* ‖ *nach dem Gesetz entscheiden* ‖ caer en manos de la ~ *in die Hände der Gerechtigkeit fallen* ‖ estar a ~ *vor Gericht erscheinen* ‖ hacer ~ *Gerechtigkeit widerfahren lassen* ‖ hacerse ~ por su mano *s. auf eigene Faust Recht verschaffen* ‖ pedir ~ *Gerechtigkeit fordern* ‖ pedir en ~ *vor Gericht klagen* ‖ es (de) ~ *es ist recht und billig* ‖ tomarse la ~ por su mano → hacerse ~ por su mano ‖ ¡~! ¡~! *zu Hilfe, zu Hilfe!* ‖ ¡ ~ de Dios! *gerechter Gott!*

²justicia *m* ⟨Hist⟩ *Richter* m (& Am) ‖ el ~ mayor del reino de Aragón ⟨Hist⟩ *der Oberrichter* m *des Königsreichs Aragonien*

justiciable adj *(m/f) aburteilbar* ‖ *justiziabel* ‖ *der Gerichtsbarkeit unterliegend* ‖ *(be)strafbar*

justicialismo *m* ⟨Pol⟩ *Justizialismus* m *(pol. und soz. Doktrin der Justizialistischen Befreiungsfront des Juan Domingo Perón [1895–1974] in Argentinien)* (→ auch **peronismo**)

justiciar vt → **ajusticiar**

justi|ciero adj *gerechtigkeitsliebend* ‖ ◇ hay un Dios ~ *es gibt e–n gerechten Gott* ‖ **–ficable**

adj *(m/f) zu rechtfertigen(d)* ‖ ⟨fig⟩ *vertretbar* ‖ *nachweisbar*

¹justificación *f Rechtfertigung* f ‖ *Berechtigung* f ‖ *urkundlicher Nachweis* m ‖ *Be-, Nach|weis* m ‖ ~ de capacidad *Befähigungsnachweis* m

²justificación *f* ⟨Typ⟩ *Justieren* n

justificado adj *rechtmäßig, gerecht* ‖ *gerecht* ‖ ◇ está ~ *es ist gerechtfertigt*

justificante adj *(m/f) rechtfertigend* ‖ *beweisend* ‖ *nachweisend* ‖ ~ m *Beleg* m ‖ *Beweisschrift* f ‖ *Beweis(grund)* m ‖ ~ de pago *Zahlungsbeleg* m

¹justifi|car [c/qu] vt *rechtfertigen, entschuldigen* ‖ *berechtigen* ‖ *(mit Belegen) nach-, be|weisen* ‖ *berichtigen, verbessern, gutmachen* ‖ ⟨Typ⟩ *justieren, ausgleichen* ‖ ◇ ~ la confianza *das Vertrauen rechtfertigen* ‖ el fin –ca los medios *der Zweck heiligt die Mittel* ‖ ~**se** *s. rechtfertigen* ‖ *s. ausweisen* ‖ *Beweise vorlegen* ‖ ◇ ~ (para) con alg. *s. bei jdm entschuldigen, rechtfertigen*

²justificar [c/qu] vt ⟨Typ⟩ *justieren, ausschließen, ausgleichen* ‖ ◇ ~ a la derecha *rechtsbündig machen* ‖ ~ a la izquierda *linksbündig machen*

justificativo adj *rechtfertigend* ‖ *beweiskräftig, dem Nachweis dienend* ‖ *Beweis-, Beleg-* ‖ *Rechtfertigungs-*

justillo *m Leibchen* n ‖ *Mieder, Korsett* n

Justi|niano *m* np *Justinian* m ‖ **–no** *m* np *Justinus* m

justipre|ciación *f Ab-, Ein|schätzung* f ‖ ~ de averías *Havarieaufmachung, Dispache* f *(von Seeschäden)* ‖ **–ciar** vt *(ein)schätzen, abschätzen* ‖ **–cio** *m Abschätzung, Bewertung* f (→ auch **tasación**) ‖ *gerechter Preis* m

¹justo adj/s *gerecht* ‖ *billig* ‖ *recht, richtig* ‖ *passend, genau* ‖ *knapp (anliegend), eng* ‖ ~ y equitativo *recht und billig* ‖ ◆ a ~ título *wohl berechtigt* ‖ *mit Recht* ‖ a la hora ~a *im letzten Augenblick* ‖ pedir más de lo ~ *e–n zu hohen Preis fordern, zuviel verlangen* ‖ es ~ *es stimmt* ‖ el traje me viene ~ *der Anzug passt mir gerade noch* ‖ ~ m *Gerechte(r)* m ‖ ◇ los ~s pagan por pecadores *die Unschuldigen leiden für die Schuldigen*

²justo adv *recht, richtig* ‖ *gebührend* ‖ *knapp* ‖ ◆ al ~ *(ganz) genau* ‖ *bestimmt, sicher* ‖ ¡~! *so ist es! stimmt!*

Justo *m* np *Justus* m △ **jutia** *f Nadel* f

jutía *f* Cu → **hutía**

Jutlandia *f* ⟨Geogr⟩ *Jütland* n

ju|venil adj *(m/f) jugendlich* ‖ *Jugend-* ‖ ◇ tener aspecto ~ *jugendlich aussehen* ‖ **–ventud** *f Jugend(zeit)* f ‖ ⟨fig⟩ *Jugendlichkeit* f ‖ ⟨fig⟩ *Frische* f ‖ ~ protestaria *protestierende Jugend* f ‖ ◇ ~ no conoce virtud ⟨Spr⟩ *Jugend kennt k–e Tugend*

¡juy! → **¡huy!**

juzgado *m (unteres) Gericht, Einmanngericht* n ‖ *Gerichtssitz* m ‖ *Gerichtsbezirk* m ‖ *Richteramt* n ‖ *Gerichtshof, Richterstuhl* m ‖ ~ correspondiente *zuständiges Gericht* n ‖ ~ de familia *Familiengericht* n ‖ ~ de instrucción *Amtsgericht* n *(in Strafsachen)* ‖ ~ municipal etwa: *Amts-, Gemeinde-, Stadt|gericht* n ‖ ~ de paz *Friedensgericht* n ‖ ~ de primera instancia e instrucción *Gericht erster Instanz und Untersuchungsgericht* n, etwa: *Amtsgericht* n

juzgador adj *urteilend* ‖ ~ m *Richter, Urteilende(r)* m (→ auch **juez**)

juzgamundos *m/f* ⟨figf⟩ *Klatschmaul* m

juzgar [g/gu] vt/i *richten, (be)urteilen* ‖ *aburteilen* ‖ ⟨fig⟩ *meinen, glauben, annehmen* ‖

⟨fig⟩ *befinden* ‖ ◇ no le juzgo capaz *ich halte ihn nicht für fähig* ‖ no lo juzgo conveniente *ich halte es nicht für richtig* bzw *ratsam* ‖ lo juzgo de mi deber *ich halte es für m–e Pflicht* ‖ ~ mal *falsch beurteilen* ‖ ~ necesario *für nötig halten* ‖ no lo juzgo oportuno *ich halte es nicht für angebracht* ‖ ~ vi ⟨Jur⟩ *erkennen, ein Urteil fällen* ‖ ◇ a ~ por la demanda *nach der Nachfrage zu urteilen* ‖ ~ algo por *od* a ofensa *et. als Beleidigung ansehen* od *empfinden* ‖ a ~ según *od* por las apariencias *dem Anschein nach* ‖ es difícil ~ de ello *es ist schwer zu beurteilen* ‖ ¡juzgue Vd. de mi sorpresa! *stellen Sie s. m–e Überraschung vor!*

Juzg.º ⟨Abk⟩ = **juzgado**

K

K, k f [= Ka, ka, *pl* Kas, kas] *K, k* n
K ⟨Abk⟩ = **potasio**
kabila f → **cabila**
kafkiano adj *kafkaesk*
kaftén m Arg → **alcahuete**
káiser m *Kaiser* m (bes. *Wilhelm II.*)
kakapó m ⟨V⟩ *Kakapo, Eulenpapagei* m
(Strigops habroptilus)
kakemono m ⟨jap⟩ ⟨Mal⟩ *Kakemono* n
kaki m ⟨Bot⟩ *Kaki(baum)* m (Diospyros kaki) ‖
Kakipflaume f
kala-azar m ⟨Med⟩ *Kala-Azar* f, *Dum- Dum-
Fieber* n
kalashnikov [*pl* ~s] m *Kalaschnikow* f
kaleidoscopio m → **calidoscopio**
kali m ⟨Bot⟩ *Salzkraut* n (Salsola kali)
kamikaze m *Kamikaze* m
Kampuchea f ⟨Geogr⟩ *Kamputschea* n
Kam(t)chatka f ⟨Geogr⟩ *Kamtschatka*
(Halbinsel)
kan m → **khan** ‖ **–ato** m → **khanato**
kant|iano adj ⟨Philos⟩ *auf Kant bezüglich,
kantisch* ‖ ~ m *Kantianer* m ‖ **–ismo** m
Philosophie f *Kants*
kaolín m → **caolín**
kapoc m ⟨Bot⟩ → **miraguano**
kappa f *griech. κ, (K), Kappa* n
karakul m → **caracul**
karaoke m ⟨Mus⟩ *Karaoke* n
kara|te m ⟨Sp⟩ *Karate* n ‖ **–teca** m/f
Karatekämpfer(in f) m
karma m ⟨Rel⟩ *Karma* n
karst m → **carst**
kárstico adj → **cárstico**
kar|t [*pl* ~s] m ⟨Sp⟩ *Go-Kart* n ‖ **–ting** m
Go-Kart-Fahren n ‖ **–tódromo** m *Go-Kart-Bahn*
f
    kasbah ⟨arab⟩ f *Kasba(h)* f
katiuska f ⟨Flugw pop⟩ *russisches
Kampfflugzeug* n *(im span. Bürgerkrieg
1936–1939)* ‖ ~s fpl ⟨fam⟩ *(Gummi)Stiefel* mpl
für Damen
    kayak [*pl* ~s] m *Kajak* m (& n) ‖ **–ista** m/f
Kajakfahrer(in f) m
    Kazakstán m ⟨Geogr⟩ *Kasachstan* n
kebab m ⟨Kochk⟩ *Kebab* m
kefir, kéfir m *Kefir* m
kelin m ⟨Text⟩ → **kilim**
kelvinio m (K) ⟨Phys⟩ *Kelvin* n
Kempis, kempis m ⟨Kath⟩ „*Nachfolge
Christi*" f *(Werk des Thomas von Kempen)*
keniano adj *kenianisch* ‖ ~ *Kenianer* m
kenotrón m ⟨El⟩ *Kenotron* n
(Hochspannungsgleichrichter)
Kenya m ⟨Geogr⟩ *Kenia* n
kepis m ⟨Mil⟩ *Käppi* n
kepleriano, na adj ⟨Astr⟩ *Kepler-, Keplersch*
ker|més, –messe f *Kirmes, Kirchweih* f ‖
Volksfest n ‖ *Wohltätigkeitsfest* n ‖ [Kunst]
Wandteppich m *mit Kirmesmotiv*
kero|seno, –sén, –sene m, **–sina** f *Kerosin* n
kerria f ⟨Bot⟩ *Kerrie* f (Kerria japonica)
ketchup m *Ketschup* m (& n)
kg ⟨Abk⟩ = **kilogramo(s)**
kgm ⟨Abk⟩ = **kilográmetro(s)**
khaki adj → ¹**caqui**

khan m *Khan* m *(Tatarenfürst)* ‖ **–ato** m
Khanat n
khmer [*pl* ~s] m → **jémer**
kiang m ⟨Zool⟩ *Kiang* m
kibutz [*pl* ~s od →**im**] m *Kibbuz* m
kieselgu(h)r m ⟨Chem⟩ *Kieselgur,
Infusorienerde* f
kif m [in der Drogenszene] *Kif* m
kilim m ⟨Text⟩ *Kelim* m
kilo m *Kilogramm, Kilo* n ‖ ~ präf *Kilo-* =
tausendmal so groß
kilo|caloría f *Kilo(gramm)kalorie* f ‖ **–ciclo** m
⟨El Radio⟩ *Kilohertz* n ‖ **–curie** m [Radioaktivität]
Kilocurie n ‖ **–grámetro** m *Meterkilogramm* n ‖
–gramo m *Kilogramm* n ‖ **–litro** m *Kiloliter* m (&
n) ‖ **–metraje** m *Kilometer|stand* m, *-zahl* f ‖
Kilometermessung f ‖ *Kilometerleistung* f *(des
Wagens, der Reifen)* ‖ *Kilometergeld* n ‖
Entfernung f *(in km)* ‖ **–metrar** vt *nach
Kilometern (ver)messen* ‖ *mit Kilometersteinen
versehen, kilometrieren* ‖ **–métrico** adj
kilometrisch ‖ (billete) ~ ⟨EB⟩ *Kilometerheft* n
    kilómetro m *Kilometer* m ‖ ~ cuadrado
Quadratkilometer m ‖ ~-hora ⟨Phys⟩
Stundenkilometer m
    kilo|pondio (kp) m *Kilopond* n *(kp)* ‖ **–vatio** m
(kW) ⟨El⟩ *Kilowatt* n *(kW)* ‖ **--hora** m (kWh)
Kilowattstunde f *(kWh)* ‖ **–voltio** m (kV) ⟨El⟩
Kilovolt n *(kV)*
    kilt [*pl* ~s] m *Kilt* m *(Schottenrock)*
kimono m → **quimono**
kindergarten ⟨deut⟩ m *Kindergarten* m (→
auch **jardín** de infancia)
kinesi-, kinesio- → **quinesi-, quinesio-
kios|ko, –co** m → **quiosco**
kip m [Währungseinheit] *Kip* m (Abk = Kip)
Kirguistán m ⟨Geogr⟩ *Kirgisistan* n
kirguís adj/m *Kirgise* m
kirie(s) m(pl) *Kyrieeleison* n
kirieleisón m *Kyrieeleison* n ‖ ⟨fam⟩
Trauergesang m ‖ cantar el ~ ⟨figf⟩ *um Gnade
bitten* ‖ a ése le van a cantar pronto el ~ ⟨figf⟩
der liegt im Sterben, ⟨fam⟩ *der wird bald ins
Gras beißen*
    kirsch ⟨deut⟩ m *Kirsch(wasser* n) m
kismet m *Kismet* m
kit [*pl* ~s] m ⟨Bau⟩*Satz* m ‖ ~ de montaje
Modellbaukasten m
    kitsch ⟨deut⟩ m *Kitsch* m
kivi m ⟨V⟩ *Kiwi* m (Apteryx sp)
kiwi m ⟨Bot⟩ *Kiwi* f
kl ⟨Abk⟩ = **kilolitro(s)**
klaxon m ⟨Auto⟩*Hupe* f
km ⟨Abk⟩ = **kilómetro(s)**
Kneipp: método (*od* sistema) del abate ~
⟨Med⟩ *Kneippsches Heilverfahren* n
kneset f ⟨Pol⟩ *Knesset(h)* f
knock-out m *Knockout, Niederschlag* m *(beim
Boxen)* ‖ ◇ quedar ~ *unterliegen* (& fig) ‖
⟨Abk⟩: **k. o.**
    knut [*pl* ~s] m *Knute* f *(russ. Geißel)* (& fig)
koala m ⟨Zool⟩ *Koala, Beutelbär* m
(Phascolarctos cinereus)
koiné f ⟨Ling⟩ *Koine* f
kola f → ³**cola**
kol|jós, –joz m ⟨russ⟩ *Kolchos* m

kolo *m ein serbischer Rundtanz* m
Komin|form *m* ⟨Hist Pol⟩ *Kominform* n ‖
–tern *f* ⟨Hist Pol⟩ *Komintern* f
kopek *m* [Münzeinheit] *Kopeke* f
kosovar *m*/adj *Kosovare* m
Kr ⟨Abk⟩ = **criptón**
krack, krach *m Bank-* bzw *Börsen|krach* m
krausis|mo *m* ⟨Philos⟩ *Krausismus* m, *System*
n *des dt. Philosophen Krause (1781–1832)* ‖ **–ta**
adj *(m/f) auf Krause und s–e Lehre bezüglich* ‖ ~
m/f Anhänger(in f) m *Krauses*
Kremlin: el ~ *der Kreml*
kril *m* ⟨Fi⟩ *Krill* m
kronprinz *m (deutscher) Kronprinz* m
kuchen [… j …] *m* Chi *Kuchen* m
kukuxclán *m Ku-Klux-Klan* m
kulak [*pl* ~s] ⟨russ⟩ *m Kulak* m
kumis *m Kumys(s)* m *(gegorene Stutenmilch)*
kummel ⟨deut⟩ *m Kümmel(branntwein)* m
kung-fu *m Kung-Fu* n *(Selbstverteidigungsart)*
Kur|distán *m* ⟨Geogr⟩ *Kurdistan* n ‖ ⁼**do** adj
kurdisch ‖ ~ *m Kurde* m
ku|skús *m* ⟨Zool⟩ *Kuskus* m ‖ **–su** *m* ⟨Zool⟩
Kusu m
kuvasz *m* [Hund] *Kuvasz* m
Ku|wait *m* ⟨Geogr⟩ *Kuwait* n ‖ ⁼**waití** [*pl*
~íes] *m Kuwaiter* m
kvas ⟨russ⟩ *m Kwass* m *(ein Getränk)*
kwacha *m* [Währungseinheit] *Kwacha* m
(Abk = K und Zusatz je nach Land)
kwanza reajustado *m* [Währungseinheit]
Kwanza reajustado m (Abk = Kzr)

L

L, l *f* [= Ele, ele, *pl* Eles, eles] *L, l* n
l ⟨Abk⟩ = **litro(s)**
l. ⟨Abk⟩ = **legal** ‖ **letra** ‖ **ley**
l' ⟨pop⟩ *für* el *od* la (l'alma = el alma)
L. ⟨Abk⟩ = **letra** ‖ **ley** ‖ **libranza** ‖ **licenciado**
‖ **Linneo** ‖ **lira(s)** ‖ **longitud**
L/, l/, l ⟨Abk⟩ = **letra**
£ ⟨Abk⟩ = **libra(s) esterlina(s)**
¹la ⌊*pl* **las**⌋ art *f* 1. *die* ⟨ ~ *madre die Mutter* ‖
2. ⟨pop⟩ *vor weiblichen Vor- od Zunamen:* ~
Juanita, ~ Sánchez ‖ 3. *bei einigen*
Ländernamen: (~) *China China* ‖ ~ *India Indien*
‖ 4. ⟨pop⟩ (bes. Am) ⟨& poet⟩ *statt* el *bei*
weiblichen Hauptwörtern mit betontem h(a): ~
alma statt el alma ‖ 5. *in Vertretung von*
Hauptwörtern: ~ *sin hueso* ⟨fam⟩ *die Zunge* ‖ ¡~
de vino que hubo! ⟨pop⟩ *da gab es Wein in Hülle*
und Fülle!
²la pron: **a)** pron acc *sie:* no ~ *veo ich sehe*
sie nicht ‖ ~ *pluma* ~ *tengo aquí* (*aber* aquí
tengo ~ pluma) *hier habe ich die Feder* ‖ quiero
dársela ich will sie ihm (ihr) geben ‖ no quiere
dármela er (sie) will sie mir nicht geben ‖ ¡ámala!
liebe sie! ‖ amalla inf ⟨pop⟩ = amarla ‖ **b)** pron
dat inc *statt des dativischen* le *ihr* (→ **laísmo**): ~
digo, dígola (*statt* le digo) *ich sage ihr* ‖ **c)**
elliptisch: echarlas de valiente ⟨pop⟩ *den Mutigen*
spielen ‖ ¡te ~ pagaré! ⟨fam⟩ *das werde ich dir*
heimzahlen! ‖ ¡me ~s pagarás! *das wirst du mir*
büßen! ‖ **d)** ~ que, ~ cual *diejenige, welche* ‖
die, welche
³la *m* ⟨Mus⟩ *das a* ‖ ~ bemol ⟨Mus⟩ *as* n ‖ ~
sostenido ⟨Mus⟩ *ais* n ‖ ◇ dar el ~ ⟨Mus⟩ *das a*
angeben (beim Stimmen)
La ⟨Abk⟩ = **lantano**
Laban *m* np ⟨Bibl⟩ *Laban* m
lábaro *m Labarum* n, *Kreuzfahne* f ‖ p. ex
Banner, Zeichen n
△ **la|belar, –bilar** vi *singen*
laberintero adj Pe → **embrollón**
labe|ríntico adj *labyrinthisch* ‖ ⟨fig⟩ *verworren*
‖ **–rinto** *m Labyrinth* n, *Irr|garten, -gang* m ‖
⟨An⟩ *Labyrinth* n *(im Ohr)* ‖ ⟨fig⟩ *Verwirrung* f,
Wirrwarr m
la|bia *f Zungenfertigkeit, Beredsamkeit* f ‖ ◇
tener buena *od* mucha ~ ⟨fam⟩ *ein gutes*
Mundwerk haben ‖ **–biadas** fpl ⟨Bot⟩
Lippenblütler mpl (Labiatae) ‖ **–bial** *(m/f)* adj
Lippen- ‖ **labial** ‖ **–bializar** [z/c] vt ⟨Gr⟩
labialisieren, runden ‖ **–biar** vt/i *im Gespräch*
hinwerfen (Wort) ‖ *versetzen, (langsam)*
antworten
labihendido adj *mit gespaltener Lippe* ‖
hasenschartig
lábil adj *(m/f) labil, schwankend, unstet* ‖
hinfällig ‖ *in-, un|stabil, unsicher*
labilidad *f* ⟨Biol Psychol Wiss *usw.*⟩ *Labilität* f
‖ *Beeinflussbarkeit* f ‖ *Schwankung* f
labio *m Lippe* f ‖ *Lefze* f *(bei Tieren)* ‖ ⟨fig⟩
Wund|rand m, *-lefze* f ‖ ⟨fig⟩ *Mund* m ‖ ⟨fig⟩
Sprache f ‖ ~ inferior *Unterlippe* f ‖ ~ hendido,
~ leporino *Hasenscharte* f ‖ ~ superior
Oberlippe f ‖ ~s mpl *Lippen* fpl ‖ *Mund* m ‖ ⟨An⟩
Schamlippen fpl ‖ ⟨Med⟩ *(Wund)Ränder* mpl ‖ ~
granas ⟨fig⟩ *hochrote od granatrote Lippen* ‖
grandes ~, ~ mayores ⟨An⟩ *äußere Schamlippen*

fpl ‖ pequeños ~, ~ menores ⟨An⟩ *kleine, innere*
Schamlippen fpl ‖ ~ de la vulva ⟨An⟩
Schamlippen fpl ‖ ◇ cerrar los ~ ⟨figf⟩
schweigen ‖ no descoser *od* no despegar los (*od*
sus) ~ *den Mund nicht auftun, nicht mucksen* ‖
estar pendiente de los ~ de alg. ⟨fig⟩ *an jds*
Lippen hängen, jdm aufmerksam zuhören ‖
morderse los ~ *s. auf die Lippen beißen* ‖ ⟨fig⟩
das Lachen verbeißen ‖ ⟨fig⟩ *(et.) bereuen* ‖ tener
el corazón en los ~ *das Herz auf der Zunge*
haben ‖ → auch **belfo** ‖ → auch **labro**
labio|apical adj *(m/f)* ⟨Gr⟩ *labioapikal* ‖
–dental adj *(m/f)* ⟨Gr⟩ *labiodental*
labio|sear vt Am *schmeicheln* ‖ **–sidad** *f* Ec
MAm *Schöntuerei, Schmeichelei* f ‖ **–so** adj Am
Schmeichler m
labor *f Arbeit* f, *Werk* n ‖ *Mühe, Anstrengung* f
‖ *Näherei, (weibliche) Handarbeit* f ‖ *Schnitzwerk*
n ‖ *Feldarbeit* f ‖ ~ de gancho *Häkelarbeit* f ‖ ~
menuda *Filigranarbeit* f ‖ ◇ hacer ~ *nähen,*
stricken ‖ **~es** mpl *Handarbeiten* fpl ‖ sus ~ (bes.
in Formularen), ~ propias de su sexo *Hausfrau* f
‖ ~ taracea *Einlegearbeit* f ‖ ~ de zapa ⟨fig⟩
Wühlarbeit f
labo|rable adj *(m/f) bestellbar, urbar (Land)* ‖
–radicto adj/s *arbeitswütig, workaholic* ‖ **–ral** adj
(m/f) Arbeits- ‖ **–rante** → **–rar** ‖ ~ *m Laborant*
m ‖ ⟨Pol⟩ *Konspirant* m ‖ **–rar** vi *(eifrig) arbeiten*
‖ *Wühlarbeit leisten* ‖ *konspirieren* ‖ ~ vt →
labrar ‖ **–ratorio** *m Labor(atorium)* n,
Versuchsraum m ‖ ⟨Tech⟩ *Brennraum* m *(e–s*
Ofens) ‖ ~ dental *Dentallabor* n ‖ ~ de idiomas
od lingüístico *Sprachlabor* n ‖ **–rear** vt → **labrar**
‖ ⟨Bgb⟩ *abbauen* ‖ *schürfen* ‖ vi ⟨Mar⟩ *einscheren*
‖ **–reo** *m Feldbestellung* f, *Ackerbau* m ‖ ⟨Bgb⟩
Abbau m ‖ *Bergwesen* n ‖ ~ exhaustivo *Raubbau* m
△ **laborí** *f Lob* n
laborio|sidad *f Arbeitsamkeit, Emsigkeit* f,
Fleiß, Eifer m ‖ **–so** adj *arbeitsam, fleißig, emsig,*
eifrig, schaffensfreudig ‖ *müh|sam, -selig,*
schwierig, schwer (Sache, Arbeit) ‖ *schwerfällig*
(Stil)
laborismo *m* ⟨Pol⟩ *Labourbewegung* f
(Großbritannien)
laborista adj *(m/f)* ⟨Pol⟩ *Labour-* ‖ *auf die*
Labourpartei bezüglich ‖ ~ m/f *Angehörige(r* m)
f *der Labourpartei*
laborterapia *f* ⟨Med⟩ *Arbeitstherapie* f
labra *f* ⟨Tech⟩ *Bearbeitung* f
labra|da *f* ⟨Agr⟩ *Brache* f, *Brachland* n ‖ **–dío**
m/adj → **labrantío** ‖ **–do** adj *gemustert (Stoffe)* ‖
geschliffen (Edelstein) ‖ ⟨Tech⟩ *bearbeitet* ‖ ⟨Agr⟩
Ackerland n
¹labrador adj *ackernd* ‖ *arbeitend* ‖ ~ *m*
Ackerbautreibende(r), Bauer, Landwirt m ‖
Land|bewohner, -mann m
²labrador *m* [Hund] *Labrador(hund)* m
Labrador *m* ⟨Geogr⟩ *Labrador* m
△ **labradora** *f Hand* f ‖ *Arm* m
labradorita *f* ⟨Min⟩ *Labrador(it)* m
labran|tín *m Kleinbauer* m ‖ **–tío** adj *angebaut*
‖ *bestellbar, anbaufähig* ‖ ~ *m Acker|land, -feld* n
‖ **–za** *f Ackerbau* m ‖ *Feld|arbeit, -bestellung* f ‖
Anbaubetrieb m ‖ *Landgut* n, *Hof* m
labrar vt/i *(aus)arbeiten, machen, herstellen* ‖
be-, ver|arbeiten ‖ *gestalten* ‖ *ausbeuten*

(Bergwerk) ‖ *(Acker) bestellen* ‖ *ackern, pflügen* ‖ *hacken (Weinberg)* ‖ *weben, wirken* ‖ *nähen, sticken* ‖ *aus\feilen, -höhlen* ‖ *schleifen (Gläser)* ‖ *be\hauen, -arbeiten (Steine)* ‖ *prägen (Münze)* ‖ ⟨fig⟩ *bewirken* ‖ ⟨fig⟩ *hinarbeiten auf* (acc) ‖ ⟨fig⟩ *schaffen, bilden* ‖ ◆ sin ~ *unbearbeitet, roh* ‖ ◇ ~ la fortuna de alg. *jds Glück machen, jdn glücklich machen* ‖ ~ plata *Kunstarbeiten in Silber ausführen* ‖ ~ la ruina de alg. *jdn ruinieren*
labriego m *Bauer(smann), Landmann* m
labro m ⟨Ins⟩ *Oberlippe* f, *Labrum* n
labrusca f ⟨Bot⟩ *Wilder Wein* m (Parthenocissus sp) ‖ *Wildrebe* f ‖ *Jungfernrebe* f
laburno m ⟨Bot⟩ *Goldregen* m (Laburnum spp)
laca f *(Gummi)Lack* m ‖ *Lackfirnis* m ‖ *Harzlack* m ‖ p.ex *Haarspray* m (& n) ‖ ~ amarilla *Gelblack* m ‖ ~ para cuero *Lederlack* m ‖ ~ esmalte *Emaillelack* m ‖ ~ para fotografías *Fotolack* m ‖ ~ japonesa, ~ del Japón *Japanlack* m ‖ ~ de lustre *Glanzlack* m ‖ ~ mate *Mattlack* m ‖ ~ al óleo *Öllack* m ‖ ~ universal *Universallack* m ‖ ~ para las uñas *Nagellack* m ‖ → auch **barniz, pintura** ‖ **-do** adj *lackiert* ‖ ~ m *Lackierung* f
laca\yo m *Lakai* m ‖ *Bediente(r)* m ‖ *Reitknecht* m ‖ dim **-yuelo, -yuno** adj ⟨bes. pej⟩ *liebedienerisch, lakaienhaft* ‖ *Lakaien-, Knechts-*
laceador m Am *Lassowerfer* m ‖ ⟨Jgd⟩ *Schlingenleger* m ‖
¹lacear vt *mit dem Lasso fangen* ‖ ⟨Jgd⟩ *mit der Schlinge fangen* ‖ Arg *mit dem Lasso peitschen*
²lacear vt *mit Bändern verzieren od schmücken*
lacede\món, -monio adj ⟨Hist⟩ *lakedämonisch, spartanisch* ‖ ~ m *Lakedämonier, Spartaner* m ‖ **⁼monia** f *Lakedämon, Sparta* ‖ **-mónico** adj *lakedämonisch, spartanisch*
lace\ración f *Verletzung* f ‖ *Abreißen* n ‖ **-rante** adj *(m/f)* ⟨fig⟩ *reißend (Schmerz)* ‖ *herzzerreißend* ‖ *gellend (Schrei)* ‖ **-rar** *verletzen* ‖ *quetschen* ‖ ⟨fig⟩ *zerreißen (das Herz)* ‖ ⟨fig⟩ *schädigen* ‖ ◇ ~ la fama de alg. *jds guten Ruf schädigen* ‖ **~se** s. *kasteien* ‖ **-ria** f *Dürftigkeit, Armut* f, *Elend* n ‖ *Mühe, Plage* f ‖ ⟨fig⟩ *mühselige Arbeit* f
lacería f *Bandwerk* n, *Bänder* npl ‖ ⟨Arch⟩ *Entrelacs* n(pl)
lacero m *Lassowerfer* m ‖ ⟨Jgd⟩ *Schlingenleger* m ‖ *(amtlich beauftragter) Hundefänger* m
lacértidos mpl ⟨Zool⟩ *Eidechsen* fpl (Lacertidae) (→ **lagar\tija, -to**)
¹lacha f ⟨Fi⟩ *Sardelle* f (→ **boquerón**)
²lacha f ⟨fam⟩ *Scham* f ‖ *Ehrgefühl* n ‖ ◇ tener poca ~ ⟨fam⟩ *dreist, unverschämt sein* ‖ es un poca ~ ⟨fam⟩ *er ist ein unverschämter Kerl* m ‖ ¡qué poca ~! ⟨fam⟩ *wie unverschämt!*
△ **lachar** vi *genesen*
△ **lachí** adj *glücklich*
lacho m Chi *Liebhaber* m
△ **lachó** adj *gut* ‖ *besser*
lacífero adj ⟨Bot⟩ *lacktragend*
lacillo m dim von *lazo*
laciniado adj ⟨Bot⟩ *ausgefranst, zerteilt*
lacio adj *welk, verwelkt* ‖ *ver\dorrt, -gilbt* ‖ *schlaff (Haar, Muskel)* ‖ *weich (Feder)* ‖ ⟨fig⟩ *schwach, kraftlos*
Lacio m ⟨Geogr⟩ *Latium* n
lacito m dim von *lazo*
lacón m *gesalzener und getrockneter Vorderschinken* m ‖ ~ con grelos ⟨Gal León⟩ ⟨Kochk⟩ *Gericht aus zarten Steckrübenstengeln mit geräuchertem (Vorder)Schinken*
lacónico adj *lakonisch* ‖ ⟨fig⟩ *gedrängt, kurz und bündig* ‖ ⟨fig⟩ *einsilbig (Person)* ‖ adv: **~amente**

¹laconio adj *lakonisch* ‖ *kurz und bündig*
²laconio m/adj ⟨Hist⟩ *Lakonier* m
laconismo m *Bündigkeit, Kürze (Stil, Ausdrucksweise)* ‖ *Gedrängtheit* f ‖ *Lakonismus* m
La Coruña f [Stadt und Provinz in Spanien] *La Coruña* n
lacra f *Nachwehen* pl ‖ *Mangel* m, *Gebrechen* n ‖ *Narbe* f ‖ Arg Pe PR *Wundschorf* m ‖ Mex Ven Hond *schwärende Wunde* f, *Geschwür* n ‖ ~ hereditaria *erbliche Belastung* f
lacradura f Col *Narbe* f
¹lacrar vt *ver-, zu\siegeln*
²lacrar vt *(jdn) anstecken* ‖ ⟨fig⟩ *(jdn) schädigen*
¹lacre m *Siegellack* m
²lacre adj *(m/f)* Am *(hoch)rot*
lacri\mal adj *(m/f)* *Tränen-* ‖ **-mante** adj *(m/f)* ⟨poet⟩ *tränend (Auge)* ‖ **-matorio** m/adj ⟨Hist⟩ *Tränenkrug* m *(Grabbeigabe)* ‖ **-mógeno** adj/s *tränenerregend, Tränen-* ‖ (gas) ~ m *Tränengas* n, *Augenreizstoff* m ‖ ⟨fig⟩ → **lacrimoso** ‖ **-moso** adj *tränend* ‖ *traurig, rührend (zu Tränen)* ‖ *tränenreich*
△ **lacró** m *Diener, Knecht* m
lac\tación f ⟨Biol Physiol⟩ *Milcherzeugung* f ‖ *Milchabsonderung* f ‖ *Stillen, Säugen* n ‖ **-talbúmina** ⟨Physiol⟩ *Milcheiweiß, Laktalbumin* n
lactan\cia f *Säugen, Stillen* n *(e–s Säuglings)* ‖ *Still\periode, -zeit* f ‖ **-te** adj *(m/f)* *stillend, säugend* ‖ ~ m/f *Säugling* m
lactar vt *stillen, säugen* ‖ *mit Milch aufziehen* ‖ ~ vi *saugen (Säugling)* ‖ ⟨Biol Physiol⟩ *Milch absondern, laktieren* ‖ *gesäugt werden* ‖ s. *aus Milch nähren*
¹lactario adj *milchig*
²lactario m ⟨Bot⟩ *Reizker, Milchling* m (Lactarius spp) ‖ ~ peludo *od* venenoso *Giftreizker* m (L. torminosus)
lac\tato m ⟨Chem⟩ *Laktat* n ‖ **-teado** adj: harina ~a *Kindermehl* n ‖ **-teína** f ⟨Chem⟩ *Laktein* n
lácteo adj *milchig* ‖ *Milch-*
lactescencia f ⟨Biol Chem⟩ *milchige Beschaffenheit, Lakteszenz* f
lacti\cíneo adj → **lácteo** ‖ **-cinio** m *Milchspeise* f
láctico adj ⟨Chem⟩ *Milch(säure)-*
lac\tífero adj *milchhaltig* ‖ *Milch-* ‖ **-tífico** adj ⟨Biol⟩ *milcherzeugend*
lactodensímetro m *Milchmesser* m, *Laktodensimeter* n
lac\tosa f ⟨Biol Chem⟩ *Milchzucker* m, *Laktose* f ‖ **-tovegetariano** adj *laktovegetarisch* ‖ ~ m *Laktovegetarier* m ‖ **-tumen** m ⟨Med⟩ *Milchschorf* m
lacustre adj *(m/f)* *See-, Teich-, Sumpf-* (& Bot Zool) ‖ ⟨Geol⟩ *lakustrisch, limnisch*
lade\ado adj *(wind)schief* ‖ *seitlich geneigt* ‖ **-ar** vt *schief stellen* ‖ *zur Seite neigen* ‖ *(ab)schrägen* ‖ *verkanten* ‖ *(ver)drehen* ‖ ◇ ~ la cabeza *e–e ausweichende Bewegung mit dem Kopf machen* ‖ la ~a od hacia la izquierda *nach links schieben* ‖ ~ vi ⟨fig⟩ *vom geraden Weg abweichen* ‖ *ausweichen* ‖ s. *werfen (Holz)* ‖ **~se** s. *auf die Seite neigen* ‖ s. *drehen, s. wenden* ‖ ⟨fig⟩ s. *(zu jdm) hinneigen* ‖ ⟨figf⟩ Chi s. *verlieben* ‖ ◇ ~ con alg. ⟨figf⟩ s. *auf jds Seite stellen* ‖ *jdm gleich sein* ‖ ⟨pop⟩ s. *mit jdm verfeinden* ‖ ~ al partido contrario s. *zu der Gegenpartei schlagen* ‖ **-o** m *Neigung* f *(auf die Seite)* ‖ *Verkantung* f (z. B. *e–r Feuerwaffe*)
ladera f *Bergabhang, Abhang* m ‖ *Flanke, Berglehne* f ‖ **-s** fpl *Leiterbäume* mpl *(e–s Wagens)*
ladero adj *seitlich* ‖ ~ m Am *Stangenpferd* n

ladilla *f* ⟨Ins⟩ *Filzlaus* f (Phthirus pubis) ‖ ◇ pegarse como una ~ ⟨vulg⟩ *s. an jdn wie eine Klette hängen*
¹ladillo *m Seitenlehne* f (e–r Kutsche)
²ladillo *m* ⟨Typ⟩ *Randtitel* m
¹ladino adj *schlau, gerieben, verschmitzt, pfiffig*
²ladino adj *altspanisch* ‖ *jüdischspanisch* ‖ *in Sprachen bewandert* ‖ Am *Spanisch sprechend* ‖ ~ *m: (das) Altspanisch(e)* ‖ *(das) Judenspanisch(e)* ‖ *(das) Rätoromanisch(e)* ‖ Am *Mestize* m ‖ **~s** *mpl Ladiner, Rätoromanen* mpl
  Ladislao *m* np *Ladislaus* m
  lado *m* (rechte od linke) *Seite* f (& Math) ‖ ⟨fig⟩ *Seite* f, *Gesichtspunkt* m ‖ ⟨fig⟩ *Gegend* f ‖ ⟨fig⟩ *Land* n ‖ *(freier) Platz* m ‖ ⟨Math⟩ *Kante* f *e–s regelmäßigen Vielecks* ‖ *(Winkel)Schenkel* m ‖ *Linie, Sippe* f ‖ ⟨fig⟩ *Gunst* f, *Schutz* m ‖ el ~ de abajo *die untere Seite* f ‖ el ~ de arriba *die obere Seite* f ‖ el buen ~ *die richtige (Tuch)Seite* f ‖ *die gute Seite* f (e–s Menschen) ‖ ~ bueno ⟨Tech⟩ *Gutseite* f (an der Lehre) ‖ ~ débil, ~ flaco ⟨fig⟩ *schwache Seite* f ‖ ~ malo ⟨Tech⟩ *Ausschussseite* f (an der Lehre) ‖ ~ del norte *Nord-, Winter|seite* f ‖ ~ posterior *Rückseite* f ‖ ~ septentrional *Nordseite* f ‖ ~ del sur *Süd-, Sonnen|seite* f ‖ ◆ al ~ *daneben, nebenan* ‖ a un ~ *seitwärts* ‖ *seitlich* ‖ ¡bromas a un ~! *Spaß beiseite!* ‖ al ~ de a/c *neben et.* (dat) ‖ al *od* del otro ~ *auf der anderen Seite, jenseits* (de gen) ‖ a este ~ *diesseits* (de gen) ‖ *umstehend* ‖ de ~ *seitlich, seitwärts* ‖ de mi ~ *auf m–r Seite* (& fig) ‖ del ~ de acá *diesseits* ‖ del ~ de allá *jenseits* ‖ de un ~ a (*od* para) otro *hin und her* ‖ de uno y de otro ~ *von beiden Seiten* ‖ de ~s invertidos *seitenverkehrt* ‖ por el ~ económico *vom wirtschaftlichen Standpunkt aus* ‖ por el ~ materno *mütterlicherseits (Verwandtschaft)* ‖ por este ~ *in dieser Hinsicht* ‖ por otro ~ *hingegen, dagegen, and(e)rerseits* ‖ por un ~ *einerseits* ‖ por un ~ …(,) (y) por otro *teils …, teils; einerseits …, and(e)rerseits; auf der e–n Seite …, auf der anderen Seite* ‖ ◇ comerle un ~ a alg. ⟨figf⟩ *jdm ewig auf der Tasche liegen* ‖ dar de ~ a uno ⟨figf⟩ *jdm den Rücken kehren* ‖ dar mucho ~ a alg. ⟨fam⟩ *jdn hoch schätzen, auf jdn große Stücke halten* ‖ dejar a un ~, dejar de ~ ⟨fig⟩ *beiseite lassen* ‖ *auslassen, nicht erwähnen* ‖ echar por otro ~ ⟨fig⟩ *e–n anderen Weg einschlagen* ‖ hacer ~ *Platz machen* ‖ hacerse a un ~ *auf die Seite treten* ‖ ir ~ a ~ *nebeneinander, Seite an Seite gehen* ‖ voy a su ~ *ich gehe zu ihm (ihr)* ‖ mirar de (medio) ~ ⟨fig⟩ *von der Seite ansehen, scheel anblicken* ‖ lo sé de un ~ desinteresado *ich weiß es von unbeteiligter Seite* ‖ todo tiene su ~ bueno y su ~ malo *alles hat s–e zwei Seiten* ‖ venir a este ~ *herüberkommen* ‖ visto dc ~· *von der Seite gesehen* ‖ volver la cabeza a un ~ y a otro *den Kopf hin und her bewegen* ‖ volverse de ~ *s. auf die Seite wenden* ‖ **~s** *mpl:* de *od* en *od* por todos ~ *überall, von* od *auf allen Seiten* ‖ ◇ tener buenos ~ (malos) ~ ⟨fig⟩ *gute (schlechte) Helfer haben* ‖ *gut (schlecht) beraten sein*
la|dra *f Gebell* n ‖ *Bellen* n ‖ **–drador** adj *bellend* ‖ **–drar** vt *(an)bellen* ‖ ⟨fig⟩ *lästern, schmähen* ‖ ⟨fig⟩ *bellen (ohne zu beißen)* ‖ ~ la luna ⟨fig⟩ *den Mond anbellen, machtlos drohen* ‖ ⟨fig⟩ *unnützen Lärm machen* ‖ **–drido** *m Bellen, Gebell* n ‖ ⟨Jgd⟩ *Geläut* n
ladri|llado *m Backstein-, Ziegel|pflaster* n ‖ **–llar** *m Ziegelbrennerei, Ziegelei* f ‖ ~ vt → **enladrillar** ‖ **–llejo** *m* dim von **–llo** ‖ **–llera** *f (alte hölzerne) Ziegelform* f (→ auch **³gradilla**) ‖ **–llero** *m Ziegelbrenner* m

¹ladrillo *m Ziegel-, Back|stein* m ‖ ⟨figf⟩ *Schinken (Theaterstück, Buch), Wälzer m (Buch)* ‖ ~ aplantillado *Form|ziegel, -stein* m ‖ ~ sin cocer *ungebrannter Ziegel* m ‖ ~ cocido *Backstein, gebrannter Ziegel, Klinker* m ‖ ~ crudo → ~ sin cocer ‖ ~ de chocolate *dicke Schokoladentafel* f ‖ ~ esmaltado *glasierter Verblender* m ‖ ~ hueco *Hohl|stein, -ziegel* m ‖ ~ molido *Ziegelmehl* n ‖ ~ recocido *Klinker* m ‖ ~ recocho *Hartbrandstein* m ‖ ~ refractario *feuerfester Ziegel(stein), Schamottestein* m ‖ ~ santo *Klinker* m ‖ ~ de vidrio, ~ vítreo *Glasbaustein* m ‖ ◇ cocer ~s *Ziegel brennen*
  △ **²ladrillo** *m Dieb* m
ladrón adj *diebisch* ‖ *spitzbübisch* ‖ ⟨fig⟩ *verführerisch (Auge)* ‖ ~ *m Dieb* m ‖ *Räuber* m ‖ *Gauner, Spitzbube* m ‖ *Bösewicht* m ‖ ⟨fig⟩ *Anschluss bzw Ableitung* f ‖ *Span* ⟨fig pop⟩ *Übergangsstecker* m ‖ ~ de cadáveres *Leichenfledderer* m ‖ ~ de cepillos de iglesia ⟨fam⟩ *Opferstockmarder* m ‖ ~ cuatrero *Viehdieb* m ‖ ~ de guante blanco, ~ de levita ⟨fig⟩ *Hochstapler, Gentleman-Dieb* m ‖ ~ de muertos → ~ de cadáveres ‖ ◇ piensa el ~ que todos son de su condición ⟨Spr⟩ *der Dieb meint, es seien alle so ehrlich wie er* ‖ quien hurta (*od* el que roba) al ~, ha cien años de perdón ⟨Spr⟩ *den Dieb bestehlen heißt nicht sündigen* ‖ → auch **descuidero, ratero**
ladro|near vi *(gewohnheitsmäßig) stehlen* ‖ *vom Diebstahl leben* ‖ **–nera** *f Diebes|nest* n, *-höhle* f ‖ *Dieberei* f ‖ *unbefugter Anschluss* m *zur Stromentnahme* ‖ ⟨Agr⟩ *unbefugte Ableitung* f *zur Wasserentnahme* ‖ ⟨figf⟩ *Sparbüchse* f ‖ **–nería** *f Diebstahl* m, *gewohnheitsmäßiges Stehlen* n ‖ **–nesca** *f* ⟨fam⟩ *Diebespack, Diebsgesindel* n ‖ **–nicio** *m* → **–nería** ‖ **–nzuelo** *m* dim von **ladrón** ‖ *kleiner Dieb* m ‖ *Taschendieb* m
ladruquear vi *winseln, heulen (Hund)*
lady *f* ⟨engl⟩ *Lady, Dame* f
lagaña *f* [selten] → **legaña**
lagar *m (Wein)Kelter* f ‖ *Öl-, Frucht|presse* f ‖ *Steinbehälter* m *(zum Mosten)*
lagar|ta *f|adj* **a)** *Eidechse* f *(Weibchen)* ‖ **b)** ⟨Agr Ins⟩ *Schwammspinner* m (Lymantria dispar) ‖ ⟨figf⟩ *Luder* n ‖ ⟨figf⟩ *Flittchen* n ‖ **–tera** *f Eidechsenhöhle* f
lagarterano adj *aus Lagartera* (P Tol) ‖ *auf Lagartera bezüglich*
lagar|tija *f* ⟨Zool allg⟩ *kleine Eidechse* f ‖ *Mauereidechse* f (Lacerta muralis) ‖ **–tijero** adj ⟨Zool⟩ *eidechsenfressend* ‖ **–tijo** *m* dim von **lagarto**
lagarto ~ ‖ Mex ⟨fig⟩ *Geck* m
lagarto adj ⟨fig⟩ *verschlagen, gerieben* ‖ ~ *m* ⟨Zool allg⟩ *Echse, große Eidechse* f ‖ ⟨figf⟩ *verschlagener od geriebener Mensch, Schlauberger* m ‖ ~ ocelado *Perleidechse* f (Lacerta lepida) ‖ ~ verde *Smaragdeidechse* f (L. viridis) ‖ Am *Kaiman* m ‖ ¡~, ~! int *unberufen* ‖ *toi, toi, toi!*
lago *m See* m ‖ ⟨fig⟩ *Lache* f ‖ ~ de Constanza *Bodensee* m ‖ ~ de los Cuatro Cantones *Vierwaldstädter See* m ‖ ~ dragado *Baggersee* m ‖ ~ de Garda *Gardasee* m ‖ ~ de Ginebra *Genfer See* m ‖ ~ Mayor *Lago Maggiore* m ‖ ~ Salado *Salzsee* m
lagomorfos *mpl* ⟨Zool⟩ *Hasen* mpl (Lagomorpha)
lagón *m Lagune* f
lagópodo *m* ⟨V⟩ *Moorschneehuhn* n (Lagopus lagopis)
lagote|ría *f* ⟨fam⟩ *(arglistige) Schmeichelei* f ‖ **–ro** *m* ⟨fam⟩ *(arglistiger) Schmeichler* m
lágrima *f Träne*, ⟨poet⟩ *Zähre* f ‖ ⟨Bot⟩

Ausfluss m *(von Pflanzen nach dem Beschneiden
od Verletzen)* ‖ una ~ de aguardiente ⟨pop⟩ *ein
Schluck Branntwein* ‖ ~ de Batavia, ~ de
Holanda *batavische Träne* f, *Bologneser Tropfen*
m ‖ ◇ llorar a ~ viva *heiße, bittere Tränen
vergießen* ‖ ~s *fpl:* ~ de cocodrilo ⟨fig⟩
Krokodilstränen fpl ‖ ~ como guisantes ⟨figf⟩
erbsengroße Tränen fpl ‖ en este valle de ~ ⟨fig⟩
in diesem (irdischen) Jammertal ‖ ◇ arrancar las
~ a alg. *jdn zum Weinen bringen, jdn tief rühren,*
⟨fam⟩ *bei jdm auf die Tränendrüse drücken* ‖
beberse las ~ ⟨fig⟩ *s–n Schmerz verbeißen* ‖ las
~ corren *die Tränen rollen herunter* ‖ derramar ~
Tränen vergießen ‖ deshacerse en ~ ⟨fig⟩ *in
Tränen zerfließen* ‖ saltarle (saltársele) a uno las
~ *in Tränen ausbrechen* ‖ sorberse las ~ →
beberse las ~ ‖ verter ~ → derramar ~
lagri|mal adj *(m/f)* ⟨An⟩ *Tränen-* ‖ ~ m ⟨An⟩
Tränensack m ‖ *Tränenwinkel* m *(des Auges)* ‖
(fístula) ~ ⟨Med⟩ *Tränenfistel* f ‖ ⟨Agr⟩
Baumgeschwür n *(in Astgabelungen)* ‖ **–mear** vi
(häufig) tränen ‖ **–món** m augm von **lágrima** ‖ ◇
llorar a ~es ⟨pop⟩ *in Tränen aufgelöst sein* ‖
–moso adj *tränend, verweint (Augen)* ‖ *triefäugig*
‖ → auch **lacrimoso**
  lagua f Bol Pe ⟨Kochk⟩ *Mehlsuppe* f *(mit
Kartoffeln und Fleisch)*
  laguán m Chi ⟨Bot⟩ *(Art) Zypresse* f
  laguer Cu *Leichtbier* n
  lagu|na f *Lagune* f, *kleiner See* m ‖
Salzseeteich m ‖ *Haff* n ‖ *Lache* f ‖ *Sumpf, Morast*
m ‖ ⟨fig⟩ *Lücke* f, *Fehlende(s)* n ‖ ⟨Elc⟩ *Lücke,
Leerstelle* f ‖ las ~s *die Lagunen von Venedig* ‖
~ informativa *Informationslücke* f ‖ ◆ con ~s
⟨fig⟩ *lückenhaft, unvollständig* ‖ ◇ llenar *(od
colmar)* una ~ ⟨fig⟩ *e–e Lücke ausfüllen* ‖ **–nero**
adj/s *Lagunen-, See-* ‖ *aus La Laguna (Teneriffa)*
‖ **–noso** adj *lagunenreich* ‖ *sumpfig*
  lai|cado m *die Laien, die Nichtgeistlichen* mpl
‖ **–cidad** f *weltliche(r) Charakter* m, *Weltlichkeit* f
‖ **–cismo** m *Laizismus* m ‖ **–cización** f
Lai(zi)sierung, Verweltlichung f *(& fig)* ‖ **–co,**
(–cal) adj *weltlich* ‖ *laienhaft* ‖ *Laien-* ‖ ~ m *Laie*
m
  laís|mo m ⟨Gr⟩ *(falscher) Gebrauch* m *von*
la(s) *statt* le(s) *(z. B. er schenkte ihr Blumen* la
(statt le) regaló flores*)* ‖ → auch **leísmo** ‖ **–ta** adj
(m/f) der (bzw die) la(s) *statt* le(s) *im Dativ
verwendet*
  ¹laja f *glatter Stein* m ‖ ⟨Mar⟩ *Untiefe; flache,
felsige Stelle* f
  ²laja f Col *dünner Agavenfaserstrick* m
  △ **lajá** f *Frau* f
  △ **lajariar** vt *anbeten*
  lalá f ⟨Med⟩ *Lallen* n, *Lallmonolog* m
  Lalá f np ⟨pop⟩ → **Adela**
  △ **la|ló** m *Portugiese(r)* m ‖ ⁼**loré** m *Portugal*
n
  ¹lama f *Schlamm, Sumpfkot* m ‖ ⟨Bgb⟩
Grubenschlamm m
  ²lama f *Lahn, Gold-, Silber|lahn* m ‖
Metallfaden m *(Lamé)*
  ³la|ma ⟨Rel⟩ *Lama* m ‖ **–maísmo** m
Lamaismus m ‖ **–maísta** adj *(m/f) auf den
Lamaismus bezüglich* ‖ ~ m/f *Lamaist(in* f) m
    lamantín m ⟨Zool⟩ *Lamantin* m
    lamarckismo m ⟨Biol⟩ *Lamarckismus* m
    lambada f *Lambada* m *(& f) (Tanz)*
    lamb|da f griech. λ *(Λ), Lambda* n ‖ **–dacismo**
m Sant Sal León f *fehlerhafte Aussprache des* l
für r *(z. B.* palaguas *für* paraguas)
    lambel m ⟨Her⟩ *Turnierkragen* m
    lam|ber vt Am *(& Span reg)* → **lamer** ‖ **–bido**
adj Am *(& Span reg)* → **lamido** ‖ Am →
relamido

¹lambis|cón m Mex ⟨fam⟩ *Schmeichler* m ‖
–conear vt/i *schmeicheln* ‖ **–conería** f
Schmeichelei f, *Schmeicheln* n
  ²lambiscón adj *naschhaft*
  ¹lambisquear vt *Speisereste suchen und
verzehren* (bes *Süßigkeiten)*
  ²lambisquear vt Mex ⟨fam⟩ *schmeicheln*
  lambón adj Col *schmeichlerisch* ‖ ~ m
Schmeichler m
  lambrequín m ⟨Her⟩ *Helmdecke* f ‖ ⟨Arch⟩
Lambrequin n
  lambrija f ⟨Zool⟩ *Regenwurm* m ‖ ⟨figf⟩
Bohnenstange f *(Mensch)*
  lamé m ⟨Text⟩ *Lamé* m
  lameculos m ⟨vulg⟩ *Speichel-, Arsch|lecker* m
  lamedal m *Sumpf, Morast* m
  lame|dor adj *leckend (& fig)* ‖ ~ m
(arglistige) Schmeichelei f ‖ p. ex *Sirup* m ‖
–dura f *Lecken* n *(& fig)*
  lameli|branquios mpl ⟨Zool⟩ *Muscheln* fpl
(Lamellibranchiata) ‖ **–cornios** mpl ⟨Ins⟩
Blattkäfer mpl (Lamellicornia) ‖ **–forme** adj *(m/f)*
⟨Wiss⟩ *lamellen-, blättchen|förmig* ‖ **–rrostro** adj
⟨V⟩ *blätterschnäb(e)lig*
  lamen|table adj *(m/f) kläglich, jämmerlich* ‖
be|dauernswert, -klagenswert, -dauerlich ‖ ⟨fam⟩
elend ‖ **–tación** f *Weh|geschrei* n, *-klage* f ‖
Jammern n ‖ **–taciones** pl *Gejammer* n ‖ las ~es
de Jeremías *die Klagelieder Jeremiä* ‖ **–tar** vt
beklagen ‖ *beweinen* ‖ *bejammern* ‖ *bedauern* ‖
◇ **–to** mucho, que … *(& subj) ich bedauere, dass
…* ‖ ~ vi *jammern, wehklagen, lamentieren* ‖ es
muy de ~ *es ist sehr bedauerlich* ‖ ◇ ~, ~se de
(od por, sobre) a/c *über et.* (acc) *klagen, jammern*
‖ **–to(s)** m*(pl)* *Wehklagen, Gejammer* n ‖ **–tón**
adj/s *wehklagend, jammernd* ‖ **–toso** adj *kläglich,
jämmerlich* ‖ *jammernd, klagend, lamentierend*
  lameplatos m ⟨fam⟩ *Tellerlecker* m
  lamer vt *(ab)lecken* ‖ ⟨fig⟩ *belecken (Wellen,
Flammen)* ‖ ⟨fig⟩ *leicht berühren, streifen* ‖ el río
lame los muros *der Fluss bespült die Mauern* ‖ ◇
dejar a uno (mucho) que ~ ⟨figf⟩ *jdm e–n schwer
gutzumachenden Schaden zufügen* ‖ *jdn arg
zurichten* ‖ ~se s. *belecken (Tier)*
  lame|rón, –ruzo adj/s ⟨fam⟩ *naschhaft* ‖ **–tada**
f, **–tón** m *(gieriges) Lecken* n ‖ ◇ beber a ~s
aufschlabbern
  ¹lamia f ⟨Myth⟩ *Lamia* f
  ²lamia f ⟨Fi⟩ → **tiburón**
  lamida f ⟨fam⟩ *Lecken, Lutschen* n ‖ ⟨vulg⟩
Cunnilingus m
  lamido adj *geleckt (& fig)* ‖ ⟨fig⟩ *sehr hager* ‖
⟨fig⟩ *abgegriffen* ‖ ⟨fig⟩ *affektiert*
  ¹lámina f *(dünne) Metallplatte* f, *(dünnes)
Blech* n ‖ *Folie* f ‖ *Lamelle* f, *Plättchen* n ‖ *Blatt*
n, *Platte* f ‖ ~ fusible ⟨El⟩ *Abschmelzstreifen* m ‖
◇ desprenderse en ~s *abblättern*
  ²lámina f *Bild* n, *Abbildung, Illustration* f ‖
Kupfer-, Stahl|stich m ‖ *(Bild)Tafel* f *(e–s Buches)*
‖ ⟨fig⟩ *Äußeres, Aussehen* n ‖ ~ mural *Wandbild* n
‖ ~ en tricromía *dreifarbige Illustration* f ‖ ◆ con
~s *illustriert*
  ³lámina m Col *Gauner* m
  lamina|ble adj *(m/f)* ⟨Tech⟩ *auswalzbar* ‖ **–ción**
f *Walzung* f ‖ *(Aus)Walzen, Strecken* n ‖ **–do** adj
blätt(e)rig, geblättert, schichtig ‖ *lamelliert* ‖ *mit
Platten belegt* ‖ ⟨Tech⟩ *gewalzt* ‖ ~ m *Laminat* n
‖ ⟨Tech⟩ *(Aus)Walzen, Strecken* n ‖ **–s** mpl ⟨Tech⟩
Walzwerkerzeugnisse npl ‖ **–dor** m
Walzwerkarbeiter m ‖ (tren) ~ *Walzwerk* n ‖
⟨Pap⟩ *Kalander* m ‖ **–dora** f *(Aus)Walz|maschine*
bzw *-anlage* f bzw *-werk* n
  ¹laminar vt ⟨Tech⟩ *(aus)walzen, strecken* ‖ *mit
Folien (bzw Platten) belegen* ‖ ⟨Text⟩ *laminieren*
  ²laminar vt Ar *naschen* ‖ Ar *lecken*

³**laminar** adj *(m/f) blätt(e)rig* ‖ *laminar* (z. B.
Bewegung e–s Gletschers)
laminaria *f* ⟨Bot Med⟩ *Blatt-, Riemen|tang* m
(Laminaria spp)
lamine|ría *f* Ar *Naschhaftigkeit* f ‖ Ar
Nascherei f ‖ **–ro** adj Ar *naschhaft* ‖ ~ m Ar
Leckermaul n, *Naschkatze* f
lami|nilla *f Blättchen, Plättchen* n ‖ ~ de
afeitar *Rasierklinge* f ‖ **–noso** adj *blätt(e)rig* ‖
geblättert, schichtig ‖ *lamellenförmig*
lamiscar [c/qu] vt/i ⟨fam⟩ *eifrig (ab)lecken* ‖
schlecken
lamoso adj *schlammig, kotig*
lampa *f* Am *Hacke* f
lampacear vt ⟨Mar⟩ *aufwischen, schwabbern*
lampadario *m Laternenpfahl* m ‖ ⟨Hist⟩
Lampadarius m
lampalagua *f* Arg ⟨Zool⟩ *Boa* f (Boa
constrictor) ‖ Chi *ein Fabelwesen* n
lampante adj *sehr rein (Olivenöl)*
lampar vi → **alampar** ‖ PR *faulenzen*
¹**lámpara** *f Lampe* f ‖ *Leuchte* f ‖ ⟨Radio⟩
Röhre f ‖ ⟨Bgb⟩ *Geleucht* n ‖ *Ölflecken* m *(am
Kleid)* ‖ ~ de acetileno *Acetylenlampe* f ‖ ~ de
aire comprimido ⟨Bgb⟩ *Luftdrucklampe* f ‖ ~ de
alarma *Warnleuchte* f ‖ ~ de alcohol
Spirituslampe f ‖ ~ de aplique *Wandlampe* f ‖ ~
de arco (voltaico) *Bogenlampe* f ‖ ~ para
bicicleta *Fahrradlampe* f ‖ ~ de bolsillo
Taschenlampe f ‖ ~ colgante *Hängelampe* f ‖ ~
de cuarzo *Quarzlampe* f ‖ ~ detectora
Detektorlampe f ‖ ~ eléctrica *elektrische Lampe* f
‖ ~ de escritorio *Bürolampe* f ‖ ~ fluorescente
Leucht(stoff)|röhre, -lampe f ‖ ~ de halógeno
Halogenlampe f ‖ ~ de iglesia *Kirchenlampe* f ‖
~ de incandescencia *Glühlampe* f ‖ ~ de lectura
Leselampe f ‖ ~ de magnesio
Magnesiumblitzlampe f ‖ ~ de mano *Handlampe*
f ‖ ~ de mesa *Tischlampe* f ‖ ~ de minero
Wetter-, Gruben|lampe f ‖ ~ de neón *Neonröhre* f
‖ ~ de pared *Wandlampe* f ‖ ~ de petróleo
Petroleumlampe f ‖ ~ de pie *Stehlampe* f ‖ ~
portátil *tragbare Lampe, Handlampe* f ‖ ~ de
poste *Mastlampe* f ‖ ~ de proa ⟨Mar⟩ *Bug|lampe,
-laterne* f ‖ ~ con reflector *Reflektorlampe* f ‖ ~
relámpago *Blitzlampe* f ‖ ~ del Santísimo ⟨Kath⟩
Ewiges Licht n ‖ ~ de seguridad *Sicherheitslampe*
f ‖ ~ sensor de movimiento *Bewegungsmelder* m
‖ ~ de sintonización ⟨Radio⟩ *Abstimmröhre* f ‖ ~
de soldar *Lötlampe* f ‖ ~ de sobremesa
Tischlampe f ‖ ~ de sube y baja *Zuglampe* f ‖ ~
de suspensión *Hängelampe* f ‖ ~ de techo
Deckenlampe f ‖ ~ de tungsteno *Wolframlampe* f
‖ ~ vertical *Stehlampe* f ‖ ◇ atizar la ~ ⟨figf⟩
noch e–n einschenken, ⟨fig⟩ *noch e–n hinter die
Binde gießen*
²**lámpara** *f* ⟨Typ⟩ *Schlusszierrat* m
lamparazo *m* Col *Schluck* m
lampa|rería *f Lampen|fabrik* f bzw *-geschäft* n
‖ **–rero** *m Lampen|hersteller* bzw *-verkäufer* m ‖
Lampenwärter m
lampariento adj Pe *ölfleckig (Kleidungsstück)*
¹**lamparilla** *f* dim von ¹**lámpara** ‖ *Nacht|lampe
:, -licht* n ‖ *Allerseelenlicht* n (z. B. *auf dem
Friedhof)*
²**lamparilla** *f* ⟨Bot⟩ *Espe, Zitterpappel* f
Populus tremula) ‖ ⟨pop fig⟩ *Gläschen* n *Schnaps*
¹**lamparillazo** *m* augm von ¹**lamparilla**
²**lamparillazo** *m:* echarse *od* pegarse un ~ *(s.)
:–n hinter die Binde gießen*
lamparín *m Lampenstock* m
¹**lamparón** *m* augm von **lámpara**
²**lamparón** *m (großer) Ölfleck (auf e–m
Kleidungsstück)*
lampa|rones *mpl* ⟨Med⟩ *Halskrofeln* fpl ‖

⟨Vet⟩ *Rotz* m ‖ **–roso** adj ⟨Med⟩ → **escrofuloso** ‖
Dom ⟨fig⟩ *schlampig*
¹**lampazo** *m* ⟨Bot⟩ *Große Klette* f (Arctium
lappa)
²**lampazo** *m* ⟨Mar⟩ *Schrubber, Schwabber,
Schiffsbesen* m ‖ Chi *Putzlappen* m ‖ Col ⟨figf⟩
Peitschenhieb m
lampiño adj *bartlos* ‖ *haarlos, kahl (Tuch,
Blütenkelch)*
△ **lampio** *m Öl* n
lampión *m Laterne, Leuchte* f ‖ *Lampion* m
lampíridos *mpl* ⟨Ins⟩ *Leuchtkäfer* mpl
(Lampyridae)
lampis|ta *m/f Installateur(in* f) m ‖ →
lamparero ‖ **–tería** *f Installationsgeschäft* n ‖ →
lamparería
lampo *m* (poet) *Blitz* m, *Aufleuchten* n
¹**lamprea** *f* ⟨Fi⟩ *Lamprete* f, *Neunauge* n ‖ ~
fluvial, ~ de río *Flussneunauge* n (Lampreta
fluviatilis) ‖ ~ marina *Meerneunauge* n
(Petromyzon marinus)
²**lamprea** *f* Ven *offene Wunde* f, *Geschwür* n
lampuga *f* ⟨Fi⟩ *Goldmakrele* f (Coryphaena
spp)
lampuso adj Col Cu PR *frech, unverschämt*
¹**lana** *f (Schaf)Wolle* f ‖ *Wollzeug* n, *-stoff* m ‖
~ de angora *Angorawolle* f ‖ ~ artificial *Zell-,
Kunst|wolle* f ‖ ~ de borra *Ausschusswolle* f ‖ ~
en bruto *Rohwolle* f ‖ ~ cardada *Streichgarn* n ‖
~ de escoria ⟨Met⟩ *Schlackenwolle* f ‖ ~
esquilada *Schurwolle* f ‖ ~ de madera *Holzwolle* f
‖ ~ merina *Merinowolle* f ‖ ~ de oveja
Schafwolle f ‖ ~ pura *reine Wolle* f ‖ de vidrio
Glaswolle f ‖ ◆ de ~ (y algodón) *(halb)wollen* ‖
◇ cardarle a uno la ~ ⟨fig⟩ *jdm eine Rüge
erteilen,* ⟨fig⟩ *jdm gewaltig den Kopf waschen* ‖
lavarle a alg. la ~ ⟨figf⟩ *jdm auf die Schliche
kommen* ‖ muchos van por ~ y vuelven
trasquilados ⟨Spr⟩ *mancher geht nach Wolle aus
und kommt geschoren nach Haus*
²**lana** *m* Hond Guat ⟨fig⟩ *Mensch* m *aus dem
Pöbel* ‖ *Landstreicher* m
³**lana** *f* Chi Mex Pe *Geld* n, *Moneten* fpl
lanada *f* ⟨Mil⟩ *Wischstock* m *(Rohr)Wischer*
m *(für Feuerwaffen)*
lanado adj *bewollt* ‖ *wollig*
¹**lanar** adj: ganado ~ *Wollvieh* n ‖ *Schafe* npl
△ ²**lanar** vt *bringen*
lanaria *f* ⟨Bot⟩ *Seifenkraut* n (→ ²**jabonera**)
lancasteriano adj *aus Lancaster (in England)* ‖
auf Lancaster bezüglich
¹**lance** *m Zufall* n ‖ *gefährliche, kritische
Lage, Gefahr* f ‖ *günstige Gelegenheit* f ‖
Gelegenheits-, Glücks|kauf m ‖ *Ereignis* n,
Begebenheit f, *Vor-, Zwischen|fall* m ‖ *Abenteuer*
n ‖ *Zustand* m, *(missliche) Lage* f *(e–r Sache)* ‖
Erfolg, glücklicher Ausgang m ‖ *Zwist, Streit* m ‖
⟨Hist⟩ *Bolzen* m *(der Armbrust)* ‖ ~ de fortuna
Glücks-, Zu|fall m, *unerwartetes Ereignis* n ‖ ~
fuerte ⟨fig⟩ *schwerer Fall* m ‖ ~ de honor
Ehrenhandel, Zweikampf m, *Duell* n ‖ ~
novelesco *romanhaftes Abenteuer* n ‖ ◆ de ~
durch Zufall ‖ ◇ comprar de ~ *aus zweiter Hand,
antiquarisch kaufen*
²**lance** m *Werfen* n ‖ *Wurf* m ‖ *Aus|werfen* n ‖
(Fisch)Fang m *(mit dem Netz)* ‖ *(Fisch)Zug* m ‖
⟨Taur⟩ *e–e Stierkampffigur* ‖ Chi *Seitenbewegung*
f *(des Körpers)*
¹**lancear** vt/i *mit der Lanze stechen, verwunden*
‖ ⟨Taur⟩ *Stierkampffiguren vollführen*
²**lancear** vi Mex *sprießen (Maiskorn)*
lan|ceolado adj ⟨Bot⟩ *lanzettförmig,
lanzettlich, Lanzett-* ‖ **–cera** *f Lanzenständer* m ‖
–cero *m Lanzenmacher* m ‖ ⟨Mil⟩ *Lanzenreiter* m
‖ ⟨Taur⟩ *Lanzenkämpfer* m ‖ **~s** *mpl Lanzier* m,

Quadrille f *(Tanz)* ‖ **–ceta** f ⟨Med⟩ *Lanzette* f ‖
Impfmesser n ‖ Chi Mex Pe *Stachel* m ‖ **–cetazo**
m Einstich bzw *Schnitt* m *(mit der Lanzette)* ‖ Chi
Mex Pe *Stachelstich* m ‖ **–cetero** *m* ⟨Med⟩
Lanzettenetui n

¹lancha f *Boot* n, *Kahn* m ‖ ⟨Mar⟩ *Barkasse,*
Schaluppe f ‖ ⟨Mar⟩ *L(e)ichter* m ‖ Ec *Nebel* m ‖
Reif m ‖ *~* aduanera *Zoll\kreuzer, -kutter* m ‖ *~*
de asalto ⟨Mil⟩ *Sturmboot* n ‖ *~* automóvil
Motorboot n ‖ *~* cañonera ⟨Mil⟩ *Kanonenboot* n ‖
~ cohetera *Raketenboot* n ‖ *~* de motor
Motorboot n ‖ *~* de pesca *Fischerboot* n ‖ *~*
rápida (torpedera) ⟨Mil⟩ *(Torpedo)Schnellboot* n ‖
~ de salvamento *Rettungsboot* n

²lancha f *dünne, glatte Steinplatte* f
lan\chada f *Bootsladung* f ‖ *Ladevermögen* n
(e–s Bootes) ‖ **–chaje** m *Bootsdienst* m ‖ *Leichter-,*
Boots\verkehr m ‖ *Leichtergeld* n ‖ **–chero** *m*
Bootseigner m ‖ *Leichtunternehmer* m ‖ *Matrose* m
(e–s Bootes) ‖ **–chón** *m* augm von **¹lancha**
lanci\lla f dim von *lanza* ‖ **–nante** adj *(m/f)*
stechend, reißend (Schmerz) ‖ **–nar** vt *stechen,*
zerreißen ‖ *~* vi ⟨Med⟩ *stechen, klopfen,*
lanzinieren (Wunde, entzündete Stelle)
lancurdia f ⟨Fi⟩ *kleine Forelle* f
landa f *Heide, Sandsteppe* f, *Ödland* n
landgrave *m Landgraf* m
landó *[pl ~oes]* m *Landauer* m *(Wagen)*
¹landre f *Geldbeutel* m
¹landre f ⟨Med⟩ *(Drüsen)Geschwulst* f
△ **landrero** *m (Geld)Dieb* m ‖ *Geizhals* m
lane\ría f *Wollwaren* fpl ‖ *Wollwarengeschäft* n
‖ *Wollfabrikation* f ‖ **–ro** adj *wollen, wollig* ‖ *~ m*
Wollhändler m
△ **langar** [g/gu] vi *hinken*
lánga\ra adj Mex *hinterlistig* ‖ **–ro** *m* MAm
Landstreicher m ‖ Mex ⟨fig⟩ *schlauer Fuchs* m ‖
Arg ⟨figf⟩ *Schlaks* m
langor *m* ⟨poet⟩ → **languidez**
langos\ta f ⟨Ins⟩ *Wanderheuschrecke* f (Locusta
migratoria, Dociostaurus maroccanus) ‖ ⟨Ins⟩
Grünes Heupferd n (Tettigonia viridissima) ‖
⟨Zool⟩ *Languste* f, *Stachelhummer* m (Palinurus
vulgaris) ‖ ⟨fig⟩ *(alles zerstörende) Plage,* ⟨fam⟩
Landplage f ‖ *~* viajera *Wanderheuschrecke* f ‖ ◇
estos chicos son *~* de la despensa *diese Jungen*
machen die Speisekammer (ratzekahl) leer ‖ **–tero**
m Langustenfischer m *(Mann, Boot)* ‖ **–tín, –tino**
m ⟨Zool⟩ *Langschwanzkrebs* m (Penaeus
caramote, P. setifer) ‖ **–tón** *m* ⟨Ins⟩ *Grünes*
Heupferd n (Tettigonia viridissima)
languedociano adj *auf Languedoc*
(Südfrankreich) bezüglich
languescente adj *(m/f) schmachtend, matt*
langui\decer [-zc-] vi *schmachten* ‖ *die Kräfte*
verlieren, dahin\welken, -siechen ‖ *verkümmern* ‖
s. verzehren (vor Liebe, Gram usw.) ‖ **–dez** [*pl*
~ces], **–deza** *f Mattigkeit, Entkräftung,*
Schwäche, Abgespanntheit f ‖ *Schmachten,*
Dahinwelken n ‖ *Sehnsucht* f
lánguido adj *matt, schwach* ‖ *schmachtend,*
mutlos
languor *m* → **languidez**
△ **langus\tí** f *Daumen* m ‖ **–tia** f *Finger* m
lanicio adj *Woll-*
laní\fero, –gero adj *woll(e)tragend* ‖ ⟨Biol⟩
wollig
lanificación f *Wollverarbeitung* f
lanilla f ⟨Text⟩ *ein dünner Wollstoff* m
lanolina f ⟨Pharm⟩ *Lanolin* n (Adeps lanae
anhydricus)
lanoso adj *wollig*
lansquenete *m* ⟨Hist Mil⟩ *Landsknecht* m
lantana f ⟨Bot⟩ *Wandelröschen* n (Lantana spp)
lan\tánido *m* ⟨Chem⟩ *Lanthanid* n ‖ **–tanito** *m*

⟨Min⟩ *Lanthanit* n ‖ **–tano** *m* **(La)** ⟨Chem⟩
Lanthan n
lanterno *m* Ar ⟨Bot⟩ → **aladierna**
lantisco *m* And ⟨Bot⟩ → **lentisco**
lanu\do adj/s *wollig, Woll-* ‖ ⟨pop⟩ *grob, roh* ‖
⟨pop⟩ *arm, elend, bedürftig* ‖ **–ginoso** adj
wollartig ‖ *mit feinem Flaum bedeckt* ‖ **–go** *m*
⟨Zool⟩ *Lanugo* f
¹lanza f *Lanze* f ‖ p. ex *Lanzen\ritter* bzw
-kämpfer m ‖ *(Wurf)Spieß* m ‖ *(Fahnen)Stange* f,
Schaft m ‖ *(Wagen)Deichsel, Schere* f ‖
Mundstück n *(e–r Spritze)* ‖ *Strahl\rohr* n, *-werfer*
m ‖ ⟨Sp Hist⟩ *Ger* m ‖ ◇ estar con la *~* en ristre
⟨figf⟩ *in voller Bereitschaft sein* ‖ **~s** fpl: correr
~ Lanzen brechen ‖ romper *~* por uno ⟨fig⟩ *e–e*
Lanze für jdn brechen
²lanza *m/f* Am *Taschendieb(in* f) m
lanza\agua(s) *m Wasserwerfer* m ‖ **–bombas** *m*
⟨Flugw⟩ *Bombenwerfer* m ‖
Bombenabwurfvorrichtung f ‖ **–cabos** *m*
Seilwerfer m ‖ **–cohetes** *m* ⟨Mil⟩ *Raketenwerfer* m
‖ ⟨Mar⟩ *Raketenapparat* m
lanzada f *Lanzenstich* m ‖ *Lanzenstoß* m
lanzadera f ⟨Text⟩ *Schiffchen* n ‖ ◇ parecer
una *~* ⟨figf⟩ *hin und her laufen*
lanzadero m *Schurre, Rutsche* f
lanzadestellos m *Blinklicht* n
lanza\do adj: salida *~*a ⟨Sp⟩ *fliegender Start*
m ‖ **–dor** m/adj *Werfer* m ‖ *Schleuderer* m ‖
Trägerrakete f ‖ *~* de jabalina ⟨Sp⟩ *Speerwerfer*
m ‖ **–dora** f/adj *Schleuderin* f ‖ *Werferin* f ‖
⟨Tech⟩ *Schleuder(gerät* n) f
lanza\granadas *m* ⟨Mil⟩ *Granatwerfer* m ‖
–llamas *m* ⟨Mil⟩ *Flammenwerfer* m ‖ **–mensajes**
m ⟨Mil⟩ *Nachrichtenwerfer* m
lanzamiento *m Werfen, Schleudern* n ‖ *Start,*
Abschuss m ‖ *Anwerfen* n ‖ ⟨Mil⟩ *Abschuss* m ‖
Abwurf m ‖ ⟨Mar⟩ *Stapellauf* m ‖ ⟨Inform⟩ *Start*
m *(e–s Programms)* ‖ ⟨Jur⟩ *(Zwangs)Räumung* f
(durch das Gericht) ‖ *Besitzentsetzung* f ‖ ⟨Com⟩
Lancierung f *e–r Ware* ‖ *~* de bombas
Bombenabwurf m ‖ *~* por catapulta ⟨Flugw⟩
Schleuderstart m ‖ *~* de un cohete
Raketenabschuss m ‖ *~* de disco ⟨Sp⟩
Diskuswerfen n ‖ *~* de jabalina ⟨Sp⟩ *Speerwurf* m
‖ *~* de martillo ⟨Sp⟩ *Hammerwerfen* n ‖ *~* de
peso ⟨Sp⟩ *Kugelstoßen* n
lanza\minas *m* ⟨Mil⟩ *Minen\werfer, -leger* m ‖
–misiles *m Raketen\starter, -werfer* m ‖ **–platos** *m*
⟨Sp⟩ *Taubenwurfanlage* f *(beim*
Wurftaubenschießen)
lanzar [z/c] vt *werfen, schleudern* ‖ *fort-,*
weg-, hin\werfen ‖ *schnellen* ‖ *(aus)speien* ‖
ausstoßen (Schreie, Flüche) ‖ ⟨fig⟩ *einführen (e–n*
Künstler usw.) ‖ *aufbringen (Mode)* ‖ *auf den*
Markt werfen od *bringen* ‖ *fördern (Autor, Werk)*
⟨Jur⟩ *gerichtlich räumen* ‖ *aus dem Besitz setzen*
aus\bringen, -setzen (Fischnetz) ‖ ⟨Inform⟩ *starten*
(ein Programm) ‖ ⟨Mar⟩ *auslegen (minen)* ‖
abfeuern (Torpedo) ‖ ⟨Mil⟩ *abschießen, starten*
(Rakete) ‖ *abblasen (Giftgase)* ‖ ⟨Jgd⟩ *loslassen*
(Falken, Hunde) ‖ ⟨fig⟩ *an\treiben, -spornen* ‖
⟨fig⟩ *machen (Vorwurf)* ‖ ◇ *~* al agua vom *Stapel*
(laufen) lassen (Schiff) ‖ *~* un grito *e–n Schrei*
ausstoßen ‖ *~* al mercado ⟨Com⟩ *auf den Markt*
werfen ‖ *~* una noticia *e–e Nachricht lancieren,*
in Umlauf bringen ‖ sus ojos lanzaban rayos ⟨fig⟩
s–e (ihre) Augen sprühten Feuer ‖ le lanzó una
mirada de despecho *er (sie, es) warf ihm (ihr)*
e–n verächtlichen Blick zu ‖ *~se stürzen* (en,
sobre *in* acc, a *auf* acc) ‖ *s. (zu weit) einlassen*
(auf acc) ‖ *s. bekannt machen (Künstler)* ‖
abspringen (mit dem Fallschirm) ‖ ◇ *~* al agua
de cabeza *e–n Kopfsprung machen (Schwimmer)*
~ por la cuesta *den Abhang hinunter\laufen,*

-reiten usw. ‖ ~ sobre el enemigo *über den Feind herfallen* ‖ ~ a *od* en especulaciones *s. in Spekulationen einlassen od stürzen* ‖ se lanzó a gritar *er (sie, es) erhob ein Geschrei* n, *er (sie, es) begann zu schreien* ‖ ~ al mar *s. ins Meer stürzen* ‖ ~ a la pelea *s. in den Kampf stürzen* ‖ → *auch* **arrogar,** **²despedir, irradiar, proferir**
   Lanzarote *m* np ⟨Myth⟩ *Lanzelot* m ‖ ⟨Geogr⟩ *Lanzarote* n (P Las Palmas)
   lanza|señales *m* ⟨Mil⟩ *Signalwerfer* m ‖ **–torpedos** *m* ⟨Mar Flugw⟩ *Torpedoträger* m ‖ *Torpedo(ausstoß)rohr* n
   lanzazo *m* → **lanzada**
   ¹lanzón *m* augm von **lanza**
   ²lanzón *m* ⟨Fi⟩ *Großer Sandaal* m (Hyperoplus lanceolatus)
   ³lanzón *m* *Wagendeichsel* f
   lanzuela *f* dim von **lanza**
   ¹laña *f* ⟨Tech⟩ *eiserne Klammer* f ‖ *Winkelring* m
   ²laña *f* ⟨Bot⟩ *unreife Kokosnuss* f
   ¹lao, –ciano adj *aus Laos* ‖ ~ *m Laote* m
   △ **²lao** *m Wort* n
   Laoco(o)nte *m* np ⟨Myth⟩ *Laokoon* m
   Laos *m* ⟨Geogr⟩ *Laos* n
   ¹lapa *f Kahm, Schimmel* m *(auf Wein usw.)*
   ²lapa *f* → **¹lampazo**
   ³lapa *f* ⟨Zool⟩ *Schüsselschnecke* f (Patella spp) ‖ ◇ pegarse a alg. como una ~ ⟨fig⟩ *an jdm wie e–e Klette hängen*
   ⁴lapa *f* Ven ⟨Zool⟩ → **²paca**
   laparo|scopia *f* ⟨Med⟩ *Laparoskopie* f ‖ **–tomía** *f Bauchschnitt* m, *Laparotomie* f
   lapear vt ⟨Tech⟩ *läppen*
   lapicera *f* Arg Chi → **lapicero** Chi → **portaplumas** ‖ ~ fuente *Füllhalter* m ‖ ~ esferográfica Am *Kugelschreiber* m
   lapicero *m* (Am ~a *f*) *Bleistift(halter)* m ‖ ⟨Mal⟩ *Pastellstift* m ‖ ~ de bolilla Arg *Kugelschreiber* m
   lápida *f Grab-, Gedenk|stein* m, *Steintafel* f
   lapidación *f Steinigung* f (& *Strafe)*
   lapi|dar vt *steinigen* ‖ Col Hond *(Edelsteine) schleifen* ‖ **–dario** adj *Edelstein-* ‖ ⟨fig⟩ *lapidar* ‖ *knapp, kurz und bündig, straff, konzis* ‖ *kraftvoll, wuchtig* ‖ ~ *m Stein|schneider, -schleifer* m ‖ ⟨Uhrm⟩ *Lapidar* m
   lapídeo adj *steinern* ‖ *steinartig* ‖ *Stein-*
   lapidícola adj *(m/f)* ⟨Biol⟩ *im Gestein (bzw unter Steinen) lebend*
   lapidificar [c/qu] vt ⟨Chem⟩ *versteinern*
   lapislázuli *m* ⟨Min⟩ *Lasurstein, Lapislazuli* m ‖ *Lasurfarbe* f
   lapitas *mpl* ⟨Myth⟩ *die Lapithen* mpl
   lápiz [*pl* **–ces**] *m Bleistift* m ‖ *Reißblei* n ‖ ⟨Pharm⟩ *Lapis, Ätzstift* m ‖ ⟨Mal⟩ *Zeichenstift* m ‖ *Lippenstift* m ‖ ~ de albañil *Maurerbleistift* m ‖ ~ de alumbre *Alaunstift* m ‖ ~ (de) carbón *Kohlestift* m ‖ ~ de carpintero *Zimmermannsbleistift* m ‖ ~ cáustico *Ätzstift* m ‖ ~ de cejas *Augenbrauenstift* m ‖ ~ de color *Farb-, Bunt|stift* m ‖ ~ de copiar, ~ copiador *Kopierstift* m ‖ ~ corrosivo → ~ cáustico ‖ ~ de dibujo *Zeichenstift* m ‖ ~ eléctrico *Elektroschreiber* m ‖ ~ encarnado *Rotstift* m ‖ *Rötel* m ‖ ~ de labios *Lippenstift* m ‖ ~ de maquillaje *Schmink-, Make-up-|stift* m ‖ ~ de mentol *Migränestift* m ‖ ~ negro *Schwarzstift* m ‖ ~ de nitrato de plata *Höllensteinstift* m ‖ ~ pastel *Pastellstift* m ‖ ~ de pelo ⟨Mal⟩ *Haarstift* m ‖ ~ de pizarra *Griffel* m ‖ ~ rojo *Rotstift* m ‖ ~ (de) tinta *Tintenstift* m ‖ ~ vidriográfico *Fettstift* m *(für Glas)*
   ¹lapo *m* ⟨fam⟩ *Schlag* m *(mit Riemen od Gerte)* ‖ p. ex *Ohrfeige* f ‖ p. ex ⟨fam⟩ *Kopfnuss* f

   ²lapo *m Schluck* m
   lapón adj *lappländisch* ‖ ~ *m Lappländer, Lappe* m ‖ el ~ *die lappische Sprache, das Lappische*
   Laponia *f* ⟨Geogr⟩ *Lappland* n
   lap|so *m Zeitraum* m ‖ *Zwischenzeit* f, *Intervall* n ‖ **–sología** *f* ⟨Ling⟩ *Lapsologie* f ‖ **–sus** ⟨lat⟩ *m Versehen* n, *Fehler, Irrtum, Lapsus* m ‖ ~ *cálami* ⟨lat⟩ *Verschreiben* n, *Lapsus calami* ‖ ~ linguae ⟨lat⟩ *Versprechen* n, *Lapsus linguae*
   laquear vt *lackieren*
   láquesis *f* ⟨Zool⟩ *Buschmeister* m (Lachesis)
   Láquesis *f* ⟨Myth⟩ *Lachesis* f *(e–e Parze od Moira)*
   lar *m Herd* m ‖ **–es** *mpl Laren* pl, *Hausgötter, Schutzgeister* mpl *(der Familie, des Hauses)* ‖ ⟨fig⟩ *Haus* n *und Hof* m ‖ ⟨fig⟩ *Heim* n ‖ *Heimat* f ‖ ⟨fig⟩ *Heimstätte* f
   △ **laracha** *f Nacht* f
   ¡larán, ~! ⟨pop⟩ *tralala!*
   lardáceo adj *speck|ig, -artig, -ähnlich*
   lar|d(e)ar vt *(durch)spicken (Braten usw.)* ‖ *mit Fett übergießen* ‖ *mit Speck reiben* ‖ **–dero** adj *Speck-* ‖ ~ *m* ⟨Ins⟩ *Speckkäfer* m (Dermestes lardarius) ‖ **–do** *m Speck* m ‖ *(Tier)Fett* n ‖ *Schmer* m/n
   △ **lardorí** *f Gerste* f
   lardoso adj *speckartig* ‖ *speckig, fett* ‖ *Speck-*
   lar|ga *f Ausweitesohle* f *der Schuhmacher* ‖ *langer Billardstock* m ‖ ⟨Gr⟩ *lange Silbe* f ‖ ⟨Taur⟩ *Weglocken* n *des Stieres vom Picador mit ausgebreitetem, auf dem Boden schleifendem Tuch* ‖ **–gada** *f* Am *Los-* bzw *Nach|lassen* n ‖ **~s** *fpl Aufschub* m, *Verzögerung* f ‖ ◇ dar ~ a algo *et. in die Länge ziehen* ‖ **–gamente** adv *lang(e)* ‖ ⟨fig⟩ *reichlich* ‖ ⟨fig⟩ *unbeschränkt* ‖ ⟨fig⟩ *umständlich* ‖ ◇ pasarlo ~ *gutes Auskommen haben* ‖ **–gar** [g/gu] vt *nachfahren lassen* ‖ *(langsam) loslassen* ‖ *losmachen* ‖ *versetzen (Hieb, Ohrfeige),* ⟨fam⟩ *herunterhauen od verpassen (Ohrfeige)* ‖ *ab|lassen, -senden, auftieten lassen (Brieftauben)* ‖ ⟨Mar⟩ *aufsetzen, fieren (Boot)* ‖ ⟨Mar⟩ *beisetzen (Segel)* ‖ *zeigen (Flagge)* ‖ *abtrennen, wegstoßen (Raketenstufe)* ‖ ◇ ~ una barbaridad ⟨fam⟩ *mit e–r Dummheit herausplatzen* ‖ ~ la corredera ⟨Mar⟩ *loggen* ‖ ~ vi ⟨Mar⟩ *umschlagen (Wind)* ‖ **~se** ⟨Mar⟩ *in See gehen* ‖ ⟨fig⟩ *ausreißen, entwischen* ‖ ◇ ¡lárgate! *fort von hier!* ‖ ~ con viento fresco ⟨fam⟩ *Reißaus nehmen, s. davonmachen* ‖ **–gavistas** *m* Arg Bol Chi *Feldstecher* m ‖ *Fernrohr* n
   ¹largo adj/s *lang* ‖ *lange dauernd* ‖ *weit, ausgedehnt* ‖ ⟨fig⟩ *weitläufig* ‖ ⟨fig⟩ *reichlich* ‖ ⟨fig⟩ *freigebig* ‖ ⟨Gr⟩ *lang, gedehnt (Laut, Silbe)* ‖ ~ de lengua ⟨figf⟩ *frech im Reden, vorlaut* ‖ ~ de manos ⟨figf⟩ *dreist, verwegen* ‖ ~ de pelo *langhaarig* ‖ ~ en trabajar *arbeitstüchtig* ‖ ~a travesía *lange Seefahrt* f ‖ ~a vista, ~ plazo *lange Sicht* f *(Wechsel)* ‖ ◆ a ~ andar *mit der Zeit* ‖ a la ~a *auf die Dauer* ‖ *nach langer Zeit* ‖ *weitläufig, ausführlich* ‖ a la corta o a la ~a *früher od später* ‖ *mit der Zeit* ‖ a lo ~ *der Länge nach* ‖ *längs, entlang* ‖ *in der Ferne* ‖ a lo más ~ *höchstens* ‖ a paso ~ *mit großen Schritten* ‖ ⟨fig⟩ *in Eile, eiligst* ‖ a las siete ~a ⟨pop⟩ *spät nach 7 Uhr* ‖ (de) ~ a ~ *der ganzen Länge nach* ‖ *in aller Bequemlichkeit* ‖ de ~a fecha *seit langem* ‖ por ~ *ausführlich, umständlich* ‖ ◇ cayó cuan ~ era ⟨pop⟩ *er fiel der ganzen Länge nach hin,* ⟨fam⟩ *wie ein Sack* ‖ es ~ de contar *das ist e–e lange Geschichte* ‖ hacerse a lo od al ~ ⟨Mar⟩ *in See gehen* ‖ Am *fort|gehen, -reisen* ‖ el tiempo se me hace ~ *die Zeit wird mir lang* ‖ ir (para) ~ ⟨fam⟩ *s. in die Länge ziehen (Angelegenheit)* ‖ ir de ~ *lange Kleider tragen* ‖ ir *od* irse *od* pasar de

~ vor\beigehen, -übergehen (ohne s. aufzuhalten)
‖ ⟨fig⟩ außer Acht lassen, vergessen, übersehen ‖
poner de ~ in die Gesellschaft einführen (junge
Mädchen) ‖ saberla muy ~a ⟨fam⟩ sehr
verschmitzt od schlau sein ‖ ser ~ de uñas ⟨figf⟩
ein Langfinger sein ‖ tener el brazo ~, ser ~ de
manos ⟨pop⟩ den Rummel kennen ‖ (sehr)
gerieben sein
²largo adv ausführlich ‖ reichlich ‖ ~ y
tendido ⟨pop⟩ in Hülle und Fülle ‖ weit und breit
‖ unaufhörlich, beständig ‖ ¡~ (de aquí)! raus!
fort von hier!
³largo m Länge f ‖ ⟨Mar⟩ offene, hohe See f ‖
⟨Mus⟩ Largo n ‖ medio ~ de caballo halbe
Pferdelänge f (Maß) ‖ ◇ llevar un ~ ⟨Sp⟩ um e–e
Pferdelänge (bzw Radlänge usw.) voraus sein ‖
tener un metro de ~ ein Meter lang sein
  largometraje m ⟨Film⟩ abendfüllender Film,
Spiel-, Haupt\film m
  lar\gor m Länge f ‖ ⟨figf⟩ langes Gesicht n ‖
–guero m ⟨Tech⟩ Holm m ‖ Seitenholz n (am
Bettgestell) ‖ ⟨Auto⟩ Längsträger m (des
Rahmens) ‖ ⟨Flugw⟩ Holm m ‖ Pfühl m,
längliches Kopfkissen n ‖ ⟨Sp⟩ Torlatte f
(Fußball) ‖ ~ de escalera (Leiter)Holm m ‖
–gueza f Freigebigkeit f ‖ **–guirucho** adj ⟨fam⟩
lang, groß und schmächtig, hager ‖ ~ m ⟨fam⟩
Schlaks m ‖ **–gura** f Länge f
  lárice m ⟨Bot⟩ → alerce
  láridos mpl ⟨V⟩ Möwen fpl (Laridae)
  la\ringe f ⟨An⟩ Kehlkopf, Larynx m ‖ **–ríngea** f
⟨Ling⟩ Kehl(kopf)laut, Laryngal, Glottal m ‖
–ringectomía f ⟨Med⟩ Laryngektomie f ‖ **–ríngeo**
adj ⟨An⟩ Kehlkopf-
larin\gitis f ⟨Med⟩ Kehlkopfentzündung,
Laryngitis f ‖ **–gófono** m Kehlkopfmikrophon n ‖
–gología f Laryngologie f ‖ **–gólogo** m
Laryngologe m ‖ **–goscopia** f Kehlkopfspiegelung,
Laryngoskopie f ‖ **–goscopio** m Kehlkopfspiegel
m, Laryngoskop n ‖ **–gotomía** f Kehlkopfschnitt
m, Laryngotomie f
  La Rioja f La Rioja n (autonome Region in
Spanien)
  lar\va f Larve f (Jungstadium mancher Tiere,
bes. Insekten) ‖ Larve, Maske f ‖ Larve f,
Gespenst n ‖ **–vado** adj ⟨Med⟩ larviert, versteckt,
ohne typische Merkmale ‖ ⟨fig⟩ ver\schleiert,
-hüllt ‖ heimlich, verborgen ‖ maskiert ‖ **–val**
(m/f), **–vario** adj ⟨Zool⟩ larval, Larven-
  las 1. art fpl die ‖ → **la** ‖ (nosotras) ~ mujeres
wir Frauen ‖ ◇ llevar ~ de perder ⟨fam⟩ auf der
Verliererstraße sein ‖ 2. ~ pron sie (als acc od
dat): → **la**
  lasaña f ⟨Kochk⟩ Lasagne pl
  lasca f Steinsplitter m
  ¹lascar m ⟨Hist⟩ Laskar m (ind. Matrose bzw
Soldat)
  ²lascar vt ⟨Mar⟩ lockern
  ³lascar vt Mex verletzen
  lasci\via f Geilheit, Wollust f ‖ Unzüchtigkeit,
Lüsternheit, Schlüpfrigkeit, Laszivität f ‖ ⟨fig⟩
Üppigkeit f ‖ **–vo** adj/s geil, wollüstig, lüstern,
lasziv, unzüchtig ‖ schlüpfrig ‖ ⟨fig⟩ üppig
  láser m ⟨Phys⟩ Laser m
  laserterapia f ⟨med⟩ Lasertherapie f
  lasiocámpidos mpl ⟨Ins⟩ Glucken fpl
(Lasiocampidae)
  la\situd f Müdigkeit, Mattigkeit, Schlaffheit f ‖
Niedergeschlagenheit f ‖ **–so** adj matt, kraftlos
  lástex m ⟨Text⟩ Lastex n (düsengespritzte
Gummifäden)
  lástima f Bedauern n ‖ Erbarmen n ‖ Mitleid,
(Weh)Klagen n ‖ Unannehmlichkeit, Plage f ‖
Jammer m ‖ Gejammer n ‖ ¡~! ¡qué ~! wie
schade! es ist ewig schade! ‖ ¡~ de dinero!

schade um das Geld! ‖ de od por ~ aus Mitleid ‖
◇ ~ que no haya venido er (sie, es) ist leider
nicht gekommen ‖ causar od mover a ~, dar ~
Mitleid, Bedauern einflößen ‖ me da ~ es tut mir
leid ‖ es ~ es ist schade ‖ es una ~ es ist zum
Erbarmen ‖ es ist jammerschade ‖ estar hecho una
~ zum Gotterbarmen aussehen ‖ übel zugerichtet
sein ‖ está que da ~ er (sie, es) ist sehr übel dran
  lasti\madura f Verletzen n ‖ Verletzung f ‖
–mar vt ver\letzen, -wunden ‖ schaden, schädigen
‖ ⟨fig⟩ (jdn) beleidigen, (jdm) nahetreten ‖
be\mitleiden, -dauern ‖ **~se** wehklagen ‖ ◇ ~ con
(od contra, en) una piedra s. an e–m Stein
verletzen ‖ ~ de alg. mit jdm Mitleid haben ‖ ~
el pie s. am Fuß verletzen ‖ **–mero** adj
jämmerlich, erbärmlich ‖ kläglich ‖ klagend ‖ ◆
con voz ~a mit klagender Stimme, kläglich ‖
–moso adj elend, jämmerlich ‖ bedauernswert ‖
mitleiderregend
  lastra f Steinplatte f
  lastrar vt belasten ‖ mit Ballast versehen ‖
beschweren ‖ (be)schottern ‖ vi ⟨Mar⟩ Ballast ein-
od über- od auf\nehmen, ballasten
  ¹lastre m Schotter m ‖ Kleinschlag m
  ²lastre m ⟨Mar⟩ Ballast m (& fig) ‖ ◇ lanzar
~ ⟨vulg⟩ scheißen, abprotzen
  ¹lata f Latte f, Brett n
  ²lata f Blech n ‖ Blech\büchse, -dose f ‖
⟨Kochk⟩ Backblech n ‖ Blechform f ‖ Am ⟨pop⟩
Säbel m ‖ ~ de conservas Konserven\büchse,
-dose f ‖ una ~ de sardinas e–e Büchse Sardinen
‖ ◇ estar sin ~ blank sein, k–n Pfennig haben
  ³lata f ⟨fig⟩ langweilige Rede, Unterhaltung f,
⟨figf⟩ Blech n, Quatsch m, Gequatsche n ‖ ¡qué
~! welcher Unsinn! ‖ wie langweilig! ‖ ◇ dar (la)
~ a alg. ⟨figf⟩ jdn belästigen, jdm lästig fallen,
⟨fam⟩ jdm auf den Wecker gehen od fallen ‖ es
una ~ ⟨fam⟩ das ist e–e langweilige Geschichte,
⟨pop⟩ das ist stinklangweilig ‖ este libro es una ~
⟨figf⟩ dieses Buch ist ein langweiliger Wälzer
  Latá f np ⟨pop⟩ → **Adela**
  latamente adv weitläufig ‖ ⟨fig⟩ im weiteren
Sinne
  latania f ⟨Bot⟩ Fächerpalme f (Latania sp)
  la\tazo m ⟨figf⟩ großer Quatsch m, ⟨pop⟩
Blech n ‖ → **lata** ‖ **–tear** vt Arg Chi PR jdn
langweilen ‖ vi Arg schwatzen
  late\bra f Versteck n ‖ Schlupfwinkel m ‖
–brícola adj (m/f) ⟨Zool⟩ verborgen lebend
  laten\cia f ⟨Wiss Med Biol⟩ Latenz f ‖ **–te** adj
(m/f) geheim, verborgen ‖ ⟨Med⟩ latent
(Krankheit)
  lateral adj (m/f) seitlich, Seiten-, Neben-,
lateral ‖ adv: **~mente**
  lateranense adj (m/f) Lateran- (→ **Letrán**)
  late\ría f Weißblechartikel mpl ‖
Blechemballagen fpl ‖ **–río** m ⟨fam⟩ (Vorrat m
an) Konservendosen fpl
  laterita f ⟨Geol⟩ Laterit m
  ¹latero adj/s ⟨fam⟩ lästig, widrig
  ²latero m Am Klempner, Spengler m
  látex m Am Latex m
  laticífero adj Latex enthaltend od
ausscheidend
  latido m Klopfen, Schlagen n (des Herzens,
Pulses) ‖ Anschlagen n (von Hunden)
  latifun\dio m Großgrundbesitz m, Latifundium
n ‖ **–dismo** m Latifundienwesen n ‖ **–dista** m/f/adj
Großgrundbesitzer(in f) m
  latigazo m Peitschenhieb m ‖ Peitschenknall m
‖ ⟨fig⟩ (Schicksals)Schlag m ‖ ⟨fam⟩ Wischer m ‖
⟨pop⟩ Schluck m (Wein) ‖ ◇ pegarse un ~ ⟨fig
pop⟩ s. e–n hinter die Binde kippen
  látigo m Peitsche f ‖ (Reit)Gerte f
  lati\guear vt mit der Peitsche knallen ‖ **–guillo**

m dim von **látigo** ‖ ⟨Bot⟩ *Trieb, Spross* m ‖ ⟨fig⟩ **Kehrreim** m ‖ ◆ de ~ ⟨Th Taur figf⟩ *auf Effekt berechnet*

latín *m Latein* n, *lateinische Sprache* f ‖ bajo ~ *Spätlatein* n ‖ ~ de boticario ⟨desp⟩ *Küchenlatein* n ‖ ~ clásico *klassisches Latein* n ‖ ~ macarrónico ⟨fam⟩ *Küchenlatein* n ‖ ~ moderno *modernes Latein* n ‖ ~ rústico, ~ vulgar *Vulgärlatein* n ‖ ◇ coger a uno en (algún) mal ~ ⟨figf⟩ *jdn bei e–m Fehler ertappen* ‖ saber (mucho) ~ ⟨figf⟩ *(sehr) gerissen sein* ‖ **latines** *mpl* ⟨fam⟩ *lateinische Ausdrücke* od ⟨fam⟩ *Brocken* mpl ‖⟨fam⟩ *gelehrte Tüfteleien* fpl ‖ ◇ entender de ~ ⟨pop⟩ *gebildet sein*

lati|najo *m* ⟨fam desp⟩ *Küchenlatein, schlechtes Latein* n, *lateinische Brocken* mpl ‖ **~s** *mpl* ⟨fam⟩ *lateinische Brocken* mpl ‖ ⟨fam⟩ *Erdichtung, Lüge* f ‖ ⟨fam⟩ *Jägerlatein* n, *Aufschneiderei* f ‖ **–nidad** *f lateinische Sprache* f *lateinische Schreibweise* f *lateinische Literatur* f ‖ *Latinität* f ‖ *lateinisches Wesen* n ‖ baja ~ *Spätlatein* n ‖ *spätlateinische Zeit* f ‖ **–niparla** *f* (joc desp) *lateinisches* bzw *lateinähnliches Kauderwelsch* n ‖ **–nismo** *m Latinismus* m, *lateinische Redewendung* f ‖ **–nista** *m/f Latinist(in* f) m ‖ **–nización** *f Latinisierung* f ‖ **–nizar** [z/c] vt *dem lateinischen Wesen anpassen, latinisieren* ‖ *lateinische Ausdrücke* (bzw *Wörter*) *gebrauchen* ‖ **–no** adj *latinisch, aus Latium* (Lacio) ‖ *latein(isch)* ‖ *romanisch (Sprache)* ‖ im Orient: *abendländisch* ‖ ~ m *Latiner* m ‖ *Lateiner* m ‖ los ~s *die romanischen Völker* npl, *die Romanen* mpl ‖ **=noamérica** *f Lateinamerika* n → **Hispano-, Ibero|amerika** ‖ **–noamericano** adj *lateinamerikanisch* ‖ ~ m *Lateinamerikaner* m ‖ → **hispano-, ibero|americano**

latir vi *schlagen (Herz, Puls)* ‖ *pochen (Herz, Pulsader)* ‖ *klopfen (Herz, Schmerz)* ‖ *anschlagen (Hund)*

latirismo *m* ⟨Med⟩ *Lathyrismus* m, *Vergiftung* f *durch die Platterbse* (Lathyrus sp)

lati|tud *f (geografische) Breite* f ‖ *Ausdehnung* f ‖ ⟨fig⟩ *Weite* f (z. B. *e–s Begriffs*) ‖ ~ meridional, ~ Sur ⟨Mar⟩ *Südbreite* f ‖ ~ septentrional, ~ Norte ⟨Mar⟩ *Nordbreite* f ‖ **–tudinario** *m* ⟨Rel⟩ *Latitudinarier* m

lato adj *breit, weit, geräumig* ‖ ◆ en sentido ~, ~ sensu ⟨lat⟩ *im weiteren Sinne (genommen)*

¹latón *m Messing* n ‖ Am *Säbel* m ‖ ~ blanco *Gelbmessing* n

²latón *m* Ar ⟨Bot⟩ *Elsbeere* f

latonería *f Messing-, Gelb|gießerei* f ‖ *Messingwaren* fpl

¹latonero *m Messinggießer* m ‖ *Messingwarenhändler* m

²latonero *m* Ar ⟨Bot⟩ → **almez**

latoso adj/s ⟨fam⟩ *lästig, zu-, auf|dringlich* ‖ *langweilig* ‖ *widrig*

latría *f* ⟨Kath⟩ *Latrie, Anbetung* f *Gottes*

latrocinio *m Diebstahl* m ‖ *gewohnheitsmäßiges Stehlen* n

latrodecto *m* ⟨Zool⟩ *Malmignatte* f (Latrodectus tredecimguttatus)

Lat|via *f* → **Letonia** ‖ **=vio** adj/s → **letón**

laucha *f* Arg Bol Chi ⟨allg⟩ *Maus* f (→ **¹ratón**) ‖ ⟨fig⟩ *Waschlappen, Trottel* m ‖ Arg Ur *schlauer Fuchs, gerissener Kerl* m ‖ ⟨Bgb⟩ *(kleiner) Hund, Hunt* m

¹laúd *m* ⟨Mus⟩ *Laute* f

²laúd *m* ⟨Zool⟩ *Lederschildkröte* f (Dermochelys coriacea)

³laúd *m* ⟨Mar⟩ ⟨Art⟩ *Feluke* f

laudable adj *(m/f) löblich, lobenswert, beifallswürdig, rühmlich*

láudano *m* ⟨Pharm⟩ *Laudanum* n

laudar vi ⟨Jur⟩ *e–n Schiedsspruch fällen*

laudatorio adj *Lob-*

laudo *m:* ~ (arbitral) ⟨Jur⟩ *Schiedsspruch* m

launa *f* ⟨Min⟩ *Magnesiumtonerde* f

laurá|ceas *fpl* ⟨Bot⟩ *Lorbeergewächse* npl (Lauracee) ‖ **–ceo** adj *lorbeerartig*

laurea|do adj/s *lorbeer-, preis|gekrönt* ‖ (cruz) –da de San Fernando ⟨Mil⟩ *Lorbeerkreuz* n *des heiligen Ferdinand (höchste span. Tapferkeitsauszeichnung)* ‖ **–r** vt *mit Lorbeer bekränzen* ‖ *(mit e–m Preis) auszeichnen*

lauredal *m Lorbeerhain* m ‖ ⟨Bot⟩ *Lorbeerbaum* m (→ **laurel**)

laurel *m* ⟨Bot⟩ *Lorbeer(baum)* m (Laurus nobilis) ‖ ⟨fig⟩ *Lorbeer, Siegerkranz* m ‖ ~ alejandrino ⟨Bot⟩ *Alexandrinischer Lorbeer* m (Danae racemosa) ‖ ~ cerezo → **lauroceraso** ‖ ~ rosa → **adelfa** ‖ ~es *mpl:* los ~ inmarchitables *der unverwelkliche Ruhm* ‖ ◇ *dormirse sobre sus* ~ ⟨fig⟩ *auf s–n Lorbeeren ausruhen*

laurencio *m* (Lr) ⟨Chem⟩ *Laurentium* n

láureo adj *Lorbeer-*

¹lauréola, laureola *f Lorbeer|krone* f, *-kranz* m

²lauréola, laureola *f Heiligenschein* m (→ **aureola**)

³lauréola, laureola *f* ⟨Bot⟩ *Seidelbast* m (Daphne spp)

lauretano adj *lauretanisch, aus Loreto (Italien)*

lauro *m Ruhm* m ‖ → **laurel** ‖ **~ceraso** *m* ⟨Bot⟩ *Kirschlorbeer* m (Prunus [Cerasus] laurocerasus)

Lausana *f* [Stadt] *Lausanne* n

lautista *m/f Lautenspieler(in* f) m

lauto adj ⟨lit⟩ *üppig* ‖ *reich*

¹lava *f* ⟨Vulkan⟩*Lava* f

²lava *f* (Bgb) *Erzwäsche* f

lava|ble adj *(m/f) (ab)waschbar* ‖ *vollwaschbar (Kleidungsstück)* ‖ *waschecht (Farbe)* ‖ **–bo** *m Wasch|becken* n, *-tisch* m ‖ *Waschraum* m ‖ ⟨Kath⟩ *Lavabo* n *(in der Messe)* ‖ **~s** *mpl* (fam euph) *Toiletten* fpl ‖ **–caras** *m/f* ⟨fam⟩ *Schmeichler(in* f) m ‖ **–coches** *m/f Wagenwäscher(in* f) m ‖ *Wagenwaschgerät* n ‖ *Wagenwaschanlage* f ‖ **–copas** *m/f* Arg *Tellerwäscher(in* f) m ‖ **–cristales** *m/f Fensterputzer(in* f) m ‖ **–da** *f (Ab)Waschen* n ‖ **–dero** *m Wasch|haus* n, *-raum* m ‖ *Waschküche* f ‖ *Waschbrett* n ‖ *Waschplatz* m ‖ ⟨Tech⟩ *Wäsche* f ‖ *Waschanlage* f ‖ ~ de oro *Goldwaschplatz* m *(der Goldsucher)*

lava|do adj *gewaschen* ‖ *mit dunklen Flecken (Pferd)* ‖ Cu *hellrot (Rindvieh)* ‖ ~ m *(Ab)Waschen* n ⟨Med⟩ *Waschung* f ‖ ⟨Med Tech⟩ *Spülung* f ‖ ⟨Tech⟩ *Wässerung* f ‖ ⟨Mal⟩ *einfarbiges Aquarellgemälde* n ‖ ⟨Mal⟩ *Tuschen* n ‖ ~ de cerebro ⟨fig⟩ *Gehirnwäsche* f ‖ ~ del chasis ⟨Auto⟩ *Unterbodenwäsche* f ‖ ~ de dinero *Geldwäsche* f ‖ ~ gástrico ⟨Med⟩ *Magenspülung* f ‖ ~ y marcado *Waschen und Einlegen* n *(der Haare)* ‖ **–dor** adj *waschend* ‖ ~ m *Wäscher* m (bes. Tech) ‖ **–dora** *f Waschmaschine* f ‖ **–dura** *f (Ab)Waschen* n ‖ *Spülicht* n ‖ *Wascherei* f ‖ **–frutas** *m Waschschale* f *(für Tischobst)* ‖ **–gallos** *m* Col Ven *minderwertiger Rum* m ‖ **–je** *m (Ab)Spülen* n ‖ *Wollwäsche* f ‖ ~ del estómago *Magenspülung* f ‖ **–manos** *m Handwasch|becken* bzw *-mittel* n ‖ *Spülbecken* n *(Tischgerät)*

lavanda *f* ⟨Bot⟩ → **lavándula**

¹lavandera *f Wäscherin, Waschfrau* f ‖ ~ de fino *Feinwäscherin* f

²lavandera *f* ⟨V⟩ *(Gemeine) Bachstelze* f (Motacilla) ‖ ~ blanca *Gemeine Bachstelze* f (M. alba) ‖ ~ boyera *Schafstelze* f (M. flava) ‖ ~ cascadeña *Gebirgstelze* f (M. cinerea)

lavandero *m Wäscher* m

lavándula f ⟨Bot⟩ *Lavendel* m (*Lavandula angustifolia od officinalis*)
lava|ojos m ⟨Med⟩ *Augen|spülglas* n, *-schale* f *(für Augenbäder)* ‖ **–parabrisas** m ⟨Auto⟩ *Scheibenwaschanlage* f ‖ **–piés** m *Fußwaschbecken* n ‖ **–platos** m *Tellerwäscher* m ‖ *Geschirrspülmaschine* f
lavar vt *(aus)waschen* ‖ *spülen* ‖ *abwaschen* ‖ *putzen (Zähne)* ‖ *auspumpen, spülen (Magen)* ‖ ⟨fig⟩ *tilgen (Sünde)* ‖ ⟨fig⟩ *reinigen* ‖ ⟨fig⟩ *abwaschen (Schande)* ‖ *(e–e Mauer) übertünchen* ‖ *(e–e Zeichnung) in Aquarell ausmalen, tuschen, lavieren* ‖ ⟨Tech Chem⟩ *ab-, aus|schwemmen, -schlämmen* ‖ ⟨Bgb⟩ *waschen, aufbereiten* ‖ ⟨Met⟩ *läutern* ‖ ◇ ~ *la cara a* alg. ⟨figf⟩ *jdm Weihrauch streuen, jdn heuchlerisch loben* ‖ ~ *una ofensa con sangre* ⟨fig⟩ *e–e Beleidigung mit Blut sühnen* ‖ ~ *en seco chemisch reinigen* ‖ ~ *con tinta china (Mal) mit Tusche ausgestalten, tuschen* ‖ *dar a* ~, *hacer* ~ *in die Wäsche geben* ‖ *hay que* ~ *la ropa sucia en casa (od en familia)* ⟨fig⟩ *man soll s–e schmutzige Wäsche nicht in der Öffentlichkeit waschen* ‖ ~**se** *s. waschen* ‖ *me lavo las manos* ⟨fig⟩ *ich wasche meine Hände in Unschuld* ‖ *ich will nichts damit zu tun haben*
lavarropas m Arg *Waschmaschine* f
lavaseco m Chi *Chemischreinigung(sanstalt)* f
lava|tiva f *Klistier* n, *Einlauf* m ‖ *Klistierspritze* f ‖ ⟨figf⟩ *Unannehmlichkeit* f ‖ **–torio** m *(Ab)Waschen* n ‖ ⟨Med⟩ *Blähungsmittel, Karminativ* n ‖ ⟨Kath⟩ *Handwaschung* f *(in der Messe)* ‖ ⟨Kath⟩ *Fußwaschung* f *(am Gründonnerstag)* ‖ **–vajillas** m *Geschirrspüler* m, *-spülmaschine* f ‖ **–zas** fpl *Spülicht* n ‖ ⟨Tech⟩ *Abwasser* n
lave m → ²**lava**
lávico adj *Lava-*
lavo|tear vt ⟨fam⟩ *oberflächlich, eilig waschen* ‖ ~**se** ⟨fam⟩ *s. abspülen* ‖ **–teo** m ⟨fam⟩ *Katzenwäsche* f
lawn-tennis m ⟨Sp⟩ *Lawn-Tennis, Tennis(spiel)* n
lawrencio m → **laurencio**
laxación f *Erschlaffung* f ‖ *Entspannung* f ‖ *Lockerung* f
laxante m ⟨Med⟩ *Abführmittel* n
laxar vt/i *lockern* ‖ ⟨Med⟩ *abführen*
laxativo m/adj → **laxante**
laxismo m ⟨Theol⟩ *Laxismus* m
la|xitud f *Abspannung, Schlaffheit* f ‖ **–xo** adj *schlaff, erschlafft* ‖ *schlaff, locker, unbefestigt, lose* ‖ *nachsichtig, weitherzig, duldsam* ‖ ⟨fig⟩ *gelockert, lax (Grundsätze, Sitten)*
lay m ⟨Lit⟩ *Leich* m
¹**laya** f *Gattung, Art, Beschaffenheit* f ‖ ♦ *de la misma* ~ *von demselben Schlag* ‖ *de toda* ~ *allerhand* ‖ *de esta* ~ *derartig*
²**laya** f *(baskisches) Grab-, Stech|scheit* n ‖ *(Abstech)Spaten* m (*bes. in der Form e–r mehrzinkigen Gabel, mit e–m Handgriff quer am Stielende*)
△ ³**laya** f *Scham* f
la|zada f *(Band)Schleife* f ‖ *Schlinge* f, *leichter Knoten* m ‖ **–zador** m *Greifer* m *(Nähmaschine)* ‖ **–zar** [z/c] vt *mit e–r Schlinge (bzw mit dem Lasso) fangen* ‖ *(fest)binden*
lazareto m *Leprastation* f, *Leprosorium* n ‖ *Quarantänestation* f
lazarillo m *Blindenführer* m *(nach dem Helden des Schelmenromans Lazarillo de Tormes [16. Jh.])*
lazarista m ⟨Kath⟩ *Lazarist* m *(der Pflege der Leprakranken gewidmet)*
Lázaro m np *Lazar(us)* m ‖ ◇ *estar hecho un* ~ ⟨fig⟩ *mit Wunden bedeckt sein* ‖ ~ m ⟨fig⟩ *Leprakranke(r), Aussätzige(r)* m

lazo m *Schlinge, Schleife* f ‖ *Schleifknoten* m ‖ *Schlaufe* f ‖ *Schleife,* ⟨fam⟩ *Fliege* f *(Krawatte)* ‖ *Strang, (Pack)Strick* m ‖ *Fangschlinge* f ‖ *Lasso* n ‖ ⟨Flugw⟩ *Fangleine* f ‖ ⟨fig⟩ *Band* n *(der Freundschaft usw.)* ‖ ⟨fig⟩ *Falle, Intrige* f ‖ ~ *de cable* ⟨Mar⟩ *Stropp* m ‖ ~ *corredizo Schleifknoten* m ‖ ~ *matrimonial Eheband* n ‖ ~ *de unión (Verbindungs)Band* n ‖ → **ligamen** ‖ ◇ *armar* ~ ⟨figf⟩ *e–e Falle stellen* ‖ *caer en el* ~ ⟨figf⟩ *in die Falle od auf den Leim gehen* ‖ *cazar con* ~ *mit dem Lasso (Schlinge) fangen, jagen* ‖ *tender un* ~ *a* alg. ⟨fig⟩ *jdm e–e Falle stellen* ‖ ~**s** mpl: ~ *de amor Liebesbande* npl
lazulita f ⟨Min⟩ → **lapislázuli**
lba., lb. ⟨Abk⟩ = **libra**
lbs. ⟨Abk⟩ = **libras**
L. C. ⟨Abk⟩ = ¹**lista** de correos
L.ᵈᵒ, l.ᵈᵒ ⟨Abk⟩ = **licenciado**
L. E. ⟨Abk⟩ = **libra(s) esterlina(s)**
le [pl **les**] pron *1. dat ihm, ihr, Ihnen* ‖ ~ *digo (a Vd.) ich sage Ihnen* ‖ (~) *digo al padre (aber al padre* ~ *digo) ich sage dem Vater* ‖ *¡no* ~ *digo nada! (fam) das ist e–e saubere Geschichte!* ‖ *¡síguele! folge ihm nach!* ‖ *¡sigámosles! folgen wir ihnen nach!* ‖ *¿que* ~ *parece? was sagen Sie dazu?* ‖ *2. acc ihn, sie, Sie (=* **lo**) ‖ (→ **leísmo**) ‖ (~) *veo al padre (aber al padre* ~ *veo) ich sehe den Vater* ‖ → *auch* **lo** ‖ → *auch* **se**
△ **lea** f *Nutte* f ‖ → **leandra**
leader m → **líder**
leal adj/s *(m/f) treu, ergeben* ‖ *ehrlich, bieder, redlich, loyal* ‖ *reell (bes. Kaufleute)* ‖ adv: ~**mente**
lealtad f *Treue* f ‖ *Ehrlichkeit* f ‖ *Redlichkeit* f ‖ *Ergebenheit* f ‖ *Loyalität* f ‖ *Rechtschaffenheit* f ‖ *Ehrenhaftigkeit* f ‖ ♦ *con* ~ *treu, ergeben*
leandra f ⟨fam⟩ *Peseta* f ‖ ~**s** fpl ⟨fam⟩ *Moneten* fpl
Leandro m np *Leander* m
leasing m *Leasing* n
lebaniego adj/s *aus dem Liebanatal* (P Sant) ‖ *auf das Liebanatal bezüglich*
lebeche m ⟨Meteor⟩ *Südwestwind* m *(an der span. Mittelmeerküste)*
le|brato, –bratón m *Junghase* m
le|brel m [Hund] *Windhund* m ‖ ~ *de Afganistán Afghane* m ‖ **–brero** adj/s *zur Hasenjagd abgerichtet (Hund)*
lebrillo m *großer, irdener Napf* m
le|brón m *augm von* ¹**liebre** ‖ ⟨figf⟩ *Feigling, Angsthase* m ‖ **–broncillo** m *junger Hase* m ‖ **–bruno** adj *Hasen-*
lección f *Lesen* n ‖ *Vorlesung, (Lehr)Stunde* f ‖ *Unterricht* m ‖ *Lehrstück* n, *Lektion* f ‖ *Lehr-, Unterrichts|stunde* f ‖ *(Lern)Aufgabe* f ‖ *Lesart* f ‖ *Weisung, Lehre* f ‖ ⟨fig⟩ *Lehre, Warnung* f ‖ ⟨fig⟩ *Belehrung* f ‖ ~ *de baile Tanzstunde* f ‖ ~ *de clase Klassenstunde* f ‖ ~ *de conversación Konversationsstunde* f *(im Sprachunterricht)* ‖ ~ *de dibujo Zeichenstunde* f ‖ ~ *en grupo* → ~ *de clase* ‖ ~ *individual Einzelstunde* f ‖ ~ *de música Musikstunde* f ‖ ~ *particular Privatstunde* f ‖ *una* ~ *por semana e–e Stunde wöchentlich od in der Woche* ‖ ~ *suplementaria Extra-, Über|stunde* f *(Unterricht)* ‖ ◇ *dar la* ~ *s–e Lektion aufsagen* ‖ *dar a uno una* ~ ⟨fam⟩ *jdm die Leviten lesen, jdm e–n Denkzettel verpassen* ‖ *tomar la* ~ *a* alg. *jdn die Lektion aufsagen lassen, jdn abhören* ‖ *¡que le sirva de* ~*! lassen Sie s. das gesagt sein!*
lecciones fpl: ~ *por correspondencia Unterrichtsbriefe* mpl ‖ ~ *de equitación Reitstunden* fpl ‖ ◇ *dar* ~ *Stunden, Unterricht geben* ‖ *tomar (od dar)* ~ *Unterricht nehmen (cor bei)*
leccionario m ⟨Kath⟩ *Lektionar* n

lecha f ⟨Fi⟩ *Samen* m, *Milch* f *der männlichen Fische* ‖ *Samen-, Milch\beutel* m *(der Fische)*

lechada f *Mörtel(brei)* m ‖ *Kalk\bewurf* m, *-milch* f ‖ ⟨Chem⟩ *Aufschwemmung* f ‖ *Brühe* f

lechal adj *(m/f)* ⟨Zool⟩ *saugend (Tier)* ‖ ⟨Bot⟩ *milchhaltig* ‖ ~ m ⟨Bot⟩ *Milchsaft* m *(mancher Pflanzen)*

leche f *Milch* f ‖ *milchähnliche Flüssigkeit* f ‖ ⟨fig⟩ *erster Unterricht* m *(in e–r Kunst)* ‖ ⟨vulg⟩ *Samen* m *(Sperma)* (& vulg *als Fluchwort)* ‖ ~ *adulterada gefälschte Milch* f ‖ ~ *agria saure Milch* f ‖ ~ *aguada gewässerte Milch* f ‖ ~ *de almendras Mandelmilch* f ‖ ~ *de cabra Ziegenmilch* f ‖ ~ *de cal Kalkmilch* f ‖ ~ *condensada Kondensmilch* f ‖ ~ *cuajada geronnene Milch, Dick-, Sauer\milch* f ‖ ~ *depilatoria* ⟨Kosm⟩ *Enthaarungsmilch* f ‖ ~ *desmaquillante* ⟨Kosm⟩ *Reinigungsmilch* f ‖ ~ *desnatada, ~ descremada entrahmte Milch* f ‖ ~ *entera Vollmilch* f ‖ ~ *esterilizada sterilisierte Milch* f ‖ ~ *hervida abgekochte Milch* f ‖ ~ *sin lactosa laktosefreie Milch* f ‖ ~ *de manteca Buttermilch* f ‖ ~ *materna Muttermilch* f ‖ ~ *maternizada maternisierte (der Muttermilch angepasste) Milch* f ‖ ~ *merengada (Art) Milcheis* n ‖ ~ *de mujer Frauenmilch* f ‖ ~ *negra unerlaubt gehandelte (weil kontingentierte) Milch* f ‖ ~ *de oveja Schafsmilch* f ‖ ~ *pasteurizada pasteurisierte Milch* f ‖ ~ *semidesnatada halbentrahmte Milch* f ‖ ~ *de vaca Kuhmilch* f ‖ ~ *de los viejos* ⟨figf⟩ → **¹vino** ‖ ~ *de yegua Stutenmilch* f ‖ ◆ *como una ~* ⟨fam⟩ *zart, mürbe (Speise, Braten)* ‖ ◇ *estar de mala ~* ⟨vulg⟩ *übel gelaunt sein,* ⟨pop⟩ *saumäßig gelaunt sein* ‖ *mamar en la ~* ⟨figf⟩ *mit der Muttermilch einsaugen* ‖ *tener la ~ en los labios* ⟨figf⟩ *noch nicht trocken hinter den Ohren sein* ‖ *tener mala ~* ⟨vulg⟩ *ein hundsgemeiner Kerl sein* ‖ ¡~! ⟨vulg⟩ *Scheiße! verdammt noch mal!*

leche\cilla(s) f(pl) *Kalbsmilch* f, *(Kalbs)Bröschen* npl ‖ *Milch* f *der männlichen Fische* ‖ ~ *de ternera Kalbs\milch* f, *-bries* n

¹lechera f *Milch\frau* f, *-mädchen* n ‖ *Milch\kanne* f, *-topf* m ‖

²lechera f ⟨fam⟩ *Streifenwagen* m

leche\ría f *Molkerei, Milchwirtschaft* f ‖ **–ro** adj *Milch-* ‖ ⟨figf⟩ *geizig, knauserig* ‖ *(vaca)* ~a *Milchkuh* f ‖ ~ m *Milch\mann, -verkäufer* m ‖ Chi *Melker, Schweizer* m

leche\ruela, –trezna f ⟨Bot⟩ *Sonnen-Wolfsmilch* f (Euphorbia helioscopia)

lechigada f *Wurf* m *(Hunde, Wölfe, Katzen)* ‖ *Satz* m *(Hasen usw.)* ‖ ⟨fig⟩ *Gesindel* n, *Pöbel* m, *Pack* n

lecho m *Bett, Lager* n ‖ *Ruhebett* n ‖ *Lagerstatt, Schlafstätte* f ‖ ⟨fig⟩ *Flussbett* n ‖ *Meeres-, See\grund* m ‖ ⟨fig⟩ *Lage, Schicht* f ‖ ⟨fig⟩ *Ehe* f ‖ ⟨Arch⟩ *Lager* n, *Unterlage* f ‖ ⟨Tech⟩ *Bett* n ‖ ⟨EB⟩ *Grundbau* m, *Unterlage* f ‖ ~ *conyugal Ehebett* n ‖ ~ *esponjoso weiches Bett* n ‖ ~ *de muerte Sterbebett* n ‖ ~ *nupcial Brautbett* n ‖ ~ *de Procusto, ~ de Procustes* ⟨fig⟩ *Prokrustes-, Folter\bett* n

Lecho m np ⟨pop⟩ → **Lorenzo**

le\chón m *(Span)Ferkel* n ‖ ⟨fig pop⟩ *schmutzige Person* f, *Ferkel* n ‖ ⟨fig pop⟩ *Schweinehund* m ‖ **–choso** adj *milch\haltig, -artig* ‖ *milchig*

lechucero m/adj Ec *Nachtschwärmer* m

¹lechuga f ⟨Bot⟩ *(Garten)Lattich, Kopfsalat* m (Lactuca sativa) ‖ ~ *iceberg Eisbergsalat* m ‖ ~ *de mar Meersalat* m (Ulva lactuca) ‖ ~ *romana Römischer Salat* m (Lactuca sativa romana) ‖ ◆ *como una ~* ⟨fig⟩ *frisch und munter, vor Gesundheit strotzend (Person)* ‖ ◇ *estar fresco como una ~ taufrisch sein,* ‖ *ser más fresco que una ~* ⟨fig⟩ *sehr dreist, unverschämt sein* ‖ *esa ~ no es de su huerto das ist nicht auf s–m (ihrem) Mist gewachsen*

²lechuga f ⟨Text⟩ *gefältelte Hals-, Ärmel\krause* f ‖ *Falte, Krause* f

¹lechuguilla f ⟨Bot⟩ *Wilder Lattich* m (Lactuca scariola)

²lechuguilla f ⟨Text⟩ *Hals-, Ärmel\krause* f

lechuguino m ⟨Agr⟩ *Salatsetzling* m ‖ *Salatbeet* n ‖ ⟨figf⟩ *Modenarr, Geck, Fatzke, Stutzer,* Öst *Gigerl* m

¹lechuza f ⟨V⟩ *Eule* f ‖ ~ *de Atenea* ⟨fig Myth⟩ *Eule der Athene, Eule* f *der Minerva* ‖ ~ *campestre Sumpfohreule* f (Asio flammeus) ‖ ~ *común Schleiereule* f (Tyto alba) ‖ ~ *gavilana Sperbereule* f (Surnia ulula) ‖ ~ *de Minerva* → ~ *de Atenea* ‖ ~ *de Tengmalm Raufußkauz* m (Aegolius funereus) ‖ ◇ *llevar ~s a Atenas* ⟨fig⟩ *Eulen nach Athen tragen*

²lechuza f ⟨fig⟩ *Eule* f ‖ ⟨pop⟩ *Nachtdieb* m ‖ Mex ⟨fig⟩ *Dirne* f ‖ Am ⟨fig⟩ *Albino* m

lechuzo adj *dumm, einfältig* ‖ ~ m ⟨fig⟩ *Eule* f *(Person)* ‖ ⟨fig⟩ *Nachtschwärmer* m ‖ ⟨fig⟩ *(Steuer)Einnehmer* m ‖ ⟨fig reg⟩ *ulkiger Kerl, Sonderling* m

lecitina f ⟨Chem⟩ *Lecithin* n

lec\tivo adj: *año ~ Vorlesungsjahr* n ‖ *día ~ Kollegtag* m *(an Hochschulen)* ‖ **–tor** m *Leser* m ‖ *Vorleser* m ‖ *zweite der geistlichen Weihen* ‖ *Lektor* m *(an e–r Hochschule, in e–m Verlag)* ‖ ⟨Inform⟩ *Leser* m ‖ *Tonabnehmer* m ‖ *buen ~ de almas* ⟨fig⟩ *guter Menschenkenner* m ‖ ~ *benévolo geneigter Leser* m ‖ ~ *de CD od disco compacto CD-Spieler* m ‖ ~ *de cinta perforada* ⟨Tech⟩ *Lochstreifenleser* m ‖ ~ *de universidad Universitäts-, Hochschul\lektor* m ‖ **–tora** f *Leserin* f ‖ *Lektorin* f ‖ ⟨Inform⟩ *Leser* m ‖ ~ *de documentos* ⟨Inform⟩ *Belegleser* m ‖ ~ *de marcas* ⟨Inform⟩ *Markierungsleser* m ‖ **–torado** m *Lektorat* n ‖ **–toría** f *Lektorat* n ‖ **–tura** f *(Vor)Lesen* n ‖ *Lesestoff* m, *Lektüre* f ‖ *Vorlesung* f ‖ *Lesart* f ‖ ⟨Pol⟩ *Lesung* f *(im Parlament)* ‖ ⟨Typ⟩ *Korrekturlesen* n ‖ *Ablesen v. from e–m Messinstrument)* ‖ ⟨Typ⟩ *Cicero(schrift)* f ‖ *Belesenheit* f *e–r Person* ‖ ~ *del presupuesto Haushaltslesung* f *(im Parlament)* ‖ ~ *de pruebas* ⟨Typ⟩ *Korrekturlesen* n ‖ ~ *seguida kursorisches Lesen* n ‖ ~ *en silencio stilles Lesen* n ‖ ~ *sinóptica Überblickslesen* n ‖ ~ *en voz alta lautes Lesen* n ‖ ◇ *dar ~ de algo et. vorlesen*

ledo adj ⟨poet⟩ *frohgestimmt, fröhlich*

leedor m *Leser* m *(Person)*

leer [-ey-] vt/i *(vor)lesen* ‖ *ab-, ver\lesen* ‖ *lesen (Vorlesungen halten)* ‖ ~ *(ver)lesen* ‖ ⟨Mus⟩ *lesen* ‖ ◇ ~ *mal verlesen, falsch lesen* ‖ ~ *en la mano die Handlinien deuten* ‖ ~ *en los ojos an den Augen ablesen* ‖ ~ *entre líneas* ⟨fig⟩ *zwischen den Zeilen lesen* ‖ ~ *los pensamientos Gedanken lesen* ‖ ~ *las pruebas* ⟨Typ⟩ *Korrektur lesen* ‖ ~ *con soltura fließend lesen* ‖ *al que leyere an den Leser (Überschrift von Vorreden)*

lefa f ⟨vulg⟩ *Samen* m *(Sperma)*

¹lega f ⟨Rel⟩ *Laienschwester* f

△ **²lega** f *Seide* f

lega\cía f *Gesandtenamt* n ‖ *Gesandtschaftsbezirk* m ‖ *Aufgabe* f *e–s Gesandten* ‖ **–ción** f *Gesandtschaft* f ‖ *päpstliche Legation* f ‖ *Gesandtschafts- bzw Legations\gebäude* n

¹legado m *Vermächtnis, Legat* n ‖ *Nachlass* m ‖ *Hinterlassenschaft* f ‖ ~ *de usufructo Nießbrauchsvermächtnis* n

²legado m *päpstlicher Legat* m ‖ *Legat* m *(Altrom)* ‖ ~ *a látere* ⟨lat Kath⟩ *Sondergesandte(r),* ⟨lat⟩ *Legatus* m *a latere*

legajo *m Bündel* n ‖ *Pack, Stoß* m *(Schriften)* ‖ *Aktenbündel* n
legal adj *(m/f) gesetzlich* ‖ *gesetzmäßig* ‖ *legal* ‖ p.ex *rechtmäßig* ‖ *gerichtlich* ‖ ◆ *por vía* ~, *por los cauces* ~es *auf legalem Weg* ‖ *gesetzmäßig* ‖ ◇ *adquirir fuerza* ~ *rechtskräftig werden*
legali|dad *f Gesetz|lichkeit, -mäßigkeit* f ‖ *Legalität* f ‖ **–smo** *m Legalismus* m ‖ *strikte Befolgung* f *des Gesetzes* ‖ *starres Festhalten* n *an dem Buchstaben des Gesetzes* ‖ **–sta** adj *(m/f) gesetzestreu* ‖ **–zación** *f Beglaubigung, Legalisierung* f ‖ ~ *judicial* (notarial) *gerichtliche (notarielle) Beglaubigung* f ‖ **–zar** [z/c] vt *legalisieren* ‖ *(amtlich) beglaubigen*
legalmente adv *kraft Gesetzes* ‖ *gesetzmäßig*
légamo *m Schlamm, Morast, Schlick* m ‖ ⟨Agr⟩ *tonhaltige Erde* f
lega|mal *m Morast* m, *Schlammpfütze* f ‖ **–moso** adj *schlammig, morastig, schlickig*
lega|ña *f Augenbutter* f ‖ **–ñoso** adj/s *triefäugig*
¹legar [g/gu] vt ⟨Jur⟩ *vermachen* ‖ ⟨fig⟩ *vererben, hinterlassen*
²legar [g/gu] vt *abordnen, delegieren* ‖ *entsenden*
lega|stenia *f* ⟨Med⟩ *Legasthenie* f ‖ **–sténico** adj *legasthenisch* ‖ ~ *m Legastheniker* m
legatario *m* ⟨Jur⟩ *Vermächtnisnehmer, Legatar* m
legen|da *f Legende* f, *Heiligenleben* n ‖ **–dario** adj *legendär, sagen|haft, -umwoben, mythisch* ‖ *legendenhaft* ‖ *Sagen-, Legenden-* ‖ *berühmt, ruhmvoll* ‖ ~ *m Legendensammlung* f, *Legendar* n △ **legerar** vt *(er)tragen*
leggins *mpl* ⟨Text⟩ *Leggin(g)s* pl
leghorn *f* ⟨V⟩ *Leghorn(huhn)* n
legible adj *(m/f) lesbar* ‖ *leserlich*
legiferante adj *(m/f) gesetzgebend* ‖ *rechtsschöpfend*
legión *f Legion* f ‖ *Kriegsschar* f ‖ ⟨fig⟩ *große Menge, Unzahl, Legion* f ‖ ⟨Hist⟩ *Legion* f *(Altrom, ital. Faschismus)* ‖ ~ *extranjera Fremdenlegion* f
legionario *m*/adj *Legionär* m
legionense adj/s *(m/f)* → **leonés**
legionelosis *f* ⟨Med⟩ *Legionärskrankheit* f
legis|lable adj *(m/f) zum Gesetz erhebbar* ‖ **–lación** *f Gesetzgebung* f ‖ *Gesetzessammlung* f ‖ *Gesetze* npl *(als Gesamtheit)* ‖ *(Satzungs)Recht* n ‖ *Gesetzbuch* n ‖ *Rechtswissenschaft* f ‖ ~ *de accidentes Unfallgesetzgebung* f ‖ ~ *de aguas Wasserrecht* n ‖ ~ *acerca del estado de necesidad Notstandsgesetzgebung* f ‖ ~ *de extranjeros Ausländergesetze* npl ‖ ~ *laboral Arbeits|recht* n, *-gesetzgebung* f ‖ ~ *racial* ⟨Hist⟩ *Rassengesetzgebung* f ‖ ~ *de(l) trabajo* → ~ *laboral* ‖ **–lador** adj *gesetzgeberisch, Gesetzgebungs-* ‖ ~ *m Gesetzgeber* m ‖ **–lar** vi *Gesetze geben, machen, erlassen* ‖ **–lativo** adj *gesetzgebend, Gesetzgebungs-* ‖ **–latura** f *Legislatur(periode)* f ‖ Am *Parlament* n ‖ **–perito** *m* → **jurisperito**
legista *m*/f *Rechtsgelehrte(r* m) f ‖ *Gesetzeskenner(in* f) m ‖ p.ex *Jurist(in* f) bzw *Rechts|anwalt* m, *-anwältin* f
legítima *f* ⟨Jur⟩ *Pflichtteil* m
legitimación *f Rechtsmäßigkeitserklärung* f ‖ *gesetzliche Anerkennung* f ‖ *Echtheitserklärung* f ‖ *Ehelichkeitserklärung* f ‖ p.ex *Beglaubigung* f ‖ *Berechtigungsnachweis* m ‖ *Ausweis* m, *Legitimation* f
legi|timar vt *für gesetzmäßig erklären* ‖ *rechtfertigen, berichtigen* ‖ *beglaubigen* ‖ *befähigen* ‖ *als ehelich anerkennen* bzw *erklären (uneheliches Kind)* ‖ p.ex *ausweisen* ‖ **~se** *s.*

(rechtlich) ausweisen ‖ **–timario** adj/s ⟨Jur⟩ *Pflichtteil(s)-* ‖ ~ *m Pflichtteilsberechtigte(r)* m ‖ **–timidad** *f Gesetz-, Recht|mäßigkeit* f ‖ *Berechtigung* f ‖ *eheliche Geburt, Ehelichkeit* f ‖ *Legitimität* f ‖ *Echtheit* f ‖ **–timismo** *m* ⟨Pol⟩ *Legitimismus* m ‖ **–timista** *m*/f ⟨Pol⟩ *Legitimist(in* f) m
legítimo adj *recht-, gesetz|mäßig, gesetzlich* ‖ *legitim* ‖ *echt, unverfälscht, wirklich, authentisch, genuin* ‖ *richtig* ‖ *ehelich (Kind)* ‖ Sant *rasserein (Tier)* ‖ ~a *defensa Selbstverteidigung, Notwehr* f
lego adj *weltlich, Laien-* ‖ ⟨fig⟩ *ungelehrt* ‖ ⟨fig⟩ *ungeschult* ‖ ◇ *ser* ~ *en la materia* ⟨fig⟩ *nichts davon verstehen, Laie auf dem Gebiet sein* ‖ ~ *m Laie* m (& fig) ‖ *Laienbruder* m
legón *m* ⟨Agr⟩ *Hacke, Haue* f
le|grado *m Schaben* n *(Knochen)* ‖ *Ab-, Aus|schaben* n ‖ *Ab-, Aus|kratzen, Kürettieren* n (z.B. *Uterus*) ‖ **–grar** vt *schaben (Knochen)* ‖ *ab-, aus|schaben, ab-, aus|kratzen, kürettieren* (z.B. *Uterus*)
legua *f Meile* f ‖ *span. Meile* f *(5,5727 km)* ‖ *Cu (4,24 km)* ‖ p.ex *Wegstunde* f ‖ ~ *marina,* ~ *marítima Seemeile* f *(5,555 km)* ‖ ◆ *a la* ~ *se le conoce* ⟨figf⟩ *man sieht es ihm schon auf Meilen hin an!* ‖ *¡ni con cien* ~s! ⟨figf⟩ *nicht im Traum!* ‖ ◇ *no hay mejor en diez* ~s *a la redonda (fam) man findet weit und breit nichts Besseres* ‖ *tragar* ~s *rasend schnell laufen (Pferd)* bzw *fahren (Auto)* ‖ **–je** *m* Am *Entfernung* f *in Meilen* ‖ *Reiseweg* m *in Meilen* ‖ Pe *Reisespesen* pl *(der Abgeordneten)*
legui *m* ⟨Mil⟩ *Ledergamasche* f
leguleyo *m* ⟨desp⟩ *Winkeladvokat* m
legumbre *f Hülsenfrucht* f ‖ p.ex *Gemüse* n (→ auch **hortaliza**)
legumino|sas *fpl* ⟨Bot⟩ *Schmetterlingsblütler* mpl, *Leguminosen* fpl (Leguminosae = Papilionaceae) ‖ *Hülsenfrüchte* fpl ‖ **–so** adj *Hülsen-*
leíble adj *(m/f)* → **legible**
leibniziano adj *leibnizisch, auf Leibniz bezüglich*
leída *f (fam): de una* ~ *nach einmaligem Durchlesen* ‖ *dar una* ~ *a algo et. (flüchtig) durchlesen*
Leiden *m* [Stadt] *Leiden* n
leído [sup *leidísimo*] adj *belesen, unterrichtet* ‖ *gebildet* ‖ *digno de ser* ~ *lesenswert* ‖ ~ *y "escribido"* (iron) *„gebildet"*
leí|smo *m* ⟨Gr⟩ *Verwendung von* **le(s)** *neben od statt* **lo(s)** *als Akkusativform des männlichen Personalpronomens (meist* **le(s)** *für Personen und* **lo(s)** *für Sachen)* ‖ → auch **loísmo** ‖ **–sta** *m*/f *der (bzw die)* **le(s)** *neben od statt* **lo(s)** *als Akkusativform des männlichen Pronomens verwendet*
leitmotiv ⟨deut⟩ *m* ⟨Mus⟩ *Leitmotiv* n (& fig)
leja|namente adv: *ni* ~ *bei weitem nicht* ‖ **–nía** *f Entfernung, Ferne* f, *Abstand* m ‖ **–no** adj *fern, entfernt (de von)* ‖ *ent-, ab|gelegen* f ‖ ⟨fig⟩ *fern liegend* ‖ *fernsehend (Mensch)* ‖ ~ *parecido entfernte Ähnlichkeit* f ‖ ◆ *de países –nos aus fernen Landen* ‖ *en un porvenir no muy* ~ *in absehbarer Zeit*
lejas adj *pl: de* ~ *tierras aus fernen Landen (nur in dieser Wendung gebräuchlich)*
le|jía *f* ⟨Wasch⟩ *Lauge* f ‖ *Eau* n/f *de Javelle* ‖ *Natron-* bzw *Kali|lauge* f ‖ ⟨pop⟩ *derber Verweis, Rüffel* m ‖ ◇ *poner en* ~ *laugen* ‖ **–jío** *m Färberlauge* f
le|jísimos adv sup *sehr weit (entfernt)* ‖ **–jitos** adv dim *(fam) ziemlich weit entfernt* ‖ ◇ *está* ~ *de aquí (fam) es liegt ziemlich weit (weg) von hier*

lejivar vt *(aus)laugen*

le|jos adv/s *weit entfernt, weit weg* ‖ (no) ~ de aquí *(un)weit von hier* ‖ a lo ~ *in der Ferne* ‖ de(sde) ~ *von der Ferne, von weitem* ‖ desde muy ~ *aus großer Entfernung* ‖ ~ de vista, ~ de corazón ⟨Spr⟩ *aus den Augen, aus dem Sinn* ‖ estar ~ *fern, entfernt sein* ‖ estoy (muy) ~ de pensarlo *ich bin (weit) davon entfernt* (od *es liegt mir fern*), *es zu denken* ‖ eso me queda muy ~ *das liegt mir sehr fern* ‖ ayer, sin ir más ~, ... gerade gestern ... ‖ para no ir más ... *um ein handgreifliches Beispiel zu nennen* ... ‖ *so* z. B. ... ‖ ~ *m Ferne* f ⟨Mal⟩ *Tiefe* f, *Hintergrund* m ‖ augm ⟨fam⟩: **–jote(s)** ‖ **–juelos** adv dim *ziemlich fern* **–jura** *f* ⟨reg⟩ *Ferne* f

   lek *m* [Währungseinheit] *Lek* m

△ **lel** *m Brieftasche* f

lelo adj/s *kindisch, faselig, infantil* ‖ *blöd, albern, läppisch* ‖ ◇ andar ~ ⟨fam⟩ *von Sinnen sein* ‖ quedarse ~ *sprachlos bleiben* ‖ → auch **alelado**

   lema *m (Sinn)Spruch* m ‖ *Wahlspruch* m ‖ *Motto* n ‖ *Kennwort* n ‖ ⟨Ling⟩ *Lemma* n ‖ *Grundgedanke* m ‖ ⟨Math⟩ *(zu beweisender) Lehrsatz* m

△ **lembresquear** vt/i *lügen*

   lem(m)ing *m* ⟨Zool⟩ *Lemming* m (Lemmus lemmus)

   lemnáceas fpl *Wasserlinsengewächse* npl (Lemnaceae)

   lemnícola adj *(m/f) von Lemnos (Insel im Agäischen Meer)*

   lemniscata *f* ⟨Math⟩ *Lemniskate* f

   lemosín adj *limousinisch,* ‖ ~ *m:* el ~ *das Limousinische, die Langue d'Oc* ‖ p. ex *das Katalanische*

   Lemosín *m* ⟨Geogr⟩ *Limousin* n

   lempira *f* [Währungseinheit] *Lempira* f (L)

   lémur *m* ⟨Zool⟩ *Maki* m (Lemur spp) ‖ ~ negro *Mohrenmaki* m (L. macaco) ‖ **lemures** *mpl* ⟨Myth⟩ *Lemuren* mpl ‖ ⟨fig⟩ *Geister* mpl, *Gespenster* npl

   lemúridos *mpl* ⟨Zool⟩ *Lemuren* od *Makis* mpl (Lemuridae)

△ **len** *m Fluss* m ‖ *Beute* f

   lena *f Kraft* f ‖ *Mut* m

   lence|ría *f Leinwandhandel* m ‖ *Weißwarengeschäft* n ‖ *Leinwaren* fpl ‖ *Weiß|wäsche* f, *-waren* fpl ‖ *Wäschegeschäft* n ‖ ~ excitante od sexy od erótica *Reizwäsche* f ‖ **–ro** *m Wäsche-, Leinwand|händler* m

   Lencho *m* np ⟨pop⟩ → **Florencio**

   lendakari ⟨bask⟩ *m Chef* m *der baskischen Regierung*

   len|drera *f Staub-, Läuse-, Nissen|kamm* m ‖ **–droso** adj *nissig, verlaust*

   lene adj *sanft, mild(e)* ‖ *leicht* ‖ ⟨Phon⟩ *lenis*

   ¹lengua *f* ⟨An⟩ *Zunge* f ‖ ~ aframbuesada ⟨Med⟩ *Himbeerzunge* f ‖ ~ del agua ⟨fig⟩ *Uferstreifen* m ‖ *Wasserlinie* f *e–s schwimmenden Körpers* ‖ ~ bífida *Spaltzunge* f ‖ ~ blanca, ~ cargada → ~ saburral ‖ ~ de escorpión → ~ viperina ‖ ~ de estropajo ⟨figf⟩ *Stottere(r), Stammler* m ‖ ~ de fuego ⟨fig⟩ *Feuerzunge* f ‖ ~ geográfica ⟨Med⟩ *Landkartenzunge* f ‖ mala → ~ viperina ‖ ~ saburral od saburrosa od sucia ⟨Med⟩ *belegte Zunge* f ‖ ~ de ternera *Kalbszunge* f ‖ ~ de tierra ⟨fig⟩ *Landzunge* f ‖ ~ de trapo ⟨figf⟩ *Ge|stammel, -stotter* n ‖ *Stotterer, Stammler* m ‖ ~ de vaca *Rinderzunge* f ‖ ~ de víbora, ~ viperina ⟨fig⟩ *giftige* od *spitze Zunge* f, *Läster|maul* n, *-zunge* f ‖ largo de ~ ⟨figf⟩ *dreist, unverschämt* ‖ ligero de ~ *freiheraus redend* ‖ media ~ ⟨fam⟩ *Stotterer* m ‖ *Gestammel* n *der Kinder* ‖ ◆ con la ~ de un palmo, con la ~ fuera ⟨figf⟩ *mit großer Anstrengung* ‖ ◇ buscar la ~ a alg. ⟨figf⟩ *jdn zum Sprechen veranlassen* ‖ *jdn zum Streit reizen, jdn provozieren* ‖ darle a la ~ *viel sprechen* ‖ desatar la ~ a alg. *jdn zum Sprechen bringen* ‖ echar la ~ *die Zunge herausstrecken* ‖ se le va la ~ ⟨fam⟩ *die Zunge geht ihm (ihr) durch* ‖ ¡métete la ~ donde te quepa! ⟨pop euph⟩, métete la ~ en el culo ⟨vulg⟩ *Mund halten!,* ⟨vulg⟩ *halt die Schnauze!* ‖ morderse la ~ ⟨fig⟩ *s. auf die Zunge beißen, den Mund halten* ‖ perder la ~ *stumm werden* ‖ sacar la ~ a alg. *jdm die Zunge herausstrecken* ⟨fig⟩ *jdn verhöhnen* ‖ sacar la ~ a paseo ⟨figf⟩ *in die Luft hineinreden* ‖ *unanständig reden* ‖ tener la ~ gorda ⟨joc⟩ *betrunken sein* ‖ tener la ~ (demasiado) larga, tener mucha ~ ⟨figf⟩ *viel und gerne reden, e–n losen Mund haben,* ⟨pop⟩ *e–e große Schnauze* od *Klappe haben* ‖ no tener pelos en la ~ ⟨figf⟩ *beherzt reden, beredt sein* ‖ *unverblümt s–e Meinung sagen, kein Blatt vor den Mund nehmen* ‖ lo tengo en (la punta de) la ~ ⟨figf⟩ *es schwebt mir auf der Zunge* ‖ tirar a alg. de la ~ ⟨figf⟩ *jdm die Würmer aus der Nase ziehen* ‖ tomar ~(s) *Erkundigungen einziehen* ‖ **~s** *fpl:* ~ de gato *Katzenzungen* fpl *(aus Schokolade)* ‖ ◇ andar *(od* ir*)* en ~ ⟨figf⟩ *ins Gerede kommen* ‖ hacerse ~ de alg. ⟨figf⟩ *jdn außerordentlich loben, herausstreichen* ‖ traer od llevar en ~ a alg. ⟨figf⟩ *jdm übel nachreden* ‖ *jdn in Verruf bringen* ‖ quien ~ ha, a Roma va ⟨Spr⟩ *Fragen kostet nichts*

   ²lengua *f* ⟨Ling⟩ *Sprache* f ‖ *Kunde, Nachricht* f ‖ ~ aglutinante *agglutinierende Sprache* f ‖ ~ de destino *Zielsprache* f ‖ ~ escrita *geschriebene Sprache* f ‖ ~ extranjera *Fremdsprache* f ‖ ~ franca ⟨lat⟩ *Lingua franca* ‖ ~ litúrgica *Kirchensprache* f ‖ ~ madre *Ursprache* f ‖ ~ materna *Muttersprache* f ‖ ~ muerta *tote Sprache* f ‖ ~ nacional *Landessprache* f ‖ ~ nativa *Muttersprache* f ‖ ~ de oc ⟨Hist⟩ *Langue d'oc* ‖ ~ de oil ⟨Hist⟩ *Langue d'oil* ‖ ~ original *Grund-, Stamm|sprache* f ‖ *Ursprache* f ‖ ~ de partida *Ausgangssprache* f ‖ ~ popular *Volkssprache* f ‖ ~ primitiva *Ursprache* f ‖ ~ universal *Universal-, Welt|sprache* f ‖ ~ viva *lebende Sprache* f ‖ ~ vulgar *Vulgärsprache* f ‖ **~s** *fpl:* ~ hermanas *Schwestersprachen* fpl ‖ ~ indoeuropeas, ~ indogermanas *indoeuropäische, indogermanische Sprachen* fpl ‖ ~ modernas *neue Sprachen* fpl ‖ ~ neueras *Sprachen* fpl *(Studium)* ‖ ~ semíticas, ~ semitas *semitische Sprachen* fpl

   ³lengua *f* ⟨Bot⟩: ~ de buey *Ochsenzunge* f (Anchusa spp) ‖ ~ canina *Hundszunge* f (Cynoglossum spp) ‖ ~ de ciervo *Hirschzunge* f (Phyllitis scolopendrium) ‖ ~ de sierpe *Gemeine Natternzunge* f (Ophioglossum vulgatum)

   ⁴lengua *f Glockenschwengel* m

   lenguachuta *m/adj* Bol *Stotterer* m (→ **tartamudo**)

   lenguado *m* ⟨Fi⟩ *Seezunge* f (Şolea solea)

   lengua|je *m Sprache* f ‖ *Sprachvermögen* n ‖ *Sprech|weise* f, *-akt* m ‖ *Stil* m ‖ ~ del abanico ⟨figf⟩ *Fächersprache* f ‖ ~ convenido *verabredete Sprache* f ‖ *Geheimsprache* f ‖ ~ corporal *Körpersprache* f ‖ ~ comercial *Handels-, Verkehrs|sprache* f ‖ ~ culto *gebildete* od *gehobene Sprache* f ‖ ~ chabacano *Gossensprache* f ‖ ~ diplomático *Sprache* od *Ausdrucksweise* f *der Diplomaten* (& fig) ‖ ~ dramático *Bühnensprache* f ‖ ~ ensamblador ⟨Inform⟩ *Assemblierersprache* f ‖ ~ escrito *Schriftsprache* f ‖ ~ estándar *Standardsprache* f ‖ ~ familiar *Umgangssprache* f ‖ ~ figurado *figürliche* od *figurative Sprache* f ‖ *Bildersprache* f ‖ ~ de las flores *Blumensprache* f ‖ ~ forense

Rechts-, Gerichts|sprache f ‖ ~ germanesco
Rotwelsch n, *Gaunersprache* f ‖ ~ de los gestos,
~ gestual *Gebärdensprache* f ‖ ~ hablado
gesprochene Sprache f ‖ ~ jergal *Fachsprache* f ‖
Kauderwelsch m ‖ ~ literario *Schrift-,*
Buch|sprache f ‖ *literarische Sprache* f ‖ ~ de
máquina ⟨Inform⟩ *Maschinensprache* f ‖ ~
marino *Seemannssprache* f ‖ ~ mímico, ~ mudo
Gebärdensprache f ‖ ~ de los ojos *Augensprache*
f ‖ ~ profesional *Fachsprache* f ‖ ~ de
programación ⟨Inform⟩ *Programmiersprache* f ‖
~ secreto *Geheimsprache* f ‖ ~ de (los) signos
Zeichensprache f ‖ ~ de los sordomudos → ~ de
los gestos ‖ ~ técnico → ~ profesional ‖ ~ usual
Gemeinsprache f ‖ *Umgangssprache* f ‖ ~ vulgar
Vulgärsprache f ‖ **–larga** adj/s ⟨fam⟩ →
lengüilargo ‖ **–rada** *f* → **lengüetada** ‖ **–raz** [*pl*
~**ces**] adj *frech, dreist, unverschämt (im Reden)* ‖
~ *m böse Zunge* f, *Lästermaul* n ‖ *Schwätzer* m ‖
–tón adj/s Sant → **–raz**
 len|guaz [*pl* ~**ces**] *(m/f)*, **–gudo** adj
geschwätzig
 lengüe|cilla, –cita *f* dim von **¹lengua** ‖ **–ta** *f*
dim von **¹lengua** ‖ ⟨An⟩ *Kehldeckel* m, *Zäpfchen*
n ‖ *(Schuh)Lasche* f ‖ *Schornsteinzunge* f ‖
Zünglein n *(an der Waage)* ‖ ⟨Zim⟩ *Feder* f ‖
⟨Mus⟩ *(Metall)Plättchen* n, *Zunge* f, *Rohrblatt* n ‖
Am *Schwätzer* m ‖ *dreister Mensch* m ‖ Chi
Papiermesser n ‖ ~ de hebilla *Schnallendorn* m ‖
–tada *f,* **–tazo** *m Zungenschlag* m ‖ *Lecken* n ‖ ◇
beber a ~s *schlürfen, schlabbern (Hund)* ‖ vaciar
a ~ *auslecken* ‖ **–tería** *f Zungenpfeifen* fpl *e–r*
Orgel ‖ ~**s** fpl Dom → **habladurías** ‖ **–zuela** *f*
dim von **lengua**
 lengüi|corto adj ⟨fam⟩ *wortkarg, einsilbig,*
lakonisch ‖ *schüchtern, gehemmt (im Reden)* ‖
–largo adj ⟨fam⟩ *geschwätzig, redselig* ‖ →
lenguaraz
 lenguón adj Mex *geschwätzig, redselig* ‖
klatsch-, tratsch|süchtig
 leni|dad *f Sanftmut, Milde* f ‖ **–ficar** [c/qu] vt
mildern, lindern ‖ **–ficativo** adj *lindernd,*
Linderungs- ‖ *beruhigend, Beruhigungs-* ‖ ~ *m*
Linderungs- bzw *Beruhigungs|mittel* n
 Leningrado *m* [Stadt] (hoy **San Petersburg**)
Leningrad n (heute: *St. Petersburg*)
 leninis|mo *m* ⟨Pol⟩ *Leninismus* m ‖ **–nista** *m/f*
Anhänger(in f) m *des Leninismus*
 lenitivo *m Linderungsmittel* n ‖
Beruhigungsmittel n
 lenocinio *m Kuppelei* f
 lenón *m* ⟨lit⟩ *Kuppler* m (→ **alcahuete**)
 lentamente adv *langsam* ‖ *gemächlich,*
behäbig
 lente *m (& f) (Glas)Linse* f ‖ *Augenglas* n ‖ ~
de aumento *Vergrößerungs|glas* n, *-linse, Lupe* f ‖
~ acromática *achromatische Linse* f ‖ ~ de
apertura ⟨TV⟩ *Öffnungslinse* f ‖ ~ convergente
Sammellinse f ‖ ~ diminutiva *Verkleinerungs|glas*
n, *-linse* f ‖ ~ divergente *Zerstreuungslinse* f ‖ ~
de enfoque *Einstellupe* f ‖ ~ escalonada *Fresnel-*
Linse f ‖ ~ supletoria ⟨Fot⟩ *Vorsatzlinse* f ‖ ~**(s)**
m(pl) Kneifer, Klemmer, Zwicker m, *Pincenez* n ‖
Brille f ‖ ~**s** adicionales ⟨Fot⟩ *Vorsatzlinsen* fpl ‖
Zusatzoptik f ‖ ~ de contacto *Kontaktlinsen,*
Haftschalen fpl ‖ ◆ de varias ~s *mehrlinsig*
 lente|ja *f* ⟨Bot⟩ *Linse* f (Lens esculenta) ‖
Linse f *(Frucht)* ‖ ~ de agua, ~ acuática ⟨Bot⟩
Wasserlinse f (Lemna spp) ‖ ~**s** fpl *Linsen* fpl
(Gericht) ‖ **–jar** *m* ⟨Agr⟩ *Linsen|pflanzung* f, *-feld*
n
 ¹lentejuela *f* dim von **lenteja**
 ²lentejuela *f Muttermal* n ‖ ~**s** fpl *Flitter-,*
Flimmer-, Glimmer|blättchen npl, *Pailletten* fpl
 lentezuela *f* dim von **lente**

 lenticular adj *linsenförmig, Linsen-* ‖ *lentikulär*
 lentifi|cación *f Verlangsamung* f ‖ **–car** [c/qu]
vt *verlangsamen*
 lentilla *f* ⟨Opt⟩ *Kontaktlinse, Haftschale* f
 lentisco *m* ⟨Bot⟩ *Mastixstrauch* m (Pistacia
lentiscus)
 len|titud *f Langsamkeit* f ‖ ⟨fig⟩
Schwerfälligkeit f ‖ ⟨fig⟩ *Trägheit* f ‖ ~ en los
pagos ⟨Com⟩ *Säumigkeit* f *im Zahlen* ‖ ◆ con ~
langsam ‖ *gemächlich* ‖ **–to** adj *langsam,*
gemächlich ‖ *träge, schwerfällig, unbeholfen* ‖
gelind (Feuer, Wind) ‖ ⟨Pharm⟩ *schleimig* ‖ Sal
weich ‖ ~ para comprender ⟨fig⟩ *schwerfällig,*
unbeholfen ‖ ~ en resolverse *s. schwer*
entscheidend ‖ ◇ quemar a fuego ~ *bei kleinem*
Feuer rösten ‖ ⟨fig⟩ *langsam quälen* ‖ ser ~ en el
pago *ein säumiger Zahler sein* ‖ ~ adv ⟨Mus⟩
lento (it) ‖ ~ *m* ⟨Mus⟩ *Lento* n
 △ **lentré** *m Deutsche(r)* m
 le|ña *f Brennholz* n ‖ ⟨figf⟩ *Tracht* f *Prügel* ‖ ~
muerta *Reisig, dürres Holz* n ‖ ◇ dar ~ a alg.
⟨figf⟩ *jdn (durch)prügeln* ‖ echar (od añadir,
poner) ~ al fuego *Holz auf-, zu|legen* ‖ ⟨fig⟩ *Öl*
ins Feuer gießen ‖ hacer ~ menuda *Holz spalten*
‖ ¡~! ⟨pop⟩ *Donnerwetter* ‖ llevar ~ al monte
⟨figf⟩ *Holz in den Busch tragen* ‖ **–ñador** *m*
Holzhauer m ‖ *Holzhändler* m
 leñazo *m* ⟨fam⟩ *Prügel* m
 ¡leñe! → **¡caramba!**
 leñera *f Brennholzschuppen* m ‖ *Holz|platz*
bzw *-stapel* m
 ¹leñero adj ⟨Sp⟩ *grob spielender Fußballer,*
Holzer m
 ²leñero *m Holzschuppen* m ‖
(Brenn)Holzhändler m
 le|ño *m gefällter, abgeästeter Baum(stamm)* m
‖ *(Holz)Kloben* m ‖ *Holz(scheit)* n ‖ ⟨figf⟩
(grober) Klotz, Dummkopf m ‖ ⟨fig poet⟩ *Schiff,*
Floß n ‖ el ~ de la Santa Cruz *das heilige Holz,*
das Kreuz Christi ‖ dormir como un ~ *wie ein*
Murmeltier schlafen ‖ **–ñoso** adj *holz(art)ig* ‖
Holz-
 Leo, León *m* ⟨Astr⟩ *Löwe* m *(Sternbild)*
 Leocadia *f* np *Leokadia* f
 ¹león *m* ⟨Zool⟩ *Löwe* m (Panthera leo) (& fig)
‖ ⟨Ins⟩ ~ **hormiga** león ‖ ⟨fig⟩ *Draufgänger* m ‖
~ americano ⟨Zool⟩ → **puma** ‖ ~ marino
Seelöwe m (Eumetopias sp ‖ Zalophus spp ‖
Phocarctos sp ‖ Otaria sp) ‖ ~ pasante ⟨Her⟩
schreitender Löwe m ‖ ◇ no es tan fiero *od* bravo
el ~ como lo pintan ⟨Spr⟩ *der Löwe ist nicht so*
wild, wie man ihn malt, ⟨fam⟩ *es wird nichts so*
heiß gegessen, wie es gekocht wird
 △ **²león** *m Gauner* m
 ¹León *m* [Stadt und Provinz in Spanien] *León*
n
 ²León *m* np *Leo* m
 ¹leo|na *f Löwin* f (& fig) ‖ ⟨reg⟩ *Nutte* f
 △ **²leona** *f Hausmeisterin, Portiersfrau* f
 leonado adj *falb, fahl* ‖ *fahlrot*
 leonardesco adj *auf Leonardo da Vinci*
(1452–1519) bezüglich
 leonberger m [Hund] *Leonberger* m
 Leoncio *m* np *Leontius* m
 leone *m* [Währungseinheit] *Leone* m
(Abk = Le)
 leonera *f Löwen|zwinger, -käfig* m ‖ ⟨figf⟩
Spielhölle f ‖ ⟨figf⟩ *Spielzimmer* n *der Kinder* ‖
⟨figf⟩ *enge, dicht bewohnte Wohnstätte* f ‖ ⟨fig⟩
Rumpel-, Gerümpel|kammer f ‖ ⟨fig⟩ *Bruchbude* f,
⟨pop⟩ *elendes Loch* n ‖ Col Chi ⟨fig⟩
Ganovenbande f ‖ Arg Ec PR ⟨fig⟩ *Kerker* m,
Gefängnis n
 leonés adj/s *leonisch, aus León* (Stadt und
Provinz in Spanien) ‖ *auf León bezüglich*

Leónidas *m* np *Leonidas* m
leonino adj *löwenähnlich, Löwen-* ‖ ⟨Jur Poet⟩
leoninisch ‖ ⟨Jur⟩ *leoninisch (Vertrag)*
Leonor *f* np *Le(o)nore* f ‖ ◇ *renunciar a la*
mano de doña ~ *auf et. großmütig verzichten*
leontina *f kurze, dicke Uhrkette* f
leontopodio *m* ⟨Bot⟩ *Edelweiß* n
(Leontopodium alpinum)
leopardo *m* ⟨Zool⟩ *Leopard, Panther* m
(Panthera pardus)
Leopoldo *m* np *Leopold* m
leotardos *mpl Strumpfhosen* fpl
△ **lepar** *vt ausrauben*
lepe *m* Ven *Schluck* m *Schnaps*
Lepe *m:* ◇ *saber más que* ~ (, *Lepijo y su*
hijo) ⟨fam⟩ *sehr gescheit sein, ungeheuer viel*
wissen, ⟨fam⟩ *ein gelehrtes Haus od ein*
wandelndes Lexikon sein (Ansp. auf den span.
Bischof Don Pedro de Lepe im 17. Jh.) ‖ ¡por
vida de ~! ⟨fam⟩ *meiner Treu!*
lépero *adj/s* MAm Mex *schurkisch, gaunerhaft*
‖ *Gesindel-* ‖ Ec Mex *pöbelhaft* ‖ Cu *gerissen* ‖
Ec *heruntergekommen*
leperuzca *f/adj* Mex *Nutte* f
lepi|dio *m* ⟨Bot⟩ *Kresse* f (Lepidium spp) ‖
–dodendro(n) *m* ⟨Bot⟩ *Schuppenbaum* m
(Lepidodendron spp) ‖ **–dofita** *f* ⟨Paläont⟩
Lepidophyt m
lepidóptero *m* ⟨Ins⟩ *Schuppenflügler,*
Schmetterling, Falter m (→ ¹**mariposa**) ‖ ~
diurno, nocturno Tag-, Nachtfalter m ‖ ~**s** *mpl*
Schuppenflügler, Schmetterlinge mpl
(Lepidoptera)
lepidosirena *f* ⟨Zool⟩ *Schuppenmolch* m
(Lepidosiren paradoxa)
lepisma *f* ⟨Ins⟩ *Silberfischchen* n (Lepisma
saccharina) (→ **pececillo** de plata)
lepóridos *mpl* ⟨Zool⟩ *echte Hasen* mpl
(Leporidae) ‖ → **lagomorfos**
leporino adj *hasenartig, Hasen-*
le|pra *f* ⟨Med⟩ *Lepra* f, *Aussatz* m ‖ **–proma** *m*
Lepraknoten m, *Leprom* n ‖ **–prosería** *f*
Leprastation f, *Leprosorium* n ‖ **–proso** adj
leprös, aussätzig ‖ ~ *m Leprakranke(r),*
Aussätzige(r) m
lepto|nas *fpl,* **–nes** *mpl* ⟨Phys Atom⟩ *Leptonen*
npl
leptonema *m* ⟨Gen⟩ *Leptonema* m
leptosomático adj ⟨Anthrop⟩ *leptosom,*
schmalwüchsig ‖ ~ *m Leptosome* m
leptura *f* ⟨Ins⟩: ~ *roja Roter Blumenbock* m
(Leptura rubra)
△ **lequeján** *m Zollamt* n
△ **ler** num *zwei*
lercha *f* ⟨Jgd⟩ *Schnur* f *zum Aufreihen von*
toten Vögeln bzw Fischen
lerdo adj *langsam, träg(e), faul* ‖ *schwerfällig,*
unbeholfen ‖ ⟨pop⟩ *feig(e)*
lerdón *m* ⟨Vet⟩ *Kniegeschwür* n
lerendo adj Mex *einfältig, dumm*
Lérida *f* [Stadt und Provinz in Spanien] *Lérida* n
leridano adj/s *aus Lérida* ‖ *auf Lérida*
bezüglich
les pron 1. dat *pl den, ihnen, Ihnen* ‖ 2. acc *pl*
sie, Sie ‖ → **leísmo, loísmo**
lesada *f* SAm *Albernheit* f ‖ *Dummheit* f
lesbi|a(na) *f Lesbierin* f ‖ **–anismo** *m lesbische*
Liebe f ‖ **–(an)o** adj/s *aus Lesbos* ‖ *lesbisch*
lésbico adj: *amor* ~ *lesbische Liebe* f
lesena *f* ⟨Arch⟩ *Lisene* f
leseras fpl *Blödsinn* m, *dummes Zeug* n
le|sión *f Verletzung* f ‖ *Wunde* f ‖ ⟨Biol Med⟩
Schädigung f (& fig) ‖ ~ *corporal*
Körperverletzung f ‖ ~ *corporal por negligencia*
⟨Jur⟩ *fahrlässige Körperverletzung* f ‖ ~ *de*

derecho, ~ *jurídica* ⟨Jur⟩ *Rechtsverletzung* f ‖ ~
de pronóstico reservado gefährliche Wunde f,
deren Prognose unsicher ist ‖ **–siones** *fpl* ⟨Jur⟩
(schwere) Körperverletzung f
lesio|nado adj *ver|letzt, -wundet* ‖ ~ *m*
Ver|letzte(r), -wundete(r) m ‖ **–nar** vt *ver|letzen,*
-wunden (& fig) ‖ *(be)schädigen*
lesivo adj *verletzend* ‖ *(be)schädigend* ‖
schändlich
lesna *f* → **lezna**
lesnordeste *m* ⟨Mar Flugw⟩ *Ostnordost* m
(Wind, Richtung, Kurs)
¹**leso** adj *verletzt* ‖ *beleidigt* ‖ → **crimen**
²**leso** adj Arg Bol Chi *dumm, einfältig*
Lesotho m (anteriormente **Basutolandia**)
Lesotho n (früher *Basutoland*)
lessueste *m* ⟨Mar Flugw⟩ *Ostsüdost* m *(Wind,*
Richtung, Kurs)
¹**leste** *m* ⟨Mar⟩ *Ost(wind)* m
△ ²**leste** *m Fluss* m
letal adj *(m/f) tödlich, letal* ‖ **–idad** *f Letalität* f
letanía *f Litanei* f ‖ *Bittgebet* n *(bei e–r*
Prozession) ‖ ⟨figf⟩ *Litanei, langweilige*
Geschichte f ‖ ~ *lauretana,* ~ *de la Virgen*
⟨Kath⟩ *Lauretanische Litanei* f
letargia *f* → **letargo**
letárgico adj ⟨Med⟩ *schlafsüchtig* ‖ *lethargisch*
(& fig) ‖ ⟨fig⟩ *dumpf, starr*
letargo *m* ⟨Med⟩ *Schlafsucht* f ‖ *Lethargie* f (&
fig) ‖ ⟨fig⟩ *tiefer, bleierner Schlaf* m ‖ ⟨fig⟩
Stumpfsinn m ‖ ~ *invernal* ⟨Biol⟩ *Winterschlaf* m
△ **letaya** *f Olive* f
Lete(o): el ~ *Lethe* f *(Unterweltsfluss)*
leticia *f* ⟨lit⟩ *Freude, Fröhlichkeit* f
Leticia *f* np *Lätitia* f
letificar [c/qu] vt *erheitern* ‖ *erfreuen,*
beglücken
let⁰ (Abk) = **letrado**
letón adj *lettisch* ‖ ~ *m Lette* m ‖ el ~ *die*
lettische Sprache f, *das Lettische*
Letonia *f* ⟨Geogr⟩ *Lettland* n
¹**letra** *f Buchstabe* m, *Type* f ‖ *Hand(schrift)* f ‖
Schriftzüge mpl ‖ ⟨Typ⟩ *(Druck)Letter* f ‖ ⟨Gr⟩
Laut m ‖ *Filmtext* m, *Drehbuch* n ‖ ⟨fig⟩ *Wort* n,
Worte npl ‖ ⟨Mus⟩ *Text, Operntext* m ‖ *Textbuch* n
‖ *Lied* n, *Gesang* m ‖ *Glosse* f *(Gedicht)* ‖ ~
abierta offenes Schreiben n ‖ ~ *alemana Fraktur* f
‖ ~ *alta hoch stehender Buchstabe* m ‖ ~ *baja*
tiefstehender Buchstabe m ‖ ~ *bastard(ill)a*
Bastardschrift f ‖ ~ *capital Versal* m, *großer*
(Anfangs)Buchstabe m ‖ ~ *consonante* ⟨Gr⟩
Konsonant, Mitlaut m ‖ ~ *corriente,* ~ *normal*
Latein-, Normal|schrift f ‖ ~ *cursiva Kursivschrift*
f ‖ ~ *doble Doppellaut* m ‖ ~ *espaciada*
Sperrung f ‖ ~ *española gerade Schrift* f ‖ ~
estrecha schmale Schrift f ‖ ~ *de excardinación*
⟨Kath⟩ *Ausgliederungsurkunde* f ‖ ~ *final*
Endbuchstabe m ‖ ~ *gótica Schwabacher,*
gotische Schrift, Gotisch f *(gebrochene Schrift)* ‖
~ *de imprenta Drucktype, Letter* f ‖ ~ *inglesa*
schräge Schrift f ‖ ~ *inicial (großer)*
Anfangsbuchstabe m, *Initiale* f ‖ ~ *itálica* → ~
bastardilla ‖ ~ *manuscrita Handschrift* f ‖ ~
mayúscula Großbuchstabe, großer Buchstabe m ‖
⟨Typ⟩ *Majuskel* f ‖ ~ *minúscula Kleinbuchstabe,*
kleiner Buchstabe m ‖ ⟨Typ⟩ *Minuskel* f ‖ ~ *nasal*
⟨Gr⟩ *Nasenlaut* m ‖ ~ *negrilla,* ~ *negrita*
halbfette Schrift f ‖ ~ *normal* → ~ *corriente* ‖ ~
oblicua Schräg-, Kursiv|schrift f ‖ ~ *paladial,* ~
palatal ⟨Gr⟩ *Palatal, Vordergaumenlaut* m ‖ la ~
pequeña das Kleingedruckte ‖ ~ *de 7, 10, 12, 14*
puntos Kolonel, Korpus od Garmond, Cicero,
Mittel f ‖ ~ *redond(ill)a,* ~ *romanilla runde*
Schrift f ‖ ~ *romana Antiqua* f ‖ ~ *sencilla*
einfacher Buchstabe m ‖ ~ *sibilante* ⟨Gr⟩

Zischlaut m ‖ ~ supernegra *fette Schrift* f ‖ ~ titular *Titelbuchstabe* m ‖ *Titelschrift* f ‖ ~ versal *Versal* m ‖ ~ vocal *Vokal, Selbstlaut* m ‖ ◆ a(l pie de) la ~ *buchstäblich, wörtlich* ‖ de ~ *gedruckt* ‖ ~ por ~ *Wort für Wort* ‖ ◇ la ~ con sangre entra *ohne Fleiß kein Preis* ‖ saber mucha ~ ⟨fig⟩ *viel wissen, große Kenntnisse haben* ‖ ⟨fam⟩ *aufgeweckt sein* ‖ tener buena ~ *e–e schöne Handschrift haben, schön schreiben* ‖ tener (mucha) ~ menuda *sehr schlau sein* ‖ ⟨fam⟩ *sehr viel Mutterwitz haben* ‖ ~s *fpl Geisteswissenschaften* fpl ‖ *humanistisches Studium* n ‖ *Wissen* n ‖ *Literatur* f ‖ ~ de adorno *Zierschrift* f ‖ bellas *od* buenas ~ *schöne Wissenschaften* fpl ‖ *schöngeistige Literatur, Belletristik* f ‖ las primeras ~ *die Grundkenntnisse* fpl ‖ ~ de relieve *Blindenschrift* f ‖ ~ rúnicas *Runen* fpl ‖ ◇ escribir *od* poner en ~ *in Buchstaben ausschreiben* ‖ poner dos *od* cuatro ~ *ein paar Zeilen schreiben* ‖ seguir las ~ *Geisteswissenschaften studieren* ‖ tener muchas ~ ⟨figf⟩ *sehr gebildet sein* ‖ augm: ~**ón**

²**letra** f ⟨Com⟩ *Wechsel* m, *Tratte* f ‖ ~ aceptada *akzeptierter Wechsel* m ‖ ~ de cambio *Wechsel* m, *Tratte* f ‖ ~s en cartera *Wechselbestand* m ‖ ~ de complacencia *Gefälligkeitswechsel* m ‖ ~ cruzada *Reitwechsel* m ‖ ~ por cuenta de tercero *Wechsel* m *an fremde Order* ‖ ~ deudora *Schuldwechsel* m ‖ ~ domiciliada *Domizilwechsel, domizilierter Wechsel* m ‖ ~ sobre el extranjero *Auslandswechsel* m ‖ ~ a fecha fija *Tag-, Datums\wechsel* m ‖ ~ ficticia *Kellerwechsel* m ‖ ~ sobre el interior *Inlandswechsel* m ‖ ~ a la propia orden *Wechsel* m *an eigene Order* ‖ ~ pagadera a la vista *Sichtwechsel* m ‖ ~ pagadera después de vista *Nachsichtwechsel* m ‖ ~ sobre la plaza *Platzwechsel* m ‖ ~ de resaca *Rückwechsel* m ‖ ~ a la vista *Sichtwechsel* m ‖ ◇ aceptar, cobrar una ~ *e–n Wechsel annehmen, einkassieren* ‖ hacer circular una ~ *e–n Wechsel in Umlauf (Kurs) setzen* ‖ descontar, endosar, domiciliar una ~ *e–n Wechsel diskontieren, indossieren, domizilieren* ‖ girar, librar una ~ (a cargo de) *Wechsel ziehen (auf* acc) ‖ negociar, protestar una ~ *e–n Wechsel begeben, protestieren* ‖ prestar el aval para una ~ *Wechselbürgschaft leisten*

letrado adj *gelehrt* ‖ *gebildet* ‖ ⟨fam⟩ *anmaßend* ‖ ~ m *(Rechts)Gelehrte(r)* m ‖ *Anwalt* m ‖ *Sachwalter* m ‖ ~ actuante *auftretender Anwalt* m ‖ ~ defensor *Strafverteidiger* m

Letrán m *der Lateran (in Rom)*

letrero m *In-, Auf\schrift* f ‖ *Aushängeschild* n ‖ *Tafel* f ‖ *Etikett* n (& fig)

letrilla f ⟨Poet⟩ (Art) *Strophengedicht* n ‖ *e–e Gedichtform*

letrina f *Latrine* f

letrista m/f ⟨Mus⟩ *Textdichter(in* f) m

leu (*pl* **lei**) m [Währungseinheit] *Leu* m (1 bzw MDL für Moldau-Leu)

leu\cemia f ⟨Med⟩ *Leukämie* f ‖ **–cémico** adj *leukämisch, Leukämie-* ‖ ~ m *an Leukämie Erkrankte(r)* m

leuco\blasto m ⟨Biol⟩ *Leukoblast* n ‖ **–cito** m ⟨Physiol⟩ *Leukozyt* m, *weißes Blutkörperchen* n ‖ **–citosis** f ⟨Med⟩ *Leukozytose* f ‖ **–derma** f ⟨Med⟩ *Leukoder\ma, -mie* f ‖ **–grama** m ⟨Med⟩ *Leukogramm* n

leucoma m ⟨Med⟩ *Leukom* n

leuco\patía f ⟨Med⟩ *Leukopathie* f ‖ **–penia** f *Leukopenie* f, *Mangel* m *an weißen Blutkörperchen* ‖ **–rrea** f *Leukorrhö(e)* f, *Weißfluss* m ‖ **–tricosis, –triquia** f *Leukotri\chose, -chie* f

¹**leva** f ⟨Tech⟩ *Nocken* m
²**leva** f ⟨Mar⟩ *Ankerlichten* n ‖ *Ab\reise, -fahrt* f
³**leva** f ⟨Mil⟩ *Einberufung* f ‖ *Einberufungsbefehl* m ‖ *Aushebung* f *von Truppen* ‖ *MAm* ⟨fig⟩ *Betrug, Schwindel* m

leva\da f *Gang* m *(beim Fechten)* ‖ **–de** f [Reitkunst] *Levade* f ‖ **–dizo** adj *abhebbar* ‖ **–dor** m *(Auf)Heber* m ‖ ⟨Tech⟩ *Daumen* m

levadura f *Hefe* f ‖ *Sauerteig* m ‖ ⟨Bot⟩ *Hefepilz* m (Saccaromyces spp) ‖ ⟨fig⟩ *Keim* m ‖ ⟨fig lit⟩ *Katalysator* m ‖ ~ de cerveza *Bierhefe* f ‖ ~ en polvo *Backpulver* n ‖ ~ seca *Presshefe* f ‖ ◆ sin ~ *ungesäuert (Brot)* (→ **ázimo**)

levan\tacarril(es) m(pl) ⟨EB⟩ *Gleis-, Schienen\heber* m ‖ **–tada** f ⟨fam⟩ *Aufstehen* n *(vom Bett)* ‖ **–tadizo** adj *Ar* → **levadizo** ‖ **–tado** adj *aufgerichtet* ‖ ⟨fig⟩ *stolz* ‖ ⟨fig⟩ *rebellisch, aufrührerisch* ‖ **–tador** m *Heber* m ‖ ~ de pesos ⟨Sp⟩ *Gewichtheber* m

¹**levantamiento** m *Heben* n ‖ *Aufstehen* n ‖ *E(mpo)rhebung, Erhöhung* f ‖ *Auf\stand, -ruhr* m ‖ ⟨fig⟩ *Erhebung, Meuterei* f ‖ *Aufhebung* f *(der Verbannung)* ‖ ⟨Flugw⟩ *Abheben* n *(beim Start)* ‖ ~ del cadáver *amtliche Untersuchung* f *der Leiche* ‖ ~ de impactos en el blanco *Treffbildaufnahme* f ‖ ~ nacional *nationale Erhebung, Volkserhebung* f ‖ *Volksaufstand* m

²**levantamiento** m *Anlegen* n (z.B. *e–r Niederschrift)* ‖ ⟨Top⟩ *Vermessung* f

¹**levantar** vt *(auf)heben* ‖ *erhöhen, höher stellen* ‖ *wegnehmen, trennen* ‖ ⟨fig⟩ *gründen* ‖ *errichten (Denkmal)* ‖ ⟨fig⟩ *(er)bauen* ‖ ⟨fig⟩ *ab\räumen, -decken (Tisch)* ‖ *aufschlagen (Zelte)* ‖ *bauen (Haus)* ‖ *hochziehen (Mauer)* ‖ *anwerben, ausheben (Truppen)* ‖ *erheben (auf den Thron)* ‖ *auf\treiben, -jagen, -stöbern (Wild)* ‖ ⟨fig⟩ *aufwiegeln (Volk, Massen)* ‖ *aufwirbeln (Staub)* ‖ ⟨fig⟩ *veranlassen* ‖ ⟨fig⟩ *rühmen* ‖ ⟨fig⟩ *erheben* ‖ ⟨fig⟩ *aufheben (Verbannung, Belagerung usw.)* ‖ *verstärken (Stimme)* ‖ *abheben (Karten)* ‖ ⟨Kart⟩ *stechen* ‖ ⟨Mar⟩ *aufholen* ‖ ~ el ala del sombrero *die Hutkrempe hoch-, auf\schlagen* ‖ ~ en alto *emporheben* ‖ ~ cabeza ⟨fig⟩ *den Kopf hoch tragen* ‖ ~ el campo ⟨Mil⟩ *das Lager abbrechen* ‖ ~ un capital *ein Kapital aufbringen* ‖ ~ la casa *die Wohnung wechseln* ‖ ~ un chichón *e–e Beule verursachen* ‖ ~ la comunicación ⟨Tel⟩ *die Verbindung aufheben* ‖ ~ la cosecha *die Ernte einbringen* ‖ ~ un destierro *e–e Verbannung aufheben* ‖ ~ el espíritu *Mut einflößen* ‖ ~ el gatillo *den Hahn spannen (Feuerwaffe)* ‖ ~ un grito *ein Geschrei erheben* ‖ ~ el hervor *anfangen zu kochen* ‖ ~ la mano a alg. ⟨fig⟩ *jdm nahe treten* ‖ ~ los manteles ~ la mesa *den Tisch abdecken* ‖ ~ un monumento a alg. *jdm ein Denkmal setzen* ‖ ~ una multa *e–e Geldstrafe (Buße) erlassen* ‖ ~ a alg. hasta las nubes ⟨fig⟩ *jdn in den Himmel heben* ‖ ~ los ojos del suelo *den Blick vom Boden erheben* ‖ ~ polvo *Staub aufwirbeln (& fig)* ‖ ~ el sitio *die Belagerung aufheben* ‖ ~ del suelo *vom Boden aufheben* ‖ ~ la tapa de los sesos a alg. ⟨fig⟩ *jdm den Schädel einschlagen* ‖ ~ falso testimonio *falsches Zeugnis ablegen* ‖ ~ la vista del suelo *den Blick vom Boden erheben* ‖ ~ el vuelo *auf-, davon\fliegen* ⟨Flugw⟩ *abfliegen, starten* ‖ ⟨figf⟩ *Reißaus nehmen* ‖ ~ vi *aufklaren (Wetter)* ‖ *abziehen (Unwetter)* ‖ ~**se** *aufstehen* ‖ *s. erheben (Wind)* ‖ *s. erholen (Kranker)* ‖ ⟨fig⟩ *emporkommen* ‖ *s. empören, in Aufstand geraten* ‖ ⟨Th⟩ *aufgehen (Vorhang)* ‖ ~ con los fondos ⟨fig⟩ *Geld veruntreuen* ‖ *mit dem Geld auf und davon gehen,* ⟨fam⟩ *mit dem Geld durchbrennen* ‖ ~ a mayores ⟨figf⟩ *(jdm) den schuldigen Gehorsam verweigern*

‖ ~ de la cama *(vom Bett) aufstehen* ‖ ~
temprano *früh aufstehen*
²levantar vt *aufnehmen, zeichnen (Plan)* ‖
⟨Top⟩ *aufnehmen, vermessen* ‖ ~ acta *ein
Protokoll aufnehmen* od *führen, protokollieren*
¹levante *m Sonnenaufgang* m ‖ *Osten, Morgen*
m ‖ *Ostwind* m ‖ *Levante* f
²levante *m* MAm *Verleumdung* f ‖ PR *Aufstand*
m, *Meuterei* f ‖ Col *Eitelkeit* f
Levante *m:* el ~ *das Morgenland, die Levante*
levan|tino adj *aus der span. Ostküste, aus der
span. Levante* ‖ *levantinisch, morgenländisch* ‖
jüdisch ‖ ~ *m Levantiner, Morgenländer* m ‖ *Jude*
m
levantisco adj *aufsässig, aufrührerisch,
rebellisch* ‖ *unbotmäßig, aufbegehrend*
levar vt: ~ las anclas ⟨Mar⟩ *die Anker lichten*
‖ ⟨figf⟩ s. *fortmachen, Reißaus nehmen, verduften*
leve adj *(m/f) leicht (an Gewicht)* ‖ *leicht,
gelind(e)* ‖ *gering, unbedeutend* ‖ ⟨fig⟩ *erlässlich,
verzeihlich* ‖ ⟨fig⟩ *gnädig (Strafe)* ‖ adv: ~ **mente**
levedad *f Leichtigkeit* f
leviatán *m* ⟨Rel⟩ *Leviathan* m ‖ ⟨fig⟩
Ungeheuer ‖ ~ *m* ⟨Philos Pol⟩ *Leviathan* m *(der
allmächtige Staat* m *von Hobbes)*
levigar [g/gu] vt ⟨Chem⟩ *ab|setzen, -klären (in
Flüssigkeiten)* ‖ *schlämmen*
levirato *m Leviratsehe* f
levirrostro adj ⟨V⟩ *leichtschnäb(e)lig* ‖ ~s *mpl
Leichtschnäbler* mpl
levísimo adj sup von **leve**
¹levita adj *levitisch* ‖ ~ *m Levit* m
²levita *f Geh-, Überrock* m ‖ ◆ de ~ *in Gala* ‖
tirar de la ~ a alg. ⟨figf⟩ *jdm schmeicheln* ‖ *vor
jdm kriechen*
levitación *f* ⟨Rel Psychol⟩ *Levitation* f, *freies
Schweben* n *(in der Luft)*
levítico adj *levitisch* ‖ ⟨pej⟩ *klerikal* ‖ ~ *m
Levitikus* m *(3. Buch Moses)*
levi|tín *m* dim von **²levita** ‖ **-tón** *m* augm von
²levita
le|vógiro adj ⟨Chem Opt⟩ *linksdrehend* ‖
-vografía *f linksläufige Schrift* f
△ **levosa** *f* = **²levita**
levulo|sa *f* ⟨Chem⟩ *Lävulose, Fructose* f,
Fruchtzucker m ‖ **-suria** *f* ⟨Med⟩ *Lävulo-,
Fructo|surie* f
lew *m* [Währungseinheit] *Lew* m
lexema *m* ⟨Ling⟩ *Lexem* n
lexicalizar [z/c] vt *lexikalisieren*
léxico adj *lexikalisch* ‖ ~ *m Wörterbuch,
(Sprach)Lexikon* n ‖ *Lexik* f, *Wortschatz* m ‖ →
auch **diccionario**
lexi|cografía *f Lexikografie* f ‖ **-cográfico** adj
lexikografisch ‖ **-cógrafo** *m Lexikograf,
Wörterbuch|autor, -verfasser* m ‖ **-cología** *f
Lexikologie* f ‖ **-cológico** adj *lexikologisch* ‖
-cólogo *m Lexikologe* m ‖ **-cón** *m* → **léxico**
ley *f Gesetz* n ‖ *Gebot* n ‖ *Satzung* f ‖
Anordnung f ‖ *Treue, Ergebenheit, Anhänglichkeit*
f ‖ *(gesetzlich* bzw *amtlich) vorgeschriebene
Beschaffenheit* f *(von Waren)* ‖ *Feingehalt* m,
Korn n *(der Münzen)* ‖ ~ agraria *Agrargesetz* n ‖
~ aduanera *Zollgesetz* n ‖ la ~ antigua *das
Gesetz Mose* (od *Mosis)* ‖ ~ arancelaria
Zoll(tarif)gesetz n ‖ ~ de bases *Rahmengesetz* n ‖
~ de bolsa *Börsengesetz* n ‖ ~ civil *Bürgerrecht*
n ‖ ~ constitucional *Verfassung* f,
(Staats)Grundgesetz n ‖ ~ constitutiva
Grundgesetz n ‖ ~ del embudo ⟨figf⟩ *richterliche
Willkür* f ‖ *Behördenwillkür* f ‖ ⟨fig⟩ *Recht* n *des
Stärkeren* ‖ ⟨fig⟩ *Schikane* f ‖ ~ del encaje ⟨fam⟩
willkürlicher Richterspruch m ‖ ~ de
enjuiciamiento civil *Zivilprozessordnung* f ‖ ~ de
enjuiciamiento criminal *Strafprozessordnung* f ‖

~ escrita *geschriebenes Recht* n ‖ la ~ escrita, ~
de Dios *die Zehn Gebote Gottes* ‖ ~ de excepción
Ausnahmegesetz n ‖ ~ de extranjería
Ausländerrecht n ‖ ~ del más fuerte *Recht des
Stärkeren, Faustrecht* n ‖ ~ fundamental
Grundgesetz n ‖ ~ de horarios comerciales
Ladenschlussgesetz n ‖ ~ de imprenta
Pressegesetz n ‖ ~ de impuestos *Steuergesetz* n ‖
~ de inercia ⟨Phys⟩ *Trägheitsgesetz* n ‖ ~ de la
jungla *Recht des Stärkeren, Recht* n *des
Dschungels* ‖ ~ de Lynch *Lynchjustiz* f ‖ ~
marcial ⟨Mil⟩ *Standrecht* n ‖ ~ de Moisés, ~
mosaica *das Gesetz Mose (*od *Mosis)* ‖ ~ moral
Sittengesetz n ‖ ~ natural, ~ de la naturaleza
Naturgesetz n ‖ ~ penal *Strafgesetz* n ‖ ~ de
plenos poderes *Ermächtigungsgesetz* n ‖ ~ de
propiedad intelectual *Urheberschutzgesetz* n ‖ ~
represiva de la usura *Wuchergesetz* n ‖ ~ sálica
⟨Hist⟩ *das Salische Gesetz* ‖ ~ seca ⟨Hist⟩
Prohibition f *(in den USA)* ‖ ~ de la selva → ~
de la jungla ‖ ~ social *Sozialgesetz* n ‖
Vereinsgesetz n ‖ ~ de las Doce Tablas ⟨Hist⟩
Zwölftafelgesetz n ‖ ~ del talión *Talionslehre* f ‖
Gesetz n *der Vergeltung* ⟨Hist⟩ ("ojo por ojo y
diente por diente"„*Auge um Auge, Zahn um
Zahn"* ‖ ~ sobre la vacuna *Impfgesetz* n ‖ la ~
vigente *das geltende Recht* ‖ bajo de ~ *nicht
vollwichtig (Münze)* ‖ ◆ con todas las de la ~
unter Beachtung aller gesetzlichen Vorschriften ‖
⟨fig⟩ *vollkommen* ‖ en el espíritu de la ~,
conforme a la ~ *im Sinne des Gesetzes* ‖ ◇
contravenir a la ~ *dem Gesetz zuwiderhandeln,
gegen das Gesetz verstoßen* ‖ cumplir la ~ *das
Gesetz befolgen* ‖ eludir la ~ *das Gesetz umgehen*
‖ estar enamorado con todas las de la ~ ⟨fam⟩ *bis
über beide Ohren verliebt sein* ‖ estar sujeto a la
~ *dem Gesetz unterliegen* ‖ guardar ~ a alg. *jdm
treu bleiben* ‖ hacer ~ *als Norm gelten* ‖ hecha la
~, hecha la trampa ⟨fam⟩ *jedes Gesetz hat e–e
Hintertür* ‖ infringir la ~ → contravenir a la ~ ‖
observar la ~ *das Gesetz befolgen* ‖ poner la ~
⟨fig⟩ *großen Einfluss haben* ‖ tener fuerza de ~
Gesetzeskraft haben ‖ no le tiene ~ *er (sie, es)
hält nicht zu ihm (ihr)* ‖ *er ist ihm nicht (sehr)
zugetan* ‖ transgredir la ~ → contravenir a la ~ ‖
◆ a la ~ ⟨fam⟩ *gebührlich* ‖ *sorgfältig* ‖ a ~ de
caballero *auf Ehrenwort* ‖ a ~ *unter allen
Umständen* ‖ *nach allen Regeln der Kunst* ‖ de ~
gesetzlich ‖ ~es *fpl Gesetzsammlung* f ‖
Rechtsordnung f ‖ *Rechtsstudium* n ‖ ~es
excepcionales *Ausnahmegesetze* npl ‖ ~ de
Mendel *Mendelsche Gesetze* npl *(der Vererbung)* ‖
~ de protección de la raza *Rassenschutzgesetze*
npl *(im Nationalsozialismus)* ‖ ◆ según las ~
vigentes *laut geltendem Recht* ‖ ◇ estudiar ~
Jura od *die Rechte studieren*
leyenda *f Sage* f ‖ *Legende* f ‖
Heiligen|legende f, *-leben* n ‖ *(Vor)Lesen* n ‖
Lesestoff m ‖ *Lesart* f ‖ *Umschrift* f *e–r Münze* ‖
Bildtext m ‖ *Zeichenerklärung* f *(Plan, Karte,
bildliche Darstellung)* ‖ ⟨fig⟩ *Ruhm* m ‖ "~
áurea" (de Jacobo de Vorágine) ⟨Rel Hist⟩
„Legenda aurea" *(Sammlung von
Heiligenbeschreibungen des Jacobus de Voragine,
†1298)* ‖ ~ local *Ortssage* f ‖ ~ negra „*schwarze
Legende"* f *(spanienfeindliche Darstellung der
span. [Kolonial]Geschichte)* ‖ ~ de la puñalada
⟨Hist⟩ *Dolchstoßlegende* f
lezna *f Ahle* f ‖ *Pfriem* m
L.F. ⟨Abk⟩ = **Loco frontera**
△ **li** *f Freiheit* f
Li ⟨Abk⟩ = **litio**
lía *f Espartostrick* m ‖ ~s *fpl* → **heces**
Lía *np* ⟨pop⟩ → **Julia, Cecilia, Rosalía,
Eulalia** etc.

liane f ⟨Bot⟩ *Liane* f
liar [pres lío] vt *fest-, zusammen|binden* ‖ *ein|wickeln, -packen* ‖ ⟨figf⟩ *et. komplizieren* ‖ ◇ ~ *un cigarrillo e–e Zigarette drehen* ‖ ~**la** ⟨figf⟩ *Streit anfangen, in Streit geraten* ‖ ~**las** ⟨figf⟩ *s. heimlich davonmachen* ‖ ⟨figf⟩ *sterben,* ⟨pop⟩ *krepieren* ‖ ~**se** ⟨pop⟩ *s. mit Frauen einlassen*
liásico adj ⟨Geol⟩ *Lias-* ‖ ~ *m Lias* m (& f) *(Schwarzer Jura)*
libación f ⟨Rel⟩ *Trankopfer* n, *Libation* f ‖ *(Ein)Schlürfen, Nippen* n ‖ ◇ *hacer abundantes libaciones* ⟨fam⟩ *tüchtig zechen*
   libamen m *Opfergabe* f
   △ **libanar** vt/i *schreiben*
   libanés adj *libanesisch* ‖ ~ *m Libanese* m
   Líbano m ⟨Geogr⟩ *Libanon* m
   libar vt/i *nippen, kosten (Getränk)* ‖ *schlürfen* ‖ *saugen (Bienen usw.)*
   libe|lista m/f *Libellist(in* f) m ‖ *Verfasser(in* f) m *e–r Schmähschrift* ‖ *Pamphletschreiber(in* f), *Pamphletist(in* f), *Pasquillant(in* f) m ‖ **-lo** m *Pamphlet, Pasquill, Libell* n, *Schmähschrift* f ‖ ~ *in-, di|famatorio Schmähschrift* f
   libélula f ⟨Ins⟩ *Wasserjungfer, Libelle* f ‖ ~ *azul Blaupfeil* m (Orthetrum cancellatum) ‖ ~ *tetramaculada Vierflecklibelle* f (Libellula quadrimaculata)
   △ **libenar** vt/i *schreiben*
   libentísimamente adv *sehr bereitwillig*
   líber m ⟨Bot⟩ *Bast* m, *Innenrinde* f
   libe|ración f *Freilassung* f ‖ *Befreiung* f ‖ ⟨Com⟩ *Schuldbefreiung* f ‖ *Entlastung, Quittung* f ‖ *(Voll)Einzahlung* f *(Aktie)* ‖ *Freigabe* f *(Ware)* ‖ *Freisetzung* f ‖ ~ *condicional Entlassung* f *auf Bewährung* ‖ **-rado** adj *befreit* ‖ *freigelassen* ‖ ⟨Com⟩ *einbezahlt* ‖ *abgelöst* ‖ ⟨Phys⟩ *freigesetzt, frei geworden* ‖ **-rador** adj *befreiend* ‖ ~ *m Befreier* m ‖ **-ral** adj *(m/f) freigebig* ‖ *großzügig, gewandt, bereitwillig* ‖ *freiheitlich* ‖ ⟨allg Pol⟩ *liberal* ‖ *frei (Beruf)* ‖ ~ *m* ⟨Pol⟩ *Liberale(r)* m ‖ ~ *m Liberale(r)* m ‖ adv ~**mente** **-ralidad** f *Freigebigkeit* f ‖ *Groß|mut, -zügigkeit* f ‖ *Weitherzigkeit* f ‖ ⟨Com⟩ *Geschenk* n ‖ *Schenkung* f ‖ **-ralismo** m *Liberalismus* m ‖ **-ralización** f *Liberalisierung* f ‖ ~ *de los precios Preisfreigabe* f ‖ **-ralizar** [z/c] vt (Pol Com) *liberalisieren*
   libe|rar vt *befreien* ‖ *freistellen (de von)* ‖ ⟨Jur⟩ *entlassen* ‖ ⟨Com⟩ *entlasten* ‖ *ablösen* ‖ *einzahlen (Aktien, Gesellschaftskapital)* ‖ ~ *de (toda) responsabilidad aus der Haftung entlassen* ‖ **-ratorio** adj *befreiend* ‖ *freigebend* ‖ *entlassend*
   Liberia f ⟨Geogr⟩ *Liberia* n
   líbero m ⟨Sp⟩ *Libero* m
   libérrimo adj sup von **libre**
   liber|tad f *Freiheit, Unabhängigkeit* f ‖ *Befreiung* f ‖ *Freilassung* f ‖ *Willensfreiheit* f ‖ *Handlungsfreiheit* f ‖ *Freimütigkeit* f ‖ *Un|befangenheit, -gezwungenheit* f ‖ *Keckheit, Dreistigkeit* f ‖ *Befugnis* f *(de zu)* ‖ ~ *de acción, ~ de actuación Handlungsfreiheit* f ‖ ~ *de cátedra Freiheit* f *der Lehre* ‖ ~ *de comerciar Handelsfreiheit* f ‖ ~ *de competencia Wettbewerbsfreiheit* f ‖ ~ *de conciencia Gewissensfreiheit* f ‖ ~ *condicional bedingte Freilassung, bedingte Entlassung* f *(aus der Haft)* ‖ ~ *contractual Vertragsfreiheit* f ‖ ~ *de costumbres Sittenlosigkeit* f ‖ ~ *de cultos Glaubensfreiheit, freie Religionsausübung* f ‖ ~ *de domicilio Niederlassungsfreiheit* f ‖ ~ *de elección Wahlfreiheit* f, *freier Wille* m ‖ ~ *de elección de profesión Freiheit der Berufswahl, freie Berufswahl* f ‖ ~ *de enseñanza Lehrfreiheit* f ‖ ~ *de estipulación* →ˈ ~ *contractual* ‖ ~ *de imprenta Pressefreiheit* f ‖ ~ *de opinión Meinungsfreiheit* f ‖ ~ *de pactar* →ˈ ~ *contractual*

‖ ~ *de palabra Redefreiheit* f ‖ ~ *de pensamiento od de pensar Gedanken-, Denk|freiheit* f ‖ ~ *provisional vorläufige Entlassung aus der Haft* f ‖ ~ *de reunión Versammlungsfreiheit* f ‖ ◆ *con toda* ~ *ganz unabhängig, frei, in voller Freiheit* ‖ *unbehindert* ‖ *unbefangen* ‖ ◇ *poner en* ~ *freilassen, in Freiheit (od auf freien Fuß) setzen* ‖ ⟨Chem⟩ *befreien* ‖ *tener la* ~ *de ... die Freiheit haben zu ...* ‖ *eso es tomarse demasiada* ~ *das geht doch zu weit* ‖ *me tomo la* ~ *de ... ich nehme mir die Freiheit, ich erlaube mir zu ...* ‖ ~**es** fpl *Vorrechte, Freiheiten* pl ‖ *Vertraulichkeiten* fpl ‖ ~ *individuales Freiheitsstatus* m ‖ ◇ *tomarse (demasiadas)* ~ *s. (zuviel) Freiheiten erlauben, s. zuviel herausnehmen* ‖ **-tador** m *Befreier* m ‖ *el* ~ Am ⟨Hist⟩ *Simón Bolívar, der Befreier Südamerikas* ‖ **-tar** vt *befreien* ‖ *frei-, los|sprechen (de von)* ‖ *be|wahren, -schützen (de von)* ‖ ◇ ~ *de la pena von e–r Strafe retten* ‖ ~**se** *s. retten* ‖ *s. losmachen (von)* ‖ ◇ ~ *del peligro der Gefahr entrinnen* ‖ **-tario** adj *anarchistisch* ‖ **-ticida** adj/s *(m/f) freiheitsvernichtend* ‖ **-tinaje** m *Zügellosigkeit* f ‖ *Ausschweifung* f ‖ *Liederlichkeit* f ‖ *wüstes Leben* n ‖ ⟨Pol⟩ *Missbrauch* m *der Freiheit(en)* ‖ **-tino** adj *ausschweifend, zügellos* ‖ *freigeistig* ‖ ~ *m Wüstling, Libertin, ausschweifender Mensch* m ‖ ⟨Hist⟩ →ˈ **-to** ‖ **-to** m ⟨Hist⟩ *Freigelassene(r)* m *(Sklave in Altrom)*
   Libia f ⟨Geogr⟩ *Libyen* n
   líbico adj *libysch*
   libídine f *Lüsternheit* f ‖ *Wollust* f ‖ *Geilheit* f
   libidinoso adj *lüstern, geil, libidinös, wollüstig* ‖ *schlüpfrig, unzüchtig*
   libido f ⟨Med Psychol⟩ *Libido* f ‖ *Trieb* m
   libio adj *libysch* ‖ ~ *m Libyer* m
   libitum [...tun]: ad ~ ⟨lat⟩ *nach Belieben*
   libón m Ar *sprudelnde Quelle* f
   Liborio m np *Liborius* m
   ¹libra f *Pfund* n ‖ ⟨Hist⟩ *Bezeichnung unterschiedlicher Gewichte in verschiedenen spanischen Provinzen (z.B. Cast 460 Gramm,* Ar Bal Cat Val *12 Unzen,* Gal *20 Unzen,* Vasc *17 Unzen)* ‖ *einpfündiges Brot* n ‖ ◆ a ~, *por* ~s *pfundweise* ‖ ◇ *de tales casos entran pocos en* ~ ⟨pop⟩ *solche Fälle sind e–e Seltenheit*
   ²libra f [Währungseinheit] *Pfund* n *(£ und Zusatz je nach Land, z.B. ägypt. £)* ‖ ~ *esterlina* [Währungseinheit] *Pfund* n *Sterling £* ‖ ⟨Hist⟩ *Bezeichnung unterschiedlicher Münzen in verschiedenen spanischen Provinzen*
   Libra f ⟨Astr⟩ *Waage* f *(im Tierkreis)*
   libracarro m *Wagenlöser* m *(der Schreibmaschine)*
   libración f ⟨Phys⟩ *Schwingung* f ‖ *Ausschwingen* n ‖ ⟨Astr⟩ *Libration* f *(des Mondes)*
   libra|co, -cho m ⟨desp⟩ *altes, wertloses Buch* n, *Schmöker, alter Schinken* m
   ¹librado adj: *salir bien* ~ ⟨fam⟩ *mit e–m blauen Auge davonkommen, gut wegkommen* ‖ *así saldré mejor* ~ *ich komme so besser weg*
   ²libra|do m ⟨Com⟩ *Bezogene(r), Trassat* m *(e–s Wechsels)* m ‖ **-dor** m *Aussteller, Trassant* m *(e–s Wechsels)*
   ¹libramiento m *Ausstellung* f *(e–s Wechsels)* ‖ *(Geld)Anweisung* f
   ²libramiento m ⟨Tech⟩ *Entriegelung* f *(e–r Waffe)*
   librancista m/f *Trassat, Wechsel-, Anweisungs|empfänger(in* f) m
   libranza f *(Geld)Anweisung* f ‖ *Rate, Teilzahlung* f ‖ *Zahlungsanweisung* f ‖ Am *Postanweisung* f ‖ ~ *a la vista Sichtanweisung* f
   librapapel m *Papierlöser* m *(der Schreibmaschine)*

¹librar vt *befreien, erlösen, retten* ‖ *bewahren* ‖ *schützen* ‖ *freisprechen (e–n Angeklagten)* ‖ *liefern, schlagen (Schlacht)* ‖ ◇ ~ *una batalla* ⟨Mil⟩ *e–e Schlacht liefern* ‖ ¡líbreme Dios! ⟨pop⟩ *Gott bewahre!* ‖ ~ vi *gebären, entbinden (Frau)* ‖ *in den Sprechraum treten (Nonne)* ‖ ◆ a mal ~ *im schlimmsten Fall, schlimmstenfalls* ‖ ◇ ~ bien ⟨mal⟩ *gut (schlecht) abschließen (Geschäft)* ‖ estar para ~ *hochschwanger sein (Frau)* ‖ salir bien ⟨mal⟩ librado *gut (schlecht) wegkommen (bei e–r Angelegenheit)* ‖ ~se *s. hüten od bewahren od schützen (de vor)*
     librazo m augm von **¹libro** ‖ *Schlag* m *mit e–m Buch*
     libre adj *(m/f) frei, unabhängig* ‖ *freiwillig* ‖ *schuldlos, unschuldig* ‖ *freigelassen (Sklave)* ‖ *ledig, unverheiratet* ‖ *frei, ungehindert* ‖ *zwanglos* ‖ *frei (Sitten, Überzeugung, Stil)* ‖ *un|gezwungen, -befangen* ‖ *freimütig, rücksichtslos, frech, zügellos* ‖ *geil, unzüchtig* ‖ ⟨Tel⟩ *unbesetzt, nicht besetzt, frei (Anschluss)* ‖ ~ acceso *freier Zutritt* m ‖ ~ albedrío *freier Wille* m ‖ ~ cambio *Freihandel* m ‖ ~ de toda carga *lastenfrei* ‖ ~ de cuidados *sorgenfrei* ‖ ~ de derechos *zollfrei* ‖ ~ de distorsiones ⟨Radio⟩ *verzerrungsfrei* ‖ ~ de impuestos *steuerfrei* ‖ ~ de mantenimiento *wartungsfrei* ‖ ~ de prejuicios *vorurteilsfrei* ‖ ~ de preocupaciones *sorgenfrei* ‖ ~ de trabas *unbehindert* ‖ ◇ por fin estoy ~ de él *endlich bin ich ihn (es) los geworden!* ‖ queda Vd. ~ de elegir *die Wahl steht Ihnen frei* ‖ Vd. es ~ *es steht Ihnen frei* ‖ al que no tiene, el rey lo hace ~ ⟨Spr⟩ *wo nichts ist, hat der Kaiser sein Recht verloren*
     librea f *Bediententracht, Livree* f ‖ ⟨V⟩ *Gefieder* n ⟨Jgd⟩ *Fell* n, *Balg* m ‖ ~ nupcial ⟨V⟩ *Schmuckgefieder* n *der Paarungszeit*
     librecam|bio m *Freihandel* m ‖ **–bismo** m *Freihandels|lehre* bzw -*bewegung* f ‖ **–bista** adj *(m/f) Freihandels-* ‖ ~ m/f *Anhänger(in* f) m *des Freihandels(systems)*
     librejo m dim von **¹libro** (& desp)
     librelíneas: palanca ~ *Walzenlösehebel* m *(e–r Schreibmaschine)*
     libre|pensador adj *freidenkerisch* ‖ ~ m *Freidenker* m ‖ **–pensamiento** m *Lehre* f *der Freidenker* ‖ *Freidenkertum* n ‖ ⟨desp⟩ *Freigeisterei* f
     libre|ría f *Büchersammlung, Bücherei, Bibliothek* f ‖ *Buchhandel* m ‖ *Buchhandlung* f ‖ *Bücher* npl ‖ *Bücherschrank* m ‖ ~ antigua y moderna *Buchhandlung und Antiquariat* ‖ ~ circulante *Leihbücherei* f ‖ ~ de depósito *Sortimentsbuchhandlung* f ‖ ~ editorial *Verlagsbuchhandlung* f ‖ ~ general →⁺ ~ de depósito ‖ ~ de lance, ~ de ocasión *Antiquariat(sbuchhandel* m) n ‖ ~ técnica *Fachbuchhandlung* f ‖ *Fachbücherei* f ‖ ~ de viejo → ~ de lance ‖ ~ volante *fahrende Bücherei* f ‖ **–ro** m *Buchhändler* m ‖ *Mex Bücherregal* n ‖ ~ comisionista *Kommissionsbuchhändler* m ‖ ~ editor *Verlagsbuchhändler, Verleger* m ‖ ~ de lance, ~ de ocasión *Antiquar(iatsbuchhändler)* m ‖ ~ de surtido *Sortimentsbuchhändler* m ‖ ~ de viejo →⁺ ~ de lance
     libresco adj ⟨lit⟩ *Buch-, Bücher-* ‖ ⟨fig⟩ *romanhaft* ‖ ⟨fig⟩ *tot, lebensfremd (aus den Büchern, nicht aus dem Leben)*
     libre|ta f dim von **¹libro** ‖ *Notizbuch* n ‖ ⟨Com⟩ *Bestell-, Auftrags|buch* n ‖ *Kontobuch* n ‖ *Lohnbuch* n ‖ ⟨Mil⟩ *Soldbuch* n ‖ ~ de ahorro(s) *Sparbuch* n ‖ ~ de ahorro-vivienda ⟨Span⟩ *Bausparbuch* n ‖ ~ de depósito *Einlagenbuch* n ‖ ~ de navegación ⟨Mar⟩ *Seefahrtsbuch* n ‖ ~ del seguro *Versicherungsbuch* n ‖ **–te, –tín** m dim

von **¹libro** *–tista* m/f *Librettist(in* f) m, *(Opern)Textdichter(in* f) m ‖ *–to* m *Libretto, Textbuch* n *(e–r Oper)*
     ¹librillo m dim von **¹libro** ‖ *Büchlein* n *Zigarettenpapier* n ‖ ~ de oro (plata) *Päckchen* n *Blatt|gold (-silber)*
     ²librillo m ⟨Bot⟩ *Bast* m
     ³librillo m →⁺ **²libro**
     ¹libro m *Buch* n ‖ *Band* m, *Werk* n ‖ *Libretto, Textbuch* ‖ *Film-, Dreh|buch* n ‖ el ~ *das Buch, die Bibel* ‖ ~ de almacén *Lagerbuch* n ‖ ~ amarillo ⟨Dipl Pol⟩ *Gelbbuch* n ‖ ~ ameno *Unterhaltungswerk* n ‖ ~ de apuntes *Notizbuch* n ‖ ~ auxiliar *Hilfsbuch* n ‖ ~ de balances ⟨Com⟩ *Bilanzbuch* n ‖ ~ blanco ⟨Dipl Pol⟩ *Weißbuch* n ‖ ~ de bautismos *Taufregister* n ‖ ~ caballeresco od de caballerías *Ritterroman* m ‖ ~ de cabecera *Lieblingsbuch* n ‖ ~ de caja *Kassabuch* n ‖ ~ de cargamento *Ladebuch* n ‖ ~ científico *wissenschaftliches Werk* n ‖ ~ de clase *Schulbuch* n ‖ ~ de cocina *Kochbuch* n ‖ ~ de colorear *Malbuch* n ‖ ~ de consulta *Nachschlagewerk* n ‖ ~ copiador *Kopiebuch* n ‖ ~ de corales *Choralbuch* n ‖ ~ de cordel *Volksbuch* n ‖ ~ de cría *Zucht|buch, -register* n ‖ ~ de cuentos *Märchenbuch* n ‖ ~ de defunciones *Sterbebuch* n ‖ ~ diario ⟨Com⟩ *Journal, Tagebuch* n, *Kladde* f ‖ ~ de dibujo *Zeichenbuch* n ‖ ~ de divulgación *populärwissenschaftliches Buch, Sachbuch* n ‖ ~ electrónico *CD-Rom* n ‖ ~ de enseñanza *Lehrbuch* n ‖ ~ de entradas *Eingangsbuch, Geschäftsjournal* n ‖ ~ escolar *Schulbuch* n ‖ ~ de estampas *Bilderbuch* n ‖ ~ de familia *Familienbuch* n ‖ ~ en folio *Folioband* n ‖ ~ de fondo *Verlagswerk* n ‖ ~ con grabados *Bilderbuch* n ‖ ~ de horas *Stunden-, Gebet|buch* n ‖ ~ infantil *Kinderbuch* n ‖ ~ informativo *Leitfaden, Ratgeber* n *(Buch)* ‖ ~ de (los) inventarios *Inventar-, Lager|buch* n ‖ ~ de Job ⟨Bibl⟩ *das Buch Hiob* ‖ el ~ de los Jueces ⟨Bibl⟩ *das Buch der Richter* ‖ ~ con láminas *Bilderbuch* n, *Bildband* n ‖ ~ de lance *antiquarisches Buch* n ‖ ~ de lectura *Lesebuch* n ‖ ~ mágico *Zauberbuch* n ‖ ~ mayor ⟨Com⟩ *Hauptbuch* n ‖ ~ de nacimientos *Geburtenbuch* n ‖ ~ para niños *Kinderbuch* n ‖ ~ de oraciones *Gebetbuch* n ‖ ~ de oro *Goldenes Buch* n ‖ ~ de pedidos *Auftrags-, Bestell|buch* n ‖ ~ profesional *Fachbuch* n ‖ ~ en rama *zusammengetragenes Buch* n ‖ ~ de reclamaciones *Beschwerdebuch* n ‖ ~ de registro *Register(buch)* n ‖ ~ en rústica *broschiertes Buch* n ‖ ~ de santos ⟨fam⟩ *Heiligenlegendenbuch* n ‖ ⟨pop⟩ *Bilderbuch, illustriertes Buch* n ‖ ~ de surtido *Sortimentbuch* n ‖ ~ talonario *Scheck-, Kupon|buch* n ‖ ~ (encuadernado) en tela *in Leinwand gebundenes Buch* n, *Leinenband* n ‖ ~ de texto *Schul-, Lehr|buch* n ‖ ~ de voto *Andachts-, Erbauungs|buch* n ‖ ◆ a ~ abierto ⟨Mus⟩ *vom Blatt (spielen)* ‖ *aus dem Stegreif, vom Blatt (übersetzen)* ‖ devorar un ~ *ein Buch verschlingen* ‖ hablar como un ~ abierto ⟨fig⟩ *formvollendet od sachverständig reden* ‖ *wie ein Buch od sehr gut od hochtrabend reden* ‖ hacer ~ nuevo ⟨fig⟩ *s–n Lastern entsagen* ‖ *ein neues Leben anfangen* ‖ ~s mpl *Bücher* npl ‖ ~ a bordo ⟨Mar⟩ *Schiffs-, Bord|papiere* npl ‖ ~ comerciales *Handelsbücher* npl ‖ ~ de contabilidad *Geschäftsbücher* npl ‖ ~ rayados *Notiz-, Handels|bücher* npl ‖ ◇ ahorcar los ~, colgar los ~ ⟨figf⟩ *das Studium an den Nagel hängen* ‖ llevar ~ ⟨Com⟩ *Bücher führen* ‖ meterse en ~ de caballería *s. ungebeten in fremde Angelegenheiten einmischen*

²**libro** m ⟨Zool⟩ *Psalter, Blättermagen* m *(der Wiederkäuer)*
librote *m* augm von ¹**libro** ‖ *dickes Buch* n, ⟨fam⟩ *Wälzer* m
Libusa *f* np *Libussa*
Lic., lic., lic.ᵈᵒ ⟨Abk⟩ = **licenciado**
licaénidos *mpl* ⟨Ins⟩ *Bläulinge* mpl (Lycaenidae)
li|cantropia *f* ⟨Myth Med Psychol⟩ *Lykanthropie* f ‖ **–cántropo** *m* ⟨Myth⟩ *Werwolf* m
liceísta *m/f* Col Chi *Gymnasiast(in* f) m
licencia *f Bewilligung, Erlaubnis* f ‖ *Genehmigung* f ‖ *Lizenz* f ‖ *Urlaub* m, *Entlassung* f ‖ *Entlassungsschein* m (& Mil) ‖ *Dienstbefreiung* f ‖ *Zuchtlosigkeit, Ausschweifung* f ‖ *Zügellosigkeit* f ‖ → **licenciatura** ‖ ⟨Typ⟩ *Druckerlaubnis* f ‖ Am ⟨Auto⟩ *Führerschein* m ‖ ~ *absoluta* ⟨Mil⟩ *endgültige Befreiung* f *(vom Wehrdienst)* ‖ ~ *de (uso de) armas Waffenschein* m ‖ ⟨Jgd⟩ *Jagdschein* m ‖ ~ *de caza Jagdschein* m ‖ ~ *de circulación* ⟨Auto⟩ *Betriebserlaubnis* f ‖ ~ *de comercio ambulante Reisegewerbeschein* m ‖ ~ *de construcción Baugenehmigung* f ‖ ~ *de estudios Studien-, Bildungs|urlaub* m ‖ ~ *de maternidad Mutterschaftsurlaub* m ‖ ~ *obligatoria Zwangslizenz* f ‖ ~ *de obras* → ~ *de construcción* ‖ ~ *de pesca Angelschein* m ‖ ~ *de piloto* ⟨Flugw⟩ *Flugzeugführer-, Luftfahrer|schein* m ‖ ~ *poética dichterische Freiheit* f ‖ ◇ *estar con* ~ *auf Urlaub sein* ‖ *Urlaub haben* ‖ *dar a alg. la* ~ *(absoluta)* ⟨figf⟩ *jdn feuern, jdn hinauswerfen*
licen|ciado adj *freigelassen* ‖ *beurlaubt* ‖ ~ *m Akademiker* m *(mit absolviertem Staatsexamen)* ‖ ⟨Rel⟩ *Lizenziat* m ‖ ⟨fam⟩ *Stubengelehrte(r)* m ‖ *Titel* m *der Rechtsanwälte* ‖ ⟨Mil⟩ *Urlauber* m ‖ ⟨Mil⟩ *Entlassene(r)* m ‖ *Verabschiedete(r)* m ‖ ~ (de presidio) *(aus dem Gefängnis) Entlassene(r)* m ‖ ~ *Vidriera* ⟨fig⟩ *übertrieben heikler und furchtsamer Mensch* m *(Ansp. auf die gleichnamige Novelle von Cervantes)* ‖ **–ciar** vt *erlauben* ‖ *beurlauben (Soldaten, Beamte)* ‖ *verabschieden, entlassen (aus dem Dienst)* ‖ *e–e Lizenz bzw Genehmigung erteilen* (dat) ‖ *den Grad e–s licenciado verleihen* ‖ ~**se** *den Grad e–s licenciado erreichen* ‖ **–ciatura** *f Grad* m *e–s licenciado* ‖ *Staatsexamen* n ‖ *Studium* n *zur Erreichung des Staatsexamens* ‖ **–cioso** adj *ausschweifend, liederlich* ‖ *anstößig, unanständig* ‖ *unbändig, zügellos*
liceo m ⟨Philos Hist⟩ *Lyzeum* n ‖ *literarischer Klub* m, *Lyzeum* n ‖ Am *Mittelschule* f
△ **licha** *f Gasse* f
lichi *f Litschi* f *(Obst)*
licita|ción *f Versteigerung, Auktion* f ‖ *Ausschreibung* f ‖ ~ *pública öffentliche Versteigerung* f ‖ **–dor, –nte** *m Bieter* m *(bei e–r Auktion)* ‖ *Versteigerer* m
lícito adj *zulässig, statthaft*
licnobio *m Nacht|mensch,* ⟨joc⟩ *-eule* f
licodes *m* ⟨Fi⟩ *Wolfsfisch* m (Lycodes vahii)
licoperdón *m Bofist* m *(Bauchpilz)*
licopodio *m* ⟨Bot⟩ *Bärlapp* m (Lycopodium spp) ‖ *Lykopodium* n
licor *m Flüssigkeit* f, *Saft* m ‖ *geistiges Getränk* n ‖ *Likör, Schnaps* m ‖ ~ *(anodino) de Hoffmann Hoffmannstropfen* mpl ‖ ~ *digestivo,* ~ *estomacal Magenlikör* m ‖ ~ *seminal Samenflüssigkeit* f ‖ ~ *tónico* → ~ *estomacal* ‖ ~ *vital Lebenselixier* n
lico|rera *f Likörständer* m ‖ *Likörtablett* n ‖ *Likörkaraffe* f ‖ **–rista** *m/f Likörfabrikant(in* f) m ‖ *Likörverkäufer(in* f) m
licosa *f* ⟨Zool⟩ *Tarantel* f (Lycosa spp)
licua|ble adj *(m/f) schmelzbar* ‖ *verflüssigbar* ‖

–ción *f Verflüssigung* f ‖ ⟨Met⟩ *Seigerung* f, *Entmischen* n ‖ *Zerfließen* n ‖ *Schmelzen* n ‖ **–r** [pres ~úo] vt ⟨Chem⟩ *verflüssigen* ‖ ~**se** *schmelzen, flüssig werden*
licue|facción *f Verflüssigung* f ‖ **–facer** vt *verflüssigen* ‖ **–factible** adj *(m/f)* → **licuable** ‖ **–factor** *m*/adj ⟨Tech⟩ *Verflüssiger* m
licuescencia *f* ⟨Tech⟩ *Schmelzbarkeit* f
licuor *m* → **licor**
△ **licurdio** *m Steiß* m
Licurgo *m* np *Lykurg* m
lid *f* ⟨lit⟩ *Kampf* m, *Gefecht* n ‖ *Wett-, Ringkampf* m ‖ ◆ *en buena* ~ *im ehrlichen Kampf*
líder adj *(m/f) führend, Spitzen-* ‖ ~ *m* ⟨Pol Soz⟩ *Führer, Leader* m ‖ ⟨Sp⟩ *Tabellenführer* m, *führende Mannschaft* f, *führender Teilnehmer* m ‖ ~ *en el mercado Marktführer* m
lide|rar vt/i *anführen* ‖ *an der Spitze stehen* ‖ **–rato, –razgo** *m (bes. Am) Führertum* n ‖ *Führungsrolle* f
lidia *f Kampf* m (& fig) ‖ *Stier|kampf* m, *-gefecht* n
Lidia *f* np *Lydia* f
lidiadera *f* Ec Guat *Streit, Krach* m
lidiadero adj ⟨Taur⟩ *kampfreich* (& fig)
li|diador *m Kämpfer* m ‖ *Stier|kämpfer, -fechter* m ‖ **–diar** vt/i *kämpfen, streiten* (& fig) ‖ ⟨Taur⟩ *als Stierkämpfer auftreten* ‖ ◇ ~ *con los niños* ⟨figf⟩ *s. mit den Kindern herumschlagen* ‖ ~ *toros* ⟨Taur⟩ *am Stierkampf teilnehmen*
lidio adj/s ⟨Hist Mus⟩ *lydisch*
lidita *f* ⟨Min⟩ *Lydit* m
liebratón, liebratico *m* dim von ¹**liebre**
¹**liebre** *f* ⟨Zool⟩ *(Feld)Hase* m (Lepus europaeus) ‖ ~ *alpina* → ~ *de las nieves* ‖ ~ *ártica Polarhase, Arktischer Schneehase* m (L. arcticus) ‖ ~ *marina,* ~ *de mar Seehase* m (Aplysia punctata) *(Weichtier)* ‖ ⟨fig⟩ *Feigling, (Angst)Hase* m ‖ ~ *de las nieves Schneehase* m (L. timidus) ‖ ~ *de la pampa Mara* f (Dolichotis patagonica) ‖ *(asado de)* ~ *Hasenbraten* m ‖ ◇ *coger una* ~ ⟨figf⟩ *aufs Gesicht fallen* ‖ *levantar la* ~ ⟨Jgd⟩ *den Hasen aufscheuchen* ‖ ⟨figf⟩ *Staub aufwirbeln* (fig) ‖ *donde menos se piensa, salta la* ~ ⟨Spr⟩ *unverhofft kommt oft*
²**liebre** *f* Chi *Kleinbus* m
liebre|cilla, –zuela *f* dim von ¹**liebre** ‖ *Kornblume* f
Liechtenstein *m* ⟨Geogr⟩ *Liechtenstein* n
lied *m* [pl **lieder**] ⟨deut⟩ *m* ⟨Mus⟩ *Lied* n, *Arie* f
Lieja *f* [Stadt] *Lüttich* f
liendre *f Nisse* f ‖ ◇ *cascarle a uno las* ~s ⟨fam⟩ *jdm den Kopf waschen, jdn ordentlich zusammenstauchen*
¹**lienzo** *m Leinwand* f ‖ *Leinen, Linnen* n ‖ *Schnupf-, Taschen|tuch* n ‖ *Malerleinwand* f ‖ *(Öl)Gemälde* n ‖ ~ *alquitranado Teerleinwand* f ‖ ~ *crudo rohe Leinwand* f ‖ ~ *curado gebleichte Leinwand* f
²**lienzo** *m* ⟨Arch⟩ *Fassaden|front, -breite* f
lifara *f* Ar → **alifara**
lifting *m* ⟨Kosm⟩ *Lifting* n ‖ ~ *de la cara Gesichts-, Face|lifting* n
¹**liga** *f Bund* m, *Bündnis* n ‖ *Verband* m ‖ ⟨Sp⟩ *Liga* f ‖ **b)** *Band* n ‖ *Strumpfband* n ‖ *Sockenhalter* m ‖ **c)** ⟨Met⟩ *Legierung* f ‖ *Gemisch* n ‖ **d)** ⟨pop⟩ *Freundschaft* f ‖ Arg ⟨fig⟩ *Glückssträhne* f *(beim Spiel)* ‖ ~ *anseática* → ~ *hanseática* ‖ ~ *Arabe Arabische Liga* f ‖ ~ *de los derechos del hombre Liga* f *für Menschenrechte* ‖ ~ *de Esmalcalda* ⟨Hist⟩ *Schmalkaldischer Bund* m ‖ *la* ~ *hanseática* ⟨Hist⟩ *der Hansabund, die Hanse* ‖ ~ *patronal Arbeitgeberverband* m
²**liga** *f* ⟨Jgd⟩ *Vogelleim* m ‖ ⟨Bot⟩ → **muérdago**

liga|do adj *gebunden* ‖ ◇ estar ~ ⟨fig⟩
gebunden sein ‖ ~ *m* ⟨Mus⟩ *Legato* n ‖ ⟨Mus⟩
Ligatur f ‖ ⟨Mus⟩ *Bindung* f ‖ *(Ver)Bindung* f
(Schrift) ‖ **–dura** *f Bindung* f *(& beim Fechten)* ‖
Verbindung f ‖ *Verbinden* n ‖ *(bes. Med)*
Verschnürung f ‖ ⟨Med Mus⟩ *Ligatur* f ‖ ⟨Med⟩
Ab-, Unter|bindung f ‖ ⟨fig⟩ *Fessel* f ‖ ⟨fig⟩
Hindernis n, *Behinderung* f ‖ **–men** *m Eheband* n
‖ **–mento** *m* ⟨An⟩ *(Muskel)Band* n ‖ ⟨Text⟩
Bindung f ‖ ~ de sarga *Köperbindung* f ‖ ~ satén
Atlasbindung f ‖ ~ de tela *Leinwandbindung* f
ligar [g/gu] vt *(fest)binden* ‖ *ver|binden,*
-einigen ‖ *harmonieren, passen zu* ‖ ⟨Mus⟩ *binden*
‖ ⟨Mus⟩ *verschleifen* ‖ ⟨Met⟩ *legieren* ‖ *beschicken*
‖ ⟨pop⟩ *anmachen, aufreißen (Mädchen)* ‖ ⟨fig⟩
zusammenführen (z. B. *Interessen*), *verpflichten,*
binden ‖ ⟨fig⟩ *ver|binden, -knüpfen* ‖ ~ vi ⟨figf⟩
anbändeln (con *mit*) ‖ ⟨Kart⟩ *kombinieren* ‖
intentar ~ ⟨figf⟩ *Annäherungsversuche machen,*
anmachen, anzubändeln versuchen ‖ ~**se** *ein*
Bündnis schließen ‖ *s. verbinden* ‖ *s. binden* (&
fig Chem) ‖ ◇ ~ con *od* por una promesa *s.*
durch ein Versprechen binden od *verpflichten*
  ligaterna *f* ⟨Zool⟩ Burg Cue Pal → **lagartija**
  ligazón *f Verbindung, Zusammenfügung* f ‖
⟨Gr⟩ *Bindung* f ‖ ⟨Mar⟩ *Auflanger* m
  lige|ramente adv *leicht-, oben|hin,*
oberflächlich ‖ ⟨fig⟩ *flüchtig* ‖ **–reza** *f Leichtigkeit*
f (& fig) ‖ *Leichtfüßigkeit* f ‖ *Schnelligkeit,*
Hurtigkeit, Geschwindigkeit f ‖ *Flüchtigkeit* f ‖
⟨fig⟩ *Unbesonnenheit* f, *Leichtsinn* ‖ ⟨fig⟩
Leichtfertigkeit f ‖ ⟨fig⟩ *Anmut* f ‖ ⟨fig⟩
Flüssigkeit f *(Stil)* (→ **fluidez**) ‖ **–ro** adj *leicht*
(an Gewicht) ‖ *geschwind, behend(e), flink, hurtig*
‖ ⟨fig⟩ *leicht (Schlaf, Kleidung, Mahlzeit, Speise,*
Getränk, Wunde) ‖ ⟨fig⟩ *leichtsinnig,*
unbekümmert ‖ *flüchtig, oberflächlich* ‖ *sanft*
(Wind) ‖ *leise (Geräusch)* ‖ *locker (Erde, Sitten)* ‖
~ de pies *schnell-, leicht|füßig* ‖ ~a de ropas
⟨fam⟩ *leicht geschürzt* ‖ ◆ a la ~a *schnell, hurtig*
‖ *leicht|fertig, -sinnig* ‖ ◇ creer de ~
leichtgläubig, arglos sein ‖ *blauäugig sein* ‖ obrar
muy de ~ *sehr leichtfertig handeln* ‖ tomar a la
~a ⟨fig⟩ *auf die leichte Schulter nehmen* ‖ de ~as
costumbres von lockeren Sitten ‖ ~ adv *rasch,*
schnell ‖ dim: **–ruelo** ‖ sup: **–rísimo**
light adj *light*
lig|nario adj *Holz-* ‖ **–nificación** *f Verholzung* f
‖ **–nificar** [c/qu] vt, **–nificarse** [c/qu] vr *verholzen*
‖ **–nina** *f Lignin* n ‖ **–nito** *m Braunkohle* f ‖ *Lignit*
m ‖ **–nívoro** adj ⟨Zool⟩ *holzfressend*
lígnum *n crucis* (lat) ⟨Rel⟩ *Kreuzesholz* n ‖
Kreuz(es)partikel f *(Reliquie)*
li|gón adj: es muy ~ *er ist stets darauf aus,*
Mädchen anzumachen od *aufzureißen* ‖ ~ *m*
Anmacher, Aufreißer m ‖ **–goteo** *m* → **ligue** ‖
–gue *m (das) Anmachen, (das) Aufreißen* ‖
aufgerissenes Mädchen
  liguero *m Strumpfhalter(gürtel)* m
  lígula *f* ⟨Bot⟩ *Ligula* f, *Blatthäutchen* n ‖ ⟨Ins⟩
Ligula f ‖ ⟨Zool⟩ *Riemenwurm* m (Ligula
intestinalis)
  ligur(ino) adj *ligurisch* ‖ ~ *m Ligurer* m ‖ el
~ *die ligurische Sprache, das Ligurische*
  ligustro *m* ⟨Bot⟩ *Rainweide* f (→ **aligustre**)
  lija *f* ⟨Fi⟩ *Katzenhai* m (Scylliorhinus spp) ‖
Haifischhaut f *(zum Schmirgeln)*
  lijadora *f Holzschleifmaschine* f ‖ ~ delta
Deltaschleifer m
  △ **lijani** *m Wette* f
  ¹lijar vt *schmirgeln, schleifen (mit*
Schmirgelpapier)
  ²lijar vt Sant → **lisiar, lastimar**
  lila adj *lila(farben)* ‖ ~ *f* ⟨Bot⟩ *Flieder* m
(Syringa spp) ‖ *Lilafarbe* f

lila adj Chi *dumm, einfältig* ‖ ~ *m dummer,*
einfältiger Mensch, Einfaltspinsel, Tölpel m ‖
hacerse el ~ *s. dumm stellen*
  ¹Lila *f* [Stadt] *Lille* n
  ²Lila *f* np → **Camila**
  lilai|la *f,* **–lo** *m* ⟨fam⟩ *Kniff* m, *List* f
  lile adj Chi *schwächlich* ‖ *kleinmütig, verzagt,*
bange, zaghaft
  Lilí *f* np ⟨pop⟩ → **Cecilia** ‖ **Luisa**
  liliáceo adj ⟨Bot⟩ *lilienartig*
  △ **lilipendo** *m Dummkopf* m
  liliputiense adj *(m/f) Liliputaner-* ‖ ~ *m*
Liliputaner, Däumling m (& fig)
  △ **lillar** vt *nehmen*
  △ **liló** adj *närrisch*
  ¹lima *f* ⟨Bot⟩ *Limette, Süße Zitrone* f (Citrus
limetta)
  ²lima *f Feile* f ‖ ⟨fig⟩ *Ausfeilung, Vollendung* f ‖
~ basta → ~ gruesa ‖ ~ bastarda *Bastardfeile* f ‖
~ fina *Schlichtfeile* f ‖ ~ gruesa *Schruppfeile* f ‖
~ plana *Flachfeile* f ‖ ~ redonda *Rundfeile* f ‖ ~
triangular *Dreikantfeile* f ‖ ~ para uñas *Nagelfeile*
f ‖ ◇ comer como una ~ ⟨figf⟩ *tüchtig essen* od
futtern, wie ein Holzhacker essen ‖ quitar *od*
rebajar con la ~ *wegfeilen*
  ³lima *f* ⟨Arch⟩ *Dachdecke* f ‖ ~ hoya
Dachkehle f ‖ ~ tesa *Dachgrat* m
  ⁴lima *f* ⟨Zool⟩ *Feilenmuschel* f (Lima inflata)
  △ **lima** *f Hemd* n
  Lima *f* [Stadt] *Lima* n
  limácidos mpl ⟨Zool⟩ *Egelschnecken* fpl
(Limacidae)
  limaco *m* ⟨Zool⟩ Al Ar → **limaza**
  lima|dura *f (Aus)Feilen* n ‖ *Feilarbeit* f ‖
Feilicht n ‖ **~s** fpl, **–lla** *f Feilspäne* mpl
  limán *m Liman* m *(flacher Mündungsbusen)*
  limanda *f* ⟨Fi⟩ *Kliesche* f (Limanda limanda) ‖
~ falsa *Rotzunge* f (Microstomus kitt) ‖ ~
noruega *Zwergbutt* m (Phrynorhombus
norvegicus)
  limántridos mpl ⟨Ins⟩ *Träg-, Schad|spinner*
mpl (Lymantriidae)
  limar vt *(aus)feilen* (& fig) ‖ ⟨fig⟩ *aufreiben* ‖
⟨fig⟩ *vollenden* ‖ ⟨fig⟩ *wurmen (Gewissen)*
  △ **limarí** *m Likör* m
  limaza *f* ⟨Zool⟩ *Nackt-, Weg|schnecke* f (Arion
spp)
  limbo *m Limbus* m, *Vorhölle* f ‖ *Rand, Saum* m
(e–s Kleides) ‖ ⟨Astr⟩ *Hof* m *(e–s Gestirns)* ‖ ⟨Bot
Zool Theol Tech⟩ *Limbus* m ‖ ~ vertical ⟨Top⟩
Scheitelkreis m ‖ ◇ estar en el ~ ⟨figf⟩ *zerstreut*
sein, mit den Gedanken abschweifen
  limen *m* ⟨Physiol Psychol Med⟩ *Schwelle* f ‖
Schwellenwert m
  limeno adj *aus Lima* (Pe) ‖ *auf Lima bezüglich*
‖ ~ *m Bewohner* m *von Lima*
  ¹limero *m* ⟨Bot⟩ *Limette, Süße Zitrone* f (Citrus
limetta)
  ²limero *m Feilenhauer* m
  limes *m* ⟨Hist⟩ *Limes* m
  limeta *f dickbäuchige, enghalsige Flasche* f
  limi|nar, –nal adj *(m/f) ein|führend, -leitend* ‖
Schwellen-
  limi|tación *f Begrenzung* f ‖ *Ein-,*
Be|schränkung f ‖ *Gebiet* n ‖ ⟨fig⟩ *Begrenztheit* f ‖
~ de armamentos *Rüstungsbeschränkung* f ‖ ~ de
los daños *Schadensbegrenzung* f ‖ ~ de
nacimientos, ~ de la natalidad
Geburtenbeschränkung f ‖ ~ de (la) velocidad
⟨StV⟩ *Geschwindigkeitsbegrenzung* f ‖ sin ~
unbeschränkt ‖ ◇ ~ manifiesta maestría ⟨Spr⟩ *in*
der Beschränkung zeigt s. der Meister ‖ **–tado** adj
beschränkt (& fig) ‖ *begrenzt* ‖ *knapp, kärglich* ‖
~ de alcances, ~ de talento *geistig beschränkt,*
wenig begabt ‖ **–tador** *m* ⟨El Tech⟩ *Begrenzer* m ‖

\

–tar vt *(be)grenzen* ‖ ⟨fig⟩ *einschränken* ‖ ⟨fig⟩ *fest\setzen, -legen* ‖ ⟨fig⟩ *beschränken, verkürzen* ‖ ◇ ~ la duración de las intervenciones *die Redezeit beschränken* ‖ ~ los precios *die Preise bestimmen* od *limitieren* ‖ ~ vi: ~ con *grenzen an* (acc) ‖ ~se *s. beschränken* (a *auf* acc) ‖ **–tativo** adj *abgrenzend* ‖ *einschränkend*
límite *m Grenze* f ‖ ⟨Com⟩ *Limit* n, *Plafond* m ‖ ⟨fig⟩ *Schranken* fpl ‖ ~ de audición *Hörschwelle* f ‖ ~ de edad *Altersgrenze* f ‖ ~ de tolerancia ⟨Tech⟩ *Toleranz, Spielraumgrenze* f ‖ ~ de valor *Wertgrenze* f ‖ ~ de velocidad *Tempolimit* n ‖ ♦ sin ~ *unbeschränkt* ‖ *grenzenlos, weit* ‖ ◇ extender od subir el ~ ⟨Com⟩ *die Preisgrenze erhöhen* ‖ ~s mpl su gratitud sin ~ *s–e unbegrenzte Dankbarkeit* f ‖ ◇ no conocer ~ *k–e Grenzen kennen* ‖ pasar los ~ ⟨figf⟩ *zu weit gehen* ‖ no salirse de los ~ *die Grenze einhalten*
△ **limitrén** *m Montag* m
limítrofe adj *(m/f) angrenzend* ‖ *Grenz-*
lim\nobiótico, –nófilo adj ⟨Ökol⟩ *limno\biotisch, -phil* ‖ **–nología** *f Seenkunde, Limnologie* f ‖ **–nólogo** *m Limnologe* m ‖ **–noplancton** *m* ⟨Zool⟩ *Limno-, Süßwasser\plankton* n
¹**limo** *m Lehm, Schlamm, Morast, Kot* m
²**limo** *m* ⟨Bot⟩ *Chi Col* → ¹**limo**
¹**limón** adj *zitronengelb* ‖ *Zitronen-* ‖ ~ *m Zitrone* f ‖ *Zitronenlimonade* f ‖ ⟨Bot⟩ → **limonero**
²**limón** *m Gabeldeichsel* f ‖ ♦ a la ~ ⟨fam⟩ *zu zweit*
³**limón** *m* ⟨Zool⟩: ~ de mar *Meerzitrone* f (Tethya aurantium)
limo\nada *f Zitronenwasser* n, *Limonade* f ‖ ~ efervescente, ~ gaseosa *Brauselimonade* f ‖ ~ seca *Brausepulver* n ‖ **–nar** *m* ⟨Agr⟩ *Zitronenpflanzung* f
¹**limonera** f ⟨Ins⟩ *Zitronenfalter* m (Gonepteryx rhamni)
²**limonera** f *Gabeldeichsel* f
limonero *m* ⟨Bot⟩ *Limone, (Sauer)Zitrone* f (Citrus limon[um]) ‖ *Zitronenverkäufer* m
limones mpl ⟨vulg⟩ *Titten* fpl
limonita *f* ⟨Min⟩ *Limonit, Brauneisenstein* m
limosidad *f Schlammigkeit* f ‖ *Zahnstein* m (→ **sarro**)
limos\na *f Almosen* n ‖ ⟨fig⟩ *Geldbeitrag* m ‖ ◇ pedir ~ *betteln* ‖ **–near** vi *betteln* ‖ **–nera** *f Klingelbeutel* m ‖ *Almosentasche* f ‖ **–nero** adj *almosenspendend* ‖ ~ *m Armenpfleger, Almosenier* m ‖ *Almosengeber* m ‖ SAm *Bettler* m
limoso adj *schlammig, morastig* ‖ *lehmig*
¹**limpia** *f Reinigung, Säuberung* f ‖ ⟨Agr⟩ *Worfeln* n ‖ *Reinigen* n *(des Getreides)* ‖ *Lichtung* f
²**limpia** *m* ⟨pop⟩ Kurzform für **limpiabotas**
△ ³**limpia** *f Schluck* m *(Wein)*
limpia\barros *m Kratzeisen* n ‖ *(Schuh)Sohlenabstreifer, Türvorleger* m *(zum Schuhabstreichen)* ‖ **–botas** *m Schuhputzer* m ‖ **–chimeneas** *m Schornsteinfeger,* ⟨reg⟩ *Kaminkehrer* m ‖ **–coches** *m Wagenputzer* m ‖ **–cristales** *m Fensterputzer* m ‖ **–cuchillos** *m Messerputzer* m *(Küchengerät)* ‖ **–dedos** *m Fingerschale* f *(Tischgerät)* ‖ **–dientes** *m Zahnstocher* m ‖ **–dor** adj *reinigend* ‖ ~ *m Reiniger* m ‖ ~ de alta presión *Hochdruckreiniger* m ‖ ~ facial *Gesichtswasser* n ‖ **–dora** *f Reinigungs, Putz\maschine* f ‖ **–faros** *m Scheinwerferscheibenwischer* m ‖ **–hogar** *m Haushaltsreiniger* m ‖ **–manos** *m Handtuch* n ‖ **–mente** adv *rein(lich), sauber* ‖ ⟨fig⟩ *redlich* ‖ ⟨fig⟩ *leicht, einfach* ‖ ⟨fig⟩ *glattweg* ‖ **–metales** *m*

Metallputzmittel n ‖ **–nieves** *f Schneeräumer* m ‖ **–oídos** *m Ohrlöffel* m ‖ **–parabrisas** *m Scheibenwischer* m ‖ **–piés** *m Fuß\abstreifer, -abtreter, Türvorleger* m
limpiar vt/i *reinigen, säubern* ‖ *ausfegen* ‖ *auswaschen* ‖ *(aus)putzen* ‖ ⟨fig⟩ *läutern, reinigen, reinwaschen* (de *von*) ‖ ⟨fam⟩ *rupfen* ‖ ⟨fam⟩ *stehlen, wegputzen, stibitzen* ‖ *Geld beim Spiel gewinnen* ‖ ◇ ~ (las botas) *die Stiefel putzen* ‖ ~ de culpas *von Sünden reinigen* ‖ ~ la chimenea *den Kamin fegen* ‖ ~ los mocos a un niño ⟨pop⟩ *e–m Kind die Nase putzen* od *säubern* ‖ ~ de polvo *abstauben* ‖ ~ volatería *Geflügel rupfen* ‖ ~se *s. säubern* ‖ ◇ ¡límpiate! ⟨fam pop⟩ *es geschieht dir recht!* ‖ *denkste! morgen! nicht im Traum!* ‖ ~ a alg. ⟨figf⟩ *jdn töten,* ⟨pop⟩ *jdn abmurksen* ‖ ~ con el pañuelo *s. die Nase putzen, s. schneuzen* ‖ ~ el polvo de la paja ⟨fig⟩ *die Spreu vom Weizen trennen*
Limpias span. *Wallfahrtsort* (P Sant)
limpia\tinta *m Tintenwischer* m ‖ **–uñas** *m Nagelreiniger* m ‖ **–uvas** *m Traubenspüler* m *(Tischgerät)* ‖ **–vajillas** *m Geschirrspülmittel* n ‖ **–vasos** *m Gläserbürste* f ‖ **–ventanas** *m Fensterputzer* m ‖ **–vías** *m Schienenräumer* m *(der Straßenbahn)*
limpidez [*pl* **~ces**] *f Klarheit, Durchsichtigkeit* f ‖ *Reinheit* f ‖ *Lauterkeit* f ‖ *Makellosigkeit* f ‖ ⟨Radio⟩ *Klangreinheit* f
límpido adj ⟨poet⟩ *hell, klar, durchsichtig* ‖ *rein* ‖ *lauter* ‖ *makellos* ‖ *klar* (Wein) ‖ ⟨Fot⟩ *rein (Lichtbild)* ‖ *glänzend, strahlend* (Himmel, Wetter)
lim\pieza *f Reinheit, Sauberkeit* f ‖ *Reinlichkeit* f ‖ *Reinigen, Putzen* n ‖ *Säuberung* f ‖ ⟨fig⟩ *Ehrlichkeit* f ‖ ⟨fig⟩ *Gewandtheit* f ‖ ~ de casta *Reinrassigkeit* f ‖ ~ de corazón *Herzensreinheit* f ‖ ~ étnica *ethnische Säuberung* f ‖ ~ a fondo *Groß\reinemachen* m, *-putz* m ‖ ~ de manos ⟨fig⟩ *Unbestechlichkeit* f ‖ *Redlichkeit* f ‖ ~ pública *Straßenreinigung* f ‖ ~ de sangre ⟨Hist Rel⟩ *Reinblütigkeit, Reinheit* f *des Blutes (rein christliche, bes. nichtjüdische Abstammung)* ‖ ◇ hacer la ~ *aufräumen, säubern (Wohnung)* ‖ **–pio** adj *rein, sauber* ‖ *reinlich* ‖ *lauter* ‖ *redlich, ehrlich* ‖ *rechtlich* ‖ *zierlich, nett* ‖ *fehlerfrei* ‖ *rein, ungemischt* ‖ *ungezwungen, zwanglos* ‖ *unbefleckt, rein* ‖ *baumlos (Gelände)* ‖ ~ de manos ⟨fig⟩ *unbestechlich, ehrlich* ‖ ♦ de ~ *mit sauberer Kleidung* ‖ en ~ *rein, netto (Ertrag)* ‖ ◇ acabar a bocado ~ *aneinander geraten (zwei Hunde)* ‖ acabar a trastazo ~ in *e–e Schlägerei ausarten (Streit)* ‖ estar ~ ⟨pop⟩ *kein Wort (davon) wissen* ‖ pasar a od poner en ~ *ins Reine schreiben* ‖ ⟨fig⟩ *ins Reine bringen* ‖ *klar beweisen* ‖ quedar ~ ⟨fig⟩ *das ganze Geld verspielen* ‖ queda en ~ que … ⟨fam⟩ *es ist klar, dass …* ‖ quedarse ~ *sauber werden* bzw *bleiben* ‖ ⟨fig⟩ *kein Wort (davon) verstehen* ‖ ⟨figf⟩ *k–n Pfennig mehr haben, blank sein* ‖ sacar en ~ **a)** *ins Reine schreiben* ‖ **b)** *ins Bild kommen* ‖ *folgern* (de *aus*) ‖ tener manos ~as ⟨fig⟩ *saubere Hände haben* ‖ ~ al av: jugar ~ *ehrlich spielen* ⟨Sp⟩ *fair spielen* ‖ adv: **~amente** ‖ **–pión** *m flüchtige Reinigung* f ‖ *Am Geschirrtuch* n ‖ ◇ dar un ~ a algo et. *flüchtig reinigen, säubern* usw. ‖ ¡date un ~! ⟨pop⟩ *wart ein Weilchen! es hat doch k–n Sinn!*
limpísimo adj sup von **limpio**
limusina *f* ⟨Auto⟩ *Limousine* f
lin. ⟨Abk⟩ = **línea**
Lina *f* np ⟨fam⟩ = **Catalina, Carolina, Isolina (Isabel)**
liná\ceas fpl ⟨Bot⟩ *Leingewächse* npl (Linaceae) ‖ **–ceo** adj *Lein-, Flachs-*
lina\je *m Geschlecht* n, *Familie, Sippe* f ‖

Abstammung f ‖ ⟨fig⟩ *Gattung, Art* f ‖ ~ *rancio altes Adelsgeschlecht* n, *Uradel* m ‖ ◆ *de tal* ~ *derartig* ‖ **–judo** adj/s *altad(e)lig* ‖ *ahnenstolz* ‖ *vornehm*

li|nar m ⟨Agr⟩ *Flachsfeld* n ‖ **–naria** f ⟨Bot⟩
Leinkraut n (Linaria spp) ‖ **–narita** f ⟨Min⟩
Linarit m ‖ **–naza** f *Leinsamen* m

lince m ⟨Zool⟩ *Luchs* m (Lynx spp) ‖ ⟨fig⟩
Luchs m ‖ ◇ *ser un* ~ ⟨fig⟩ *äußerst klug sein* ‖
tener ojos de ~ ⟨fig⟩ *Luchsaugen haben*

lin|chamiento m *Lynchjustiz* f ‖ **–char** vt
lynchen

lin|dante adj *(m/f)* *angrenzend* ‖ **–dar** vi
(an)grenzen (con *an* acc) ‖ **–de** m (& f) *Grenze* f ‖
Grenz|weg, -pfad m ‖ *Grenzrain* m ‖ *Markscheide*
f ‖ **–dero** adj *Grenz-* ‖ ~ m *Grenze* f ‖ *Grenzweg*
m ‖ *Hond Markstein* m

lin|deza f *Zierlichkeit, Anmut, Niedlichkeit* f ‖
Nettigkeit f ‖ *Witzigkeit* f ‖ ~s fpl ⟨iron⟩
Grobheiten, ⟨iron⟩ *Artigkeiten* fpl ‖ ◇ *decirse* ~
⟨fam⟩ *s. (gegenseitig) die Meinung sagen* ‖ **–do**
adj/s (bes. Am) *schön, hübsch, niedlich, nett,*
zierlich ‖ ◆ *de lo* ~ *ge|hörig, -waltig, tüchtig* ‖
glänzend, vortrefflich ‖ *¡qué* ~! *wie schön!* ‖ *das*
ist gelungen! ‖ ~ *don Diego, don* ~ ⟨fam⟩
Stutzer, Geck m ‖ ◆ *de lo* ~ *ge|waltig, -hörig,*
tüchtig ‖ *glänzend, vortrefflich* ‖ *¡qué* ~! *wie*
schön! ‖ *berrear de lo* ~ ⟨pop⟩ *heulen wie am*
Spieß (Kind) ‖ *sudar de lo* ~ ⟨pop⟩ *gehörig*
schwitzen ‖ **–dura** f → **lindeza**

línea f ⟨allg⟩ *Linie* f ‖ *Strich* m ‖ *Reihe* f ‖
Zeile f ‖ *Verwandtschaftslinie* f ‖ *Art, Gattung* f ‖
Äquator m, *Linie* f ‖ ⟨Sp⟩ *Grenzlinie* f ‖ ⟨StV Mar
Flugw⟩ *Linie* f ‖ *Strecke* f ‖ ⟨El⟩ *Leitung* f ‖ ⟨EB⟩
Bahn(linie) f ‖ ⟨fig⟩ *Ziel, Ende* n ‖ ⟨fig⟩
Richtschnur f ‖ ⟨fig⟩ *Richtlinie* f ‖ ⟨fig⟩ *schlanke*
Linie f ‖ ~ *de aduana Zolllinie* f ‖ ~ *aérea*
⟨Flugw⟩ *Fluglinie* f ‖ ⟨El⟩ *Luft-, Frei|leitung* f ‖ ~
ascendente aufsteigende Linie f *(Verwandtschaft)*
‖ ~ *de ataque* ⟨Sp⟩ *Stürmerreihe* f ‖ ⟨Mil⟩
Angriffslinie f ‖ ~ *de avanzadas* ⟨Mil⟩
Vorposten|linie, -kette f ‖ ~ *de banda* ⟨Sp⟩
Außenlinie f ‖ ~ *de batalla* → ~ *de combate* ‖ ~
blanca ⟨Com⟩ *weiße Ware* f, *Weißgeräte* npl
(elektr. Haushaltsgeräte) ‖ ~ *de cabotaje*
Küstenschifffahrtslinie f ‖ ~ *caliente Hotline* f ‖
~ *de centro del campo* ⟨Sp⟩ *Mittellinie* f ‖ ~ *de*
circunvalación ⟨EB⟩ *Ring|bahn,*
Umgehungsstrecke f *(Verkehr)* ‖ ~ *colateral*
Seitenlinie f *(Verwandtschaft)* ‖ ~ *de combate*
⟨Mil⟩ *Kampflinie* f ‖ ~ *de comunicación* ⟨El⟩
Fernsprechleitung f ‖ *Verbindungsleitung* f ‖ ~ *de*
conducta Lebens-, Verhaltens|regel f ‖ ~ *de*
contención ⟨Sp⟩ [Fußball] *Abwehrkette* f ‖ ~ *de*
corte Schnittlinie f ‖ ~ *de crédito Kreditlinie* f ‖
~ *curva* ⟨Math⟩ *Kurve* f ‖ ~ *de demarcación*
Demarkationslinie f ‖ ~ *descendente absteigende*
Linie f *(Verwandtschaft)* ‖ ~ *directa Luftlinie* f
(Strecke) ‖ ⟨EB StV Flugw⟩ *direkte Verbindung* f
‖ ~ *directriz Leitlinie* f ‖ ~ *discontinua*
gestrichelte Linie f ‖ ~ *divisoria Grenz-, Teil|linie*
f ‖ ~ *divisoria de aguas Wasserscheide* f ‖ *doble*
~ ⟨Typ⟩ *Doppelstrich* m ‖ ~ *de empalme* ⟨EB⟩
Anschlussbahn f ‖ ~ *equinoccial* ⟨Astr⟩ *Äquator*
m ‖ ~ *erótica Sextelefon* n ‖ ~ *espiral Spirallinie,*
Spirale f ‖ ~ *femenina weibliche Linie* f *(Mode,*
Abstammung) ‖ ~ *férrea,* ~ *de ferrocarril*
Bahn(linie), Eisenbahn f ‖ ~ *de flotación* ⟨Mar⟩
Wasserlinie f ‖ ~ *de fondo* ⟨Sp⟩ *Grundlinie* f ‖ ~
fraccionaria ⟨Math⟩ *Bruchstrich* m ‖ ~ *de fuerza*
⟨Phys⟩ *Kraftlinie* f ‖ ~ *fundamental* ⟨Math⟩
Grundlinie f ‖ ~ *generatriz* ⟨Math⟩ *Mantellinie* f ‖
~ *de gol* ⟨Sp⟩ *Torlinie* f ‖ ~ *interurbana* ⟨El⟩
Fernleitung f ‖ ⟨EB⟩ *Vorortstrecke* f ‖ ~ *isobárica*
⟨Meteor⟩ *Isobare* f ‖ ~ *isotérmica* ⟨Meteor⟩

Isotherme f ‖ ~ *lateral Seitenlinie* f ‖ ~ *marrón*
braune Ware f *(Unterhaltungselektronik)* ‖ ~
masculina männliche Linie f *(Mode, Abstammung)*
‖ ~ *meridiana* ⟨Astr⟩ *Meridianlinie* f ‖ ~ *de meta*
⟨Sp⟩ *Torlinie* f ‖ ~ *de medios* ⟨Sp⟩ *Mittellinie* f ‖
~ *de mira* ⟨Opt Mil⟩ *Visier-, Ziel|linie* f ‖ ⟨Mil⟩
Schusslinie f ‖ ~ *de puntos punktierte Linie* f ‖ ~
rasante ⟨Mil⟩ *Streichlinie* f ‖ ~ *recta* ⟨Math⟩
Gerade f ‖ ~ *de menor resistencia* ⟨fig⟩ *Weg* m
des geringsten Widerstandes ‖ ~ *secante* ⟨Math⟩
Schnittlinie f ‖ ~ *secundaria* ⟨EB⟩ *Nebenbahn* f ‖
~ *Sigfrido* ⟨Hist⟩ *Westwall* m ‖ ~ *suburbana*
Vorort|bahn f bzw *-bus* m ‖ ~ *telegráfica*
Telegrafenleitung f ‖ ~ *de tiro Schusslinie* f ‖ ~
transversal Querlinie f ‖ *Seiten-, Neben|linie* f ‖ ~
de trincheras ⟨Mil⟩ *Schützengrabenlinie* f ‖ ~
troncal Am ⟨EB⟩ *Hauptlinie* f ‖ ~ *de unión*
Verbindungslinie f ‖ ~ *vecinal* ⟨EB⟩ *Klein-,*
Neben|bahn f ‖ ~ *vertical Senkrechte, Lotrechte,*
Vertikale f ‖ ~ *en zigzag Zickzacklinie* f ‖ ◆ *de*
primera ~ *vortrefflich, ausgezeichnet,* ⟨fam⟩ *toll,*
prima ‖ *en* ~ ⟨Inform⟩ *online angeschlossen* ‖ *en*
~ *recta in gerader Linie* ‖ *en la* ~, *sin apartarse*
de la ~ ⟨Pol⟩ *linientreu* ‖ *en toda la* ~ *ganz (und*
gar), ⟨fam⟩ *auf der ganzen Ebene* od *Linie* ‖ ◇
cruzar con una ~ *et. durchstreichen* ‖ *guardar la*
~ *die schlanke Linie bewahren* ‖ *tirar una* ~ *e–e*
Linie ziehen ‖ ~s fpl: *con* ~ *dobles doppelt*
lin(i)iert (Papier) ‖ ◇ *leer entre* ~ ⟨fig⟩ *zwischen*
den Zeilen lesen ‖ *poner un par de* ~ ⟨fam⟩ *ein*
paar Zeilen schreiben

line|al, –ar adj *(m/f)* *geradlinig, linear, Linien-*
‖ ⟨Bot⟩ *linealisch, lang und schmal (Blatt)* ‖ **–ar**
vt/i *lini(i)eren* ‖ *skizzieren*
  △ **linericar** [c/qu] vt *beschützen*

lin|fa f ⟨An⟩ *Lymphe* f ‖ ⟨Bot⟩ *Holzsaft* m ‖
⟨poet⟩ *Wasser* n, *Quell* m ‖ **–fangioma** m ⟨Med⟩
Lymphangiom n ‖ **–fangitis** f ⟨Med⟩ *Lymphangitis*
f ‖ **–fático** adj: *glándula* ~a ⟨An⟩ *Lymph|knoten*
m, *-drüse* f ⟨vasos⟩ ~s ⟨An⟩ *Lymphgefäße* npl ‖
–focito m ⟨An⟩ *Lymphozyt* m ‖
–fogranulomatosis f ⟨Med⟩
Lymphogranulomatose f

lingotazo m augm von **lingote** ‖ *pegarse un* ~
⟨figf⟩ *s. e–n hinter die Binde gießen* od *kippen*
lingo|te m *Barren, Block* m ‖ ⟨Typ⟩
(Format)Steg m ‖ ~ *de oro Goldbarren* m ‖ **–tera**
f ⟨Met⟩ *Kokille* f ‖ **–tero** m ⟨Typ⟩ *Stegregal* n

lingual adj *(m/f)* *Zungen-* ‖ ~ m (& f) ⟨Gr⟩
Lingual-, Zungen|laut m
linguete m *Sperrklinke* f, *Pall* m
lin|güista m/f *Linguist(in* f),
Sprachwissenschaftler(in f) m ‖ **–güística** f
Linguistik, Sprachwissenschaft f ‖ ~
computacional Computerlinguistik f ‖ **–güístico**
adj *linguistisch, sprachwissenschaftlich* ‖ *Sprach-*
  △ **liniarí** m *Branntwein* m
linier m ⟨Sp⟩ *Linienrichter* m
linim(i)ento m ⟨Med⟩ *Einreibemittel, Liniment*
n ‖ *flüchtiges Öl* n *(zum Einreiben)*
lino m ⟨Bot⟩ *Lein, Flachs* m (Linum
usitatissimum) ‖ ⟨Text⟩ *Rohflachs* m ‖ *Leinen,*
Linnen n, *Leinwand* f ‖ ~ *bayal Herbstflachs* m ‖
~ *crepitante Spring-, Klang|lein* m ‖ ~ *enriado*
Röste-, Rotte|flachs m ‖ ◇ *espadillar el* ~ *den*
Flachs schwingen
linóleo m *Linoleum* n
linón m ⟨Text⟩ *Linon* m
linoti|pia f ⟨Typ⟩ *Linotype* f ‖ **–pista** m/f
Linotypist(in f), *Maschinensetzer(in* f) m
lintel m → **dintel**
linteres mpl ⟨Text⟩ *Linters* pl
linter|na f *Laterne* f (& Arch) ‖ ⟨Zim⟩ *Bug* m ‖
⟨Mar⟩ *Leuchtturm* m ‖ ~ *de bolsillo*
Taschenlampe f ‖ ~ *de laboratorio*

Dunkelkammerlampe f ‖ ~ *mágica Zauberlaterne,*
⟨lat⟩ *Laterna* f *magica* ‖ ~ *de papel Lampion* m
(& n) ‖ ~ *sorda Blendlaterne* f ‖ **–nazo** *m* ⟨pop⟩
(derber) Hieb, Schlag m ‖ **–nilla** *f (elektrische)*
Taschenlampe f ‖ **–nón** *m* augm von **–na** ‖ ⟨Mar⟩
großes Hecklicht n
   linyera m Arg Chi *Land-, Stadt|streicher,*
Vagabund m
   liña *f* ⟨reg⟩ *Angelschnur* f
   liño *m Baum-, Strauch|reihe* f
   liñuelo *m Seilstrang* m
   lío *m Bündel* n, *Pack* m ‖ ⟨figf⟩ *Durcheinander*
n ‖ *(Liebes)Verhältnis* n ‖ ~ *de faldas* ⟨figf⟩
Weibergeschichte f ‖ ◇ *armar un* ~ ⟨figf⟩
Verwirrung anrichten, Unruhe stiften ‖ *hacerse un*
~ ⟨figf⟩ *in Verwirrung geraten* ‖ *s. nicht mehr*
zurechtfinden ‖ *tener* ~s ⟨figf⟩ *schmutzigen*
Geschäften nachgehen ‖ *e–n schlechten Ruf haben*
‖ *tener* ~s *con mujeres* ⟨figf⟩ *in*
Weibergeschichten verwickelt sein
   liofili|zación *f Gefriertrocknen* n ‖ **–zar** [z/c] vt
gefriertrocknen
   lionés adj/s *aus Lyon* ‖ *auf Lyon bezüglich*
   liorna *f Wirrwarr* m, *Durcheinander* n ‖
Unordnung f ‖ *Radau* m
   lioso adj ⟨fam⟩ *verworren* ‖ *wirr* ‖ *unklar* ‖
streitsüchtig, stänkerisch, zänkerisch ‖ ◇ *ése es*
un ~ ⟨fam⟩ *der ist ein Stänkerfritze*
   li|pasa *f* ⟨Physiol⟩ *Lipase* f ‖ **–pemia** *f* →
lipidemia
   lipendi adj ⟨pop⟩ *dumm, einfältig* ‖ △ ~ *m*
armer Teufel m
   lipidemia *f* ⟨Med⟩ *Lipämie* f
   lipidia *f* MAm *Armut* f ‖ Mex Cu
Unverschämtheit f
   lípido *m* ⟨Physiol⟩ *Lipid* n
   lipizzano *m* [Pferd] *Lipizzaner* m
   lipoi|de *m* ⟨Physiol⟩ *Lipoid* n ‖ **–deo** adj
fett|artig, -haltig, lipoid ‖ **–dosis** *f* ⟨Med⟩
Lipoidose, Lipoidstoffwechsel m
   lipoma *f* ⟨Med⟩ *Lipom(a)* n, *Fettgeschwulst* f
   lipo|proteína *f* ⟨Physiol⟩ *Lipoprotein* n ‖
–sarcoma *m* ⟨Med⟩ *Liposarkom* n ‖ **–soluble** adj
fettlöslich ‖ **–succión** *f* ⟨Med⟩ *Fettabsaugung* f
   líq. ⟨Abk⟩ = **líquido**
   lique *m* ⟨pop⟩ *Fußtritt* m ‖ ◇ *dar el* ~
entlassen, ⟨fam⟩ *feuern* ‖ *darse el* ~ *abhauen*
   ¹liquen *m* ⟨Bot⟩ *(Moos)Flechte* f ‖ ~ *de*
Islandia Islandflechte f (Cetraria islandica) ‖ ~ *de*
los renos Rentierflechte f (Cladonia rangiferina)
   ²liquen *m* ⟨Med⟩ *Lichen* n
   liquenología *f* ⟨Bot⟩ *Flechtenkunde,*
Lichenologie f
   líquida *f* ⟨Gr⟩ *Fließlaut, Liquid* m, *Liquida* f
   ¹liquidación *f Verflüssigung* f ‖ *Flüssigmachen*
n
   ²liqui|dación *f* ⟨Com⟩ *Abrechnung,*
Liquidation, Abwick(e)lung f ‖ *Ausverkauf* m ‖
Liquidation f ‖ *Begleichung* f *(e–r Rechnung)* ‖
Mex *Abfindung* f *(bei Kündigung)* ‖ ~ *de fin de*
año Jahresabrechnung f ‖ ~ *de fin de temporada*
Saison|ausverkauf, -schlussverkauf m ‖ ~ *forzosa*
Zwangs|liquidation, -auflösung f ‖ ~ *judicial*
gerichtliche Liquidation f ‖ ~ *de una sucesión*
Erbauseinandersetzung f ‖ ~ *total*
Totalausverkauf m ‖ *Gesamtabrechnung* f ‖ ~
voluntaria freiwilliger Ausverkauf m ‖ ◆ *en* ~ *de*
su factura zum Ausgleich ihrer Rechnung ‖ ◇
hacer od proceder a la ~ *die Liquidation*
vornehmen ‖ **–dador** *m*/adj ⟨Com⟩ *Liquidator* m
   liquidámbar *m* ⟨Bot⟩ *Amberbaum* m
(Liquidambar spp)
   ¹liquidar vt *verflüssigen, flüssig machen*
   ²liqui|dar vt *ver|-, ab|rechnen, liquidieren* ‖
auflösen ‖ *ausverkaufen* ‖ ⟨fig⟩ *beenden, erledigen*

‖ Mex *entlassen (aus e–m Arbeitsverhältnis)* ‖
⟨euph⟩ *töten, liquidieren* ‖ ◇ ~ *una deuda con*
pagos parciales e–e Schuld abzahlen ‖ ~ vi *in*
Liquidation sein ‖ ~**se** *flüssig werden* ‖ **–dez** *f*
Flüssigkeit f (& Com) ‖ ⟨Com⟩ *Liquidität* f
   ¹líquido adj *flüssig* ‖ *klar, rein*
   ²líquido adj ⟨Com⟩ *verfügbar, liquid, flüssig*
(Geld) ‖ *Netto-, Rein- (Betrag)*
   ³líquido adj ⟨Gr⟩ *flüssig (Konsonant)*
   ⁴líquido *m Flüssigkeit* f ‖ ~ *amniótico*
⟨Physiol⟩ *Fruchtwasser* n ‖ ~ *cefalorraquídeo*
⟨Physiol⟩ *Gehirn-Rückenmark-Flüssigkeit* f ‖ ~
espermático ⟨Physiol⟩ *Sperma* n, *Samenflüssigkeit*
f ‖ ~ *refrigerante Kühlflüssigkeit* f
   ⁵líquido *m* ⟨Com⟩ *Netto-, Rein|betrag* m ‖ ~
imponible zu versteuernder Betrag m, *reiner*
Überschuss m ‖ *Barertrag* m ‖ ¡~! ⟨fam⟩
Quatsch!
   liquidus *m Liquiduskurve* f *(im*
Schmelzdiagramm)
   ¹lira *f Lyra, Leier* f
   ²lira *f* [Währungseinheit] *Lira* f (TL)
   ³lira *f* ⟨V⟩ *Leierschwanz* m (Menura spp)
   ⁴lira *f* Guat *Schindmähre* f, *Klepper* m
   ⁵lira *f* (de dilatación) ⟨Tech⟩ *Lyra-Bogen,*
Lyra-Dehnungsausgleicher m
   △ **lirenar** vt *lesen*
   △ **lirí** *f Gesetz* n
   líri|ca *f* ⟨Poet⟩ *Lyrik* f ‖ ~ *de amor Liebeslyrik*
f ‖ ~ *cortesana Hoflyrik* f ‖ **–co** adj *lyrisch* ‖
Opern- ‖ *(lyrisches) Gedicht* n ‖ Am ⟨reg⟩
utopisch ‖ ~ *m Lyriker* m ‖ ~**-épico** adj *lyrisch-*
episch
   lirio *m* ⟨Bot⟩ *Lilie* f (Lilium spp) ‖ ~ *de agua*
⟨Bot⟩ *Kalla* f (spp) ‖ ~ *de San Antonio,* ~ *blanco*
Weiße Lilie f (Lilium candidum) ‖ ~ *hediondo*
⟨Bot⟩ *Stinkschwertel* m, *Sumpflilie* f (Iris
foetidissima) ‖ ~ *de los valles Maiglöckchen* n
(Convallaria majalis)
   △ **liripió** *m Blei* n
   lirismo *m Lyrik* f ‖ *dichterische Sprache* f ‖
(übertrieben) lyrischer Stil m ‖ ⟨fig⟩
Gefühlsduselei f ‖ ⟨fig⟩ *Schwärmerei* f ‖ ⟨fig⟩
Begeisterung f, *innerer Schwung* m, *Inbrunst,*
Verzückung f
   li|rón *m* ⟨Zool⟩ *Siebenschläfer* m (Glis glis) ‖
⟨fig⟩ *Sieben-, Lang|schläfer* m ‖ ◇ *dormir como*
un ~ ⟨fam⟩ *wie ein Murmeltier schlafen* ‖ **lirones**
mpl ⟨Zool⟩ *Bilche, Schläfer* mpl (Myoxidae =
Muscardinidae)
   lirondo adj ⟨fam⟩ *rein* ‖ *mondo y* ~ ⟨figf⟩
unvermischt, lauter ‖ *ungeschminkt* ‖ *sauber und*
rasiert (Gesicht)
   △ **liruque** *m Name* m
   lis *f* ⟨poet⟩ *Lilie* f
   ¹lisa adj ⟨fam⟩ *flachbusig*
   ²lisa *f* ⟨Fi⟩ *Steinbeißer* m, *Dorngrundel* f (&
m) (Cobitis taenia) ‖ *Meeräsche* f
   Lisa *f* np ⟨pop⟩ → **Luisa, Isabel**
   lisamente adv *glatt* ‖ *lisa y llanamente einfach,*
glatt, ohne Umschweife
   Lisandro *m* np *Lysander* m
   Lis|boa *f* [Stadt] *Lissabon* n ‖ ⁼**boeta,**
⁼**bonense** adj *(m/f) aus Lissabon* ‖ *auf Lissabon*
bezüglich ‖ ~ *m Lissaboner* m
   Liseta *f* → **Lisa**
   lisiado adj *gebrechlich* ‖ *krüppelhaft* ‖ ~ *m*
Krüppel, gebrechlicher Mensch m ‖ ~ *de la*
guerra Kriegs|beschädigte(r), -verletzte(r),
-versehrte(r) m
   lisiar vt *ver|letzen, -wunden* ‖ *verstümmeln,*
zum Krüppel machen ‖ *beschädigen*
   Lisímaco *m* np *Lysimachos* m
   lisis *f* ⟨Wiss Biol Med⟩ *Lysis* f ‖ *Lösung* f ‖
Auflösung f ‖ ⟨Psychol⟩ *Persönlichkeitszerfall* m

liso adj *glatt, eben, gleich* ‖ *klar, deutlich* ‖ *einfach, schlicht (Kleidung)* ‖ *einfarbig, uni (Kleidung)* ‖ ⟨fig⟩ *bieder, arglos* ‖ Am *unverschämt, dreist* ‖ es ~ y llano ⟨fam⟩ *es liegt auf der Hand* ‖ *es ist ganz einfach* ‖ 100 metros ~s ⟨Sp⟩ *100-m-Lauf (auf Flachstrecke)*
lisoformo m ⟨Chem⟩ *Lysoform* n
lison|ja f *Schmeichelei* f, *Schmeichelwort* n ‖ *verliebte Worte* npl, ⟨fam⟩ *Süßholz* n ‖ **–jeador** m/adj *Schmeichler* m ‖ **–jear** vt/i *schmeicheln, hofieren, flattieren* ‖ *ergötzen* ‖ ◇ ~ el gusto de alg. *jds Geschmack schmeicheln* ‖ ~**se** s. *schmeicheln, eitel werden* ‖ ⟨fig⟩ s. *Hoffnungen machen* ‖ *sentirse –jeado* s. *geschmeichelt fühlen* ‖ **–jero** adj *schmeichlerisch, schmeichelhaft* ‖ ⟨fig⟩ *ergötzlich* ‖ ~ m *Schmeichler* m
lisor m → **lisura**
¹lista f *langer, schmaler Streif* m *(Papier, Leder)* ‖ *Striefe* f, *Streif* m *(im Gewebe)*
²lista f *Liste* f, *Verzeichnis* n ‖ *Waschzettel* m ‖ ~ de abonados al teléfono → **listín** *telefónico* ‖ ~ de bajas ⟨Mil⟩ *Verlustliste* f ‖ ~ de boda *Hochzeits(geschenk)liste* f ‖ ~ civil *Zivilliste* f *(für den Monarchen)* ‖ ~ de correos *postlagernd* ‖ ~ de cotizaciones *Kurszettel* m ‖ ~ de créditos *Insolvenztabelle* f ‖ ~ electoral *Wählerliste* f ‖ ~ de espera *Warteliste* f ‖ ~ del lavado *Wäschezettel* m ‖ ~ de la lotería *Gewinnliste* f ‖ ~ de miembros *Mitgliederverzeichnis* n ‖ ~ negra *schwarze Liste* f ‖ ~ nominativa *Namensverzeichnis* n, *Namenliste* f ‖ ~ de platos *Speisekarte* f ‖ ~ de precios *Preisliste* f, *Katalog* m ‖ ~ de presencia, ~ de los presentes *Anwesenheitsliste* f ‖ ~ de socios *Mitgliederverzeichnis* n ‖ ~ de sorteo *Ziehungsliste* f ‖ *Gewinnliste* f ‖ ~ de suscritos *Abonnentenliste* f ‖ ~ supletoria *Ergänzungsliste* f ‖ *Nachtrag* m ‖ ~ única ⟨Pol⟩ *Einheitsliste* f ‖ ~ de vinos *Weinkarte* f ‖ ◆ en ~ *postlagernd (Sendung)* ‖ por orden de ~ *nach der Liste* ‖ ◇ pasar ~ *die Präsenzliste herumgehen lassen* ‖ *die Anwesenheit aus-, auf|rufen*
¹listado adj ⟨Text⟩ *gestreift (Gewebe)*
²listado m ⟨Inform⟩ *Ausdruck* m ‖ *Auflistung* f, *Listing* n
³listado m ⟨Fi⟩ *Echter Bonito* m (Katsuwonus pelamis)
listar vt → **alistar**
listel m *Leiste* f ‖ ⟨Arch⟩ *Sims, Vorsprung* m
listeria f ⟨Bact⟩ *Listeria* f
listín m *Liste* f ‖ *(vorläufiges) Verzeichnis* n ‖ *Adressbuch* n ‖ *Kurszettel* m ‖ ~ telefónico, ~ de teléfonos *Telefon-, Fernsprech|buch* n
listo adj **a)** *mit ser: ge|wandt, -schickt, behände* ‖ *aufgeweckt, klug* ‖ *anstellig* ‖ *gerieben, verschmitzt, gerissen* ‖ **b)** *mit estar: fertig, bereit* ‖ ⟨Flugw Mar⟩ *klar* ‖ ⟨figf⟩ *fertig, erledigt* ‖ ¡~! *schnell! rasch!* ‖ ~ para despegar ⟨Flugw⟩ *startklar* ‖ ¡~a el ancla! (Mar) *klar Anker!* ‖ ~ para la expedición *versandbereit* ‖ ◇ estoy ~ *ich bin bereit* ‖ *ich bin fertig (mit der Arbeit)* ‖ ⟨fam⟩ *mit mir ist es aus, ich bin erledigt* ‖ ⟨pop⟩ *dejar* ~ a alg. *jdn abmurksen, töten* ‖ *pasarse de* ~ ⟨fam⟩ *sehr schlau, gescheit sein wollen*
listón m *großer Streif* m ‖ ⟨Zim⟩ *Leiste* f ‖ ⟨Zim⟩ *Latte* f ‖ ~ del 5% ⟨Pol⟩ *5-%-Klausel* f
lisura f *Glätte* f (z. B. *der Haut*) ‖ ⟨fig⟩ *Offenherzigkeit, Arglosigkeit* f ‖ ⟨fig⟩ *Naivität* f
litargirio m ⟨Min⟩ *Bleiglätte* f
litera f *Sänfte, Tragbahre* f ‖ *Stockbett* n ‖ ⟨Mar⟩ *Schlafkoje* f
lite|ral adj *(m/f) wörtlich* ‖ *buchstäblich* ‖ **–ralidad** f *Buchstäblichkeit* f ‖ adv: ~**mente**
litera|rio adj *literarisch* ‖ *schriftstellerisch* ‖ *schöngeistig* ‖ *gehoben* ‖ **–to** m/adj *Literat,*

Schriftsteller m ‖ **–toide** m ⟨desp⟩ *Skribent, elender Schriftsteller* m ‖ **–tura** f *Literatur, Dichtung* f ‖ *Bücherwesen* n ‖ *Schrifttum* n ‖ *Sekundärliteratur* f ‖ ⟨fig desp⟩ *Wortgeklingel* n, *leere Worte* npl, ⟨fam⟩ *hohles Geschwätz* n ‖ ~ amena *Belletristik* f ‖ ~ baja, ~ barata *Schundliteratur* f ‖ ~ comprometida *engagierte Literatur* f ‖ ~ documental *Dokumentarliteratur* f ‖ ~ de evasión *Unterhaltungs-, Trivial|literatur* f ‖ ~ popular *Volksliteratur* f ‖ ~ trivial *Trivialliteratur* f ‖ ◇ hacer ~ ⟨figf⟩ *in den Wind hineinreden* ‖ ¡eso es ~! *das ist bloß leeres Gerede! das ist nur wortreiches Pathos!*
litiasis f ⟨Med⟩ *Lithiasis* f, *Steinleiden* n ‖ ~ biliar *Gallensteine* mpl
lítico adj ⟨Wiss⟩ *Stein-*
liti|gante adj *(m/f) streitend* ‖ *prozessführend* ‖ ~ m *Prozesspartei* f, *Streitteil* m ‖ **–gar** [g/gu] vt *be-, ab|streiten* ‖ ~ vi *Prozess führen, gerichtlich vorgehen* (con, contra *gegen*) ‖ ⟨fig⟩ *hadern, s. zanken, streiten* ‖ ~ sobre una herencia *wegen e–r Erbschaft prozessieren* ‖ **–gio** m ⟨Jur⟩ *Streit* m ‖ *Prozess* m ‖ ⟨fig⟩ *Wortwechsel, Streit* m ‖ ◆ en caso de ~ *im Streitfall* ‖ ◇ entablar un ~ *e–n Streit anfangen* ‖ estar en ~ *im Streit sein* ‖ **–gioso** adj *im Streit, strittig, Streit-* ‖ *streitsüchtig*
li|tina f ⟨Chem⟩ *Lithium(hydr)oxid* n ‖ **–tio** m (Li) ⟨Chem⟩ *Lithium* n
litis f ⟨lat⟩ ⟨Jur⟩ *(Rechts)Streit* m ‖ *Prozess* m ‖ **–consorcio** *Streitgenossenschaft* f ‖ **–consorte** m *Streitgenosse* m ‖ **–contestación, –contestatio** (lat) f *Streit|einlassung, -festlegung* f ‖ *Klagebeantwortung* f ‖ **–expensas** fpl *Prozesskosten* pl ‖ **–pendencia** f *Rechtshängigkeit* f ‖ *Streitbefangenheit* f
litó|domo adj ⟨Ökol⟩ *lithodom* ‖ **–fago** adj ⟨Zool V⟩ *lithophag, steinfressend* ‖ **–filo** adj ⟨Ökol⟩ *lithophil*
lito|grafía f *Steindruck* m, *Lithografie* f ‖ **–grafiar** [pres ~ío] vt *lithografieren* ‖ **–gráfico** adj *lithografisch*
litógrafo m *Steindrucker, Lithograf* m
litolapaxia f ⟨Med⟩ *Litholapaxie* f
litólisis f ⟨Med⟩ *Litholyse* f
litología f ⟨Geol⟩ *Lithologie, (Sediment)Petrographie* f
li|tón m Hues *essbare Frucht* f *des* litonero ‖ **–tonero** m Hues *Zürgelbaum* m (→ auch **almez**)
litopón m *Lithopone* f
litoral adj *(m/f) Küsten-, Strand-* ‖ ~ m/adj (See)Küste f, *Küsten|gebiet* n, *-provinz* f, *-gestade* n ‖ ⟨Ökol⟩ *Strandzone* f
litosfera f ⟨Geol⟩ *Lithosphäre* f
lítote f ⟨Rhet⟩ *Litotes* f
litotomía f ⟨Med⟩ *Lithotomie, operative Entfernung* f *von Steinen* ‖ *Zerlegen* n *von Edelsteinen*
litri adj *(m/f) gespreizt, affektiert, ge|ziert, -stelzt* ‖ *maniert* ‖ *kitschig*
litro m *Liter* m *(Maß)*
litrona f ⟨fam⟩ *Literflasche* f
litteram: ad ~ ⟨lat⟩ *wörtlich*
△ **lituaje** m *Prozess* m
Litua|nia f ⟨Geogr⟩ *Litauen* n ‖ ⸗**nista** m/f *Lituanist(in* f) m ‖ ⸗**nística** f *Lituanistik* f ‖ ⸗**no** adj *litauisch* ‖ ~ m *Litauer* m ‖ el ~ *die litauische Sprache, das Litauische*
lituo m ⟨Hist⟩ *Lituus* m *(der Auguren bzw Militär- und Signal|instrument im alten Rom)*
li|turgia f *Liturgie, Gottesdienstordnung* f ‖ **–túrgico** adj *liturgisch* ‖ ⟨fig⟩ *feierlich* ‖ ⟨fig⟩ *sehr förmlich*
Liutprando m np *Liutprand* m
liviandad f *Unzucht, Geilheit, Lüsternheit* f (bes. *von Frauen*) ‖ *Leicht|fertigkeit* f, *-sinn* m

¹**liviano** adj [bes. Am] *leicht (von Gewicht)* ‖ *leicht zu ertragen* ‖ *unbedeutend, gering(fügig), unerheblich, zweitrangig, nebensächlich*
²**liviano** adj *unzüchtig, geil* ‖ *leichtfertig, liederlich* ‖ Am *leicht, behände*
³**liviano** m *Leitesel* m
⁴**liviano** m [meist *pl*] *Lunge* f
lividez [*pl* ~ces] *f fahle Farbe* f ‖ ~ cadavérica *Leichenblässe* f
lívido adj *fahl, bleifarbig, schwarzblau* ‖ *totenbleich, blass* ‖ ~ de espanto *schreckensbleich*
living m *Wohnzimmer* n
Livo|nia *f* ⟨Hist⟩ *Livland* ‖ =**nio** adj *livländisch* ‖ ~ m *Livländer* m
livor m ⟨bes. poet⟩ *fahle, schwarzblaue Farbe* f ‖ *bleicher Schimmer* m *(der Augen)* ‖ ⟨fig⟩ *Neid* m ‖ ⟨fig⟩ *Hass* m ‖ ⟨fig⟩ *Bosheit* f
lixiviar vt ⟨Geol⟩ *auswaschen, schlämmen* ‖ ⟨Chem⟩ *ab-, aus|laugen*
¹**liza** *f Renn-, Lauf|bahn* f ‖ *Kampf-, Turnier|platz* m ‖ *Ringplatz* m ‖ *(Box)Ring* m
²**liza** *f* Ar *(Hanf)Schnur* f
³**liza** *f* ⟨Fi⟩ → **mújol**
lizo m *(Schaft)Litze, Helfe* f ‖ ⟨Text⟩ *Aufzug* m, *Kette* f
Ll. ⟨Abk EB⟩ = **llegada**
-lla(s) ⟨Hist⟩: *Verschmelzung des enklitischen* la(s) *mit dem vorangehenden Infinitiv:* manda|lla, –llos, –lle ⟨pop⟩ = mandar|la, –los, –le
llábana *f* Ast *schlüpfriger, glatter Fels* m
llaca *f* ⟨Zool⟩ SAm *Zwergbeutelratte* f (Marmosa cinerea)
lladre *m* Cat → **ladrón**
¹**llaga** *f* ⟨Arch⟩ *Stoß-, Ziegel-, Quader|fuge* f
²**lla|ga** *f offene (schwärende) Wunde* f ‖ *Geschwür* n ‖ ⟨fig⟩ *Schmerz, Kummer* m ‖ ~ gangrenosa *brandige Wunde* f ‖ ◇ indignarse una ~ ⟨Ar⟩ *vereitern, s. entzünden (Wunde)* ‖ **–gar** [g/gu] vt *ver|wunden, -letzen* ‖ *zum Schwären bringen* ‖ ~**se** *Schwären bekommen (Person)* ‖ *Schwären bilden (Wunde)*
llaguero m ⟨Arch⟩ *Fugenkelle* f
△ **llagulé** *m Feuer* m
llalla *f* Chi *kleine Wunde* f ‖ *unbedeutender Schmerz* m
¹**llama** *f (Feuer)Flamme* f ‖ ⟨fig⟩ *Heftigkeit* f, *Feuer* n ‖ ⟨fig⟩ *Flamme, Liebschaft, Geliebte* f ‖ ~ vital *Lebensflamme* f ‖ ◇ echar ~s *flammen, feuern, lodern* ‖ ⟨fig⟩ *Feuer sprühen (vor Zorn)* ‖ ◆ por ella andaría entre ~s ⟨figf⟩ *für sie würde ich ins Feuer springen*
²**llama** *f* ⟨Zool⟩ *Lama* n (Lama spp)
³**llama** *f Sumpf, Morast* m
llama|da *f Ruf* m ‖ *Zu-, An-, Aus|ruf* m ‖ *rufende Gebärde* f, *Herbeiwinken* n ‖ *Klopfen* n *(an der Tür usw.)* ‖ *(Noten)Hinweis* m, *Verweisungszeichen n (in Büchern)* ‖ ⟨Mil⟩ *Appell* m ‖ ⟨Th⟩ *Stichwort* n ‖ ⟨Th⟩ *Herausrufen* n ‖ ⟨Tel⟩ *Anruf* m ‖ *Abberufung* f *(e–s Diplomaten)* ‖ ~ nominal *Namensaufruf* m ‖ ~ al orden *Ordnungsruf* m ‖ ~ de servicio ⟨Tel⟩ *Dienstgespräch* n ‖ ◇ hacer otra ~ ⟨Tel⟩ *erneut anrufen* ‖ ◇ tocar ~ ⟨Mil⟩ *zum Appell blasen (& fig)* ‖ **–do** adj *gerufen* ‖ *berufen* ‖ *sogenannt* ‖ ~ m Ge- bzw Be|rufene(r) m ‖ ◇ acudir sin ser ~ *unvermutet erscheinen* ‖ estar ~ a grandes cosas *zu Großem berufen sein* ‖ muchos son los ~s y pocos los escogidos *viele sind berufen, aber wenige ausgewählt* ‖ el ~ gobierno libre ⟨Pol desp⟩ *die sogenannte freie Regierung* ‖ **–dor** m *Rufer* m ‖ *(Tür)Klopfer* m ‖ *Klopfring* m ‖ *Türklingel* f ‖ *Drücker, Knopf* m ‖ ⟨Tel⟩ *Rufapparat* m ‖ **–miento** *m Aufruf* m ‖ *Appell* m ‖ *Vorladung* f ‖ *Einberufung* f, *Aufgebot* n ‖ *Ein-,*

Vor|ladung f ‖ *Ruf* m *(an e–e Universität)* ‖ ⟨Mil⟩ *Aufgebot* n ‖ ⟨Mil⟩ *Appell* m ‖ ⟨Mil⟩ *Einberufung* f, *Gestellungsbefehl* m ‖ ~ a filas ⟨Mil⟩ *Einberufung* f *zum Wehrdienst* ‖ ~ general *Massenaufgebot* n ‖ ~ al orden ⟨Pol⟩ *Ordnungsruf* m
llamar vt/i *(an-, auf-, be-, herbei)rufen* ‖ *wachrufen, (auf-, er)wecken* ‖ *(an)klopfen, an die Tür pochen* ‖ *(an)läuten, klingeln* ‖ *vor-, ein|laden* ‖ *heißen, (be)nennen* ‖ ⟨Tel⟩ *(an)rufen* ‖ ⟨Jur⟩ *be-, er|nennen* ‖ *rufen, (herbei)holen (Taxi, Arzt)* ‖ *abberufen (Diplomaten)* ‖ *(an-, herbei)locken (Tiere)* ‖ *(herbei)wünschen (Liebe, Segen, Glück)* ‖ ⟨Mil⟩ *einberufen, (Soldaten bzw Rekruten) einziehen* ‖ *umschlagen (Wind)* ‖ ◇ ~ el apetito *den Appetit anregen* ‖ ~ atención *Aufsehen erregen* ‖ *auffällig sein* ‖ ~ la atención *die Aufmerksamkeit auf s. lenken* ‖ *aufmerksam machen* (sobre *auf* acc) ‖ ~ en ayuda *zu Hilfe rufen* ‖ ~ a la central ⟨Tel⟩ *das Amt anrufen* ‖ ~ a cuenta *zur Rechenschaft ziehen* ‖ ~ al escenario ⟨Th⟩ *vor die Rampe rufen* ‖ ~ al médico *den Arzt holen lassen* ‖ ~ al orden ⟨Pol⟩ *zur Ordnung rufen* ‖ ~ con *(od* dando) palmadas *herbeiklatschen (z. B. den Kellner, den Nachtwächter)* ‖ ~ al pan pan y al vino vino *die Dinge beim Namen nennen* ‖ ~ a la puerta *an die Tür klopfen* ‖ ~ de tú *duzen* ‖ ~ de usted *siezen* ‖ ¡llaman! man klopft! ‖ lo llaman Pedro *er heißt Peter* (→ ~**se**) ‖ ~ dichoso a alg. *jdn glücklich preisen* ‖ ¿quién llama? *wer ist dort, bitte?* (*beim Anklopfen od* ⟨Tel⟩) ‖ ¿quién lo llama? *wer ruft ihn?* ‖ ¿quién lo llama (a Vd.)? *(fam) was haben Sie hier verloren?*
~**se** *heißen, s. nennen* ‖ ◇ ¿cómo se llama Vd.? *wie heißen Sie?* ‖ así será, o no me llamo … ⟨pop⟩ *ich will … heißen, wenn es od dem nicht so ist (Beteuerung)* ‖ ¡esto se llama (tener) pega! ⟨fam⟩ *das heißt Pech haben!* ‖ Dios lo ha llamado ⟨fig⟩ *Gott hat ihn zu s. gerufen, er ist verschieden*
△ **llamará** *f Geld* n
llama|rada *f Loder-, Flacker|feuer* n ‖ *plötzliches Aufflackern* n ‖ *Lohe* f ‖ ⟨Mil⟩ *Mündungsfeuer* n ‖ *(Scham-, Zorn)Röte* f ‖ ~ (de estopa) ⟨fig⟩ *Strohfeuer* n, *flüchtige Begeisterung* f ‖ **–rón** m And Col Ec *starkes Flackerfeuer* n
llamativo adj *auf|fallend, -fällig* ‖ *plakativ* ‖ *durst|reizend, -erregend (Gericht)* ‖ ~ m *Lock-, Reiz|mittel* n
llamazar m *Sumpf, Morast* m
llame *m* Chi *Schlinge* f *(für den Vogelfang)*
llamear vi *flammen* ‖ *lodern, flackern* ‖ Murc ⟨pop⟩ *blitzen*
llamón adj/s Mex *feig(e)*
¹**llana** *f (Maurer)Kelle* f ‖ *Reibebrett* n
²**llana** *f Blattseite* f *(Papier)* ‖ *Ebene* f
llanada *f Flachland* n
llanamente adv ⟨fig⟩ *offenherzig, freiheraus, direkt, unumwunden* ‖ *einfach, schlicht*
llanar vt Am *regeln, schlichten*
lla|near vi *auf der Ebene laufen* od *in der Ebene wandern* ‖ **–nero** m *Talbewohner* m ‖ *Bewohner* m *des Flachlandes*
llaneza *f Offenherzigkeit, Aufrichtigkeit* f ‖ ⟨fig⟩ *Einfachheit, Schlichtheit* f
llanisco adj/s *aus Llanes* (P Oviedo) ‖ *auf Llanes bezüglich*
lla|no adj *eben, flach* ‖ p.ex *glatt* ‖ *glatt (Masche beim Stricken)* ‖ ⟨fig⟩ *schlicht, einfach (Kleid, Stil)* ‖ ⟨fig⟩ *leutselig, gutmütig, umgänglich* ‖ ⟨fig⟩ *hausbacken, derb* ‖ ⟨fig⟩ *gering, niedrig* ‖ ⟨fig⟩ *klar, deutlich* ‖ ⟨fig⟩ *einfach, nicht geziert (Stil)* ‖ ⟨Gr⟩ *auf der*

vorletzten Silbe betont (Wort) ‖ (voz) ~a auf der vorletzten Silbe betontes Wort, Paroxytonon n ‖ ◆ de ~ (en) ~ (fig) klar und deutlich ‖ ◇ es caso ~ es ist e–e ausgemachte Sache, (fam) klarer Fall! ‖ poner ~ leicht verständlich machen ‖ vereinfachen ‖ ~ m Ebene f, Flachland n ‖ ~s mpl Llanos mpl (große Ebenen und Steppen im nördlichen Südamerika) ‖ –note adj (fam) sehr schlicht, offenherzig, umgänglich

¹llanta f Schnittkohl m

²llanta f (Rad)Felge f ‖ Radkranz m ‖ (Met) Flachstahl m ‖ flaches Eisenstück, Reifeisen n ‖ ~ de bicicleta Fahrradfelge f ‖ ~ de aleación (Auto) Leichtmetallfelge f ‖ ~ de goma Gummireifen m ‖ ~ maciza Vollreifen m ‖ ~ de rueda Radfelge f

llantén m (Bot) Wegerich m (Plantago major)

llan|tera f (fam) → –tería f (Am –terío m) ‖ Weinen n mehrerer Personen ‖ –tina f (fam) Geschluchze n ‖ (hysterisches) Weinen n, Weinkrampf m, Heuchelei f ‖ ◇ tuvo una ~ fenomenal (fam) er (sie, es) heulte wie ein Schlosshund ‖ –to m Weinen n ‖ Jammern, Wehklagen n ‖ Klage f ‖ Cu (Mus) melancholische Volksweise f ‖ ◇ deshacerse en ~(s) in Tränen zerfließen

llanura f Ebene, Flur f, Flach-, Tief|land n ‖ Flachheit f ‖ la ~ de Castilla die kastilische Hochebene

llar m Ast Sant (Küchen)Herd m ‖ ~es fpl Kesselhaken mpl (zum Aufhängen des Kochtopfes)

llareta f Chi Bol Lamamist m (als Brennstoff)

¹llave f (Tür)Schlüssel m ‖ Uhrschlüssel m ‖ Schraubenschlüssel m ‖ Klappe f (beim Saxofon, bei Holzinstrumenten) ‖ Ventil n (bei Blechinstrumenten) ‖ (Fass)Hahn m ‖ Flintenschloss n ‖ (El) Schaltknopf, (Licht)Schalter m ‖ (Sp) Griff m ‖ (Tech) Verteiler m ‖ Taste f ‖ Gashahn m ‖ (Typ) Klammer f ({, [) ‖ (fig) Schlüssel m, Aufklärung, Lösung f ‖ ~ antirrobo Patentschlüssel m ‖ ~ de dos bocas Doppelschraubenschlüssel m ‖ ~ de la casa Hausschlüssel m ‖ ~ de contacto (Auto) Zündschlüssel m ‖ ~ del encendido → ~ de contacto ‖ ~ falsa Nachschlüssel m ‖ ~ inglesa Engländer, Franzose m (verstellbarer Schraubenschlüssel) ‖ ~ maestra Hauptschlüssel m ‖ ~ en mano schlüssel-, bezugsfertig (Wohnung, Neubau) ‖ ~ Nelson (Sp) Nelson m (Nackenhebel beim Ringen) ‖ ~ del piso Wohnungsschlüssel m ‖ ~ de la puerta (de la calle) → ~ de la casa ‖ ~ de seguridad Sicherheitsschlüssel m ‖ ~ de telegramas Telegrammkode m ‖ ~ tubular Rohr-, Steck|schlüssel m ‖ ~ para tuercas Schraubenschlüssel m ‖ ~ universal Universalschlüssel m ‖ ~ de vaso Steckschlüssel m ‖ ~ de tres vías Dreiwegehahn m ‖ ~ de la vivienda → ~ de la casa ‖ ◆ bajo ~ unter Verschluss ‖ bajo siete ~s besonders gut aufbewahrt und gesichert ‖ ◇ echar la ~ zuschließen ‖ (pop) Erfolg haben ‖ ~s fpl: las ~ de San Pedro die Schlüssel mpl Petri

²llave f (Arch) Schlussstein m

³llave f (Mus) Notenschlüssel m

llave|ra f (Be)Schließerin f ‖ –ro m Schlüsselbrett n bzw -schrank bzw -ring m ‖ (Be)Schließer, Türhüter m

llavín m kleiner Schlüssel m (z. B. e–s Sicherheitsschlosses)

llegada f Ankunft f (& Zug, Flugzeug usw.) ‖ Eintreffen n ‖ Eingang m (e–s Briefes) ‖ (Sp) Ziel(linie f) n ‖ an (Fahrplan) ‖ ◆ a la ~ bei Ankunft

llegar [g/gu] vt nähern, näher-, heran|bringen

‖ ver|binden, -einigen (a mit) ‖ reichen, hin-, dar|reichen ‖ gleichkommen (dat)
~ vi 1. ankommen ‖ eintreffen ‖ (hin)gelangen ‖ anlangen ‖ s. nähern, herannahen ‖ einfahren (Zug) ‖ einlaufen (Schiff, Zug, Post) ‖ eingehen (Post) ‖ kommen (Gelegenheit) ‖ geschehen ‖ reichen, s. erstrecken (hasta bis) ‖ s. belaufen (a auf acc) ‖ reichen, hinlänglich sein ‖ ¡ya llegará un día! es wird (schon) e–e Zeit kommen; ‖ der Tag wird kommen! ‖ ~ hasta ... reichen bis ... ‖ mi abrigo no llegará hasta Navidad mein Mantel wird bis Weihnachten nicht halten ‖ llega el momento decisivo der entscheidende Augenblick naht ‖ ~ con retraso verspätet od mit Verspätung (an)kommen ‖ ~ tarde s. verspäten ‖ ~ a tiempo rechtzeitig ankommen ‖ ◇ está llegando, está al od para ~ er kommt jeden Augenblick ‖ er ist im Kommen ‖ si alcanza no llega (fam) es reicht sehr knapp hin ‖ ir a ~ por alg. (pop) jdn (ab)holen, holen gehen
2. ~ a + Subst od Adj: ~ a algo zu et. kommen ‖ (fig) es zu et. bringen ‖ ~ al alma das Herz ergreifen, heftig erschüttern ‖ ~ a un arreglo zu e–m Vergleich od zu e–r Vereinbarung gelangen ‖ no llega a los cinco años er ist noch nicht fünf Jahre alt ‖ llegó a mi conocimiento que ... ich habe erfahren, dass ... ‖ ~ a cuarenta años, ~ a los cuarenta das vierzigste Jahr erreichen, in die Vierziger kommen ‖ ~ a la cumbre den Gipfel erreichen ‖ ~ a (su) destino am Bestimmungsort ankommen, das Ziel erreichen ‖ ~ al fin s. dem Ende nähern od zuneigen ‖ el gasto llega a 500 euros die Ausgabe beträgt 500 Euro ‖ el enfermo no llegará a la primavera der Kranke wird den Frühling nicht mehr erleben ‖ ~ a los postres zum Nachtisch kommen ‖ (fig) zu spät kommen ‖ no ~ a su rival (fig) s–m Gegner nachstehen ‖ el abrigo le llega a la rodilla der Mantel reicht ihm (ihr) bis an die Knie ‖ no llegar a viejo nicht alt werden, jung sterben
3. a) ~ a + Inf als Ergebnis, Abschluss der Handlung: impers gelingen (zu) ‖ et. endlich, schließlich tun ‖ ~ a comprender einsehen lernen, richtig verstehen ‖ llegó a decírselo cara a cara er sagte es ihm (ihr) sogar ins Gesicht ‖ ~ a entender endlich (endlich doch) hören, verstehen ‖ llegó a matar veinte liebres er (sie, es) erlegte nicht weniger als zwanzig Hasen, er (sie, es) brachte es (auf der Jagd) auf zwanzig Hasen ‖ llegó a oír → llegó a entender ‖ si llegas a realizarlo wenn du es überhaupt zustande (& zu Stande) bringst ‖ ~ a saber erfahren, in Erfahrung bringen ‖ todavía no le he llegado a saber ich habe es noch nicht erfahren können ‖ no llegará a tanto, (fam) no llegará la sangre al río so schlimm wird es nicht sein ‖ es wird nicht so weit kommen ‖ por fin llegó a terminarlo es gelang ihm (ihr) endlich, es zu Ende zu bringen ‖ ¡si yo llegara a ver esos tiempos! wenn ich diese Zeit erleben würde! ‖ ¡hasta ahí podíamos ~! das fehlte gerade noch! das wäre ja noch schöner!
b) ~ a ser werden (Übergang von e–m Zustand in den anderen); han llegado a ser muy ricos sie sind sehr reich geworden ‖ ~ a ser barato billiger werden, s. verbilligen
~se s. nähern, näher (heran)kommen ‖ ankommen ‖ ◇ me llegaré a casa de mis padres ich werde m–e Eltern besuchen ‖ ~ a las manos (fig) handgemein werden ‖ ~ hasta la playa e–n Spaziergang bis zum Strand machen

llena f Anschwellen n (e–s Gewässers)

llenamente adv reichlich, vollauf

llenar vt (ab)füllen ‖ an-, aus|füllen ‖ sättigen, satt machen ‖ (voll) stopfen ‖ stopfen (Pfeife) ‖

⟨fig⟩ *überhäufen* (con, de *mit*) ‖ ⟨fig⟩ *erfüllen (Wunsch, Aufgabe)* ‖ ⟨fig⟩ *Genüge leisten, genügen* (dat) ‖ ⟨fig⟩ *befriedigen, zufrieden stellen* ‖ ⟨fig⟩ *gefallen, behagen* ‖ ⟨pop⟩ *schwängern* ‖ ⟨pop⟩ *decken (Tiere)* ‖ ◇ ~ de agua *mit Wasser (an)füllen* ‖ ~ un cometido *e–e Aufgabe erfüllen* ‖ ~ de encargos *mit Aufträgen überhäufen* ‖ ~ un formulario *ein Formular ausfüllen* ‖ ~ de improperios *mit Schmähungen überhäufen* ‖ ~ una laguna *e–e Lücke ausfüllen* ‖ ~ una misión *e–n Auftrag* od *e–e Mission erfüllen* ‖ ~ una necesidad *e–m Mangel abhelfen* ‖ ~ su objeto *sein Vorhaben durchführen* ‖ eso le llena el ojo ⟨figf⟩ *das befriedigt ihn in vollem Maß(e)* ‖ ~ el saco de trigo *den Sack mit Getreide füllen* ‖ ~ el teatro ⟨Th⟩ *ziehen, ein Kassenmagnet sein (Stück)* ‖ ~ con od de tierra *mit Erde (aus)füllen* ‖ ~ un vacío ⟶ ~ una laguna ‖ eso no me llena ⟨figf⟩ *das genügt mir nicht* ‖ ~ vi *voll werden (Mond)* ‖ ◇ argumentos que llenan *überzeugende Gründe* mpl ‖ a medio ~ *halb voll* ‖ ~**se** *z. füllen* ‖ ⟨fam⟩ *s. überladen, s. voll stopfen, s. voll schlagen (den Bauch)* ‖ ⟨figf⟩ *die Geduld verlieren,* ⟨fam⟩ *es satt haben*

llenazo *m* augm von **lleno** ‖ ⟨Film Th⟩ *volles Haus* n ‖ *voller Saal* m *(Schauspiel, Vortrag)* ‖ *volle Ränge* mpl *(Stadion)* ‖ ◇ hubo un ~ *das Theater usw. war bis zum letzten Platz besetzt*

llene *m (Ab)Füllen* n

△ **llenira** *f Unglück* n

lleno adj/s *voll* ‖ *(an)gefüllt* ‖ *voll\|zählig, -ständig* ‖ *voll besetzt (Kino, Saal, Bahn)* ‖ *völlig* ‖ *füllig* ‖ ~ de alegría *voller Freude, freudig* ‖ ~ de sí mismo *eingebildet, dünkelhaft* ‖ ◇ la medida está ~a *das Maß ist voll* ‖ está ~a de ... *ist gefüllt mit ...* ‖ ~ m *(Über)Fülle* f ‖ *volles Haus* n *(Schauspiel, Veranstaltung)* ‖ *Vollmond* m ‖ ⟨Mus⟩ *Tutti* n ‖ ♦ de ~ (en ~) *vollständig, ganz und gar* ‖ ◇ dar de ~ *ins Gesicht wehen (Wind), scheinen (Sonne)* ‖ *voll treffen* ‖ mirar de ~ *unverwandt anblicken* ‖ hay (un) ~ ⟨Th⟩ *es ist ausverkauft (& Konzertsaal usw.)* ‖ ~s mpl ⟨Mar⟩ *Rundung* f *des Schiffsbodens*

llenura *f Fülle* f

△ **lleona** *f Geldschrank* m

△ **lleral** *m Farbe* f

lleva\|dero adj *tragbar* ‖ *erträglich* ‖ **–dizo** adj *leicht tragbar*

llevar 1. vt/i *tragen* ‖ *(mit)bringen, herbeischaffen* ‖ *mit s. führen, bei s. tragen* ‖ *tragen, anhaben (Kleider)* ‖ *mitnehmen* ‖ *davontragen* ‖ *befördern, (fort)schaffen* ‖ *ent-, ab\|reißen (Stück)* ‖ *führen (Reisende)* ‖ *leiten, lenken, treiben, tragen (Geschäfte)* ‖ *tragen (Früchte)* ‖ *eintreiben (Steuern)* ‖ *beitragen (Geld)* ‖ *abwerfen (Nutzen)* ‖ *vertragen (Speisen)* ‖ *abfordern, an-, be\|rechnen (Preis)* ‖ *zuvorkommen, übertreffen* ‖ *haben, besitzen* ‖ *er\|langen, -werben* ‖ *(er)tragen, dulden, aushalten* ‖ *übernehmen (Verpflichtung)* ‖ *wohin führen, gehen (Weg)* ‖ *zurückbehalten (beim Addieren usw.)* ‖ *kaufen, ziehen (Karten)* ‖ ⟨Math⟩ *(im Sinn) behalten* ‖ ◇ ~ adelante *vorwärts führen* ‖ *weiterführen* ‖ *vorantreiben (& fig)* ‖ *durchsetzen* ‖ ~ el agua a su molino *nur an s. denken, nur für s. sorgen* ‖ llevo dos años a Juan *ich bin zwei Jahre älter als Hans* ‖ ya llevo trece años en Alemania *ich bin schon dreizehn Jahre (od seit dreizehn Jahren) in Deutschland* ‖ no llevamos este artículo *wir führen diesen Artikel* od *diese Ware nicht* ‖ ~ (con) bien *gut ertragen* ‖ ~ en la cabeza *im Sinne führen* ‖ me lleva la cabeza *er ist um e–e Kopflänge größer als ich* ‖ ~ a cabo *durchführen* ‖ *verwirklichen* ‖ *vollziehen* ‖ no ~ buen camino *nicht auf dem rechten Weg(e) sein* ‖

¿a dónde lleva esta calle? *wohin führt diese Straße?* ‖ ~ la casa *den Haushalt führen* ‖ ~ el compás *den Takt schlagen* ‖ ~ consigo *mithaben* ‖ *mitnehmen* ‖ ~ la contabilidad ⟨Com⟩ *die Bücher führen* ‖ ~ la contraria a alg. *jdm offen widersprechen* ‖ ~ cuenta(s) *die Rechnung führen* ‖ ~ a cuestas *auf dem Rücken tragen* ‖ ⟨fig⟩ *(et.) übernehmen* ‖ ~ detrás *hinter s. lassen* ‖ ~ a efecto *zustande (& zu Stande) bringen, bewerkstelligen* ‖ *fördern* ‖ ~ encima *mithaben* ‖ ~ gafas *e–e Brille tragen* ‖ ~ los gastos *die Kosten, Ausgaben bestreiten* ‖ ~ lentes ⟶ ~ gafas ‖ ~ los libros ⟶ ~ la contabilidad ‖ ~ luto *Trauer tragen* ‖ ~ la mano a alg. *jdm die Hand führen* ‖ ~ lo mejor ⟨fam⟩ *sehr gut abschneiden* ‖ ~ con paciencia *geduldig ertragen* ‖ ~ la palabra *das Wort führen* ‖ ~ parte *Anteil nehmen (de an* dat) ‖ ~ lo peor, ~ la peor parte ⟨fam⟩ *den Kürzeren ziehen* ‖ ~ las de perder ⟨fam⟩ *Misserfolg haben, nichts zu erhoffen haben* ‖ ~las mal con alg. *s. mit jdm nicht* od *schlecht vertragen, mit jdm nicht gut auskommen* ‖ ~ un recado *et. ausrichten (gehen)* ‖ el tren lleva retraso *der Zug hat Verspätung* ‖ ~ y traer *hin und her tragen* ⟨fam⟩ *belästigen* ‖ ⟨fam⟩ *klatschen, tratschen* ‖ *(jdn) ins Gerede bringen* ‖ no lleva traza de acabar *es scheint kein Ende zu nehmen* ‖ llevo 4 *ich behalte 4, 4 im Sinn (beim Rechnen)* ‖ Vd. lo lleva demasiado lejos *Sie treiben es zu weit* ‖ ¿cuánto me lleva Vd. por ...? *wieviel berechnen Sie mir für ...?* (acc) ‖ la bala le llevó un brazo *die Kugel riss ihm e–n Arm ab* ‖

2. *Ergebnis e–r vergangenen Handlung, Betonung des erreichten Zustandes (meistens statt* haber, tener)*: ◇ llevo cinco años estudiando *ich studiere seit fünf Jahren* ‖ lo llevas muy atrasado *du bist sehr im Rückstand damit* ‖ lo llevo estudiado todo *ich habe alles durchstudiert* ‖ llevo gastados 2000 euros *ich habe bisher 2000 Euro ausgegeben* ‖ llevo los minutos contados ⟨figf⟩ *ich habe es sehr eilig* ‖ llevo pleiteando 3 años *ich prozessiere schon seit drei Jahren* ‖ ~ puesto el sombrero *den Hut aufhaben* ‖ ~ según lo lleva dicho *wie er (sie, es) gesagt* od *eben angedeutet hat*

3. in Verb. mit **a:** *Richtung, Bestimmung, (End)Ziel:* ◇ ~ al cine *verfilmen* ‖ ~ a mal *übel nehmen* ‖ ~ al mercado ⟨Com⟩ *auf den Markt bringen* ‖ ~ a la práctica *in die Tat umsetzen* ‖ *verwirklichen* ‖ ~ a la prisión *einkerkern* ‖ ~ a la puerta *zur Tür begleiten*

4. in Verb. mit **de, por, sobre, tras:** ~ por lema *als Wahlspruch führen* ‖ ~ de la mano *an der Hand führen* ‖ ~ por las narices *an der Nase herumführen* ‖ dejarse ~ por *(od* de*) la* pasión *s. von der Leidenschaft hinreißen lassen* ‖ ~ (sobre sí) *anhaben (Kleid)* ‖ ~ tras sí *hinter s. herschleppen*

~**se** *(mit)nehmen* ‖ *für s. nehmen* ‖ *für s. gewinnen (& fig)* ‖ *mit- bzw weg\|reißen* ‖ ◇ ¡se lo llevó el aire! *es ist hin! es ist zunichte geworden!* ‖ ~ bien con alg. *s. mit jdm gut vertragen, mit jdm gut auskommen* ‖ ~ algo a la boca *et. an den Mund führen* ‖ ~ el día *den ganzen Tag zubringen* (en *mit*) ‖ ¡se lo llevó el diablo! *es ist hin! es ist zunichte geworden! der Teufel hat's geholt!* ‖ ¡el diablo se lo lleve! *der Teufel soll ihn bzw es holen!* ‖ eso se lleva todo mi dinero *das verschlingt mein ganzes Geld, da geht mein ganzes Geld drauf* ‖ ~ como el gato y el perro *wie Hund und Katze leben, s. wie Hund und Katze vertragen* ‖ ~ mal con alg. *s. mit jdm nicht* od *schlecht vertragen, mit jdm nicht gut auskommen* ‖ ~ la mano a la frente *mit der Hand an die Stirn fassen* ‖ ~ la victoria *den Sieg* *davontragen* ‖ ya no se lleva *es ist nicht mehr Mode* ‖ ¿se (lo) lleva Vd. todo? *nehmen Sie alles mit?*

lliga f Cat ⟨Pol⟩ → **liga**
△ **llima** f *Hemd* n
llocido adj León *dick, fett*
lloclla f Pe *Hochwasser* n
llora f Ven *Totenwache* f (→ **velatorio**)
llo|radera f ⟨desp⟩ *grundlose Heulerei* f ‖ **–raduelos** m ⟨fam⟩ *Jammerer* m, *Klageweib* n
llorar vt *beweinen* ‖ *beklagen* ‖ *vergießen (Tränen)* ‖ ⟨fig⟩ *betrauern, trauern um* ‖ ◇ ~ la muerte de alg. *jds Tod beweinen* ‖ ~ vi *weinen* ‖ *klagen* ‖ *tränen (Augen)* ‖ *bluten (Baum)* ‖ *tröpfeln* ‖ ◇ ~ como un becerro ⟨fam⟩ *(wie ein Schlosshund) heulen* ‖ ~ de gozo *vor Freude weinen* ‖ ~ en (*od* por) algo *für et. weinen, et. beweinen* ‖ ~ a moco y baba, ~ a lágrima viva ⟨fam⟩ *heulen, kläglich weinen* ‖ el que no llora, no mama ⟨Spr⟩ *ein blöder Hund wird selten fett* ‖ man muß *s. schon melden(, um et. zu erreichen)* desahogarse *od* aliviarse llorando *s. ausweinen* ‖ hacer ~ *zum Weinen bringen, zu Tränen rühren* ‖ ⟨fig⟩ *rührend sein, Tränen ablocken* ‖ pasar (la noche) llorando *(die Nacht) verweinen*
llorera f ⟨fam⟩ *Ge|heule, -flenne* n
llori|ca, –cón adj/s ⟨fam⟩ *weinerlich, Heul*(bes. *Kind)*
llori|quear vi *wimmern, winseln* ‖ *flennen,* ⟨fam⟩ *greinen* ‖ **–queo** m *Weinen, Ge|winsel, -wimmer,* ⟨fam⟩ *-flenne* n
llo|ro(s) m(pl) ⟨fam⟩ *Weinen* n ‖ *Tränen* fpl ‖ *Klagen* fpl ‖ **–rón** adj *weinerlich* ‖ (sauce) ~ *Trauerweide* f (→ **sauce**) ‖ ~ m *Flenner, Heulpeter* m, *Heulsuse* f ‖ *herunterhängender Federbusch* m ‖ ~ f *Klageweib* n ‖ **–roncete** f dim von **llorón** ‖ **–roso** adj *weinend* ‖ *weinerlich* ‖ *verweint (Augen, Gesicht)* ‖ *beklagenswert*
llovedero m Arg *Dauerregen* m
llovedizo adj *Regen-*
llo|ver [-ue-] v. impers. vi/t *regnen* (& fig) ‖ ~ a cántaros, a chorros, a mares, a torrentes *in Strömen gießen, wie aus* od *mit Eimern* od *Kübeln regnen* ‖ ~ sobre mojado ⟨fig⟩ *Schlag auf Schlag kommen (Unglück)* ‖ me escucha como quien oye ~ ⟨figf⟩ *er (sie, es) schenkt mir kein Gehör, er (sie, es) hört mir gar nicht zu* ‖ como –vido (del cielo) ⟨fig⟩ *wie vom Himmel gefallen, wie hergeschneit* ‖ ¡cuántas desgracias han –vido sobre nosotros! *wieviel Unglück haben wir erleiden müssen!*
llovido pp von **llover** ‖ ~ m *blinder Passagier* m (→ **polizón**)
lloviz|na f *Sprühregen* m, *Nieseln* n ‖ **–nar** vi *nieseln, fein regnen*
llubina f Sant → **lubina**
llueca adj/s → **clueca**
llullo m Chi *Unkraut* n
△ **llundaina** f *Dudelsack* m
△ **Llundun** m = *Londres*
△ **llunquera** f *Bastschuh* m
llu|via f *Regen* m (& fig) ‖ fig *Unmenge* f ‖ *Funkenregen* m *(Feuerwerk)* ‖ Chi → **¹ducha** ‖ ~ –ácida ⟨Ökol⟩ *saurer Regen* m ‖ ~ de balas *Kugel|hagel, -regen* m ‖ ~ continua *Landregen* m ‖ ~ de estrellas *Sternschnuppen* fpl ‖ ~ fina, ~ menuda *Sprühregen* m ‖ ~ monzónica ⟨Meteor⟩ *Monsunregen* m ‖ ~ de oro ⟨Bot⟩ *Goldregen* m ‖ ⟨fig⟩ *Goldregen* m ‖ ~ de pedradas *Steinhagel* m (bes. fig) ‖ ~ de preguntas *Hagel* m *von Fragen* ‖ ~ primaveral *Frühlingsregen* m ‖ ~ de proyectiles *Geschoshagel* m ‖ ~ roja *Schwefel-, Blut|regen* m *(Staub, Pollen)* ‖ ~ tempestuosa *Gewitterregen* m ‖ ~ torrencial *Wolkenbruch, Platzregen, Regenguss* m ‖ ◇ después de la ~

viene el buen tiempo ⟨Spr⟩ *auf Regen folgt Sonnenschein* ‖ **–vioso** adj *regnerisch*
lo 1. art n *das (vor substantivisch gebrauchten Adjektiven, Adverbien und Substantiven, bes. zur Bildung von abstrakten Begriffen):* a) ni ~ uno, ni ~ otro *weder das e–e noch das andere* ‖ ~ bueno *das Gute* ‖ ~ difícil del asunto *die Schwierigkeit der Sache, das Schwierige an der Sache* ‖ ~ malo (~ peor) es que ... *das Schlimme (das Schlimmste) dabei ist, dass ...* ‖ me aburren por ~ repetidas *sie langweilen mich wegen ihrer Wiederholung (Lieder)* ‖ no son todo ~ aplicados que deberían ser *sie sind bei weitem nicht so fleißig, wie sie sein sollten* ‖ ~ más fácilmente *am leichtesten* ‖ ~ más pronto posible *so bald wie möglich, möglichst bald* ‖ ~ más del tiempo *die meiste Zeit* ‖ ~ mejor que puedas *so gut wie du kannst, bestmöglich* ‖ ¡~ de siempre! *immer dieselbe Geschichte!* ‖ en todo sobresale, en ~ luchador, ~ escritor, ~ modesto *in jeder Hinsicht ist er hervorragend, als Kämpfer, als Schriftsteller, als bescheidener Mensch* ‖ → **dicho**
b) *in der Verb.* a & lo *(mit Substantiv)* = *nach Art, wie* a ~ señor *nach Herrenart, vornehm* ‖ pelo a ~ chico *Bubikopf* m
2. pron n *es, das, dasjenige (bes. als bestimmendes* od *demonstratives Fürwort)* (→ auch 3.): a) se ~ diré *ich werde es ihm (ihr) sagen* ‖ eso ~ tengo hecho *damit bin ich fertig* ‖ el puro ~ tengo aquí *die Zigarre habe ich hier (aber:* aquí tengo el puro) ‖ ~ veo *ich sehe es* ‖ como bueno, ~ eres *du bist wirklich, zweifellos gut* ‖ interesante fue el libro, y no ~ fue menos su autor *interessant war das Buch, und nicht weniger war es sein Verfasser* ‖ ¿Es Vd. extranjero? Sí, ~ soy. *Sind Sie Ausländer? Ja, ich bin es*
b) *enklitisch:* no puedo decírse~ *ich kann es ihm (ihr) nicht sagen* ‖ ¡díganos~! *sagen Sie es uns!* ‖ ¡haz~! *tue es!* ‖ tener que pagar~ todo *alles bezahlen müssen*
3. pron m acc *ihn* ‖ ~ veo *ich sehe ihn* ‖ al padre ~ llamo *den Vater rufe ich* ‖ ¡salúda~! *grüße ihn!* ‖ → auch **le**
4. *in der Verb.* ~ + que, ~ + cual: *was* ‖ *so viel als* ‖ *wie viel, wie sehr (relativ* od *demonstrativ):* a) no entiendo ~ que Vd. dice *ich verstehe nicht, was Sie sagen* ‖ de todo ~ que (= de cuanto) ha dicho *von allem, was er gesagt hat* ‖ hagan ~ que hagan *sie mögen tun, was sie wollen* ‖ um *jeden Preis* ‖ ~ que no concibo, es su intención *was ich nicht begreife, ist s–e (ihre) Absicht* ‖ ~ que es tú, no ~ harás *du wirst es sicherlich nicht tun!* ‖ ~ que es él, quería... ⟨fam⟩ *er (seinerseits) möchte ...* ‖ se disculpó conmigo, con ~ cual estoy satisfecho *er (sie, es) entschuldigte s. bei mir, womit ich zufrieden bin* ‖ tú mismo no sabes ~ que quieres *du weißt selbst nicht, was du willst* ‖ haga Vd. ~ que yo *machen Sie es wie ich* ‖ así veo ~ desinteresado que eres *so erkenne ich deine Uneigennützigkeit* ‖ a ~ que parece *allem Anschein nach* ‖ a ~ que yo presumo *nach m–m Dafürhalten* ‖ no vio ~ muy turbado que estaba *er merkte s–e (große) Verlegenheit nicht* ‖ me quejo de ~ vilmente que se portó *ich beklage mich über sein (ihr) niederträchtiges Benehmen* ‖ gastan más de ~ que ganan *sie geben mehr aus, als sie verdienen* ‖ ¡es ~ que digo! *das sage ich eben!*
b) *in Ausrufungen: wie viel, wie sehr* ‖ ¡~ que son las cosas! *was e–m widerfahren kann!* ‖ ¡das ist gelungen! ¡~ atentos que estuvieron conmigo! *wie zuvorkommend waren sie zu mir!* ‖ ¡~ que (él) me quiere! *wie sehr liebt er mich!* ‖ ¡~ que (tú) quieras! *nach d–m Belieben!*

loa *f Lob* n ‖ *kurzes Festspiel* n
loable adj *(m/f) löblich* ‖ *rühmlich*
loar vt *loben* ‖ *rühmen*
lob *m* ⟨Sp⟩ *Lob* m
¹loba *f Wölfin* f ‖ ~ *capitolina* ⟨Hist⟩ *Kapitolinische Wölfin* f
²loba *f Leibrock* m *(der Geistlichen)*
³loba *f* ⟨Agr⟩ *Furchenrain* m
⁴loba *f* ⟨Ins⟩ *Ochsenauge* f (Maniola jurtina)
△ **⁵loba** *f Mund* m
¹lobado adj → **lobulado**
²lobado *m* ⟨Vet⟩ *Eitergeschwulst* f
lobagante *m* ⟨Zool⟩ → **¹bogavante**
lobanillo *m* ⟨Med⟩ *Talggeschwulst* f, *Grützbeutel* m
lobato, lobezno *m Welpe, junger Wolf* m
lobby *m Lobby* f ‖ **–ísta** *m/f Lobbyist(in* f) m
lo|bear vt ⟨fig⟩ *wie ein Wolf auf Beute lauern* ‖ **–bera** *f Wolfsversteck* n ‖ *Wolfs|schanze, -schlucht* f ‖ **–bería** *f Wolfsjagd* f ‖ **–bero** adj *wölfisch* ‖ *Wolfs-* ‖ ~ *m Wolfsjäger* m
lobina *f* ⟨Fi⟩ → **lubina**
lobisón *m* Arg Par Ur *Werwolf* m
△ **lobito** *m Taschentuch* n
¹lobo adj Chi *barsch*
²lobo *m* ⟨Zool⟩ *Wolf* m (Canis lupus) ‖ p. ex *Wolfshund* m ‖ Mex MAm → **coyote** ‖ → **zorro** ‖ ~ *de las abejas* ⟨Ins⟩ *Bienenwolf* m (Philantus triangulum) ‖ ~ *acuático* Am *Nutria, Biberratte* f (Myocastor coypus) ‖ ~ *cerval* → **lince** ‖ → **¹gato** *cerval* ‖ ~ *de mar* ⟨figf⟩ *alter Seebär* m ‖ ~ *marino Seehund* m (Phoca spp) ‖ ~ *marsupial Beutelwolf* m ‖ ~ *con piel de oveja* ⟨fig⟩ *Wolf* m *im Schafspelz* ‖ ~ *de las praderas* → **coyote** ‖ ~ *de río* → ~ *acuático* ‖ ♦ *como boca de* ~ ⟨fig⟩ *stockfinster (Nacht)* ‖ *pechschwarz* ‖ ◇ *coger un* ~ ⟨figf⟩ *s. e–n Rausch antrinken* ‖ *de lo contado come el* ~ ⟨Spr⟩ *man kann nie vorsichtig genug sein* ‖ *dormir* od *desollar el* ~ ⟨figf⟩ *den Rausch ausschlafen* ‖ *encomendar las ovejas al* ~ *den Bock zum Gärtner machen* ‖ *meterse en la boca del* ~ *s. in die Höhle des Löwen begeben* ‖ *un* ~ *a otro no se muerden* ⟨Spr⟩ *e–e Krähe hackt der ander(e)n nicht die Augen aus* ‖ *pillar un* ~ ⟨figf⟩ → *coger un* ~ ‖ *tener un hambre de* ~ ⟨figf⟩ *e–n Bärenhunger haben* ‖ *tener el* ~ *por las orejas* ⟨fig⟩ *in e–r heiklen Lage sein* ‖ *trabajar como un* ~ *wie ein Neger arbeiten* ‖ *ver las orejas al* ~ ⟨figf⟩ *mit knapper Not e–r Gefahr entgehen* ‖ *quien con* ~s *anda, a aullar se enseña* ⟨Spr⟩ *mit den Wölfen muss man heulen* ‖ *¡son* ~s *de la misma camada!* ⟨figf⟩ *gleiche Brüder, gleiche Kappen!*
³lobo *m* ⟨Fi⟩ *Bartgrundel, Schmerle* f (Nemachilus barbatulus)
⁴lobo *m* → **lóbulo**
⁵lobo *m* ⟨Text⟩ *Schlag-, Klopf|wolf* m
△ **⁶lobo** *m Dieb* m
Lobo *m* ⟨Astr⟩ *Wolf* m
lóbrego adj *dunkel, finster, düster* ‖ ⟨fig⟩ *traurig, unheimlich, unheildrohend, nicht geheuer*
lobreguez [*pl* **–ces**] *f tiefe Dunkelheit* f ‖ *düsterer Eindruck* m
lobu|lado, –la adj ⟨Bot Zool An⟩ *lappig* ‖ *gelappt* ‖ ⟨Med⟩ *lobulär*
lóbulo *m* ⟨An⟩ *Lappen, Flügel* m ‖ ⟨Arch⟩ *Pass* m ‖ ⟨Bot⟩ *(Keim)Läppchen* n ‖ ~s *olfatorios* ⟨Zool⟩ *Riechlappen* mpl ‖ ~ *de la oreja Ohrläppchen* n ‖ ~ *pulmonar Lungenflügel* m
lobuno adj *wölfisch* ‖ *Wolfs-*
loc. ⟨Abk⟩ = **locución**
¹loca *f* Arg *Hürchen, Flittchen* n ‖ *Schwule(r)* m
²loca *f* Arg *schlechte Laune* f ‖ *Wut* f
loca|ción *f* ⟨Jur⟩ *Verpachtung, Pacht* f ‖ *Vermietung* bzw *Miete* f ‖ ⟨EB⟩ *Platz|vermerk* m, *-karte* f ‖ **–dor** *m* Am *Verpächter* m ‖ *Vermieter* m
local adj *(m/f) örtlich, lokal, Orts-* ‖ *tráfico* ~ *Platzverkehr* m ‖ ⟨EB⟩ *Ortsverkehr* m ‖ ~ *m Raum* m ‖ *Zimmer, Lokal* n ‖ ~ *de degustación Probierstube* f ‖ ~ *de venta(s) Verkaufsraum* m
loca|lidad *f Örtlichkeit* f ‖ *Ort* m *(Stadt, Dorf usw.)* ‖ ⟨Th Film⟩ *Eintrittskarte* f ‖ ⟨Th Film⟩ *Sitz(platz)* m ‖ ~**es** fpl *Räumlichkeiten* fpl, *Räume* mpl ‖ ⟨Th Film⟩ *Sitzplätze* mpl ‖ **–lismo** *m* ⟨Pol Soz⟩ *Gebundenheit* f *an die engere Heimat* ‖ *Kirchturmpolitik* f ‖ ⟨pej⟩ *Lokalpatriotismus* m ‖ ⟨Ling⟩ *lokaler Ausdruck* m od *lokale Redewendung* f, *Lokalismus* m ‖ **–lización** *f Lokalisierung* f ‖ *Ortung* f ‖ *Standort* m *(e–r Fabrik)* ‖ *Lagebestimmung* f ‖ *Auffinden* n ‖ *Suchen* n ‖ *Ein|schränkung, -grenzung* f ‖ ~ *de genes* ⟨Gen⟩ *Genlokalisation* f ‖ ~ *de la producción Standort* m *der Produktion* ‖ **–lizador** *m* ⟨Atom⟩ *Fokusblende* f ‖ ⟨Flugw⟩ *Landekurssender* m, *Ansteuerungsfunkfeuer* n ‖ **–lizar** [z/c] vt *lokalisieren* ‖ ⟨Mil Flugw TV⟩ *orten* ‖ *suchen* ‖ *finden* ‖ *be|schränken, -grenzen* ‖ *eindämmen (Feuer, Seuche)*
locamente adv *verrückt, toll, irre* ‖ *übermäßig, über allen Maßen* ‖ ~ *enamorado (un)sterblich* od *bis über beide Ohren verliebt*
locatario *m Mieter* m
locativo *m* ⟨Gr⟩ *Lokativ* m
locatis adj *(m/f) verrückt* ‖ ~ *m/f Verrückte(r* m) f
locaut *m* → **lock-out**
¹locha *f* ⟨Fi⟩ *Bartgrundel, Schmerle* f (Nemachilus barbatulus)
²locha *f* Ven *e–e Nickelmünze* f
loción *f* ⟨Pharm⟩ *Flüssigkeit, Lotion* f ‖ ⟨Med⟩ *Waschung* f ‖ *Spülung* f ‖ ~ *bronceadora Sonnen(schutz)öl* n ‖ *Bräunungsmilch* f ‖ ~ *capilar Haarwasser* n ‖ ~ *facial Gesichtswasser* n
lock-out *m Aussperrung* f *(von Arbeitnehmern)*
¹loco adj *irr-, wahn|sinnig, toll* ‖ *töricht, närrisch, albern* ‖ *lustig, vergnügt, ausgelassen* ‖ *unsinnig, übertrieben, toll* ‖ ⟨fig⟩ *kolossal, fabelhaft* ‖ ⟨fig⟩ *wuchernd (Pflanze)* ‖ ⟨fig⟩ *zu üppig, zu geil* ‖ ~ *de amor liebestoll* ‖ ~ *de atar* → ~ *de remate* ‖ ~ *de cólera rasend vor Zorn* ‖ ~ *por la música* ⟨fig⟩ *sehr musikbegeistert* ‖ ~ *de remate völlig* od ⟨fam⟩ *total verrückt* ‖ ♦ *a lo* ~ *ohne Überlegung, überstürzt* ‖ *a tontas y a* ~**as** ⟨fam⟩ *in den Tag hinein* ‖ ◇ *andar* ~ *por una mujer* ⟨figf⟩ *rasend* od *(un)sterblich in e–e Frau verliebt sein,* ⟨fam⟩ *in e–e Frau ver|narrt* od *-schossen* od *-knallt sein* ‖ *correr la* ~**a** ⟨fam⟩ *bummeln* ‖ *estar* ~ *de contento vor Freude außer s. sein* ‖ *estar* ~ *por algo auf et. verrückt* od *versessen sein* ‖ *estar medio* ~ ⟨fam⟩ *e–n Klaps haben* od *nicht ganz dicht sein* ‖ *volver a uno* ~ ⟨fig⟩ *jdn zur Verzweiflung bringen* ‖ *jdn verrückt machen (aus Liebe, vor Ärger)* ‖ *volverse* ~ *toll werden* ‖ *es para volverse* ~ *es ist zum Verrücktwerden* ‖ ~ *m Narr, Verrückte(r), Tolle(r)* m ‖ *Irre(r), Wahnsinnige(r)* m ‖ ♦ *cada* ~ *con su tema jedem Narren gefällt s–e Kappe,* ⟨fam⟩ *jedem Tierchen sein Pläsierchen* ‖ ◇ *tener vena de* ~ ⟨fam⟩ *nicht recht bei Trost sein*
²loco: ~ *citato* (lat) *am angeführten Ort*
locoide adj ⟨fam⟩ *halb verrückt*
locomo|ción *f Fortbewegung* f ‖ *Lokomotion* f (bes. Med Zool) ‖ **–tor** adj *(fort)bewegend, (Fort)Bewegungs-* ‖ ⟨Wiss⟩ *lokomotorisch* ‖ **–tora** *f Lokomotive,* ⟨fam⟩ *Lok* f ‖ ~ *de aire comprimido Druckluftlokomotive* f ‖ ~ *Diesel Diesellokomotive* f ‖ ~ *eléctrica Elektrolokomotive* f ‖ ~ *de refuerzo Vorspannlokomotive* f ‖ ~ *de reserva*

Reservelokomotive f ‖ ~ *de vapor*
Dampflokomotive f ‖ **–triz** [*pl* ~**ces**] adj: *fuerza*
~ *fortbewegende Kraft* f
loco|movible adj *(m/f) (fort)bewegungsfähig* ‖
–móvil adj *(m/f) (fort)bewegungsfähig* ‖ ~ m
Lokomobil n
locotractora *f* ⟨EB⟩ *Rangierlokomotive* f, *Trecker*
m
Lócrida *f* ⟨Geogr Hist⟩ *Lokris*
lo|cuacidad *f Geschwätzigkeit* f ‖ **–cuaz** [*pl*
~**ces**] adj *(m/f) geschwätzig, schwatzhaft, redselig*
locución *f Rede|wendung, Redensart* f ‖
Redeweise f ‖ ⟨Gr⟩ *Äußerung* f ‖ *Ausdruck* m
locue|la *f individuelle Sprechweise* f ‖ ⟨fam⟩
Närrchen, lebhaftes Mädchen n ‖ **–lo** adj dim von
loco ‖ ⟨fam⟩ *Närrchen* n
locuente *m/*adj *der Sprechende, der Redner*
locura *f Wahn* m ‖ *Verrücktheit, Narrheit* f,
Wahnsinn m ‖ ⟨fig⟩ *törichte Handlung* f ‖ *tolle*
Idee f, *verrückter Einfall* m ‖ ~ *erótica*
Liebeswahn, erotischer Wahn m ‖ ~ *maniaco-*
depresiva manisch-depressives Irresein n ‖ ¡es una
~! *das ist ja (heller) Wahnsinn!* ‖ **–s** *fpl*
unüberlegte Streiche mpl ‖ *Narreteien* fpl ‖
Schäkerei f ‖ ◇ *hacer* ~ *schäkern* ‖
(herum)albern
locus delicti ⟨lat⟩ ⟨Jur⟩ *Ort* m *des Verbrechens*
locu|tor *m* ⟨Radio TV⟩ *Ansager, Sprecher* m ‖
–torio *m Sprechzimmer* n *(in Klöstern, in*
Gefängnissen) ‖ ⟨Tel⟩ *Sprechzelle* f ‖ ~ *(público)*
(öffentliche) Sprechstelle f
lo|dazal *m schlammige Stelle* f ‖ *Morast* m ‖
–do *m Schlamm, Morast* m ‖ *Kot, Schmutz* m ‖
Straßendreck m ‖ ~ *medicinal Heilschlamm,*
Fango m ‖ ◇ *salir del* ~ *y caer en el arroyo*
⟨figf⟩ *aus dem Regen in die Traufe kommen* ‖
salpicar de ~ *mit Schmutz bewerfen* ‖ ⟨fig⟩
beschimpfen ‖ ⟨fig⟩ *verleumden*
loden *m* ⟨Text⟩ *Loden* m
lodoño *m* ⟨Bot⟩ *Nav* → *almez*
lodoso adj *schlammig, morastig* ‖ *kotig*
loes(s) *m* ⟨Geol⟩ *Löß* m
loga *f* MAm *Lob* n
loganiáceas *fpl* ⟨Bot⟩ *Logangewächse* npl
(Loganiaceae)
loga|ritmación *f* ⟨Math⟩ *Logarithmierung* f ‖
–ritmar vt/i *logarithmieren* ‖ **–rítmico** adj
logarithmisch ‖ ~ m *Logarithmus* m ‖ ◇
tomar el ~ *(de un número) (e–e Zahl)*
logarithmieren
¹logia, loggia *f Loggia* f
²logia *f Loge* f ‖ ~ *(franc)masónica*
Freimaurerloge f
lógica *f Logik* f ‖ ⟨fig⟩ *Folgerichtigkeit* f ‖ ⟨fig⟩
Gedankengang m ‖ ⟨fig⟩ *Denkweise* f ‖ ~ *parda*
⟨fam⟩ *natürlicher Mutterwitz* m
logicismo *m* ⟨Philos⟩ *Logizismus* m
lógico adj *logisch* ‖ *folgerichtig* ‖ ⟨fam⟩
selbstverständlich ‖ ~ m *Logiker* m
logocéntrico adj *logozentrisch*
logismo *m* ⟨Philos⟩ *Logismus* m
logísti|ca *f* ⟨Mil Philos⟩ *Logistik* f ‖ **–co** adj
logistisch ‖ ~ m *Logistiker* m
logocracia *f* ⟨Soz⟩ *Logokratie* f
logogrifo *m Logogriph* m *(Buchstabenrätsel)*
logo|maquia *f* ⟨Philos⟩ *Logomachie* f,
Haarspalterei f, *Wortstreit* m ‖ **–patía** *f*
Sprachstörung, Logopathie f ‖ **–peda** *m/f*
Logo|päde m, *-pädin* f ‖ **–pedia** *f Logopädie* f ‖
–rrea *f* ⟨Med⟩ *krankhafte Geschwätzigkeit,*
Logorrhö(e) f
logos *m* ⟨Philos⟩, ~ ⟨Theol⟩ *Logos* m
logotera|peuta *m/f* ⟨Med⟩ *Logotherapeut(in* f)
m ‖ **–pia** *f* ⟨Med⟩ *Logotherapie* f
logotipo *m* ⟨Typ⟩ *Logotype,*

Mehrbuchstabenletter f ‖ *Signet, Firmenzeichen* n
lograr vt/i *er|langen, -reichen* ‖ *erwerben,*
gewinnen ‖ *erreichen, durchsetzen* ‖ ◇ *logra*
cuanto quiere es geht ihm (ihr) alles nach Wunsch
‖ ~ *la aprobación Beifall finden (de bei)* ‖ ~
muchos éxitos viel Erfolg haben ‖ ~ *un favor e–e*
Gunst erlangen ‖ ~ *a fuerza de ruegos durch*
Bitten erreichen ‖ ~ *un gol od tanto* ⟨Sp⟩ *ein Tor*
schießen ‖ *logré disuadirle de su propósito es*
gelang mir, ihn von s–m Vorhaben abzubringen ‖
no lo logró es misslang ihm (ihr) ‖ *no logra*
expresarse er (sie, es) ist nicht imstande, s.
auszudrücken ‖ ~**se** *gelingen* ‖ *geraten*
logrero *m Wucherer* m ‖ ⟨fam⟩ *Schieber,*
Hamsterer m ‖ *Spekulant* m ‖ ⟨Pol⟩ *Opportunist*
m ‖ Arg Chi Col Ur ⟨fig⟩ *Schmarotzer* m
logro *m (Geschäfts)Gewinn* m ‖ *Nutzen, Vorteil*
m ‖ *Besitz, Genuss* m ‖ *Zustandebringen,*
Gelingen n, *Erfolg* m ‖ *Wucher(zins)* m ‖ ◇ *dar a*
~ *auf Zins leihen* ‖ *zu Wucherzinsen leihen*
Logroño *m* [Stadt und Provinz in Spanien]
Logroño n ‖ ⁼**nés** adj/s *aus Logroño* ‖ *auf*
Logroño bezüglich
Loira *f* [Fluss]: el ~ *die Loire*
loís|mo *m* ⟨Gr⟩ *(nicht korrekte) Verwendung*
von **lo(s)** *statt* **le(s)** *als Dativform des männlichen*
Personalpronomens ‖ ~ *auch* **leísmo** ‖ **–ta** *m/f*
der (die) **lo(s)** *statt* **le(s)** *als Dativform des*
männlichen Personalpronomens verwendet
lo|jano adj/s *aus Loja* (Ec) ‖ *auf Loja*
bezüglich ‖ **–jeño** adj/s *aus Loja* (P Gran) ‖ *auf*
Loja bezüglich
△ **lojelar** vt *verursachen*
Lojito *m* np ⟨fam⟩ → **Liborio**
Lola, Lolita, Lores, Lolen *f* np ⟨fam⟩ →
Dolores
loló adj *rot*
loma *f Bergrücken, (kleiner) Bergkamm* m ‖
Hügel m, *Erhöhung, Anhöhe* f ‖ *Hügelkette* f
△ **lomar** vt *geben*
lomba *f* Sant León → **loma**
¹lombar|da *f* ⟨Mil Hist⟩ *Lombarde* f
²lombarda *f* ~ *col* roja
lombardero *m* ⟨Mil Hist⟩ *Soldat* m *an der*
Lombarde
Lom|bardia *f* ⟨Geogr⟩ *die Lombardei* f ‖
⁼**bárdico** adj *lombardisch*
¹lombardo adj *lombardisch* ‖ ~ m *Lombarde*
m
²lombardo adj ⟨Taur⟩ *dunkelbraun mit*
hellbraunem Rumpfoberteil (Stier)
△ **lombardó** *m Löwe* m
lombo *m* Sal → **¹lomo**
lombri|cida *m/*adj ⟨Med Pharm⟩ *Wurmmittel* n
‖ **–guera** *f (Regen)Wurmloch* n
lombriz [*pl* ~**ces**] *f Wurm* m ‖ ~ *intestinal*
Eingeweide-, Spul|wurm m ‖ ~ *de tierra*
Regenwurm m ‖ ~**ces** *fpl Wurmkrankheit* f
¹lomera *f* ⟨Arch⟩ *Dachfirst* m
²lomera *f* ⟨Buchb⟩ *Rücken|einlage,*
-verstärkung f ‖ *Heftbund* m
lometón *m* Cu → **montículo**
lomibayo adj Cu ⟨Agr⟩ *scheckig*
(Schwarzbuntzucht)
lomi(e)nhiesto adj *mit hohem Rücken (Pferd*
usw.) ‖ ⟨fig⟩ *hochmütig*
lomillería *f* SAm *(Laden* m *für) Riemenzeug* n
‖ *Sattelzeug* n
¹lomillo *m Sattelrücken* m
²lomillo *m Kreuzstich* m
³lomillo *m* Ar → **¹lomo**
⁴lomo *m (Unter)Rücken* m ‖ *Lende(n)* f(pl) ‖
Rücken m *der Tiere (vom Kreuz bis zu den*
Hüften) ‖ ⟨Kochk⟩ *Lenden|stück* n, *-braten* m ‖
⟨fig⟩ *Lasttier* m ‖ ⟨Agr⟩ ~ *de asno* ⟨EB⟩ →

albardilla ‖ sobre el ~ *auf dem Rücken* ‖ ◇ pasar(le) a alg. la mano por el ~ ⟨figf⟩ *jdm schmeicheln, jdm flattieren* ‖ *jdm um den Bart gehen*
⁵lomo *m Buchrücken* m ‖ *Rücken* m *(e–s Messers usw.)* ‖ *Rücklehne* (z. B. *e–s Sessels)* ‖ ⟨Agr⟩ *Furchenrücken* m
△ **lon** *m Geldtasche* f
lona *f Segeltuch* n ‖ *Leinwand* f ‖ *(Zelt)Plane* f ‖ Mex *Sackleinen* n ‖ ~ de bomberos, ~ de salto *Sprungtuch* n ‖ ◇ besar la ~ ⟨Sp⟩ [Boxen] *auf die Matte gehen*
loncha *f dünner, flacher Stein* m ‖ *Schnitte* f *(Schinken)* ~~Sонеbe~~
△ **lonchería** *f* Am *Cafeteria* f
lóndigo *m* → **alhóndiga**
lon|dinense adj *(m/f) aus London* ‖ *auf London bezüglich* ‖ ~ *m/f Londoner(in* f) m ‖ ⁼**dres** *m* [Stadt] *London* n
loneta *f* ⟨Mar⟩ *leichtes Segeltuch* n
longa *f* ⟨Mus⟩ *Longa* f
lon|ganimidad *f Langmut* f ‖ **–gánimo** adj *langmütig, hochherzig*
longaniza *f Schlackwurst* f ‖ ⟨fig⟩ *lange Reihe* f ‖ ◇ hay más días que ~s ⟨fam⟩ *nur Geduld!* ‖ *nicht so eilig!* ‖ allá(*od* aquí etc) tampoco (se) atan los perros con ~(s) ⟨figf⟩ *es wird überall mit Wasser gekocht*
△ **longares** *m Feigling* m
lon|gazo adj augm von **luengo** ‖ **–gevidad** *f Langlebigkeit* f ‖ *hohes Alter* n ‖ ⟨fig⟩ *Lebensdauer* f ‖ **–gevo** adj *langlebig* ‖ **–gincuo** adj *fern, entfernt*
Longino(s) *m* np *Longinus* m
longi|pedo adj ⟨poet⟩ *langfüßig*
longirrostro adj/s ⟨V⟩ *langschnäb(e)lig*
longísimo adj sup von **luengo**
longi|tud *f Länge* f ‖ ~ de chispa ⟨El⟩ *Funkenstrecke* f ‖ ~ focal ⟨Opt⟩ *Brennweite* f ‖ ~ de medida *Längenabmessung* f ‖ ~ este, oriental ⟨Mar⟩ *Ostlänge* f ‖ ~ oeste, occidental ⟨Mar⟩ *Westlänge* f ‖ ~ de onda ⟨Radio⟩ *Wellenlänge* f ‖ **–tudinal** adj *Längen–* ‖ *Längs–* ‖ *longitudinal* ‖ ◆ en sentido ~ *in Längsrichtung* ‖ ~**mente** adv *der Länge nach*
longo *m* Ec *junger Indianer* m
longobardo adj *langobardisch* ‖ ~ *m Langobarde* m
longorón *m* Cu ⟨Zool⟩ *Art Bohrmuschel* f
long(play) *m* [*pl* ~s] *m Longplay* n
longue|ra *f schmaler Streifen* m *Land* ‖ **–tas** *fpl* ⟨Med⟩ *Verband(s)streifen* mpl
longui(s) *m* ⟨fam⟩: hacerse el ~ *s. unwissend stellen, den Dummen spielen* ‖ tomar ~ *Reißaus nehmen*
lon|g(u)ísimo adj sup von **luengo** ‖ **–gura** *f Länge* f ‖ *Weite* f
¹lonja *f Scheibe, Schnitte* f *(Schinken, Speck)* ‖ Arg *sauberes Fell* n *(ohne Fleisch und Haare)* ‖ Arg *Schnitze* f *(der Peitsche)* ‖ ~ de jamón *Scheibe* f *(Schinken)* ‖ ~ de ternera *(Kalbs)Schnitzel* n
²lonja *f Warenbörse* f *(& Gebäude)* ‖ *Vorhof* m *(bes. e–r Kirche)* ‖ ~ de contratación *Handelsbörse* f
lonta|nanza *f* ⟨Mal⟩ *Fernsicht* f ‖ *Ferne, Entfernung* f ‖ ◆ en ~ *in der Ferne, von Ferne* ‖ **–no** adj ⟨reg⟩ *weit, entfernt*
looping [*pl* ~s] *m* ⟨Flugw⟩ *Looping, Überschlag* m
loor *m Lob* n ‖ ◆ en ~ de la Virgen *zu Ehren der Jungrau Maria* ‖ ~**es** mpl ⟨Rel⟩ *Loblieder* npl, *Laudes* fpl ⟨lat⟩
lopesco adj *auf den span. Dramatiker Lope de Vega (1562–1635) bezüglich*

López np: ésos son otros ~, ésos son otros *Lópeces* ⟨fam⟩ *das ist et. ganz anderes*
lopista *m/f Kenner(in* f) m *Lope de Vegas* ‖ *Lope-Forscher(in* f) m
loque|ar vi *s. wie ein Narr benehmen* ‖ ⟨fam⟩ *dummes Zeug treiben* ‖ ⟨fig⟩ *scherzen, schäkern* ‖ *herumtollen* ‖ **–ra** *f* ⟨fam⟩ *Irrenzelle* f ‖ *Irrenaufseherin* f ‖ **–ría** *f* Pe Chi ⟨fam⟩ *Irrenanstalt* f (→ **manicomio**) ‖ **–ro** *m* ⟨fam⟩ *Irren|wärter, -aufseher* m
loquios mpl ⟨Med⟩ *Lochien* fpl
lora *f* Am *Papagei* m ‖ Chi *Papageienweibchen* n ‖ Chi *geschwätzige Frau,* ⟨fam⟩ *Klatschtante* f
△ **lorampio** *m Uhr* f
Loran, loran *m* ⟨Flugw Mar⟩ (engl: *Long Range Navigation*): radionavegación ~ *Lorannavigation* f *(ein* • *Hyperbelnavigationsverfahren)*
lorantáceas *fpl* ⟨Bot⟩ *Mistelgewächse* npl (Loranthaceae)
lord [*pl* lores] *m (englischer) Lord* m
lordosis *f* ⟨Med⟩ *Lordose* f
△ **loré** *m Mücke* f
Lore|na *f* ⟨Geogr⟩ *Lothringen* n ‖ ⁼**nés** adj *lothringisch* ‖ ~ *m Lothringer* m
Lorenzo *m* np *Lorenz* m ‖ ⟨fam⟩ *die Sonne* f ‖ ¡hoy (le) pega ~! *heute sengt die Sonne!*
loreta *f* ⟨pop⟩ *(Straßen)Dirne* f
Loreto *m* [Stadt] *Loreto* n
lori *m* ⟨Zool⟩ *Lori* m (Loris spp, Nycticebus spp) ‖ ⟨V⟩ *Lori* m
loriga *f (Schuppen)Panzer* m
lorito *m* dim von **loro** ‖ *Lori, kleiner Papagei* m
¹loro adj *dunkel, schwärzlich* ‖ *bräunlich*
²loro *m Papagei* m ‖ ⟨fig⟩ *geschwätzige Person* f ‖ ⟨fig⟩ *hässliche, liederliche Frau* f, ⟨fam⟩ *Besen* m ‖ ⟨figf⟩ *geschwätziges Weibstück* n, *Klatschtante* f ‖ Am ⟨fig⟩ *Spion* m ‖ ◇ estar al ~ ⟨figf⟩ *kapieren, mitkriegen*
lorquiano adj *auf Federico García Lorca (1898–1936) bezüglich*
lorquino adj *aus Lorca* (P Murc) ‖ *auf Lorca bezüglich*
Lor²⁰ ⟨Abk⟩ = **Lorenzo**
¹los, las *pl* art *pl* die (pl von el, la) ‖ → **el**
²los, las *pl* pron, *pl* nom acc *sie* ‖ zur Verwendung → **laísmo, leísmo loísmo** ‖ ⟨reg⟩ *auch vor* pron poss: los nuestros asuntos *unsere Angelegenheiten* ‖ no los veo *ich sehe sie nicht* ‖ ¡déjalos! *lass sie sein!* ‖ (vosotros) ~ españoles lo sabéis *ihr Spanier wisst es*
³los, las *pl* Am: & *für* os gebraucht
losa *f Steinplatte* f ‖ *(Boden)Fliese, Bodenplatte* f ‖ p. ex *Falle* f *(aus Steinplatten gebaut)* ‖ ~ funeraria *od* sepulcral *od* tumularia *Grab|platte* f, *-stein* m
losange *m* ⟨Math⟩ *Rhombus* m ‖ ⟨Her⟩ *Raute* f
lo|sar vt *fliesen (Boden), mit Bodenplatten belegen* ‖ **–seta, –silla** *f* dim von **losa** ‖ *Falle* f, *Betrug* m
losino adj *aus Losa* (P Burg) ‖ *auf Losa bezüglich*
Lot *m* np ⟨Bibl⟩ *Lot* m
Lotario *m* np *Lothar* m
¹lote *m (An)Teil* m, *Los* n ‖ ⟨Com⟩ *Partie* f, *Posten* m *Waren* ‖ ⟨Pharm⟩ *Charge* f ‖ *Parzelle* f ‖ *Konvolut* n *(& bei Versteigerungen)* ‖ ~ de géneros *Posten* m *Waren* ‖ ◇ darse un ~ ⟨fig pop⟩ *eine Frau betatschen*
²lote *m* Arg *Dummkopf* m
lote|ar vt *in Lose (auf)teilen* ‖ *parzellieren (Grundstücke)* ‖ **–ra** *f Lotterielosverkäuferin* f ‖ *Lotterieeinnehmerin* f ‖ **–ría** *f Lotterie* f ‖ ~ de

Navidad *span. staatliche Weihnachtslotterie* f ‖ ~
primitiva *Lotto* n ‖ ◇ caerle *od* tocarle a uno la ~
⟨fig⟩ *in der Lotterie gewinnen* (& iron) ‖ ⟨fig
iron⟩ *Glück bzw Pech haben* ‖ **–ro** m
Lotterielosverkäufer m ‖ *Lotterieeinnehmer* m
loti m [Währungseinheit] *Loti* m
¹loto m ⟨Bot⟩ *Seerose* f (Nymphaea spp) ‖
Lotusblüte f
²loto m *Lotto* n
lotófagos mpl ⟨Myth⟩ *Lothophagen, Lotosesser*
mpl
Lo|vaina f [Stadt] *Löwen* n ‖ **=vaniense** adj/s
(m/f) *aus Löwen* ‖ *auf Löwen bezüglich*
△ **lovén** m *Geld* n
loxodromia f ⟨Flugw Mar⟩ *Loxodrome* f
△ **loyar** vt *nehmen, packen*
loza f *Steingut* n ‖ *feine irdene Ware* f ‖ ~ de
la Cartuja *feine sevillanische Porzellanware* f ‖ ~
común *Töpferware* f ‖ ~ de China *chinesisches
Porzellan* n ‖ ~ de Fayenza *Fayence* f ‖ ~
feldespática *Feldspatsteingut* n ‖ ~fina
Feinsteingut n ‖ ~ sanitaria *Sanitärkeramik* f ‖ ◆
de ~ *irden*
loza|namente adv *frisch, munter* ‖ *üppig* ‖
–near, –necer [-zc-] vi *üppig wachsen, wuchern
(Pflanzen)* ‖ *munter, fröhlich sein* ‖ *vor
Gesundheit strotzen* ‖ **–nía** f *Wuchern* n,
Üppigkeit f *(der Pflanzen)* ‖ *Kraft, Vollsaftigkeit,
Rüstigkeit, Stattlichkeit* f ‖ *Munterkeit,
Fröhlichkeit* f ‖ **–no** adj *frisch, rüstig, jungkräftig*
‖ *vollsaftig* ‖ *üppig (Pflanze)* ‖ ⟨fig⟩ *lustig, munter*
L.P. ⟨Abk⟩ = **letras a pagar**
lqdo. ⟨Abk⟩ = **líquido**
L.S. ⟨Abk⟩ = **Locus sigilli (lugar del sello)**
ltda. ⟨Abk⟩ = **limitada**
¹lúa f *Espartohandschuh* m *(zum
Pferdestriegeln)*
²lúa f *Mancha Lederbeutel* m *(zum Sammeln
von Safran)*
³lúa f ⟨Mar⟩ *Leeseite* f
△ **luandar** vt *hängen*
△ **luar** [pres lúo] vt *binden*
lubequés adj/s *aus Lübeck, lüb(eck)isch*
lubigante m ⟨Zool⟩ → **bogavante**
lubina f ⟨Fi⟩ *Wolfs-, See|barsch* m (Labrax
lupus)
lubri|cación, –cante → **lubrifi|cación, –cante**
lubricán m ⟨poet⟩ *Morgen- bzw
Abend|dämmerung* f
lubricidad f *Schlüpfrigkeit* f (& fig) ‖
Lüsternheit, Geilheit f ‖ *Ausschweifung* f
lúbrico adj *schlüpfrig, glatt* ‖ ⟨fig⟩ *geil,
unzüchtig, schlüpfrig* ‖ adv: ~**amente**
lubrifi|cación f *Einölung* f ‖ *Einölen* n ‖
Abschmieren n ‖ *Abschmierung* f ‖ **–cador** m/adj
Schmiervorrichtung f ‖ *Schmierbüchse* f ‖
Schmiernippel m ‖ **–cante** adj *(m/f) Schmier-* ‖ ~
n Schmiermittel n ‖ **–car** [c/qu] vt *ein|schmieren,
-ölen*
△ **luca** f *Pesete* f
lucano m ⟨Ins⟩ *Hirschkäfer* m (Lucanus
cervus)
lucánidos mpl ⟨Ins⟩ *Hirschkäfer* mpl
Lucanidae)
lucano m *Ar* ⟨V⟩ → **lugano**
△ **lucas** fpl *Spielkarten* fpl
Lucas m np *Lukas* m
luceci|ta, –lla f dim von **¹luz**
lucense adj/s *(m/f) aus Lugo* ‖ *auf Lugo
bezüglich*
lucentísimo adj sup von **luciente**
lucera f *Dachfenster* n ‖ *Boden-, Giebel|luke* f
¹lucerna f **a)** *Dachluke* f ‖ **b)** *Kronleuchter* m
²lucerna f ⟨Fi⟩ *Roter Knurrhahn* m (Trigla
lucerna)

³lucerna f → **alfalfa**
Lucerna f [Stadt] *Luzern* n
lucernario m ⟨Arch⟩ *Oberlicht(ausbau* m) n,
Laterne f ‖ *Lichtschacht* m *(Katakomben)*
△ **lucerno** m *Leuchter* m
lucérnula f ⟨Bot⟩ *Schwarzkümmel* m (Nigella
spp)
lucero m/adj *(Morgen- bzw Abend)Stern* m ‖
⟨fig⟩ *Blesse* f *(Abzeichen am Tierkopf)* ‖ ⟨figf⟩
Schatz m, *Liebchen* n *(Kosewort)* ‖ ~ del alba, ~
matutino *Morgenstern* m, *Frühgestirn* n ‖ ~
vespertino *Abendstern* m ‖ ~**s** mpl ⟨fig poet⟩
Augen npl
lucha f *(Ring)Kampf* m ‖ ⟨fig⟩ *Bekämpfung* f ‖
⟨fig⟩ *Ringen* n ‖ ⟨fig⟩ *Wettstreit* m ‖ ~
antituberculosa *Kampf* m *gegen die Tuberkulose* ‖
~ a brazo partido *Handgemenge* n ‖ ~ callejera
Straßenkampf m ‖ ~ contra el cáncer
Krebsbekämpfung f ‖ ~ por la civilización
Kulturkampf m ‖ ~ de clases *Klassenkampf* m ‖
~ contra el crimen *od* la criminalidad
Verbrechensbekämpfung f ‖ ~ sin cuartel *gnaden-
, erbarmungs|loser Kampf* m ‖ ~ cuerpo a cuerpo
⟨Mil⟩ *Kampf* m *Mann gegen Mann, Nahkampf* m
‖ ~desigual *ungleicher Kampf* m ‖ ~ encarnizada
erbitterter Kampf m ‖ ~ por la existencia *Kampf
ums Dasein, Daseinskampf* m ‖ ~ grecorromana
⟨Sp⟩ *griechisch-römischer Ringkampf* m ‖ ~ libre
⟨Sp⟩ *Freistilringen* n ‖ ~ con la muerte
Todeskampf m ‖ ~ contra las plagas
Schädlingsbekämpfung f ‖ ~ de posiciones ⟨Mil⟩
Stellungskampf m ‖ ~ de razas *Rassenkampf* m ‖
~ contra el ruido *Lärmbekämpfung* f ‖ ~
suprema *Entscheidungskampf* m ‖ ⟨fig⟩ *Kampf* m
mit dem Tod ‖ ~ por la vida *Kampf* m *ums
Dasein* ‖ *Daseinskampf* m ‖ ◆ dispuesto *(od*
pronto) para la ~ *kampfbereit*
luchador m *(Ring)Kämpfer, Ringer* m (& fig) ‖
⟨fig⟩ *Kämpfer* m ‖ ⟨fig⟩ *Streiter* m ‖ ⟨fig⟩ *armer
Mensch* ‖ ~ político *politischer Kämpfer* m
luchar vi *kämpfen* ‖ *streiten* ‖ ⟨Sp⟩ *ringen* ‖ ◇
~ con la muerte *mit dem Tode ringen* ‖ ~ por
recobrar la salud *für die Wiederherstellung der
Gesundheit kämpfen*
luche m *Chi e–e essbare Alge* f
△ **luchipén** m *Abgrund* m
Lucía f np *Luzie* f
Luciano m np *Lucian* m
lucidez [pl ~**ces**] f ⟨fig⟩ *Klarheit* f ‖ *Helle* f ‖
Deutlichkeit f ‖ *(Verstandes)Schärfe* f
lucido adj *prächtig, auserlesen, pracht-,
glanz|voll* ‖ *glänzend, prächtig* ‖ → **lucir(se)** ‖ ◇
hacer un papel ~ *(fam) s. auszeichnen*
lúcido adj *strahlend, leuchtend* ‖ ⟨poet⟩ *licht,
hell* ‖ ⟨fig⟩ *klar, deutlich*
luciente adj *(m/f) strahlend, leuchtend* ‖
*glänzend, blinkend, glitzernd, funkelnd,
schimmernd*
luciérnaga f ⟨Ins⟩ *Leuchtkäfer* m, *Glüh-,
Johannis|würmchen* n ‖ ~ común *Großer
Leuchtkäfer* m, *Glühwürmchen* n (Lampyris
noctiluca)
Luci|fer m *Luzifer, Teufel* m (& fig) ‖ *Luzifer,
Morgenstern* m ‖ **=ferino** adj *luziferisch, teuflisch,
diabolisch*
lucifero m *Morgenstern* m ‖ Col *Zünd-,
Streich|hölzchen* n
lucífugo adj ⟨poet Wiss⟩ *lichtscheu*
lucimiento m *Glanz, Schimmer* m ‖ ⟨fig⟩
Pracht f, *Prunk* m ‖ ⟨fig⟩ *Freigebigkeit* f ‖ ⟨fig⟩
Großartigkeit f ‖ ◆ de gran ~ *prächtig*
¹lucio adj *glänzend, glatt* ‖ *glanzhaarig (Vieh)*
‖ ⟨fig⟩ *gesund*
²lucio m ⟨Fi⟩ *Hecht* m (Esox lucius)
³lucio m *Strandlache* f

Lucio m np *Luzius, Lucius* m
lu|ción m ⟨Zool⟩ *Blindschleiche* f (Anguis fragilis) ‖ **–ciónidos** *mpl Schleichen* fpl (Anguidae)
lucioperca f ⟨Fi⟩ *Zander* m (Lucioperca sandra)
lucir [-zc-] vt *beleuchten* ‖ ◇ ~ *sus facultades s–e Fähigkeiten zur Schau stellen* ‖ ~ *un vestido mit e–m Kleid prangen* ‖ *ein (neues) Kleid anhaben* ‖ *eso no te luce das ist nicht nett von dir* ‖ ~ vi *leuchten, glänzen, blinken, glitzern, funkeln, schimmern* ‖ s. *hervortun* ‖ *nützen, ersprießlich sein* ‖ ~ en ... *prangen in* (dat) ‖ *el ~ del sol der Sonnenschein* ‖ *bien (od así) le luce el pelo er (sie, es) sieht kümmerlich aus* ‖ ~se s. *putzen (kleiden)* ‖ ⟨fig⟩ s. *auszeichnen, s. hervortun* ‖ s. *blamieren* ‖ ◇ *haberse lucido s. schön blamiert haben* ‖ *lucidos estaríamos si ... es fehlte noch, dass ...* ‖ *¡nos hemos lucido! ¡lucidos estamos! ⟨fam⟩ welche Blamage (für uns)!*
Lucita f np *span. Frauenname*
lucrar vt/i *erreichen, erzielen* ‖ *Gewinn schlagen* ‖ ~se *Nutzen ziehen* ‖ s. *bereichern*
lucrativo adj *einträglich, nutz-, gewinn|bringend* ‖ *lohnend* ‖ *lukrativ* ‖ *no ~ unentgeltlich*
Lucre|cia f np *Lukretia, Lukrezia* f ‖ **–cio** m np *Lukrez* m
lucro m *Gewinn, Nutzen* m ‖ *Profit* m ‖ *Erwerb* m ‖ ~ *cesante* ⟨Jur⟩ *entgangener Gewinn* m ‖ *ni ~ ni gloria weder Gewinn noch Ruhm*
lucroniense adj/s *(m/f) aus Logroño* [Stadt und Provinz in Spanien] ‖ *auf Logroño bezüglich*
luctuoso adj *kläglich, traurig* ‖ *Trauer-*
lucubración f *geistige Nachtarbeit* ‖ *fleißiges Studium* n
Lúculo m np *Lucullus* m
△ **luda** f *Frau* f, *Weib* n
ludibrio m *Spott, Hohn* m ‖ ◇ *hacer ~ de algo et. verspotten*
lúdi|co, –cro adj *Spiel-*
ludión m ⟨Phys Hist⟩ *kartesianisches Teufelchen* n, *kartesianischer Taucher* m
ludir vt/i *(aneinander) reiben* (con *an* dat) ‖ ◇ *el ~ de las cucharas das Geklirr der Löffel*
ludo|teca f *Ludothek* f ‖ **–patía** f ⟨Med⟩ *krankhafte Spielleidenschaft* f ‖ **–terapia** f ⟨Med⟩ *Spieltherapie* f
luego 1. adv *hernach, nachher, sodann, demnach, mithin, also* ‖ *alsbald, sogleich* ‖ *schnell* ‖ ~, ~ *sogleich, auf der Stelle* ‖ ⟨Philos⟩ *pienso, ~ existo* ⟨lat⟩ *cogito, ergo sum* ‖ *¿~ será verdad? sollte es doch wahr sein?* ‖ *desde ~ sogleich, sofort, gleich, jetzt* ‖ *selbstverständlich, natürlich* ‖ *(de) ~ a ~ unverzüglich* ‖ 2. conj: ~ *que, ~ como sobald als* ‖ ~ *que lo reciba sobald ich es erhalte*
luengo adj ⟨lit⟩ *lang*
lueñe adj ⟨reg⟩ *weit, fern*
lúes f ⟨Med⟩ *Syphilis, Lues* f
luético adj ⟨Med⟩ *syphilitisch, luetisch* ‖ ~ m *Syphilitiker, Luetiker* m
lufa f ⟨Bot⟩ *Luffa* f (Luffa sp)
lugano m ⟨V⟩ *Zeisig* m (Carduelis spinus)
lugar m *Ort, Raum, Platz* m ‖ *Sitz* m *(im Wagen)* ‖ *Stelle, Stätte* f ‖ *Rang* m, *Stelle* f, *Amt* n, *Würde* f ‖ *Örtlichkeit* f ‖ *Ortschaft* f, *Dorf* n, *Ort* m *(zwischen villa und aldea)* ‖ *Wohnort* m ‖ *Beweisstelle* f ‖ *Veranlassung* f, *Anlass* m ‖ ~ *de cargamento Ladeplatz* m ‖ ~ *de comisión (del delito)* ⟨Jur⟩ *Begehungsort* m ‖ ~ *común Gemeinplatz* m, *Banalität* f ‖ ~ *del contrato Abschlussort* m ‖ ~ *cúltico Kultstätte* f ‖ ~ *de cumplimiento Leistungsort* m ⟨Jur⟩

Erfüllungsort m ‖ ~ *de la defunción Sterbeort* m ‖ ~ *de descarga Abladeplatz* m ‖ ~ *de destino Bestimmungsort* m ‖ ~ *devoto Andachtsstätte* f ‖ ~ *de emisión* ⟨Com⟩ *Ausstellungsort* m ‖ ~ *de entrega Ablieferungsort* m ‖ ~ *de establecimiento Niederlassungsort* m ‖ ~ *excusado Klosett* n, ⟨fam⟩ *Abort* m ‖ ~ *del fallecimiento* → ~ *de la defunción* ‖ ~ *geométrico geometrischer Ort* m ‖ ~ *de(l) nacimiento, ~ natal Geburtsort* m ‖ ~ *del óbito Sterbeort* m ‖ ~ *del pago* ⟨Com⟩ *Zahlungsort* m ‖ ~ *de peregrinación Wallfahrtsort* m ‖ ~ *de residencia Aufenthalts-, Wohn|ort* m ‖ ~ *de reunión Versammlungsort* m ‖ ~ *del sello an Siegels Statt (L.S.)* ‖ ◆ *en* ~ *de statt, anstatt* (gen) ‖ *en primer* ~ *erstens* ‖ *an erster Stelle* ‖ *en segundo* ~ *zweitens* ‖ *sin lugar a duda(s) zweifels|frei, -ohne* ‖ *yo en su* ~ ... *ich an Ihrer (s–r, ihrer) Stelle* ... ‖ ◇ *dar* ~ *Platz machen* ‖ *Anlass od Veranlassung od Gelegenheit geben* (a zu) ‖ *zulassen* ‖ *declarar sin* ~ ⟨Jur⟩ *für unstatthaft erklären* ‖ *estar en su* ~ ⟨fig⟩ *angebracht sein* ‖ *estar fuera de* ~ *unangebracht sein* ‖ *nicht od fehl am Platz sein* ‖ *no hay* ~ *es ist kein Anlass* ‖ *como mejor haya* ~ *de od en derecho* ⟨Jur⟩ *nach Gesetz und Recht* ‖ *hacer* ~ *Platz machen* ‖ *ausweichen* (a dat) ‖ *hacerse* ~ *s. durchdrängen* ‖ s. *(durch Verdienste) hervortun* ‖ *hacer su composición de* ~ ⟨fig⟩ *das Für und Wider abwägen* ‖ *poner en su* ~ ⟨fig⟩ *auf das richtige Maß bringen, berichtigen* ‖ *póngase Vd. en mi* ~ *versetzen Sie s. in m–e Lage!* ‖ *tener* ~ *stattfinden, vorkommen* ‖ **–es** *pl: los santos* ~ *die Heiligen Stätten* fpl *(in Israel)*
luga|rejo m *dim von* **lugar** ‖ **–reño** adj *dörflich, Dorf-* ‖ *kleinstädtisch, Kleinstadt-, Provinz-* ‖ ~ m *Dorfbewohner, Dörfler* m ‖ *Kleinstädter* m ‖ *Provinzler* m
lugarte|nencia f *Stellvertretung* f ‖ *Stellvertreterschaft* f ‖ *Statthalterschaft* f ‖ **–niente** m *Stellvertreter* m ‖ *Statthalter* m
lugdunense adj *(m/f)* → **lionés**
luge m *(Rodel)Schlitten* m
△ **lugo** m *Feld* n
Lu|go m [Stadt und Provinz in Spanien] *Lugo* n ‖ **=ués** adj/s *aus Lugo* ‖ *auf Lugo bezüglich*
lugre m ⟨Mar⟩ *Logger, Lugger* m
lúgubre adj *(m/f) traurig, kläglich* ‖ *unheimlich* ‖ *unheilvoll* ‖ *düster, grausig, gräulich, schauderhaft* ‖ *schwermütig, melancholisch, wehmütig, elegisch*
luis m ⟨Hist⟩ *Louisdor* m
¹Luis m np *Ludwig, Louis* m ‖ ~ *el Piadoso Ludwig der Fromme* ‖ ~ *Catorce Ludwig XIV.*
△ **²Luis** m ⟨fam⟩ **–ito, –ón)** m *Klerikale(r), Pfaffenfreund* m ‖ *Homosexuelle(r)* m
luisa f ⟨Bot⟩: (hierba) ~ *Zitronenstrauch* m (Aloysia triphylla)
Luisa f np *Luise* f
lujación f → **luxación**
lujo m *Luxus* m ‖ *Pracht* f ‖ *übertriebener Aufwand* m ‖ *Prachtliebe* f ‖ *Üppigkeit* f ‖ ~ *asiático übertriebener, orientalischer Luxus* m ‖ ◆ *con un* ~ *de detalles mit zahlreichen Einzelheiten (z. B. Nachricht)* ‖ ◇ *ese* ~ *no me lo puedo permitir diesen Luxus od das kann ich mir nicht leisten*
△ **lujoñar** vt *billigen*
lujo|sidad f *Prachtliebe* f ‖ *Luxus* m ‖ **–so** adj *prachtvoll, prächtig* ‖ *luxuriös* ‖ *verschwenderisch* ‖ *kostspielig, aufwendig* ‖ *prachtliebend*
luju|ria f *Wollust, Geilheit* f ‖ *Unzucht* f ‖ *Lüsternheit* f ‖ *Sinnlichkeit* f ‖ ⟨fig⟩ *Zügellosigkeit, Ausschweifung* f ‖ *Fleischeslust* f ‖ **–riante** adj *(m/f) üppig wuchernd (Vegetation)* ‖ ⟨fig⟩ *üppig, strotzend* ‖ **–rioso** m *Lüstling* m

lu|liano adj ⟨Lit Philos⟩ *lullianisch, zum System* n *des katalanischen Theologen Raimundus Lullus (1235–1315) gehörig* ‖ **–lismo** m *Lullismus* m, *System* n *des Raimundus Lullus* ‖ **–lista** adj *(m/f) lullistisch* ‖ ~ *m/f Lullist(in* f), *Anhänger(in* f) m *der lullistischen Lehre*
  lulú m [Hund] *Spitz* m ‖ ⟨allg⟩ *Schoßhündchen* n
  △ **lumadero** m *Zahn* m
  lumaquela f ⟨Geol⟩ *Lumachelle* f *(Schill-Kalk)*
  lum|bago, –balgia f ⟨Med⟩ *Lumbago* f, *Hexenschuss* m ‖ **–bar** adj *(m/f) Lenden-, Lumbal-, lumbal*
  lumbra(ra)da f *Lohe* f, *Flackerfeuer* n
  lumbre f *Feuer* n ‖ *glühende Kohle* f ‖ *(Holz-, Kohlen)Glut* f ‖ *Flamme* f ‖ *Licht* n ‖ ⟨Arch⟩ *Dachluke* f, *Oberlicht* n ‖ ⟨fig⟩ *Glanz* m, *Pracht* f ‖ ⟨fig⟩ *Schimmer* m ‖ ⟨fig⟩ *Licht* n ‖ ⟨fig⟩ *Aufklärung, Belehrung* f ‖ ~ *del agua Wasserspiegel* m ‖ ◆ *a la* ~ *del agua wassergleich, mit dem Wasser gleich* ‖ *al amor de la* ~ *in der Nähe des (Kamin)Feuers, am Ofen* ‖ ◆ *ni por* ~ ⟨figf⟩ *nicht im Traum* ‖ ◇ *dar* ~ *Feuer geben (Raucher)* ‖ *echar* ~ ⟨figf⟩ *Funken sprühen (vor Zorn usw.)* ‖ *pedir* ~ *um Feuer ersuchen, bitten (Raucher)* ‖ *es la* ~ *de mis ojos* ⟨fig⟩ *ich liebe ihn (sie) wie m–n Augapfel* ‖ ~**s** fpl *Feuerzeug* n *(Stein, Stahl und Zunder):* sin dar *más* ~ *ohne weitere Erklärung*
  lumbrera f *leuchtender Körper* m ‖ *Dach|fenster* n, *-luke* f ‖ *Ochsenauge* n *(bei Kuppeln)* ‖ ⟨Tech⟩ *Zugloch* n *(Ofen)* ‖ ⟨Mar⟩ *Oberlicht* n ‖ *Bullauge* n ‖ ⟨fig⟩ *Stern* m ‖ ⟨figf⟩ *Leuchte* f, *Genie* n ‖ Mex ⟨Taur⟩ *Loge* f
  lumbriz f Am ⟨pop⟩ → **lombriz**
  △ **lumé** m *Reich* n
  lumen m ⟨Biol Med Phys⟩ *Lumen* n
  ¹luminaria f *(künstliche) Lichtquelle* f ‖ *Festbeleuchtung* f ‖ ⟨Kath⟩ *Ewiges Licht* n
  △ **²luminaria** f *Fenster* n
  lumínico adj *Leucht-, Licht-*
  lumi|niscencia f *Nachleuchten* n, *Lumineszenz* f ‖ **–niscente** adj *(m/f) lumineszent, lumineszierend* ‖ *kaltes Licht ausstrahlend* ‖ **–nosidad** f *Leuchten* n ‖ *Leuchtkraft* f ‖ *Lichtstärke* f ‖ ⟨Opt⟩ *Helligkeit* f ‖ **–noso** adj *leuchtend, hell, Licht-* ‖ ⟨fig⟩ *klar, deutlich* ‖ **–notecnia** f *Beleuchtungstechnik* f ‖ **–notécnico** adj *beleuchtungs-, licht|technisch* ‖ ~ m *Beleuchtungsfachmann* m
  lumpenesco adj Am *gemein, kanaillenhaft*
  lumpenproletariado m ⟨Soz⟩ *Lumpenproletariat* n
  lumumba m *Weinbrand* m *in heißem Kakao (Erfrischungsgetränk)*
  ¹luna f *Mond* m ‖ *Mond|licht* n, *-schein* m ‖ *Mondphase* f ‖ *Mondwechsel* m ‖ ⟨fig⟩ *Mondsucht* f ‖ ⟨fig⟩ *Laune* f ‖ ⟨fig⟩ *Islam* m ‖ ~ *creciente erstes Viertel* n, *zunehmender Mond* m ‖ ~ *cumplida,* ~ *llena Vollmond* m ‖ media ~ *Halbmond, zunehmender Mond* m ‖ ⟨fig⟩ *Islam* m ‖ ⟨fig Hist⟩ *Türkisches Reich* n ‖ Am ⟨fig⟩ *Croissant, Hörnchen,* Öst *Kipfe(r)l* n *(Gebäck)* ‖ *Media* ~ *Roja Roter Halbmond* m *(entspricht im Islam dem Roten Kreuz)* ‖ ~ *menguante letztes Viertel* n, *abnehmender Mond* m ‖ ~ *de miel Flitterwochen* fpl ‖ ~ *nueva Neumond* m ‖ ◇ *dejar a uno a la* ~ *de Valencia (od Chi Pe a la* ~ *de paita)* ⟨figf⟩ *jdn in s–n Erwartungen täuschen* ‖ *dormir a la* ~ ⟨figf⟩ *bei Mutter Grün übernachten, im Freien schlafen* ‖ *estar de buena, mala* ~ *guter, schlechter Laune sein* ‖ *estar en la* ~ *geistesabwesend, zerstreut, nicht bei der Sache sein* ‖ *ladrar a la* ~ ⟨figf⟩ *den Mond anbellen* ‖ *mirar la* ~ ⟨fam⟩ *gaffen* ‖ *pedir la* ~ ⟨figf⟩ *et.*

Unmögliches verlangen ‖ *quedarse a la* ~ *de Valencia (od Chi Pe a la* ~ *de paita)* ⟨figf⟩ *in s–n Hoffnungen getäuscht werden* ‖ *vivir en la* ~ ⟨figf⟩ *in den Wolken schweben* ‖ *mit den Gedanken abschweifen* ‖ ~**s** fpl *Mondwechsel* m ‖ ◇ *tener* ~ ⟨fam⟩ *mondsüchtig sein* ‖ *tener sus* ~ ⟨fam⟩ *wunderliche Einfälle haben*
  ²luna f *Tafel-, Schrank|spiegel* m ‖ *Spiegelglas* n ‖ *Schaufensterscheibe* f ‖ *geschliffenes (Brillen)Glas* n ‖ ~ *trasera* ⟨Auto⟩ *Heckscheibe* f
  ³luna f ⟨Fi⟩: ~ *real Gotteslachs* m *(Lampris guttatus)*
  △ **⁴luna** f *Hemd* n
  lu|nación f *Mond|wechsel, -umlauf* m, *-phase* f ‖ *Umlauf(s)zeit* f *des Mondes* ‖ **–nar** adj *(m/f) Mond-,* ⟨Wiss⟩ *lunar(isch),* ⟨fig⟩ *(halb)mondförmig* ‖ ~ m *(Mutter)Mal* n ‖ *Tupfen* m *(Kleidung)* ‖ ⟨fig⟩ *Schandfleck* m ‖ ⟨fig⟩ *Schönheitsfehler, unbedeutender Fehler* m *(z. B. an e–m Spiegel)* ‖ *Schönheitspflaster* m
  lunaria f ⟨Bot⟩ *Silberblatt* n (Lunaria rediviva) ‖ *Mondraute* f (Botrychium lunaria)
  lu|nario adj *auf die Mondphasen bezüglich* ‖ **–nático** adj/s *mondsüchtig* ‖ ⟨fig⟩ *irrsinnig* ‖ ⟨fig⟩ *wunderlich* ‖ ⟨figf⟩ *grillenhaft* ‖ ~ m *Mondsüchtige(r)* m ‖ ⟨fam⟩ *Irrsinnige(r)* m ‖ ⟨fam⟩ *schrullige, kauzige Person* f, *ulkiger Kauz* m ‖ **–natismo** m *Mondsucht* f
  lunch m *Lunch* m
  Luneburgo m [Stadt] *Lüneburg* n
  lunecilla f dim von **¹luna** ‖ *Halbmond* m *(Schmuck)*
  lunel m ⟨Her⟩ *vier vereinigte Halbmonde* mpl
  lunes m *Montag* m ‖ ⟨todos) los* ~ *jeden Montag, montags* ‖ ~ *de Pascua Ostermontag* m ‖ ~ *de los zapateros* ⟨fam⟩ *blauer Montag* m ‖ ◆ *de* ~ *a martes, poco de apartes* ⟨fig⟩ *der e–e ist soviel wert wie der andere* ‖ *cada* ~ *y cada martes immer wieder,* ⟨fam⟩ *alle nas(en)lang* ‖ ◇ *no ir al trabajo el* ~, Mex *hacer (el) san* ~ *blauen Montag machen*
  ¹luneta f *Halbmond* m *(Schmuck)*
  ²luneta f ⟨Tech⟩ *Lünette* f, *Setzstock* m *(an Werkzeugmaschinen)* ‖ ⟨Arch⟩ *Gewölbe* n, *Stichkappe* f ‖ ~ *trasera* ⟨Auto⟩ *Heckscheibe* f
  ³luneta f ⟨Th⟩ *Sperrsitzreihe* f
  lun|fa m RPl *Dieb* m ‖ **–fardismo** m *Ausdruck* m *der arg. Gaunersprache* ‖ **–fardo** m/adj Arg *Gauner* m ‖ *Lunfardo* m *(arg. Gaunersprache, arg. Rotwelsch)*
  lungo m Col *Helfer, Handlanger* m
  lunícola m *Mondbewohner* m
  ¹lúnula f *Möndchen* n *(weißer Rand* m *an der Nagelwurzel)*
  ²lúnula f ⟨Kath⟩ *Lunula* f *(Hostienbehälter)*
  ³lúnula f ⟨Math⟩ *Lunula* f, *Möndchen, Zweieck* n
  lunulado adj *halbmondförmig*
  lupa f *Lupe* f ‖ ~ *binocular Binokularlupe* f
  lupanar m *Bordell* n
  lupercales fpl ⟨Hist⟩ *Luperkalien* pl *(Fest der altrömischen Hirten)*
  ¹lupia f ⟨Med⟩ *Grützbeutel* m
  ²lupia f ⟨Met⟩ *Luppe* f
  ³lupia f ⟨Bot⟩ → **lupina**
  ⁴lupia m Hond *Kurpfuscher, Quacksalber* m ‖ *Magier* m
  lupina f ⟨Bot⟩ *Lupine* f (Lupinus spp) (→ **altramuz)**
  lupino adj *wölfisch, Wolf(s)-*
  lupulífero adj *hopfenreich*
  lupulina f ⟨Pharm⟩ *Lupulin, Hopfenmehl* n
  lúpulo m ⟨Bot⟩ *(Gemeiner) Hopfen* m (Humulus lupulus)
  lupus m ⟨Med⟩ *Lupus* m

Luquitas *m* np ⟨fam⟩ → **Lucas**
△ **luriandar** vi *donnern*
lurte *m* Ar → **alud**
Lusa|cia *f die Lausitz* ‖ Alta, Baja ~ *Ober-, Nieder|lausitz* f ‖ ≠**ciano** adj *lausitzisch, aus der Lausitz* ‖ ~ *m Lausitzer* m ‖ *Lausitzer Sorbe, Wende* m
Lusiadas *mpl: Los ~ Heldengedicht von Camoes*
Lusita|nia *f Lusitanien n (Portugal)* ‖ ≠**nismo** *m Lusitanismus* m, *dem Portugiesischen eigene Redensart* f ‖ ≠**nista** *m/f Lusitanist(in* f) m ‖ ≠**nística** *f Lusitanistik* f ‖ ≠**no, luso** adj *lusitanisch* ‖ *portugiesisch* ‖ ~ *m Lusitan(i)er* m ‖ *Portugiese* m
lusoespañol adj *portugiesisch-spanisch*
lustra|botas *m* Am ⟨reg⟩ *Schuhputzer* m ‖ **–do** *m/*adj *Polieren* n *(Möbel)* ‖ ⟨Text⟩ *Lüstrieren* n ‖ **–dor** *m/*adj Am ⟨reg⟩ *Schuhputzer* m
lus|trar vt *glänzend machen, Glanz geben* (dat), *blank putzen* ‖ *wichsen (Schuhe)* ‖ *(Möbel) polieren* ‖ ⟨Text⟩ *lüstrieren* ‖ ⟨Rel Hist⟩ *entsühnen* ‖ Am *(Schuhe) putzen* ‖ **–tre** *m Glanz* m ‖ *Schimmer* m, *Politur* f ‖ *(Schuh)Wichse* f ‖ ⟨Text⟩ *Lüsterfarbe* f ‖ ⟨fig⟩ *Ruhm, Glanz* m, *Glorie* f ‖ ~ *para calzado Schuhkrem* f ‖ ◇ *metálico Metallglanz* m ‖ ◆ *de ~ glänzend, Glanz-* ‖ ⟨figf⟩ *angesehen, geachtet, renommiert (Persönlichkeit)* ‖ ◇ dar ~ a algo *et. glänzend machen* ‖ *polieren* ‖ *blank putzen (Schuhe)* ‖ ⟨fig⟩ *Glanz verleihen* (a algo *e–r Sache)*
lustrín *m* Chi *Schuhputzkasten* m
¹**lustrina** *f* ⟨Text⟩ *Glanzseide* f ‖ *Lüster(stoff)* m
²**lustrina** *f* Chi *Schuhwichse* f
lustro *m Jahrfünft* n ‖ ⟨Rel Hist⟩ *Lustrum* n ‖ diez ~s *50 Jahre*
lustroso adj *glänzend*
lútea *f* ⟨V⟩ *Pirol* m (→ **oropéndola**)
lutecio *m* (**Lu**) ⟨Chem⟩ *Lutetium* n
luteína *f* ⟨Chem⟩ *Lutein, Xanthophyll* n
lúteo adj *schlammig* ‖ *hellgelb*
lutera|nismo *m* ⟨Rel⟩ *Luthertum* n ‖ **–no** adj *lutherisch* ‖ ~ *m Lutheraner* m
Lutero *m* np *Luther* m
luto *m Trauer* f ‖ *Trauerkleid* n ‖ *Trauerflor* m ‖ *Trauerrand* m *(e–s Briefbogens, e–r Visitenkarte)* ‖ *Trauer, Betrübnis* f ‖ gran ~ *große Trauer* f ‖ medio ~ *Halb-,* ⟨Hist⟩ *Aus|trauer* f ‖ ~ nacional *Staatstrauer* f ‖ ⟨fig⟩ *Trauer(tag* m) f *für das ganze Volk* ‖ ~ riguroso *tiefe Trauer* f ‖ ~ de viuda *Witwentrauer* f ‖ ◇ *aliviar el ~ abtrauern, Halbtrauer anlegen* ‖ *cerrado por ~ de familia* ⟨Com⟩ *wegen Sterbefalls geschlossen* ‖ estar de ~, llevar ~ *Trauer tragen* ‖ ⟨fig⟩ *traurig, enttäuscht sein* ‖ llevar las uñas de ~ ⟨figf⟩ *Trauerränder an den Fingernägeln haben* ‖ ponerse de ~, vestirse de ~ *Trauer anlegen, trauern (por um)*
lux *m* (lx) ⟨Phys⟩ *Lux* n
luxación *f* ⟨Med⟩ *Verrenkung, Luxation* f
Luxembur|go *m* ⟨Geogr⟩ *Luxemburg* n ‖ ≠**gués** adj *luxemburgisch* ‖ ~ *m Luxemburger* m
¹**luz** [*pl* ~**ces**] *f Licht* n ‖ *Strahlen* n, *Ausstrahlung* f ‖ *Licht* n, *Lampe* f ‖ *Beleuchtung* f ‖ *Glanz, Schimmer* m ‖ ⟨fig⟩ *Licht* n ‖ ⟨fig⟩ *Leuchte, Gabe* f ‖ ⟨fig⟩ *Leuchte* f, *Vorbild* n ‖ ⟨fig⟩ *Erkenntnis* f ‖ ⟨fig⟩ *Ver|nunft* f, *-stand* m ‖ ⟨fig⟩ *Auf|schluss* m, *-klärung* f ‖ ⟨Arch⟩ *lichte Weite* f ‖ *Spannweite* f ‖ *Luke* f ‖ *Öffnung* f ‖ ~ amarilla, ~ ámbar ⟨StV⟩ *Gelblicht* n ‖ ~ anterior ⟨Fot⟩ *Ausleuchtung* f *vorn, Vorder|licht* n, *-beleuchtung* f ‖ ~ antiniebla ⟨Auto⟩ *Nebelscheinwerfer* m ‖ ~ de aparcamiento ⟨Auto⟩ *Parkleuchte* f ‖ ~ de aproximación ⟨Flugw⟩

Anflug-, Anschwebe|licht n ‖ ~ artificial *künstliches Licht* n ‖ ~ de advertencia, ~ de aviso ⟨Auto⟩ *Warn|licht* n, *-leuchte* f ‖ ~ de aterrizaje ⟨Flugw⟩ *Lande|feuer, -licht* n ‖ ~ azul *Blaulicht* n ‖ *Glimmlicht* n ‖ ~ de Bengala *bengalisches Licht* n ‖ ~ de carretera ⟨Auto⟩ *Fernlicht* n ‖ ~ cenital *Oberlicht* n ‖ ~ de cera *Wachs-, Kerzen|licht* n ‖ ~ corta → ~ de cruce ‖ ~ crepuscular *Dämmerlicht* n ‖ *Abend-, Morgen|röte* f ‖ ~ de cruce ⟨Auto⟩ *Abblendlicht* n ‖ la ~ del día *das Tageslicht* ‖ ~ eléctrica *elektrisches Licht* n ‖ ~ de freno ⟨Auto⟩ *Brems|licht* n, *-leuchte* f ‖ ~ de frente → ~ anterior ‖ ~ de gas *Gaslicht* n ‖ ~ incandescente *Glühlicht* n ‖ ~ intermitente (Flugw Mar StV) *Blinkfeuer* n ‖ (Flugw Mar Mil Auto) *Blinklicht* n ‖ ~ lateral *Seitenlicht* n ‖ ~ larga ⟨Auto⟩ *Fernlicht* n ‖ ~ de magnesio *Magnesiumlicht* n ‖ ~ de (la) matrícula ⟨Auto⟩ *Kennzeichen|licht* n, *-beleuchtung* f ‖ media ~ *Halb-, Zwie|licht* n ‖ ~ de población ⟨Auto⟩ *Standlicht* n ‖ ~ polar *Polarlicht* n ‖ ~ polarizada *polarisiertes Licht* n ‖ ~ de popa ⟨Flugw⟩ *Schwanzlicht* n ‖ ⟨Flugw Mar⟩ *Hecklicht* n ‖ ~ de posición ⟨Auto Flugw⟩ *Kenn-, Positions|licht* n ‖ ~ *(od* luces) del puerto ⟨Mar⟩ *Hafenfeuer* n ‖ ~ refleja, ~ de reflexión ⟨Opt⟩ *reflektiertes Licht, Auflicht* n ‖ ~ relámpago ⟨Fot⟩ *Blitzlicht* n ‖ ~ de retroceso ⟨Auto⟩ *Rückfahrscheinwerfer* m ‖ ~ roja ⟨StV⟩ *Rotlicht* n ‖ ~ de situación ⟨Auto⟩ *Standlicht* n ‖ ⟨Flugw⟩ *Kenn-, Seiten-, Positions|licht* n ‖ ⟨Mar⟩ *Positions|laterne, -leuchte* f ‖ ~ del sol *Sonnenlicht* n ‖ ~ tamizada *gedämpftes Licht* n ‖ ~ verde ⟨StV⟩ *grünes Licht* n ⟨fig & fig⟩ ‖ ~ zodiacal *Zodiakallicht* n ‖ ◆ a media ~ *im Zwielicht* ‖ a primera ~, a las primeras luces ⟨fig⟩ *bei Tagesanbruch* ‖ con ~ diurna *bei Tageslicht* ‖ ◇ *apagar la ~ das Licht aus|löschen, -machen* ‖ ⟨El⟩ *ausdrehen* ‖ dar ~ (a algo *et. be)leuchten* ‖ ⟨fig⟩ *erleuchten, aufklären* ‖ dar a ~ *gebären, in die Welt setzen* ‖ *(ein Buch) herausgeben* ‖ dar *(od* encender la) ~ *das Licht anmachen* ‖ no dar ~ ⟨pop⟩ *misslingen, fehlschlagen* ‖ hacer ~ *Licht machen* ‖ hacer ~ en algo *et. ins Klare bringen, aufklären* ‖ sacar a ~ ⟨fig⟩ *ans Tageslicht bringen* ‖ *herausgeben (Buch)* ‖ salir a (la) ~ ⟨fig⟩ *ans Licht kommen, bekannt werden* ‖ *herauskommen, erscheinen (Buch)* ‖ ver la ~ *ans Tageslicht treten* ‖ *geboren werden (Kind)* ‖ ⟨fig⟩ *erscheinen* ‖
luces *fpl* ⟨fig⟩ *Talent* n, *Befähigung* f, *Geistesgaben* fpl ‖ ⟨fig⟩ *Verstand* m ‖ *Kenntnisse* fpl ‖ *Bildung* f ‖ ~ sincrónicas ⟨StV⟩ *grüne Welle* f ‖ ~ de tráfico ⟨StV⟩ *Verkehrsampel(n)* f(pl) ‖ honrado a todas ~ ⟨fig⟩ *sehr ehrlich, rechtschaffen* ‖ ◆ a todas ~ ⟨fig⟩ *überall* ‖ *überhaupt* ‖ *auf alle Fälle, entschieden* ‖ *in jeder Beziehung* ‖ *allem Anschein nach* ‖ entre dos ~ ⟨fig⟩ *im Zwielicht* ‖ ⟨figf⟩ *beschwipst, ange|säuselt, -heitert, -dudelt*
²**luz** [*pl* ~**ces**] *f* Am ⟨pop⟩ *Moneten, Piepen* pl
Luzbel *m Luzifer* m
lynchar vt → **linchar**
Lyon *m* [Stadt] *Lyon* n

M

M, m f [= Eme, eme, pl Emes, emes] *M, m* n
m ⟨Abk⟩ = **masculino** ‖ **metro(s)**
m/ ⟨Abk⟩ = **mi(s)** ‖ **mío(s)** ‖ **mes(es)**
m' ⟨pop⟩ = **mi** (m'hijo = mi hijo)
M. ⟨Abk⟩ **Madre** ‖ **Maestro** ‖ **Majestad** ‖
Mediano
m.ª ⟨Abk⟩ = **mediana**
M.ª ⟨Abk⟩ = **María** (oft in doppelten
männlichen Vornamen: José M.ª)
M. A. ⟨Abk⟩ = **Ministerio de Agricultura** ‖
Ministerio del Aire
má ⟨pop⟩ = **más** ‖ **mar**
mabinga f Mex → **¹estiércol** ‖ Cu *schlechter
Tabak* m
mabita m Ven *böser Blick* m ‖
Unglücksbringer m ‖ *Pechvogel, Unglücksrabe* m
mabra f: ~ herrera ⟨Fi⟩ *Marmorbrasse* f
(Lithognatus mormyrus)
¹maca f *Druckfleck* m *(am Obst)* ‖ p. ex
Schönheitsfehler, kleiner Makel m *(im Stoff, an
der Kleidung usw.)* ‖ ⟨figf⟩ *Schelmerei* f, *Kniff* m
²maca m → **macarra**
macabeos mpl ⟨Hist⟩ *Makkabäer* mpl
macabro adj *schau|derhaft, -erlich, -rig,
gräulich, makaber*
macacinear vi Guat *klauen, stibitzen*
macaco m ⟨Zool⟩ *Makak* m ‖ ⟨Zool⟩ *Meerkatze*
f (Cercopithecus spp) ‖ Arg PR ⟨& fig⟩ *Tölpel,
Einfaltspinsel* m ‖ RPl *Spitzname der Brasilianer*
‖ ~ de Gibraltar, ~ de Berbería ⟨Zool⟩ *Magot,
Berberaffe* (Macaca sylvanus) ‖ ~ rheso
Rhesusaffe, Bunder m (Macaca rhesus = Rhesus
mulatta)
macacoa f Col Ven *Traurigkeit, düstere
Stimmung* f
maca|dam, –dán m *Makadam* m (& n)
macadamia f *(Macadamia(nuss)* f
macadamizar [z/c] vt *makadamisieren,
beschottern (Straße)*
¹macana f *Indianerkeule* f ‖ *Schlagstock* m ‖
Am ⟨figf⟩ *Scherz, Spaß* m ‖ Am *Belästigung* f ‖
Am ⟨figf⟩ *Kniff* m, *Lüge* f, *Humbug* m ‖ ◇ no me
vengas con ~s Am *das kannst du e–m ander(e)n
weismachen* ‖ ¡todo eso son ~s! *das ist alles
leeres Geschwätz!*
²macana f ⟨Text⟩ *grobes Baumwollzeug* n *der
Indianer*
maca|nazo m *Keulenschlag* m ‖ p. ex *Hieb* m
(mit e–r Waffe) Am *Kopflosigkeit* f ‖ Am
Belästigung f ‖ Am *langweilige Rede* f
macanche adj Sal *kränklich, schwächlich,
hinfällig, gebrechlich*
maca|neador adj/s → **–nero** ‖ **–near** vi Am
mit der Indianerkeule kämpfen ‖ Hond Col *hart
arbeiten* ‖ Am ⟨reg⟩ *(die Geschäfte) gut führen* ‖
Am ⟨fam⟩ *aufschneiden, lügen* ‖ *Unsinn treiben* ‖
⟨fam⟩ *jdm auf die Nerven gehen* ‖ **–neo** m Arg
Ge|fasel, -wäsch n ‖ **–nero** adj/s ⟨fam⟩ Arg
aufschneiderisch, verlogen
macanudo adj Am *toll, prima, klasse, dufte,
super* ‖ *glänzend, vortrefflich, famos*
Macao m ⟨Geogr⟩ *Macao* n
macaón m ⟨Ins⟩ *Schwalbenschwanz* m (Papilio
machaon)
macarelo m *Raufbold* m
Macare|na f (Virgen de la Esperanza) *die im*
Stadtteil Macarena ⟨Sev⟩ *verehrte Muttergottes
(Patronin von Sevilla)* ‖ ⹀**no** adj *aus dem Stadtteil
Macarena* ‖ ~ m ⟨figf⟩ *Prahlhans* m ‖ ⟨fam⟩
Raufbold m
macarra m *Zuhälter* m
macarreo m ⟨Mar⟩ *Springflut* f
maca|rrón (meist im Plural gebraucht)
Makkaroni pl ‖ ⟨Tech⟩ *Isolierschlauch* m ‖ ⟨fig
pop⟩ *Zuhälter* m ‖ **–rronada** f Col ⟨Kochk⟩
Makkaronigericht n
macarrónico adj *makkaronisch*
macarse vr *Druckflecken bekommen* bzw
faulen (Obst)
macatrullo m/adj Ar *Trottel, Tölpel,
Einfaltspinsel* m
macear vt *hämmern* ‖ *klopfen, bleuen* ‖ ~ vi
⟨fig⟩ *lästig werden*
Mace|donia f ⟨Geogr⟩ *Makedonien* n ‖ ~ de
frutas *Obstsalat* m ‖ ⹀**dónico,** ⹀**donio,** ⹀**dón** adj
makedonisch ‖ ~ m *Makedonier* m
macelo m *Schlachthof* m (→ **matadero**)
maceo m *Hämmern* n ‖ *Klopfen, Bleuen* n
mace|ración f *Beizen* n ‖ *Wässern* n ‖
Einweichen n, *Weichmachung, Mazeration* f ‖
⟨fig⟩ *Kasteiung* f ‖ **–rar** vt ⟨Pharm Chem Tech⟩
einweichen, (aus)wässern, auslaugen, mazerieren
‖ ⟨fig⟩ *kasteien*
macero m ⟨Amts⟩*Stabträger* m
¹maceta f *dim von maza*
²maceta f *Blumentopf* m ‖ *Blumenschale* f ‖
Gran ⟨fig⟩ *großes Weinglas* n ‖ Mex ⟨fig⟩ *Kopf,*
⟨pop⟩ *Schädel* m ‖ Mex ⟨fig⟩ *Kopfhaar* n ‖ Chi
Blumenstrauß m
³maceta f ⟨Tech Bgb⟩ *Fäustel* m ‖
Holzhammer m
⁴maceta f ⟨Bot⟩ *(Blumen)Dolde* f
⁵maceta adj Arg *langsam, schwer von Begriff* ‖
träg(e), schwerfällig, plump
mace|tero m *Blumenständer* m ‖ **–tón** m augm
von **¹maceta** ‖ **–tudo** adj Arg *kurz- und
dick|beinig*
mac|farlán, –ferlán m *Pelerinenmantel* m
mach m ⟨Phys⟩ *Mach* n
¹macha f Am → **marimacho**
△ **²macha** f *Fliege* f
macha|ca f *Stößel* m ‖ ~ m/f ⟨figf⟩ *lästige
Person* f, ⟨fam⟩ *Wanze* f ‖ **–cadora** f ⟨Tech⟩
(Kartoffel)Quetsche f ‖ **–cadora** f ⟨Tech⟩
Steinbrecher m ‖ *Stampfwerk* n ‖ ⟨Bgb⟩ *Erzmühle*
f ‖ **–cante** m ⟨fam Mil⟩ *Ordonnanz* f *e–s
Feldwebels* ‖ **–car** [c/qu] vt *stampfen, (zer)stoßen*
‖ *zermalmen, (zer)quetschen* ‖ ⟨Kochk⟩ *klopfen
(Fleisch)* ‖ *einpauken, ständig,* ⟨fam⟩ *bis zur
Bewusstlosigkeit wiederholen, einhämmern* ‖ ~ vi
⟨figf⟩ *zudringlich, lästig sein (Person)* ‖ ~se:
machacársela *wichsen (onanieren)* ‖ **–cón** m/adj
zudringlicher Mensch m ‖ **–conería** f *stetiges,
aufdringliches Wiederholen, Einhämmern* n ‖ ◇
¡ya está ese otra vez con su(s) ~(s)! *(fam) der
kommt schon wieder mit s–r ewigen Litanei!*
machada f *Bockherde* f ‖ ⟨figf⟩ *Albernheit* f ‖
◇ ¡eso son ~s! *(fam) das ist purer Unsinn! das
ist Quatsch!*
machadiano adj *auf die span. Dichter Antonio
(1875–1939) und Manuel Machado (1874–1947)
bezüglich*

machado adj Arg *Stock-, Erz-*
machamartillo: a ~ *blindlings, fest*
machanga *f* Cu *Mannweib* n
macha|queo *m* *(Zer)Stampfen, (Zer)Stoßen* n ‖
⟨fig⟩ → **machaconería** ‖ ⟨fig⟩ *Belästigung* f ‖ ◆
bajo el ~ de la artillería *unter dem Trommelfeuer
der Artillerie* ‖ *Belästigung* f
machar vt → **machacar**
△ **mache** *m Fisch* m
mache|ta *f* León Sal *Axt* f ‖ **–tazo** *m Hieb* m
mit e–r Machete ‖ ◇ matar a ~s *mit Säbeln
niedermetzeln* ‖ **–te** *m Machete* f, *Hack-,
Busch|messer* n ‖ *Seitengewehr* n ‖ ⟨fam⟩ *Plempe*
f ‖ **–tear** vt *niedersäbeln* ‖ ⟨Mar⟩ *einschlagen
(Pfähle)* ‖ ~ vi ⟨Mar⟩ *stampfen*
¹machetero *m mit der Machete arbeitender
Mann* m ‖ Mex ⟨fig⟩ *langsamer, schwerfälliger
Arbeiter* m ‖ Mex ⟨fig⟩ *schwer lernender Student*
m ‖ Ven ⟨desp⟩ *Soldat* m
²machetero *m* Mex ⟨Typ⟩ → **cajista**
△ **machico** *m Katze* f
machiega *f*/adj *Bienenkönigin* f
machihem|brado *m* ⟨Zim⟩ *Verzapfung,
Spundung* f ‖ **–brar** vt ⟨Zim⟩ *spunden* ‖ *nuten und
falzen*
machín *m* Col Ec Ven *Affe* m
machina *f* ⟨Mar⟩ *Kran* m ‖ ⟨Mar⟩ *Ankerspill* n
ma|chismo *m Machismo, Männlichkeitskult* m
‖ **–chista** adj *(m/f) dem Machismo anhängend* ‖
auf den Machismo bezüglich ‖ ~ *m/f Anhänger(in
f)* m *des Machismo*
¹machito *m* dim von **¹macho** ‖ no apearse del
~ *nicht nachgeben wollen* ‖ estar en el ~ ⟨fig⟩
fest im Sattel sitzen
²machito *m* Mex *Sandwich* m (& n) *mit
gebackenen Kutteln*
¹macho *m männliches Tier, Männchen* n ‖
Maulesel m ‖ *(Ziegen)Bock* m ‖ ⟨Taur⟩ *Stier* m ‖
⟨figf⟩ *Dummkopf* m ‖ ⟨pop⟩ *Zigarre* f ‖ ~ (de)
cabrío *(Ziegen)Bock* m ‖ ~ romo *Maulesel* m (→
burdégano) ‖ ~ s y hembras *Haken* mpl *und Ösen*
fpl
²macho *m* ⟨Met⟩ *Modell(Kern)* m ‖
Glockenform f ‖ ⟨Zim⟩ *Mönch* m ‖ ⟨Arch⟩
Strebemauer f
³macho *m Schmiedehammer* m ‖
Amboss(block) m ‖ *Gewindebohrer* m
⁴macho adj *handfest, kräftig* ‖ ⟨figf⟩ *dumm* ‖ ◇
ser muy ~ ⟨pop⟩ *sehr männlich sein* ‖ ~ *m
Macho* m
△ **machó** *m Fisch* m
machona *f* Am *Mannweib* n
△ **machorar** vt *fischen*
macho|rra *f unfruchtbares Weibchen, Gelttier*
n ‖ p.ex *unfruchtbares Weib* n ‖ ⟨pop⟩ *Lesbe* f ‖
Mex *Mannweib* n ‖ **–rro** adj *unfruchtbar, gelt
(Tier)* ‖ **–ta** *f* And Mex *Mannweib* n
machote *m* augm von **¹macho** ‖ ⟨figf⟩ *kühner
Draufgänger* m ‖ ⟨figf⟩ *Kraft|meier, -protz* m
machucar [c/qu] vt *zer|stoßen, -stampfen,
-quetschen*
machucho adj *klug, gescheit* ‖ *gesetzt* ‖
alt(väterisch), altfränkisch ‖ ~ *m* Chi *Teufel* m
Macián *m* np ⟨fam⟩ → **Matías**
¹macicez [*pl* ~**ces**] *f Festigkeit* f ‖ *Dicke* f ‖
Dichtigkeit f ‖ *Massigkeit* f
²macicez [*pl* ~**ces**] *f* ⟨Med⟩ *Herzdämpfung* f
macilento adj *abgezehrt, hager* ‖ *blass* ‖
übernächtigt ‖ *traurig, niedergeschlagen*
maci|lla *f* dim von **maza** ‖ **–llo** *m* dim von
mazo ‖ ~ de piano *Klavierhammer* m
macis *f* ⟨Bot⟩ *Mazis* m *(Muskat|blüten, -rinde)*
¹macizar [z/c] vt *fest zumachen, aus|füllen,
-stopfen* ‖ *zuschütten*
²macizar [z/c] vt Ast Sant ⟨Fi⟩ *(Salzsardinen,*

Regenwürmer usw.) als Köder auswerfen ‖ Sant
⟨fig⟩ *anlocken (mit e–m Köder)*
¹macizo adj *massiv, dicht, fest* ‖ *voll, massig* ‖
⟨Auto⟩ *voll (Gummireifen)* ‖ ⟨fig⟩ *gewichtig* ‖ ◆
de oro ~ *massiv golden* ‖ ~ *m Festigkeit,
Dichtigkeit* f ‖ *festes Mauerwerk* n ‖ *Block* m,
dichte Häusergruppe f ‖ *dichtes Blumenbeet* n ‖
Gebirgsstock m ‖ ⟨Auto⟩ *Vollreifen* m ‖ ⟨Bgb⟩
Schutz-, Sicherheits|pfeiler m ‖ ⟨Tech⟩ *Quader,
Klotz* m ‖ ~ de arbustos *Sträuchergruppe* f
²macizo *m* Ast Sant *Salzsardinen* fpl *(im Fass)*
macla *f* ⟨Her⟩ *Raute* f *(mit Vertiefung im
Zentrum)* ‖ ⟨Geol⟩ *Zwilling(skristall)* m ‖ **–do** *m*
⟨Geol⟩ *Zwillingsbildung* f
¹macoca *f* Ar Sal *Kopfnuss* f
²macoca *f* ⟨Agr⟩ *große Frühfeige* f *aus Murcia*
△ **macolotendo** *m Meer* n
maco|lla *f* ⟨Bot⟩ *Stängel-, Blumen-,
Ähren|büschel* n ‖ **–llar** vi *(Stängel- bzw
Blumen)Büschel treiben*
macón *m ausgetrocknete Bienenwabe* f *(ohne
Honig)* ‖ Al *Bienenharz* n
macramé *m* ⟨Text⟩ *Makramee* n
macro präf *Makro-, Groß-, Riesen-*
macró *m* ⟨pop⟩ *Zuhälter* m
macro|bio adj ⟨Biol Med⟩ *langlebig* ‖ **–biosis** *f
Langlebigkeit, Makrobiose* f ‖ **–biótica** *f
Makrobiotik, Kunst* f, *das Leben zu verlängern*
macro|cefalia *f* ⟨Med Biol⟩ *Großköpfigkeit,
Makrozephalie* f ‖ **–céfalo** adj/s *großköpfig,
makrozephal* ‖ ~ *m Großköpfige(r),
Makrozephale* m
macro|cito *m* ⟨Med⟩ *Makrozyt* m ‖ **–cosmos** *m
Makrokos|mos, -mus* m
macro|dactilia *f* ⟨Med Biol⟩ *Makrodaktylie* f ‖
–dáctilo adj/s *langfing(e)rig*
macro|economía *f Makroökonomie* f ‖ **–fauna**
f ⟨Zool⟩ *Makrofauna* f ‖ **–física** *f Makrophysik* f
macroglia *f* ⟨An⟩ *Makroglia* f
macro|glosia *f* ⟨Med⟩ *Makroglossie* f ‖
–lepidópteros mpl ⟨Ins⟩ *Großschmetterlinge* mpl
(Macrolepidoptera)
macrolingüística *f Makrolinguistik* f
macro|molécula *f* ⟨Chem⟩ *Makromolekül* n ‖
–molecular adj *(m/f) makromolekular*
macroplancton *m* ⟨Zool⟩ *Makroplankton* n
macrópodo adj ⟨Zool⟩ *langbeinig* ‖ *langflossig*
‖ ⟨Bot⟩ *langstielig* ‖ ~ *m* ⟨Fi⟩ *Paradiesfisch,
Großflosser* m (Macropodus opercularis) ‖ ~**s** mpl
⟨Zool⟩ *Springbeutler* mpl, *Kängurus* npl
(Macropodidae)
macro|química *f* ⟨Chem⟩ *Makrochemie* f ‖
–químico adj *makrochemisch*
macro|scélidos mpl ⟨Zool⟩ *Rüsselspringer* mpl
(Macroscelididae) ‖ **–scópico** adj *makroskopisch* ‖
–sociología *f Makrosoziologie* f ‖ **–visión** *f* ⟨Film⟩
Großaufnahme f
macruros mpl ⟨Zool⟩ *Langschwänze* mpl
(Macrura)
macuco adj Chi ⟨fam⟩ *schlau* ‖ Arg Bol Col
hoch aufgeschossen ‖ Ec *alt, unnütz, nutzlos* ‖
Arg Chi Pe → **macanudo**
macuito *m* Pe ⟨fam⟩ *Neger* m
mácula *f Fleck(en)* m ‖ ⟨fig⟩ *Makel, Tadel* m ‖
⟨figf⟩ *Schwindel, Betrug* m ‖ ~ lútea ⟨An⟩ *gelber
Fleck* m *(der Netzhaut)* ‖ ◆ sin ~ *tadel-,
makel|los*
macular vt → **manchar**
maculatura *f* ⟨Typ⟩ *Schmutzbogen* m ‖
Altpapier n, *Makulatur* f
macuto *m Tornister* m ‖ *Ranzen* m ‖ *Rucksack*
m ‖ ◇ eso son noticias de Radio ~ ⟨fam⟩ *das
sind nur Enten,* ⟨Mil fam⟩ *das sind
Latrinenparolen*
Madagascar *m* ⟨Geogr⟩ *Madagaskar* n

madama *f vornehme, verheiratete Frau,
Madame* f ‖ ⟨fam⟩ *Madam* f ‖ RPl ⟨pop⟩
Hebamme f ‖ Arg *Bordellinhaberin,* ⟨vulg⟩
Puffmutter f
  madapolán *m* ⟨Text⟩ *Madapolam* m
(Wäschestoff)
  madeja *f Strähne, Docke* f, *Strang* m *(Zwirn,
Wolle)* ‖ p.ex *Knäuel* m ‖ ⟨fig⟩ *Haarbüschel* n ‖
⟨figf⟩ *schwacher, dürrer Mensch* m, *lange Latte* f
‖ ◇ hacer ~ ⟨fig⟩ *Fäden ziehen, spinnen (Wein,
Sirup)* ‖ tener una ~ en la cabeza ⟨figf⟩ *ein
Wirrkopf sein*
  madejo *m* Sal *Schwindel* m, *Ohnmacht* f
  Madelón *f* ⟨frz⟩: la ~, *die Madelon (franz.
Soldatenlied des Ersten Weltkrieges)*
  madera *f Holz* n *(als Material)* ‖ *Zimmer-,
Bau-, Nutz|holz* n ‖ *Stück Holz, Holzstück* n ‖
Horn n *der Hufe (beim Pferd)* ‖ ⟨fig⟩ *Veranlagung*
f ‖ ⟨fig⟩ *Begabung* f ‖ ⟨fig⟩ *Zeug* n ‖ ~ aserrada
Sägeholz n ‖ ~ aserradiza → ~ serradiza ‖ ~
blanca, ~ blanda *weiches Holz* n ‖ ~ cañiza
Maser-, Flader|holz n ‖ ~ de combustión
Brennholz n ‖ ~ de construcción *Bauholz* n ‖ ~
contraplacada *Sperrholz* n ‖ ~ de corazón
Markholz n ‖ ~ cortada *Schnittholz* n ‖ ~ curada
abgelagertes Holz n ‖ ~ curvada *gebogenes Holz*
n ‖ ~ dura *Hartholz* n ‖ ~ de encina *Eichenholz*
n ‖ ~ estratificada *Schichtholz* n ‖ ~ fina
Edelholz n ‖ ~ flotante *Treibholz* n ‖ ~ fósil
versteinertes Holz n ‖ ~ de fresno *Eschenholz* n ‖
~ de hilo *Kantholz* n ‖ ~ limpia *astfreies Holz* n
‖ ~ maciza *Vollholz* n ‖ ~ de pino *Kiefernholz* n
‖ ~ de raja *Spaltholz* n ‖ ~ redonda, ~ en rollo
Stamm-, Rund|holz n ‖ ~ serradiza, ~ de sierra
Sägeholz n ‖ ~ terciada *Sperrholz* n ‖ ~ tintórea
Farbholz n ‖ ~ tratada al vapor *gedämpftes Holz*
n ‖ ~ tropical *Tropenholz* n ‖ ~ útil *Nutzholz* n ‖
~ verde *(saft)frisches Holz, Grünholz* n ‖ ◇
descubrir la ~ de alg. ⟨figf⟩ *jds Schwächen
entdecken* ‖ sacar de ~ ⟨fam⟩ *aus dem Häuschen
bringen* ‖ salirse de ~ ⟨fam⟩ *über das Ziel
hinausschießen* ‖ tener ~ de … ⟨fig⟩
Veranlagung haben zu … ‖ tiene madera de … *er
(sie) hat das Zeug zum (zur) …* ‖ ¡hay que tocar
~! ⟨fig⟩ *man muss auf Holz klopfen* ‖ ¡toca ~!
Gott bewahre! toi, toi, toi! ‖ ~s *fpl Fensterläden*
mpl
  Madera *f* ⟨Geogr⟩ *Madeira* n ‖ ~ *m
Madeira(wein)* m
  made|rable adj *(m/f) Nutzholz liefernd (Wald,
Baum)* ‖ *zu Bauzwecken verwendbar (Holz)* ‖
–rada *f Flößholz* n ‖ **–raje, –ramen** *m Gebälk,
Balkenwerk* n ‖ *Sparrenwerk* n ‖ *Gerippe* n ‖
–rería *f Holzniederlage* f ‖ *Holzhandlung* f ‖
–rero adj *Holz-* ‖ ~ *m Holzhändler* m ‖
Floßführer m ‖ *Zimmermann* m ‖ **–ro** *m Holz* n
(als bearbeiteter Stoff) ‖ *Holzstück* n ‖ *Balken* m ‖
⟨fig⟩ *Schiff* n ‖ ⟨figf⟩ *Klotz, plumper Mensch* m ‖
⟨fig⟩ *Trottel, Tölpel, Einfaltspinsel, Dummkopf,
Tropf* m ‖ ~ entero *Stammholz* n ‖ el
~ glorioso, el sagrado ~ *das heilige Holz (Kreuz
Christi)*
  madona *f* ⟨Rel⟩ *Madonna* f ‖ [Kunst] *Madonna*
f, *Madonnenbild* n
  mador *m leichte Hautfeuchtigkeit* f ‖
Hautausdünstung f ‖ *leichtes Schwitzen* n
  △ **madraga** *f Zange* f
  madrás *m* ⟨Text⟩ *Madras* m *(leichter
Gardinenstoff)*
  ma|drastra *f Stiefmutter* f ‖ ⟨fig⟩ *Schädliche(s)*
n ‖ *Belästigende(s)* n ‖ ◇ actuar *od* obrar en *od*
como ~ *stiefmütterlich handeln* ‖ **–draza** *f* ⟨fam⟩
allzu nachsichtige Mutter f
  madrazo *m* Mex *heftiger Schlag* m
  ¹madre *f Mutter* f ‖ *(Titel e–r) Äbtissin,*

Priorin f ‖ *bejahrte Bäuerin* f ‖ *Muttertier* n ‖
⟨An⟩ *Gebärmutter* f ‖ ⟨fig⟩ *Ursprung* m ‖ ⟨fig⟩
Quelle, Ursache f ‖ ⟨fig⟩ *(Fluss)Bett* n ‖ ⟨fig⟩
Unterste(s) n *im Weinfass, Bodensatz* m, *Hefe* f ‖
~ alquilada *Leihmutter* f ‖ ~ desnaturalizada
Rabenmutter f ‖ ~ *Dolorosa* ⟨Mal⟩
Schmerzensmutter f ‖ la ~ patria *das Mutterland*
‖ ~ política *Schwiegermutter* f ‖ *Stiefmutter* f ‖ ~
portadora → ~ alquilada ‖ ◇ allí estuvieron
ciento y la ~ ⟨fam⟩ *es war* (pop waren) *ein
Haufen Leute da* ‖ ésa es *od* ahí está la ~ *del
cordero* ⟨figf⟩ *das ist des Pudels Kern* ‖ *da liegt
der Hase im Pfeffer* ‖ *da liegt der Hund begraben*
‖ ¡la ~ que te parió! ⟨vulg⟩ *du Scheißkerl!* ‖
salirse de ~ *austreten, über die Ufer treten
(Fluss)* ‖ ⟨fig⟩ *über die Stränge schlagen* ‖ ⟨figf⟩
*aus dem Häuschen geraten (Aufregung, Wut,
Ärger)* ‖ sacar de ~ a uno ⟨figf⟩ *jds Geduld
erschöpfen* ‖ tal ~, tal hijo ⟨Spr⟩ *der Apfel fällt
nicht weit vom Stamm* ‖ ¡mi ~! ⟨fam⟩
Donnerwetter! ‖ ¡~ de Dios! *um Gottes willen!* ‖
⟨bes. Südd⟩ *Heilige Muttergottes!* ‖ *ach du meine
(liebe) Güte!*
  ²madre *f* ⟨Arch⟩ *Stützbalken* m, *Stütze* f ‖
Hauptträger m ‖ *Sammelkanal* m
  madrecilla *f Eierstock* m *der Vögel*
  madrecita *f* dim von **¹madre** ‖ *Mütterchen* n
(als Kosewort)
  madreclavo *m* ⟨Bot⟩ *Mutternelke, Nelkenfrucht*
f *(getrocknete Frucht des Gewürznelkenbaumes)*
  madre|ñas, Ast **–ñes** *fpl Holzschuhe* mpl
  madreperla *f* ⟨Zool⟩ *Perlmuschel* f
  madrépora *f* ⟨Zool⟩ *Sternkoralle* f (Astraea
spp)
  madrero adj *verwöhnt, sehr an der Mutter
hängend*
  madreselva *f* ⟨Bot⟩ *Geißblatt* n, *Heckenkirsche*
f, *Jelängerjelieber* m (Lonicera spp)
  Madrid *m* [Stadt und autonome Region in
Spanien] *Madrid* n ‖ ◇ el aire de ~, mata a un
hombre y no apaga un candil *sprichwörtliche
Anspielung auf die (trotz ihrer scheinbaren Milde)
gefährliche Bergluft von Guadarrama*
  madridista *m/f* (& adj) ⟨Sp⟩ *Anhänger(in* f) m
des span. Fußballklubs „Real Madrid"
  madriga|da adj *in zweiter Ehe verheiratet
(Frau)* ‖ **–do** adj *männliches Tier* (bes. Stier), *das
gedeckt hat* ‖ ⟨fig⟩ *erfahren, bewandert*
  madri|gal *m* ⟨Lit Mus⟩ *Madrigal* n ‖ **–galesco**
adj *Madrigal-, madriga|listisch, -lesk*
  madriguera *f Kaninchenbau* m ‖ *Höhle* f
(wilder Tiere) ‖ *Schlupfwinkel* m (z.B. *von
Insekten, Spinnen usw.)* ‖ *Schanze* f (& fig) ‖
Lager n *der Tiere* ‖ ⟨fig⟩ *Spelunke* f, *Kaschemme*
f ‖ ⟨fig⟩ *Schlupfwinkel* m ‖ ~ de bandidos *od*
ladrones *Räuberhöhle* f (& fig)
  △ **Madrilatí** *m* [Stadt] *Madrid* n
  madrile|ñizarse vr *das Wesen e–s Madriders
annehmen* ‖ **–ño** adj *aus Madrid* ‖ *auf Madrid
bezüglich* ‖ ~ *m Madrider, Einwohner* m *von
Madrid*
  Madriles: los ~ ⟨pop⟩ [Stadt] *Madrid* n
  ¹madrina *f (Tauf)Patin* f *(e–s Kindes, e–s
Schiffes)* ‖ *Trauzeugin* f ‖ *Anstandsdame* f ‖ ⟨fig⟩
Beschützerin f ‖ *Leitstute* f *e–r Pferdeherde* ‖
⟨Hist fig⟩ *Kupplerin* f ‖ ~ de guerra ⟨Mil⟩
Kriegspatin f *(e–s Soldaten im Feld)*
  ²madrina *f Holzpfeiler* m *(als Stütze)* ‖
Koppelriemen m
  madrona *f Sammelkanal* m
  madro|ñal *m,* **–ñera** *f
Erdbeerstrauch|pflanzung* f, *-hain* m ‖ **–ñero** *m*
Murc *Erdbeerbaum* m ‖ **–ño** *m* ⟨Bot⟩
Erdbeerbaum m (Arbutus unedo) ‖
Erdbeer(baum)traube f ‖ *Meerkirsche* f ‖ *Troddel*

f ‖ el oso y el ~ *der Bär und der Erdbeerbaum (im Madrider Stadtwappen)*

madrota *f* augm ⟨desp⟩ von **¹madre** ‖ Am *Bordellinhaberin,* ⟨pop⟩ *Puffmutter* f

madru|gada *f früher Morgen* m ‖ *Frühaufstehen, frühzeitiges Aufstehen* n ‖ ◆ de ~ *frühmorgens, bei Tagesanbruch* ‖ **–gador** adj/s: ◇ ser muy ~ *sehr früh aufstehen, Frühaufsteher sein* ‖ **–gar** [g/gu] vi *früh aufstehen* ‖ ⟨fam⟩ *früher aufstehen* ‖ ⟨figf⟩ *zuvorkommen (z.B. dem Gegner, bei e–r Bewerbung)* ‖ ◇ a quien –ga, Dios le ayuda *Morgenstund(e) hat Gold im Mund(e)* ‖ **–gón** adj ⟨fam⟩ *früh aufstehend* ‖ ~ m *Aufstehen vor Tagesanbruch, sehr frühes Aufstehen* n ‖ ◇ pegarse un ~ *sehr früh od mitten in der Nacht aufstehen*

madu|ración *f Reif(werd)ung* f ‖ *Reif(werd)en* n, *Reifungsprozess* m ‖ **–radero** *m Reife|kammer, -anlage* f ‖ **–rar** vt *zur Reife bringen, reif machen* ‖ ⟨fig⟩ *reiflich überlegen, eingehend erwägen* ‖ ~ vi *reif werden, reifen* (& fig) ‖ ⟨fig⟩ *vernünftig(er) bzw älter werden* ‖ **–rez** [*pl* **~ces**] *f Reife* f (& fig) ‖ ⟨fig⟩ *Reifung, Vollendung* f ‖ ~ *precoz Frühreife* f ‖ ~ sexual *Geschlechtsreife* f ‖ **–ro** adj *reif* ‖ *ausgereift* (& fig) ‖ ⟨fig⟩ *reif(lich)* ‖ ⟨fig⟩ *bedächtig* ‖ ⟨fig⟩ *ausgeglichen* ‖ ⟨fig⟩ *gescheit* ‖ ⟨fig⟩ *in reifen Jahren, erwachsen* ‖ ◆ después de ~a reflexión *nach reiflicher Überlegung*

maese *m* ⟨Hist lit⟩ *Meister* m ‖ ⟨pop⟩ *Gevatter* m *(Titel)* ‖ ~ zorro *Meister Fuchs* m

¹maestra *f/*adj *(Schul)Lehrerin, Lehrmeisterin* f ‖ *Meisterin* f ‖ ⟨Arch⟩ *Richtlatte* f ‖ ⟨Mar⟩ *Großsegel* n ‖ ⟨Ins⟩ *Bienenkönigin* f ‖ ~ de escuela, ~ de primeras letras, ~ nacional ⟨Hist⟩ *Volksschullehrerin* f ‖ ◇ ir a la ~ *in die Schule gehen (Mädchen)*

△ **²maestra** *f Dietrich* m

maestral adj *(m/f) meisterlich* ‖ *schulmeisterisch* ‖ ~ m ⟨Mar⟩ *Nordwestwind auf dem Mittelmeer, Mistral* m

maes|tranza *f Geschützfabrik* f ‖ ⟨Mil⟩ *Werkstatt* f ‖ *Zeugamt* n ‖ ⟨Mil⟩ *Artilleriewerkstätte* f ‖ ⟨Mar⟩ *Schiffsausrüstungsplatz* m, *Werft* f ‖ *Personal* n *(der* maestranza*)* ‖ ⟨Hist⟩ *Reiterklub* m *der Adligen* ‖ **–trazgo** *m Würde* f bzw *Amt* n *e–s Ordensmeisters* ‖ *Ordensgebiet* n *(e–s Ritterordens)* ‖ **–tre** *m Großmeister* m ‖ Gran ~ de Alcántara *Großmeister* m *des Alcántaraordens* ‖ Gran ~ de Calatrava *Großmeister* m *des Calatravaordens* ‖ ~ de Campo ⟨Hist⟩ *Oberfeldmeister* m ‖ Gran ~ de la Orden Teutónica *Deutschmeister* mpl ‖ ~ de víveres ⟨Mil⟩ *Proviantmeister* m ‖ **–tría** *f Meisterwürde* f ‖ *Meistertitel* m ‖ *Unterweisung, Lehre* f ‖ *Meister|schaft, -haftigkeit* f ‖ ⟨fig⟩ *großes Können* n, *Bravour* f ‖ con ~ *meisterhaft* ‖ mit Bravour ‖ **–trillo** *m* dim von **–tro** ‖ ⟨desp⟩ *Schulmeister* m ‖ **–tro** adj *vorzüglich, ausgezeichnet, meister|haft, -lich* ‖ *Meister-* ‖ *Haupt-* ‖ ~ m *(Handwerks)Meister* m ‖ ⟨Mus⟩ *Meister, Maestro* m ‖ *Komponist* m ‖ ⟨Mus⟩ *Orchesterdirigent* m ‖ *Lehrmeister, Lehrer* m ‖ ⟨Mar⟩ *Hauptmast* m ‖ ⟨pop⟩ *Meister, Chef* m *(als Anrede)* ‖ ~ en artes *Meister der freien Künste, Magister* m ‖ ~ de baile *Tanzlehrer, Ballettmeister* m ‖ ~ cantor *Meistersinger* m ‖ ~ de capilla *Regens chori, Domkapellmeister* m ‖ ~ carpintero *Tischlermeister* m ‖ ~ de ceremonias *Zeremonienmeister* m ‖ ~ de cocina *Oberkoch* m ‖ ~ concertador ⟨Th⟩ *Korrepetitor, Chorlehrer* m ‖ ~ de escuela, ~ de primeras letras, ~ nacional ⟨Hist⟩ *Volksschullehrer* m ‖ *Schulmeister* m ‖ ~ de novicios ⟨Rel⟩ *Novizenmeister* m ‖ ~ de obras *Baumeister* m ‖ ~ de postas ⟨Hist lit⟩ *Postmeister*

m ~ de taller *Werkmeister* m ‖ ~ en teología *Magister* m *der Gottesgelahrtheit (alter Titel)*

ma|fia *f Maf(f)ia* f (& fig) ‖ **–fioso** adj *Maf(f)ia-* ‖ ~ m Ma|*fioso, -fote* m

Magallanes *m* np: Estrecho de ~ *Magalhãesstraße* f

magan|cear vi Chi *faulenzen* ‖ **–cería** *f Schwindel, Betrug* m

magano *m* Sant *Tintenfisch* m

maganto adj *niedergeschlagen* ‖ *mutlos* ‖ *schwermütig* ‖ *kränklich*

¹magaña *f List* f ‖ *Kniff* m ‖ *Verschlagenheit* f ‖ ◇ no me vengas con ~s *erzähl(e) mir k–e Märchen!*

²magaña *f Gussfehler* m *(im Kanonenrohr)*

³maga|ña *f* And Sant → **legaña** ‖ **–ñoso** adj → **legañoso**

magarza *f* ⟨Bot⟩ *Mutterkraut* n (→ **matricaria**)

magazin(e) *m Magazin* n *(Zeitschrift)*

magdalena, ⟨fam⟩ **madalena** *f rundes Biskuitgebäck* n

Magdalena *f* np *Magdalena* f ‖ ⟨fig⟩ *Magdalene, Büßerin* f ‖ ◇ llorar como una ~ ⟨fig⟩ *wie ein Schlosshund heulen*

magdaleniense adj/s *(m/f):* cultura ~ *Magdalénien(kultur* f) n

magia *f Zauberkunst, Magie* f ‖ *Zauberei* f ‖ ⟨fig⟩ *Zauber* m ‖ ~ negra *Schwarze Kunst* f

magiar adj *madjarisch, magyarisch, ungarisch* ‖ ~ m *Madjar, Magyar, Ungar* m

mágico adj *magisch* (& fig) ‖ ⟨fig⟩ *bezaubernd, zauberhaft* ‖ ~ m *Magier, Zauberer* m

magín *m* ⟨fam⟩ *Einbildungskraft* f, *Kopf* m ‖ *Verstand* m, *Intelligenz* f, ⟨fam⟩ *Köpfchen* n

magisterio *m Lehramt* n ‖ *Lehr(er)beruf* m ‖ *Lehrerschaft* f ‖ *Magisterwürde* f ‖ ⟨fig⟩ *schulmeisterliches Wesen* n

magistra|do *m höherer Justizbeamte(r)* m ‖ *Beisitzer* m *(e–s Gerichtes)* ‖ *(Berufs)Richter* m *(am Kollegialgericht)* ‖ *Justizbeamte(r), Richter* m ‖ **–dura** *f Richterstand* m (→ **magistratura**)

magistral adj *(m/f) meister|lich, -haft, Meister-* ‖ ◆ de un modo ~ *auf meisterhafte Art* ‖ **~mente** adv *meister|lich, -mäßig*

magistratura *f Richterstand* m ‖ *Amt(szeit* f) n *e–s* magistrado ‖ ~ del trabajo Span *Arbeitsgerichtsbarkeit* f ‖ *Arbeitsgericht* n

magma *m zähe, klebrige, knetbare Masse* f, *Brei* m, *Gallerte* f ‖ ⟨Med Geol Chem⟩ *Magma* n

mag|nanimidad *f Groß-, Edel|mut* m, *Seelengröße* f ‖ **–nánimo** adj *groß|herzig, -mütig* ‖ adv: **~amente**

magnate *m Magnat* m ‖ ⟨fig⟩ *angesehene Persönlichkeit* f

magnesia *f Magnesia, Bittererde* f *(Magnesiumoxid)* ‖ ~ calcinada *gebrannte Magnesia* f ‖ ~ efervescente *Brausemagnesia* f ‖ ◇ confundir la gimnasia con la ~ (y la velocidad con el tocino) ⟨fam⟩ *die Begriffe völlig verwechseln* ‖ *schwer von Begriff sein*

magnesio *m* **(Mg)** ⟨Chem⟩ *Magnesium* n

magnético adj *magnetisch, Magnet-* ‖ ⟨fig⟩ *magnetisierend, hypnotisch, faszinierend (Blick)*

magne|tismo *m* ⟨Phys⟩ *Magnetismus* m ‖ ⟨fig⟩ *Magnetismus* m, *magnetische Kraft, unwiderstehliche Anziehungskraft* f ‖ ~ animal *tierischer Magnetismus* m ‖ ~ terrestre *Erdmagnetismus* m ‖ **–tita** *f* ⟨Min⟩ *Magnetit* m ‖ **–tización** *f Magnetisierung* f, *Magnetisieren* n (& fig) ‖ **–tizado** adj *magnetisiert* ‖ ⟨fig⟩ *hingerissen, begeistert (Volk, Massen, Publikum)* ‖ **–tizante** adj *(m/f):* mirada ~ ⟨fig⟩ *magnetisierend (Blick)* ‖ **–tizar** [z/c] vt *magnetisieren* (& fig) ‖ ⟨fig⟩

bannen, in s–n Bann schlagen ‖ ⟨fig⟩ *begeistern,*
entflammen, bedingungslos (für s., für e–e Idee)
gewinnen
  magneto *m Magnet* m ‖ ⟨Auto⟩ *Zündmagnet* m
  magne|tófono *m Tonbandgerät* n ‖ **–tofónico**
  adj *Tonbandgerät-* ‖ **–toscopio** *m Videorecorder* m
  magnicida *m/f Mörder(in* f) m *e–r*
  hochgestellten Persönlichkeit
  magnificar [c/qu] vt *verherrlichen, preisen,*
  rühmen
  magníficat *m Magnifikat* n *(Lobgesang)*
  magnificencia *f Großartigkeit, Herrlichkeit,*
  Pracht f ‖ *~s fpl Prunkgegenstände* mpl
  Magnificencia *m Magnifizenz, Herrlichkeit* f ‖
  (Titel)
  magnífico [sup **magnificentísimo**] adj
  großartig, prächtig, herrlich, fantastisch ‖
  glänzend, strahlend, ausgezeichnet ‖ *großmütig,*
  freigebig ‖ ◇ *hace un día ~ es ist ein*
  prachtvoller Tag
  mag|nitud *f Größe* f ‖ *Größenordnung* f ‖
  ⟨Astr⟩ *Größe, Magnitudo* f ‖ ⟨fig⟩ *Erhabenheit,*
  Herrlichkeit f ‖ *~ constante Konstante,*
  unveränderliche Größe f ‖ *~ digital od numérica*
  ⟨Inform⟩ *Digitalgröße* f ‖ **–no** adj ⟨lit⟩ *groß* ‖
  erhaben ‖ *gewaltig* ‖ *großartig* ‖ *~a empresa* ⟨lit⟩
  großartiges Unternehmen n
  magno|lia *f* ⟨Bot⟩ *Magnolie* f (Magnolia
  denudata) ‖ *~ estrellada Sternmagnolie* f (M.
  stellata) ‖ *~ rosa Lilien-, Purpur|magnolie* f (M.
  liliiflora) ‖ **–liáceas** *fpl* ⟨Bot⟩ *Magnoliengewächse*
  npl (Magnoliaceae) ‖ **–lio** *m* ⟨Bot⟩
  Magnolie(nbaum m) f
  mago *m/adj Magier, Zauberer* m ‖ *Sterndeuter*
  m ‖ *los ~s de Oriente die Drei Weisen aus dem*
  Morgenland, die Heiligen Drei Könige mpl
  magos|ta *f* Sant, **–to** *m Feuer* n *(zum*
  Kastanienrösten) ‖ *Kastanienrösten* n *(Fest)* ‖
  geröstete Kastanien fpl
  magote *m* ⟨Zool⟩ *Magot, Berberaffe* m
  (Macaca sylvanus)
  ¹magra *f Schinkenschnitte* f ‖ *¡~s!* ⟨pop⟩ *nicht*
  im Traum! i wo! ‖ *morgen! denkste!*
  △ **²magra** *f Haus* n
  magrear vt ⟨vulg⟩ *be|tasten, -tatschen,*
  fummeln (e–e Frau)
  Ma|greb *m* ⟨Geogr⟩ *Maghreb* m ‖ **=grebí**
  [pl ~íes] adj *aus dem Maghreb, maghrebinisch* ‖
  ~ m Maghrebiner m
  magro adj *mager, hager* ‖ *~ m* ⟨fam⟩ *mageres*
  Schweinefleisch n ‖ ⟨fam⟩ *Fleisch* n *(im*
  Gegensatz zu Fett)
  magrura, magrez *f Magerkeit* f
  △ **magué** *m Penis* m
  maguer (que) conj [veraltet] *ob|wohl, -zwar*
  maguey *m* Mex MAm ⟨Bot⟩ *Agave* f (→ **¹pita**)
  magu|lladura *f Quetschmal* n, *Quetschung* f ‖
  –llar vt *(zer)quetschen* ‖ *zerdrücken* ‖ **–llón** *m*
  Quetschung f
  Magun|cia *f* [Stadt] *Mainz* n ‖ **=tino, =ciense**
  adj *(m/f) aus Mainz* ‖ *auf Mainz bezüglich* ‖ *~ m*
  Mainzer m
  mahara|já *[pl ~aes] m Maharadscha* m ‖ **–ní**
  pl ~íes] f Maharani f
  maherir [-ie/i-] vt *bezeichnen, anzeigen* ‖
  warnen ‖ *herbeirufen*
  Maho|ma *m* np *Mohammed* m ‖ **=metano** adj
  mohammedanisch ‖ *~ m Mohammedaner, Muslim,*
  Moslem m ‖ **=mético** adj *mohammedanisch* ‖
  =metismo *m Mohammedanismus, Islam* m
  mahón *m* ⟨Text⟩ *Nanking* m
  mahonés adj/s *aus Mahón* (P Bal) ‖ *auf Mahon*
  bezüglich ‖ (salsa) *mahonesa* → **mayonesa**
  maicero *m Maishändler* m ‖ *Maisbauer* m ‖
  fam⟩ *Maisesser* m

  ¹maicillo *m Gamagras* n (Tripsacum
  dactyloides)
  ²maicillo *m* Chi *Kiessand* m
  maído *m Miauen* n
  mailing *m Mailing* n
  maillot *m Trikot* m (& n) ‖ *~ (de baño, ~ de-*
  playa) *Damenbadeanzug* m ‖ ⟨Sp⟩ *Trikot* n ‖ *~*
  amarillo ⟨Sp⟩ *gelbes Trikot* n
  maimonismo *m* ⟨Hist Philos⟩ *Lehre* f *des*
  Maimónides (1135–1204)
  Maita *f* ⟨pop⟩ → **Encarnación**
  maitines *mpl* ⟨Kath⟩ *Frühmette* f
  maître *m* ⟨frz⟩ *Oberkellner* m
  maíz *[pl ~ces] m*, **maiz** Sant ⟨Bot⟩ *Mais* m
  (Zea mays) ‖ *Maiskorn* n ‖ *~ de Guinea, ~*
  morocho Mohrenhirse f (Sorghum spp)
  maizal *m Maisfeld* n
  ¹maja *f hübsches, nach dem Volksgeschmack*
  geputztes Mädchen n (bes. *Madrid*) ‖ auch:
  Schönheitskönigin, Miss f ‖ *la ~ desnuda, la ~*
  vestida „die unbekleidete Maja", „die bekleidete
  Maja" (Bilder von Goya)
  ²maja *f And Mörserkeule* f
  majada *f Pferch* m ‖ *Schafhürde* f ‖ *Mist* m
  (der Tiere) ‖ Arg *Schafherde* f
  majade|ra *f einfältiges, albernes Weib* n ‖
  –rear vt/i Am *lästig fallen (Person)* ‖ **–ría** *f*
  ⟨fam⟩ *dummes Geschwätz* n ‖ *Quatsch* m,
  Albernheit f, *Blödsinn* m ‖ *Bubenstreich* m
  majadero adj *dumm, einfältig* ‖ *albern* ‖ *lästig*
  ‖ *~ m Stößel* m, *Mörserkeule* f ‖ *Hanfbrecher* m ‖
  ⟨fig⟩ *Bengel, Tölpel* m
  majagranzas *m* ⟨fam⟩ *Einfaltspinsel* m ‖ ⟨fam⟩
  lästiger Kerl m
  majal *m Fischschwarm* m
  majar vt *zerstoßen* ‖ *hämmern* ‖ ⟨fig⟩
  belästigen ‖ ⟨lit⟩ *prügeln (& reg)* ‖ ◇ *lo majaron*
  a palos er bekam e–e Tracht Prügel
  majareta adj/s ⟨fam⟩ *nicht ganz bei Verstand,*
  nicht ganz dicht, be|knackt, -scheuert ‖ *verrückt* ‖
  ◇ *estar ~ por alg.* ⟨fam⟩ *in jdn verknallt sein*
  △ **majarificar** [c/qu] vt *loben*
  majarillo *m Spitzenklöppel* m
  △ **majaripen** *m Heilige(r)* m
  △ **majelé** *m Ehebruch* m
  majencia *f* → **majeza**
  majes|tad *f Majestät, Herrscherwürde* f ‖
  Würde, Herrlichkeit f ‖ *Su ~ Católica Seine*
  katholische Majestät (Prädikat des span. Königs)
  ‖ **–tuosidad** *f Herrlichkeit, Majestät* f ‖ ⟨fig⟩
  Stattlichkeit, Großartigkeit f ‖ **–tuoso** adj
  majestätisch ‖ *königlich* ‖ *würdevoll* ‖ *herrlich* ‖
  stattlich ‖ *großartig*
  maje|tón adj augm von **majo** ‖ **–za** *f* ⟨fam⟩
  Wichtigtuerei f ‖ ⟨fam⟩ *Stattlichkeit* f ‖ ⟨pop⟩
  (bäu[e]rische) Eleganz f
  majo adj *hübsch, stattlich, jugendlich (von*
  Leuten aus dem Volk) ‖ ⟨fam⟩ *geputzt,*
  aufgedonnert ‖ ⟨fam⟩ *kess* ‖ ⟨fam⟩ *schön, zierlich,*
  niedlich ‖ ◇ *ponerse ~* ⟨fam⟩ s. *festlich kleiden* ‖
  ⟨fam⟩ s. *herausstaffieren* ‖ *~ m stattlicher,*
  schmucker Bursche m *(aus dem Volk)* ‖
  Zierbengel, Stutzer m *(aus dem Volk)* ‖ ⟨pop⟩
  Prahler m ‖ ◇ *hacer el ~* ⟨pop⟩ *den Herrn*
  spielen ‖ *¡qué ~! wie hübsch!*
  majolar *m* ⟨Agr⟩ *junge Rebpflanzung* f
  majuelo *m* ⟨Bot⟩ *Weißdorn* m (→ **espino**
  albar) ‖ ⟨Agr⟩ *(tragende) Jungrebe* f
  ¹mal adj *(statt malo, nur in der Einzahl und*
  v o r männlichen Hauptwörtern) ‖ *schlecht,*
  schlimm, böse ‖ *ungünstig* ‖ *~ hombre Bösewicht*
  m ‖ *~ negocio schlechtes Geschäft* n ‖ ⟨fig⟩
  unangenehme Angelegenheit f ‖ *~ nombre*
  Spitzname m ‖ ◇ *tener ~ despacho schlechten*
  Absatz haben (Ware)

²mal adv *übel, schlecht, schlimm* || *schwerlich, kaum* || *wenig, nicht recht* || *irrig, fehlerhaft* || ~ aconsejado *übel beraten* || ~ avisado *unbedachtsam* || ~ hecho *ungestalt* || *¡~ hecho! das ist nicht recht gehandelt!* || ~ de su grado *wider s–n (ihren) Willen* || ~ que bien ⟨fam⟩ *soso, mittelmäßig* || *recht und schlecht* || *¡menos ~! dann ist es nicht (so) schlimm!* || ~ que te pese *du magst wollen oder nicht* || *so hart es dich ankommt* || *trotz* (gen) || *gegen d–n Willen* || ♦ (de) ~ a ~, por ~ *mit Gewalt* || a ~ andar *im schlimmsten Fall* || a ~ dar *wenigstens* || de ~ en peor ⟨fam⟩ *immer ärger* || *immer schlechter* || *immer schlimmer* || *vom Regen in die Traufe* || *¡~ rayo!* ⟨pop⟩ *Donnerwetter!* || ◇ ~ se te conoce *man sieht es dir wenig (kaum) an* || decir ~ de alg. *jdm Übles nachreden* || echar a ~ *verachten* || *verübeln* || *vergeuden* || *übel nehmen, verübeln* || estar ~ *übel dran sein* || estar ~ con alg. *mit jdm verfeindet sein, mit jdm im Streit liegen* || estar ~ fundado ⟨fig⟩ *auf schwachen Füßen stehen (z. B. Argument)* || no está ~ *es ist nicht übel* || *er (sie, es) sieht recht gut aus* || *er (sie, es) macht s–e (ihre) Sache ganz gut* || hacer ~ a alg. *jdm schaden* || *jdm wehtun* || la cabeza me hace ~ ⟨pop⟩ *ich habe Kopfschmerzen* || no hacer ~ a un gato ⟨figf⟩ *k–r Fliege et. zuleid(e)* [& *zu Leid(e)*] *tun* || llevar a ~ *übel nehmen, verübeln* || lo menos ~ que pude ⟨fam⟩ *so gut ich (es) konnte* od *vermochte* || poner en ~ a alg. *jdn anschwärzen (con bei)* || salir ~ *miss|lingen, -raten* || no me lo tomes a ~ *nimm es mir nicht übel* || el enfermo va ~ *dem Kranken geht es schlecht* || no va ~ *eso das geht nicht schlecht* || haces ~, espera otro tal *jede Schuld rächt s. auf Erden*

³mal m *Übel, Leid* n, *Schaden* m || *Unglück, Missgeschick* n || *Krankheit* f, *Leiden* n || ~ de las alturas *Berg-, Höhen|krankheit* f || ~ de los aviadores ⟨Med⟩ *Luft-, Höhen|krankheit* f *der Flieger* || ~ de barriga ⟨fam⟩ *Bauchweh* n || ~ caduco *Fallsucht* f (→ **epilepsia**) || ~ de estómago *Magenleiden* n || ~ francés, ~ gálico *(frühere Bezeichnungen für Syphilis) Franzosenkrankheit, Lustseuche* f || ~ de garganta *Halsweh* n || ~ de mar *Seekrankheit* f || ~ menor *das kleinere Übel* || ~ de montaña *Berg-, Höhen|krankheit* f || ~ napolitano → ~ francés || ~ de ojo *böser Blick* m *(Behexung mit dem Blick)* || ~ perlado ⟨Vet⟩ *Perlsucht* f *des Viehs* || ~ de piedra f ⟨Med⟩ *Steinleiden* n || ⟨iron⟩ *Bauwut* f || ~ de las vacas locas ⟨fam⟩ *Rinderwahnsinn* m || ~ venéreo *Geschlechtskrankheit* f || ~ de vientre *Bauchweh* n || ◇ devolver ~ por ~ *Böses mit Bösem vergelten* || devolver bien por ~ *Böses mit Gutem vergelten* || parar en ~ *schlecht ausgehen* || *¡~ haya el que ...! wehe dem, der ...!* || *no hay ~ que por bien no venga* ⟨Spr⟩ *auch das Unglück hat ein Gutes* || *... líbranos de* ~ (Padrenuestro) *erlöse uns von dem Bösen (Vaterunser)*

mala adj: estar ~ *unwohl sein (menstruieren)*

mala|bar adj/s *Malabar-* || **–barismo** m *Jongleurkunst* f || *Zauberkunst* f || ⟨fig⟩ *(gewagte) Geschicklichkeit* f || ⟨fig⟩ *Gratwanderung* f *(& Pol)* || *Seiltänzerei* f || ⟨desp⟩ *Hokuspokus* m || **–barista** m/f *Jongleur(in* f) m (& fig) || *Gaukler(in* f), *Taschenspieler(in* f) m (& fig)

malacara m *Arg Ur Pferd* n *mit Blesse*

malacate m ⟨Tech Bgb⟩ *Göpel* m, *Göpelwerk* n

malacia f ⟨Med⟩ *Erweichung, Malazie* f

malaco|logía f *Malakologie, Weichtierkunde* f || **–lógico** adj *malakologisch*

malaconsejado adj *übel beraten*

malacostumbrado adj *ver|hätschelt, -zogen, -wöhnt*

Málaga f [Stadt und Provinz in Spanien] *Málaga* n || ◇ salir de ~ y entrar en Malagón ⟨figf⟩ *aus dem Regen in die Traufe kommen*

malagana f ⟨fam⟩ *Schwächeanfall* m

malagradecido adj *undankbar*

malague|ña f *Malagueña* f *(ein südspan. Tanz)* || *verwickelte Geschichte* f || **–ño** adj/s *aus Málaga (Stadt und Provinz)* || *auf Málaga bezüglich*

malagueta f ⟨Bot⟩ *Kardamompflanze* f (Elettaria cardamomum) || *Kardamomen* mpl (& npl), *Samen* mpl *der Kardamompflanze, Champhor Seeds* pl *(Gewürz)*

malaje m ⟨pop⟩ And *plumper, un|geschickter, -beholfener Mensch* m

malaleche m *bösartiger, gemeiner Kerl* m

malamente adv *böse, übel* || *ungeschickt* || *ungünstig*

malandanza f *Unglück, Missgeschick* n

malandrín m/adj *Spitzbube* m || *Übeltäter* m

malángel m And → **malaje**

malapata m ⟨fam⟩ *Pechvogel* m

Malaquías m np *Malachias* m *(Prophet)*

malaquita f ⟨Min⟩ *Malachit* m

malar adj *(m/f)* ⟨An⟩ *Wangen-*

malaria f ⟨Med⟩ → **paludismo**

Malasia f ⟨Geogr⟩ *Malaysia* n

malasombra m ⟨fam⟩ *Pechvogel* m || *plumper, linkischer Mensch* m || *lästiger Kerl* m

malatería f ⟨Hist⟩ *Lepra-, Gutleute|haus* n

malavenido adj *unverträglich*

malaventu|ra f *Missgeschick, Unglück* n || **–rado** adj/s *un|glücklich, -selig* || **–ranza** f *Un|glück, -heil* n

Malawi m ⟨Geogr⟩ (anteriormente **Nyasalandia**) *Malawi* n (früher *Njassaland*)

malaxar vt *kneten, malaxieren*

¡malaya! Am ⟨pop⟩ → **¡mal haya!**

malayo adj *malaiisch* || ~ m *Malaie* m || el ~ *die malaiische Sprache, das Malaiische*

mal|baratar vt *verschleudern* || *ver|schwenden, -geuden* || *zugrunde (& zu Grunde) richten* || **–carado** adj *von verdächtigem Äußeren* || **–casado** adj/s *schlecht, unglücklich verheiratet* || **–cocinado** m ⟨Kochk⟩ *Kaldaunengericht* n || *Gericht* n *aus Innereien* || *Innereienladen* m || **–comido** adj *hungrig, spärlich gefüttert* || *schlecht genährt* || **–contentadizo** adj *ungenügsam* || **–contento** adj/s *unzufrieden, miss|vergnügt, -mutig, -gelaunt,* ⟨fam⟩ *grantig, miesepetrig* || **–criado** adj *ungezogen (Kind)* || **–criar** [pres ~ío] vt *schlecht erziehen*

maldad f *Bos|heit, -haftigkeit* f || *Schlechtigkeit* f || *Ruhelosigkeit, Verruchtheit* f || *Übel-, Schand|tat* f || ~ gratuita *reine Bosheit* f || ♦ con ~ *boshaft* || → auch **malignidad**

maldecido adj *boshaft* || ⟨pop⟩ *verflucht*

mal|decir [irr → **decir**, jedoch fut, imp und pp regelmäßig, adj **–dito**] vt *ver|fluchen, -wünschen* || ~ vi *fluchen, lästern* || **–diciente** adj/s *(m/f) lästerhaft* || *lästernd* || *verleumderisch* || *Fluch* m, *Verwünschung* f || *verdammt (noch mal)* || **–dición** f *Fluch* m, *Verwünschung* f || *verdammt (noch mal)* || **–dije** → **–decir** || **–dispuesto** adj *abgeneigt, missmutig* || *unwohl,* ⟨fam⟩ *nicht ganz auf dem Posten* || **–dita** f (fam) *Zunge* f || **–dito** pp/irr von **–decir** || ~ adj *boshaft, bösartig* || *verdammt, -flucht,* ⟨fam⟩ *verflixt* || *ruchlos* || ◇ ~a la cosa que entiende *er versteht nicht das Geringste davon* || *¡~a la gracia! e–e schöne Bescherung!* || le hacen ~ el caso ⟨pop⟩ *kein Mensch achtet auf ihn (sie)* || *¡~ si lo sé! das weiß ich wahrhaftig nicht!* || valer para ~a la cosa ⟨pop⟩ *zu gar nichts taugen* || *¡~a sea! verflucht!* || el ~ ⟨pop⟩ *der Teufel*

Maldivas fpl ⟨Geogr⟩ *Malediven* pl

malea|bilidad f ⟨Met⟩ *Schmiedbarkeit* f || *Geschmeidigkeit* f || *Hämmerbarkeit* f || ⟨fig⟩

Biegsamkeit f *(des Charakters)* ‖ **–ble** adj *(m/f)*
hämmerbar ‖ *schmiedbar* ‖ ⟨fig⟩ *biegsam*
　maleado adj ⟨fam⟩ → **viciado**
　male|ante *m/*adj *Spitzbube, Bösewicht* m ‖ **~s**
mpl Gesindel n ‖ **–ar** vt *ver|derben, -schlechtern* ‖
⟨fig⟩ *sittlich verderben* ‖ **~se** *verderben* (z. B.
Wein) ‖ ⟨fig⟩ *sittlich verkommen*
　malecón m *(Ufer-, Fluss)Damm* m ‖ *Deich* m ‖
Kai, Dammweg m ‖ *Wasserschutzmauer* f ‖ *Mole* f
　maledicencia *f Lästerung* f ‖ *Verleumdung,*
Diffamierung, üble Nachrede f
　maleducado adj *ungezogen* ‖ *unhöflich* ‖ **~** *m*
ungezogener Mensch m ‖ *unhöflicher Mensch* m
　malefi|cencia *f boshafte Gesinnung, Bosheit* f ‖
–ciar vt *ver|derben, -schlechtern* ‖ *(jdm) Schaden*
zufügen ‖ *be|zaubern, -hexen* ‖ **–cio** *m Hexerei* f,
Zauber m ‖ *Be-, Ver|hexung* f ‖ *Unheil* n
　maléfico adj/s *schädlich, unheilbringend* ‖
verderbend ‖ *be-, ver|hexend*
　malegrarse vi Extr *Schadenfreude empfinden*
　malejo adj dim von **malo** ‖ *kränklich,*
gebrechlich ⟨fam⟩ *nicht auf der Höhe*
　malemplear vt *unpassend anwenden*
　malenconía *f* Sant Sal → **melancolía**
　malenten|der [-ie] vi *missverstehen* ‖ **–dido** *m*
Missverständnis n
　maléolo *m* ⟨An⟩ *(Fuß)Knöchel* m
　malestar *m Un|behagen, -wohlsein* n
　male|ta *f Hand|koffer* m ‖ [veraltet] *Mantelsack*
m, *Felleisen* n ‖ ⟨Auto fam⟩ *Kofferraum* m ‖
⟨figf⟩ Col *Höcker* m ‖ ⟨figf⟩ Am *plumper Mensch*
m ‖ ◇ hacer *(od preparar)* la(s) ~(s) *die Koffer*
packen (& fig) ‖ ⟨figf⟩ *sein Bündel schnüren* ‖ Am
⟨fig⟩ *Wäschebündel* n ‖ Chi *Satteltasche* f ‖ ◇
largar la ~, soltar la ~ Chi ⟨fig⟩ *das Zeitliche*
segnen ‖ **~** *m* ⟨figf⟩ *Trottel, Tölpel* m ‖ ⟨Taur⟩
schlechter Stierkämpfer m ‖ **–tero** *m*
Gepäckträger m ‖ *Kofferraum* m ‖ *Koffer|händler*
bzw -macher m ‖ ⟨pop⟩ *Koffer|dieb, -marder* m ‖
–tín *m Reise-, Hand|tasche* f ‖ *Köfferchen* n ‖
Instrumenten- bzw Werkzeug|tasche f ‖ ⟨Sp⟩
Ledertasche f *(am Fahrrad)* ‖ *Satteltasche* f ‖ **~**
de viaje Reisetasche f ‖ **–tón** *m großer Koffer* m
　malevo adj/s Arg Bol *bös(e), gaunerhaft*
　malevolencia *f Übelwollen* n, *Böswilligkeit* f ‖
Groll m
　malévolo adj/s *übel gesinnt* ‖ *böswillig,*
gehässig ‖ *schadenfroh*
　maleza *f Ge|sträuch, -strüpp, Dickicht* n
　mal|formación *f* ⟨Med⟩ *Miss-, Fehl|bildung* f ‖
–formado adj *miss-, fehl|gebildet*
　malgache adj *madagassisch, aus Madagaskar*
| **~** *m Madagasse* m
　malgas|tador *m/*adj *Verschwender* m ‖ **–tar** vt
ver|schwenden, -tun, -prassen, -geuden, ⟨fam⟩ *auf*
den Kopf hauen ‖ **–to** *m Verschwendung* f
　mal|hablado adj *verleumderisch, diffamierend*
| *lästernd* ‖ *mit frechem Mundwerk* ‖ *zotig* ‖ **~** *m*
Lästermaul n ‖ **–hadado** adj *unglück|lich, -selig* ‖
–hecho adj *missgestaltet, ungestalt* ‖ **~** *m Übel-,*
Misse|tat f ‖ **–hechor** *m/*adj *Übel-, Misse|täter,*
Verbrecher m
　malherir [ie/i] vt *(schwer) verwunden*
　malhumorado adj *übel od schlecht gelaunt,*
verstimmt ‖ ◇ ponerse ~ *üble Laune bekommen*
　Malí *m* ⟨Geogr⟩ *Mali* n
　mali|cia *f Schlechtigkeit, Verderbtheit* f ‖
Bosh(aftigk)eit, Tücke, Arglist f ‖ *Ver|schmitztheit,*
-schlagenheit f ‖ *Geriebenheit* f ‖ *Gefährlichkeit* f ‖
⟨fam⟩ *Argwohn, Verdacht* m ‖ ⟨fam⟩
Schalkhaftigkeit, Schelmerei f ‖ ◆ por ~ *aus*
Bosh(aftigk)eit ‖ ◇ tener mucha ~ ⟨pop⟩
durchtrieben sein (bes. *Kind)* ‖ **–ciar** vt
verfälschen ‖ *et. übel auslegen* ‖ *verführen,*
sittlich verderben ‖ **~** vi/t (bes Am) *ahnen,*

argwöhnen ‖ **~se** ⟨fig⟩ *sittlich verkommen* ‖
Schlechtes denken ‖ *Argwohn od Misstrauen*
hegen ‖ ◇ me lo –ciaba yo *das war*
vorauszusehen ‖ **–cioso** adj/s *boshaft, arglistig* ‖
schadenfroh, hämisch ‖ *argwöhnisch* ‖ *schalkhaft,*
schelmisch ‖ → **malpensado**
　málico adj *Apfel-*
　malig|nar vt *verderben, anstecken* ‖ **~** vi
verschlechtern ‖ **~se** *verderben* ‖ *bösartig werden*
(Krankheit) ‖ **–nidad** *f Bosheit, Boshaftigkeit* f ‖
⟨Med⟩ *Bösartigkeit* f ‖ **–no** adj/s *boshaft* ‖
verderblich, gefährlich ‖ *bösartig (Krankheit,*
Geschwür) ‖ el (espíritu) ~ *der böse Geist* m ‖
–noma *m* ⟨Med⟩ *Malignom* n
　malilla *f* ⟨Kart⟩ *Manille* f ‖ *zweithöchste Karte*
(in verschiedenen Spielen)
　malillo adj *nicht sehr gut* ‖ *kränklich,*
gebrechlich ‖ ⟨fig⟩ *schlaff, weich*
　Malinas *m* [Stadt] *Mecheln* n
　malinchismo *m* Mex *Bestechlichkeit*
Ausländern gegenüber (nach Malinche, der
Dolmetscherin von Hernán Cortés)
　malinformar vt *falsch informieren* ‖ [bewusst]
desinformieren
　malintencionado adj *übel gesinnt* ‖ *übel*
wollend ‖ *böswillig* ‖ *heimtückisch* ‖ **~** *m*
Übelgesinnte(r) m ‖ *heimtückischer Mensch* m
　△ **malipiar** vt *waschen*
　ma|lísimo sup von **malo** ‖ *ganz schlecht,* ⟨fam⟩
hundsgemein ‖ *erzübel* ‖ **–lito** adj dim von **malo**
　malla *f Masche, Netz-, Strumpf|masche* f ‖
Netzgewebe n, *Trikot* m (& n) ‖ Am p.ex
Badetrikot n ‖ *Panzerhemd* n ‖ las **~s** ⟨Sp⟩ *das*
Tor (Fußball)
　mallete *m* dim von ¹**mallo** ‖ ⟨Mar⟩ *Kettensteg*
m
　¹**mallo** *m* ⟨Tech⟩ *Schlägel, Fäustel* m ‖
Holzhammer m
　△ ²**mallo** *m Esel* m
　Mallor|ca *f* ⟨Geogr⟩ *Mallorca* n ‖ **=quín** adj
mallorquinisch ‖ **~** *m Mallorquiner* m ‖ el ~ *das*
Mallorquinische (e–e Mundart des Katalanischen)
　mal|mandado adj *ungehorsam* ‖ **–maridada**
*f/*adj *untreue bzw schlechte Ehefrau* f
　malmeter vt *verschwenden* ‖ *schlecht*
anwenden ‖ *verleiten, auf den falschen Weg*
bringen ‖ *entzweien* ‖ Ar *verderben*
　malmignatte *f* ⟨Zool⟩ *Malmignatte* f (→
latrodecto)
　malmirado adj *rücksichtslos* ‖ *unbeliebt* ‖
unhöflich
　malnacido adj *verachtenswert (Person)*
　malnutrición *f Unter-, Mangel|ernährung* f
　malo adj/s [comp & perf] *schlecht, wertlos* ‖
böse, schlimm ‖ *übel* ‖ *bös(e), boshaft, bösartig* ‖
gott-, ruch|los ‖ *gefährlich, schädlich* ‖
unangenehm, peinlich ‖ *leidend, krank* ‖ ⟨fam⟩
schlau, gerieben ‖ ⟨fam⟩ *ungezogen, störrisch,*
wild (Kinder) ‖ **~** de condición *von schlechter*
Beschaffenheit ‖ el ~ ⟨pop⟩ *der Teufel* ‖ **~**a
inteligencia Missverständnis n ‖ **~**a ventura
Unglück, Missgeschick n ‖ ¡**~**! *(das ist) schlimm!*
‖ de (muy) **~**a gana *(sehr) ungern* ‖ ◆ por la **~**a,
por **~**as *mit Gewalt* ‖ por **~**as o por buenas
gutwillig od mit Gewalt, so oder so ‖ ◇ andar a
~ con alg. *mit jdm auf gespanntem Fuß stehen* ‖
echar a **~**a parte *übel auslegen, verübeln* ‖ lo
encuentro **~** *ich missbillige es* ‖ estar a **~** con
alg. → andar a **~** con alg. ‖ estar de **–as** *Pech*
haben (bes. im Spiel) ‖ pasar un rato muy **~** ‖
große Unannehmlichkeit haben ‖ ponerse **~**
erkranken ‖ ni una **~**a letra (me) pone ⟨pop⟩ *er*
(sie, es) lässt kein Sterbenswörtchen von s. hören ‖
lo **~** es que … *das Schlimme dabei ist, dass …* ‖
es **~** para *od* con su padre *er verträgt s. nicht*

mit s–m *(ihrem) Vater* ‖ tener
~s los pies *wunde Füße haben* ‖ más vale ~
conocido que bueno por conocer ⟨Spr⟩ *besser ein
Spatz in der Hand als e–e Taube auf dem Dach* ‖
venir de ~as *mit bösen Absichten kommen* ‖
ungelegen kommen
  malo|grado adj *ungeraten, miss|lungen, -raten*
‖ *unglücklich* ‖ *früh verstorben* ‖ el ~ artista *der
früh verstorbene, allgemein betrauerte Künstler* ‖
–grar vt *vereiteln, zunichte machen* ‖
ver|scherzen, -schwenden (Zeit, Gelegenheit) ‖
versäumen ‖ *verfehlen (Zweck)* ‖ *verderben,
zugrunde (& zu Grunde) richten* ‖ **~se**
misslingen, fehlschlagen, scheitern ‖ *missraten
(Früchte)* ‖ *zu früh sterben* ‖ **–gro** m *Misserfolg* m
  maloja f *Futtermais* m
  malojo m Ven *böser Blick* m *(Behexung mit
dem Blick)*
  maloliente adj *(m/f) übel riechend*
  malón m Am ⟨Hist⟩ *unerwarteter Einfall* m
(der Indianer) ‖ *unerwarteter, tückischer Verrat* m
  malote adj ⟨fam⟩ *kränklich, siech* ‖ Mex *tapfer,
kühn* ‖ ~ m Mex *Fieber* n ‖ *Fieberfrost* m
  mal|parado adj *übel zugerichtet* ‖ ◇ salir ~
⟨fam⟩ *schlecht davonkommen* ‖ **–parar** vt *übel
zurichten*
  mal|parida f ⟨fam⟩ *Frau, die e–e Fehlgeburt
gehabt hat* ‖ **–parir** vi ⟨fam⟩ *e–e Fehlgeburt
haben* ‖ **–parto** m *Fehlgeburt* f
  malpensado adj/s *argwöhnisch* ‖ *übel gesinnt* ‖
böswillig ‖ ◇ ser (un) ~ *immer gleich das
Schlechteste denken* od *annehmen* ‖ *stets an
Zweideutigkeiten denken*
  mal|querencia f *Übelwollen* n, *Hass, Groll* m ‖
Abneigung f ‖ **–querer** [ie/i] vt *nicht wohl wollen,
übel wollen, hassen, (jdm) grollen*
  mal|quistarse vr *s. verfeinden* (con *mit*) ‖
–quisto adj *verfeindet* (con *mit*) ‖ *verhasst*
  mal|rayo m PR *süßes Kokosgebäck* n ‖ **–rotar**
vt *verschwenden, durchbringen* ‖ **–sano** adj
ungesund, gesundheitsschädlich ‖ *krank, siech,
nicht gesund* ‖ *krankhaft (Neugierde)* ‖ *schlüpfrig
(Buch)*
  malsonan|cia f *Missklang* m ‖ **–te** adj *anstößig,
unanständig (Wort)*
  malsufrido adj *unverträglich* ‖ *unerträglich* ‖
ungeduldig
  malta f, **malte** m *(Brau)Malz* n ‖ *Malzkaffee* m
  Malta f ⟨Geogr⟩ *Malta* n
  mal|taje, -teado m *Mälzen* n ‖ **–tear** vt *mälzen*
‖ **–tasa** f ⟨Chem⟩ *Maltase* f
  malteclear vt/i ⟨fam⟩ *klimpern (auf dem
Klavier)*
  maltés adj *maltesisch* ‖ ~ m *Malteser* m ‖ el
~ *die maltesische Sprache, das Maltesische*
  maltosa f ⟨Chem⟩ *Maltose* f
  maltrabaja m/f ⟨fam⟩ *Faulpelz, Tagedieb* m
  mal|tratar vt *misshandeln* ‖ *(mit Worten)
heruntermachen*, ⟨fam⟩ *anbrüllen* ‖ *schädigen* ‖
verächtlich behandeln ‖ *verhunzen, übel zurichten*
‖ ◇ ~ a uno de obra *jdn tätlich misshandeln* ‖ ~
animales *Tiere quälen* ‖ **–trato** m *Misshandlung* f
‖ ~ de obra ⟨Jur⟩ *tätliche Misshandlung* f ‖
–trecho adj *übel zugerichtet*
  maltusia|nismo m *Malthusianismus* m, *Lehre* f
des Malthus ‖ **–no** adj *malthusianisch, auf die
Lehre von Malthus bezüglich* ‖ ~ m *Malthusianer,
Anhänger* m *der Lehre von Malthus*
  ¹maluco adj Sant ⟨fam⟩ *kränklich, unpässlich,
leidend, angegriffen*
  ²maluco adj *hartherzig*
  ³maluco adj/s *aus den Molukken* ‖ *auf die
Molukken bezüglich*
  malucho adj ⟨fam⟩ *kränklich, unpässlich,
leidend, angegriffen*

  △ **maluño** m *Blitz* m
  malura f Am *Unwohlsein* n
  mal|va adj *malven|farben, -farbig* ‖ ~ f ⟨Bot⟩
Malve f (Malva spp) ‖ *Malve* f *(Blüte)* ‖ ◇ estar
criando ~s ⟨figf⟩ *tot sein, unter der Erde liegen,*
⟨figf⟩ *s. die Radieschen von unten besehen* ‖ ser
una ~ *sehr sanftmütig sein* ‖ **–váceas** fpl ⟨Bot⟩
Malvengewächse npl (Malvaceae)
  malvado adj/s *böse, gott-, ruch|los* ‖ adv:
~**amente**
  ¹malvasía f *Malvasiertraube* f (bes. *von Sitges
in Katalonien*) ‖ *Malvasier* m *(Wein)*
  ²malvasía f ⟨V⟩ *Weißkopf-Ruderente* f (Oxyura
leucocephala)
  malvavisco m ⟨Bot⟩ *Samtpappel, Stockmalve* f,
Eibisch m (Althaea officinalis)
  malvender vt *unter Preis verkaufen,
verschleudern*
  malver|sación f *Veruntreuung* f,
Unterschlagung f ‖ ~ de fondos *Unterschlagung*
f *von Geldern* ‖ ~ de una herencia
Erbschleicherei f ‖ **–sador** m *Veruntreuer,
Unterschlager* m ‖ **–sar** vt *(Geld) veruntreuen,
unterschlagen*
  malvezar [z/c] vt *(jdn) verwöhnen*
  Malvi|nas fpl ⟨Geogr⟩ *Falklandinseln* fpl ‖
~nero adj *von den Falklandinseln* ‖ ~ m
Bewohner m *der Falklandinseln*
  malvís m ⟨V⟩ *Singdrossel* f (Turdus
philomelos)
  malvivir vi *miserabel leben, dahinvegetieren*
  malviz [pl ~**ces**] m → **malvís**
  ¹mama f *weibliche Brust* f ‖ ⟨Zool⟩ *Brustdrüse*
f ‖ *Euter* n *(der Tiere)*
  mamá, ⟨fam⟩ **²mama** f *Mutti, Mama* f ‖ ~
grande Col Mex *Großmutter* f
  mamacallos m ⟨fam⟩ *Trottel, Blödian* m
  mama|da f am *Saugen* n *an der Mutterbrust* ‖
gesaugte Milchmenge f ‖ *Säugezeit* f ‖ ⟨vulg⟩
(Ab)Lutschen, Blasen n *(Fellatio)* ‖ Am ⟨fig⟩
leichter, müheloser Gewinn m ‖ Arg ⟨fig⟩ *Rausch*
m, *Trunkenheit* f ‖ **–dera** f *Milchpumpe* f ‖ Am
Sauger, Schnuller m (→ **¹chupete**) ‖ Am
Milchflasche f ‖ Am *Melkkuh* f (& fig) ‖ **–(d)o** adj
Cu ⟨pop⟩ *blödsinnig, einfältig* ‖ ⟨fam⟩ Am
betrunken ‖ *beschwipst*
  mamaíta f dim von **mamá**
  mamama f Hond *Oma* f
  mamancona f Chi *dickes, altes Weib* n
  mamandurria f SAm *unverhoffter Erfolg* m,
⟨pop⟩ *Schwein* n
  mamantón adj/s *saugend (Tierjunges)*
  mamar vt/i *(an der Mutterbrust) saugen* ‖
⟨fam⟩ *saufen, gierig schlucken* ‖ ⟨fam⟩ *fressen,
gierig verschlingen* ‖ ⟨pop⟩ *einheimsen, kriegen* ‖
◇ dar de ~ a un niño *ein Kind säugen, nähren,
stillen* ‖ ~la ⟨vulg⟩ *Fellatio ausüben,
(ab)lutschen, blasen* ‖ ése (se) la mama ⟨fig vulg⟩
der ist ein vollkommener Idiot! ‖ **~se** *s. betrinken*
‖ ◇ no ~ el dedo ⟨fig pop⟩ *schlau, aufgeweckt
sein* ‖ ~ el dedo ⟨figf⟩ *leicht zu betrügen sein* ‖ a
ése le gusta ~ ⟨figf⟩ *der säuft gern*
  mamario adj *Brust-*
  mamarra|chada f ⟨fam⟩ *Sudelei* f ‖ *Pfuscherei*
f ‖ *Quatsch* m ‖ ⟨fam⟩ *Riesendummheit* f ‖ **–chero**
m, **–chista** m/f ⟨fam⟩ *Sud(e)ler(in* f), *Schmierer(in*
f) m ‖ *Pfuscher(in* f), *Stümper(in* f) m ‖ **–cho** m
⟨fig⟩ *Vogelscheuche* f *(Person)* ‖ ⟨fig⟩ *ungestalter
Knirps* m ‖ *Sudelwerk* n, *Schmarren* m ‖ *Kitsch* m
  mamasita f Am → **mamaíta**
  mambí(s) m Cu ⟨Hist⟩ *Kämpfer* m *gegen die
spanische Herrschaft*
  mambo m ⟨Mus⟩ *Mambo* m *(Tanz)*
  mambrú m ⟨Mar⟩ *Schornstein* m *(der
Kombüse)*

Mambrú *m* np ⟨Hist Lit⟩ *Malbruck* m
(*Marlborough*)
mamella *f Brustwarze* f *des Mannes* ‖ *Wamme*
f (*des Rindes*) ‖ ~**s** *fpl* ⟨pop⟩ *Titten, Memmen* fpl
(*Brüste der Frau*)
mamelón *m rundlicher (alleinstehender) Hügel* m
mameluca *f* Chi *Nutte* f
¹mameluco *m* ⟨Hist⟩ *Mameluck* m ‖ ⟨fig⟩
Trottel, Blödian m
²mameluco *m* Am *Overall* m ‖ *Strampelanzug*
m (*für Kinder*)
mamerto adj *blöd(e), dumm*
mamey *m* ⟨Bot⟩ *am. Mameibaum* m
mamía adj *mit nur e–m Euter (Ziege)*
mamíferos *mpl Säugetiere* npl
mami|la *f* ⟨An⟩ *Brustwarze* f ‖ **–lar** adj (*m/f*)
⟨An⟩ *Brustwarzen-*
mamita *f* dim von **mamá**
mamografía *f* ⟨Med⟩ *Mammographie* f
Mam(m)ón *m Mammon* m (*Gott des
Reichtums*)
mamola *f:* ◇ hacer la ~ a alg. (figf) *jdn über
den Löffel balbieren, prellen* ‖ ¡~!
fehlgeschossen!
¹mamón adj *saugend* ‖ ~ *m Säugling* m ‖
junges Tier, Tierjunge(s) n ‖ ⟨Bot fig⟩ *Wassertrieb*
m (*des Baumes*) ‖ ⟨fig⟩ *Knilch* m ‖ ⟨fig⟩ *Fatzke* m
‖ Am ⟨fig⟩ *Säufer* m
²mamón *m* Mex ⟨Art⟩ *Schaumbiskuit* n (& m)
mamoncillo *m* dim von **¹mamón**
mamotreto *m Sammel-, Erinnerungs|buch* n ‖
⟨fig⟩ *großes, dickes Buch* n, (fam) *Wälzer,
Schinken* m ‖ *ungefüges Möbel* n ‖ *Gerümpel* n
mampara *f spanische Wand* f ‖ *Wandschirm* m
‖ *Kaminschirm* m ‖ Pe *Glastür* f
mamparo *m* ⟨Mar⟩ *Schott* n
mamplé *m* PR *minderwertiger Rum* m
△ **mamporejio** *m Schule* f
mamporro *m* ⟨fam⟩ *(leichter) Schlag, Puff* m
mampos|tería *f (Bruchstein)Mauerwerk* n ‖
–tero *m Mörtelmaurer* m
mampucho adj Col Pan *verweiblicht*
mampuesto *m* ⟨Arch⟩ *Bruchstein* m ‖
Füllsteine mpl ‖ ◆ de ~ *im Vorrat*
mamujar vi *nuckeln* ‖ *an der Mutterbrust
spielend trinken (Säugling)*
mamullar vt *schmatzend essen* ‖ ⟨figf⟩
herstottern ‖ ⟨figf⟩ *mummeln*
mamulón adj Cr *faul, träge*
mamut *m* (Paläozoologie) *Mammut* n (Elephas
primigenius)
man *f Hand* f ‖ ◆ a ~ *salva leicht, ohne Mühe
und Gefahr*
maná *m Manna* n ‖ ⟨fig⟩ *reichliche Gabe* f
¹manada *f Herde* f *Vieh* (bes. *Schafe*) ‖ *Rudel*
(*Wild*) ‖ ⟨Jgd⟩ *Sprung* m *Rehe* ‖ *Haufen* m
Leute) ‖ ◆ a ~s *haufen-, scharen-, trupp|weise*
²manada *f Handvoll* f (*Getreide*)
manadero *m (Sprudel)Quelle* f ‖ *Viehtreiber* m
manager *m/f Manager(in* f) m
manan|tial *m Quelle* f (& fig) ‖ *Quell, Born* m
‖ ~ acídulo *Sauerbrunnen* m ‖ **–tío** adj
hervorsprudelnd ‖ ~ *m Quelle* f, *Born* m
manar vi *fließen, rinnen, quellen* ‖ *ausströmen
lassen)* ‖ ⟨fig⟩ *entspringen, abstammen* ‖ ◇ ~ en
agua triefen (Boden) ‖ ~ sangre *von Blut triefen*
manate *m* ⟨pop⟩ → **magnate**
manatí [*pl* ~**íes**] *m* ⟨Zool⟩ *Manati* n, *Lamantin*
n, *Seekuh* f (Trichechus manatus)
mana|za *f* (fam) augm von **¹mano** ‖ *große
Hand,* (fam) *Pranke* f ‖ **–zas** adj *ungeschickt* ‖ ~
m ungeschickter, linkischer Mensch m ‖ ◇ ser un
~ *zwei linke Hände haben*
¹mancar [c/qu] vt *verstümmeln (Hand)* ‖ ~ vi
legen (Wind)

△ **²mancar** [c/qu] vi *fehlen*
mancarrón *m (Schind)Mähre* f, *Klepper* m
mance|ba *f* ⟨lit⟩ *Beischläferin, Konkubine* f,
Kebsweib n ‖ **–bía** *f* ⟨lit⟩: (casa de) ~ *Hurenhaus,
Bordell* n ‖ **–bo** *m*/adj ⟨lit⟩ *Jüngling, junger
Bursche* m ‖ *Hagestolz* m ‖ *Ladendiener* m ‖
Gehilfe, Handwerksgeselle m
máncer, mancer *m Hurenkind* n
mancera *f* ⟨Agr⟩ *Pflugsterz* m
¹mancha *f Fleck(en)* (& fig), *Schmutzfleck* m ‖
Muttermal n ‖ ⟨Astr⟩ *Sonnenfleck* m ‖ ⟨Text⟩
Tupfen m ‖ ⟨Mal⟩ *Farbskizze* f ‖ ⟨Agr Bot⟩ *dicht
bewachsene Stelle* f ‖ ⟨fig⟩ *Schandfleck* m ‖ ~ de
aceite *Ölfleck* m ‖ ~ hepática *Leberfleck* m ‖ ~
de moho *Stockfleck* m (*auf Holz, Papier usw.*) ‖
~ en la sangre ⟨fig⟩ *Blut-, Schand|fleck* m ‖
Rassenschande f ‖ ~s solares *Sonnenflecken* mpl
‖ ~ de tinta *Tintenklecks* m ‖ ◆ con ~s de moho
stockfleckig (Buch) ‖ sin ~ *makellos* ‖ ◇
extenderse como ~ de aceite *s. unaufhaltsam
verbreiten, s. nach und nach durchsetzen* ‖ *hasta
el sol tiene* ~s *nichts ist vollkommen in der Welt*
²mancha *f* Ar (*Blase)Balg* m
³mancha *f* ⟨Ins⟩: ~ leonada *Perlgrasfalter* m
(Coenonympha arcania)
Mancha: La ~ span. *Landschaft*
manchado adj/s *fleckig* ‖ *gefleckt* ‖ *beschmutzt*
‖ *scheckig*
manchador *m* Ar *Bälgetreter, Kalkant* m
manchar vt *beflecken* (& fig) ‖ *beschmutzen* ‖
abfärben ‖ ⟨Mal⟩ *schattieren* ‖ ⟨Typ⟩ *mit Spießen
(ab)drucken* ‖ ◇ ~ con *od* de *od* en lodo *mit
Schlamm be|schmutzen od -spritzen* ‖ ~se *s.
beschmutzen*
mancharras *fpl* → **cháncharas**
¹manchego adj *auf La Mancha bezüglich* ‖ ~
m Einwohner m *von La Mancha*
²manchego *m* ⟨Typ fam⟩ *Leiche* f
△ **manchín** *m Schatz* m
¹manchón *m* augm von **¹mancha**
²manchón *m* Chi *Muff* m
manchoso adj/s Al Ar *schmutzempfindlich
(Stoff)* ‖ *leicht schmutzend*
manchú [*pl* ~**úes**], **manchuriano** adj
mandschurisch ‖ ~ *m Mandschu, Bewohner* m
der Mandschurei f
manchuela *f* dim von **¹mancha**
Manchuria *f* ⟨Geogr⟩ *Mandschurei* f
manci|lla *f* ⟨fig⟩ *Makel, Schandfleck* m ‖ ◆ sin
~ *makellos* ‖ *unbefleckt (Jungfrau)* ‖ **–llado** adj:
hijo ~ (veraltet) *uneheliches Kind* n ‖ **–llar** vt
beflecken ‖ ⟨fig⟩ *ent|ehren, -würdigen*
mancipación *f öffentliche Übergabe* f ‖ *Kauf*
m ‖ *Veräußerung* f
manco adj *ein|armig, -händig* ‖ *flügellahm* ‖
⟨fig⟩ *mangelhaft, unvollständig* ‖ ~ de la derecha
ohne die rechte Hand ‖ *an der rechten Hand
gelähmt* ‖ ~ en *od* para … ⟨fig⟩ *plump,
ungeschickt zu* … ‖ ◇ no ser (cojo ni) ~ ⟨figf⟩
ein ganzer Kerl sein ‖ ~ *m Einarmige(r)* m ‖ Chi
Klepper m ‖ el ~ de Lepanto *Beiname* m *des
span. Dichters Miguel de Cervantes (der in der
Schlacht bei Lepanto am linken Arm verstümmelt
wurde)*
manco|mún *m:* de ~ *gemeinschaftlich* ‖
gesamt|schuldnerisch bzw *-gläuberisch* ‖
gegenseitig ‖ **–munidad** *f gemeinschaftliche
Verpflichtung, Solidarität* f ‖ *Vereinigung* f
verschiedener Gemeinden zu Verwaltungszwecken
‖ *besondere Provinzialvertretung* f ‖ *Gemeinschaft*
f ‖ ~ *Británica (de Naciones) Britisches
Commonwealth* n ‖ ~ de deudores
Gesamtschuldnerschaft f ‖ ~ de pastos ⟨Jur⟩
Weidegemeinschaft f
mancornar [-ue-] vt (*e–n jungen Stier) bei den*

Hörnern packen und niederdrücken ‖ *(Rinder) an den Hörnern zusammenbinden* ‖ ⟨fig⟩ *koppeln, paaren* ‖ ⟨fig⟩ *paarweise zusammen|tun* bzw *-binden*
man|cornas, –cuernas *fpl* Am *Manschettenknöpfe* mpl
¹manda *f Vermächtnis* n ‖ *Anerbieten, Versprechen* n
²manda: ~ *narices que ... es wäre ja noch schöner, wenn ...*
manda|dero *m Klosterdiener* m ‖ *Botengänger, Bote, Laufbursche* m ‖ **–do** *m Auftrag, Befehl* m ‖ ◇ *hacer* ~s *Besorgungen verrichten* ‖ *hacer de un camino dos* ~s ⟨fig⟩ *zwei Fliegen auf e–n Schlag töten* ‖ ~ pp von **mandar** ‖ *befohlen* ‖ ⟨Tech⟩ *gesteuert* ‖ **–más** *m* ⟨fam⟩ *Chef, Boss* m ‖ *autoritärer Chef* m ‖ **–miento** *m Gebot* n ‖ *Befehl* m ‖ *Erlass* m ‖ *los* ~s (de la ley de Dios) *die Zehn Gebote (Gottes)* ‖ *los cinco* ~s ⟨figf⟩ *die Finger (e–r Hand)* ‖ *de ejecución* ⟨Jur⟩ *Vollstreckungsbescheid* m ‖ ~ *de prisión Haftbefehl* m ‖ *Steckbrief* m ‖ ◇ *poner a uno en la cara los cinco* ~s ⟨figf⟩ *jdn ohrfeigen*
mandanga *f* ⟨fam⟩ *Trägheit* f ‖ *Dickfelligkeit* f ‖ *Tun und Treiben* n ‖ → **pachorra**
mandante *m Auftrag-, Vollmacht|geber* m ‖ ⟨Jur⟩ *Mandant* m
mandar *vt befehlen, gebieten* ‖ *anordnen* ‖ *beherrschen* ‖ *bestellen* ‖ ⟨Mil⟩ *befehligen, anführen, kommandieren* ‖ ⟨Jur⟩ *et. vermachen* ‖ ⟨Tech⟩ *steuern* (& fig) ‖ ⟨allg⟩ *ein-, zu|senden, -schicken* ‖ *zukommen lassen* ‖ *entsenden* ‖ ~ vi *befehlen, gebieten* ‖ ◇ ~ *por algo,* ~ *a buscar algo et. holen lassen* ‖ ~ *al diablo,* ~ *a freír espárragos od monas,* ~ *a hacer gárgaras,* ~ *a escardar cebollinos* ⟨fam⟩, ~ *a la mierda* ⟨vulg⟩, ~ *a la eme* ⟨euph⟩ *zum Teufel schicken, (jdm) den Laufpass geben* ‖ ~ *por correo mit der Post schicken* ‖ ~ *de vacaciones (jdn) in Ferien (bzw in Urlaub) schicken* ‖ *¡no me dejo mandar así por Vd.! ich lasse mich nicht so von Ihnen herumkommandieren!* ‖ ~**se** *s. beherrschen* ‖ *s. selbst helfen können* ‖ Mex ⟨fam⟩ *(auf)essen* ‖ ◇ ~ *mudar* Arg *weggehen,* ⟨fam⟩ *abziehen*
¹mandarín *m Mandarin* m *(Beamtenadel in China)* ‖ ⟨iron⟩ *Zopfbeamte(r)* m
²mandarín *m* ⟨V⟩ *Mandarinente* f (Aix galericulata)
³mandarín *m* Chi *herrischer Mensch,* ⟨fam⟩ *Tyrann* m
mandari|na *f Mandarine* f ‖ **–no** *m* ⟨Bot⟩ *Mandarine(nbaum)* f (Citrus reticulata)
mandarinismo *m Willkürherrschaft* f
mandatario *m Beauftragte(r)* m ‖ *Mandatar* m ‖ *Bevollmächtigte(r), Sachwalter* m ‖ bes. Am *Regierende(r)* m ‖ *primer* ~ (bes. Am) *Präsident, Staatschef* m
¹mandato *m Befehl* m, *Vorschrift* f ‖ *Auftrag* m ‖ *Vollmacht* f ‖ ⟨Jur⟩ *Beschluss* m ‖ *(Geld)Anweisung* f ‖ ⟨Pol⟩ *Mandat* n ‖ ⟨Gr⟩ *Befehlsatz* m ‖ ~ *de arresto Steckbrief* m ‖ ~ *excedentario* ⟨Pol⟩ *Überhangmandat* n ‖ ~ *internacional internationale Geldanweisung* f ‖ ~ *postal Postauftrag* m ‖ ~ *de registro domiciliario* ⟨Jur⟩ *Haussuchungsbefehl* m ‖ ◇ *infringir los* ~s *den Vorschriften zuwiderhandeln*
²mandato *m* ⟨Kath⟩ *Fußwaschung* f *(an Gründonnerstag)*
△ **mandengo** adj *derselbe*
manderecha *f:* a ~ *rechts, auf die rechte Seite*
man|díbula *f* ⟨An⟩ *Kinn|lade* f, *-backen* m ‖ ⟨Zool⟩ *(Unter)Kiefer* m, *Mandibula* f ‖ ⟨Tech⟩ *Backen* m ‖ ~ *inferior Unterkiefer* m ‖ *a* ~ *batiente aus vollem Hals(e) (lachen)* ‖ ~**s** *fpl* ⟨Zool⟩ *Mandibeln* fpl (bes. *der Gliederfüßer)* ‖

–dibular adj *mandibular* ‖ *Kinnbacken-* ‖ *Kiefer-*
mandil *m Schürze* f, *Schurz* m *(bes. der Handwerker)* ‖ ~ *masónico Freimaurerschurz* m
△ **mandilandinga** *f Gaunervolk* n
mandilón *m* ⟨figf⟩ *Memme* f, *Angsthase, Feigling* m
mandinga *m/adj* Am *afrikan. Neger* m *(aus Nordguinea)* ‖ Am ⟨reg⟩ *Neger* bzw *Mulatte* m ‖ Am ⟨fig⟩ *der Teufel* ‖ ◇ *ése es un* ~ ⟨Am⟩ *gerissen ist er! er ist ein hinterlistiger Kerl* ‖ Murc ⟨figf⟩ *er ist ein Pantoffelheld*
mandioca *f* ⟨Bot⟩ *Maniok* m, *Cassava* f *(Manihot utilissima)* ‖ *Maniokmehl* n ‖ *Tapioka* f
mando *m Macht, Gewalt, Herrschaft* f ‖ ⟨Mil⟩ *Oberbefehl* m, *Befehlsgewalt* f, *Kommando* n ‖ ⟨Tech⟩ *Steuerung* f ‖ *Schaltung* f ‖ *Antrieb* m ‖ ⟨Pol fig⟩ *(der) Führer* m bzw *(die) Führer* mpl ‖ *Führung* f ‖ *Führungskraft* f, *leitender Angestellte(r)* m ‖ ~ *del cambio de velocidad* ⟨Auto⟩ *Getriebeschaltung* f ‖ ~ *a distancia* ⟨Tech⟩ *Fernsteuerung* f (& fig) ‖ (TV Video *usw.)* *Fernbedienung* f ‖ ~ *mecánico Kraftantrieb* m ‖ ~ *supremo* ⟨Mil⟩ *Oberbefehl* m ‖ *Oberkommando* n ‖ *el* ~ *(od los* ~s*) del partido die Führer der Partei* ‖ *die Parteiführung* f ‖ ♦ *al* ~ *de ... unter dem Befehl von ...* ‖ ◇ *ejercer el* ~ *sobre, estar al* ~ *de ...* ⟨Mil⟩ *das Kommando haben über ...* acc ‖ ⟨figf⟩ *das Regiment führen* ‖ *estar bajo el* ~ *de alg. jdm unterstehen,* ⟨Mil⟩ *unter jds Befehl stehen*
mandoble *m mit beiden Händen geführter Hieb* m ‖ *großes Schwert* n ‖ ⟨fig⟩ *scharfer Verweis* m
mandolina *f* ⟨Mus⟩ *Mandoline* f
mandón adj *herrisch, herrschsüchtig* ‖ ~ *m* ⟨fam⟩ *befehlshaberischer Mensch* m
mandracho *m* ⟨reg⟩ *Spielhölle* f
mandrágora *f* ⟨Bot⟩ *Alraun(e* f*)* m, *Alraunwurzel* f (Mandragora spp) ‖ *(raíz de)* ~ *Alraunwurzel* f
mandria *m/adj* ⟨pop⟩ *Memme* f, *Angsthase, Waschlappen, Feigling* m ‖ Ar *Faulenzer, Drückeberger* m
¹mandril *m* ⟨Zool⟩ *Mandrill* m (Mandrillus sphinx) *(Affe)*
²mandril *m* ⟨Tech⟩ *(Bohr-, Spann)Futter* n ‖ *(Drück-, Richt)Dorn* m
mandrilar vt ⟨Tech⟩ *ausbohren, aufdornen, weiten*
mandu|car [c/qu] vt/i ⟨fam⟩ *essen,* ⟨fam⟩ *futtern* ‖ **–ca(toria)** *f* ⟨fam⟩ *Essen* n
manea *f* → **maniota**
manecilla *f* dim von **¹mano** ‖ ⟨Tech⟩ *Handhebel, Griff* m ‖ *Schließhaken* m *(am Buch)* ‖ ⟨Typ⟩ *Händchen* n *(Verweisungszeichen)* ‖ *(Uhr)Zeiger* m ‖ ~s *luminosas* ⟨Uhrm⟩ *Leuchtzeiger* mpl ‖ ~s *del reloj (Uhr)Zeiger* mpl
mane|jabilidad *f Handlichkeit* f ‖ *Wendigkeit* f ‖ *Fügsamkeit* f ‖ **–jable** adj *(m/f) handlich, bequem* ‖ *wendig* ‖ *fügsam*
manejadora *f* Cu *Kinder|mädchen* n, *-frau* f
mane|jar vt *handhaben, behandeln* ‖ *zureiten (Pferde)* ‖ ⟨fig⟩ *führen (Feder, Waffe)* ‖ ~ *(bien) beherrschen (Sprache)* ‖ ⟨fig⟩ *leiten (Geschäft)* ‖ ⟨fig⟩ *umgehen mit ...* ‖ ⟨fig⟩ *umzugehen verstehen mit ...* ‖ ⟨fig⟩ *in der Gewalt haben* ‖ bes. Am *(Auto) fahren* ‖ ◇ *¡~ con cuidado! Vorsicht! (auf Kisten)* ‖ ~ *dinero mit Geld umgehen* ‖ ~**se** ⟨fig⟩ *s. zurechtfinden, s. zu helfen wissen* ‖ *zurechtkommen* ‖ **–jo** *m Handhabung* f ‖ *Betätigung* f ‖ *Behandlung* f ‖ *Bedienung* f ‖ *Gebrauch* m *(z. B. der Glieder)* ‖ *Leitung, Lenkung* f (& fig) ‖ *(Geschäfts)Führung* f ‖ *Verwaltung* f ‖ ~ *del fusil* ⟨Mil⟩ *Gewehrgriffe*

mpl ‖ ◆ de fácil ~ *leicht zu handhaben(d)* ‖ ~**s**
mpl ⟨fig⟩ *Machenschaften, Intrigen* fpl, *Ränke* pl,
Winkelzüge mpl
   manera *f Art* f ‖ *Art und Weise* f ‖ *Benehmen*
n, *Anstand* m ‖ ⟨Mal⟩ *Manier* f ‖ *Mittel* n,
Möglichkeit f ‖ ~ de decir *Redensart* f ‖ ~ de
hablar *Redeart* f ‖ ~ de obrar *Handlungsweise* f,
Gebaren n ‖ ~ de proceder *Handlungs-,*
Vorgehens|weise f ‖ ~ de representar
Darstellungsweise f ‖ ◆ a la ~ *in der Art* ‖ a ~
de *als, wie* ‖ *nach Art* (gen), *in Nachahmung* gen
‖ a ~ de ensayo *probeweise, auf Probe* ‖ a mi ~
de ver *nach m–m Dafürhalten, m–s Erachtens,*
m–r Ansicht nach ‖ a su ~ *in s–r Art* ‖ de ~ que
… *so dass* … ‖ *damit* … *(mit* subj) ‖ de buena ~
anständig ‖ de otra ~ *sonst* ‖ de es(t)a ~ *so, auf*
diese Art ‖ de una u otra ~ *auf die e–e oder*
andere Weise, so oder so ‖ *folglich, daher* ‖ de tal
~ *derart(ig)* ‖ de tal ~ que … *so dass* … ‖ de
ninguna ~, en ~ alguna *auf k–n Fall, keineswegs*
‖ de la ~ siguiente *folgendermaßen* ‖ de cualquier
~ que sea *wie dem auch sei* ‖ en gran ~ *in*
hohem Maß(e), hochgradig ‖ sobre ~ *über die*
Maßen, ungemein ‖ ◇ acabar de mala ~ *schlecht*
enden ‖ no hay ~ *(de hacerlo) es lässt s. nicht*
machen, es ist unmöglich ‖ hizo de ~ que … *er*
(sie) richtete es so ein, dass … ‖ esa no es la ~
de obrar *so soll man nicht handeln* ‖ ~**s** *fpl*
Manieren, Umgangsformen fpl, *Benehmen* n ‖ ~
correctas höfliche Umgangsformen fpl, *höfliches*
Auftreten n ‖ ◆ de mil ~ *auf tausenderlei Weise* ‖
de todas ~ *jeden-, allen|falls*
   manerismo *m* ⟨Med⟩ *Manieriertheit* f,
Manirismus m
   manes *mpl* ⟨Myth⟩ *Manen* mpl (& fig) ‖ ◆ a
los ~ de … ⟨fig⟩ *dem Andenken von …*
(Widmung)
   maneta *f* ⟨Tech⟩ *Handhebel, Griff* m
   mane, tecel, phares *f Menetekel* n
   manezuela *f* dim von ¹**mano**
   △ **manfarial** *m Engel* m
   manflo|rico, –rita adj/s Col Ven ⟨pop⟩ *schwul*
   Manfredo *m* np *Manfred* m
   ¹**manga** *f Ärmel* m ‖ *Seiher* m, *Seihtuch* n ‖
Schlauch m ‖ *(Straßen)Spritze* f ‖ *Hand-, Wurf-,*
Senk|garn n ‖ ⟨Mar⟩ *(größte) Schiffsbreite* f ‖
Anhangszettel m *für Indossamente an e–m*
Wechsel ‖ ⟨fig⟩ *Ärmel- bzw Schlauch|ähnliche(s)*
n ‖ ~ de agua *Wolkenbruch, Platzregen* m ‖
Wasserhose f ‖ ~ boba *loser, breiter Ärmel* m ‖ ~
de farol *Bauschärmel* m ‖ ~ de jamón
Keulenärmel m ‖ ~ de riego *Spreng-, Wasser-,*
Garten|schlauch m, *-spritze* f ‖ ~ sobrepuesta, ~
postiza Ansteckärmel m ‖ ~ de viento →
orbellino ‖ ◆ de ~ ancha (figf) *mit weitem*
Gewissen ‖ *zu nachsichtig (Vater, Beichtvater,*
Vorgesetzter) ‖ ◇ allí anda ~ por hombro *dort*
geht alles drunter und drüber ‖ echar de ~ a uno
jdn als Strohmann benutzen ‖ ¡échese una piedra
en la ~! (fam) zupfen Sie s. an Ihrer eigenen
Nase! ‖ estar od ir de ~ con alg. (fam) *mit jdm in*
dasselbe Horn blasen, mit jdm unter e–r Decke
stecken ‖ tirar la ~ ⟨Arg⟩ *s. Geld leihen* ‖ ~**s** *fpl*
Nutzen, Gewinn m ‖ ◆ en ~ de camisa *in*
Hemdsärmeln, hemd(s)ärm(e)lig ‖ ◆ sin ~
ärmellos ‖ ◇ hacer ~ y capirotes ⟨fig⟩
unbesonnen und voreilig handeln, ⟨fig⟩ *die Dinge*
übers Knie brechen
   △ ²**manga** *f Rausch* m ‖ *Schwips* m
   mangabey *m* ⟨Zool⟩ *Mangabe* f
   mangajo *m* Am *Memme* f, *willenloser Mensch* m
   manga|nato *m* ⟨Chem⟩ *Manganat* n ‖ **–nesa** *f*
Manganerz n ‖ **–neso** *m* (**Mn**) ⟨Chem⟩ *Mangan* n
   manga|neta *f* Ar *Vogel(fang)netz* n ‖ **–nilla** *f*
List f, *Trick* m

   manganita *f* ⟨Min⟩ *Manganit* m
   man|gante *m Bettler* m ‖ *Gauner* m ‖
Taugenichts m ‖ **–gar** [g/gu] vt *betteln* ‖ bes. Sant
Nav *stehlen,* ⟨fam⟩ *stibitzen, klauen, mausen* ‖ Arg
⟨fam⟩ *(jdn) anpumpen* ‖ ~ *m Wagentüröffner* m
   mangazo *m* augm von **manga**
   manglar *m Mangrovensumpf* m
   ¹**mangle** *m* ⟨Bot⟩ *Mangrove(n)baum* m
(Rhizophora mangle)
   ²**mangle** *m (Wäsche)Mangel* f
   ¹**mango** *m Stiel, (Hand)Griff* m ‖ *(Messer)Heft*
n ‖ *Hals* m *(e–r Geige)* ‖ *Federhalter* m ‖ ~ de
ducha *Brausekopf* m ‖ ~ de escoba *Besenstiel* m ‖ ~
de (un) pincel *Pinselstiel* m ‖ ◆ sin ~ *ungestielt* ‖
◇ tener la sartén por el ~ ⟨fig⟩ *das Heft in der*
Hand haben, bestimmen (können)
   ²**mango** *m Mango(baum)* m (Mangifera indica)
‖ *Mango(frucht* f) m
   mangón *m* ⟨pop⟩ *Kleinhändler* m
   mango|neador adj ⟨pej⟩ *aufdringlich* ‖
herrisch, herrschsüchtig ‖ **–near** vi ⟨fam⟩
herumlungern ‖ ⟨fam⟩ *s. in fremde*
Angelegenheiten einmischen ‖ ◇ querer ~ todo
⟨pej⟩ *das Regiment führen wollen* ‖ **–neo** *m*
Einmischung f ‖ *Herumlungern* n
   mangorrero adj ⟨fam⟩ *gemein, geringwertig,*
unnütz
   mangosta *f* ⟨Zool⟩ *Mungo, Ichneumon* m,
Manguste f (Herpestes spp)
   mangostán *m* ⟨Bot⟩ *Mangostane* f (Garcinia
mangostana)
   mangote *m* ⟨fam⟩ *großer, weiter Ärmel* m ‖ ~**s**
mpl Schutzärmel, Ärmelschoner mpl
   △ **mangue** pron *ich* ‖ *mich* ‖ *meine(r)* ‖ *mit*
mir
   manguear vt Am *(Vieh) zusammentreiben* ‖
⟨fig⟩ *(jdm) den Weg abschneiden* ‖ Chi ⟨fig⟩ *(jdn)*
locken ‖ ⟨fam⟩ *(jdn) manipulieren*
   △ **manguelar** vi *beten* ‖ *bitten*
   ¹**manguera** *f (Spritzen)Schlauch* m ‖
Lüftungsrohr n ‖ Chi *Schlauchwagen* m *der*
Feuerwehr ‖ ~ de tempestad ⟨Flugw⟩
Gewittersack m ‖ ~ de ventilación ⟨Mar⟩
Windsack m
   ²**manguera** *f Ärmelbrett* n *(zum Bügeln)*
   ¹**manguero** *m Spreng-, Spritzen|meister* m ‖
Pumpenmann m
   ²**manguero** *m* → ²**mango**
   manguilla *f* dim von ¹**manga**
   manguillo *m* dim von ¹**mango**
   mangui|ta *f Überzug* m, *Futteral* n ‖ **–tería** *f*
Pelzladen m ‖ **–tero** *m Kürschner,*
Pelzwarenhändler m ‖ **–to** *m Muff* m ‖ *langer*
Handschuh, Schlupfhandschuh m ‖ *Pulswärmer* m
‖ *Ärmelschoner, Schmutz-, Über|ärmel* m ‖ ⟨Tech⟩
Manschette f ‖ *Hülse, Muffe* f, *Haltering* m ‖
⟨Radio⟩ *Muffe, Hülse* f ‖ ~ incandescente
Glühstrumpf m
   manguzada *f* ⟨pop⟩ *Ohrfeige* f
   mani *f* Kurzform für **manifestación** ‖ *Demo* f
   ¹**maní** *[pl* ~**íes**] *m Erdnuss* f (→ **cacahuete**) ‖
¡a mí, ~! Arg *mir ist es einerlei!,* ⟨fam⟩ *mir ist es*
(piep)egal
   ²**maní** *[pl* ~**íes**] *f* Cu *ein Negertanz* m
   manía *f Wahn* m (& Med) ‖ *Wahn|sinn, -witz*
m ‖ *Sucht, Manie, fixe Idee* f ‖ *Macke, Grille* f,
wunderlicher Einfall m ‖ ⟨fam⟩ *Groll* m,
Feindschaft f ‖ ~ de grandeza(s) *Größenwahn*
m ‖ ~ persecutoria *Verfolgungswahn* m ‖ ~ de
reglamentar ⟨fam⟩ *Reglementier|sucht, -wut* f ‖ ~
por los títulos *Titelsucht* f ‖ ~ de viajar *od* de
viajes *Reisewut* f ‖ ◇ es su ~ *es ist sein (ihr)*
Steckenpferd ‖ *er (sie, es) schwärmt dafür* ‖ tener
~ por las modas *modesüchtig sein* ‖ tenerle ~ a
alg. *gegen jdn Widerwillen empfinden* ‖ tener ~**s**

⟨figf⟩ *e–e Meise* od *e–e Grille* od *e–e Macke haben*
maniaco adj/s ⟨Med⟩ *manisch* ‖ → auch
maniático ‖ **–depresivo** adj *manisch-depressiv*
manialbo adj *weißfüßig (Pferd)*
maniatar vt *(jdm) die Hände binden* ‖ *(jdm) Hand\fesseln* bzw *-schellen anlegen* ‖ *(ein Tier) an den Vorderfüßen fesseln*
maniático adj *manisch* ‖ *irre, verrückt, wahnsinnig* (& fig) ‖ ⟨fig⟩ *grillenhaft* ‖ ⟨fig⟩ *sonderbar* ‖ ~ *m Verrückte(r), Wahnsinnige(r)* m (& fig) ‖ *grillenhafter Mensch* m ‖ *Sonderling,* ⟨fam⟩ *(ulkiger) Kauz* m
manicomio *m Irrenanstalt* f ‖ ◇ *¡esto es un* ~*!* ⟨fig⟩ *das ist ein Irrenhaus!*
manicorto adj/s *kurzhändig* ‖ ⟨figf⟩ *knick(e)rig, knaus(e)rig, kleinlich, schäbig*
manicu\ra *f Handpflege, Maniküre* f ‖ *Handpflegerin, Maniküre* f ‖ *Nagelgarnitur* f ‖ ◇ hacer ~ *die Nägel pflegen, maniküren* ‖ **–rar** vt Arg *maniküren* ‖ **–rista** m/f *Handpfleger(in* f) m ‖ **–ro** *m Handpfleger, Manikeur* m
¹manida *f Aufenthaltsort* m ‖ *Unterschlupf* m ‖ ⟨Jgd⟩ *Lager* n
²manida f ⟨cat⟩ ⟨Kochk⟩ *katalanischer Salat* m *(Kopfsalat, Tomaten, Zwiebeln, Oliven)*
△ **³manida** *f Haus* n
¹manido adj *ver\borgen, -steckt*
²manido adj *ab\gegriffen, -gedroschen, gebraucht* ‖ *fadenscheinig (Kleid)* ‖ *überreif (Obst)* ‖ *abgehangen (Fleisch)* ‖ *mit (e–m Hauch) Hautgout (Fleisch, bes. Wild)* ‖ ⟨fig⟩ *gemein, alltäglich*
maniego adj *gleich geschickt im Gebrauch beider Hände*
manierismo *m* [Kunst] *Manierismus* m
manifacero adj ⟨fam⟩ *vorwitzig*
manifes\tación *f Kundgebung, Offenbarung* f ‖ *Bekanntmachung* f ‖ *Erklärung, Darlegung* f ‖ *Äußerung* f ‖ *Demonstration, (politische) Kundgebung* f ‖ ~ *de boquilla Lippenbekenntnis* n ‖ ~ *deportiva Sportveranstaltung* f ‖ ~ *divina* ⟨Rel⟩ *Offenbarung* f ‖ ~ *en masa Massen\kundgebung, -demonstration* f ‖ ~ *de protesta* ⟨Pol⟩ *Protestkundgebung* f ‖ ~ *vital Lebensäußerung* f ‖ **–tante** m/f *Manifestant(in* f) m, *(politische(r)) Demonstrant(in* f), *Kundgebungsteilnehmer(in* f) m ‖ **–tar** [-ie-] vt *bekannt machen, kundgeben* ‖ *(vor)zeigen* ‖ *offenbaren, an den Tag legen* ‖ *erklären, aussagen* ‖ *demonstrieren, an e–r (politischen) Kundgebung teilnehmen* ‖ *äußern* ‖ *zu erkennen geben* ‖ ~ *el Santísimo* ⟨Kath⟩ *das Allerheiligste (zur Anbetung) aussetzen* ‖ ~*se bekannt werden, sichtbar werden* ‖ *s. äußern* ‖ *s. outen* ‖ ⟨Rel⟩ *s. offenbaren* ‖ ⟨Pol⟩ *demonstrieren*
manifiesto adj *offenbar, augenscheinlich, klar* ‖ *offenkundig* ‖ ⟨fig⟩ *notorisch, erwiesen* ‖ *handgreiflich* ‖ ~ *m Bekanntmachung, öffentliche Darlegung* f ‖ *Manifest* n ‖ *Schiffsmanifest* n ‖ *el* ~ *comunista* ⟨Hist⟩ *das Kommunistische Manifest* ‖ ♦ *por razones* ~*as aus offensichtlichen Gründen* ‖ ◇ *poner de* ~ *zeigen, offenbaren, an den Tag legen*
manigua f Cu *Gestrüpp* n ‖ ⟨fig⟩ *Unordnung* f, *Wirrwarr* m
manija *f Griff* m, *Heft* n, *Handhabe* f ‖ *(Hand)Kurbel* f ‖ *Kurbelgriff* m
Manila f [Stadt] *Manila* n
manilargo adj *langhändig* ‖ ⟨fig⟩ *freigebig* ‖ ⟨fig⟩ *diebisch* ‖ ~ *m Langfinger, Dieb* m
mani\leño, –lense adj *aus Manila* ‖ *auf Manila bezüglich*
¹manilla *f Arm\band* n, *-ring* m ‖ ~*s fpl Handschellen* fpl

²manilla *f Zeiger* m ‖ *Uhrzeiger* m ‖ ⟨Tech⟩ *Kurbel* f ‖ *Griff* m ‖ ~ *del desenganche de bombas* ⟨Mil Flugw⟩ *Bombenauslösegriff* m
³manilla *f ein Kartenspiel* n
manillar *m Lenkstange* f *(Fahr-, Kraft\rad)*
manina f dim von **mano**
manio\bra *f Hand\arbeit* f, *-werk* n ‖ *Hand\griff* m, *-bewegung* f ‖ *Handhabung* f ‖ *Kunstgriff, Schlich* m ‖ ⟨Tech⟩ *Betätigung* f ‖ *Bedienung* f ‖ ⟨Tech Mar Flugw Mil⟩ *Manöver* n (& fig) ‖ ⟨Mil⟩ *Manöver, Truppenübung* f ‖ ⟨Mil⟩ *Truppenverschiebung* f ⟨Mar⟩ *Tauwerk* n ‖ ⟨fig⟩ *Trick, Kniff* m ‖ ⟨fig⟩ *Machenschaft* f ‖ ~ *de aproximación* ⟨Mil⟩ *Annäherungsmanöver* n (& fig) ‖ ⟨fig⟩ *Annäherungsversuch* m ‖ ~ *de bolsa Börsenmanöver* n ‖ ~ *por botón de presión od por pulsador Druckknopfsteuerung* f ‖ ~ *de disimulación* → ~ *de engaño* ‖ ~ *de distracción od diversión* ⟨Mil⟩ *Ablenkungsmanöver* n (& fig) ‖ ~ *de engaño* ⟨Mil⟩ *Täuschungsmanöver* n (& fig) ‖ ~ *de escuadrilla* ⟨Flugw⟩ *Staffelexerzieren* n ‖ ~ *fraudulenta betrügerisches Geschäftsverfahren* n ‖ ~ *del fusil* ⟨Mil⟩ *Gewehrgriff* m ‖ ~*s fpl* ⟨Mil⟩ *Exerzieren* n ‖ ⟨EB⟩ *Zugverschiebung* f, *Rangieren* n ‖ ⟨fig⟩ *Machenschaften* fpl ‖ ~ *aéreas* ⟨Flugw⟩ *Luftmanöver* npl ‖ ◇ *hacer* ~ ⟨Mil⟩ *schwenken, exerzieren, manövrieren* ‖ ⟨EB⟩ *rangieren* ‖ **–brabilidad** *f Wendigkeit* f ‖ *Bedienbarkeit* f ‖ *Lenkbarkeit* f ‖ *Manövrierfähigkeit* f ‖ **–brar** vt/i *(Tech Flugw Mil) manövrieren* (& fig) ‖ ⟨Tech⟩ *steuern* ‖ ⟨Tech⟩ *bedienen* ‖ ⟨fig⟩ *Ränke schmieden* ‖ ~ *en retirada* ⟨Mil⟩ *s. zurückziehen*
maniobrero adj ⟨allg⟩ *wendig* ‖ *tüchtig, manövrierfähig* ‖ ⟨Mil⟩ *gut eingeübt (Truppe)*
maniota *f Spann\strick* m, *-seil* n *(für Pferde)*
manipu\lación *f Handhabung, Behandlung* f ‖ *Verfahren* n, *Behandlungsweise* f ‖ *Geschäftskniff* m ‖ *Verarbeitung* f ‖ *Manipulation* f ‖ ⟨fig⟩ *Machenschaft* f, *Schach-, Winkel\zug* m ‖ ~ *aduanera Zollverfahren* n ‖ ~ *electoral Wahlmanipulation* f ‖ ~ *de genes Genmanipulation* f ‖ ~ *del mercado Marktbeeinflussung* f ‖ **–lador** *m* ⟨Pharm⟩ *Gehilfe* m ‖ ⟨Tech⟩ *Manipulator* m ‖ ⟨Tel⟩ *Taster, Schlüssel* m ‖ ~ *Morse* ⟨Tel⟩ *Morsetaster* m ‖ ~ *de transmisión,* ~ *de emisión* ⟨Radio⟩ *Sendetaste* f ‖ **–lante** *m Manipulant* m ‖ **–lar** vt *handhaben, behandeln* ‖ *betätigen* ‖ *(herum)hantieren (an dat)* ‖ ⟨Radio⟩ *tasten* ‖ ⟨allg fig⟩ *manipulieren*
¹manípulo *m* ⟨Hist Kath⟩ *Manipel* m (& f)
²manípulo *m* ⟨Hist⟩ *Manipel* m *(Unterabteilung der altrömischen Kohorte)*
mani\queísmo *m* ⟨Rel⟩ *Manichäismus* m ‖ ⟨Pol⟩ *Schwarzweißmalerei* f, *Manichäismus* m ‖ **–queo** m/adj *Manichäer* m
maniquí [pl **–íes**] *m Mannequin* n (& m), *Vorführdame* f ‖ *Dressman* m ‖ *Schneiderpuppe* f ‖ *Schaufensterpuppe* f ‖ *Modellpuppe* f ‖ *Gliederpuppe* f ‖ ⟨fig⟩ *Puppe, Marionette* f ‖ ⟨fig⟩ *Strohmann* m
manir vt ⟨Kochk⟩ *mürbe machen* ‖ *abhängen lassen (Wild)*
manirroto adj/s *äußerst freigebig, verschwenderisch*
manís *m Fliese* f *aus Manises* (P Val)
manisero *m* MAm *Erdnusshändler* m
manismo *m* ⟨Rel⟩ *Ahnen-, Toten\kult* m
¹manita *f* ⟨Chem⟩ *Mannit(ol)* m
²manita *f* dim von **¹mano** ‖ *Händchen* n ‖ ◇ hacer ~*s* ⟨fam⟩ *Händchen halten*
¹manito *m* ⟨Chem⟩ *Mannit* m
²manito [= hermanito] Mex ⟨fam⟩ *Freund, Kamerad, Bruder* m *(als Anrede)*
manitú *m* ⟨Rel⟩ *Manitu* m ‖ ⟨fig⟩ *Chef, Boss* m

manivacío adj *mit leeren Händen*
manivela *f* ⟨Tech⟩ *(Wellen)Kröpfung* f ‖
(Hand)Kurbel f ‖ ~ *de arranque* ⟨Auto Flugw⟩
Anlass-, Andreh|kurbel f ‖ ~ *de maniobra Stell-,*
Schalt|kurbel f ‖ ◇ *dar (vuelta[s]) a la* ~, *girar la*
~ *die Kurbel drehen*
manjar *m* ⟨lit⟩ *Speise* f (& *joc*) ‖ ~ *criollo*
südamerikanisches Gericht n ‖ ~ *delicado*
Leckerbissen m, *Delikatesse, köstliche Speise* f ‖
~ *fino feine Speise* f ‖ ~ *de harina Mehlspeise* f
△ **manjaro** *m Heilige(r)* m
manjúa *f* Sant ⟨Fi⟩ *Fischschwarm* m ‖ Cu
(Art) Sardine f (Pellona bleckeriana)
¹mano *f* Hand f ‖ *Handvoll* f ‖ *Handschlag* m ‖
Vorderfuß m *(e–s Tieres), Pfote* f ‖ *Rüssel* m *des*
Elefanten ‖ *Handschrift* f ‖ *Buch* n *Papier* (= ¹/₂₀
resma) ‖ *Anstrich* m, *Schicht* f *(Kalk, Farbe)* ‖
Stößel m, *Mörserkeule* f ‖ *erster Zug* m *(im*
Schachspiel) ‖ ⟨Sp⟩ *Vorhand* f ‖ ⟨Sp⟩ *Hand* f
(Fußball) ‖ *Macherlohn* m ‖ ⟨fig⟩ *Schar, Gruppe* f
‖ ⟨fig⟩ *Reihe* f ‖ ⟨fig⟩ *Handfertigkeit* f ‖ ⟨fig⟩
Geschicklichkeit f ‖ ⟨fig⟩ *Herrschaft, Macht,*
Gewalt f ‖ ⟨fig⟩ *hilfreiche Hand, Hilfe* f, *Beistand*
m ‖ ~ *a* ~ ⟨fig⟩ *unter vier Augen* ‖ ~ *de almirez*
Mörserkeule f ‖ ~ *de azotes* ⟨fam⟩ *Tracht* f
Prügel ‖ *buena* ~ ⟨fig⟩ *Glück* n ‖ ⟨fig⟩ *Geschick*
n, *Geschicklichkeit* f ‖ *Fähigkeit* f *(e–e Arbeit*
auszuführen, ein Musikinstrument zu spielen usw.)
‖ ~ *crispada geballte Faust* f ‖ ~ *derecha* od
diestra rechte Hand f ‖ ~ *izquierda linke Hand* f
‖ (fam) *diplomatisches Geschick* n ‖ ~ *de jabón*
Einseifen n *(der Wäsche)* ‖ *mala* ~ ⟨fig⟩
Un|geschick n, *-geschicklichkeit* f ‖ ~ *de mortero*
→ ~ *de almirez* ‖ ~ *de obra Arbeitskräfte* fpl ‖
Arbeiter mpl ‖ ~ *de obra cualificada* od
especializada Facharbeiter mpl ‖ ~ *de pintura*
Anstrich m ‖ ~ *de santo* ⟨fig⟩ *sehr wirksame*
Medizin f ‖ *schnell wirkende Medizin* f ‖
Wundermittel n ‖ ~ *siniestra linke Hand* f ‖ ~
sobre → *müßig, mit den Händen im Schoß* ‖ ~
zurda → ~ *siniestra* ‖ ♦ *a una* ~ ⟨fig⟩
entsprechend, gleich ‖ ⟨Tech⟩ *in derselben*
Drehrichtung ‖ *a* ~ *mit, von der Hand* ‖ ⟨fig⟩ *zur*
Hand ‖ ⟨fig⟩ *in der Nähe* ‖ ⟨fig⟩ *künstlich* ‖ ⟨fig⟩
absichtlich ‖ *a* ~, *bajo* ~, *(por) debajo de* ~ ⟨fig⟩
unter der Hand, heimlich, stillschweigend,
insgeheim, ⟨fam⟩ *klammheimlich* ‖ *a* ~ *airada*
gewaltsam, mit Gewalt ‖ *a* ~ *armada mit*
Waffengewalt, bewaffnet ‖ *a* ~ *derecha (izquierda)*
rechts (links) ‖ *a* ~ *salva ohne jegliche Gefahr* ‖ *a*
la ~ ⟨fig⟩ *leicht, handgreiflich* ‖ ¡*a la* ~ *de Dios!*
Gott befohlen! ‖ *de* – *a* od *en* ~ ⟨fig⟩ *von Hand*
zu Hand, direkt ‖ *de primera, segunda* ~ ⟨fig⟩ *aus*
erster, zweiter Hand (Kauf) ‖ *en* od *de propia* ~
eigenhändig ‖ *zu Händen* ‖ *persönlich (zu*
übergeben) ‖ *por su* ~ *mit eigener Hand* ‖ ◇
abrir la ~ ⟨fig⟩ *freigebig sein* ‖ ⟨fig⟩ *nachsichtig*
sein ‖ *abrir la* ~ (al caballo) *die Zügel lockern*
bzw hingeben ‖ *alargar la* ~ *e–e hilfreiche Hand*
reichen ‖ *alzar la* ~ *contra alg.* ⟨fig⟩ *jdm drohen* ‖
apretar la ~ *die Hand drücken* ‖ ⟨fig⟩ *unter*
Druck setzen ‖ ⟨figf⟩ *auf et. dringen* ‖ *bajar la* ~
im Preis zurückgehen ‖ *besar la* ~ *die Hand*
küssen, s. empfehlen (bes. in Briefen) ‖ *cargar la*
~ ⟨fig⟩ *den Preis zu hoch berechnen* ‖ ⟨fig⟩
überwürzen (Speisen) ‖ ⟨fig⟩ *überladen* ‖ *cerrar la*
~ ⟨fig⟩ *geizig sein* ‖ *comer en* od *de la* ~ *de alg.*
jdm aus der Hand fressen (Tiere,) fig*)* ‖ *dar* ~ *a*
alg. jdm die Hand geben ‖ ⟨fig⟩ *jdm die Vollmacht*
geben ‖ *dar la* ~ *a uno* ⟨fig⟩ *jdm beistehen, helfen*
‖ *dar la última* ~ *a algo* ⟨fig⟩ *die letzte Hand (an*
et.) legen ‖ *dar de* ~ ⟨pop⟩ *(jdn) im Stich lassen* ‖
dar una ~ *a uno* (fam) *jdm e–n Verweis erteilen* ‖
dejar de la ~ *u/c* ⟨fig⟩ *et. aufgeben* ‖ *echar* ~ *a*
algo an et. Hand anlegen ‖ *greifen nach* ‖ *echar*

~ *a la pistola nach der Pistole greifen* ‖ ¡*eche*
Vd. *una* ~! *fassen Sie mit an! helfen Sie mit!* ‖
escribir a la ~ *nach Diktat schreiben* ‖ *estar* ~
sobre ~ *mit gekreuzten Armen dastehen* ‖ *estar al*
alcance de la ~ *ganz nahe liegen* ‖ ¡*eso está a la*
~! *das ist doch handgreiflich!* ‖ *ganar a uno por*
la ~ ⟨fig⟩ *jdm zuvorkommen* ‖ *hacer algo a* ~ *et.*
von Hand machen ‖ *hecho a* ~ *handgearbeitet* ‖
ir cogidos de la ~ *Hand in Hand gehen* ‖ *írsele a*
uno la ~ ⟨fig⟩ *(jdn) unwillkürlich stoßen,*
schlagen ‖ *das Maß überschreiten* ‖ *una* ~ *lava la*
otra ⟨fig⟩ *e–e Hand wäscht die andere* ‖ *matar a*
~ *airada ermorden, umbringen* ‖ *meter* ~ *de la*
espada den Degen ziehen ‖ *meter la* ~ ⟨fig⟩ *s–n*
Schnitt machen (bei) ‖ *meter mano a a/c et. in*
Angriff nehmen ‖ *meter* ~ *a una mujer* ⟨pop⟩ *e–e*
Frau betatschen ‖ *pedir la* ~ *de una señorita um*
die Hand e–s jungen Mädchens anhalten ‖ *poner*
~(s) *a la obra Hand ans Werk legen* ‖ *(a)sentar la*
~ *a alg. jdm scharf zurechtweisen* ‖ *ser la* ~
derecha de alg. ⟨fig⟩ *jds rechte Hand sein* ‖ *tener*
~ *Einfluss haben* ‖ *tener* ~ *con uno* ⟨fig⟩ *auf jdn*
Einfluss haben ‖ *tener buena* ~ *geschickt sein* ‖
Glück haben ‖ *e–e glückliche Hand haben* ‖ *tener*
de su ~ *a alg. auf jdn rechnen können* ‖ *tener a la*
~ *bei der Hand haben* ‖ *tener mala* ~ *e–e*
unglückliche Hand haben ‖ *tener mucha* ~
izquierda (fam) *sehr geschickt sein* ‖ *sehr*
diplomatisch sein ‖ *sehr gerieben sein* ‖ *tener la*
~ *ligera e–e lockere* od *geschickte Hand haben* ‖
⟨figf⟩ *ein geschickter Taschendieb sein* ‖ *untar la*
~ *a alg. jdn bestechen,* (fam) *schmieren* ‖ *vender*
de ~ *a* ~ *(de primera* ~) *freihändig verkaufen* ‖
venir a la ~ *(od a las* ~s) ⟨fig⟩ *in den Schoß*
fallen (unverhofftes Glück) ‖ *si a* ~ *viene*
vielleicht, bei Gelegenheit ‖ *wenn vorhanden*
~**s** *fpl Vor|derhand* f, *-gliedmaßen* pl, *-läufe*
mpl *(der Vierfüß(l)er)* ‖ ¡~ *arriba! Hände hoch!* ‖
~ *limpias* ⟨figf⟩ *Redlichkeit* f ‖ ~ *mercenarias*
bezahlte Kräfte fpl ‖ *las* ~ *muertas* ⟨fig⟩ *die Tote*
Hand ‖ ~ *patricias aristokratische Hände* fpl ‖
corto de ~ ⟨fig⟩ *plump* ‖ ~ *a llenas* ⟨fig⟩ *sehr*
freigebig ‖ *reichlich, im Überfluss* ‖ *con las* ~
cruzadas ⟨fig⟩ *mit gekreuzten Händen, müßig* ‖ *de*
~ *a boca* ⟨figf⟩ *plötzlich, unverhofft* ‖ ¡*en sus*
propias ~! *eigenhändig!* ‖ ¡~ *a la obra! frisch* od
Hand ans Werk! nun los! ‖ ⟨reg⟩ *ran an die*
Buletten! ‖ ◇ *mal me han de andar las* ~ ⟨pop⟩
es müsste nicht mit rechten Dingen zugehen (bei
Beteuerungen) ‖ *caer en buenas* ~ *in gute Hände*
fallen ‖ *caerse de las* ~ ⟨fig⟩ *sehr langweilig sein*
(Buch) ‖ *cambiar de* ~ ⟨fig⟩ *in andere Hände*
übergehen (od gelangen) ‖ *coger a alg. con las* ~
en la masa jdn auf frischer Tat ertappen ‖
comerse las ~ *tras algo* (figf) *nach et. lechzen* ‖
darse a ~ ⟨fig⟩ *nachgeben* ‖ *dar de* ~ *aufs*
Gesicht fallen ‖ *dar en* ~ *de alg.* ⟨fig⟩ *in jds*
Hände fallen ‖ *darse las* ~ ⟨fig⟩ *s. versöhnen* ‖
darse de ~ *a boca con alg. jdm plötzlich*
begegnen, jdm in die Arme laufen ‖ *estar con las*
~ *en la masa* (figf) *bei der Arbeit sein* ‖ *irse con*
las ~ *vacías mit leeren Händen abziehen, leer*
ausgehen, den Kürzeren ziehen, Misserfolg haben
‖ *lavarse las* ~ ⟨fig⟩ *s. die Hände (in Unschuld)*
waschen ‖ *llegar a las* ~ *handgemein werden* ‖
mirar a uno (a) las ~ ⟨fig⟩ *jdm auf die Finger*
gucken, jdn bespähen ‖ *ponerse en* ~ *de alg. s. in*
jds Obhut begeben ‖ *quedarse soplando las* ~
⟨fig⟩ *s. in s–r Hoffnung getäuscht sehen* ‖
retorcerse las ~ *die Hände ringen (aus*
Verzweiflung) ‖ *tener muchas* ~ ⟨fig⟩ *sehr*
gewandt sein ‖ *tocar a cuatro* ~ ⟨Mus⟩ *vierhändig*
spielen ‖ *traer algo entre* ~ *s. mit et.* (z. B. *e–m*
Problem) beschäftigen ‖ *venir a las* ~ → *llegar a*
las ~ ‖ ⟨fig⟩ *in den Schoß fallen (unverhofftes Glück)* ‖

venirse *od* volverse con las ~ vacías →* irse con las ~ vacías ‖ vivir de od por sus ~ *von s–r Hände Arbeit leben*
²mano *m* Mex →* **²manito** Mex
manojo *m Handvoll* f, *Bündel, Büschel, Bund* n ‖ ~ de ajos *Bündel* n *Knoblauch* ‖ ~ de flores *kleiner Blumenstrauß* m ‖ ~ de llaves *Bund Schlüssel, Schlüsselbund* m (& n) ‖ ◇ ser un ~ de nervios ⟨figf⟩ *äußerst nervös sein*, ⟨fam⟩ *ein Nervenbündel sein* ‖ *sehr kräftig sein*
Manole|te *m Beiname* m *des span. Stierkämpfers Manuel Rodríguez († 1947)* ‖ **≈tina** *f* ⟨Taur⟩ *von Manolete eingeführte Finte* f
Mano|lo, –lín, –lito *m* np ⟨pop⟩ →* **Manuel** ‖ ~ Madr ⟨pop⟩ *Gassenjunge* m
ma|nometría *f* ⟨Phys⟩ *Manometrie, Druckmessung* f ‖ **–nométrico** adj *manometrisch* ‖ **–nómetro** *m Manometer* n, *Druckmesser* m
¹manopla *f Fäustling, Fausthandschuh* m ‖ *Badehandschuh* m ‖ *kurze Fuhrmannspeitsche* f ‖ ⟨Hist⟩ *Panzerhandschuh* m ‖ *Al große Hand*, ⟨fam⟩ *Pranke* f
²manopla *f* ⟨Tech⟩ *Walzendrehknopf* m *(an der Schreibmaschine)*
manose|ado adj *zerknittert, welk* ‖ *abgegriffen (Buch)* ‖ ~a adj ⟨desp⟩ *verbraucht (Frau)* ‖ **–ar** vt *be|tasten, -fühlen, angreifen* ‖ ⟨fam⟩ *betatschen (Frau)*
mano|ta *f* augm von **¹mano** ‖ **–tada** *f*, **–tazo, –tón** *m Schlag mit der Hand, Klaps* m ‖ **–tear** vi *gestikulieren, mit den Händen fuchteln* ‖ **–teo** *m Gestikulieren, Herumfuchteln* n
manque|dad, –ra *f Ein|armigkeit, -händigkeit* f ‖ ⟨fig⟩ *Mangel, Fehler* m
manresano adj/s *aus Manresa* (P Barc) ‖ *auf Manresa bezüglich*
△ **manro** *m Brot* n
mansalva *f:* a ~ *sicher* ‖ *mühe-, gefahr|los* ‖ *aus dem Hinterhalt*
mansarda *f Mansarde* f ‖ *Dach|zimmer* n, *-stube* f
mansedumbre *f Sanftmut, Milde* f ‖ *Zahmheit* f
mansejón adj *sehr zahm (Tier)*
△ **mansín** *m Schatz* m
mansión *f Aufenthalt(sort)* m ‖ *Wohnsitz* m ‖ *Wohnung* f ‖ la ~ eterna (poet) *die ewige Heimat*
manso adj/s *sanft(mütig)* ‖ *mild* ‖ *zahm (Tier)* ‖ *still (Wasser)* ‖ Chi ⟨fam⟩ *riesig* ‖ ⟨fig⟩ *leutselig* ‖ ~ *m Leithammel* m ‖ ⟨figf iron⟩ *wissentlicher Hahnrei, wissentlich betrogener Ehemann* m ‖ dim: **mansito**
△ **manso** *m Matratze* f
man|sote, –surrón adj ⟨Taur⟩ *allzu ruhig (Stier)*
¹manta *f Decke* f ‖ *(Reise)Decke* f, *Plaid* m ‖ *Satteldecke* f ‖ *Umhang* m *der Frauen* ‖ ⟨fig⟩ *Tracht* f *Prügel* ‖ Am ⟨reg⟩ →* **²poncho** ‖ ~ de algodón *Baumwolldecke* f ‖ ~ de cama *Bettdecke* f ‖ ~ zamorana ⟨Text⟩ *in Zamora hergestellte (meist gewürfelte) Bettdecke* bzw *dort hergestellter Umhang* m ‖ ◆ a ~ ⟨pop⟩ *in Hülle und Fülle* ‖ ◇ tirar de la ~ ⟨figf⟩ *et. Ehrenrühriges (bzw Anstößiges) aufdecken*
²manta *f* ⟨Fi⟩ *Teufelsrochen* m (Mobula mobular)
mantear vt *prellen, wippen, auf e–r Decke in die Höhe schnellen*
¹manteca *f (Tier- bzw Pflanzen)Fett* n ‖ *Schweinefett* n ‖ *(Tier)Schmalz* n, *Schmer* m/n ‖ *Butter* f (→* **mantequilla**) ‖ ~ artificial →* **margarina** ‖ ~ de cacao *Kakaobutter* f ‖ ~ de cerdo *Schweine|fett, -schmalz* n ‖ ~ de coco *Kokosbutter* f ‖ ~ derretida *zerlassene Butter* f ‖ ~ dulce *ungesalzene Butter* f ‖ ~ fresca *frische*

Butter f ‖ ~ de ganso *Gänseschmalz* n ‖ ~ salada *gesalzene Butter* f ‖ ~ de vaca *(Kuh)Butter* f ‖ ~ vegetal *Pflanzenfett* n ‖ ◆ como ~ ⟨fam⟩ *butterweich* ‖ ◇ hacer ~ *buttern, Butter schlagen* ‖ hecho un rollo de ~ ⟨fig⟩ *kerngesund (Kind)* ‖ juntársele a uno las ~s ⟨figf⟩ *vor Verfettung dem Erstickungstod nahe sein* ‖ untar con *od* de ~ *mit Butter bestreichen* ‖ eso no se le ocurre ni al que asó la ~ ⟨figf⟩ etwa: *blöder geht es nicht mehr*
²manteca *f* Am ⟨Ztg⟩ *Manuskriptmaterial* n *(e–r Zeitung)*
mante|cada *f Butterbrot* n *mit Zucker* ‖ **Butterkuchen** m ‖ **–cado** *m Schmalzgebäck* n ‖ *Eiscreme* f, *Sahneeis* n ‖ **–cón** *m*/adj ⟨figf⟩ *Weichling* m ‖ **–coso** adj *fett(haltig), schmalzig* ‖ *butterartig* ‖ PR *lästig* ‖ *frech, unverschämt*
mantehuelo *m* dim von **¹manto**
man|tel *m Tischtuch* n ‖ *Tischleinwand* f ‖ *Altar|decke* f, *-tuch* n ‖ ◇ poner los ~es *den Tisch decken* ‖ quitar *od* levantar los ~es *den Tisch abtragen, abdecken* ‖ ◆ a ~es, sobre ~es *am gedeckten Tisch* ‖ **–telería** *f Tisch-, Tafel|zeug* n ‖ **–teleta** *f Schultertuch* n ‖ **–telete** *m Chorumhang* m *(des Geistlichen)* ‖ ⟨Mil⟩ *Blende* f *(Befestigung)*
mantención *f* ⟨pop⟩ →* **manutención**
mante|nedor *m Platzhalter, Redner* m (z.B. *bei e–m literarischen Wettbewerb)* ‖ **–ner** [~tengo, ~tuve] vt *(fest)halten, stützen* ‖ *(aus)halten, unterhalten, ernähren, beköstigen* ‖ *instand* (& *in Stand) halten* ‖ *fortsetzen, führen (Gespräch)* ‖ *aufrechterhalten (Ehre)* ‖ *(ein Recht) behaupten* ‖ *halten (sein Wort)* ‖ ◇ ~ correspondencia con alg. *im Briefwechsel mit jdm stehen* ‖ ~ el fuego *das Feuer unterhalten* od *in Gang halten* ‖ ~ el precio ⟨Com⟩ *den Preis halten* ‖ ~se *s. ernähren* (de *von)* ‖ *s–n Lebensunterhalt bestreiten* (de *mit)* ‖ *s. behaupten* ‖ *s. halten* ‖ ◇ ~ del aire ⟨figf⟩ *von der Luft leben* ‖ ~ firme en su propósito *auf s–m Entschluss fest beharren* ‖ ~ de legumbres *(nur) von Gemüse leben* ‖ el cambio se mantiene *der Kurs hält s.* ⟨Börse⟩ ‖ **–nida** *f* ⟨fam⟩ *ausgehaltene Geliebte* f ‖ **–nido** *m* Mex ⟨pop⟩ *wissentlich betrogener Ehemann* m ‖ Mex ⟨pop⟩ *Zuhälter* m ‖ **–nimiento** *m (Lebens)Unterhalt* m ‖ *Beköstigung* f ‖ *Nahrung, Speise* f ‖ *Erhaltung* f ‖ *Aufrechterhaltung* f ⟨Tech⟩ *Instandhaltung* f ‖ *Wartung* f (z.B. *e–s Wagens)* ‖ ~ del secreto *Wahrung des Geheimnisses, Geheimhaltung* f
manteo *m Priestermantel* m
mante|quera *f Butter|händlerin, -frau* f ‖ *Butterfertiger* m *(Gerät)* ‖ *Butterfass* n ‖ *Butter|büchse, -dose* f ‖ *Butterschüssel* f ‖ **–quería** *f Molkerei* f ‖ *Delikatessen-* bzw *Lebensmittel|geschäft* n ‖ **–quero** *m Butterhändler* m ‖ **–quilla** *f* dim von **manteca** ‖ *(Süß)Butter* f ‖ ~ para caracoles *Schneckenbutter* f ‖ ~ danesa *dänische Butter* f ‖ ~ dulce *ungesalzene Butter* f ‖ ~ fresca *frische Butter* f ‖ ~ maître-d'hôtel *Kräuterbutter* f ‖ ~ rancia *ranzige Butter* f ‖ ~ salada *gesalzene Butter* f
mantequillazo *m Ohrfeige* f
mantequillera *f Butterdose* f
mantilla *f Mantille* f *(kleiner, den Kopf einhüllender, bis über den Gürtel reichender Spitzenüberwurf od Schleier[mantel] der span. Frauen)* ‖ *Einschlagtuch* n *der Säuglinge* ‖ *Satteldecke* f ‖ ⟨Typ⟩ *Drucktuch* n ‖ ~ blanca *weiße Spitzenmantille* f *(bes. für den Stierkampfbesuch)* ‖ ~ de blonda, ~ de encajes *Spitzenmantille* f ‖ ~ de madroños *Troddelmantille* f ‖ ~ negra *schwarze Spitzenmantille* f *(bes. am Karfreitag getragen)* ‖ ~s fpl *Windeln* fpl ‖ ◇ estar en ~ ⟨figf⟩ *noch in*

den Kinderschuhen stecken ‖ *noch nicht trocken hinter den Ohren sein* ‖ haber salido de ~ ⟨fig⟩ *selbständig geworden sein,* ⟨fam⟩ *aus den Kinderschuhen heraus sein*
mantillo *m Mutter-, Humus-, Dünger|erde* f
mantis *f* ⟨Ins⟩ *Gottesanbeterin* f *(Fang[heu]schrecke)* ‖ ~ (religiosa) *Gottesanbeterin* f (Mantis religiosa)
mantisa *f* ⟨Math⟩ *Mantisse* f
¹manto *m weiter Mantel* m ‖ *Umhang* m ‖ *Mantille, Kappe* f ‖ ⟨fig⟩ *Deckmantel* m ‖ ⟨Zool⟩ *Mantel(falte* f) m *der Weichtiere* ‖ *Mantel* m *der Manteltiere* (Tunicata) ‖ *Vorderseite* f *des Kaminabzugs* ‖ ~ capitular ⟨Rel⟩ *Ordensmantel* m ‖ ~ (de corrimiento) ⟨Geol⟩ *Deckensystem* n
²manto *m* ⟨Ins⟩: ~ de cobre *Kleiner Ampferfeuerfalter* m (Palaeochrysophanos hippotheo) ‖ ~ de oro *Dukatenfalter* m (Heodes virgaureae)
mantón *m Umschlag(e)-, Schulter|tuch* n, *großer seidener, lang gefranster Umhang* m *der span. Frauen* ‖ *Umschlag(e)tuch* n ‖ ~ alfombrado *buntes, geblümtes Umschlag(e)tuch* n ‖ ~ de cuadros *gewürfeltes Umschlag(e)tuch* n ‖ ~ de flecos *Umschlag(e)tuch* n *mit langen Fransen* ‖ ~ de Manila *Manilatuch* n, *großes, reich besticktes Umschlag(e)tuch* n *aus Seide*
mantuano adj/s *aus Mantua* ‖ *auf Mantua bezüglich* ‖ Ven *ad(e)liger Herkunft*
¹mantudo adj *aufgeplustert (kranker bzw frierender Vogel)*
²mantudo *m* Hond *Scheusal, Ungeheuer* n
mantuve → **mantener**
△ **manu** [*pl* ~uses] *m Mensch* m
manual adj *(m/f) Hand-* ‖ *handlich* ‖ *leicht auszuführen(d)* ‖ ⟨fig⟩ *umgänglich, fügsam, gefügig, gutwillig* ‖ ~ *m Handbuch* n ‖ *Lehrbuch* n, *Leitfaden* m ‖ *Manual, Ritualbuch* n ‖ *Tage-, Notiz|buch* n ‖ ~ de correspondencia *Briefsteller* m ‖ ~ de taller ⟨Auto⟩ *Werkstatthandbuch* n ‖ ~ del buen tono *Handbuch* n *über das gute Benehmen*
manuar *m* ⟨Text⟩ *Streckwerk* n ‖ *Strecke* f
manubrio *m* (Hand)*Griff* m, *Handhabe* f ‖ *Kurbel* f ‖ Chi Mex ⟨Auto⟩ *Lenkrad* n
manuca *f* dim von **¹mano**
Manuel *m* np *Emanuel, Immanuel* m
Manuela *f* np *Emanuela* f ‖ ~ *f* Madr *Fiaker* m *(einspännig)*
manuelino adj: *auf die Epoche und* bes. *auf den Baustil Emanuels I. von Portugal (1469–1521) bezüglich*
manufactu|ra *f handgefertigtes Erzeugnis* n, *Manufakturartikel* m ‖ *Manufaktur, Fabrik* f ‖ **–rado** adj: artículos ~s *Manufakturartikel* mpl ‖ *Erzeugnisse* npl ‖ *Waren* fpl ‖ **–rar** vt *an-, (ver)fertigen, fabrizieren* ‖ **–ras** *fpl Fertigwaren* fpl ‖ **–rero** adj/s *gewerbetreibend* ‖ *Manufaktur-*
manumi|sión *f* ⟨Hist⟩ *Freilassung* f *(von Sklaven*) fig) ‖ **–tir** vt *freilassen (Sklaven* & fig)
△ **manusalo** adj *kräftig, handfest*
manuscrito adj *handschriftlich* ‖ *Manuskript-* ‖ ~ *m Handschrift* f ‖ *Manuskript* n
manutención *f Unterhalt* m, *Beköstigung* f ‖ *Beibehaltung* f ‖ *Verpflegung* f *(Hotel, Pension)* ‖ ⟨Tech⟩ *Fördertechnik* f ‖ ~ y hospedaje *mit voller Verpflegung; Kost und Logis*
manutigio *m leichte Massage* f *mit der Hand*
¹manzana *f Apfel* m ‖ *Degenknopf* m ‖ ⟨fig lit⟩ *Versuchung* f *(Anspielung auf Eva und den Apfel)* ‖ ~ de Adán *Adamsapfel, Kehlkopf* m ‖ ~ de la discordia *(fig) Zank-,* ⟨lit⟩ *Eris|apfel* m ‖ ~ de oro Val *(Art) Apfelsine* f ‖ ~s en rajas *Apfelschnitten* fpl ‖ ~ reineta *Renettapfel* m,

Renette f ‖ ◆ *sano como (od* más sano que) una ~ ⟨figf⟩ *kerngesund* ‖ ◇ la ~ podrida pierde a su compañía ⟨Spr⟩ *schlechte Gesellschaft verdirbt gute Sitten*
²manzana *f Häuser|block* m, *-viertel* n
manza|nal, –nar *m Apfelbaumpflanzung* f
Manzanares *m* [Fluss] *Manzanares* m
manza|neta (*od* **–nita**) *f* dim von **¹manzana** ‖ Ar: ~ de dama, ~ de Manuel → **manzana** ‖ **acero|la, –lo manzani|ta, –lla** *f* dim von **¹manzana** ‖ → **manzaneta**
¹manzanilla *f* ⟨Bot⟩ *Kamille* f (Matricaria chamomilla) ‖ *Kamillentee* m ‖ ~ fétida, ~ hedionda, ~ de perro ⟨Bot⟩ *Hundskamille* f (Anthemis spp) ‖ ~ loca ⟨Bot⟩ *Bertram* m, *Bertramwurzel* f (Anacyclus spp)
²manzanilla *f Manzanilla(wein)* m *(ein Weißwein aus Andalusien)*
manzanillero *m Manzanillatrinker* m
manzanillo *m* ⟨Bot⟩ *Manzinella-, Manzanillo|baum* m (Hippomane mancinella) ‖ ◇ ser como la sombra del ~ ⟨figf⟩ *unglückbringend sein (Person),* ⟨fam⟩ *ein Unglücksbringer sein*
manzano *m* ⟨Bot⟩ *Apfelbaum* m (Malus communis = M. sylvestris)
¹maña *f Ge|schicklichkeit, -wandtheit* f ‖ *Schlauheit,* (Arg)*List* f, *Kunstgriff* m ‖ ◇ darse ~ (para, a) *s. geschickt anstellen (zu)* ‖ sacar con ~ *entlocken* ‖ tener ~ *geschickt bzw gewandt sein* ‖ más vale ~ que fuerza ⟨Spr⟩ *List geht über Kraft*
²maña *f* Ar ⟨fam⟩ *Aragonierin* f ‖ Ar *Liebling* m, *Herzchen, Liebchen* n *(Kosename)* ‖ Ar *junges Mädchen* n *bzw Frau* f *(Anrede)*
³maña *f Büschel* n *Flachs*
¹mañana *f Morgen* m ‖ *Vormittag* m ‖ ~ de sol *sonniger Morgen* m ‖ ~ será otro día *morgen ist auch noch ein Tag* ‖ ◆ a media ~ *(etwa) um 10 Uhr vormittags* ‖ a las tres de la ~ *um drei Uhr morgens* ‖ de buena ~ *gleich in der Frühe* ‖ de ~, por la ~ *morgens, früh* ‖ muy de ~ *sehr früh* ‖ de ~ en ocho días *morgen in acht Tagen* ‖ ◇ no quiero que el día de ~ digas (que) ... *ich will nicht, dass du einmal sagen kannst,* (dass) ‖ no pensar en el día de ~ ⟨figf⟩ *in den Tag hinein leben* ‖ tomar la ~ ⟨fam⟩ *in der Frühe et. zu s. nehmen* ‖ ~ *m:* el (día de) ~ *die (nächste) Zukunft* ‖ *das Morgen*
²maña|na adv *morgen* ‖ ⟨fig⟩ *nächstens, bald* ‖ ⟨fig⟩ *in der Zukunft* ‖ ~ por la ~ *morgen früh, frühmorgens* ‖ pasado ~ *übermorgen* ‖ después de pasado ~ *überübermorgen* ‖ ¡~! (iron) *ja, morgen!* ‖ **–near** vt *sehr früh aufstehen* ‖ **–nero** adj *früh aufstehend* ‖ *Morgen-* ‖ ~ *m Frühaufsteher* m (→ **madrugador**) ‖ **–nica, –nita** *f früher Morgen* m ‖ *Bettjäckchen* n ‖ Mex *Geburtstagsständchen* n ‖ ◆ de ~ *frühmorgens*
mañas *f* Ar ⟨fam⟩ (bes. Sant And) *Launen,* ⟨fam⟩ *Mucken bzw schlechte Angewohnheiten* fpl *(der Kinder, der Pferde)* ‖ ◇ tiene muchas ~ ⟨figf⟩ *es ist sehr launisch* od *störrisch (Kind, Pferd)*
mañe|ar vi *mit Geschick vorgehen* ‖ **–ría** *f listiges Vorgehen* n ‖ **–ro** adj *ge|schickt, -wandt* ‖ *listig* ‖ *betriebsam, fleißig* ‖ Am *scheu, störrisch (Tier)*
mañico *m* Ar dim von **maño**
maño *m* Ar ⟨fam⟩ *Aragonier* m ‖ *junger Bursche* m ‖ Ar Chi *Herzchen, Liebchen* n *(Kosename)* ‖ Ar Chi *Mann, Bruder* m *(Anrede)*
mañoco *m* Maniok, *Sago* m
mañoso adj *ge|schickt, -wandt* ‖ *schlau, verschlagen* ‖ bes. Sant And *launisch, störrisch (Kind, Pferd)* ‖ *verwöhnt*
mañuela *f* dim von **maña**
maorí [*pl* **–íes**] adj *maorisch* ‖ ~ *m Maori* m ‖ el ~ *die maorische Sprache, das Maorische*

maoís|mo m ⟨Pol⟩ *Maoismus* m ‖ **–ta** adj *(m/f)*
maoistisch ‖ ~ *m/f Maoist(in* f) m
¹mapa m *Landkarte* f ‖ ~ *altimétrico*
Höhenkarte f ‖ ~ *para automovilistas,* ~ *de*
carreteras Straßenkarte f ‖ ~ *cromosómico* ⟨Gen⟩
Chromosomenplan m ‖ ~ *especial*
Spezial(land)karte f ‖ ~ *de excursiones*
Wanderkarte f ‖ ~ *ferroviario Eisenbahnkarte* f ‖
~ *genético* ⟨Gen⟩ *Genkarte* f ‖ ~ *geográfico*
Landkarte f ‖ ~ *hidrográfico Seekarte* f ‖ ~
itinerario Reisekarte f ‖ ~ *meteorológico*
Wetterkarte f ‖ ~ *mudo stumme Karte* f ‖ ~
mural Wand(land)karte f ‖ ~ *pictórico Bild-,*
Bilder|karte f ‖ ~ *(des)plegable Faltkarte* f ‖ ◇
borrar del ~ ⟨pop fig⟩ *(jdn) umbringen,*
eliminieren, liquidieren ‖ no estar *od* figurar en el
~ *nicht auf der Karte eingezeichnet sein* ‖ no
estar en el ~ ⟨figf⟩ *selten, außerordentlich sein* ‖
unbekannt sein
²mapa f *Spitze,* ⟨fam⟩ *Klasse* f ‖ ◇ llevarse la
~ ⟨fam⟩ *den Preis davontragen*
mapaceli m *Himmels-, Stern|karte* f
mapache m ⟨Zool⟩ *Waschbär* m (Procyon
lotor) ‖ *Schupp* m
mapamundi m *Welt-, Erd|karte* f ‖ ⟨fam⟩
Hintern m, *Gesäß* n
mapuche adj *araukanisch* ‖ ~ m *Araukaner* m
‖ el ~ *die araukanische Sprache, das*
Araukanische
ma|que m *Japanlack* m ‖ **–quear** vt *lackieren*
△ **maquelar** vi *schweigen*
maque|ta f *(verkleinertes) Modell* n *(e–s*
Bauwerks, e–r Anlage) ‖ *Skizze* f (bes. Arch) ‖
⟨Typ⟩ *Layout* n ‖ *(Manuskript)Makette* f ‖ ~ *de*
libro Blindband ‖ **–tista** m/f *Modellbauer(in* f) m
‖ *Layouter(in* f) m
maqueto m *Bezeichnung des Nicht-Basken*
durch Basken
maqui m ⟨Zool⟩ *Maki, Lemur* m
maquia|vélico adj *machiavellistisch* ‖
skrupellos, hinterlistig ‖ **–velismo** m
Machiavellismus m ‖ ⟨allg⟩ *Skrupellosigkeit,*
Falschheit f ‖ ≈**velo** m np *Machiavelli* m ‖ ◇ ser
un ~ ⟨fig⟩ *falsch, verschlagen, hinterlistig,*
skrupellos, ein Machiavelli sein
maquila f *Schüttung* f *auf der Mühle* ‖
Mahlgeld n ‖ *Mahlmetze* f *(Kornmaß* = ¹/₂
celemín) ‖ ◆ de ~s ⟨fam⟩ *auf Kosten anderer*
△ **maquilén** m *Penis* m
maquilero m Sant *Mahlmetze* f (→ **maquila**)
maquilla|dor m *Maskenbildner,*
Schminkmeister m ‖ *Theaterfriseur* m ‖ **–dora** f
Kosmetikerin f ‖ **–je** m *Make-up* n ‖ ⟨Th⟩
Schminken n ‖ **–r** vt *Make-up auflegen* ‖ ~**se** *s.*
schminken, sein Make-up auflegen
máquina f *Maschine* f ‖ *Triebwerk* n ‖
Lokomotive, Lok f ‖ ⟨fam⟩ *Flugzeug* n ‖ ⟨fam⟩
Fotoapparat m ‖ Cu *Auto* n ‖ ⟨fam⟩ *Motorrad* n ‖
⟨fig⟩ *Kunstgriff* m ‖ ⟨figf⟩ *Organismus, Körper* m
‖ ⟨fig⟩ *Mechanismus* m, *Maschinerie* f ‖ ⟨fig⟩
Automat m ‖ ⟨figf⟩ *Gewohnheitstier* n *(Mensch)* ‖
~ *de afeitar Rasierer, Rasierapparat* m ‖ ~ *de*
afilar Schleif-, Schärf|maschine f ‖ ~ *agrícola*
landwirtschaftliche Maschine, Landmaschine f ‖
~ *de bebidas Getränkeautomat* m ‖ ~ *de bordar*
Stickmaschine f ‖ ~ *calculadora Rechenmaschine*
f ‖ *Buchungsmaschine* f ‖ ~ *de componer* ⟨Typ⟩
Setzmaschine f ‖ ~ *de contabilidad*
Buchungsmaschine f ‖ ~ *de copiar Kopier-,*
Vervielfältigungs|maschine f ‖ ~ *de cortar jamón*
Schinkenschneidemaschine f ‖ ~ *de coser*
Nähmaschine f ‖ *Heftmaschine* f *(Büro,*
Buchbinderei) ‖ ~ *de coser folletos*
Broschürenheftmaschine f ‖ ~ *de coser ojales*
Knopflochnähmaschine f ‖ ~ *dínamo* ⟨El⟩

Dynamo m, *Dynamomaschine* f ‖ ~ *eléctrica*
elektrische Maschine, Elektromaschine f ‖ ~ *de*
escribir (portátil) *(Reise)Schreibmaschine* f ‖ ~
fotográfica Fotoapparat m ‖ ~ *de franquear*
Frankiermaschine f ‖ ~ *frigorífica Kältemaschine*
f ‖ ~ *herramienta Werkzeugmaschine* f ‖ ~ *para*
imprimir direcciones Adressiermaschine f ‖ ~
infernal Höllenmaschine f ‖ ~ *lavadora*
Waschmaschine f ‖ ~ *lavadora de vajilla*
Geschirrspülmaschine f ‖ ~ *de llenar botellas*
Flaschenfüllmaschine f ‖ ~ *parlante*
Sprechmaschine f ‖ ~ *de retratar* ⟨fam⟩
Fotoapparat m ‖ ~ *rotativa* (Typ)
Rotationsmaschine f ‖ ~ *segadora Mäher* m,
Mäh-, Schneide|maschine f ‖ ~ *sumadora Addier-,*
Additions|maschine f ‖ p.ex *Rechenmaschine* f ‖
~ *tragaperras Spielautomat* m ‖ ~ *de vapor*
Dampfmaschine f ‖ ~ *de viaje,* (~) *portable*
Reiseschreibmaschine f ‖ ◆ a ~ *maschinell* ‖ a
toda ~ *mit voller Kraft* (& fig), ⟨Mar⟩ *mit*
Volldampf (& fig) ‖ hecho a ~ *maschinell*
hergestellt
maqui|nación f *geheimer Anschlag* m ‖
–naciones *fpl Ränke* pl ‖ *Intrigen* fpl ‖ *Umtriebe*
mpl, *Machenschaften* fpl ‖ ~ *políticas politische*
Umtriebe mpl ‖ **–nado** m ⟨Tech⟩ *Bearbeitung* f
(von Teilen) ‖ **–nador** m *Ränkeschmied, Intrigant*
m ‖ *Anstifter* m ‖ **–nalmente** adv *mechanisch,*
ohne Nachdenken, unwillkürlich ‖ ◇ lo he leído
~ *ich habe es mechanisch gelesen* ‖ **–nar** vt
ausdenken, ersinnen ‖ *vorhaben, planen* ‖ ~ vi
Ränke schmieden, intrigieren ‖ **–naria** f ⟨Th⟩
Maschinerie f ‖ *Maschinen* fpl ‖ *Maschinenbau* m
‖ *Maschinenbauwesen* n ‖ *Maschinenpark* m ‖ ~
de construcción *Baumaschinen* fpl ‖ **–nilla** f dim
von **máquina** ‖ *kleine Maschine* f ‖ *Rasierer* m,
Rasierapparat, Trockenrasierer m ‖
Haarschneidemaschine f ‖ *kleiner Spirituskocher*
m ‖ *Zigarettenwickler* m ‖ **–nismo** m
Maschinenbau m ‖ *Mechanismus* m ‖
Maschinenzeitalter n ‖ **–nista** m/f
Maschinenführer(in f) m ‖ *Maschinenmeister(in* f)
m ‖ EB *Lokführer(in* f) m ‖ ⟨Th⟩ *Maschinist(in* f)
m ‖ **–nización** f *Mechanisierung, Umstellung* f
auf Maschinen ‖ **–nizar** [z/c] vt *mechanisieren,*
auf Maschinen umstellen
maquis m *Macchia* f, *Buschwald* m, *Gestrüpp*
n *(in Korsika)* ‖ ⟨Pol Hist⟩ *Widerstands-,*
Untergrund|kämpfer m(pl) ‖
Widerstandsbewegung f
¹mar m (& f) *Meer* n, *See* f ‖ *Brandung* f *(an*
der Küste) ‖ *Seegang* m ‖ ~ *abierta offene See* f ‖
~ *adentro seewärts* ‖ ~ *alta Hochwasser* n *bei*
Flut ‖ *hohe See* f ‖ ~ *baja* ⟨Mar⟩ *Niedrigwasser* n
‖ ~ *de bloques Felsen-, Block|meer* n ‖ ~ *de*
fondo Grund|dünung, -see ‖ ~ *de fondo* ⟨fig⟩
latente Unruhe f ‖ ~ *fuerte hochgehende See* f ‖
starke Brandung f ‖ ~ *gruesa grobe See* f ‖ ~
interior Binnenmeer n ‖ ~ *litoral Küstengewässer*
n ‖ ~ *de llamas* ⟨fig⟩ *Flammenmeer* n ‖ ~ *llana*
ruhige See f ‖ *Meeresstille* f ‖ ~ *movida bewegte*
See f ‖ ~ *picada grobe See* f ‖ ~ *de popa*
achterliche See, Hecksee f ‖ ~ *de proa Gegensee*
f ‖ ~ *territorial Küsten-, Territorial|meer* n ‖ ◆ en
alta ~ *auf hoher See* ‖ lleno de ~ a ~ ⟨fig⟩
gesteckt voll ‖ por ~ *zur See, auf dem Seeweg* ‖
◇ arrojarse uno a la ~ ⟨fig⟩ *ins kalte Wasser*
springen ‖ hacerse a la ~ *in See stechen* ‖ hace
~, la ~ *está picada das Meer ist bewegt,*
⟨nordd⟩ *kabbelig, das Meer geht hoch* ‖ llevar
agua al ~ ⟨figf⟩ *Eulen nach Athen tragen* ‖ la ~
sube *die Flut steigt* ‖ quien no se aventura no
pasa la ~ ⟨Spr⟩ *wer nichts wagt, der nichts*
gewinnt
²mar f ⟨figf⟩ *Unmenge,* ⟨fam⟩ *jede Menge* f ‖

la ~ de ... *in Hülle und Fülle* ‖ la ~ de bonita ⟨fam⟩ *bildschön* ‖ la ~ de dinero *ein Haufen Geld, Geld in Hülle und Fülle* ‖ ~ de gente *e–e Menge* od *ein Haufen Leute* ‖ ◇ me gusta la ~ ⟨fam⟩ *sie (er, es) gefällt mir riesig,* ⟨fam⟩ *ich finde sie (ihn, es) Klasse* ‖ aquí hay la ~ de mosquitos *hier gibt es e–e Unmenge Mücken* ‖ llueve a ~es *es gießt, es regnet in Strömen* ‖ tiene la ~ de suerte *er (sie, es) hat (immer) Glück,* ⟨fam⟩ *er (sie, es) ist ein Glückspilz* ‖ tiene la ~ de preocupaciones *er (sie, es) hat sehr viel Sorgen* bzw *Ärger*

Mar *m* ⟨Geogr⟩: ~ Adriático *Adriatisches Meer* n ‖ ~ Antártico *Südliches Eismeer* n ‖ ~ de las Antillas *Karibisches Meer* n ‖ ~ de Aral *Aralsee* m ‖ ~ Ártico *Nordpolarmeer* n ‖ ~ Atlántico *Atlantischer Ozean* m ‖ ~ Báltico *Ostsee* f ‖ ~ Cantábrico *Kantabrisches Meer* n, *Golf* m *von Biskaya* ‖ ~ Caspio *Kaspisches Meer* n ‖ ~ de los Corales *Korallenmeer* n ‖ ~ Egeo *Ägäisches Meer* n ‖ ~ Glacial *Eismeer* n ‖ ~ Jónico *Jonisches Meer* n ‖ ~ Mediterráneo *Mittelmeer* n ‖ ~ Muerto *Totes Meer* n ‖ ~ Negro *Schwarzes Meer* n ‖ ~ del Norte *Nordsee* f ‖ ~ Rojo *Rotes Meer* n ‖ ~ Tirreno *Tyrrhenisches Meer* n

△ **mara** *f Wirrwarr* m, *Durcheinander* n
mará *m* ⟨Zool⟩ *Mara* f (Dolichotis patagonica)
marabú [*pl* ~ues] *m* ⟨V⟩ *Marabu* m (Leptoptilus spp) ‖ ~ africano *Afrika-Marabu* m (L. crumeniferus) ‖ ~ de la India *Argala, Indischer Marabu* m (L. dubius)
marabunta *f* ⟨Ins⟩ *Raubzug* m *der Wander-* od *Treiberlameisen* ‖ *Haufen* m *Menschen*
marabuto *m Marabut* m *(mohammedan. Einsiedler, Heiliger)*
¹maraca *f* ⟨Mus⟩ Am *Maraca, Kürbisrassel* f ‖ *Rumbakugel* f
²maraca *f* Chi *Pe ein Würfelspiel* n
³maraca *f* Chi *Edelnutte* f
maracuyá *m* ⟨Bot⟩ *Maracuja, Passionsfrucht* f
maragato adj/s *aus Maragatería* (P León) ‖ *auf Maragatería bezüglich*
maragota *f* ⟨Fi⟩ *Gefleckter Lippfisch* m (Labrus berggylta)
△ **maramucha** *f Kapelle* f
marantáceas *fpl* ⟨Bot⟩ *Marantagewächse* npl (Marantaceae)
¹maraña *f dickes Gestrüpp* n ‖ *Dickicht* n ‖ ⟨fig⟩ *verwirrtes Haar* m ‖ ⟨fig⟩ *Lüge* f, *Kniff* m ‖ ⟨fig⟩ *Verwirrung* f, *Durcheinander* n, *Wirrwarr* m ‖ ⟨fig⟩ *Verwicklung* f
²maraña *f* → **coscoja**
△ **³maraña** *f Nutte* f
marañero m/adj *Ränkeschmied, Intrigant* m
marañón *m* ⟨Bot⟩ *Acaju-, Kaschulbaum* m (Anacardium sp)
Marañón *m* Pe [Fluss]: el ~ *der Amazonas*
△ **marar** vt *töten*
marasmo *m Marasmus, Kräfteverfall* m ‖ *Mattigkeit, Niedergeschlagenheit* f ‖ ⟨fig⟩ *Erlahmen, Stocken* n
maratón *m* ⟨Sp⟩ *Marathonlauf* m ‖ ⟨Pol usw.⟩ *Marathonsitzung* f ‖ *Dauerdebatte* f
maravedí [*pl* ~is, ~íes, ~ises] *m* ⟨Hist⟩ *Maravedi* m *(e–e frühere span. Kupfermünze)* ‖ ◇ no valer un ~ ⟨fig⟩ *k–n roten Heller wert sein*
¹maravilla *f Wunder* n *(nicht in religiösem Sinne)* ‖ *Wunderwerk, Großartige(s), Herrliche(s)* n ‖ *Wunderschöne(s)* n ‖ ⟨fig⟩ *Erstaunen* n ‖ ⟨fig⟩ *Bewunderung* f ‖ ⟨figf⟩ *Schätzchen* n *(Kosename)* ‖ las siete ~s del mundo *die Sieben Weltwunder* npl ‖ la octava ~ *das achte Weltwunder* ‖ *Beiname des span. Schlosses Escorial* ‖ ◆ a ~, a

las (mil) ~s ⟨fig⟩ *wunderlbar, -voll* ‖ ◇ es una ~ *es grenzt ans Wunderbare*
²maravilla *f* ⟨Bot⟩ *Wunderblume* f (Mirabilis spp) ‖ *Prunkwinde* f (Ipomoea spp) ‖ *Ringelblume* f (Calendula spp)
maravilllado adj *verwundert, erstaunt* ‖ **–llar** vt *in Bewunderung versetzen* ‖ *wundern* ‖ ~se con od de *s. über et.* (acc) *verwundern, erstaunen* ‖ **–lloso** adj *wunderlbar, -voll, -schön*
marbellí [*pl* ~íes] adj *aus Marbella* (P Má) ‖ *auf Marbella bezüglich*
marbete *m Preiszettel* m *(an Waren)* ‖ *Aufklebezettel* m *(Etikett usw.)* ‖ ⟨EB⟩ *Begleitzettel* m
¹marca *f Merk-, An-, Kennlzeichen, Merkmal* n ‖ *Spur* f *(e–r Beschädigung, Krankheit usw.)* ‖ *Wasserzeichen* n *(im Papier)* ‖ *Warenzeichen* n ‖ *(Münz)Stempel* m ‖ *Brandzeichen* n *(des Viehs)* ‖ *(Spiel)Marke* f ‖ ⟨Sp⟩ *Rekord* m ‖ ~ de agua *Wasserzeichen* n ‖ ~ de fábrica *Fabrikmarke* f ‖ ~ de ganado *Brandzeichen* n ‖ ~ de identificación *Nämlichkeitszeichen* n *(Zoll)* ‖ ~ de infamia *Schandmal* n ‖ ~ registrada *(eingetragenes) Warenzeichen, (eingetragene) Schutzmarke, Handelsmarke* f ‖ ~ verbal *Wortmarke* f *gewerblicher Rechtsschutz)* ‖ ◆ de ~ (mayor) ⟨fam⟩ *ganz besonders groß* ‖ *groß-, Erz-*
²marca *f* ⟨Hist⟩ *Mark* f *(Grenzgebiet)*
△ **³marca** *f Nutte* f
marcado adj *deutlich, betont* ‖ ◆ con ~ acento extranjero *mit ausgesprochen ausländischem Akzent* ‖ con ~a displicencia *mit sichtbarem Missbehagen* ‖ ~ m ⟨Typ⟩ *Anlage* f ‖ *Einlegen* n *(der Haare)* ‖ ~ de ondas *Wellenlegen* n *(beim Friseur)* ‖ *lavado* y ~ *Waschen und Einlegen* n *(der Haare)*
¹marcador *m Markierer* m ‖ *(Ab)Stempler* m ‖ *Stempelstift* m ‖ *Eichmeister* m ‖ *(Markier)Rädchen* n *(der Näherinnen)* ‖ ⟨Typ⟩ *Anleger* m ‖ ~ de gasolina ⟨Auto⟩ *Benzinuhr* f
²marcador *m* ⟨Sp⟩ *Toranzeiger* m ‖ *Ergebnistafel* f, *Totalisator* m ‖ ~ del tanto od gol *Torschütze* m
marcaje *m* ⟨Sp⟩ *Deckung* f, *Decken* n *(des Gegners beim Spiel)*
marcapasos *m* ⟨Med⟩ *Schrittmacher* m ‖ ~ carldiaco, -díaco *Herzschrittmacher* m
¹marcar [c/qu] vt *(an)zeichnen, kennzeichnen, bezeichnen* ‖ *anschreiben* ‖ *markieren* ‖ *zeichnen (Wäsche)* ‖ *eichen (Maß und Gewicht)* ‖ ⟨Typ⟩ *anlegen (Bogen)* ‖ ⟨Atom Mus⟩ *markieren* ‖ ⟨Tel⟩ *wählen (Nummer)* ‖ *einlegen (Haare), legen (Frisur)* ‖ *zinken (Karten)* ‖ ⟨fig⟩ *prägen* ‖ ⟨fig⟩ *(vor)bestimmen* ‖ ◇ ~ el compás ⟨Mus⟩ *den Takt schlagen* ‖ ~ a fuego *mit Glühstempel brandmarken* ‖ ~ el precio *den Preis auszeichnen* ‖ ~ a uno ⟨fig⟩ *s. jdn merken* ‖ ~se *hervorstechen, s. abzeichnen (z. B. Umrisse)*
²marcar [c/qu] vt ⟨Sp⟩ *anzeigen* ‖ *(Spielstand)* ‖ *schießen (Tor)* ‖ *erzielen (Korb usw.)* ‖ *decken (den Gegner beim Spiel)* ‖ ~ de cabeza *einköpfen*
marcasita *f* ⟨Min⟩ *Markasit* m *(rhombischer Pyrit)*
marceño adj *auf den Monat März bezüglich*
¹marcha *f* ⟨Mil⟩ *Marsch* m ‖ ⟨Mil⟩ *Abmarsch* m ‖ *Abreise* f ‖ *Gang* m *(e–s Menschen, e–s Pferdes, e–r Uhr)* ‖ *Verlauf* m ‖ *Lauf, Gang* m ‖ *Betrieb* m ‖ *Funktionieren* n ‖ *Fahren* n ‖ ~ adelante ⟨Auto⟩ *Vormarsch* m ‖ ⟨Auto⟩ *Vorwärtsgang* m ‖ ~ antorchada *Fackelzug* m ‖ ~ atlética ⟨Sp⟩ *Gehen* n *(Schnellgehen)* ‖ ~ atrás ⟨Auto⟩ *Rückwärtsgang* m ‖ ⟨fig⟩ *Aussteigen* n *(beim Koitus)* ‖ ~ en columna ⟨StV⟩ *Fahren* n *in Kolonne* ‖ ~ continua *Dauerbetrieb* m ‖ ~

forzada *Eilmarsch* m ‖ ~ de un negocio *bzw* de
los negocios *Geschäftsgang* m ‖ ~ nocturna
Nachtmarsch m ‖ ~ de parada *Parademarsch* m ‖
~ de la paz *Friedensmarsch* m ‖ ~ de protesta
Protestmarsch m ‖ ~ del proyectil ⟨Mil⟩
Geschossbahn f ‖ ~ silenciosa *Schweigemarsch*
m ‖ ~ en vacío ⟨Tech⟩ *Leerlauf* m ‖ ◆ a ~s
forzadas *in Eilmärschen* ‖ a toda ~ *mit voller
Geschwindigkeit* ‖ en estado de ~ ⟨Auto⟩
fahr|bereit, -tüchtig ‖ pronto para ~ *marschfertig*
‖ sobre la ~ *unterwegs* ‖ ⟨fig⟩ *im Verlauf,
während* ‖ ◇ abrir la ~ *vorangehen* ‖ estar en
(buena) ~ ‖ *gut im Gange sein* ‖ *im Schwung sein
(Geschäfte)* ‖ ir a una ~ *loca wie rasend od wie
verrückt laufen od fahren* ‖ poner en ~ *in Gang
bringen od setzen (z.B. Maschine)* ‖ ⟨Mil⟩ *in
Marsch setzen* ‖ tener ~ *Schwung, Pep, Elan,
Verve haben, temperamentvoll sein*

²marcha f ⟨Mus⟩ *Marsch* m ‖ ~ fúnebre
Trauermarsch m ‖ ~ militar *Militärmarsch* m ‖ ~
nupcial *Hochzeitsmarsch* m ‖ la ~ *Real die span.
Nationalhymne* ‖ ~ solemne *feierlicher Marsch* m
‖ ~ torera *Stierkämpfermarsch* m ‖ ~ triunfal
Siegesmarsch m ‖ *Triumphzug* m (& fig) ‖ ◇
tocar la ⟨Mil⟩ *zum Aufbruch blasen* ‖ tocar ~s
Marschmusik spielen

marchador adj bes. Am *schnell und
unermüdlich zu Fuß* ‖ ~ m ⟨Sp⟩ *Geher* m

marchamo m *Zoll|siegel* n, *-plombe* f ‖
Warenzeichen n ‖ ◇ poner el ~ a algo *et.
verplomben*

marchante m *Handelsmann, Händler* m ‖ And
Am ⟨fam⟩ *Kunde* f

marchar vi *marschieren* ‖ *ab|reisen, -fahren* ‖
(fort)gehen ‖ ⟨Tech⟩ *gehen, funktionieren* ‖ *laufen*
‖ *fahren* ‖ ⟨Mil⟩ *ab|marschieren, -rücken* ‖ ⟨fig⟩
fortschreiten ‖ ◇ la cosa marcha *die Sache macht
s., die Sache geht gut voran* ‖ ¡marchen! ⟨Mil⟩
vorwärts marsch! ‖ ~se *weg-, fort|gehen* ‖
abreisen ‖ ~ a España *s. nach Spanien begeben*

marchi|tar vt/i *(ab)welken, welk machen* ‖ ~se
(ver)welken, welk werden ‖ ⟨fig⟩ *er|schlaffen,
-lahmen* ‖ **–tez** [*pl* ~ces] f ⟨Hin⟩*Welken* n ‖ **–to**
adj *welk*

marchoso m/adj *Bummler, Nachtschwärmer* m

marcial adj *kriegerisch, Kriegs- ‖ soldatisch* ‖
⟨fig⟩ *rüstig, martialisch* ‖ **–idad** f *martialisches
Wesen* n ‖ *Zackigkeit* f, *soldatisches Benehmen* n

Marcial m np *Martial* m

marciano adj ⟨Astr⟩ *Mars- ‖* ~ m
Marsbewohner m

¹marco m [frühere deutsche bzw finnische
Währungseinheit] *Mark* (DM) bzw *Finnmark* f
(Fmk) f

²marco m *Rahmen* m ‖ *Bilderrahmen* m ‖
(Ein)Fassung f ‖ *Gestell* n ‖ *Fenster-* bzw
Tür|rahmen m ‖ ◇ poner en un ~ *einrahmen* (&
fig)

marconigrama m [veraltet] *Funkspruch* m

Marcos m np *Markus* m

mardal m Murc *Schafbock* m

mardono m Ar → **morueco**

mare f And → **¹madre**

marea f ⟨Mar⟩ *Ebbe und Flut* f, *Gezeiten* pl ‖
leichte Meeresbrise f, *leichter Seewind* m ‖ ~ alta
(Hoch)Flut f, *Hochwasser* n ‖ ~ ascendènte
Flut(strom m) f ‖ ~ baja *Ebbe, Stippflut* f,
Niedrigwasser n ‖ ~ creciente *Flut(strom* m) f ‖
~s de cuadratura, ~s muertas *Totwassergezeit* f ‖
~ entrante *Flut* f ‖ ~ negra *Ölpest* f ‖ p.ex
*Ausbreitung od Flut f unerwünschter
Zeiterscheinungen (z.B.* ~ negra de la
pornografía *Flut* f *pornografischer Erzeugnisse)* ‖
~ vaciante *Ebbe* f, *Ebbstrom* m ‖ ~ viva
Springflut f ‖ ~s vivas *Springtiden* pl ‖ ◇

aprovechar la ~ *die Gezeiten ausnutzen* ‖ contra
viento y ~ ⟨fig⟩ *allen Hindernissen zum Trotz*

mareaje m *Schiffahrt(skunde)* f ‖ *Seefahrt* f ‖
Strich, Schiffskurs m

mareal adj *(m/f) auf die Gezeiten bezüglich*

¹marear vt *ein Schiff führen*

²marear vt *seekrank machen* ‖ *(jdm)
Übelkeiten verursachen* ‖ *ersticken* ‖ *berauschen
(Wein)* ‖ ⟨fig⟩ *(jdm) lästig fallen* ‖ And ⟨Kochk⟩
→ **rehogar** ‖ ◇ ~ a preguntas *mit Fragen
überhäufen* ‖ ~se *seekrank werden* ‖ *(e–m) übel
werden* ‖ *durch den (See)Transport leiden (Waren)*

mareja|da f ⟨Mar⟩ *hoher Seegang* m ‖ ⟨fig⟩
Wogen und Brausen n *e–r Menschenmenge* ‖
–dilla f *leichter Seegang, kurzer Wellenschlag* m

maremágnum [...un], **maremagno** m
Weltmeer n ‖ ⟨fig⟩ *Unendlichkeit* f ‖ ⟨fig⟩
Durcheinander n, *Mischmasch* m

maremoto m ⟨Mar⟩ *Seebeben* n

¹marengo adj: gris ~ *dunkelgrau*

¹marengo m ⟨Text⟩ *Marengo* m *(Streichgarn-
und Kammgarn|gewebe aus Marengogarnen)*

mareo m *Seekrankheit* f ‖ *Schwindel* m ‖
Ohnmacht, Übelkeit f ‖ ⟨figf⟩ *Überdruss* m,
Lang(e)weile f ‖ *Belästigung, Widerwärtigkeit* f ‖
el ~ del vino *der Weinrausch* ‖ ¡qué ~ de
hombre! ⟨figf⟩ *ist das ein lästiger Mensch!* ‖ ◇
resistir el ~ *seefest sein*

mareógrafo m ⟨Mar⟩ *Flut-, Pegel|messer* m,
Gezeiten(schreib)pegel, Mareograph m ‖ p.ex
dessen Bau m *(Gebäude)*

mareomo|tor, –triz [*pl* ~ces] adj
Gezeitenkraft-

marero adj *von See wehend (Wind)*

marete m: hacer ~ *Haken schlagen (Hase)*

mar|fil m *Elfenbein* n ‖ *Zahnbein* n ‖ **–fileño,
–fileo, –filino** adj ⟨poet⟩ *elfenbeinern*

¹marga f ⟨Text⟩ *Sackleinen* n

²mar|ga f ⟨Geol⟩ *Mergel* m ‖ **–gal** m
Mergelgrube f ‖ *Mergelerde* f ‖ **–gar** vt ⟨Agr⟩ *mit
Mergel düngen*

margarina f *Margarine* f

¹margarita f *Perle* f ‖ ⟨Zool⟩ *Seeperlmuschel* f
(Pinctada spp) ‖ echar ~s a puercos ⟨fig⟩ *Perlen
vor die Säue werfen*

²margarita f ⟨Bot⟩ **a)** *Weiße Wucherblume,
Margarite, Perlblume, Rupfblume* f
(Chrysanthemum leucanthemum) ‖ **b)**
Gänseblümchen, Maßliebchen, Tausendschönchen
n (Bellis perennis) ‖ ◇ echar una estar echando ~s
⟨figf⟩ *gestorben sein, unter der Erde liegen,*
⟨fam⟩ *s. die Radieschen von unten besehen*

³margarita f Mex *Tequila* m *mit Limonensaft*

Margarita f np *Margarete, Grete* f

margaritífero adj *perltragend*

margen m (& f) *Rand, Saum* m ‖ *Rain* m ‖
(Fluss)Ufer n ‖ *Grenze* f ‖ ⟨Typ⟩ *Steg* m *(freier
Raum um die Kolumnen)* ‖ ⟨Tech⟩ *(Spiel)Raum* m
(& fig) ‖ *(Toleranz)Bereich* m ‖ ⟨Com⟩ *Spanne,
Marge* f ‖ ⟨fig⟩ *Anlass* m ‖ ~ de beneficios
Gewinnspanne f ‖ ~ de fluctuación
Schwankungsbreite f ‖ ~ de ganancia → ~ de
beneficios ‖ ~ de maniobra *Spielraum* m, *freies
Feld* n ‖ ~ de preferencia *Präferenzspanne* f ‖ ~
de rebaja *Rabattspanne* f ‖ ◆ al ~ *am Rande* (&
fig) ‖ ◇ dar ~ ⟨fig⟩ *veranlassen, Gelegenheit
geben* (a *zu)* ‖ dejar un ~ *Spielraum lassen* ‖ ⟨fig⟩
Gewinn abwerfen ‖ mantener a alg. al ~ de u/c
jdn aus et. heraushalten bzw ausschließen

margi|nación f a) ⟨Soz⟩ *Aus|grenzung,
-klammerung, -schließung* f ‖ ◇ ser objeto de ~
social *im sozialen Abseits stehen, zu e–r
Randgruppe gehören* ‖ **b)** ⟨Lit⟩ *Anbringung* f *von
Randbemerkungen* ‖ **–nado** adj a) ⟨Soz⟩ *an den
Rand (der Gesellschaft) gedrängt, aus|gegrenzt,*

-geklammert, -geschlossen ‖ **b)** *mit Rand versehen*
‖ **–nal** adj *(m/f) Rand-* ‖ *nebensächlich, Neben-* ‖
unbedeutend ‖ *~ m Randsteller* m *(an der*
Schreibmaschine) ‖ **–nar** vt **a)** ⟨allg⟩ *weglassen,*
übergehen, unerwähnt lassen ‖ **b)** ⟨Soz⟩
aus\grenzen, -klammern, -schließen, an den Rand
(der Gesellschaft) drängen ‖ **c)** ⟨Lit⟩ *mit*
Randbemerkungen versehen, Randbemerkungen
anbringen (algo bei et.)
   margoso adj *mergelhaltig*
   margra\ve m *Markgraf* m ‖ **–viato** m
   Markgrafschaft f ‖ **–vina** f *Markgräfin* f
   marguay m Am ⟨Zool⟩ *Langschwanzkatze* f,
   Marguay m (Leopardus wiedii)
   marguera f *Mergelgrube* f
   Mari ⟨fam⟩ → **María**
   María f np *Ma\rie, -ria* f ‖ *~* Antonieta np (&
   Hist) *Marie Antoinette* f ‖ *~* de la Cruz np span.
   Frauenname ‖ *~* Estuardo ⟨Hist⟩ *Maria Stuart* f ‖
   ¡~ Jesús! *Jesus Maria!* ‖ *~* de Jesús ⟨Kath⟩
   Maria vom Herzen Jesu (= Jesusa) ‖ *~* Josefa np
   span. *Frauenname* ‖ *~* de la Luz np span.
   Frauenname ‖ *~* Santísima *(die allerheiligste)*
   Jungfrau Maria ‖ *~* Teresa np *Maria Theresia* f ‖
   las tres ~s ⟨Astr⟩ *die Gürtelsterne* mpl *des Orion*
   maria\che, –chi m Mex *e–e mex. Volksweise* f
   (ursprünglich aus Jalisco) ‖ *Musikkapelle* f bzw
   Musikanten mpl, *die* mariachi *spielen*
   marial adj/s *(m/f) Marien-*
   Marianas fpl ⟨Geogr⟩ *die Marianen(inseln* f) pl
   Mariano m np *Marianus* m
   maria\nismo m ⟨Kath⟩ *Marienverehrung* f ‖
   –nistas mpl *Marianisten* mpl *(Schul- und*
   Missions\brüder Mariä) ‖ **–no** adj *marianisch,*
   Marien-
   marianos mpl ⟨fam⟩ *lange Unterhosen* fpl
   ¹marica f ⟨V⟩ *Elster* f (→ **urraca**)
   ²marica m/f ⟨figf⟩ *weibischer Mensch* m ‖
   Schwule(r) m ‖ ⟨pop⟩ *warmer Bruder* m ‖ ⟨desp⟩
   feiger, mutloser Mensch m
   Marica ⟨fam⟩ dim von **María**
   Maricastaña f np: en tiempos de *~ anno*
   dazumal, anno Tobak, zu Olims Zeiten
   mari\cón m/adj augm von **²marica:** ¡~! ⟨pop⟩
   Schweinehund! Sauker!! ‖ **–conada** f ⟨pop fig⟩
   große Niederträchtigkeit, ⟨pop⟩ *Hundsgemeinheit*
   f ‖ **–conazo** m/adj ⟨pop⟩ augm von **–cón**
   mariconera f ⟨fam⟩ *Handgelenk-,*
   Herren\tasche f
   mari\dada f *Ehefrau* f ‖ **–daje** m *Ehe* f ‖ ⟨fig⟩
   enge, innige Verbindung f ‖ **–dar** vt ⟨fig⟩
   ver\einigen, -binden ‖ *~* vi *heiraten* ‖ *ehelich*
   leben ‖ **–dazo** m ⟨fam⟩ *gutmütiger, nachsichtiger*
   Ehemann m ‖ **–dito** m dim von **–do** ‖ **–do** m
   Ehemann m ‖ *~* cornudo ⟨pop⟩ *Hahnrei,*
   betrogener Ehemann m ‖ *~* ideal *Mustergatte* m ‖
   ~ sin mujer ⟨fam⟩ *Strohwitwer* m
   mariguana, marihuana f *Marihuana* n ‖ [in
   der Drogenszene] *Pot* n
   Marihuela f dim von **María**
   marijuana f → **mariguana**
   mari\macho m ⟨fam⟩ *Mannweib* n ‖ *dickes,*
   rüstiges Weib n ‖ **–mandona** f *herrschsüchtige*
   Frau f
   marimanta f ⟨fam⟩ *schwarzer Mann* m
   marimba f ⟨Mus⟩ *Marimba* f
   marimbear vi Guat *mit den Ohren spielen (Vieh)*
   marimorena f ⟨fam⟩ *Zwist, Hader, Krach* m ‖
   ◇ armar la *~ Krawall machen* ‖ ¡aquí se va a
   armar la ~! ⟨fam⟩ *hier wird es Stunk geben!*
   mari\na f *Marine* f, *Seewesen* n ‖ *Marine,*
   Flotte f ‖ *Seemacht* f ‖ *Küstengebiet* n ‖ ⟨Mal⟩
   Seestück n ‖ *See\volk* n, *-leute* pl ‖ *~* de guerra
   Kriegsmarine f ‖ *~* mercante *Handelsmarine* f ‖
   –naje m *Seeleute* pl

Marina f np *Marina* f
¹marinar vt *einpökeln* ‖ *marinieren, einlegen*
²marinar vt *seetüchtig machen* ‖ *bemannen*
(Schiff)
   ¹marinera adj: a la *~ nach Matrosenart* ‖
   mariniert, eingelegt ‖ *mit pikanter Soße*
   ²mari\nera f *Matrosenbluse* f ‖ *Kinder-* bzw
   Damen\bluse f *mit Matrosenkragen* f ⟨canción⟩ *~*
   Seemanns-, Matrosen\lied n ‖ **–nería** f ⟨Mar⟩
   Seeleute pl ‖ *Matrosen* mpl ‖ *Schiffsmannschaft* f
   ‖ **–nero** adj *seetüchtig* ‖ *seefest* ‖ *seemännisch* ‖
   seefahrend ‖ *Marine-, Matrosen-, See-, Meer-,*
   Schiffs- ‖ *~ m Seemann, Matrose* m ‖ *~* de agua
   dulce ⟨iron⟩ *Landratte* f ‖ *~* de primera (clase)
   Span *Matrose mit Rang, Vollmatrose* m
   marinismo m ⟨Lit⟩ *Marinismus* m *(nach*
   Giambattista Marino)
   marinista m/f *Maler(in* f) m *von Seestücken*
   marino adj *Matrosen-, See-, Meer-, Schiffer-,*
   Seemanns- ‖ *marin* ‖ *~ m Seemann, Matrose* m ‖
   ⟨Her⟩ *Sirene* f
   △ **mariñar** vt *tun, machen*
   Mario (dim **Marito**) m np *Marius* m
   mario\latría f ⟨Kath⟩ *Mariolatrie,*
   Marienverehrung f ‖ **–logía** f *Mariologie, Lehre* f
   von der Gottesmutter ‖ **–lógico** adj *mariologisch* ‖
   ~ m Mariologe m
   marione\ta f *Hampelmann* m, *Gliederpuppe,*
   Marionette f ‖ ⟨fig⟩ *willenloses Werkzeug* n ‖
   –tista m/f *Puppenspieler(in* f) m
   Maripepa f ⟨pop⟩ → **María Josefa**
   ¹mariposa f ⟨Ins⟩ *Schmetterling, Falter* m ‖ *~*
   de las aristoloquias *Osterluzeifalter* m (Zerynthia
   polyxena) ‖ *~* blanca de la col *(Kohl)Weißling* m
   (Pieris brassicae) ‖ *~* de calavera, *~* cabeza de
   muerte *Totenkopf* m (Acherontia atropos) ‖ *~*
   diurna *Tagfalter* m ‖ *~* de la escharcha *Großer*
   Frostspanner m (Erannis defoliaria) ‖ *~* gitana
   Brauner Bär m (Arctia caja) ‖ *~* de los muros
   Laubfalter m (Pararge aegeria) ‖ *~* nocturna, de
   noche *Nachtfalter* m ‖ *~* de la ruda
   Schwalbenschwanz m (Papillo machaon)
   ²mariposa f *Dauerzündflamme* f ‖ *Wachs-,*
   Nacht-, Spar\lichtchen n
   ³mariposa f ⟨Tech⟩ *Drossel\ventil* n, *-klappe* f
   ‖ *Flügelschraube* f
   ⁴mariposa f ⟨Sp⟩ *Schmetterlingsstil* m
   (Schwimmen)
   ⁵mariposa f Cu ⟨V⟩ *Papstfink* m (Passerina
   ciris)
   ⁶maripo\sa f ⟨euph⟩ → **²marica** ‖ △ *Nutte* f ‖
   –sear vi ⟨fig⟩ *flatterhaft, leichtlebig sein* ‖ ⟨fig⟩
   hin und her laufen, herumflattern ‖ **–són** adj
   flatterhaft, leichtlebig ‖ *~* ⟨fam joc⟩ *Liebhaber*
   m ‖ *Schürzenjäger* m
   Mariqui\lla, –lla f ⟨pop⟩ dim von **María**
   mariquita f ⟨Ins⟩ *Marien-, Sonnen\käfer* m
   (Coccinella septempunctata *u viele andere)* (→
   coccinélidos) ‖ *versch. Papageienarten* (→
   peri\co, –quito) ‖ ⟨figf⟩ *weibischer* (od
   homosexueller) Mann m
   Marirrosa f np span. *Frauenname*
   marisabidilla f ⟨fam⟩ *Blaustrumpf* m ‖ ⟨fam⟩
   vorwitzige Frau f
   maris\cal m ⟨Mil⟩ *Marschall* m ‖ [veraltet]
   (Huf)Schmied m ‖ *~* de campo ⟨Mil⟩
   (General)Feldmarschall m ‖ **–calato** m, **–califa** f
   Marschall\rang m, *-würde* f
   maris\car [c/qu] vi *Muscheln suchen* ‖ **–co** m
   ⟨allg⟩ *(essbares) Meerestier* n *(bes. Seemuschel* f)
   ‖ *Meeresfrucht* f
   marisma f *salzhaltiges Marschland* n ‖
   morastiges Küstengebiet n ‖ *~s Sumpfgebiet* n
   entlang des Guadalquivir
   marismo m ⟨Bot⟩ → **orzaga**

maris\quería f Meeresfrüchtehandlung f ‖ Restaurant n mit Meeresfrüchten als Spezialität ‖ –**quero** m Sammler m von Meeresfrüchten ‖ Meeresfrüchtehändler m

maristas mpl ⟨Kath⟩ Maristen mpl (Kongregation)

marital adj (m/f) ehelich ‖ Gatten-, Ehemanns- ‖ ◇ hacer vida ~ in Ehegemeinschaft leben

marítimo adj Marine-, See-, Meer- ‖ Schiffs- ‖ seefahrend ‖ an der See bzw an der Küste gelegen ‖ maritim ‖ ◆ por ruta (od vía) ~a auf dem Seeweg ‖ ◇ enviar por vía ~a zu Wasser senden

Maritornes f (asturische Magd im Don Quijote) ‖ ~ ⟨fam joc⟩ (hässliches) Dienstmädchen n ‖ Küchendragoner m

△ **mariven** f Tod m

marjal m Moor n, Sumpf m

marjor m ⟨Zool⟩ Markhor m

marketing m ⟨Wir⟩ Marketing n, Markt-, Absatz\forschung f

△ **marmalla** f Patrone f

marmelada f → **mermelada**

marmellas fpl ⟨pop⟩ Titten fpl

marmi\ta f (Koch)Topf, Fleischtopf m ‖ ~ de campaña ⟨Mil⟩ Feldtopf m ‖ ~ de gigante ⟨Geol⟩ Riesentopf m (Gletschermühle) ‖ ~ de Papin ⟨Phys⟩ Papinscher Topf m ‖ –**tón** m Küchenjunge m

mármol m Marmor(stein) m ‖ Marmorbild n ‖ Marmorskulptur f ‖ Gegenstand m aus Marmor ‖ ⟨Tech⟩ Anreiß\platte f, -brett n ‖ ~ artificial künstlicher Marmor m ‖ ~ blanco de Paros weißer parischer Marmor m ‖ ~ de Carrara karrarischer Marmor m ‖ ~ cipolino Cippolin, Zwiebelmarmor m ‖ ~ de Córdoba kordovanischer Statuenmarmor m ‖ ~ jaspe Jaspismarmor m ‖ ~ de León roter, weißgeäderter span. Marmor m ‖ ~ de la Mancha schwarzer span. Marmor m ‖ ~ de Santiago weißgeäderter, fleischroter Marmor m ‖ ~ de Toledo grauer span. Glanzmarmor m ‖ ~ estatuario Bildhauermarmor m ‖ ◆ de ~ marmorn ‖ frío como el ~ ⟨fig⟩ kalt wie Stein, kalt und herzlos

marmo\leado adj marmoriert (z.B. Papier) ‖ –**lejo** m kleiner Prellstein m ‖ –**lería** f Marmorarbeit f ‖ Marmorwerkstätte f ‖ Bildhauerwerkstatt f ‖ –**lillo** m Prell-, Eckstein m ‖ –**lina** f Stuckmarmor m ‖ –**lista** m/f Marmorschleifer(in f) m

marmoreo adj marmorn ‖ Marmor- (& fig)

marmorización f ⟨Geol⟩ Marmorisierung f

marmota f ⟨Zool⟩ Murmeltier n (Marmota spp) ‖ ⟨fig⟩ Murmeltier n (Person) ‖ ⟨fig pop⟩ Dienstmädchen n ‖ ◇ dormir como una ~ ⟨fig⟩ wie erschlagen, wie ein Murmeltier schlafen

△ **marmucha** f Kapelle f

Marne m [Fluss] Marne f

marnolia f ⟨pop⟩ → **magnolia**

△ **Marochende** m Estremadura f

marojo m ⟨Bot⟩ Olivenmistel f (Viscum cruciatum) (→ **muérdago**) ‖ → **melojo**

maro\ma f dicker Hanfstrick m ‖ Trosse f ‖ Seil n ‖ Rüst-, Lenk-, Schwung\seil n ‖ Kletterseil n ‖ festes Seil n der Seiltänzer ‖ –**mero** m Am Seiltänzer m (& Pol)

marón m ⟨Fi⟩ Stör m (→ **esturión**) ‖ ⟨Zool⟩ → **morueco**

maronita m/f ⟨Rel⟩ Maronit(in f) m

maro\ta f Mex Mannweib n ‖ –**to** m Sal → **morueco**

marqués m Markgraf m ‖ Marquis m (span. Adelstitel zwischen conde und duque) ‖ ~ del Brinco ⟨fam⟩ armer Teufel ‖ ~ de última emisión ⟨joc⟩ neugebackener Marquis m

[1]**marquesa** f Markgräfin f ‖ Marquise f ‖ das Gebiet e–s Marquis ‖ Markgrafschaft f

[2]**marquesa** f Sonnendach n

marquesado m Titel m bzw Würde f e–s Marquis

marque\sina f Glas-, Regen-, Wetter\dach n ‖ Zelt-, Sonnen-, Leinen\dach n ‖ Markise f, Sonnendach n (vor Türen, Fenster usw.) ‖ –**sita** f (Art) gepolsterter Lehnstuhl m

marquetería f Intarsie f ‖ eingelegte(s) Holz\arbeit f, -mosaik n ‖ Tafel-, Fach\werk n

marquilla f dim von **marca** ‖ papel de ~ ein span. Bogenformat (43,5×63 cm)

△ **marquincha** f Frau f

[1]**marra** f Lücke f, leerer Raum m

[2]**marra** f großer (langstieliger) Steinhammer, Schlägel m ‖ Stößel m

marrajo adj ⟨Taur⟩ spähend (Stier) ‖ ⟨fig⟩ listig, tückisch, gerissen ‖ ~ m heimtückischer, gerissener Mensch m

marrajo m ⟨Fi⟩ Hai m ‖ ~ de Cornualles Heringshai m (Lamna nasus)

marra\mao, –miao, –miau onom Miauen n ‖ Maunzen n

[1]**marrana** f Sau f, Mutterschwein n ‖ ⟨figf⟩ schmutzige Frau, ⟨fam⟩ Schlampe, ⟨pop⟩ Sau f

[2]**marrana** f ⟨Agr⟩ Achse f des Schöpfrads

marra\nada f ⟨pop⟩ Schweinerei f ‖ ⟨pop⟩ Hundsgemeinheit f ‖ –**nillo** m (Span)Ferkel n ‖ –**no** adj ⟨pop⟩ schmutzig, unflätig, säuisch, schweinisch ‖ ⟨pop⟩ gaunerhaft ‖ ~ m ⟨pop⟩ Schwein n (& fig) ‖ ⟨fig pop⟩ un\flätiger, -züchtiger Kerl, ⟨pop⟩ Schweinigel m ‖ ⟨figf⟩ Gauner m ‖ ⟨Hist⟩ Marrane, verkappter Jude, Scheinkonvertit m (in der Inquisitionszeit)

marrar vt (ver)fehlen (Wurf) ‖ ◇ ~ el tiro ⟨fig⟩ danebenschießen ‖ ~ vi versagen (Feuerwaffe) ‖ ⟨fig⟩ fehlen ‖ fehlschlagen

marras adv: de ~ vorhin, einst ‖ gedacht, erwähnt, bewusst ‖ la carta de ~ der bewusste damalige Brief ‖ en la noche de ~ an dem bewussten Abend ‖ ¿volvemos a lo de ~? sollen wir (denn) wieder die alte Geschichte aufwärmen?

marrasquino m Maraschino m (Kirschlikör)

marrazo m Doppelaxt f ‖ Mex kurze Machete f

márrega f Ar → [1]**marga** ‖ Ar Rioja Bett-, Stroh\sack"m

marro m Fehler m, Versehen n ‖ Wurfspiel n ‖ Bezeichnung für verschiedene Spiele

[1]**marrón** adj (kastanien)braun ‖ ~ m: ~ glacé ⟨frz⟩ kandierte Kastanie (Marone) f

[2]**marrón** m ⟨pop⟩ Hundertpesetenschein m ‖ ⟨pop⟩ Schuld f ‖ ◇ tragarse el ~ die Schuld auf s. nehmen

marro\quí [pl ~íes] adj (m/f) marokkanisch ‖ ~ m/f Marokkaner(in f) m ‖ ~, –**quín** m Saffian(leder n) m ‖ –**quinería** f Saffianlederwaren fpl

marrubio m ⟨Bot⟩ Andorn m (Marrubium vulgare)

Marruecos m ⟨Geogr⟩ Marokko n

marrulle\ría f Schlau-, Gerissen-, Verschmitzt\heit f ‖ –**ro** adj schlau, gerissen, verschmitzt ‖ ~ m Schlauberger m ‖ gerissener Kerl m

marsala m Marsala m (ein Süßwein)

Marse\lla f [Stadt] Marseille n ‖ =**llés** adj aus Marseille, Marseiller ‖ ~ m Marseiller m ‖ Matrosenkapuze f ‖ –**llesa** f Marseillaise f (frz. Nationalhymne)

marsopa f ⟨Zool⟩ Schweinswal, Braunfisch m (Phocaena phocaena)

marsu\pial adj (m/f) ⟨Zool⟩ Beutel- ‖ ~es mpl

Beulteltiere npl (Marsupialia) ‖ **–pio** *Beutel* m *(der Beulteltiere)*

   marta f ⟨Zool⟩ *(Baum)Marder, Feldmarder* m (Martes martes) ‖ *Marderfell* n ‖ ~ *cebellina,* ~ *cibelina* ⟨Zool⟩ *Zobel* m (Martes zibellina) ‖ *Zobelpelz* m

   Marta f np *Martha* f ‖ ~ *la piadosa* ⟨figf⟩ *Frömmlerin* f

   martagón m ⟨Bot⟩ *Türkenbundlilie* f (Lilium martagon)

   Marte m ⟨Astr Mythol⟩ *Mars* m ‖ ⟨fig⟩ *Kriegsheld* m

   martemóvil m *Marsmobil* n *(Fahrzeug zum Befahren des Planeten Mars)*

   martensita f ⟨Met⟩ *Martensit* m *(Austenit)*

   martes m *Dienstag* m ‖ *todos los* ~ *jeden Dienstag, dienstags* ‖ ~ *de Carnaval Fastnachts-, Karnevals\dienstag* m ‖ ~ *lardero Fastnachtsdienstag* m ‖ ~ *Santo Dienstag* m *in der Karwoche* ‖ ◇ *en* (viernes y) ~, *ni te cases ni te embarques* ⟨Spr⟩ *(nach dem span. Volksglauben) Dienstag (und Freitag) Unglückstag*

   marti\llar vt *hämmern* ‖ ⟨fig⟩ *plagen, quälen* ‖ **–llazo** m *schwerer (Hammer)Schlag* m ‖ **–llejo** m dim von **–llo** ‖ **–lleo** m *Hämmern* n ‖ *Gehämmer* n ‖ *Klopfen* n *(Motor)* ‖ ~ *de artillería Trommelfeuer* n *der Artillerie* ‖ **–llo** m *Hammer* m ‖ *Klöppel, Schläger* m ‖ ~ *de geólogo Geologen-, Gesteins\hammer* m ‖ ~ *de herrador Schmiedehammer* m ‖ ~ *mecánico Maschinenhammer* m ‖ ~ *neumático Presslufthammer* m ‖ ~ *de orejas Nagelzieher* m ‖ ~ *pilón Fallhammer, (Ramm)Bär* m ‖ ~ *de remachar Niethammer* m ‖ ◇ *a macha* ~ ⟨fig⟩ *stark, fest* (z. B. *Glaube)*

   martín m: ~ *pescador,* ~ *del río* ⟨V⟩ *Eisvogel* m (Alcedo atthis) ‖ ~ *del río* ⟨V⟩ → **¹martinete**

   Mar\tín m: *día de San* ~ *Martinstag* m ‖ ◇ *tambien a tí te llegará tu San* ~ *(fam) dein Tag wird auch kommen! das dicke Ende kommt noch!* ‖ **–tina** f np *Martina* f

   ¹martinete m ⟨V⟩ *Nachtreiher* m (Nycticorax nycticorax)

   ²martinete m ⟨Arch⟩ *Ramme* f ‖ *Pochhammer* m ‖ *Schmiedehammer* m ‖ ~ *de carcola Kettelhammer* m ‖ ~ *para pilotes Pfahlramme* f

   martingala f *Kniff, Kunstgriff* m, *(Arg)List* f

   martiniano adj *auf den kubanischen Schriftsteller Jose Martí (1853–1895) bezüglich*

   Martinica f ⟨Geogr⟩ *Martinique (Insel und frz. Überseedepartement)*

   mártir m *Märtyrer(in)* m (f) ‖ ⟨fig⟩ *Duldner(in)* m(f), *Opfer* n

   marti\rial adj/s *(m/f) Märtyrer-* ‖ **–rio** m *Märtyrertod* m ‖ *Martyrium* n *(& fig)* ‖ *Märtyrertum* n ‖ ⟨fig⟩ *Marter, Pein, Folter, Tortur* f ‖ **–rizar** [z/c] vt *zu Tode martern* ‖ ⟨fig⟩ *quälen, plagen, martern* ‖ **–rologio** m *Martyrologium, Märtyrerverzeichnis* n ‖ ⟨fig⟩ *Märtyrer* mpl

   marts. ⟨Abk⟩ = **mártires**

   maruca f ⟨Fi⟩ *Leng* m (Molva molva)

   Maru\ja, –ca, –cha f np *span. Frauenname* ‖ ~ f *(fam) biedere Hausfrau* f

   marulla m ⟨Mar⟩ *hohe See* f

   marxis\mo m *Marxismus* m ‖ ~ *con rostro humano* ⟨Hist⟩ *Marxismus mit menschlichen Zügen (od mit menschlichem Gesicht) [Dubček-Šik-Smrkovskýra in der Tschechoslowakei, 1968]* ‖ ~-*leninismo Marxismus-Leninismus* m ‖ **–ta** adj *(m/f) marxistisch* ‖ ~ *m/f Marxist(in* f) m

   marzal adj *(m/f) März-*

   marzas fpl Sant *Frühlings- und Lob\lieder, Märzständchen* npl ‖ *Geschenke* npl *für deren Sänger (Butter, Blut- bzw. Paprika\wurst usw.)*

   marzo m *März,* ⟨poet⟩ *Lenzmonat* m

   ¹mas conj ⟨lit⟩ *aber, jedoch* ‖ *sondern*

   ²mas m Cat *Bauernhof* m, *Gehöft* n

   △ **³mas** m *Fleisch* n ‖ *Essen* n

   más adv 1. *mehr* (bes. zur Bildung des Komparativs und des Superlativs) ‖ *besser* ‖ *lieber* ‖ *ferner* ‖ *länger* ‖ *weiterhin* ‖ *zudem* ‖ *noch (mehr)* ‖ *überdies* ‖ *am liebsten* ‖ *am meisten* ‖ *am stärksten* ‖ ⟨Math⟩ *plus, und, mehr (Zeichen +)* ‖ ~ *acá (weiter) hierher, herwärts* ‖ *diesseits* ‖ ~ *allá weiterhin, jenseits* ‖ ~ *bien eher* ‖ *vielmehr* ‖ ~ *de lo que pensaba mehr, als er (sie, es) dachte* ‖ ~ *que … mehr als …* ‖ ~ *que …* (subj) *wenn auch …, obwohl …* ‖ *ahora* ~ *que nunca lo afirmaré jetzt werde ich es erst recht behaupten* ‖ ~ *el embalaje* ⟨Com⟩ *Verpackung extra* ‖ ~ *y* ~, *besser: cada vez* ~ *immer mehr, mehr und mehr* ‖ *immer lieber* ‖ *immer stärker usw* ‖ *a* ~ *außerdem, noch dazu* ‖ *a* ~ *de … außer …, noch über …* ‖ *a* ~ *correr im vollen Lauf* ‖ *a* ~ *y mejor aufs allerbeste, vortrefflich* ‖ *a* ~ *no poder mit allen Kräften* ‖ *a* ~ *que … außer dass …* ‖ *a* ~ *tardar spätestens, längstens* ‖ *a cual* ~ *um die Wette* ‖ *a lo* ~ *höchstens* ‖ *trabaja como el que* ~ *er (sie, es) arbeitet wie jeder andere (auch)* ‖ *cuando* ~ *höchstens* ‖ *cuanto* ~ …, ~ … *je mehr …, desto …* ‖ *de* ~ *darüber* ‖ *beber de* ~ *zuviel trinken* ‖ *hay dos paquetes de* ~ *zwei Pakete sind überzählig* ‖ *aquí estoy de* ~ *hier bin ich überflüssig* ‖ *¡razón de* ~! *ein Grund mehr!* ‖ *nun erst recht!* ‖ *de* ~ *a* ~ *noch dazu, überdies* ‖ *no* ~ *nicht mehr, nur* ‖ Am *nur, lediglich (= nomás)* ‖ *¡espera no más!* Am *warte nur!* ‖ ~ *o menos mehr oder weniger* ‖ *ungefähr* ‖ *ni* ~ *ni menos gerade soviel* ‖ *ebenso, desgleichen* ‖ *genauso* ‖ *natürlich, freilich (Bejahung)* ‖ *mucho* ~ *viel mehr* ‖ *nada* ~ *sonst (gar) nichts* ‖ *nadie* ~ *sonst niemand* ‖ *nunca* ~ *nie mehr, nie wieder* ‖ *poco* ~ *o menos ungefähr, beiläufig* ‖ *por* ~ *que …* ⟨subj⟩ *soviel immer auch …* ‖ *por* ~ *que haga, no lo conseguirá er (sie, es) mag s. noch so viel Mühe geben, er (sie, es) wird es doch nicht erreichen* ‖ *el que* ~ *y el que menos beide im gleichen Maße* ‖ ⟨pop⟩ *jedermann, jedes Kind* ‖ *sin* ~ *acá ni* ~ *allá (fam) mir nichts, dir nichts* ‖ *sin* ~ *ni* ~ ⟨fam⟩ *ohne Bedenken* ‖ *ohne weiteres* ‖ *plötzlich* ‖ *sin* ~ *por hoy* ⟨Com⟩ *ohne mehr für heute (in Briefschlüssen)* ‖ *tanto* ~ *cuanto que … um so mehr, als …* ‖ *cada vez* ~ *immer mehr* ‖ *Juan es el que come* ~ *Hans ist der stärkste Esser* ‖ *sabe* ~ *que nadie er (sie, es) weiß mehr als alle anderen* ‖ *nadie lo sabe* ~ *que él niemand weiß es außer ihm* ‖ *niemand weiß es (besser) als er* ‖ *los* ~ *(de ellos) die meisten (von ihnen)* ‖ *los* ~ *de los días die meisten Tage* ‖ *son las dos todo lo* ~ *es ist höchstens 2 Uhr* ‖ *poner* ~ *cuidado den Eifer verdoppeln* ‖ *vorsichtiger vorgehen* ‖ *sorgfältiger arbeiten od handeln*

   2. bei der Steigerung: *Komparativ:* ~ *bajo weiter unten* ‖ ~ *bien eher* ‖ ~ *largo länger* ‖ *Superlativ:* *el* ~ *largo der längste, am längsten* ‖ *lo* ~ *largo das längste* ‖ ~ *tarde o* ~ *temprano früher oder später, mit der Zeit, einmal* ‖ ~ *tiempo längere Zeit, länger* ‖ *lo* ~ *pronto (posible) so bald wie möglich, ehestmöglich* ‖ ~ *bien … que vielmehr, eher …, als* ‖ (ni) *en lo* ~ *mínimo nicht im geringsten*

   3. bei Ausrufungen: *¡es* ~ *bueno! wie gut er ist!* ‖ *¡(y) no hay* ~! ⟨fam⟩ *Schluss damit!* ‖ *das ist alles!* ‖ *basta!* ‖ *¡lo hacen* ~ *bien! wie glänzend sie es machen!*

   ¹masa f *Masse* f *(& fig)* ‖ *Teig* m ‖ *Paste* f ‖ *Mörtel* m ‖ ~ *atómica* ⟨Atom⟩ *Atommasse* f ‖ ~ *de cobertura* ⟨Wir⟩ *Deckungsmasse* f ‖ ~ *coral*

Gesangverein, Chor m ‖ ~ encefálica ⟨An⟩
Gehirnmasse f ‖ ~ en fermentación *Gärgut* n ‖ ~
hereditaria ⟨Gen Jur⟩ *Erbmasse* f ‖ ~ de
maniobra ⟨Mil⟩ *operative Reserven* fpl ‖ ~
patrimonial *Vermögen(smasse* f) n ‖ ~ de la
quiebra *Insolvenzmasse* f ‖ ~s *fpl Massen* fpl
(bes. Soz) ‖ las ~ *die Massen* fpl ‖ *die breite
Masse (des Volkes)* ‖ las ~ populares *die
Volksmassen* fpl
    ²masa *f* Ar → **masada**
    masas *fpl* Arg *Gebäck* n
    masa|crar vt *massakrieren* ‖ **–cre** *f Massaker* n
    masada *f Meier, Bauern|hof* m, *Gehöft* n
    masai *m Massai* m
    masa|je *m Massieren* n, *Massage* f ‖ ~
car|diaco, -díaco ⟨Med⟩ *Herzmassage* f ‖ ~ facial
Gesichtsmassage f ‖ ~ subacuático
Unterwassermassage f ‖ ~ de vapor
Dampfmassage f ‖ ~ vibratorio
Vibrationsmassage f ‖ ◇ dar ~ a alg. *jdn
massieren* ‖ darse ~ s. *massieren* ‖ darse (un) ~
s. *massieren lassen* ‖ **–jear** vt/i *massieren* ‖ **–jista**
m/f Masseur, Masseuse f
    masato *m* MAm *alkoholisches Maisgetränk* n
    mascar [c/qu] vt *kauen* ‖ ⟨figf⟩ *vorkauen* ‖
⟨figf⟩ *(die Worte) verschlucken* ‖ ◇ *mascando
rabia s–n Zorn verbeißend* ‖ dar a alg. *mascada*
a/c ⟨figf⟩ *jdm et. vorkauen*
    máscara *f Maske* f (& fig) ‖ *Larve* f ‖
Gesichtsmaske f *(Kosmetik)* ‖ *Maske* f,
Maskierte(r m) f, *Vermummte(r* m) f ‖ ⟨fig⟩
Tarnung f ‖ *Mummerei, Maskerade* f ‖ ⟨fig⟩
Vorwand, Deckmantel m ‖ ~ *Gesichtsmaske* f
(Kosmetik) ‖ ~ antigás ⟨Mil⟩ *Gas(schutz)maske* f
‖ ~ para esgrima *Fechtmaske* f ‖ ~ de oxígeno
Sauerstoffmaske f ‖ ~ protectora *Schutzmaske* f ‖
◇ ponerse la ~ *e–e Maske aufsetzen* ‖ quitar a
uno la ~ ⟨fig⟩ *jdm die Maske vom Gesicht
reißen, jdn entlarven* ‖ quitarse la ~ *die Maske
ablegen* ‖ ⟨fig⟩ s. *entpuppen, die Maske fallen
lassen* ‖ ~s *fpl Maskerade* f
    masca|rada *f Maskerade* f ‖ *Maskenaufzug* m ‖
Mummenschanz m ‖ **–rilla** *f Halb-, Augen|maske* f
‖ *Totenmaske* f ‖ *Lebendmaske* f ‖ [Kosmetik]
Packung, Gesichtsmaske f ‖ ⟨Med Tech⟩ *Maske* f,
Mundschutz m ‖ ~ de anestesia *Narkosemaske* f ‖
~ de oxígeno *Sauerstoffmaske* f ‖ **–rón** *m augm*
von **máscara** ‖ ⟨Arch⟩ *Maskaron* m ‖ ⟨fig⟩
Scheusal n, *Fratze* f ‖ ~ de proa ⟨Mar⟩
Galionsfigur f
    mascota *f Glücksbringer* m *(Amulett),
Maskottchen* n ‖ *Fetisch* m, *Kühlerfigur* f *(am
Auto)*
    masculi|nidad *f Männlichkeit* f (→ **virilidad**) ‖
–nización *f* → **virilización** ‖ **–no** adj *männlich* ‖
~ *m* ⟨Gr⟩ *Maskulinum, Wort* n *männlichen
Geschlechts*
    mascullar vt *(fam) (hin)murmeln*
    △ **maselucas** *fpl Spielkarten* fpl
    maser *m* ⟨Phys⟩ *Maser* m
    ¹masera *f Backtrog* m ‖ *Abdecktuch* n *für den
Backtrog*
    ²masera *f* ⟨Zool⟩ *Taschenkrebs* m (Cancer
pagurus)
        masía *f* Ar Cat *Bauern-, Meier|hof* m, *Gehöft* n
        másico adj ⟨Phys⟩ *Masse(n)-*
        masifi|cación *f* ⟨Soz⟩ *Vermassung* f ‖ **–car**
[c/qu] vt/i, ~se *vermassen*
        masiliense adj/s *(m/f)* ⟨lit Hist⟩ *aus Marseille*
        masilla *f* dim von **¹masa** ‖ *(Glaser)Kitt* m
        masitas *fpl* And Am *Gebäck* n, *Törtchen* npl
        masivo adj *massiv, in Massen auftretend* ‖
stark (Dosis) ‖ *Massen-*
    maslo *m Schwanz|stumpf, -stummel* m, *Rübe* f
e–s Vierfüß(l)ers

¹masón *m augm* von **¹masa**
    ²ma|són *m Freimaurer* m ‖ **–sonería** *f
Freimaurerei* f (→ auch **francmasonería**) ‖
–sónico adj *freimaurerisch, Freimaurer-
masoquis|mo** *m* ⟨Med Psychol⟩ *Masochismus*
m ‖ **–ta** adj *(m/f) masochistisch* ‖ ~ *m/f
Masochist(in* f) m
    masoterapia *f* ⟨Med⟩ *Massage|behandlung,
-therapie* f
    masovero *m* Ar *Meier, Pächter* m
    △ **masqueró** *m Platz* m
    mastectomía *f* ⟨Med⟩ *Brust-,
Mamma|amputation, Mastektomie* f
    mastelero *m* ⟨Mar⟩ *Stenge* f ‖ ⟨Mar⟩ *Toppmast*
m
    máster *m* ⟨Univ⟩ *Master* m
    mástic *m Mastix* m *(Harz)* ‖ *Glaserkitt* m
    masti|cación *f Kauen* n ‖ *Mastikation* f *(des
Kautschuks)* ‖ **–cador** adj/s ⟨An⟩ *Kau-* ‖ ~ *m*
⟨Tech⟩ *Kneter, Mastikator* m ‖ **–car** [c/qu] vt
kauen ‖ ⟨fig⟩ *in den Bart brummen*
    mástil *m* ⟨Mar⟩ *Mast(baum)* m ‖ *Pfosten* m ‖
Pfahl m ‖ *Federstiel* m ‖ *Langbaum* m *(e–s
Wagens)* ‖ *Hals* m, *Griffbrett* n *(der Geige)* ‖
⟨Bot⟩ *dicker Stiel* m ‖ ⟨V⟩ *Schaft* m *(der
Vogelfeder)* ‖ ~ de antena ⟨Radio⟩ *Antennenmast*
m ‖ ~ de la bandera *Fahnen|mast* m, *-stange* f ‖
~ exterior *(Flugw) Endstiel* m ‖ ~ de mesana
⟨Mar⟩ *Fockmast* m ‖ ~ de televisión *Fernsehmast*
m ‖ ~ de tienda (de campaña) *Zeltmast* m
    mas|tín *m Haus-, Hof-, Fleischer|hund* m ‖
Bulldogge f ‖ **–tinazo** *m augm* von **–tín**
    mástique *m Mastix* m
    mastitis *f* ⟨Med⟩ *Mastitis* f
    mastodonte *m* [Paläozoologie] *Mastodon* n ‖
⟨fig⟩ *Bulle* m *(Mensch)*
    mastografía *f* → **mamografía**
    mastoides adj ⟨An⟩ *zitzenförmig*
    mastranzo *m* ⟨Bot⟩ *Rundblättrige Minze* f
(Mentha rotundifolia)
    Mastrique *m* [Stadt] *Maastricht* n
    mastuerzo *m* ⟨Bot⟩ *Gartenkresse* f (Lepidium
sativum) ‖ ⟨Bot⟩ *(Brunnen)Kresse* f (Nasturtium
spp) ‖ ⟨fig⟩ *Tölpel, Dummkopf* m ‖ ~ del prado
Wiesenschaumkraut n (Cardamine pratensis)
    mastur|bación *f Masturbation, Onanie,
Selbstbefriedigung* f ‖ **–bador** *m Onanist* m ‖
–bar vt *masturbieren* ‖ **–bar(se)** vr *masturbieren,
onanieren*
    Masuria *f* ⟨Geogr⟩ *Masuren* pl
    masvalor *m Mehrwert* m (→ **plusvalía**)
    masvale *m* → **¹malvasía**
    mata *f Strauch* m, *Staude* f ‖ *Gesträuch,
Gebüsch* n ‖ *Pflanzenstängel* m ‖ *Wald-,
Baum|pflanzung* f ‖ ~ de pelo *Haarbüschel* n ‖ ◆
a salto de ~ ⟨pop⟩ *plötzlich, unerwartet* ‖
schleunigst ‖ *ungereimt* ‖ ◇ *vivir a salto de* ~
⟨fig⟩ *in den Tag hinein leben* ‖ *von der Hand in
den Mund leben*
    mata|buey *m* ⟨Bot⟩ *Bitterkraut* n ‖ **–burro** *m*
Col *starker Rum* bzw *Branntwein* m ‖ **–caballos**
m MAm ⟨Zool⟩ *„Pferde|beißer, -töter"* m *(e–e
Würgspinne* (Teraphosa sp)) ‖ Col ⟨Ins⟩ *Libelle,
Wasserjungfer* f ‖ **–cabras** *m* (fam) *starker, kalter
Nordwind* m ‖ **–cán** *m Hundegift* n ‖ ⟨Bot⟩
Brechnuss f (→ **nuez** vómica) ‖ ⟨Bot⟩ *Hundsgift*
n, *Hundstod* m (Apocynum spp) ‖ ⟨Mil⟩
Schießscharte f ‖ *Murc junge Eiche* f ‖ *Hond
junger Ochs* m ‖ **–candelas** *m Löschhorn* n ‖
–candiles *m* ⟨Bot⟩ *Milchstern* m (Ornithogalum
sp)
    mata|cía *f* Ar *Schlachtung* f ‖ **–chín** *m
Schlächter* m ‖ ⟨figf⟩ *Raufbold* m
    mata|dero *m Schlacht|haus* n, *-hof* m ‖
Schlachtbank f ‖ ⟨figf⟩ *Schinderei* f ‖ Am (fam)

Junggesellenzimmer n ‖ **–dolor** *m* Mex
schmerzstillendes Mittel n ‖ **–dor** *m*/adj *Mörder,*
Totschläger m ‖ ⟨Taur⟩ *Matador* m ‖ **–dura** *f*
Sattelwunde f *(des Pferdes)* ‖ ⟨fam⟩ *Wunde* f,
Geschwür n (bes. *bei Kindern)* ‖ **–fuego** *m*
Brandbekämpfungsmittel n ‖ **–gallegos** *m* →
arzolla ‖ △ **–garno** adj *beschwipst* ‖ **–hierba:** a
~ *oberflächlich, leicht* ‖ **–hombres** *m* Murc →
carraleja ‖ **–hormigas** *m Ameisengift* n ‖ **–judío**
m → **mújol**
    matala\húga, –húva *f* ⟨Bot⟩ *Anis* m
(Pimpinella anisum)
    mátalascallando *m* ⟨figf⟩ *Duckmäuser,*
Schleicher, Leisetreter m
    matalobos *m* ⟨Bot⟩ → **acónito**
    matalón *m*/adj *(Schind)Mähre* f, *Klepper* m
    matamaridos *f* ⟨fam joc⟩ *Frau, die mehrere*
Male geheiratet hat
    matamata *m* ⟨Zool⟩ *Matamata,*
Franseschildkröte f (Chelus fimbiatus)
    mata\moros *m* ⟨figf⟩ *Angeber, Aufschneider,*
Prahlhans m ‖ **–moscas** m/adj *Fliegenklatsche* f ‖
Fliegen\fänger m, *-falle* f
    matanza *f Töten, Schlachten* n ‖ *Gemetzel,*
Blutbad n ‖ *Hausschlachtung* f *(e–s Schweines)* ‖
Schlachtzeit f ‖ ◇ *hacer una* ~ *alles*
niedermetzeln ‖ *hacer la* ~ ⟨fam⟩ *das Schlachtfest*
feiern
    mata\palo *m* Am *kautschukhaltiger*
Terpentinbaum m ‖ **–perros** *m* ⟨pop⟩ *Straßenjunge*
m ‖ **–polillas** *m Mottengift* n ‖ **–polvo** *m*
Sprühregen m ‖ **–pulgas** *m* → **mastranzo**
    matar vt *töten* ‖ *umbringen* ‖ *ums Leben*
bringen ‖ *schlachten (Vieh)* ‖ *erlegen (Wild)* ‖
(aus)löschen (Licht, Feuer) ‖ *stillen (Durst,*
Hunger) ‖ *mattieren (Glas, Holz, Metall)* ‖
stechen (im Kartenspiel) ‖ *abrunden (Kanten)* ‖
⟨figf⟩ *(jdn) sehr belästigen, quälen* ‖ ⟨fig⟩
zerstören, auflösen ‖ ⟨fig⟩ *zugrunde (& zu*
Grunde) richten ‖ ⟨fig⟩ *vernichten* ‖ ◇ ~ *la cal*
den Kalk löschen ‖ ~ *el frío die Kälte*
überwinden, s. erwärmen ‖ ~ *de gusto a alg.*
⟨figf⟩ *jdm e–e unerwartete Freude bereiten* ‖ ~
las horas → ~ *el tiempo* ‖ ~ *a palos totprügeln* ‖
~ *a puñaladas erdolchen* ‖ *durch Messerstiche*
töten ‖ ~ *el sello die Briefmarke (ab)stempeln* ‖
ser el mata la araña de alg. ⟨figf⟩ *jdm sehr*
überlegen sein ‖ ~ *el sueño den Schlaf*
überwinden ‖ ~ *el tiempo die Zeit totschlagen* ‖
◆ *a mata caballo eiligst, in aller Hast* ‖ *flüchtig,*
obenhin ‖ *mátalas callando m* ⟨figf⟩ *Duckmäuser,*
Schleicher, Leisetreter m ‖ *todos la matamos*
⟨figf⟩ *wir sind allzumal Sünder* ‖ *estar a* ~ *con*
alg. ⟨figf⟩ *mit jdm sehr verfeindet sein* ‖ *¡que me*
maten! ⟨figf⟩ *dafür lass ich mich totschlagen!*
(bei Beteuerungen) ‖ **~se** *s. töten, s. umbringen,*
Selbstmord begehen ‖ *ums Leben kommen,*
umkommen ‖ *s. wund reiben (Pferd)* ‖ ⟨fig⟩ *s.*
abmühen, s. zu Tode arbeiten, s. abhetzen ‖ ⟨fig⟩
s. abhärmen ‖ ~ *a (fuerza de) trabajar,* ~
trabajando ⟨figf⟩ *s. totarbeiten, s. abhetzen, s.*
abrackern
    matarife *m Schlächter* m
    mataronés adj/s *aus Mataró* (P Barc) ‖ *auf*
Mataró bezüglich
    mata\rrata *f* ⟨Kart⟩ *ein Kartenspiel* ‖ **–rratas**
m Rattengift n ‖ ⟨figf⟩ *starker (und schlechter)*
Schnaps, ⟨pop⟩ *Fusel, Rachenputzer* m ‖ **–rrotos**
m Chi *(fam) Fusel, Schnaps* m ‖ **–rrubia** *f* ⟨Bot⟩
Kermeseiche f (→ **coscoja**) ‖ **–sanos** *m* ⟨figf⟩
Quacksalber, Kurpfuscher m ‖ ⟨joc pop⟩ *Arzt* m ‖
–sellos *m (Post)Stempel* m ‖ *(Datums)Stempel* m *auf*
Marken ‖ ~ *automático Freistempler* m ‖ **–siete** *m*
⟨pop⟩ *Kraftmeier* m ‖ *Angeber, Aufschneider,*
Prahlhans m ‖ **–suegras** *f Rüssel* m

(Faschingsartikel) ‖ **–tías** *m* ⟨joc⟩ *Wucherer* m ‖
–toros m PR *ein Bauerntanz* ‖ **–vivos** *m* ⟨fam⟩
Quacksalber, Kurpfuscher m ‖ ⟨figf⟩ *Verleumder*
m
    match *m* ⟨Sp⟩ *Wettspiel* n, *Kampf* m, *Match* n
(& m) ‖ ~ *de boxeo Boxkampf* m ‖ **–ball** *m*
Matchball m
    ¹mate adj *matt, glanzlos*
    ²mate *m Matt* n *(im Schachspiel)* ‖ ◇ *dar*
(jaque) ~ *schachmatt setzen*
    ³mate *m* ⟨Bot⟩ *Mate-Teestrauch* m, *Mate* f
(Ilex paraguariensis) ‖ *Yerba-, Paraguay\tee, Mate*
m ‖ *Matetopf* m, *Kürbisgefäß* n ‖ ⟨figf⟩ *Kopf,*
⟨fam⟩ *Schädel* m ‖ ◇ *cebar* ~ Am *e–n*
Mateaufguss bereiten
    ¹matear vt *undicht säen, pflanzen* ‖ ~ vi (&
vr) *dicht wachsen (Korn)* ‖ *(das Gebüsch)*
durchsuchen (Jagdhund)
    ²matear vt/i Am *Mate trinken od bereiten* ‖ *mit*
Mate bewirten (Gäste)
    ³matear vt *mattieren (Glas, Holz, Metall)*
    matecito *m* dim von **²mate**
    matemáti\ca(s) *f(pl) Mathematik* f ‖ *las* ~
sublimes die höhere Mathematik ‖ **–co** adj
mathematisch ‖ ⟨fig⟩ *unumstößlich, sicher*
    matematicismo *m* ⟨Philos⟩ *Mathematizismus*
m

    Mateo *m* np *Matthäus* m
    mate\ria *f Materie* f, *Stoff* m ‖ *Substanz* f, *Stoff*
m ‖ *Werkstoff* m ‖ *Zeug* n ‖ *Materielle(s),*
(Grob)Sinnliche(s) n ‖ ⟨fig⟩ *Gegenstand, Anlass*
m, *Thema, Objekt* n ‖ ⟨fig⟩ *(Sach)Gebiet* n ‖ *Fach*
n *(Schule, Studium)* ‖ ⟨pop⟩ *Eiter* m ‖ ~ *colorante*
Farbstoff m ‖ ~ *gris* ⟨An⟩ *graue Substanz* f *(des*
Gehirns) ‖ ~ *penal (Jur) Strafsache* f ‖ ~ *plástica*
Kunststoff m ‖ ~ *virulenta Giftstoff* m ‖ ~ *viva*
⟨Biol⟩ *lebende Substanz* f ‖ ◆ *en* ~ *de …*
hinsichtlich …, in bezug auf … (acc) ‖ *en tal* ~
in solchen Dingen ‖ ◇ *entrar en* ~ *zur Sache*
kommen ‖ *tener poca* ~ *gris* ⟨figf⟩ *wenig Hirn*
haben, nicht sehr intelligent sein ‖ **~s** *fpl:* ~
fecales Fäkalien pl, *Kot* m, *Exkremente* npl ‖ ~
orgánicas organische Stoffe mpl ‖ ~ *primas,*
primeras ~ *Rohstoffe* mpl ‖ **–rial** adj *(m/f)*
körperlich, stofflich, materiell ‖ *sachlich* ‖ ⟨fig⟩
materiell, prosaisch ‖ ~ *m (Arbeits)Stoff* m,
Material n ‖ *Baumaterial* n ‖ *Gut* n ‖ ~ *aislante*
Isolier\material n, *-stoff* m ‖ ~ *de alfombrado*
Auslegeware f, *Teppichboden* m ‖ ~ *de*
campamento Zelt-, Lager\ausrüstung f ‖ ~ *de*
camping Campingausrüstung f ‖ ~ *de desecho*
Altmaterial n ‖ ~ *de enseñanza Lehrmittel* npl ‖
~ *de explotación Betriebsmaterial* n ‖ ~ *genético*
Genmaterial n ‖ ~ *de guerra Kriegsmaterial* n ‖
~ *de impresión Druckmaterial* n ‖ ~ *inflamable*
feuergefährliches Material n ‖ ~ *móvil,* ~
rodante rollendes Material n ‖ ~ *de salvamento*
Rettungsgerät n(pl)
    materia\lidad *f Stoff-, Körper\lichkeit* f ‖
–lismo *m Materialismus* m ‖ ~ *dialéctico*
(histórico) *dialektischer (historischer)*
Materialismus m ‖ **–lista** *m* adj *(m/f)*
materialistisch ‖ ~ *m/f Materialist(in* f) m ‖
–lización *f Verwirklichung* f ‖ *Materialisierung* f ‖
Materialisation f (Spiritismus) ‖ **–lizar** [z/c] vt
materialisieren ‖ *verwirklichen* ‖ *versinnlichen* ‖
in Materie verwandeln ‖ *gestalten (Kunst)* ‖ **~se**
sinnfällig werden ‖ *s. materialisieren (Spiritismus)*
    materialmente adv *tatsächlich* ‖ ◇ *es* ~
imposible es ist völlig unmöglich
    mater\nal adj *(m/f) mütterlich, Mutter-* ‖
–nidad *f Mutterschaft* f ‖ *Entbindungsanstalt* f ‖
Titel m der Priorin, Äbtissin (in Nonnenklöstern) ‖
–nizado adj *maternisiert* ‖ **–no** adj *mütterlich,*
Mutter- ‖ *mütterlicherseits* ‖ ◆ *por línea* **~a**

mütterlicherseits (Verwandtschaft) ‖ **–nología** *f*
Mutterschaftskunde f
  matero *m* Am *Matetrinker* m
  Matías *m* np *Matthias* m
  matidez [*pl* **~ces**] *f* ⟨Opt⟩ *Undurchsichtigkeit* f
‖ *Glanzlosigkeit* f ‖ ⟨Med⟩ *Dämpfung* f, *matter
Ton* m *(Herzschlag)*
  mati|nada *f* Cat Am → **madrugada** ‖ **–nal** adj
(m/f) morgendlich ‖ *Morgen-* ‖ **–née** *f* ⟨Film⟩
Vormittagsvorstellung, Matinée f ‖ ⟨Th⟩ *Vor-* od
Nach|mittagsvorstellung f
  △ **matipén** *m Rausch* m, *Trunkenheit* f
  matita *f* dim von **mata**
  matiz [*pl* **~ces**] *m Schattierung,
Farbenabstufung* f, *Farbton* m ‖ *Nuance* f ‖
Färbung f ‖ ⟨fig⟩ *Hauch, Touch* m ‖ ⟨Mus⟩
Tonabstufung f
  matizar [z/c] vt *abtönen, schattieren* ‖
(Farben) abstufen (& fig) ‖ ⟨fig⟩ *beleben* ‖ ⟨fig⟩
nuancieren
  mato *m* → **matorral**
  matoco *m* Chi *Teufel* m
  matojo *m* ⟨desp⟩ *Gestrüpp* n
  ma|tón *m* ⟨pop⟩ *Schläger* m ‖ *Raufbold* m ‖
Rausschmeißer m ‖ *Killer* m ‖ *Haudegen* m ‖
–tonismo *m Rauflust* f ‖ *Schlägertum* n ‖
Händelsucht f ‖ *Rowdytum* n
  mato|rral *m Ge|büsch, -strüpp, Dickicht* n ‖
–rro *m* Sant ⟨desp⟩ → **matojo** ‖ **–so** adj *voll
Gestrüpp*
  matra *f* Am *grobe Satteldecke* f
  matra|ca *f Knarre, Schnarre, Klapper* f ‖
Kirchenklapper f ‖ ⟨fig⟩ *Neckerei* f ‖ ◇ *dar ~ a
alg. gegen jdn sticheln, jdn verhöhnen* ‖ *jdn
quälen, jdm lästig werden* ‖ **–quear** vi *(fam)
knarren, klappern* ‖ ⟨fig⟩ *(jdn) belästigen, (jdn)
ärgern, (jdn) quälen* ‖ → **matraca**
  matraz [*pl* **~ces**] *m* ⟨Chem⟩ *Kolben* m ‖ *~
aforado Messkolben* m ‖ *~ (de) Erlenmeyer
Erlenmeyerkolben* m
  matre|ría *f Verschmitztheit, Tücke* f ‖ **–ro** adj
schlau, verschmitzt ‖ *gerissen* ‖ *~ m* Arg *Räuber,
Bandit* m
  matriar|cado *m Matriarchat, Mutter|recht* n,
-herrschaft f ‖ **–cal** adj *(m/f) matriarchalisch,
mutterrechtlich*
  matricaria *f* ⟨Bot⟩ *Mutterkraut* n (Matricaria
spp)
  matricial adj *(m/f)* ⟨Math⟩ *Matrizen-* ‖
matri|cida *m/f Muttermörder(in* f) m ‖ **–cidio**
m Muttermord m
  matrícula *f Matrikel* f ‖ *Register, Verzeichnis* n
(bes. *der Pfarrkinder)* ‖ *Steuer|register* n, *-rolle* f
‖ *Immatrikulation, Einschreibung* f *(Schule,
Universität)* ‖ p.ex *Studentenzahl* f ‖ ⟨Mil⟩
Stammrolle f ‖ ⟨Mar⟩ *Seerolle* f ‖ ⟨Med⟩
Krankenliste f *(des Krankenhauses)* ‖ ⟨Auto StV⟩
polizeiliches Kennzeichen n ‖ *~ de buques* ⟨Mar⟩
Schiffsregister n ‖ *~ de honor Auszeichnung* f *(im
Zeugnis)* ‖ *sehr gut (Prüfungsnote)* ‖ ⟨lat⟩ *summa
cum laude* ‖ *~ de mar Seerolle* f
  matriculación *f* ⟨Auto⟩ *Anmeldung* f
  matricu|lado *m Eingeschriebene(r),
Immatrikulierte(r)* m *(Student)* ‖ **–lar** vt
immatrikulieren, einschreiben, anmelden ‖ *in
Register usw. einschreiben* ‖ **~se** *s. einschreiben
(bzw immatrikulieren) lassen*
  matrimo|nial adj *(m/f) ehelich, Ehe-* ‖ **–nio** *m
Heirat, Ehe* f ‖ *Ehestand* m ‖ *Ehepaar* n ‖
Eheleute pl ‖ *Ehebett* n ‖ *~ in artículo mortis* →
~ in extremis ‖ *~ mal avenido unharmonische
Ehe* f ‖ *~ (en) blanco nicht vollzogene Ehe* f ‖ *~
canónico kirchliche Trauung* f ‖ *~ civil Zivilehe* f
‖ *~ clandestino heimliche Ehe* f ‖ *~ de
conciencia Gewissensehe* f ‖ *~ consumado*

vollzogene Ehe f ‖ *~ de conveniencia, ~ de
interés Vernunftehe* f ‖ *~ por especulación
Geldheirat* f ‖ *~ in extremis* ⟨lat⟩ *Eheschließung* f
auf dem Sterbebett ‖ *~ de hecho faktische Ehe* f ‖
~ de od por interés → ~ *de conveniencia* ‖ *~
mixto Mischehe* f ‖ *~ morganático morganatische
Ehe* f ‖ *~ por poder Eheschließung* f *durch* bzw
mit Stellvertreter od *per procuratorem* ‖ *~ rato
geschlossene, nicht vollzogene Ehe* f ‖ *~ sin
sucesión kinderlose Ehe* f ‖ ◇ *contraer ~ die Ehe
schließen, s. verheiraten* ‖ *nacido fuera de ~
unehelich (Kind)* ‖ *pedir en ~ a una muchacha
(mujer) um die Hand e–s Mädchens (e–r Frau)
anhalten* ‖ *tomar en ~ heiraten, ehelichen*
  matritense adj/s *(m/f) aus Madrid* ‖ *auf
Madrid bezüglich*
  ¹matriz [*pl* **~ces**] adj *Stamm-* ‖ *Mutter-*
  ²matriz [*pl* **~ces**] *f* ⟨An⟩ *Gebärmutter* f
  ³matriz [*pl* **~ces**] *f* ⟨Math⟩ *Matrix* f ‖ ⟨Tech⟩
Matrize f ‖ *Geschenk* n ‖ ⟨Typ⟩ *Matrize,
(justierte) Mater* f ‖ *~ del talonario
Kontrollabschnitt* m
  ⁴matriz [*pl* **~ces**] ⟨Mar⟩ *Mutterschiff* n
  matro|na *f (römische) Matrone* f ‖ *angesehene,
würdige Frau* f ‖ *Hebamme, Geburtshelferin* f ‖
Zollbeamtin f, *die Frauen durchsucht* ‖
Gefängnisbeamtin f ‖ ⟨joc⟩ *korpulente Frau,
Matrone* f ‖ **–nal** adj *(m/f) matronenhaft*
  matufia *f* RPl *Täuschung* f, *Betrug* m
  matula *f* ⟨reg⟩ *Docht* m
  matungo *m*/adj Am *Klepper* m, *Schindmähre* f
  △ **maturnar** vt *versorgen*
  △ **maturranga** *f Nutte* f
  maturrangas fpl ⟨fam⟩ *Schwindel* m ‖
Machenschaften fpl ‖ *Tricks* mpl, *Winkel-,
Schach|züge* mpl, *List* f, ⟨fam⟩ *Dreh, Kniff* m
  maturrango adj Chi *plump, schwerfällig* ‖ Pe
Klepper m ‖ Arg *schlechter Reiter* m
  maturranguero adj Am *schlau* ‖ *gerissen*
  Matusalén *m* np *Methusalem* m (& fig)
  matu|te *m Schleichhandel, Schmuggel* m *(beim
Stadtzoll)* ‖ *Schmuggelwaren* fpl ‖ *Spielhölle* f ‖ ◆
de ~ eingeschmuggelt ‖ ⟨figf⟩ *heim|lich, -tückisch*
‖ ◇ *pasar* od *colar algo de ~* ⟨figf⟩ *et.
schmuggeln* ‖ **–tear** vi *(ein)schmuggeln* ‖ **–tero** *m
Schmuggler, Schleichhändler* m
  matutino adj *früh* ‖ *Morgen-* ‖ ◇ *llegar ~ früh
kommen*
  mau|la *f Trödel, Schund* m ‖ *Schlich, Kniff* m,
Dreh m ‖ ⟨Com fig⟩ *Ladenhüter* m *(Ware)* ‖ ⟨fig⟩
geriebener Mensch m ‖ **–lar** vi: *sin paular ni ~*
⟨pop⟩ *ohne zu mucksen* ‖ **–lería** *f* ⟨fam⟩
Trödelbude f ‖ ⟨figf⟩ *Verschlagenheit* f ‖ **–lón** *m*
⟨fam⟩ *gerissener Kerl* m
  mau|llar [pres maúllo] vi *miauen (Katze)* ‖
–llido, maullo *m Miauen* n ‖ ◇ *dar ~s miauen*
  Mauricio *m* np *Moritz, Mauritius* m ‖ ⟨Geogr⟩
Mauritius n
  Maurita|nia *f* ⟨Geogr⟩ *Mauretanien* n ‖ **≈no**
adj *mauretanisch* ‖ *~ m Mauretanier* m
  máuser *m* ⟨Mil⟩ *Mausergewehr* n ‖
Mauserpistole f
  mausoleo *m Mausoleum* n ‖ *(Familien)Gruft* f
‖ *Grabkapelle* f(
  m'aver Am ⟨pop⟩ = **voy** *(od* **vamos) a ver**
  máx. ⟨Abk⟩ = **máximo**
  maxi adj *Maxi- (Kleid)*
  maxi|la *f* ⟨An⟩ *Kinnbacken, Kiefer* m ‖ **–lar** adj
(m/f) ⟨An⟩ *Kiefer-, maxillar* ‖ *~ m* ⟨An⟩
Kinnbacken m ‖ *~ superior, ~ inferior* ⟨An⟩
Ober-, Unterkiefer m
  máxima *f Maxime, Regel, Richtschnur* f ‖
Grundsatz m ‖ ⟨Meteor Phys⟩ *Höchsttemperatur* f
  maximalis|mo *m* ⟨Pol⟩ *Maximalismus* m ‖ **–ta** adj
(m/f) maximalistisch ‖ *~ m/f Maximalist(in* f) m

máxim(ament)e adv *hauptsächlich* ‖
besonders, namentlich ‖ *zumal*
máxime adv *besonders*
Maximiliano *m* np *Maximilian, Max* m
maximizar [z/c] vt *maximieren* ‖ *auf das
Maximum einstellen*
máximo adj sup von **grande** ‖ *sehr groß* ‖
vorzüglich ‖ *am größten* ‖ *maximal, Maximal-,
Höchst-* ‖ ~a oferta *Höchstangebot* n ‖
Meistgebot n ‖ ~ de rendimiento *Höchstleistung* f
‖ ~ m *Maximum* n ‖ *Höchst-, Scheitel\wert* m ‖ ◇
exceder (d)el ~ *das Maximum übersteigen*
Máximo *m* np *Maximus* m
máximum [maksimun] *m* → **máximo**
¹**maya** f ⟨Bot⟩ *Gänseblümchen, Tausendschön*
n (Bellis perennis)
²**maya** f *Maikönigin* f *(Folklore)*
³**maya** m/f *Mayaindianer(in* f) m
⁴**maya** *m* ⟨Ling⟩ *Maya* n *(Sprache)*
mayal *m* ⟨Agr⟩ *Dreschflegel* m ‖ *Göpelwelle* f
in Ölmühlen
mayar vt *miauen (Katze)*
mayaró m/adj → **magiar**
mayear v. impers *Maiwetter sein, maien*
mayestático adj *majestätisch*
mayéutica f ⟨Med⟩ → **obstetricia** ‖ ⟨Philos⟩
Mäeutik, sokratische Methode f
mayido *m Miauen* n
mayo adj: las fiestas ~as ⟨Arg⟩ *die
Unabhängigkeitsfeiern am 25. Mai
(Nationalfeiertag)* ‖ ~ m *Mai* m ‖ *Maie* f,
Maibaum m ‖ *Maistrauß* m ‖ ⟨Mus⟩
Maiständchen n ‖ (una muchacha) de 20 ~s *(ein
Mädchen) von 20 Lenzen* ‖ hermosa como la flor
de ~ *bildschön (Mädchen)*
mayólica f *Majolika* f
mayonesa f ⟨Kochk⟩ *Mayonnaise, Majonäse* f
¹**mayor** adj/s *(m/f)* comp von **grande** ‖ *größer,
vornehmer* ‖ *höher* ‖ *bedeutender* ‖ *berühmter* ‖
älter, ältlich, bejahrt ‖ *mündig* ‖ *volljährig* ‖
erwachsen (Person) ‖ ⟨Mus⟩ *dur* ‖ *Haupt-, Ober-,
Hoch-, Erz-* ‖ el ~ *der größte, der älteste* ‖ dos
años ~ *zwei Jahre älter* ‖ ~ de edad *volljährig,
mündig* ‖ ~ en estatura *von größerem Wuchs* ‖ la
~ parte (de) *der größte Teil, die meisten (…)* ‖ la
~ parte del tiempo *die meiste Zeit* ‖ ~ que …
größer als … ‖ ◆ con la ~ sorpresa *zu m–m (s–m
usw.) großen Befremden* ‖ por ~ *im Großen* ‖ ◇
echar por ~ ⟨figf⟩ *übertreiben, aufschneiden* ‖
estar en meses ~es *hochschwanger sein (Frau)* ‖
pasar a ~es *neue und wichtige Schritte
unternehmen* ‖ *verwickelt werden (Fall)* ‖ ~es
mpl Vorfahren, Ahnen mpl
²**mayor** *m Oberste(r), Vorsteher* m ‖ *Bürochef*
m ‖ Am ⟨Mil⟩ *Major* m
mayo\ral *m Ober\hirt, -knecht, Schaff(n)er* m
(e–r Meierei) ‖ ⟨Agr⟩ *Arbeitsaufseher,
Vorarbeiter* m ‖ Arg *Straßenbahnschaffner* m ‖ ~
de la plaza ⟨Taur⟩ *Aufseher* m *der Arena* ‖ **–razgo**
m Ritter-, Majorats\gut n ‖ *Fideikommiss* n ‖
Majoratsherr m ‖ *Majoratserbe* m ‖ ⟨fam⟩
Erstgeburtsrecht n
mayorci\llo, –to adj dim von ¹**mayor** ‖ *halb
erwachsen (Kind)*
mayordo\ma f *Verwalterin* f ‖ ⟨reg⟩
Wirtschafterin f *e–s Pfarrers* ‖ **–mía** f
Gutsverwaltung f ‖ **–mo** *m Haushofmeister* m ‖
Haus, Guts\verwalter m ‖ *Wirtschaftsverwalter,
Meier* m ‖ ⟨Mar⟩ *Obersteward* m ‖ Pe *Hausdiener*
m ‖ ~ mayor *Oberhofmarschall* m *(im kgl.
Palast)* ‖ **–na** f ⟨pop⟩ → **–ma**
mayoreo *m* Am *Großhandel* m
mayo\ría f ⟨allg⟩ *Mehrheit* f ‖ *Majorität* f ‖
Überlegenheit f, *Vorzug* m ‖ *Vortrefflichkeit* f ‖
⟨Jur⟩ *Volljährigkeit* f ‖ ⟨Pol⟩ *Stimmenmehrheit* f ‖

~ de edad *Volljährigkeit* f ‖ la ~ silenciosa *die
schweigende Mehrheit* ‖ ◆ en la ~ de los casos
meistens, meistenteils ‖ ◇ obtener la ~ de votos
die Stimmenmehrheit erlangen ‖ **–ridad** f
Volljährigkeit f ‖ **–rista** m/f *Grossist(in* f) m,
Großhändler(in f) m ‖ **–ritario** adj *majoritär* ‖ *in
der Mehrheit befindlich, Mehrheits-*
mayormente adv *größtenteils* ‖ *besonders,
insbesondere* ‖ *vorzüglich, hauptsächlich* ‖
eigentlich, sozusagen ‖ *zumal*
mayueta f Sant *Wilde Erdbeere* f
mayúscu\la f *Großbuchstabe, großer
(Anfangs)Buchstabe* m, *Majuskel* f ‖ ◇ escribirse
con ~ *groß geschrieben werden* ‖ **–lo** adj ⟨Typ⟩
groß (Buchstabe) ‖ ⟨fam⟩ *groß, heftig* ‖ *riesig* ‖
ungemein
maza f *Keule* f, *(Streit)Kolben* m ‖
Zeremonien-, Amts\stab m ‖ *Block, Klotz* m ‖
Rammbär m ‖ ⟨Mus⟩ *Paukenschlegel* m ‖ ⟨Tech⟩
Stößel m
mazacón adj *ungeschlacht, roh*
mazacote *m Kalkmörtel* m ‖ ⟨fig⟩ *Tölpel,
Dummkopf* m
mazada f *Keulenschlag* m ‖ ⟨fig⟩ *derber
Schlag* m, *Kränkung* f
mazagrán *m Art Eiskaffee* m
mazama *m* ⟨Zool⟩ *Mazamahirsch* m
mazamorra f ⟨Mar⟩ *Zwiebackbrei* m ‖
Zwiebackbrocken m ‖ ⟨fig⟩ *Brocken* m(pl) ‖ Pe
Maisbrei m
¹**mazamorrero** *m Maisbrei\verkäufer* bzw *-esser*
m
²**mazamorrero** *m* Pe *Beiname der Einwohner
Limas*
mazapán *m Marzipan* m ‖ ~ de almendra
Mandel(zucker)brot n ‖ ~ de Toledo *Marzipan* m
aus Toledo
mazar [z/c] vt *schlagen* ‖ *buttern (Milch)*
mazarí [pl ~**ies**] *m Fußboden\platte, -fliese* f
Mazarino *m* np *Mazarin* m
mazdeísmo *m* ⟨Rel⟩ *Mazdaismus* m
mazmorra f *unterirdischer Kerker* m, *Verlies* n
mazo *m* ⟨Arch⟩ *Ramm\klotz, -bär* m ‖
(hölzerner) Schlägel, Klöpfel, Klopfer m ‖
Stempel m *(in Pochwerken)* ‖ ⟨Typ⟩ *Klopfholz* n ‖
Bündel n *(Zigarren)* ‖ *Strähne* f *(Wolle)* ‖ ⟨fig⟩
plumper Mensch m ‖ ~ para carne *Fleischklopfer*
m ‖ ◇ a Dios rogando, y con el ~ dando ⟨Spr⟩
hilf dir selbst, so hilft dir Gott!
mazonado adj ⟨Her⟩ *gemauert*
mazonería f *Mauerwerk* n ‖ *Relief* n
¹**mazorca** f *Mais-, Rohr\kolben* m ‖
Kakaoschote f
²**mazorca** f Arg ⟨Hist⟩ *Diktatur* f
mazo\rra f *große Keule* f ‖ **–rral** adj *grob,
plump*
¹**mazurca** f ⟨Mus⟩ *Mazurka* f *(& Tanz)*
△ ²**mazurca** f *Gamasche* f
mazut *m Heizöl* n
mbaracaya *m arg. Wildkatze* f
m/c ⟨Abk⟩ = **mi cargo** ‖ **mi cuenta**
Md. ⟨Abk⟩ = **Madrid**
me pron *mir* ‖ *mich* ‖ △ *ich* ‖ ◇ yo ~ lavo *ich
wasche mich* ‖ se ~ (pop und Am & ~ se) ofrece
es wird mir (an)geboten ‖ ~ (lo) dice *er (sie, es)
sagt (es) mir* ‖ ¡dímelo! *sage es mir!* ‖ ¿quieres
decírmelo? *willst du es mir sagen?* ‖ aléjareme
(neben ~ alejare, bes. *im Buchstil) ich werde
mich entfernen* ‖ ¿que ~ (= ethischer Dativ) le
hacen? *was treibt man denn mit ihm (ihr)?* (bes.
Vizc) ‖ yo sé lo que ~ hago *ich weiß wohl, was
ich tue*
m/e ⟨Abk⟩ = **mi entrega**
M.ᵉ ⟨Abk⟩ = **Madre**
mea f ⟨pop⟩ *Pinkeln, Pissen* n

mea|da f ⟨pop⟩ Pissen n ‖ ⟨pop⟩ Piss m ‖
Pisslache f ‖ ⟨pop⟩ Pissflecken mpl ‖ ◇ echar una
~ ⟨pop⟩ pissen, pinkeln ‖ **–dero** m Pissoir n,
⟨pop⟩ Pisswinkel m ‖ Chi ⟨vulg⟩ Schwanz m
(Penis) ‖ **–dos** mpl ⟨pop⟩ Pisse f ‖ **–dura** f
Pinkeln, Pissen n
  meaja f ⟨Hist Jur⟩ Vollstreckungsgebühr f
  meandro m Krümmung, Schleife, Schlinge f,
Mäander m (Fluss, p.ex Weg usw.) ‖ ⟨Arch⟩
Mäander(linie f) m (Friesverzierung) ‖ ~s mpl
Windungen fpl ‖ ◇ hacer (od describir) ~ s.
winden, s. schlängeln (a traves de durch)
  mear vt ⟨pop⟩ pinkeln, pissen ‖ ◇ ~ agua
bendita frömmeln, frömmlerisch sein ‖ ~ fuera
del tiesto ⟨pop vulg⟩ von der Sache abgehen,
fehlgehen ‖ no son hombres todos los que mean
en pared ⟨Spr⟩ der Schein trügt ‖ **~se** ⟨pop⟩ in
die Hose pissen ‖ ◇ ~ (de risa) ⟨pop⟩ s.
totlachen ‖ **→ orinar**
  meato m ⟨An⟩ Körper|kanal, -gang, Meatus
(lat) m
  meauca f ⟨V⟩ **→ pardela**
  ¹meca f Chi Tierkot m
  ²meca f ⟨fam⟩ Tippse f
  Meca f [Stadt] Mekka n ‖ ◇ andar de la Ceca a
la ~ (od de Ceca en ~) ⟨figf⟩ von Pontius zu
Pilatus laufen ‖ la ~ del cine ⟨fig⟩ Hollywood n
  ¡mecachis! ⟨pop⟩ Donnerwetter! verflixt noch
mal! (euph) für ¡me cago!
  mecada f Mex Blödsinn m
  mecánica f Mechanik f ‖ Maschinenbautechnik
f ‖ Getriebe n ‖ ~ celeste Himmelsmechanik f ‖
~ cuántica ⟨Phys⟩ Quantenmechanik f ‖ ~
ondulatoria ⟨Phys⟩ Wellenmechanik f ‖ ~ de
precisión Feinmechanik f ‖ ~ de vuelo
Flugmechanik f
  mecanicismo m ⟨Philos⟩ mechanistische
Welt|anschauung bzw -erklärung f
  mecánico adj mechanisch ‖ maschinell ‖ ⟨fig⟩
handwerksmäßig, gemein ‖ ⟨fig⟩ maschinenmäßig,
unwillkürlich ‖ ~ m Mechaniker m ‖ ~ de
automóviles Autoschlosser m ‖ ~ dentista
Zahntechniker m ‖ ~ de vuelo Flug-,
Bord|mechaniker m
  meca|nismo m Mechanismus m ‖ Technik,
Kunstfertigkeit f ‖ Vorrichtung f ‖ Getriebe n ‖
Apparat m, Gerät n ‖ ~ alimentador
Zuführungseinrichtung f ‖ ~ de arranque
Anlassvorrichtung f ‖ ~ de avance
Vorschubgetriebe n ‖ ~ de cierre
Verschlusseinrichtung f ‖ ~ de inversión
Wendegetriebe n ‖ ~ de llamada Anrufvorrichtung
f ‖ ~ propulsor Antriebsvorrichtung f ‖ ~ de
reloj(ería) Uhr-, Lauf|werk n ‖ Zeitzünder m (für
Sprengladung) ‖ ~ transmisor Getriebe n,
Transmission f ‖ **–nización** f Mechanisierung f ‖
~ de la agricultura Mechanisierung f der
Landwirtschaft ‖ **–nizar** [z/c] vt mechanisieren ‖
mechanisch bearbeiten
  ¹mecano m Baukasten m
  ²mecano adj/s aus Mekka ‖ auf Mekka
bezüglich
  meca|nógrafa f Stenotypistin f, ⟨fam⟩
Tippfräulein n, Tippse f ‖ **–nografía** f Kunst f des
Maschinenschreibens ‖ Maschinenschreiben n ‖
Maschinenschrift f ‖ **–nografiar** [pres ~ío] vt/i
maschinenschreiben ‖ **–nógrafo** m Stenotypist m
  mecano|terapia f ⟨Med⟩ Mechanotherapie f ‖
–tipista m/f ⟨Typ⟩ Setzer(in f) m (an der
Setzmaschine)
  mecapal m MAm Mex Riemen m
  △ **mecar** vt (zu)lassen
  mecasúchil m Am ⟨Bot⟩ (Art) Pfeffer m (Piper
amalago)
  mecate m Am Bindfaden m

mece|dor m/adj Schaukel f ‖ Schaukelstuhl m ‖
Rührlöffel m ‖ **–dora** f Schaukelstuhl m
  Mece|nas m np Mäzenas, Maecenas m ‖ ⟨fig⟩
Mäzen m ‖ ꞊**nazgo** m Mäzenatentum n
  mecer [-zc-] vt (ein)wiegen ‖ schaukeln ‖ Ast
melken ‖ **~se** s. schaukeln
  ¹mecha f Docht m ‖ ⟨Mil⟩ Lunte f ‖
Zündschnur f ‖ Zigarrenanzünder m (mit Docht) ‖
Am ⟨fig⟩ Hohn, Spott m ‖ Col Schundware f ‖ ~
redonda Runddocht m ‖ ♦ a toda ~ ⟨figf⟩ mit
Höchstgeschwindigkeit ‖ ◇ aguantar ~ ⟨figf⟩
alles geduldig ertragen, breite Schultern haben
  ²mecha f Haarsträhne f ‖ ⟨Text⟩ Vorgarn n
  ³mecha f ⟨Kochk⟩ Speck m (zum Spicken)
  ⁴mecha f ⟨Mar⟩ Ruderschaft m
  △ **⁵mecha** f geschickter Taschendiebstahl m ‖
Ladendiebstahl m
  Mecha f Am ⟨pop⟩ → **Mercedes** ‖ María
  mechado m gespickter Braten m
  ¹mechar vt spicken ‖ einbrennen, schwefeln
(Wein) ‖ dichten (Weinfässer) ‖ ◇ carne mechada
con tocino gespicktes Fleisch n ‖ durchwachsener
Speck m
  ²mechar m Spicknadel f (für Braten)
  ¹mechera f Spicknadel f
  ²mechera f ⟨Text⟩ Vorspinnmaschine f, Flyer
m
  ³mechera f ⟨pop⟩ Ladendiebin f
  mechero m (Lampen)Brenner m ‖
Taschenzünder m, Feuerzeug n (mit Docht) ‖ ~
(de) Bunsen Bunsenbrenner m ‖ ~ de gas
Gasbrenner m ‖ ~ incandescente Gasstrumpf m
  mechificar [c/qu] vt Am prellen, anschmieren
‖ ~ vi Am spotten, höhnen
  mechinal m ⟨Arch⟩ Entwässerungsloch n ‖
Rüstloch, Stützbalkenloch n ‖ p.ex ⟨figf⟩ enge
Wohnung f, Loch n
  mechón m Stirnhaar n, Strähne f ‖
Strohwisch m ‖ ~ de pelo Haarbüschel m
  mechonear vt Col zerzausen
  △ **mechuza** f Geld n
  mecida f ⟨fam⟩ Schaukeln n ‖ Wiegen n
  Mecklemburgo m ⟨Geogr⟩ Mecklenburg n
  △ **meclí** f Gasse, Straße f
  ¡mecón! m Chi ⟨pop⟩ Donnerwetter!
  meconio m ⟨Med⟩ Kindspech, Mekonium n ‖
⟨Pharm⟩ Mohn(kopf)saft m
  mecual m Mex Agavenwurzel m
  Med. ⟨Abk⟩ = **mediano** ‖ **medicina**
  meda|lla f Medaille f ‖ Rundbild n ‖ ⟨fig⟩
Scheibe f ‖ Col Goldunze f ‖ ~ de oro (de plata,
de bronce) Gold-(Silber-, Bronze-)medaille f ‖ ~
de salvamento Rettungsmedaille f ‖ **–llero** m ⟨Sp⟩
Medaillenspiegel m ‖ **–llista** m/f Medailleur(in f)
m
  ¹medallón m Medaillon n ‖ Haarkapsel f
  ²medallón m ⟨Kochk⟩ Medaillon n
  medanal m Mex Chi morastiges Gelände n
  médano m Düne f ‖ Sandbank f ‖ Chi Sumpf,
Morast m
  medanoso adj voller Dünen
  Medea f np ⟨Myth⟩ Medea f
  ¹media f Durchschnitt(swert) m, Mittel n ‖
⟨Sp⟩ mittlere Geschwindigkeit f ‖ Mittelfeld n
(Fußball) ‖ ⟨Taur⟩ Mittelstoß m ‖ ⟨fam⟩ halbe
Stunde f ‖ ~ anual Jahresdurchschnitt m ‖ ~
aritmética arithmetisches Mittel n ‖ ~ atravesada,
~ caída, ~ delantera, ~ ladeada ⟨Taur⟩
verschiedene Arten von Degenstichen ‖ ◇ ha dado
la ~ es hat halb geschlagen (Uhr) ‖ ir a ~s
teilen, fifty-fifty machen
  ²media f Strumpf m ‖ ~ corta Kniestrumpf m ‖
~ de compresión ⟨Med⟩ Stütz-,
Kompressions|strumpf m ‖ ~ de deporte → ~
corta ‖ ~ de goma ⟨Med⟩ Gummi-, Stütz|strumpf

m ‖ ~ de nailón *Nylonstrumpf* m ‖ ~ de rejilla *Netzstrumpf* m ‖ ◇ hacer ~ *stricken* ‖ ~**s** *fpl:* ~ (de) color carne *fleischfarbene Strümpfe* mpl ‖ ~ de lana *Wollstrümpfe* mpl ‖ ~ de punto *Strickstrümpfe* mpl ‖ ~ de señora *Damenstrümpfe* mpl

mediacaña *f* ⟨Zim⟩ *Hohlkehle* f ‖ ⟨Met⟩ *Halbrundstahl* m

mediación *f Vermittlung* f ‖ *Schlichtung* f ‖ ◆ por ~ de *vermittels, durch* ‖ *(Vermittlung)* (gen) ‖ *über* (acc)

mediado adj/s *halb vergangen, Halb-* ‖ ~a la tarde *am Spätnachmittag* ‖ ◆ a ~s de enero *Mitte Januar* ‖ hacia ~s de marzo *gegen Mitte März* ‖ hasta ~ el día *bis Mittag* ‖ ◇ estar ~ *halb voll sein (de mit) (Gefäß, Glas)*

mediador adj *vermittelnd* ‖ ~ *m Vermittler, Mittelsmann* m

mediagua *f* Arg Chi Nic *Hütte* f

medial adj *(m/f)* ⟨Ling⟩ *im Wortinnern (Konsonant)* ‖ *medial*

medialuna [*pl* **mediaslunas**] *f Hackmesser* n ‖ *Hörnchen* n *(Gebäck)* ‖ → auch ¹**luna**

media|na *f* ⟨Math⟩ *Mediane* f ‖ ⟨StV⟩ *mittlere Leitplanke* f ‖ **–namente** adv *mittelmäßig* ‖ ~ rico *leidlich wohlhabend* ‖ ◇ eso no es ni ~ decente *(fam) das ist durchaus nicht anständig* ‖ quedar ~ *(fam) e–n mittelmäßigen Erfolg haben* ‖ *s. nicht besonders auszeichnen* ‖ **–nejo** adj ⟨fam⟩ dim von **mediano** ‖ ◇ estoy ~ *(fam) es geht mir einigermaßen,* (fam) *es geht mir so lala* ‖ **–nería** *f Trennmauer, Scheidewand* f ‖ **–nero** adj *dazwischenliegend, Zwischen-* ‖ ~ *m Vermittler, Mittelsmann* m ‖ *Eigentümer* m *der Hälfte (e–s Doppelhauses, e–r Doppelwohnung usw.)* ‖ Am *Halbpächter* m ‖ **–nía, –nidad** *f Mittelmaß* n ‖ *Mittelmäßigkeit* f ‖ **–no** adj *von mittlerer Größe, Art* ‖ ⟨fig⟩ *mittelmäßig* ‖ ⟨fig⟩ *elend, minderwertig* ‖ ⟨fig⟩ *annehmbar* ‖ ~ de cuerpo *von mittlerem Körperwuchs*

¹**medianoche** *f Mitternacht* f ‖ ◆ a ~ *um Mitternacht*

²**medianoche** *f* [*pl* **mediasnoches**] ⟨Kochk⟩ *gefülltes Hefekleingebäck* n

¹**mediante** adv *vermittels, mittels, vermöge* ‖ *mit, durch* ‖ Dios ~ *mit Gottes Hilfe, so Gott will*

²**mediante** *f* ⟨Mus⟩ *Mediante* f

mediar vt *dazwischenkommen* ‖ *in der Mitte liegen* ‖ *s. (für jdn) einsetzen, vermitteln* ‖ *schlichten (Streit)* ‖ *halb verflossen sein (Zeit)* ‖ *verstreichen (Zeit)* ‖ *s. (inzwischen) ereignen* ‖ ◇ ~ con alg. *jds Vermittler sein* ‖ ~ entre los contrarios *zwei Gegner zu versöhnen suchen* ‖ ~ por alg. *s. für jdn einsetzen* ‖ al ~ de la mañana *als der Vormittag zur Hälfte verstrichen war* ‖ median estrechas relaciones entre las dos casas *die beiden Firmen stehen in enger Geschäftsverbindung* ‖ mediaban los días de mayo *es war Mitte Mai* ‖ **–se** *gewechselt werden (Worte)*

mediastino *m* ⟨An⟩ *Mittelfell* n

mediatamente adv *mittelbar, indirekt*

mediateca *f Mediathek* f

mediatinta [*pl* **mediastintas**] *f* ⟨Mal⟩ *Halb|ton, -schatten* m ‖ *Mezzo\nnto* n

mediati|zación *f* ⟨bes. Pol⟩ *Mediatisierung, entscheidende Beeinflussung* f ‖ **–zar** [z/c] vt *mediatisieren*

mediato adj *mittelbar, indirekt*

mediatriz [*pl* ~**ces**] *f* ⟨Math⟩ *Mittel|lot* n, *-senkrechte* f

médica *f Ärztin* f ‖ ⟨fam⟩ *Arztfrau* f

medi|cable adj *(m/f) heilbar* ‖ **–cación** *f Heilverfahren* n, *Kurmethode* f ‖ *Arzneiverordnung* f ‖ **–camento** *m Arznei* f,

Arznei-, Heil\mittel, Medikament, Pharmakon, Therapeutikum n ‖ ~ ferruginoso *Eisenpräparat* n ‖ **–camentoso** adj *heilkräftig, medikamentös, Heil-* ‖ **–car** vt *therapieren* ‖ *medikamentös behandeln* ‖ **–castro** *m* ⟨desp⟩ *Quacksalber, Kurpfuscher, Scharlatan* m

medi|cina *f Medizin, Heilkunde* f ‖ *Medizin, Arznei* f, *Arzneimittel* n ‖ ~ aeronáutica *Luftfahrtmedizin* f ‖ ~ aerospacial *Luft- und Raumfahrt\medizin* f ‖ ~ alopática *allopathische Medizin* f ‖ ~ empírica *empirische Medizin* f ‖ ~ casera, ~ doméstica *Haus-, Laien-, Volks\medizin* f *Hausmittel* n ‖ ~ clínica *klinische Medizin* f ‖ ~ espacial *Raumfahrtmedizin* f ‖ ~ experimental *experimentelle Medizin* f ‖ ~ forense *Gerichtsmedizin* f ‖ ~ general *Allgemeinmedizin* f ‖ ~ geriátrica *Altersmedizin, Geriatrie* f ‖ ~ homeopática *homöopathische Medizin* f ‖ ~ interna *innere Medizin* f ‖ ~ laboral *Arbeitsmedizin* f ‖ ~ legal *Gerichtsmedizin* f ‖ ~ mental → **(p)siquiatría** ‖ ~ naturista *Naturheilkunde* f ‖ ~ nuclear *Nuklearmedizin* f ‖ ~ operatoria → *cirugía* ‖ ~ preventiva, ~ profiláctica *Präventiv-, Vorsorge\medizin* f ‖ ~ (p)sicosomática *psychosomatische Medizin* f ‖ ~ social *Sozialmedizin* f ‖ ~ del trabajo → ~ laboral ‖ ~ tropical *Tropenmedizin* f ‖ ~ veterinaria *Veterinärmedizin* f ‖ **–cinal** adj *(m/f) Heil-, Medizin(al)-* ‖ **–cinar** vt *(jdm) Arznei verabreichen* ‖ **~se** *Arznei nehmen, s. therapieren*

medición *f (Ab-, Ver)Messung* f ‖ ~ escalonada ⟨Top⟩ *Stufenmessen* n ‖ ~ de las ondas ⟨Radio⟩ *Wellenmessung* f

médico adj *ärztlich* ‖ *medizinisch* ‖ *Heil-, Medizin(al)-* ‖ ~ *m Arzt* m ‖ ~ anestesista *Narkosearzt, Anästhesist* m ‖ ~ de balneario *Bade-, Kur\arzt* m ‖ ~ de cabecera *Hausarzt* m ‖ ~ de cámara *kgl. Leibarzt* m ‖ ~ castrense → ~ militar ‖ ~ con consultorio *niedergelassener Arzt* m ‖ ~ dentista *Zahnarzt* m ‖ ~ de enfermedades de la mujer *Frauenarzt, Gynäkologe* m ‖ ~ escolar *Schularzt* m ‖ ~ especialista *Facharzt* m ‖ ~ forense *Gerichtsarzt* m ‖ ~ generalista *Arzt für Allgemeinmedizin* ‖ ~ de guardia *diensttuender Arzt* m ‖ ~ investigador *Prüfarzt* m ‖ ~ (en) jefe *Chefarzt* m ‖ ~ de medicina general *Arzt* m *für Allgemeinmedizin* ‖ ~ militar *Militärarzt* m ‖ ~ práctico *praktischer Arzt* m ‖ ~ residente etwa: *Assistenzarzt* m ‖ ~ rural *Landarzt* m ‖ ~ del seguro de enfermedad *Kassenarzt* m ‖ ~ de los trópicos *Tropenarzt* m ‖ ~ de urgencia *Not-, Unfall\arzt* m ‖ ~ vacunador *Impfarzt* m ‖ ◇ hacerse examinar por el ~ *s. ärztlich untersuchen lassen* ‖ **~-legal** adj *(m/f) gerichtsärztlich*

medicucho *m* ⟨fam desp⟩ *Quacksalber, Kurpfuscher, Scharlatan* m ‖ → auch **matasanos**

medi|da *f Maß* n, *-stab* m ‖ *Messen* n, *(Aus)Messung* f ‖ *Maß\regel, -nahme* f ‖ *Silben-, Vers\maß* n ‖ ⟨Mus⟩ *Taktmaß* n ‖ *Bedacht* m, *Überlegung* f ‖ ~ agraria *Feldmaß* n ‖ ~ (de capacidad) para áridos *Trockenmaß* n ‖ ~ de capacidad *Raum-, Hohl\maß* n ‖ ~ cautelar *Vorsichtsmaßnahme* f ‖ ~ coercitiva → ~ rigurosa ‖ ~ itineraria *Wegmaß* n ‖ ~ para líquidos *Flüssigkeitsmaß* n ‖ ~ longitudinal *Längenmaß* n ‖ ~ métrica *Metermaß* n ‖ ~ de precisión *Präzisionsmessung* f ‖ ~ preventiva *Vorbeugungsmaßnahme* f ‖ ~ rigurosa *Zwangsmaßregel* f ‖ ~ de superficie *Flächenmaß* n ‖ ~ de tiempo *Zeitmaß* n ‖ ~ de urgencia *Sofort-, Dringlichkeits\maßnahme* f ‖ *Notmaßnahme* f ‖ ◆ a ~ de *gemäß* (dat), *nach Maßgabe* (gen) ‖ a ~ que ... sowie ... ‖ *während* ‖ *je nachdem* ... ‖ a ~ que decía *während, wobei* *er (sie, es) sagte* ‖ a ~ que vayas trabajando *während, im Laufe der Arbeit* ‖ a ~ del deseo *dem Wunsch gemäß* ‖ con ~ *maßvoll, mit Bedacht* ‖ en la ~ de nuestras fuerzas *nach Kräften* ‖ ◇ adoptar una ~ *zu e–r Maßnahme greifen, e–e Maßnahme ergreifen* od *treffen* ‖ se ha colmado la ~ 〈fig〉 *das Maß ist voll* ‖ no en la ~ que esperábamos *nicht in dem Maße, wie wir es erwarteten* ‖ guardar la ~ *Maß halten* ‖ *s. mäßigen* ‖ tomar la ~ *das Maß nehmen* (z. B. *zu e–m Anzug)* ‖ ~**s** *fpl:* ~ dracónicas *drakonische Maßnahmen* fpl ‖ ~ flanqueadoras *flankierende Maßnahmen* fpl ‖ ~ de precaución *Vorsichtsmaßnahmen* fpl ‖ ~ represivas *repressive Maßnahmen* fpl ‖ ~ sanitarias *Hygienemaßnahmen* fpl ‖ ~ de seguridad *Sicherheitsmaßnahmen* fpl ‖ ◇ ajustar las ~ a alg. 〈fig〉 *jdn zurechtweisen* ‖ tomar sus ~ 〈fig〉 *s–e Vorkehrungen, s–e Maßnahmen treffen* ‖ tomar *od* adoptar ~ *enérgicas energisch vorgehen* ‖ **–damente** adv *mit Bedacht* ‖ **–dor** m *(Ver)Messer* m ‖ *Messgerät* n ‖ → **²contador**

medie|val adj *(m/f) mittelalterlich* ‖ **–validad** f *Mittelalterlichkeit* f ‖ **–valismo** m *Mediävistik* f ‖ **–valista** m/f *Mediävist(in* f) m ‖ **–vo, ꞊vo** m *Mittelalter* n

¹medio adj/adv *halb, zur Hälfte, halbwegs* ‖ *Mittel-, Zwischen- ‖ durchschnittlich* ‖ *mittelmäßig* ‖ ~ billete *halbe Fahrkarte* f ‖ *Kinderbillett* n ‖ ~a caña 〈Typ〉 *fettfeine Linie* f ‖ ~ desnudo *halb nackt* ‖ ~ dormido *halb schlafend* ‖ ~ galope [Reitkunst] *Mittelgalopp* m ‖ ~ hermano *Halbbruder* m ‖ ~a hora *halbe Stunde* f ‖ hora y ~a *anderthalb Stunde* ‖ ~a lana *Halbwolle* f ‖ ~a latinidad *Vulgärlatein* n ‖ ~a lengua 〈fam〉 *Stotterer* m ‖ *Gestammel* n *(der Kinder)* ‖ ~a luna *Halbmond* m ‖ → *auch* **medialuna** ‖ ~ Luna Roja *Roter Halbmond* m *(entspricht im Islam dem Roten Kreuz)* ‖ ~ luto *Halbtrauer* f ‖ ~a naranja *halbe Apfelsine* f ‖ 〈figf〉 *Ehehälfte (Frau), bessere Hälfte* f ‖ ~a noche → **medianoche** ‖ ¡ni ~a palabra! 〈pop〉 *abgemacht! kein Wort darüber!* ‖ *sage niemandem et. (davon)!* ‖ ~ tiempo 〈Sp〉 *Halbzeit* f ‖ ~as tintas 〈Typ〉 *gebrochene Farben* fpl ‖ 〈Mal〉 *Halbtöne* mpl ‖ 〈fig〉 *Halbheiten* fpl ‖ ~ vacío *halb leer* ‖ ¡ ~a vuelta … ar! 〈Mil〉 *Abteilung … kehrt!* ‖ dos, tres y ~ *dreieinhalb, viereinhalb* ‖ tonto y ~ 〈fam〉 *erzdumm* ‖ ◆ a ~ abrir *halb offen (Tür)* ‖ a ~ asar *halb gebraten* ‖ a ~ camino *halbwegs* ‖ a ~ cocer, ~ cocido *halb gar* ‖ a ~ hacer, ~ hecho *halb gar (Speise)* ‖ *halb fertig* ‖ a ~a luz *im Halbschatten* ‖ a ~a melena *halblang geschnitten (Haar)* ‖ a ~ vestir *halb angekleidet* ‖ a ~a voz *halblaut* ‖ de (la) edad ~a *mittelalterlich* ‖ de ~a edad *von mittlerem Alter* ‖ por término ~ *im Durchschnitt, durchschnittlich* ‖ ◇ dar ~a vuelta *s. umdrehen, kehrtmachen* ‖ dormido a ~s *im Halbschlaf* ‖ era ~a mañana *es war vormittags* ‖ son las cinco y ~a *es ist halb sechs (Uhr)*

²medio m *Mitte* f ‖ *Hälfte* f ‖ *(Hilfs)Mittel* n ‖ *(Auskunfts)Mittel* n, *Ausweg* m ‖ 〈Opt Phys Biol Jur〉 *Medium* n ‖ 〈Biol Soz〉 *Umwelt* f, *Milieu* n ‖ *Medium* n (z. B. *im Spiritismus)* ‖ *Durchschnitt* m, *Durchschnittszahl* f ‖ *halbes Glas* n *(Wein)* ‖ 〈fig〉 *Sphäre* f, *Lebens-, Wirkungs|kreis* m ‖ 〈Sp〉 *Mittelfeldspieler* m *(Fußball)* ‖ ~ ambiente, ~ circundante 〈Ökol Philos〉 *Umwelt* f ‖ ~ de cambio *Tauschmittel* n ‖ ~ de cultivo *Kulturboden* m *(für Bakterien, für subversive Ideen)* ‖ ~ de envío *Versandweise* f ‖ ~ de locomoción *Fortbewegungsmittel* n ‖ *Beförderungsmittel* n ‖ ~ nutritivo 〈Med Biol〉 *Nährboden* m ‖ ~ (legal) de pago *(gesetzliches)*

Zahlungsmittel n ‖ ~ de recepción 〈Radio〉 *Empfangsmittel* n ‖ ~ de salvamento *Rettungsmittel* n ‖ ~ de sintonización 〈Radio〉 *Abstimmmittel* n ‖ ◆ de ~ a ~ *zur Hälfte* ‖ *vollständig* ‖ de por ~ *(da)zwischen* ‖ *halbwegs* ‖ de ~ arriba *vom Gürtel aufwärts* ‖ en ~ de eso *trotzdem, dessenungeachtet* ‖ en ~ del invierno *im tiefsten Winter* ‖ en ~ de la noche *mitten in der Nacht* ‖ en ~ de … *todo trotz allem* ‖ por ~ *in der Mitte* ‖ por ~ de *(ver)mittels …* ‖ por en ~ *mitten durch* ‖ ◇ asir por el ~ *in der Mitte halten (Stock)* ‖ se engaña Vd. de ~ a ~ *Sie irren s. vom Anfang bis zu Ende* ‖ no hay ~ de convencerle *er (es) ist nicht zu überzeugen* ‖ no hay ~ de hacerlo *es kann unmöglich gemacht werden* ‖ meterse en ~ 〈fig〉 *in e–m Streit vermitteln* ‖ pasó por ~ de la muchedumbre *er (sie, es) ging durch die Menge* ‖ ponerse de por ~ *s. ins Mittel legen* ‖ quitar de en ~ 〈figf〉 *aus dem Weg(e) räumen* ‖ quitarse de en ~ 〈figf〉 *aus dem Weg(e) gehen* ‖ en el (término) ~ *está la virtud der Mittelweg ist der beste* ‖ ~**s** mpl *Mittel* npl ‖ *Medien* npl ‖ ~ de comunicación *Verkehrsmittel* npl ‖ ~ de comunicación (de masas) 〈Soz Pol Wir〉 *Massen|medien, -kommunikationsmittel* npl ‖ ~ de fortuna *Vermögensumstände* mpl, *Mittel* npl ‖ ~ impresos *Printmedien* pl ‖ ~ pacíficos *friedliche Mittel* npl ‖ ~ de producción *Produktionsmittel* npl ‖ ~ de subsistencia *Existenzmittel* npl ‖ ◆ corto de ~ *knapp an Geld, unbemittelt* ‖ desprovisto *od* falto de ~ *mittellos* ‖ salir a los ~ 〈Taur〉 *den Stier in der Mitte der Arena bekämpfen (Stierkämpfer)*

medio|ambiental adj *(m/f) Umwelt-, ökologisch* ‖ **–campista** m/f 〈Sp〉 *Mittelfeldspieler(in* f) m

medio|cre adj *mittelmäßig ‖ durchschnittlich* ‖ *gewöhnlich* ‖ muy ~ 〈fig〉 *mangelhaft* ‖ **–cridad** f *Mittelmäßigkeit* f

mediodía m *Mittag* m, *Mittagszeit* f ‖ *Süden* m ‖ 〈Mar〉 *Südwind* m ‖ ◆ a ~ *mittags* ‖ *um zwölf Uhr* ‖ del ~ *aus dem Süden* ‖ *Süd-* ‖ ◇ hacer ~ *Mittagsrast halten*

medio|eval adj → **medieval** ‖ **–evo** m *Mittelalter* n

medio|fondista m/f 〈Sp〉 *Mittelstreckenläufer(in* f) m ‖ **–mundo** m *Angel-, Fisch|zeug* n ‖ **–pelo** m/adj Am *Mulatte, Mischling* m

medioteca f *Mediothek* f

mediquillo m 〈fam〉 *junger Arzt* m ‖ 〈desp〉 → **medicucho**

medir [-i-] vt *messen* ‖ *aus-, ab-, ver|messen* ‖ 〈fig〉 *ab|wägen, -schätzen* ‖ 〈fig〉 *bemessen* ‖ 〈fig〉 *beurteilen* ‖ ◇ ~ las armas con alg. *mit jdm die Waffen kreuzen* ‖ ~ las costillas a alg. 〈figf〉 *jdn verprügeln* ‖ ~ las fuerzas con alg. *es mit jdm aufnehmen* ‖ ~ *s–e Kräfte mit jdm messen* ‖ sus *od* las palabras 〈fig〉 *s–e Worte wählen, s–e Worte auf die Goldwaage legen, s. vorsichtig ausdrücken* ‖ *s. in s–n Ausdrücken mäßigen* ‖ ~ a palmos *nach Spannen messen* ‖ ~ por varas *nach Ellen messen* ‖ ~lo todo por un rasero 〈fig〉 *alles über e–n Kamm scheren* ‖ me hizo ~ el suelo 〈fig〉 *er streckte mich zu Boden* ‖ ~**se** *s. mäßigen* ‖ *vorsichtig sein* (en *mit)* ‖ *s. messen* (con alg. *mit jdm)*

medita|bundo adj *nachdenklich, grübelnd* ‖ **–ción** f *Nachdenken, (Nach)Sinnen* n ‖ *Betrachtung* f ‖ *Versunkenheit* f ‖ 〈Rel〉 *Andacht* f, *stilles Gebet* n ‖ 〈Philos Psychol Rel Mus〉 *Meditation* f ‖ ◇ sumergido en sus meditaciones 〈fig〉 *in s–n Gedanken versunken* ‖ **–dor** adj *betrachtend* ‖ *meditierend* ‖ *nachdenklich* ‖ *grüblerisch* ‖ ~ m *Betrachter* m ‖ 〈fig〉 *Grübler* m

medi|tar vi *betrachten, überlegen, nachdenken über* (acc) ‖ *meditieren* ‖ *grübeln* ‖ **–tativo** adj *nach|denklich, -sinnend* ‖ *besinnlich*
mediterráneo adj *mittelländisch* ‖ *mediterran* ‖ *Mittelmeer-* ‖ ∼ *m Mittelmeer* n ‖ ◇ *descubrir el* ∼ *längst Bekanntes entdecken* bzw *erfinden*
médium [..djun] *m Medium* n *(Spiritismus)*
mediumnístico, mediúmnico adj *mediumistisch, Medium-*
medo adj ⟨Hist⟩ *medisch* ‖ ∼ *m Meder* m
medra *f Gedeihen, Wachsen* n ‖ *Blühen* n
medrado adj *gesund, rüstig* ‖ *erwachsen* (bes. Sant) (→ **crecido**) ‖ ⟨fig⟩ *sozial aufgestiegen* ‖ ⟨fig⟩ *reich geworden* ‖ ∼ *m* ⟨fam⟩ *Emporkömmling* m ‖ ◇ ¡∼s *estaríamos!* ⟨pop⟩ *das fehlte (gerade) noch!*
medrar vi *gedeihen* ‖ *wachsen* (bes. Sant) (→ **crecer**) ‖ ⟨fig⟩ *sozial aufsteigen* ‖ ⟨fig⟩ *vorwärtskommen* ‖ ⟨fig⟩ *s. bereichern*
medro *m* → **medra** ‖ ◇ *procurar su* ∼ *personal auf s–n Vorteil bedacht sein* ‖ ∼s *mpl Fortschritte* mpl
medroso adj/s *furchtsam* ‖ *zag(haft)* ‖ *fürchterlich* ‖ *nicht geheuer*
medu|la, médula *f Mark n (der Pflanzen, der Knochen*) *fig)* ‖ *Kern* m *(des Holzes)* ‖ ⟨fig⟩ *Kern* m ‖ ⟨fig⟩ *Mark* n ‖ ∼ *espinal* ⟨An⟩ *Rückenmark* n ‖ ∼ *oblonga* ⟨An⟩ *verlängertes Mark* n ‖ ∼ *ósea* ⟨An⟩ *Knochenmark* n ‖ ◆ *hasta la* ∼ ⟨figf⟩ *durch und durch, bis ins Mark* ‖ *sin* ∼ ⟨figf⟩ *geistlos* ‖ **–lar** adj *(m/f) Rückenmark(s)-* ‖ ⟨fig⟩ *Kern-*
medusa *f* ⟨Zool⟩ *Meduse, Qualle* f *(geschlechtliche Quallenform der Nesseltiere)*
Medusa *f* ⟨Myth⟩ *Meduse* f
meeting *m* → **mitin**
Mefis|tófeles *m Mephisto* m ‖ ⁼tofélico adj *mephistophelisch*, p.ex *teuflisch* (& fig)
mefítico adj *mephitisch, pestartig, giftig (Luft, Gas)*
mega präf *Mega-*
mega|bit *m* ⟨Inform⟩ *Megabit* n ‖ **–byte** *m Megabyte* n
megaciclo *m* ⟨Radio⟩ *Megahertz* n
mega|fonía *f Schallverstärkung* f ‖ *(Schall)Verstärkertechnik* f ‖ *(Schall)Verstärkeranlage* f ‖ **–fónico** adj *schallverstärkend* ‖ *Schallverstärkungs-*
megáfono *m Megafon, Sprachrohr* n, ⟨fam⟩ *Flüstertüte* f
mega|lítico adj *megalithisch, Megalith-* ‖ **–lito** *m Megalith* m
mega|lomanía *f* ⟨Med⟩ *Größenwahn* m, *Megalomanie* f ‖ **–lómano** adj *größenwahnsinnig, megaloman* ‖ ∼ *m Größenwahnsinnige(r)*, *Megalomane* m
megaterio *m* ⟨Paläont⟩ *Megatherium* n
mega|tonelada *f (Gewicht) Megatonne* f (Abk *Mt)*, ⟨Atom⟩ *Megatonne* f (Abk *MT)* ‖ **–vatio** *m* ⟨El⟩ *Megawatt* n (Abk *MW)*
Megera *f* ⟨Myth⟩ *Megäre* f ‖ ∼ *f* ⟨fig⟩ *Megäre* *f, böses* od *zänkisches Weib* n
mego adj *sanft, nachgiebig*
megohmio *m* ⟨El⟩ *Meg(a)ohm* n
mehala *f Marr* ⟨Mil⟩ *Truppe* f
mehari *m* ⟨Zool⟩ *Mehari* n
meiga adj *(m/f) zauberisch* ‖ *Hexen-, Zauber-* ‖ ∼ *f Gal León Hexe, Zauberin* f
Mein *m* [Fluss]: *Main* m
meiosis *f* ⟨Biol⟩ *Meiose* f
mej. ⟨Abk⟩ = **mejor**
mejer vt *rühren (Flüssigkeit)*
mejica|na *f Mexikanerin* f ‖ **–nismo** *m Mexikanismus* m *(e–e nur im mexikanischen panisch vorkommende sprachliche Erscheinung)* ‖ **–no** adj *mexikanisch* ‖ ∼ *m Mexikaner* m

Méjico *m* ⟨Geogr⟩ *Mexiko* n
mejido adj *mit Zucker und Wasser eingerührt (Eigelb)*
mejilla *f Wange, Backe* f
meji|llón *m* ⟨Zool⟩ *(essbare) Mies-, Pfahl|muschel* f (Mytilus edulis) ‖ **–llonera** *f Bank* f *für die (Pfahl)Muschelzucht* ‖ **–llonero** *m (Pfahl)Muschelzüchter* m
mejón ⟨pop⟩ → **mejor**
¹**mejor** adj/s *(m/f)* (comp von **bueno**) ‖ *besser* ‖ *höher* ‖ *el* ∼ *der Bessere* ‖ *der Beste* ‖ *lo* ∼ *das Bessere* ‖ *das Beste* ‖ *el* ∼ *de todos der Beste von allen* ‖ *el* ∼ *día e–s schönen Tages, am ersten besten Tag* ‖ ◇ *pasar a* ∼ *vida* ⟨fig⟩ *sterben, hin-, ver|scheiden* ‖ *lo* ∼ *es que ...* (subj) *es ist am besten, dass ...*
²**mejor** adv *besser* ‖ *am besten* ‖ *mehr* ‖ *lieber* ‖ ∼ *dicho, por* ∼ *decir besser gesagt* ‖ *eigentlich* ‖ ∼ *que* ∼ *so ist's besser, um so besser* ‖ *a* ∼ *no viene (od vendrá) (fam) er (sie, es) wird kaum kommen, vielleicht kommt er (sie, es) nicht* ‖ *a cual* ∼ *um die Wette* ‖ *como* ∼ *pudo, lo* ∼ *que pudo so gut er (sie, es) konnte* ‖ *lo* ∼ *posible auf die beste Art* ‖ *so gut er konnte* ‖ *so gut wie möglich* ‖ *cuanto antes* ∼ *je eher, je lieber* ‖ *tanto* ∼ *desto besser* ‖ ¡∼*! um so besser!* ‖ *estar* ∼ *s. wohler fühlen (Kranker)* ‖ ∼ *quiero morir que ... ich will lieber sterben, als ...* ‖ *de* ∼ *en* ∼ *vom Guten zum Besseren* ‖ *está* ∼ *es geht ihm (ihr) besser* ‖ *lo que* ∼ *le plazca ganz nach Ihrem Belieben* ‖ *Juan es el que lo hace* ∼ *Hans macht es am besten*
mejo|ra *f (Ver)Besserung* f ‖ *Zunahme, Erweiterung, Vermehrung* f ‖ *Neuerung* f ‖ *Aufbesserung* f ‖ ⟨Tech⟩ *Vered(e)lung* f *(Waren)* ‖ *Vergütung* f *(Stahl)* ‖ *Erholung* f *(Kurs)* ‖ ⟨Agr⟩ *Melioration* f *(Boden)* ‖ ⟨Com Wir⟩ *höheres Gebot* n *(bei Versteigerungen)* ‖ *Zuwendung* f ‖ ∼ *del (medio) ambiente Umweltverbesserung* f ‖ ∼s *sociales complementarias (zusätzliche) firmeneigene Sozialleistungen* fpl ‖ *susceptible de* ∼ *verbesserungsfähig* ‖ ◇ *hacer* ∼s *Verbesserungen vornehmen* ‖ **–ración** *f: explotaciones de* ∼ *Vered(e)lungsbetriebe* mpl ‖ **–rado** adj *gebessert, besser* ‖ **–ramiento** *m (Ver)Besserung* f ‖ *(Ver)Bessern* m
mejorana *f* ⟨Bot⟩ *Majoran* m *(Majorana hortensis)*
mejoranera *f Pan* ⟨Art⟩ *Gitarre* f
mejorar vt *aus-, (ver)bessern* ‖ *meliorieren (Boden)* ‖ *veredeln (Waren)* ‖ ∼ vi *s. bessern, besser werden (Gesundheit, Wetter)* ‖ ⟨fig⟩ *emporkommen* ‖ ◇ ∼ *de condición s–e Lebenslage bessern* ‖ *mejorando lo presente die Anwesenden ausgenommen (Höflichkeitsformel)* ‖ *los negocios mejoran die Geschäfte bessern (erholen) s.* ‖ *el tiempo va mejorando das Wetter wird allmählich besser* ‖ ∼**se** *s. bessern, besser werden* ‖ ¡*que se mejore! gute Besserung!*
mejorcito adj dim von ¹**mejor** ‖ *lo* ∼ ⟨fig⟩ *das Beste vom Besten* ‖ *lo* ∼ *de la gente* ⟨fam⟩ *die Creme der Gesellschaft*
mejoría *f (Ver)Besserung* f ‖ *Erleichterung* f ‖ *Besserung* f *(Kranker, Wetter)* ‖ *Aufhellung* f *(Wetter)* ‖ *Überlegenheit* f ‖ ◇ *experimentar* ∼ *s. wohler fühlen (Kranker)*
mejunje *m Pomade, Riechsalbe* f ‖ *Heilmittel* n, *Latwerge* f ‖ ⟨desp⟩ *Gebräu* n
mela|da *f Honigschnitte f (Brot)* ‖ *getrocknete Marmelade(brocken* mpl*)* f ‖ **–do** adj *honigfarben* ‖ *lichtbraun (Pferd)* ‖ *hell-, gold|braun (Augen)* ‖ ∼ *m Klärsel* n, *Klarsaft* m *(Zuckergewinnung)* ‖ △ **melalar** vt *(ab)messen*
melampo *m* ⟨Th⟩ *Lampe* f *des Inspizienten*
melan|colía *f Melancholie, Schwermut* f,

Trübsinn m ‖ **–cólico** adj *melancholisch, schwermütig, trübsinnig*
  melandro *m* Ast ⟨Zool⟩ → **tejón**
  Melane|sia *f* ⟨Geogr⟩ *Melanesien* n ‖ **˭sio** adj *melanesisch* ‖ ~ *m Melanesier* m
  melanismo *m* ⟨Med⟩ *Mela|nismus* m, *-nose* f
  mela|nita *f* ⟨Min⟩ *Melanit* m ‖ **–noma** *m* ⟨Med⟩ *Melanom* n ‖ **–nosis** *f* ⟨Med⟩ *Melano|se, -sis, Melasma* f ‖ **–nterita** *f* ⟨Min⟩ *Eisenvitriol* n, *Melanterit* m ‖ **–nuria** *f* ⟨Med⟩ *Melanurie* f
  melar adj *Honig-*
  melaza *f Melasse* f, *Sirup* m
  Melchor *m* np *Melchior* m
  melcocha *f verdickter Honig* m ‖ *Marzipan* m ‖ *Honig-, Pfeffer-, Leb|kuchen* m
  meleagria *f* ⟨Bot⟩ *Schach(brett)blume* f (Fritillaria)
  melecina *f* ⟨pop⟩ León Sal Mex → **medicina**
  ¹melena *f* ⟨Med⟩ *Melaena, Schwarzruhr* f
  ²mele|na *f* (*Löwen)Mähne* f ‖ *Stirn|haar* n, *-locken* fpl ‖ *langes Haar* n ‖ *Haar|schopf* m, *-büschel* ‖ *fliegende Haare* npl ‖ ⟨pop⟩ *Künstlerhaar* n ‖ ⟨pop⟩ *Langhaarige(r)* m ‖ ~ *corta* (~ a lo chico, ~ a lo garzón) *Bubikopf* m ‖ *Herrenschnitt* m ‖ ◇ *cortar a* ~ *halblang schneiden* ‖ ◆ *cortado en* ~ *kurz geschnitten* (Haar) ‖ media ~ *halblanges Haar* n ‖ *cortar a* ~ *halblang schneiden* ‖ → *auch* **pelo** ‖ **–nudo** adj *langhaarig* ‖ ~ *m* p.ex *Gammler bzw Hippie* m
  melera *f* ⟨Bot⟩ → **³lengua** de buey
  melero *m Honigverkäufer* m ‖ *Honigtopf* m ‖ *Honigschlecker* m
  meli|fago adj *honigfressend* ‖ **–fero** adj *Honig enthaltend*
  melificación *f Honigbereitung* f
  melifico adj *Honig bereitend od erzeugend (Bienen)*
  meli|fluidad *f* ⟨fig⟩ *Süßigkeit, Lieblichkeit* f ‖ ⟨fig desp⟩ *Schmierigkeit* f ‖ **–fluo** adj *honigfließend* ‖ ⟨fig⟩ *lieblich, süß* ‖ ⟨fig desp⟩ *honig-, zucker|süß* ‖ ⟨pej⟩ *salbungsvoll, ölig*
  meliloto *m* ⟨Bot⟩ *Stein-, Honig|klee* m (Melilotus officinalis)
  Melilla *f* [Stadt] *Melilla* n
  melin|dre *m Honigpfannkuchen* m ‖ *Marzipanbaiser* n (*süßes Gebäck*) ‖ ⟨fig⟩ *Ziererei, Zimperlichkeit* f ‖ ◇ *hacer* ~ *s. zieren, spröde sein* ‖ *hacer* ~s a la comida *wählerisch bei Tisch sein* ‖ *no andar con* ~s ⟨figf⟩ *energisch zu Werke gehen* ‖ **–drería** *f Ziererei, Zimperlichkeit* f ‖ *Affektiertheit* f ‖ **–drero** → **–droso** ‖ **–drizar** [z/c] vi *s. zieren, spröde sein* ‖ **–drosa** *f* ⟨fam⟩ *Zierpuppe f, affektiertes Mädchen* n ‖ **–droso** adj *geziert, zimperlich, heikel* ‖ ~ *m Zieraffe, affektierter junger Mann* m
  melión *m* ⟨V⟩ → **pigargo**
  melisa *f* ⟨Bot⟩ *Melisse* f (Melissa officinalis)
  melitar *m* ⟨pop⟩ → **¹,²militar**
  mella *f Scharte* f (am Messer, am Degen usw.) ‖ (Zahn)Lücke f ‖ ⟨fig⟩ *Eindruck* m, *Wirkung* f ‖ ⟨fig⟩ *Beeinträchtigung* f, *Schaden* m ‖ ◇ *hacer* ~ en alg. ⟨fig⟩ *auf jdn Eindruck machen, jdn rühren* ‖ *no hacer* ~ en *k–n Schaden verursachen (an dat)* ‖ *kein Aufsehen erregen (bei)*
  mellado adj *schartig, stumpf* ‖ *zahnlückig*
  mellar vt *schartig machen* ‖ ⟨fig⟩ *mindern, beeinträchtigen (Ansehen usw.)* ‖ ◇ ~ la honra ⟨fig⟩ *den guten Ruf antasten* ‖ ~se *schartig werden* ‖ ◇ *s. abstumpfen (Messer)* (en an dat) ‖ ◇ ~ los dientes *s. die Zähne ausbeißen*
  melli|za *f Zwillingsschwester* f ‖ **–zo** adj *Zwillings-* ‖ ~ *m Zwilling(sbruder)* m ‖ ~s mpl *Zwillinge* mpl
  meloco|tón *m Pfirsichbaum* m ‖ *Pfirsich* m ‖ *melocotones en almíbar in Sirup eingemachte*

Pfirsiche mpl ‖ **–tonar** *m Pfirsichpflanzung* f ‖ **–tonero** *m* ⟨Bot⟩ *Pfirsichbaum* m (Prunus persica)
  melodía *f Melodie, (Sing)Weise* f ‖ *Wohlklang* m ‖ ~ *pegadiza Ohrwurm* m ‖ ~ de siempre *Evergreen* m (& n)
  melódico adj *melodisch, wohlklingend*
  melo|dioso adj *melodiös, wohlklingend* ‖ **–drama** *m* ⟨Th⟩ *Melodram(a), Singspiel* n ‖ *Oper* f ‖ *Melodram(a)* n (*gesprochener Text mit Musikbegleitung*) ‖ ⟨Th⟩ *Musikbegleitung* f *zum mimischen Spiel* ‖ p.ex ⟨Th⟩ *Volks-, Rühr|stück* n ‖ ⟨fig⟩ *Melodram(a)* n ‖ **–dramático** adj *melodramatisch* (& fig)
  meloe *m* ⟨Ins⟩ *Ölkäfer, Maiwurm* m (Meloë proscarabaeus)
  meloextractor *m Honigschleuder* f
  meloid(e)os *mpl* ⟨Ins⟩ *Ölkäfer* mpl (Meloidae)
  meloja *f Honigseim* m
  melojo *m* ⟨Bot⟩ *Flaumeiche* f (Quercus pubescens)
  melolonta *m* ⟨Ins⟩ *Maikäfer* m (Melolontha melolontha)
  melomanía *f Melomanie, Musikliebhaberei* f ‖ **melómano** *m Musikliebhaber* m
  ¹melón *m Melone* f ‖ ⟨fig⟩ *Kahlkopf* m ‖ ⟨fam⟩ *Kopf* m, ⟨fam⟩ *Birne* f ‖ ⟨fam⟩ *Schafskopf* m ‖ ⟨fam⟩ *runder, steifer Filzhut* m, ⟨pop⟩ *Melone* f ‖ ◇ *estrujarse el* ~ ⟨fam⟩ *s. den Kopf zerbrechen* ‖ *tantear el* ~ ⟨figf⟩ *auf den Busch klopfen*
  ²melón *m* ⟨Zool⟩ → **meloncillo**
  melo|nada *f* ⟨figf⟩ *Tölpelei* f ‖ ⟨figf⟩ *Dummheit* f ‖ **–nar** *m Melonen|beet* n, *-pflanzung* f
  meloncillo *m* ⟨Zool⟩ *Meloncillo* m (*Unterart des nordafrikanischen Ichneumons*)
  melone|ra *f Melonengewächs* n ‖ **–ro** *m Melonen|pflanzer bzw -verkäufer* m
  melopea *f* ⟨fam⟩ *Rausch* m, *Trunkenheit* f
  melo|sidad *f Honigsüße* f ‖ *Süßigkeit* f ‖ *Süße, Lieblichkeit* f (& fig) ‖ **–so** adj *honigartig* ‖ *honigsüß* ‖ ⟨fig⟩ *süß, lieblich* ‖ ⟨fig⟩ *süßlich, zuckersüß*
  melote *m Zuckersirup* m
  Melpómene *f* np ⟨Myth⟩ *Melpomene* f *(Muse)*
  Melquíades *m* np *Melchiades* m
  melsa *f* Ar ⟨An⟩ *Milz* f ‖ Ar ⟨fig⟩ *Phlegma* n, ⟨fam⟩ *Ruhe* f
  meluca *f* ⟨reg⟩ *Fischköder* m
  Melusina *f* ⟨Myth⟩ *Melusine* f
  memada *f* ⟨pop⟩ → **memez**
  membra|na *f Häutchen* n ‖ *Membran(e)* f (& El) ‖ *Pergament* n ‖ ~ del himen ⟨An⟩ *Jungfernhäutchen* n ‖ ~ interdigital ⟨Zool⟩ *Schwimmhaut* f ‖ ~ mucosa ⟨An⟩ *Schleimhaut* f ‖ ~ natatoria ⟨Zool⟩ *Schwimmhaut* f ‖ ~ nictitante ⟨Zool⟩ *Nickhaut* f ‖ ~ timpánica ⟨An⟩ *Trommelfell* n ‖ ~ virginal → ~ del himen ‖ **–noso** adj ⟨Zool⟩ *häutig*
  membresía *f* Ec Mex *Mitgliederzahl f (e–s Vereins, e–r Gesellschaft)*
  membrete *m Brief- bzw Tabellen|kopf* m ‖ *erster Entwurf* m, *Konzept* n ‖ *kurze briefliche Mitteilung* f
  membricar [c/qu] vt *büßen*
  membri|llate *m Quittenfleisch* n ‖ **–llero** *m Quittenbaum* m ‖ **–llo** *m* ⟨Bot⟩ *Quittenbaum* m (Cydonia vulgaris) ‖ *Quitte* f ‖ *Quittenfleisch* n ‖ *Quittenmus* n ‖ ◇ *crecerá el* ~ y cambiará el pelillo ⟨Spr⟩ *kommt Zeit, kommt Rat*
  membrudo adj *stämmig, vierschrötig*
  memeches Guat: a ~ *auf dem Rücken (tragen*
  memento *m* ⟨Rel⟩ *Memento* n (*der Messe*) ‖ *Merkzeichen* n
  memez [*pl* ~ces] *f* ⟨pop⟩ *Albernheit, Einfältigkeit* f
  memo adj *albern, dumm, einfältig, trottelhaft* ‖

~ *m Dummkopf, Tölpel, Trottel* m ‖ ◇ *hecho un*
~ ⟨figf⟩ *ganz außer s.* ‖ ⟨figf⟩ *wie ein Idiot*
memo|rable adj *(m/f) denkwürdig* ‖ **–rándum**
[…un] *m Memorandum* n, *Denkschrift* f ‖ ⟨Com⟩
Memorandum n, *Nota* f ‖ ~ *de una letra de
cambio Interimswechsel* m ‖ **–rar** vt ⟨lit⟩ *s.
erinnern* (a *an* acc*)* ‖ **–rativo** adj *erinnernd*
¹memoria f *Gedächtnis* n ‖
Erinnerungsvermögen n ‖ *Andenken* n ‖
Erinnerung f ‖ ~ *feliz treues od gutes Gedächtnis*
n ‖ ~ *fiel gutes Gedächtnis* n ‖ ~ *inmediata
Kurzzeitgedächtnis* n ‖ ~ *local Ortsgedächtnis* n ‖
~ *de personas Personengedächtnis* n ‖ ~ *verbal
Wortgedächtnis* n ‖ *flaco de* ~ *vergesslich* ‖ ◆ *de*
~ *auswendig* ‖ *en la od de* ~ *de hombre seit
Menschengedenken* ‖ ◇ *aprender de* ~ *auswendig
lernen* ‖ *borrarse de la* ~ ⟨fig⟩ *dem Gedächtnis
entfallen* ‖ *calcular de* ~ *im Kopf rechnen* ‖
conservar od retener en la ~ *im Gedächtnis
behalten* ‖ *decir de* ~ *aus dem Kopf hersagen* ‖
hacer ~ *de a/c (s.) an et. erinnern* ‖ *ya no hay* ~
de ello es ist schon in Vergessenheit geraten ‖ *se
me ha ido de la* ~ ⟨fig⟩ *es ist mir entfallen, ich
habe es vergessen* ‖ *retener en la* ~ *im
Gedächtnis behalten* ‖ *tener* ~ *de elefante* ⟨fig⟩
ein Elefantengedächtnis haben ‖ *tener* ~ *de grillo
od de gallo ein Gedächtnis wie ein Sieb haben* ‖
traer a la ~ *in Erinnerung bringen* ‖ **~s** mpl
Memoiren pl ‖ ◇ *dar* ~ *Grüße bestellen, s.
empfehlen*
²memoria f *Denkschrift* f ‖ *Jahresbericht* m ‖
Sitzungsbericht m ‖ *Verzeichnis* n ‖ ⟨Jur⟩
ausführlicher Bericht m ‖ ⟨Med⟩ *Krankenbericht*
m ‖ ~ *de la patente Patentbeschreibung* f
³memoria f ⟨Inform⟩ *Speicher* m ‖ ~ *de
acceso directo Speicher* m *mit direktem Zugriff* ‖
~ *de alta velocidad hochschneller Speicher* m ‖
~ *de disco duro Festplattenspeicher* m ‖ ~
externa Externspeicher m ‖ ~ *interna
Internspeicher* m ‖ ~ *virtual virtueller Speicher* m
memo|rial m *Erinnerungs-, Tage|buch* n ‖
Bittschrift, Eingabe f ‖ *Gedächtnisstütze* f ‖
Gedenkbuch n ‖ *Mitteilungsblatt* n ‖ **–rión** m
⟨fam⟩ *starkes, sehr gutes Gedächtnis* n ‖ **–rioso**
adj/s *mit gutem Gedächtnis* ‖ **–rismo** m
Memoriersystem n *(beim Lernen, im Unterricht)* ‖
–rístico adj: *método (od sistema)* ~
Memorier|system n, *-methode* f ‖ **–rización** f
Memorieren, Auswendiglernen n ‖ **–rizar** [z/c]
vt/i *memorieren, auswendig lernen*
men. ⟨Abk⟩ = **menor** ‖ **menos**
mena f ⟨Bgb⟩ *Erz* n ‖ *Fördererz* n
Mena f ⟨pop⟩ → **Filomena**
ménade f *Mänade, Bacchantin* f
menaje m *Hausrat* m, *Möbeleinrichtung* f *e–s
Hauses* ‖ *Lehrmaterial* n *(e–r Schule)* ‖ *Haushalt*
m
menchevi|que m ⟨Pol Hist⟩ *Menschewik* m ‖
-quismo m *Menschewismus* m
mención f *Erwähnung, Erinnerung* f ‖ ◆ *con*
~ *honorífica mit Auszeichnung (Zeugnis)* ‖ *digno
de* ~ *erwähnenswert* ‖ ◇ *hacer* ~ *(de) erwähnen*
‖ *no puedo dejar sin* ~ *que … ich will nicht
unerwähnt lassen, dass …*
mencionar vt *et. erwähnen, (e–r Sache* gen*)
gedenken, (et.) anführen* ‖ *verzeichnen, aufführen*
‖ ◇ *dejar de* ~ *unerwähnt lassen*
menda pron ⟨pop⟩ *ich* ‖ ~ *piensa (3. Person)
que … m–e Wenigkeit meint, dass …* ‖ *lo dice* ~
ich sage es
men|dacidad f *Verlogenheit* f ‖ *Lügenhaftigkeit*
‖ **–daz** [pl ~**ces**] adj *lügenhaft, verlogen*
Mendel: *leyes de* ~ ⟨Gen⟩ *Mendelsche
Gesetze* npl *(der Vererbung)* ‖ ◇ *aparecer od
manifestarse según las leyes de* ~ *mendeln*

mendelevio m **(Mv)** ⟨Chem⟩ *Mendelevium* n
mende|liano adj ⟨Gen⟩ *Mendel-* ‖ **–lismo** m
Mendelismus m, *Vererbungslehre* f *des Johann
Gregor Mendel (1822–1884)*
△ **menderí** f *Flasche* f
mendi|cación f *Betteln* n, *Bettelei* f ‖ **–cante**
adj *(m/f) Bettel-* ‖ ~ *m Bettler* m ‖ *Bettelmönch* m
‖ **–cidad** f *Bettelhaftigkeit* f ‖ *Bettelei* f ‖
Bettelleben n ‖ *Bettelstand* m ‖ ◇ *verse obligado
a la* ~ *an den Bettelstab kommen* ‖ **–ga** f *Bettlerin*
f ‖ **–gar** [g/gu] vt/i *betteln* ‖ *erbetteln* ‖ ⟨fig⟩
inständig bitten ‖ **–go** m *Bettler* m ‖ ~ *de
profesión Bettler* m *von Beruf*
mendo m ⟨Fi⟩ *Hundszunge* f (Glyptocephalus
cynoglossus)
mendoso adj *lügenhaft, irrig*
mendrugo m *Stück* n *Brot, Brotbrocken* m ‖ *un*
~ ⟨pop⟩ *ein bisschen* n ‖ ◇ *no tener para llevarse
un* ~ *a la boca* ⟨figf⟩ *bettelarm sein* ‖ **~s** mpl
Brocken, Überreste mpl *von Speisen*
meneallo → **menear**
menear vt *(hin und her) bewegen* ‖ *schwenken*
‖ *rütteln, schütteln* ‖ *(um)rühren* ‖ *aufrühren* ‖ ◇
~ *la cabeza (de un lado a otro) den Kopf
schütteln* ‖ ~ *la cabeza afirmativamente
zustimmend nicken* ‖ ~ *la cola mit dem Schwanz
wedeln (Hund)* ‖ ~ *el esqueleto schwofen, tanzen*
‖ ~ *el rabo* → ~ *la cola* ‖ *peor es meneallo* ⟨fig⟩
besser ist es, nicht daran zu rühren ‖ **~se** s.
bewegen, s. rühren ‖ ⟨figf⟩ *eilen, s. sputen* ‖ *el
diente se menea der Zahn ist locker* ‖ *meneársela*
⟨vulg⟩ *wichsen (masturbieren)*
Menegilda f np *Menegildis* f ‖ ⟨fam⟩ → **criada**
Menelao m np *Menelaos* m
meneo m *Schwenken* n ‖ *Bewegen, Schütteln,
Rütteln* n ‖ ⟨fam⟩ *Durchprügeln* n
menes|ter m *Not(wendigkeit)* f, *Bedürfnis* n ‖
Amt n, *Dienst* m ‖ *Geschäft* m, *Verrichtung* f ‖ ◇
haber ~ *de a/c et. nötig haben, (e–r Sache* (gen*)
bedürfen* ‖ *no habrá* ~ *de … man wird auf …
verzichten können* (acc*)* ‖ *es* ~ *(hacerlo) es ist
nötig(, es zu tun)* ‖ *man muss (es tun)* ‖ *no tengo*
~ *de ello ich brauche es nicht* ‖ **~es** mpl
natürliche Bedürfnisse npl ‖ *Dienstobliegenheiten*
fpl ‖ ⟨fam⟩ *Gerät, Handwerkszeug* n ‖ ~ *de la
vida Lebensbedürfnisse* npl ‖ **–teroso** adj *dürftig,
notleidend* ‖ ~ *m Bedürftige(r)* m
menestra f ⟨Kochk⟩ *Gemüseeintopf* m ‖ ⟨it⟩
Minestra f ‖ **~s** fpl *trockene Hülsenfrüchte* fpl
menes|tral m *Handwerker* m ‖ ⟨Hist⟩
Minne|sänger, -singer m *(in Deutschland)* ‖
Minstrel m *(in Frankreich und in England)* ‖
–tralía f → **artesanía**
menfítico adj *auf Memphis (Menfis) bezüglich*
meng. ⟨Abk⟩ = **menguante**
mengano m/adj: *fulano, zutano y* ~ *der und
der (wenn von mehreren die Rede ist)* (→ *auch*
fulano)
mengua f *Abnehmen* n, *Verminderung* f,
Abgang m ‖ *Einbuße* f ‖ *Mangel* m, *Ermangelung,
Not* f ‖ *Armut, Dürftigkeit* f ‖ ⟨fig⟩ *Schande* f ‖ ◆
sin ~ *ohne (jede) Schmälerung*
men|guado adj/s *feig, kleinmütig* ‖ *dumm,
einfältig* ‖ *elend* ‖ *karg, filzig* ‖ *unglücklich* ‖
knaus(e)rig ‖ *¡* ~ *amigo!* ⟨lit iron⟩ *hübscher
Freund!* ‖ (puntos) **~s** *abgenommene Maschen* fpl
(beim Stricken) ‖ ◇ *naciste en hora* ~**a** ⟨lit⟩ *du
bist unter e–m bösen Stern geboren* ‖ **–guante** f
Fallen n *(des Wassers)* ‖ *Abnehmen* n *(des
Mondes)* ‖ ⟨Mar⟩ *Ebbe* f ‖ ⟨fig⟩ *Rückgang, Verfall*
m, *Abnahme* f ‖ (cuarto) ~ *abnehmendes
(Mond)Viertel* n ‖ **–guar** [gu/gü] vt *vermindern* ‖
schmälern ‖ vi *abnehmen* ‖ *in Verfall geraten* ‖
abnehmen (beim Stricken) ‖ *schwinden (beim
Kochen)*

mengue m ⟨fam⟩ *Teufel* m
menhir m *Menhir* m
menina f ⟨Hist⟩ *Edelfräulein, ad(e)liges Mädchen* n ‖ ⟨reg⟩ *Liebchen, Schätzchen* n *(Kosewort für Kinder)* ‖ „Las ~s" ⟨Mal⟩ *berühmtes Gemälde von Velázquez*
menin|ge f ⟨An⟩ *Hirnhaut* f ‖ ◇ *estrujarse las ~s* ⟨pop⟩ *s. den Kopf zerbrechen* ‖ **–gítico** adj *auf die Meningitis bezüglich* ‖ **–gitis** f ⟨Med⟩ *Hirnhautentzündung, Meningitis* f ‖ **–gococo** m ⟨Bact⟩ *Meningokokke* f
menisco m ⟨Phys An⟩ *Meniskus* m
menjunje, menjurje m → **mejunje**
Meno m [Fluss] *Main* m
menonita m ⟨Rel⟩ *Mennonit* m
menopausia f ⟨Physiol⟩ *Menopause* f
¹menor adj *(m/f) kleiner* ‖ *geringer* ‖ *minder* ‖ *jünger* ‖ *minderjährig, unmündig* ‖ ⟨Mus⟩ *Moll* ‖ *Bagatell-* ‖ *~ de edad minderjährig, unmündig* ‖ *~ que ... jünger als ...* ‖ ⟨Math⟩ *kleiner als (<) ...* ‖ *un año ~ que él ein Jahr jünger als er* ‖ *al ~ movimiento bei der geringsten Bewegung* ‖ *en tono ~ in Moll* ‖ *por ~ im Kleinen, einzeln* ‖ *ausführlich, umständlich* ‖ *no conseguirás la ~ cosa du wirst nicht das Geringste erreichen*
²menor m *Minderjährige(r)* m ‖ *Mündel* m/n/f ‖ *Jüngere(r)* m ‖ *el ~ der Kleinste* m ‖ *der Jüngste* m ‖ *der Geringste* m ‖ *~es de 5 años Kinder* mpl *unter 5 Jahren*
Menorca f ⟨Geogr⟩ *Menorca* n
meno|rero m *der sexuell mit Minderjährigen verkehrt* ‖ **–rete** adj ⟨fam⟩ *dim von* **menos** ‖ **–ría** f *Minderjährigkeit* f (→ **minoridad**) ‖ *geringerer Rang* m ‖ **–rista** m/f Am *Einzelhändler(in* f) m
menorquín adj *aus Menorca* ‖ *auf Menorca bezüglich*
menos adv/s 1. *weniger, minder* ‖ *abzüglich, außer, ausgenommen* ‖ ⟨Math⟩ *Minuszeichen (−)* ‖ *~ los intereses abzüglich Zinsen* ‖ *mucho ~ viel weniger* ‖ *no es aplicado ni mucho ~ er ist alles andere als fleißig* ‖ *poco ~ que nada so gut wie nichts* ‖ *fast gar nichts* ‖ *punto ~ que imposible beinahe unmöglich* ‖ *a ~ que ... wofern (nicht) ..., falls (nicht) ...* ‖ *es sei denn, dass ...* ‖ *a ~ que no venga wofern er nicht kommt* ‖ *es sei denn, er kommt nicht* ‖ *al ~, a lo ~, cuando ~, por lo ~ wenigstens, mindestens, zum (Aller)Mindesten, zumindest* ‖ *de ~ zu wenig* ‖ *en ~ que se dice* ⟨fam⟩ *im Nu* ‖ *por ~ que ...* (subj) *so wenig auch ...* ‖ *8 ~ 2 8 weniger 2* ‖ *no ~ ebenso|viel, -sehr* ‖ *todos ~ tú alle außer dir* ‖ ◇ *apreciar en ~ weniger schätzen* ‖ *le han dado cien euros de ~ man hat ihm (ihr) hundert Euro zu wenig gegeben* ‖ *echar de ~ vermissen* ‖ *cuando ~ se lo esperaba nadie als man es am wenigsten erwartete, plötzlich, (völlig) unerwartet* ‖ *no puedo dejarlo en ~ ich kann es nicht billiger hergeben* ‖ *no puedo ~ de ... od no puedo por ~ que ... ich kann nicht umhin zu ... ‖ ich muss unbedingt ...* ‖ *no pudo ~ que reírse er (sie, es) konnte s. des Lachens nicht enthalten* ‖ *es lo de ~ das ist das Geringste* ‖ *darauf kommt es nicht an* ‖ *no era ~ de esperar de Vd. nichts Geringeres war von Ihnen zu erwarten* ‖ *el susto no era para ~* ⟨fam⟩ *der Schrecken war in vollem Maße berechtigt* ‖ *son ~ de las diez es ist noch nicht zehn Uhr* ‖ *tengo ~ de mil euros ich habe weniger als (noch nicht) tausend Euro* ‖ *venir a ~ in Verfall geraten, herunterkommen*
2. *bei der Steigerung (Komparativ, Superlativ):* lo ~ *corto posible so kurz wie möglich* ‖ *~ largo weniger lang, kürzer* ‖ *el ~ largo der kürzeste, am kürzesten* ‖ *lo ~ largo das kürzeste (od das kürzere)* ‖ *~ lejos weniger weit, näher* ‖ *~ mal que ... noch ein Glück, dass ...* ‖ *zum Glück* ‖ *el*

~ *prudente (de todos) der Unvorsichtigste (von allen)* ‖ *es lo ~ que puedes hacer es ist das Mindeste, was du tun kannst*
3. *bei Ausrufungen:* ¡~ *puedes saberlo tú! du kannst es erst recht nicht wissen!* ‖ ¡a ~ será! ⟨pop⟩ *so arg wird es doch nicht sein! (bei Übertreibungen)* ‖ ¡~ *a tí! (¡a tí, ~!) dir erst recht nicht! (Verweigerung)* ‖ ¡ni mucho ~! *bei weitem nicht!*
menos|cabar vt *vermindern* ‖ *schädigen* ‖ *beeinträchtigen* ‖ **–cabo** m *Abbruch, Nachteil* m ‖ *Beschädigung* f ‖ *Verminderung* f ‖ *Beeinträchtigung* f ‖ *Schmälerung* f, *Verlust* m ‖ *entgangener Gewinn* m ‖ *Wertverlust* m ‖ ◆ *sin ~ (de) unbeschadet* (gen)
menospre|ciar vt *gering schätzen* ‖ *unterschätzen* ‖ *verachten* ‖ **–ciativo** adj *verächtlich* ‖ **–cio** m *Geringschätzung* f ‖ *Unterschätzung* f ‖ *Verachtung* f
menostasia f ⟨Med⟩ *Menostase* f
△ **menrimar** vt *aneignen*
mensa|je m *Botschaft* f ‖ *Auftrag* m ‖ *Nachricht* f ‖ *Mitteilung* f, *Brief* m ‖ *~ de destello* ⟨Mil⟩ *Blinkspruch* m ‖ *~ genético genetische Information* f ‖ *~ publicitario Werbetext* m ‖ *~ de solidaridad Solidaritätsadresse* f ‖ **–jería** f *Botendienst* m ‖ **–jero** adj: *paloma ~a Brieftaube* f ‖ *~ m Bote* m ‖ *Abgesandte(r)* m ‖ ⟨fig⟩ *Vorbote* m ‖ *~ de paz Friedensbote* m ‖ ◇ *enviar por ~ durch e-n Boten senden* ‖ **~s** mpl *Paketdienst* m
menso adj Mex *dumm, einfältig*
mens|truación f, **–truo** m *Menstruation, Regel(blutung), Periode* f ‖ **–trual** adj *(m/f) auf die Menstruation bezüglich* ‖ **–truar** [pres ~úo] vi *die Regel od Periode haben, menstruieren*
men|sual adj *(m/f) monatlich, Monats-* ‖ *~ m* Am *Bediensteter(r)* m ‖ **–sualidad** f *Monats|gehalt* n, *-lohn* m ‖ *Monatsrate* f ‖ *Monatszins* m ‖ *~ anticipada monatliche Vorauszahlung* f ‖ ◆ *por ~es in Monatsraten* ‖ **–sualmente** adv *(all)monatlich*
ménsula f ⟨Arch⟩ *Kragstein* m, *Konsole* f
mensu|rabilidad f *Messbarkeit* f ‖ **–rable** adj *(m/f) messbar* ‖ *no ~ unmessbar* ‖ **–rar** vt *(aus)messen* (→ **medir**)
menta f ⟨Bot⟩ *Minze* f (Mentha spp) ‖ *~ piperita* ⟨Bot⟩ *Pfefferminze* f (M. piperita) ‖ *Pfefferminzlikör* m ‖ → *auch* **hierbabuena**
mentada f Mex *e–e schwere Beleidigung* (→ **mentar** *la madre*)
mentado adj *erwähnt* ‖ *berühmt*
mentagra f ⟨Med⟩ *Kinn-, Bart|flechte* f
men|tal adj *(m/f) innerlich, geistig* ‖ *gedanklich, in Gedanken, mental* ‖ *Geistes-* ‖ **–talidad** f *Denk|vermögen* n, *-art* f ‖ *geistige Veranlagung* f ‖ *Mentalität* f ‖ **–talizar** [z/c] vt/i *bewusst machen* ‖ *(et.) einprägen* ‖ *beeinflussen* ‖ **–talmente** adv *im Geist, im Kopf, innerlich*
mentar [-e] vt *erwähnen, anführen* ‖ Am *nennen, (jdm) e–n (Sitz)Namen beilegen* ‖ ◇ *(le) a uno la madre jdn tödlich beleidigen (durch Beschimpfung s–r Mutter)*
mentastro m ⟨Bot⟩ → **mastranzo**
mente f *Sinn* m ‖ *Ver|stand* m, *-nunft* f ‖ *Gemüt* n ‖ *Seele* f ‖ *Geist* m ‖ *Meinung, Absicht* f ‖ *~ varonil Mannhaftigkeit* f ‖ ◇ *tener en la ~ im Kopf haben, vor s. haben, vorhaben*
menteca|tez [pl ~ces], **–tería** f *Torheit, Narretei, Verrücktheit* f ‖ *Unsinn* m ‖ **–to** adj *närrisch, töricht* ‖ *un|überlegt, -besonnen* ‖ *~ m (eingebildeter) Tor, Tölpel* m ‖ *schwachsinniger Mensch, Schwachkopf, Trottel* m
menti|dero m *Klatschecke* f ‖ ⟨Ztg⟩

Klatschkolumne f ‖ **–do** adj *er|logen, -dichtet* ‖
lügnerisch, verlogen ‖ *trügerisch (Hoffnung)*
mentir [ie/i] vt *anlügen* ‖ *er|sinnen, -dichten* ‖
◇ ~ *amor Liebe heucheln* ‖ ~ vi *lügen* ‖
heucheln ‖ *trügen (Hoffnungen)* ‖ *Lügen strafen* ‖
◇ ~ a alg. *jdn an-, be|lügen* ‖ *jdm (et.) vorlügen*
‖ ~ con descaro, ~ más que la gaceta etc. (joc)
unverschämt lügen, lügen wie gedruckt ‖ ¡Vd. no
me dejará ~! *Sie werden mich doch nicht Lügen
strafen!* ‖ miente más que habla *er (sie, es) lügt
wie gedruckt* ‖ (fam) *er (sie, es) lügt, dass s. die
Balken biegen* ‖ ¡miento! *Irrtum! ich irre mich!
ich möchte mich berichtigen!*

menti|ra f *Lüge* f ‖ *Unwahrheit* f ‖ (fig)
Täuschung f ‖ *Schein* m ‖ *Trug* m, *Einbildung,
Illusion* f ‖ *Wahn* m ‖ (figf) *Glücksfleck m,
Nagelblüte* f ‖ (figf) *Knacken* n der Fingergelenke
‖ una ~ como una casa (pop) *e–e faustdicke Lüge*
f ‖ ~ de a folio, ~ garrafal *faustdicke Lüge,
Erzlüge* f ‖ ~ inocente *unschuldige Lüge* f ‖ ~
jocosa *Scherzlüge* f ‖ ~ oficiosa *Gefälligkeitslüge*
f ‖ *Notlüge* f ‖ ~ piadosa *fromme Lüge* f ‖
Notlüge f ‖ ◇ coger en ~ *Lügen strafen* ‖
engañar a alg. con ~s *jdn anlügen* ‖ las ~s no
tienen pies *Lügen haben kurze Beine* ‖ eso es un
tejido de ~s *das ist ein Lügen|netz od -gewebe* ‖
¡~! *das ist e–e Lüge!* ‖ ¡parece mentira!
*unmöglich! unglaublich! wer hätte das je
geglaubt!* ‖ **–ri(ji)lla** f *harmlose, kleine
unschuldige Lüge* f ‖ ◆ de –rijillas *zum Scherz,
aus bloßer Kurzweil* ‖ **–roso** adj *lügenhaft,
lügnerisch, verlogen* ‖ *täuschend* ‖ *unwahr, falsch
(Behauptung)* ‖ *trügerisch* ‖ *irrig, fehlerhaft* ‖ las
~as apariencias (lit) *der trügerische Schein* ‖ ~
m *Lügner* m
mentís m *Dementi* n ‖ *Lügenstrafen* n ‖ ◇ dar
un ~ a algo *et. dementieren* ‖ *et. richtig stellen* ‖
dar un ~ a alg. *jdn Lügen strafen* ‖ no pudo dar
un ~ *er konnte es nicht leugnen*
men|tol m (Chem) *Menthol* n ‖ **–tolado** adj
mentholhaltig (z.B. Taschentücher)
mentón m *Kinn* n
Mentón m [Stadt] *Menton* n
Mentor m *Mentor* m ‖ ~ (fig) *Ratgeber* m ‖
(fig) *Hauslehrer, Schulmeister* m ‖ (fig)
Hofmeister m
¹menú m *Speisekarte* f ‖ *Menü* n ‖ *Gericht* n ‖
~ del día *Tages|gericht, -menü* n ‖ ~ turístico
Touristenmenü n
²menú m (Inform) *Menü* n ‖ ~ de funciones
Funktionsmenü n ‖ ~ de visualización
Anzeigemenü n
menu|damente adv *umständlich, genau* ‖
eingehend ‖ **–dear** vt *oft wiederholen* ‖ *genau
darstellen, eingehend schildern* ‖ *im Kleinen
verkaufen* ‖ ◇ ~ tragos *e–n Schluck nach dem
anderen tun* ‖ ~ las visitas *häufige, wiederholte
Besuche machen* ‖ ~ vi s. *häufig wiederholen, oft
vorkommen* ‖ *schnell aufeinander folgen* ‖ ◇
menudearon las fiestas *die Festlichkeiten jagten
einander* ‖ **–dencia** f *Kleinigkeit* f ‖ (fam)
Läpperei, Lappalie f ‖ *Umständlichkeit* f ‖
Kleinlichkeit f ‖ *Pedanterie* f ‖ ~s fpl
Einzelheiten fpl ‖ (Kochk) *Geschlinge* n ‖ *Kutteln*
fpl ‖ **–deo** m *öftere Wiederholung* f ‖ *Kleinhandel*
m ‖ ~ de miradas *wiederholtes Anblicken* n ‖
–dero m *Kuttelhändler* m ‖ **–dillo** m (Vet) *Köte* f
‖ Ar *Kleienmehl* n ‖ ~s mpl *Geflügelklein* n ‖ ~
de gallina *Hühnerklein* n ‖ ~ de ganso
Gänseklein n ‖ **–do** adj *klein, winzig* ‖
geringfügig, unbedeutend ‖ *fein, dünn (Regen,
Staub)* ‖ *kleinlich, pedantisch, peinlich* ‖ (iron
fam) *toll, riesig, phänomenal!* ‖ ◇ a ~ *oft, öfters*
‖ por ~ *umständlich* ‖ *haar|klein, -genau* ‖ *im
Kleinen (Kauf usw.)* ‖ ¡~ negocio! (iron) *das ist

e–e schöne Bescherung!* ‖ ◇ ¡~ alegrón he
tenido! *was für e–e riesige Freude!* ‖ ~ m
(Kohlen)Grus m, Nuss f IV ‖ ~s mpl *Kutteln fpl
und Füße mpl (vom Schlachtvieh)* ‖ *Geschlinge* n
(vom Geflügel) ‖ *Kleingeld* n
meñique adj (fam) *sehr klein, winzig* ‖ (dedo)
~ *kleiner Finger* m
meódromo m (joc) *Pinkelbude* f
meollada f And *Hirn* n *(des Schlachtviehs)*
meollo m *Gehirn* n ‖ *Mark* n ‖ (fig) *Inhalt,
Kern* m ‖ (fig) *Verstand* m, (fam) *Grütze* f ‖ ◇ no
tener ~ (pop) *einfältig sein* ‖ → auch *mollera*
meón m/adj *Bettnässer* m ‖ (pop) *Pinkler* m
meona f (joc) *(kleines) Mädchen* n
△ **mequerar** vt *(ver)lassen*
mequetrefe m (fam) *zudringlicher Mensch* m ‖
(fam) *seichter Mensch* m ‖ *Laffe, Geck* m
Mer., Merc. (Abk EB) = (tren de)
mercancías
meramente adv *rein, bloß, nur, lediglich*
¹merar vt *(Wein, Getränke) mischen,
verdünnen*
△ **²merar** *sterben,* (pop) *krepieren*
mer|ca f (fam) *(Ein)Kauf* m ‖ **–cachifle** m
Hausierer m ‖ (desp) *kleiner Händler,* (desp)
Krämer m ‖ (fig) *Krämer|geist m, -seele* f ‖
(desp) *Kriegsgewinnler* m ‖ **–cadear** vi *handeln* ‖
feilschen
merca|deo m *Marketing* n ‖ **–der** m *Händler* m
‖ △ *Marktdieb* m ‖ el ~ de Venecia *der
Kaufmann von Venedig (Shakespeare)* ‖ ◇ hacer
oídos de ~ (figf) *s. taub, unwissend stellen* ‖
–dería f (bes. Am) *(Kaufmanns)Ware* f ‖ *Handel*
m ‖ △ *Diebesgut n, Sore* f ‖ **–dillo** m *kleiner
Straßenmarkt m (meist nur wöchentlich)* ‖ **–do** m
Markt(platz) m ‖ *Jahr-, Wochen|markt* m ‖
Handelsplatz m ‖ (Com) *Absatz m, -gebiet* n ‖ ~
abundante *reichlich versehener Markt* m ‖ ~ de
capitales *Kapitalmarkt* m ‖ ~ de compradores
Käufermarkt m ‖ ~ Común *Gemeinsamer Markt*
m ‖ ~ de consumo *Absatz-, Konsumgüter|markt*
m ‖ ~ cubierto *Markthalle* f ‖ desanimado
lustloser Markt m ‖ ~ de dinero *Geldmarkt* m ‖
~ escaso *knapp versehener Markt* m ‖ ~ exterior
Auslandsmarkt m ‖ ~ flojo *flauer Markt* m ‖ ~
floral *Blumenmarkt* m ‖ ~ gris *grauer Markt* m ‖
~ interno, ~ interior *Binnen|handel, -markt* m ‖
~ laboral *Arbeitsmarkt* m ‖ ~ negro *schwarzer
Markt* m ‖ ~s potenciales *Absatzchancen* fpl ‖ ~
de la vivienda *Wohnungsmarkt* m ‖ ◇ arruinar
(inundar) el ~ *den Markt verderben
(überschwemmen)* ‖ conquistar (nuevos) ~s *neue
Absatzgebiete erschließen* ‖ crear nuevos ~s *neue
Absatzgebiete eröffnen* ‖ el ~ está desanimado
(od en calma) *der Markt ist flau od gedrückt od
still* ‖ lanzar al ~ *auf den Markt werfen* ‖
–dología, Am **–dotecnia** f *Marktforschung* f ‖
Marketing n
mercan|cía f *Ware f, Handel* m ‖ ~ de desecho
Ausschußware f ‖ ~ disponible *Ware f, auf Lager*
‖ *Verfügungsware* f ‖ ~s fpl *Güter npl, Waren* fpl
‖ ~ arrojadas *Seewurf* m ‖ ~ de bulto *Sperrgüter
npl, sperrige Waren* fpl ‖ ~ de contrabando
Schmuggelwaren fpl ‖ ~ depositadas *Waren fpl
unter Zollverschluss* ‖ ~ deterioradas *beschädigte
Waren* fpl ‖ ~ de fácil deterioro *leicht
verderbliche Waren* fpl ‖ ~ embarazosas → ~ de
bulto ‖ ~ escogidas *Artikel mpl erster Wahl* ‖ ~
de estorbo → ~ de bulto ‖ ~ en fardos
Stückgüter npl ‖ ~ de gran (pequeña) velocidad
Eilgut (Frachtgut) n ‖ ~ prohibidas
Schmuggelwaren fpl ‖ ~ sueltas (EB) *Stückgüter*
npl ‖ ~ de tránsito *Transit|güter npl, -waren* fpl ‖
–te adj *Handels-* ‖ **–til** adj (m/f) *kaufmännisch,
Handels-* ‖ **–tilismo** m *Kaufmannsgeist* m ‖

⟨Wiss⟩ *Merkantilsystem* n ‖ *Merkantilismus* m ‖
–tilizar vt → **comercializar**
mercaptán m ⟨Chem⟩ *Thioalkohol* m,
Mercaptan n
mercar [c/qu] vt *(ab)kaufen, (er)handeln*
mercear vt *mit Kurzwaren handeln*
¹merced f *(Arbeits)Lohn* m ‖
Gnade(nbezeigung) f ‖ *Gefälligkeit,
Gunst(bezeigung)* f ‖ *Gefallen* m ‖ *Güte,
Schonung* f ‖ *Willkür* f ‖ ~ a vuestra generosidad
dank eurer Großmut ‖ Vuestra ~ *Euer Gnaden
(zusammengezogen in* usted*)* ‖ ◆ a ~ *umsonst,
ohne Lohn, ohne Gehalt* ‖ *dank* (dat) ‖ ◇ darse
(od entregarse, rendirse*)* a ~ s. *auf Gnade und
Ungnade ergeben* ‖ estar a ~ de alg. *in jds
Gewalt (od Händen) sein* ‖ *jdm preisgegeben sein*
‖ ¡~! ¡muchas ~es! vielen Dank! *(kaum
gebräuchlich)*
²mer|ced f ⟨Rel⟩ *Orden* m *der barmherzigen
Brüder* ‖ **–cedario** m *barmherziger Bruder,
Mercedarier* m
mercenario adj *um Lohn arbeitend* ‖ *Söldner-*
‖ *Lohn-, Miets-* ‖ ~ m *Söldner* m ‖ ⟨lit⟩
Lohnarbeiter m ‖ *Mietling* m
mercería f *Kurzwaren* fpl ‖ *Kurzwarengeschäft*
n ‖ ⟨pej⟩ *Krämerei* f
mercerizar [z/c] vt ⟨Text⟩ *merzerisieren
(Baumwollgewebe)*
mercero m *Kurzwarenhändler* m ‖ ⟨pej⟩
Krämer m
merchante m *Straßenhändler* m ‖ ⟨lit⟩
Handelsmann m
△ **merchero** m *Kaufmann* m
merco|logía f *Warenkunde* f ‖ **–lógico** adj
warenkundlich
mer|curial adj *quecksilberhaltig* ‖ *Quecksilber-*
‖ ~ m ⟨Bot⟩ *Bingelkraut* n (Mercurialis annua ‖
M. perennis) ‖ **–curialismo** m ⟨Med⟩ →
hidrargirismo ‖ **–cúrico** adj *Quecksilber(II)-* ‖
≃curio m ⟨Astr Myth⟩ *Merkur* m ‖ ~ **(Hg)** m
⟨Chem⟩ *Quecksilber* n ‖ **–curioso** adj
quecksilberhaltig ‖ *Quecksilber(I)-* ‖
–cur(i)ocromo m ⟨Chem Pharm⟩
Chromquecksilber n
merdellón adj/s ⟨fam vulg⟩ *schlampig bzw
dreckig (Dienstmädchen, Diener)*
△ **merdipén** m *Krankheit* f
△ **merdó** adj *krank*
merdoso adj ⟨pop⟩ *schmutzig, unflätig, dreckig*
merecedor adj *verdienstlich, würdig* ‖ ~ de
crédito *kreditwürdig* ‖ ◇ ser ~ de confianza
Vertrauen verdienen, vertrauenswürdig sein
merecer [-zc-] vt *verdienen (Lob, Tadel)* ‖
würdig sein (gen) ‖ *ein|tragen, -bringen* ‖ *lohnen* ‖
◇ ~ (la) atención *Beachtung verdienen,
beachtenswert sein* ‖ por eso ha merecido una
condecoración *das hat ihm (ihr) e–n Orden
eingebracht* ‖ su encargo merecerá nuestro mayor
interés *Ihrem Auftrag werden wir unsere größte
Sorgfalt widmen* ‖ no merece la pena *es lohnt s.
nicht, es ist nicht der Mühe wert* ‖ su propuesta
ha merecido nuestra aprobación ⟨Com⟩ *wir haben
Ihren Vorschlag angenommen* ‖ no (se) las merece
(d.h. un servidor) ⟨fam⟩ *bitte sehr! nichts zu
danken! k–e Ursache! (Antwort auf* ¡gracias!*)* ‖ ~
vi s. *verdient machen (de* um*)* ‖ *wert, würdig sein*
‖ ◆ en estado de ~ ⟨fig⟩ *(noch) ledig, noch nicht
unter der Haube (Mädchen)* ‖ ◇ dar en qué ~
⟨fig⟩ *zu schaffen machen* ‖ ~ bien de *(od* con,
para con*)* alg. s. *jdn zu Dank verpflichten, s. um
jdn verdient machen*
mereci|damente adv *verdientermaßen, mit
gutem Recht* ‖ **–do** adj/s *(wohl)verdient* ‖ ◇ bien
~ lo tiene *es geschieht ihm (ihr) recht* ‖ ~ m
verdiente Strafe f ‖ ◇ llevó su ~ *es ist ihm (ihr)*

recht geschehen ‖ **–miento** m *Verdienst* n ‖
verdienstliche Tat f
meren|dar [-ie-] vt *als Vesperbrot nehmen* ‖ ~
vi *vespern*, Öst *jausen* ‖ ⟨reg⟩ *zu Mittag essen* ‖
⟨Kart⟩ *(jdm) in die Karten sehen* ‖ ~se a/c ⟨pop⟩
et. mausen ‖ ⟨fam⟩ et. übergehen ‖ ⟨fam⟩ et.
übersehen ‖ ⟨figf⟩ *jdn bezwingen* ‖ **–dero** m
Ausflugslokal n ‖ *(Dorf)Wirtshaus* n ‖
Gartenhäuschen n, *Laube* f ‖ **–dilla** f *dim von*
merienda (augm: **–dona**) ‖ **–dola** f *üppiger
Imbiss* m
merengue m *Meringe* f, *Meringel, Baiser* n ‖
Schneerolle f ‖ ⟨figf⟩ *Zimper|ling* m, *-liese* f ‖ ~
helado Eismeringe f
meretriz [pl **–ces**] f *Prostituierte* f
mer|gánsar, –go m ⟨V⟩ → **²serreta**
mérgulo m ⟨V⟩ *Krabbentaucher* m (Plautus
alle)
△ **mericlén** m *(Hühner)Hof* m
meridiana f *Ruhebett, leichtes Sofa* n ‖
Chaiselongue f
meridiano adj *Mittags-* ‖ ⟨fig⟩ *sonnenklar* ‖
(línea) ~a ⟨Astr⟩ *Meridianlinie* f ‖ ~ m ⟨Astr⟩
Meridian m ‖ *Mittagskreis* m
merídiem […en]: ante, post ~ ⟨Am⟩ *vor-,
nach|mittags*
meridional adj *(m/f) mittäglich* ‖ *südlich, Süd-*
‖ ~ m *Südländer* m
merienda f *Vesperbrot* n, *Nachmittagsimbiss*
m, Öst *Jause* f ‖ *Picknick* n ‖ ⟨figf⟩ *Buckel,
Höcker* m ‖ ~ de negros ⟨figf⟩ *riesiges
Durcheinander* n ‖ ⟨figf⟩ *Wirrwarr* m ‖ ◇ ir de ~
picknicken
merino adj *Merino-* ‖ ~ m ⟨Text⟩ *Merino* m
△ **meripén** m *Tod* m
meri|tar vt/i *verdienen* ‖ **–tísimamente** adv *mit
vollem Recht* ‖ **–tísimo** adj *höchst verdienstlich,
hoch verdient, würdig*
merito adv *dim von* **¹mero** ‖ Am *nur* ‖ aquí ~
⟨Am⟩ *hier gerade*
mérito m *Verdienst* n ‖ *Würdigkeit* f ‖ *innerer
Gehalt, Wert* m ‖ ◆ de ~ *bemerkenswert* ‖ ◇ dar
~ a algo *Anlass geben zu et.* ‖ hacer ~ de ...
alles daransetzen zu ... ‖ haber hecho ~s ⟨fig⟩ s.
die Sporen verdient haben ‖ de que se ha hecho
~ oben erwähnt *(im Amtsstil)* ‖ hacer ~s ⟨fig⟩ s.
dienstfertig od gefällig erweisen ‖ eso no le quita
~ *das verringert nicht s–n (ihren) Wert od s–e
(ihre) Verdienste*
meritorio adj *verdienstlich* ‖ *wohlverdient* ‖ ~
m *unbesoldeter Angestellter, Volontär, Praktikant*
m ‖ *Lehrling* m ‖ ◇ entrar de ~ (en ...) *e–e
Lehre antreten (bei ...)*
merláchico adj Mex *bleich, kränklich*
merlán m ⟨Fi⟩ *Wittling* m (Merlangius
merlangius)
Merlín m np *Merlin* m *(Sagenfigur)*
merlo m ⟨Fi⟩ *Amsellippfisch, Brauner
Lippfisch* m (Labrus merula)
merluza f ⟨Fi⟩ *Seehecht, Hechtdorsch* m
(Merluccius merluccius) ‖ ⟨pop⟩ *Rausch* m,
Trunkenheit f ‖ ◇ coger una ~ ⟨pop⟩ s. *betrinken*,
⟨pop⟩ s. *besaufen*
merluzo m/adj ⟨pop⟩ *Blödian* m, *Dumm-,
Schwach|kopf, Depp* m
mer|ma f *Verkürzung* f ‖ *Abnahme,
(Ver)Minderung, Schmälerung* f ‖ *Fehlbetrag,
Abgang* m ‖ *Abzug* m ‖ *Verlust, Schwund* m,
Abnahme f ‖ ⟨Com⟩ *Gewichtsabgang* m, *Leckage*
f ‖ ~ por dispersión ⟨Radio⟩ *Streuungsverlust* m ‖
~ de peso *Gewichtsverlust* m ‖ *Gewichtsabnahme*
f ‖ **–mar** vt *verringern, schmälern* ‖ ◇ ~ la paga
den Lohn kürzen ‖ ~ vi *abnehmen* ‖ *schwinden* ‖
lecken (Fass) ‖ **~se** s. *vermindern* ‖ *eingehen, s.
einsieden*

mermelada *f Marmelade* f || ~ de ciruelas *Pflaumenmus* n || ~ de fresa *Erdbeermarmelade* f
¹mero adj *rein, unvermischt* || *ausschließlich* || *lediglich* || ~ *imperio unumschränkte Rechtsgewalt* f || ◆ *por* ~a diversión *bloß zum Vergnügen* || *por el* ~ *hecho (de que …) durch die einfache Tatsache(, dass …)* || *nur weil …* || ◇ es ~ *juego es ist nur eine Spielerei*
²mero adv MAm Mex *tatsächlich, wirklich, eigentlich* || Mex *im Nu* || Mex *fast* || es ~ *malo er (sie, es) ist wirklich schlecht* || ya ~ *llega la hora* Mex *es ist fast schon Zeit*
³mero *m* ⟨Fi⟩ *Roter Grouper, Riesenzackenbarsch* m (Epinephelus morio)
mero|deador *m Marodeur, Plünderer, plündernder Nachzügler* m || **–dear** vi *plündern, brandschatzen* || *marodieren* || p.ex *herum|streichen, s. -treiben* || **–deo** *m Plündern, Marodieren* n
merolico *m* Mex *Straßenhändler* m
merovingio adj ⟨Hist⟩ *merowingisch* || ~s mpl *Merowinger* mpl
meruéndano *m* Ast León ⟨Bot⟩ → **arándano**
mes *m Monat* m || *Monatsgeld* n || ⟨fam⟩ *Regel, Monatsblutung* f, ⟨fam⟩ *Tage* mpl *(der Frau)* || el ~ *corriente der laufende Monat* || ~ *lunar sinódico synodischer Monat* m || el ~ de María *der Marienmonat, der Monat Mai* || el ~ *pasado (próximo) der vorige (nächste) Monat* || ◆ al *(od por)* ~ *monatlich* || ¿a qué día del ~ *estamos? den Wievielten haben wir heute?* || con un ~ de *aviso mit monatlicher Kündigungsfrist* || ~**es** mpl *Monatsgeld* n || *todos los* ~ *monatlich*
mesa *f Tisch* m || *Tafel* f || ⟨fig⟩ *Essen* n, *Kost, Verpflegung* f || *(Hoch)Ebene* f (bes. Am) || *Bergebene* f || *Treppenabsatz* m || *Vorstandstisch* m || *Vorstand* m, *Präsidium* n || *Tafel* f *(des Brillanten)* || ~ *andante* → ~ *parlante* || ~ *auxiliar Beistelltisch* m || ~ *catalana* ⟨fam⟩ *reiche od reich gedeckte Tafel* f || ~ de(l) *comedor Esstisch* m || ~ de charnela(s) *Klapptisch* m || ~ de despacho, ~ *escritorio Schreibtisch* m || ~ de *empalme, extensible Ausziehtisch* m || ~ *franca Freitisch* m || ~ *gallega,* ~ de gallegos ⟨figf⟩ *gedeckter Tisch, auf dem das Brot fehlt* || ~ de *juego Spieltisch* m || ~-*ministro Arbeits-, Schreib|tisch* m || ~ de *montaje* ⟨Tech Typ⟩ *Montagetisch* m || ~s *movientes* → ~ *parlante* || ~ de *noche Nachttisch* m || ~ *parlante Tisch|rücken, -klopfen* n *(Spiritismus)* || ~ petitoria *Sammeltisch* m *(für milde Gaben)* || ~ de *planta Stammtisch* m || ~ *plegable od plegadiza Klapptisch* m || ~ *presidencial Vorstandstisch* m || ~ *puesta gedeckter Tisch* m || ~ *redonda* ⟨Am⟩ *Tisch* m || *Gasttafel* f || *Tafelrunde* f || ⟨Pol Wir⟩ *Roundtable-Konferenz* f || ~ de *tertulia Stammtisch* m || ~ de *tijera Ausziehtisch* m || ~ *Serviertisch* m || ~ *vibratoria Rüttel-, Vibrier-, Vibrations|tisch, Rüttler* m || ~ *volante Spiritistentisch(en)* m || ◆ a ~ *puesta ohne Mühe und Arbeit* || *zur rechten Zeit, genau im richtigen Augenblick* || de ~ *bei Tisch* || (de) sobre ~*mesa* → **sobremesa** || ◇ *alzar la* ~ → *levantar la* ~ || *comer en* ~ *an An der Table d'hôte speisen* || *cubrir la* ~ *den Tisch decken* || p.ex ⟨fig⟩ *die Speisen auftragen* || *levantar la* ~ *den Tisch abdecken* || *levantarse de la* ~ *vom Tisch aufstehen* || *poner la* ~ *den Tisch decken* || *presidir la* ~ de *edad als Alterspräsident e–e Versammlung leiten od eröffnen* || *quitar la* ~, *recoger la* ~ → *levantar la* ~ || *sentarse a la* ~ *s. an den od zu Tisch setzen*
mesada *f Monatsgeld* n || *Monatsrate* f || *monatliche Zuwendung* f

Mesalina *f* np *Messalina* f || ~ *Messaline* f
mesana *f* ⟨Mar⟩ *Besanmast* m || ⟨Mar⟩ *Besansegel* n
mesar vt *ausreißen (Haare)* || ◇ ~se *los cabellos s. die Haare (aus)raufen (aus Verzweiflung usw.)*
mescalina *f* ⟨Chem⟩ → **mezcalina**
mescolanza *f* → **mezcolanza**
mesegue|ría *f Flurschutz* m, *Feldbewachung* f || **–ro** adj/s *Flur-, Feld-* || ~ *m Feldhüter* m
mesenterio *m* ⟨An⟩ *Mesenterium, Gekröse* n
mesero *m* Chi MAm *Kellner* m
mese|ta *f stufenförmiger Absatz* m || *Podest* n (& m), *Treppen|absatz, -flur* m || *Hoch-, Berg|ebene* f, *Tafelland* n || ⟨Taur⟩ *Platz* m *über dem Stierzwinger* || la ~ de Castilla *die Kastilische Hochebene* || **–teño** adj *im Tafelland wohnend* || ~ *m Tafellandbewohner* m
me|siánico adj ⟨Rel⟩ *auf den Messias bezüglich, messianisch* (& fig) || **–sianismo** *m Messianismus* m (& Pol) || *Messias|erwartung bzw -lehre* f
Mesías *m* np *Messias, Erlöser* m (& fig) || ◇ *esperar al* ~ ⟨fig⟩ *jdn erwarten, der schon da ist*
mesidor *m* ⟨Hist⟩ *Messidor, Erntemonat* m *(im frz. Revolutionskalender)*
mesilla *f* dim von **mesa** || *Tischchen* n || *Podestplatte* f || ~ de *noche Nachttisch(chen* n) m
mesita *f* dim von **mesa** || ~ de *centro Ziertischchen* n *(in e–m Salon)* || ~ *costurera Nähtischchen* n || ~ de *ruedas Servier-, Tee|wagen* m
mesmo adj ⟨reg⟩ → **mismo**
mesna|da *f Truppe, Partei, Sippe* f || **–dero** *m Söldner* m
meso- präf *Meso-, Mittel-*
mesocracia *f (Herrschaft der) Mittelklasse* f
mesodermo *m* ⟨Biol⟩ *Mesoderm* n
¹mesón *m (kleines Wirts-, Gast|haus* n || *rustikales Restaurant* n || Chi *Ladentisch* m || ◆ *en el* ~ de la estrella ⟨figf⟩ *im Freien, bei Mutter Grün*
²mesón *m* ⟨Atom⟩ *Meson* n
mesonero *m (Gast)Wirt* m || Chi *Kellner* m
mesopausa *f* ⟨Meteor⟩ *Mesopause* f
Mesopo|tamia *f* ⟨Geogr Hist⟩ *Mesopotamien* || **˭támico** adj *mesopotamisch*
mesotórax *m* ⟨Ins⟩ *Mesothorax, mittlerer Brustring* m
mesozoico adj ⟨Geol⟩ *Mesozoikum-* || ~ *m Mesozoikum* n
mesta *f* ⟨Hist⟩ *verbrieftes Weiderecht* n || **Mesta** *f* Span ⟨Hist⟩ *Zunft* f *der Herdenbesitzer*
mester *m Kunst* f, *Handwerk* n || ~ de clerecía ⟨Lit⟩ *mittelalterliche Klerikerdichtung* f || ~ de juglaría ⟨Lit⟩ *mittelalterliche Volks-, Spielmanns|poesie* f
△ **mestipén** *m Leben* n || *Freiheit* f
mesti|za *f Mestizin* f || **–zaje** *m Rassen|kreuzung, -mischung, Bastardierung* f || el ~ de *the Mestizen* mpl || **–zar** [z/c] vt *bastardieren, kreuzen (Rassen)* || **–zo** adj *mischrassig,* (desp) *Bastard-* || ~ *m Mestize* m || *Mischling,* (desp) *Bastard* m || ⟨reg⟩ *Kleinenbrot* n
mestura *f* Ar Am *Weizen-Roggen-Mischung* f
△ **mesuna** *f Kneipe* f
mesu|ra *f Gemessenheit* f || *Maß* n || *Mäßigung* f || *Höflichkeit, Wohlerzogenheit* f || **–rado** adj *gemessen* || *gemäßigt* || *höflich, wohlerzogen, formgewandt* || *ernst* || *bescheiden, zurückhaltend* || ⟨fam⟩ *offiziell* || *umsichtig* || *zurückhaltend* || **–rar** vt Am *messen* || **–se** *s. mäßigen* || ◇ ~ *en las acciones mit Zurückhaltung handeln*
¹meta *f (End)Ziel* n, *Grenze* f || ⟨fig⟩ *Ziel* n || ⟨Sp⟩ *Tor* n *(Fußball)* || ◇ *llegar a la* ~ *ans Ziel*

gelangen ‖ ~ m ⟨Sp⟩ *Torwart* m ‖ → auch
¹objetivo
²meta *f* Sant → **mayueta**
³meta- präf *Meta...*
metabiosis *f* ⟨Zool⟩ *Metabiose* f
(Symbioseform)
metabolismo *m* ⟨Physiol⟩ *Stoffwechsel,*
Metabolismus m ‖ ~ basal *Grundumsatz* m
metacarpo *m* ⟨An⟩ *Mittelhand* f
metacentro *m* ⟨Mar Flugw⟩ *Metazentrum* n
metad *f* ⟨pop⟩ → **mitad**
metadona *f* ⟨Pharm⟩ *Methadon* n
meta|física *f Metaphysik* f ‖ ⟨fig⟩
Spitzfindigkeit f ‖ **–físico** adj *metaphysisch,*
übersinnlich ‖ ⟨fig⟩ *dunkel, schwer*
durchschaubar, schwer verständlich, abgründig ‖
~ *m Metaphysiker* m
metafonía *f* ⟨Ling⟩ *Umlaut* m
metáfora *f Metapher* f
metafórico adj *metaphorisch, bildlich*
metagénesis *f* ⟨Zool⟩ *Generationswechsel* m,
Metagenese f (z.B. *Polyp-Meduse)*
metal *m Metall* n ‖ ⟨reg⟩ *Messing* n ‖ *Timbre* n,
Klang(farbe f) n *(der Stimme)* ‖ ⟨fig⟩
Beschaffenheit f ‖ ⟨fig⟩ *Wesen(sart* f) n ‖ ⟨Mus⟩
Blech n ‖ ~ alcalinotérreo *Erdalkalimetall* n ‖ ~
antifricción *Lagermetall* n ‖ ~ base *Grundmetall*
n ‖ ~ blanco *Weißmetall* n ‖ *Packfong, Alpaka* n ‖
~ campanil *Glocken|gut* n, *-speise* f ‖ ~
desplegado *Streckmetall* n ‖ ~ duro *Hartmetall* n
‖ ~ no férreo *Nichteisenmetall* (Abk = *NE-
Metall)* n ‖ ~ de imprenta *Lettern-, Schrift|metall*
n ‖ ~ ligero *Leichtmetall* n ‖ ~ nativo *gediegenes
Edelmetall* n ‖ ~ precioso *Edelmetall* n ‖ el vil ~
⟨figf⟩ *das schmutzige Geld, der schnöde Mammon*
‖ ~ virgen → ~ nativo ‖ ~ de voz *Klangfarbe* f,
Timbre n
metalengua *f* ⟨Ling Math⟩ *Metasprache* f
metalescente adj *(m/f) metallglänzend*
metálico adj/s *metallen, aus Metall, Metall-* ‖
metallisch (& fig: Stimme, Klang) ‖ ⟨Wir Com⟩ *in
Metall auszahlbar* ‖ *Metallic-(Lackierung)* ‖ ~ *m
Metallgeld* n ‖ ◇ *cambiar por ~ in Bargeld
umwechseln* ‖ *pagar en ~ in klingender Münze
zahlen*
metalífero adj *metall-, erz|haltig*
metalingüística *f Metalinguistik* f
meta|lista *m/f Metallarbeiter(in* f) m ‖
–listería *f Metallbearbeitung* f ‖ **–lizar** [z/c] vt
(spritz)metallisieren ‖ **–lografía** *f Metallographie,
Metallkunde* f ‖ ⟨Typ⟩ *Aluminium-, Zink|druck* m ‖
–loide *m Metalloid, Halbmetall* n
meta|lurgia *f Metallurgie, Hüttenkunde* f ‖
–lúrgico adj *Metall-,* ‖ *metallurgisch, Hütten-* ‖ ~
m, **–lurgista** *m/f Metall-, Hütten|arbeiter(in* f) m
meta|mórfico adj ⟨Geol⟩ *metamorphisch* ‖
–morfismo *m Metamorphismus* m
metamor|fosear vt *umgestalten, verwandeln,
metamorphosieren* ‖ *~se verwandelt werden* ‖ *s.
verwandeln, s. metamorphosieren* ‖ **–fosis** *f
Metamorphose, Umwandlung* f ‖ ⟨fig⟩
Glückswandel m ‖ ⟨fig⟩ *Gesinnungswechsel* m ‖
~ imperfecta ⟨Ins Zool⟩ *unvollständige
Metamorphose, Hemimetabolie* f ‖ ~ perfecta
vollständige Metamorphose, Holometabolie f
meta|no *m* ⟨Chem⟩ *Methan* n ‖ **–nol** *m*
Methanol n, *Methylalkohol* m
metaplasmo *m* ⟨Gr⟩ *Metaplasmus* m
metapsíqui|ca *f Parapsychologie* f ‖ **–co** adj
parapsychologisch
metasecuoya *f* ⟨Bot⟩ *Metasequoia* f
(Metasequoia glyptostroboides)
metástasis *f* ⟨Med⟩ *Metastase* f ‖ ◇ *formar ~
metastasieren*
metatarso *m* ⟨An⟩ *Mittelfuß* m

metate *m* Mex *Steinplatte* f *(in der Maismühle)*
metatelia *f* ⟨Zool⟩ *Metatelie, Geschlechtsreife* f
im Larvenstadium
metátesis *f* ⟨Ling⟩ *Metathese,
Buchstaben|versetzung, -vertauschung* f
metatórax *m* ⟨Ins⟩ *Metathorax, hinterer
Brustring* m
metazoos *mpl* ⟨Zool⟩ *Metazoen* npl
(Metazoaria)
metechismes *m* ⟨fam⟩ *Klatschmaul* n
¹metedor *m Schmutztuch* n *(unter der Windel)*
für Neugeborene
²metedor *m* ⟨Typ⟩ *(Anleger)Tisch* m
metedura *f* ⟨fam⟩ *Hineinstecken* n ‖ ~ de pata
⟨figf⟩ *Blamage* f ‖ *Fauxpas* m, *Taktlosigkeit* f
meteduría *f Schleichhandel* m
metempsícosis, metempsicosis *f
Metempsychose, Seelenwanderung* f
metense adj *(m/f) aus Metz* ‖ *auf Metz
bezüglich* ‖ ~ *m/f Bewohner* m *von Metz*
meteórico adj *meteorisch*
meteorismo *m* ⟨Med⟩ *Meteorismus* m,
Blähsucht f
meteo|rito *m* ⟨Geol⟩ *Meteorit* m ‖ **–rización** *f
Verwitterung* f
meteorizado adj ⟨Med⟩ *gebläht*
meteoro, metéoro *m Lufterscheinung* f ‖
⟨Astr⟩ *Sternschnuppe* f, *Meteor* m (& n)
meteorógrafo *m* ⟨Meteor⟩ *Meteorograph* m
meteoro|labilidad *f* ⟨Med⟩ *Wetterfühligkeit,
Meteorolabilität* f ‖ **–logía** *f Meteorologie,
Wetterkunde* f ‖ ~ aeronáutica ⟨Meteor Flugw⟩
Flugwetterkunde f ‖ **–lógico** adj *Wetter-,
meteorologisch*
meteo|rólogo *m* **–rologista** *m/f Meteorolo|ge*
m, *-gin* f
metepatas *m Tollpatsch* m; *jemand, der
ständig ins Fettnäpfchen tritt*
meter vt *hinein|bringen, -schieben, -stecken,
-tun, -legen* ‖ *(hin)legen* ‖ *ein-, bei|mischen* ‖
(unter)tauchen ‖ *beigesellen, zusammenbringen* ‖
einschmuggeln (Ware) ‖ *ver|ursachen, -anlassen* ‖
einsetzen (im Spiel) ‖ *einreichen (Gesuch)* ‖ ⟨fam⟩
machen, verursachen (Lärm) ‖ ⟨Mar⟩ *beschlagen
(Segel)* ‖ ⟨Text⟩ *kürzen bzw enger machen* ‖ ⟨fam⟩
(jdm et.) aufbinden, einreden ‖ *(jdn) hintergehen,
prellen* ‖ ⟨fig⟩ *verwickeln (en in acc)* ‖ ◇ ~ *en la
cabeza* ⟨fam⟩ *einpauken* ‖ ~ *cizaña Zwietracht
säen* ‖ ~ *chismes klatschen* ‖ ~ a alg. *los dedos
por los ojos* ⟨figf⟩ *jdm ein X für ein U vormachen*
‖ ~ *empujando hinein|drücken, -stopfen* ‖ ~ *
mano a alg.* ⟨pop⟩ *jdn (e–e Frau) betatschen* ‖ ~ *
miedo Furcht einjagen* ‖ ~ *las narices* ⟨fam⟩ *die
Nase stecken (en in acc)* ‖ ~ *la pata* ⟨pop⟩ *s.
blamieren, e–n Missgriff tun* ‖ *e–n Fauxpas
begehen, ins Fettnäpfchen treten* ‖ *–le a alg. en
un puño* ⟨figf⟩ *jdn beschämen, in die Enge treiben*
‖ ~ *ruido lärmen* ‖ *Aufsehen erregen* ‖ ~ *en un
sobre in e–n Umschlag stecken* ‖ ~ *un susto
erschrecken* ‖ *~se hineindringen* ‖ *s. eindrängen*
s. (in et.) hineinmischen ‖ *s. begeben* (en algo *in
et.* acc) ‖ *(in et.) geraten* ‖ *sein wollen* ‖ *werden* ‖
◇ ~ en *s. einmischen, s. einlassen in* (acc) ‖ ~
con alg. *mit jdm Streit anfangen, mit jdm Händel
anfangen* ‖ ~ *algo en la cabeza* ⟨fig⟩ *s. et. in den
Kopf setzen* ‖ ~ *en la cama ins Bett gehen* ‖
bettlägerig werden ‖ ~ *fraile Mönch werden, ins
Kloster gehen* ‖ ~ *en gastos s. in Unkosten
stürzen* ‖ ~ a hacer *a/c et. anfangen, et. in Angrif
nehmen* ‖ *no me meto en nada ich will nichts
damit zu tun haben* ‖ ~ *en alguna parte s. wohin
begeben* ‖ ~ *en (los) peligros s. in Gefahr stürzer*
‖ ~ a poeta ⟨fam⟩ *Dichter werden, s. der
Dichtkunst zuwenden* ‖ ~ *soldado Soldat werden*
~ *en todo* ⟨fam⟩ *in alles die Nase stecken*

△ **metesillas** *m Kirchendiener*
metete adj Chi Pe *zu-, auf\dringlich*
metiche adj Chi *zu-, auf\dringlich*
meticón adj 〈fam〉 *naseweis, vorwitzig, zudringlich* (→ **entremetido**)
meticu\losidad *f (peinliche) Genauigkeit, Pünktlichkeit* f ‖ *(große) Gewissenhaftigkeit* f ‖ *Pedanterie, Kleinlichkeit* f ‖ *(übertriebene) Furchtsamkeit, (allzu große) Ängstlichkeit* f ‖ **–loso** adj *zaghaft* ‖ *ängstlich, peinlich* ‖ *peinlich genau* ‖ *gewissenhaft* ‖ *übertrieben ängstlich* ‖ adv: ~**amente**
metido adj *gedrängt* ‖ *voll* ‖ 〈Typ〉 *eng, kompress (Satz)* ‖ Arg *ver\liebt, -narrt* ‖ ~ *en erpicht auf* (acc) ‖ ~ *en años bejahrt* ‖ ~ *en cama bettlägerig* ‖ ~ *en carnes beleibt, fettleibig* ‖ ~ *en sí in s. gekehrt* ‖ *in Gedanken versunken* ‖ ◇ *estar muy* ~ *con alg. mit jdm sehr vertraut od eng befreundet sein* ‖ *estar muy* ~ *en u/c auf et. sehr bedacht sein* (acc) ‖ *la llave está* ~*a der Schlüssel steckt* ‖ *ya* ~*a la noche erst nach Einbruch der Nacht* ‖ *tengo* ~ *algo en el ojo ich habe et. im Auge* ‖ ~ *m Stoß* m ‖ *Windelunterlage* f ‖ 〈Taur〉 *Wutanfall* m *(des Stieres)* ‖ 〈Typ〉 *Einlage* f *(im Text)* ‖ 〈figf〉 *derber Verweis, Wischer*, 〈fam〉 *Rüffel, Anschnauzer* m
me\tileno *m* 〈Chem〉 *Methylen* n ‖ **–tílico** adj *Methyl-* ‖ **–tilo** *m Methyl* n
metimiento *m (Hinein)Legen, (Hinein)Stecken* n ‖ 〈fam〉 *Einfluss* m *(con auf* acc)
metódico adj *methodisch, planmäßig* ‖ *übertrieben pünktlich*
Metodio *m* np *Method* m
meto\dismo *m* 〈Rel〉 *Methodismus* m ‖ **–dista** adj *(m/f) methodistisch* ‖ ~ *m/f Methodist(in* f) m
metodizar [z/c] vt *planmäßig durchführen* ‖ → **sistematizar**
método *m Methode* f ‖ *Ordnung* f, *System* n ‖ *(Arbeits)Plan* m ‖ *Verfahren(sweise* f) n ‖ *Leitfaden, Lehr\gang* m, *-buch* n ‖ 〈Med〉 *Heilverfahren* n ‖ ~ *del abate Kneipp Kneippsches Heilverfahren* n ‖ ~ *analógico Analogieverfahren* n ‖ ~ *de aproximación Annäherungsverfahren* n ‖ ~ *comparativo Vergleichsverfahren* n ‖ ~ *constructivo Bauart* f ‖ ~ *curativo Heil\methode* f, *-verfahren* n ‖ ~ *deductivo* 〈Philos Phys〉 *deduktive Methode* f ‖ ~ *didáctico Unterrichtsmethode, didaktische Methode* f ‖ ~ *directo direkte Unterrichtsmethode* f ‖ ~ *de enseñanza* → ~ *pedagógico* ‖ ~ *de enseñanza epistolar Unterrichtsbriefe* mpl ‖ ~ *inductivo* 〈Philos Phys〉 *induktive Methode* f ‖ ~ *intuitivo Anschauungsunterricht* m ‖ ~ *memorístico Memorier\system* n, *-methode* f ‖ ~ *pedagógico Unterrichts-, Lehr\methode* f ‖ ~ *radiogoniométrico Peilverfahren* n ‖ ~ *terapéutico Heilverfahren* n ‖ ~ *de trabajo Arbeitsweise* f ‖ ~ *de violín Violinschule* f ‖ ◆ *con* ~ *methodisch, planmäßig, systematisch* ‖ *falto de* ~ *planlos, unsystematisch*
metodología *f Methodologie* f, *Lehre* f *von den Methoden* ‖ *Methodik, Unterrichtslehre* f
metomentodo *m* → **entremetido, meticón**
meto\nimia *f* 〈Rhet〉 *Metonymie* f ‖ **–nímico** adj *metonymisch*
metonomasia *f* 〈Ling〉 *Metonomasie* f
métopa *f* 〈Arch〉 *Metope* f
metra *f* Al Sant → **mayueta**
metraje *m Maß* n *in Metern* ‖ *Meterlänge* f *e–s Filmes*
metra\lla *f Schrott* m ‖ 〈Mil〉 *Kartätschen-, \Schrapnell\ladung* f ‖ *Splitter* m(pl) ‖ *\lintenschrot* m ‖ *Splitterwirkung* f ‖ **–llar** vt 〈Mil〉 *(nieder)kartätschen* ‖ **–llazo** *m* 〈Mil〉 *\Schrapnell-, Maschinengewehr\feuer* n ‖ ~ *de*

piedras *Steinregen* m ‖ **–lleta** *f Maschinenpistole* f
métri\ca *f* 〈Poet〉 *Metrik* f ‖ **–co** adj *metrisch* ‖ *in gebundener Rede, in Versen* ‖ (arte) ~a *Metrik, Verslehre* f
metrificador *m* 〈Poet〉 *Verse\macher*, 〈desp〉 *-schmied* m
metritis *f* 〈Med〉 *Gebärmutterentzündung, Metritis* f
¹**metro** *m Maß* n ‖ *Meter* m *(Längenmaß)* ‖ *Versmaß, Metrum* n ‖ ~ *cuadrado Quadratmeter* m ‖ ~ *cúbico Kubikmeter* m
²**metro** *m* 〈fam〉 (Abk *für* **metropolitano**) *Untergrundbahn, U-Bahn* f
metrología *f Metrologie, Maß- und Gewichtskunde* f
metrónomo *m* 〈Mus〉 *Metronom* n
metrópoli *f Haupt-, Mutter\stadt, Metropole* f ‖ *Weltstadt* f ‖ *Mutter\staat* m, *-land* n ‖ *erzbischöfliche Kirche* f ‖ *erzbischöflicher Sitz* m ‖ 〈fig〉 *Hauptsitz* m
metropolita *m* 〈Rel〉 *Metropolit* m
metropolitano adj *hauptstädtisch* ‖ *weltstädtisch* ‖ *erzbischöflich* ‖ (ferrocarril) ~ → ²**metro**
metrorragia *f* 〈Med〉 *Metrorrhagie* f
meucar [c/qu] vi Chi *einnicken, schlummern*
mexcal *m* → **mezcal**
mexicano, México (bes. *in Am übliche Schreibart*) → **mejicano, Méjico** ‖ *Nuevo México New Mexico* n
mez\cal *m* 〈Bot〉 *Peyotl, Pellote* f *(Lophophora williamsii = Anhalonium williamsii)* ‖ *Mescal* m ‖ **–calina** *f* 〈Chem〉 *Meskalin, Mescalin* n *(Alkaloid)*
mezcla *f* 〈Ver〉*Mischung* f, *Gemisch* n ‖ *Mörtel* m ‖ ~ *detonante Sprengmischung* f ‖ ~ *pobre* 〈Auto〉 *mageres Gemisch* n ‖ ~ *rica* 〈Auto〉 *fettes Gemisch* ‖ ◆ *sin* ~ *unvermischt* ‖ **–ble** adj *(m/f) mischbar*
mezcla\dillos mpl *gemischtes Zuckergebäck* n ‖ **–do** adj *gemischt, mischfarbig* ‖ ~ *m Mischzeug* n ‖ **–dor** *m Mischer* m *(& Met)* ‖ *Mischbatterie* f ‖ *Mischapparat* m ‖ [Tontechnik] *(Ton)Mixer* m ‖ **–dora** *f Mischmaschine* f ‖ **–dura** *f* → **mezcla** ‖ *Mischtrank* m ‖ **–miento** *m Mischen* n
mez\clar vt *(ver)mischen* ‖ *beimischen* ‖ *vermengen* ‖ *verschneiden (Wein)* ‖ *mischen, verwickeln (en in* acc) ‖ ~**se** *s. vermischen* ‖ ◇ ~ *en a/c* 〈fig〉 *s. (unberufen) in et. ein\mischen od -lassen* ‖ **–cilla** *f melierter Stoff* m ‖ **–colanza** *f* 〈fam〉 *Mischmasch* m
mezqui\nar vt Am *spärlich zumessen* ‖ *kleinlich, schäbig, knaus(e)rig sein* ‖ **–ndad** *f Armut, Armseligkeit, Dürftigkeit* f, *Elend* n ‖ *Knauserei, Knickerei* f ‖ *Schäbigkeit* f ‖ **–no** adj *arm(selig), dürftig, ärmlich, schäbig* ‖ *elend, erbärmlich* ‖ *hämisch* ‖ *knaus(e)rig, karg* ‖ *klein, winzig* ‖ *un\glücklich, -selig* ‖ ~ *m Knauser, Knicker* m
mezquita *f Moschee* f ‖ 〈Taur pop〉 *die Arena von Madrid* ‖ △ *Kneipe* f
mezquite *m* 〈Bot〉 *Mesquitebaum* m *(Prosopis juliflora)*
mezzo-soprano *m* 〈Mus〉 *Mezzosopran* m
m/f 〈Abk〉 = *mes(es) fecha* ‖ *mi factura*
mg 〈Abk〉 = *miligramo(s)*
m/g 〈Abk〉 = *mi* ²*giro*
Mg 〈Abk〉 = **magnesio**
M.H.: *con* ~ *(Prüfungsnote)* = *con mención honorífica*
¹**mi** *m* 〈Mus〉 *E-Note* f ‖ ~ *bemol* 〈Mus〉 *Es* n ‖ ~ *sostenido* 〈Mus〉 *Eis* n
²**mi** *(pl* **mis**) pron *mein, meine* () ‖ *madre m–e Mutter* f ‖ ~ *general (comandante, capitán* etc.) *Herr General* bzw *Herr Major, Herr Hauptmann*

usw. *(Anrede des Vorgesetzten durch den Untergebenen)* ‖ ~s padres *m–e* Eltern pl ‖ uno de ~s amigos *e–r m–r Freunde*
³mi pron *mir, mich* ‖ a ~ *mir* ‖ dímelo (a ~) *sage es mir* ‖ de ~ *von mir (selbst), aus eigenem Antrieb* ‖ para ~ *für mich* ‖ sin ~ *ohne mich* ‖ ¿y a ~ qué? *(fam) das ist mir (piep) egal* ‖ *na und?*
mia *(od* **miá)** *(pop)* → **mira** *(von* **mirar)**
mi|agar, –añar, –ar vi → **maullar**
miaja *f* → **migaja** ‖ una miaj(it)a *ein kleines bisschen*
mialgia *f* ⟨Med⟩ *Myalgie f, Muskelschmerz(en)* m(pl)
miar [pres mío] vi *miauen*
miasma *m Miasma n, schädliche Ausdünstung* f

miau onom *miau*
△ **mibao** *m Frucht* f ‖ *Ertrag* m
¹mica *f* ⟨Min⟩ *Glimmer* m ‖ ~ *amarilla Katzengold* n ‖ ~ *argentina Katzensilber* n ‖ ~ *blanca Musko|vit, -wit* m
²mica *f*/adj *Äffin* f, *Affenweibchen* n ‖ Am *Kokette* f
³mica *f* Guat *Rausch* m, *Trunkenheit* f
micado *m* ⟨Hist⟩ *Mikado* m *(Kaisertitel in Japan)* ‖ *Mikado* n *(Spiel)*
Micaela *f* np *Michaela* f
micción *f Harnen* n
micelio *m* ⟨Bot⟩ *Myzel(ium)* n
micer *m* ⟨Hist⟩ *Herr* m *(Ehrentitel der Krone von Aragon)*
micha *f (fam)* → **michino**
△ **miche** *f Muschi, Möse* f
michelines *mpl* (joc fam) *Speckfalten* fpl
michino *m (fam) Miezchen* n *(Katze)*
michirones *mpl Saubohnen* fpl
micifuz [*pl* ~ces] *m* ⟨fam⟩ *Mieze* f *(Katze)*
mico *m langschwänziger Affe* m ⟨pop⟩ *lebhaftes, ungezogenes Kind* n ‖ ⟨figf⟩ *geiler Bock* m ‖ △ *junger Dieb* m ‖ SAm ⟨Zool⟩ *Mico* f *(Dendryphantes noxiosus) (e–e angeblich sehr giftige kleine Springspinne)* ‖ ~ *capuchino* Am *Kapuzineraffe* m (Cebus capucinus) ‖ ◇ *dar* ~ *a alg.* ⟨pop⟩ *jdn anführen, prellen, düpieren* ‖ *jdn versetzen* ‖ quedarse hecho un ~ ⟨figf⟩ *beschämt, verblüfft sein* ‖ ser feo como un ~ *hässlich wie die Nacht sein*
mico|logía *f* ⟨Bot⟩ *Pilzkunde, Mykologie* f ‖ **–lógico** adj *pilzkundlich, mykologisch* ‖ **–sis** *f* ⟨Med⟩ *Mykose* f ‖ **–toxicosis** *f* ⟨Med⟩ *Pilzvergiftung, Mykotoxikose* f ‖ **–toxina** *f* ⟨Med⟩ *Mykotoxin* n
micra *f Mikrometer, Mikron* n *(ein tausendstel Millimeter)*
micrero *m* Chi *Kleinbusfahrer* m
micro ... präf *Mikro-* ‖ *Kleinst-*
micro|biano adj *Mikroben-* ‖ **–bicida** adj *(m/f) mikrobentötend* ‖ **–bio** *m Mikrobe* f, *Mikrobion* n ‖ **micro|biología** *f Mikrobiologie* f ‖ **–biológico** adj *mikrobiologisch*
microbús *m Kleinbus* m
micro|cefalia *f* ⟨Med⟩ *Mikrozephalie* f ‖ **–céfalo** adj *mikrozephal, kleinköpfig* ‖ ⟨fig⟩ *dumm, einfältig* ‖ **–censo** *m Mikrozensus* m
micro|cirugía *f* ⟨Med⟩ *Mikrochirurgie* f ‖ **–clima** *m* ⟨Meteor⟩ *Mikroklima* n ‖ **–copia** *f Mikrokopie* f ‖ **–cosmo** *m* ⟨Biol Philos Physik⟩ *Mikrokosmos* m
micro|economía *f Mikroökonomie* f ‖ **–económico** adj *mikroökonomisch*
micro|electrónica *f Mikroelektronik* f ‖ **–electrónico** adj *mikroelektronisch*
micro|espía *m Abhör|mikrophon* n, ⟨fam⟩ *Wanze* f ‖ **–fibra** *f Mikrofaser* f ‖ **–ficha** *f Mikrokarte* f

micro|filmador *m Mikrofilmaufnahmegerät* n ‖ **–filme** *m Mikrofilm* m
micro|física *f Mikrophysik* f
micrófono *m Mikrofon* n ‖ ~ *de mano Handmikrofon* n ‖ ~ *de ojal Knopflochmikrofon* n ‖ ~ *de pie Standmikrofon* n
micro|fotografía *f Mikrofotografie* f ‖ **–fundio** *m kleiner landwirtschaftlicher Betrieb* m ‖ **–lector** *m Lesegerät* n *für Mikrofilme* ‖ **–lentilla** *f Kontaktlinse, Haftschale* f ‖ **–lingüística** *f Mikrolinguistik* f ‖ **–melia** *f* ⟨Med⟩ *Mikromelie* f ‖ **–métrico** adj *mikrometrisch*
micrómetro *m Mikrometer* n
micro|milímetro, micrón *m* → **micra** ‖ **–motor** *m Kleinstmotor* m
Micronesia *f* ⟨Geogr⟩ *Mikronesien* n
micro|onda *f Mikrowelle* f ‖ **–ordenador** *m Mikrocomputer* m ‖ **–organismos** *mpl* ⟨Biol⟩ *Mikroorganismen* mpl ‖ **–procesador** *m Mikroprozessor* m
micro|scopia *f Mikroskopie* f ‖ **–scópico** adj *mikroskopisch* ‖ **–scopio** *m Mikroskop* n ‖ ~ *de contraste de fases Phasenkontrastmikroskop* n ‖ ~ *electrónico Elektronenmikroskop* n ‖ ~ *iónico Ionenmikroskop* n ‖ ~ *óptico Lichtmikroskop* n
microsistema *m Mikrosystem* n
micro|sporia *f* ⟨Med⟩ *Mikrosporie* f ‖ **–surco** *m Mikrorille* f ‖ p. ex *Langspielplatte* f ‖ **–taxi** *m Minicar* m
micrótomo *m* ⟨Med⟩ *Mikrotom* n
microtrón *m* ⟨Phys⟩ *Microtron* n
midi adj *Midi- (Kleid)*
midriasis *f* ⟨Med⟩ *Mydriase* f
miedi|ca *m* ⟨fam⟩ *Angsthase* m ‖ **–tis** *f* ⟨fam⟩ *Angst* f, ⟨fam⟩ *Bammel* m
mie|do *m Furcht, Angst* f *(a vor dat)* ‖ ~ *cerval würgende Angst* f ‖ *panischer Schrecken* ‖ ~ *a morir Furcht* f *vor dem Tode* ‖ ~ *al volar Flugangst* f ‖ ◇ da ~ *verle er steht schrecklich aus* ‖ *me entra* ~ *ich bekomme Furcht od Angst* ‖ meter ~ *a alg. jdm Furcht od Angst einjagen* ‖ ser de ~ ⟨figf⟩ *fürchterlich sein (& Person)* ‖ ⟨desp⟩ *lästig sein* ‖ ⟨fam⟩ *unmöglich sein* ‖ ⟨fam⟩ *toll sein* ‖ tener ~ *s. fürchten* ‖ tener ~ *a alg. s. vor jdm fürchten* ‖ *jdn fürchten* ‖ por ~ *de aus Furcht vor* (od Angst dat) ‖ por ~ *de que* (subj) *aus Furcht od Angst davor, dass ...* ‖ de ~ *vor Angst* ‖ **–doso** adj *furchtsam, ängstlich* ‖ ~ *m furchtsamer Mensch, Feigling* m
miel *f Honig* m ‖ ~ *extraída* (con meloextractor) *Schleuderhonig* m ‖ ~ *sobre hojuelas* ⟨figf⟩ *ausgezeichnet, sehr gelegen* ‖ ~ *rosada Rosenhonig* m ‖ ~ *virgen Jungfernhonig* m ‖ ◇ *no hay* ~ *sin hiel* ⟨Spr⟩ *k–e Rose ohne Dornen* ‖ gustar las primeras ~es del amor ⟨fig⟩ *die erste Liebe kosten* ‖ hacerse ~es con alg. ⟨figf⟩ *jdn durch Schmeicheleien zu gewinnen suchen* ‖ poner ~ en ~ en los labios de alg. *jdm et. schmackhaft machen, bei jdm Lust (auf et.) wecken*
¹mielga *f* ⟨Bot⟩ *Luzerne* f (Medicago sativa)
²mielga *f* ⟨Fi⟩ *Dornhai* m (Squalus acanthias)
³mielga *f* → **bielgo**
mielitis *f* ⟨Med⟩ *Myelitis* f
miembro *m Glied* n, *Teil* m ‖ *Mitglied* n *(e–r Gesellschaft)* ‖ ~ (viril) ⟨An⟩ *männliches Glied* n ‖ ~ *de la junta Vorstandsmitglied* n ‖ ~ *numerario ordentliches Mitglied* n ‖ ~s *mpl Glieder* npl, *Gliedmaßen* pl
mienta *f* Ast Sant ⟨Bot⟩ → **menta**
miente *f Gedanke* m, *Nachdenken* n ‖ ◇ *poner od parar* ~s *en algo auf et.* (acc) *Acht geben, aufpassen* ‖ traer a las ~s *an et. erinnern* ‖ se le *vino a las* ~s *es kam ihm (ihr) in den Sinn* ‖ ni *por* ~s *nicht einmal im Traum*

¹mientras adv *unter-, in|dessen, mittlerweile* ‖ ~ tanto (mientrastanto) *inzwischen* ‖ *in der Zwischenzeit* ‖ ~ más ..., más ... *je mehr...*, *desto mehr* ...
²mientras conj *während, indem* ‖ *so lange als* ‖ *bis dass* ... ‖ *während* ‖ ~ que, ~ tanto *während, unterdessen* ‖ *inzwischen* ‖ ~ que *dormía während er schlief*
miera f *Wacholderöl* n ‖ *Fichtenterpentin* n ‖ *Rohharz* n
miércoles m *Mittwoch* m ‖ (todos los) ~ *jeden Mittwoch, mittwochs* ‖ ~ de Ceniza *Aschermittwoch* m ‖ ~ Santo *Mittwoch* m *der Karwoche* ‖ los ~ y sábados *jeden Mittwoch und Samstag*
mier|da f *(vulg) Scheiße* f (& fig) ‖ un ~ (vulg) *ein Scheißkerl* m ‖ ◇ *agarrar una* ~ (vulg) *s. besaufen* ‖ *e–e Geschlechtskrankheit schnappen* ‖ *cubrirse de* ~ (vulg) *s. blamieren* ‖ *enviar a la* ~ → *mandar a la* ~ ‖ *estar hecho una* ~ (vulg) *k.o. sein, am Boden zerstört sein* ‖ *me importa una* ~ (vulg) *das ist mir scheißegal* ‖ *mandar a la* ~ (vulg) *zum Teufel schicken* ‖ *pillar una* ~ → *agarrar una* ~ ‖ **–doso** adj (vulg) *dreckig, (vulg) beschissen, Scheiß-*
mies f *reifes Getreide* n *(auf dem Halm)* ‖ *Ernte* f (& fig, z.B. *im religiösen Sinn)* ‖ *(Saat)Felder* npl
miga f *Brosame, (Brot)Krume* f ‖ (figf) *innerer Gehalt* m ‖ la ~ *del pan das Weiche vom Brot* ‖ ◆ *de poca* ~ *unbedeutend* ‖ ◇ *es la* ~ (fam) *das ist die Hauptsache* ‖ *eso tiene* (su) ~ (fam) *das hat s–n Sinn* ‖ *das ist nicht so einfach* ‖ ~**s** *fpl:* ~ (de pan) *Brotkrumen* fpl *mit Öl, Schmalz, Knoblauch und span. Pfeffer gebraten* ‖ ◇ *estar hecho* ~ (figf) *hundemüde od kaputt sein* ‖ *hacer* ~ *zerbröseln* ‖ *hacerse* ~ *kaputtgehen* ‖ *hacer buenas* ~ *con alg.* (figf) *mit jdm auskommen*
migaja f *Brosame* f, *Brotkrümel* m ‖ (fig) *Stückchen, (ein) bisschen* ‖ ◇ *no sabe leer* ~ (pop) *er kann kein Sterbenswörtchen lesen* ‖ ~**s** *fpl Brotreste* mpl ‖ (figf) *Abfälle* mpl
migajuela f dim von **migaja**
mi|gale, –gala f (Zool) *Vogelspinne* f (Mygale spp ‖ Eurypelma spp *usw.*) ‖ **–gálidos** mpl (Zool) *Vogelspinnen* fpl (Mygalomorphae, Mygalidae)
migar [g/gu] vt *(Brot) einbröckeln (in die Suppe)*
migra|ción f *(Völker)Wanderung* f ‖ *Migration* f ‖ *Wanderzug* m *(der Vögel)* ‖ **–dor** adj (V) *Wander-, Zug-* ‖ ~ m (V) *Zugvogel* m ‖ ~ parcial (V) *Teilzieher* m
migraña f *Migräne* f (→ **jaqueca**)
mi|grar vi *wandern* ‖ (V) *ziehen* ‖ **–gratorio** adj *Wander-, Zug-*
Miguel m np *Michel, Michael* m ‖ ~ Angel *Michelangelo* m
Miguelete m *achteckiger Turm in Valencia*
mihrab m (Rel) *Mihrab* m
△ **mijate** m *Messe* f
¹mijita f: una ~ (pop) *ein bisschen*
²mijita f Am (pop) → **mi hijita**
¹mijo m (Bot) *Echte Hirse, Rispenhirse* f (Panicum miliaceum)
²mijo [dim **mijito**] m Am (pop) → **mi hijo**
mikado m → **micado**
mil adj *tausend* ‖ a las ~ y quinientas (figf) *zu spät* ‖ *sehr verspätet (Ankunft)* ‖ ~ veces *ausendmal* ‖ ~ m *Tausend* n ‖ *ganar muchos* ~es *viele Tausende verdienen* ‖ ~es y ~es *Tausende und aber Tausende* (Öst *Abertausende)*
miladi f *Mylady* f
mila|grero adj *zum Wunderglauben neigend* ‖ (fam) *wundertätig* (→ **milagroso**) ‖ **–gro** m

übernatürliches Wunder n ‖ p.ex (fig) *Wunder* n ‖ *Wunderwerk* n ‖ ~ económico *Wirtschaftswunder* n ‖ ◆ de ~ *wie durch ein Wunder* ‖ ni de ~ (pop) *nicht im Traum* ‖ ~**s** mpl *vida* y ~**s** *das Leben und die Taten,* (fam) *der Lebenslauf* ‖ ◇ *hacer* ~**s** (fig) *Wunder vollbringen* ‖ *vivir de* ~ (fig) *von der Luft leben, wenig essen* ‖ *kein festes Einkommen haben* ‖ ¡que ~ (verlo a Vd. por aquí)! *wo kommen Sie denn her!* ‖ **–groso** adj *wundertätig* ‖ *übernatürlich* ‖ p.ex *wunderbar* ‖ *Wunder-*
Milagros f np *span. Frauenname*
milamores f (Bot) *Spornblume* f (Centranthus ruber)
Milán m [Stadt] *Mailand* n
milanesa f (Kochk) (it) *Piccata* f *milanese*
milanés adj *mailändisch* ‖ ~ m *Mailänder* m
¹milano m (V) *Milan* m ‖ ~ negro *Schwarzer Milan* m (Milvus migrans) ‖ ~ real *Roter Milan* m (M. milvus)
²milano m (Fi) *Seehahn* m (Trigla milvus)
³milano m (fam) → **vilano**
milcentésimo adj: el ~ *der elfhundertste*
mil|deu, –dio, –diú m (Bot) *Mehltau(pilz)* m ‖ *Falscher Mehltau* m, *Peronospora* f (Plasmopara viticola)
milefolio m (Bot) → **milenrama**
mile|nario adj *tausend-, tausendjährig* ‖ ~ m *Jahrtausendfeier* f ‖ *Jahrtausend* n ‖ **–nio** m *Jahrtausend* n
milenrama f (Bot) *Schafgarbe* f (Achillea millefolium)
milési|ma f, **–mo** adj *tausendste(-r, -s)* ‖ ~ m *Tausendstel* n
milés.ᵃ, milé.ˢ (Abk) = **milésima(s)**
milhojas m (Kochk) *Blätterteiggebäck* n
mili f Kurzform für **milicia, servicio** militar ‖ *Kommiss, Barras* m ‖ ◇ *hacer la* ~ *den Wehrdienst ableisten*
miliar adj *(m/f) hirsekorn|groß, -förmig, miliar* ‖ *frieselartig* ‖ ~ f (Med) *Miliaria* f
miliárea f *Miliar* n = ¹⁄₁₀₀₀ *Ar*
miliar(io) adj *Meilen-*
mili|cia f *Kriegs|wesen* n, *-kunst* ‖ *Kriegsdienst* m ‖ *Wehrdienst* m ‖ *Bürgerwehr* f ‖ *Miliz* f ‖ ~ fascista (Hist) *faschistische Miliz* f *(Italien)* ‖ ~ nacional *Volks-, Land-, Bürger|wehr* f ‖ ~ territorial, ~ provincial *Landsturm* m ‖ *Heimatschutztruppe* ‖ ~ urbana *Bürgerwehr* f ‖ **–ciano** m *Landwehrsoldat* m ‖ *Milizangehörige(r)* m ‖ **–co** m Am (fam) *Soldat* m ‖ (desp) *Bulle* m *(Polizist)*
miligramo m *Milligramm* n
mililitro m *Milliliter* n
milímetro m *Millimeter* m
militante adj *(m/f) kämpfend* ‖ *kämpferisch, militant* ‖ ~ m/f *Vorkämpfer(in* f) m ‖ (Pol) *Aktivist(in* f) m ‖ (fig) *Verfechter(in* f) m
¹militar adj *(m/f) militärisch* ‖ *soldatisch* ‖ *Kriegs-, Militär-*
²militar m *Soldat, Militär* m
³militar vi *im Heer dienen* ‖ *s. einsetzen* (en favor de *für) (contra gegen)* ‖ ◇ *no* ~ *en ningún partido político k–r politischen Partei angehören*
milita|rada f (pej) *Militärstreich* m ‖ (desp) *grobe Handlungsweise* f *des Militärs* ‖ **–rismo** m *Militarismus* m ‖ **–rista** adj *(m/f) militaristisch* ‖ ~ m/f *Militarist(in* f) ‖ **–rizar** [z/c] vt *militarisieren* ‖ *militärisch bzw soldatisch organisieren* ‖ **–rote** m (desp) *Barraskopf, Kommisshengst* m ‖ *derber Soldat* m
milla f *Meile* f ‖ ~ marina od marítima *Seemeile* f (1852 m) ‖ ~ náutica (inglesa) *engl. Seemeile* f *(1853,18 m)* ‖ ~ terrestre (inglesa) *Meile* f (1609,30 m)

millar *m Tausend* n ‖ ◆ a ~es *im Überfluss,
haufenweise*
millarada *f:* a ~s ⟨fig⟩ *zu Tausenden*
millardo *m Milliarde* f
millo *m →* **mijo**
millón *m Million* f ‖ mil millones *(e–e)
Milliarde* f ‖ un ~ largo *über e–e Million* ‖ ◇
¡doy a Vd. un ~ de gracias! *tausend Dank!*
millo|nada *f* ⟨fig⟩ *große Summe* f ‖ ¡una ~ de
gracias! ⟨pop⟩ *vielen Dank!* ‖ **–naria** *f Millionärin*
f ‖ **–nario** *m Millionär* m
milloncejo dim von **millón**
millonésimo adj *millionstel* ‖ ~ *m Millionstel*
n
milo *m Ast Regenwurm* m
milocha *f* ⟨reg⟩ *Papierdrache* m
milon|ga *f Arg Milonga* f *(Volkstanz)* ‖
Volksfest n *mit Tanz* ‖ ⟨fam⟩ *Händel* mpl,
schmutziger Handel m ‖ **–guear** vi *Arg Ur
Milonga tanzen*
milord [*pl* **milores**] *m Mylord* m
milori *m* (**azul** ~) *Miloriblau* n *(Berliner
Blau)*
mil|pa *f Mex Maisfeld* n ‖ **–pero** *m Maisbauer*
m
milpiés *m* ⟨Zool allg⟩ *Tausendfüß(l)er* m ‖
Kellerassel f (→ **cochinilla** de humedad)
milrayas *m* ⟨Text⟩ *Millrayé* n
mimado adj *verhätschelt* ‖ *verwöhnt*
¹mimar vt *ver|zärteln, -hätscheln* ‖ *verwöhnen*
²mimar vt *nach|ahmen, -machen, imitieren*
mim|bre *m* ⟨Bot⟩ *Korbweide* f (Salix
viminalis) ‖ *Weidengeflecht* n ‖ *Weidenrute* f ‖ ◆
de ~ *geflochten (Stuhl, Stuhlsitz)* ‖ **–breño** adj
weidenartig ‖ *s. geschmeidig hin und her
bewegend* ‖ **–brera** *f* ⟨Bot⟩ → **mimbre** ‖ **–breral**
m Weidengebüsch n ‖ **–brón** *m Weide* f
mime *m PR* ⟨Ins⟩ *(Art) Stechmücke* f ‖ ◇
caerle a uno ~s ⟨pop⟩ *Pech haben*
mi|meografiar [pres ~ío] vt *vervielfältigen* ‖
–meógrafo *m Vervielfältiger* m
mi|mesis *f Mimesis* f ‖ **–mético** adj *mimetisch,
nachahmend* ‖ *Nachahmungs-* ‖ *Tarnungs-* ‖
–metismo *m* ⟨Biol⟩ *Mime|se, -sis, Mimikry* f ‖
–metizar [z/c] vt *tarnen*
Mimí *f* ⟨pop⟩ → **María**
mími|ca *f Mimik, Gebärdenkunst* f ‖
Gebärdenspiel n ‖ *Pantomime* f ‖ **–co** adj *mimisch*
‖ ~ *m Mimiker* m
mimo *m Mimiker* m ‖ ⟨Th⟩ *Mime* m ‖ ⟨Th⟩
Mimus m ‖ *Possenmacher* m ‖ ⟨fig⟩ *Schmeichelei,
Verhätschelung* f ‖ *Liebkosung* f ‖ *Ziererei* f ‖ ◇
hacer ~s *s. zieren* ‖ hacer ~s a alg. *jdn streicheln
od liebkosen*
mimodrama *m →* **pantomima**
mimosa *f* ⟨Bot⟩ *Mimose, Schamhafte
Sinnpflanze* f (Mimosa pudica) ‖ ◇ es como una
~ ⟨fig⟩ *er (sie, es) ist wie e–e Mimose od
mimosenhaft*
mimoso adj *geziert, zimperlich* ‖ *weichlich* ‖
schmeichelnd ‖ *verhätschelt (Kinder)* ‖ *zärtlich*
mímulo *m* ⟨Bot⟩ *Gaukler-, Affen-,
Masken|blume* f (Minulus spp) ‖ ~ almizclado
Moschuskraut n (M. moschatus)
¹mina *f Bergwerk* n *(Erz)Grube, Zeche* f ‖
⟨Bgb⟩ *Stollen* m ‖ *unterirdischer Gang* m ‖
(Wasser)Quelle f ‖ ⟨Mil⟩ *Mine* f ‖ *Mine* f,
Grafitstift m ‖ ⟨fig⟩ *Goldgrube* f ‖ ⟨fig⟩
Fundgrube f ‖ ~ de carbón *Kohlenbergwerk* n,
Zeche f ‖ ~ de dinero, ~ de oro ⟨fig⟩ *Goldgrube*
f ‖ ~ de plata *Silbermine* f ‖ ~ de sal gema
Salzbergwerk n
²mina *f* ⟨Mil⟩ *Mine* f ‖ ~ flotante *Treibmine* f ‖
~ magnética *Magnetmine* f ‖ ~ radar
Funkmessmine f ‖ ~ submarina *Unterwasser-,*

Grund|mine f ‖ ~ terrestre *Landmine* f ‖
~-trampa *Minenfalle* f
³mina *f Arg Ur* ⟨pop⟩ *Nutte* f
mina|do adj *unterminiert* ‖ ⟨Mil⟩ *vermint* ‖
–dor *m* ⟨Mil⟩ *Pionier* m ‖ ⟨Mar⟩ *Minenleger* m ‖
⟨Bgb⟩ *Stollenbauer* m ‖ *Abteufhäuer* m
minal adj *(m/f) Gruben-, Zechen-* ‖
bergbaulich
minar vt *untergraben, aushöhlen* ‖ ⟨Mil⟩
verminen, Minen legen ‖ *(unter)minieren* ‖ ⟨fig⟩
untergraben, vernichten (z. B. Gesundheit)
minarete *m Minarett* n, *Moscheenturm* m
mincha *f:* ◇ ir a la ~ ⟨reg⟩ *schlafen gehen
(Kinder)*
△ **minchabar** vt *gebären*
¹minera *f →* **¹mina** ‖ *And Bergmannslied* n
mine|ral adj *(m/f) mineralisch* ‖ *anorganisch* ‖
Mineral- ‖ *Erz-* ‖ ~ *m Mineral* n ‖ *Erz* n ‖
Gestein n ‖ ⟨fig⟩ *Ursprung, Quell* m ‖ ~
argentífero Silbererz n ‖ ~ aurífero *Golderz* n ‖ ~
de cobre *Kupfererz* n ‖ ~ de estaño *Zinnerz* n ‖ ~
de hierro *Eisenerz* n ‖ **–ralero** *m* ⟨Mar⟩
Erzfrachter m
minerali|zación *f* ⟨Geol⟩ *Mineralisation* f ‖
Vererzung f ‖ ⟨Bgb⟩ *Erzführung* f ‖ ⟨Med⟩
Verkalkung f ‖ **–zar** [z/c] vt *mineralisieren,
vererzen* ‖ *Mineralstoffe zusetzen (dat)* ‖ ~se
Mineralstoffe aufnehmen ‖ *hart werden*
minera|logía *f Mineralogie* f ‖ **–lógico** adj
mineralogisch ‖ **–logista** *m/f Mineralo|ge* m, *-gin*
f
mine|ría *f Bergbau* m ‖ *Hütten|wesen* n, *-kunde*
f ‖ **–ro** adj *bergmännisch* ‖ *Berg-* ‖ *Gruben-* ‖
Montan- ‖ ~ *m Bergmann, Knappe* m ‖ *Arg Chi*
⟨allg⟩ *Maus* f
mineromedicinal adj: agua ~ *Heilquelle* f
Miner|va *f* ⟨Myth⟩ *Minerva* f *(Göttin)* ‖ ~ *f*
⟨fig⟩ *sittsames, kluges Weib* n ‖ ⟨Typ⟩ *Minerva,
Tiegeldruckpresse* f ‖ ⹂vista *m* ⟨Typ⟩
Tiegeldrucker(in f) m
minestra *f* ⟨Kochk⟩ *Minestrone* f
minga *f* ⟨vulg⟩ *Schwanz* m *(Penis)*
Mingo *m* ⟨pop⟩ → **Domingo** ‖ ~ ⟨pop⟩ *rote
Billardkugel* f ‖ ◇ poner el ~ ⟨pop⟩ *s. auszeichnen,
hervorragen*
mini ... präf *Mini-* ‖ *Klein-*
minia|tura *f Miniatur|gemälde, -bild* n ‖
Miniatur f ‖ *Zierbuchstabe* m ‖
Miniatur|ausführung, -arbeit f ‖ ⟨fig⟩ *zierliche
Person* f, *Persönchen* n ‖ ◆ en ~ *im Kleinen* ‖
–turista *m/f Miniaturenmaler(in* f) m ‖
–turización *f Miniaturisierung* f ‖ **–turizar** [z/c]
vt *miniaturisieren*
minibar *m Minibar* f
miniesquí *m* ⟨Sp⟩ *Miniski* m
mini|falda *f Minirock* m ‖ **–faldera, –faldeña**
f/adj Minirock tragendes Mädchen, ⟨fam⟩
Minimädchen n
mini|fundio *m* ⟨Agr⟩ *Zwergbesitz* m ‖
Zwergbetrieb m ‖ **–fundista** *m/f Kleinst|bauer* m,
-bäuerin f
minigolf *m* ⟨Sp⟩ *Minigolf* n
mini(bi)kini *m Mini(bi)kini* m, ⟨fam⟩
„*Oben- ohne*"-*Badeanzug* m
mínima *f* ⟨Mus⟩ *halbe Note* f
mini|malismo *m Minimalismus* m ‖ **–malista**
adj *(m/f) minimalistisch* ‖ ~ *m/f Minimalist(in* f)
m ‖ **–mamente** adv *ganz wenig*
minimizar [z/c] vt *bagatellisieren,
ver|harmlosen, -niedlichen, herunterspielen* ‖
minim(al)isieren (Informatik)
¹mínimo sup von **pequeño** ‖ *kleinste(r, -s)* ‖
Mindest- ‖ *sehr klein, winzig* ‖ ~ *m Minimum* n,
geringster Grad m ‖ ~ vital *Existenzminimum* n ‖
◇ reducir al ~ *auf das Mindestmaß beschränken*

‖ ni en lo más ~ *nicht im Geringsten, überhaupt nicht* ‖ no le ayuda en lo más ~es *hilft ihm nicht im Geringsten*

²mínimo *m* ⟨Rel⟩ *Pauliner* m *(Mönch)*

mínimum [...mun] *m Minimum* n

mini|na *f* ⟨fam⟩ *Katze* f *(weibliches Tier)* ‖ ⟨fig pop⟩ *Pimmel* m *(Penis)* ‖ **–no** *m* ⟨fam⟩ *Kater* m ‖ *Katze* f *(Art)*

minio *m* ⟨Min⟩ *(Blei)Mennige* f

miniordenador *m Minicomputer* m

minipantalones *mpl* ⟨fam⟩ *heiße Höschen* npl, ⟨engl⟩ *Hot pants* pl

ministe|rial adj/s *(m/f) ministeriell* ‖ *Ministerial-* ‖ *Regierungs-* ‖ *regierungs|treu, -freundlich* ‖ *amtlich* ‖ **–rio** *m Ministerium* n *(& Gebäude)* ‖ *Ministeramt* n ‖ p.ex *Kabinett* n, *Regierung* f ‖ ⟨Lit⟩ *Amt* n ‖ ⟨fig⟩ *Aufgabe* f ‖ ⟨fig⟩ *Vermittlung* f ‖ ~ de Agricultura *Landwirtschaftsministerium* n ‖ ~ de Agricultura, Pesca y Alimentación Span *Ministerium* n *für Landwirtschaft, Fischerei und Ernährung* ‖ ~ de Alimentación *Ernährungsministerium* n ‖ ~ de Asuntos Exteriores *Auswärtiges Amt* n ‖ ~ de Asuntos Sociales Span *Sozialministerium* n ‖ ~ de Defensa *Verteidigungsministerium* n ‖ ~ de Economía *Wirtschaftsministerium* n ‖ ~ de Economía y Hacienda Span *Wirtschafts- und Finanz|ministerium* n ‖ ~ de Educación y Ciencia Span *Erziehungs- und Wissenschafts|ministerium* n ‖ ~ fiscal ⟨Jur⟩ *Staatsanwaltschaft* f ‖ ~ del Gobierno ⟨Hist⟩ → ~ del Interior ‖ ~ de Hacienda *Finanzministerium* n ‖ ~ de Industria y Energía Span *Industrie- und Energie|ministerium* n ‖ ~ del Interior *Innenministerium* n ‖ ~ de Justicia *Justizministerium* n ‖ ~ del Medio Ambiente *Umweltministerium* n ‖ ~ de Obras Públicas y Urbanismo Span *Ministerium* n *für öffentliches Bauwesen und Städtebau* ‖ ~ de Relaciones Exteriores Am *Auswärtiges Amt* n ‖ ~ sacerdotal ⟨Rel⟩ *geistliches Amt* n ‖ ~ de Trabajo y Seguridad Social *Ministerium* n *für Arbeit und soziale Sicherheit* ‖ ~ de Transporte, Turismo y Comunicaciones *Ministerium* n *für Transport, Fremdenverkehr und Telekommunikation* ‖ ~ de la Vivienda *Wohnungsbauministerium* n ‖ ♦ por ~ *laut Vorschrift*

minis|trable adj *(m/f) ministrabel, zum Minister geeignet* ‖ ~ *m Kandidat* m *für ein Ministerium* ‖ **–trar** vt *bekleiden, verwalten (Amt)* ‖ **–tril** *m Gerichtsdiener* m ‖ **–tro** *m Minister* m ‖ *Gesandte(r)* m ‖ *(Gerichts)Diener* m ‖ *Richter, Gerichtsrat* m ‖ *Geistliche(r)* m *im Amt* ‖ *Ministrant, Messdiener* m ‖ ⟨fig⟩ *Helfer, Diener* m ‖ ~ sin cartera *Minister* m *ohne Portefeuille* od *ohne Geschäftsbereich* ‖ ~ de Dios, ~ del evangelio ⟨fig⟩ *Priester* m ‖ ~ plenipotenciario ⟨Dipl⟩ → **enviado** *extraordinario* ‖ *Primer* ~ *Premierminister, Ministerpräsident* m ‖ *residente* ⟨Dipl⟩ *Ministerresident* m ‖ *sonstige Minister* vgl **Ministerio**

minitransistor *m Minitransistor* m

mini|vacaciones *fpl Kurzurlaub* m ‖ **–vestido** *m Minikleid* n

minnesinger *m* ⟨deut⟩ ⟨Lit⟩ *Minnesänger* m

minoca *f* Ast *Regenwurm* m

minoico adj/s ⟨Arch Hist⟩ *minoisch, kretisch*

min.º, min.º ⟨Abk⟩ = **ministro**

mino|ración *f Verminderung* f ‖ **–rar** vt *vermindern* ‖ **–rativo** adj *verringernd* ‖ **–ría** *f Minderheit* f ‖ ⟨Pol⟩ *Minderheit* f ‖ *Minderjährigkeit* f ‖ *sprachliche Minderheit* f *(in ?–m Staat)* ‖ ~ de bloqueo od control ⟨Wirtsch⟩ *Sperrminorität* f ‖ ~ étnica *völkische Minderheit* f ‖ ~ lingüística *sprachliche Minderheit* f ‖ ~ *nacional nationale Minderheit* f ‖ ◇ *quedar en* ~

überstimmt werden ‖ **–ridad** *f* ⟨Jur⟩ *Minderjährigkeit* f

¹minorista *m/f Einzelhändler(in* f) m

²minorista *m* ⟨Rel⟩ *Geistliche(r)* m, *der die niederen Weihen empfangen hat*

minorita *m* ⟨Rel⟩ *Minorit* m *(Mönch)*

minoritario adj *in der Minderheit befindlich* ‖ *minoritär* ‖ *Minderheits-*

Minotauro *m* ⟨Myth⟩ *Minotaur(us)* m

minu|cia *f Kleinigkeit* f ‖ *Lappalie, Bagatelle* f ‖ *Spitzfindigkeit* f ‖ **–ciosidad** *f Kleinlichkeit* f ‖ *peinliche Genauigkeit* f ‖ **–cioso** adj *kleinlich* ‖ *peinlich genau* ‖ *eingehend* ‖ *minuziös, ausführlich, detailliert*

minué *m Menuett* n *(Tanz)*

minuendo *m* ⟨Math⟩ *Minuend* m

minúsculo adj *sehr klein* ‖ *winzig* ‖ (letra) ~a *Kleinbuchstabe, kleiner (Anfangs)Buchstabe* m, *Minuskel* f

minus|valía *f Unter-, Minder|wertigkeit* f ‖ *Minderwert* m ‖ **–válido** adj *körperbehindert* ‖ ~ *m Körperbehinderte(r)* m

minusvalo|ración *f Unterbewertung* f ‖ **–rar** vt *unterbewerten*

minuta *f Konzept* n, *erster Entwurf* m *(e–s Schriftstückes)* ‖ *Anmerkung, Note* f ‖ *Schlusszettel* m *(Börse)* ‖ *Speisekarte* f ‖ *Beamtenliste* f ‖ *Gebührenrechnung* f ‖ ~ de un contrato *Vertragsentwurf* m

minutero *m Minutenzeiger* m *(an der Uhr)*

minutisa *f* ⟨Bot⟩ *Bartnelke* f (Dianthus barbatus)

¹minuto adj → **menudo**

²minuto *m (Zeit) Minute* f *(& Winkeleinheit)* ‖ ⟨fig⟩ *Augenblick* m ‖ ♦ en un ~ *im Nu, augenblicklich* ‖ *sofort* ‖ ~ de conferencia ⟨Tel⟩ *Gebühren-, Gesprächs|minute* f ‖ ◇ ~ de silencio *Schweigeminute* f ‖ ◇ ¡espere Vd. dos ~s! *warten Sie e–n Augenblick!*

△ **miñarse** vr *s.* **davonmachen, abhauen**

Miño *m* [Fluss]: el ~ *der Miño, Minho*

¹miñón *m Grenzaufseher* m ‖ Al *Gendarm* m

²miñón adj Am ⟨gall⟩ *zierlich*

mío, mía pron *mein, meine* ‖ el ~ *der mein(ig)e* ‖ *der Mein(ig)e* ‖ lo ~ *das mein(ig)e* ‖ *das Mein(ig)e* ‖ lo ~ y lo tuyo *mein und dein* ‖ ◇ el libro es ~ *das Buch gehört mir (dagegen attributiv:* es mi libro*)* ‖ es muy amigo ~ *er ist ein guter Freund von mir* ‖ ♦ de ~ *aus eigener Kraft* ‖ *aus mir selber* ‖ los ~s *e–e Angehörigen* ‖ *son hijos* ~s *es sind m–e Kinder* ‖ ¡esta es la ~a! ⟨fam⟩ *jetzt bin ich an der Reihe!*

miocar|dio *m* ⟨An⟩ *Myokard* n, *Herzmuskel* m ‖ **–ditis** *f* ⟨Med⟩ *Myokarditis, Herzmuskelentzündung* f

mio|cénico adj ⟨Geol⟩ *miozän* ‖ **–ceno** *m Miozän* n

mio|distrofia *f* ⟨Med⟩ *Muskeldystrophie* f ‖ **–grafía** *f Myographie* f ‖ **–logía** *f Muskellehre, Myologie* f ‖ **–ma** *m Myom* n ‖ **–parálisis** *f Muskellähmung, Myoparalyse* f ‖ **–patía** *f Muskelerkrankung, Myopathie* f

mio|pe adj/s *(m/f) kurzsichtig (& fig), myop(isch)* ‖ **–pía** *f Kurzsichtigkeit, Myopie* f

miosis *f* ⟨Med⟩ *Pupillenverengung, Miosis* f

mioso|ta, –tis *f* ⟨Bot⟩ *Vergissmeinnicht* n (Myosotis spp)

△ **mipi** *m Gebärde* f

miquear vi Guat *flirten*

miquillo *m* PR ⟨desp⟩ *Kerlchen* n

miquis ⟨fam⟩: con ~ *mit mir* ‖ tiquis ~ ⟨pop⟩ → **tiquismiquis**

MIR ⟨Abk⟩ = **médico interno y residente** (Span)

mira *f Visier* n ‖ ⟨TV⟩ *Testbild* n ‖

(Richt)Korn, Visier n *(auf e–m Gewehr)* ‖ *(fig)*
Absicht f, *Ziel* n ‖ *(fig) Rücksicht(nahme)* f ‖ ~s
deshonestas *(fig) unzüchtige Absichten* fpl ‖
elevadas ~s *(fig) edle Gesinnung* f ‖ ~
telescópica *Zielfernrohr* n ‖ ~ topográfica
Visier|tafel f, *-kreuz, Nivellierkreuz* n ‖ ◆ con ~s
a … *im Hinblick auf* … (acc) ‖ ◇ estar a la ~ *auf
der Lauer stehen* ‖ *aufpassen* ‖ poner la ~ en
algo *das Augenmerk auf et.* (acc) *richten* ‖ ~s fpl
Absichten fpl
  Mira f *(Astr) Mira f (im Sternbild Walfisch)*
  mirabolano m → **mirobalano**
  mira|da *f (An)Blick* m ‖ ~ escudriñadora
  forschender Blick m ‖ ~ fascinadora
  bezaubernder Blick m ‖ *Zauberblick* m ‖ ~
  huidiza *scheuer Blick* m ‖ *verstohlener Blick* m ‖
  ~ de inteligencia *verständnisvoller Blick* m ‖
  Zublinzeln n ‖ ~ magnetizante *(fig)*
  magnetisierender Blick m ‖ ~ penetrante
  durch|bohrender od *-dringender Blick* m ‖ ~
  preñada de amenazas *drohender Blick* m ‖ ~ de
  reojo *(scheuer) Seitenblick* m ‖ ◆ de una ~ *auf
  e–n Blick* ‖ ◇ interrogar a alg. con la ~ *jdn
  fragend anblicken* ‖ poner la ~ en algo *bzw* alg.
  den Blick auf et. bzw *jdn richten* ‖ **–dero** m
  Aussichtspunkt, Luginsland m ‖ *(figf)*
  Gesprächsthema n *(Person, Angelegenheit)* ‖ **–do**
  adj *umsichtig* ‖ *rücksichtsvoll* ‖ *klug, vorsichtig* ‖
  behutsam ‖ bien (mal) ~ *gern (ungern) gesehen* ‖
  bien ~ adv *alles wohl bedacht* ‖ *eigentlich,
  schließlich, letzten Endes* ‖ *im Grunde genommen*
  ‖ **–dor** m *Zuschauer* m ‖ *Ort* m, *Galerie* f *usw.*
  mit schöner Aussicht ‖ *verglaster Balkon, Erker* m
  ‖ *Ausguck* m ‖ *Aussichtspunkt* m ‖ ~ panorámico,
  ~ pintoresco *Aussichtspunkt* m *(Zeichenerklärung
  e–r Landkarte)*
  Miraflores: Cartuja de ~ *berühmtes span.
  Kartäuserkloster bei Burgos*
  miraguano m *(Bot) Woll-, Kapok|baum* m
  (Ceiba pentandra) ‖ *Miraguanowolle* f *(für
  Steppdecken)*
  mirahuevos m *Eierdurchleuchtungsgerät* n
  miraje m (bes. Am) *(Luft)Spiegelung* f
  miramelindos m *(Bot) Balsamine* f,
  Springkraut n (Impatiens spp)
  miramiento m *An|schauen, -sehen* n ‖ *Um-,
  Vor|sicht* f ‖ *Rücksicht(nahme)* f ‖ *Schonung* f ‖ ◆
  sin ~ *rücksichtslos* ‖ *ohne Umstände* ‖
  schonungslos ‖ lleno de ~s *schonungsvoll*
  mirandés adj/s *aus Miranda de Ebro* (P Burg)
  ‖ *auf Miranda de Ebro bezüglich*
  mirar vt *an|sehen, -blicken* ‖ *betrachten* ‖
  beobachten ‖ *nachsehen* ‖ *belauern* ‖
  berücksichtigen ‖ *überprüfen* ‖ *überlegen* ‖ *(fig)*,
  achten, schätzen ‖ ◇ ~ algo bien *s. et. genau
  überlegen* od *überdenken* ‖ mirándolo salir *als er
  (sie, es) ihn (hin)ausgehen sah* ‖ ~ vi/t *sehen* ‖
  zusehen, blicken ‖ *(fig) nachsehen* ‖ *Aussicht
  haben, gehen auf* (acc), *nach (Gebäude, Fenster)*
  ‖ ◇ ~ alrededor *um s. schauen* ‖ ~ atrás
  zurückblicken ‖ ~ por a/c *das Augenmerk auf et.
  richten* ‖ *für et. sorgen* ‖ por lo que a mí mira
  was mich anbetrifft ‖ ~ a uno por encima del
  hombro *(fig) jdn über die Achsel* od *über die
  Schulter ansehen, gering schätzen* ‖ esta casita
  mira al mar *dieses Häuschen sieht auf die See
  hinaus* ‖ ~ de reojo *(fig) schief ansehen* ‖ ~ por
  la ventana *zum Fenster hinausschauen* ‖ ~ por
  encima de las gafas *über die Brille hinwegsehen* ‖
  ~ por un agujero *durch ein Loch schauen* ‖ ~
  por sí *auf s–n Vorteil bedacht sein* ‖ sin ~ nada
  rücksichtslos ‖ si bien se mira *genau genommen,
  genau betrachtet* ‖ *eigentlich* ‖ ¡mira! *sieh mal!
  bedenke nur!* ‖ *sieh dich vor! (Drohung)* ¡mira
  que no estoy para bromas! *Achtung, (denn) ich

bin nicht zum Spaßen aufgelegt!* ‖ ¡mira lo que
haces! *bedenke, was du tust!* ‖ mira, mira … *so,
so* … ‖ un mírame y no me toques *(figf) e–e
allzu empfindliche, heikle Person, (fig) e–e
Mimose, (fig) ein Rührmichnichtan* ‖ mírame y no
me toques! *rühr(e) mich nicht an!* ‖ ¡mira tu que
…! (pop) *es ist unglaublich, dass …!* ‖ ¡~ este!
(pop) *das ist gelungen!* ‖ ~se *s. beschauen, s.
ansehen* ‖ ◇ ~ a sí mismo *(fig) auf s. selbst
achten* ‖ ~ al od en el espejo *s. im Spiegel
betrachten* ‖ ~ unos a otros *(fig) einander
verwundert anschauen* ‖ ~ en alg. *(fig) jdn wie
sein zweites Ich lieben*
  mirasol m *(Bot)* → **girasol**
  miray *(pop)* = **mira ahí**
  mirelón m Am *(pop)* = **míre(n)lo**
  miríado f *Myriade* f ‖ *(fig) Unzahl* f
  miriámetro m *Myriameter* m
  miriápodos mpl *(Zool) Tausendfüß(l)er* mpl
  (Diplopoda)
  mirifico adj *(poet) wundervoll*
  mirilla f *Guckloch* n *(an Türen), (fam) Spion*
  m ‖ *(Tech) Guckloch* n ‖ *Skalenfenster* n ‖ *(Fot)
  Sucher* m
  △ **mirinda** adv *unterdessen*
  ¹miriñaque m *Reifrock* m, *Krinoline* f
  ²miriñaque m Am *(EB) Kuhfänger* m ‖ *(fig)
  Schnickschnack* m, *Nippes* pl
  miriópodos mpl → **miriápodos**
  mi|rística f *(Bot) Muskat(nuss)baum* m
  (Myristica fragrans) ‖ **–risticáceas** fpl *(Bot)
  Muskatnussgewächse* npl (Myristicaceae)
  △ **mirla** f *Ohr* n
  mirlarse vr *(fam) s. brüsten* ‖ *(pop) e–e
  Amtsmiene aufsetzen*
  mirliflor m/f *eingebildete Person* f
  mirlo m *(V) Amsel* f (Turdus merula) ‖ ~
  acuático *Wasseramsel* f (Cinclus cinclus) ‖ ~
  capiblanco *Ringdrossel* f (T. torquatus) ‖ un ~
  blanco *(fig) ein weißer Rabe* m ‖ ◇ aguantar el
  ~ *(fam) nicht mucksen*
  mirme|cofilia f *(Ökol Bot) Myrmekophilie* f ‖
  –cófilo adj *(Bot Zool) myrmekophil* ‖ ~s mpl
  (Zool) Ameisengäste mpl, *Myremekophilen* mpl ‖
  –cología f *(Ins) Ameisenkunde, Myrmekologie* f ‖
  –cólogo adj *ameisenkundlich, myrmekologisch* ‖
  ~ m *Myrmekologe* m
  mirobálano m *(Bot) Kirschpflaume,
  Myrobalane* f (Prunus cerasifera myrobalana)
  mirón adj *aufmerksam zuschauend* ‖ *gaffend* ‖
  neugierig ‖ ~ m *Gaffer* m ‖ *Zaungast* m ‖ *(pop)
  Spanner, Voyeur* m ‖ *(Kart) Zuschauer, Kiebitz* m
  ‖ ◇ hacer el papel de ~ *den stummen Beobachter
  spielen*
  mirra f *Myrrhe* f
  mirringa f Cu *winziger Teil* m
  mirtáceas fpl *(Bot) Myrtengewächse* npl
  (Myrtaceae)
  mirtilo m *Heidelbeere* f (→ **arándano**)
  mirto m *(Bot) Myrte* f (Myrtus spp)
  miruell|a|f Sant *(V) Amselweibchen* n ‖ **–o** m
  Sant Ast → **mirlo**
  Miryam f np *Mirjam* f
  M.I.S. *(Abk)* = *Muy ilustre señor*
  misa f *Messe* f, *Messopfer* n ‖ ~ del alba,
  (fam) ~ de los cazadores *Frühmesse* f ‖ ~ de
  campaña *Feldgottesdienst* m ‖ ~ cantada
  Singmesse f ‖ ~ de cuerpo presente *am Sarg
  gelesene Seelenmesse* f ‖ ~ de difuntos *Seelen-,
  Toten|messe* f ‖ ~ de(l) gallo *Christ-,
  Weihnachts|mette* f ‖ ~ mayor *Hauptmesse* f ‖ ~
  negra *schwarze Messe, Teufels-, Satans|messe* f
  (→ **satanismo**) ‖ ~ de perdón *letzte Messe* f *bei
  e–m Seelenamt* ‖ ~ pontifical *Pontifikal-,
  Hoch|amt* n ‖ ~ de réquiem → *de difuntos* ‖ ~

rezada *stille Messe* f ‖ ~ solemne *feierliches Hochamt* n *(mit Musik)* ‖ ~ en sufragio de … *Messe* f *zum Gedenken an* … ‖ ~ votiva *Votivmesse* f ‖ ◇ ayudar a ~ *bei der Messe dienen, Ministrant sein* ‖ cantar (su primera) ~ *sein erstes Messopfer feiern (Primiziant)* ‖ celebrar (la) ~, decir ~ *Messe lesen* ‖ ¡allá te lo dirán de ~s! ⟨fam⟩ *irgendwann wirst du dafür büßen, hier oder im Jenseits!* ‖ engañar a uno por el procedimiento de las ~s *jdn unter dem Vorwand e–r Seelenmesse betrügen* ‖ no saber de la ~ la media ⟨figf⟩ *gar nichts wissen* ‖ venir de ~ *aus der Messe kommen* ‖ ser cura de ~ y olla ⟨fam⟩ *bäu(e)risch, un\geschliffen, -gebildet sein (Dorfpfarrer)*
¹misacantano *m Primiziant* m
△ **²misacantano** *m Hahn* m
¹misal *m/adj Missal(e), Messbuch* n
²misal *m* ⟨Typ⟩ *Bezeichnung für e–n Schriftgrad von 22 Punkten*
misan\tropía *f Misanthropie* f, *Menschenhass* m ‖ **–trópico** adj *misanthropisch, menschenfeindlich*
misántropo *m Menschenhasser, Misanthrop* m
miscelánea *f Vermischte(s)* n, *Miszellen* pl
miscible adj *(m/f) mischbar*
mise\rable adj *(m/f)* (sup **–rabilísimo**) *elend, erbärmlich* ‖ *armselig* ‖ *verächtlich, elend, niederträchtig* ‖ *kleinmütig* ‖ *knaus(e)rig, filzig* ‖ ~ m *niederträchtiger Mensch, Bösewicht,* ⟨pop⟩ *Schurke, hundsgemeiner Kerl* m ‖ Los ~s *Die Elenden (V. Hugo)* ‖ adv: ~**mente**
¹miserere *m Miserere* n *(51. Psalm im Alten Testament)*
²miserere *m* ⟨Med⟩: (cólico) ~ *Koterbrechen* n
miseria *f Elend, Unglück* n ‖ *Not, Trübsal* f ‖ ⟨figf⟩ *Kleinigkeit, Lappalie* f ‖ *Knauserei* f, *Geiz* m ‖ ⟨fam euph⟩ *Ungeziefer(plage* f) n, bes. *Läuse(befall* m) fpl ‖ ◇ allí pagan una ~ *dort werden Hungerlöhne bezahlt*
mise\ricordia *f Barmherzigkeit* f, *Erbarmen, Mitleid* n ‖ *Dolch* m, *mit dem der Ritter s–m Gegner den Gnadenstoß gab* ‖ **–ricordioso** adj/s *barmherzig, mitleidig* ‖ ~ con *(od* para, para con) su prójimo *barmherzig gegen s–n Nächsten* ‖ **–riuca** *f* dim von **–ria**
misero *m/adj* ⟨fam⟩ *Kirchenläufer* m ‖ *Messpriester* m
mísero adj/s (sup **misérrimo** *erbärmlichst) elend, unglücklich* ‖ *niedergeschlagen, kleinmütig, deprimiert, mutlos,* ⟨fam⟩ *down* ‖ *geizig* ‖ ¡ay, ~ de mí! ⟨lit⟩ *ich Unglücklicher!*
misiá, misia *f* Am (Abk *aus* mi señora) *Frau* f (bes. *als Anrede*)
misil *m Fernlenkwaffe* f ‖ *Rakete* f ‖ ~ de cabeza múltiple *Rakete* f *mit Mehrfachsprengkopf* ‖ ~ (de) crucero *Cruise-Missile* n, *Marschflugkörper* m ‖ ~ Pershing *Pershing(Rakete)* f
misión *f (Aus)Sendung* f ‖ *Auftrag* m ‖ ⟨Rel⟩ *Mission, Bekehrung* f ‖ *(hohe) Aufgabe* f ‖ *(hochgestecktes) Ziel* n ‖ ⟨Rel⟩ *Missionshaus* n ‖ ⟨joc⟩ *Predigt* f ‖ ⟨Pol⟩ *Mission* f *(Diplomatie)* ‖ ⟨Mil⟩ *Einsatz* m ‖ ◇ cumplir con *(od* desempeñar) una ~ *e–e Aufgabe erfüllen* ‖ dispuestos a cumplir (con) su ~ *einsatzbereit (Soldaten usw.)*
misio\nal adj *(m/f)* ⟨Rel⟩ *Missions-* ‖ **–nero** *m Missionar* m
Misisipí *m* [Fluss]: el ~ *der Mississippi*
misiva *f/adj (Send)Schreiben* n ‖ *Brief* m ‖ *Nachricht* f ‖ (carta) ~ *Sendschreiben* n
mis\mamente av ⟨fam⟩ *genau, pünktlich, igeradeso* ‖ ~ como *genau wie* ‖ ◇ hace ~ itemblar *es ist direkt schauderhaft* ‖ **–midad** *f*

⟨Philos⟩ *Selbstheit* f ‖ **–mísismo** adj sup von **–mo** ‖ ⟨fam⟩ *leibhaftig*
mismo adj *selbst, selber* ‖ *nämlich* ‖ *eigen* ‖ ~ adv *eben* ‖ *genau* ‖ *gerade* ‖ el ~ dinero *dasselbe Geld* ‖ *das Geld selbst* (= el dinero ~) ‖ el ~ *er selbst* ‖ el ~ *derselbe* ‖ lo ~ *dasselbe, desgleichen, ebenfalls* ‖ lo ~ que … *dasselbe wie …, ebensogut wie …* ‖ *gleichsam* ‖ *wie auch* ‖ ¡eso ~! *so ist es! jawohl!* ⟨fam⟩ *stimmt!* ‖ por lo ~ *gerade deswegen* ‖ ◇ es el valor ~ *er (sie, es) ist die Tapferkeit selber* ‖ ¿quiere Vd. verlo por sí ~? *wollen Sie es selbst sehen?* ‖ lo ~ da *es ist einerlei,* ⟨fam⟩ *es ist egal* ‖ viene a ser lo ~, es lo ~ *es läuft auf dasselbe hinaus* ‖ del ~ color *gleichfarbig* ‖ dominio, desprecio de sí ~ *Selbst\beherrschung, -verachtung* f ‖ yo ~ lo haré *ich werde es selbst tun* ‖ Cervantes ~ lo dice *Cervantes sagt es selbst* ‖ sogar *Cervantes sagt es* ‖ ahora ~ *sogleich, auf der Stelle* ‖ así ~ → **asimismo** ‖ aquí ~ *eben, gerade hier* ‖ hoy ~ llegarán *gerade heute (schon heute) kommen sie an* ‖ una ~a palabra *ein und dasselbe Wort*
misoginia *f* ⟨Psychol Med⟩ *Weiber\hass* m bzw *-scheu, Misogynie* f
misógino *m/adj Misogyn, Weiberhasser* m
misología *f Hass* m *gegen den Logos, Misologie* f
misoneís\mo *m Hass* m *gegen Neuerungen* ‖ **–ta** adj *(m/f) neuerungsfeindlich*
míspero *m* Al Burg Logr → **níspero**
mispíquel *m* ⟨Min⟩ *Arsenopyrit* m
miss *f* ⟨Schönheits⟩König *in, Miss* f
mistar vi: sin ~ ⟨fam⟩ *ohne zu mucksen*
miste ⟨pop⟩ = mire usted
mistela *f mit Alkohol versetzter Most* m ‖ *Grog* m *mit Zimt*
¡místela! ⟨pop⟩ = mírela Vd.
míster *m Herr* ‖ ⟨joc⟩ *Engländer* m
miste\rio *m (Religions)Geheimnis* n ‖ *Mysterienspiel* n ‖ ~s órficos ⟨Rel Hist⟩ *Orphik* f, *Orphismus* m ‖ ◇ hablar de ~ *geheimnisvoll sprechen* ‖ hacer ~ de algo *et. verheimlichen* ‖ eso es para mí un ~ ⟨fam⟩ *das ist für mich ein Rätsel* ‖ **–rioso** adj *geheimnisvoll* ‖ adv: ~**amente**
mística *f* ⟨Theol⟩ *Mystik* f ‖ *Mystikerin* f ‖ *utopisch radikale Ideologie* f
misticismo *m Mystizismus* m ‖ *Mystik* f ‖ *mystische Bewegung* f ‖ *religiöse Schwärmerei* f ‖ *Verzückung* f ‖ *Ekstase* f
¹místico adj/s *mystisch* ‖ *geheim, unerklärlich* ‖ ⟨fig⟩ *schwärmerisch* ‖ ⟨pej⟩ *frömmlerisch* ‖ Am auch *zimperlich* ‖ adv: ~**amente** ‖ ~ m *Mystiker* m
²místico *m* ⟨Mar⟩ *Küstenboot* n *(mit Dreiecksegeln)*
mistifi\cación *f Mystifizierung, Täuschung* f ‖ **–cador** *m/adj Schwindler, Betrüger* m ‖ **–car** [c/qu] vt *mystifizieren, irreführen* ‖ *täuschen, betrügen* ‖ *fälschen*
△ **misto** adj *gut*
mistral *m* ⟨Meteor⟩ *Mistral* m *(Nordwind aus dem mediterranen Südfrankreich)*
mistress *f Frau* f
Misurí *m* [Fluss]: el ~ *der Missouri (Fluss)*
¹mita *f* MAm ⟨Hist⟩ *Verpflichtung* f *von Indianern zum Frondienst*
²mita *f* Bol *Kokaernte* f
mitá *f* ⟨pop⟩ → **mitad**
mitaca *f* Bol Col *Ernte* f
mitad *f Hälfte* f ‖ *Mitte* f ‖ ⟨Sp⟩ *Halbzeit* f ‖ ♦ la ~ menos *um die Hälfte weniger* ‖ ~ y ~, a ~, (~) por ~ *zur Hälfte* ‖ mi cara ~ ⟨fam⟩ *m–e Ehehälfte* ‖ ~ …, ~ … *halb…, halb* … ‖ primera (segunda) ~ ⟨Sp⟩ *erste (zweite) Halbzeit* f ‖ ♦ a ~ de precio *zu halbem Preis* ‖ a ~ del camino

halbwegs ‖ de cuenta por ~ *auf gemeinschaftliche Rechnung* f ‖ ◇ se lo dijo en ~ de la cara ⟨pop⟩ *er (sie, es) sagte es ihm (ihr) gerade ins Gesicht* ‖ entro por ~ en esta empresa *ich bin zur Hälfte bei diesem Unternehmen beteiligt* ‖ mentir por la ~ de la barba ⟨fam⟩ *unverschämt lügen* ‖ plantar *od* poner a uno en ~ del arroyo *od* de la calle ⟨figf⟩ *jdn vor die Tür setzen*

mite adj *sanft, gelind(e)* ‖ ⟨Pharm⟩ *mite*
mítico adj *mythisch* ‖ *sagenhaft* ‖ *Mythos-*
△ **mitichó** adj *streng*
miti|gación f *Linderung, Milderung* f ‖ *Abschwächung* f ‖ **–gador, –gante** adj *(m/f) lindernd, mildernd* ‖ **–gar** [g/gu] vt *lindern, mildern* ‖ ◇ ~ la cólera de alg. *jds Zorn beschwichtigen* ‖ ~**se** *nachlassen (Schmerz)* ‖ **–gativo, –gatorio** → **mitigador**
mitilicultura f *Muschelzucht* f
mitin m ⟨Pol⟩ *Versammlung* f
¹mito m *Mythos, Mythus* m ‖ *Mythe* f ‖ *(Helden)Sage* f ‖ *Märchen* n ‖ *Legende* f ‖ ⟨fig⟩ *Erdichtung* f
²mito m ⟨V⟩ *Schwanzmeise* f (Aegithalos caudatus)
mitocondria f ⟨Biol⟩ *Mitochondrium* n
mitógrafo m *Mythograph* m
mito|logía f *Mythologie* f ‖ **–lógico** adj *mythologisch*
mitomanía f ⟨Med⟩ *Lügensucht, Mythomanie* f
mitón m *fingerloser Handschuh, Autohandschuh* m ‖ *Pulswärmer* m
mitosis f ⟨Gen Biol⟩ *Mitose* f
mitote m Mex ⟨fam⟩ *Aufruhr* m, *Durcheinander* n
¹mitra f *(persische) Mitra* f ‖ *Bischofsmütze* f ‖ p. ex *Bischofswürde* f ‖ ~ de papel *Papiermütze* f *(der Kinder)*
²mitra f ⟨V⟩ *Bürzel* m
mitrado adj *berechtigt, die Mitra zu tragen* ‖ ~ m ⟨fig⟩ *Bischof bzw. hoher kath. Geistlicher* m
mitral adj *(m/f)* ⟨An⟩ *mitral*
Mitrídates m np *Mithridates* m
miura m *starker andalusischer Kampfstier* m *von der Züchterei Miura* ‖ ⟨figf⟩ *tückischer, hinterlistiger Mensch* m ‖ ◇ ser más valiente *od* ⟨fam⟩ templado que un ~ *sehr tapfer sein* ‖ tener la intención de un ~ *sehr (heim)tückisch sein*
Mix. ⟨Abk EB⟩ → **³mixto**
△ **mixa** f *Grenze* f
mixede|ma m ⟨Med⟩ *Myxödem* n ‖ **–matoso** adj/s *myxödematös*
mixino m ⟨Fi⟩ *Inger, Blind-, Schleim-, Wurm|fisch* m (Myxine glutinosa)
mixomatosis f ⟨Vet⟩ *Myxomatose* f *(der Hasen und der Kaninchen)*
mixomicetos mpl ⟨Bot⟩ *Schleimpilze* mpl (Myxophyta, Myxomycetes)
mixtificar vt → **mistificar**
mixtión f *(Ver)Mischung* f ‖ ⟨Pharm⟩ *Mixtur* f
¹mixto adj *ge-, ver|mischt*
²mixto m ⟨fam⟩ *Zündholz* n
³mixto m ⟨EB⟩ *gemischter Zug, Personenzug* m *mit Güterbeförderung*
mixtura f *Mischung* f, *Gemisch* n ‖ ⟨Pharm⟩ *Mixtur* f
miza f ⟨fam⟩ *Miez, Katze* f
△ **mizo** adj *linkshändig*
mízcalo m [Pilz] → **níscalo**
ml ⟨Abk⟩ = **mililitro(s)**
m/l ⟨Abk⟩ = **moneda legal**
m/L ⟨Abk⟩ = **mi letra**
Mm ⟨Abk⟩ = **miriámetro(s)**
mm ⟨Abk⟩ = **milímetro(s)**
m/m ⟨Abk⟩ = **más o menos**
m/n ⟨Abk⟩ = **moneda nacional**

Mn ⟨Abk⟩ = **manganeso**
mnemo|tecnia, –técnica f *Mnemotechnik, Gedächtniskunst* f ‖ **–técnico** adj *mnemotechnisch, das Gedächtnis unterstützend, Gedächtnis-*
mo, mó ⟨pop⟩ = **modo**
m/o ⟨Abk⟩ = **mi orden**
Mo ⟨Abk⟩ = **molibdeno**
¹moa m ⟨V⟩ [ausgestorben] *Moa* m (Dinornis maximus)
△ **²moa** f *Geld* n
moaré m ⟨Text⟩ *Moiré* m/n
mobbing m *Mobbing* n
mobiliario m *Mobiliar* n ‖ *Möbel(einrichtung* f) npl ‖ → **moblaje** ‖ ~ urbano *städtische Einrichtungen (Bänke, Laternen usw.)*
moblaje m *Möbeleinrichtung* f ‖ *Hausrat* m
moca m *Mokka* m *(Kaffee)*
mo|cador m ⟨reg⟩ *Schnupftuch* n ‖ **–carse** [c/qu] vr *s. schneuzen* ‖ **–carro** m ⟨vulg⟩ *Rotz* m ‖ ⟨fam⟩ *Nasentropfen* m
mocasín m *Mokassin* m ‖ *Slipper* m *(Schuh)*
mocear vi ⟨pop⟩ *jugendliche Ausschweifungen begehen*
moce|dad f *Jugend(zeit)* f, *Jugendjahre* npl ‖ a la ~ ociosa, vejez trabajosa *(od* menesterosa) ⟨fig⟩ *junger Schlemmer, alter Bettler* m ‖ ◆ desde la ~ *von jung an* ‖ en mis ~es *in m–r Jugend, als ich jung war* ‖ **–ril** adj *(m/f) Mädchen-* ‖ *Burschen-* ‖ **–río** m *junges Volk* n, *Jugend* f ‖ **–ro** m ⟨fam⟩ *Mädchen-, Schürzen|jäger* m ‖ **–te** m Ar *junger Bursche* m ‖ **–tón** m *strammer od draller Bursche* m ‖ **–tona** f ⟨fam⟩ *dralles (Bauern)Mädchen*
¹mocha f Am *Frömmlerin* f
²mocha f Cu ⟨Art⟩ *Machete* f
mochales adj: ⟨pop⟩ estar ~ *halb verrückt sein,* ⟨fam⟩ *nicht alle Tassen im Schrank haben, bekloppt sein, bescheuert od meschugge sein*
mochar vt *(mit Kopf od Hörnern) stoßen* (& fig) ‖ ⟨fam⟩ *stehlen,* ⟨fam⟩ *klauen, stibitzen*
mochila f *Rucksack* m ‖ *Ranzen* m, *Ränzel* n ‖ *Jagdtasche* f ‖ ⟨Mil⟩ *Tornister* m (→ **macuto**)
¹mocho adj *beschnitten, ge|stutzt, -kappt (Baum)* ‖ *ungehörnt (Tier)* ‖ *ohne Spitze (Turm)* ‖ *entmastet, mit gebrochenen Masten (Schiff)* ‖ ⟨figf⟩ *mit gestutztem Haar*
²mocho adj Am ⟨Pol⟩ *konservativ, reaktionär*
³mocho m *verbreitertes Ende* n *(e–s Gerätes)* ‖ *Gewehrkolben* m
⁴mocho m Chi ⟨Rel⟩ *Laienbruder* m
⁵mocho m Sal *Vorfahr(e), Ahne* m
¹mochuelo m ⟨V⟩ *Kauz* m ‖ ⟨fig⟩ *harte od unangenehme Arbeit* f ‖ ~ (común) ⟨V⟩ *Steinkauz* m (Athene noctua) ‖ ~ chico ⟨V⟩ *Sperlingskauz* m (Glaucidium passerinum) ‖ ◇ cargar con el ~ ⟨figf⟩ *es ausbaden müssen* ‖ cargarle *od* echarle *od* colgarle a uno el ~ ⟨figf⟩ *jdm et. aufhalsen, jdm et. in die Schuhe schieben*
²mochuelo m ⟨Typ⟩ *Leiche* f
mocil adj *(m/f) jugendlich, Jugend-*
mocino, mocín, mociño m ⟨reg⟩ *dim von* **mozo**
moción f *Bewegung* f ‖ ⟨fig⟩ *Gemütsbewegung, Rührung* f ‖ *Antrieb* m, *innere Regung* f ‖ ⟨Pol⟩ *Antrag* m ‖ ~ de censura ⟨Pol⟩ *Misstrauensantrag* m ‖ ~ de urgencia *Dringlichkeitsantrag* m ‖ ◇ presentar (una) ~ *e–n Antrag stellen od einbringen*
mocita f *dim von* **¹moza**
mocito m *dim von* **mozo**
moco m *Nasenschleim,* ⟨pop⟩ *Rotz* m ‖ *Rahm, Satz* m *(bei Getränken)* ‖ *(Licht)Schnuppe* f *von e–r brennenden Kerze ablaufendes Wachs* n ‖ ~ de pavo *Hautlappen* m *(am Schnabel des Truthahns)* ‖ ◇ ¡no es ~ de pavo! ⟨figf⟩ *das ist k–e Kleinigkeit!* ⟨fam⟩ *das ist kein Pappenstiel!* ‖

das ist (ja) nicht zu verachten! ‖ caérsele el ~ a alg. ⟨figf⟩ *sehr einfältig sein* ‖ limpiarse los ~s → quitarse los ~s ‖ ¡te voy a limpiar los ~s ⟨fig pop⟩ *dir gebe ich (gleich) eins auf die Schnauze!* ‖ llorar a ~ tendido *(od a ~ y baba)* ⟨pop⟩ *Rotz und Wasser weinen* ‖ ⟨pop⟩ *heulen* ‖ quitarse los ~s ⟨fam⟩ *s. schneuzen, s. die Nase putzen* ‖ tener ~s ⟨pop⟩ *rotzig sein* ‖ tirarse el ~ *übertreiben*

¹mococoa *adj* Mex *krank*

²mococoa *f* Bol Col *schlechte Laune* f

moco|sa *f* ⟨fam⟩ *junges, unverständiges Mädchen* n, ⟨vulg⟩ *Rotznase* f ‖ **–so** *adj rotzig, feuchtnasig* ‖ ⟨fig⟩ *bedeutungs-, wert|los* ‖ **~ m** ⟨fam⟩ *kleiner dummer Junge* m, ⟨vulg⟩ *Rotznase* f ‖ ⟨pop⟩ *Grünschnabel* m ‖ dim: **–suelo, –sillo**

Moctezuma *m* np *Moctezuma, Montezuma II. (der letzte Aztekenherrscher – 1466 bis 1520)* ‖ ⟨fig⟩ *steinreicher Mann* m

mod. ⟨Abk⟩ = **moderno**

moda *f Mode* f ‖ *Sitte* f, *Gebrauch* m ‖ la ~ del día *die augenblickliche od herrschende od neueste Mode* f ‖ ~ femenina *Damenmode* f ‖ ~ masculina *Herrenmode* f ‖ ~ maxi *Maximode* f ‖ ~ midi *Midimode* f ‖ ~ mini *Minimode* f ‖ ~ del mini(bi)kini *Oben-ohne-Mode* f ‖ ◆ a la ~ *modern* ‖ ⟨fig⟩ *Mode-, beliebt (z. B. Schauspieler)* ‖ a la ~ de aquel tiempo *nach dem damaligen Brauch* ‖ de ~ *modisch* ‖ de ~ antigua *altmodisch* ‖ de última ~ *neumodisch* ‖ fuera de ~ *aus der Mode, nicht mehr modern* ‖ según la última ~ *nach der neuesten Mode* ‖ ◇ estar de ~, ser ~ *Mode sein* ‖ ¡está de ~! *das ist nun mal Mode!* ‖ hacerse ~ *Mode werden* ‖ pasado de ~ *altmodisch, unmodern* ‖ *veraltet* ‖ salió una nueva ~ *e–e neue Mode ist aufgekommen* ‖ seguir la ~ *die Mode mitmachen*

modal *adj (m/f) Modal-, modal* ‖ ~ m *Modalverb* n

moda|les *mpl Manieren* pl, *Benehmen* n ‖ ◇ tener buenos ~ *wohlerzogen, gesittet, anständig sein* ‖ **–lidad** *f Eigenart* f, *Modalität* f ‖ *Ausdrucksform, Art und Weise, Beschaffenheit* f

mode|lación *f,* **–lado, –laje** *m Modellieren* n ‖ **–lador** *m Modellierer* m ‖ **–lar** *vt modellieren, formen, modeln, gestalten*

modélico *adj modellhaft*

mode|lismo *m Modellbau* m ‖ ~ naval *Schiffsmodellbau* m ‖ **–lista** *m/f Mode|lleur* m, *-lleuse* f ‖ *Modellschreiner(in* f) m ‖ *Modell|zeichner(in* f) bzw *-schneider(in* f) m ‖ **–lo** *m Muster, Modell* n ‖ *Kleiderschnitt* m ‖ ⟨fig⟩ *Vorbild* n ‖ ~ fuera de producción, ~ que ya no sc produce *Auslaufmodell* n ‖ ~ de lujo *Luxusmodell* n ‖ *Luxusausführung* f ‖ ~ de maridos *Mustergatte* m ‖ último ~ *letztes Modell* n ‖ *letzter Schrei* m ‖ ◆ según ~ *nach Vorlage* ‖ ◇ llenar un ~ *impreso ein (Druck)Formular ausfüllen* ‖ servir de ~ *als Vorbild dienen* ‖ tomar por ~ *zum Vorbild nehmen* ‖ ~ *f* ⟨Mal⟩ *Modell* n *(modellstehende Frau)* ‖ *Fotomodell* n *(Frau)* ‖ *Mannequin* n (& m), *Vorführdame* f, *Model* n ‖ ⟨euph⟩ *Prostituierte* f

módem *m* ⟨Inform⟩ *Modem* m (& n)

mode|ración *f Mäßigung* f ‖ *Zurückhaltung* f ‖ ~ salarial *Zurückhaltung* f in *den Lohnforderungen* ‖ **–rado** *adj mäßig* ‖ *gemäßigt (& Pol)* ‖ *gesetzt, ruhig, gelassen* ‖ ◆ ~ en los gastos *wirtschaftlich* ‖ adv: **~amente** ‖ **–rador** *m Mäßiger* m ‖ *(Piano)Dämpfer* m ‖ ⟨Tech⟩ *Regler* m *(der Geschwindigkeit)* ‖ ⟨Atom Chem Phys⟩ *Moderator* m ‖ ⟨Radio TV⟩ *Moderator* m ‖ **–rar** *vt mäßigen, mildern* ‖ *herabsetzen* ‖ *verlangsamen* ‖ ⟨Tech⟩ *drosseln* ‖ ⟨fig⟩ *in Schranken halten* ‖ *zügeln (Leidenschaft)* ‖ ◇ ¡–re Vd. su lenguaje! *achten Sie darauf, was Sie sagen!* ‖ ~**se** *s.*

mäßigen ‖ ◇ ~ en las palabras *s–e Zunge im Zaum halten* ‖ **–rativo** *adj mäßigend* ‖ *einschränkend* ‖ **–rato** *m* ⟨Mus⟩ *Moderato* n

moder|namente *adv neulich, jüngst* ‖ *nach der Mode* ‖ **–nismo** *m* ⟨Rel Lit Kunst⟩ *Modernismus* m ‖ **–nista** *adj (m/f) modernistisch* ‖ ~ *m/f Modernist(in* f) m ‖ **–nización** *f Modernisierung* f ‖ *Erneuerung* f ‖ **–nizar** *[z/c] vt modernisieren* ‖ **–no** *adj neu, unlängst geschehen* ‖ *modisch, zeitgemäß, modern* ‖ *jung, neu (dem Dienstalter nach)* ‖ ◆ a la ~a, a lo ~ *nach dem neue(st)en Geschmack, modern*

modes|tia *f Bescheidenheit* f ‖ *Schlichtheit* f ‖ *Sittsamkeit, Ehrbarkeit* f ‖ falsa ~ *falsche Bescheidenheit* f ‖ ~ aparte *ohne Bescheidenheit (glaube ich sagen zu können)* ‖ ◆ con ~ *bescheiden* ‖ **–to** *adj bescheiden, anspruchslos* ‖ *sittsam, ehrbar*

Modesto *m* np *Modestus* m

modicidad *f Mäßigkeit* f ‖ *Niedrigkeit* f *(der Preise)*

módico *adj mäßig, beschränkt* ‖ ◆ al precio más ~ *zum niedrigsten Preis*

modifi|cación *f Ab-, Ver|änderung* f ‖ *Modifi|kation, -zierung* f ‖ *Neugestaltung, Reform* f ‖ ~ de la vocal ⟨Gr⟩ *Vokalwechsel* m ‖ *Um-, Ab|laut* m ‖ ◇ estar sujeto a modificaciones *Änderungen unterliegen* ‖ **–car** *[c/qu] vt ändern* ‖ *ab-, ver-, um|ändern* ‖ *modifizieren* ‖ ◇ ~ una factura *e–e Rechnung ändern* ‖ ~ su opinión *s–e Meinung ändern* ‖ **–cativo, –catorio** *adj abändernd* ‖ *Änderungs-* ‖ *Modifikations-*

modillón *m* ⟨Arch⟩ *Gesimskonsole* f *(ohne tragende Funktion)*

modín *m:* a ~ León *leise, sachte*

modismo *m eigentümliche Redewendung, Spracheigentümlichkeit* f

modis|ta *f Modistin* f ‖ *Putzmacherin* f ‖ *Damenschneiderin* f ‖ ~ *m Mode|schöpfer, -macher* m ‖ *Damenschneider* m ‖ **–tería** *f Am Modeboutique* f ‖ **–til** *adj (m/f)* ⟨fam⟩ *Schneider-* ‖ **–tilla** *f* (fam) *Lehrmädchen* n *e–r Modistin* ‖ *Nähmädchen* n ‖ **–to** *m inc für* **modista**

modo *m Art und Weise, Beschaffenheit* f ‖ *Lebensweise* f ‖ *Form, Methode* f, *Weg* m, *Mittel, Verfahren* n ‖ ⟨Gr Philos El⟩ *Modus* m ‖ ⟨Mus⟩ *Tonart* f ‖ ~ adverbial ⟨Gr⟩ *Adverbial(e)* n, *adverbiale Bestimmung* f ‖ ~ conjuntivo ⟨Gr⟩ *Konjunktiv* m ‖ ~ de empleo *Gebrauchsanweisung* f ‖ ~ de escribir *Schreibweise* f ‖ ~ de hacer los negocios *Geschäftsgebaren* n ‖ ~ imperativo ⟨Gr⟩ *Imperativ* m ‖ ~ indicativo ⟨Gr⟩ *Indikativ* m ‖ ~ infinitivo ⟨Gr⟩ *Infinitiv* m ‖ ~ mayor ⟨Mus⟩ *Durtonart* f ‖ ~ menor ⟨Mus⟩ *Molltonart* f ‖ ~ de pago *Zahlungsweise* f ‖ ~ de pensar *Denk|art, -weise* f ‖ ~ perfecto ⟨Gr⟩ *Perfektum* n, *Vergangenheit* f ‖ ~ potencial ⟨Gr⟩ *Potentialis, Optativ* m ‖ ~ de proceder *Handlungs-, Vorgehens|weise* f ‖ ~ subjuntivo ⟨Gr⟩ *Subjunktiv, Konjunktiv* m ‖ ~ de tratar *od actuar Handlungsweise* f ‖ ~ de ver *Gesichtspunkt* m ‖ *Auffassung* f ‖ ~ de vivir *Lebensart* f ‖ ◆ a(l) ~ de *nach Art von, wie* ‖ a mi ~ *nach m–r Art* ‖ a mi ~ de ver (las cosas) *nach m–r Auffassung, m–s Erachtens* ‖ a su ~ de hablar *nach der Art, wie er (sie, es) spricht* ‖ de algún ~ *auf irgendeine Art od Weise* ‖ de ese ~ *auf diese Art, so* ‖ de otro ~ *anders* ‖ *sonst* ‖ de y manera que ... *folglich, daher...* ‖ de un ~ especial *auf besondere Art* ‖ *insbesondere* ‖ de ningún ~ *durchaus nicht, keineswegs* ‖ de tal ~ *dergestalt, so* ‖ de ~ ... *so dass..., damit ...* ‖ de cierto ~ *gewissermaßen* ‖ por ~ de..., als... ‖ ~s *mpl Manieren* fpl, *Betragen* n ‖ ◆ con ~

anständigerweise ‖ de todos ~ *unter allen Umständen* ‖ *allenfalls* ‖ *durchaus*
¹modorra f *große Schläfrigkeit, bleierne Müdigkeit, Schlafsucht* f ‖ ⟨fam⟩ *Kater, Katzenjammer* m
²modorra f ⟨Vet⟩ *Drehkrankheit* f *(der Schafe)*
modorrar vi *faulen (Obst)*
modorrilla f ⟨figf Mil⟩ *dritte Nachtwache* f
¹modorro adj/s *schläfrig* ‖ ⟨fig⟩ *einfältig*
²modorro adj *faul(ig) (Obst)*
modoso [dim –sito] adj *anständig, artig, gesittet*
△ **modraga** f *Zange* f
modrego m *bäu(e)rischer Mensch* m ‖ *Tölpel* m
modu|lación f ⟨Mus Ak TV Radio⟩ *Modulation* f ‖ ~ de frecuencia *Frequenzmodulation* f ‖ **–lador** adj *modulierend* ‖ ~ m *Modulator* m ‖ **–lar** vt/i ⟨Mus TV Radio⟩ *modulieren*
¹módulo m ⟨Arch Math Tech⟩ *Modul* m ‖ *Model* m ‖ ⟨fig⟩ *Maßstab* m, *Norm* f ‖ ~ de cizallamiento ⟨Tech⟩ *Schubmodul* m ‖ ~ de descodificación ⟨TV⟩ *Decodermodul* m ‖ ~ de deslizamiento ⟨Tech⟩ *Gleitmodul* m
²módulo m ⟨Tech Raumf⟩ *Modul* n ‖ ~ lunar *Mond|fähre* f, -fahrzeug n
modus operandi ⟨lat⟩ m *Vorgehensweise* f
modus vivendi ⟨lat⟩ m ⟨Pol⟩ *erträgliche Übereinkunft* f ‖ *leidliches Verhältnis* n ‖ *Vereinbarung* f, *Abkommen* n
mofa f *Hohn, Spott* m ‖ *Verhöhnung* f ‖ ◆ con ~, en son de ~ *spöttisch, höhnisch* ‖ ◇ hacer ~ de alg. bzw algo (de) jdn *verhöhnen* ‖ et. *verspotten*
mofarse vr s. *lustig machen (de über acc)* ‖ ◇ ~ de alg. jdn *ver|spotten, -höhnen*
¹mofeta f ⟨Bgb⟩ *Grubengas* n ‖ ⟨Geol⟩ *Mofette* f *(CO₂-Exhalation)* ‖ ~s fpl ⟨Bgb⟩ *schlagende Wetter* pl
²mofeta f ⟨Zool⟩ *Skunk* m, *Stinktier* n *(Mephitis mephitis)*
mofle|te m *Pausbacke* f ‖ **–tudo** adj *paus-, rund|bäckig*
mogate m *Glasur* f *(Keramik)* ‖ ◆ a od de ~ *nachlässig*
mogol m/adj *Mogul* m ‖ *Mongole* m ‖ el Gran ~ der *Großmogul*
mogollón m/adj *Schmarotzer* m ‖ ◆ de ~ *gratis, umsonst*
mogón adj *mit nur e–m Horn (Rindvieh)* ‖ *mit abgebrochenem Gehörn (Rindvieh)*
mogote m *einzeln liegender Hügel* m *mit abgeflachter Kuppe* ‖ *Erdauswurf* m ‖ *(Heu-, Holz)Stapel* m ‖ *Puppe* f, *Garbenhaufen* m ‖ ⟨Jgd⟩ *Geweihknospe* f
Mogre|b m *Maghreb* m ‖ **–bí** [pl ~íes] adj/s *maghrebinisch*
mohair m ⟨Text⟩ *Mohair* m
Mohamed m np *Mohammed* m (= **Mahoma**)
moharra f *Lanzenspitze* f
moha|tra f *Wuchergeschäft* n ‖ *Betrug* m ‖ **–trero** m *Wucherer* m ‖ *Betrüger* m
mohicano m/adj *Mohikaner* m
mohiento adj *schimm(e)lig* ‖ *mod(e)rig*
mohín m *Gesichtsbewegung, Grimasse* f ‖ *Gebärde* f ‖ *Hand-, Körper|bewegung* f ‖ ◆ con (un) ~ de enojo *mit zorniger Gebärde* ‖ ◇ hacer mohines *Gesichter schneiden* ‖ *schmollen*
mohí|na f *Verdruss, Unwille* m ‖ *Groll* m ‖ **–no** adj *verdrießlich, missmutig, unwillig* ‖ *zornig*
moho m ⟨Bot⟩ *Schimmel(pilz)* m ‖ *Hausschwamm* m ‖ *Moder* m ‖ *Rost* m ‖ *Grünspan* m ‖ ◆ con manchas de ~ *stockfleckig (altes Buch)* ‖ cubierto de ~ *rostig, kahmig* ‖ ◇ criar ~ *(ver)rosten* ‖ *schimm(e)lig werden* ‖ *Grünspan ansetzen* ‖ no dejar criar ~ a/c ⟨figf⟩

et. schnell verbrauchen, ⟨fam⟩ *et. nicht verschimmeln lassen*
mohoso adj *schimm(e)lig* ‖ *mod(e)rig* ‖ *kahmig (Wein)* ‖ *rostig* ‖ *voller Grünspan*
moiré m → **muaré**
Mosés m np *Moses* m ‖ ~ m *(Trag)Körbchen* n *(für Säuglinge)*
moja|ble adj *(m/f)* ⟨Chem⟩ *be|netzbar, -netzungsfähig* ‖ **–da** f *Anfeuchten, Netzen* n ‖ **–do** adj ⟨pop fig⟩ *beschwipst, ange|säuselt, -heitert, -dudelt* ‖ ◇ estoy ~ *ich bin ganz nass* ‖ **–dor** m *Anfeuchtnapf* m (z. B. *für Briefmarken)* ‖ ⟨Chem⟩ → **humectante, humectador** ‖ ⟨Typ⟩ *Feuchtwalze* f ‖ *Fingeranfeuchter* m *(der Bankkassierer)* ‖ **–dura** f *Befeuchtung* f ‖ *(Be)Netzen, Anfeuchten* n ‖ *Durchnässen, Nasswerden n (vom Regen)* ‖ ◇ he cogido od pescado una mojadura ⟨fam⟩ *ich bin völlig durchnässt*
mojama f *eingesalzener, getrockneter Tunfisch* m ‖ ⟨figf⟩ *dürre, magere Person* f
mo|jar vt/i *(be)netzen, an-, be|feuchten* ‖ *nass machen, nässen* ‖ *ein|tunken, -weichen* ‖ ⟨fig⟩ *teilhaben (an dat)* ‖ ⟨figf⟩ *mit von der Partie sein* ‖ ◇ ~ en aceite *in Öl tauchen* ‖ **~se** *nass werden* (z. B. *vom Regen)* ‖ **–jasellos** m *Markenanfeuchter* m
mo|je m ⟨fam⟩, **–te** m Ar Murc *Soße* f
¹moji|cón m *(Marzipan)Gebäck* n ‖ *(Art) Biskuit* m (& n) *zur Schokolade*
²mojicón m ⟨fam⟩ *(Faust)Schlag* m *(ins Gesicht), Ohrfeige* f ‖ ◇ andar a mojicones ⟨pop⟩ s. *herumbalgen* ‖ s. *prügeln*
mojiganga f *Mummerei* f, *Maskenaufzug, Mummenschanz* m ‖ ⟨Th⟩ *Possenspiel* n, *Farce* f
moji|gatería, –gatez [pl ~ces] f *Duckmäuserei, Frömmelei* f ‖ *Heuchlerei* f ‖ **–gato** adj *gleisnerisch, heuchlerisch* ‖ *frömmlerisch, scheinheilig, bigott* ‖ ~ m *Duckmäuser, tückischer Heuchler, Gleisner* m ‖ *Frömmler, Scheinheilige(r)* m
mojón m *Grenz-, Mark|stein* m ‖ *Wegweiser* m ‖ ⟨pop⟩ *Haufen* m
mojo|nar vi/vt *Grenz- od Mark|steine setzen* ‖ *mit Grenz- od Mark|steinen abgrenzen* ‖ **–nera** f *Grenzsteine* mpl ‖ *Grenzlinie* f *(zwischen Feldern)*
¹mol m ⟨Chem⟩ *Mol* n
△ **²mol** m *Wein* m
△ **Molancia** f = **Valencia**
¹molar adj *(m/f)* *Mahl-* ‖ *Mühl-* ‖ ~ m ⟨An⟩ *Backenzahn* m
²molar adj *(m/f)* ⟨Chem⟩ *Mol-, molar*
³molar vi ⟨pop⟩ *gefallen* ‖ *ankommen* ‖ *auf et. stehen* ‖ ◇ a mí este tipo no mola *der Kerl behagt mir nicht*
△ **molchibé** m *Weihnachten* n
moldar vt → **moldear**
Moldava m [Fluss]: el ~ *die Moldau* f
Moldavia f ⟨Geogr⟩ *Moldawien* n
mol|de m *Modell, Muster* n ‖ *Mulde, (Gieß)Form* f ‖ *Backform* f ‖ *Abklatsch* m ‖ *Matrize* f ‖ *Negativform* f ‖ ⟨Typ⟩ *Form* f ‖ ⟨fig⟩ *Vorbild, Muster* n ‖ ~ para dulces *Kuchenform* f ‖ ~ perdido ⟨Met⟩ *verlorene Form* f ‖ ~ de yeso *Gipsform* f ‖ ◆ de ~ *gedruckt (Schrift)* ‖ ◇ sacar el ~ *ab|formen, -gießen* ‖ venir como de ~ *wie gerufen kommen* ‖ **–deable** adj *(m/f) formbar* ‖ **–deado** m *Formerei* f ‖ **–deador** m *Former* m ‖ ~ de pestañas *Wimpernformer* m ‖ **–deadora** f *Formmaschine* f ‖ **–dear** vt *ab|formen, -gießen* ‖ *abdrucken* ‖ *modellieren, formen* ‖ ~ en cera *in Wachs (aus)gießen*
Moldova f ⟨Geogr⟩ *Moldau* n
moldura f *Sims* m ‖ *Gesims, Simswerk* n ‖ *Profilleiste* f ‖ Ec *Bilderrahmen* m
¹mole adj *weichlich*

²mole *f große, schwere Masse* f ‖ *großer Umfang* m, *Dicke* f ‖ ⟨Phys⟩ *Masse* f ‖ ⟨Chem⟩ → **mol** ‖ ⟨Geol⟩ *stabiler Raum* m *(Orogenese)*
³mole *m* Mex MAm *Pfefferfleisch* n
molécula *f Molekül* n
molecular adj *(m/f) Molekular-, molekular*
mole|dor adj *lästig, zermürbend* ‖ ~ m *Zerreiber* m ‖ *Müller* m ‖ ⟨fig⟩ *lästiger Mensch* m ‖ **–dura** *f* → **molienda** ‖ **–jón** *m* → **²mollejón**
molendero *m Müller* m
moler [-ue-] vt/i *mahlen (in der Mühle)* ‖ *zer|reiben, -malmen* ‖ *(zer)kauen* ‖ ⟨fig⟩ *abtragen (Kleid)* ‖ ⟨fig⟩ *er|müden, -schöpfen* ‖ ⟨fig⟩ *belästigen* ‖ ⟨figf⟩ *strapazieren* ‖ ⟨fam⟩ *durchprügeln* ‖ ◇ ~ a azotes *durchpeitschen* ‖ ~ a coces *mit Füßen treten* ‖ ~ a palos, ~ los hombros *(od* las costillas) a alg. ⟨fam⟩ *durch|walken, -prügeln* ‖ ~ a preguntas ⟨pop⟩ *mit Fragen belästigen* ‖ ~**se:** ~ a trabajar ⟨figf⟩ *s. ab|arbeiten, s. -rackern*
molesquín *m* ⟨Text⟩ *Moleskin* m (& n), *Englischleder* n
moles|tar vt/i *(jdn) belästigen, (jdm) beschwerlich, lästig fallen* ‖ *stören* ‖ *ärgern* ‖ *plagen, quälen* ‖ *beunruhigen* ‖ *drücken (Kleid, Schuh)* ‖ ◇ *sentirse –tado* ⟨fig⟩ *s. getroffen fühlen* ‖ si no le –ta *wenn es Ihnen genehm ist, wenn es Ihnen nichts ausmacht (Höflichkeitsform)* ‖ ~**se** *s. Umstände machen, s. mühen* ‖ ⟨fig⟩ *s. getroffen fühlen, verletzt sein* ‖ *verletzt werden* ‖ ◇ ¡no se –te Vd. por mí! *machen Sie s. meinetwegen k–e Umstände!* ‖ **–tia** *f Belästigung, Plage* f ‖ *Ärger(nis* n) m ‖ *Unannehmlichkeit* f ‖ *Mühe* f ‖ *Unruhe, Störung, Beunruhigung* f ‖ *Zudringlichkeit* f ‖ *Verdruss* m ‖ ~s de estómago *Magenbeschwerden* fpl ‖ ◆ sin ~ *mühelos* ‖ ◇ ¡tómese Vd. la ~ de entrar! *bemühen Sie s. bitte herein!* ‖ causar ~s *Ärger, Unannehmlichkeiten verursachen* ‖ **–to** adj *lästig, beschwerlich* ‖ *unbequem* ‖ *belästigend* ‖ *auf-, zu|dringlich* ‖ *verdrießlich, ärgerlich* ‖ sentirse ~ ⟨fig⟩ *s. getroffen fühlen* ‖ **–toso** adj Am → **–to**
moleta *f Farbmühle* f
moletear vt *rändeln*
moletón *m* ⟨Text⟩ *Molton* m
molibdeno *m* (Mo) ⟨Chem⟩ *Molybdän* n
moli|cie *f Weichheit, Weiche* f ‖ ⟨fig⟩ *Schlaffheit* f ‖ ⟨fig⟩ *Ver|weichlichung, -hätschelung* f ‖ **–do** adj: ◇ estar ~ *wie zerschlagen* od ⟨fam⟩ *wie gerädert sein*
molienda *f Mahlen* n *(auf der Mühle), Müllerei* f ‖ *Mahlgut* n ‖ *Mahlquantum* n *(von Getreide)* ‖ *Mühle* f ‖ ⟨fig⟩ *Last, Plage* f
moliente adj: corriente y ~ *geläufig, üblich, gang und gäbe*
molificar [c/qu] vt *erweichen* ‖ *geschmeidig bzw flüssig machen*
moli|miento *m Mahlen* n ‖ ⟨fig⟩ *Ermüdung, Strapaze* f ‖ **–nejo**
moli|nejo *m* dim von **–no** ‖ **–nera** *f Müllerin* f ‖ **–nería** *f Mühlenwerk* n ‖ **–nero** adj *Mühl(en)-, Müller-* ‖ ~ *m Müller* m ‖ *Müllerknecht* m ‖ ~ mayor *Altmüller* m ‖ **–nete** *m* dim von **¹molino** ‖ *Windrädchen* n, *Papiermühle* f *(Spielzeug)* ‖ ⟨Mar⟩ *Kreis-, Anker|winde* f ‖ ⟨Taur⟩ *Mühle, gewandte Kreiswendung* f *des Stierkämpfers* ‖ ~ hidráulico *hydrometrischer Flügel, Wassermess|flügel* m, *-schraube* f ‖ ◇ hacer el ~ *(den Spazierstock) kreisförmig schwingen* ‖ *die Daumen drehen* ‖ **–nillo** *m Handmühle* f ‖ *Quirl* m ‖ ~ de café *Kaffeemühle* f
molinis|mo *m* ⟨Hist⟩ *Molinismus* m, *Gnadenlehre* f *des span. Jesuiten Luis de Molina († 1600)* ‖ **–ta** *m/f Anhänger(in* f) m *Molinas*
¹molino *m (Wind-, Öl-, Wasser)Mühle* f ‖ ⟨fig⟩

sehr lästiger Mensch m ‖ ⟨joc⟩ *Mund* m ‖ ~ aceitero *od* de aceite *Ölmühle* f ‖ ~ de agua *Wassermühle* f ‖ ~ arrocero *Reismühle* f ‖ ~ de aserrar *Sägemühle* f ‖ ~ de café *Kaffeemühle* f ‖ ~ glaciar *Gletscher|mühle* f, *-topf, -trichter* m ‖ ~ harinero *Mahl-, Mehl-, Getreide|mühle* f ‖ ~ hidráulico *Wassermühle* f ‖ ~ triturador *Schrotmühle* f ‖ ~ de viento *Windmühle* f
△ **²molino** m *Folter* f
mo|lla *f mageres Stück* n *am Fleisch* ‖ **–llar** adj *(m/f) weich* ‖ *mager und ohne Knochen (Fleisch)* ‖ *weich und saftig (Kirschen)* ‖ ⟨fig⟩ *einträglich, ergiebig* ‖ ⟨figf⟩ *gewinnbringend* ‖ ⟨figf⟩ *toll, klasse, dufte, prima*
△ **mollate** *m Rotwein* m ‖ *Flasche* f
molledo *m fleischiger Teil* m *der Wade, des Schenkels, des Armes* ‖ *Muskelfleisch* n ‖ *Brotkrume* f
molleja *f* dim von **molla** ‖ *Bries* n, *Halsdrüse* f *der Kälber* ‖ *Kaumagen* m *der Vögel* ‖ ~ de ternera *Kalbs|milch* f, *-brieschen* n
¹mollejón *m* ⟨fam⟩ *fetter, träger Mensch* m
²mollejón *m Schleifwerk* n *(mit Schleifstein)*
mollera *f Schädeldach* n ‖ ⟨pop⟩ *Kopf, Verstand, Grips* m ‖ cerrado de ~ ⟨fig⟩ *geistig beschränkt* ‖ duro de ~ ⟨figf⟩ *starrköpfig* ‖ *trotzig*
molle|ta *f, –te* *m mürbes Weizen-, Milch|brot* n ‖ **–tudo** adj *(reg)* → **mofletudo**
molli|cio adj *weich* ‖ **–ficar** vt → **molificar**
molli(z)na *f (reg) feiner, sanfter Regen, Sprühregen* m
molo *m* → **malecón**
mo|loc, –loch *m* ⟨Zool⟩ *Moloch, Dornteufel* m *(Moloch horridus) (Echse)*
Mo|loc, –loch *m* np *Moloch* m
móloc *m* Ec *Kartoffelpüree* n
molon|dra *f* ⟨fam⟩ *großer Kopf* m ‖ ⟨fam⟩ *Birne* f
¹molondrón *m* ⟨fam⟩ *Kopfnuss* f
²molondrón *m* Ven *reiche Erbschaft* f
moloquear vt MAm *(jdn) verprügeln*
moloso *m* [Hund Hist] *Molosser* m
molote *m* Mex *Auf|lauf, -ruhr* m
△ **molsoré** *m Essig* m
moltu|ra(ción) *f* → **molienda** ‖ **–rar** vt *(Getreide) mahlen*
Molucas fpl ⟨Geogr⟩: las ~ *die Molukken (Inseln)*
molusco *m Molluske* f, *Weichtier* n ‖ ~s mpl ⟨Zool⟩ *Weichtiere* npl (Mollusca)
molva *f* ⟨Fi⟩ *Leng* m (Molva molva)
m/o m/ ⟨Abk⟩ = **más o menos**
momentáneo adj *augenblicklich, für den Augenblick* ‖ *unverzüglich* ‖ *momentan, kurzzeitig* ‖ adv: **–amente**
¹momento *m Augenblick, Moment* m ‖ *Zeitpunkt, Moment* m ‖ *Wichtigkeit, Belang* m ‖ *gute Gelegenheit* f, *richtiger Zeitpunkt* m ‖ ~ crucial *entscheidender Augenblick* m ‖ un ~ de expansión *ein freier Augenblick, ein Augenblick der Entspannung* ‖ ~ fatal → ~ crucial ‖ el ~ sublime *der feierliche, erhebende Augenblick* m ‖ ◆ al ~ *(so)gleich, auf der Stelle* ‖ (a) cada ~ *jeden Augenblick* ‖ a los pocos ~s *kurz darauf* ‖ de poco ~ *unbedeutend* ‖ en este ~ *zur Zeit, augenblicklich* ‖ en un ~ *im Nu* ‖ por el ~ *vorläufig* ‖ *vorderhand* ‖ ◇ creciendo por ~s *zusehends wachsend* ‖ llegará de un ~ a otro *er (sie, es) wird jeden Augenblick da sein* ‖ volveré en un ~ *ich werde gleich wieder da sein*
²momento *m* ⟨Tech⟩ *Moment* n ‖ ~ de frenado *Bremsmoment* n ‖ ~ de giro *Drehmoment* n ‖ ~ de inercia *Trägheitsmoment* n ‖ ~ de resistencia *Widerstandsmoment* n ‖ ~ de torsión *Torsions-, Verdrehungs|moment* n

momi|a *f Mumie* f ‖ ◇ *quedarse hecho una* ~ ⟨fam⟩ *sehr abmagern* ‖ *spindeldürr sein* ‖ **–aje** *m Mob* m *(in den Straßen)* ‖ **–ficación** *f Mumifizierung* f ‖ **–ficar** [c/qu] *vt mumifizieren*

¹momio adj *mager* ‖ ~ *m* ⟨fam⟩ *Glücksfall* m ‖ ⟨fam⟩ *tolle Angelegenheit* f ‖ *Schnäppchen* n ‖ ¡esto es un ~! *das ist toll! das ist fabelhaft!* ‖ ◆ de ~ *umsonst, gratis*

²momio *m* ⟨desp⟩ *Mumie* f, *Grufti* m ⟨Greis⟩
Momo *m:* el dios ~ ⟨fig⟩ *(Prinz) Karneval* m
momería *f* ⟨fam⟩ *Mummenschanz* m
Mon *m* ⟨pop⟩ → **Segismundo**

¹mona *f Affin* f ‖ *Affe* m ‖ ⟨fig⟩ *Zieraffe* m ‖ ⟨fig⟩ *Nachäfferin* f ‖ ⟨fig⟩ *Affe, Rausch* m ‖ ~ de Gibraltar ⟨Zool⟩ *Magot, Berberaffe* m (Macaca sylvanus) ‖ ◇ *coger una* ~ ⟨figf⟩ *s. e–n Rausch antrinken, s. betrinken* ‖ *dormir la* ~ ⟨figf⟩ *s–n Rausch ausschlafen* ‖ *mandar a alg. a freír* ~s *jdn zum Teufel schicken* │ *pillar una* ~ → *coger una* ~ ‖ *aunque la* ~ *se vista de seda,* ~ *se queda* ⟨Spr⟩ *den Esel erkennt man auch unter der Löwenhaut* ‖ *ein Aff' bleibt ein Aff', er mag König werden oder Pfaff*

²mona *f* ⟨Kochk⟩ *(Art) Schneck(ennudel)* f ‖ ~ de Pascua *Ostertorte* f

³mona *f* Col *Blondine* f
Mona *f* ⟨pop⟩ → **Ramona**
mona|cal adj *(m/f)* mönchisch, Mönch- *Kloster-* ‖ **–cato** *m Mönch(s)tum* n ‖ **–cillo** *m Mess-, Chor|knabe* m
monacita *f* ⟨Min⟩ *Monazit* m
mónaco *m Mönch* m
Mónaco *m* ⟨Geogr⟩ *Monaco* n
monada *f Affenstreich* m ‖ *Ziererei, Äfferei* f ‖ ⟨fam⟩ *artige Kleinigkeit* f ‖ ⟨fig⟩ *kopflose Handlung* f ‖ ⟨fig⟩ *Kinderei* f ‖ ⟨fig⟩ *Schmeichelei* f ‖ ⟨fig⟩ *Entzückende(s)* n ‖ ⟨fig⟩ *(sehr) hübsches Mädchen* n ‖ ◇ *es una* ~ ⟨fam⟩ *es ist reizend, entzückend* ‖ ¡qué ~! ⟨fam⟩ *wie hübsch! wie niedlich!* ‖ *hacer* ~s *s. possierlich drehen* ‖ ⟨fam⟩ *s–e Künste vorführen (Kind)* ‖ *s. drollig benehmen*
mónada *f Monade* f *(Leibniz)* ‖ ⟨Biol⟩ *Monade* f
monadelfo adjf *(Bot) einbruderig*
monadismo *m Mona|dismus* m, *-dologie* f *(Leibniz)*
mona|guillo, ⟨fam⟩ **–go** *m Mess-, Chor|knabe* m
monar|ca *m Monarch, Alleinherrscher* m ‖ **–quía** *f Monarchie* f ‖ ~ *absoluta absolute Monarchie* f ‖ ~ *constitucional konstitutionelle Monarchie* f
monárquico adj *monarchisch* ‖ *monarchistisch* ‖ ~ *m Anhänger* m *der Monarchie*
monarquismo *m monarchistische Gesinnung* f ‖ *Monarchismus* m
monasterio (Abk **monast.⁰**) *m (Mönchs)Kloster* n ‖ ~ de mujeres *Nonnenkloster* n
monástico adj *klösterlich, Kloster-* ‖ *Mönchs-* ‖ *Nonnen-*
monaural adj *(m/f)* ⟨Ak⟩ *mit e–m Ohr, monaural*
monda *f Schälen, Putzen* n ‖ *Schleißen* n von *Federn* ‖ *(Be)Schneiden* n *der Bäume* ‖ *Zeit* f *des Baumschneidens* ‖ ~ de patatas *Kartoffelschälen* n ‖ ¡esto es la ~! ⟨pop⟩ *das ist allerhand!* ‖ ~**s** *fpl* → **mondaduras**
monda|dientes *m Zahnstocher* m ‖ **–dor** *m Schäler, Putzer* m ‖ **–dora** *f Schälmaschine* f ‖ **–dura** *f Reinigen, Säubern, Putzen* n ‖ *Aushülsen* n ‖ *Schale* f ‖ ~**s** *fpl Abfälle* mpl, *Überbleibsel* npl ‖ *Spreu* f, *Hülsen* fpl *(vom Getreide usw.)*
monda|oídos, –orejas *m Ohrlöffel* m
mondar vt *reinigen, säubern, putzen* ‖ *schälen*

(Obst, Nüsse) ‖ *aushülsen (Erbsen)* ‖ *schneiden (Haare)* ‖ *beschneiden (Reben, Bäume)* ‖ *entrinden, schälen* ‖ *abborken* ‖ ⟨figf⟩ *(jdn) ausziehen, rupfen* │ Cu *stark durchprügeln* ‖ ~**se** *s. häuten (nach e–r Krankheit)* ‖ ◇ ~ los dientes *s. die Zähne reinigen (mit e–m Zahnstocher)* ‖ ~ de risa *s. kranklachen*

mondo adj *rein, sauber* ‖ *unvermischt* ‖ *haarlos (Gesicht)* ‖ ~ y lirondo ⟨figf⟩ *unvermischt, lauter* ‖ *ungeschminkt* ‖ *sauber und rasiert (Gesicht)* ‖ ◇ *quedarse* ~ y lirondo *blank sein, k–n Pfennig haben*

mondon|go *m Schweins-, Rinds|kutteln, Kaldaunen* fpl ‖ *Gedärm* n ‖ *Eingeweide, Gekröse* n ‖ ◇ *preparar el* ~ *Kutteln verarbeiten (zum Wurstfüllen)* ‖ **–guería** *f Kaldaunenmetzgerei* f
monear vi ⟨fam⟩ *s. zieren*
mone|da *f Münze* f, *Geldstück* n ‖ *Geld* n ‖ *Währung* f ‖ ⟨figf⟩ *Vermögen, Geld* n ‖ ~ *blanda weiche Währung* f ‖ ~ *de cobre Kupfermünze* f ‖ ~ *de consunción Schwundgeldwährung* f ‖ ~ *contante y sonante klingende Münze* f ‖ ~ *de cuenta Verrechnungswährung* f ‖ ~ *de curso legal gesetzliches Zahlungsmittel* n ‖ ~ *depreciada weiche Währung* f ‖ ~ *divisionaria* → ~ *fraccionaria* ‖ ~ *dura harte Währung* f ‖ ~ *extranjera fremde Währung* f ‖ *ausländisches Zahlungsmittel* n ‖ ~ *falsa falsche Münze* f ‖ *Falschgeld* n ‖ ~ *fraccionaria Teil-, Scheide|münze* f ‖ ~ *fuerte* → ~ *dura* ‖ ~ *imaginaria Rechnungsmünze* f ‖ ~ *legal* → ~ *de curso legal* ‖ ~ *metálica Metallgeld* n ‖ ~ *nacional Landeswährung* f ‖ ~ *de oro Goldmünze* f ‖ ~ *de plata Silbermünze* f ‖ ~ *suelta Kleingeld* n ‖ ◆ *en* ~ *europea in europ. Währung* ‖ ◇ *acuñar, batir* ~ *Münzen schlagen, prägen* ‖ *pagar con od en la misma* ~ ⟨figf⟩ *Gleiches mit Gleichem vergelten* ‖ ~**s** *fpl Münzen* fpl ‖ *Geldsorten* fpl
monedaje *m* ⟨Hist⟩ *Münzregal* n
¹monedero *m Münzarbeiter* m ‖ ~ *falso Falschmünzer, Münzfälscher* m
²monedero *m Geldbeutel* m, *Portemonnaie, Geldtäschchen* n ‖ ~ de plata *Silbertäschchen* n
monegasco adj *monegassisch, aus Monaco* ‖ *m Monegasse* m
monema *m* ⟨Ling⟩ *Monem* n
mónera *f* ⟨Biol Hist⟩ *Monere* f *(Haeckel)*
monergol *m Monergol* n *(Raketentreibstoff)*
monería *f* ⟨fig⟩ *Spielerei, Gaukelei* f ‖ ⟨fig⟩ *reizender Kinderstreich* m, *Kinderei* f ‖ *Albernheit* f
monesco adj *äffisch, Affen-*
mone|tario adj *Währungs-, Geld-, Münz-* ‖ *desde el punto de vista* ~ *währungspolitisch* ‖ ~ *m Münz|sammlung* f bzw *-kabinett* n ‖ **–tización** *f Münzen(prägen)* n ‖ *Papiergeldausgabe* f ‖ **–tizar** [z/c] vt *ausmünzen, zu Geld prägen* ‖ *zum öffentlichen Zahlungsmittel erklären (Anweisungen usw.)* ‖ *(Papiergeld) ausgeben* ‖ ⟨figf⟩ *zu Geld machen,* ⟨pop⟩ *versilbern*
mon|gol adj/s *mongolisch, Mongolen-* ‖ **–goles** *mpl die Mongolen* mpl ‖ **=golia** *f* ⟨Geogr⟩ *die Mongolei* ‖ **–gólico** adj *mongolisch (& Med)*
mongolfiera *f Montgolfiere* f
mongo|lismo *m* ⟨Med⟩ *Mongolismus* m, *Down-Syndrom* n ‖ **–loide** adj *mongoloid (& Med)*
moni *m* (fam) Am *Geld* n ‖ → *auch* **monises**
moniato *m* → **¹boniato**
Mónica *f* np *Monika* f
monicaco *m* ⟨desp⟩ → **monigote** ‖ Col ⟨desp⟩ *Frömmler, Heuchler* m
monigote *m Laienbruder* m ‖ ⟨figf⟩ *unansehnlicher, lächerlicher Mensch* m,

Männchen n ‖ ⟨figf⟩ *Witzfigur* f ‖ ⟨figf⟩ *Zieraffe* m ‖ ⟨fig⟩ *Pfuschwerk* n ‖ ⟨fig⟩ *Hampelmann* m, *Puppe* f ‖ Bol Chi Pe *Seminarist* m *(e–s Priesterseminars)* ‖ ◇ *dibujar od pintar* ~s ⟨fam⟩ *doodeln, herumkritzeln*
    monises *mpl* ⟨fam⟩ *Geld* n, ⟨fam⟩ *Moneten* pl ‖ ◇ *tener* ~ ⟨fam⟩ *betucht sein*
    monísimo *adj* sup von **¹mono**
    monis|mo *m* ⟨Philos⟩ *Monismus* m ‖ **–ta** *adj (m/f) monistisch* ‖ ~ *m/f Monist(in* f) m
    moni|tor *m Mahner, Warner, Ratgeber* m ‖ ⟨Sp⟩ *Lehrer, Ausbilder* m *(in e–r bestimmten Sportart)* ‖ ⟨Radio Tech TV⟩ *Monitor* m ‖ ⟨Hist⟩ *Anzeiger* m *(als Zeitungstitel)* ‖ ⟨Mar Hist⟩ *Monitor* m, *Küstenpanzerschiff* n ‖ Chi *Hilfslehrer* m ‖ ~ *de gimnasia Sportlehrer* m ‖ **–torio** *adj mahnend* ‖ *erinnernd* ‖ ~ *m Mahnschreiben* n *(des Papstes, der Bischöfe)* ‖ ⟨Rel⟩ *Mahnung* f ‖ *Androhung* f *der Exkommunikation* ‖ *Ladung* f *vor ein kirchliches Gericht*
    monitos *mpl* Am *Comics* mpl
    mon|ja *f Nonne, Klosterschwester* f ‖ ~ *lega Laienschwester* f ‖ ~s *fpl* ⟨fig⟩ *Papier|glut bzw -asche* f ‖ **–je** *m Mönch, Klosterbruder* m ‖ **–jero** *m* ⟨pop⟩ *Nonnenfreund* m (bes. *von Priestern)* ‖ **–jil** *adv Nonnen-* ‖ ~ *m Nonnentracht* f ‖ **–jío** *m Nonnenstand* m ‖ *Nonnenwesen* n ‖ ⟨allg⟩ *die Nonnen* fpl ‖ *Nonnenkloster* n ‖ *Nonnengelübde* n
    ¹mono *adj* ⟨fam⟩ *artig, lieblich, nett, hübsch* ‖ *reizend* ‖ *anmutig, graziös (von Kindern)* ‖ *drollig, possierlich* ‖ Am *blond (Haar)*
    ²mono *m* ⟨Zool⟩ *Affe* m (& fig) ‖ ⟨fig⟩ *Zieraffe* m ‖ ⟨fig⟩ *Nachäffer* m ‖ ⟨fig⟩ *Hampelmann* m ‖ ⟨fam⟩ *Illustration* f, *Bild* n ‖ ⟨fam⟩ *Kritzelzeichnung* f ‖ Am ⟨figf⟩ *Ausländer* m ‖ ~ *antropoide* → **antropoide** ‖ ~ *araña Miriki, Spinnenaffe* m (Brachyteles arachnoides) ‖ ~ *aullador Brüllaffe* m ‖ ~ *capuchino Kapuzineraffe* m ‖ ~ *de imitación* ⟨figf⟩ *Nachäffer* m ‖ ~ *sabio* ⟨Taur⟩ *Gehilfe* m *des Picadors* ‖ ~ *volatinero,* ~ *titiritero Harlekinaffe* m ‖ ◇ *estar de* ~s ⟨fig⟩ *schmollen, böse zueinander sein* (bes. *Liebende)* ‖ *meterle a uno los* ~s Col Cu PR *jdn in Schrecken versetzen* ‖ *ser el último* ~ ⟨figf⟩ *unbedeutend, nicht ernst zu nehmen sein (Person)* ‖ *das fünfte Rad am Wagen sein*
    ³mono *m Monteuranzug, Overall* m ‖ *Latzhose* f
    ⁴mono *m* [in der Drogenszene] *Entziehungs|erscheinungen* fpl, *-symptomatik* f, *-syndrom* n
    ⁵mono... *präf Mono-, Allein-, Ein-, Einzel-*
    mono|ácido *adj* ⟨Chem⟩ *einsäurig* ‖ **–básico** *adj* ⟨Chem⟩ *einbasig* ‖ **–carril** *m Einschienenbahn* f ‖ **–casco** *adj* ⟨Tech⟩ *selbsttragend* ‖ **–celular** *adj* ⟨Biol⟩ *einzellig* ‖ **–cero, monócero** *adj* ⟨Zool⟩ *einhörnig* ‖ **–cilíndrico** *adj* ⟨Auto⟩ *einzylindrig*
    mono|clamídeas *fpl* ⟨Bot⟩ *Zweikeimblättrige* fpl, *Netzblättler* mpl ‖ **–color** *adj (m/f) einfarbig* ‖ *Einparteien-* ‖ **–corde** *adj mit e–r Saite* ‖ ⟨fig⟩ *monoton, eintönig* ‖ **–cordio** *m* ⟨Mus⟩ *Monochord* n
    mono|cotiledóneas *fpl* ⟨Bot⟩ *einkeimblätt(e)rige Pflanzen, Einkeimblätt(e)rige* fpl, *Streifenblättler* mpl (Monocotyledoneae) ‖ **–cotiledóneo** *adj einkeimblätt(e)rig*
    mono|cristal *m Einkristall* m ‖ **–cromasia** *f* ⟨Med⟩ *Monochromasie* f, *Einfarbigsehen* n ‖ **–cromático, –cromo** *adj einfarbig*
    monóculo *m Monokel, Einglas* n
    mono|cultivo *m* ⟨Agr⟩ *Monokultur* f ‖ *Einkultursystem* n ‖ **–drama** *m* ⟨Th⟩ *Einparteienstück* n ‖ **–fásico** *adj* ⟨El⟩ *einphasig* ‖ **–filamento** *m* ⟨Ku⟩ *monofiler Einzelfaden* m
    monofi|sismo *m* ⟨Rel⟩ *Monophysitismus* m ‖ **–sita** *adj monophysitisch* ‖ ~ *m Monophysit* m

    mono|fobia *f* ⟨Med⟩ *Monophobie* f ‖ **–fónico** *adj* ⟨Ak⟩ *Mono-*
    mo|nogamia *f Monogamie, Einehe* f (& Zool) ‖ **–nógamo** *adj monogam* (& Zool)
    mono|grafía *f (wissenschaftliche) Einzeldarstellung, Monografie* f ‖ **–gráfico** *adj monografisch, Einzeldarstellungs-* ‖ **–grama** *m Monogramm* n ‖ **–gramista** *m/f* ⟨Mal⟩ *Monogrammist(in* f) m
    monokini *m Monokini* m
    mono|lingüe *adj (m/f) einsprachig* ‖ **–lingüismo** *m Einsprachigkeit* f
    mono|lítico *adj aus e–m einzigen Steinblock (bestehend), monolithisch* (& fig) ‖ ⟨Pol⟩ *monolithisch, straff, (durch)organisiert bzw -geführt* ‖ **–litismo** *m* ⟨bes. Pol⟩ *straffe Zusammenfassung* f, *unbedingter Zusammenhalt* m ‖ **–lito** *m Monolith* m
    mo|nologar *vi Selbstgespräche führen* ‖ **–nólogo** *m Selbstgespräch* n, *Monolog* m
    monomando *m Einhebelmischarmatur* f
    mono|manía *f Monomanie, fixe Idee* f ‖ **–maniaco, –maniático** *adj/s monoman(isch)* ‖ ~ *m Monomane* m
    monometalismo *m* ⟨Wir⟩ *Monometallismus* m *(Währungssystem)*
    monomio *m* ⟨Math⟩ *Monom* n
    mono|motor *adj einmotorig* ‖ ~ *m einmotoriges Flugzeug* n ‖ **–parental** *adj (m/f) alleinerziehend* ‖ **–partidismo** *m* ⟨Pol⟩ *Einpartei(en)system* n ‖ **–patín** *m* ⟨Sp⟩ *Skateboard, Roll(er)brett* n ‖ **–pétalo** *adj* ⟨Bot⟩ *monopetal* ‖ **–plano** *m* ⟨Flugw⟩ *Eindecker* m ‖ **–plaza** *adj einsitzig* ‖ **–plejía** *f* ⟨Med⟩ *Monoplegie* f ‖ **–polar** *adj einpolig*
    mono|polio *m Monopol* n, *Alleinvertrieb* m ‖ *ausschließliches, alleiniges Recht* n ‖ ~ *de(l) tabaco Tabakmonopol* n ‖ **–polista** *adj (m/f) Monopol-* ‖ ~ *m/f Monopolist(in* f) m ‖ *Monopolinhaber(in* f) m ‖ **–polizar** [z/c] *vt monopolisieren* ‖ ⟨fig⟩ *(für s.) in Anspruch nehmen*
    monóptero *adj: templo* m ~ *(antiker) Rundtempel, Monopteros* m
    monorriel *m* → **monocarril**
    mono|rrimo *adj* ⟨Poet⟩ *einreimig* ‖ **–rrítmico** *adj eintönig* ‖ **–sabio** *m* ⟨Taur⟩ *Gehilfe* m *des Picadors* ‖ **–sacáridos** *mpl* ⟨Chem⟩ *Monosaccaride* npl ‖ **–sépalo** *adj* ⟨Bot⟩ *einblätt(e)rig (Blütenkelch)* ‖ **–sílabo** *adj einsilbig* ‖ ~ *m* ⟨Gr⟩ *einsilbiges Wort* n ‖ ◇ *contestar con* ~s ⟨fig⟩ *einsilbig antworten* ‖ **–síndeton** *m* ⟨Gr⟩ *Monosyndeton* n
    mono|teísmo *m* ⟨Rel⟩ *Monotheismus* m ‖ **–teísta** *adj (m/f) monotheistisch* ‖ ~ *m/f Monotheist(in* f) m
    monoti|par *vt/i* [veraltet] ⟨Typ⟩ *mit Monotype setzen* ‖ **–pia** *f Monotype* f *(Setzmaschine)* ‖ **–po** *m Monotypesatz* m ‖ *Monotype(setzmaschine)* f
    monotonía *f Monotonie, Eintönigkeit* f ‖ ⟨fig⟩ *Einförmigkeit* f
    monótono *adj monoton, eintönig* ‖ ⟨fig⟩ *einförmig*
    mono|tremas *mpl* ⟨Zool⟩ *Kloakentiere* npl (Monotremata) ‖ **–trico** *adj* ⟨Biol⟩ *monotrich, eingeiß(e)lig*
    monova|lencia *f* ⟨Chem⟩ *Einwertigkeit* f ‖ **–lente** *adj (m/f) einwertig*
    monóxilo *m Einbaum* m
    △ **monrabar** *vt stutzen, rasieren*
    △ **monró** *m Freund* m
    monroís|mo *m* ⟨Pol⟩ *Monroedoktrin* f ‖ **–ta** *m/f Anhänger(in* f) m bzw *Verfechter(in* f) m *der Monroedoktrin*
    Monseñor (Abk **Mons.**) *m Monsignore, Euer*

Gnaden (Ehrentitel und Anrede der Kardinäle, Bischöfe usw.)

monserga *f* ⟨fam⟩ *dummes Geschwätz* n ‖ ⟨fam⟩ *Kauderwelsch* n ‖ ~s *fpl dummes Geschwätz* n, ⟨fam⟩ *Quatsch* m ‖ *dumme Ausreden* fpl

mons|truo *m Ungeheuer* n ‖ *Scheusal, Ungetüm* n ‖ *Monstrum* n ‖ *Unmensch, Wüterich* m ‖ *Untier* n ‖ *Missgeburt* f ‖ ~ *de la naturaleza Beiname* m *des span. Dramatikers Lope de Vega (1562–1635)* ‖ **–truosidad** *f Missbildung* f ‖ *Scheußlichkeit* f ‖ *Ungeheuerlichkeit* f ‖ *Widernatürlichkeit* f ‖ *Frevel* m ‖ *Hässlichkeit* f ‖ *ungeheure Größe* f ‖ *Monstrosität* f ‖ ~**es** *fpl scheußliche Reden* od *Handlungen* fpl ‖ *Greuel(taten* fpl*)* m ‖ **–truoso** adj *un-, wider|natürlich* ‖ *ungeheuer(lich)* ‖ *scheußlich* ‖ *äußerst hässlich* ‖ *missgestaltet* ‖ ⟨fig⟩ *riesenhaft* ‖ ⟨fig⟩ *grässlich, entsetzlich* ‖ adv: ~**amente**

¹monta *f Aufsitzen, Reiten* n ‖ *Reitkunst* f ‖ *Beschälung* f, *Decken* n

²monta *f Betrag* m, *Höhe* f *e–r Summe* ‖ *Wichtigkeit* f, *Belang* m ‖ *Wert, Preis* m ‖ →

monto ‖ ♦ *de poca* ~ ⟨fig⟩ *unbedeutend, gering*

monta|barcos *m Schiffshebewerk* n ‖ **–camillas** *m Bettenaufzug* m *(im Krankenhaus)* ‖ **–cargas** *m* ⟨Tech⟩ *Hebe|maschine* f, *-zeug* n ‖ *Lastenaufzug* m ‖ **–coches** *m Autoaufzug* m

montadero *m (Auf)Tritt* m *zum Aufsitzen*

¹montado adj *beritten, reitend* ‖ ◇ *estar* ~ *en las rodillas de alg. auf jds Knien sitzend (Kind)* ‖ ~ *m berittener Soldat* m

²montado adj ⟨Tech⟩ *eingebaut, montiert*

¹montador *m (Be)Reiter* m

²montador *m* ⟨Tech⟩ *Monteur* m ‖ ⟨Mar⟩ *Montiervorrichtung* f ‖ ⟨Film⟩ *Cutter* m ‖ ~ *electricista Elektromonteur* m ‖ ~ *de escena* ⟨Film Th⟩ *Bühnenmeister* m

¹montadura *f (Pferde)Geschirr* n

²montadura *f Fassung* f *(e–s Edelsteins)*

montaje *m Montage, Aufstellung* f *(e–r Maschine)* ‖ ⟨Tech⟩ *Montage* f *(& Lit und Kunst)* ‖ *Ein- bzw Zusammen|bau* m ‖ ⟨Radio⟩ *Schaltschema* n, *Schaltung* f ‖ ⟨Film⟩ *Schnitt* m, *Montage* f ‖ ⟨Mil⟩ *Lafette* f ‖ ⟨fig⟩ *abgekartete Sache* ‖ ~ *fotográfico Fotomontage* f ‖ ~ *impreso* → **¹circuito** *impreso* ‖ ~ *reflex* ⟨Radio⟩ *Reflexschaltung* f ‖ ~ *para taladrar Bohrvorrichtung* f

montane|ra *f Eichelmast* f ‖ **–ro** *m Förster* m ‖ *Waldhüter* m

montano adj *Berg-*

¹montante *m Pfosten, Tragbaum* m ‖ *Ständer* m ‖ *Stütze* f ‖ *Zwischenpfeiler* m *(der Fensteröffnung)* ‖ *Oberlicht* n ‖ *Türfenster* n ‖ ◇ *coger el* ~ ⟨fam⟩ *fortgehen*

²montante *m Betrag* m, *Summe* f

³montante *m* ⟨Hist⟩ *(Schlacht)Schwert* n

⁴montante *f* ⟨Mar⟩ *(steigende) Flut* f

monta|ña *f Berg* m ‖ *Gebirge* n ‖ *Gebirgsland* n ‖ ~(s) *rusa(s) Achter-, Rutsch|bahn* f ‖ *La* ~ *Beiname* m *der Provinz Santander* ‖ **–nés** adj *Gebirgs-, Berg- ‖ aus der Provinz Santander* ‖ ~ *m Gebirgsbewohner* m ‖ *Bewohner* m *der Stadt und der Provinz Santander* ‖ **–ñismo** *m Alpinismus, Bergsport* m ‖ *Bergsteigen* n ‖ **–ñoso** adj *bergig ‖ gebirgig ‖ Berg-, Gebirgs-* ‖ **–ñuela** *f* dim *von* **–ña**

montaplatos *m Speiseaufzug* m

¹montar vt/i *montieren (& Lit Kunst) auf|stellen, -schlagen, zusammen|bauen, -fügen, -setzen ‖ zusammenstellen ‖ aufschlagen (Gerüst) ‖ aufziehen (Uhr) ‖ ausrüsten (Schiff) ‖ bestielen (Messer, Werkzeug) ‖ einrichten (Wohnung) ‖ fassen (Edelstein) ‖ inszenieren (Theaterstück*

usw.) ‖ montieren, schneiden (Film) ‖ spannen (Waffe) ‖ ◇ ~ *a pie de obra an Ort und Stelle aufstellen* ‖ ~ *en serie hintereinander* od *serienweise aufstellen* od *montieren* ‖ ~ *en tela auf Leinwand aufziehen*

²montar vt *besteigen (Reittier), aufsitzen ‖ beschälen, decken (Hengst die Stute)* ‖ ◇ ~ *bien un caballo ein Pferd gut reiten* ‖ ~ *la guardia* ⟨Mil⟩ *Wache stehen ‖ auf Wache ziehen* ‖ *montando la pierna derecha sobre la izquierda mit übereinander geschlagenen Beinen* ‖ ~ vi *(hinauf)steigen ‖ aufsteigen ‖ reiten* ‖ ⟨fig⟩ *betragen, s. belaufen (Summe)* ‖ ◇ ~ *a bicicleta Rad fahren, radeln* ‖ ~ *a caballo zu Pferd sein ‖ reiten* ‖ ~ *en cólera in Zorn geraten, zornig* od *wütend werden* ‖ ~ *una mujer* ⟨vulg⟩ *e–e Frau bumsen* od *vögeln* od *ficken* ‖ *la suma monta a … die Summe* od *der Betrag beläuft s. auf …* (acc) ‖ *tanto monta es ist einerlei*

montaraz *[pl ~ces]* adj *im Gebirge wohnend* ‖ ⟨fig⟩ *wild, ungezähmt (Tier)* ‖ ~ *m Förster* m ‖ *Waldhüter* m

montasacos *m Sack|aufzug, -heber* m

montazgo *m Wegzoll* m

monte *m Berg* m ‖ *Hochwald, Forst* m ‖ *ungerodetes Gelände* n ‖ *Heide* f ‖ *Am unbebautes Land* n ‖ ~ *alto Hochwald* m ‖ ~ *arriba, ~ abajo berg|auf, -ab* ‖ ~ *bajo Buschwerk, Schlag-, Unter|holz* n ‖ *el* ~ *de los Olivos der Ölberg (Evangelien)* ‖ ~ *de piedad Leih-, Pfand|haus, Leihamt,* Öst *Versatzamt* n ‖ ~ *pío* → **montepío** ‖ ~ *de Venus* ⟨An⟩ *Venusberg, Schamhügel* m ‖ ◇ *ser de* ~ *y ribera* ⟨figf⟩ *in allen Sätteln gerecht sein* ‖ ~s *mpl Waldländereien* fpl ‖ *los* ~ *de los Gigantes* od *del Gigante das Riesengebirge ‖ los* ~ *Metálicos das Erzgebirge ‖ los* ~ *Roc(all)osos* ⟨Am⟩ *die Rocky Mountains ‖ los* ~ *Urales der Ural, das Uralgebirge* ‖ ♦ *por* ~ *y valles über Berg und Tal*

montea *f (Hoch)Jagd* f ‖ ⟨Arch⟩ *1:1-Zeichnung* f, *Aufriss* m *in natürlicher Größe*

monteci|to, –llo *m* dim *von* **monte**

montene|grino *m/*adj *Montenegriner* m ‖ ⸗**gro** *m* ⟨Geogr⟩ *Montenegro* n

montepío *m Span Berufskasse, berufsgenossenschaftliche Kasse* f ‖ *Versorgungskasse* f ‖ *Witwen- und Waisen|kasse* f ‖ *Am* → **monte** *de piedad*

monte|ra *f Tuch-, Bauern|mütze* f ‖ ⟨Taur⟩ *Stierkämpfermütze* f ‖ *Jagdmütze* f *mit Stulp* ‖ *Oberteil* m *e–s Strohdaches ‖ Glasdach* n ‖ ⟨Mar⟩ *Oberbramsegel* n ‖ **–ría** *f (hohe) Jagd* f ‖ *Jagdwesen* n ‖ ⟨Mal⟩ *Jagdstück* n ‖ **–rilla** *m* ⟨pop⟩ *Dorfschulze* m

montero *m/*adj *Jäger, Weidmann* m ‖ ~ *mayor Oberjägermeister* m ‖ → *auch* **montés**

montés adj *in Wäldern lebend, wachsend, Wald-* ‖ *wild (Tiere)*

Montesa: *orden de* ~ *Montesaorden* m *(span. Ritterorden)*

montevideano adj *aus Montevideo ‖ auf Montevideo bezüglich*

Montezuma → **Moctezuma**

montgolfier *m* ⟨Flugw⟩ *Montgolfiere* f

montículo *m kleiner, einzeln stehender Berg, Hügel* m

montieleño adj *aus Montiel* (P CReal) ‖ *auf Montiel bezüglich*

montilla *m span. Montillawein* m *(nach der Stadt Montilla)* (P Córd)

montillano *aus Montilla* (P Córd) ‖ *auf Montilla bezüglich*

Montjuich *m* [mɔŋʒwiˈk] m *Montjuich bei Barcelona*

montmartrés adj/s *vom Montmartre (in Paris)*
montmorilonita f ⟨Min⟩ *Montmorillonit* m
monto m *(Geld)Betrag* m, *(End)Summe* f
montón m *Haufen* m, *Unmenge* f ‖
(Korn)Puppe f ‖ ⟨figf⟩ *Taugenichts* m ‖ un ~ de
cosas ⟨fam⟩ *ein Haufen od e–e Menge Zeug* ‖ ~
de nieve *Schneehaufen* m ‖ ◆ a ~ *in Bausch und
Bogen* ‖ ⟨fig⟩ *oberflächlich* ‖ a montones ⟨figf⟩
haufenweise ‖ de(l) ~ ⟨fam⟩ *alltäglich,
gewöhnlich, Dutzend-* ‖ en ~ *haufenweise* ‖
beisammen ‖ ◇ salirse del ~ ⟨fam⟩ *hervorragend
sein* ‖ ser del ~ ⟨figf⟩ *ein Dutzendmensch sein*
montoncillo m *dim von* **montón**
montonera f SAm ⟨Hist⟩ *revolutionärer
Reitertrupp* m ‖ *Guerilleros, Partisanen* mpl ‖
Banditen mpl
Montserrat m *Kloster und Berggruppe in
Katalonien*
montullo m Can *Garbe* f *Getreide*
montu|no adj *Berg-* ‖ Am ⟨fig⟩ *grob,
ungeschlacht* ‖ **–oso** adj *bergig, hügelig* ‖ *Gebirgs-*
¹montura f *Reittier* n ‖ *Pferde-, Reit|geschirr,
Reitzeug* n ‖ *Ausrüstung, Montur* f *(der Soldaten)*
²montura f *Montage* f ‖ *Aufstellen* n *(e–r
Maschine usw.)* ‖ *Halterung* f ‖ *Gerüst* n ‖ ~ de
las gafas *(Brillen)Fassung* f
monumen|tal adj *(m/f) monumental, großartig
(Pracht)* ‖ **–talismo** m *Monumentalismus* m ‖
Monumentalität f ‖ **–to** m *Denkmal, Monument* n
(& fig) ‖ *Baudenkmal* n ‖ *Heiliges Grab* n
(Karwoche) ‖ *Grabmal* n ‖ ~ conmemorativo
Denkmal n ‖ ~ fúnebre *od* funerario
Grabdenkmal n ‖ los ~s de una ciudad *die
Sehenswürdigkeiten* fpl *e–r Stadt* ‖ ◇ declarar ~
nacional *unter Denkmalschutz stellen* ‖ esa chica
es un ~ (nacional) ⟨figf⟩ *dieses Mädchen ist
bildschön* ‖ *das ist ein tolles Mädchen*
mon|zón m ⟨Meteor Mar⟩ *Monsun* m ‖ **–zónico**
adj *Monsun-*
△ **moñista** m *Stutzer* m
¹moña f And *Haarschleife* f ‖ *Zierschleife* f
(e–s Pferdes) ‖ ⟨Taur⟩ *Schopfschleife* f *(der
Stierkämpfer)*
²moña f ⟨fam⟩ *Rausch* m, *Trunkenheit* f ‖ ◇
llevar una ~ encima, haber agarrado una ~ ⟨pop⟩
besoffen sein ‖ *e–n sitzen haben*
moño m *Haarknoten* m *(der Frauen)* ‖
Nackenzopf m ‖ *Haarschleife* f ‖ *Haube* f, *Schopf*
m *(der Vögel)* ‖ ⟨pop⟩ *Kopf* m ‖ Chi *Scheitelhaar*
n ‖ Col ⟨fig⟩ *launiger Einfall* m ‖ ¡~! ⟨pop⟩
Donnerwetter! ‖ ◇ agarrarse del ~ *s. in die
Haare fahren (zankende Frauen)* ‖ estar hasta el
~ (fam) *die Schnauze voll haben* ‖ hacerse el ~
⟨fam⟩ *s. kämmen (Frau)* ‖ ponerse uno algo en el
~ *s. et. in den Kopf setzen* ‖ ponerse ~s *s.
aufblasen, s. viel einbilden* ‖ ⟨fam⟩ *schmollen* ‖
quitar muchos ~s ⟨figf⟩ *den Frauen den Kopf
verdrehen*
moñudo adj *mit Haube (Vogel)* ‖ *Hauben-*
mopa f *Mop* m
moque|ar vi ⟨fam⟩ *heulen, weinen* ‖ **–ro** m
⟨pop⟩ *Schnupf-, Taschen|tuch* n
moqueta f ⟨Text⟩ *Teppichboden* m,
Auslegeware f ‖ *Mokett* m
moquete m *Faustschlag* m *(ins Gesicht)*
moqui|llo m ⟨Vet⟩ *Pips* m *(der Hühnervögel)* ‖
Staupe f *(der Hunde)*
moqui|ta f ⟨fam⟩ *Nasen|tropfen, -schleim* m ‖
–tear vi *heulen, flennen*
mor m: por ~ ⟨lit⟩ (= amor) de él ⟨pop⟩
seinetwegen
¹mora f *Brombeere* f (→ **zarzamora**) ‖
Maulbeere f (→ **³moral**) ‖ Hond *Himbeere* f
²mora f *Maurin* f
³mora f Chi ⟨pop⟩ *Blut-, Leber|wurst* f

⁴mora f *Ver|zug* m, *-zögerung* f
mora|bito, –buto m → **marabuto**
moráceas fpl ⟨Bot⟩ *Maulbeergewächse* npl
(Moraceae)
moracho adj/s *(leicht) maulbeerfarben,
veilchenblau*
morada f *Wohnung* f ‖ *Wohn-, Aufenthalts|ort*
m ‖ *Aufenthalt* m ‖ la eterna ~ ⟨fig⟩ *das Jenseits*
‖ la última ~ *die letzte Ruhestätte* ‖ ◇ no tener ~
fija *k–e bleibende Stätte haben*
morado adj *maulbeerfarben, dunkelviolett* ‖ ◇
pasarlas ~as ⟨figf⟩ *Schlimmes durchmachen*
morador m *Ein-, Be|wohner* m
moradura f *blauer Fleck* m
¹moral adj *(m/f) moralisch, sittlich* ‖ *Moral-*
geistig, innere
²moral f *Moral, Sittenlehre* f ‖ *Sittlichkeit* f ‖
⟨fig⟩ *Mut* m ‖ (fig) *geistige Verfassung, Stimmung*
f (bes. *der Soldaten*) ‖ ⟨fig⟩ *Zuversicht* f ‖
~gregaria *Dutzendmoral* f ‖ ~ pública *öffentliche
Moral* f ‖ ~ sexual *Sexualethik* f ‖ ◇ elevar la ~
die Moral od die Stimmung heben ‖ faltar a la ~
gegen die Sittlichkeit verstoßen ‖ minar la ~ *die
Moral od die Stimmung drücken*
³moral m ⟨Bot⟩ *Schwarzer Maulbeerbaum* m
(Morus nigra)
moraleja f *Nutzanwendung, Moral* f *(e–r
Fabel)* ‖ *Lehrfabel* f
mora|lidad f *Sittlichkeit, Moral* f ‖ →
moraleja ‖ **–lina** f ⟨iron⟩ *Moralin* n ‖ **–lismo** m
Moralismus m ‖ **–lista** m/f *Moralist(in* f),
Sittenlehrer(in f) m ‖ ⟨pej⟩ *Moralist(in* f),
Sitten|richter(in f) *bzw -prediger(in* f) m ‖
–lización f *Festigung der Sittlichkeit,
Sittlichkeitshebung* f ‖ *sittliche Besserung* f ‖
–lizar [z/c] vt *(jdm) Sitte beibringen* ‖ ~ vi
moralisieren, den Sittenprediger spielen
moralmente adv *sittlich, moralisch* ‖ *seelisch*
morapio m *dunkler Rotwein* m
morar vi *wohnen* ‖ *s. aufhalten* ‖ *verweilen*
moratiniano adj *auf die span. Schriftsteller
Leandro und Nicolás Fernández de Moratín
(1760–1828; 1737–1780) bezüglich*
moratón m *blauer Fleck* m
moratorio adj *Verzugs-* ‖ ~ f *Moratorium* n,
(Nach)Frist f ‖ *Stundung* f ‖ ⟨Jur⟩ *Aufschub,
Verzug* m ‖ ~ fiscal *Steuerstundung* f ‖ ~ de
intereses *Zinsstundung* f ‖ ◇ acordar *od*
conceder el ~ *das Moratorium gewähren*
Mora|via f ⟨Geogr⟩ *Mähren* n ‖ **≠vo** adj
mährisch ‖ ~ m *Mähre* m
morbidez [pl ~ces] f *Zartheit, Weichheit* f
(des Fleisches, der Farbtöne e–s Gemäldes)
morbididad f ⟨Med⟩ → **morbilidad**
mórbido adj *krankhaft, kränklich* ‖ *zart, weich,
geschmeidig anzufühlen* ‖ ⟨Mal⟩ *weich, zart* ‖
⟨Fot⟩ *weich (Negativ)*
morbí|fico, –fero, –geno adj
krankheitserregend, pathogen
morbilidad f ⟨Med⟩ *Krankhaftigkeit,
Morbidität* f ‖ *Krankheitshäufigkeit* f ‖
Krankenstand m
mor|bo m *Krankheit* f ‖ ~ comicial →
epilepsia ‖ ~ gálico → **sífilis** ‖ ~ regio →
ictericia ‖ ◇ producir ~ *ein krankhaftes Interesse
wecken* ‖ **–boso** adj *krankhaft* ‖ *krank, ungesund* ‖
krankmachend
morciguillo m → **murciélago**
morcilla f *(Blut)Wurst* f ‖ *Bratwurst* f ‖ ⟨Th
figf⟩ *Improvisation* f, *Extempore* n ‖ ~ de hígado
Leberwurst f ‖ ◇ ¡que le den ~! ⟨pop⟩ *das kann
er e–m ander(e)n weismachen!* ‖ *der Teufel soll
ihn holen!*
morcillero m *Wurst|macher, -händler* m ‖ ⟨Th⟩
extemporierender Schauspieler m

morcillo adj: caballo ~ *schwarzes Pferd* n *mit rötlichem Schimmer*
mor|cillón *m* augm von **morcilla** ‖ **–cón** *m* *Riesenwurst* f ‖ ⟨fig⟩ *Fett|sack, -wanst* m
mordacidad *f Ätzkraft* f ‖ ⟨Chem⟩ *Säurenschärfe* f ‖ ⟨fig⟩ *Bissigkeit* f ‖ ◆ con ~ ⟨fig⟩ *bissig*
mordaga *f Rausch, Schwips* m, *Trunkenheit* f, ⟨fam⟩ *Affe* m
mordaz [*pl* ~ces] adj *scharf, beizend, ätzend* ‖ *prickelnd, beißend (Geschmack)* ‖ ⟨fig⟩ *beißend, bitter, scharf, bissig* ‖ *scharf spottend* ‖ adv: ~**mente**
mordaza *f (Mund)Knebel* m ‖ *Spann|backe* f, -*kloben* m ‖ ◇ poner (una) ~ a alg. *jdn knebeln*
morde|dor *m Beißer* m *(Hund, Pferd usw.)* ‖ **–dura** *f Biss* m ‖ *Bisswunde* f ‖ *Beißen* n
mor|dente *m* → **–diente** ‖ ⟨Mus⟩ *Mordent* m *(& Zeichen dafür)*
morder [-ue-] vt *beißen* ‖ *an-, ab|beißen* ‖ *brennen, ätzen, fressen (scharfe Säfte usw.)* ‖ ⟨fig⟩ *allmählich abnützen* ‖ ⟨fig⟩ *bekritteln* ‖ ⟨fig⟩ *lästern* ‖ ◇ ~ el freno ⟨figf⟩ *s–n Verdruss hinunterschlucken* ‖ ~ el polvo ⟨fam⟩ *ins Gras beißen, sterben* ‖ le hizo ~ el polvo *er schlug ihn zu Boden* ‖ ~**se:** ~ los labios *s. auf die Lippen beißen* ‖ ⟨fig⟩ *s. das Lachen verbeißen* ‖ ⟨fig⟩ *et. bereuen* ‖ ~ la lengua *s. in die Zunge beißen* ‖ ⟨fig⟩ *s. auf die Zunge beißen* ‖ ~ las uñas *s. die Nägel beißen* ‖ *an den Nägeln kauen*
mordi|car [c/qu] vi *prickeln* ‖ *stechen* ‖ *brennen* ‖ **–da** *f* ⟨fam⟩ *Biss* m ‖ Mex *Bestechung(sgeld* n) f ‖ **–do** adj ⟨fig⟩ *geschmälert*
mor|diente *m Beizmittel* n, *Beize* f ‖ *Ätzmittel* n ‖ *Fixiermittel* n *(für Farben)* ‖ ⟨fig⟩ *Schwung* m ‖ **–s** *mpl* ⟨pop⟩ *Schere* f ‖ **–dimiento** *m Biss* m
△ **mordipén** *m Mord* m
mordis|car [c/qu] vt/i *knabbern, nagen* ‖ *(ab)beißen* ‖ ⟨fig⟩ *bekritteln* ‖ **–co** *m Biss* m ‖ *Bissen* m ‖ *Bisswunde* f ‖ ◇ arrancar a ~s *abbeißen (von Hunden)* ‖ augm: **–cón**
Morea *f* ⟨Hist⟩ *Morea* n *(alter Name für Peloponnes)*
¹morena *f* adj *braun-, schwarz|haarig* ‖ *braun(häutig)* ‖ *dunkel, braun (Hautfarbe)* ‖ ~ *f braun-, schwarz|haariges Mädchen* n ‖ *Brünette* f ‖ ◇ ¡anda ~! ⟨pop⟩ *nur zu!* ‖ *k–e Rede!*
²morena *f* ⟨Fi⟩ *Muräne* f (→ **murena**)
³morena *f* ⟨Geol⟩ → **morrena**
⁴morena *f* ⟨Agr⟩ *Garbenhaufen* m
morenas *fpl* ⟨pop⟩ → **almorranas**
more|nita *f* dim von **¹–na** ‖ *schwarzbraunes Mädel* n ‖ **–no** adj *braun-, dunkel-, schwarz|haarig* ‖ *dunkel, braun (Hautfarbe)* ‖ m ⟨pop⟩ *Neger* m ‖ *dunkelhäutiger Mensch* m ‖ ⟨fam⟩ *Schwarzbrot* n ‖ ⟨Th fig⟩ *Auszischer* m ‖ **–note** adj augm von **moreno**
more|ra *f* ⟨Bot⟩ *Weißer Maulbeerbaum* m (Morus alba) ‖ **–ral** *m Maulbeer(baum)pflanzung* f
morería *f Mohren-, Mauren|land* n ‖ *Maurenvolk* n ‖ *maurisches Stadtviertel* n ‖ *Maurenviertel* n
moretón *m* ⟨fam⟩ *blauer Fleck* m *(auf der Haut)* (→ **equimosis**)
morfa *f* Kurzform für **morfina**
morfema *m* ⟨Ling⟩ *Morphem* n
Morfeo *m* ⟨Myth⟩ *Morpheus* m ‖ ◇ descansar *od* estar en brazos de ~ ⟨fig⟩ *schlafen,* ⟨fig⟩ *in Morpheus' Armen ruhen*
morfi|na *f* ⟨Chem⟩ *Morphium, Morphin* n ‖ **–nismo** *m* ⟨Med⟩ *Morphinismus* m, *Morphiumsucht* f ‖ ⟨Med⟩ *Morphiumvergiftung* f ‖ **–nomanía** *f Morphiumsucht* f, *Morphinismus* m ‖ **–nómano** adj *morphiumsüchtig* ‖ ~ *m Morphinist* m

morfo|génesis *f* ⟨Biol⟩ *Morphogenese, Formbildung* f ‖ **–genético** adj *morphogenetisch, formbildend*
morfo|logía *f* ⟨Wiss⟩ *Morphologie, Formenlehre* f ‖ **–lógico** adj *morphologisch(*
mórfosis, morfosis *f* ⟨Biol⟩ *Morphose* f
morganático adj *morganatisch, zur linken Hand (Ehe)*
morgue *f Morgue* f, *Leichenschauhaus* n
morí → **morir**
moriaco *m* ⟨Taur pop⟩ *Kampfstier* m ‖ Am *Peso* m *(Münze)*
△ **moribén** *m Tod* m
moribun|dear vi ⟨fam⟩ *kränkeln* ‖ **–dez** [*pl* ~ces] *f tödliche Erschöpfung* f ‖ *Todeskampf* m ‖ **–do** adj *sterbend* ‖ *moribund* ‖ ~ *m Sterbende(r)* m
moridera *f Todesangst* f
morige|ración *f Mäßigung, Mäßigkeit* f ‖ ⟨fig⟩ *gesittetes Wesen* n, *Wohlerzogenheit* f ‖ ~ de las costumbres *feines Benehmen* n ‖ **–rado** adj *mäßig* ‖ *enthaltsam* ‖ *wohlerzogen, gesittet, artig*
morilla *f* ⟨Bot⟩ *Morchel* f (Morchella spp)
¹morillo *m Brand-, Feuer|bock* m
²morillo *m* SAm *Steg* m
moringa *f* Cu *Popanz* m
morir [-ué/u, pp muerto] vi *sterben* ‖ *umkommen* ‖ *eingehen (Tier, Pflanze)* ‖ *ausgehen, erlöschen (Feuer, Licht)* ‖ *enden (Zug, Weg)* ‖ ⟨fig⟩ *aufhören, ausgehen* ‖ *vergehen (de vor dat), verschmachten* ‖ *untergehen* ‖ *dahinschwinden* ‖ ◇ ~ con las botas puestas → ~ vestido ‖ ~ de poca edad *jung sterben* ‖ ~ de frío *vor Kälte vergehen* ‖ ~ sin decir Jesús ⟨fig⟩ *plötzlich sterben* ‖ ~ a manos de asesino *von Mörderhand sterben* ‖ ~ para el mundo ⟨fig⟩ *der Welt absterben* ‖ ~ de nostalgia *vor Sehnsucht sterben, verschmachten* ‖ ~ de pecho ⟨fam⟩ *an der Schwindsucht sterben* ‖ ~ de risa ⟨fam⟩ *s. totlachen* ‖ ~ de sed *verschmachten* (& fig), *vor Durst sterben* ‖ ~ de tifus *an Typhus sterben* ‖ ~ vestido *e–s natürlichen Todes sterben* ‖ ¡muera! *nieder mit ihm (ihr)!* ‖ ◇ estar a ~ con alg. ⟨figf⟩ *mit jdm spinnefeind sein* ‖ le gusta a ~ ⟨fam⟩ *es gefällt ihm (ihr) wahnsinnig* ‖ moría la tarde *der Tag neigte s. zu Ende* ‖ ~**se** *sterben* ‖ ⟨fig⟩ *erstarren (ein Glied)* ‖ ⟨fig⟩ *ausgehen (Licht)* ‖ ~ de ganas por algo ⟨fig⟩ *et. heiß ersehnen* ‖ es para ~ de risa *es ist zum Totlachen* ‖ ~ por a/c ⟨fig⟩ *et. heiß ersehnen*
moris|ca *f* ⟨Hist⟩ *getaufte Maurin* f ‖ **–co** adj *maurisch* ‖ *auf Morisken bezüglich* ‖ ◇ estar sentado a usanza (*od* a la) ~a *mit gekreuzten Beinen auf dem Boden sitzen (nach Maurenart)* ‖ ~ *m* ⟨Hist⟩ *Moriske, Abkömmling* m *der nach dem Sturz ihres Reiches in Spanien zurückgebliebenen Mauren* ‖ *neubekehrter, getaufter Maure* m ‖ Mex *Mischling* m *von Spanier und Mulattin* ‖ **–ma** *m Mauren* mpl *(oft desp)* ‖ *Maurenversammlung* f ‖ **–queta** *f Maurenlist* f ‖ ⟨allg⟩ *Streich* m*(, den man e–m anderen spielt)*
¹morito *m* dim von **moro**
²morito *m* ⟨V⟩ *Brauner Sichler* m (Plegadis falcinellus)
mor|món *m/f* ⟨Rel⟩ *Mormone* m, *Mormonin* f ‖ **–mónico** adj *mormonisch, Mormonen-* ‖ **–monismo** *m Mormonentum* n
mormullo *m* → **murmullo**
moro adj *maurisch* ‖ *mauretanisch* ‖ p.ex *mohammedanisch* ‖ ◇ sentarse a lo ~ *s. nach Maurenart hinsetzen* ‖ vestido a lo ~ *in Maurentracht* ‖ díselo al ~ Muza *das kannst du d–r Großmutter erzählen* ‖ ~ *m Maure* m ‖ *Mauretanier* m ‖ *Rappe* m ‖ ~ de paz ⟨figf⟩ *friedliche Person* f ‖ ~**s** *pl:* ~ y cristianos

öffentliches Kampfspiel n *zwischen Mauren und Christen (in Alcoy)* ‖ ¡hay ~ en la costa! ⟨figf⟩ *Vorsicht, da ist es nicht geheuer!*
△ **moró** *m Meer* n
¹morocho adj Am ⟨fam⟩ *kräftig, rüstig*
²morocho adj Am *dunkel(häutig)*
³morocho adj *Zwillings-*
morondanga *f* ⟨fam⟩ *Mischmasch* m ‖ ⟨fam⟩ *Krimskrams* m
morondo adj *geschoren, kahl*
moronga *f* Mex *Blut-, Leber|wurst* f
moro|sidad *f Saumseligkeit, Langsamkeit* f ‖ ⟨Jur⟩ *Säumnis, Säumigkeit* f (→ auch **⁴mora**) ‖ –**so** adj *saumselig, zaudernd, langsam*
morote m augm von **moro**
¹morra *f oberer Teil* m *des Kopfes* ‖ *Schädel* m ‖ ◇ andar a la ~ ⟨fam⟩ *s. prügeln*
²morra *f Morra-, Finger|spiel* n
morrada *f Zusammenstoß* m *(mit den Gesichtern od Köpfen)* ‖ ⟨figf⟩ *Zusammenprall* bzw *Aufprall* m *(der Wagen)* ‖ ⟨figf⟩ *Ohrfeige* f
morra|l m *Futterbeutel, Fresskorb* m *(der Pferde)* ‖ *Ranzen, Rucksack* m ‖ *Jagdtasche* f ‖ ⟨Mil⟩ *Tornister* m ‖ ⟨figf⟩ *Grobian, Lümmel* m ‖ –**lero** m ⟨Jgd⟩ *Jagdgehilfe* m
¹morralla *f* ⟨figf⟩ *wertloser Mischmasch* m, *Durcheinander* n ‖ *Plunder* m ‖ ⟨fig⟩ *Gesindel* n ‖ Mex *Kleingeld* n
²morralla *f* ⟨Typ⟩ *Zwiebelfische* mpl
morrearse vr ⟨pop⟩ *s. ab|küssen, -schmatzen*
morrena *f* ⟨Geol⟩ *Moräne* f ‖ ~ *depositada abgelagerte Moräne* f ‖ ~ *movediza bewegte Moräne* f
morrillo m *dicker Nacken und Hals* m *(des Rindviehs)* ‖ ⟨fig⟩ *feister Nacken* m ‖ ~**(s)** *m(pl) Rollstein* m
¹morriña *f* ⟨fig⟩ *Traurigkeit, Schwermut, Melancholie* f ‖ ⟨fig⟩ *Sehnsucht* f ‖ ⟨fig⟩ *Heimweh* n ‖ ⟨fig⟩ → **llovizna**
²morriña *f* ⟨Vet⟩ *Viehseuche* f ‖ *Räude* f *(der Schafe)*
¹morroñoso adj *traurig, kummervoll, trübselig* ‖ *schwer-, weh|mütig, melancholisch* ‖ *sehnsüchtig*
²morroñoso adj *schwäch-, kränk|lich* ‖ ⟨Vet⟩ *krank (Vieh)* ‖ *räudig (Schaf)*
morrión m *Sturmhaube* f ‖ *Helm* m ‖ *(Art) Tschako* m
morrito m dim von **²morro**
¹morro m *kleiner runder Felsen* m ‖ *runder Kieselstein* m
²morro m *vorstehende, dicke Lippen* fpl, ⟨vulg⟩ *Ochsenmaul* n ‖ ⟨vulg⟩ *(bes pl) Maul* n, *Schnauze, Fresse* f ‖ ⟨Mar⟩ *Schleusenhaupt* n ‖ *Molenkopf* m ‖ *(Schlüssel)Bart* m ‖ *(allg) (alles) Vorspringende(s):* ~ del acantilado *Felskuppe* f ‖ ~ del avión *Flugzeugbug* m ‖ ◇ andar al ~ ⟨figf⟩ *s. herumprügeln, raufen (bes. Kinder)* ‖ asomar el morro ⟨fam⟩ *auftauchen* ‖ beber a ~ ⟨pop⟩ *(aus der Flasche, an der Quelle usw.) trinken* ‖ estar de ~ (od ~s) ⟨figf⟩ *schmollen* ‖ ~s mpl *Maul* m, *Schnauze* f (& fig) ‖ ◇ caerse de ~s ⟨pop⟩ *auf die Schnauze fallen* ‖ cerrar los ~ ⟨vulg⟩ *das Maul halten* ‖ hincharle a alg. los ~, partir los ~ a alg., untar los ~ a alg. ⟨vulg⟩ *jdm die Fresse polieren, jdm e–e vor die Fresse geben*
³¡morro! ¡morroña! *Miez! (Lockruf für Katzen)*
morrocota *f* Col ⟨fam⟩ *Goldstück* n *(Münze)*
morrocotudo adj ⟨fam⟩ *sehr schwierig* bzw *wichtig* ‖ ⟨fam⟩ *riesig* ‖ ⟨fam⟩ *toll, prima, dufte, super, klasse* ‖ ◇ fue una fiesta ~a ⟨fam⟩ *das war e–e tolle Party* ‖ Chi *grob, unbeholfen* ‖ Col *reich, vermögend* ‖ adv: ~**amente**
¹morrón m ⟨fam⟩ *Stoß* m *(ins Gesicht)* ‖ *Schlag* m

²morrón adj: pimiento ~ *dicke, wohlschmeckende, großfrüchtige Paprika*art f
¹morrongo m ⟨fam⟩ *Katze* f
²morrongo m Mex *Knecht* m ‖ *Diener* m
morronguear Arg Chi *nicken (leicht schlafen)*
morronguero adj Cu *geizig, knick(e)rig*
morroñoso adj Am *verkümmert (Pflanze)*
morrudo adj *dicklippig* ‖ *großmäulig* ‖ ⟨pop⟩ *schnauzig* ‖ Ar *naschhaft* ‖ Arg *kräftig, rüstig*
¹morsa *f* ⟨Zool⟩ *Walross* n *(Odobenus rosmarus)*
²morsa *f Schraubstock* m
morse m *Morsesystem* n ‖ *Morsealphabet* n
mortadela *f Mortadella(wurst)* f
¹mortaja *f Leichentuch* n
²mortaja *f* ⟨Zim⟩ *Einschnitt* m ‖ *Schlitz* m, *Fuge* f ‖ *Zapfenloch* n
³mortaja *f* ⟨Mar⟩ *Gatt* n
mortajadora *f* ⟨Tech⟩ *(Be)Stoßmaschine* f ‖ ⟨Zim⟩ *Zapfenlochmaschine* f
mortal adj *(m/f) sterblich* ‖ *tödlich (krank)* ‖ ⟨fig⟩ *sehr ermüdend* ‖ ⟨fig⟩ *langweilig* ‖ ⟨fig⟩ *heftig (Leidenschaft)* ‖ ⟨fig⟩ *untrüglich, schlagend (Zeichen, Beweis)* ‖ diez millas ~es ⟨fam⟩ *zehn lange Meilen* ‖ ~ m *Sterbliche(r)* m *(der Mensch)*
mor|talidad *f Sterblichkeit* f ‖ ~ infantil *Kindersterblichkeit* f ‖ –**talmente** adv *tödlich* ‖ ~ aburrido *todlangweilig* ‖ ~ pálido *totenblass* ‖ ◇ odiar ~ ⟨fig⟩ *tödlich hassen* ‖ –**tandad** f *Massensterben* n *(Epidemie, Krieg)* ‖ *Gemetzel, Massaker* n ‖ ◇ hacer una ~ *ein Blutbad anrichten*
mortecino adj ⟨fig⟩ *sterbend, halb tot* ‖ ⟨fig⟩ *matt, blass, trüb (Farben, Augen, Licht)* ‖ *erlöschend (Feuer)* ‖ *verendet (Tier)* ‖ ◇ hacer la ~a ⟨figf⟩ *s. tot stellen (bes. Käfer, Raupen usw.)*
morterete m *Böller* m
¹mortero m *Mörser* m ‖ ⟨Pharm⟩ *Reibschale* f ‖ ⟨Bgb⟩ *Pochwerk* n ‖ ~ de ágata *Achatmörser* m
²mortero m *(Mauer)Mörtel* m ‖ ~ aéreo *Luftmörtel* m ‖ ~ hidráulico *Wassermörtel, hydraulischer Mörtel* m ‖ ~ para solados *Estrichmörtel* m
³mortero m ⟨Mil⟩ *Granatwerfer, Mörser* m
morteruelo m dim von **¹mortero**
mortífero adj *todbringend* ‖ *tödlich, letal* ‖ → auch **letal**
mortifi|cación *f Abtötung* f *(des Fleisches)* ‖ ⟨fig⟩ *Züchtigung, Kasteiung* f ‖ *Unannehmlichkeit* f ‖ *Kränkung, Beleidigung, Demütigung* f ‖ –**cante** adj *(m/f) ermüdend, lästig* ‖ *kränkend* ‖ ⟨Rel⟩ *Buß-* ‖ –**car** [c/qu] vt ⟨Med⟩ *abtöten* ‖ zum *Absterben bringen* ‖ *brandig werden lassen* ‖ ⟨fig⟩ *kasteien, abtöten (die sinnlichen Begierden)* ‖ ⟨fig⟩ *(jdn) kränken, (jdm) nahe treten* ‖ ⟨fig⟩ *demütigen* ‖ ⟨fig⟩ *quälen, martern, plagen* ‖ ~**se** *absterben (& Rel)* ‖ *s. abplagen* ‖ *s. betrüben, s. grämen* ‖ ◇ ~ con una indirecta *e–e Anspielung übel nehmen* ‖ –**cativo** adj *abtötend* ‖ ⟨fig⟩ *kränkend*
mortinato adj *tot geboren*
mortuorio adj *Leichen-, Sterbe-, Toten-* ‖ *Trauer-*
morucho m ⟨Taur⟩ *junger Stier* m
morueco m ⟨Zool⟩ *Schafbock, Widder* m
mórula *f* ⟨Gen⟩ *Morula* f
moruno adj *maurisch, Mauren-*
morusa *f* ⟨fam⟩ *Moneten, Piepen* pl, *Zaster* m *(Geld)*
mos ⟨pop⟩ And → **nos**
Mosa m [Fluss]: el ~ *die Maas*
¹mosaico adj *mosaisch* ‖ *Moses-*
²mosaico adj *musiv(isch)* ‖ *Mosaik-* ‖ ~ m *Mosaik* n, *eingelegte Arbeit* f ‖ *Mosaikbild* n ‖ *Fliesenbelag* m ‖ ⟨TV⟩ *Mosaik* n ‖ ⟨Bot⟩

Mosaikkrankheit f ‖ ~ de madera *eingelegte Holzarbeit* f ‖ ~ vidriado *(Ofen)Kachel* f
mosaísmo *m Lehre* f *Mosis* ‖ p.ex *Judentum* n
mosaísta *m/f Mosaikarbeiter(in* f) m
¹mosca *f Fliege* f ‖ ⟨figf⟩ *zudringlicher Mensch* m, ⟨fam⟩ *Wanze* f ‖ ⟨figf⟩ *nagender Kummer* m ‖ ⟨figf⟩ *böse Laune* f ‖ ⟨figf⟩ *Geldbeutel* m ‖ ⟨figf⟩ *Moneten, Piepen* pl, *Zaster* m *(Geld)* ‖ de aquijoú → ~ de los establos ‖ ~ borriquera, ~ del burro, ~ del caballo *Pferdelausfliege* f (Hippobosca equina) ‖ ~ (azul) de la carne *Schmeißfliege* f (Calliphora vomitoria) ‖ ~ (gris) de la carne *Fleischfliege* f (Sarcophaga carnaria) ‖ ~ de las casas → ~ doméstica ‖ ~ (pequeña) de las casas → ~ de las lámparas ‖ ~ común → ~ doméstica ‖ ~ doméstica *Stubenfliege* f (Musca domestica) ‖ ~ dorada *Goldfliege* f (Lucilia caesar) ‖ ~ de España → **cantárida** ‖ ~ de los establos *Wadenstecher* m, *Stallfliege* f (Stomoxys calcitrans) ‖ ~ de las lámparas *Kleine Stubenfliege* f (Fannia canicularis) ‖ ~ muerta ⟨figf⟩ *Duckmäuser* m ‖ ~ parásita *Schmarotzerfliege* f ‖ ~ del sueño, ~ tse-tsé *Tsetsefliege* f (Glossina spp) ‖ ~ verde → ~ dorada ‖ ◇ aflojar la ~ ⟨figf⟩ *den Beutel ziehen, zahlen* ‖ estar ~ ⟨figf⟩ *Misstrauen empfinden,* ⟨fam⟩ *auf der Hut sein* ‖ ⟨figf⟩ *eingeschnappt sein* ‖ ¿qué ~ te ha picado? *was ist (denn) mit dir los?* ‖ no sé qué ~ le ha *od* le habrá *od* le puede haber picado* ⟨pop⟩ *ich weiß nicht, welche Laus ihm über die Leber gekrochen (od gelaufen) ist* ‖ ser una ~ blanca ⟨figf⟩ *ein weißer Rabe sein* ‖ ser incapaz de matar una ~ ⟨figf⟩ *k–r Fliege et. zuleide (& zu Leide) tun können, ganz harmlos sein (Mensch)* ‖ soltar la ~ → aflojar la ~ ‖ ~**s** *fpl Sprühfunken* mpl ‖ ~ de la miel ⟨pop⟩ *(Honig)Bienen* fpl (→ **abeja**) ‖ ~ volantes, ~ oculares *Mückensehen, Augenflimmern* m ‖ ◆ como ~ ⟨fig⟩ *in riesigen Mengen, unzählig, in hellen Scharen* ‖ por si las ~ ⟨figf⟩ *für alle Fälle, falls* ‖ ◇ caer como ~ ⟨figf⟩ *wie die Fliegen sterben, haufenweise umkommen* ‖ cazar ~ ⟨figf⟩ *gaffen, Maulaffen feilhalten* ‖ *die Zeit vertrödeln* ‖ *faulenzen* ‖ *müßig (herum)sitzen* ‖ se cazan más ~ con miel que con hiel ⟨Spr⟩ *mit Speck fängt man Mäuse* ‖ morir como ~ → caer como ~ ‖ papar ~ ⟨figf⟩ *gaffen, gaffend dastehen* ‖ sacudir las ~ *die Fliegen abwehren (Vieh)* ‖ ¡~! ⟨fam⟩ *zum Teufel!*
²mosca *f* ⟨Typ⟩ *Satzfehler* m
³mosca *f Fliege* f *(Bart zwischen Unterlippe und Kinn)*
moscado adj: nuez ~a *Muskatnuss* f ‖ ~ *m* CR *Muskatbaum* m
moscar|da *f* ⟨Ins⟩ *Schmeiß-, Schweißfliege* f (Calliphora vomitoria) ‖ **–dino** *m* ⟨Zool⟩ *Haselmaus* f (Muscardinus avellanarius) ‖ **–dón** *f (k–e wiss. Bezeichnung): große Schmeißfliege* f ‖ *(Art) Bremse, Schmeißer* m ‖ *Fleisch-, Brumm|fliege* f ‖ *Hummel* f ‖ ⟨pop⟩ *Hornisse* f ‖ ⟨figf⟩ *zudringlicher Mensch* m, ⟨pop⟩ *Wanze* f ‖ ⟨figf⟩ *(Polizei)Spitzel* m ‖ **–donear** vi *summen (Fliegen)*
moscareta *f* ⟨V⟩ *Schnäpper* m (→ **papamoscas**)
¹moscatel *m Muskateller(wein)* m
²moscatel *m* ⟨fam⟩ *lästiger Mensch* m ‖ ⟨fig⟩ *strammer Bursche* m
mosco *m* → **mosquito** ‖ Ec *Fliege* f ‖ Chi *Biene* f
¹moscón *m* → **moscardón**
²moscón *m* ⟨Bot⟩ *Bergahorn* m
moscona *f* ⟨fam⟩ augm von **¹mosca** ‖ *große, dicke Fliege* f ‖ ⟨fig⟩ *zudringliches Weibsstück* n
mosconear vt → **importunar** ‖ → **rondar**

Moscova *f* [Fluss]: *Moskwa* f
moscovita adj *(m/f) moskowitisch* ‖ ~ *m/f Bewohner(in* f) m *von Moskau*
Moscú *m* [Stadt] *Moskau* n
Mosela *m* [Fluss]: el ~ *die Mosel*
mosén, mosen *m* Ar *Titel* m *der Geistlichen* ‖ ~ Cinto ⟨fam⟩ *Jacinto Verdaguer (katalanischer Dichter, 1845–1902)*
mosiú *m* ⟨fam joc⟩ *Monsieur, Herr* m *(bes. als Anrede von Franzosen)*
mosque|ado adj *ge|fleckt, -sprenkelt, -tüftelt* ‖ **–ar** vt *(die Fliegen) abwehren, wegjagen* ‖ ⟨figf⟩ *(jdn) misstrauisch machen, (bei jdm) Misstrauen erwecken* ‖ ~ vi *verstimmt antworten* bzw *reagieren* ‖ **~se** ⟨fam⟩ *von Fliegen befallen werden* ‖ *voller Fliegen sein* ‖ *Fliegendreck bekommen* ‖ ⟨fig⟩ *hitzig werden* ‖ ⟨figf⟩ *s. getroffen fühlen* ‖ *misstrauisch werden* ‖ s: **–o** *m* ‖ **–río** *m Schwarm Fliegen, Fliegenschwarm* m ‖ **–ro** *m Fliegenwedel* m ‖ *Fliegenfänger* m
mosque|tazo *m Musketen|schuss* m, *-feuer* n ‖ *Schusswunde* f ‖ **–te** *m* ⟨Mil Hist⟩ *Muskete* f ‖ **–tería** *f Musketiere* mpl ‖ *Musketenfeuer* n ‖ **–tero** *m Musketier* m ‖ **–tón** *m* ⟨Mil⟩ *kleiner Karabiner* m ‖ *Karabine* f, *Karabinerhaken* m *(für Uhrketten usw.)*
mosquil adj *Fliegen-*
mosqui|lla, –ta *f* dim von **¹mosca** ‖ –ta muerta ⟨figf⟩ *Duckmäuser* m
¹mosquitero *m Mücken-, Moskito|netz* n, *-vorhang* m
²mosquitero *m* ⟨V⟩: ~ bilistado *Gelbbrauenlaubsänger* m (Phylloscopus inornatus) ‖ ~ boreal *Nordischer Laubsänger* m (Ph. borealis) ‖ ~ común *Zilpzalp* m (Ph. collybita) ‖ ~ musical *Fitis* m (Ph. trochilus) ‖ ~ papialbo *Berglaubsänger* m (Ph. bonelli) ‖ ~ silbador *Waldlaubsänger* m (Ph. sibilatrix) ‖ ~ troquiloide *Grüner Laubsänger* m (Ph. trochiloides)
mosquito *m* ⟨Ins⟩ *(Stech)Mücke* f ‖ ⟨reg⟩ *Schnake* f ‖ ⟨Ins⟩ *común Gemeine Stechmücke* f (Culex pipiens) ‖ *Geringelte Stechmücke* f (C. annulatus) ‖ ~ del paludismo *Malariamücke* f (Anopheles spp) ‖ ⟨figf⟩ *Trinker* m ‖ ~**s** mpl ⟨Ins⟩ *Stechmücken* fpl (Culicidae)
mosta|cero *m*, **–cera** *f Senfnapf* m
¹mostacho *m* ⟨fam joc⟩ *Schnurrbart* m ‖ ⟨fam⟩ *Schmarre* f *(im Gesicht)*
²mostacho *m* ⟨Mar⟩ *Bugsprietvertäuung* f
mostachón *m kleiner Marzipan- od Mandel|kuchen* m
mosta|choso, –chudo adj *schnurrbärtig*
mostacilla *f* ⟨Jgd⟩ *Vogel|schrot, -dunst, (Blei)Schrot* m ‖ *kleinste Glasperlen* fpl
△ **mostagán** *m Most* m ‖ *Wein* m
mostajo *m* ⟨Bot⟩ *Eisbeere* f
△ **mostañear** vt *ausziehen*
mostaza *f Senf* m, *Senfpflanze* f ‖ *Senfsamen* m ‖ *Senf, Mostrich* m ‖ *kleine Glaskorallen* fpl ‖ ⟨Jgd⟩ → **mostacilla** ‖ ~ blanca ⟨Bot⟩ *Weißer Senf* m (Sinapis alba) ‖ ~ negra *(Schwarzer) Senf* m (Brassica nigra) ‖ ~ preparada *Mostrich* m ‖ ◆ (de) color ~ *senffarben*
moste → **oxte**
mostear vi *mosten (Trauben)*
mostellar *m* ⟨Bot⟩ *Mehlbeerbaum* m
mostense adj ⟨Rel⟩ *prämonstratisch*
¹mostillo adj/s Hues *dumm, einfältig*
²mos|tillo *m junger Most* m ‖ **–to** *m (Wein)Most* m ‖ *Bierwürze* f ‖ ~ de yema *Vorlauf* m ‖ ~ de uva *Weinmost* m
mostra|dor *m Laden-Verkaufstisch* m ‖ *Auslegetisch* m ‖ *Schau|fenster* n, *-kasten* m ‖ *Schenk-, Schank-, Schänk|tisch* m, *Theke* f ‖

Zifferblatt n *(e–r Uhr)* ‖ ⟨fig joc⟩ *Titten* fpl, *Milchladen* m

mostrar [-ue-] vt *(vor)zeigen, weisen* ‖ *an den Tag legen, kundgeben* ‖ *nachweisen, dartun* ‖ ◇ ~se amigo *s. als Freund zeigen* ‖ ~ los dientes a alg. *jdm die Zähne zeigen* ‖ ~ valor *s. mutig zeigen, Mut beweisen*

mostrear vt *(be)sprenkeln*

mostrenco adj *herrenlos* ‖ ⟨fig⟩ *schwerfällig* ‖ ⟨fig⟩ *bäu(e)risch* ‖ ⟨fig⟩ *einfältig*

¹mota f *Knötchen* n *im Tuch* ‖ *Fäserchen* n ‖ *feine Verbrämung* f *(am Stoff)* ‖ *Fleck* m *(im Spiegel)* ‖ *Fremdkörper* m *(im Auge)* ‖ ⟨Text⟩ *Noppe* f *(im Tuch)* ‖ ⟨fig⟩ *kleiner, unbedeutender Fehler* m ‖ ⟨fig⟩ *bisschen* n, *Fingerspitze* f ‖ *einsamer Hügel* m ‖ *Stück* n *Erde, Boden* ‖ Arg *krauses Haar* n *der Neger* ‖ ◇ el que ve la ~ en el ojo ajeno, vea la viga en el suyo *er sieht den Splitter in s–s Bruders Auge, aber nicht den Balken im eigenen (Evangelien)*

△ **²mota** f *Geld* n

motacila f ⟨V⟩ *Stelze* f (→ **²lavandera**)

△ **motar** vt/i *stehlen*

¹mote m *Denk-, Wahl|spruch* m, *Motto* n ‖ *Bei-, Spitz-, Spott|name* m ‖ Chi *Stotterer* m ‖ *Irrtum* m ‖ ◇ poner *(od sacar)* ~ a alg. *jdm e–n Spitznamen geben*

²mote m Am ⟨Kochk⟩ *Mote* m *(Maisgericht)*

moteado adj *ge|fleckt -tigert* ‖ ⟨Typ⟩ *fehlerhaft, mit (vielen) Fehlern*

mote|jar vt *(jdm) e–n Bei- bzw Spitz|namen geben* ‖ ⟨desp⟩ *bezeichnen (de als)* ‖ *ver|höhnen, -spotten* ‖ ◇ ~ a alg. de ignorante *jdn wegen Unkenntnis verspotten* ‖ **-jo** m *Spitz-, Spott|name* m ‖ ⟨desp⟩ *Bezeichnung* f

motel m *Motel* n

motero m ⟨fam⟩ *Motorradfreak* m

¹motete m ⟨Mus⟩ *Motette* f

²motete m *Spott-, Spitz|name* m ‖ *Hohnwort* n

³motete m SAm *Tragkorb* m

motilar vt *(die Haare) scheren, stutzen*

motilidad f ⟨Physiol⟩ *Beweglichkeit, Motilität* f

motilón adj/s *kahl geschoren* ‖ (fraile) ~ m *Laienbruder* m

motín m *Aufstand* m, *Meuterei* f

motita f dim von **¹mota**

moti|vación f *Begründung, Motivation, Motivierung* f ‖ *Verursachung* f ‖ **-vado** adj *be|gründet, -rechtigt* ‖ *motiviert* ‖ **-var** vt *ver|ursachen, -anlassen* ‖ *erklären, begründen* ‖ *motivieren* ‖ ◇ ~ disgustos *zu Ärgernissen Anlass geben* ‖ los puntos que motivan el presente contrato ⟨Com⟩ *die diesem Vertrag zugrunde (& zu Grunde) liegenden Punkte* ‖ **-vo** m *(Beweg)Grund* m, *Motiv* n ‖ *Anlass, Antrieb* m, *Veranlassung* f ‖ ⟨Mal Arch Mus⟩ *Thema, Motiv* n ‖ *Leit|gedanke* m, *-idee* f, *tragende Idee* f *(& Lit)* ‖ ~ de divorcio *Scheidungsgrund* m ‖ ~ de queja *Grund* m *zur Klage* ‖ ~ picante *pikantes Motiv* n ‖ *Pikanterie, Anzüglichkeit* f ‖ ~ principal *Hauptgrund* m ‖ ◆ con ~ de *aus Anlass, anlässlich, wegen* gen ‖ *in Anbetracht, in betreff* (gen) ‖ con este ~ *aus dieser Veranlassung* ‖ *bei dieser Gelegenheit* ‖ con mayor ~ cuando … *um so mehr als* … ‖ de ~ proprio, de su ~ *aus eigenem Antrieb* ‖ por este ~ *aus diesem Grund(e)* ‖ por cuyo ~ *weshalb* ‖ sin ~ *ohne Grund, unbegründet* ‖ *ohne Veranlassung* ‖ *absichtslos* ‖ ◇ carecer de ~ *un|begründet, -berechtigt sein* ‖ dar ~ a algo *zu et. Anlass geben* ‖ ser el ~ de *(od para …) die Veranlassung sein zu* … ‖ no tener ~ (para) *k–n Grund haben (zu)* ‖ *k–e Veranlassung haben (zu)* ‖ **~s** mpl *(Entscheidungs)Gründe* mpl ‖ ◇ alegar ~ *Ausflüchte suchen* ‖ ausentarse por ~ comerciales

geschäftlich abgerufen werden ‖ por los ~ expuestos *aus den dargelegten Gründen* ‖ por ~ de prudencia *klugerweise* ‖ *vorsichtshalber*

¹moto m *Grenz-, Eck|stein* m

²moto f ⟨pop⟩ → **motocicleta** ‖ ~ con sidecar, ⟨pop joc⟩ ~ si te caes *Motorrad* n *mit Beiwagen*

³moto adj Chi *schwanzlos (Tier)*

moto|barco m *Motorschiff* n ‖ **–bomba** f *Motorpumpe* f ‖ **–carro** m *Motorradlieferwagen* m

motoci|cleta f *Motor-, Kraft|rad* n, ⟨Mil⟩ *Krad* n ‖ ~ de carrera *Rennmotorrad* n ‖ ◇ ir en ~ *Motorrad fahren* ‖ **–clismo** m *Motorradsport* m ‖ **–clista** m/f *Motorradfahrer(in* f) m ‖ **–clo** m *Zweirad(motor)fahrzeug* n

moto|cine m *Autokino* n ‖ **–crós** m *Moto-Cross* n ‖ **–cultivo** m ⟨Agr⟩ *maschineller Bodenbau* m, *maschinelle Bodenbestellung* f ‖ *motorisierte od maschinelle Landwirtschaft* f ‖ **–cultor** m ⟨Agr⟩ *Einachs-, Zweirad|schlepper* m ‖ **–enlace** m ⟨Mil⟩ *Meldefahrer* m ‖ **–lancha** f *Motorboot* n ‖ **–mensajero** → **motoenlace** m ‖ **–modelo** m *Flugmodell* n *(mit Verbrennungsmotor)*

motón m ⟨Mar⟩ *Blockrolle* f ‖ *(Flasche f am) Flaschenzug* m

moto|náutica f *Motorbootsport* m ‖ **–náutico** adj *auf den Motorbootsport bezüglich*

motonave f *Motorschiff* n

motoneta f *Motorroller* m

moto|pesquero m *Motorfischerboot* n ‖ **–propulsión** f *Motorantrieb* m

motor (f **motriz**) adj *bewegend, treibend* ‖ *Bewegungs-* ‖ ⟨An Psychol Phil⟩ *motorisch* ‖ ~ m *Beweger* m ‖ *Anstifter, Urheber* m ‖ *bewegende Kraft* f ⟨Tech⟩ *Motor* m (& fig) ‖ ~ asincrónico *Asynchronmotor* m ‖ ~ atómico *Atommotor* m ‖ ~ auxiliar (para bicicletas) *(Fahrrad)Hilfsmotor* m ‖ ~ de cuatro cilindros *Vierzylindermotor* m ‖ ~ de combustión (interna) *Verbrennungsmotor* m ‖ ~ de chorro *Düsenmotor, Strahltriebwerk* n ‖ ~ eléctrico *Elektromotor, elektrischer Motor* m ‖ ~ de explosión *Verbrennungsmotor* m ‖ ~ (de) fueraborda *Außenbordmotor* m ‖ ~ (de gran potencia) de gas *(Groß)Gasmotor* m ‖ ~ Diesel *Dieselmotor* m ‖ ~ fijo *stationärer Motor* m ‖ ~ de gasolina *Benzinmotor* m ‖ ~ gemelo *Zwillingsmotor* m ‖ ~ marino *Schiffsmotor* m ‖ ~ de popa, ~ popero *Heckmotor* m *(e–s Bootes, e–s Flugzeugs)* ‖ ~ de reacción *Düsenmotor* m, *Strahltriebwerk* n ‖ ~ de recambio *Austauschmotor* m ‖ ~ rotativo *Drehkolben-, Wankel|motor* m ‖ ~ de tracción *Fahrzeugmotor* m ‖ ~ de dos (cuatro) tiempos *Zwei-(Vier)taktmotor* m ‖ ~ trasero (Auto) *Heckmotor* m ‖ ~ universal *Universalmotor* m ‖ ~ vertical *stehender Motor* m ‖ ~ de viento *Windmotor* m ‖ el primer ~ ⟨Philos⟩ *der erste Beweger* m, *Primum mobile* n *(bei Aristoteles)* ‖ *die erste Ursache* f ‖ ◇ parar el ~ *den Motor abstellen* ‖ poner en marcha el ~ *den Motor anlassen*

motora f *Motorboot* n

motoricidad f → **motricidad**

moto|rismo m *Motorsport* m ‖ *Motorenkunde* f ‖ ~ aéreo *Motorflugsport* m ‖ **–rista** m/f *Motorradfahrer(in* f) m ‖ *Kraftfahrer(in* f) m ‖ **–rización** f *Motorisierung* f ‖ **–rizado** adj *motorisiert* ‖ **–rizar** [z/c] vt *motorisieren*

moto|rreactor m ⟨Flugw⟩ *Luftstrahltriebwerk* n ‖ **–segadora** f ⟨Agr⟩ *Motormäher* m ‖ **–sierra** f *Motorsäge* f ‖ **–silla** *Motorroller* m ‖ **–velero** m ⟨Mar⟩ *Motorsegler* m

motri|cidad f ⟨Physiol⟩ *Motrizität* f ‖ **–z** adj *antreibend, bewegend, Trieb-* ‖ ⟨Phys⟩ *kinetisch*

motudo adj Am *kraushaarig (Schwarzer)*

motu proprio ⟨lat⟩ adv *aus eigenem Antrieb*

mouse *m* ⟨Inform⟩ *Maus* f
movedizo adj *beweglich* ‖ *bewegbar* ‖
verstellbar ‖ ⟨fig⟩ *veränderlich* ‖ *locker* ‖ ⟨fig⟩
unbeständig, wankelmütig ‖ ⟨fig⟩ *unsicher* ‖ ⟨fig⟩
schwankend, flatterhaft
mover [-ue-] *vt bewegen, in Bewegung setzen*
(& *fig*) ‖ *rühren, schütteln* ‖ ⟨fig⟩ *veranlassen,
antreiben zu* ‖ ⟨fig⟩ *rühren (zum Mitleid)* ‖ ⟨fig⟩
anregen, in Anregung bringen ‖ ◇ ~ *la cabeza
den Kopf schütteln* ‖ ~ *la cola mit dem Schweif
wedeln* ‖ ~ *a compasión Mitleid erregen* ‖ ~
discordia Zwietracht stiften ‖ ~ *el vientre
Stuhlgang haben* ‖ *él lo hace* ~ *todo* ⟨figf⟩ *er hat
alle Fäden in der Hand* ‖ ~**se** *s. bewegen, s.
rühren* (& *fig*) ‖ *s. beeilen, s. sputen* ‖ *entstehen
(Streit)* ‖ ~ *a piedad s. zum Mitleid bewegen
lassen*
movi|ble adj *(m/f) beweglich* (& *z. B. Feste*) ‖
verschiebbar ‖ ⟨fig⟩ *schwankend, wankelmütig* ‖
⟨fig⟩ *unbeständig, flatterhaft* ‖ **–da** *f Span
avantgardistische Erneuerungsbewegung* f *(auf
allen Gebieten der Kultur* bzw *Subkultur) in
Madrid* ‖ ⟨fam⟩ *Madrider Nachtleben* n ‖ ⟨fam⟩
Rummel, Betrieb m ‖ **–do** adj ⟨Mus⟩ *schnell,
lebhaft* ‖ ⟨Fot⟩ *verschwommen, nicht scharf (Bild)*
moviente adj *(m/f) bewegend, treibend*
móvil adj *(m/f) beweglich, nicht fest* ‖
verschiebbar ‖ *fahrbar* ‖ *mobil* ‖ ~ *m Ursache* f,
Beweggrund m ‖ ⟨Phys⟩ *Körper* m, *der s. in
Bewegung befindet* ‖ *Mobile* n ‖ ⟨Tel fam⟩ *Handy* n
movili|dad *f Beweglichkeit* f ‖ *Mobilität* f ‖
⟨fig⟩ *Veränderlichkeit* f ‖ **–zación** *f
Mobilmachung* f, *Aufgebot* n ‖ *Mobilisierung* f (&
fig) ‖ *Einsatz* m *(von Menschen, der Industrie,
von Mitteln)* ‖ *Flüssigmachung* f *(von
Zahlungsmitteln)* ‖ ~ *general (parcial)* ⟨Mil⟩
allgemeine (Teil)Mobilmachung f ‖ **–zar** [z/c] *vt*
⟨Mil⟩ *mobil machen, mobilisieren* ‖ *bereitstellen,
einsetzen* ‖ *flüssig machen (Geld)*
movimiento *m Bewegung* f ‖ ⟨fig⟩ *Regung,
Gemütsbewegung* f ‖ *Volksbewegung, Strömung* f
‖ *Unruhe* f ‖ ⟨Mil⟩ *Verkehr* m ‖ ⟨fig⟩ *Kommen und Gehen* n
‖ *Getümmel, Treiben* n ‖ ⟨fig⟩ *Veränderung,
Umwälzung* f ‖ ⟨fig⟩ *Ablösung* f ‖ ⟨Com⟩ *Umsatz*
m ‖ *Umschlag* m ‖ ⟨fig⟩ *reges Leben, Getümmel* n
‖ ⟨Mus⟩ *Taktmaß, Tempo* n ‖ ⟨Tech⟩ *Antrieb* m,
Bewegung f ‖ ⟨EB⟩ *Betrieb* m ‖ *Zug* m *(beim
Schachspiel usw.)* ‖ *el* ~ ⟨Pol⟩ *die Bewegung* (&
Nationalsozialismus) ‖ ~ *acelerado* ⟨Tech⟩
beschleunigte Bewegung f ‖ ~ *antibélico
Friedensbewegung* f ‖ ~ *anual* ⟨Com⟩ *jährlicher
Umsatz* m ‖ ~ *de baja rückläufige Bewegung* f ‖
fallende Tendenz f ‖ ~ *de barcos Schiffsverkehr* m
‖ ~ *browniano Brownsche (Molekular)Bewegung*
f ‖ ~ *de cabeza (afirmativo, negativo)
(bejahende, verneinende) Kopfbewegung* f ‖ ~ *de
caja Kassenumsatz* m ‖ ~ *del cambio* ⟨Com⟩
Kursbewegung f ‖ ~ *circular Kreis-,
Dreh|bewegung* f ‖ ~ *clandestino
Untergrundbewegung* f ‖ ~ *de concentración
Aufmarschbewegung* f ‖ *Drehbewegung* f ‖ ~
continuo ⟨Phys⟩ *Perpetuum mobile* n ‖ ~**s**
convulsivos krampfhafte Zuckungen fpl ‖ ~
demográfico Bevölkerungsentwicklung f ‖ ~
descendente Abwärtsbewegung f ‖ ~ *espiral
Spiralbewegung* f ‖ ~ *estudiantil
Studentenbewegung* f ‖ ~**s** *felinos katzenhafte
Bewegungen* fpl ‖ ~ *giratorio Kreis-,
Dreh|bewegung* f ‖ ~ *huelguístico
Streikbewegung* f ‖ ~ *independista
Unabhängigkeitsbewegung* f ‖ ~ *del mar Seegang*
m ‖ ~ *marítimo Schiffsverkehr* m ‖ ~ *nacional
nationale Bewegung* f ‖ ~ *Nacional* ⟨Hist⟩
nationale Erhebung f *(in Spanien 1936)* ‖ ~

ondulatorio Wellenbewegung f ‖ *Wogen* n ‖ ~
pendular Pendelbewegung f, *Pendeln* n ‖ ~
peristáltico Peristaltik f ‖ ~ *pro paz
Friedensbewegung* f ‖ ~ *reflejo Reflexbewegung* f
‖ ~ *regresivo Rückbewegung* f ‖ ~ *de resistencia*
⟨Pol⟩ *Widerstandsbewegung* f ‖ ~ *de retroceso
Rück|gang, -lauf* m ‖ ~ *retrógrado rückläufige
Bewegung* f ‖ ~ *rotativo Kreis-, Dreh|bewegung* f
‖ ~ *sincopado Synkopenrhythmus* m ‖ ~ *sísmico
Erdbeben* n ‖ ~ *en tenaza(s)* ⟨Mil⟩
Zangenbewegung f ‖ ~ *de tierras* ⟨Arch⟩
Erdbewegung f ‖ *Erdarbeiten* fpl ‖ ~ *de tornillo
Schraubenbewegung* f ‖ ~ *trepidante Schüttel-,
Rüttel|bewegung* f ‖ ~ *undulatorio* → ~
ondulatorio ‖ ~ *de vaivén Hin- und
Her|bewegung, hin und her gehende Bewegung* f ‖
~ *vibratorio Schwingbewegung* f ‖ ◆ *sin* ~
bewegungslos ‖ ◇ *poner en* ~ *in Bewegung
setzen* ‖ *beleben* ‖ *in Gang bringen*
moviola *f* ⟨Film⟩ *Filmbetrachter* m
moxibustión *f* ⟨Med⟩ *Moxibustion* f
moxte → **oxte**
moyana *f Kleiekuchen* m *(Hundefutter)* ‖ ⟨fig⟩
Lüge f, *Betrug* m
moyo *m* ⟨Hist⟩ *Flüssigkeitsmaß* n *(258 Liter)*
moyuelo *m feinste Kleie* f
¹moza *f Mädchen, Mädel* n ‖ *Magd* f ‖
Dienstmädchen n ‖ ⟨Kart⟩ *letzter Stich* m ‖ ~ *de
cámara Stubenmädchen* n ‖ ~ *de cántaro
Hausmagd* f ‖ ⟨fig⟩ *derbes, dralles Mädchen* n ‖
~ *casadera heiratsfähiges Mädchen* n ‖ ~ *de
honor Kranz-, Braut|jungfer* f ‖ ~ *de(l) partido
Nutte* f ‖ ~ *de rumbo dralles Mädchen* n ‖ ~ *de
servicio Dienstmädchen* n ‖ *buena* ~, *real* ~, ~
de postín schmuckes, strammes Mädchen n ‖ ◇
ser ~ *(pop) zum ersten Mal die Regel haben*
²moza *f (Wasch)Bläuel* m ‖ *Herdaufsatz* m ‖
Pfannenhalter m
³moza *f* ⟨Kart⟩ *letzter Stich* m
mozada *f Versammlung* f *junger Leute*
mozalbete dim von **mozo** ‖ *junger Laffe*, ⟨fam⟩
Grünschnabel m
mozallón *m* ⟨fam⟩ *stämmiger Bauernknecht* m
‖ *kräftiger Bursche* m
Mozambique *m* ⟨Geogr⟩ *Mosambik* n
mozárabe adj ⟨Hist⟩ *mozarabisch, christlich-
maurisch* ‖ ~ *m Mozaraber* m, *unter den Mauren
in Spanien lebender Christ* m
mozara|bía *f Mozaraber* mpl *in e–m Gebiet* od
in e–r Stadt ‖ **–bismo** *m Eigentümlichkeit* f *der
Mozaraber* ‖ **–bista** m/f *Mozarbist(in* f) m
mozarela *f* [Käse] *Mozzarella* m
mozartiano adj *auf Mozart bezüglich, Mozart-*
mozcorra *f Hure, Nutte* f
mo|zo adj *jung* ‖ *ledig, unverheiratet* ‖ *gente*
~**a** *junge Leute* pl ‖ ~ *m junger Mensch,
Bursche, Jüngling* m ‖ *Junggeselle, lediger Mann*
m ‖ *Wehrpflichtige(r)* m ‖ *Diener, Knecht* m ‖
Tagelöhner, Lastträger m ‖ *Kellner* m ‖
Kleiderrechen m ‖ ~ *de almacén Ladendiener* m
‖ ~ *de billar Markör* m ‖ ~ *de caballos
Stallknecht* m ‖ ~ *de cámara Kammerdiener* m ‖
~ *cobrador Zahlkellner* m ‖ ~ *de cocina
Küchenjunge* m ‖ ~ *de cordel* → ~ *de cuerda* ‖
~ *de cuadra Stallknecht* m ‖ *un* ~ *bien cuadrado
ein stattlicher Bursche* m ‖ ~ *de cuerda
(Last)Träger, Dienstmann* m ‖ ~ *de estación
Gepäckträger* m ‖ ~ *de honor Brautführer* m *(bei
e–r Hochzeit)* ‖ ~ *de labranza Bauernknecht* m ‖
~ *de molino Müllerbursche* m ‖ *un* ~ *real ein
strammer Bursche* ‖ ~ *para recados,* ~ *recadero
Laufbursche* m ‖ ~*del reemplazo* ⟨Mil⟩
erfaßte(r) Wehrpflichtige(r) m ‖ ~ *de servicio
Diener* m ‖ *buen* ~ ⟨fam⟩ *strammer Junge* m ‖
–zón *m* augm von **–zo** ‖ **–zuelo** *m* dim von **–zo**

m/P ⟨Abk⟩ = mi pagaré
m/pl ⟨Abk⟩ = meses plazo
m/r ⟨Abk⟩ = mi remesa ‖ mi recibo
mr. ⟨Abk⟩ = mártir
Mr. ⟨Abk⟩ = monsieur ‖ mister
Mro. ⟨Abk⟩ = maestro
mrs. ⟨Abk⟩ = maravedises ‖ mártires
ms. ⟨Abk⟩ = meses ‖ modos
M.S., m.s., ms. ⟨Abk⟩ = manuscrito(s)
M.SS. ⟨Abk⟩ = manuscritos
¹mu ⟨pop⟩ → **muy**
²mu *m Gebrüll* n *(des Rindviehs)* ‖ ◇ *hacer ~*
⟨pop⟩ *muhen, brüllen* ‖ habló el toro y dijo ¡~!
⟨fig pop⟩ *er hat (wieder) e–e Dummheit von s.*
gegeben, er hat (wieder) Unsinn geredet ‖ *das*
waren die kreißenden Berge!
³mu *f:* ir a la *~ ⟨fam⟩ schlafen gehen*
(Kinder), ⟨fam⟩ *in die Heia gehen(*
mua|rar vt ⟨Text⟩ *moirieren* ‖ **–ré** *m Moiré* n
(& m)
muca|ma *f Am Dienstmädchen* n, *Magd* f ‖
–mo *m Am Diener, Knecht* m
△ **mucar** [c/qu] vt *lassen*
mucepo *m* Hond *Traurigkeit,*
Niedergeschlagenheit f
muceta *f Robe* f, *Talar* m *(der Rechtsanwälte,*
Professoren usw.) ‖ *Moz(z)etta* f *(der Prälaten)* ‖
Chorpelz m ‖ ⟨V⟩ *wallende Halsfedern* fpl *(bes.*
der männlichen Hühnervögel) (→ **¹golilla**)
mucha|cha *f Mädchen* n ‖ *Haus-,*
Dienst|mädchen n ‖ *Magd* f ‖ una ~ de 20 mayos
ein Mädchen von 20 Lenzen ‖ *~ de servicio*
Dienstmädchen n ‖ *~ para todo Mädchen* n *für*
alles (& fig) ‖ **–chada** *f Jugendstreich* m ‖
Kinderei ‖ *Kinder* npl ‖ *junge Leute* pl ‖ **–chez** *f*
Knaben- bzw *Mädchen|alter* n ‖ **–chil** adj
Knaben- ‖ *Mädchen-* ‖ **–cho** m/adj *Knabe, Junge*
m *(auch als Anrede unter Freunden)* ‖ *Bursche* m
‖ *Diener, Knecht* m ‖ ⟨fam⟩ *junger Mann* m ‖ ◇
es un gran *~ ⟨fam⟩ er ist ein sehr netter, solider*
(junger) Mann ‖ *~s* mpl *Kinder* npl ‖ dim:
–chuelo *m*
muchedumbre *f Menge* f ‖ *Menschenmenge* f,
Leute pl, *Volk* n
△ **muchi** *f Flügel* m ‖ *Funke* m
muchísimo [reg **muchismo**] sup von **mucho** ‖
außerordentlich, sehr viel ‖ ◇ lo siento *~ es tut*
mir außerordentlich leid
muchitanga *f* Pe PR ⟨desp⟩ *Volk* n, *Pöbel* m
¹mucho (dim **muchito**) adj *viel, zahlreich* ‖
zuviel ‖ *~ dinero viel Geld* ‖ hacer ~ caso de …
viel Wesens machen von … ‖ desde hace ~
(tiempo) seit langem ‖ tener *~a* maña *sehr*
gescheit sein ‖ es *~ para él das ist viel für ihn* ‖
¡es *~ decir! das ist viel gesagt* ‖ ¡es *~a* mujer! *es*
ist ein prächtiges Weib! ‖ *~as* veces *oft(mals)* ‖ es
un mal de *~s* (fam) *es ist ein allgemeines Übel,*
daran leiden viele ‖ ♦ en *~s* casos *häufig, in*
vielen Fällen ‖ en ~ tiempo *lange*
²mucho adv *viel, sehr* (vgl **muy**) ‖ *oft* ‖ *lange* ‖
schnell ‖ ⟨fam⟩ *allerdings, natürlich (als*
Bejahung) ‖ *~* antes *(od* con *~), ~* después *viel*
eher, viel später ‖ *~* más, *~* menos *viel mehr,*
viel weniger ‖ *~* que sí *⟨fam⟩ gewiss, allerdings,*
freilich ‖ *das glaube ich wohl!* ‖ muy *~* ⟨pop⟩
riesig, sehr ‖ no hace *od* ⟨lit⟩ ha *~ vor kurzem* ‖
no es barato, ni *~* menos *es ist durchaus nicht*
billig ‖ con *~ bei weitem* ‖ ni con *~ nicht*
entfernt, bei weitem nicht, lange nicht ‖ entrar por
~ en a/c *stark an et. beteiligt sein* ‖ *~* fuera que
… es wäre zu verwundern, wenn … ‖ no es *~*
que … subj *es ist kein Wunder, dass …* ‖ ¿qué *~*
que …? subj *was Wunder, dass …?* ‖ por *~* que
haga, nada conseguirá *er (sie, es) mag tun, was er*
(sie, es) will, und doch wird er (sie, es) nichts

erreichen ‖ producir *~ viel einbringen* ‖ lo siento
~ es tut mir sehr leid ‖ tener en *~ hoch schätzen*
‖ tardaré *~* en volver *(od* venir) *ich werde lange*
ausbleiben ‖ augm: ⟨pop⟩ **muchote**
³mucho *m: ~s viele Leute, viele Menschen* ‖
~s pocos hacen un *~* ⟨Spr⟩ *viele Wenig machen*
ein Viel
△ **muchobelar** vt *taufen*
mucilaginoso adj *schleimig* ‖ *schleimartig*
mucilago, mucílago *m (Pflanzen)Schleim* m ‖
⟨Pharm⟩ *schleimige Lösung* f ‖ *Gummilösung* f
mucina *f* ⟨Physiol Chem⟩ *Muzin* n
(Schleimstoff)
Mucio *m* np *Mucius* m
△ **muciqui** *m Ärmel* m
△ **muclar** vi *pinkeln*
mucoráceo adj: hongo *~ Köpfchenschimmelpilz*
m
muco|sa *f* ⟨An⟩ *Schleimhaut* f ‖ **–sidad** *f*
Schleim m ‖ *Pflanzenschleim* m ‖ *~es* fpl ⟨Med⟩
Schleimauswurf m ‖ **–so** adj *schleimartig* ‖
schleimig ‖ *Schleim-* ‖ **–viscidosis** *f* ⟨Med⟩
Mukoviszidose f
mucre adj Chi *rau*
mucrón *m* ⟨Bot⟩ *warzenförmiger Auswuchs* m
mucura adj Col *ungeschickt* ‖ *~ f* Bol Col Ven
Wassergefäß n *(aus Ton)*
mucus (lat) *m Schleim* m
¹muda *f Veränderung* f, *Wechsel* m ‖ *Wechseln*
n *(der Kleider, der Wäsche)* ‖ *frische Wäsche* f ‖
Garnitur f *([Bett]Wäsche)* ‖ *Kleider* npl *(zum*
Wechseln) ‖ ⟨Auto⟩ *Ölmenge* f *(zum Wechseln)* ‖
Mutieren n *(der Stimme), Stimm|wechsel, -bruch*
m ‖ *Haarwechsel* m *der Pelztiere* ‖ *Mausern* n *der*
Vögel ‖ *Mauser(zeit)* f ‖ *Häuten* n bzw *Häutung* f
(der Insekten, Spinnen, Gliederfüßer im
Allgemeinen sowie der Schlangen) ‖ ◇ estar de
od en la *~* ⟨V⟩ s. *mausern*
²muda *f Stumme* f ‖ ◇ estar en *~* ⟨figf⟩
verschwiegen sein
muda|ble *(m/f),* **–dizo** adj *veränderlich,*
unbeständig ‖ *wankelmütig, unschlüssig,*
unentschlossen
mudada *f* Am → **muda** ‖ → **mudanza**
mudamente adv *stumm, schweigend, in aller*
Stille, wortlos
mudanza *f (Ver)änderung, Umwandlung* f ‖
Wandel m ‖ *Unbeständigkeit* f, *Wankelmut* m ‖
Umzug, Wohnungswechsel m ‖ *Ortswechsel* m ‖
Tanz|serie, -ronde f ‖ ⟨Mus⟩ *Mutation* f ‖ ⟨Med⟩
Wechsel m ‖ ◇ estar de *~ ausziehen, die*
Wohnung wechseln ‖ hacer *~ inkonsequent sein* ‖
unbeständig od flatterhaft sein
mudar vt/i *(ver-, ab)ändern* ‖ *umwandeln* ‖
wechseln (Kleider, Wohnung) ‖ *weg|bringen,*
-schaffen ‖ *mausern (Vogel)* ‖ *das Haar* (bzw *den*
Pelz) wechseln, haaren (Säugetiere) ‖ *wechseln,*
mutieren (Stimme) ‖ ◇ *~* la camisa *ein frisches*
Hemd anziehen ‖ *~* la ropa de la cama *das Bett*
frisch überziehen ‖ *~* vi *mausern (Vögel)* ‖ *s.*
häuten (Gliederfüßer, Reptilien) ‖ *haaren*
(Säugetiere) ‖ *~* de bisiesto *sein Leben od sein*
Verhalten (von Grund auf) ändern ‖ *~* (casa) *die*
Wohnung wechseln ‖ *~* de color *die Farbe*
(ver)ändern ‖ *~* de estado *heiraten* ‖ *~* de
parecer *s. anders besinnen* ‖ *~* de tono ⟨figf⟩
andere Saiten aufziehen ‖ *~se* s. *(ver)ändern* ‖ *s.*
drehen (Wind) ‖ *s. umkleiden* ‖ *umziehen, die*
Wohnung wechseln ‖ ⟨fam⟩ *fortgehen* ‖ ⟨fam⟩ *s–e*
Notdurft verrichten ‖ ◇ *~* de casa *umziehen, die*
Wohnung wechseln ‖ *~* la camisa *ein frisches*
Hemd anziehen ‖ ¿adónde se han mudado? *wohin*
sind sie gezogen?
mudéjar m/adj *Mudejar* m *(Maure unter*
christlicher Herrschaft)

mudengo adj Pe *dumm, einfältig*
mu|dez [*pl* ~**ces**] *f Stummheit* f ‖ *Sprach-,
Wort|losigkeit* f ‖ ⟨fig⟩ *Verstummen* n ‖ ⟨fig⟩
(verstocktes) Schweigen n ‖ **–do** adj *stumm,
sprach-, wort|los ‖ schweigend* ‖ ⟨fig⟩ *stumm* ‖ ~
ademán *stumme Gebärde* f ‖ ~ de nacimiento
stumm geboren ‖ ◆ a la ~a ⟨fig⟩ *geräuschlos* ‖ ◇
quedar ~ *verstummen* ‖ quedarse ~ de asombro
vor Staunen sprachlos sein ‖ ~s y fríos se alzan
los muros *die Mauern stehn sprachlos und kalt
(Hölderlin)* ‖ ~ *m Stumme(r)* m
mue|blaje *m (Möbel)Einrichtung* f ‖ **–blar** vt
→ **amueblar** ‖ **–ble** *m*/adj *bewegliches Gut* n ‖
Möbel(stück) n ‖ *Hausgerät* n ‖ *Hausrat* m ‖
Einrichtungsstück n ‖ ~ frigorífico *Kühltruhe* f ‖
◇ es un ~ ⟨figf⟩ *er ist e–e Null* ‖ ~**s** *mpl
bewegliche Habe* f ‖ ~ acolchados *Polstermöbel*
npl ‖ ~ americanos *moderne Büromöbel* npl ‖ ~
auxiliares *Beistellmöbel* npl ‖ ~ curvados *Möbel*
npl *aus gebogenem Holz* ‖ ~ de época *(antike)
Möbel* npl *aus der Zeit* ‖ ~ de elementos
Anbaumöbel npl ‖ ~ de estilo *Stilmöbel* npl ‖ ~
forrados de piel *Ledermöbel* npl ‖ ~ funcionales
Anbaumöbel npl ‖ ~ de junco *(Peddig)Rohrmöbel*
npl ‖ ~ de mimbre *Korbmöbel* npl ‖ ~ tapizados
→ ~ acolchados ‖ ~ urbanos *städtische
Einrichtungen (Bänke, Laternen usw.)* ‖ **–ble-bar**
m Hausbar f ‖ **–ble-radio** *m Musiktruhe* f ‖
–blería *f Möbelfabrik* f ‖ *Möbelladen* m ‖
Möbelverkauf m ‖ **–blero** *m*/adj *(Möbel)Tischler*
m ‖ **–blista** *m*/*f Möbelhersteller(in* f) m ‖
Möbelhändler(in f) m
mueca *f Grimasse, Gesichtsverzerrung* f ‖ ~
de exterminación ⟨joc⟩ *vernichtende Miene* f ‖ ◇
hacer una ~ de contrariedad *ein Gesicht ziehen* ‖
sein Missbehagen äußern ‖ hacer ~s *Grimassen
schneiden* ‖ *s. zieren*
muecín *m* → **almuecín**
¹muela *f Mühlstein* m ‖ *Schleif-, Wetz|stein* m ‖
Schleifscheibe f ‖ *einzelstehender Hügel* m ‖ ~ de
carborundo *Karborund(schleif)scheibe* f ‖ ~ de
copa cónica *kegelige Topfschleifscheibe* f ‖ ~ de
molino *Mühlstein* m
²muela *f Backen-, Öst Schw Stock|zahn* m ‖ ~
cariada *fauler od kariöser (Backen)Zahn* m ‖ ~
cordal → ~ del juicio ‖ ~ hueca *hohler
(Backen)Zahn* m ‖ ~ del juicio *Weisheitszahn* m ‖
◇ extraer una ~ *e–n (Backen)Zahn ziehen* ‖
empastar una ~ *e–n (Backen)Zahn plombieren* ‖
sacar una ~ → extraer una ~ ‖ tener dolor de ~s
Zahnschmerzen haben
³muela *f* ⟨Bot⟩ *Platterbse* f (→ **almorta**)
⁴muela *f* ⟨Fi⟩ *Schwarm* m *Fische*
muellaje *m* ⟨Mar⟩ *Kaigebühren* fpl
¹muelle adj *mollig, zart, weich* ‖ *weich
gepolstert (Stuhl)* ‖ ⟨fig⟩ *weichlich, zärtlich, zart* ‖
wollüstig
²muelle *m (Sprung)Feder* f ‖ ~ de ballesta
Blattfeder f ‖ ~ de reloj *Uhrfeder* f ‖ ◇ el ~ está
roto *die Feder ist zerbrochen* ‖ ~s *mpl Federung*
f *(Wagen)* ‖ ◇ ser flojo de ~ ⟨fam⟩ *die Winde
nicht halten können*
³muelle *m* ⟨Mar⟩ *Hafen-, Wehr|damm* m ‖ *Mole*
f, *Öst Molo* m ‖ *Kai, Pier* m ‖ ⟨EB⟩ *Rampe* f,
Abstieg m ‖ ~ flotante *Landungsbrücke* f ‖ ◇
atracar en el ~ *am Kai anlegen*
muelo *m Haufen* m *Korn*
muequear vi *Grimassen machen*
mueras *fpl:* ◇ dar ~ „nieder!" rufen
muérdago *m* ⟨Bot⟩ *Mistel* f (Viscum album)
muerdo *m* ⟨fam⟩ *Beißen* n, *Biss* m
muergo *m* → **²navaja**
muermo *m* ⟨Vet⟩ *Rotz* m *(der Pferde)*
muer|ta *f Tote, Leiche* f ‖ **–te** *f Tod* m ‖
Sterben n ‖ *Todes-, Sterbe|fall* m ‖ *Mord* m,

Mordtat f ‖ *(menschliches) Gerippe* n ‖ ⟨fig⟩
Vernichtung f, *Untergang* m ‖ ~ aparente
Scheintod m ‖ ~ de los bosques *Waldsterben* n ‖
buena ~ *gottseliges Ende* n ‖ ~ car|diaca, -díaca
Herztod m ‖ ~ del causante ⟨Jur⟩ *Erbfall* m ‖ ~ a
mano airada → ~ violenta ‖ ~ de mártir
Märtyrertod m ‖ ~ natural *natürlicher Tod* m ‖ ~
repentina *jäher, plötzlicher Tod* m ‖ ~ violenta
gewaltsamer Tod m ‖ ~ voluntaria *Selbstmord,
Freitod* m ‖ ~ a traición *Meuchelmord* m ‖ ~ y
Transfiguración ⟨Mus⟩ *Tod* m *und Verklärung* f
(Rich. Strauss) ‖ pálido como la ~ *totenbleich,
leichenblass* ‖ ◆ a ~ *auf Tod und Leben,
erbarmungslos* ‖ a vida o ~ *auf Leben und Tod* ‖
de ~ *tödlich* ‖ *zum Tode bestimmt* ‖ con un
cansancio de ~ *todmüde* ‖ en caso de ~ *im
Todesfall* ‖ hasta la ~ *bis in den Tod* ‖ ◇
aborrecer de ~ *tödlich hassen* ‖ aburrirse de ~ *s.
zu Tode langweilen* ‖ dar ~ a alg. *jdn töten,
umbringen* ‖ estar entre la vida y la ~ *zwischen
Leben und Tod schweben* ‖ luchar con la ~ ⟨fig⟩
mit dem Tod(e) ringen ‖ llevarse un susto de ~
⟨fig⟩ *tödlich erschrecken* ‖ morir de ~ natural *e–s
natürlichen Todes sterben* ‖ contra la ~ no hay
cosa fuerte ⟨Spr⟩ *gegen den Tod ist kein Kraut
gewachsen* ‖ ¡es una ~! *es ist unerträglich!* ‖ es
ist *sterbenslangweilig!* ‖ **–tecito** dim von **²muerto**
‖ **–tería** *f* Chi *Bestattungsinstitut* n
¹muerto pp/irr von **morir** ‖ adj *tot* ‖
gestorben ‖ *getötet* ‖ *leblos* ‖ *verblichen (Farben)*
‖ *gelöscht (Kalk)* ‖ *matt (Kugel)* ‖ *unempfindlich
(Glied)* ‖ ~ de apariencia *scheintot* ‖ ~ de
hambre *verhungert* ‖ ◆ como ~ *wie tot* ‖ *wie
ausgestorben (Stadt)* ‖ ni ~ *ni vivo gänzlich
verloren, nirgends aufzufinden* ‖ ◇ estar ~ *tot
bzw gestorben sein* ‖ estar *(od haber)* ~ para alg.
für jdn nicht mehr existieren, ⟨fam⟩ *ganz und gar
abgeschrieben sein* ‖ estar ~ por algo *et.
unendlich herbeisehnen* ‖ llorar por ~ *als tot
beweinen* ‖ quedarse ~ *sterben, umkommen* ‖
quedarse medio ~ *(de miedo), quedarse más* ~
que vivo *(vor Schrecken) fast vergehen* ‖ ser ~
getötet werden ‖ estar medio ~ *halb tot sein* ‖
no tener con qué caerse ~ ⟨figf⟩ *bettelarm
sein* ‖ ¡estoy ~ *(de cansancio)! ich bin
todmüde!*
²muerto *m Tote(r)* m ‖ *Verstorbene(r)* m ‖
Leiche f ‖ *unverkäufliche Ware* f ‖ ⟨fam⟩
Ladenhüter m ‖ ⟨fam⟩ *Strohmann* m ‖ ◇ callar
como un ~ *wie ein Grab schweigen,
verschwiegen sein* ‖ colgarle od echarle a uno el
~ ⟨fig⟩ *auf jdn die Schuld schieben* ‖ hacerse el
~ ⟨fig⟩ *s. tot stellen, s. ducken* ‖ resucitar ~s
Tote erwecken ‖ el ~, al hoyo, y el vivo, al bollo
⟨Spr⟩ etwa: *man soll den Tod beklagen, ohne das
Leben zu vergessen*
muesca *f Kerbe, Fuge* f, *Einschnitt* m ‖
Zapfenloch n ‖ ⟨Mil⟩ *Kimme* f *(an der Waffe)* ‖
⟨Zim⟩ *Kröse, Kimme* f ‖ ◇ hacer ~ *(an)kerben,
falzen*
muestra *f Aushängeschild* n ‖ *(Stich)Probe* f ‖
(Waren)Muster n ‖ *Vorschrift* f, *Modell* n ‖
Vorlage f ‖ *Vorlegeblatt* n ‖ ⟨Jgd⟩ *Vorstehen* n
(vom Hund) ‖ *(An)Zeichen, Merkmal* n ‖
Zifferblatt n *(e–r Uhr)* ‖ ⟨fig⟩ *Beweis* m ‖ *Beleg* m
‖ ~ tomada al azar *Stichprobe* f ‖ ~ para bordado
Stickmuster n ‖ ~ de escritura *Schreibvorlage* f ‖
Vor|schrift, -lage f ‖ ~ gratuita *Warenprobe* f ‖ ~
sin valor ⟨Com⟩ *Muster n ohne Wert* ‖ ◆ como ~
zur Ansicht ‖ para ~, a título de ~ *als Muster* ‖
para ~ basta (con) un botón ⟨figf⟩ *wie die
Frucht, so der Baum* ‖ según ~ *nach Vorlage* ‖
nach Probe ‖ ◇ hacer ~ de algo *et. kundgeben,
bezeigen* ‖ pasar ~ ⟨Mil⟩ *Heerschau halten* ‖ ser
conforme a la ~ *dem Muster entsprechen* ‖ ser

igual *od* corresponder a la ~ *nach Muster sein* ‖
por la ~ *se conoce el paño* ⟨Spr⟩ *wie die Frucht,
so der Baum* ‖ **~s** *fpl:* de mercancías *od* de
comercio *Warenproben* fpl ‖ ◇ acompañar de ~
⟨Com⟩ *bemustern* ‖ dar ~ de gratitud *s. dankbar
erweisen* ‖ dar ~ de valor *s. mutig zeigen, s–n
Mut beweisen* ‖ sacar **~s** *Muster aussuchen,
nehmen*
  muestrario m *Muster\buch* n, *-kollektion,
-karte* f ‖ *(Muster)Katalog* m
  muestreo m *Probennahme,
Stichprobenerhebung* f
  mufla f ⟨Tech⟩ *Muffel* f
  △ **muflir** vt/i *essen, kauen*
  muflón m ⟨Zool⟩ → **musmón**
  muftí [*pl* ~**íes**] m *Mufti* m *(islamischer
Rechtsgelehrter)*
  mugar [g/gu] vi *laichen (Fische)*
  mugi\do m *Gebrüll, Brüllen* n *(Rindvieh)* ‖
Rauschen, Brausen, Tosen n *(des Stromes, des
Windes)* ‖ **–dor** adj *brüllend*
  múgil m ⟨Fi⟩ → **mújol**
  mugir [g/j] vi *brüllen (Rindvieh)* ‖ ⟨fig⟩
brüllen (zorniger Mensch) ‖ *heulen (Wind)* ‖
rauschen (Strom) ‖ *brausen, tosen (Wasser, Wind)*
  mu\gre f *(Woll)Schmutz* m ‖ *Fett-, Öl\fleck* m ‖
–griento, –groso adj *schmutzig, schmierig*
  mugrón m ⟨Bot⟩ *(Ab)Senker, Ableger* m ‖
Senkrebe f
  muguet m ⟨Med⟩ *Soor* m
  muguete m ⟨Bot⟩ *Mai\glöckchen* n, *-blume* f
(Convallaria majalis)
  mui f ⟨pop⟩ *Zunge* f
  muir [-uy-] vt Ar *melken*
  mujaidín m ⟨Rel⟩ *Mudschahedin* m
  mujer f *Frau, weibliches Wesen* n ‖
Frauenzimmer n ‖ *(Ehe)Frau, Gattin* f ‖ ~ de
armas tomar ⟨pop⟩ *Xanthippe* f, *Dragoner* m ‖ ~
de carrera ⟨pop⟩ *Nutte* f ‖ (buena) ~ de su casa
gute Hausfrau f ‖ ~ fácil *leichtes Mädchen* n ‖ ~
de faenas *Putzfrau* f ‖ ~ fatal *Vamp* m, *Femme* f
fatale ‖ ~ galante *Kokotte* f ‖ ~ de gobierno
Haushälterin, Wirtschafterin f ‖ ~ hombruna
Mannweib n ‖ una ~ imponente *ein tolles Weib,
ein Klasseweib* ‖ ~ de la limpieza *Putzfrau,
Raumpflegerin* f ‖ ~mundana, ~ del partido, ~
pública, ~ non sancta, ~ de la vida, ~ de mala
vida *Hure, Nutte* f, *Freudenmädchen* n ‖ ~ de
servicio *Aufwartefrau* f ‖ una ~ muy sexy *e–e
Sexbombe* ‖ una ~ tentadora *e–e verführerische
Frau* f ‖ una ~ de (buen) trapio (fam) *e–e
attraktive Frau* f ‖ mi ~ en proyecto (joc) *m–e
Zukünftige* ‖ mi ~ *m–e Frau* ‖ ◇ gozar a una ~
mit e–r Frau geschlechtlich verkehren ‖ ser ~
zum ersten Mal die Regel haben ‖ tomar ~ *e–e
Frau nehmen, heiraten*
  muje\racha f ⟨desp⟩ *gemeines Weibsbild* n ‖
–rada f ⟨fam⟩ *Weiberstreich* m
  mujercilla f dim von **mujer** ‖ *Weibchen* n ‖
Mädchen n
  muje\rear vi *hinter den Frauen her sein* ‖
–riego adj *weibisch, Frauen-* ‖ *den Frauen
zugetan* ‖ (fam) *den Frauen nachlaufend, Frauen-*
‖ (hombre) ~ *Frauenheld* m ‖ ◇ cabalgar *od*
montar a ~as *od* a la ~a *nach Frauenart, mit
beiden Beinen auf e–r Seite reiten* ‖ **–ril** adj *(m/f)
weiblich* ‖ *Frauen-* ‖ **–río** m *Weibs\volk* n, *-leute*
pl, *Frauen* fpl ‖ **–rona** f *starkes Weib* n ‖
ehrwürdige Matrone f ‖ **–rota** f augm ⟨desp⟩ *von*
mujer ‖ **–ruca** f dim von **mujer** ‖ *liederliche
Weibsperson* f
  mujerzuela f dim ⟨desp⟩ von **mujer** ‖ *Hure,
Nutte* f
  △ **muji** f *Tod* m
  mujik [*pl* ~**s**] m *Muschik* m

mújol m ⟨Fi⟩ *Gemeine Meeräsche* f, *Großkopf*
m (Mugil cephalus)
  ¹mula f *Maul\eselin* f, *-tier* n ‖ ⟨figf⟩ *brutaler
Kerl* m ‖ *Rohling, Grobian* m ‖ ◆ en la ~ de San
Francisco ⟨figf⟩ *auf Schusters Rappen*
  ²mula f *Pantoffel* m *des Papstes*
  △ **mulabar** vt *töten, umbringen*
  mula\da f *Herde* f *Maultiere, Maultierherde* f ‖
⟨figf⟩ *Roheit* f ‖ *Brutalität* f ‖ **–dar** m *Mistgrube,
Dungstätte* f
  muladí [*pl* ~**íes**] m ⟨Hist⟩ *zum Islam
konvertierter Christ unter der Maurenherrschaft
in Spanien*
  △ **mulanó** adj *traurig*
  mular adj *Maultier-*
  mula\ta f *Mulattin* f ‖ **–tada** f Am *Wutanfall* m
(e–s Mulatten)
  mulatero m *Maultierknecht* m
  mulato adj *Mulatten-* ‖ *dunkelbraun* ‖ ~ m
Mulatte m
  △ **mule** m: dar ~ *totschlagen, umbringen*
  mulero m *Maultierknecht* m ‖ *Maultiertreiber*
m
  ¹muleta f *Maultierfüllen* n
  ²muleta f *Krücke* f
  ³mule\ta f ⟨Taur⟩ *Muleta* f *(rotes Tuch der
Stierkämpfer)* ‖ ◇ dar un pase de ~, pasar de ~
al toro *e–e Stierkampffigur mit der Muleta
durchführen* ‖ **–tear** vt/i ⟨Taur⟩ *den Stier mit dem
roten Tuch reizen*
  muletero m *Maultiertreiber* m ‖
Maultiervermieter m
  ¹muletilla f ⟨Taur⟩ *kleine Muleta* f ‖ ⟨Taur⟩
erhaben gestickter Besatz m *am
Stierkämpferanzug*
  ²muletilla f *Spazierstock* m *(mit Quergriff)* ‖
länglicher, walzenförmiger Knopf m ‖ ⟨fig⟩ *Füll-
od Flick\wort* n *(in der Unterhaltung)*
  ³muletilla f ⟨Bot⟩ *Steckling* m *(mit Astring)*
  muletón m ⟨Text⟩ *Molton* m
  Mulhacén m ⟨Geogr⟩ *Mulhacen* m
  mulillas pl ⟨Taur⟩ *festlich geschmückte
Maultiere, welche die getöteten Stiere od Pferde
aus der Arena fortschleifen*
  mulita f Am ⟨Zool⟩ *Gürteltier* m
  mullido adj *weich, sanft, geschmeidig* ‖ *wollig,
locker* ‖ ~ m *Polstermaterial* n
  mullir [pret ~lló] vt *auflockern (Betten)* ‖
aufschütteln (Erde) ‖ *häufeln (Weinberg usw.)* ‖
fachen (Wolle)
  mulo m *Maul\esel* m, *-tier* n
  △ **muló** adj *tot*
  mulón adj Chi *stotternd*
  mul\ta f *Geld\strafe, -buße* f ‖ *Zollstrafe* f ‖ ◇
incurrir en una ~ *e–e Geldstrafe bekommen, mit
e–r Geldstrafe belegt werden* ‖ ~ convencional
Konventionalstrafe f ‖ **–tar** vt *mit e–r Geldstrafe
belegen*
  multi präf *Multi-, Mehr-*
  multicanal adj *(m/f)* ⟨TV⟩ *Mehrkanal-*
  multicaule adj *(m/f)* ⟨Bot⟩ *vielstängelig*
  multi\céfalo adj *vielköpfig (z.B. Menge)* ‖
–color adj *vielfarbig* ‖ *bunt* ‖ ⟨Typ⟩ *Mehrfarben-* ‖
–celular adj *(m/f) mehrzellig* ‖ **–copiar** vt
vervielfältigen ‖ **–copista** f
Vervielfältigungsapparat m ‖ **–cultural** adj
multikulturell ‖ **–disciplinario** adj *interdisziplinär*
‖ **–empleo** m *Tätigkeit* f *an verschiedenen
Arbeitsstellen* ‖ **–estándar** adj ⟨TV⟩ *Mehrnorm-*
‖ **–facético** adj *vielseitig* ‖ **–factorial** adj *(m/f)
multifaktoriell* ‖ **–familiar** adj *(m/f) Mehrfamilien-*
‖ **–floro** adj ⟨Bot⟩ *vielblumig, mit vielen Blüten
(geschmückt)* ‖ **–forme** adj *(m/f) vielgestaltig* ‖
–funcional adj *(m/f) multifunktional* ‖ **–grado** adj
Mehrbereichs- ‖ **–lateral** adj *(m/f)* ⟨Pol⟩

multilateral ‖ **–lingüe** adj *(m/f) mehrsprachig* ‖
–medial adj *(m/f) multimedial* ‖ **–millionario** m
Multimillionär m ‖ **–nacional** adj *(m/f)*
multinational ‖ *~es mpl: los ~ die*
Multinationalen, die Multis
  multípara *f/*adj *Mehrfachgebärende* f
  multi|partidista adj *(m/f) Mehrparteien-* ‖
  –partidismo *m Mehrparteiensystem* n ‖ **–plaza**
*m/*adj *Viel-, Mehr|sitzer* m *(Kraftfahrzeug)*
  múltiple adj *(m/f) viel-, mehr|fach*
  multipli|cación *f Verviel|fältigung, -fachung* f ‖
Fortpflanzung, Vermehrung f ‖ ⟨Tech⟩
Übersetzung f ‖ ⟨Math⟩ *Multiplikation* f ‖ **–cador**
m ⟨Math Radio⟩ *Multiplikator* m ‖ ⟨El⟩
Vervielfacher m ‖ ⟨Auto⟩ *Übersetzungsgetriebe* n
‖ **–cando** *m* ⟨Math⟩ *Multiplikand* m ‖ **–car** [c/qu]
vt *verviel|fachen, -fältigen* ‖ ⟨Biol⟩ *vermehren (&*
fig) ‖ ⟨Math⟩ *multiplizieren* ‖ *~se s. (ver)mehren*
‖ ⟨fam⟩ *sehr geschäftig sein, überall sein (Person)*
◇ ¡creced y multiplicaos! *wachset und mehret*
euch! (Bibel) ‖ **–cidad** *f Mannigfaltigkeit* f ‖
Vielfalt f
  múltiplo adj *vielfach* ‖ *~ m Vielfache(s)* n ‖
  multi|procesador *m* ⟨Inform⟩ *Multiprozessor*
m ‖ **–propiedad** *f Timesharing* n
  multipropósitos adj *Mehr-, Viel|zweck-*
  multitud *f Menge, große Anzahl* f ‖
(Menschen)Menge f ‖ ⟨fig⟩ *Volksmasse* f ‖ ⟨desp⟩
Pöbel m ‖ *~ compacta dicht gedrängte Menge* f ‖
–tudinario adj *sehr zahlreich, in sehr großer*
Zahl
  △ **mumelí** *f Licht* n
  mun|danal *(m/f),* **–dano** adj ⟨lit⟩ *weltlich,*
Welt- ‖ *irdisch, eitel* ‖ **–dial** adj *(m/f) allgemein,*
Welt- ‖ **–dialización** *f Globalisierung* f
  ¹mundillo *m dim von* **¹mundo** *Klöppelkissen*
n ‖ el *~* ⟨fig⟩ *die Gesellschaft, die Welt* ‖ *~ de*
los artistas, *~ del espectáculo Künstlerszene* f
  ²mundillo *m Trockenständer* m *(für Wäsche)*
  ³mundillo *m* ⟨Bot⟩ *Schneeball* m *(Viburnum*
spp)
  ¹mundo *m Welt* f ‖ *Weltall* n ‖ *Erde* f ‖
Erdkugel f, *Globus* m ‖ *Menschheit,*
Menschenwelt f ‖ *Leute* pl ‖ *Gesellschaft* f ‖
Umgang m *mit Menschen* ‖ *Menschen-,*
Welt|kenntnis f ‖ *Lebensart* f ‖ *Weltleben* n ‖
irdische, weltliche Dinge npl ‖ el *~ antiguo die*
Alte Welt ‖ *das Altertum* ‖ *~ circundante Umwelt*
f ‖ *Milieu* n ‖ *Umgebung* f ‖ el *~ civilizado die*
zivilisierte Welt ‖ el *~ comercial die*
Geschäftswelt ‖ el *~ cristiano die christliche*
Welt, die Christenheit ‖ *~ de las drogas*
Drogenszene f ‖ el *~ económico die Finanzwelt* ‖
el *~ entero die ganze Welt* ‖ el *~ financiero die*
Finanzwelt ‖ el gran *~ die große od vornehme*
Welt ‖ *~ ideal ideale Welt* f ‖ *Gedankenwelt* f ‖ el
~ intacto die heile Welt ‖ el Nuevo *~ die Neue*
Welt, Amerika n ‖ el otro *~ die andere Welt, das*
Jenseits ‖ el *~ primitivo die Vorwelt* ‖ *~ sensual*
Sinnenwelt f ‖ el tercer *~ die dritte Welt* ‖ todo el
~ jedermann ‖ ◆ a la vista de todo el *~ vor*
allen Leuten, öffentlich ‖ con la mayor
tranquilidad del *~ mit aller Seelenruhe* ‖ por
nada del *~ um nichts in der Welt* ‖ ◇ dejar el *~*
der Welt entsagen ‖ echar al *~ auf die Welt*
setzen, zur Welt bringen (gebären) ‖ echarse al *~*
⟨fig⟩ *in Gesellschaft gehen* ‖ ⟨fig⟩ *s. der*
Prostitution hingeben (Frau) ‖ había allí medio *~*
⟨figf⟩ *dort war die halbe Welt (versammelt), dort*
gab es e–n Riesenandrang ‖ ir por el *~* ⟨figf⟩ *die*
Welt durchstreifen od bereisen ‖ irse por esos *~s*
⟨figf⟩ *s–n Weg gehen* ‖ mandar al otro *~* ⟨fig⟩ *ins*
Jenseits befördern ‖ ¿qué *~ ocurre?* ⟨fam⟩ *was ist*
denn los? ‖ parecer un *~* ⟨figf⟩ *großartig*
aussehen ‖ rodar (por el) *~ →* ir por el *~* ‖ lo

sabe medio *~ fast jeder weiß es* ‖ todo el *~ lo*
sabe *es ist allgemein, überall bekannt* ‖ ⟨fam⟩ *das*
weiß jedes Kind ‖ no ser nada del otro *~ k–e*
große Bedeutung haben ‖ *nicht sehr wertvoll sein*
‖ tener (mucho) *~ viel Welterfahrung, viel*
Weltkenntnis haben, welterfahren sein ‖ venir al
~ geboren werden ‖ ver *~* ⟨fig⟩ *s. in der Welt*
umsehen ‖ desde que el *~ es ~* ⟨figf⟩ *seit die*
Welt besteht ‖ así va el *~ so ist der Lauf der Welt*
  ²mundo *m (Reise)Koffer* m ‖ *~ ropero*
Wäschekoffer m
  mundología *f* ⟨fam⟩ *Lebenserfahrung* f ‖
Lebensart f ‖ *Welt-, Menschen|kenntnis* f
  mundonuevo *m Guckkasten* m
  munición *f Schießbedarf* m ‖ *Munition* f,
Schrot m ‖ municiones de boca ⟨Mil⟩
Mundvorrat, Proviant m ‖ *~ de guerra scharfe*
Munition f ‖ ◆ de *~* ⟨figf⟩ *übereilt (gemacht),*
verpfuscht
  municio|nar vt *mit Munition versorgen* ‖
verproviantieren ‖ **–nero** *m (Heeres)Lieferant* m ‖
–nista *m/f Munitions|kanonier, -schütze* m
  mu|nicipal adj *(m/f) städtisch* ‖ *Gemeinde-* ‖
–nicipalidad *f Gemeinde* f ‖ *Gemeinderat* m ‖
Rathaus n ‖ *Gemeindeverwaltung* f ‖
–nicipalización *f Kommunalisierung* f ‖
–nicipalizar [z/c] vt *kommunalisieren* ‖ **–nícipe** *m*
⟨lit⟩ *Gemeinde|angehöriger, -bürger* m ‖
Ratsmitglied m ‖ **–nicipio** *m Gemeinde* f ‖ *Stadt-,*
Gemeinde|rat m ‖ *Gemeindebezirk* m ‖ *Rathaus* n
‖ *~rural Landgemeinde* f ‖ *~ urbano*
Stadtgemeinde f
  Múnich (ič, *seltener* ik) [Stadt] *München* n
  munificen|cia *f (große) Freigebigkeit* f ‖
Großzügigkeit f ‖ *Prachtentfaltung* f ‖ **–te** [sup
–tísimo] adj *(m/f) sehr freigebig* ‖ *großzügig,*
generös, nobel
  muniqués adj *münchnerisch, Münch(e)ner* ‖ *~*
m Münchner m
  munirse vr Arg *s. versorgen*
  Múnster *m* [Stadt] *Münster* n
  munúsculo *m kleines, unbedeutendes*
Geschenk n
  ¹muñeca *f Handgelenk* n ‖ *Handwurzel,*
Faust(-biege) f ‖ ◇ menear las *~s* ⟨figf⟩ *tüchtig*
Hand anlegen ‖ tener mucha *~ ein sehr*
schmiegsames Handgelenk haben
  ²muñeca *f (Kinder)Puppe* f ‖ ⟨Mal⟩
Zeichenpuppe f ‖ *Modellpuppe* f, *Kleidermodell* n
‖ *Schneiderpuppe* f ‖ ⟨figf⟩ *Püppchen* n, *kleine,*
nette Frau f *(& als Kosewort)* ‖ *~ articulada*
Gliederpuppe f ‖ *~ automática automatische*
Puppe f ‖ *~ de celuloide Zelluloidpuppe* f ‖ *~ de*
madera Holzpuppe f ‖ *~ parlante sprechende*
Puppe f
  ³muñeca *f Polierbausch* m ‖ *Leinenbausch* m
(zur Erfrischung von Kranken) ‖ ⟨Mal⟩ *Bausche* f
  ⁴muñeca *f* Arg Bol Chi Ur ⟨fam⟩ *gute*
Beziehung(en) f (fpl), *Einfluss* m
  muñeco *m kleine männliche Figur, Puppe* f ‖
Glieder-, Hand|puppe f ‖ ⟨figf⟩ *Modenarr,* ⟨fam⟩
Fatzke m ‖ ⟨figf⟩ *Waschlappen, Schlappschwanz*
m ‖ ⟨fig⟩ *Marionette* f ‖ *~ de guiñol Marionette* f
‖ *~ de nieve Schneemann* m
  muñeira *f Muñeira* f *(ein galicischer Tanz)*
  muñequera *f Armband* n *(für die Uhr)* ‖
Armriemen m
  ¹muñequilla *f dim von* **²muñeca** ‖ ⟨Tech⟩
Zapfen m ‖ ⟨EB⟩ *Achsschenkel* m
  ²muñequilla *f* Chi *unreifer Maiskolben* m
  muñiato *m →* **¹batata**
  muñidor *m Famulus, dienender Bruder* m ‖
Bote m *e–r Bruderschaft* ‖ ⟨fig⟩ *Ränkeschmied* m
‖ *~ electoral Wahlschlepper* m
  muñir [pret *~ñó*] vt/i *ein|berufen, -laden* ‖

vermitteln ‖ *zustande* (& *zu Stande*) *bringen* ‖
⟨fam⟩ *managen* (engl)
△ **muñó** adj *schnell*
muñón *m (Glieder)Stummel* m ‖ *Ansatz,
Zapfen* m ‖ *Stumpf* m ‖ ~ *de amputación* ⟨Med⟩
Amputationsstumpf m ‖ ~ *del eje Achs|schenkel,
-stummel* m ‖ ~ *del eje del tren de aterrizaje*
⟨Flugw⟩ *Fahrgestellachsstummel* m
muon *m* ⟨Zool⟩ → **colobo**
△ **muquir** [qu/c] vi *essen*
murajes *mpl* ⟨Bot⟩ *Ackergauchheil* m
(Anagallis arvensis)
mu|ral adj *(m/f) Mauer-, Wand-* ‖ ~ *m
Schrankwand* f ‖ **–ralismo** m *Wandmalerei* f ‖
–ralista *m/f Wandmaler(in* f) m
mura|lla *f Mauer, (Stein)Wand* f ‖ *Stadtmauer* f
‖ *(Festungs)Wall* m, *Wehrmauer* f ‖ *Am dicke
Mauer, dicke Wand* f ‖ ~ *del Atlántico
Atlantikwall* m *(deutsche Küstenbefestigung in
Westeuropa 1942–1944)* ‖ ~ *del oeste* → **línea**
Sigfrido ‖ la ~ (de la) China, la Gran ~ *die
Chinesische od Große Mauer* ‖ ~ *de los lamentos
Klagemauer* f *(Jerusalem)* ‖ ~**s** *fpl Gemäuer* n ‖
–llar vt → **amurallar** ‖ **–llón** *m* augm von **–lla**
murar vt *(ver)mauern*
murceguillo *m* → **murciélago**
△ **murcia** *m Arm* m
Murcia *f* [Stadt, Provinz und autonome Region
in Spanien] *Murcia* n ‖ **–no** adj/s *aus Murcia* ‖
auf Murcia bezüglich
mur|ciégalo, –ciélago *m* ⟨Zool⟩ *Fledermaus* f ‖
–cielaguina *f Fledermausmist* m *(Düngemittel)*
△ **murcio** *m Dieb* m
mu|rena *f* ⟨Fi⟩ *Muräne* f (Muraena helena) ‖
–rénidos *mpl* ⟨Fi⟩ *Muränen* fpl (Muraenidae)
murete *m* dim von **muro**
mur|ga *f* ⟨fam⟩ *Straßenmusikkapelle* f ‖
Bettelmusikanten mpl ‖ ⟨fam⟩ *schlechtes
Orchester* n ‖ ⟨fam⟩ *Lärm, Radau* m ‖ ⟨fam⟩
Plage f ‖ ◇ dar ~ *lärmen, Radau machen* ‖ dar la
~ a alg. *jdn plagen, jdm auf die Nerven fallen,
jdn belästigen* ‖ ⟨fam⟩ *jdm die Leviten lesen* ‖ ¡no
me des la ~! *lass mich in Frieden!* ‖ **–guista** *m/f
Bettel-, Straßen|musikant(in* f) m ‖ ⟨fig⟩ *lästiger
Kerl* m
△ **murí** *f Erdbeere* f
△ **muriático** adj ⟨Chem⟩ → **clorhídrico**
múrice *m* ⟨Zool⟩ *Purpurschnecke* f (Purpura
lapillus) ‖ *Stachel-, Leisten|schnecke* f (Murex
trunculus) ‖ (lit poet) *Purpurfarbe* f
múridos *mpl* ⟨Zool⟩ *Echtmäuse* fpl (Muridae)
murien|do → **morir** ‖ **–te** adj *(m/f)* ⟨fig⟩
schwach, matt (Licht)
murillesco adj *auf den span. Maler Bartolomé
Esteban Murillo (1617–1682) bezüglich*
¹murió, muriera → **morir**
²¡murió! int Cu PR *fertig! erledigt!*
mur|mujear vt/i *murmeln, lispeln* ‖ **–mullo** *m
Gemurmel, Murmeln* n ‖ *Geflüster* n ‖ *Murmeln,
Rauschen* n *(des Baches)* ‖ *Rauschen, Säuseln* n
(der Blätter) ‖ ~ *aprobativo Beifallsgemurmel* n ‖
–muración *f Gerede* n, *üble Nachrede,
Verleumdung* f ‖ *Klatscherei* f ‖ **–murador** *m
Lästerzunge* f ‖ *Verleumder* m ‖ ⟨fam⟩
Klatschmaul n ‖ **–murar** vt/i *(vor s. hin) murmeln*
‖ ⟨fam⟩ *ver|lästern, -leumden* ‖ ~ vi *murmeln
(Bach)* ‖ *rauschen* ‖ *wispern* ‖ *säuseln (Wind)* ‖
⟨fig⟩ *murmeln, leise reden* ‖ ⟨fig⟩ *murren, in den
Bart brummen* ‖ *(jdn) ver|leumden, -lästern* ‖
⟨fam⟩ *klatschen* ‖ ◇ ~ al oído *ins Ohr flüstern* ‖
lo que se –mura *was man munkeln hört* ‖ ~ de
alg. *jdn schlecht machen* ‖ ~ de los ausentes *über
Abwesende lästern* ‖ **–mureo** *m üble Nachrede* f ‖
Murren n ‖ **–murio** *m Murmeln, Rauschen* n ‖
Murmeln, Plätschern n *(des Wassers)* ‖

Säuseln n *(des Windes)* ‖ ~ del bosque
Waldesflüstern n
△ **murnó** adj *(f: murní) teuer*
muro *m Mauer(wand)* f ‖ *äußere Mauer* f *(des
Hauses)* ‖ *(Festungs)Wall* m ‖ *Wand* f ‖ ~ *del
calor* → ~ *térmico* ‖ ~ *ciclópeo Zyklopenmauer* f
‖ ~ *de contención Schutz|wall* m, *-mauer* f ‖ ~
medianero Zwischenwand f ‖ ~ *de las
lamentaciones Klagemauer* f *(Jerusalem)* ‖ ~ *del
sonido,* ~ *sónico* ⟨Flugw⟩ *Schallmauer* f ‖ ~ *de
sostenimiento Stützmauer* f ‖ ~ *térmico
Hitzemauer* f ‖ ~ *de la vergüenza* (Hist)
Schandmauer f *(1961–1989 in Berlin)* ‖ ~**s** *mpl
Mauerwerk* n
murria *f* ⟨fam⟩ *Trübsinn, Gram* m, *Betrübtheit*
f ‖ *schlechte Laune* f
murrio adj *trübsinnig, ver|grämt, -stimmt*
murta *f* → **mirto** ‖ *Frucht der Myrte*
murtilla *f* ⟨Bot⟩ *Ugni, Chilenische Guava* f
(Ugni molinae)
murucuyá *f* Arg Ven ⟨Bot⟩ *(Art)
Passionsblume* f
¹mus *m* ⟨Kart⟩ *ein Kartenspiel*
²mus *m:* ◇ sin decir tus ni ~ ⟨figf⟩ *ohne ein
Sterbenswörtchen zu sagen* ‖ ¡no hay ~! ⟨figf⟩
*nein! es ist nicht(s) zu machen! (Ausdruck der
Verweigerung)*
musa *f Muse* f ‖ ⟨fig⟩ *Poesie, Dichtkunst* f ‖
⟨fig⟩ *Inspiration, Muse* f ‖ soplarle a uno la ~
von der Muse geküsst werden
musáceas *fpl* ⟨Bot⟩ *Bananengewächse* npl
(Musaceae) ‖ → **²plátano**
musaraña *f* ⟨Zool⟩ *Spitzmaus* f (Sorex spp ‖
Crocidura spp ‖ Neomys spp) ‖ p. ex *kleines Tier,
kleines Viehzeug, kleines Viech* n (→ auch
gusarapo) ‖ *Ungeziefer* n ‖ ⟨figf⟩ *Puppe* f ‖ ~
acuática Wasserspitzmaus f (N. fodiens) ‖ ~
doméstica Hausspitzmaus f (C. russula) ‖ ~ *enana
Zwergspitzmaus* f (S. minutus) ‖ ~ *etrusca
Etruskerspitzmaus* f (Suncus etruscus) ‖ ◇ mirar a
las ~**s** ⟨figf⟩ *dösen, mit offenen Augen träumen* ‖
pensar *(od estar pensando)* en las ~**s** ⟨figf⟩
geistesabwesend sein ‖ tener ~**s** *Augenflimmern
haben,* ⟨fam⟩ *weiße Mäuse sehen*
△ **musardí** [*pl* ~**íes**] *f Mädchen* n
muscarina *f* ⟨Bot Chem⟩ *Muskarin* n *(Gift des
Fliegenpilzes)*(
múscidos *mpl* ⟨Ins⟩ *fliegenähnliche Insekten*
npl (→ **braquíceros**)
muscíneas *fpl* ⟨Bot⟩ *Moose* npl (→ **briofitas**)
muscívoro adj *fliegenfressend*
muscu|lación *f Muskelbildung* f ‖ **–lar** adj
(m/f) Muskel- ‖ **–latura** *f Muskelgefüge* n,
Muskulatur f
músculo *m* ⟨An⟩ *Muskel* m ‖ *Muskelfleisch* n ‖
~ *abductor Abduktor* m ‖ ~ *adductor Adduktor* m
‖ ~ *constrictor Konstriktor, Schlundschnürer* m ‖
~ *deltoides dreieckiger Oberarmmuskel* m ‖ ~
elevador Hebemuskel, Aufheber m ‖ ~ *extensor
Streckmuskel, Extensor* m ‖ ~ *de fibra estriada
(lisa) gestreifter (glatter) Muskel* m ‖ ~ *flexor
Beugemuskel, Beuger* m ‖ ~ *masticador
Kaumuskel* m ‖ ~ *obturador Schließmuskel* m ‖ ~
orbicular Ringmuskel m ‖ ~ *pectoral Brustmuskel*
m ‖ ~ *pronador Vorbeuger* m *(Muskel)* ‖ ~ *radial
Speichenbeuger* m *(Muskel)* ‖ ~ *sartorio
Schneidermuskel* m ‖ ~ *tensor Streckmuskel,
Extensor* m
musculo|sidad *f Muskelstärke* f ‖ **–so** adj
muskulös ‖ p. ex *kräftig*
museable adj *(m/f) museal*
museístico adj *Museums-, museal*
muselina *f* ⟨Text⟩ *Musselin* m ‖ ⟨Kochk⟩
Sahnesauce f
mu|seo *m Museum* n ‖ *Kunstsammlung* f ‖ ~

de arte moderno *Museum* n *für moderne Kunst* ‖
~ etnográfico *Museum* n *für Völkerkunde* ‖ ~
naval *Museum* n *für Meereskunde* ‖ ~
oceanográfico *meereskundliches Museum* n ‖ ~
de pinturas *Gemäldegalerie* f ‖ ∼ *del Prado
Prado-Museum* n *(in Madrid)* ‖ **–seología** *f
Museumskunde* f
  muserola *f* (am Zaumzeug) *Nasenriemen* m
  museta *f Musette* f *(Tanz und Instrument)*
  musgaño *m* ⟨Zool⟩ *Spitzmaus* f (→ **musaraña**)
  mus|go *m* ⟨Bot⟩ *Moos* n ‖ ~ de Islandia →
  líquen ‖ **~s** *mpl* ⟨Bot⟩ *Moose, moosartige
Gewächse* npl (→ **briofitas**) ‖ **–goso** adj
moosartig ‖ *bemoost*
  música *f Musik* f ‖ *Tonkunst* f ‖ *Tonwerk* n ‖
(Musik)Noten fpl ‖ ⟨figf⟩ *Radau* m, *Getöse* n ‖ ~
atonal *atonale Musik* f ‖ ~ bailable, ~ de baile
Tanzmusik f ‖ ~ callejera *Straßenmusik* f ‖ ~ de
cámara *Kammermusik* f ‖ ~ celestial *himmlische
Musik* f ‖ *Sphären\|musik* f, *-klänge* mpl ‖ ⟨iron⟩
erbärmliche Musik, Katzenmusik f ‖ ⟨figf⟩
dummes Geschwätz n, (fam) *Quatsch* m ‖ ⟨fam⟩
Quatsch! ‖ ~ clásica *klassische Musik* f ‖ ~
dodecafónica *Zwölftonmusik* f ‖ ~ electrónica
elektronische Musik f ‖ ~ folklórica *Volksmusik* f
‖ *Folk* m, *Folkmusic* f ‖ ~ de fondo *untermalende
Musik* f ‖ ~ gregoriana *Gregorianische Musik* f ‖
~ instrumental *Instrumentalmusik* f ‖ ~ de jazz
Jazzmusik f ‖ ~ ligera *Unterhaltungsmusik,
leichte Musik* f ‖ ~ militar, ~ de marcha(s)
Marsch-, Militär\|musik f ‖ ~ pop *Popmusik* f ‖ ~
ratonera ⟨figf⟩ *Katzenmusik* f ‖ ~ regional
Volksmusik f ‖ ~ rock *Rockmusik* f ‖ ~ sacra
Kirchenmusik f ‖ ~ de salón *Salonmusik* f ‖ ~
serial *serielle Musik* f ‖ ~ sincopada *Jazzmusik,
synkopierte Musik* f ‖ ~ sinfónica *sinfonische
Musik* f ‖ ~ vocal *Vokalmusik* f ‖ ◇ hacer ~ inc
Musik spielen ‖ poner en ~ *in Musik setzen* ‖
¡todo eso es ~ celestial! (fam) *leere Worte!* ‖ la
~ le va por dentro ⟨figf⟩ *er (sie, es) hat e–n
geheimen Schmerz, Groll* ‖ ¡váyase con la ~ a
otra parte! ⟨pop⟩ *schwatzen Sie es anderen vor!* ‖
⟨pop⟩ *verschwinden Sie!* ‖ **~s** fpl ⟨pop⟩ *Unsinn,
Quatsch* m
  musi|cal adj *(m/f)* musikalisch ‖ *Musik-* ‖
–calidad *f Musikalität* f ‖ **–calizar** [z/c] vt
vertonen ‖ **–canga** *f Katzenmusik* f ‖ **–cante** *m/f
Musiker(in* f) m ‖ **–car** vt *vertonen* ‖ **–casete** *f
Musikkassette* f
  music hall *m Varieté(theater)* n
  músico adj *musikalisch, Musik-* ‖ ~ *m
Tonkünstler, Musiker* m ‖ *Komponist, Tonsetzer* m
‖ *Am* ⟨fig⟩ *schlechter Reiter* m ‖ ~ aficionado
Musikliebhaber m ‖ ~ ambulante
Straßenmusikant m ‖ ~ mayor ⟨Mil⟩
Musikmeister m ‖ ~ profesional *Berufsmusiker* m
‖ ~ de teatro *Theatermusiker* m
  musi|cógrafo *m Musikschriftsteller* m ‖
–cología *f Musikwissenschaft* f ‖ **–cólogo** *m
Musik\|wissenschaftler bzw -gelehrter* m ‖
–comanía *f* ‖ **melomanía** ‖ **–coterapia** *f* ⟨Med⟩
Musiktherapie f
  △ **musilé** adj *(m/f) stumm*
  musi|quero adj ⟨figf⟩ *lästig, zudringlich,
plagend* ‖ ~ *m Noten\|ständer, -kasten* m ‖ **–quilla**
f dim von **música** ‖ *Dudelei* f, *Gedudel* n(
  musitar vi/t *murmeln* ‖ *raunen* ‖ *(hin)lispeln,
leise sprechen* ‖ *flüstern* ‖ *sanft rauschen (Laub)* ‖
◇ ~ algo a alg. al oído *jdm et. ins Ohr flüstern*
  musiú *m* → **mosiú**
  musivo adj *musivisch* ‖ *Mosaik-*
  muslim(e) *m Moslem* m
  muslo *m* ⟨An⟩ *(Ober)Schenkel* m ‖ *Schlegel* m,
Keule f *(der Tiere)*
  musmón *m* ⟨Zool⟩ *Mufflon* m (Ovis musimon)

  musola *f* ⟨Fi⟩ *Glatthai* m (Mustelus mustelus =
M. asterias)
  mustango *m Mustang* m, *wildes Pferd* n
  mus|tela *f* ⟨Zool⟩ *Wiesel* n (Mustela spp) ‖ ⟨Fi⟩
Marder-, Stern\|hai m (Mustelus laevis) ‖ **–télidos**
mpl ⟨Zool⟩ *Wiesel* npl
  musteriense adj *(m/f):* cultura ~
Moustérien(kultur f) n
  △ **mustilar** vt *ausziehen*
  mustímetro *m* → **pesamosto**
  △ **mustiñar** vi → **mustilar**
  mustio adj *traurig, niedergeschlagen, düster,
trüb\|selig, -sinnig, deprimiert* ‖ *welk, verwelkt* ‖
Mex heuchlerisch, hinterlistig
  musulmán adj *moslemisch, muslimisch,
muselmanisch, mohammedanisch* ‖ ~ *m Moslem,
Muslim, Muselman, Mohammedaner* m
  muta|bilidad *f Veränderlichkeit* f ‖
Unbeständigkeit f ‖ *Mutabilität* f ‖ **–ble** adj *(m/f)
veränderlich* ‖ *wandelbar* ‖ *mutabel* ‖ **–ción** *f
Wechsel* m ‖ *Umschlag(en* n) m ‖ *(Ver)Änderung* f
‖ ⟨Th⟩ *(Bühnen)Verwandlung* f ‖ *Szenenwechsel* m
‖ ⟨Meteor⟩ *Witterungswechsel* m ‖ ⟨Gen⟩ *Mutation*
f ‖ ~ consonántica ⟨Ling⟩ *Lautverschiebung* f ‖ ~
cromosómica ⟨Gen⟩ *Chromosomenmutation* f ‖ ~
génica ⟨Gen⟩ *Genmutation* f
  mutágeno *m* ⟨Gen⟩ *Mutagen* n
  mutante *m/adj* ⟨Gen⟩ *Mutante* f
  mutatis mutandis ⟨lat⟩ *mit den nötigen
Abänderungen*
  muti|lación *f Verstümmelung* f ‖ ~ voluntaria
Selbstverstümmelung f ‖ **–lado** adj *verkrüppelt* ‖
krüppelhaft, krüpp(e)lig ‖ ~ *m Krüppel* m ‖ ~ de
guerra *Kriegsversehrte(r)* m ‖ **–lar** vt
verstümmeln (& *Text usw.*) ‖ *bleibend
beschädigen*
  mútilo adj → **mutilado**
  mutis *m* ⟨Th⟩ *Abgang* m ‖ [als Anweisung]
geht ab ‖ ¡~! *schweig!* ‖ ◇ hacer ~ *abgehen* ‖
⟨fig⟩ *verschwinden,* ⟨fam⟩ *s. dünnmachen*
  mutismo *m Stummheit, Verschwiegenheit* f ‖
Schweigsamkeit f ‖ *beharrliches Schweigen* n ‖
Stillschweigen n ‖ ◇ abandonar su ~, salir(se) de
su ~ *sein Stillschweigen aufgeben, aus s–r
Reserve heraustreten*
  △ **mutrar** vi *harnen*
  △ **mutri** *m Flügel* m
  mutua *f Genossenschaft* f *auf Gegenseitigkeit*
  mutua|lidad *f Wechsel-, Gegen\|seitigkeit* f ‖
gegenseitige Hilfe f ‖ *Sozialversicherung* f *auf
Gegenseitigkeit* ‖ **–lismo** *m gegenseitige
Hilfsbereichtschaft* f ‖ *Genossenschaftswesen* n ‖
⟨Biol Philos⟩ *Mutualismus* m ‖ **–lista** adj *(m/f)
Gegenseitigkeits-* ‖ ~ *m/f Anhänger(in* f) m *des
Gegenseitigkeitsgedankens* ‖ **–mente** adv
wechselseitig ‖ ◇ se odian ~ *sie hassen s.
gegenseitig*
  mútulo *m* ⟨Arch⟩ *Mutulus, Dielenkopf* m
  mutuo adj *gegen-, wechsel\|seitig*
  muy adv *sehr* ‖ *zuviel* ‖ *höchst* ‖ *hoch* ‖
ungemein ‖ *recht* ‖ ~ *cómodamente mit aller
Bequemlichkeit* ‖ ~ enfermo *schwer krank* ‖ ~
fino *sehr fein, extrafein* ‖ ~ de mañana *sehr früh
(am Morgen)* ‖ ~ mucho ⟨fam⟩ *gar viel, sehr viel*
‖ ~ otro *ganz anders* ‖ a pesar mío *zu m–m
größten Bedauern* ‖ ~ de tarde en tarde *nur
selten, ab und zu* ‖ ~ temprano *sehr früh* ‖ ~ a
tiempo *gerade noch zur rechten Zeit* ‖ el ~ tuno
der alte Gauner ‖ ◇ todo eso está ~ bien, pero
… (fam) *das ist alles recht schön, aber…* ‖ es ~
de lamentar que … (subj) *es ist sehr bedauerlich,
dass …* ‖ es ~ de Vd. *es steht Ihnen zu Diensten*
‖ eso es ~ de mi hermano *das ist typisch für m–n
Bruder* ‖ no estoy ~ bueno *ich fühle mich nicht
ganz wohl* ‖ ∼ señor mío *Sehr geehrter Herr …*

(im Deutschen mit Namen) ‖ ¡~ señor mío! *sehr angenehm! (Höflichkeitsformel)* ‖ ~ suyo … *Ihr ergebener … (veraltender Briefschluss)*
    muyahidin *m* ⟨Rel⟩ *Mudschahedin* m
    Muza *m* → **moro**
    muzárabe → **mozárabe**
    m/v ⟨Abk⟩ = **meses vista**
    Mv ⟨Abk⟩ = **mendelevio**
    my *f griech.* μ *(M)*, *My* n
    Myanmar *m* ⟨Geogr⟩ *Myanmar* n

N

N, n f [= Ene, ene, pl Enes, enes] *N, n* n
n ⟨Abk⟩ = **nacido** ‖ **neutro** ‖ **nombre** ‖
normal ‖ **¹nota**
N ⟨Abk⟩ = **nitrógeno** ‖ **Norte**
N. ⟨Abk⟩ = **N.** *(unbekannte Person)* ‖ **Nota** ‖
notable(mente aprovechado) *(Prüfungsnote)*
n/ ⟨Abk⟩ = **nuestro, ~a**
na ⟨pop⟩ = **nada**
△ **na** int *nein*
Na ⟨Abk⟩ = **sodio**
naba f ⟨Bot⟩ *Weiße Rübe, Herbst-, Wasser|rübe*
f *(Brassica rapa rapa)*
nabab m *Nabob, indischer Fürst* m ‖ ⟨fig⟩
Nabab, Krösus m *(sehr reicher Mann)*
△ **nabelar** vi *fehlen*
nabi|col f ⟨Bot⟩ *Kohlrübe, Wruke* f *(Brassica*
napus napobrassica) ‖ **–na** f *Rübsamen, Rübsen* m
‖ **–za** f *zartes Rübenblatt* n ‖ *Rübchen* n
¹nabo m ⟨Bot⟩ *Raps* m *(Brassica napus napus)*
‖ → **nabicol** ‖ → **naba** ‖ ⟨vulg fig⟩ *Schwanz* m
(Penis)
²nabo m ⟨Arch⟩ *Spindel* f *(e–r Wendeltreppe)*
△ **³nabo** m *Beschlagnahme* f
naborí m ⟨Hist⟩ *indianischer Diener* m
Nabucodonosor m np *Nebukadnezar* m
nac. ⟨Abk⟩ = **nacional** ‖ **nacido**
△ **nacar** vi *fortgehen*
nácar m *Perl|mutter* f, *-mutt* n ‖ ◆ *con*
incrustaciones de ~ *mit Perlmutter eingelegt*
nacarada f ⟨Ins⟩ *Kaisermantel* m *(Argynnis*
paphia)
nacarado adj *mit Perlmutter besetzt, eingelegt*
‖ *perlmutterfarben* ‖ *perlmutterartig*
△ **nacardar** vt/i *lesen (Buch)*
nacáreo, nacarino adj *Perlmutter-*
nacarón m *Perlmutt* m *minderer Qualität*
nacencia f *León Sal* → **nacimiento** ‖ *Auswuchs*
m, ⟨fam⟩ *wildes Fleisch* n ‖ *Geschwulst* n ‖ ⟨pop⟩
Geburt f
nacer [-zc-] vi *geboren werden, zur Welt*
kommen ‖ *ausschlüpfen (aus den Eiern)* ‖ ⟨fig⟩
sprießen, hervorkommen, (hervor)wachsen
(Pflanzen, Haare) ‖ *entspringen (Quelle, Fluss)* ‖
anbrechen (Tag) ‖ *aufgehen (Sonne, Mond,*
Sterne) ‖ ⟨fig⟩ *anfangen, entstehen* ‖ *hervor-,*
heraus|kommen ‖ ◆ *al* ~ *el día bei Tagesanbruch*
‖ *nadie nace sabiendo od enseñado* ⟨Spr⟩ *kein*
Meister fällt vom Himmel ‖ *no con quien naces,*
sino con quien paces ⟨Spr⟩ *sage mir, mit wem du*
umgehst, und ich werde dir sagen, wer du bist ‖
◇ ~ *con (buena) estrella, haber nacido de pie od*
⟨pop⟩ *de pies* ⟨figf⟩ *ein Glückskind sein* ‖ ~ *en*
viernes (od martes), haber nacido de cabeza ⟨pop⟩
ein Unglückskind, ein Pechvogel sein ‖ *hoy he*
nacido od he vuelto a nacer ⟨figf⟩ *heute bin ich*
neu geboren, d.h. ich bin e–r großen Gefahr
entgangen ‖ *¡(yo) no he nacido ayer!* ⟨figf⟩ *ich*
bin (doch) nicht von gestern! so naiv bin ich
(doch) nicht!
Nachito m ⟨pop⟩ → **Narciso**
△ **nacho** adj → **chato**
naci(-) m ⟨Pol⟩ *nazi(-)*
nacido adj *(an)geboren* ‖ *gebürtig* ‖ *entstanden*
‖ *ge|schaffen, -boren (für)* ‖ *bien* ~
hochwohlgeboren ‖ *aus guter Familie* ‖ *gesittet,*
von edler Gesinnung ‖ *gut veranlagt* ‖ ◇ *viene*

como ~ ⟨figf⟩ *er kommt wie gerufen* ‖ ~ m
Geborene(r), Mensch m ‖ *recién* ~
Neugeborene(r) m
naciente adj *(m/f) entstehend, werdend* ‖ *s.*
entfaltend ‖ *s. entwickelnd* ‖ ⟨fig⟩ *angehend,*
aufkommend ‖ ⟨fig⟩ *anbrechend (Tag)* ‖ ⟨Chem⟩
naszierend, freiwerdend ‖ ~ m ⟨poet⟩ *Osten* m ‖
◆ a ~ *im Osten, östlich*
nacimiento m *Geburt* f ‖ *Ab-, Her|kunft,*
Abstammung f ‖ *Anfang, Ursprung,* ⟨lit⟩ *Quell*
Quell m ‖ *Wurzelteil* m *(e–s Gliedes, der Brust)* ‖
Ansatz m ‖ *Entstehung* f ‖ *Entstehen* n ‖ *el* ~
Christi Geburt f ‖ *p.ex (Weihnachts)Krippe* f ‖ ~
de un derecho Entstehen n *e–s Rechtes* ‖ *el* ~ *del*
día der Tagesanbruch m ‖ ~ *prematuro*
Frühgeburt f ‖ *el* ~ *de la rama der Ansatz* m *e–s*
Astes ‖ ◆ *de alto* ~ *von edler Herkunft,*
hochwohlgeboren ‖ *ciego de* ~ *blind geboren* ‖ ◇
poner el ~ *die (Weihnachts)Krippe aufbauen*
¹nación f *Nation* f ‖ *Volk* n ‖ *la* ~ *más*
favorecida die meistbegünstigte Nation ‖ ~
marítima seefahrende Nation f ‖ *naciones* fpl: *las*
~ *occidentales die westlichen Staaten* mpl ‖ *las*
~ *orientales die Oststaaten* mpl
²nación m *Arg Fremder, Ausländer* m
nacio|nal adj/s *(m/f) national* ‖ *(inner)staatlich*
‖ *inländisch* ‖ *einheimisch* ‖ *völkisch* ‖ *völklich*
volkstümlich ‖ *National-, Staats-* ‖ *Landes-* ‖
Volks- ‖ *los* ~*es mpl „die Nationalen", die*
Anhänger mpl *Francos im span. Bürgerkrieg*
1936–1939 ‖ **–nalidad** f *Nationalität,*
Staatsangehörigkeit f ‖ *Volkszugehörigkeit* f ‖
Volkstum n ‖ *Volkscharakter* m ‖ ~ *es de* ~
española er besitzt die span. Staatsangehörigkeit ‖
–nalismo m *Volks-, National|gefühl* n ‖ **–nalista**
adj *(m/f) nationalistisch* ‖ *Volks-* ‖ ~ m/f
Nationalist(in f) m ‖ **–nalización** f
Verstaatlichung f ‖ *Einbürgerung, Naturalisation* f
‖ ⟨allg⟩ *Nationalisierung* f ‖ **–nalizar** [z/c] vt
(jdn) einbürgern, naturalisieren ‖ *verstaatlichen* ‖
nationalen Charakter geben (e–r Sache) ‖ ⟨allg⟩
nationalisieren ‖ ~**se** *e–e Staatsangehörigkeit*
erwerben
nacionalsindicalis|mo m ⟨Hist Pol⟩
Nationalsyndikalismus m *(Lehre und Bewegung*
der span. Falange) ‖ **–ta** adj *(m/f)*
nationalsyndikalistisch, falangistisch ‖ ~ m/f
Nationalsyndikalist(in f) m
nacionalsocialis|mo m ⟨Hist Pol⟩
Nationalsozialismus m ‖ **–ta** adj *(m/f)*
nationalsozialistisch ‖ ~ m/f *Nationalsozialist(in*
f) m
△ **nacle** f *Nase* f
naco m *Col* ⟨Kochk⟩ *Kartoffelbrei* m ‖ *Arg*
⟨fig⟩ *Angst* f
nacre m → **nácar**
¹nada adv *(pron indef)* 1. *nichts* ‖ *sehr wenig* ‖
keineswegs, gar nichts (kaum), durchaus nicht,
überhaupt nicht ‖ ~ *bueno nichts Gutes* ‖ *¡~ de*
bromas! Spaß beiseite! ‖ *¡~ de eso! mitnichten!* ‖
keineswegs! ‖ *durchaus nicht!* ‖ ~ *entre dos*
platos ⟨fam⟩ *Kleinigkeit, Lappalie* f ‖ *... y al fin,*
~ *entre dos platos und sonst gar nichts* ‖ ~ *más*
nichts mehr, weiter nichts, sonst nichts ‖ *antes que*
~ *zunächst, in erster Linie* ‖ ~ *más que ... nur,*
lediglich ‖ ~ *menos (bes. als Verstärkung des*

Ausdrucks): se gastó ~ menos que mil euros er gab nicht weniger als 1000 Euro aus ‖ *¡un estudiante, ~ menos!* ⟨iron⟩ *ein Student sogar!* ‖ *mucho ruido para od por ~ viel Lärm um nichts* ‖ *~ de ⟨fam⟩ ganz und gar nichts, überhaupt nichts* ‖ *~ menos que eso* ⟨iron⟩ *nur das und nichts mehr (bei übertriebenen Forderungen, Ansprüchen)* ‖ *¡~ eres un valiente!* ⟨fam⟩ *du bist wahrhaftig ein Held!* ‖ *casi ~ fast (gar) nichts* ‖ *¡casi ~! so was! unglaublich!* ‖ ⟨iron⟩ *nur e–e Kleinigkeit!* ‖ *como (si) ~ als ob (es) nichts wäre, wie nichts* ‖ *¡de ~!* (*¡no ha sido ~!*) *bitte sehr! k–e Ursache! (Antwort auf ¡gracias!)* ‖ *de aquí a ~ gleich darauf* ‖ *de una belleza ~ común von ungewöhnlicher Schönheit* ‖ *no es ~ fácil das ist gar nicht leicht* ‖ *más que ~ in erster Linie, vor allen Dingen* ‖ *lediglich* ‖ *eigentlich, sozusagen* ‖ *~ sé (aber: no sé ~) ich weiß (gar) nichts* ‖ *por ~ del mundo ⟨fam⟩ um nichts in der Welt* ‖ ◇ *eso costará 500 dólares como ~ das wird ohne weiteres od mindestens 500 Dollar kosten* ‖ *como quien no dice ~* ⟨figf⟩ *mir nichts, dir nichts* ‖ *mit Leichtigkeit* ‖ *¡no le digo ~!* ⟨fam⟩ *Sie machen s. k–e Vorstellung!* ‖ *¡no he dicho ~!* ⟨fam joc⟩ *ich will nichts gesagt haben!* ‖ *en ~ estuvo que me cayera ich wäre beinahe gefallen, um ein Haar wäre ich gefallen* ‖ *como quien no hace ~ →* *como quien no dice ~* ‖ *irritarse por ~ gleich od schnell aufbrausen* ‖ *por ~ riñe er (sie, es) zankt beim geringsten Anlass* ‖ *¡no es ~! das macht nichts!* ‖ *no es ~ fácil das ist gar nicht leicht* ‖ *no servir para od de ~ nichts taugen (völlig) unnütz sein* ‖ *unbrauchbar sein* ‖ *no tener ~ que comer nichts zu essen haben*

2. *im negativen Zusammenhang: etwas* ‖ *¿has oído (en tu vida) ~ igual (od parecido)? hast du (einmal) et. Derartiges gehört?* ‖ *¡no digas ~ a nadie! sage niemandem etwas!*

²**nada** *f Nichts* n ‖ *Nichtsein* n ‖ *Nichtseiende(s)* n

nada|dera *f Schwimmblase* f ‖ *Schwimmgürtel* m ‖ *(Fisch)Flosse* f ‖ *~s fpl Schwimmkürbisse* mpl *(zum Schwimmenlernen)* ‖ **–dero** *m Schwimmplatz* m ‖ **–dor** *adj schwimmend* ‖ *~ m Schwimmer* m ‖ *~ de delfín* ⟨Sp⟩ *Delphinschwimmer* m ‖ *~ (estilo) crawl* ⟨engl⟩, *~ (estilo) crol* ⟨Sp⟩ *Krauler* m ‖ *~ de espalda Rückenschwimmer* m *(& Ins)* ‖ *~ de estilos* ⟨Sp⟩ *Lagenschwimmer* m ‖ *~ de fondo* ⟨Sp⟩ *Langstreckenschwimmer* m ‖ *~ de relevos* ⟨Sp⟩ *Staffelschwimmer* m

nadar *vi schwimmen* ‖ *~ entre dos aguas lavieren, taktieren* ‖ *~ de espalda(s) auf dem Rücken schwimmen* ‖ *~ en oro* ⟨fig⟩ *im Geld schwimmen* ‖ *~ de pecho brustschwimmen* ‖ ◇ *aprender a ~ schwimmen lernen* ‖ *estoy nadando en sudor* ⟨fig⟩ *ich bin schweißgebadet* ‖ *pasar nadando durchschwimmen*

nadería *f Kleinigkeit, Nichtigkeit, Lappalie* f

nadie *pron/s* 1. *niemand* ‖ *un don ~* ⟨joc⟩ *ein Herr von Habenichts*, ⟨fam⟩ *e–e Null, e–e Niete* f ‖ ◇ *me levanté primero que ~ ich stand als Erster auf* ‖ *~ lo sabe (= no lo sabe ~) niemand weiß es*

2. *in negativem Zusammenhang = jemand* ‖ ◇ *si ~ viniera wenn jd kommen sollte*

nadien *Chi* ⟨pop⟩ → **nadie**

nadir *m* ⟨Astr⟩ *Nadir, Fußpunkt* m

nadi|ta, –lla *f/adv dim von* ¹,²**nada** ‖ *Ec ein bisschen*

nado *m: a ~ schwimmend, durch Schwimmen* ‖ ◇ *pasar el río a ~ den Fluss durchschwimmen, über den Fluss schwimmen*

nafa *f: agua de ~* ⟨reg⟩ *Pomeranzenblütenwasser* n

nafra *f Ar Sattelwunde* f *(→* **matadura***)*

nafta *f* ⟨Chem⟩ *Naphtha* n ‖ *Am Benzin* n

nafta|leno *m*, **–lina** *f* ⟨Chem⟩ *Naphthalin* n

nagua(s) *f(pl)* ⟨pop⟩ → **enagua(s)**

nahua *m Nahua-Indianer* m ‖ *Nahuatl* n *(Sprache)*

naide(s) ⟨pop⟩ → **nadie**

naif *adj (m/f): arte ~ naive Kunst* f

nailón *m* ⟨Ku⟩ *Nylon* n

nai|pe *m (Spiel)Karte* f ‖ *Kartenblatt* n ‖ ◇ *barajar los ~s die Karten mischen* ‖ *cortar el ~ die Karten abheben* ‖ *le da ~ por (od para) eso* ⟨figf⟩ *er schwärmt dafür* ‖ *le da bien (od le acude) el ~ er hat Glück (beim Spielen, & fig)* ‖ *estar como el ~* ⟨figf⟩ *sehr mager sein* ‖ *jugar a los ~s Karten spielen* ‖ **–pesco** *adj Spielkartennaire m Elefanten|betreuer, -wärter* m

¹**naja** *f* ⟨Zool⟩ *Kobra, Brillenschlange* f *(Naja naja)*

²**naja:** ◇ *salir de ~* ⟨fam⟩ *Reißaus nehmen, s. davonmachen, verduften, abhauen*

△ **najabar** *vt verlieren*

△ **najal** *adj keine(r)*

na|jarse, –járselas *vr* ⟨fam⟩ *fliehen, Reißaus nehmen, s. davonmachen, verduften, abhauen*

△ **¡najencia!** *fort!*

△ **najira** *f Flagge, Fahne* f

nal|ga *f Hinterbacke* f ‖ *~s fpl Gesäß* n ‖ ◇ *dar de ~ auf den Hintern fallen* ‖ **–gada** *f* ⟨fam⟩ *Klaps* m *auf den Po(po)* ‖ **–gatorio** *m* ⟨fam joc⟩ *Gesäß* n, ⟨fam⟩ *Hintern*, ⟨fam⟩ *Po(po)* m ‖ **–gudo** *adj mit dicken Hinterbacken* ‖ **–guear** *vi* ⟨fam⟩ *(heftig) mit dem Gesäß wackeln*

Namibia *f* ⟨Geogr⟩ *Namibia* f

nana *f Wiegenlied* n ‖ *Großmutter*, ⟨fam⟩ *Oma* f ‖ *Am Amme, Kinderwärterin* f

Nana, Nanita *f* ⟨fam⟩ → **Ana**

nanacate *m Mex Pilz* m

¡nanay! *int* ⟨pop⟩ *denkste! es kommt nicht in Frage,* ⟨fam⟩ *kommt nicht in die Tüte!*

nandú *m →* **ñandú**

nanear *vi watscheln*

nanismo *m* ⟨Biol Med⟩ *Zwergwuchs, Nanismus* m

nanita *f →* **año** ‖ *Wiegenlied* n

Nankín *m [Stadt] Nanking* n

nano– *präf Nano-*

¹**nao** *f (lit reg) →* ¹**nave**

△ ²**nao** *m Name* m

naonato *adj auf e–m Schiff geboren*

napa *f* ⟨Text⟩ *Flor* m, *Vlies* n

napalm *m* ⟨Chem Mil⟩ *Napalm* n

napias *fpl* ⟨pop⟩ *Nase* f

napole|ón *m* ⟨Hist⟩ *Napoleondor* m, *Zwanzigfrancstück* n ‖ **–ónico** *adv: guerras ~as Napoleonische Kriege* mpl

Nápoles *m [Stadt] Neapel* n

napolitano *adj neapolitanisch* ‖ *~ m Neapolitaner* m ‖ *e–e in Murcia und Valencia angebaute Feigenart*

△ **naquería** *f Gespräch* n

naquí *m Nase* f

naran|ja *f Orange, Apfelsine* f ‖ *Orange(n)farbe* f ‖ *~ agria süßsaure Orange* f ‖ *~ amarga Bitterorange* f ‖ *~ clementina Clementine* f ‖ *~ confitada Orangeat* n ‖ *~ dulce süße Orange* f ‖ *~ encarnada → ~ sanguina* ‖ *~ mandarina Mandarine* f ‖ *~ media ~* ⟨figf⟩ *Ehehälfte, bessere Hälfte* f ‖ *~ sanguina, ~ de sangre Blutorange* f ‖ ◆ *¡~s de la China!* ⟨pop⟩ *nichts da! morgen! i wo (denn)!* ‖ **–jada** *f Orangeade* f ‖ **–jado** *adj orange(farben)* ‖ **–jal** *m Apfelsinenpflanzung* f, *Orangenhain* m ‖ **–jera** *f Orangenhändlerin* f ‖ **–jero** *adj Apfelsinen-* ‖ *~ m Orangen|züchter bzw -händler* m ‖ ⟨Mil pop⟩

Maschinenpistole f ‖ **–jilla** *f e–e kleine, grüne*
Orangenart ‖ **–jo** *m* ⟨Bot⟩ *Pomeranze, Orange* f
(Citrus aurantium spp) ‖ *Orangenholz* n ‖ ⟨figf⟩
roher Kerl m
  narcisismo *m* ⟨Psychol⟩ *Narzissmus* m
  narciso *m* ⟨Bot⟩ *Narzisse* f (Narcissus spp)
  Narciso *m* np ⟨Myth⟩ *Narziss* m
  narco *m/f* Kurzform für **narcotraficante,**
narcotráfico
  narco|análisis *m* ⟨Med⟩ *Narkoanalyse* f ‖
–diagnóstico *m Narkodiagnose* f ‖ **–lepsia** *f*
⟨Med⟩ *Narkolepsie* f ‖ **–manía** *f Narkomanie,*
Abhängigkeit f *von Schlafmitteln usw.*
  nar|cosis *f* ⟨Med⟩ *Betäubung, Narkose* f ‖ ∼
prolongada *Heilschlaf* m ‖ → **anestesia** ‖ **–cótico**
adj *betäubend, narkotisch* ‖ ∼ *m*
Betäubungsmittel, Narkotikum n
  narco|tismo *m Narkotismus* m ‖ **–tización** *f*
Betäubung, Narkotisierung, Narkose f ‖ **–tizar**
[z/c] vt *narkotisieren, betäuben* ‖ ⟨Sp⟩ *dopen* ‖
–traficante *m/f Drogenhändler(in), Dealer(in* f)
m ‖ **–tráfico** *m Drogenhandel* m
  △ **nardian** adv *nie*
  nardo *m* ⟨Bot⟩ *Narde* f (Polianthes tuberosa)
  Nardo *m* ⟨fam⟩ → **Bernardo**
  △ **nares** *mpl Nase* f
  nargui|le, –lé *m Nargileh* f (& n) *(türkische*
Wasserpfeife)
  nari|gada *f Prise* f *(Schnupf-Tabak)* ‖ **–gón** adj
groß-, dick|nasig ‖ ∼ *m* ⟨fam⟩ *große od dicke*
Nase f ‖ *Loch* n *in der Nasenscheidewand (für*
den Führungsring, z.B. beim Stier od beim
Bären) ‖ *Junge od Knecht* m, *der den Ochsen*
beim Pflügen am Nasenring führt ‖ **–gudo** adj
groß-, dick|nasig ‖ *nasenförmig* ‖ **–guera** *f*
Nasenring m *(der Indianer)* ‖ **–gueta, –guilla** *f*
dim von **nariz** ‖ **–na** *f* ⟨An⟩ *Nasenflügel* m
  nariz *f [pl* ∼**ces]** *Nase* f ‖ *Nüstern* fpl ‖ ⟨figf⟩
Geruch(ssinn) m ‖ ⟨Arch⟩ *Vorsprung, Ansatz* m ‖
⟨Tech⟩ *Nase* f, *Vorsprung* m ‖ ∼ *acaballada*
Habichtsnase f ‖ ∼ *afilada Spitznase* f ‖ ∼
aguileña Adlernase f ‖ ∼ *arregazada,* ∼
arremangada, Stups-, ⟨fam⟩ *Himmelfahrts|nase* f ‖
∼ *chata Platt-, Stumpf|nase* f ‖ ∼ *ganchuda*
Hakennase, krumme Nase f ‖ ∼ *de gavilán,* ∼
gavilana Habichtsnase f ‖ ∼ *del goterón* ⟨Arch⟩
Wassernase f ‖ ∼ *griega griechische Nase* f ‖ ∼
de patata Kartoffel-, Knollen|nase f ‖ ∼ *de*
picaporte (joc) *Hakennase* f ‖ ∼ *en punta,* ∼
puntiaguda Spitznase f ‖ ∼ *respingada,* ∼
respingona Stups-, ⟨fam⟩ *Himmelfahrts|nase* f ‖ ∼
roma Stumpfnase f ‖ una ∼ *como un tomate*
⟨pop⟩ *e–e Trinkernase* f ‖ ∼ *torcida krumme Nase*
f ‖ ∼ *de zanahoria* ⟨desp⟩ *Säufernase* f ‖ ◇
asomar las ∼ces *aufkreuzen* ‖ dar de ∼ces *auf die*
Nase fallen ‖ darle a uno en la ∼ u/c *et. ahnen* ‖
dejar a uno con un palmo de ∼ces ⟨figf⟩ *jdn mit*
e–r langen Nase abziehen lassen ‖ estar hasta las
∼ces de algo ⟨fam⟩ *die Nase voll von et. haben* ‖
hablar por las ∼ces (& sg) *näseln* ‖ hacer un
palmo de ∼ces, hacer las ∼ces a alg. ⟨pop⟩ *jdm*
e–e lange Nase machen ‖ hinchársele a uno las
∼ces *wütend werden* ‖ manda ∼ces que … *es*
wäre ja noch schöner, wenn ‖ meter las ∼ces en
algo ⟨figf⟩ *die Nase,* ⟨fam⟩ *den Rüssel in et.*
stecken (acc) ‖ no mirar más allá de las ∼ces
⟨fam⟩ *nicht über den Tellerrand hinausschauen* ‖
restregar bajo las ∼ces *unter die Nase reiben* ‖
romper las ∼ces a alg. ⟨vulg⟩ *den Schädel einschlagen*
(bes. *als Drohung),* ⟨pop⟩ *e–e in die Fresse hauen*
‖ subírsele a alg. la mostaza a las ∼ces *wütend*
werden ‖ tener largas ∼ces *e–n guten Riecher*
haben ‖ tocarse las ∼ces *nichts tun, Däumchen*
drehen ‖ torcer las ∼ces ⟨figf⟩ *die Nase rümpfen* ‖
no ver más allá de sus ∼ces → *no mirar más allá*

de las ∼ces ‖ ◆ ¡∼! ⟨pop⟩ *morgen! nicht im*
Traum! ja freilich! von wegen! kommt nicht in
Frage, ⟨fam⟩ *kommt nicht in die Tüte!*
  nari|zón adj Am *großnasig* ‖ **–zota** *f* augm von
nariz ‖ *sehr große Nase,* ⟨fam⟩ *Mordsnase* f ‖
narizones *m/f Person* f *mit e–r Riesennase*
  narra|ción *f Erzählung* f ‖ ∼ *descriptiva*
beschreibende Erzählung f ‖ *Schilderung,*
Beschreibung f ‖ **–dor** *m Erzähler* m
  narrar vt *erzählen* ‖ *hersagen* ‖ *berichten*
  narrati|va *f Erzählung* f ‖ *Erzähl(ungs)kunst* f
‖ **–vo** adj *erzählend* ‖ *Erzähl-*
  nártex *m* ⟨Arch⟩ *Narthex* m
  narval *m* ⟨Zool⟩ *Narwal, Einhornwal* m
(Monodon monoceros)
  N.ªS.ª ⟨Abk⟩ = **Nuestra Señora**
  nasa *f (Fisch)Reuse* f ‖ *Beutelnetz* n ‖
(Fisch)Korb m *(der Angler)* ‖ *Vorratskorb* m
  nasal adj *(m/f) nasal, Nasen-* ‖ **–idad** *f* ⟨Gr⟩
Nasalität f ‖ **–ización** *f Nasalierung* f ‖ **–izar**
[z/c] vt *nasalieren*
  △ **nasaló** adj *krank*
  △ **nasardar** vt/i *lesen*
  násico *m* ⟨Zool⟩ *Nasenaffe* m
  naso *m* (joc) *große Nase* f, ⟨fam⟩ *Rüssel* m ‖
–faríngeo adj ⟨An⟩ *Nasen-Rachen-*
  △ **nastí** adv *nein*
  nat. ⟨Abk⟩ = **natural**
  nata *f (Milch)Rahm* m, *Sahne* f, ⟨reg⟩ *Flott,*
Öst *Obers* n ‖ la ∼ ⟨fig⟩ *das Beste, die Blume* ‖
∼ *batida Schlagsahne* f
  natación *f Schwimmen* n ‖ *Schwimmkunst* f ‖
∼ a braza ⟨Sp⟩ *Brustschwimmen* n ‖ ∼ *de espalda*
Rückenschwimmen n ‖ ∼ *sincronizada*
Synchronschwimmen n
  natal adj *(m/f) heimatlich* ‖ *Geburts-, Heimat-,*
Vater- ‖∼ *m Geburtstag* m
  nata|licio adj *Geburtstags-* ‖ ∼ *m Geburtstag*
m ‖ **–lidad** *f Geburtenziffer* f ‖ *Geburtenrate* f ‖
(durchschnittliche) Geburtenzahl f ‖ *Geburt,*
Herkunft f
  Natán *m* np *Nathan* m
  natátil adj *(m/f) schwimmfähig*
  natatorio adj *Schwimm-*
  natilla(s) *f(pl) Creme-, Krem|speise aus Eiern,*
Milch und Zucker
  Natividad *f Geburt* f *Christi* ‖ *Weihnacht(en)* n) f
  nativismo *m* ⟨Psychol⟩ *Nativismus* m ‖ Am →
indigenismo
  nativo adj *eingeboren, gebürtig* ‖ *naturgemäß* ‖
angel|boren, -stammt, natürlich ‖ *gediegen*
(Metall) ‖ ∼ *m Einheimische(r)* m ‖
Eingeborene(r) m (→ **indígena**)
  nato pp/irr von **nacer** ‖ ⟨fig⟩ *geboren* ‖ ⟨fig⟩
gebürtig ‖ *(an)geboren* ‖ *herkömmlich* ‖ ⟨Pol⟩ *von*
Amts wegen, kraft Amtes (Mitglied) ‖ *geboren*
(Mitglied e–s Gremiums)
  NATO *f* ⟨Abk⟩ = **OTAN**
  natrita *f* ⟨Min⟩ → **natrón**
  natrón *m* ⟨Min⟩ *(Kristall)Soda* f, *Natrit* m
  natu|ra *f Natur* f (bes. lit Rel) ‖ ⟨euph⟩ *Scham*
f *(Geschlechtsteile)* ‖ ◆ contra ∼ *widernatürlich* ‖
de ∼ *natürlich* ‖ **–ral** adj *(m/f) natürlich, Natur-* ‖
naturgegeben ‖ *wesensmäßig* ‖ *angeboren* ‖
natürlich vorkommend ‖ *schlicht, einfach,*
natürlich ‖ *selbstverständlich, natürlich* ‖
ungezwungen ‖ *naturrein* ‖ *nichtehelich,* ⟨lit⟩
natürlich (Kind) ‖ ∼ *de… geboren in… (dat)* ‖
(gebürtig) aus… (dat) ‖ inc *wohnhaft in… (dat)* ‖
∼ *m Naturtrieb* m, *angeborene Neigung* f ‖
Gemüts-, Sinnes-, Denk|art f, *Naturell* n ‖
Charakter m ‖ *Einwohner, Landsmann* m ‖ ◆ al
∼ *nach der Natur, ungekünstelt* ‖ *natürlich, in*
natürlichem Zustand ‖ ⟨Kochk⟩ *im eigenen Saft* ‖
de tamaño ∼ *in Lebensgröße* ‖ ◇ *copiar, pintar*

del ~ *nach der Natur malen* ‖ **–raleza** *f Natur,
sichtbare Welt* f ‖ *Naturkraft* f ‖ *Art, Gemütsart,
Beschaffenheit, natürliche Veranlagung* f,
Naturell, Temperament n, *Charakter* m, *Wesen* n ‖
Naturschönheit f ‖ *Zuständigkeit* f ‖ *Bürger-,
Heimat|recht* n ‖ ~ *afectiva empfindsames Gemüt*
n ‖ ~ *humana menschliche Natur* f ‖
Menschengeschlecht n ‖ ~ *muerta* ⟨Mal⟩
Stillleben n ‖ ~ *del suelo Bodenbeschaffenheit* f ‖
◆ *de esta* (*od* tal) ~ *dieser Art, derartig* ‖ ◇
pagar tributo a la (ley de la) ~ (fig) *der Natur
den schuldigen Tribut zahlen* (= sterben)
  natura|lidad *f Natürlichkeit* f, *natürliches
Wesen* n ‖ *Ungezwungen-, Unbefangen-,
Einfach|heit* f ‖ *Schlichtheit* f ‖ *Naturgegebenheit*
f ‖ (Jur) *mit der Geburt entstandenes Heimatrecht*
n ‖ **–lismo** *m* (Philos Lit) *Naturalismus* m ‖
Wirklichkeitstreue f ‖ *Am Naturgegebenheit* f ‖
–lista adj (m/f) *auf die Natur bezüglich* ‖ ⟨Philos
Lit⟩ *naturalistisch* ‖ ~ *m/f Naturforscher*(in f) m
‖ ⟨Philos Lit⟩ *Naturalist*(in f) m ‖ **–lización** *f
Naturalisierung, Einbürgerung* f *(auch von
Tieren, Pflanzen)* ‖ *Einführung* f ‖ **–lizar** [z/c] vt
(jdm) *das Bürgerrecht verleihen, (jdn) einbürgern,
naturalisieren* ‖ *ein|bürgern, -führen, einheimisch
machen (Tierarten, Bräuche, Wörter)* ‖ ~**se** s.
einbürgern ‖ *Bürger-, Heimat|recht bekommen,
eingebürgert werden* (& fig)
  naturalmente adv *natürlich, selbstverständlich*
‖ *naturgemäß* ‖ *von Natur aus* ‖ *auf natürliche
Weise* ‖ *allerdings, freilich*
  naturis|mo *m* ⟨Rel⟩ *Naturreligion* f ‖
Naturismus m, *Naturbewegung* f ‖ *natürliche
Lebensweise* f ‖ *Naturheilkunde* f ‖ *Freikörper-,
Nackt|kultur* f ‖ **–ta** adj (m/f) *Natur-* ‖ *Natur(heil)-*
‖ *Naturbewegungs-* ‖ *Naturfreunde-* ‖ *Freikörper-,
Nackt|kultur-* ‖ ~ *m/f Natur(heil)kundige(r* m) f ‖
Anhänger(in f) m *der Natur|bewegung bzw
-religion* ‖ *Anhänger*(in f) m *der Freikörper- od
Nackt|kultur* f
  naturópata *m/f Natur|arzt* m, *-ärztin* f
  naufra|gar [g/gu] vi ⟨Mar⟩ *Schiffbruch
erleiden, scheitern* ‖ (fig) *zugrunde* (& *zu
Grunde) gehen* ‖ *scheitern, fehlschlagen* ‖ **–gio** *m*
⟨Mar⟩ *Schiffbruch* m ‖ (fig) *Scheitern, Verderben*
n ‖ ◆ *en caso de* ~ *im Strandungsfall(e)*
  ¹náufrago adj *schiffbrüchig* ‖ ~ *m
Schiffbrüchige(r)* m
  ²náufrago *m* ⟨Fi⟩ *Hai* m
  nau|plio, –plius *m* ⟨Zool⟩ *Naupliuslarve* f
(Jugendform der Krebse mit e–m unpaaren Auge)
  Nauru *m* ⟨Geogr⟩ *Nauru* n
  náusea(s) *f Übelkeit* f, *Brechreiz* m ‖ *Würgen* n
(im Hals) ‖ (fig) *Ekel* m ‖ (fig) *Anstößigkeit* f ‖
(fig) *große Widerwärtigkeit* f ‖ ◇ *eso me da* ~
das ekelt mich an ‖ *tengo* ~ *mir ist übel*
  nausea|bundo adj *Übelkeit erregend* ‖ *ekelhaft*
‖ *widerlich* ‖ (fig) *anstößig* ‖ **-r** vi s. *ekeln, Ekel
empfinden*
  nauta *m Schiffer* m
  náuti|ca *f* ⟨Mar⟩ *Schifffahrtskunde, Nautik* f ‖
-co adj *nautisch, Schifffahrts-, Seefahrts-*
  nau|tilidos mpl ⟨Zool⟩ *Schiffsboote* npl
(Nautilidae) ‖ **–tilo** *m* ⟨Zool⟩ *Perlboot* n (Nautilus
pompilius)
  nava *f baumlose Ebene, Senke* f *(zwischen
Bergen)*
  ¹navaja *f Taschenmesser* n ‖ *Schnapp-,
Klapp|messer* n ‖ *Dolchmesser* n ‖ *Hippe* f ‖
Rasiermesser n ‖ (fig) *Läster|zunge* f, ⟨fam⟩
-maul n ‖ *Hauer* m *des Keilers* ‖ ~ *de afeitar
Rasiermesser* n ‖ ~s *de Albacete,* ~s *albaceteñas
Schneidwaren* fpl *aus Albacete,* p. ex *Klappmesser*
npl ‖ ~ *automática Klappmesser* n ‖ ~ *de bolsillo
Taschenmesser* n

²navaja *f* ⟨Fi⟩ *Scheiden-, Messer|muschel* f
  nava|jada *f,* **–jazo** *m Messerstich* m ‖ **–jero** *m
Rasierbesteck* n ‖ *Rasierschale* f ‖ *Rasiertuch* n
(zum Reinigen des Messers) ‖ *Messerschmied* m ‖
Messer|held, -stecher m ‖ **–jón** *m* augm von
  ¹navaja ‖ **–juela** *f* dim von **navaja**
  naval adj (m/f) *Marine-* ‖ *See-* ‖ *Schiffs-*
  Nava|rra *f* [historische, heute autonome
Region in Spanien] *Navarra* n ‖ **≃rro** adj *aus
Navarra* ‖ *auf Navarra bezüglich* ‖ ~ *m
Navarr(es)er* m
  ¹nave *f* ⟨Mar Luftw⟩ *Schiff* n (&
Weltraumforschung) ‖ ~ *espacial Raumschiff* n ‖
~ *frigorífica Kühlschiff* n ‖ ~ *de guerra
Kriegsschiff* n ‖ ~ *interplanetaria Raumschiff* n ‖
~ *nodriza Mutterschiff* n ‖ ~ *de San Pedro
Petrusschiff* n, *Kirche* f ‖ ◇ *quemar las* ~s (fig)
*alle Brücken hinter s. abbrechen (Ansp. auf
Cortés, der vor der Eroberung von Mexiko alle
span. Schiffe verbrennen ließ)*
  ²nave *f Halle* f ‖ *Flügel* m *(e–s Gebäudes)* ‖
(Kirchen)Schiff n ‖ ~ *de colada* ⟨Met⟩
Gieß(erei)halle f ‖ ~ *de la estación Bahnhofshalle*
f ‖ ~ *frigorífica Kühlhalle* f ‖ ~ *industrial
Industriehalle* f ‖ ~ *lateral Seiten-, Quer|schiff* n
(Kirche) ‖ ~ *principal Hauptschiff* n *(Kirche)* ‖ ~
de taller Werkstatthalle f
  navecilla *f* dim von **¹nave** ‖ *Schifflein* n,
Nachen m ‖ *Weihrauchschiffchen* n *(in der
Kirche)* ‖ *Räucherfässchen* n
  navega|ble adj (m/f) *schiffbar* ‖ **–ción** *f
Schifffahrtskunde, Nautik* f ‖ ⟨Mar Flugw⟩
Schifffahrt f ‖ ⟨Mar⟩ *Seefahrt* f ‖ ⟨Mar Flugw⟩
Navigation f ‖ ⟨Flugw⟩ *Ortung* f ‖ ~ *acústica
akustische Ortung* f ‖ ~ *aérea Luftfahrt* f ‖
Luftschifffahrt f ‖ ~ *por aguas interiores* →∙ ~
interior ‖ ~ *de altura Hochseeschifffahrt* f ‖ ~
costanera, ~ *costera,* ~ *de cabotaje
Küstenschifffahrt* f ‖ ~ *espacial (Welt)Raumfahrt* f
‖ ~ *fluvial Binnen-, Fluss|schifffahrt* f ‖ ~
interior Binnenschifffahrt f ‖ ~ *marítima
Seeschifffahrt* f ‖ ~ *submarina Unterseebootfahrt,
Unterwasserschifffahrt* f ‖ ◇ *estar en buen estado
para la* ~ *seetüchtig sein (Schiff)*
  nave|gador *m Schiffer, Seefahrer* m ‖
Navigator m ‖ **–gante** *m Schiffer, Seefahrer* m ‖
-gar [g/gu] vi *zur See fahren* ‖ ⟨Mar⟩ *fahren,
schiffen, segeln* ‖ ⟨Flugw⟩ *fliegen* ‖ *orten* ‖ ⟨Flugw
Mar⟩ *navigieren* ‖ (fig) *ziellos umher|spazieren,
-fahren, -reisen* ‖ *funktionieren, gut ablaufen,
klappen* ⟨Inform⟩ *surfen* ‖ ◇ ~ *bajo bandera
extranjera (neutral)* ⟨Mar⟩ *unter fremder
(neutraler) Flagge segeln* ‖ ~ *hacia el polo e–e
Polarfahrt unternehmen* ‖ ~ *a toda vela,* ~ *a
velas desplegadas* ⟨Mar⟩ *mit vollen Segeln laufen*
‖ *pasar* –gando *durchschiffen*
  navel adj *Navel-(Orange)*
  naveta *f* dim von **nave** ‖ *Räucherfass* n ‖
Schublade f
  navicert *m Navicert* n *(Geleitschein für [im
Krieg] neutrale Schiffe)*
  navi|cular adj (m/f) *nachen-, kahn|förmig* ‖
–chuela *f* dim von **¹nave**
  Navidad *f Weihnacht(en* n) f ‖ *Weihnachtszeit* f
‖ ◆ *de* ~ *Weihnachts-* ‖ *por* ~es *um die
Weihnachtszeit* ‖ **≃deño** adj *weihnachtlich,
Weihnachts-*
  naviero adj *Schifffahrts-* ‖ ~ *m* ⟨Mar⟩ *Reeder*
m ‖ *(Schiffs)Ausrüster* m ‖ **-gestor** *m
Schiffsdisponent* m
  ¹navío *m* ⟨Mar⟩ *(großes Segel-, Kriegs-,
Handels)Schiff* n ‖ ~ *de alto bordo Hochbord-,
See|schiff* n ‖ ~ *de línea Linienschiff* n ‖ ~ *de dos
puentes Zweidecker* m
  △ **²navío** *m Körper* m

náyade f ⟨Myth⟩ *Najade, Wassernymphe* f
nazareno adj *nazarenisch* ‖ *von Nazareth* ‖
⟨fig⟩ *christlich* ‖ ~ *m Nazaräer, Nazarener* m ‖
⟨fig⟩ *Christ* m, *der Nazarener* ‖ *Büßer,
Büßende(r)* m, *der im langen Mantel an den
Bittgängen in der Karwoche teilnimmt* ‖ el
(Divino) ~ *Jesus Christus* m ‖ ◇ *estar hecho un*
~ ⟨fig⟩ *arg zugerichtet sein*
  nazareo adj → **nazareno**
na|zi adj *(m/f)* ⟨Pol Hist⟩ *nazistisch, Nazi-* ‖ ~
m Nazi m ‖ **–zismo** *m Nazismus* m
Nb ⟨Abk⟩ = **niobio**
N.B. ⟨Abk⟩ = **Nota bene**
N.bre ⟨Abk⟩ = **Noviembre**
n/c ⟨Abk⟩ = **nuestra cuenta** ‖ **nuestro cargo**
n/cta ⟨Abk⟩ = **nuestra cuenta**
n/ch. ⟨Abk⟩ = **nuestro cheque**
Nd ⟨Abk⟩ = **neodimio**
N. del T. ⟨Abk⟩ = **Nota del traductor**
Ne ⟨Abk⟩ = **neón**
NE ⟨Abk⟩ = **Nordeste**
neártico adj *nearktisch*
△ **nebel** num *neun*
¹**nebladura** f ⟨Agr⟩ *Nebelschäden* mpl
²**nebladura** f ⟨Vet⟩ *Drehkrankheit* f *der Schafe*
(→ ²**modorra**)
neblí [*pl* ~**íes**] *m Falke* m (→ **halcón**)
nebli|na f *(dichter, niederer) Nebel,
Bodennebel* m ‖ *Dunst,* ⟨Mar⟩ *Mist* m ‖ **–near** vi
Extr *nieseln, fein regnen* ‖ **–nógeno** *m Nebelgerät* n
△ **nebó** adj *neu*
nebreda f → **enebral**
nebrisense adj *(m/f) aus Lebrija* (P Sev) ‖ *auf
Lebrija bezüglich*
nebuli|zación f *Sprühen* n ‖ *Sprühmittel* n ‖
–zador m/adj *Sprühflasche* f, *Spray* m (& n) ‖
–zar [z/c] vi *sprühen, sprayen*
nebulo|sa f ⟨Astr⟩ *Nebel* m ‖ **–sidad** f
(schwacher) Nebel m ‖ *Nebelbildung* f ‖ *(leichte)
Bewölkung* f ‖ *Wolkige(s), Trübe(s)* n ‖ ⟨fig⟩
Schatten, Nebel m ‖ ⟨fig⟩ *Unklarheit, Dunkelheit* f
‖ ⟨fig⟩ *Nebelhaftigkeit, Verschwommenheit* f ‖ **–so**
adj *dunstig, diesig* ‖ *wolkig, neb(e)lig* ‖ ⟨fig⟩
*unklar, verschwommen, finster, nebelhaft,
nebu|los, -lös* ‖ ⟨fig⟩ *ungewiss* ‖ ⟨fig⟩ *trostlos*
necátor m ⟨Zool⟩ *Hakenwurm, Necator* m ‖
△ **necaulé** adj *kein*
nece|ar vi *s. albern benehmen* ‖ *blödeln* ‖ **–dad**
f *Torheit, Albernheit* f, *Blöd-, Un|sinn, Unfug* m ‖
Dummheit f ‖ ◇ *decir* ~*es Unsinn reden*
necesa|ria f *Abort* m ‖ Am *Nachtgeschirr* n ‖
–riamente adv *zwangsweise* ‖ *unbedingt* ‖ **–rio**
adj *notwendig, (unbedingt) nötig* ‖ *unentbehrlich* ‖
unerlässlich ‖ *unabwendbar* ‖ *(unbedingt)
erforderlich (para für, zu)* ‖ lo *estrictamente* ~
soviel, als unbedingt nötig ist ‖ ◇ es
absolutamente ~ *que …* (subj) *es ist unbedingt
nötig, dass …* ‖ considerar, creer ~ *für angezeigt
halten* ‖ dar los pasos ~s *die erforderlichen
Schritte tun* ‖ hacerse ~ *nötig werden* ‖ s.
unentbehrlich machen ‖ no es ~ que vayas *du
brauchst nicht hinzugehen* ‖ tomar las medidas
~as *die nötigen Maßnahmen ergreifen*
neceser m *Necessaire* (& *Nessessär*) n ‖ ~ de
bolsillo *Taschengarnitur* f ‖ ~ de viaje
Reise|necessaire (& *-nessessär*) n
necesidad f *Notwendigkeit* f ‖ *Bedürfnis* n ‖
Dürftigkeit, (Hungers)Not f, *Mangel* m ‖ *Bedarf*
m ‖ *Not* f ‖ ~ de expansión *Mitteilungsbedürfnis*
n ‖ ~ extrema *höchste Not* f ‖ ~ imperiosa
dringende Not f ‖ ~ urgente *dringender Bedarf* m
‖ *Sofortbedarf* m ‖ *dringendes Bedürfnis* n ‖
dringende Notlage f ‖ ~es de la vida
Lebensbedürfnisse npl ‖ ◆ de (primera) ~
unbedingt od *absolut notwendig* ‖ en caso de ~

nötigenfalls, *im Notfall, falls notwendig* ‖ por ~
zwangsweise ‖ según la ~ *je nach Bedarf* ‖ ◇ ~
carece de ley ⟨Spr⟩ *Not kennt kein Gebot* ‖ hacer
de (la) ~ virtud *aus der Not e–e Tugend machen*
‖ hacer sus ~es *s–e Notdurft* od *sein Bedürfnis
verrichten* ‖ la ~ hace maestro ⟨Spr⟩ *Not macht
erfinderisch* ‖ eso me pone en la ~ de … *das
nötigt mich zu …* ‖ proclamar el estado de ~ *den
Notstand ausrufen* ‖ satisfacer una ~ *e–m
Bedürfnis nachkommen* od *entsprechen* ‖ es de ~
absoluta od *apremiante* od *imperiosa es ist
unbedingt nötig* ‖ tener ~ de algo *et. nötig haben*
‖ verse en la ~ de … *s. genötigt sehen zu …*
  necesi|tado adj/s *(be)dürftig, notleidend* ‖ **–tar**
vt/i *nötigen, zwingen* ‖ *erfordern* ‖ *bedürfen* ‖
müssen ‖ *(dringend) brauchen, benötigen* ‖ ◇
necesito salir *ich muss (hin)ausgehen* ‖ ~ (de)
auxilio *der Hilfe bedürfen* ‖ no ~ mucho para
vivir *bescheidene Lebensbedürfnisse haben,
bescheiden leben* ‖ no ~ respuesta *k–e Antwort
erfordern* ‖ no necesito de tí (*od* no te necesito)
ich verzichte auf d–e Hilfe ‖ ~**se** *nötig sein* ‖ ◇
"se necesita secretaria" *„Sekretärin gesucht"*
necezuelo adj dim von **necio**
necio adj *unwissend* ‖ *einfältig, albern, dumm,
töricht, närrisch, läppisch* ‖ *un|besonnen,
-bedacht, gedankenlos* ‖ *starrköpfig, stur* ‖ ◆ a
palabras ~as, oídos sordos ⟨Spr⟩ etwa: *auf e–e
dumme Frage gehört e–e dumme Antwort* ‖ ~ *m
Dummkopf, Dussel, Trottel* m ‖ *Narr* m
nécora f ⟨Zool⟩ *Schwimmkrabbe* f (*Portunus
puber* = P. *corrugatus u.a.*)
ne|crofagia f ⟨Zool⟩ *Aasfresserei* f ‖ **–crófago**
adj/s *aas(fr)essend, Aas-* ‖ **–crofilia** f ⟨Med
Psychol⟩ *Leichenschändung, Nekrophilie* f ‖
–crófilo m/adj *Leichenschänder* m ‖ **–crofobia** f
Nekrophobie, Furcht f *vor Toten*
necróforo m ⟨Ins⟩ *Totengräber* m
(*Necrophorus vespillo*)
necro|latría f *Totenkult* m ‖ **–logía** f
Nekrologie, Lehre f *der Sterblichkeitsursachen* ‖
Nekrologie, Todesstatistik, Totenliste f ‖ *Nachruf*
m ‖ **–lógico** adj *Todes-* ‖ *Nachruf-* ‖ **–logio** m
Totenbuch, Nekrologium n *(der Kirche)* ‖
–mancia f → **nigromancia**
necrópolis f *Nekropole* f ‖ ⟨lit⟩ *Friedhof* m
ne|cropsia, –croscopia f ⟨Jur Med⟩ *Nekropsie,
Obduktion, Autopsie, Sektion, Leichen(er)öffnung*
f ‖ **–croscópico** adj *nekroskopisch* ‖ **–crósico** adj
→ **necrótico** ‖ **–crosis** f *Nekrose* f, *Gewebstod* m
‖ **–crótico** adj *nekrotisch, abgestorben, brandig*
néctar m *Nektar, Göttertrank* m (& fig) ‖ ⟨Bot⟩
Honigsaft, Nektar m *(der Blüte)*
nectáreo, nectarino adj *nektarähnlich* ‖
honigsüß
nectarina f ⟨Bot⟩ *Nektarine* f
nectario m ⟨Bot⟩ *Nektarium* n, *Honigdrüse* f
(der Blüten)
nec|ton m ⟨Biol⟩ *Nekton* n ‖ **–tónico** adj
nektonisch
neerlandés adj *niederländisch* ‖ ~ *m
Niederländer* m
nefando adj *schändlich*
nefario adj *ruchlos*
nefas adv: por ~ *widerrechtlich*
nefasto adj *un|heilvoll, -selig* ‖
unglückbringend
nefebilata m/f *Träumer(in* f) m
nefelio m ⟨Med⟩ *Hornhautfleck* m *(im Auge)*
nefe|lometría f ⟨Chem⟩ *Nephelometrie* f ‖
–lómetro *m Nephelometer* n
nefralgia f ⟨Med⟩ *Nierenschmerz(en)* m(pl),
Nephralgie f
ne|frectomía f ⟨Med⟩ *Nephrektomie* f ‖ **–frítico**
adj *Nieren-* ‖ **–fritis** f *Nierenentzündung,*

Nephritis f ‖ **–frógeno** adj *nephrogen* ‖
–frolitiasis *f Nierensteinleiden* n, *Nephrolithiase* f
‖ **–frología** *f Nephrologie* f ‖ **–frológico** adj
nephrologisch ‖ **–frólogo** *m Nephrologe* m ‖
–froma *m Nephrom* n, *(bösartige)*
Nierengeschwulst f
  nefrón *m* ⟨An⟩ *Nephron* n
  nefro|patía *f* ⟨Med⟩ *Nierenleiden* n,
Nephropathie f ‖ **–sis** *f Nephrose* f
  nega|ción *f Verneinung* f, ⟨Gr⟩ *Negation* f,
Verneinungswort n ‖ *Ablehnung* f ‖ *Negation* f
(logische Grundschaltung) ‖ *(Ab)Leugnen* n ‖
Verweigerung f ‖ *Weigerung* f ‖ **–do** adj *un|fähig,*
-tüchtig ‖ ~ *m Unbegabte(r)* m
  negar [-ie-, g/gu] vt/i *verneinen* ‖ *ab-,*
ver|leugnen ‖ *nicht anerkennen* ‖ *verweigern,*
abschlagen ‖ *verbieten, untersagen* ‖ *streitig*
machen, betreten ‖ *verhehlen* ‖ *vernachlässigen* ‖
◇ ~ *con la cabeza verneinend nicken* ‖ **~se** *s.*
weigern ‖ *e–e abschlägige Antwort erteilen* ‖ ~ a
aceptar die Annahme verweigern ‖ *no se puede* ~
que … man muss zugestehen, dass …
  negati|va *f Verneinung* f ‖ *abschlägige Antwort*
f, *(fam) Korb* m ‖ *Weigerung* f ‖ *Absage* f ‖ ⟨Fot⟩
Negativ n ‖ ~ *de aceptación* ⟨Com⟩ *Verweigerung*
der Annahme ‖ ◆ *ante la* ~ *bei* (od *infolge der)*
Verweigerung ‖ *en caso de* ~ *im Weigerungsfalle*
‖ **–vamente** adv *negativ, ungünstig* ‖ ◇ *mover la*
cabeza ~ *verneinend den Kopf schütteln* ‖ **–vo** adj
negativ, verneinend ‖ *abschlägig, negativ* ‖ ⟨Tech
El⟩ *negativ* ‖ *(prueba)* ~a ⟨Fot⟩ *Negativ* n ‖ ◆ *en*
caso ~ *verneinendenfalls, falls nein, wenn nicht* ‖
~ *m* ⟨Fot Typ⟩ *Negativ* n
  negatrón *m* ⟨Phys⟩ *Negatron* n
  negligé *f Negligé* n ‖ *Hauskleid* n
  negli|gencia *f Nachlässigkeit* f ‖ ⟨Jur⟩
Fahrlässigkeit f ‖ **–gente** adj *(m/f) nach-,*
fahr|lässig, unachtsam (en *in* dat) ‖ **–gir** [g/j] vt
vernachlässigen
  negocia|ble adj *(m/f) verkäuflich, umsetzbar* ‖
begebbar (Wechsel) ‖ **–ción** *f Unter-,*
Ver|handlung f ‖ ⟨Com⟩ *Begebung* f *(Wechsel)* ‖
Umsatz m *(Bank, Börse)* ‖ **–ciones** *fpl:* ~
arancelarias Zolltarifverhandlungen fpl ‖ ~
tarifarias Tarifverhandlungen fpl ‖ ◇ *entablar* (od
entrar en) ~ *Verhandlungen aufnehmen, in*
Verhandlungen treten ‖ **–do** *m Befehl, Auftrag* m ‖
Kanzlei-, Verwaltungs|abteilung, Sektion f,
Referat n ‖ *Geschäftsstelle* f ‖ *Amt* n, *Behörde* f ‖
Arg Chi Ec Pe *Kuhhandel* m ‖ *Schwarzgeschäft* n
‖ Chi *Laden* m, *Geschäft* n
  nego|ciante *m Geschäfts|mann* m, *-frau* f ‖
Großhändler(in f) m ‖ ~ *en granos*
Getreidehändler(in f) m ‖ ~(al) *por mayor*
Großhändler(in f) m ‖ **–ciar** vt *kaufen und*
verkaufen (Waren) ‖ *aushandeln* ‖ *begeben*
(Wechsel) ‖ *zustande* (& *zu Stande) bringen*
(Geschäft) ‖ ◇ ~ *la paz um den Frieden*
unterhandeln ‖ ~ vi *Handel treiben, handeln* ‖
verhandeln, (diplomatisch) unterhandeln ‖ ◇ ~
con papel in Papier handeln ‖ ~ *en vinos*
Weinhandel treiben ‖ **~se** *gehandelt werden*
(Ware, Wertpapiere) ‖ *verhandelt werden*
(Geschäft, Diplomatie) ‖ ~ *en bolsa an der Börse*
gehandelt werden (Wertpapiere)
  nego|cio *m Geschäft* n ‖ *Betrieb* m ‖ *Handel* m
‖ *Beschäftigung, Stellung* f, *Amt* n ‖ *Sache,*
Angelegenheit f ‖ *Ver-, Unter|handlung* f ‖ ~
activo Aktivgeschäft n ‖ ~ *bancario Bankgeschäft*
n ‖ ~ *de baratillo Kleinhandel* m, *Hökerei* f,
Hökerhandel m ‖ ~ *de comisión*
Kommissionsgeschäft n ‖ ~ *de compraventa,* ~
de compra y venta Trödler-, Tausch|geschäft n,
Kauf und Verkauf m ‖ ~ *de consorcio*
Konsortialgeschäft n ‖ ~ *de crédito*

Kreditgeschäft n ‖ ~ *de depósitos*
Depositengeschäft n ‖ ~ *al descontado*
Blankogeschäft n ‖ ~ *de descuento*
Diskontgeschäft n ‖ ~ *de efectos negociables* (od
valores en cartera) *Effektengeschäft* n ‖ ~ *de*
emisiones Emissionsgeschäft n ‖ ~ *de expedición*
Speditionshandel m ‖ ~ *de exportación*
Ausfuhrhandel m ‖ ~ *ilícito Schleich-,*
Schmuggel|handel m ‖ ~ *de importación*
Einfuhrhandel m ‖ ~ *jurídico* ⟨Jur⟩
Rechtsgeschäft n ‖ ~ *obligacional*
schuldrechtliches Geschäft n ‖ ~ *pasivo*
Passivgeschäft n ‖ *un* ~ *en perspectiva ein in*
Aussicht stehendes Geschäft n ‖ ~ *a plazo*
Termingeschäft n ‖ ~ *a premio Stellgeschäft* n
(Börse) ‖ ~ *de préstamos Leih-* od
Lombard|geschäft n ‖ ~ *principal Hauptgeschäft*
n ‖ *un* ~ *poco productivo ein wenig einträgliches*
Geschäft n ‖ ~ *redondo* ⟨figf⟩ *einträgliches*
Geschäft n ‖ ~ *a término* → ~ *a plazo* ‖ *mal* ~
schlechtes Geschäft n ‖ ¡*mal* ~! ⟨figf⟩ *Pech*
(gehabt)! ‖ ◇ *abrir un* ~ *ein Geschäft eröffnen* od
gründen ‖ *anular un* ~ *ein Geschäft rückgängig*
machen ‖ *ceder un* ~ *ein Geschäft abtreten,*
übertragen ‖ *concertar un* ~ *ein Geschäft*
abschließen ‖ *dirigir un* ~, *ejercer un* ~ *ein*
Geschäft betreiben ‖ *establecer un* ~ → *abrir un*
~ ‖ *evacuar un* ~ *(fam) ein Geschäft erledigen* ‖
fundar un ~ → *abrir un* ~ ‖ *hacer buen* (od *su)*
~ *ein gutes Geschäft machen, (fam) gut*
abschneiden ‖ *liquidar un* ~ *ein Geschäft*
abwickeln ‖ *salir mal de un* ~ *schlecht*
wegkommen ‖ *transferir un* ~, *traspasar un* ~ →
ceder un ~ ‖ ~**s** *mpl:* ~ *bursátiles*
Börsengeschäfte npl ‖ ~ *del Estado*
Staatsangelegenheiten fpl ‖ ◇ *dedicarse a los* ~
s. dem Geschäft widmen ‖ *estar abrumado de* ~
mit Geschäften überlastet sein ‖ *extender* od
ampliar los ~ *das Geschäft ausdehnen* ‖ **–cioso**
adj *geschäftig, fleißig*
  negotiorum gestio ⟨lat⟩ *f* ⟨Jur⟩
Geschäftsführung f *ohne Auftrag*
  negozuelo *m* dim von **negocio**
  ne|gra *f Negerin, Schwarze* f ‖ ⟨fig⟩ *Pech,*
Unglück n ‖ ⟨Mus⟩ *Viertelnote* f ‖ *la* ~ *das böse*
Geschick ‖ ◇ *tiene la* ~, *lo persigue la* ~ *er hat*
e–e Pechsträhne ‖ **–grada** *f (desp) Negervolk* n
‖ ⟨Hist⟩ *Schar* f *der Negersklaven* ‖ **–gral** adj
(m/f) schwärzlich ‖ **–grear, –grecer** [-zc-] vi *ins*
Schwarze spielen ‖ *schwarz werden* ‖ **–grero**
*m/*adj ⟨Hist⟩ *Neger-, Sklaven|händler* m ‖
Sklavenschiff n ‖ ⟨figf⟩ *Ausbeuter* m ‖ ⟨figf⟩
Tyrann m
  négrido adj ⟨Anthrop⟩ *negrid, dem negriden*
Rassenkreis angehörend ‖ ~ *m Negride(r)* m
  ¹**negrilla** *f* ⟨Typ⟩ *(halb)fette Schrift* f
  ²**negrilla** *f* ⟨Agr⟩ *Schwarzschimmel* m *(der*
Zitrusfrüchte, der Oliven)
  ¹**negrillo** adj *schwärzlich*
  ²**negrillo** *m* ⟨Bot⟩ *Ulme, Schwarzpappel* f
  negrita *f* → ¹**negrilla**
  ¹**negrito** *m* dim von ¹**negro** ‖ *Kosename in*
südamerikanischen Volksliedern ‖ ⟨Anthrop⟩
Negrito m
  ²**negrito** *m* ⟨Fi⟩ *Schwarzer Dornhai* m
(Etmopterus spinax)
  negritud *f Gesamtheit* f *der Neger* ‖
Negervölker npl ‖ *Negritude* f *(z.B. bei Senghor)*
  ¹**negro** adj *schwarz* ‖ *schwarzbraun* ‖ *schwarz*
(Brot) ‖ ⟨fig⟩ *trübe, düster* ‖ *(fam) la* ~a *das böse*
Geschick ‖ ◇ *estar* ~ ⟨fig⟩ *ratlos sein* ‖ *está* ~
de(l) sol er ist sonnengebräunt od *von der Sonne*
verbrannt ‖ *pasarlas* ~as *(fam) vom Unglück*
verfolgt werden, e–e Pechsträhne haben ‖ *poner*
~ a *alg. jdn ärgern* ‖ *tirar a* ~ *ins Schwarze*

spielen ‖ verlo todo ~ *ein Schwarzseher sein* ‖ *verse* ~ → *estar* ~ ‖ se vio ⟨fam⟩ ~ *para librarse de sus uñas* ⟨fig⟩ *er entkam mit knapper Not* ‖ ~ *m Neger, Schwarze(r)* m ‖ *(Buchdrucker)Schwärze* f ‖ *schwarze Farbe* f, *Schwarze(s)* n ‖ *Ruß* m ‖ ⟨fig⟩ *Sklave* m ‖ ⟨Lit⟩ *Ghostwriter* m ‖ ~ de *alizarina Alizarinschwarz* n ‖ ~ de *anilina Anilinschwarz* n ‖ ~ *animal Tierkohle* f ‖ ~ *azul(ado) Blauschwarz* n ‖ ~ de *carbón Kohlschwarz* n ‖ ~ *espiritual* ⟨Mus⟩ *Negro Spiritual* n ‖ ~ de *gas Gasruß* m, *Carbonblack* n ‖ ~ de *humo Rußschwarz* n ‖ ~ de *imprenta Druckerschwärze* f ‖ ~ de *marfil Elfenbeinschwarz* n ‖ ~ *profundo Tiefschwarz* n ‖ ~ de *la uña schwarzer Schmutz* m *unter den Nägeln,* ⟨joc⟩ *Hoftrauer* f ‖ ⟨fig⟩ *ein kleines bisschen* ‖ *como el* ~ *del sermón* (pop) *ohne et. verstanden, begriffen zu haben* ‖ ◇ *ponerse* ~ *schwarz werden* ‖ ¡no somos ~s! ⟨fig⟩ *so lassen wir uns nicht behandeln! wir sind doch nicht (eure) Lakaien!* ‖ *trabajar como un* ~ (figf) *wie ein Pferd* od *hart arbeiten,* ⟨fam⟩ *ochsen*
△ **²negro** adj *gerieben*
  negroide adj *(m/f) negroid, negerähnlich* ‖ ~ *m Negroide(r)* m
  negrón m ⟨V⟩ *Ente* f ‖ ~ *careto Brillenente* f (Melanitta perspicillata) ‖ ~ *común Trauerente* f (M. nigra) ‖ ~ *especulado Samtente* f (M. fusca)
  negror m *Schwärze* f
△ **negrota** f *Kessel* m
  negru|no adj *schwärzlich* ‖ **-ra** f *Schwärze* f ‖ la ~ de la *noche die schwarze Nacht*
  negruzco adj *schwärzlich* ‖ *schwarzbraun*
  neg.ᵗᵉ ⟨Abk⟩ = **negociante**
  neguilla f ⟨Bot⟩ *Kornrade* f (Agrostemma githago) ‖ *Braut in Haaren, Jungfer* f *im Grünen* (Nigella damascena)
△ **neguisar** vt → **negar**
  negundo m ⟨Bot⟩ *Eschenahorn* m (Acer negundo)
  negus m ⟨Hist⟩ *Negus* m
  Nehemías m np ⟨Bibl⟩ *Nehemia(s)* m
  neis m ⟨Min⟩ → **gneis**
  ne|ja f Mex *Fladen* m *aus gekochtem Mais* ‖ **-jayote** m *Kochwasser* n *des Mais*
△ **nejebar** vt *vergrößern*
  nel ⟨pop⟩ → **en el**
  Nelo, Nela m ⟨pop⟩ → **Manuel, ~a**
  nelson m ⟨Sp⟩ *Nelson* m
  nelumbio m ⟨Bot⟩ *Indische Lotosblume* f (Nelumbo nucifera *u.a.*)
  nema f *Briefsiegel* n
  nematelmintos mpl ⟨Zool Med⟩ *Schlauch-, Hohl-, Rund|würmer* mpl (Nemathelminthes)
  nematodos mpl ⟨Zool Med⟩ *Fadenwürmer* mpl (Nematoda)
  Nembrot m np → **Nemrod**
  nemertinos mpl ⟨Zool⟩ *Schnurwürmer* mpl (Nemertini)
  Némesis f ⟨Myth⟩ *Nemesis, Göttin* f *der Rache* ‖ ~ ⟨fig⟩ *Rache* f
  némine discrepante ⟨lat⟩ *widerspruchslos* ‖ *einstimmig*
  nemoroso adj ⟨poet⟩ *bewaldet, Wald-*
  Nemrod m np ⟨Bibl⟩ *Nimrod* m
  ne|na f (dim **-nita**) ⟨fam⟩ *kleines Mädchen, Kindchen* n ‖ **-ne** m (dim **-nito**) ⟨fam⟩ *kleines Kind* ⟨n (bes. *als Kosewort*)
  Nené f ⟨pop⟩ → **Aurora** f
  neneque m Hond *schwächlicher, unselbständiger Mensch* m
  nenia f *Totenklage* f ‖ *Klagelied* n, *Nänie* f
  n/entr. ⟨Abk⟩ = **nuestra entrega**
  nenúfar m ⟨Bot⟩ *Seerose* f (Nymphaea spp) ‖ *Teichrose, Mummel* f (Nuphar spp)

neño m → **niño**
neo... präf *Neu-, Neo-*
neo|barroco m [Kunst] *Neobarock* m (& n) ‖ **-capitalismo** m *Neokapitalismus* m ‖ **-catolicismo** m *Neokatholizismus* m ‖ **-celandés** adj → **neozelandés** ‖ **-clasicismo** m *Klassizismus* m ‖ **-clásico** adj/s *klassizistisch* ‖ **-colonialismo** m ⟨Pol⟩ *Neokolonialismus* m ‖ **-darwinismo** m ⟨Biol⟩ *Neodarwinismus* m
neodimio m **(Nd)** ⟨Chem⟩ *Neodym* n
neo|escolástica f ⟨Philos⟩ *Neuscholastik* f ‖ **-fascismo** m ⟨Pol⟩ *Neofaschismus* m ‖ **-fascista** adj *(m/f)* ⟨Pol⟩ *neofaschistisch* ‖ ~ *m/f Neofaschist(in* f) m
neófito m/adj *Neophyt* m, *Neubekehrte(r)* m ‖ ⟨fig⟩ *Anfänger* m ‖ ⟨fig⟩ *Neuling* m
neofran|quismo m Span ⟨Pol⟩ *Neofrankismus* m ‖ **-quista** adj *(m/f) neofrankistisch* ‖ ~ *m/f Neofrankist(in* f) m
neógeno m ⟨Geol⟩ *Neogen* n
neo|gongorismo m ⟨Lit⟩ *Neogongorismus* m ‖ **-gótico** adj ⟨Arch⟩ *neugotisch* ‖ **-gramático** adj ⟨Gr⟩ *junggrammatisch* ‖ **-griego** adj *neugriechisch* ‖ **-impresionismo** m ⟨Mal Lit⟩ *Neoimpressionismus* m ‖ **-kantismo** m ⟨Philos⟩ *Neukantianismus* m ‖ **-latino** adj *neulateinisch* ‖ **-liberalismo** m *Neoliberalismus* m ‖ **-lingüismo** m *Neolinguismus* m ‖ **-lítico** adj *jungsteinzeitlich, neolithisch* ‖ (período) ~ *m Jungsteinzeit* f, *Neolithikum* n ‖ **-lógico** adj *neugebildet* ‖ **-logismo** m *Neologismus* m, *Neuwort(bildung* f) n
neón m **(Ne)** ⟨Chem⟩ *Neon* n ‖ ⟨Fi⟩ *Neonfisch* m (Paracheirodon inneal)
neo|nacismo m ⟨Pol⟩ *Neonazismus* m ‖ **-nacista** adj *(m/f) neonazistisch* ‖ ~ *m/f Neo|nazi, -zist(in* f) m
neo|natal adj *(m/f) auf das Neugeborene bezüglich* ‖ **-nato** adj *neugeboren* ‖ ~ *m Neugeborene(s)* n
neo|plasia f ⟨Med⟩ *Neoplasie, Neubildung* f ‖ **-plasma** m ⟨Med⟩ *Neoplasma* n ‖ **-platónico** adj *neuplatonisch* ‖ ~ *m Neuplatoniker* m ‖ **-rrealismo** m ⟨Film⟩ *Neo|realismus, -verismus* m ‖ **-rromántico** adj *neuromantisch* ‖ **-tenia** f ⟨Zool⟩ *Neotenie* f (z. B. *beim Axolotl*) ‖ **-trópico** adj ⟨Zool Geogr⟩ *neotropisch* ‖ **-yorquino** adj/s *aus New York* ‖ *auf New York bezüglich* ‖ **-zelandés** adj *aus Neuseeland* ‖ *auf Neuseeland bezüglich* ‖ ~ *m Neuseeländer* m ‖ **-zoico** adj *neozoisch* ‖ (período) ~ *m Erdneuzeit* f, *Neozoikum* n
Nepal m ⟨Geogr⟩ *Nepal* n
nepentes mpl ⟨Bot⟩ *Kannenpflanzen* fpl
nepotismo m *Vetternwirtschaft, Verwandtenbegünstigung* f, *Nepotismus* m
neptunio m **(Np)** ⟨Chem⟩ *Neptunium* n
Neptuno m ⟨Myth & Astr⟩ *Neptun* m ‖ el ~ ⟨poet⟩ *das Meer*
nequáquam [..kwa'kwan] adv ⟨fam⟩ *keineswegs, mitnichten*
nereida f ⟨Myth⟩ *Nereide, Seenymphe* f
nereidos mpl ⟨Zool⟩ *Nereidae* pl *(vielborstige Würmer)*
nerítico adj ⟨Geogr⟩ *neritisch, sublitoral*
neroli m ⟨Chem⟩ *Orangenblüten-, Neroli|öl* n
Nerón m np *Nero* m ‖ ~ *m grausamer Mensch* m
neroniano adj *neronisch* ‖ ⟨fig⟩ *grausam*
nerva|dura, -tura f ⟨Bot⟩ *Blattgerippe* n ‖ ⟨Arch Tech⟩ *Rippenwerk* n
nérveo adj *Nerven-*
ner|vezuelo, -viecillo m dim von **nervio**
nervio m *Nerv* m ‖ *Sehne* f ‖ ⟨Bot⟩ *Rippe* f (e–s Blattes) ‖ (Flugw Mar Tech Arch) *Rippe* f ‖ ⟨Buchb⟩ *Bund* m ‖ ⟨fig⟩ *Kraft, Seele, Verve* f ‖

⟨fig) *Haupttriebfeder* f ‖ ~ de buey *Ochsenziemer*
m ‖ ~ motor *motorischer Nerv* m ‖ ~ olfativo
Geruchsnerv m ‖ ~óptico *Sehnerv* m ‖ ~
sensitivo *sensibler od sensorischer Nerv* m ‖ ~
simpático *Sympathikus* m ‖ ~ trigémino
Trigeminus m ‖ ~ vago *Vagus* m ‖ ~s
vasomotores *Vasomotoren, vasomotorische
Nerven* mpl ‖ ◇ ser un manojo de ~s ⟨figf) *ein
Nervenbündel sein* ‖ tener *od* traer los ~s de
punta ⟨figf) *sehr aufgeregt sein* ‖ tener un ataque
de ~s *e–n Nervenanfall bekommen* ‖ tener buenos
~s *s. sehr gut beherrschen können, starke Nerven
haben* ‖ *beherzt, tapfer sein* ‖ me crispa los ~s
⟨fig) *das geht mir auf die Nerven*
   nervio|sidad *f*, **–sismo** *m Reizbarkeit,
Nervosität* f ‖ *Neurasthenie* f, *Nervenleiden* n ‖
⟨fig) *Unruhe* f ‖ ⟨fig) *Kraft, Stärke* f ‖ **–so** adj
nervös ‖ *unruhig* ‖ *leicht erregbar, reizbar* ‖
nervenkrank ‖ ⟨fig) *nervig, kräftig* ‖ *Nerven-* ‖ ◇
ponerse ~ *nervös, aufgeregt werden* ‖ ⟨fig) *das
Zittern od Angst bekommen*
   ner|vosidad *f →* **nerviosidad** ‖
Geschmeidigkeit f *(der Metalle)* ‖ **–voso** adj →
–vioso ‖ *sehnig (Fleisch)* ‖ **–vudo** adj *nervenstark*
‖ *sehnig, kräftig, rüstig* ‖ **–vura** *f →* **nervio**
   nescientemente adv *unwissend* ‖
unbewussterweise ‖ *unwillkürlich*
   nesga *f Keil, Zwickel* m *(an e–m Kleid)*
   nés|pera *f* ⟨Bot) *Mispel* f (→ **níspero**) ‖ **–pilo**
m → **níspola**
   neste ⟨pop) = **en este**
   néstor *m* ⟨V) *Kaka* m (Nestor meridionalis) ‖
Kea m (N. notabilis)
   nestoriano adj ⟨Rel) *nestorianisch* ‖ ~ *m
Nestorianer, Anhänger* m *der Lehre des
Patriarchen Nestorius von Konstantinopel (5. Jh.)*
   netamente adv *rein, nett* ‖ *klar, deutlich*
   netezue|lo *m* dim von **nieto**
   neto adj/adv *rein, lauter, sauber* ‖ ⟨Com) *netto,
Rein-, Netto-* ‖ ~ al contado *netto Kasse* ‖ ~ y
sin descuento *netto ohne Abzug* ‖ ~ *m* ⟨Com)
Nettobetrag m
   netsuke *m* (jap) ⟨Kunst) *Netsuke* f (& n)
   neumas mpl ⟨Mus) *Neumen* fpl
   neumático adj *pneumatisch, Luft-* ‖ ~ *m*
⟨Auto) *(Luft)Reifen, Schw Pneu* m ‖ ~ sin
cámara (de aire) *schlauchloser Reifen* m ‖ ~
claveteado, ~ con púas *Spikesreifen* m ‖ ~
cinturado, ~ radial *Gürtel-, Radial|reifen* m ‖ ~
de recambio *od* repuesto *Ersatzreifen* m ‖ ~s mpl
Bereifung f
   neumatolisis *f* ⟨Geol) *Pneumatolyse* f
   neumococos mpl ⟨Bact) *Pneumokokken* fpl
   neu|mología *f* ⟨Med) *Lungenheilkunde* f ‖
–mológico adj *auf die Lungenheilkunde bezüglich*
‖ **–mólogo** *m Lungenfacharzt, Pneumologe* m
   neumonía ⟨Med) *Lungenentzündung,
Pneumonie* f
   neumotórax *m* ⟨Med) *Pneumothorax*, ⟨fam)
Pneu m
   neu|ra adj/s *Kurzform für* **neurastenia**,
neurasténico ‖ **–ralgia** *f* ⟨Med) *Neuralgie* f ‖
–rálgico adj *neuralgisch* ‖ **–rastenia**
Neurasthenie, Nervenschwäche f ‖ **–rasténico** adj
neurasthenisch ‖ ~ *m Neurastheniker* m
   neuri|ta *f* ⟨An) *Neurit, Fortsatz* m *der
Nervenzelle* ‖ **–tis** *f* ⟨Med) *Neuritis,
Nervenentzündung* f
   neuro|cirugía *f* ⟨Med) *Neurochirurgie* f ‖
–cirujano *m Neurochirurg* m
   neurodermatitis *f* ⟨Med) *Neuroderm(at)itis* f
   neuroglia *f* ⟨An) *Neuroglia* f
   neuroinformática *f Neuroinformatik* f
   neuroléptico *m* ⟨Med) *Neuro|leptikum,
-plegikum* n

   neu|rología *f Neurologie* f ‖ **–rológico** adj
neurologisch ‖ **–rólogo** *m Neurologe,
Nervenforscher* m ‖ *Nervenarzt* m
   neuro|ma *m* ⟨Med) *Neurom* n ‖ **–na** *f* ⟨An)
Neuron n, *Nervenzelle* f
   neurópata *m* ⟨Med) *Nervenkranke(r),
Neuropath* m
   neuro|patía *f* ⟨Med) *Nervenleiden* n,
Neuropathie f ‖ **–patología** *f Neuropathologie* f
   neurópteros mpl ⟨Zool) *Netzflügler* mpl
(Neuroptera)
   neuro|química *f Neurochemie* f ‖ **–químico** adj
neurochemisch
   neu|rosis *f* ⟨Med) *Neurose* f ‖ ~ de derecho *od*
renta *Rentenneurose* f ‖ **–rótico** adj *nervenkrank,
neurotisch* ‖ ~ *m Neurotiker* m
   neurotomía *f* ⟨Med) *Neurotomie* f,
Durchtrennung f *e–s Nervs*
   neuro|tóxico adj ⟨Med) *neurotoxisch* ‖ **–toxina**
f Neurotoxin n
   neuro|transmisor *m Neurotransmitter* m ‖
–tropo adj *neurotrop* ‖ **–vegetativo** adj
neurovegetativ
   neu|tral adj *(m/f) neutral* (& Chem) ‖
parteilos, unparteiisch ‖ ~ *m Neutrale(r)* m ‖
–tralidad *f Neutralität* f ‖ *Parteilosigkeit* f ‖
–tralismo *m* ⟨Pol) *Neutralismus* m ‖
Neutralitätspolitik f ‖ *Parteilosigkeit* f ‖ **–tralista**
adj *(m/f) neutralistisch* ‖ ~ *m/f Neutralist(in* f) m
   neutrali|zación *f* ⟨Pol Chem) *Neutralisierung* f
(& fig) ‖ **–zante** adj *(m/f) neutralisierend* ‖ ~ *m*
⟨Chem) *Neutralisierungsmittel* n ‖ **–zar** [z/c] ⟨Pol
Chem) vt *neutralisieren* (& fig) ‖ ⟨fig) *durch e–e
Gegenwirkung abschwächen, unwirksam machen*
(& Pharm Phys)
   neutrino *m* ⟨Atom) *Neutrino* n
   neutro adj ⟨Gr) *sächlich* ‖ ⟨Chem) *neutral* ‖ ~
m ⟨Gr) *sächliches Geschlecht, Neutrum* n ‖ ⟨Gr)
sächliches Hauptwort n
   neutrón *m* ⟨Atom) *Neutron* n
   neva|da *f Schneefall* m ‖ **–do** adj *beschneit* ‖
⟨fig) *schneeweiß* ‖ ~ *m SAm Gipfel* m *mit
ewigem Schnee* ‖ *Gletscher* m
   nevar [-ie-] vt *beschneien* ‖ ⟨fig) *weiß färben* ‖
~ v. impers *schneien* ‖ ◇ nieva, está nevando *es
schneit*
   nevasca *f Schneefall* m ‖ *Schnee|gestöber* n,
-*sturm* m
   nevatilla *f* ⟨V) *Bachstelze* f (→ **²lavandera**)
   neva|zo *m starker Schneefall* m ‖ **–zón** *f* Arg
Chi Ec → **nevada**
   △ **nevelí** *f Linie* f
   neve|ra *f Eiskeller* m (& fig) ‖ *Eisschrank* m ‖
Kühlschrank m ‖ *Eisverkäuferin* f ‖ *Eiskasten* m ‖
Eisgrube f ‖ ⟨fig) *kalte, ungeheizte Stube* f ‖ ⟨reg
fig) *Kerker* m, ⟨fam) *Kittchen* n ‖ ~ eléctrica
Kühlschrank m ‖ ~ portátil *Kühl|tasche, -box* f ‖
–ría *f Eisdiele* f ‖ **–ro** *m Eisverkäufer* m ‖
Schneegrube f ‖ ⟨Geol) *Gletscher* m
   nevis|ca *f (kurzes, feines) Schneegestöber* n ‖
–car [c/gu] v. impers *schwach schneien, stöbern*
   neviza *f Firn* m
   nevo *m* ⟨Med) *Naevus* m, *(Mutter)Mal* n ‖ ~
materno *Muttermal* n ‖ ~ pigmentoso *Pigmentmal* n
   nevoso adj *schneeig, Schnee-*
   newton *m* (N) ⟨Phys) *Newton* n
   nexo *m Zusammenhang, Nexus* m
   n/f ⟨Abk) = **nuestro favor** ‖ **nuestra factura**
   n/g ⟨Abk) = **nuestro giro**
   ni conj *auch nicht* ‖ *und nicht, nicht einmal* ‖
oder, oder vielleicht ‖ *oder (so)gar* ‖ ~ aún, ~
siquiera *nicht einmal* ‖ ~ tú siquiera *(od
tampoco) nicht einmal du* ‖ ~ tampoco *noch,
auch* ‖ *auch nicht* ‖ sin más ~ más *plötzlich, auf
einmal* ‖ *ohne weiteres, ohne Umstände* ‖ sin

miedo y ~ vergüenza *ohne Furcht und Scham* ‖
¿yo te hablé ~ te ofendí? *habe ich dich
gesprochen oder sogar beleidigt?* ‖ ¡~ soñarlo!
¡~ por pienso! *nicht im Traum!* ‖ *i wo (denn)!* ‖
¡~ que fuera Dios! ⟨fam⟩ *das müßte Gott selbst
sein!* ‖ ¡~ que fuera un loco! ⟨fam⟩ *da müsste ich
verrückt sein!* ‖ ~ …, ~ … *nicht …, nicht …* ‖
weder … noch … ‖ ~ uno ~ otro *k–r von beiden*
‖ no descansa (~) de día ~ de noche *(aber:* ~ de
día ~ de noche descansa) *er (sie, es) ruht weder
bei Tag noch bei Nacht aus* ‖ ~ sabe leer ~ cosa
que lo parezca ⟨pop⟩ *er (sie, es) kann kein Wort
lesen*
   Ni ⟨Abk⟩ = **níquel**
   Niágara: los saltos *(od* las cataratas) del ~ *die
Niagarafälle* mpl
   ¹nial *m* Sant *Vogelnest* n ‖ *Vogelhecke* f
   ²nial *m* Sal → **almiar**
   Nibelungos *mpl* ⟨Myth⟩ *Nibelungen* mpl
   △ **nibobia** *f Braut* f
   nica m Kurzform für **nicaragüense**
   △ **nicabar** vt *trennen*
   Nicara|gua *f* ⟨Geogr⟩ *Nicaragua* n ‖
–güenismo m *e–r nur im nicaraguanischen
Spanisch vorkommende sprachliche Erscheinung* ‖
–güense adj *(m/f)* nicaraguanisch ‖ ~ *m
Nicaraguaner* m
   Niceto *m* np *Nicet(us)* m
   nicho m *(Bilder)Blende* f ‖ ⟨Arch⟩ *Nische,
Mauervertiefung* f ‖ *Nische* f, *Nischengrab* n ‖ ~
ecológico *ökologische Nische* f
   △ **nichobel** *m Tat* f
   nicky *m Nicki(pullover)* m
   nicol *m* ⟨Opt⟩ *Nicol, Nicolsches Prisma* n
   Nicolás *m* np *Nikolaus* m
   nicoti|na *f* ⟨Chem⟩ *Nikotin* n ‖ **–nismo**,
nicotismo *m* ⟨Med⟩ *Nikotinvergiftung* f ‖
Nikotinsucht f ‖ *Nikotinismus* m
   nic|tálope adj *(m/f)* ⟨Med⟩ *tagblind* ‖ ~ *m
Tagblinde(r)* m ‖ **–talopía** *f Tagblindheit* f
   nictitante adj *(m/f):* membrana ~ ⟨V⟩
Nickhaut f *(der Vogelaugen)*
   nictofobia *f* ⟨Med⟩ *Nachtangst, Nyktophobie* f
   ni|dada *f Nesteier* npl, *Gelege* n ‖ *Brut* f ‖ **–dal**
m Lege|ort m, *-stelle* f ‖ *Legenest* n ‖ *Vogelhecke*
f ‖ *Brutkäfig* m ‖ *Nestei* n ‖ ⟨fig⟩ *Nest* n,
Lieblingswinkel m ‖ **–dícola** *m/f* (& adj)
Nesthocker m ‖ **–dificar** [c/qu] vi *nisten* ‖
–dífugo *m/f* (& adj) *Nestflüchter* m
   nido m *(Vogel)Nest* n ‖ *Horst* m *(der
Greifvögel)* ‖ *Nestvoll* n ‖ ⟨fig⟩ *Nest* n ‖ ⟨fig⟩
Schlupfwinkel m ‖ ⟨fig⟩ *Unterschlupf* m ‖ ⟨fig⟩
Herd, Haushalt m, *Haus* n ‖ ⟨fig⟩ *Grundlage* f ‖
⟨fig⟩ *Haarwulst* m ‖ ~ de abeja *Wabe* f ‖ ~ de
ametralladoras ⟨Mil⟩ *Maschinengewehrnest, MG-
Nest* n ‖ ~ de amor *Liebesnest* n ‖ ~ excavado
Bruthöhle f ‖ ~ de fusileros *Schützennest* n ‖ ~
de ladrones ⟨fig⟩ *Räuber-, Diebes|nest* n,
Räuberhöhle f ‖ ~ de resistencia *Widerstandsnest*
n ‖ ◇ hacer ~ *nisten* ‖ yo no me he caído (ayer
od esta mañana) de un ~ ⟨figf⟩ *ich bin nicht von
gestern*
   ¹niebla *f Nebel* m ‖ *Wölkchen* n *im Auge* ‖
⟨fig⟩ *Dunkelheit, Verwirrung* f ‖ ~ densa *dichter
Nebel* m ‖ ~ helada *Eisnebel* m ‖ ◇ hace ~ *es
gibt Nebel*
   ²niebla *f* ⟨Agr⟩ *Brand* m *(des Getreides)*
   △ **³niebla** *f Morgen* m
   niego *m* ⟨V⟩ *Nestling* m
   nielar vt ⟨Met⟩ *niellieren*
   nieto *m Enkel* m ‖ ~ segundo *Enkel* m *zweiten
Grades* ‖ **~s** *mpl Enkel-, Kindes|kinder* npl
   nietzscheano adj/s *auf Friedrich Nietzsche
(1844–1900) bezüglich*
   nieve *f Schnee* m ‖ *Schneefall* m, *Schneien,*

Schneewetter n ‖ ⟨fig⟩ *blendende Weiße* f ‖ ⟨fig⟩
schneeweißes Haar n ‖ ⟨pop fig⟩ *Schnee* m
(Kokain) ‖ Am *Gefrorene(s), Eis* n ‖ ~ alta *tiefer
Schnee* m ‖ ~ carbónica *Kohlensäureschnee* m
(festes Kohlendioxid) ‖ ~s eternas *ewiger Schnee*
m ‖ **~s** penitentes *Büßerschnee* m ‖ **~s** perpetuas
→ **~s** eternas ‖ ~ polvo *od* polvorosa
Pulverschnee m ‖ ~ recién caída *frischer Schnee,
Neuschnee* m ‖ **~s** seca → ~ carbónica ‖ cubierto
de ~ *schneebedeckt* ‖ *verschneit*
   Nieves (dim **Nievecitas**) *f span. Frauenname*
   NIF ⟨Abk⟩ = **²número de identificación fiscal**
   nife *m* ⟨Geol⟩ *Nife* n
   Níger *m* ⟨Geogr⟩ *Niger* n ‖ [Fluss]: el ~ *der
Niger*
   nige|rino adj *nigrisch* ‖ ~ *m Nigrer* m ‖ **=ria** *f*
⟨Geogr⟩ **=riano** adj *nigerianisch* ‖ ~ *m
Nigerianer* m
   nigérrimo adj ⟨lit⟩ *tiefschwarz*
   night-club *m Nachtclub* m
   nigroman|cia *f Nekromantie, Schwarze Kunst,
Weissagung* f *durch Totenbeschwörung* ‖ p. ex
Hexerei, Zauberei f ‖ **–te, nigromántico** *m
Nekromant, Schwarzkünstler, Toten-,
Geister|beschwörer* m ‖ *Zauberer* m
   nigua *f* ⟨Ins⟩ *Sandfloh* m (Tunga penetrans)
   nihilis|mo *m* ⟨Philos⟩ *Nihilismus* m ‖ **–ta** adj
(m/f) nihilistisch ‖ ~ *m/f Nihilist(in* f) m
   níkel *m* → **níquel**
   △ **nilay** *m Sommer* m
   Nilo *m* [Fluss]: el ~ *der Nil*
   nilón *m* ⟨Ku⟩ *Nylon* n
   nim|bar vt *mit e–m Heiligenschein, Nimbus
umgeben* ‖ *mit e–r Aureole umgeben* ‖ **–bo** *m
Heiligenschein, Nimbus* m (& fig) ‖ ⟨Astr⟩ *Hof* m
(um Mond od Sonne)
   nimboestratos *mpl* ⟨Meteor⟩
Nimbostratuswolken fpl, *Nimbostrati* mpl
   nimiamente adv *zuviel* ‖ *überängstlich* ‖
umständlich
   nimiedad *f Weitschweifigkeit* f ‖
Umständlichkeit f ‖ *Gehaltlosigkeit* f ‖ *Kleinigkeit*
f, *Kleinkram* m ‖ ◇ pasar el tiempo en ~es *die
Zeit vertrödeln*
   nimio adj *weit|läufig, -schweifig, wortreich,
lang und breit* ‖ *(über)ängstlich* ‖ *kleinlich*
   nin conj ⟨reg⟩ = **ni**
   ¹ninfa *f Nymphe* f ‖ ⟨poet⟩ *schönes Mädchen* n,
⟨fam⟩ *Puppe* f ‖ ~ de la calle *Straßendirne* f
   ²ninfa *f* ⟨Ins⟩ *Nymphe, geflügelte Larve* f
   ³ninfa *f* ⟨An⟩ *kleine Schamlippe* f
   ninfálidos *mpl* ⟨Ins⟩ *Fleckenfalter* mpl
(Nymphalidae)
   ninfo *m* (figf) *Stutzer, Geck,* Öst *Gigerl* m
   nin|fómana adj ⟨Med Psychol⟩ *mannstoll,
nymphoman* ‖ ~ *f Nymphomanin* f ‖ **–fomanía** *f
Mannstollheit, Nymphomanie* f
   ningunear vt: ~ a alg. *jdn ignorieren, jdn
bewusst übersehen* ‖ *jdn verachten*
   ningún adv: de ~ modo *keineswegs, durchaus
nicht* ‖ en ~ lugar *(od* sitio) *nirgends*
   ¹ninguno adj/pron *k–r, kein Einziger* ‖
irgendeiner ‖ ♦ de ~a manera *keineswegs,
durchaus nicht, nicht im geringsten* ‖ ~a vez *nie*
   ²ninguno pron. indef ~ *k–r, niemand* ‖ ◇ no
lo sabe ~ *(aber:* ~ lo sabe) *niemand weiß es* ‖ ~
de los presentes *k–r der Anwesenden* ‖ no ha
venido ~ *niemand ist gekommen* ‖ ¿tienes dinero?
no tengo ~ *hast du Geld? ich habe keins* ‖ in
negativem Zusammenhang: si ~ viene *wenn
jemand kommt*
   Nini *f* ⟨fam⟩ → **Eugenia**
   Ninive *m* [Stadt] ⟨Hist⟩ *Ninive* n
   ninot *m* Val *lebensgroße Puppe* f *(die bei den
fallas verbrannt wird)*

¹niña *f Kind, kleines Mädchen* n ‖ *And Am* ⟨reg⟩ *Fräulein* n (bes. *in der Anrede*) ‖ ~ *bien* ⟨fam⟩ *höhere Tochter* f ‖ ~ *repipi* ⟨fam⟩ *dumme, schnippische Gans* f ‖ ~ *resabida schnippische Göre* f
²niña *f* ⟨An⟩ *Pupille* f ‖ ◇ la quiero como a la ~ de mis ojos ⟨figf⟩ *ich liebe sie über alles*
Niña f ⟨Hist⟩ *e–e der drei Karavellen des Kolumbus*
niña|da *f Kinderei* f, *Kinderstreich* m ‖ **–do** adj *kindisch* ‖ **–rrón** *m* ⟨fam⟩ *großes, dickes Kind* n
¹niñato *m* ⟨fam⟩ *verwöhnter Sohn* m *reicher Eltern*
²niñato *ungeborenes, totes Kalb* n
niñe|ar vi *Kindereien treiben, s. kindisch benehmen* ‖ **–ra** *f Kinder|frau* f, *-mädchen, -fräulein* n ‖ **–ría** *f Kinderei* f, *Kinderstreich* m ‖ ⟨fig⟩ *Kleinigkeit, Lappalie* f ‖ **–ro** adj *kinderfreundlich* ‖ ~ *m Kinderfreund* m
niñez [*pl* ~**ces**] *f Kindheit* f, *Kinderjahre* npl ‖ ⟨fig⟩ *Kinderei* f ‖ ◆ *desde la* ~ *von Kindheit an* ‖ ~**ces** pl *Kinderstreiche* mpl
niño adj *klein, kindlich* ‖ ⟨pej⟩ *kindisch* ‖ ⟨fig⟩ *unbesonnen* ‖ ~ *m Kind* n (& fig) ‖ *And Junggeselle, Hagestolz* m ‖ *Am (junger) Herr* m (bes. *in der Anrede*) ‖ ~ *abandonado Findelkind, ausgesetztes Kind* n ‖ ~ de la bola ⟨fig⟩ *Glücks|kind, -pilz* m ‖ ~ de coro *Chorknabe* m ‖ ~ de corta edad *Kleinkind* n ‖ ~ *expósito Findelkind* n ‖ ~ *gótico* ⟨fam⟩ *verwöhnter Sohn* m *reicher Eltern* ‖ ~ Jesús *Jesuskind* n ‖ ~ madrero *Schoßkind* n ‖ ~ *mimado Schoß-, Hätschel|kind* n ‖ *Liebling* m ‖ ~ *nacido antes de término zu früh geborenes Kind* m, ⟨fam⟩ *Frühchen* n ‖ ~ *nacido muerto Totgeburt* f ‖ ~ en pañales, ~ de pecho *Säugling* m ‖ ~ *prematuro Frühgeburt* f ‖ ~ *probeta Retortenbaby* n ‖ ~ *problemático Problemkind* n ‖ ~ *prodigio Wunderkind* n ‖ ~ *rebelde ungezogenes Kind* n ‖ ~ de teta *Säugling* m ‖ ◆ *como* ~ con zapatos nuevos ⟨figf⟩ *mit kindischer Freude* ‖ desde ~ *von Kindheit an* ‖ ya de ~ *schon als Kind* ‖ ¡no sea Vd. ~! *seien Sie nicht kindisch! haben Sie doch Verstand!*
Niño m: El ~ ⟨Meteor⟩ *El Niño*
niobio *m* ⟨Nb⟩ ⟨Chem⟩ *Niob* n
nipón adj *japanisch* ‖ ~ *m Japaner* m
△ **nipos** mpl *Geld* n
níquel *m* ⟨Ni⟩ ⟨Chem⟩ *Nickel* m
nique|lado *m Vernickeln* n ‖ **–lar** vt *vernickeln* ‖ **–lina** *f* ⟨Min⟩ *Rotnickelkies, Nickelin* m
niqui *m* → **nicky**
△ **niquillar** vi *(fort)gehen*
niquitrefe *m* ⟨pop⟩ → **mequetrefe**
nirvana *m* ⟨Rel⟩ *Nirwana* n *(das Nichts)*
níscalo *m* [Pilz] *Edelreizker, Echter Reizker* m (*Lactarius deliciosus*)
△ **nisolpa** *m Erzbischof* m
níspero *m* ⟨Bot⟩ *Mispel* f (*Mespilus germanica*) ‖ *Mispel* f *(Frucht)*
níspola *f Mispel* f *(Frucht)*
nistagmo *m* ⟨Med⟩ *Nystagmus* m
nitidez [*pl* ~**ces**] *f Glanz* m, *leuchtende Helligkeit* f ‖ *Reinheit* f ‖ ⟨Fot Opt TV⟩ *(Bild)Schärfe* f ‖ ⟨Typ⟩ *Schärfe* f
nítido adj ⟨poet⟩ *glänzend, leuchtend, hell* ‖ *rein* ‖ ⟨Fot Opt TV Typ⟩ *scharf* ‖ ⟨fig⟩ *einwandfrei, tadellos, klar, ungetrübt*
nitor *m* → **nitidez**
ni|tración *f* ⟨Chem⟩ *Nitrierung* f ‖ **–tral** *m Salpeterlager* n ‖ **–trar** vt *nitrieren* ‖ **–tratar** vt *mit Höllenstein bestreichen* ‖ ⟨Agr⟩ *mit Salpeterdünger düngen* ‖ *Nitrit in Nitrat verwandeln* ‖ **–trato** *m Nitrat* n ‖ ~ de Chile *Chilesalpeter* m *(Natriumnitrat)*

nítrico adj ⟨Chem⟩ *salpetersauer*
nitrito *m*: ~ de potasa ⟨Chem⟩ *Kaliumnitrit* n
nitro *m* ⟨Chem⟩ *(Kali)Salpeter* m ‖ **–benceno** *Nitrobenzol* n ‖ **–celulosa** *f Nitrozellulose* f *(Zellulosenitrat)* ‖ **–genación** *f:* ~ del aire *Stickstoffgewinnung* f *aus der Luft*
nitrógeno *m* ⟨N⟩ ⟨Chem⟩ *Stickstoff* m
nitroglicerina *f* ⟨Chem⟩ *Nitroglyzerin* n *(Glyzerintrinitrat)*
nitroso adj ⟨Chem⟩ *salpetrig (Säure)* ‖ *stickstoffhaltig* ‖ *nitros*
nitru|ración *f* ⟨Met⟩ *Nitrierung* f *(von Stahl)* ‖ **–rar** vt *Stahl nitrieren* ‖ **–ro** *m Nitrid* n
nival adj *(m/f)* ⟨Meteor⟩ *nival*
nivel m *Niveau* n, *Spiegel, Stand, Pegel* m ‖ *Höhe* f ‖ *gleiche Höhe* f ‖ *waag(e)rechte Lage* f ‖ *Wasser-, Richt|waage, Libelle* f ‖ ⟨fig⟩ *Gleichförmigkeit* f ‖ ⟨fig⟩ *Ebene* f (& *Ling*) ‖ ⟨fig⟩ *Stufe* f ‖ ~ de audibilidad *Hörschwelle* f ‖ ~ de agua de manguera *Schlauchwasserwaage* f ‖ ~ → ~ de burbuja ‖ ~ de burbuja *Wasser-, Richt|waage, Libelle* f ‖ ~ esférico *Dosenlibelle* f ‖ ~ de emisión *Sendepegel* m ‖ ~ freático *Grundwasserspiegel* m ‖ ~ lingüístico *Sprachebene* f ‖ ~ del mar *Meeresspiegel* m ‖ ~ del ruido *Lärmpegel* m ‖ ~ del sonido *Schallpegel* m ‖ ~ de vida *Lebensstandard* m ‖ ◆ a ~ *völlig waag(e)recht* ‖ *schnurgerade* ‖ *auf gleicher Höhe* ‖ al máximo ~ *auf höchster Ebene* ‖ ◇ alcanzar su ~ *mínimo den Tiefstand erreichen (Preise)* ‖ estar al ~ *auf der Höhe sein* ‖ los precios vuelven a su ~ *normal die Preise gehen auf ihren normalen Stand zurück* ‖ mantenerse al ~ *s. auf der Höhe (er)halten*
nive|lación *f Nivellement* n, *Nivellierung, Gleichmachung, Einebnung* f ‖ ⟨Arch⟩ *Planierung* f ‖ *Ausgleich* m (& fig) ‖ ~ del presupuesto *Ausgleichung* f *des Haushalts* ‖ **–lador** adj *nivellierend* ‖ *ausgleichend* ‖ *(ein)ebnend* ‖ **–ladora** *f Planiergerät* n ‖ **–lar** vt *nivellieren, mit der Wasserwaage abmessen* ‖ *(ein)ebnen, waag(e)recht machen* ‖ ⟨Arch⟩ *planieren* ‖ ⟨fig⟩ *gleichmachen* ‖ ⟨fig⟩ *ausgleichen*
niveleta *f Planierkreuz* n
níveo adj ⟨poet⟩ *schneeig, schneeweiß, Schnee-*
nivoso *m Nivose, Schneemonat* m *(im frz. Revolutionskalender)*
nixtamal *m Mex gekochter Mais* m
nixte adj *Hond bleich, aschgrau*
Ni|za *f* [Stadt] *Nizza* n ‖ **–zardo** adj *aus Nizza* ‖ auf Nizza bezüglich ‖ ~ *m Nizzaer* m
n/L ⟨Abk⟩ = **nuestra letra**
NNE ⟨Abk⟩ = **nornordeste**
NNO ⟨Abk⟩ = **nornoroeste**
n/o ⟨Abk⟩ = **nuestra orden**
¹no adv neg 1. alleinstehend: *nein* ‖ *nicht* (¿Lo quieres? ~ *Willst du es? (od liebst du ihn?) Nein* ‖ eso ~ *nein, mitnichten* ‖ decir que ~ *nein sagen* ‖ *(et.) abschlagen* ‖ ¡bromas ~! *mit mir ist nicht zu spaßen!* ‖ *Spaß beiseite!*
2. in Verb. (bes. mit Verben): **a)** ~ hay tal (cosa) *nein, ganz und gar nicht* ‖ hoy ~ hay función ⟨Th⟩ *heute ist spielfrei* ‖ ~ lo haré hasta mañana *ich werde es erst morgen tun* ‖ ~ lo quiero *ich will es nicht (bzw ich liebe ihn nicht)* ‖ ~ pueden saberlo *vielleicht od möglicherweise wissen sie es nicht* ‖ un ~ sé qué *ein gewisses Etwas* ‖ Juan ~ tiene apenas pelo *Hans hat kaum noch Haare, Hans ist fast kahl(köpfig)* ‖ ~ viene nadie *es kommt niemand (aber:* nadie viene) ‖ ~ veo nada *ich sehe nichts (aber:* nada veo) ‖ **b)** ~ que no (sino...) *nicht, dass ich es gesagt habe(, sondern...)* ‖ ~ es que ~ lo quiera, pero ~ *puedo ich will es wohl, aber ich kann nicht* ‖ ~ sea

que… (subj) *damit nicht … ‖ sonst (könnte)…* ‖ y
~ sea más que un momento *und wäre es nur ein
Augenblick* ‖ a ~ ser que… *es sei denn, dass …*
3. in Verb. mit **más** *od* **menos:** ~ más
nur, lediglich ‖ *genug* ‖ me dio esto ~ más ⟨Am⟩
er hat mir nur dies gegeben ‖ entre Vd. ~ más
⟨Am⟩ *kommen Sie nur herein, machen Sie k–e
Umstände* ‖ ¡~ más hablar inútilmente! *k–e
unnützen Reden mehr!* ‖ ~ menos *nicht weniger* ‖
lediglich ‖ ~ puedo menos de … *ich kann nicht
umhin, zu …* ‖ ~ es menos agradable *es ist nicht
weniger angenehm*
4. in Verb. mit **sino** (*od* **si** ~): ~ tengo
sino cien euros *ich habe nur (noch) hundert Euro*
‖ ¡~ lo haré, sino (*od* si ~) máteme Vd.! ⟨fam⟩
nein, wenn es mich auch den Kopf kostet! ‖
¡castígale si ~! *strafe ihn also!* ‖ ~ sino! ~ sino
que! ~ sólo, si (que) también *nicht nur …,
sondern auch* ‖ no … ni … *weder… noch …*
5. in Verb. mit **sólo, solamente, ya:** ~
sólo, ~ solamente (~ ya) *nicht nur*
6. in Verb. mit **que:** ¡que ~! *nein! nicht
doch!* ‖ ¡que ~ viene! *er wird bestimmt nicht
kommen!* ‖ ¿a que ~? *etwa nicht?* ‖ *bestimmt
nicht! (Herausforderung, Widerspruch)* ‖ ¡mañana
lo haré mejor! – ¡A que ~! *Morgen mache ich es
besser! Glaube ich nicht!*
7. als Konj. in Verb. mit **bien:** ~
bien *kaum* ‖ *sobald (als)*
8. in anderen Verb.: ~ por cierto
gewiss nicht ‖ el cumplimiento, la ~ ejecución
die Nichterfüllung ‖ ~ obstante *ungeachtet, trotz* ‖
dessen ungeachtet, nichtsdestoweniger, trotzdem ‖
~ por eso *nichtsdestoweniger* ‖ todavía ~ *noch
nicht* ‖ ~ modesto *unbescheiden* ‖ ~ del todo
nicht ganz ‖ ~ lejos de aquí *unweit von hier*
9. in doppelter Anwendung, als
Verstärkung der Verneinung: (eso) ~
lo haré, ~ (*od* ~, ~ lo haré) *nein, ich werde es
nicht tun, ich tue es auf k–n Fall* ‖ ~, que ~ (*od*
~, sino ~) (*oft iron als verstärkte,
entgegengesetzte Verneinung) mitnichten, auf k–n
Fall, nicht im Traum* ‖ ⟨fam⟩ *freilich, das glaube
ich!*
10. Verstärkung der Bejahung od
Betonung des Gegensatzes: ¡pues ~
está burlándose de mí! *er macht s. über mich
lustig!* ‖ ~ lo dice sin malicia *er sagt es nicht
ohne (e–e gewisse) Boshaftigkeit* ‖ él puede
contarlo mejor que ~ yo *er kann es ja (viel)
besser erzählen als ich* ‖ ¡~ grita poco! ⟨fam⟩ *der
(die, es) schreit aber! wie er (sie, es) schreit!* ‖
más vale ayunar que ~ robar *besser ist nicht
essen als stehlen* ‖ ¡qué ~ sabrá él! ⟨pop⟩ *der
wird wohl alles wissen!* ‖ ¡cuanto ~ habrá
sufrido! *wie sehr wird er gelitten haben!*
11. in Fragesätzen, bes. als
verstärkte Verneinung: ¿pues ~? *ist es
vielleicht (od etwa) nicht wahr? etwa nicht?* ‖
habe ich etwa nicht recht? ‖ ¿cómo ~? bes. Am
wieso nicht? ‖ *natürlich! jawohl! freilich! das
glaube ich!* ‖ ¿~ me comprendes (pues)?
verstehst du mich denn nicht?
12. als beliebtes Füllwort: *nicht
wahr?* ⟨reg⟩ *gelt? gell? gelle?* ‖ ¿es muy bonito,
~? *es ist sehr schön, nicht wahr?*
²no *m:* dar el ~ *nein sagen, verneinen* ‖ un sí
o un ~ *ja oder nein, Bejahung oder Verneinung* f
‖ sí por sí, ~ por ~ *so oder so, auf jeden Fall* ‖
sin faltar un sí, ni un ~ ⟨figf⟩ *ohne dass der
geringste Umstand ausgelassen wäre*
No ⟨Abk⟩ = **nobelio**
NO ⟨Abk⟩ = **noroeste**
N.º, No. ⟨Abk⟩ = **Número**
nobelio *m* **(No)** ⟨Chem⟩ *Nobelium* n

nobiliario adj *ad(e)lig, Adels-* ‖ ~ *m
Adelsbuch* n
nobilísimo adj sup von **noble**
noble adj *(m/f) edel(mütig)* ‖ *erhaben* ‖
würdevoll ‖ *hervorragend, herrlich* ‖ *ad(e)lig, von
Adel* ‖ *vornehm* ‖ *groß|mütig, -herzig* ‖
uneigennützig ‖ ~ en sus obras *edel handelnd* ‖ ~
m Ad(e)lige(r), Edelmann m ‖ ⟨Jgd⟩ *Greifvogel* m
‖ ~ por los cuatro costados *reinblütige(r)
Ad(e)lige(r)* m ‖ ◇ hacer ~ alg. *jdn adeln, in den
Adelsstand erheben* ‖ los ~s *der Adel* ‖ adv:
~**mente**
noble|tón, noblote, ~a adj augm von **noble** ‖
–**za** f *Adel* m, *Adelswürde* f ‖ *Edelleute* pl ‖ ⟨fig⟩
Adel, Edelmut m ‖ *edle Gesinnung* f ‖ ⟨fig⟩
Redlichkeit, Gutherzigkeit f ‖ ~ de casta
Geschlechtsadel m ‖ ~ colegiada *beim
Heroldsamt eingetragener Adel* m ‖ ~ de sangre
→ ~ de casta ‖ ~ de sentimientos *Edelmut* m ‖
◇ ~ obliga *Adel verpflichtet*
nocáut *m* → **knock-out**
nocautear vt *k.o. schlagen*
nocedal *m Nussbaumhain* m
¹noche f *Nacht* f ‖ (*später) Abend* m ‖ ⟨fig⟩
Dunkelheit f ‖ ⟨fig⟩ *Verwirrung* f ‖ ⟨fig⟩
Übernachtung f ‖ ~ de San Bartolomé ⟨Hist⟩
Bartholomäusnacht, Pariser Bluthochzeit f *(1572)*
‖ ~ en blanco *schlaflose Nacht* f ‖ (poet) *Tod* m ‖
~ de boda(s) *Braut-, Hochzeits|nacht* f ‖ ~
Buena → **Nochebuena** ‖ ~ cerrada *tiefschwarze
Nacht* f ‖ ~ clara *klare Nacht* f ‖ *heitere od
schöne Nacht* f ‖ *Mondnacht* f ‖ ~ y día *Tag und
Nacht* ‖ ⟨fig⟩ *unaufhörlich, unablässig, in e–m
fort,* ⟨fam⟩ *am laufenden Band* ‖ ~ de luna
Mondnacht f ‖ la ~ de marras *an dem bewussten
Abend* ‖ ~ polar *Polarnacht* f ‖ la ~ del sábado
der Hexensabbat ‖ ~ de San Silvestre
Silvester(nacht f) n ‖ ~ sin sueño, ~ toledana →
~ en blanco ‖ ~ de la víspera *die vorige Nacht* ‖
~ vizcaína → ~en blanco ‖ ~ de Walpurga
⟨Myth⟩ *Walpurgisnacht* f ‖ ♦ a la ~ *abends* ‖ a
las altas horas de la ~ *in späten Nachtstunden* ‖ a
media ~ *um Mitternacht* ‖ a primera ~ *in den
ersten Nachtstunden* ‖ a la entrada de la ~, al
cerrar la ~ *bei Anbruch der Nacht* ‖ muy entrada
od avanzada la ~ *tief in der Nacht* ‖ ayer ~
(= anoche) *gestern abend* ‖ de ~ *bei Nacht* ‖ de
la ~ a la mañana ⟨fig⟩ *plötzlich, un|verhofft,
-vermittelt, urplötzlich* ‖ durante la ~ *in der
Nacht* ‖ en plena ~ *mitten in der Nacht* ‖ por la
~ *abends* ‖ esta ~ *heute abend* (bzw *Nacht*) ‖ ◇
la ~ cierra *es wird dunkel od Nacht, die Nacht
bricht an* ‖ hacer alg. ~ u/c ⟨fam⟩ *et. klauen* ‖
hacer alg. ~ alguna parte *irgendwo übernachten* ‖
se va haciendo de ~ *es wird allmählich Nacht* ‖
pasar la ~ *übernachten* ‖ era de ~ *es war Nacht* ‖
¡buenas ~s! *gute Nacht!* ‖ *guten Abend!* ‖ a
buenas ~s ⟨figf⟩ *blindlings, aufs Geratewohl* ‖
dim: ~**cita**
△ **²noche** f *Todesurteil* n ‖ hacerse ~
verschwinden
Nochebue|na f *Christ-, Weih|nacht* f,
Weihnachtsabend m ‖ **≠no** *m (Art)
Weihnachtskuchen, Stollen* m ‖ Öst *Striezel* m
nochecita f dim von **¹noche** ‖ ⟨fam iron⟩
unwirtliche (bzw schlaflose) Nacht f
nocherniego adj *nächtlich* ‖ ~ *m* ⟨fig⟩
Nachtschwärmer, Bummler m
nochero m Chi Ur *Nachtwächter* m
nochevieja f *Silvesternacht* f
noción f *Begriff* m, *Idee* f ‖ *(Er)Kenntnis* f,
Aufschluss m ‖ *Nachricht* f ‖ ~ general
Allgemeinbegriff m ‖ nociones elementales,
primeras nociones *Grund-, Elementar|kenntnisse*
pl ‖ nociones comerciales *Handelskunde* f ‖ ◇

perder la ~ de las cosas *das Bewusstsein
verlieren* || ⟨fig⟩ *den Halt verlieren* || *tener* ~ *de
la pintura et. von Malerei verstehen*
noci|vidad *f Schädlichkeit* f || **–vo** *adj
schädlich*
noc|tambular *vi* ⟨Med⟩ *nachtwandeln* ||
–tambulismo *m Nachtwandeln* n || **–támbulo** *adj
nachtwandelnd* || ~ *m* ⟨Med⟩ *Nachtwandler* m ||
⟨fig⟩ *Nachtschwärmer* m || ◆ *con seguridad de* ~
mit nachtwandlerischer Sicherheit
noctifloro *adj/s* ⟨Bot⟩ *nachts blühend*
noctiluca *f* ⟨Ins⟩ *(Großer) Leuchtkäfer* m
(Lampyris noctiluca) || ⟨Zool⟩ *Leuchttierchen* n
(Noctiluca miliaris) *(Meeresleuchten)*
noctívago *adj* ⟨poet⟩ *nachtwandelnd* || *in der
Nacht bummelnd* || ~ *m* ⟨joc⟩ *Bummler,
Nachtschwärmer* m
noctuidos *mpl* ⟨Ins⟩ *Eulenfalter* mpl
(Noctuidae)
nocturnidad *f* ⟨Jur⟩ *Nächtlichkeit* f
(erschwerender Umstand) || *Nachtdienst* m
nocturno *adj nächtlich, Nacht-* || ⟨Bot⟩ *nachts
blühend* || ~ *m* ⟨Mus⟩ *Notturno* n, *Nokturne,
Nachtmusik* f || ⟨Mal⟩ *Nachtstück* n || ⟨Kath⟩
Nokturn f
nodal *adj (m/f)* ⟨Phys⟩ *Knoten-*
nodo *m Knoten* m (& *Med Astr Phys*) || ⟨Ak⟩
Chladnische Klangfigur f
no-do *m* (= **Noticiarios y Documentales**)
[früher] *span. Wochenschau* f || *el* ~ *p.ex die
Wochenschau* f
nodriza *f* ⟨Säug⟩ *Amme* f || ⟨Tech⟩ *Hilfskessel* m
|| *Hilfstank* m || ⟨Flugw⟩ *Fallbehälter* m
nódulo *m Knoten* m, *Knötchen* n || ~
hemorroidal ⟨Med⟩ *Hämorrhoidal-,
Hämorrhoidal|knoten* m
Noé *m np Noah, Noe* m
Noel = **Nochebuena**
noe|ma *f* ⟨Philos⟩ *Noema* n || **–sis** *f Noesis* f
nogal *m* ⟨Bot⟩ *(Wal)Nussbaum* m (Juglans
regia) || *Nussbaumholz* n || ◇ *de* ~ *Nussbaum-*
△ **nogué** *m Horn* m
noguera *f* ⟨Bot⟩ *(Wal)Nussbaum* m (→ **nogal**)
noia *f* ⟨cat⟩ *Mädchen* n
nolens volens ⟨lat⟩ *wollend oder nicht
wollend, wohl oder übel*
nolición *f* ⟨Philos Rel⟩ *Nichtwollen* n
¹noli me tángere *m* ⟨lat⟩ *„rühr mich nicht
an"*, ⟨meist iron⟩ *das ist verboten, das ist tabu*
²noli me tángere *m* ⟨Bot lat⟩ → **mimosa**
Nolo *m* → **Manuel**
noluntad *f* ⟨Philos fam⟩ → **nolición**
nom. ⟨Abk⟩ = **nominal**
noma *f* ⟨Med⟩ *Gesichtsbrand, Wasserkrebs* m,
Noma n
nóma|da, –de *adj/s (m/f) wandernd, nomadisch*
|| *Nomaden-, Wander-*
nomadismo *m Nomadentum* n || *Nomadenleben*
n
nombra|damente *adv namentlich* || **–día** *f Ruf,
Ruhm* m || *Berühmtheit* f || **–do** *adj berühmt* ||
designiert || **–miento** *m Ernennung* f || *Be|stellung,
-stallung* f || *Ernennungsurkunde* f
nom|brar [Am ⟨pop⟩ *auch* -ue] *vt (be)nennen,
heißen* || *(rühmlich) erwähnen* || *ernennen* ||
be|stellen, -stallen || ◇ ~ (un) *abogado e–n
Anwalt bestellen* || **–bre** *m Name* m (& fig) ||
Tauf-, Ruf-, Vor|name m || *Benennung* f || *guter
Ruf, Ruhm* m || *Spitz-, Spott|name* m || ⟨Gr⟩
Nennwort, Nomen n || ~ *abstracto Begriffsname*
m || ~ *adjetivo Eigenschaftswort, Adjektiv* n || ~
apelativo Gattungsname m || *Chi Zu-, Bei|name* m
|| ~ *artístico Künstlername* m || ~ *de bautismo
Tauf-, Vor|name* m || ~ *colectivo Sammelname* m
|| ~ *comercial Firma, Firmenbezeichnung* f || ~

común Gattungsname m || ~ *concreto Dingname*
m || ~ *convencional Deckname* m || ~ *étnico
Volksname* m, *Ethnikum* n || ~ *de fichero*
⟨Inform⟩ *Dateiname* m || ~ *genérico
Gattungsname, generischer Name* m || ~ *de
guerra Künstler-, Deck|name* m || ~ *de(l) lugar
Ortsname* m || ~ *numeral Zahlwort, Numerale* n ||
~ *de pila Taufname* m || ~ *postizo Spitzname* m ||
~ *propio Eigenname* m || ~ *químico chemische
Bezeichnung* f || ~ *sustantivo Hauptwort,
Substantiv* n || ~ *vulgar Trivialname* m || ◆ ~ *y
apellidos Vorname* m *und Familiennamen* mpl *des
Vaters und der Mutter* || ◆ *en el* ~ *de Dios in
Gottes Namen* || *sin* ~ *namenlos* || ◇ *conocer de*
~ *jdn dem Namen nach kennen* || *dar el* ~ *a alg.
jdn (be)nennen, heißen* || ⟨Mil⟩ *das Losungswort
geben* || *indicar el* ~ *de alg. jdn namhaft machen*
|| *llamar u/c por su* ~ ⟨fig⟩ *das Kind beim rechten
Namen nennen* || *Juan obra en mi* ~ *Hans handelt
in m–m Namen* || *poner* ~ *a e–n Namen geben* ||
reservar a ~ *de N auf den Namen N reservieren* ||
su conducta no tiene ~ ⟨fig⟩ *sein (ihr) Benehmen
ist äußerst verwerflich* || *por* ~ *N genannt* od
namens N || *por mal* ~ *N mit (dem) Spitznamen N*
nomen|clátor (–clador) *m Namensverzeichnis*
n, *Namenliste* f || ~ *callejero Straßenverzeichnis* n
|| *Katalog* m
nomenclatura *f* ⟨allg⟩ *Katalog* m, *Liste* f,
Verzeichnis n || ⟨Wiss⟩ *Nomenklatur* f ||
Terminologie f, *Fachausdrücke* mpl || *Einteilung
und Benennung* f || ~ *binaria* ⟨Zool Bot⟩
Doppelbezeichnung, binäre Nomenklatur f
*(von Linné) (der Gattung und der Art, in lat.
Sprache)* || ~ *técnica Fachwortschatz* m,
Terminologie f
nomeolvides *f* ⟨Bot⟩ *Vergissmeinnicht* n
(Myosotis spp)
nómina *f Namensverzeichnis* n || *Gehaltsliste* f
(der Beamten) || *Gehalt* n || *Gehaltsauszahlung* f ||
◇ *tener en* ~ *auf der Lohnliste haben*
nominación *f* → **nombramiento**
nominal *adj (m/f) namentlich, Namen-* ||
nominell || *Nominal-, Nenn-* || **–idad** *f Charakter*
m *e–s Namenspapiers*
nomina|lismo *m* ⟨Philos⟩ *Nominalismus* m ||
–lista *adj (m/f) nominalistisch* || ~ *m/f
Nominalist(in* f) m
nomi|nalmente *adv nach Nomen, namensweise*
|| **–nar** *vt nominieren, benennen* || **–nativo** *adj
namentlich, Namen(s)-* || ~ *m* ⟨Gr⟩ *Nominativ,
Wer-, Nenn|fall* m || ◇ *especificar* ~*amente
namentlich aufführen*
nomo *m* → **gnomo**
nomograma *m* ⟨Math⟩ *Nomogramm* n
nomparell *m* ⟨Typ⟩ *Nonpareille* f *(6-Punkt-
Schrift)*
¹non *m/adj ungerade Zahl* f || ◆ *de* ~
ungerade, ohne Paar || ◇ *estar de* ~, *quedar de*
~ ⟨fam⟩ *allein (übrig) bleiben* || **–es** *mpl: de* ~
unbesetzt, offen (Amt) || ⟨fam⟩ *ohne Beschäftigung
(Person)* || ◇ *dice que* ~ ⟨fam⟩ *er (sie, es) sagt
nein, er (sie, es) weigert s.* || *jugar a pares y* ~
gerade oder ungerade spielen || *la acera de los* ~
⟨fam⟩ *die Straßenseite der ungeraden
Hausnummern*
²non *adv* ⟨pop⟩ → **no**
nona *f None(e)* f *(Gebet)* || ~**s** *fpl Nonen* fpl *(im
altrömischen Kalender)*
nonada *adv* ⟨pop⟩ *gar nichts* || ~ *f Kleinigkeit,
Lappalie* f
nona|genario *adj neunzigjährig* || ~ *m
Neunzigjährige(r)* m || **–gésimo** *adj neunzigste(r)* ||
~ *m: (parte)* ~*a Neunzigstel* n
nonágono *m* ⟨Math⟩ *Neuneck* n
nonato *adj ungeboren* || *nicht geboren* (& fig) ||

durch Kaiserschnitt zur Welt gekommen ‖ *(noch) nicht vorhanden*

nones → ¹**non**

non(in)gentésimo adj *neunhundertste(r)* ‖ ~ *m Neunhundertstel* n

nonio m ⟨Tech⟩ *Nonius, Vernier* m

nono adj → **noveno**

non olet ⟨lat⟩ *(das Geld) stinkt nicht*

non plus ultra ⟨lat⟩ *Nonplusultra* n, *höchster erreichbarer Grad* m

non possumus ⟨lat⟩ *wir (die römische Kirche, der Papst) können nicht… (Weigerung)*

△ **nonrio** adj *unser*

non sancta ⟨lat⟩: *gente* ~ *sittenloses (bzw vertrauensunwürdiges) Volk* n

nopal m ⟨Bot⟩ *Feigenkaktus* m (Opuntia ficus indica) ‖ ~ *de la cochinilla Cochenillekaktus* m (Opuntia cochenillifera)

noque m ⟨Arch⟩ *Kalkkasten* m ‖ *Lohgrube* f ‖ Arg *Ledereimer* m

noque|ar vt *knockout, k.o. schlagen* ‖ ⟨fam⟩ *(tüchtig) schlagen, verprügeln* ‖ **–o** m ⟨fam⟩ *K.-o.-Schlag* m ‖ ⟨fam⟩ *Tracht* f *Prügel*

noquero m ⟨Loh⟩*Gerber* m

nora|buena int → **enhorabuena** ‖ **–mala** int → **enhoramala**

noray m ⟨Mar⟩ *Poller* m

Norberto m np *Norbert* m

nordes|tada f ⟨Meteor⟩ *anhaltender, kräftiger Nordostwind* m ‖ **–te** m *Nordost(wind)* m ‖ **–tear** vi ⟨Mar⟩ *auf Nordost drehen (Wind)* ‖ *s. nach dem Nordostpunkt richten*

nórdi|co adj *nordisch (Rasse, Sprache, Dichtung)* ‖ *nördlich, Nord-* (→ auch **norteño, septentrional**) ‖ ~ *nordische Sprache* f ‖ **–do** adj *nordid, zu dem Norden gehörend* ‖ ~ *m* ⟨Anthrop⟩ *Nordide* m

nor|dista m/f (& adj) *Nordist(in* f) m ‖ ⟨Hist⟩ *Nordstaatler(in* f) m *(Sezessionskrieg in den USA)* ‖ **–dística** f *Nordistik* f

△ **norical** m *Schnecke* f

noria f *Schöpfrad* n ‖ *Ziehbrunnen* m *(mit Göpelgetriebe)* ‖ ⟨figf⟩ *undankbare Arbeit,* ⟨fig⟩ *Tretmühle* f ‖ ⟨fig⟩ *Riesenrad* n *(auf dem Volksfest)*

noriega f ⟨Fi⟩ *Glattrochen* m (Raja batis)

noriego adj *aus Añora* (P Córd) ‖ *auf Añora bezüglich*

Norita f ⟨pop⟩ → **Leonor**

nor|ma f *Winkelmaß* n ‖ ⟨fig⟩ *Norm, Regel* f ‖ ⟨fig⟩ *Richtschnur, (Leit)Regel* f ‖ ~ *de colisión Kollisionsnorm* f ‖ ~ *general Norm, Allgemeinregel* f ‖ ~ *de la vida Lebens|regel* od *-norm* f ‖ ♦ *por* ~ *general in der Regel* ‖ ◇ *servir de* ~ *zur Richtschnur dienen* ‖ *tomar algo como* ~ *et. zum Grundsatz erheben* ‖ ~**s** fpl *de circulación* (StV) *Verkehrsregeln* fpl ‖ ~ *industriales Industrienormen* fpl ‖ ~ *de seguridad Sicherheits|bestimmungen* od *-vorschriften* fpl ‖ ~ *de tráfico* → ~ *de circulación* ‖ **–mal** adj *(m/f) regelrecht, normal* ‖ *Muster-* ‖ ⟨Mus⟩ *normal (Stimmung)* ‖ adv: **–mente** ‖ ~ f ⟨Math⟩ *Normale, Senkrechte* f

norma|lidad f ⟨Regelmäßigkeit, Normalität⟩ f ‖ *Ordnungsmäßigkeit* f ‖ *Normalzustand* m ‖ ◇ *volver a la* ~ *s. normalisieren (Lage)* ‖ **–lización** f *Normalisierung* f ‖ *Normung, Standardisierung* f ‖ **–lizar** [z/c] vt *normalisieren* ‖ *normen, standardisieren, vereinheitlichen* ‖ ⟨Met⟩ *normalglühen (Stahl)*

Normandía f ⟨Geogr⟩ *Normandie* f

norman(d)o, normánico adj *normannisch* ‖ ~ m *Normanne* m

normar vt Col *normalisieren*

normativa f *(Normen setzende) Regelung* f

normativismo m ⟨Philos Pol⟩ *Normativismus* m *(Vorrang des Sollens vor dem Sein)*

normativo adj *normativ, Regel-*

normogénesis f ⟨Biol Gen⟩ *Normogenese, Normalentwicklung* f

normógrafo m *Schriftschablone* f

norna f *Norne* f ‖ *las tres* ~s *die drei nordischen Schicksalsgöttinnen (Urd, Werdandi, Skuld)*

nor|nordeste m ⟨Meteor⟩ *Nordnordost(wind)* m ‖ **–noroeste, –norueste** m *Nordnordwest(wind)* m ‖ **–oeste** m *Nordwest(wind)* m ‖ **–tada** f *anhaltender, kräftiger Nordwind* m ‖ **–tazo** m *heftiger Nordwind* m

norte m *Nord(en)* m ‖ *Nordpol* m ‖ *Nordwind* m ‖ *Nord-, Polar|stern* m ‖ *nördliche Richtung* f ‖ ⟨fig⟩ *Führer, Wegweiser* m ‖ ⟨fig⟩ *Vorbild* n ‖ ⟨fig⟩ *Ziel* n, *Zweck* m ‖ ♦ *al* ~ *nördlich*

Norteamérica f ⟨Geogr⟩ *Nordamerika* n (bes. *die Vereinigten Staaten*)

norteamericano adj *nordamerikanisch* ‖ ~ m *Nordamerikaner,* bes. *US-Amerikaner* m

nortear vi ⟨Mar⟩ *auf Nord drehen (Wind)* ‖ *s. nach dem Nordpunkt richten* ‖ *nach Norden abweichen (Kompassnadel)*

norteño adj *nördlich* ‖ *nordländisch* ‖ *aus dem Norden* ‖ ~ m *Nordländer* m

nortino adj Chi Pe *aus dem Norden stammend*

△ **nortó** m *Geld* n, *Münze* f

Nortumbria ⟨Geogr⟩ *Northumberland* n

Norue|ga f ⟨Geogr⟩ *Norwegen* n ‖ **=go** adj *norwegisch* ‖ ~ m *Norweger* m ‖ *el* ~ *die norwegische Sprache, das Norwegische*

norueste m → **noroeste**

△ **norunji** adj *zornig*

nos pron *wir (im Nominativ nur als Pluralis majestatis gebraucht)* ‖ *uns* ‖ *no* ~ *(lo) cree er glaubt (es) uns nicht* ‖ *¡míranos! sieh uns an! ¡marchémonos! gehen wir (fort)!* ‖ *venga a* ~ *el tu reino dein Reich komme (zweite Bitte im Vaterunser)* ‖ *ruega por* ~ *Santa Madre de Dios bitte für uns, heilige Mutter Gottes!* ‖ *¡dínoslo! sage es uns!* *dícennos* (= *nos dicen*) *que … man sagt uns, dass …* ‖ ~, *Alfonso, Rey por la gracia de Dios, … Wir Alfons, König von Gottes Gnaden, …*

nosequé m *(normalerweise:* **no sé qué**): *tiene un* ~ *(que parece un quéseyo)* ⟨fam⟩ *sie hat ein gewisses (bzw das gewisse) Etwas* ‖ *un* ~ *de estrafalario ein leichter Anflug von Verschrobenheit*

noso|comio m Am ⟨Med⟩ *Kranken|haus* n, *-anstalt* f ‖ **–fobia** f *Nosophobie, Angst* f *vor (ansteckenden) Krankheiten* ‖ **–genia** f *Nosogenie* f (→ **etiología**) ‖ **–logía** f *Krankheitslehre, Nosologie* f ‖ **–lógico** adj *nosologisch* ‖ **–manía** f *Krankheitssucht, Nosomanie* f ‖ **–mántica** f *Heilung* f *von Krankheiten durch Besprechen* od *Zauberformeln*

nosotros, as pron *wir (Silbentrennung* nos-otros!) ‖ *a* ~ *uns* (dat *od* acc) ‖ *se despide de* ~ *er (sie, es) verabschiedet s. von uns* ‖ ~ *los españoles wir Spanier* ‖ *va con* ~ *er (sie, es) geht mit (uns)* ‖ *unter uns* ‖ *zwischen uns* ‖ *esto no queda entre* ~ *das bleibt unter uns, wir wollen nicht darüber sprechen* ‖ *entre* ~ *no hay problemas zwischen uns gibt es k–e Probleme* ‖ *esta silla está entre* ~ *dieser Stuhl steht zwischen uns*

nostalgia f *Heimweh* n ‖ ⟨fig⟩ *Sehnsucht* f ‖ ⟨fig⟩ *Nostalgie, Wehmut* f ‖ ⟨fig⟩ *Trübsinn* m, *Schwermut* f ‖ ⟨fig⟩ *Weltschmerz* m ‖ ◇ *sentir* ~ *de … s. sehnen (nach) … (dat)* ‖ *tengo (od siento)* ~ *de ti ich habe Sehnsucht nach dir*

nostálgico adj *sehnsuchtsvoll* ‖ *nostalgisch* ‖
⟨fig⟩ *sehnsüchtig* ‖ *trübsinnig, schwermütig*
  nostramo m → ¹**nuestramo**
  nostras adv: cólera ~ *Cholera nostras,
europäische Cholera* f
  ¹**nota** f *(Merk)Zeichen, Merkmal* n ‖ *An-,
Be|merkung, Note* f ‖ *Rand-, Fuß|note* f ‖
Zeitungsnotiz f ‖ *(diplomatische) Note* f ‖
Andeutung f ‖ *Aufzeichnung* f ‖ *Rechnung* f ‖
Zensur, Note f *(Prüfungsergebnis)* ‖ *kurzer
Aufsatz* m ‖ ⟨fig⟩ *Tadel, Vorwurf* m ‖ ⟨fig⟩
Schimpf, Schandfleck m ‖ *guter Ruf* m,
Berühmtheit f ‖ *(Musik)Note* f ‖ ⟨Radio⟩ *Tonhöhe*
f, *Ton* m ‖ ⟨fig⟩ *Note* f, *Ton* m ‖ ⟨fig⟩ *Bedeutung,
Wichtigkeit* f ‖ ⟨figf⟩ *Kerl* m ‖ ~ de caja ⟨Com⟩
Kassenschein m ‖ ~ del cambio *Kurszettel* m ‖ ~
circular *Rundschreiben* n ‖ ~ de corte ⟨Univ⟩
Zulassungsnote f ‖ ~ de descargo ⟨Com⟩
Empfangsschein m ‖ ~ discordante ⟨fig⟩ *falscher
Ton, störender Umstand* m ‖ ~ explica|tiva, -toria
Fußnote, erklärende Anmerkung f ‖ *Erläuterung* f
‖ *Gebrauchsanweisung* f ‖ ~ de gastos ⟨Com⟩
Spesenabrechnung f ‖ ~ introductora
Eingangsnote f ‖ ~ de margen, ~ marginal
Rand|bemerkung f, *-vermerk* m ‖ ~ de paso
⟨Mus⟩ *Durchgangsnote* f ‖ ~ de pedido
Bestellschein m ‖ ~ al pie (de página) *Fußnote* f
‖ ~ de planchado *Bügelliste* f ‖ ~ de precios
Preisliste f ‖ ~ preliminar *Vorbemerkung* f ‖ ~ de
prensa *Pressemitteilung* f ‖ ~ semestral
Semesterzeugnis n ‖ ~ al texto *Anmerkung* f ‖ ~
tónica ⟨Mus⟩ *Grundton* m, *Tonika* f ‖ ~ del
traductor (N. del T.) *Anmerkung* f *des Übersetzers
(A.d.Ü.)* ‖ ~ de transbordo ⟨Com⟩
Umladungsschein m ‖ ~ de tránsito ⟨Com⟩
Transit-, Durchfuhr|schein m ‖ ~ verbal
Verbalnote f ‖ ◆ de ~ *be|rühmt, -deutend* (z. B.
Schriftsteller) ‖ *wichtig* ‖ de mala ~ *berüchtigt* ‖
digno de ~ *bemerkenswert* ‖ de mucha ~ *sehr
berühmt* ‖ ◇ dar la ~ *tonangebend sein* ‖ forzar
la ~ *übertreiben, zu weit gehen* ‖ ir para ~ ⟨fam⟩
in der Arbeit übergenau od peinlich genau od
⟨fam⟩ *tippelig sein* ‖ tomar ~ de algo *et.
aufzeichnen, vormerken* ‖ tomar buena ~
entsprechende Notiz nehmen ‖ (gern) zur Kenntnis
nehmen ‖ tomar ~s *s. Notizen machen* ‖ ~s fpl:
~ de adorno ⟨Mus⟩ *Ziernoten* fpl ‖ ~ tironianas
⟨Hist Lit⟩ *Tironische Noten* fpl ‖ ◇ (ob)tener
malas ~, ⟨fam⟩ *traer malas ~ ein schlechtes
Zeugnis bringen (Schüler)*
  ²**nota** f: ~ bene ⟨lat⟩ *notabene, wohlgemerkt
(NB)*
  nota|bilidad f *Wichtigkeit* f ‖ *Bedeutung* f ‖
hervorragende Persönlichkeit, Berühmtheit f ‖
Ansehen n, *Ruhm* m ‖ **–bilidades** fpl
Persönlichkeiten fpl, *Honoratioren* pl ‖ ~ de la
política *Politprominenz* f ‖ **–ble** adj *(m/f)* (sup
–bilísimo) *bedeutend, angesehen* ‖ *merkwürdig,
hervorragend* ‖ *beträchtlich* ‖ ~ m etwa: „gut"
(*Prüfungsnote*) ‖ los ~s del pueblo *die
Honoratioren* mpl, *die Prominenz* f *des Ortes* ‖
adv: ~**mente** ‖ **–ción** f *Bezeichnung(sweise)* f ‖
Notierung, Notation f ‖ ⟨Math Chem⟩ *Formel* f ‖
Darstellung, Schreibweise f ‖ *Symbol, Zeichen* n
(& Chem) ‖ ~ fonética *phonetische Symbolschrift*
f ‖ ~ musical *Notenschrift* f ‖ ~do adv: mal ~
anrüchig, verrufen
  notar vt *an-, auf-, (be)zeichnen* ‖ *verzeichnen* ‖
notieren ‖ *an-, ver|merken* ‖ *be)merken,
wahrnehmen* ‖ *feststellen* ‖ *tadeln, rügen* ‖ ◇ ~
una falta *e–n Fehler bemerken* (en *bei*) ‖ ~ a uno
hablador *jdm s–e Schwatzhaftigkeit vorhalten* ‖
hacer ~ *bemerken, hacer* ~ *algo od. et. erwähnen* ‖
auf et. hinweisen ‖ hacerse ~ *die Aufmerksamkeit
auf s. lenken* ‖ ~**se:** apenas se nota *es ist kaum zu*

merken ‖ se le nota el buen músico *man sieht ihm
den guten Musiker an*
  nota|ría f *Notariat(sbüro)* n ‖ **–riado** adj
notariell beglaubigt ‖ ~ m *Notariat* n ‖ *die
Notare* mpl ‖ *Notariatskollegium* n ‖ *Amt* n *e–s
Notars* ‖ **–rial** adj *(m/f) notariell* ‖ **–riato** m
Notarsamt n ‖ *Amt* n *e–s Notars* ‖ **–rio** m *Notar* m ‖
◇ depositar en casa de un ~ *bei e–m Notar
hinterlegen od deponieren*
  notebook m ⟨Inform⟩ *Notebook* m
  noti|cia f *Kenntnis(nahme)* f ‖ *Erkenntnis* f ‖
Wissen, Bewusstsein n ‖ *Nachricht* f ‖ *Notiz* f ‖ ~
bomba *sensationelle Nachricht* f, *Knüller,
Hammer* m ‖ ~ breve *Kurznachricht* f ‖ ~ falsa
falsche Nachricht f ‖ ~ fresca *frische od
brandneue Nachricht* f ‖ ~ necrológica *Nachruf*
m ‖ ~ remota *schwache Erinnerung* f (de algo *an
et.* acc) ‖ ◇ no tengo ~ de eso *ich weiß nichts
davon* ‖ Fulano siempre es ~ ⟨figf⟩ *über Herrn
Soundso gibt es immer Interessantes zu berichten*
‖ ~s fpl: ~ contradictorias *widersprechende
Nachrichten* fpl ‖ ~ deportivas *Sportnachrichten*
fpl ‖ ~ del día *Tagesnachrichten* fpl ‖ ~ de
última hora *letzte od neueste Nachrichten* fpl ‖ ~
de prensa *Pressenachrichten* fpl ‖ ~ poco
satisfactorias *unerfreuliche Nachrichten* fpl ‖ ~
sueltas ⟨Ztg⟩ *vermischte Nachrichten* fpl,
Vermischtes n ‖ *Einzelnachrichten* fpl ‖ ~
televisadas *Fernsehnachrichten* fpl ‖ ◆ según las
~ recibidas *nach den erhaltenen Nachrichten* ‖ ◇
estar sin (*od hallarse privado, falto de*) ~ *ohne
Nachricht sein, k–e Nachricht haben* ‖ recibir ~
recientes *frische Nachrichten erhalten* ‖ tener ~
de algo *von et. Kenntnis haben* ‖ **–ciar** vt *(jdn)
benachrichtigen, (jdm et.) melden, zur Kenntnis
bringen* ‖ **–ciario** m ⟨Film⟩ *Wochenschau* f ‖ ~
(hablado) ⟨Radio TV⟩ *Nachrichten* fpl,
Nachrichtendienst m ‖ **–cierismo** m ⟨pop⟩
Neuigkeitskrämerei f ‖ **–ciero** adj *Nachrichten-* ‖
~ m *Nachrichtenredakteur* m ‖ *Berichterstatter* m
‖ *Zeitung* f, *Tagblatt* n, *Tageszeitung* f ‖ **–ción** m
augm von ~**cia** ‖ ⟨fam⟩ *ungewöhnliche, wenig
glaubwürdige Nachricht* f ‖ *sehr wichtige
Nachricht* f ‖ ⟨fam⟩ *Knüller* m ‖ **–cioso** adj
unterrichtet, informiert ‖ ~ de … in Kenntnis
gesetzt von … ‖ ~ m → **erudito** ‖ **–ficación** f
(amtliche) Bekannt|gabe, -machung, Anmeldung f,
Öst Schw *Kundmachung* f ‖ *Anzeige* f ‖ ⟨Pol⟩
Notifizierung f ‖ ~ de revalorización (de pensión)
Rentenanpassungsmitteilung f ‖ ~ de la sentencia
⟨Jur⟩ *Urteils|verkündung bzw -zustellung* f ‖
–ficar [c/qu] vt *(förmlich) anzeigen, bekannt
geben* ‖ *mitteilen, zur Kenntnis bringen* ‖ ⟨Pol⟩
notifizieren ‖ ◇ ~ una citación ⟨Jur⟩ *e–e Ladung
zustellen*
  ¹**noto** adj *(allgemein) bekannt* ‖ *ruchbar*
  ²**noto** adj *unehelich (Kind), Bastard-*
  ³**noto** m (poet) *Südwind* m
  ⁴**noto** m ⟨Ins⟩ *Notum* n *(Rückenteil jedes der
drei Brustringe)*
  notocordio m ⟨Zool⟩ *Notochordium* n
  notodóntidos mpl ⟨Ins⟩ *Zahnspinner* mpl
(Notodontidae)
  notonecta f ⟨Ins⟩ *Rückenschwimmer* m
(Notonecta glauca)
  noto|riamente adv *offenkundig* ‖
anerkanntermaßen ‖ **–riedad** f *Offenkundigkeit,*
⟨Jur⟩ *Notorietät* f ‖ *Ruhm* m, *Berühmtheit* f ‖
Popularität f ‖ **–rio** adj *allgemein od
öffentlich bekannt, offenkundig* ‖ ⟨Jur⟩ *notorisch*
(& fig)
  noúmeno m ⟨Philos⟩ *Noumenon* n
  nov. ⟨Abk⟩ = **noviembre**
  nova f ⟨Astr⟩ *Nova* f
  nova|cha f ⟨fam joc⟩ *unerwartete,*

überraschende Nachricht f ‖ **–chero** *m*/adj ⟨fam⟩ *Neuigkeitskrämer* m

novaciano *m* ⟨Rel⟩ *Novatianer* m *(nach dem römischen Gegenpapst Novatian)*

novación *f Neuerung* f ‖ ⟨Jur⟩ *Schuld|umwandlung, -ersetzung* f ‖ ~ *subjetiva Schuldübernahme* f

novador *m Neuerungssüchtige(r), Neuerer* m

noval adj *(m/f):* tierra ~ ⟨Agr⟩ *Neubruch* m

no-va-más *m:* esto es el ~ ⟨fam⟩ *das ist die Höhe! so geht's nicht weiter! das ist doch (wohl) das Letzte!*

novar vt ⟨Jur⟩ *erneuern* ‖ *(e–e Schuld) umwandeln*

nova|tada *f derbe Neckereien* fpl, *die Neulinge (Schule, Armee usw.) von ihren Kameraden ertragen müssen* ‖ ⟨fam⟩ *Kinderei, Albernheit* f ‖ ⟨fam⟩ *Jugendstreich* m ‖ **–to** *m*/adj *Neuling, Anfänger* m, ⟨fam⟩ *Grünschnabel* m

novbre ⟨Abk⟩ = **noviembre**

Nov. Recop. ⟨Abk Jur⟩ = **Novísima Recopilación**

novecientos num *neunhundert* ‖ *neunhundertste(r, -s)* ‖ ~ *m Neunhundert* f ‖ el ~ *der (die, das) Neunhundertste*

nove|dad *f Neuheit* f ‖ *Neuigkeit* f ‖ *Neuerung, Veränderung* f ‖ *Nachricht* f ‖ *Ereignis* n ‖ ⟨fig⟩ *Aufsehen* n ‖ ¡sin ~! *danke der Nachfrage! (Antwort auf ¿como sigue Vd.?)* ‖ ⟨Mil⟩ *nichts Neues!* ‖ ◇ me causa ~ *ich bin ganz verwundert (darüber)* ‖ no hay ~ *es ist alles beim Alten* ‖ llegar sin ~ *wohlbehalten ankommen* ‖ el paciente sigue sin ~ *der Zustand des Patienten hat s. nicht verändert* ‖ ~es fpl *Neuheiten, Modewaren* fpl ‖ **–doso** adj/s Am *neu, modern* ‖ *neuigkeitssüchtig*

novel adj *(m/f) neu, angehend* ‖ *un|erfahren, -geübt* ‖ ~ *m Neuling, Anfänger* m

novela *f Roman* m ‖ ⟨fig⟩ *Erdichtung* f ‖ ⟨Jur⟩ *Novelle* f *(zu e–m Gesetz)* ‖ ~ *amena heiterer Roman* ‖ *Unterhaltungsroman* m ‖ ~ de amor(es) *Liebesroman* m ‖ ~ de anticipación *Zukunftsroman* m ‖ ~ de aventuras *Abenteuerroman* m ‖ ~ barata *billiger Roman* m *(& fig)* ‖ *Dreigroschenroman* m ‖ ~ de caballerías *Ritterroman* m ‖ ~ de ciencia ficción *Science-fiction-Roman* m ‖ ~ cinematográfica *Filmroman* m ‖ ~ cómica *komischer Roman* m ‖ ~ comprometida *engagierter Roman* m ‖ ~ corta *Novelle* f ‖ ~ de costumbres *Sittenroman* m ‖ ~ de costumbres taurinas *Stierkämpferroman* m ‖ ~ detectivesca *Detektivroman* m (→ ~ policíaca) ‖ ~ dialogada *Roman* m *in Dialogform* ‖ ~ educativa *Erziehungsroman* m ‖ ~ de entregas *Entwicklungsroman* m ‖ ~ por entregas *Fortsetzungsroman* m ‖ ~ erótica *erotischer Roman* m ‖ ~ de éxito *Erfolgsroman, Bestseller* m ‖ ~ de familia *Familienroman* m ‖ ~ de fantaciencia → ~ de ciencia ficción ‖ ~ galante *galanter Roman* m ‖ ~ histórica *historischer Roman* m ‖ ~ de horror *Grusel-, Schauer-, Horror|roman* m ‖ ~ humorística *humoristischer Roman* m ‖ *heiterer Roman* m ‖ ~ obscena *obszöner Roman* m ‖ *Schmutz- und Schund|roman* m ‖ ~ pastoril *Schäferroman, schäferlicher Liebesroman* m ‖ ~ de película *Filmroman* m ‖ ~ de perra gorda *Dreigroschenroman* m ‖ ~ picaresca *pikarester Roman, Schelmenroman* m ‖ ~ policíaca *Kriminalroman*, ⟨pop⟩ *Krimi* m ‖ ~ pornográfica *pornographischer Roman, Schmutz- und Schund|roman* m ‖ ~ (p)sicológica *psychologischer Roman* m ‖ ~ rosa *(kitschiger bzw naiver) Liebes-* od *Gesellschafts|roman* m ‖ ~ rústica *Bauern-, Dorf|roman* m ‖ ~ sensacional *Sensationsroman* m ‖ ~ social

Gesellschaftsroman m ‖ ~ tendenciosa, ~ de tesis *Tendenz-, Thesen|roman* m ‖ ~ vivida *Lebensroman* m ‖ *Roman* m *mit autobiografischen Zügen* ‖ ◆ en forma de ~ *in Romanform* ‖ ~s fpl autor de ~ *Romanschriftsteller, Romancier* m

nove|lador *m* → **–lista** ‖ **–lar** vt/i *in Romanform bringen* (od *erzählen*) ‖ *zu e–m Roman gestalten* ‖ *Romane schreiben* ‖ **–lería** *f Neuigkeitskrämerei* f ‖ ⟨fam⟩ *Roman|sucht, -lesewut* f ‖ **–lero** adj *neuigkeitssüchtig* ‖ *wankelmütig* ‖ *(roman)lesewütig* ‖ ~ *m Neuigkeitskrämer* m ‖ *Romanfreund* m ‖ **–lesco** adj *romanhaft, Roman-* ‖ ⟨fig⟩ *romanhaft, fantastisch* ‖ **–lista** *m/f Roman|schriftsteller(in* f), *-schreiber(in* f), *Romancier* m ‖ *Novellist(in* f) m ‖ **–lística** *f Kunst* f *des Romans* ‖ *Novellistik* f ‖ **–lístico** adj *romanhaft, Roman-* ‖ *novellistisch* ‖ **–lizar** [z/c] vt *Romanform geben, romanhaft gestalten* ‖ **–lón** *m* augm ⟨fam⟩ von **novela** ‖ *Schauderroman* m

nove|na *f* ⟨Rel⟩ *Novene, neuntägige Andacht* f ‖ *Novenenbuch* n ‖ **–nario** *m Zeitraum* m *von neun Tagen* ‖ ⟨Kath⟩ *Novene* f *(oft mit Predigt)* ‖ ⟨Kath⟩ *neuntägige Trauer* f ‖ ⟨Kath⟩ *Neuntageamt* n ‖ **–no** adj/s *neunte(r)* ‖ la ~a parte, el ~ *Neuntel* n ‖ Pío ~ *Pius IX.* ‖ ~ *m Neuntel* n

noven|ta num *neunzig* ‖ el año ~ *das Jahr 90* ‖ ~ *m Neunzigstel* n ‖ **–tena** *f Gruppe* f *von 90 Einheiten* ‖ **–teno** adj *neunzigster* ‖ **–tón** adj/s *neunzigjährig (Person)*

¿no verdá? ⟨pop⟩ = **¿no es verdad?** *nicht wahr?*

novia *f Braut* f ‖ *Neuvermählte* f ‖ ⟨fam⟩ etwa: *Freundin* f ‖ ◇ echarse ~ ⟨pop⟩ *s. e–e Freundin zulegen* ‖ pedir la ~ *um ein Mädchen werben, freien*

noviar vi Arg Chi Ur *e–n Bräutigam* bzw *e–e Braut haben*, ⟨fam⟩ *mit jdm gehen*

noviazgo *m Brautstand* m ‖ *Braut-, Verlobungs|zeit* f

novi|cia *f* ⟨Kath⟩ *Novi|ze, -zin, angehende Nonne* f ‖ ⟨fig⟩ *Anfängerin* f ‖ **–ciado** *m Noviziat* n ‖ ⟨fig⟩ *Probe-, Lehr|zeit* f ‖ **–cio** adj *un|erfahren, -geübt* ‖ ~ *m Novize* m ‖ ⟨fig⟩ *Neuling, Anfänger* m

noviembre *m November* m

noviero *m*/adj ⟨fam⟩ *jd, der stets die Freundinnen wechselt (nicht mit* enamoradizo *verwechseln!)*

novi|lla *f Färse, Kalbkuh* f ‖ **–llada** *f Jungstierherde, Herde* f *von jungen Rindern* ‖ ⟨Taur⟩ *Kampf* m *mit jungen Stieren* ‖ **–lleja** *f,* **–llejo** *m* dim von **–lla, –llo** ‖ **–llero** *m* ⟨Taur⟩ *Kämpfer* m *mit Jungstieren* ‖ *Stierkämpfer* m ‖ ⟨figf⟩ *(Schul)Schwänzer* m ‖ **–llo** *m Jungstier, junger Stier, junger Ochse* m ‖ ⟨Taur⟩ *junger Kampfstier* m ‖ ⟨figf⟩ *gehörnter Ehemann, Hahnrei* m ‖ ~ terciado (Taur) *mittelgroßer Jungstier* m ‖ ◇ hacer ~s ⟨fam⟩ *die Schule schwänzen* ‖ *fehlen*

novilunio *m Neumond* m

novio *m Bräutigam* m ‖ ⟨fam⟩ etwa: *Freund* m ‖ los ~s *die Neuvermählten, das Brautpaar*

novísimo adj sup von **nuevo** ‖ *ganz neu* ‖ *der letzte* ‖ ~s mpl: los ~ ⟨Rel⟩ *die vier Letzten Dinge* npl

novocaína *f* ⟨Chem⟩ *Novokain* n

no|xa *f* ⟨Med⟩ *Noxe* f ‖ **–xal** adj *(m/f) gesundheitsschädlich*

noyó *m Bittermandellikör* m

n/P ⟨Abk⟩ = **nuestro pagaré**

Np ⟨Abk⟩ = **neptunio**

n/r ⟨Abk⟩ = **nuestra remesa** ‖ **nuestro recibo**

ns. ⟨Abk⟩ = **nacionales**

N.S.J.C. ⟨Abk⟩ = **Nuestro Señor Jesucristo**

n.^{to} ⟨Abk⟩ = **neto**
ntra., ntro. ⟨Abk⟩ = **nuestro,** ~**a**
△ **nu** = **me**
nuba|da f Platzregen, Regen|guss, -schauer m ‖ ⟨fig⟩ Schwarm, Haufe m, ⟨fam⟩ Unmenge f ‖ **–rrada** f → **–da** ‖ **–(rra)do** adj bewölkt, wolkig ‖ gewässert (Zeug) ‖ **–rrón** m große (einzeln stehende) Wolke f ‖ Sturm-, Gewitter|wolke f
¹nube f Wolke f ‖ ⟨fig⟩ Schar f, Schwarm m, ⟨fam⟩ Unmenge f ‖ ⟨fig⟩ Fleck m, Wolke f (im Auge) ‖ ⟨fig⟩ Wolke f (Fleck in e–m Edelstein) ‖ ⟨fam⟩ Halswärmer m ‖ una ~ de chiquillos ⟨fig⟩ e–e Schar Kinder ‖ ~ de humo Rauchwolke f ‖ ~ de lluvia Regenwolke f ‖ ~ de niebla Nebel(dunst) m ‖ ~ preñada de agua regenschwere Wolke f ‖ ~ tempestuosa, ~ de tormenta Gewitterwolke f ‖ ~ de verano vorübergehende Regenwolke f (im Sommer) ‖ ⟨fig⟩ launiger Einfall m ‖ ⟨fig⟩ vorübergehende Unannehmlichkeit ‖ ⟨fig⟩ Strohfeuer n ‖ Läpperei f ‖ ~s de polvo Staubwolken fpl ‖ ~ tóxica Giftwolke f ‖ ◆ sin ~s wolkenlos ‖ ◇ como caído de las ~s ⟨fig⟩ plötzlich, wie vom Himmel gefallen ‖ andar (od estar, ir) por las ~s ⟨fig⟩ über den Wolken wandeln, weltfremd bzw zerstreut sein ‖ ⟨fig⟩ außerordentlich hoch sein (Preise) ‖ ⟨fig⟩ sehr aufgebracht sein (Person) ‖ levantar, subir a od hasta las ~s, poner por las ~s ⟨figf⟩ in den Himmel erheben, über alle Maßen (⟨fam⟩ über den grünen Klee) loben ‖ remontarse a las ~s ⟨figf⟩ s. viel einbilden ‖ in heftigen Zorn geraten
△ **²nube** f Mantel m
nubecilla f dim von **¹nube**
Nu|bia f ⟨Geogr⟩ Nubien n ‖ **⸗biense** adj (m/f) → **nubio**
núbil adj heiratsfähig (bes. Mädchen), mannbar
nubilidad f Heirats- bzw Geschlechts|fähigkeit, Pubertät f (des Mädchens)
nubio adj nubisch ‖ ~ m Nubier m
¹nublado adj um-, be|wölkt ‖ wolkig, trübe ‖ ◇ el cielo está muy ~ der Himmel ist sehr bewölkt ‖ ~ m Gewölk n ‖ Wetter-, Sturm-, Gewitter|wolke f ‖ ⟨fig⟩ drohende Gefahr f ‖ ⟨fig⟩ Unmenge f, Haufe(n) m ‖ ◇ llegó un ~ de gente ⟨figf⟩ es kam e–e Unmenge Menschen
△ **²nublado** m Mantel m
nublar vt umwölken ‖ ⟨fig⟩ be-, ver|decken ‖ ~**se** trüb(e) werden (Augen, Blick)
nu|ble Ar, **–blo** adj → **¹nublado** ‖ **–blo** m ⟨Agr⟩ Rost m (des Getreides)
△ **nubol** m Betttuch n
nubloso adj neb(e)lig, wolkig, trübe ‖ ⟨fig⟩ trübe, düster
nubo|sidad f ⟨Meteor⟩ Bewölkung f ‖ **–so** adj bewölkt
nubuc m [e–e Lederart] Nubuk n
nuca f Genick n, Nacken m ‖ Hals m ‖ Rücken m ‖ ~ de toro Stiernacken m (& fig)
nuclear adj (m/f) ⟨Atom⟩ nuklear, Atom-, Kern- ‖ ⟨Biol⟩ Kern-
nucleari|zación f Umstellung auf Kernenergie ‖ **–zar** [z/c] vt auf Kernenergie umstellen
nucleasa f ⟨Physiol⟩ Nuklease f
nucle|ína f ⟨Chem⟩ Nuklein n ‖ **–ínico** adj: ácido ~ Nukleinsäure f
núcleo m ⟨Atom Biol Tech⟩ Kern m ‖ ⟨Bot⟩ Samen- bzw Frucht|kern m ‖ ⟨fig⟩ Kern m, Zentrum n, Mitte f ‖ ⟨fig⟩ Herz n ‖ ⟨fig⟩ Stamm m ‖ ⟨fig⟩ Grundlage f, Hauptteil m ‖ ~ del alambre Drahtkern m ‖ ~ atómico, ~ del átomo Atomkern m ‖ ~ celular, ~ de la célula Zellkern m ‖ ~ chabolista Elendsviertel n ‖ ~ de la tempestad ⟨Meteor⟩ Gewitter|kern, -sack m ‖ ~ de la tierra

⟨Geol⟩ Erdkern m ‖ el ~ de las tropas ⟨Mil⟩ die Kerntruppen fpl
nucléolo m ⟨Biol⟩ Kernkörperchen n (des Zellkerns), Nucleolus m
nu|cleón m ⟨Atom⟩ Nukleon n ‖ **–cleónica** Nukleonik, Kerntechnik f ‖ **–cleónico** adj auf das Nukleon bezüglich, Nukleon- ‖ **–cleonio** m Nukleonium n
nucleopro|teido m, **–teína** f ⟨Physiol⟩ Nukleopro|teid, -tein n
nucleósido m ⟨Physiol⟩ Nukleosid n
nuclido m ⟨Atom⟩ Nuklid n
△ **nudicoy** m Dezember m
nudillo m Fingerknöchel m ‖ Zehenknöchel m ‖ ⟨Arch⟩ (Holz)Dübel m ‖ ~**s** mpl: ◇ golpear od llamar con los ~ (mit dem Knöchel gegen die Tür) klopfen (beim Eintreten)
nudis|mo m → **desnudismo** ‖ **–ta** m/f → **desnudista**
¹nudo m Knoten m ‖ Schleife, Schlinge f ‖ Knoten, Knorren m (am Holz) ‖ Knoten m (im Pflanzenrohr) ‖ Knollen m (auf dem Fingerknöchel) ‖ ⟨Med⟩ Knoten, Nodus m ‖ ⟨Geogr⟩ Gebirgsknoten m ‖ ⟨Mar⟩ Knoten m, (See)Meile f ‖ ⟨Lit⟩ Schürzung f des Knotens ‖ ⟨Text⟩ Knoten m, Noppe f ‖ ⟨fig⟩ Ver|knüpfung, -bindung f, Band n ‖ ⟨fig⟩ Knotenpunkt m ‖ ⟨fig⟩ Knoten m, Schwierigkeit f ‖ ~ de comunicaciones Verkehrsknotenpunkt m ‖ ~ corredizo Schleife, Schlinge f ‖ ~ gordiano gordischer Knoten m ‖ ~ ferroviario Eisenbahnknotenpunkt m ‖ ~ marinero Seemannsknoten m ‖ ~ de tensión ⟨Radio⟩ Spannungsknoten m ‖ ◇ cortar el ~ gordiano ⟨fig⟩ den gordischen Knoten durchhauen ‖ echar un ~ a algo ot. zusammenschnüren (& fig) ‖ hacerse el ~ s. die Krawatte binden ‖ ~**s** mpl: lleno de ~ ästig (Holz)
²nudo adj ⟨Jur lit⟩ nackt ‖ ~ propietario ⟨Jur⟩ Obereigentümer m
nudo|sidad f Knotigkeit f ‖ ~ foliar ⟨Bot⟩ Blattpolster n ‖ **–so** adj knotig ‖ knorrig (Holz)
nuégado m Beton m ‖ ~**s** mpl Honigkuchen m mit Nüssen, Mandeln usw. ‖ Nougat m (& n)
nuera f Schwiegertochter f
¹nuestramo, nuestro amo m ‖ Gebieter, Herr m ‖ ⟨fig⟩ die heilige Hostie
△ **²nuestramo** m Gerichtsschreiber m
nuestro pron unser(er), unsere (& als Pluralis majestatis) ‖ ~**a** Señora Madonna, Jungfrau f Maria ‖ ◆ con gran pesar ~ zu unserem tiefen Bedauern ‖ por amor ~ unsertwegen ‖ los ~**s** die Uns(e)rigen
nuética f ⟨V⟩ Sant → **¹lechuza**
nueva f Neuigkeit f ‖ Nachricht f ‖ la Buena ~ ⟨Rel⟩ die Frohe Botschaft, die Frohbotschaft (Geburt Christi) ‖ ◇ esto me coge de ~s das befremdet, überrascht mich ‖ hacerse de ~s ⟨fam⟩ den Unwissenden spielen, s. unwissend stellen ‖ las malas ~s siempre son ciertas ⟨Spr⟩ Unglück ist immer sicher
nuevamente adv von neuem, aber-, noch|mals ‖ neulich, unlängst, kürzlich ‖ ◇ al examinarlo ~ bei nochmaliger Prüfung
Nueva Zelanda f ⟨Geogr⟩ Neuseeland n
nueve num neun ‖ neunte(r) ‖ ~ m Neun f ‖ ~ de agosto 9. August ‖ a las ~ de la noche um neun Uhr abends
nuevecito adj dim von **nuevo** ‖ ⟨fam⟩ funkelnagelneu
nuevemesino m/adj Neunmonatskind n
nuevo adj neu (Kleid, Nachricht) ‖ frisch ‖ jung (Tiere, Pflanzen) ‖ abweichend, verschieden ‖ auffallend, befremdend ‖ ⟨fig⟩ un|erfahren, -geübt ‖ ~**a** edición Neuauflage f (Buch) ‖ ~**a** Granada ⟨Hist⟩ Neugranada n ‖ el ~ Mundo die

Neue Welt ‖ el *~* Testamento *das Neue Testament* ‖ *~*a York [Stadt] *New York* n ‖ *~*a Zelanda ⟨Geogr⟩ *Neuseeland* n ‖ ◆ de *~ von neuem, unvermutet* ‖ *erneut* ‖ de *~* en España *erneut* od *(schon) wieder in Spanien* ‖ hasta *~* aviso *bis auf weitere Mitteilung, bis auf weiteres* ‖ ◇ el libro está *~ das Buch ist wie neu* (dagegen: es *~ ist neu*) ‖ ¿qué hay de *~? was gibt es Neues?* ‖ hacer (de) *~ neu machen* ‖ hacerse de *~*as *s. unwissend stellen* ‖ ponerle a uno la cara (*od* como de *~*) *~*a ⟨fam⟩ *jdn ohrfeigen, derb verprügeln* ‖ quedar como *~ wie neu aussehen od werden* (z. B. *Kleid nach der Änderung*) ‖ *~* m *Neuling, Anfänger* m

¹nuez f [pl *~*ces] *Nuss*, bes. *Walnuss* f ‖ *nussgroßes Stück* n ‖ *~* (de Adán) ⟨fam⟩ *Adamsapfel, Kehlkopf* m ‖ *~* de agallas *Gallapfel* m ‖ *~* de areca *Arekanuss* f ‖ *~* del Brasil *Paranuss* f ‖ *~* de ciprés *Zypressenzapfen* m ‖ *~* de coco *Kokosnuss* f ‖ *~* de cola *Kolanuss* f ‖ *~* de especia *Muskatnuss* f ‖ *~* moscada *Muskatnuss* f ‖ *~* vómica ⟨Bot⟩ *Strychninbaum* m (Strychnos nux-vomica) ‖ *Brechnuss* f *(Frucht)* ‖ ◇ apretar a uno la *~* ⟨figf⟩ *jdn (er)würgen* ‖ *~*ces fpl: cascar *~ Nüsse knacken* ‖ ⟨figf⟩ *jdn durch triftige Gründe zum Schweigen bringen* ‖ mucho ruido, pocas *~ viel Lärm um nichts*

²nuez f [pl *~*ces] ⟨Kochk⟩ *Nuss* f *(Fleischstück)*

³nuez f [pl *~*ces] ⟨Text⟩ *Wirtel* m, *(Ketten)Nuss* f ⟨Mus⟩ *Frosch* m *(am Bogen)* ‖ ⟨Mil⟩ *Schlagbolzenmutter* f ‖ *~* de armar ⟨Mil⟩ *Spannnuss* f *(des Geschützes)*

nueza f ⟨Bot⟩ *Rote Zaunrübe* f (Bryonia dioica) ‖ *~* blanca *Weiße Zaunrübe* f (B. alba) ‖ *~* negra *Schmerzwurz* f (Tamus communis)

nugal adj *(m/f) albern, läppisch, närrisch*

nugatorio adj *trügerisch, täuschend* ‖ *läppisch, haltlos*

nulidad f *Nichtigkeit* f ‖ *Fehler, Mangel* m ‖ *Unfähigkeit* f ‖ ⟨Jur⟩ *Nichtigkeit* f ‖ *Rechtsunwirksamkeit* f ‖ ◇ ser una *~* ⟨figf⟩ *e–e Null, e–e Niete, ein Versager sein*

nulípara f ⟨Med⟩ *Nullipara; Frau, die noch nicht geboren hat*

nulo adj *null und nichtig, ungültig* ‖ *gehaltlos, unbedeutend* ‖ *gleich Null* ‖ *klein* ‖ ◇ considerar (como) *~ als null und nichtig betrachten* ‖ declarar *~ für nichtig erklären* ‖ declarar *~* y sin valor *für null und nichtig erklären* ‖ hacer combate *~* ⟨Sp⟩ *unentschieden spielen* ‖ los negocios son absolutamente *~*s *das Geschäft stockt gänzlich*

nulla poena sine lege ⟨lat⟩ ⟨Jur⟩ *k–e Strafe ohne Gesetz*

núm. ⟨Abk⟩ = **número**

numantino adj ⟨Hist⟩ *aus Numancia, numantinisch* ‖ ⟨fig⟩ *numantinisch, heldenhaft, heroisch* ‖ *~* m *Numantiner* m

numen m *heidnische Gottheit* f, *Numen* n ‖ ⟨fig⟩ *dichterische Be\geisterung, -gabung* f

nume\ración f *Zählen* n ‖ *Auf-, Her\zählung* f ‖ *Nummerierung, Bezifferung* f ‖ *Zahlenschreibung* f ‖ **-rador** m ⟨Math⟩ *Zähler* m *e–s Bruchs* ‖ *Zähler, Zählapparat* m ‖ ⟨Typ⟩ *Nummerierwerk* n ‖ **-ral** adj *(m/f) Zahl-, Zahlen-* ‖ *~* m *Zahlzeichen* n ‖ **-rar** vt *zählen* ‖ *beziffern* ‖ *nummerieren, benummern* ‖ ¡*~*se! ⟨Mil⟩ *abzählen!* ‖ **-rario** adj *Zahl-, Zahlungs-, Münz-* ‖ *ordentlich (Mitglied)* ‖ *~* m *Bargeld, bares Geld* n ‖ *klingende Münze* f ‖ **-rativo** adj *Zahl(en)-*

numérico adj *numerisch, auf Zahlen bezüglich* ‖ *zahlenmäßig, der Zahl nach* ‖ ⟨Inform⟩ *digital*

¹número m *Zahl* f ‖ *Zahlreichen* n, *Zahl, Ziffer* f ‖ *~* aleatorio *Zufallszahl* f ‖ *~* arábigo *arabische Zahl* f ‖ *~* cardinal *Kardinal-,*

Grund\zahl f ‖ *~* clave *Schlüsselzahl* f ‖ *~* complejo *komplexe Zahl* f ‖ *~* cúbico *Kubikzahl* f ‖ *~* decimal *Dezimalzahl* f ‖ *~* dígito *einfache, einziff(e)rige Zahl* f ‖ *~* dual ⟨Gr⟩ *Dual* m ‖ *~* entero *ganze Zahl* f ‖ *~* fraccionario *Bruchzahl* f ‖ *~* de guarismo → *~* arábigo ‖ *~* impar *ungerade Zahl* f ‖ *~* mixto *gemischte Zahl* f ‖ *~* de orden *laufende Zahl* f ‖ *laufende Nummer* f ‖ *Buchungsnummer* f ‖ *~* ordinal *Ordinal-, Ordnungs\zahl* f ‖ *~* par *gerade Zahl* f ‖ *~* plural *Mehrzahl* f ‖ *Plural* m ‖ *~* primo *Primzahl* f ‖ *~* quebrado *Bruchzahl* f ‖ *~*s rojos *rote Zahlen* fpl ‖ *~* simple → *~* dígito ‖ *~* singular *Einzahl* f, *Singular* m ‖ un *~* X *e–e x-beliebige Nummer* od *Zahl* f ‖ *~*s mpl: *~* nones *ungerade Zahlen* fpl ‖ *~* pares *gerade Zahlen* fpl ‖ ◇ hacer *~ Berechnungen anstellen* od *machen, rechnen*

²número m *Anzahl, Menge* f ‖ ⟨Gr⟩ *Numerus* m, *Zahl* f ‖ ⟨Ztg⟩ *Exemplar* n ‖ ⟨fig Mus⟩ *musikalischer Wohlklang, Rhythmus* m ‖ *~* colectivo ⟨Tel⟩ *Sammelnummer* f ‖ *~* complementario *Zusatzzahl* f *(beim Lotto)* ‖ *~* de (la) cuenta *Kontonummer* f ‖ *~* dominical ⟨Ztg⟩ *Sonntagsausgabe* f ‖ *~* excesivo *Überzahl* f ‖ *~* extraordinario ⟨Ztg⟩ *Sondernummer* f ‖ *~* favorecido *Gewinn\zahl, -nummer* f ‖ *~*-guía ⟨Fot⟩ *Leitzahl* f *(bei Blitzlichtaufnahmen)* ‖ *~* de habitantes *Einwohnerzahl* f ‖ *~* de identificación bancaria *Bankleitzahl* f ‖ *~* de identificación fiscal *Steuernummer* f ‖ *~* de matrícula ⟨Auto⟩ *Kfz-Kennzeichen, polizeiliches Kennzeichen* n, ⟨fam⟩ *Autonummer* f ‖ *~* de muestra ⟨Ztg⟩ *Probeexemplar* n ‖ *~* de página(s) *Seitenzahl* f ‖ *~* de revoluciones *Dreh-, Umdrehungs-, Touren\zahl* f ‖ *~* suelto ⟨Ztg⟩ *Einzelnummer* f ‖ *~* de teléfono *Fernsprech-, Ruf-, Telefon\nummer* f ‖ *~* uno ⟨joc⟩ *Ich* ‖ *der Klassenbeste, der Primus* ‖ *~* de vibraciones ⟨Phys⟩ *Schwingungszahl* f ‖ *~* de votos *Stimmen(an)zahl* f ‖ ◆ en *~* de … *an Stelle von …* ‖ en *~* cien *hundert an der Zahl* ‖ sin *~* *unzählig, zahllos* ‖ ◇ llenar el *~* de a/c *et. vervollständigen* ‖ ser contado en el *~* de … *unter … gerechnet werden*

numerología f *symbolische, mystische Zahlenlehre* f (bes. *des Mittelalters*)

numero\sidad f *große Anzahl* f ‖ *große Menge* f ‖ **-so** adj *zahlreich, reichlich* ‖ *volkreich* ‖ *kinderreich* ‖ *Am laut, lärmend* (z. B. *Lachen*) ‖ *~*a clientela ⟨Com⟩ *zahlreiche Kundschaft* f ‖ ◆ en *~*as ocasiones *öfters, sehr oft*

numerus clausus ⟨lat⟩ *Numerus* m *clausus*

númida (numídico) adj ⟨Hist⟩ *numidisch* ‖ *~* m *Numidier* m

numinoso adj/s ⟨Rel⟩ *numinos* (& fig) ‖ lo *~ das Numinose*

numis\mática f *Münzkunde, Numismatik* f ‖ **-mático** adj *Münz-, Münzen-, numismatisch* ‖ *~* m *Münzen\sammler, -kenner, Numismatiker* m

numulita f ⟨Paläont⟩ *Nummulit* m

nunca adv *niemals, nimmer* ‖ *~* jamás *nie und nimmer* ‖ *irgend je(mals) niemals wieder* ‖ ◆ con más fuerza que *~ mit ungewohnter Kraft* ‖ *~* viene (= no viene *~*) *er (sie, es) kommt nie*

nun\ciatura f *Nuntiatur* f ‖ **-cio** m *Bote* m ‖ *Nuntius, päpstlicher Botschafter* m ‖ ⟨fig⟩ *Vorbote* m ‖ *~* apostólico *päpstlicher Nuntius* m ‖ ◇ ¡que lo haga el *~*! ⟨fam⟩ *das tue i c h nicht!*

nuncupativo adj ⟨Jur⟩ *offen (Testament)*

nuncupatorio adj *Widmungs-*

nup\cial adj *(m/f) Hochzeits-* ‖ *Braut-, Heirats-* ‖ **-cialidad** f *Durchschnittszahl* f *der geschlossenen Ehen* ‖ **-cias** fpl *Hochzeit* f ‖ ◇ casarse en segundas *~ s. zum zweiten Mal verheiraten*

Nuremberg, Nürenberg m [Stadt] *Nürnberg* n

nurse *f Erzieherin* f ‖ Am *Krankenschwester* f
nutación *f* ⟨Astr⟩ *Nutation* f
△ **nutive** *m Juni* m
nutria *f* ⟨Zool⟩ *Fischotter* m (Lutra lutra) ‖ ~
de mar, ~ marina *See-, Meer|otter* m (Enhydra
lutris) ‖ *dagegen deutsche Bezeichnung Nutria =*
coipo
   nutri|cio adj ⟨lit⟩ *(er)nährend* ‖ **–ción** *f
Ernährung* f ‖ ~ artificial *künstliche Ernährung* f
‖ ~ insuficiente *Unterernährung* f ‖ **–do** adj
genährt ‖ ⟨fig⟩ *zahlreich* ‖ *vielköpfig (Delegation)*
‖ *stark (Beifall)* ‖ *reich (Lesestoff)* ‖ bien ~
wohlgenährt ‖ **–mento** *m Nahrung* f ‖
Nahrungsmittel npl
   nutriero *m (Fisch)Otterjäger* m
   nutrir vt *(er)nähren* (& fig) ‖ *stillen (Kind)* ‖
füttern (Tiere) ‖ ⟨fig⟩ *Nahrung geben* (a alg. *jdm*)
‖ ⟨fig⟩ *kräftigen, stärken* ‖ **~se** *s. (er)nähren* (de
von) ‖ ⟨fig⟩ *ge|stärkt* od *-kräftigt* od *-nährt
werden* (de *durch* acc)
   nutriti|vidad *f Nahrhaftigkeit* f ‖ **–vo** adj
nahrhaft, nährend ‖ *Nahrungs-, Nähr-*
   nutrología *f* ⟨Med⟩ *Ernährungskunde* f
   ny *f griech. ν (N), Ny* n
   nylon *m* ⟨Ku⟩ *Nylon* n

Ñ

Ñ, ñ *f* [= Eñe, eñe, *pl* Eñes, eñes] *das span. ñ*
ña Ast Am ⟨pop⟩ → **señora**
ñacanina *f* Arg *Giftschlange* f *der Art Spilotes*
ñácara *f* MAm *Geschwür* n
ñácaro adj Col *unterentwickelt*
△ **ñacle** *m Nase* f
ñaco *m* Chi *Brei* m *aus geröstetem Maismehl*
ñadi *m* Chi *Sumpfgebiet* n
ñafiar vt Ven *stehlen, klauen, stibitzen*
ñafiteo *m* PR ⟨pop⟩ *Diebstahl* m
△ **ñafrar** vt/i *spinnen*
△ **ñai** *m Nagel* m
ñame *m* ⟨Bot⟩ *Jamswurzel* f (Dioscorea)
ñandú [*pl* ~úes, ⟨pop⟩ ~uces] *m* ⟨V⟩ *Nandu*
m (Rhea americana) ‖ ~ de Darwin *Darwinstrauß*
m (Rhea pennata)
ñandutí *m* Arg Par Ur ⟨Text⟩ *feine Spitze* f
¹**ñanga** adj/adv *umsonst, unnütz*
²**ñanga** *f* Ec *Stückchen, Brocken* m
³**ñanga** *f* Ec ⟨Bot⟩ *Mangowurzel* f
ñangada *f* MAm *Biss* m
ñángara *f* Hond *Geschwür* n
ñango adj Am *krumm gewachsen* ‖ Arg Chi
plump, bäu(e)risch ‖ *ungeschickt* ‖ PR *einfältig* ‖
empfindlich ‖ ~ *m* Mex ⟨fam⟩ *Schwächling* m
ñango|tado adj PR *unterwürfig, kriecherisch* ‖
–tarse vr PR *s. erniedrigen, s. beugen* ‖ PR *den
Mut verlieren* ‖ **–tismo** *m* PR *Unterwürfigkeit,
Kriecherei* f
ñangué *m* Am ⟨fam⟩: lo mismo es ñangá que
~ *das ist Jacke wie Hose*
¹**ñaña** *f* MAm *(ältere) Schwester* f ‖ *Freundin* f
‖ ⟨fam⟩ *Amme* f
²**ñaña** *f* MAm *menschlicher Kot* m
△ **ñañabar** vi *schwimmen*
ñañería *f* Ec *enge Freundschaft* f
ñaño *m* MAm → ²**manito** ‖ Pe → **niño**
ñapa *f* Col *Zugabe* f
ñaque *m Gerümpel* n ‖ *Plunder* m
ñarra adj *(m/f) sehr klein* ‖ ~ *m/f Kind* n
ñarrear vi Pan *miauen*
ñaruso adj Ec *pockennarbig*
ñata *f* Am *Nase* f
ñato adj Am *stumpfnasig* ‖ Arg *hässlich* ‖ Col
verweiblicht
ñatoco adj Chi *stumpfnasig*
ñau *m* onom *Miau(en)* n
ñaure *m* Ven *Knotenstock* m
ñausa adj *(m/f)* Pe *blind*
△ **ñay** *f Nagel* m
ñeca *f* Cu *Faustschlag, Boxhieb* m
ñecar vt/i Arg *draufhauen, hart zuschlagen*
ñecla *f* Chi *Papierdrache* m
ñecle adj *(m/f)* Chi *schwächlich*
ñengue *m* PR ⟨pop⟩ *Idiot* m
ñeque adj Am ⟨fam⟩ *stark, tüchtig* ‖ ~ *m
Stärke, Tüchtigkeit* f
ñero *m* Col Guat ⟨pop⟩ *Kumpel* m
ñica *f* Pe *ein bisschen*
ñifle int Chi ⟨fam⟩ *nein, keineswegs*
ñique *m* Chi *Faustschlag, Boxhieb* m
ñiquiñaque *m* ⟨fam⟩ *Schnickschnack* m ‖
Larifari n
ño *m* Am ⟨pop⟩ → **señor**
ñoca *f* Col *Riss* m *(im Boden)*
ñoclos mpl ⟨Kochk⟩ *(Art) Zuckergebäck* n

ñon *m* Cu *Angeber* m ‖ *Kraftmeier* m
ñongareto adj Col *verbaut (Mensch)*
ñongo adj Col Ven *verbaut (Mensch)* ‖ Cu Chi
dumm, blöd(e)
ñoñería, ñoñez [*pl* ~ces] *f Zimperlichkeit* f ‖
Ziererei f ‖ *Schüchternheit, Kleinmütigkeit* f ‖
Altersverblödung f
ñoño adj/s ⟨fam⟩ *schüchtern, zimperlich* ‖
kindisch ‖ *fad(e)* ‖ ~ *Zimperling* m, ~**a** *f
Zimperliese* f ‖ *blöder Mensch* m
ñopo adj Col *plattnasig* ‖ ~ *m* Pan *Spanier* m
ñoquear vi Arg *lügen, schwindeln*
ñoquis mpl ⟨Kochk⟩ *Gnocchi* pl
ñor, ~a *m, f* Am ⟨pop⟩ → **señor, ~a**
ñorda *f* Span ⟨vulg⟩ *Scheiße* f
ñu *m* ⟨Zool⟩ *Gnu* n (Connochaetes gnu)
△ **ñuco** *m* *Schwiegervater* m
△ **ñudicoy** *m November* m
¹**ñudo** adv Am: al ~ *vergebens, umsonst*
²**ñudo** *m* → ¹**nudo**
△ **ñuntive** *m Juli* m
△ **ñuñí** *f Schwiegermutter* f
ñusear vt Arg *belästigen* ‖ *plagen*
ñutir vi/t Col *brummen* ‖ *auszanken*
ñuto adj Ec *zermahlen* ‖ Arg Col Ec *weich
geklopft (Fleisch)*

O

O, o *f* [= O, o, *pl* Oes, oes] *O, o* n ‖ ◇ no
saber ni hacer la ~ con un canuto ⟨figf⟩ *sehr
unwissend od ein großer Ignorant ⟨fam⟩
saublöd, strohdumm sein, nicht bis drei zählen
können*
  o, o/ ⟨Abk⟩ = **orden**
  ¡o! ¡oh! *o! oh!*
  o *(zwischen Zahlen* **ó**) ‖ *vor mit* o *od* ho
beginnenden Wörtern **u** conj *oder, oder auch* ‖ ~
bien *oder (vielleicht) obwohl* ‖ ~ ... ~ ... (bien
... ~ ...) *entweder ... oder ...* ‖ ~ sea, ~ bien
oder, mit anderen Worten ‖ *das heißt (d. h.)* ‖ eran
4 ó 5 niños *es waren 4 od 5 Kinder*
  △ **o** pron *er/ihn, es*
  O ⟨Abk⟩ = **oeste** ‖ **oficial** ‖ **omisión** ‖
orden(anza) ‖ **oxígeno**
  oasis *m Oase* f (& fig)
  ob. ⟨Abk⟩ = **¹obispo**
  obceca|ción *f Verblendung* f ‖ **–do** adj
verblendet ‖ *s–r Sinne nicht Herr* ‖ **–r** vt
(ver)blenden ‖ ~**se** *verblendet sein bzw werden* ‖
~ con *(por, en) algo für et. blind sein* ‖ *et. nicht
(ein)sehen wollen*
  obducción *f* ⟨Jur Med⟩ *Obduktion, Autopsie,
Nekropsie, Sektion, Leichen(er)öffnung* f
  obduración *f Verstocktheit* f ‖ *Starrsinn* m,
Halsstarrigkeit, Sturheit f
  obedecer [-zc-] vt/i *gehorchen* (dat) ‖ ⟨fig⟩
nachgeben, s. fügen ‖ *weichen* (dat) ‖ *entsprechen,
folgen* (dat), *die Folge sein* (gen) ‖ *hören (Tier)* ‖
⟨Tech⟩ *ansprechen* ‖ ~ *al superior s–m
Vorgesetzten gehorchen* ‖ ~ *al timón* ⟨Mar⟩ *dem
Ruder folgen* ‖ ◇ *hacerse* ~ *s. Gehorsam
verschaffen* ‖ obedece al hecho de que ... *es ist
der Tatsache zuzuschreiben, dass* ... ‖ mi partida
obedece a la voluntad de mi padre *m–e Abreise
geschieht nach dem Willen meines Vaters*
  obedien|cia *f Gehorsam* m ‖ *Lenk-,
Füg|samkeit* f ‖ *Folgsamkeit* f ‖ *Unterordnung* f ‖
~ adelantada *vorauseilender Gehorsam* m ‖ ~ de
cadáver *Kadavergehorsam* m ‖ ~ ciega *blinder
Gehorsam* m ‖ ~ pasiva *passiver Gehorsam* m ‖
◇ reducir a la ~ *zum Gehorsam bringen* ‖ **–cial**
adj *(m/f) Gehorsams-* ‖ **–te** adj *gehorsam* ‖
folgsam ‖ *gefügig* ‖ *lenkbar*
  obelisco *m Obelisk* f
  oben|cadura *f* ⟨Mar⟩ *Wanten* fpl (& npl) ‖
–que *m Want* f (& n)
  obertura *f* ⟨Mus Th⟩ *Ouvertüre* f
  obe|sidad *f Fettleibigkeit* f ‖ **–so** adj/s
fett(leibig), wohlbeleibt
  obi *m Obi* m (& n)
  óbice *m Hindernis, Hemmnis* n, *Schwierigkeit*
f, *Handi|cap, -kap* n ‖ ◇ no es ~ para que ...
(subj) *dessenungeachtet, nichtsdestoweniger,
nichtsdestotrotz kann man ...*
  obispa *f And Murc Wespe* f
  obis|pado *m Bischofswürde* f ‖ *Bistum* n ‖ **–pal**
adj *(m/f) bischöflich, Bischofs-* (→ auch
episcopal, pastoral) ‖ **–palía** *f Bischofspalast* m ‖
→ **–pado**
  ¹obispillo *m Bürzel* m *der Vögel*
  ²obispillo *m große Blutwurst* f
  ¹obispo *m Bischof* m ‖ ~ auxiliar *Weihbischof*
m ‖ ~ diocésaneo *Diözesanbischof* m ‖ ~
sufragáneo *Suffragan(bischof)* m ‖ ~ titular

Titularbischof m ‖ ◇ trabajar para el ~ ⟨figf⟩
ohne Lohn, umsonst arbeiten
  △ **²obispo** *m Hahn* m
  óbito *m Tod* m, *Ableben* n
  obituario *m Totenregister* n ‖ ⟨Ztg⟩
Todesanzeigen(ecke f) fpl
  obje|ción *f Ein|wurf, -wand* m, *Einwendung* f ‖
⟨Jur⟩ *Einspruch* m ‖ ◇ hacer una ~ *e–e
Einwendung machen, et. einwenden* (contra
gegen) ‖ **–tar** vi *einwenden* ‖ *entgegenhalten* ‖
⟨fig⟩ *vorhalten* ‖ ⟨Jur⟩ *Einspruch erheben* (a
gegen) ‖ ◇ no tengo nada que ~ *ich habe nichts
einzuwenden (od nichts dagegen)*
  objeti|vación *f Objektivierung* f ‖ **–vamente**
adv *objektiv, sachlich* ‖ **–var** vt *objektivieren,
ver|gegenständlichen, -sachlichen* ‖ *vom
Subjektiven lösen* ‖ **–vidad** *f Sachlichkeit,
Objektivität* f ‖ **–vismo** *m* ⟨Philos⟩ *Objektivismus*
m ‖ → auch **–vidad**
  ¹objetivo adj *objektiv, (rein) sachlich* ‖
unparteiisch
  ²objetivo *m Zweck* m, *Absicht* f ‖ *Ziel* n (&
Mil) ‖ ~ aéreo ⟨Flugw Mil⟩ *Luftziel* n ‖ ~ final
Endziel n ‖ ◇ tener por ~ *zum Ziel haben*
  ³objetivo *m* ⟨Fot Opt⟩ *Objektiv* n ‖
Objektivlinse f ‖ *Optik* f ‖ ~ acromático
achromatisches Objektiv n ‖ ~ anastigmático
anastigmatisches Objektiv n ‖ ~ de anteojo
Fernrohrobjektiv n ‖ ~ cambiable *Wechselobjektiv*
n ‖ ~ de od para cinematografía *Filmobjektiv* n ‖
~ fotográfico *Fotoobjektiv* n ‖ ~ granangular
Weitwinkelobjektiv n ‖ ~ normal *Normalobjektiv*
n ‖ ~ universal *Universalobjektiv* n
  objeto *m Objekt* n ‖ *Gegenstand* m ‖ *Sache* f,
Ding n ‖ *Stoff, Gegenstand* m ‖ *Zweck* m, *Absicht*
f, *(End)Ziel* n ‖ ~ del contrato, ~ contractual
Vertragsgegenstand m ‖ ~s de devoción ⟨Rel⟩
Devotionalien pl ‖ ~s domésticos *Hausgeräte* npl
‖ ~s de enseñanza *Lehrmittel* npl ‖ ~ expuesto
Exponat n ‖ ~ fotografiado *Aufnahmegegenstand*
m ‖ ~ hallado *Fundsache* f ‖ ~ litigioso, ~ de(l)
litigio ⟨Jur⟩ *Streit|gegenstand* m, *-objekt* n ‖ ~ de
la prestación *Leistungsgegenstand* m ‖ ~
principal *Haupt|zweck* m, *-anliegen* n ‖ ~s de
valor *Wertsachen* fpl ‖ ~ de la vida *Lebensziel* n
‖ ~ volante no identificado (Abk OVN)
unbekanntes Flugobjekt n (Abk UFO) ‖ ◆ con el
~, al ~ de ... *in od mit der Absicht zu ...* ‖ con
tal ~ *zu diesem Zweck* ‖ sin ~ *zweck-, nutz|los* ‖
⟨Philos⟩ *objektfrei* ‖ el ~ de la presente es rogar a
Vd. ... *mit diesem Schreiben möchte ich Sie
bitten,* ... ‖ ◇ lograr un ~ *e–n Zweck erreichen* ‖
tener por ~ *bezwecken, zum Ziel haben,
anstreben*
  objetor *m* adj *entgegenstehend* ‖ ~ *m
Einsprucherhebende(r)* m ‖ ~ de conciencia
Wehrdienstverweigerer m (aus Gewissensgründen)
  oblación *f* ⟨Rel⟩ *Darbringung* f ‖
(Mess)Opferung
  ¹oblada *f* ⟨Rel⟩ *Totenspende* f
  ²oblada *f* ⟨Fi⟩ *Brandbrasse* f (Oblada
melanura)
  obla|ta *f Oblate* f *(Ordensangehörige)* ‖
Bereitung f *der Opfergabe (der Messe)* ‖ *Hostie* f
und Wein m *(in der Messe)* ‖ **–to** *m Oblate* m
(Ordensangehöriger)

oblea *f Oblate* f ‖ *Siegelmarke* f
obli|cuángulo adj ⟨Math⟩ *schiefwink(e)lig
(Dreieck)* ‖ **–cuidad** *f Schrägheit, Schiefe* f ‖ **–cuo**
adj *schräg, schief* ‖ ⟨Gr⟩ *abhängig (Fall)* ‖ ⟨fig⟩
ausweichend (Antwort) ‖ *indirekt (Rede)* ‖ medios
~s *Schleichwege, krumme Wege* mpl, ⟨fam⟩
Touren fpl
¹obliga|ción *f Verpflichtung* f ‖ *Pflicht,
Schuldigkeit, Obliegenheit* f ‖ ⟨Jur⟩
Schuldverhältnis n, *Schuld, Obligation* f ‖ ⟨fig⟩
Verbindlichkeit f ‖ *Dankespflicht* f ‖ ~ de
asistencia *Fürsorgepflicht* f (z. B. des Staates) ‖ ~
de no competir *Wettbewerbsverbot* n ‖ ~ de
declarar *(An)Meldepflicht* f (z. B. *Krankheiten,
Devisen, beim Zoll usw.*) ‖ ~ moral *moralische·
Verpflichtung* f ‖ ~ de pago
Zahlungsverpflichtung f ‖ ~ profesional
Berufspflicht f ‖ ~ recíproca *Gegenverpflichtung,
gegenseitige Verpflichtung* f ‖ ~ del servicio
militar *Wehrpflicht* f ‖ ~ obligatoria
*Solidar|haftung, -verpflichtung,
gesamtschuldnerische Haftung* od *Verpflichtung* f
‖ ◆ por ~ *aus bloßer Amtspflicht* ‖
unausweichlich ‖ *erzwungenermaßen* ‖ sin ~ *ohne
Verbindlichkeit* ‖ ◇ constituirse en ~ *zur Pflicht
werden* ‖ contraer (imponer) una ~ *e–e
Verpflichtung eingehen (auferlegen)* ‖ cumplir con
una ~ *e–e Verbindlichkeit erfüllen* ‖ me incumbe
esta ~ *diese Verpflichtung obliegt mir* ‖ primero
es la ~ que la devoción ⟨Spr⟩ *Pflicht geht über
alles* ‖ **–ciones** *fpl:* faltar a sus ~ *s–n
Verpflichtungen nicht nachkommen* ‖ implicar ~
Verpflichtungen nach s. ziehen
²obliga|ción *f* ⟨Com⟩ *Schuldverschreibung,
Obligation* f ‖ ~ del Estado
Staatsschuldverschreibung f ‖ ~ convertible
Wandelschuldverschreibung f ‖ **–cionista** *m/f
Obligationsinhaber(in* f) m ‖ *Obligationär(in* f) m
‖ *Anleihegläubiger(in* f) m
obli|gado adj *notwendig, erforderlich,
zwangsläufig* ‖ *un|umgänglich, -erlässlich, obligat*
‖ *geboten* ‖ *verpflichtet* ‖ *zu Dank verpflichtet* ‖
⟨Mus⟩ *obligat* ‖ ¡muy ~! *sehr verbunden!* ‖
¡–gadísimo! *besten Dank!* ‖ ◇ le estoy *od* quedo
muy ~ *ich bin Ihnen sehr verbunden* ‖ estar ~
müssen ‖ verse ~ a ... *s. verpflichtet* od
gezwungen sehen zu ... ‖ ~ *m Verpflichtete(r)* m ‖
Schuldner m ‖ *Stadt-, Gemeinde|lieferant* m ‖ ~
tributario *Steuerpflichtige(r)* m
obli|gar [g/gu] vt *verpflichten* ‖ *verbindlich
machen* ‖ ⟨fig⟩ *e–e Gefälligkeit erweisen* (a alg.
jdm acc) ‖ *nötigen, zwingen, unter Druck setzen* ‖
an|treiben, -halten, -stacheln (a *zu*) ‖ ◇ ~ a pagar
zur Zahlung zwingen ‖ ~ a uno con dádivas *jdn
durch Geschenke gewinnen* ‖ **–se** *s. verpflichten,
s. anheischig machen* ‖ *s. binden* ‖ **–gatoriedad** *f*
⟨Jur⟩ *Verbindlichkeit* f ‖ *Geltungskraft* f *(der
Rechtsnorm)* ‖ ⟨fig⟩ *gesetzlicher (od zwingender)
Charakter* m ‖ ~ de declaración *od* de declarar
⟨Jur⟩ *Zeugniszwang* m ‖ ~ de vacuna ⟨Med⟩
Impfzwang m ‖ **–gatorio** adj *bindend,
verpflichtend* ‖ *rechtsverbindlich* ‖ *gesetzlich* ‖ ◇
ser ~ *bindend sein*
¹obliteración *f Verwischung* f ‖ ⟨Med⟩
Ver|stopfung,-schließung, Obliteration f *(der
Gefäße)* ‖ ⟨Biol⟩ *Schrumpfung, Verödung* f
²obliteración *f (Ab)Stempelung, Entwertung* f
(von Briefmarken)
¹obliterar vt ⟨Med⟩ *verschließen, obliterieren*
²obliterar vt *(ab)stempeln, entwerten*
(Briefmarken)
oblongo adj *länglich, gestreckt*
obn. ⟨Abk⟩ = *observación*
obnubilar vt *verdunkeln* (& fig)
oboe *m* ⟨Mus⟩ *Oboe* f ‖ *Oboespieler* m

óbolo *m Obolus* m *(altgriechische Münze)* ‖
⟨fig⟩ *milde Gabe* f
obpo. ⟨Abk⟩ = **¹obispo**
¹obra *f Werk* n ‖ *Arbeit* f ‖ *Handlung(sweise)* f
‖ *Tat* f ‖ *Leistung* f ‖ *Ausführung* f ‖ *(Um)Bau* m ‖
Bauarbeit f ‖ *Bauprojekt* n ‖ *Handwerksarbeit* f ‖
Kraft, Macht f ‖ *(gute od schlechte) Tat* f ‖ ⟨Jur⟩
Tätlichkeit f ‖ ~ de aguja *Handarbeit* f ‖ ~ de
caridad, buena ~ *Wohltätigkeit* f, *wohltätiges
Werk, Liebeswerk* n, *gute Tat* f ‖ ~ chapucera
Pfuscharbeit f ‖ ~ estudiantil ⟨Univ⟩ etwa:
Studentenwerk n ‖ ~ de fábrica *Mauerwerk,
gemauertes Bauwerk* n ‖ ~ mal hecha *Machwerk*
n ‖ ~ maestra *Meister|werk, -stück* n ‖ ~ manual
Handarbeit f ‖ ~ de mérito *verdienstvolle Tat* f ‖
~ muerta ⟨Mar⟩ *Freibord* m ‖ ~ patronal *Stiftung*
f, *Stift* n ‖ ~ pía *fromme Stiftung* f ‖ → ~ de
caridad ‖ ~ de romanos *monumentales Bauwerk* n
‖ ⟨fig⟩ *gewaltige od ungeheure Leistung* f ‖ ~
taraceada *Intarsienarbeit* f ‖ ~ de tijera
Scherenarbeit f ‖ ⟨figf⟩ *zusammengestoppeltes
Werk* n ‖ ◆ a media ~ *halb fertig* ‖ de ~
tatkräftig ‖ *tätlich* ‖ en *(od* a) ~ de un mes
ungefähr in e–m Monat ‖ ¡(ya) es ~! *das ist k–e
Kleinigkeit!* ‖ por ~ de ... *vermöge ... gen, kraft
... gen, dank ... dat* ‖ por ~ y gracia de ...
dank... dat (& iron) ‖ ◇ el fin corona la ~ ⟨Spr⟩
Ende gut, alles gut ‖ allí hay ~ *da wird gebaut* ‖
maltratar de ~ ⟨Jur⟩ *tätlich misshandeln* ‖ poner
por ~ *(od* poner, meter en ~) *ins Werk setzen,
ausführen, bewerkstelligen* ‖ ponerse *(od* poner la
mano) a la ~ *Hand ans Werk legen* ‖ ¡manos a la
~! *Hand ans Werk! auf geht's!* ‖ tal ~, tal pago
wie die Arbeit, so der Lohn ‖ **~s** *fpl Bauten* fpl,
Bau m ‖ ⟨StV⟩ *Baustelle* f *(Warnzeichen)* ‖ ~ de
caminos, canales y puertos *Tiefbau* m ‖ ~ de
construcción *Bauarbeiten* fpl ‖ ~ de demolición
Abbrucharbeiten fpl ‖ ~ hidráulicas *Wasserbau* m
‖ ~ mineras ⟨Bgb⟩ *Schachtarbeiten* fpl ‖ ~
públicas *öffentliche Bauten* fpl ‖ ~ de puerto
Hafenarbeiten fpl ‖ ~ de urbanización *städtische
(Erweiterungs)Bauten* mpl ‖ *Erschließung* f *neuer
Wohn|gebiete* bzw *-siedlungen* ‖ ~ de urgencia
Notstandsarbeiten fpl ‖ ◇ hacer ~ *bauen, an e–m
(Um)Bau arbeiten* ‖ ~ son amores, que no buenas
razones ⟨Spr⟩ *Taten, nicht schöne Worte!*
²obra *f* ⟨Kunst Lit usw.⟩ *(Geistes)Werk* n ‖
Kunstwerk n ‖ *gelehrtes Werk* n ‖ *Opus* n ‖ *Œuvre*
n ‖ *Buch* n, *Schrift, Abhandlung* f, *Druckerzeugnis*
n ‖ ⟨Th⟩ *(Theater)Stück, Bühnenwerk* n ‖ ⟨Film⟩
Filmwerk n ‖ ~ artística, ~ de arte *Kunstwerk* n ‖
~ de consulta *Nachschlagewerk* n ‖ ~ de
divulgación *populärwissenschaftliches Werk* n ‖ ~
en fascículos *Lieferungs-, Fortsetzungs|werk* n ‖
~ de historia *Geschichtswerk* n ‖ ~ de impacto
Werk n *mit durchschlagendem Erfolg,* ⟨fam⟩
Knüller m ‖ ~ literaria *literarisches Werk, Buch* n
‖ ~ maestra *Meister|werk, -stück* n ‖ ~ póstuma
Nachlass m, *nachgelassenes Werk* n ‖ ~ de teatro
Theaterstück n ‖ ~ de tendencia *engagiertes Werk*
n ‖ *Tendenzstück* n ‖ ~ de la vejez *Alterswerk* n ‖
~ de vulgarización *populärwissenschaftliches
Werk* n ‖ **~s** *fpl:* ~ completas *gesammelte* od
sämtliche Werke npl ‖ ~ escogidas, ~ selectas
ausgewählte Schriften fpl, *Schriftenauswahl* f
obrada *f* ⟨Agr⟩ *Tagewerk* n ‖ *(regional
unterschiedliches) Feldmaß* n
obrador *m Arbeits|saal, -raum* m ‖ *Werkstatt* f
¹obraje *m Ver-, An|fertigung* f ‖ *Werkstatt* f ‖
Bol Chi Pe *Holzfällerei* f
²obraje *m* Mex *Schweinemetzgerei* f
obrajero *m* ⟨Arch⟩ *(Maurer)Polier* m
obrar vt *tun, verrichten, bewerkstelligen,
verfahren* ‖ *tätig sein, agieren* ‖ *bearbeiten* ‖
ausüben, begehen ‖ *ausführen* ‖ *(be)arbeiten* ‖

bauen, ausführen (Bau) ‖ ◇ ~ buen efecto *gute Wirkung haben* ‖ ~ vi *handeln ‖ wirken* (& Pharm) ‖ ⟨Verw⟩ *vorliegen, s. befinden (Beleg, Urkunde)* ‖ ⟨fam⟩ *s–e Notdurft verrichten* ‖ ◇ ~ bien (mal) con alg. *gut (schlecht) gegen jdn handeln* ‖ ~ de acuerdo con ... *in Übereinstimmung mit ... handeln* ‖ ~ con malicia *tückisch handeln* ‖ ~ de buena fe *redlich handeln* ‖ obra en mi poder su grata de(l) ... ⟨Com⟩ *ich bin im Besitz Ihres werten Briefes vom ...*

O.bre ⟨Abk⟩ = **octubre**

obregón *m* ⟨Kath⟩ *Hospitaliter m (Mitglied des Krankenpflegeordens, der 1565 von Bernardino de Obregón gegründet wurde)*

obrep|ción *f* ⟨Jur⟩ *Erschleichung f (e–r Stellung)* ‖ **–ticio** *adj erschlichen, Erschleichungs-*

obre|ra *f Arbeiterin f* (& Ins) ‖ **–rada** *f* Arg *Arbeiter* mpl ‖ **–rismo** *m* ⟨Soz⟩ *Arbeiterbewegung f ‖ Arbeiterherrschaft f ‖ Arbeiterwesen n* ‖ **–rista** *adj (m/f) Arbeiterbewegungs- ‖ Arbeiter-* ‖ **–ro** *adj Arbeits- ‖ Arbeiter- ‖ arbeitstätig* ‖ ~ *m Arbeiter, Arbeitsmann m ‖ Arbeitskraft f ‖ Werktätige(r) m ‖ Handwerksmann m* ‖ ⟨Ins⟩ *Arbeiter m* ‖ ~ agrícola *Landarbeiter m* ‖ ~ auxiliar *Hilfsarbeiter m* ‖ ~ c(u)alificado *gelernter Arbeiter m* ‖ ~ no c(u)alificado, ~ sin calificación *ungelernter Arbeiter m* ‖ ~ especializado *Facharbeiter m* ‖ ~ extranjero *Gastarbeiter m* ‖ ~ industrial *Fabrikarbeiter m* ‖ ~ rural *Landarbeiter m*

obsce|nidad *f Unzüchtigkeit, Obszönität f* ‖ *Zote f* ‖ **–no** *adj un|züchtig, -anständig, obszön*

obscu ... → **oscu** ...

obsecuen|cia *f Folgsamkeit f ‖ Ehrerbietigkeit f ‖ Willfährigkeit, Unterwürfigkeit f* ‖ **–te** *adj (m/f) folgsam ‖ ehrerbietig ‖ willfährig, unterwürfig, servil*

obseder, *vt* gall → **obsesionar**

obse|quiador, –quiante *adj (m/f) dienstbeflissen ‖ gefällig ‖ beschenkend ‖ bewirtend ‖ schenkend* ‖ **–quiar** *vt s. (jdm gegenüber) gefällig zeigen ‖ (jdn) beschenken ‖ bewirten, gastlich aufnehmen ‖ (jdm) s–e Aufwartung machen ‖ ehren, feiern ‖ schenken, kredenzen* ‖ ◇ se le obsequió con un banquete *es wurde zu s–n Ehren ein Bankett gegeben* ‖ **–quio** *m Dienstbeflissenheit f ‖ Gefälligkeit f ‖ Liebenswürdigkeit f ‖ Geschenk n, Gabe f, Präsent n ‖ Freiexemplar n (Buch)* ‖ ◆ en ~ de alg. *jdm zu Gefallen, zuliebe ‖ jdm zu Ehren* ‖ ◇ ¡hágame Vd. este ~! *tun Sie mir diesen Gefallen! seien Sie so gut!* ‖ ofrecer sus ~s a alg. *jdm s–e Aufwartung machen* ‖ **–quioso** *adj dienst|beflissen, -fertig ‖ willfährig, gefällig ‖ zuvorkommend ‖ freigebig*

obser|vación *f Beobachtung f* (& Med) ‖ *Wahrnehmung f ‖ Überwachung, Observation f ‖ Forschung, Untersuchung f ‖ Bemerkung f* ‖ *Anmerkung f ‖ Be-, Ver|folgung, Einhaltung f* ‖ ~ de la ley *Befolgung f des Gesetzes* ‖ ~ telescópica *Beobachtung f mit dem Fernrohr* ‖ ◇ hacer una ~ *e–e Bemerkung machen, et. bemerken* ‖ **–vador** *adj beobachtend, Beobachtungs-* ‖ ~ *m Beobachter m* (& z. B. *in e–m Flugzeug*) ‖ *Späher m* (& Mil) ‖ *Observator m (an e–r Sternwarte)* ‖ ~ del tiro ⟨Mil⟩ *Schussbeobachter m* ‖ **–vancia** *f Beobachtung, Einhaltung, Befolgung f (z. B. e–s Gesetzes) ‖ Ordensregel, Observanz f* ‖ ~ de una formalidad *Beachtung f e–r Formalität* ‖ **–vante** *adj (m/f) beobachtend* ⟨Kath⟩ *streng (Orden)* ‖ **–var** *vt/i beobachten ‖ (er)forschen ‖ betrachten ‖ bemerken, wahrnehmen ‖ (et.) auszusetzen haben ‖ befolgen, (beob)achten, einhalten (Gesetz, Vorschrift) ‖ einhalten (Frist)* ‖ ◇ ~ una conducta sospechosa *s. verdächtig benehmen* ‖ ~ la fecha

---

die Frist einhalten ‖ debo hacerle ~ que ... ich *muss Sie darauf aufmerksam machen, dass ...* ‖ **–vatorio** *m Warte, Beobachtungsstation f, Observatorium n* ‖ ⟨Mil⟩ *Warte f, Beobachtungsstand m* ‖ ~ aerológico *Luftwetterwarte f* ‖ ~ astronómico *Sternwarte f* ‖ ~ marítimo *Seewarte f* ‖ ~ meteorológico *Wetterwarte f* ‖ ~ sísmico *Erdbebenwarte f*

obse|sión *f Besessenheit f* (& Theol) ‖ ⟨Med⟩ *Zwangsvorstellung f* (& fig), *Phobie f* ‖ ⟨fig⟩ *fixe Idee, Einbildung, Grille f* ‖ ⟨fig⟩ *quälender Gedanke m* ‖ **–sionante** *adj (m/f) verfolgend, unablässig bohrend, nicht aus dem Sinn gehend* ‖ **–sionar** *vt* ⟨fig⟩ *ständig plagen od verfolgen, nicht aus dem Sinn gehen (Idee)* ‖ **–sivo** *adj dauernd belästigend od verfolgend* ‖ ⟨Theol⟩ *die Besessenheit betreffend, auf die Besessenheit bezüglich* ‖ ⟨Med⟩ *Zwangs-* ‖ **–so** *adj besessen* (& fig) ‖ ~ *m Besessene(r) m* ‖ ~ del trabajo *arbeits|wütiger, -besessener Mensch, Workaholic m*

obsidiana *f* ⟨Min⟩ *Obsidian m*

obso|lescencia *f Überalterung f ‖ Veralten n* ‖ **–lescente** *adj (m/f) veraltend* (z. B. *Wort*) ‖ **–leto** *adj veraltet, obsolet*

obstacu|lista *m/f* ⟨Sp⟩ *Hindernisläufer(in f) m* ‖ **–lizar** [z/c] *vt behindern* ‖ ◇ ~ la circulación *den Verkehr behindern*

obstáculo *m Hindernis n ‖ Sperre, Behinderung f ‖ Hemmnis n* ‖ un ~ insuperable *ein unüberwindliches Hindernis n* ‖ ~s de alambre ⟨Mil⟩ *Drahtverhau m* ‖ ~ a la circulación *Verkehrshindernis n* ‖ ◆ sin ~s *unbehindert, glatt* ‖ ◇ dar con (*od* encontrar) un ~ *auf ein Hindernis stoßen* ‖ poner un ~ *ein Hindernis in den Weg legen* ‖ tropezar *od* topar con ~s *auf Schwierigkeiten stoßen*

obs|tante *adv:* no ~ *trotzdem, dessen ungeachtet, nichtsdestoweniger, nichtsdestotrotz, jedoch ‖ allenfalls ‖* ⟨fam⟩ *trotz* (gen, fam dat) ‖ no ~ sus riquezas *trotz s–s Reichtums* ‖ **–tar** *vi hindern, hinderlich sein* ‖ ◇ eso no obsta para que ... *man kann trotzdem ...*

obs|tetricia *f* ⟨Med⟩ *Geburtshilfe, Obstetrik f* ‖ **–tétrico** *adj Entbindungs-*

obsti|nación *f Halsstarrigkeit, Hartnäckigkeit f ‖ Trotz m ‖ Widerspenstigkeit f, Eigensinn m* ‖ *Verharren n* ‖ ◆ con ~ *hartnäckig, eigensinnig* ‖ **–nado** *adj halsstarrig, hartnäckig ‖ widerspenstig, eigen-, starr|sinnig* ‖ ~ en callar *hartnäckig schweigend ‖* su silencio ~ *sein verstocktes Schweigen* ‖ **–narse** *vr hartnäckig bestehen* (en *auf* dat) ‖ *halsstarrig, hartnäckig, eigensinnig, stur sein* ‖ ◇ ~ en callar *hartnäckig schweigen* ‖ ~ contra alg. *jdm Trotz bieten*

obstruc|ción *f Versperrung f (des Weges)* ⟨Med StV⟩ *Verstopfung f* ⟨Pol⟩ *Obstruktion, Blockade f* ‖ ⟨Pol⟩ *Verschleppung(spolitik) f* ‖ ~ intestinal ⟨Med⟩ *Darmverschluss m* ‖ ◇ hacer ~ *Obstruktion(spolitik) treiben* ‖ **–cionismo** *m* ⟨Pol⟩ *Verschleppung(spolitik), Verzögerung(staktik), Obstruktions-, Blockade|politik f* ‖ **–cionista** *adj (m/f) Obstruktions-, Blockade-, Verschleppungs-, Verzögerungs-* ‖ ~ *m/f* ⟨Pol⟩ *Verschleppungstaktiker(in f) m* ‖ **–tivo** *adj obstruktiv* ‖ **–tor** *adj ver|sperrend, -stopfend*

obstruir [-uy-] *vt verstopfen (Röhre) ‖ versperren (Weg)* ‖ ⟨fig⟩ *(be)hindern ‖ blockieren* (& fig) ‖ ~ vi *s. quer stellen ‖* ~se *s. verstopfen, verstopft werden*

obtemperar *vt* → **obedecer** ‖ → **asentir**

obtención *f Erlangung f ‖ Erreichung f ‖ Beschaffung f* ⟨Agr Chem Bgb⟩ *Gewinnung f* ‖ ~ del corcho *Korkgewinnung f* ‖ ~ de recursos *Beschaffung f von Geldmitteln*

obtener [irr → **tener**] vt er|langen, -zielen, erreichen ‖ erhalten, bekommen, kommen zu ‖ gewinnen (Metalle, Kork usw.) ‖ erwirken ‖ ⟨Jur⟩ er-, be|wirken ‖ ◇ difícil de ~ schwer zu bekommen ‖ ~ un resultado zu e–m Resultat kommen ‖ ~ ventajas Vorteile erzielen

obtu|ración f Ver|stopfung, -schließßung f ‖ (Ab)Dichtung f ‖ Liderung f ‖ ⟨Mil⟩ Verrieg(e)lung, Liderung f (Waffe) ‖ ⟨Med⟩ Füllung, Plombierung f (von Zähnen) ‖ **–rador** adj (ab)schließend ‖ (ver)stopfend ‖ verriegelnd ‖ ~ m ⟨Fot⟩ Blende f, Verschluss m ‖ ⟨Med⟩ Verschlussplatte f ‖ ~ automático ⟨Fot⟩ automatischer Verschluss m ‖ ~ compur ⟨Fot⟩ Compurverschluss m ‖ ~ de cortinilla ⟨Fot⟩ Schlitzverschluss m ‖ ~ de exposición ⟨Fot⟩ Zeitverschluss m ‖ ~ de instantánea ⟨Fot⟩ Momentverschluss m ‖ ~ de iris ⟨Fot⟩ Irisverschluss m ‖ ~ de pose ⟨Fot⟩ Zeitverschluss m ‖ ~ por sectores Sektorenverschluss m ‖ **–rar** vt zu-, ver|stopfen ‖ (ab)dichten ‖ füllen, plombieren (Zähne) ‖ ⟨Fot⟩ abblenden ‖ ⟨Tech⟩ ab-, ver|schließen ‖ lidern ‖ ausgießen, dichten (Fuge)

obtu|sángulo adj ⟨Math⟩ stumpfwink(e)lig (Dreieck) ‖ **–so** adj stumpf, abgestumpft ‖ ⟨fig⟩ schwachsinnig ‖ ⟨fig⟩ schwer von Begriff, begriffsstutzig

obús m ⟨Mil⟩ Haubitze f ‖ Mörsergranate f

obvención f Nebenverdienst m

ob|viar vt abwenden ‖ beseitigen ‖ entgegentreten ‖ vorbeugen (dat) ‖ **–vio** adj ⟨fig⟩ einleuchtend, klar, deutlich, handgreiflich ‖ ◇ es ~ das liegt auf der Hand

oc → ²**lengua** de oc

oca f ⟨V⟩ Gans f (→ **ganso**) ‖ Oca-Spiel n ‖ ◇ ¡esto es la ~! ⟨figf⟩ das ist allerhand! ‖ ⟨fam⟩ das ist ein tolles Ding! ‖ ⟨fam⟩ das ist ein dicker Hund!

¹**ocal** adj (m/f) saftig, wohlschmeckend (Obst) ‖ groß, duftend (Rosenarten) ‖ And groß(artig)

²**ocal** m Doppelkokon m (der Seidenraupen)

△ **ocan** m Sonne f

△ **ocana** adv jetzt

△ **ocanar** vi beten

ocari|na f ⟨Mus⟩ Okarina f ‖ **–nista** m/f Okarinaspieler(in f) m

oca|sión f Gelegenheit f ‖ gelegene Zeit f ‖ Anlass m, Veranlassung f ‖ Umstand m ‖ Gefahr f, Risiko n ‖ ⟨Theol⟩ Sündengefahr, Versuchung f, Anlass m zur Sünde ‖ ~ de compra Kaufgelegenheit f ‖ ~ propicia günstige Gelegenheit f ‖ ~ solemne seltene, große Gelegenheit f ‖ ~ única einmalige Gelegenheit f ‖ una ~ ventajosa e–e günstige Gelegenheit f ‖ ◆ con ~ de ... anlässlich ... (gen) ‖ wegen ‖ de ~ aus zweiter Hand ‖ gebraucht ‖ antiquarisch (Buch) ‖ Gelegenheits- ‖ (compra de) ~ Gelegenheitskauf m, Okkasion f ‖ en esta ~ bei dieser Gelegenheit ‖ en aquella ~ zu jener Zeit, damals ‖ en od a la primera ~ que se presente bei e–r (bester) Gelegenheit ‖ en ocasiones gelegentlich ‖ ab und zu ‖ hin und wieder ‖ hie und da ‖ ◇ aprovechar la ~ die Gelegenheit benutzen ‖ asir od coger od tomar la ~ por la melena, por los cabellos ⟨figf⟩ die Gelegenheit beim Schopf(e) ergreifen od fassen od packen ‖ dar ~ Veranlassung geben (a zu) ‖ desperdiciar la ~, perder la ~ die Gelegenheit versäumen ‖ a la ~ la pintan calva ⟨Spr⟩ man muss die Gelegenheit beim Schopf(e) ergreifen od fassen od packen ‖ si se presenta la ~ bei Gelegenheit ‖ wenn es s. gerade (so) trifft ‖ tener ~ de censura Anlass zum Tadel haben ‖ tomar ~ Anlass nehmen ‖ **–sional** adj (m/f) gelegentlich ‖

veranlassend ‖ **–sionalismo** m ⟨Philos⟩ Okkasionalismus m ‖ **–sionalista** m/f Okkasionalist(in f) m ‖ **–sionar** vt ver|anlassen, -ursachen ‖ herbeiführen, zur Folge haben ‖ an-, er|regen ‖ gefährden ‖ hervorrufen ‖ anrichten (Schaden) ‖ ◇ ~ molestia(s) Mühe verursachen ‖ ~ pérdida(s) Verlust(e) verursachen

ocaso m ⟨Astr⟩ Untergang m (& fig) ‖ Westen, Abend m ‖ ⟨fig⟩ Tod m ‖ el ~ de los dioses die Götterdämmerung (& fig) ‖ ◆ hacia el ~ gegen Westen ‖ gegen Sonnenuntergang, gegen Abend

occiden|tal adj (m/f) abendländisch (& Pol), westlich, West- ‖ ~ m Abendländer m ‖ ⟨Pol⟩ Angehörige(r) m e–s westlichen Landes, ⟨pej⟩ Westler m ‖ **–talista** adj (m/f) prowestlich ‖ **–talizar** [z/c] vt verwestlichen ‖ **–te** m Abendland n (bes. im kulturellen Sinne) ‖ ⟨Pol⟩ der Westen ‖ West(en) m

occi|pital adj (m/f) ⟨An⟩ Hinterhaupts- ‖ **–pucio** m ⟨An⟩ Hinterhauptbein n

occi|sión f Tötung f ‖ **–so** adj ermordet, gewaltsam getötet ‖ ~ m Ermordete(r) m

Occi|tania f ⟨Hist⟩ Okzitanien n ‖ ⁼**tánico** adj, ⁼**tano** adj okzitanisch ‖ ~ m Okzitaner m ‖ el ~ das Okzitanische (→ **oc**) ‖ das Neuprovenzalische

oce And ⟨pop⟩ → **doce**

oceánico adj ozeanisch ‖ auf den Ozean bzw Ozeanien bezüglich ‖ verde ~ Meergrün n

oceánidas fpl ⟨Myth⟩ Okeaniden, Meernymphen fpl

océano (⟨poet⟩ & **oceano**) m (Welt)Meer n, Ozean m ‖ ⟨fig⟩ ungeheure (Menschen)Menge f ‖ ◇ un ~ de gente invadió la plaza e–e riesige Menschenmenge überflutete den Platz ‖ ~ Atlántico Atlantischer Ozean, Atlantik m ‖ ~ Austral Südsee ‖ ~ Boreal Nordmeer n ‖ ~ Glacial Antártico od Austral Südliches Eismeer, Südpolarmeer n ‖ ~ Glacial Artico od Boreal Nördliches Eismeer, Nordpolarmeer n ‖ ~ Índico Indischer Ozean m ‖ ~ Pacífico Stiller Ozean, Pazifik m

oceano|grafía f Meereskunde, Ozeanographie f ‖ **–gráfico** adj meereskundlich

oceanógrafo m Meereskundler, Ozeanograph m

oce|lado adj ⟨Zool⟩ mit Ozellar- (augenähnliche Farb)Flecken (→ **lagarto**) ‖ **–lo** m ⟨Ins Zool⟩ Ozelle f, Ocellus m, Punktauge n (mancher Quallen und Gliederfüßer) ‖ Ozellarfleck m

ocelote m ⟨Zool⟩ Ozelot m, Pardelkatze f (Leopardus pardalis) ‖ Ozelot(pelz) m

ocena f ⟨Med⟩ Ozaena, Stinknase f

ochar vt Chi belauern (acc), nachspionieren (dat) ‖ Chi provozieren, aufhetzen ‖ ~ vi Arg bellen

△ **ochardó** m Mantel m

ocha|va f Achtel n ‖ Am Straßenecke f ‖ **–vado** adj achteckig

ochavo m ⟨Hist⟩ Kupfermünze f ‖ ⟨figf⟩ Geld n ‖ ◇ no tener ni un ~ ⟨figf⟩ gar kein Geld haben, ⟨fam⟩ k–n Pfennig haben, blank od pleite sein ‖ no valer un ~ k–n Pfifferling wert sein

ochen|ta num achtzig ‖ **–tavo** m/adj Achtzigstel n, achtzigstel ‖ **–tón** adj ⟨fam⟩ achtzigjährig ‖ ~ m Achtzigjährige(r) m

△ **ocherito** m Verdienst m

△ **ochí** m Seele f ‖ Geist m

ocho num acht ‖ achte(r) ‖ ◆ a las ~ de la tarde um acht Uhr abends ‖ dentro de ~ días in acht Tagen, innerhalb e–r Woche ‖ ◇ han dado las ~ es hat acht (Uhr) geschlagen ‖ dar od echar a alg. con los ~s y los nueves ⟨fam⟩ jdm die Meinung geigen, jdm unverblümt die Meinung sagen ‖ levantarse a las ~ um acht Uhr aufstehen ‖ ~ m Acht f ‖ el ~ de agosto der achte August

ochocientos num *achthundert*
　△ **ochón** *m Monat* m
ocio *m Muße, Ruhe* f ‖ *Freizeit* f ‖ *Müßiggang*
m, *Nichtstun* n ‖ *(freie) Zeit* f ‖ (planificación del)
~ *Freizeitgestaltung* f ‖ ◇ *entregarse al* ~ *s. dem*
Müßiggang ergeben ‖ ~**s** *mpl freie Zeit* f ‖
Freizeit(beschäftigung) f ‖ ◇ *divertir sus* ~ *s–e*
Zeit totschlagen ‖ *s. s–r Freizeit erfreuen, s–e*
Freizeit genießen
　△ **oción** adv *ja*
ocio|sidad *f Müßiggang* m, *Untätigkeit* f ‖ ◇ *la*
~ *es madre de (todos) los vicios* ⟨Spr⟩
Müßiggang ist aller Laster Anfang ‖ **–so** adj/s
müßig ‖ *überflüssig, unnütz* ‖ *stillgelegt* ‖ ◇ *estar*
~ *untätig sein* ‖ ⟨fam⟩ *faulenzen, Däumchen*
drehen, rum|freaken, -hängen
　△ **oclay** *m König* m
ocle *f* Ast ⟨Bot⟩ →⁺ **sargazo**
oclo|cracia *f Pöbelherrschaft, Ochlokratie* f ‖
–crático adj *ochlokratisch*
oclu|ir [-uy-] vt *verstopfen* ‖ *verschließen* ‖
–sión *f* ⟨Med⟩ *Ver|schluss* m, *-stopfung* f ‖ ⟨Phon⟩
Verschluss m ‖ ⟨Met⟩ *Einschluss* m ‖ ⟨Meteor*
Phys⟩ Okklusion f ‖ ~ *intestinal* ⟨Med⟩
Darmverschluss, Ileus m ‖ **–siva** *f* ⟨Phon⟩
Verschlusslaut, Okklusiv m ‖ **–sivo** adj
verschließend ‖ ⟨Phon Gr Med⟩ *Okklusiv-,*
Verschluss-
　△ **ocola** adj *dieser* ‖ *jener*
oco|tal *m* Mex *Okotefichtenwald* m ‖ **–te** *m*
⟨Bot⟩ *Okotefichte* f (Pinus teocote) ‖ p.ex
Anmachholz n
ocotito *m* Mex *Zwietrachtstifter* m
ocozoal *m* Mex ⟨Zool⟩ *(Art) Klapperschlange* f
ocozol *m Amberbaum* m (Liquidambar
styraciflua)
ocratación *f* ⟨Arch⟩ *Okratieren* n *(des Betons)*
　△ **ocray** *m König* m
ocre adj *ockerfarben* ‖ ~ *m Ocker* m ‖ ~
calcinado (quemado, tostado) *gebrannter Ocker* m
‖ ~ *crómico Chromocker* m ‖ ~ *dorado*
Goldocker m
oct. ⟨Abk⟩ = **octubre**
octa|edro *m* ⟨Math⟩ *Achtflächner* m, *Achtflach,*
Oktaeder n ‖ **–gonal** adj *(m/f) achteckig*
octágono m/adj ⟨Math⟩ *Achteck, Oktogon* n
octanaje *m* ⟨Auto⟩ *Oktanzahl* f
octangular adj *(m/f) achteckig*
octano *m* ⟨Chem⟩ *Oktan* n
octante *m* ⟨Math Mar⟩ *Oktant* m
　△ **octarba** *m Oktober* m
octa|va *f* ⟨Poet Mus Rel⟩ *Oktave* f ‖ ⟨lit⟩
Woche f ‖ ~ *real* ⟨Poet⟩ *Stanze* f, *Ottaverime* pl ‖
◇ *hacer* ~s ⟨Mus⟩ *Oktaven spielen* ‖ **–vado** adj
⟨Mus⟩ *Oktaven-* ‖ **–var** vi ⟨Mus⟩ *Oktaven greifen*
bzw *blasen*
octaviano adj *oktavianisch, augu|stäisch,*
-steisch ‖ *den Oktavius Cäsar Augustus betreffend*
‖ ⟨fig⟩ *echter, andauernder Friede(n)* m
octa|villa *f* ⟨Typ⟩ *Achtelblatt* n, *Zettel* m ‖
⟨Poet⟩ *Octavilla* f ‖ ~ *de propaganda* ⟨Pol⟩
Flugblatt n ‖ **–vo** *m Achtel* n ‖ ⟨Typ⟩ *Oktavformat*
n ‖ ~ *mayor* ⟨Typ⟩ *Großoktav* n ‖ ~ *menor* ⟨Typ⟩
Kleinoktav n ‖ ~s *de final* ⟨Sp⟩ *Achtelfinale* n
octeto *m* ⟨Mus Phys⟩ *Oktett* n
octingentésimo adj/s *achthundertste(r)*
octo|genario m/adj *Achtziger* m ‖ **–gésimo**
m/adj *Achtzigstel* n
octogonal adj *(m/f)* ⟨Math⟩ *oktogonal*
octógono adj ⟨Math⟩ *achteckig, oktogonal* ‖ ~
m Achteck, Oktogon n
octópodos mpl ⟨Zool⟩ *Achtfüßer, Kraken* mpl
(Octobrachia)
　△ **octorba** *m Oktober* m
octosílabo m/adj ⟨Poet⟩ *achtsilbiger Vers* m

octóstilo adj ⟨Arch⟩ *achtsäulig*
octubre *m Oktober* m
óctu|ple *(m/f)*, **–plo** adj/s *acht|fach, -fältig*
octuplicar vt *verachtfachen*
ocu|lar adj *(m/f) Augen-* ‖ ~ *m* ⟨Opt⟩ *Okular* n
‖ **–lista** *m/f Augen|arzt* m, *-ärztin* f
ocul|tación *f Verbergung* f ‖ ⟨Astr⟩ *Bedeckung*
f ‖ p.ex *Verheimlichung* f ‖ *Verschleierung* f ‖
Hinterziehung f ‖ ~ *fiscal Steuerhinterziehung* f ‖
–tamente adv *heimlich, verstohlenerweise* ‖ **–tar**
vt *ver|bergen, -stecken* (de, a *vor* dat) ‖
ver|hehlen, -heimlichen, -schweigen, geheim
halten, totschweigen ‖ *hinterziehen (Gewinn,*
Steuern) ‖ ◇ ~ *el rostro entre las manos das*
Gesicht zwischen den Händen verbergen ‖ *no*
podemos ~le que … wir können Ihnen nicht
verhehlen, dass … ‖ ~**se** *verschwinden* ‖ *s.*
verstecken ‖ *s. verborgen halten* ‖ ~ *a la vista s.*
dem Blick entziehen ‖ **–tis** adv: de ~ ⟨fam⟩
heimlich, insgeheim, im Verborgenen ‖ **–tismo** *m*
Okkultismus m ‖ **–tista** adj *(m/f) okkultistisch* ‖ ~
m/f Okkultist(in f) m ‖ **–to** adj *geheim, verborgen*
‖ *erdabgewandt (Seite des Mondes)* ‖ ◆ *de* ~
inkognito ‖ en ~ *heimlich, insgeheim, im*
Verborgenen
ocu|pación *f Besetzung* (& Mil), *Okkupation* f
‖ ⟨Mil⟩ *Besatzung* f ‖ ⟨Jur⟩ *(In)Besitznahme,*
Okkupation f ‖ *Beschäftigung, Arbeit* f ‖
Arbeitsverhältnis n ‖ *Auslastung* f ‖ ~ *accesoria*
Nebenbeschäftigung f ‖ ~ *favorita od predilecta*
od preferida Lieblingsbeschäftigung f, *Hobby* n ‖
◆ *sin* ~ *unbeschäftigt* ‖ *arbeitslos* ‖ **–pacional**
adj *(m/f)* Am *Berufs-* ‖ **–pada** adj/f *schwanger* ‖
–pante adj *(m/f) besetzend* ‖ *in Besitz nehmend* ‖
~ *m/f* ⟨Auto⟩ *Insasse, Fahrgast* m ‖ *Okkupant(in*
f) m ‖ ~ *del coche Fahrgast* m ‖ **–par** vt *besetzen*
‖ *okkupieren* ‖ *einnehmen (Platz)* ‖ *beziehen*
(Wohnung) ‖ *bewohnen* ‖ *bekleiden (Amt)* ‖
beschäftigen (Person) ‖ *Arbeit geben (e–r Person)*
‖ *in Anspruch nehmen (Zeit)* ‖ *(ver)hindern* ‖ *in*
Beschlag nehmen ‖ ◇ ~ *sitio Raum einnehmen* ‖
~ *un puesto e–n Posten ausfüllen* ‖ ~ *un asiento*
e–n Platz belegen ‖ ¡–pado! *besetzt!* ‖ ~**se:** ◆ ~
en od de od con algo s. mit et. befassen od
beschäftigen ‖ *mañana volveré a ~me de ello*
morgen werde ich darauf zurückkommen
ocurren|cia *f (Vor)Fall* m ‖ *Gelegenheit* f ‖
Einfall m, *Idee* f ‖ *Witz, lustiger Einfall* m ‖
blöder Einfall m ‖ *Vorkommen* n ‖ ¡qué ~! ⟨fam⟩
was für e–e Idee! ‖ ◇ *tener* ~s *witzige (bzw*
sonderbare, ⟨fam⟩ *ulkige) Einfälle haben* ‖ qué
~s *tiene este chico was hat der Junge doch für*
(gute bzw blöde) Einfälle ‖ **–te, (pop) –cioso** adj
witzig
ocu|rrir vi *s. ereignen, vor|fallen, -kommen,*
geschehen ‖ *eintreten* ‖ ◇ *le ha –rrido un*
accidente er (sie, es) hat e–n Unfall gehabt ‖ *ha*
–rrido un cambio e–e Änderung ist eingetreten ‖
¿qué –rre? was gibt's? was ist los? ‖ *¿qué le –rre?*
was fehlt Ihnen?, ⟨fam⟩ *was haben Sie (denn)?* ‖
~**se** *einfallen* ‖ *se me –rre que … es fällt mir ein,*
dass … ‖ *únicamente se nos –rre pensar que …*
wir können nur denken, dass … ‖ *no se me –rre*
nada es fällt mir nichts ein
oda *f* ⟨Poet⟩ *Ode* f
odalisca *f Odaliske* f (& fig)
odeón *m Odeon, Odeum* n
Odesa *f* [Stadt] *Odessa* n
odiable adj *(m/f) verhasst*
odiar vt *hassen*
Odín *m* ⟨Myth⟩ *Odin* m *(nordische Gottheit)*
odio *m Hass* m ‖ ⟨fig⟩ *Feindschaft* f ‖ *Abscheu,*
Widerwille m ‖ ~ *a alg. Hass m gegen jdn*
odio|sidad *f Gehässigkeit* f ‖ *Verhasstsein* n ‖
–so adj *verhasst, gehässig* ‖ *missliebig,*

unausstehlich ‖ *widerlich, hassenswert, verabscheuungswürdig* ‖ ⟨Jur⟩ *odiös*
Odi|sea *f* ⟨Lit⟩ *(Homers) Odyssee* f ‖ ~ ⟨fig⟩ *Irrfahrt, Odyssee* f ‖ **–seo** *m* np *Odysseus* m
△ **odisiló** *m Laster* n
Odoacro *m* np *Odoaker* m
odómetro *m Schrittmesser* m
Odón *m* np *Odo* m
odonatos *mpl* ⟨Ins⟩ *Libellen* fpl (Odonata)
odon|talgia *f Zahnschmerz* m, *Odontalgie* f ‖ **–titis** *f Odontitis* f
odontogloso *m* ⟨Bot⟩ *Zahnzunge* f (Odontoglossum spp)
odon|tología *f* ⟨Med⟩ *Zahnheilkunde, Odontologie* f ‖ **–tólogo** *m Zahnarzt, Odontologe* m
odo|rante adj *(m/f) (wohl)riechend* ‖ *duftend* ‖ ~ *m Riechmittel* n ‖ **–rar** vt *parfümieren* ‖ **–rífero** adj *wohlriechend* ‖ *duftend* ‖ **–rización** *f Odorierung* f *(von Gasen)*
△ **odoros** *mpl Eifersucht* f
odre *m (Wein)Schlauch* m ‖ ⟨fam⟩ *Säufer, Trunkenbold* m ‖ dim: **–zuelo** ‖ **–ro** *m Schlauchmacher* m
OEA ⟨Abk⟩ = **Organización de los Estados Americanos**
oersted(io) *m* (Oe) ⟨Phys⟩ *Oersted* n
oes *mpl: los* ~ *die Ach-Rufe* mpl *(Staunen, Schrecken usw.)*
oesnorueste, oesnoroeste *m* ⟨Meteor⟩ *Westnordwest(wind)* m
oessudueste, oessudoeste *m* ⟨Meteor⟩ *Westsüdwest(wind)* m
oeste *m West(en)* m ‖ ⟨Meteor⟩ *Westwind* m ‖ ◆ *al* ~ *westlich* ‖ *del* ~ *West-* ‖ → *auch*
occiden|tal, –te
ofen|der vt *beleidigen, kränken* ‖ *beschimpfen, schmähen* ‖ ⟨fig⟩ *verletzen* ‖ *(jdm) zu nahe treten* ‖ ⟨fig⟩ *misshandeln* ‖ ◇ ~ *a Dios* ⟨fig⟩ *sündigen* ‖ ~ *la vista den Augen weh tun* ‖ ~ *vi zuwider, widrig sein (Geruch, Speise)* ‖ **~se** *s. beleidigt fühlen* (de, por *durch*) ‖ ~ *por algo et. übel (auf)nehmen* ‖ **–dido** *m beleidigt* ‖ ◇ *hacerse el* ~ *den Beleidigten spielen* ‖ **–sa** *f Beleidigung, Kränkung* f ‖ *Sünde* f ‖ **–siva** *f* (Mil) *Offensive* f, *Angriff* m *(& fig Sp)* ‖ ~ *de diversión* ⟨Mil⟩ *Entlastungsoffensive* f ‖ ◇ *tomar la* ~ *die Offensive ergreifen* ‖ *zum Angriff übergehen* ‖ ⟨fig⟩ *den Angriff eröffnen* ‖ **–sivo** adj *beleidigend, kränkend* ‖ *schmähend* ‖ *anstößig, zuwider* ‖ *angriffslustig, Angriffs-* ‖ **–sor** *m Beleidiger* m
oferente *m Anbieter, Offerent* m
ofer|ta *f Anerbieten, Versprechen* n ‖ *Angebot* n, *Vorschlag* m ‖ ⟨Com⟩ *Angebot* n, *Offerte* f ‖ ~ *sin compromiso freibleibendes* od *unverbindliches Angebot* n ‖ **~-demanda** *Geld-Brief (Börse)* ‖ ~ *especial,* ~ *extraordinaria Sonderangebot* n ‖ ~ *espontánea unaufgefordertes Angebot* n ‖ *la máxima* ~ *das Höchstgebot* n ‖ ~ *con muestra bemustertes Angebot* n ‖ ~ *de prelanzamiento Subskriptionsangebot* n ‖ *la primera* ~ *der Ausrufpreis* m ‖ ~ *solicitada erbetenes Angebot* n ‖ ~ *ventajosa günstiges Angebot* n ‖ ◇ *aumentar la* ~ *ein Mehrgebot machen* ‖ *la* ~ *es superior a la demanda das Angebot übersteigt die Nachfrage* ‖ *hacer (od someter) una* ~ *a alg. jdm ein Angebot machen* ‖ **–tar** vt Am → **ofrecer**
ofertorio *m* ⟨Kath⟩ *Offertorium* n, *Darbringung* f
off: en ~ ⟨Film⟩ *off*
office *m Office* n
offset *m* ⟨Typ⟩ *Offsetdruck* m
offside *m* ⟨Sp⟩ *Abseits* n ‖ *Abseitstor* n
ofi|cial adj *(m/f) amtlich, Amts-* ‖ *dienstlich, Dienst-* ‖ *behördlich, offiziell* ‖ p.ex *gültig, anerkannt* ‖ *förmlich* ‖ ⟨fig⟩ *steif, offiziell* ‖ ◆ de

carácter ~ *offiziell, Amts-* ‖ ~ *m (Handwerks)Gesell(e)* m ‖ *Gehilfe* m ‖ ⟨Mil⟩ *Offizier* m ‖ *Aktuar, Schreiber* m ‖ *Unterbeamte(r)* m ‖ ~ *de aviación Fliegeroffizier* m ‖ ~ *de complemento Reserveoffizier* m ‖ ~ *de derrota* ⟨Mar⟩ *Navigationsoffizier* m ‖ ~ *de enlace Verbindungsoffizier* m ‖ ~ *de estado mayor Generalstabsoffizier* m ‖ ~ *de guardia wachhabender Offizier* m ‖ ~ *de marina* ⟨Mar⟩ *Marineoffizier* m ‖ ~ *profesional Berufsoffizier* m ‖ ~ *radiotelegrafista Funkoffizier* m ‖ ~ *de la reserva Reserveoffizier* m ‖ ~ *sastre Schneidergeselle* m ‖ **–ciala** *f (Handwerks)Gehilfin* f ‖ *Sekretärin* f ‖ *Amtsgehilfin* f ‖ ~ *de farmacia Apothekenhelferin* f ‖ **–cialidad** *f offizieller Charakter, Ton* m, *amtliche Eigenschaft* f *usw* ‖ *Offizierskorps* n ‖ **–cialismo** *m* Arg *Bürokratie* f ‖ *Regierungsapparat* m ‖ *Establishment* n ‖ **–cializar** [z/c] vt *bes. Am amtlichen Charakter verleihen dat* ‖ *amtlich bestätigen* ‖ **–cialmente** adv *von Amts wegen* ‖ *offiziell*
oficiante adj *(m/f)* ⟨Rel⟩ *zelebrierend* ‖ *zelebrierender Priester, Zelebrant* m
¹oficiar vt *amtieren, ein Amt versehen* ‖ *Dienst tun, fungieren* (de *als*) ‖ ~ *de intérprete dolmetschen, als Dolmetscher fungieren*
²oficiar vi ⟨Rel⟩ *zelebrieren*
oficina *f Amts|raum* m, *-zimmer* n ‖ *Geschäfts|zimmer, -lokal* n ‖ *Kanzlei* f ‖ *Büro* n ‖ *Werkstätte* f ‖ ~ *de aduana Zollamt* n ‖ ~ *central Zentralstelle* f ‖ ~ *de conchabo* Arg *Arbeits(vermittlungs)amt* n ‖ ~ *de correos Postamt* n ‖ ~ *de cheques postales Postscheckamt* n ‖ ~ *de empadronamiento Einwohnermeldeamt* n ‖ ~ *estadística statistisches Amt* n ‖ ~ *de informaciones Auskunftsbüro* n, *Auskunftei* f ‖ ~ *de información matrimonial Eheberatungsstelle* f ‖ ~ *de interpretación de lenguas Sprachendienst* m ‖ ~ *de objetos perdidos Fundbüro* n ‖ ~ *de patentes Patentamt* n ‖ ~ *de proyectos Konstruktionsbüro* n ‖ ~ *recaudatoria Sammel-, Hebe-, Einnahme|stelle* f ‖ ~ *del registro civil Standesamt* n ‖ ~ *telefónica Fernsprechamt* n ‖ ~ *telefónica interurbana Fernamt* n ‖ ~ *de(l) trabajo Arbeitsamt* n ‖ ~ *de traducciones Übersetzungsbüro* n ‖ ~ *de turismo (Fremden)Verkehrsbüro* n ‖ ~ *de ubicación* Am *Wohnungsamt* n ‖ ~ *de verificación Prüfstelle* f ‖ *Eichamt* n
oficinal adj *(m/f) offizinell (Arznei), Arznei-, Offizinal-, Heil-*
ofici|nesco adj ⟨desp⟩ *bürokratisch, Amts-* ‖ **–nista** *m/f Büroangestellte(r* m) f
¹oficio *m Beschäftigung, Beruf* m ‖ *Gewerbe, Handwerk* n ‖ ~ *de la guerra Kriegshandwerk* n ‖ ◆ *sin* ~ *ni beneficio ohne Beruf und ohne Geld* ‖ ◇ *aprender un* ~ *ein Handwerk (er)lernen* ‖ *ejercer un* ~ *ein Gewerbe treiben* ‖ *hacer su* ~ *s-e Schuldigkeit tun* ‖ *poner a* ~ *in die Lehre geben* ‖ *quien tiene* ~, *tiene beneficio* (Spr) *Handwerk hat goldenen Boden* ‖ **~s** *mpl: –artísticos Kunstgewerbe* n ‖ ◇ *hacer buenos* ~ *gute Dienste leisten*
²oficio *m Amt* n, *Dienst* m ‖ *Gesuch, Antrag* m ‖ *(amtliches) Schreiben* n, *amtliche Mitteilung* f ‖ ◆ *de* ~ *von Amts wegen, offiziell* ‖ *por* ~ *offiziell, amtlich* ‖ *por medio de* ~ *von Amts wegen, offiziell* ‖ **~s** *mpl amtliche Mitteilungen* ‖ *los* ~ *pertinentes die erforderlichen Anträge*
³oficio *m* ⟨Rel⟩ *Messe* f, *Gottesdienst* m ‖ ~ *de difuntos Seelenmesse* f, *Totenamt* n ‖ *Santo* ~ ⟨Hist⟩ *Inquisitions-, Ketzer|gericht* n ‖ *Inquisition* f ‖ *Heiliges Offizium* n (heute: *Glaubenskongregation)* ‖ ~ *solemne Hochamt* n

⁴oficio *m Anrichte(raum* m) f
oficio|sidad *f Dienstfertigkeit, Gefälligkeit* f ‖
Beflissenheit f ‖ *Emsigkeit, Geschäftigkeit* f ‖ ~
exagerada, ~ excesiva *Liebedienerei* f ‖ **–so** adj
emsig, geschäftig ‖ *dienstfertig* ‖ *gefällig* ‖
halbamtlich, offiziös ‖ la prensa ~a *die offiziöse
Presse* ‖ ◇ hacerse el ~ ⟨figf⟩ *offiziell werden* ‖
dienstbeflissen werden
ofi|dios *mpl* ⟨Zool⟩ *Schlangen* fpl (Ophidia,
Serpentes) ‖ **–dismo** *m* ⟨Med⟩ *Ophidismus* m
(Vergiftung durch Schlangenbiss)
ofimática *f Büroautomatisierung* f
ofiuroideos *mpl* ⟨Zool⟩ *Schlangensterne* mpl,
Ophiuroiden pl (Ophiuroidea)
ofre|cer [-zc-] vt/i *anbieten* ‖ *dar|bringen,
-bieten* ‖ *überreichen* ‖ *opfern* ‖ *darlegen, zeigen* ‖
◇ ~ un banquete *ein Essen geben* ‖ ~
dificultades *schwierig sein* ‖ ~ garantía → ~
seguridad ‖ ~ en holocausto *als Opfer darbieten* ‖
~ de labios *nur mit Worten versprechen* ‖ no ~
peligro(s) *nicht gefährlich sein* ‖ ~ seguridad
Sicherheit bieten ‖ ~ muchas ventajas *sehr
vorteilhaft sein* ‖ ~**se** *s. dar-, s. an|bieten* ‖ *s.
ereignen, vorkommen* ‖ *einfallen, in den Sinn
kommen* ‖ ¿qué se le –ce a Vd. *womit kann ich
dienen? Sie wünschen?* (*oft ablehnend bzw
zurückhaltend*) ‖ **–cimiento** *m Anerbieten,
Angebot* n ‖ *Darbringung* f (& Rel) ‖ ⟨Rel⟩
Gelübde n
ofren|da *f Opfer* n, *-gabe* f ‖ *Geschenk,
Präsent* n, *(milde) Gabe* f ‖ *Spende* f ‖ ~
funeraria *Grabbeigabe* f ‖ **–dar** vt *opfern,
spenden*
oftalmía *f* ⟨Med⟩ *Augenentzündung,
Ophthalmie* f
oftálmico adj ⟨Med⟩ *Augen-, ophthalmisch*
oftal|mología *f* ⟨Med⟩ *Augenheilkunde,
Ophthalmologie* f ‖ **–mológico** adj
augenheilkundlich, ophthalmologisch ‖ **–mólogo**
m Augenarzt, Ophthalmologe m ‖ **–mómetro** *m
Ophthalmometer* n ‖ **–moscopia** *f
Ophthalmoskopie* f ‖ **–moscopio** *m Augenspiegel*
m, *Ophthalmoskop* n
ofusca|ción *f*, **–miento** *m* ⟨Opt⟩ *Blendung* f ‖
⟨Opt⟩ *Verdunk(e)lung* f ‖ ⟨Med⟩ *Trübung* f *des
Sehvermögens* ‖ ⟨fig⟩ *Trübung* f *der Vernunft* ‖
⟨fig⟩ *Verblendung* f ‖ **–r** [c/qu] vt *verdunkeln* ‖
blenden (Helligkeit, Licht) ‖ ⟨fig⟩ *verwirren,
durcheinander bringen, außer Fassung bringen* ‖
⟨fig⟩ *umnebeln, verblenden* ‖ ~**se** *verwirrt
werden, außer Fassung geraten*
ogiva *f* → **ojiva**
△ **ogomo** *m Magen* m
ogro *m* (*f:* **ogresa**) *Oger, Menschenfresser* m
(Märchengestalt) ‖ ⟨figf⟩ *Fresser, brutaler Kerl* m
¡oh! *ach!*
ohm(io) *m* (*Ω*) ⟨El⟩ *Ohm* n
ohmiómetro, ohmímetro *m* ⟨El⟩ *Ohmmeter* n
oibilidad *f* ⟨Radio⟩ *Hörbarkeit* f
oíble adj (*m/f*) *hörbar* (→ **audible**)
oídio *m* ⟨Agr Bot⟩ *Oidium* n, *Echter Mehltau*
m (Uncinula necator)
oído pp *gehört* ‖ jamás visto ni ~ *unerhört* ‖
~ *m Gehör* n ‖ *Gehörsinn* m ‖ *(inneres) Ohr* n ‖
¡~! ⟨Mil⟩ *Achtung!* ‖ ~ externo *äußeres Ohr* n ‖
~ fino *scharfes Gehör* n ‖ ~ interno *Innenohr* n ‖
~ medio *Mittelohr* n ‖ ◇ ~ tardo *schweres
Gehör* n ‖ tardo, duro de ~ *schwerhörig* ‖ ◇
aplicar el ~ *gut* od *aufmerksam zuhören* ‖
aprender de ~ od ⟨pop⟩ de ~as) *nach* od *durch
Gehör lernen* ‖ decir al ~ a od de alg. *jdm ins
Ohr* od *vertraulich sagen* ‖ decir dos palabr(it)as
al ~ de alg. *jdm ins Gewissen reden* ‖ le entra
por un ~ y (le) sale por el otro ⟨fig⟩ *es geht ihm
zu e–m Ohr hinein und zum anderen hinaus* ‖

escuchar con ~ sólo ⟨figf⟩ *nur mit halbem Ohr
hin-* od *zu|hören* ‖ ladrar a alg. al ~ ⟨fig⟩ *jdn
lautstark überzeugen wollen* ‖ pegarse al ~ ⟨Mus⟩
eingehen, ins Ohr gehen ‖ ser un regalo para el ~
ein Ohrenschmaus sein ‖ eso suena mal al ~ *das
klingt schlecht* ‖ tener el ~ duro *schwer hören* ‖
tocar de ~ ⟨Mus⟩ *nach dem Gehör spielen* ‖ ~**s**
mpl: aguzar los ~ ⟨fig⟩ *die Ohren spitzen,
aufpassen, aufmerksam zuhören* ‖ cerrar los ~
⟨fig⟩ *nicht hören wollen* ‖ dar ~ a alg. *jdm Gehör
schenken* ‖ hacer ~ sordos *kein Gehör schenken,
s. taub stellen* ‖ hacer (od tener) ~ de mercader
⟨fig⟩ *so tun, als verstehe man nichts* ‖ llegar a ~
(de) ⟨fig⟩ *zu Ohren kommen* ‖ soy todo ~ *ich bin
ganz Ohr* ‖ prestar ~ *zuhören* ‖ me suenan los ~
es *klingt mir in den Ohren* ‖ taparse los ~ ⟨fam⟩
s. die Ohren zuhalten
oidor *m* (*Zu)Hörer* m ‖ ⟨Hist⟩ *Oberrichter,
Auditor* m *(bei e–m Obergericht)*
oigo → **oír**
oíl → **²lengua** de oíl
△ **oique** *m Kaserne* f
oír [pres oigo, oyes, oímos, pret oí, oyó] vt
hören ‖ *an-, zu-, ver- er|hören* ‖ *verstehen* ‖
vernehmen ‖ ◇ ayer la oí cantar *gestern hörte ich
sie singen* ‖ ~ en confesión *Beichte hören* ‖ he
oído decir *ich habe sagen hören* ‖ ~ en justicia
⟨Jur⟩ *vernehmen* ‖ como quien oye llover ⟨figf⟩
mir nichts, dir nichts ‖ *uninteressiert* ‖ ~ misa *die
Messe hören* ‖ ¡oye! ¡oiga(n) *nein, so was! ei! ha!
(Verwunderung)* ‖ *aber hör(en Sie) doch!* ‖ ¡oiga!
⟨Tel⟩ *hallo!* ‖ ¿oyes? *hörst du? verstanden?* ‖
¡Dios te oiga! *Gott gebe es!* ‖ *dein Wort in Gottes
Ohr!*
oíslo *m/f* ⟨fam reg⟩ *bessere Hälfte* f (fig) ‖
Schatz m, *Liebste(r* m) f *(unter Liebenden)*
Oita *f* ⟨pop⟩ → **Esperanza**
△ **ojabesar** vt *verzeihen*
ojal *m Knopfloch* n ‖ *Öhr* n *(e–r Axt usw.)* ‖
⟨Tech⟩ *Langloch* n, *Schlitz* m ‖ *Öse* f ‖ ◇ ponerse
una flor en el ~ *s. e–e Blume ins Knopfloch
stecken*
¡ojalá! int *wollte Gott! hoffentlich!* ‖ ~ haga
buen día (⟨fam⟩ ~ haga bueno) *mañana
hoffentlich haben wir morgen schönes Wetter!* ‖
hätten wir doch morgen schönes Wetter! ‖ ¡~
viniera! *wenn er nur käme!*
ojalar vt *mit Knopflöchern versehen*
ojalatero *m* (von **ojalá**) ⟨fam⟩
Glücksschwärmer m (bes. Pol)
ojalillo *m* dim von **ojal**
ojáncano *m* Sant ⟨Myth⟩ *einäugiger Riese* m
△ **ojar** vt *erinnern*
ojaranzo *m* ⟨Bot⟩ *Zistrose* f (Cistus) ‖ →
adelfa ‖ → **rododendro**
ojazo *m* augm von **¹ojo**
ojea|da *f (flüchtiger) Blick* m ‖ ◆ de una ~
mit e–m Blick ‖ dar od echar una ~ *algo e–n
kurzen Blick auf et. tun* ‖ **–dor** *m* ⟨Jgd⟩ *Treiber* m
‖ **–r** vt *aufstöbern, treiben (Wild)* ‖ ⟨fig⟩
scheuchen, aufschrecken ‖ ~ vt/i *beäugen, genau
hinsehen* ‖ → **aojar**
ojen *m* ⟨Art⟩ *Anislikör* m *(mit viel Zucker
zubereitet) (aus Ojén)*
ojeo *m* ⟨Jgd⟩ *Treib-, Stöber|jagd* f ‖ ◇ irse de
~ ⟨figf⟩ *auf (der) Jagd (nach et.) sein*
ojeras *fpl (schwarze) Ringe um die Augen*
ojeriza *f Unwille, Groll* m ‖ ◇ le tiene ~ *er
(sie, es) hegt e–n Groll gegen ihn (sie, es)*, ⟨fam⟩
er (sie, es) kann ihn (sie, es) nicht ausstehen od
riechen
ojeroso adj *mit (bläulichen) Ringen (um die
Augen)*
ojete *m* dim von **¹ojo** ‖ *Schnür-, Nestel|loch* n ‖
⟨El Tech Text⟩ *Öse* f ‖ ⟨figf⟩ *After* m

oji|alegre adj *mit munteren, lebhaften Augen* ‖ **–azul** adj *blauäugig* ‖ **–bajo** adj *mit gesenkten Augen* ‖ **–llo** m dim von **¹ojo** ‖ *Öse* f ‖ **~s** *mpl:* ~ cerdunos *Schweinsäuglein* npl ‖ **–moreno, –pardo** adj *braunäugig* ‖ **–negro** adj *schwarzäugig* ‖ **–to** m dim von **¹ojo** ‖ *de* ~ Arg *gratis, umsonst* ‖ **–prieto** adj *dunkeläugig* ‖ **–tuerto** adj *schielend*

oji|va f ⟨Arch⟩ *Spitzbogen* m ‖ *gotischer Bogen* m ‖ ⟨Tech⟩ *Oberteil* n *e–r Stahlflasche* ‖ *Nasenkegel* m *(e–r Rakete)* ‖ ~ *nuclear Atomsprengkopf* m *(e–r Rakete)* ‖ **–val** adj *(m/f) spitzbogig* ‖ *gotisch (Kunst)*

oji|zaino adj *finster dreinblickend* ‖ **–zarco** adj ⟨fam⟩ *blauäugig*

¹ojo m *Auge* n ‖ *Gesicht, Sehvermögen* n ‖ *Augenähnliche(s)* n ‖ *Öse* f, *Nadelöhr* n ‖ *Auge* n *im Käse, Brot, Pfauenschwanz usw.* ‖ *(Strick)Masche* f ‖ *Öffnung* f ‖ *Loch* n ‖ ⟨Typ⟩ *Schriftbild* n ‖ ⟨fig⟩ *Vorsicht* f ‖ Am *Gewehrlauf* m ‖ ~ de águila ⟨fig⟩ *Falkenauge* n ‖ ~ de besugo ⟨figf⟩ *Scheelauge* n ‖ ~ de buey ⟨Arch⟩ *Ochsenauge* n ‖ ⟨Mar⟩ *Bullauge* n ‖ ~ de la cerradura *Schlüsselloch* n ‖ ~ clínico *geschultes Auge* n *(des Mediziners)* ‖ ⟨figf⟩ *Scharf|sinn, -blick* m ‖ ~ compuesto ⟨Ins Zool⟩ →⁺ ~ de facetas ‖ ~ de cristal *Glasauge* n ‖ ~ del culo ⟨vulg⟩ *Arschloch* n ‖ ~ de facetas ⟨Ins Zool⟩ *Facetten-, Netz|auge* n ‖ ~ a la funerala *blutunterlaufenes od* ⟨fam⟩ *blaues Auge* n ‖ ~ de gallo ⟨fig⟩ *Hühnerauge* n ‖ ~ legañoso *Triefauge* n ‖ ~ mágico ⟨El⟩ *magisches Auge* n *(Abstimmanzeigeröhre)* ‖ ~ moreno →⁺ ~ del culo ‖ ~ pediculado *Stielauge* n ‖ ~ pineal ⟨Zool Myth⟩ *Stirn-, Scheitel|auge* n ‖ ~ pitañoso, ~ pitarroso →⁺ ~ legañoso ‖ ~ de pollo ⟨fig⟩ *Hühnerauge* n ‖ ~ del puente *Brücken|öffnung* f, -feld n ‖ ~ overo ⟨fam⟩ *sehr helles Auge* n ‖ ~ simple ⟨Ins Zool⟩ *Einzelauge* n ‖ ¡(mucho) ~! *Achtung! Vorsicht!* ‖ ~ alerta *mit Vorsicht* ‖ ◆ a ~ ⟨fig⟩ *aufs Geratewohl* ‖ ◇ cerrar el ~ ⟨figf⟩ *sterben* ‖ costar un ~ de la cara ⟨figf⟩ *sehr teuer sein* ‖ echar mal de ~ a alg. *jdn mit dem Blick behexen* ‖ hacer del ~ a alg. *jdm zuzwinkern* ‖ llenarle a uno el ~ ⟨figf⟩ *jdm sehr gefallen (Sache)* ‖ mirar a alg. ~ a ~ *jdn unverwandt anblicken* ‖ ser el ~ derecho de alg. *jds Augapfel sein* ‖ *jds rechte Hand sein* ‖ tener mucho ~ *genau aufpassen, aufmerksam verfolgen* ‖ tener ~ a una cosa *et. beobachten* ‖ *et. genau anschauen* ‖ el ~ del amo engorda el caballo (Spr) *das Auge des Herrn macht die Kühe fett* ‖ eso viene como pedrada en ~ de boticario ⟨figf⟩ *das kommt wie gerufen od sehr gelegen*

~**s** *mpl:* ¡mis ~! (fam) *mein Schätzchen!* ‖ ~ almendrados *Mandelaugen* npl ‖ ~ de bitoque ⟨figf⟩ *schielende Augen* npl ‖ ~ dormilones *schläfrige Augen* npl ‖ los ~ escaldados del llanto *vom Weinen entzündete Augen* npl ‖ los ~ escocidos de llorar *vom Weinen gerötete Augen* npl ‖ ~ escrutadores *forschender Blick* m ‖ ~ de gato *Katzenaugen* npl ‖ ~ hundidos *eingefallene Augen* npl ‖ ~ inyectados de sangre *blutunterlaufene Augen* npl ‖ ~ meigas *bezaubernde od verführerische Augen* npl ‖ ~ oblicuos *schiefe Augen* npl ‖ ~ parleros *beredte Augen* n pl ‖ ~ de pervinca *himmelblaue Augen* npl ‖ ~ pitañosos *Triefaugen* npl ‖ ~ preñados de lágrimas *Augen voller Tränen* ‖ ~ présbitas *weitsichtige Augen* npl ‖ ~ rasgados *Schlitzaugen* npl ‖ ~ rasos de lágrimas ⟨lit⟩ *tränenlose Augen* npl ‖ ~ reventados, reventones, salidos, saltados, saltones *große hervortretende Augen, Glotzaugen* npl ‖ ~ soterrados Am *eingefallene Augen* npl ‖ ~ telescópicos ⟨Zool⟩ *Teleskopaugen* npl (z. B.

vieler Tiefseefische) ‖ ~ vetados de sangre ⟨fig⟩ *blutunterlaufene Augen* npl ‖ ◆ a cuatro ~ *unter vier Augen* ‖ a ~ vistas *augenscheinlich, zusehends* ‖ a cierra ~, a ~ cerrados ⟨fig⟩ *blindlings* ‖ con los ~ bajos, con los ~ clavados od fijos en el suelo *mit niedergeschlagenen Augen* ‖ ◇ alzar los ~ *aufblicken* ‖ andar con cien ~ en la cara *s–e Augen überall haben* ‖ los ~ se le arrasaron de lágrimas ⟨fig⟩ *s–e (ihre) Augen füllten s. mit Tränen* ‖ le bailan los ~ ⟨fig⟩ *er (sie, es) ist lebhaft, lebenslustig* ‖ bajar los ~ *die Augen niederschlagen* ‖ cerrarle a uno los ~ ⟨fig⟩ *jdm in der Todesstunde beistehen* ‖ clavar los ~ en alg. ⟨fig⟩ *jdn scharf, unverwandt anblicken* ‖ comer con los ~ ⟨figf⟩ *(beim Essen) die Augen größer als den Magen haben* ‖ *sehr wählerisch im Essen sein* ‖ cuidar a alg. como a sus ~ ⟨fig⟩ *jdn wie s–n Augapfel hüten* ‖ dormir con los ~ abiertos ⟨figf⟩ *immer auf der Hut sein* ‖ dar de ~ ⟨figf⟩ *aufs Gesicht fallen* ‖ dar en los ~ ⟨fig⟩ *ins Auge fallen* ‖ entrar a ~ cerrados ⟨figf⟩ *s. ohne Überlegung und planlos in ein Geschäft usw. stürzen* ‖ entrar por los ~ ⟨figf⟩ *vom Aussehen her gefallen* ‖ hablar con los ~ ⟨figf⟩ *s. mit Blicken verständigen* ‖ írsele a uno los ~ tras od por u/c ⟨fig⟩ *et. gierig begehren* ‖ *et. mit den Blicken verschlingen* ‖ levantar los ~ *auf|blicken, -sehen* ‖ llorar con ambos ~ ⟨figf⟩ *untröstlich sein* ‖ meter por los ~ ⟨fig⟩ *mit Gewalt auf|dringen, -nötigen* ‖ (et.) *aufdrängen* ‖ mimar (celar) a alg. como a sus ~ ⟨fig⟩ *jdn wie s–n Augapfel hüten* ‖ mirar con ~ de sobrino Col *e–e Unschuldsmiene aufsetzen* ‖ mirar con buenos ~ *gern haben (Mensch, Sache)* ‖ mirar con malos ~ *nicht ausstehen können* ‖ mirar a alg. con otros ~ ⟨fig⟩ *jdn anders einschätzen (als früher)* ‖ pasar los ~ por algo *et. überfliegen* ‖ no pegar el ojo, los ~ ⟨figf⟩ *kein Auge zutun, nicht (ein)schlafen können* ‖ poner los ~ a algo ⟨fig⟩ *et. liebgewinnen* ‖ poner los ~ en blanco *die Augen verdrehen* ⟨fig⟩ *vor Wut außer s. sein* ‖ no quitar los ~ de … ⟨figf⟩ *nicht aus den Augen verlieren* ‖ revolver los ~ *die Augen verdrehen (aus Wut, Zorn)* ‖ sacar los ~ a alg. *jdm die Augen auskratzen, jdm den Schädel einschlagen* ‖ ⟨fig⟩ *jdm große Ausgaben verursachen* ‖ eso salta a los ~ ⟨fig⟩ *das ist ganz klar, das springt in die Augen* ‖ torcer, volver los ~ *die Augen verdrehen* ‖ traer entre ~ ⟨fig⟩ *misstrauisch beobachten* ‖ los ~ se vidrian *die Augen (e–s Sterbenden) brechen* ‖ volver los ~ en algo *die Augen auf et. richten* ‖ enamorado hasta los ~ ⟨fig⟩ *bis über beide Ohren verliebt* ‖ ~ que no ven, corazón que no siente (od llora) ⟨fig⟩ *aus den Augen, aus dem Sinn*

²ojo m ⟨Bot⟩ *Rinds-, Ochsen|auge* n (Buphthalmum spp)

³¡ojo! Ec desp *bah!*

¹ojón adj Am *großäugig*

²ojón m ⟨Fi⟩ *Silberdorsch* m (Gadiculus thori) ‖ ~ mayor *Stintdorsch* m (Trisopterus esmarki)

ojoso adj *voller Löcher (Brot, Käse)*

ojota f Chi Ec Pe ⟨Art⟩ *Bauernsandale* f

ojuelo m dim von **¹ojo** ‖ *Äuglein* n ‖ ~**s** *mpl* ⟨reg⟩ *Lesebrille* f

okapi m ⟨Zool⟩ *Okapi* n (Okapia johnstoni)

okumé m ⟨Bot⟩ *Ok(o)umé* n (Aucoumea klaineana)

okupa(s) *m/f* (pop) *Hausbesetzer(in* f) m

¹ola f *Welle, (Meer)Woge* f ‖ ⟨fig⟩ *Welle* f ‖ (→ auch **oleada**) ~ de calor, de frío *Hitze-, Kälte|welle* f ‖ ~ de huelgas *Streikwelle* f ‖ ~ de nostalgia *Nostalgiewelle* f ‖ ~ de protesta *Protestwelle* f ‖ la nueva ~ ⟨fig⟩ *die neue Welle (Film, Mode)* ‖ ~ verde ⟨StV⟩ *grüne Welle* f

²¡ola! int → **¡hola!**

olayo m ⟨Fi⟩ *Fleckhai* m (Galeus melastomus)
ole m ⟨Art⟩ *andalusischer Tanz* m
olé, ole int! ¡~! *bravo! recht so!* ‖ los ~s *die Hurrarufe* mpl
oleáceas fpl ⟨Bot⟩ *Ölbaumgewächse* npl (Oleaceae)
oleada f *Wellenschlag* m ‖ *Sturzsee* f ‖ ⟨fig⟩ *Welle* f ‖ ⟨fig⟩ *(Menschen)Menge* f
oleaginoso adj *ölig*
oleaje m *Seegang* m ‖ *Wellengang* m ‖ *Wellenschlag* m ‖ *Brandung* f
oleandro m ⟨Bot⟩ *Oleander, Rosenlorbeer* m (Nerium oleander)
¹olear vt ⟨Rel⟩ *die Krankensalbung verabreichen*
²olear vi *Wellen bilden*
oleato m ⟨Chem⟩ *Oleat* n
Olegario m np *Olegarius* m
oleico adj: *ácido* ~ ⟨Chem⟩ *Ölsäure* f
oleícola adj *(m/f)* ⟨Agr⟩ *olivenanbauend* ‖ *ölfruchtanbauend*
oleicultura f ⟨Agr⟩ *Ölbau* m
oleifero adj *ölhaltig*
oleína f ⟨Chem⟩ *Olein* n
óleo m *Öl* n ‖ ⟨Mal⟩ *Ölgemälde* n ‖ ~ *santo* ⟨Kath⟩ *Salböl* n ‖ los santos ~s ⟨Rel⟩ *Krankensalbung* f
oleoducto m *Ölleitung, Pipeline* f
oleografía f *Öldruck* m
oleohidráulico adj ⟨Tech⟩ *ölhydraulisch*
oleómetro m *Ölwaage* f
oleoso adj *ölhaltig* ‖ *ölig*
oler [-ue-, pres sg huelo, pl olemos] vt *riechen* ‖ ⟨fig⟩ *wittern* ‖ ◇ ~ el pote ⟨fam⟩ *den Braten riechen* ‖ ~ vi *riechen* (a nach) ‖ *duften* (a nach) ‖ ◇ ~ bien *angenehm riechen* ‖ ~ mal *unangenehm riechen*, ⟨pop⟩ *stinken* ‖ eso huele a traición ⟨fig⟩ *das riecht nach Verrat*
óleum m ⟨Chem⟩ *Oleum* n, *rauchende Schwefelsäure* f
olfacción f *Riechen* n ‖ *Wittern* n
olfatear vt/i *(be)riechen* ‖ ⟨figf⟩ *wittern* ‖ ⟨figf⟩ *beschnuppern* ‖ ⟨fig⟩ *herumschnüffeln* ‖ **–teo** m *Riechen* n ‖ *Wittern* n ‖ **–tivo** adj ⟨An⟩ *Geruchs-* ‖ **–to** m *Geruch(ssinn)* m ‖ buen ~ ⟨fig⟩ *gute Nase* f ‖ tener mucho ~ e–e *gute Nase haben* (& fig)
Olga f np *Olga* f
△ **olibay** m *Notar* m
oliente adj *(m/f)*: mal ~ *übel riechend*
olifante m ⟨Hist⟩ *Olifant* m *(nach dem Rufhorn Rolands in der Karlssage)*
oligarca m ⟨Pol⟩ *Oligarch* m ‖ **–garquía** f *Oligarchie* f ‖ **–gárquico** adj *oligarchisch*
oligoceno m ⟨Geol⟩ *Oligozän* m
oligoclasa f ⟨Min⟩ *Oligoklas* m
oligoelemento m ⟨Chem⟩ *Spurenelement* n
oligofagia f ⟨Zool⟩ *Oligophagie* f ‖ **–gofago** adj *oligophag* ‖ **–spermia** f ⟨Med⟩ *Samenmangel* m, *Oligospermie* f ‖ **–triquia** f ⟨Med⟩ *mangelnder Haarwuchs* m, *Oligotrichie* f
oligofrenia f ⟨Med⟩ *Oligophrenie, Schwachsinn* m ‖ **–frénico** adj *oligophrenisch, schwachsinnig*
olimpíada f *Olympiade* f
olímpico adj *olympisch* ‖ ◆ con ~ desdén ⟨fig⟩ *mit olympischer, stolzer Verachtung*
olimpismo m *olympischer Gedanke* m
Olimpo m *der Olymp (Berg)* ⟨poet⟩ *Himmel* m ‖ ~ ⟨Th pop⟩ *Olymp* m, *oberste Galerie* f
Olindo m np *Olindus* m
olingo m *Hond Brüllaffe* m
oliscar [c/qu], **–mear** vt/i, **–quear** vt/i *beschnüffeln, (be)schnuppern* ‖ *wittern* ‖ ⟨fig⟩ *(nach)spüren, nachschnüffeln*, ⟨fam⟩ *s–e Nase in*

et. stecken ‖ ~ vi *anfangen zu stinken* (z. B. *Fleisch*)
¹oliva f *Olive* f *(Frucht und Baum)* ‖ ⟨fig⟩ *Ölzweig* m, p.ex ⟨fig⟩ *Frieden* m
²oliva f ⟨V⟩ *Schleiereule* f (→ **¹lechuza**)
oliváceo, –vado adj *olivenfarben* ‖ **–var** m *Ölbaumpflanzung* f, *Olivenhain* m
olivarda f ⟨Bot⟩ *Alant* m (Inula spp)
olivarero adj *Oliven*
olivastro m ⟨Bot⟩ → **áloe**
Oliver(i)o m np *Oliver* m
Olivete, –to: el monte ~ *der Ölberg (Evangelium)*
olivicultor m/adj *Olivenanbauer* m ‖ **–tura** f *Olivenanbau* m
olivífero adj ⟨poet⟩ *reich an Ölbäumen*
olivina f, **olivino** m ⟨Min⟩ *Olivin, Peridot* m
olivo m ⟨Bot⟩ *Öl-, Olivenbaum* m (Olea europaea) ‖ *Olivenholz* n ‖ ◇ tomar el ~ ⟨pop⟩ *verduften, s. verdrücken, s. davonmachen*
olla f *(Koch-, Fleisch)Topf, Hafen* m ‖ ⟨fig⟩ *Hausmannskost* f ‖ ⟨fig⟩ *(Gemüse)Eintopf* m ‖ ⟨fig⟩ *irdene Sparbüchse* f ‖ ~ de campaña *Feldtopf* m ‖ ~ de cohetes ⟨figf⟩ *Pulverfass* n, *drohende Gefahr* f ‖ ~ exprés → ~ de presión ‖ ~ de grillos ⟨figf⟩ *Durcheinander, Tohuwabohu* n, *Wirrwarr* m ‖ ~ podrida *span. Volksgericht* n *aus Gemüse, Speck, Kichererbsen, Wurst, Rindfleisch usw.* ‖ ~ de presión *Schnellkochtopf* m *(Papinscher Topf)* ‖ ◇ hacer la ~ ⟨fig⟩ *den Haushalt besorgen* ‖ cada día ~ amarga el caldo *Nahrung braucht Abwechslung* ‖ por un garbanzo no se descompone la ~ ⟨Spr⟩ etwa: *niemand ist unentbehrlich*
ollares mpl *Nüstern* fpl *des Pferdes*
ollaza f augm von **olla**
ollazo m *Schlag* m *mit e–m Topf*
ollera f ⟨V⟩ → **herrerillo**
ollería f *Töpferei* f ‖ *Topfmarkt* m ‖ **–ro** m *Töpfer* m ‖ ◇ cada ~ alaba su puchero ⟨Spr⟩ *jeder Krämer lobt s–e Ware*
¹olleta f *Col (kleiner) Kocher* m
²olleta f *Col Wasserloch* n *(im Flussbett)*
³olleta f *Ven ⟨Kochk⟩ ein Gericht aus Mais und verschiedenen Zutaten*
ollita, olluela f dim von **olla**
ollón m augm von **olla**
olluco m *Pe ⟨Bot⟩ e–e Knollenpflanze*
olma f *große Ulme* f ‖ **–meda** f *Ulmenwald* m ‖ **–mo** m ⟨Bot⟩ *Ulme* f ‖ *Feldulme* f (Ulmus minor) ‖ ~ inglés *Englische Ulme* f (U. procera) ‖ ~ montano *Bergulme* f (U. glabra) ‖ ~ pedunculado *Flatterulme* f (U. laevis) ‖ ◇ pedir peras al ~ ⟨figf⟩ *das Unmögliche verlangen*
ológrafo adj *eigenhändig (geschrieben)* ‖ ~ m → **autógrafo**
olor m *Geruch, Duft* m ‖ ⟨fig⟩ *Ahnung* f ‖ ~ cadavérico *Leichengeruch* m ‖ ~ fétido (de la boca) *übler (Mund)Geruch* m ‖ mal ~ *übler Geruch, Gestank* m ‖ ~ de moho *schimm(e)liger, muffiger Geruch* m ‖ ~ de rosas *Rosenduft* m ‖ ~ terroso *Erdgeruch* m ‖ ◇ despedir (un) ~ agradable *angenehm riechen* ‖ morir en ~ de santidad ⟨fig⟩ *gottergeben* (od *im Ruf der Heiligkeit) sterben* ‖ **–cillo, –cito** m dim von **olor**
oloroso adj *wohlriechend* ‖ *duftend* (a nach) ‖ ~s mpl *(Art schwere) Jerezweine* mpl
olote m *MAm entkernter Maiskolben* m
olvidadizo adj *vergesslich* ‖ **–do** pp/adj *vergessen* ‖ *vergesslich* ‖ ⟨fig⟩ *undankbar* ‖ ~ de su deber *pflichtvergessen* ‖ ◇ estar ~ *in Vergessenheit geraten sein* ‖ ~ m ⟨Typ⟩ *Auslassung, Leiche* f
olvidar vt/i *vergessen* ‖ *verlernen* ‖ *auslassen, übergehen* ‖ ◇ ~ hacer *zu tun vergessen* ‖ no

–des que ... *bedenke, dass ...* ‖ ~**se** *s. vergessen*
(fig) ‖ p.ex *ver|gessen und -geben* ‖ se me –dó
(*od* he –dado) el libro en casa *ich habe das Buch
zu Hause vergessen* ‖ se me –dó la palabra *das
Wort ist mir entfallen* ‖ ¡que no se le olvide!
vergessen Sie es nicht! ‖ ~**se:** ~ de algo *et.
vergessen* ‖ ◇ ~ de hacer *zu tun vergessen* ‖ **–do**
m Vergessen n ‖ *Vergessenheit* f ‖ (fig)
Unterlassen n ‖ (fig) *Nachlässigkeit* f ‖ (fig)
Erkalten n *der Freundschaft* ‖ ~ de sí mismo
Selbstvergessenheit f ‖ ◇ caer en ~ *in
Vergessenheit geraten* ‖ echar (*od* dar, entregar) al
~, poner en ~ *der Vergessenheit übergeben,
vergessen* ‖ sacar (*od* salvar) del ~ *der
Vergessenheit entreißen* ‖ **–doso** adj *vergesslich*
   Om. (Abk) = **ómnibus**
   Omán *m* (Geogr) *Oman* n
   omaso *m* (Zool) *Blättermagen* m (*der
Wiederkäuer)*
   omatidio *m* (Zool) *Ommatidium* n (*einzelner
Sehkeil e–s Facettenauges)*
   ¹ombligo *m Nabel* m ‖ (fig) *Mittelpunkt* m ‖
◇ encogérsele *od* arrugársele a uno el ~
(figf) *Angst bekommen, vor et.
zurückschrecken*
   ²ombligo *m* (Bot): ~ de Venus *Venusnabel* m
(*Umbilicus rupestris*)
   ombliguero *m Nabelbinde* f (*für Neugeborene)*
   ombo *m* → **ombú**
   ombú [*pl* ~**úes,** (pop) ~**uses**] (Bot)
Kermesbeere f (Phytolacca dioica) *der Pampas,*
bes. *als Symbol der Treue und Anhänglichkeit*
   ombudsman *m Ombudsmann* m
   ome (pop) And → **hombre**
   omega *f griech.* ω (*Ω*)*, Omega* n (& fig)
   omento *m* (An) *Omentum, (großes und
kleines) Netz* n*, Bauchfellfalten* fpl
   omeya adj (Hist) *Omajaden- (auf die
arabische Dynastie der Omajaden in Spanien
bezüglich)*
   ómicron *f griech.* o (*O*)*, Omikron* n
   ominoso adj *unheil|verkündend, -bringend* ‖
ominös, von schlimmer Vorbedeutung
   omi|sión *f Unterlassung* f (& Jur) ‖ *Auslassung*
f ‖ *Versäumnis* n ‖ *Übergehung* f ‖ (Typ) *Leiche* f
‖ ~ de socorro *unterlassene Hilfeleistung* f ‖ **–so**
pp/irr von **–tir** ‖ ◇ hacer caso ~ de algo *et.
übergehen, et. nicht beachten* ‖ ~ adj *nachlässig* ‖
–tir vt *unterlassen* ‖ *übersehen* ‖ *versäumen* ‖
überspringen, auslassen (beim Lesen) ‖ ◇ no ~
esfuerzos k–e Anstrengungen scheuen ‖ no ~
medios para ... nichts unterlassen, um zu ... ‖ no
~ *sacrificios k–e Opfer scheuen* ‖ he –tido
decírselo *ich habe vergessen, es ihm (ihr) zu
sagen*
   omma|tido, –dium *m* (Zool) → **omatidio**
   ómnibus *m Omnibus* m
   omnibusero *m* Ur *Busfahrer* m
   omnicolor adj (m/f) *in allen Farben
(prangend)*
   omnímodo adj *alles er|greifend, alles -fassend*
‖ *unumschränkt*
   omni|potencia *f Allmacht* f ‖ **–potente** adj
(m/f) *allmächtig* ‖ ~ *m:* el ~ *der Allmächtige
(Gott)* ‖ **–presencia** *f Allgegenwart* f ‖ **–presente**
adj (m/f) *allgegenwärtig* ‖ **–sapiente** adj (m/f)
allwissend ‖ **–sciencia** f *Allwissenheit* f ‖
–sciencio, –sciente, –scio adj *allwissend*
   ómnium *m* (Com) *Omnium* n*, Anlage-,
Holding|gesellschaft* f ‖ (Sp) *Omnium, Rennen* n
aller Teilnehmer
   omnívoro adj/s (Zool) *alles(fr)essend*
   omóplato, omoplato *m* (An) *Schulterblatt* n
   OMS (Abk) = **Organización Mundial de la
Salud**

   onagra *f* (Bot) *Schinkenkraut* n,
Rapontikawurzel f
   ¹onagro *m* (Zool) *Onager, Persischer Halbesel*
m (Equus hemionus onager)
   ²onagro *m* (Hist Mil) *Onager* m
(*Wurfmaschine)*
   onanismo *m Onanie, Masturbation,
geschlechtliche Selbstbefriedigung* f
   on|ce num *elf* ‖ *elfte(r)* ‖ Juan ~ *Johannes XI.*
‖ ♦ a las ~ de la noche *um elf Uhr abends* ‖
(fam) *heiß (Kopf)* ‖ ◇ estar a las ~ y cuarto
(fam) *verrückt sein* ‖ tomar las ~ (figf) *e–n
kleinen Morgenimbiss nehmen* ‖ ~ *m Elf* f (& Sp)
‖ **–ceavo** adj *elftel* ‖ ~ *m Elftel* n
   onceja *f* dim von **¹onza**
   oncejo *m* (V) *Mauersegler* m
   onceno adj *(der) elfte* ‖ el ~, no estorbar
(fam) *das elfte Gebot: nicht stören* ‖ Alfonso ~
Alfons XI.
   on|cogén *m* (Gen) *Onkogen* n ‖ **–cogénesis** *f*
(Med) *Onkogenese* f ‖ **–cogenético** adj
onkogenetisch ‖ **–cología** *Onkologie, Lehre* f *von
den Geschwulsten* ‖ **–cológico** adj *onkologisch* ‖
–cólogo *m Onkologe* m
   oncosfera *f* (Zool) *Onkosphaera, Hakenlarve* f
der Bandwürmer
   onda *f Welle, Woge* f ‖ (poet) *Wasser* n ‖
(Haar)Welle f ‖ ~ corta, larga, media, ultracorta
(Radio) *Kurz-, Lang-, Mittel-, Ultrakurz|welle* f ‖
~ de choque *Stoßwelle* f ‖ ~ hertziana (Phys)
Hertzsche Welle f ‖ ~ luminosa *Lichtwelle* f ‖
sísmica Erdbebenwelle f ‖ ~ sonora *Schallwelle* f
‖ ~ ultrasonora *Ultraschallwelle* f ‖ ◇ captar la ~
mit|kriegen, -bekommen, kapieren ‖ estar en (la) ~
auf dem Laufenden sein ‖ *in sein* ‖ *im Trend sein* ‖
~**s** fpl *(natürliche) Wellen* fpl *des Haares*
   ondámetro *m* → **ondímetro**
   ondatra *m* (Zool) *Bisamratte* f (Ondatra
zibethica)
   onde (reg) → **donde**
   onde|ado adj *wellenartig, wellig* ‖ **–ante** adj
(m/f) *flatternd (Fahne)* ‖ **–ar** vi *wellen, wogen,
Wellen schlagen* ‖ *flattern, wehen (Fahne, Haar)* ‖
wellig sein
   △ **Ondenebl** *m Gott* m
   ondímetro *m* (Radio) *Wellenmesser* m
   ondi|na *f* (Myth) *Undine, Wassernixe* f ‖ **–no**
m Wasser|mann, -geist m
   △ **ondolé** pron *er* ‖ *jener*
   ondu|lación *f Wellenbewegung* f ‖ *Wallen,
Wogen* n ‖ (El) *Welligkeit* f ‖ (fig) *Windung* f (*e–s
Flusses, e–s Weges)* ‖ *Ondulieren* n ‖ ~ al
caliente *Warmwelle* f (*des Haares)* ‖ ~ al frío
Kaltwelle f (*des Haares)* ‖ ~ permanente
Dauerwelle f ‖ **–lado** adj *onduliert (Haare, Blech,
Pappe)* ‖ ~ *m Ondulieren* n *des Haares* ‖ **–lar** vt
kräuseln ‖ *ondulieren (Haar)* ‖ ~ vi *flattern
(Fahne)* ‖ *s. winden (Schlange, Weg)* ‖ ◇ ¡anda y
que te ondulen! (pop) *hau ab! verdufte! bleib mir
bloß vom Hals!* ‖ **–latorio** adj *Wellen-,
wellenförmig* ‖ *wellig*
   oneroso adj *lästig, beschwerlich* ‖ *kostspielig* ‖
(Jur) *entgeltlich* ‖ *mit Auflage* ‖ ♦ a título ~
gegen Entgelt ‖ *mit Auflage*
   onfa|litis *f* (Med) *Nabelentzündung,
Omphalitis* f ‖ **–locele** *m Nabelbruch* m ‖
–lorragia *f Nabelblutung* f
   ONG (Abk) = **organización no
gubernamental**
   ónice, ónix *m* (Min) *Onyx* m
   onicofagia *f* (Med) *Nägelkauen* n,
Onychophagie f
   Onila *f* np (pop) → **Petronila**
   oniomanía *f* (Med Psychol) *Oniomanie* f,
krankhafter Kauftrieb m

onírico adj *traumhaft, Traum-*
onirismo *m* ⟨Med Psychol⟩ *Onirismus* m
oniromancia *f Traumdeutung* f
ONO ⟨Abk⟩ = **oesnoroeste**
onocrótalo *m* → **¹alcatraz**
Onofre *m* np *Onuphrius* m
onofrita *f* ⟨Min⟩ *Onofrit* m
ono|masiología *f* ⟨Ling⟩ *Onomasiologie,*
Bezeichnungslehre f ‖ **–masiológico** adj
onomasiologisch ‖ **–mástica** *f Namenskunde,*
Onomastik f ‖ **–mástico** adj *Namens-*
onomato|peya *f* ⟨Ling⟩ *Wortbildung* f *durch*
Schallnachahmung ‖ *Lautmalerei* f ‖ *Onomatopöie*
f ‖ *Schallwort* n ‖ **–péyico** adj *klangnachahmend* ‖
lautmalerisch, onomatopoetisch
onoquiles *f* ⟨Bot⟩ *Schminkwurz, Alkannawurzel*
f (Alkanna tinctoria)
△ **onqui** adv *hier*
óntico adj ⟨Philos⟩ *ontisch, seiend* ‖
unabhängig vom Bewusstsein existierend
onto|génesis, –genia *f* ⟨Biol⟩ *Onto|genese,*
-genie f ‖ **–génico** adj *ontogenetisch* ‖ **–logía** *f*
Ontologie f ‖ **–lógico** adj *ontologisch* ‖ **–logismo**
m ⟨Philos⟩ *Ontologismus* m *(Malebranche)*
ONU *f* ⟨Abk⟩ = **Organización de las**
Naciones Unidas
onubense adj/s *(m/f) aus Huelva* (Stadt und
Provinz in Spanien) ‖ *auf Huelva bezüglich*
¹onza *f Unze* f *(Gewicht)* ‖ ~ *de oro Goldunze*
f (& *alte span. Münze)* ‖ ◆ *por* ~s ⟨fam⟩
spärlich, knapp ‖ ◇ *contar las* ~s *por celemines*
steinreich sein
²onza *f* ⟨Zool⟩ *Jaguar* m (Panthera onca) ‖
Gepard, Jagdleopard m (Acinonyx spp)
onzavo adj → **onceavo**
oolito *m* ⟨Geol⟩ *Oolith* m
oología *f* ⟨V⟩ *Oologie* f
¹opa adj *(m/f)* Arg Chi Ur *geistig*
zurückgeblieben
²¡opa! int *auf!*
opa|cidad *f Undurchsichtigkeit* f ‖ ⟨fig⟩
Trübheit f ‖ ⟨fig⟩ *Trübung* f ‖ **–co** adj
undurchsichtig ‖ ⟨Fot⟩ *licht|undurchlässig, -dicht,*
opak ‖ *deckend (Farbe)* ‖ ⟨fig⟩ *düster, finster* ‖
belegt (Stimme)
opa|lescente adj *(m/f) opalisierend, schillernd* ‖
–lino adj: *brillo* ~ *Opalglanz* m ‖ *(cristal)* ~
Opal-, Milch|glas n
ópalo *m Opal* m
op|ción *f Wahl(freiheit)* f ‖ *Anrecht* n ‖
Selbstbestimmung f *(der Völker)* ‖ ⟨Pol Jur⟩
Option f ‖ ~ *cero Nulloption* f ‖ ~ *de compra*
Kaufoption f ‖ ◆ *a* ~ *nach Wahl* ‖ ◇ *tener la* ~
die Wahl haben ‖ **–cional** adj *(m/f) optional*
open adj ⟨Sp⟩ *offen, Open-*
ópera *f* ⟨Th⟩ *Oper* f, *Singspiel* n ‖ *Opernhaus*
n ‖ ~ *bufa Opera buffa, Buffaoper* f ‖ ~ *cómica*
komische Oper f ‖ ~ *rock Rockoper* f ‖ ~ *con*
semitonos od intertonal Halbtonoper f ‖ ~ *seria*
ernste, klassische Oper f
operable adj *(m/f) durchführbar* ‖ ⟨Med⟩
oper|ierbar, -abel
¹operación *f* ⟨allg Com Mil⟩ *Operation* f ‖
Vorgang m ‖ *Tätigkeit* f ‖ *Aktion* f ‖ ~ *aritmética*
Rechenoperation f ‖ ~ *bancaria Bankgeschäft* n ‖
~ *de compensación Verrechnungsgeschäft* n ‖ ~
al contado Bar-, Tages|geschäft n ‖ ~ *de corretaje*
Maklergeschäft n ‖ ~ *delicada* ⟨fig⟩ *heikle*
Angelegenheit f ‖ ~ *al descontado Blankogeschäft*
n ‖ ~ *de descuento Diskontgeschäft* n ‖ ~ *de*
limpieza Säuberungsaktion f ‖ ~ *a plazo Termin-,*
Zeit|geschäft n ‖ ~ *policíaca od policial*
Polizei|aktion f, *-einsatz* m ‖ ~ *de prima (od* ~
de opción) Prämiengeschäft n
²operación *f* ⟨Med⟩ *Operation* f, *chirurgischer*

Eingriff m ‖ ~ *cesárea Kaiserschnitt* m ‖ ~
cosmética kosmetische Operation,
Schönheitskorrektur f ‖ ~ *delicada schwierige*
Operation f ‖ ~ *endoscópica endoskopischer*
Eingriff m
opera|cional adj *(m/f)* ⟨Mil⟩ *operativ,*
Operations-, Betriebs- ‖ **–dor** *m* ⟨allg⟩ *Betreiber*
m ‖ *Bediener, Maschinist* m ‖ ⟨Film⟩ *Vorführer*
(e–s Kinos), Filmoperateur m ‖ ⟨Inform Math⟩
Operator m ‖ ⟨Med⟩ *Operateur* m ‖ ~ *radar*
Radarbeobachter m ‖ ~ *de radio* ⟨Radio Mil Mar*
Flugw⟩ Funker m
ope|rar vt/i ⟨Med⟩ *operieren* ‖ *wirken, Wirkung*
haben (bes. Pharm) ‖ ⟨Mil⟩ *manövrieren,*
operieren ‖ **~se** *operiert werden* ‖ *s. operieren*
lassen ‖ *los francos se –raron a … die Franken*
wurden zu … gehandelt (Börse) ‖ *un cambio*
completo se –ró en él e–e vollständige Änderung
ist mit ihm vorgegangen ‖ **–rario** *m Handwerker*
m ‖ *Arbeiter* m ‖ *Werktätige(r)* m *(früher bes. im*
kommunistischen Sprachgebrauch) ‖ **–rativo** adj
operativ ‖ *wirkend, wirksam* ‖ *einsatz|bereit,*
-fähig, funktionsfähig ‖ *operational* ‖ ~ *m*
[Polizei] *Einsatzkommando* n ‖ **–ratorio** adj
⟨Med⟩ *Operations-*
opérculo *m* ⟨Bot⟩ *Kapseldeckel* m ‖ ⟨Zool An⟩
Deckel m ‖ *Kiemendeckel* m ‖ ⟨Ins⟩ *Deckel* m *der*
Bienenzellen usw.
opereta *f* ⟨Th⟩ *Operette* f ‖ ~ *filmada*
Filmoperette f ‖ ~ *vienesa Wiener Operette* f
△ **operisa** *f Salat* m
ope|rista *m/f Opernsänger(in* f) m ‖ **–rístico**
adj *Opern-*
operoso adj *mühsam*
opia|do adj *opiumhaltig* ‖ ~ *m* ⟨Pharm⟩ *Opiat*
n ‖ **–ta** *f* ⟨Pharm⟩ *Opiat* n
opila|ción *f* ⟨Med⟩ *Verstopfung* f ‖ **–tivo** adj
(ver)stopfend
opimo adj *reich, ergiebig, einträglich* ‖
köstlich, ausgezeichnet ‖ *groß*
opi|nable adj *(m/f) denkbar* ‖ *strittig* ‖
diskutierbar ‖ **–nante** adj *(m/f) meinend* ‖ ~ *m jd,*
der s–e Meinung äußert ‖ **–nar** vt/i *meinen,*
glauben, dafürhalten ‖ ◇ ~ *bien de alg. de e–e*
gute Meinung von jdm haben ‖ *¿qué opina Vd.*
sobre (od de, en) ello? was halten Sie davon? ‖ ~
en contra e–e entgegengesetzte Meinung haben ‖
–nión *f Meinung, Ansicht* f ‖ *Urteil* n ‖ ~
predominante (vor)herrschende Meinung f ‖ *la* ~
pública die öffentliche Meinung ‖ *la* ~ *publicada*
(iron) die veröffentlichte Meinung ‖ ~ *unánime*
einhellige Meinung f ‖ *Einmütigkeit* f ‖ *Konsens*
m ‖ ◆ *en mi* ~ *m–r Meinung nach, m-s*
Erachtens ‖ ◇ *cambiar de* ~ *s–e Meinung ändern*
‖ *ander(e)n Sinnes werden* ‖ *emitir su* ~ *s–e*
Meinung äußern ‖ *estar casado con su* ~ ⟨figf⟩
stur bei s–r Meinung bleiben ‖ *formarse una* ~
sobre od de algo s. von e–r Sache e–e Meinung
bilden ‖ *mudar de* ~ → *cambiar de* ~ ‖ *yo soy de*
(la) ~ *que … ich meine, dass …* ‖ *es un asunto*
de ~ *das ist Ansichtssache*
opio *m Opium* n ‖ ◇ *dar el* ~ ⟨pop⟩ *gefallen,*
Eindruck machen
opiómano *m Opiumsüchtige(r)* m
opíparo adj *prächtig, reichlich, üppig* (bes.
Mahlzeit)
opistosoma *m* ⟨Zool⟩ *Opisthosoma* n,
Hinterleib m *(der Spinnentiere)*
oploteca *f Waffenmuseum* n ‖ *Zeughaus* n
opobálsamo *m* ⟨Pharm⟩ *Mekkabalsam* m
oponente *m Gegner* m
oponer [irr → **poner**] vt *entgegen|setzen,*
-stellen ‖ *einwenden* (contra *gegen)* ‖ ◇ ~
obstáculos Hindernisse in den Weg legen ‖ ~
resistencia Widerstand leisten ‖ **~se** *s.*

wider setzen, s. entgegenstellen, opponieren ‖ dagegen sein ‖ no me opongo a ello *ich bin nicht dagegen* ‖ no nos oponemos a … *wir sind nicht abgeneigt zu …*

opopánax, opopónaco *m* → **opopónax**
opopónax *m Opopanax* m, *Panaxgummi* n (& m)

△ **opormomo** *m Magen* m
Oporto *m* [Stadt] *Porto* n
oportu|namente adv *zu gelegener Zeit* ‖ recibí ~ su grata carta *ich erhielt seinerzeit Ihr wertes Schreiben* ‖ **–nidad** *f passende, günstige Gelegenheit* f ‖ *Chance* f ‖ *Zweckmäßigkeit* f ‖ *Rechtzeitigkeit* f ‖ ⟨fig⟩ *Schicklichkeit* f ‖ ◇ aprovechar la ~ *die Gelegenheit ergreifen* ‖ anunciado con la debida ~ *rechtzeitig angezeigt* ‖ ~**es** *fpl* ⟨Com⟩ *Gelegenheiten, Okkasionen* fpl ‖ **–nismo** *m Opportunismus* m ‖ **–nista** adj *(m/f)* *opportunistisch* ‖ ~ *m Opportunist*(in f) m ‖ **–no** adj *günstig* ‖ *zeitlich richtig* ‖ *gelegen (kommend)* ‖ *passend, richtig* ‖ *zweckmäßig, angebracht* ‖ *opportun* ‖ *tauglich* ‖ *parat* ‖ *witzig, geistreich* ‖ ~ para el *od* al caso *zweckdienlich* ‖ en *od* a tiempo ~ *rechtzeitig* ‖ ~ en las respuestas *treffend od schlagfertig antwortend* ‖ ◇ creer *od* considerar ~ *für gelegen, für angebracht halten* ‖ *für angemessen erachten* ‖ hay que firmar el ~ documento *die betreffende Urkunde muss unterzeichnet werden*
oposi|ción *f Gegenüberstellung* f ‖ *Gegensatz* m ‖ *Opposition* f ‖ *Widerspruch* m, *Einwendung* f ‖ *Widerwille* m ‖ *Widerstand* m ‖ ⟨Pol⟩ *Opposition(spartei)* f ‖ ⟨Astr Ling⟩ *Opposition* f ‖ ◆ por ~ *durch öffentlichen Wettbewerb* ‖ ◇ encontrar ~ *auf Widerstand stoßen* ‖ hacer ~ *s. widersetzen, opponieren* ‖ **–ciones** *fpl* Span *Auswahlprüfung* f *(für Staatsstellen)* ‖ hacer ~ a una cátedra *s. um e–n Lehrstuhl bewerben (durch Auswahlprüfung)* ‖ **–cionista** *m/f* ⟨Pol⟩ *Mitglied* n *der Opposition(sparteien)* ‖ **–tar** vi *s. an den staatlichen Auswahlprüfungen beteiligen* ‖ *s. widersetzen, dagegen sein* ‖ **–tor** *m* ⟨Jur⟩ *Gegner, Widersacher, Opponent* m ‖ ⟨Pol⟩ *Mitglied* n *der Opposition* ‖ *(Mit)Bewerber, Kandidat, Teilnehmer* m *an e–r staatlichen Auswahlprüfung* ‖ ~ al régimen *Regimegegner* m
opós(s)um *m* ⟨Zool⟩ *Opossum* n (Didelphis spp)
opo|terapia *f* ⟨Med⟩ *Opo-, Organo|therapie* f ‖ **–terápico** adj *organotherapeutisch*
△ **opré** prep *über*
opre|sión *f Druck* m ‖ *Zwang* m, *Bedrückung, Tyrannei, Unter|drückung, -jochung* f ‖ *Be|klommenheit, -klemmung* f (& Med) ‖ ~ de pecho ⟨Med⟩ *Brustbeklemmung* f ‖ **–sivo** adj *drückend, lästig* ‖ *be|drückend, -klemmend* ‖ **–so** pp/irr ⟨lit⟩ von **oprimir** ‖ **–sor** *m*/adj *Unter-, Be|drücker* m
opri|mir [pp regelm & opreso] vt/i *unter-, be|drücken* ‖ *unterjochen* ‖ *drücken (enges Kleid)* ‖ *be|klemmen, -drücken* ‖ ◇ ~ el botón *(El) den (Schalt)Knopf drücken* ‖ se le –mía el corazón *er (sie, es) hatte Herzbeklemmungen* ‖ ⟨fig⟩ *ihm (ihr) schnürte s. das Herz zusammen* ‖ ~ el disparador *abdrücken (Waffe)*
opro|bio *m Schande* f ‖ *Schandfleck* m ‖ *Schmach* f, *Schimpf, Unglimpf* m ‖ **–bioso** adj *schmachvoll, schimpflich, entwürdigend* ‖ *schändlich*
opsónico adj: índice ~ ⟨Med⟩ *opsonischer Index* m
optación *f* ⟨Rhet⟩ *Optatio* f
optar vt/i *(aus)wählen* ‖ *stimmen, s. entscheiden* ‖ ⟨Jur Wir Pol⟩ *optieren* ‖ ◇ ~ a *od* por algo *et. beanspruchen* ‖ ⟨fam⟩ *s. zu et.*

entschließen ‖ ~ por una nacionalidad *für e–e Staatsangehörigkeit optieren*
optativo adj *wahlfrei* ‖ *Wunsch-, Wahl-, Options-* ‖ (modo) ~ ⟨Gr⟩ *Optativ* m
ópti|ca *f Optik* f ‖ ⟨fig⟩ *Meinung* f, *Standpunkt* m ‖ *Sichtweise* f ‖ **–co** adj *optisch* ‖ *Augen-, Seh-* ‖ ~ *m Optiker* m
optimación *f* ⟨Math⟩ *Optimierung* f
óptim(ament)e adv *bestens*
optimar vt *optimieren*
opti|mismo *m Optimismus* m ‖ ~ calculado *Zweckoptimismus* m ‖ **–mista** adj *(m/f) optimistisch* ‖ ~ *m/f Optimist*(in f) m ‖ ~ por vida ⟨fam⟩ *unverbesserliche(n) Optimist*(in f) m ‖ **–mización** *f Optimierung* f ‖ **–mizar** [z/c] vt *optimieren*
ópti|mo adj superl von **bueno** ‖ *beste(r, s)* ‖ *vortrefflich, ausgezeichnet* ‖ ~, **–mum** *m Bestwert* m ‖ *Optimum* n (& Biol)
optome|tría *f* ⟨Opt Med⟩ *Optometrie* f ‖ **–trista** *m/f Optometrist*(in f) m
optómetro *m* ⟨Opt Med⟩ *Optometer* n
opuesto pp/irr von **oponer** ‖ *entgegengesetzt* ‖ *gegenüber|liegend, -gestellt* ‖ *Gegen-* ‖ ~ a algo *e–r Sache* (dat) *gegenüber befindlich* ‖ ◆ al lado ~ *auf der Gegenseite* ‖ en sentido ~ *in entgegengesetztem Sinn* ‖ lo ~ *das Gegenteil*
opugnar vt *bekämpfen* ‖ ⟨Mil⟩ *bestürmen (Festung)*
opulen|cia *f großer Reichtum, Überfluss* m ‖ *Fülle, Üppigkeit* f ‖ ◇ vivir en ~ *üppig leben* ‖ **–to** adj *sehr reich, überreich, opulent* ‖ *üppig, schwelgerisch, pompös, luxuriös* ‖ *Wohlstands-*
opuncia *f* ⟨Bot⟩ *Nopal* m, *Opuntie* f (→ **nopal**)
opus *m Opus* n (bes. Mus)
opúsculo *m Bändchen* n, *kleine Schrift* f ‖ *Broschüre* f ‖ ⟨lat⟩ *Opusculum* n
Opus Dei *m Opus Dei* n *(katholische Laienorganisation)*
opus incertum *m* ⟨Arch⟩ *Zyklopenmauerwerk* n *(ohne Mörtel), Trockenmauer* f ‖ *Bruchsteinmauerwerk* n *(im Verband mit Mörtel)*
oque adv: de ~ *umsonst, gratis*
oquedad *f Höhlung, Lücke, Leere* f (& fig) ‖ *Öffnung* f, *Loch* n ‖ ⟨fig⟩ *Hohlheit* f
oquedal *m Hochwald* m
△ **oquendar** vt *beleidigen*
△ **or** pron = **el**
¹ora conj *(aus* **ahora***):* ~ …, ~ … *bald …, bald …* ‖ ~ canta, ~ llora *bald singt er (sie, es), bald weint er (sie, es)* ‖ ~ sea …, ~ … *sei es … oder sei es …*
²ora adv → **ahora**
¹ora *f Gebet* n ‖ *Oremus* n *(Teil der Messe)* ‖ ~ de los agonizantes *Gebet* n *der Sterbenden* ‖ ~ dominical *Vaterunser, Gebet* n *des Herrn* ‖ ~ fúnebre *Grab-, Trauer-, Leichen|rede* f ‖ ~ en el Huerto *Gebet* n *Christi im Garten Gethsemane* ‖ ~ de la mañana, ~ matutina *Morgengebet* n ‖ ~ mental *stilles Gebet* n ‖ ~ de mesa *Tischgebet* n ‖ ~ de la noche *Nachtgebet* n ‖ ~ protectora *Schutzgebet* n ‖ ~ del Señor → ~ dominical ‖ ~ de la tarde *Abendgebet* n ‖ ~ vespertina → ~ de la noche ‖ ~ vocal *lautes Gebet* n ‖ ◇ tocar a ~ *zum Gebet läuten* ‖ la ~ breve sube al cielo *kurzes Gebet, tiefe Andacht* ‖ **oraciones** *fpl:* libro de ~ *Gebetbuch* n ‖ toque de ~ *Gebetläuten* n
²oración *f* ⟨Gr⟩ *Satz* m ‖ *Satzglied* n ‖ *Rede* f ‖ *Redeteil* m ‖ ~ afirmativa *Bejahungssatz* m ‖ ~ coordenada *beigeordneter Satz* m ‖ ~ dependiente *abhängiger Satz* m ‖ ~ enunciativa *Aussagesatz* m ‖ ~ exclamativa *Ausrufesatz* m ‖ ~ exhortativa *Aufforderungssatz* m ‖ ~ final *Finalsatz* m ‖ ~ independiente *unabhängiger Satz* m ‖ ~

interrogativa *Fragesatz* m ‖ ~ negativa
Verneinungssatz m ‖ ~ optativa *Wunschsatz* m ‖
~ principal *Hauptsatz* m ‖ ~ simple *einfacher
Satz* m ‖ ~ subordinada *Nebensatz* m ‖ ~
temporal *Temporalsatz* m
¹oracional adj *(m/f)* ⟨Gr⟩ *Satz-*
²oracional m ⟨Rel⟩ *Gebetbuch* n
oráculo m *Orakel* n ‖ *Götterspruch* m ‖ el ~
de Delfos *das Delphische Orakel*
orador m *Redner* m ‖ ~ político *politischer
Redner* m ‖ ~ precedente *Vorredner* m ‖ ~
sagrado *Kanzelredner, Prediger* m
△ **orajabar** vt *verlieren*
oral adj *(m/f) mündlich* ‖ *oral* ‖ ~ m ⟨Jur⟩
Verhör n
oranés adj/s *aus Oran (Algerien)* ‖ *auf Oran
bezüglich*
orangután m ⟨Zool⟩ *Orang-Utan* m (Pongo
pygmaeus)
orante adj *(m/f) betend* ‖ (en actitud) ~ *in
Gebetshaltung (Bildsäule)*
orar vt/i *bitten, (er)flehen* ‖ *öffentlich reden* ‖
◇ ~ por los difuntos *für die Verstorbenen beten*
△ **orasta** f *Komödie* f
orate m/f *Narr* m, *Närrin* f ‖ *Wahnwitzige(r* m)
f
orato|ría f *Redekunst* f ‖ *Beredsamkeit* f ‖ ~
sagrada *Kanzelberedsamkeit* f ‖ **–rio** adj
rednerisch ‖ *oratorisch* ‖ *Rede-* ‖ ~ m *Bethaus* n ‖
(Haus)Kapelle f ‖ ⟨Mus⟩ *Oratorium* n
orbayo m ⟨reg⟩ → **llovizna**
orbe m *Kreis, Zirkel* m ‖ *Welt-, Erd|kugel* f ‖
Welt f ‖ ~ cristiano *christliche Welt* f ‖ ~ de la
tierra, ~ terráqueo *Erdkreis* m ‖ *Erdenrund* n
orbicular adj *(m/f)* ⟨Biol Med⟩ *kreis-,
ring|förmig, orbikular*
²órbita f ⟨Astr⟩ *(Planeten)Bahn* f ‖ ⟨Astr Phys⟩
Umlauf-, Kreis|bahn f ‖ ⟨fig⟩ *Laufbahn* f
²órbita f ⟨An⟩ *Augenhöhle* f
orbitación f: ~ terrestre *Erdumkreisung* f
¹orbital adj *(m/f) Kreisbahn-*
²orbital adj *(m/f)* ⟨An⟩ *orbital, Augenhöhlen-*
orbitar vt *umkreisen* (z.B. *die Erde*) ‖ in *e–e
Umlaufbahn bringen* od *schießen*
orca f *Orca, Schwert-, Raub|wal* m (Orcinus
orca)
Orcadas: las Islas ~ *die Orkney-Inseln* fpl
orcaneta f ⟨Bot⟩ → **onoquiles** ‖ ~ amarilla
Lotwurz f, *Goldtropfen* m (Onosma echioides)
△ **orchí** f *Seele* f
orchilla f ⟨Chem⟩ *Orseille* m
(Pflanzenfarbstoff)
△ **orchirí** f *Schönheit* f
orco m ⟨Myth⟩ *Orkus* m, *Unterwelt* f
ord. ⟨Abk⟩ = **orden**
órdago m *Einsatz* m *im Musspiel* ‖ ◆ de ~
⟨fam⟩ *glänzend, famos, großartig* ‖ *sehr gelegen*
ordalías fpl *Ordalien, Gottesurteile* npl
¹orden m *Ordnung* f, *geordneter Zustand* m ‖
Regel, Richtschnur f ‖ *Methode* f, *System,
Verfahren* n ‖ *(Sach)Lage* f *Gruppe* f ‖ *Rang,
Grad* m, *Kategorie* f ‖ *Reihe(nfolge), Serie* f ‖
Aufstellung f ‖ *Anordnung* f ‖ ⟨Arch⟩ *(Bau)Stil* m
‖ ⟨Arch⟩ *Säulenordnung* f ‖ ⟨Theol⟩
(Engel)Ordnung f ‖ ⟨Pol⟩ *Tagesordnung* f ‖ ⟨Zool⟩
Ordnung f ‖ ~ de batalla ⟨Mil⟩ *Schlachtordnung* f
‖ ~ de colocación *Anordnung* f ‖ ~ corintio
korinthische Säulenordnung f ‖ ~ de cosas ⟨fig⟩
System n, *Methode* f ‖ ~ del día *Tagesordnung* f ‖
~ dórico *dorische Säulenordnung* f ‖ ~ de ideas
⟨fig⟩ *Gedanken|komplex* m, *-gebäude* n ‖ ~
jónico *ionische Säulenordnung* f ‖ ~ jurídico
Rechtsordnung f ‖ ~ de marcha ⟨Mil⟩
Marschordnung f ‖ *Fahrordnung* f ‖ ~ numérico
Reihenfolge f ‖ ~ público *öffentliche Ordnung* f ‖

◆ ¡al ~! *zur Ordnung!* ‖ en ~ *ordentlich, in
Ordnung* ‖ de primer ~ *ersten Ranges* ‖ para el
buen ~ *der Ordnung halber* ‖ por su ~ *der Reihe
nach* ‖ por ~ alfabético (cronológico) *in
alphabetischer (chronologischer) Reihenfolge* ‖
por ~ de estatura *der Größe nach* ‖ sin ~ ni
concierto *wahllos* ‖ ◇ llamar al ~ *zur Ordnung
rufen* ‖ perturbar *od* trastornar el ~ *die Ordnung
stören* ‖ poner en ~ *in Ordnung bringen*
²orden f *Befehl* m, *Order* f ‖ *Auftrag* m,
Bestellung f ‖ *Geschäftsordnung* f ‖ ⟨fig⟩ *Gebot* n
‖ ~ de ataque ⟨Mil⟩ *Angriffsbefehl* m ‖ ~ de
compra ⟨Com⟩ *Kauf|order* f, *-auftrag* m ‖ ~ de
detención ⟨Jur⟩ *Haftbefehl* m ‖ ~ del día ⟨Mil⟩
Tagesbefehl m ‖ ~ de marcha ⟨Mil⟩ *Marschbefehl*
m ‖ ~ ministerial *Ministerialerlass* m ‖ ~ de
prisión *Haftbefehl* m ‖ *Steckbrief* m ‖ *Real ~
königlicher Erlass* m ‖ ◆ a la ~ *an (die) Order
(Wechsel)* ‖ ¡a la ~! *zu Befehl! melde mich zur
Stelle!* ‖ de ~ y por cuenta ⟨Com⟩ *im Auftrag und
für Rechnung* ‖ del ~ de... *etwa..., ungefähr...* ‖
en ~ de ... *in bezug auf* ... ‖ hasta nueva ~ *bis
auf Widerruf* ‖ por ~ *im Auftrag* ‖ *per Prokura* ‖
◇ anular una ~ *e–e Bestellung* od *e–e Order
zurückziehen* od *stornieren* ‖ atender *od* cumplir
una ~ → *despachar una* ~ ‖ dar una ~ **a)** *e–n
Befehl erteilen, et. an-* od *ver|ordnen* **b)** *e–n
Auftrag erteilen* ‖ despachar *od* efectuar *od*
ejecutar una ~ ⟨Com⟩ *e–n Auftrag* od *e–e
Bestellung ausführen* od *erledigen* ‖ estar a la ~
del día *aktuell* od *im Trend sein* ‖ revocar una ~
a) *e–n Befehl zurückziehen* **b)** *e–e Bestellung* od
e–e Order zurückziehen od *stornieren* ‖ tener ~
de hacer algo *angewiesen sein, et. zu tun* ‖
órdenes fpl: ¡a sus ~! *zu Befehl!* ‖ contrario a las
~ *befehlswidrig* ‖ ¡siempre a las ~ de Vd.! *stets
zu Ihren Diensten!* ‖ ◇ honrar con ~ ⟨Com⟩ *mit
Aufträgen beehren*
³orden f *Orden* m, *Ehrenzeichen* n ‖ ⟨Rel Hist⟩
Orden m ‖ ~ del Águila Blanca ⟨Hist⟩
(polnischer, jugoslawischer) Orden m *vom Weißen
Adler* ‖ ~ del Águila Negra ⟨Hist⟩ *(preußischer)
Orden* m *vom Schwarzen Adler* ‖ ~ de caballería
Ritterorden m ‖ *Militärorden* m ‖ ~ de la Corona
de Hierro *Orden* m *der Eisernen Krone* ‖ ~ de la
Cruz de Hierro *(deutscher) Orden* m *des Eisernen
Kreuzes* ‖ ~ de Santo Domingo
Dominikanerorden m ‖ ~ de las Escuelas
Menores *Minoritenorden* m ‖ ~ de las Escuelas
Pías *Piaristenorden* m ‖ ~ Franciscana, ~ de San
Francisco *Franziskanerorden* m ‖ ~ de Isabel la
Católica *(span.) Orden Isabellas der Katholischen*
‖ ~ de la Jarretera *(engl.) Hosenbandorden* m ‖ ~
de Jesucristo *(päpstlicher) Christusorden* m ‖ ~
de (los caballeros) de San Juan *Johanniterorden*
m ‖ ~ de (los caballeros) de Malta *Malteserorden*
m ‖ ~ de la Media Luna *(türkischer)
Halbmondorden* m ‖ ~ mendicante
Bettelmönchorden ‖ m ~ del Mérito Militar
(span.) Kriegsverdienstorden m ‖ ~ Militar de
Alcántara *(span.) Militärorden* m *von Alcántara* ‖
~ Militar de Calatrava *(span.) Militärorden* m
von Calatrava ‖ ~ Militar de la Cruz Laureada de
San Fernando *höchste span. Kriegsauszeichnung* ‖
~ monacal, ~ monástica *Mönchsorden* m ‖ ~ de
los Predicadores *Prediger-, Dominikaner|orden* m
‖ ~ religiosa *geistlicher Orden* m ‖ ~ de Santiago
(span.) Orden m *des Hl. Jakob vom Schwert* ‖ ~
de la Santísima Trinidad *Trinitarierorden* m ‖ ~
del Santo Sepulcro *(päpstlicher) Orden* m *vom
Hl. Grab* ‖ ~ seráfica *Franziskanerorden* m ‖ ~ de
los Templarios *Templerorden* m ‖ ~ Teutónica
Deutschritterorden m ‖ ~ del Toisón de Oro
Orden des Goldenen Vlieses ‖ ~ de la Visitación
Salesianerorden m ‖ **órdenes** fpl: las ~ mayores

(menores) ⟨Kath⟩ *die höheren (niederen) Weihen* ‖ ~ *religiosas Priesterorden* mpl
¹ordenación *f (An)Ordnung, Einrichtung* f ‖ ⟨Inform⟩ *Sortierung* f ‖ ⟨Verw⟩ *Amt* n ‖ *Buchhaltung* f ‖ ~ *jurídica Rechtsordnung* f ‖ ~ *de espacios Raumordnung* f ‖ ~ *legal* →ˢ ~ *jurídica* ‖ ~ *urbana Stadtplanung* f ‖ ~ *territorial*, ~ *de zonas* →ˢ ~ *de espacios*
²ordenación *f* ⟨Kath⟩ *Priesterweihe, Ordination* f
ordenada *f* ⟨Math⟩ *Ordinate* f
ordena|damente adv *ordnungs|mäßig, -gemäß* ‖ **–do** adj *ordnungsliebend, ordentlich* ‖ ~ *m* ⟨Kath⟩ *Ordinierte(r)* m ‖ **–dor** adj *ordnend* ‖ ~ *m Ordner* m ‖ ⟨Inform⟩ *Computer, Rechner* m ‖ ~ *agenda Notebook* m ‖ ~ *de bolsillo Taschencomputer* m ‖ ~ *casero Heim-, Home|computer* m ‖ ~ *de juegos Spielcomputer* m ‖ ~ *personal Personalcomputer* m ‖ ~ *portátil Laptop bzw Notebook* m
¹ordenamiento *m (An)Ordnung* f ‖ *(gesetzliche) Regelung* f ‖ ~ *de Alcalá* ⟨Hist⟩ *Gesetzbuch* n *von 1348* ‖ ~ *de las Tafurerías* ⟨Hist⟩ *Gesetzessammlung* f *von 1276 über das Glücksspiel*
²ordenamiento *m* ⟨Kath⟩ *Priesterweihe, Ordination* f
ordenancista adj *(m/f) auf strenge Einhaltung der Vorschriften bedacht*
ordenando *m* ⟨Kath⟩ *zu ordinierende(r) Geistliche(r)* m
¹ordenanza *f (An)Ordnung* f ‖ *Verordnung* f ‖ ⟨allg⟩ *Anweisung, Vorschrift* f ‖ ⟨Mil Verw⟩ *Dienstanweisung* f ‖ ~ *administrativa Verwaltungsverordnung* f ‖ ~ *ejecutiva, ~ de ejecución Ausführungsbestimmungen* fpl ‖ ~ *de régimen interior (de una empresa) Betriebsordnung* f ‖ ~ *de riego Satzung* f *e–r Bewässerungsgenossenschaft* f ‖ ◇ *ser de ~ vorgeschrieben sein* ‖ ~**s** fpl ⟨Mil⟩ *Dienstanweisung* f ‖ ~ *de aplicación Ausführungsbestimmungen* fpl ‖ ~ *de construcción Bau|recht* n, *-ordnung* f, *-vorschriften* fpl
²ordenanza *m* ⟨allg⟩ *Amts|diener, -bote* m ‖ ⟨Mil⟩ *Ordonnanz* f ‖ ⟨Mil⟩ *Putzer, Bursche* m
¹ordenar vt/i *ordnen* ‖ *in Ordnung bringen* ‖ *regeln, einrichten* ‖ *befehlen* ‖ *bestimmen* ‖ *verfügen, an-, ver|ordnen* ‖ ⟨Med fig⟩ *ver|ordnen, -schreiben* ‖ ◆ ~ *por materias nach dem Stoff ordnen* ‖ ~ *en serie(s) serienweise aufstellen* ‖ *–no y mando hiermit wird angeordnet (feststehende Anfangsformel* f *bei span. Militärverordnungen usw.)*
²ordenar vt ⟨Kath⟩ *die Priesterweihe erteilen, zum Priester weihen, ordinieren* ‖ ~**se:** ~ *de sacerdote zum Priester geweiht werden, die Priesterweihe empfangen, ordiniert werden*
orde|ñadero *m* ⟨Agr⟩ *Melkeimer* m ‖ **–ñador** *m/adj Melker* m ‖ **–ñadora** *f Melkerin* f ‖ *Melkmaschine* f ‖ **–ñar** vt *melken (& fig)* ‖ **–ño** *m Melken* n *(& fig)* ‖ ◆ *a* ~ *de* ~ ⟨fig⟩ *wie beim Melken (z.B. das Pflücken von Oliven durch Abstreichen mit der ganzen Hand)*
órdiga f: ¡*(anda) la* ~! ⟨pop⟩ *nanu! so was!* ‖ *das fehlte gerade noch!*
ordinal adj *(m/f) Ordnungs-, Ordinal-*
ordinariez [*pl* ~**ces**] *f Grobheit* f ‖ *Roheit, Ungeschliffenheit* f ‖ *Unflätigkeit* f ‖ *Ge|wöhnlichkeit, -meinheit* f
¹ordinario adj *ordentlich, ständig* ‖ *ordentlich (Gerichtsbarkeit usw.)* ‖ ~ *m* ⟨Rel⟩ *Ordinarius* m
²ordinario adj *gering, mittelmäßig, alltäglich* ‖ *grob, ungeschliffen, ordinär* ‖ *roh, ungeschliffen* ‖ *ge|wöhnlich, -mein, alltäglich* ‖ ⟨fig⟩ *grob (&*

Stoff) ‖ ◆ *de* ~ *gewöhnlich* ‖ ◇ *no se sale de lo* ~ *es ist nichts Besonderes* ‖ ~ *m täglicher Aufwand* m *(Haushalt)* ‖ *Hausmannskost* f ‖ *(Post)Bote* m ‖ ⟨desp⟩ ~**ote**
ordo m: ~ *de la misa* ⟨Kath⟩ *(Messordnung* f *der Kirche für die) unveränderliche(n) Teile* mpl *der Messe, Ordo* m *missae (lat)*
ordovic(i)ense *m* ⟨Geol⟩ *Ordovizium* n
ordubre *m* ⟨reg⟩ *Vorgericht* n
oréada *f* ⟨Myth⟩ *Oreade, Bergnymphe* f
orear vt *auslüften, erfrischen* ‖ ~**se** s. *frische Luft verschaffen* ‖ ⟨fig⟩ *spazieren gehen*
orégano *m* ⟨Bot⟩ *Dost, Origano, Wilder Majoran* m *(Origanum vulgare)* ‖ *Am verschiedene aromatische Pflanzen* ‖ ◇ *no es* ~ *todo el monte* ⟨Spr⟩ *jedes Ding hat s–e Tücken* ‖ ¡~ *sea! (fig) wir wollen das Beste hoffen!*
oreja *f (äußeres) Ohr* n ‖ *Ohr|knorpel, -lappen* m ‖ *Gehör* n ‖ *Umschlagklappe* f, *(fam) Eselsohr* n *(an Büchern)* ‖ *Backe* f *(e–s Sessels)* ‖ *Ohrenklappe* f *(e–r Mütze)* ‖ ⟨allg⟩ *Klappe* f, *Henkel* m, *Ohr* n ‖ ~ *de cerdo Schweinsohr* n ‖ ~ *de zapato (Schuh)Lasche* f ‖ ◇ *conceder la* ~ ⟨Taur⟩ *das abgeschnittene Ohr des getöteten Stieres dem Stierkämpfer als Ehrenpreis zugestehen* ‖ *descubrir la* ~, *enseñar la* ~ ⟨figf⟩ *sein wahres Gesicht zeigen* ‖ *s–e waren Absichten zeigen* ‖ *s. verraten* ‖ *mojar la* ~ *de alg.* ⟨pop⟩ *jdn beleidigen* ‖ *mit jdm Streit suchen* ‖ *planchar la* ~ ⟨fam⟩ *ein Schläfchen machen* ‖ *tirar (de) la* ~, *tirar las* ~**s** *beim Ohr, bei den Ohren zupfen* ‖ *tirar de la(s)* ~**(s)** *a Jorge* ⟨fam⟩ *ein Spielchen machen* ‖ ~**s** fpl ~ *salientes abstehende Ohren* npl ‖ ◆ *con las* ~ *gachas mit hängenden Ohren (Hund)* ‖ ⟨fig⟩ *völlig gedemütigt* ‖ ◇ *aguzar las* ~ ⟨fig⟩ *die Ohren spitzen* ‖ *apearse por las* ~ ⟨fam⟩ *vom Pferd abgeworfen werden* ‖ ⟨fig⟩ *unüberlegt handeln* ‖ *unrichtig handeln* ‖ *e–e falsche Entscheidung treffen* ‖ *bajar las* ~ ⟨figf⟩ *demütig gehorchen* ‖ *calentar las* ~ *a alg. jdn scharf zurechtweisen* ‖ *jdn verprügeln* ‖ *haber visto las* ~ *al lobo* ⟨figf⟩ *e–r großen Gefahr entgangen sein* ‖ *hacer* ~ *de mercader* ⟨figf⟩ *s. taub stellen* ‖ *poner a uno las* ~ *coloradas jdm Vorwürfe machen, jdn zurechtweisen* ‖ *rasgarse las* ~ *s. hinter den Ohren kratzen* ‖ *me suenan las* ~ *es klingt mir in den Ohren* ‖ *taparse las* ~ *s. die Ohren zuhalten* ‖ *ver las* ~ *al lobo s. in großer Gefahr befinden*
orejano adj *Am wild, ungezähmt bzw herrenlos, ohne Besitzzeichen (Vieh)* ‖ ⟨fig⟩ *scheu, misstrauisch*
oreje|ras fpl *Ohr(en)klappen* fpl *(e–r Mütze, am Pferdegeschirr)* ‖ *Ohrenschützer* m ‖ *Ohrenschutz* m *(des Helms)* ‖ ⟨allg⟩ *Seiten|teil* n *bzw -klappe* f ‖ **–ta** *f dim von* **–ja**
orejón adj/s *(fam) großohrig, (fam) mit Segelohren* ‖ ~ *m Col Mex Grobian* m ‖ *Mex wissentlicher Hahnrei* m ‖ *ser el* ~ *del tarro Arg das fünfte Rad am Wagen sein* ‖ *augm von* **oreja**
¹orejones mpl *getrocknete Obstschnitte* mpl *(bes. Aprikosen).*
²orejones mpl *Col Ven große Sporen* mpl
orejudo adj *langohrig* ‖ ~ *m* ⟨Zool⟩ *Lang-, Groß|ohrfledermaus* f *(Plecotus auritus)*
orejuela *f dim von* **oreja** ‖ *Henkel* m ‖ *Tab* m *(für Karteikarten)*
Oren|se *f [Stadt und Provinz in Spanien] Orense* n ‖ **–sano** adj/m *aus Orense* ‖ *auf Orense bezüglich*
orenza *f Ar* → **tolva**
oreo *m sanfte Luft* f ‖ *Lüftung* f ‖ *Lüftchen* n
orfa|nato, **–natorio** *m Waisenhaus* n
orfandad *f Verwaisung* f ‖ *Waisenstand* m ‖ ⟨fam⟩ *Waisen|rente* f, *-geld* n

orfe|bre *m* Gold- bzw *Silber|schmied* m ‖ **–brería** *f* Gold- bzw *Silber|schmiedearbeit, Juwelierarbeit* f ‖ *Goldschmiede-* bzw *Juwelier|kunst* f
orfelinato *m* ⟨gall⟩ → **orfanato**
Orfeo *m* np *Orpheus* m
orfeó ⟨cat⟩ *m* → **orfeón** ‖ ~ Catalá *berühmter katalanischer Gesangverein in Barcelona*
orfe|ón *m* Gesangverein ‖ *Chor* m ‖ **–onista** *m/f* Mitglied n *e–s Gesangvereins* bzw *Chores*
órfico adj ⟨Myth Rel⟩ *orphisch* ‖ ⟨fig⟩ *orphisch, geheim(nisvoll)*
orfismo *m* ⟨Rel Hist⟩ *Orphik* f, *Orphismus* m
organdí [*pl* ~íes] *m* ⟨Text⟩ *Organdy, Öst Organdin, Organtin* m
organelo *m* ⟨Biol⟩ *Organell* n
organero *m* Orgelbauer m
orgánico adj *organisch, Organ-*
organigrama *m* Organisations|schema n, -plan m ‖ *Stellenplan* m
organi|llero *m* Drehorgelspieler, *Leierkastenmann* m ‖ **–llo** *m* Drehorgel f, *Leierkasten* m
organismo *m* Organismus m (& fig) ‖ *organischer Bau* m ‖ ⟨fig⟩ *Körperschaft* f ‖ ~ competente *zuständige Behörde* f ‖ ~ directivo ⟨Com⟩ *Leitung* f ‖ ~ responsable de la planificación *Planungs|behörde, -stelle* f, *-amt* n
organista *m/f* Orgelspieler(in f), *Organist(in* f) m
¹orga|nización *f* Organisation f ‖ *internationale Organisation* f ‖ ~ Internacional de Aviación Civil (OIAC) *Internationale Organisation* f *für Zivilluftfahrt (ICAO)* ‖ ~ para la Alimentación y la Agricultura *Ernährungs- und Landwirtschafts|organisation f (FAO)* ‖ ~ de autoayuda *Selbsthilfeorganisation* f ‖ ~ de Cooperación y Desarrollo Económico (OCDE) *Organisation f für wirtschaftliche Zusammenarbeit und Entwicklung (OECD)* ‖ ~ de los Estados Americanos (OEA) *Organisation* f *Amerikanischer Staaten (OAS)* ‖ ~ no gubernamental *Nichtregierungsorganisation* f ‖ ~ Meteorológica Mundial (OMM) *Meteorologische Weltorganisation* f, *Weltwetterdienst* m ‖ ~ Mundial de la Salud (OMS) *Weltgesundheitsorganisation f (WHO)* ‖ ~ de las Naciones Unidas (ONU) *Organisation* f *der Vereinten Nationen (UNO)* ‖ ~ de los Países Exportadores de Petróleo (OPEC) *Organisation* f *der erdölexportierenden Länder (OPEC)* ‖ ~ para la Seguridad y la Cooperación en Europa (OSCE) *Organisation f für Sicherheit und Zusammenarbeit in Europa (OSZE)* ‖ ~ Internacional del Trabajo (OIT) *Internationale Arbeitsorganisation (ILO)* ‖ ~ del Tratado del Atlántico Norte *Organisation f des Nordatlantikvertrags*
²orga|nización *f* Organisation ‖ *Einrichtung, Verfassung* f ‖ ⟨fig⟩ *innere Anordnung, Gliederung, Struktur, Organisation* f ‖ *Verein, Verband* m ‖ ~ central *Dachverband* m ‖ ~ judicial *Gerichtsverfassung* f ‖ ~ del mercado *Marktordnung* f ‖ ~ profesional *Berufsverband* m ‖ ~ del trabajo *Arbeitseinteilung* f ‖ ~ de ventas *Absatzorganisation* f ‖ **–nizador** adj *ordnend, gestaltend, organisierend* ‖ *organisatorisch* ‖ *Organisations-* ‖ ~ *m (An)Ordner, Organisator* m ‖ *Veranstalter* m ‖ **–nizar** [z/c] vt *ordnen, gliedern, einrichten, organisieren* ‖ *gestalten, planen, veranstalten, organisieren* ‖ **~se** *s. organisch zusammenfügen* ‖ *s. gliedern* ‖ *in Ordnung, zustande (& zu Stande) kommen* ‖ *stattfinden, zustande (& zu Stande) kommen* ‖ *zu e–r festen Regel werden* ‖ ⟨figf⟩ *geschehen*, ⟨fam⟩

passieren ‖ ◇ ¡la que se organizó allí! ⟨fam⟩ *was dort nicht alles passierte!* ‖ *da war vielleicht was los!*
¹órgano *m* ⟨Biol⟩ *Organ* n (& fig) ‖ *Werkzeug* n ‖ *Stimme, Sprache* f ‖ ~s de la generación, ~s de la reproducción *Zeugungs-, Fortpflanzungs|organe* npl ‖ ~s respiratorios *Atmungsorgane* npl ‖ ~ secretor *Ausscheidungsorgan* n ‖ ~s sensorios, ~s de los sentidos *Sinnesorgane* npl ‖ ~ sexual masculino (femenino) *männliches (weibliches) Geschlechtsorgan* n ‖ ~ de tacto *Tastwerkzeug* n ‖ ~ vegetativo ⟨Zool⟩ *Fortpflanzungsorgan* n
²órgano *m* Einrichtung f, *Organ, Fachblatt* n ‖ ⟨fig⟩ *Vertreter* m, *Sprachrohr* n ‖ ~ administrativo *Verwaltungsorgan* n ‖ ~ consultivo *Konsultationsorgan* n ‖ ~ de contacto *Ansprechpartner* m *(als Institution)*
³órgano *m* ⟨Mus⟩ *Orgel* f ‖ ~ de Berbería, ~ de manubrio *Drehorgel* f ‖ ◇ tocar del ~ *Orgel spielen*
organogénesis *f* ⟨Biol⟩ *Organogenese* f
¹organografía *f* ⟨Biol Med⟩ *Organographie, Organbeschreibung* f
²organografía *f* ⟨Mus⟩ *Organographie, Lehre* f *vom Bau der Musikinstrumente*
organográfico adj ⟨Biol Med Mus⟩ *organographisch*
organograma *m* ⟨Biol Psychol⟩ *Organogramm* n
¹organología *f* ⟨Biol Med⟩ *Organologie* f
²organología *f* ⟨Mus⟩ *Organologie, Lehre* f *vom Bau der Orgeln*
organoterapia *f* ⟨Med⟩ *Organ(o)therapie* f
organza *f* ⟨Text⟩ *Organza* m
or|gasmo *m* Orgasmus m ‖ *Nervenerregung* f, *Erethismus* m ‖ **–gástico** adj *orgastisch* ‖ *wollüstig*
or|gia, –gía *f* Orgie f ‖ *Ausschweifung* f ‖ *Hemmungs-, Zügel|losigkeit* f ‖ *Trinkgelage* n ‖ ⟨fig⟩ *verschwenderische Fülle* f ‖ una ~ de colores ⟨fig⟩ *ein Schwelgen in Farben* ‖ ~s *fpl Orgien* fpl, *Bacchusfeste* npl ‖ **–giástico, –giaco** adj *orgiastisch* ‖ *Orgien-* ‖ *hemmungs-, zügel|los, wild* ‖ *schwärmerisch* ‖ *schwelgerisch, üppig*
orgu|llo *m* Stolz m ‖ *Hoch-, Über|mut* m ‖ ◇ ser el ~ de … *der Stolz …* (gen) *sein* ‖ ~ rústico *Bauernstolz* m ‖ **–lloso** adj/s *stolz* ‖ *hochmütig* ‖ ~ de (od por) sus conocimientos *stolz auf s–e Kenntnisse* ‖ ◇ ser ~ *stolz* (bzw *hochmütig) sein (von Natur aus)* ‖ estar ~ *stolz sein (augenblicklich od auf e–n Erfolg)*
△ ¡ori! = hola
oricio *m* Extr ⟨Zool⟩ *Igel* m (→ **¹erizo**)
orien|tación *f* Orientierung, Wegweisung f ‖ ⟨Mar Flugw⟩ *Einortung, Nordung, Ortung, Peilung* f ‖ ⟨fig⟩ *Richtung, Meinung* f ‖ ⟨fig⟩ *Beratung, Orientierung* f ‖ ⟨fig⟩ *Lage* f *(e–s Gebäudes nach den Himmelsrichtungen)* ‖ ⟨Geol⟩ *Richtung* f, *Strich* m *(e–r Schicht)* ‖ ⟨Pol⟩ *Ausrichtung* f, *Kurs* m ‖ ⟨fig⟩ *Denkart, geistige Einstellung* f ‖ ~ acústica *akustische Ortung* f ‖ ~ del consumo *Verbrauchslenkung* f ‖ ~ meridiana *Südlage* f ‖ ~ profesional *Berufsberatung* f ‖ ~ radiogoniométrica *Funkpeilung* f ‖ ◆ a título *(od con carácter)* de ~ *zur Orientierung* ‖ **–tador** adj *orientierend* ‖ ⟨fig⟩ *richtungweisend, Richtlinien gebend*
orien|tal adj *(m/f) östlich, Ost-* ‖ *morgenländisch, orientalisch* ‖ Am *aus Uruguay* ‖ ~es mpl *Morgenländer, Orientalen* mpl ‖ Am *Bewohner* mpl *von Uruguay* ‖ **–talismo** *m* Orientalistik f ‖ *Neigung* f *zum Orientalischen* ‖ *orientalisches Wesen* n ‖ ⟨Kunst⟩ *Orientalismus* m ‖ **–talista** *m/f* Orientalist(in f) m

orien|tar vt *(nach den Himmelsrichtungen) richten, orientieren* ‖ *informieren, orientieren, belehren* (sobre, acerca de *über* acc) ‖ *orten* ‖ ⟨fig⟩ *ideologisch ausrichten* ‖ *die Richtung weisen* (a alg. *jdm*) ‖ ⟨Tech⟩ *(ein)richten, ein-, ver|stellen* ‖ ⟨Mil⟩ *schwenken (Geschütz)* ‖ ⟨Mar⟩ *trimmen* ‖ ⟨Flugw⟩ *orten*, ⟨fam⟩ *franzen* ‖ *~se s. orientieren, Umschau halten* ‖ *s. zurecht-, s. hinein|finden* ‖ *s. erkundigen* ‖ *(an)peilen* ‖ **-te** *m Ost(en), Morgen* m ‖ *Morgenland* n, *Orient* m ‖ *Aufgang* m *der Sonne* ‖ *Wasser* n *(der Perlen)* ‖ ⟨Pol⟩ *Osten* m ‖ *Lejano ~ Ferner Osten, Fernost* m ‖ *~ Medio Mittlerer Osten* m ‖ *~ Próximo, Próximo ~ Nahost, Vorderer Orient* m ‖ ◆ *al ~, hacia el ~ östlich*

orifi|cación *f Goldfüllung* f *(e–s Zahnes)* ‖ *Goldfüllen* n *(e–s Zahnes)* ‖ **–car** [c/qu] vt *mit Gold füllen (Zahn)*

orífice *m Goldschmied* m

orificio *m Mündung, Öffnung* f ‖ *Mund* m, *Loch* n ‖ *~ anal* ⟨An⟩ *After* m ‖ *~ de carga* ⟨Mil Mar Flugw⟩ *Ladeluke* f ‖ *~ de salida Ab-, Aus|lassöffnung* f ‖ *~ de salida del proyectil Ausschuss(öffnung* f) m ‖ *~ del útero* ⟨An⟩ *Gebärmuttermund* m

oriflama *f (bunte) Fahne* f, *Wimpel* m ‖ *Banner* n ‖ ⟨Hist⟩ *Oriflamme, Lilienbanner* n *(Kriegsfahne* f *der französischen Könige)*

origen [pl **orígenes**] *m Ursprung, Anfang* m, *Entstehung* f ‖ *Quelle* f ‖ *Abstammung, Ab-, Her|kunft* f ‖ ⟨fig⟩ *Grund* m, *Ursache* f ‖ ⟨Math⟩ *Ausgangs-, Null|punkt* m (& fig) ‖ ◇ *tener od traer su ~ (en) herrühren, hervorgegangen sein (aus)*

origenismo *m* ⟨Rel⟩ *Origenismus* m *(Lehre des Origenes [185–254])*

origi|nal adj *(m/f) ursprünglich* ‖ *urschriftlich, echt* ‖ *eigen|tümlich, -artig, urwüchsig, originell* ‖ *sonderbar*, ⟨fam⟩ *ulkig* ‖ *Original-, Ursprungs-, Ur-* ‖ ◇ *tener cosas ~es ausgefallene Einfälle haben* ‖ *~ m Ur|fassung* f, *-text* m ‖ *Ur|kunde, -schrift* f ‖ *Urfassung* f, *Original* n ‖ ⟨Mal⟩ *Original(werk)* n ‖ ⟨Typ⟩ *Manuskript* n ‖ *Vor-, Ur|bild* n ‖ ⟨fam⟩ *urwüchsiger, origineller Mensch* m ‖ ⟨fam⟩ *Sonderling, ulkiger Kauz* m, *Original* n ‖ ⟨fam⟩ *Unikum* n, *Type* f ‖ adv: **–mente** ‖ **–nalidad** *f Ursprünglichkeit, Echtheit* f ‖ *Eigentümlichkeit, Originalität* f ‖ *Urwüchsigkeit* f ‖ *Sonderbarkeit*, ⟨fam⟩ *Kauzigkeit* f ‖ ⟨fam⟩ *Ulk* m ‖ **–nar** vt *veranlassen* ‖ *verursachen, herbeiführen, hervorrufen* ‖ ◇ *~ daños Schäden verursachen* ‖ *~ gastos Kosten verursachen* ‖ *a fin (de) que no se originasen habladurías um nicht zu Gerede Anlass zu geben* ‖ *~ molestias, ~ trastornos Ungelegenheiten bereiten* ‖ *~ un retraso e–e Verzögerung verursachen* ‖ *~se verursacht werden* ‖ *ent|springen, -stehen* ‖ *herrühren* ‖ **–nario** adj *(her)stammend, gebürtig* (de *aus*) ‖ *ursprünglich* ‖ *angeboren, Mutter-* ‖ *Anfangs-*

ori|lla *f Rand, Saum* m ‖ *Sal|band* n, *-leiste* f ‖ *Ufer, Gestade* n ‖ *Fluss-, See|ufer* n ‖ Arg Mex *Umgebung* f ‖ *Stadtrand* m ‖ ◆ *a la ~ de … bei, neben* (dat) ‖ *a ~s del mar am Ufer des Meeres* ‖ **–llar** vt *einfassen* ‖ *säumen, fassen* ‖ *rändern* ‖ *verbrämen* ‖ *ordnen, schlichten* ‖ *beseitigen, überwinden (Gefahr, Hindernis, Schwierigkeit)* ‖ Col *am Straßenrand parken* ‖ ⟨fig⟩ *beiseite lassen (Argument)* ‖ ◇ *~ las dificultades die Hindernisse beseitigen* ‖ **–llero** adj Am *Rand-, Seiten-* ‖ Am *Stadtrand-, Vorstadt-*

orillo *m* ⟨Text⟩ *Webkante* f ‖ *bunt gewebter Rand* m

¹orín *m (Eisen)Rost* m ‖ *Brand* m *im Getreide* ‖ ⟨fig⟩ *Fehler, Makel* m ‖ ◇ *tomarse de ~ rostig werden*

²orín *m* (meist *pl*) ⟨fam⟩ *Urin, Harn* m

ori|na *f Urin, Harn* m ‖ *~ sanguinolenta* ⟨Med⟩ *Blutharn* m ‖ **–nal** *m Nachttopf* m ‖ *Uringlas* n ‖ *~ del cielo* ⟨figf⟩ *Gebiet, in dem es häufig regnet*

orinar vt/i *harnen, Harn lassen, urinieren* ‖ *~se unwillkürlich Harn lassen* ‖ *nässen (Kind)*

orines *mpl* ⟨fam⟩ → **orina**

oriniento adj *rostig, verrostet*

orinque *m* ⟨Mar⟩ *Bojenreep* n

oriol *m* ⟨V⟩ → **¹oropéndola**

oriolano adj *aus Orihuela* (P Ali) ‖ *auf Orihuela bezüglich*

Orión *m* ⟨Astr⟩ *Orion* m

oripié *m* Murc *Fuß* m *(e–s Berges)*

orita adv Am ⟨pop⟩ → **aho(rit)a**

oriun|dez [pl **~ces**] *f Herkunft, Abstammung* f ‖ **–do** adj *(her)stammend, gebürtig* (de *aus*)

orla *f Rand, Saum* m ‖ *Borte* f *(am Tuch)* ‖ *Randverzierung* f ‖ *Sal|band* n, *-leiste* f *(e–s Stoffes)* ‖ *Randschrift* f *(e–r Münze)* ‖ ⟨Typ⟩ *Randlinie* f ‖ *~ negra, ~ de luto Trauerrand* m (z. B. *am Schreibpapier)*

Orlando *m* np *Roland* m
△ **orlangó** adj *aufmerksam*

orlar vt *säumen, einfassen* ‖ ⟨Typ⟩ *mit e–m Schmuck- bzw Trauer|rand ausstatten*

orleanés adj/s *aus Orléans* ‖ *auf Orléans bezüglich*

¹orlo *m* ⟨Arch⟩ *Säulenplatte* f (→ **plinto**)

²orlo *m* ⟨Mus⟩ *Alphorn* n

orlón *m* ⟨Text⟩ *Orlon* n *(Kunstfaser)*

Ormuz *m* ⟨Rel⟩ *Ormuzd* m (Ahura Masdah)

ornamen|tación *f Ornamentierung* f ‖ *Ausschmückung* f ‖ *Verzierung* f ‖ *Verzieren* n ‖ *Dekorationsmalerei* f ‖ *Stuckarbeit* f ‖ **–tal** adj *(m/f) Ornament-* ‖ *Schmuck-, Zier-* ‖ **–tar** vt *(aus)schmücken, verzieren* ‖ **–to** *m Schmuck, Zierat* m, *Verzierung* f ‖ ⟨Mal Arch⟩ *Ornament* n ‖ *~s mpl Kirchenschmuck* m ‖ *(Kirchen)Ornat* m ‖ *~ Priestergewänder* npl ‖ *Schmuckelemente* npl ‖ *~ para árboles de Navidad Christbaumschmuck* m

ornar vt *schmücken, (ver)zieren* (de, con *mit*) ‖ *ausstatten* ‖ ⟨fig⟩ *verschönern, bereichern*

ornato *m Schmuck, Putz, Zierrat* m ‖ *Verzierung* f ‖ *Buchschmuck* m ‖ ⟨fig⟩ *Ausstattung* f ‖ ⟨fig⟩ *Zierde* f ‖ ⟨fig⟩ *Ausschmückung* f *(des Stils)*

ornear vi Gal León → **rebuznar**

ornis *f* ⟨V⟩ *Ornis, Vogelwelt* f *(e–r Landschaft)*

ornitodelfos *mpl* ⟨Zool⟩ *Kloakentiere* npl (Monotremata)

orni|tofilia *f Vogelliebhaberei* f ‖ ⟨Bot⟩ *Ornitho|philie, -gamie, Bestäubung* f *durch Vögel* ‖ **–tología** *f Ornithologie, Vogelkunde* f ‖ **–tológico** adj *ornithologisch, vogelkundlich* ‖ **–tólogo** *m Ornithologe, Vogelkundler* m ‖ **–tomancia** *f Weissagung* f *aus dem Vogelflug*

ornitóptero *m* ⟨Flugw⟩ *Schwingen-, Schlag|flügler, Ornithopter* m

ornitorrinco *m* ⟨Zool⟩ *Schnabeltier* n (Ornithorhynchus anatinus)

ornitosis *f* ⟨Med⟩ *Ornithose* f

orno *m* ⟨Bot⟩ *Blumen-Esche* f (Fraxinus ornus)

oro *m* ⟨Au⟩ ⟨Chem⟩ *Gold* n ‖ *Gold|geld, -stück* n, *-münze* f ‖ *~ en barras Barrengold* n ‖ *~ batido Blattgold* n ‖ *bordado de ~ golddurchwirkt* ‖ *~ cernido Goldstaub* m ‖ *~ chapado Dublee* n ‖ *~ enjoyelado Schmuckgold* n ‖ *~ fino Feingold* n ‖ *~ de gato Katzengold* n ‖ *~ de ley Feingold* n ‖ *~ mate Mattgold* n ‖ *~ negro Erdöl* n ‖ *~ en panes Blattgold* n ‖ *~ en polvo Goldstaub* m ‖ *el ~ del Rin Das Rheingold (Wagners Oper)* ‖ *~ viejo Altgold* n ‖ *~ virgen gediegenes Gold* n ‖ ◆ *como un ~, como mil ~s* ⟨fig⟩ *außerordentlich*

schön und reinlich ‖ ◇ lo guarda como ~ en paño ⟨fig⟩ *er (sie, es) hütet es wie e–n Goldschatz* (od *wie s–n Augapfel*) ‖ hacerse de ~ *(stein)reich werden* ‖ nadar en ~ *im Geld schwimmen, Geld wie Heu haben* ‖ ofrecer el ~ y el moro ⟨figf⟩ *das Blaue vom Himmel versprechen* ‖ pagar a peso de ~ *mit Gold aufwiegen* ‖ pagar en ~ *in Gold (be)zahlen* ‖ el ~ lo puede todo *Geld regiert die Welt* ‖ poner de ~ y azul a alg. *jdn scharf zurechtweisen* ‖ prometer montañas de ~ ⟨figf⟩ *goldene Berge versprechen* ‖ su palabra es (de) ~ ⟨fig⟩ etwa: *ein Mann, ein Wort* ‖ no es ~ todo lo que reluce ⟨Spr⟩ *es ist nicht alles Gold, was glänzt* ‖ vale tanto ~ como pesa ⟨figf⟩ *es ist Goldes wert* ‖ ~s *mpl:* rey de ~ *Schellenkönig* m ‖ siete de ~ *Karo-Sieben* f ‖ ~ son triunfo ⟨Kart⟩ *Schellen sind Trumpf* ‖ ⟨fig⟩ *Gold regiert die Welt*
oroban|ca *f,* **-que** *m* ⟨Bot⟩ *Sommerwurz* f (Orobanche spp)
△ **¹orobar** *vi weinen*
△ **²orobrar** *vi (nach)denken*
oro|génesis *f* ⟨Geol⟩ *Gebirgsbildung, Orogenese* f ‖ **–genia** *f Lehre* f *von der Entstehung der Gebirge* ‖ **–grafía** *f Orographie* f ‖ **–gráfico** *adj orographisch* ‖ *Gebirgs-*
△ **¹orondo** *m Diebstahl* m
²orondo *adj bauchig (Gefäß)* ‖ ⟨figf⟩ *stolz, eingebildet* ‖ ⟨figf⟩ *zufrieden, glücklich* ‖ ⟨fig⟩ *gemütlich* ‖ ⟨fig⟩ *prunkhaft* ‖ ⟨fig⟩ *schwülstig (Stil)*
oronja *f* ⟨Bot⟩ *Kaiserling* m (Amanita caesarea)
△ **oropaja** *f Blatt* n
oropel *m Flitter-, Rausch|gold* n ‖ ⟨fig⟩ *Flitterstaat, eitler Tand* m
¹oropéndola *f* ⟨V⟩ *Pirol* m (Oriolus oriolus)
△ **²oropéndola** *f Wille* m
oropimente *m* ⟨Min⟩ *Auripigment* n
△ **orosque** *m Kupfer* m
orozuz *[pl* ~**ces]** *m* ⟨Bot⟩ *Süßholz* n (→ **regaliz**)
orques|ta *f Orchester* n ‖ *Kapelle* f ‖ ⟨Th⟩ *Orchesterraum* m ‖ ~ de baile *Tanzkapelle* f ‖ ~ de instrumentos de cuerda *Streichorchester* n ‖ ~ sinfónica *Sinfonieorchester* n ‖ **–tación** *f Orchestrierung, Instrumentierung* f ‖ **–tal** *adj (m/f) Orchester-* ‖ **–tar** *vt orchestrieren, instrumentieren* ‖ ⟨fig⟩ *inszenieren* ‖ **–tina** *f Tanz|orchester, -ensemble* n ‖ **–trión** *m Orchestrion* n
or|quidáceas *fpl* ⟨Bot⟩ *Orchideengewächse* npl (Orchidaceae) ‖ **–quídea** *f Orchidee* f
△ **orquidén** *m Mut* m
orqui|tis *f* ⟨Med⟩ *Hodenentzündung, Orchitis* f ‖ **–tomía** *f Orchitomie, Verschneidung* f (→ **castración**)
△ **orrijar** *vt (er)sparen*
orsequio *m And* ⟨pop⟩ → **obsequio**
ortega *f* ⟨V⟩ *Sandflughuhn* n (Pterocles orientalis)
orteguiano *adj* ⟨Philos⟩ *Ortega-* ‖ ~ *m Anhänger* m *des span. Philosophen José Ortega y Gasset (1883–1955)*
¹ortiga *f* ⟨Bot⟩ *Brennnessel* f (Urtica spp) ‖ ~ muerta ⟨Bot⟩ *Taubnessel* f (Lamium spp) ‖ ◇ estar sobre ~s ⟨figf⟩ *wie auf glühenden Kohlen sitzen*
²ortiga *f* ⟨Zool⟩: ~s de mar *Quallen* fpl (Scyphozoa)
orti|gal *m mit Brennnesseln bestandener Platz, Nesselgestrüpp* n ‖ **–gar** *[g/gu] vt Sant mit Brennnesseln stechen* ‖ ~**se** *Sant s. mit Brennnesseln stechen*
ortiguera *f* ⟨Ins⟩ *Kleiner Fuchs* m (Aglais urticae)

orto *m (Sonnen)Aufgang* m ‖ ⟨poet⟩ *Geburt* f
orto|cromático *adj orthochromatisch, farbenempfindlich (außer gegen Rot)* ‖ **–doncia** *f* ⟨Med⟩ *Orthodontie, Zahnregulierung* f
orto|doxia *f* ⟨Rel⟩ *Rechtgläubigkeit, Orthodoxie* f ‖ ⟨allg⟩ *geltende Lehre* f ‖ **–doxo** *adj/s rechtgläubig, orthodox* ‖ *geltend* ‖ ~ *m Orthodoxe(r)* m
orto|dromia *f* ⟨Flugw Mar⟩ *Orthodrome* f, *größter Kreis* m ‖ **–génesis** *f* ⟨Biol⟩ *Orthogenese* f ‖ **–gonal** *adj (m/f)* ⟨Math⟩ *rechtwinklig, senkrecht*
orto|grafía *f Rechtschreibung, Orthografie* f ‖ **–gráfico** *adj orthografisch*
△ **ortogrés** *num achthundert*
ortología *f* ⟨Gr Phon⟩ *Kunst* f, *richtig zu sprechen*
ortope|dia *f* ⟨Med⟩ *Orthopädie* f ‖ **–pédico** *adj orthopädisch* ‖ ~ *m* → **ortopedista** ‖ **–pedista** *m/f Ortho|päde* m, *-pädin* f
ortopterología *f* ⟨Ins⟩ *Orthopterologie, Kunde* f *von den Geradflüglern*
ortópteros *mpl* ⟨Ins⟩ *Geradflügler* mpl (Orthopteroidea)
ortoscopia *f* ⟨Opt⟩ *Orthoskopie* f
orto|stasia *f* ⟨Med⟩ *Orthostase, aufrechte Körperhaltung* f ‖ **–stático** *adj* ⟨Med Arch⟩ *orthostatisch* ‖ **–statos** *mpl* ⟨Arch Hist⟩ *Orthostaten* pl
△ **orú** *m Wolf* m
¹oruga *f* ⟨Ins⟩ *Raupe, Schmetterlingslarve* f ‖ ~ de la col *Raupe* f *des Kohlweißlings* ‖ ~ procesionaria *Raupe* f *des Prozessionsspinners* ‖ ~ de la seda *Raupe* f *des Seidenspinners*
²oruga *f* ⟨Tech⟩ *Raupe* f ‖ *Raupenkette* f *(e–s Kettenfahrzeugs usw.)*
³oruga *f* ⟨Bot⟩ *Ölrauke, Ruke* f (Eruca vesicaria sativa)
orujo *m Wein|trester, -treber* pl ‖ *Oliven|trester, -treber* pl
△ **orundó** *m Taschendieb* m
orva|llar *vi* ⟨reg⟩ → **llovizar** ‖ **–llo** *m* ⟨reg⟩ → **llovizna**
orvío *m And* ⟨pop⟩ → **olvido**
¹orza *f Marmeladen-, Einmach-, Honig|Topf* m
²orza *f* ⟨Mar⟩ *Anluven* n ‖ a *(od* de*)* ~ *gegen den Wind, luvwärts* ‖ ◇ ir de ~ *luven*
³orza *f* ⟨Mar⟩ *(Kiel)Schwert* n *(der Segelschiffe)*
orzaga *f* ⟨Bot⟩ *Meer-, Salz|melde* f (Atriplex halimus)
or|zante *adj (m/f)* ⟨Mar Flugw⟩ *luvgierig* ‖ **–zar** *[z/c] vi (an)luven*
orzuelo *m* ⟨Med⟩ *Gerstenkorn* n
¹os *pron (dat od acc) euch* ‖ os amo *ich liebe euch* ‖ amaos *liebt euch (aber* idos *geht fort)* ‖ no puedo decíroslo (= no os lo puedo decir) *ich kann es euch nicht sagen*
△ **²os** *pron =* **los**
¡os! → **¡ox!**
Os ⟨Abk⟩ = **osmio**
osa *f Bärin* f ‖ ~ Mayor (Menor) ⟨Astr⟩ *der Große (Kleine) Bär* od *Wagen* m
¡osa! *int:* ¡anda la ~! *das ist (aber) ein Ding!*
osa|día *f Kühnheit* f ‖ *Mut, Wagemut, Schneid* m, *Beherztheit* f ‖ *Verwegenheit, Dreistigkeit* f ‖ **–do** *adj kühn* ‖ *mutig, wagemutig, beherzt, gewagt* ‖ *verwegen, dreist*
osambre *m* → **osamenta**
osamenta *f Skelett, Gerippe* n ‖ *Gebeine* npl ‖ *Knochenhaufen* m
osar *vi/t wagen, s. unterstehen* ‖ *s. er|kühnen, s. -dreisten* ‖ ◇ no osó contestar *er wagte nicht zu antworten* ‖ no osó acercarse *er wagte s. nicht heran* ‖ ~ venir *s. heranwagen*
osario *m Beinhaus* n, *Karner* m ‖ *Schädelstätte* f ‖ *Begräbnisplatz* m ‖ ~ común *Massengrab* n

Óscar *m* np *Oskar* m ‖ *Oscar* m *(Filmpreis)*
oscarizar vt ⟨Film⟩ *den Oscar verleihen*
oscense adj/s *(m/f) aus Huesca* (Stadt und
Provinz in Spanien) ‖ *auf Huesca bezüglich*
osci|lación *f* ⟨Med Phys Radio⟩ *Schwingung,
Oszillation* f ‖ *Pendelschlag* m ‖ *Pendelung* f ‖
⟨fig⟩ *Schwanken* n ‖ *Schwankung* f ‖ **–laciones**
fpl: ~ *de la coyuntura* (Wir)
Konjunkturschwankungen fpl ‖ ~ *de los cursos
Kursschwankungen* fpl ‖ ~ *del mercado
Marktschwankungen* fpl ‖ ~ *de los precios
Preisschwankungen* fpl ‖ **–lador** *m Oszillator,
Wellenerreger* m ‖ **–ladora** *f Oszillatorröhre* f ‖
–lante adj *(m/f) schwingend* ‖ ⟨fig⟩ *unschlüssig,
schwankend, un|entschlossen, -entschieden* ‖ **–lar**
vi *oszillieren, schwingen* ‖ ⟨fig⟩ *schwanken* ‖ ⟨fig⟩
zucken ‖ ⟨fig⟩ *pendeln* ‖ ⟨fig⟩ *unschlüssig,
un|entschlossen, -entschieden sein, schwanken* ‖ el
precio ~la *reina … y … der Preis bewegt s.
zwischen … und …* ‖ **–latorio** adj *schwingend* ‖
–lógrafo *m* ⟨Phys⟩ *Oszillograph* m ‖ **–lograma** *m
Oszillogramm* n ‖ **–lometría** *f Oszillometrie* f ‖
–lómetro *m Oszillometer* n
oscu|lación *f* ⟨Math⟩ *Oskulation, Berührung* f
zweier Kurven ‖ **–lar** vi *oskulieren, e–e
Oskulation bilden*
ósculo *m Kuss* m ‖ ~ *de Judas* ⟨fig⟩ *Judaskuss*
m ‖ ~ *de paz Friedenskuss* m
oscu|rantismo *m* ⟨Hist⟩ *Obskurantismus* m (&
fig) ‖ *systematische Verdummung* f *(des Volkes)* ‖
–rantista adj *(m/f) verdummend, Verdummungs-*
‖ ~ *m/f* ⟨Hist⟩ *Dunkelmann* m ‖ *Volksverdummer(in*
f) m ‖ *Finsterling* m ‖ **–recer** [-zc-] vt *verdunkeln*
(& fig) ‖ *verfinstern* ‖ ⟨fig⟩ *verschleiern* ‖ ⟨fig⟩
unverständlich machen ‖ ~ vi *dunkel werden* ‖
~**se** *s. verfinstern* ‖ *s. umwölken* ‖ ⟨fig⟩
nachlassen, schwächer werden ‖ ⟨fig⟩ *verblassen*
(z. B. *Ruhm*) ‖ ~ *m Dunkelwerden* n,
Abenddämmerung f ‖ *Verfinstern* n ‖ ◆ *al ~ in
der Abenddämmerung* ‖ **–recimiento** *m* ⟨Mil⟩
Verdunk(e)lung f (& fig) ‖ *Verfinsterung* f ‖
Dunkelwerden n ‖ **–ridad** *f Dunkelheit, Finsternis*
f ‖ *Dunkel* n ‖ *Dämmerlicht* n ‖ ⟨fig⟩ *Un|klarheit,
-deutlichkeit* f ‖ ⟨fig⟩ *Ungewissheit bzw
Niedrigkeit* f *(der Herkunft)* ‖ **–ro** adj *dunkel* (&
fig) ‖ *finster* ‖ *trüb(e), schmutzig (Farbe)* ‖ ⟨fig⟩
unbekannt ‖ ~ *como boca de lobo pechschwarz,
stockfinster* ‖ ◆ *a ~as im Dunkeln* ‖ ⟨fig⟩ *im
Dunkeln, ahnungslos, nichtwissend, unkundig,*
⟨fam⟩ *k–n Schimmer habend* ‖ *de ~ linaje
niedriger Herkunft*
   Oseas *m* np *Hosea* m *(Prophet)*
osecillo *m* dim von **hueso**
óseo adj *knochig, knöchern, Knochen-*
ose|ría *f* ⟨Jgd⟩ *Bärenjagd* f ‖ **–ro** *m Bärenhöhle*
f ‖ **–zno** *m junger Bär* m, *Bärenjunges* n
osezuelo *m* dim von **hueso**
osi|ficación *f* ⟨An⟩ *Knochenbildung,
Ossifikation* f ‖ ⟨Med⟩ *Verknöcherung* f ‖ **–ficarse**
[c/qu] vr *verknöchern* ‖ **–forme** adj *(m/f)
knochenförmig*
¹osífraga *f* ⟨Bot⟩ *Beinbrech* m (Narthecium
ossifragum)
²osífra|ga *f,* **–go** *m* ⟨V⟩ → **quebrantahuesos**
osmanlí adj *(m/f) osmanisch* ‖ ~ *m [pl* ~**íes]**
Osmane m
   osmático adj ⟨Biol⟩ *Geruchs-, Geruchssinns-*
osmio *m* (Os) ⟨Chem⟩ *Osmium* n
ósmosis, os|mosis *f* ⟨Phys⟩ *Osmose* f ‖
–moterapia *f* ⟨Med⟩ *Osmotherapie* f ‖ **–mótico**
adj *osmotisch*
oso *m* ⟨Zool⟩ *Bär* m ‖ ⟨fig⟩ *schwerfälliger
Mensch,* ⟨fam⟩ *täppischer Kerl* m ‖ ~ *blanco
Eisbär* m (Thalarctos maritimus) ‖ ~ *común
Braunbär* m (Ursus arctos) ‖ ~ *gris Graubär,*

Grizzly m (Ursus arctos horribilis) ‖ ~
hormiguero Ameisenbär m (Myrmecophaga spp –
Cyclopes spp) ‖ ~ *lavador Waschbär* m (Procryon
lotor) ‖ ~ *marino Seebär* m (Calorhinus sp –
Arctocephalus spp) ‖ ~ *marítimo* → ~ *blanco* ‖
~ *marsupial Koala, Beutelbär* m (Phascolarctos
cinereus) ‖ ~ *negro Baribal* m (Ursus
americanus) ‖ ~ *pardo* → ~ *común* ‖ ~ *de
peluche Teddybär* m ‖ ~ *polar* → ~ *blanco* ‖ el
~ *y el madroño der Bär und der Erdbeerbaum
(im Madrider Stadtwappen)* ‖ ◇ *hacer el* ~ ⟨figf⟩
s. blöd(e) anstellen ‖ *s. lächerlich benehmen, s.
zum Gespött der Leute machen*
OSO ⟨Abk⟩ = **oessudoeste**
ososo adj *knochig*
△ **ostabeo** *m Diebstahl* m
△ **ostar(dí)** adj/s *vierzig*
¹oste → **oxte**
²oste: sin ~ *ni moste ohne ein Wort zu sagen,
ohne zu mucksen*
osté And → **usted**
ostealgia *f* ⟨Med⟩ *Knochenschmerz* m,
Ostealgie f
△ **Ostebé** *m Gott* m
ostEitis *f* ⟨Med⟩ *Knochenentzündung, Ostitis* f
osten|sible adj *(m/f) deutlich, offen|bar, -kundig*
‖ *auffällig* ‖ adv: ~**mente** ‖ **–sión** *f Offenbarung* f
‖ *Schaustellung* f ‖ **–sivo** adj *auffallend* ‖
ostentativ, prahlerisch ‖ **–sorio** *m* ⟨Kath⟩
Ostensorium n, *Monstranz* f ‖ **–tación** *f
Vorzeigung, Schaustellung* f ‖ *Zurschaustellen* n ‖
Großtuerei, Aufschneiderei f ‖ *Prunksucht* f ‖ ◇
hacer ~ *de algo prunken, s. brüsten mit et.* ‖ **–tar**
vt *an den Tag legen* ‖ *zur Schau stellen* ‖ *vor-,
auf|weisen* ‖ *(inne)haben (Amt, Würde)* ‖ *tragen
(Orden, Auszeichnung)* ‖ ⟨fig⟩ *prahlen, angeben,
großtun, renommieren* ‖ ◇ ~ *una medalla e–e
Medaille tragen* ‖ *e–e Medaille anlegen* ‖ ~ *un
título e–n Titel tragen* ‖ **–tativo** adj *prahlerisch* ‖
auffällig ‖ *ostentativ* ‖ **–toso** adj *prächtig, prunk-,
pracht|voll, imposant, pompös* ‖ *sehenswert*
osteo|génesis *f* ⟨An⟩ *Knochenbildung,
Osteogenese* f ‖ **–logía** *f* ⟨Med⟩ *Knochenlehre,
Osteologie* f
osteólogo *m* ⟨Med⟩ *Knochenspezialist,
Osteologe* m
osteo|malacia *f* ⟨Med⟩ *Knochenerweichung,
Osteomalazie* f ‖ **–patía** *f Knochenerkrankung,
Osteopathie* f ‖ **–porosis** *f Osteoporose* f ‖ **–tomía**
f Knochendurchtrennung, Osteotomie f
ostia *f* → **ostra**
ostiario *m* ⟨Kath⟩ *Ostiarius* m (= „Türhüter",
unterster Weihegrad)
△ **ostilar** vt *stehlen*
△ **ostinar** vt *wecken*
ostión *m* Am *große Auster* f
ostra *f* ⟨Zool⟩ *Auster* f (Ostrea edulis) ‖ ~
jacobea Jakobsmuschel f (Pecten jacobaeus) ‖ ~
perlera Perlmuschel f ‖ ~s *verdes Zuchtaustern*
fpl ‖ ◇ *aburrirse como una* ~ *s. zu Tode
langweilen*
ostracismo *m* ⟨Hist⟩ *Ostrazismus* m,
Scherbengericht n (& fig) ‖ ⟨fig⟩ *Verfemung* f ‖
⟨fig⟩ *Landesverweisung* f ‖ ⟨fig⟩ *Zurücktreten* n
vom öffentlichen Leben
ostrácodos *mpl* ⟨Zool⟩ *Muschelkrebse* mpl
(Ostracoda)
ostral *m Austernbank* f
¡ostras! int [euph für ¡hostias!] *Donnerwetter!
verdammt noch mal!*
ostrería *f Restaurant* n *für Meeresfrüchte*
¹ostrero adj *Austern-* ‖ ~ *m Austern|fischer*
bzw *-verkäufer* m
²ostrero *m* ⟨V⟩ *Austernfischer* m (Haematopus
ostralegus)

ostrí|cola adj *(m/f) auf die Austernzucht bezüglich, Austernzucht-*
ostricul|tor *m Austernzüchter* m ‖ **–tura** *f Austernzucht* f
ostrífero adj *reich an Austern*
ostrogodo adj *ostgotisch* ‖ ~ *m Ostgote* m ‖ el ~ *die ostgotische Sprache, das Ostgotische*
ostrón *m große Miesauster* f
osudo adj *knochig*
osuno adj *Bären-* ‖ *bärenhaft*
otaca *f* Al → **aulaga**
otalgia *f* ⟨Med⟩ *Ohrenschmerz* m, *Otalgie* f
OTAN ⟨Abk⟩ = **Organización del Tratado del Atlántico Norte** ‖ *Nato* f
otarias *fpl* ⟨Zool⟩ *Ohrenrobben* fpl (Otariidae)
otario adj/s ⟨fam⟩ Arg *tölpelhaft*
otate *m* Mex ⟨Bot⟩ *e–e Bambusart*
△ **oté** adv *dort(hin)*
otear vt *spähen, belauern* ‖ *beobachten (von e–r Höhe aus)*
△ **otely** adv *herunter*
△ **otembrolito** *m Herz* n
otero (dim **oteruelo**) *m Anhöhe* f, *einsam stehender Hügel* m
otídidas *fpl* ⟨V⟩ *Trappen* fpl (Otididae)
otiorrinco *m* ⟨Ins⟩ *Dickrüssler* m (Otiorrhyncus)
otis *m* ⟨V⟩ → **avutarda**
otitis *f* ⟨Med⟩ *Ohrenentzündung, Otitis* f ‖ ~ media *Mittelohrentzündung, Otitis* f *media*
oto *m* ⟨V⟩ → ¹**autillo**
otolito *m* ⟨An Zool⟩ *Otolith* m, *Gehörsteinchen* n
o|tología, –tiatría *f* ⟨Med⟩ *Ohrenheilkunde, Otologie, Otiatrie* f ‖ **–tólogo** *m Ohrenarzt, Otologe, Otiater* m
oto|mán *m* ⟨Text⟩ *Ottoman* m ‖ **–mana** *f Ottomane* f ‖ **–mano** adj ⟨Hist⟩ *ottomanisch, osmanisch, türkisch* ‖ ~ *m Ottomane* m
Otón *m* np *Otto* m
oto|ñada *f Herbstzeit* f ‖ *Herbsternte* f ‖ *Herbstwetter* n ‖ **–ñal** adj *(m/f) herbstlich, Herbst-* ‖ ~ *m/f älterer (meist gut aussehender) Herr* m ‖ *ältere (meist attraktive) Dame* f ‖ **–ñar** vi *den Herbst (irgendwo) zubringen* ‖ *im Herbst keimen* bzw *sprießen* ‖ **–ño** *m Herbst* m ‖ ~ avanzado, fin(ales) de ~ *Spätherbst* m
△ **otor** num *acht* ‖ ~de *achtzig* ‖ ~deque *achtzehn*
otor|gamiento *m Gewährung* f ‖ *Bewilligung* f ‖ *Erteilung* f ‖ *Verleihung* f ‖ *Errichtung* f *(e–s Testaments)* ‖ *Schließung* f *(e–s Vertrages)* ‖ *beurkundete Erklärung* f ‖ ~ de un crédito *Gewährung* f *e–s Kredits* ‖ **–gante** *m/f Aus|steller(in* f), *-fertiger* m *(e–r Urkunde)* ‖ *Vollmacht)Geber(in* f) m ‖ **–gar** [g/gu] vt/i *bewilligen, gewähren* ‖ *verleihen, einräumen* ‖ *bejahend antworten* ‖ *hinwerfen (in der Rede)* ‖ *ausfertigen (Urkunde)* ‖ *errichten (Testament)* ‖ *schließen (Vertrag)* ‖ *zugestehen* ‖ *gönnen* ‖ ◇ ~ un plazo *e–e Frist einräumen* ‖ ~ el sí ⟨fig⟩ *sein Jawort geben* ‖ ~ los poderes a alg. *jdm die Prokura erteilen* ‖ ~ licencia *Erlaubnis erteilen*
oto|rragia *f* ⟨Med⟩ *Ohrenbluten* n, *Otorrhagie* ‖ **–rrea** *f Ohrenfluss* m, *Ohrlaufen* n, *Otorrhö(e)* ‖ **–rrinolaringología** *f Hals-Nasen-Ohren-Heilkunde, Otorhinolaryngologie* f ‖ **–rrinolaringólogo** *m Hals-Nasen-Ohren-Arzt, Otorhinolaryngologe* m
otoscopio *m* ⟨Med⟩ *Ohrenspiegel* m
otro adj/s *ein anderer* ‖ *ein zweiter* ‖ *noch ein(er)* ‖ ⟨fam⟩ *ein neuer* ‖ *abermalig* ‖ *erschieden* ‖ ~a cosa *et. anderes* ‖ (el) ~ día ⟨fam⟩ *neulich* ‖ *letzthin* ‖ al ~ día (Ar ⟨pop⟩ al ~ l día) *am nächsten Tag* ‖ *am Tag darauf* ‖ ~ tal

dasselbe ‖ ~ tanto *das Nämliche* ‖ *ebenso* ‖ *noch einmal soviel* ‖ ~a vez *noch einmal* ‖ *nochmals* ‖ mi ~ yo *mein anderes Ich* ‖ ningún ~ *sonst niemand* ‖ uno después de ~ *e–r nach dem ander(e)n* ‖ ¡a ~ con ésa! ⟨pop⟩ *das machen Sie anderen weis!* ‖ a ~a cosa (,mariposa) ⟨fam⟩ *und damit basta! und jetzt Schluss (damit)!* ‖ a ~a parte *anderswohin* ‖ al ~ lado *auf der anderen Seite* ‖ *umstehend (im Text)* ‖ con un poco de atención y ~ poco de trabajo *mit ein bisschen Aufmerksamkeit und Arbeit* ‖ de un lado a ~ *hin und her* ‖ de tal manera o de tal ~a *so oder so* ‖ en ~a parte *anderswo* ‖ ni uno ni ~ *weder der e–e noch der andere* ‖ por ~a parte *andernteils, hingegen* ‖ ser muy ~ ⟨fam⟩ *ganz anders sein* ‖ ¡~a! *da capo! (im Theater)* ‖ *oho! nanu!* ‖ ¡esa es ~a! ⟨fam⟩ *das ist köstlich!* ‖ *das wird ja immer besser!* ‖ *das fehlte gerade noch!* ‖ ¡hasta ~a! *auf Wiedersehen!* ‖ ~ que tal ⟨fam⟩ *noch e–r* ‖ ⟨fam iron⟩ *von derselben Sorte* ‖ no digo u/c por ~a *ich sage die Wahrheit!* ‖ ¡es ~ Colón! *das ist ein wahrer (ein neuer) Kolumbus!* ‖ *er ist ein zweiter Kolumbus!* ‖ entre ~s *unter anderen* ‖ comer con ~s *(mit anderen) mitessen*
otrora adv ⟨lit⟩ *früher, ehemals*
otrosí adv ⟨Jur⟩ *überdies, ferner* ‖ ◇ ~ digo ⟨Jur⟩ *ich erkläre* bzw *behaupte* bzw *beantrage ferner* ‖ ~ *m* ⟨Jur⟩ *ergänzender Antrag* m ‖ *Ergänzung* f *(im Antrag)* ‖ ◇ proponer *od* solicitar por ~ ⟨Jur⟩ *hilfsweise beantragen*
ouad *m Wadi* n *(Trockental)*
output *m* ⟨Inform⟩ *Output* m (& n)
outsider *m* ⟨Sp⟩ *Außenseiter* m
ova|ción *f Ovation* f, *stürmischer Beifall* m ‖ **–cionar** vt *(jdm) stürmischen Beifall spenden*
oval *(m/f)*, **–ado** adj *eiförmig, oval*
óvalo *m Oval, Eirund* n
ovárico adj ⟨An⟩ *Eierstock-*
ova|riectomía *f* → **ovariotomía** ‖ **–rio** *m* ⟨An Zool⟩ *Eierstock* m ‖ ⟨Bot⟩ *Fruchtknoten* m ‖ ⟨Arch⟩ *Eierstab* m ‖ ◇ estar hasta los ~s *die Schnauze voll haben (Frau)* ‖ **–riotomía** *f* ⟨Med⟩ *Ovari|ektomie, -otomie, operative Entfernung* f *des Eierstocks* bzw *der Eierstöcke*
¹**oveja** *f Schaf* n (& fig) ‖ ~ descarriada *verlorenes Schaf (& des Evangeliums)* ‖ ~ doméstica *Hausschaf* n ‖ ~ merina *Merinoschaf* n ‖ la ~ negra *das schwarze Schaf (& fig)* ‖ ~ perdida ~ descarriada ‖ ~ sarnosa *räudiges Schaf* n ‖ cada ~ con su pareja *gleich und gleich gesellt s. gern* ‖ ◇ encomendar las ~s al lobo *den Bock zum Gärtner machen*
²**oveja** *f* Arg ⟨fig⟩ *Prostituierte* f ‖ SAm → ²**llama**
ovejero adj *Schafe hütend* ‖ *Schafs-* ‖ ~ *m Schäfer* m
ove|juela, –jita *f* dim von ¹**oveja** ‖ **–juno** adj *Schaf(s)-*
overa *f Eierstock* m *der Vögel (bes. des Geflügels)*
overbooking *m Überbuchung* f
¹**overo** adj/s *falb, pfirsichfarben (Pferde)* ‖ Am *weiß, rötlich und lichtbraun gesprenkelt (Tiere)* ‖ p.ex *schwankend,* ⟨fam⟩ *wetterwendisch (Person)*
²**overo** adj: ojos ~s ⟨fam⟩ *Glasaugen* npl
overol *m Overall* m
ovetense adj/s *(m/f) aus Oviedo* ‖ *auf Oviedo bezüglich*
ovezuelo *m* dim von **huevo**
ovidiano adj *ovidisch, auf den Dichter Ovid bezüglich*
oviducto *m* ⟨An⟩ *Eileiter* m
Oviedo *m* [Stadt und Provinz in Spanien] *Oviedo* n

oviforme adj *(m/f) eiförmig* ‖ → **oval**
¹ovil *m (Schaf)Stall* m
△ **²ovil** *m Bett* n
ovi|llar vt *abhaspeln, auf Knäuel wickeln* ‖
knäueln ‖ ~**se** *s. zusammenkauern* (bes. von
Katzen) ‖ **–llo** *m Knäuel* m/n ‖ ◇ *hacerse un* ~ *s.*
zusammen|kauern, -rollen ‖ ⟨figf⟩ *s. verhaspeln*
(bei Reden) ‖ *s. ducken* ‖ *hecho un* ~
zusammengekauert (z. B. Katze)
  ovino adj *Schaf(s)-*
  ovipa|ridad, –rismo *m* ⟨Zool⟩ *Oviparie,*
Fortpflanzung f *durch Eiablage*
  ovíparo adj/s *eierlegend, ovipar*
  ovispa *f* And Extr → **avispa**
  ovni(s) *m(pl) (aus O.V.N.I. = objeto[s]*
volador[es] no identificado[s]) Ufo(s) n(pl)
[unbekannte(s) Flugobjekt(e) n(pl)]
  ovoalbúmina *f* ⟨Chem⟩ *Ovalbumin* n
  ovogénesis *f* ⟨Biol⟩ *Ovo-, Oo|genese* f
  ovoide(o) adj *eiförmig* ‖ ~ *m* ⟨Math⟩ *Ovoid* n
  ovo|posición *f* ⟨Ins⟩ *Eiablage* f ‖ **–positor** *m*
Legebohrer m
  ovoscopio *m* → **mirahuevos**
  ovovi|viparidad *f* ⟨Zool⟩ *Ovoviviparie* f ‖
–víparo adj *ovovivipar*
  ovulación *f* ⟨Biol Gen⟩ *Ovulation* f
  óvulo *m* dim von **huevo** ‖ ⟨Zool⟩ *Eizelle* f ‖
⟨Bot⟩ *Samen|anlage, -knospe* f
  ¡ox! int *husch! (Ruf zum Verjagen der Hühner)*
  oxalato *m* ⟨Chem⟩ *Oxalat* n
  oxálico adj: *ácido* ~ ⟨Chem⟩ *Oxalsäure* f
  oxear vt *(Geflügel) scheuchen*
  oxfordiense adj *(m/f) aus Oxford* ‖ ~ *m* ⟨Geol⟩
Oxford(ien, -ium) n
  oxiacanta *f* ⟨Bot⟩ *Weiß-, Hage|dorn* m (→
espino)
  oxicorte *m* ⟨Tech⟩ *Brennschneiden* n
  oxi|dable adj *(m/f) oxydierbar* (fachspr.:
oxidierbar) ‖ *leicht rostend (Eisen)* ‖ **–dación** *f*
Oxy|dierung, -dation f (fachspr.: *Oxi|dierung,*
-dation) ‖ ⟨Tech⟩ *Rostansatz* m ‖ *Rosten* n ‖
–dado adj *oxydiert* (fachspr.: *oxidiert)* ‖
sauerstoffhaltig ‖ ⟨Tech⟩ *rostig* ‖ **–dar(se)** vi
oxydieren (fachspr.: *oxidieren)* ‖ *(ver)rosten*
  óxido *m* ⟨Chem⟩ *Oxyd* n (fachspr.: *Oxid)*
  oxídulo *m* ⟨Chem⟩ *Oxydul, sauerstoffärmeres*
Oxid n
  oxige|nación *f* ⟨Chem⟩ *Sättigung* f *mit*
Sauerstoff ‖ *Sauerstoffaufnahme* f ‖ **–nado**
sauerstoffhaltig ‖ *wasserstoff(peroxid)farbig,*
gebleicht (Haar) ‖ **–nar** vt *mit Sauerstoff*
verbinden ‖ *mit Wasserstoffperoxid bleichen*
(Haar) ‖ ~**se** vi ⟨fam⟩ *frische Luft schnappen*
  oxígeno *m* **(O)** ⟨Chem⟩ *Sauerstoff* m
  oxigenoterapia *f* ⟨Med⟩ *Sauerstofftherapie* f
  oxihemoglobina *f* ⟨Physiol⟩ *Oxyhämoglobin* n
  oximetría *f* *Säuremessung* f
  oxímoron *m* ⟨Rhet⟩ *Oxymoron* n
  oxítono adj ⟨Gr⟩ *endbetont* ‖ ~ *m Oxytonon* n
  oxiuro *m* ⟨Zool Med⟩ *Madenwurm* m (Oxyuris
= Enterobius vermicularis)
  oxoniense adj/s *(m/f) aus Oxford* ‖ *auf Oxford*
bezüglich
  ¡oxte! ⟨pop⟩ *fort von hier! pack dich!* ‖ ◇ *sin*
decir ~ *ni moxte* ⟨pop⟩ *ohne ein Wort zu sagen,*
ohne zu mucksen
  oye, oyó → **oír**
  oyente *m (Zu)Hörer* m ‖ *Gasthörer* m
(Hochschule) ‖ ~ *irregular,* ~ *clandestino*
Schwarzhörer m
  oz. ⟨Abk⟩ → **¹onza**
  ozena *f* → **ocena**
  ozocerita *f* ⟨Chem⟩ *Ozokerit* m
  ozo|n(iz)ador *m Ozonerzeuger* m *(Apparat)* ‖
–n(iz)ar [z/c] vt ⟨Chem⟩ *ozon(is)ieren* ‖ *keimfrei*

machen (Wasser) ‖ **–no** *m* ⟨Chem⟩ *Ozon* n ‖
–nosfera *f* ⟨Meteor⟩ *Ozonosphäre* f
ozoquerita *f* → **ozocerita**
△ **ozunchar** vt *erreichen*

P

P, p *f* [= Pe, pe, *pl* Pes, pes] *P, p* n
P. ⟨Abk⟩ = **padre** ‖ **pagaré** ‖ **papa** ‖ **partido** ‖
pies ‖ **pregunta**
P/ ⟨Abk⟩ = **pagaré** ‖ **plazo**
p., p/ ⟨Abk⟩ = **pagar(é)** ‖ **pago** ‖ **palabra** ‖
palmo ‖ **para** ‖ **parte(s)** ‖ **participio** ‖ **peso** ‖ **pies**
‖ **poder(es)** ‖ **polvo(s)** ‖ **por** ‖ **propio**
P. A., p. a. ⟨Abk⟩ = **por ausencia** ‖ **por**
autorización ‖ **por acuerdo**
p.ª ⟨Abk⟩ = **para**
p%, p‰ ⟨Abk⟩ = **por ciento** ‖ **por mil**
pa And ⟨pop⟩ **para**
Pa ⟨Abk⟩ = **protactinio**
pa'anga *m* [Währungseinheit] *Pa'anga* m
(Abk = T$)
¹pabellón *m Zelt(dach)* n ‖ *Bett-, Thron-,*
Altar\himmel m ‖ *Rundzelt* n ‖ *überdeckte*
Terrasse f ‖ ⟨Arch⟩ *Seiten\flügel* m, *-gebäude* n ‖
Pavillon m, *Laube* f, *Gartenhaus* n ‖
(Messe)Halle f ‖ ⟨An⟩ *Ohrmuschel* f, *äußeres Ohr*
n ‖ ~ de armas, ~ de fusiles ⟨Mil⟩
Gewehrpyramide f ‖ ~ de caza ⟨Jgd⟩ *Jagdhütte* f
‖ *Jagdschlösschen* n ‖ ~ de hidroterapia *Kur\halle*
f, *-haus* n ‖ ◇ armar ~es ⟨Mil⟩ *(die) Gewehre*
zusammensetzen, (die) Gewehre in Pyramiden
aufstellen
²pabellón *m (National)Flagge* f ‖ ~ nacional
Nationalflagge f ‖ ◇ dejar bien sentado el ~
⟨figf⟩ *s–e Aufgabe mit Ehren erledigen* ‖ navegar
bajo ~ extranjero ⟨Mar⟩ *unter fremder Flagge*
fahren (& fig)
pabilo, pábilo *m (Lichter)Docht* m ‖
(Licht)Schnuppe f
pablar vt/i ⟨fam⟩ *reden*
Pablo *m* np *Paul(us)* m
pábulo *m* ⟨lit⟩ *Nahrung, Speise* f ‖ ⟨fig⟩
Gesprächsstoff m ‖ ⟨fig⟩ *Anlass* m ‖ ⟨fig⟩
Nährboden m ‖ ◇ dar ~ a algo *zu et. Anlass*
geben
¹paca *f Bündel* n, *Pack* m
²paca *f* ⟨Zool⟩ *Paka* n (& f) (Cuniculus paca)
Paca *f* ⟨pop⟩ → **Francisca** *f*
pacato adj *ruhig, fügsam* ‖ *still* ‖ *friedfertig* ‖
furchtsam ‖ *prüde, genierlich* ‖ *bigott*
pa\cedero adj *Weide-* ‖ ~ *m* Sant Ast *Weide* f ‖
–cedura *f Weiden, Hüten* n
pacencia *f* ⟨pop⟩ → **paciencia**
pacense adj/s *(m/f)* **a)** *aus Badajoz* (P Extr) ‖
auf Badajoz bezüglich ‖ **b)** *aus Beja (Portugal)* ‖
auf Beja bezüglich
paceño adj/s *aus La Paz (Bolivien)* ‖ *auf La*
Paz bezüglich
pacer [-zc-] vt *ab\grasen, -weiden* ‖ ◇ ~ la
hierba *abgrasen* ‖ ~ vi *grasen, weiden* ‖ ⟨Jgd⟩
äsen ‖ ◇ sacar la lengua a ~ ⟨fig pop⟩
auspacken
¹pacha *f* Col *kleine Schnapsflasche* f
△ **²pacha** *f:* a ~ *einverstanden*
pachá [*pl* ~aes] *m* ⟨barb⟩ ‖ ◇ vivir
como un ~ ⟨figf⟩ *wie ein Pascha* (od *wie Gott in*
Frankreich) leben
△ **pachacarrar** vt/i *säen*
pachamanca *f* Am ⟨Kochk⟩ *auf heißen Steinen*
gekochtes Gericht
pachanga *f lärmendes Vergnügen,*
ausgelassenes Treiben n

pachango adj Chi *dick, untersetzt*
pacharán *m ein Schlehenlikör* m
pacharo adj Cr *zusammengedrückt*
△ **pachí** *f Jungfer* f
△ **pachimachí** *f Bein* n
pacho adj → **pachango**
pachol *m* Mex *wirres Haar* n
pacholí [*pl* ~**íes**] *m* Mex *gerösteter*
(Mais)Fladen m
¹pachón *m* [Hund] *Dachshund* m ‖ ⟨figf⟩
Faulpelz m ‖ *Phlegmatikus* m
²pachón adj Am *zottig*
pachorra *f* ⟨fam⟩ *Trägheit* f, *Phlegma* n ‖
Gleichgültigkeit f ‖ *Gelassenheit* f ‖ *Kaltblütigkeit*
f ‖ ◇ tener (mucha) ~ *phlegmatisch, lethargisch,*
⟨fam⟩ *transusig, trödelig sein*
pachotear vi Chi *blödeln, herumalbern*
pachuco *m* Mex *mex. Auswanderer in den*
Südstaaten der USA
pachucho adj *schwächlich, geschwächt*
(Person) ‖ *überreif, weich (Obst)*
pachulí [*pl* ~**íes**] *m* ⟨Bot⟩ *Patschuli(pflanze* f)
n (Pogostemon cablin) ‖ *Patschuli* n *(Parfüm)*
¹paciencia *f Geduld* f ‖ *Langmut* f ‖ *Duldung* f
‖ ~ de benedictino ⟨fam⟩ *äußerste Geduld und*
Ausdauer f ‖ ~ de Job ⟨fig⟩ *Hiobs-,*
Engels\geduld f ‖ ♦ con ~ se gana el cielo ⟨Spr⟩
Geduld bringt Rosen ‖ ◇ se me acaba la ~ *mir*
geht die Geduld aus ‖ ¡es para perder la ~! *es ist*
nicht zum Aushalten! ‖ tener ~ *Geduld haben, s.*
gedulden ‖ ¡~ y barajar! ⟨figf⟩ *abwarten und Tee*
trinken!
²paciencia *f (Art) Baiser* m *(Gebäck)*
³paciencia *f* ⟨Bot⟩ *Agrestampfer* m (Rumex)
pacien\te adj *(m/f) geduldig* ‖ *beharrlich,*
ausdauernd ‖ ~ *m* Kranke(r m) f, *Patient(in* f)
m ‖ ⟨Philos⟩ *Erleidende(r* m) f ‖ **–temente** adv
geduldig ‖ **–zudo** adj/s *sehr geduldig*
pacifi\cación *f Befriedung* f ‖
Wiederherstellung f *des Friedens* ‖ *Aussöhnung* f
‖ **–cador** adj *Frieden stiftend, friedenstiftend* ‖
⟨lit⟩ *irenisch* (bes. Rel) ‖ ~ *m Frieden(s)stifter* m
‖ **–car** [c/qu] vt/i *Frieden stiften, befrieden* ‖
beruhigen, zur Ruhe bringen ‖ *besänftigen* ‖ ⟨fig⟩
beschwichtigen ‖ ~**se** s. *beruhigen,* ⟨fig⟩
nachgeben ‖ *ruhig werden*
pacífico adj *fried\liebend, -lich* ‖ *friedfertig* ‖
verträglich ‖ *sanft, ruhig* ‖ *Friedens-* ‖ el
(Océano) ~ *der Stille Ozean* ‖ adv: ~**amente**
pacifis\mo *m* ⟨Pol⟩ *Pazifismus* m ‖ **–ta** adj
(m/f) pazifistisch ‖ *friedliebend* ‖ ~ *m/f Pazifist(in*
f) m
pación *f* Sant Ast *Weiden* n
¹paco *m* ⟨fam⟩ *Freischärler* m ‖ ⟨fam⟩
Heckenschütze m ‖ → **paquear**
²paco adj Arg Chi *rötlich* ‖ ~ *m* Am
Rotsilbererz n
³paco *m* Chi Ec *Schutzmann* m ‖ *Nachtwächter*
m
⁴paco *m* SAm ⟨Zool⟩ → **¹alpaca**
Paco, Pacorro *m* ⟨pop⟩ = **Francisco** ‖ un tío
~ ⟨pop⟩ *ein Bauernlümmel* ‖ ◇ ser un ~ ⟨pop⟩
gerieben sein ‖ ya vendrá el tío ~ con la rebaja
die Wirklichkeit zerstört (oft) viele Illusionen
pacolla *f* Dom *Menge* f *Geld,* ⟨fam⟩ *Haufe(n)*
m *Geld*

pacopaco Col *junger Mann, Bursche* m
pacoti|lla *f* ⟨Mar⟩ *Freigepäck* n *e–s Seemanns*
‖ ⟨pop⟩ *Schund(ware), Ramschware* f ‖ ◆ de ~
falsch, nicht echt ‖ *minderwertig (Ware)* ‖ ◇
hacer la ~ ⟨pop⟩ *sein Ränzel schnüren* ‖ **–lleo** *m*
kleiner Krämer, Ramschverkäufer m ‖ Chi
Hausierer m
pac|tar vt/i *(e–n Vertrag) schließen* (con *mit*),
vertraglich abmachen ‖ *verabreden* ‖
(aus)bedingen ‖ ~ vi *s. fügen* ‖ *paktieren* ‖ lo
–tado *das Ausbedungene* ‖ *die Vertragsklauseln*
fpl ‖ **–tismo** *m Kompromissbereitschaft* f ‖ **–to** *m*
Vertrag, Pakt m ‖ *Bund* m *mit dem Teufel* ‖ ~ de
acero ⟨Hist⟩ *Stahlpakt* m *(Italien, Deutsches*
Reich 22.5.1939) ‖ ~ de no agresión
Nichtangriffspakt m ‖ ~ ~ andino *Andenpakt* m ‖
~ de asistencia mutua *Beistandspakt* m ‖ ~ de
retro(venta) *Rückkaufsvertrag* m ‖ ~ de
solidaridad *Solidarpakt* m ‖ ~ tripartito ⟨Hist⟩
Dreimächtepakt m *(Italien, Deutsches Reich,*
Japan, 1940) ‖ ~ de Varsovia ⟨Hist⟩ *Warschauer*
Pakt m *(14.5.1955)*
pacú *[pl ~ées]* Arg *wohlschmeckender*
Flussfisch (Pacu nigricans)
  △ **pacuaró** *m Ordnung* f
pacuno adj Chi *grob, primitiv (Person)*
paddock *m* ⟨Sp⟩ *Paddock* m
pade|cer [-zc-] vt *(er)leiden* ‖ *(er)dulden,*
ertragen ‖ *fühlen (Schmerz)* ‖ ◇ ~ un error *s.*
irren ‖ ~ vi *leiden* ‖ ⟨fig⟩ *heimgesucht werden* ‖
ausgesetzt sein (dat) ‖ ◇ ~ de los nervios
nervenkrank sein ‖ ~ *m:* el amoroso ~ *das*
Liebesleid ‖ **–cido** adj *(reg) nachgiebig, sanft* ‖
mitleidsvoll ‖ **–cimiento** *m Leiden* n ‖ *Krankheit* f
padilla *f kleine (Brat)Pfanne* f
Padilla *m* np: enviar adonde fue el (padre) ~
⟨figf⟩ *zum Teufel schicken (Ansp. auf den span.*
Missionar Juan Padilla, †1539 in Mexiko)
¹padrastro *m Stiefvater* m ‖ ⟨fig⟩ *Rabenvater*
m ‖ ⟨fig⟩ *Niednagel* m ‖ ⟨fig⟩ *Hindernis* n
  △ **²padrastro** *m Staatsanwalt* m
padrazo *m* ⟨fam⟩ *allzu guter, nachsichtiger*
Vater m
padre *m*/adj *Vater* m *(*⟨pop⟩ *ohne Artikel)* ‖
Haus-, Familien|vater m ‖ *Geistliche(r), Pater* m
‖ *männliches Zuchttier* m ‖ ⟨fig⟩ *Urheber, Autor* m
‖ ⟨fig⟩ *väterlicher Beschützer* m ‖ ⟨fig pop⟩
aktiver Homo m ‖ ~ adoptivo *Adoptivvater* m ‖
~ de almas *Seelsorger* m ‖ Beatísimo ~ *Heiliger*
Vater m *(Titel des Papstes)* ‖ ~ conciliar, ~ del
concilio ⟨Kath⟩ *Konzilsvater* m ‖ ~ espiritual
Beichtvater, Seelsorger m ‖ el ~ Eterno *der*
Ewige Vater ‖ ~ de familia(s) *Haus-,*
Familien|vater m ‖ ~ Nuestro, Padrenuestro
Vaterunser n *(Gebet)* ‖ ~ de pila *Taufpate* m ‖ ~
político *Schwiegervater* m ‖ ~ putativo
vermeintlicher Vater m ‖ el Santo ~, el ~ Santo
der Heilige Vater ‖ el ~ seráfico *der hl. Franz*
von Assisi ‖ ~ del yermo *Einsiedler* m ‖ ◇ fue un
escándalo de ~ y muy señor mío ⟨figf⟩ *es war*
ein Riesenskandal ‖ le dio una paliza de ~ y muy
señor mío ⟨pop⟩ *er (sie, es) verprügelte ihn (sie)*
tüchtig ‖ tal ~, tal hijo ⟨Spr⟩ *der Apfel fällt nicht*
weit vom Stamm ‖ **~s** *mpl die Eltern* pl ‖ *Väter,*
Voreltern pl ‖ ~ conscriptos ⟨Hist⟩ *altrömische*
Senatoren mpl, *Patres* mpl *conscripti* (lat) ‖
nuestros primeros ~ *die ersten Menschen (Adam*
und Eva) ‖ los santos ~, los ~ de la Iglesia *die*
Erzväter, die Patriarchen mpl ‖ *die Kirchenväter*
mpl
padrear vi *dem Vater ähneln* ‖ ⟨Agr⟩
Samentier (für die Zucht) sein
padrenuestro *m Vaterunser* m
padrillo *m* Am ⟨pop⟩ *Hengst* m
padri|nazgo *m Patenschaft* f ‖ ⟨fig⟩ *Schutz* m,

Protektion f ‖ **–no** *m Tauf|pate, -zeuge* m ‖
Kampfzeuge, Sekundant m *(beim Zweikampf)* ‖
⟨fig⟩ *Gönner* m ‖ ⟨fig⟩ *Beschützer* m ‖ ~ de boda
Brautführer m ‖ ~ de pila *Taufpate* m ‖ ◇ tener
buenos ~s ⟨figf⟩ *(gute) Beziehungen haben*
padrón *m Einwohner-, Häuser|verzeichnis* n ‖
Urliste f ‖ *Modell* n ‖ *Muster* n ‖ *Formular* n ‖
Vorbild n ‖ ⟨iron⟩ *Schandfleck* m ‖ *(Eich)Maß* n ‖
⟨fam⟩ *allzu nachsichtiger Vater* m *(*→ **padrazo***)* ‖
Am *(außer Mex) Zuchthengst* m ‖ Col *Zuchtstier*
m ‖ ◇ estar cortado por el mismo ~ *aus dem*
gleichen Holz geschnitzt sein ‖ llenar un ~ *ein*
Formular ausfüllen
padrote *m* ⟨fam⟩ *allzu guter, nachsichtiger*
Vater m ‖ Am ⟨pop⟩ *Hengst* m ‖ Mex *Zuhälter* m
paduano adj *aus Padua, paduanisch* ‖ ~ *m*
Paduaner m
pae *m* ⟨pop⟩ → **padre**
paece, paez ⟨pop⟩ = **parece**
pae|lla *f* ⟨Kochk⟩ *Paella* f ‖ ~ valenciana,
alicantina, de carne, de mariscos, de pescado etc
valencianische Paella, Paella nach Alicante-Art,
Paella mit Fleisch, Paella mit Meerestieren und
Muscheln, Paella mit Fisch usw. ‖ *Paella-Pfanne*
f ‖ **–llada** *f Paellaessen* n ‖ **–llera** *f Paella-Pfanne*
f ‖ ⟨pop⟩ *Schüssel* f *(Parabolantenne)*
¡paf! onom *paff! plump(s)! bums!*
paflón *m* → **plafón**
pág. ⟨Abk⟩ = **página**
paga *f* ⟨Be⟩*Zahlung* f ‖ *(Arbeits)Lohn* m ‖
⟨Mil⟩ *Sold* m ‖ ⟨Mar⟩ *Heuer* f ‖ ⟨fig⟩ *Belohnung* f
‖ ⟨fig⟩ *Strafe, Vergeltung* f ‖ *Gegendienst* m ‖ ~
de Navidad *Weihnachtsgeld* n ‖ ~ de vacaciones
Urlaubsgeld n ‖ ◆ a media ~ *auf Halbsold*
paga|ble adj *(m/f) (be)zahlbar* ‖ *zahlbar* ‖ ~ hacer ~
zahlbar machen (Wechsel) ‖ **–dero** adj *fällig* ‖
zahlbar ‖ ~ a la entrega *zahlbar bei Ablieferung* ‖
~ a la presentación *zahlbar bei Vorlage* ‖ ~ al
vencimiento *zahlbar bei Fälligkeit* ‖ ◇ ser ~ al
portador *auf den Inhaber lauten (Orderpapiere)* ‖
–do adj *bezahlt, franko* ‖ *verzollt* ‖ ⟨fig⟩ *geschätzt*
‖ ◇ ~ de sí mismo *eingebildet, dünkelhaft* ‖ no ~
unbeglichen ‖ ◇ enviar con porte ~ *franko*
senden ‖ estamos ~s ⟨fam⟩ *wir sind quitt* ‖ **–dor**
m/adj *Zahler* m ‖ *Zahlmeister* m ‖ *Kassenführer* m
‖ *mit Auszahlungen Beauftragte(r)* m ‖ buen ~
guter Zahler m ‖ mal ~ *schlechter Zahler* m ‖
moroso *säumiger Zahler* m ‖ ~ puntual
pünktlicher Zahler m ‖ **–duría** *f Zahlstelle* f ‖
–m(i)ento *m Zahlung* f
págalo *m* ⟨V⟩ *Raubmöwe* f ‖ ~ grande *Große*
Raubmöwe f (Stercorarius skua) ‖ ~ parásito
Schmarotzerraubmöwe f (S. parasiticus) ‖ ~
pomarino *Mittlere Raubmöwe* f (S. pomarinus) ‖
~ rabero *Kleine Raubmöwe* f (S. longicaudus)
paganini *m* ⟨fam joc⟩ *e–r, der die Zeche für*
alle bezahlt
paga|nismo *m Heidentum* n ‖ **–nizar** [z/c] vt
heidnisch machen ‖ vi *Heide sein bzw werden*
¹pagano adj *heidnisch* ‖ ~ *m Heide* m
²pagano *m* ⟨fam⟩ *Zahler* m ‖ ◇ hacer el ~
⟨fam⟩ *die Zeche zahlen* ‖ ser *(siempre)* el ~
(⟨fam⟩ auch: el paganini *) (immer) die Rechnung*
bezahlen müssen
pagar [g/gu] vt/i *(be-, aus)zahlen* ‖
zurückzahlen ‖ *zahlen, an Zoll betragen (Ware)* ‖
⟨fig⟩ *abbüßen, sühnen* ‖ ⟨fig⟩ *vergelten* ‖ ⟨fig⟩
belohnen ‖ ⟨fig⟩ *büßen, heimzahlen* ‖ ◇ ~ por
anticipado *vorauszahlen* ‖ ~ al contado *bar*
bezahlen ‖ ~ a cuenta *a conto zahlen* ‖ ~ los
derechos (de aduana) *Zoll bezahlen* ‖ ~ una
deuda a plazos *e–e Schuld abtragen, abzahlen* ‖
~ a la entrega *bei Ablieferung zahlen* ‖ ~ sus
faltas *für s–e Sünden büßen* ‖ ~ posteriormente
nachträglich, postnumerando bezahlen ‖ ~

puntualmente *pünktlich zahlen* ‖ ~ trabajando *(e–e Schuld) abarbeiten* ‖ ~ la visita a alg. *jds Besuch erwidern* ‖ ◇ hacerse ~ *s. bezahlen lassen* ‖ *s. bezahlt machen* (z. B. *Mühe*) ‖ ¡me la(s) pagarás (todas juntas)! *(fam) das werde ich dir heimzahlen!* ‖ ¿cuánto hay que ~? *was habe ich zu zahlen?* ‖ ¡Dios se lo pague! *vergelt's Gott!* ‖ quien la hace la paga *wie du mir, so ich dir* ‖ ~**se:** ~ de algo *et. lieb gewinnen* ‖ *für et. eingenommen sein* ‖ *s. (et.) zu Herzen nehmen* ‖ ◇ páguese a la orden de … *(für mich) an die Order von … zu zahlen*

paga|ré [*pl* –**rés,** inc ⟨pop⟩ –**reses**] *m Schuldschein* m ‖ *Zahlungs|anweisung* f, *-schein* m ‖ *Solawechsel* m ‖ ~ de cortesía *Gefälligkeitswechsel* m

pagaya *f Paddel* f

pagaza *f* ⟨V⟩ *Seeschwalbe* f ‖ ~ piconegra *Lachseeschwalbe* f (Gelochelidon nilotica) ‖ ~ piquirroja *Raubseeschwalbe* f (Hydroprogne caspia)

pagel *m* ⟨Fi⟩ → **pajel**

△ **pagelar** *vi absteigen*

página *(Blatt)Seite* f ‖ ⟨fig⟩ *Blatt* n ‖ ~s amarillas ⟨Tel⟩ *gelbe Seiten fpl* ‖ ~ blanca *Vakatseite* f ‖ ~ corta *kurze (auslaufende) Seite* f ‖ ~ de cubierta *Umschlagseite* f *(e–s Buches)* ‖ ~ de gloria ⟨fig⟩ *ruhmreiche Tat* f ‖ ~ impar *ungerade Seite* f ‖ ~ de muestra *Probeseite* f ‖ ~ par *gerade Seite* f ‖ ~ principal *od* personal ⟨Inform⟩ *Homepage* f ‖ ◇ ajustar las ~s ⟨Typ⟩ *die Kolumnen justieren* ‖ ⟨Typ⟩ *umbrechen* ‖ saltar a las primeras ~s ⟨fig⟩ *Schlagzeilen machen* ‖ ser una ~ en blanco ⟨fig⟩ *ein unbeschriebenes Blatt sein*

pagi|nación *f Seitenbezeichnung, Paginierung* f ‖ ~ continua *od* correlativa *od* corrida *fortlaufende* od *durchgehende Paginierung* f ‖ –**nar** *vt paginieren*

¹**pago** *m (Be)Zahlung* f ‖ *Lohn* m, *Belohnung* f ‖ *Begleichung* f *(e–r Rechnung)* ‖ *Vergeltung* f ‖ ~ adicional *Nachzahlung* f ‖ *Zuschlag* m ‖ ~ anticipado *Vorauszahlung* f ‖ ~ atrasado *rückständige Zahlung* f ‖ buen ~ ⟨fig⟩ *Dank* m ‖ ~ de compensación *Ausgleichszahlung* f ‖ ~ al contado *Barzahlung* f ‖ ~ a cuenta *Anzahlung* f ‖ *Abschlags-, Akonto|zahlung* f ‖ ~ de los derechos (de aduana) *Verzollung* f ‖ ~ en efectivo → ~ al contado ‖ ~ por honor de firma *Ehrenannahme* f *(e–s Wechsels)* ‖ ~ inmediato *sofortige Zahlung* f ‖ ~ íntegro *Volleinzahlung* f ‖ *volle Bezahlung* f ‖ ~ de una letra *Honorierung* f *e–s Wechsels* ‖ mal ~ ⟨fig⟩ *Undank* m ‖ ~ mensual *monatliche (Teil)Zahlung* f ‖ ~ parcial *Teilzahlung* f ‖ *Abschlagszahlung* f ‖ ~ a plazos *Ratenzahlung* f ‖ previo ~ *Vorauszahlung* f ‖ ~ por separado *Extra-, Sonder|zahlung* f ‖ ~ trimestral *Vierteljahreszahlung* f ‖ ◆ de ~ *zahlend (nicht frei)* ‖ *zoll-, steuer|pflichtig* ‖ en ~ de … *als Zahlung für …* ‖ *zum Lohn für …* ‖ por falta de ~ *mangels Zahlung (Protest)* ‖ ◇ anticipar el ~ *die Zahlung früher leisten* ‖ *vorauszahlen* ‖ conceder un plazo para el ~ *e–e Zahlungsfrist einräumen* ‖ dar facilidades en el ~ *die Zahlung erleichtern* ‖ diferir el ~ *die Zahlung verzögern* ‖ efectuar el ~ *die Zahlung leisten* ‖ eximir (*od* dispensar) a alg. del ~ *jdn e–r Zahlung entheben* ‖ ~s *mpl:* suspensión de ~ *Zahlungseinstellung* f

²**pago** *m Bezirk* m *mit Grundstücken* ‖ ⟨reg⟩ (& Arg) *Heimatgegend* f ‖ *Am Flur* f ‖ *Am (Aufenthalts)Ort* m, *Dorf* n ‖ ◇ soy baquiano *od* baqueano de estos ~s Arg *ich kenne diese Gegend wie m–e Westentasche*

³**pago** *adj* ⟨fam⟩ *bezahlt* ‖ ◇ está ~ *es ist (schon) beglichen* ‖ *mit dem bin ich quitt*

pagoda *f Pagode* f

pagoscopio *m Frostanzeiger* m *(im Weinbau)*

pagro *m* ⟨Fi⟩ *Sackbrasse(n* m) f (Pagrus pagrus)

págs. ⟨Abk⟩ = **páginas**

pagua *f Mex große Avocadobirne* f

paguro *m* ⟨Zool⟩ *Einsiedlerkrebs, Eremit* m (Eupagurus bernardus)

pah *int Geräusch des Atmens, des Hupens usw.*

paica *f* Arg ⟨fam⟩ *junges Mädchen* n

paice Ar ⟨pop⟩ = **parece**

pai|dofilia *f* ⟨Psychol⟩ *Pädophilie* f ‖ –**dófilo** *m Pädophile(r)* m

paido|lingüística *f Pädolinguistik* f ‖ –**logía** *f* ⟨Med⟩ *Pädologie* f ‖ –**lógico** *adj pädologisch*

paila *f flaches Metallbecken* n *(Pfanne, Wasserbecken)* ‖ Col *Bratpfanne* f

pailebot(e) *m* ⟨Mar⟩ *kleine Golette* f

△ **pailló** *m Mensch* m

painel *m* ⟨Arch⟩ → ¹**panel**

paíño *m* ⟨V⟩ *Sturmschwalbe* f ‖ ~ común *Sturmschwalbe* f (Hydrobates pelagicus) ‖ ~ de Leach *Wellenläufer* m (Oceanodorma leucorrhoa) ‖ ~ de Wilson *Buntfüßige Sturmschwalbe* f (Oceanites oceanicus)

pai|rar *vi* ⟨Mar⟩ *beiliegen* ‖ –**ro** *m* ⟨Mar⟩ *Beiliegen* n ‖ ◇ estar al ~ *beiliegen*

país *m Land* n ‖ *Mutterland* f ‖ *Fächerfeld* n ‖ ⟨Mal⟩ *Landschaftsbild* n ‖ ~ no alineado ⟨Pol⟩ *blockfreies Land* n ‖ ~ de compra *Einkaufsland* n ‖ ~ consumidor *Verbraucherland* n ‖ ~ de destino *Bestimmungsland* n ‖ ~ exportador *Ausfuhrland* n ‖ ~ extraño *Ausland* n ‖ *Fremde* f ‖ *fremdes Land* n ‖ ~ fabuloso *Wunder-, Märchen|land* n ‖ ~ importador *Einfuhrland* n ‖ ~ de inmigración *Einwanderungsland* n ‖ ~ integrante → ~ miembro ‖ ~ de las maravillas *Wunderland* n ‖ ~ miembro *Mitgliedsland* n ‖ ~ nativo *Mutterland* n ‖ ~ de origen *Ursprungsland* n ‖ ~ de procedencia *Herkunftsland* n ‖ ~ productor *Erzeuger-, Erzeugungs|land* n ‖ ~ puntero *führendes Land* n ‖ ~ Valenciano → **Comunidad** Valenciana ‖ ~ Vasco ⟨Geogr⟩ *Baskenland* n (historische, heute autonome Region in Spanien) ‖ ~ en vías de desarrollo *Entwicklungsland* n ‖ ~**es** *mpl:* los ~ Bajos ⟨Geogr⟩ *die Niederlande*

paisa *m* ⟨fam⟩ Kurzform für **paisano**

paisa|je *m Landschaft* f ‖ ⟨Mal⟩ *Landschaftsstück* n ‖ ~ antropógeno *Kulturlandschaft* f ‖ ~ de ensueño *Traumlandschaft* f ‖ ~ humanizado → ~ antropógeno ‖ –**jismo** *m Landschaftsmalerei* f ‖ –**jista** *m/f Landschaftsmaler(in* f) m ‖ *Landschaftsgärtner(in* f) m ‖ –**jístico** *adj* ⟨Mal⟩ *Landschafts-* ‖ –**na** *f Bäuerin* f ‖ *Landsmännin* f ‖ *Bauerntanz* m ‖ –**naje** *m Landvolk* n ‖ *gleiche Herkunft* f *(aus derselben Gegend bzw Stadt usw.)* ‖ ⟨Mil⟩ *Zivilisten* mpl ‖ –**no** *m Bauer, Landmann* m ‖ *Landsmann* m ‖ ⟨Mil⟩ *Zivilist* m ‖ ⟨fam⟩ *Gevatter, Freund* m ‖ ◇ ir de ~ *in Zivil gehen, Zivil tragen*

¹**paja** *f Stroh* n ‖ *Strohhalm* m ‖ *Spreu* f ‖ ⟨fig⟩ *wertloses Ding* n ‖ ~ cebadera *Gerstenstroh* n ‖ ~ cortada *Häcksel* m (& n) ‖ *Häckerling* m *(Futter)* ‖ ~ nueva *frisches Stroh* n ‖ la ~ en el ojo ajeno ⟨fig⟩ *der Splitter in des Nächsten Auge* ‖ ~ en putrefacción *faulendes Stroh* n ‖ ◇ buscar la ~ en el oído *Anlass zum Streit suchen* ‖ echar ~, poner ~ *(den Pferden) streuen* ‖ no pesar una ~ ⟨fig⟩ *völlig unbedeutend sein* ‖ ~s fpl: a humo de ~ ⟨figf⟩ *spielend leicht* ‖ *aufs Geratewohl* ‖ en saca las ~, en un quítame allá esas ~ ⟨figf⟩ *im Nu, im Handumdrehen* ‖ en un quítame allá esas ~ ⟨figf⟩ *e–r Bagatelle* od *e–r Nichtigkeit wegen, um nichts* ‖ ◇ echar ~ *mit Strohhalmen*

(aus)losen ‖ hacer buenas ~ con alg. ⟨fig⟩ *s. mit jdm gut verstehen* ‖ ¡~! *denkste! (ja) Pustekuchen!*

²paja f ⟨vulg⟩ *Wichsen* n *(Onanieren)* ‖ hacerse ~s mentales *s. den Kopf zerbrechen* ‖ hacerse una ~ ⟨vulg⟩ *wichsen (onanieren)*

pajar m *Strohboden* m ‖ *Strohschober* m ‖ *Scheune, Scheuer* f ‖ ◇ buscar un alfiler en un ~ ⟨figf⟩ *e–e Nadel im Heuschober suchen, s. vergebliche Mühe machen*

¹pájara f ⟨fam⟩ inc *Vogelweibchen* n ‖ ⟨fig⟩ *geriebene, schlaue Frau* f, ⟨fam⟩ *geriebenes Weibsstück* n ‖ ⟨euph⟩ *Dirne, Hure* f

²pájara f ⟨Sp⟩ *Einbruch* m *(plötzlicher Kräfteverfall)*

pajarear vt/i *fangen (Vögel), den Vogelfang betreiben* ‖ ⟨fig⟩ *herumlungern* ‖ ~ vi Am *scheu werden (Pferd)*

pajarel m ⟨V⟩ *Hänfling* m (→ ²**pardillo**)

paja|rera f *Vogelhaus* n ‖ *(Vogel)Bauer* n (& m) ‖ *Vogelhecke* f *Voliere* f ‖ **-rería** f *große Menge* f *von Vögeln* ‖ *Vogelhecke* f ‖ *Vogelhandlung* f ‖ p.ex *Zoohandlung* f

pajarero adj ⟨fam⟩ *munter* ‖ *kurzweilig, spaßhaft* ‖ ⟨fam⟩ *buntscheckig* ‖ Am ⟨fam⟩ *scheu, schüchtern* ‖ Tol ⟨fam⟩ *aus Dos Barrios* ‖ ~ m *Vogel|steller, -fänger* m ‖ *Vogelhändler* m ‖ *Vogelzüchter* m ‖ ⟨fig⟩ *Müßiggänger* m

pajarete m *Sherry* m *mittlerer Qualität*

¹pajarilla f ⟨Bot⟩ → **aguileña**

²pajarilla f Ar ⟨Ins⟩ *Eule* f *(Nachtfalter)*

³pajarilla f ⟨reg⟩ *Milz* f *(bes. des Schweines)*

paja|rillo m dim von **pájaro** ‖ *Vögelchen* n ‖ ◇ a cada ~ agrada su nidillo ⟨Spr⟩ *jeder Vogel liebt sein Nest* ‖ *jedem Narren gefällt s–e Kappe* ‖ **-rita** f *gefalteter Papiervogel* m ‖ *Papierdrache* m ‖ ~ de las nieves ⟨V⟩ *Bachstelze* f (→ ²**lavandera**) ‖ **-rito** m dim von **pájaro:** *Vögelchen* n ‖ ◇ quedarse como un ~ *friedlich sterben*

pájaro m *Vogel* m ‖ ⟨fig⟩ *Schlaukopf* m, ⟨fam⟩ *sauberer Vogel* m ‖ ~ bobo ⟨V⟩ *Pinguin* m (→ **pingüino**) ‖ ~ carpintero *Specht* m (→ ²**pico**) ‖ ~ de cuenta, ~ de cuidado ⟨fam⟩ *Gauner, Spitzbube, Ganove* m, ⟨fam⟩ *sauberer Vogel* m ‖ *Hochstapler* m ‖ ~ gordo ⟨fam⟩ *großes Tier* n *(angesehene Person)* ‖ ~ de mal agüero, ~ de mal augurio ⟨figf⟩ *Unheil (ver)kündende Person* f, *Unglücksrabe* m ‖ ~ mosca *Kolibri* m (→ **colibrí**) ‖ ~ moscón ⟨V⟩ *Beutelmeise* f (Remiz pendulinus) ‖ ~ niño *Pinguin* m (→ **pingüino**) ‖ ~ solitario ⟨fig⟩ *menschenscheue Person* f ‖ ◇ el ~ voló ⟨fig⟩ *der Vogel ist ausgeflogen* ‖ ¡(es) un buen ~! ⟨pop⟩ *ein sauberer Vogel!* ‖ más vale ~ en mano que ciento volando ⟨Spr⟩ *besser e–n Sperling in der Hand als e–e Taube auf dem Dach* ‖ ~s mpl: matar dos ~ de un tiro ⟨figf⟩ *zwei Fliegen mit e–r Klappe schlagen* ‖ tener la cabeza (*od* la cabeza llena de) ~ ⟨figf⟩ *ein Windbeutel sein*

paja|rota f ⟨figf⟩ *Lüge, Ente* f, *Schwindel* m ‖ **-rote** m augm von **pájaro** ‖ **-rraco** m ⟨desp⟩ von **pájaro** ‖ *großer, hässlicher Vogel* m ‖ ⟨fam⟩ *Schlaumeier* m ‖ **-ruco** m bes. Sant dim von **pájaro** ‖ *Vögelchen* m

pajaza f *Streu* f *(für das Vieh)*

paje m *Edelknabe, Knappe, Page* m ‖ ⟨Mar⟩ *Schiffsjunge* m ‖ ⟨Kath⟩ *den Bischof begleitender Novize* m ‖ ⟨fig⟩ *Toilettentischchen* n *mit Spiegel*

pajel m ⟨Fi⟩ *Rotbrasse(n* m) f, *Pagel* m (Pagellus erythrinus)

¹pajero m/adj *Strohhändler* m

²pajero m ⟨vulg⟩ *Wichser* m

paji|lla f *Strohhälmchen* n ‖ *Stroh-, Trink|halm* m ‖ **-zo** adj *strohgelb*

pajille|ra f ⟨vulg⟩ *billige Nutte* f ‖ **-ro** m ⟨vulg⟩ *Wichser* m

pajolero adj ⟨fam⟩ *ver|flucht, -flixt* ‖ *lästig, unausstehlich* ‖ vgl **puñetero** ‖ ~ m ⟨fam⟩ *Nervensäge* f, *Quälgeist* m, *Unruhestifter* m

pajón m *dicker Stoppelhalm* m

pajo|nal m *Espartograsfeld* n ‖ Am *Punagras* n ‖ Arg Chi Ven *Pfeilgrasgelände* n ‖ **-so** adj *strohig* ‖ *strohähnlich* ‖ *Stroh-*

△ **pajubique** m *Schwule(r), Homo* m

pajuela f dim von **¹paja** ‖ *Schwefelfaden* m ‖ Bol *Streichholz* n ‖ Bol Col *Zahnstocher* m ‖ ⟨fig⟩ *Pappenstiel* m

pajuera adv Am ⟨pop⟩ = (por, para) afuera

pajuil m ⟨Bot⟩ *Balsambaum* m (Myroxylon pereirae)

△ **pajumí** m *Floh* m

pakfón m ⟨Met⟩ *Packfong* n

Pakis|tán m ⟨Geogr⟩ *Pakistan* n ‖ **=taní** adj [pl **-íes**] *(m/f) pakistanisch* ‖ ~ m/f *Pakista|ner(in* f), -ni m

¹pal m ⟨pop⟩ = para el

△ **²pal** m *Brett* n

pala f *(Feuer-, Ofen)Schaufel, Schippe* f ‖ *Spaten* m ‖ *Schaufel* f *am Hirschgeweih* ‖ ⟨Flugw⟩ *Propellerblatt* n ‖ ⟨Mar⟩ *Schraubenblatt* n ‖ ⟨Mar⟩ *Ruderblatt* n ‖ *Ballschläger* m, *Schlagholz* n *(bes. beim baskischen Ballspiel)* ‖ *Oberleder, Vorderblatt* n *am Schuh* ‖ ⟨fig⟩ *Kniff* m ‖ ⟨Mil⟩ *Schulterstück* n, *Achselklappe* f ‖ ~ para batir *alfombras Teppich(aus)klopfer* m ‖ ~ para carbón *Kohlenschippe* f ‖ ~ de enhornar *Backofenschaufel* f ‖ ~ (con lama) redond(ead)a *Schippe* f ‖ ~ mecánica *Löffelbagger* m

△ **palá** f *Rücken* m

△ **palabear** vt *rasieren*

palabra f *Wort* n ‖ *Ausdruck* m ‖ *Wort, Versprechen* n, *Zusage* f ‖ *Ehrenwort* n ‖ *Sprache* f, *Redevermögen* n ‖ *Beredsamkeit* f ‖ ⟨Mil⟩ *Losungswort* n ‖ ~ clave *Codewort* n ‖ ~ de Dios, ~ divina *Gottes Wort, Evangelium* n ‖ ~ fuerte *Kraftausdruck* m ‖ ~ híbrida ⟨Gr⟩ *Worthybride, Mischbildung, hybride Bildung* f ‖ ¡~ (de honor)! *mein Ehrenwort!* ‖ ⟨Text⟩ *tiefer Ausschnitt* m ‖ ~ huera *Worthülse* f ‖ ~ de matrimonio *Eheversprechen* n ‖ ~ picante *pikantes Wort* m, *Pikanterie* f ‖ ~ polémica *Reizwort* n ‖ ~ preñada de significados ⟨fig⟩ *tiefsinniges Wort* n ‖ ~ primitiva ⟨Gr⟩ *Stamm-, Wurzel|wort* n ‖ ~ punzante *Stichelwort* n ‖ ~ de rey ⟨figf⟩ *unverbrüchliches Wort* n ‖ ~ simple ⟨Gr⟩ *einfaches Wort, Simplex* n ‖ ~ soez *unanständiges Wort* n ‖ ~ sortílega *Zauberwort* n ‖ ~ por ~ *Wort für Wort, wörtlich* ‖ ◆ bajo ~ (de honor) *auf Ehrenwort* ‖ de ~ *mündlich* ‖ en una ~ *mit e–m Wort* ‖ kurz und gut ‖ sin ~ *wortbrüchig* ‖ sin decir ~ *ohne zu mucksen* ‖ ¡una ~! *hören Sie! e–n Moment!* ‖ ◇ coger la ~ a alg., coger a alg. por su ~ ⟨fig⟩ *jdn beim Wort nehmen od halten* ‖ conceder la ~ a alg. *jdm das Wort erteilen* ‖ cumplir la ~ *Wort halten* ‖ dar (su) ~ *sein Wort geben od verpfänden* ‖ dar la ~ a alg. *jdm das Wort erteilen* ‖ no decir ~ ⟨fig⟩ *nicht mucksen* ‖ dejar a uno con la ~ en la boca ⟨figf⟩ *jdn nicht anhören* ‖ dirigir la ~ a alg. *jdn anreden* ‖ *s. an jdn wenden* ‖ no entiendo ni ~ *ich verstehe kein einziges Wort* ‖ faltar a la ~ *sein Wort nicht halten* ‖ llevar la ~ *das Wort führen* ‖ ¡pase la ~! ⟨fam⟩ *meinetwegen!* ‖ *von mir aus!* ‖ pedir la ~ *um das Wort bitten* ‖ querer decir *od* tener siempre la última ~ *immer das letzte Wort haben (wollen)* ‖ quitar *od* retirar la ~ a alg. *jdm das Wort entziehen* ‖ Vd. me quita la ~ de la boca ⟨fig⟩ *Sie nehmen mir das Wort aus dem Mund(e) od von der Zunge, das wollte ich*

gerade sagen ‖ es la última ~ (de la moda) *es ist
die letzte (Mode)Neuheit* ‖ es mi última ~ *das ist
mein letztes Wort* ‖ tener ~ *Wort halten* ‖ no tener
~ ⟨fig⟩ *wortbrüchig sein* ‖ no tener más que una
~ ⟨fig⟩ *ein Ehrenmann sein* ‖ tomar la ~ ⟨fig⟩
das Wort ergreifen ‖ tomar la ~ a alg. *jdn beim
Wort nehmen* ‖ tratar mal de ~ a alg. ⟨fig⟩ *jdn
derb anfahren* ‖ usar de la ~ *das Wort ergreifen,
reden* ‖ volver su ~ atrás *sein Wort zurücknehmen*
‖ ~ y piedra suelta no tienen vuelta ⟨Spr⟩ *wenn
das Wort heraus ist, so ist es des Teufels* ‖ ~**s** *fpl:*
~ al aire *leeres Gerede* ‖ ~ cruzadas
Kreuzworträtsel n ‖ ~ encubiertas *verblümte
Worte* npl od *Reden* fpl ‖ ~ hirientes *verletzende,
kränkende Worte* npl ‖ ~ de mal humor *mürrische
Worte* npl ‖ ~ insinuantes *Schmeichelworte,
schmeichelnde Worte* npl ‖ ~ insultantes
beleidigende Worte, Schmähworte npl ‖ ~
mayores *Schmähworte* npl ‖ *Beschimpfungen* fpl ‖
Wichtige(s), Wesentliche(s) n ‖ ~ ociosas *unnütze
Reden* fpl, *unnützes Gerede*, ⟨fam⟩ *leeres
Geschwätz* n ‖ ~ ofensivas *verletzende,
kränkende Worte* npl ‖ → ~ insultantes ‖ ~ de
oráculo ⟨fig⟩ *dunkle, zweideutige Worte* npl ‖
sibyllinische Worte npl ‖ ~ de recomendación
empfehlende Worte npl ‖ ~ de relleno ⟨figf⟩ *Füll-,
Flick\worte* npl ‖ ~ sacramentales *übliche
(Schluss)Formel* f ‖ ~ zalameras *Schmeichelworte*
npl ‖ ◆ en dos ~ ⟨pop⟩ *kurz und gut* ‖ *leicht,
ohne Mühe* ‖ *im Nu* ‖ cuatro od dos ~ *ein paar
Worte* npl, *kurzes Gespräch* n ‖ ◇ ahorrar ~ *nicht
viel Worte machen* ‖ beber las ~, comerse las ~
⟨figf⟩ *s. im Reden überstürzen* ‖ *Worte (beim
Schreiben) auslassen* ‖ estar colgado (od
pendiente) de las ~ de alg. ⟨fig⟩ *jdm sehr
aufmerksam zuhören* ‖ faltan ~ para ponderar su
bondad ⟨fig⟩ *s–e Güte ist unsäglich groß* ‖ gastar
~ ⟨fig⟩ *in den Wind hineinreden* ‖ no son más
que ~ *das ist nur leeres Gerede* ‖ eso quiere
decir, en buenas ~, … *das heißt mit anderen
Worten, …* ‖ ¡oiga Vd. dos ~! ⟨fig⟩ *hören Sie
mal!* ‖ *e–n Moment mal!* ‖ tener ~ (od trabarse de
~) con alg. ⟨fig⟩ *e–n Wortwechsel mit jdm haben*
‖ traer en ~ a alg. ⟨fig⟩ *jdn mit leeren
Versprechungen hinhalten* ‖ volverle a alg. las ~
al cuerpo ⟨figf⟩ *jdn Lügen strafen* ‖ ~ a necias,
oídos sordos ⟨Spr⟩ etwa: *auf e–e dumme Frage
gehört e–e dumme Antwort* ‖ las ~ vuelan, lo
escrito queda ⟨Spr⟩ ⟨lat⟩ *verba volant, scripta
manent*

pala\brada *f beleidigende Worte* npl ‖ **–breja** *f
dim* ⟨desp⟩ von **palabra** ‖ *schwieriges bzw
geschraubtes Wort* n ‖ **–brería** *f,* **–breo** *m* ⟨pop⟩
Geschwätz n ‖ *leeres Gerede* n ‖ *Wortschwall* m ‖
hohler Wortschwall m ‖ ⟨fam⟩ *Faselei* f ‖ **–brero**
m, **–brista** *m/f Schwätzer(in* f) m ‖
Dauerredner(in f) m ‖ **–brita** *f dim von* **–bra** ‖
wichtiges Wörtchen n ‖ **–brota** *f* ⟨fam desp⟩
derber Ausdruck m, *Zote* f ‖ ◇ decir ~s *fluchen*
pala\cete *m kleiner Palast* m ‖ *Jagdschloss* n ‖
–ciego adj *höfisch, Hof-* ‖ ~ *m Hofmann, Höfling*
m ‖ ~ **–cio** *m Palast* m ‖ *königliches Schloss* n ‖
königlicher Hof m ‖ *Hof\gesinde* n, *-leute* pl ‖
Prachtgebäude n ‖ ~ de cristal *Glaspalast* m ‖ ~
de deportes *Sportpalast* m ‖ ~ de justicia
Justizpalast m ‖ ~ Municipal *Rathaus* n ‖ ~ Real
königlicher Palast m ‖ ◇ las cosas de ~ van
despacio ⟨Spr⟩ *große Herren haben es nicht eilig*
palada *f Schaufelvoll* f ‖ *Schaufelwurf* m ‖
Ruderschlag m ‖ ◇ echar la primera ~ *die erste
Schaufel Erde werfen (ins frische Grab)*
pala\dar *m Gaumen* m ‖ ⟨fig⟩ *Gaumen,
Geschmack* m ‖ ~ blando ⟨An⟩ *Gaumensegel* n ‖
~ duro, ~ óseo ⟨An⟩ *Gaumen* m ‖ ◇ hablar al ~
de alg. ⟨fam⟩ *jdm nach dem Mund(e) reden* ‖

tener un ~ muy fino ⟨figf⟩ *ein großer
Feinschmecker* od *Gourmet sein* ‖ *e–n feinen
Geschmack haben (Speise)* ‖ *Bukett haben (Wein)*
‖ **–dear** vt/i *(langsam) kosten, schmecken,
schlürfen* ‖ ⟨fig⟩ *erleben, kosten (Vergnügen,
Glück)* ‖ **–deo** *m Schmecken* n ‖ **–dial** adj *(m/f)
Gaumen-* ‖ (letra) ~ *Gaumenlaut* m ‖ → auch
palatal
pala\dín, –dino *m Paladin, Ritter, Kämpe* m ‖
⟨fig⟩ *Vorkämpfer* m ‖ ⟨fig⟩ *treuer Gefolgsmann* m
‖ los paladines del (santo) Grial ⟨Lit⟩ *die
Gralsritter* mpl ‖ **–dinesco** adj *ritterlich, Ritter-* ‖
–dino adj *öffentlich* ‖ *offenkundig* ‖ ⟨fig⟩ *klar,
deutlich* ‖ ◆ en román (altspanisch = **lenguaje**)
~ *in allgemein verständlicher Sprache, klar
gesprochen*
paladio *m* (**Pd**) ⟨Chem⟩ *Palladium* n
Paladión *m Palladium* n *(Pallasbild in Athen)*
‖ ⟨fig⟩ *Schutz* m
palado adj ⟨Her⟩ *gepfählt*
palafito *m (prähistorischer) Pfahlbau* m ‖
Pfahlbausiedlung f
pala\frén *m* ⟨poet⟩ *Zelter* m *(Pferd)* ‖ **–frenero**
m Reitknecht m ‖ ~ mayor *königlicher
Oberstallmeister* m
△ **palal** prep *zu* ‖ *hinter*
palanca *f* ⟨Tech⟩ *Brechstange* f ‖ *Hebel* m ‖
Hebebaum m ‖ *Hebeeisen* n ‖ *Sprungbrett* n ‖
⟨fig⟩ *Einfluss* m ‖ ⟨fig⟩ *Beziehungen* fpl ‖ ~ de
embrague ⟨Auto Tech⟩ *Schalt-, Kupplungs\hebel*
m ‖ ~ del freno *Bremshebel* m ‖ ~ interlineadora
Zeilenschalthebel m *(an der Schreibmaschine)* ‖
~ de juegos ⟨Inform⟩ *Joystick* m ‖ ~ libralíneas
Walzenlösehebel m *(an der Schreibmaschine)* ‖ ~
de maniobra ⟨EB⟩ *Stell-, Umleg\hebel* m ‖ ~ del
primer género *zweiarmiger Hebel* m ‖ ◇ tener
mucha ~ *einflussreich, maß-, ton\angebend sein* ‖
–da *f Hebelruck* m
palancana *f →* **palangana**
palangana *f Waschbecken* n ‖ ⟨Geol⟩ *Wanne* f
‖ Arg ⟨figf⟩ *Schwätzer* m
palan\gre *m,* **–cra** *f* ⟨Fi⟩ *Angelseil* n,
Legeangel f ‖ **–grero** *m Legangelfischer* m
palanquear vt *ausheben (Tür)*
palanquera *f Pfahl-, Palisaden\wand* f
palanquero *m Blasebalgtreter* m *(in
Schmieden)* ‖ Chi *Bremsenwärter* m
palanqueta *f dim von* **palanca** ‖ Cu *süßes
Maisgebäck* n
palanquilla *f dim von* **palanca** ‖ ⟨Met⟩
Knüppel m
¹palanquín *m Lastträger* m ‖ *Palankin* m
(gedeckte ostindische Sänfte) ‖ ⟨Mar⟩ *Geitau* n
△ **²palanquín** *m Dieb* m
palante ⟨pop⟩ = (**para**) **adelante**
Palas Atena *f* ⟨Myth⟩ *Pallas Athene* f
palastro *m* ⟨Met⟩ *Grobblech* n
palatal adj *(m/f) Gaumen-* ‖ ⟨Phon⟩ *palatal* ‖
~ *m* ⟨Phon⟩ *Palatal, Vordergaumenlaut* m ‖ **–izar**
[z/c] vt ⟨Phon⟩ *palatalisieren*
palatina *f* ⟨Hist⟩ *Palatine* f
(Frauenpelzkragen)
palatinado *m Pfalzgraf\enwürde, -schaft* f ‖ el
~ *die Pfalz* ‖ el Alto ~ *die Oberpfalz* ‖ el Bajo ~
die Rheinpfalz ‖ Renania-~ *m Rheinland-Pfalz* n
¹palatino adj *Hof-, Palast-* ‖ *pfälzisch, Pfalz-*
²palatino adj: ~ (hueso) ~ ⟨An⟩ *Gaumenbein* n
△ **palatuño** *m Franzose* m
palay *m Fil ungeschälter Reis* m
pala\ya *f* Murc ⟨Fi⟩ *Seezunge* f (→ **lenguado**)
‖ **–yero** *m Fischhändler* m
palazo *m Schlag* m *mit e–r Schaufel*
palazón *m Pfahlwerk* n ‖ Col *Palisadenwand* f\
palazuelo *m dim von* **palacio**
palco *m Schaugerüst* n ‖ ⟨Th⟩ *Loge* f ‖ ⟨pop⟩

Balkon m ‖ ~ escénico *Bühnenraum* m ‖ ~ de orquesta *Parkett-, Orchester|loge* f ‖ ~ de platea 〈Th〉 *Parterreloge* f ‖ ~ presidencial *Präsidentenloge* f ‖ ~ de principal *Loge* f *im ersten Rang* ‖ ~ de proscenio *Proszeniumsloge* f
palea|dor m 〈EB〉 *Schneepflug* m ‖ **–dora** *f* 〈Tech〉 *Ladeschaufler* m
paleártico adj *paläarktisch*
Palencia *f* (Stadt und Provinz in Spanien) *Palencia* n
palenque m *Umzäunung* f ‖ *Lauf-, Renn|bahn* f ‖ *Am Pfosten* m *(zum Anbinden von Pferden)* ‖ Chi *Radaubude* f
palentino adj/s *aus Palencia* ‖ *auf Palencia bezüglich*
paleo|grafía *f Paläographie* f ‖ **–gráfico** adj *paläographisch* ‖ **–lingüística** *f Paläolinguistik* f ‖ **–lítico** adj *altsteinzeitlich, paläolithisch* ‖ ~ *m Altsteinzeit* f, *Paläolithikum* n ‖ **–lógico** adj *paläologisch*
pale|ontología *f Paläontologie* f ‖ **–ontológico** adj *paläontologisch* ‖ **–ontólogo** m *Paläontologe* m ‖ **–opatología** *f Paläopathologie* f ‖ **–otrópico** adj *paläotropisch* ‖ **–ozoico** adj *Paläozoikum-* ‖ ~ *m Paläozoikum* n ‖ **–ozoología** *f Paläozoologie* f, *Zoologie* f *der fossilen Tiere*
palera *f* Murc → *nopal*
¹palero m 〈Mar〉 *Kohlentrimmer* m
²palero m 〈reg pop〉 *Spanner, Voyeur* m
Palesti|na *f* 〈Geogr〉 *Palästina* n ‖ **–n(ian)o** adj *aus Palästina, palästin(ens)isch*
palestra *f* 〈Hist〉 *Palästra* f ‖ *Kampfplatz* m ‖ 〈poet〉 *Kampf* m ‖ ◇ *saltar a la* ~ 〈fig〉 *in den Ring steigen, s. dem Kampf stellen*
palestriniano adj *auf den Komponisten Palestrina bezüglich*
pale|ta *f* dim von **pala** ‖ *Fleisch-, Servier|spatel* f ‖ *Schnür-, Feuer|eisen* n ‖ *Mau(r)erkelle* f ‖ Arg *Fliegenklatsche* f ‖ *Schaufel* f *(am Mühlrad)* ‖ 〈Tech〉 *Schaufel* f, *Flügel* m ‖ 〈An〉 *Schulterblatt* n ‖ 〈Mal〉 *Palette* f, *Farbenbrett* n ‖ 〈Jgd〉 *Schaufel* f *(Geweih)* ‖ *Palette* f *(Lademittel)* ‖ 〈pop〉 *Löffel* m ‖ ~ *m/adj Maurer(gehilfe)* m ‖ 〈figf〉 *grober, ungeschlachter Mensch* m ‖ **–tada** *f*: *una* ~ *de … e–e Schaufel, e–e Kelle voll …* ‖ *un dos* ~*s (figf) in e–m Nu* ‖ → **palada** ‖ **–tazo** m 〈Taur〉 *Seitenstoß* m *des Stieres* ‖ **–tear** vi *klappern (Mühlradschaufeln)* ‖ **–teo** m 〈Mar〉 *ungeschicktes Rudern* n ‖ **–tero** m *Spießer* m *(Hirsch)*
¹paletilla *f* 〈An〉 *Schulterblatt* n
²paletilla *f Kerzenleuchter* m
paletina *f* 〈Mal〉 *Flachpinsel* m
paleto m *Dammhirsch* m (→ **gamo**) ‖ 〈pop〉 *bäu(e)rischer, grober Mensch* m ‖ *Tölpel, Tollpatsch* m ‖ *unbeholfener Provinzler* m
paletó m *Paletot, Überzieher* m
paletón m *Schlüsselbart* m
pali m 〈Ling〉 *Pali* n
pa|lia *f* 〈Kath〉 *Palla, Kelchabdeckung* f
pa|liación *f Milderung, Linderung* f ‖ **–liar** vt [pres ~ío] *lindern (Traurigkeit, Leiden)* ‖ *vertuschen* ‖ *beseitigen (Mängel)* ‖ *ver|bergen, -hehlen* ‖ **–liativo** adj 〈Med〉 *schmerzlindernd, palliativ* ‖ ~ *m schmerzlinderndes Mittel, Linderungsmittel, Palliativum* n ‖ 〈fig〉 *Notbehelf* m
pálida *f* Arg *Depression* f ‖ *Pech* n
pali|decer [-zc-] vi *er|blassen, -bleichen* ‖ 〈fig〉 *ver|bleichen, -blassen* ‖ **–dez** [pl ~*ces*] *f Blässe, Bleichheit* f ‖ ~ *cadavérica* → ~ *mortal* ‖ ~ *estatuaria Marmorblässe* f ‖ ~ *mortal Todesblässe* f
pálido adj *blass, bleich* ‖ *fahl, falb* ‖ 〈fig〉 *farblos, matt* ‖ ~ *como la muerte* od 〈fam〉 *como*

la pared od 〈fam〉 *como una sábana totenblass* od 〈fam〉 *käseweiß* ‖ ◇ *ponerse* ~ *erblassen, blass werden*
paliducho adj *(etwas) blass* ‖ *kränklich*
palier m 〈Auto〉 *Achsschenkel* m
palillero m *Zahnstocher|büchschen* n, *-behälter* m ‖ *Federhalter* m
palillo m dim von **palo** ‖ *Stöckchen* n ‖ *Zahnstocher* m ‖ *Spitzenklöppel* m ‖ *Korsettstange* f ‖ 〈Mil〉 *Trommelstock* m ‖ ~*s mpl* 〈Mus〉 *Pauken-, Trommel|schlägel* mpl ‖ *Essstäbchen* npl ‖ 〈fig〉 *Flitterkram* m ‖ And *Kastagnetten* fpl ‖ 〈Taur〉 *Wurfspieße* mpl ‖ ~ *del tabaco Tabakrippe* f ‖ ◆ *como* ~ 〈pop〉 *spindeldürr (Beine usw.)* ‖ ◇ *tocar muchos* od *todos los* ~ 〈figf〉 *alle Register ziehen*
palilogía *f* 〈Rhet〉 *Palilogie* f
palimpsesto m 〈Lit〉 *Palimpsest* m (& n)
palíndromo m 〈Ling〉 *Palindrom* n
palinge|nesia *f Palingene|se, -sis* f (& Biol) ‖ 〈Rel〉 *Wiedergeburt* f ‖ **–nético** adj *palingenetisch* ‖ *Wiedergeburts-*
palinodia *f Palinodie* f ‖ ◇ *cantar la* ~ *s–e Meinung (öffentlich) widerrufen* ‖ 〈fam〉 *e–n Rückzieher machen*
palinología *f* 〈Bot〉 *Palynologie* f *(Pollen- und Sporenforschung)*
palio m *Mantel* m, *Kapuze* f ‖ *Thron-, Trag|himmel, Baldachin* m ‖ 〈Kath〉 *Pallium* n
palique m 〈fam〉 *Geplauder* n ‖ *Schwatz* m, *Schwätzchen* n ‖ ◇ *estar de* ~ (con) 〈fam〉 *plaudern, schwatzen, plauschen*
palisandro m *Palisanderholz* n
palito m dim von **palo**
palitroque m *kurzer Knüttel* m ‖ 〈Taur〉 → **banderilla**
pali|za *f Tracht* f *Prügel* ‖ *Abfuhr* f (& Sp) ‖ *una soberana* ~ *e–e ordentliche Tracht* f *Prügel* ‖ ◇ *dar (una)* ~ *a alg. jdn verprügeln* ‖ *darse una* ~ 〈figf〉 *schwer schuften, s. schinden, s. abrackern (mit der Arbeit)* ‖ *angestrengt lernen,* 〈fam〉 *pauken, büffeln* ‖ ◇ *ese trabajo es una* ~ *diese Arbeit macht e–n völlig fertig* ‖ augm: **–zón** m ‖ **–zada** *f Pfahlwerk* n, *Einpfählung, Palisade* f
¹palla *f* Pe *Sängerknabengruppe* f *(die meist zu Weihnachten singt)*
²palla *f* Chi *witzige Erzählung* f
³palla *f* Bol 〈Bot〉 *Kukuritupalme* f (Maximiliana regia)
⁴palla *f* 〈Hist〉 *Ad(e)lige* f *(bei den Inkas)*
⁵palla f Am → **paya(da)**
pallador m Am → **payador**
pallar m Chi Pe 〈Bot〉 *e–e Bohnenart* f (Phaseolus pallar)
pallas *f* Pe *ein Eingeborenentanz* m
pallaso, pallazo m Am 〈pop〉 → **payaso** ‖ Ven *Strohsack* m
pallete m 〈Mar〉 *Matte* f
pallón m 〈Bgb〉 *Goldprobe* f
palluca *f* Chi *Lüge, Schwindelei* f
¹pal|ma *f* 〈Bot〉 *Palmbaum* m, *Palme* f ‖ *Palmblatt* n ‖ ~ *coco Kokospalme* f (→ **cocotero**) ‖ ~ *datilera Dattelpalme* f (Phoenix dactylifera) ‖ ~ *enana Zwergpalme* f (Chamaerops humilis) ‖ ~ *indiana* → ~ *coco* ‖ ~ *del martirio* 〈fig〉 *Märtyrerkrone* f ‖ ~ *real Königspalme* f (Roystonea regia) ‖ ~ *de la victoria* 〈fig〉 *Siegespalme* f
²palma *f flache Hand* f ‖ p.ex *Hand* f ‖ *Hornsohle* f *(des Hufes)* ‖ ◇ *apoyar la cara en la* ~ *de la mano das Kinn auf die Hand stützen* ‖ *conocer (un terreno) como la* ~ *de la mano* 〈figf〉 *jede Handbreit (e–s Geländes) kennen* ‖ *ganar* od *llevarse la* ~ 〈fig〉 *den Preis, den Sieg davontragen* ‖ ~*s fpl Händeklatschen* n ‖ ¡~!

Heil!, hoch! ‖ ◇ batir ~, tocar las ~ *(in die
Hände) klatschen* ‖ escuchar *od* oír ~ *Beifall
bekommen*
³palma *f Holz\verbindung* f, *-verband* m
(meistens Überblattung und Verkämmung)
　Palma *f* Bal: ~ **de Mallorca** ‖ Can: Las ~s
Hauptstadt der Insel Gran Canaria
　palmacristi *f* ⟨Bot⟩ *Rizinus* m, *Christpalme* f
(Ricinus communis)
　palmad|a *f Schlag mit der flachen Hand,
Klaps* m ‖ ◇ darse una ~ en la frente ⟨fig⟩ *s. mit
der Hand vor die Stirn schlagen* (z. B. *um s. an
et. zu erinnern*) ‖ **~s** *fpl Händeklatschen* n ‖ ◇
dar ~s *klatschen* ‖ *(jdm) auf die Schulter klopfen*
　¹palmar *adj Palm(en)- ‖ Hand- ‖ ~ m
Palmenwald* m ‖ el ~ de Elche *der Palmenwald
von Elche* (P Ali) ‖ ◇ ser más viejo que un ~
⟨fig⟩ *uralt sein*
　²palmar *vt/i* ⟨pop⟩ *im Spiel verlieren* ‖ *sterben,*
⟨pop⟩ *krepieren* ‖ ◇ estar palmado ⟨fig pop⟩ *kein
Geld haben,* ⟨fam⟩ *pleite, abgebrannt sein*
　palmarés *m* ⟨Sp⟩ *Siegerliste* f
　palmario *adj handgreiflich, offenbar ‖ klar,
deutlich* ‖ ◆ de modo ~ *offenkundig,
augenscheinlich* ‖ ◇ es ~ ⟨fig⟩ *es liegt auf der
Hand*
　palmatoria *f Handleuchter* m ‖ *Kerzenhalter*
m ‖ ⟨pop joc⟩ *Sterben,* ⟨pop⟩ *Krepieren* n ‖
Klatsche, Pritsche f *(der Schullehrer)*
　palmeado *adj palmenförmig* ‖ ⟨Zool⟩ *durch
Haut verbunden (Zehen)* ‖ *Schwimmhaut-*
　palmear *vt aufspannen, (mit der Hand) messen
‖ (jdm) auf die Schulter klopfen (als Zeichen des
Beifalls, der Freundschaft)* ‖ ~ *vi klatschen*
　palmeo *m Messen* n *nach* palmos
　palmense *adj/s (m/f) aus Las Palmas* (Stadt
und Provinz in Spanien) ‖ *auf Las Palmas
bezüglich*
　△ **palmen|ta** *f Brief* m ‖ **-tero** *m Briefträger* m
‖ *Post* f
　palmer *m Messschraube* f
　palme|ra *f Palmbaum* m ‖ *Dattel-,
Fächer\palme* f ‖ ~ de aceite *Ölpalme* f (Elaeis
guineensis) ‖ ~ de betel *Arekapalme* f (Areka
catechu) ‖ la ~ del Cura *die dreistämmige
Riesenpalme* f *in Elche* (P Ali) ‖ ~ (datilera) de
Canarias *Kanarische Dattelpalme* f (Phoenix
canariensis) ‖ **–ral** *m Palmenhain* m
　palme|ro *adj aus Santa Cruz de la Palma*
(Can) ‖ *auf Santa Cruz de la Palma bezüglich* ‖
–sano *adj/s aus Palma de Mallorca* (Bal) ‖ *auf
Palma de Mallorca bezüglich*
　palme|ta *f* [früher] *Klatsche, Pritsche* f *(der
Schullehrer)* ‖ *Rute* f ‖ *Schlag* m *damit* ‖ ⟨Arch⟩
Palmette f ‖ ◇ ganar la ~ ⟨fig⟩ *(jdm)
zuvorkommen ‖ s. auszeichnen* ‖ **–tazo** *m
Rutenstreich* m ‖ ⟨fig⟩ *derber Verweis* m, ⟨fam⟩
Rüffel m
　palmiche *m* ⟨Bot⟩ *Königspalme* f ‖ *Frucht* f
der Königspalme
　palmifero *adj* ⟨poet⟩ *palmenbestanden*
　palmilla *f Sohleneinlage, Einlege-, Brand\sohle*
f
　palmípedas *fpl* ⟨V⟩ *Schwimmvögel* mpl
　palmista *m/f* Ant Mex *Handleser(in* f) m
　palmita *f dim von* **palma** ‖ ◇ llevar en ~s
⟨figf⟩ *auf den Händen tragen*
　¹palmito *m* ⟨Bot⟩ *Zwergpalme* f (→ **palma**
enana)
　²palmito *m dim von* **palmo** ‖ buen ~ ⟨fam⟩
hübsches (Frauen)Gesicht n
　pal|mo *m Spanne, Handbreit* f (= ¹/₄ *vara,*
≈ 21 cm) ‖ ~ de tierra ⟨fig⟩ *kleines Stück* n *Land*
‖ ◆ con un ~ de lengua ⟨figf⟩ *mit großer*

Sehnsucht od Anstrengung ‖ con un ~ de orejas
⟨fam⟩ *mit langen Ohren* ‖ ~ a ~ ⟨fig⟩
spannweise, Stück für Stück ‖ ⟨fig⟩ *langsam,
allmählich* ‖ ◇ dejar a alg. con un ~ de narices
⟨figf⟩ *jdm e–e lange Nase machen* ‖ disputar(se)
~ a ~ *(den Boden) Handbreit um Handbreit
streitig machen* (& fig) ‖ no ganar un ~ de
terreno ⟨fig⟩ *nicht* od *nur langsam vorankommen*
‖ quedar con un ~ de narices ⟨figf⟩ *mit langer
Nase abziehen (müssen)* ‖ **~s** *mpl:* crecer a ~
⟨figf⟩ *sichtlich wachsen* ‖ medir a ~ *nach dem
Augenmaß messen*
　palmón *m Palmenzweig* m
　palmo|tear *vi (Beifall) klatschen* ‖ **–teo** *m
(Beifall)Klatschen* n
　palo *m Stock, Stab, Stecken* m ‖ *Pfahl* m ‖
Stockschlag m ‖ ⟨figf⟩ *Prügel* m ‖ *Holz* n *(als
Material)* ‖ *entrindeter Stamm* m ‖ *Schandpfahl* m
‖ *Pfählen* n *(Todesstrafe)* ‖ *Hinrichtungspfahl* m ‖
Galgen m ‖ *Schandpfahl* m ‖ ⟨Mar Radio⟩ *Mast* m
‖ ⟨Flugw⟩ *Spiere* f ‖ ⟨Her⟩ *Pfahl* m ‖ ⟨Kart⟩
Trumpffarbe f ‖ *Ober- bzw Unter\länge* f *der
Buchstaben* ‖ *Stiel* m *(des Besens usw.)* ‖ ⟨fig
vulg⟩ *Fick* m ‖ ~ amarillo ⟨Pharm⟩ *Fustikholz* n ‖
~ de amarre ⟨Luftw⟩ *Ankermast* m *(e–s Ballons)*
‖ ~ de apoyo *Stütz\stock, -stecken* m ‖ ~ brasil,
~ del Brasil *Brasil-, Brasilien-, Pernambuk-,
Rot\holz* n ‖ ~ campeche, ~ de Campeche
Kampecheholz n ‖ ~ dulce *Süßholz* n ‖ ~
ensebado *Klettermast* m *(auf dem Rummelplatz)* ‖
~ de escoba *Besenstiel* m ‖ ~ de favor ⟨Kart⟩
Trumpffarbe f ‖ ~ de Fernambuco *od*
Pernambuco → ~ brasil ‖ ~ de fortuna ⟨Mar⟩
Notmast m ‖ ~ de golf *Golfschläger* m ‖ ~ de
granadillo *rotgeädertes Ebenholz* n ‖ ~ de Judas
Judasbaum m (→ **algarrobo** loco) ‖ ~ mayor
⟨Mar⟩ *Großmast* m ‖ ~ de mesana ⟨Mar⟩ *Besan-,
Hinter\mast* m ‖ ~ de rosa, ~ de Rodas
Rosenholz n ‖ ~ santo *Palisanderholz* n ‖ ~ de
(la) tienda (de campaña) *Zeltstange* f ‖ ~ de
trinquete ⟨Mar⟩ *Fock\mast* m, *-rahe* f ‖ ◆ a ~
seco ⟨Mar⟩ *mit gerefften Segeln* ‖ ⟨figf⟩ *schlicht,
(ganz) einfach, ohne Umstände* ‖ *ohne jede
Beilage (Speise)* ‖ *ohne Verbrämung* ‖ ⟨figf⟩ *total
betrunken* ‖ de ~ *hölzern, aus Holz* ‖ de tal ~, tal
astilla ⟨Spr⟩ *der Apfel fällt nicht weit vom Stamm*
‖ ◇ dar ~ a uno *jdn durch-, ver\prügeln* ‖ echar
un ~ ⟨vulg⟩ *bumsen, vögeln, ficken* ‖ **~s** *mpl*
⟨Taur⟩ → **banderillas** ‖ ◇ andar a ~ ⟨figf⟩ *s.
prügeln, s. herumbalgen* ‖ dar ~ de ciego
blindlings um s. schlagen ‖ *herumtappen* ‖ dar de
~ *prügeln* ‖ echar ~ en la rueda a alg. *jdm
Knüppel zwischen die Beine werfen* ‖ estar bajo
los ~ ⟨Sp⟩ *im Tor stehen* ‖ liarse a ~ con alg.
⟨figf⟩ *mit jdm Händel anfangen* ‖ *s. mit jdm
prügeln* ‖ matar a ~ *zu Tode prügeln* ‖ recibir *od*
llevar ~ *Prügel bekommen* ‖ terminarse a ~
⟨pop⟩ *mit e–r Prügelei enden*
　paloduz [*pl* **~ces**] *m* (Bot) → **orozuz, regaliz**
　¹paloma *f Taube* f (& fig) ‖ ⟨pop fig⟩ *hoher
Hemdkragen* m ‖ ~ bravía *Felsentaube* f
(Columba livia) ‖ ~ buchona *Kropftaube* f ‖ ~
calzada *Rauchfuß* m, *Trommeltaube* f ‖ ~
doméstica, ~ duenda *Haustaube* f ‖ ~ sin hiel
⟨figf⟩ *harmloser Mensch* m ‖ ~ mensajera
Brieftaube f ‖ ~ silvestre *Wildtaube* f ‖ ~ tojosa
Zwergtäubchen n (Columbigallina minuta) ‖
~torcaz *Ringeltaube* f (Columba palumbus) ‖ ~
zurita *Höhltaube* f (C. oenas) ‖ ◇ de águila no
nace ~ ⟨Spr⟩ *Adler brüten k–e Tauben aus*
　²paloma *f (Anis)Schnaps* m *mit Wasser*
　³paloma *f Schmetterling* m
　△ **⁴paloma** *f Bettlaken* n
　palo|mar *m,* **–mera** *f Tauben\schlag* m, *-haus*
n ‖ ◇ alborotar el ~ ⟨figf⟩ *die Leute* od ⟨fam⟩

den ganzen Verein in Aufruhr bringen ‖ **–mariega**
adj *im Taubenhaus aufgezogen (Taube)* ‖ **–mear**
vi *s. viel mit Tauben beschäftigen* ‖ *Tauben
züchten* ‖ *Tauben jagen, auf Taubenjagd gehen*
   palomena f ⟨Ins⟩ *Stinkwanze* f (Palomena
prasina)
   palomero m *Taubenliebhaber* m ‖
Taubenzüchter m ‖ *Taubenhändler* m
   palome|ta f ⟨Fi⟩ *Brachsenmakrele* f (Brama
raii) ‖ ~ *roja Nordischer Schleimkopf* m (Beryx
decadactylus) ‖ **–tón** m *Gabelmakrele* f
(Pterycombus brama)
   △ **palomí** m *Schenkel* m
   ¹**palomilla** f ⟨Ins Agr⟩ *Getreidemotte* f
(Sitotroga cerealella) ‖ p.ex *jeder kleine
Schmetterling* ‖ *(Mumien)Puppe* f *(des
Schmetterlings)*
   ²**palomilla** f El *Dachständer* m ‖ ⟨Tech⟩
Flügelmutter f
   ³**palomilla** f *Schimmel* m ‖ *Sattelhöhle* f ‖
Sattelknopf m *(am Saumsattel)*
   ⁴**palomilla** f ⟨Bot⟩ *Gemeiner Erdrauch* m
(Fumaria officinalis) ‖ *Schminkwurz* f (Alkana
tinctoria) ‖ *Täubling* m (Russula spp)
   palo|mina f *Taubenkot* m ‖ **–mino** m *junge
Taube* f ‖ *durch Vogelkot verursachter Fleck* ‖
⟨fam⟩ *Kotfleck* m *(in der Unterwäsche)* ‖
Palomino m *(e–e Pferderasse)* ‖ **–mita** f dim von
   ¹**paloma** ‖ *Täubchen* n *(& Kosewort)* ‖ ⟨reg⟩
(kleiner) Schmetterling m ‖ Am ⟨fig⟩ *Puffmais* m
‖ Mex *Haken* m *(zum Abhaken bei Listen)* ‖ **~s**
de maíz *Popcorn* n, *Puffmais* m ‖ **–mo** *Täuberich,
Tauber* m ‖ ⟨fig⟩ → **muñidor**
   palor m → **palidez**
   palo|tada f *Schlag* m *mit e–m Stock* ‖ ◇ *no
dar* ~ ⟨figf⟩ *nichts richtig treffen*, ⟨fam⟩ *stets
danebenschießen* ‖ ⟨figf⟩ *k–n Handschlag tun* ‖
–tazo m ⟨Taur⟩ *Hörnerstoß* m ‖ **–te** m *kurzer
Stock* m ‖ **~s** mpl *erste Schreibübungen* fpl ‖
⟨desp⟩ *Gekritzel* n ‖ **–teo** m ⟨fam⟩ *Schlägerei* f
   palpable adj *(m/f) tastbar* ‖ *fass-, greif-,
fühl|bar* ‖ ⟨fig⟩ *handgreiflich* ‖ ⟨fig⟩ *deutlich, klar,
einleuchtend* ‖ *manifest* ‖ ⟨Med⟩ *palpabel* ‖ adv:
~mente
   pal|pación f ⟨Med⟩ *Ab-, Aus-, Be|tasten* n,
Palpation f ‖ ⟨allg⟩ *Abtasten* n ‖ **–pador** adj *(ab-,
be)tastend* ‖ *Tast-* ‖ ~ m *Taster, Fühler, Tast-,
Fühl|stift* m ‖ **–par** vt *be-, ab|fühlen, -tasten* ‖
⟨Med⟩ *ab-, aus-, be|tasten* ‖ ⟨Tech⟩ *ab|fühlen,
-tasten* ‖ ~ vi *mit Händen greifen* ‖ s. *(vorwärts)
tasten, (herum)tappen* ‖ **~se** *einleuchtend* bzw
handgreiflich sein ‖ **–patorio** adj ⟨Med⟩
palpatorisch, betastend
   pálpebra f *(Augen)Lid* n
   palpebral adj *(m/f)* ⟨An⟩ *(Augen)Lid-*
   palpi|tación f ⟨Med⟩ *Schlag* m, *Palpitation* f ‖
Pochen n *(des Herzens)* ‖ *krampfhaftes Zucken* n
‖ **palpitaciones** pl: ~ *(de corazón) Herzklopfen* n
‖ **–tante** adj *(m/f) schlagend, zuckend, Schlag-* ‖
⟨fig⟩ *brennend* ‖ ⟨fig⟩ *ergreifend, fesselnd* ‖ ◆
con senos –tantes mit wogendem Busen ‖ *de* ~
actualidad ⟨fig⟩ *brandaktuell, höchst aktuell* ‖ *lo
escuché ~ ich hörte es mit pochendem Herzen* ‖
–tar vi *klopfen, schlagen, pochen (Herz,
Pulsadern)* ‖ ⟨fig⟩ *schlagen, pochen* ‖ *zucken* ‖
leben (Leben haben) ‖ ◇ *en sus palabras –ta el
odio aus s–n (ihren) Worten spricht der Hass*
   pálpito m *Vor|ahnung* f, *-gefühl* n ‖ ⟨pop⟩
Riecher m ‖ ◇ *me da el ~ de que esto no va a
acabar bien mir schwant, dass dies nicht gut
enden wird*
   palpo m ⟨Zool Ins⟩ *(Mundwerkzeug) Taster* m
(vieler Gliederfüßer und Borstenwürmer), Palpe f
‖ → **pedipalpo**
   palqui m ⟨Bot⟩ *Palqui* m (Cestrum parqui)

   palta f → ¹**aguacate**
   palu|cha f Chi *(leeres) Geschwätz* n ‖ **–chear**
vi *groß|spurig* od ⟨pop⟩ *-kotzig daherreden*
   paludamento m ⟨Hist⟩ *Paludamentum* n
(Purpurmantel)
   palúdico adj *Sumpf-* ‖ ~ m
Sumpffieberkranke(r) m
   paludícola adj *(m/f)* ⟨Zool⟩ *Sümpfe* od
Marschen bewohnend, Sumpf-
   paludismo m ⟨Med⟩ *Malaria* f, *Sumpffieber* n
   palumbario adj: *halcón* ~ ⟨V⟩ *Habicht* m (→
azor)
   △ **palunó** m *Hof* m
   palurdo adj *grob, plump, bäu(e)risch,
tölpelhaft* ‖ ~ m *Bauernlümmel* m, p.ex *Tölpel* m
   ¹**palustre** adj *(m/f) Sumpf-, Moor-*
   ²**palus|tre** m *Mau(r)erkelle* f ‖ **–strillo** m
Fugenkelle f
   pamba adj Ec *flach* ‖ ~ f *flaches Gewässer* n
   pamela f *flacher, breiter Damenhut* m
   pamema f ⟨fam⟩ *Unsinn* m ‖ *Läpperei* f ‖
Zimperlichkeit f ‖ ◇ *¡no me vengas con ~s!*
⟨fam⟩ *sei (doch) nicht so kleinlich!* ‖ *lass mich in
Ruhe mit d–n Flausen! Quatsch!*
   pampa f And *Pampa, baumlose Grasebene,
Steppe* f ‖ Arg *Pampa, Grasebene* f,
*mittelargentinisches Territorium (westlich von
Buenos Aires)* ‖ Chi *Küstenregion* f,
Salpeter|lager n, *-pampa* ‖ Chi ⟨Mil⟩ *offener
Exerzierplatz* m ‖ ◇ *tener todo a la ~* Arg,
quedar en ~ Chi ⟨figf⟩ *s–e Blöße zeigen* ‖ ~ m
Arg Chi *Pampaindianer* m
   pámpana f → **pámpano**
   pampanilla f *Lendenschurz* m *(der Indianer)*
   pámpano m *Wein|ranke, -rebe* f ‖ *Wein|blatt,
-laub* n ‖ ◇ *echar* ~s s. *ranken*
   pampeano, pampero, pampeño adj SAm *auf
die Pampa bezüglich, Pampa-*
   pampear vi SAm *die Pampa durchstreifen*
   pampero m SAm *Bewohner* m *der Pampas* ‖
RPl *Pampero* m *(kalter, stürmischer Wirbelwind)*
‖ ⟨fig⟩ *Pampa|kenner* bzw *-führer* m
   Pampico m ⟨pop⟩ → **Francisco**
   pampino adj/s Chi *Pampa-* ‖ ~ m
Pampabewohner m *(bes. der* Pampa salitrera, *d.h.
der Salpeterpampa)*
   pampirolada f ⟨Art⟩ *Brotbrühe* f *mit
Knoblauch* ‖ ⟨figf⟩ *Dummheit* f, *Blödsinn* m
   pamplemusa f → **pomelo**
   △ **pamplí** m *Tölpel, Tollpatsch* m
   pampli|na f ⟨Bot⟩ *Vogelmiere* f, *Hühnerdarm*
m (Stellaria media) ‖ *Miere* f (Minuartia spp) ‖
⟨fam⟩ *Albernheit* f, *Un-, Blöd|sinn* m ‖ **~s** fpl
Flausen, Lappalien fpl, *Quatsch* m ‖ ◇ *¡no me
vengas con ~! ⟨fam⟩ das sind alles nur Flausen!
erzähl nicht so e–n Unsinn!* ‖ **–nería(s)** f(pl)
⟨fam⟩ → **–nas** ‖ **–nero, –noso** adj/s *lästig* ‖
zimperlich ‖ *schmeichlerisch*
   pamplo|nés, –nica adj/s *aus Pamplona* (P
Nav) ‖ *auf Pamplona bezüglich*
   pamporcino m ⟨Bot⟩ *Alpenveilchen* n
(Cyclamen spp)
   pamposado adj ⟨fam⟩ *träg(e), faul*
   pampringada f ⟨fam⟩ *Brotschnitte* f *mit Öl
bzw Fett* ‖ ⟨figf⟩ *Ungereimtheit* f
   pampsiquismo m ⟨Philos⟩ → **panpsiquismo**
   pamue (inc **pamúe**) m *Eingeborene(r) aus dem
ehemaligen Spanisch-Guinea*
   ¹**pan** m *Brot* n *(Brot)Laib* m ‖ ⟨fig⟩ *Getreide*
n ‖ ⟨fig⟩ *Mehl* n ‖ ⟨fig⟩ *das tägliche Brot, das
Essen* bzw *der Lebensunterhalt* ‖ ~ *de almendras
Mandelbrot* n ‖ ~ *de los ángeles* (fig Kath)
heilige Hostie ‖ ~ *ácimo,* ~ *ázimo,* ~ *cenceño
ungesäuertes Brot* n, *Matze(n* m m) f ‖ ~ *de azúcar
Zuckerhut* m ‖ ~ *de Azúcar Zuckerhut*

(Gneisblock im Hafen von Rio de Janeiro) (port.: Pão d'Açúcar) ‖ ~ bazo *Roggenbrot* n ‖ ~ blanco *Weißbrot* n ‖ ~ y callejuela ⟨fig⟩ *freie Hand* ‖ ~ candeal *Weizenbrot* n ‖ ~ casero *hausgebackenes Brot* n ‖ ~ cenceño → ~ ácimo ‖ ~ de centeno *Roggenbrot* n ‖ ~ recién cocido *od* hecho *frisch gebackenes Brot* n ‖ ~ del día *frischbackenes Brot* n ‖ ~ de un día para otro → ~ sentado ‖ ~ dietético *Diätbrot* n ‖ ~ dormido *Bischofsbrot* n *(Gebäck)* ‖ ~ de especia(s) *Pfeffer-, Leb|kuchen* m ‖ ~ eucarístico ⟨Kath⟩ *Eucharistie, heilige Hostie* f ‖ ~ fermentado *gesäuertes Brot* n ‖ ~ de flor, ~ floreal *feinstes Weißbrot* n ‖ ~ fresco *frisches, neu gebackenes Brot* n ‖ ~ de gluten *Gluten-, Diabetiker|brot* n ‖ ~ de Graham *Grahambrot* n ‖ ~ de higos *Feigenbrot* n ‖ ~ integral *Vollkornbrot* n ‖ ~ lactofermentado *milchsaures Brot* n ‖ ~ de lujo *feinstes Weizenbrot* n ‖ ~ de maíz *Maisbrot* n ‖ ~ de *(od* untado de *od* con) mantequilla *Butterbrot* n ‖ ~ de mezcla *Mischbrot* n ‖ ~ de miga *Brot* n *mit wenig Kruste* ‖ ~ de molde *Kastenbrot* n ‖ ~ mollete *mürbes Brot* n ‖ ~ de morcajo *Mischbrot* n ‖ ~ moreno *Schwarzbrot* n ‖ ~ de moyuelo *Kleiebrot* n ‖ ~ de munición ⟨Mil⟩ *Kommissbrot* n ‖ ~ negro *Schwarzbrot* n ‖ ~ de oro *Goldplättchen* n ‖ ~ porcino → **pamporcino** ‖ ~ de pueblo *Landbrot* n ‖ ~ rallado *Semmel-, Panier|mehl* n ‖ ~ regañado *aufgesprungenes Brot* n ‖ ~ de régimen *Diätbrot* n ‖ ~ de sal *Klumpen* m *Salz* ‖ ~ de salvado *Kleinbrot* n ‖ ~ seco *trockenes Brot* n ‖ *Brot* n *ohne Zutat* ‖ ~ sentado *altbackenes Brot* n ‖ ~ subcinericio *in der Asche gebackenes Brot* n ‖ ~ tierno *frisches Brot* n ‖ ~ tostado *Röstbrot, geröstetes Brot* n, *geröstete Brotschnitte* f, *Toast* m ‖ ~ de trigo *Weizenbrot* n ‖ ~ untado con mantequilla *Butterbrot* n ‖ ~ de vidrio ⟨reg⟩ *Fensterscheibe* f ‖ ~ de Viena *Semmel* f, *Semmelgebäck* n ‖ ◆ a ~ y agua *bei Wasser und Brot (als Strafe)* ‖ ◇ cocer ~ *Brot backen* ‖ no cocérsele a uno el ~ ⟨figf⟩ *vor Ungeduld vergehen* ‖ comer el ~ de alg. ⟨figf⟩ *von jdm unterhalten werden, in jds Dienst sein* ‖ con su ~ se lo coma ⟨fig⟩ *das ist s–e (ihre) Sache, das geht mich nichts an,* ⟨fam⟩ *das ist sein (ihr) Bier* ‖ el ~ *nuestro de cada día* dánoslo hoy *unser tägliches Brot gib uns heute (Vaterunser)* ‖ ganar su ~ ⟨fig⟩ *sein Brot verdienen* ‖ llamar al ~, ~ y al vino, vino ⟨fam⟩ *die Dinge beim (rechten) Namen nennen* ‖ ser más bueno que el ~ ⟨figf⟩ *ein seelenguter Mensch sein* ‖ ser ~ comido ⟨fig⟩ *leicht zu bewerkstelligen sein, k–e Probleme machen, bereiten, bieten* ‖ ser el ~–s *(nuestro de cada día) zum täglichen Ablauf gehören, das tägliche Brot sein* ‖ venderse como el ~ ⟨fig⟩ *großen Absatz haben,* ⟨fam⟩ *wie warme Semmeln weggehen (Ware)* ‖ no tener para ~ ⟨fig⟩ *sehr notleidend sein* ‖ a ~ duro, diente agudo ⟨Spr⟩ *trockenes Brot braucht scharfe Zähne* ‖ más vale ~ con amor, que gallina con dolor ⟨Spr⟩ *lieber Armut mit Liebe als Reichtum mit Hass* ‖ ~es *mpl Getreide, Korn* n

²pan... präf *All-, Ganz-, Gesamt-, Pan-*
³Pan m ⟨Myth⟩ *Pan* m
¹pana f ⟨Text⟩ *Plüsch* m ‖ *Rippen-, Cord|samt* m ‖ ~ inglesa *Manchesterstoff* m
²pana f ⟨Auto⟩ *Panne* f, *Unfall* m, *Störung* f
³pana f Chi *Leber* f *(der Tiere)* ‖ ⟨fig⟩ *Mut* m, *Beherztheit* f
pánace f ⟨Bot⟩ *Gummiwurz* f (Opopanax chironium)
panacea f *Universal-, Allheil|mittel* n, *Panazee* f (& fig)
panaché m ⟨Kochk⟩ *(Art) Gemüseeintopf* m

panaco m Arg ⟨vulg⟩ *Möse, Muschi* f
panadera f *Bäckerin, Bäckersfrau* f ‖ ⟨fig⟩ *Tracht* f *Prügel*
panade|ría f *Bäckerladen* m ‖ *Bäckerei* f ‖ **–ro** m/adj *Bäcker* m ‖ **~s** *mpl span. Tanz* m *(im ³/₄-Takt)*
panadizo m ⟨fam Med⟩ *Nagelgeschwür* n, *Fingerwurm, Umlauf* m, *Panaritium* n ‖ ⟨fig⟩ *kränkelnde, schwache Person* f
panafrica|nismo m *Panafrikanismus* m ‖ **–nista** m/f *Anhänger(in* f) m *des Panafrikanismus* m ‖ **–no** adj *panafrikanisch*
¹panal m *(Honig)Wabe* f
△ **²panal** m *Freund* m
Pana|má m ⟨Geogr⟩ *Panama* n ‖ ~ *[pl* ~aes] m *Panamahut* m ‖ **=meñismo** m *e–e nur im panamaischen Spanisch vorkommende sprachliche Erscheinung* ‖ **=meño** adj/s *aus Panama, panamaisch,* Öst *panamenisch* ‖ ~ m *Panamaer,* Öst *Panamene* m
panamerica|nismo m *Panamerikanismus* m ‖ *panamerikanische Bewegung* f ‖ **–nista** m/f *Anhänger(in* f) m *des panamerikanischen Gedankens* ‖ **–no** *panamerikanisch*
pan|árabe adj *(m/f) panarabisch* ‖ **–arabismo** m *Panarabismus* m ‖ **–arabista** m/f *Anhänger(in* f) m *des Panarabismus*
panarizo m → **panadizo**
panarra m ⟨fam⟩ *Dumm-, Schwach|kopf, Blödmann* m
pancarta f *Plakat* n ‖ *Spruchband* n ‖ *Transparent* n ‖ *Schild* n
△ **pan|chardí** num *fünfzig* ‖ **–che** num *fünf* ‖ **–chedeque** num *fünfzehn*
¹pancho adj *ruhig, phlegmatisch* ‖ quedarse tan ~ s. *nicht aus der Ruhe bringen lassen,* (alles) an s. *abprallen lassen* ‖ ~ m ⟨fam⟩ *Wanst* m
²pancho m ⟨Fi⟩ *junger Brassen* m
Pan|cho, –chito m ⟨fam⟩ → **Paco (Francisco)**
pan|cista adj *(m/f) opportunistisch* ‖ ~ m/f *(selbstsüchtige[r]) Schlemmer(in* f) m *Opportunist(in* f) m ‖ **–cito** m, **–cita** f dim von **–za**
Pancracio m np *Pankratius, Pankraz* m ‖ ~ m ⟨Sp Hist⟩ *Pankration* n
páncreas m ⟨An⟩ *Bauchspeicheldrüse* f, *Pankreas* n
pan|creático adj *Bauchspeicheldrüse-, Pankreas-* ‖ **–creatina** f ⟨Pharm⟩ *Pankreatin* n ‖ **–creatitis** f *Pankreatitis* f
pancromático adj ⟨Fot⟩ *panchromatisch*
¹panda m ⟨Zool⟩ *Bambusbär, Großer od (Riesen)Panda* m (Ailuropoda melanoleuca) *Katzenbär, Kleiner Panda* m (Ailurus fulgens)
²panda f *Galerie* f *e–s Kreuzgangs*
³panda f ⟨fam⟩ → **pandilla**
pandán m *Pendant* n
△ **pandar** vt *fesseln, binden*
△ **pandarari** m ⟨Tür⟩*Schloss* n
pandear vi s. *werfen, durchhängen (Balken, Mauern)*
Pandectas fpl ⟨Jur⟩ *Pandekten* pl
pandeiro m ⟨Mus⟩ *galicisches Tamburin* n
pan|demia f ⟨Med⟩ *Pandemie* f ‖ **–démico** adj *pandemisch*
pandemónium m *Pandämonium* n, *Aufenthalt* m bzw *Gesamtheit* f *der Dämonen* ‖ ⟨fig⟩ *Stätte* f *des Lasters* ‖ ⟨figf⟩ *Tumult, Wirrwarr, Lärm* m
pandeo m ⟨Tech⟩ *Durchbiegung* f ‖ *Durchhang* m ‖ *Ausbeulen* n ‖ *Knickung* f
pande|ra f → **–ro** ‖ ⟨pop⟩ *Tölpel, Trottel* m ‖ **–rada** f ⟨fam⟩ *Albernheit* f ‖ **–razo** m *Schlag* m *mit der Schellentrommel* ‖ **–reta** f dim von
pandera ‖ *Tamburin* n, *Schellentrommel* f ‖ **–retero** m *Schellentrommelschläger* m ‖ **–ro** m *Schellentrommel* f, *Tamburin* n ‖ *Papierdrache* m

der Kinder ‖ ⟨fig pop⟩ *Hintern* m ‖ ◇ *en buenas manos está el* ~ ⟨fam iron⟩ *die Sache liegt in guten Händen* ‖ **–rón** adj ⟨fam⟩ *aus Villafranca* (P Cord) ‖ *auf Villafranca bezüglich*
△ **pandibó** *m Gefängnis* n
pandi|lla *f* ⟨fam⟩ *Clique, Bande* f ‖ *Bande, Rotte* f ‖ ⟨pop⟩ *Pack, Gesindel* n ‖ ~ *de malhechores Diebespack* n ‖ *Räuber-, Verbrecher|bande f* ‖ ~ *de rapados Skinheadbande* f ‖ **–llaje** *m Bandenwesen* n ‖ **–llero** *m,* **–llista** *m/f Mitglied* n *e–r Bande*
pando adj *krumm, gebogen* ‖ *eben (Gebiet zwischen Bergen)* ‖ ⟨fig⟩ *ruhig, gelassen* ‖ *träg(e) fließend (Fluss)* ‖ *seicht (Gewässer)*
Pandora *f* ⟨Myth⟩ *Pandora* f
pandorga *f* ⟨fam⟩ *plumpe Figur* f ‖ *Papierdrache* m ‖ Mex Col *Spaß, Witz* m
△ **pandorró** *m Riegel* m
panduros mpl ⟨Hist⟩ *Panduren* mpl *(Soldaten)*
panecillo *m* dim von **¹pan** ‖ *Brötchen* n, *Semmel* f ‖ *kleines Weißbrot* n
pane|gírico adj *panegyrisch, lobrednerisch, rührend* ‖ *Lob(es)-* ‖ **–girista** *m/f Lobredner(in* f) m ‖ *Panegyriker(in* f) m
¹panel *m Füllung* f *(e–r Tür, e–r Wand), Paneel* n ‖ ⟨Arch⟩ *Platte* f ‖ ⟨Radio⟩ *Aufbauplatte* f, *Montagebrett* n ‖ ~ *mural Wandpaneel* n ‖ ~ *vacío* ⟨El⟩ *Blind-, Leer|feld* n
²panel *m Panel* n *(Meinungsforschung)* ‖ *Ausschuss* m ‖ *Forum* m ‖ *Diskussionsrunde* f ‖ PR *Panel* n, *Liste* f *der Geschworenen* ‖ *(die) Geschworenen* mpl
panera *f Mehl-, Brot|kammer* f ‖ *Brotkorb* m
panesla|vismo *m Panslawismus* m, *Allslawentum* n ‖ **–vista** *m/f Anhänger(in* f) m *des Panslawismus* ‖ **–vo** adj *panslawistisch*
Paneuro|pa *f Paneuropa* n ‖ ⁼**peo** adj *paneuropäisch*
pánfilo adj/s *allzu gutmütig* ‖ *allzu duldsam* ‖ p. ex *dumm, einfältig* ‖ *naiv* ‖ *langsam, träg(e), phlegmatisch*
panfle|tista *m/f Pamphletist(in* f) m ‖ **–to** *m Pamphlet* n, *Streit-* bzw *Schmäh|schrift* f
panga *f* MAm *Boot* n
pangerma|nismo *m Pangermanismus* m, *Alldeutschtum* n ‖ *großdeutscher Gedanke* m ‖ **–nista** *m/f Anhänger(in* f) m *des Pangermanismus* ‖ **–no** adj *pangermanisch*
pangolín *m* ⟨Zool⟩ *Schuppentier* n (Manis spp)
panhelenismo *m* ⟨Pol⟩ *Panhellenismus* m, *Allgriechentum* n
paniaguado *m Diener, Knecht* m ‖ ⟨figf desp⟩ *Günstling* m ‖ ⟨figf⟩ *Anhänger* m
pánico adj *panisch* ‖ ~ *m Panik* f, *wilder Schrecken* m ‖ ♦ *de* ~ *toll, enorm, super, irre* ‖ ◇ *causar un* ~ *in Schrecken versetzen* ‖ *producir* ~ *(entre) e–e Panik verursachen (bei)*
paniculo *m* ⟨An⟩: ~ *adiposo Unterhautfettgewebe* n, *Panniculus* m *adiposus* (lat), ⟨fam⟩ *Fettpolster* n
paniego adj *Brot-* ‖ *Acker-, Land-*
panifi|cable adj *(m/f) verbackbar, zur Brotherstellung geeignet* ‖ **–cación** *f Brotherstellung* f ‖ *(Brot)Bäckerei* f ‖ ⟨Mil⟩ *Truppenbäckerei* f ‖ **–cadora** *f Brotfabrik* f ‖ **–car** [c/qu] vt *Brot herstellen* (algo *aus et.*) ‖ *zu Brot verbacken* ‖ *(Weideland usw.) zum Getreideacker machen*
panilla *f* dim von **pana** ‖ *(sehr) feiner Cordsamt* m ‖ *altes Maß (etwa 115 g)*
panino *m* Mex *Wespenschwarm* m
△ **panipén** *m Krankheit* f
panisla|mismo *m* ⟨Pol⟩ *Panislamismus* m ‖ **–mista** *m/f Anhänger(in* f) m *des Panislamismus* ‖ **–mo** adj *panislamisch*

panizo *m* ⟨Bot⟩ *Borsten-, Kolben|hirse* f (Setaria italica) ‖ ⟨reg⟩ *Hirse* f (→ **¹mijo**) ‖ ⟨reg⟩ *Mais* m (→ **maíz**)
panocha *f* → **panoja** ‖ Am *Kandiszucker* m
panocho *m*/adj *Bewohner der Huerta von Murcia*
panoja *f Maiskolben* m ‖ ⟨Bot⟩ *Ähren-, Trauben|büschel* n
panoli *m*/adj ⟨fam⟩ *Einfaltspinsel,* ⟨fam⟩ *Simpel* m, *doofe Nuss* f
Panonia *f* ⟨Hist⟩ *Pannonien* n
panoplia *f Waffensammlung* f ‖ *vollständige Rüstung, Panoplie* f
panóptico *m Panoptikum* n ‖ Am *konzentrisch gebautes Zuchthaus*
pano|rama *m Panorama* n, *Rundblick* m ‖ *Rundgemälde* n ‖ ◇ *allí se abre un magnífico* ~ *dort eröffnet s. e–e großartige Aussicht* ‖ ¡*vaya un* ~! *das sind (ja) schöne Aussichten!* ‖ **–rámica** *f Über|blick* m, *-sicht* f ‖ *Aussicht* f ‖ **–rámico** adj *Panorama-*
panorpa *f* ⟨Ins⟩ *Skorpionsfliege* f (Panorpa communis)
panoso adj *mehlig, mehlartig*
panpsiquismo *m* ⟨Philos⟩ *Panpsychismus* m
panqueque *m* Am ⟨Kochk⟩ *(Art) Pfannkuchen* m
△ **panro** *m Finger* m
panroma|nismo *m Panromanismus* m, *Allromanentum* n ‖ **– nista** *m/f Anhänger(in* f) m *des Panromanismus* ‖ **–no** adj *panromanisch*
pansa *m* Ar → **¹pasa**
pansexualismo *m* ⟨Psychol Med⟩ *Pansexualismus* m *(kritische Bezeichnung der Lehre Sigmund Freuds)*
pan|sinusitis *f* ⟨Med⟩ *Pansinusitis, Entzündung* f *aller Nasennebenhöhlen*
pan|siquismo *m* → **–psiquismo**
pansofia *f universelles Wissen* n, *Pansophie* f
pantagruélico adj ⟨figf⟩ *schlemmerisch, gierig essend* ‖ ⟨fig⟩ *gewaltig, riesig, gigantisch, massig*
pantalán *n* ⟨Mar⟩ *Bootssteg* m
Pantaleón (fam **Panta**) *m* np *Pantaleon* n
pantaletas *fpl* Mex *Damen-, Mädchen|schlüpfer* m
pantalla *f Licht-, Lampen|schirm* m ‖ *Kamin-, Ofenschirm* m ‖ *Augenschirm* m ‖ *Abschirmung* f ‖ ⟨Film⟩ *Bild-, Lein|wand* f ‖ ⟨Inform TV⟩ *Bildschirm* m ‖ ⟨pop⟩ *Strohmann* m ‖ ~ *antirruido Lärmschutzwand* f ‖ ~ *cortavientos Windschutzzaun* m ‖ ~ *gigante* ⟨TV⟩ *Großbildschirm* m ‖ ~ *panorámica* ⟨Film⟩ *Breitwand* f ‖ *la pequeña* ~ ⟨TV figf⟩ *das Fernsehen,* ⟨fam⟩ *das Pantoffelkino* n ‖ ~ *perlada Perl(lein)wand* f ‖ ~ *plana Flachbildschirm* m ‖ ~ *de radar Radarschirm* m ‖ ◇ *la mano puesta sobre los ojos a guisa de* ~ *(haciendo* ~ *de su mano) s. die Augen mit der Hand beschirmend* ‖ *llevar (od trasladar) a la* ~ *verfilmen* ‖ *retirarse de la* ~ *das Filmen aufgeben (Schauspieler)* ‖ *salir en la* ~ *als Filmkünstler auftreten* ‖ *servir de* ~ *Alibifunktion haben*
pantallear vt Arg Ur *fächeln*
panta|lón *m Hose* f ‖ ~ *corto Kniehose* f ‖ ~ *de fuelle sehr breite Hose* f ‖ ~ *de montar Reithose* f ‖ ~ *de niño Kinderhose* f ‖ ~ *a media pierna Kniehose* f ‖ ~ *con pliegues (longitudinales) Hose* f *mit Bügelfalten* ‖ ~ *con rodilleras Hose* f *mit ausgebeulten Knien* ‖ ~ *de señora Damenhose* f ‖ ~ *tejano,* ~ *(de) vaquero Niethosen* fpl, *Blue jeans* pl ‖ ◇ *bajarse los* –lones *klein beigeben, kuschen, den Schwanz einziehen* ‖ *llevar* ~ *largo lange Hosen tragen* ‖ *ponerse (od llevar) los* –lones ⟨figf⟩ *das Regiment führen, die Hosen anhaben (Ehefrau)* ‖ **–lonera** *f*

Hosenschneiderin f || **–lonetas** *fpl* Am *Damen-, Mädchen\schlüpfer* m
panta\no *m Sumpf* m, *Moor* n, *Morast* m || *(Kot)Lache, Pfütze* f || *Talsperre* f || *Stau\see* m, *-becken* n || *Stauwerk* n || **–noso** *adj morastig* || *sumpfig* || *Moor-* || *Sumpf-*
    pantaruja *f* Extr *Gespenst* n, *Geist* m
    pantasma *m* ⟨pop⟩ → **fantasma**
    panteís\mo *m Pantheismus, Allgottglaube* m || **–ta** *adj (m/f) pantheistisch* || ~ *m/f Pantheist(in* f) m
    panteón *m Pantheon* n || *Ruhmeshalle* f || ~ *de familia Familiengruft* f || ~ *de los Reyes königliche Gruft f im Escorial*
    pantera *f* ⟨Zool⟩ *Panther, Leopard* m (Panthera pardus) || ~ *de las nieves Irbis, Schneeleopard* m (Uncia uncia)
    pantimedias *fpl* Mex *Strumpfhose* f
    pantis *mpl Strumpfhose* f
    pantocrátor *m* ⟨Mal⟩ *Pantokrator* m
    pantófago *adj alles(fr)essend, pantophag*
    pantógrafo *m Pantograph, Storchschnabel* m || ⟨EB⟩ *Schere(nstromabnehmer* m) f *(bei elektrischen Lokomotiven)*
    panto\mima *f* ⟨Th⟩ *Pantomime* f, *Gebärdenspiel* n || **–mímico** *adj pantomimisch* || **–mimo** *m Pantomime* f
    pantoque *m* ⟨Mar⟩ *Kimm* f *(Krümmung), Kielgang* m
    pantorra *f* ⟨fam⟩ → **pantorrilla** || ⟨fam⟩ *dicke Wade* f
    pantorri\lla *f Wade* f || ◇ *echar* ~s *dicke Waden bekommen* || *enseñar las* ~ ⟨fam⟩ *die Beine zeigen (Frau)* || **–lludo** *adj mit dicken Waden*
    pantu\fla *f,* **–flo** *m* ⟨fam⟩ *Pantoffel, Hausschuh* m || **–flazo** *m Schlag* m *mit dem Pantoffel*
    panty *m* ⟨Text⟩ *Panty* f
    panucho *m* Chi *geröstetes Mehl* n
    panucho *m* Mex ⟨Kochk⟩ *Maisfladen* m *mit Bohnen und Hackfleisch*
    panudo *adj* Cu *fleischig (Frucht)*
    pan\za *f Bauch, Wanst* m || *Pansen* m *(Vormagen der Wiederkäuer)* || ~ *de burro bleigrauer Himmel* m *(bes. bei Schneewetter)* || ◇ *echar* ~ *Bauch ansetzen* || *tumbarse* ~ *arriba* ⟨fam⟩ *s. auf den Rücken strecken* || **–zada** *f* ⟨fam⟩: *darse una* ~ ⟨fam⟩ *s. den Bauch voll schlagen, s. voll stopfen*
    Panza *m* np → **Sancho**
    pan\zudo, –zón *adj dickbäuchig*
    pañal *m Windel* f || ~**es** *mpl Wickelzeug* n || ⟨fig⟩ *Kinderjahre* npl || ◇ *nacido en toscos* ~ ⟨fig⟩ *von niederer Herkunft* || *haber salido de* ~ ⟨fig⟩ *aus den Kinderschuhen heraus sein*
    △ **pañaló** *m Branntwein* m
    páne\ría *f Tuchhandlung* f || *Tuchhandel* m || *Tucharten* fpl || **–ro** *m Tuchhändler* m || **–te** *m minderwertiges Tuch* n, *Flaus* m
    △ **pañí** *f Wasser* n
    pañizuelo *m* → **pañuelo**
    paño *m Tuch* n (& Mar) || *Stoff* m, *Zeug* n || *Bahn* f *e–s Tuchs* || *Breite* f *(e–s Tuchs* & fig) || *Vor-, Be\hang* m || *Muttermal* n || *Trübe(s), Angelaufene(s)* n *(an Spiegeln)* || ⟨Arch⟩ *Füllung* f || ⟨Med⟩ *Umschlag* m, *Tuch* n || *Spielfläche* f *(Billard)* || ~ *sin batanar* → ~ *loden* || ~ *de mucho cuerpo derbes, schweres Tuch* n || ~ *higiénico Damen-, Monats\binde* f || ~ *de lágrimas* ⟨fig⟩ *Tröster,* ⟨fam⟩ *seelischer Mülleimer* m || ~ *de limpiar (Ab)Wischtuch* n || ~ *a listas gestreiftes Tuch* n || ~ *loden Lodenstoff* m || ~ *de pulir Poliertuch* n || ~ *de salvamento Sprungtuch* n || ~ *para uniformes Uniformtuch* n || ◇ *acudir al* ~ ⟨Taur⟩ *der Muleta gehorchen (Stier)* || ⟨fig⟩

auf den Leim gehen || *conocer el* ~ ⟨figf⟩ *den Rummel kennen* || *cortar ancho el* ~ *ajeno* ⟨figf⟩ *aus fremder Leute Leder Riemen schneiden* || *dar (un)* ~ ⟨Th⟩ *(dem Schauspieler) in der Kulisse vorsagen* || *guardar como oro en* ~ ⟨fig⟩ *wie s–n Augapfel hüten* || *ser del mismo* ~ ⟨figf⟩ *ein und dasselbe sein* || ~**s** *mpl Kleidung* f || *Stoffbehänge* mpl || ~ *calientes heiße Umschläge* mpl || ⟨fig⟩ *un\wirksame bzw -zureichende Maßnahmen* fpl || *allzuviel Rücksicht* f || ◆ *en* ~ *menores noch nicht ganz angezogen* || *in Unterhosen* || *halb nackt* || *im Negligé*
    pañol *m* ⟨Mar⟩ *Spind* m (& n), *Kammer* f || ~ *de carbón Kohlenbunker* m
    paño\leta *f (kleines) Halstuch* n *für Frauen* || *Dreiecktuch* n || *Busentuch* n *der Frauen* || **–lón** *m Umhang, Schal* m, *großes Umhängetuch* n *(der Frauen)* || ~ *de Manila Manilatuch* n *(→* **mantón***)*
    pañuelo *m (Hals-, Schulter)Tuch* n || ~ *(de bolsillo) Taschentuch* n || ~ *para (od de) cabeza Kopftuch* n || ~ *de seda seidenes (Taschen)Tuch* n || ◇ ¡el mundo es un ~! *wie klein ist (doch) die Welt! (bei Begegnung an e–m unerwarteten Ort)*
    pap. ⟨Abk⟩ = **¹papel**
    ¹papa *m Papst* m || *el* ~ *Luna span. (Gegen)Papst* m *(†1423) unter dem Namen Benedikt XIII.*
    ²papa *m* ⟨fam⟩ *Papa, Vati* m
    ³papa *f Kartoffel* f *(bes. And & Am)* || ~ *dulce* → **¹batata** || ~ *de caña Erdbirne* f
    ⁴papa *f* ⟨figf⟩ *Lüge, Ente* f || *wertloses Ding* n || ◇ *no saber una* ~ ⟨pop⟩ *erzdumm, bescheuert sein*
    papá *m* ⟨fam⟩ *Papa, Vati* m || ~ *grande* ⟨Mex⟩ *Großvater* m || ~ *Noel* ⟨frz⟩ *Weihnachtsmann* m || ~**s** *mpl* ⟨fam⟩ *Eltern* pl
    papable *adj (m/f) zum Papst wählbar* || p.ex ⟨fam⟩ *kandidierend bzw in Frage kommend (für e–e Ernennung, für ein Amt)*
    papacara *f* Ec ⟨pop⟩ *Schnee* m
    papachar vt Mex *tätschah*
    papa\da *f Doppelkinn* n || *Wamme* f *(des Rindviehs)* || **–dilla** *f Doppelkinn* n
    papadineros *m* ⟨fam⟩ *Preller, Betrüger, Bauernfänger, Beutelschneider* m
    papado *m Papsttum* n, *Papstwürde* f
    papafigo *m* ⟨V⟩ *Feigendrossel* f
    ¹papagayo *m Papagei* m || ⟨figf⟩ *Schwätzer* m || ◇ *repite todo como un* ~ *er (sie, es) plappert alles nach*
    ²papagayo *m* ⟨Fi⟩ *Papageifisch* m (Scarus cretensis)
    ³papagayo *m* Arg ⟨Med⟩ *Urinflasche* f
    ⁴papagayo *m* Ven *Drachen* m
    ¹papahígo *m Tuch-, Winter-, Ohren\mütze* f
    ²papahígo *m* ⟨Mar⟩ *Großsegel* n *(außer Besan)*
    papahuevos *m* → **papanatas**
    papa\íto *m* [Am ⟨pop⟩ **–cito**] ⟨fam⟩ *Väterchen* n, *Vati, lieber Vater* m *(Kosename)*
    ¹papal *adj (m/f) päpstlich, Papst-*
    ²papal *m* Am *Kartoffelfeld* n
    papalina *f Ohrenmütze, Haube* f || ⟨fam⟩ *Rausch* m || ◇ *coger una* ~ ⟨fam⟩ *s. betrinken*
    △ **papallona** *f Nutte* f
    papalón *m* Mex *Frechdachs, Lausebengel* m
    papalote *m* Guat Mex *Drachen* m
    papamoscas *m* ⟨V⟩ *(Fliegen)Schnäpper* m || ⟨figf⟩ *Simpel, Einfaltspinsel* m || ~ *die Uhr in der Kathedrale von Burgos mit der Figur des Fliegenfressers* || ~ *cerrojillo* ⟨V⟩ *Trauerschnäpper* m (Ficedula hypoleuca) || ~ *collarino Halsbandschnäpper* m (F. albicollis) || ~ *gris,* ~ *común Grauschnäpper* m (Muscicapa

striata) ‖ ~ papirrojo *Zwergschnäpper* m
(*Ficedula parva*)
papamóvil *m Papamobil* n
papanatas *m Simpel, Einfaltspinsel* m
papar vt ⟨fam⟩ *essen* (*Brei bzw ohne zu*
kauen) ‖ ~ *moscas od viento* ⟨fam⟩ *gaffen*
paparazzo *m Paparazzo* m
paparda *f* ⟨Fi⟩ *Makrelenhecht* m
paparrabias *m* (*stets*) *übel gelaunter Mensch* m
paparrucha, –da *f* ⟨fam⟩ *Lüge, Ente* f ‖ *wert-,*
inhalt(s)\|lose, unerbauliche Lektüre f ‖ (*leeres*)
Geschwätz n
△ **paparuñí** *f Großmutter* f
papasal *m Kleinigkeit, Bagatelle* f
△ **papatuque** *m Vater* m
papave\|ráceas *fpl* ⟨Bot⟩ *Mohngewächse* npl
(*Papaveraceae*) ‖ **–rina** *f* ⟨Chem⟩ *Papaverin* n
papavientos *m* → **papanatas**
papa\|ya *f* ⟨Bot⟩ *Papaya* f (*Frucht*) ‖ **–yo** *m*
Melonenbaum m, *Papaya* f (*Carica papaya*)
papear vi *stammeln, stottern, lallen*
[1]papel *m/adj Papier* n ‖ *Schriftstück* n ‖ *Zettel*
m ‖ *Tapete* f ‖ *Wechsel(brief)* m ‖ *Wert-,*
Börsen\|papier n ‖ *Papiergeld* n ‖ *Zeitung* f ‖
Flugblatt n ‖ ~ *albuminado* ⟨Fot⟩ *Albuminpapier*
n ‖ ~ *alfa Alfapapier* n ‖ ~ *de aluminio*
Aluminiumfolie f ‖ ~ *de barba unbeschnittenes*
(*Bütten*)*Papier* n ‖ ~ *biblia Dünn-,*
Bibeldruck\|papier n ‖ ~ (*de bolsa*) *seguro*
(*dudoso*) (*un*)*sicheres* (*Börsen*)*Papier* n ‖ ~
brillante Glanzpapier n ‖ ~ *de bromuro de plata*
⟨Fot⟩ *Bromsilberpapier* n ‖ ~ *de calcar,* ~ *de*
calco Pauspapier n ‖ ~ *carbón*
Kohle(druck)papier n ‖ ~ *cebolla Durchschlagpapier* n ‖
Post\|papier n ‖ ~ (*de*) *celofán Cellophanpapier* n, *Zellglas* n ‖
~ (*de*) *celofán Cellophanpapier* n, *Zellglas* n ‖
cocina Küchen\|papier n, -*rolle* f ‖ ~ *continuo*
fortlaufendes Maschinenpapier n ‖ *Rollenpapier* n
‖ ~ *de copiar Kopierpapier* n ‖ ~ *para copias*
Durchschlagpapier n ‖ ~ *a corto plazo kurzes*
Papier n (*Börse*) ‖ ~ *crespón,* ~ *crepe*
Krepppapier n ‖ ~ *crucial* ⟨fig⟩ *Schlüsselstellung*
f ‖ ~ *cuadriculado kariertes Papier* n ‖ ~ *cuché*
Kunstdruckpapier, gestrichenes Papier n ‖ ~ *de*
China Bambuspapier n ‖ ~ *de desecho*
Ausschusspapier n, *Makulatur* f ‖ ~ *de dibujo*
Zeichenpapier n ‖ ~ *dorado Goldpapier* n ‖ ~ *de*
embalar, ~ *de empaquetar,* ~ *de envolver*
Packpapier n ‖ ~ *de empapelar Tapete* f ‖ ~
encerado Wachspapier n ‖ ~ *engomado*
gummiertes Papier n ‖ ~ *de od para escribir*
Schreibpapier n ‖ ~ *esmeril(ado) Schmirgelpapier*
n ‖ ~ *de estaño Stanniol* n ‖ ~ *de estracilla*
(*feines*) *Löschpapier* n ‖ ~ *de estraza Lösch-,*
Pack\|papier n ‖ ~ *estucado* → ~ *cuché* ‖ ~ *de*
fantasía Überzugspapier n ‖ ~ (*de*) *filtro Filter-,*
Filtrier\|papier n ‖ ~ *florete sehr feines Papier* n ‖
~ *de fumar Zigarettenpapier* n ‖ ~ *de gracioso*
⟨Th⟩ *Komikerrolle* f ‖ ~ *de guarda Vorsatzpapier*
n ‖ ~ *heliográfico Lichtpauspapier* n ‖ ~
hierático Papyrus m ‖ ~ *higiénico Toiletten-,*
Klosett\|papier n ‖ ~ (*de*) *hilo Leinenpapier* n ‖ ~
de imprimir Druckpapier n ‖ ~ *japón*
Japanpapier n ‖ ~ *jaspeado Marmorpapier* n ‖ ~
kraft Kraftpapier n ‖ ~ *de lija Sand-, Glas-,*
Schmirgel\|papier n ‖ ~ *de lustre Glanzpapier* n ‖
~ *sin madera holzfreies Papier* n ‖ ~
matamoscas Fliegenpapier n ‖ ~ *mate* ⟨Fot⟩
Mattpapier n ‖ ~ *ministro Kanzleipapier* n ‖ ~
moneda Papiergeld n ‖ ~ *mostaza Senfpapier* n ‖
~ *de música Notenpapier* n ‖ *Musikalien* pl ‖ ~
offset Offsetpapier n ‖ ~ *de oficio Kanzleipapier*
n ‖ ~ *parafinado Wachspapier* n ‖ ~ *pautado*
liniiertes Papier, Notenpapier n ‖ ~ *pergamino*
Pergamentpapier n ‖ ~ *de periódico*

Zeitungspapier n ‖ ~ *pigmento* ⟨Fot⟩
Pigmentpapier n ‖ ~ *pintado Tapete*(*npapier* n) f
‖ ~ *pluma Federpapier, feines leichtes*
Druckpapier n ‖ ~ *rayado Linienpapier* n ‖ ~
reactivo Reagenzpapier n ‖ ~ *reciclable*
Recyclingpapier n ‖ ~ *de renta Rentenpapier* n ‖
~ *reticulado Rasterpapier* n ‖ ~ *de revelado*
⟨Fot⟩ *Entwicklungspapier* n ‖ ~ *rizado*
Krepppapier n ‖ ~ *sanitario* Cu Mex → ~
higiénico ‖ ~ *satinado satiniertes Papier* n ‖ ~
secante Fließ-, Lösch\|papier n ‖ ~ *de seda*
Seidenpapier n ‖ ~ *sellado* → *timbrado* ‖ ~
sensible ⟨Fot⟩ *Fotopapier* n ‖ ~ *sepia* ⟨Fot⟩
Sepiapapier n ‖ ~ *de solista* ⟨Mus⟩ *Solostimme,*
Solistenrolle f ‖ ~ *timbrado Stempelpapier,*
gestempeltes Formblatt n ‖ ~ *de tina*
Büttenpapier n ‖ ~ *de tornasol* ⟨Chem⟩
Lackmuspapier n ‖ ~ *transparente*
Transparentpapier n ‖ ~ *velín,* ~ *velina,* ~ *vitela*
Velinpapier n ‖ ~ *vergé,* ~ *vergueteado,* ~
verjurado Vergépapier, geripptes Papier n ‖ ~ *de*
vidrio Schmirgel-, Glas\|papier n ‖ ♦ *de* ~ *aus*
Papier, papieren, Papier- ‖ *pálido como el* ~
⟨pop⟩ *leichenblass* ‖ ◇ *el* ~ *lo aguanta todo*
Papier ist geduldig ‖ *ser* ~ *mojado* ⟨fig⟩ *nicht*
mehr aktuell sein ‖ *Makulatur sein* ‖ **–es** *mpl*
Schriftstücke npl ‖ *Ausweispapiere* npl ‖ ⟨Mar⟩
Schiffspapiere npl ‖ *Mietzettel* mpl ‖ ⟨fam⟩
Tagespresse f ‖ ~ *de a bordo* ⟨Mar⟩
Schiffspapiere npl ‖ ~ *del Estado Staatspapiere*
npl ‖ ~ *comerciales,* ~ *de negocios*
Geschäftspapiere npl ‖ ~ *a la orden Orderpapiere*
npl ‖ ◇ *poner* ~ *en los balcones Span Mietzettel*
auf den Balkongittern anbringen ‖ *traer los* ~
mojados ⟨figf⟩ *Unwahres erzählen*
[2]papel *m Rolle* f ⟨& Th⟩ ‖ ◇ *hacer* (*un*) ~
⟨fig⟩ *e–e Rolle spielen* ‖ Am ⟨pop⟩ *s. blamieren* ‖
hacer el ~ *so tun als ob, vorspiegeln* ‖ *hacer el* ~
de madre die Mutterstelle vertreten ‖ *hacer su* (*od*
buen) ~ ⟨fig⟩ *auf s–m Platz sein, s. bewähren* ‖
hacer un ~ *ridículo* ⟨fam⟩ *s. blamieren* ‖ *saber*
bien su ~ ⟨Th⟩ *s–e Rolle gut können* (& fig) ‖
sacar de ~ *die Rollen* (*e–s Theaterstückes*)
ausschreiben
pape\|lear vi *in Papieren herumstöbern* ‖ ⟨figf⟩
protzen ‖ ⟨fig⟩ *e–e Rolle spielen wollen, s. nicht*
durchschauen lassen ‖ **–lejo** *m* dim von **papel** ‖
–leo *m Herum- bzw Durch\|stöbern* n *mit Papieren*
‖ *Papierkrieg* m ‖ **–lera** *f Papier-, Akten\|schrank*
m ‖ *Papierkorb* m ‖ *Papierfabrik* f ‖ **–lería** *f*
Schreibwarengeschäft n ‖ *Papierwaren* fpl ‖ **–lero**
adj *Papier-* ‖ ~ *m Papierhändler* m ‖ ⟨joc⟩
Prahlhans, Groß-, Wichtig\|tuer m ‖ **–leta** *f Zettel*
m, *Papier* n ‖ *Wahlzettel* m ‖ *Pfandzettel* m ‖
Arbeits-, Lauf\|zettel m ‖ *Beichtzettel* m ‖
(*Papier*)*Tüte* f ‖ ⟨figf⟩ *schwierige bzw*
unangenehme Aufgabe f ‖ Guat *Visitenkarte* f ‖ ~
de empeño Pfand\|zettel, -schein m ‖ ~ *de*
votación Stimmzettel m ‖ ◇ *hacerle la* ~ *a u.* Arg
⟨pop⟩ *jdn um die Ecke bringen* ‖ **–letizar** vi/t *auf*
Zetteln festhalten, e–e Zettelkartei anlegen ‖ **–lillo**
m dim von **[1]papel** *Papierzigarre* f ‖
(*Haar*)*Wickel* m ‖ ⟨Pharm⟩ *Briefchen* n (*mit*
Medikamenten) ‖ *hecho* ~ Ven ⟨fig⟩ *puterrot*
(*schamrot*) ‖ **–lina** *f* [in der Drogenszene]
Briefchen n (*mit Kokain*) ‖ **–lista** *m/f*
Papierfabrikant(in f) m ‖ *Tapezierer(in* f) m ‖ Cu
⟨fig⟩ *Querulant(in* f) m ‖ Arg ⟨fig⟩ *Angeber(in* f)
m ‖ **–lón** *m/adj Wisch* m, *elendes Schriftwerk* n ‖
Papiertüte f ‖ ⟨Th⟩ *undankbare Rolle* f ‖ ⟨fig⟩
Prahlhans, Groß-, Wichtig\|tuer m ‖ ◇ *hacer un* ~
⟨fam⟩ *s. blamieren* ‖ **–lonear** vi ⟨fam⟩ *angeben,*
protzen, großtun ‖ **–lote, –lucho** *m* ⟨desp⟩ *Wisch,*
Schund m ‖ **–lote** *m Altpapier* n (*als Rohstoff*) ‖
Cu *Papierdrachen* m

papeo m ⟨fam⟩ *Essen* n
papera f ⟨Med⟩ *Kropf* m ‖ **~s** fpl ⟨Med⟩
Mumps, Ziegenpeter m
papi m ⟨fam⟩ *Vati, Papi, Paps* m
△ **papí** f *Gans* f
papiamento m ⟨Ling⟩ *Papiamento* n
△ **papichoré** f *Ente* f
△ **papil** m *Eintrittskarte* f
papi|la f ⟨An⟩ *Papille* f, *Wärzchen* n ‖ ~
gustativa *Geschmacksbecher* m ‖ **–lar** adj
Papillen- ‖ ⟨An⟩ *warzenartig*
papilionáceas fpl ⟨Bot⟩ *Schmetterlingsblütler*
mpl (Papilionaceae, Leguminosae) (→
leguminosas)
papiliónidos mpl ⟨Ins⟩ *Ritter, Edelfalter* mpl
(Papilionidae)
papilla f *(Kinder)Brei* m ‖ ⟨figf⟩ *hinterlistige
Handlung* f ‖ ~ de leche *Milchbrei* m ‖ ◇
alimentar con ~, dar ~ *aufpäppeln* (a un bebé
ein Baby) ‖ dar ~ a alg ⟨fam⟩ *jdm Honig um den
Bart streichen* ‖ hacer ~ ⟨figf⟩ *zerquetschen,*
⟨pop⟩ *kaputtmachen*
papillota f, **papillote** m *Haar-, Locken|wickel*
m
papilo|ma m ⟨Med⟩ *Papillom* n ‖ **–so** adj *mit
Papillen bedeckt*
papilón adj ⟨fam⟩ *verzärtelt, weichlich*
papiniano adj/s *auf den ital. Dichter und
Denker Giovanni Papini (1881–1956) bezüglich*
△ **papinoró** m *Affe* m
papión m ⟨Zool⟩ *Pavian, Hundsaffe* m (Papio
sp)
△ **pápira** f *Brieftasche* f ‖ *(Droh)Brief* m
¹papi|ro m ⟨Bot⟩ *Papyrus(staude* f) m
(Cyperus papirus) ‖ *Papyrus* m *(Schriftrolle,
Schreibstoff)* ‖ **–rología** f *Papyruskunde* f ‖ ⟨joc⟩
Kunst, Papier zu Figuren zu falten ‖ **–rólogo** m
Papyruskundler m
²papiro, inc **pápiro** m ⟨joc⟩ *Geldschein* m,
Banknote f
papiroflexia f *Kunst* f *des Papierfaltens*
papi|rología f *Papyrologie* f ‖ **–rólogo** m
Papyrologe m
papi|rotazo, –rote m *Nasenstüber* m
papisa f *Päpstin* f
papis|mo m *Papismus* m ‖ **–ta** *Papist(in* f),
Päpstler(in f), *Römling* m ‖ ◇ ser más ~ que el
papa ⟨fam⟩ *päpstlicher als der Papst sein*
papito m ⟨fam⟩ *Vati, Papi, Paps* m
¹papo m *Wamme* f *der Rinder* ‖ *Kropf* m *der
Vögel* ‖ ⟨pop⟩ *Kropf* m *des Menschen* ‖ Am ⟨fig⟩
Dummkopf m
²papo m ⟨vulg⟩ *Möse, Muschi* f
papo|rrear vi SAm *sinnlos daherreden* ‖
–rreta f *sinnloses Gerede* n ‖ *teilnahmsloses
Herunterleiern* n
páprika f ⟨Bot⟩ → **pimentón**
papú [pl ~**úes**], **papua** adj *papuanisch* ‖ ~ m
Papua m ‖ **Papua Nueva Guinea** f ⟨Geogr⟩
Papua-Neuguinea n
papudo adj *dickkröpfig (Vogel)*
△ **papujó** m *Haselnuss* f
pápula f ⟨Med⟩ *Hautknötchen* n, *Blatter, Papel*
f
△ **paque** m *Hälfte* f
paquear vi ⟨Hist⟩ *aus dem Hinterhalt schießen
(Mauren gegen Spanier)* ‖ p.ex *schießen
(Freischärler, Heckenschütze)* ‖ (→ **¹paco**)
paquebote m ⟨Mar⟩ *Paketboot* n ‖
Passagierschiff n
paque|te m *Paket* n ‖ *Päckchen* n ‖ *Bündel* n ‖
Pack m ‖ ⟨Mar⟩ ~ **paquebote** ‖ ⟨Typ⟩ *Satzstück* n
‖ ⟨figf⟩ *Modepuppe* f ‖ ⟨figf⟩ *Bei-* bzw
Sozius|fahrer m *(auf e–m Motorrad)* ‖ ⟨figf⟩
lästiger Kram m ‖ ⟨figf⟩ *derber Verweis,* ⟨fam⟩

Anschnauzer m ‖ ⟨fig vulg⟩ *Geschlechtskrankheit*
f ‖ ~ de acciones *Aktienpaket* n ‖ ~ postal
Postpaket n ‖ ◇ cargar con el ~ *(et.) auf s.
nehmen (müssen)* ‖ ir hecho un ~ ⟨figf⟩
ge|schniegelt und -bügelt sein ‖ **–tera** f ⟨Auto⟩
Kastenwagen m ‖ **–tería** f *Paket|gut* n, *-ware* f ‖
–tero adj *Paket-* ‖ ~ m *Paketmacher* m ‖
Paketverteiler m (z.B. *von Zeitungspaketen*) ‖ Ec
⟨fig⟩ *Betrüger* m ‖ **–tito** m *Päckchen* n ‖ **–to** adj
Am ⟨fam⟩ *elegant* ‖ **–tudo** adj Mex *gut gekleidet*
‖ *stolz*
   paquidermos mpl ⟨Zool⟩ *Dickhäuter* mpl
   paquimeningitis f ⟨Med⟩ *Pachymeningitis* f
   paquistaní [pl ~**íes**] adj *(m/f)* → **pakistaní
   Paquito** m, ~**a** f ⟨pop⟩ dim von **Paco, Paca**
   ¹par adj/s *(m/f) gleich* ‖ *ähnlich* ‖ *gerade
(Zahl)* ‖ ◆ a ~ de *neben, bei* ‖ *gleichsam, wie* ‖
a(l) ~ *(zu)gleich* ‖ a la ~ *gleichzeitig* ‖ ⟨Com⟩
(al) pari
   ²par m *Paar* n ‖ un ~ *zwei Stück* ‖ un ~ de
amigos *zwei Freunde* ‖ un ~ de pantalones *e–e
Hose* ‖ un ~ de tijeras *e–e Schere* ‖ un ~ de
zapatos *ein Paar Schuhe* ‖ ◆ a ~es *paarweise* ‖
sperrangelweit offen (Tür) ‖ *sperrangelweit offen
(Augen)* ‖ sin ~ *unvergleichlich, ohnegleichen* ‖
la sin ~ *Dulcinea die unvergleichliche Dulzinea* ‖
a ~es *zu zweit* ‖ *paarweise* ‖ ◇ jugar a ~es y
nones „*gerade*" od „*ungerade*" *spielen*
   ³par m ⟨Phys⟩ *Kräftepaar* n ‖ *Moment* n
   ⁴par m ⟨Arch⟩ *Sparren* m
   ⁵par f: a la ~ *(zu)gleich* ‖ *ebenso* ‖ a la ~ que
decía *indem (während, wobei) er sagte* ‖
trabajador a la ~ que honrado *arbeitsam und
zugleich (auch) ehrlich*
   ⁶par m ⟨Hist frz⟩ *Pair* m ‖ ~ de Francia *Pair*
m *de France*
   ⁷par prep = **por**
   ¹para prep *für, wegen, um* ‖ *zu, auf* ‖ *für, zu* ‖
gegen, zu ‖ *nach* ‖ *bis (nach)*
   1. Z i e l , Z w e c k : trabajar ~ vivir y no
vivir ~ trabajar *arbeiten, um zu leben, und nicht
leben, um zu arbeiten* ‖ ~ acabar de una vez *um
die Sache endgültig zu beenden* ‖ *kurz und gut*
   2. R i c h t u n g : ~ allá *dorthin* ‖ salir ~ París
nach Paris abreisen ‖ va ~ una hora *es ist schon
fast e–e Stunde her*
   3. Z e i t b e s t i m m u n g : pagaré ~ San
Martín *ich werde zu Martini bezahlen* ‖ ~
siempre für immer
   4. Z w e c k , V e r w e n d u n g : es bueno ~
comer *man kann es essen* ‖ no sirve ~ nada *es
taugt zu nichts* ‖ es ist nichts wert ‖ dar ~ fumar
(jdm) Geld zum Rauchen geben ‖ ser ~ poco *zu
wenig(em) zu gebrauchen sein, wenig taugen*
   5. G e g e n s a t z , E n t g e g e n s t e l l u n g :
muy tarde vienes ~ la prisa que yo tengo *du
kommst reichlich spät bei der Eile, die ich habe*
   6. V e r g l e i c h , V e r h ä l t n i s : poco le
alaban ~ lo que merece *man lobt ihn weniger, als
er verdient* ‖ es muy alto ~ sus años *er ist sehr
groß für sein Alter*
   7. G r u n d , U r s a c h e : ¿~ qué lo haces?
warum tust du es? ‖ ¿~ eso me llamas? *deswegen
rufst du mich?* ‖ no hay ~ qué decir que … es
erübrigt s. zu sagen, dass …
   8. B e r e i t s c h a f t , i m B e g r i f f s e i n :
estoy ~ marchar *ich bin im Begriff fortzugehen* ‖
está ~ llegar *er (sie, es) kommt jeden Augenblick,
er (sie, es) wird gleich kommen*
   9. B e z u g a u f s i c h s e l b s t : leer ~ sí
für s. od *leise lesen* ‖ ~ mí, … *was mich betrifft,
…* ‖ tengo ~ mí que … *ich meinerseits meine,
dass …*
   10. V e r h ä l t n i s , B e h a n d l u n g : está
amable ~ conmigo *er (sie, es) ist freundlich zu*

mir ‖ las obligaciones ~ con el prójimo *die Pflichten gegen den Nächsten*
    11. S t i m m u n g , L a u n e : no estoy ~ bromas *ich bin nicht zum Spaßen aufgelegt* ‖ no está el horno ~ bollos(, ni la madera para hacer cucharas) ⟨figf⟩ *ich bin dazu nicht aufgelegt*
    12. D i e n s t w i l l i g k e i t : estoy ~ Vd. *ich stehe Ihnen zu Diensten*
    13. a l s B i n d e w o r t : se levantó ~ en seguida *dejarse caer er (sie, es) stand auf, um gleich darauf (kraftlos) zusammenzufallen* ‖ tienes el libro ~ que lo leas *(od ~ leerlo) du hast das Buch, um es zu lesen*
    ²**para** *f* Sant → **parada**
    ³**para** *m* Mex *Hirse* f
    Pará *m* ⟨Geogr⟩ *Pará (Staat in Brasilien)*
    parabalas *m Kugelfang* m
    △ **parabelar** vt *brechen*
    parabéllum *f Parabellum(pistole)* f
    parabién *m Glückwunsch* m ‖ ¡mi ~ (mis parabienes)! *m–e Glückwünsche!* ‖ ◇ dar el ~ a alg. *jdn beglückwünschen*
    parábola *f Gleichnis* n, *Parabel* f ‖ ⟨Math⟩ *Parabel* f ‖ la ~ de los talentos ⟨Rel⟩ *das Gleichnis von den (anvertrauten) Pfunden*
    para|bólico adj *gleichnishaft, Parabel-, parabolisch* ‖ ⟨Math⟩ *parabolisch, Parabol-* ‖ **–boloide** *m* ⟨Math⟩ *Paraboloid* m
    parabrisa(s) *m* ⟨Auto⟩ *Windschutzscheibe* f
    ¹**paraca** *f* Am ⟨Meteor⟩ *starker, vom Pazifik her wehender Wind* m
    ²**paraca** *m Kurzform für* **paracaidista**
    para|caídas *m* ⟨Flugw⟩ *Fallschirm* m ‖ **–caidismo** *m Fallschirmspringen* n ‖ Mex ⟨pop⟩ *illegale Besetzung von Grundstücken nach Art der Hausbesetzer* ‖ **–caidista** *m/f Fallschirmspringer(in* f) m ‖ ⟨Mil⟩ *Fallschirmjäger(in* f) m
    para|chispas *m Funkenschutz* m ‖ **–choques** *m* ⟨Auto⟩ *Stoßstange* f ‖ ⟨EB⟩ *Prellbock* m ‖ **–chutista** *m/f* ⟨gall⟩ → **–caidista**
    para|científico adj *halb-* bzw *pseudo|wissenschaftlich* ‖ **–correas** *m* ⟨Tech⟩ *Riemenabsteller* m
    ¹**parada** *f Aufenthalt* m ‖ *Stillstand* m ‖ *Stillstehen* n ‖ *Stilllegung* f ‖ *Stehenbleiben* n ‖ *Innehalten* n, *Pause* f ‖ *Einsatz* m *(im Spiel)* ‖ ⟨StV⟩ *Rast* f, *Halt* m ‖ *Standplatz* m *(z. B. für Taxen)* ‖ *Verkaufsstand* m *(Fluss)Wehr* n, *Schleuse* f ‖ ⟨EB⟩ *Station, Haltestelle* f ‖ ⟨Fecht⟩ *Parade* f ‖ ⟨Sp⟩ *Parade* f *(des Torhüters)* ‖ ~ discrecional, ~ facultativa *Bedarfshaltestelle* f *(e–s öffentlichen Verkehrsmittels)* ‖ ⟨EB⟩ *Bedarfshalt* m ‖ ~ fija *Zwangshaltestelle* f *(e–s öffentlichen Verkehrsmittels)* ‖ ⟨EB⟩ *planmäßiger Halt* m ‖ ~ final *Endhaltestelle* f ‖ ~ en firme [Reitkunst] *Parade* f ‖ ~ obligatoria → ~ fija ‖ ~ de taxis *Taxistand* m ‖ ¡quince minutos de ~ y fonda! [früher] *fünfzehn Minuten Aufenthalt! (Ruf der Eisenbahnschaffner in Spanien)*
    ²**parada** *f* ⟨Mil⟩ *Parade* f ‖ *Wachparade* f ‖ *Paradeplatz* m ‖ ⟨V⟩ *(Parade)Balz* f *(des männlichen Vogels)* ‖ ~ nupcial ⟨V⟩ *(Parade)Balz* f
    paradentosis *f* ⟨Med⟩ *Parodontose* f
    paradero *m Verbleib* m ‖ *Bleibe* f, *Aufenthaltsort* m ‖ ⟨fig⟩ *Ende* n ‖ ◇ sin ~ fijo *ohne festen Wohnsitz* ‖ ◇ se desconoce su ~ *man weiß nicht, wo er (sie, es) s. aufhält* ‖ *Wohnort unbekannt* ‖ averiguar el ~ de alg. *jds Wohnort ausfindig machen*
    paradigma *m Paradigma, Muster(beispiel)* n (bes. Gr)
    paradisíaco adj *paradiesisch*
    parado adj/s *stillstehend* ‖ *müßig, träg(e)* ‖

arbeitslos ‖ *erstaunt, außer s., verblüfft* ‖ *Am stehend, aufrecht* ‖ mal ~ ⟨pop⟩ *übel zugerichtet* ‖ ◇ estar ~ *arbeitslos sein* ‖ quedarse ~ *stehen bleiben* ‖ se quedó ~ ⟨figf⟩ *er war platt* ‖ dejar mal ~ a alg. *jdn im Stich lassen* ‖ ~ *m Arbeitslose(r)* m ‖ ~ de larga duración *Langzeitarbeitslose(r)* m
    para|doja *f Paradox(on)* n ‖ **–dójico, –dojal** adj *paradox, widersinnig, befremdend* ‖ **–dojismo** *m* ⟨Rhet⟩ *Paradoxie* f
    parador *m Wirts-, Einkehr|haus* n ‖ ~ nacional de turismo Span *staatliches Hotel* n
    paraestatal adj *(m/f) halbstaatlich*
    parafango *m Schutzblech* n
    parafernal adj *(m/f)* ⟨Jur⟩: (bienes) ~es *mpl Sondergut m der Ehefrau*
    parafina *f* ⟨Chem⟩ *Paraffin* n
    parafrasear vt *paraphrasieren, umschreiben, erläutern*
    paráfrasis *f Paraphrase, Umschreibung* f ‖ *freie Übersetzung* f
    parafrástico adj *umschreibend, paraphrastisch*
    para|goge *f* ⟨Ling⟩ *Buchstabenanfügung, Paragoge* f ‖ **–gógico** adj *paragogisch*
    parágrafo *m* → **párrafo**
    paragranizo *m Hagelschutz* m
    paraguas *m Regenschirm* m ‖ ~ plegable, ~ de bolsillo *Taschenschirm* m
    Para|guay *m* ⟨Geogr⟩: el ~ *Paraguay* n ‖ ≈**guayismo** *m e–e nur im paraguayischen Spanisch vorkommende sprachliche Erscheinung* f ‖ ≈**guayo** adj *paraguayisch* ‖ ~ m *Paraguayer* m
    para|guazo *m Schlag* m *mit e–m Regenschirm* ‖ **–güería** *f Schirmgeschäft* n ‖ *Schirmfabrik* f ‖ **–güero** *m Schirmhändler* m ‖ *Schirmmacher* m ‖ *Schirmständer* m
    paraíso *m Paradies* n *(& fig)* ‖ ⟨Th⟩ *Galerie* f, *Olymp* m ‖ ⟨fig⟩ *Wonne, Glückseligkeit* f ‖ ~ fiscal *Steuerparadies* n ‖ El ~ Perdido *Das verlorene Paradies* (Milton) ‖ el ~ terrenal *der Himmel auf Erden*
    paraje *m Ort, Platz* m ‖ *Gegend, Landschaft* f ‖ ~s de pesca *Fischgründe* mpl ‖ un ~ seco *e–e reizlose Gegend*
    parajismo *m Grimasse* f
    △ **parajurbas** *m Regenschirm* m
    paral *m* ⟨Mar⟩ *Ablaufbahn* f
    paralaje *m* ⟨Astr Fot Phys⟩ *Parallaxe* f
    para|lela *f* ⟨Math⟩ *Parallele, Parallellinie* f ‖ ~s *fpl* ⟨Sp⟩ *Barren* m ‖ **–lelepípedo** *m* ⟨Math⟩ *Parallelepiped(on)* n, *schiefer Quader* m ‖ **–lélico** adj *parallelisch* ‖ **–lelismo** *m Parallelismus* m ‖ ⟨fig⟩ *Wechselbeziehung* f ‖ ⟨Math⟩ *Parallelität* f *(& fig)* ‖ **–lelo** adj ⟨Math⟩ *parallel, gleichlaufend* ‖ ⟨fig⟩ *entsprechend, übereinstimmend* ‖ ~ m *Parallele* f ‖ *Entsprechung* f ‖ *Vergleich* m, *Gegenüberstellung* f ‖ ⟨Astr Geogr⟩ *Breitenkreis* m ‖ *Breitengrad* m ‖ el ~ *ein Stadtviertel von Barcelona* ‖ **–lelogramo** *m* ⟨Math Phys⟩ *Parallelogramm* n
    paralimpiada *f* → **paraolimpiada**
    paralingüística *f Paralinguistik* f
    paralis *m* (pop inc) → **parálisis**
    Paralipómenos *mpl Paralipomena* npl *(im Alten Testament)*
    parálisis *f* ⟨Med⟩ *Lähmung, Paralyse* f
    paralítico adj *gelähmt, paralytisch* ‖ ~ m *Gelähmte(r), Paralytiker* m ‖ *Gichtbrüchige(r)* m *(Evangelium)*
    parali|zación *f Lähmung* f ‖ *Erlahmen* n ‖ *Lahmlegung* f ‖ ⟨fig⟩ *Stockung* f ‖ ~ de los negocios *Geschäfts|stockung, -flauheit* f ‖ **–zado** adj: estación ~a ⟨Com⟩ *stille od tote Jahreszeit* f ‖ **–zante** adj *(m/f) lähmend* ‖ **–zar** [z/c] vt *lähmen paralysieren* ‖ ⟨fig⟩ *hemmen, lähmen, lahm*

legen ‖ ~**se** *gelähmt werden* ‖ *erlahmen* ‖ ⟨fig⟩ *stocken (Geschäfte)*
paralodo *m Schutzblech, Spritzleder* n *(am Fahrrad)*
paralumo *m Gitterblende* f, *Raster* m *(an Leuchtstofflampen)*
para|magnético adj ⟨Phys⟩ *paramagnetisch* ‖ **–magnetismo** *m Paramagnetismus* m
paramecio *m* ⟨Zool⟩ *Pantoffeltierchen, Paramaecium* n
paramento *m Schmuck, Zierrat, Putz* m ‖ *Wand* f ‖ *Schabracke* f *(Satteldecke)* ‖ ~s de altar *Altarschmuck* m ‖ ⟨Rel⟩ *Parament* n ‖ ~s *sacerdotales Kirchen-, Priester|gewänder* npl
paramera *f Ödland* n, *Öde* f
parame|trio *m* ⟨An⟩ *Parametrium* n ‖ **–tritis** *f* ⟨Med⟩ *Parametritis* f
parámetro *m* ⟨Math⟩ *Parameter* m
paramilitar adj *paramilitärisch*
páramo *m Ödland* n, *Öde* f ‖ ⟨fig⟩ *öde, kalte, (meist) hoch gelegene Gegend* f
Paraná *m* **a)** [Fluss]: (el) ~ ⟨Am⟩ *e–r der beiden Hauptströme des Río de la Plata* ‖ **b)** *Hauptstadt der Provinz Entre Rios* ‖ **c)** *Stadt in Brasilien*
paran|gón *m Vergleich* m ‖ ◇ poner en ~ *vergleichen* ‖ **–gonar** vt *vergleichen* ‖ ⟨Typ⟩ *justieren*
paranieves *m Schneefang* m ‖ *Schneezaun* m
¹paraninfo *m Brautführer* m ‖ p. ex *Glücksbote* m
²paraninfo *m Aula* f (bes. *Auditorium maximum), Audimax* n *(e–r Universität)*
parano|ia *f* ⟨Med⟩ *Paranoia* f ‖ **–ico** adj *paranoisch* ‖ ~ *m Paranoiker* m ‖ **–ide** adj *paranoid*
paraolimpiada *f* ⟨Sp⟩ *Paralympics* pl
parapente *m* ⟨Sp⟩ *Paragleiter, Gleitschirm* m *Gleitschirmflieger(in* f) m
parape|tar vt *mit Brustwehren schützen* ‖ ⟨fig⟩ *schützen* ‖ ~**se** ⟨Mil⟩ *s. verschanzen* (& fig) ‖ ⟨fig⟩ *s. verwahren* ‖ **–to** *m* ⟨Mil⟩ *Brustwehr, Brüstung* f ‖ *Brücken-, Treppen|geländer* n
para|plejía, –plejia *f* ⟨Med⟩ *Querschnittslähmung* f ‖ **–pléjico** adj *querschnittsgelähmt* ‖ ~ *m Querschnittsgelähmte(r)* m
parapoco *m* ⟨figf⟩ *Taugenichts* m
parapolicial adj *(m/f) polizeiähnlich*
parapsi|cología *f Parapsychologie* f ‖ **–cológico** adj *parapsychologisch* ‖ **–cólogo** *m Parapsychologe* m
¹parar vt/i *auf-, an|halten* ‖ *aufhalten (Stoß, Schlag)* ‖ *stehen lassen (Uhr)* ‖ *zu-, vor|bereiten* ‖ *einstellen (Arbeit)* ‖ *stilllegen (Fabrik)* ‖ *festhalten* ‖ ⟨Tech⟩ *abstellen (Maschine)* ‖ *parieren (im Fechten)* ‖ ⟨Jgd⟩ *Wild stellen (Hund)* ‖ ⟨fam⟩ *(übel) zurichten* ‖ ◇ ~ la *consideración en algo die Aufmerksamkeit auf et. richten* ‖ ~ un golpe *e–n Stoß parieren* ‖ ⟨fig⟩ *ein Unglück abwehren* ‖ ~ mal ⟨fam⟩ *übel zurichten* ‖ ~ en mal *schlecht ablaufen* ‖ en qué va a ~ esto? *was wird daraus werden?* ‖ ~ vi *aufhören* ‖ *(still)halten* ‖ *innehalten* ‖ *absteigen, übernachten* ‖ *wohnen, logieren* ‖ *stehen bleiben (Uhr)* ‖ *Am stehen* ‖ ⟨fig⟩ *hinauslaufen* (a *auf* acc) ‖ ♦ sin ~ *ohne Verzug, augenblicklich* ‖ *unaufhörlich* ‖ ◇ ir a ~ en algo *auf et. abzielen, auf et. hinauswollen* ‖ no sé (*od* no se me alcanza) dónde quiere Vd. ir a ~ *ich weiß* od *verstehe nicht, worauf Sie hinauswollen* ‖ ¡paren en la disputa! *hören Sie auf zu streiten!* ‖ ~ en manos de alg. *in jds Hände gelangen, in jds Besitz kommen* ‖ no ~ nunca ⟨fig⟩ *rastlos arbeiten* ‖ ha parado de llover *es hat aufgehört zu regnen* ‖ no paran en esto las

perspectivas del asunto damit sind die Möglichkeiten in dieser Angelegenheit (noch) nicht erschöpft ‖ ¿dónde para Vd.? *wo sind Sie abgestiegen?* ‖ para a considerar que ... *bedenke nur, dass ...* ‖ ~**se** (~ vi) *stehen bleiben, stillstehen* (delante de *vor* dat) ‖ *verweilen, s. aufhalten* ‖ *halten (Zug)* ‖ *innehalten (in der Rede)* ‖ ◇ el reloj se ha parado *die Uhr ist stehen geblieben* ‖ ~ en nimiedades *kleinlich sein* ‖ no ~ en nimiedades *über Kleinigkeiten hinwegsehen, s. nicht durch Kleinigkeiten aufhalten lassen* ‖ ~ a pensar *gründlich überlegen*
parar vt Ur *heben* ‖ ~**se** *s. erheben*
pararrayos *m Blitzableiter* m (& fig)
paraselene *f* ⟨Meteor⟩ *Nebenmond* m *(Haloerscheinung)*
parasceve *m* ⟨Rel⟩ *Karfreitag* m
parasi|cología *f* → **parapsicología** ‖ **–cológico** → **parapsicológico** ‖ **–cólogo** *m* → **parapsicólogo**
parasimpático adj *parasympathisch* ‖ ~ *m* ⟨An⟩ *Parasympathikus* m
parasi|tario adj *Schmarotzer-* ‖ *schmarotzerhaft* ‖ *parasitär* ‖ **–ticida** adj *(m/f) schädlingsvertilgend* ‖ ~ *m Schädlingsvertilgungsmittel* n ‖ **–tismo** *m Schmarotzertum* n ‖ *Schmarotzerleben* n ‖ ⟨Biol⟩ *Parasitismus* m
parásito adj *schmarotzerisch* ‖ ~ *m Schmarotzer* m (& fig) ‖ ⟨El⟩ *(atmosphärische) Störung* f
parasi|tología *f Schmarotzerkunde, Parasitologie* f ‖ **–tólogo** *m Parasitenforscher* m
parasol *m Sonnenschirm* m ‖ ⟨Auto⟩ *Sonnenblend(scheib)e* f ‖ ⟨Fot⟩ *Sonnen-, Gegenlicht|blende* f ‖ ⟨Bot⟩ *Riesenschirmpilz* m *(Lepiota procera)*
para|taxis *f* ⟨Ling⟩ *Parataxe* f ‖ **–táctico** adj *parataktisch*
para|tífico adj ⟨Med⟩ *Paratyphus-* ‖ ~ *m Paratyphuskranke(r)* m ‖ **–tifoidea, –tifus** *m Paratyphus* m
paratiroides *f* ⟨An⟩ *Nebenschilddrüse(n)* f(pl)
paraván Arg ⟨gall⟩ *Paravent* m (& n), *spanische Wand* f
paravientos *m Windschutzscheibe* f *(an Booten und Motorrädern)*
△ **parbari** *m Kind* n
parca *m* ⟨Text⟩ *Parka* m
Parca *f* ⟨Myth⟩ *Parze* f *(Schicksalsgöttin)* ‖ ⟨fig⟩ *Tod* m
parcamente adv *spärlich, karg*
parce|la *f* ⟨Bau⟩*Parzelle* f, *Grundstück* n ‖ **–lar** vt *parzellieren* ‖ **–lación** *f Parzellierung* f ‖ **–lario** adj *Parzellen-, Flur-*
parcha *f* ⟨Bot⟩ → **pasionaria**
△ **parchandra** *f Karneval* m
parchar vi Arg Chi Mex *flicken, e–n Flicken aufsetzen*
parchazo *m Prellerei* f ‖ ⟨Mar⟩ *Killen* n *der Segel*
par|che *m Flicklappen* m ‖ *Trommelfell* n ‖ ⟨fig⟩ *Trommel* f ‖ ⟨fig⟩ *(Flick)Fleck* m ‖ ~ aglutinante *Heftpflaster* n ‖ ~ ocular, ~ para el ojo *Augenklappe* f ‖ ¡ojo al ~! *Achtung! Vorsicht!* ‖ ◇ pegar un ~ a alg. *jdn prellen, jdm e–n Schabernack spielen* ‖ **–chear** vt *flicken, e–n Flicken aufsetzen* (algo *auf et.* acc) ‖ *notdürftig reparieren* ‖ ⟨fig pop⟩ *(e–e Frau) betatschen*
parchís *m „Mensch, ärgere dich nicht"* (Spiel)
par|cial adj *(m/f) teilweise, Teil-* ‖ ⟨Phys⟩ *partiell, Partial-* ‖ *einzeln* ‖ *einseitig* ‖ *parteiisch, voreingenommen, tendenziös* ‖ *leutselig* ‖ ~ *m Anhänger* m *(Person)* ‖ **–cialidad** *f Parteilichkeit* f ‖ *Voreingenommenheit* f ‖ *Vertraulichkeit* f ‖

–cialmente adv *teilweise* ‖ *mit Voreingenommenheit*
par|cidad f → **parquedad** ‖ **–co** adj *sparsam* ‖ *kärglich, spärlich* ‖ ~ en la comida *mäßig im Essen* ‖ ~ en palabras *wortkarg*
parcómetro m ⟨StV⟩ *Parkuhr* f, *Parkometer* n
pardal m ⟨V⟩ *Sperling, Spatz* m (→ **gorrión**) ‖ ⟨V⟩ *Hänfling* m (→ ²**pardillo**) ‖ ⟨Zool⟩ *Ozelot* m, *Pardelkatze* f (→ **ocelote**) ‖ ⟨Zool⟩ *Leopard* m (→ **leopardo**) ‖ ⟨Zool⟩ *Giraffe* f (→ **jirafa**) ‖ ⟨Bot⟩ → **acónito**
par|dear vi *braun erscheinen, braun durchschimmern* ‖ *braun werden* ‖ **–dejón** adj *bräunlich*
pardela f ⟨V⟩ *Sturmtaucher* m ‖ ~ capirotada *Großer Sturmtaucher* m (Puffinus gravis) ‖ ~ cenicienta *Gelbschnabelsturmtaucher* m (Calonectris diomedea) ‖ ~ chica *Kleiner Sturmtaucher* m (Puffinus assimilis) ‖ ~ pichoneta *Schwarzschnabelsturmtaucher* m (P. puffinus) ‖ ~ sombría *Dunkler Sturmtaucher* m (P. griseus)
△ **pardí** f *Grund* m
¡**pardiez**! ⟨pop⟩ *Donnerwetter!*
¹**par|dillo** m *Bäuerlein* n ‖ ⟨fam⟩ *Bauernlümmel* m ‖ ⟨figf⟩ *Simpel, Einfaltspinsel* m
²**pardillo** m ⟨V⟩ *Hänfling* m (Acanthis) ‖ ~ común *Hänfling* m (A. cannabina) ‖ ~ de Hornemann *Polarbirkenzeisig* (A. hornemanni) ‖ ~ piquigualdo *Berghänfling* m (A. flavirostris) ‖ ~ sizerín *Birkenzeisig* m (A. flammea)
par|disco adj → **–duzco** ‖ **–do** adj/s *braun* ‖ *grau, trübe (Wolken)* ‖ ⟨fig⟩ *fad(e), eintönig* ‖ de ojos ~s *braunäugig* ‖ ~ m Cu *Mulatte* m ‖ el ~ *königl. Jagdschloss bei Madrid* ‖ **–duzco** adj *bräunlich* ‖ *hellbraun*
pare m And ⟨pop⟩ → **padre**
△ **paré** m *Wolke* f
pareado adj *gepaart* ‖ ~ m ⟨Poet⟩ *paarweise gereimte Verse* mpl
¹**pare|cer** [-zc-] vi *erscheinen, sichtbar werden* ‖ *s. zeigen, s. sehen lassen* ‖ *zu sein scheinen* ‖ *aussehen (wie)* ‖ *ähnlich sein* ‖ ◇ ~ bien *gut, schön aussehen* ‖ *gefallen* ‖ me –ce bien *ich bin dafür* ‖ *ich bin damit einverstanden* ‖ ~ triste *traurig aussehen* ‖ según (od a lo que) –ce, al ~, –ce ser que ... *wie es scheint, allem Anschein nach* ... ‖ así –ce *es scheint so, es ist so* ‖ –ce no saberlo *er (sie, es) scheint es nicht zu wissen* ‖ si a Vd. le –ce, ... *wenn es Ihnen recht ist,* ... ‖ esto se le –ce *das sieht ihm (ihr) ähnlich* ‖ me –ce que ... *es kommt mir vor, als ob* ... ‖ –ce que va a llover *es sieht nach Regen aus* ‖ ¿le –ce bien? *ist es recht so?* ‖ ¡(qué) le –ce! *unglaublich!* ‖ ¿qué te –ce? *was meinst du?* ‖ quien no –ce, perece ⟨Spr⟩ *die Abwesenden verlieren immer* ‖ ~se a alg. *jdm ähnlich sein* ‖ se le –ce mucho *er (sie, es) ist ihm (ihr) sehr ähnlich*
²**parecer** m *Dafürhalten* n, *Meinung* f ‖ *Ansicht* f ‖ *Urteil* n ‖ *Aussehen, Äußere(s)* n ‖ el ~ opuesto *die entgegengesetzte Meinung* f ‖ ◆ por el bien ~ (nur) *zum Schein, anstandshalber* ‖ *obenhin* ‖ al ~ de Vd. *nach Ihrer Meinung* ‖ ◇ dar su ~ *sein Urteil äußern* ‖ es cuestión de ~es *das ist Ansichtssache* ‖ soy del ~ de que... *ich bin der Meinung, dass* ... ‖ después de beber, cada uno dice su ⟨Spr⟩ ~ *im Wein liegt die Wahrheit, in vino veritas (lat)*
pare|cido adj *ähnlich* ‖ *scheinbar* ‖ bien ~ *schön* ‖ mal ~ *hässlich* ‖ muy ~ *treffend ähnlich (Bildnis)* ‖ o cosa ~a *oder so etwas,* ⟨fam⟩ *oder so was oder dergleichen* ‖ ~ m *Ähnlichkeit* f ‖ **–ciente** adj (m/f) *ähnlich* ‖ **–cimiento** m Chi → **comparecencia**
parecita f Am dim von ¹**pared**

¹**pared** f *Wand* f ⟨Arch⟩ *Mauer* f ‖ ~ abdominal ⟨An⟩ *Bauchwand* f ‖ ~ celular ⟨Biol⟩ *Zellwand* f ‖ ~ divisoria *Zwischen-, Scheide|wand* f ‖ ~ del estómago ⟨An⟩ *Magenwand* f ‖ ~ tragende Wand f ‖ ⟨Flugw⟩ *Stirnwand* f ‖ ~ rocosa *Felsenwand* f ‖ ◆ de ~ *Wand-* ‖ ~ en (od por) medio *Wand an Wand* (od *Tür an Tür*) *(wohnen)* ‖ ◇ hablar a la ~ ⟨fig⟩ *(vor) tauben Ohren predigen* ‖ pegado a la ~ ⟨fig⟩ *beschämt, verlegen* ‖ ponerse (tan) blanco como la ~ ⟨figf⟩ *kalkweiß werden (Gesicht)* ‖ sordo como una ~ ⟨figf⟩ *stocktaub* ‖ ~es fpl entre cuatro ~ ⟨fig⟩ *zwischen s–n vier Wänden* ‖ ◇ las ~es oyen ⟨fig⟩ *Wände haben Ohren* ‖ subirse por las ~ ⟨figf⟩ *auf die Palme gehen, an den Wänden hochgehen (vor Wut)*
²**pared** f ⟨Sp⟩ [Fußball] *Doppelpass* m ‖ ◇ hacer la ~ *Doppelpass spielen*
pare|daño adj/s *benachbart, Wand an Wand* ‖ **–dón** m augm von ¹**pared** ‖ *Mauerrest* m ‖ ◇ mandar (od llevar) al ~ ⟨fig⟩ *an die Wand stellen (erschießen)*
pareja f *Paar* n ‖ *Tanzpaar* n ‖ *Brautpaar* n ‖ *Tanzpartner* m ‖ *Pärchen* n *(kleine Tiere)* ‖ ⟨Fi⟩ *zwei Fischkutter* mpl *(mit dem Schleppnetz)* (→ **bou**) ‖ *Span Zweierstreife* f *der guardia civil* ‖ ⟨fig⟩ *Seitenstück* n, *Entsprechung* f ‖ ~ de ensueño *Traumpaar* n ‖ ◇ andar de ~ con ... ⟨fig⟩ *Hand in Hand gehen mit* ... ‖ hacer una buena ~ *ein schönes Paar sein* ‖ *zusammenpassen* ‖ a las ~s *gleich* ‖ su hermosura corría ~s con su talento *sie war ebenso schön wie begabt*
parejero m *Rennpferd* n
parejo adj *gleich, ähnlich* ‖ ◆ sin ~ *ohnegleichen*
parel m ⟨Mar⟩ *Ruder* n, *Riemen* m *(paarweise betätigt)*
△ **parelar** vt *füllen* ‖ *bestimmen*
paremiología f *Sprichwortkunde* f
parénquima m ⟨And Biol⟩ *Parenchym, Grundgewebe* n
parenquimatoso adj ⟨An Biol⟩ *parenchymatös, Parenchym-*
paren|tela f *Verwandtschaft* f ‖ *Verwandte* pl ‖ **–tesco** m *(Bluts)Verwandtschaft* f ‖ ~ por od de afinidad ⟨Jur⟩ *Schwägerschaft* f ‖ ~ consanguíneo, ~ por od de consanguinidad ⟨Jur⟩ *Blutsverwandtschaft* f ‖ ~ espiritual, ~ legal ⟨Jur⟩ *geistige Verwandtschaft* f ‖ ⟨fig⟩ *Geistesverwandtschaft* f ‖ ~ lateral *Verwandtschaft* f *in der Seitenlinie* ‖ ~ de doble vínculo ⟨Jur⟩ *doppelbürtige Verwandtschaft* f ‖ ◇ contraer ~ *verwandt werden (con mit)*
paréntesis [pl unverändert] m *Parenthese, Einschaltung* f ‖ ⟨Typ⟩ *halbovale, runde Klammer* f ‖ ◆ entre ~, por (vía de) ~ ⟨figf⟩ *nebenbei bemerkt* ‖ entre ~ *in Klammern* ‖ ◇ poner entre ~ *einklammern*
¹**pareo** m *Paaren* n ‖ *Zusammenfügen* n
²**pareo** m ⟨Text⟩ *Pareo* m
pares|ia f ⟨Med⟩ *Parese* f ‖ **–tesia** f *Parästhesie* f
△ **parguela** m *Schwule(r), Homo* m
parheli|a f, **–o** m ⟨Meteor⟩ *Nebensonne* f *(Haloerscheinung)*
parhilera f ⟨Arch⟩ *Firstpfette* f
paria m *Paria* m (& fig) ‖ ⟨fig⟩ *Geächtete(r)* m
parición f *Zeit* f *des Werfens (Gebären)*
parida adj *entbunden* ‖ ~ f *Wöchnerin* f ‖ ◇ salir a misa de ~ *als Wöchnerin zum ersten Mal zur Messe gehen*
paridad f *Gleichheit* f ‖ ⟨Atom Com Wir⟩ *Parität* f

paridera adj *fruchtbar, gebärfreudig* ‖ ~ *f (Art) Hütte* f, *in der das Vieh* (bes. *die Schafe) Junge wirft* ‖ *Abferkel-Bucht* f
¡paridez! ⟨pop⟩ → **¡pardiez!** ⋰
parien|ta f *Verwandte* f ‖ ⟨pop⟩ *(Ehe)Frau* f, ⟨fam⟩ *„(die) bessere Hälfte"* ‖ **-te** adj *(m/f) verwandt* ‖ ~ *m (An)Verwandte(r)* m ‖ ⟨fam⟩ *(Ehe)Mann* m ‖ *entfernter Verwandter* m ‖ ~ *cercano naher Verwandte(r)* ‖ ~ *por consanguinidad Blutsverwandte(r)* m ‖ ~ *por línea materna Verwandte(r)* m *mütterlicherseits* ‖ ~ *por línea paterna Verwandte(r) väterlicherseits* ‖ **~s** *mpl Angehörige* pl ‖ ◇ *primero son mis dientes que mis* ~ ⟨Spr⟩ *etwa: jeder ist s. selbst der Nächste*
parietal adj *(m/f) Wand-* ‖ ⟨An⟩ *parietal* ‖ ~ *m Scheitelbein* n
parietaria f ⟨Bot⟩ *Glaskraut* n (Parietaria spp)
parificar vt *belegen (durch Beispiele)*
parigual adj *(m/f) gleich, sehr ähnlich*
parihuela(s) *f(pl) Tragbahre* f ‖ *Trage* f
△ **parín** m *Schatten* m
pario adj *parisch, von der Insel Paros (Marmor)*
paripé: ◇ *hacer el* ~ ⟨fam⟩ *angeben, prahlen, protzen, großtun* ‖ *(unaufrichtig) schmusen*
△ **paripén** m *Gefahr* f
¹parir vt/i *gebären* (bes. pop) ‖ *werfen (Tiere)* ‖ ⟨fig⟩ *hervorbringen* ‖ ◇ *estar para* ~ *ihrer Niederkunft entgegensehen, in die Wochen kommen (Frau)* ‖ *poner a alg. a* ~ ⟨fig pop⟩ *jdn rügen,* ⟨fam⟩ *jdm den Kopf waschen,* ⟨pop⟩ *jdn zur Sau machen* ‖ *kein gutes Haar an jdm lassen*
△ **²parir** vi *erbrechen*
Paris m ⟨Myth⟩ *Paris* m
París m [Stadt] *Paris* n ‖ *la moda de* ~ *die Pariser Mode* ‖ ◇ *me han traído de* ~ *un hermanito* [Kindersprache] *der Storch hat mir ein Brüderchen gebracht*
parisiense *(m/f)*, **parisién** [nur sg], **parisino** adj *aus Paris, Pariser* ‖ ~ *m Pariser* m
pari|sílabo adj *gleichsilbig, parisyllabisch* ‖ **-tario** adj *paritätisch*
paritorio m ⟨Med⟩ *Kreißsaal* m ‖ Col Cu Dom → **¹parto**
parkerizar [z/c] vt ⟨Chem Tech⟩ *parkern, parkerisieren (phosphatieren)*
parking m *Park|platz* m, *-haus* n ‖ ~ *subterráneo Tiefgarage* f
parkinsonismo, ⟨fam⟩ **parkinson** m ⟨Med⟩ *Parkinsonismus* m, *Parkinsonsche Krankheit* f
parla f ⟨fam⟩ *Geschwätzigkeit* f ‖ *Wortschwall* m ‖ ⟨fam⟩ *Sprache* f
parla|do adj *Am manierlich, gesittet* ‖ **-dor** adj *geschwätzig* ‖ ~ *m Schwätzer* m ‖ **-duría** f *Geschwätzigkeit* f ‖ **-embalde** m ⟨fam⟩ *Schwätzer* m

parlamen|tal adj *(m/f) Parlament-* ‖ **-tar** vi *ver-, unter|handeln* ‖ *s. in Güte zu verständigen* (bzw *zu einigen) suchen* ‖ *parlamentieren* ‖ **-tario** adj *parlamentarisch* ‖ *Parlament(s)-* ‖ ⟨Mil⟩ *Parlamentärs-* ‖ ~ *m Parlamentsmitglied* n ‖ *Parlamentarier* m ‖ ⟨Mil⟩ *Parlamentär* m ‖ *Brautwerber* m ‖ **-tarismo** m *Parlamentarismus* m ‖ **-to** m *Parlament* n (& *Gebäude*) ‖ ⟨Th⟩ *lange Tirade* f ‖ ⟨Mil⟩ *Unterhandeln* n *(e–s Parlamentärs)* ‖ ~ *estudiantil Studentenparlament* n ‖ ~ *Europeo Europäisches Parlament* n
par|lanchín adj *redselig* ‖ ~ *m Schwätzer* m ‖ **-lanchina** f ⟨pop⟩ *Zunge* f ‖ **-lante** adj *(m/f) sprechend* ‖ *geschwätzig* ‖ **-lar** vt/i *geläufig reden* ‖ *plappern* ‖ *(aus)plaudern, schwätzen* ‖ *sprechen* (z.B. *Papagei*) ‖ **-latorio** m *Sprechzimmer* n, ⟨desp⟩ *Quasselbude* f ‖ ~ *nacional* (joc) *Parlament* n ‖ **-lería** f *Geplauder* n ‖ *Klatscherei*

f ‖ *Faselei* f ‖ **-lero** adj/s *geschwätzig* ‖ *zwitschernd (Vögel)* ‖ ⟨fig⟩ *plätschernd, murmelnd (Quelle)*
△ **parlo** m *Taschenuhr* f
par|lón m/adj *Schwätzer* m ‖ **-lotear** vi ⟨fam⟩ *schwätzen* ‖ **-loteo** m *Geschwätz* n ‖ *Gerede* n
parmesano adj *aus Parma, parmesanisch, parmaisch* ‖ *Parmesankäse* m
¹parnasia f ⟨Bot⟩ *Parnassie* f, *Herzblatt* n (Parnassia sp)
²parnasia f → **parnasio**
parnasiano adj ⟨Lit⟩ *parnassisch, Parnass-* ‖ ~ *m Parnassier* m
parnasio m ⟨Ins⟩ *Apollo(falter)* m (Parnassius apollo)
parnaso m ⟨Lit⟩ *Parnass* m (& *als Musenberg*)
parné m ⟨pop⟩ *Zaster* m, *Moneten* pl, *Marie* f
△ **parnó** m *Lunge* f
¹paro m ⟨V⟩ *Meise* f ‖ ~ *carbonero Kohlmeise* f (Parus major)
²paro m ⟨fam⟩ *Arbeits-, Betriebs|einstellung* f ‖ *Arbeitslosigkeit* f ‖ *Aussperrung* f ‖ *Stillstand* m ‖ *Stehenbleiben* n ‖ *Abstellen* n ‖ ~ *car|diaco, –díaco* ⟨Med⟩ *Herzstillstand* m ‖ ~ *estacional saisonale od saisonbedingte Arbeitslosigkeit* f ‖ ~ *estructural strukturelle Arbeitslosigkeit* f ‖ ~ *forzoso Arbeitslosigkeit* f ‖ ~ *general allgemeine Arbeitseinstellung* f ‖ ~ *patronal Aussperrung* f ‖ ~ *de trabajo Arbeitseinstellung* f
△ **paró** m *Wolke* f ‖ *Spaßmacher* m
paro|dia f *Parodie* f ‖ **-diar** vt *parodieren* ‖ *spöttisch nachdichten*
pa|ródico adj *parodistisch* ‖ **-rodista** m/f *Parodist(in* f) m
paro|la f ⟨fam⟩ *Beredsamkeit* f ‖ *Wortschwall* m ‖ *Faselei* f ‖ *Seich* m ‖ ⟨fig⟩ *langes Geplauder* n ‖ ~ *m Chi Protz* m ‖ **-lero** m ⟨fam⟩ *Schwätzer* m

parón m *plötzliches Anhalten* n ‖ ◇ *dar parones (al toro)* ⟨Taur⟩ *(den Stier) mutig angreifen (Stierkämpfer)*
paro|nimia f ⟨Ling⟩ *Paronymie* f ‖ **-nímico** adj *paronymisch, stammverwandt*
parónimo m ⟨Ling⟩ *Paronymon* n
paronomasia f ⟨Ling⟩ *Paronomasie* f
parótida f ⟨An⟩ *Ohrspeicheldrüse, Parotis* ‖ **~s** fpl ⟨Med⟩ *Ziegenpeter, Mumps* m
paro|tídeo adj: *conducto* ~ ⟨An⟩ *Ohrdrüsengang* m ‖ **-tiditis** f ⟨Med⟩ *Entzündung der Ohrspeicheldrüse, Parotitis* f ‖ ~ *epidémica* ⟨Med⟩ *Ziegenpeter, Mumps* m (→ **paperas**)
paro|xismal adj *(m/f) paroxismal* ‖ **-xismo** m *Paroxysmus* m, *höchste Steigerung* f *e–r Krankheit* ‖ ⟨fig⟩ *äußerst heftiger Ausbruch* m *(e–r Leidenschaft)* ‖ **-xístico** adj → **paroxismal**
paroxítono adj ⟨Gr⟩ *paroxyton* ‖ ~ *m Paroxytonon, auf der vorletzten Silbe betontes Wort* n (z.B. *tejado*)
parpa|deante adj *(m/f) flimmernd, zitt(e)rig leuchtend* ‖ *blinkend* ‖ **-dear** vi *blinzeln, zwinkern (mit den Augen)* ‖ *schimmern, flimmern (Lichter, Sterne)* ‖ *zitt(e)rig leuchten* ‖ *blinken* ‖ **-deo** m *Lidschlag* m ‖ *Blinzeln* n ‖ *Augenzwinkern* n ‖ ⟨fig⟩ *Schimmer, Flimmer* m *(Lichter, Sterne)* ‖ ⟨El⟩ ~ *centelleo* f *sin* ~ (bes. fig) *ohne mit der Wimper zu zucken*
párpado m ⟨An⟩ *(Augen)Lid* n ‖ ~ *inferior (superior) Unter- (Ober)|lid* n
parpar vi *schnattern (Ente)*
△ **parpusa** f *Mütze* f
parque m *Park* m ‖ [früher] *Lustgarten* m ‖ *Tiergarten* m ‖ *(Schaf)Pferch* m ‖ *Einhegung* f ‖ ~ *de artillería* ⟨Mil⟩ *Artilleriepark* m, *Artillerie-Instandsetzungswerkstatt* f ‖ ~ *de atracciones Vergnügungs-, Erlebnis|park,* ⟨desp⟩ *Rummelplatz*

m ‖ ~ de aviación *Flugzeugpark* m ‖ ~ de
bomberos *Feuerwehrpark* m ‖ ~ de camiones
Lastwagenbestand, LKW-Bestand, LKW-Park m ‖
~ de chatarra *Schrott(lager)platz* m ‖ ~ infantil
Kinderspielplatz m ‖ ~ municipal *Stadtpark* m ‖
~ nacional *Nationalpark* m *(USA, Afrika)* ‖ Deut
Naturschutzpark m ‖ ~ de ostras *Austernpark* m ‖
~ zoológico *Tierpark, zoologischer Garten*, ⟨fam⟩
Zoo m
 parqué *m Parkett(fuß)boden* m
 parque|adero *m Am Park|haus* n, *-platz* m ‖
–ar vi Am *parken*, Schw *parkieren* ‖ *Austernzucht
in Parks betreiben*
 parquedad *f Genügsam-, Sparsam|keit* f ‖
Nüchternheit f ‖ *Zurückhaltung* f
 parqueo *m Am Parken*, Schw *Parkieren* n
 parquímetro *m* → **parcómetro**
 parra *f Weinranke* f, *(unbeschnittener)
Weinstock* m ‖ *Wein-, Bogen|laube* f ‖ ◇ *subirse a
la* ~ ⟨figf⟩ *in Zorn geraten*, ⟨fam⟩ *an den
Wänden hochgehen, auf die Palme gehen* ‖ *frech
werden*
 △ **parrablé** *m Anstand* m
 parrafada *f* ⟨fam⟩ *(längeres, meist
vertrauliches) Gespräch* n ‖ ⟨fam⟩ *Tirade* f
 párrafo *m Paragraph, Absatz* m ‖ *Abschnitt* m
‖ ~ *aparte* ⟨Typ⟩ *neuer Absatz* m ‖ ◇ *echar un* ~
(od parrafito od parrafada) ⟨figf⟩ *plaudern* ‖ *ein
Schläfchen tun* ‖ ⟨pop⟩ *jdm die Leviten lesen, jdm
e–e Standpauke halten*
 parragón *m Streichnadel* f *(zum Prüfen von
Silber)*
 ¹parral *m Wein|geländer·*n, *-laube* f ‖
Spalierrebe f
 △ **²parral** *m Neuling* m
 parrampán *m Pan kitschliebender Mensch* m
 parran|da *f* ⟨fam⟩ *Fest* n, *bei dem auf der
Straße getanzt wird, mit Verkleidungen, Tombolas,
Jahrmärkten, Musikveranstaltungen* ‖ *Lustbarkeit*
f ‖ ◇ *ir de* ~ ⟨fam⟩ *bummeln gehen* ‖ *e–n
Rummel veranstalten* ‖ **–deo** *m* ⟨fam⟩ *Bummeln* n
‖ **–dero** *m* ⟨fam⟩ *Bummler* m ‖ *Lebemann* m
 parri|cida *m/f Vatermörder(in* f) m ‖ p.ex
Vater-, Mutter-, Gatten|mörder(in f) m ‖ p.ex
Verwandtenmörder(in f) m ‖ **–cidio** *m Vatermord*
m ‖ p.ex *Vater-, Mutter-, Gatten|mord* m ‖ p.ex
Verwandtenmord m
 parrilla *f (Feuer)Rost* m ‖ *Grill* m ‖ *Grillroom*
m *e–s Hotels* ‖ *Grillrestaurant* n ‖ ~ *de partida
od salida* (fig) ⟨Auto⟩ *Startblock* m ‖ ◇ *asado a
la* ~ *geröstet* ‖ *gegrillt* ‖ **~s** *fpl (Brat)Rost* m ‖
–da *f Gegrillte(s)* n
 parro *m* → **¹pato**
 parrocha *f kleine Sardine* f
 párroco *m:* (cura) ~ *Pfarrer* m ‖ *Pfarrherr* m
‖ ~ *de campo Landpfarrer* m
 parro|quia *f* **a)** *Pfarre, Pfarrei* f ‖ [veraltet]
Kirchspiel n ‖ *Gemeinde* f ‖ *Pfarrkirche* f ‖ **b)**
⟨fam⟩ *Kundschaft* f ‖ ⟨fam⟩ *die Kunden* mpl ‖ ~
numerosa (od grande) ~ ⟨Com⟩ *große Kundschaft*
f ‖ ~ *estudiantil Studentengemeinde* f ‖ *con buena*
~ *gut eingeführt (Geschäft)* ‖ ◇ *tener poca* ~
wenig Zuspruch haben (Geschäft) ‖ **–quial** adj
(m/f) Pfarr- ‖ (iglesia) ~ *Pfarrkirche* f ‖ **–quiano**
m Pfarrkind n ‖ *Kunde* m *(e–s Geschäfts)* ‖
Stammgast m *(in e–m Gasthaus)* ‖ ~ *asiduo,* ~
fiel Stammkunde m
 parrugia *f Cu unbedeutende Sache, Lappalie* f
 △ **parruguelear** vi *verschwinden*
 parsec *m* ⟨Astr⟩ *Parsek* n
 parsi adj ⟨Rel⟩ *parsisch* ‖ ~ *m Parse* m
 parsi|monia *f (übertriebene) Sparsamkeit* f ‖
Knauserei, Knick(e)rigkeit, Schäbigkeit f ‖
Umsicht, Bedachtsamkeit f ‖ ◆ *con* ~ *sparsam* ‖
knaus(e)rig, knick(e)rig, schäbig ‖ **–monioso** adj

(übertrieben) sparsam ‖ *knaus(e)rig, knick(e)rig,
schäbig* ‖ *umsichtig, bedachtsam*
 parsismo *m* ⟨Rel⟩ *Parsismus* m
 part. ⟨Abk⟩ = **participio** ‖ **particular** ‖ **partida**
 ¹parte *m Bericht* m, *Nachricht* f ‖ *Drahtbericht*
m ‖ *Anzeige, Meldung* f ‖ *Kommuni|qué, -kee* n ‖
Bekanntgabe f ‖ ⟨Mil⟩ *Meldung* f ‖ ~ *facultativo
ärztliches Bulletin* n ‖ ~ (oficial) *de guerra
(amtlicher) Heeresbericht* m ‖ Deut ⟨Hist⟩
Wehrmachtsbericht m ‖ ~ *meteorológico
Wetterbericht* m ‖ ~ *radiotelegráfico
Funkmeldung* f ‖ ~ *telegráfico Drahtnachricht* f ‖
◇ *dar* ~ a alg. *jdm berichten* ‖ *jdn
benachrichtigen* ‖ *dar* ~ *melden, Bericht erstatten*
‖ *dar el* ~ *Meldung machen*
 ²parte *f Teil* m (& n), *Stück* n ‖ *Teilstück* n ‖
Anteil m ‖ *Bestandteil* m ‖ ~ *alícuota* ⟨Math⟩ *in
e–r größeren genau aufgehende Zahl, Aliquote* f ‖
~ *constitutiva Bestandteil* m ‖ ~ *esencial* ⟨Jur⟩
wesentlicher Bestandteil m ‖ ~ *integrante* ~ ~
constitutiva ‖ ~ *del león* ⟨fig⟩ *Löwenanteil* m ‖
(la) *tercera* ~ *Drittel* n ‖ ◆ *en* ~ *teilweise* ‖ *en
gran* ~ *beträchtlich* ‖ *zum großen Teil, in
großenteils* ‖ *en su od* la *mayor* ~ *größtenteils* ‖
meistens ‖ *en* ~ …, *en* ~ … *teils…, teils* … ‖
por ~ *zum Teil, teilweise* ‖ ~ *por* ~ *Stück für
Stück* ‖ *gründlich, eingehend, ausführlich, ohne
Auslassungen* ‖ *llevar la mejor* ~ ⟨fam⟩ *am
besten abschneiden* ‖ **~s** *fpl* ⟨euph⟩ *Scham-,
Geschlechts|teile* npl, *Scham* f ‖ ~ *blandas* ⟨An⟩
Weichteile npl ‖ ~ *genitales Scham-,
Geschlechts|teile* npl, *Scham* f ‖ *las cinco* ~ *del
mundo die fünf Weltteile* mpl ‖ ~ *de la oración*
⟨Gr⟩ *Satz-, Rede|teile* mpl ‖ ~ *pudendas,* ~
vergonzosas → ~ *genitales* ‖ ◆ a ~ *teilweise* ‖ *en*
~ *iguales zu gleichen Teilen* ‖ *por* ~ *punktweise,
der Reihe nach*
 ³parte *f Ort* m, *Gegend* f ‖ *Seite* f ‖ *Anlass* m,
Ursache, Veranlassung f ‖ *de atrás Rückseite,
rückwärtige Seite* f ‖ ~ *delantera Vorderseite* f ‖
◆ a ~ *für s., beiseite* ‖ *a alguna* ~ *irgendwohin* ‖
¡a *buena* ~ *vamos!* (fam iron) *das ist gerade die
richtige Adresse!* ‖ *das ist e–e schöne
Bescherung!* ‖ *a esta* ~ *diesseits* ‖ *hierher* ‖ *de
poco tiempo a esta* ~ *seit kurzem* ‖ *a otra* ~
anderswo, anderwärts ‖ a qué ~? *wohin?* ‖ *de* ~
de alg. *von seiten e–r Person* ‖ *in jds Namen,
Auftrag* ‖ *de (od por) mi* ~ *meinerseits* ‖ *de
alguna* ~ *irgendwoher* ‖ ¡*muchos saludos de su
~!* (ich soll) *viele Grüße von ihm (ihr)
(bestellen)!* ‖ (de su ~! *ich werde es (d.h. Ihre)
Grüße) ausrichten!* (Höflichkeitsformel) ‖ *de* ~ a
~ *durch und durch* ‖ *beiderseits* ‖ *de una* ~ a
otra hin und her ‖ *de otra* ~ *anderswoher* ‖ *de la
otra* ~ *von jenseits* ‖ *de* ~ *de(l) padre
väterlicherseits* ‖ *en* ~ *alguna, en alguna* ~
irgendwo ‖ *no lo encuentro en* ~ *alguna (od en
ninguna* ~) *ich finde es nirgends* ‖ *en cualquier*
~ *irgendwo* ‖ *en ninguna* ~, *en* ~ *alguna
nirgends* ‖ *en otra* ~ *anderwärts* ‖ *en tal* ~ *an
dem oder jenem Ort* ‖ *por la* ~ *de … was …
anbetrifft* ‖ *por esta* ~ *in dieser Beziehung,
Hinsicht* ‖ *por mi* ~ *meinerseits* ‖ *por otra* ~
andererseits, dagegen ‖ *außerdem* ‖ *por una* ~
einerseits ‖ *wohl, zwar* ‖ ◇ *echar a mala* ~
falsch, übel auslegen, missdeuten ‖ *(et.) übel
nehmen* ‖ *formar* ~ *de… gehören zu…,
angehören* (dat) ‖ *estar de* ~ *de* alg. *auf jds Seite
stehen, zu jdm halten* ‖ *für jdn eintreten* ‖ *hace* od
pone cuanto está de su ~ *er (sie, es) tut sein (ihr)
Möglichstes* ‖ *no parar en ninguna* ~ ⟨fam⟩ *kein
Sitzfleisch haben* ‖ *el frío penetraba de* ~ a ~ *es
war e–e grimmige Kälte,* (fam) *die Kälte ging
durch Mark und Bein* ‖ *ponerse de* ~ *de* alg. *jds
Partei ergreifen* ‖ *ser* ~ a que *od* para que …

(subj) *verursachen, dass* ... (ind) || *dazu
beitragen, dass* ... (ind) || *Veranlassung geben zu*
... (dat) || *Anlass sein für* ... (acc) bzw *zu* ... (ind)
|| no fue ~ a impedir que ... *es verhinderte
trotzdem nicht, dass* ... || no tener arte ni ~ en
algo ⟨fam⟩ *mit et. nichts zu tun haben* || lo tengo
de mi ~ *er (es) ist auf m–r Seite* || tomar en mala
~ *übel auslegen* || ~**s** fpl *Anlagen, Naturgaben*
fpl || las medias ~ ⟨Mus⟩ *die Mittelstimmen* fpl ||
de todas ~ *von überall her, von allen Seiten* || en
od por todas ~ *(Ort)*, a todas ~ *(Richtung)*,
überall || por estas ~ *in dieser Gegend* || ◊ hacer
las ~ *(ver)teilen* || hacer las ~ de alg. ⟨Th⟩ *jdn
vertreten* || en todas ~ cuecen habas ⟨Spr⟩ *die
Menschen sind überall gleich* || ¡vamos por
partes! *nur (mal) langsam! immer mit der Ruhe!
eins nach dem anderen! erst das eine, dann das
andere!* || por todas ~ se va a Roma ⟨Spr⟩ *alle
Wege führen nach Rom*

⁴**parte** f *Teilnehmer(in* f) m || *Teilhaber(in* f) m
|| ⟨Com⟩ *Gesellschafter(in* f) m || ⟨Jur⟩ *Partei* f ||
⟨fig⟩ *Partner(in* f) m || ⟨Mus⟩ *Stimme* f, *Part* m ||
p. ex *Schauspieler* m || ~ *actora* ⟨Jur⟩ *klägerische
od klagende Partei* f || ~ *contendiente* ⟨Jur⟩
streitende Partei f || ~ *contraria* ⟨Jur⟩
Gegenpartei f || ~ *contratante Vertragspartner* m
|| ~ *litigante* ⟨Jur⟩ → ~ *contendiente* || ~ de
piano ⟨Mus⟩ *Klavierstimme* f, *Pianopart* m || ~
reconvenida ⟨Jur⟩ *Widerbeklagte(r)* m || ◊ tener
~ en algo *teilhaben an et.* || tomar ~ en algo *an
et.* (dat) *teilnehmen, an et.* (dat) *beteiligt sein* || *s.
für et. einsetzen* || ~**s** fpl las ~ *beligerantes die
kriegführenden Mächte* fpl || las ~ contratantes,
las ~ estipulantes *die vertragschließenden
Parteien* fpl || las Altas ~ Contratantes ⟨Pol⟩ *die
Hohen Vertragschließenden Parteien* fpl

⁵**parte** adv *teils* || *zum Teil* || ~ ..., ~ ... *teils
..., teils ...*

partear vi *bei der Geburt helfen*
parte|cilla, –cita f dim von **parte**
parteluz [pl ~**ces**] m ⟨Arch⟩
(Fenster)Mittelpfosten m || → auch **mainel**
partenaire m/f ⟨gall⟩ *Partner(in* f) m
partenocarpia f ⟨Bot⟩ *Parthenokarpie* f,
Entstehung f *von samenlosen Früchten ohne
Befruchtung*
partenogénesis f ⟨Myth⟩ *Parthenogene|se, -sis,
Jungfrauengeburt* f || ⟨Biol⟩ *Parthenogene|se, -sis,
Jungfernzeugung* f || *Entwicklung* f *von
unbefruchteten Eiern*
Partenón m *Parthenon* m *(Athen)*
partenope m ⟨Zool⟩ *Langarmkrebs* m
(Parthenope = Platylambrus sp)
partenopo adj ⟨Lit Hist⟩ *parthenopeisch, aus
Parthenope (alter Name von Neapel)*
parte|ra f *Hebamme* f || **–ro** adj *Geburtshelfer-*
|| ~ m *Geburtshelfer* m *(Arzt)*
parterre m *Blumenbeet* n
partesana f *Partisane* f *(Art Hellebarde)*
Partia f ⟨Hist⟩ *Parthien* n *(Land der Parther)*
parti|bilidad f *Teilbarkeit* f || **–ble** adj *(m/f)
(auf)teilbar* || **–ción** f *(Ver)Teilung* f || *Erbteilung* f
partici|pación f *Teilnahme, Mitwirkung* f ||
Beteiligung f || *Anteil* m || *Anzeige* f || *Mitteilung* f
|| *Nachricht* f || ~ de boda *Vermählungsanzeige,*
⟨fam⟩ *Hochzeitskarte* f || ~ en el beneficio
Gewinnanteil m || ~ en los debates
Mitspracherecht n || ~ de enlace → ~ de boda ||
~ en las ganancias *Gewinnbeteiligung* f ||
Gewinnanteil m || ~ (de lotería) *Teilnahmeschein*
m *an e–r Lotterie, Verlosungsanteil* m || ~ de
matrimonio → ~ de boda || ~ mayoritaria
Mehrheitsbeteiligung f || **–pante** m/f *Teilhaber(in*
f) m || *Teilnehmer(in* f) m || **–par** vt/i *mitteilen,
melden* || ◊ le –po por la presente *ich teile Ihnen*

hierdurch mit || tengo el gusto de ~le que ... *ich
beehre mich, Ihnen mitzuteilen, dass* ... || ~
teilnehmen (en *an* dat) || *s. beteiligen* || *beteiligt
sein* (de, en *an* dat) || *Anteil haben* (de *an* dat) ||
~ de los beneficios ⟨Com⟩ *am Gewinn beteiligt
sein* || ~ en unas jornadas *od* en un congreso *an
e–r Tagung teilnehmen* || ~ por mitad *s. zur
Hälfte beteiligen* (en *an* dat) || hacer ~ *beteiligen,
teilhaben lassen*
partícipe adj/s *(m/f) teilhaftig* (de gen) ||
beteiligt (de *an* dat) || *teilnehmend* (en *an* dat)
parti|cipial adj *(m/f)* ⟨Gr⟩ *Partizipial-* || **–cipio**
m ⟨Gr⟩ *Partizip, Mittelwort* n || ~ activo, ~ de
presente ⟨Gr⟩ *Mittelwort der Gegenwart,
Präsenspartizip, Partizip* n *I* || ~ pasivo, ~ de
pretérito ⟨Gr⟩ *Mittelwort der Vergangenheit,
Perfektpartizip, Partizip* n *II*
partícula f *kleines Teilchen, Bruchteilchen* n,
Partikel f || ~ ⟨Kath⟩ *kleine Hostie* f bzw *Stück* n
Hostie || ⟨Gr⟩ *Partikel* f || ~ adversativa
adversative Partikel f || ~ alfa ⟨Atom⟩
Alphateilchen n || ~ cósmica *Ultrastrahlpartikel*
f, *Höhenstrahlteilchen* n || ~ de desintegración
⟨Atom⟩ *Zerfallsteilchen* n || ~ enclítica ⟨Gr⟩
Anhängewort, Enklitikon n || ~ expletiva ⟨Gr⟩
Füllwort n || ~ prepositiva ⟨Gr⟩ *präpositionale
Partikel* f *(in der Wortbildung)*
particu|lar adj *(m/f) besonder, eigentümlich,
eigen* || *einzeln* || *merkwürdig, seltsam* || *persönlich*
|| *Privat-* || ◆ en ~ *besonders, insbesondere* || de
(mi) uso ~ *zum persönlichen Gebrauch* || sin
señas ~es *ohne besondere Kennzeichen (in
Ausweispapieren)* || ◊ eso no tiene nada de ~ *das
hat nichts Ungewöhnliches an s., das ist nichts
Besonderes* || ~ m *Privatperson* f || *Gegenstand* m
|| *Angelegenheit* f || ◊ hemos hablado sobre el ~
wir haben darüber (davon) gesprochen || ~**mente**
adv *besonders* || **–laridad** f *Eigentümlichkeit* f ||
Besonderheit f || *Einzelheit* f || *Eigenheit* f ||
Merkwürdigkeit f || *Eigentümelei* f || las ~es del
asunto *die näheren Umstände des Falles* ||
–larismo m *Partikularismus* m || *Sondergeist* m ||
–larista adj *(m/f) partikularistisch* || *kleinstaatlich*
|| ⟨fig⟩ *individualistisch* || ⟨fig⟩ *egoistisch* || ~ m
Partikularist(in f) m || **–larizar** [z/c] vt *genau
angeben, aufzählen* || ~**se** *s. absondern, eigene
Wege gehen* || ~ (en) *s. hervortun* (en dat) || ~
(con) *sehr vertraut werden (mit)*
¹**partida** f ⟨Com⟩ *Posten* m, *Partie* f || ⟨Com⟩
Bilanzposten m || ⟨Pharm⟩ *Charge* f || ~ de cargo
Lastschrift f || ◊ sentar una ~ *e–n Posten
eintragen*
²**partida** f *Abreise* f || *Ab|zug, -marsch* m ||
Aufbruch m || *Abfahrt* f || ◆ a la ~ ⟨Com⟩ *bei
Absendung* f
³**partida** f *Urkunde* f || *Ausweis(schein)* m || ~
de bautismo *Taufschein* m || ~ de defunción
Sterbeurkunde f || ~ de matrimonio *Trauschein*
m, *Heiratsurkunde* f || ~ de nacimiento *Geburts-,
Abstammungs|urkunde* f || por ~ doble (joc)
doppelt || ~**s** fpl las Siete ~ Span *die sieben
Gesetzbücher (von 1265) Alfons' des Weisen*
⁴**partida** f ⟨Spiel⟩*Partie* f || *Gruppe* m *von
Spielern* || *Ausflug* m, *Vergnügungsfahrt,
Landpartie* f || ⟨fam⟩ *Fahrt* f *ins Grüne* || ~
campestre *Landpartie* f || ~ interrumpida [beim
Schach] *Hängepartie* f || ~ serrana (figf) *übler
Streich* m || ~**s** simultáneas *Simultanpartien* fpl
(Schach) || ~ de tenis *Tennispartie* f || ◊ ha
jugado una mala ~ *er (sie, es) hat ihm (ihr) e–n
üblen Streich gespielt* || ser de la ~ *(mit) von der
Partie sein, mitmachen, dabei sein* || *mitmischen*
⁵**partida** f *Trupp* m *(Arbeiter, Bewaffnete usw.)*
|| *Rotte* f || ~ de bandidos *Räuberbande* f || una ~
de alborotadores *ein Trupp* m *Krawallmacher*

⁶**partida** *f Stadtbezirk* m, *Weichbild* m
parti|damente adv *getrennt* ‖ **–dario** adj
parteiisch ‖ ~ *m Parteigänger* m ‖ *Anhänger* m ‖
Befürworter, Verfechter m ‖ *Am* ⟨Com⟩
Gesellschafter m ‖ **–dillo** *m* ⟨Sp⟩ [Fußball]
Trainingsspiel n ‖ **–dista** adj *(m/f) Partei-* ‖
parteiisch
¹**partido** adj *freigebig*
²**partido** *m Partei* f (& Pol), *Anhang* m ‖
Parteinahme f ‖ *(Gerichts)Bezirk* m ‖ *Nutzen,*
Vorteil m ‖ *Abkommen* n ‖ ~ *burgués*
Bürgerpartei, bürgerliche Partei f ‖ ~ *comunista*
kommunistische Partei f ‖ ~ *conservador*
konservative Partei f ‖ ~ *cristianodemócrata,* ~
democristiano, ~ *demócrata cristiano christlich-*
demokratische Partei f ‖ ~ *de* (la) *derecha*
Rechtspartei f ‖ ~ *ecológico Ökopartei* f ‖ ~
extremista extremistische, radikale Partei ‖ ~ *de*
(la) *izquierda Linkspartei* f ‖ ~ *judicial*
Amtsbezirk m ‖ ~ *laborista Labour Party,*
Arbeiterpartei f *(Großbritannien, Australien usw.)*
‖ ~ *liberal freisinnige, liberale Partei* f ‖ ~
obrerista Arbeiterpartei f ‖ ~ *populista*
Volkspartei f ‖ ~ *progresista Fortschrittspartei* f ‖
~ *realista royalistische Partei* f ‖ *die*
Monarchisten mpl ‖ ~ *reformista Reformpartei* f ‖
~ *socialdemócrata sozialdemokratische Partei* f ‖
~ *socialista sozialistische Partei* f ‖ ~ *único*
Einheitspartei f ‖ ~ *verde grüne Partei* f ‖ ◇
darse a ~ ⟨fig⟩ *nachgeben* ‖ *formar* ~ *Partei*
bilden ‖ *hallar un* ~ *e–n Ausweg finden* ‖ *sacar* ~
Nutzen ziehen (de *aus*) ‖ *sacar buen* ~ ⟨fam⟩ *gut*
abschneiden ‖ *ser un buen* ~ *e–e gute Partie sein*
(als Ehegatte) ‖ *tener* ~ *mit guten Gönnern*
rechnen ‖ *tener gran* ~ *con* (las) *damas bei (den)*
Damen Glück haben ‖ *tomar* ~ *e–n Entschluss*
fassen ‖ *Partei nehmen* (contra *gegen*) ‖ *tomar el*
~ *de* alg. *jds Partei ergreifen* ‖ *tomar otro* ~ *s–n*
Entschluss ändern ‖ *tomó el* ~ *de callarse er (sie)*
entschloss s. zu schweigen
³**partido** *m Spiel* n *(Wettbewerb)* (bes. Sp) ‖ ~
amistoso Freundschaftsspiel u ‖ ~ *de fútbol*
Fußballspiel n ‖ ~ *de ida Hinspiel* n ‖ ~
inaugural Eröffnungsspiel n ‖ ~ *de vuelta*
Rückspiel n ‖ *ganar un* ~ *ein Spiel gewinnen* ‖
perder un ~ *ein Spiel verlieren*
parti|dor *m Teiler* m ‖ ⟨Math⟩ *Divisor* m ‖ ~
(de *leña*) *Holzspalter* m ‖ **–ja** *f Teilchen* n
partío *m* ⟨pop⟩ → **partido**
partiquino *m*/adj ⟨Th⟩ *Nebenrolle* f *in Opern*
¹**partir** vt *teilen* ‖ *absondern, trennen* ‖
zerschneiden ‖ *spalten* ‖ *zerbrechen* ‖ *hacken*
(Holz) ‖ *brechen (Brot)* ‖ *einteilen* (en in acc) ‖
⟨Math⟩ *dividieren, teilen* ‖ ⟨pop⟩ *(jdn) zugrunde*
(& *zu Grunde) richten* ‖ ◇ ~ *el cráneo a* alg. *jdm*
den Schädel einschlagen ‖ ~ *leña Holz spalten* ‖
~ *por medio halbieren, in der Mitte*
durchschneiden ‖ ⟨figf⟩ *(jdn) aus der Fassung*
bringen ‖ ⟨pop⟩ *(jdn) zugrunde* (& *zu Grunde)*
richten ‖ ~ *nueces Nüsse knacken* ‖ ~ (el) *pan*
(das) Brot brechen ‖ *(das) Brot schneiden* ‖ ~ *en*
pedazos zerstückeln ‖ ~ *el pelo das Haar*
(ab)scheiteln ‖ *eso parte el alma das ist*
herzzerreißend
²**partir** vi *abreisen* (hacia a, ⟨fam⟩ *para nach)* ‖
fort-, weg|gehen ‖ *ausgehen* ‖ ⟨fig⟩ *ausgehen* (de
von) ‖ ~ *en coche etc. wegfahren* ‖ ~ *para la*
guerra in den Krieg ziehen ‖ ~ *para Madrid nach*
Madrid abreisen ‖ *estar pronto para* ~ *reisefertig*
sein ‖ ~ *corriendo fort-, davon|laufen* ‖ *partiendo*
de esa base von dieser Tatsache ausgehend, von
daher ‖ ◆ a ~ *de ahora von jetzt an* ‖ a ~ *de*
entonces seit damals
partisano *m Partisan* m
parti|tivo adj ⟨Gr⟩ *partitiv* ‖ **–tocracia** *f*

Parteienherrschaft f ‖ **–tura** *f* ⟨Mus⟩ *Partitur* f ‖
~ *para* (od de) *piano* ⟨Mus⟩ *Klavierauszug* m
¹**parto** *m Geburt, Niederkunft, Entbindung* f ‖
Wurf m ‖ ~ *sin dolor schmerzfreie Geburt* f ‖ ~
espontáneo natürliche Geburt f ‖ ~ *gemelar*
Zwillingsgeburt f ‖ ~ *múltiple Mehrlingsgeburt* f
‖ ~ *prematuro Frühgeburt* f ‖ ~ *tardío*
Spätgeburt f ‖ ◇ *inducir el* ~, *provocar el* ~ *die*
Geburt einleiten ‖ *estar de* ~ *niederkommen* ‖
¡*esto ha sido el* ~ *de los montes!* ⟨fig⟩ *das waren*
die kreißenden Berge! ‖ *vino el* ~ *derecho* ⟨figf⟩
die Sache ist glücklich abgelaufen
²**parto** *m*/adj ⟨Hist⟩ *Parther* m
parturien|te, –ta *f Gebärende* f ‖ *Wöchnerin,*
Puerpera f
party *f Party* f
△ **parukní** *f Großmutter* f
parúlis *m* ⟨Med⟩ *Schwellung im*
Wangenbereich, Parulis f, ⟨fam⟩ *dicke Backe*
△ **paruquelar** vt *wechseln*
parusia *f* ⟨Rel⟩ *Parusie* f
¹**parva** *f* ⟨Kath⟩ *Fastenfrühstück* n
²**parva** *f* ⟨Agr⟩ *zum Dreschen ausgebreitetes*
Getreide n ‖ *Frühstück* n *der Landarbeiter (beim*
Ernten) ‖ *e–e Tennevoll Ausdrusch* n ⟨fig⟩ *Haufen*
m, *Menge* f ‖ *Am Heuschober* m
parvedad *f Winzigkeit, Wenigkeit* f ‖
Fastenfrühstück n
parvo adj *klein, spärlich* ‖ *sparsam* ‖
unbedeutend, winzig ‖ *gering(fügig)*
párvulo adj *klein* ‖ ⟨fig⟩ *einfältig* ‖ ⟨fig⟩ *gering*
‖ ~ *m kleines Kind* n ‖ *Kind* n *im Vorschulalter* ‖
⟨lit⟩ *Kindlein* n (& *Evangelium)*
¹**pasa** adj: *uva* ~ *Rosine* f ‖ *ciruelas* ~s
Trockenpflaumen fpl ‖ ~ *f getrocknete Weinbeere,*
Rosine f ‖ ~ *gorrona Zibebe* f ‖ ◇ *estar hecho*
una ~ ⟨figf⟩ *verrunzelt sein* ‖ *tener cara de* ~
⟨fam⟩ *ein zerknittertes Gesicht haben* ‖ ~s fpl: ~
de Corinto Korinthen, kleine Rosine fpl ‖ ~
gorronas Sultaninen, große Rosinen fpl
²**pasa** *f* ⟨Mar⟩ *Fahr|wasser* n, *-rinne* f
(zwischen Untiefen)
pasablemente adv *so so, mittelmäßig* ‖
ziemlich
pasabocas mpl Col → **tapas**
pasacalle *m Span* ⟨Mus⟩ *lebhafter,*
volkstümlicher Marsch m
pasacintas *m Durchziehnadel* f
pasa|da *f Vorübergehen* n ‖ *Vorbeigehen* n ‖
Übergang m, *Durchquerung* f ‖ *knapper*
Lebensunterhalt m, *dürftiges Auskommen* n ‖
Heftnaht f ‖ ⟨fig⟩ *Darüberhingehen* n *(Arbeit,*
Aufgabe) ‖ *(schnelle) Rasur* f ‖ ◆ *de* ~ *im*
Vorbeigehen ‖ *beiläufig* ‖ ◇ *jugar una mala* ~ *a*
alg. *jdm e–n üblen Streich spielen* ‖ **–dera** *f*
Trittstein m *(im Bach)* ‖ *(Bach)Steg* m ‖
(Bade)Steg m *(am Strand)* ‖ ⟨Mar⟩ *Reep, Seil* n ‖
–dero adj *gangbar, wegsam* ‖ *annehmbar,*
erträglich, ⟨fam⟩ *passabel* ‖ *muy* ~ *ziemlich*
angenehm ‖ **–dito** adj dim von **–do** ‖ **–dizo** *m*
Steg m
pasa|do adj *vergangen, vorüber* ‖ *vorig,*
ehemalig ‖ *trocken (Brot)* ‖ *welk* ‖ *morsch, teigig*
(Obst) ‖ *ranzig (Oliven)* ‖ *stinkig (Fleisch)* ‖
überreif ‖ *verdorben* ‖ ⟨Kochk⟩ *übergar* ‖ ⟨pop⟩
(bes. Am) *langweilig* ‖ ~ *mañana übermorgen* ‖
~ *de moda altmodisch, aus der Mode* ‖ *veraltet* ‖
überholt ‖ ⟨frz fam⟩ *passé* ‖ ~ *por agua weich*
gekocht (Ei) ‖ *muy* ~ *(gut) durchgebraten (Steak)*
‖ *la semana* ~a *(die) vorige Woche* ‖ ~ *m*
Vergangenheit f (& Gr) ‖ ◆ *como en el* ~ *wie*
früher ‖ *wie einst* ‖ *lo* ~, ~ ⟨pop⟩ *hin ist hin*
pasador *m (Schub)Riegel* m ‖ *Schieber* m ‖
Splint m ‖ *Türklinke* f ‖ *Seiher, Durchschlag* m ‖
Schnürnadel f ‖ *Krawattenring* m ‖ *Haarspange* f

der Frauen ‖ *Ordens-* bzw *Abzeichen\spange* f ‖
~**es** *mpl* Pe *Schnürsenkel* mpl
    pasagonzalo *m* ⟨fam⟩ *Nasenstüber* m
    pasaje *m Durchgang* m, *Überfahrt* f ‖ ⟨Mar⟩
Durchfahrt, Straße f ‖ ⟨Mar Flugw⟩ *Passage* f ‖
Fahrkarte f ‖ *Fahrgeld* n ‖ ⟨Mar⟩ p.ex *Passagiere*
mpl ‖ *Stelle* f, *Passus* m, *Passage* f *(in e–m Buch)*
‖ ⟨Mus⟩ *Übergang* m ‖ ⟨Arch⟩ *Durchgang* m,
Passage f ‖ [Reitkunst] *Passage* f ‖ ◆ con ~ de
segunda Am *mit Hintergedanken* ‖ ◇ tomar *od*
sacar ~ *e–e (Schiffs)Fahrkarte lösen*
    ¹**pasajero** adj *vorübergehend, vergänglich,*
flüchtig
    ²**pasajero** *m Reisende(r)* m ‖ ⟨Auto EB⟩
Fahrgast m ‖ ⟨Flugw⟩ *Fluggast* m ‖ ⟨Mar⟩
Passagier m ‖ ~ sin billete *Schwarzfahrer* m ‖
⟨Flugw Mar⟩ *blinder Passagier* m ‖ ~ clandestino
⟨Flugw Mar⟩ *blinder Passagier* m
    pasamacho *m* PR *Zeitvertreib* m
    pasa\manar vt *mit Borten bzw Tressen*
versehen ‖ **–mán** *m Borte, Tresse* f ‖ **–manería** *f*
Posamentierarbeit f ‖ *Posamentierhandwerk* n ‖
Posamentengeschäft n ‖ *Posamenten* npl ‖ **–mano**
m Borte, Tresse f ‖ *Handlauf* m ‖ ⟨Mar⟩ *offene*
Reling f ‖ *Laufbord* m
    pasamontañas *m Kopfschützer* m
    pasamuro *m* ⟨El⟩ *(Mauer)Durchführung* f
    △ **pasanta** *f Waage* f
    pasan\te *m Praktikant* m ‖ *Assistent* m ‖
Bürovorsteher m *(bei e–m Rechtsanwalt)* ‖ ⟨Sch⟩
Aufseher m *während der Pause* ‖ ⟨Sch⟩ *Repetitor*
m ‖ **–tía** *f Probezeit* f ‖ *Praktikanten-* bzw
Assistenten\zeit f ‖ *Beruf* m *des pasante*
    pasao adj ⟨pop⟩ → **pasado**
    pasapalos *mpl* Mex Ven → **tapas**
    pasapán *m* ⟨fam joc⟩ → ¹**garganta** ‖ ◇ le
cortó el ~ ⟨fam⟩ *er (sie, es) schnitt ihm (ihr) die*
Gurgel durch
    pasapasa *m Taschenspieler* m
    pasaperro *m gehefteter Pergamentband* m
    pasa\portar vi *e–n Pass ausstellen* ‖ ~ vt
⟨fam⟩ *(jdn) hinaus\werfen, -komplimentieren* ‖
⟨pop⟩ *umbringen, um die Ecke bringen* ‖ **–porte**
m (Reise)Pass m ‖ ⟨fig⟩ *Ermächtigung* f ‖ ~
colectivo *Sammelpass* m ‖ ~ individual
Einzelpass m ‖ ◇ dar el ~ a alg. *jdm kündigen,*
jdn entlassen ‖ dar el ~ a alg. *(para el otro*
mundo) jdn erledigen, jdn abknallen ‖ extender
od librar el ~ *den (Reise)Pass ausstellen*
    pasapurés *m Püreepresse* f
    ¹**pasar** A) vt/i *(hin)bringen, befördern* ‖
über\führen, -fahren, -setzen ‖ *über\bringen,*
-reichen ‖ *über-, ab\geben* ‖ *reichen, weitergeben*
(z.B. *bei Tisch)* ‖ ⟨Sp⟩ *(den Ball) abgeben* ‖ ⟨Jur⟩
vorlegen, einreichen ‖ *über\schreiten, -treffen* ‖
weg-, aus\lassen ‖ *(hin)übertragen* ‖ *zugeben,*
einräumen ‖ *hingehen lassen, verzeihen, erlassen*
‖ *(ein)schmuggeln (Waren)* ‖ *anbringen (Münze)* ‖
absetzen (Ware) ‖ *befördern (im Amt)* ‖
durch\dringen, -stechen ‖ *durchlesen (ein Buch)* ‖
flüchtig durchlesen (ein Schriftstück) ‖ *übergehen,*
unbeachtet lassen ‖ *hersagen* (z.B. *Gebet)* ‖ *(e–n*
Studienkurs) durchmachen, hören ‖ *ver-,*
herunter\schlucken ‖ *durchseihen* ‖ *zu-,*
ver\bringen (Zeit) ‖ *er\tragen, -dulden, ausstehen*
‖ *verzeihen* ‖ *überstehen, aushalten (Krankheit)*
‖ 1. ~ aviso a alg. *jdm Nachricht geben* ‖ ~ la
esponja (por, sobre algo) *et. verzeihen* ‖ ¡pasemos
la esponja (sobre eso)! ⟨fam⟩ *Schwamm drüber!* ‖
~ todos los límites *den Bogen überspannen, zu*
weit gehen ‖ ~ lista *aufrufen* ‖ ~ la mano (por la
cabeza) *streicheln* ‖ ~ la noche *die Nacht*
verbringen ‖ *übernachten* ‖ ~ nota *Nachricht*
geben ‖ ~ los ojos (por) *flüchtig lesen,*
überfliegen (Brief) ‖ ~ una orden *e–n Auftrag*

erteilen ‖ ~ el peine *kämmen* ‖ pasó el río *er (sie,*
es) ist über den Strom übergesetzt ‖ ~ plaza de
... ⟨pop⟩ *gehalten werden für* ... ‖ ~ un recado a
alg. *jdm et. ausrichten (lassen)* ‖ ~ revista ⟨Mil⟩
e–e Parade abhalten ‖ *durchsehen* ‖
zusammenfassen ‖ ~ el tiempo *die Zeit*
ver\bringen, -tändeln ‖ ~ en tinta *mit Tusche*
ausziehen ‖ ~lo bien *es s. gut gehen lassen* ‖ *s.*
amüsieren ‖ ¡a pasarlo bien! ¡que lo pase Vd.
bien! *leben Sie wohl!* ‖ ¿cómo lo pasa Vd.? *wie*
geht es Ihnen? ‖ dejar ~ faltas ⟨& Sp⟩ *Fehler*
durchgehen lassen ‖ no lo puedo ~ *ich kann ihn*
nicht ausstehen
    2. in präpositionalen
Verbindungen: **a:** ~ a la categoría de cosa
juzgada ⟨Jur⟩ *rechtskräftig werden* ‖ ~ a cuchillo
⟨Mil⟩ *niedermetzeln* ‖ ~ a cuenta nueva ⟨Com⟩
auf neue Rechnung vortragen ‖ *umbuchen* ‖ ~ al
orden del día *zur Tagesordnung übergehen* ‖ **de:**
~ de contrabando *durchschmuggeln* ‖ ~ de largo
vorbeigehen, ohne s. aufzuhalten ‖ ⟨fig⟩
auslassen, nicht berücksichtigen ‖ ~ de mano en
mano *von Hand zu Hand gehen* ‖ ~ de moda *aus*
der Mode kommen, unmodern werden, veralten ‖
en: ~ en blanco *auslassen* ‖ *nicht erwähnen* ‖ ~
en silencio *mit Stillschweigen übergehen* ‖ **por:** ~
por alto *übergehen, auslassen* ‖ *vergessen* ‖ *über*
et. hinweggehen ‖ ~ por un cedazo *od* tamiz
durchseihen ‖ ~ por encima de algo ⟨fig⟩ *et.*
über\springen, -gehen
    B) ~ vi *gehen, (hin)treten* ‖ *durch\gehen,*
-kommen ‖ *durchziehen* ‖ *durchreisen* ‖ *vorbei-,*
vorüber\gehen, vorüber\fahren, -ziehen ‖
verstreichen (Zeit) ‖ *aufhören (Zorn)* ‖ *vergehen*
(Liebe) ‖ *passen (im Spiel)* ‖ *einfallen, in den Sinn*
kommen (Gedanke) ‖ *aufrücken (in e–e höhere*
Klasse), *übergehen* ‖ *weiterkommen* ‖ *gehalten*
werden (por für) ‖ *angehen, leidlich, erträglich*
sein ‖ *aus\dauern, -halten* ‖ *angenommen werden*
(Geld) ‖ *nachlassen, endigen* ‖ *ver\blühen,*
-welken ‖ *verschießen (Farben)* ‖ *anfangen zu*
faulen (Obst)
    1. ~ adelante *weitergehen* ‖ *vorwärtsgehen* ‖
fortfahren ‖ ~ corriendo *vorbeilaufen* ‖ ~ y
repasar *hin und her gehen* ‖ puede ~ *es geht (an),*
es ist nicht schlimm ‖ *es ist annehmbar*, ⟨fam⟩ *es*
ist passabel ‖ no poder ~ *nicht durchkönnen* ‖ al
~ ella *als sie vorüberging* ‖ hacer ~ *durchlassen*
‖ *anbringen, unterschieben (falsche Münze)* ‖
durchschmuggeln (Ware) ‖ *weitergeben (Buch)* ‖
dejar ~ *vorbeilassen* ‖ *billigen* ‖ paso *ich passe*
(z.B. *beim Dominospiel)* ‖ ¿cuándo pasa el tren?
wann fährt der Zug (vorbei)? ‖ ¡pase! *nun gut!*
meinetwegen! *angenommen!* ‖ *herein!* ‖ que pase
er (sie, es) mag hereinkommen ‖ ¡pase Vd.!
herein, bitte! ‖ el verano pasó *der Sommer ist*
vorbei ‖ ¿ha pasado? *ist er durchgekommen?*
⟨Schüler⟩ ‖ ¿por dónde ha pasado Vd.? *wo kamen*
Sie durch? ‖ ir pasando *s. kümmerlich*
durchschlagen ‖ *das Leben fristen* ‖ ¡eso no pasa!
das gilt nicht! ‖ ¡cómo pasa el tiempo! *wie die*
Zeit vergeht!
    2. in präpositionalen
Verbindungen: **a:** ~ a caballo *vorbeireiten* ‖
~ a la clase superior *versetzt werden (Schüler)* ‖
¡pasemos a otra cosa! *sprechen wir von et.*
anderem! lassen wir das! ‖ ~ de amo a criado
vom Herrn zum Diener werden ‖ ~ a la historia
berühmt werden ‖ *in die Geschichte eingehen* ‖
¡eso pasó a la historia! ⟨fam⟩ *das gehört der*
Vergangenheit an! ‖ ~ a otras manos *in andere*
Hände übergehen ‖ ~ a mejor vida ⟨fig⟩ *sterben* ‖
pasó a oficial *er ist zum Offizier befördert worden*
(→ **ascender**) ‖ ~ al voto *zur Abstimmung*
schreiten ‖ ~ (= llegar) a ser *werden* ‖ **de:** ~ de

hinausgehen über (acc) ‖ ~ de los veinte *über die Zwanziger hinaus sein* ‖ los gastos pasan de … *die Ausgaben betragen über* … (acc) ‖ no he pasado de ahí *darüber bin ich nicht hinweggekommen* ‖ no pasa de ser … *es ist weiter nichts als* … ‖ ~ de largo *weitergehen* ‖ **por:** ~ por *durch\gehen, -kommen* ‖ *über (et.) hinweggehen, (et.) leiden, dulden* ‖ *gehalten werden für* ‖ *(e–e Gegend) durchreisen* ‖ ~ por algo *s. über et. hinwegsetzen* ‖ mañana pasaré por su casa *morgen werde ich bei Ihnen vorbeikommen!* *morgen gehe ich zu Ihnen* ‖ por esa no paso *das lasse ich mir nicht gefallen* ‖ ~ (por) entre *hindurchgehen* ‖ no le pasa por el pensamiento *das hat er (sie, es) gar nicht im Sinn, er (sie, es) denkt (gar) nicht daran!*

C) ~ von impers *geschehen, vorkommen, s. ereignen, passieren* ‖ ¿qué pasa? *was ist los?* ‖ ¿qué te pasa? *was hast du denn? was ist mit dir los? was fehlt dir?* ‖ no le ha pasado nada *es ist ihm (ihr) nichts geschehen*

D) ~se *übergar werden (Gericht)* ‖ *überreif werden, vergehen (Obst)* ‖ *ver\blühen, -welken (& fig)* ‖ *überschnappen (Schloss)* ‖ *leck sein, rinnen (Topf)* ‖ *aus der Mode kommen, veralten* ‖ *fließen (ungeleimtes Papier)* ‖ *zum Feind übergehen* ‖ *vorliebnehmen* ‖ *es zu weit treiben*
1. el arroz se pasa *der Reis wird übergar* ‖ mientras que eso (se) pasaba *während s. dies zutrug*
2. ~se al enemigo *zum Feind übergehen* ‖ se me han pasado las ganas *(fam) die Lust (dazu) ist mir vergangen, ich habe k–e Lust mehr (dazu)* ‖ ~ de médico *als Arzt approbiert werden* ‖ ~ de listo *überklug sein* ‖ *(fig) e–n Fehlgriff tun* ‖ *sehr gerieben sein* ‖ se pasó una mano por los cabellos *er strich s. die Haare (nach hinten)* ‖ se me ha pasado de la memoria *das ist mir entfallen* ‖ ~ sin … *s. behelfen ohne* … ‖ *entbehren (acc)* ‖ *absehen von* …
²pasar m *Auskommen* n ‖ ◇ tener un buen ~ *ein hinlängliches Auskommen haben*
pasa\rela f *Steg, Übergang* m ‖ *Laufsteg* m (& Mar) ‖ (fam) *Modenschau* f ‖ ⟨Mar Flugw⟩ *Landungssteg* m
pasa\rratos, –tiempo m *Zeitvertreib* m ‖ *Freizeitbeschäftigung* f ‖ *Belustigung* f
pasavante m ⟨Mar⟩ *Passier-, Geleit\schein* m
pasavolante m *Unbe\dachtheit, -sonnenheit* f ‖ *oberflächlich ausgeführte Handlung* f ‖ *Pfuschwerk* n
△ **pasbatú** m *Stiefvater* m
△ **pasbechí** f *Halbinsel* f
pascal m (P) ⟨Phys⟩ *Pascal* m
pascana f *Am Rast* f, *Halt* m
△ **paschaboró** m *Stiefsohn* m
Pas\cua f *(christliche) Ostern* n, *Osterfest* n/pl ‖ *Weihnachten* n ‖ *Pfingsten* n ‖ *(jüdisches) Passah* n ‖ ~s de Navidad *Weihnachten* n *(Zeitraum zwischen Weihnachten und Dreikönigsfest)* ‖ ~ de Pentecostés *Pfingsten* n ‖ ~ de Resurrección, ~ florida *Ostern, Osterfest* m ‖ ~ de Reyes *Dreikönigstag* m ‖ Domingo de ~ *Ostersonntag* m ‖ ◇ estar (contento) como una(s) ~(s) ⟨fam⟩ *vor Vergnügen strahlen* ‖ hacer la ~ a alg. (pop) *jdn ärgern* ‖ *jdm e–n üblen Streich spielen* ‖ ~s fpl: dar las ~ *zu den Feiertagen Glück wünschen* ‖ ¡santas ~! *mir ist's recht!* ‖ … y ¡santas ~! … ⟨pop⟩ … *und damit basta! Schluss damit!* ‖ felices ~ *fröhliche Ostern! frohes Fest!* ‖ *fröhliche Weihnachten!* ‖ =**cual** adj *österlich, Oster-* ‖ *Weihnachts-* ‖ *Passah-*
Pascual m np *Paschalis* m
pascuala f *Guat Hond:* la ~ *der Tod*
△ **pasdai** f *Stiefmutter* f
¹pase m *Erlaubnisschein* m ‖ *Frei\karte* f, -

billett n (bes. Th) ‖ *Dauerkarte* f ‖ *Freikarte* f, ⟨fam frz⟩ *Passepartout* n ‖ *Passen* n (z.B. *im Domino*)
²pase m ⟨Fecht⟩ *Passade* f, *Ausfall* m ‖ ⟨Med⟩ *Streichen* n *mit den Händen* ‖ *Handbewegung* f *des Hypnotiseurs* ‖ *Abgabe* f, *Pass* m, *Zuspiel(en)* n *(Fußball)* ‖ ~ alto, ~ ceñido, ~ de muleta, ~ natural, ~ de pecho, ~ de rodillas ⟨Taur⟩ *verschiedene Figuren, die der Stierkämpfer ausführt, ohne den Stier zu töten* ‖ ~ atrás ⟨Sp⟩ *Rückpass* m ‖ ~ raso ⟨Sp⟩ *Flachpass* m ‖ ~ en profundidad *Steilpass* m ‖ ◇ dar el ~ a alg. ⟨figf⟩ *jdm den Laufpass geben*
pase\adero m *Promenade* f ‖ **–ante** m *Spaziergänger* m ‖ *Vergnügungsreisende(r)* m ‖ ~ en corte(s) ⟨figf⟩ *Müßiggänger* m ‖ *Nichtstuer* m ‖ ~ a pie *Fußgänger* m ‖ **–ar** vt *spazieren führen* ‖ ⟨fig⟩ *herumzeigen* ‖ ◇ ~ bien el arco *den Bogen richtig führen (Geiger)* ‖ ~ a un caballo *ein Pferd bewegen* ‖ sacar a ~ el perro *Gassi gehen* ‖ ~ la calle *e–e Fensterparade machen* ‖ ~ su ocio *s. durch Spazierengehen zerstreuen* ‖ ~ vi *hin und her gehen* ‖ *spazieren gehen* ‖ ◇ ~ a caballo *spazieren reiten* ‖ ~ en auto *spazieren fahren* ‖ ~se *spazieren (gehen)* ‖ ⟨fig⟩ *arbeitslos sein, feiern* ‖ **–ata** f ⟨fam⟩ *langer Spaziergang* f
pase\illo, –ito m dim von **paseo** ⟨Taur⟩ *Rundgang* m *der Stierkämpfer in der Arena vor dem Stierkampf*
paseo m *Spazieren(gehen), Lustwandeln* n ‖ *Spaziergang* m ‖ *Spazierfahrt* f ‖ *Spazierritt* m ‖ *Spazierweg, Korso* m, *Promenade, Chaussee* f (z.B. ~ de Gracia *in Barcelona* od ~ de Recoletos *in Madrid*) ‖ ~ (de la cuadrilla) ⟨Taur⟩ → **paseíllo** ‖ ~ en auto(móvil) *Autofahrt* f ‖ ~ en barco de vela *Segelfahrt* f ‖ ~ marítimo *Strandpromenade* f ‖ ◇ dar un ~ *e–n Spaziergang machen, spazieren (gehen)* ‖ dar un ~ en coche *spazieren fahren* ‖ dar(le) el ~ a alg. *jdn (meist nachts) verhaften und außerhalb der Stadt erschießen (bes. im span. Bürgerkrieg 1936–1939)* ‖ mandar a alg. a ~ ⟨figf⟩ *jdn zum Teufel schicken* ‖ *jdn vor die Tür setzen* ‖ ¡vete a ~! *scher dich zum Teufel!*
pasera f ⟨Agr⟩ *Traubentrockenanlage* f
pasi\bilidad f *Leidensfähigkeit* f ‖ **–ble** (m/f) *leidensfähig* ‖ ~ de pena ⟨Jur⟩ *strafbar*
pasie\ga f *Frau* f bzw *Mädchen* n *aus dem Pastal (Valle de Pas* P *Sant)* ‖ p.ex *Amme* f *(da die pasiegas dafür berühmt waren)* ‖ **–go** adj/s *aus dem Pastal (*P *Sant)* ‖ Sant ⟨fig⟩ *schlau*
pasificación f *Lufttrocknung* f *der Weinbeeren, Bildung* f *von Zibeben*
pasiflo\ra f ⟨Bot⟩ *Passionsblume* f (→ **pasionaria**) ‖ **–ráceas** fpl ⟨Bot⟩ *Passionsblumengewächse* npl (Passifloraceae)
¹pasillo m *Flur, Korridor* m ‖ *Gang* m *(in e–m Haus)* ‖ ⟨Mar⟩ *Laufgang* m ‖ ⟨Tech⟩ *Laufbühne* f ‖ ~ aéreo *Luftstraße* f
²pasillo m ⟨Th⟩ *Kurzstück* n ‖ *Posse* f ‖ ⟨Kath⟩ *Antiphon* f *der Karwoche* ‖ Sev *kirchlicher Umzug* m
pasión f *Leiden* n ‖ *Leidenschaft* f ‖ *glühender Wunsch* m ‖ *Sehnsucht* f ‖ *heftige Liebe, Neigung* f *(por zu)* ‖ *heftiger Groll* m ‖ la ~ *die Leidensgeschichte Christi, Passion* f ⟨fig⟩ *Leidensgeschichte* f ‖ ~ de amor *Liebesglut* f ‖ ~ torpe ⟨Rel⟩ *Geschlechtstrieb* m ‖ ◆ con ~ *leidenschaftlich* ‖ ◇ dejarse arrastrar por la ~ ⟨fig⟩ *s. von s–r Leidenschaft fortreißen lassen* ‖ juzgar algo sin ~ et. *unparteiisch* od *sachlich beurteilen*
pasional adj (m/f) *leidenschaftlich* ‖ *den Leidenschaften unterworfen* ‖ *im Affekt begangen* ‖ *aus Leidenschaft*

pasionaria f ⟨Bot⟩ *Passionsblume* f (*Passiflora incarnata*)

pasionario m ⟨Rel⟩ *Passionsbuch* n

pasioncilla f dim von **pasión**

pasito m/adv dim von **³paso** ‖ *muy ~ a paso ganz langsam*

pasi|var vt *passivieren (Metalle)* ‖ **–vidad** f *Passivität* f ‖ *leidender Zustand* m ‖ *Untätigkeit* f ‖ *Tatenlosigkeit* f ‖ **–vo** adj *untätig* ‖ *leidend* ‖ ⟨Gr Pol Chem Wir⟩ *passiv* ‖ *Pensions-, Ruhestands-, Rentner-* ‖ **–vo** m ⟨Gr⟩ *Passiv* n, *Leideform* f ‖ *Passiva* pl ‖ *Soll* n ‖ *Schulden* fpl ‖ *~ total Schuldenmasse* f

△ **pasma** m *(Diebes)Wache* f

pas|mado adj ⟨fig⟩ *erstaunt, starr (vor Staunen)* ‖ *befremdet* ‖ *verdutzt,* ⟨fam⟩ *verdattert, baff, platt* ‖ **–mar** vt *betäuben* ‖ ⟨fig⟩ *verblüffen* ‖ **~se** *ohnmächtig werden* ‖ *e–n Krampf bekommen* ‖ ⟨fig⟩ *(er)staunen* ‖ ◇ *~ de frío vor Kälte erstarren* ‖ *¡pásmate! denke nur an! unglaublich!* ‖ **–marota** f ⟨fam⟩ *Verwunderung* f ‖ **–marote** m ⟨fam⟩ *Trottel, Simpel, Gimpel* m ‖ **–mo** m *Krampf* m ‖ ⟨fig⟩ *Erstaunen* n ‖ ⟨fig⟩ *Schrecken* m ‖ ⟨fig⟩ *Wunder* n (*als Anlass bzw Gegenstand des Erstaunens*)

△ **pasmó** m *Landgut* n

pas|món adj/s ⟨fam⟩ *sinnlos gaffend* ‖ **–moso** adj *erstaunlich* ‖ *rasend (Schnelligkeit)*

¹paso adj *getrocknet, Dörr- (Obst)* (→ auch **pasa**)

²paso adv: *¡~! sacht(e), langsam, gemach!* ‖ *behutsam* ‖ *leise*

³paso m *Schritt* m ‖ *(Fuß)Tritt* m, *Fuß(s)tapfe, Spur* f ‖ *Gang* m, *Gangart* f ‖ *Über|fahrt, -führung* f ‖ *Durchgang* m ‖ *Durchfahrt* f ‖ *Übergang* m ‖ *Übergangsstelle* f ‖ *Durch|marsch, -zug* m ‖ *Strich, Zug* m (*der Vögel*) ‖ *Zugang* m (*zu e–m Ort*) ‖ *Zutritt(serlaubnis* f) m ‖ *Treppenstufe* f ‖ *Leitersprosse* f ‖ *kirchlicher Umzug, Bittgang* m ‖ *auf großen, flachen Estraden aufgestellte Skulpturengruppen* od *Wagen mit Gruppen aus der Leidensgeschichte Christi (in der Karwoche)* ‖ ⟨Jgd⟩ *Wildwechsel* m ‖ ⟨Mar⟩ *Meerenge, Straße* f ‖ *Fahrwasser* n ‖ *Fahrrinne* f ‖ *Engpass* m ‖ ⟨Tel⟩ *(Gesprächs)Einheit* f ‖ ⟨Tech⟩ *Durch|lass* bzw *-fluss* bzw *-satz* m ‖ *Gang* m ‖ *Gewindesteigung* f ‖ ⟨Text⟩ *Fach* n, *Sprung* m ‖ ⟨fig⟩ *(große) Schwierigkeit, schwierige Lage,* ⟨fam⟩ *Klemme* f ‖ ⟨fig lit⟩ *Tod* m ‖ ⟨fig⟩ *Schritt* m, *Maßnahme* f ‖ *~ acelerado* ⟨Mil⟩ *Geschwindschritt* m ‖ *~ acompasado Gleichschritt* m ‖ *~ alargado* [Reitkunst] *starker Schritt* m ‖ *~ de ambladura, ~ de andadura Passgang* m (*des Pferdes*) ‖ *~ de Calais Meerenge* f *von Calais* ‖ *~ de carga* ⟨Mil⟩ *Sturmschritt* m ‖ *~ de cebra* ⟨StV⟩ *Zebrastreifen* m ‖ *~ elevado* ⟨EB⟩ *Überführung* f ‖ *~ estrecho* ⟨StV⟩ *Engpass* m (*Warnzeichen*) ‖ *~ en falso Fehltritt* m ‖ *~ de frontera Grenzübergang* m ‖ *~ de gallina* → ‖ *~ de (la) oca* ‖ *~ gimnástico* ⟨Sp⟩ *Laufschritt* m ‖ *~ de hélice* (Flugw) ‖ *~ ilegal de frontera unerlaubter Grenzübergang* m ‖ *~ inferior Unterführung* f ‖ *~ ligero* ⟨Mil⟩ *Geschwindschritt* m ‖ *~ de marcha* ⟨Mil⟩ *Marschschritt* m ‖ *~ a nivel* ⟨EB⟩ *Bahnübergang* m ‖ *~ a nivel con (sin) barrera (od guarda) (un)beschrankter Bahnübergang* m ‖ *~ de (la) oca, ~ de parada* ⟨Mil⟩ *Parade-, Stech|schritt* m ‖ *~ de peatones* ⟨StV⟩ *Fußgängerüberweg* m ‖ *Zebrastreifen* m ‖ *~ redoblado Geschwindschritt* m ‖ *~ reunido* [Reitkunst] *versammelter Schritt* m ‖ *~ de rosca* ⟨Tech⟩ *Gewindesteigung* f ‖ *~ subterráneo Unterführung* f ‖ *~ superior Überführung* f ‖ *mal ~* ⟨fig⟩ *Verlegenheit* f ‖ ◆ *a ~ im Schritt* ‖ *~ a*

~ Schritt für Schritt ‖ *a ~ de carga im Sturmschritt* ‖ ⟨figf⟩ *rasend, schnell* ‖ *a ~ lento mit langsamen Schritten* ‖ *a ~ de tortuga* ⟨figf⟩ *im Schneckentempo* ‖ *a ese ~* ⟨fig⟩ *auf diese Art, so* ‖ *a mi ~ (por) bei m–r Durchreise (in)* ‖ *al ~ unterwegs* ‖ *zugleich* ‖ *al ~ que ...* ⟨fig⟩ *nach Maßgabe ...* gen, *so wie ...* ‖ *während* ‖ *al ~ que vamos auf diese Weise* ‖ *wenn wir so weitermachen* ‖ *a cada ~* ⟨fig⟩ *auf Schritt und Tritt* ‖ *fortwährend, andauernd* ‖ *de ~ im Vorbeigehen, gelegentlich* ‖ ⟨fig⟩ *zugleich* ‖ *de ~ por París auf der Durchreise in Paris* ‖ *~ por ~ schrittweise* ‖ ◇ *abrir ~ den Weg bahnen* ‖ *abrirse ~ s. durchschlagen (por, entre durch* acc) ‖ *acortar el ~ langsamer gehen* ‖ *alargar el ~* ⟨fam⟩ *den Schritt beschleunigen* ‖ *schneller gehen* ‖ *andar al ~ langsam gehen* ‖ *apretar el ~* → *alargar el ~* ‖ *se arrojó al ~ de un tren er stürzte s. vor* od *unter e–n Zug (Selbstmörder)* ‖ *avivar el ~* → *alargar el ~* ‖ *cambiar el ~* ⟨Mil⟩ *den Tritt wechseln* ‖ *ceder el ~ a alg. jdm den Vortritt, den Vorrang lassen* ‖ *cerrar el ~ den Weg sperren* ‖ *coger a alg. al ~* ⟨figf⟩ *jdn treffen* ‖ *dar ~ a alg. jdm Eingang verschaffen* ‖ *dar un ~ decisivo e–n entscheidenden Schritt tun* ‖ *dar un ~ en falso mit dem Fuß einknicken* ‖ ⟨fig⟩ *fehltreten, e–n Fehltritt tun* ‖ *dar un ~ al frente s. freiwillig melden* ‖ *dicho sea de ~ beiläufig gesagt* ‖ *dejar el ~* → *ceder el ~* ‖ *aquí estoy de paso ich bin hier (nur) vorübergehend* ‖ *hacerse ~ s. Bahn schaffen* ‖ *s. durchpressen* ‖ *s. durchhauen* ‖ *ir al ~ langsam gehen* ‖ *ir a ~ acelerado schnellen Schrittes gehen* ‖ *ir a ~ alegre beschwingten Schrittes gehen* ‖ *ir a buen ~ tüchtig ausschreiten* ‖ *llevar el ~* ⟨Mil⟩ *Tritt halten* ‖ *marchar al ~ langsam gehen* ‖ *no poder dar (un) ~* ⟨fig⟩ *nicht vorwärts(kommen) können* ‖ *todmüde sein* ‖ *sacar del mal ~ a alg.* ⟨figf⟩ *jdm aus s–r misslichen Lage heraushelfen* ‖ *salir al ~ de alg. jdm entgegengehen* ‖ ⟨fig⟩ *jdm entgegenkommen* ‖ *jdm gegenübertreten* ‖ *jdm entgegentreten* ‖ *s. gegen jdn stellen* ‖ *salir del ~* ⟨fig⟩ *s. aus e–r misslichen Lage befreien* ‖ *tener el ~ (den) Vorrang haben* ‖ *¡~! aus dem Weg! ‖ Weg frei! ‖ Platz da! ¡prohibido el ~! Durchgang verboten! ‖ kein Zutritt!* ‖ **~s** mpl: *~ (de la Pasión) Stationen* fpl *der Leidensgeschichte Christi* ‖ ◆ *a ~ de gigante mit Riesenschritten* ‖ *a dos ~ einige Schritte weit, unweit* ‖ *a ~ medidos gemessenen Schrittes* ‖ *por sus ~ contados gemessen (schreiten)* ‖ ⟨fig⟩ *nach s–r gehörigen Ordnung* ‖ *wohl überlegt* ‖ ◇ *dar ~ inútiles s. unnütz anstrengen* ‖ *dar los ~ necesarios die erforderlichen Schritte tun* ‖ *seguir los ~ a alg.* ⟨fig⟩ *jdn überwachen, jdn bespitzeln* ‖ *seguir los ~ de alg. jdn auf Schritt und Tritt verfolgen* ‖ *jdn nachahmen* ‖ *volver sobre sus ~ zurückgehen*

⁴paso m ⟨Th⟩ *kurzes Theaterstück* n

⁵paso m *Exequatur* n (*e–s Diplomaten*)

pasodoble m ⟨Mus⟩ *Paso doble* m (*Musik und Tanz*)

△ **pasola** f *Bündel* n

pasoso adj Am *(wasser)durchlässig (Papier)* ‖ Chi *Schweiß-* ‖ Ec *ansteckend*

paso|ta m *Aus|steiger, -geflippte(r)* m ‖ *Aussteigerjargon* m ‖ **–tismo** m *Aussteigermentalität* f ‖ *Aussteigerwesen* n ‖ *antibürgerliche Lebenseinstellung* f

paspa(dura) f Arg *(Haut)Schrunde* f

paspartú m *Passepartout* n (Schw m)

△ **paspilé** adj *beschwipst*

pasquín m *Schmähschrift* f, *Pasquill* n

△ **pasrachí** m *Mitternacht* f

pássim ⟨lat⟩ adv *passim, allenthalben*

¹pasta f *Teig* m ‖ *Masse* f ‖ *Brotteig* m ‖ *Paste*

f ‖ ⟨fig⟩ *Inhalt, Kern* m ‖ ⟨Med⟩ *(Zahn)Plombe* f ‖ ⟨fig pop⟩ *Geld* n, ⟨pop⟩ *Zaster* m, *Moneten* fpl ‖ ~ *de afeitar Rasierpaste* f ‖ ~ *alimenticia Nudel-, Teig\waren* fpl ‖ ~ *de cacao Kakaomasse* f ‖ ~ *dentífrica,* ⟨fam⟩ ~ *de dientes Zahnpasta* f ‖ ~ *de hojaldre,* ~ *hojaldrada Blätterteig* m ‖ ~ *de madera,* ~ *mecánica* ⟨Pap⟩ *Holzschliff* m ‖ ~ *química* ⟨Pap⟩ *(Halb)Zellstoff* m ‖ ◆ *de buena* ~ ⟨pop⟩ *gutmütig* ‖ ~**s** fpl *(Zucker)Gebäck* n, *Törtchen* npl ‖ ~ *italianas italienische Teigwaren* fpl ‖ ~ *de sopa Teigwaren* fpl *(Suppeneinlagen)*

²**pasta** f *Pappe* f ‖ *Pappdeckel* m ‖ ⟨Buchb⟩ *Pappband* m ‖ → **encuadernación**

pasta\dero m *Weidegebiet* n ‖ **–flora** f ⟨Kochk⟩ *Mürbeteig* m ‖ **–je** m Am *(Vieh)Futter* n ‖ **–tar** vt *(ab)weiden, auf die Weide führen* ‖ ~ vi *weiden*

paste m ⟨Bot⟩ **a)** *Hond Louisianamoos* n *(Tillandsia usneoides)* ‖ **b)** *CR Hond Schwammgurke* f *(Luffa aegyptiaca)*

¹**pastel** m *Kuchen* m ‖ *Törtchen* n ‖ *Fleisch-, Obst\pastete* f ‖ ⟨Typ⟩ *Zwiebelfische* mpl ‖ ⟨desp⟩ *Schmarren* m ‖ ⟨figf⟩ *heimliche Zusammenkunft* f, *Ränke* mpl ‖ ~ *de carne Fleischpastete* f ‖ ~ *de chocolate Schokoladentorte* f ‖ ~ *de hojaldre Blätterteig* m ‖ ~ *de manzanas Apfelkuchen* m ‖ ~ *milhojas Tausendblätterkuchen* m ‖ ◇ *coger a uno con las manos en el* ~ ⟨pop⟩ *jdn auf frischer Tat ertappen* ‖ *descubrirse el* ~ *ans Licht kommen, bekannt werden (Verborgenes)* ‖ ~**es** mpl *Backwerk* n

²**pastel** m *Pastellstift* m ‖ *Pastell* n ‖ *Pastellmalerei* f

pastelear vi ⟨fam⟩ *s. überall lieb Kind machen*

paste\lería f *Konditorei* f ‖ *Zucker-, Fein\bäckerei* f ‖ *Teigwaren* fpl ‖ **–lero** m *Konditor, Feinbäcker* m ‖ *Patissier* m ‖ *Pastetenbäcker* m ‖ ⟨fig⟩ *Opportunist* m ‖ **–lillo** m *süßes Backwerk* n, *Kuchen* m

pastelista m/f *Pastellmaler(in* f) m

paste\litos mpl: ~ *de crema Cremeschnittchen* npl ‖ **–lón** m augm von ¹**pastel**

paste(u)ri\zación f *Pasteurisieren* n ‖ **–zar** [z/c] vt *pasteurisieren (Milch usw.)*

pastiche m *Pastiche* f ‖ *Plagiat* n ‖ ⟨it⟩ *Pasticcio* n

pasticultura f *Weidewirtschaft* f

pasti\lla f *Pastille* f ‖ *Tablette* f ‖ *Plättchen* n *(am Schneidwerkzeug)* ‖ *Plätzchen, Kügelchen* n ‖ ~ *de alcohol solidificado Hartspiritustablette* f ‖ ~ *de chocolate Schokoladen\täfelchen, -plätzchen* n ‖ ~ *de estimulación eréctil Potenzpille* f ‖ ~ *de jabón Seifenkugel* f, *Stück* n *Seife* ‖ ~ *de menta Pfefferminzpastille* f ‖ ~ *de malvavisco Eibischpastille* f ‖ ~ *de olor Räucherkerzchen* n ‖ ~**s** *pectorales,* ~**s** *contra la tos Hustenbonbons* mpl (& npl) ‖ ~ *de regaliz Lakritzenbonbon* m (& n)

¹**pastinaca** f ⟨Bot⟩ *Pastinak(e* f) m *(Pastinaca sativa)* ‖ → **zanahoria**

²**pastinaca** f ⟨Fi⟩ *Stechrochen* m *(Dasyatis pastinaca)*

pas\tizal m *Weideland* n, *Weide* f ‖ **–to** m *(Ab)Weiden* n ‖ *Weide* f, *Weideplatz* m ‖ *(Grün)Futter, Weidegras* n ‖ *Pe Rasen* m ‖ ⟨fig⟩ *Zehrstoff* m ‖ ⟨fig⟩ *Nahrung* f ‖ ~ *alpino Alm* f ‖ ~**s** *comunes Gemeindetrift* f ‖ *geistige Nahrung* f ‖ ~ *seco Trockenfutter* n ‖ ~ *vecinal Gemeindetrift* f ‖ ~ *verde Grünfutter* n ‖ ◆ *a* ~ *im Überfluss* ‖ *a todo* ~ *ausschließlich nach Belieben* ‖ ◇ *el edificio fue* ~ *de las llamas das Gebäude brannte vollständig nieder* ‖ **–tor** adj *Hirten-, Schäfer-* ‖ ⟨perro⟩ ~ *Hirten-, Schäfer\hund* m ‖ ~ m *(Vieh)Hirt* m ‖ *Schäfer* m ‖ *Seelenhirt, Seelsorger* m ‖ *Pastor* m ‖ *el Buen* ~ ⟨fig⟩ *der Gute Hirt* m *(Jesus, der Herr)* ‖ **–tora** f *Hirtin* f ‖ ⟨Prot⟩ *Pfarrerin* f ‖ **–toral** adj *(m/f)*

Hirten- ‖ *Pastoral-* ‖ ⟨carta⟩ ~ *Hirtenbrief* m ‖ ~ f ⟨Th⟩ *Schäferspiel* n ‖ ⟨Lit⟩ *Hirten-, Schäfer\dichtung* f

pas\torcillo m dim von **pastor** ‖ ~**s** mpl *(Weihnachts)Krippe* f ‖ **–torear** vi *weiden, auf die Weide führen* ‖ ⟨Rel⟩ *betreuen* ‖ MAm *verwöhnen* ‖ **–torela** f ⟨Lit Mus⟩ *Pastorelle* f ‖ *Weihnachtslied* n ‖ *Hirtenlied* n ‖ **–toreo** m *Weiden* n, *Weidegang* m ‖ **–toril** adj *(m/f)* ⟨Lit⟩ *Hirten-*

pastorización f → **paste(u)rización**

pasto\sidad f *teigartige Beschaffenheit* f ‖ ⟨fig⟩ *Fülle* f ‖ **–so** adj *teigig* ‖ ⟨Mus⟩ *volltönend (Stimme)* ‖ ⟨Mal⟩ *pastos* ‖ ⟨Med⟩ *pastös (& Graphologie)* ‖ *vollmundig, körperreich (Wein)*

pastral m *Sant Riesenblutwurst* f (→ **morcón**)

pastura f *Grünfutter* n ‖ *Weide* f ‖ **–je** m *gemeinsames Weideland* n ‖ *Weiderecht* n

pasudo f Am *mit gekräuseltem Haar*

¹**pata** f *Pfote, Tatze* f ‖ *Pranke* f ‖ *Klaue* f *(von Tieren, Vögeln)* ‖ ⟨fam⟩ *Bein* n, *Fuß* m ‖ *Überschlag* m *(am Rock)* ‖ ⟨Flugw⟩ *Bein* n *(des Fahrwerks)* ‖ ~ *de cabra Geißfuß* m ‖ ~ *galana* ⟨figf⟩ *Hinkebein* n ‖ ~ *de gallina Rissigkeit* f *(der Bäume)* ‖ ~ *de palo Holzbein* n ‖ ~ *de puerco cocida* ⟨Kochk⟩ *Eisbein* n ‖ ◇ *estamos* ~ ⟨fam⟩ *wir sind quitt* ‖ *estirar la* ~ ⟨vulg⟩ *krepieren* ‖ *meter la* ~ ⟨fam⟩ *e–n Bock schießen* ‖ ~ *s. blamieren* ‖ *ins Fettnäpfchen treten* ‖ *tener mala* ~ ⟨fam⟩ *Pech haben, ein Pechvogel od ein Unglücksrabe sein* ‖ ◆ *a* ~ ⟨fam⟩ *zu Fuß,* ⟨lat⟩ *per pedes (apostolorum)* ‖ Am *barfuß* ‖ *a la* ~ *(la) llana schlicht, offen heraus* ‖ *ohne Umstände, ungezwungen* ‖ *a la* ~ *chula hinkend* ‖ ~**s** fpl: *el* ~ ⟨Am pop⟩ *der Teufel* ‖ ~ *de araña* ⟨figf⟩ *schwache und krumme Beine* npl ‖ *spindeldürre Beine* npl ‖ ~ *arriba drunter und drüber* ‖ *umge-, ver\kehrt* ‖ ~ *cortas* ⟨pop⟩ *kurzbeiniger Knirps* m ‖ ~ *de gallo* ⟨fig⟩ *Krähenfüße* mpl *(an den Augenwinkeln)* ‖ ~ *de mosca* ⟨figf⟩ *Gekritzel* n ‖ ~ *de ternera Kalbs\füße* mpl, *-hachsen,* Öst *-stelzen* fpl ‖ *a cuatro* ~ ⟨fam⟩ *auf allen vieren* ‖ ◇ *estar* ~ *arriba* ⟨pop⟩ *(mause)tot sein* ‖ *poner* ~ *arriba alles durcheinander bringen*

²**pata** f *Entenweibchen* n

³**pata** f Chi *Etappe, Stufe* f

pataca f ⟨Bot⟩ *Topinambur* f *(Helianthus tuberosus)*

patacón m [früher] ⟨fam⟩ *Fünfpesetenstück* n, *Duro* m ‖ Am ⟨fam⟩ *Silberpeso* m

patada f *Fußtritt* m ‖ *Fuß(s)tapfen* m ‖ *Aufstampfen* n ‖ *Huftritt* m ‖ ◆ *a* ~**s** *in Hülle und Fülle* ‖ ◇ *arrojar a* ~**s** ⟨pop⟩ *herausschmeißen* ‖ *dar* ~ *s en el suelo auf den Boden stampfen* ‖ *dar a uno una* ~ *en el culo* ⟨vulg⟩ *jdm e–n Tritt in den Hintern geben* ‖ *tratar a alg. a* ~**s** *jdn sehr unhöflich od grob behandeln*

pata\gón m/adj *Patagonier* m ‖ **ᵘgonia** f ⟨Geogr⟩ *Patagonien* n

patagua, patahua f ⟨Bot⟩ *Lumamyrte* f *(Myrtus Luma = Luma apiculata)*

patale\ar vi *auf den Boden stampfen* ‖ *trippeln* ‖ **–o** m *Stampfen* n ‖ *Trippeln* n ‖ *Trampeln* n ‖ *el derecho del* ~ ⟨figf⟩ *das Recht auf (nutzlosen!) Protest*

pataleta f ⟨figf⟩ *Wut\anfall, -ausbruch* m, ⟨Med⟩ *Nervenzusammenbruch* m

patán m/adj *Bauer* m ‖ ⟨figf⟩ *Bauernlümmel, Grobian* m

patanada f Bol ⟨fam⟩ *Dummheit* f

△ **patapuque** m *Papst* m

patarata f ⟨fam⟩ *albernes Zeug* n, *Albernheit* f ‖ *Dummheit* f ‖ *Lächerlichkeit* f ‖ *übertriebenes Gehabe* n

pata\ta f *Kartoffel(pflanze),* Öst *Erdapfel* m

(Solanum tuberosum) ‖ ⟨fig desp⟩ *Uhr*, ⟨fam⟩
Zwiebel f ‖ ~ caliente ⟨figf⟩ *heikle Angelegenheit*
f ‖ ~**s** *fpl:* ~ cocidas *Brühkartoffeln* fpl ‖ ~
(cocidas) con piel → ~ hervidas ‖ ~ a la crema
Rahmkartoffeln fpl ‖ ~ deshidratadas
Trockenkartoffeln fpl ‖ ~ fritas *Pommes frites* pl ‖
~ al gratén, ~ gratinadas *überbackene*,
gratinierte Kartoffeln fpl ‖ ~ hervidas con su piel
(od sin pelar) *Pellkartoffeln* fpl ‖ ~ harinosas
mehlige Kartoffeln fpl ‖ ~ machacadas
Quetschkartoffeln fpl ‖ ~ nuevas *neue Kartoffeln*
fpl ‖ ~ primerizas *Frühkartoffeln* fpl ‖ ~
salteadas *Bratkartoffeln* fpl ‖ ~ de siembra
Saatkartoffeln fpl ‖ ~ tempranas → ~ primerizas
‖ **–tal, –tar** adj *Kartoffel-* ‖ ~ m *Kartoffelfeld* n ‖
–tero m/adj ⟨fam⟩ *Kartoffel|esser, -liebhaber* m
   pata|tín (–tán) adv: que si –tín, que si –tán
⟨fam⟩ *umständlich, mit vielen Abschweifungen
(Rede, Gespräch, Bericht)* ‖ que si vino, que si ~
⟨pop⟩ *ob er (sie, es) kam oder ob er (sie, es)
nicht kam (Ironisierung e–s umständlichen
Berichtes)*
   ¡patatrás! int *plumps!*
   patatús m *(leichte) Ohnmacht* f ‖
Schwindelanfall m ‖ ◇ le dio un ~ *er hatte e–n
(leichten) Schwindelanfall*
   patavino adj → **paduano**
   paté m ⟨Kochk⟩ *Pastete* f
   patear vt ⟨fam⟩ *mit Füßen treten* ‖ ⟨Th⟩
ausbuhen (& e–n Redner usw.) ‖ *Fußtritte geben*
(dat) ‖ ~ vi *trampeln, trippeln* ‖ ⟨Th⟩ *buh rufen,
buhen (& bei e–r Rede usw.)* ‖ Am → **cocear**
   patena f *Patene* f, *Hostienteller* m ‖
(Brust)Medaillon n *(der weiblichen Bauerntracht)*
‖ limpio como una ~ ⟨fig⟩ *sauber wie ein
Schmuckkasten* m, ⟨fam⟩ *blitz|blank* bzw *-sauber*
   paten|tar vt *patentieren* ‖ *patentieren lassen* ‖
–te adj *(m/f) offen, aufgedeckt* ‖ ⟨fig⟩ *offenbar,
klar, deutlich* ‖ adv: **–mente** ‖ ~ f *Patent* n ‖
Bestallungsbrief m ‖ *Diplom* n ‖
(Erfindungs)Patent n ‖ *Bescheinigung* f ‖
Ausweisschein m ‖ ~ de corso ⟨Hist⟩ *Kaperbrief*
m ‖ ~ de introducción *Einführungspatent* n ‖ ~
de invención *Erfindungspatent* n ‖ ~ de
navegación ⟨Mar⟩ *Schiffs|brief* m *(für
Binnenschiffe), -zertifikat* n *(für Seeschiffe)* ‖ ~
de sanidad *Gesundheitspass* m ‖ ◇ solicitar,
otorgar la ~ *zum Patent anmelden, das Patent
erteilen*
   ¹patentizar [z/c] vt *klarlegen, kundgeben* ‖
bekunden ‖ *ver|anschaulichen, -deutlichen* ‖
beweisen
   ²patentizar [z/c] vt ⟨Met⟩ *patentieren
(vergüten)*
   pateo m ⟨fam⟩ *Trampeln, Stampfen* n
   páter [pl ~**(e)s**] m ⟨fam⟩ *Pater, Geistliche(r)*
m
   patera f Span *Flüchtlingsboot* n *(meist von
Marokko nach Spanien)*
   △ **paterán** m *Trödelmarkt* m
   paterfamilias ⟨lat⟩ m ⟨Hist Jur⟩ *Paterfamilias*
m ‖ ⟨lat⟩ *Hausvater* m
   pater|nal adj *(m/f) väterlich, Vater-* ‖ **–nalismo**
m ⟨Soz Pol⟩ *Paternalismus* m ‖ **–nalista** adj *(m/f)
paternalistisch* ‖ **–nidad** f *Vaterschaft* f ‖ Vuestra
~ *Euer Hochwürden (Titel der Geistlichen)* ‖ ◇
reconocer (denegar) la ~ *die Vaterschaft
anerkennen (ableugnen)* ‖ **–no** adj *väterlich* ‖
väterlicherseits ‖ *Vater-*
   ¹paternóster m ⟨Rel⟩ *Vaterunser* n
   ²paternóster m ⟨Tech⟩ *Paternoster* m *(Aufzug)*
‖ ⟨fig⟩ *kräftiger, fester Knoten* m
   Pateta m ⟨fam⟩ *Teufel* m ‖ ◇ se lo llevó ~ *er
(es) starb*
   patético adj *pathetisch* ‖ *rührend* ‖ *feierlich*

   patetismo m *Pathos* n
   pathos m ⟨Lit Philos Psychol⟩ *Pathos* n,
Nachdruck m
   pati|abierto adj ⟨fam⟩ *mit gespreizten Beinen* ‖
–albo, –blanco adj *weißfüßig (Tier)*
   patibulario adj *Galgen-* ‖ *Schafott-* ‖ ⟨fig⟩
Spitzbuben-
   patíbulo m *Galgen* m ‖ *Richtstätte* f, *Schafott*
n ‖ ◇ llevar al ~ *zum Schafott führen*
   paticojo adj/s ⟨fam⟩ *hinkend, lahm*
   patidifuso adj ⟨fam⟩ *ver|blüfft, -dutzt, -dattert*
   patieci|llo, –to m dim von **patio**
   pati|estevado adj/s *krumm-, säbel|beinig* ‖
–frío adj Chi → **patitieso** ‖ **–hendido** adj
spalthufig (Tier)
   pati|lla f *Klappe* f *(an der Tasche e–s Rockes)*
‖ ⟨Tech⟩ *Bankeisen* n ‖ ~**s** fpl *Backenbart* m ‖
⟨joc⟩ *(der) Teufel* ‖ ~ flamencas *Backenbart* m
nach and. Art ‖ **–llo** dim von **patio** ‖ **–lludo** adj
mit Backenbart
   patimocho adj Col *hinkend*
   ¹patín m dim von **patio**
   ²patín m *Schlittschuh* m ‖ *Rollschuh* m ‖
(Schlitten)Kufe f ‖ *Schlitten* m ‖ *(Schlitten)Kahn*
m ‖ *(Kinder)Roller* m ‖ ⟨EB⟩ *Schienenfuß* m ‖ ~
acuático *Tretboot* n ‖ ~ de aterrizaje ⟨Flugw⟩
Landekufe f ‖ ~ de rollos *od* ruedas *Rollschuh* m
‖ ◇ ponerse los patines *die Schlittschuhe* bzw
Rollschuhe anziehen ‖ quitarse los patines *die
Schlittschuhe* bzw *Rollschuhe abnehmen*
   ³patín m ⟨V⟩ → **paíño**
   pátina f *Patina* f, *Edelrost* m
   pati|nadero m *Eisbahn* f ‖ *Rollschuhbahn* f ‖
–nador m *Schlittschuhläufer* m ‖ *Rollschuhläufer*
m ‖ **–naje** m *Schlittschuhlaufen* n ‖ *Eislauf* m ‖
Rollschuhlaufen n ‖ *Gleiten* n ‖ ⟨Auto⟩ *Schleudern*
n ‖ ~ artístico *Eiskunstlauf* m ‖ ~ de velocidad
Eisschnelllauf m ‖ **–nar** vi *Schlittschuh laufen* ‖
Rollschuh laufen ‖ *ins Schleudern geraten (Auto)*
‖ *gleiten (Riemen)* ‖ *rutschen* ‖ **–nazo** m *Rutsch* m ‖
Rutschen n ‖ ◇ dar un ~ ⟨Auto⟩ *schleudern, ins
Schleudern geraten* ‖ ⟨fig⟩ *s. blamieren,* ⟨fam⟩
aus der Rolle fallen, ⟨fam⟩ *ins Fettnäpfchen
treten* ‖ **–nete** m *(Kinder)Roller* m *(Spielzeug)* ‖
   patio m *(Innen)Hof* m *(der span. Häuser)* ‖
Hofraum m ‖ ⟨Film Th⟩ *Parterre, Parkett* n ‖ ~
de armas, ~ del cuartel ⟨Mil⟩ *Kasernenhof* m ‖ ~
interior *Innenhof* m ‖ ~ de luz *Lichthof* m ‖ ~ de
los Naranjos *Orangenhof* m *in Sevilla* ‖ ~ de los
Leones *Löwenhof* m *(Alhambra)* ‖ ♦ en el ~ *im
Hof* ‖ dim: **patinillo**
   pati|ta f dim von **¹pata** ‖ ⟨El⟩ *Sockelstift* m
(der Elektronenröhre) ‖ ~ de mosca ⟨figf⟩
Gekritzel n ‖ ◇ dar la ~ ⟨fam⟩ *Pfötchen geben
(Hund)* ‖ poner de ~s en la calle a alg. ⟨figf⟩ *jdm
die Tür weisen, jdn vor die Tür setzen, jdn
hinaus|werfen, -schmeißen* ‖ **–tieso** adj *steifbeinig*
‖ ⟨figf⟩ *erstaunt, verdutzt,* ⟨fam⟩ *baff, platt* ‖ ◇
quedar(se) ~ *(de asombro)* ⟨pop⟩ *vor Erstaunen
sprachlos sein* ‖ **–tuerto** adj/s *krumm-,
säbel|beinig,* ⟨fam⟩ *O-beinig* ‖ **–zambo** adj/s
sichel-, säbel|beinig, ⟨fam⟩ *X-beinig*
   ¹pato m ⟨V⟩ *Ente* f (Anas spp) ‖ ~ arlequín
Kragenente f (Histrionicus histrionicus) ‖ ~
colorado *Kolbenente* f (Netta rufina) ‖ ~ cuchara
Löffelente f (Anas clypeata) ‖ ~ laqueado
⟨Kochk⟩ *Lackente* f ‖ ~ mandarín
Mandarinenente f (Aix galericulata) ‖ ~ mudo
Moschusente f (Cairina moschata) ‖ ~ asado
(asado de ~) *Entenbraten* m ‖ ◇ estar hecho un
~ (de agua) ⟨figf⟩ *vom Regen ganz durchnässt
sein,* ⟨fam⟩ *klatschnass sein* ‖ pagar el ~ ⟨figf⟩ *es
ausbaden müssen, die Zeche zahlen müssen*
   ²pato m ⟨Zool⟩ *Taschenkrebs* m (Cancer
pagurus)

³pato *m* Am ⟨Med⟩ *Urinflasche* f
patochada *f* ⟨fam⟩ *Albernheit* f
patofobia *f* ⟨Med Psychol⟩ *Pathophobie, (übertriebene) Furcht* f, *krank zu werden*
pa|togénesis, –genia *f* ⟨Med⟩ *Pathogenese, Krankheits|entstehung bzw -entwicklung* f ‖ **–tógeno** *adj krankheitserregend, pathogen, Krankheits-* ‖ **–tognomónico** *adj pathognomon(on)isch*
patojo *adj schiefbeinig*
pato|lingüística *f Patholinguistik* f ‖ **–logía** *f* ⟨Med⟩ *Pathologie* f ‖ ~ *comparada,* ~ *especial,* ~ *general vergleichende, spezielle, allgemeine Pathologie* ‖ **–lógico** *adj die Pathologie betreffend, auf die Pathologie bezüglich, pathologisch* ‖ *krankhaft (& fig)*
patólogo *m Pathologe* m
pa|tón *adj großfüßig* ‖ *großpfotig* ‖ **–toso** *adj/s* ⟨pop⟩ *albern* ‖ *ungeschickt* ‖ *tölpelhaft* ‖ *¡no seas* ~! *sei nicht so albern!*
pato|ta *f* RPl *Halbstarkenbande* f *(durch die Straßen randalierend)* ‖ **–tero** *m Mitglied* n *e–r Halbstarkenbande, Halbstarke(r)* m
Patr. ⟨Abk⟩ → **patriarca**
patra|ña *f Ente, Lüge* f ‖ *Schwindel* m ‖ *Bluff* m ‖ ◇ *contar* ~s ⟨pop⟩ *aufschneiden, lügen* ‖ *dim!* **–ñuela** ‖ **–ñero** *adj lügnerisch*
patraquear *vi* Chi ⟨fam⟩ *mausen, stibitzen*
patrás *adv* → **para atrás**
pa|tria *f Vaterland* n ‖ *Geburtsort* m, *Heimat* f ‖ ⟨fig⟩ *Wiege* f ‖ ~ *adoptiva Wahlheimat* f ‖ ~ *chica engere Heimat* ‖ ~ *primitiva Urheimat* f ‖ *Stammland* n ‖ ◇ *merecer bien de la* ~ *s. ums Vaterland verdient machen* ‖ *es su* ~ *adoptiva es ist s–e zweite Heimat* ‖ **–triada** *f* Am *Freiheitskampf* m
patriar|ca *m Patriarch, Erzvater* m ‖ *Patriarch* m *(der griech. Kirche)* ‖ ~ *de las Indias Ehrentitel der Prälaten* ‖ **–cal** *adj (m/f) patriarchalisch (& fig)*
patri|ciado *m Patriziat* n ‖ **–cio** *adj patrizisch, Patrizier-* ‖ *vornehm* ‖ *edel, aristokratisch* ‖ ~ *m Patrizier, Edelbürger* m ‖ ⟨fig⟩ *Patriot* m ‖ ~ *np Patricius* m ‖ **–monial** *adj (m/f) Vermögens-* ‖ *Patrimonial-* ‖ *Familien-* ‖ *Erb-* ‖ *Stamm-* ‖ **–monialidad** *f Vermögenscharakter* m *vermögensrechtlicher Charakter* m ‖ **–monio** *m Stamm-, Erb|gut* n ‖ ⟨fig⟩ *Vermögen* n ‖ *Vorrecht* n ‖ ~ *artístico Kunstschätze* mpl *(e–s Landes)* ‖ ~ *cultural (fig) geistiges Rüstzeug* n *(e–s Menschen)* ‖ *Kulturgüter* npl *(e–s Landes)* ‖ ~ *hereditario* ⟨Gen⟩ *Erb|gut* n, *-anlagen* fpl ‖ ~ *de la Humanidad Weltkulturerbe* n ‖ ~ *museístico Museumsbestände* mpl *(e–s Landes)* ‖ ~ *nacional Staatsbesitz* m ‖ *Real* ~ *Kron(en)gut* n, *Krongüter* npl
patrio *adj vaterländisch, Vaterlands-* ‖ *Heimat-* ‖ *Heimatboden* m ‖ → *auch* **potestad**
patrio|ta *m Patriot, Vaterlandsfreund* m ‖ **–tería** *f* ⟨fam⟩ *Hurrapatriotismus* m ‖ **–tero** *m/adj* ⟨fam⟩ *Hurrapatriot* m
patriótico *adj patriotisch, vaterländisch* ‖ *la Unión* ~*a* ⟨Hist⟩ *die Vaterländische Liga in Spanien (unter dem Direktorium des Generals Primo de Rivera 1924 gegründet)*
patriotismo *m Patriotismus* m, *Vaterlandsliebe* f
patrísti|ca *f* ⟨Rel⟩ *Patristik* f ‖ **–co** *adj patristisch, Väter-*
Patr.º ⟨Abk⟩ = **patronato**
patroci|nado *m Schützling* m ‖ *Geförderte(r)* m ‖ **–nador** *m Gönner* m ‖ *Förderer* m ‖ *Sponsor* m ‖ *Patronats-, Schirm|herr* m ‖ **–nar** *vt (be)schützen, begünstigen* ‖ *fördern* ‖ *sponsern* ‖ *unterstützen, empfehlen (Bewerber)* ‖ *verfechten (Idee)* ‖ ◇ ~ *una fiesta die Schirmherrschaft über*

ein Fest übernehmen ‖ **–nio** *m Schutz, Beistand* m ‖ *Gunst, Gönnerschaft* f ‖ *Sponsorschaft* f ‖ *Schirmherrschaft* f ‖ *Protektorat* n *(e–s Festes)* ‖ ⟨Kath⟩ *Patrozinium* n
patrología *f Patrologie* f *(→* **patrística***)*
¹patrón *m Beschützer, Schutzherr* m ‖ *(Kirchen)Patron* m ‖ *Schutzheilige(r)* m ‖ *Landespatron* m ‖ *Schiffsführer* m ‖ *Haus|herr, -wirt* m ‖ *Arbeitgeber, Herr, Chef* m
²patrón *m Vorlage, Schablone* f ‖ *Muster, Modell* n ‖ *Schnittmuster* n ‖ *Standard* m ‖ *Eichmaß* n, *Etalon* m ‖ *Normalmaß* n ‖ *Maß* n, *Lehre* f ‖ ⟨Agr⟩ *Propfunterlage* f ‖ ~ *de bordado Stickmuster* n ‖ *doble* ~ *Doppelwährung* f ‖ ~ *metálico Metallwährung* f ‖ ~ *oro Gold|währung* f, *-standard* m ‖ *todos estamos cortados por un mismo* ~ ⟨fam⟩ *wir sind alle gleich, wir sind alle aus dem gleichen Holz geschnitzt*
patro|na *f Beschützerin, Gönnerin* f ‖ *Hauswirtin* f ‖ *Zimmervermieterin* f ‖ *Arbeitgeberin, Chefin* f ‖ *Patronin, heilige Beschützerin (bes. die Heilige Jungfrau), Schutzheilige* f ‖ **–nal** *adj (m/f) Schutz-, Patronats-* ‖ *Arbeitgeber-* ‖ ~ *f Arbeitgeberverband* m, *die Arbeitgeber* mpl ‖ **–nato** *m Patronat(srecht)* n ‖ *Stiftung* f ‖ *Stiftungsausschuss* m ‖ *Arbeitgeberschaft* f ‖ **–nazgo** *m Patronat(srecht)* n ‖ *Stiftung(sausschuss* m*)* f ‖ *Schirmherrschaft* f
patroncito *m dim von* **¹patrón** *(bes. Mex)*
patro|nímico *adj patronymisch, Namens- (nombre)* ~ *vom Vater hergeleiteter Familienname (wie Fernández von Fernando)* ‖ *Familienname* m ‖ ~ *m* → *(nombre)* ‖ ⟨Ling⟩ *Patronymi|kon, -kum* n ‖ **–no** *m Schützer, Gönner, Schutzherr* m ‖ *Kirchen-, Landes|patron* m ‖ *Patronatsherr* m ‖ *Arbeitgeber, Herr, Chef* m ‖ ~s *y obreros Arbeitgeber und Arbeitnehmer* mpl ‖ *Tarifpartner* mpl *(Arbeitsrecht)*
patru|lla *f* ⟨Mil⟩ *Streifwache, Runde* f ‖ ⟨Mil⟩ *Spähtrupp* m ‖ ⟨Mil⟩ *Streife* f ‖ ~ *de policía Polizeistreife* f ‖ ~ *de reconocimiento* ⟨Mil⟩ *Spähtrupp* m ‖ ~ *de tráfico Verkehrsstreife* f ‖ **–llar** *vi auf Streife gehen bzw fahren* ‖ ⟨Mil⟩ *auf Späh- bzw Streif|trupp bzw Erkundung gehen* ‖ ~ *(por) la costa die Küste durchstreifen* ‖ **–llero** *m* ⟨Mar⟩ *Streifen-, Erkundungs|boot* n ‖ *Funkstreifenbeamte(r)* m ‖ ~ *escolar Schülerlotse* m
patu|ca, –ja *f dim od* ⟨desp⟩ *von* **pata** ‖ **–cas** *f* ⟨fam⟩ *Mädchen* n *mit spindeldürren Beinen* ‖ **–cos** *mpl Bettschuhe* mpl ‖ **–do** *adj mit großen Füßen, Pfoten*
patular *vi (auf dem Boden) stampfen* ‖ *laut durcheinanderreden*
△ **patulé** *m Hirt* m
patulea *f* ⟨pop⟩ *Gesindel* n ‖ *Pöbel* m
△ **patupiré** *m Treppe* f ‖ *Leiter* f
△ **patus** *m Vater* m
paucilocuo *adj wortkarg*
paují *[pl* ~*íes] m* Am ⟨V⟩ *Helmhokko* m *(Pauxi pauxi)*
Paúl *m: San Vicente de* ~ *der hl. Vinzenz von Paul*
Pau|la, –lina *f* np *Paula, Pauline* f
¹paular *vi: sin* ~ *ni maular* ⟨pop⟩ *ohne zu mucksen*
²paular *m morastige Gegend, Moorlandschaft* f, *Moor* n
paúlas *fpl* ⟨fam⟩ *Lazaristinnen* fpl *(Nonnen)*
paulati|namente *adv nach und nach, allmählich* ‖ **–no** *adj langsam* ‖ *stufenweise, allmählich (fortschreitend)*
pauliano *adj* ⟨Jur⟩: *acción* ~*a Anfechtungsklage* f
paulina *adj paulinisch, Paulinisch (auf den*

Apostel Paulus bezüglich) ‖ ~ *f päpstlicher Bannbrief* m ‖ ⟨fig⟩ *anonymer Schmähbrief* m ‖ ⟨fig⟩ *derber Verweis* m, ⟨fam⟩ *Rüffel* m
Paulino m np *Paulinus* m
Paulo m np ⟨bes. Rel⟩ *Paulus* m *(als Papstname)* ‖ ~ *(auch* Pablo) VI *Paul VI.* ‖ Am
→ **Pablo**
paulonia f ⟨Bot⟩ *Paulownia* f (Paulownia sp)
paupe|rismo m *Armenwesen* n ‖ *Massen|elend* n, -*armut* f ‖ **–rización** f ⟨Soz⟩ *Verarmung* f *(des Volkes, der Massen)*
paupérrimo adj sup von **pobre**
pau|sa f *(Ruhe)Pause* f ‖ *Bedächtigkeit* f ‖ *Ruhe* f ‖ *Langsamkeit* f ‖ ⟨Mus Sch⟩ *Pause* f ‖ ⟨Radio⟩ *Pausenzeichen* n ‖ ~ *de aire Kunst-, Luft|pause* f ‖ ~ *de redonda, blanca, negra, corchea, semicorchea* ⟨Mus⟩ *Vierviertel-, Zweiviertel-, Viertel-, Achtel-, Sechzehntelpause* f ‖ ~ *en el combate* ⟨Mil⟩ *Gefechtspause* f ‖ ◇ *hacer (una)* ~ *pausieren, e–e Pause einlegen* ‖ **–sadamente** adv *langsam ruhig, gelassen* ‖ **–sado** adj *langsam, ruhig* ‖ *gelassen* ‖ *bedächtig, gemächlich* ‖ *abgemessen* ‖ **–sar** vi ⟨Mus⟩ *pausieren*
pau|ta f *Lini(i)erung* f ‖ *Linienblatt* n ‖ ⟨Mus⟩ *Notensystem* n ‖ ⟨fig⟩ *Richtschnur* f ‖ ⟨fig⟩ *Regel* f ‖ ⟨fig⟩ *Vorbild* n ‖ ⟨fig⟩ *Leitgedanke* m ‖ **–tado** adj *lini(i)ert* ‖ **–tador** m *Linienzieher* m ‖ **–tar** vt *lini(i)eren*
¹pava f *Truthenne, Pute* f ‖ *Pfauhenne* f ‖ ⟨pop⟩ *dumme Gans* f ‖ ⟨pop⟩ *Backfisch* m ‖ Chi ⟨fig⟩ *Spott, Hohn* m ‖ Ven ⟨fig⟩ *breiter, flacher Hut* m ‖ ◇ *pelar la* ~ ⟨figf⟩ *fensterln, am Fenstergitter s. mit der Geliebten unterhalten,* p.ex *den Hof machen,* ⟨fam⟩ *Süßholz raspeln*
²pava f Arg *Teekessel* m
³pava f ⟨Tech⟩ *Blasebalg* m
⁴pava f ⟨figf⟩ ⟨Hist⟩ *deutsches Kampfflugzeug* n *(im span. Bürgerkrieg 1936–1939)*
pavada f *Schar* f *Truthühner* ‖ ⟨figf⟩ *Fadheit* f ‖ *Rad schlagen* n *(Kinderspiel)* ‖ ~ Arg Ur ⟨figf⟩ *Dummheit* f *(Handlung)*
pavana f *Pavane* f *(altspan. Tanz)* ‖ ◇ *zurrar la* ~ ⟨figf⟩ *(jdn) verprügeln,* ⟨fam⟩ *(jdm) das Fell gerben* (→ **badana**)
¹pavero m *Hut* m ‖ *Truthahnhändler* m ‖ ⟨figf⟩ *breitkrempiger Schlapphut* m *(in der Art des Hutes der Truthahnhändler)*
¹pavero m Arg Chi Mex ⟨fig⟩ *Schwarzfahrer* bzw *blinder Passagier* m
¹pavés m ⟨Hist⟩ *Langschild* m ‖ ◇ *alzar od levantar sobre el* ~ *auf den Schild heben* ‖ ⟨fig⟩ *zum Führer küren*
²pavés m ⟨Arch⟩ *Glasbaustein* m
pavesa f *Flugasche* f ‖ *Lichtschnuppe* f ‖ ◇ *estar hecho una* ~ ⟨figf⟩ *nur ein Hauch sein* ‖ *reducir a* ~s *zu Asche machen*
paveso m Chi *verheirateter Mann* m
pavezno m *junger Puter* m (→ **pavipollo**)
pavía f *Paviapfirsich* m (→ **melocotón**)
Pavía f [Stadt] *Pavia* n
△ **pavias** fpl *Nase* f
pávido adj ⟨lit⟩ *furchtsam*
pavimen|tar vt *(aus)pflastern* ‖ *mit Platten be-, aus|legen* ‖ **–to** m *Estrich, Fußboden* m ‖ *Bodenbelag* m ‖ *(Straßen)Pflaster* n ‖ ◇ *arrancar el* ~ *das Pflaster auf-, aus|reißen*
paviola m Ec *Schulschwänzer* m
pavipollo m *junger Puter* m ‖ ⟨fig⟩ *Junge* m *in den Flegeljahren*
¹pavisoso adj *fad(e),* ⟨fam⟩ *muff(e)lig*
△ **²pavisoso** m *Frauenheld* m
pavito m *Halbwüchsige(r)* ‖ *Junge* m *in den Flegeljahren* ‖ Am *Halbstarke(r)* m
pavitonto adj ⟨fam⟩ *sehr dumm*

¹pavo m *Puter, Truthahn* m ‖ ⟨V⟩ *Truthuhn* n (Meleagris gallopavo) ‖ ⟨figf⟩ *einfältiger Mensch* m ‖ ~ *asado Truthahnbraten* m *(span. Weihnachtsgericht)* ‖ ~ *real (Blauer) Pfau* m (Pavo cristatus) ‖ ~ *ruante Rad schlagender Pfau* m ‖ ◇ *comer* ~ ⟨figf⟩ *nicht zum Tanz aufgefordert werden,* ⟨fam⟩ *ein Mauerblümchen sein (Mädchen)* ‖ *ser el* ~ *de la boda* ⟨Am pop⟩ *es ausbaden müssen* ‖ *subírsele a alg. el* ~ *erröten, rot werden*
²pavo m ⟨Ins⟩: ~ *real Tagpfauenauge* n (Inachis io)
△ **³pavo** m *Lohn* m
¹pavón m *Pfau(hahn)* m
²pavón m ⟨Ins⟩: ~ *diurno Apollofalter* m (Parnassius apollo) ‖ *Tagpfauenauge* n (Inachis io) ‖ *gran* ~ *nocturno Großes Nachtpfauenauge* n (Saturnia pyri) ‖ ~ *nocturno mediano Mittleres Nachtpfauenauge* n (Eudia spini) ‖ ~ *nocturno menor Kleines Nachtpfauenauge* n (Eudia pavonia) ‖ dim: **pavoncito**
³pavón m *Stahlbau* n (→ **empavonar**) ‖ *Brünierung* f
pavo|nado adj ⟨Met⟩ *blau angelaufen (Stahl)* ‖ ~ m *Brünierung* f ‖ **–nar** vt *blau anlassen, brünieren*
pavo|near(se) vi(r) ⟨figf⟩ *s. wie ein Pfau aufplustern, dick(e) tun, einherstolzieren* ‖ **–neo** m ⟨figf⟩ *Aufplustern, Einherstolzieren* n
pa|vor m *Schrecken* m ‖ *Entsetzen* n ‖ *Furcht, Angst* f ‖ **–voroso** adj *fürchterlich, schauderhaft, entsetzlich, schrecklich*
pavote m ⟨desp⟩ *von* **¹pavo**
pavura f ⟨lit⟩ *Furcht, Angst* f
pax f ⟨lat⟩ → **paz**
paya(da) f Am *Paya* f, *Stegreifgedicht* n *der Gauchos* ‖ **–dor** m Am *Stegreifsänger* m *(Gaucho) mit Gitarre*
paya|sada f ⟨pop⟩ *dummer Spaß, Witz* m ‖ *Clownerie* f ‖ **–so** m *Bajazzo, Hanswurst* m (& fig) ‖ *Clown* m *(in e–m Varieté od Zirkus)* ‖ *Hanswurst* m ‖ *Possenreißer* m (& fig)
pa|yés ⟨cat⟩ m *Bauer* m ‖ ⟨figf⟩ *Bauernlümmel* m ‖ **–yesa** f *Bäuerin* f
payo adj *bäu(e)risch* ‖ *grob, ungehobelt* ‖ *tölpelhaft* ‖ ~ m *Bauer, Dorfbewohner* m ‖ ⟨figf⟩ *(Bauern)Lümmel* m ‖ [unter Zigeunern] *Nichtzigeuner* m
pay-pay m Am *Palmfächer* m ‖ *(runder) Pappenfächer* m
payuelas fpl ⟨Med fam⟩ *Windpocken* fpl
paz [pl **–ces**] f *Friede* m ‖ *Friedensschluss* m ‖ *(Gemüts)Ruhe* f ‖ *Eintracht* f ‖ ~ *armada bewaffneter Friede* m ‖ ~ *de Dios* ⟨Hist⟩ *Gottesfrieden* m ‖ ~ *eterna ewiger Friede* m ‖ ⟨Rel⟩ *ewige Seligkeit* f ‖ ⟨fig⟩ *Tod* m ‖ ~ *octaviana,* ~ *romana Pax Romana, Pax Augusta* f ‖ ⟨fig⟩ *echter, andauernder Friede* m ‖ ⟨fig⟩ *Tod* m ‖ ~ *por separado Sonderfrieden* m ‖ ~ *de Westfalia* ⟨Hist⟩ *Westfälischer Friede* m ‖ ◇ *concluir od concertar la* ~ *den Frieden schließen* ‖ *no dar* ~ *a la lengua* ⟨figf⟩ *unaufhörlich reden* ‖ *no se dio* ~ *hasta …* (inf) *er (sie, es) ließ s. k–e Ruhe, bis …* ‖ *dejar en* ~ *in Ruhe lassen* ‖ *¡descanse en* ~*! ruhe sanft!* ‖ *mi padre que en* ~ *descanse* (⟨Abk⟩ q.e.p.d.) *mein seliger Vater* ‖ *¡déjame en* ~*! lass mich in Ruhe od Frieden!* ‖ *estar en* ~ *quitt sein* ‖ *hacer las paces Frieden schließen* ‖ *s. (miteinander) aussöhnen* ‖ ~ *(entre) Frieden stiften (zwischen)* ‖ *ponerse en* ~ *con alg. s. mit jdm aussöhnen* ‖ *vivir en santa* ~ *in Frieden und Ruhe leben* ‖ *¡*~*! Ruhe! Stille!* ‖ *¡a la* ~ *de Dios!* ⟨fam⟩ *mit Gott! (Abschiedsformel)* ‖ *… y ¡en* ~*!* ⟨pop⟩ *und damit basta! Schluss damit!*

Paz: La ~ [Stadt] *La Paz* n
pazguato adj/s ⟨fam⟩ *einfältig, dumm*
pazo *m* Gal *Stammhaus* n
pazote *m* ⟨Bot⟩ → **epazote**
pazpuerca adj *schmutzig, ungepflegt (Frau)*
p. b. ⟨Abk⟩ = **peso bruto**
Pb ⟨Abk⟩ = **plomo**
pble. ⟨Abk⟩ = **posible**
pbro. ⟨Abk⟩ = **presbítero**
PC ⟨Abk⟩ = **ordenador personal**
p/c, p/cta ⟨Abk⟩ = **por cuenta**
p/c/o ⟨Abk⟩ = **por cuenta y orden**
¡pch(e)! ¡pchs! int *bah! (Gleichgültigkeit, Unwillen)*
Pd ⟨Abk⟩ = **paladio**
P. D. ⟨Abk⟩ = **porte debido** ‖ **posdata**
pdo. ⟨Abk⟩ = **pasado**
P.ᵉ ⟨Abk⟩ = **Padre**
pe *f P* n *(Name des Buchstabens p, P)* ‖ ◆ *de* ~ a pa *haar|genau, -klein* ‖ ◇ *le contó todo de* ~ a pa *er erzählte ihm alles von A bis Z*
p. e., p/e ⟨Abk⟩ = **por ejemplo**
pea *f* ⟨pop⟩ *Rausch* m
pea|je *m Autobahngebühr* f ‖ *Durchgangsgebühr f (für e–n Tunnel)* ‖ *Wegegeld* n ‖ *Brückengeld* n ‖ Öst *Maut* f ‖ ◇ *de* ~ *gebührenpflichtig* ‖ **–jero** *m Autobahn-, Straßen|zolleinnehmer, Mauteintreiber* m
¹peal *m Gamasche* f ‖ *Fußlappen* m
△ **²peal** *m Herr Dingsda* m
peán *m* ⟨Lit⟩ *Päan* m ‖ ⟨fig⟩ *Lob-, Preis|lied* n
peana *f Fußgestell* n *e–r Bildsäule* ‖ *Sockel* m ‖ *(Fuß)Schemel* m
pea|tón *m Fußgänger* m ‖ **–tonal** adj *(m/f) Fußgänger-*
pebe|te *m Räucherkerzchen* n ‖ ⟨pop fig⟩ *Knirps* m ‖ **–tero** *m Räucherpfanne* f
pebre *m/f Pfeffertunke* f ‖ ⟨reg⟩ *Pfeffer* m
peca *f Sommersprosse* f ‖ *Leberfleck* m
peca|dero *m* Am ⟨pop⟩ *Sünden|babel* n, *-pfuhl* m ‖ **–do** [dim: **–dillo**] *m Sünde* f ‖ *Vergehen* n ‖ *Fehler, Mangel* m ‖ ·· capital *Todsünde* f ‖ ~ *de comisión Begehungs-, Tat|sünde* f ‖ ~ *grave schwere Sünde* f ‖ ~ *leve leichte Sünde* f ‖ ~ *mortal Todsünde* f ‖ ~ *de omisión Unterlassungssünde* f ‖ ~ *original Erbsünde* f ‖ ~ *venial lässliche Sünde* f ‖ ~ *de mis* ~s *(joc) allerliebst* ‖ (joc) *ver|dammt, -flixt* ‖ *sin* ~ *sünden|los, -frei* ‖ *makellos* ‖ *más feo que el* ~ ⟨fig⟩ *hässlich wie die Nacht* ‖ ◇ *caer en* ~ *der Sünde* (dat) *anheimfallen* ‖ *cometer un* ~ *e–e Sünde begehen* ‖ *está hecho un* ~ ⟨figf⟩ *es ist misslungen*
peca|dor adj *sündig* ‖ ~ *m Sünder* m ‖ ~ *impenitente verstockter Sünder* m ‖ **–minoso** adj *sündhaft*
pecar [c/qu] vi *sündigen* ‖ *verstoßen, fehlen, s. vergehen* (contra *gegen* acc) ‖ *s. et. einbilden* (de *auf* acc) ‖ ◇ ~ *de bueno übermäßig gut sein* ‖ ~ *de prolijo zu weitschweifig sein* ‖ ~ *por exceso* ⟨fig⟩ *übertreiben* ‖ *no* ~ *de cobarde kein Feigling sein*
pécari, pecarí *m* ⟨Zool⟩ *Nabelschwein* n, *Pekari* m (Tayassu spp)
pecblenda *f* ⟨Min⟩ *Pechblende* f
peccata minuta ⟨lat⟩ ⟨fam⟩ *Schönheitsfehler* m ‖ *belangloser Irrtum* m ‖ *Kavaliersdelikt* n
pececi|to, -llo *m* dim von **¹pez** ‖ **–llo** *m de plata* ⟨Ins⟩ *Silberfischchen* n (Lepisma saccharina)
peceño adj *pechschwarz, Pech-*
pecera *f Glasbehälter* m *(für Fische)*
pecezuela *f* dim von **pieza**
¹pecezuelo *m* dim von **¹pie**
²pecezuelo *m* dim von **¹pez**
pechacar vt Chi *klauen, stibitzen*

pecha|da *f Stoß* m *(im Gedränge)* ‖ **–dor** *m* Am ⟨fam⟩ *Betrüger* m ‖ **–men** *m* ⟨pop⟩ *Frauenbrüste* fpl ‖ **–r** vi: ~ *con algo die Unannehmlichkeiten (bzw Verpflichtungen) auf s. nehmen* ‖ **–zo** *m* augm von **pecho** ⟨pop⟩ *großer Mut* m ‖ ⟨fig pop⟩ *Frechheit* f
peche|ra *f Brust|latz* m, *-binde* f, *-tuch* n ‖ *Hemdbrust* f ‖ *Vorhemd* n, *Chemisette* f ‖ *Bluseneinsatz* m ‖ ⟨fam⟩ *Busen* m ‖ ~ *postiza Plastron* m (& n)
¹pechero adj ⟨Hist⟩ *tributpflichtig* ‖ ~ *m Vasall, Hörige(r)* m
²pechero *m Brustlatz* m
pecherón adj Am ⟨fam⟩ *glänzend*
pechiazul adj/s *(m/f) blaubrüstig* ‖ ~ *m* ⟨V⟩ *Blaukehlchen* n (Cyanosylvia svecica)
pechiblanco adj *weißbrüstig*
pechicatería *f* Cu Mex *Kleinlichkeit* f
¹pechina *f* ⟨allg⟩ *leere Muschel* f ‖ ⟨Zool⟩ *Venusmuschel* f (Venus spp) ‖ *Kammmuschel* f (Pecten spp)
²pechina *f* ⟨Arch⟩ *Hängezwickel* m *(e–r Kuppel)*
pechirrojo adj *rotbrüstig* ‖ ~ *m* ⟨V⟩ → **petirrojo**
pechisacado adj ⟨fam⟩ *hochfahrend* ‖ *stolz* ‖ *hochmütig* ‖ *protzend*
¹pecho *m Brust* f ‖ *Brustkorb* m ‖ *Frauenbrust* f, *Busen* m ‖ ⟨fig⟩ *Gemüt, Innere(s)* n ‖ ⟨fig⟩ *Mut* m ‖ ~ *de buey* ⟨Kochk⟩ *Rinderbrust* f ‖ ~ *de gallina Hühnerbrust* f ‖ ◆ *a* ~ *abierto* ⟨fig⟩ *freimütig* ‖ ◇ *no le cabe en el* ~ ⟨fig⟩ *er kann es nicht für s. behalten* ‖ *dar el* ~ *a un niño* ⟨fam⟩ *e–m Kind die Brust geben, ein Kind stillen* ‖ *echarse entre* ~ *y espalda zu s. nehmen, verdrücken* ‖ *estar a tomar el* ~ *an der Mutterbrust trinken* ‖ *partirse el* ~ *de risa s. totlachen* ‖ *no quedarse con nada en el* ~ *alles erzählen, auspacken* ‖ *sacar el* ~ ⟨figf⟩ *protzen* ‖ *tomar algo a* ~(s) *et. beherzigen* ‖ *s. et. zu Herzen nehmen* ‖ *¡no lo tome tan a* ~! ⟨pop⟩ *nehmen Sie es nicht so ernst!* ‖ *¡~ al agua! nur mutig zu!* ‖ *a lo hecho* ~ ⟨fig⟩ *man muss für sein Tun einstehen* ‖ ~s *mpl Brüste* fpl ‖ ◇ *caer de* ~ *auf die Brust fallen* ‖ *criar a los* ~ *stillen (Kind)* ‖ ⟨fig⟩ *erziehen* ‖ (fig lit) *an s–m Busen nähren* ‖ *echarse a* ~ a/c ⟨fig⟩ *et. auf s. nehmen* ‖ ⟨pop⟩ *(ein Glas Wein) gierig austrinken*
²pecho *m* ⟨Hist⟩ *Tribut, Zins* m *(der Hörigen, der Vasallen)* ‖ ◇ *derramar los* ~s ⟨Verw⟩ *e–e Abgabe umlegen*
pechona adj/s ⟨pop⟩ *vollbusig*
pechuelo, pechito *m* dim von **¹pecho**
pechu|ga *f Brust|fleisch, -stück* n *(vom Geflügel)* ‖ ⟨fam⟩ *Brust* f, *Busen* m ‖ ~ *de gallina* ⟨Kochk⟩ *Hühnerbrust* f ‖ ~ *de ganso* ⟨Kochk⟩ *Gänsebrust* f ‖ *Spickgans* f ‖ **–gón** *m Faustschlag* m *(in die Brust)* ‖ Col *Schmarotzer* m ‖ **–gona** adj ⟨pop⟩ *vollbusig* ‖ ~ *f* Am ⟨pop⟩ *Nutte* f
△ **pechul** *m Mann* m ‖ *Mensch* m
pechurana *f* ⟨Min⟩ *Pechblende* f
peciente adj *(m/f) pechfarben*
pecina *f kleiner Fischteich* m ‖ *Schlamm* m
peci|nal *m Sumpf, Morast* m ‖ **–noso** adj *schlammig*
pecio *m* ⟨Mar⟩ *Wrack(teil)* n
pecíolo *m* ⟨Bot⟩ *Blattstiel* m ‖ → *auch* **rabillo**
pécora *f Schaf* n ‖ *mala* ~ ⟨fam⟩ *geriebene, elende Dirne* f ‖ *geriebenes Weibsstück* n ‖ *böser Kerl* m
pecoso adj *sommersprossig*
pectina *f* ⟨Chem⟩ *Pektin* n
pectoral adj *(m/f) Brust-* ‖ (músculo) ~ ⟨An⟩ *Brustmuskel* m ‖ ~ *m Bischofs-, Brust|kreuz, Pektorale* n ‖ ⟨Med⟩ *Brustmittel* n

pecuario adj *Vieh-*
peculado m *(Geld)Unterschlagung* f *(im Amt)*
pecu|liar adj *(m/f) besonder, eigen(tümlich)* ‖
  –liaridad f *Besonderheit, Eigentümlichkeit* f ‖
  Eigengepräge n ‖ *persönliche Prägung* f ‖
  Charakterzug m ‖ **–lio** m *Spargroschen* m ‖
  Sondergut n ‖ *Vermögen* n ‖ ◇ *costear de su*
  propio ~ aus der eigenen Tasche bezahlen
pecu|nia f ⟨fam⟩ *Geld* n ‖ **–niario** adj *pekuniär*
  ‖ *Vermögens-, Geld-*
pedacito m *dim von* **pedazo**
peda|gogía f *Pädagogik, Erziehung(slehre)* f ‖
  ~ terapéutica Heilpädagogik f ‖ **–gógico** adj
  erzieherisch, pädagogisch ‖ **–gogio** m
  Erziehungsanstalt f ‖ **–gogo** m *Erzieher,*
  Pädagoge m ‖ *(Schul)Lehrer* m ‖ ⟨iron⟩
  Schulmeister m
pe|dal m *Fußhebel* m, *Pedal, Trittbrett* n
  (Fahrrad, Klavier, Orgel) ‖ ◇ *dar ~* ⟨Auto fam⟩
  Gas geben (& fig) ‖ *pisar el ~* ⟨Auto fig⟩ *mit*
  Vollgas fahren ‖ **~es** mpl *Pedale* npl ‖ *Tretwerk* n
  ‖ **–dalada** f *Tritt* m *in die Pedale* ‖
  –dalear vi ⟨pop⟩ *radeln, Rad fahren* ‖ *die Pedale*
  treten
pedáneo adj *Dorf-*
pedania f ⟨Verw⟩ *Unterbezirk* m *e–r Gemeinde*
pedan|te adj *(m/f) pedantisch* ‖
  schulmeisterlich ‖ *rechthaberisch* ‖ *~ m Pedant* m
  ‖ *Besserwisser, Schul|meister, -fuchs* m ‖ ⟨fig⟩
  Kleinigkeitskrämer m ‖ **–tería** f *Pedanterie* f ‖
  Schul|meisterlichkeit, -fuchserei f ‖
  Kleinigkeitskrämerei f ‖ **–tesco** adj
  schulmeisterlich ‖ *rechthaberisch* ‖ *pedantisch,*
  philisterhaft, kleinlich ‖ **–tismo** m *Pedanterie* f ‖
  ~ burocrático Amtsschimmel m
peda|zo m *(Bruch)Stück* n ‖ *Bisschen* n ‖ *~ de*
  alcornoque, ~ de animal, ~ de bruto, ~ de
  bárbaro ⟨figf⟩ *Rindvieh* n, *Tölpel* m ‖ *~ de mi*
  alma (od corazón), ~ de mis entrañas ⟨figf⟩ *mein*
  Liebling, Schatz m ‖ *~ de palo* → *~ de*
  alcornoque ‖ *un ~ de pan ein Stück* n *Brot* ‖
  ⟨figf⟩ *ein herzensguter Mensch* m ‖ *e–e Seele* f
  von Mensch ‖ *ein gutmütiger Mensch* m ‖ ◆ *por*
  un ~ de pan ⟨pop⟩ *spottbillig, für ein Butterbrot* ‖
  ~ por ~ Stück für Stück ‖ ◇ *poner un ~ a algo*
  et. flicken ‖ **~s** mpl: *caerse a ~* ⟨figf⟩ *todmüde*
  sein, ⟨fam⟩ *total fertig od kaputt sein* ‖ *hacer ~*
  in Stücke schlagen od hauen ‖ *zerstören* ‖ ⟨fig⟩
  vereiteln (Pläne) ‖ *hacerse ~* ⟨pop⟩ *zugrunde (&*
  zu Grunde) gehen ‖ *hecho ~ entzwei od kaputt* ‖
  ◆ *a od en ~ stückweise* ‖ dim: **–zuelo** m
peder vi → **peer**
pederas|ta m *Päderast* m ‖ p.ex
  Homosexuelle(r) m ‖ **–tía** f *Päderastie* f ‖ p.ex
  männliche Homosexualität f
pedernal m *Kiesel, Feuerstein* m
pedestal m *Fußgestell, Postament* n ‖ *Sockel* m
  ‖ ⟨Arch⟩ *Säulenfuß* m, *Unterlage* f ‖ ⟨fig⟩
  Grundlage f
pedes|tre adj *(m/f) zu Fuß (gehend), Fuß-* ‖
  ⟨fig⟩ *platt, gemein, geistlos, vulgär* ‖ **–triano** m
  ⟨Sp⟩ *Wettläufer* m ‖ **–trismo** m *Fuß(gänger)-,*
  Wander|sport m ‖ *Wettgehen* n
pedia|tra m *Kinderarzt, Pädiater* m ‖ **–tría** f
  Kinderheilkunde, Pädiatrie f
pediátrico adj *pädiatrisch*
pediculado adj ⟨Biol⟩ *gestielt*
pedicu|lar adj *(m/f) Läuse-* ‖ **–losis** f ⟨Med⟩
  Läusebefall m, *Pedikulose,* ⟨fam⟩ *Verlausung* f
  (→ **piojo**)
pedicu|ra f *Fußpflege, Pediküre* f ‖
  Fußpfleger|in, Pediküre f ‖ **–ro** m *Fußpfleger* m
pedi|da f *Verlobte, Braut* f ‖ **–do** pp/adj: *muy*
  ~ ⟨Com⟩ *sehr gesucht, sehr begehrt (Ware)* ‖ ◇
  ser ~ gesucht sein (Ware) ‖ *~ m (Bitt)Gesuch* n ‖

Warenbestellung f, *Auftrag* m ‖ *bestellte Ware* f ‖
  ~ de ensayo Probeauftrag m ‖ *~ en firme*
  Festauftrag m ‖ *~ fuerte, ~ de importancia*
  großer Auftrag m ‖ *~ con plazo señalado*
  befristeter Auftrag m ‖ *~ de prueba* → *~ de*
  ensayo ‖ *~ reiterado od repetido nochmalige*
  Bestellung, Nachbestellung f ‖ *~s seguidos*
  lebhafte Nachfrage f ‖ *Folgeaufträge* mpl ‖ *~*
  suplementario Nachbestellung f ‖ *~ por telégrafo*
  telegrafische Bestellung f ‖ *~ urgente dringende*
  od eilige Bestellung f ‖ *~ verbal mündliche*
  Bestellung f ‖ ◆ *a ~ auf Bestellung* ‖ *según ~*
  auftragsgemäß ‖ ◇ *activar la ejecución de un ~*
  die Ausführung e–s Auftrags beschleunigen ‖ *al*
  hacer el ~ bei Erteilung des Auftrags, bei (der)
  Bestellung ‖ *después de hecho el ~ nach*
  Erteilung des Auftrags ‖ *hacer un ~ en firme fest*
  bestellen
pedigrí [*pl* **~íes**] m *Stammbaum* m *(von*
  Tieren) ‖ p.ex *Zuchtbuch* n
pedigüeño adj *zudringlich (bettelnd)* ‖
  bettelhaft ‖ *~ m Bettler* m ‖ *zudringlicher*
  Bittsteller m
pediluvio m *Fußbad* n
pedipalpo m ⟨Zool⟩ *Pedipalpe* f *(bei*
  Spinnentieren, gleichzeitig Begattungsorgan der
  männlichen Spinnen)
pedir [-i-] vt/i *begehren, fordern, verlangen* ‖
  bitten ‖ *betteln* ‖ *beten (por für)* ‖ *bestellen*
  (Waren) ‖ *erfordern* ‖ *s. bewerben (um)* ‖
  (ab)verlangen, fordern (a von) ‖ *angehen (um)* ‖
  ◇ *~ agua um Wasser bitten* ‖ *~ para las ánimas*
  für die Seelen sammeln (in der Kirche) ‖ *~ de*
  beber um et. zu trinken bitten ‖ *~ cuenta (a)*
  Rechenschaft (ab)fordern (von) ‖ *~ dinero*
  prestado s. Geld borgen od leihen ‖ *~ por Dios*
  ⟨fig⟩ *betteln* ‖ *~ un favor a alg jdn um e–e*
  Liebenswürdigkeit bitten ‖ *~ garantía Kaution*
  verlangen ‖ *~ géneros Waren bestellen* ‖ *~ gracia*
  um Gnade bitten ‖ *~ (la) hora nach der Zeit*
  fragen ‖ *~ informes Erkundigungen einziehen* ‖
  ~ en justicia verklagen, vor Gericht fordern ‖ *~*
  limosna betteln ‖ *~ la mano, ~ en matrimonio*
  um ein Mädchen anhalten, freien ‖ *~ mucho*
  große Ansprüche stellen, viel verlangen ‖ ⟨Com⟩
  teuer anbieten (Ware) ‖ *~ de nuevo wieder*
  bestellen (Ware) ‖ *~ la palabra ums Wort bitten* ‖
  ~ perdón um Verzeihung bitten ‖ *~ un precio*
  excesivo e–n übertriebenen Preis verlangen ‖ *~*
  prestado borgen, (ent)leihen, entlehnen ‖ *se lo*
  pido ich bitte Sie darum ‖ *a ~ de boca* ⟨fig⟩ *nach*
  Wunsch, nach Herzenslust ‖ *un plato que no hay*
  más que ~ ⟨pop⟩ *ein famoses Essen* ‖ *bebía*
  cuanto le pedía el cuerpo ⟨pop⟩ *er (sie, es) trank*
  nach Herzenslust
¹pedo m ⟨vulg⟩ *Furz, Pup* m ‖ *Affe* m *(Rausch)*
  ‖ *~ de monja* ⟨fig vulg⟩ *Fist, Schleicher,*
  geräuschloser Wind m ‖ ⟨fig pop⟩ *verschiedene*
  Süßigkeiten (nach Klosterart) ‖ ◇ *soltar un ~,*
  tirar(se) un ~ ⟨vulg⟩ *e–n fahren lassen,* ⟨vulg⟩
  furzen
²pedo m ⟨Bot⟩ *~ de lobo Bofist, Stäubling* m
  (Lycoperdon spp)
pe|dofilia f → **paidofilia** ‖ **–dófilo** m →
  paidófilo
pedo|lingüística f *Pädolinguistik* f ‖ **–logía** f
  Pädologie f ‖ **–lógico** adj *pädologisch*
pedólogo m *Pädologe* m
pedo|rrear vi ⟨vulg⟩ *oft furzen* ‖ **–rreo** m
  ⟨vulg⟩ *Furzen* n, ⟨vulg⟩ *Furzerei* f ‖ **–rr(er)o** m
  ⟨vulg⟩ *Furzer* m
pedrada f *Steinwurf* m ‖ ◇ *andar a ~s (od a*
  ~ limpia) einander mit Steinen bewerfen ‖ *matar*
  a ~s zu Tode steinigen ‖ *le pegó una ~ a la*
  cabeza er warf ihm e–n Stein an den Kopf ‖ ◇

eso viene como ~ en ojo de boticario ⟨figf⟩ *das kommt wie gerufen* od *sehr gelegen*

pedre|a *f Steinigen* n ‖ *Steinregen, starker Hagel* m ‖ *Kampf* m *mit Steinwürfen* ‖ ⟨figf⟩ *Nebengewinne* mpl *(in der Lotterie)* ‖ **–cita** *f* dim von **piedra** ‖ *Steinchen* n ‖ **–gal** *m steiniger Ort* m, *steiniges Gelände* n ‖ **–goso** *adj steinig* ‖ **–gullo** *m* Arg Ur *Kies* m ‖ **–ra** *f Steinbruch* m ‖ **–ria** *f Edelstein* mpl ‖ **–ro** *m Steinmetz* m ‖ *Steinschleifer* m ‖ **–zuela, –ta** *f* dim von **piedra**

pedris|ca *f*, **–co** *m (Stein)Hagel* m ‖ *Hagelwetter* n

pedriza *f steinige Stelle* f *im Gelände*

pedrizo *adj steinig (Gelände)*

Pedro [dim **Pedrito**] np *Peter* m ‖ ~ ⟨fig⟩ *Nachtgeschirr* n ‖ *como* ~ en *(od por) su casa* ⟨figf⟩ *mit voller Freiheit, ohne auf jdn Rücksicht zu nehmen, völlig ungeniert* ‖ *tal para cual,* ~ *para Juan (od tanto vale* ~ *como Juan)* ⟨iron⟩ *sie sind beide über e–n Leisten geschlagen* ‖ ~ *el* Cruel ⟨Hist⟩ *Peter der Grausame (1334–1369)* ‖ Santos ~ y Pablo ⟨Kath⟩ *Peter und Paul (29. Juni)*

pedrojiménez *m e–e angeblich vom deutschen Riesling abstammende Traubenart, die bei Montilla, Málaga und hauptsächlich bei Jerez de la Frontera angebaut wird*

pe|drón *m* augm von **piedra** ‖ **–drusco** *m Fels(block), Stein(block)* m

pedúnculo *m* ⟨Bot⟩ *(Blumen)Stiel* m

peer vi ⟨vulg⟩ *furzen*

¹pega *f (Ver)Pichen* n *(der Fässer)* ‖ *Pech* n ‖ *Töpferglasur* f

²pega *f* ⟨fam⟩ *Pech, Unglück* n ‖ ⟨fam⟩ *Ulk, Possen* m ‖ ⟨fam⟩ *Prellerei* f ‖ ⟨fam⟩ *Tracht* f *Prügel* ‖ ⟨Sch⟩ *verwickelte Frage* f ‖ *Schwierigkeit,* ⟨fam⟩ *Schikane* f ‖ ◆ *de* ~ ⟨pop⟩ *falsch* ‖ *nachgemacht* ‖ ◇ *estar de* ~, *tener* ~ ⟨fam⟩ *Pech haben* ‖ *ser la* ~ *lasterhaft sein*

³pega *f* ⟨V⟩ *Elster* f (→ **urraca**) ‖ ~ *reborda* ⟨V⟩ *Würger* m (→ **alcaudón**) ‖ ⟨Fi⟩ *Schiffshalter* m (→ **rémora**)

pegada *f Schlagkraft* f

pegadillo *m* Ec *Spitze, Blonde* f

pega|dizo *adj pechig, klebrig* ‖ ⟨figf⟩ *zudringlich* ‖ ⟨fig⟩ *ansteckend* ‖ **–do** *adj* ⟨fig⟩ *zu|geneigt, -getan* ‖ ~ *a … ganz nahe an …* (dat) ‖ ~ *a la casa* ⟨pop⟩ *zu Hause hockend* ‖ ~ *a la pared dicht an der Wand* ‖ ⟨fig⟩ *besiegt, gedemütigt* ‖ ~ *a las faldas de su madre* ⟨fig⟩ *verhätschelt* ‖ ◇ *estar* ~ (a) *kleben, haften (an* dat) ‖ **–joso** *adj klebrig, leimig* ‖ *aufdringlich* ‖ *schmierig, ölig (Mensch)* ‖ **–mento** *m Klebstoff* m

¹pegar [g/gu] vt *(an)kleben, (an)leimen, (an)heften* (a *an, auf* acc) ‖ *pichen (Fässer)* ‖ ⟨fig⟩ *befestigen* (a *an* dat) ‖ *annähen* ‖ *anbinden* ‖ *anknüpfen* ‖ *übertragen, anstecken (e–e Krankheit, Laster)* ‖ ⟨Taur⟩ *(den Stier) zum Stehen bringen (Stierkämpfer)* ‖ Am ⟨fig⟩ *Erfolg haben* ‖ ◇ ~ *un botón e–n Knopf annähen* ‖ ~ (el) fuego (a) *Feuer anlegen, Brand stiften (in* dat) ‖ no (poder) ~ *el ojo (od los ojos)* ⟨figf⟩ *nicht (ein)schlafen können* ‖ *e–e schlaflose Nacht verbringen* ‖ no ~ *el ojo en toda la noche* ⟨fam⟩ *die ganze Nacht kein Auge zutun* ‖ ~ *sobre a/c et.* *überkleben* ‖ ~la *con* alg. ⟨pop⟩ *mit jdm anbinden, mit jdm in Streit geraten* ‖ *pegársela a* alg. ⟨pop⟩ *jdn betrügen, jdn hintergehen, jdm et. aufbinden, jdm übers Ohr hauen* ‖ ⟨fam⟩ *jdm Hörner aufsetzen* ‖ ¡a mí no me la pegan! ⟨pop⟩ *ich lasse mich nicht anführen!* ‖ ¿otra que te pego? ⟨pop⟩ *schon wieder? wieder dasselbe?* ‖ ~ vi *hinauslangen, kleben, haften bleiben* ‖ *Wurzel fassen* ‖ ⟨Th pop⟩ *Beifall finden (Schauspiel)* ‖ *passen, passend sein, gelegen kommen (con* zu*)* ‖ *reimen*

(con *mit)* ‖ *ganz nahe sein* (a *bei)* ‖ ⟨Taur⟩ *allzu unbändig sein (Stier)* ‖ *eso no pega ni con cola* ⟨fam⟩ *das ist der reinste Unsinn* ‖ *das reimt s. überhaupt nicht zusammen* ‖ **~se** *hängen, haften bleiben* ‖ *anbrennen (Gericht)* ‖ ⟨fig⟩ *s. tief einprägen* ‖ ⟨Sch⟩ *schüchtern sein, nicht antworten können* ‖ *la lengua se me pega al paladar die Zunge klebt mir am Gaumen* ‖ *se le pegó la enfermedad también a él er hat die Krankheit (auch) bekommen*

²pegar vt/i *schlagen, prügeln* ‖ *züchtigen, geben, versetzen, austeilen (Schläge, Stöße)* ‖ *werfen, schleudern (contra* gegen*)* ‖ ~ *un bofetón a* alg. *jdm e–e (Ohrfeige) verpassen* ‖ ~ *un brinco* → ~ *un salto* → ~ *duro,* ~ *fuerte hart zuschlagen* ‖ *kräftig sein* ‖ ~ *golpes sobre la mesa auf den Tisch schlagen* ‖ ~ *una paliza a* alg. *jdn durch|prügeln od -walken* ‖ ~ *un puntapié od una patada a* alg. *jdm e–n Fußtritt geben* ‖ ~ *un salto (auf)springen* ‖ ~ *un tiro e–n Schuss abgeben* ‖ ~ *voces schreien,* ⟨reg⟩ *kreischen* ‖ **~se:** *s. schlagen, s. prügeln* ‖ ~ *un tiro s. e–e Kugel durch den Kopf jagen, s. erschießen*

Pegaso *m Pegasus* m, *Musenross* n ‖ ⟨Astr⟩ *Pegasus* m

pegata *f* ⟨fam⟩ *Betrug, Bluff* m

pegatina *f Aufkleber* m, *(Kleb)Plakette* f, *Sticker* m

pegmatita *f* ⟨Geol⟩ *Pegmatit* m *(magmatisches Gestein)*

pego *m:* dar el ~ a alg. *jdn täuschen, jdn übers Ohr hauen*

pegocho *adj* Extr *angriffslustig (Person)*

pegón *m* Am *Prellerei* f

pego|te *m Pechpflaster* n ‖ ⟨fig⟩ *unpassender Zusatz* m ‖ ⟨fig⟩ *zudringliche Person* f ‖ **–tear** vi ⟨fam⟩ *schmarotzen,* ⟨fam⟩ *nassauern*

Pegro *m* Am ⟨pop⟩ → **Pedro**

pegual *m* Am *Bindegurt* m *(für Tiere bzw Lasten)*

peguero *m Pechsieder* m ‖ *Pechhändler* m

pegu|jal, –jar *m* dim von **peculio** ‖ *kleines Bauerngut* n ‖ **–jalero** *m Kätner, Kleinbauer* m

pegu|jón, –llón *m Knäuel* m (& n)

pegun|ta *f* ⟨Agr⟩ *Markieren* n *des Viehs mit Pech* ‖ **–tar** vt *(das Vieh) mit Pech markieren*

peina *f* → **peineta**

peina|da *f Kämmen* n ‖ ◇ *darse una* ~ ⟨fam⟩ *s. (oberflächlich) kämmen* ‖ **–do** *adj gekämmt* ‖ ⟨figf⟩ *ge|schniegelt, -leckt, weibisch geputzt* (→ **repeinado**) ‖ ~ *m Haartracht* f ‖ *Frisur* f ‖ *Flachshecheln* n ‖ ⟨Text⟩ *Kämmen* n ‖ ⟨fig⟩ *Durch|kämmen, -rastern* n ‖ ~ *afro Afro-Look* m ‖ ~ *de caracoles Schneckenfrisur* f ‖ ~ *elevado Hochfrisur* f ‖ ~ *a la griega griechische Frisur* f ‖ ~ *de rodetes* → ~ *de caracoles* ‖ ◇ *hacerse el* ~ *s. kämmen* ‖ **–dor** *m Frisiermantel* m ‖ *Rasier|tuch* n *bzw -umhang* m ‖ ⟨Text⟩ *Kämmer* m ‖ *Kammstuhlarbeiter* m ‖ **–dora** *f Kammstuhl* m, *Kämmmaschine* f ‖ **–duras** fpl *ausgekämmtes Haar* n

pei|nar vt *kämmen* ‖ *auskämmen* ‖ *(Wolle) krempeln, kämmen* ‖ ⟨Zim⟩ *(mit dem Hobel) anstreifen* ‖ *streifen, leicht berühren* ‖ ⟨poet⟩ *(die Wellen) durchfurchen (Schiff)* ‖ ⟨fig⟩ *putzen, schmücken* ‖ ⟨figf⟩ *jdn zurechtweisen* ‖ ⟨fig⟩ *durchkämmen (z. B. die Polizei ein Stadtviertel)* ‖ ◇ ~ *la baraja die Karten mischen* ‖ ~ canas ⟨figf⟩ *alt werden od sein* ‖ **~se** *s. kämmen* ‖ *s. frisieren* ‖ ~ *solo* ⟨pop⟩ *s. selbst zu helfen wissen* ‖ no se peina para él ⟨pop⟩ *sie ist k–e Partie für ihn; sie denkt nicht daran, ihn zu nehmen* ‖ **–ne** *m Kamm* m ‖ ⟨Text⟩ *Weberkamm* m ‖ ⟨Text⟩ *Rechen* m ‖ ⟨Text⟩ *(Woll)Karde* f ‖ ⟨Text⟩ *Lochnadelmaschine* f ‖ ⟨Tech⟩ *Tastenfeld* n

(Schreibmaschine) ‖ 〈Tech〉 *Gewindestahl* m ‖
〈Text〉 *Gewindestrehler* m ‖ 〈Mil〉 *Ladestreifen* m
‖ ~ *ahuecador Toupierkamm* m ‖ ~ *de bolsillo
Taschenkamm* m ‖ ~ *de platinas* 〈Text〉
Platinenkamm m ‖ ~ *de tocador Frisierkamm* ‖ ◆
a sobre ~ 〈fig〉 *oberflächlich, ohnehin* ‖ ◇ es un
~ 〈pop〉 *er ist ein geriebener Mensch* ‖ dim:
–necillo ‖ **–neta** *f Auf-, Ein|steckkamm* m *(der
Spanierinnen)* ‖ ~ *de teja (Art) hoher
Aufsteckkamm* m ‖ ¡~! 〈vulg〉 *Donnerwetter!*
(euph *für* **puñeta**)
   p.ej. 〈Abk〉 → **por ejemplo**
   △ **pejar** vi *herabsteigen*
   peje *m Fisch* m ‖ 〈figf〉 *ausgekochter,
geriebener Kerl* m ‖ *Gauner* m
   peje|buey *m* 〈Zool〉 → **manatí** ‖ **–judío** *m* Am
→ **manatí** ‖ **–muller** *m* → **manatí**
   peje|palo *m (geräucherter) Stockfisch* m ‖
–rrey *m* 〈fi〉 *Ährenfisch* m (Atherina spp) ‖ Am
verschiedene Fischarten ‖ **–sapo** *m* 〈Fi〉 *Seeteufel*
m (→ **¹rape**)
   pejiguera *f* 〈pop〉 *Widerwärtigkeit* f
   pejina *f* Sant *Frau* f *bzw Mädchen* n *des
einfachen Hafenvolkes*
   △ **pejuchar** vt *kochen* ‖ *backen*
   Pekin *m* [Stadt] *Peking* n
   pekinés adj → **pequinés**
   ¹pela *f Schälen* n ‖ Am *Prügel* m
   ²pela *m* 〈pop〉 → **peseta** ‖ ◇ *no tener una* ~
〈pop〉 *leere Taschen haben*
   ¹peladera *f Haarausfall* m
   ²peladera *f* Am *Gerede* n
   peladez *[pl* ~**ces]** *f* Col *Elend* n
   peladilla *f Zuckermandel* f ‖ 〈fig〉 *kleiner
Dachkiesel* n ‖ 〈fig〉 *(Flinten)Kugel* f
   peladillo *m Nektarine* f
   pelado adj *kahl* ‖ *nackt, baumlos* ‖ *glatt
geschoren* ‖ *geschält* ‖ *gerupft* ‖ 〈pop〉 *ohne Geld*
‖ 〈pop〉 *glatt (Zahl, z.B. 300)* ‖ ◇ rompió a grito
~ 〈pop〉 *er begann plötzlich zu schreien* ‖ lo dejó
~ 〈pop〉 *er hat ihn völlig ausgeplündert* ‖ ~ *m*
Am *Schwips* m
   pela|fustán *m* 〈fam〉 *Taugenichts* m ‖ **–gallos,
–gatos** *m* 〈pop〉 *Gelegenheitsarbeiter* m ‖ *armer
Schlucker od Teufel* m ‖ 〈desp〉 *Lumpenkerl* m
   pelagia|nismo *m* 〈Rel〉 *Pelagianismus* m ‖ **–no**
m/adj Pelagianer m
   pelágico adj 〈Biol MK〉 *pelagisch* ‖ *See-,
Meeres-*
   pelagra *f* 〈Med〉 *Pellagra* f
   pelaje *m Haarfarbe* f *(bes. Tiere)* ‖ *Fell* n ‖
Balg m ‖ 〈fam〉 *Äußere(s), Aussehen* n ‖ p.ex
Wesen n, *Art* f *usw e–r Person* ‖ ~ *de invierno
Winterpelz* m ‖ ◇ tiene un ~ que no me agrada
〈figf〉 *er sieht übel aus*
   ¹pelambre *m Haufen* m *Felle* ‖ *(Haut)Haare*
npl ‖ *Enthaarungsmittel* n
   ²pelambre *m* Am *Gerede* n
   pelambrero *m Gerber* m
   pelamen *m* 〈fam〉 *Haare* npl
   pelamesa *f* 〈pop〉 *Rauferei* f
   pelanas *m* 〈figf〉: es un ~ *er (sie) ist e–e Null
od e–e Niete*
   pelan|drín *m* 〈pop〉 *Schuft* m ‖ **–dusca** *f* 〈pop〉
Nutte f
   pelapatatas *m Kartoffel|schäler* m,
-schälmaschine f
   pelapinga *f* Col *minderwertiger Schnaps* m
   pelar vt/i *(aus)rupfen (Haare)* ‖ *(ab)scheren* ‖
ent-, ab|haaren ‖ *(ab)schälen (Rinde, Früchte)* ‖
〈fig〉 *(jdn) rupfen od ausziehen* ‖ duro de ~ 〈fig〉
schwer auszuführen(d), 〈fam〉 *e–e harte Nuss* ‖ ◇
hace un frío que pela *es herrscht e–e grimmige
Kälte*, 〈fam〉 *es ist eis-, bitter|kalt* ‖ ~ los dientes
Am 〈figf〉 *scheinheilig grinsen* ‖ *schadenfroh*

lächeln ‖ ~**se** *die Haare verlieren* ‖ 〈pop〉 *s. die
Haare schneiden lassen* ‖ pelársela 〈vulg〉 *wichsen
(onanieren)* ‖ canta que se las pela 〈pop〉 *er (sie,
es) singt unermüdlich bzw wunderbar*
   pelargonio *m* 〈Bot〉 *Pelargonie* f (Pelargonium
spp) (→ **geranio**)
   ¹pelaza *f* 〈pop〉 *Streit, Zank* m
   ²pelaza *f* 〈Agr〉 *(Stroh)Häcksel* m (& n)
   pelcha *f* Chi *Haufen* m *(Leute)*
   peldaño *m (Treppen)Stufe* f
   △ **pelé** *m Ei* n ‖ *Hoden* m
   pele|a *f Gefecht* n, *Schlacht* f ‖ *Kampf, Krieg*
m ‖ 〈fig〉 *Streit, Zank, Zwist* m ‖ 〈fam pop〉
Stierkampf m ‖ ~ *de gallos Hahnenkampf* m ‖ ~
de perros Hundekampf m ‖ ◇ armar una ~ *e–n
Streit anfangen* ‖ **–ador** m/adj *Kämpfer* m ‖
Rauf|bold, -bruder, Schläger, Hooligan, Rambo m
‖ **–ar** vi 〈Mil〉 *kämpfen, s. schlagen (por für)* ‖
〈fig〉 *streiten, zanken, hadern, rechten (por um,
wegen)* ‖ camar –ados *miteinander im Streit liegen*
‖ ~**se** *s. streiten, s. zanken, s. befehden* ‖ *s.
verfeinden, s. anlegen* (con *mit*)
   pelechar vi *Haar bzw Feder bekommen* ‖ 〈fig〉
genesen ‖ *wieder zu Wohlstand kommen*
   Pelegrín *m* np *Peregrin(us)* m
   pelel *m Pale Ale* n
   pelele *m Strohmann* m, *Puppe* f ‖ 〈figf〉
Einfaltspinsel m ‖ 〈fig〉 *Strampelanzug* m
   pelendengue *m* → **perendengue**
   peleón adj/s *zänkisch* ‖ *streitsüchtig* ‖
kampflustig ‖ (vino) ~ *ganz gewöhnlicher Wein*,
〈fam〉 *Krätzer* m
   pelerina *f* 〈gall〉 *Pelerine* f, *Mantelkragen,
Umhang* m
   pelete|ría *f Pelz-, Rauch|waren* fpl ‖
Kürschnerei f ‖ *Kürschnerladen* m, *Pelzgeschäft* n
‖ **–ro** *m Kürschner* m ‖ *Pelzhändler* m
   peletizar *[z/c]* vt *pelletieren*
   peli *f* Kurzform für **película**
   peli|agudo adj *lang- und weich|haarig (Tier)* ‖
〈figf〉 *kitz(e)lig, heikel, schwierig*, 〈fam〉 *haarig* ‖
〈figf〉 *fein, verschmitzt* ‖ **–blanco** adj *weißhaarig* ‖
–blando adj *weichhaarig* ‖ **–cano** adj *grauhaarig*
   ¹pelícano, pelicano *m* 〈V〉 *Pelikan* m
(Pelecanus spp) ‖ ~ ceñudo 〈V〉 *Krauskopfpelikan*
m (P. crispus) ‖ ~ común, ~ vulgar *Rosapelikan*
m (P. onocrotalus)
   ²pelícano, pelicano *m* 〈Med〉 *Pelikan* m
(Zahnzange)
   ³pelícano, pelicano *m* 〈Bot〉 → **aguileña**
   peli|castaño adj *braunhaarig* ‖ **–corto** adj
kurzhaarig
   película *f Häutchen* n ‖ *(Obst-, Frucht)Haut* f ‖
Film m ‖ *(hauchdünne) Folie* f ‖ *Film|schauspiel,
-drama* n ‖ ~ ancha *Breitfilm* m ‖ ~ de
argumento *Spielfilm* m ‖ ~ de aventuras
Abenteuerfilm m ‖ ~ en blanco y negro
Schwarzweißfilm m ‖ ~ de bulto 〈fam〉
plastischer od dreidimensionaler Film, 3-D-Film
m ‖ ~ de caballistas *Cowboyfilm, Western* m ‖ ~
de carácter *Hauptfilm* m ‖ ~ de ciencia ficción
Science-fiction-Film m ‖ ~ científica
wissenschaftlicher Film m ‖ ~ en cinemascopio
Breitwandfilm, Cinemascope m ‖ ~ en color(es)
Farbfilm m ‖ ~ cómica *komischer Film* m,
Filmkomödie f ‖ ~ cultural *Kulturfilm* m ‖ ~ de
dibujos animados *Zeichentrickfilm* m ‖ ~
didáctica *Lehrfilm* m ‖ ~ docente, ~ educativa →
~ didáctica ‖ ~ de época *historischer Film* m ‖
~ estereofónica *Stereophon-, Stereoton|film* m ‖
~ estrecha *Schmalfilm* m ‖ ~ hablada *Sprechfilm*
m ‖ ~ de horror *Horrorfilm* m ‖ ~ sin
impresionar *unbelichteter Film* m ‖ ~ instructiva
Lehrfilm m ‖ ~ de corto metraje *Kurzfilm* m ‖ ~
de largo metraje *Spielfilm* m ‖ ~ muda *Stummfilm*

m ‖ ~ parlante → ~ hablada ‖ ~ policíaca
Kriminalfilm, ⟨fam⟩ *Krimi* m ‖ ~ porno(gráfica)
pornographischer Film, ⟨pop⟩ *Porno* m ‖ ~ de
propaganda *Werbefilm* m ‖ ⟨Pol⟩ *Propagandafilm*
m ‖ ~ publicitaria *Werbefilm* m ‖ ~ radiográfica
Röntgenfilm m ‖ ~ en relieve *3-D-Film* m ‖ ~ de
risa *komischer Film* m ‖ *lächerlicher* od
unmöglicher od *nicht gelungener Film* m ‖ ~ en
rollo *Rollfilm* m ‖ ~ sonora *Tonfilm* m ‖ ~
taquillera *Kassenschlager* m *(Film)* ‖ ~ de terror
Gruselfilm m ‖ ~ de vampiros *Vampirfilm* m ‖ ~
X *Pornofilm* m ‖ ♦ allá ~s ⟨fam⟩ *das ist mir*
Wurscht ‖ de ~ ⟨pop⟩ *falsch, unecht* ‖
theatralisch ‖ *äußerlich* ‖ ◇ correr la ~ ⟨Fot⟩ *den*
(Roll)Film abdrehen ‖ echar una ~ *e–n Film*
vorführen, geben ‖ ir a ver una ~ *s. e–n Film*
ansehen ‖ poner en ~ *verfilmen*
   peliculable adj *(m/f)* verfilmbar
   pelicular adj *(m/f) Film-* ‖ ⟨El⟩ *efecto ~*
Skineffekt m
   peliculón *m* augm ⟨desp⟩ von **película** ‖
langweiliger Film, ⟨fam⟩ *Schmarren, Schinken* m
‖ *Kitschfilm* m ‖ *sentimentale Schnulze* f
    peliduro adj [Hund] *drahthaarig*
    peliforra *f* ⟨pop⟩ *Nutte* f
    peli|grar vi *in Gefahr sein, Gefahr laufen* ‖ ◇
hacer ~ *gefährden* ‖ **–gro** *m Gefahr* f ‖
Gefährlichkeit f ‖ *Gefährdung* f ‖ ~ de contagio
⟨Med⟩ *Ansteckungsgefahr* f ‖ ~ en la demora
Gefahr im Verzug ‖ ~ de incendio *Brandgefahr* f
‖ ~ indefinido ⟨StV⟩ *allgemeine Gefahrenstelle* f
(Warnzeichen) ‖ ~ de muerte *Lebensgefahr* f ‖ ~
serio *ernste Gefahr* f ‖ ◇ afrontar un ~ *e–r*
Gefahr trotzen ‖ combatir un ~ *e–e Gefahr*
bekämpfen ‖ conjurar un ~ *e–e Gefahr bannen* od
abwenden ‖ correr ~ *Gefahr laufen* ‖ estar en ~
Gefahr laufen ‖ exponerse a un ~ *s. e–r Gefahr*
aussetzen ‖ ofrecer ~ *gefährlich sein* ‖ poner en
~ *gefährden* ‖ quien busca el ~, en él perece
⟨Spr⟩ *wer s. in Gefahr begibt, kommt darin um* ‖
en la confianza está el ~ *etwa: trau, schau, wem*
‖ ~s *mpl* ⟨Mat⟩ *Untiefen* fpl ‖ **–grosidad** *f*
Gefährlichkeit f ‖ ~ social *Sozialgefährlichkeit* t ‖
–groso adj *gefährlich, bedenklich*
    peli|largo adj *langhaarig* ‖ **–llo** *m* dim von
pelo ‖ *Härchen* n ‖ ♦ a ~ ⟨figf⟩ *haarscharf* ‖ ¡~s
(od pelos) a la mar! ⟨fam⟩ *Schwamm drüber!* ‖ ◇
reparar en ~s ⟨figf⟩ *s. bei Kleinigkeiten aufhalten*
‖ no tener ~s en la lengua ⟨figf⟩ *frank und frei* od
unverblümt s–e Meinung sagen ‖ *kein Blatt vor*
den Mund nehmen ‖ *aus s–m Herzen k–e*
Mördergrube machen
    pelindrusca *f* ⟨pop⟩ *Nutte* f
    peli|negro adj/s *schwarzhaarig* ‖ **–rrojo** adj/s
rothaarig ‖ **–rrubio** adj/s *blond(haarig)* ‖ **–tieso**
adj *borstenhaarig*
    pelitre *m* ⟨Bot⟩ → **piretro**
    pella *f Klumpen, Ballen* m ‖ *Knäuel* m (& n) ‖
Blumenkohl(kopf) m ‖ *Schmalz-* bzw *Eis|klumpen*
m *usw* ‖ ~ de algodón *Wattebäuschchen* n ‖ ~ de
jabón *Seifenkugel* f ‖ ◇ hacer ~ ⟨Sch⟩ *die Schule*
schwänzen
    pellada *f* ⟨Arch⟩ *Kelle(voll)* f ‖ → **pella**
   △ **pelleca** *f Frauenrock* m
    pelle|ja *f Schaffell* n *mit Wolle* ‖ *Tierhaut* f ‖
⟨figf⟩ *das Leben*, ⟨fam⟩ *die Haut* ‖ ⟨fam⟩ *Nutte* f ‖
◇ dejar la ~ ⟨pop⟩ *sterben* ‖ salvar la ~ ⟨figf⟩
mit heiler Haut davonkommen ‖ **–jería** *f*
(Weiß)Gerberei f ‖ *Felle* npl *und Häute* fpl ‖
Herstellung f *von Weinschläuchen* ‖ **–jero** *m*
Fellhändler m ‖ *Gerber* m ‖ *Hersteller* m *von*
Weinschläuchen ‖ ⟨figf joc⟩ *Hautarzt* m ‖ **–jo** *m*
Haut f, *Fell* n ‖ *dünne Haut* f *des Obstes* ‖
(Wein)Schlauch m ‖ ⟨figf⟩ *Trunkenbold* m ‖ ◇ dar
el ~, dejar el ~ ⟨pop⟩ *draufgehen* ‖ si yo

estuviera en tu ~ … ⟨figf⟩ *würde ich in d–r Haut*
stecken, … ‖ estar hecho un ~ *be|trunken*, ⟨pop⟩
-soffen sein ‖ estar hecha un ~ ⟨figf⟩ *ein*
Flittchen sein ‖ guardar el ~ ⟨fam⟩ *s. in*
Sicherheit bringen ‖ mudar de ~ *s. häuten* (z. B.
Spinnen, Insekten, Schlangen) ‖ ⟨fig⟩ *s.*
(grundsätzlich) ändern ‖ pagar con el ~ ⟨figf⟩ *mit*
dem Leben bezahlen ‖ ◇ perder el ~ dar el ~ ‖
salvar el ~ ⟨figf⟩ *mit heiler Haut davonkommen* ‖
soltar el ~ → dar el ~ ‖ dim: ~**juelo** *m*
    pe|llets *mpl* ⟨Tech⟩ *Pellets* pl ‖ **–lletización** *f*
Pelletierung f
    pelli|co *m Felljacke* f ‖ *Schafspelz* m ‖ **–za** *f*
Pelz(rock), Pelzmantel m ‖ *Pelzjacke* f ‖
(Winter)Jacke f *mit Pelzkragen* ‖ ⟨Mil Hist⟩
Husarenpelzjacke, Attila f
    pelliz|car [c/qu] vt *kneifen, zwicken* ‖ *leicht*
berühren (die Saiten e–r Zither) ‖ *abzwacken* ‖
zupfen ‖ ⟨fig⟩ *mausen, (weg)stibitzen* ‖ **–co** *m*
Kneifen, Zwicken n ‖ *Zupfen* n ‖ *Bissen* m ‖ *Biss*
m ‖ *Prise* f *(Salz, Gewürz)* ‖ *ein bisschen* ‖ Arg
Verlobungsring m ‖ ~s de monja *(Art)*
Zuckergebäck n ‖ ◇ dar *od* tirar un ~ a alg. *jdn*
kneifen, zwicken ‖ dar un ~ al caudal ⟨figf⟩ *das*
Vermögen schröpfen
   ¹**pelma** *f:* dar una ~ a alg. ⟨fam⟩ *jdm den Kopf*
waschen
   ²**pelma** *m*/adj ⟨fam⟩ → **pelmazo**
    pelma|cería *f* ⟨fam⟩ *Aufdringlichkeit,*
Lästigkeit f ‖ *Schwerfälligkeit* f ‖ **–zo** *m*/adj ⟨pop⟩
lästiger bzw *aufdringlicher Mensch* m ‖
schwerfällige Person f ‖ *Faulenzer* m ‖ ⟨fig⟩
Dummkopf m
    pelo *m Haar* n ‖ *(Haar)Farbe* f ‖ *Kopf-,*
Haupt|haar n ‖ *Behaarung* f ‖ *Flaum* m ‖
Fell(farbe f) n *(e–s Tieres)* ‖ *Haarähnliche(s)* n ‖
Faser f ‖ ⟨fig⟩ *Bagatelle, Kleinigkeit* f ‖ ~
apagado *glanzloses Haar* n ‖ ~ arriba *wider den*
Strich ‖ ~ de camello *Kamelhaar* n ‖ ~ de cofre
⟨fam⟩ *Rotschopf* m ‖ ~ a lo Colón → ~ a lo paje
‖ ~ cortado a cepillo *Bürstenhaarschnitt* m, ⟨fam⟩
Meckifrisur f ‖ ~ corto *kurzgeschnittenes Haar* n
‖ *Pagen-, Bubi|kopf* m ‖ ~ a lo chico, ~ a lo
garzón, ~ a lo Juanito, ~ a lo Manolo *Bubikopf*
m ‖ ~ graso *fettiges Haar* n ‖ ~ oxigenado *(mit*
Wasserstoffperoxid) gebleichtes Haar n ‖ ~ a lo
paje *Pagenkopf* m ‖ ~ permanentado
dauergewelltes Haar n ‖ ~ postizo *falsches Haar*
n ‖ *Perücke* f ‖ ~ rizado *(Haar)Locken* fpl ‖ ~
krauses *Haar* n ‖ ~ rojo *rotes Haar* n,
Fuchshaare npl ‖ ~ a la romana → ~ a lo paje ‖
~ sedoso *seidiges Haar* n ‖ ♦ a ~ *ohne*
Kopfbedeckung ‖ a(l) ~ *nach dem Strich* ‖ ⟨figf⟩
sehr gelegen ‖ *wie gerufen* ‖ *(haar)genau,*
pünktlich ‖ ¡al ~! *toll! prima! genau, wie ich es*
wollte! ‖ ~ a *(od* por) ~ ⟨figf⟩ *gleich, quitt* ‖ a
contra ~ *wider den Strich* ‖ ⟨figf⟩ *ungelegen* ‖
⟨fig⟩ *verkehrt* ‖ de ~ *aus Haar, Haar-, hären* ‖
⟨figf⟩ *wohlhabend* ‖ *stattlich* ‖ ni un ~ ⟨pop⟩ *k–e*
Spur ‖ de medio ~ ⟨fam⟩ *volkstümlich, Volks-* ‖
de poco ~ ⟨pop⟩ *ärmlich, arm* ‖ en ~ *ungesattelt*
(Pferd) ‖ *ungegerbt (Fell)* ‖ sin ~ *unbehaart* ‖
kahl(köpfig) ‖ ◇ agarrarse *od* asirse de un ~
⟨figf⟩ *den geringsten Vorwand benutzen* ‖ andar a
~ ⟨figf⟩ *s. raufen* ‖ ¡se le va a caer el ~! ⟨figf⟩
er (sie, es) wird (noch) sein blaues Wunder
erleben! er (sie, es) wird s. (ganz schön)
wundern! ‖ no corre un ~ de aire *es bläst kein*
Windchen ‖ cortar un ~ en el aire ⟨fig⟩ *sehr*
scharfsinnig sein ‖ echar ~ ⟨pop⟩ *s. abrackern* ‖
no fiarse ni un ~ *sehr misstrauisch sein, (e–r*
Sache) ganz und gar nicht trauen ‖ no falta un ~
⟨pop⟩ *es fehlt kein Härchen* ‖ hacer el ~ *das*
Haar kämmen, frisieren ‖ montar a ~ *ohne Sattel*
reiten ‖ peinarse ~ arriba *s. nach rückwärts*

kämmen ‖ ser de mal ~ *mit Vorsicht zu genießen sein (Person), ein übler Bursche sein* ‖ no tener ~ de tonto ⟨figf⟩ *Mutterwitz haben, schlau sein* ‖ tomar el ~ a alg. *jdn auf den Arm nehmen, jdn zum Besten halten,* ⟨pop⟩ *jdn verarschen* ‖ todo va al ~ ⟨fam⟩ *alles wickelt s. glatt ab* ‖ no se le ve el ~ ⟨fam⟩ *er (sie, es) ist spurlos verschwunden* ‖ *er (sie, es) taucht gar nicht mehr auf, er (sie, es) lässt s. gar nicht (mehr) blicken* ‖ venir al ~ *sehr gelegen* od *zupass kommen* ‖ ~s *mpl:* ~ urticantes ⟨Bot⟩ *Nesselhaare npl* ‖ ◆ por los ~ *im letzten Augenblick* ‖ *gerade noch* ‖ ◇ buscar ~ en la leche *od* sopa ⟨figf⟩ *ein Haar in der Suppe suchen, stets meckern* od *kritisieren* ‖ coger por los ~ ⟨figf⟩ *gerade noch erwischen* ‖ contar algo con (todos sus) ~ y señales ⟨figf⟩ *et. haarklein erzählen, et. haargenau berichten* ‖ estar a medios ~ ⟨figf⟩ *beschwipst ange|trunken, -säuselt, -heitert, -dudelt sein* ‖ estoy de ello hasta los ~ ⟨figf⟩ *es wächst mir schon zum Halse heraus* ‖ los ~ se le ponen de punta *die Haare stehen ihm (ihr) zu Berge* ‖ tener ~ *Schwierigkeiten bereiten* ‖ no tener ~ en la lengua ⟨figf⟩ *frank und frei* od *unverblümt s–e Meinung sagen* ‖ *kein Blatt vor den Mund nehmen* ‖ *aus s–m Herzen k–e Mördergrube machen* ‖ tirar de los ~ *an den Haaren ziehen* ‖ zausen ‖ tirarse de los ~ *s. die Haare raufen* ‖ traído por los ~ ⟨figf⟩ *an den Haaren herbeigezogen*

pelón *adj kahl* ‖ *nackthalsig (Hühnerrasse)* ‖ ⟨fig⟩ *arm* ‖ ⟨reg fig⟩ *dumm, einfältig* ‖ ~ *m Kahlkopf m* ‖ ⟨fig⟩ *armer Schlucker* m

Pelope *m* ⟨Myth⟩ *Pelops m*

pelopo|nense *(m/f),* **–nesíaco** *adj peloponnesisch* ‖ **ªneso** *m Peloponnes m (& f)*

△ **pelosa** *f Kappe f* ‖ *Mantel m*

¹pelota *f (Spiel)Ball m* ‖ *Fußball m* ‖ *Ballspiel* n ‖ *Knäuel m* ‖ *Schneeballen m* ‖ ⟨reg⟩ *Fleischkloß m* ‖ ~ de caucho →ˑde goma ‖ ~ de cuero *Lederball m* ‖ ~ de goma *Gummiball m* ‖ ~ de manteca *Butterklumpen m* ‖ ~ de nieve *Schneeball m* ‖ ~ de pala *Schlagball m* ‖ ~ vasca *Pelota f (bask. Ballspiel)* ‖ ◇ echarse ~s de nieve *s. mit Schneebällen bewerfen* ‖ echarse la ~ ⟨fig⟩ *s. den schwarzen Peter zu|schieben* od *-spielen* ‖ hacer la ~ *schmeicheln, lobhudeln* ‖ hecho una ~ *zusammengerollt (z.B. Katze)* ‖ ⟨figf⟩ *eingeschüchtert* ‖ jugar a (la) ~ *Ball spielen* ‖ rechazar la ~ ⟨fig⟩ *jdn abblitzen lassen* ‖ tirarse ~s de nieve *od* echarse ~s de nieve ‖ tirarse la ~ →ˑecharse la ~ ‖ volver la ~ →ˑrechazar la ~ ‖ ~ *m* ⟨pop⟩ → **pelotillero**

²pelota *f:* en ~(s) ⟨fam⟩ *splitternackt* ‖ ⟨pop⟩ *ausgeplündert, gerupft (z.B. im Spiel)* ‖ ~s *fpl (vulg) Eier npl (Hoden)* ‖ ◇ tener ~ *Mut haben, ein ganzer Kerl sein*

△ **³pelota** *f Kopf m*

pelo|tari *m (bask.) Ballspieler m* ‖ **–tazo** *m (Ball)Wurf m* ‖ *Schlag m mit dem Ball*

pelote *m Füllhaar n (zum Polstern)*

pelo|tear *vi Pelota spielen* ‖ *hin und her werfen (z.B. Kissen in e–r Kissenschlacht)* ‖ ⟨fig⟩ *ein Konto überprüfen* ‖ **–tera** *f (fam) Zänkerei f* ‖ *Skandal m* ‖ ~ conyugal *(joc) Gardinenpredigt f*

pelo|tero *adj Ball-* (escarabajo) ~ *m* ⟨Ins⟩ *Pillendreher m (Scarabaeus sacer)* ‖ ~ menor ⟨Ins⟩ *Kleiner Pillendreher m (→ sísifo)* ‖ ◇ esto es ~ ⟨pop⟩ *das ist toll! das ist e–e prima Sache!* ‖ ~ *m Ballhersteller* m ‖ ⟨Sp⟩ *Balljunge* m ‖ **–tillero** ‖ **–tilla** *f dim von* ¹pelota ‖ ◇ hacer la ~ a alg. ⟨pop⟩ *jdm sehr schmeicheln* ‖ hacer ~s ⟨fam⟩ *in der Nase herumstochern* ‖ ~ *m* ⟨pop⟩ → **pelotillero** ‖ **–tillero** *m/adj ⟨figf⟩ Schmeichler m* ‖ *Gunsterschleicher,* ⟨fam⟩ *Speichellecker m* ‖ ⟨Sch⟩ *Streber m*

peloto *adj* ⟨Agr⟩ *grannenlos (Weizen)*

pelotón *m augm von* ¹**pelota** ‖ ⟨Mil fig⟩ *Rotte* f, *Zug m* ‖ ⟨Mil⟩ *Trupp m* ‖ ⟨Mil Sp⟩ *Gruppe f, Peloton* n ‖ ⟨Sp⟩ *Feld* n ‖ ~ de cabeza ⟨Sp⟩ *Spitzen|mannschaft, -gruppe f* ‖ ~ de ejecución *Exekutions-, Erschießungs|kommando* n ‖ ~ meteorológico ⟨Flugw⟩ *Wetterzug m* ‖ ~ de los torpes ⟨Sch⟩ [*früher*] *Eselsbank f* ‖ ◇ escaparse del ~, romper el ~ ⟨Sp⟩ *aus dem Feld ausbrechen, das Feld sprengen*

pelotudo *adj Arg dumm, geistig beschränkt*

peltre *m Legierung f (Zn, Sn und Pb)* ‖ *Weichlot* n

peluca *f Perücke f* ‖ ⟨figf⟩ *Wischer m, Nase f* ‖ ◇ usar *od* gastar ~ *Perücke tragen* ‖ ponerse la ~ *s. die Perücke aufsetzen (& fig)*

peluche *m (Seiden)Plüsch m* ‖ (oso) ~ *Teddybär m*

△ **peluco** *m Taschenuhr f*

pelu|cón *m augm von* **peluca** ‖ *Allongeperücke f* Am ⟨fig⟩ *Zopfmensch, Konservative(r) m*

¹peludo *adj stark behaart* ‖ *(lang)haarig* ‖ *bärtig* ‖ ~ *m (fig desp) Hippie, Gammler m* ‖ ⟨reg⟩ *(Esparto) Matte f* ‖ ⟨fig⟩ *Rausch m, Trunkenheit f* ‖ *Schwips m*

²peludo *m Arg* ⟨Zool⟩ → **armadilla**

peluque|ra *f Friseuse, Schw Coiffeuse f* ‖ **–ría** *f Friseursalon m* ‖ ~ de señoras *Damensalon m* ‖ ~ unisex *Damen- und Herren|friseur(salon) m* ‖ **–ro** *m Friseur, Schw Coiffeur* m

peluquín *m kleine Perücke f* ‖ *Haarteil* n ‖ *Toupet* n ‖ ◇ ¡ni hablar ~! ⟨figf⟩ *das kommt nicht in Frage! nicht einmal im Traum!*

pelu|sa *f* ⟨Bot⟩ *Flaumhaar* n ‖ *Flaum m* ‖ *(Tuch)Fasern fpl* ‖ ⟨fig⟩ *Eifersucht f* ‖ ⟨fig⟩ *(Kinder)Neid m* ‖ ◆ sin ~ *faserfrei (Papier)* ‖ **–silla** *f dim von* **pelusa** ‖ ⟨figf⟩ *(Kinder)Neid m, Eifersucht f (bes. der Kinder)* ‖ ◇ tener ~ *eifersüchtig bzw neidisch sein (de auf acc)*

pel|viano *adj Becken-* ‖ **–vis** *f* ⟨An⟩ *Becken* n

¹pena *f Strafe, Bestrafung f* ‖ *Züchtigung f* ‖ *Pein f, Schmerz m, Leiden s, Kummer, Gram m, Seelenpein f* ‖ *Mühsal f* ‖ *Mühe, Arbeit f* ‖ *Strapaze f* ‖ ⟨pop⟩ *Trauerschleier m* ‖ Am *Schüchternheit f* ‖ *Ängstlichkeit, Angst f* ‖ ~ aflictiva →ˑ ~ correccional ‖ ~ canónica *Kirchenstrafe f* ‖ ~ capital *Todesstrafe f* ‖ ~ corporal *Leibesstrafe f* ‖ *Prügelstrafe f* ‖ ~ correccional *Sühne-, Besserungs-, (schwere) Strafe f* ‖ ~ de muerte *Todesstrafe f* ‖ una ~ negra *ein tiefes Leid* n ‖ e–e verzweifelte *Stimmung f* ‖ ~ pecuniaria *Geldstrafe f* ‖ ~ de presidio *Zuchthausstrafe f* ‖ ~ de prisión *Gefängnisstrafe f* ‖ ~ privativa *od* de privación de libertad *Freiheitsstrafe f* ‖ ~ de reclusión *Freiheitsstrafe f* ‖ ~ de tormento *Folterqual f* ‖ la última ~ *die Todesstrafe* ‖ ◆ bajo ~ de muerte *bei Todesstrafe* ‖ con suma *od* mucha ~ *mit knapper Not* ‖ *sehr mühsam* ‖ sin ~ ni gloria ⟨fig⟩ *mittelmäßig* ‖ so ~ de ... *außer dass ..., unter Vorbehalt, dass ...* ‖ ◇ dar ~ *leid tun* ‖ *peinlich sein* ‖ me da mucha ~ este hombre *dieser Mensch tut mir sehr leid* ‖ estar en ~ *im Fegefeuer sein (Seele)* ‖ imponer una ~ e–e *Strafe auferlegen* ‖ morir de ~ *s. zu Tode grämen* ‖ no merece *od* no vale la ~ *es ist nicht der Mühe wert, es (ver)lohnt s. nicht* ‖ el que lo haga, sufrirá ~ de vida *wer es tut, wird es mit s–m Leben büßen* ‖ ¡qué ~! *wie schade! wie schmerzlich! weh!* ‖ ~s *fpl:* a duras ~ *mit Mühe und Not, mit knapper Not*

²pena *f* ⟨V⟩ *Schwungfeder f*

penable *adj (m/f)* → **punible**

penacho *m Federbusch m* ‖ *Helmbusch m* ‖

⟨figf⟩ *Stolz, Eigendünkel* m ‖ ~ *de humo Rauchwolke* f

penado adj *bestraft* ‖ *leidend, betrübt* ‖ *mühsam* ‖ *spärlich* ‖ Chi *unzertrennlich (Liebende, Freunde)* ‖ ya ~ *vorbestraft* ‖ ~ *m Sträfling* m

penal adj *(m/f) Straf-* ‖ lo ~ ⟨Jur⟩ *die Strafsache(n* pl) f ‖ ~ *m Strafanstalt* f

pena|lidad f *Strafbarkeit* f ‖ *Strafsystem* n *(im Gesetzbuch) vorgesehene Strafe* f ‖ *Strafe, Mühsal* f ‖ **–lista** *m/f Kenner(in* f) m *des Strafrechts, Strafrechtler(in* f) m ‖ **–lización** f *Belegung* f *mit Strafe* ‖ ⟨Sp⟩ *Bestrafung* f ‖ ⟨Sp⟩ *Strafpunkt(e* mpl) m ‖ ~ *por mora* ⟨Jur⟩ *Säumniszuschlag* m ‖ **–lizar** [z/c] vt *unter Strafe stellen*

penalti m ⟨Sp⟩ *Strafstoß, Elfmeter* m *(Fußball)* ‖ ⟨pop joc⟩ *voreheliche Schwangerschaft* f ‖ *casarse de* ~ ⟨fig joc⟩ *heiraten müssen*

¹penar vt *(be)strafen, züchtigen* ‖ ~ vi *leiden (por für, wegen)* ‖ *s. sehnen (por nach)* ‖ *büßen (die Seelen im Fegefeuer)* ‖ ~**se** *s. grämen*

△ **²penar** vt/i *sagen* ‖ *reden*

penates mpl *Hausgötter* mpl, *Penaten* pl (& fig)

penca f ⟨Bot⟩ *fleischiges Blatt* n bzw *fleischiger Teil* m *e–s Blattes (z. B. von Agave, Mangold usw.)* ‖ ♦ *a la pura* ~ CR Arg ⟨figf⟩ *nackt* bzw *ärmlich gekleidet*

△ **pencar** [c/qu] vt *geißeln*

△ **penchabar** vt/i *achten*

△ **penchabelo** adv *vielleicht*

△ **penchí** f *Schwester* f

△ **penclar** vt *erzählen*

penco m ⟨fam⟩ *elender Gaul, Klepper* m, *Schindmähre* f ‖ ⟨fam⟩ *Flegel* m ‖ ⟨fam desp⟩ *hässliches, (großes) Weib* n, ⟨fam⟩ *Vogelscheuche* f ‖ Am ⟨pop⟩ *billige Hure* f

△ **pendajiminí** f *Nuss* f

pendajo m → **pingajo**

pendanga f ⟨fam⟩ *Nutte* f, *Flittchen* n

△ **pendaripén** m *Geschichte* f

pendazo m And *Lumpen, Fetzen* m

pende|jada f ⟨pop⟩ *Dummheit, Albernheit* f ‖ **–jear** vi *Blödsinn reden, blödeln*

pendejo m adj ⟨pop⟩ *Schamhaare* npl ‖ ⟨fig pop⟩ *Feigling* m ‖ ⟨fig⟩ *Tölpel, Trottel* m ‖ ⟨fig⟩ *Prellerei* f ‖ ⟨pop⟩ *Nutte* f ‖ Arg ⟨figf⟩ *Junge, Schlingel* m

penden|cia f *Streit, Zwist* m ‖ *Prügelei, Schlägerei, Rauferei, Keilerei* f ‖ ◇ *buscar* ~s *Händel suchen* ‖ *tener* ~s *con alg. mit jdm im Streit, im Clinch liegen* ‖ **–ciero** adj *streitsüchtig* ‖ ~ *m Streitsüchtige(r)* m

pender vi *(herab)hängen* ‖ *abhängen (de von)* ‖ ⟨fig⟩ *unentschieden sein* ‖ *schweben (sobre über* dat) ‖ ◇ ~ *de la cruz am Kreuz hängen* ‖ ~ *de un hilo (od de un cabello) an e–m Haar hängen* (bes. fig)

¹pendiente adj *(m/f) hängend* ‖ ⟨fig⟩ *unerledigt* ‖ ⟨fig⟩ *unentschieden, schwebend* ‖ ⟨fig⟩ *unbeendigt* ‖ ⟨fig⟩ *ausstehend, rückständig (Zahlung)* ‖ *anhängig (Prozess)* ‖ ~ *de la pared an der Wand hängend* ‖ ◇ *estar* ~ *schweben, nicht erledigt sein* ‖ *anhängig sein (Prozess)* ‖ *está* ~ *de sus palabras* ⟨fig⟩ *er (sie, es) hängt an s–n (ihren) Lippen*

²pendiente m *Ohr|gehänge* n, *-ring* m ‖ *Gehänge* n, *herunterhängender Schmuck* m, *Pendentif* n ‖ ~s *de oro goldene Ohrringe* mpl ‖ ~s *de luto Trauerboutons* mpl

³pendiente f *(Berg)Abhang* m ‖ *Steigung* f ‖ *abschüssiges Erdreich* n ‖ ⟨Bgb⟩ *Hangende(s)* n ‖ *Gefälle(strecke* f) n ‖ *Neigung* f ‖ ~ *de lanzamiento* ⟨EB⟩ *Ablaufberg* m ‖ ~ *pronunciada starke Steigung* f ‖ ~ *de la rampa Rampengefälle*

n ‖ ♦ *en* ~ *abschüssig* ‖ ◇ *estar en una mala* ~ ⟨figf⟩ *auf der schiefen Ebene sein*

pendingue m: *tomar el* ~ ⟨pop⟩ *s. aus dem Staub machen*

¹péndola f *Pendel* n, *Perpendikel* m (& n) ‖ *(reloj de)* ~ *Pendeluhr* f

²péndola f ⟨Arch⟩ *Hängesäule* f ‖ ⟨Hydr⟩ *Hänger, Hängestab* m *(bei Brücken)*

³péndola f *Gänsekiel* m *(zum Schreiben)* ‖ p.ex ⟨lit⟩ *(Schreib)Feder* f

pendolaje m ⟨Mar⟩ *Deckgutprisenrecht* n

pendolista m/f *Schönschreiber(in* f) m

pendolón m ⟨Zim⟩ *Hängesäule* f

pendón m *Panier, Banner* n ‖ *Reiterfahne, Standarte* f ‖ *Kirchenfahne* f ‖ *Zug-, Prozessions|fahne* f ‖ ⟨Bot⟩ *Ableger* m ‖ ⟨figf⟩ *magere, hochaufgeschossene Person,* ⟨fam⟩ *lange Latte* f, ⟨fam⟩ *Schlaks* m ‖ ⟨figf⟩ *leichtes Mädchen, Flittchen* n ‖ ⟨figf⟩ *Nutte* f ‖ ♦ *a* ~ *herido* ⟨fig⟩ *aus Leibeskräften*

¹pendular adj *(m/f) Pendel-*

²pendular vi *flattern (Fahne)*

pendulino m ⟨V⟩ *Beutelmeise* f (→ **pájaro** moscón)

péndulo adj *herab-, herunter|hängend* ‖ ~ *m* ⟨Phys Tech⟩ *Pendel* n

pen|e m ⟨An⟩ *Penis* m, *männliches Glied* n ‖ **–iano** adj *Penis-*

peneca f Chi ⟨fam⟩ *Vorschule* f ‖ ~ *m Vorschüler* m ‖ p.ex *Dümmling* m

penellano m ⟨Geol⟩ *Peneplain, Fastebene, Rumpffläche* f

Penélope f np *Penelope* f

penene m *Kurzform für* **profesor no numerario**

peneplanicie f → **penellano**

peneque adj/s *be|rauscht, -trunken* ‖ ◇ *estar* ~ ⟨fam⟩ *be|rauscht, -trunken sein*

penetra|bilidad f *Durchdringungsfähigkeit* f ‖ **–ble** adj *(m/f) durchdringbar* ‖ *nicht undurchdringlich (Wald)* ‖ ⟨fig⟩ *ergründlich, zugänglich, erkennbar* ‖ *zu verstehen* ‖ **–ción** f *Durchdringung* f ‖ *Eindringen* u *Zutritt* m ‖ ⟨Mil⟩ *Durchbruch* m ‖ *Durchschlag(skraft* f) m *(e–r Kugel usw.)* ‖ ⟨fig⟩ *Scharfsinn* m ‖ ⟨fig⟩ *Verstandesschärfe* f ‖ **–do** adj: ~ *de la verdad von der Wahrheit überzeugt*

¹penetrador adj *scharfsinnig*

²penetrador m ⟨Tech⟩ *Zapfensenker* m ‖ ~ *escalonado Stufensenker* m ‖ ~ *espiral Spiralsenker* m

pene|trante adj *(m/f) scharf, schneidend (Blick, Kälte, Dolch)* ‖ *durchdringend* ‖ *penetrant, aufdringlich (z. B. Geruch)* ‖ ⟨fig⟩ *scharfsinnig* ‖ *tief (Wunde)* ‖ **–trar** vt *durchdringen* ‖ *durchstecken* ‖ *durchbohren* ‖ ⟨fig⟩ *ergründen, durchschauen* ‖ ⟨fig⟩ *einsehen, begreifen* ‖ ⟨Mil⟩ *durch|stoßen, -brechen (e–e Stellung), eindringen* ‖ ~ vi *(hin)eindringen* ‖ *durchlassen (Farbe)* ‖ ◇ ~ *en el bosque in den Wald eindringen* ‖ ~ *en la casa ins Haus eintreten* ‖ ~ *en detalles auf Einzelheiten eingehen* ‖ ~ *(por) entre las filas s. durch die Reihen (hindurch)zwängen* ‖ ~ *con la vista durchblicken* ‖ *no lo –tro ich werde daraus nicht klug* ‖ *estar –trado de ... durchdrungen sein von...* ‖ ~**se** *s. durchdringen* ‖ ~ *de algo* ⟨fig⟩ *s. et. (tief) einprägen* ‖ *s. fest von et. überzeugen* ‖ ⟨fam⟩ *hinter et. kommen* ‖ ~ *de la razón den Grund einsehen* ‖ **–trativo** adj *scharfsinnig*

peneuvista m/f *Anhänger(in* f) m *od Mitglied* n *des PNV*

pénfigo m ⟨Med⟩ *Schälblatter(n* fpl) f, *Blasensucht* f *der Haut und der Schleimhäute, Pemphigus* m

penibético adj: *Sistema* ~ *Span*

Gebirgsgruppe, die s. von der Sierra Nevada bis zum Kap Tarifa hinzieht
△ **Peniché** *m Heiliger Geist* m
penici|lina *f* ⟨Pharm Med⟩ *Penicillin* n ‖ **–lio** *m* ⟨Bot⟩ *Penicillium* n *(Schimmelpilz)*
penígero adj ⟨poet⟩ *geflügelt, Flügel tragend*
penillanura *f →* **penellano**
península *f Halbinsel* f ‖ la ~ ⟨fig⟩ *Spanien (und Portugal)* ‖ la ~ de los Apeninos *die Apenninenhalbinsel* f ‖ la ~ de los Balcanes *die Balkanhalbinsel* ‖ la ~ Ibérica *die Iberische Halbinsel, die Pyrenäenhalbinsel*
peninsular adj *(m/f) Halbinsel-* ‖ *peninsular(isch)* ‖ ⟨fig⟩ *iberisch* ‖ ~ *m Bewohner* m *e–r Halbinsel* ‖ Can *Spanier* m *(von der Halbinsel im Gegensatz zu* insular = *Spanier von den Inseln)*
penique *m Penny* m
penisla *f →* **península**
peniten|cia *f Buße (Rel & fig), Pönitenz* f ‖ *Bußfertigkeit* f ‖ *Abbüßung* f ‖ *selbst auferlegte Buße* f ‖ *Beichte* f, *Bußsakrament* n ‖ *Reue* f, *Reuegefühl* n ‖ ⟨fig⟩ *Strafe* f ‖ ◇ *cumplir la ~ Buße tun (nach der Beichte)* ‖ *hacer ~ Buße tun* ‖ ⟨fig⟩ *spärlich essen* ‖ oír de ~ *Beichte hören* ‖ **–ciado** *m* ⟨Hist⟩ *von der Inquisition Bestrafte(r)* m ‖ Am *Zuchthäusler* m ‖ **–cial** adj *(m/f) Buß-* ‖ **–ciar** vt/i *e–e Buße auferlegen* (bes. *der Beichtvater)* ‖ **–ciaría** *f Strafanstalt* f ‖ ⟨Rel⟩ *Pönitentiarie* f *(päpstliche Behörde)* ‖ **–ciario** adj: *colonia ~a Strafkolonie* f ‖ *sistema ~ Strafsystem* n ‖ ~ *m Pönitentiar* m ‖ *Besserungsanstalt* f ‖ **–te** adj *(m/f) reuig, bußfertig* ‖ ~ *m/f Büßer(in* f) m, *Büßende(r* m) f ‖ *Beichtkind* n ‖ *Pönitent* m
peno *m/*adj ⟨Hist⟩ *Karthager, Punier* m
penol *m* ⟨Mar⟩ *Nock* n (& f) *e–r Rahe* ‖ ◆ a toca ~es ⟨Mar⟩ *Rahe an Rahe (Schiffe)*
penoso adj *mühsam* ‖ *schmerzlich, peinlich* ‖ *unangenehm* ‖ *sorgfältig, genau, penibel* ‖ ~ *es macht mir Mühe* ‖ *es ist peinlich für mich* ‖ adv: ~**amente**
pensa|do adj: de ~ *absichtlich* ‖ el día menos ~ *e–s schönen Tages* ‖ ser un mal ~ *immer das Schlechteste denken* bzw *vermuten* bzw *annehmen* ‖ **–dor** *m/*adj *Denker* m ‖ libre ~ *Freidenker* m
¹pensamiento *m Gedanke* m ‖ *Denken* n ‖ *Gedankengang* m ‖ *Grundidee* f ‖ *Denkspruch* m ‖ *Vor|haben* n, *-satz* m ‖ ⟨Mal⟩ *Skizze* f ‖ ⟨fig⟩ *Verdacht* m ‖ la dama de sus ~s ⟨fig⟩ *das Ideal s–r Liebe* ‖ ◆ en un ~ ⟨pop⟩ *im Nu* ‖ ni por ~ ⟨pop⟩ *nicht im Traum* ‖ sólo el ~, el solo ~ *bloß der Gedanke, der bloße Gedanke* ‖ ◇ guardar en el ~ *im Sinne bewahren* ‖ no le pasó por el ~ *es ist ihm (ihr) nicht in den Sinn gekommen* ‖ los ~s son libres *Gedanken sind (zoll)frei*
²pensamiento *m* ⟨Bot⟩ *Stiefmütterchen* n *(Viola tricolor)*
pensante adj *(m/f) denkend* ‖ *Denk-*
¹pen|sar [-ie-] vt *(aus-, er)denken, ersinnen* ‖ *überlegen* ‖ *vorhaben, (zu tun) gedenken, planen* ‖ ◇ ~ entre *(od para) sí, ~ para consigo dafürhalten* ‖ pienso (en) hacerlo *ich habe es vor* ‖ ich gedenke es zu tun ‖ ¡piénselo! *überlegen Sie sich's!* ‖ ya el ~lo me da horror *schon der Gedanke daran macht mich schaudern* ‖ ¡ni ~lo! *nicht einmal im Traum! kein Gedanke! k–e Rede (davon)!* ‖ ~ vi/t *denken (en an* acc) ‖ *meinen, glauben, annehmen* ‖ *s. einbilden* ‖ *dafürhalten* ‖ *vermuten* ‖ *nachdenken (sobre über* acc) ‖ disfrutar pensando en algo *s. auf et. freuen* (acc) ‖ dar que ~ *zu denken geben* ‖ dar en qué ~ *besorgt machen* ‖ ~ en (selten: con) *denken an* (acc) ‖ ~ entre *od* para sí, ~ para consigo *bei od für s. denken* ‖ ~ en voz alta *laut denken* ‖ Vd. piensa mal de mí *Sie haben e–e schlechte*

Meinung von mir ‖ ~ y repensar *hin und her denken* ‖ *durch den Kopf gehen lassen* ‖ a fuerza de ~ *nach langem Hin- und Her|sinnen* ‖ al ~ que … *bei dem Gedanken, dass* … ‖ sin ~(lo) *un|willkürlich, -bewusst* ‖ ~**se**: es muy de ~ *es muss wohl erwogen werden*
²pensar [-ie] vt *(dem Vieh) Trockenfutter vorwerfen* (→ **¹pienso**)
pensativo adj *nach|denkend, -denklich*
penseque *m* ⟨fam⟩ *leichtfertiger Irrtum* m
pensil adj *(m/f) hängend* ‖ *(in der Luft) schwebend* ‖ *(huerto) ~ hängender (Lust)Garten* m ‖ p.ex ⟨allg⟩ *Lustgarten* m
Pensilvania *f* ⟨Geogr⟩ *Pennsylvanien* n
¹pensión *f Rente* f ‖ *Pension* f, *Ruhegehalt* n ‖ *Ehren|gehalt* n, *-sold* m ‖ *Gnadengeld* n ‖ *Schulgeld* n ‖ *Stipendium* n ‖ *Unterstützung* f ‖ Am ⟨fig⟩ *Angst, Besorgnis* f ‖ ~ de ancianidad, ~ de vejez *Altersrente* f ‖ ~ de orfandad *Waisenrente* f ‖ ~ vitalicia *Leibrente* f ‖ ~ de viudez *od* viudedad *Witwenrente* f
²pensión *f Pension* f ‖ *Fremdenheim* n ‖ *Pensionat, Stift* n ‖ ~ para animales *Tierpension* f ‖ ~ completa *Vollpension* f ‖ [veraltet] *Kost* f *und Logis* n ‖ ~ de familia *Familienpension* f ‖ media ~ *Halbpension* f
pensio|nado adj *ausgedient (Beamter)* ‖ ~ *m Pensionär* m ‖ *Stipendiat, Unterstützte(r)* m ‖ *Pensionat* n ‖ ~ para señoritas *Mädchenpensionat* n ‖ **–nar** vt *in den Ruhestand versetzen* ‖ *ein Ehrengehalt* bzw *ein Stipendium bewilligen* bzw *zahlen* (dat) ‖ **–nista** *m/f Internatszögling* m ‖ *Stiftsschüler(in* f) m ‖ *Kostgänger(in* f) m
pénsum […un] *m Strafarbeit* f ‖ ⟨Sch⟩ *Pensum* n
penta– präf *pent(a)-, Pent(a)-, fünf-, Fünf-*
pen|taedro *m* ⟨Math⟩ *Fünfflächner* m, *Pentaeder* n ‖ **–tagonal** adj *(m/f)* ⟨Math⟩ *pentagonal* ‖ **–tágono** adj ⟨Math⟩ *fünfeckig, pentagonal* ‖ ~ *m* ⟨Math⟩ *Fünfeck, Pentagon* n ‖ ~ *Pentagon, US-amerikanisches Verteidigungsministerium* n ‖ **–tagrama** *m* ⟨Mus⟩ *Notensystem, Pentagramm* n ‖ **–támetro** *m/*adj ⟨Poet⟩ *Pentameter* m *(fünffüßiger Vers)* ‖ ≈**tateuco** *m Pentateuch* m *(die fünf Bücher Mosis)* ‖ **–tatlón** *m* ⟨Sp⟩ *Fünfkampf* m
Pentecostés *m Pfingsten, Pfingstfest* n ‖ ◆ en ~ *zu Pfingsten*
penúlti|ma *f vorletzte Silbe* f *(e–s Wortes)* ‖ **–mo** adj *vorletzt*
penum|bra *f Halbschatten* m ‖ *Halbdunkel* n ‖ **–broso** adj *schattig* ‖ *halbdunkel*
penuria *f Mangel* m, *(Geld)Not* f ‖ la ~ reinante *die herrschende Not*
¹peña *f Fels(en)* m ‖ *(Felsen)Klippe* f ‖ ◇ dormirse como una ~ ⟨pop⟩ *wie ein Klotz schlafen* ‖ ~s (y buen tiempo)! ⟨fam⟩ *mach dich fort! verschwinde! hau ab!*
²peña *f (literarischer) Stammtisch* m ‖ *Freundeskreis* m ‖ ⟨fam⟩ *Clique* f ‖ *Klub* m ‖ ~ deportiva *Fanklub* m *(e–s Sportvereins)* ‖ *Sportfans* mpl ‖ ~ taurina *Stierkampfklub* m
³peña *f Pinne* f *(e–s Hammers)*
△ **peñacoro** *m Apfelwein* m
Peñaranda *f* [Stadt]: ~ (de Bracomonte) (P Sal) ‖ ~ (de Duero) (P Burg) ‖ ~ ⟨fam⟩ *Pfandhaus,* Öst *Versatzamt* n
△ **peñarse** vr *Reißaus nehmen, verduften*
△ **peñascaró** *m Branntwein* m
¹peñasco *m großer Fels, Stein* m ‖ ⟨An⟩ *Felsenbein* n
²peñasco *m* ⟨Zool⟩ → **múrice**
peñascoso adj *felsig*
péñola *f* ⟨lit⟩ *Schreibfeder* f ‖ ⟨fig⟩ *Feder, Begabung* f *(e–s Schriftstellers)* ‖ la bien cortada ~ ⟨fig lit⟩ *die hohe schriftstellerische Begabung*

peñolada f Federstrich m
pe|ñón m augm von **¹peña** ‖ Fels(en) m ‖ Klippe f ‖ el ~ Span Gibraltar n ‖ **–ñuela** f dim von **¹peña**
peo m ⟨vulg⟩ → **¹pedo** ‖ ⟨fig⟩ Rausch m, ⟨pop⟩ Besoffenheit f
△ **peó** m Behörde f
¹peón m Hilfsarbeiter m ‖ Handlanger, Tag(e)löhner m ‖ Fußsoldat m ‖ Bauer m (im Schachspiel) ‖ Stein m (im Damespiel) ‖ (Brumm)Kreisel m ‖ Kork m am Angelseil ‖ ⟨Taur⟩ Stierkämpfergehilfe m ‖ Am Viehknecht m ‖ Am Landarbeiter m ‖ ~ caminero Straßenwärter m ‖ ~ de mano Handlanger m ‖ dim: **peoncejo**
²peón m ⟨Poet⟩ Päon m (Versfuß)
peo|nada f Tag(e)werk n (e–s Arbeiters in der Landwirtschaft) ‖ die Hilfsarbeiter mpl ‖ die Handlanger, die Tag(e)löhner mpl ‖ **–naje** m, **–nería** f → **peonada**
¹peonía f ⟨Bot⟩ Päonie, Pfingstrose f (Paeonia spp)
²peonía f Ar Tag(e)werk n (e–s Arbeiters in der Landwirtschaft)
peonza f (Brumm)Kreisel m ‖ ⟨figf⟩ kleiner, lebhafter Mensch ‖ ◆ a ~ ⟨figf⟩ zu Fuß, ⟨lat⟩ per pedes (apostolorum) ‖ ◇ jugar a la ~ mit dem Kreisel spielen ‖ bailar como una ~ ⟨figf⟩ ein geübter Tänzer sein
peor adj (m/f) (comp von **mal[o]**) schlimmer, schlechter ‖ ärger, übler ‖ eso va de mal en ~ es geht immer schlechter ‖ el ~ der Schlechtere ‖ der Schlechteste ‖ en el ~ de los casos od de las hipótesis schlimmstenfalls ‖ el ~ día ⟨Am⟩ ehe man sich's versieht ‖ el ~ de todos der Schlechteste bzw Schlimmste von allen ‖ lo ~ das Schlimmste (das Schlimmere) ‖ lo ~ de lo ~ das Allerschlimmste ‖ lo ~ (de todo) es que... was noch schlimmer ist, dass ... ‖ de mal en ~ immer schlimmer ‖ ~ adv: ~ que ~, (tanto ~) noch, desto, um so schlimmer ‖ estar ~ s. schlechter fühlen (Kranker) ‖ Juan es el que lo hace ~ Hans macht es am schlechtesten ‖ llevar la ~ parte (od lo ~) den Kürzeren ziehen ‖ mal vestido y ~ afeitado schlecht gekleidet und noch schlechter rasiert! ‖ ¡~! noch (od um so) schlimmer!
peoría f Ver|schlechterung, -schlimmerung f
peorito dim von **peor** ‖ lo ~ de su clase ⟨pop⟩ das denkbar Schlechteste
pepa f Am Obstkern m
Pepa f np ⟨fam⟩ Kurzform für **Josefina** ‖ Josephine f ‖ ⟨fig⟩ ¡viva la ~! nur mutig zu! es lebe das Leben! (bes. iron)
Pepablo m ⟨pop⟩ → **Pedro Pablo**
Pepay f ⟨pop⟩ → **Pepa**
pepe m ⟨pop⟩ schlechte Melone f, ⟨pop⟩ Gurke f ‖ Am Geck m ‖ ⟨vulg⟩ Möse, Muschi f
Pepe m np Kurzform für **José** ‖ Sepp, Jupp m ‖ ~ Botella ⟨Hist⟩ Spottname für José Bonaparte ‖ ~ Tranquilo ⟨joc⟩ phlegmatischer Mensch m ‖ ◆ como un ~ en Francia wie Gott in Frankreich ‖ rund und gesund ‖ puntual como un ~ pünktlich wie die Maurer
pepena f Suchen, Wühlen n
¹pepenado m Mex Adoptivkind n
²pepenado m Mex Suchen, Wühlen n (z.B. im Müll)
pepenar vt Mex suchen, wühlen (z.B. im Müll) ‖ ⟨Bgb⟩ aussondern
Pepeta f dim von **Pepa**
pepinar m Gurken|feld bzw -beet n
pepinazo m ⟨fam⟩ Knall m (e–s Geschosses) ‖ Explosion f (bei Bombardierungen)
pepi|nillo m (Essig)Gurke f ‖ ~ en escabeche od vinagre Essiggurke f ‖ ~ con pimienta

Pfeffergurke f ‖ ~ salado od en salmuera Salzgurke f ‖ **–no** m ⟨Bot⟩ Gurke f (Cucumis sativus) ‖ ⟨joc desp⟩ schlechte bzw unreife Melone f ‖ ◇ no se me da un ~ das ist mir schnuppe od Wurs(ch)t ‖ → auch **pepinillo**
Pepino m np: ~ el Breve ⟨Hist⟩ Pippin der Kurze
¹pepita f (Obst)Kern m ‖ ~ de girasol Sonnenblumenkern m ‖ ~s de oro Goldkörner npl
²pepita f ⟨Vet⟩ Pips m (der Hühner) ‖ ◇ no tener ~ en la lengua freiweg reden, drauflosreden
³pepi|ta, –tilla f ⟨pop⟩ Kitzler m
Pepita f dim von **Pepa**
pepito m Sandwich n mit Fleisch
Pepi|to, –llo m dim von **Pepe**
pepitoria f ⟨Kochk⟩ (Gericht von) Geflügelklein n (Art Frikassee) ‖ ⟨fig⟩ Mischmasch m
pepón n ⟨fam⟩ Wassermelone f
pepona f große Puppe f (Spielzeug) ‖ ⟨figf⟩ dralles Mädchen n
pep|sina f ⟨Physiol⟩ Pepsin n ‖ **–tona** f Pepton n

peque m/adj Kurzform für **pequeño** ‖ Kind n, Kleine(r) m
peque|ñez [pl ~ces] f Kleinheit f ‖ Geringfügigkeit f ‖ Geringheit f ‖ Kleinigkeit f ‖ ⟨fam⟩ Lappalie f ‖ ◇ cuesta una ~ es ist spottbillig ‖ **–ñín** m/adj Kleinchen (& Kosewort), kleines Kind n ‖ **–ño** (comp & menor) adj/s klein ‖ gering, unbedeutend ‖ un (niño) ~ ein kleiner Junge m ‖ ein kleines Kind n ‖ una (niña) ~a ein kleines Mädchen n ‖ ◆ a ~a velocidad ⟨EB⟩ als Frachtgut ‖ desde ~ von klein an ‖ en ~ im Kleinen ‖ ~ burgués, pequeñoburgués adj ⟨Soz Pol⟩ kleinbürgerlich ‖ dim: **~ito** ‖ **–ñuelo, –ñín, –ina** adj/s dim von **–ño** ‖ los ~s die (kleinen) Kinder npl
pequinés adj aus Peking, Peking- ‖ ~ m [Hund] Pekinese m
¹pera f Birne f (Frucht) ‖ Gummibirne f ‖ ⟨Tech⟩ Birne f (nicht Glühbirne! → **bombilla**) ‖ ⟨Auto⟩ Hupe f ‖ ⟨fig⟩ Sinekure, Pfründe f ‖ ~ de agua Saft-, Tafel|birne f ‖ ~ almizclera Muskatellerbirne f ‖ ~ calabacera kürbisförmige Birne f ‖ ~ invierniza Winterbirne f ‖ ~ mantequera Butterbirne f ‖ ~ temprana Früh-, August|birne f ‖ ~ verdal Grünbirne f ‖ ◇ hacerse una ~ ⟨vulg⟩ wichsen (onanieren) ‖ **~s** fpl: dar ~ a un niño ⟨pop⟩ ein Kind züchtigen ‖ ⟨figf⟩ partir ~ con alg. ⟨pop⟩ mit jdm auf vertrautem Fuß stehen ‖ pedir ~s al olmo das Unmögliche verlangen ‖ poner las ~s al cuarto a alg. jdn ausschimpfen, jdn tadeln od rügen ‖ jdn zur Rechenschaft ziehen
²pera f Spitz-, Ziegen|bart m ‖ ⟨fig vulg⟩ Schwanz m (Penis)
³pera f Am ⟨Sp⟩ Punchingball m
⁴pera adj schick, fein, modisch ‖ leicht verkitscht
pe|rada f Birnen|mus n bzw -most m ‖ Birnenschnaps m ‖ **–ral** m ⟨Bot⟩ Birnbaum m (Pyrus communis)
△ **peralalí** m Geist m
peraleda f Birnbaumgarten, Birnengarten m
peralino adj auf den span. Erfinder Isaac Peral (1851–1895) bezüglich
peral|tado adj ⟨Arch⟩ überhöht ‖ **–tar** vt ⟨Mil Top Arch⟩ überhöhen (Kurven) ‖ **–te** m Überhöhung f
perambular vi Am wandeln
△ **perar** vi sterben ‖ fallen
perborato m ⟨Chem⟩ Perborat n
perca f ⟨Fi⟩ Barsch m (Perca fluviatilis)
△ **percabañar** vt → **percañar**

percador *m Einbrecher* m
perca|l *m* ⟨Text⟩ *Perkal* m ‖ ◇ *se acabó el* ~
⟨pop⟩ *es ist aus damit* ‖ **–lina** *f Perkalin* n
percán, percanque *m* Chi *Schimmel* m (→
moho)
¹percance *m Nebengewinn* m
²percance *m Zwischenfall* m ‖
Unannehmlichkeit f ‖ *Widerwärtigkeit* f, *widriger
Zufall* m ‖ *Missgeschick* n
△ **percañar** *vt beerdigen*
per cápita ⟨lat⟩ *pro Kopf*
percatarse vr: ~ *de a/c et. wahrnehmen,
gewahr werden*
percebe *m* ⟨Zool⟩ *essbare Entenmuschel* f
(Pollicipes cornucopia) ‖ ⟨pop⟩ *Dummkopf* m ‖ ~
de madera (nicht essbare) Entenmuschel f (Lepas
anatifera)
percentaje *m* ⟨Com⟩ *Prozentsatz* m ‖ →
porcentaje
¹percepción *f Wahrnehmung* f ‖ *Begriff* m ‖
⟨Biol Wiss Philos⟩ *Perzeption* f
²percepción *f* ⟨Wir⟩ *Erhebung* f *(von Steuern,
Abgaben usw.)* ‖ *Bezug* m *(des Gehalts)* ‖
(Steuer)Einnahme f ‖ *Einziehung* f ‖ ~ *de los
impuestos Steuereinnahme* f ‖ ~ *de un subsidio
Erhalt* m *e–r Beihilfe*
percep|tibilidad *f Wahrnehmbarkeit* f ‖
⟨Radio⟩ *Schallfülle* f ‖ *Perzeptibilität* f ‖ **–tible**
adj *(m/f) wahrnehmbar* ‖ *merklich* ‖ *vernehmlich* ‖
fassbar ‖ *einziehbar (Geld usw.)* ‖ **–tiblemente**
adv *merklich* ‖ *offenbar* ‖ **–tual** adj *(m/f)
Perzeptions-*
¹percha *f (Stütz)Stange* f ‖ *Vogel-,
Hühner|stange* f ‖ *(Kletter)Stange* f *(Turnen)* ‖
Kleiderbügel m ‖ ⟨Jgd⟩ *Schlinge* f ‖ Mex ⟨desp⟩
Clique f ‖ ~ *de sombreros Hutständer* m
²percha *f* → **perca**
△ **³percha** *f Wirtshaus* n
per|chado adj *Rau-* ‖ **–char** vt ⟨Text⟩
(auf)rauen
△ **perchear** vt *prüfen*
perchelero adj/s *aus dem Stadtviertel Perchel
in Málaga* ‖ ⟨fig⟩ *apachenartig*
perchero *m Kleider|rechen, -ständer* m ‖
Garderobenschrank m
percherón *m Percheron* m *(schweres
Zugpferd)*
perchón *m* ⟨Agr⟩ *Tragrebe* f *mit
überschüssigen Augen*
perchonar vt ⟨Jgd⟩ *Schlingen legen*
¹percibir vt *wahrnehmen, (be)merken* ‖
auffassen ‖ *fühlen, empfinden* ‖ *hören*
²percibir vt *erheben, einnehmen* (z. B.
Steuern), erhalten, beziehen (Gehalt) ‖ ◇ ~ *su
sueldo sein Gehalt beziehen*
pércidos mpl ⟨Fi⟩ *Barschfische* mpl
Percival *m* np ⟨Myth⟩ *Parzival* m
perco|lador *m Kaffeefiltriermaschine* f ‖
Perkolator m ‖ **–lar** vt *filtrieren*
¹percollar [-ue-] vt Bol Pe *hamstern, horten*
△ **²percollar** [-ue-] vt *erdrosseln*
percu|dido adj Am *mitgenommen,
heruntergekommen* ‖ **–dir** vt *abnutzen,
beschmutzen* ‖ ~**se** *schmutzig od fleckig werden
(Wäsche)* ‖ **–sión** *f Erschütterung* f ‖ ⟨Med⟩
Beklopfen n, *Perkussion* f ‖ ⟨Tech Phys⟩ *Schlag,
Stoß* m ‖ *Schlagen* n ‖ **–sionista** *m/f* ⟨Mus⟩
Schlagzeuger(in f) m ‖ **–sor** *m* → **–tor** ‖ **–tir** vt/i
schlagen, klopfen ‖ ⟨Med⟩ *abklopfen, perkutieren*
‖ **–tor** *m Schlag|bolzen, -hammer* m *(e–r
Schießwaffe)* ‖ *Zündnadel* f
perdedor *m*/adj *Verlierer* m ‖ ◇ *ser buen* ~
ein guter Verlierer sein ‖ *ser mal* ~ *ein schlechter
Verlierer sein*
pérd. y gans. ⟨Abk⟩ = **pérdidas y ganancias**

perder [-ie] vt *verlieren* ‖ *um (et.) kommen* ‖
vergeuden ‖ *versäumen (Zug, Gelegenheit)* ‖
verpassen (Zug, Bus) ‖ *aufgeben (Hoffnung)* ‖
ablegen (Gewohnheit) ‖ *verscherzen (Zeit)* ‖
zugrunde (& zu Grunde) richten ‖ *beschädigen,
zerstören* ‖ ~ vi/t *verlieren (im Kampf, im Spiel,
an Achtung)* ‖ *undicht sein, lecken (Gefäß, Tank)* ‖
◇ ~ *el aliento außer Atem kommen* ‖ ~ *una
batalla e–e Schlacht verlieren* ‖ ~ *las carnes
mager werden, abnehmen* ‖ ~ *el curso
durchfallen (Schüler)* ‖ ~ *dinero Geld verlieren* ‖
~ *el enlace* ⟨EB⟩ *den Anschluss verpassen od
versäumen* ‖ ~ *en el (od al) juego im Spiel
verlieren* ‖ ~ *las ganas de... die Lust verlieren an
...* ‖ ~ *la gordura mager werden, abnehmen* ‖ ~
el hilo ⟨fig⟩ *den (roten) Faden verlieren (Redner,
Berichterstatter)* ‖ ~ *en un negocio bei e–m
Geschäft zusetzen* ‖ ~ *la ocasión die Gelegenheit
versäumen* ‖ *no* ~ *la sangre fría* ⟨fig⟩ *die Fassung
behalten, nicht die Nerven verlieren* ‖ ~ (el)
tiempo Zeit verlieren ‖ ~ *el tren* ⟨EB⟩ *den Zug od
die Abfahrt verpassen* ‖ ~ *terreno* ⟨fig⟩
zurück|bleiben, -fallen ‖ *echado a* ~ *verdorben* ‖
ruiniert ‖ *zunichte gemacht* ‖ *hacer* ~ *den Verlust
von verursachen* ‖ *llevar las de* ~ ⟨pop⟩ *den
Kürzeren ziehen* ‖ *tener todas las de* ~ *schlechte
Karten haben, auf dem absteigenden Ast sein* ‖ ~
de vista aus den Augen verlieren ‖ Vd. *se lo
pierde Sie kommen darum* (z. B. *um den Genuss*) ‖
vender perdiendo mit Verlust verkaufen ‖ ~**se**
verloren gehen ‖ *zugrunde (& zu Grunde) gehen,
verderben* ‖ ⟨fig⟩ *aussterben* ‖ *verderben,
unbrauchbar werden (Lebensmittel)* ‖ *s. verirren* ‖
den (roten) Faden verlieren (in der Rede) ‖ ⟨fig⟩
scheitern, Schiffbruch erleiden ‖ ⟨fig⟩ *s. blind
hingeben (e–m Laster)* ‖ ⟨fig Mus⟩ *Takt verlieren*
‖ ◇ ~ *de vista aus den Augen kommen* ‖ *¿qué se
ta ha perdido aquí?* ⟨pop⟩ *was hast du hier zu
suchen (od verloren)?*
△ **perdi** *m Gendarm* m
perdición *f Verderben* n, *Untergang* m ‖
Verderbnis f ‖ ⟨fig⟩ *ewige Verdammnis* f,
Verderben n ‖ *ausschweifendes Leben* n ‖ ◇
correr a su ~ *s. selbst zugrunde (& zu Grunde)
richten* ‖ *an den Bettelstab kommen* ‖ *el juego es
su* ~ ⟨fig⟩ *das Spiel ist sein Untergang*
pérdida *f Verlust* m ‖ *Abgang* m, *Einbuße* f ‖
Schaden, Nachteil m ‖ *Ausfall, Abgang* m ‖
Schwund m ‖ *Abfluss* m, *Leck* n ‖ ~ *de acción de
los mandos* ⟨Flugw⟩ *Steuerlosigkeit* f ‖ ~ *de
altura* ⟨Flugw⟩ *Höhenverlust* m, *Absinken* n ‖ ~
del cambio ⟨Com⟩ *Kursverlust* m ‖ ~ *pecuniaria
Geldverlust* m ‖ ~ *de peso Gewichtsverlust* m ‖
~ *de sangre Blutverlust* m ‖ ~ *de tiempo
Zeitverlust* m ‖ ~ *total Gesamtverlust* m ‖ ~ *de
vista Erblindung* f ‖ *(stark) herabgesetztes
Sehvermögen* n ‖ ~ *de votos Stimmen|einbuße* f,
-verlust m ‖ ♦ *a* ~ *de vista unabsehbar* ‖ *sin* ~
de tiempo ohne Zeitverlust, unverzüglich ‖ ◇
padecer (sufrir) una ~ *e–n Verlust erleiden* ‖
reparar una ~ *e–n Verlust gutmachen* ‖ *¡no tiene
~! Sie können s. nicht verlaufen! ‖ es ist sehr
leicht zu finden!* ‖ *vender con* ~ *mit Verlust
verkaufen* ‖ ~**s** fpl *(fam) Ausfluss* m *(der Frau)* ‖
◇ *evitar* ~ *s. vor Schaden bewahren*
perdi|damente adv: ~ *enamorado
(un)sterblich verliebt* (fam *ver|narrt od -knallt*)
(en *in acc*) ‖ *llorar* ~ *trostlos weinen* ‖ **–dizo** adj:
hacerse el ~ ⟨fam⟩ *s. unauffällig entfernen* ‖ **–do**
pp/adj *verdorben* ‖ *ausschweifend, liederlich* ‖
¡está ~! er ist verloren! ‖ ⟨pop⟩ *mit ihm ist es
aus!* ‖ *er findet s. nicht mehr zurecht!* ‖ *er ist von
Kopf bis Fuß beschmutzt!* ‖ *llevar* ~*a la cuenta de
... s. nicht mehr (klar) erinnern an ...* ‖ *estar* ~
por una mujer ⟨fig⟩ *in e–e Frau (un)sterblich*

verliebt (fam *ver|narrt* od *-knallt*) ‖ puesto ~ de
polvo *ganz mit Staub bedeckt* ‖ darse por ~ *s. für
überwunden erklären* ‖ es un borracho ~ *er ist
ein unverbesserlicher Trinker* ‖ ~ *m:* es un ~
⟨pop⟩ *er ist ein Taugenichts* ‖ ⟨fam⟩ *er ist (total)
vergammelt* ‖ **–doso** adj: ser el ~ *im Spiel (oft)
verlieren, ein Pechvogel (im Spiel) sein*
  perdi|gacho *m* Ar ⟨V⟩ *männliches Rebhuhn* n
(Lockvogel) ‖ **–gana** *f* Ar Rioja *junges Rothuhn* n
‖ **–gar** [g/gu] vt *(ein Rothuhn) abbräunen, leicht
rösten*
  ¹perdi|gón *m* ⟨Jgd⟩ *Schrot(korn)* n ‖ *junges
Reb- bzw Rot- bzw Felsen|huhn* n ‖ **–gones** mpl
⟨Jgd⟩ *Schrot* m *(Munition)*
  ²perdigón *m* ⟨fam⟩ *verschwenderischer
Mensch* m ‖ ⟨fam⟩ *durchgefallener Schüler* m
  perdi|gonada *f* ⟨Jgd⟩ *Schrotschuss* m ‖
Schrot|wunde bzw *-verletzung* f ‖ **–guero** adj:
(perro) ~ *Hühner-, Wachtel|huhn* m
  △ **perdinel** *m* *Soldat* m
  ¹perdis *m/f* ⟨fam⟩: es un ~ ⟨pop⟩ *er (sie) ist
ein unverbesserlicher Bummler* ‖ *er (sie) ist
moralisch verkommen* ‖ *er ist ein Wüstling* m
  ²perdis adj/s: hacerse ~ Arg *absichtlich
verlieren (im Spiel)*
  perdiz [pl ~**ces**] *f* ⟨V⟩ *Reb-, Feld|huhn* n ‖ ~
común *Rothuhn* n (Alectoris rufa) ‖ ~ griega
Steinhuhn n (A. graeca) ‖ ~moruna *Felsenhuhn* n
(A. barbara) ‖ ~ nival *Alpenschneehuhn* n
(Lagopus mutus) ‖ ~ pardilla *Rebhuhn* n (Perdix
perdix) ‖ ni todos los días ~, ni todos los días
Beatriz ⟨Spr⟩ *zuviel des Guten ist von Übel*
  △ **perdo** adj *voll(ständig)*
  △ **perdoba** pron *er*
  perdón *m* *Ver|gebung, -zeihung* f ‖
Begnadigung f ‖ *Ablass* m ‖ *Gnade* f ‖ ~ de la
deuda *Schuldenerlass* m ‖ ♦ con ~ sea dicho *mit
Verlaub zu sagen* ‖ ◇ dar ~ a alg. *jdn
entschuldigen* ‖ merecer ~ *Verzeihung verdienen* ‖
verzeihlich sein ‖ otorgar ~ → dar ~ ‖ pedir ~ a
alg. *jdn um Verzeihung bitten* ‖ ¡~! *Verzeihung!* ‖
no tiene ·· dc Dios ⟨pop⟩ *es schreit zum Himmel*
‖ le pido mil perdones *ich bitte Sie tausendmal
um Entschuldigung*
  perdo|nable adj *(m/f)* *verzeihlich* ‖
entschuldbar ‖ **–nar** vt/i *ver|zeihen, -geben* ‖
begnadigen ‖ *erlassen, schenken (Schuld)* ‖
verzichten (auf acc) ‖ *sparen, unterlassen* ‖ *über
(et.) (hin)weggehen* ‖ ◇ ~ la vida a alg. *jdm das
Leben schenken* ‖ ⟨fig⟩ *jdn von oben herab
behandeln* ‖ no ~ gastos *k–e Kosten scheuen* ‖ no
~ medio *kein Mittel unversucht lassen* ‖ alle
Hebel in Bewegung setzen ‖ no ~ (ni) un
pormenor *alles haarklein erzählen* ‖ … que *(od* a
quien) Dios perdone …, *dem Gott gnädig sei* ‖
perdone Vd. que lo haya molestado *entschuldigen
Sie m–e Belästigung* ‖ Vd. perdone, pero … ⟨fam⟩
ich kann mir nicht helfen, aber… ‖ **–navidas** *m*
⟨figf⟩ *Großsprecher* m
  perdulario *m/adj* *ver|lorener, -kommener,
lasterhafter Mensch* m
  perdu|rable adj *(m/f)* *(fort)dauernd* ‖ *ewig* ‖ la
vida ~ *das ewige Leben (im Credo)* ‖ **–rar** vi
(lange) dauern, bestehen bleiben
  pere|cedero adj *vergänglich* ‖ **–cer** [-zc-] vi
vergehen, enden ‖ *zugrunde (& zu Grunde) gehen*
‖ *sterben* ‖ *umkommen, ums Leben kommen* ‖
untergehen, sinken (Schiff) ‖ *verfallen* ‖ ⟨fig⟩
ver|blühen, -welken ‖ ◇ ~ de *aburrimiento* → ~
de hastío ‖ ~ ahogado *ertrinken* ‖ ~ de hambre
Hungers sterben ‖ ~ de hastío, *vor Lang(e)weile
sterben, s. zu Tode langweilen* ‖ ~ de risa *s.
totlachen, s. kranklachen* ‖ **–se:** ~ por a/c ⟨fig⟩
für et. schwärmen (acc), *nach et. verrückt sein*
(dat), *in et. verliebt sein* (acc) ‖ mi amigo se

perece por charlar *mein Freund (m–e Freundin)
ist ein unentwegter Schwätzer (e–e unentwegte
Schwätzerin)*
  perecuación *f:* ~ de cargas ⟨Verw Wir⟩
Lastenausgleich m
  peregri|nación *f,* **–naje** *m* *Wall-, Pilger|fahrt* f
‖ *Wanderung* f ‖ la ~ por esta vida ⟨Rel fig⟩
die Erdenpilgerschaft f ‖ mi ~ por Alemania
⟨fig⟩ *m–e Fahrt* od *Wanderung durch
Deutschland* ‖ **–nar** vi *pilgern, wallfahr(t)en* ‖
⟨fig⟩ *wandern*
  ¹peregrino adj *pilgernd, wallfahrend* ‖ ⟨fig⟩
ungewöhnlich, seltsam ‖ ⟨fig⟩ *zierlich* ‖ ⟨fig⟩
wunder|schön, -bar ‖ *Pilger-* ‖ *Wander-* ‖ ◇ lo
más ~ del caso es que … *das Seltsamste dabei
ist, dass …* ‖ ~ *m Fremdling* m ‖ *Pilger* m ‖
⟨Rel⟩ *Erdenwanderer* m ‖ ~ en Jerusalén
Wallfahrer m *nach Jerusalem*
  ²peregrino *m* ⟨Fi⟩ *Riesenhai* m (Cetorhinus
maximus)
  perejil *m* ⟨Bot⟩ *Petersilie* f (Petroselinum sp) ‖
~ de perro *Wasserschierling* m (Cicuta virosa) ‖
~**es** mpl *übertriebener (Frauen)Schmuck* m ‖ ◇
poner a alg. como hoja de ~ ⟨pop⟩ *jdn
herunterputzen* ‖ vgl **emperejilarse**
  △ **perelar** vt *(er)füllen*
  peren|céjez, –cejo *m* ⟨pop⟩ *Herr Soundso,
Herr Dingsda, ein Gewisser (entsprechend
perengano gebraucht)* ‖ **–deca** *f* ⟨fam⟩ *Nutte* f ‖ →
fulano
  perendengue *m* *Ohrgehänge* n ‖ ⟨pop⟩
Flitterkram m
  perengano *m* *ein gewisser Herr Dingsda, Herr
Soundso (entsprechend* fulano, zutano, mengano
gebraucht)
  peren|ne adj *(m/f)* *immerwährend, ewig* ‖ adv:
~**mente** ‖ **–nidad** *f* *Fortdauer* f ‖ **–nifolio** adj
⟨Bot⟩ *immergrün* ‖ **–nidad** *f* *Fortdauer* f ‖ **–nizar**
vt *verewigen*
  peren|toriedad *f* *Dringlichkeit* f ‖
Endgültigkeit f ‖ ~ de tiempo *Drang* m od *Kürze*
f *der Zeit* ‖ **–torio** adj *entscheidend* ‖ *dringlich,
unaufschiebbar,* Öst *urgent*
  perestroika *f* ⟨Pol⟩ *Perestroika* f
  pere|za *f* *Faulheit, Trägheit* f ‖
Schwerfälligkeit, Langsamkeit f ‖ ◇ sacudir la ~
die Trägheit überwinden ‖ **–zoso** adj *faul, träge* ‖
schlaff ‖ *schwerfällig, langsam* ‖ ~ para escribir
schreibfaul ‖ ~ *m Faulenzer* m ‖ ⟨Zool⟩ *Faultier*
n (Bradypus spp ‖ Choloepus spp *usw.*)
  per fas et nefas (lat) *auf jede (erlaubte oder
unerlaubte) Weise*
  perfec|ción *f* *Voll-, Be|endung* f ‖
Vollkommenheit f ‖ *Vervollkommnung* f ‖
Verbesserung f ‖ ♦ a la ~, con ~ *vollkommen,
vollendet, perfekt, tadellos* ‖ con toda ~, con
suma ~ *aufs Allerbeste* ‖ la ~ personificada, la
personificación de la ~ *die verkörperte
Vollkommenheit* f ‖ **–cionamiento** *m
Vervollkommnung* f ‖ *Verbesserung* f ‖
Vered(e)lung f *(Rohstoffe usw.)* ‖ *Fortbildung* f ‖
⟨Jur⟩ *Vertragsschließung* f ‖ **–cionar** vt
vervollkommnen ‖ *vollenden* ‖ *verbessern* ‖
ausbilden ‖ ⟨Jur⟩ *rechtskräftig werden lassen* ‖
~**se** *s. vervollkommnen* ‖ *s. ausbilden* (en in dat)
‖ **–cionismo** *m* *Perfektionismus* m, *Sucht* f *nach
Vollkommenheit* f ‖ **–cionista** adj *(m/f)*
perfektionistisch ‖ ~ *m/f Perfektionist(in* f) m ‖ **–
tamente** adv *vollkommen* ‖ *gänzlich* ‖ ¡~! *recht
so! ausgezeichnet!* ‖ **–to** adj *vollkommen* ‖
voll|endet, -ständig ‖ *vortrefflich* ‖ *völlig* ‖ *modo
(~) m* ⟨Gr⟩ *Perfektum* n, *Vergangenheit* f
  perfidia *f* *Treu|losigkeit* f, *-bruch* m ‖
Falschheit, Tücke, Niedertracht f
  pérfido adj *treulos* ‖ *wortbrüchig* ‖ *falsch* ‖

verräterisch ‖ *perfide* ‖ *heimtückisch* ‖ ~ *m*
Verräter m
  per|fil *m Profil* n, *Seitenansicht* f ‖ *Umriss* m ‖
⟨Arch⟩ *Seitenabriss* m ‖ ⟨Mal⟩ *äußerer Umriss* m
e–r Figur ‖ ⟨Tech⟩ *Profil* n ‖ *Haarstrich* m *(e–s
Buchstabens)* ‖ ~ *aguileño Adlergesicht* n ‖ ~
profesional Berufsbild n ‖ ◆ a ~ *im Durchschnitt,
im Profil* ‖ ~ *is de* ~ *seitlich, im Profil* ‖ ⟨pop⟩
tadellos ‖ **–filado** adj *wohlgeformt (Nase)* ‖
scharfgeschnitten, mit scharfen Zügen (Gesicht) ‖
profiliert (& fig) ‖ ~ *m Formstahl* m, *Profil* n ‖
–filador *m Augenbrauenstift* m ‖ **–filar** vt *im
Profil darstellen* ‖ ⟨Mal⟩ *skizzieren* ‖ *umreißen* ‖
profilieren (& Tech) ‖ ⟨fig⟩ *fein ausführen* ‖ **~se**
⟨fig⟩ *sichtbar werden, hervortreten, s. abzeichnen*
  △ **perfiné** adj *genau*
  perfoliado adj ⟨Bot⟩ *durchwachsen (Blatt)*
  perfo|ración *f Durch|bohren, -löchern* n, *-stich*
m ‖ *Bohrung* f ‖ *Bohrloch* n ‖ *Öffnung* f, *Loch* n ‖
⟨Med⟩ *Durchbruch* m ‖ ⟨Film Typ Med⟩
Perforation f ‖ **–rador** *m Lochzange* f ‖ *Locher* m
‖ ⟨Com⟩ *Lochapparat* m ‖ **–radora** *f
Bohrmaschine* f ‖ ⟨Typ⟩ *Perforiermaschine* f ‖ ~
*de tarjetas Kartenstanzer (automatisch),
Kartenlocher* m *(manuell)* ‖ ~ *de un túnel
Durchschlag* m *e–s Tunnels* ‖ **–rante** adj *(m/f)*
⟨Mil⟩ *durchschlagend, panzerbrechend
(Geschoss)* ‖ **–rar** vt *(durch)löchern* ‖
durchbohren ‖ ⟨Med⟩ *durchstechen* ‖ ⟨Typ Film⟩
perforieren ‖ ⟨Bgb⟩ *abteufen (Schacht)* ‖
durchschlagen (Geschoss, Bolzen) ‖ **–rista** *m/f
Locher(in* f) m
  perfu|mador *m (Duft)Zerstäuber* m ‖ **–mar** vt
(durch)räuchern, parfümieren ‖ ⟨fig⟩ *durchduften,
wohlriechend machen* ‖ ~ vi *duften* ‖ **–me** *m
Wohlgeruch, Duft* m ‖ *Parfüm* n ‖ *Bukett* n *des
Weines* ‖ *Hauch* m ‖ ~ *de lavanda Lavendelduft*
m ‖ ◇ *llenar de* ~ *durchduften* ‖ **–mería** *f
Parfümerie* f ‖ *Parfümwaren* fpl ‖ **–mero** *m,
–mista *m/f Parfümerzeuger(in* f) m ‖
Parfümeriehändler(in f) m
  perfusión *f* ⟨Med⟩ *Perfusion, Durchströmung* f
  perg. ⟨Abk⟩ = **pergamino**
  perga|míneo adj *pergamentartig* ‖ ⟨fig⟩ *blass,
gelblich, zusammengeschrumpft* ‖ **–mino** *m
Pergament* n ‖ *(Pergament)Urkunde* f ‖ ~ *vegetal
Echtpergament(papier)* n ‖ **~s** mpl *Adelsbriefe*
mpl
  pergelisuelo *m* ⟨Geol⟩ *Permafrostboden* m
  perge|ñar vt ⟨fam⟩ *anordnen* ‖ *ausführen* ‖
ersinnen, planen ‖ *entwerfen* ‖ **~se** ⟨pop⟩ s.
ausstaffieren ‖ **–ño** *m* ⟨fam⟩ *Aussehen* n ‖
Aufmachung f
  pérgola *f Laube* f, *Laubengang* m ‖ *Pergola* f
  △ **pergoleto** *m Wanderer* m
  peri... präf *um … herum, über … hinaus,
umher-, peri-, Peri-*
  periantio *m* ⟨Bot⟩ *Perianth(ium)* n, *doppelte
Blütenhülle* f
  periartritis *f* ⟨Med⟩ *Periarthritis* f
  ¹perica *f Col Rausch, Schwips* m
  ²perica *f Col Pan große Machete* f
  ³perica *f* ⟨pop⟩ *leichtlebige Frau* f
  pericar|dio *m* ⟨An⟩ *Herzbeutel* m,
Perikard(ium) n ‖ **–ditis** *f* ⟨Med⟩
Herzbeutelentzündung, Perikarditis f
  peri|cia *f Kenntnis, Erfahrung* f ‖
Geschicklichkeit f ‖ *Sachkenntnis* f ‖ **–cial** adj
*(m/f) fachkundig, sachverständig,
Sachverständigen-*
  perico m **a)** *kleiner (kubanischer) Papagei* m
(verschiedene Arten) **b)** *große Spargelsorte* f ‖
c) ⟨pop⟩ *großer Fächer* m ‖ **d)** ⟨pop⟩ *Rüge* f ‖
Zote f ‖ **e)** *Nacht|topf* m, *-geschirr* n ‖ **f)**
Frauenheld m ‖ **g)** *Col Milchkaffee* m

  Perico *m* np *dim von* **Pedro**
  peri|cón *m* ⟨pop⟩ *großer Fächer* m ‖ *Perikon*
m, *Tanz der arg. Gauchos (im Dreivierteltakt)*
  ¹pericote *m ein Volkstanz von Llanes* (P Ast)
  ²pericote *m SAm (große) Ratte* f ‖ *große Maus*
f (Phyllotis tucumanus)
  peridoto *m* ⟨Min⟩ *Olivin, Peridot* m
  perieco *m* ⟨Hist⟩ *Periöke* m
  peri|feria *f Peripherie, Außenfläche* f ‖
Um|kreis, -fang m ‖ *Stadtrand* m ‖ *Vorstadt* f ‖
–férico adj *peripherisch, Umfangs-* ‖
Oberflächen- ‖ *Rand-* ‖ ~ *m* ⟨Inform⟩
Peripheriegerät n
  perifollo *m* ⟨Bot⟩ *Kerbel* m (Anthriscus spp) ‖
~s mpl ⟨figf⟩ *Flitterkram* m ‖ ⟨meist desp⟩ *Putz,
Schmuck* m (vgl **perejiles**)
  perifonía *f* ⟨Hör⟩*Rundfunk* m
  periforme adj *(m/f) birnenförmig*
  perifrasear vt *umschreiben*
  perífrasis *f Umschreibung, Periphrase* f
  perifrástico adj *umschreibend, periphrastisch*
  ¹perigallo *m* ⟨fam⟩ *Doppelkinn* n ‖ *Halsfalte* f
‖ ⟨figf⟩ *Hopfenstange* f
  ²perigallo *m* ⟨Mar⟩ *Aufholer* m
  perigeo *m* ⟨Astr⟩ *Erdnähe* f, *Perigäum* n
  peri|gino adj *perigyn* ‖ **–gonio** *m* ⟨Bot⟩
Perigon(ium) n
  perihelio *m* ⟨Astr⟩ *Sonnennähe* f, *Perihel(ium)*
n
  perilla *f* dim von **¹pera** ‖ *birnenförmiger
Zierrat* m ‖ *Mandelperle* f ‖ *Sattelknopf* m ‖ ⟨pop
fig⟩ *Spitz-, Ziegen|bart* m ‖ ⟨El fam⟩
Knipsschalter m ‖ ~ *de la oreja unterer Teil* m
des Ohrläppchens ‖ ◆ *de* ~(s) ⟨fam⟩ *sehr
passend, gelegen,* ⟨fam⟩ *famos*
  perillán *m* ⟨fam⟩ *Gauner* m ‖ *Schelm* m
  perilustre adj *(m/f) erlauchtest(er)*
  perímetro *m Um|kreis, -fang* m, *Perimeter* m ‖
⟨Opt⟩ *Perimeter* n
  perinatal adj *(m/f)* ⟨Med⟩ *perinatal, die Zeit
um die Geburt betreffend*
  perínclito adj ⟨lit⟩ *hochberühmt* ‖ *heldisch*
  peri|neo, –né *m* ⟨An⟩ *Damm* m, *Perineum* n
  perínola *f* ⟨Art⟩ *Kreisel* m ‖ ⟨fig⟩
quicklebendige Person f, *Quirl* m
  periódicamente adv *in regelmäßigen
Zeitabständen* ‖ *ab und zu*
  periodicidad *f regelmäßige Wiederkehr,
Periodizität* f ‖ *Kreislauf* m
  periódico adj/s *periodisch, regelmäßig* ‖
periodisch (Zahl) ‖ ~ *m Zeitschrift* f ‖
Tageszeitung f ‖ ~ *amarillo Sensations-,* ⟨fam⟩
Revolver|blatt n ‖ ~ *escolar Schulzeitung* f ‖
Schülerzeitung f ‖ ~ *festivo Witzblatt* n ‖ ~
ilustrado Illustrierte f ‖ ~ *mensual Monatsschrift*
f ‖ ~ *mural Wandzeitung* f ‖ ~ *de partido
Parteiorgan* n ‖ ~ *satírico satirisches Blatt* n ‖ ~
sensacionalista Sensations-, ⟨fam⟩ *Revolver|blatt* n
‖ ~ *de la tarde,* ~ *vespertino Abendzeitung* f
  periodicucho *m* ⟨desp⟩ *Käseblatt* n ‖ *Hetzblatt*
n
  perio|dismo *m Journalistik, Publizistik,
Zeitungswissenschaft* f ‖ *Pressewesen* n ‖ ~
basura Schmutzjournalismus m ‖ **–dista** *m/f
Zeitungsschreiber(in* f), *Journalist(in* f) m ‖
–dístico adj *journalistisch, Journalisten-* ‖
Zeitungs-
  período, periodo *m Periode* f, *Zeitraum* m ‖
⟨Astr⟩ *Umlaufzeit* f ‖ ⟨Gr⟩ *Periode* f ‖ ⟨Physiol⟩
Periode, Regel f ‖ ~ *agónico Todesstunde* f ‖ ~
de carencia, ~ *carencial Karenzzeit* f ‖ ~ *de celo*
⟨Zool⟩ *Brunft-, Brunst|zeit, Paarungszeit* f ‖ ~ *de
(la) decadencia Zeit od Epoche* f *des Verfalls* ‖ ~
de espera Wartezeit f ‖ ~ *glacial* ⟨Geol⟩ *Eiszeit* f,
Glazial n ‖ ~ *de incubación Brutzeit* f ‖

Entwicklungs-, Inkubations\zeit f *(e–r Krankheit)*
‖ ~ interglaciar ⟨Geol⟩ *Zwischeneiszeit* f,
Interglaziar n ‖ ~ de latencia ⟨Med⟩ *Latenzzeit* f
(e–r Krankheit) ‖ ~ de lluvias *Regenzeit* f ‖ ~
(menstrual) ⟨Physiol⟩ *Menstruationszeit, Periode* f
‖ ~ paleolítico ⟨Hist⟩ *Paläolithikum* n,
Altsteinzeit f ‖ ~ posbélico *Nachkriegszeit* f ‖ ~
de prosperidad *Blütezeit, Zeit* f *des Aufschwungs* ‖
~ de prueba *Probezeit* f ‖ ~ de (la) pubertad
Pubertät, Entwicklungsperiode f ‖ ~ de
resolución ⟨Med⟩ *Auflösungsstadium* n *(e–r*
Krankheit) ‖ ~ (del) rococó *Rokoko(zeit)* n ‖ ~
de rodaje ⟨Auto⟩ *Einfahrzeit* f ‖ ~ de transición
Übergangszeit f ‖ ~ de validez *Geltungs-,*
Gültigkeits\dauer f ‖ *Laufzeit* f (z. B. *e–s*
Vertrages) ‖ ~ de veda ⟨Fi Jgd⟩ *Schonzeit* f ‖ ~
de la vida *Lebensabschnitt* m
  peri\ostio m ⟨An⟩ *Knochenhaut* f, *Periost* n ‖
Wurzelhaut f ‖ **–ostitis** f ⟨Med⟩
Knochenhautentzündung, Periostitis f
  peri\patética f/adj: ser una ~ ⟨figf⟩ *auf den*
Strich gehen (Prostituierte) ‖ **–patético** m/adj
⟨Hist Philos⟩ *Peripatetiker* m *(Schüler des*
Aristoteles) ‖ ⟨figf⟩ *Sonderling* m
  peripecia f *Schicksalswendung* f ‖ *Zwischenfall*
m, *Vorkommnis* n ‖ ⟨fig⟩ *Abenteuer* n, *Peripetie* f,
Wechselfall m ‖ ⟨fig⟩ *dramatische Wendung* f
(& Th)
  periplo m ⟨Hist⟩ *Umschiffung, Weltfahrt* f ‖
Umseg(e)lung f ‖ ⟨fig⟩ *(lange) Schiffsreise* f ‖
⟨fig⟩ *Rundreise* f
  períptero m ⟨Arch Hist⟩ *Peripteros* m
  peripuesto adj ⟨fam⟩ *(auf)geputzt,* ⟨fam⟩
ge\schniegelt und -bügelt ‖ ⟨fam⟩ *aufgedonnert*
  periquete m: en un ~ ⟨fam⟩ *im Nu, im*
Handumdrehen
  periquillos m ⟨Art⟩ *feines Zuckergebäck* n ‖
⟨fig⟩ *falsches Stirnhaar* n
  periquín m *Sant ein Volkstanz*
  periquito m ⟨V⟩ *Wellensittich* m
(Melopsittacus undulatus)
  Periquito m np dim von **Perico**
  periscopio m ⟨Mar⟩ *Periskop, Sehrohr* n
  △ **perista** m/f *Hehler(in* f) m
  perisodáctilos mpl ⟨Zool⟩ *Unpaar\hufer, -zeher*
mpl *(Perissodactyla)*
  peris\táltico adj *peristaltisch* ‖ **–taltismo** m
⟨Physiol⟩ *Peristaltik* f
  peristilo m ⟨Arch⟩ *Peristyl(ium)* n
  perita f sing von **¹pera**
  peritaje m *Gutachten* n ‖ *Gutachterberuf* m ‖
Begutachtung f ‖ *Amt* n, *Stellung* f *e–s*
Sachverständigen ‖ *Sachverständigengebühren* fpl
  perito [sup ~tísimo] adj *sachkundig* ‖
erfahren, bewandert ‖ ~ m *Sachverständige(r),*
Fachmann, Experte m ‖ ~ de contabilidad *Buch-,*
Rechnungs\prüfer, Bücherrevisor m ‖ ~
electricista *Elektrofachmann, Bordelektriker* m ‖
~ industrial *Techniker* m ‖ ~ tasador *Taxator* m ‖
◆ a juicio *(od* opinión) de los ~s *nach Urteil der*
Sachverständigen ‖ ◇ hacer apreciar por un ~
durch e–n Sachverständigen prüfen lassen
  perito\neal adj *(m/f)* ⟨An⟩ *peritoneal* ‖ **–neo** m
⟨An⟩ *Bauchfell, Peritoneum* n ‖ **–nitis** f ⟨Med⟩
Bauchfellentzündung, Peritonitis f
  perjudi\cado adj *geschädigt* ‖ *beeinträchtigt* ‖
~ m *Geschädigte(r)* m ‖ *Beeinträchtigte(r)* m ‖ ~
de la guerra *Kriegsbeschädigte(r)* m ‖ **–car** [c/qu]
vt *(be)schädigen, schaden* ‖ *beeinträchtigen* ‖
benachteiligen ‖ ◇ ~ la reputación *den Ruf*
schädigen ‖ salir –cado *den Kürzeren ziehen, den*
Schaden davontragen ‖ **–se** s. (selbst) *schaden* ‖
–cial adj *(m/f) nachteilig, schädlich* ‖ ~ a *od* para
la salud *der Gesundheit schädlich,*
gesundheitsschädlich

  perjuicio m *Nachteil, Schaden* m ‖
Beeinträchtigung f ‖ ◆ con *(od* en) su ~ *zu s–m*
Nachteil ‖ sin ~ de ... *unbeschadet, vorbehaltlich*
(gen), *mit dem Vorbehalt, dass* ... ‖ a mi ~ *zu*
m–m Nachteil ‖ ◇ irrogar *(od* acarrear *od* causar)
~(s) *Schaden verursachen od bringen* ‖
benachteiligen ‖ eso redunda en mi ~ *das ist für*
mich nachteilig
  perju\rio m *Meineid* m ‖ **–ro** adj *eidbrüchig* ‖
meineidig ‖ ~ m *Eidbrüchige(r)* m ‖
Meineidige(r) m ‖ p. ex *Wortbrüchige(r)* m
  ¹perla f *Perle* f ‖ ⟨Pharm⟩ *Perle* f, *Kügelchen*
n, *runde Kapsel* f ‖ ⟨Typ⟩ *Diamant* f *(4-Punkt-*
Schrift) ‖ ⟨fig⟩ *Perle* f, *Juwel* n (& m), *Kleinod* n
‖ ~s de cultivo *Zuchtperlen* f ‖ ~s de sudor
Schweißtröpfchen npl ‖ ◆ (de) color ~ *perlfarbig*
‖ de ~s *ausgezeichnet, sehr passend* ‖ eso me
viene de ~s *das kommt mir wie gerufen* ‖ ¡de ~!
prima! toll!
  ²perla f ⟨Ins⟩ *Steinfliege* f (Perlodes)
  perlado adj *perlfarbig* ‖ *wie Perlen* ‖ *geperlt* ‖
las hierbas ~as del rocío ⟨poet⟩ *die von*
Tautropfen perlenden Gräser npl
  perlático adj ⟨fam⟩ *gichtbrüchig* ‖ *gelähmt*
  perlequeque m ⟨fam joc⟩ *(simulierter)*
Ohnmachtsanfall m
  perle\ría f *Menge* f *Perlen* ‖ **–ro** adj *Perl(en)-*
  perlesía f ⟨Med⟩ *Lähmung* f (→ **parálisis**) ‖
Altersschwäche f
  per\lezuela, –lita f dim von **¹perla** ‖ **–liforme**
adj *perlförmig* ‖ **–lino** adj *perlartig* ‖ *perlfarben* ‖
–lita f dim von **¹perla** ‖ ⟨Met Min⟩ *Perlit* m
  ¹perlón m ⟨Ku⟩ *Perlon* n *(Kunstfaser)*
  ²perlón m ⟨Fi⟩ *Grauer Knurrhahn* m (Eutrigla
gurnardus)
  perlongar vi *längs der Küste (auf See) fahren*
  △ **perma** f *Eidotter* m (& n)
  permafrost m ⟨Geol⟩ *Permafrost,*
Dauerfrostboden m *(Gefrornis)*
  perma\necer [-zc-] vi *(ver)bleiben* ‖ *dableiben*
‖ s. *aufhalten* ‖ *verweilen* ‖ *beharren* ‖ *fortdauern*
‖ → **quedar** ‖ **–nencia** f *(Da)Bleiben, Verweilen* n
‖ *Aufenthalt* m ‖ *(Fort)Dauer* f ‖ *Beständig-,*
Stetig\keit f ‖ *Haltbarkeit* f ‖ ⟨Pol⟩ *Permanenz* f ‖
⟨Phys⟩ *Beharrungszustand* m ‖ **–nente** adj *(m/f)*
bleibend, fortdauernd ‖ *ununterbrochen* ‖ *Dauer-*
‖ ⟨Mil⟩ *stehend (Heer)* ‖ ◆ de carácter ~ *ständig,*
dauernd ‖ *durchgehend (geöffnet) (Geschäfte)* ‖ ~
f *Dauerwelle* f ‖ ~ en frío *Kaltwelle* f
  perman\ganato m ⟨Chem⟩ *Permanganat* n ‖ ~
potásico *Kaliumpermanganat* n ‖ **–gánico** adj
übermangansauer
  △ **permasí** f *Brühe* f ‖ *Salat* m
  permea\bilidad f *Durchlässigkeit* f ‖
Undichtigkeit f ‖ ⟨Phys⟩ *Permeabilität* f ‖ **–ble** adj
(m/f) durchlässig ‖ *undicht* ‖ ⟨fig⟩ *aufgeschlossen*
‖ ~ a la luz *lichtdurchlässig* ‖ ~ para lo nuevo
⟨fig⟩ *Neuem gegenüber aufgeschlossen* ‖ ~ a los
sonidos *schalldurchlässig*
  △ **permear** vt *verstehen*
  permiano adj → **pérmico**
  pérmico adj ⟨Geol⟩ *permisch* ‖ ~ m *Perm* n
  permi\sible adj *(m/f) zulässig* ‖ *statthaft* ‖
–sión f → **–so** ‖ **–sividad** f *Permissivität* f ‖ **–sivo**
gestattend, erlaubend, Erlaubnis-, permissiv ‖
berechtigend ‖ **–so** m *Erlaubnis, Genehmigung,*
Bewilligung f ‖ *Zulassung* f ‖ *Erlaubnisschein* m ‖
Aufenthaltskarte f ‖ *Urlaub* m ‖ *Toleranz* f,
Passiergewicht n *(e–r Münze)* ‖ ⟨Auto⟩
Führerschein m ‖ ⟨Flugw⟩ *Pilotenschein* m ‖ ~
de caza *Jagdschein* m ‖ ~ de circulación ⟨Auto⟩
Zulassung f, *Kraftfahrzeugschein* m ‖ ~ de
conducir *od* Am de manejar ⟨Auto⟩ *Führerschein*
m ‖ ~ de despegue ⟨Flugw⟩ *Starterlaubnis* f ‖ ~
de edificación *Baugenehmigung* f ‖ ~ de entrada

⟨Com⟩ *Einfuhrschein* m ‖ ~ *de exportación*
⟨Com⟩ *Ausfuhrerlaubnis* f ‖ ~ *de importación*
⟨Com⟩ *Einfuhrerlaubnis* f ‖ ~ *de residencia*
Aufenthaltserlaubnis f ‖ ~ *en tierra* ⟨Mar⟩
Landurlaub m ‖ ~ *de salida Ausfuhrerlaubnis* f ‖
Ausreisegenehmigung f ‖ ~ *de trabajo*
Arbeitserlaubnis f ‖ ~ *de transmisión* ⟨Radio⟩
Sendelizenz f ‖ ◆ con su ~ *wenn Sie gestatten* ‖
sin ~ *ungebeten* ‖ *unberechtigt* ‖ ◇ dar *od*
conceder ~ *Urlaub geben (bewilligen)* ‖ estar con
~ *auf Urlaub sein (z.B. Soldat)* ‖ pedir ~ *um*
Erlaubnis bitten ‖ revocar el ~ *de conducir* ⟨StV⟩
den Führerschein entziehen ‖ tener ~ *de entrar*
hineindürfen ‖ ¡con ~! *mit Verlaub!* ‖ ¿hay ~?
darf ich? ‖ ¿da Vd. su ~? ⟨Mil⟩ *Eintrittsgruß bei*
e–m Vorgesetzten ‖ → **licencia**
   permi|tir vt *erlauben, gestatten* ‖ *dulden* ‖
zulassen ‖ *einräumen, zugeben* ‖ ◇ si el tiempo lo
–te *bei günstiger Witterung* ‖ ¿me –te Vd.
ofrecerle el brazo? *darf ich Ihnen m–n Arm*
anbieten? ‖ ¡no lo –ta Dios! *Gott bewahre!* ‖ ¡–ta
Vd.! *mit Verlaub!* ‖ ~**se:** ¡no se –te fumar!
Rauchen verboten! ‖ ~ la libertad de ... *s.*
erlauben zu ... ‖ y permítaseme la frase *mit*
Erlaubnis zu sagen ‖ si se –te preguntar *wenn*
man fragen darf
   permocarbonífero m ⟨Geol⟩ *Permokarbon* n
   permu|ta f *(Um)Tausch* m ‖ *Austausch* m ‖
Umsetzung f ‖ *Ämter- bzw Arbeitsplatz|tausch* m ‖
–table adj *(m/f)* ⟨Math⟩ *ver-, aus|tauschbar,*
permutabel ‖ **–tación** f *Tausch* m ‖
Auswechs(e)lung f ‖ *Tausch(en n)* m ‖ ⟨Math Gr⟩
Permutation f ‖ **–tador** m ⟨El⟩ *Umschalter* m ‖
–tar vt *ver-, um|tauschen* ‖ *auswechseln* ‖
um|setzen, -stellen ‖ ⟨Math⟩ *permutieren* ‖ ◇ ~
con *od* por *vertauschen für (bzw gegen)*
   permutita f *Permutit* n
   perna f ⟨Zool⟩ *Schinkenmuschel* f (Perna spp)
   ¹pernada f *Stoß* m *mit dem Bein*
   ²pernada f ⟨Fi⟩ *Stellangel* f
   Pernambuco m ⟨Geogr⟩ *Pernambuco* n
   pernaza f augm von **pierna**
   pernear vi *strampeln* ‖ ⟨figf⟩ *s. (für e–e*
Sache) sehr (energisch) einsetzen ‖ ⟨fam⟩ *hin und*
her laufen, herumrennen
   Pernela f ⟨pop⟩ → **Petronila**
   per|nera f *Hosenbein* n, *Beinling* m *(e–r Hose)*
‖ **–neta** f dim von **pierna** ‖ ◆ en ~(s) ⟨pop⟩
nackt ‖ **–niabierto** adj *mit gespreizten Beinen*
   pernicioso adj *verderblich* ‖ *gefährlich,*
schädlich ‖ ⟨Med⟩ *bösartig, perniziös* ‖ ◇ ser ~
para las buenas costumbres die guten Sitten
verderben
   pernicorto adj *kurzbeinig*
   pernicote m Sal *Schinkenknochen* m
   pernicruzado adj *mit gekreuzten Beinen*
   △ **pernicha** f *Bett* n ‖ *Mantel* m
   △ **pernicho** m *Fensterladen* m
   pernil m *(Schweins)Keule* f ‖ *Schinken* m ‖
Beinteil m *(e–r Hose)*
   pernilargo adj *langbeinig*
   pernio m ⟨Zim⟩ *(Tür)Band* n ‖ *Scharnierband*
n ‖ *Tür- bzw Fenster|angel* f
   △ **pernique** adj *klug, gebildet*
   perni|quebrado adj *mit zerbrochenen Beinen* ‖
wack(e)lig (Stuhl) ‖ **–tuerto** adj *krummbeinig*
   perno m ⟨Tech⟩ *Bolzen, Zapfen* m ‖ *Stift* m ‖
~ *de distancia Abstandbolzen* m ‖ ~ *guía*
Führungsbolzen m ‖ ~ *de resorte Federbolzen* m ‖
~ *de tope Anschlagbolzen* m
   pernoctar vi *übernachten*
   per os ⟨lat⟩ ⟨Med Pharm⟩ *durch den Mund,*
oral, per os (Anweisung für die orale Einnahme)
   ¹pero m *birnenförmiger Apfel* m
   ²pero conj **a)** *aber, jedoch, indes, allein* ‖

sondern ‖ ◇ ¡~ espera! *aber (so) warte doch!* ‖
ha estado ~ que muy excelente ⟨pop⟩ *es ist ganz*
ausgezeichnet od glänzend gewesen ‖ **b)**
hauptwörtlich: eso no tiene ~ *daran ist nichts*
auszusetzen ‖ ¡no hay ~ que valga! *k–e*
Widerrede! (es gibt) kein Aber! ‖ no admito ~s
ich lasse k–e Widerrede gelten
   Pero np ⟨pop⟩ → **Pedro** ‖ ~ Botero ⟨fam⟩ *der*
Teufel ‖ *las calderas de* ~ ⟨figf⟩ *die Hölle* ‖ ~
Jimén(ez) → **pedrojiménez**
   perogru|llada f ⟨fam⟩ *Binsen|wahrheit,*
-weisheit f ‖ **=llo** m np *erdichtete Persönlichkeit*
e–s lächerlichen Sonderlings (in span.
volkstümlichen Geschichten) ‖ verdad de ~ (que a
la mano cerrada la llama puño) *„Weisheit* f *von*
Pero Grullo"(, der die geschlossene Hand Faust
nennt) = Binsenweisheit f
   perojiménez, perojimén m → **pedrojiménez**
   perojo m Sant *kleine, runde Frühbirnensorte*
   perol m *Einmachkessel* m ‖ *Kasserolle* f,
Schmortopf m
   perolero m Ven *Klempner, Blechner* m
   perona f augm von **¹pera**
   peroné m ⟨An⟩ *Wadenbein* n
   peronis|mo m ⟨Hist⟩ *Peronismus* m, *politisches*
System n *von Juan Domingo Perón (1895–1974)* ‖
–ta adj *(m/f) peronistisch* ‖ ~ *m/f Peronist(in* f) m
   pero|ración f *Rede* f ‖ *Ansprache* f ‖ ⟨Rhet⟩
Zusammenfassung f, *Schlusswort* n ‖ **–rar** vi
(öffentlich) reden, sprechen ‖ ⟨fig⟩ *inständig*
bitten ‖ ⟨figf⟩ *langweilige Reden halten,* ⟨fam⟩
salbadern ‖ **–rata** f *lang(weilig)e, hochtrabende*
Rede f
   peróxido m ⟨Chem⟩ *Peroxid* n
   per pedes (apostolorum) ⟨lat⟩ ⟨joc⟩ *zu Fuß,*
⟨lat⟩ *per pedes (apostolorum)*
   △ **perpelo** m *Pfirsich* m
   perpen|dicular adj/s *(m/f) senk-, lot|recht* ‖
⟨Text⟩ *fadengerade* ‖ (línea) ~ ⟨Math⟩ *senk-,*
lot|rechte Linie, Lot-, Senk|rechte f ‖ ◇ trazar una
~ ⟨Math⟩ *ein Lot fällen* ‖ **–dículo** m *Pendel* n ‖
Senkblei n ‖ ⟨Math⟩ *Höhe* f, *Lot* n, *Perpendikel* m
(& n) *(im Dreieck)*
   △ **perpente** adj/s *(m/f) blind*
   △ **perpeñí** f *Brücke* f
   perpe|tración f ⟨Jur⟩ *Begehen, Verüben* n,
Begehung, Verübung f *(e–s Verbrechens)* ‖
–trador m/adj *Täter* m ‖ **–trar** vt *(e–e Straftat,*
ein Verbrechen) begehen od verüben
   ¹perpe|tua f ⟨Bot⟩ *Immergrün* n (Vinca spp) ‖
Strohblume f (Helichrysum spp) ‖ *Katzenpfötchen*
n (Antennaria spp) ‖ *Kugelamarant* m
(Gomphrena spp)
   ²perpetua f ⟨pop⟩ *lebenslängliche Strafe* f
   perpe|tuación f *Fortpflanzung* f ‖ *Verewigung* f
‖ *Fortdauer* f ‖ *Fortbestehen(lassen)* n ‖ **–tuar**
[pres ~úo] vt *verewigen* ‖ *fortpflanzen* ‖ ⟨fig⟩
aufrechterhalten ‖ ~**se** *s. fortpflanzen* ‖ *s.*
verewigen ‖ *s. halten* ‖ *fortbestehen* ‖ **–tuidad** f
Ewigkeit, ewige Dauer f ‖ *Fortdauer* f ‖
Beständigkeit f ‖ ◆ a ~ *lebenslänglich* ‖ **–tuo** adj
ewig, immerwährend ‖ *unaufhörlich* ‖
lebenslänglich, auf Lebenszeit (Amt, Pension,
Rente)
   Perpi|ñán m [Stadt] *Perpignan* n ‖ **=ñanés** adj
aus Perpignan ‖ *auf Perpignan bezüglich*
   perple|jidad f *Verlegenheit, Bestürzung* f ‖
Verblüffung f ‖ *Ratlosigkeit* f ‖ *Unschlüssigkeit* f ‖
Perplexität f ‖ **–jo** adj *be|stürzt, -treten* ‖
unschlüssig ‖ *ratlos* ‖ *perplex*
   △ **perplejó** m *Schrecken* m
   perqué m *Schmähschrift* f *(in Form von Frage*
und Antwort)
   perquisición f *(genaue) Untersuchung* f ‖
polizeiliche Ermittlung f

¹perra f Hündin f ‖ ~ chica (~ gorda, ~ grande) ⟨Hist figf⟩ span. Kupfermünze f zu 5 Céntimos (10 Céntimos) ‖ ~ salida ⟨fig vulg⟩ geile, mannstolle Frau f ‖ ◇ estar sin una ~ blank sein, k–n Pfennig haben ‖ llevar una vida ~ ⟨fam⟩ ein Hundeleben führen ‖ tener ~s ⟨pop⟩ Geld haben

²perra f (joc) Rausch m ‖ ⟨fam⟩ Kinderzorn m, kindliche Wut f ‖ ⟨fam⟩ Trotzweinen n (e–s Kindes)

perra|da f ⟨fam⟩ Menge f Hunde ‖ → **jauría** ‖ ⟨figf⟩ niederträchtige Handlung, ⟨fam⟩ Hundsgemeinheit f ‖ ~**mente** adv ⟨figf⟩ erbärmlich, elend, ⟨pop⟩ hundeelend, hundsmäßig ‖ **–zo** m augm von **¹perro**

perrengue m ⟨fam⟩ Hitzkopf m ‖ Trotzkopf m (Kind) ‖ ⟨desp⟩ Neger m

perre|ra f Hundestall m ‖ Hundehütte f ‖ Hundezwinger m ‖ ⟨EB⟩ Hundearbeit n ‖ ⟨fig pop⟩ Arrestlokal n ‖ ⟨figf⟩ niederträchtige Handlung, ⟨fam⟩ Hundsgemeinheit f ‖ ⟨fig⟩ Gesindel n, ⟨fig⟩ Meute f ‖ **–ro** m Hunde|wärter bzw -führer bzw -fänger m ‖ Hundeliebhaber m ‖ ⟨Hist⟩ Hundevogt m (in der span. Kirche)

perrezno m dim von **¹perro** ‖ Welpe m

¹perrillo m dim von **¹perro** ‖ Hündchen n ‖ ~ de falda Schoßhündchen n ‖ ~ zorrero Dachshund m ‖ ~ de todas bodas ⟨pop⟩ Stammgast m bei allen Festen

²perrillo m Drahtspanner m

³perrillo m Flintenhahn m

perri|ta f → **¹perra** chica ‖ dim von **¹perra** ‖ **–to** m dim von **¹perro**

¹perro ⟨Zool⟩ Hund m (Canis familiaris) ‖ ⟨fig⟩ Starrkopf m ‖ ⟨desp⟩ Hund, ⟨pop⟩ Schweinehund m ‖ ⟨pop⟩ span. Kupfermünze (von 5 od 10 Céntimos) ‖ ~ de aguas Pudel m ‖ ~ de ajeo Vorstehhund m ‖ ~ antidroga Drogen(such)hund m ‖ ~ ártico Polar-, Schlitten|hund m ‖ ~ basset Basset m ‖ ~ braco Bracke m ‖ ~ bulldog Bulldogge f ‖ - de busca Spürhund m ‖ ~ cabanero Hirtenhund m ‖ ~ caliente Hot dog n (& m) (Brötchen mit Würstchen) ‖ ~ callejero Straßenhund, Köter m ‖ ~ cantonés, ~ de Cantón Chow-Chow m ‖ ~ casero Haus-, Hof|hund m ‖ ~ de casta Rassehund m ‖ ~ de caza Jagdhund m ‖ ~ de ciego Blindenhund m ‖ ~ cimarrón → ~ paria ‖ ~ cobrador Apportierhund m ‖ ~ cochino ⟨fig vulg⟩ Schweinehund m ‖ ~ de combate Kampfhund m ‖ ~ de cortijo Hofhund m ‖ ~ chato ⟨fam⟩ Bulldogge f ‖ ~ de Chihuahua Chihuahua(hund) m ‖ ~ dalmatino, ~ de Dalmacia Dalmatiner m ‖ ~ dogo Dogge f ‖ Hetzhund, Hasenhetzer m ‖ ~ esquimal Eskimohund m ‖ ~ faldero Schoßhündchen n ‖ ⟨fig⟩ Schürzenjäger, Frauenheld m ‖ ~ galgo Windhund m ‖ ~ galgo ruso russischer Windhund, Barsoi m ‖ ~ ganadero od de ganado Schäferhund m ‖ ~ gozque Kläffer m ‖ ~ de guarda, ~ guardián Wachhund m ‖ ~ jabalinero, ~ de jabalí Saupacker, Hetzhund m ‖ ~ de lanas Pudel m ‖ ~ lebrel Wind-, Hetz|hund m ‖ ~ lobo Wolfshund m ‖ ~ de lucha Kampfhund m ‖ ~ lulú ⟨fam⟩ Schoßhündchen n ‖ ~ maestro abgerichteter (Jagd)Hund m ‖ ~ de Malta Malteser(hund) m ‖ ~ mastín Fleischerhund m ‖ ~ de muestra Vorstehhund m ‖ ~ ovejero Schäferhund m ‖ ~ pachón ⟨Art⟩ Dachshund m ‖ ~ de parada Vorstehhund m ‖ ~ paria Pariahund m (des Nahen Ostens) ‖ ~ (de) pastor alemán Deutscher Schäferhund m ‖ ~ (de) pastor escocés Schottischer Schäferhund m ‖ ~ (de) pastor de los Pirineos Pyrenäenhund m ‖ ~ de pelea

Kampfhund m ‖ ~ pequinés Pekinese m ‖ ~ perdiguero Hühner-, Wachtel|hund m ‖ ~ pince Pinscher m ‖ ~ policía Polizeihund m ‖ ~ de Pomerania Spitz m ‖ ~ de las praderas Präriehund m (Cynoys ludovicianus) ‖ ~ de presa Bulldogge f, Bullenbeißer m ‖ Hetzhund m ‖ ~ rabioso toller, tollwütiger Hund m ‖ ~ rastreador od rastrero Spür-, Such|hund m ‖ ~ ratonero Rattenfänger m (Hund) ‖ ~ sabio abgerichteter Hund m ‖ ~ sabueso Schweißhund m ‖ ~ de salvamento Rettungshund m ‖ ~ de San Bernardo Bernhardiner(hund) m ‖ ~ de Terranova Neufundländer m ‖ ~ de tranvía ⟨fam joc⟩ Dackel m ‖ ~ de trineo Polar-, Schlitten|hund m ‖ ~ de utilidad Nutzhund m ‖ ~ viejo ⟨figf⟩ geriebener, schlauer Mann, ⟨fam⟩ schlauer Fuchs, alter Hase m ‖ ~ ventor Spür-, Fährten|hund m ‖ ~ volante ⟨Zool⟩ Flughund m (Pteropus spp) ‖ ♦ como un ~ apaleado wie ein geprügelter Hund ‖ con un humor de ~ ⟨figf⟩ in mürrischer Laune ‖ los mismos ~s con distintos collares ⟨figf⟩ dasselbe in Grün ‖ ◇ darse a ~s ⟨figf⟩ wütend werden, toben, e–n Wutanfall bekommen ‖ echar a ~s algo et. verderben ‖ echarle los ~s a alg. die Hunde auf jdn hetzen ‖ estar (od hacer tanta falta) como ~s en misa völlig fehl am Platz sein ‖ estar como ~(s) y gato(s) s. wie Hund und Katze vertragen ‖ hinchar el ~ übertreiben ‖ nadar a lo ~ nach Hundeart schwimmen ‖ sacar a pasear el ~ Gassi gehen ‖ tratar a alg. como a un ~ jdn wie e–n Hund od ⟨pop⟩ wie den letzten Dreck behandeln ‖ ~ ladrador, nunca (buen) mordedor (od que ladra no muerde) ⟨Spr⟩ Hunde, die (viel) bellen, beißen nicht ‖ muerto el ~, se acabó la rabia ⟨Spr⟩ ein toter Hund beißt nicht mehr ‖ ¡a otro ~ con ese hueso! ⟨fam⟩ machen Sie das e–m anderen weis! bei mir nicht! ‖ el ~ de buena raza, si hoy no, mañana caza ⟨Spr⟩ etwa: der Apfel fällt nicht weit vom Stamm ‖ aquí tampoco atan los ~s con longaniza ⟨figf⟩ man hat es hier auch nicht so dick! hier lebt man auch nicht wie Gott in Frankreich!

²perro m ⟨Tech⟩ Drehherz n ‖ ⟨Zim⟩ (Parallel)Zwinge f

³perro m ⟨Fi⟩ Seewolf m ‖ ~ azul Blauer Seewolf m (Lycichthys denticulatus) ‖ ~ menor Gefleckter Seewolf m (Anarhichas minor) ‖ ~ del Norte Gestreifter Seewolf m (A. lupus)

perrona f augm von **¹perra** ‖ Ast Zehn-Céntimo-Münze f

perruno adj hündisch, Hunde-

persa adj (m/f) persisch ‖ ~ m Perser m ‖ el ~ die persische Sprache, das Persische ‖ → auch **iraní**

persal f ⟨Chem⟩ Persalz n (der anorganischen Persäuren)

perse|cución f Verfolgung f ‖ ⟨fig⟩ Plagen, Peinigen n ‖ ~ de los cristianos die Christenverfolgung ‖ ~ judicial gerichtliche Verfolgung f ‖ **–cutorio** adj: manía ~a Verfolgungswahn m ‖ **–guidor** m/adj Verfolger m ‖ ⟨fig⟩ Peiniger, Quälgeist m ‖ **–guir** [irr → **seguir**] vt verfolgen ‖ ⟨fig⟩ (jdm) nachsetzen, (jdn) belästigen ‖ ◇ ser –guido por prófugo wegen Fahnenflucht verfolgt werden

perseve|rancia f Ausdauer, Beharrlichkeit, Standhaftigkeit f ‖ Stetigkeit f ‖ Durchhalte-, Steh|vermögen n ‖ Beständigkeit, Fortdauer f ‖ **–rante** adj (m/f) beharrlich, ausdauernd ‖ standhaft ‖ stetig ‖ beständig, anhaltend ‖ **–rar** vi aus|halten, -harren (en in dat) ‖ beharren (en auf dat) ‖ (fort)dauern ‖ (ver)bleiben ‖ ◇ ~ en su propósito auf s–m Vorsatz beharren

Persia f [hoy **Irán**] Persien n (heute Iran)

persia|na a) f Rollladen m ‖ Jalousie f ‖ ~

automática *Springrollo* n ‖ **b)** *Persienne* f
(Seidenstoff) ‖ **–nista** *m/f* **b)** *Rollladenbauer(in* f) m
   persiano adj → **persa**
   pérsico adj *persisch* ‖ ~ *m* ⟨Bot⟩
Pfirsich(baum) m (→ **meloco|tón, –tonero**)
   persignar vt *(jdn) mit dem Zeichen des*
Kreuzes bezeichnen ‖ *(ein)segnen* ‖ ~**se** *s.*
bekreuzigen
   △ **persimacharse** vr *s. bekreuzigen*
   △ **persiné** adj *tapfer*
   persis|tencia *f An|halten, -dauern* n ‖
Be|harrlichkeit, -ständigkeit, Ausdauer f ‖
Fortdauer f ‖ *Fortbestand* m ‖ ⟨Phys⟩
Nachleuchten n ‖ ⟨Chem Atom⟩ *Persistenz* f ‖
–tente adj *(m/f) ausdauernd* ‖ *bleibend* ‖ ◆ *de*
hojas ~s ⟨Bot⟩ *immergrün* ‖ ◆ **–tir** vi *bestehen*
(en auf dat), *verharren (bei)* ‖ *fortdauern* ‖
an|halten, -dauern ‖ *anhalten* ‖ *dabeibleiben* (en
zu)
   △ **persó** adv *oben(auf)*
   perso|na *f (einzelne) Person* f ‖ *Persönlichkeit*
f ‖ *Wuchs* m, *(Leibes)Gestalt* f ‖ *Stand, Rang* m ‖
⟨Theol⟩ *Vater, Sohn und Heiliger Geist (die drei*
Personen der Dreifaltigkeit) ‖ ⟨Gr⟩ *Person* f ‖ ~s
de edad *Erwachsene* mpl ‖ *una bellísima ~ ein*
wertvoller Mensch m ‖ ~ de categoría
hochgestellte, geachtete Persönlichkeit f ‖ ~ de
circunstancias *vornehme, begüterte Person* f ‖ ~
de condición *Person* f *von Stand* ‖ ~ de
confianza *Vertrauensperson* f ‖ ~ de alto copete
vornehme Persönlichkeit f ‖ ~ de cuidado
gefährlicher Mensch m ‖ *unberechenbarer*
Mensch m ‖ ~ de chapa *bedeutende*
Persönlichkeit f ‖ ~ de distinción *vornehme,*
distinguierte Person f ‖ *Standesperson* f ‖
herausragende Persönlichkeit f ‖ ~ de empuje
tatkräftige, energische Person f ‖ ~ fastidiosa
lästige Person f ‖ *Nervensäge* f ‖ ~ física ⟨Jur⟩
natürliche Person f ‖ ~ de buen fondo *gutmütiger*
Mensch m ‖ ~ de poca formalidad *unzuverlässige*
Person f ‖ ~ (non) grata ⟨lat⟩ ⟨Pol⟩ *persona (non)*
grata ‖ ~ jurídica ⟨Jur⟩ *juristische Person* f ‖ ~
mayor *ältere Person* f ‖ *erwachsene Person* f ‖ ~
medianera *Mittelsperson* f ‖ ~ sin médula ⟨pop⟩
geistloser Mensch m ‖ mi modesta ~ *m–e*
Wenigkeit ‖ ~ sin pareja *Single* m/f ‖ ~ de
posición *angesehene, hochgestellte Persönlichkeit*
f ‖ primera ~ ⟨Gr⟩ *erste Person* f ‖ ~ principal
Hauptperson f ‖ ~ privada *Privatperson* f ‖ ~ de
respeto *angesehene Person* f ‖ ~ rígida *strenger,*
unnachgiebiger, schonungs-, rücksichts|loser
Mensch m ‖ *Hardliner* m ‖ ~ sectaria
sektiererische Person f ‖ *doktrinärer,*
dogmatischer Mensch m ‖ segunda ~ ⟨Gr⟩ *zweite*
Person f ‖ ~ con señorío ⟨fig⟩ *souveräner*
Mensch m ‖ ~ de viso ⟨pop⟩ *angesehene Person* f
‖ ◆ a tanto por ~ *soundso viel pro Kopf* ‖ de ~ a
~ *unter vier Augen* ‖ en ~, por su ~ *in Person,*
persönlich ‖ sin consideración de ~s *ohne*
Ansehen der Person ‖ sin perjuicio de tercera ~
⟨Jur⟩ *unbeschadet der Rechte Dritter* ‖ ◇ hacer
de su ~ ⟨pop⟩ *s–e Notdurft verrichten* ‖ ser buena
~ ⟨fam⟩ *gut|herzig, -mütig sein,* ⟨fam⟩ *ein guter*
Mensch sein ‖ **–nación** *f* ⟨Verw⟩ *Meldung* f *(bei*
e–r Behörde) ‖ *persönliches Erscheinen* n ‖ **–nado**
adj *gemeldet* ‖ *erschienen* ‖ ⟨Bot Zool⟩ *maskiert* ‖
maskenförmig ‖ **–naje** *m Persönlichkeit* f ‖ ⟨Lit
Th Mal⟩ *Gestalt, Person* f ‖ ~ de culto *Kultfigur*
f ‖ ~ fabuloso *Fabelwesen* n ‖ ~ histórico
geschichtliche Person f ‖ *mudo* ⟨Th⟩ *Statist* m ‖
los ~s ⟨Th⟩ *die Personen* fpl *(e–s*
Theaterstückes) ‖ **–nal** adj *(m/f) persönlich* ‖
personal ‖ *privat* ‖ *eigenhändig* ‖ ◆ en defensa ~
aus Notwehr ‖ mi trabajo ~ *m–e eigene Arbeit* f ‖
◇ ser ~ *auf die Person lauten (Papier)* ‖ ~ *m*

Personal n, ⟨fam⟩ *Leute* pl ‖ *Belegschaft* f ‖
Mitarbeiter(stab m) mpl ‖ ⟨Flugw⟩ *Besatzung* f ‖
Mannschaft f ‖ ⟨Com⟩ *Personalkonto* n ‖ ~
administrativo *Verwaltung(spersonal* n) f ‖ ~ de a
bordo → ~ volante ‖ ~ de cubierta ⟨Mar⟩
Deckpersonal n ‖ ~ docente *Lehr|körper* m,
-kräfte fpl, *Lehrerschaft* f ‖ ~ especializado
Fachpersonal n ‖ ~ de una mina ⟨Bgb⟩
Knappschaft f ‖ ~ de plantilla *ständige*
Belegschaft f ‖ *Stammpersonal* n ‖ ~ de renuevo
Nachwuchskräfte fpl ‖ ~ rodante *s. ablösendes*
Personal n ‖ ~ de servicio *Bedienungspersonal* n
‖ ~ de(l) suelo, ~ de tierra ⟨Flugw⟩
Bodenpersonal n ‖ ~ del tren *Zug|begleitung* f,
-personal n ‖ ~ de venta(s) *Verkaufspersonal* n ‖
~ de vigilancia *Aufsichtspersonal* n ‖ ~ volante
⟨Flugw⟩ *fliegendes Personal, Bordpersonal* n ‖
–nalidad *f Persönlichkeit* f ‖ ◇ identificar *od*
afirmar su ~ *s. ausweisen* ‖ evitar toda ~ *alles*
Persönliche vermeiden ‖ **–nalismo** *m Selbstsucht* f
‖ ⟨Philos⟩ *Personalismus* m ‖ **–nalista** adj *(m/f)*
selbstsüchtig ‖ ~ *m/f selbstsüchtiger Mensch* m ‖
⟨Philos⟩ *Personalist(in* f) m ‖ **–nalización** *f*
Personalisierung f ‖ **–nalizar** [z/c] vt
personifizieren ‖ *verkörpern* ‖ ~ errores en alg.
jdm die Schuld an den Irrtümern zuschieben ‖ ~
vi *persönlich werden* ‖ **–nalmente** adv *persönlich,*
in Person ‖ ◇ conocer ~ *persönlich kennen* ‖
entregar ~ *eigenhändig abgeben* ‖ yo ~ … *ich*
meinerseits … ‖ **–narse** vr *persönlich erscheinen,*
s. einstellen, s. melden
   personero *m* Chi *Vertreter, Sprecher* m *(e–r*
Organisation)
   personifi|cación *f Personifizierung* f ‖
Verkörperung f ‖ **–car** [c/qu] vt *personifizieren* ‖
verkörpern ‖ ~**se** *persönlich werden*
   personilla *f* dim ⟨desp⟩ von **persona** *(auch als*
Kosewort verwendet)
   perspecti|va *f Perspektive* f ‖ *Fern(an)sicht* f ‖
⟨fig⟩ *Aussicht* f *(de auf* acc) ‖ ⟨fig⟩ *Anschein* m ‖
~ aérea ⟨Mal⟩ *Farbenperspektive* f ‖ ⟨Flugw⟩
Luftperspektive f (& *Zeichnung)* ‖ *Luftbild* n ‖ ~
caballera *Kavalier-, Parallel|perspektive,*
Frontalaxonometrie f ‖ ~ central, ~ cónica, ~
lineal *Zentralperspektive* f ‖ ~s de vida ⟨fig⟩
Lebenserwartung f ‖ ~ a vista de pájaro
Vogelperspektive f ‖ ◆ en ~ *in Aussicht stehend* ‖
sin ~ *aussichts-, hoffnungs|los* ‖ ◇ tengo un buen
negocio en ~ *ich habe Aussicht auf ein gutes*
Geschäft ‖ **–vo** adj *perspektivisch* ‖ ~ *m* ⟨Mal⟩
perspektivischer Maler m
   perspi|cacia *f Scharfblick* m ‖ *Scharfsinn* m ‖
–caz [pl ~ces] adj *(m/f) scharfsinnig* ‖
scharfblickend, hellsichtig ‖ **–cuidad** *f* ⟨fig⟩
Deutlichkeit f ‖ *Klarheit* f ‖ *Durchsichtigkeit* f ‖
–cuo adj *durchsichtig* ‖ ⟨fig⟩ *deutlich, klar*
   persua|dir vt *über|reden, -zeugen* ‖ *(jdm)*
zureden ‖ ◇ ~ a hacer a/c *(jdm) raten, et. zu tun;*
(jdn) dazu bringen, et. zu tun ‖ dejarse ~ *s.*
bewegen lassen ‖ ~se de algo *s. von et.*
überzeugen ‖ ◇ estar –dido *überzeugt sein* ‖
–sible adj *(m/f) leicht zu glauben bzw glaubhaft*
zu machen ‖ **–sión** *f Über-, Zu|redung* f ‖
Überzeugung f ‖ *Überreden* n ‖ *Überzeugen* n ‖
–siva *f Überredungs- bzw Überzeugungs|gabe*
bzw *-kunst* f ‖ **–sivo** adj *überzeugend* ‖
überredend ‖ **–sor** adj/s → **–sivo** ‖ ~ *m*
Über|zeugende(r) bzw -redende(r) m
   persulfato *m* ⟨Chem⟩ *Persulfat* n
   perte|necer [-zc-] vi *(an)gehören* ‖
dazugehören ‖ *zukommen, gebühren* ‖ *betreffen,*
angehen ‖ ◇ ~ a buena familia *aus guter Familie*
sein ‖ hoy no me pertenezco ⟨fig⟩ *heute bin ich*
vergeben ‖ **–neciente** adj *(m/f) gehörig* (a *zu)* ‖
schicklich, angemessen ‖ **–nencia** *f Zugehörigkeit*

f ‖ *Eigentum* n ‖ *Zubehör* n ‖ ◆ de mi ~ *mir zugehörig* ‖ la granja con todas sus ~s *das Landgut mit allem Zubehör*
　pértiga f *(Sprung)Stab* m ‖ *Schüttelstange* f ‖ ⟨Zim⟩ *Rüststange* f ‖ ⟨Top⟩ *Messstange* f ‖ ⟨El⟩ *Mikrofon-, Ton|angel* f ‖ *Tragstange* f
　pértigo m *(Wagen)Deichsel* f
　perti|guero m *Dom|küster, -schweizer* m ‖ **–guista** m/f ⟨Sp⟩ *Stabhochspringer(in* f) m
　perti|nacia f *Hartnäckigkeit* f ‖ ⟨fig⟩ *Ausdauer, Beharrlichkeit* f ‖ ◆ con ~ *hartnäckig* *beharrlich* ‖ **–naz** [pl **–ces**] adj *(m/f) halsstarrig, hartnäckig* ‖ *zäh(e)* ‖ ~ en su yerro *auf s–m Irrtum beharrend* ‖ ◆ de carácter ~ *von unbeugsamer Gemütsart* ‖ **–nencia** f ⟨Verw Jur⟩ *Sachgemäßheit* f ‖ *Zulässigkeit* f ‖ *Zugehörigkeit* f ‖ *Schicklichkeit* f ‖ *Relevanz* f (& *Phonologie*) ‖ **–nente** adj *(m/f) zugehörig* ‖ *passend, schicklich* ‖ ⟨Jur⟩ *sachgemäß* ‖ *zulässig* ‖ *rechtserheblich* ‖ *erforderlich* (z. B. *Antrag*) ‖ no ~ *unzulässig* ‖ *unpassend* ‖ ⟨Jur⟩ *unerheblich*
　△ **pertó** m *Riegel* m
　petre|char vt ⟨Mil⟩ *ausrüsten, versehen* (de *mit*) ‖ ⟨figf⟩ *herrichten* ‖ **–chos** mpl *Ausrüstung* f ‖ *Geräte* npl ‖ ~ de guerra ⟨Mil⟩ *Kriegsbedarf* m
　pertur|bación f *Störung, Zerrüttung, Verwirrung* f ‖ ~ atmosférica ⟨Radio TV⟩ *atmosphärische Störung* f ‖ ~ circulatoria ⟨Med⟩ *Kreislaufstörung* f ‖ ~ de la conciencia *Bewusstseinsstörung* f ‖ ~ mental *Sinnesverwirrung* f ‖ ~ del mercado *Marktstörung* f ‖ **–bado** adj *gestört* ‖ ~ m: ~ mental *Geistesgestörte(r)* m ‖ **–bador** adj/s *verwirrend* ‖ *störend* ‖ *unruhestiftend* ‖ ~ m *Störenfried, Störer* m ‖ *Ruhestörer* m ‖ *Unruhestifter* m ‖ **–bar** vt *stören* ‖ *beunruhigen* ‖ *zerrütten (geistig)* ‖ *verwirren* ‖ *Unruhe stiften* ‖ ◇ ~ el orden público *die öffentliche Ruhe stören* ‖ ~**se** *in Verwirrung geraten*
　Perú m ⟨Geogr⟩: (el) ~ *Peru* n ‖ ◇ eso vale un ~ ⟨pop⟩ *das ist von unschätzbarem Wert* ‖ **peru|anismo** m *Peruanismus* m *(e–e nur im peruanischen Spanisch vorkommende sprachliche Erscheinung)* ‖ **–ano, –viano** adj *peruanisch* ‖ ~ m *Peruaner* m ‖ **–lero** m *nach Spanien zurückgekehrter, in Peru reich gewordener Spanier* m
　perver|sidad f *Unnatur, Perversität* f ‖ *Verderbtheit, Ruchlosigkeit* f ‖ *Verkommenheit, Lasterhaftigkeit* f ‖ **–sión** f *Sittenverderbnis, Entartung* f ‖ ⟨Med⟩ *Per|vertierung, -version, krankhafte (bzw widernatürliche) Abweichung* f *vom Normalen* ‖ ~ sexual f ⟨Med⟩ *geschlechtliche Perversion* f ‖ → **corrupción** ‖ **–so** adj/s *verderbt* ‖ *widernatürlich, entartet* ‖ ⟨fig⟩ *lasterhaft* ‖ ⟨fig⟩ *gottlos, ruchlos* ‖ **–tir** [-ie/i] vt *zerrütten* ‖ *ver|derben, -führen* ‖ *pervertieren* ‖ ~**se** *sittlich verkommen* ‖ *entarten* ‖ *korrupt od lasterhaft werden*
　pervibrador m ⟨Maur⟩ *Innenrüttler* m
　pervinca f ⟨Bot⟩ *Immergrün* n (→ ¹**perpetua**)
　△ **perviricha** f *Eidechse* f
　pervitina f ⟨Pharm⟩ *Pervitin* n
　pervivir vi *weiterleben* ‖ *überleben*
　pervulgar vt → **divulgar, promulgar**
　pesa f *(Uhr)Gewicht* n ‖ *Gewicht(sstück), Wägestück* n ‖ ~ de contraste *Eichgewicht* n ‖ ~ equilibradora *Auswuchtgewicht* n ‖ ~ de tarar *Tariergewicht* n ‖ ◇ levantar ~s ⟨Sp⟩ *Hanteln stemmen*
　pesa|ácidos m ⟨Chem⟩ *Säuremesser* m ‖ **–bebés** m *Babywaage* f ‖ **–cartas** m *Briefwaage* f
　pesa|da f *Einwaage* f ‖ **–dez** [pl **–ces**] f *Schwere* f ‖ ⟨fig⟩ *Plumpheit* f ‖ ⟨fig⟩ *Schwerfälligkeit* f ‖ *Unbeholfenheit* f ‖ ⟨fig⟩ *Auf-,*

Zu|dringlichkeit f ‖ *Lästigkeit* f ‖ *Ärger, Verdruss* m ‖ ~ de cabeza *Druck* m *im Kopf* ‖ **–dilla** f *Alp(traum)* m, *Alpdrücken* n ‖ ⟨fig⟩ *Beklemmung* f ‖ ⟨fig⟩ *Lästigkeit, schwere Sorge, Bürde* f ‖ **–do** adj (dim **–dillo**) *schwer (von Gewicht)* ‖ *schwerfällig, langsam* ‖ ⟨fig⟩ *wohlbeleibt* ‖ ⟨fig⟩ *lästig, aufdringlich* ‖ ⟨fig⟩ *lästig, langweilig* ‖ ◇ está ~ *er (es) wird (ist) lästig* ‖ *es ist schwül* ‖ hacerse ~ *beschwerlich fallen* ‖ ponerse ~ *eigensinnig, starrköpfig werden* ‖ *lästig werden* ‖ ser muy ~ (de cuerpo) *sehr viel wiegen* ‖ **–dumbre** f *Schwere* f ‖ *Unannehmlichkeit* f, *Verdruss* m ‖ *Gram, Kummer* m
　pesaje m ⟨Sp⟩ *Wiegen* n
　pesa|leche m → **galactómetro** ‖ **–licores** m *Flüssigkeitswaage* f ‖ → auch **alcoholímetro**
　pésame m *Beileidsbezeugung* f ‖ ◇ dar el ~ a alg. *jdm sein Beileid bezeigen* ‖ reciba Vd. mi (más) sentido ~ *nehmen Sie mein innigstes Beileid entgegen* ‖ se ruega se abstengan del ~ *um stilles Beileid wird gebeten*
　pesa|monedas m *Münzwaage* f ‖ **–mosto** m *Mostwaage* f
　pesantez [pl ~**ces**] f *Schwere* f ‖ ⟨Phys⟩ → **gravedad** ‖ ◆ con ~ *schwerfällig*
　pesapersonas m *Personenwaage* f
　¹**pesar** vt (& fig) *(ab)|wiegen, -wägen* ‖ ⟨fig⟩ *in Erwägung ziehen* ‖ ⟨fig⟩ *drücken, besorgt machen* ‖ ◇ me pesa haberlo ofendido *es tut mir leid, ihn beleidigt zu haben* ‖ mal que le pese *ihm zum Trotz* ‖ pese a quien pese ⟨fig⟩ *um jeden Preis* ‖ ~ vi *wiegen* ‖ ⟨fig⟩ *lasten* (sobre *auf* dat) ‖ ⟨fig⟩ *reuen*
　²**pesar** m *Gram, Kummer, Verdruss, Ärger* m ‖ *Betrübnis, Sorge* f ‖ *Leid* n ‖ ◆ a ~ de *trotz, ungeachtet* (gen) ‖ a ~ de todo *trotz alledem* ‖ a ~ mío, tuyo, suyo etc (a mi, … ~) *unwillkürlich* ‖ lo haré a ~ tuyo *ich werde es gegen d–n Willen tun* ‖ a ~ de estar enfermo *obwohl er (sie, es) krank ist, trotz Krankheit* ‖ de ~ *vor Ärger* ‖ ◇ ahogar sus ~es ⟨figf⟩ *s–n Kummer ersticken*
　pesarlo m ⟨Med⟩ *Pessar* n
　pesaroso adj *traurig, betrübt* ‖ *reuig*
　pesca f *Fisch|fang, -zug* m ‖ *Fischerei* f ‖ *(gefangene) Fische* mpl, *Fang* m ‖ ~ de altura *Hochseefischerei* f ‖ ~ del arenque *Heringsfang* m ‖ ~ de bajura *Küstenfischerei* f ‖ ~ de la ballena *Walfang* m ‖ ~ con caña *Angelfischen* n ‖ ~ costera → ~ bajura ‖ ~ excesiva *Überfischen* n ‖ ~ fluvial *Flussfischerei* f ‖ ~ marítima *Seefischerei* f ‖ ~ de la sardina *Sardinen|fischerei* f, *-fang* m ‖ ~ submarina *Unterwasserjagd* f ‖ abundante en ~ *fischreich* ‖ ¡brava ~! ⟨fam iron⟩ *ein sauberer Hecht!* ‖ ¡buena ~! *guten Fang!* *Petri Heil!* ‖ ◇ ir od salir de ~ *fischen gehen (Mensch)* ‖ *auf Fischfang gehen (Fischereifahrzeug)*
　pesca|da f ⟨Fi⟩ → **merluza** ‖ *Trockenfisch* m ‖ ⟨reg⟩ → ¹**bacalao** ‖ **–dera** f *Fischhändlerin* f ‖ **–dería** f *Fischgeschäft* n ‖ *Fischmarkt* m ‖ **–dilla** f ⟨Fi⟩ *junger Seehecht* m (→ **merluza**) ‖ ⟨Fi⟩ *Merlan, Wittling* m (Gadus merlangus) ‖ **–do** m *(gefangener, essbarer, zubereiteter) Fisch* m ‖ *Fisch|fleisch* n, *-speise* f ‖ ~ azul (blanco) *Fisch* m *mit mehr (weniger) als 5 mg Fett/Gramm* ‖ ~ congelado *Gefrierfisch* m ‖ ~ en escabeche *marinierter Fisch* m ‖ ~ fresco *Frischfisch* m ‖ ~ frito *Bratfisch* m ‖ ~ en gelatina *Fisch* m *in Gelee* ‖ ~ hervido *gesottener Fisch* m ‖ ~ de mar *Seefisch* m ‖ ~ a la marinera *marinierter Fisch* m ‖ ~ a la parrilla *gegrillter Fisch* m ‖ ~ rebozado *panierter Fisch, Backfisch* m ‖ ~ de río *Süßwasserfisch* m ‖ ~ en salsa *Fisch* m *mit Sauce* ‖ **–dor** m/adj *Fischer* m ‖ ~ de caña *Angler* m ‖ ~ de perlas *Perlenfischer* m

pescante *m (Kutsch)Bock* m ‖ *Führersitz* m *(Kraftwagen)* ‖ ⟨Mar⟩ *(Anker-, Boots)Davit* m ‖ ⟨Tech⟩ *(Kran)Ausleger* m

pescar [c/qu] vt *fischen* ‖ *angeln* ‖ ⟨fig⟩ *auf\gabeln, -kapern, kriegen* ‖ ⟨figf⟩ *ertappen, packen* ‖ ⟨figf⟩ *erwischen (Erkältung, Grippe)* ‖ ◇ ~ *en agua(s) turbia(s)* ⟨fig⟩ *im Trüben fischen* ‖ ~ *con anzuelo, ~ con caña angeln* ‖ ~ *al arrastre mit dem Schleppnetz fischen* ‖ ~ *al candil bei Nachtlicht fischen* ‖ ⟨fig⟩ *im Trüben fischen* ‖ ~ *un marido (od novio) s. e–n Mann (Bräutigam) angeln* ‖ ~ *una merluza, ~ una mona* ⟨figf⟩ *s. betrinken* ‖ ~ *unas cuantas palabras* ⟨figf⟩ *ein paar Worte auffangen (von e–m Gespräch usw.)* ‖ ~ *en río revuelto* → ~ *en agua(s) turbia(s)* ‖ ~ *al vuelo im Flug fangen* ‖ *lo que se pesca* ⟨fam⟩ *was s. gerade bietet* ‖ *no sabe lo que se pesca er (sie, es) hat k–e (blasse) Ahnung, worum es s. handelt*

△ **pescaralla** *f* ⟨Taur⟩ *Wams* n *des Picadors*

pes|cozón *m Genickstoß, Schlag* m *auf den Kopf* ‖ ⟨fam⟩ *Kopfstück* n ‖ **–cozudo** adj *stiernackig* ‖ **–cuecete** *m* dim von **–cuezo** ‖ *ir de* ~ *Chi* ⟨fam⟩ *s. umhalsen* ‖ **–cuezo** *m Nacken* m, *Genick* n ‖ *Hals* m ‖ ◇ *agarrar por el* ~ *beim Kragen fassen* ‖ *jugarse el* ~ *alles aufs Spiel setzen* ‖ *sein Leben riskieren* ‖ *retorcer(le) el* ~ *a alg. jdm den Hals umdrehen (& fig)* ‖ *romper el* ~ *a alg. jdm den Hals umdrehen, jdn umbringen* ‖ *torcer el* ~ ⟨figf⟩ *sterben*

pese: ~ *a trotz* (gen)

pese|bre *m Krippe* f ‖ *Viehstall* m ‖ ~ *Weihnachtskrippe* f (→ **belén, nacimiento**) ‖ **–brista** *m/f Hersteller(in* f) m *von Krippefiguren*

pesero *m Mex Linientaxi* n *(mit Einheitspreis)*

pese|ta [frühere spanische Währungseinheit] *Pese|ta, -te* f (Pta.) ‖ *Cu* ⟨fig⟩ *lästiger Mensch* m, ⟨fam⟩ *Wanze* f ‖ *cambiar la* ~ *(er)brechen, s. übergeben,* ⟨pop⟩ *die Fische füttern* ‖ **–tera** *f* ⟨pop⟩ *billige Nutte* f ‖ **–tero** adj *geizig, knick(e)rig* ‖ ~ *m Pfennigfuchser* m ‖ *Am* → **sablista**

¡pe|sia (tal)! ⟨pop⟩ *dass dich doch!* ‖ **–siar** vi *(ver)fluchen, verdammen*

pesillo *m* dim von **¹peso** ‖ *Goldwaage* f

pésimamente adv *elend* ‖ *sehr schlecht* ‖ *miserabel*

pesimis|mo *Pessimismus* m, *Schwarzseherei* f ‖ ◇ ~ *calculado Zweckpessimismus* m ‖ **–ta** adj *(m/f) pessimistisch* ‖ ~ *m/f Pessimist(in* f) m, *Schwarzseher(in* f) m

pésimo adj *äußerst schlecht, erbärmlich* ‖ ◆ *de* ~ *gusto äußerst geschmacklos*

¹peso *m Gewicht* n ‖ *Masse* f ‖ *Waage* f ‖ *Waagschale* f ‖ ⟨fig⟩ *(Ge)Wichtigkeit, Bedeutung* f, *Gewicht* n ‖ ⟨fig⟩ *Last, Bürde* f ‖ ⟨fig⟩ *drückender Kummer* m ‖ ~ *atómico Atomgewicht* n ‖ ~ *bruto Bruttogewicht* n ‖ ~ *gallo, ligero, mosca, pluma, medio, pesado, superpesado, welter* (Sp) *Bantam, Leicht-, Fliegen-, Feder-, Mittel-, (Halb)Schwer-, Superschwer-, Welter|gewicht* n ‖ ~ *duro* ⟨Hist⟩ *span. Silbertaler* n ‖ ~ *efectivo Ist-Gewicht* n ‖ ~ *por eje* ⟨Auto EB⟩ *Achslast* f ‖ ~ *al envasar Füllgewicht* n ‖ ~ *escurrido Abtropfgewicht* n ‖ ~ *específico spezifisches Gewicht* n, *Wichte* f ‖ ~ *a granel Schüttgewicht* n ‖ ~ *largo Gutgewicht* n ‖ ~ *máximo Höchstgewicht* n ‖ ~ *mínimo Mindestgewicht* n ‖ ~ *molecular Molekulargewicht* n ‖ ~ *muerto* ⟨Mar⟩ *totes Gewicht, Tot|gewicht* n, *-last* f ‖ ~*neto Netto-, Rein|gewicht* n ‖ ~ *oro Goldgewicht* n ‖ ~ *por pieza Stückgewicht* n ‖ ~ *propio Eigengewicht* n ‖ ~ *teórico Soll-Gewicht* n ‖ ~ *por unidad Einzelgewicht* n ‖ ~ *en vacío Leergewicht* n ‖ ~ *vivo Lebendgewicht* n ‖ ◆ *a(l)* ~ *nach Gewicht* ‖ *a* ~ *de oro sehr teuer* ‖ *corto de* ~ *nicht*

vollwichtig ‖ *de* ~ *vollwichtig* ‖ ⟨fig⟩ *angesehen* ‖ ⟨fig⟩ *klug, vernünftig* ‖ ⟨fig⟩ *bedeutend* ‖ ⟨fig⟩ *wichtig* ‖ ⟨fig⟩ *gewichtig* ‖ *en* ~ *korporativ, insgesamt* ‖ ⟨fig⟩ *unschlüssig* ‖ *falto de* ~ → *corto de* ~ ‖ ◇ *eso se cae de su* ~ ⟨pop⟩ *das ist einleuchtend, das ist e–e Selbstverständlichkeit* ‖ *dar buen* ~ *gutes Gewicht geben* ‖ *dar* ~ *falto (corrido) zu leichtes (volles) Gewicht geben* ‖ *exceder el* ~ *das Gewicht überschreiten* ‖ *übergewichtig sein* ‖ *ganar (en)* ~ *(an) Gewicht gewinnen* ‖ *levantar en* ~ *a alg. jdn in die Höhe heben* ‖ *pagar a* ~ *de oro* ⟨fig⟩ *mit Gold aufwiegen* ‖ *perder (en)* ~ *(an) Gewicht verlieren* ‖ *ser de* ~ *(od tener el* ~*) de 5 kilos 5 kg wiegen* ‖ *tomar en od a* ~ *(mit der Hand) abwägen* ‖ *vender a(l)* ~ *nach (dem) Gewicht verkaufen* ‖ ~*s grandes, pequeños* ⟨EB⟩ *Schwer-, Leicht|gut* n

²peso *m* [Währungseinheit] *Peso* m ($ *mit Zusatz je nach Land, z. B. mex.* $)

pesol *m* ⟨reg⟩ *Erbse* f

pesón *m Balken-, Schnell|waage* f

△ **pespirincho** *m Witwer* m

pespun|t(e)ar vt *steppen (nähen)* ‖ **–te** *m Steppnaht* f ‖ *Stepparbeit* f

pesque|ría *f Fischgrund* m ‖ *Fischerei* f ‖ *Fischfang* m ‖ *Fischgeschäft* n ‖ **–ro** adj: *barco* ~ *Fischdampfer* m ‖ *industria* ~*a Fisch(erei)industrie* f

pesqui(s) *m* ⟨pop⟩ *Kopf* m, *Köpfchen* n ‖ ◇ *tener mucho* ~ *Köpfchen od* ⟨pop⟩ *Grips haben* ‖ *tener poco* ~, *no tener* ~ *ein Einfaltspinsel sein*

pesqui|sa *f Nachforschung* f ‖ *(polizeiliche) Untersuchung* f ‖ *Suche* f ‖ *Fahndung* f ‖ ⟨Jur⟩ *Ermittlungsverfahren* n ‖ **–sante** *m Am Geheimpolizist* m ‖ **–sar** vt *nachforschen (nach)* ‖ *fahnden* ‖ **–sidor** adj/*m: juez* ~ *Untersuchungsrichter* m ‖ ~ *m Nachforscher* m *mit der Untersuchung Beauftragte(r)* m *(Beamte(r) usw.)*

△ **pesquital** *m Gefallen* n

pestalozziano adj *auf den Pädagogen Johann Heinrich Pestalozzi (1746–1827) bezüglich*

¹pestaña *f (Augen)Wimper* f ‖ ~*s vibrátiles* ⟨An⟩ *Flimmerhärchen* npl ‖ *provisto de* ~*s* ⟨Biol⟩ *gewimpert (z. B. Wimpertierchen)* ‖ ◆ *jugarse las* ~*s* ⟨fam⟩ *dem Spiellaster frönen* ‖ *sin mover* ~ ⟨fig⟩ *ohne mit der Wimper zu zucken* ‖ *no pegar* ~ ⟨pop⟩ *kein Auge zutun* ‖ *quemarse las* ~*s* ⟨fam⟩ *übermäßig lernen bes. nachts* ‖

²pestaña *f* ⟨Text⟩ *Paspelschnur, Franse, Borte* f ‖ *Sohl-, Zettel|ende* n *(am Tuch)* ‖ ⟨Met⟩ *Falz* m *(am Blech)* ‖ *Karteireiter* m ‖ ⟨EB⟩ *Radkranz* m ‖ *Spurkranz* m ‖ *Glättholz* n

△ **³pestaña** *f scharfer Blick* m

pesta|ñear vi *blinzeln* ‖ ◆ *sin* ~ ⟨figf⟩ *unverwandt (ansehen)* ‖ **–ñeo** *m Blinzeln* n

pestazo *m* augm von **peste**

pes|te *f* ⟨Med⟩ *Pest* f ‖ *(ansteckende) Seuche* f ‖ ⟨fig⟩ *Gestank, übler Geruch* m ‖ ⟨fig⟩ *Pest, Geißel* f ‖ ⟨fig⟩ *Gesindel* n ‖ ⟨figf⟩ *Unmenge* f, *Haufen* m ‖ *Chi Blattern* fpl ‖ *Col Schnupfen* m ‖ ~ *aviaria* ⟨Vet⟩ *Geflügelpest* f ‖ ~ *bovina* ⟨Vet⟩ *Rinderpest* f ‖ ~ *bubónica Beulenpest* f ‖ ~ *negra* ⟨Med⟩ → ~ *bubónica* ‖ ⟨Ökol⟩ *Ölpest* f ‖ ~ *neumónica* ⟨Med⟩ *Lungenpest* f ‖ ~ *porcina* ⟨Vet⟩ *Schweinepest* f ‖ ~ *de él!* ⟨vulg⟩ *der Teufel soll ihn holen!* ‖ ◇ *echar* ~*s schimpfen, fluchen (de, contra auf)* ‖ **–ticida** *m Pestizid, Schädlingsbekämpfungsmittel* n *(aller Art)* ‖ **–tífero, –tilente** adj *(m/f) verpestet* ‖ *übel riechend, stinkend* ‖ **–tilencia** *f Pest(ilenz)* f

pestillo *m (Tür-, Schloss)Riegel* m ‖ *(Tür)Drücker* m, *Klinke* f ‖ ⟨Mil⟩ *(Patronen)Rahmenhalter* m *(des Gewehrs)* ‖ ⟨Mil⟩ *Schlossriegel* m *(des Maschinengewehrs)* ‖

Drücker m *(des Visiers)* ‖ ◇ echar el ~ a algo *et. verriegeln*
pestiños *mpl in Honig getauchtes Ölgebäck* n
pestorejo *m (dicker, fleischiger) Nacken,* *Stiernacken* m
pesuña *f* → **pezuña**
△ **pet** *m (Tür)Schloss* n
△ **peta** *f Name* m
¹petaca *f Zigaretten-, Zigarren|tasche* f, *-etui* n ‖ *Flachmann* m *(Schnapsflasche)* ‖ Mex *Koffer* m
²petaca *f* Mex *Gesäß* n, *Hinterbacken* fpl ‖ Mex *Busen* m ‖ Mex *Buckel* m
△ **³petaca** *f Bett* n
△ **petal** *m Huf* m
pétalo *m* ⟨Bot⟩ *Blumen-, Blüten-, Kron|blatt* n
petanca *f Pétanque* n
petaquita *f* dim von **¹petaca** ‖ *m/f* Arg *kleine, dicke Person* f
¹petar vt *(fam) (jdm) gefallen* ‖ ◇ si te peta *wenn es dir gefällt, wenn du Lust (dazu) hast*
²petar vt Gal León *(an der) Tür klopfen*
petar|dista *m/f* ⟨pop⟩ *Gauner(in* f), *Betrüger(in* f) m ‖ **–do** *m Spreng|körper* m, *-kapsel* f ‖ *Sprengschuss* m ‖ *Feuerwerkskörper* m ‖ ⟨figf⟩ *Wertlose(s)* n, *(fam) Katastrophe* f, Südd *Schmarren* m ‖ ◇ el concierto, la película, la fiesta, el libro … fue un ~ *das Konzert, der Film, die Party, das Buch … war e–e Katastrophe* ‖ dar ~ a alg. *jdn prellen*
petate *m Bettzeug* n *der Seeleute, Seesack* m ‖ ⟨allg⟩ *Schlafsack* m ‖ ⟨allg⟩ *Bett* n ‖ ⟨fam⟩ *Gepäck* n ‖ ◇ liar el ~ ⟨figf⟩ *sein Bündel schnüren, ausziehen* ‖ *sterben,* ⟨pop⟩ *abkratzen*
petenera(s) *f(pl) ein südspan. Tanz* ‖ ◇ salir por ~ ⟨pop⟩ *ausweichend antworten* ‖ *s. blamieren* ‖ *Ungehöriges antworten*
petequia(s) *f(pl)* ⟨Med⟩ *Petechien* pl
peteretes *mpl* ⟨fam⟩ *Naschwerk* n
Petersburgo *m* [Stadt]: San ~ *St. Petersburg* n
peti|ción *f Gesuch* n, *Bitte* f ‖ *Ansuchen* n ‖ *Forderung* f ‖ ⟨Jur⟩ *Klage* f ‖ ⟨Jur⟩ *Bittschrift* f ‖ ~ de clemencia *Gnadengesuch* n ‖ ~ perentoria *dringende Bitte* f ‖ ~ de principio *Zirkelschluss* m, ⟨lat⟩ *Petitio* f *principii* ‖ ◆ a ~ del comprador *auf Wunsch des Bestellers* ‖ a ~ general *auf allgemeines Verlangen* ‖ ◇ hacer, formular, presentar una ~ *ein Gesuch einreichen, ersuchen (um)* ‖ hacer la ~ de mano *um die Hand (e–s jungen Mädchens) anhalten* ‖ **–cionario** *m/adj Antragsteller* m ‖ ⟨Jur &⟩ *Petent* m ‖ *Bewerber* m ‖ ~ de asilo *Asylbewerber* m
petifoque *m* ⟨Mar⟩ *Außenklüver* m
petigrís *m Feh* n
petimetre *m Geck, Fatzke* m
petirrojo *m* ⟨V⟩ *Rotkehlchen* n (Erithacus rubecula)
petiso adj Arg *klein* ‖ *winzig* ‖ *m (kleines) Pferd, Pony* n
petitero *m* RPl *Halbstarke(r)* m
petito|ria *f* ⟨fam⟩ *Bitte* f ‖ → auch **petición** ‖ **–rio** adj: carta ~a *Bittschrift* f ‖ ~ m ⟨fam⟩ *Sammeltisch* m ‖ *Kollekte* f ‖ *Katalog* m *von Forderungen* ‖ ⟨Pharm⟩ *Standardliste* f
petizo adj/m Am → **petiso**
peto *m Brustlatz* m ‖ *Vorhemd* n ‖ ⟨Zool⟩ *Bauchpanzer* m ‖ ⟨Hist⟩ *Brustharnisch* m
petral *m Brust-, Sielen|geschirr* m
△ **¹petrar** vi *krepieren*
△ **²petrar** *m Hüfte* f
petrar|quesco adj ⟨Lit⟩ *im Stil des Petrarca* ‖ **–quismo** *m Petrarkismus* m ‖ **–quista** adj *(m/f) auf Petrarca bezüglich* ‖ ~ *m/f Bewunderer(in* f) bzw *Nachahmer(in* f) m *Petrarcas*
petrel *m* ⟨V⟩ *Sturmschwalbe* f (Pterodroma spp) ‖ → **paíño**

pétreo adj *steinern, Stein-, Felsen-*
petrifi|cación *f* ⟨Geol⟩ *Versteinerung* f ‖ **–cado** adj: ◇ me quedé ~ ⟨pop⟩ *ich war sprachlos (vor Schreck)* ‖ **–car** [c/qu] vt *versteinern* ‖ ⟨fig⟩ *erstarren lassen* ‖ ~**se** *versteinern, zu Stein (bzw starr) werden*
petrodólar *m Petrodollar* m
petrogénesis *f* ⟨Geol⟩ *Petrogenese* f
Petrogrado *m* [Stadt] (hoy **San Petersburgo**) *Petrograd* n (heute *St. Petersburg*)
petro|grafía *f Petrographie* f ‖ **–lado, –lato** *m Petrolatum* n, *Naturvaseline* f
petróleo *m Erdöl* n ‖ *Petroleum* n ‖ ~bruto *Rohöl* n ‖ ~ lampante *Leuchtpetroleum* n
petro|lero *m Petroleumhändler* m ‖ *Mordbrenner* m *(mittels Petroleum)* ‖ ⟨fig Hist⟩ *Revolutionär* m ‖ ⟨Mar⟩ *Tanker* m ‖ **–lífero** adj *erdölführend (Schicht)* ‖ **–logía** *f Petrologie* f
Petronila *f* np *Petronilla* f
petroquímica *f Petrochemie* f
petroso adj *steinig, Stein-*
△ **petul** *m Huf* m
petulan|cia *f Un|gestüm* n, *-bändigkeit, Ausgelassenheit* f ‖ *Dreistigkeit* f ‖ *Unverschämtheit, Frechheit* f ‖ *anspruchsvolle Eitelkeit* f ‖ *Anmaßung* f ‖ **–te** adj *(m/f) ungestüm, ausgelassen* ‖ *dreist, vorlaut* ‖ *unverschämt, frech* ‖ *lächerlich, eingebildet* ‖ *anmaßend* ‖ *sehr ungeduldig*
petunia *f* ⟨Bot⟩ *Petunie* f (Petunia spp)
peúco *m Babysocke* f
peyorativo adj *verschlechternd (Sinn des Wortes)* ‖ *abschätzig, pejorativ, herabsetzend*
peyote *m* ⟨Bot⟩ *Peyotl* m (& n)
¹pez *[pl* ~**ces]** *m Fisch* m ‖ *Flussfisch* m ‖ ⟨fig⟩ *schlechter, junger Schüler* m ‖ ⟨fig⟩ *Neuling* m ‖ ~ de agua dulce *Süßwasserfisch* m ‖ ~ ángel ⟨Fi⟩ *Engelrochen, Meerengel* m (Rhina squatina) ‖ ~ dorado, ⟨fam⟩ ~ de colores *Goldfisch* m (Carassius auratus) ‖ ~ espada ⟨Fi⟩ *Schwertfisch* m (Xiphias gladius) ‖ ~ fluvial *Flussfisch* m ‖ ~ gordo ⟨fig⟩ *bedeutende Persönlichkeit* f, *(fam) hohes Tier* m ‖ ⟨Pol⟩ *Bonze* m ‖ ~ hacha *Silberbeil* n (Argyropelecus olfersi) ‖ ~ hembra *Rog(e)ner* m ‖ ~ lechal *Milch(n)er* m ‖ ~ luna *Mond-, Sonnen|fisch* m (Mola mola) ‖ ~ macho → ~ lechal ‖ ~ mahoma *Dorn-, Nagel|rochen* m (Raja clavata) ‖ ~ mantequilla *Butterfisch* m (Pholis gunellus) ‖ ~ marino *Seefisch* m ‖ ~ martillo ⟨Fi⟩ *Hammerhai* m (Sphyrna zygaena) ‖ ~ mujer ⟨Zool⟩ → **manatí** ‖ ~ piloto *Pilot* m (Naucrates ductor) ‖ ~ pulmonado *Lungenfisch* m ‖ ~ rana *Froschdorsch* m (Raniceps raninus) ‖ ~ de San Pedro *Heringskönig, Petersfisch* m (Zeus faber) ‖ ~ sierra *Sägefisch* m (Pristis spp) ‖ ~ zorro *Fuchshai* m (Alopias vulpinus) ‖ peces chinos *(fam) Goldfische* mpl ‖ peces voladores *Flugfische* mpl (Exocoëtidae) ‖ ◆ como el ~ en el agua ⟨figf⟩ *wie ein Fisch im Wasser,* ⟨pop⟩ *wie der Herrgott in Frankreich* ‖ ◇ estoy ~ en ello ⟨pop⟩ *ich habe k–e Ahnung od k–n blauen Dunst (davon)* ‖ el ~ pica *der Fisch beißt an* (& fig) ‖ salga ~ o salga rana ⟨figf⟩ *aufs Geratewohl* ‖ ¡yo me río de los peces de colores! ⟨pop⟩ *das lässt mich kalt!*
²pez *[pl* ~**ces]** *f Pech* n ‖ *Baumharz* n ‖ ~ de Judea → **betún** de Judea ‖ ~ negra *Schusterpech* n ‖ negro como la ~ *pechschwarz* ‖ ◇ pegar *od* untar con ~ *einpichen*
pezón *m* [der Frau] *Brustwarze* f ‖ *Zitze* f ‖ ⟨Bot⟩ *(Blatt)Stiel* m ‖ *Zipfel* m ‖ *Ende* n ‖ ⟨fig⟩ *Bergkegel* m ‖ dim: **pezoncito**
pezonera *f* ⟨Med⟩ *Warzen-, Saug|hütchen* n ‖ *Brustglas* n ‖ ⟨Agr⟩ *Melkzitze* f ‖ Am ⟨reg⟩ → **biberón**

pezuña f *Huf* m, *Klaue* f *der Spalthufer*
Pf., p.f., Pfs. ⟨Abk⟩ = **peso(s) fuerte(s)**
pfennig m [*Münzeinheit*] *Pfennig* m
pgdo. ⟨Abk⟩ = **pagado**
pH ⟨Abk⟩ = *pH*
phi f *griech.* φ (Φ), *Phi* n
pi *griech.* π (Π), *Pi* n
pía f *Schecke, scheckige Kuh* f
¹piache: tarde ~ ⟨fam⟩ *zu spät*
²piache m Ven *Kurpfuscher* m
pia\da f *Piepen* n ‖ **–dor** adj *piep(s)end*
△ **piador** m *Trinker* m
piadoso adj *fromm* ‖ *andächtig* ‖ *mitleidig,
barmherzig* ‖ *mild(tätig), gnädig* ‖ *liebevoll* ‖ ◇ a
la ~a memoria *zum frommen Andenken*
pia\far vi *tänzeln (Pferd)* ‖ [*Reitkunst*]
piaffieren, die Piaffe ausführen ‖ **–fe** m *Piaffe* f
  pial m Am *Binde-, Fang\strick* m ‖ *Schlinge* f
piamadre, píamadre f ⟨An⟩ *Pia Mater* (lat),
weiche Hirnhaut f
Piamon\te m ⟨Geogr⟩ *Piemont* n ‖ ≃**tés** adj
piemont(es)ich, aus Piemont ‖ ~ m *Piemontese* m
pian adv: ~, ~ ~ (~, piano, ~, pianito) ⟨fam⟩
sachte, gemächlich
  pián m ⟨Med⟩ *Himbeerseuche, Frambösie* f
pia\nista m/f *Klavierspieler(in* f), *Pianist(in* f)
m ‖ *Klavierbauer(in* f) m ‖ *Klavierhändler(in* f) m
‖ ~ *concertista Konzertpianist(in* f) m ‖ **–místico**
adj *pianistisch, Klavier-* ‖ *für Klavier gesetzt
(Musikstück)* ‖ **–no** adv ⟨Mus⟩ *piano, leise* ‖ ~ m
⟨Mus⟩ *Klavier* n ‖ *Piano* n ‖ ~ *automático
Pianoautomat* m ‖ ~ *de cola Flügel* m ‖ ~ *de
concierto Konzertflügel* m ‖ ~ *de media cola
Stutzflügel* m ‖ ~ *cruzado,* ~ *diagonal
Kreuz(saiten)klavier* n ‖ ~ *cuadrado Tafelklavier*
n ‖ ~ *de manubrio Drehorgel* f ‖ ~ *recto,* ~
vertical Piano, Klavier n ‖ ◇ *tocar el* ~ a (a cuatro
manos) *Klavier (vierhändig) spielen* ‖ **–noforte** n
[*veraltet*] *Pianoforte, Klavier* n ‖ **–nola** f *Pianola,
mechanisches* bzw *elektrisches Klavier* n
  piapoco m Col Ven → **tucán**
¹piar vi [pres pío] *piep(s)en (Vögel)* ‖ ◇ ~ *por
algo* ⟨fam⟩ *s. nach et. sehnen, nach et. lechzen* ‖
¡si no pío! ⟨pop⟩ *ich sage doch kein Wort!*
△ **²piar** [pres pío] vi *viel trinken*
piara f *Herde* f *(Schweine)* ‖ p. ex *Rinder-,
Maultier\herde* f *(usw.)*
piasava f *Piassava* f *(Faser der Parapiassava-,
der Wein-, der Bahia-Piassava- und der
Brenn\palme)*
piastra f [*Münzeinheit*] *Piaster* m
piazo m ⟨pop⟩ → **pedazo**
PIB ⟨Abk⟩ = **producto interior bruto**
pibe m RPl *Kind, Kleine(s)* n
¹pica f *Pike, Lanze* f, *Spieß* m ‖ ⟨Taur⟩ *Spieß*
m *des Picadors* ‖ *Zweispitz, Pickel* m ‖
Steinmetzhacke f ‖ *Spitze* f ‖ *Dorn, Stachel* m ‖
⟨Sp⟩ *Eispickel* m ‖ ◇ *poner una* ~ *en Flandes*
⟨figf⟩ *et. sehr Schwieriges und Gefährliches
ausführen* ‖ *poder pasar por las* ~s *de Flandes*
⟨fig⟩ *fehlerlos sein, der strengsten Kritik
standhalten* ‖ *saltar por las* ~s *de Flandes* ⟨figf⟩
rücksichtslos vorgehen
²pica f ⟨Typ⟩ *Pika* f *(≈ Cicero)*
picacaballos f ⟨Zool⟩ MAm „*Pferdebeißer"* m
(e–e Würgespinne f = *Teraphosa* sp)
pia\cho m *spitzer Berggipfel* m ‖ *Bergspitze* f
‖ **–chón** m *Spitzhacke* f, *Pickel* m
picada f *Anbeißen* n *der Fische* ‖ *Hieb* m *mit
dem Schnabel* ‖ *Stich* m *(e–s Insekts)* ‖ Am
Felsenweg m ‖ Am *Waldschneise* f ‖ Arg *schmale
Furt* f
  picadero m *Reit\bahn, -halle, -schule* f ‖
Tattersall m ‖ ⟨pop⟩ *Junggesellenbude* f ‖ ⟨pop⟩
Absteig(e)quartier n ‖ ⟨Mar⟩ *Kielholz* n

picadiente m Am *Zahnstocher* m
picadillo m *Hackfleisch* n ‖
(Paprika)Wurstfüllsel n ‖ ~ *de cerdo
Schweinshaschee* n ‖ ◇ *no lo diré, así me hagan
~* ⟨pop⟩ *ich sage es nicht, wenn es mich auch
den Kragen kostet* (od *auch wenn man mich zu
Hackfleisch macht)*
¹picado adj *gelocht, durchlöchert* ‖ *gehackt
(Fleisch)* ‖ *angefault, mit e–m Stich (Fleisch,
Obst, Wein)* ‖ *(von Vögeln) an\gepickt, -gefressen
(Früchte)* ‖ *wurmstichig* ‖ ⟨Mar⟩ *kabbelig (See)* ‖
⟨figf⟩ *aufgebracht, gereizt, zornig* ‖ *pockennarbig*
‖ (fig) *befallen* (de *von)* ‖ ~ *de viruelas blatter-,
pocken\narbig* ‖ ~ *del mosquito von der Mücke
gestochen* ‖ ◇ *sentirse* ~ *s. getroffen fühlen* ‖ ~
Mottenfraß m ‖ *(Stick)Vorlage* f ‖ ⟨Mus⟩ *Stakkato*
n ‖ ⟨Auto⟩ *Klopfen* n *(Motor)* ‖ ~ *(entre)fino,
superior, suave, común, fuerte verschiedene
Sorten span. dunklen Zigarrentabaks* ‖ ~ *ligado*
⟨Mus⟩ *gebundenes Stakkato* n
²picado m *(Flugw) Sturzflug* m ‖ *Vornüber-,
Nachvorn\kippen* n
³picado m ⟨Tech⟩ *Feilenhieb* m
pica\dor m *Be\reiter, Zu\reiter* m ‖ *Kunstreiter*
m ‖ *Stallmeister* m ‖ ⟨Taur⟩ *Picador* m ‖ ⟨Mar⟩
Block m *(zur Kielauflage)* ‖ ~ *de toros* ⟨Taur⟩
Picador m ‖ ~ *de minas* ⟨Bgb⟩ *Häuer* m ‖ **–dora**
f *Fleischwolf* m ‖ **–dura** f *Stechen, Picken* n ‖
Stich m ‖ *feingeschnittener, dunkler
Zigarettentabak* m ‖ *Mottenfraß* m ‖ ~ *de
insecto(s) Insektenstich* m ‖ ~ *de ortiga
Nesselbrand* m
pica\figo m ⟨V⟩ *Feigendrossel* f *(Pionias
accipitrinus)* ‖ **–flor** m *Kolibri* m ‖ ⟨fig⟩
Schürzenjäger m
picajoso adj *empfindlich, reizbar, schnell
beleidigt*
  pical m *Kreuzung* f *mehrerer Wege*
picamaderos m ⟨V⟩ → **²pico**
pican\te adj *(m/f)* (dim: **–tillo**) *scharf, beißend,
brennend, prickelnd* ‖ ⟨fig⟩ *pikant, prickelnd* ‖
⟨fig⟩ *beißend, bissig (Wort)* ‖ ~ m *scharf
gewürzte* od *stark gepfefferte Speise* f ‖ ⟨pop⟩
Pfeffer m ‖ **–tería** f Chi Ec Pe *billiges Restaurant*
n
  picaño adj *zerlumpt* ‖ *verwahrlost* ‖
spitzbübisch ‖ *dreist, frech*
picapedrero m *Steinmetz* m ‖ *Schotterschläger,
-leger* m
picapica f *Juckpulver* n
pica\pleitos m *Winkeladvokat* m ‖ **–porte**
(Tür-, Fenster)Klinke f ‖ *Drücker* m
¹picar [c/qu] vt/i *stechen* ‖ *(an)picken, mit dem
Schnabel packen (Vogel)* ‖ *hacken (Fleisch)* ‖
anbeißen (Fisch) ‖ *beißen (Schlange, Spinne)* ‖
knabbern (Nüsse, Kekse usw.) ‖ *jucken
(Ausschlag)* ‖ *brennen (scharfe Speisen)* ‖ *spornen
(Pferd)* ‖ *(aus)klopfen (Kleider)* ‖ *lochen
(Fahrkarte)* ‖ *auspacken (Papier)* ‖ *behauen,
spitzen (Steine)* ‖ ⟨Mar⟩ *kappen (Tau)* ‖ *dengeln
(Sense)* ‖ *hauen (Feile)* ‖ ⟨fig⟩ *an\treiben,
-spornen* ‖ ⟨fig⟩ *kränken, ärgern, reizen* ‖ ⟨fig⟩
reizen ‖ ⟨Mus⟩ *staccato spielen* ‖ ⟨Mus⟩ *kurz
abstechen (Noten)* ‖ ◇ ~ *el billete die Fahrkarte
lochen* ‖ *le pican los celos* ⟨fig⟩ *die Eifersucht
lässt ihn (sie, es) nicht zur Ruhe kommen, er (sie,
es) verzehrt s. vor Eifersucht* ‖ *le pica la
curiosidad* ⟨fig⟩ *die Neugierde plagt ihn (sie, es)* ‖
~ *los ojos a alg. jdm die Augen aushacken* ‖ ~ *la
vena de alg. jdn zur Ader lassen* ‖ ~ vi *brennen,
stechen, glühen (Sonne, Körperteil)* ‖ *klatschen* ‖
(an der Tür) klopfen ‖ *anbeißen (Fisch)* ‖ ~ *alto,
bajo hoch, niedrig stoßen (Billard)* ‖ ~ *más alto*
⟨figf⟩ *höhere Ansprüche stellen* ‖ *ya va picando el
frío die Kälte macht s. bemerkbar* ‖ ~ (en la

garganta) *im Hals kratzen (Speise usw.)* ‖ ~ con
las manos *in die Hände klatschen* ‖ ~ en la
música ⟨pop⟩ *(Musik) dilettantisch spielen* ‖ ~ en
la pared *an die Wand klopfen* ‖ ~ con los pies *mit
den Füßen stampfen, trampeln* ‖ picaron hacia el
pueblo *sie ritten zum Dorf* ‖ ~ a la puerta *an der
Tür klopfen* ‖ el sol pica *die Sonne sticht* ‖ ~ en
todo ⟨fam⟩ *flatterhaft sein* ‖ ~ en valiente ⟨pop⟩
den Tapferen spielen wollen ‖ ~ en viejo ⟨fam⟩
alt werden ‖ ~se *Mottenstiche bekommen (Tuch)* ‖
[in der Drogenszene] ⟨pop⟩ *s. e–n Schuss setzen* ‖
*angehen, e–n Stich bekommen (Fleisch, Korn,
Wein usw.)* ‖ *schimm(e)lig, stockig werden
(Getreide, Buchseiten)* ‖ *unruhig werden (See)* ‖
⟨fig⟩ *s. beleidigt fühlen (de über* acc*)*, ⟨fam⟩
pikiert werden ‖ ⟨fig⟩ *s. einbilden (de auf* acc*)* ‖ *s.
aufspielen (als* nom*)* ‖ ◇ ~ de *(od* por*)* una
alusión *s. durch e–e Anspielung getroffen fühlen* ‖
~ con … *s. verfeinden mit* … ‖ ~ de ⟨ser⟩ *sabio
s. auf s–e Gelehrsamkeit et. einbilden* ‖ quien se
pica, ajos come ⟨fig⟩ etwa: *wen's juckt, der kratze
s.*

²picar [c/qu] *vt zureiten (Pferd)*
³picar [c/qu] *vt* ⟨Mar⟩ *pumpen* ‖ ⟨Mar⟩
schneller rudern ‖ ⟨Flugw⟩ *drücken, Tiefensteuer
geben* ‖ ⟨Flugw⟩ *stürzen, herunterstoßen*
    picarada *f Schelmenstreich* m
    picaraza *f* ⟨V⟩ → **urraca**
    picarazo *m Erzspitzbube* m
    picar|día *f Schurkenstreich* m, *Gaunerstück* n ‖
Schlauheit, Verschlagenheit f ‖ *Schelmerei* f,
unschuldiger Streich m ‖ ♦ con ~ *schelmisch* ‖
heimtückisch, hinterlistig
    picardo *adj/s pikardisch (aus der Picardie,
Frankreich)*
    pica|resca *f* ⟨Lit⟩ *Schelmendichtung* f ‖
Schurken-, Gauner|tum n ‖ **–resco** *adj
spitzbübisch* ‖ *schelmisch* ‖ *Schelmen-* ‖ *Gauner-* ‖
possenhaft ‖ **–rillo, –rín** *m kleiner Schelm* m,
Range f
    pícaro *adj schelmisch* ‖ *schurkisch, gaunerhaft,
gerieben* ‖ ⟨fig⟩ *boshaft, heimtückisch* ‖ ~ *m
Schurke, Gauner, Schelm* m ‖ ⟨Lit⟩ *Schelm* m ‖
Laus-, Spitz|bube m *(& kosend)* ‖ *Strolch, Stromer*
m ‖ ⟨fam⟩ *Galgenstrick* m ‖ ~ de cocina
Küchenjunge m ‖ ~ de marca, ~ de siete suelas
⟨pop⟩ *ausgemachter Gauner* m ‖ *augm*: **picarón**
(meist Kosewort od nicht abwertend)
    picaronazo *m übler Schurke* m
    picaronero *m Am Brezelverkäufer* m
    picaruelo *adj/s dim von* **pícaro**
    picarrelincho *m* ⟨V⟩ *Specht* m (→ **²pico**)
    picatoste *m (geröstete) Brotschnitte* f, *Toast* m
    ¹picaza *f/adj Elster* f (→ **urraca**) ‖ ⟨fig⟩
zanksüchtige Frau f ‖ *(caballo)* ~ *Schecke* f *(Pferd)*
    ²picaza *f Murc Jät|hacke, -haue* f
    ¹picazo *m Pikenstich* m ‖ *Stichnarbe* f
    ²picazo *m augm von* **¹pico**
    ³picazo *m* → **picotazo**
    ⁴picazo *m Schecke* f *(Pferd)*
    ⁵picazo *m junge Elster* f (→ **urraca**)
    picazón *f Jucken, Beißen* n ‖ ⟨figf⟩ *Unruhe,
Ungeduld* f ‖ ⟨figf⟩ *Ärger, Verdruss* m
    picea *f* ⟨Bot⟩ *Gemeine Fichte, Rot|fichte,
-tanne* f *(Picea abies)* ‖ ~ de Oriente *Orientfichte*
f (P. orientalis) ‖ ~ de Serbia *Serbische Fichte* f
(P. omorika) ‖ ~ de Sitka *Sitkafichte* f (P.
sitchensis)
    píceo *adj pech|schwarz, -farben, Pech-*
    picha *f* ⟨vulg⟩ *Schwanz* m *(Penis)*
    pichagüero *m Ven* ⟨Bot⟩ *Kalebassenbaum* m
    pichar(se) *vi(r)* ⟨vulg⟩ *pissen* ‖ *Arg* ⟨fig⟩ *s.
einschüchtern lassen* ‖ *Dom* ⟨figf⟩ *schwindsüchtig
werden* ‖ *Dom* ⟨fig pop⟩ *sterben,* ⟨pop⟩ *krepieren,
abkratzen*

pichel *m Zinngefäß* n *mit Deckel* ‖ *Zinnkrug* m
pichela *m Ar Weinkrug* m *(0,5 l)*
pichete *m Hond Eidechse* f
pichi *m Trägerkleid* n
pichica *f Bol Zopf* m
¹pichiciego *m Arg kurzsichtig*
²pichiciego *m Arg Chi* ⟨Zool⟩ *Gürtel|mull* m,
-maus f (Chlamydophorus truncatus)
pichichi *m* ⟨fam⟩ *Torschützenkönig* m
pichicho *m Arg Schoßhündchen* n
pichilingo *m Mex* ⟨fam⟩ *kleines Kind* n, ⟨fam⟩
Kleine(r) m
¹pichincha *f RPl Mädchen* n *aus dem Volk*
²pichincha *f Zufallstreffer* m ‖ *Glückskauf* m ‖
Gelegenheitsgeschäft n
    △ **pichirichi** *m Geschmack* m
pichiruche *m Chi unbedeutender Mensch* m
    △ **picho** *m Taschentuch* n
picholear *vi Chi* ⟨vulg⟩ *bumsen, vögeln, ficken
bzw wichsen (Mann) (onanieren)* ‖ ⟨figf⟩
bummeln ‖ *Arg Bol schachern*
    pichón *m junge Taube* f ‖ ⟨figf⟩ *Täubchen,
Schätzchen* n *(Kosewort)* ‖ ⟨figf⟩ *unerfahrene,
junge Person* f, ⟨fam⟩ *Grünschnabel, Neuling* m ‖
Cu Feigling m ‖ **pichona** *f* ⟨fig pop⟩ *Taube* f,
Täubchen n *(Kosename)* ‖ *Murc ein Kartenspiel* n
    pichoncito *m dim von* **pichón** ‖ ⟨fam⟩ *Liebling*
m
    pichonear *vi Tauben schießen* ‖ *e–n
(Mit)Spieler ausnehmen*
pichula *f* ⟨vulg⟩ *Schwanz* m *(Penis)*
pichuncha *f Chi Nutte* f
pichurria *f Col Kleinigkeit,* ⟨fam⟩ *Lappalie* f
Picio *np*: más feo que ~ ⟨fam⟩ *hässlich wie
die Nacht*
pick-up *m Tonabnehmer* m ‖ *Plattenspieler* m
picnic *m Picknick* n
pícnico *adj* ⟨Med⟩ *pyknisch, dickleibig,
untersetzt* ‖ ~ *m Pykniker* m
picnómetro *m Pyknometer* n *(zur
Dichtebestimmung)*
¹pico *m Schnabel* m ‖ ⟨fig⟩ *Spitze* f ‖ ⟨fig⟩
Bergspitze f ‖ *hoher Berg* m ‖ ⟨Agr⟩ *Karst* m,
Pickel-, Spitz|haue f ‖ ⟨Mar⟩ *Gaffel* f ‖ *Eispickel*
m ‖ *Mundstück* n, *Schnabel* m, *Tülle* f *(e–s
Gefäßes)* ‖ *Ausguss* m ‖ ⟨An⟩ *Zacke* f ‖ *Zipfel* m ‖
Überschuss m *(e–r runden Summe)* ‖ ⟨pop⟩ *Mund,
Schnabel* m, ⟨vulg⟩ *Maul* n ‖ *Beredsamkeit* f,
Mundwerk n ‖ ~ del consumo *Verbrauchsspitze* f
‖ ~ de flauta ⟨Zim⟩ *schräger Blattstoß* m ‖ ~ de
frasco → **tucán** ‖ ~ de gas *Gasflamme* f ‖ ~ de
oro ⟨fig⟩ *ausgezeichneter Redner* m ‖ el ~ de una
uña ⟨figf⟩ *ein klein bisschen* ‖ ♦ de ~ ⟨iron⟩ *mit
dem Mund, aber nicht mit der Tat* ‖ mil euros y
~ et. *über tausend Euro,* ⟨pop⟩ *tausend Euro und
ein paar Zerquetschte* ‖ ◇ andar de ~s pardos →
irse de ~s pardos ‖ darse el ~ *schnäbeln, s.
küssend liebkosen* ‖ ¡calla el ~! ¡cierra el ~!
⟨fam⟩ *halt den Mund od* ⟨fam⟩ *den Schnabel!* ‖
⟨pop⟩ *halt's Maul!* ‖ costar un ~ *sehr teuer sein,
e–e Stange Geld kosten* ‖ hacer el ~ ⟨fam⟩ *den
Rest (e–r Rechnung) bezahlen* ‖ hincar el ~ ⟨pop⟩
sterben, ⟨vulg⟩ *krepieren* ‖ irse del ~ *zuviel
erzählen, s. verplappern* ‖ irse de ~s pardos
⟨figf⟩ *die Zeit (unnütz) vertrödeln* ‖ ⟨figf⟩
fremdgehen ⟨figf⟩ *flirten, (jdm) den Hof machen*
‖ perderse por el ~ *s. durch Reden schaden* ‖
cortado a ~ ⟨fig⟩ *steil (Felsen)* ‖ se lo quita del
~ er *(sie, es) spart es s. am Mund ab* ‖ es un ~
⟨fam⟩ *es ist ein hübsches Sümmchen* ‖ el tiene 40
y ~ *er ist in den Vierzigern* ‖ tener buen ~, tener
un ~ de oro ⟨fam⟩ *ein ganz schönes od ein tolles
Mundwerk haben*
²pico *m* ⟨V⟩ *Specht* m ‖ ~ carpintero *Specht* m
‖ ~ dorsiblanco *Weißrückenspecht* m

(Dendrocopos leucotos) ‖ ~ mediano *Mittelspecht* m (D. medius) ‖ ~ menor *Kleinspecht* m (D. minor) ‖ ~ negro (→ **²pito**) ‖ ~ picapinos *Buntspecht* m (D. major) ‖ ~ sirio *Blutspecht* m (D. syriacus) ‖ ~ tridáctilo *Dreizehenspecht* m ‖ ~ verde *Grünspecht* m (Gecinus viridis)
³pico *m* ⟨Bot⟩: ~ de cigüeña *Storchschnabel* m (Geranium spp)
⁴pico *m philipp. Maß (63,262 kg)*
⁵pico- präf *Pico- (10⁻¹²)*
△ **picoa** *f (Koch)Topf* m
picofeo *m* ⟨V⟩ Col → **tucán**
picogordo *m* ⟨V⟩ *Kernbeißer* m (Coccothraustes coccothraustes)
△ **pícol** adv *ein bisschen*
picoleto *m* ⟨pop⟩ *Angehöriger der* guardia civil
¹picón adj *mit überlangen Schneidezähnen (Pferd usw.)* ‖ Am *geschwätzig* ‖ ~ m *Rupfer* m *(Pferd)* ‖ ⟨figf⟩ *Anreizen, Provozieren* n
²picón *m (kleine) Holzkohlen* fpl ‖ *Bruchreis* m
△ **³picon** *m Laus* f
piconero *m/adj Holzkohlenhändler* m ‖ "La chiquita ~a" *berühmtes Bild des span. Malers Julio Romero de Torres* ‖ → **picador**
picor *m Jucken* n, *Juckreiz* m ‖ *Brennen* n ‖ *Kribbeln, Prickeln, Krabbeln* n
△ **picosa** *f Stroh* n
picota *f Pranger* m ‖ *äußerste Spitze* f *(Turm, Fels, Berg)* ‖ ◇ poner a alg. en la ~ ⟨fig⟩ *jdn an den Pranger stellen, anprangern*
picota|zo m (**–da** *f*) *Schnabelhieb, Stoß, Hieb* m *mit dem Schnabel* ‖ *(Insekten)Stich* m ‖ ◇ arrancar a ~s *aushacken* ‖ dar un ~ *picken* (a alg. a algo *jdn, et.* acc) ‖ *zwicken* (acc)
¹picote *m* ⟨Text⟩ *grobes Zeug* n *(aus Ziegenhaar)*
△ **¹picote** *m Glas* n
pico|tear vt/i *(an)picken, mit dem Schnabel picken* ‖ *hacken* ‖ *von allem etwas essen, von allem probieren, picken* ‖ ⟨fig⟩ *klatschen* ‖ **~se** *schnäbeln (Vögel)* ‖ ⟨figf⟩ *s. zanken (Frauen)* ‖ **–teo** *m Schnäbeln* n ‖ **–tería** *f* ⟨figf⟩ *Geschwätzigkeit* f ‖ *Klatschen* n ‖ **–tero** *m/adj Schwätzer* m
picoverde *m* ⟨V⟩ *Grünspecht* m (→ **²pico**)
picrato *m* ⟨Chem⟩ *Pikrat, pikrinsaures Salz* n
pícrico adj: ácido ~ ⟨Chem⟩ *Pikrinsäure* f
picto *m* ⟨Fi⟩ *Fleckengrundel* f (Pomatochistus pictus)
picto|grafía *f Piktographie* f ‖ **–gráfico** *piktographisch* ‖ **–grama** *m Piktogramm* n ‖ **–ralismo** *m* ⟨Kunst⟩ *Piktoralismus* m
pictórico adj *malerisch, zum Malen geeignet* ‖ *auf die Malerei bezüglich* ‖ *Bild-, Mal-*
picu|dillo adj *etwas spitz* ‖ **–do** adj *spitz(ig)* ‖ *großschnäb(e)lig* ‖ ⟨figf⟩ *schwatzhaft* ‖ Mex *gewandt* ‖ Cu *kitschig*
picu|re *m* Ven *Flüchtling* m ‖ **–rearse** vr *entfliehen*
pidazo *m* ⟨pop⟩ → **pedazo**
pidgin *m* ⟨Ling⟩ *Pidgin* n
pidientero *m Bettler* m
pido *m* ⟨fam⟩ *Bitte* f
pidón *m* ⟨fam⟩ *ständig Bittende(r)* m ‖ *zudringlicher bzw bettelhafter Mensch* m
¹pie [*pl* **pies**, ⟨pop⟩ **pieses**] *m Fuß* m ‖ *Tierfuß* m, *Pfote* f ‖ *Hinterfuß* m *(der Tiere)* ‖ ⟨fig⟩ *Schuhgröße* f ‖ ⟨Bot Agr⟩ *Schössling, Trieb* m *(e–s Baumes, e–r Pflanze)* ‖ *Stängel, Stamm* m ‖ *Kopf, Halm, Stock* m, *Staude f (der Pflanzen)* ‖ *Wurzelende* n, *Strunk* m ‖ *Unter|lage* f, *-satz*, *Ständer* m ‖ ⟨Typ⟩ *Bildunterschrift* f ‖ *Gestell* n ‖ *Stütze* f ‖ *Tisch-, Möbel|fuß* m ‖ *dicke Schicht* f ‖ *(Boden)Satz* m ‖ ⟨Mal⟩ *Grundierung* f ‖ ⟨Mal⟩ *Grundfarbe* f ‖ *Vers|fuß* m, *-maß* n ‖ ⟨Th⟩

Stichwort n ‖ *Fuß* m, *-maß* n (Cast = ¹/₃ *vara* = 12 *pulgadas* = *ca. 28 cm*) ‖ ⟨Math⟩ *Fußpunkt* m ‖ ⟨Fot⟩ *Stativ* n ‖ *Schlussteil* m, *Ende* n ‖ *Grundlage* f, *Grund* m ‖ *Veranlassung* f, *Anlass* m ‖ ~ adelante, ~ atrás *vorwärts, zurück* ‖ ~ de altar *Nebeneinkünfte* fpl *e–r Pfarrei* ‖ ~ cuadrado *Quadratfuß* m *(Maß)* ‖ ~ delantero (trasero) *Vorder- (Hinter)fuß* m ‖ ~ de guerra *Kriegsfuß* m ‖ ~ de imprenta ⟨Typ⟩ *Impressum* n, *Druckvermerk* m ‖ ~ de liebre ⟨Bot⟩ *Hasenklee* m (Trifolium arvense) ‖ ~ de palo *Holzbein* n ‖ ~ de pato ⟨Sp⟩ *Schwimmflosse* f ‖ ~ plano *Plattfuß* m ‖ ~ trasero *Hinterfuß* m ‖ ~ de vid *Rebstock* m ‖ ◆ a ~ *zu Fuß* ‖ ~ ante ~ *Schritt vor Schritt* ‖ a ~ enjuto *trockenen Fußes* ‖ ⟨fig⟩ *ohne Gefahr, risikolos* ‖ *ohne Mühe* ‖ a ~ firme ⟨fig⟩ *fest, standhaft* ‖ al ~ *unten, am Fuß* ‖ *in unmittelbarer Nähe* ‖ *ungefähr (bei runden Summen), Fuß-* ‖ al ~ del árbol *am Baum(stamm)* ‖ al ~ de la carta *am Schluss des Briefes* ‖ al ~ de la letra *buchstäblich, wörtlich* ‖ como al ~ se indica *wie unten angegeben* ‖ con un ~ en el estribo ⟨fig⟩ *im Begriff abzureisen* ‖ con un ~ en el otro mundo, con un ~ en la tumba *schwer krank, kurz vor dem Sterben,* ⟨fig⟩ *mit e–m Fuß od Bein im Grab stehend* ‖ de ~, ⟨pop⟩ de ~s *stehend* ‖ de ~ de banco ⟨figf⟩ *unsinnig, absurd, verrückt,* ⟨pop⟩ *hirnrissig, stussig* ‖ en ~ de guerra ⟨Mil⟩ *auf dem Kriegsfuß* (& fig) ‖ *kriegsstark (Bataillon)* ‖ en ~ de igualdad *auf gleichberechtigter Grundlage, auf der Grundlage der Gleichberechtigung* ‖ en (un) ~ de lujo ⟨fig⟩ *auf großem Fuß (lebend)* ‖ ¡~ a tierra! ⟨Mil⟩ *abgesessen!* ‖ ◇ asentar el ~ *fest auftreten* ‖ caer de ~ *auf die Füße fallen* ‖ ⟨fig⟩ *Glück bzw Erfolg haben* ‖ *gleich zu Anfang od auf Anhieb Glück haben* ‖ ⟨fig⟩ *mit heiler Haut davonkommen* ‖ ⟨fig⟩ *auf die Beine fallen* ‖ allí no se cabía (ni) de ~ ⟨figf⟩ *dort war alles gedrängt voll* ‖ cojea del mismo ~ ⟨figf⟩ *er ist mit demselben Laster behaftet* ‖ dar ~ *Anlass geben, herbeiführen* ‖ dar ~ a alg. *jdm nachgeben* ‖ dar con el ~ a algo ⟨fig⟩ *et. verächtlich behandeln* ‖ dar el ~ (de salida) *das Stichwort geben (Souffleur)* ‖ no dar ~ con bola ⟨figf⟩ *ständig das Falsche tun, immer wieder danebenhauen* ‖ *überhaupt nicht zurechtkommen* ‖ echar el ~ atrás ⟨figf⟩ *von s–m Vorhaben abkommen* ‖ echar ~ a tierra *aus-, ab|steigen* ‖ ⟨Mar⟩ *an Land gehen* ‖ entrar con (el) ~ derecho ⟨fig⟩ *mit Glück anfangen* ‖ estar de ~, ⟨pop⟩ de pies *stehen* ‖ estar en ~ ⟨fig⟩ *bestehen, fortdauern* ‖ haber nacido de ~ ⟨figf⟩ *(immer) Glück od Erfolg haben, ein Glückskind sein* ‖ hacer ~ *Fuß fassen* ‖ *Grund fassen bzw haben, wieder (bzw noch) stehen können (im Wasser)* ‖ ⟨fig⟩ *s. ansiedeln, ansässig werden* ‖ levantarse con el ~ izquierdo *mit dem linken Fuß aufstehen* ‖ mantener en ~ *aufrechterhalten* (& fig) ‖ perder ~ *den Grund nicht mehr berühren od nicht mehr stehen können (im Wasser)* ‖ *den Boden unter den Füßen verlieren* ‖ ⟨fig⟩ *den Faden verlieren (beim Erzählen)* ‖ no poderse tener en ~ ⟨fig⟩ *ganz erschöpft sein* ‖ poner en ~ *auf die Füße stellen* ‖ ponerse de ~ *aufstehen* ‖ votar poniéndose de *od* en ~ *durch Aufstehen abstimmen* ‖ puesto en ~ *stehend* ‖ queda en ~ la duda de si ... *es ist noch die Frage, ob ...* ‖ tener el ~ en dos zapatos ⟨figf⟩ *zwei Eisen im Feuer haben* ‖ tomar ~ *Wurzel fassen* ‖ → hacer ~ ‖ tomar ~ de algo ⟨fig⟩ *et. als Vorwand benützen* ‖ tomar ~ en *fußen auf* (dat) ‖ ~s mpl ⟨Fot⟩ *Stativ, Gestell* n ‖ a ~ juntillos ⟨fam⟩ *mit beiden Füßen zugleich* ‖ ⟨figf⟩ *hartnäckig* ‖ *felsenfest (glauben)* ‖ ◆ a los ~ de la cama *am Fußende des Bettes* ‖ a cuatro ~ ⟨fig⟩ *auf allen vieren* ‖ de (los) ~ a (la) cabeza *von Kopf bis Fuß, vollständig* ‖ *durch und durch* ‖ sin ~ ni cabeza ⟨figf⟩ *kopf-, sinn|los* ‖ *weder Hand noch Fuß habend* ‖ ◇ arrastrar los ~ ⟨fig⟩ *altersschwach sein* ‖ buscar tres ~ al gato ⟨fig⟩ *e–n Streit vom Zaun brechen* ‖ echar los ~ por alto *s. aufbäumen* ‖ echarse a los ~ de alg. ⟨fig⟩ *s. zu jds Füßen werfen* ‖ faltarle a uno los ~ ⟨fig⟩ *das Gleichgewicht verlieren* ‖ ir con los ~ adelante ⟨pop⟩ *gestorben sein, beerdigt werden* ‖ írsele los ~ a uno *(aus)gleiten* ‖ irse por (sus) ~ *die Flucht ergreifen* ‖ pensar con los ~ ⟨pop⟩ *kopflos handeln, nichts überlegen* ‖ poner ~ en polvorosa (joc) *s. aus dem Staub(e) machen* ‖ no pondré más los ~ en su casa ⟨fig⟩ *ich werde sein (ihr) Haus nicht mehr betreten* ‖ sacar los ~ de las alforjas ⟨figf⟩ *die Schüchternheit ablegen, aus s. herausgehen* ‖ *unverschämt* od *dreist werden* ‖ salir con los ~ hacia od ⟨pop⟩ para delante ⟨figf⟩ *zu Grabe getragen werden* ‖ tener los ~ en el suelo ⟨fig⟩ *mit beiden Füßen auf dem Boden stehen* ‖ tener od traer muchos ~ ⟨Taur⟩ *sehr beweglich sein (Stier)* ‖ eso no tiene ~ ni cabeza ⟨figf⟩ *das hat weder Hand noch Fuß* ‖ vestirse por los ~ ⟨figf⟩ *Mann sein* ‖ ¡a los ~ de Vd.! ¡beso a Vd. los ~! *span. Höflichkeitsformel, namentlich gegenüber Damen* ‖ ¡A los reales ~ de Vuestra Majestad! *ehem. übliche Schlußformel in Eingaben an den span. König* ‖ ¡(póngame Vd.) a los ~ de su señora! *m–e Empfehlung* (Öst *Handkuss) an Ihre Frau Gemahlin!* ‖ traducido con los ~ ⟨pop⟩ *elend übersetzt*

²pie *m:* ~ de cabra (Mar) *Kenterhaken* m ‖ ⟨Tech⟩ *Nagelzieher* m ‖ *Brechstange* f ‖ ~ de rey ⟨Tech⟩ *Schieb-, Schub|lehre* f

piece|cilla, –cita, –zuela *f* dim von **¹pieza** ‖ **–cillo, –cito, –zuelo** *m* dim von **¹pie**

piedad *f Frömmigkeit* f ‖ *Mitleid, Erbarmen* n ‖ *Milde, Nachsicht* f ‖ *Kinderliebe* f ‖ *Pietät* f ‖ ~ *Pietà, Darstellung* f *der schmerzhaften Mutter Gottes am Fuß des Kreuzes* ‖ ~ filial *kindliche Liebe, Kindesliebe* f *(zu den Eltern)* ‖ ◇ afectar ~ *frömmeln* ‖ ⟨fig⟩ *heucheln* ‖ infundir od inspirar ~ *Mitleid erregen* ‖ tener ~ de alg. *mit jdm Erbarmen haben, s. jds erbarmen* ‖ ¡~! *Erbarmen!*

piedra *f Stein* m ‖ *Hagel* m ‖ *Denkmal* n ‖ ⟨Med⟩ *Nieren-, Blasen-, Gallen|stein* m ‖ *(Spiel)Marke* f ‖ *Krippe* f *(in Findelhäusern)* ‖ *Stein* m *im Obst* ‖ ⟨fig⟩ *hartes Herz* n ‖ ~ ⟨fig⟩ *Petrus* m bzw *der Papst* bzw *die Kirche* ‖ ~ de aceite *Öl-, Abzieh|stein* m ‖ ~ de afilar, ~ de amolar *Schleif-, Wetz|stein* m ‖ ~ angular *Eckstein* m ‖ ⟨fig⟩ *Grundlage* f ‖ ~ arenisca *Sandstein* m ‖ ~ artificial *Kunststein* m ‖ ~ auténtica *echter (Edel)Stein* m ‖ ~ berroqueña *Granit* m ‖ ~ en bruto *roher, unbehauener Stein* m ‖ ~ de cal, ~ calcárea, ~ caleña *Kalkstein* m ‖ ~ conmemorativa *Gedenkstein* m ‖ ~ de chispa →* ~ de fuego ‖ ~ de escándalo ⟨fig⟩ *Stein* m *des Anstoßes* ‖ ~ falsa *falscher (Edel)Stein* m ‖ ~ filosofal *Stein* m *der Weisen* ‖ ~ fina *Schmuckstein* m ‖ ~ de fuego *Feuerstein* m ‖ ~ fundamental *Grundstein* m ‖ ⟨fig⟩ *Grundlage* f ‖ ~ funeraria *Grabstein* m ‖ ~ griega *Geigenharz* n ‖ ~ imitación *imitierter (Edel)Stein* m ‖ ~ infernal (Pharm) *Höllenstein* m ‖ ~ iris *Opal* m ‖ ~ sin labrar →* ~ en bruto ‖ ~ litográfica ⟨Typ⟩ *Lithografiestein* m ‖ ~ de lumbre →* ~ de fuego ‖ ~ de mechero, ~ de encendedor *Feuerstein* m ‖ ~ meteórica *Meteorstein* m ‖ ~ miliar(ia) *Meilenstein* m (& fig) ‖ ~ molar *Mühlstein* m ‖ ~ nefrítica ⟨Med⟩ *Nierenstein* m ‖ ~ oscilante *Wackelstein* m ‖ ~ pómez *Bimsstein* m ‖ ~ (semi)preciosa *(Halb)Edelstein, Schmuckstein* m ‖ ~ de sillería *Quaderstein* m ‖ ~ sintética

Kunststein m ‖ *künstlicher (Edel)Stein* m ‖ ~ de toque *Prüfstein* m (& fig) ‖ ~ tumularia *Grabstein* m ‖ ~ viva *unberührter, lebender Fels* m ‖ *noch nicht gebrochener Stein* m ‖ ~ yesosa *Gipsstein* m ‖ ◆ de ~ *steinern, aus Stein* (& fig) ‖ ◇ colocar la primera ~ *den Grundstein legen* ‖ cerrado a ~ y lodo ⟨fig⟩ *dicht verschlossen, zugemauert* ‖ no dejar ~ sobre ~ ⟨fig⟩ *k–n Stein auf dem anderen lassen* ‖ dormir como una ~ ⟨pop⟩ *wie erschlagen schlafen* ‖ marcar con ~ blanca ⟨fig⟩ *rot anstreichen* ‖ picar la ~ *den Stein behauen* ‖ poner la primera ~ *den Grundstein legen* ‖ ~ movediza nunca moho cobija, piedra que rueda no coge musgo (Spr) *am rollenden Stein wächst kein Moos* ‖ quedarse de ~ ⟨fig⟩ *(vor Schreck) erstarren* ‖ ⟨fam⟩ *platt* od *baff sein* ‖ ~s *fpl* encontrar ~ en su camino ⟨fig⟩ *auf Schwierigkeiten stoßen* ‖ las ~ hablan ⟨fig⟩ *Wände haben Ohren*

piedre|cita, –cilla, –zuela *f* dim von **piedra**

piegra *f* Am ⟨pop⟩ → **piedra**

¹piel *f Haut* f (& Bot) ‖ *(gegerbtes) Fell* n ‖ *Leder* n ‖ *Schale* f *des Obstes* ‖ *Pelzwerk* n ‖ ⟨figf⟩ *Leben* n, ⟨fig⟩ *Haut* f ‖ ~ anserina ⟨fig⟩ *Gänsehaut* f ‖ ~ de caracul *Karakulpelz* m ‖ ~ de cocodrilo *Krokodilleder* n ‖ [im Handel meist] *Kroko* n ‖ ~ sin curtir *ungegerbtes Fell* n ‖ ~ charolada *Lackleder* n ‖ ~ de gallina ⟨fig⟩ *Gänsehaut* f ‖ ~ de naranja ⟨Med⟩ *Orangenhaut* f ‖ ~ de oveja *Schafleder* n ‖ ~ de oso *Bärenhaut* f ‖ ~ porcina *Schweinsleder* n ‖ ~ roja *Indianer* m, *Rothaut* f ‖ ~ de Rusia *Juchtenleder* n ‖ ~ de tigre *Tigerfell* n ‖ ~ en verde *Rohhaut* f ‖ mala ~ ⟨pop⟩ *geriebener Mensch* m ‖ ◇ arrancar la ~ de alg. Am *jdn skalpieren* ‖ le ha costado la ~ ⟨figf⟩ *es hat ihn (sie) das Leben gekostet* ‖ dejar(se) la ~, dar la ~ ⟨fam⟩ *draufgehen* ‖ no quisiera encontrarme en su ~ ⟨pop⟩ *ich möchte nicht in s–r (ihrer) Haut stecken* ‖ sin exponer la ~ ⟨figf⟩ *ohne s. selbst anzustrengen* ‖ quitar la ~ →* arrancar la ~ ‖ ser la ~ del diablo ⟨fam⟩ *nicht zu bändigen sein, den Teufel im Leib haben* ‖ soltar la ~ →* dar la ~ ‖ ~es *fpl Lederarten* fpl ‖ *Pelzwerk* n ‖ ◇ negociar en ~ *Lederhandel treiben* ‖ →* **cuero, pellejo**

△ **²piel** *f Brieftasche* f

piélago *m Meer* n, *Ozean* m ‖ ⟨fig⟩ *Unmenge* f

pielero *m Pelz-, Fell|händler* m ‖ ⟨fig pop⟩ *Hautarzt* m

pielitis *f* ⟨Med⟩ *Nierenbeckenentzündung, Pyelitis* f

pienso *m (Vieh)Futter* n ‖ ~ completo *Allein-, Fertig-, Press|futter* n ‖ ~ concentrado *Kraftfutter* n ‖ ◇ echar ~ *Futter geben*

Piérides *fpl* (Myth) *Pieriden, Musen* fpl

piéridos *pl* ⟨Ins⟩ *Weißlinge* mpl

pierna *f Bein* n ‖ *Unterschenkel* m ‖ *Keule* f, Öst *Schlegel* m *(von Schlachtvieh und Geflügel)* ‖ ~ artificial *künstliches Bein, Holzbein* n ‖ ~ de bota *Stiefelschaft* m ‖ ~ de carnero *Hammelkeule* f ‖ ~ de palo, ~ postiza →* ~ artificial ‖ ~ de ternera *Kalbskeule* f ‖ ~ de vaca *Rinderkeule* f ‖ ◆ a ~ suelta *(od tendida)* ⟨fig⟩ *ruhig, sorglos, behaglich* ‖ ◇ dormir a ~ suelta ⟨fig⟩ *tief schlafen* ‖ reírse a ~ suelta ⟨pop⟩ *aus vollem Hals(e) lachen* ‖ estirar la ~ ⟨pop⟩ *abkratzen* ‖ eso lo hago por debajo de la ~ ⟨pop⟩ *das ist ein Kinderspiel für mich* ‖ ~s *fpl Beine* npl ‖ *Schenkel* mpl *des Zirkels* ‖ ~ de alcaraván ⟨fam⟩ *spindeldürre Beine* npl ‖ ~ cruzadas *übereinander geschlagene, übergeschlagene Beine* npl ‖ ~ delanteras *Vorderfüße* mpl ‖ ~ en O *O-Beine* npl ‖ las ~ del pantalón *die Hosenbeine* npl ‖ ~ en tijera →* ~ cruzadas ‖ ~ torcidas *krumme Beine* npl ‖ ~ traseras *Hinterfüße* mpl ‖ ~ en X

X-Beine npl ‖ ◆ con las ~ cruzadas (con una
pierna sobre otra) *mit übereinander geschlagenen*
od *übergeschlagenen Beinen* ‖ con las ~ cruzadas
a lo moruno *nach Maurenart sitzend (mit
gekreuzten) Beinen* ‖ ◇ abrirse de ~ ⟨vulg⟩ *dem
Geschlechtsverkehr zustimmen, zum
Geschlechtsverkehr bereit sein (Frau)* ‖ echar ~
s. auf die Beine machen ‖ ⟨figf⟩ *protzen* ‖ estirar
las ~ ⟨figf⟩ *s. die Beine vertreten, s. Bewegung
machen* ‖ hacer ~ ⟨fig⟩ *protzen* ‖ ⟨fig⟩ *auf s–m
Vorhaben bestehen* ‖ ponerse sobre las ~ *s.
bäumen (Pferd)* ‖ y ¡~ para qué os quiero! ⟨pop⟩
und er (sie, es) nahm Reißaus! ‖ ser un ~ ⟨figf⟩
ein armer Schlucker sein ‖ *e–e Null, e–e Niete,
ein Versager sein*

   pierne|zuela, –cita *f* dim von **pierna**
   pierni|corto adj *kurzbeinig* ‖ **–largo** adj
langbeinig
   ¹pierrot *m Pierrot, Harlekin* m ‖
Harlekinsmaske f
   ²pierrot *m* ⟨Fi⟩ *Spanfisch* m (Trachypterus
arcticus)
   pietis|mo *m* ⟨Rel⟩ *Pietismus* m ‖ **–ta** adj *(m/f)
pietistisch* ‖ ~ *m/f Pietist(in* f) m
   pieza *f Stück* m ‖ *Teil* m (& n) ‖ *Bestandteil* m ‖
Münz-, Geld|stück n ‖ *Zimmer, Gemach* n ‖
Strecke f *Weg(e)s* ‖ ⟨Jgd⟩ *Stück* n *Wild* ‖ ⟨Fi⟩
Fisch m ‖ ⟨Mil⟩ *Geschütz* n ‖ *Stein* m, *Figur* f
(Schach-, Dame|spiel) ‖ *Meisterstück* n ‖ ⟨Th⟩
Stück, Schauspiel n ‖ *Musikstück* n ‖ *Zimmer* n,
kleine Wohnung f ‖ ⟨Tech⟩ *Ersatz|stück* n, *-teil* n ‖
~ en un acto ⟨Th⟩ *Einakter* m ‖ ~ amue̯blada
möbliertes Zimmer n ‖ ~ de apoyo ⟨Jur⟩
Beweisstück n ‖ ~ de artillería ⟨Mil⟩ *Geschütz* n ‖
~ de campaña ⟨Mil⟩ *Feldgeschütz* n ‖ ~ de
circunstancias ⟨Th⟩ *Gelegenheitsstück* n ‖ ~ de
concierto ⟨Mus⟩ *Konzertstück* n ‖ ~ de
convicción ⟨Jur⟩ *Beweisstück* n ‖ ~ de examen
Probestück n ‖ ⟨fig⟩ *Meisterstück* n ‖ ~ de
fundición ⟨Met⟩ *Gussstück* n ‖ *Gießereierzeugnis*
n ‖ ~ de género ⟨Th⟩ *Genrestück* n ‖ ~
instrumental ⟨Mus⟩ *Instrumentalstück* n ‖ ~ para
orquesta ⟨Mus⟩ *Orchesterstück* n ‖ ~ probatoria
⟨Jur⟩ *Beweisstück* n ‖ ~ radiofonica *Hörspiel* n ‖
~ de recambio, ~ de repuesto ⟨Tech⟩ *Ersatzteil* n
‖ ~ de respeto *gute Stube* f, *Salon* m ‖ ~ suelta
Einzelteil n ‖ ~ de teatro *Theaterstück* n ‖ ~ de
unión *Verbindungsstück* n ‖ ◆ ~ por ~ *Stück für
Stück, einzeln* ‖ ¡buena (od linda, gentil) ~! *ein
sauberer Vogel!* ‖ una mala ~ *ein übler Kerl* od
Bursche m ‖ ◆ al cabo de una gran (od buena) ~
⟨reg⟩ *nach e–r geraumen Weile* ‖ en una ~
beisammen ‖ ◇ cotizarse a la ~ ⟨Com⟩ *nach dem
Stück notiert werden* ‖ jugar una ~ a alg. ⟨fig⟩
jdm e–n bösen Streich spielen ‖ quedarse de una
~ ⟨fig⟩ *wie versteinert dastehen, die Sprache
verlieren, starren* ‖ tocar una ~ de música *ein
Musikstück spielen* ‖ **~s** fpl ~ cobradas ⟨Jgd⟩
Strecke f ‖ ~ sueltas *Einzelteile* npl ‖ *Bestandteile*
mpl ‖ ◆ por ~ *stückweise* ‖ ◇ hacer ~
zerstückeln ‖ vender a ~ *nach dem Stück* od
stückweise verkaufen
   piezoeléctrico adj *piezoelektrisch*
   pífano *m* ⟨Mil⟩ *Pikkolo(flöte), Trommlerpfeife* f
‖ *Pikkolospieler* m ‖ **~s** y tambores
Spielmannszug m
   pi|fia *f Kicks, Fehlstoß* m *(im Billardspiel, &
fig)* ‖ ◇ cometer una ~ ⟨figf⟩ *e–e Dummheit
machen* ‖ ⟨figf⟩ *aus dem Rahmen fallen* ‖ **–fiar**
vt/i *kicksen (beim Flötenspiel)* ‖ *e–n Kicks
machen (beim Billardspiel)* ‖ Arg *auspfeifen,
verhöhnen*
   △ **pifo** *m Kappe* f, *Mantel* m
   pigargo *m* ⟨V⟩ *Seeadler* m (Haliaeetus
albicilla)

   Pigmalión *m* ⟨Myth⟩ *Pygmalion* m *(König von
Kypros)*
   pigmen|tación *f Pigmentbildung,
Pigmentierung* f ‖ ~ de la piel *Hautfärbung* f ‖
–tario adj *Pigment-* ‖ **–to** *m Pigment* n ‖ *Farbstoff*
m ‖ *Farbkörper* m ‖ ~ biliar *Gallenfarbstoff* m ‖
~ dérmico *Hautpigment* n ‖ ~ sanguíneo *roter
Blutfarbstoff* m
   pigmeo *m*/adj *Pygmäe* m *(Rasse und Volk)* ‖
⟨fig⟩ *Zwerg, Knirps,* ⟨fam⟩ *halbe Portion* f
   pigno|ración *f (Ver)Pfändung, Beleihung* f, Öst
Versatz m ‖ ⟨Com⟩ *Lombardierung* f ‖ ~ de
efectos *Lombarddarlehen* n ‖ **–rar** vt *verpfänden,
beleihen,* Öst *versetzen* ‖ ⟨Com⟩ *lombardieren* ‖
–raticio adj *Pfand-* ‖ *Lombard-*
   △ **pigote** *m (Trink)Glas* n
   pigricia *f* ⟨lit⟩ *Faulheit, Trägheit* f
   piído *m* ⟨fam⟩ *Piepen n (meist nur einmal)*
   pi|ja *f* ⟨vulg⟩ *Schwanz m (Penis)* ‖ **–jada** *f* ⟨fig
vulg⟩ *Unsinn* m ‖ ⟨fam⟩ *Quatsch* m ‖
Zudringlichkeit f ‖ *Belästigung* f ‖ ¡(eso son) ~!
⟨vulg⟩ *(das ist) Quatsch!*
   ¹pijama *m Pyjama* m (Öst Schw n),
Schlafanzug m ‖ ~ de madera ⟨pop joc⟩ *Sarg* m
   ²pijama *m* ⟨Kochk⟩ *kombinierte Eisspeise* f ‖
Eis n *mit Pfirsich*
   pi|jo *m affektierte, snobistische Person* f ‖
Schickimicki m ‖ ⟨vulg⟩ *Schwanz m (Penis)* ‖ →
gilipollas ‖ → **pija** ‖ **–jotada, –jotería** *f* →
pijada ‖ **–jote** *m* ⟨vulg⟩ *Schwanz m (Penis)* ‖
–jotero adj ⟨pop⟩ *lästig* ‖ *ver|dammt, -flixt* ‖
geckenhaft
   pil., píld. ⟨Pharm⟩ → **píldoras**
   ¹pila *f Wasser-, Brunnen|trog* m ‖ *Spülbecken* n
‖ *Taufstein* m ‖ *Weihkessel* m ‖ *Stapel, Haufen,
Stoß* m ‖ ⟨Arch⟩ *Strebe-, Brücken|pfeiler* m ‖ ~
de od para agua bendita *Weihwasserkessel m (in
der Kirche)* ‖ ~ de baño *Badewanne* f ‖ ~
bautismal *Taufbecken* n ‖ ~ holandesa ⟨Pap⟩ →
pila refinadora ‖ ~ de leña *Holzstapel* m ‖ ~
refinadora ⟨Pap⟩ *Holländer* m ‖ ◇ sacar de ~,
tener en la ~ a alg. ⟨fig⟩ *bei jdm Patenstelle
vertreten*
   ²pila *f* ⟨El⟩ *Batterie* f, *Element* n ‖ ~ atómica
[veraltend] *Atommeiler* m ‖ ~ de calentamiento
Heizbatterie f ‖ ~ de energía solar → ~ solar ‖
~ fotoeléctrica *Photozellenelement* n ‖ ~ patrón
Normalelement n ‖ ~ de recambio *Ersatzbatterie*
f ‖ ~ recargable *wiederaufladbare Batterie* f ‖ ~
seca *Trockenbatterie* f ‖ ~ de selenio *Selenzelle* f
‖ ~ solar *Sonnen-, Solar|batterie* f ‖ ~
termoeléctrica *Thermoelement* n ‖ ~ de Volta od
voltaica *Voltasäule* f
   ³pila *f* Arg Ur *Haufe(n)* m, *Menge* f
   pilaf *m* ⟨Kochk⟩ *Pilau, Pilaw* m
   ¹pilar *m* ⟨Stütz⟩*Pfeiler* m ‖ *(einzelne) Säule* f ‖
Pfahl m ‖ *Pfosten* m ‖ *Grenzstein* m ‖ *Meilenstein*
m ‖ *Wegweiser* m ‖ *(steinernes) Becken* n ‖ ⟨fig⟩
Stütze f
   ²pilar vt ⟨Agr⟩ *(Getreide) schälen*
   Pilar *f* np *span. Frauenname* ‖ la Virgen od
Nuestra Señora del ~ ((fam) Pilarica) *die
Muttergottes auf dem Pfeiler (in Saragossa)
(Patronin von Spanien)*
   pila|rejo *m* dim von **¹pilar** ‖ **–rote** *m* ⟨Arch⟩
Strebepfeiler m ‖ *Podestpfosten* m
   pilas|tra *f* ⟨Arch⟩ *Pilaster* m ‖ augm: **–trón** *m*
   Pilato(s) *m* np: Poncio ~ *Pontius Pilatus* m ‖
(ir) de Herodes a ~ ⟨fig⟩ *von Pontius zu Pilatus
(laufen)*
   pilav *m* ⟨Kochk⟩ → **pilaf**
   △ **pilbó** adj *kahl(köpfig)*
   pilca *f* Arg *Lehmmauer* f ‖ *Trockenmauer* f
   pilcha *f* Arg *Kleidungsstück* n ‖ ⟨pop⟩
Liebschaft f ‖ ⟨pop⟩ *Geliebte* f

pilche *m* Pe *Holzgefäß* n
¹píldora *f Pille* f (& fig) ‖ ~ *anticonceptiva empfängnisverhütendes Mittel* n ‖ la ~ ⟨fam⟩ *die Pille* f *(Antibabypille)* ‖ ~ de hielo *Eispille* f ‖ ◇ dorar la ~ ⟨fig⟩ *die Pille versüßen* ‖ tragarse la ~ ⟨figf⟩ *auf den Leim gehen*
△ **²píldora** *f (Schieß)Kugel* f ‖ *Stein* m
△ **pilé** *m Trunkenbold* m
pilea *f* ⟨Bot⟩ *Kanonierblume, Pilea* f (Pilea spp)
pileta *f* dim von **¹pila** ‖ Am ~ de natación → **piscina**
  pilífero adj *haartragend, haarig*
  piliforme adj *(m/f) haarförmig*
  pilili! ¡alza ~! ⟨pop⟩ *auf!* ‖ *nanu!*
  pililo adj Arg *lumpig, schmutzig*
  Pilita *f* np dim von **Pilar**
  pilla|da *f* ⟨fam⟩ *Schurkenstreich* m ‖ Arg *Erwischen* n ‖ *Überraschung* f ‖ **–je** *f* ⟨Mil⟩ *Plünderung* f ‖ *Kriegsbeute* f ‖ ⟨allg⟩ *Raub* m ‖ ◇ entregarse al ~ *plündern*
  pillar vt ⟨fam⟩ *(weg)nehmen, packen* ‖ *(aus)plündern* ‖ *(aus)rauben* ‖ *er|greifen, -tappen, -haschen, -wischen, kriegen* ‖ *(zeitlich) überraschen* ‖ ◇ ~ a alg. cagando ⟨vulg fig⟩ *jdn unvorbereitet erwischen* ‖ nos pilló la noche en bosque *die Nacht überraschte uns im Wald* ‖ eso no me pilla de nuevo ⟨fam⟩ *das lässt mich kalt* ‖ la estación me pilla muy lejos *der Bahnhof ist ziemlich weit weg* ‖ ~ algunas palabras *einige Worte auffangen (beim Gespräch)* ‖ ~ un resfriado ⟨fam⟩ *s. e–e Erkältung zuziehen* od *holen* ‖ eso no me pilla de sorpresa *das ist für mich k–e Überraschung* ‖ aquí te pillo, aquí te mato ⟨pop⟩ *kaum gefangen, schon gehangen*
  pi|llastre *m* ⟨fam⟩ → **–llo** ‖ → **pícaro** ‖ **–llería** *f* ⟨fam⟩ *Lumpenstreich* m ‖ *Lausbubenstreich* m ‖ ⟨fig⟩ *Gesindel* n ‖ **–llete, –llín** *m Gassenjunge,* ⟨fam⟩ *Bengel, Strick* m ‖ **–llo** adj ⟨fam⟩ *gerieben, durchtrieben, schlau, verschlagen, ausgefuchst* ‖ *schurkisch* ‖ ~ *m Spitzbube, Schlingel* m ‖ *Gauner, Schurke* m ‖ ⟨fam⟩ *geriebener Mensch* m ‖ **–lluelo** *m* ⟨fam⟩ *Schlingel, kleiner Strick* m, *Range* f ‖ *Lausbub* m ‖ "Historias de ~s" „*Lausbubengeschichten*" *(L. Thoma)*
  pilocarpina *f* ⟨Pharm⟩ *Pilokarpin* n
  ¹pilón *m* augm von **¹pila** ‖ *Wasch-, Brunnen-, Tränk|trog* m ‖ *großer irdener Kornmörser* m ‖ *Zuckerhut* m ‖ *Läufer* m *(an der Schnellwaage)* ‖ ⟨Arch⟩ *Pylon(e* f) m ‖ ◇ bajar(se) al ~ ⟨vulg⟩ *Cunnilingus ausüben*
  pilonero *m* ⟨fam⟩ *Schwätzer* m ‖ ⟨fam⟩ *Ohrenbläser* m ‖ ⟨vulg⟩ *Cunnilingus Ausübende(r)* m
  pilongo adj *mager, hager* ‖ (castaña) ~a *geröstete Kastanie* f
  píloro *m* ⟨An⟩ *Pförtner* m *(rechte untere Magenöffnung)*
  pilo|sidad *f (starke) Behaarung* f ‖ **–so** adj *haarig, behaart, Haar-*
  ¹pilotaje *m Steuermanns-* bzw *Lotsen|kunst* f ‖ ⟨Flugw Mar⟩ *Steuerung* f, *Steuern* n ‖ *Lotsendienst* m ‖ ⟨Mar⟩ *Lotsengeld* n
  ²pilo|taje *m* ⟨Arch⟩ *Pfahlwerk* n ‖ *Pfahlgründung* f ‖ **–te** *m* ⟨Arch⟩ *Pfahl* m ‖ ◇ hincar un ~ *e–n Pfahl einrammen*
  pilot(e)ar vt/i *steuern, führen (Wagen, Flugzeug)* ‖ ⟨Mar⟩ *lotsen* (& fig)
  ¹piloto adj *Versuchs-, Pilot-* ‖ ~ *m* ⟨Mar⟩ *Steuermann, Zweiter Offizier* m ‖ ⟨Mar⟩ *Lotse* m ‖ *Führer* m *(e–s Kraftwagens)* ‖ ⟨Flugw⟩ *(Flugzeug)Führer, Pilot* m ‖ ⟨Flugw⟩ *Steuergerät* n ‖ ⟨Tech⟩ *Führungszapfen* m ‖ ⟨fig⟩ *Führer, Unterweiser* m ‖ ⟨fig⟩ *Warnlampe* f ‖ ~ automático ⟨Flugw⟩ *Autopilot* m ‖ ~ aviador

Pilot, Flugzeugführer m ‖ ~ de freno ⟨Auto⟩ *Bremsleuchte* f ‖ ~ mayor ⟨Mar⟩ *Lotsenmeister* m ‖ ~ práctico *Lotse* m ‖ ~ profesor ⟨Flugw⟩ *Fluglehrer* m ‖ ~ de pruebas *Testpilot* m ‖ segundo ~ ⟨Mar⟩ *Steuermannsmaat* m
²piloto *m* ⟨Fi⟩ *Lotsenfisch* m (Naucrates ductor)
  Pilsen *m* [Stadt] *Pilsen* n
△ **piltra** *f Bett* n
  piltrafa *f mageres, schlechtes Fleisch* n, ⟨pop⟩ *Hader, Fetzer* m ‖ *(Fleisch)Abfall* m
△ **piltro** *m Zimmer, Gemach* n
  pilucho adj Chi *nackt*
  pilular adj *(m/f) pillenförmig*
△ **pilví** *m Glatze* f
  pim, pam, pum *m* → **pimpampum**
△ **pimar** vt/i *rauchen*
  pimen|tada *f Paprikaspeise* f ‖ *Pimenttunke* f ‖ **–tal** *m Pimentbeet* n ‖ **–tero** *m* ⟨Bot⟩ *(Schwarzer) Pfefferstrauch* m (Piper nigrum) ‖ *Pfefferstreuer* m ‖ ~ falso → **turbinto** ‖ **–tón** *m* augm von **pimiento** ‖ *Paprika, Spanischer Pfeffer* m
  pimien|ta *f Pfeffer* m ‖ ~ común → ~ negra ‖ ~ molida *gemahlener Pfeffer* m ‖ ~ negra *(gemahlener) Schwarzer Gewürzpfeffer* m ‖ ~ roja → **–to** ‖ ◇ ser como una ~ *helle sein* ‖ **–to** *m* ⟨Bot⟩ *Spanischer Pfeffer-, Paprika|strauch* m (Capsicum annuum) ‖ *Paprika in Pulver, roter Pfeffer* m ‖ *schwarzer Pfeffer* m ‖ ~ colorado, ~ encarnado *(gemahlener) Paprika* m ‖ *roher Paprika* m *(als Salat)* ‖ ~ español → **pimentón** ‖ ~ morrón ⟨Span⟩ *großfrüchtige, fleischige rote Paprikaart (eingelegt* od *in Öl)* ‖ ~ rojo → ~ colorado ‖ ◇ ~ verde *roher, grüner Paprika* m *(als Salat)* ‖ ◇ (no) me importa un ~ ⟨figf⟩ *das ist mir einerlei,* ⟨fam⟩ *das ist mir piepegal,* ⟨pop⟩ *das ist mir Wurs(ch)t* ‖ ponerse más colorado que el ~ ⟨figf⟩ *feuerrot werden*
  pimpampum *m Wurfbude* f
  pimpante adj *(m/f) üppig* ‖ *froh, forsch*
△ **pimpear** vi *hoffen*
  pimpinela *f* ⟨Bot⟩ *Bibernelle* f (Pimpinella spp) ‖ ~ mayor *Große Bibernelle* f (P. major)
  pimplar vt ⟨pop⟩ *trinken (Wein)*
  pimpollo *m junge Fichte* f ‖ *junger, zarter Baum* m ‖ *Schössling, Trieb* m ‖ *(Rosen)Knospe* f ‖ ⟨fam⟩ *hübsches Kind* bzw *Mädchen* m
  pimpón *m* ⟨Sp⟩ *Tischtennis, Pingpong* n
  pin *m Pin* m ‖ [Elektron] *Pin* m
  ¡pin, pan! onom *piff, paff!* *(Schuss)*
  pinabete *m (Weiß)Tanne* f (→ **abeto**)
△ **Pinacendá** *f Andalusien* n
  pinacoteca *f Pinakothek, Gemäldegalerie* f
  pináculo *m* ⟨Arch⟩ *Zinne* f, *Giebel* m ‖ *Fiale* f ‖ ◇ llegar al ~ de la gloria ⟨fig⟩ *den Gipfel des Ruhms erreichen*
  pi|nada *f,* **–nar** *m Kiefern-, Pinien|wald* m ‖ dim: **–ejo** *m*
  pinastro *m* → **pino** *marítimo*
  pinatar *m* → **pinar**
  pinaza *f* ⟨Mar⟩ *Pinasse* f
  pincarrasco *m* → **¹pino**
  pincel *m Pinsel* m ‖ ⟨fig⟩ *Malerei* f ‖ ~ de pelo de tejón *Dachshaarpinsel* m
  pince|lación *f,* **–laje** *m* ⟨Med⟩ *Einpinseln,* *Pinselung* f ‖ **–lada** *f Pinselstrich* m ‖ ◇ dar la última ~ ⟨fig⟩ *(die) letzte Hand anlegen* ‖ **–lar** vt *bepinseln, anstreichen* ‖ *(be)malen* ‖ *porträtieren* ‖ → **pintar** ‖ **–lero** *m Bürstenmacher* m ‖ **–lote** *m* augm von **pincel**
  pinceta *f* ⟨Med⟩ *Pinzette* f
  ¹pincha *f (Fisch)Gräte* f
  ²pincha *m/f* Kurzform für **pinchadiscos** ‖ **–discos** *m/f* ⟨fam joc⟩ *Diskjockey* m/f
  pinchar vt/i *stechen* ‖ *heften (an die Wand)* ‖

⟨Med fam⟩ *spritzen (Injektion)* ‖ ⟨Tel⟩ *anzapfen* ‖ ⟨Auto⟩ *e–n Platten kriegen* ‖ ⟨fig⟩ *auf\reizen, -stacheln* ‖ ⟨fig⟩ *kränken* ‖ *sticheln* ‖ *anzapfen (Lauschangriff)* ‖ ⟨Jgd⟩ *anschießen* ‖ ⟨Inform⟩ *(an)klicken* ‖ Arg ⟨fig⟩ *bumsen, vögeln, ficken* ‖ ◇ no ~ ni cortar ⟨figf⟩ *weder Fisch noch Fleisch sein* ‖ *~se s. stechen* ‖ [in der Drogenszene] *fixen* △ **pinchar(d)ar** vt *kennen*

pincha|úvas m *Lausbub* m *(ursprünglich: der auf dem Markt Trauben herauspickt)* ‖ p.ex *(kleiner) Taschendieb* m ‖ *Gauner* m ‖ *elender Kerl* m ‖ *Null, Niete* f ‖ **–zo** m *Stich* m ‖ *Stichwunde* f ‖ ⟨fig⟩ *Hieb* m, *Stichelei* f ‖ *Anzapfen* n *(Lauschangriff)* ‖ ⟨Auto⟩ *Reifenpanne* f ‖ ◇ tuve un ~ *ich hatte e–e Reifenpanne*, ⟨fam⟩ *ich hatte e–n Platten* ‖ dar el ~ a alg. ⟨pop⟩ *jdn erdolchen* ‖ dar ~s *stechen*

¹pinche m *Küchenjunge* m ‖ *Lehrling* m
²pinche m Col ⟨V⟩ *Sperling, Spatz* m (→ **gorrión**)

pinchito(s) m(pl) *Appetithäppchen* npl
¹pincho m *Stachel* m ‖ *Dorn* m ‖ ⟨Kochk⟩ *Spieß* m ‖ ⟨Kochk⟩ *Spießbraten* m ‖ *Stecher* m *(der Zollbeamten)* ‖ ⟨Taur⟩ *Degen* m ‖ ~ moruno *Spießbraten* m ‖ ◇ clavarse un ~ *s. e–n Stachel einjagen*
△ **²pincho** m *Raufbold* m

pinciano adj/s *aus Valladolid* [Stadt und Provinz in Spanien] ‖ *auf Valladolid bezüglich*
pindárico adj *pindarisch, auf den Dichter Pindar (Píndaro) bezüglich*
pindio adj Sant *sehr steil* (→ ¹**pino**)
pindon\ga f ⟨fam⟩ *Herumtreiberin, Müßiggängerin* f ‖ **–guear** vi ⟨fam⟩ *umherstrolchen*
△ **pindorrá** f *Mädchen* n
△ **pindrabar** vt *öffnen*
△ **pindré** m *Fuß* m ‖ *Bein* n
pineal adj (m/f): glándula ~ ⟨An⟩ *Zirbeldrüse* f ‖ órgano ~ ⟨Zool⟩ *Pinealorgan* n *(lichtempfindliches Organ der Reptilien)*
pineda f *Pinienhain* m
pinga f Col Pe *Schwanz* m *(Penis)*
pinga|jo m ⟨fam⟩ *Fetzen* m ‖ ◇ estar hecho un ~ ⟨figf⟩ *kaputt sein, ein Wrack sein* ‖ **–joso** adj *lumpig* ‖ *zerlumpt*
pinga\nilla f/m ⟨fam⟩ Arg *Geck, Stutzer* m ‖ **–nitos**: en ~ ⟨fam⟩ *auf dem Gipfel*
pingar [g/gu] vi *(ab)tröpfeln*
¹pingo m ⟨fam⟩ → **pingajo** ‖ ⟨desp⟩ *Müßiggängerin* f ‖ *Straßendirne* f ‖ *Flittchen* n ‖ Arg ⟨fig⟩ *schnelles, feuriges Pferd* n ‖ Mex ⟨fig⟩ *Teufel* m ‖ ◇ andar hecho un ~ ⟨pop⟩ *ganz zerlumpt sein* ‖ andar (estar, ir) de ~ ⟨figf⟩ *die Zeit unnütz vertrödeln (Frauen)* ‖ poner a uno como un ~ ⟨pop⟩ *jdn herunterputzen*
△ **²pingo** m *Raufbold* m
pingo\nada f ⟨fam⟩ *Kopflosigkeit* f ‖ **–near** vi ⟨fam⟩ *umherbummeln, die Zeit unnütz (außerhalb des Hauses) vertrödeln (Frauen)* ‖ *auf den Strich gehen* ‖ **–neo** m *Bummeln* n ‖ vgl **pingonear**
pingorotudo adj ⟨fam⟩ *spitz, emporragend*
pingoso adj *zerlumpt, schlampig*
ping-pong m → **pimpón**
pingüe adj (m/f) *fettig, schmierig* ‖ ⟨fig⟩ *ergiebig* ‖ ~s rentas *einträgliche Einkünfte* fpl
pingüino m ⟨V⟩ *Pinguin* m (Aptenodytes spp)
pinillo m ⟨Bot⟩ *Bisamgürtel* m, *Fichtenkraut* n (Ajuga spp)
pinito m dim von ²**pino** ‖ los primeros ~s *die ersten Schritte* mpl *(des Kindes)* ‖ ⟨fig⟩ *die Anfangsgründe* mpl ‖ ◇ hacer ~s *anfangen zu gehen (Kinder)* ‖ ⟨fig⟩ *flügge werden*
pinjante adj (m/f) → **pensil**
△ **pinjempar** vt *stoßen*

pinnípedos mpl ⟨Zool⟩ *Robben* fpl, *Flossenfüßer* mpl (Pinnipedia) ‖ → **fócidos**
¹pino adj *sehr gerade, sehr steil, abschüssig* (→ **empinado**)
²pino m: en ~ *gerade, aufrecht (bes. von Kindern)* ‖ ◇ vivir (bzw estar) en el quinto ~ *jwd (= janz weit draußen) wohnen (bzw liegen)* ‖ hacer ~s ⟨fam⟩ *anfangen zu gehen (Kinder, Genesende)* ‖ ⟨Sp⟩ *Handstand* m
³pino m *Kiefer* f (Pinus spp) ‖ *Pinie* f (P. pinea) ‖ *Kiefernholz* n ‖ ~ albar *Gemeine Kiefer, Föhre, Fahre, Forche, Forle* f *(fälschlich Fichte)* ‖ ~ alerce → **alerce** ‖ ~ de Alepo *Aleppo-, See\kiefer* f (Pinus halepensis) ‖ ~ americano *Pechkiefer* f (P. rigida) ‖ ~ de los Balcanes *Panzerkiefer* f (P. heldreichii) ‖ ~ calabrés *Schlangenhautkiefer* f (P. leucodermis) ‖ ~ carrasco → ~ de Alepo ‖ ~ insigne *Montereykiefer* f (P. radiata) ‖ ~ del Líbano → **cedro** ‖ ~ de Macedonia *Mazedonische Kiefer* f (P. peuce) ‖ ~ marítimo *Seestrandkiefer* f (P. pinaster) ‖ ~ mugo *Bergkiefer* f (P. mugo) ‖ ~ de Murray *Murraykiefer* f (P. contorta) ‖ ~ negral *Schwarzkiefer* f (P. nigra) ‖ ~ negro *Hakenkiefer* f (P. uncinata) ‖ ~ piñonero *Pinie* f (P. pinea) ‖ ~ rodeno → ~ marítimo ‖ ~ silvestre → ~ albar ‖ ~ strobus *Weymouthskiefer, Strobe* f (P. strobus)
¹pinocha f *Kiefern-, Pinien\nadel* f
²pinocha f Ar RPl *Maiskolben* m
pinocho m Cuenca *(Fichten)Schössling* m
Pinocho m np *Pinocchio* m *(Märchengestalt)*
pinrel m ⟨pop joc⟩ *Fuß* m (& △)
△ **pinsaba** f *Pike, Lanze* f
pinsapo m ⟨Bot⟩ *Spanische Tanne* f (Abies pinsapo)
pinscher m [Hund] *Pinscher* m
△ **pinsorra** f *Filzlaus* f
¹pinta f *Flecken, Tupf* m ‖ *Rand-, Erkennungs\zeichen* n *(an Spielkarten)* ‖ *Haarfarbe* f *von Stieren und Pferden* ‖ ⟨fig⟩ *äußerer Anschein* m ‖ ⟨fig⟩ *Aussehen* n ‖ ~ rara ⟨figf⟩ *sonderbarer, auffälliger Mensch* m ‖ ◇ tener buena ~ ⟨fam⟩ *gut bzw distinguiert aussehen* ‖ ¡vaya una ~! ⟨figf⟩ *ist das ein Typ!*
²pinta f *Pinte* f *(altes Flüssigkeitsmaß)*
Pinta f ⟨Hist⟩ *e–e der drei Karavellen des Kolumbus*
¹pintada f ⟨V⟩ *Perlhuhn* n
²pintada f *Wandschmiererei* f *(meist mit politischen Sprüchen)* ‖ *Wandparole* f *(meist politischen Inhalts)* ‖ *Graffito* m (& n)
pintadillo m ⟨V⟩ *Stieglitz, Distelfink* m (Carduelis carduelis)
pinta\do adj *bunt, vielfarbig* ‖ *ge\tüpfelt, -sprenkelt* ‖ ~ de rojo *rot gemalt* ‖ el más ~ ⟨fam⟩ *der Gescheiteste (von allen)* ‖ ◇ eso viene ~ (od como ~) ⟨fig⟩ *das kommt wie gerufen* ‖ no poder ver a uno ni ~ ⟨fig⟩ *jdn nicht ausstehen od riechen können* ‖ esta chaqueta te está que ni ~a ⟨fam⟩ *dieser Rock sitzt dir vortrefflich* ‖ hacían una parejita que ni ~a ⟨fam⟩ *sie bildeten ein reizendes Pärchen* ‖ ¡(recién) ~! *frisch gestrichen!* ‖ **–labios** m *Lippenstift* m ‖ **–monas** m ⟨figf⟩ *Farbenkleckser, Sudler* m ‖ **–nada** m: es un ~ ⟨pop⟩ *er ist e–e Null*
pin|tar vt *(be)malen* ‖ *abbilden, darstellen* ‖ *anstreichen* ‖ ⟨fig⟩ *beschreiben, schildern* ‖ ⟨fig⟩ *(e–e Erzählung) ausschmücken* ‖ Am ⟨jdm⟩ *nach dem Mund(e) reden* ‖ ◇ ~ de azul *blau malen, anstreichen* ‖ no ~ nada *nichts zu sagen od zu melden haben (en in dat)* ‖ ~ al óleo *in Öl malen* ‖ ~ al pastel *in Pastell malen* ‖ **–la** ⟨figf⟩ *ein vornehmes Wesen haben (Person)* ‖ y, pinto el caso, … ⟨pop⟩ *sagen wir, zum Beispiel…* ‖ ~ vi

s. färben, anfangen rot zu werden (Früchte) ‖ ⟨figf⟩ *bedeuten, wert sein* ‖ ⟨figf⟩ *protzen* ‖ sin ~ *nicht lackiert* ‖ si nos pinta mal ⟨pop⟩ *im schlimmsten Falle* ‖ ~**se:** ~ (la cara) *s.*
schminken ‖ para eso se pinta solo ⟨pop⟩ *darin ist er ein wirklicher Meister* ‖ píntame que ... ⟨reg⟩ *es scheint mir, dass ...* ‖ **–tarraj(e)ar** vt ⟨pop⟩ *(hin)klecksen*
    pintarroja *f* ⟨Fi⟩ *Kleingefleckter Katzenhai m* (Scylliorhinus canicula)
    pintarrojo *m* Gal ⟨V⟩ *(Blut)Hänfling m* (→ ²**pardillo)**
    pintear vi *nieseln, tröpfeln (Regen)*
    pintiparado adj ⟨pop⟩ *sehr gelegen, passend* ‖ ◇ eso viene ~ ⟨pop⟩ *das kommt wie gerufen*
    pinto adj Am *gesprenkelt (Vieh)*
    Pinto: ◇ estar entre ~ y Valdemoro ⟨pop⟩ *stark angeheitert od beschwipst sein*
    pin|tor *m Maler m* ‖ ⟨fam⟩ Am *Stutzer, Geck m* ‖ ~ acuarelista *Aquarellmaler m* ‖ ~ artista *Kunstmaler m* ‖ ~ de brocha gorda *Anstreicher, Maler m* ‖ ⟨fig⟩ *(Farben)Kleckser m* ‖ ~ de cámara *Hofmaler m* ‖ ~ cubista *kubistischer Maler m* ‖ ~ decorador *Dekorationsmaler m* ‖ ~ escenógrafo ⟨Th⟩ *Dekorationsmaler m* ‖ ~ de género *Genremaler m* ‖ ~ de historia *Historien-, Geschichts|maler m* ‖ ~ en miniatura *Miniaturmaler m* ‖ ~ paisajista *Landschaftsmaler m* ‖ ~ de retratos, ~ retratista *Porträtmaler, Porträtist m* ‖ ~ de viviendas *Zimmermaler m* ‖ ~**es** *mpl:* tener los ~ ⟨vulg⟩ *ihre Tage haben (Frau)* ‖ **–toresco** adj *malerisch, pittoresk* ‖ **–torrear** vt ⟨fam⟩ *sudeln, schmieren, klecksen* ‖ **–torzuelo** *m* ⟨fam⟩ *Farbenkleckser m*
    pintu|ra *f Malerei, Mal(er)kunst f* ‖ *Gemälde, Bild n* ‖ *Anstrich m* ‖ ⟨Auto⟩ *Lackierung f* ‖ *Mal-, Lack|farbe f, Lack m* ‖ ⟨joc⟩ *Schminke f* ‖ ⟨fig⟩ *Beschreibung, Darstellung f* ‖ ~ de (od a [la]) acuarela, ~ a la aguada *Aquarellmalerei f* ‖ ~ de aguazo *Wassermalerei f* ‖ ~ al aire libre *Pleinair m, Freilichtmalerei f* ‖ ~ anticorrosiva *Rostschutz|anstrich m, -farbe f* ‖ ~ asfáltica *Asphaltlack m* ‖ ~ bordada *Nadelmalerei f* ‖ ~ cerifica *Wachsmalerei f* ‖ ~ sobre cristal *Glasmalerei f* ‖ ~ al duco *Spritzlackierung f* ‖ ~ al encausto *Enkaustik, Brenn-, Brand|malerei f* ‖ ~ esgrafiada (od estofada) *Sgraffito-, Kratz|malerei f* ‖ ~ de od al esmalte *Emailmalerei f* ‖ ~ figulina *Tonvasenmalerei f* ‖ ~ al fresco *Freskomalerei f* ‖ ~ histórica *Geschichtsmalerei f* ‖ *Historiengemälde n* ‖ ~ ignífuga *Flammschutzanstrich m* ‖ ~ de miniatura *Miniaturmalerei f* ‖ ~ de mosaico *Mosaikmalerei f* ‖ ~ mural *Wandgemälde n* ‖ ~ obscena *obszönes Gemälde n* ‖ ~ al óleo *Ölmalerei f* ‖ *Ölgemälde n* ‖ ~ al pastel *Pastellmalerei, Malerei f mit Pastellfarben* ‖ ~ de od sobre porcelana *Porzellanmalerei f* ‖ ~rupestre *Höhlenmalerei f* ‖ *Felsbilder npl* ‖ ~ sólida *Festfarbe f* ‖ ~ submarina *Unterwasseranstrich m* ‖ ~ al temple *Tempera-, Guasch|malerei f* ‖ ~ vítrea od de vidrio *Glasmalerei f* ‖ ¡~! *frisch gestrichen!* ‖ ◇ dar una capa de ~ *anstreichen, einmal überstreichen* ‖ no poder ver a alg. ni en ~ ⟨figf⟩ *jdn nicht ausstehen od riechen können* ‖ es una ~ ⟨figf⟩ *sie ist bildschön* ‖ ~**s** fpl *Ölfarben fpl* ‖ **–rero** *m/adj* ⟨pop⟩ *Geck, Stutzer, Gigerl m* ‖ ♦ con aire de ~ ⟨pop⟩ *stutzerhaft*
    pínula *f* ⟨Opt Top⟩ *Diopter n*
    pin up *f Pin-up-Girl n*
    ¹**pinza** *f Klemme f* ‖ *(Heft)Klammer f* ‖ *Klappe f* ‖ *feine Zange f* ‖ ~ de colgar la ropa *Wäscheklammer f* ‖ ~ de soporte *Tragklemme f* ‖ ~**s** fpl *(Klemm)Zange f* ‖ *(Krebs)Schere f* ‖

Pinzette f ‖ ~ para azúcar *Zuckerzange f* ‖ ◇ coger algo con ~ ⟨fig⟩ *et. sehr behutsam anfassen* ‖ coger a alg. con ~ ⟨fig⟩ *jdn sehr behutsam behandeln, jdn in Watte packen* ‖ no sacar algo de alg. ni con ~ ⟨fig⟩ *aus jdm nichts herauskriegen (können)*
    △ ²**pinza** *f Mädchen n*
    pinzón *m* ⟨V⟩ *Fink m* ‖ ~ común, ~ vulgar *Buchfink m* (Fringilla coelebs) ‖ ~ real *Bergfink m* (F. montifringilla)
    pinzote *m* ⟨Mar⟩ *(Ruder)Zapfen m*
    pi|ña *f Kiefern-, Pinien|zapfen m* ‖ *Ananas f* (Ananas spp) ‖ ⟨fig⟩ *Gedränge n* ‖ ~ americana, ~ de América *Ananas f* ‖ ~ de ciprés *Zypressenapfel m* ‖ (horchata de) ~ *Ananaslimonade f*
    piñacha *f* Chi *kleine, dicke Frau f*
    piñal *m* Am *Ananaspflanzung f*
    piñata *f* ⟨Koch⟩*Topf m* ‖ ⟨pop⟩ *Gedränge n*
    △ **piño** *m Zahn m*
    ¹**piñón** *m Piniensamen m* ‖ *Pinienkern m (in Spanien oft statt Mandeln gebraucht)* ‖ ◇ estar a partir un ~ con alg. ⟨figf⟩ *mit jdm dicke Freundschaft haben* ‖ *s. mit jdm sehr gut verstehen od vertragen*
    ²**piñón** *m* ⟨Tech⟩ *Trieb m, Ritzel n, kleines Zahnrad n* ‖ *Nuss f im Flintenschloss* ‖ ~ libre *Freilauf m (am Fahrrad)* ‖ ~ de marcha atrás *Rücklaufrad n*
    ³**piñón** *m* ⟨Arch⟩ *Giebel m*
    piñona|ta *f geraspelte Mandeln fpl mit Zucker* ‖ **–te** *m Gebäck n aus Pinienkernen*
    piñoncillo *m* dim von ¹**piñón**
    piñonera *f* ⟨joc⟩ *Gebiss n (des Menschen)*
    piñuela *f* dim von **piña**
    piñuelo *m Traubenkern m (& Kern einiger anderer Früchte)*
    piñufla adj Chi *verachtenswert*
    piñufle adj *(m/f)* Arg *kleinlich*
    ¹**pío** adj *fromm* ‖ *sanft, gütig, mild* ‖ ~a madre ⟨An⟩ *weiche Hirnhaut,* ⟨lat⟩ *Pia mater f*
    ²**pío** adj/s *scheckig (Pferde)*
    ³**pío** *m Piepen, Gepiepe n (der Vögel)* ‖ ◇ no decir ni ~ ⟨figf⟩ *k–n Piep sagen* ‖ ¡ni ~! ⟨pop⟩ *gar nichts!* ‖ ¡~! ¡~! *put, put! (Ruf beim Füttern des Geflügels)*
    △ **pío** *m Wein m*
    Pío *m* np *Pius m* ‖ ~ Nono *Pius IX. (Papst)*
    ¹**piocha** *f* ⟨Bgb⟩ *Kreuzhacke f*
    ²**piocha** *f* Mex *Spitzbart m*
    piógeno adj ⟨Med⟩ *eiterbildend, pyogen*
    pio|jento adj *lausig* ‖ **–jería** *f* ⟨pop⟩ *Lauserei, Knickerei* ‖ *Verlausung f* ‖ **–jero** adj: hierba ~a *Läusekraut n* ‖ **–jillo** *m Vogellaus f* ‖ **–jo** *m Laus f* ‖ *Vogellaus f* ‖ ~ de la cabeza *Kopflaus f* (Pediculus humanus capitis) ‖ ~ del cuerpo, ~ de la ropa *Kleiderlaus f* (P. h. corporis) ‖ ~ pegadizo ⟨pop fig⟩ *aufdringlicher, lästiger Mensch m* ‖ ~ del pubis *Filzlaus f* (Phthirus pubis) ‖ ~ resucitado ⟨figf⟩ *lausiger Emporkömmling m* ‖ **–joso** adj *verlaust* ‖ *lausig* ‖ ~ *m* ⟨vulg⟩ *Lausekerl m* ‖ ⟨fig⟩ *Knicker m*
    ¹**piola** adj *schlau, clever*
    ²**piola** *f* ⟨Mar⟩ *Leine f*
    piolet *m* ⟨Sp⟩ *Eispickel m*
    piolín *m* Arg *Bindfaden m*
    pionero *m Pionier m* (nur fig)
    pionono *m* ⟨Art⟩ *Cremegebäck n*
    pior ⟨pop⟩ → **peor**
    ¹**piorno** *m* Span. *Pfriemkraut n*
    ²**piorno** *m Trunkenbold m*
    piorrea *f* ⟨Med⟩ *Eiterfluss m, Pyorrhö(e) f*
    ¹**pipa** *f (Rauch)Pfeife, Tabakspfeife f* ‖ ⟨Mus⟩ *Mundstück n (der Oboe, Schalmei usw.)* ‖ ~ de agua *Wasserpfeife f* ‖ ~ de barro *Tonpfeife f* ‖ ~

de la paz *Friedenspfeife* f ‖ ~ de yeso *Gipspfeife*
f ‖ ◇ llenar la ~ *die Pfeife stopfen*
²pipa *f Fass* n
³pipa *f* ⟨pop⟩ *Kitzler* m
⁴pipa *f* ⟨fig⟩ *Tip* m
⁵pipa *f (Obst)Kern* m ‖ *Sonnenblumenkern* m
⁶pipa *f* ⟨Zool⟩ *Pipa, Wabenkröte* f (Pipa pipa)
⁷pipa *f* ⟨Mus⟩ *Pipa, chinesische Laute* f
pi|pada *f Zug* m *e–s Pfeifenrauchers* ‖ **–par** vi
Pfeife rauchen ‖ *(gerne) trinken* ‖ *s. betrinken* ‖
–pería *f Rohrleitung* f ‖ *Rohre* npl ‖ **–peta** *f*
Pipette f, *Stechheber* m
  pipe-line *m* → **oleoducto**
piperacina *f* ⟨Pharm⟩ *Piperazin* n
pipería *f Rohrleitung* f
pipermín *m Pfefferminz* m *(Likör)*
pipe|ta *f Pipette* f ‖ *Stechheber* m ‖ **–tear** vt/i
pipettieren
¹pipi *m* ⟨fam⟩ *Laus* f ‖ ⟨pop⟩ *(einfacher) Soldat*
m ‖ ⟨fam⟩ *albernes junges Ding* n
  △ **²pipi** *m Tölpel* m
¹pipí *m Pipi* m ‖ ◇ hacer ~ [Kindersprache]
Pipi od *ein Bächlein machen*
²pipí *m* ⟨V⟩ *Pieper* m (→ **bisbita**)
pipiar [pres ~ío] vi *piep(s)en (Vögel)*
pipican *m* ⟨fam⟩ *Hundeklo* n
Pipina *f* ⟨pop⟩ → **Josefina**
pipio|la *f* ⟨fam⟩ *Göre* f, *süßer Fratz* m ‖ **–lo** *m*
⟨fam⟩ *Anfänger, Neuling* m ‖ Arg *Dummkopf* m ‖
Chi *Liberale(r)* m
pipirigallo *m* ⟨Bot⟩ *Esparsette* f (Onobrychis
sativa)
pipiripao *m Gelage* n ‖ ◆ de ~ Arg *wertlos* ‖
unbedeutend
pipiritaña *f* → **pipitaña**
pipistrelo *m* ⟨Zool⟩ *Zwergfledermaus* f
(Pipistrellus pipistrellus)
pipitaña *f Halmpfeife* f *der Kinder* ‖ *Rohrflöte*
f
  piporro *m* ⟨Mus fam⟩ *Fagott* n
pipote *m Fässchen* n ‖ Ven *Mülleimer* m
pipudamente adj ⟨pop⟩ *kolossal, fantastisch* ‖
prima, toll ‖ ◇ lo pasamos ~ ⟨pop⟩ *wir haben*
uns köstlich amüsiert
¹pique *m Groll, Pik* m ‖ *Eigensinn* m ‖ ◆ de ~
Am *pikant*
²pique *m* ⟨pop⟩ *Lappalie* f
³pique *m* ⟨Mar⟩ *Piekstück* n ‖ *Einschlag* m ‖ ◆
a ~ (de) *nahe daran (zu)* ‖ (tallado) a ~ *steil,*
senkrecht abfallend (Fels) ‖ ◇ echar a ~ ⟨Mar⟩
in den Grund bohren (Schiff) ‖ ⟨fig⟩ *zugrunde (& zu Grunde) richten* ‖ irse a ~ ⟨Mar⟩ *scheitern,*
untergehen (Schiff) ‖ ⟨fig⟩ *zugrunde (& zu Grunde) gehen* ‖ estuvo a ~ de caer *er wäre*
beinahe gefallen
piqué *m* ⟨Text⟩ *Pikee* m
¹piquera *f Flugloch* n *(der Bienen am Bienenkorb)* ‖ *Spund-, Zapf|loch* n ‖ ⟨Met⟩
Abstich(loch) n) m
²piquera *f* Cu *Taxistand* m
³piquera *f* Mex *billige Kneipe* f
pique|ro *m Pikenträger* m ‖ **–ta** *f Pickel* m,
Spitzhaue f ‖ *Keil, Kreuzhacke* f
piquetazo *m Stich* m ‖ *Schnabelhieb* m
¹piquete *m (Absteck)Pfahl* m ‖ *Hering* m *(für*
das Zelt) ‖ *kleines Loch* n
²piquete *m Streikposten* m ‖ ⟨Mil⟩ *Feldwache* f
‖ ⟨Mil⟩ *Trupp* m ‖ ~ de ejecución
Exekutionskommando n ‖ ~ de prevención
Bereitschaftswache f
piqueteado *m Tätowierung* f (→ **tatuaje**)
piquicaliente adj/s *(m/f) naseweis, keck, kess,*
altklug
piquillo *m* dim von **¹pico** ‖ ⟨pop⟩ *Sümmchen* n
piquín *m* Am *Bräutigam* m

piquituerto *m* ⟨V⟩ *Kreuzschnabel* m (Loxia
spp) ‖ ~ común *Fichtenkreuzschnabel* m (L.
curvirostra) ‖ ~ franjeado *Bindenkreuzschnabel* m
(L. leucoptera) ‖ ~ lorito *Kiefernkreuzschnabel* m
(L. pytyopsittacus)
¹pira *f Scheiterhaufen* m
²pira *f* ⟨pop⟩ *Flucht* f ‖ ◇ ir de ~ *schwänzen*
(Unterricht, Vorlesung) ‖ *bummeln (gehen)* ‖ *s.*
e–n vergnügten Tag machen ‖ ⟨pop⟩ *e–n*
draufmachen ‖ *salir de ~ abhauen, s.*
davonmachen
  △ **pirab(el)ar** vt *beschlafen (Frau)*
pirado adj ⟨fam⟩ *verrückt*
pira|gua *f* ⟨Mar⟩ *Piroge* f ‖ ⟨Sp⟩ *Kanu* n ‖ p.ex
Paddelboot n ‖ **–güismo** *m Kanufahren* n ‖
–güista *m/f Kanufahrer(in* f) m
pirálidos *mpl* ⟨Ins⟩ *Zünsler* mpl (Pyralidae)
piramidal adj *(m/f) pyramidenförmig* ‖ ⟨fam⟩
kolossal, ungeheuer, fantastisch
¹pirámide *f Pyramide* f (& Soz) ‖ la batalla de
las ~s *Napoleons Schlacht* f *bei den Pyramiden*
(1798) ‖ ◇ formar las ~s ⟨Mil⟩ *die Gewehre*
zusammensetzen
  △ **²pirámide** *f Bein* n ‖ *Fuß* m
pirandellismo *m* ⟨Lit⟩ *Schreibart* f *des it.*
Dramatikers Luigi Pirandello (1867–1936)
pirandón *m* And ⟨pop⟩ *Bummler* m
piraña *f* ⟨Fi⟩ *Piranha, Piraya, Sägesalmler* m
pirar vi ⟨fam⟩ *gehen, treten* ‖ ◇ pirárselas
⟨fam⟩ *das Weite suchen, Reißaus nehmen,* ⟨fam⟩
abhauen, verduften, stiften gehen
pira|ta adj *Piraten-* ‖ *Raub-* ‖ ~ *m Seeräuber,*
Pirat m ‖ ~ aéreo *Luftpirat* m, *Flugzeugentführer*
m ‖ ~ informático ⟨Inform⟩ *Hacker* m ‖ **–tear** vi
der Piraterie nachgehen ‖ *Raubdrucke herstellen*
‖ **–tería** *f Seeräuberei, Piraterie* f ‖ ~ aérea
Luftpiraterie f
piraya *f* → **piraña**
pirca *f* Am → **pilca**
pirenaico adj *pyrenäisch, Pyrenäen-*
Pireo *m [Stadt] Piräus* m *(Hafen von Athen)*
píreo adj *feurig*
pirético adj *Fieber-*
piretro *m* ⟨Bot⟩ *Pyrethrum* n
pirexia *f* ⟨Med⟩ *Fieber* n, *Pyrexie* f
  △ **piri** *m Bube, Junge* m
  △ **piribicha** *f Eidechse* f
piridina *f* ⟨Chem⟩ *Pyridin* n
piriforme adj *(m/f) birnenförmig*
piri|neo adj → **pirenaico** ‖ los ~neos ⟨Geogr⟩
die Pyrenäen pl ‖ el Alto ~ *die Oberpyrenäen* pl
‖ el Bajo ~ *die Niederpyrenäen* pl
piripi adj: estar ~ *betrunken* od ⟨fam⟩ *voll*
sein
pirita *f Pyrit, Eisen-, Schwefel|kies* m ‖ ~ de
cobre *od* cobriza *Kupferkies* m ‖ ~ de hierro
Eisenkies m
  △ **pirleblico** adj *öffentlich*
piro *m:* ◇ darse el ~ ⟨fam⟩ → **pirar,**
pirárselas
piroderámico adj *glaskeramisch*
pirófago *m Feuerschlucker* m
piroga *f* ⟨Mar⟩ *Piroge* f ‖ → auch **piragua**
pirogalol *m* ⟨Chem⟩ *Pyrogallol* n
pirógeno adj *fiebererzeugend, pyrogen* ‖ ~ *m*
fiebererzeugendes Mittel n
pirograbado *m Brandmalerei* f
piroleñoso adj: ácido ~ ⟨Chem⟩ *Holzessig* m
pirolusita *f* ⟨Min⟩ *Pyrolusit* m *(Braunstein)*
pi|romancia *f Pyromantie* f ‖ **–romanía** *f*
⟨Med⟩ *Brandstiftungstrieb* m, *Pyromanie* f ‖
–rómano *m Pyromane* m ‖ **–rómetro** *m* ⟨Phys⟩
Pyrometer m
piro|peador *m* ⟨fam⟩ *(galanter) Schmeichler*
m, ⟨pop⟩ *Schmeichelkatze* f ‖ **–pear** vt/i

Komplimente machen ‖ *Artigkeiten sagen (e–r Frau)* ‖ ⟨fam⟩ *Süßholz raspeln*
¹piropo *m Feuer-, Blut|granat* m ‖ *böhmischer Granat, Pyrop* m *(Magnesia-Ton-Granat)* ‖ *Karfunkel* m
²piropo *m Kompliment* n ‖ *Nettigkeit, Artigkeit* f *(die man e–r Frau sagt)* ‖ ◇ echar ~s → **piropear**
pirosis *f* ⟨Med⟩ *Sodbrennen* n, *Pyrosis* f
pirotécnico adj *pyrotechnisch* ‖ ~ *m Feuerwerker* m
pirrarse vr *schwärmen* (por *für*) ‖ ◇ las mujeres se pirran por él ⟨pop⟩ *die Frauen sind ganz verrückt nach ihm, er verdreht den Frauen den Kopf*
△ **pirria** *f Topf* m
pirriquio *m* ⟨Poet⟩ *Pyrrhichius, Dibrachys* m *(Versfuß)*
Pirro *m* np *Pyrrhus* m
pirue|ta *f Dreh-, Luft|sprung* m, *Pirouette* f ‖ [Reitkunst] *Pirouette* f ‖ **–tear** vi *hin und her springen, herumtänzeln, pirouettieren* ‖ **–tismo** *m:* ~ *literario* ⟨fig⟩ *literarische Mätzchen* npl
pirula *f* ⟨fam⟩ *übler Streich* m
pirulí *m Lutscher* m ‖ Chi ⟨fig⟩ *kleines Kind* n ‖ el ~ Span ⟨joc⟩ *der Fernsehturm in Madrid*
pirulina *f* ⟨pop joc⟩ *Schwengel* m *(Penis)*
¹pirulo adj Am *stutzerhaft*
²pirulo *m* ⟨fam⟩ *Blaulicht* n
pis *m* ⟨fam⟩: hacer ~ *Pipi machen*
¹pisa *f Treten* n ‖ ⟨fam⟩ *Fußtritt* m
△ **²pisa** *f Bordell* n
¹pisabai *m Tracht* f *Prügel* ‖ ⟨Agr⟩ *Keltervoll* f *(Oliven* bzw *Trauben)*
△ **²pisabai** *m Ohrring* m ‖ *Schnalle* f
pisa|da *f Tritt* m, *Auftreten* n ‖ *Fuß-* bzw *Pfoten|spur* f ‖ *Fußstapfen* m ‖ ◇ seguir las ~s de alg. ⟨fig⟩ *in jds Fußstapfen treten* ‖ **–dor** *m Keltertreter* m
△ **pisante** *m Fuß* m ‖ *Schuh* m
pisapapeles *m Briefbeschwerer* m
pisar vt/i *mit Füßen treten* ‖ *betreten* ‖ *zertreten* ‖ *treten* ‖ *keltern, pressen (Trauben, Tuch)* ‖ *stoßen (im Mörser)* ‖ *einrammen* ‖ *(nieder)drücken* ‖ *(das Weibchen) treten (Vögel)* ‖ ⟨vulg⟩ *bumsen, vögeln, ficken* (bes. *in der Matrosensprache)* ‖ ◇ ~ las cuerdas ⟨Mus⟩ *kräftig in die Saiten greifen* ‖ pisar el empleo ⟨fam⟩ *die Stelle (vor der Nase) wegschnappen* ‖ ~ la mala hierba ⟨fig⟩ *e–e Widerwärtigkeit erfahren* ‖ le ha pisado la novia ⟨fam⟩ *er hat ihm die Freundin ausgespannt* ‖ ~ el suelo patrio *den Heimatboden betreten* ‖ siempre le pisa los talones ⟨fig⟩ *er (sie, es) tritt ihm (ihr) immer auf die Fersen* ‖ ~ las uvas *die Trauben treten* ‖ ¡me ha pisado Vd.! *Sie sind mir auf den Fuß getreten!* ‖ ~ vi *stampfen (Pferd)* ‖ ◇ ~ bien *e–n schönen Gang haben (Frau)*
pisaverde *m* ⟨fam⟩ *Geck* m ‖ *Fatzke* m ‖ *Stutzer* m
pisca *f* Col Ve *Truthenne* f ‖ Ve ⟨fig⟩ *leichtfertige Frau* f
pis|catorio adj *Fischerei-* ‖ **–cícola** adj *(m/f) Fischzucht-*
pisci|cultor *m Fischzüchter* m ‖ **–cultura** *f Fischzucht* f ‖ **–factoría** *f Fischzuchtanstalt* f ‖ **–forme** adj *(m/f) fischförmig*
piscina *f Schwimm|becken, -bassin* n, *Swimming-pool* m ‖ *Badeanstalt* f ‖ *kleiner Fischteich, Weiher* m ‖ ⟨Arch Rel⟩ *Piscina* f ‖ ~ cubierta *Hallenbad* n ‖ ~ municipal *Stadtbad, städtisches Bad* n ‖ ~ olímpica *Schwimmstadion* n ‖ ~ probática ⟨Rel Hist⟩ *Teich* m *Bethesda* ‖ ◇ tirarse a la ~ ⟨Sp⟩ [Fußball] *e–e Schwalbe machen*

Piscis *m* ⟨Astr⟩ *Fische* mpl
piscívoro adj *fischfressend*
pisco *m* Chi Pe *Schnaps* m ‖ *Cocktail* m
piscolabis *m* ⟨fam⟩ *kleiner Imbiss, Happen, Snack* m ‖ Guat Mex ⟨joc⟩ *Geld* n, ⟨fam⟩ *Moneten* pl, *Zaster* m
pisiforme adj *(m/f) erbsenförmig*
pisiútico adj Chi *kitschig* (→ **cursi**)
△ **pisjundí** *m Pfeffer* m
¹piso *m Stockwerk, Geschoss* n, *Etage* f ‖ *Wohnung* f ‖ ~ de alquiler *Mietwohnung* f ‖ ~ alto *erster, zweiter usw. Stock* m ‖ ~ bajo *Erdgeschoss* n ‖ ~ piloto *Musterwohnung* f ‖ ~ franco *konspirative Wohnung* f ‖ ~ interior *Hofwohnung* f ‖ primer ~ *erster Stock* m ‖ ~ principal *Hauptgeschoss* n *(in den span. Häusern), Beletage* f ‖ ◆ de un ~ *einstöckig* ‖ ◇ buscar un ~ *e–e Wohnung suchen* ‖ vive en el tercer ~ *er (sie, es) wohnt im dritten Stock*
²piso *m (Fuß)Boden* m ‖ *Estrich* m ‖ *(Boden)Belag* m ‖ *(Straßen)Pflaster* n, *(Straßen)Decke* f ‖ ⟨Bgb⟩ *Sohle* f ‖ ⟨Geol⟩ *Stufe* f ‖ ~ embaldosado → ~ de parqué ‖ ~de mármol *Marmorboden* m ‖ ~ de parqué *Parkett(Fuß)boden* m ‖ ~ de tabla *Dielen(fuß)boden* m ‖ ~ terrero *Lehmfußboden* m
pi|són *m Pflaster-* bzw *Hand|ramme* f ‖ *Stampfer* m *(der Former)* ‖ ~ neumático *Press-, Druck|luftstampfer* m ‖ **–sonear** vt → **apisonar**
piso|tear vt *nieder-, zer-, fest|treten* ‖ ⟨fig⟩ *mit Füßen treten* ‖ ◇ ~ las leyes ⟨fig⟩ *die Gesetze mit Füßen treten* ‖ **–teo** *m Treten* n *(mit den Füßen)* ‖ **–tón** *m Tritt* m *auf den Fuß* ‖ ◇ dar un ~ a alg. *jdn (& jdm) auf den Fuß treten*
pispa *f* Can *Vogel* m ‖ ⟨fig⟩ *kesse Göre* f ‖ Pe *Riss* m
pispajo *m Fetzen* m *(Stoff)* ‖ *Kram* m, *wertloses Zeug* n ‖ *zurückgebliebenes Kind* n
¹pispar vt ⟨fam⟩ *stehlen*, ⟨fam⟩ *klauen, stibitzen*
²pispar vi Arg Chi *fragen, untersuchen*
pisparse vr Pe *Risse bekommen, reißen, (zer)springen*
△ **pispirí** *m Pfeffer* m
¹pista *f Spur, Fährte* f ‖ *Trampelpfad* m ‖ *Tummelplatz* m, *Fahr-, Renn-, Reit|bahn, Piste* f ‖ *Rennstrecke* f *(Ski)Spur* ‖ ⟨Flugw⟩ *Piste, Bahn* f ‖ ⟨fig⟩ *Spur* f ‖ ~ de aterrizaje *(Flugw) Lande-, Auslauf|bahn* f, *Rollfeld* n ‖ ~ de aterrizaje en la od sobre cubierta *(Flugw Mar) Decklandebahn* f ‖ ⟨fig joc⟩ *Glatze* f ‖ ~ de baile *Tanzfläche* f ‖ ~ de carreras *Renn|bahn, -strecke* f ‖ ~ de ceniza ⟨Sp⟩ *Aschenbahn* f ‖ ~ para ciclistas *Radfahrweg* m ‖ ~ de despegue ⟨Flugw⟩ *Start-, Ablauf-, Anlauf|bahn* f ‖ ~ de esquí *Skipiste* f ‖ ~ de esquí de fondo *Loipe* f ‖ ~ de lavado *Autowaschstraße* f ‖ ~ de patinar *Eisbahn* f ‖ ~ de recorrido *Parcours* m *(Reiten)* ‖ ~ de relajamiento *Abreitplatz* m *(Reiten)* ‖ ~ de saltos *Sprungbahn* f ‖ ~ sonora *(Filmw) Tonspur* f ‖ ~ de tenis *Tennisplatz* m ‖ ~ de tobogán *Rodelbahn* f ‖ *Rutschbahn* f ‖ ◇ dar con la ~ de alg. *jdm auf die Spur kommen* ‖ seguir la ~ a uno ⟨fam⟩ *jdn verfolgen, jdm auf den Fersen sein*
△ **²pista** *f Gehalt* m
pista|chero *m* ⟨Bot⟩ *Pistazie(nstrauch* m) f *(Pistacia vera)* ‖ **–cho** *m Pistazie(nnuss)* f *(Frucht)*
pistero *m Schnabeltasse* f ‖ Col ⟨fig⟩ *blaues Auge* n
pistilo *m* ⟨Bot⟩ *Stempel, Pistill* m
pisto *m Hühnerbrühe* f *für Kranke* ‖ *in der Pfanne gebackene Eier, Paprikaschoten, Zucchini, Tomaten usw.* ‖ ⟨figf⟩ *Mischmasch* m ‖ ⟨figf⟩

Wirrwarr m, *Durcheinander* n ‖ ◇ *darse* ~ ⟨fam⟩
angeben ‖ *wichtig tun* ‖ *protzen*
  pisto|la *f Pistole* f *(Waffe)* ‖ *Spritzpistole* f *(der
Maler)* ‖ *kleiner Drucklufthammer* m ‖ ⟨fig vulg⟩
Schwanz m *(Penis)* ‖ ~ *de aire comprimido
Luftpistole* f ‖ ~ *ametralladora Maschinenpistole* f
‖ ~ *Browning Browningpistole* f ‖ ~ *para cola
(Heiß)Klebepistole* f ‖ ~ *detonadora
Schreckschusspistole* f ‖ ~ *de gas Gaspistole* f ‖
~ *de reglamento Dienstpistole* f ‖ ~ *de señales
Signalpistole* f ‖ ~ *de termopegado
Heißklebepistole* f ‖ **–lada** *f* ⟨fam⟩ *Ven Albernheit*
f ‖ **–lera** *f Pistolenhalfter* m ‖ *Pistolentasche* f ‖
–lero *m Pistolenschütze* m ‖ ⟨fig⟩ *Räuber* m ‖
⟨fig⟩ *Terrorist* m ‖ ⟨fig⟩ *Mörder, Killer* m ‖ ⟨desp⟩
Revolverheld m ‖ ~ *a sueldo Berufskiller* m ‖
–letazo *m Pistolenschuss* m ‖ ~ *de salida* ⟨Sp⟩
Startschuss m
  pistón *m* ⟨Tech⟩ *Kolben, Stempel* m ‖
Pumpenkolben m ‖ *(Schieß)Kapsel, Patrone* f ‖
Zündkegel m *(der Zündkapsel)* ‖ ⟨Mus⟩ *Klappe* f,
Ventil n *(der Blasinstrumente)* ‖ ◆ *de* ~ ⟨pop⟩
glänzend, famos
  pistonudo adj ⟨fam⟩ *kolossal, famos* ‖ ⟨fam⟩
toll, prima ‖ ⟨euph⟩ → **cojonudo**
  pistraje ⟨fam⟩ *Sudelbrühe* f, ⟨pop⟩ *Gesöff* n
  ¹pita *f* ⟨Bot⟩ *Pita* f, *Amerikanische Agave,
Baumaloe* f *(Agave spp)* ‖ *Pitahanf* m ‖
Pitageflecht n
  ²pita *f* ⟨pop⟩ *Henne* f ‖ ¡~**s**, ~**s!** *put, put!
(Lockruf* m *für die Hühner)*
  ³pita *f Glaskugel, Murmel* f, *Klicker* m
  ⁴pita *f* ⟨fam⟩ *Pfiff* m
  ⁵pita *f* ⟨fam⟩ *Weinkrampf, Wutanfall* m *(der
Kinder)*
  △ **⁶pita** *f Schnaps* m
  pitas *fpl Guat Lügen* fpl, *Schwindel* m
  pitada *f Pfiff* m, *Pfeifen* n ‖ *Am Zug* m *(beim
Tabakrauchen)* ‖ ~ *final* ⟨Sp⟩ *Schlusspfiff* m ‖ ◇
dar una ~ ⟨fam⟩ *aus dem Häuschen geraten*
  △ **pitafló** *m Krug* m
  Pi|tágoras *m* np *Pythagoras* m ‖ ⸗**tagórico** adj
pythagoreisch, *Öst pythagoräisch* ‖ ~ *m
Pythagoreer* m ‖ ⸗**tagorismo** *m Pythagoreertum* n
  ¹pitanza *f tägliche Beköstigung* f ‖
Armenspeisung f ‖ ⟨fam⟩ *Lohn* m, *Löhnung* f ‖
⟨fam⟩ *Entgelt* n
  ²pitanza *f Am Kettenrauchen* n
  ³pitanza *f Chi Vorteil* m ‖ *Chi Glücksfall* m,
Gelegenheitsgeschäft n
  pitañoso adj *triefäugig*
  ¹pitar vt/i *pfeifen* ‖ ⟨pop⟩ *zahlen* ‖ ⟨Sp⟩ *(ein
Spiel) pfeifen* ‖ ⟨fam⟩ *klappen, gut laufen* ‖ ◇ ~
una falta ⟨Sp⟩ *ein Foul pfeifen* ‖ *salir pitando*
⟨pop⟩ *s. davonmachen* ‖ *¿cien euros quieres?
¡toma cincuenta y vas que pitas!* ⟨fam⟩ *hundert
Euro willst du haben? hier hast du fünfzig, und
das wird dir wohl reichen!*
  ²pitar vi *Am rauchen*
  ³pitar vt *Chi betrügen* ‖ *Ve rufen*
  pitarroso adj *triefäugig*
  pitay *m Arg* ⟨Med⟩ *Herpesausschlag* m
  pitazo *m Pfiff* m ‖ ◇ *dar un* ~ *pfeifen*
  pitecántropo, pitecantropo *m* ⟨Anthrop⟩
Affenmensch, Pithekanthropus m *(Frühmensch
des Diluviums)*
  Pitia *f Pythia* f ‖ ~ ⟨fig⟩ *Wahrsagerin* f (→
pitonisa)
  pítico adj *pythisch*
  pitido *m Pfiff* m ‖ ~ *final* ⟨Sp⟩ *Schlusspfiff* m
  piti|llera *f Zigaretten|tasche* f, *-etui* n ‖
Arbeiterin f *e–r Zigarettenfabrik* ‖ **–llo** *m* ⟨pop⟩
Zigarette f ‖ *Col Trinkhalm* m
  pítima *f Rausch* m, *Trunkenheit* f ‖ ◇ *coger
una* ~ ⟨figf⟩ *s. betrinken*

pitiminí *m:* *rosa de* ~ ⟨Art⟩ *Kletterrose* f
  pitipié *m* ⟨Top⟩ *Maßstab* m
  pitiriasis *f* ⟨Med⟩ *Pityriasis, Kleienflechte* f
  ¹pito *m* *(kleine) Pfeife, Triller-, Signal|pfeife* f ‖
(Art) Okarina f ‖ ⟨pop⟩ *Zigarette* f ‖ ⟨pop⟩
Pimmel m ‖ *Am Tabakspfeife* f ‖ ~ *de la fábrica
Fabriksirene* f ‖ ~s *flautos* ⟨fam⟩ *Faseleien* fpl ‖
cuando flautos, ~, *cuando* ~, *flautos* ⟨fam⟩ *bald
so, bald so* ‖ *(ein)mal so, (ein)mal so* ‖ ◇ *(no) me
importa un* ~ ⟨figf⟩ *das ist mir (piep)egal* od
schnuppe od *Wurs(ch)t* ‖ *tocar el* ~ *pfeifen* ‖ *no
tocar* ~ *en un asunto mit e–r Sache nichts zu tun
haben* ‖ *no se me da un* ~ *(od tres pitos)* ⟨pop⟩
das ist mir (piep)egal od *schnuppe* od *Wurs(ch)t* ‖
no vale un ~ *(pop) es ist k–n Pfifferling wert* ‖
no vale un ~ ⟨pop⟩ *es ist k–n Pfifferling wert*
  ²pito *m* ⟨V⟩ *Specht* m ‖ ~ *cano Grauspecht* m
(Picus canus) ‖ ~ *negro Schwarzspecht* m
(Dryocopus martius) ‖ ~ *real Grünspecht* m
(P. viridis)
  ²pito adj *Ar: estar hecho un* ~ ⟨fam⟩ *rüstig
und munter sein*, ⟨fam⟩ *noch gut auf dem Posten
sein (ältere Person)* ‖ ⟨reg⟩ *ge|schniegelt und
-bügelt sein*
  ⁴pito *m Ar Murmel* f , *Klicker* m ‖ ~ *de cristal
Glasmurmel* f ‖ ◇ *¡vamos a jugar a* ~s! ⟨Ar⟩
⟨Sch⟩ *wir wollen Murmeln spielen!*
  pitoche *m* ⟨desp⟩: *no vale (bzw no me
importa) un* ~ *es ist (mir) k–n Pfifferling wert
(das ist mir Wurs(ch)t)*
  pitoflero *m* ⟨fam⟩ *schlechter Musiker* m ‖
Klatschmaul m
  pitojear vi *kleinlich handeln bzw sein*
  ¹pitón *m Hörnchen* n *des jungen Tiers* ‖ *Horn*
n *des Kampfstieres* ‖ ⟨Jgd⟩ *Spieß* m *(des
Edelhirsches)* ‖ ⟨Jgd⟩ *Geweihknospe* f ‖
Trinkschnabel m *e–s Gefäßes* ‖ ⟨allg⟩ *Spieß* m ‖
Tülle f ‖ ⟨Tech⟩ *Höcker, Nocken* m ‖ ⟨Radio⟩
Klemmstift m ‖ **pitones** pl ⟨pop⟩ *große, spitze
Titten* fpl
  ²pitón *m* ⟨Zool⟩ *Pythonschlange* f *(Python spp)*
  pitongo adj ⟨fam⟩: *niño* ~ → **niño** *gótico*
  pitónico adj *pythisch*
  pitonisa *f Wahrsagerin* f
  pito|rrearse vr ⟨pop⟩ *s. lustig machen (de über*
acc) ‖ **–rreo** *m* ⟨pop⟩ *Spott, Hohn* m ‖ *Verspotten*
n
  pitorro *m* ⟨fam⟩ *Tülle* f ‖ ⟨fam⟩ *Schnabel* m ‖
→ **botijo**
  △ **pitoso** *m Schnapstrinker* m
  pitota *f* ⟨fam⟩ *große (hängende) Nase* f ‖
⟨desp⟩ *Bananennase* f
  pitote *m* ⟨fam⟩ *Wirrwarr* m, *Durcheinander* n ‖
→ **²follón** ‖ → **pitoche**
  pitpit *m* ⟨V⟩ *Pieper* m (→ **bisbita**)
  pituco adj *Arg Chi Pe* → **cursi**
  pitufo *m* ⟨fam⟩ *Schlumpf* m
  pituitario adj *schleimig* ‖ *(membrana)* ~a *f*
⟨An⟩ *Nasenschleimhaut* f
  pitu|sa *f* ⟨reg⟩ *Zipfel* m, *Ende* n ‖ **–so** adj/s
klein, niedlich, putzig (Kinder)
  piular vi *piepsen*
  △ **piuli** *f Witwe* f
  pivote *m* ⟨Tech⟩ *(Spur)Zapfen* m ‖ *Drehachse* f
  píxide *f* ⟨Rel⟩ *Pyxis* f
  △ **pixol** *[... ʃol] m Bauer* m
  piyama *m Am* → **¹pijama**
  △ **piyar** vt *(ver)schlingen*
  piza|rra *f Schiefer(stein)* m ‖ *Schiefertafel* f ‖
Schreib-, Schul|tafel f ‖ *Aushänge-, Reklame|tafel*
f ‖ *Schwarzes Brett* n *(an Schulen usw.)* ‖ ~
arcillosa Tonschiefer m ‖ ~ *bituminosa Ölschiefer*
m ‖ ~ *de hule Wachstafel* f ‖ ~ *para techar
Dachschiefer* m ‖ **–rral** *m Schieferbruch* m ‖
–rrero *m Schieferdecker* m ‖ **–rrín** *m Griffel,
Schieferstift* m ‖ *Schiefer-, Schreib|tafel* f ‖ **–rrón**

augm von **–rra** ‖ *Wandtafel* f ‖ **–rroso** adj
schiefergrau ‖ *schieferig*
¹pizca *f ⟨fam⟩ bisschen* ‖ ni ~ ⟨pop⟩ *k–e Spur*
(de *von*)
²pizca *f* Mex *Maisernte* f, p.ex *Ernte,*
(Wein)lese f
pizcar [c/qu] vt ⟨fam⟩ → **pellizcar**
pizco *m* bes. Ar → **pellizco**
pizpireta, pizpereta adj/*f* ⟨fam⟩ *lebhaft* ‖
kess ‖ *anmutig* ‖ *(alles* bes. *auf Mädchen*
bezüglich)
pi|zza *f* ⟨Kochk⟩ *Pizza* f ‖ **–zzería** *f Pizzeria* f
pizzicato *m* ⟨Mus⟩ *Pizzicato* n
pl. ⟨Abk⟩ = **plaza** ‖ **plazo** ‖ **plural**
placa *f Platte* f ‖ *Plakette* f ‖ *Namens-,*
Firmen|schild n ‖ *Scheibe* f ‖ ⟨Fot⟩
(Trocken)Platte f ‖ *Ordensstern* m ‖ ⟨Radio⟩
Anode f ‖ ⟨Auto⟩ *Nummernschild* n ‖ ~ *aislante*
Isolierplatte f ‖ *Dämmplatte* f ‖ ~ de amianto
Asbestplatte f ‖ ~ antihalo ⟨Fot⟩ *lichthoffreie*
Platte f ‖ ~ de asbesto → ~ de amianto ‖ ~ de
blindaje *Panzerplatte* f ‖ ~ conmemorativa
Gedenktafel f ‖ ~ esmerilada ⟨Fot⟩ *Mattscheibe* f
‖ ~ giratoria ⟨EB⟩ *Drehscheibe* f ‖ ~ de
identidad ⟨Mil⟩ *Erkennungsmarke* f ‖ ~ lenta
⟨Fot⟩ *wenig empfindliche Platte* f ‖ ~ de
matrícula ⟨Auto⟩ *Nummernschild* n ‖ ~ metálica
Metallschild n ‖ ~ ortocromática, rápida, ~ muy
sensible *orthochromatische, hochempfindliche*
Platte f ‖ ~ de retícula ⟨Fot⟩ *Rasterplatte* f ‖ ~
de señalización en carretera ⟨StV⟩
Verkehrs|schild, -zeichen n
¹placar [c/qu] vt *beruhigen*
²placar *m* Am *Wandschrank* m
placear vi *auf dem Markt verkaufen*
placebo *m* ⟨Pharm⟩ *Placebo* n
pláceme *m Glückwunsch* m
placen|ta *f* ⟨An⟩ *Mutterkuchen* m, *Plazenta* f ‖
⟨Bot⟩ *Samenlappen* m ‖ **–tación** *f Plazentation,*
Bildung f *des Mutterkuchens* ‖ **–tario** adj
plazen|tal, -tar ‖ ~s mpl ⟨Zool⟩ *Plazentalier* mpl,
Mutterkuchentiere npl
placentero adj *vergnügt, fröhlich, lustig* ‖
gefällig, zuvorkommend ‖ *gemütlich*
¹placer [-zc-, sonst regelm, jedoch pret plugo,
subj pres plegue *od* plega] vi def *gefallen* ‖ ◇ si
le place a Vd. *wenn es Ihnen gefällig ist* ‖ que me
place *mir ist's recht* ‖ eso se hace, lo que a Dios
place *(Spr) der Mensch denkt, Gott lenkt* ‖ an
Gottes Segen ist alles gelegen ‖ se placía en ello
Am *er (sie, es) fand Genuss daran* ‖ si le place
wenn es Ihnen beliebt ‖ pluguiera a Dios (que así
fuera) *Gott gebe (s–e Gnade dazu)!* ‖ *möge Gott*
es geben!
²placer *m Lust* f ‖ *Vergnügen* n, *Freude, Wonne*
f ‖ *Wille* m, *Willkür* f ‖ ~ estético
Schönheitsgenuss m ‖ *ästhetische Freude* f ‖ ◆ a
~ *nach Belieben* ‖ *be|quem, -haglich* ‖ con sumo
~ *mit großem Vergnügen, herzlich gern* ‖ de ~
vor Freude ‖ ◇ es su único ~ *das ist s–e (ihre)*
einzige Freude ‖ ávido de ~es *lebenshungrig* ‖
vergnügungssüchtig
³placer *m Sandbank* f ‖ *Gold|(sand)feld* n,
-seifenlagerstätte f
place|ra *f Obst-, Gemüse|hökerin,*
Markthändlerin f ‖ **–ro** *m Markthändler* m ‖
⟨pop⟩ *Müßiggänger* m
plácet, placet *m* ⟨lat⟩ *Gutheißung* f ‖ *Agrément*
n *(der Diplomaten)* ‖ ⟨allg⟩ *Plazet* n, *(offizielle)*
Zustimmung f ‖ ◇ dar su ~ a algo *et. gutheißen,*
e–r S. zustimmen
placeta *f* dim von **plaza**
placible adj *(m/f) gefällig*
placidez [*pl* **–ces**] *f Sanftmut, Gelassenheit* f ‖
Gemütlichkeit f

plácido adj *ruhig, still* ‖ *angenehm, gemütlich* ‖
anmutig ‖ *sanft, gelassen*
Plácido *m* np *Placidus* m
plácito *m Meinung, Ansicht* f
¡plaf! int *bums!* ‖ *plumps!*
plafón *m (Zimmer)Decke* f ‖ *Deckenleuchte* f
pla|ga *f (Land)Plage, Geißel* f ‖ *Seuche* f ‖
⟨fig⟩ *Mühsal* f, *Leid* n ‖ ⟨fig⟩ *Heimsuchung* f ‖
⟨fig⟩ *Unmenge* f, *Haufen* m ‖ ⟨fig⟩ *Überfluss* m ‖
una ~ de ciruelas *e–e üppige Ernte an Pflaumen*
‖ las siete ~s de Egipto *die sieben Plagen*
Ägyptens ‖ ~ de la langosta *Heuschreckenplage* f
‖ **–gado** adj ⟨fig⟩ *verpestet* ‖ ~ de barro *ganz*
schmutzig ‖ ~ de faltas *von Fehlern wimmelnd*
plagal adj *(m/f)*: cadencia ~ ⟨Mus⟩ *Plagal-,*
Halb|schluss m
plagar [g/gu] vt ⟨fig⟩ *heimsuchen, plagen* ‖
verseuchen (de *mit*) ‖ ◇ ~se de gente ⟨pop⟩ *s.*
mit Leuten anfüllen
pla|giar vt/i *unbefugt abschreiben, plagiieren* ‖
–giario adj *plagiatorisch, Plagiat-* ‖ ~ *m*
Plagiator, literarischer bzw *künstlerischer*
Freibeuter m ‖ *Nachdrucker* m ‖ **–gio** *m Plagiat*
n, *literarischer Diebstahl* m
plagioclasa *f* ⟨Min⟩ *Plagioklas* m
plaguicida *m* → **pesticida**
plaito *m* Am ⟨pop⟩ → **pleito**
△ **plal** *m Freund, Bruder* m
¹plan *m Höhe* f, *Niveau* n ‖ ⟨Arch⟩ *Plan,*
(Grund)Riss m ‖ *Plan, Entwurf* m ‖ ~ de ataque
⟨Mil⟩ *Angriffsplan* m ‖ ~ de batalla ⟨Mil⟩
Schlachtplan m (& fig) ‖ ~ de campaña ⟨Mil⟩
Feldzugsplan m ‖ ~ de concentración ⟨Mil⟩
Aufmarschplan m ‖ ~ cuatrienal *Vierjahresplan* m
‖ ~ curativo ⟨Med⟩ *Heilplan* m ‖ ~ de desarrollo
Entwicklungsplan m ‖ ~ dietético *Diätplan* m ‖ ~
de emergencia *Notstandsplan* m ‖ ~ de estudios
Studienplan m ‖ ~ quinquenal *Fünfjahresplan* m ‖
~ de saneamiento *Sanierungsplan* m ‖ ~ de
suministro *Versorgungsplan* m ‖ ~ de
urbanización *Bebauungsplan* m ‖ ~ de urgencia
Notstandsplan m ‖ ·· de viaje *Reiseplan* m ‖ ◆ en
~ de ... *als* ... ‖ ◆ en ~ cafre *auf*
Zerstörungstour ‖ en ~ de turista *als Tourist* ‖ ◇
concebir od idear un ~ *e–n Plan entwerfen* ‖
llevar a cabo un ~ *e–n Plan ausführen* ‖
pormenorizar un ~ *e–n Plan näher erläutern* ‖
realizar un ~ → *llevar a cabo un* ~ ‖ no ser ~
nicht angebracht od nicht zweckmäßig od nicht
nützlich sein ‖ trazar un ~ → *concebir un* ~
²plan *m* ⟨fam⟩ *Vergnügungsvorhaben* n ‖
Verabredung f, *Stelldichein, Rendezvous* n ‖ p.ex
Mädchen n *(bzw Mann), mit dem man (ohne feste*
Verbindung) ausgeht ‖ p.ex *Mädchen* n bzw *Frau*
f, *mit dem* bzw *mit der man vorhat,*
geschlechtlich zu verkehren ‖ ◇ estar en ~ de
ligue *auf Mädchen|suche od -jagd (zum*
Geschlechtsverkehr) sein ‖ tener muchos ~es
⟨figf⟩ *ein erfolgreicher Schürzenjäger sein*
³plan *m* Am *Flachland* n
¹plana *f (Maurer)Kelle* f
²plana *f Ebene, Fläche* f ‖ *(Blatt-,*
Zeitungs)Seite f ‖ ⟨Sch⟩ *(Schreib-, Blatt)Seite* f ‖
p.ex *Schreibaufgabe* f ‖ ⟨Typ⟩ *Schimmelabzug* m ‖
~ primera → ⟨Ztg⟩ *erste Seite* f ‖ ~ recta *rechte,*
ungerade Seite (e–s aufgeschlagenen Buches)
³plana *f* ⟨Mil⟩ *Stab* m ‖ ~ mayor *(de mando*
od regimental) Regimentsstab m
plan|cha *f (Metall)Platte* f ‖ *Blech* n ‖ *Bügel-,*
Plätt|eisen n ‖ ⟨Mar⟩ *Laufplanke* f ‖ ⟨figf⟩ *Reinfall*
m, *Blamage* f ‖ ⟨Typ⟩ *Druckplatte* f ‖ ~ de acero
Stahl|platte f, *-blech* n ‖ ~ de blindaje
Panzerplatte f ‖ ~ de metal *Metallplatte* f ‖ ~
ondulada *Wellblech* n ‖ ~ de surf ⟨Sp⟩ *Surfbrett* n
‖ ~ de viaje *Reisebügeleisen* n ‖ ~ de vapor

Dampfbügeleisen n ‖ ◇ hacer la ~ *den toten Mann machen (beim Schwimmen)* ‖ hacer *od* tirarse una ~ ⟨pop fig⟩ *e–n Bock schießen, s. blamieren, hereinfallen* ‖ ¡qué ~! *welche Blamage!* ‖ **–chado** adj *gebügelt* ‖ (re) ~ ⟨figf⟩ *ge|schniegelt und -bügelt* ‖ ~ m *Bügeln* n ‖ *Bügelwäsche* f ‖ ◇ "no necesita ~" *„bügelfrei"* ‖ **–chadora** f *Büglerin, Plätterin* f ‖ *Bügelmaschine* f ‖ **–chamangas** m *Ärmelbrett* n ‖ **–char** vt *bügeln, plätten* ‖ Mex ⟨fig⟩ *jdn versetzen* ‖ PR ⟨fig⟩ *schmeicheln* ‖ ◇ ~ con brillo *auf Glanz plätten* ‖ **~se:** ~ una mujer ⟨pop⟩ *e–e Frau vernaschen*
    plan|chero m *Bügeleisenablage* f ‖ **–cheta** f ⟨Top⟩ *Messtisch* m
    planchíster m *Plansichter* m *(Siebmaschine)*
    planchis|ta m/f *Karrosseriespengler(in* f) m ‖ **–tería** f *Karrosserie|spenglerei, -werkstatt* f
    plan|chón m augm von **–cha** ‖ **–chuela** f dim von **–cha**
    plancton m ⟨Biol⟩ *Plankton* n
    planeador m ⟨Flugw⟩ *Segelflugzeug* n ‖ *Gleitflugzeug* n, *Gleiter* m ‖ *Segel-* bzw *Gleit|flieger* m
    planeamiento m *Planung* f
    ¹planear vt *vorhaben, planen* ‖ *organisieren* ‖ *entwerfen*
    ²planear vi *schweben, gleiten* ‖ ⟨Flugw⟩ *an-, ein-, aus|schweben, (e–n) Gleitflug machen* ‖ *im Gleitflug niedergehen*
    planeidad f *Ebenheit* f
    planeo m ⟨allg⟩ *Schweben* n ‖ *Gleitflug* m
    planero m ⟨Mar⟩ *Vermessungsschiff* n
    ¹planeta f ⟨Kath⟩ *Kasel* f *(Planeta)*
    ²plane|ta m *Planet,* [veraltet] *Wandelstern* m ‖ **–tario** adj: sistema ~ *Planetensystem* n ‖ ~ m *Planetarium* n ‖ **–tárium** m *Planetarium* n ‖ **–toide** m *Planetoid* m
    planicie f *Ebene, Fläche* f
    planifi|cación f *Planung* f ‖ *Raumordnung* f ‖ ~ del (medio) ambiente *Umweltplanung* f ‖ ~ económica *Wirtschaftsplanung* f ‖ ~ territorial *Raumplanung* f ‖ **–car** [c/qu] vt *planen* ‖ *ordnen*
    planilla f dim von **²plana** ‖ *Liste, Tabelle* f ‖ Cu *Formular* n ‖ ~ de intereses *Zinstabelle* f
    plani|metría f *Planimetrie, Flächenmessung* f ‖ **–métrico** adj *planimetrisch*
    planímetro m *Planimeter* n, *Flächenmesser* m
    planípedo m/adj ⟨meist joc⟩ *Plattfuß* m
    planisferio m (celeste) ⟨Astr⟩ *Sternkarte* f
    planning m *Betriebsplanung, industrielle Planung* f ‖ → auch **planificación**
    ¹plano adj/s *eben, flach, glatt* ‖ *platt, plan* ‖ ◆ de ~ *geradeheraus, freimütig* ‖ *ohne Umstände* ‖ ◇ caer de ~ *der Länge nach hinfallen* ‖ dar de ~ *mit der offenen Hand zuschlagen*
    ²plano m (Ober-, Grund)Fläche f ‖ ⟨Math Geogr Ling⟩ *Ebene* f ‖ *Boden* m *(e–s Wagens)* ‖ *Plan, Entwurf* m ‖ ⟨Mal⟩ *Plan* m ‖ *Plan, (Grund)Riss* m ‖ ~ de la ciudad *Stadtplan* m ‖ ~ general *Übersichtsplan* m ‖ ⟨Fot⟩ *Total(aufnahme)* f ‖ ~ inclinado *schiefe Ebene* f ‖ ~ de polarización *Polarisationsebene* f ‖ primer ~ ⟨Fot Film⟩ *Großaufnahme* f ‖ *Vordergrund* m (& Mal) ‖ ~ de proyección *Projektionsfläche* f ‖ ~ rebatible ⟨Flugw⟩ *Schwenkflügel* m ‖ ~ en relieve *Reliefkarte* f ‖ *Aufriss* m ‖ ~ de resbalamiento *Gleitfläche* f ‖ ~ de sustentación ⟨Flugw⟩ *tragende Fläche, Tragfläche* f ‖ ◆ ~ im *Planformat* ‖ ◇ levantar un ~, trazar un ~ *e–n Plan entwerfen*
    plano|cóncavo adj *plankonkav* ‖ **–convexo** adj *plankonvex*
    ¹planta f ⟨Bot⟩ *Pflanze* f ‖ *Gewächs, Kraut* n ‖ *Plantage* f ‖ *(Baum)Pflanzung* f ‖ *Setzling* m ‖ ~

acuática *Wasserpflanze* f ‖ ~ alpina *Alpenpflanze* f ‖ *Hochgebirgspflanze* f ‖ ~ anual *jährige Pflanze* f ‖ ~ carnívora *fleischfressende Pflanze* f ‖ ~ de ciudad ⟨figf⟩ *Stadtmensch* m ‖ ~ cultivada *Kulturpflanze* f ‖ ~ estival *Sommerpflanze* f ‖ ~ de estufa *Treibhauspflanze* f ‖ ~ exótica *exotische Pflanze* f ‖ ~ forrajera *Futterpflanze* f ‖ ~ hortense *Gemüsepflanze* f ‖ ~ industrial *Industriepflanze* f ‖ ~ insectívora *insektenfressende Pflanze* f ‖ ~ de interior *Zimmerpflanze* f ‖ ~ de jardín *Gartenpflanze* f ‖ ~ medicinal, ~ oficinal *Heilpflanze* f ‖ ~ parásita *Schmarotzerpflanze* f ‖ ~ pionera *Pionierpflanze* f ‖ ~ rastrera *Kriechpflanze* f ‖ ~ sativa *Kulturpflanze* f ‖ ~ suculenta *Sukkulente,* *Fettpflanze* f ‖ ~ de tabaco *Tabakpflanze* f ‖ ~ textil *Textilpflanze* f ‖ ~ trepadora *Kletter-, Schling|pflanze* f ‖ ~ trópica *Tropenpflanze* f ‖ ~ tuberosa *Knollengewächs* n ‖ ~ util *Nutzpflanze* f ‖ ~ vivaz *immergrüne Pflanze* f
    ²planta f *(Fuß)Sohle* f ‖ ⟨Math⟩ *Fußpunkt* m ‖ ⟨pop fig⟩ *leere Prahlerei* f ‖ ◇ poner su ~ en… *s–n Fuß setzen auf … (acc)* ‖ **~s** fpl: echarse a las ~ de alg. *s. jdm zu Füßen werfen* ‖ echar *od* hacer ~ ⟨figf⟩ *protzen*
    ³planta f a) *Entwurf, Aufriss* m ‖ *Grundriss* m ‖ *Flächenraum m (e–s Gebäudes)* ‖ *Bauplan* m ‖ b) *Anlage* f ‖ *Fabrik* f ‖ *Stockwerk, Geschoss* n, *Stock* m ‖ ⟨Bgb⟩ *Stollen* m ‖ ~ baja *Erdgeschoss* n ‖ ~ de descontaminación *Entseuchungsanlage* f ‖ ~ de incineración de basuras *Müllverbrennungsanlage* f ‖ ~ industrial *Industrieanlage* f ‖ ~ de montaje *Montagewerk* n ‖ ~ piloto *Versuchsanlage* f ‖ ~ siderúrgica *Eisenhüttenwerk* n ‖ ◆ de ~ *von Grund aus* od *auf*
    plan|tación f *Pflanzung* f ‖ *Plantage* f ‖ ~ de bosques *Aufforstung* f ‖ ~ de café *Kaffeeplantage* f ‖ ~ de tabaco *Tabakplantage* f ‖ **–tado** adj ⟨pop⟩ *rüstig, stramm* ‖ **–tador** m *Pflanzgärtner* m ‖ *Pflanzer* m ‖ *Pflanzholz* n ‖ △ *Totengräber* m ‖ **–tadora** f ⟨Agr⟩ *Setz-, Pflanz|maschine* f
    plantagináceas fpl ⟨Bot⟩ *Wegerichgewächse* npl (Plantaginaceae)
    plantaina f ⟨Bot⟩ *Großer Wegerich* m (Plantago maior)
    ¹plantar vt/i *(be)pflanzen* ‖ ⟨fig⟩ *auf|pflanzen, -schlagen (Zelt)* ‖ ⟨Mil⟩ *aufstellen (Geschütz)* ‖ ⟨fig⟩ *gründen* ‖ ⟨fig⟩ *aufwerfen (Frage), aufstellen (Problem)* ‖ ⟨fig⟩ *(jdm) die Tür weisen, (jdn) hinausschmeißen* ‖ ⟨fig⟩ *entlassen (Angestellte)* ‖ ⟨fig⟩ *(jdm) e–n Korb geben* ‖ ⟨figf⟩ *versetzen (Schlag, Stoß)* ‖ ⟨jdn⟩ *versetzen (bei e–r Verabredung)* ‖ ⟨figf⟩ *im Stich lassen* ‖ ⟨figf⟩ *betrügerisch verlassen* ‖ ⟨figf⟩ *(jdm) den Kopf waschen* ‖ ◇ ~ el campo *aufschlagen (Lager)* ‖ ~ en la calle, en la cárcel ⟨figf⟩ *auf die Straße, ins Gefängnis werfen* ‖ ~ un pleito *e–n Prozess anstrengen* ‖ me plantó dos frescas ⟨pop⟩ *er fuhr mich derb an* ‖ **~se** ⟨figf⟩ *s. auf|pflanzen, s. -bauen* ‖ ⟨figf⟩ *(plötzlich) erscheinen* ‖ *nicht von der Stelle wollen (störrisches Tier)* ‖ ⟨figf⟩ *s. auf die Hinterbeine stellen* ‖ Am *s. putzen* ‖ ◇ de pronto se plantó en Madrid *auf einmal tauchte er (sie, es) in Madrid auf* ‖ nos plantamos ahí en un par de horas *in ein paar Stunden sind wir da* ‖ me dejó plantado allí *er hat mich dort stehen lassen* ‖ er (sie, es) hat mich versetzt ‖ dejó plantada a su novia ⟨figf⟩ *er ließ s–e Braut sitzen*
    △ **²plantar** vt *beerdigen*
    plante m *Meuterei* f (z.B. *im Gefängnis*) ‖ *herausfordernde Haltung, Protesthaltung* f ‖ ◇ declararse *od* hacer en ~ *meutern, s. empören*
    plante|amiento m *Aufwerfen* n *(e–r Frage, e–s Problems)* ‖ *Fragestellung* f ‖ **–ar** vt *entwerfen* ‖

⟨fig⟩ *(be)gründen* ‖ *einführen* ‖ *stellen, aufwerfen (Frage, Problem)* ‖ ◇ ~ *un problema e–e Frage aufwerfen, ein Problem aufrollen* ‖ *se planteó el siguiente problema es ergab s. folgendes Problem* ‖ *es stellte s. folgende Frage*

plantel *m Pflanz-, Baum|schule* f ‖ *(Wald)Schonung* f ‖ *(Garten)Beet* n ‖ ⟨fig⟩ *Bildungsstätte* f ‖ ⟨fig⟩ *Gruppe, Schar* f ‖ *un ~ de científicos e–e Schar Wissenschaftler*

plantificar [c/qu] ⟨fam⟩ *austeilen (z. B. Ohrfeigen)* ‖ *an den Kopf werfen (z. B. Frechheiten)* ‖ *(jdn) mit Gewalt irgendwohin stellen* ‖ *wütend werfen (z. B. Teller)* ‖ ~**se** →
plantarse

plantígrados *mpl* ⟨Zool⟩ *Sohlengänger* mpl
¹**planti|lla** *f Brandsohle* f ‖ *Einlegesohle* f ‖ *Strumpfsohle* f ‖ ~ *de corcho*, ~ *de paja Kork-, Stroh|sohle* f
²**plantilla** *f Belegschaft* f, *Angestellte(n)* mpl ‖ *Beamtenstab* m ‖ *Planstellen* fpl ‖ *Stellenplan* m ‖ *Rangliste* f ‖ ⟨figf⟩ *leere Prahlerei* f ‖ ~ *administrativa Verwaltungspersonal* n ‖ ◇ *echar* ~s *Cu* ⟨figf⟩ *dick(e)-, groß|tun*
³**plantilla** *f* ⟨Arch⟩ *Auf-, Stand|riss* m ‖ ⟨Tech⟩ *Kurvenlineal* n ‖ *(Bohr)Lehre* f ‖ *Schablone* f ‖ ~ *de curvas Kurvenlineal* n

plantillero *m Cu Prahler, Großsprecher, Protz* m
plantío *m Anpflanzen* n, *Bebauung, Baum|pflanzung* f ‖ *Pflanzung* f
plantista *m/f Prahler(in* f), *Großsprecher(in* f), *Protz* m
plantita *f dim von* ¹**planta**
¹**plantón** *m* ⟨Agr⟩ *Setzling* m
²**plantón** *m* ⟨Mil⟩ *ständiger Wachposten* m ‖ ◇ *dar un od dejar en ~ (jdn) lange auf s. warten lassen, spät erscheinen* ‖ *(jdn) versetzen* ‖ *estar de (od en)* ~, *llevarse un ~* ⟨fam⟩ *lange warten müssen* ‖ *cansado del ~ des Wartens od* ⟨fam⟩ *der ewigen Warterei müde*
△ **plantosa** *f Trinkgefäß* n
plañi|dera *f Klageweib* n ‖ **–dero** *adj weinerlich, kläglich* ‖ ◆ *en tono ~ wehklagend* ‖ **–do** *m Wehklagen, Weinen* n
plañir [pret ~ñó] *vt/i (be)weinen* ‖ *jammern, wehklagen*
plaqué *m Dublee* n
plaquear *vt plattieren*
plaqueta *f* ⟨Physiol⟩ *Blutplättchen* n, *Thrombozyt* m
△ **plasa** *f Schwester* f
△ **plasarar** *vt/i (be)zahlen*
plasma *m* ⟨Biol Phys Min⟩ *Plasma* n ‖ ~ *sanguíneo Blutplasma* n
plasmacélula *f* ⟨Biol⟩ *Plasmazelle* f
plasmación *f Bildung, Formung, Gestaltung* f ‖ *hallar ~ (s–n) Ausdruck finden*
plasmafísica *f Plasmaphysik* f
¹**plasmar** *vt bilden, formen, gestalten*
²**plasmar** *vt* ⟨pop⟩ → **pasmar**
plasmodio *m* ⟨Biol⟩ *Plasmodium* n
△ **plasnó** *adj weiß*
plasta *f Teig, Ton* m ‖ *weiche Masse* f ‖ ⟨figf⟩ *aufdringlicher, lästiger Mensch* m
△ **plasta|near** *vi laufen* ‖ **–nia** *f Flucht* f
plaste *m Spachtelmasse* f
plastear, plastecer [-zc-] *vt vergipsen, mit Gipsbrei ausbessern*
plástica *f Plastik, bildende Kunst* f
plasticidad *f Bildsamkeit* f ‖ *Bildhaftigkeit* f ‖ *Plastizität* f ‖ *Nachgiebigkeit* f (& fig)
plástico *adj bildsam* ‖ *plastisch* ‖ *bildend* ‖ *Plastik-* ‖ *Kunststoff-* ‖ ~ *m Kunststoff* m ‖ ~ *explosivo Plastiksprengstoff* m ‖ ◆ *de ~ aus Kunststoff od Plastik, Kunststoff-, Plastik-*
plastifi|cación *f* a) *Weichmachen* n *(Kunststoff)*

‖ b) *Überziehen* n *mit Plastikfolie* ‖ **–cante** *adj weichmachend* ‖ ~ *m Weichmacher* m ‖ **–car** [c/qu] *vt* a) *weich machen (Kunststoff)* ‖ b) *mit Plastikfolie überziehen*
plastilina *f Knetmasse* f *(zum Modellieren), Plastilin* n
plastoquímica *f Kunststoffchemie* f
plastrón *m Vorhemd* n ‖ *Brustlatz* m
¹**plata** *f* (Ag) ⟨Chem⟩ *Silber* n ‖ *Silbergeld* n ‖ *Silbergeschirr* n ‖ ⟨fig⟩ *(bes. Am) Geld* n ‖ *Vermögen* n ‖ ~ *alemana Neusilber* n ‖ ~ *dorada al fuego feuervergoldetes Silber* n ‖ ~ *fulminante Knallsilber* n ‖ ~ *labrada Silberarbeit* f, *Silber(geschirr)* n ‖ ~ *de ley Münzsilber* n ‖ ~ *menuda kleines Silbergeld* n ‖ ~ *nativa gediegenes Silber* n ‖ ~ *nielada Tulasilber* n ‖ ~ *repujada getriebenes Silber* n ‖ ◆ *de ~ silbern* ‖ *en ~* ⟨figf⟩ *kurz, in e–m Wort* ‖ *hermoso como una ~* ⟨figf⟩ *wunderschön* ‖ ~ *virgen* → ~ *nativa* ‖ *limpio como una ~* ⟨figf⟩ *blitzsauber* ‖ ◇ *costar (mucha) ~ Am kostspielig sein* ‖ *hablar en ~* ⟨figf⟩ *aufrichtig sprechen* ‖ ⟨figf⟩ *kurz und bündig sprechen, die Sachen beim (rechten) Namen nennen* ‖ *tener mucha ~ Am sehr reich od* ⟨pop⟩ *stinkreich sein*
△ ²**plata** *f kurzer Mantel* m
platabanda *f Stoßplatte* f ‖ *Verbindungslasche* f
plataforma *f Platte* f ‖ ⟨Arch⟩ *Plattform, Dachfläche, Abdachung* f ‖ ⟨Pol⟩ *Plattform* f ‖ ⟨Mil⟩ *Stück-, Geschütz|bettung* f ‖ ⟨EB⟩ *offener Güter-, Plattform-, Gestell|wagen* m ‖ ⟨Tech⟩ *Bühne* f ‖ ⟨Fot⟩ *Objektivbrett* n ‖ *tragbare Schaubühne* f *(für Heiligenstatuen bei span. Prozessionen)* ‖ ⟨fig⟩ *Ausflucht* f ‖ ~ *continental* ⟨Geogr⟩ *Festland(s)sockel* m, *Schelf* m (& n) ‖ ~ *delantera vordere Plattform* f *(im Straßenbahnwagen)* ‖ ~ *de encuentro* ⟨fig⟩ *Begegnungsstätte* f ‖ ~ *flotante* → ~ *de sondeo* ‖ ~ *giratoria* ⟨EB⟩ *Drehscheibe* f ‖ *Drehbühne* f ‖ ~ *de lanzamiento Start|tisch* m, *-plattform* f *(Rakete)* ‖ ~ *de sondeo Bohrinsel* f
platal *m Am* ⟨pop⟩ *Haufen* m *Geld* (→ **dineral**)
platanal *m* ⟨Agr⟩ *Bananenpflanzung* f
¹**platanero** *adj Ant starker Wind* m
²**platanero** *m* ⟨Bot⟩ *Bananenstaude* f *(Musa spp)*
¹**plátano** *m* ⟨Bot⟩ *Platane* f *(Platanus acerifolia)* ‖ ~ *de Oriente Morgenländische Platane* f *(P. orientalis)*
²**plátano** *m* ⟨Bot⟩ *Bananenbaum* m, *Banane* f *(Musa paradisiaca)* ‖ *Banane* f *(Frucht)* ‖ *Bananenschiff* n
△ **plataró** *m Bruder* m
platea *f* ⟨Th⟩ *Parterre, Parkett* n ‖ *Parterresitz* m
plate|ado *adj silberfarben* ‖ *versilbert* ‖ *silbergrau (Haare)* ‖ *Am schwerreich* ‖ ~ *m Versilbern* n ‖ *Versilberung* f ‖ **–ar** *vt (ver)silbern*
platelmintos *mpl* ⟨Zool⟩ *Plattwürmer* mpl
plate|nse *adj/m (m/f) aus La Plata* (Arg) ‖ ⟨allg⟩ *aus den Rio-de-la-Plata-Ländern* ‖ *vom La Plata(Strom)* ‖ **–ñismo** *m e–e nur im Spanisch des Río de la Plata vorkommende sprachliche Erscheinung* f
plate|resco *adj* ⟨Arch⟩ *plateresk, geschnörkelt* ‖ **–ría** *f Silber-, Gold|schmiedearbeit* f, *-geschirr* n ‖ *Silber- und Goldwaren|geschäft* n
¹**platero** *m Silber|schmied, -arbeiter* m ‖ *Goldschmied* m ‖ *Juwelier* m
²**platero** *m Geschirrschrank* m
³**platero** *m silbergrauer Esel* m ("Platero y yo" „Platero und ich" *von Juan Ramón Jiménez)* ‖ *Am Reiche(r)* m
△ **platesqueró** *m Hof* m

plática f (bes. Am) *Zwiegespräch* n, *Unter|redung, -haltung* f ‖ ⟨pop⟩ *Geplauder* n ‖ *(An)Rede* f ‖ *Kurzpredigt* f ‖ ~ de familia *vertrauliches Gespräch* n ‖ ◇ pedir ~s ⟨Mar⟩ *Erlaubnis* f *zum Einlaufen ersuchen (nach Quarantäne)*

plati|cador m *Prediger, Redner* m ‖ **–car** [c/qu] vi (bes. Am) *sprechen (sobre über* acc) ‖ *s. unterhalten* ‖ ⟨pop⟩ *plaudern*

platija f ⟨Fi⟩ *Flunder* f (Platichtys flesus) ‖ ~ americana *Doggerscharbe* f (Hippoglossoides platesoides)

plati|llero m ⟨Mus⟩ *Beckenschläger* m ‖ **–llo** m dim von **¹plato** ‖ *Unter|teller* m, *-schale* f ‖ *Dessertteller* m ‖ *Beischüssel* f ‖ *Waagschale* f ‖ *Almosenbecken* s ‖ *Tragscheibe* f *für Grammofonplatten* ‖ ~ de copa *Untertasse* f ‖ ~ de Petri ⟨Chem⟩ *Petrischale* f ‖ ~ de tope *Pufferscheibe* f ‖ ◇ hacer ~ de alg. ⟨figf⟩ *über jdn klatschen* ‖ ~ para tarjetas *Karteteller* m ‖ **~s** mpl ⟨Mus⟩ *Becken* npl ‖ *Tschinellen* pl ‖ ~ volantes *fliegende Untertassen* fpl (→ **ovnis**)

plati|na f *Objekt-, Apparate|tisch* m ‖ *Objektträger* m ⟨Mikroskop⟩ ‖ ⟨Text⟩ *Platine* f ‖ *Laufwerk* n *(des Plattenspielers)* ‖ *Platine* f *(der Uhr)* ‖ ⟨Typ⟩ *Tiegel* m ‖ **–nar** vt *platinieren, mit Platin überziehen* ‖ *platin(blond) färben (Haare)* ‖ **–no** m (Pt) ⟨Chem⟩ *Platin* n ‖ **~s** mpl ⟨Auto El⟩ *Unterbrecherkontakte* mpl ‖ **–notipia** f ⟨Fot⟩ *Platindruck* m

plati|rrinos mpl ⟨Zool⟩ *Breitnasen, Neuweltaffen* mpl (Platyrrhina) ‖ **–rrostros** mpl ⟨V⟩ *Breitschnäbler* mpl

△ **platisarar** vt/i *zahlen*

platito m dim von **¹plato**

platitud f Am ⟨fig⟩ *Plattheit* f

¹plato m *(Ess)Teller* m ‖ *Schüssel, Platte* f ‖ *Waagschale* f ‖ *aufgetragene Speise* f, *Gang* m ‖ *Kost, Beköstigung* f ‖ ~ de canónigo *lukullisches Gericht* n ‖ ~ de carne *Fleischgericht* n ‖ ~ de caza *Wildgericht* n ‖ ~ cocinado *Fertiggericht* n ‖ ~ combinado *Tellergericht* n ‖ ~ delicado → ~ fino ‖ ~ del día *Tagesgericht* n ‖ ~ de dulce *Süßspeise* f ‖ ~ favorito *Lieblingsspeise* f, *Leibgericht* n ‖ ~ fino *Delikatesse* f, *Leckerbissen* m ‖ ~ para frutas *Obstschale* f ‖ ~ fuerte → ~ principal ‖ ~ hondo → ~ sopero ‖ ~ de lentejas *Linsengericht* n *(des Evangeliums)* ‖ ~ llano *flacher Teller* m ‖ ~ de segunda mesa ⟨figf⟩ *zweite Garnitur* f ‖ ~ nacional *Nationalgericht* n ‖ ~ de pescado *Fischgericht* n ‖ ~ petitorio *Sammelteller* m ‖ ~ de porcelana *Porzellanteller* m ‖ ~ de od para postre(s) *Dessertteller* m ‖ ~ precocinado *Fertiggericht* n ‖ ~ predilecto → ~ favorito ‖ ~ principal *Hauptgericht* n ⟨fig⟩ *Höhepunkt* m ‖ un ~ de sopa *ein Teller* m *Suppe* ‖ ~ sopero *tiefer Teller, Suppenteller* m ‖ ~ trinchero → ~ llano ‖ ~ único *Eintopf* m ‖ ◇ hacer ~ *bei Tisch vorlegen* ‖ hacer el ~ para alg. ⟨figf⟩ *jdn beköstigen* ‖ esto es otro ~ ⟨figf⟩ *das steht auf e–m anderen Blatt* ‖ parece que no ha roto un ~ en su vida (fam pop) *er (sie, es) sieht ganz harmlos aus, er (sie, es) sieht (so) aus, als ob er (sie, es) kein Wässerchen trüben könnte* ‖ ¿cuándo hemos comido en el mismo ~? ⟨figf⟩ *wir haben doch noch k–e Schweine zusammen gehütet!* ‖ **~s** mpl: nada entre dos ~ ⟨figf⟩ *Kleinigkeit, Läpperei* f ‖ pagar los **~s** rotos ⟨figf⟩ *es ausbaden müssen* ‖ tirarse los ~s a la cabeza ⟨figf⟩ *s. die Teller an die Köpfe werfen*

²plato m ⟨Tech⟩ *Teller* m, *Scheibe* f, *Futter* n ‖ ~ de arrastre *Mitnehmerscheibe* f ‖ ~ divisor *Teilscheibe* f ‖ ~ de garras *Backenfutter* n ‖ ~ portacuchillas *Messerkopf* m ‖ ~ universal *Universalfutter* n

---

plató m ⟨Film⟩ *Filmkulisse* f

platón m Arg *Waschbecken* n ‖ Mex *Schüssel* f

platónico adj *platonisch, auf Plato* (Platon) *bezüglich* ‖ *reingeistig, platonisch* ‖ ~ m

Platoniker m

platonismo m ⟨Philos⟩ *Platonismus* m

platudo adj ⟨fam⟩ Am *(stein)reich*

platy m ⟨Fi⟩ *Platy* m (Xilophorus maculatus)

plausi|bilidad f *Glaubwürdigkeit, Stichhaltigkeit* f ‖ *Plausibilität* f ‖ **–ble** adj *(m/f)* *löblich* ‖ *glaubwürdig, stichhaltig* ‖ *wahrscheinlich* ‖ *plausibel*

plautino adj *auf den altrömischen Komödiendichter Plautus* (Plauto) *bezüglich*

△ **play** m *Hügel* m

¹playa f *(Meeres)Strand* m ‖ *(Flach)Ufer* n ‖ *Strandbad* n ‖ *Seebad* n ‖ ~ de moda *Modebad* n ‖ ~ naturista *Nacktbadestrand, FKK-Strand,* (joc) *textilfreier Strand* m ‖ Mex → **⁴bolsón**

²playa f Arg Chi Pe: ~ de estacionamiento *Parkplatz* m

play-back m ⟨Mus⟩ *Playback* n

play-boy m ⟨Mus⟩ *Playboy* m

¹playera f *Strand|bluse* f bzw *-rock* m ‖ **~s** fpl *Strandschuhe* mpl

²playera f *Muschel-, Fisch|verkäuferin* f

³playera f ⟨Mus⟩ *e–e andalusische Volksweise* f

play-girl f *Playgirl* n

△ **playorro** m *Tabak* m

pla|yuela f augm von **¹playa** ‖ **–yón** m augm von **²playa**

plaza f *(Markt)Platz* m ‖ *Markthalle* f ‖ ⟨Mil⟩ *Standort* m, *fester Platz* m ‖ ⟨Mil⟩ *Garnison* f ‖ ⟨Mil⟩ *Festung* f ‖ *Platz, Raum, Ort* m ‖ *Sitzplatz* m ⟨EB Flugw Auto *usw.*⟩ ‖ *Stelle* f, *Amt* n ‖ *Anstellung* f ‖ *Handelsplatz* m, *Stadt* f ‖ ~ acostada (EB) *Liegeplatz* m ‖ ~ de aparcamiento *Stellplatz* m ‖ ~ de armas ⟨Mil⟩ *Exerzier-, Parade|platz* m ‖ *Waffenplatz* m ‖ *Heereslager* n ‖ ~ abierta *offene Stadt* f ‖ ~ (comercial) ⟨Com⟩ *Handelsplatz* m ‖ ~ financiera *Finanzplatz* m ‖ ~ fuerte ⟨Mil⟩ *Festung* f, *fester Platz* m ‖ ~ mayor *Hauptplatz* m *(e–r Stadt)* ‖ *Marktplatz* m ‖ ~ del mercado *Marktplatz* m ‖ ~ mercantil *Handelsplatz* m ‖ ~ sentada (EB) *Sitzplatz* m ‖ ~ de soberanía *Hoheitsplatz* m ‖ ~ de toros *(Stierkampf)Arena* f ‖ ~ vacante *freie Stelle* f ‖ ~ de la verdad ⟨Taur pop⟩ *Stierkampfarena* f ‖ ♦ de cuatro ~s ⟨Auto⟩ *viersitzig* ‖ en (la) ~ *am Markt* ‖ *an Ort und Stelle* ‖ en la ~ ⟨Com⟩ *loco, am Platze* ‖ en esta (esa) ~ ⟨Com⟩ *am hiesigen (dortigen) Platze, hier (dort)* ‖ ◇ echar en (la) ~ ⟨figf⟩ *ans Tageslicht bringen* ‖ ir a la ~ ⟨fam⟩ *zum Markt gehen* ‖ *einkaufen gehen (Lebensmittel)* ‖ sacar en la ~ → *echar en (la)* ~ ‖ sentar ~ de sabio ⟨fig⟩ *für e–n Gelehrten gelten* ‖ sentar ~ (de soldado) ⟨Mil⟩ *s. anwerben lassen* ‖ *Soldat werden* ‖ ¡~! *Platz gemacht!* ‖ socorrer la ~ *jdm helfen, der in Not geraten ist*

plazo m *Frist* f ‖ *Laufzeit* f ‖ *Abzahlung, Rate* f ‖ ~ de circulación ⟨Com⟩ *(Um)Laufzeit* f ‖ ~ de conservación *Lagerfrist* f ‖ ~ de construcción *Bauzeit* f ‖ ~ de costumbre *Ziel wie gewöhnlich* ‖ ~ de deliberación *Überlegungsfrist* f ‖ ~ de entrega *Lieferfrist* f ‖ ~ fatal ⟨Jur⟩ *Notfrist* f ‖ ~ de gracia *Gnaden-, Schon|frist* f ‖ ~ judicial ⟨Jur⟩ *gerichtlich eingeräumte Frist* f ‖ ~ de matrícula *Immatrikulationsfrist* f ‖ ~ pactado *vereinbarte Frist* f ‖ ~ de preaviso ⟨Jur⟩ *Kündigungsfrist* f ‖ ~ de prescripción ⟨Jur⟩ *Verjährungsfrist* f ‖ ~ de reclamaciones *Beschwerdefrist* f ‖ ~ de redención ⟨Com⟩ *Einlösungsfrist* f ‖ ~ reglamentario *gesetzliche Frist, gesetzlich festgesetzte Frist* f ‖ ~ de rescisión ⟨Jur⟩ → ~ de preaviso ‖ ~ de

respiro → ~ de gracia ‖ ~ de solicitud *Antrags*-
bzw *Anmelde|frist* f ‖ ~ de suscripción
Subskriptions-, Abonnements|frist f ‖ ~ usual
⟨Com⟩ *gewöhnliche Frist, Usofrist* f ‖ ~ de veda
Schon-, Schutz|frist f ‖ ~ de vencimiento ⟨Com⟩
Laufzeit f ♦ a ~ ⟨Com⟩ *auf Zeit* ‖ *auf
Raten(zahlung)* ‖ a corto ~ *kurzfristig* ‖ a ~ fijo
zu bestimmter Zeit ‖ *zum bestimmten Termin* ‖ a
largo ~ *langfristig* ‖ a tres meses (de) ~ ⟨Com⟩
mit 3 Monaten Ziel ‖ dentro del ~ convenido
innerhalb der vereinbarten Frist ‖ en el ~ de 3
meses *innerhalb 3 Monaten* ‖ en el ~ que marca
la ley *innerhalb der gesetzlichen Frist* ‖ ~ para
reclamaciones *Beschwerdefrist* f ‖ ◇ comprar a
~s *auf Raten(zahlung) kaufen* ‖ conceder un ~
para el pago *e–e Verlängerung der Zahlungsfrist
zugestehen* ‖ mañana expira (*od* vence) el ~
morgen läuft die Frist ab ‖ fijar un ~ *e–e Frist
festsetzen* ‖ pagar a ~s *in Raten zahlen* ‖ pedir un
~ *e–e Stundung verlangen* ‖ prolongar el ~
stunden ‖ solicitar un ~ → pedir un ~ ‖ vender a
~s *auf Ratenzahlung verkaufen*
   plazolet(ill)a f dim von **plaza**
   plazuela f dim von **plaza**
   pleamar f ⟨Mar⟩ *Flut* f, *Hochwasser* n ‖
Flut|dauer, -zeit f
   plébano m ⟨reg⟩ *Pleban, Seelsorger* m *(e–r
Pfarrei)*
   plebe f *Plebs* m (Öst f) ‖ *Pöbel, Mob* m ‖ *Hefe*
f *des Volkes* ‖ *Gesindel* n ‖ **–yez** f *Plebejertum* n ‖
pöbelhafte Art und Weise, Pöbelgesinnung f
   plebeyo adj *pöbelhaft* ‖ *gemein* ‖ *plebejisch* ‖
~ m ⟨Hist⟩ *Plebejer* m (& fig) ‖ ⟨fig⟩
gewöhnlicher, ungehobelter Mensch m
   plebisci|tario adj *plebiszitär,
Volksabstimmungs-* ‖ **–to** m *Plebiszit* n,
Volks|entscheid m, *-abstimmung* f
   plectro m ⟨Mus⟩ *Plektrum, Plektron* n ‖ ⟨fig⟩
(dichterische) Begeisterung f
   plega|ble adj *(m/f) biegsam* ‖ *faltbar* ‖
umlegbar ‖ *spreizbar* ‖ *Klapp-* ‖ **–dera** f *Falzeisen*
n ‖ *Falz|bein, -messer* n ‖ *Brieffalzer* m ‖ **–dizo**
adj *zusammenlegbar* ‖ *faltbar* ‖ **–do** adj *gefalzt* ‖
geknickt ‖ *umgelegt* ‖ ~ m *Falten* n ‖ *Falzen* n ‖
Zusammenfalten n ‖ ⟨Flugw⟩ *Einziehen* n *(des
Fahrgestells)* ‖ ⟨Typ⟩ *Falz* m ‖ **–dor** m/adj *Falzer*
m ‖ *Falzbein* n ‖ ⟨Text⟩ *(Weber)Baum* m ‖ ~ de
urdimbre ⟨Text⟩ *Kett-, Scher-, Zettel|baum* m ‖
–dora f ⟨Tech⟩ *Wickelmaschine* f ‖ ⟨Text⟩
Bäummaschine f ‖ ⟨Typ⟩ *Faltapparat* m ‖ **–dura** f
Falten, Aufwickeln n ‖ *Falte* f ‖ **–miento** m
⟨Geol⟩ *Faltenbildung* f ‖ *Auffaltung* f
   ¹plegar [-ie-, g/gu] vt *(zusammen)falten,
zusammenlegen* ‖ ⟨Buchb⟩ *falzen (& Klempnerei)*
‖ *rollen, aufwickeln* ‖ *kniffen* ‖ *zusammenlegen* ‖
~se *s. fügen, s. beugen, nachgeben* (a dat)
   ²plegar [-ie-, g/gu] vi Cat *Feierabend machen*
   plegaria f *Bitte* f, *Gebet* n ‖ *Mittagsgeläut* n
   pleguerías fpl ⟨pop⟩ *Umschweife* pl *in der Rede*
   pleistoceno adj ⟨Geol⟩ *Pleistozän-* ‖ ~ m
Pleistozän n
   pleita f *Streifen* m *von Esparto- od
Pitageflecht*
   plei|teador m *Prozessführende(r)* m ‖
Querulant, Prozess|krämer, ⟨pop⟩ *-hansl* m, *-liesel*
f ‖ **–teante** m/f (& adj) *Prozesspartei* f ‖
Prozessführende(r m) f ‖ **–tear** vi *prozessieren,
e–n Prozess führen* ‖ ~ con *od* contra alg. *gegen
jdn e–n Prozess führen* ‖ ~ por conseguir a/c *s.
für et. einsetzen* ‖ **–tecillo** m dim von **–to** ‖ **–teo**
m *Prozessieren* n
   pleitesía f ⟨reg⟩ *Vergleich* m ‖
Entgegenkommen n ‖ ⟨lit⟩ *Huldigung, Reverenz* f
   pleitista adj *(m/f) streitsüchtig* ‖ *prozesssüchtig*
‖ ~ m/f *Prozesskrämer(in* f) m, *Querulant(in* f) m

pleito m ⟨Jur⟩ *(Zivil)Prozess, Rechtsstreit* m,
Streitsache f ‖ *gerichtliche Klage* f ‖
Auseinandersetzung f ‖ *Zank, Streit* m ‖ ~ civil
bürgerliche Rechtssache f ‖ ~ político *politischer
Prozess* m ‖ *Tendenzprozess* m ‖ ♦ en ~
bestritten ‖ ◇ armar ~ → *entablar un* ~ ‖
arreglar un ~ *'e–n Streit schlichten* ‖ *conocer de
un* ~ *in e–m Streit entscheiden (Richter)* ‖ *dar el
~ por concluso* ⟨Jur⟩ *die Sache spruchreif
erklären* ‖ *entablar un* ~ *e–n Streit anfangen* ‖
e–n Prozess beginnen ‖ *ganar el* ~ *den Prozess
gewinnen* ‖ *hacer* ~ *homenaje* ⟨Hist⟩ *die
Lehnspflicht leisten* ‖ *incoar un* ~ *ein Verfahren
anfangen od einleiten* ‖ *perder el* ~ *den Prozess
verlieren* ‖ *poner a* ~ ⟨fig⟩ *streitig machen,
absprechen wollen* ‖ *poner* ~ *e–n Prozess
anstrengen* (a *gegen*) ‖ *prestar* ~ *homenaje* →
hacer ~ *homenaje* ‖ *seguir un* ~ *gegen jdn e–n
Prozess führen* ‖ *ver un* ~ *e–n Fall (vor Gericht)
verhandeln*
   plenamar f → **pleamar**
   plena|mente adv *vollständig, ganz* ‖ ◇
satisfacer ~ *völlig befriedigen* ‖ **–rio** adj
voll(ständig) ‖ ⟨Pol⟩ *Voll-, Plenar-* ‖ ~ m ⟨Jur⟩
Hauptverfahren n *(Strafrecht)*
   plenilunio m *Vollmond* m
   plenipoten|cia f *Vollmacht* f ‖ **–ciario** adj
bevollmächtigt ‖ ~ m *Bevollmächtigte(r)* m
   plenitud f *Fülle* f ‖ *volles Maß, Vollmaß* n ‖
Vollblütigkeit f ‖ *Vollkraft* f
   ¹pleno adj → **lleno** ‖ ♦ a ~ sol *in der prallen
Sonne* ‖ en ~a calle *auf offener Straße* ‖ en ~a
luz del día *bei vollem Tageslicht*
   ²pleno m *Plenum* n ‖ *Plenarsitzung* f ‖
Vollversammlung f ‖ ♦ en ~ *vollzählig,* ⟨lat⟩ *in
corpore*
   pleo|nasmo m ⟨Ling⟩ *Pleonasmus* m ‖ **–nástico**
adj *pleonastisch* ‖ ⟨fig⟩ *überflüssig*
   plepa f ⟨fam⟩ *(ältere) heruntergekommene
Person* f ‖ ◇ *estar hecho una* ~ ⟨fam⟩ *voller
Gebrechen sein*
   pleque-pleque m Col Pan *Durcheinander* n,
Wirrwarr m
   plesiosauro m [Paläozoologie] *Plesiosaurus* m
   pletina f ⟨Met⟩ *dünnes Flacheisen* n
   plétora f *Vollblütigkeit, Saftfülle* f ‖ ⟨fig⟩
Überfluss m, *Fülle* f ‖ ⟨Med⟩ *Plethora* f
   pletórico adj *voll|saftig, -blütig* ‖ ⟨fig⟩
strotzend (de von) ‖ ~ de juventud *in der Blüte
der Jugend* ‖ ~ de salud *vor od von Gesundheit
strotzend*
   pleu|ra f ⟨An⟩ *Brust-, Rippen|fell* n, *Pleura* f ‖
–resía, –ritis f ⟨Med⟩ *Brustfellentzündung,
Pleuritis* f
   plexiglás m *Plexiglas* n
   plexo m ⟨An⟩ *Geflecht* n, *Plexus* m ‖ ~
car|diaco, -díaco Herzgeflecht n ‖ ~ solar ⟨An⟩
Sonnengeflecht n, *Solarplexus* m
   pléyade f ⟨Lit⟩ *Plejade* f, *Dichterkreis* m ‖
p.ex *Kreis* m *von berühmten Persönlichkeiten* ‖
p.ex *Menge* f ‖ ◇ *hay una* ~ *de solicitantes es
gibt e–e Menge Bewerber*
   Pléyades (Pléyadas) fpl ⟨Astr⟩ *Plejaden* pl,
Siebengestirn n
   plica f ⟨An⟩ *Falte* f
   pliego m *Bogen* m *(Papier)* ‖ *(Akten)Umschlag*
m ‖ *Pack* m *Briefe* ‖ *Heft* n *(e–s Buches)* ‖
Pacht|brief, -vertrag m ‖ ~ de condiciones
Lasten-, Bedingungs|heft n ‖ *Kauf-,
Lieferungs-|bedingungen* fpl ‖ ~s de cordel ⟨fam⟩
Flugblätter npl ‖ ~ de prueba ⟨Typ⟩
Korrekturbogen m ‖ ♦ en este ~ ⟨Com⟩
bei|geschlossen, -liegend
   plie|gue m *natürliche od künstliche Falte* f
(bes. in Gewändern und Kleidern) ‖ *Einschlag* m

‖ *Kniff* m ‖ ⟨Geol⟩ *Falte* f ‖ ~ *del pantalón*
Bügelfalte f ‖ *el* ~ *de una sonrisa zum Lächeln*
verzogene Lippen fpl ‖ ◇ *hacer* ~s *Falten werfen*
‖ *sentar los* ~s *ausbügeln (Falten)* ‖ **–guecillo** *m*
dim von **–go**

plin: ¡(p)a mí ~! ⟨pop⟩ *das ist mir (piep)egal*
od *schnuppe* od *Wurs(ch)t!*

pliniano adj *auf Plinius* (Plinio) *bezüglich*

plinto *m* ⟨Arch⟩ *Plinthe* f

plioceno *m* ⟨Geol⟩ adj *Pliozän-* ‖ ~ *m Pliozän* n

pli|sado *m Plissieren* n ‖ *Plissee* n ‖ **–sar** vt
plissieren, fälteln, in Falten legen

△ **plojorro** *m Tabak* m

plo|mada *f Lot* n ‖ *Senkblei* n ‖ *Reiß|stift* m,
-blei n ‖ *Reißleine* f *(zum Anreißen)* ‖ ⟨Mar⟩
Lotschnur f ‖ *Senkblei* n *der Fischer* ‖ **–mar** vt
mit e–m Bleisiegel versehen ‖ *plombieren* ‖
–mazo *m* Mex *Schusswunde* f

plombagina *f Grafit* m ‖ *Grafitschmiermittel* n

plomear vt/i ⟨Jgd⟩ *gut gestreut schießen*
(Schrot)

plome|ría *f Bleiwerk* n ‖ *Bleidach* n ‖ Am
Klempner|werkstatt f, *-betrieb* m ‖ **–ro** *m*
Bleigießer m ‖ *Bleiarbeiter* m ‖
Blei(waren)händler m ‖ Am *Klempner, Spengler*
m

plomífero adj *bleihaltig*

plomizo adj *bleifarbig* ‖ *bleiern*

plomo *m* **(Pb)** ⟨Chem⟩ *Blei* n ‖ *Bleigewicht* n ‖
Bleikugel f ‖ *Blei* n *am Fischernetz* ‖ *Bleilot* n ‖
Bleisiegel n, *Plombe* f ‖ ⟨El fam⟩ *Sicherung* f ‖ ~
argentífero silberhaltiges Blei n ‖ ~ *blanco*
Bleiweiß n ‖ ~ *en galápagos Blei* n *in Mulden* ‖
~ *de obra Werkblei* n ‖ ~ *plata* → ~ *argentífero*
‖ ~ *de soldar Lötblei* n ‖ ◆ *a* ~ *senk-, lot|recht* ‖
◇ *andar* od *ir con pies de* ~ ⟨fig⟩ *sehr behutsam*
und vorsichtig zu Werke gehen ‖ *ser un* ~ ⟨figf⟩
ungemein langweilig sein (Buch, Person usw.) ‖
lästig sein (Person) ‖ *caer a* ~ ⟨figf⟩ *der ganzen*
Länge nach hinfallen ‖ *el sol caía a* ~ *es war e–e*
Gluthitze ‖ *tener* ~ *en las alas* ⟨figf⟩ *am Rande*
des Zusammenbruchs sein

Plomos mpl ⟨Hist it⟩ *Piombi* pl *(Gefängnis der*
Dogen in Venedig)

plot *m* ⟨Radio⟩ *Kontaktstück* n

△ **plubi** *m Silber* n

plugo, pluguiera → ¹**placer**

¹**pluma** *f Feder* f ‖ *(Vogel)Feder* f ‖ *Gefieder* n
(der Vögel) ‖ *Federkiel* m ‖ *Hutfeder* f ‖ ~ *de ave*
Vogelfeder f ‖ ~ *de ganso Kiel* m, *Gänsefeder* f ‖
~ *de garza Reiherfeder* f ‖ ~ *de oca* → ~ *de*
ganso ‖ ~ *de sombrero Hutfeder* f ‖ ⟨fig pop⟩
Schwule(r), Homo m ‖ ◆ *como una* ~ *federleicht*
‖ ◇ *hacer a* ~ *y a pelo* ⟨figf⟩ *geschickt, zu allem*
brauchbar sein ‖ ⟨figf⟩ *in allen Sätteln gerecht*
sein ‖ *s. auf der Stelle entscheiden können* ‖
anspruchslos sein ‖ ⟨fig pop⟩ *mit beiden*
Geschlechtern sexuell verkehren, s. bisexuell
verhalten, bi sein ‖ ~s fpl: ~ *de adorno*
Schmuckfedern fpl ‖ ◇ *dejar las* ~ ⟨figf⟩ *vom*
Bett aufstehen ‖ ⟨figf⟩ *Geld verlieren,* ⟨fam⟩
Federn lassen (bes. beim Spiel) ‖ *mudar las* ~
mausern (Vogel) ‖ *vestirse de* ~ *ajenas s. mit*
fremden Federn schmücken

²**pluma** *f Schreibfeder* f ‖ ⟨fig⟩ *Stil* m ‖ ⟨fig⟩
Schriftsteller m ‖ ⟨fig⟩ *dichterische Begabung* f ‖
⟨Mal⟩ *Federzeichnung* f ‖ ⟨pop fig⟩ *Vermögen* n,
Reichtum m ‖ ~ *de acero Stahlfeder* f ‖ ~
cortante ⟨Fot⟩ *Beschneidefeder* f ‖ ~ *de dibujo*
Zeichenfeder f ‖ *Reißfeder* f ‖ ~ *estilográfica,* Am
~ *fuente Füllfeder* f, *-halter* m ‖ ~ *metálica*
Stahlfeder f ‖ ~ *para redondilla Rundschriftfeder*
f ‖ *buena* ~ ⟨fig⟩ *guter Schriftsteller* m ‖ ◆ *con*
~ *elocuente* ⟨fig⟩ *in beredtem Stil* ‖ *de la mano y*
~ *eigenhändig geschrieben* od *unterschrieben* ‖

◇ *dejar correr la* ~ ⟨fig⟩ *ohne Überlegung*
schreiben, ⟨fam⟩ *drauflosschreiben* ‖ *escribir al*
correr de la ~ *od a vuela* ~ ⟨fig⟩ *(et.) schnell*
hinschreiben ‖ *llevar la* ~ *a alg.* ⟨figf⟩ *nach jds*
Diktat schreiben ‖ *saber un poco de* ~ *e–e*
gewisse Bildung haben ‖ *ser la* ~ *de alg. jds*
Ghostwriter sein ‖ *tener* ~ ⟨pop fig⟩ *reich sein*

³**pluma** *f* ⟨Arch⟩ *Ausleger* m (z. B. *am Kran)* ‖
~ *basculante Wippausleger* m ‖ ~ *de carga*
Ladebaum m ‖ ~ *de celosía Gitterausleger* m

△ ⁴**pluma** *f Löffel* m ‖ *Ruder* n

pluma|da *f Feder|strich, -zug* m ‖ **–do** adj
gefiedert ‖ *Feder-* ‖ **–je** *m Gefieder, Feder|kleid* n,
-schmuck m ‖ *Federbusch* m ‖ **–zo** *m Federstrich*
m ‖ *großes Federkissen* n ‖ *Federbett* n ‖ **–zón** *m*
→ **plumaje**

plúmbeo adj *bleiern (Stil usw.)* ‖ *langweilig*

plúmbico adj *bleihaltig* ‖ *Blei(IV)-*

plume|ado *m* ⟨Mal⟩ *Schraffierung* f ‖ **–ar** vt
schraffieren

plume|ría *f, -río* *m Schmuckfederhandel* m

¹**plumero** *m Federbesen, Abstauber* m *(auch*
aus Papierstreifen) ‖ *Federwisch* m ‖ *Federbusch*
m ‖ *Gefieder* n ‖ ⟨Sch⟩ *Feder|schachtel, -büchse* f,
Schreibetui n ‖ Ec *Federhalter* m ‖ ◇ *se le ve el*
~ ⟨figf⟩ *man merkt s–e Absicht* ‖ ⟨fam⟩
Nachtigall, ich höre dich (od *ick hör' dir)*
trapsen!

²**plumero** *m* ⟨Sch⟩ *Federmäppchen* n ‖ Am
Federhalter m

△ **plumí** *f Welle* f

plumier *m* ⟨Sch⟩ *Federmäppchen* n ‖
Federbüchse f

plumífero adj ⟨poet⟩ *federtragend (Vogel,*
Fabeltier) ‖ ~ *m* (joc bzw desp) *Schreiberling,*
Skribent, elender Schriftsteller m

plumilla *f kleine Feder* f ‖ *(Gold)Feder* f *(e–s*
Füllfederhalters)

plu|món *m Flaum* m ‖ *Flaumfeder, Daune* f ‖
Flaumkissen n ‖ **–moso** adj *fed(e)rig*

plum-pudding *m* ⟨Kochk⟩ *Plumpudding* m

plu|ral *m/adj* ⟨Gr⟩ *Mehrzahl* f, *Plural* m ‖ ~
de majestad od mayestático (modestia) ⟨lat⟩
Pluralis m *majestatis (modestiae)* ‖ **–ralidad** *f*
Mehrheit f ‖ *Vielfältigkeit* f ‖ *Viel|heit, -zahl* f ‖ *la*
~ (de) *die meisten (von)* ‖ ~ *de domicilios*
mehrfacher Wohnsitz m ‖ ◆ *por* ~ *de votos* ⟨Pol⟩
mit Stimmenmehrheit ‖ **–ralismo** *m Pluralismus* m
‖ **–ralista** adj *(m/f) pluralistisch* ‖ **–ralizar** [z/c]
vt *verallgemeinern* ‖ ⟨Gr⟩ *in die Pluralform*
setzen ‖ *mehreren zuschreiben, was nur e–m*
gehört

pluri|anual adj *(m/f) mehrjährig* (z. B.
Programm) ‖ **–celular** adj *(m/f) mehrzellig* ‖
–cultural adj *multikulturell* ‖ **–dimensional** adj
(m/f) mehrdimensional ‖ **–disciplinario** adj
mehrere Disziplinen umfassend, interdisziplinär ‖
–empleo *m gleichzeitige Tätigkeit in mehreren*
Stellungen bzw Berufen, Mehrfachbeschäftigung f
‖ **–lingüe** adj *(m/f) mehrsprachig* ‖ **–lingüismo** *m*
Mehrsprachigkeit f ‖ **–membre** adj *(m/f)*
mehrglied(e)rig ‖ **–partidismo** *m*
Mehrparteiensystem n ‖ **–valencia** f
Mehrwertigkeit f ‖ **–valente** adj *(m/f) mehrwertig*

plus *m besondere Zulage* f ‖ *Lohnzuschlag* m ‖
Plus n, *Rest* m ‖ ~ *de carestía de vida*
Teuerungszulage f ‖ ~ *por hijos Kindergeld* n ‖ ~
de nocturnidad Nachtdienstzulage f ‖ ~ *de*
peligrosidad Gefahrenzulage f ‖ ~ *valía* →
plusvalía

pluscuamperfecto *m/adj* ⟨Gr⟩
Vorvergangenheit f, *Plusquamperfekt* n

plusmar|ca *f* ⟨Sp⟩ *Rekord* m ‖ **–quista** adj
(m/f) Rekord- ‖ ~ *m Rekord|halter(in* f),
-inhaber(in f), *Rekordler(in* f) *m*

plus ultra ⟨lat⟩ adv *noch weiter (hinaus)*
(Wahlspruch im span. Wappen, seit Karl V.) ‖ ◇
ser el non ~ ⟨pop⟩ *unübertrefflich sein*
plus|valía *f*, **–valor** *m Mehrwert* m ‖
Wertzuwachs m ‖ *Kursgewinn* m ‖ *Zugewinn* m ‖
Mehr-, Über|preis m
plúteo *m Fach, (verstellbares) Bücherbrett* n
plu|tocracia *f Geldherrschaft, Plutokratie* f ‖
die Reichen mpl ‖ **–tócrata** *m/f Plutokrat(in* f) m
‖ **–tocrático** adj *plutokratisch*
Plutón *m* ⟨Myth⟩ *Pluto* m ‖ ⟨fig⟩ *Hölle,
Unterwelt* f
plutonio *m* (**Pu**) ⟨Chem⟩ *Plutonium* n
plu|vial adj *(m/f) Regen-* ‖ **–viometría** *f
Niederschlagsmessung* f ‖ **–viómetro, –vímetro** *m
Regenmesser* m, *Pluviometer* n ‖ **–viosidad** *f
Niederschlagsmenge* f ‖ **–vioso** adj → **lluvioso** ‖
~ *m* ⟨Hist⟩ *Pluviose, Regenmonat* m *(im frz.
Revolutionskalender)*
pluviselva *f* ⟨Geogr⟩ *Regenwald* m
p.m. ⟨Abk⟩ *Am* = **post meridiem**
(nachmittags) ‖ **pasado meridiano**
Pm ⟨Abk⟩ = **prometeo**
pmo. ⟨Abk⟩ = **próximo**
PNB ⟨Abk⟩ = **producto nacional bruto**
p.n.(e.) ⟨Abk⟩ = **peso neto (entregado)**
pneu. → **neu-**
pno. ⟨Abk⟩ = **pergamino**
PNV ⟨Abk⟩ = **Partido Nacionalista Vasco**
po *Am* ⟨pop⟩ → **pues**
P.o., p.p., p/o ⟨Abk⟩ = **por orden** ‖ **por
ocupación**
p.º ⟨Abk⟩ = **peso**
p% ⟨Abk⟩ = **por ciento**
p‰ ⟨Abk⟩ = **por mil**
p.º/v.º ⟨Abk⟩ **próximo venidero**
△ **pó** *m Bauch, Wanst* m
Po ⟨Abk⟩ = **polonio**
△ **poba** *f Apfel* m
△ **Pobea** *m* np *Jesus* m
pobla|cho *m* ⟨desp⟩ *von* **¹pueblo** ‖ *elendes
Dorf, Nest,* ⟨pop⟩ *Kaff* n ‖ **–chón** *m große elende
Ortschaft* f ‖ **–ción** *f Bevölkerung* f *(e–s Landes)* ‖
Besied(e)lung f ‖ *Ort* m, *Ortschaft* f ‖ *Flecken,
Weiler* m, *Dorf* n ‖ *Stadt* f ‖ *Einwohnerschaft* f ‖
~ *Chi Elendsviertel* n, *Slum* m ‖ ⟨Biol⟩
Population f ‖ ~ *activa erwerbstätige
Bevölkerung* f ‖ ~ *agrícola landwirtschaftliche
Bevölkerung* f ‖ ~ *autóctona Urbevölkerung* f ‖ ~
escolar schulpflichtige Kinder npl ‖ ~ *flotante
fluktuierende Bevölkerung* f ‖ ~ *de peces
Fischbestand* m ‖ ~ *residencial Wohnbevölkerung*
f ‖ ~ *de terreno baldío Ödlandaufforstung* f ‖ **–da**
f Chi große Menschenmenge f ‖ **–do** adj *dicht
bewohnt* ‖ *besiedelt* ‖ *bewaldet* ‖ *buschig* ‖ ~ *de
árboles be|holzt, -waldet* ‖ ~ *m Ortschaft* f ‖
bewohnte Gegend f *(Stadt, Flecken, Dorf)* ‖ *Cu
Ansied(e)lung* f ‖ **–dor** *m An-, Be|siedler* m ‖
Gründer m *e–r Siedlung* ‖ *Bewohner* m ‖ *Chi
Slumbewohner* m
poblano *m Am Dorfbewohner* m
poblar [-ue-] vt *anlegen, erbauen (e–e Stadt)
be|siedeln, -völkern (ein Land)* ‖ *bepflanzen (mit
Bäumen)* ‖ *mit Fischen besetzen (Teich,
Gewässer)* ‖ ◇ ~ *de árboles aufforsten* ‖ ~ *de
bosque(s) bewalden* ‖ ~*se s. stark fortpflanzen, s.
mehren* ‖ *Blätter bekommen (Baum)* ‖ *dicht
werden (Haare, Bart)* ‖ ~ *de gente s. mit Leuten
füllen*
poblezuelo *m* dim ⟨desp⟩ *von* **¹pueblo**
pobo *m Silberpappel* f (→ **álamo**)
¹pobre adj *(m/f)* [sup **paupérrimo** od
pobrísimo] adj *arm* ‖ *armselig* ‖ *ärmlich* ‖
schlecht, gering ‖ *ärmlich, dürftig* ‖ ⟨fig⟩
unglücklich, jämmerlich, elend ‖ ⟨fig⟩

beklagenswert ‖ ⟨fig⟩ *arm* (en *an* dat) ‖ ⟨fig⟩
gutmütig ‖ ~ *diablo* ⟨figf⟩ *armer Teufel* od
Schlucker m ‖ *hombre* ~ *Arme(r)* m ‖ ~ *hombre
armseliger* od *einfältiger Mensch* m ‖ ⟨pop⟩
gutmütiger Tropf m ‖ Juan me engañó como a un
~ hombre ⟨pop⟩ *Hans hat mich schmählich
hintergangen* ‖ ~ *de expresión arm im Ausdruck
(Sprache)* ‖ ~ *de invención erfindungsarm* (z.B.
Künstler) ‖ ~ *de pedir bettelarm* ‖ a lo ~ *nach
Armenart* ‖ ¡~ de mí! *wehe mir!* ‖ ¡~ del que …!
wehe dem, der …!
²pobre *m/f Arme(r* m) f ‖ *Bettler(in* f) m ‖
Unglückliche(r m) f ‖ ~ *de espíritu Arme(r* m) f
im Geiste (Bibel) ‖ *geistesschwacher, energieloser
Mensch* m ‖ ~ *de imaginación geistig
beschränkter Mensch* m ‖ ~ *limosnero Bettler* m
‖ ~ *de solemnidad mause-, bettel|arme Person* f ‖
~ *vergonzante verschämte(r) Arme(r* m) f ‖ ◇ es
un ~ ⟨pop⟩ *er ist ein verlorener Mensch* m
pobre|cito adj dim von **pobre** ‖ ¡~! ⟨fam⟩
armes Kind! ‖ **–mente** adv *ärmlich* ‖ **–ría** *f, Am
–río m Bettelvolk* n ‖ **–ro** *m Armenpfleger* m ‖ **–ta**
f ⟨fam⟩ *Straßendirne* f ‖ **–te** adj dim von **pobre** ‖
⟨fam⟩ *einfältig* ‖ ~ *m* ⟨fam⟩ *armer Schlucker* m ‖
–tería *f Bettelvolk* n ‖ la ~ *die Armen* pl ‖ →
pobreza ‖ **–tón, –tuco** *m/adj mittelloser Mensch*
m ‖ ⟨pop⟩ *armer Schlucker* m ‖ **–za** *f Armut,
Dürftigkeit, Not* f ‖ ⟨fig⟩ *Kleinmütigkeit,
Verzagtheit* f ‖ ~ *de espíritu Geistesarmut* f ‖ ◇
venir a ~ *verarmen, arm werden* ‖ vivir en ~
dürftig leben ‖ ~ no es vileza *Armut schändet
nicht* ‖ **–zuelo** adj dim von **pobre**
pobrón adj/s *ganz arm*
poca|chicha *m* ⟨desp⟩ *kleiner, dürrer Mann* m ‖
–pena *m* ⟨pop⟩ *leichtsinniger Mensch,
Windbeutel, Luftikus* m
poce|ro *m Brunnen|macher, -reiniger* m ‖ **–ta** *f
Col Wasserbehälter* m
¹pocha *f Am* ⟨fam⟩ *Lüge, Ente* f
²pocha *f Amerikanerin* f *mexikanischer
Herkunft*
po|che *m mit Angloamerikanismen durchsetztes
Spanisch der US-Amerikaner mexikanischer
Herkunft* ‖ p.ex *inkorrektes Spanisch* n *der
Ausländer* ‖ **–chismo** *m Ausdruck* m *bzw
Wendung* f *in poche*
¹pocho adj *bleich, farblos* ‖ *morsch* ‖
verdorben (bes. *Obst)* ‖ p.ex *verderbt* ‖ *kraftlos,
traurig (Mensch)* ‖ *Am dick und klein, untersetzt
(Mensch)*
²pocho *m* → **poche**
³pocho *m Mex* ⟨Zool⟩ *e–e Krötenart*
pocho|la *f* ⟨fam⟩ *kesse Göre, Kleine* f
(Kosewort) ‖ **–lada** *f* ⟨fam⟩ *hübsches Ding* n
(Kosewort) ‖ *tolle, schöne, hübsche, prima Sache*
f ‖ **–lín** *m* → **pocholo** ‖ **–lo** adj *hübsch, lustig
(anzusehen)* ‖ ~ *m Junge, Bursche, Kleine(r)* m
(Kosewort)
pocilga *f Schweinestall* m ‖ ⟨fig⟩ *elende
Spelunke* f ‖ ⟨vulg⟩ *Loch* n
¹pocillo *m eingemauertes Ölbehältnis* n
²pocillo *m (Schokoladen)Tasse* f ‖ *Mokkatasse* f
pócima *f Arzneitrank* m ‖ ⟨fam⟩ *Gesöff* n
poción *f Trank* m, *Getränk* n ‖ *Arzneigetränk*
m
¹poco adj *wenig, klein* ‖ *gering(fügig)* ‖
spärlich, knapp, karg ‖ el ~ *coste die geringen
Kosten* ‖ ~a cosa *nicht viel, e–e Kleinigkeit* f ‖
nichts Besonderes ‖ ~ *dinero wenig Geld* ‖ las
~as *existencias* ⟨Com⟩ *der geringe Vorrat* ‖ ◆ en
~as *palabras kurz und gut, kurzum*
²poco adv *wenig* ‖ *gering* ‖ ◆ a ~ *bald
(darauf)* ‖ ~ a ~ *nach und nach, allmählich* ‖
spärlich, karg ‖ ¡~ a ~! *sachte!* ‖ ~ *agradable
un|angenehm, -gemütlich* ‖ ~ ha faltado para que

... *es wäre beinahe* ... ‖ ~ *más o menos beinahe, fast (nur)* ‖ *ungefähr* ‖ *durchschnittlich* ‖ ~ *menos que* ... *beinahe, fast* ... ‖ a ~ *que* ... *wenn auch noch so wenig* ... ‖ a ~ *de haber llegado kurz nach s–r (ihrer usw.) Ankunft* ‖ con ~ *que hagas* ... *mit ein wenig Anstrengung* ... ‖ *dentro de ~ in nächster Zeit, bald, in Kürze* ‖ ~ *después bald darauf* ‖ *desde hace ~ seit kurzem* ‖ *de* ~ *más o menos* ⟨fam⟩ *sehr mittelmäßig, wertlos* ‖ *en ~ nahe daran* ‖ *beinahe, fast* ‖ *en* ~ *estuvo que riñésemos wir hätten uns beinahe gestritten* ‖ *por* ~ *nahe daran, fast, beinahe* ‖ *por* ~ *se cae er (sie, es) wäre beinahe gefallen* ‖ *por* ~ *que* ... *so wenig* ... *auch* ... ‖ *wenn nur* ... ‖ *wenn auch im geringsten* ... ‖ ¡qué ~! *wie wenig!* ‖ *unmöglich!* ‖ *el caso no es para* ~ *der Fall ist nicht so einfach* ‖ *hace* ~, ⟨lit⟩ ~ *ha vor kurzem, unlängst* ‖ *cargar* ~ *wenig berechnen* ‖ *pagar demasiado* ~ *zu wenig zahlen* ‖ *te servirá de muy* ~ *das wird dir sehr wenig nützen* ‖ *tener* ~ *dinero wenig Geld haben* ‖ *tenemos para* ~ ⟨fam⟩ *es ist bald fertig bzw zu Ende* ‖ *tener a alg. (a algo) en* ~ ⟨fam⟩ *jdn (et.) gering achten, nicht viel von jdm (von et.) halten* ‖ *es un embustero, para decir* ~ *er ist, gelinde gesagt, ein Lügner* ‖ ¡*pues ha comido* ~! (joc) *der (die) hat aber tüchtig gegessen!*

³poco *m ein wenig, ein bisschen, einiges weniges* ‖ *el* ~ *de felicidad que nos es comedido das bisschen, das bescheidene Glück, das uns vergönnt ist* ‖ *saber a* ~ *nach mehr schmecken* ‖ *servir para* ~ *nichtsnutzig sein* ‖ *un* ~ *ein wenig* ‖ *un* ~ *de agua ein wenig Wasser* ‖ ~s *mpl wenige* ‖ *los* ~ *que allí estuvieron die wenigen (die wenigen Leute), die da waren* ‖ *como hay* ~ *wie es nur wenige gibt* ‖ *muchos* ~ *hacen un mucho viele Wenig machen ein Viel,* ⟨fam⟩ *Kleinvieh macht auch Mist*

póculo *m Becher m*

poda *f Beschneiden n (der Bäume)* ‖ *Rebschnitt m*

poda\dera *f Reb-, Garten\messer n* ‖ *Rebschere* f ‖ **–dor** *m Rebenschneider m*

¹podadora *f Heckenschere f* ‖ *Mex Rasenmäher m* ‖ ~ *eléctrica elektrische Heckenschere f*

²podadora *Arg Bras Chi Pe* ⟨Zool Med⟩ *Podadora(spinne) f (Mastophora gasteracanthoides) (angeblich gefährliche Giftspinne)*

podagra *f* ⟨Med⟩ *(Fuß)Gicht f, Podagra n*

podalirio *m* ⟨Ins⟩ *Segelfalter m (Iphiclides podalirius)*

podar *vt beschneiden (Bäume)* ‖ ⟨fig⟩ *streichen*

podenco *m* [Hund] *span. Vorstehhund m* ‖ ⟨figf⟩ *Tölpel, Trottel, Einfaltspinsel m* ◊ ¡*guarda, que son* ~s! ⟨fig⟩ *Holzauge, sei wachsam!*

¹poder [pres puedo, pret pude, fut podré] A) *vt/i: können, vermögen* ‖ *imstande (& im Stande) sein (zu inf)* ‖ *dürfen* ‖ *ertragen können* ‖ *mögen* ‖ ◊ no ~ *entrar nicht hereinkommen können* ‖ ~ a alg. ⟨fam⟩ *jdn bezwingen* ‖ ~ *con alg mit jdm zurechtkommen* ‖ *jdn dazu bringen, dass* ... ‖ no ~ *con la carga mit der Last nicht vorankommen, es mit der Last nicht schaffen* ‖ *no puedo con él er ist mir überlegen* ‖ *ich weiß mir k–n Rat mit ihm* ‖ *ich kann mit ihm nicht auskommen* ‖ *ich werde mit ihm nicht fertig* ‖ a más no ~ *mit äußerster Kraftanstrengung* ‖ *aus vollem Hals (schreien)* ‖ *im höchsten Grad* ‖ *un\säglich, -geheuer* ‖ *hasta más no* ~ *über alle Maßen (z. B. loben)* ‖ *infenovio a más no* ~ *denkbar unschädlich, harmlos* ‖ *riendo a más no* ~ *aus vollem Hals(e) lachend* ‖ *me duele la cabeza a*

más no ~ *ich habe fürchterliche Kopfschmerzen* ‖ ~ *más mehr können* ‖ *mehr aushalten können* ‖ *stärker sein* ‖ *intelligenter sein* ‖ no ~ *más nicht anders können, nicht weiterkönnen* ‖ *es nicht länger aushalten können* ‖ *am Ende s–r Kraft sein* ‖ *nicht umhinkönnen* ‖ ¡no *puedo más! ich kann nicht mehr!* ‖ no ~ *menos (de) nicht umhinkönnen (zu inf)* ‖ no ~ *dejar de* ... *nicht unterlassen können zu* ... ‖ *nicht aufhören können zu* ... ‖ ¡no *puede ser! ausgeschlossen!* ‖ no ~ *soportar a alg. od* ⟨fam⟩ no ~ *tragar a alg., no* ~ *ver a alg.* (ni) *pintado* ⟨fig⟩ *jdn nicht leiden,* ⟨fam⟩ *nicht riechen, nicht ausstehen können* ‖ *por lo que pudiere ocurrir auf alle Fälle* ‖ *pueden no saberlo vielleicht wissen sie es nicht* ‖ *lo mejor que puedas so gut wie du kannst* ‖ ¡ojalá *pudiera! könnte ich doch!* ‖ *wenn ich doch könnte!* ‖ ¿qué *puede estar haciendo ahora? was dürfte er (sie, es) jetzt tun? was tut er (sie, es) jetzt wohl?*

B) *v. impers: puede que (subj)* ... *es kann sein, dass* ... ‖ *puede que venga hoy vielleicht kommt er (sie, es) heute* ‖ *puede que sí vielleicht ja, wahrscheinlich* ‖ *puede ser es mag sein* ‖ *vielleicht*

C) ~se: no ~ *eludir od evitar s. nicht umgehen od vermeiden lassen* ‖ no ~ *tener (en od de pie) s. nicht auf den Beinen halten können (vor Schwäche)* ‖ no ~ *valer con uno bei jdm nichts erreichen können* ‖ no *se puede ver es ist nicht sichtbar* ‖ no *se puede ni abrir los ojos man kann nicht einmal die Augen öffnen* ‖ ¿se *puede? ist es erlaubt?* ‖ *darf ich eintreten?*

²poder *m Macht, Gewalt, Herrschaft f* ‖ *Staatsgewalt f* ‖ *Kraft f* ‖ *Können n, Fähigkeit f* ‖ *Vermögen n* ‖ *bewaffnete Macht, Kriegsmacht, Staatsgewalt f* ‖ *Vollmacht f* ‖ *Ermächtigung, Befugnis f* ‖ ~ *absoluto unumschränkte Gewalt f* ‖ ~ *de absorción, ~ absorbente* ⟨Phys⟩ *Saugfähigkeit f, Absorptionsvermögen n* ‖ ~ *adquisitivo, ~ de compra* ⟨Com Wir⟩ *Kaufkraft f* ‖ ~ *colectivo Gesamtvollmacht f* ‖ ~ *para contratar Abschlussvollmacht f* ‖ ~ *cubriente Deckfähigkeit f (Farbe)* ‖ ~ *de decisión Entscheidungsbefugnis f* ‖ ~ *discrecional Ermessensbefugnis f, freies Ermessen n* ‖ ~ *ejecutivo ausübende Gewalt, Exekutive f* ‖ Am *Regierung f* ‖ ~ *ilimitado unbeschränkte Gewalt f* ‖ ~ *judicial richterliche Gewalt f* ‖ ~ *justiciero strafende Gerechtigkeit f* ‖ ~ *legislativo gesetzgebende Gewalt, Legislative f* ‖ ~ *naval Seemacht f* ‖ ~ *notarial notarielle Vollmacht f* ‖ ~ *perforante* ⟨Mil⟩ *Durchschlagskraft f (e–s Geschosses)* ‖ ~ *público öffentliche Gewalt f* ‖ *Behörde f* ‖ ~ *soberano Herrschergewalt f* ‖ ~ *suasorio Überzeugungsgabe f* ‖ ◆ a todo ~ *mit aller Gewalt* ‖ a ~ *de ruegos durch langes Bitten* ‖ ◊ *caer debajo del* ~ *de alg.* ⟨figf⟩ *unter jds Gewalt kommen* ‖ *ejercer un* ~ *e–e Vollmacht ausüben* ‖ no *está en mi* ~ *es steht nicht in m–r Macht* ‖ *firmar por* ~ *per procura zeichnen* ‖ *lo que esté en mi* ~ *was in m–n Kräften steht* ‖ *hacerse con el* ~ *die Macht übernehmen* ‖ *obra en mi* ~ *su carta del* ... ⟨Com⟩ *ich bin im Besitz Ihres Schreibens vom* ... ‖ *proveer od revestir a alg. de* ~ *jdn mit Vollmacht ausstatten* ‖ *retirarse del* ~ *s. von der Regierung zurückziehen* ‖ *revocar un* ~ *e–e Vollmacht zurückziehen* ‖ *subir al* ~ *die Macht übernehmen (bzw ergreifen)* ‖ *zur Macht gelangen, ans Ruder kommen (z. B. Regierung)* ‖ ¡~ *de Dios! um Gottes willen! (Staunen, Lob usw.)* ‖ (plenos) ~es *Vollmacht, Befugnis f* ⟨Pol⟩ *Ermächtigung f* ‖ *extender los* ~es *die Vollmacht ausstellen* ‖ *ser con* ~es *die Vollmacht besitzen* ‖ *tener amplios* ~es *weitgehende Vollmacht haben* ‖ *tener plenos* ~ *unbeschränkte*

Vollmacht haben ‖ *völlig freie Hand haben* ‖ →
auch **fuerza, poderío, potencia, potestad**
poder|dante *m* ⟨Jur⟩ *Vollmachtgeber* m ‖
–habiente *m* ⟨Jur⟩ *Bevollmächtigte(r),*
Vollmachtsinhaber m
pode|río *m Macht, Gewalt* f ‖ *Besitz* m ‖
Reichtum m ‖ *Kraft, Stärke* f (& fig) ‖
–rosamente adv *gewaltig* ‖ **–roso** adj/s *mächtig,*
gewaltig ‖ *vermögend, reich, finanz|kräftig, -stark*
‖ *stattlich*
podio, podium *m Podium* n ‖ ⟨Arch⟩
Säulenstuhl, Sockel m ‖ ~ *de salida* ⟨Sp⟩
[Schwimmen] *Start|block, -sockel* m
po|dología *f* ⟨Med⟩ *Fußpflege* f ‖ **–dólogo** *m*
Fußpfleger m
podómetro *m Schrittzähler* m
podón *m großes Gartenmesser* n
podre *f Eiter* m ‖ p.ex ⟨fig⟩ *Verderbnis* f ‖
⟨fig⟩ *Sittenlosigkeit* f
podré → **poder**
podre|cer [-zc-] vt/i → **pudrir** ‖ **–dumbre** *f*
Fäulnis, Fäule f, *Moder* m ‖ *Verwesung* f ‖ *Eiter*
m ‖ ⟨fig⟩ *Gram, Kummer* m, *Leid* n ‖ ~ *moral*
moralische Verkommenheit f
podrido adj *verdorben* ‖ *ver|fault, -west* ‖ *faul,*
faulig, mod(e)rig ‖ *morsch* ‖ ⟨fig⟩ *sittlich*
verkommen, verdorben ‖ *los* ~s *huesos* ⟨fig⟩ *die*
morschen Knochen ‖ ◇ *estar* ~ *de dinero* ⟨figf⟩
stinkreich sein ‖ *quedar* ~ *verfaulen*
podrir [pres pudro, pp & pudrido] vt/i →
pudrir
poe|ma *m Gedicht* n ‖ *Heldengedicht* n ‖
Heldendichtung f ‖ ~ *cíclico Sagendichtung* f ‖ ~
didáctico Lehrgedicht n ‖ ~ *dramático*
dramatisches Gedicht n ‖ ~ *épico,* ~ *heroico*
Epos, Heldengedicht n ‖ ~ *heroicómico*
komisches Heldengedicht n ‖ ~ *lírico lyrisches*
Gedicht n ‖ *Epos, Heldengedicht* n ‖ ~ *satírico*
satirisches Gedicht n, *Satire* f ‖ ◇ *es un* ~ ⟨fam⟩
das ist allerhand! ‖ *der ist ein unmöglicher Kerl!*
‖ ⟨fam⟩ *jetzt sitzen wir in der Patsche!* ‖ *seltener:*
es ist ganz ausgezeichnet! es ist ein Gedicht! ‖
–mario *m Gedichtsammlung* f ‖ *Gedichtband* m ‖
–mático adj *Gedicht-* ‖ **–sía** *f Dichtkunst, Poesie* f
‖ *Gedicht* n ‖ *Dichtung* f ‖ ~ *amatoria*
Liebesdichtung f ‖ ~ *bucólica Hirtendichtung* f ‖
~ *devota geistliche Poesie* f ‖ ~ *didáctica*
didaktische od *belehrende Dichtung* f ‖ ~
dramática dramatische Poesie f ‖ ~ *ecoica*
Echo(verse mpl) n ‖ ~ *épica,* ~ *heroica*
Heldendichtung f ‖ *Heldengedicht* n ‖ ~
improvisada Stegreifdichtung f ‖ ~ *juglaresca*
Spielmannsdichtung f ‖ ~ *lírica lyrische Poesie,*
Lyrik f ‖ ~ *obscena obszönes Gedicht* n ‖ ~
pastoral Hirtenpoesie f ‖ ~ *profana weltliche*
Dichtung f ‖ ~ *religiosa geistliche Poesie* f ‖ ~
rítmica rhythmische Poesie f ‖ ◆ *falto de* ~, *sin*
~ *poesielos* ‖ *lleno de* ~ *dichterisch, poetisch* ‖
~s *fpl Gedichtsammlung* f ‖ **–ta** *m Dichter, Poet*
m ‖ ~ *cíclico Zykliker, Kykliker* m ‖ ~ *de*
circunstancias Gelegenheitsdichter m ‖ ~
cortesano Hofdichter m ‖ ~ *de gabinete* ⟨fam*
desp⟩ *Stubendichter* m ‖ ~ *laureado*
(preis)gekrönter Dichter m ‖ ~ *satírico*
Satirendichter m ‖ ~ *trágico Tragödiendichter* m
‖ **–tastro** *m* ⟨desp⟩ *Dichterling, Reimschmied* m
poéti|ca *f Poetik, Dichtkunst* f ‖ **–co** adj
dichterisch, poetisch ‖ ⟨fig⟩ *poetisch* ‖ ⟨fig⟩
stimmungsvoll
poe|tilla *m* dim von **poeta** ‖ **–tisa** *f Dichterin* f
‖ **–tizar** [z/c] vt *verschönern, poetisch gestalten* ‖
dichterisch verklären, poetisieren ‖ **–tón** *m* →
–tastro
poinsetia *f* ⟨Bot⟩ *Weihnachts-, Advents|stern,*
Poinsettie f (Euphorbia pulcherrima)

pogrom(o) *m Pogrom* m (& n)
pointer *m* [Hund] *Pointer* m
póker *m* → **póquer**
¹polaca *f Polin* f ‖ *ein polnischer Tanz* m
²polaca *f Schuhstülpe* f ‖ Chi *Wams, Rock* m
polacada *f* ⟨desp⟩ *Hinterhältigkeit, Gemeinheit*
f *(im Handeln)*
polaco adj *polnisch* ‖ ~ *m Pole* m ‖ *el* ~ *die*
polnische Sprache, das Polnische
¹polaina *f Gamasche* f, *Überstrumpf* m ‖ ~
con cordones Schnürgamasche f ‖ ~ *de cuero*
Ledergamasche f
²polaina *f* Arg Bol Hond *(unvorhergesehene)*
Widerwärtigkeit f
¹polar adj *(m/f) polar, Polar-, Pol-* ‖ *Nord-* ‖
⟨El⟩ *Pol-*
²polar *f* ⟨Math Flugw⟩ *Polare* f
polari|dad *f* ⟨Phys⟩ *Polarität* f ‖
Gegensätzlichkeit f ‖ *Doppelung* f ‖ *la* ~ *de los*
sexos die Polarität der Geschlechter
pola|rimetría *f* ⟨Phys⟩ *Polarimetrie* f ‖
–rímetro *m Polarimeter* n
polari|zación *f* ⟨Phys⟩ *Polari|sierung, -sation* f
‖ ⟨fig⟩ *Polarisierung, Bildung bzw Verhärtung* f
von Gegensätzen in e–r Gesellschaft ‖ **–zador** *m*
⟨Opt⟩ *Polarisator* m ‖ **–zar** [z/c] vt *polarisieren*
(& fig)
pol|ca *f Polka* f *(Tanz)* ‖ **–car** [c/qu] vi *Polka*
tanzen
pólder *m Polder* m *(eingedeichtes Land)*
polea *f Blockrolle* f ‖ *Laufrad* n ‖
Riemenscheibe f ‖ ⟨Mar⟩ *Block* m ‖ ~ *escalonada*
Stufenscheibe f ‖ ~ *fija Festscheibe* f ‖ ~ *loca*
Losscheibe f ‖ ~ *motriz Antriebsscheibe* f ‖ ~s
fpl Hanteln fpl *(Turnen)*
polémi|ca *f Polemik* f, *Streit* m ‖ ◇ *desatar una*
~ *e–e Polemik entfesseln* ‖ **–co** adj *polemisch,*
Streit-
pole|mista *m/f Polemiker(in* f) m ‖ **–mizar**
[z/c] vi *polemisieren*
polemología *f* ⟨Neol⟩ *Polemologie,*
Konfliktforschung f (manchmal:
Friedensforschung f)
polen [*pl* **pólenes**] m ⟨Bot⟩ *Blütenstaub, Pollen*
m
polenta *f* ⟨Kochk⟩ *Polenta* f, *Maismehlbrei* m
¹poleo *m* ⟨Bot⟩ *Polei(minze* f) m (Mentha
pulegium)
²poleo *m* ⟨fam⟩ *kalter, heftiger Wind* m
△ **³poleo** *m Diebeshehler* m
polera *f* Chi *Unterhemd* n
Polesia *f* ⟨Geogr⟩ *Polessje, Polesien* n
poli- präf *mehr-, viel-, poly-, Mehr-, Viel-,*
Poly-
poli *f* ⟨pop⟩ *Polente* f, *Polypen, Bullen* mpl
poli|acrilo *m* ⟨Ku⟩ *Polyacryl* n ‖ **–amida** *f*
⟨Ku⟩ *Polyamid* n
poli|andria *f Vielmännerei, Polyandrie* f ‖
–ándrico adj *vielmännig, polyandrisch*
poliarquía *f* ⟨Pol⟩ *Herrschaft mehrerer,*
Polyarchie f
poli|artrítico adj ⟨Med⟩ *polyarthritisch* ‖
–artritis *f Polyarthritis* f
poli|atómico adj ⟨Chem⟩ *mehratomig* ‖
–básico adj *mehrbasisch*
Polibio *m* np *Polybius* m
policárpico adj ⟨Bot⟩ *polykarp(isch)*
Policarpo *m* np *Polykarp* m
pólice *m Daumen* m
△ **poliche** *m Spielhölle* f
polichinela *f Pulcinell(a)* m *(Maskenrolle bei*
den it. Possenspielern) ‖ *Pickelhering, Hanswurst*
m (& fig) ‖ *Possenreißer* m ‖ *Hampelmann* m,
Zappelpuppe f *(der Kinder)* ‖ ⟨pop⟩ *Geck, Fatzke,*
Öst Südd Gigerl m

policía *f Polizei(verwaltung)* f ‖ *Ordnung, Regelung* f ‖ *Höflichkeit, Artigkeit* f ‖ *Reinlichkeit, Nettigkeit* f ‖ ~ **armada** *bewaffnete Polizei* f ‖ ~ **autónoma** Span *autonome Polizei* f ‖ ~ **fluvial** *Wasserschutzpolizei* f ‖ ~ **nacional** Span *Sicherheitspolizei* f ‖ *Landespolizei* f ‖ ~ **municipal** *städtische Polizei, Gemeindepolizei* f ‖ ~ **popular** ⟨Hist⟩ *Volkspolizei* f ‖ ~ **sanitaria** *Gesundheitspolizei* f ‖ ~ **secreta** *Geheimpolizei* f ‖ ~ **de tráfico** *Verkehrspolizei* f ‖ ~ **uniformada** *uniformierte Polizei* f ‖ ~ **urbana** *städtische Polizei* f ‖ ~ *f Polizistin, Politesse, Polizeibeamtin* f ‖ ~ *m Polizist, Polizeibeamte(r),* ⟨fam⟩ *Schutzmann* m
poli|cíaco, –cial adj *(m/f) polizeilich* ‖ *Polizei-* ‖ *Detektiv-* ‖ *Kriminal-*
policlínica *f* ⟨Med⟩ *Poliklinik* f ‖ *Ambulanz* f
policopiar vt *vervielfältigen, hektographieren*
policro|mía *f Mehrfarbigkeit* f ‖ ⟨Typ⟩ *Mehrfarbendruck* m ‖ **–mo** adj *mehr-, vielfarbig* ‖ *bunt*
policultivo *m* ⟨Agr⟩ *Poly-, Gemischt|kultur* f
polideportivo adj *Mehrzwecksport-* ‖ ~ *m Mehrzwecksportanlage* f
poli|dipsia *f* ⟨Med⟩ *krankhafter Durst* m, *Polydipsie* f ‖ **–edro** *m* ⟨Math⟩ *Vielflächner* m, *Polyeder* n ‖ **–éster** *m* ⟨Ku⟩ *Polyester* m ‖ **–etileno** *m* ⟨Ku⟩ *Polyäthylen* n ‖ **–facético** adj *vielgestaltig* ‖ *vielseitig*
po|lifagia *f* ⟨Med⟩ *Heißhunger* m, *Polyphagie* f ‖ **–lífago** adj *polyphag*
polifásico adj ⟨El⟩ *mehrphasig, Mehrphasen-Polifemo* m np *Polyphem* m
poli|fonía *f* ⟨Mus⟩ *Vielstimmigkeit, Polyphonie* f ‖ **–fónico** adj ⟨Mus⟩ *polyphon(isch), vielstimmig*
polifuncional adj *(m/f) Mehrzweck-*
polígala *f* ⟨Bot⟩ *Kreuzblume* f (Polygala spp)
poligamia *f Polygamie, Vielweiberei* f
polígamo adj *polygam* (& Biol)
políglo|ta *(m/f),* (& **–to**) adj *polyglott, mehrsprachig* ‖ ~ *m Polyglott, Sprachkenner* m
poligonáceas *fpl* ⟨Bot⟩ *Knöterichgewächse* npl (Polygonaceae)
poligonal adj *(m/f)* ⟨Math⟩ *vieleckig, polygonal*
polígono *m/adj* ⟨Math⟩ *Vieleck, Polygon* n ‖ ~ **de descongestión** *Entballungsgebiet* n, *Industrieansiedlungen* fpl *zur Entlastung von Ballungszentren* ‖ ~ **industrial** *Industrieansiedlungsgebiet* n ‖ ~ **regular** ⟨Math⟩ *regelmäßiges Vieleck* n ‖ ~ **residencial** *geschlossene Wohnsiedlung* f ‖ *Trabantenstadt* f ‖ *Wohnblock* m ‖ ~ **de tiro** ⟨Mil⟩ *Schießplatz* m ‖ ~ **urbano** → ~ **residencial**
polígrafo *m Polygraph, Vielschreiber* m
polilla *f* ⟨Ins⟩ *(Kleider)Motte* f ‖ ~ **de las colmenas,** ~ **de la cera** *Große Wachsmotte* f (Galleria mellonella) ‖ ~ **de los granos,** ~ **de la harina** *Mehlmotte* f (Ephestia kuehniella) ‖ ~ **del melocotón** *Pfirsichwickler* m (Laspeyresia molesta) ‖ ~ **de las pieles** *Pelzmotte* f (Tineola pellionella) ‖ ~ **de la ropa** *Kleidermotte* f (T. biselliella) ‖ ◆ *comido od roído de la* ~ *von den Motten zerfressen* ‖ *wurmstichig* ‖ ◇ *es una* ~ ⟨pop⟩ *er ist wie e–e Wanze*
po|limerización *f* ⟨Chem⟩ *Polymerisation* f ‖ **–límero, –limero** adj *polymer* ‖ **–s** *mpl Polymere* pl
poli-mili *f* a) *Militärpolizei* f ‖ b) *Mitglied* n *des politisch-militärischen Flügels der ETA*
poli|morfismo *m* ⟨Biol Min⟩ *Polymor|phie* f, *-phismus* m ‖ ⟨Ins⟩ *Polymorphismus* m, *Kastenbildung* f ‖ **–morfo** adj *vielgestaltig, polymorph* (& Her) ‖ ⟨Ins⟩ *kastenbildend*
△ **polinche** *m Diebeshehler* m

Polinesia *f* ⟨Geogr⟩ *Polynesien* n
polineuritis *f* ⟨Med⟩ *Polyneuritis* f
polinización *f* ⟨Bot⟩ *Bestäubung* f
polinomio *m* ⟨Math⟩ *Polynom* n
polio *f Kurzform für* **poliomielitis** ‖ ⟨fam⟩ *Polio* f ‖ **–mielitis** *f* ⟨Med⟩ *spinale Kinderlähmung, Poliomyelitis* f
polipasto *m* ⟨Tech⟩ *Rollen-, Flaschen|zug* m
¹**pólipo** *m* ⟨Zool⟩ → **pulpo** ‖ **~s** *mpl Nesseltiere* npl (Cnidaria)
²**pólipo** *m* ⟨Med⟩ *Polyp* m
polipodio *m* ⟨Bot⟩ *Tüpfelfarn* m, *Engelsüß* n (Polypodium vulgare)
poliptoton *m* ⟨Rhet⟩ *Polyptoton* n
polis *f* ⟨Hist⟩ *Polis* f
poli|sema *m* ⟨Ling⟩ *Polysem* n ‖ **–semia** *f* ⟨Ling⟩ *Polysemie* f ‖ **–sílabo** adj *mehrsilbig* ‖ ~ *m mehrsilbiges Wort* n
poli|síndeton *m* ⟨Rhet⟩ *Polysyndeton* n ‖ **–sintético** adj ⟨Ling⟩ *polysynthetisch*
polisón *m* ⟨Hist⟩ *(Hüften)Wulst* m, *Turnüre* f *(an Frauenröcken)*
polispasto *m* ⟨Tech⟩ → **polipasto**
¹**polista** *m/f* ⟨Sp⟩ *Polospieler(in* f) m
²**polista, polistes** *m* ⟨Ins⟩ *Feldwespe* f (Polistes gallicus)
politburó *m* ⟨Pol Hist⟩ *Politbüro* n
politécnico adj *polytechnisch*
poli|teísmo *m Polytheismus* m, *Vielgötterei* f ‖ **–teísta** adj *(m/f) polytheistisch* ‖ ~ *m/f Polytheist(in* f) m
polí|tica *f Politik* f, *Staatskunst, Staatswissenschaft* f ‖ *Staatsgeschäfte* npl ‖ *Staatsklugheit* f ‖ ⟨fig⟩ *Höflichkeit, Artigkeit* f, *Anstand* m ‖ ⟨fig⟩ *Geriebenheit, Politik* f ‖ ~ **de acorralamiento** *Einkreisungspolitik* f ‖ ~ **agraria** *Agrarpolitik* f ‖ ~ **aislacionista** *Isolationspolitik* f ‖ ~ **de alianzas** *Bündnispolitik* f ‖ ~ **ambiental** *Umweltpolitik* f ‖ ~ **anexionista** *Anschlusspolitik* f ‖ ~ **de apaciguamiento** *Beschwichtigungspolitik* f ‖ ~ **arancelaria** *Zoll(tarif)politik* f ‖ ~ **del gran bastón** ⟨Hist⟩ *Big-Stick-Policy* f (engl) *(Theodore Roosevelt gegenüber Iberoamerika)* ‖ ~ **centrista** *Politik* f *der Mitte* ‖ ~ **de colonialización** *Kolonisationspolitik* f ‖ *Siedlungspolitik* f ‖ ~ **comercial** *Handelspolitik* f ‖ ~ **de competencia** *Wettbewerbspolitik* f ‖ ~ **de contención** *Eindämmungs-, Beschwichtigungs|politik* f ‖ ~ **coyuntural** *od de* **coyuntura** *Konjunkturpolitik* f ‖ ~ **demográfica** *Bevölkerungspolitik* f ‖ ~ **de distensión** *Entspannungspolitik* f ‖ ~ **económica** *Wirtschaftspolitik* f ‖ ~ **educacional** *Bildungspolitik* f ‖ ~ **de entendimiento,** ~ **de entente** (frz) *Verständigungspolitik* f ‖ ~ **de equilibrio** *Schaukelpolitik* f ‖ ~ **exterior,** ~ **extranjera** *Außenpolitik* f ‖ ~ **interior** *Innenpolitik* f ‖ ~ **internacional** *internationale Politik* f ‖ → ~ **exterior** ‖ ~ **natalicia** *od de* **natalidad** *Geburtenpolitik* f ‖ ~ **oportunista** *opportunistische Politik, Politik* f *von Fall zu Fall* ‖ ~ **de precios** *Preispolitik* f ‖ ~ **racista** *Rassenpolitik* f ‖ ~ **de salarios** *od* **salarial** *Lohnpolitik* f ‖ ~ **zigzagueante** *Zickzackkurs* m
politicastro *m* ⟨desp⟩ *Politikaster* m
político adj *politisch, Staats-* ‖ *staatskundlich* ‖ *höflich, artig* ‖ *weltklug, gerieben* ‖ ~ *m Politiker, Staatsmann* m ‖ ⟨fig⟩ *Schlaukopf* m ‖ ~ **de café** ⟨desp⟩ *Stammtischpolitiker* m ‖ ~ **reformista** *Reformpolitiker* m
politi|cón adj/s *äußerst höflich* ‖ ~, **–cucho** *m* ⟨desp⟩ → **–castro** ‖ **–quear** vi ⟨desp⟩ *(am Stammtisch) politisieren* ‖ **–queo** *m* ⟨desp⟩ *Politisieren* n *(am Stammtisch)* ‖ **–quería** *f* ‖ **–quería** *f politische Ränke* mpl ‖ **–quero** *m politischer Ränkeschmied* m ‖ → **politicastro** ‖

–quilla _f_ (desp) _Stammtischpolitik_ f ‖ **–quillo** _m_
dim von **político** ‖ (desp) _Stammtischpolitiker_ m ‖
→ **politicastro**
politi|zación _f Politisierung_ f ‖ **–zar** [z/c] vt
politisieren ‖ (fam) _über Politik reden_
poli|tología _f Politologie, Wissenschaft_ f _der
Politik_ ‖ **–tólogo** _m Politologe_ m ‖ **–truk** _m_ (Hist)
Politruk, politischer Offizier m _der Roten Armee_
poliuria _f_ (Med) _Polyurie_ f
poli|valencia _f Mehrwertigkeit_ f ‖ _Polyvalenz_ f
‖ (fig) _Vielseitigkeit_ f ‖ **–valente** adj _(m/f)_
mehrwertig ‖ _polyvalent_ ‖ (fig) _vielseitig_
polivinilo _m_ (Chem) _Polyvinyl_ n
póliza _f Police_ f ‖ _Zollschein_ m ‖
Versicherungspolice f ‖ _Steuer- bzw
Stempel|marke_ f ‖ (Typ) _Gießzettel_ m ‖ ~ _abierta
Generalpolice, laufende od offene Police_ f ‖ ~ _en
blanco Pauschalpolice_ f ‖ ~ _de carga,_ ~ _de
fletamento_ (Mar) _Fracht|schein, -brief_ m ‖
Befrachtungsbrief m, _Charterpartie_ f ‖ ~ _flotante
Generalpolice, offene od laufende Police_ f ‖ ~ _de
negociación_ (Com) _Schlussnote_ f ‖ ~ _de préstamo
a la gruesa Bodmereibrief_ m ‖ ~ _de seguros
Versicherungspolice_ f ‖ ~ _de tránsito Transit-,
Durchfuhr|schein_ m ‖ ◇ _librar, extender una_ ~
e–e Police ausstellen
polizón _m_ (Mar Flugw) _blinder Passagier_ m ‖
(fig) _Müßiggänger, Stromer, Herumtreiber_ m
polizonte _m_ (desp) _Polyp, Bulle_ m _(Polizist)_
polka _f_ → **polca**
¹po|lla _f junge Henne_ f ‖ (figf) _junges
Mädchen_ n ‖ ~ _de agua_ (V) _Teichhuhn_ n
(Gallinula chloropus)
²polla _f_ (vulg) _Schwanz_ m _(Penis)_
³polla _f_ Am _Pferderennen_ n
po|llada _f Brut_ f _(Hühner), Küken_ npl _e–r
Glucke_ ‖ (pop) _junge Leute_ pl ‖ **–llastre** _m_ (fam)
junges Huhn n ‖ _junger Hahn_ m ‖ (fig) _junger
Fatzke_ m ‖ _junger Bursche_ m ‖ **–llastro** _m_ (pop)
Schlaumeier m ‖ **–llazón** _f Bruteier_ npl _e–r
Glucke_ ‖ → **–llada** ‖ **–llear** vi (pop) _den Jungen
nachgucken (Mädchen)_ ‖ _s. wie ein
(schwärmerischer) Backfisch benehmen
(Mädchen)_ ‖ _wie ein Halbwüchsiger tun
(Jüngling)_
¹pollera _f Hühnerhof_ m ‖ _Hühner|stall_ m,
-haus n ‖ _Hühnerkorb_ m
²pollera _f Laufkorb_ m _(für kleine Kinder)_
³pollera _f_ (Hist) _Reifrock_ m ‖ Am _Frauenrock_
m ‖ Arg (fam) _Schürze_ f _(der Frauen)_
polle|ría _f Geflügelhandlung_ f ‖ **–ro** _m
Geflügelhändler_ m ‖ _Geflügelzüchter_ m
pollero _m_ Mex _Fluchthelfer_ m _(gegen
Bezahlung) an der Grenze zwischen Mexiko und
USA_
pollerón _m_ Arg _Rock_ m _(e–s Reitkleids)_
polli|na _f junge Eselin_ f ‖ **–nejo** _m_ dim von
–no ‖ **–no** m/adj _Eselsfüllen_ n, _(junger) Esel_ m ‖
(fig) _Dummkopf_ m
polli|ta _f Junghenne, junge Henne_ f ‖ (pop)
junges Mädchen n, _Backfisch_ m ‖ _Teenager_ m
(Mädchen) ‖ **–to** _m Küken_ n ‖ (pop) _junger
Bursche_ m, (fam) _junger Herr_ m
¹pollo _m junges Huhn, Küchlein, Küken_ n ‖
junger Hahn, Junghahn m ‖ p.ex _Nestvögelchen_
n, _Nestling_ m ‖ (pop) _junger Bursche,_ (fam)
junger Herr m ‖ (figf) _Schlaumeier_ m ‖ ~ _asado
Brathähnchen_ n ‖ ~ _al asador Hähnchen vom od
am Spieß_ ‖ ~ _bien_ (fig pop) _Herrensöhnchen_ n ‖
~ _emparillado gegrilltes Hähnchen_ n ‖ ~
fiambre kaltes (Back)Hähnchen n ‖ ~ _frito
Backhähnchen_ n ‖ ~ _frito a la vienesa Wiener
Backhendl_ n ‖ ~ _en pepitoria Hühnerfrikassee_ n ‖
~ _pera,_ ~ _plátano_ (figf) _Geck, Modenarr, Fant,
Stenz, Stutzer_ m ‖ ~ _vestido Hahn_ m _in_

Teigkruste ‖ ◇ _criar_ ~s _Hühner züchten_ ‖ _echar_
~s (pop) _lange schlafen, nicht aufstehen wollen_ ‖
echar una gallina a ~s (fam) _e–r Glucke Bruteier
geben_ ‖ _estar hecho un_ ~ _de agua_ (figf) _von
Schweiß triefen_ ‖ _estar hecho un_ ~ (figf) _(noch)
jung aussehen,_ (fam) _noch gut auf dem Posten
sein (ältere Person)_ ‖ _hacerse el_ ~ Am _s. zieren_ ‖
sacar ~s → _criar_ ~s ‖ _voló el_ ~ (figf) _der Vogel
ist ausgeflogen_
²pollo _m illegaler Einwanderer aus Mexiko in
den USA_
△ **³pollo** _m Speichel_ m
pollona _f_ Sant Am _junges, dralles Mädchen_ n
polluela _f_ (V) _Sumpfhuhn_ n (Porzana spp) ‖ ~
bastarda Kleines Sumpfhuhn n (P. parva) ‖ ~
chica Zwergsumpfhuhn n (P. pusilla) ‖ ~ _pintoja
Tümpelsumpfhuhn_ n (P. porzana)
polluelo _m_ dim von **pollo** ‖ _Küken_ n ‖
Nestvögelchen n, _Nestling_ m
¹polo _m_ (Geogr Phys) _Pol_ m ‖ (fig) _Richtpunkt_
m ‖ ~ _ártico,_ ~ _boreal,_ ~ _norte Nordpol_ m ‖ ~
antártico, ~ _austral,_ ~ _sur Südpol_ m ‖ ~ _negativo
(positivo)_ (El) _negativer (positiver) Pol_ m ‖ (fig)
Anziehungs-, Mittel|punkt m ‖ ◆ _de_ ~ _a_ ~ _von A
bis Z_ ‖ ~ _del imán Magnetpol_ m
²polo _m_ (Mus) _e–e and. Volksweise_ f
³polo _m_ (Sp) _Polospiel_ n ‖ p.ex _Polohemd_ n
⁴polo _m_ Span _Schwerpunkt_ m _(im industriellen
Ausbau)_ ‖ ~ _de desarrollo (industrieller)
Entwicklungsschwerpunkt_ m, _industrielles
Ausbauzentrum_ n ‖ ~ _de promoción (industrielles
bzw wirtschaftliches) Ausbauzentrum_ n
⁵polo _m Eis_ n _am Stiel_
polo|la _f_ Chi Ec (fam) _kokettes Mädchen_ n ‖
(fam) _Freundin_ f ‖ **–lear** vt Chi (fam) _belästigen_
‖ _zudringlich den Hof machen_ (dat) ‖ ~ vi _flirten_
‖ **–lo** _m_ Chi _zudringlicher Freier bzw Verehrer_ m ‖
(fam) _Freund_ m _(e–s Mädchens, e–r Frau)_ ‖
Gigolo m ‖ _zudringlicher Kerl_ m
△ **polomía** _f Hüfte_ f
polo|nés adj/s → **polaco** ‖ **–nesa** _f Polin_ f ‖
Polonaise f _(Tanz)_ ‖ _kurzer Schnür-, Pelz|rock_ m ‖
ᵃnia _f_ (Geogr) _Polen_ n
polonio _m_ (Po) (Chem) _Polonium_ n
polquista _m/f Polkatänzer(in f)_ m
poltrón adj _faul, träge_ ‖ (fam) _bequem_ ‖ (silla)
~a _Arm-, Lehn|stuhl_ m
poltro|near vi (fam) _faulenzen_ ‖ **–nería** _f
Trägheit, Faulheit_ f ‖ _Arbeitsscheu_ f ‖
Bummlerleben n
¹polución _f_ (Physiol) _Samenerguss_ m,
Pollution f ‖ ~ _nocturna_ (Med) _nächtlicher
Samenerguss_ m
²polu|ción _f_ (Ökol) _Ver|schmutzung, -giftung,
-seuchung, -unreinigung_ f ‖ ~ _por aceites
minerales Ölverschmutzung_ f ‖ ~ _del aire,_ ~
atmosférica Luft|verschmutzung, -verseuchung f ‖
~ _del (medio) ambiente Umweltverschmutzung_ f ‖
–cionar vt (Ökol) → **contaminar** ‖ **–to** adj
befleckt ‖ _geschändet_
Pólux _m_ (Astr) _Pollux_ m
polvareda _f Staubwolke_ f ‖ (fig) _Aufsehen_ n ‖
◇ _armar od levantar od mover una_ ~ _Staub
aufwirbeln (& fig)_
polvera _f Puder|büchse, -dose_ f
polvete _m_ (vulg) _Quickie_ m
polvi|ficar [c/qu] vt (fam) _pulvern_ ‖ **–llo, –to**
_m_ dim von **¹polvo** ‖ (Prise) _Schnupftabak_ m
¹polvo _m_ Staub m ‖ _Pulver_ n ‖ _Puder_ m
(Kosmetik, Pharm) ‖ _Prise_ f _(Schnupftabak)_ ‖ ~
alimenticio Nährpulver n ‖ ~ _de arroz Reispulver_
n ‖ _Reispuder_ m ‖ ~ _atómico Atomstaub_ m ‖ ~
cáustico Ätzpulver n ‖ ~ _dentífrico Zahnpulver_ n
‖ ~ _efervescente Brausepulver_ n ‖ ~ _escociente_
→ ~ _picante_ ‖ ~ _de esmeril Schmirgelpulver_ n ‖

~ para esparcir *Streupulver* n ‖ ~ estornutatorio *Niespulver* n ‖ ~ fulminante *Sprengpulver* n ‖ ~ de harina *Staubmehl* n ‖ ~ impalpable *Feinstpulver* n ‖ ~ insecticida *Insektenpulver* n ‖ ~ de jabón *Seifenpulver* n, *Pulverseife* f ‖ ~ de levadura *Backpulver* n ‖ ~ de nieve *Pulverschnee* m ‖ ~ picante, ⟨fam⟩ (~ de) pica-pica *Juckpulver* n ‖ ~ relámpago *Blitz(licht)pulver* n ‖ ~ secante *Sikkativ* n ‖ ~ para soldar *Lötpulver* n ‖ ~ sudorífico *Schwitzpulver* n ‖ ~ de talco *Talk(puder)* m, *Talkum* n ‖ ~ para tomar *Schnupfpulver* n ‖ ~ de vidrio *Glasmehl* n ‖ ~ vomitivo *Brechpulver* n ‖ ◇ cerrado contra el (*od* aislado del) ~ *staubdicht* ‖ estar hecho ~ ⟨figf⟩ *todmüde sein*, ⟨fam⟩ *(total) kaputt sein* ‖ hacer ~ *zu Staub machen* ‖ hace (mucho) ~ *es ist (sehr) staubig* ‖ hacerle a uno ~ ⟨figf⟩ *jdn vernichten, zugrunde (& zu Grunde) richten* ‖ hacer morder el ~ a alg. ⟨fig⟩ *jdn zu Boden werfen, überwinden*, ⟨fam⟩ *jdn in den Staub treten* ‖ hacerse ~ ⟨figf⟩ *zer|brechen, -splittern* ‖ limpiar de ~ *ab-, aus|stäuben* ‖ matar el ~ ⟨fig⟩ *den Staub niederschlagen (Regen)* ‖ quitar el ~ de algo *et. ab-, aus|stäuben* ‖ reducir a ~ *zerreiben* ‖ sacudir el ~ → *quitar el* ~ ‖ ⟨figf⟩ *e–e Tracht f Prügel geben, verprügeln* ‖ tomar un ~ de rapé *e–e Prise nehmen, schnupfen (Tabak)* ‖ ~**s** *mpl:* echar ~ sobre algo *et. mit Streusand bestreuen* ‖ ponerse ~ *s. pudern*

²**polvo** m ⟨vulg⟩ *Fick* m ‖ ◇ echar *od* pegar *od* tirar un ~ *bumsen, ficken, vögeln*

pólvora f ⟨Schieß⟩*Pulver* n ‖ *Feuerwerk* n ‖ ⟨fig⟩ *Lebhaftigkeit, Heftigkeit* f, *Feuer, Ungestüm* n ‖ ~ de algodón *Schießbaumwolle* f ‖ ~ detonante *Knallpulver* n ‖ ~ de grano fino *feingekörntes Pulver* n ‖ ~ sin humo *rauch|schwaches* bzw *-loses Pulver* n ‖ ~ negra *Schwarzpulver* n ‖ ~ relámpago *Blitz(licht)pulver* n ‖ ◇ descubrir la ~ ⟨figf⟩ *längst Bekanntes entdecken* ‖ disparar con ~ sola *blind schießen* ‖ gastar la ~ en salvas ⟨fig⟩ *sein Pulver umsonst verschießen* ‖ *(für die Lösung) die ungeeigneten Mittel einsetzen* ‖ no haber inventado la ~ ⟨figf⟩ *das Pulver nicht erfunden haben* ‖ inventar la ~ ⟨figf⟩ *längst Bekanntes erfinden* ‖ ser un ~ ⟨fig⟩ *sehr hitzig sein* ‖ *leicht aufbrausen* ‖ tirar con ~ ajena ⟨fig⟩ *fremdes Geld ausgeben* ‖ tirar con ~ sola → *disparar con* ~ *sola* ‖ volar con ~ *mit Pulver sprengen*

polvorear vt *(mit Staub od Pulver) bestreuen* ‖ *(ein)pudern*

polvorero m Am *Feuerwerker* m

△ **polvorosa** f *Gasse* f

polvoriento adj *staubig* ‖ *bestaubt*

polvorilla f *Silberschwärze* f ‖ ⟨figf⟩ *ungestümer, hitziger Mensch* m

polvo|rín m ⟨Mil⟩ *Pulver|magazin* n, *-kammer* f ‖ ◇ provocar un ~ ⟨figf⟩ *e–n Aufruhr verursachen* ‖ **–rista** m/f *Feuerwerker(in* f) m

polvoroso adj *staubig*

¡**pom**! int *bum!*

¹**poma** f *Apfel* m

²**poma** f *Riechbüchse* f

pomada f *Pomade, (Haar)Salbe* f ‖ ~ mercurial *Quecksilbersalbe* f

pomar m *Apfel-, Obst|garten* m ‖ **–ada** f bes. Ast → **manzanal** ‖ **–rosa** f *Rosenapfel* m (Eugenia jambos)

pombalino adj *auf das Zeitalter des port. Marquis de Pombal (1699–1782) bezüglich*

pombista m/adj ⟨Hist Lit⟩ *Stammgast* m *der literarischen Sitzungen im Café Pombo in Madrid (unter der Leitung von R. Gómez de la Serna)*

pomelo m ⟨Bot⟩ *Pampelmuse* f (Citrus maxima), *Grapefruit* f (C. paradisi)

Pome|rania f ⟨Geogr⟩ *Pommern* n ‖ Nueva ~ ⟨Geogr⟩ *Neupommern* n ‖ ~ Ulterior *Hinterpommern* n ‖ **=rano** adj *pommer(i)sch* ‖ ~ m *Pommer* m

pómez f: (piedra) ~ *Bimsstein* m

△ **pomí** m *Silber* n

pomito m dim von **pomo**

pomo m *Degenknauf* m ‖ *Riech|büchschen, -fläschchen* n

pomología f ⟨Agr⟩ *Obstkunde, Pomologie* f

pomológico adj: jardín ~ *Obstgarten* m

pom|pa f *feierlicher Auf-, Um|zug* m ‖ *Pracht* f, *Prunk* m, *Gepränge* n, *Pomp* m ‖ *Rad* n *(des Pfaues)* ‖ *Bausch* m *der Kleider* ‖ ◆ con gran ~, en ~ *mit großem Gepränge* ‖ ◇ hacer ~ de algo ⟨fig⟩ *mit et. protzen, prahlen* ‖ ~**s** *fúnebres Bestattungsinstitut* n

pompa f *Wasserblase* f ‖ *Seifenblase* f ‖ Mar *Schiffspumpe* f

pompear vi *dicketun, prangen, protzen, großtun, renommieren* (con *mit*) ‖ ~**se** ⟨fam⟩ *s. brüsten, angeben*

Pompeya f [Stadt] ⟨Hist⟩ *Pompeji* n

pompeyano adj *pompej(an)isch* ‖ ~ m *Pompejaner* m

Pompeyo m np *Pompejus* m

pompis m ⟨fam⟩ *Po(po)* m

pompón m ⟨Text⟩ *Troddel* f

pompo|sidad f *Prunkhaftigkeit* f, *Prunk* m, *Pracht* f ‖ **–so** adj *pomp-, prunk|haft, prächtig* ‖ *pompös* ‖ *Prunk-, Pracht-* ‖ ⟨fig⟩ *geschwollen, hochtrabend, schwülstig, barock (Stil)*

pómulo m ⟨An⟩ *Wangenbein* n ‖ ~**s** *sobresalientes hervorstehende Backenknochen* mpl

pon → **poner**

pon|chada f *Bowle* f, *Punsch* m ‖ Am ⟨pop⟩ *Menge, Anzahl* f ‖ **–che** m *Punsch* m ‖ ~ español *spanischer Fruchtpunsch* m ‖ ~ de huevo, ~ con yemas *Eier|punsch, -kognak* m ‖ **–chera** f *(Punsch)Bowle, Punschschale* f

¹**poncho** adj *schlaff* ‖ *träge* ‖ Col *gedrungen, untersetzt (Person)* ‖ Ve *kurz (Kleidungsstück)*

²**poncho** m Am *Poncho* m ‖ ◇ pisar a uno el ~ Am ⟨pop⟩ *jdn zum Streit herausfordern*

Poncio m np *Pontius* m

ponde|rabilidad f ⟨Phys⟩ *Wägbarkeit* f ‖ **–rable** adj *(m/f) wägbar*

ponde|ración f *(Ab)Wägen* n ‖ *(Ein)Schätzung* f ‖ *Erwägung, Prüfung* f ‖ *Beschreibung* f ‖ *Lobeserhebung* f ‖ *Übertreibung* f ‖ *Gleichgewicht* n, *Ausgeglichenheit* f ‖ ~ laudatoria *Lobeserhebung* f ‖ superior a toda ~ *über alles Lob erhaben, ausgezeichnet* ‖ sobre toda ~ *unsäglich viel, ungeheuer* ‖ **–rado** adj *gesetzt, ruhig* ‖ *bedachtsam* ‖ *umsichtig* ‖ *ausgeglichen* ‖ **–rar** vt *(ab)wägen* ‖ *(ein)schätzen* ‖ *ausgleichen* ‖ *erwägen, überlegen* ‖ *beschreiben, loben, rühmen* (bes. *Ware*) ‖ *übertreiben* ‖ **–rativo** adj *rühmend, schätzend* ‖ *Lobes-* ‖ ⟨fig⟩ *übertreibend* ‖ **–rosidad** f *Gewicht* n, *Schwere* f ‖ ⟨fig⟩ *Umsicht* f ‖ *Bedachtsamkeit* f ‖ *Überlegtheit* f ‖ **–roso** adj *gewichtig* ‖ *sehr schwer, Schwerst-*

△ **pondoné** m *Korb* m ‖ *Matratze* f

pondré → **poner**

pone|dero adj: gallina ~a *Leghenne* f ‖ ~ m *Brutnest* n ‖ *Leg(e)korb* m *(für Hennen)* ‖ **–dor** adj/s: gallina ~a *Leghenne* f

ponencia f *Bericht* m ‖ *Berichterstattung* f ‖ *Sachbericht* m, *Referat* n, *Antrag* m ‖ *berichterstattender Ausschuss* m

ponentada f ⟨Meteor⟩ *starker Westwind* m

ponente m/f ⟨Parl⟩ *Berichterstatter(in* f) m ‖ *Antragsteller(in* f), *Proponent(in* f) m ‖ *Referent(in* f) m

ponen|tino, –tisco adj *westlich, West-* ‖ ~ *m Abendländer* m

¹poner [pres pongo pret puse, fut pondré, imp pon, pp puesto] vt/i: *(hin)legen, -stellen* ‖ *legen (Eier)* ‖ *ein|legen, -schließen* ‖ *hin|setzen, -zutun, beifügen* ‖ *aufsetzen, entwerfen* ‖ *(nieder)schreiben* ‖ *festsetzen, bestimmen* ‖ *vor-, dar|legen* ‖ *vorschlagen, e–n Antrag stellen* ‖ *anbieten, ein Angebot machen* ‖ *einreichen (Gesuch)* ‖ *machen, ziehen, aufsetzen (Miene, Gesicht)* ‖ *anführen (als Beispiel)* ‖ *geben (Spritze)* ‖ *aufkleben (Pflaster, Etikett)* ‖ *geben, beilegen (Namen, bes. Spottnamen)* ‖ *anlegen, errichten* ‖ *(in e–e Lage) versetzen* ‖ *bringen (in Gefahr)* ‖ *her-, zu|richten, zurechtmachen* ‖ *(übel) zurichten (durch Schläge)* ‖ *anziehen (Kleid, [Hand]Schuhe)* ‖ *umschnallen (Gürtel)* ‖ *anlegen (Schmuck)* ‖ *anstecken (Ring)* ‖ *setzen, bieten (im Spiel)* ‖ *wetten, (darauf) setzen* ‖ *anheim geben, freistellen* ‖ *auferlegen (Steuern)* ‖ *schaffen (Ordnung, Ruhe)* ‖ *beschaffen bzw einrichten (Wohnung)* ‖ ~ la aceptación en algo *et. mit Akzept versehen (Wechsel)* ‖ ~ aparte ⟨fig⟩ *beiseite legen* ‖ *zurückstellen* ‖ ~ (la) atención en alg. *od* en algo *auf jdn od auf et. aufpassen* ‖ ~ capital (en un negocio) *(in ein Geschäft) Geld hineinstecken* ‖ ~ cara de risa *e–e lächelnde Miene machen* ‖ ~ toda la carne en el asador ⟨fig⟩ *alles auf e–e Karte setzen* ‖ ~ una carta a alg. *jdm e–n Brief schreiben* ‖ ~ cerco → ~ sitio ‖ ~ en claro *klarstellen, auf den Punkt bringen* ‖ ~ un coche a la disposición de alg. *jdm e–n Wagen zur Verfügung stellen* ‖ ~ colorado *erröten machen* ‖ ~ como nuevo a alg.⸙(fam) *jdm den Kopf waschen* ‖ ~ condiciones *Bedingungen (auf)stellen* ‖ ~ dos cubiertos *für zwei Personen decken* ‖ ~ los cuernos a alg. ⟨figf⟩ *jdn zum Hahnrei machen, jdm Hörner aufsetzen* ‖ ~ cuidado *vorsichtig sein, aufpassen (en auf)* ‖ ~ debajo *unterlegen* ‖ ⟨fig⟩ *überwinden* ‖ ~ delante *(da)vorlegen, vorsetzen* ‖ ~ encima *(dar)auf|setzen, -legen* ‖ ~ espacios ⟨Typ⟩ *spationieren* ‖ ~ la firma *unterschreiben* ‖ ~ freno *im Zaum(e) halten* (a acc) ‖ *bändigen (Trieb)* ‖ ~ fuego *in Brand stecken* (a acc) ‖ ~ furioso *wütend machen* ‖ ~ un gesto serio *e–e ernste Miene machen* ‖ ~ guerra a alg. *jdn bekriegen* ‖ ~ unas líneas *ein paar Zeilen schreiben* ‖ ~ la mesa *den Tisch decken* ‖ ~ motes *Spitznamen beilegen* ‖ ~ el nombre a alg. *jdn (be)nennen* ‖ ~ la olla *den Kochtopf auf den Herd stellen* ‖ ~ todo patas arriba *alles durcheinander bringen, alles auf den Kopf stellen* ‖ ~ preso *verhaften,* ⟨pop⟩ *einsperren* ‖ ~ un remedio *abhelfen* (a dat) ‖ ~ ropa limpia (en la cama) *das Bett frisch überziehen* ‖ ~ el sello *die Briefmarke aufkleben* ‖ ~ sitio *belagern* (a acc) ‖ ~ un telegrama *ein Telegramm aufgeben* ‖ ~ el timbre *stempeln* ‖ ¿cómo le van a ~? ⟨pop⟩ *auf welchen Namen wird er getauft? (Täufling)* ‖ pongo lo que quieras a que no viene *ich wette, was du willst, dass er (sie, es) nicht kommt* ‖ eso lo pongo en tí *das stelle ich dir anheim* ‖ ¿cuántos años me pone Vd.? ⟨pop⟩ *für wie alt schätzen Sie mich?* ‖ pongamos el caso (de) que ... gesetzt den Fall, dass ... ‖ de aquí a Bilbao ponen diez kilómetros *man schätzt die Entfernung von hier nach Bilbao auf 10 Kilometer* ‖ ¡cómo lo puso! *wie er (sie, es) ihn ausgescholten hat!*

in Verbindung mit Präpositionen od. präpositionalen Adverbialverbindungen:
1) in Verb. mit **a, ante:** 1. ~ a asar *anbraten* ‖ ~ a cero *auf Null stellen (Zähler)* ‖ ~ a contribución *mitwirken, beisteuern (mit* dat) ‖ ~

al corriente de algo *in et. einweihen* ‖ ~ al día *aktualisieren, auf den neuesten Stand bringen, modernisieren (z.B. Wörterbuch)* ‖ ~ al fuego *warm stellen* ‖ ~ a alg. a oficio *jdn ein Handwerk lernen lassen* ‖ ~ al paso *langsam gehen lassen (Zugtier)* ‖ ~ a secar *zum Trocknen aufhängen*
2) in Verb. mit **con, bajo:** ~ a bien con alg. *mit jdm versöhnen* ‖ ⟨fig⟩ *jdm die schlechte Meinung, die er von e–m anderen hat* ‖ ~ a alg. a bien con Dios *jdn mit Gott versöhnen* ‖ ~ a alg. bajo tutela *jdn unter Vormundschaft stellen* ‖ tenga la bondad de ponerme con ... *(od* póngame con ..., por favor) ⟨Tel⟩ *verbinden Sie mich bitte mit ...*
3) in Verb. mit **de:** ~ de aprendiz a alg. *jdn in die Lehre geben* ‖ ~ de manifiesto *kundgeben* ‖ ~ de oro y azul a alg. ⟨pop⟩ *jdn grün und blau schlagen* ‖ eso lo pone de su cosecha ⟨figf⟩ *das setzt er (sie, es) aus eigener Erfindung hinzu*
4) in Verb. mit **en, entre:** ~ en actividad *in Betrieb setzen* ‖ ~ en el balance ⟨Com⟩ *in die Bilanz einbeziehen* ‖ ~ en una caja *in e–r Kiste verpacken* ‖ ~ a alg. en la calle (fam) *jdn die Tür weisen* ‖ *jdn entlassen* ‖ ~ en claro *aufklären* ‖ ~ en (el) comparativo ⟨Gr⟩ *steigern* ‖ ~ en conocimiento de algo *von et. in Kenntnis setzen* ‖ ~ en (la) cuenta *in Rechnung stellen, anrechnen* ‖ ~ en duda *(be)zweifeln, in Zweifel ziehen* ‖ ~ en ejecución *ausführen* ‖ ~ en evidencia *beweisen, darlegen* ‖ ⟨fig⟩ *entlarven* (→ ~se) ‖ ~ en el índice *auf den Index setzen* ‖ ~ en juego *spielen lassen* (& fig) ‖ *aufs Spiel setzen* ‖ ~ en limpio *ins reine schreiben* ‖ ~ algo en su lugar ⟨fig⟩ *et. berichtigen (z.B. e–e Meinung)* ‖ *jdn in die Schranken weisen, jdm e–n Dämpfer aufsetzen* ‖ ~ (la) mano en algo ⟨fig⟩ *an et. herangehen, et. unternehmen* ‖ ~ la mano *(od* las ~s) en alg. ⟨fig⟩ *jdm gegenüber tätlich werden, jdn misshandeln* ‖ *jdn strafen* ‖ ~ en la mano *in die Hand legen* ‖ ~ algo en manos de alg. *jdm et. in die Hände geben* ‖ *et. jds Sorge anvertrauen* ‖ ~ en marcha *in Gang bringen* ‖ ⟨fig⟩ *in Schwung bringen* ‖ ~ en movimiento *in Gang bringen* ‖ ~ en música *in Musik setzen* ‖ ~ los ojos en alg. *od* en algo *das Augenmerk auf jdn od auf et. richten* ‖ ~ en paz *ver-, aus|söhnen* ‖ ~ en 21000 euros *21000 Euro bieten (bei e–r Versteigerung)* ‖ ~ en práctica *bewerkstelligen* ‖ *ins Werk setzen* ‖ ~ en salvo *retten, sicherstellen* ‖ ~ en *od* a la venta *in den Handel bringen* ‖ eso lo pongo en tí *das stelle ich dir anheim* ‖ ponga Vd. la palanca en: Frío *stellen Sie den Hebel auf: Kalt* ‖ ~ entre comillas *in Anführungszeichen setzen*
5) in Verb. mit **por:** ~ por condición *als Bedingung stellen* ‖ ~ algo a alg. por delante *jdm et. vorstellen od klarmachen* ‖ ~ por medio in den Weg stellen *(ein Hindernis)* ‖ ~ dazwischenlegen* ‖ ~ por nombre *(be)nennen* ‖ ~ por obra *ins Werk setzen* ‖ ~ a Dios por testigo *Gott als Zeugen anrufen*
~ vi: *setzen (im Spiel)* ‖ *legen (Henne)* ‖ *anfangen, et. zu tun* ‖ pongamos que ... (subj) *setzen wir den Fall, dass ...* ‖ ¡ponga Vd.! ⟨pop⟩ *servieren Sie! (das Essen)* ‖ piso acabado de ~ *neu hergerichtete Wohnung* f

ponerse vr *untergehen (Sonne)* ‖ ~ bien s. *anständig kleiden* ‖ ⟨fig⟩ *s–e Lage verbessern* ‖ se me pone carne de gallina *ich bekomme e–e Gänsehaut* ‖ ~ cómodo ⟨fam⟩ *es s. bequem machen* ‖ ~ (por) delante *dazwischenkommen (Hindernis)* ‖ ~ en lo peor *s. auf das Schlimmste gefasst machen* ‖ ~ perdido (de suciedad) *s. von oben bis unten beschmutzen od* ⟨fam⟩ *schmutzig*

machen ‖ *se me pone que ... Am es scheint mir, dass ...* ‖ ¡*cómo se puso! wie wütend er (sie, es) wurde!* ‖ ¡*no te pongas así!* ⟨fam⟩ *stelle dich nicht so an!* ‖ *sei mir bitte nicht böse!* ‖ *al ~ el sol bei Sonnenuntergang* ‖ *no tener nada que ~* ⟨figf⟩ *nichts anzuziehen haben*
  a) i n V e r b. m i t a d j = *werden:* ~ *bueno gesund werden* ‖ ~ *colorado erröten, schamrot werden* ‖ ~ *flaco abmagern, mager werden* ‖ ~ *furioso wütend werden* ‖ ~ *malo erkranken* ‖ ~ *pálido blass werden* ‖ ~ *serio ernst werden* ‖ *el tiempo se va poniendo hermoso das Wetter wird schön* ‖ *se puso como la pared* ⟨fig⟩ *er (sie, es) wurde leichenblass od kreideweiß*
  b) i n V e r b. m i t P r ä p o s i t i o n e n:
  1) i n V e r b. m i t **a:** ~ *a ... s. anschicken zu ...* ‖ ~ *a escribir zu schreiben anfangen* ‖ ~ *a reír in ein Gelächter ausbrechen* ‖ ~ *al abrigo in Deckung gehen* ‖ ⟨fig⟩ *s. schützen (de vor dat)* ‖ ~ *a caballo s. rittlings setzen* ‖ ~ *al corriente s. einarbeiten,* ⟨fam⟩ *dahinterkommen* ‖ ~ *al descubierto* ⟨fig⟩ *s. entpuppen* ‖ ~ *a la ventana ans Fenster treten, s. hinauslehnen*
  2) i n V e r b. m i t **con, de, en:** ~ *a bien con Dios s. mit Gott versöhnen* ‖ ~ *de acuerdo s. verabreden, s. einigen, einig werden* ‖ ~ *de codos s. auflehnen* ‖ ~ *en evidencia s. blamieren* ‖ ~ *de mal humor verstimmt werden* ‖ ~ *de od en pie, ~ derecho aufstehen, s. aufrichten* ‖ ~ *de rodillas (nieder)knien* ‖ ~ *de verano s. sommerlich kleiden* ‖ ¡*cómo te has puesto de polvo! wie staubig du bist!* ‖ ~ *en camino s. auf den Weg machen* ‖ *abreisen* ‖ ~ *en comunicación con alg. s. mit jdm in Verbindung setzen* ‖ ~ *en correspondencia in schriftliche Verbindung treten (con mit)* ‖ *se puso en Irún en dos horas de viaje er kam in Irun nach zweistündiger Reise an* ‖ ¡*póngase Vd. en mi lugar! versetzen Sie s. in m–e Lage!*
²poner *m:* *al ~ del sol bei Sonnenuntergang*
poney *m* → **poni**
¹pongo *m* Pe *indianischer Diener* m
²pongo *m* ⟨Zool⟩ → **orangután**
³pongo → **poner**
poni *m Pony* n
¹poniente *adj (m/f) untergehend (Sonne)* ‖ ~ *m Westen* m, *Abendland* n ‖ ⟨Mar⟩ *Westwind* m
△ **²poniente** *m Hut* m
ponripén *m Tausch* m ‖ *Vorteil* m
¹pon|taje *m* ⟨Med⟩ *Bypass* m
²pon|taje, –tazgo *m Brücken|geld* n, *-maut* f, *-zoll* m
  pontear *vt/i e–e Brücke schlagen od bauen od legen*
△ **pontesqueró** *m Papst* m
Ponteve|dra *f* [Stadt und Provinz in Spanien] *Pontevedra* n ‖ ≠**drés** *adj/s aus Pontevedra* ‖ *auf Pontevedra bezüglich*
  pontezue|la *f*, **–lo** *m dim von* **puente**
  póntico *adj* ⟨Hist⟩ *pontisch* ‖ ⟨lit⟩ *Schwarzmeer-*
pontifi|cado *m* ⟨Kath⟩ *Pontifikat* n ‖ *päpstliche Würde* f ‖ **–cal** *adj (m/f) päpstlich* ‖ *(erz)bischöflich* ‖ ◇ *oficiar de ~ ein Pontifikalamt zelebrieren* ‖ *ir de ~* ⟨figf⟩ *sehr feierlich* (bzw *elegant) gekleidet sein* ‖ ~ *m Pontifikale* n, *Kirchenordnung* f *für die Bischöfe*
  pontífice *m Oberpriester, Pontifex* m ‖ ⟨Kath⟩ *(Erz)Bischof, Prälat* m ‖ ⟨Hist⟩ *Pontifex* m (& fig) ‖ *Sumo ~, Romano ~ Papst* m
pontificio *adj oberpriesterlich* ‖ ⟨Kath⟩ *(erz)bischöflich bzw päpstlich*
ponto *m* (poet) *Meer* n
pontocón *m Fußtritt* m
pontón *m Ponton* m ‖ *Brückenkahn* m ‖

Fährboot n ‖ *Pontonbrücke* f ‖ ~ *flotante Ponton-, Schiffs|brücke* f ‖ ~ *de limpia Bagger(prahm)* m
  ponzo|ña *f Gift* n (& fig) ‖ **–ñoso** *adj giftig* ‖ ⟨fig⟩ *verderblich*
  pool *m* ⟨Wir Pol⟩ *Pool* m ‖ ~ *Carbón-Acero Montanunion* f
  pop *adj* ⟨Kunst Mus Mal⟩ *pop*
popa *f* ⟨Mar⟩ *Heck* n ‖ *Achter|schiff, -deck, Hinterschiff* n ‖ ⟨pop fig⟩ *Hintern* m, *Gesäß* n ‖ ♦ *a ~ achtern* ‖ *con viento a ~ mit Rückenwind* ‖ ⟨fig⟩ *glänzend, ausgezeichnet* ‖ *de ~ a proa vom Heck zum Bug* ‖ ⟨fam⟩ *durchaus* ‖ *vollständig* ‖ ◇ *tener el viento en ~* ⟨fig⟩ *Glück haben* ‖ *todo va viento en ~* ⟨fig⟩ *alles geht tadellos, alles klappt bestens*
¹popal *m* Mex *Morast, Sumpf* m
△ **²popal** *m langer (Frauen)Rock* m
popar *vt streicheln, patschen (mit der Hand)* ⟨fig⟩ *(ver)hätscheln* ‖ ⟨fig⟩ *von oben herab behandeln*
popcorn *m* Am *Popcorn* n, *Puffmais* m
pope *m Pope* m, *orthodoxe(r) Geistliche(r)* m ‖ ⟨desp⟩ *Pfaffe* m
pope|lín *m*, **–lina** *f* ⟨Text⟩ *Popelin(e* f) m
popero *adj auf die Popmusik bezüglich*
popó *m* Col *Tüte* f
Popocatépetl *m* (= *der rauchende Berg) Popocatepetl* m *(Vulkan in Mexiko)*
popocho *adj* Col *voll, satt*
△ **popondó** *m Gurke* f
popote *m* Mex *Trinkhalm* m
popula|ción *f Bevölkerung* f ⟨Biol⟩ ‖ *Population* f ‖ → **población** ‖ **–chería** *f Hang* m *zum Pöbelhaften* ‖ *Beliebtheit* f *beim Pöbel* ‖ *Gunst* f *des Pöbels* ‖ **–chero** *adj pöbelhaft, Pöbel-* ‖ **–cho** *m Pöbel, Mob* m
popu|lar *adj (m/f) volkstümlich, Volks-* ‖ *volkhaft* ‖ *populär, gemeinverständlich* ‖ *gesellig, leutselig* ‖ **–laridad** *f Beliebtheit* f *beim Volk, Volksgunst* f ‖ *Gemeinverständlichkeit* f, *Volkston* m ‖ *Popularität* f ‖ *Volkstümlichkeit* f ‖ *volkstümlicher Charakter* m ‖ **–larizar** [z/c] *vt popularisieren, volkstümlich, gemeinverständlich machen* ‖ *verbreiten* ‖ ~**se** *in die Volksschichten eindringen* ‖ *Gemeingut werden* ‖ **–lazo** *m Pöbel, Mob* m
  populis|mo *m* ⟨Pol⟩ *Populismus* m ‖ **–ta** *adj (m/f) Volks-* ‖ *populistisch* ‖ ~ *m/f Populist(in* f) m
  pópulo *m* (joc) *Volk* n ‖ ◇ *hacer od armar una de ~ bárbaro* ⟨fam⟩ *ohne Rücksicht auf Verluste vorgehen*
populoso *adj* (dicht) *bevölkert, volkreich*
popurrí, popurri *m* ⟨Mus⟩ *Potpourri* n ‖ *p.ex Mischmasch* m, *buntes Allerlei* n ‖ *Durcheinander* n
  poquedad *f Wenigkeit* f ‖ *unbedeutendes Ding* n ‖ *kurze Dauer* f ‖ *Geringfügigkeit* f ‖ *Kleinmut* m
  póquer *m Poker(spiel)* n ‖ ◇ *jugar al ~ Poker spielen, pokern*
  poquillo *adv dim von* **²poco**
△ **poquinelar** *vi zahlen*
  poquísimo *adv/s äußerst wenig*
poquito *adj dim von* **¹poco:** *ein bisschen, ein wenig* ‖ *de ~a cosa* ⟨fam⟩ *ganz unbedeutend* ‖ *un ~a cosa* ⟨pop⟩ *ein Schwächling* m, *ein Nichts* n, *e–e Null, e–e Niete* f, *ein Versager, ein Niemand* m ‖ ¡~*as bromas conmigo!* (fam) *mit mir ist nicht zu spaßen!* ‖ ¡~ *dinero!* (iron) *ein hübsches Sümmchen!* ‖ ~ *adv ein (klein) wenig* ‖ ~ *a poco, a ~ allmählich, ganz sachte*
¹por *prep für, um* ‖ *an, in, auf, zu* ‖ *durch, wegen* ‖ *mit, durch, vermittels* ‖ *durch, über* ‖ *an et. vorüber* ‖ *aus* ‖ *zu e–r gewissen Zeit* ‖ *in*

betreff, was anbelangt, was anbetrifft ‖ *zugunsten* (& *zu Gunsten*) ‖ *für, wegen* ‖ *für, als (Eigenschaft)* ‖ ⟨Com⟩ *via* ‖ *um (et. zu holen)*
a) Mittel, Vermittlung (bes. *in Passivsätzen):* adquirir ~ casamiento *erheiraten* ‖ ganar el pan ~ sí mismo *s–n Unterhalt selbst verdienen* ‖ lo ha recibido ~ mí *er (sie, es) hat es durch m–e Vermittlung erhalten* ‖ la obra ha sido terminada ~ mí *das Werk ist durch mich zu Ende geführt worden* ‖ lo cual visto ~ él, ... *als er es sah,...* ‖ ... ~ Valle-Inclán ... *von Valle-Inclán (Verfasser)*
b) Grund, Veranlassung, Zweck: ~ mí se salvó *er (sie, es) ist auf m–e Veranlassung od durch mich gerettet worden* ‖ ~ causa del mal tiempo *wegen (des) schlechten Wetters* ‖ ~ consiguiente *daher, deshalb* ‖ es ~ esto ~ lo que él merece elogio *gerade deshalb ist er zu rühmen* ‖ ~ falta de interés *aus Interesselosigkeit, aus Mangel an Interesse* ‖ ~ mí *was mich anbelangt* ‖ ~ meinerseits ‖ *meinetwegen, von mir aus* ‖ ~ pasatiempo *zum Zeitvertreib* ‖ eso le pasa ~ ligero *daran ist sein Leichtsinn schuld* ‖ ~ eso, ~ esto *deshalb, deswegen* ‖ no lo hago ~ difícil *ich tue es nicht, weil es (so) schwer ist* ‖ preguntar ~ alg. *nach jdm fragen*
c) Art und Weise, Beschaffenheit: ~ escrito *schriftlich* ‖ ~ dicha, ~ fortuna *zum Glück, glücklicherweise* ‖ ~ fuerza *mit Gewalt* ‖ ~ erzwungenermaßen ‖ ~ señas *durch Gebärden* ‖ ~ varas *ellenweise* ‖ hablar ~ lo bajo *leise reden* ‖ de ~ sí *allein, aus eigenem Antrieb* ‖ *an und für s.*
d) Preisangabe: lo compró ~ mil euros *er kaufte es für 1000 Euro* ‖ ¿qué pide Vd. ~ ello? *was verlangen Sie dafür?*
e) Weg, Richtung, Durchkreuzung: ~ Zaragoza *via Saragossa* ‖ ~ montes y valles *über Berg und Tal* ‖ de 5 ~ arriba *über 5, von 5 an* ‖ arrastrarse ~ el suelo *auf dem Boden kriechen* ‖ echar ~ el suelo *auf den od zu Boden werfen* ‖ irse ~ el mundo *in der Welt umherziehen* ‖ partir ~ Madrid *nach Madrid fahren*
f) Ortsangabe: ~ aquí, ~ ahí *hier, hierorts* ‖ *hierdurch* ‖ *hierherum* ‖ ~ dentro *innerlich, innen* ‖ *von innen* ‖ ~ el suelo *auf dem Boden* ‖ andar ~ ahí *s. herumtreiben* ‖ *s. in der Gegend aufhalten*
g) Zeit|angabe, -punkt: ~ agosto *im August* ‖ (desde) ~ la mañana *(seit) heute morgen* ‖ *seit dem frühen Morgen* ‖ fue más o menos ~ junio *es geschah od war ungefähr im Juni* ‖ ~ aquellos tiempos *zu jener Zeit* ‖ ~ San Juan *am Johannistag* ‖ te dejo *od* presto el libro ~ quince días *ich leihe dir das Buch (für) vierzehn Tage*
h) Gunst, Interesse, Opfer, Hinneigung: ~ él daría la vida *für ihn würde ich das Leben opfern* ‖ estoy ~ Vd. *ich stehe zu Ihrer Verfügung* ‖ *ich stehe auf Ihrer Seite* ‖ está loco ~ ella *(fam) er ist in sie ver|schossen* od *-narrt* od *-knallt* ‖ tengo mucha afición ~ la música *ich schwärme für die Musik* ‖ voto ~ él *ich stimme für ihn* ‖ ~ Dios y ~ España *für Gott und (für) Spanien* ‖ ~ ti *für dich* ‖ *deinetwegen* ‖ *um deinetwillen* ‖ *dir zuliebe*
i) Vertretung, Gleichstellung ‖ Bestimmung, Zuweisung: alg. dijo ~ todo comentario *jd sagte als einzige Bemerkung* ‖ cuánto tienes ~ toda fortuna? *wie hoch ist dein ganzes Vermögen?* ‖ lo tiene ~ padre *er hat ihn an Vaters Statt* ‖ tomar ~ esposa *zur Frau nehmen, heiraten* ‖ tomar ~ mediador *als Vermittler (an)nehmen*
j) Meinung, Schätzung, Einteilung, Verteilung: pasar ~ bueno *für gut gehalten werden* ‖ tengo ~ seguro que ... *ich halte es für ausgemacht, dass* ... ‖ ~ cierto que ... *man muss dabei bemerken, dass* ‖ ... a cien euros ~ persona *zu 100 Euro pro Person* ‖ dos veces ~ día *zweimal täglich* ‖ ~

dos, ~ tres *zu zweien, zu dreien (nebeneinander)*
k) Multiplikation: tres ~ cuatro *drei mal vier*
l) Verhältnis, Einteilung, Richtschnur: el tres ~ ciento *3%* ‖ pongo mi reloj ~ la torre *ich richte m–e Uhr nach dem Turm* ‖ según ve Vd. ~ el adjunto prospecto *wie Sie aus dem beiliegenden Prospekt ersehen*
m) Vergleich: libro ~ libro, prefiero el mío *wenn ich mich schon für ein Buch entscheiden soll, ziehe ich das meinige vor*
n) Bezugnahme, Betreffen: ~ una y otra proposición *hinsichtlich der beiden Vorschläge* ‖ ~ mí no lo hará *er (sie, es) wird das für mich (od meinetwegen) nicht machen* ‖ ich glaube, dass er (sie, es) es nicht tun wird* ‖ ~ lo demás *übrigens* ‖ ~ lo que yo sé *m–s Wissens* ‖ ~ lo que yo sé
o) holen gehen: ir ~ leña *um Holz gehen, Holz holen gehen* ‖ ¡vaya ~ él! *gehen Sie ihn holen!*
p) mit Infinitiv: Bezeichnung der Zukunft, Abwesenheit, Nichterledigung ‖ está ~ llegar *er ist noch nicht gekommen, er wird gleich kommen* ‖ la cuenta está ~ pagar *die Rechnung ist noch nicht beglichen* ‖ en lo ~ venir *in der Zukunft*
q) = **para:** ~ decirlo así *sozusagen* ‖ no es ~ alabarme, pero ... *nicht, dass ich mich rühmen wollte, aber ...* ‖ ~ poco tiempo *auf kurze Zeit* ‖ ~ no traicionarlo *um ihn nicht zu verraten*
r) in adverbialen Verbindungen: ~ cierto *wohl, natürlich* ‖ *zwar* ‖ ~ lo demás *übrigens* ‖ ~ fin *endlich* ‖ ~ si acaso *wenn etwa* ‖ *für alle Fälle* ‖ ~ tanto *daher, deswegen, deshalb* ‖ ~ poco *fast* ‖ ¡sí, ~ cierto! *jawohl, ganz gewiss! ja, doch!*
s) in bindewörtlichen Verbindungen (→ auch *oben*): a) kausal, final: ~ que (= porque) *weil, da* ‖ *damit* (= para que) ‖ ~ que no se repitiera el caso *damit s. der Fall nicht wiederholt*
1. fragend (direkt od indirekt): ¿por qué? *warum? weshalb? weswegen?* ‖ ¿~ qué no vienes? *warum kommst du nicht?* ‖ no sé ~ qué lo quiero tanto *ich weiß nicht, warum ich ihn so lieb habe*
2. einräumend: ~ más (od mucho) que grites *so sehr du auch schreien magst* ‖ ~ bueno que fuese *so gut es auch sein mochte* ‖ ~ muchos que seamos *so viele wir auch sein mögen*
3. bedingend: ~ si no viene *sollte er (sie, es) etwa nicht kommen, falls er (sie, es) nicht kommt*
△ **²por** *m* Schriftstück *n*
porca|chón, –llón *m* augm von **puerco** ‖ **–da** *f* Schweineherde f ‖ ⟨fig⟩ Schweinerei f
porcelana *f* Porzellan *n* ‖ Porzellangeschirr *n* ‖ ~ blanda → ~ tierna ‖ ~ china *chinesisches Porzellan, Chinaporzellan* *n* ‖ ~ dura *Hartporzellan* *n* ‖ ~ del Japón *japanisches Porzellan, Japanporzellan* *n* ‖ ~ de Sajonia *Meiß(e)ner Porzellan* *n* ‖ media ~ *feines Steingut, Halbporzellan* *n* ‖ ~ tierna *Weichporzellan* *n*
porcelanita *f* ⟨Min⟩ *Porzellanit* m
porcen|taje *m* Prozentsatz m ‖ Prozente npl ‖ Anteil m ‖ ⟨Tech⟩ Quote f ‖ ⟨fig⟩ Verhältnis *n* ‖ ~ de crecimiento *Wachstums-, Zuwachs|rate* f ‖ **–tual** adj *(m/f)* prozentual
porche *m* Vor|hof m, -halle f ‖ Vorhaus *n* ‖ Säulenhalle f ‖ Laubengang m ‖ Portal *n*
porci|cultor *m* Schweinezüchter m ‖ **–cultura** *f* Schweinezucht f ‖ **–no** adj Schweine- ‖ ~ m → **¹chichón** ‖ Ferkel, junges Schwein ‖
porción *f* Teil m, Portion f ‖ Anteil m ‖ (Erb)Anteil m ‖ Mundgabe f ‖ Kostgeld n ‖ Rente, Pension f ‖ ⟨An⟩ Teil *n* ‖ ⟨fig⟩ Anzahl, Menge f ‖ ~ hereditaria ⟨Jur⟩ Erb(an)teil m ‖ ~ congrua *Rente* f *e–s Priesters* ‖ Ausgedinge *n* ‖ ◊ hace ya una ~ de días *es ist schon einige Tage her*
porcionero *m* ⟨Jur⟩ Teilhaber m
porcipelo *m* Borste f

porciúncula f ⟨Kath⟩ *(vollkommener) Totiesquoties-Ablass, Portiunkulaablass* m
porcón m ⟨fam⟩ → **porcachón**
porcuno adj *Schweine-*
pordio|sear vt/i *betteln* ‖ *heischen* ‖ **–seo** m, **–sería** f *Bettelei* f, *Betteln* n ‖ **–sero** m *Bettler* m ‖ ⟨pop⟩ *armer Schlucker* m
porfía f *Streit, Wortwechsel* m ‖ *Eifer* m ‖ *Hartnäckigkeit* f, *Eigensinn* m ‖ *Zudringlichkeit* f, *ungestümes Anliegen* n ‖ ◆ a ~ *um die Wette* ‖ *mit größtem Eifer* ‖ *eiligst*
porfia|do adj/s *hartnäckig* ‖ *trotzig* ‖ *rechthaberisch* ‖ **–dor** m/adj *(rechthaberischer bzw trotziger) Mensch, Starrkopf* m
porfiar [pres ~ío] vt/i *trotzen* ‖ *beharren* ‖ *streiten* ‖ *hartnäckig, starrköpfig, bockbeinig bzw zudringlich sein* ‖ ◇ ~ *con alg. mit jdm streiten* ‖ ~ *en un empeño auf e–m Vorsatz hartnäckig bestehen* ‖ ~ *sobre el mismo tema immer auf dasselbe dringen*
pórfido, pórfiro m *Porphyr* m
porfirizar [z/c] vt ⟨Pharm⟩ *fein zerreiben*
porgar vt Ar → **ahechar**
△ **poriá** f *Darm* m
poridad f ⟨lit Hist⟩ → **puridad**
poriomanía f ⟨Med Psychol⟩ *krankhafter Reise- od Wander|trieb* m, *Poriomanie* f
pormenor m *Einzelheit* f, *Detail* n ‖ *einzelner Umstand* m ‖ ◆ al ~ *genau* ‖ ◇ *vender al ~ im Kleinen, en détail verkaufen* ‖ **–es** mpl *Einzelheiten* fpl, *Details* npl ‖ ◇ *dar ~ Näheres mitteilen* ‖ *entrar en ~ auf Einzelheiten eingehen* ‖ *para más ~ dirigirse a … Näheres bei …* ‖ **–izar** [z/c] vt *in alle Einzelheiten gehen* ‖ *eingehend beschreiben od darstellen* ‖ *präzisieren*
porno m *Kurzform für* **pornografía** ‖ *Porno* m ‖ **–grafía** f *Pornografie* f ‖ *Schmutz- und Schund|literatur* f ‖ ~ *dura Hardcorepornografie* f ‖ ~ *infantil Kinderpornografie* f ‖ **–gráfico** adj *pornografisch, unzüchtig, unsittlich, Schmutz-*
pornógrafo m *Pornograf, Verfasser* m *unzüchtiger Werke* ‖ p.ex *Sammler bzw Liebhaber* m *pornografischer Werke*
poro m *Pore* f, *feine (Haut)Öffnung* f ‖ ◇ *sudar por todos los ~s (del cuerpo)* ⟨fig⟩ *stark schwitzen*
poronga f Chi *derber Spott* m
porongo m Am *Porongokürbis* m ‖ *Flüssigkeitsbehälter* m *aus Porongokürbis* ‖ *Mategefäß* n
pororó m Am ⟨pop⟩ *Katzenmusik* f
pororoca f *Pororoca* f
poro|sidad f *Durchlässigkeit* f ‖ *Löch(e)rigkeit* f ‖ *Porenweite* f ‖ *Porosität, Porigkeit* f ‖ **–so** adj *löch(e)rig bzw durchlässig, porig, porös* ‖ *schwammartig*
poro|tada f Am *Bohnengericht* n ‖ **–tal** m Am *Bohnenpflanzung* f ‖ **–tero** adj/s Am ⟨fam⟩ *gern Bohnen essend* ‖ **–to** m Am *(Schmink)Bohne* f ‖ (→ **alubia**) ‖ SAm ⟨figf⟩ *Zwerg, Knirps* m ‖ p.ex *minderwertiger Mensch* m ‖ **~s** mpl *Bohnengericht* n ‖ p.ex *Essen, tägliches Brot* n
porque conj *weil, da* ‖ *damit, auf dass (=* **para que**) ‖ ~ *sí nur so* ‖ *willkürlich* ‖ *lo hizo ~ sí er tat es aus Eigensinn*
porqué m *Warum* n, *Grund* m, *Ursache* f ‖ el ~ *de las cosas das Warum der Dinge* ‖ ◆ *sin qué ni* ~ ⟨fam⟩ *ohne Grund, ohne Ursache;* ⟨fam⟩ *mir nichts, dir nichts* ‖ *eso tiene su ~ das hat s–n Grund* ‖ ¡~! inc, →; **¿por qué?** ‖ *¿ése es el ~? das ist (also) der Grund?*
porque|cillo m *dim von* **puerco** ‖ **–ría** f ⟨fam⟩ *Schweinerei* f ‖ *Unflätigkeit* f ‖ ⟨fam⟩ *Lumperei* f ‖ *Kleinigkeit, Läpperei* f ‖ **–riza** f *Schweinestall* m ‖ **–r(iz)o** m *Schweinehirt* m

porqueta f ⟨Zool⟩ *Kellerassel* f
porquezuelo m *dim von* **puerco**
¹porra f *Keule* f ‖ *Knotenstock* m ‖ *(Gummi)Knüppel* m *(des Polizisten, des Wachmanns usw.)* ‖ *Schlagstock* m ⟨Met⟩ *Zuschlaghammer* m *(der Schmiede)* ‖ ⟨figf⟩ *Anmaßung* f, *Dünkel* m ‖ ⟨figf⟩ *lästiger Mensch* m ‖ ⟨figf⟩ *Letzte(r)* m *(bei einigen Kinderspielen)* ‖ Arg *zerzaustes Haar* n ‖ ~ *química chemische Keule* f ‖ ◇ *mandar a la* ~ ⟨pop⟩ *zum Teufel od zum Kuckuck jagen* ‖ ¡*vete a la* ~! ⟨pop⟩ *geh zum Henker!* ‖ ~! ⟨pop⟩ *Donnerwetter! (Zornausdruck)*
△ **²porra** f *Gesicht* n
porrá f ⟨pop⟩ → **porrada**
porra|cear vt Am *schlagen, prügeln* ‖ **–da** f *Keulenschlag* m ‖ *(derber) Schlag, Stoß* m ‖ ⟨figf⟩ *Albernheit* f ‖ ⟨figf⟩ *große Dummheit* f ‖ ⟨fig⟩ *Haufe(n)* m, *Menge* f ‖ *una ~ de dinero* ⟨pop⟩ *ein Heidengeld* n ‖ *una ~ de gente e–e Unmenge* f *Leute* ‖ **–zo** m *Keulenschlag* m ‖ *Knüppelschlag* m ‖ *(derber) Stoß, Schlag* m ‖ *los ~s de la vida* ⟨pop⟩ *die Schicksalsschläge* mpl ‖ ◇ *darse od* ⟨pop⟩ *pegarse un* ~ ⟨fam⟩ *(zusammen)stoßen*
porrear vi ⟨fam⟩ *zudringlich werden*
porrería f ⟨fam⟩ *Blödsinn* m, *dummes Zeug* n
porrero m ⟨Kath⟩ *Messner* m
porre|ta f *dim* ⟨pop⟩ *von* **porra** ‖ *das Grüne vom Lauch* ‖ p.ex *Knoblauch- bzw Zwiebel|lauch* m ‖ ⟨vulg⟩ *Schwanz* m, *Gurke* f *(Penis)* ‖ ◆ *en* ~ ⟨fam⟩ *splitternackt* ‖ **–tero** m ⟨pop⟩ *Schuft* m
porrillo m *dim von* **²porro** ‖ ◆ a ~ ⟨fam⟩ *in Hülle und Fülle*
porrita m ⟨pop⟩ *Verkehrspolizist* m
¹porro m → **puerro**
²porro m/adj *Klotzkopf, Tölpel* m ‖ *bäu(e)rischer Mensch, Grobian* m
³porro m [in der Drogenszene] ⟨fam⟩ *Haschisch|joint* m, *-zigarette* f ‖ ~ *trompetero konisch gedrehter Haschischjoint* m
¹porrón adj ⟨figf⟩ *schwerfällig, faul* ‖ *grobschlächtig* ‖ *bäu(e)risch* ‖ *lästig, zudringlich* ‖ ~ m *Faulpelz* m
²porrón m *(irdener) Wasserkrug* m ‖ *(katalanischer) Porron* m *(langhalsige Flasche mit keilförmigem Trinkrohr an der Seite)*
³porrón m ⟨V⟩ *Ente* f ‖ ~ *común Tafelente* f *(Aythya ferina)* ‖ ~ *bastardo Bergente* f *(A. marila)* ‖ ~ *islándico Spatelente* f *(Bucephala islandica)* ‖ ~ *moñudo Reiherente* f *(A. fuligula)* ‖ ~ *osculado Schellente* f *(B. clangula)* ‖ ~ *pardo Moorente* f *(A. nyroca)*
porrudo m Am ⟨pop⟩ *Tölpel* m
port. ⟨Abk⟩ = **portador**
porta f ⟨Mil⟩ *Geschützpforte* f
porta|aviones m ⟨Mar⟩ *Flugzeugträger* m ‖ **–bandera** f ⟨Mil⟩ *Fahnenschuh* m ‖ **–bayoneta** *Seitengewehrhalter* m ‖ **–bebés** *Babytragetasche* f ‖ **–biciclo** m *Fahrradständer* m
portable adj *(m/f) tragbar* ‖ *(gramófono)* ~ *Koffergrammofon* n ‖ ~ f *Reiseschreibmaschine* f
porta|bobinas m ⟨Radio⟩ *Spulenhalter* m ‖ ⟨Text⟩ *Spulstock* m ‖ ⟨Typ⟩ *Rollenträger* m ‖ **–bomba** m *Pumpenhalter* m *am Fahrrad* ‖ **–bombas** m *Bombenträger* m ‖ **–botellas** m *Flaschengestell* n ‖ **–brocas** m ⟨Tech⟩ *Bohrfutter* n ‖ **–bustos** m Mex *Büstenhalter* m ‖ **–caja** m ⟨Mil⟩ *Trommelriemen* m ‖ **–cargadores** m ⟨Mil⟩ *Magazintasche* f ‖ **–cargas** m ⟨Tech⟩ *Palette* f ‖ **–carretes** m *(Film)Spulenträger* m ‖ **–cartas** m *Briefträgertasche* f ‖ **–cartuchos** m *Patronengürtel* m *(zum Umhängen)* ‖ **–casetes** m *Kassettenständer* m ‖ ⟨Mil⟩ *Verschluss(tür f)* m, *Bodenstück* n ‖ **–cincha** m *Gurtriemen* m *(am Sattelzeug)* ‖ **–cohetes** m/adj

Raketenträger m ‖ **–contenedores** *m* ⟨Mar⟩
Containerschiff n ‖ **–cruz** [*pl* ~ces] *m*
Kreuzträger m *(bei Prozessionen)* ‖ **–cubiertos** *m*
Besteckkasten m ‖ **–cuchillas** *m Messer|halter,*
-kopf m ‖ **–cuna** *f* ⟨Mil⟩ *Rohrwiegenträger* m *(e–s*
Geschützes)
¹portada *f* ⟨Typ⟩ *Vorderseite* f ‖ *Titelblatt* n ‖
Umschlagbild n ‖ *Titelbild* n ‖ falsa ~ ⟨Typ⟩
Schmutz-, Vor|titel m
²portada *f* ⟨Arch⟩ *Portal, Türgerüst* n ‖ *(fig)*
Trag-, Schuss|weite f
portadera *f Weinkorb* m
portadilla *f* ⟨Typ⟩ *Schmutz-, Vor|titel* m
portado adj: bien ~ *von gutem Benehmen* ‖
anständig gekleidet
portador *m* adj *Träger-* ‖ ~ *m Überbringer* m
‖ *Träger* m ‖ *Inhaber* m *(& Jur)* ~ ‖ ~ de bacilos
⟨Med⟩ *Bazillenträger* m ‖ ~ de una letra de
cambio *Wechselinhaber* m ‖ ◇ ser pagadero al ~
⟨Com⟩ *an den Inhaber zahlbar sein*
porta|equipajes *m Gepäckhalter* m *(am*
Fahrrad) ‖ ⟨Auto⟩ *Gepäckträger* m ‖ *Gepäck-,*
Koffer|raum m ‖ ⟨Flugw⟩ *Gepäckablage* f ‖
Gepäcknetz n *(EB-Wagen, Bus usw.)* ‖ **–espada** *m*
Schwertträger m ‖ ⟨Mil⟩ *Degenkoppel, Portepee* n
‖ **–estandarte** *m* ⟨Mil⟩ *Fahnenträger* m ‖
–etiquetas *m Zettelhalter* m ‖ **–fardos** *m* ⟨pop⟩
Tragriemen m ‖ **–farol** *m Scheinwerfer-,*
Lampen|halter m ‖ **–firmas** *m Unterschriftsmappe*
f ‖ **–folio** *m* Am *Aktentasche* f ‖ **–fotos** *m*
Fotorahmen m ‖ **–fusil** *m* ⟨Mil⟩ *Gewehrriemen* m
porta|gérmenes *m* ⟨Med⟩ *Keimträger* m ‖
–guión *m* ⟨Mil⟩ *Kornfuß* m ‖ **–helicópteros** *m*
Hubschrauberträger m ‖ **–herramientas** *m*
Meißel-, Werkzeug|halter m ‖ **–injerto** *m,* ⟨Agr⟩
Propfunterlage f
portal *m Portal* n*, Haupteingang* m ‖ *Vor|halle*
f*, -hof, -platz* m ‖ *Torweg* m ‖ ⟨reg⟩ *Stadttor* n ‖
⟨Arch⟩ *Säulengang* m ‖ **–ada** *f großes Portal* n
mit (Familien)Wappen
porta|lámpara *m Lampenfassung* f ‖ **–lápiz**
[*pl* ~ces] *m Bleistifthalter* m
portalejo *m* dim von **portal**
portalente *m* ⟨Opt⟩ *Linsenträger* m
portalera *m* Chi *Nutte* f
porta|libros *m Bücher-, Trag|riemen m (der*
Schüler) m ‖ **–licores** *m Likörständer* m ‖ **–ligas**
m Arg Chi *Strumpfhalter* m ‖ **–llaves** *m*
Schlüsselring m
portalón *m großes Tor* n ‖ *große Einfahrt* f ‖
großes Portal n*, großer Hof* m ‖ ⟨Mar⟩
Fallreep(tür f) n*, Seitenluke* f
porta|macetas *m Übertopf* m ‖ **–maletas** *m*
⟨Auto⟩ *Gepäck-, Koffer|raum* m ‖ **–manguera** *m*
Schlauch|rolle f*, -träger, -wagen* m ‖ **–mantas** *m*
Mantel-, Plaid|riemen m ‖ *Gepäckhalter* m *(am*
Fahrrad) ‖ **–minas** *m Bleistift* m *mit*
auswechselbarem Stift, Drehbleistift m ‖
Vielfarbenstift m ‖ *Minenhalter* m ‖ **–mira** *m*
⟨Tech⟩ *Visierhalter* m ‖ **–monedas** *m Geld|tasche,*
-börse f*, Portemonnaie* m
portante *m Passgang* m *(der Pferde)* ‖ ◇
tomar el ~ ⟨figf⟩ *s. davonmachen,* ⟨pop⟩ *(s.)*
verduften, ab|schwirren, -rauschen, -tanzen
portanuevas *m/f Nachrichtenüberbringer(in* f)
m
portañola *f* ⟨Mar⟩ *Schießscharte* f
portañuela *f Streifen* m *(am Hosenschlitz)*
porta|objetivo *m Objektiv|gehäuse* n*, -*
standarte f ‖ ~ *reversible Kippstandarte* f ‖
–objeto(s) *m Objekt|glas* n*, -halter, -träger* m ‖
–ocular *m* ⟨Opt⟩ *Augen-, Okular|muschel* f ‖
–páginas *m* ⟨Typ⟩ *Portepage, Seitenhalter* m ‖
–papeles *m Papierhalter* m ‖ **–paquetes** *m*
Gepäckträger m *(am Fahrrad)* ‖ **–paz** *m* ⟨Kath⟩

Pacem n*, Segensspender* m ‖ **–películas** *m* ⟨Fot⟩
Filmhalter m ‖ *Filmträger* m *(Kino)* ‖ **–placas** *m*
⟨Fot⟩ *Platten|halter, -heber* m ‖ **–pliegos** *m*
Aktentasche f ‖ ⟨Typ⟩ *Bogenhalter* m ‖ **–plumas**
m Federhalter m
portar vt ⟨Jgd⟩ *apportieren (Hund)* ‖ → **llevar**
‖ **~se** *s. betragen, s. benehmen, s. aufführen, s.*
verhalten ‖ ⟨fam⟩ *zuvorkommend bzw anständig*
sein (→ ~ bien) ‖ ~ *bien anständig sein* ‖ *ehrlich*
handeln ‖ *zuvorkommend sein (con gegenüber)* ‖
s. hervortun
porta|rreloj *m Uhrhalter* m ‖ **–rretrato(s)**
m(pl) Fotorahmen m ‖ **–rrevistas** *m*
Zeitschriftenständer m ‖ **–rrollos** *m Kleberolle* f ‖
Toilettenpapierhalter m ‖ **–satélite(s)** *m/adj:*
(cohete) ~ *m Trägerrakete* f ‖ **–secantes** *m*
Löschrolle f *(Tintenlöscher)* ‖ **–sellos** *m*
Stempelträger m *(Gestell für Gummistempel)* ‖
–tacos *m Billardstockständer* m ‖ **–tarjetas** *m*
(Post)Kartenständer m
portátil adj *(m/f) tragbar* ‖ *(leicht) zu tragen,*
beweglich, fahrbar
porta|tipos *m Typenträger* m *(an der*
Schreibmaschine) ‖ **–toallas** *m Handtuchhalter* m
‖ **–torpedo** *m* ⟨Mar⟩ *Torpedoaufhängung* f ‖ **–útil**
m Werkzeug-, Meißel|halter m ‖ **–válvula** *f*
⟨Radio⟩ *Lampensockel* m ‖ *Röhrenfassung* f ‖
–vasos *m Untersetzer* m ‖ **–velas** *Kerzenhalter* m
‖ **–ventanero** *m Tür- und Fenster|tischler* m ‖
–vianda(s) *m Tragkorb* m *für (kalte) Speisen,*
Provianttasche f ‖ *Essen(s)träger* m
portaviones *m* → **portaaviones**
porta|vocía *f Amt* n *des Sprechers* ‖ **–voz**
[*pl* ~ces] *m Sprecher, Wortführer* m ‖ ⟨Pol⟩
Sprecher m ‖ *Sprachrohr* n *(& fig)* ‖ ~
gubernamental *Regierungssprecher* m ‖ ~ de un
partido *Organ* n *e–r Partei (Zeitung)*
portazgo *m Wegezoll* m*, Maut* f
portazo *m heftiges Zuschlagen* n *der Tür* ‖ ◇
dar un ~ *die Tür zuschlagen (& fig)* ‖ *in Wut* od
wütend weggehen ‖ le dio un ~ en las narices
⟨fam⟩ *er schlug ihm die Tür vor der Nase zu* ‖ se
despidió con un ~ *er schlug beim Weggehen*
hinter s. die Tür zu
¹porte *m Trägerlohn* m ‖ ⟨Postw⟩ *Porto,*
Postgebühren fpl ‖ *Fracht* f*, Frachtlohn* m *(zu*
Lande) ‖ *Fuhrlohn* m ‖ ~ adicional *Nachporto* n ‖
Zuschlag m ‖ ~ aéreo *Luftfracht* f ‖ ~ debido
unfrei ‖ ~ incluido *einschließlich Porto* ‖ ~
pagado *frei, Gebühr bezahlt* ‖ ~ suplementario →
~ adicional ‖ ◆ a ~(s) debido(s) ⟨Com⟩
unfrankiert ‖ *„Fracht zahlt Empfänger"* ‖ franco
od libre de ~ *porto-, post|frei, franko, frei* ‖
sujeto al ~ *portopflichtig* ‖ ◇ cargar los ~s *die*
Frachtspesen berechnen
²porte *m Be|nehmen, -tragen* n ‖ *Haltung* f ‖
(Auf)Führung f ‖ *Habitus* m ‖ *Wuchs* m ‖ ~
gallardo *stattliche (Körper)Haltung* f ‖ ~ militar
soldatische, militärische Haltung f ‖ ~ varonil
stattliches Auftreten od *Äußeres*
³porte *m* ⟨Mar⟩ *Tragfähigkeit* f
porteador *m/adj Frachtführer* m ‖ *Lastträger*
m
¹portear vt/i *fortbringen, befördern* ‖ *ab-* bzw
an|fahren (Fracht) ‖ *tragen, führen, mit s. haben* ‖
schleppen ‖ Arg → **marcharse**
²portear vi *die Tür(en) zuschlagen*
porten|to *m Wunder(werk)* n ‖⟨fam⟩
Wunderkind n ‖ *Ausbund* m ‖ ◇ ser un ~
Bewunderung erregen ‖ **–toso** adj *wunder|bar,*
-voll
porteño *m/adj Einwohner von Puerto de Santa*
María (P Cád), *Buenos Aires* (Arg), *Veracruz*
(Mex), *Valparaíso* (Chi), *Cortés* (Hond), *Ostia*
(Ital), *Puerto Barrios* (Guat)

porteo *m (Last)Tragen* n
△ **porter** *m Geldtasche* f
porte|ra *f Pförtnerin* f ‖ *Hausmeisterin* f ‖ **–ría**
f Portier-, Pförtner|wohnung bzw -loge f ‖
Hausmeisterlohn m ‖ ⟨Sp⟩ *Tor* n ‖ **–ro** *m Pförtner,*
Portier m ‖ *Hausmeister* m ‖ *Schuldiener, Pedell*
m ‖ ⟨Th⟩ *Logen-, Be|schließer* m ‖ ⟨Sp⟩ *Torwart*
m ‖ ~ *automático Gegensprechanlage* f *(an der*
Tür) ‖ ~ *nocturno Nachtportier* m
porte|zuela *f dim von* **puerta** ‖ ⟨Auto⟩ *Tür* f ‖
⟨EB⟩ *Abteiltür* f ‖ *Klappe* f *e–r Rocktasche (in*
der Schneidersprache) ‖ **–zuelo** *m dim von*
¹**puerto**
  pórtico *m Portikus, Säulen|gang* m, *-halle* f ‖
Flur m ‖ *Vorkirche* f ‖ *Portalkran* m
  portier *m Portiere* f, *Vorhang* m
  portilla *f Durchgang* m *für Menschen,*
Fuhrwerk und Vieh (bei ländlichen Grundstücken)
‖ ⟨Mar⟩ *Bullauge* n
  portillo *m kleiner Mauerdurchgang* m
zwischen Wiesen (nicht für Fahrzeuge) ‖
Mauertor n, *Pforte* f ‖ *kleine Innentür* f *(in e–m*
Haustorflügel) ‖ *Nebentor* n *(in Ortschaften)* ‖
Schiebefenster n, *Schalter* m *(in e–r Tür)* ‖ ⟨figf⟩
schwache Seite, wo jdm beizukommen ist ‖ ⟨fig⟩
Engpass im Bergland, (enger) Gebirgspass m ‖
⟨fig⟩ *ausgebrochene Ecke* f *(am Teller usw.)*
  pórtland, portland *m Portlandzement* m
  Porto *m* [Stadt] *Porto* n
  portón *m augm von* **puerta** ‖ *(Hof- bzw*
Portal- bzw Haus)Tor m
  portorriqueño *adj aus Puerto Rico,*
puertorikanisch ‖ ~ *m Puertorikaner* m
  portuario *adj Hafen-*
  Portugal *m* ⟨Geogr⟩ *Portugal* n
  portugalujo *adj aus Portugalete (P Viz)* ‖ *auf*
Portugalete bezüglich
  portu|gués *adj portugiesisch* ‖ ~ *m Portugiese*
m ‖ *el* ~ *die portugiesische Sprache, das*
Portugiesische ‖ **≠guesada** *f* ⟨pop⟩ *typische*
Handlung(sweise) f *e–s Portugiesen,* p. ex
Aufschneiderei, Großtuerei f ‖ **≠guesismo** *m*
portugiesische Redensart od Redewendung f
  portula|ca *f* ⟨Bot⟩ *Portulak* m (Portulaca spp)
(→ **verdolaga**) ‖ **–cáceas** *fpl* ⟨Bot⟩
Portulakgewächse npl (Portulacaceae)
  portulano *m Schiffer-, Hafen|handbuch* n ‖
⟨Hist⟩ *Portolan* m
△ **porumí** *m Feder* f
  poruñazo *m Chi Schwindel, Betrug* m
  porvenir *m Zukunft* f ‖ *un brillante* ~ *e–e*
glänzende Zukunft ‖ *un* ~ *risueño e–e*
verheißungsvolle Zukunft ‖ *un* ~ *sombrío e–e*
düstere Zukunft ‖ ◆ *en el lejano* ~ *in ferner*
Zukunft ‖ *en un* ~ *no muy lejano in absehbarer*
Zeit ‖ *en lo* ~ *für die Zukunft* ‖ *künftig(hin)* ‖ *sin*
~ ⟨fig⟩ *aussichtslos* ‖ ◇ *es hombre de gran* ~
der Mann hat e–e große Zukunft vor s., ⟨fam⟩ *der*
Mann verspricht et. zu werden
¹**pos** *adv hinter(her)* ‖ ◆ *en* ~ *hinterher,*
hintennach ‖ *im Gefolge* ‖ *en* ~ *de ella* (⟨poet⟩ *de*
ella en ~) *hinter ihr her* ‖ ◇ *ir en* ~ *de alg.*
hinter jdm hergehen
²**pos** *m* ⟨pop⟩ *Nachtisch* m
³**pos** ⟨pop⟩ → **pues**
pos- *präf (Schreibung vor nachfolgendem*
Konsonanten) nach-, hinter-, post-, Post- (→ *auch*
unter **post-**)
  posa *f Totengeläute* n
  posa|da *f Wirts-, Gast|haus* n, *Krug* m,
Schenke f ‖ *Herberge* f ‖ *Bewirtung* f ‖
(Nacht)Lager n ‖ *Wohnung* f ‖ ◇ *dar* ~ *a alg.*
beherbergen ‖ *hacer* ~ *einkehren, absteigen,*
übernachten en bei, in dat)
    posaderas *fpl Hinterbacken* fpl, *Gesäß* n ‖

Gesäßteil m *der Hose* ‖ ◇ *tener carne en las* ~
⟨pop⟩ *Sitzfleisch haben*
  posadero *m* ⟨Gast⟩*Wirt* m
  posar *vt (e–e Last) absetzen* ‖ *Sant Am*
(hin)legen ‖ ◇ ~ *el vuelo s. niederlassen (Vogel,*
& *fig)* ‖ *posó la mano sobre su cabeza er legte*
(sachte) die Hand auf ihren Kopf ‖ ~ *vi*
einkehren, übernachten (en *in* dat) ‖ *s. setzen,*
ausruhen ‖ *s. setzen (Vögel, fliegende Insekten)* ‖
⟨Fot Mal⟩ *Modell stehen, sitzen (para zu)* ‖ ◇ *el*
sol posaba sobre la llanura ⟨fig⟩ *die Sonne lag*
über der Ebene ‖ *die Sonne ging über der Ebene*
unter ‖ ~**se** *s. setzen (Vögel, fliegende Insekten)* ‖
Bodensatz bilden (Flüssigkeiten) ‖ ⟨Flugw⟩
landen, aufsetzen ‖ *wassern*
  posarmo *m Sant e–e Wirsingart* f
  posas *fpl Hinterbacken* fpl, *Gesäß* n
  posavasos *m Untersetzer* m
  pos|bélico *adj Nachkriegs-* ‖ **–combustión** *f*
⟨Auto⟩ *Nachverbrennung* f *(& Düsenmotor)* ‖
–comunión *f* ⟨Kath⟩ *Postcommunio* f *(Gebet nach*
der Kommunion) ‖ **–conciliar** *adj (m/f)*
nachkonziliar ‖ **–data** *f Nachschrift* f,
Postskriptum n ‖ ◆ *de* ~ ⟨fam⟩ ~ *nach|träglich,*
-her ‖ ◇ *poner una* ~ *ein Postskriptum hinzufügen*
‖ **–datar** *vt nachdatieren* ‖ **–diluviano** *adj*
nachsintflutlich ‖ **–dorso** *m* ⟨An⟩ *Hinterzunge* f
  pose *f* ⟨Fot Mal⟩ *Pose, Positur* f ‖ ⟨figf⟩
Ziererei, Pose f ‖ *Affektiertheit* f
  poseedor *m* ⟨Jur⟩ *Besitzer* m ‖ *p. ex Inhaber* m
‖ ~ *anterior Vordermann* m *(e–s Wechsels)* ‖ ~ *de*
buena fe ⟨Jur⟩ *gutgläubiger Besitzer* m
  pose|er [-ey-] *vt besitzen* ‖ *(vollkommen)*
beherrschen (Sprache, Kunst) ‖ *besitzen (e–e*
Frau) ‖ ◇ ~ *a la fuerza vergewaltigen* ‖ ~**se** *s.*
beherrschen ‖ **–ído** *adj (vom Teufel) besessen* ‖
wie besessen ‖ ⟨fig⟩ *wütend, grimmig* ‖ ~ *de*
fervor von Inbrust erfüllt ‖ ~ *de horror entsetzt* ‖
~ *m Besessene(r)* m *(& fig)* ‖ ⟨fig⟩ *Wütende(r)*
m ‖ ◇ *gritar como un* ~ *wie verrückt schreien*
  Poseidón *m* ⟨Myth⟩ *Poseidon* m
  pose|sión *f Besitz* m ‖ *Besitzung* f ‖
Besessenheit f, *Wahnsinn* m ‖ ⟨fig⟩ *Beischlaf* m ‖
~ *diabólica* ⟨Rel⟩ *Besessenheit* f *vom Teufel* ‖ ◇
dar ~ *a alg. jdn in den Besitz einweisen* ‖ *entrar*
en ~ *(de) in Besitz* (gen) *treten* ‖ *estoy en* ~ *de*
su grata del … ich bin im Besitz Ihres werten
Schreibens vom … ‖ *tomar* ~ *de algo von et.*
Besitz ergreifen (dat) ‖ *et. übernehmen* ‖ *recuperar*
la ~, *reintegrarse en la* ~ *den Besitz*
wiedererlangen ‖ **–siones** *de ultramar überseeische*
Besitzungen fpl ‖ **–sional** *adj (m/f)* ⟨Jur⟩ *auf den*
Besitz bezüglich, Besitz- ‖ **–sionarse** *vr s.*
bemächtigen (de gen) ‖ *Besitz ergreifen (de von)* ‖
◇ ~ *de su cargo sein Amt antreten* ‖ **–sionero** *m*
⟨Agr Jur⟩ *Viehzüchter* m, *der die Weiden in s–n*
Besitz übernimmt ‖ **–sivo** *adj besitzanzeigend* ‖
(pronombre) ~ ⟨Gr⟩ *besitzanzeigendes Fürwort,*
Possessivpronomen n ‖ **–so** pp/irr von **-er** ‖ *adj*
besessen ‖ ~ *m Besessene(r)* m ‖ **–sor** *m/adj*
Besitzer m ‖ **–sorio** *adj Besitz-, possessorisch*
  poseur *m Poseur* m
  poseyente *adj (m/f) besitzend*
  pos|fecha *f späteres Datum, Nach|datieren* n,
–datierung f ‖ **–fechar** *vt nachdatieren* ‖ **–fijo** *m*
→ **sufijo** ‖ **–guerra** *f Nachkriegszeit* f
  posi|bilidad *f Möglichkeit* f ‖ *Befähigung* f ‖
Vermögen n ‖ ~ *de la ejecución Ausführbarkeit* f
‖ ◇ *tener la* ~ *de hacer algo imstande (& im*
Stande) (od *in der Lage) sein, et. zu tun* ‖ *eso va*
más allá de nuestras ~es *das geht über unsere*
Kräfte ‖ *vivir por encima de sus* ~es ⟨fig⟩ *über*
s–e Verhältnisse leben ‖ **–bilismo** *m* ⟨Pol Hist⟩
Possibilismus m *(Spaltbewegung innerhalb des*
frz. Sozialismus) ‖ **–bilista** *m/f Possibilist(in* f) m

‖ **–bilitar** vt *ermöglichen, möglich machen* ‖ **–ble** adj *(m/f) möglich, tunlich* ‖ *möglichst* ‖ lo ~ *das Mögliche* ‖ a ser ~ *wenn (es) möglich (wäre)* ‖ en lo ~ *soviel wie möglich, nach Möglichkeit* ‖ lo más ~ *möglichst viel* ‖ lo más rápidamente (od brevemente) ~ *möglichst bald* ‖ lo mejor ~ *bestmöglich* ‖ en la medida de lo ~ *soweit wie möglich* ‖ lo más difícilmente ~ *auf die denkbar schwierigste Art* ‖ con la mayor amabilidad ~ *mit denkbar großer Freundlichkeit* ‖ lo más grande ~ *möglichst groß* ‖ en la medida (de lo) ~ *nach Möglichkeit* ‖ es ~ que ... (subj) *es ist möglich, dass* ... ‖ es ~ que vaya *vielleicht werde ich gehen* ‖ en cuanto sea ~ *soweit (es) möglich (ist)* ‖ eso no es ~ *das ist unmöglich* ‖ tan pronto como sea ~, lo más pronto ~, lo antes ~ *baldigst, möglichst bald* ‖ *sobald wie möglich, ehestens* ‖ si es ~ *wenn es möglich ist, womöglich* ‖ sería muy ~ que lo hiciese *es wäre wohl möglich, dass er es tut* ‖ más pobre aún, si es ~ *womöglich noch ärmer* ‖ hacer (todo) lo ~ (por ...) *alles aufbieten, sein Möglichstes tun(, um zu ...)* ‖ hacer ~ *ermöglichen* ‖ hay que evitarlo lo más ~ *es ist möglichst zu vermeiden* ‖ darse todo el trabajo ~ *s. alle erdenkliche Mühe geben* ‖ ¿es ~? *ist das möglich?* ‖ *ist das wahr?* ‖ pero ¿cómo es ~? *wie ist das aber möglich?* ‖ vender lo más caro ~ *so teuer wie möglich verkaufen* ‖ vender en las mejores condiciones ~s *bestmöglich verkaufen* ‖ ~ n *Mögliche(s)* n, *(das) Mögliche* n ‖ *(die) Möglichkeit* f ‖ ~s mpl ⟨pop⟩ *Vermögen* n ‖ *Mittel* npl *und Wege* mpl ‖ *reiche Leute* pl ‖ **–blemente** adv *möglicherweise, vielleicht* ‖ ◇ ~ no venga *vielleicht kommt er nicht*

posición f *Lage, Stellung* f ‖ *Stelle* f, *Platz* m ‖ *(Orts)Lage* f ‖ *Position* f ‖ *Gesellschafts-, Lebens|stellung* f ‖ *(Körper)Haltung* f ‖ ⟨Mil⟩ *Stellung* f ‖ ⟨Flugw⟩ *Standort* m ‖ *Grund-, Lehr|satz* m ‖ ~ de un astro ⟨Astr⟩ *Stand* m *e–s Gestirns* ‖ ~ cero ⟨Tech⟩ *Nullstellung* f ‖ ~ clave *Schlüsselstellung* f ‖ ~ erizo ⟨Mil⟩ *Igelstellung* f, *Widerstandsnest* n ‖ ~ extrema ⟨Tech⟩ *Endstellung* f ‖ ⟨fig⟩ *extreme* od *radikale Haltung* f ‖ ~ final ⟨Gr⟩ *Auslaut* m ‖ ~ holgada *einträgliche* od *auskömmliche (Lebens)Stellung* f ‖ ~ inicial ⟨Gr⟩ *Anlaut* m ‖ ~ media ~ ⟨Mus⟩ *halbe Lage* f *(Geige)* ‖ ~ privilegiada *Sonder-, Ausnahme|stellung* f ‖ ~ social *gesellschaftliche Stellung* f ‖ ~ supina *Rückenlage* f ‖ ◆ ¡en ~! ⟨Mil⟩ *Stellung!* ‖ ◇ ocupar una ~ importante *e–e angesehene Stellung einnehmen*

posiciona|r vt *positionieren* ‖ **–dor** m ⟨Tech⟩ *dreh- und kipp|bare Schweißvorrichtung* f ‖ **–dora** f *Positioniervorrichtung* f ‖ **–miento** m *Positionierung* f

positi|va f ⟨Fot⟩ *Positiv* n ‖ **–vamente** adv *gewiss, bestimmt* ‖ ◇ lo sé ~ *ich weiß es ganz bestimmt* od ⟨fam⟩ *hundertprozentig* ‖ **–var** vt ⟨Fot⟩ *positivieren* ‖ **–vismo** m ⟨Philos⟩ *Positivismus* m ‖ ⟨fig⟩ *kalte Berechnung* f ‖ **–vista** adj *(m/f) positivistisch* ‖ ⟨fig⟩ *berechnend* ‖ ~ m/f *Positivist(in* f) m ‖ ⟨fig⟩ *kalte(r) Rechner(in* f) m ‖ **–vo** adj *zuverlässig, gewiss, sicher, positiv* ‖ *tatsächlich* ‖ *bejahend, positiv, affirmativ* ‖ *bestimmt (Versprechen)* ‖ ⟨El⟩ *positiv (Pol)* ‖ ◆ de ~ *allerdings, ohne Zweifel* ‖ ◇ estar por lo ~ ⟨fam⟩ *(nur) auf s–n Nutzen (bzw auf das Angenehme) bedacht sein* ‖ ~ m ⟨Gr⟩ *Positiv* n, *erster Vergleichungsgrad* m

pósito m ⟨Hist⟩ *öffentliche Kornkammer* f ‖ *Getreidespeicher* m ‖ p.ex *kommunale Lebensmittelbevorratung* f ‖ *pío Kornspeicher (bzw Konsumladen)* m *für Bedürftige*

posit(r)ón m ⟨Phys⟩ *Positron* n

positura f *Lage* f, *Zustand* m ‖ → **¹postura**

posma f ⟨fam⟩ *Schwerfälligkeit, Trägheit* f, *Phlegma* n ‖ ~ m/f ⟨figf⟩ *Schlafmütze* f ‖ ⟨figf⟩ *lästiger, schwerfälliger Kerl* m

pos|meridiano adj *Nachmittags-* ‖ **moder|nidad** f, **–nismo** m ⟨Kunst Lit Mal⟩ *Postmoderne* f

Posnania f ⟨Geogr⟩ *Posen* n

posnoventaiochismo m ⟨Lit⟩ *Sammelbegriff für literarische Strömungen, die nach der Generation von 98 auftraten*

poso m *(Boden)Satz* m ‖ *Hefe, Neige* f ‖ *Trub* m *(im Wein)* ‖ ⟨fig⟩ *Rast, Ruhe* f ‖ ~ de café *Kaffeesatz* m ‖ ◇ beber hasta los ~s *bis zur Neige trinken (poet leeren)* ‖ formar od hacer ~ *Bodensatz bilden*

posología f ⟨Pharm⟩ *Dosierung* f

posón m *Hocker* m *mit Espartositz*

pos|palatal m/f (& adj) ⟨Gr⟩ *postpalataler Laut* m ‖ **–parto** adj *(m/f) nach der Entbindung*

pospo|ner [irr → **¹poner**] vt *nachsetzen* ‖ *hintan-, zurück|setzen* ‖ ⟨fig⟩ *gering schätzen* ‖ *außer acht lassen* ‖ ◇ ~ el interés a la honra *die Ehre dem Gewinn vorziehen* ‖ ~ el pago de *Zahlung hinausschieben* ‖ **–sición** f *Zurücksetzung* f ‖ *Nachstellung* f ‖ ⟨Gr⟩ *nachgesetztes Verhältniswort* n, *Postposition* f ‖ **–sitivo** adj ⟨Gr⟩ *postpositiv, nachgestellt*

pospuesto pp/irr von **posponer**

posquemador m *Nachbrenner* m (z.B. *beim Düsenmotor)*

posromanticismo m ⟨Ku Lit⟩ *Spätromantik* f ‖ **–romántico** adj *spätromantisch* ‖ ~ m *Spätromantiker* m

post- präf *nach-, hinter-, post-, Post-* (→ auch unter **pos-**)

¹posta f ⟨Hist⟩ *Post* f ‖ *Postpferde* npl ‖ *Post-, -station* f, *-haus* n ‖ *Postwagen* m ‖ *Entfernung* f *zwischen Poststationen* ‖ ◆ a ~ ⟨fam⟩ *vorsätzlich, mit Absicht* ‖ por la ~ ⟨fig⟩ *eiligst* ‖ ~ m *(Post)Kurier* m

²posta f *Einsatz* m *(im Spiel)*

³posta f *Schnitte* f *Fleisch* bzw *Fisch*

⁴posta f *Aushängeschild* n ‖ *Gedenktafel* f

⁵posta f ⟨Arch⟩ *Mäander* m ‖ *Volute* f

⁶posta f ⟨Jgd⟩ *grober Flintenschrot, Posten* m △ **⁷posta** m *Gerichtsdiener* m ‖ *Büttel* m

postal adj *(m/f) postalisch, Post-* ‖ ~ f *Postkarte* f ‖ ~ con vistas *Ansichts(post)karte* f ‖ ◆ como una ~, de ~ *sehr schön, wundervoll, entzückend* ‖ *kitschig* (bes. *in Farben)*

△ **postanó** adj *schwach*

post|bélico adj → **posbélico** ‖ **–combustión** f → **poscombustión** ‖ **–comunión** f → **poscomunión** ‖ **–data** f → **posdata** ‖ **–datar** vt → **posdatar** ‖ **–diluviano** → **posdiluviano** ‖ **–dorso** m → **posdorso**

¹poste m *Mast, Pfosten, Pfeiler* m, *Säule* f ‖ ⟨figf⟩ *Ecksteher, Müßiggänger* m ‖ ~ de amarradero ⟨Mar⟩ *Haltepfahl* m ‖ ~ distribuidor *Zapfsäule* f *(Tankstelle)* ‖ ~ indicador *Wegweiser* m ‖ ~ para lámpara(s) *Lampenmast* m ‖ ~ de(l) sacrificio *Marterpfahl* m ‖ ~ de salida ⟨Sp⟩ *Rennpfosten* m ‖ ~ de señal(es) *Verkehrs|pfosten* m, *-tafel* f, *Signalmast* m ‖ ~ de telégrafo, ~ telegráfico *Telegrafenstange* f ‖ ◆ como un ~ ⟨pop⟩ *wie ein Klotz* ‖ mudo como un ~ *verstockt schweigend* ‖ serio como un ~ ⟨fam⟩ *todernst* ‖ ◇ dar ~ a alg. ⟨figf⟩ *jdn hinhalten* ‖ ⟨Sch⟩ [früher] *jdn (zur Strafe) in die Ecke stellen* ‖ estar hecho un ~ ⟨figf⟩ *stundenlang müßig dastehen* ‖ es un ~ de taberna ⟨pop⟩ *er sitzt beständig im Wirtshaus* ‖ oler el ~ ⟨fam⟩ *Lunte riechen* ‖ ese tipo parece un ~ ⟨figf⟩ *der da ist ein steifer Kerl,* ⟨fam⟩ *steifer Heini* ‖ ser un ~ ⟨figf⟩ *sehr*

stumpfsinnig sein ‖ ⟨figf⟩ *sehr schwerhörig od stocktaub sein*
  △ **²poste** *m Brust* f
  postema *f* ⟨Med⟩ *Schwäre* f ‖ ⟨fig⟩ → **posma**
  postembrional adj *(m/f)* ⟨Biol Gen⟩
postembryonal
  postensión *f Nachspannung* f
  póster *m Poster* n (& m)
  poster|gación *f Hintansetzung* f ‖ ⟨fig⟩
Geringschätzung f ‖ *Benachteiligung* f ‖ **–gar**
[g/gu] vt *hintan-, zurück|setzen, übergehen* (bes.
bei Beförderungen) ‖ *gering schätzen* ‖ *auf-,
ver|schieben* (algo *et.* acc) ‖ ◇ ~ la fecha
zurückdatieren ‖ **–gativo** adj *zurücksetzend*
  poste|ridad *f Nachkommenschaft* f,
Nachkommen mpl ‖ *Nachwelt* f ‖ ◇ pasar a la ~
⟨fig⟩ *berühmt werden* ‖ **–rior** adj *nach|herig,
-malig* ‖ *später* ‖ *hinter* ‖ *neuer, später* ‖
darauffolgend ‖ ~ a ... *nach* ... (dat) ‖ ~ a él
hinter ihm (befindlich) ‖ *später als er* ‖ ◆ de
fecha ~ *späteren Datums* ‖ **–rioridad** *f
Nachherigkeit* f ‖ *Hinterherkommen* n ‖ ~ de
fecha *späteres Datum* n ‖ *spätere Zeit* f ‖ ◆ con
~ *nachträglich, nachher* ‖ **–riormente** adv
*nach|her,
-träglich*
  postescolar adj *(m/f) nachschulisch*
  posteta *f* ⟨Typ⟩ *Buchbinderbogen* m ‖
Ausschussbogen m
  post|fecha f → **posfecha** ‖ **–fechar** vt →
posfechar ‖ **–fijo** *m* → **posfijo** ‖ **–guerra** *f* →
posguerra
  △ **postí(n)** *f(m) Haut* f
  postigo *m Pförtchen* n ‖ *Blendtür, kleine
Durchgangstür* f *(in e–m Haustürflügel)* ‖ *Tür-,
Fenster|flügel* m ‖ *Fensterladen* m ‖ ⟨Mar⟩
Pfortluke f
  ¹postilla *f Schorf, Grind* m *(e–r heilenden
Wunde)*
  ²postilla, postila *f* → **apostilla**
  ³postilla *f* → **portilla**
  postillar vt *mit Randglossen versehen*
  postillón *m Postillion, Postkutscher* m ‖ ~
amoroso, ~ *de amor* ⟨fig⟩ *Liebesbote,* ⟨frz⟩
Postillon m *d'amour*
  pos|tín *m* ⟨pop⟩ *Einbildung, Pose* f ‖ *Angabe* f
‖ ◆ de ~ *(fam) piekfein* ‖ ◇ hacer *od darse
mucho* ~ ⟨pop⟩ *stolzieren, wichtig tun* ‖ **–tinero**
adj ⟨pop⟩ *piekfein* ‖ *geckenhaft* ‖ *angeberisch*
  postizo adj *falsch, unecht, nachgemacht* ‖
künstlich ‖ ◆ con gravedad ~a *mit geziertem
Ernst* ‖ ~ *m falsche Haare* npl, *Perücke* f ‖
Haar|einlage f, *-teil* n ‖ *Toupet* n
  postmeridiano adj → **posmeridiano**
  post meridiem [..en] ⟨lat⟩ *nachmittags*
  post|modernismo *m* → **posmodernismo** ‖
–noventaiochismo *m* → **posnoventaiochismo**
  postónico adj ⟨Gr⟩ *nachtonig*
  postoperatorio adj ⟨Med⟩ *nach der Operation
auftretend, postoperativ*
  postor *m Bieter, Steigerer* m ‖ ◇ adjudicar al
mejor ~ *dem Meistbietenden zuschlagen*
  post|palatal *m*/adj → **pospalatal** ‖ **–quemador**
m → **posquemador**
  pos|tración *f Knie-, Fuß|fall* m ‖
Niedergeschlagenheit, Entkräftung f ‖
Hinfälligkeit f ‖ **–trado** adj *auf der Erde liegend* ‖
darniederliegend ‖ *matt, kraftlos* ‖
niedergeschlagen ‖ ~ en cama *bettlägerig* ‖ ~ de
dolor *schmerzgebeugt* ‖ ~ ante ella *vor ihr kniend*
‖ ~ con *od* de la enfermedad *schwer krank, sehr
krank darniederliegend* ‖ ~ por el suelo *auf dem
Boden liegend* ‖ ~ por el trabajo *von der Arbeit
entkräftet* ‖ **–trar** vt *niederwerfen* ‖ *zu Boden
strecken* ‖ ⟨fig⟩ *zurückwerfen* ‖ ⟨fig⟩ *beugen,*

demütigen ‖ *schwächen, entkräften* ‖ ~**se** *s. zu
Boden werfen* ‖ *s. demütigen* ‖ *auf die Knie
niederfallen* (ante *vor* dat) ‖ *zusammenbrechen* ‖
die Kräfte verlieren
  ¹postre *m Nachtisch* m, *Dessert* n ‖ ~**s** *pl
Nachtisch* m ‖ ◇ servir los ~ *den Nachtisch
auftragen*
  ²postre *f:* a la ~, al ~ *zuletzt* ‖ al fin y a la ~
schließlich und endlich ‖ *letzten Endes* ‖ de *od*
para ~ *und dazu noch, auch das noch*
  postre|mo adj ⟨lit⟩ → **último** ‖ **–ramente** adv
zuletzt ‖ **–ro** *(vor Substantiven):* **postrer,** vgl.
primer adj *letzter* ‖ *letzterer* ‖ el postrer día *der
letzte Tag*
  postrime|rías *fpl letzte Lebensjahre* npl ‖ las
~ del hombre ⟨Rel⟩ *die vier Letzten Dinge des
Menschen* ‖ ◆ en las ~ de sus tristes otoños *in
den traurigen Herbsttagen s–s Alters* ‖ ◇ está en
sus ~ *er ringt mit dem Tod(e)* ‖ **–r(o)** adj ⟨lit⟩
letzter
  postro|manticismo *m* → **posromanticismo** ‖
–mántico → **posromántico**
  post scriptum [..un] *m* ⟨lat⟩ → **posdata**
  postsincronización *f* ⟨Film⟩
Nachsynchronisation f
  postu|lación *f Bitte* f, *Gesuch* n ‖ *Kollekte,
Geldsammlung* f ‖ **–lado** *m Postulant* n,
Forderung f ‖ **–lante** *m Bewerber* m ‖ *Sammler* m
von milden Gaben ‖ **–lar** vt/i *nachsuchen (um)* ‖
s. bewerben (um) ‖ *milde Gaben sammeln* ‖
postulieren ‖ ◇ se –ló a beneficio de la Cruz
Roja *es wurde für das Rote Kreuz gesammelt*
  póstu|mamente adv *nach dem Tode* (gen) ‖
–mo adj *nachgeboren, post(h)um* ⟨& Geol⟩ ‖
nachge-, hinter|lassen (Werk)
  ¹postura *f Stellung* f ‖ *(Körper)Haltung,
Positur* f ‖ Schw *Postur* f ‖ *Lage* f ‖ ⟨fig⟩
Stellungnahme f ‖ ⟨fig⟩ *Haltung* f ‖ ~ moral
moralische Haltung f ‖ ~ del sol
Sonnenuntergang m ‖ ◇ hacer ~s *„hübsch"
machen (Hund)* ‖ tomar varias ~s ⟨Fot⟩ *mehrere
Aufnahmen (Porträts) machen*
  ²postura *f Gebot* n *(bei Versteigerungen)* ‖
Einsatz m *(bei e–r Wette)* ‖ *Abkommen* n ‖ ◇
hacer ~ *bieten (bei Versteigerungen)*
  ³postura *f* a) ⟨V⟩ *Gelege* bzw *Legen* n bzw
Legezeit f ‖ b) ⟨Fi Zool⟩ *Laich* m
  ⁴postura *f* ⟨Jgd⟩ *Ansitz* m
  △ **posuño** *m Gasthaus* n
  posventa *f* ⟨Com⟩: servicio ~ *Kundendienst* m
  pota *f* ⟨Fi⟩ *Pfeilkalmar* m (Ommatostrephes
sagittatus)
  pota|bilidad *f Trinkbarkeit* f ‖ **–bilización** *f
Trinkwasseraufbereitung* f ‖
Trinkwassergewinnung f (z.B. *aus dem Meer)* ‖
–bilizador adj: instalación ~a de agua de mar
Trinkwasseraufbereitungsanlage f *für
Meereswasser* ‖ ~ *m
Trinkwasseraufbereitungsgerät* n ‖ **–bilizar** [z/c]
vt *trinkbar machen, aufbereiten (Wasser)*
  potable adj *(m/f) trinkbar* ‖ ⟨figf⟩ *toll, prima
(Mädchen)* ‖ ⟨figf⟩ *annehmbar, günstig* (z.B.
Preis) ‖ ◇ esa chica está ~ ⟨figf⟩ *das ist ein
tolles Mädchen*
  △ **potado** *m Trunkenbold, Säufer* m
  pota|je *m (Gemüse)Eintopf* m ‖ *Suppe* f ‖
(zusammen)gekochtes od getrocknetes Gemüse n ‖
⟨fig⟩ *Mischung* f, *Mischmasch* m ‖ ~ de
garbanzos *Kichererbsensuppe* f ‖ ~ de lentejas
Linsensuppe f ‖ **–jería** *f (trockenes) Gemüse* n ‖
Gemüsekonserven fpl
  potamología *f Flusskunde, Potamologie* f
  potar vt ⟨pop⟩ *trinken*
  ¹potasa *f* ⟨Chem⟩ *Pottasche* f ‖
Kaliumkarbonat n ‖ ~ cáustica *Ätzkali* n

△ **²potasa** *f Tasche* f
potásico adj *kalihaltig, Kali-*
potasio *m* **(K)** 〈Chem〉 *Kalium* n
pote *m (irdener) Topf* m ‖ *Vase* f ‖ *Koch-,*
Fleisch|topf m ‖ *Blechbüchse* f ‖ ~ *gallego* →
caldo *gallego* ‖ ◆ a ~ 〈fam〉 *in Hülle und Fülle* ‖
◇ *darse* ~ 〈figf〉 → *darse* **postín**
poteca *f* 〈pop〉 → **hipoteca**
poten|cia *f Kraft* f, *Vermögen* n ‖ *Macht,*
Gewalt f ‖ *Potenz* f, *Beischlaffähigkeit* f ‖
Möglichkeit f ‖ *(Staats)Gewalt* f, *Staat* m ‖ *Kraft,*
Wirksamkeit f ‖ *Lichtstrahl* m *am Heiligenschein* ‖
〈Tech〉 *Potenz, Stärke, (Trieb)Kraft, Leistung* f ‖
Leistungsfähigkeit f ‖ 〈Radio〉 *Hörstärke* f ‖ 〈Math
Med〉 *Potenz* f ‖ 〈Physiol Psychol〉 *Vermögen* n,
Fähigkeit f ‖ ~ *aceleradora*
Beschleunigungsleistung f ‖ ~ *adquisitiva* 〈Com〉
Kaufkraft f ‖ ~ *ascensional* 〈Flugw〉
Auftriebskraft f ‖ ~ *auditiva Hörvermögen* n ‖ ~
cognoscitiva Erkenntnisvermögen n ‖ ~
continental Landmacht f ‖ ~ *copulativa*
Kopulationsvermögen n, *Potenz* f ‖ ~ *destruc|tiva,*
-tora Zerstörungskraft f ‖ ~ *fiscal* 〈Auto〉
Steuerleistung f, *Steuer-PS* fpl ‖ ~ *de freno*
Bremsleistung f ‖ ~ *generativa Zeugungsfähigkeit*
f ‖ *grande* ~ *Großmacht* f ‖ ~ *intelectual*
Begriffsvermögen n ‖ ~ *luminosa Lichtstärke* f ‖
~ *marítima Seemacht* f ‖ ~ *del motor*
Motorleistung f ‖ ~ *motriz Antriebsleistung* f ‖
Treibkraft f ‖ ~ *nutritiva Nährkraft* f ‖ ~ *de*
ocupación Besatzungsmacht f ‖ ~ *de presión*
Druckkraft f ‖ ~ *productiva Leistungsfähigkeit* f ‖
~ *sonorica Schallstärke* f ‖ ~ *de tracción*
Zugkraft f ‖ ~ *visiva,* ~ *visual Seh|vermögen* n,
-kraft f ‖ ~ *volitiva* 〈Psychol〉 *Willenskraft* f ‖ ◇
elevar a la tercera ~ 〈Math〉 *in die dritte Potenz*
erheben f ‖ ~**s** *fpl:* *las* ~ *aliadas* 〈Hist〉 *die*
Alliierten mpl ‖ *las* ~ *del alma* 〈Theol〉 *die*
Seelenkräfte fpl ‖ *las* ~ *centrales* 〈Hist〉 *die*
Mittelmächte fpl ‖ *las* ~ *del Eje* 〈Hist〉 *die*
Achsenmächte fpl ‖ ◆ *en* ~ *potenziell* ‖ **–ciación**
f 〈Math〉 *Potenzieren* n ‖ 〈Mcd〉 *Potenzierung* f ‖
–ciador *m:* ~ *del sabor Geschmacksverstärker* m
‖ **–cial** adj *(m/f) vermögend* ‖ *möglich, potenziell* ‖
(modo) ~ 〈Gr〉 *Konditional* m ‖ *Potentialis* m ‖
~ *m Potenzial* n (& *Radio Tech*) ‖ 〈El〉 *Spannung*
f ‖ 〈Gr〉 *Potentialis* m ‖ *Konditional* m ‖ ~
simple, compuesto 〈Gr〉 *einfacher,*
zusammengesetzter Konditional m (traería, habría
traído) ‖ **–cialidad** *f Leistungsfähigkeit* f ‖
Möglichkeit, Potenzialität f (& *Philos*) ‖ **–ciar** vt
steigern, erhöhen ‖ *potenzieren* (& Med) ‖
–ciómetro *m* 〈Radio〉 *Spannungsmesser* m ‖
Potentiometer n ‖ **–cioso** adj *kräftig, ausgiebig* ‖
–tado *m Machthaber, Potentat* m ‖ **–te** adj *(m/f)*
mächtig, gewaltig ‖ *kräftig, wirksam, stark* ‖
potent, beischlaffähig
poten|za *f Steigerradkloben* m *(in der Uhr)* ‖
–zado adj: *cruz* ~a 〈Her〉 *Krückenkreuz* n
potera *f* 〈Fi〉 *Tintenfischfanggerät* n
poterna *f* 〈Mil〉 *Ausfalltor* n, *Poterne* f
△ **potesquero** *m* 〈Mil〉 *Zugführer* m
potestad *f Gewalt, Befugnis, Macht* f ‖ 〈Math〉
Potenz f ‖ ~ *disciplinaria Disziplinargewalt* f ‖
~**es** *infernales Mächte* fpl *der Hölle* ‖ ~ *de llaves*
〈Jur〉 *Schlüsselgewalt* f *(Eherecht)* ‖ *patria* ~
elterliche Gewalt f ‖ → **fuerza, poder, poderío,**
potencia
potestativo adj *potestativ, freigestellt, Wahl-* ‖
→ **discrecional, facultativo**
potetero *m* And *Schöntuer* m
potevino adj/s *aus Poitou (Frankreich)* ‖ *auf*
Poitou bezüglich
potingue *m* 〈fam〉 *(flüssige) Arznei* f ‖ 〈vulg〉
Gesöff n ‖ ~**s** *mpl* 〈fam〉 oft: *Kosmetika* npl

potísimo adj *hauptsächlich* ‖ *äußerst stark* ‖
äußerst wichtig bzw *bedeutend*
¹potito *m* 〈fam〉: *ni el* ~ *niemand, kein*
Mensch ‖ ◇ *esto no lo soluciona ni el* ~ 〈figf〉 *da*
ist nichts zu machen
²potito *m Babynahrung* f
¹poto *m* Pe *Kürbis* m ‖ Chi 〈vulg〉 *Möse,*
Muschi f ‖ Arg Bol Chi Pe 〈fam〉 *Hintern* m
²poto *m* 〈Zool〉 *Potto* m (Perodicticus potto)
(ein Halbaffe)
potosí *m* Pe *Gesäß* n ‖ ◇ *vale un* ~, *es un* ~
〈figf〉 *es ist Goldes wert* ‖ *se gastaba un* ~ *er*
verschwendete fabelhafte Summen ‖ ~ [Stadt]
Potosí n (& *Silberbergwerksdistrikt in Bolivien*)
△ **potosía** *f Geldbeutel* m
¹potra *f Stutfohlen* n
²potra *f* 〈pop〉 *(Hoden)Bruch* m ‖ ◇ *tener* ~
〈pop fig〉 *ein Glückskind sein, Schwein haben* ‖
tener mala ~ 〈figf〉 *ein Pechvogel sein*
po|trada *f Fohlenherde* f ‖ **–tranca** *Stutfohlen* n
potrear vt 〈fam〉 *belästigen* ‖ Pe *prügeln,*
züchtigen
potrejón *m* Am dim von **potro**
¹potrero *m* 〈pop〉 *Brucharzt* m
²potrero *m Fohlenhirt* m ‖ *Fohlenweide* f ‖ Am
mit Drahtzaun umgrenztes Gehege n *für das Vieh*
‖ Am *Baustelle* f
potril adj *m/f):* dehesa ~ *Fohlenweide* f
potrillo *m* dim von **potro** ‖ Am *großes*
Glasgefäß n
po|tro *m Fohlen, Füllen* n ‖ 〈Hist〉 *Folterbank*
f ‖ 〈Hist〉 *Wehenstuhl* m *der Gebärenden* ‖ 〈Sp〉
Turnbock m ‖ 〈fig〉 *Qual, Marter, Pein* f ‖ ~ *de*
herrador Zwangsstand m *der Hufschmiede* ‖ ~
macho Hengstfohlen n ‖ ~ *de martirio,* ~ *de*
tormento 〈Hist〉 *Folterbank* f ‖ augm: **–trón** *m*
poyal *m Steinbank* f *(an der Haustür)*
poyata *f Wandschrank* m ‖ *Abstellbord* n
poyete *m* dim von **poyo**
poyito *m* And 〈pop〉 → **pollito**
poyo *m Steinbank* f *(an der Haustür)* ‖ *Sockel*
m *e–r Mauer*
po|za *f Pfütze, Lache* f ‖ *Tiefe* f *in e–m Fluss* ‖
Wassergrube f *(zum Flachsweichen)* ‖ **–zal** *m*
Schöpfeimer m ‖ *Brunnen|rand* m, *-brüstung* f
pozo *m Brunnen* m ‖ *tiefe Grube* f ‖ *tiefe*
Stelle, Tiefe f *in e–m Fluss* ‖ *Abortgrube* f ‖ 〈Bgb〉
Schacht m ‖ *Bohrloch* n ‖ 〈Mar〉 *Seitentiefe* f *des*
Schiffes ‖ 〈Mar〉 *Kielboden* m ‖ *Fischbehälter* m
im Kahn ‖ 〈fig〉 *Tiefe* f, *Abgrund* m ‖ RPl
Schlagloch n ‖ ~ *abisinio Abessinierbrunnen* m ‖
~ *de aire* 〈Meteor〉 *Fallbö(e)* f ‖ ~ *artesiano*
artesischer Brunnen m ‖ ~ *de decantación*
Klärsumpf m ‖ ~ *de extracción* 〈Bgb〉
Förderschacht m ‖ ~ *sin fondo* 〈fig〉 *Fass* n *ohne*
Boden ‖ ~ *de galería* 〈Bgb〉 *Stollenschacht* m ‖ ~
de luz Lichtschacht m ‖ ~ *de mina* 〈Bgb〉 *Schacht*
m ‖ ~ *maestro* 〈Bgb〉 *Hauptschacht* m ‖ ~ *negro*
Abort-, Fäkalien|grube f ‖ ~ *de nieve*
Schneegrube f ‖ ~ *de petróleo od* petrolífero
Erdölbohrung, Ölquelle f ‖ ~ *séptico Klärgrube*
f, *Faul|behälter* m, *-becken* n ‖ ~ *de sondeo*
〈Bgb〉 *Bohrloch* n ‖ ~ *de ventilación Luftschacht*
m ‖ 〈Bgb〉 *Wetterschacht* m ‖ *un* ~ *de ciencia*
〈fig〉 *ein Born des Wissens* ‖ ◇ *caer en un* ~ 〈fig〉
in Vergessenheit geraten
pozolano adj/s *aus Pozuelo* (P Các) ‖ *auf*
Pozuelo bezüglich
pozue|la *f* 〈pop〉 *Kaff, Dorf* n, *Krähwinkel* m
‖ **–lo** *m* dim von *pozo* ‖
Flaschenkühler m ‖ Col *Schokoladenschale* f
pozuela *f* 〈pop〉 *Kaff, Dorf* n, *Krähwinkel* m
pp. 〈Abk〉 = **páginas**
p. p. 〈Abk〉 = **por permiso** ‖ **por poder** ‖
porte pagado
PP 〈Abk〉 = **Padres**

ppdo. ⟨Abk⟩ = *próximo pasado*
pr. ⟨Abk⟩ = *pronúnciese* ‖ *provincia*
Pr ⟨Abk⟩ = *praseodimio*
△ **prachindo** adj *unflätig*
△ **praco** m *Staub* m
pracrito, prácrito m ⟨Philol⟩ *Prakrit* n
práctica f *Anwendung, Praxis* f ‖ *(Aus)Übung* f ‖ *Erfahrung, erlernte Fertigkeit* f ‖ *Ausführung* f ‖ *Ge|wohnheit* f, *-brauch* m ‖ *Kniff, Kunstgriff* m ‖ *Verfahren* n, *Methode, Manier* f ‖ ~ *comercial Geschäftspraxis* f ‖ ~ *forense* ⟨Jur⟩ *Gerichtspraxis* f ‖ una ~ *de largos años e–e langjährige Praxis* ‖ ~ *de la prueba* ⟨Jur⟩ *Beweisaufnahme* f ‖ ◆ en la ~ *in der Praxis* ‖ ◇ adquirir ~ *s. Praxis aneignen* ‖ *Erfahrung sammeln* ‖ *Gewandtheit erwerben* ‖ entrar en (la) ~ *e–e Praxis antreten* ‖ *ausgeführt werden (Plan)* ‖ la ~ *hace maestros* ⟨Spr⟩ *Übung macht den Meister* ‖ poner en ~ *praktisch verwenden, bewerkstelligen* ‖ *durchführen, verwirklichen* ‖ *in die Praxis umsetzen* ‖ seguir una ~ *e–e Praxis verfolgen* ‖ tener ~ *gewandt sein, Gewandtheit haben* ‖ *Praxis haben* ‖ ~s *fpl praktische Übungen fpl* ‖ *Seminarübungen fpl (an e–r Hochschule)* ‖ *Praktikum* n ‖ ~ *competitivas desleales*, ~ *de competencia desleal* ⟨Com⟩ *unlautere Wettbewerbshandlungen fpl* ‖ ~ *judiciales Gerichtsverhandlungen fpl* ‖ ~ *de tiro* ⟨Mil⟩ *Schießübungen fpl* ‖ ◇ estar en ~, cursar sus ~ *praktizieren* ‖ *den praktischen Teil (e–r Prüfung) absolvieren*
practicabilidad f *Durchführ-, Gang|barkeit* f ‖ *Anwendbarkeit* f ‖ *Praktikabilität* f
practicable adj *(m/f) ausführbar, tunlich* ‖ *zugänglich* ‖ *gangbar* ‖ *praktikabel* ‖ *fahrbar (Weg, Gewässer)* ‖ *anwendbar (Mittel)*
practicaje m ⟨Mar⟩ *Lotsendienst* m
prácticamente adv *praktisch* ‖ *in (der) Wirklichkeit, konkret* ‖ ◇ emplear ~ *praktisch anwenden*
practi|cante adj *(m/f) ausübend, praktizierend* ‖ ~ *m/f Praktikant(in* f) m ‖ *Volontär(in* f) m ‖ *(Apotheker)Gehil|fe* m, *-fin* f ‖ *Arzthelfer(in* f) m, f ‖ *Heilpraktiker(in* f) m ‖ *católico* ~ *praktizierender* (p. ex *strenggläubiger) Katholik* m ‖ ~ *de laboratorio Laborant* m ‖ *–car* [c/qu] vt *ausüben, praktisch betreiben (Kunst, Handwerk)* ‖ *praktisch anwenden* ‖ *sprechen (e–e Sprache)* ‖ *praktizieren* ‖ *ausführen* ‖ *tun, verrichten* ‖ *bahnen (Weg)* ‖ ◇ ~ *un agujero ein Loch bohren* ‖ ~ *el bien Gutes tun* ‖ ~ *un deporte e–n Sport treiben* ‖ ~ *las obras de misericordia Werke der Barmherzigkeit üben* ‖ ~ *una operación e–e Operation ausführen* ‖ ~ *la religión die kirchlichen Vorschriften einhalten* ‖ se lo –có la *respiración artificial* ⟨Med⟩ *er (sie, es) wurde künstlich beatmet* ‖ abertura –cada en el piso *Bodenklappe* f ‖ ~ vi *praktizieren, e–e Praxis haben*
práctico adj *ausübend, praktisch* ‖ *praktisch, brauchbar, handlich* ‖ *zweckmäßig* ‖ *erfahren, kundig* ‖ ~ en *bewandert in (dat)* ‖ ~ m *Sachverständiger, Praktiker* m ‖ *ausübender Arzt* m ‖ ~ *de costa Küstenlotse* m ‖ ~ *de(l) puerto* ⟨Mar⟩ *(Hafen)Lotse* m
practicón m ⟨fam, meist desp⟩ *Erfahrungsmann, Praktiker, Mann* m *der Praxis (ohne theoretische* bzw *wissenschaftliche Grundlage)*
prade|cillo, –jón m dim von **prado** ‖ **–ño** adj *Wiesen-* ‖ **–ra** f *Wiesengrund* m ‖ *(große) Wiese, Aue* f ‖ *Grasweide* f ‖ *Prärie* f ‖ **–ría** f *Wiesengrund* m ‖ **–zuelo** m dim von **prado**
pradial m ⟨Hist⟩ *Prairial, Wiesenmonat* m *(im frz. Revolutionskalender)*

prado m *Wiese, Aue* f ‖ *Anger* m
Prado: el Museo del ~ *die Bildergalerie des Prado in Madrid*
Praga f [Stadt] *Prag* n
pragmáti|ca f *Verordnung* f, *Gesetz* n ‖ ⟨fig⟩ *Norm* f ‖ **–co** adj *pragmatisch, auf der Erfahrung fußend* ‖ ~a sanción ⟨Hist⟩ *Pragmatische Sanktion* f *(1713* bzw *1789/1830 in Spanien)*
pragmatis|mo m ⟨Philos⟩ *Pragmatismus* m ‖ **–ta** adj *(m/f) pragmatisch* ‖ ~ *m Pragmatiker(in* f) m
praguense adj *(m/f) aus Prag* ‖ *auf Prag bezüglich* ‖ ~ *m/f Prager(in* f) m
△ **prajandí** f *Zigarre, Zigarette* f
pral. ⟨Abk⟩ = **principal**
praliné m *Praline* f
praseodimio m **(Pr)** ⟨Chem⟩ *Praseodym* m
Prat de Llobregat: *Flughafen Prat de Llobregat (bei Barcelona)*
pra|tense adj *(m/f) Wiesen-* ‖ **–ticultura** f *Wiesenbau* m ‖ *Wiesenwirtschaft* f
△ **pratobolo** m *Priester* m
pravedad f *Ruchlosigkeit* f
praviana f ast. *Volksweise* n *bzw Frau* f *aus San Esteban de Pravia* (Ast)
pravo adj *ruchlos* ‖ *verderbt*
praxis f *Praxis* f
prdho. ⟨Abk⟩ = **predicho**
pre m ⟨Mil⟩ *Löhnung* f, *Sold* m ‖ △ *Tageskost* f *(im Gefängnis)*
pre|alerta f *Vorwarnung* f ‖ **–ámbulo** m *Vorrede, Einleitung* f ‖ *Präambel* f ‖ ⟨fig⟩ *Ausrede* f, *Umschweif* m ‖ ◆ sin ~s *ohne Umstände, ohne Umschweife* ‖ ~s mpl *Vorverhandlungen fpl* ‖ **–aviso** m *Voranzeige* f ‖ *Voranmeldung* f
prebélico adj *Vorkriegs-*
preben|da f ⟨Rel⟩ *(geistliche) Pfründe* f (& fig) ‖ *Studiengeld, Stipendium* n ‖ ⟨fig⟩ *Sinekure* f, *Ruheposten* m ‖ **–dado** m *Pfründner* m ‖ **–dar** vt *e–e Pfründe verleihen*
preboste m ⟨Rel⟩ *Propst* m
precalentar vt *vorwärmen*
precambriano adj ⟨Geol⟩ *Präkambrium-* ‖ ~ *m Präkambrium* n
precapitalista adj *(m/f) vorkapitalistisch*
precario adj *un|sicher, -gewiss, misslich, prekär, schwankend* ‖ ~ *m Prekarie* f
precaución f *Vorsicht, Behutsamkeit* f ‖ ◆ por ~ *vorsichtshalber, aus Vorsicht* ‖ ◇ obrar con ~ *mit Vorsicht vorgehen, handeln* ‖ eso requiere la más escrupulosa ~ *dabei ist größte Vorsicht geboten* ‖ tomar precauciones *Vorkehrungen treffen* ‖ s. *vorsehen*
precautorio adj *präventiv*
preca|ver vt *vorbeugen* (dat) ‖ *(et.) verhüten* ‖ ~ *un inconveniente e–r Unannehmlichkeit vorbeugen* ‖ ~se s. *hüten* ‖ ~se contra la traición s. *gegen Verrat schützen* ‖ ~se del aire s. *gegen Zugluft schützen* ‖ **–vido** adj *vorsichtig, behutsam*
preceden|cia f *Vorhergehen* n ‖ *Vorrang* m ‖ *Vortritt* m ‖ *Vorrecht* n ‖ *Überlegenheit* f ‖ *Vortrefflichkeit* f ‖ **–te** adj *(m/f) vorig, vor|hergehend, -malig* ‖ *früher* ‖ ~ *m Präzedenzfall* m ‖ un caso sin ~s *ein nie dagewesener Fall* ‖ ◇ crear od sentar un ~ *e–n Präzedenzfall schaffen*
preceder vi *vor(an)gehen* ‖ *vorhergehen* ‖ *den Vor|rang, -tritt haben* ‖ ◇ ~ a alg. en categoría *höher im Rang stehen als jd*
precep|tista adj *(m/f) lehrmeisterlich, beckmesserisch* ‖ ~ *m/f Lehrer(in* f), *Unterweiser(in* f) m ‖ *literarische(r) Theoretiker(in* f), *Ästhetiker(in* f) m ‖ **–tivo** adj *vorschriftlich, Vorschrifts-* ‖ **–to** m *Gebot* n, *Befehl* m ‖ *Vorschrift* f, *Anweisung* f ‖ ~

dispositivo ⟨Jur⟩ *Mussvorschrift* f ‖ ~ elástico *Gummi-, Kautschuk\paragraph* m ‖ ~ imperativo → ~ dispositivo ‖ ~ potestativo ⟨Jur⟩ *Ermessensvorschrift* f ‖ ~ religioso *Kirchenvorschrift* f ‖ ◇ cumplir con el ~ ⟨Kath⟩ *die österlichen Pflichten verrichten* ‖ ~s *mpl:* ~ los *die Zehn Gebote* npl **–tor** *m Lehrer, Lehrmeister* m ‖ *Schullehrer* m ‖ *Hauslehrer, Erzieher* m ‖ ⟨lit⟩ *Praeceptor* m ‖ ⟨fig⟩ *Lehrmeister* m ‖ **–toría** *f (Haus)Lehrerstelle* f ‖ **–tuar** [pres ~úo] vt *vorschreiben* ‖ *verordnen*
   preces *fpl Kirchengebet* n ‖ *Bitte* f
   precesión *f* ⟨Astr⟩ *Präzession* f
   pre|ciado adj *geschätzt, schätzenswert* ‖ *prahlerisch* ‖ ~ de sí mismo *eitel, eingebildet* ‖ **–ciar** vt *(wert)schätzen* ‖ → **apreciar** ‖ ~se (de) *s. rühmen* ‖ *s. brüsten* ‖ *stolz sein, s. et. einbilden (auf* acc) ‖ ~se de valiente *den Tapferen spielen*
   precin|ta *m (Steuer)Banderole* f ‖ *Papierband* n ‖ *(Leder)Riemen* m *(an Koffern, Kisten, Packungen usw.)* ‖ ⟨Mar⟩ *Spund* m ‖ **–tado** *m (zollamtliche) Verplombung* f ‖ **–tadora** *f Plombiergerät* n ‖ **–tar** vt *mit e–m Kontrollband versehen* ‖ *den Zollverschluss anlegen (an* acc) ‖ *(zollamtlich) versiegeln* ‖ ⟨Fot⟩ *überkleben (belichtete Filmspule)* ‖ **–to** *m Banderole* f ‖ *Verschluss* m ‖ *Zollverschluss* m ‖ ⟨Com⟩ *Kontrollband* n ‖ *Firmensiegel* n ‖ ~ de plomo *Bleiplombe* f
   precio *m Preis* m ‖ *Wert* m ‖ ⟨fig⟩ *Ansehen* n ‖ ⟨fig⟩ *Bestechung* f ‖ ~ actual *aktueller, jetziger Preis* m ‖ ~ de adjudicación *Zuschlagpreis* m ‖ ~ alto *hoher Preis* m ‖ ~ arreglado *mäßiger Preis* m ‖ ~ aumentado *erhöhter Preis* m ‖ ~ bajo, ~ barato *niedriger Preis* m ‖ ~ de catálogo *Katalog-, Listen\preis* m ‖ ~ de competencia *wettbewerbsfähiger Preis* m ‖ ~ de compra *Einkaufspreis* m ‖ ~ sin compromiso *unverbindlicher Preis, Richtpreis* m ‖ ~ al consumidor *Verbraucherpreis* m ‖ ~ al contado *Bar-, Kassa\preis* m ‖ ~ convencional *od* convenido *Preis* m *laut Vereinbarung* ‖ el ~ corriente *der Marktpreis* ‖ ~ de coste *od* costo *Selbstkosten-, Einstands\preis* m ‖ ~ a destajo *Pauschalpreis* m ‖ ~ al detall *Kleinhandelspreis* m ‖ ~ del día *Tagespreis* m ‖ ~ disuasor *unbezahlbarer Preis* m ‖ ~ efectivo *Effektivpreis* m ‖ ~ elevado *hoher Preis* m ‖ ~ equivocado *falscher Preis* m ‖ ~ especial *Sonderpreis* m ‖ ~ de estimación *Schätz\preis, -wert* m ‖ ~ excepcional *Ausnahmepreis* m ‖ ~ exorbitante *übertriebener Preis* m ‖ *unerschwinglicher Preis* m ‖ ~ de fábrica *Fabrikpreis* m ‖ ~ ex fábrica *Preis* m *ab Werk* ‖ ~ fabuloso *fantastischer Preis* m ‖ ~ de favor *Vorzugspreis* m ‖ ~ fijo *Festpreis* m ‖ ~ final *Endpreis* m ‖ ~ fuerte *Ladenpreis* m ‖ ~ global *Pauschalpreis* m ‖ ~ irrisorio *Spott-, Schleuder\preis* m ‖ ~ en junto *Pauschalpreis* m ‖ ~ de librero *Buchhändlerpreis* m ‖ ~ limitado *Limitpreis* m ‖ ~ máximo *Höchstpreis* m ‖ ~ medio *Mittel-, Durchschnitts\preis* m ‖ ~ de(l) mercado *Marktpreis* m ‖ ~ mezquino *Schand-, Spott\preis* m ‖ ~ mínimo *niedrigster Preis* m ‖ ~ moderado *od* módico *mäßiger Preis* m ‖ ~ negociable *Verhandlungssache* f ‖ ~ neto *Nettopreis* m ‖ ~ de ocasión *Gelegenheitspreis* m ‖ *sehr günstiger Preis* m ‖ ~ ordinario *Ladenpreis* m ‖ ~ de orientación, ~ orientativo *Richtpreis* m ‖ ~ al por mayor *Engros-, Großhandels\preis* m ‖ ~ al por menor *Kleinhandelspreis* m ‖ ~ preferente *od* de preferencia *Vorzugspreis* m ‖ ~ proporcionado *angemessener Preis* m ‖ ~ de propaganda *Werbepreis* m ‖ ~ razonable *angemessener Preis* m ‖ ~ reducido *ermäßigter Preis* m ‖ ~ regalado

Spott-, Schleuder\preis m ‖ ~ regulador *Richtpreis* m ‖ ~ de reventa *Wiederverkaufspreis* m ‖ ~ ruinoso *Schleuder-, Spott\preis* m ‖ ~ de saldo *Ausverkaufs-, Gelegenheits\preis* m ‖ ~ de suscripción *Subskriptionspreis* m ‖ ~ tasa *behördlich festgesetzter Preis* m *(von Lebensmitteln usw.)* ‖ ~ de tasación *Schätzpreis* m ‖ ~ tope *Höchstpreis* m ‖ ~ de transporte *Beförderungspreis* m ‖ *Frachtsatz* m ‖ ~ único *Einheitspreis* m ‖ ~ de usura *Wucherpreis* m ‖ ~ de venta *Verkaufspreis* m ‖ ~ de venta al público (P.V.P.) *Ladenpreis* m ‖ ~ ventajoso *vorteilhafter Preis* m ‖ el último ~ *der äußerste, niedrigste Preis* ‖ vil ~ *Schandgeld* n ‖ ◆ a buen ~ *zu e–m niedrigen Preis (aus der Sicht des Käufers)* ‖ *teuer, zu e–m hohen Preis (aus der Sicht des Verkäufers)* ‖ a cualquier ~ *um jeden Preis* ‖ zu *Schleuderpreisen* ‖ al ~ ínfimo *zum niedrigsten Preis* ‖ a menos ~ *wohlfeiler* ‖ a mitad de ~ *zum halben Preis* ‖ a ningún ~ *um k–n Preis* ‖ ⟨fig⟩ *nicht im Traum* ‖ a ~ de oro *sehr teuer* ‖ a poco ~ *billig, wohlfeil* ‖ a ~ de rescate *zum Rückkaufswert* ‖ a ~ de su salud *auf Kosten s–r Gesundheit* ‖ a todo ~ *um jeden Preis* ‖ ◇ alquilar al ~ de … *zu … vermieten* ‖ alzar el ~, aumentar el ~ *den Preis erhöhen* ‖ aumentar de ~ *(im Preis) steigen, teurer werden* ‖ bajar el ~ *den Preis ermäßigen* ‖ bajar de ~ *(im Preis) fallen, billiger werden* ‖ cotizar un ~ *e–n Preis notieren* ‖ debatir el ~ *den Preis aushandeln* ‖ elevar el ~ → alzar el ~ ‖ fijar el ~ *den Preis festsetzen* ‖ hacer bajar el ~ *den Preis herabdrücken* ‖ limitar, mantener el ~ *den Preis limitieren, halten* ‖ obtener un ~ *e–n Preis erzielen* ‖ pasar del ~ *den Preis überschreiten* ‖ poner el ~ a algo *et. taxieren, den Preis von et. od für et. bestimmen* ‖ poner a ~ *e–n Preis ausschreiben auf …* (acc) ‖ *et. abschätzen* ‖ poner a ~ la cabeza de alg. ⟨fig⟩ *e–n Preis auf jds Kopf aussetzen* ‖ ponerse a ~ ⟨fig⟩ *s. der Prostitution hingeben (Frau)* ‖ sc lo pondré al ~ más reducido *ich werde es Ihnen zum niedrigsten Preis überlassen* ‖ rebajar el ~, reducir el ~ *den Preis ermäßigen* ‖ regatear el ~ *handeln, feilschen* ‖ subir el ~ → aumentar el ~ ‖ subir de ~ → aumentar de ~ ‖ tener ~ *Absatz finden* ‖ no tener ~ *nicht zu bezahlen sein, unbezahlbar sein* ‖ *unvergleichlich sein* ‖ valer su ~ *preiswert sein* ‖ vender a bajo ~, a cualquier ~ *unter Preis verkaufen* ‖ ¿qué ~ tiene …? *wie ist der Preis von …?* ‖ ~s *mpl Preis\stellung, -liste* f ‖ ~ de antes de la guerra *Vorkriegspreise* mpl *(& fig)* ‖ ~ astronómicos *astronomische Preise* mpl ‖ ~ prohibitivos *unerschwingliche Preise*, ⟨fam⟩ *Fantasie-, Wucher\preise* mpl ‖ ~ unificados *Einheitspreise* mpl ‖ ◇ emparejar los ~ con … *die Preise ausrichten an* (dat) … ‖ ◇ espero sus ~ *ich erwarte Ihren Kostenvoranschlag*
   precio|sa *f* ⟨fam⟩ *Schätzchen, Liebchen* n, ⟨fam⟩ *Puppe* f *(Kosewort)* ‖ **–sidad** *f Kostbarkeit* f ‖ *Vortrefflichkeit* f ‖ ⟨fam⟩ *bildschönes Mädchen* n ‖ ◇ es una ~ *sie ist wunder\bar, -voll* ‖ **–silla** *f* ⟨fam⟩ *Zierpuppe* f ‖ **–sismo** *m* ⟨Lit⟩ *geschraubter, gezierter Stil* m ‖ *Preziösentum* n ‖ *Preziosität* f ‖ **–sista** *f* ⟨Lit⟩ *Précieuse* f ‖ **–so** adj *kostbar, köstlich* ‖ *herrlich, vortrefflich* ‖ *wertvoll* ‖ ⟨fam⟩ *schön, nett* ‖ *witzig, spaßhaft* ‖ *affektiert* (bes. lit) ‖ ~ *m* ⟨fam⟩ *Schätzchen, Liebchen* n ‖ **–sura** *f* Am → **preciosidad**
   precipicio *m Abgrund* m ‖ ⟨fig⟩ *Untergang* m ‖ ⟨fig⟩ *Ruin* m ‖ ◆ al borde del ~ ⟨fig⟩ *am Rande des Abgrunds*
   precipi|tación *f Übereilung* f ‖ *Hast, Hastigkeit* f ‖ ⟨Chem⟩ *(Aus)Fällung* f, *Fällen* n,

Niederschlag m ‖ ⟨Meteor⟩ *Niederschlag* m ‖ ◆ con ~ *hastig, voreilig* ‖ grandes –*taciones* en el Cantábrico ⟨Meteor⟩ *starke Niederschläge an der kantabrischen Küste* ‖ **–tadamente** adv *voreilig, kopfüber* ‖ ◇ entrar ~ *(ins Zimmer) stürzen* ‖ **–tado** adj *übereilt, vorschnell, hastig* ‖ ⟨Chem⟩ *ausgefällt* ‖ ~ m ⟨Chem⟩ *(Aus)Fällung* f ‖ *Niederschlag* m, *Präzipitat, Fällungsprodukt* n ‖ ~ *rojo rotes Präzipitat* n *(Quecksilber[II]-oxid)* ‖ **–tante** m ⟨Chem⟩ *Fällungsmittel* n

  precipitar vt *(hinab)stürzen* ‖ *herunterwerfen, abwerfen (das Pferd den Reiter)* ‖ *über|stürzen, -eilen, beschleunigen* ‖ ⟨fig⟩ *ins Verderben stürzen* ‖ ⟨Chem⟩ *(aus)fällen* ‖ **–se** s. *be-, über|eilen* ‖ s. *überstürzen (Ereignisse)* ‖ s. *stürzen* (en *in* acc) ‖ *losstürzen* (sobre *auf* dat) ‖ ⟨Chem⟩ *e–n Niederschlag bilden, (aus)fällen, s. niederschlagen* ‖ ◇ ~ al *od* en el abismo *s. in e–n Abgrund stürzen* ‖ ~ al banco *die Bank bestürmen* ‖ ~ de (desde *od* por) el peñasco *vom Felsen stürzen* ‖ ~ por la escalera arriba *wie ein Blitz die Treppe hinauffliegen* ‖ ~ uno en brazos del otro *s. in die Arme fallen*

  precípite adj ⟨lit⟩ *in Gefahr zu stürzen*

  precipuo adj ⟨lit⟩ *hauptsächlich, vorzüglich* ‖ *vorwiegend*

  precisado adj: me veo ~ a … *ich (sehe) mich gezwungen, genötigt zu …*

  preci|samente adv *bestimmt, genau* ‖ *eben, gerade* ‖ *eigentlich* ‖ *zwangsweise* ‖ y ~ *und zwar* ‖ iba a decirle ~ … *ich wollte Ihnen eben sagen* … ‖ este hombre ~ *eben, ausgerechnet dieser Mann*

  ¹precisar vt *genau angeben* ‖ *präzisieren* ‖ *nötigen, zwingen*

  ²precisar vt *be|nötigen, -dürfen, brauchen* ‖ no preciso de otros informes *ich bedarf k–r weiteren Informationen* ‖ **~se** *nötig sein* ‖ *nötig haben* ‖ se ~a secretaria *Sekretärin gesucht*

  precisión f *Genauigkeit, Präzision, Pünktlichkeit* f ‖ *Bündigkeit f (in der Schreibart)* ‖ *Feinheit* f ‖ *Verbindlichkeit* f ‖ *Zwang* m, *Nötigung, Notwendigkeit* f ‖ *Schärfe* f (& fig) ‖ Am ⟨barb⟩ *Eile* f ‖ ~ de tiro *Treffsicherheit* f ‖ ◆ de toda ~ *sehr dringend* ‖ de ~ *Präzisions-*

  precisiones fpl *genaue(re) Angaben* fpl

  ¹preciso adj *bestimmt* ‖ *genau, präzis(e)* ‖ *pünktlich, genau* ‖ *deutlich, ausdrücklich* ‖ *genau derselbe* ‖ *eingehend* ‖ *bündig (Schreibart)* ‖ ◆ en el momento ~ *(od* ~ momento) *gerade in dem Augenblick*

  ²preciso adj *nötig, notwendig* ‖ ◇ en el caso ~ *nötigenfalls* ‖ *in demselben Fall* ‖ lo ~ *soviel als nötig (ist)* ‖ *Lebensunterhalt* m, *Auskommen* n ‖ ◇ ~ es confesarlo *man muss es gestehen, zugeben* ‖ me es ~ hacerlo *ich muss es tun* ‖ es ~ *es ist (unbedingt) nötig* ‖ si es ~ *eventuell, gegebenenfalls* ‖ *wenn es nötig ist*

  precitado adj *vorbenannt, besagt, vor-, oben|erwähnt*

  precito adj ⟨Rel⟩ *ver|dammt, -worfen* ‖ ~ m: los ~s *die Verdammten* mpl

  preclaro adj *berühmt, erlaucht* ‖ *herrlich, vortrefflich*

  preclásico adj *vorklassisch*

  precocidad f *Frühreife* f ‖ *altkluges Wesen* n *(e–s Kindes)* ‖ ⟨fig⟩ *Vorzeitigkeit* f ‖ ~ intelectual *geistige Frühreife* f

  pre|cocinado adj *vorgekocht* ‖ **–colombino** adj *prä-, vor|kolumbisch* ‖ **–concebido** adj *vorbedacht vorgefasst (Meinung)* ‖ ideas ~as *Vorurteile* npl ‖ **–concebir** [-i-] vt *im Voraus erwägen, bedenken* ‖ **–concepto** m *Vorurteil* n ‖ **–conizar** [z/c] vt *lobpreisen, öffentlich rühmen* ‖ *befürworten, empfehlen* ‖ *präkonisieren, feierlich zum Bischof*

ernennen ‖ el remedio más –conizado *das anerkannteste Mittel* ‖ **–contrato** m ⟨Jur⟩ *Vorvertrag* m ‖ **–conyugal** adj *(m/f) vorehelich* ‖ **–cordial** adj *(m/f)* ⟨An Med⟩ *präkordial*

  precoz [pl ~**ces**] adj *(m/f) frühreif, Früh-altklug (Kind)* ‖ ⟨Med⟩ *vorzeitig (auftretend)* ‖ ⟨fig⟩ *früh mannbar* ‖ ~ en su desarrollo físico *körperlich früh entwickelt* ‖ sus canas ~ces *sein vorzeitig ergrautes Haar* n

  pre|cristiano adj *vorchristlich* ‖ **–cursor** adj *vorlaufend* ‖ *vorangehend* ‖ *bahnbrechend, wegbereitend* ‖ *Pionier-* ‖ ~ m *Vor|läufer, -bote* m ‖ *Wegbereiter, Bahnbrecher* m ‖ ⟨fig⟩ *Pionier* m ‖ el ~ *Johannes* m *der Täufer*

  preda|dor, –torio adj *Plünder(ungs)- ‖ Raub-* ‖ **–dor** m *Plünderer* m ‖ *Raubtier* n

  pre|decesor m *Vorgänger* m ‖ *Vorfahr* m ‖ → **precursor** ‖ **–decir** [irr → *decir,* fut regelm.] vt *vorhersagen* ‖ ~ (el porvenir) *weissagen* ‖ **–definir** vt ⟨Theol⟩ *vorbestimmen*

  predesti|nación f *Vorherbestimmung* f ‖ ⟨Theol⟩ *Prädestination, Gnadenwahl* f ‖ **–nar** vt *vorherbestimmen* ‖ ⟨Theol⟩ *prädestinieren* (& fig)

  predeterminación f *Vorher-, Voraus|besimmung* f ‖ ⟨Biol⟩ *Prädetermination* f ‖ ⟨Theol⟩ *Prädeterminismus* m

  prédica f *Predigt* f ‖ p.ex *Rede* f ‖ ⟨Pol pej⟩ *Propagandareden* fpl ‖ *Schulung* f ‖ las ~s subversivas *die subversiven Parolen*

  predicables mpl ⟨Philos⟩ *Prädikabilien* pl

  predica|ción f *Predigen* n, *Predigt* f ‖ *Ermahnung* f ‖ ⟨Pol⟩ *Schulung* f ‖ ⟨Philos⟩ *Prädikation* f ‖ **–dera** f Ar *Kanzel* f ‖ ~s fpl *Prediger-, Redner|gabe* f ‖ *Redefluss* m ‖ **–do** m *Aussage* f ‖ ⟨Gr Philos⟩ *Prädikat* n ‖ **–dor** m *Prediger* m ‖ *Kanzelredner* m ‖ **–mento** m ⟨Log⟩ *Prädikament* n, *Kategorie* f ‖ *Ruf* m *(den jd genießt)* ‖ *Achtung, Anerkennung* f ‖ ◆ muy en ~, en gran ~ *allgemein bekannt, verbreitet* (z.B. *Heilmittel)* ‖ ◇ estar en buen ~ *Anerkennung finden*

  predi|car [c/qu] vi *verkündigen* ‖ *predigen* ‖ (fam) *ausposaunen, übermäßig loben* ‖ (fam) *(jdm) die Leviten lesen* ‖ ◇ no es lo mismo ~ que dar trigo ⟨Spr⟩ *Reden und Handeln sind zweierlei* ‖ **–cativo** adj ⟨Gr⟩ *aussagend, prädikativ, Aussage-*

  pre|dicción f *Vorher|sagung, -sage, -verkündigung* f ‖ *Prädiktion* f ‖ ⟨Mil⟩ *Vorhalt* m *(Ballistik)* ‖ *Errechnen* n *des Vorhalts* ‖ ~ de tiempo *Wettervorhersage* f ‖ **–dicho** pp/irr von **–decir** ‖ el ~ *der Vor(her)erwähnte*

  predi|lección f *Vorliebe, (Zu)Neigung* f, *Hang* m ‖ ~ por el canto *Vorliebe* f *für den Gesang* ‖ ◇ tiene ~ por ella *er hält große Stücke auf sie, sie ist sein Lieblingskind* ‖ **–lecto** adj *bevorzugt* ‖ *Lieblings-* ‖ su ocupación ~a s–e *(ihre) Lieblingsbeschäftigung* ‖ ◇ nombrar a alg. hijo ~ *jdn zum Ehrenbürger e–r Stadt ernennen*

  predio m ⟨Jur⟩ *Grundstück* n ‖ *(Erb)Gut* n ‖ ~ dominante *herrschendes Grundstück* n ‖ ~ sirviente *dienendes Grundstück* n

  predis|poner [irr → *poner*] vt *vorbereiten* ‖ *empfänglich machen (z.B. für Krankheiten)* ‖ *prädisponieren (para für)* ‖ **~se** s. *im Voraus gefasst machen (para auf* acc) ‖ **–posición** f *Anlage, Geneigtheit, Empfänglichkeit* f *(bes für e–e Krankheit)* ‖ ~ hereditaria ⟨Gen⟩ *Erbanlage* f ‖ **–puesto** pp/adj *geneigt* ‖ *empfänglich* (a *gegen)* ‖ ◇ estar ~ *eingenommen sein* ‖ ser ~ *(besser: tener predisposición)* ⟨Med Gen⟩ *neigen* (a *zu)*

  predomi|nación, –nancia f *Vorherrschen, Übergewicht* n ‖ *Vorherrschaft* f ‖ **–nante** adj *(m/f) vor|herrschend, -waltend* ‖ *vorzüglich* ‖ *überwiegend* ‖ *dominierend* ‖ **–nar** vt/i

beherrschen ‖ ◇ mi casa predomina sobre la tuya
mein Haus ist höher als das deinige ‖ ~ vi
*vorherrschen, die Oberhand haben, dominieren,
überwiegen* ‖ **–nio** *m Vorherrschen, Hervorragen*
n ‖ *Oberherrschaft* f ‖ *Übergewicht* n ‖
Überlegenheit f
  pre|dorsal adj *(m/f)* ⟨Phon⟩ *prädorsal* ‖ **–dorso**
m ⟨An⟩ *Vorderzunge* f
  preele|cción *f Vor(aus)wahl* f ‖ **–gir** vt [g/j]
vorauswählen
  preeminen|cia *f Vor|zug, -rang* m, *-recht* n ‖
Überlegenheit f ‖ *höhere Würde* f ‖ ⟨fig⟩
Hervorragen n ‖ **–te** adj *(m/f) vorzüglich, erhaben*
‖ ⟨fig⟩ *hervorragend, großartig*
  preescolar adj *(m/f) Vorschul-, vorschulisch*
  pre|establecer [-zc-] vt *vorher festsetzen,
vorherbestimmen* ‖ *vorher bestimmen* ‖
–establecido adj *vorher festgesetzt* ‖ ⟨Philos⟩
prästabiliert (Harmonie) ‖ **–excelso** adj *ganz
vorzüglich, unübertrefflich*
  preexis|tencia *f Vorherdasein, früheres Dasein*
n, *Präexistenz* f ‖ **–tente** adj *(m/f) vorher
bestehend, präexistent* ‖ **–tir** vi *vorherbestehen,
früher da sein* ‖ *vorher da sein*
  prefabrica|ción *f Vorfertigung* f ‖ *Herstellung* f
von Fertigteilen ‖ **–do** adj *vorgefertigt* ‖ *Fertig-,
präfabriziert* ‖ **–r** vt *vor|fertigen, -fabrizieren,
präfabrizieren*
  prefacio *m Vor|rede* f, *-wort* n ‖ ⟨Rel⟩
Präfation f
  prefación → **prefacio**
  prefec|to *m* ⟨Hist⟩ *(altrömischer) Präfekt* m ‖
Vorsteher m *(e–s Gerichtshofes, Klosters, e–r
Schulanstalt)* ‖ *(in Frankreich) Präfekt* m ‖ **–tura**
f Präfektur, Präfektenstelle f ‖ *Amtssitz* m *des
Präfekten* ‖ *(Hafen)Behörde* f
  preferen|cia *f Vorzug* m ‖ *Vorliebe* f ‖ ⟨Jur⟩
Vor(zugs)recht n, *Vorrang* m ‖ ⟨Th⟩ *erster Rang,
Vorzugsplatz, Sperrsitz* m ‖ ⟨Th⟩ *Sitzplatz* m ‖ ◆
de (od con) ~ vor|züglich, -nehmlich ‖
vorzugsweise ‖ *am besten* ‖ ◇ *dar ~ den Vorzug
geben* (dat), *vorziehen* ‖ *den Vor|rang, -tritt lassen*
(dat) ‖ **–cial** adj *(m/f)* ⟨Com⟩ *bevorrechtigt* ‖
bevorzugt ‖ *Vorzugs-, Präferenz-* ‖ **–te** adj *(m/f)
bevorrechtet* ‖ *Vorzugs-* ‖ **–temente** adv
hauptsächlich, insbesondere, vor allen Dingen
  preferi|ble adj *(m/f) vorzuziehen(d), was
vorzuziehen ist* ‖ ◇ *es ~ callar es ist besser zu
schweigen* ‖ *es ~ a la fruta es ist dem Obst
vorzuziehen* ‖ *me es ~ ich ziehe es vor* ‖ **–do**
pp/adj *Lieblings-*
  prefe|rir [-ie/i-] vt *vorziehen, bevorzugen, den
Vorzug geben* (dat), *lieber haben* (a *als acc*) ‖
über|treffen, -ragen ‖ ◇ *yo te prefiero a él du bist
mir lieber als er* ‖ *prefiero que te quedes ich
möchte lieber, dass du (da)bleibst* ‖ *–rido entre
todos allgemein vorgezogen*
  prefigu|ración *f Vorausdarstellung* f ‖
Vorhergestaltung f ‖ *Urbild* n ‖ *Präfiguration* f ‖
–rar vt *vorausdeutend darstellen* ‖ *ahnen lassen,
andeuten* ‖ *präfigurieren*
  prefi|jar vt *vorherbestimmen* ‖ *im Voraus,
vorher festlegen* ‖ *anberaumen* ‖ **–jo** pp/irr von
–jar ‖ ~ adj *anberaumt, festgesetzt* ‖ ~ *m* ⟨Gr⟩
Präfix n, *Vorsilbe* f ‖ ⟨Tel⟩ *Vorwahl(nummer)* f
  pre|financiación *f Vorfinanzierung* f ‖
–financiar [pres ~ío] vt *vorfinanzieren*
  prefoliación *f* ⟨Bot⟩ *Knospenlage, Vernation* f
  prefor|mación *f* ⟨Gen⟩ *Vorherbildung,
Präformation* f ‖ ⟨Tech⟩ *Vor(ver)formung* f ‖
–mar vt *vorformen*
  prefs. ⟨Abk⟩ = **preferentes**
  prefulgente adj *(m/f) hell glänzend, strahlend*
  preglacial adj *(m/f) präglazial, voreiszeitlich*
  pregón *m öffentliches Ausrufen* n (bes *e–s*

Straßenhändlers) ‖ *Ast Sant Heiratsaufgebot* n ‖
⟨fig⟩ *Prahlerei* f ‖ *Ausposaunen* n *des Lobes* ‖
⟨pop⟩ *Quatsch* m ‖ ~ *literario Span (dichterische)
Rede f zur Eröffnung von Festlichkeiten* ‖ ◆ *sin*
~ ⟨fig⟩ *ohne Aufsehen, still* ‖ ~ *de viva voz
öffentlicher Warenausruf* m ‖ ◇ *llevar con ~ zur
Schau stellen* ‖ **pregones** *mpl Straßenrufe* mpl
  prego|nar vt *öffentlich ausrufen* ‖ *(Stunden)
abrufen (Nachtwächter)* ‖ ⟨fig⟩ *ausplaudern,
verbreiten, ausposaunen* ‖ ◇ *lo va –nando a los
cuatro vientos* ⟨fam⟩ *er (sie, es) posaunt es
überall aus* ‖ *estar –nado in Verruf od verrufen
sein* ‖ **–neo** *m* ⟨fam⟩ *öffentlicher Ausruf* m ‖
–nero *m öffentlicher Ausrufer* m ‖ *Marktschreier*
m ‖ ⟨fig⟩ *Klatschmaul* n, *Neuigkeitskrämer* m
  preguerra *f Vorkriegszeit* f
  pregun|ta *f Frage* f ‖ *Ausfragung* f, *Verhör* n ‖
~ *capciosa Fangfrage* f ‖ ~ *insidiosa,* ~
sugeridora Suggestivfrage f ‖ ◇ *acosar a* ~s *mit
Fragen bestürmen od* ⟨fam⟩ *löchern* ‖ *andar od
estar od quedar a la cuarta* ~ ⟨figf⟩ *wenig od kein
Geld haben,* ⟨fam⟩ *pleite, blank sein* ‖ *hacer una*
~ *e–e Frage stellen* ‖ *cual la* ~ *tal la respuesta
wie die Frage, so die Antwort* ‖ **–tador** *m
(lästiger) Frager* m (→ **preguntón**) ‖ **–tar** vt/i
fragen ‖ ⟨Jur⟩ *ausfragen, verhören* ‖ ◇ ~ *a alg.
jdn (aus)fragen* ‖ ~ *la lección abfragen (Schüler)*
‖ *eso no se –ta danach fragt man nicht, das ist
ein Geheimnis* ‖ *das ist sonnenklar* ‖ *quien* ~, *no
yerra mit Fragen kommt man durch die Welt* ‖ *le
–tó por su nombre er (sie, es) fragte ihn nach
s–m Namen* ‖ *sin ser –tado ungefragt* ‖ *¿ha –tado
alg. por mí? hat jd (etwa) nach mir gefragt?* ‖
–tón adj ⟨fam⟩ *stetig od dauernd fragend* ‖ ~ *m
lästiger Frager* m
  pregustar vt/i *vorkosten*
  pre|helénico adj *vorhellenisch* ‖ **–hispánico** adj
→ **precolombino**
  prehis|toria *f Vorgeschichte, Prähistorie* f ‖
–toriador *m Vorgeschichtler, Prähistoriker* m ‖
–tórico adj *vorgeschichtlich, prähistorisch*
  pre|incaico adj *vorinkaisch, dem Zeitalter der
Inkas vorausgehend* ‖ **–industrial** adj *(m/f)
vorindustriell* ‖ **–islámico** adj *vorislamisch* ‖
–jubilación *f Früh|pensionierung, -verrentung,
-rente* f, *Vorruhestand* m
  pre|judicial adj *(m/f)* ⟨Jur⟩ *vorläufig,
präjudiziell* ‖ **–ju(d)icio** *m vorgefasste Meinung* f
‖ *Vorurteil* n ‖ ⟨Jur⟩ *Vorfrage* f, *Präjudiz* n ‖ ~s
arraigados eingewurzelte Vorurteile npl ‖ ~ *de
casta,* ~ *de clase Standes|vorurteil* n, *-dünkel* m ‖
◆ *sin* ~s *vorurteilslos* ‖ **–juzgar** [g/gu] vt/i *im
Voraus aburteilen* ‖ ⟨fig⟩ *(voreilig) urteilen* ‖ ⟨Jur⟩
präjudizieren
  prelacía *f Prälatenwürde* f
  prelación *f Vorzug* m ‖ *Vorrang* m ‖ *Vorrecht* f
‖ ~ *de creditos Rangverhältnis* n *von Krediten* ‖
◆ *según la* ~ *nach Rangfolge* (z. B. *Gläubiger*) ‖
◇ *tener el derecho de* ~ *sobre alg. das
Vorzugsrecht vor jdm haben*
  prela|da *f* ⟨Kath⟩ *Oberin* f ‖ *Äbtissin* f ‖ **–do** *m
Prälat* m ‖ *Abt* m ‖ *(Erz)Bischof, Kardinal* m ‖
doméstico Hausprälat m *(des Papstes)* ‖ **–ticio**
adj *Prälaten-*
  prelativo adj *ein Vorrecht gebend od
gewährend*
  prelatura *f* → **prelacía**
  preliminar adj *(m/f) vorläufig, einleitend* ‖
Präliminar- ‖ *Vor-* ‖ ~ *m Vorbemerkung* f ‖ ~**es**
mpl Vorverhandlungen fpl ‖ ⟨Jur⟩ *Vorverhör* n ‖
los ~ *de la paz* ⟨Mil⟩ *die Friedenspräliminarien*
pl, *die Friedensvorverhandlungen* fpl
  pre|lógico adj ⟨Philos⟩ *prä-, vor|logisch* ‖
–logismo *m Prälogismus* m
  prelu|diar vt/i ⟨Mus⟩ *präludieren* ‖ *fantasieren*

‖ ⟨fig⟩ *einleiten, in Angriff nehmen* ‖ **–dio** *m*
⟨Mus⟩ *Präludium* n ‖ ⟨Med⟩ *Vorzeichen* n ‖ ⟨fig⟩
Einleitung f, *Vorspiel* n
△ **prelumina** *f Woche* f
premamá adj *(m/f)*: *vestido* ~ *Umstandskleid*
n
pre|marital, –matrimonial adj *(m/f)* →
preconyugal
  prematu|ramente adv *vor der Zeit* ‖ ~
envejecido vorzeitig alt geworden ‖ **–ro** adj
frühreif ‖ *verfrüht, vorzeitig* ‖ ⟨fig⟩ *verfrüht,*
übereilt ‖ *Früh-*
  premedicacion *f* ⟨Med⟩ *Prämedikation* f
  premedi|tación *f Vorbedacht* m ‖ *Vorsatz* m ‖
Überlegung f ‖ ◆ *con* ~ *vorsätzlich* ‖ ◇ *matar*
con ~ *e–n vorsätzlichen Mord begehen* ‖
–tadamente adv *vorsätzlich* ‖ **–tar** vt *vorher*
bedenken ‖ *überlegen* ‖ ⟨Jur⟩ *vorsätzlich planen*
  premezclar vt *vormischen*
  premia|ción *f Am Präm(i)ierung* f ‖ **–dor** *m*
Belohner m ‖ **–do** adj *mit e–m Preis*
ausgezeichnet ‖ ~ *m Preisträger* m ‖ **–r** vt
belohnen ‖ *Preise austeilen* (a alg. *an jdn*) ‖ *mit*
e–m Preis auszeichnen
  premier *m Premier(minister)* m
  premio *m Belohnung* f ‖ *Preis* m ‖ *Prämie* f ‖
⟨Com⟩ *Auf-, Drein|gabe* f ‖ ⟨Com⟩ *Prämie* f ‖
⟨Com⟩ *Agio, Aufgeld* n ‖ ⟨Mar⟩ *Prisengeld* n ‖
Treffer, Gewinn m (Lotterie) ‖ ~ *ambulante*
Wanderpreis m ‖ ~ *de belleza Schönheitspreis* m
‖ ~ *de consolación Trostpreis* m ‖ ~ *de Estado*
Staatspreis m ‖ ~ *gordo Hauptgewinn* m
(Lotterie) ‖ *gran* ~ *Haupt|preis, -treffer* m ‖ ~ *en*
hallazgo ⟨Jur⟩ *Finderlohn* m ‖ ~ *de honor*
Ehrenpreis m ‖ ~ *en metálico Geldpreis* m ‖ ~
nacional Staatspreis m ‖ ~ *de od a la natalidad*
Geburten|prämie, -zulage f ‖ ~ *Nobel,* ~ *Nóbel*
Nobelpreis m ‖ ~ *de la paz Friedenspreis* m ‖ ~
periódico ~ ~ *ambulante* ‖ *primer* ~
Hauptgewinn m (Lotterie) ‖ ~ *de seguro* ⟨Mar⟩
Versicherungsprämie f ‖ ◆ *a* ~ *auf Zins* ‖ ◇
adjudicar od conceder un ~ *e–n Preis*
zuerkennen, verleihen
  premio|sidad *f Knappheit, Beengtheit* f ‖
Plumpheit, Schwerfälligkeit f *(der Rede, des Stils)*
‖ *Strenge* f ‖ **–so** adj *eng, knapp, beengt* ‖ *plump,*
schwerfällig ‖ ⟨fig⟩ *drängend, Zwangs-* ‖ ⟨fig⟩
steif, starr ‖ ⟨fig⟩ *streng*
  premisa *f* ⟨Log⟩ *Prämisse* f, *Vordersatz* m *(e–s*
Schlusses) ‖ *Vor|bedingung, -aussetzung* f ‖ ⟨fig⟩
Merkmal, Kennzeichen n, *Vorbote* f ‖ ◇
establecer como ~ ⟨fig⟩ *vorausschicken* ‖
voraussetzen
  premoción *f Vorantrag* m
  premolar adj *(m/f) prämolar* ‖ ~ *m*
Prämolarzahn m
  premoni|ción *f Vor|ahnung* f, *-gefühl* n ‖
Vorwarnung f ‖ **–torio** adj *(vor)warnend* ‖ ⟨Med⟩
prämonitorisch, prodromal ‖ *Warn(ungs)-*
  premo(n)stratense *m/*adj ⟨Rel⟩
Prämonstratenser m *(Ordensmönch)*
  premo|riencia *f* ⟨Jur⟩ *Vorversterben* n ‖
–riente adj/s *(m/f) zuerst sterbend* ‖ **–rir** vi
vorversterben
  premuerto adj *vorverstorben* ‖ ~ *m*
Vorverstorbene(r), zuerst Sterbende(r) m
  premu|ra *f Dringlichkeit* f ‖ *Drang, Zwang* m,
Anliegen n ‖ *Eile, Hast* f ‖ *Bedrängnis* f ‖ ◆ *con*
~ *hastig, eilig* ‖ **–roso** adj *hastig, eilig*
  prenatal adj *(m/f) vorgeburtlich* ‖ *für werdende*
Mütter, Schwangerschafts-, Umstands- (z. B.
Kleidung)
  prenavideño adj *vorweihnachtlich*
  prencipal adj/s *(m/f)* ⟨pop⟩ → **principal**
  ¹prenda *f Pfand* n ‖ ⟨fig⟩ *Unterpfand* n ‖ ⟨fig⟩

Liebespfand n ‖ ⟨fig⟩ *Schätzchen, Liebchen* n
(Koseausdruck) ‖ ⟨fig⟩ *Pfand* n, *Sicherheit* f ‖
⟨fig⟩ *Geistesgabe* f ‖ ⟨fig⟩ *Vorzug* m, *gute*
Eigenschaft f ‖ ◆ *en* ~ *(de) als Pfand, als Beweis*
(gen) ‖ *en* ~ *de amistad als Zeichen der*
Freundschaft ‖ ◇ *desempeñar una* ~ *ein Pfand*
einlösen ‖ *hacer* ~ ⟨fig⟩ *s. auf jds Aussage od Tat*
stützen ‖ *soltar* ~ ⟨figf⟩ *s. voreilig verpflichten* ‖
⟨figf⟩ *s. verraten,* ⟨fam⟩ *s. verplappern* ‖ *no soltar*
~ ⟨figf⟩ *s. mit k–m Wort verraten, immer auf der*
Hut sein ‖ ⟨figf⟩ *sehr wortkarg od* ⟨fam⟩
zugeknöpft sein ‖ *tomar dinero sobre una* ~ *auf*
Pfand borgen ‖ ~**s** *fpl Naturgaben* fpl ‖ *gute*
Eigenschaften fpl ‖ ~ *personales persönliche*
Eigenschaften fpl ‖ ◇ *jugar a* ~ *Pfänder spielen* ‖
no me han de doler ~ *para ... ich will alles*
aufbieten, um ...
  ²prenda *f Kleidungsstück* m ‖ ~ *de abrigo*
warmes Kleidungsstück m ‖ ~**s** *íntimas*
Damenunterwäsche f, *Dessous* npl
  pren|dado adj *verliebt* ‖ ~ *de ... eingenommen*
für ... ‖ ~ *de una mujer in e–e Frau verliebt* ‖
–dar vt *pfänden* ‖ *(jdn) für s. gewinnen* ‖ ~**se:** ~
de alg. s. in jdn verlieben
  prendario adj ⟨Jur⟩ *Pfändungs-* ‖ *Pfand-*
  prendedero *m Heftel* n, *Spange* f ‖ *Häkchen* n
‖ *Haarband* n
  ¹prendedor *m Brosche* f ‖ *Rocknadel* f
  ²prendedor *m Verhaftende(r)* m ‖ *Ergreifer* m
  ¹prender vt *nehmen, ergreifen* ‖ *erfassen,*
anpacken ‖ *verhaften, festnehmen* ‖ *befestigen,*
anstecken ‖ *an-, fest|binden* ‖ *an|heften, -stecken* ‖
Am → **emprender** ‖ ◇ ~ *con alfileres mit*
Stecknadeln befestigen, anheften ‖ ⟨Sch⟩
ungenügend, nur vorübergehend lernen ‖ ~ *con*
redes de oro ⟨fig⟩ *verlocken* ‖ ~ *en un gancho an*
e–m Haken aufhängen ‖ ~**se** *s. putzen, s.*
schmücken (Frauen) ‖ *haften bleiben* ‖ ◇ ~ *un*
clavel en el od al cabello s. e–e Nelke ins Haar
stecken ‖ ~ *a alg. Arm in Arm mit jdm gehen* ‖
jdn umarmen ‖ ~ *contra ... s. drücken an* (acc)
  ²prender vt *(Muttertier) decken*
  ³prender vt *anzünden (Feuer, Licht, Zigarette*
usw.) ‖ *be-, er|leuchten, hell machen* ‖ ~ *fuego*
Feuer legen ‖ ~ *un puro e–e Zigarre anzünden* ‖
~ vi *Feuer fangen, (an)brennen* ‖ *angehen (Licht)*
  ⁴prender vi ⟨Med⟩ *angehen (Impfung)* ‖
anwachsen (z. B. *Pilzkultur)* ‖ ⟨Agr⟩ *Wurzel*
fassen
  prende|ría *f Trödler|bude* f, *-laden* m ‖ **–ro** *m*
Trödler m
  prendido *m Kopfputz* m ‖ *Frauenputz* m ‖
Stickmuster n
  prendimiento *m Verhaftung, Festnahme* f ‖
Ergreifen m
  pre|noción *f Vorerkenntnisse* fpl ‖ **–nombre** *m*
⟨Hist⟩ *Vorname* m *(bei den Römern)* ‖ **–notar** vt
vorher anmerken ‖ *vormerken*
  prensa *f (Druck-, Buchdruck)Presse* f ‖
(Wein)Kelter f ‖ ⟨Fot⟩ *Kopierrahmen* m ‖ ⟨fig⟩
Druckerei f ‖ *Drucksachen* fpl ‖ ⟨fig⟩ *Druck* m ‖
⟨fig⟩ *Presse* f ‖ ⟨fig⟩ *Zeitungswesen* n ‖ ~
amarilla ⟨fig⟩ *Regenbogen-, Sensations|presse* f ‖
~ *barata* ⟨fig⟩ *Boulevardpresse* f ‖ ~ *de od para*
copiar Kopierpresse f ‖ ~ *del corazón* → ~
amarilla ‖ ~ *diaria* ⟨fig⟩ *Tagespresse* f ‖ ~
difamatoria ⟨fig⟩ *Revolverpresse* f ‖ ~ *hidráulica*
hydraulische Presse f ‖ ~ *de imprenta,* ~ *para*
imprimir Druckpresse f ‖ ~ *para limones*
Zitronenpresse f ‖ ~ *de manivela Kurbelpresse* f ‖
~ *manual,* ~ *de mano Handpresse* f ‖ ~ *rápida*
Schnellpresse f ‖ ~ *rotativa Rotationspresse* f ‖ ~
para satinar Satinierpresse f ‖ ~ *sensacionalista*
⟨fig⟩ *Boulevard-, Regenbogen-, Sensations|presse*
f ‖ ~ *tipográfica Buchdruckpresse* f ‖ ~ *de*

tornillo *Schraubzwinge* f ‖ ◇ dar a la ~ *in Druck geben, drucken lassen* ‖ estar en ~ *im Druck sein (Buch)* ‖ meter en ~ a alg. ⟨figf⟩ *jdn in die Enge treiben* ‖ tener buena (mala) ~ *e-e gute (schlechte) Presse haben* (& fig)
  prensa|do adj *gepresst* ‖ ~ *m Pressen* n ‖ *Glätten* n ‖ *Pressglanz* m ‖ *Presswurst* f ‖ *Kelterung* f, *Keltern* n *(des Weines)* ‖ *Obstpressen* n ‖ **–dora** *f* ⟨Tech⟩ *Pressmaschine* f
  prensa|estopa(s) *m* ⟨Tech⟩ *Stopfbüchse* f ‖ **–papeles** *m Briefbeschwerer* m
  pren|sar vt *pressen* ‖ *keltern (Wein)* ‖ *glätten (Tuch)* ‖ *auspressen* ‖ ◇ ~se la cabeza *s. den Kopf mit den Händen halten (vor Aufregung usw.)* ‖ **–sil** adj *(m/f)* *Greif-, Wickel-* ‖ **–sión** *f Greifen, Fassen* n
  prensista *m/f Druckerei|gehilfe* m, *-gehilfin* f
  prenun|ciar(se) vt/r *(s. vorher) anmelden* ‖ **–cio** *m Vorbedeutung* f, *Vorzeichen* n
  prenupcial adj *(m/f) vorehelich* ‖ →
preconyugal
  pre|ñado adj *trächtig (Tier)* ‖ *schwanger (Frau)* ‖ ⟨fig⟩ *voll (de von)* ‖ ⟨fig⟩ *ausgebuchtet* ‖ ~ de agua *tropfnass, triefend* ‖ *regenschwer (Wolke)* ‖ ~ de dificultades ⟨fig⟩ *voller Schwierigkeiten* ‖ **–ñar** vt *(weibliche Tiere) befruchten* ‖ *schwängern* ‖ ⟨fig⟩ *füllen, schwängern* (con, de *mit*) ‖ **–ñez** [*pl* ~ces] *f* ⟨Zool⟩ *Trächtigkeit* f ‖ *Tragezeit* f ‖ *Schwangerschaft* f ‖ ⟨fig⟩ *Ungewissheit* f ‖ ⟨fig⟩ *Schwierigkeit* f
  preocu|pación *f Sorge, Besorgnis* f ‖ *Kummer* m ‖ *Unruhe* f ‖ *Zerstreutheit* f ‖ *vorgefasste Meinung* f, *Vorurteil* n ‖ *Befangenheit, Voreingenommenheit, fixe Idee* f ‖ Am *(tiefer) Eindruck* m ‖ ~ de casta *Standesvorurteil* n ‖ ◆ exento de toda ~, sin preocupaciones *sorglos* ‖ *unbefangen* ‖ lleno de preocupaciones *vorurteilsvoll* ‖ ◇ Vd. tiene una ~ contra mí *Sie haben ein Vorurteil gegen mich* ‖ **–pado** adj *sinnend (de auf* acc*)* ‖ *besorgt* (por, con *um, wegen*) ‖ *in Gedanken versunken* ‖ *voreingenommen* ‖ *sehr beschäftigt* (con, por *mit*) ‖ ◇ estoy ~ por *od* con ella *ich bin besorgt um sie*
  ¹preocupar vt *stark beschäftigen, beunruhigen, k-e Ruhe lassen* (dat) ‖ *mit Besorgnis erfüllen* (a causa de *wegen*) ‖ *einnehmen* (por *für*, contra *gegen*) ‖ *befangen machen* ‖ ◇ me –pa tu porvenir *d-e Zukunft macht mir Sorgen* ‖ ~se *s. sorgen* (por *um*), *s. kümmern* (de *um*) ‖ *voreingenommen sein* (con, contra *für, gegen*) ‖ ¡no se –pe Vd.! *seien Sie unbesorgt!* ‖ ◇ no ~ de nada *s. k-e Sorgen machen*
  ²preocupar vt ⟨Jur⟩ *vorher in Besitz nehmen, präokkupieren*
  preoperatorio adj ⟨Med⟩ *präoperativ*
  preopinante *m* ⟨Pol⟩ *Vorredner* m
  prepalatal adj *(m/f)* ⟨Gr⟩ *präpalatal (span. Laute* ch, ll, ñ, y*)*
  prepara|ción *f Vorbereitung* f ‖ *Vorbehandlung, Zubereitung* f ‖ ⟨Chem Tech⟩ *Vor-, Zu|bereitung* f ‖ ⟨Chem⟩ *Ansatz* m, *Darstellung* f ‖ ⟨Pharm Chem⟩ *Präparat* n ‖ *Zurichten* n *(Pelz)* ‖ *Präparierung* f ‖ ~ microscópica ⟨Med Chem⟩ *mikroskopisches Präparat* n ‖ ~ para el viaje *Reisevorbereitung* f ‖ ◆ en ~ *in Vorbereitung* ‖ *im Druck (Buch)* ‖ sin ~ *unvorbereitet* ‖ *aus dem Stegreif* ‖ **–do** adj *bereitet* ‖ *fertig, bereit* ‖ *präpariert* ‖ ⟨fig⟩ *vorbereitet (para auf* acc*)* ‖ ~ *m* ⟨Chem Pharm Med⟩ *Präparat* n ‖ *Mittel* n ‖ ~ hormonal ⟨Pharm⟩ *Hormonpräparat* n ‖ ~ (a base) de mercurio *Quecksilberpräparat* n ‖ **–dor** *m* **a)** *Präparator* m ‖ **b)** ⟨Sp⟩ *Trainer, Ausbilder* m ‖ **prepa|rar** vt *vorbereiten* ‖ *(zu)bereiten (Speise,*

Getränk) ‖ *ein-, zu|richten* ‖ *errichten* ‖ *in die Wege leiten* ‖ *ansetzen (Versuch)* ‖ *herstellen (Mittel)* ‖ ⟨An Chem Pharm⟩ *präparieren* ‖ ◇ ~ el camino ⟨fig⟩ *den Weg bahnen* ‖ ~ la tierra *den Boden bearbeiten* ‖ ~**se** *s. rüsten, s. einrichten* ‖ *s. (auf et. acc) vorbereiten* ‖ ⟨fig⟩ *im Anzug sein* ‖ ◇ ~ a los exámenes *s. auf Prüfungen vorbereiten* ‖ ~ contra algo *gegen et. Vorsichtsmaßnahmen ergreifen* ‖ ~ a *od* para algo *s. auf et.* (acc) *vorbereiten* od *einrichten* ‖ *s. auf et.* (acc) *gefasst machen* ‖ estar –rado para algo *auf et.* (acc) *gefasst sein* ‖ estar –rado para lo peor *auf das Schlimmste gefasst sein* ‖ estoy –rado para el viaje *ich bin reisefertig* ‖ tener ~ *in Bereitschaft halten* ‖ **–rativo** adj → **–ratorio** ‖ ~ *m Vorbereitung* f ‖ ◇ hacer ~s (para) *Vorbereitungen, Anstalten treffen, s. vorbereiten (zu)* ‖ ultimar los ~s *die letzten Vorbereitungen treffen* ‖ **–ratorio** adj *vorbereitend* ‖ *Vorbereitungs-* ‖ *Vor-*
  preponde|rancia *f Über|gewicht* n, *-macht* f ‖ *Überwiegen* n ‖ *Überlegenheit* f ‖ *Vor|machtstellung, -herrschaft* f ‖ *Vorherrschen* n ‖ **–rante** adj *(m/f) überwiegend* ‖ *vorwiegend* ‖ *gewichtiger, stärker* (& fig) ‖ *vorherrschend* ‖ *ausschlaggebend, entscheidend* ‖ ~**mente** adv *vorwiegend, hauptsächlich* ‖ **–rar** vi *überwiegen* ‖ *vor|herrschen, -wiegen* ‖ ~ sobre *das Übergewicht haben über* (acc)
  prepo|ner [irr → **poner**] vt *vorsetzen* ‖ *vorziehen* ‖ **–sición** *f* ⟨Gr⟩ *Präposition* f, *Verhältniswort* n, Öst *Vorwort* n ‖ ~ inseparable ⟨Gr⟩ *Präfix* n ‖ **–sicional** adj *(m/f) präpositional* ‖ **–sitivo** adj *als Präposition gebraucht* ‖ ~ *m* ⟨Gr⟩ *Präpositiv* m
  prepósito *m* ⟨Rel⟩ *(Ordens)Probst, Vorsteher, Präpositus, Prior* m
  preposteración *f gänzliche Verwirrung* f ‖ *Umsturz* m
  prepoten|cia *f Übermacht* f, *Vorherrschen* n ‖ Pe *Arroganz, Überheblichkeit* f ‖ **–te** adj/s *(m/f) übermächtig, vorherrschend* ‖ Pe *arrogant, überheblich*
  prepucio *m* ⟨An⟩ *Vorhaut* f, *Präputium* n
  prepuesto pp/irr von **preponer**
  prerrafae|lismo *m* ⟨Mal⟩ *Präraffaelismus* m ‖ **–lita** adj *(m/f) präraffaelitisch* ‖ ~ *m/f Präraffaelit(in* f) m
  prerrevolucionario adj *vorrevolutionär*
  prerrogativa *f Vorrecht* n, *Prärogative* f ‖ ~s de la edad *Vorrechte* npl *des Alters*
  prerromano adj *vorrömisch*
  prerro|manticismo *m Vorromantik* f ‖ **–mántico** adj *vorromantisch* ‖ ~ *m Vorromantiker* m
  ¹presa *f Fang* m, *Festnahme* f ‖ *Fangen* n ‖ *Wegnahme* f ‖ *Beute* f ‖ *Jagdbeute* f, *Fang* m ‖ ⟨Sp⟩ *Griff* m ‖ ⟨Mar⟩ *Prise* f, *erbeutetes Schiff* n ‖ ~ antirreglamentaria ⟨Sp⟩ *verbotener Griff* m ‖ ◇ hacer ~ *fangen, packen, greifen* ‖ ⟨fig⟩ *ausbeuten* ‖ *für s. ausnützen* ‖ hacer ~ en alg. ⟨fig⟩ *s. jds bemächtigen, jdn befallen, ergreifen (Leidenschaft)* ‖ ser ~ de las llamas *ein Raub der Flammen werden* ‖ ser ~ de rabia *wuterfüllt sein* ‖ soltar ~ *loslassen, aufgeben* ‖ ~**s** fpl *Fang-, Reiß|zähne* mpl *(der Hunde)* ‖ *Fänge* mpl, *Krallen* fpl *(der Greifvögel)*
  ²presa *f* ⟨Hydr⟩ *Talsperre* f ‖ *Wehr, Stauwerk* n ‖ ~ de alzas *Schützenwehr* n ‖ ~ móvil *bewegliches Wehr* n ‖ ~ de tierra *Staudamm* m
  ³presa *f weiblicher Sträfling* m
  △ **presas** conj *weil, da*
  presa|giar vt *vorhersagen, prophezeien* ‖ *voraussehen* ‖ **–gio** *m Vorbedeutung* f ‖ *An-, Vor|zeichen* n ‖ *Mutmaßung, Vermutung, Ahnung* f

présago adj/s *(unheil)verkündend,* ⟨pop⟩
abergläubisch
presb. ⟨Abk⟩ = **presbítero**
presbiatría *f* ⟨Med⟩ → **geriatría**
pres|bicia, –biopía *f* ⟨Med⟩
Alters(weit)sichtigkeit f
présbi|ta, –te adj *(m/f)* ⟨Med⟩
alters(weit)sichtig ‖ ~ *m/f*
Alters(weit)sichtige(r m) f
presbiterado *m* ⟨Kath⟩ *dritter Grad m der
höheren Weihen*
presbiteria|nismo *m* ⟨Rel⟩
Presbyterialverfassung f ‖ **–no** adj
presbyterianisch ‖ ~ *m Presbyterianer* m
pres|biterio *m* ⟨Prot⟩ *Presbyterium* n ‖ **–bítero**
m Priester m
pre|sciencia *f Vorherwissen* n ‖ **–sciente** adj
(m/f) vorherwissend
prescin|dencia *f Am Verzichtleistung,
Nichtbeachtung* f (→ **abstracción**) ‖ **–dente** adj
(m/f) Am unabhängig (→ **independiente**) ‖
–dible adj *(m/f) entbehrlich, abkömmlich, unnötig*
‖ **–dir** vt *trennen, absondern* ‖ ~ vi: ~ de algo
über et. hinweggehen, von et. absehen ‖ *et.
unterlassen* ‖ ~ de la vía oficial *den Amtsweg
nicht einhalten* ‖ no poder ~ de algo *bzw* alg. *et.
bzw jdn nicht entbehren können* ‖ –diendo de ...
abgesehen von ... ‖ *abgesehen davon, dass* ...
¹prescribir [pp prescrito] vt *vorschreiben,
verordnen* ‖ *ärztlich verschreiben*
²prescribir [pp prescrito] vt *durch Verjährung
er|werben, -sitzen* ‖ ~ vi *verjähren*
¹prescripción *f Vorschrift, Bestimmung* f ‖
⟨Med⟩ *Verschreibung* f ‖ *Verordnung* f ‖ ~
facultativa *Kann-Bestimmung* f ‖ ~ obligatoria
Muss-Bestimmung f ‖ ◆ de conformidad con las
prescripciones *den Vorschriften gemäß* ‖ salvo ~
facultativa ⟨Med⟩ *wenn vom Arzt nicht anders
verordnet* ‖ según ~ facultativa *laut od nach
ärztlicher Verordnung*
²prescrip|ción *f* ⟨Jur⟩ *Verjährung* f ‖
Verjährungsfrist f ‖ ~ adquisitiva *Ersitzung* f ‖ ~
extintiva *(rechtsvernichtende) Verjährung* f ‖
–tible adj *(m/f) verjährbar*
prescrito pp/irr von **¹prescribir** und
²prescribir
presea *f Kleinod, Juwel* n
preselec|ción *f Vor(aus)wahl* f ‖ ⟨Sp⟩
vorläufige Auswahl f (& allg) ‖ **–tor** *m Vorwähler*
m
presen|cia *f Gegenwart, Anwesenheit* f ‖
Vorhandensein n ‖ *(Da)Beisein* n ‖ *Vor|finden,
-kommen* n ‖ *Aussehen, Äußere(s)* n *(e-s
Menschen)* ‖ ⟨fig⟩ *Rücksichtnahme* f ‖ ~ de
ánimo *od* de espíritu *Geistesgegenwart* f ‖ ~ de
veneno en un alimento *Vorkommen* n *von Gift in
e-r Speise* ‖ ◆ en *(od* a) ~ de alg. *in jds Beisein,
in jds Gegenwart* ‖ en ~ de angesichts (gen) ‖ ◇
hacer acto de ~ *persönlich erscheinen, anwesend
sein* ‖ tiene buena ~ *er (sie, es) macht e-e gute
Figur, er (sie, es) sieht gut aus* ‖ vino a su ~ *er
(sie, es) erschien vor ihm* ‖ ¡quítate de mi ~! *lass
dich vor m–n Augen nicht mehr blicken!* **–cial**
adj *(m/f) Präsenz-,* ‖ testigo ~ *Augenzeuge* m ‖
–ciar vt *beiwohnen, dabei sein bei, Augenzeuge
sein von* ‖ *erleben* ‖ ◇ he –ciado la desgracia *ich
bin Zeuge des Unglücks gewesen* ‖ he –ciado los
horrores de la guerra *ich habe die Kriegsgräuel
persönlich miterlebt*
presenil adj *(m/f)* ⟨Physiol⟩ *präsenil*
presentable *(m/f)* adj *anständig* ‖
gesellschaftsfähig ‖ *gut aussehend* ‖ *vorstellbar* ‖
annehmbar ‖ ◆ en forma ~ *in anständiger Form*
‖ ◇ estar ~ *gesellschaftsfähig sein* ‖ *s. sehen
lassen können*

¹presentación *f Vor-, Dar|stellung* f ‖
Vor|zeigung, -legung f ‖ *Präsentierung* f ‖
Anmeldung f ‖ *Empfehlungsschreiben* n ‖ *Eingabe*
f, *Einreichen* n *(e–s Gesuchs)* ‖ Am *Gesuch* n,
Eingabe f ‖ *Erscheinung* f, *persönliches Einfinden*
n ‖ *Äußere(s)* n, ⟨fam⟩ *Aufmachung* f ‖
Ausstattung, Aufmachung f *(e–s Buches, e–r
Ware)* ‖ ⟨Th⟩ *Inszenierung, Aufführung* f ‖ ⟨Film⟩
Filmvorstellung f ‖ ⟨Film⟩ *Uraufführung* f ‖ ~ de
la compañía ⟨Th ⟩ *erste Vorstellung* f *(e–r
Schauspielertruppe)* ‖ ~ de la letra ⟨Typ⟩
Schriftbild n ‖ ~ (de Nuestra Señora) ⟨Kath⟩
Mariä Opferung f *(Fest am 21.9., &
Frauenname)* ‖ a la ~ ⟨Com⟩ *bei Vorzeigung* ‖ de
~ ⟨Mil⟩ *in Galauniform* ‖ ◇ abonar un cheque a
su ~ ⟨Com⟩ *e–n Scheck bei Vorzeigung einlösen*
²presentación *f* ⟨Med⟩ *(Frucht)Lage* f *(bei der
Geburt)* ‖ ~ cefálica *Kopflage* f ‖ ~ de
extremidad pélvica *od* de nalgas *Beckenendlage* f
‖ ~ transversa *Querlage* f
presentador *m Vorzeiger* m ‖ *Vorschlagende(r)*
m ‖ ⟨Radio TV⟩ *Moderator* m *(auch bei
Veranstaltungen)* ‖ *Ansager* m
presentar vt *dar-, vor|stellen* ‖ *vorstellen,
einführen, empfehlen (Person)* ‖ *(vor)zeigen, zum
Vorschein bringen* ‖ *einreichen (Gesuch)* ‖ *(als
Geschenk) anbieten, überreichen* ‖ *liefern,
beibringen (Beweise)* ‖ *aufweisen* ‖ *bieten,
machen (Schwierigkeiten)* ‖ *vorschlagen (für ein
Amt)* ‖ ◇ ~ a la aceptación ⟨Com⟩ *zur Annahme
vorlegen (Wechsel)* ‖ ~ armas ⟨Mil⟩ *(das Gewehr)
präsentieren* ‖ ~ un balance de ... ⟨Com⟩ *e–n
Saldo von ... aufweisen* ‖ ~ la batalla *die
Schlacht anbieten bzw liefern* ‖ ~ los billetes
⟨EB⟩ *die Fahrkarten vorzeigen* ‖ ~ al cobro
⟨Com⟩ *zum Inkasso vorlegen* ‖ *kassieren, einlösen*
‖ ~ una colección *e–e Kollektion vorführen* ‖ ~
demanda, (su) querella *die Klage einreichen* ‖ ~
dificultades *Schwierigkeiten bieten* ‖ ~
documentos *Dokumente vorzeigen* ‖ ~ excusas *s.
entschuldigen, Entschuldigungen vorbringen* ‖ ~
a la firma *zur Unterschrift vorlegen* ‖ ~ ganancia
⟨Com⟩ *e–n Gewinn aufweisen* ‖ ~ una herida en
el brazo *e–e Wunde am Arm haben* ‖ la herida
–taba la impresión de los dientes *auf der Wunde
war der Eindruck der Zähne zu sehen* ‖ ~ algo
por el lado favorable *et. von der günstigen Seite
aus darstellen* ‖ ~ al pago → ~ al cobro ‖ ~
perspectivas *Aussichten bieten* ‖ ~ una protesta
Einspruch erheben ‖ ~ al protesto ⟨Com⟩
protestieren (Wechsel) ‖ ~ pruebas *Beweise
beibringen, liefern* ‖ ~ como (un) regalo *zum
Geschenk anbieten, schenken* ‖ ~ su renuncia *sein
Amt niederlegen* ‖ ~ un saldo ⟨Com⟩ *e–n Saldo
aufweisen* ‖ ~ una solicitud *ein Gesuch
einreichen* ‖ ~ testigos *Zeugen aufführen* od
benennen ‖ ~ ventajas *Vorteile bringen* ‖ lo –to a
su consideración *ich stelle es Ihnen anheim* ‖ las
cosas –tan (od se –tan bajo) un mal aspecto *die
Verhältnisse liegen ungünstig* ‖ ¡presenten ... ar!
⟨Mil⟩ *präsentiert das ... Gewehr!* ‖ ~**se** *s. vor-,
dar|stellen* ‖ *s. zeigen, erscheinen* ‖ *s. ereignen,
vorkommen* ‖ *auftreten, s. anbieten* ‖ *erscheinen* ‖
◇ ~ al mundo ⟨fig⟩ *zum ersten Mal in der
Gesellschaft erscheinen* ‖ ~ al juez *vor Gericht
erscheinen* ‖ ~ por candidato para las elecciones
s. als Wahlkandidat aufstellen lassen, kandidieren
‖ tengo el gusto de –tarme *ich erlaube mir, mich
vorzustellen* ‖ rara vez se –ta un caso semejante
ein solcher Fall kommt selten vor
¹presente adj *(m/f) gegenwärtig, anwesend,
zugegen* ‖ *jetzt, dermalig, zeitgenössisch* ‖ ◆ al
~, de ~ *gegenwärtig* ‖ desde el 1° del ~ (mes)
seit dem 1. dieses Monats ‖ en el caso ~ *im
vorliegenden Fall* ‖ por el (od la, lo) ~ *fürs Erste*

(einstweilen) ‖ ◇ estar ~ *anwesend sein* ‖ estar de cuerpo ~ *(feierlich) aufgebahrt sein (Leiche)* ‖ p. ex *tot sein* ‖ hacer ~ *erinnern, vergegenwärtigen*, ⟨fam⟩ *zu Gemüte führen* ‖ tener ~ *im Auge haben, vor Augen halten* ‖ *eingedenk sein* (gen) ‖ lo tendré ~ *ich werde es beachten, ich werde daran denken* ‖ sus parientes ruegan tengan ~ *al finado en sus oraciones s–e Angehörigen bitten, den Verstorbenen in ihre Gebete einzuschließen (Traueranzeige)* ‖ ¡~! *hier!* ‖ ~ *Hier (auf Briefanschriften)*

²presente *m Gegenwart* f ‖ ⟨Gr⟩ *Gegenwart* f, *Präsens* n ‖ ◆ hasta el ~ *bis jetzt, bis heute*

³presente *m Geschenk* n, *Gabe* f, *Präsent* n

⁴presen|te *f:* por la ~ ⟨pop⟩ *vorläufig, einstweilen, jetzt* ‖ ◇ la ~ tiene por objeto … ⟨Com⟩ *der Zweck dieses Schreibens ist (es,) …* ‖ por la ~ informo a Vd. … *hierdurch (od hiermit) benachrichtige ich Sie, … (Briefstil)* ‖ **–temente** adv *jetzt, gegenwärtig*

presen|timiento *m Vorgefühl* n, *(Vor)Ahnung* f ‖ ~ de la muerte *Todesahnung* f ‖ ◇ tener un mal ~ *e–e böse Ahnung haben* ‖ **–tir** [-ie/i-] vt *(voraus)ahnen* ‖ *im Voraus wissen*

presepio *m (Futter)Krippe* f ‖ *Unterstand* m *(für Vieh)*

presera *f* ⟨Bot⟩ → **²amor** de hortelano

presero *m Wärter e–r Stauanlage, Schleusen-, Wehr|wärter* m

preser|vación *f Be-, Ver|wahrung* f ‖ *Schutz* m ‖ *Vorbeugung* f ‖ **–vador** *m/adj Beschützer* m ‖ **–var** vt *bewahren, hüten, schützen* (de *vor* dat, contra *gegen*) ‖ ◇ ~ de daño *vor Schaden bewahren* ‖ ~ del frío *vor Kälte schützen* ‖ **~se:** ~ (de *vor* dat) ‖ *s. hüten (vor* dat*)* ‖ ¡Présérvese de la humedad! *vor Feuchtigkeit zu schützen!* ‖ **–vativo** adj *schützend* ‖ ~ *m Schutz(mittel* n*)* m ‖ *Vorbeugungsmittel* n ‖ *Präservativ* n, *Kondom* n (& m)

presi *m* Kurzform für **presidente**

presiden|cia *f Präsidentschaft* f ‖ *Präsidentenpalais* n ‖ *Präsidentenwürde* f ‖ *Vorsitz* m, *Präsidium* n ‖ ⟨Taur⟩ *(Ehren)Präsidentschaft* f *(e–s Stierkampfs)* ‖ ~ por rotación *turnusmäßig wechselnde(r) Vorsitz* m ‖ ~ del Consejo de Ministros *Vorsitz* m *des Ministerrates* ‖ ~ de honor *Ehrenvorsitz* m ‖ ◆ bajo la ~ de … *unter dem Vorsitz von …* ‖ ◇ ocupar la ~ *den Vorsitz führen* ‖ **–cial** adj *(m/f) präsidial, Präsidial-, Präsidenten-, Vorsitz-* ‖ **–cialismo** *m* ⟨Pol⟩ *Präsidialsystem* n ‖ **–cialista** adj *(m/f) Präsidial-* ‖ ~ *m/f Anhänger(in* f*)* m *des Präsidialsystems* ‖ **–te** *m Vorsitzende(r), Präsident* m ‖ *Obmann* m ‖ *Präsident* m *e–r Republik* ‖ ~ electo *gewählter, noch nicht amtierender Präsident* ‖ ~ federal *Bundespräsident* m ‖ ~ del gobierno *Regierungschef* m ‖ ~ honorario *Ehren|vorsitzende(r), -präsident* m

presi|diario *m (Zuchthaus)Sträfling,* ⟨fam⟩ *Zuchthäusler* m ‖ **–dio** *m* ⟨Mil⟩ *(Festungs)Besatzung* f ‖ *Kerker* m, *Strafanstalt* f ‖ *Zwangs-, Festungs|arbeit* f ‖ *Zuchthaus* n *(Strafe)* ‖ ⟨fig⟩ *Hilfe* f, *Beistand* m ‖ ◇ sentenciar a ~ *zu (schwerem) Kerker, zu Zwangsarbeit, zu Zuchthausstrafe verurteilen*

presidir vt/i *den Vorsitz führen, präsidieren, vorstehen* ‖ ◇ ~ una corrida ⟨Taur⟩ *bei e–m Stierkampf die (Ehren)Präsidentschaft haben* ‖ ~ el duelo *Hauptleidtragender sein* ‖ ~ una fiesta *ein Fest, e–e Festlichkeit leiten* ‖ ~ la mesa de edad *als Alterspräsident fungieren* ‖ … presidía el acto … *führte den Vorsitz* ‖ la más escrupulosa limpieza que preside las elaboraciones ⟨Pharm⟩ *die peinlichste Sauberkeit, mit der die Verarbeitung vorgenommen wird* ‖ el retrato que

preside el libro *das Bildnis auf der Titelseite des Buches* ‖ el libro está –dido por una idea fundamental *das Buch ist auf e–r Grundidee aufgebaut* ‖ ~ vi *vorstehen, Obmann sein* ‖ ⟨fig⟩ *leiten* ‖ ⟨fig⟩ *das Wort führen* ‖ ~ en un tribunal *bei e–m Gericht den Vorsitz führen* ‖ allí preside la caridad *dort herrscht die Wohltätigkeit (die Milde) vor*

presidium *m:* ~ del Soviet supremo ⟨Pol Hist⟩ *Präsidium* n *des Obersten Sowjets*

presilla *f Paspelschnur* f ‖ *Spange* f ‖ *Schnalle* f ‖ Col *Achselband* n

△ **presimelar** vt/i *anfangen*

presión *f Druck* m, *-kraft* f ‖ ⟨fig⟩ *Zwang, Druck* m ‖ ~ arterial ⟨Physiol⟩ *(arterieller) Blutdruck* m ‖ ~ atmosférica *f Atmosphären-, Luft|druck* m ‖ ~ por contacto *Kontaktdruck* m ‖ ~ fiscal → ~ tributaria ‖ ~ sanguínea ⟨Physiol⟩ *Blutdruck* m ‖ ~ tributaria *Steuer|belastung* f, *-druck* m ‖ ~ del vapor *Dampfdruck* m ‖ ~ venosa ⟨Physiol⟩ *(venöser) Blutdruck* m ‖ ◇ ejercer *od* hacer ~ sobre algo *bzw* alg. *auf et. bzw jdn Druck ausüben* ‖ hacer ~ en las elecciones *die Wahlen beeinflussen*

presionar vt *drücken (z. B. Knopf)* ‖ *Druck ausüben (& fig)*

presistólico adj ⟨Physiol⟩ *präsystolisch*

preso pp/irr von **prender** ‖ ~ *m Gefangene(r)* m ‖ *Verhaftete(r)* m ‖ *Sträfling* m ‖ ◇ meter ~ ⟨pop⟩ *verhaften* ‖ *einkerkern* ‖ ¡date ~! *ergib dich!*

presona *f* And ⟨pop⟩ → **persona**

presóstato *m* ⟨Tech⟩ *Druck|regler, -wächter* m

presta|ción *f Leistung* f ‖ ~ económica *Geldleistung* f ‖ ~ en caso de enfermedad *Krankengeld* n ‖ ~ en especie *Sachleistung* f ‖ ~ de garantía *Gewährleistung* f ‖ ~ de juramento *Eidesleistung* f ‖ ~ laboral *Arbeitsleistung* f ‖ ~ personal *persönliche Dienstleistung* f ‖ ⟨Hist⟩ *Frondienst* m ‖ ~ de servicio *Dienstleistung* f ‖ ~ social *Sozialleistung* f

presta|do adj/s *gellehen* ‖ ◆ de ~ *leihweise* ‖ ◇ dar ~ *leihen (sobre auf* acc*)* ‖ *verleihen, borgen* ‖ pedir ~ *entleihen, (aus)borgen* ‖ *mieten* ‖ pedir ~ causa enfado *Borgen macht Sorgen* ‖ tomar ~ *(ent)leihen, borgen, entlehnen* ‖ **–dor** adj *(ver)leihend* ‖ ~ *m Aus-, Ver|leiher* m ‖ **–mista** *m/f Geld|verleiher(in), -borger(in* f*)* m ‖ *Darlehensgeber(in* f*)* m ‖ *Pfandleiher(in* f*)* m

préstamo *m Darleh(e)n* n ‖ *Ausleihen* f ‖ ⟨Ling⟩ *Lehnwort* n *bzw Entlehnung* f ‖ ~ amortizable *Tilgungsdarleh(e)n* n ‖ ~ a la gruesa ⟨Mar⟩ *Bodmerei* f ‖ ~ hipotecario *Hypothekendarleh(e)n* n ‖ ~ interbibliotecario *Fernleihe* f ‖ ~ a interés *verzinsliches Darleh(e)n* n ‖ ~ de nupcialidad *Ehestandsdarleh(e)n* n ‖ ~ pignoraticio *Pfanddarleh(e)n* n ‖ ~ a corto (largo) plazo *kurzfristiges (langfristiges) Darleh(e)n* n ‖ ~ usurario *Wucherdarlehen* n ‖ ◆ a título de ~ *leihweise* ‖ ◆ contraer ~s *Anleihen machen* ‖ dar a ~ *auf Pfand leihen* ‖ recibir en ~ *als Darleh(e)n erhalten* ‖ tomar a ~ *(ent)leihen, borgen, entlehnen*

prestan|cia *f Vor|trefflichkeit, -züglichkeit* f ‖ *prächtige Erscheinung* f ‖ *Stattlichkeit* f ‖ **–cioso** adj *herrlich, vornehm,* ⟨poet⟩ *hehr*

prestar vt/i *(dar)leihen* ‖ *ausleihen* ‖ *gewähren, verleihen* ‖ *leisten (Hilfe, Eid)* ‖ *schenken (Glauben)* ‖ ◇ ~ buena acogida (a una letra *(e–n Wechsel) honorieren* ‖ ◇ ~ atención a alg. *od* a algo *jdm od e–r Sache Aufmerksamkeit schenken, jdn od et. beachten* ‖ ~ el aval para una letra de cambio *Wechselbürgschaft leisten* ‖ ~ ayuda a alg. *jdm zu Hilfe kommen, jdm helfen, jdm Hilfe leisten* ‖ ~ crédito *Glauben schenken* ‖

~ buenos oficios *od* servicios *gute Dienste leisten* ‖ ~ dinero *Geld (aus)leihen* ‖ ~ fe → *crédito* ‖ ~ a interés *auf Zinsen (aus)leihen* ‖ ~ juramento *e–n Eid leisten* ‖ ~ buenos oficios *gute Dienste leisten* ‖ ~ (el) oído *sein Ohr leihen* ‖ *aufmerksam zuhören, aufhorchen* ‖ ~ oídos *Gehör schenken* ‖ ~ sobre prenda *gegen Pfand (ver)leihen* ‖ ~ salud ⟨pop fig⟩ *vor Gesundheit strotzen* ‖ ~ servicio *e–n Dienst leisten* ‖ *angestellt sein (en bei)* ‖ ~ buenos servicios → ~ buenos oficios ‖ ~ una suma *ein Darleh(e)n nehmen* ‖ ~ vi *dienen (zu dat), nützlich sein* ‖ *s. eignen* ‖ *nachgeben, s. dehnen (z. B. Stoffe)* ‖ ⟨reg⟩ *schmecken (Speise)* ‖ Ast *gut gefallen bzw schmecken* ‖ ◇ *me presta esa rapaza* Ast *dieses Mädchen gefällt mir* ‖ ~**se** *s. anbieten* ‖ *nachgeben* ‖ *s. fügen, s. bequemen* ‖ *s. eignen, geeignet sein* (a *für*) ‖ *s. dehnen (Stoffe)* ‖ ◇ ~ a controversias *Widerspruch herausfordern* ‖ *no me presto a ello dazu gebe ich mich nicht her*
prestatario *m Darleh(e)nsnehmer* m ‖ *Kreditnehmer* m ‖ *Entleiher* m ‖ ⟨inc⟩ *Geldleiher* m

preste *m zelebrierender Priester* m *(Liturgie)* ‖ ⟨Hist⟩ *Priester* m

presteza *f Geschwindigkeit, Hurtigkeit, Schnelligkeit* f ‖ ◆ con ~ *schnell, geschwind, flott, hurtig, fix*

prestidigita|ción *f Taschenspielerei* f ‖ **–dor** *m Taschenspieler, Gaukler, Tausendkünstler* m

presti|giar vt *Prestige verleihen* ‖ **–gio** *m* ⟨lit⟩ *Zauber* m, *-werk* n ‖ *Blendwerk* n ‖ ⟨fig⟩ *Ansehen* n, *Ruhm* m ‖ *Ruf, Nimbus* m, *Prestige* n ‖ ◆ de mucho ~ *sehr berühmt, angesehen (Person)* ‖ ◇ *gozar de un gran(de)* ~ *großes Ansehen genießen, sehr berühmt sein* ‖ **–gioso** adj *ruhmreich* ‖ *angesehen* ‖ *gewichtig* ‖ ⟨lit⟩ *zauber-, fabel-, sagen|haft, wunderbar*

△ **prestisarar** vt *mieten* ‖ *leihen*

pres|tito adv ⟨fam⟩ *flink, hurtig, fix* ‖ **–to** adj *flink, schnell, rasch, hurtig, fix* ‖ *fertig, bereit* ‖ ~ a *od* para *bereit zu* ‖ ~ en hablar *schnell, rasch redend* ‖ ~ adv *bald, schnell, hurtig* ‖ ⟨Mus⟩ *presto* ‖ ◇ *quien* ~ *da, dos veces da* ⟨Spr⟩ *wer schnell gibt, gibt doppelt* ‖ ~ *m* ⟨Mus⟩ *Presto* n

presu|mible adj *(m/f) vermutlich, mutmaßlich* ‖ ◇ no es ~ que … (subj) *es ist nicht anzunehmen, dass …* ‖ **–mido** adj *eingebildet, anmaßend* ‖ ~ *m eingebildeter bzw hochmütiger Mensch* m ‖ *Angeber* m ‖ ⟨fam⟩ *Fatzke* m ‖ **–mir** vt/i *vermuten, mutmaßen* ‖ Arg *e–r Frau den Hof machen* ‖ ~ vi *s. et. einbilden* (de *auf* acc) ‖ *eitel bzw hochmütig sein* ‖ *s. wie ein Geck benehmen* ‖ *s. anmaßen, s. herausnehmen* ‖ *s. rühmen, prahlen* ‖ *protzen* ‖ ◇ ~ de rico *s. et. auf s–n Reichtum einbilden* ⟨fam⟩ *auf sein Geld pochen* ‖ ~ de sí *sehr von s. selbst eingenommen sein* ‖ *protzen* ‖ es de ~ que … *es ist anzunehmen, dass …* ‖ ¡no presumas tanto! *sei nicht so eingebildet!* ‖ *presumí demasiado de mis fuerzas ich habe m–e Kräfte überschätzt*

presun|ción *f Vermutung, Mutmaßung* f ‖ *Annahme* f ‖ *Anmaßung* f ‖ *Einbildung* f, *Dünkel* m ‖ ⟨Jur⟩ *Vermutung, Präsum(p)tion* f ‖ ~ de culpa ⟨Jur⟩ *Schuldvermutung* f ‖ ~ de derecho y por derecho, (lat) ~ *juris et de jure unwiderlegliche Vermutung* f ‖ ~ de padre ⟨fam⟩ *Vaterstolz* m ‖ ~ de paternidad ⟨Jur⟩ *Vaterschaftsvermutung* f ‖ ~ rebatible, ⟨lat⟩ ~ *juris tantum widerlegliche Vermutung* f ‖ **–tivo** adj → **–to** ‖ **–to** adj *vermutlich, angeblich, vermeintlich, mutmaßlich (Verbrecher, Erbe)* ‖ adv: ~**amente** ‖ **–tuosidad** *f Dünkel* m ‖ *Einbildung* f ‖ **–tuoso** adj/s *dünkelhaft* ‖ *eingebildet* ‖ *eitel* ‖ *angeberisch*

presupo|ner [irr → **poner**] vt/i *voraussetzen* ‖ *annehmen* ‖ *halten für* ‖ *veranschlagen* ‖ ◇ ~ los gastos *e–n Kostenvoranschlag machen* ‖ **–sición** *f Voraussetzung* f ‖ *Annahme* f ‖ *Vorwand* m

presu|puestar vi *e–n Kostenvoranschlag machen* ‖ *im Haushalt ansetzen* ‖ *etatisieren* ‖ **–puestario** adj *Haushalts-, Budget-*

¹presupuesto pp/irr von **presuponer** ‖ ~ que… *unter der Voraussetzung, dass …*

²presupuesto *m Voraussetzung* f ‖ *Vordersatz* m *(Logik)* ‖ *Grund* m, *Ursache* f ‖ *Vorwand, Scheingrund* m, *Ausflucht* f ‖ ⟨Wir Pol⟩ *Kostenvoranschlag* m ‖ *Haushalt, Sachetat* m, *Budget* n ‖ ~ de costes *Kostenvoranschlag* m ‖ ~ de defensa *Wehretat* m ‖ ~ de Estado *Staatshaushalt* m ‖ ~ extraordinario *Sonderhaushalt(splan)* m ‖ ~ federal *Bundeshaushalt* m ‖ ~ de guerra *Kriegsbudget* n ‖ ◇ hacer un ~ *e–n Überschlag machen* ‖ hacer un ~ (de gastos) *e–n Kostenvoranschlag machen*

presura *f Eile* f ‖ *Bedrängnis, bedrängte Lage* f ‖ *dringende Not* f ‖ *Bedrückung, Angst* f ‖ *Heftigkeit, Schnelligkeit* f ‖ *Eifer, Drang* m

presuri|zación *f* (Flugw) *Druckversorgung* f *(e–r Kabine)* ‖ **–zado** adj *druckdicht, mit Druckausgleich* ‖ *unter Druck gesetzt* ‖ *Druck-* ‖ **–zar** [z/c] vt *unter Druck setzen bzw halten*

presuroso adj *schnell, hastig, unter Zeitdruck* ‖ salir ~ *eilig fort-, heraus|gehen*

pretal *m Brustriemen* m *(Pferdegeschirr)* ‖ ⟨Zim⟩ → **cargadero**

pretemporada *f Vorsaison* f

pretencioso adj *an|geberisch, -maßend* ‖ *eitel, eingebildet* ‖ *prunkhaft (Sache)* ‖ *ge|sucht, -schraubt (Stil)*

preten|der vt/i *beanspruchen* ‖ *Anspruch erheben auf* (acc) ‖ *fordern, verlangen* ‖ *versuchen* ‖ *streben, trachten (algo nach et.)* ‖ *begehren* ‖ *s. bewerben (um)* ‖ *behaupten* ‖ ◇ lo –do *ich habe Anspruch darauf* ‖ no lo –do *das ist nicht m–e Absicht, das habe ich nicht vor* ‖ no –do nada *ich erhebe, mache k–n Anspruch (darauf), ich maße mir kein Recht an* ‖ ~ un empleo *s. um e–e Stelle bewerben* ‖ *e–e Stellung beanspruchen* ‖ ~ gustar *zu gefallen suchen, gefallen wollen* ‖ –de su mano *er hält um sie an* ‖ no –do *persuadirte ich will dich nicht überreden* ‖ ~ poco *bescheidene Ansprüche stellen* ‖ –de que lo ha visto *er (sie, es) behauptet, ihn (es) gesehen zu haben* ‖ –diendo que … *indem er angab, dass …* ‖ el –dido … *der ver|meintliche …, der -mutliche …* ‖ **–diente** *m* ⟨Jur⟩ *Bewerber, Bittsteller* m ‖ *Brautwerber, Freier* m ‖ *Thronbewerber, Prätendent* m

pretensado adj ⟨Arch⟩ *(vor)gespannt, Spann-* ‖ ~ *m Vorspannung* f *(vor dem Erhärten des Betons)*

preten|sión *f Anspruch* m, *Beanspruchung, Forderung* f ‖ *Bewerbung* f ‖ *Bitte* f, *Gesuch* n ‖ *Bestrebung* f ‖ *Streben* n ‖ una ~ fundada *e–e begründete Forderung* ‖ ~ jurídica, ~ legal *Rechtsanspruch* m ‖ ◇ desistir de una ~ *von e–r Forderung zurücktreten* ‖ exponer una ~, formular una ~ *e–e Forderung stellen* ‖ e–n Anspruch erheben ‖ renunciar a una ~ → desistir de una ~ ‖ **–siones** fpl: hombre sin ~ *anspruchsloser Mensch* m ‖ un edificio con ~ góticas *ein Gebäude* n *in gotisch anmutenden Formen* ‖ ◇ formular ~ *Ansprüche erheben* ‖ formular una ~ *e–e Forderung stellen* ‖ hacer valer sus ~ *s–e Ansprüche geltend machen* ‖ tener ~ *anspruchsvoll sein* ‖ no tener ~ *anspruchslos sein* ‖ tener ~ de culto *s. (selbst) für kultiviert halten* ‖ **–so** pp/irr von **–der:** *ver|meintlich, -mutlich* ‖ *angeblich*

pretensor *m* ⟨Auto⟩ *Gurtspanner* m
pre|terición *f Nichtbeachtung* f, *Übersehen* n ‖
Übergehung f *(e–s gesetzlichen Erben, e–r
Vorschrift)* ‖ *Übergehen* n *(in der Beförderung)* ‖
Auslassung f ‖ ⟨Rhet⟩ *Präteritio(n)* f ‖ **–terir** vt
übergehen ‖ *übersehen, nicht beachten* ‖ *haber
sido –terido ubergangen worden sein* (z. B. *im
Testament)*
pretérito adj *vergangen* ‖ (tiempo) ~
vergangene Zeit f ‖ ⟨Gr⟩ *Vergangenheit* f,
Präteritum n ‖ ⟨fig⟩ *Vergangenheit* f ‖ ~
imperfecto ⟨Gr⟩ *Imperfekt* n, *Mitvergangenheit* f ‖
~ perfecto ⟨Gr⟩ *Perfekt* n ‖ ~ pluscuamperfecto
⟨Gr⟩ *Plusquamperfekt* n, *Vorvergangenheit* f
preternatural adj *(m|f) abseits der
Naturgesetze* ‖ *übernatürlich* ‖ ⟨lat⟩
praeternaturalis ‖ → auch **sobrenatural**
pretex|tar vt *vorgeben, als Vorwand
gebrauchen, vorschützen* ‖ *vortäuschen* ‖ ◇
–tando una ocupación urgente *unter dem Vorwand
e–r dringenden Beschäftigung* ‖ **–to** m *Vorwand,
Scheingrund* m ‖ *Vorspiegelung* f ‖ *Ausrede* f ‖
Ausflucht f ‖ so *(od* bajo) ~ de ... *unter dem
Vorwand zu ...* (inf) ‖ ◇ buscar ~s *Ausflüchte
suchen* ‖ dando por ~ su pobreza *s–e Armut
vorschützend* ‖ tomar (por) ~ *zum Vorwand
nehmen* ‖ servir de ~ *als Vorwand dienen*
pre|til m *Geländer* n, *Brüstung, Brustlehne* f ‖
Brücken|bahn f, *-weg* m ‖ *Steindamm* m ‖ Ven →
poyo ‖ Am *Vorhalle* f
pretina *f Gurt(riemen)* m ‖ *(Hosen)Gürtel* m ‖
Hosenbund m ‖ *Hosen|latz, -schlitz* m ‖ ~ del
pantalón *Hosenbund* m ‖ ♦ a la ~ de Arg ⟨pop⟩
neben, in der Nähe (gen) ‖ Chi *schmarotzend* ‖ ◇
meter en ~ ⟨figf⟩ *zur Vernunft bringen*
pre|tor m ⟨Hist⟩ *Prätor* m ‖ **–torial** adj *(m|f)*
Prätor- ‖ **–toriano** adj/s *Prätorianer-* ‖ ~ m
Prätorianer m (& fig) ‖ **–torio** adj *prätorisch* ‖ ~
m *prätorisches Gericht* n ‖ *Prätorium* n ‖ **–tura** *f
Prätur* f
preu ⟨fam⟩ *Kurzform für* **preuniversitario**
preuniversitario *m*/adj *Span* [früher] *auf das
Universitätsstudium vorbereitender Kurs* m
prevalecer [-zc-] vi *über-, vor|wiegen,
obsiegen* ‖ *s. durchsetzen* ‖ *die Oberhand
behalten, s. behaupten* ‖ *den Ausschlag geben* ‖
vorherrschen ‖ ⟨fig⟩ *gedeihen, fortkommen* ‖
⟨Agr⟩ *Wurzel schlagen, (an)wachsen* (& fig) ‖ ◇
~ entre sus rivales *unter s–n Rivalen* od
Konkurrenten die Oberhand behalten ‖ hacer ~
su opinión *mit s–r Meinung durchdringen* ‖ la
verdad prevalece sobre *od* contra la mentira *die
Wahrheit überwindet die Lüge*
preva|ler [irr → **valer**] vi *s. zunutze* (& *zu
Nutze)* od *zu Eigen machen* ‖ ~se de algo *et.
benützen* od *ausnützen, s. e–r Sache bedienen* ‖
et. für s. geltend machen od *beanspruchen* ‖ –lido
de ... *gestützt auf ...* (acc)
△ **prevaranque** *m Hölle* f
prevari|cación *f* ⟨Jur⟩ *Rechtsbeugung* f (z. B.
seitens e–s Richters) ‖ *Pflichtverletzung* f ‖
Untreue f *(im Amt)* ‖ ~ de un abogado
Parteiverrat m, *Prävarikation* f ‖ **–cador** *m
Pflichtvergessene(r)* m ‖ *Übertreter* m *e–r
Amtspflicht* ‖ *Rechtsbeuger* m ‖ *Verderber* m, *der
jdn von s–n Verpflichtungen abhält* ‖ **–car** [c/qu]
vt *verletzen (e–e Pflicht)* ‖ ~ vi *das Recht beugen*
‖ *pflichtwidrig handeln* ‖ *e–e Veruntreuung
begehen (im Amt)* ‖ *Parteiverrat begehen
(Rechtsanwalt)* ‖ *abfallen, untreu werden* ‖ ⟨fig⟩
faseln, fantasieren ‖ *irrereden* ‖ **–cato** *m* ⟨Jur⟩ →
prevaricación
¹prevención *f Vor|kehrung, -beugung,
Verhütung* f ‖ *Vorsicht(smaßregel)* f ‖
Vorbereitung f ‖ *(Mund)Vorrat* m ‖

Polizeigewahrsam m ‖ *Polizeiwache* f ‖ *Schutzhaft*
f ‖ *Arrestlokal* n ‖ ⟨Mil⟩ *Kasernenwache* f ‖
Warnung, Benachrichtigung f ‖ ~ de accidentes
Unfallverhütung f ‖ ~ de(l) fuego *Feuerverhütung*
f ‖ ♦ como medida de ~ *vorsichtshalber* ‖ de ~
für den Notfall ‖ ◇ ser llevado a la ~ *auf die
Polizei (bzw zu dem Arrestlokal der Kaserne)
gebracht werden*
²prevención *f vorgefasste Meinung* f ‖
Vorurteil n ‖ *Voreingenommenheit f, Befangenheit*
f ‖ exento de ~ *un|befangen, -voreingenommen*
¹prevenido adj *vorbereitet, bereit* ‖ *gewarnt* ‖
vorsichtig, bedächtig ‖ *vorgesehen* ‖
perfectamente ~ *gut vorbereitet* od *ausgerüstet*
²prevenido adj *befangen, voreingenommen*
¹prevenir [irr → **venir**] vt *vorbeugen,
zuvorkommen* (dat) ‖ *ver|hüten, -meiden* ‖
vereiteln, (rechtzeitig) unterbinden ‖
zuvorkommen, vorgreifen (dat) ‖ *vorbeugend* od
im Voraus anordnen ‖ *vorbereiten, bereitmachen* ‖
bewahren, schützen ‖ *plötzlich befallen* ‖ ◇ ~
abusos *Missbrauch verhüten* ‖ ~ los deseos de
alg. *jds Wünschen entgegenkommen* ‖ ~
equivocaciones *Missverständnissen* od *Irrtümern
vorbeugen* ‖ ~ un peligro *e–r Gefahr
zuvorkommen* ‖ más vale ~ que curar ⟨Spr⟩
*vorbeugen ist besser als heilen, Vorsicht ist
besser als Nachsicht* ‖ **~se** s. *vorbereiten* ‖ s.
anschicken, s. (vor)bereiten ‖ s. *vorsehen* ‖ s.
schützen (de, contra *gegen)* ‖ ◇ ~ contra el (od
al) peligro s. *gegen die Gefahr schützen*
²prevenir [irr → venir] vt *(vorher)
benachrichtigen, in Kenntnis setzen* ‖ *warnen,
aufmerksam machen* ‖ *beeinflussen, einnehmen*
(contra *gegen)* ‖ lo que me previene mucho en
favor de Vd. *was mich sehr zu Ihren Gunsten
einnimmt*
³prevenir [irr → **venir**] vt *vermuten,
voraussehen* ‖ *bemerken*
⁴prevenir [irr → **venir**] vt ⟨Jur⟩ *vorschreiben,
bestimmen*
⁵prevenir [irr → **venir**] vt *versehen, ausrüsten*
‖ **~se:** ~ con *od* de provisiones s. *mit
(Mund)Vorrat ausrüsten*
preventivo adj *vorbeugend* ‖ *vorgreifend* ‖
verhütend ‖ *Vorbeugungs-, Verhütungs-*
preventorio *m Erholungsheim* n ‖ *Heilstätte* f
für vorbeugende Behandlung ‖ *Vorbeugungsmittel*
n ‖ ~ antituberculoso *Beratungsstelle* f *für
Lungenkranke*
pre|ver [irr → **ver**, jedoch pres prevés, prevé,
pret preví, imp prevé] vt *vorher-, voraus|sehen* ‖
⟨fig⟩ *(voraus)ahnen* ‖ ◇ es imposible ~ las
consecuencias *die Folgen sind nicht abzusehen* ‖
como era de ~ *wie vorauszusehen war*
previamente adv *zuerst, vorher, im Voraus* ‖
mencionado ~ *vorerwähnt* ‖ ◇ determinar *od*
fijar ~ *vorherbestimmen*
previo adj *vor|herig, -hergehend* ‖ *vorläufig* ‖
Vor- ‖ ~a aceptación *nach Annahme (e–s
Wechsels)* ‖ ~ aviso *(unter) Voranzeige* ‖ ~a
deducción de los gastos *unter Abzug der Spesen* ‖
~ examen *nach vorheriger Prüfung* ‖ ~a
provisión ⟨Com⟩ *vorherige Deckung* f ‖ ~a
remesa *vorherige Einsendung* ‖ establecer la ~a
censura *die (Presse)Zensur einführen*
previsi|bilidad *f Voraussehbarkeit* f ‖ **–ble** adj
(m/f) voraussehbar ‖ *voraussichtlich*
¹previsión *f Voraussicht* f ‖ *Voraussehung* f ‖
Vorhersage, Prognose f ‖ ~ meteorológica, ~ del
tiempo *Wettervorhersage* f ‖ ~ de ventas
Verkaufsschätzung f, *Absatzplan* m ‖ ~ de vida
Lebenserwartung f ‖ ♦ contra toda ~ *wider alles
Erwarten* ‖ ◇ superar toda ~ *jede Erwartung
übertreffen*

²previsión *f Vorsicht f ‖ Fürsorge f ‖ Vorsorge*
f ‖ ~ social Sozial\arbeit, -hilfe f ‖ ◇ obrar con
~ mit Vorsicht od vorsichtig vorgehen
¹previsor *adj/s vorausschauend ‖ vormaussehend*
²previsor *adj vorsichtig ‖ vorsorgend*
previsto *pp/irr von* **prever** *‖ vorausgesehen ‖*
vorgesehen ‖ ◇ estar ~ en el contrato im Vertrag
vorgesehen sein ‖ responder a lo ~ der
Voraussicht entsprechen
   prez *[pl ~ces] m (& f) Ruhm m, Ehre f*
   pri|ápico *adj ⟨Hist Lit⟩ priapeisch ‖ –apismo*
m ⟨Med⟩ Priapismus m
   ¹prieto *adj eng, knapp ‖ ⟨fam⟩ geizig, karg*
   ²prie|to *adj sehr dunkel, fast schwarz ‖ –tuzco*
MAm schwärzlich
   ¹prima *f Cousine, Kusine, [veraltend] Base f ‖*
~ carnal, ~ hermana Cousine f ‖ ~ segunda
Cousine f zweiten Grades ‖ ◇ es su ~ hermana
⟨figf⟩ es ist bildähnlich (von Dingen)
   ²prima *f ⟨Com⟩ Prämie f, Aufschlag,*
Überschuss m des Preises (über pari) ‖
Versicherungs-, Börsen\prämie f ‖ Reukauf m ‖
⟨Th⟩ Aufschlag m (im Vorverkauf) ‖ ~ de ahorro
Sparprämie f ‖ ~ de aplazamiento Deport m
(Börse) ‖ ~ de devolución Rückprämie f ‖ ~ a
dar Lieferungs-, Dont\prämie f ‖ ~ de exportación
Ausfuhrprämie f ‖ ~ de importación
Einfuhrprämie f ‖ ~ por od a recibir Empfangs-,
Rück\prämie f ‖ ~ de seguro Versicherungsprämie
f ‖ ~ de victoria ⟨Sp⟩ Siegprämie f ‖ ◇ comprar
a ~ auf Prämie kaufen ‖ hacer transacciones od
negocios a ~ Prämiengeschäfte machen ‖ tener ~
Agio genießen ‖ vender a ~ auf Prämie verkaufen
   ³prima *f ⟨Mus⟩ erste, dünnste Saite f (e–s*
Musikinstruments)
   ⁴prima *f ⟨Kath⟩ Prim f (Morgen-, Früh\gebet)*
   primacía *f Vor\rang, -tritt m ‖ Vorzug m ‖*
Überlegenheit f ‖ Primat m (& n) ‖ ◇ tener ~
den Vorrang haben
   primada *f ⟨fam⟩ Reinfall m ‖ unbesonnene,*
leichtfertige Handlungsweise f ‖ ⟨fam⟩ Dummheit,
Naivität, tolle Idee f ‖ ⟨fam⟩ Prellerei f
   primado *adj Primats-, Primas- ‖ ~ m*
Vor\rang, -tritt, -zug m ‖ Primas m (Ehrentitel
einiger Erzbischöfe) ‖ el ~ de España der
Erzbischof von Toledo
   primar *vt Am übertreffen ‖ vorrangig sein ‖ ~*
vt/i Am (vor)herrschen (sobre über acc)
   prima|riamente *adv erstens, hauptsächlich ‖*
–rio adj erste(r), vorzüglichste(r) ‖ ursprünglich ‖
primär ‖ Ur-, Erst-, Anfangs-, Früh- ‖ Grund- und
Haupt\schul- ‖ ⟨Med El⟩ Primär- ‖ ~ m ⟨Mus⟩
erster Geiger, Primgeiger m
   primate *m Primat, Magnat m ‖ los ~s de la*
tierra die Großen der Erde ‖ ~s mpl ⟨Zool⟩
Primaten mpl, Herrentiere npl
   primatólogo *m Primatologe, Primatenforscher*
m
   ¹primavera *f Früh\ling m, -jahr n, ⟨poet⟩ Lenz*
m ‖ Frühlingszeit f ‖ ⟨figf⟩ Einfaltspinsel, Simpel
m ‖ alegre como una ~ ⟨poet⟩ lachend wie der
Lenz
   ²primavera *f ⟨Bot⟩ Primel, Schlüsselblume f*
(Primula veris)
   ³primavera *f ⟨Text⟩ geblümter Seidenstoff m*
   primaveral *adj (m/f) Frühlings-*
   pri|mer *adj (Kurzform für* **primero** *vor e–m*
männlichen, selten auch vor e–m weiblichen
Substantiv) erste(r) ‖ el ~ hombre der Urmensch
‖ ~ ministro Premier(minister) m ‖
Ministerpräsident m ‖ ~ premio erster Preis m ‖
Haupttreffer m ‖ ~ puesto Vorrang m ‖ ~ tiempo
⟨Sp⟩ erste Spielhälfte, Halbzeit f ‖ ~ violín
⟨Mus⟩ erster Geiger, Primgeiger m ‖ ♦ de ~
orden ersten Ranges, erstklassig ‖ en ~ lugar

erstens, an erster Stelle ‖ el ~ venido, ~ servido
⟨Spr⟩ wer zuerst kommt, mahlt zuerst ‖ → auch
primera
   prime|ra *adj/s erste ‖ frühere, ehemalige,*
vorige ‖ la ~ casa das erste Haus ‖ ~ clase ⟨Sch⟩
erste Klasse f ‖ ~ cura ⟨Med⟩ erste Hilfe f ‖ ~
enseñanza Grund- und Haupt\schulwesen n ‖
Schw Primarschulwesen n ‖ ~ prueba ⟨Typ⟩
erster Abzug m ‖ ~ salida ⟨Th⟩ erstes Auftreten n
‖ ♦ a ~ hora (de la mañana) früh(morgens) ‖ de
~a: a) ⟨fam⟩ vorzüglich, glänzend, ausgezeichnet
‖ ⟨fam⟩ prima, toll ‖ b) im ersten Anlauf ‖ ~s
zuerst ‖ ~ f: la ~ ⟨Auto⟩ der erste Gang ‖ ~ (de
cambio) ⟨Com⟩ Primawechsel m ‖ –ramente adv
erstens, zuerst ‖ –riza f/adj Erstgebärende f ‖
⟨Zool⟩ zum erstenmal werfendes Muttertier n,
Erstwerfende f ‖ Anfängerin f, Neuling m ‖ ⟨pop⟩
Frau f, die zum erstenmal Geschlechtsverkehr hat
‖ –rizo adj anfängerisch ‖ frühreif ‖ ~ m
Anfänger m ‖ Erstling m
   ¹primero *adj erste(r) ‖ frühere(r) ‖*
ehemalige(r), vorige(r) ‖ → auch **primera** *‖ lo ~*
der wichtigste Punkt, die Hauptsache ‖ das
Erstbeste ‖ das Nächste ‖ ♦ a ~s de mayo in den
ersten Tagen des Mai ‖ de ~ zuerst ‖ vorher ‖
hasta ~s del (mes) próximo bis zum Anfang des
nächsten Monats ‖ ◇ fui el ~ en hacerlo ich tat
es als Erster ‖ tu lo harías el ~ du bist der Erste,
der es tun würde ‖ lo ~ es que … die Hauptsache
ist, dass … ‖ al ~ que se presente od que llegue
dem ersten Besten ‖ los últimos serán los ~s die
Letzten werden die Ersten sein (Evangelium)
   ²primero *adv zuerst, vorerst ‖ vorher ‖ eher,*
lieber ‖ erstens
   ³primero *m (Banden)Führer m ‖ ⟨Sch⟩ Primus*
m
   primicia *f Erstlingsfrucht f, Erstling m ‖ ⟨Rel⟩*
Erstlingsopfer n ‖ Erstlingsabgabe f ‖ ~s pl ⟨fig⟩
Erstlingsversuche, Anfänge mpl ‖ Erstlinge mpl
(e–r Ernte) ‖ ⟨Hist⟩ Primizien pl ‖ ⟨fig⟩
Vorgeschmack m
   △ **primicha** *f (Frauen)Hemd n*
   primigenio *adj ursprünglich, Ur-*
   primi|para *f Erstgebärende f ‖ ⟨Zool⟩*
Erstwerfende f, zum erstenmal werfendes
Muttertier n ‖ –simo adj sup von **¹primo** *‖ de ~a*
calidad von allerbester Qualität
   primita *f ⟨Fi⟩ Gestreifter Leierfisch m*
(Callionymus lyra)
   primiti|vismo *m [Kunstrichtung] Primitivismus*
m ‖ Neigung f zum Primitiven ‖ Primitivität f ‖
–vo adj ursprünglich, Ur-, Grund- ‖ urwüchsig ‖
urtümlich ‖ ⟨fig⟩ einfach ‖ ⟨fig⟩ nicht entwickelt,
primitiv ‖ ~ m ⟨Mal⟩ Primitive(r) m (Maler der
Vorrenaissance bzw Verfechter des Primitivismus)
‖ los ~s die Primitiven (Menschenkunde)
   ¹primo *adj erste(r) ‖ vortrefflich, schön ‖*
kunstvoll ‖ ⟨pop⟩ dumm, einfältig ‖ leichtfertig,
kopflos ‖ a ~a noche beim Anbruch der Nacht
   ²primo *m Vetter, Cousin m ‖ Titel m der span.*
Granden (als Vettern des Königs) ‖ ⟨fam⟩ Gimpel,
Simpel, Einfaltspinsel m ‖ ~ hermano, ~ carnal
leiblicher Vetter od Cousin m ‖ ~ segundo Vetter
od Cousin m zweiten Grades ‖ ◇ me cogió de ~
⟨figf⟩ er hat mich hintergangen ‖ hacer el ~
⟨fam⟩ übers Ohr gehauen werden, der Dumme
sein ‖ es su ~ hermano ⟨figf⟩ es ist bildähnlich
(von Dingen)
   ³primo *adv erstens, an erster Stelle, vor allen*
Dingen
   primo|génito *adj/s erstgeboren ‖ –genitura f*
Erstgeburtsrecht n ‖ Erstgeburt f ‖ → auch
mayorazgo
   primoinfección *f ⟨Med⟩ Primärinfektion f*
   primor *m Geschicklichkeit, Meisterschaft f ‖*

Schönheit, Vollkommenheit f ‖ ◇ es un ~ *es ist reizend, es ist ein wahres Meisterstück* ‖ es un ~ para hacerlo *darin ist ihm (ihr) k–r überlegen* ‖ cantar con ~ *entzückend singen* ‖ trabaja que es un ~ *er (sie, es) arbeitet wunderbar* ‖ muchos ~es de libros *viele wertvolle (bzw prachtvoll ausgestattete) Bücher* npl

primordial adj *(m/f) ursprünglich* ‖ *urtümlich* ‖ *uranfänglich* ‖ *wesentlich, grundlegend* ‖ *uranfänglich, Ur-, Haupt-* ‖ *(fig) elementar*

primoroso adj *vor|züglich, -trefflich* ‖ *schön, zierlich* ‖ *geschickt, sinnreich* ‖ Am ⟨pop⟩ *freundlich, liebreich*

primorriverista *m/*adj ⟨Hist⟩ *Anhänger des Generals Primo de Rivera* ‖ → **joseantoniano**

primovacunación *f* ⟨Med⟩ *Erstimpfung* f

prímula *f* ⟨Bot⟩ *Primel, Schlüsselblume* f (Primula spp) ‖ ~ de China *Chinesenprimel* f (P. praenitens) ‖ ~ harinosa *Mehlprimel* f (P. farinosa ‖ ~ vulgar *Kissenprimel* f (P. vulgaris *od* acaula)

primuláceas *fpl Primelgewächse* npl (Primulaceae)

princesa *f Prinzessin* f ‖ *Fürstin* f ‖ La ~ del Dólar *die Dollarprinzessin (von L. Fall)*

principada *f* ⟨fam⟩ → **alcaldada**

principado *m Fürstentum* n ‖ *Fürsten|stand* m, *-würde* f ‖ *Prinzipat* n (& m) ‖ *(fig) Vorrang* m ‖ ~s *mpl* ⟨Rel⟩ *Fürstentümer* npl *(siebente Engelsordnung)*

¹principal adj *(m/f) hauptsächlich, wesentlich, grundsätzlich* ‖ *Grund-, Haupt-* ‖ *vornehm, angesehen* ‖ lo ~ *(del asunto) die Hauptsache, der Hauptpunkt* ‖ ◇ ir a lo ~ *zur Sache kommen* ‖ ~ *m Oberhaupt* n, *Vorgesetzte(r), Chef,* [veraltet] *Prinzipal* m ‖ *Geschäftsinhaber* m

²principal *m* ⟨Com⟩ *Hauptsumme* f ‖ *Grundkapital* n *(ohne Zinsen)* ‖ *(Gesamt)Summe* f ‖ ~ e intereses *Kapital* n *und Zinsen* mpl

³principal *m erster Stock, Hauptstock* m *(in span. Häusern)*

⁴principal *f* ⟨Mil⟩ *Hauptwache* f

principalmente adv *hauptsächlich, vornehmlich* ‖ *besonders, insbesondere* ‖ *im Wesentlichen* ‖ *vor allen Dingen*

¹príncipe *m* (Erb)*Prinz* m ‖ *(Kron)Prinz, Thronfolger* m ‖ ~ de los apóstoles ⟨fig⟩ *Apostelfürst* m, *Petrus* m *(& Paulus)* ‖ el ~ de Asturias *der Prinz von Asturien, Kronprinz* m *von Spanien* ‖ ~ electivo *Wahlfürst* m ‖ ~ elector *Kurfürst* m ‖ ~ encantador *Märchenprinz* m ‖ ~ de España *Prinz* m *von Spanien (heutiger Titel des span. Thronfolgers)* ‖ el ~ de Gales *der Prinz von Wales (in Großbritannien)* ‖ ~ heredero *Erb-, Kron|prinz* m ‖ ~ de la Iglesia *Kirchenfürst* m ‖ ~ de los ingenios *Beiname* m *des Cervantes* ‖ ~ de leyenda *Märchenprinz* m ‖ ~ palatino ⟨Hist⟩ *Pfalzgraf* m ‖ ~ de los poetas ⟨fig⟩ *Dichterfürst* m ‖ el ~ de los poetas castellanos ⟨fig⟩ *Garcilaso de la Vega (span. Dichter, 1503–536)* ‖ ~ real *Kronprinz* m ‖ ~ regente *Prinzregent* m ‖ ~ de (la) sangre ⟨Hist⟩ *Prinz* m *von Geblüt (bes. in Frankreich)* ‖ ◇ vivir como un *od* a lo ~ *ein fürstliches Leben führen* ‖ los ~s *die Großen des Reiches* ‖ *das Fürstenpaar* ‖ dim: **princi|pillo,** ⟨desp⟩: **-pote**

²príncipe adj: edición ~ *die erste Ausgabe eines alten Schriftstellers, Erstausgabe* f, ⟨lat⟩ *„editio princeps"*

princi|pesco adj *fürstlich (& fig)* ‖ *Prinz-, Fürsten-*

princi|piador *m Anfänger* m ‖ *Urheber* m ‖ **-pianta** *f* ⟨fam⟩ *Anfängerin* f ‖ **-piante** *m Anfänger, Neuling* m ‖ **-piar** vt *anfangen, beginnen* (con, por, en dat, a inf, *zu* inf) ‖ ◇ ~ en (con, por) *las mismas palabras mit denselben*

Worten anfangen ‖ ~ a ... *anfangen zu* ... ‖ **–pio** *m Anfang, Ursprung* m ‖ *Quelle* f ‖ *Quell, Born* m ‖ *Ausgangspunkt* m, *Basis* f ‖ *Grundsatz* m, *Prinzip* n, *Norm* f ‖ *Grundstoff* m ‖ *Bestandteil* m, *Element* n ‖ *Urwesen, Prinzip* n ‖ *(Natur)Gesetz* n ‖ *erster Gang* m, *Hauptspeise* f *(nach der Suppe)* ‖ *Beigericht* n ‖ ~ de Arquímedes *Archimedisches Prinzip* n ‖ ~ básico *Hauptgrundsatz* m ‖ ~ de caudillaje *Führerprinzip* n ‖ ~ de causalidad *Kausalitätsgesetz* n ‖ ~ del causante *Verursacherprinzip* n ‖ ~ de coherencia ⟨Philos⟩ *Kohärenzprinzip* n ‖ ~ de consensualidad *Konsensprinzip* n ‖ ~ de la energía ⟨Phys⟩ *Energiesatz* m ‖ ~ moral *sittliche Verpflichtung* f ‖ ~ de las nacionalidades *Nationalitätenprinzip* n ‖ ~ rector *Leit|prinzip* n, *-idee* f ‖ ~ de responsabilización *Verursacherprinzip* n ‖ ~ de subsidiariedad ⟨Jur⟩ *Subsidiaritätsprinzip* n ‖ ~ universal *allgemein gültiger Grundsatz* m, *Universalprinzip* n ‖ ◆ al ~ *anfangs* ‖ al ~ del año *zu* od *am Anfang des Jahres* ‖ muy al ~ *gleich anfangs* ‖ del ~ al fin *von Anfang bis Ende* ‖ *von Kopf bis zu Fuß* ‖ desde el ~ *von Anfang an, gleich zu Anfang* ‖ en (su) ~ *im Grund, im Grunde genommen* ‖ *grundsätzlich, prinzipiell, im Prinzip* ‖ por ~ *grundsätzlich, aus Grundsatz* ‖ ◇ comenzar desde el ~ *von Anfang an* ‖ dar ~ a algo *mit et. anfangen* od *beginnen, et. beginnen* ‖ dar ~ a su relato *s–e Erzählung beginnen* ‖ obrar conforme a un ~ *nach e–m (bestimmten) Grundsatz handeln* ‖ sentar como ~ *e–n Grundsatz aufstellen* ‖ lo tengo por ~ *das ist mein Grundsatz* ‖ tener od tomar od traer ~ *entspringen, s–n Ursprung nehmen* ‖ ~s *mpl Anfänge* mpl ‖ *Anfangsgründe* mpl ‖ *Grundkenntnisse* fpl ‖ *sittliche Grundsätze* mpl, *Lebensregeln* fpl, *Prinzipien* npl ‖ ◆ a ~ del mes, del año *in den ersten Tagen des Monats, des Jahres* ‖ en ~ *im Anfangsstadium* ‖ en los ~ *am Anfang* ‖ ◇ todos los ~ *son penosos (todo principio es difícil)* ⟨Spr⟩ *aller Anfang ist schwer* ‖ es cuestión de ~ *das ist e e Prinzipienfrage*

¹pringado adj: estar ~ ⟨pop⟩ *geschlechtskrank sein* ‖ haberla ~ ⟨pop⟩ *die Sache vermasselt haben* ‖ *in der Patsche sitzen* ‖ ser el ~ *der Dumme sein* ‖ ~ *m Opfer* n *e–r Missetat*

²pringado *m* ⟨Kochk⟩ *schmalzgetränktes Brot* n

prin|gar [g/gu] vt/i *schmieren, einfetten* ‖ *mit flüssigem Fett beträufeln* ‖ *mit Fett be|sudeln, -schmieren* ‖ ⟨fig⟩ *besudeln* ‖ ⟨fam⟩ *blutig schlagen, stoßen* ‖ ⟨fig⟩ *teilhaben (an* dat*)* ‖ ◇ ~ en todo ⟨figf⟩ *in alles die Finger stecken, überall mitmischen* ‖ ~ vi ⟨pop⟩ *s. abrackern, schuften (& Sch)* ‖ ~**se** *s. mit Fett beschmutzen* ‖ **–gón** adj ⟨fam⟩ *schmierig, schmutzig, fettig* ‖ ~ *m* ⟨fam⟩ *Fettfleck* m ‖ ⟨fam⟩ *Schmiere* f ‖ **–goso** adj *fett(ig), schmierig (z. B. Lippen), klebrig (z. B. Finger)* ‖ **–gue** *m (& f) Braten-, Schweinefett* n ‖ ⟨fam⟩ *Schmiere* f ‖ ⟨fam⟩ *Schmutz* m ‖ lleno de ~ *fettig, schmierig*

prion *m* ⟨Med⟩ *Prion* n

prior *m Prior, Abt* m ‖ gran ~ *Großprior* m *(Johanniterorden)*

prio|ra *f Priorin, Oberin, Äbtissin* f ‖ **-rato** *m Priorat* n ‖ ⟨fig⟩ *fette Pfründe* f

Priorato *m:* el ~ *das Priorat, (weinreiches Gebiet in Katalonien)* (P Tarr) ‖ ⟨fig⟩ *Rotwein* m *aus dem Priorat*

prioridad *f Frühersein, Vorgehen* n, *Priorität* f ‖ *Vor|rang, -zug* m, *Priorität* f ‖ *Vorrecht* n ‖ *Dringlichkeit* f ‖ ⟨StV⟩ *Vorfahrt(srecht* n*)* f ‖ ~ de paso ⟨StV⟩ *Vorfahrt* f ‖ ~ de utilización *Verwendungspriorität* f ‖ ◇ sentar ~es *Prioritäten setzen* ‖ el vehículo que venga por la derecha tiene ~ ⟨StV⟩ *das von rechts kommende Fahrzeug hat Vorfahrt*

prisa *f Eile, Hast* f ‖ *Eilfertigkeit* f ‖ *Andrang* m, *Gedränge* n ‖ ♦ a ~, de ~ *eilig* ‖ a toda ~ *eiligst* ‖ de ~ y corriendo *in aller Eile, kopfüber, schleunigst, hurtig* ‖ muy de ~ *in aller Eile* ‖ *eiligst* ‖ mucho más de ~ *viel schneller* ‖ el que más de ~ trabaja *derjenige, der am schnellsten arbeitet* ‖ ◇ andar de ~ *eilen, Eile haben* ‖ corre ~, da ~ *es ist (sehr) eilig, dringend* ‖ no corre ~ *es eilt nicht, es hat Zeit* ‖ no me corre ~ *ich habe es nicht eilig* ‖ dar ~ a alg. in jdn dringen ‖ *jdm arg zusetzen* ‖ dar ~ a un pedido *e–e Bestellung beschleunigt ausführen* ‖ darse ~ ⟨fam⟩ *s. sputen, eilen, s. beeilen* ‖ ¡no me dé Vd. ~! *drängen Sie mich nicht!* ‖ da ~ *es ist eilig od dringend, es eilt* ‖ estar de ~ *es eilig haben* ‖ hecho de ~ *oberflächlich ausgeführt* ‖ ⟨pop⟩ *unbesonnen, halb verrückt* ‖ llevar mucha ~ → *tener mucha ~* ‖ meter ~ a alg. *jdn drängen* ‖ meter ~ a un asunto *et. beschleunigen* ‖ tener ~ *Eile haben* ‖ eilig sein ‖ tener mucha ~ (para) *es sehr eilig haben (mit dat bzw zu inf)* ‖ tengo ~ *por saberlo ich möchte es gleich wissen* ‖ vivir de ~ *das Leben zu sehr genießen, schnelllebig sein* ‖ a gran (od más) ~, gran (od más) vagar (od vísteme despacio, que estoy de ~ od más de ~, más despacio) ⟨fig⟩ *eile mit Weile* ‖ con las ~s *in der Eile* ‖ ¡no me vengas con ~s! *dränge mich nicht!*

Priscila *f np Priscilla, Prisca (römische Märtyrerin)*

priscilia|nismo m ⟨Rel⟩ *Priscillianertum* n *(span. Sekte des 4. Jhs.)* ‖ *Priscillianismus* m ‖ **–nista** adj *(m/f) auf das Priscillianertum bezüglich* ‖ ~ m/f *Priszillianist(in* f) m ‖ **=no** *m Pris|cillianus, -zilianus, Begründer des Priscillianertums (†385)*

prisco m ⟨reg⟩ *Herzpfirsisch* m (→ **albérchigo**)

prisión *f Gefängnis* n ‖ *Strafanstalt* f ‖ ⟨fam⟩ *Kerker* m ‖ *Verhaftung, Gefangennahme* f ‖ *Gefangenschaft, Haft* f, *Arrest* m ‖ ⟨fig⟩ *Bande* npl, *Hemmnis* n ‖ ~ celular *Zellengefängnis* n ‖ ~ central *Strafanstalt* f ‖ ~ por deudas *Schuldhaft* f ‖ ~ doméstica *od* domiciliaria *Hausarrest* m ‖ ~ estatal *Staatsgefängnis* n ‖ ~ mayor Span *Zuchthaus(strafe* f) n *von 6 bis zu 12 Jahren* ‖ ~ menor Span *Haft* f *von 6 Monaten bis zu 6 Jahren* ‖ ~ a pan y agua *Haft* f *bei Wasser und Brot* ‖ ~ preventiva ⟨Jur⟩ *Untersuchungshaft* f ‖ ~ provisional *provisorische Haft* f ‖ ◇ meter en ~ a alg. *jdn einkerkern od ins Gefängnis setzen* ‖ **prisiones** *fpl Fesseln* fpl (& fig)

prisionero m *Gefangene(r)* m ‖ ~ de guerra *Kriegsgefangene(r)* m ‖ ◇ caer ~ *in Gefangenschaft geraten* ‖ darse ~, entregarse (como) ~ *s. gefangen geben* ‖ ⟨Mil⟩ *s. ergeben* ‖ hacer ~ a alg. *jdn gefangen nehmen* ‖ quedar ~ *gefangen werden (im Krieg)*

prisita *f dim von* **prisa**

pris|ma *m Prisma* n ‖ ♦ a través del ~ de … ⟨fig⟩ *durch die Brille* … (gen), *mit den Augen* … (gen) ‖ **–mático** adj ⟨Phys⟩ *prismatisch, Prismen-* ‖ **~s** mpl *(Prismen)Feldstecher* m ‖ ~ de caza *Jagdglas* n ‖ ~ de teatro *Opernglas* n

priste m ⟨Fi⟩ *Sägefisch* m (Pristis pectinatus)

prístino adj *ursprünglich* ‖ *ur(wüchs)ig* ‖ *herkömmlich* ‖ *uralt* ‖ *ehemalig, vormalig, vorig* ‖ *alt(ertümlich)*

priv. ⟨Abk⟩ = **privilegio**

privación *Vorenthaltung* f ‖ *Beraubung* f ‖ *Amtsentsetzung* f ‖ ⟨fig⟩ *Entbehrung* f ‖ ⟨Jur⟩ *Entziehung* f ‖ ⟨Jur⟩ *Aberkennung* f ‖ *Aufhebung* f, *Verlust* m ‖ ~ de alimento *Entziehung* f *der Nahrung, Nahrungsentzug* m ‖ ~ del carné de

conducir ⟨StV⟩ *Entziehung* f *des Führerscheins, Führerscheinentzug* m ‖ ~ de los derechos civiles *Aberkennung* f *der bürgerlichen Ehrenrechte* ‖ ~ de la legítima ⟨Jur⟩ *Pflichtteilsentziehung* f ‖ ~ de libertad *Freiheitsentzug* m ‖ *Freiheitsberaubung* f ‖ ~ de sepultura eclesiástica *Entziehung* f *des kirchlichen Begräbnisses* ‖ **privaciones** *fpl Mangel* m, *Dürftigkeit* f ‖ *Entbehrungen* fpl ‖ ◇ pasar ~ *dürftig leben*

privadamente adv *vertraulich, unter vier Augen*

¹privado adj *vertraulich* ‖ *persönlich, privat* ‖ *intim* ‖ *außeramtlich* ‖ *außerdienstlich* ‖ *zurückgezogen, von der Welt abgesondert* ‖ ♦ de derecho ~ *privatrechtlich* ‖ en ~ *privatim, vertraulich* ‖ *im engeren Kreis*

²privado adj *ohne* ‖ *(e–r Sache) beraubt* ‖ *(e–r Sache) nicht mehr teilhaftig* ‖ Am *betäubt, ohnmächtig* ‖ Am *schwachsinnig, verrückt* ‖ ~ de los sentidos *sinnlos, betäubt* ‖ *s–r Sinne nicht mehr mächtig* ‖ ◇ estar ~ de noticias *ohne Nachrichten sein*

³privado m *Günstling* m ‖ *Vertraute(r)* m

privanza *f Gunst* f ‖ *vertraulicher Umgang* m ‖ ◇ estar en ~ con una mujer ⟨fam⟩ *bei e–r Frau in besonderer Gunst stehen* ‖ pretender la ~ de alg. *jds Gunst erschleichen wollen*

¹privar vt/i *entziehen* ‖ *berauben, aberkennen* ‖ *(des Amtes) entsetzen* ‖ *verbieten, untersagen* ‖ *absetzen (Säugling)* ‖ *betäuben* ‖ ◇ ~ a alg. de algo *jdm et. entziehen* ‖ *jdn e–r Sache berauben* ‖ *jdm et. nehmen* ‖ *jdn um et. bringen* ‖ *jdm et. aberkennen* ‖ *jdm et. entwenden* ‖ ~ del gusto *e–s Vergnügens berauben* ‖ ~ de la libertad *der Freiheit berauben* ‖ ~ de los sentidos *der Sinne berauben, betäuben* ‖ vi *in Gunst stehen* ‖ *sehr beliebt (bzw in Mode) sein* ‖ *sehr gefallen* ‖ *Einfluss, Ansehen besitzen (con bei)* ‖ *e–e wichtige Rolle spielen (en bei)* ‖ la caballerosidad que priva en los españoles *die Ritterlichkeit, die die Spanier auszeichnet* ‖ la amabilidad que priva en él *die ihm eigene Freundlichkeit* ‖ la moda que actualmente priva *die heute herrschende Mode* ‖ **~se** *s. (et.) versagen* ‖ *s. (e–r Sache) enthalten* ‖ *(auf et. acc) verzichten* ‖ *betäubt, ohnmächtig werden* ‖ no ~ de nada *s. alles gönnen, s. nichts versagen* ‖ wie Gott in Frankreich leben ‖ ~ de un placer *e–m Genuss entsagen, auf e–n Genuss verzichten*

△ **²privar** vt/i *trinken* ‖ *schlingen*

privativo adj *entziehend, benehmend* ‖ *ausschließend (& Jur)* ‖ *eigentümlich* ‖ *eigen, besonder* ‖ ⟨Gr⟩ *verneinend* ‖ es ~ de aquella región *es ist typisch für jene Gegend*

privatista *m/f* ⟨Jur⟩ *Privatrechtler(in* f) m

privati|zación *f Privatisierung* f ‖ **–zar** [z/c] vt *privatisieren*

△ **privelo** m *schmales Trinkglas* n

privile|giado adj *bevor|rechtigt, -rechtet, privilegiert* ‖ ~ m *Bevorrechtigte(r)* m ‖ *Privilegierte(r)* m ‖ **–giar** vt *bevorrechten, privilegieren* ‖ *bevorzugen* ‖ **–gio** m *Privileg, Vor(zugs)recht* n ‖ *Sonderrecht* n ‖ *Freiheit* f ‖ ⟨Hist⟩ *Frei-, Gnaden|brief* m *(des Königs usw.)* ‖ ⟨fig⟩ *Vor|recht* n, *-zug* m ‖ ~s diplomáticos *diplomatische Vorrechte* npl ‖ ~s fiscales *steuerliche Vorrechte* npl ‖ *Steuervorteile* mpl ‖ ~ de impresión → ~ de (la) publicación ‖ ~ de invención *Erfinderpatent* n ‖ ~ de (la) publicación *(ausschließliches) Verlagsrecht* ‖ ♦ de ~ *privilegiert* ‖ *besonders bevorzugt* ‖ ◇ conceder un ~ *ein Vorrecht erteilen* ‖ gozar de un ~ *ein Vorrecht genießen*

pr.ᵐᵒ, pro. ⟨Abk⟩ = **próximo**

¹pro prep ⟨lat⟩ = **para**

²pro *m/f* (adv) *Nutzen, Gewinn, Vorteil* m ‖ el ~ y el contra *das Pro und (das) Kontra* ‖ ◆ en ~ de alg. bzw algo *zu jds Gunsten* bzw *zu Gunsten e–r Sache* ‖ ¡buena ~! *wohl bekomm's!* ‖ ◇ todo tiene su(s) ~s y su(s) contra(s) *alles hat sein Für und Wider*

proa *f* ⟨Mar⟩ *Bug* m, *Vor(der)schiff* n ‖ ⟨Flugw⟩ *Bug* m ‖ ◆ de ~ a popa ⟨Mar⟩ *von vorn nach achtern* ‖ ◇ poner ~ a ... *Kurs nehmen auf* ... ‖ poner la ~ a alg. ⟨fam⟩ *es auf jdn abgesehen haben, jdm schaden wollen*

proba|bilidad *f Wahrscheinlichkeit* f ‖ ~ de éxito *Erfolgsmöglichkeit, Aussicht* f *auf Erfolg* ‖ ◆ con mucha ~ *sehr wahrscheinlich* ‖ con toda ~ *aller Wahrscheinlichkeit nach* ‖ **~es** *fpl:* las ~ de éxito *die Aussichten auf (guten) Erfolg* ‖ ~ de vida *Lebenserwartung* f ‖ con ~ de pronto aumento *mit Aussicht auf baldige (Gehalts)Zulage* ‖ **–bilismo** *m* ⟨Philos Theol⟩ *Probabilismus* m ‖ **–bilista** *adj (m/f) probabilistisch* ‖ ~ *m/f Probabilist(in* f) m ‖ **–ble** *adj (m/f) wahrscheinlich, mutmaßlich* ‖ *voraussichtlich, vermutlich* ‖ *glaubwürdig* ‖ *probabel* ‖ la pérdida ~ *der voraussichtliche Verlust* ‖ ◇ es ~ que ... *es ist wahrscheinlich, dass ..., voraussichtlich ...* ‖ ¡no es ~! *das wird kaum geschehen!* ‖ *das ist unwahrscheinlich!* ‖ es ~ *es mag sein* ‖ *vielleicht* ‖ *es ist anzunehmen* ‖ **~mente** *adv wahrscheinlich* ‖ *voraussichtlich, vielleicht*

probadero *m Schießkanal* m *(Ballistik)*

proba|do *adj erprobt* ‖ *bewährt, probat, anerkannt (z. B. Mittel)* ‖ **–dor** *m Vorkoster* m ‖ *(An)Probierkabine* f *(beim Schneider usw.)* ‖ ⟨Tech⟩ *Prüfgerät* n, *Prüfer* m ‖ ~ de frenos ⟨Auto⟩ *Bremsenprüfstand* m *(Gerät)*

probanza *f* ⟨Jur⟩ *Beweismaterial* n ‖ *Beweisführung* f

¹probar [-ue-] *vt versuchen* ‖ *(an)probieren (Kleid)* ‖ *prüfen, untersuchen* ‖ ⟨fig⟩ *auf die Probe stellen, erproben* ‖ *kosten, versuchen* ‖ ⟨fig⟩ *(an s.) erfahren* ‖ ⟨Tech⟩ *testen* ‖ *einschießen (Gewehr)* ‖ ~ las fuerzas *die Kräfte erproben* ‖ ~ la paciencia *die Geduld auf die Probe stellen* ‖ ~ *vi passen, s. schicken* ‖ *bekommen, zusagen* ‖ *versuchen* (= intentar, tratar de) ‖ ◇ ~ bien, ~ mal *gut, schlecht bekommen*

²probar [-ue-] *vt be-, er|weisen* ‖ *dar|tun, -legen* ‖ ~ la coartada ⟨Jur⟩ *sein Alibi nachweisen*

probática *adj:* piscina ~ → **piscina**

probatoria *f* ⟨Jur⟩ *Termin* m *für die Beweisaufnahme*

probatorio *adj beweiskräftig, überzeugend* ‖ *Probe-, Beweis-*

probe *adj And* ⟨pop⟩ → **¹pobre**

probeta *f* ⟨Chem⟩ *Mess|zylinder* m, *-glas* n ‖ *Probier-, Reagenz|glas* n ‖ ⟨Fot⟩ *Entwicklungsschale* f ‖ ⟨Tech⟩ *Prüf-, Probe|stab* m, *-stange* f *(für die Materialprüfung)* ‖ ⟨Bgb⟩ *Probe* f ‖ ~ graduada ⟨Chem⟩ *Mess|glas* n, *-zylinder* m

probidad *f Redlichkeit, Rechtschaffenheit, Ehrlichkeit, Biederkeit* f ‖ *Gewissenhaftigkeit* f ‖ ◆ con ~ *auf redliche Art* ‖ de ~ reconocida *von anerkannter Ehrlichkeit*

△ **probisarar** *vt* = **probar**

proble|ma *m Problem* n ‖ *Frage* f ‖ ⟨Math⟩ *Aufgabe* f ‖ ~ balístico *Flugbahnberechnung (e–s Geschosses)* ‖ ~ colonial *Kolonialfrage* f ‖ ~ del desarme *Abrüstungsfrage* f ‖ ~s heredados *Erblasten* fpl ‖ ~ marginal *Randproblem* n ‖ ~ de las minorías *Minderheitenfrage* f ‖ ~ racial *Rassenfrage* f ‖ ~ sexual *Sexualproblem* n ‖ ~ vital *lebenswichtiges Problem* n ‖ ◇ ahí está el ~ *das ist (gerade) die Frage* ‖ plantear un ~ *e–e Aufgabe* od *ein Problem stellen* ‖ resolver un ~

ein *Problem lösen* ‖ **–mática** *f Problematik* f ‖ *Fragenkomplex* m ‖ **–mático** *adj zweifelhaft* ‖ *problematisch, fraglich* ‖ *rätselhaft* ‖ *fragwürdig, bestreitbar* ‖ *verdächtig* ‖ **–matizar** [z/c] *vt problematisieren*

probóscide *f* ⟨Zool⟩ *Rüssel* m *(des Elefanten)* ‖ ⟨Ins⟩ *Rüssel* m *(der Zweiflügler)*

probos|cídeo *m* ⟨Zool⟩ → **elefante** ‖ **–cídeos, –cidios** *mpl* ⟨Zool⟩ *Rüsseltiere* npl (Proboscidea)

proc. ⟨Abk⟩ = **procesión** ‖ **procurador**

procacidad *f Frechheit, Dreistigkeit* f ‖ *Unverschämtheit* f ‖ → **obscenidad** ‖ ◇ decir ~es *dreist reden*

procaína *f* ⟨Pharm⟩ *Prokain* n

procariontes *mpl* ⟨Biol⟩ *Prokaryo(n)ten* mpl

procaz [*pl* ~ces] *adj (m/f) frech, dreist, un|verschämt, -gezogen,* ⟨pop⟩ *schnodderig, pampig* ‖ → **obsceno**

proceden|cia *f Herkunft* f ‖ *Ursprung* m ‖ *Bezugsquelle* f ‖ ~ de la mercancía *Herkunft* f *der Ware* ‖ ◆ de ~ alemana *deutscher Herkunft (z. B. Waren)* ‖ *deutscher Abstammung* ‖ de ~ desconocida *unbekannter Herkunft* ‖ **–te** *adj (m/f) herkommend, abstammend* ‖ *kommend* (de *von*) ‖ *passend, schicklich* ‖ *angebracht* ‖ ⟨Jur⟩ *berechtigt* ‖ *begründet* ‖ ◇ creer ~ *für ratsam, angebracht halten* ‖ llegó a ~ de... *kam nach ... aus ...* ‖ no es ~ *es ist un|statthaft* bzw *-angebracht*

¹proceder *vi fort|schreiten, -fahren*

²proceder *vi her|kommen, -rühren, abstammen* ‖ *ent|stehen, -springen*

³proceder *vi tun, handeln, verfahren, vorgehen* ‖ *schreiten, übergehen* (a *zu*), *vollziehen, vornehmen* ‖ ⟨Jur⟩ *berechtigt, rechtskräftig sein* ‖ ◇ ~ a *schreiten zu* ‖ ~ contra alg. ⟨Jur⟩ *gegen jdn gerichtlich vorgehen* ‖ ~ a la ejecución ⟨Jur⟩ *zur Vollstreckung schreiten* ‖ ~ a hinrichten ‖ ~ a la elección *zur Wahl schreiten* ‖ ~ a la reclamación judicial *den Rechtsweg beschreiten* ‖ procedió luego a leer el acta *anschließend verlas er das Protokoll* ‖ ~ con tino *vorsichtig zu Werke gehen* ‖ ~ en justicia od *judicialmente,* ~ ante los tribunales *gerichtlich vorgehen, e–n Prozess anhängig machen* (contra *gegen*)

⁴proceder *vi s. benehmen, s. aufführen* ‖ *angebracht* od *geboten erscheinen* ‖ *s. gehören* ‖ ◇ procede hacer tal cosa *es gehört s.* od *es ist angebracht, so et. zu tun*

⁵proceder *m Be|tragen, -nehmen* n ‖ *Ver|fahren, -halten* n, *Handlungsweise* f ‖ *Pro|cedere, -zedere* n ‖ ~ de campanario ⟨fig⟩ *rohes, niederträchtiges Vorgehen* n ‖ ~ desconsiderado *rücksichtsloses Vorgehen* n

procedimiento *m Verfahren* n, *Handlungsweise, Methode* f ‖ *Vorgehen* n ‖ *Vorgang* m ‖ ⟨Jur⟩ *Rechtsgang* m, *(Gerichts)Verfahren* n ‖ *Rechtsweg* m ‖ ~ administrativo *Verwaltungsverfahren* n ‖ ~ arbitral *Schieds(gerichts)verfahren* n ‖ ~ civil *Zivilprozessordnung* f ‖ ~ de conciliación *Vergleichsverfahren* n ‖ ~ criminal *Strafverfahren* n ‖ ~ disciplinario *Disziplinarverfahren* ‖ ~ edictal *Aufgebotsverfahren* n ‖ ~ expeditivo *Schnellverfahren* n ‖ ~ húmedo *Nassverfahren* n ‖ ~ incalificable *schmähliches* od *schnödes Vorgehen* n ‖ ~ judicial *Rechtsverfahren* n ‖ ~s judiciales *gerichtliche Maßnahmen* fpl ‖ ~ de oficio *Offizialverfahren* n ‖ ~ de quiebra *Insolvenzverfahren* n ‖ ~ de remate *Versteigerungsverfahren* n ‖ ~ terapéutico ⟨Med⟩ *Heilverfahren* n ‖ ◇ engañar od estafar od timar a alg. por el ~ de las limosnas *jdm Almosen abschwindeln*

proce|la *f* ⟨poet⟩ *Sturm* m ‖ **–laria** *m* ⟨V⟩

Sturmschwalbe f (→ **paíño** común) ‖ **–loso** adj
stürmisch
   prócer *m hoher, vornehmer Herr* m ‖ *hoch
gestellte Persönlichkeit* f ‖ *Magnat* m ‖
Vorkämpfer, Führer m *(bes. der südam.
Befreiung)*
   proceridad *f vornehmes Wesen* n ‖ *Höhe* f ‖
Üppigkeit f
   prócero, procero(so) adj/s → **prócer**
   proce|sado *m Angeklagte(r)* m ‖ **–sador** *m*
⟨Inform⟩ *Prozessor* m ‖ **–sal** adj *Prozess-* ‖
–samiento *m Prozessführung* f ‖ *gerichtliche
Verfolgung* f ‖ ~ *de datos* ⟨Inform⟩
Datenverarbeitung f ‖ ~ *de textos* ⟨Inform⟩
Textverarbeitung f ‖ ◇ *decretar el* ~ *e–n Prozess
anhängig machen* (contra *gegen*) ‖ **–sar** vt *(jdn)
gerichtlich verfolgen, (gegen jdn) e–n Prozess
anstrengen od führen, prozessieren* ‖ ◇ ~ *datos*
⟨Inform⟩ *Daten verarbeiten* ‖ ~ *por falsario* ⟨Jur⟩
*wegen Fälschung gerichtlich (gegen jdn)
einschreiten* ‖ ~ *textos* ⟨Inform⟩ *Texte verarbeiten*
   proce|sión *f Auf-, Um-, Fest|zug* m ‖
Prozession f, *Kirchumgang, Bittgang* m ‖ *Kirch-,
Bet|fahrt* f ‖ ⟨figf⟩ *Reihe* f, *Zug* m ‖ ⟨figf⟩
Prozession, Menge f *Leute* ‖ ⟨lit⟩ *Abstammung* f,
Entstehen n ‖ ~ *de la Buena Muerte* ⟨Kath⟩
Bußprozession f *(am Aschermittwoch)* ‖ ~ *del
Corpus* ⟨Kath⟩ *Fronleichnamsprozession* f ‖ ◇ *la*
~ *le va por dentro* ⟨figf⟩ *ein geheimer Kummer
verzehrt ihn (sie, es)* ‖ ⟨figf⟩ *er (sie, es) zeigt s–e
Gefühle (bzw verrät s–e Gedanken) nicht* ‖ *no se
puede repicar y andar en la* ~ ⟨Spr⟩ *man kann
nicht auf zwei Hochzeiten tanzen, niemand kann
zwei Herren dienen* ‖ **–sional** adj *(m/f)
prozessionsartig*
   procesionaria f/adj ⟨Ins⟩ *Raupe* f *des
Prozessionsspinners* ‖ *Prozessionsspinner* m
(Thaumetopoeidae)
   proceso *m* ⟨allg⟩ *Fortschritt* m ‖ ⟨Jur⟩ *Prozess,
Rechtsstreit* m ‖ *Prozessordnung* f ‖ ⟨Inform⟩
Bearbeitung ‖ ⟨Chem Med⟩ *Prozess, Vorgang* m ‖
Verlauf m ‖ ⟨Med⟩ *Entwicklung* f ‖ ⟨Med⟩
Krankheitsverlauf m ‖ ~ *asimilatorio* ⟨Biol⟩
Stoffwechsel m ‖ *Assimilationsprozess* m ‖ ~
democratizador Demokratisierungsprozess m ‖ ~
de filiación ⟨Jur⟩ *Kindschaftsprozess* m ‖ ~
regresivo ⟨Biol Med⟩ *Regressionsprozess* m ‖ ~
sensacional Sensations-, Schau|prozess m (bes.
Pol) ‖ ~ *de transformación* ⟨Tech⟩
Verarbeitungsprozess m ‖ ~ *verbal Bericht* m,
Protokoll n, *Akten* pl ‖ ◇ *seguir un* ~ *e–n
Prozess anhängig machen* (contra *gegen*)
   procla|ma *f öffentliche Bekanntmachung* f ‖
Aufruf m ‖ *Heiratsaufgebot* n ‖ **–mación** *f
öffentliche Bekanntgabe* f ‖ *feierliche Ausrufung,
Proklamation* f ‖ *Verkünd(ig)ung* f ‖ ~ *de la
república Ausrufung* f *der Republik* ‖ **–mar** vt
ausrufen, feierlich bekannt machen ‖ *feierlich
ausrufen zu(m König usw.)* ‖ *proklamieren* ‖
(Brautleute) aufbieten ‖ *(Wahlen) ausschreiben* ‖
(fam) *verkünd(ig)en, ausposaunen* ‖ ~ **aclamar** ‖
~**se** *s. aufwerfen (zu* dat*)* ‖ *aufgeboten werden
(Brautpaar)*
   pro|clisis f ⟨Ling⟩ *Proklise* f ‖ **–clítico** adj ⟨Gr⟩
proklitisch
   proclividad *f Neigung* f *(& fig)* ‖ ~ *a* …
Neigung zu …
   procomún *m Gemeinwohl* n ‖ *öffentliches
Interesse* n
   procomunista adj *(m/f) prokommunistisch,
kommunistenfreundlich* ‖ ~ *m/f
Kommunistenfreund(in* f*)* m
   procónsul *m* ⟨Hist⟩ *Prokonsul* m
   Procopio *m* np *Prokop(ius)* m
   pro|creación *f Zeugung, Fortpflanzung* f ‖ ~

entre consanguíneos Inzucht f (→ **incesto**) ‖
–creador *m Erzeuger* m ‖ **–crear** vt *(er)zeugen,
fortpflanzen* ‖ **–creativo** adj *Fortpflanzungs-,
Zeugungs-*
   proc|titis *f* ⟨Med⟩ *Proktitis* f ‖ **–tología** *f
Proktologie* f ‖ **–toscopia** *f Proktoskopie,
Mastdarmspiegelung* f
   Procrustes *m* ⟨Myth⟩ *Prokrustes* m
   procu|ra *f Vollmacht, Prokura* f ‖ **–ración** *f
Verwaltung, Geschäftsführung* f ‖ *Vollmacht,
Bevollmächtigung* f ‖ ~ *colectiva Gesamtprokura*
f ‖ ~ *general Generalvollmacht* f ‖ **–rador** *m
Geschäftsträger, Verwalter* m ‖ *Bevollmächtigte(r)*
m ‖ *Prozessvertreter, nicht plädierender Anwalt* m
‖ *Sachwalter* m ‖ ~ *en Cortes* ⟨Span⟩
Abgeordnete(r) m *der Cortes* ‖ ~ *de los
tribunales Prozessvertreter, nicht plädierender
Anwalt* m ‖ **–raduría** *f* ⟨Kath⟩ *Verwaltung* f *e–s
Klosters* ‖ ⟨Jur⟩ *Amt bzw Büro* n *e–s procurador* ‖
–rar vt *besorgen, führen (Geschäft)* ‖ *verschaffen*
‖ *fördern* ‖ *trachten* ‖ *verursachen, bereiten* ‖
⟨reg⟩ *suchen* ‖ ◇ ~ *la venta den Verkauf
betreiben* ‖ ¡ ~*ra conseguirlo! sei bestrebt, es zu
erreichen!* ‖ ~ vi *(et.) zu tun suchen, s. bemühen*
‖ ◇ ~ *sólo para sí nur auf s–n Nutzen bedacht
sein* ‖ ~ *por alg. s. jds annehmen* ‖ *no sé dónde
~me el dinero ich weiß nicht, wo ich das Geld
hernehmen soll*
   procustes *m* ⟨Ins⟩ → **procusto**
   procusto *m* ⟨Ins⟩ *Lederlaufkäfer* m (Carabus =
Procustes coriaceus)
   Procusto *m* → **Procrustes**
   prodetonante *m Mittel* n *zur Herabsetzung der
Klopffestigkeit (e–s Kraftstoffs)*
   prodigalidad *f Verschwendung* f ‖
Verschwendungssucht f ‖ *übermäßige Ausgaben*
fpl ‖ *Überfluss* m ‖ ◆ *con* ~ *reichlich,
verschwenderisch*
   pródigamente adv *reichlich*
   prodigar [g/gu] vt *ver|schwenden, -geuden* ‖
ver|tun, -prassen ‖ *verausgaben* ‖ *nicht sparen,
nicht schonen* ‖ *über|häufen, -schütten (algo a alg.
jdn mit et.)* ‖ ◇ ~ *cuidados a alg. jdn sehr
sorgsam pflegen* ‖ ~ *elogios a alg. jdm
überschwenglich Lob spenden, jdn sehr rühmen* ‖
~ *honores a alg. jdn mit Ehrenbezeugungen
überhäufen* ‖ ~ *los sombrerazos a alg.* (joc) *jdn
auffällig oft grüßen* ‖ ~**se** *allzusehr ins
Rampenlicht treten* ‖ *s. produzieren* ‖ *zu oft die
erste Geige spielen (wollen)*
   prodi|gio *m Wunder|werk, -ding* n ‖ ⟨fig⟩
Ausbund m, ⟨fam⟩ *Kanone* f, *Genie* n ‖ ◇ *es un*
~ *de destreza* (fam) *er ist unglaublich geschickt* ‖
–giosidad *Wunderbare(s)* n ‖ *Erstaunlichkeit* f ‖
–gioso adj *wunderbar, außerordentlich* ‖
erstaunlich, überraschend ‖ ⟨fig⟩ *großartig,
grandios* ‖ ⟨pop⟩ *kolossal*
   pródigo adj *verschwenderisch* ‖ ◇ *declarar* ~
⟨Jur⟩ *wegen Verschwendungssucht entmündigen* ‖
~ *en (od de) acontecimientos reich an wichtigen
Begebenheiten* ‖ ~ *m Verschwender* m
   pro domo (sua) ⟨lat⟩ „*für das eigene Haus"*,
zum eigenen Nutzen, für s. selbst, pro domo
   prodrómico adj ⟨Med⟩ *Prodromal-*
   pródromo *m Einleitung, Vorrede* f ‖ ⟨Med⟩
Prodrom(alsymptom) n, *Vorbote* m *(erstes
Anzeichen e–r Krankheit)*
   ¹producción *f Erzeugung, Produktion, Bildung*
f, *Zustandekommen* n ‖ *Erzeugnis, Produkt* n ‖
Bodenschätze mpl ‖ *Filmwerk* n, *Produktion* f ‖
⟨Tech⟩ *Leistung* f *e–r Maschine* ‖ *Herstellung,
Fertigung* f ‖ *Gewinnung* f ‖ ~ *agraria
Agrarproduktion* f ‖ ~ *en cadena
Fließbandproduktion* f ‖ ~ *de energía
Energieerzeugung* f ‖ ~ *indígena einheimische*

Produktion f ‖ ~ literaria *literarisches Werk* n ‖
~ en masa *Massenproduktion* f ‖ ~ oliv(ar)era
Oliven(an)bau m ‖ ~ en serie *Serienproduktion* f
²producción *f* (Jur Verw) *Vor|legung, -lage,
Beibringung* f *(von Urkunden usw.)*
producente adj *(m/f) erzeugend*
produ|cido *m* Am *Ertrag* m (→ **producto**)
¹producir [-zc-, pret –je] vt *ein|bringen,
-tragen* ‖ *zum Vorschein bringen* ‖ *erzeugen*, ⟨fig⟩
verschaffen, bewirken ‖ ⟨fig⟩ *hervorbringen,
erzeugen* ‖ *herstellen, fertigen* ‖ *gewinnen* ‖
(Gewinn) abwerfen, bringen ‖ *hervorrufen* ‖
schaffen ‖ *(herbei)schaffen* ‖ ◇ ~ *beneficio
Nutzen bringen* ‖ ~ un beneficio neto de … *e–n
Reinertrag von … abwerfen* ‖ ~ efecto *Erfolg
haben, wirken* ‖ ~ mal efecto *e–n schlechten
Eindruck vermitteln* ‖ ~ fiebre ⟨Med⟩ *Fieber
verursachen* ‖ ~ mala impresión *e–n schlechten,
e–n ungünstigen Eindruck machen* ‖ ~ mejoría
Erleichterung bringen ‖ ~ poco *wenig
einbringen, nicht lohnend sein* ‖ ~ una reacción
⟨Med⟩ *e–e Reaktion hervorrufen* ‖ *e–n
Rückschlag bewirken* ‖ ~ rica cosecha *reiche
Früchte tragen* ‖ ~ sorpresa *e–e Überraschung
hervorrufen* ‖ ~ vi *Früchte bringen, Früchte
tragen* ‖ *Junge werfen (Tier)* ‖ *einträglich sein
(Geschäft, Boden)* ‖ es un negocio que no
produce *es ist ein Geschäft, das nichts einbringt* ‖
~**se** *erscheinen, auftreten* ‖ *vorkommen, s.
ereignen* ‖ *s. äußern* ‖ *s. verhalten, s. benehmen* ‖
◇ se produjo (un) silencio *Stille trat ein*
²producir vt [-zc-, pret ~je] (Jur Verw)
vorlegen, beibringen (Urkunden usw.)
produc|tividad *f Produktivität* f ‖
Leistungsfähigkeit f ‖ *Ertragsfähigkeit,
Ergiebigkeit* f ‖ *Fruchtbarkeit* f ‖ *schöpferische
Kraft* f ‖ **–tivo** adj *leistungsfähig* ‖ *ergiebig* ‖
lohnend ‖ *ertragreich, einträglich, Gewinn
bringend* ‖ *fruchtbar, produktiv* ‖ ◇ ser ~ ⟨fig⟩
Zinsen tragen ‖ ser poco ~ *wenig einträglich sein*
‖ **–to** *m Erzeugnis, Produkt* n ‖ *Er|trag, -lös* m ‖
Wirkung f ‖ *Ergebnis* n ‖ *Mittel* n ‖ ⟨Math⟩
Produkt, Multiplikationsergebnis n ‖ ~ acabado,
~ elaborado *Fertig|fabrikat, -produkt* n, *-ware* f ‖
~ para adelgazar *Abmagerungsmittel* n ‖ ~ bruto
Roherzeugnis n ‖ *Roh-, Brutto|ertrag* m ‖ ~ de
calidad *Qualitätserzeugnis* n ‖ ~ de máxima
calidad *Spitzenerzeugnis* n ‖ ~ de desintegración
Zersetzungs-, Abbau|produkt n ‖ ⟨Atom⟩
Spaltprodukt n ‖ ~ elaborado → ~ acabado ‖ ~
final *Fertig-, End|produkt* n ‖ ~ fiscal
Steueraufkommen n ‖ ~ de fisión ⟨Atom⟩
Spaltprodukt n ‖ ~ de los impuestos → ~ fiscal ‖
~ indígena → ~ del país ‖ ~ industrial
gewerbliches Erzeugnis, Industrieerzeugnis n ‖ ~
interior bruto (PIB) *Bruttoinlandsprodukt* n ‖ ~
líquido *Reinertrag* m ‖ ~ de marca
Markenerzeugnis n ‖ ~ nacional → ~ del país ‖
~ nacional bruto *Bruttosozialprodukt* n ‖ ~ neto
Rein|erlös, -ertrag, -gewinn m ‖ ~ del país
Landesprodukt, einheimisches Erzeugnis n ‖ ~
parcial *Teilprodukt* n ‖ ~ protector *Schutzmittel* n
‖ ~ protector contra los rayos solares *(od contra
las quemaduras del sol) Sonnenschutzmittel* n ‖ ~
social *Sozialprodukt* n ‖ ~ tintóreo *Farbstoff* m ‖
~ vegetal *pflanzliches Erzeugnis* n ‖ ~ de la(s)
venta(s) *Verkaufserlös* m ‖ ◇ dar un ~
einträglich sein ‖ sacar más ~ a la situación *die
Lage besser ausnützen* ‖ ~**s** *mpl:* ~ agrícolas
Agrarprodukte, landwirtschaftliche Erzeugnisse
npl ‖ ~ alimenticios *Nahrungs-, Lebens|mittel* npl
‖ ~ de belleza *Schönheitsmittel* npl,
Kosmetikartikel mpl, *Kosmetika* n ‖ ~ cárnicos
Fleischprodukte npl ‖ ~ coloniales *Kolonialwaren*
fpl ‖ ~ para conservar *Konservierungsmittel* npl ‖

~ de consumo *Verbrauchsgüter* npl ‖ ~ derivados
Derivate, Nebenprodukte npl, *Abkömmlinge* mpl ‖
~ farmacéuticos *pharmazeutische Produkte* npl ‖
~ forrajeros *Futtermittel* npl ‖ ~ hortícolas
Gartenbauerzeugnisse npl ‖ ~ lácteos
Molkereierzeugnisse, Milchprodukte npl ‖ ~
manufacturados *Fabrikate* npl ‖ ~ naturales
Naturerzeugnisse npl ‖ ~ químicos *Chemikalien*
fpl ‖ ~ siderúrgicos *Eisen- und Stahl|erzeugnisse*
npl ‖ ~ textiles *Textilwaren* fpl ‖ ~ ultramarinos
überseeische Produkte npl ‖ *Kolonialwaren* fpl ‖
–tor adj *erzeugend, herstellend* ‖ *arbeitstätig* ‖ ~
m Erzeuger m ‖ *Hersteller* m ‖ ⟨Film⟩
Filmhersteller, Produzent m ‖ Span ⟨Pol Hist⟩
Arbeiter m ‖ ~a (cinematográfica) *(Film-
)Herstellerfirma* f
proej(e)ar vi *gegen den Wind (die Strömung)
rudern*
proemio *m Vorrede, Einleitung* f ‖ *Proömium* n
proeza *f Helden-, Groß|tat* f ‖ *großartige
Leistung* f ‖ Am ⟨iron⟩ *Angeberei, Prahlerei,
Aufschneiderei* f ‖ ¡vaya ~! ⟨iron⟩ *das ist (ja) e–e
schöne Leistung!*
profa|nación *f Entweihung, Schändung* f (&
fig) ‖ ⟨fig⟩ *Entwürdigung, Herabsetzung* f ‖ ◇
¡esto es una ~! ⟨fig⟩ *das ist e–e Schande!* ‖
–nador adj *entweihend* ‖ *ruchlos* ‖ ~ *m
Ent|weiher, -heiliger, Schänder* m ‖ **–nar** vt
ent|weihen, -heiligen, schänden ‖ ⟨fig⟩ *entehren,
herabwürdigen* ‖ ⟨fig⟩ *beschmutzen* ‖ ⟨fig⟩
zerstören (z. B. *e–e Landschaft mit bestimmten
Bauwerken)* ‖ **–nidad** *f Weltlichkeit, weltliche
Gesinnung* f ‖ ⟨fig⟩ *Mangel* m *an Ehrfurcht* ‖ **–no**
adj *profan, weltlich* ‖ *unheilig* ‖ *uneingeweiht* ‖
⟨fig⟩ *laienhaft* ‖ *entweihend, ruchlos* ‖ ~ *m
Uneingeweihte(r), Profane(r), Laie* m ‖ *Weltkind* n
profazar [z/c] vt *heftig tadeln* ‖ *ver|wünschen,
-fluchen*
profe *m Kurzform für* **profesor** ‖ ⟨desp⟩
Pauker m
profecía *f Prophezeiung, Weissagung* f ‖ ⟨fig⟩
Vorbedeutung f
proferir [ie/i] vt/i *vorbringen* ‖ *hervorbringen
(Worte)* ‖ *aussprechen, sagen* ‖ ◇ ~ insultos
Flüche ausstoßen
profe|sa *f Nonne* f, *die das Ordensgelübde
abgelegt hat* ‖ **–sar** vt *(e–e Kunst, e–n Beruf)
ausüben* ‖ *(ein Handwerk) betreiben* ‖ *lehren* ‖
innehaben (Lehrstuhl) ‖ *(s.) offen bekennen* ‖ ⟨fig⟩
an den Tag legen ‖ ◇ ~ admiración a alg. *jdn
bewundern* ‖ ~ amistad a alg. *jdm zugetan sein* ‖
~ cariño *zu jdm Zuneigung hegen* ‖ ~ una
doctrina *s. zu e–r Lehre bekennen* ‖ ~ vi ⟨Rel⟩
die Ordensgelübde ablegen ‖ ◇ ~ (de) monja
Nonne werden ‖ ~ en una orden religiosa *in e–n
Klosterorden eintreten*
profesio|grafía, –logía *f Berufskunde* f
¹profesión *f Beruf* m ‖ *Gewerbe, Handwerk* n ‖
~ liberal *freier Beruf* m ‖ ~ mercantil
kaufmännischer Beruf m ‖ ◇ ejercer una ~ *ein
Gewerbe treiben* ‖ *e–n Beruf ausüben*
²profesión *f Be|kenntnis* n, *-kundung* f ‖
Religionsbekenntnis n ‖ *Ordensgelübde* n ‖
Ablegen n *des Ordensgelübdes* ‖ ~ de fe
Glaubensbekenntnis n ‖ ~ religiosa *Gelübde* n ‖
◇ hacer ~ *das Gelübde ablegen*
profe|sional adj *(m/f) berufsmäßig, beruflich,
Berufs-* ‖ *fachmännisch, Fach-, professionell* ‖ ~
m Fach|mann, -kenner m ‖ ⟨Sp⟩ *Berufsspieler* m ‖
Berufs|fahrer, -flieger m *usw.* ‖ ⟨fam⟩ *Profi* m ‖
–sionalidad *f Professionalität* f ‖ **–sionalismo** *m
Berufsmäßigkeit* f ‖ *beruflicher Charakter* m ‖
⟨Sp⟩ *Berufsspielertum, Profitum* n (& fig)
profeso adj: casa ~a *Ordenshaus* n ‖ ~ *m
Profess* m

profe|sor *m Lehrer* m ‖ *Hochschullehrer* m ‖
Professor m ‖ p.ex *Gelehrte(r)* m ‖ *Künstler* m ‖
Fachmann, Könner m ‖ *Berufsmusiker* m ‖
Bekenner m *e–r Religion* ‖ ~ adjunto *Hilfslehrer,*
Öst Supplent m ‖ ~ de autoescuela *Fahrlehrer* m
‖ ~ auxiliar → ~ adjunto ‖ ~ ayudante
Hochschulassistent m ‖ ~ de baile *Tanzlehrer* m ‖
~ de canto *Gesanglehrer* m ‖ ~ de danza
Tanzlehrer m ‖ ~ de dibujo *Zeichenlehrer* m ‖ ~
de segunda enseñanza → ~ de Instituto ‖ ~
especial *Fachlehrer* m ‖ ~ de Facultad → ~ de
Universidad ‖ ~ de gimnasia *Turnlehrer* m ‖ ~
de idiomas *Sprachlehrer* m ‖ ~ de Instituto
Gymnasiallehrer, etwa: Studienrat m ‖ ~
mercantil *Handelslehrer* m ‖ etwa: *graduierter*
Betriebswirt m ‖ ~ de música *Musiklehrer* m ‖ ~
numerario *Universitätsprofessor, Lehrstuhlinhaber*
m ‖ ~ no numerario [früher] *Hochschullehrer auf*
Zeit ‖ ~ suplente → ~ adjunto ‖ ~ titular → ~
numerario ‖ ~ de Universidad
Universitätsprofessor m ‖ ~ visitante
Gastprofessor m ‖ **–sorado** *m Professur,*
Professorenstelle f ‖ *Lehramt* n ‖ *Lehrkörper* m ‖
Lehrerschaft f, *(die) Lehrer* mpl ‖
Professorenkollegium n ‖ **–soral** adj *(m/f)*
lehrhaft, professoral ‖ *Professoren-, Lehr-* ‖ ⟨iron
desp⟩ *schulmeisterlich, pedantisch,*
haarspalterisch
  profe|ta *m Prophet, Seher* m ‖ falso ~ *falscher*
Prophet m (& fig) ‖ ◇ nadie es ~ en su tierra
der Prophet gilt nichts in s–m Vaterland ‖ **–tal** adj
(m/f) → **profético** ‖ **–tastro** *m* ⟨desp⟩
Lügenprophet m
  profético adj *prophetisch* ‖ p.ex
voraus|schauend bzw *-sehend* bzw *-sagend*
  profe|tisa *f Prophetin, Seherin* f ‖
–tismo *m Prophetismus* m ‖ *Seher-,*
Propheten|tum n ‖ **–tizar** [z/c] vt *prophezeien,*
vorher-, weis|sagen
   proficiente adj *(m/f) Fortschritte machend*
   proficuo adj *vorteilhaft, Nutzen bringend*
  profi|láctico adj ⟨Med⟩ *vorbeugend,*
prophylaktisch ‖ **–laxina, –laxis** f *Prophylaxe,*
Vorbeugung (& fig), *Krankheitsverhütung* f
   proforma ⟨lat⟩ *der Form wegen, pro forma,*
zum Schein
   prófugo adj *flüchtig* ‖ ~ *m Flüchtling* m ‖
⟨Mil⟩ *Fahnenflüchtige(r)* m
   △ **profulo** *m Streichholz* n
  profun|didad *f Tiefe* f ‖ *Vertiefung* f ‖ *Abgrund*
m ‖ ⟨fig⟩ *Tiefe, Gründlichkeit* f ‖ ⟨fig⟩
Innerlichkeit f ‖ ⟨fig⟩ *Innere(s)* n ‖ ⟨fig⟩ *Weite,*
Tiefe f (z.B. *e–s Fluges*) ‖ ⟨Bgb⟩ *Teufe* f ‖ ~ de
reconocimiento ⟨Flugw⟩ *Aufklärungstiefe* f ‖
–dímetro *m Tiefenmesser* m ‖ **–dizar** [z/c] vt
vertiefen ‖ ⟨fig⟩ *gründlich untersuchen* ‖
ergründen (acc) ‖ ⟨Bgb⟩ *abteufen (Schacht)* ‖ ◇
~ un asunto *e–r Sache auf den Grund gehen* ‖ ~
vi *über et. nachdenken, grübeln* ‖ *eindringen* (en
in acc) ‖ *tief eindringen* (Schuss) ‖ *auf den Grund*
gehen (en dat) ‖ **–do** adj *tief (liegend)* ‖ ⟨fig⟩ *tief,*
heftig ‖ ⟨fig⟩ *tief, geistreich (Gedanke)* ‖
unergründlich ‖ *tief greifend* ‖ *profund* ‖ ⟨fig⟩
vollständig ‖ *eingehend* ‖ *absolut* ‖ poco ~ *seicht*
(& fig) ‖ ~ silencio *tiefes (Still)Schweigen* n ‖ ~a
reverencia *tiefe Ehrfurcht* f ‖ ~ m *Tiefe* f ‖
Innerste(s) n
  profu|samente adv *reichlich, verschwenderisch*
‖ ~ ilustrado *reich illustriert, bilderreich, reich*
bebildert (Buch) ‖ **–sión** *f Verschwendung* f,
Überfluss m ‖ *Überfülle* f ‖ ◆ con una ~ de
grabados *reich illustriert (Buch)* ‖ **–so** adj
verschwenderisch ‖ *überreichlich* ‖ *übermäßig*
   proge|nie *f Geschlecht* n, *Stamm* m ‖ *Sippe* f ‖
Nachkommenschaft f ‖ **–nitor** *m Vater, Erzeuger*

m ‖ *Vorfahr, Ahn(e), Ahnherr* m ‖ ~es mpl *Eltern*
pl ‖ *Ahnen* pl ‖ **–nitura** *f Nachkommenschaft* f
   progesterona *f* ⟨Physiol⟩ *Progesteron* n
   progna|tismo *m Prognathie* f, *Vorstehen* n *des*
Oberkiefers ‖ **–to** adj/s *prognathisch*
   prognosis *f* ⟨Med⟩ *Prognose* f (→ **pronóstico**)
‖ ⟨Meteor⟩ *Wettervorhersage* f ‖ ⟨allg⟩
Vorhersage, Prognose f
   progra|ma *m Programm* n ‖ *Aufruf* m,
Kundmachung f ‖ *Plan, Entwurf* m ‖ *Schul-,*
Unterrichts|plan m ‖ *Vorlesungsverzeichnis* n *(e–r*
Hochschule) ‖ *Theaterprogramm* n ‖ *Rundfunk-*
bzw *Fernseh|programm* n ‖ *Sendeplan* m ‖
Filmprogramm n ‖ ~ antivirus ⟨Inform⟩ →
cazavirus ‖ ~ de baile *Tanzkarte* f ‖ ~ cazavirus
⟨Inform⟩ *Antivirenprogramm* n ‖ ~ contrastivo
⟨Radio TV⟩ *Kontrastprogramm* n ‖ ~ de los
cursos *Vorlesungsverzeichnis* n ‖ ~ en directo
Direktübertragung, Live-Sendung f ‖ ~
económico *Wirtschaftsprogramm* n ‖ ~ de
ejecución inmediata → ~ inmediato ‖ ~ electoral
Wahlprogramm n ‖ ~ de enseñanza *Lehrplan* m ‖
~ de escritura ⟨Inform⟩ *Schreibprogramm* n ‖ ~
de fomento *Förderungsprogramm* n ‖ ~ a hora
tardía *Spätsendung* f ‖ ~ inmediato
Sofortprogramm n ‖ ~ en lenguaje máquina
⟨Inform⟩ *Maschinenprogramm* n ‖ ~ piloto ⟨TV⟩
Testprogramm n ‖ ~ político *politisches*
Programm n ‖ ~ de radio *Rundfunkprogramm* n ‖
~ de teatro *Theaterzettel* m ‖ *Spielplan* m ‖ ~ de
televisión *Fernsehprogramm* n ‖ ~ de trabajo
Arbeitsprogramm n ‖ ~ de traducción ⟨Inform⟩
Übersetzungsprogramm n ‖ ~ tutor(ial) ⟨Inform⟩
Lernprogramm n ‖ ~ de urgencia
Notstandsprogramm n ‖ *Sofortprogramm* n ‖ ◆
fuera de ~ *außer Programm* ‖ *nicht*
programmgemäß ‖ ⟨Mus⟩ *Zugabe* f (z.B. in *e–m*
Konzert) ‖ ◇ estar en el ~ *auf dem Programm*
stehen ‖ **–mación** *f Programmierung* f ‖ ⟨Radio
TV⟩ *Programmgestaltung* f ‖ ~ genética ⟨Gen⟩
genetische Programmierung f ‖ ~ reticular
Netz|planung f, *-plantechnik* f ‖ **–mado** adj
programmiert ‖ ~ por tarjetas perforadas
lochkartenprogrammiert ‖ **–mador** *m*/adj ⟨Inform⟩
Programmierer m ‖ ⟨Radio TV⟩
Programmgestalter m ‖ *Programmgerät* n ‖ **–mar**
vt *programmieren* ‖ *das Programm gestalten* ‖
⟨Inform⟩ *programmieren* ‖ **–mático** adj
programmatisch
   progre adj Kurzform für **progresivo,**
progresista ⟨pop⟩ *fortschrittsbesessen* ‖ ~ *m/f*
Fortschrittsfanatiker(in f) m
  progre|sar vi *fortschreiten, Fortschritte*
machen, vorwärts-, fort|kommen ‖ *s. entwickeln* ‖
⟨Mil⟩ *fortschreiten, vorrücken* ‖ ◇ ~ a *od* por
saltos ⟨Mil⟩ *sprungweise vorgehen (Taktik)* ‖
–sero adj/s ⟨desp iron⟩ von **–sista** ‖ *fortschrittlich*
‖ **–sión** *f (stetiges) Fortschreiten* n ‖ *(allmähliche)*
Zunahme f ‖ *Folge* f ‖ ⟨Mil⟩ *Vor|marsch* m,
-rücken n ‖ *Vorstoß* m ‖ ⟨Mus⟩ *Progression,*
Rückung f ‖ ⟨Math Med Mus⟩ *Progression* f ‖
⟨Math⟩ *Folge* f ‖ ~ aritmética, ~ geométrica
arithmetische, geometrische Reihe f *(Folge)* ‖ ◇
encontrarse *od* estar en ~ *wachsen, zunehmen* ‖
–sismo *m fortschrittliche Denkart* f ‖ ⟨fig⟩
Fortschrittsglaube m ‖ ⟨Pol⟩ *Progressismus* m (&
bes. *bei e–m Teil der Geistlichen*) ‖ **–sista** adj
(m/f) progressistisch, (übertrieben) fortschrittlich,
fortschrittsbesessen ‖ ~ *m/f Progressist(in* f) m ‖
Fortschrittsbesessene(r m) f ‖ **–sivamente** adv
allmählich, stufenweise ‖ **–sivo** adj *progressiv*
vor|rückend, -schreitend ‖ *(allmählich)*
fortschreitend ‖ **–so** *m Fortschritt* m ‖ ⟨fig⟩
Fortschreiten n ‖ *Steigen* n ‖ *Zunahme* f ‖ los ~s
de una dolencia *das Fortschreiten e–r Krankheit* ‖

◇ hacer (buenos) ~s *fort-, weiter|kommen, (gute)*
Fortschritte machen
  progubernamental adj *(m/f)*
regierungsfreundlich
  prohi|bición *f Verbot* n ‖ ⟨Hist⟩ *Prohibition* f ‖
Sperre f ‖ *Sperrmaßnahmen* fpl ‖ ⟨Mar⟩ *Sperre* f ‖
~ de adelautar ⟨StV⟩ *Überholverbot* n ‖ ~ de
aparcar ⟨StV⟩ *Parkverbot* n ‖ ~ comercial
Handelssperre f ‖ ~ de conducir *Fahrverbot* n ‖
~ de domicilio *Aufenthaltsverbot* n ‖ ~ del
empleo de la fuerza *Gewaltverbot* n ‖ ~ de
estacionar →⁺ ~ de aparcar ‖ ~ de exportación
Ausfuhrverbot n ‖ **–bicionismo** *m* ⟨allg⟩
Prohibitivsystem n ‖ ~ aduanero *Schutzzollsystem*
n ‖ ~ comercial *Handelssperre* f ‖ **–biciónista** adj
(m/f) auf die Prohibition bezüglich ‖ ~ *m/f*
Prohibitionist(in f), *Anhänger(in* f) m *des*
Prohibitionismus
  prohi|bido adj/s *verboten* ‖ ~a la entrada
Eintritt verboten ‖ ~ fumar *Rauchen verboten* ‖
~ el paso *Durchgang* bzw *Durchfahrt verboten* ‖
~ pisar el césped *od* la hierba *Rasen betreten*
verboten ‖ terminantemente ~⁺ *streng (bzw*
polizeilich) verboten ‖ ◇ jugar a los ~s ⟨Kart⟩
verbotene Spiele spielen ‖ **–bir** vt *verbieten,*
untersagen ‖ *verwehren* ‖ ~ la exportación *die*
Ausfuhr verbieten ‖ se –be el paso *Durchgang*
bzw *Durchfahrt gesperrt* ‖ **–bitivo, –bitorio** adj
verbietend ‖ *ausschließend* ‖ *Hinderungs-, Sperr-,*
Verbot-, Prohibitiv-, prohibitiv
  prohi|jada *f angenommene Tochter,*
Adoptivtochter f ‖ **–jado** *m angenommener Sohn,*
Adoptivsohn m ‖ **–jador** *m Adoptivvater* m ‖
–jadora *f Adoptivmuter* f ‖ **–jamiento** *m*
Adoption, Annahme f an Kindes Statt ‖ **–jar** vt
adoptieren, an Kindes Statt annehmen ‖ ⟨fig⟩ *s.*
(andere Meinungen) zu eigen machen ‖
(Gedanken anderer) übernehmen
  prohom|bre *m angesehener, herausragender*
Mann, Parteiführer m ‖ *Obmann* m ‖ *Zunft-,*
Innungs|meister m ‖ **–bría** *f Ansehen* n
  pro|ís, –íz [pl ~ces] *m* ⟨Mar⟩ *Poller,*
Befestigungspfosten m ‖ ~, ~a *f Tau* n
  pro indiviso, proindiviso ⟨lat⟩ *ungeteilt* ‖ →⁺
condominio, propiedad
  próji|ma *f* ⟨fam⟩ *Ehefrau, bessere Hälfte* f ‖
⟨fam⟩ *schlampiges Weibstück* n, *Schlampe* f ‖
Nutte f ‖ **–mo** *m Nächste(r)* m ‖ ⟨fam⟩ *Herr*
Dingsda, Herr Soundso ‖ ⟨pop⟩ *Individuum,*
Subjekt n, *Kerl* m
  projundo Am ⟨pop⟩ →⁺ **profundo**
  pról. ⟨Abk⟩ = **prólogo**
  prolapso *m* ⟨Med⟩ *Vorfall, Prolaps* m ‖ ~
uterino ⟨Med⟩ *Gebärmuttervorfall,* ⟨lat⟩ *Prolapsus*
m *uteri*
  prole *f Nachkommenschaft f, Kinder npl (&*
joc) ‖ ◇ ¡vaya una ~! (iron) *das ist (ja) e–e*
Sippe od ⟨pop⟩ *Sippschaft!*
  prolegómeno *m* ⟨Wiss⟩ *erklärendes Vorwort* n ‖
‖ ~s mpl *Prolegomena* npl
  prolepsis *f* ⟨Rhet⟩ *Prolepse* f
  prole|tariado *m Proletariat* n ‖ **–tario** adj
proletarisch ‖ *mittellos* ‖ ⟨fig⟩ *gemein, ordinär,*
pöbelhaft ‖ ~ *m Proletarier* m ‖ *Unbemittelte(r)*
m ‖ ⟨desp⟩ *Prolet* m ‖ **–tarización** *f*
Proletarisierung f ‖ **–tarizar** [z/c] vt
proletarisieren
  proli|feración *f* ⟨Biol Gen⟩ *Vermehrung* f
(durch Zellteilung) ‖ ⟨Med⟩ *Wucherung* f (& fig) ‖
⟨fig⟩ *Wuchern* n, *schnelle Zunahme* f ‖ no ~ de
armas atómicas ⟨Pol⟩ *Nichtweiterverbreitung* f
von Atomwaffen ‖ **–ferar** vt *s. vermehren (& fig)*
‖ ⟨Med⟩ *wuchern (& fig)*
  prolífico adj *fruchtbar (& fig)* ‖ *kinderreich* ‖
⟨fig⟩ *vielschreibend*

  proli|jamente adv *reichlich* ‖ **–jidad** *f*
Weit|schweifigkeit, -läufigkeit f ‖ *Umständlichkeit*
f ‖ *Reichlichkeit* f ‖ **–jo** adj *weit|schweifig, -läufig*
‖ *ausführlich* ‖ *ausgedehnt* ‖ *reichlich* ‖ *peinlich*
genau ‖ *langweilig, lästig,* [stärker:] *unerträglich*
‖ tras ~a discusión *nach längerer Beratung*
  prologar [g/gu] vt *(ein Werk) mit e–r Vorrede,*
e–m Prolog versehen
  prólogo *m Vorrede, Einleitung f, Vorwort* n,
Prolog m ‖ ⟨Mus Th⟩ *Vorspiel* n ‖ ⟨fig⟩ *Einleitung*
f, *Anfang* m
  prologuista *m/f Verfasser(in* f) m *e–s Vorworts*
od *Prologs*
  prolonga *f* ⟨Mil⟩ *Langtau, Lafettenseil* n
(Artillerie)
  prolongable adj *(m/f) verlängerungsfähig* ‖
dehnbar ‖ *prolongierbar (Wechsel)*
  prolon|gación *f Verlängerung* f ‖
(Aus)Dehnung f ‖ *Ansatz* m ‖ *Aufschub* m ‖
⟨Com⟩ *Stundung* f ‖ *Prolongation f (Wechsel)* ‖ ~
del plazo *Fristverlängerung* f ‖ ~ de las
vacaciones *Ferienverlängerung* f ‖ **–gado** adj
lang, lange dauernd ‖ *ausgedehnt, weitläufig* ‖
länglich ‖ *verlängert* ‖ *prolongiert (Wechsel)* ‖
–gamiento *m* →⁺ **–gación** ‖ **–gar** [g/gu] vt
verlängern ‖ *in die Länge ziehen* ‖ *ausdehnen* ‖
aufschieben ‖ *hinausschieben* ‖ ⟨Com⟩ *(e–n*
Wechsel) prolongieren ‖ ⟨Com⟩ *stunden* ‖ ◇ ~ la
exposición ⟨Fot⟩ *länger belichten* ‖ ~se s. *in die*
Länge ziehen ‖ *lange dauern* ‖ *weitergehen* ‖ ◇ ~
en sus hijos *in s–n Kindern fortleben*
  prome|diar vt *halbieren* ‖ ~ vi s. *ins Mittel*
legen ‖ *zur Mitte gelangen* ‖ *bis zur Hälfte*
ablaufen (Frist) ‖ ◇ –diaba una tarde de marzo *es*
war um die Mitte e–s Märznachmittags ‖ ser
–diado *bis zur Hälfte abgelaufen sein* ‖ **–dio** *m*
Durchschnitt m, *Durchschnittsmenge* f ‖ ⟨Math⟩
Mittelwert m ‖ *Durchschnittszahl* f ‖ *Hälfte, Mitte*
f ‖ ~ anual *Jahresdurchschnitt* m ‖ ~ por hora
Stundendurchschnitt m ‖ ~ de peso
Durchschnittsgewicht n ‖ ~ del tiempo
Durchschnittszeit f ‖ ~ de velocidad
Geschwindigkeitsdurchschnitt m,
Durchschnittsgeschwindigkeit f ‖ ◆ en ~, de
durchschnittlich, im Durchschnitt
  prome|sa *f Versprechen* n ‖ *Zusage* f ‖
Zusicherung f ‖ ⟨Rel⟩ *Gelübde* n ‖ ~ de
casamiento *od* matrimonio *od* matrimonial
Heirats-, Ehe|versprechen n ‖ ~ de pago
Zahlungsversprechen n ‖ ~ (pública) de
recompensa *Auslobung* f ‖ ◇ cumplir una ~ *ein*
Versprechen einlösen ‖ dar una ~ positiva *fest*
zusagen ‖ faltar a una ~ *ein Versprechen nicht*
halten ‖ retractarse de su ~ *sein Versprechen*
zurücknehmen ‖ ◇ según mi ~ *m–m Versprechen*
gemäß ‖ ~s fpl *Versprechungen* fpl ‖ ⟨fig⟩
Verheißungen fpl ‖ ◇ entretener con vanas ~
⟨fig⟩ *jdn zum Besten halten* ‖ **–tedor** adj/s: muy
~ *vielversprechend*
  prometeico adj ⟨lit⟩ *prometheisch,*
himmelstürmend, dem Himmel trotzend
  Prometeo *m* ⟨Myth⟩ *Prometheus* m
  prome|ter vt *versprechen* ‖ *zusagen* ‖ ⟨fig⟩
ankündigen, verheißen ‖ ⟨Rel⟩ *(an)geloben* ‖
versichern, be|teuern, -haupten ‖ ◇ ~ por escrito
schriftlich zusagen ‖ me ~lo mucho de ello *ich*
verspreche mir viel davon ‖ yo le –to que … *ich*
versichere Ihnen, dass … ‖ ~ vi *Hoffnungen*
erwecken (z.B. begabtes Kind) ‖ s. *gut anlassen*
(& iron) ‖ es un muchacho que –te *aus dem*
Jungen wird einmal etwas ‖ el tiempo –te *das*
Wetter verspricht gut zu werden ‖ va mucho de ~
a cumplir *Versprechen und Halten sind zweierlei* ‖
~se s. *verloben* ‖ *(er)hoffen, erwarten* ‖ *rechnen*
(mit et.) ‖ s. *fest vornehmen, s. schwören* ‖ s.

Hoffnungen machen ‖ ◇ me –to no volver a saludarlo *ich habe mir (fest) vorgenommen, ihn nie wieder zu grüßen* ‖ **–tida** *f*/adj *Verlobte, Braut* f ‖ ◇ está ya ~ *sie ist schon verlobt,* ⟨lit⟩ *ihre Hand ist schon vergeben* ‖ **–tido** *m*/adj *Versprechen* n ‖ *Verlobte(r), Bräutigam* m ‖ ~ esposo *Verlobte(r)* m

prometio *m* **(Pm)** ⟨Chem⟩ *Promethium* n

prominen|cia *f Hervorragen* n ‖ *hervorragender Teil* m ‖ *Hügel* m ‖ *Bodenerhebung* f ‖ ⟨An⟩ *Auswuchs* m ‖ ~ laríngea ⟨An⟩ *Adamsapfel* m ‖ **–te** adj *(m/f) hervorragend* ‖ *hervorstehend* ‖ *aufgetrieben (Leib)* ‖ ◇ ocupar un cargo ~ *ein hohes Amt bekleiden*

promis|cuamente adv *durcheinander* ‖ ⟨fig⟩ *vermischt (beide Geschlechter)* ‖ **–cuar** [pres ~úo] vi ⟨Kath⟩ *(an Fastentagen) Fleisch und Fisch essen* ‖ ⟨desp⟩ *durcheinander mengen* ‖ **–cuidad** *f Durcheinander* n, *Verwirrung* f ‖ *Vermischung* f *der Geschlechter, Promiskuität* f ‖ **–cuo** adj *durch-, unter|einander gemischt* ‖ *unanständig vermischt* ‖ *zweideutig*

promisión *f* ⟨Rel⟩ *Verheißung* f ‖ → **promesa**

¹promoción *f Beförderung* f, *Aufrücken* n, *Rangerhöhung* f ‖ *Versetzung* f ‖ *Beförderung(sklasse) f (im Amt)* ‖ ⟨Com⟩ *Förderung* f ‖ ⟨Soz⟩ *Besserstellung* f, *sozialer Aufstieg* m ‖ ~ de ventas *Verkaufsförderung* f

²promoción *f Jahrgang* m *(e–s Schulabschlusses* od *e–r Beförderung in der Armee* od *e–s Amtsantritts)*

promocionar vt *fördern, unterstützen* ‖ *besser stellen* ‖ *begünstigen*

promontorio *m* ⟨Geogr⟩ *Vorgebirge* n ‖ *Kap* n

promo|tor *m Förderer* m ‖ *Anstifter* m ‖ *Vorkämpfer* m ‖ *Urheber* m ‖ *treibende Kraft* f ‖ ⟨Chem⟩ *Beschleuniger* m ‖ ⟨Arch⟩ *Bauherr* m ‖ ⟨Kath⟩ *Promotor* m ‖ **–movedor** *m* → **–motor**

promover [-ue-] vt *(be)fördern* ‖ *im Amt befördern* ‖ *veranlassen* ‖ *herbeiführen, verursachen* ‖ ◇ se promovió un altercado *es kam zu e–r heftigen Auseinandersetzung bzw zu e–r Schlägerei* ‖ ~ dificultades *Schwierigkeiten bereiten* ‖ ~ una disputa *e–n Streit anfangen* ‖ ~ un escándalo *e–n Skandal verursachen,* ⟨fam⟩ *Krach schlagen* ‖ ~ los intereses de alg. *jds Interessen wahren*

promul|gación *f Verkünd(ig)ung* f ‖ **–gar** [g/gu] vt *(feierlich) ver|öffentlichen, -künd(ig)en (Gesetz)* ‖ ⟨fig⟩ *ver|öffentlichen, -breiten*

pro|nación *f Pronation, Einwärtsdrehung* f ‖ **–nador** adj: músculo ~ ⟨An⟩ *Vorbeuger* m *(Muskel)* ‖ **–no** adj *allzusehr geneigt* (a *zu* dat) ‖ ⟨Med⟩ *in Bauchlage*

pro|nombre *m* ⟨Gr⟩ *Pronomen, Fürwort* n ‖ ~ demostrativo *hinweisendes (Demonstrativ-),* indeterminado *unbestimmtes (Indefinit-),* interrogativo *fragendes (Interrogativ-),* personal *persönliches (Personal-),* posesivo *besitzanzeigendes (Possessiv-),* reflexivo *rückbezügliches (Reflexiv-),* relativo *bezügliches, (Relativ-) Fürwort (-pronomen)* n ‖ **–nominal** adj ⟨Gr⟩ *fürwörtlich, Pronominal-* ‖ forma ~ reflexive *Form* f *(des Verbs)*

pronosti|cador *m jd, der Voraussagen macht* ‖ **–car** [c/qu] vt/i *vorhersagen, prophezeien* ‖ ⟨Med⟩ *die Prognose stellen*

pronóstico *m Vorhersage* f ‖ *Voraussage* f ‖ *Wetterprophet* m *(Kalender)* ‖ ⟨Med⟩ *Prognose* f ‖ ⟨Astr⟩ *Horoskop* n ‖ ⟨allg⟩ *An-, Vor|zeichen* n ‖ ~s sobre la coyuntura *Konjunktur|-prognosen, -voraussage* fpl ‖ ~ meteorológico, ~ del tiempo *Wettervorhersage* f ‖ ◆ de ~ reservado ⟨Med⟩ *ungewisse, unsichere Prognose* f

(Krankheit, Verletzung) ‖ p.ex ⟨allg⟩ *offen, fraglich, problematisch* f ‖ ◇ hacer ~s *den Kalendermacher spielen*

pron|tamente adv *eilig, schnell, hurtig, fix* ‖ **–titud** *f Geschwindigkeit, Schnelligkeit* f ‖ *Lebhaftigkeit* f ‖ *Behendigkeit,* ⟨fam⟩ *Fixigkeit* f ‖ *Dienstfertigkeit* f ‖ *Scharfsinn* m ‖ *rasche Auffassungsgabe* f ‖ *Schlagfertigkeit* f ‖ ◆ con ~ *geschwind, schleunig, hurtig, fix* ‖ con la mayor ~ *schleunigst*

¹pronto adj *schnell, geschwind, rasch, behend(e), flink, hurtig, fix* ‖ *eilig, schleunig* ‖ *bereit, fertig, willig* ‖ ~ despacho *schneller Ab-, Um|satz* m ‖ ~a entrega *prompte Lieferung* f ‖ ~ para el *od* su envío *versandbereit (Ware)* ‖ ~ para pelear *kampfbereit* ‖ ~ a zarpar ⟨Mar⟩ *segelfertig, bereit zur Ausfahrt (Schiff)* ‖ ◇ estar ~ *in Bereitschaft sein*

²pronto adv *schnell, rasch, behend(e)* ‖ *bald, gleich* ‖ lo más ~ posible *so schnell wie möglich* ‖ más ~ que la vista *schleunigst, im Nu* ‖ ◆ al ~ *auf den ersten Blick, im ersten Augenblick* ‖ zunächst, zuerst ‖ de ~ *auf einmal, plötzlich, unversehens* ‖ vuelvo ~ *ich komme gleich zurück* ‖ tan ~ como venga *sobald er kommt* ‖ ¡despacha ~! *beeile dich!*

³pronto *m* ⟨fam⟩ *plötzliche Anwandlung* f ‖ *Übereilung* f ‖ *Aufwallung* f *(Wut usw.)* ‖ *plötzlicher Anfall* m ‖ ◆ de un ~ ⟨reg⟩ *schnell, im Nu* ‖ para un ~ ⟨pop⟩ *auf alle Fälle, einstweilen* ‖ por de *(od* lo, el) ~ *fürs Erste, inzwischen* ‖ einstweilen ‖ ◇ a mi hermano le dio un ~ ⟨fam⟩ *mein Bruder fasste e–n plötzlichen Entschluss* ‖ *mein Bruder bekam e–n Wutanfall* ‖ tener (sus) ~s *grillenhafte Einfälle haben* ‖ *launisch, kapriziös, flatterhaft sein*

prontuario *m Handbuch, Nachschlagebuch* n ‖ *Führer, Ratgeber* m *(Buch)* ‖ *Merk-, Notiz|buch* n, *Agenda* f

prónuba *f* ⟨poet⟩ *Brautführerin* f

pronúcleo *m* ⟨Gen⟩ *Pronukleus, -nucleus* m

pronun|cia *f schlechte Aussprache* f ‖ **–ciable** adj *(m/f) aussprechbar* ‖ **–ciación** *f Aussprache* f ‖ ⟨Jur⟩ *Verlesung* f *e–s Urteils* ‖ *Urteilseröffnung* f ‖ ~ fonética *phonetische* od *lautgemäße Aussprache* f ‖ ~ gutural *gutturale Aussprache* f ‖ ◆ con ~ figurada *mit Aussprachebezeichnung* ‖ **–ciado** adj *ausgesprochen* ‖ *ausgeprägt* ‖ *scharf (Züge)* ‖ *aufdringlich (Geschmack)* ‖ *auffällig, sichtbar* ‖ ~ m ⟨Hist⟩ *Aufständische(r)* m

¹pronunciamiento *m Aufstand* m, *Erhebung* f, *Putsch* m *(meist durch Militärs)*

²pronunciamiento *m* ⟨Jur⟩: ~ de sentencia *Urteilsfällung* f

pronunciar vt *aussprechen* ‖ ⟨Jur⟩ *fällen (Urteil)* ‖ ◇ ~ un brindis *e–n Trinkspruch ausbringen* ‖ ~ un discurso *e–e Rede halten* ‖ ~ la sentencia *das Urteil fällen*

pronunciarse vr *e–n Putsch anzetteln, s. erheben, rebellieren* ‖ ~ (en contra) *s. auflehnen (gegen* acc)

prop. ⟨Abk⟩ = **propiedad**

propa|gación *f Aus-, Ver|breitung* f ‖ *Umsichgreifen* n ‖ *Vermehrung* f ‖ *Fortpflanzung* f *(des Geschlechts)* ‖ *Weitergabe* f ‖ ⟨Rel⟩ *Verkündigung* f *(des Glaubens)* ‖ ~ de una epidemia *Ausbreitung e–r Seuche, Ver-, Durch|seuchung* f ‖ ~ de las ondas *Wellenausbreitung, Fortpflanzung* f *der Wellen* ‖ **–gador** *m Fortpflanzer* m ‖ *Verbreiter, Werber* m ‖ **–ganda** *f Propaganda* f ‖ *Aufklärung* f ‖ *Verbreitung* f *(von Lehren)* ‖ ⟨Com⟩ *Reklame, Werbung* f ‖ ~ de boca en boca *Mundpropaganda* f ‖ ~ clandestina *Flüsterpropaganda* f ‖ ~ comercial *Geschäftsreklame* f ‖ ~ por correo

Postversandwerbung f ‖ ~ eficaz *erfolgreiche Werbung* f ‖ ~ enemiga *Feindpropaganda* f ‖ ~ turística *(Fremden)Verkehrswerbung* f ‖ ◇ hacer mucha ~ *viel Reklame machen* ‖ **–gandista** *m/f Propagandist(in* f) m ‖ *Reklamemacher(in* f), *Werber(in* f) m ‖ ⟨fig⟩ *Volksaufklärer(in* f) m ‖ **–gandístlco** adj *propagandistisch, Propaganda-* ‖ *Werbe-*

propagar [g/gu] vt ⟨Biol fig⟩ *fortpflanzen* ‖ *vermehren* ‖ *aus-, ver|breiten* ‖ *verbreiten (Krankheiten)* ‖ *verschleppen (Krankheitserreger)* ‖ ⟨fig⟩ *bekannt machen* ‖ ◇ ~ rumores alarmantes *beunruhigende Gerüchte verbreiten* ‖ ~**se** ⟨Phys⟩ s. *fortpflanzen* ‖ ⟨fig⟩ *bekannt werden* ‖ ⟨fig⟩ s. *verbreiten* ‖ *mitlaufen (Fehler)* ‖ ⟨fig⟩ *um s. greifen*

propalar vt *ausposaunen* ‖ *bekannt geben* ‖ ~**se** *ruchbar werden*

propano m ⟨Chem⟩ *Propan* n

proparoxítono m ⟨Gr⟩ *Proparoxytonon* n

propasarse vr s. *vergessen, zu weit gehen, s. erdreisten*

propedéuti|ca f *Propädeutik* f ‖ **–co** adj *einführend, vorbereitend, propädeutisch* ‖ *Einführungs-, Vorbereitungs-, Anfangs-*

propelente adj *(m/f) (an)treibend, Treib-*

propen|der vi *geneigt sein (a zu* dat*)* ‖ ◇ ~ a (sentir) a/c *hinneigen zu et.* ‖ ~ al juego *ein leidenschaftlicher Spieler sein* ‖ **–sión** f *(Hin)Neigung* f ‖ *Zuneigung* f ‖ *Hang* m ‖ *Anhänglichkeit* f ‖ ⟨Gen Pysiol Med⟩ *Veranlagung* f (a *zu*) ‖ **–so** adj *eingenommen (a für)* ‖ *(hin-, zu)neigend* ‖ *zugetan* ‖ *geneigt* (a *zu od zu* inf) ‖ ⟨Med⟩ *anfällig* ‖ ~ a catarros *anfällig für Erkältungen* ‖ ~ a perdonar *bereit zu vergeben* ‖ ~ al robo ⟨fig⟩ *langfing(e)rig*

propergol m *Propergol* n *(Raketentreibstoff)*

propi f *Kurzform für* **propina**

propiamente adv *eigentlich* ‖ ~ dicho *im eigentlichen Sinn des Wortes* ‖ *eigentlich, sozusagen*

propi|ciación f ⟨Rel⟩ *Versöhnung* f ‖ ◆ de ~ *Sühn-* (z. B. *Opfer*) ‖ **–ciador** m Arg *Förderer, Sponsor* m ‖ **–ciamente** adv *günstig* ‖ *wohlwollend* ‖ **–ciar** vt *versöhnen* ‖ *besänftigen* ‖ *geneigt machen* ‖ Am *ermöglichen, begünstigen, fördern* ‖ **–ciatorio** adj *versöhnend, sühnend, Sühn-* ‖ **–cio** adj *gnädig* ‖ *günstig, geneigt* ‖ *vorteilhaft* ‖ ~ al perdón *bereit zu vergeben* ‖ poco ~ (a) *wenig geneigt (zu* inf*)* ‖ *ein Feind* (a *von)* ‖ ◇ mostrarse ~ s. *geneigt zeigen* ‖ *bereitwillig sein*

¹propiedad f *Eigentum* n, *(Land-, Grund)Besitz* m ‖ p. ex inc *Besitz* m ‖ *Grundstück* n ‖ ~ colectiva *Kollektiveigentum* n ‖ ~ común, ~ mancomunada *Gesamteigentum* n ‖ ~ horizontal *Wohnungs-, Stockwerks|eigentum* n ‖ ~ inmobiliaria *Grundeigentum* n ‖ ~ literaria *Autoren-, Urheber|recht, geistiges Eigentum* n ‖ ~ privada *Privateigentum* n ‖ ~ raíz *Grundeigentum* n ‖ ~ rural *Landbesitz* m ‖ ~ territorial *Land-, Grund|besitz* m ‖ ◇ pasar a ~ de alg. *in jds Eigentum übergehen* ‖ es de mi ~ *es ist mein Eigentum, es gehört mir* ‖ Es ~ *Alle Rechte vorbehalten (Urheberrecht)*

²propiedad f *Eigenschaft, Wesenszug* m ‖ *Beschaffenheit* f ‖ *Eigen|tümlichkeit, -heit f* ‖ *Besonderheit, Eigenart* f ‖ *Qualität* f ‖ *Schicklichkeit, Angemessenheit* f ‖ *Richtigkeit, Triftigkeit* f ‖ ◇ hablar con ~ *(e–e Sprache) richtig sprechen* ‖ *das treffende Wort gebrauchen* ‖ *gepflegt sprechen* ‖ hablando con ~ *offen gestanden* ‖ *eigentlich*

propietario m/adj *Eigentümer* m ‖ *(Haus)Besitzer* m ‖ ~ colindante *Grenznachbar,*

An|lieger, -rainer m ‖ ~ del suelo *Grundeigentümer* m ‖ ◇ cambiar de ~ *den Eigentümer wechseln*

propileo m ⟨Arch⟩ *Vorhalle* f *(e–s Tempels)* ‖ *Propyläen* pl

propina f *Trinkgeld* n ‖ *Vergütung, Gratifikation* f ‖ ◇ de ~ ⟨pop⟩ *obendrein, noch dazu* ‖ *als Trinkgeld*

¹propinar vt *zu trinken geben*

²propinar vt *ver|ordnen, -abreichen (Arznei)* ‖ ⟨pop⟩ *versetzen (Schlag)* ‖ ◇ ~ una paliza a alg. ⟨fam⟩ *jdn verprügeln, jdm e–e Tracht Prügel geben*

propin|cuidad f *Nähe* f ‖ *nahe Verwandtschaft* f ‖ **–cuo** adj *nahe* ‖ *nahe verwandt*

propi|nita, –neja f dim von **–na**

¹propio adj *eigen* ‖ *zugehörig, zuständig* ‖ *eigentlich, wahr, wirklich* ‖ *echt, natürlich* ‖ *selbst* (= *mismo)* ‖ *angemessen, schicklich, passend* ‖ *persönlich* ‖ ◆ al ~ *richtig, genau* ‖ al ~ tiempo que … *zur selben Zeit als …* ‖ con ~a mano, a ~ puño (y letra) *eigenhändig* ‖ de mi ~ *von mir selbst* ‖ en ~a mano *zu Händen (von …);* *persönlich (zu übergeben)* ‖ en el sentido ~ de la palabra *im eigentlichen Sinn des Wortes* ‖ por cuenta ~a *auf eigene Rechnung* ‖ el ~ derselbe ‖ ◇ lo ~ *puedo decir yo dasselbe kann ich sagen* ‖ no ser ~ para el consumo *für den Verbrauch (bzw Verzehr) ungeeignet sein (Ware)* ‖ ser ~ de alg. *jdm zukommen, jdm eigen sein* ‖ es tu ~a culpa *du bist selbst daran schuld* ‖ a expensas ~as *auf eigene Kosten* ‖ en ~s términos *mit den nämlichen Worten* ‖ ◇ lo vi con mis ~s ojos *ich habe es mit eigenen Augen gesehen*

²propio m *(Express)Bote* m ‖ ~**s** mpl *Stammvermögen* n ‖ *Gemeindebesitz* m ‖ *Allmende* f

△ **propis** m*(pl) Geld* n

propóleos m ⟨Ins⟩ *Propolis* f, *Bienenharz* n

propo|nedor, –nente m/f *Vorschlagende(r)* m ‖ *Antragsteller* m (→ **ponente**) ‖ [**–ner** (irr → **poner**)] vt *vorschlagen, in Vorschlag bringen* ‖ *aufwerfen (Frage)* ‖ *stellen, aufgeben (Aufgabe)* ‖ *formulieren (Vorschlag)* ‖ *an|bieten, -trugen* ‖ *vorbringen, äußern* ‖ *zur Erörterung vorlegen* ‖ ⟨Jur⟩ *anbieten (Beweis)* ‖ *erheben (Klage)* ‖ *stellen (Antrag)* ‖ ~ un brindis *ein Hoch (e–n Trinkspruch) ausbringen* ‖ ~ de candidato *als Kandidat vorschlagen* ‖ ~ para un cargo *für ein Amt vorschlagen* ‖ ~ un problema *e–e Aufgabe stellen, ein Problem aufstellen* ‖ ~**se** (inf) s. *vornehmen (zu* inf*)* ‖ s. *entschließen (zu* inf*)* ‖ ◇ ~ obrar s. *zum Handeln entschließen* ‖ yo me lo propongo *ich nehme es mir vor*

propor|ción f *Verhältnis* n ‖ *Gleichmaß* n, *Übereinstimmung* f ‖ *gleichmäßige Einteilung, Aufstellung* f ‖ *passende, günstige Gelegenheit* f ‖ *Schicklichkeit* f ‖ ⟨Math⟩ *Proportion* f ⟨Math⟩ *Verhältnis* n ‖ ◆ en ~ *im, nach Verhältnis* ‖ ◇ es una gran ~ ⟨fam⟩ *sie ist e–e glänzende Partie (Heirat)* ‖ sus gastos no están en (*od* no guardan) ~ con sus medios *s–e Ausgaben stehen in k–m Verhältnis zu s–n Mitteln* ‖ tomar proporciones ⟨euph⟩ *zunehmen* ‖ tomar proporciones alarmantes *beängstigende Formen (od Ausmaße) annehmen* ‖ **–cionado** adj *verhältnismäßig* ‖ *sachgemäß* ‖ *gleichmäßig* ‖ *schicklich, angezeigt* ‖ *proportioniert* ‖ bien ~ *gut gebaut (menschlicher Körper)* ‖ *ausgeglichen, ebenmäßig* ‖ **–cional** adj *(m/f) verhältnismäßig* ‖ *anteil(mäß)ig* ‖ ⟨Math⟩ *proportional* ‖ **–cionalidad** f *Proportionalität* f ‖ *Verhältnisgleichheit* f ‖ ⟨Pol⟩ *Proporz* m ‖ ~ de los medios *Verhältnismäßigkeit* f *der Mittel* ‖ **–cionar** vt *anpassen* ‖ *angleichen* ‖ *nach Verhältnis einrichten (bzw setzen, bringen,* aufteilen usw.) ‖ befähigen ‖ verschaffen, gewähren ‖ verursachen ‖ ◇ ~ medios Mittel (ver)schaffen ‖ ~ trabajo Arbeit verschaffen ‖ ~se s. eignen ‖ s. darbieten

¹proposición f Vorschlag m ‖ Antrag m ‖ Vorhaben n, Absicht f, Vorsatz m ‖ ~ de casamiento Heiratsantrag m ‖ ~ de compra Kaufantrag m ‖ ~ de pago Ausgleichsantrag m (im Insolvenzverfahren) ‖ ~ de paz Friedensvorschlag m ‖ ◇ absolver proposiciones (de un interrogatorio) ⟨Jur⟩ Fragen (in e–m Verhör) beantworten ‖ acceder a una ~ e–n Vorschlag annehmen ‖ hacer od formular una ~ e–n Antrag stellen ‖ et. beantragen ‖ → auch **propuesta**

²proposición f ⟨Log Gr⟩ Satz m, Behauptung, Aussage, ⟨lat⟩ Proposition f ‖ ⟨Mus⟩ Thema n (e–r Fuge) ‖ ⟨Rhet⟩ Darlegung f ‖ ~ accesoria Nebensatz m ‖ ~ afirmativa bejahender Satz m ‖ ~ asertiva Aussagesatz m ‖ ~ complementaria erweiterter Satz m ‖ ~ condicional Bedingungssatz m ‖ ~ consecutiva Folge-, Konsekutiv|satz m ‖ ~ hipotética hypothetischer Satz m ‖ ~ negativa verneinender Satz m ‖ ~ principal Hauptsatz m

propósito m Absicht f, Plan m ‖ Vorhaben n ‖ Entschluss, Zweck m ‖ Ziel n ‖ Angelegenheit f ‖ ◆ a ~ gelegen, passend, angemessen, apropos ‖ tauglich, tüchtig ‖ a ~ (de esto) … weil wir gerade davon sprechen, … ‖ beiläufig gesagt, nebenbei bemerkt … ‖ apropos ‖ übrigens … ‖ in dieser Beziehung … ‖ a ~ de … auf Vorschlag von … ‖ ¿a ~ de qué? aus welchem Grunde? ‖ con el ~ de … mit dem Vorsatz zu … ‖ de ~ vorsätzlich, absichtlich, mit Absicht ‖ fuera de ~ ungelegen, zur Unzeit ‖ sin ~ ziel-, plan|los ‖ zur Unzeit, ungelegen ‖ ◇ conducir al ~ zum Zweck führen ‖ hizo de ~ … er nahm s. vor zu … ‖ no soy a ~ para ello ich tauge nicht dazu ‖ tener el ~ de … die Absicht haben zu … (inf) ‖ viene muy a ~ das kommt sehr gelegen

propues|ta f Vorschlag, Antrag m (bes Parl) ‖ Angebot n ‖ schriftliche Eingabe f ‖ ~ tentadora verlockender Vorschlag m ‖ ~ de enmienda Abänderungsantrag m ‖ ~ de votación Wahlvorschlag m ‖ ◆ a ~ de … laut Vorschlag (gen), auf Antrag von … (dat), auf Antrag (gen) ‖ –to pp/irr von **proponer**

propugnación f Ver|fechten, -teidigen, Eintreten n

propugnáculo m ⟨Mil⟩ Bollwerk n

propug|nador m Verteidiger m ‖ Verfechter, Vorkämpfer m (e–r Idee) ‖ Förderer m ‖ –nar vt ver|fechten, -teidigen ‖ eintreten (für acc)

propul|sar vt (an)treiben ‖ ⟨fig⟩ fördern, vorwärts bringen ‖ –sión f ⟨Tech⟩ Antrieb m ‖ ⟨Med⟩ Propulsion f ‖ ~ atómica Atomantrieb m ‖ ~ a chorro Düsenantrieb m ‖ ~ por cohete(s) Raketenantrieb m ‖ ~ cuatro ruedas Vierradantrieb m ‖ ~ delantera ⟨Auto⟩ Vorderradantrieb m ‖ ~ por hélice ⟨Mar⟩ Schrauben-, ⟨Flugw⟩ Propeller|antrieb m ‖ ~ por motor Motorantrieb m ‖ ~ por reacción Düsenantrieb m ‖ ~ trasera ⟨Auto⟩ Hinterradantrieb m ‖ –sor m ⟨Tech⟩ Triebwerk n ‖ Vortriebsorgan n ‖ Schiffsschraube f ‖ ⟨fig⟩ Förderer m ‖ ~ aéreo Luftschraube f, Propeller m

pror. ⟨Abk⟩ = **procurador**

prorra|ta f Anteil m ‖ ◆ a ~ anteilmäßig, im Verhältnis ‖ –tear m vt im Verhältnis aufteilen ‖ –teo m anteilmäßige Aufteilung f ‖ anteilige Verrechnung f ‖ ◆ al ~ verhältnismäßig

prórroga f Frist, Stundung f,

(Zahlungs)Aufschub m ‖ ⟨Pol⟩ Vertagung f ‖ Verlängerung f (e–s Abkommens) ‖ ⟨Jur⟩ Prorogation f ‖ ~ del plazo Fristverlängerung f ‖ ◇ pedir ~ para un pago um Aufschub für e–e Zahlung bitten

prorroga|ble adj (m/f) verlängerbar ‖ aufschiebbar ‖ –ción f → **prórroga** ‖ –gar [g/gu] vt hinaus-, auf|schieben ‖ fristen, stunden, Aufschub gewähren ‖ verlängern (Frist, Vertrag) ‖ ⟨Pol⟩ vertagen ‖ ⟨Jur⟩ prorogieren ‖ ◇ ~ una letra de cambio ⟨Com⟩ e–n Wechsel prolongieren ‖ ~ el vencimiento ⟨Com⟩ die Zahlungsfrist verlängern

prorrum|pir vi ausbrechen (en in acc) ‖ hervorbrechen ‖ ◇ ~ en llanto in Tränen ausbrechen ‖ –pió en una ruidosa carcajada er brach in (ein) schallendes Gelächter aus

pro|sa f Prosa f ‖ ungebundene Rede f ‖ ⟨figf⟩ gehaltloses Geschwätz n ‖ ⟨Rel⟩ Hymne f (Sequenz) ‖ –sador m Prosaist, Prosaschriftsteller m ‖ –saico adj in Prosa ‖ ⟨fig⟩ prosaisch, nüchtern, alltäglich ‖ –saísmo m Prosaismus m ‖ ⟨fig⟩ Alltäglichkeit f ‖ ⟨fig⟩ Fantasielosigkeit f ‖ mangelnder Schwung m

¹prosapia f Stamm m, Geschlecht n ‖ Herkunft, Abstammung f

△ **²prosapia** f Ähre f

proscenio m ⟨Th⟩ Proszenium n, Vorbühne f

pros|cribir vt (des Landes) ver|weisen, -bannen (& fig) ‖ ächten (& fig) ‖ –cripción f Achtserklärung f ‖ Ächtung f ‖ (Landes)Ver|weisung, -bannung f ‖ ⟨fig⟩ Abschaffung f ‖ –crito pp/irr von **proscribir** ‖ ~ m Geächtete(r) m ‖ Verbannte(r) m ‖ –criptor adj/s ächtend ‖ verbannend ‖ Ächtungs-

prose|cución f Fortsetzung, Folge f ‖ Verfolgung f ‖ Beibehaltung f ‖ ~ legal Rechtsverfolgung f ‖ –guir [–i–, g/gu] vt fortsetzen ‖ (ver)folgen ‖ ~ el viaje die Reise fortsetzen ‖ ¡prosiga Vd. (la lectura)! lesen Sie weiter! ‖ ~ vi fortfahren ‖ weitermachen ‖ ◇ ~ en el trabajo weiterarbeiten

proselitis|mo m Bekehrungseifer m ‖ ⟨pej⟩ Proselytenmacherei f ‖ –ta adj (m/f) proselytenmacherisch ‖ ~ m/f Proselytenmacher(in f) m

prosélito m Neu|bekehrte(r), -gläubige(r) m ‖ ⟨fig⟩ Anhänger m ‖ Proselyt m (oft pej)

prosificar [c/qu] vt in Prosa umsetzen (ein Gedicht)

prosimio m ⟨Zool⟩ Halbaffe m ‖ ~s mpl Halbaffen mpl (Prosimiae)

prosista m/f Prosaschriftsteller(in f) m, Prosaist(in f) m

¡prósit! wohl bekomm's! prost!

prosobranquios mpl ⟨Zool⟩ Vorderkiemer mpl (Prosobranchia)

pro|sodema m ⟨Ling⟩ Prosodem m ‖ –sodia f ⟨Ling Mus Poet⟩ Prosodie f ‖ –sódico adj prosodisch

prosopopeya f (pop) leerer Pomp, Aufwand m ‖ übertriebenes bzw leeres Pathos n ‖ ⟨Rhet⟩ Prosopopöie f

prospec|ción f ⟨Bgb⟩ Schürfung f ‖ Prospektion f ‖ Prospektieren n ‖ ⟨Com⟩ Markt|sondierung, -erkundung f ‖ –tar vt schürfen ‖ (Markt) er|kunden, -forschen ‖ –tivo adj prospektiv ‖ vorausschauend ‖ auf die Zukunft gerichtet od fixiert bzw bezüglich ‖ Zukunfts-

prospecto m Prospekt m, vorläufige Anzeige f ‖ ~ anunciador Ankündigungsblatt n ‖ ~ propagandístico Werbeprospekt m ‖ ◇ repartir ~s Prospekte verteilen

prósperamente adv blühend ‖ glücklich ‖ ◇ todo le sale ~ alles geht ihm nach Wunsch

prospe|rar vi *gedeihen, blühen* ‖ *(guten)
Erfolg haben* ‖ ◇ hacer ~ *in die Höhe bringen
(Geschäft)* ‖ un negocio que –ra *ein blühendes
Geschäft* n ‖ **–ridad** *f Gedeihen, Blühen* n ‖ *Glück*
n ‖ *Wohl|fahrt* f, *-stand* m ‖ *Wohlergehen* n
próspero adj *glücklich, beglückt* ‖ *blühend,
gedeihlich* ‖ *günstig, erwünscht* ‖ ¡~ Año Nuevo!
prosit Neujahr!
próstata *f* ⟨An⟩ *Prostata, Vorsteherdrüse* f
pros|tático adj ⟨An⟩ *Prostata-* ‖ ~ m ⟨Med⟩
Prostatiker m ‖ **–tatismo** *m* ⟨Med⟩ *Prostatismus*
m ‖ **–tatitis** *f* ⟨Med⟩ *Prostatitis, Entzündung* f *der
Prostata*
prosternarse vr ⇢ **postrarse**
prosternón *m* ⟨Ins⟩ *Prosternum* n
prostíbulo *m öffentliches Haus, Freudenhaus,
Bordell* n
prosti|tución *f Prostitution* ‖ ⟨Jur⟩ [früher]
gewerbsmäßige Unzucht f ‖ ⟨fig⟩ *Schändung,
Entehrung* f ‖ ~ *infantil,* ~ *de menores
Kinderprostitution* f ‖ *Babystrich* m ‖ **–tuir** [-uy-]
vt *prostituieren,* ⟨pop⟩ *auf den Strich schicken* ‖
⟨fig⟩ *schänden, entehren* ‖ ◇ ~ *su honor al
dinero s–e Ehre dem Geld preisgeben* ‖ **~se** *s.
prostituieren,* ⟨pop⟩ *auf den Strich gehen,
anschaffen* ‖ ⟨Jur⟩ [früher] *gewerbsmäßige
Unzucht treiben* ‖ ⟨fig⟩ *s. wegwerfen, s. (in
entwürdigender Weise) hergeben* ‖ **–tuta** *f
Prostituierte, Hostess* f, *Callgirl* n
prostrar vt ⇢ **postrar**
prosudo adj Chi Ec *ernst, steif*
protactinio *m* **(Pa)** ⟨Chem⟩ *Protaktinium* n
protago|nismo *m Sucht* f, *stets Hauptperson zu
sein* ‖ **–nista** *m/f m Held(in* f) m ‖ *Vorkämpfer(in*
f) m ‖ ⟨Th⟩ *erste(r) Schauspieler(in* f) m,
Hauptperson f, *Held(in* f) m (& fig) ‖ ~ *de
novela Romanheld(in* f) m ‖ ~ *de una película
Filmheld(in* f) m ‖ *Hauptdarsteller(in* f) m ‖
–nizar [z/c] vi *die Hauptrolle spielen* (& fig)
Protágoras *m* np *Protagoras* m
protalo, prótalo *m* ⟨Bot⟩ *Prothallium* n
(Vorkeim der Farnpflanzen usw.)
prótasis *f* ⟨Gr⟩ *Protasis* f, *Vordersatz* m *(e–r
Periode)* ‖ ⟨Th⟩ *Exposition* f *(beim Drama)*
pro|tea *f* ⟨Ins⟩ *Landkärtchen* n (Araschnia
levana) ‖ **–sa** *f* ⟨Physiol⟩ *Protease* f
protec|ción *f Schutz, Schirm* m ‖ ⟨Mil⟩
Deckung f ‖ ⟨Mil⟩ *Panzerung* f ‖ ⟨Mil⟩ *Sicherung*
f *(Taktik)* ‖ *Gönnerschaft, Protektion* f ‖ ~
acústica Lärmschutz m ‖ ~ *de aguas
Gewässerschutz* m ‖ ~ *anticopias* ⟨Inform⟩
Kopierschutz m ‖ ~ *al consumidor
Verbraucherschutz* m ‖ ~ *de datos Datenschutz* m
‖ ~ *de las especies Artenschutz* m ‖ ~ *contra
incendios Feuer-, Brand|schutz* m ‖ ~ *judicial
Rechtsschutz* m ‖ ~ *lateral* ⟨Auto⟩
Seitenaufprallschutz m ‖ ~ *a la maternidad
Mutterschutz* m ‖ ~ *del (medio) ambiente
Umweltschutz* m ‖ ~ *de la memoria* ⟨Inform⟩
Speicherschutz m ‖ ~ *de menores Jugendschutz*
m ‖ ~ *a las minorías Minderheitenschutz* m ‖ ~
de monumentos Denkmal(s)schutz m ‖ ~ *de
objetos Objektschutz* m ‖ ~ *obrera Arbeiterschutz*
m ‖ ~ *de personas Personenschutz* m ‖ ~ *policial
Polizeischutz* m ‖ ~ *propia Selbstschutz* m ‖ ~
contra las radiaciones Strahlenschutz m ‖ ~
contra torpedos ⟨Mil⟩ *Minenschutz* m ‖
Torpedoschutznetz n ‖ ◆ con ~ *legal contra …
gesetzlich geschützt gegen …* ‖ ◇ *dispensar* ~ *a
alg. jdm Schutz angedeihen lassen* ‖ *recomendar a
la* ~ *de alg. jds Schutz (an)empfehlen* ‖
–cionismo *m Schutzzollsystem* n, *Protektionismus*
m ‖ **–cionista** adj *(m/f) protektionistisch, Schutz-* ‖
~ *m/f Protektionist(in* f), *Verfechter(in* f) m *des
Schutzzollsystems* ‖ **–tor** adj *(be)schützend,*

Schutz- ‖ ~ *m (Be)Schützer* m ‖ *Gönner* m ‖
Schutz-, Schirm|herr m ‖ *Protektor* m ‖ ⟨Pol⟩
Protektor m ‖ ~ *labial Lippenpomade* f ‖ ~ *para
colchones Matratzenschoner* m ‖ **–tora** *f/*adj
(Be)Schützerin f ‖ *Gönnerin* f ‖ (sociedad) ~ *de
animales Tierschutzverein* m ‖ **–torado** *m
Schirmherrschaft* f ‖ ⟨Pol⟩ *Protektorat* n ‖ **–triz**
[pl ~ces] f (Be)Schützerin f ‖ *Gönnerin* f
proteger [g/j] vt *(be)schützen, in Schutz
nehmen* ‖ *begünstigen* ‖ *s. annehmen* (gen) ‖ ◇ ~
el comercio den Handel schützen ‖ ~ *contra el
peligro vor Gefahr schützen* ‖ *que Dios le –ja
Gott helfe ihm*
protegeslip *m Slipeinlage* f
protegido *m Schützling* m ‖ *Günstling, Protegé*
m
proteico adj *proteisch, Proteus-* ‖ ⟨fig⟩
wankelmütig, unstet
proteidos mpl ⟨Zool⟩ *Olme* mpl (Proteidae)
proteína *f* ⟨Physiol⟩ *Protein, Eiweiß(körper* m*)* n
proteo *m* ⟨Zool⟩ *Grottenolm* m (Proteus
anguinus)
Proteo *m* np ⟨Myth⟩ *Proteus* m
proterozoico adj ⟨Geol⟩ *Proterozoikum-* ‖ ~ m
Proterozoikum n
protervo adj ⟨lit⟩ *ruchlos* ‖ *trotzig*
¹prótesis *f* ⟨Gr⟩ *Prothese, prothetische Bildung*
f
²prótesis *f* ⟨Med⟩ *Prothese* f ‖ ~ *acústica,* ~
auditiva Hörgerät n ‖ ~ *dental Zahnprothese* f
protes|ta *f Protest* m ‖ *Ein|spruch* m, *-rede* f ‖
Verwahrung f ‖ *Beteuerung, Zusicherung* f ‖ ~
callejera Straßenprotest m ‖ ◇ *formular una* ~
Protest erheben ‖ *hacer* ~s *de amistad
Freundschaftsbeteuerungen machen* ‖ **–tación** *f* ⇢
–ta ‖ ~ *de fe Glaubensbekenntnis* n
protestan|te adj *(m/f)* ⟨Rel⟩ *protestantisch* ‖ ~
m/f Protestant(in f) m ‖ **–tismo** *m Protestantismus*
m, *protestantische Lehre* f ‖ ⟨figf⟩
Widerspruchsgeist m
protes|tar vt/i *protestieren* (contra *gegen, de
wegen* gen) ‖ *s. feierlich verwahren, Verwahrung
einlegen* ‖ *Fin|rede, -spruch erheben* ‖ *anfechten,
streitig machen* ‖ *öffentlich bekennen (e–e
Religion)* ‖ Am *an|bieten, -tragen* ‖ ◇ ~ *contra la
opresión gegen die Bedrückung protestieren* ‖ ~
de algo et. feierlich versichern, beteuern ‖ *hacer
(od mandar)* ~ *Protest erheben (lassen)* ‖ ~ *una
letra de cambio e–n Wechsel protestieren* ‖
–tatario *m Teilnehmer* m *an e–r
Protestkundgebung,* ⟨oft desp⟩ *Protestler* m ‖
–tativo adj *protestierend, Protest-* ‖ **–to** *m* ⇢ **–ta**
‖ *(Wechsel)Protest* m ‖ *Protestaufnahme* f ‖ ~ *por
falta de aceptación (pago) Protest* m *mangels
Annahme (Zahlung)* ‖ ~ *notarial Notariatsprotest*
m *(Wechsel)* ‖ ◇ *devolver con* ~ *unter Protest
zurückgehen lassen* ‖ *levantar od* formular ~
contra algo gegen et. Einspruch erheben ‖ *hacer
levantar un* ~ *(od acta de* ~*) Protest aufnehmen
lassen* ‖ *ir al* ~ *zu Protest gehen* ‖ *mandar al* ~
(den Wechsel) protestieren lassen ‖ **–tón** adj
(stets) nörgelnd od meckernd ‖ ~ *m Meckerer,
Nörgler,* ⟨fam⟩ *Mecker-, Nörgel|fritze* m
protético adj *prothetisch*
△ **proto** m = **profesor**
△ **protobolo** *m Pfaffe* m
protocatólico *m* ⟨Rel⟩ *Altkatholik* m
protocloruro *m:* ~ *de mercurio
Quecksilber(I)-chlorid* n *(Kalomel)*
protoco|lario adj *protokollarisch, Protokoll-* ‖
⟨fig⟩ *zeremoniell* ‖ ⟨fig⟩ *salonmäßig* ‖ **–lizar** [z/c],
–lar vt *protokollieren, zu Protokoll nehmen* ‖ **–lo**
m Protokoll n ‖ *Verhandlungs-, Sitzungs|bericht* m
‖ ⟨fig⟩ *Etikette* f ‖ ⟨fig⟩ *guter Ton* m, *gutes
Benehmen* n

proto|historia *f Früh-, Ur|geschichte* f *(der Menschheit)* ‖ **–mártir** *m* ⟨Rel⟩ *Erzmärtyrer* m
protón *m* ⟨Phys⟩ *Proton* n
protóni|ca *f* ⟨Gr⟩ *vortonige Silbe* f ‖ **–co** adj *vortonig (Silbe)*
protonotario *m* ⟨Rel Hist⟩ *Protonotar* m
proto|plasma *m* ⟨Biol⟩ *Protoplasma* n ‖ **–sfera** *f* ⟨Meteor⟩ *Protospäre* f ‖ **–tipo** *m Prototyp* m, *Ur-, Vor|bild* n ‖ *(fig) Ausbund* m, *Muster* n
protozo(ari)os *mpl* ⟨Zool⟩ *Protozoen* npl ‖ **–ico** adj *Protozoen-* ‖ **–ología** *f Protozoologie* f
protráctil adj *(m/f)* ⟨Zool⟩ *vorschnellbar (Zunge)*
protuberan|cia *f Vorsprung* m ‖ *Ausbeulung* f ‖ *Auswuchs, Wulst, Höcker* m ‖ ⟨Astr⟩ *Protuberanz* f ‖ **–te** adj *(m/f) hervorragend* ‖ *vorspringend* ‖ *vorgewölbt*
proustita *f* ⟨Min⟩ *Proustit* m, *lichtes Rotgültig(erz)* n
prov., prov.ᵃ ⟨Abk⟩ = **provincia**
prove|cho *m Nutzen, Vorteil* m ‖ *Profit* m ‖ *Ertrag* m ‖ *Fortschritt* m ‖ ◆ *de* ~ *brauchbar* ‖ *ordentlich* ‖ ◇ *hacer* ~ *gesund sein* ‖ *no hacer nada de* ~ *nichts Brauchbares zustande (& zu Stande) bringen* ‖ *sacar* ~ *Nutzen ziehen* ‖ ¡buen ~! *(fam) guten Appetit!* ‖ ¡buen ~ *le haga!* ⟨fam⟩ *wohl bekomm's!* ‖ ⟨fam⟩ *er (sie, es) soll damit selig werden! meinetwegen!* ‖ **–choso** adj *nützlich, vorteilhaft* ‖ *einträglich* ‖ ~ *para (od* a) *la salud der Gesundheit zuträglich, gesund*
provecto adj *vorgerückt (im Alter)* ‖ ◆ *de edad* ~a *reiferen Alters, ältlich*
provee|dor *m Lieferant* m ‖ ~ *de la Real Casa könglicher Hoflieferant* m ‖ ~ *del ejército* ⟨Mil⟩ *Armeelieferant* m ‖ **–duría** *f Proviant|magazin, -amt* n
¹prove|er [3 pret proveyó, pp & provisto] vt/i *ver|sehen, -sorgen (de mit)* ‖ *erledigen (Geschäft)* ‖ *verschaffen* ‖ *besetzen, vergeben (Amt, Stelle)* ‖ *ver|fügen, -ordnen, beschließen* ‖ *sorgen* ⟨Jur⟩ *vorläufig entscheiden od anordnen* ‖ ◇ ~ *a las necesidades de* alg. *jdn versorgen* ‖ ~ *de los poderes mit Vollmacht ausstatten* ‖ ¡Dios ~á! *es liegt in Gottes Hand!* ‖ ~**se** s. *vorsehen* ‖ s. *versorgen, s. versehen (de mit)* ‖ *einkaufen (en in, bei)* ‖ ◇ ~ *de fondos* s. *mit Geld versorgen*
²proveer [3 pret proveyó, pp provisto] vt/i *ver|fügen, -ordnen, beschließen* ‖ ⟨Jur⟩ *vorläufig entscheiden od anordnen* ‖ **–veído** *m* ⟨Jur⟩ *vorläufiger richterlicher Bescheid* m, *Beiurteil* n, *Zwischenerkenntnis* f ‖ *Vorkehrung, Maßnahme* f ‖ **–veimiento** *m Versorgung* f ‖ ⟨Jur⟩ *einstweilige Verfügung* f
provenir [irr → venir] vi *her|kommen, -rühren* ‖ ~ *del extranjero ausländischen Ursprungs sein* ‖ ~ *de noble linaje vornehmer Herkunft sein*
Proven|za *f:* la ~ ⟨Geogr⟩ *die Provence* ‖ **–zal** adj *(m/f) provenzalisch* ‖ ~ *m Provenzale* m ‖ el ~ *die provenzalische Sprache* f, *das Provenzalische* ‖ **–zalista** *m/f Provenzalist(in* f) m
prover|bial adj *(m/f) sprichwörtlich* ‖ **–bio** *m Sprichwort* n, *Denkspruch* m ‖ *(el Libro de) los* ~s *de Salomón die Sprüche* mpl *Salomos*
△ **proverenque** *m Hölle* f
¹providencia *f göttliche Vorsehung* f ‖ p.ex *Vorsehung* f *(= Gott)* ‖ *Vor|sicht, -sehung* f ‖ *Vorkehrung, Maßnahme* f ‖ *Vorsorge* f ‖ ⟨Jur⟩ *Entschluss* m ‖ ◇ *tomar (una)* ~ *e-n Entschluss fassen*
²providencia *f* ⟨Jur⟩ *vorläufiger Bescheid* m ‖ ~ *de citación Ladung* f
¹providencial adj *(m/f) von der göttlichen Vorsehung bestimmt, providentiell* ‖ *von Gott gesandt*
²providencial adj *(m/f) vorläufig*

providen|cialismo *m Vorsehungsgläubigkeit* f ‖ **–cialista** adj *(m/f) vorsehungsgläubig* ‖ ~ *m/f an die Vorsehung Glaubende(r* m) f
providente adj *(m/f) vorsichtig, behutsam, sorgsam*
próvido adj *vorsichtig, sorgsam* ‖ *vorsorglich* ‖ *üppig (Boden)* ‖ *gnädig, hilfreich*
provin|cia *f Provinz, Landschaft* f (bes. *e–e der span. Provinzen)* ‖ *Provinz* f, *Land* n *(im Gegensatz zur Hauptstadt)* ‖ ⟨Kath⟩ *Kirchenprovinz* f ‖ las =s *Renanas* ⟨Hist⟩ *die Rheinlande* npl ‖ las = *Vascongadas Span die baskischen Provinzen* ‖ **–cial** adj *(m/f) provinziell* ‖ *Provinzial-, Provinz-* ‖ *Landes-* ‖ ⟨fam⟩ *kleinstädtisch* ‖ ~ *m (Ordens)Provinzial* m ‖ **–cialismo** *m Provinzialismus, mundartlicher Ausdruck* m ‖ ⟨fam⟩ *Kleinstädterei* f, *Provinzlertum* n ‖ **–cianismo** *m provinzielle Beschränkt-, Borniert|heit, Kleinkariertheit* f ‖ **–ciano** adj/s *Provinz-* ‖ ⟨fam⟩ *kleinstädtisch* ‖ ~ *m Provinzbewohner, Provinzler* m ‖ Span *Baske* m (bes. *aus Guipúzcoa)* ‖ ⟨fig⟩ *Provinzler, Kleinstädter* m *(oft desp)*
¹provisión *f Mundvorrat* m, *Lebensmittel* npl ‖ *Anschaffung* f *(von Lebensmitteln)* ‖ ⟨Com⟩ *Provision* f ‖ *Deckung* f ‖ ◇ *hacer* ~ *de fondos para el pago de una letra Deckung für e–n Wechsel anschaffen* ‖ *pedir* ~ ⟨Com⟩ *Deckung verlangen* ‖ **provisiones** *fpl Proviant* m ‖ ~ *de boca Mundvorrat, Proviant* m
²provisión *f Vorschrift* f ‖ *Verfügung* f ‖ *Maßnahme* f ‖ *Vergebung, Besetzung* f *e–s Amtes* ‖ ~ *de cátedra Besetzung* f *e–s Lehrstuhls*
provisional adj *(m/f) vorläufig, einstweilig, provisorisch, Interims-*
proviso *m:* al ~ *augenblicklich* ‖ *auf einmal*
provisor *m* → **proveedor** ‖ *bischöflicher Vikariatsrichter* m ‖ *Besorger, Schaffner* m *(e–s Klosters)*
provisorio adj → **provisional**
provisto pp/irr von **proveer** ‖ ◇ *estar* ~ *de ... versehen, ausgestattet sein mit ...* (dat) ‖ ⟨Com⟩ *assortiert sein mit ...* (dat)
provitamina *f* ⟨Biol⟩ *Provitamin* n
provocación *f Herausforderung, Provokation* f ‖ *Aufreizung* f ‖ *Anstiftung* f ‖ *Aufwiegelung* f ‖ ⟨Med⟩ *Reizung* f ‖ **–cador** adj *herausfordernd, provozierend, provokativ, provokatorisch* ‖ ⟨Med⟩ *auslösend* ‖ ~ *m Hetzer, Störenfried* m ‖ ⟨Pol⟩ *Provokateur* m
¹provocar [c/qu] vt/i *herausfordern* ‖ *(auf)reizen, hetzen* ‖ *anstiften* ‖ *provozieren* ‖ *anziehen (Blicke)* ‖ *künstlich einleiten (Geburt)* ‖ *hervorrufen, bewirken, veranlassen, auslösen* ‖ *(be)fördern* ‖ ◇ ~ *a compasión zum Mitleid bewegen* ‖ ~ *una escena e–e Szene machen od hervorrufen* ‖ ~ *oposición Opposition hervorrufen* ‖ ~ *risa zum Lachen bewegen, Lachen hervorrufen* ‖ ~ *vómito Brechreiz hervorrufen*
²provocar [c/qu] vi ⟨fam⟩ *(s.) erbrechen*
provocativo adj *herausfordernd, provozierend, provokativ, provokatorisch* ‖ *aufreizend* ‖ *scharf (Geruch)*
prov.ᵒʳ ⟨Abk⟩ = **provisor**
próx., próx.ᵒ ⟨Abk⟩ = **próximo**
proxene|ta *m/f Kuppler(in* f) m ‖ **–tismo** *m Kuppelei* f
próxima *f:* en mi ~ ⟨Com⟩ *in m–m nächsten Brief*
proximal adj *(m/f)* ⟨An⟩ *proximal, rumpfwärts, der Körpermitte zu gelegen*
próximamente adv *nächstens, bald* ‖ *ungefähr, etwa, beiläufig*
proximidad *f Nähe* f ‖ ~ *de parentesco*

nahe(r) Verwandtschaft(sgrad m) f ‖ ◆ en la ~
de ... *in der Nähe von ...*, *nahe bei ...* (dat)
próximo adj *nahe(liegend)* ‖ *der (die, das)
nächste* ‖ *nahe bevorstehend* ‖ el mes ~ *im
nächsten Monat* ‖ el 5 ~ pasado *am 5. vorigen
Monats* ‖ la semana ~a pasada (pasada la ~
semana) *die (letzt)vergangene Woche
(übernächste Woche* f) ‖ ~ pariente *nächste(r)
Verwandte(r)* m ‖ ~ a la casa *in der (nächsten)
Nähe des Hauses* ‖ ~ a desfondarse *baufällig* ‖ ~
a extinguirse *halb erloschen* ‖ ~ a hundirse → ~
a desfondarse ‖ ~ a morir *dem Sterben nahe* ‖ ~
pariente *nächste(r) Verwandte(r)* m ‖ ◆ de ~
nächstens, demnächst ‖ ◇ está ~ un aumento de
precio *e–e Preiserhöhung steht in Aussicht* ‖ está
~ a desaparecer *es ist im Schwinden begriffen* ‖
la casa está ~a ... *das Haus liegt in der Nähe
von ...*
   proyec|ción *f Wurf* m ‖ 〈Phys Tech〉 *Werfen,
Schleudern* n ‖ 〈Geol〉 *Auswurf* m ‖ 〈Phys Film
Math〉 *Projektion* f ‖ 〈Mil〉 *Sprengstück* n ‖ 〈Top〉
Abbildung, Projektion f ‖ 〈Film〉 *Vorführung* f ‖
Hochrechnung f *(bei Wahlen)* ‖ *Umrisse* mpl ‖
〈fig〉 *Einfluss* m ‖ ~ cartográfica *kartographische
Abbildung f* ‖ ~ cinematográfica *Filmvorführung*
f ‖ ~ cónica 〈Math〉 *Kegelprojektion* f ‖ ~
horizontal *Grundriss* m ‖ ~ longitudinal
Seitenriss m ‖ ~ ortogonal *senkrechte Projektion*
‖ ~ de películas *Filmvorführung* f ‖ ~ (en)
tricolor *dreifarbige (Film)Projektion* f ‖ ~ vertical
Aufriss m ‖ **–tante** adj *(m/f) projizierend* ‖
projektierend (línea) ~ *f* 〈Math〉
Projektions|linie, -gerade f ‖ **–tar** vt *planen,
beabsichtigen* ‖ s. *(et.) vor|nehmen, (et.) -haben* ‖
〈Math Opt〉 *auftragen, projizieren* ‖ *vorführen,
projizieren (Film)* ‖ *werfen, schleudern* ‖ ◇ los
árboles –taban largas sombras (sobre, en) *die
Bäume warfen lange Schatten (auf* acc) ‖ ~se
(sobre, en algo *auf et.* acc) *fallen (Schatten)* ‖ **–til**
m〈Mil〉 *(Wurf)Geschoss, Projektil* n ‖ ~
antitanque *Panzergeschoss* n ‖ ~ atómico
Atomgeschoss n ‖ ~ de cohete *Raketengeschoss* n
‖ ~ explosivo *Sprenggeschoss* n ‖ ~ †umígeno
Nebelgeschoss n ‖ ~ de guerra *scharfes Geschoss*
n ‖ ~ incendiario *Brandgeschoss* n ‖ ~
intercontinental *interkontinentales Geschoss* n ‖ ~
oblicuo *Querschläger* n ‖ ~ perforante
Sprenggeschoss n ‖ ~ rompedor *Wucht-,
Spreng|geschoss* n ‖ ~ tele|dirigido, ~ guiado
fern|gelenktes od *-gesteuertes Geschoss* n ‖ ~
trazador *Leucht-, Rauch|spurgeschoss* n ‖ → auch
bala, bomba, granada
   proyectista *m/f (Er)Bauer(in* f) m ‖
Projektingenieur(in f) m ‖
(Entwurfs)Konstrukteur(in f) m ‖ *Designer(in* f) m
‖ 〈Typ〉 *Gestalter(in* f), *Layouter(in* f) m ‖ 〈allg〉
Plänemacher(in f) m
   proyecto *m Entwurf, Plan* m ‖ *Vorhaben* n,
Absicht f, *Projekt* n ‖ 〈Arch〉 *Projekt* n, *Entwurf*
m ‖ ~ de inversión *Investitionsvorhaben* n ‖ ~ de
ley *Gesetzesentwurf* m ‖ ~ piloto *Pilotprojekt* n ‖
~ de porvenir *Zukunftsplan* m
   proyector *m* 〈El〉 *Scheinwerfer* m *(nicht bei
Kraftfahrzeugen)* ‖ 〈Tech〉 *Werfer* m, *Spritzgerät* n
‖ 〈Film〉 *Bildwerfer, Projektor, Projektionsapparat*
m ‖ ~ de agua *Wasserwerfer* m *(der Feuerwehr,
der Polizei)* ‖ ~ cinematográfico *Vorführgerät* n,
Film-, Kino|projektor m ‖ ~ de halógeno
Halogenstrahler m ‖ ~ de películas sonoras
Tonfilmprojektor m ‖ ~ de pista de aterrizaje
〈Flugw〉 *Lande|bahnleuchte* f, *-scheinwerfer* m
   pr.pr. 〈Abk〉 = **por poder**
   ¡prrr! onom Am *frr! (Flug e–s Vogels)*
   prste., prt.ᵉ 〈Abk〉 = **presente**
   △ **prucatiní** *m Gewehr* n

△ **pruchar** vt *rufen*
△ **pruchelar** vi *fragen*
pruden|cia *f Klugheit* f ‖ *Ein-, Um|sicht* f ‖
Vorsicht f ‖ 〈fig〉 *Artigkeit* f, *gutes Betragen* n ‖ ◆
con ~ *vernünftig, mit Vorbedacht* ‖ **–cial** adj *(m/f)
klug, vernünftig* ‖ *angebracht* ‖ *nach Ermessen* ‖
Sicherheits- ‖ ◇ conceder un plazo ~ *e–e
ungemessene, genügende Frist einräumen* ‖ **–ciar**
vi Am *klug bzw vorsichtig sein* ‖ *gelassen bleiben*
‖ **–ciarse** vr Cu Col PR s. *gedulden* ‖ **-te** adj *(m/f)
klug, ver|nünftig, -ständig* ‖ *umsichtig* ‖ *vorsichtig*
‖ *angebracht* ‖ 〈fig〉 *artig, wohlerzogen* ‖ ◇ creer
~ *für angebracht, angezeigt halten* ‖ ¡será lo más
~! *das wird das Klügste sein!*
   prue|ba *f Beweis* m ‖ *Nachweis* m ‖
Beweis(grund) m ‖ 〈allg Math Med Phys Tech〉
Probe f ‖ *Versuch* m ‖ *Muster* n, *Probe* f ‖
Prüfung, Untersuchung f ‖ *Erprobung* f ‖
〈Psychol Med Tech〉 *Test* m ‖ *(Kost)Probe* f ‖
〈Typ〉 *Fahne* f, *Korrekturbogen, Abzug,
Probedruck* m ‖ 〈Tech〉 *Probelauf* m ‖ 〈Fot〉 *Kopie*
f, *Abzug* m ‖ 〈Th〉 *Probe* f ‖ *An|probieren* n,
-probe f *(e–s Kleidungsstückes)* ‖ 〈Rel〉
Erprobung f 〈Rel〉 *Versuchung* f ‖ *Versuch* m ‖
~ absoluta *unwiderleglicher Beweis* m ‖ ~ de
acceso a la universidad (PAU) Span
Hochschulaufnahmeprüfung f ‖ ~ de alcoholemia
(Blut)Alkoholtest m ‖ ~ de anticuerpos 〈Med〉
Antikörpertest m ‖ ~ de aptitud *Eignungsprüfung*
f ‖ ~ al azar *Stichprobe* f ‖ ~ de carga 〈Med
Tech〉 *Belastungsprobe* f ‖ ~ de cargo 〈Jur〉
Belastungsbeweis m ‖ ~ circunstancial 〈Jur〉
Indizienbeweis m ‖ ~ de confianza *Beweis* m *von
Vertrauen, Vertrauensbeweis* m ‖ ~ en contra
Gegenbeweis m ‖ ~ contundente *schlagender
Beweis* m ‖ ~ de convicción 〈Jur〉
Überführungsbeweis m ‖ ~ decisiva 〈Jur〉
schlüssiger Beweis m ‖ ~ de degustación
Kostprobe f *(Wein)Probe* f ‖ ~ de desconfianza
Beweis m *von Misstrauen* ‖ ~ documental 〈Jur〉
Urkundenbeweis m ‖ ~ de duración *f* 〈Tech〉
Dauer|probe bzw *-erprobung* f ‖ ~ del espejo
〈Med〉 *Spiegelprobe* f *(z. B. bei Scheintoten)* ‖ ~
de estanqueidad *Dichtheitsprüfung* f ‖ ~ final
Endprobe f ‖ 〈Sp〉 *Finale* f ‖ ~ fotográfica 〈Fot〉
Abzug m ‖ ~ del fuego 〈Hist〉 *Feuerprobe* f ‖ ~
de fuerza *Kraftprobe* f ‖ ~ de función
Funktionsprobe f ‖ ~ hematológica 〈Med〉
Blutprobe f ‖ ~ de impresión 〈Typ〉 *Druckprobe* f
‖ ~ indiciaria od de indicios 〈Jur〉 *Indizienbeweis*
m ‖ ~ indiscutible, ~ irrefutable → ~ absoluta ‖
~ instrumental 〈Jur〉 *urkundlicher Beweis* m ‖ ~
negativa 〈Fot〉 *Negativ* n ‖ ~ de paciencia
Geduldsprobe f (~) positiva 〈Fot〉 *Positivabzug*
m ‖ ~ en pliego 〈Typ〉 *Umbruch-,
Bogen|korrektur* f ‖ ~ de sangre → ~
hematológica ‖ ~ testifical od testimonial 〈Jur〉
Zeugenbeweis m ‖ ~ en vuelo *Flug|probe,
-prüfung* f ‖ ◆ a ~ *stichhaltig* ‖ 〈Com〉 *auf Probe*
‖ *vertrauend* ‖ a ~ de agua *wasserdicht* ‖ a ~ de
aire *luftdicht* ‖ a ~ de bala(s) *kugel|sicher, -fest* ‖
a ~ de bomba(s) *bomben|fest, -sicher* ‖ a ~ de
desengaños *felsenfest vertrauend, unerschütterlich
im Vertrauen* ‖ a ~ de fuego *feuer|fest, -beständig*
‖ a toda ~ *bewährt, (wohl) erprobt* ‖ a título de
~ *zur Probe* ‖ *versuchsweise* ‖ a ~ de ruidos
schalldicht ‖ como ~ *auf Probe* ‖ como *(od* en)
~ de nuestro reconocimiento *als Zeichen unserer
Anerkennung* ‖ ◇ *sicher, zuverlässig* ‖ ◇ estar
a ~ de ... *geschützt sein gegen ...* (acc) ‖
widerstandsfähig sein gegen ... ‖ 〈fam〉 s. *nichts
machen aus ...* ‖ *auf die Probe stellen,
erproben* ‖ *sacar (od tirar)* una ~ 〈Fot Typ〉 *e–n
Abzug machen* ‖ ~s fpl *Adelsurkunden* fpl ‖ 〈Sp〉
Wettkämpfe mpl ‖ ~ atómicas *Atomversuche* mpl

‖ ~ automovilísticas *Automobilrennen* npl ‖ ~
elocuentes ⟨Jur⟩ *sprechende Beweise* mpl ‖ ~
evidentes ⟨Jur⟩ *unwiderlegliche Beweise* mpl ‖ ~
nucleares *Kernversuche* mpl ‖ ~ de primeras
(segundas) ⟨Typ⟩ *erste (zweite) Korrekturen* fpl ‖
◇ corregir ~ ⟨Typ⟩ *Fahnen korrigieren,
Korrektur(en) lesen* ‖ dar ~ *Proben geben* (de
von) ‖ *Beweise liefern* ‖ soportar (*od* sufrir) duras
~ *schwere Prüfungen durchmachen, erleiden*
  pruebista *m/f Seil-, Zirkus\künstler(in* f*)* m
  pru\na *f* ⟨reg⟩ *Pflaume* f ‖ **–no** *m* ⟨reg⟩
Pflaumenbaum m
  pruri\ginoso adj ⟨Med⟩ *juckend, pruriginös* ‖
–go *m Juckflechte* f, *Prurigo* m/f ‖ **–to** *m*
(Haut)Jucken n, *Pruritus* m ‖ ⟨fig⟩ *Begierde, Lust*
f ‖ ~ de comprar *Kauf\begierde, -lust* f ‖ ◇ tengo
~ de hacer tal cosa *mich juckt es* (*od mir juckt es
in den Fingern), so et. zu tun* ‖ tiene ~ de
elegancia *er (sie, es) ist sehr darauf erpicht,
elegant zu sein* ‖ *er (sie, es) bildet s. ein, elegant
zu wirken* (*od zu sein*)
  △ **pruscatiñé** *m Pistole* f
  Pru\sia *f* ⟨Geogr Hist⟩ *Preußen* n ‖ ~ Oriental,
Occidental *Ost-, West\preußen* n ‖ **–siano** adj
preußisch ‖ ⟨fig⟩ *soldatisch* ‖ *diszipliniert* ‖
ordentlich, genau, eingehend ‖ *unbeugsam* ‖ ⟨pej⟩
roh, brutal ‖ ~ *m Preuße* m
  prusiato *m* ⟨Chem⟩ *Zyanid* n
  prúsico adj: ácido ~ ⟨Chem⟩ *Blausäure* f
  P ⟨Abk⟩ = **fósforo**
  P. S. ⟨Abk⟩ = **post scriptum (posdata)** ‖ **por
sustitución**
  ¡ps, ps! int *pst! (Schweigen)*
  psamoterapia *f* ⟨Med⟩ *Sandbadtherapie,
Psamotherapie* f
  ¡psé! (¡psché! ¡pschs!) int *bah! (Ausdruck der
Verachtung od Gleichgültigkeit)*
  pseudo → **seudo**
  psi *f* griech ψ *(*Ψ*), Psi* n
  psic-, psico-, psicó- (auch **sic-, sico-, sicó-**)
präf *psycho-, psych-, Psych-, Seelen-*
  psica\gogía *f* ⟨Med⟩ *Psychagogie* f ‖ **–gogo** *m*
⟨Med⟩ *Psychagoge* m ‖ **–stenia** *f* ⟨Psychol Med⟩
Psychasthenie, seelische Schwäche f
  psico\análisis *m Psych(o)analyse* f ‖ **–analista**
m/f Psychoanalytiker(in f*)* m ‖ **–analítico** adj
psych(o)analytisch ‖ ~ *m Psych(o)analytiker* m ‖
–cirugía *f* ⟨Med⟩ *Psychochirurgie* f ‖ **–délico** adj
psychedelisch ‖ **–diagnóstico** adj
psychodiagnostisch ‖ ~ *m Psychodiagnose* f ‖
–drama *m Psychodrama* n ‖ **–fármacos** *mpl*
⟨Pharm Med⟩ *Psychopharmaka* npl ‖ **–física** *f*
Psychophysik f ‖ **–génesis** *f Psychogene\se, -sis,
Entstehung bzw Entwicklung* f *der Seele* ‖ **–genia**
f ⟨Med⟩ *Psychogenie, Hysterie* f ‖ **–génico** adj →
psicógeno
  psicógeno adj *psychogen, seelisch bedingt,
Gemüts-*
  psico\glosia *f* ⟨Med⟩ *Stottern* n, *Psychoglossie*
f ‖ **–gno\sia, –sis** *f Psychognostik* f ‖ **–ide** adj/m
seelen\artig, -ähnlich, psychoid (C.G. Jung) ‖
–logía *f Psychologie, Seelenlehre* f ‖ ~ *animal
Tierpsychologie* f ‖ ~ aplicada *angewandte
Psychologie* f ‖ ~ comparada (de empresa[s],
individual, de la infancia, laboral, de las masas,
profunda *od* de las profundidades, de los pueblos,
sexual, social) *vergleichende (Betriebs-,
Individual-, Kinder-, Arbeits-, Massen-, Tiefen-,
Völker-, Sexual-, Sozial)Psychologie* f ‖ ~
fisiológica *Psychophysiologie* f ‖ **–lógico** adj
psychologisch ‖ **–logismo** *m* ⟨Philos⟩
Psychologismus m
  psicólogo *m Psychologe* m
  psico\metría *f Psychometrie* f ‖ **–monismo** *m*
⟨Philos⟩ *Psychomonismus* m ‖ **–motilidad** *f*

Psychomo\tilität, -motorik f ‖ **–motor** adj
psychomotorisch ‖ **–neurosis** *f* ⟨Med⟩
Psychoneurose f
  psicópata *m Psychopath* m
  psico\patía *f Psychopathie* f ‖ **–pático** adj
psychopathisch ‖ **–patología** *f* ⟨Med⟩
Psychopathologie, Lehre f *von den krankhaften
Seelenzuständen* ‖ **–patólogo** *m Psychopathologe,
Psychiater* m ‖ **–pedagogía** *f Psychopädagogik* f ‖
–pedagógico adj *psychopädagogisch*
  psicoquinesia *f Psychokinesie* f
  psicosis *f* ⟨Med⟩ *Psychose, Geistesstörung* f ‖
~ afectiva *Affektpsychose* f ‖ ~ colectiva
Massenpsychose f ‖ ~ de exámenes
Examenspsychose f ‖ ~ de guerra *Kriegspsychose*
f ‖ ~ senil *Alterspsychose* f
  psico\somático adj *psychosomatisch* ‖ **–tecnia** *f*
Psychotechnik f
  psico\terapeuta *m/f Psychotherapeut(in* f*)* m ‖
–terapia *f Psychotherapie* f ‖ **–terápico** adj
psychotherapeutisch
  psicótico adj ⟨Med⟩ *psychotisch, geisteskrank* ‖
psico\topo *m* ⟨Ökol⟩ *Psychotop* n ‖ **–tropo** adj
⟨Med⟩ *psychotrop, auf die Psyche einwirkend* ‖
–vitalismo *m Psychovitalismus* m
  psicrófilo adj *kälteliebend*
  psicrómetro *m* ⟨Phys⟩ *Psychrometer* n,
Feuchtigkeitsmesser m
  psique *f* ⟨Psychol Med⟩ *Psyche* f ‖ *Seele* f ‖
Seelenleben n ‖ *Eigenart* f ‖ *Wesen* n
  psiquedélico adj *psychedelisch* ‖ ~ *m*
Psychedelikum n
  psiquia\tra *m* ⟨Med⟩ *Psychiater* m ‖ **–tría** *f*
Psychiatrie f
  psiquiátrico adj ⟨Med⟩ *psychiatrisch*
  psíquico adj *psychisch, seelisch, geistig*
  Psiquis *f* ⟨Myth⟩ *Psyche* f *(& Kunst)* ‖ ~ *f* →
psique
  psiquismo *m Psychismus* m
  psi\tácidos *mpl* ⟨V⟩ *Edelpapageien* mpl
(Psittacidae) ‖ **–tacosis** *f* ⟨Med⟩
Papageienkrankheit, Psittakose f (→ **ornitosis**)
  P. S. M. ⟨Abk⟩ = **por su mandato**
  PSOE ⟨Abk⟩ = **Partido Socialista Obrero
Español**
  psoriasis *f* ⟨Med⟩ *Schuppenflechte, Psoriasis* f
  ¡pst! int *pst! bst!*
  Pt ⟨Abk⟩ = **platino**
  pta(s)., Pta(s). ⟨Abk⟩ = **peseta(s)**
  ¡ptchs! = ¡ps! ‖ **¡psé!**
  p^te ⟨Abk⟩ = **parte**
  Pte. ⟨Abk⟩ = **presente** ‖ **presidente**
  pteranodon(te) *m (Paläozoologie) Pteranodon*
n *(Flugsaurier der Kreidezeit)*
  pteridofitas *fpl* ⟨Bot⟩ *farnartige Pflanzen* fpl
(Pteridophyta)
  pterodáctilo *m (Paläozoologie) Pterodaktylus*
m *(Flugsaurier des Juras)*
  pterópodos *mpl* ⟨Zool⟩ *Flügel-,
Ruder\schnecken* fpl (Pteropoda)
  ptia\lina *f* ⟨Chem⟩ *Ptyalin* n *(Enzym des
Speichels)* ‖ **–lismo** *m* ⟨Med⟩ *Speichelfluss,
Ptyalismus* m
  Pto. ⟨Abk⟩ = **puerto**
  pto\lemaico, –lomético adj *ptolemäisch, auf
Ptolemäus bezüglich*
  ptomaína *f* ⟨Med Chem⟩ *Ptomain, Leichengift*
n
  ptosis *f* ⟨Med⟩ *Pto\se, -sis* f
  ¹pu *f* (fam) *(Kinder)Kot* m
  ²¡pu! ¡puah! int (pop) *pfui (Teufel)!*
  △ **³pu** *m Vogel* m ‖ *Land* n ‖ *Welt* f
  Pu ⟨Abk⟩ = **plutonio**
  púa *f Stachel* m ‖ *Dorn* m ‖ *Horn* n ‖ *Zahn* m,
Zinke f *(am Kamm)* ‖ *Gabelzinke* f ‖ ⟨Agr⟩

Pfropfreis n ‖ ⟨Mus⟩ *Schlagfeder* f, *Plektron* n ‖
Fußzwinge, Spitze f *(des Kreisels)* ‖ ⟨Tech⟩ *Dorn*
m ‖ *Spitze* f ‖ ⟨fig⟩ *innerer Kummer, Stich* m ‖
⟨fig⟩ *lästiger Mensch* m, ⟨fam⟩ *Klette, Wanze* f ‖
Arg Chi PR *(Hahnen)Sporn* m ‖ ◇ *ser una buena*
~ ⟨pop⟩ *ein sauberer Vogel sein*
  pub *m Pub* m (& n)
  púber, púbero adj/s *geschlechtsreif, mannbar*
  pubertad *f Geschlechtsreife, Pubertät* f ‖ ◇
llegar a la ~ *in das Pubertätsalter treten*
  pubes|cencia *f* → **pubertad** ‖ ⟨Bot Zool⟩
Flaumhaarigkeit f ‖ **–cente** adj *(m/f) mannbar* ‖
flaumhaarig ‖ **–cer** [-zc-] vi *geschlechtsreif
werden* ‖ *Flaumhaare bekommen*
  pubiano adj ⟨An⟩ *Schambein-*
  pubis *m* ⟨An⟩ *Schamhügel* m ‖ *Schamgegend* f
‖ *Schambein* n
  publicación *f Bekannt-, Kund\|machung,
Verkündigung* f ‖ *Veröffentlichung, Herausgabe* f ‖
Publikation f, *gedrucktes Werk* n ‖
(Heirats)Aufgebot n ‖ ~ *clandestina unerlaubtes
Druckwerk* n ‖ ~ *periódica Zeitung* f ‖ *Revue,
Zeitschrift* f ‖ *Wochen- bzw Monats\|schrift* f ‖ ~
quincenal Halbmonatsschrift f ‖ ◇ *estar en* ~ *im
Erscheinen begriffen sein (Buch)*
  públicamente adv *öffentlich*
  publicano *m Zöllner* m *(Bibel, & fig)*
  publi|car [c/qu] vt *bekannt geben, bekannt
machen, verkündigen* ‖ *ausrufen* ‖ *offenbaren
(Geheimnis)* ‖ *eröffnen (Urteilsspruch)* ‖
herausgeben, veröffentlichen (Buch) ‖ *aufbieten
(e-e Heirat)* ‖ **~se** *erscheinen, herauskommen
(Buch)* ‖ ◇ *acaba de* ~ *soeben erschienen* ‖
–cidad *f Öffentlichkeit* f ‖ *Offenkundigkeit* f ‖
Anzeigenwesen n ‖ *Werbung* f ‖ *Publicity* f ‖
Reklame f ‖ ~ *aérea Luftwerbung* f ‖
cinematográfica, ~ *en el cine Kinowerbung,
Filmreklame* f ‖ ~ *callejera Straßenwerbung* f ‖
~ *por carteles Plakatwerbung,* Schw *Affichage* f ‖
~ *de introducción Einführungswerbung* f ‖ ~
radiada od radiofónica Funkwerbung f ‖
Werbefunk m ‖ ~ *televisada Fernsehwerbung* f ‖
◆ *en* ~ *öffentlich* ‖ ◇ *dar a algo et. öffentlich
bekannt machen* ‖ *dar a la* ~ *veröffentlichen, vor
die Öffentlichkeit bringen* ‖ *hacer* ~ *werben,
Reklame machen* ‖ **–cista** *m/f Zeitungsschreiber(in*
f), *Publizist(in* f) m ‖ *Schriftsteller(in* f) m ‖
Staatsrechtler(in f) m ‖ **–citario** adj *Werbe-,
Werbungs-, Reklame-* ‖ ~ *m Werbefachmann* m
  público adj *öffentlich* ‖ *allgemein* ‖ *allgemein
bekannt, offenkundig* ‖ *Staats-* ‖ *Gemein-
Gemeinde-* ‖ ◆ *de* ~ *öffentlich* ‖ *en* ~ *öffentlich* ‖
vor aller Augen ‖ *de utilidad* ~*a gemeinnützig* ‖
◇ *hacer* ~ *veröffentlichen, an die Öffentlichkeit
bringen* ‖ *se ha hecho* ~ *es ist (allgemein)
bekannt geworden* ‖ *salir en* ~ *unter die Leute
gehen* ‖ ~ *m Publikum* n ‖ *Allgemeinheit,
Öffentlichkeit* f, *Leute* pl ‖ *Zuschauer* mpl ‖
Zuhörer mpl ‖ ¡*respetable* ~! *geehrtes Publikum!
(sehr) verehrte Zuhörer!* ‖ ◇ *dar al* ~
herausgeben (ein Buch)
  △ **pucanar** vt *anzeigen*
  △ **pucanó** *m Leute* pl
  pucciniano adj *auf den it. Komponisten
Giacomo Puccini (1858–1924) bezüglich*
  pucelana *f* → **puzolana**
  ¹**pucha** *f* Chi *bunter Blumenstrauß* m ‖ Mex
(Art) Brezelbrot n ‖ Col *ein bisschen* ‖ Am →
puta
  ²¡**pucha!** int Am *He! Donnerwetter!
(Schrecken, Staunen)*
  △ **pucha(bar)** vt *nennen*
  puchada *f* ⟨Med⟩ *Mehlbreiumschlag* m
  △ **puchané** *f Frage* f
  △ **puchén** *f Leben* n

  púcher *m* [in der Drogenszene] *Großdealer* m
  puchera *f* ⟨Kochk⟩ *Kochtopf* m
  puche|razo *m Schlag* m *mit e–m Kochtopf* ‖
⟨figf⟩ *Wahl\|betrug, -schwindel* m *(bei der
Stimmenauszählung)* ‖ **–rete** m dim von **–ro** ‖
–rito *m* dim von **–ro** ‖ **–ro** *m (irdener od
eiserner) Koch-, Fleisch-, Suppen\|topf* m ‖
⟨Kochk⟩ span. *Volksgericht* n *(aus Kichererbsen,
Rindfleisch, Speck, Kartoffeln, Suppengrün,
gewürzter Wurst usw.)* (z. B. cocido, olla podrida,
pote gallego) ‖ *Suppenfleisch* n *mit Beilagen* ‖
⟨figf⟩ *Alltagskost* f ‖ ⟨figf⟩ *tägliches Brot* n ‖
⟨pop⟩ *Wahlurne* f ‖ ~ *de enfermo Kranken\|suppe,
-kost* f ‖ ◇ *empinar el* ~ ⟨figf⟩ *sein Auskommen
haben* ‖ *hacer* ~s *(od –ritos)* ⟨fam⟩ *weinerliche
Gebärden machen, das Gesicht verziehen
(Kinder),* ⟨fam⟩ *e–e Schippe (od ein Schippchen)
ziehen* ‖ *esto me huele a* ~ *de enfermo* ⟨figf⟩ *hier
ist et. faul,* ⟨pop⟩ *hier stinkt es* ‖ *volcar el* ~ ⟨fig⟩
die ungültigen Stimmen zählen (bei Wahlen)
  ¡**puchero!** int *Donnerwetter!*
  pucheruelo *m* dim von **puchero**
  puches *m/pl (Mehl-, Kartoffel)Brei* m ‖ ⟨pop⟩
(Menschen)Kot m
  puchinela *m* ⟨Th Hist⟩ *Pulcinella* m
  puchito *m* Am *ein bisschen* ‖ ◆ a ~s Am *nach
und nach*
  pucho m Am *Zigarrenstummel* m ‖ Am *Rest,
Abfall* m ‖ Chi ⟨vulg⟩ *Schwanz* m *(Penis)*
  △ **puchorí** *m Raubvogel* m
  pucucho adj Ec *hohl, leer*
  puck *m* ⟨Sp⟩ *Puck* m
  pude|lado, –je *m* ⟨Met⟩ *Puddeln* n *(des Eisens)*
‖ **–lar** vt *puddeln*
  pudendo adj *schamerregend* ‖ *zur
Schamgegend gehörend, pudendal*
  pudente adj *(m/f)* ⟨lit⟩ *übel riechend*
  pudi|bundez [*pl* **–ces**] *f falsche Scham,
Prüderie* f ‖ **–bundo** adj *(übertrieben) schamhaft*
‖ *verschämt* ‖ *prüde* ‖ **–ci(ci)a** *f Schamhaftigkeit,
Züchtigkeit* f ‖ *Keuschheit* f ‖ *Reinheit* f
  púdico adj *schamhaft* ‖ *sittsam*
  pudiente adj/s *(m/f) vermögend, wohlhabend,
bemittelt* ‖ *einflussreich*
  pudín *m Pudding* m ‖ ~ *de pasas
Rosinenpudding* m
  pudinga *f* ⟨Geol⟩ *Puddingstein* m
  pudo *m* ⟨Zool⟩ *Pudu* m
  pu|dor *m Scham, -haftigkeit* f ‖ *Züchtigkeit* f ‖
Sittsamkeit, Ehrbarkeit f ‖ **–doroso** adj *schamhaft,
sittsam*
  pudri|dero *m Faulkammer* f ‖ *Mistgrube* f ‖ *el*
~ *die Faulkammer der Königsgräber im Eskorial*
‖ **–miento** *m Verfaulen* n
  pudrir vt *in Faulnis bringen* ‖ *verderben* ‖
⟨fig⟩ *abhärmen, verzehren* ‖ ~ vi *(ver)faulen* ‖
⟨fig⟩ *im Grab(e) liegen* ‖ **~se** *(ver)faulen* ‖ ⟨pop⟩
s. grämen, s. abhärmen ‖ *längst tot sein* ‖ ◇ ¿*qué
se te pudre?* ⟨pop⟩ *was ist mit dir los?* ‖ ¡*por mí
que se pudra! von mir aus soll er verrecken!*
  pué ⟨pop⟩ → **puede**
  pueblada *f* Am *plötzliche Volksbewegung* f
  pueble|cillo, –cito *m* dim von ¹**pueblo** ‖
kleiner Ort m, *Dorf* n ‖ **–rino** adj ⟨fam⟩
dorfmäßig, bäu(e)risch ‖ *kleinstädtisch* ‖ ~ *m
Dorfbewohner, Dörfler* m (& fig) ‖ p.ex
Provinzler m ‖ **–ro** adj *Dorf-* ‖ *bäu(e)risch* (z.B.
Geschmack) ‖ ~ *m* ⟨fam⟩ *Dorf-, Land\|bewohner,
Provinzler* m ‖ Am *Städter* m
  ¹**pueblo** *m Ortschaft* f, *Ort, Flecken* m, *Dorf* n,
Weiler m ‖ ~ *calle Straßendorf* n ‖ ~ *en círculo
Runddorf* n ‖ ~ *cost(an)ero Küsten\|stadt* f, *-ort* m
‖ ~ *en desorden Haufendorf* n ‖ ~ *inmediato
Nachbardorf* n ‖ ~ *natal Geburts-, Heimat\|ort* m,
Vaterstadt f ‖ ~ *de mala muerte,* ~ *rabón elendes*

Dorf, ⟨pop⟩ *Nest, Kaff* n ‖ ◆ de ~ ⟨desp⟩
bäu(e)risch, ungeschliffen ‖ de ~ en ~ *von Dorf
zu Dorf*
²pueblo *m Volk* n ‖ *Nation* f ‖ *gemeines Volk* n
‖ *die kleinen Leute* pl ‖ el ~ de Dios, el ~
escogido ⟨Bibl⟩ *das auserwählte Volk* ‖ ~s
hermanos *Brudervölker* npl ‖ ~ insular *Inselvolk*
n ‖ los ~s latinos *die romanischen Völker* npl ‖ el
~ en masa *die Masse des Volkes, das ganze Volk*
‖ ~ nómada *Wander-, Nomaden|volk* n ‖ ~
primitivo *Stammvolk* n
pue|blón, –blazo *m* augm von **¹pueblo** ‖
–blucho *m* dim von **¹pueblo** ‖ *elendes Dorf*,
⟨pop⟩ *Nest, Kaff* n
puente *m (auch lit f) Brücke* f (& El) ‖ ⟨Med⟩
Brücke (zwischen zwei Zahnkronen) ‖ ⟨Auto⟩
(Achs)Brücke f ‖ ⟨Mus⟩ *Steg* m *(e–s
Saiteninstruments)* ‖ *Brillensteg* m ‖ ⟨Mar⟩ *Deck*
n, *Kommandobrücke* f ‖ ⟨Tech⟩ *Leitstand* m ‖
⟨Arch⟩ *Riegel, Querbalken* m ‖ [Zahnmedizin]
Brücke f ‖ ~ aéreo ⟨Pol Hist⟩ *Luftbrücke* f ‖ ~ de
arco *Bogenbrücke* f ‖ ~ de los asnos ⟨fig⟩
Eselsbrücke f ‖ ~ de balsas *Floßbrücke* f ‖ ~ de
barcas *Schiffs-, Ponton|brücke* f ‖ ~ de cadenas
Kettenbrücke f ‖ ~ de carretera *Straßenbrücke* f ‖
~ colgante *Hängebrücke* f ‖ *Hängedeck* n ‖ ~
elevador *Hubbrücke* f ‖ ~ de ferrocarril, ~
ferroviario *Eisenbahnbrücke* f ‖ *Gleisdeck* n ‖
~flotante *schwimmende Brücke* f ‖ ~ de fuego
Brandbrücke f ‖ ~ levadizo *Hubbrücke* f ‖ ⟨Hist⟩
Zugbrücke f ‖ ~ de mando ⟨Mar⟩
Kommandobrücke f ‖ ~ de paseo ⟨Mar⟩
Promenadendeck n ‖ ~ de piedra *Steinbrücke* f ‖
~ de pontones *Pontonbrücke* f ‖ ~ provisional
Notbrücke f ‖ ~ suspendido *Hängebrücke* f ‖ ~
de los Suspiros *Seufzerbrücke* f *(in Venedig)* ‖ ~
telescópico de pasajeros *Teleskoppassagierbrücke*
f ‖ ~ tubular *Röhrenbrücke* f ‖ ◇ echar un ~ *e–e
Brücke schlagen* ‖ hacer ~ ⟨fig⟩ *e–n zwischen
zwei Feiertage fallenden Werktag als
(arbeits)freien Tag gelten lassen* ‖ hacer un ~
⟨pop⟩ *e–n Wagen kurzschließen (um ohne
Zündschlüssel fahren zu können)* ‖ tender un ~
e–e Brücke schlagen (& fig) ‖ volar un ~ *e–e
Brücke sprengen* ‖ a enemigo que huye, ~ de
plata ⟨Spr⟩ *dem fliehenden Feind soll man
goldene Brücken bauen* ‖ dim: **–zuela, –zuelo,
–cito** *m*
puentear *vt/i* ⟨allg⟩ *verbinden* (& El) ‖
überspringen ‖ ⟨El⟩ *überbrücken* ‖ ⟨Pol⟩ *koalieren*
puente-grúa *m Brücken-, Lauf|kran* m
puer|ca *f Sau* f, *Mutterschwein* n ‖ ⟨figf⟩
schmutziges, grobes Weib n, ⟨fam⟩ *Schlampe*,
⟨vulg⟩ *Sau* f ‖ ⟨figf⟩ *Nutte* f ‖ ⟨Zool⟩ *Kellerassel* f
(→ **cochinilla** *de humedad*) ‖ **–co** adj *schweinisch*
(& fig) ‖ *schmutzig* (& fig) ‖ ~ *m Schwein* n (&
fig) ‖ ⟨pop⟩ *Schweinehund* m ‖ ~ asado
Schweine|braten m, *-fleisch* n ‖ ~ espín
Stachelschwein n (→ **puercoespín**) ‖ ~ marino
⟨Zool⟩ → **marsopa** ‖ → **¹delfín** ‖ ~ montés, ~
salvaje *Wildschwein* n (→ **jabalí**) ‖ ~ de simiente
Zuchtschwein n ‖ ◇ a cada ~ le llega su San
Martín ⟨Spr⟩ *jeder kommt einmal an die Reihe* ‖
~ fiado gruñe todo el año ⟨Spr⟩ *Borgen macht
Sorgen* ‖ → **cerdo, marrano**
puercoespín *m* ⟨Zool⟩ *Stachelschwein* n
(Hystrix cristata)
pue|ricia *f Knabenalter* n ‖ **–ricultora** *f
Säuglingsschwester* f ‖ *Kindergärtnerin* f ‖
–ricultura *f Säuglings-* bzw *Kinder|pflege*,
-fürsorge f ‖ *Kindererziehung* f ‖ **–ril** adj *(m/f)
Kindes-, Knaben-* ‖ *kindisch, knabenhaft* ‖ ⟨fig⟩
kindlich, einfältig, naiv ‖ adv: ~**mente** ‖ **–rilidad**
f Kinderei f ‖ *kindisches Betragen, Gerede* n ‖
⟨fig⟩ *Lappalie* f

puérpera *f Wöchnerin* f
puerpe|ral adj *(m/f) Kindbett-* ‖ **–rio** *m* ⟨Med⟩
Kind-, Wochen|bett n
puerquezuelo *m* dim von **puerco**
puerro *m* ⟨Bot⟩ *Lauch, Porree* m (Allium
porrum)
puerta *f Tür, Pforte* f ‖ *Tor* n ‖ ⟨Inform⟩ *Tor,
Gatter* n ‖ ⟨fig⟩ *Zu|tritt, -gang* m ‖ ~ accesoria
Neben-, Seiten|tür f ‖ ~ de acordeón *od librillo
Harmonika-, Falt|tür* f ‖ ~ basculante *Kipp|tür* f,
-tor n ‖ ~ caediza *Falltür* f ‖ ~ cochera *Tor|weg*
m, *-einfahrt* f ‖ ~ de comunicación
Verbindungstür f ‖ ~ corredera *od* corrediza
Schiebetür f ‖ ~ cortafuego *Feuerschutztür* f ‖ ~
de cuarterones *Füllungstür* f ‖ ~ de entrada
Eingangstür f ‖ *Einfahrt(stor* n) f ‖ ~ de escape
Hintertür f (& fig) ‖ ~ excusada *geheime Tür,
Tapeten-, Hinter|tür* f ‖ ~ falsa *blinde Tür* f ‖ ~
franca *freier Eintritt* m ‖ *offene Tür* f ‖ p.ex
offenes Haus n ‖ ⟨Com⟩ *Zollfreiheit* f ‖ ~
levadiza *Falltür* f ‖ la ~ Otomana, la Sublime ~
die Hohe Pforte (türk. Regierung bis 1918) ‖ la ~
del Perdón *das maurische Tor in der ehem.
Hauptmoschee von Sevilla* ‖ ~ pendular *Schwing-
, Pendel|tür* f ‖ ~ practicable ⟨Th⟩ *Tür* f *mit
Durchgangsmöglichkeit* ‖ ~ secreta *geheime Tür* f
‖ *blinde Tür* f ‖ ~ de servicio *Hintereingang* m ‖
~ de socorro *Notausgang* m ‖ la ~ del Sol
Hauptplatz m *von Madrid* ‖ ~ de tambor *Drehtür*
f ‖ ~ trasera *Hintertür* f (& fig) ‖ ~ de vaivén
Pendeltür f ‖ ~ ventana *Balkontür* f ‖ *Fenstertür*
f ‖ ~ vidriera *Glastür* f ‖ ◆ a ~ abierta ⟨Jur⟩
öffentlich (Gerichtsverhandlung) ‖ a ~ cerrada
⟨fig⟩ *(ins)geheim, hinter verschlossenen Türen* ‖
nicht öffentlich ‖ a la ~ (de la casa) *vor der
Haustür* ‖ de ~ en ~ *von Haus zu Haus* ‖ en ~
⟨pop⟩ *sehr bald* ‖ *bevorstehend* ‖ *drohend
(Gefahr)* ‖ en el dintel de la ~ *auf der
Türschwelle* ‖ por la ~ de los carros ⟨figf⟩
rücksichtslos, grob ‖ ◇ andar de ~ en ~ *(von
Tür zu Tür) betteln* ‖ *von Tür zu Tür gehen* ‖
cerrar la ~ a alg. ⟨fig⟩ *jdm den Weg sperren* ‖
coger la ~ *fortgehen* ‖ dar a uno con la ~ en la
cara *(od* en las narices, ⟨pop⟩ en los hocicos)
⟨figf⟩ *jdm die Tür vor der Nase zuschlagen* ‖
enseñarle a uno la ~ de la calle ⟨figf⟩ *jdm die
Tür weisen* ‖ el invierno está a la ~ ⟨figf⟩ *der
Winter steht vor der Tür* ‖ hacer ~ ⟨vulg⟩ *vor der
Tür e–s öffentlichen Hauses stehen (Nutte)* ‖
llamar a la ~ *an die Tür klopfen* ‖ ⟨fig⟩ *bei jdm
anklopfen, anfragen* ‖ pasar por la ~ *zur Tür
hinausgehen* ‖ poner a uno en la ~ (de la calle)
⟨figf⟩ *jdn hinaus|werfen, -schmeißen* ‖ *jdn auf die
Straße werfen* ‖ salir por la ~ grande ⟨fig⟩
ehrenvoll od ⟨fam⟩ ohne Gesichtsverlust abgehen
‖ tomar la ~ *fortgehen* ‖ ~s *fpl Tor|zoll* m, *-geld*
n ‖ las ~ de Hierro ⟨Geogr⟩ *das Eiserne Tor* n ‖ ◆
a ~ abiertas *öffentlich* ‖ a las ~ de la muerte *an
der Schwelle des Todes* ‖ de ~ para adentro *im
Inner(e)n* (& fig) ‖ *im Haus* ‖ *im Saal* ‖ ◇ coger
entre ~ a alg. ⟨figf⟩ *jdn in die Enge treiben* ‖
dejar por ~ a alg. *jdn vor die Tür setzen* ‖ *jdn
brotlos machen* ‖ echar las ~ abajo ⟨figf⟩ *sehr
stark klopfen* ‖ entrarse por las ~ de alg. ⟨figf⟩ *s.
bei jdm einschleichen* ‖ llamar a las ~ de alg.
⟨figf⟩ *jdn um Beistand bitten* ‖ esto es poner ~ al
campo ⟨figf⟩ *das heißt Unmögliches erreichen
wollen* ‖ quedar(se) por ~ ⟨fig⟩ *an den Bettelstab
kommen* ‖ tener todas las ~ abiertas ⟨figf⟩ *überall
mit offenen Armen aufgenommen werden* ‖ ver ya
la muerte en ~ ⟨figf⟩ *mit dem Tode ringen*
puertaventa|na *f* → **contraventana** ‖ **–nero** *m
Tür- und Fenster|tischler* m
puerte|zuela, –cilla, –cita *f* dim von **puerta**
puertezuelo *m* dim von **puerto**

¹**puerto** m *Hafen* m ‖ *Hafenstadt* f ‖ ⟨fig⟩
Hafen, Zufluchtsort m ‖ ~ aéreo *Flughafen* m ‖ ~
de arrebatacapas ⟨fig⟩ *Windloch* n, *Ort* m, *der den
Winden ausgesetzt ist* ‖ ⟨pop⟩ *(Diebes)Loch* n ‖ ~
de arribada *End-, Ankunfts|hafen* m ‖ ~ de
arribada forzosa *Nothafen* m ‖ ~ de carga
Ladehafen m ‖ ~ de descarga *Lösch(ungs)hafen*
m ‖ ~ de desembarque *Ausschiffungshafen* m ‖ ~
de destino *Bestimmungshafen* m ‖ ~ de embarque
Ein-, Ver|schiffungshafen m ‖ ~ de escala
Anlaufhafen m ‖ ~ fluvial *Fluss-, Binnen|hafen* m
‖ ~ franco *Freihafen* m ‖ ~ de guerra → ~
militar ‖ ~ habilitado *Stapelhafen* m ‖ ~ interior
Binnenhafen m ‖ ~ de marea *offener Hafen,
Tidehafen* m ‖ ~ marítimo, ~ de mar *Seehafen* m
‖ ~ de matrícula *Heimathafen* m ‖ ~mercantil
Handelshafen m ‖ ~ militar *Kriegshafen* m ‖ ~
pesquero *Fischereihafen* m ‖ ~ de refugio
Nothafen m ‖ ⟨fig⟩ *Rettungsanker* m ‖ ~ de salida
Abgangshafen m ‖ ~ de transbordo
Umschlaghafen m ‖ ◇ entrar en un ~ *e–n Hafen
anlaufen* ‖ llegar a ~ ⟨fig⟩ *e–e schwierige
Situation meistern* ‖ naufragar en el ~ ⟨fig⟩ *im
letzten Augenblick scheitern* ‖ tocar (a) un ~,
tomar ~ → *entrar en un ~*
²**puerto** m *Berg, Eng|pass* m
³**puerto** m ⟨Inform⟩ *Anschluss* m ‖ *Schnittstelle*
f ‖ *Port* m
△ ⁴**puerto** m *Wirts-, Gast|haus* n
puertona f ⟨reg⟩ *Haupttor* n
Puerto Rico m ⟨Geogr⟩ *Puerto Rico* n
puertorrique|ño adj *aus Puerto Rico* ‖ *auf
Puerto Rico bezüglich* ‖ ~ m *Puertoricaner* m ‖
–ñismo m *e–e nur im puertoricanischen Spanisch
vorkommende sprachliche Erscheinung*
pues adv/conj *folglich, demnach, daher, also* ‖
nun, nunmehr ‖ *zwar* ‖ *ferner* ‖ *nämlich* ‖ *fürwahr,
wahrlich* ‖ *denn* ‖ *da (nun)* ‖ *weil* ‖ *aber* ‖ *doch*
a) Anknüpfung od. Fortsetzung des Gesprächs:
digo, ~, que es imposible *ich behaupte daher,
dass es unmöglich ist* ‖ ~ bien, el caso es difícil
der Fall ist also schwierig
b) Bejahung! ¿conque lo dijo? ¡~! *hat er es
denn gesagt? natürlich!*
c) Zustimmung, Aufmunterung: ¡que venga ~!
er (sie, es) kann meinetwegen herkommen! ‖ ¡~
qué! ⟨pop⟩ *das macht nichts!* ‖ ¡ea ~! *wohlan!
auf!* ‖ ¡venga ~! *nur zu! meinetwegen!*
d) Einleitung e–s Rufsatzes (Verstärkung,
Nachdruck): – ¡ no faltaba más! ⟨pop⟩ *das fehlte
noch!* ‖ ¡~ tiene gracia! *das ist doch köstlich!* ‖
¡~ no! *auf k–n Fall!* ‖ ¡~ sí! *natürlich, freilich!* ‖
das tue ich wohl! ‖ (iron) *ja freilich!* ‖ ¡~ eso era
de esperar! *es war nicht anders zu erwarten!* ‖ ¡~
bien! *wohlan!* ‖ *nun denn!*
e) Einleitung, Verstärkung e–r Frage: ¿~ qué?
was denn! ‖ ¿~ no lo haces? *tust du es denn
nicht?* ‖ ¿~ no! *nicht wahr?* ‖ ¿~ cómo? ¿~
qué? *wieso? wieso denn?* ‖ ¿y ~? *was gibt's denn
da?* ‖ *und nun?*
f) Zweifel, Verwunderung, Ungeduld: esta
noche partiré. – ¿(Y) ~? *Heute abend reise ich
ab. Wieso?* ‖ ¿~ no lo encuentras? *findest du es
denn nicht?*
g) Folgerung: ¿no me haces caso? ~ un día te
arrepentirás *du hörst nicht auf mich? das wirst du
e–s Tages bereuen*
h) Ursache, Folge: sufre el castigo, ~ (od ~
que = puesto que) pecaste *ertrage die Strafe, da
du gesündigt hast*
i) Voraussetzung, B e d i n g u n g : ¡~ el mal
es ya irremediable, ármate de paciencia! *da das
Übel nicht gutzumachen ist, wappne dich mit
Geduld!*
j) Ausdruck der Verlegenheit: ~ ... como iba a

decirle ... *Nun also ... was ich Ihnen sagen
wollte ...* ‖ Vd. debe – ~ – haçerlo *Sie sollten es
doch vielleicht tun*
pues|ta f *Einsatz* m *(beim Spiel)* ‖ ⟨allg⟩ *Setzen*
n ‖ *Setzung* f ‖ ⟨Astr⟩ *Untergang* m ‖ ⟨V⟩ *Gelege*
n ‖ *Eiablage* f, *Legen* n ‖ ~ en actividad
Inbetriebnahme f ‖ ~ en cero
Null(punkt)einstellung f ‖ ~ en circulación
Inkurssetzung f, *Inumlaufsetzen* n *(Geld)* ‖
Vertrieb m *(Ware)* ‖ ~ en cortocircuito ⟨El⟩
Kurzschließen n ‖ ~ en cultivo ⟨Agr⟩ *Anbau* m,
Urbarmachung f ‖ ~ al día *Aktualisierung* f ‖ ~
en explotación *Inbetriebnahme* f ‖ *Erschließung* f
(Land) ‖ ~ en fabricación *Produktionsaufnahme* f
‖ ~ en hora *Zeiteinstellung* f ‖ *Stellen* n *(der Uhr)*
‖ ~ en escena ⟨Th⟩ *Inszenierung* f ‖ ~ de largo
Einführung f *(junger Mädchen) in die
Gesellschaft* ‖ ~ en libertad *Freilassung* f ‖ ~ en
marcha *Inbetriebnahme* f ‖ *Ingangsetzung* f ‖
⟨Auto⟩ *Anlassen* n ‖ ~ en seguridad
Sicherstellung f ‖ ~ en servicio *Inbetriebnahme*
f ‖ ~ fuera de servicio *Außerbetriebsetzung* f ‖ ~
del sol *Sonnenuntergang* m ‖ ~ bajo tutela
Stellung f *unter Vormundschaft* ‖ *Bevormundung* f
‖ ~ en vigor (Jur) *Inkraft|setzen, -treten* n
¹**puestear** vt/i Col *(auf)lauern*
²**puestear** vi Mex *e–n Verkaufs-* od
Imbiss|stand betreiben
pueste|cillo, –cito m dim von ²**puesto** ‖ **–ra**
Am *Marktweib* n ‖ **–ro** m Am *Viehpfleger* m *in
e–r Meierei* ‖ Mex *Händler* m *(an e–m
Verkaufsstand)* ‖ Arg *Oberhirt* m
¹**puesto** pp/irr (& adj) von **poner**
1. adj: a) i n V e r b . m i t a d v : bien ~ *gut
angezogen, elegant* ‖ *flott, chic (schick)
angezogen* ‖ bien ~a ⟨pop⟩ *gut gebaut,
wohlgeformt (Frau)* ‖ casa bien ~a *sauber
eingerichtete Wohnung* f ‖ mal ~ *übel zugerichtet*
b) i n V e r b . m i t P r ä p o s i t i o n e n : mit **a,
de, en, sobre** ‖ ~ a bordo ⟨Com⟩ *frei an Bord*
(⟨Abk⟩ = **fob**) ‖ ~ a dieta *auf Diät gesetzt
(Kranker)* ‖ ~ a domicilio ⟨Com⟩ *frei (ins) Haus*
‖ ~ a tierra ⟨El⟩ *geerdet* ‖ ~ en (la) estación
⟨Com⟩ *frei Station* ‖ ~ de codos en la barandilla
mit den Ellbogen auf das Geländer gestützt ‖ ~
de gala *im Galakleid, in Gala* ‖ ~ de sombrero
*(od con el sombrero ~) mit dem Hut auf dem
Kopf* ‖ ~ en algo ⟨reg⟩ *von et. fest überzeugt* ‖ ~
en cuenta ⟨Com⟩ *in Rechnung gebracht* ‖ ~ en
fábrica ⟨Com⟩ *ab Werk, ab Fabrik* ‖ ~ en muelle
⟨Com⟩ *ab Kai* ‖ ~ en razón *vernünftig, wohl
begründet* ‖ ~ sobre vagón en ésta ⟨Com⟩ *frei
Waggon ab hier*
2. ~ que (conj) *da, weil* ‖ *denn, ja* ‖ *wenn
auch, obwohl* ‖ *falls* ‖ ~ que no hay otra solución
da es k–e andere Lösung gibt
²**puesto** m *Platz, Raum* m ‖ *Lage* f, *Ort* m,
Stelle f ‖ *Ehrenstelle* f, *Amt* n ‖ *Stelle, Stellung* f ‖
Arbeitsplatz m *(Arbeits)Posten* m ‖ *Sitz, Platz* m
‖ *Verkaufs-, Imbiss|stand* m ‖ *Bude* f ‖ *Kramladen*
m ‖ ⟨Mil⟩ *Befehls-, Gefechts-, Leit|stand* m ‖
⟨Mil⟩ *Posten* m ‖ ⟨Jgd⟩ *Anstand* m ‖ ⟨Tel⟩
Sprechstelle f ‖ ~ de asiento *Sitzplatz* m ‖ ~ de
atraque ⟨Mar⟩ *Anlegestelle* f ‖ ~ de confianza
Vertrauensposten m ‖ ~ de escalafón
Beförderungsstufe f ‖ ~ de (la) feria
Jahrmarkts|bude f, *-stand* m ‖ *Messestand* m ‖ ~
de flores *Blumenstand* m ‖ ~ fronterizo
Grenzposten m ‖ ~ de gasolina *Tankstelle* f ‖ ~
de libros *Bücherstand* m ‖ ~ de libros viejos
Antiquariat n ‖ ~ de plataforma *Stehplatz* m *(im
Straßenbahnwagen)* ‖ ~ de policía *Polizei|wache*
f, *-amt* n ‖ ~ de recogida *Sammelstelle* f *(für
Altpapier usw.)* ‖ ~ de refrescos *Erfrischungs-,
Trink|bude* f ‖ ~ de socorro *Rettungswache*,

Unfallstation f ‖ ~ *volante fliegender*
(Verkaufs)Stand m ‖ ◇ *no estar en su* ~ ⟨fig⟩
nicht angebracht, nicht schicklich sein ‖ *fehl am*
Platz sein ‖ *solicitar (od* aspirar a*) un* ~ *s. um*
e–e Stelle bewerben, kandidieren
¹puf m *Puff* m *(Sitzmöbel)*
²¡puf! int *pfui! igitt(igitt)!*
¡puffa! Arg *da haben wir's!*
pufo m ⟨fam⟩ *Schuld* f ‖ → **petardo** (fig) ‖ ◇
dejar un ~ *die Zeche prellen* ‖ *s–e Schulden nicht*
bezahlen
púgil m ⟨Sp⟩ *Boxer* m
pugi|lato ⟨Sp⟩ *Boxen* n, *Boxkampf* m ‖
Faustkampf m ‖ ⟨fig⟩ *heftiger Streit* m ‖ ⟨fig⟩
(harter) Wettbewerb m ‖ **–lista** m ⟨Sp⟩ *Boxer* m ‖
–lístico adj: deporte ~ *Boxsport* m
pug|na f *Streit, Kampf* m ‖ ~ *de competencias*
Kompetenzstreit m ‖ ◇ *estar en* ~ *con alg. mit*
jdm im Streit liegen ‖ **–nacidad** f ⟨lit⟩
Kampf(es)lust f ‖ **–nar** vi *kämpfen, streiten* ‖ ◇ ~
con widerstreben (dat) ‖ ~ *por conseguir su*
objeto s. für die Erreichung s–s Zieles einsetzen ‖
~ *por salvarse um s–e Rettung kämpfen, auf s–e*
Rettung bedacht sein
¡puh! int *Am (Ausdruck der Bejahung od des*
Staunens)
¹puja f *höheres Gebot, Übergebot* n ‖ ⟨fig⟩
Gewaltanstrengung f
²puja f *Vorwärtskommen* n
△ **pujaná** f *Floh* m
pujame(n) m ⟨Mar⟩ *untere Segelkante* f
pujan|te adj *(m/f) gewaltig, mächtig* ‖ *kräftig,*
üppig ‖ ◆ *de* ~ *salud von Gesundheit strotzend* ‖
–za f *Wucht* f ‖ *Schwung* m (& fig) ‖ *Kraft, Stärke*
f ‖ *Macht, Gewalt* f ‖ *Stoßkraft* f ‖ ~ *artística*
künstlerischer Schwung m
¹pujar vt/i *überbieten (bei e–r Versteigerung)* ‖
steigern (Preis)
²pujar vt/i *(im Reden od Handeln) stocken* ‖
innehalten, zaudern ‖ *(fort)stoßen* ‖ *gewaltsame*
Anstrengungen machen ‖ ⟨fam⟩ *drücken (bei der*
Stuhlentleerung) ‖ Pe *abweisen, auswerfen* ‖
⟨fam⟩ *den Mund, das Gesicht verzerren (vor od*
nach dem Weinen) ‖ ◇ ~ *con (od* contra*) la*
adversidad gegen das Missgeschick kämpfen ‖ ~
por conseguir su propósito alles daransetzen, um
s–n Zweck zu erreichen
puje m Pe *derber Verweis* m
△ **puji** f *Haselnuss* f
pujo m ⟨Med⟩ *(Stuhl)Zwang* m ‖ *Harnzwang* m
‖ ⟨fig⟩ *heftiger Drang* m *(zu weinen, zu lachen,*
zur Stuhlentleerung usw.) ‖ ⟨fig⟩ *brennendes*
Verlangen n *(de* nach*)* ‖ ⟨fig⟩ *Hang* m, *Neigung* f
‖ ◆ *a* ~s ⟨figf⟩ *nach und nach* ‖ *mit Mühe* ‖ *nur*
langsam und allmählich ‖ ◇ *sintió* ~ *de llorar er*
(sie, es) war (fast) dem Weinen nahe
pularda f *Poularde* f
¡pula(s)! int *putt, putt! (Ruf für Hühner)*
pulchinela m → **polichinela**
pul|critud f *Sauberkeit* f ‖ *Nettigkeit,*
Reinlichkeit f ‖ *Stilreinheit* f ‖ *Feinheit* f *(des*
Benehmens) ‖ *Sorgfalt* f ‖ ⟨fig⟩ *Schärfe* f (& Fot)
‖ **–cro** adj *schön, hübsch, zierlich, nett* ‖ *tadellos*
gekleidet ‖ *peinlich sauber* ‖ *s. fein benehmend* ‖
genau ‖ *scharf (im Umriss)*
pulenta f Am → **polenta**
pulg. ⟨Abk⟩ = **pulgada**
pulga f ⟨Ins⟩ *Floh* m (Pulex irritans) ‖ ~
acuática, ~ *de agua (dulce)* ⟨Zool⟩ *Wasserfloh* m
(Daphnia pulex) ‖ ~ *de la arena,* ~ *de mar,* ~ *de*
las playas ⟨Zool⟩ *Strandfloh* m (Talitrus saltator) ‖
Sandhüpfer m (Orchestia gammarellus) ‖
Flohkrebs m (Gammarus locusta) ‖ ~ *nigua* ⟨Ins⟩
Sandfloh m (→ **nigua**) ‖ ◇ *no aguantar* ~s ⟨figf⟩
unleidlich od empfindlich sein ‖ *schnell*

aufgebracht sein ‖ *buscar las* ~s *a alg.* ⟨figf⟩ *jdn*
reizen od provozieren ‖ *hacer de una* ~ *un*
camello od un elefante ⟨figf⟩ *aus e–r Mücke e–n*
Elefanten machen ‖ *no sufrir* ~s → *no aguantar*
~s ‖ *tener* ~s ⟨figf⟩ *hitzig, unruhig, unverträglich*
sein ‖ *tener malas* ~s ⟨figf⟩ *k–n Spaß verstehen,*
reizbar od schnell aufgebracht sein ‖ *cada uno*
tiene su manera de matar ~s ⟨pop⟩ *etwa: jeder*
nach s–r Weise, jeder soll nach s–r Fasson selig
werden
pul|gada f *Zoll* m *(Maß)* ‖ *Daumenbreite* f ‖ ◇
(tiene) *tres* ~s *de grueso (es ist) drei Zoll dick* ‖
–gar m *Daumen* m ‖ *Setzling* m (dedo) ~
Daumen m ‖ **–garada** f *Zoll* m *(Maß)* ‖ ~ *de rape*
e–e Prise Schnupftabak ‖ **–garcito** m *Däumling* m
(Märchenfigur)
pulgón m ⟨Ins⟩ *Blatt-, Baum|laus* f (Aphis spp) ‖
pul|goso adj *voller Flöhe* ‖ **–guera** f *Flohnest*
n ‖ *Flohkraut* n ‖ **–guero** adj/s *voller Flöhe*
(Raum) ‖ ⟨pop fig⟩ *Bett* n ‖ CR Ven ⟨fig⟩
Gefängnis n ‖ **–guilla** f dim von **pulga** ‖ ~s m
⟨figf⟩ *unruhige, reizbare Person* f
△ **pulia** f *Vogel* m
puli|damente adv *zierlich, nett* ‖ **–dez**
[pl ~**ces**] f *Glanz* m, *Glätte* f ‖ *Zierlichkeit* f ‖
Reinlichkeit f ‖ *Bildung, Verfeinerung* f ‖ **–do** adj
zierlich, nett ‖ *sittsam* ‖ *gefeilt (Stil)* ‖ ~ *por el*
uso abgegriffen ‖ ~ m *Polieren, Schleifen* n ‖ →
pulimento ‖ **–dor** m *Glätteisen* n ‖ *Polier-,*
Schleif|maschine f
pulimen|tar vt *glätten, polieren* ‖ **–to** vt
Politur, Glättung f ‖ *Glätte* f ‖ *Polierung* f
△ **puliné** f *Sichel* f ‖ *Axt* f
pulir vt *glätten, polieren, glänzen* ‖ *blank*
reiben ‖ *schleifen (Edelsteine)* ‖ ⟨fig⟩ *(jdn)*
abschleifen, verfeinern, (jdm) Schliff beibringen ‖
(aus)feilen (Stil) ‖ ⟨pop fig⟩ *stehlen, mausen* ‖ ◆
sin ~ *ungehobelt, roh* ‖ ◇ *me pulieron un reloj*
⟨pop⟩ *man hat mir e–e Uhr geklaut* ‖ ~**se** *s.*
putzen (Frauen) ‖ ⟨fig⟩ *s. verfeinern, Schliff*
bekommen ‖ ⟨pop⟩ *durchbringen (Gewinn,*
Erbschaft usw.)
pulla f *Zote* n, *unflätiges Wort* n ‖ *Stichelrede* f,
Witzwort n ‖ *Stichelei* f Am *Hieb* m ‖ ◇ *lanzar*
(od echar*)* ~s *sticheln*
pullés adj *aus Apulien* (La Pulla)*, apulisch*
pullista m/f *Zotenreißer(in* f*), Spötter(in* f*)* m
pullman: (coche) ~ *Pullmanwagen* m
△ **pullosa** f *(Bett)Decke* f
pulmón m ⟨An⟩ *Lunge* f ‖ ~ *de acero* ⟨Med⟩
eiserne Lunge f ‖ ~ *acuático Unterwassergerät* n
‖ ~ *de la ciudad,* ~ *verde grüne Lunge* f *(e–r*
Stadt) ‖ ◇ *gritar a todo* ~ *(od* a plenos pulmones*)*
aus vollem Hals(e) schreien ‖ *tener buenos*
pulmones e–e gute Lunge, kräftige Stimme haben
‖ *respirar a plenos pulmones el aire fresco die*
frische Luft in vollen Zügen einatmen
pulmonado adj/s ⟨Zool⟩ *Lungen- (von*
Gliedertieren) ‖ ~s mpl *Lungenschnecken* fpl
(Pulmonata)
pulmonar adj *(m/f) Lungen-*
pulmonaria f ⟨Bot⟩ *Lungenkraut* n
(Pulmonaria officinalis)
pulmo|nía f ⟨Med⟩ *Lungenentzündung,*
Pneumonie f ‖ **–níaco** adj *auf die*
Lungenentzündung bezüglich ‖ *an*
Lungenentzündung leidend ‖ **–tor** m → **pulmón**
de acero
pulóver m Arg → **suéter**
pul|pa f *(Fleisch-, Frucht)Mark* n ‖
Fruchtfleisch n ‖ *Pulpe* f ⟨Pap⟩ *Zell-, Holz-,*
Papier|stoff, Holzschliff, Papierbrei m ‖ ~
cerebral ⟨An⟩ *Gehirnmark* n ‖ **–dental** *od*
dentaria Zahn|pulpa f, *-mark* n ‖ ~ *de remolacha*
Zuckerrübenschnitzel npl (& mpl außer Öst) ‖ ~

de tomate *Tomatenmark* n ‖ **–pal** adj *(m/f) Pulpe-, Mark-* ‖ **–par** vt *zerdrücken* ‖ **–pejo** m *fleischige Spitze der Finger, Fingerkuppe* f ‖ ~ *de la mano Handballen* m ‖ ~ *de la oreja weicher Teil* m *des Ohrläppchens*

pulpera f ⟨Pharm⟩ *Spatel* m (& f)

pulpe|ría f *Am Kramladen* m *(verbunden mit Alkoholausschank)* ‖ **–ro** m *Am Inhaber e–r pulpería*

púlpito m *Kanzel* f, *Predigtstuhl* m ‖ ⟨fig⟩ *Kanzelberedsamkeit* f ‖ ◆ *desde el* ~ *von der Kanzel*

pulpo m ⟨Zool⟩ *Krake* m (Octopus vulgaris) ‖ ◇ *poner a uno como un* ~ ⟨figf⟩ *jdn gehörig durchbläuen*

pulposo adj *fleischig, markig*

pul|que m *Am Pulque, Agavenschnaps* m *(Getränk aus gegorenem Agavensaft)* ‖ **–quería** f *Pulque-Ausschank* m

pulquérrimo adj sup von **pulcro**

pul|sación f *Puls-, Herz|schlag* m ‖ *(Tasten)Anschlag* m *(Klavier, Schreibmaschine)* ‖ Am *Fingersatz* m ‖ ⟨Mus⟩ *Tonanschlag* m ‖ ⟨Phys⟩ *Kreisfrequenz* f ‖ *Schwebung* f ‖ **–sador** adj *puls(ier)end* ‖ ~ m *(Druck-, Bedienungs)Knopf* m ‖ **–sar** vt *(Taster, Knopf) drücken* ‖ ⟨Inform⟩ *klicken* ‖ *anschlagen (e–e Glocke)* ‖ *berühren (e–e Saite)* ‖ *(jdm) den Puls fühlen (& fig)* ‖ ◇ ~ *el arpa Harfe spielen* ‖ ~ vi *schlagen, klopfen (Herz, Puls, Ader)* ‖ *pulsen (Blut)* ‖ ⟨Phys⟩ *schweben (Schwingung)*

púlsar m ⟨Astr⟩ *Pulsar* m

pulsátil adj *(m/f) klopfend* ‖ *pulsierend*

pulsatila f ⟨Bot⟩ *Kuh-, Küchen|schelle* f (Pulsatilla vulgaris)

pulsa|tivo adj → **pulsátil** ‖ **–torio** adj: *corriente* ~a ⟨Radio⟩ *pulsierender (Gleich)Strom* m

pulsera f *Armband* n ‖ ~ *de eslabones,* ~ *articulada Gliederarmband* n ‖ ~ *extensible Zieharmband* n ‖ ~ *de pedida Verlobungsarmband* n *(als Geschenk des Bräutigams an die Braut)*

pulso m ⟨Med⟩ *Puls(schlag)* m ‖ *Handgelenk* n ‖ ⟨fig⟩ *Kraft* f *in der Faust* ‖ ⟨fig⟩ *(Hand)Schrift* f ‖ ⟨fig⟩ *Behutsamkeit, Umsicht* f ‖ ~ *débil schwacher, weicher Puls* m ‖ ~ *febril Fieberpuls* m ‖ ~ *firme ruhige Hand* f *(z.B. beim Schießen)* ‖ ~ *frecuente schneller Puls* m ‖ ~ *irregular unregelmäßiger Puls* m ‖ ~ *intermitente aussetzender Puls* m ‖ ~ *precipitado erhöhte Pulsfrequenz* f ‖ ◆ *a* ~ *aus freier Hand (schießen, zeichnen)* ‖ *con mucho* ~ ⟨fig⟩ *sehr gewissenhaft* ‖ *de* ~ ⟨fig⟩ *klug, vernünftig, (fam) helle* ‖ ◇ *sacar a* ~ ⟨figf⟩ *durch Anstrengung und Ausdauer erringen* ‖ *le tiembla el* ~ *die Hand zittert ihm (beim Schreiben usw.)* ‖ *tomar el* ~ *a alg. jdm den Puls fühlen (& fig)* ‖ *echar* ~s *And ⟨pop⟩ handgemein werden, raufen* ‖ *quedarse sin* ~(s) ⟨figf⟩ *vor Schrecken sprachlos sein*

pulsómetro m ⟨Med⟩ *Pulsmesser* m ‖ ⟨Tech⟩ *Pulsometer* m

pulsorreactor m ⟨Flugw⟩ *Pulso-, Verpuffungs|(strahl)triebwerk* n

pulular vi *keimen, knospen, sprießen* ‖ *s. schnell vermehren (Insekten)* ‖ ⟨fig⟩ *wimmeln, wuchern* ‖ ◇ *la gente que pulula die wimmelnde Menschenmenge*

△ **puluno** m *(Hühner)Hof* m

pulv. ⟨Abk⟩ = **pulverizado**

pulveri|zación f *Pulverisieren, Versprühen, Zerstäuben* n ‖ *Zermahlen* n ‖ ⟨Typ⟩ *Bestäubung* f ‖ *Absprühen* n *(Motor)* ‖ **–zador** m *Zerstäuberapparat, Vernebler* m, *Spritzgerät* n ‖ ~ *de mano Handspritze* f ‖ ~ *de mochila*

Rückenspritzgerät n ‖ ~ *de viñas Weinbergspritze* f ‖ **–zar** [z/c] vt *pulvern, pulverisieren* ‖ *zerstäuben (e–e Flüssigkeit)* ‖ *zerreiben* ‖ ⟨Typ⟩ *bestäuben* ‖ *absprühen (Motor)* ‖ ⟨fig⟩ *pulverisieren* ‖ ⟨fig⟩ *vernichten* ‖ ⟨fig⟩ *völlig aufreiben (Feind)* ‖ ~se *zu Pulver werden*

pulverulento adj *pulverförmig* ‖ *staub(art)ig* ‖ *voller Staub*

pulvígeno adj *stauberzeugend* ‖ *staubig*

¡pum! (pun) onom *plumps! (Fall, Schlag, Knall)*

puma m ⟨Zool⟩ *Puma, Silberlöwe* m (Panthera concolor)

△ **pumaijaré** m *Ave-Maria* n *(Gebet)*

pumar m *Ast Apfelbaum* m (→ **manzano**) ‖ **–ada** f *Ast* → **manzanal**

¡pumba! int *plumps!*

△ **pumé(n)** m *Schulter* f

△ **pumetelí** f *Trompete* f

pumita f ⟨Min⟩ *Bimsstein* m

pumpá m *Ve Zylinderhut* m

pumpún m ⟨Kinds⟩: *hacer* ~ *Aa machen*

¡pun! ¡pun! onom *bum, bum! (Schläge)*

puna f *Am Hochebene* f *(in den Anden)* ‖ Am *wüste, unbewohnte Gegend* f ‖ Am → **¹soroche**

pun|char vt, **–cho** m *Ar* → **pin|char, –cho**

pun|ción f ⟨Med⟩ *(Ein)Stich* m ‖ ⟨Med⟩ *Punktion* f ‖ *Punktieren* n ‖ ~ *exploratoria Probepunktion* f ‖ ~ *lumbar Lumbalpunktion* f ‖ ◇ *practicar una* ~ *punktieren, e–e Punktion vornehmen* ‖ **–cionar** vt/i *(durch)stechen* ‖ *punktieren*

pundo|nor m *Ehrensache* f ‖ *Ehrgefühl* n ‖ **–noroso** adj/s *voll Ehrgefühl, ehrliebend* ‖ *ehrsüchtig*

pun|gente adj *(m/f) stechend* ‖ **–gir** [g/j] vt *stechen* ‖ ⟨fig⟩ *(an)reizend* ‖ **–gitivo** adj *stechend* ‖ ⟨fig⟩ *rührend*

puni|bilidad f *Strafbarkeit* f ‖ **–ble** adj *(m/f) strafbar* ‖ *sträflich* ‖ ◇ *ser* ~ *de muerte den Tod verdienen* ‖ **–ción** f *Bestrafung* f ‖ *Strafe* f

púnico adj *punisch*

punir vt *(be)strafen*

puni|tivo adj ⟨Jur⟩ *strafend, Straf-* ‖ **–torio** adj: *intereses* ~s *Verzugszinsen* mpl

punk m *Punk* m ‖ **–ero** m *Punker* m

punoso adj *Am wüst, öde (Gelände)*

△ **punsaberó** m *Picador* m

¹punta f *Spitze* f *(auch der Drehmaschine)* ‖ *Zacken* m ‖ *(Baum)Wipfel* m ‖ *Stift* m ‖ *Radiernadel* f *Zigarrenstummel* m ‖ *Nagel* m *(ohne Kopf)* ‖ *Vorgebirge* n ‖ *Land|spitze, -zunge* f ‖ ⟨fig⟩ *ein bisschen* ‖ ⟨fig⟩ *Pointe* f ‖ *una* ~ *de cuchillo e–e Messerspitze voll* ‖ ~ *de diamante Diamantspitze* f *(Tontechnik)* ‖ *Diamantnadel* f *(Schmuck)* ‖ *Glaserdiamant* m ‖ ⟨Arch⟩ *Diamantfries* m ‖ ~ *del iceberg Eisbergspitze* f (& fig) ‖ ~ *de la lengua Zungenspitze* f ‖ ~ *de la nariz Nasenspitze* f ‖ ~ *de París Drahtnagel* m ‖ ~ *seca* ⟨Typ⟩ *Kaltnadel* f ‖ ◆ *a* ~ *de día bei Tagesanbruch* ‖ *a* ~ *de pistola mit vorgehaltener Pistole* ‖ *con una* ~ *de burla (fam) mit leisem Spott* ‖ *de* ~ *en blanco* ⟨figf⟩ *ge|schniegelt und -bügelt* ‖ *de* ~ *a cabo, de* ~ *a* ~ *von e–m Ende zum anderen* ‖ *hindurch* ‖ *alles zusammen* ‖ *en* ~ *spitz* ‖ ◇ *acabar en* ~ *spitz zulaufen* ‖ *acabarse en* ~ ⟨fam⟩ *sterben* ‖ *armado de* ~ *en blanco bis an die Zähne bewaffnet* ‖ *estar de* ~ *con alg.* ⟨figf⟩ *mit jdm auf gespanntem Fuß stehen* ‖ *hacer* ~ *a alg. jdm widersprechen* ‖ *llevar a* ~ *de lanza sehr genau nehmen, sehr eng sehen* ‖ *le llevarán en la* ~ *de la lengua* ⟨figf⟩ *man wird ihn ins Gerede bringen* ‖ *pisar de* ~ *auf den Zehen auftreten* ‖ *los pelos se le ponen de* ~ ⟨fam⟩ *ihm (ihr) sträuben s. die Haare* ‖ *eso hace poner los pelos de* ~

⟨pop⟩ *das ist haarsträubend* ‖ poner de ~ *auf die Spitze stellen* ‖ ponerse de ~ con alg. *s. mit jdm verfeinden* ‖ no lo he sacado de la ~ *de los dedos* ⟨figf⟩ *ich habe mir das nicht aus den Fingern gesogen* ‖ sacar ~ al lápiz *den Bleistift anspitzen* ‖ ser de ~ ⟨figf⟩ *hervorragend sein* ‖ lo tengo en la ~ de la lengua *es liegt mir auf der Zunge* ‖ terminar en ~ → acabar en ~ ‖ **~s** *fpl (genähte, ausgezackte) Spitzen* fpl ‖ *Hörner* npl *des Stieres* ‖ *Spitzen* fpl *am Hirschgeweih* ‖ ~ de Bruselas *Brüsseler Spitzen* fpl ‖ ◇ andar en ~ ⟨figf⟩ *zanken, streiten* ‖ lo conoce por las ~ de las uñas ⟨pop⟩ *er (sie, es) hat es im kleinen Finger* ‖ tener ~ de loco ⟨pop⟩ *verrückte Einfälle haben*

²**punta** *f säuerlicher Nachgeschmack* m *(des Weines)*

³**punta** *f* Arg *Quelle* f ‖ Am *Menge, Anzahl* f

puntación *f Punktieren* n

puntada *f Nahtstich* m ‖ *Naht* f ‖ Am = **punzada** ‖ ◇ no doy ~ en eso ⟨figf⟩ *davon habe ich k–e blasse Ahnung* ‖ no dar ~ *k–n Streich tun* ‖ echar *od* tirar una ~ ⟨fig⟩ *ein Wort od e–e Bemerkung od e–e Andeutung fallen lassen*

puntaje *m Benotung* f (→ auch **puntuación**)

¹**puntal** *m* ⟨Arch⟩ *Stützbalken* m, *Strebe* f ‖ ⟨Bgb⟩ *Stempel* m ‖ *Schiffshöhe* f ‖ ⟨fig⟩ *Stütze* f ‖ ⟨fig⟩ *Hindernis* n ‖ ~ de arqueo ⟨Mar⟩ *Vermessungshöhe* f

²**puntal** *m Landspitze* f ‖ *Sandzunge* f *(im Meer)*

puntano *adj/s* Arg *aus der Stadt San Luis*

puntapié *m Fußtritt* m ‖ ◇ echar a alg a ~s *jdn mit Fußtritten hinausjagen,* ⟨vulg⟩ *jdm e–n Tritt in den Hintern geben*

puntar *vt punktieren*

puntazo *m Hornstoß* m

pun|teado *adj punktiert, getüpfelt* ‖ *besetzt* (de *mit*) ‖ ⟨fig⟩ *besät* (de *mit*) ‖ *bestreut* (de, con *mit*) ‖ Am *beschwipst, ange|säuselt, -heitert, -dudelt* ‖ ~ con pasas ⟨Kochk⟩ *mit Rosinen bestreut* ‖ **~** *m Punktieren* n ‖ ⟨Mus⟩ *Pizzikato* n ‖ **–tear** *vt punktieren, tüpfeln* ‖ ⟨Mal⟩ *punktieren, pointillieren* ‖ ⟨Tech⟩ *auf der Koordinatenbohrmaschine bearbeiten* ‖ *verloren heften (die zugeschnittenen Teile e–s Kleidungsstücks)* ‖ *kneifen (mit den Fingern)* ‖ ⟨Mus⟩ *punktieren* ‖ *zupfen, punktieren (Gitarre usw.)* ‖ ~ los artículos ⟨Com⟩ *die Posten abstreichen*

puntel *m* [Glasherstellung] *Glasmacherpfeife* f

punteo *m Tonfall* m ‖ ⟨Mus⟩ *Anschlagen* n *(der Saiten)*

puntera *f Schuhkappe* f ‖ *Vorschuh* m ‖ ~s de charol *Schuhspitzen* fpl *aus Lackleder*

puntería *f Richten* n *(e–r Schusswaffe)* ‖ *Zielen* n ‖ *Visieren* n ‖ *Zielverfahren* n ‖ *Visier* n ‖ ~ con el arma apoyada *Anschlag aufgelegt* ‖ ~ sin apoyo *freihändiger Anschlag* m ‖ ~ por elevación *Höhenrichtung* f ‖ ◇ afinar la ~ *genau aufs Ziel richten (Gewehr)* ‖ ⟨fig⟩ *(et.) genau überlegen* ‖ dirigir la ~ *zielen* ‖ elevar la ~ ⟨pop⟩ *hohe Protektion suchen* ‖ errar la ~ *das Ziel verfehlen* ‖ hacer la ~ *mit e–m Gewehr zielen* ‖ poner la ~ → dirigir la ~ ‖ tener buena ~ *ein gutes Auge haben, ein guter, geübter Schütze sein* ‖ tomar la ~ *zielen*

¹**puntero** *adj die Spitze einnehmend* ‖ ⟨fig⟩ *führend*

²**puntero** *m Körner* m ‖ *Stichel* m ‖ *Griffel, Stift* m ‖ *Zeigestock* m ‖ *Stäbchen* n *(beim Schulunterricht)* ‖ *Punzen* m ‖ *Locher* m ‖ *Pfriem* m ‖ Am *Führer* m ‖ Am *(Uhr)Zeiger* m

△ **punterol** *m Sacknadel* f

punterola *f* Am *Spitzhacke* f

puntiagudo *adj (scharf)spitzig, zugespitzt* ‖ *spitz (Gesicht, Nase)*

puntilla *f Spitzenkante* f ‖ ⟨Taur⟩ *Genickstoß* m ‖ *Genickfänger* m ‖ ⟨Tech⟩ *Spitzbohrer* m ‖ Am *(Wäsche)Spitze* f ‖ *Teigrädchen* n ‖ ◆ de ~s *auf den Zehen, auf den Fußspitzen* ‖ ⟨fig⟩ *ganz leise* ‖ ◇ dar la ~ ⟨Taur⟩ *den Genickstoß versetzen* ‖ ⟨figf⟩ *(jdm) den Todesstoß geben* ‖ ponerse de ~s *s. auf die Zehenspitzen stellen* ‖ ⟨figf⟩ *auf s–r Meinung hartnäckig bestehen*

puntillar *vt* ⟨Typ⟩ *punktieren*

puntillazo *m* ⟨fam⟩ *Fußtritt* m

puntillero *m* ⟨Taur⟩ *Stierkämpfergehilfe, der dem Stier den Todesstoß versetzt*

punti|llismo *m* ⟨Mal⟩ *Pointillismus* m ‖ **–llista** *adj (m/f) pointillistisch* ‖ ~ *m/f Pointillist(in* f) m

punti|llo *m Spitzfindigkeit, Empfindlichkeit* f ‖ *Ehrgefühl* n ‖ *Ehrenpunkt* m ‖ ~ doble ⟨Mus⟩ *Doppelpunkt* m (··) ‖ ◇ hacer algo por ~ ⟨fam⟩ *et. (jdm) zum Trotz machen* ‖ **–lloso** *adj empfindlich* ‖ *heikel* ‖ *kritt(e)lig* ‖ **–ta** *f,* **–to** *m* dim von ¹**punta,** ¹**punto**

puntizón *m waag(e)rechte Wasserlinien* fpl *(im Papier)*

¹**punto** *m Punkt* m ‖ *Zeitpunkt, Augenblick* m ‖ *Ort, Punkt* m ‖ *Grad* m, *Höhe* f ‖ *Gegenstand* m ‖ *Stelle* f ‖ *Thema* n, *Punkt* m ‖ ⟨Mus⟩ *Kammerton* m ‖ ⟨Kart⟩ *Stich* m ‖ *Prozentpunkt* m *(bei Wahlen)* ‖ *Punkt* m *(bei e–r Prüfung & Sp)* ‖ *(typographischer) Punkt* m ‖ ⟨fig⟩ *ein bisschen* n, *e–e Kleinigkeit* f ‖ ⟨fig⟩ *(Ab)Schluss* m ‖ ⟨fig desp⟩ *Individuum* n ‖ ⟨desp⟩ *Subjekt* n ‖ ~ acápite Am → ~ y aparte ‖ ~ de admiración ⟨Gr⟩ *Ausrufungszeichen* n ‖ ~ álgido ⟨fig⟩ *Angel-, Gipfel|punkt* m ‖ ~ y aparte *Punkt und neuer Absatz* ‖ ~ de apoyo *Auflage* f ‖ *Stütze* f ‖ *Stützpunkt* m (& Mil) ‖ ⟨Tech⟩ *Auflage-* bzw *Halte|punkt* m ‖ ⟨fig⟩ *Anhaltspunkt* m ‖ ~ de base *Stütz-, Anhalts|punkt* m ‖ ⟨fig⟩ *Ausgangspunkt* m ‖ ¡~! ¡~ en boca! ⟨fig⟩ *still (sein)!* ‖ ~ capital, ~ cardinal *Haupt-, Kern|punkt* m ‖ ~ cardinal *Himmelsrichtung* f ‖ *Kardinalpunkt* m ‖ ~ céntrico *Mittel-, Zentral|punkt* m ‖ ⟨fig⟩ *Hauptzweck* m ‖ *zentral gelegener Ort* m ‖ ~ cero *Nullpunkt* m ‖ ⟨fig⟩ *Ausgangspunkt* m ‖ ~ de cita *Treffpunkt* m ‖ ~ y coma *Strichpunkt* m, *Semikolon* n ‖ ~ de comparación *Vergleichs|punkt, -maßstab* m ‖ ~ de concurrencia *Schnittpunkt* m ‖ ~ de condensación *Kondensationspunkt* m ‖ ⟨Meteor⟩ *Taupunkt* m ‖ ~ de congelación *Gefrierpunkt* m ‖ ~ de contacto *Berührungspunkt* m ‖ ~ controvertido, ~ de controversia, ~ de (od en) litigio *Streitpunkt* m ‖ ~ crítico *kritischer Punkt* m ‖ ⟨fig⟩ *springender Punkt* m ‖ ~ crucial ⟨fig⟩ *Angelpunkt* m ‖ ~ culminante *Kulminationspunkt* m ‖ ~ delicado ⟨fig⟩ *heikler Punkt* m ‖ ~ de destino ⟨Com⟩ *Bestimmungsort* m ‖ ⟨Mil⟩ *Marschziel* m ‖ ~ de detención *Haltepunkt* m ‖ ~s diacríticos ⟨Gr⟩ *diakritische Zeichen* npl (z. B. in argüir) ‖ ~ de disputa *strittiger Punkt* m ‖ ~ doble ⟨Gr⟩ *Doppelpunkt* m ‖ ~ de ebullición *Siedepunkt* m ‖ ~ de enlace ⟨EB⟩ *Knotenpunkt* m ‖ *Kreuzung* f ‖ ~ esencial → ~ capital ‖ ~ estratégico ⟨Mil⟩ *strategischer Punkt* m ‖ ⟨fam⟩ *guter Beobachtungsplatz* m ‖ ⟨fam⟩ *Schlüsselstellung* f ‖ ~ de exclamación ⟨Gr⟩ *Ausrufezeichen* n ‖ ~ filipino ⟨fam⟩ *gefährlicher, hinterlistiger Kerl* m ‖ ~ final ⟨Gr Typ⟩ *(Schluss)Punkt* m ‖ ~ de fricción *Reibungspunkt* m (& fig) ‖ ~ fuerte ⟨pop⟩ *leidenschaftlicher Spieler* m ‖ ~ fundamental *Hauptgesichtspunkt* m ‖ ~ de fusión *Schmelzpunkt* m ‖ ~ de honor *Ehren(stand)punkt* m ‖ *Ehrensache* f ‖ ~ de interrogación, ~ interrogante ⟨Gr⟩ *Fragezeichen* n ‖ ~ de intersección ⟨Math⟩ *Schnittpunkt* m ‖ ~ de mira ⟨Mil⟩ *Korn* n *(an Feuerwaffen)* ‖ *Halte-,*

Richt|punkt m, *Ziel(Punkt* m) n ‖ ~ muerto *toter Punkt, Totpunkt* m ‖ ⟨Auto⟩ *Leerlauf(stellung* f) m ‖ ~ musical *Musiknote* f ‖ ~ negro *schwarzer Punkt* m ⟨Med fam⟩ *Mitesser* m (→ **comedón**) ‖ ~ de observación *Beobachtungspunkt* m ‖ ~ de partida *Ausgangs-, Ansatz|punkt* m ‖ ⟨Com⟩ *Abgangsort* m ‖ ~ de penalti ⟨Sp⟩ *Elfmeter|marke* f, *-punkt* m ‖ ~ (de posición) ⟨Mar⟩ *(Schiffs)Position* f *(nach dem Besteck)* ‖ ~ principal *Hauptpunkt* m ‖ ~ de puntería ⟨Mil⟩ *Haltepunkt* m ‖ ~ de recreo *Erholungs-, Vergnügungs|ort* m ‖ ~ de referencia *Anhaltspunkt* m ‖ ⟨Top⟩ *Höhen|marke, -kote* f ‖ ⟨Phys⟩ *Bezugspunkt* m ‖ (lo dijo Blas) ¡~ redondo! *fertig! und damit basta! Schluss (damit)!* ‖ ~ de refracción *Brechpunkt* m ‖ ~ de reunión *Versammlungsort* m ‖ ~ de salida ~ → de partida ‖ ~ de saturación ⟨Phys⟩ *Sättigungspunkt* m ‖ ~ (y) seguido *Punkt und neuer Absatz* m ‖ ⟨fig⟩ *sofort, unverzüglich* ‖ *immer geradeaus* ‖ ~ de solidificación *Erstarrungspunkt* m ‖ ~ tangencial *Berührungspunkt* m ‖ ~ terminal *Endpunkt* m ‖ ~ a tratar *Tagesordnungspunkt, TOP* m ‖ ~ de unión *Verbindungspunkt* m ‖ ~ vertical *Scheitelpunkt* m ‖ ~ de vista *Aussichtspunkt* m ‖ ⟨fig⟩ *Gesichts-, Stand|punkt* m ‖ *Stellungnahme* f ‖ ~ en zigzag *Zickzackstich* m ‖ ~ (más o) menos *ungefähr,* ⟨fam⟩ *um den Dreh,* Öst *beiläufig* ‖ ~ menos (que) *fast, beinahe* ‖ escritor y ~ menos que compositor *Schriftsteller und beinahe auch Komponist*

◆ a ~ *bereit* ‖ *gar (Speise)* ‖ a (buen) ~ *zur Zeit, gelegen, gerade recht* ‖ a las cinco en ~ *Punkt od Schlag fünf Uhr* ‖ a ~ fijo *genau, bestimmt* ‖ a ~ de guerra *kriegsbereit* ‖ a ~ de ponerse el sol *bei Sonnenuntergang* ‖ a ~ de salir *od partir reisefertig* ‖ a ~ de llorar *halb weinend* ‖ a tal ~ que … *dermaßen (od so viel, so stark), dass …* ‖ al ~ *sogleich* ‖ *plötzlich* ‖ de ~ en ~ *immer mehr* ‖ *zusehends (wachsend)* ‖ de todo ~ *völlig, vollends, durchaus* ‖ *in jeder Beziehung* ‖ *gründlich* ‖ de todo ~ imposible *ganz unmöglich* ‖ desde el ~ de vista económico *vom wirtschaftlichen Gesichtspunkt aus* ‖ desde el ~ de vista de una política de mercado ⟨Wir⟩ *marktpolitisch (gesehen)* ‖ en ~ *ganz genau* ‖ en ~ a *od de betreffend* ‖ en ~ de alimentación *hinsichtlich der Nahrung* ‖ en mal ~ *zur Unzeit* ‖ en este ~ de las cosas … *da, in dieser Zeit …* ‖ en el ~ en que estamos, en el ~ a que hemos llegado *wie die Dinge nun einmal liegen* ‖ hasta el ~ de (que) … *dermaßen, solchergestalt, dass …* ‖ hasta cierto ~ *bis zu e–m gewissen Grad* ‖ *gewissermaßen, sozusagen* ‖ hasta qué ~ *inwie|fern, -weit* ‖ lloraban hasta el ~ de que … *sie weinten so bitterlich, dass …* ‖ por ~ general *im Allgemeinen* ‖ *durchaus* ‖ sin faltar *bzw* quitar ~ (ni coma) ⟨figf⟩ *haarklein, ausführlich* ‖ *ganz genau* ‖ un ~ *etwas* ‖ *ein bisschen* ‖ un ~ mejor *et. besser*

◇ bajar de ~ ⟨fig⟩ *in Verfall geraten, verfallen* ‖ bajar el ~ a algo ⟨fig⟩ *et. mildern, abschwächen* ‖ coger el ~ *den empfindlichen Punkt treffen* ‖ dar ~ de *die Vorlesungen aussetzen* ‖ dar en el ~ ⟨fig⟩ *auf den schwierigen Punkt stoßen* ‖ *das Ziel treffen* ‖ *gewinnen* ‖ dar ~ a algo *et. abschließen, zu Ende führen* ‖ darse un ~ en la boca ⟨figf⟩ *den Mund halten* ‖ no darse ~ de reposo *s. gar k–e Ruhe gönnen* ‖ *unermüdlich sein* ‖ dejar las cosas en su ~ *die Sache aufs Beste besorgen* ‖ *rechtschaffen handeln* ‖ *die Angelegenheit in Ordnung bringen, ordnen, regeln* ‖ estar a ~ *fertig sein* ‖ ⟨pop⟩ *drauf und dran sein* ‖ ⟨Kochk⟩ *gar sein* ‖ *reif sein (Obst)* ‖ estar a ~ de … *im*

Begriff sein zu … (inf) ‖ estar en ~ muerto *auf dem toten Punkt (angekommen) sein* ‖ estar en ~ de solfa ⟨fig⟩ *kunstgerecht gemacht sein* ‖ ahí está el ~ ⟨fig⟩ *da liegt der Hase im Pfeffer* ‖ no falta ni ~ ni coma *da fehlt nicht das Pünktchen auf dem i* ‖ hacer ~ → dar ~ ‖ llegar a ~ *zur rechten Zeit kommen* ‖ marcar un ~ *e–n Punkt markieren* ‖ no perder ~ ⟨fig⟩ *sehr aufmerksam vorgehen* ‖ poner ~ final a algo *et. beenden* ‖ ⟨fig⟩ *e–n Schlussstrich unter et. (acc) ziehen* ‖ poner ~ final a la conversación *das Gespräch beend(ig)en* ‖ poner ~ a alg. *in Bereitschaft setzen* ‖ *et. in Ordnung bringen (Sache)* ‖ *einstellen (Gerät)* ‖ ⟨allg⟩ *klarstellen, regeln, in Ordnung bringen* ‖ poner en su ~ a/c (figf) *et. am richtigen Ende anfassen* ‖ ⟨figf⟩ *et. richtig einschätzen* ‖ et. berichtigen ‖ quedar en su ~ *der Wahrheit entsprechen* ‖ saber a ~ *bestimmt wissen* ‖ es un ~ a su favor ⟨fig⟩ *das ist ein Plus(punkt) für ihn (sie, es)* ‖ es un ~ terrible *mit dem ist nicht zu spaßen,* ⟨pop⟩ *der ist gefährlich* ‖ subir de ~ *höher steigen* ‖ *zunehmen* ‖ *verstärken* ‖ *erhöhen* ‖ *s. vervollkommnen* ‖ tener a ~ *bereithalten* ‖ tocar el ~ sensible a alg. *jds wunden Punkt berühren* ‖ tomar el ~ *visieren, zielen* ‖ vigilar el ~ ⟨del arroz⟩ *das Kochen (des Reises) überwachen* ‖ y ¡~ concluido! ⟨fam⟩ *und Schluss damit! basta! kein Wort mehr! Punktum!*

~s *mpl:* dos ~ *Kolon* n, *Doppelpunkt* m ‖ ~ de fuego ⟨Med⟩ *Brennkugeln* fpl ‖ ~ menguados *abgenommene Maschen* fpl *(beim Stricken)* ‖ ~ negros *Mitesser* mpl ‖ ~ suspensivos ⟨Gr⟩ *Auslassungs-, Gedanken|punkte* mpl ‖ los catorce ~ ⟨Hist⟩ *Wilsons 14 Punkte (8.1.1918)* ‖ por ~ *jeden Augenblick* ‖ *zusehends* ‖ ◇ *andar en* ~ ⟨fam⟩ *zanken, streiten* ‖ batir por ~ *derrotar por* ~ ‖ calzar muchos ~ ⟨figf⟩ *sehr anspruchsvoll (bzw eitel bzw hochmütig) sein* ‖ derrotar por ~ ⟨Sp⟩ *nach Punkten schlagen* ‖ ganar por ~ ⟨Sp⟩ *nach Punkten gewinnen* ‖ hacer ~ ⟨Sp⟩ *punkten* ‖ poner los ~ muy altos ⟨figf⟩ *übermäßige Ansprüche stellen* ‖ poner los ~ sobre las íes ⟨fig⟩ *die Sachen klarstellen* ‖ ⟨fig⟩ *die Angelegenheit endgültig klären bzw ordnen* ‖ ⟨fig⟩ *das Tüpfelchen auf das i setzen* ‖ *(sehr) pedantisch sein* ‖ puesto en sus ~ *wohlgestaltet* ‖ *in Ordnung* ‖ reunir ~ ⟨Sp⟩ *punkten* ‖ vencer por ~ → ganar por ~ ‖ ¡vamos por ~! *reden wir vernünftig; nicht so hastig!*

²**punto** m *Halte-, Stand|platz (für Taxen), Taxistand* m ‖ ⟨fig⟩ *kleine Pause* f ‖ *kurzes Ausruhen* n

³**punto** m *Ehre* f, *Ehrgefühl* n ‖ *Ehrenpunkt* m

⁴**punto** m ⟨Text⟩ *Stricken* n, *Strickarbeit* f ‖ *Masche* f ‖ *Strick* n ‖ ~ de aguja *Stricken* n ‖ ~ de cadeneta *Kettenstich* m ‖ ~ de encaje *Spitzenarbeit* f ‖ ~ llano *Plattstich* m ‖ ~ de media ~ → de aguja ‖ ◆ de ~ *gestrickt* ‖ coger ~s *Maschen aufnehmen* ‖ hacer ~ *stricken*

puntoso adj *reizbar, empfindlich* ‖ → **puntilloso** ‖ *mit vielen Spitzen*

puntuación f ⟨Gr⟩ *Interpunktion, Zeichensetzung* f ‖ *Benotung* f *(e–r Schularbeit, e–r Prüfung)* ‖ *Noten* fpl *(e–r Prüfungsleistung)* ‖ ⟨Sp⟩ *Punktzahl* f ‖ *Punktwertung* f

pun|tual adj *(m/f) pünktlich, sehr genau* ‖ llegar ~ *pünktlich ankommen* ‖ **–tualidad** f *Pünktlichkeit* f ‖ *Genauigkeit* f

puntuali|zación f *Klar-, Richtig|stellung* f ‖ **–zar** [z/c] vt *mit allen Einzelheiten genau erzählen, durch|sprechen, -diskutieren* ‖ *vervollkommnen, ausarbeiten* ‖ *klarstellen, richtig stellen*

puntualmente adv *pünktlich, genau*

¹**puntuar** [pres ~úo] vt ⟨Gr⟩ *interpunktieren*

²puntuar [pres ~úo] vt *benoten (Prüfungsleistung)*
puntuoso adj *reizbar, empfindlich* ‖ →
pundonoroso ‖ → **puntilloso**
pun|tura *f Stich* m *(Wunde)* ‖ ⟨Med⟩ *Stich* m, *Punktur* f ‖ **–za** *f* Ar → **pinchazo** bzw **pincho** ‖ **–zada** *f Stich* m ‖ *stechender Schmerz* m ‖ *Stichwunde* f ‖ ⟨fig⟩ *nagender Kummer* m ‖ **~s** *fpl Stechen* n, *Schmerz* m ‖ ◇ matar a ~ ⟨figf⟩ *zu Tode ärgern* ‖ **–zante** adj *(m/f) stechend (& fig)* ‖ *Stich- (& fig)* ‖ *spitz(ig)* ‖ *beißend (Rede, Wort)* ‖ *nagend (Kummer)* ‖ **–zaorejas** m *Ohrwurm* m ‖ **–zar** [z/c] vt/i *(auf)stechen* ‖ ⟨fig⟩ *betrüben* ‖ ◇ le **–zan** remordimientos *er (sie, es) fühlt Gewissensbisse* ‖ ~se con una espina *s. e–n Dorn einjagen*
punzó adj/m *hoch-, granat|rot*
punzón m *Pfriem* m ‖ *Stichel* m ‖ *Grabstichel* m ‖ *Punze* f ‖ *(Stahl- bzw Stanz- bzw Präge)Stempel* m ‖ *Schnürnadel* f ‖ *Durchschlag, Körner* m ‖ ~ de contraste *Prüfstempel* m
punzonar vt *lochen* ‖ *stanzen*
puña|da *f Faustschlag* m ‖ **–do** *m e–e Handvoll* f ‖ un ~ de gente *e–e Handvoll* f *Leute* ‖ ♦ a ~s ⟨fig⟩ *häufchenweise* ‖ *zu reichlich* bzw *zu kärglich*
puñal m *Dolch* m ‖ ⟨fig⟩ *nagender Kummer* m ‖ ¡~es! ⟨euph⟩ *(mildernd für* puñetas*) Donnerwetter!* ‖ ◇ poner un ~ al pecho *od* a la garganta de uno ⟨fig⟩ *jdn in die Enge treiben*
puña|lada *f Dolch|stich, -stoß* m ‖ ⟨fig⟩ *Stich* m *ins Herz* ‖ ◇ coser a ~s ⟨figf⟩ *jdm zahlreiche Dolchstiche versetzen* ‖ matar a ~s *erdolchen* ‖ no ser ~ de pícaro ⟨figf⟩ *nicht so eilig (*bzw *nicht so dringend* bzw *nicht so schlimm) sein* ‖ es un hombre que le pega una ~ al lucero del alba ⟨pop⟩ *es geht nichts über ihn, er nimmt es mit jedem auf* ‖ ¡mala ~ (⟨pop⟩ –lá) le den! ⟨pop⟩ *bes.* And *verrecken soll er!* ‖ **–lejo** *m* dim von
puñal ‖ **–lero** adj ⟨euph⟩ → **puñetero** ‖ ~ m *Dolch|macher* bzw *-verkäufer* m
puñeta *f* ⟨vulg⟩ *Wichsen* n *(Onanie)* ‖ ◇ es una ~ *es ist ein verfluchtes Ding* ‖ es la *od* una ~ ⟨vulg⟩ *das ist allerhand! das ist doch das Letzte!* ‖ hacer la ~ ⟨vulg⟩ *wichsen (onanieren)* ‖ hacer la ~ a alg. ⟨vulg⟩ *jdn ärgern* ‖ ¡vete a hacer la ~! ⟨vulg⟩ *scher dich zum Teufel!* ‖ vivir en la quinta ~ ⟨vulg⟩ *jwd (janz weit draußen) wohnen,* ⟨vulg⟩ *am Arsch der Welt wohnen* ‖ ¡no me hagas la ~! ⟨vulg⟩ *lass mich in Ruhe!* ‖ ¡me importa una ~! ⟨vulg⟩ *das ist mir schnuppe!* ‖ ¡~! ⟨vulg⟩ *Donnerwetter!*
puñetazo m *Faustschlag* m ‖ ♦ a ~s *mit Fausthieben*
puñete *m Armband* n
puñetero adj ⟨vulg⟩ *saumäßig, dreckig, verflucht, beschissen* ‖ *Mords-* ‖ ¡~a mierda! ⟨vulg⟩ *verfluchte Scheiße!* ‖ ~ m ⟨vulg⟩ *Dreckskerl, Gauner, geriebener Kerl* ‖ △ **puñí** m *Leid* n ‖ *Strafe* f
puño m *Faust* f ‖ *Handvoll* f ‖ *Handkrause* f ‖ *Handstulpe, Manschette* f ‖ *Ärmelaufschlag* m ‖ *Handgriff* m ‖ *Degen-, Dolch|griff* m ‖ *Stock|knopf, -griff* m ‖ ~ antitanque ⟨Mil⟩ *Panzerfaust* f ‖ ~ de hierro *Schlagring* m ‖ ◇ de mi *(bzw* tu, su*)* ~ y letra *eigenhändig, mit eigener Hand* ‖ del ~ prieto ⟨pop⟩ *geizig, knaus(e)rig* ‖ ~ del remo *Ruderschaft* m ‖ ◇ creer a ~ cerrado ⟨figf⟩ *fest* od *blind glauben* ‖ meter a alg. en un ~ ⟨figf⟩ *jdn ins Bockshorn jagen* ‖ ser como un ~ *faust|groß, -dick sein* ‖ ⟨figf⟩ *knaus(e)rig sein* ‖ ¡me tienes con el alma en un ~! ⟨fam⟩ *du lässt mich vor Angst umkommen!* ‖ ⟨fam⟩ *ich vergehe vor Angst um dich!* ‖ su mujer lo tiene en un ~ ⟨fam⟩ *er ist ein Pantoffelheld* ‖

¡~! ⟨pop⟩ → **¡caramba!** ‖ **~s** mpl ⟨figf⟩ *Stärke, Kraft* f ‖ ~ postizos *Manschetten* fpl ‖ ~ de goma *Gummimanschetten* fpl ‖ ♦ por sus ~ ⟨figf⟩ *aus eigenen Kräften* ‖ ◇ apretar los ~ ⟨fig⟩ *s. alle (mögliche) Mühe geben* ‖ puso los ~ en su cara *er (sie, es) schlug ihm mit der Faust ins Gesicht* ‖ tener ~ ⟨fam⟩ *stark, handfest sein*
puñu m Ec *(Art) Wassergefäß* n
¹pupa *f Hitzausschlag auf den Lippen* ‖ *Pustel* f ‖ *Wehweh(chen) (Kind)* n ‖ ◇ hacer ~ a uno ⟨figf⟩ *jdn kränken, jdm et. antun*
²pupa *f* ⟨Ins⟩ *Puppe* f ‖ **–rio** m *Puparium* n ‖ △ **pupelar** vi *erscheinen*
¹pupila *f* ⟨An⟩ *Pupille* f ‖ *Sehloch* n ‖ ♦ con ~ furiosa ⟨fig⟩ *mit rasendem Blick* ‖ de ~ ⟨fam⟩ *gescheit* ‖ ¡(mucha) ~! ⟨pop⟩ *Obacht!* ‖ ◇ tener ~ ⟨pop⟩ *sehr gescheit, vorsichtig sein* ‖ e–n scharfen Blick haben
²pupi|la *f Mündel* m (& f), *unmündige Waise* f ‖ *Kostgängerin* f ‖ *Bordellinsassin* f ‖ **–laje** m *Unmündigkeit, Minderjährigkeit* f, *(Rechts)Status* m e–s Mündels ‖ *Pension* f ‖ *Kostgeld* n ‖ ~ de coches *Wagengarage* f ‖ ◇ estar a ~ in (der) *Kost sein*
¹pupilar adj *(m/f)* ⟨An⟩ *Pupillen-*
²pupilar adj *(m/f) Mündel-*
pupi|lero m *Kost-, Pension|geber* m ‖ **–lo** m *Mündel* m ‖ *Zögling* m ‖ *Kostgänger* m ‖ medio ~ ⟨Sch⟩ *Halbauswärtige(r)* m ‖ ◇ estar de ~ in *Pension sein*
pupíparo adj/s ⟨Ins⟩ *pupipar (z. B. die Fliegen)*
pupitre m *(Schreib-, Lese-, Noten)Pult* n ‖ ~ de distribución ⟨El⟩ *Schaltpult* n ‖ ~ de mando *Steuer-, Bedienungs|pult* n ‖ ~ plegable *Klapppult* n ‖ ~ removedor [in der Sektherstellung] *Rüttelpult* m
pupo m Arg Chi Ec *Nabel* m
puposo adj *schorfig, grindig* ‖ *voller Pusteln*
puquial, puquio m Am *Quelle* f
¹pur conj *als, wenn*
△ **²pur** adj/s *alt* ‖ *gewöhnt*
pur. ⟨Abk Pharm⟩ → **pureza**
Pu|ra, –rita *f* ⟨fam⟩ → **Concepción**
puramente adv *bloß, nur, lediglich*
△ **purañí** m *Alte(r)* m
purasangre m *Vollblut(pferd)* n
¹puré m *durchgeschlagene Suppe, Einbrennsuppe* f ‖ *Püree* n, *Brei* m ‖ ~ de guisantes *Erbsen|püree* n, *-brei* m ‖ *Erbsensuppe* f ‖ ⟨figf⟩ *dichter Nebel* m, ⟨fam⟩ *Waschküche* f ‖ ~ de patatas *Kartoffel|püree* n, *-brei* m, ⟨reg⟩ *Quetschkartoffeln* fpl ‖ ◇ estar hecho ~ *total fertig sein,* ⟨pop⟩ *am Boden zerstört sein*
△ **²puré** adj m *(purí f) alt*
purear vi ⟨fam⟩ *Zigarren rauchen*
△ **purelar** vi *geboren werden*
purera f *Zigarrenarbeiterin* f ‖ *Zigarrendose* f
pureza f *Reinheit, Lauterkeit* f ‖ ⟨fig⟩ *Jungfräulichkeit, Unbeflecktheit* f ‖ *Redlichkeit* f ‖ *(Stil)Reinheit* f ‖ ~ de costumbres *Sittenreinheit* f ‖ ~ racial, ~ de sangre *Rassenreinheit* f ‖ ~ virginal *Jungfräulichkeit* f
pur|ga *f Abführ|trank* m, *-mittel, Purgativ* n ‖ *Abführen* n ‖ ⟨Pol⟩ *Säuberung* f ‖ ◇ tomar una ~ *et. zum Abführen einnehmen* ‖ obra la ~ *das Abführmittel wirkt* ‖ **–gación** *f* ⟨Med⟩ *Abführung* f, *Purgieren* n ‖ ⟨Med⟩ *weißer Fluss* m ‖ ~ menstrual ⟨Med⟩ *Menstruation, Regel* f ‖ **–gaciones** fpl ⟨Med pop⟩ *Tripper* m (→ **blenorragia**) ‖ **–gado** m ⟨Tech⟩ *Ablassen* n *(von Dampf, Abgasen, Abwässern)* ‖ **–gante** m ⟨Med⟩ *Abführmittel* n ‖ ⟨Tech⟩ *Reinigungsmittel* n ‖ **–gar** [g/gu] vt *läutern, reinigen, klären* ‖ *(ab)büßen, sühnen (e–e Schuld)* ‖ *(s–e Sünden) im Fegefeuer*

büßen ‖ ⟨Med⟩ *abführen, purgieren* ‖ ⟨Tech⟩ *reinigen* ‖ *ablassen, leeren* ‖ ⟨Pol⟩ *säubern* ‖ ⟨fig⟩ *beherrschen, klären (Leidenschaften)* ‖ ◇ ~ *de una culpa von e–r Schuld reinigen* ‖ ~ *los pecados für s–e Sünden büßen* ‖ ~ vi *büßen* ‖ ⟨Rel⟩ *im Fegefeuer büßen* ‖ ⟨Med⟩ *abstoßen (Eiter, Wundsekret usw.)* ‖ ~**-se** ⟨Med⟩ *zum Abführen einnehmen* ‖ *abführen* ‖ ⟨fig⟩ *s. rechtfertigen*
purgativo adj *Purgier-, abführend*
purgatorio m *Fegefeuer, Purgatorium* n (& fig) ‖ ⟨fig⟩ *Qual* f, *Kummer* m ‖ ◇ *pasar las penas del* ~ ⟨figf⟩ *auf Erden viel zu leiden haben*
puri|dad f *Reinheit, Lauterkeit* f ‖ ⟨lit⟩ *Geheimnis* n ‖ ♦ en ~ ⟨lit⟩ *eigentlich* ‖ *unverhüllt, klar und deutlich, ohne Umschweife* ‖ *heimlich* ‖ **–ficación** f *Reinigung, Läuterung* f ‖ ~-*de Nuestra Señora* ⟨Kath⟩ *Mariä Reinigung, Lichtmess* f ‖ ~ f np *span. Frauenname* ‖ **–ficador** adj *reinigend, läuternd* ‖ *klärend (z.B. Kläranlage)* ‖ ~ m ⟨Kath⟩ *Kelchtuch* n, *(mit dem der Priester nach dem Messopfer den Kelch abwischt)* ‖ **–ficar** [c/qu] vt *reinigen, läutern, klären (& fig)* ‖ ~-*se de una sospecha s. von e–m Verdacht befreien od reinwaschen* ‖ **–ficativo, –ficatorio** adj *reinigend, Reinigungs-* ‖ **–ficatorio** m ⟨Kath⟩ *Purifikatorium* n
△ **purijé** m *Alter(tum)* n
△ **purimí** f *Zwiebel* f
purín m And ⟨Agr⟩ *Jauche* f
purina f ⟨Chem⟩ *Purin* n
Purísima f: la ~ *die Unbefleckte, die Jungfrau Maria* (= la Inmaculada)
puris|mo m *Purismus, (übertriebener) Sprachreinigungseifer* m ‖ **–ta** adj *(m/f) puristisch* ‖ ~ *m/f Purist(in* f) m, *Sprachreiniger(in* f) m
purita|nismo m *Puritanertum* n (& fig) ‖ ⟨fig⟩ *Sittenstrenge* f ‖ **–no** adj *puritanisch* ‖ ~ m *Puritaner* m\
purito m dim von **²puro** ‖ *Zigarillo* m (& n, ⟨fam⟩ & f)
¹puro adj/s *rein, lauter, unvermischt* ‖ *hell, klar, ungetrübt* ‖ *sauber, rein, makellos* ‖ *keusch, unschuldig* ‖ *bloß* ‖ *pur* ‖ *allein, ausschließlich* ‖ *(weiter) nichts als* ‖ *gerecht* ‖ ⟨Gr⟩ *sprachrein, korrekt* ‖ ⟨Radio⟩ *klangrein* ‖ ⟨Min⟩ *gediegen (Metall)* ‖ ♦ de ~a cortesía *aus purer Höflichkeit* ‖ de ~ gozo *aus od vor lauter Freude* ‖ de ~ hambriento *vor lauter Hunger* ‖ con caras morenas de ~ sucias *mit ganz schmutzigen Gesichtern* ‖ por ~a costumbre *aus bloßer Gewohnheit* ‖ por ~ aburrimiento *od hastío aus purer Langeweile* ‖ ◇ se cae de ~ viejo *er ist ganz hinfällig (Greis)* ‖ ella lo olvidó de ~ sabido *es war so selbstverständlich, dass sie es (z.B. gutes Benehmen usw.) nicht einmal mehr beachtete* ‖ es interminable de ~ largo *es ist unendlich lang* ‖ ¡es ~ engaño! ⟨pop⟩ *das ist der reinste Schwindel!*
²puro m *Zigarre* f ‖ ~ habano *Havannazigarre* f ‖ ~s secos *abgelagerte Zigarren* fpl
¹púrpura f ⟨Zool⟩ *Purpurschnecke* f (Purpura lapillus)
²púrpura f *Purpurrot* n ‖ *Purpur* m, *Purpurgewand* n ‖ ⟨fig⟩ *Purpurröte* f ‖ ⟨fig⟩ *Kaiser-, Königs-, Kardinals|würde* f ‖ ⟨Med⟩ *Purpurausschlag* m ‖ la ~ cardenalicia ⟨fig⟩ *die Kardinalswürde* f ‖ ~ de Casio *Kassiusscher Goldpurpur* m *(Goldlösung)* ‖ ~ visual ⟨An⟩ *Sehpurpur* m
purpu|rado adj *purpurrot* ‖ *purpurn überlaumt* ‖ ~ m ⟨fig⟩ *Purpurträger, Kardinal* m ‖ **–rar** vt *purpurrot färben* ‖ *mit dem Purpur bekleiden (& fig)* ‖ **–rear** vi *purpurfarben hervorschimmern, schillern*

purpu|rina f ⟨Chem⟩ *Purpurin* n ‖ *Purpurbronze, Bronzefarbe* f *(zum Ver|golden, -silbern)* ‖ ~ de aluminio *od* ⟨fam⟩ *de plata Aluminiumpulver* n ‖ ~ de oro *Goldbronze* f ‖ **–rino, purpúreo** adj *purpurrot*
purrela f ⟨fam⟩ *Tresterwein* m ‖ *gepanschter Wein* m ‖ p.ex *Gesöff* n
△ **purría** m *Lunge* f
purriela f ⟨fam⟩ *Schund, Ausschuss* m, ⟨fam⟩ *Dreck, Mist* m
purrú int Dom *Rufwort für Schweine*
△ **purrubur** vt *tauschen*
△ **purtincha** f *Tür* f ‖ *Tor* n
purulen|cia f ⟨Med⟩ *Eiterung* f ‖ *Eitern* n ‖ **–to** adj *eitrig, eiternd*
¹pus m ⟨Med⟩ *Eiter* m
²pus m ⟨pop⟩ → **pues**
△ **³pus** m *Stroh* n
p. us. ⟨Abk⟩ → **poco usado**
△ **pusca** f *Pistole* f ‖ *Angeber* m
△ **puscalí** m *Feder* f
puse → **poner**
pushkiniano adj *auf den russischen Dichter Alexander Puschkin (1799–1837) bezüglich*
pusi|lánime adj *(m/f) kleinmütig, zaghaft, verzagt* ‖ ⟨fig⟩ *feig(e)* ‖ ~ m *Verzagte(r)* m ‖ *Feigling* m ‖ **–lanimidad** f *Verzagtheit* f, *Kleinmut* m ‖ *Ängstlichkeit* f ‖ *Feigheit* f
puso → **poner**
△ **pusonó** m *Kneipe* f ‖ *Landgut* n
△ **pustán** m *Leinwand* f
pústula f ⟨Med⟩ *Pustel, kleine Eiterblatter* f ‖ ~ maligna *Milzbrand(karbunkel)* m ‖ ~ de vacuna(ción) *Impfpustel* f ‖ ~ variólica *Pocke* f
pustuloso adj *mit Pusteln behaftet, pustulös* ‖ *pustelartig*
pusuque|ar vi ⟨fam⟩ *nassauern* ‖ **–ro** m ⟨fam⟩ *Nassauer, Schnorrer* m
puta f/adj ⟨vulg⟩ *Hure* f ‖ ⟨pop⟩ *Nachbarin, Gevatterin* f ‖ ~ callejera ⟨vulg⟩ *Straßendirne* f ‖ la ~ vida ⟨vulg⟩ *das Hundeleben* ‖ ◇ ir de ~s ⟨vulg⟩ *(zu mehreren) ins Bordell gehen* ‖ *(herum)huren* ‖ las he pasado ~s ⟨vulg fig⟩ *mir ist es sehr schlecht ergangen* ‖ ser muy ~ ⟨vulg⟩ *sehr geil sein (Frau)* ‖ ⟨vulg fig⟩ *sehr gerieben sein* ‖ **–da** f ⟨vulg⟩ *übler Streich* m, *Gemeinheit, Niederträchtigkeit,* ⟨pop⟩ *Hundsgemeinheit* f
putaísmo, puta|nismo m ⟨vulg⟩ *Hurenleben* n ‖ *Hurenvolk* n ‖ *Hurenwirtschaft* f ‖ *Bordell* n ‖ **–ñear** vi ⟨vulg⟩ *den Huren nachlaufen* ‖ **–ñero** m/adj ⟨vulg⟩ *Huren|jäger, -kerl, -bock* m
putativo adj *vermeintlich (z.B. Vater)* ‖ *vermutlich* ‖ ⟨Jur⟩ *putativ*
pute|ada f ⟨vulg⟩ *gemeiner Ausdruck* m, *Zote* f ‖ **–ar** vi ⟨vulg⟩ *huren* ‖ *den Nutten nachlaufen* ‖ *auf den Strich schicken (e–e Frau)* ‖ jdn *rücksichtslos behandeln* ‖ RPl *gemeine Ausdrücke gebrauchen, fluchen* ‖ **–ría** f → **putaísmo** ‖ ⟨fig pop⟩ *Schlitzohrigkeit, Bauernschläue* f ‖ ⟨figf⟩ *Nasenrümpfen* n ‖ **–río** m *Hurenleben* n ‖ *Hurenvolk* n ‖ **–ro** adj ⟨vulg⟩ → **putañero** ‖ ⟨figf⟩ *gerieben, schlau*
putesco adj *hurenmäßig* ‖ *Huren-*
putey m Pe ⟨fam⟩ *Tabakpflanze* f
putilla f ⟨pop⟩ *Hürchen* n, *Flittchen* n
△ **putiricha** f *Butter* f
puto m ⟨vulg⟩ *Strichjunge* m ‖ ¡oxte, ~! ⟨fam⟩ *fort von hier!* ‖ *pack dich!*
putre|facción f *Fäulnis* f ‖ *Verwesung* f ‖ *Verrottung* f ‖ ♦ en ~ *faulend* ‖ **–factivo** adj *Fäulnis verursachend* ‖ **–facto** adj *verfault* ‖ *vermodert* ‖ *verwest* ‖ *verrottet* ‖ *verdorben (& fig)*
putrescible adj *(m/f)* ⟨lit wiss⟩ *leicht verfaulend, vermodernd* ‖ *verweslich*

putridez [*pl* ~**ces**] *f Fäulnis* f ‖ *Modergeruch* m

pútrido adj *faul(ig)*
putsch ⟨deut⟩ *m Putsch* m
putuela *f* dim von **puta** ‖ *Hürchen* n, *Flittchen* n

puya *f Spitze* f *des Ochsenstachels* ‖ *Stachel* m *(an der Lanze des Picadors, am Stecken des Viehtreibers)* ‖ *Stich* m *mit der* puya ‖ ⟨fig⟩ *Stichel|wort* n, *-rede* f ‖ Pan → **machete** ‖ ◇ echar ~s ⟨pop⟩ *sticheln, gehässige Bemerkungen machen*
puya|da *f* Hond ⟨Taur⟩ *Stierkampf* m ‖ **–dor** *m* Guat Hond *Picador* m
puyar vt Am ⟨Taur⟩ *(den Stier) mit der Lanze stechen (Picador)* ‖ *(Ochsen) anstacheln* ‖ ~ vi Chi *kämpfen* (& fig)
puyazo *m* ⟨Taur⟩ *Lanzenstich* m, *den der Picador dem Stier versetzt* ‖ ⟨fig⟩ *Stichelwort* n ‖ ~**s** *mpl Stichelrede* f
puyero *m* Cu *Witzbold* m ‖ *Zotenreißer* m
puyo *m* Arg *kurzer Poncho* m *aus grobem Tuch*
puzolana *f*, **puzol** *m Pozzuolan-, Puzzolan|erde* f ‖ *Kratersand* m
puzle *m Puzzle(spiel), Geduld(s)spiel* n ‖ ⟨fig⟩ *Rätsel* n, *Verwirrung* f
p. v., P. v. ⟨Abk⟩ = **pequeña velocidad** ‖ **próximo venidero**
PVP ⟨Abk⟩ = **precio de venta al público**
P. X. → **pedrojiménez**
pxmo. ⟨Abk⟩ = **próximo**
pymes ⟨Abk⟩ = **pequeñas y medianas empresas**
pza(s). ⟨Abk⟩ = **pieza(s)**

Q

Q, q *f* [gesprochen: Cu, cu, *pl* Cus, cus] *Q, q* n
q., Q. ⟨Abk⟩ = **que**
Qatar *m* ⟨Geogr⟩ *Katar* n
Q. B. S. M. (q. b. s. m.) ⟨Abk⟩ = **que besa su mano**
Q. B. S. P. (q. b. s. p.) ⟨Abk⟩ = **que besa sus piés**
Q. D. G. (q. d. g.) ⟨Abk⟩ = **que Dios guarde**
q. e. g. e. ⟨Abk⟩ = **que en gloria esté**
q. e. p. d. ⟨Abk⟩ = **que en paz descanse**
Q. E. S. M. (q. e. s. m.) ⟨Abk⟩ = **que estrecha su(s) mano(s)**
q. g. g. ⟨Abk⟩ = **que gloria goce**
q.¹ ⟨Abk⟩ = **quintal**
q. l. b. (*od* **e) l. m.** ⟨Abk⟩ = **que le besa (***od* **estrecha) la mano**
qm. (*pl* **qqm)** ⟨Abk⟩ = **quintal métrico**
q. p. ⟨Abk⟩ = **químicamente puro**
Q. P. D. ⟨Abk⟩ = **que en paz descanse**
qq., qq.ˢ ⟨Abk⟩ = **quintales**
q. s. g. h. ⟨Abk⟩ = **que santa gloria haya ‖ que su gloria halle**
Q. S. M. B. (q. s. m. b.) ⟨Abk⟩ = **que su(s) mano(s) besa**
Q. S. M. E. (q. s. m. e.) ⟨Abk⟩ = **que su mano estrecha**
quántico adj → **cuántico ‖** ⟨Phys⟩ *Quanten-*
quantifi|cación f → **cuantificación ‖ –cado** adj → **cuantificado ‖ –car** [c/qu] vt → **cuantificar**
quantum *m* ⟨Phys⟩ *Quantum* n **‖** → **⁵cuanto**
quarter: ~ americano [Pferd] *Quarter Horse* n
quark *m* ⟨Phys⟩ *Quark* n
quá|sar, –zar *m* ⟨Astr⟩ *Quasar* m
¹que pron *welcher, welche, welches* **‖** *der, die das* **‖** *derjenige, welcher usw.* **‖** *was* **‖** *etwas*
a) r e l a t i v : el año ~ viene *das nächste Jahr* **‖** razón ~ te sobra ⟨pop⟩ *darin hast du wirklich recht*
b) r e l a t i v nach D e m o n s t r a t i v e n : el ~, la ~, lo ~ *der- (die-, das)jenige, welcher (welche, welches), der (die, das)* **‖** el ~ viene *der Ankommende* **‖** el ~ lo sepa, ~ me lo diga *wer es weiß, soll es mir sagen* **‖** lo ~ quieras *was du willst, was dir beliebt* **‖** lo ~ dirán *das Gerede der Leute* **‖** ¡lo ~ tú dices *du sagst es; du hast wohl recht*
c) d i s j u n k t i v (Gegenüberstellung od wechselseitige Beziehung): el ~ más, el ~ menos *e–r mehr, e–r weniger* **‖** libro ~ compro, alegría ~ tengo *ein Buch zu kaufen, ist immer e–e Freude für mich*
d) u n b e s t i m m t e s F ü r w o r t (Sinn des Neutrums, bes. in Verb. mit Inf. in der Funktion des deutschen zu): hay algo ~ ver *es gibt et. zu sehen* **‖** ya no tengo dinero ~ perder *ich habe kein Geld mehr zu verlieren* **‖** no tengo nada ~ ofrecerle *ich kann Ihnen nichts anbieten* **‖** hay ~ hacerlo *man muss es tun* **‖** nada ~ comer *nichts zu essen* **‖** tener ~ hacer *zu tun haben* **‖** por mucho ~ sepa *soviel er (sie, es) auch wissen mag*
e) in Verbindung mit P r ä p o s i t i o n e n : mit **a, de, en, por:** a ~ *woran, wozu, wonach* **‖** con ~ *womit* **‖** del ~, de la ~, de lo ~ *wovon* **‖** *davon* **‖** de lo ~ tengo gana, es de ir al cine *wozu ich Lust habe, ist ins*

Kino zu gehen **‖** en el ~, en la (lo, los, las) ~ *worin, darin* **‖** por lo ~ *weshalb, weswegen, darum*
²que conj *dass* **‖** *damit, auf dass* **‖** *weil* **‖** *denn* **‖** *als wenn, als ob* **‖** *zu* **‖** *oder* **‖** *als, wie*
a) in Objekt- od Subjekt|sätzen: dicen ~ no lo sabe *sie sagen, dass sie es nicht wissen* **‖** quiero ~ lo confieses *ich will, dass du es zugibst* **‖** es natural ~ no lo sepas *es versteht s. von selbst, dass du es nicht weißt* **‖** estoy seguro (de) ~ viene (*od* vendrá) *ich bin sicher, dass er (sie, es) kommt*
b) in T e m p o r a l s ä t z e n : salido ~ hubo mi padre *nachdem mein Vater fort(gegangen) war* **‖** llegados ~ fueron allá *als sie dort ankamen*
c) in k o n j u n k t i v i s c h e n V e r b i n d u n g e n : antes de ~ ... *bevor* ... **‖** ya ~, puesto ~ ... *da (doch), weil* ... **‖** como ~, como quiera ~ ... *da, weil* ... *da ja* ... **‖** luego que ... *sobald* ... **‖** ¡ojalá ~ ...! *hoffentlich* ...! *wenn nur* ...! con tal ~ ... *wenn nur* ... **‖** con todo ~, sin embargo ~, no obstante ~ ... *obgleich* ... *wenn auch* ... **‖** a menos ~ ... *außer dass* ... **‖** a pesar de ~ ... (ind) *obgleich* ... **‖** siempre ~ ... (subj) *wofern* ... **‖** sino ~ ... *sondern auch* ... **‖** *sondern (dass)* ... **‖** es sei denn, dass ... **‖** supuesto (od dado) ~ ... *gesetzt, dass* ...
d) e i n s c h r ä n k e n d : ~ sea *auch nur* **‖** ~ no sea *es sei denn* **‖** ~ yo sepa *soweit ich weiß, soviel ich weiß, m–s Wissens*
e) k o m p a r a t i v : *als, wie* **‖** ⟨lit⟩ *denn* **‖** más quiero morir ~ mendigar *ich will lieber sterben als betteln* **‖** lo mismo ~ antes *dasselbe wie früher* **‖** no gasto más ~ mil pesetas *ich gebe nur tausend Euro aus (dagegen:* más de ... *= nicht über)* **‖** más ~ nunca *mehr als je* **‖** soy mayor ~ tú *ich bin älter als du* **‖** ich bin größer als du **‖** mejor ~ nunca *besser denn je*
f) G l e i c h s t e l l u n g , V e r g l e i c h : yo ~ tú, lo haría *ich an d–r Stelle würde es tun*
g) in U m s t a n d s s ä t z e n der A r t und W e i s e : lo haré lo mejor ~ pueda *ich werde es tun, so gut ich es kann* **‖** se despidió sin ~ me saludara *er (sie, es) verabschiedete s., ohne mich zu grüßen*
h) k o p u l a t i v : uno ~ otro *dieser und jener, einige* **‖** mal ~ bien ⟨pop⟩ *soso, mittelmäßig* **‖** ¡otro ~ tal! *da ist noch e–r!*
i) a d v e r s a t i v , k a u s a l , Gegenüberstellung: él es el culpable, ~ no yo *er ist der Schuldige und nicht ich* **‖** volaba ~ no corría *ich ging nicht, ich flog*
j) b e d i n g e n d (in Subjektsätzen): sería lástima ~ no lo hiciera *es wäre schade, wenn er (sie, es) es nicht täte*
k) d i s j u n k t i v : ~ quiera, ~ no quiera *er (sie, es) mag wollen od nicht* **‖** tarde ~ temprano *früher od später* **‖** ~ venga o no *gleich(gültig), ob er (sie, es) kommt*
l) F o l g e , E r f o l g : tanto rogó ~ al fin tuve ~ perdonarlo *er bat so inständig, dass ich ihm zuletzt vergeben musste* **‖** habla de modo ~ nadie lo entiende *er (sie, es) spricht so (od in e–r Art und Weise), dass ihn niemand versteht* **‖** corre ~ vuela *er (sie, es) läuft rasend schnell*

m) Absicht, Zweck: te lo repito para ~ lo sepas *ich wiederhole es dir, damit du es weißt*
n) in Wunschsätzen: ¡~ entre! *er (sie, es) soll eintreten! herein!* ‖ ¡~ te alivies! *gute Besserung!* ‖ ¡~ revientes! ⟨vulg⟩ *krepieren sollst du!*
o) Verstärkung, Nachdruck, Bekräftigung (bes. volkstümlich): ¡~ no lo haré! *das werde ich nicht tun!* ‖ ¡~ sí lo hará! *(und) er (sie, es) wird es bestimmt tun!* ‖ ¡a ~ sí! *wetten, dass!* ‖ *und ich tu's doch!* ‖ ¡a ~ no lo harás! *wetten, dass du es nicht tust!* ‖ ¡~ vengas pronto! *komm nur gleich!* ‖ ¡vive Dios ~ lo haré! *das werde ich bei Gott tun!* ‖ ¡~ me gusta! *es gefällt mir wohl!* ‖ ¡a ~ no! *ich wette, dass es nicht so ist!*
p) Parenthese: ¿puede Vd. decirme – siempre ~ no le moleste – dónde está la calle Peligro? *können Sie mir bitte sagen, wo die Peligrostraße ist?* ‖ ¿puede Vd. – si es ~ no le molesta – llevarme el paquete? *würde es Ihnen et. ausmachen, mir das Paket zu tragen!*
q) einschränkend: ~ no … *ohne dass …* ‖ no hay día ~ no venga él *es vergeht kein Tag, ohne dass er kommt*
r) pleonastisch: ~ ¿qué se puede conseguir así? *Sie wollen wissen, was man auf diese Weise erreichen kann?* ‖ ¿~ no he sido bastante explícito? *habe ich mich (etwa) nicht deutlich genug ausgedrückt?*
s) in volkstümlichen Redensarten (bes. Bezeichnung der Fortdauer): ¡dale ~ dale! *immer dasselbe! immerfort!* ‖ corre ~ corre *in e–m fort, ohne Unterbrechung* ‖ y todas charla ~ te charlarás *und ihr Plaudern nahm kein Ende* ‖ estuvo rumia ~ rumia *er (sie, es) versank in nutzloses Brüten* ‖ … y en poniendo ~ puso el pie en ello … *und als er (sie, es) den Fuß daraufsetzte (in Märchen)* ‖ estuvo toca ~ toca ⟨fam⟩ *er (sie, es) spielte immerfort*
³qué *pron* a) fragend ‖ direkt: ¿~ dices? *was sagst du?* ‖ ¿y ~? *und? (Misstrauen, Herausforderung)* ‖ bueno, ¿y ~? *na und?* ‖ ¡na schön! was ist denn schon dabei!* ‖ ¿por ~? *warum?* ‖ ¿~ tal? *wie ist es? wie steht's?* ‖ *wie geht es Ihnen?* ‖ *wie geht es dir,* ⟨fam⟩ *wie geht's?* ‖ ¿~ tal su marido? *wie geht es Ihrem Gatten?* ‖ indirekt (bes. *in Objektsätzen*): dime ~ quieres *sage mir, was du willst* ‖ no sé ~ decir *ich weiß nicht, was ich sagen soll* ‖ tengo de ~ vivir *ich habe genug zum Leben* ‖ ¡si supieras ~ a destiempo vienes! *wenn du wüßtest, wie ungelegen du kommst!* ‖ no sabe de ~ va ⟨pop⟩ *er (sie, es) hat k–n blauen Dunst davon! er (sie, es) weiß nicht, worum es geht*
b) in volkstümlichen Redensarten: sin ~ ni para *(od por)* ~ *ohne allen Grund* ‖ *mir nichts, dir nichts* ‖ ¡~ amor ni ~ narices! ⟨pop⟩ *gehen Sie mir zum Kuckuck mit der Liebe!*
c) hauptwörtlich: el ~ dirán *das Gerede der Leute*
d) bei Ausrufungen: ¡~ vista! *welch schöner Anblick!* ‖ ¡~ ruido! *was für ein Lärm!* ‖ ¡~ hombre más noble! *welch ein edler Mann!* ‖ ¡~ demonio(s) me importa a mí! *was geht mich das an! was habe ich damit zu tun!* ‖ *der Kuckuck soll es holen! das ist mir schnuppe!* ‖ ¡~ bonita es! *wie hübsch sie ist!* ‖ ¡Vd. ~ ha de saber! ⟨desp⟩ *was wissen Sie schon davon!* ‖ ¡a mí ~! (a mí … ¿~? ⟨pop⟩ *was geht mich das an? das ist mir Wurs(ch)t!* ‖ ¡~ va! *das glaube ich nicht!* ‖ *kein Vergleich!* ‖ *ach was!* ‖ *i wo (denn)! stimmt nicht!* ‖ *Quatsch!* ‖ *das glaube ich gern!* ‖ ¡de ~! ⟨fam⟩ *woher!* ‖ *denkste!* ‖ no lo hago … ¡~ caramba! *das tue ich beim Teufel nicht!* ‖ ¡~

cosa! *Am unglaublich!* ‖ *nanu!* ‖ ¡~ de voces! *welch ein Geschrei!* ‖ ¡~ de dinero has gastado! *wieviel Geld du ausgegeben hast!* ‖ ¡pues ~! *das fehlte gerade! ja freilich!* ‖ ¡pues y ~! *warum denn nicht!* ‖ *bei weitem nicht!*
△ ⁴que *m* Haus *n*
quebra|ch(al)ero *adj* Quebracho- ‖ **–cho** *m* (blanco) *Quebracho(baum) m* ‖ *Quebrachorinde f* ‖ ~ colorado *Quebrachoholzbaum m (Schinopsis quebracho-colorado)*
quebra|da *f (Berg)Schlucht f* ‖ *Hohlweg m* ‖ *Klamm f, Tobel m (& n)* ‖ Am *ausgetrocknetes Flussbett n* ‖ *holp(e)riges Erdreich n* ‖ RPl *Körperbiegung f (bes. beim Tango)* ‖ **–dero** *m:* ~(s) de cabeza ⟨figf⟩ *Kopfzerbrechen n* ‖ ⟨figf⟩ *Sorge f, Kummer m* ‖ **–dillo** *m Körperbiegung f (beim Tanz)*
quebra|dizo *adj zerbrechlich* ‖ *spröde* ‖ ⟨fig⟩ *schwächlich, kränklich* ‖ **–do** *adj zerbrochen, entzwei* ‖ *holp(e)rig, uneben (Erdreich)* ‖ *zerklüftet* ‖ *bergig* ‖ ⟨Med⟩ *mit e–m Bruch behaftet* ‖ *verschossen (Farbe)* ‖ ⟨Com⟩ *insolvent* ‖ [früher] *bankrott,* ⟨fam⟩ *verkracht* ‖ ⟨fig⟩ *verfallen* ‖ su ~a salud *s–e (ihre) erschütterte Gesundheit* ‖ (verso) ~ ⟨Poet⟩ *Halbvers m* ‖ ~ m ⟨Math⟩ *Bruch m, -zahl f* ‖ ⟨Tech⟩ *Bruch m* ‖ *Knick m* ‖ ⟨Jur⟩ *Gemein-, Insolvenz|schuldner m* ‖ *Bankrotteur m* ‖ ~ compuesto, ~ de ~s *Kettenbruch m* ‖ ~ decimal *Dezimalbruch m* ‖ ~ (im)propio *(un)echter Bruch m* ‖ **–dor** *adj brechend* ‖ ~ m *Gesetzesbrecher m* ‖ **–dura** *f Riss, Bruch, Spalt m* ‖ ⟨Med⟩ *Bruch m* (→ hernia) ‖ **–ja** *f Ritze, Spalte f* ‖ *Riss, Sprung m* ‖ **–joso** *adj rissig* ‖ *spröde, zerbrechlich*
quebranta *f* ⟨Mar⟩ *Steinschutzwall m* ‖ ~s *fpl natürlicher Wellenbrecher m (Riff, Felsenküste usw.),* p.ex *Brandung f*
quebrantado *adj kraftlos, gebrochen* ‖ *zerrüttet (Gesundheit)*
quebrantahuesos *m* ⟨V⟩ *Bart-, Lämmer|geier m (Gypaetus barbatus)* ‖ ⟨V⟩ → pigargo ‖ ⟨figf⟩ *lästiger, zudringlicher Mensch m*
quebrantamiento *m (Zer)Brechen n* ‖ *Bruch m* ‖ *Übertretung f e–s Gesetzes* ‖ *Eidbruch m* ‖ ⟨fig⟩ *Ermattung, Kraftlosigkeit f* ‖ ⟨fig⟩ *Niedergeschlagenheit f, Kräfteverfall m* ‖ ~ de la paz *Friedensbruch m* ‖ ~ del secreto *od* del sigilo profesional *Bruch m des Berufsgeheimnisses*
quebranta|nueces *m Nussknacker m* ‖ **–olas** *m* ⟨Mar⟩ *als Wellenbrecher dienendes altes Schiff, mit Steinen gefüllt und versenkt* ‖ **–piedras** *m* ⟨Bot⟩ *Bruchkraut n (Herniaria spp)*
quebran|tar *vt (zer)brechen* ‖ *zermalmen, aufreiben, zer|drücken, -stampfen, -schmettern* ‖ *zerrütten* ‖ *zer|klopfen, -stückeln* ‖ *durch-, aus|brechen* ‖ ⟨fig⟩ *entkräften, schwächen* ‖ ⟨fig⟩ *ermüden, abmatten* ‖ ⟨fig⟩ *belästigen, plagen* ‖ ⟨fig⟩ *rühren* ‖ ⟨fig⟩ *mäßigen (Hitze)* ‖ ⟨fig⟩ *entweihen* ‖ ⟨fig⟩ *brechen (Wort, Eid)* ‖ ⟨fig⟩ *zermürben (Kraft, Widerstandsfähigkeit, Gemüt)* ‖ ⟨fig⟩ *übertreten (Gesetz)* ‖ ⟨Jur⟩ *umstoßen (Testament)* ‖ **–se** ⟨fig⟩ *scheitern* ‖ *hinfällig, arbeitsmüde werden* ‖ **–to** *m (Zer)Brechen n* ‖ ⟨fig⟩ *Zerrüttung f* ‖ ⟨fig⟩ *Erschöpfung, Mattigkeit f* ‖ ⟨fig⟩ *Zusammenbruch m* ‖ ⟨fig⟩ *großer Schaden, Verlust m*
¹quebrar [-ie-] *vt (zer)brechen* ‖ *anbrechen* ‖ *zer|malmen, -drücken, -stampfen* ‖ ⟨fig⟩ *entweihen* ‖ ⟨fig⟩ *abschrecken* ‖ *abschlagen (Wasser)* ‖ ⟨fig⟩ *mildern (Strenge)* ‖ *krümmen, biegen (Leib, Gerte)* ‖ ⟨fig⟩ *stören (Schlaf)* ‖ ⟨fig⟩ *übertreten, verletzen (Gesetz)* ‖ ⟨fig⟩ *entfärben (Gesichtsfarbe)* ‖ ⟨fig⟩ *überwinden, besiegen* ‖ ◇ ~ el cuerpo *den Körper verrenken* ‖ ~ un monte

e–n Wald roden ‖ ~ *los ojos die Augen blenden,*
stechen (scharfes Licht) ‖ *está el agua que quiebra*
los dientes das Wasser ist eiskalt ‖ ~ vi
(entzwei)brechen ‖ ⟨fig⟩ *nachgeben* ‖ ⟨fig⟩
brechen (Auge des Sterbenden) ‖ ◇ ~ *con alg.*
⟨fig⟩ *mit jdm brechen* ‖ *eso quebró por tí du bist*
an dem Misserfolg schuld ‖ *antes* ~ *que doblar*
⟨figf⟩ *eher brechen als biegen* ‖ ~**se** *zerbrechen,*
entzweigehen ‖ *s. brechen (Lichtstrahlen)* ‖ ⟨fig⟩
brechen (Auge des Sterbenden) ‖ ⟨Med⟩ *e–n*
Bruch bekommen (→ **herniarse**) ‖ ◇
~ *la cabeza* ⟨fig⟩ *s. den Kopf zerbrechen* ‖ ~ *los*
ojos ⟨fig⟩ *s. die Augen verderben* ‖ *quebrándose a*
cortesías ⟨figf⟩ *mit übertriebenen*
Höflichkeitsbezeigungen
²**quebrar** [-ie-] vi ⟨Com⟩ *insolvent werden* ‖
e–m Insolvenzverfahren unterworfen werden ‖
[früher] *in Konkurs gehen, Konkurs machen,*
Bankrott machen, bankrott gehen
quechemarín *m* ⟨Mar⟩ *(Art) kleines*
zweimastiges Küstenschiff n, *Ketch* f (engl) ‖
⟨figf⟩ *Loch* n, *Spelunke* f
quechua adj *Ketschua-* ‖ p.ex *inkaisch* ‖ p.ex
peruanisch ‖ ~ *m Ketschua(indianer)* m
(Bewohner der Kordilleren) ‖ *Ketschua(sprache)* f)
n *(2. Staatssprache in Peru)* ‖ **–ismo** *m aus der*
Ketschuasprache stammendes Wort ‖ **–ista** *m/f*
Ketschuaforscher(in f) m
queco *m* Arg *Bordell* n
¹**queda** *f Abendstille* f ‖ *Feierabend* m ‖
Abendläuten n ‖ Am *Ver|bleiben, -weilen* n
△ ²**queda** *f Spott* m
queda|da *f Verweilen, Ver-, Da|bleiben* n ‖ Am
ledig Gebliebene f ‖ **–do** adj *ruhig, still* ‖ *leise* ‖
⟨Taur⟩ *ruhig (Stier)* ‖ **–mente** adv *leise* ‖ *ruhig,*
gelassen ‖ *behäbig*
△ **quedañí** *f Tanz* m
quedar vi *(ver)bleiben* ‖ *übrig-, zurück|bleiben*
‖ *bestehen, fortdauern* ‖ *noch vorhanden sein* ‖
noch zu tun sein ‖ *s. irgendwo befinden* ‖ *sein, s.*
befinden (= encontrarse, estar, hallarse) ‖ *werden,*
geworden sein ‖ ~ *atrás zurückbleiben* (& fig) ‖
~ *bien gut wegkommen (bei e–m Geschäft)* ‖ *gut*
stehen od *passen (Kleid)* ‖ ~ *huérfano verwaisen*
‖ ~ *mal schlecht wegkommen* ‖ *schlecht stehen* od
passen (Kleid) ‖ ~ *muerto tot auf dem Platz*
bleiben ‖ ~ *viudo verwitwen* ‖ *no me queda más*
tiempo ich habe nicht mehr Zeit ‖ *todo queda*
como antes alles bleibt beim Alten ‖ *otra le queda*
dentro ⟨pop⟩ *er (sie, es) hat dabei e–n*
Hintergedanken ‖ *quedamos iguales wir sind quitt*
‖ Vd. me hace ~ *malísimamente Sie lassen mich*
in sehr ungünstigem Licht erscheinen ‖ *no te*
quede duda de que ... sei überzeugt, dass ... ‖ *allí*
quedó la conversación damit endete das Gespräch
‖ *no me ha quedado nada ich habe nichts übrig*
behalten ‖ *ich bin mittellos geworden* ‖ *no queda*
paso man kann nicht hindurch ‖ *der Weg ist*
versperrt ‖ *¿dónde habíamos quedado? wo waren*
wir stehen geblieben? ‖ *¡queda!* ⟨Typ⟩ *bleibt! gilt!*
(in Korrekturen)
a) in Verb. mit Gerundium
(Bezeichnung der Fortdauer, des Endzustandes;
meist ersetzbar durch: estar, resultar): ~ *debiendo*
schuldig bleiben ‖ *queda entendido que ... es*
versteht s. von selbst, es ist selbstverständlich,
dass ... ‖ *le quedaría muy reconocido si ... ich*
wäre Ihnen sehr verbunden, wenn ...
b) in Verb. mit dem Part. Perf.
Pass., völliger Abschluss e–s
passivischen Vorgangs (→ **estar** 7.):
quedó condenado a ... er wurde zu ... verurteilt ‖
según queda dicho wie gesagt ‖ ~ *impuesto de*
algo über et. auf dem Laufenden sein ‖ *quedé*
absorto ⟨fig⟩ *ich war sprachlos*

c) in Verb. mit Präpositionen und
präpositionalen
Adverbialverbindungen:
1. in Verb. mit **a:** no ~ *a deber nada die*
Schulden (bzw *die Rechnung) restlos bezahlen* ‖
⟨fig⟩ *Gleiches mit Gleichem vergelten*
2. in Verb. mit **con:** *¡quede Vd. con*
Dios! leben Sie wohl! ‖ ~ *con alg. en algo mit*
jdm et. verabreden
3. in Verb. mit **de:** ~ *de aprendiz* (en) *in*
die Lehre kommen (zu, bei) ‖ ~ *de más übrig*
bleiben ‖ ~ *de pie stehen bleiben* ‖ *quedamos de*
Vd. afmos. y ss. ss. *wir verbleiben*
hochachtungsvoll ... (Briefschluss)
4. in Verb. mit **en:** ~ *en a/c*
übereinkommen, einig werden über et. (acc) ‖ *et.*
verabreden ‖ *quedamos en ello wir bleiben dabei*
‖ *abgemacht!* ‖ *¿en qué quedamos?* ⟨fam⟩ *wie*
steht also die Sache? ‖ *was wollen wir nun tun*
bzw *ausmachen?* ‖ *wie ist es also?* ‖ ~ *en*
almacén ⟨Com⟩ *liegen bleiben (Ware)* ‖ *(noch)*
vorrätig sein ‖ *la duda queda en pie der Zweifel*
bleibt bestehen ‖ *das ist noch die Frage* ‖
quedaron en reunirse al otro día sie beschlossen
e–e Zusammenkunft für den nächsten Tag ‖
~ *en el sitio auf der Stelle sterben* ‖ *auf dem*
Feld(e) der Ehre fallen ‖ ~ *en vigor in*
Kraft sein (bleiben) ‖ *quedé en volver enseguida*
ich versprach (zum Schluss), gleich
zurückzukehren
5. in Verb. mit **por:** ~ *por gehalten*
werden (für acc) ‖ ~ *por alg. s. für jdn*
verbürgen, für jdn bürgen, ⟨reg⟩ *für jdn gutstehen*
‖ ~ *por albacea zum Testamentsvollstrecker*
ernannt werden ‖ *la carta queda por contestar der*
Brief ist noch nicht beantwortet od *muss noch*
beantwortet werden ‖ *eso queda por decidir das*
bleibt dahingestellt ‖ *das muss noch entschieden*
werden ‖ *darüber müssen wir noch reden (und zu*
e–r Entscheidung kommen) ‖ *no quedará por eso*
darum soll es nicht unterbleiben ‖ *das ist kein*
Hindernis ‖ *daran soll es nicht fehlen* ‖ ~ *por*
hacer noch zu tun sein, zu tun übrig bleiben ‖
bevorstehen ‖ ~ *por inútil als unbrauchbar*
ausgeschieden werden ‖ *eso queda por mí das*
habe ich noch zu erledigen ‖ *por mí no quedará*
ich werde schon das Meinige tun ‖ *an mir wird es*
nicht liegen ‖ *la partida quedó por él die Partie*
wurde ihm zugeschlagen (bei e–r Versteigerung) ‖
¡por mí que no quede! meinetwegen können Sie
unbesorgt sein! ‖ *an mir soll es nicht liegen!* ‖ ~
por pagar unbezahlt bleiben ‖ *noch zu zahlen sein*
‖ *eso queda por resolver das bleibt dahingestellt* ‖
diese Frage muss noch gelöst werden
quedarse vr *bleiben* ‖ *zurück-, da|bleiben,*
stehen bleiben, stecken bleiben (in der Rede) ‖ *s.*
befinden; zumute sein ‖ *nachlassen (Wind)* ‖ ~
cortado ganz aus der Fassung kommen ‖ ~ *corto*
⟨figf⟩ *nicht übertreiben* ‖ *den Kürzeren ziehen* ‖ ~
hasta el fin bis zum Ende bleiben bzw *aushalten* ‖
~ *fresco* → *lucido* ‖ ~ *tan fresco* ⟨figf⟩ *s. aus*
e–r Sache nichts machen ‖ *s. nichts daraus*
machen ‖ *... y se queda tan fresco mit der*
größten Ruhe! mir nichts, dir nichts ‖ ~ *lucido*
⟨figf⟩ *der Dumme sein, s. blamieren* ‖ ~ *muerto*
⟨fig⟩ *(vor Schrecken) halb tot sein* ‖ ~ *tieso* ⟨fig⟩
vor Kälte erstarren ‖ ⟨pop⟩ *sterben,* ⟨pop⟩
krepieren ‖ *¡no se* ~*á riendo!* ⟨figf⟩ *der (die) wird*
nicht lange lachen! ‖ *¡quédese aquí! lassen wir's*
gut sein! lassen wir's dabei bewenden! ‖ *bleiben*
Sie hier!
in Verb. mit Präpositionen:
1. in Verb. mit **a:** ~ *a comer zum Essen*
bleiben ‖ ~ *a la luna de Valencia* ⟨figf⟩ *in s–n*
Erwartungen getäuscht werden ‖ ~ *a oscuras*

ohne Licht bleiben ‖ ⟨fig⟩ *alles verlieren* od *einbüßen*
2. in Verb. mit **con:** ¡quédese con Dios! *leben Sie wohl!* ‖ me quedo con ello *ich behalte es* ‖ ~ con la habitación *das Zimmer nehmen (im Hotel)* ‖ ~ con las manos cruzadas ⟨fig⟩ *müßig dastehen* od *dasitzen* ‖ ~ con el sombrero puesto *den Hut aufbehalten*
3. in Verb. mit **de:** ~ de piedra ⟨fig⟩ *wie versteinert sein* ‖ *erstarren* ‖ se quedó de una pieza ⟨fig⟩ *er (sie, es) war sprachlos (vor Entsetzen)*
4. in Verb. mit **en:** se quedó en el ataque (de apoplejía) *er (sie, es) erlag dem Schlaganfall* ‖ ~ en blanco ⟨figf⟩ *in s–n Erwartungen getäuscht werden* ‖ ~ en el sitio ⟨fig⟩ *sterben*
5. in Verb. mit **para:** ~ para vestir santos ⟨pop⟩ *ledig* od *unverheiratet bleiben (Frau), k–n Mann finden* ‖ ¡eso se queda para mí! *das ist auf mich gemünzt!*
6. in Verb. mit **por:** quedóse por amo de toda la fortuna *das ganze Vermögen fiel ihm zu* ‖ ~ por alg. *als Ersatz für jdn bleiben* ‖ me quedo por sustituto *ich bleibe als Ersatzmann*
7. in Verb. mit **sin:** ~ sin comer *nichts zu essen bekommen, nichts essen* ‖ ~ sin dinero *sein (ganzes) Geld verlieren*
△ **quedisar** vi = **quedar**
que|dito adj/adv dim von **quedo** ‖ *ganz leise* ‖ *nach und nach* ‖ ◇ andar muy ~ *vorsichtig zu Werke gehen* ‖ **–do** adj *ruhig, still* ‖ ◆ a pie ~ *festen Fußes* ‖ *in aller Ruhe* ‖ con voz ~a *mit leiser Stimme* ‖ ~ a ~, de ~ *nach und nach, langsam* ‖ ¡~! *still! Ruhe!* ‖ ¡~ con las manos (od las manos ~as)! *nicht zucken! die Hände still(halten)!*
quedón m *Spötter* m ‖ *Witzbold* m
quedré ⟨pop⟩ = **querré**
quefir m → **kéfir**
quehacer m *Geschäft* n, *Verrichtung* f ‖ los ~es domésticos *die häusliche Beschäftigung, die Hausarbeit* ‖ *der Haushalt* ‖ ◇ le dio mucho ~ (= que hacer) *das gab ihm (ihr) viel zu schaffen*
queimada f galic. *Getränk* n *aus Tresterschnaps, Zucker und Zitrone*
queiranto m ⟨Bot⟩ *Goldlack* m (Cheiranthus cheiri)
queja f *Klage, Beschwerde* f ‖ *Ächzen* n ‖ *Unzufriedenheit* f, *Groll* m ‖ *körperliches Leiden, Siechtum* n ‖ ⟨Jur⟩ *Beanstandung, (Rechts)Beschwerde* f ‖ *gerichtliche Klage* f ‖ ~ fundada *begründete Klage* od *Beschwerde* f ‖ ◆ en son de ~ *als Beschwerde* ‖ ◇ dar lugar a ~ *Grund zur Klage geben* ‖ formular una ~ s. *beschweren* ⟨Verw⟩ *e–e Dienstaufsichtsbeschwerde einlegen* ‖ tener ~(s) de algo bzw *alg. mit et. bzw jdm unzufrieden sein*
quejar vt → **aquejar** ‖ ~**se** s. *be|klagen, s. -schweren* (a *bei*) ‖ *wehklagen, jammern* (de *über* acc) ‖ ◇ ~ ⟨Jur⟩ *e–e Klage einreichen* ‖ se me quejaron de Vd. *man hat s. bei mir über Sie beschwert*
△ **quejeña** f *Bankhaus* n
△ **quejesa** f *Seide* f
queji|ca adj/s ⟨fam⟩ → **–coso** ‖ **–coso** adj *wehleidig* ‖ *missvergnügt* ‖ *jammernd, klagend* ‖ *nie zufrieden, ewig unzufrieden* ‖ **–do** m *Jammern, Wehklagen* n ‖ ◇ dar ~s *jammern, stöhnen* ‖ → auch **gemido**
quejigo m ⟨Bot⟩ *Zenneiche* f (Quercus lusitanica)
queji|quear vi ⟨fam⟩ *jammern* ‖ *winseln* ‖ **–tas** m/f ⟨figf⟩ *Heulpeter* m, *Heul|liese, -suse* f
quejoso adj *klagend* ‖ *unzufrieden, missvergnügt* ‖ *reizbar* ‖ *zimperlich* ‖ **–jumbre** f

Am *Klage* f ‖ ◆ sin ~ *ohne Murren* ‖ **–jumbrón** adj *Heulpeter* m, *Heul|liese, -suse* f ‖ **–jumbroso** adj *wehleidig* ‖ *jämmerlich* ‖ *ewig klagend* ‖ *zimperlich, kläglich* ‖ *verdrießlich* ‖ ⟨poet⟩ *traurig, düster*
△ **quel** m *Zimmer* n
△ **quelalla** f = **berenjena**
△ **quelañi** f *Tanz* m
△ **quelar** vi *tanzen*
△ **quelalarí** f *Tänzerin* f
que|licerados mpl ⟨Zool⟩ *Fühlerlose* mpl (Chelicerata) ‖ **–líceros** mpl ⟨Zool⟩ *Cheli|ceren, -zeren* fpl (Mundwerkzeuge der Spinnentiere)
¹**quelite** m Mex ⟨fam⟩ *Gemüse* n ‖ ◇ poner a alg. como ~ ⟨figf⟩ *jdn miesmachen*
²**quelite** m Mex ⟨fig⟩ *Liebhaber* m
quelitera f Mex *Gemüsehändlerin* f
quelonios mpl ⟨Zool⟩ *Meeresschildkröten* fpl (Cheloniidae)
quema f *Verbrennung* f ‖ *Brand* m, *Feuersbrunst* f ‖ *Brandwunde* f ‖ *Brandstiftung* f ‖ *Abbrennen* n (Feuerwerk) ‖ *Feuertod* m ‖ *Dom* ⟨fig⟩ *Rausch* m, *Trunkenheit* f ‖ ◇ hacer ~ Arg Bol *das Ziel treffen (beim Schießen)* ‖ huir de la ~ ⟨fig⟩ *e–r Gefahr aus dem Weg gehen*
quema|dero adj *Brenn-* ‖ ~ m ⟨Hist⟩ *Verbrennungsplatz* m *(der zum Feuertod Verurteilten)* ‖ *Scheiterhaufen* m ‖ **–do** adj/s *ge-, ver|brannt* ‖ ~ del sol *sonnenverbrannt* ‖ ◇ estar ~ ⟨figf⟩ *gewitzigt sein* ‖ huele, sabe a ~ *es riecht, schmeckt brenzlig, angebrannt* ‖ ~ m *ausgebrannter Waldplatz* m ‖ *Brandlichtung* f *(im Wald)* ‖ ⟨fam⟩ *Verbrannte(s)* n ‖ Ec *Punsch* m ‖ **–dor** m ⟨Tech⟩ *Brenner* m ‖ ~ de fuel *Ölbrenner* m ‖ ~ de gas *Gasbrenner* m ‖ **–dura** f *(Ver)Brennen* n ‖ *Brandwunde* f ‖ *Brandspur* f ‖ **–joso** adj *brennend, sengend (Schmerz)* ‖ **–nte** adj *(m/f)* brennend ‖ ⟨fig⟩ *ärgerlich*
quemar vt/i *(ver)brennen* ‖ *niederbrennen* ‖ *ausdörren, versengen (Sonne, Frost)* ‖ ⟨figf⟩ *vergeuden, durchbringen* ‖ ⟨figf⟩ *quälen, plagen, ärgern* ‖ ⟨figf⟩ *ver|schwenden, -schleudern* ‖ ⟨figf⟩ *durchbringen* ‖ ◇ ~ etapas *Zwischenstufen überspringen* ‖ ~ por hereje *wegen Ketzerei verbrennen* ‖ ~ las naves, como Cortés *die Brücken hinter s. abbrechen* ‖ ~ su patrimonio ⟨fig⟩ *sein Vermögen verprassen* od *durchbringen* ‖ ~ por hereje *wegen Ketzerei verbrennen* ‖ eso me quema la sangre *das bringt mir das Blut in Wallung, das macht mir den Kopf heiß* ‖ ~ vivo *lebendig verbrennen* ‖ ⟨fig⟩ *quälen, plagen,* ⟨fam⟩ *totärgern* ‖ ~ vi *brennen* ‖ *brennend heiß sein* ‖ *stechen (Sonne)* ‖ *brennen, prickeln (Speisen)* ‖ ◇ a medio ~ *halbver-, ange|brannt* ‖ *frío que quema schneidender Frost* m ‖ *tomar algo por donde quema* ⟨figf⟩ *et. auf die schlimmste Art auslegen* ‖ ~**se** s. *verbrennen* ‖ *abbrennen* ‖ ⟨fig⟩ *entbrennen (in Leidenschaft)* ‖ ⟨fig⟩ *ungeduldig werden* ‖ ⟨fig⟩ *gewitzigt werden* ‖ ◇ ~ las cejas ⟨figf⟩ *eifrig (bei Licht) studieren* ‖ s. *blind studieren* ‖ ~ las cejas escribiendo ⟨fig⟩ *s. die Finger lahm schreiben* ‖ ~ los dedos s. *die Finger verbrennen* ‖ ~ las pestañas → ~ las cejas ‖ ~ la sangre s. *abhärmen* ‖ ¡que te quemas! ¡quema! *es brennt!* (z. B. *bei Rätseln*)
quemarropa: a ~ *aus nächster Nähe (Schuss)* ‖ ⟨pop⟩ *plötzlich* ‖ ⟨fig⟩ *ins Gesicht (et. sagen)*
quemazón f *Brennen* n ‖ *übermäßige Hitze* f ‖ ⟨fig⟩ *(Haut)Jucken* n ‖ ⟨figf⟩ *Verdruss* m ‖ ⟨figf⟩ *Beschämung* f ‖ ⟨figf⟩ *Stichelei, Anzüglichkeit* f ‖ ⟨Com⟩ *Verramschen* n ‖ Am *Brand* m, *Feuer* n ‖ Am *Luftspiegelung* f *(in der Pampa)*
¹**quemón** m Mex ⟨pop⟩ *(He)Reinfall* m, *Enttäuschung* f
²**quemón** m Mex *Schussverletzung* f

quena *f* SAm *indianische Flöte* f
△ **quendebre** *m Dezember* m
quenopo|diáceas *fpl* ⟨Bot⟩ *Gänsefußgewächse*
npl (Chenopodiaceae) ‖ **–dio** *m Gänsefuß* m
(Chenopodium spp)
quenua *f* ⟨Bot⟩ *Reis|melde* f, *-spinat* m
(Chenopodium quinoa)
quepis *m* ⟨Mil⟩ *Käppi* n
quepo, quepa → **caber**
queque *m* Am *Kuchen*, ⟨engl⟩ *Cake* m ‖
Teekuchen m ‖ Am ⟨reg⟩ → **¹bollo**
quera *f* Ar Sor *Holzmehl* n (→ **carcoma**) ‖
⟨fig⟩ *lästige Person* f
△ **querabar** *vt rösten, braten*
△ **querar** *vt tun, machen*
querati|na *f* ⟨An Zool Chem⟩ *Hornstoff* m,
Keratin n ‖ **–tis** *f* ⟨Med⟩ *Hornhautentzündung*
(des Auges), Keratitis f
quercíneo *adj eichenartig*
△ **querdí** *m Tat* f
△ **queré** *m Wohnung* f
querehue *m* ⟨V⟩ → **quereo**
quere|lla *f* ⟨An)Klage* f ‖ *Beschwerde* f ‖ *Klage*
f *vor Gericht* ‖ *Strafantrag* m ‖ *Zänkerei* f, *Streit*
m ‖ ~ *calumniosa falsche Anschuldigung* f ‖ ~
criminal Anklage f ‖ *Strafantrag* m ‖ ~ *de las*
Investiduras ⟨Hist⟩ *Investiturstreit* m ‖ ~ *penal* →
~ *criminal* ‖ ~ *posesoria Besitzklage* f ‖ ~
suplementaria Nachtragsanklage f ‖ ~ *de*
inoficioso testamento Testamentsanfechtungsklage
f ‖ ◇ *están siempre en ~ sie zanken s. dauernd,*
bei ihnen herrscht ständig Streit und Zank ‖
formular ~ e–n Strafantrag stellen ‖ *formular una*
~ *(criminal) por robo Anklage wegen Diebstahls*
erheben (contra gegen) ‖ *presentar ~ e–n*
Strafantrag stellen ‖ **–llador** *m zänkischer*
streitsüchtiger Mensch, Querulant, ⟨fam⟩
Stänker(er) m ‖ **–llante** *adj (m/f) klagend* ‖ ~
(m/f) ⟨Jur⟩ *Kläger(in* f) m ‖ *(Straf)Antragsteller(in*
f) m ‖ *Beschwerdeführer(in* f) m ‖ **–llarse** *vr s.*
zanken ‖ *s. beklagen* ‖ ⟨Jur⟩ *Klage führen* (contra
gegen) ‖ *im (Privat)Klageverfahren streiten* ‖ *e–e*
Klage einreichen, klagen ‖ *e–n Strafantrag stellen*
‖ ◇ ~ *de (od contra) su rival s. über s–n Gegner*
beklagen ‖ **–lloso** *adj zänkisch* ‖ *Querulanten-* ‖ ~
m Querulant, ⟨fam⟩ *Stänker(er)* m
queren|cia *f Liebe* f, *Wohlwollen* n ‖
Zuneigung f ‖ *Lieblings|aufenthalt, -platz, -ort* m
‖ *Angewohnheit* f ‖ *Sehnsucht* f, *Verlangen* n ‖
Heimweh n ‖ *gewöhnlicher Weideplatz m des*
Viehs ‖ *Anhänglichkeit* f (z.B. *e–s Haustieres an*
das Haus) ‖ ⟨Taur⟩ *Betragen, Verhalten* n *(des*
Stieres) ‖ Am *Zucht|ort* m, *-stelle* f (*e–s Tieres*) ‖
◇ *tomar ~ a un lugar e–n Ort lieb gewinnen* ‖
–cioso *adj e–n bestimmten Weideplatz*
bevorzugend (Vieh) ‖ *s. nach dem Stall sehnend*
(Vieh) ‖ *anhänglich* ‖ *gesucht, bevorzugt*
querendón *adj* Am *innig liebend, sehr zärtlich*
‖ ~ *m* ⟨fam⟩ *Geliebte(r)* m ‖ Am *innig*
Liebende(r) m
△ **querentó** *m Tonfall* m
quereo *m* ⟨V⟩ Chi *Hordenvogel* m (Agelaius
spp)
¹querer [-ie- Am *auch regelm.*, pret *quise*, fut
querré] *vt/i wünschen, verlangen* ‖ *wollen* ‖
versuchen, trachten zu ‖ *et. anstreben* ‖ *belieben*
‖ ~ *bien a alg. jdm wohl wollen, jdm gut sein* ‖ *jdn*
lieb gewinnen ‖ ~ *mal a alg. jdm übel wollen,*
jdm abgeneigt, feindlich gesinnt sein ‖ *jdn hassen*
‖ *a todo ~ durchaus, schlechterdings* ‖ *jedenfalls*
‖ *sin ~ ohne es zu wollen, un|absichtlich,*
-willkürlich, -vorsätzlich ‖ *hacerse ~ Liebe*
einflößen ‖ *s. beliebt machen* (de, por *bei*) ‖ *tosía*
hasta ~ reventar ⟨pop⟩ *er (sie, es) hustete*
fürchterlich ‖ ~ *es poder* ⟨Spr⟩ *der Wille siegt* ‖

man muss nur wollen(, dann geht es auch) ‖ *wer*
will, der kann ‖ *así me lo quiero yo so hab' ich's*
gern ‖ *quiero que calles ich will, dass du*
schweigst ‖ *¡me quiero morir! ich möchte sterben!*
‖ *ich bin todmüde!* ‖ *¿qué más quieres? was willst*
du noch mehr? ‖ *¡que si quieres! (fam) (das ist)*
leicht gesagt! das ist nicht so einfach! ‖ *¡qué*
quieres (que le haga bzw hagamos)! was soll man
(da) tun? da ist nichts mehr zu machen! das ist
nun einmal so! ‖ *¿me quieres por marido? willst*
du mich heiraten? ‖ *si se quiere wenn man (so)*
will ‖ *im Grunde genommen* ‖ *sozusagen* ‖
eventuell ‖ *etwa* ‖ *pinta como quiere (fam) er*
(sie, es) malt vortrefflich ‖ ~ *decir sagen wollen* ‖
meinen ‖ *heißen, bedeuten, zu sagen haben* ‖
quiere decir das heißt, es bedeutet ‖ *¿qué quiere*
decir esto? was soll das heißen? ‖ *¿quiere decir?*
ist es wahr? wahrhaftig? ‖ *wirklich?* ‖ ⟨fam⟩
echt? ‖ *¿quiere decir que Vd. no viene? Sie*
kommen also nicht mit? ‖ *¿qué quieres decir con*
eso? was meinst du damit? ‖ *¿adónde quiere Vd.*
que lo lleve? wohin soll ich Sie fahren? ‖ *¿quieres*
callarte? wirst du endlich schweigen? ‖ *... y pies*
para qué os quiero ⟨pop⟩ *... und nichts wie auf*
und davon! ‖ (impers.) *quiere llover es wird bald*
regnen ‖ *venga lo que quiera (od ~e) komme,*
was da wolle ‖ *¿qué quiere de mí? was will er*
(sie, es) von mir? ‖ *eso me quiere parecer a mí*
⟨fam⟩ *das ist (auch) m–e Meinung* ‖ *como Vd.*
quiera ganz nach (Ihrem) Belieben, ganz wie Sie
wollen od wünschen ‖ *meinetwegen* ‖ *von mir aus*
‖ *como quiera nach Belieben* ‖ *durchschnittlich,*
unbedeutend ‖ *como quiera que ... (ind) da,*
vorausgesetzt, dass ... ‖ *dieweil* ‖ *como quiera*
que nadie lo sabe da es niemand weiß ‖ *como*
quiera que sea wie es auch sein mag ‖ *como*
quien no quiere la cosa ⟨figf⟩ *so (ganz) nebenher*
‖ *mir nichts, dir nichts* ‖ *cuando quiera wann*
immer ‖ *cuando Vd. quiera wann es Ihnen beliebt*
‖ *bitte!* ‖ *cuanto quiera que ...* → *como quiera*
que ... ‖ *donde quiera (veraltet do quiera) wo*
immer ‖ *por donde quiera wo Sie möchten* ‖
wodurch Sie wollen ‖ *por donde quiera,* ⟨lit⟩ *por*
doquier überall ‖ *quien quiera wer immer* ‖ *que*
quiera, que no quiera (od quiera o no quiera) er
(sie, es) mag wollen oder nicht ‖ ⟨fig⟩ *unter allen*
Umständen ‖ *so oder so* ‖ *sea como quiera wie*
dem auch sei ‖ *auf alle Fälle* ‖ *kurz und gut* ‖ *no*
quiera Vd. creer que ... glauben Sie ja nicht, dass
... ‖ *¿querrá Vd. creer que ...? Sie werden kaum*
glauben, dass ... ‖ *lo que quiere que fuese mag*
sein, was will ‖ *donde quiera que fueres, haz*
como vieres ⟨Spr⟩ *man muss s. den Verhältnissen*
anzupassen wissen ‖ ~ *ich möchte*
(gerne) ... (haben) ‖ *quisiera fuese mío ich*
möchte es für mich haben ‖ *Dios queriendo wenn*
es Gott gefällt ‖ *mit Gottes Hilfe* ‖ *si Dios quiere*
so Gott will ‖ *hoffentlich* ‖ *¿qué más quisiera él?*
das wäre et. für ihn! das ist sein sehnlichster
Wunsch! ‖ *¡no lo quiera Dios! Gott bewahre!*
²querer *vt lieben, mögen, gern haben* ‖ *tu*
hermano que te quiere mucho dein dich liebender
Bruder (im Briefschluss) ‖ *quien bien quiere,*
tarde olvida ⟨Spr⟩ *wahre Liebe rostet nicht*
³querer *m Wollen* n, *Wille* m
⁴querer *m Liebe, Zuneigung* f ‖ *por nuestro ~*
⟨fam⟩ *um unserer Liebe willen* ‖ ◇ *pedir de ~ a*
alg. ⟨reg⟩ *jdm Liebesanträge machen* ‖ ~ *y no ser*
querido, trabajo perdido ⟨Spr⟩ *Liebe ohne*
Gegenliebe ist verlorene Müh(e)
queresa *f* → **cresa**
△ **queresqueró** *m Verwalter* m
queri|da *f Geliebte* f *(oft pej)* ‖ **–do** *adj lieb,*
wert, geliebt ‖ ~ *m Geliebte(r)* m ‖ *Liebling* m ‖
¡~! mein Lieber! ‖ ⟨fam⟩ *mein Freund!* (& *iron*)

queridura f Chi *Liebe* f ‖ *Verliebtsein* n
querindanga f ⟨desp⟩ *Geliebte* f
△ **querló** m *Hals* m
quermes m ⟨Ins⟩ *Kermesschildlaus* f (Kermes vermilio, K. ilicis)
quermés f → **kermés**
querocha f → **cresa**
queroseno m ⟨Chem⟩ *Kerosin* n
△ **querosto** m *August* m *(Monat)*
querría, querré → **querer**
Quersoneso m ⟨Geogr⟩: el ~ *der Chersones (Halbinsel)* ‖ ~ m p.ex *Halbinsel* f
que|rub(e) m ⟨Rel & poet⟩ *Cherub, Kerub* m ‖ **–rúbico, –rubínico** adj ⟨poet⟩ *cherubinisch, himmlisch* ‖ p.ex *engelgleich* ‖ **–rubin** m *Cherub, Kerub* m ‖ ⟨fig⟩ *Engel* m
querusco adj *cheruskisch* ‖ ~ m *Cherusker* m
△ **querveto** m → **querosto**
quesadilla f *ein Käsegebäck* n *(auch mit anderen Füllungen)*
△ **quesar** vi *sein*
quese|ar vt/i *käsen, Käse machen* ‖ **–ra** f *Käsefrau* f ‖ *Käsekammer* f ‖ *Käseglocke* f ‖ *Käserei* f ‖ **–ría** f *Käsehandlung* f ‖ *Käsefabrik, Käserei* f ‖ **–ro** adj *käseartig, Käse-* ‖ ~ m *Käsemacher* m ‖ *Käsehändler* m
quesi|llo, –to (dim von **queso**) m *kleiner Käse* m, *Käschen* n
queso m *Käse* m ‖ *Zuckerkäse* m *(Zuckerwerk)* ‖ ~ blando *Weichkäse* m ‖ ~ de bola *Kugelkäse, Edamer Käse* m ‖ ~ de Burgos *weicher Schafkäse* m *aus Burgos* ‖ ~ (de leche) de cabra *Ziegenkäse* m ‖ ~ de cerdo *Presskopf, Fleischkäse* m *(aus Schweinefleisch)* ‖ ~ de corte *Schnittkäse* m ‖ ~ para extender *Streichkäse* m ‖ ~ fundido *Schmelzkäse* m ‖ ~ (de) Gruyère *Schweizer Käse* m ‖ ~ de hierbas *Kräuterkäse* m ‖ ~ de Holanda *Holländer Käse* m ‖ ~ de Mahón span. *Käse* m *aus Mahón (Menorca)* ‖ ~ manchego *Mancha-Käse* m ‖ ~ de nata *Rahmkäse* m ‖ ~ de oveja *Schaf(s)käse* m ‖ ~ parmesano *Parmesankäse* m ‖ ~ pasado *Weichkäse* m ‖ ~ picante *scharfer* od *pikanter Käse* m ‖ *Bierkäse* m ‖ ~ rallado *geriebener Käse* m ‖ ~ suizo, de Suiza *Schweizer Käse* m ‖ ~ de vaca (ahumado) *(geräucherter) Kuhkäse* m ‖ ~ verde (de los Alpes) *Kräuterkäse* m ‖ ~ de Villalón *Villalón-Käse* m *(weicher Schafkäse aus Villalón* P Vall) ‖ ◇ armarla con ~ *(jdn) beschwatzen* ‖ dar el ~ a alg. ⟨pop⟩ *jdn prellen* ‖ se la dio con ~ ⟨pop⟩ *er (sie, es) hat ihn (sie) tüchtig angeführt* ‖ **~s** mpl ⟨pop⟩ *(Schweiß)Füße* mpl, ⟨pop⟩ *(Schweiß)Quanten* pl
quetupi m Bol ⟨V⟩ → **bienteveo**
quetzal m ⟨V⟩ *Quesal, Quetzal, Pfauentrogon* m (Pharomachrus mocinno = Calurus resplendens) ‖ ⟨Her⟩ *Wappenvogel* m *Guatemalas* ‖ Guat [Währungseinheit] *Quetzal* m (Q) ‖ **~e** m → **quetzal**
queve|desco adj *auf den span. Schriftsteller Francisco de Quevedo (1580–1645) bezüglich* ‖ **–dos** mpl *Kneifer, Zwicker* m *(nach Quevedo so benannt)* ‖ Am *Juristenbrille* f ‖ ◇ calarse od ponerse los **~s** *(s.) die Brille aufsetzen*
qui pro quo → **quid pro quo**
¡quiá! ⟨fam⟩ *oh! k–e Rede! i wo (denn)! keineswegs! (Misstrauen, Verneinung)* ‖ *pfui! (Verachtung, Ekel)*
quianti m *Chianti* m *(ital. Rotwein)*
quibutz m → **kibutz**
quiche f ⟨Kochk⟩ *Quiche* f
quiché m Am *Quiché-Indianer* m
quichua, quichúa m/adj Pe → **quechua**
quicio m *Haspe*, (Tür- bzw *Fenster)Angel* f ‖ ◇ fuera de ~ *außer s., ⟨fam⟩ aus dem Häuschen*

‖ ◇ sacar de ~ ⟨fig⟩ *aus der natürlichen Lage bringen* ‖ ⟨fig⟩ *aus dem Gleichgewicht bringen*, ⟨fam⟩ *aus dem Häuschen bringen* ‖ sacar de ~ las cosas ⟨fig⟩ *übertreiben* ‖ ⟨jdm⟩ *den Kopf heiß machen* ‖ salir de ~ ⟨fig⟩ *aus s–m gewohnten Gang kommen, ⟨fam⟩ aus dem Häuschen geraten*
Quico m ⟨pop⟩ → **Francisco**
quid m *Wesentliche(s)* n ‖ *Pointe* f ‖ el ~ de la dificultad *die Hauptschwierigkeit* ‖ ◇ ¡ahí está el ~! ⟨fam⟩ *das ist es!* ‖ ⟨fam⟩ *da liegt der Hase im Pfeffer!, das ist des Pudels Kern!*
quídam [...n] m ⟨fam⟩ *ein gewisser, jemand* ‖ un ~ ⟨fam⟩ *ein unbedeutender, verächtlicher Mensch, ein gewisser Jemand* m, *ein Individuum* n, *ein gewisser Quidam* m
quididad f ⟨Philos⟩ *Quiddität, Washeit* f *(der Scholastik)*
quid pro quo ⟨lat⟩ m *Verwechslung* f ‖ *Versehen* n ‖ *Quidproquo* n
¹quie|bra f *Riss, Spalt* m ‖ *Ritze, Spalte* f ‖ *(Berg)Schlucht* f
²quiebra f ⟨Com⟩ *Insolvenz* f ‖ *Insolvenzverfahren* n ‖ [früher] *Konkurs*, ⟨fam⟩ *Bankrott* m ‖ ◇ constituirse od declararse en ~ *Insolvenz anmelden* ‖ estar en ~ *insolvent sein* ‖ hacer ~ *e–m Insolvenzverfahren unterworfen werden*
quiebro m *Biegung, Krümmung* f *(des Körpers)* ‖ *Ausbiegen* n ‖ *Ausweichen* n (& fig) ‖ ⟨Mus⟩ *Verzierung* f, *Triller* m ‖ ⟨Taur⟩ *gewisse Körperbewegung* f *des Stierkämpfers beim Reizen des Stieres* ‖ ◇ dar el ~ a algo *s. e–r Sache entledigen* ‖ dar el ~ a alg. ⟨fam⟩ *jdn im Stich lassen, verlassen* ‖ *s. jds entledigen, ⟨fam⟩ jdn abwimmeln* ‖ poner las banderillas al ~ ⟨Taur⟩ *die Banderillas mit Kreisschwenkung setzen*
¹quien pron rel *(nur auf Personen bezüglich) welcher, welche, welches* ‖ *wer, was* ‖ *der, die, das*
a) r e l a t i v : mi padre a ~ quiero *mein Vater, den ich liebe* ‖ es un torero a ~ conozco *es ist ein mir bekannter Stierkämpfer* ‖ el caballero con ~ hablaste *der Herr, mit dem du sprachst* ‖ propio de ~es ... *wie er denen eigen ist, die ...* ‖ las personas de ~es se habla *die Personen, von denen die Rede ist* ‖ soy yo ~ habla *ich spreche (jetzt)* ‖ tú eres ~ debe(s) hacerlo *du musst es (selbst) tun* ‖ es ella ~ tiene la culpa *sie ist die Schuldige* ‖ hay ~ se alegraría mucho de eso *manch e–r würde s. sehr darüber freuen* ‖ a ~ corresponda *für wen es angeht (übliche Floskel in Beschwerdebriefen)*
b) h a b e r + ~: había ~ bostezaba *einige gähnten (dabei)* ‖ hubo ~ lo negara *einige bestritten es* ‖ no había ~ lo billigte es
c) = el que (bes. in Subjektsätzen): ~ lo crea, va equivocado *wer es glaubt, irrt sich* ‖ como ~ no quiere la cosa ⟨fam⟩ *s. zierend, viel Umstände machend* ‖ como ~ toma una pronta determinación *wie e–r, der e–n plötzlichen Entschluss fasst*
d) h a u p t w ö r t l i c h : tú no eres ~ para hacerlo ⟨fam⟩ *du hast k–e Berechtigung (Befähigung) dazu* ‖ tú no eres ~ quien no billiget es
‖ tú no eres ~ ... *du bist nicht befugt, dies(es) zu tun* ‖ ⟨pop⟩ *du bist e–e Null dabei*
e) ~ + q u i e r a (= quienquiera) usw.: dáselo a ~ quieras *gib es, wem (immer) du willst* ‖ que lo tome ~ quiera *es mag nehmen, wer will*
²quién [pl **quiénes**] pron int a) d i r e k t od i n d i r e k t *fragend*: ¿~ viene? *wer kommt?* ‖ ¡alto! ¿~ vive? ⟨Mil⟩ *halt, wer da?* ‖ ¿para ~? *für wen?* ‖ ¿~ es? *wer ist es?* ‖ *wer da?* ‖ no sé ~ vendrá *ich weiß nicht, wer kommen wird* ‖ es difícil saber ~ fue *(od quiénes fueron) es ist schwer zu erfahren, wer es gewesen ist*
b) d i s j u n k t i v : ~ ... ~ ..., *der e–e ...,*

der and(e)re ... ‖ ~ gritó, ~lloró *der e–e schrie, der and(e)re weinte*
c) in Rufsätzen: ¡~ fuera *(od* fuese*)* Vd.! *an Ihrer Stelle möchte jeder sein! Sie Glücklicher!* ‖ ¡~ supiera cantar! *ach, könnte ich doch singen!* ‖ ¡~ fuese rico! *wie gerne möchte ich* (od *man) reich sein!*
quienquiera [*pl* **quienesquiera**] pron *irgendein(e)* ‖ → auch **⁵quien**
quiera, quiero → **querer**
quiés ⟨pop⟩ → **quieres**
quie|tar vt *beruhigen* ‖ **–te** *f (Mittags)Ruhe* f ‖ *Abendglocke* f *(in Klöstern)* ‖ **–tecito** adj/adv dim von **quieto** ‖ ⟨fam⟩ *hübsch ruhig* ‖ *nur sachte*
quie|tismo *m* ⟨Rel⟩ *Quietismus* m *(der christlichen Mystik und des Buddhismus)* ‖ **–tista** adj *(m/f) quietistisch* ‖ ~ *m/f Quietist(in* f) m
quie|to adj/adv *ruhig, still* ‖ *friedlich, sittsam* ‖ ¡~! *Ruhe!* ‖ ◇ estarse ~ ⟨fam⟩ *ruhig sein, ruhig bleiben* ‖ **–tud** *f Ruhe* f, *Frieden* m
quif *m* → **hachís**
△ **quiglé** *m April* m
quija|da *f Kiefer, Kinn|backen* m, *-lade* f ‖ *Kluppe* f *(am Schraubstock)* ‖ ⟨Tech⟩ *Brechbacke* f ‖ **–rudo** adj *mit starken Kinnbacken (Gesicht)*
quijera *f* [am Zaumzeug] *Backenstück* n *(des Halfters)*
quijo *m* Am ⟨Bgb⟩ *Quarz, quarziger Gang* m *(mit Einsprengungen von Berggold und Silber)*
quijongo *m* CR Nic *indian. Saiteninstrument* n
quijo|tada *f unbesonnene Handlungsweise* od *Unternehmung, idealistische, weltfremde Torheit, Donquichotterie* f ‖ **–te** *m Bein-, Schenkel|schiene* f *(am Harnisch)* ‖ ⟨fig⟩ *Träumer, Schwärmer, (weltfremder) Idealist* m ‖ *übertrieben ernsthafter Mensch* m ‖ Don ~ *Don Quichotte, der Held des Romans des Cervantes* ‖ **–tería** *f* ⟨figf⟩ *Abenteuerlichkeit* f ‖ *übertrieben ritterliches Gefühl* n ‖ → **quijotada** ‖ *Donquichottiade, Erzählung* f *im Stile des „Don Quichotte"* ‖ **–tesco, –til** adj *auf Don Quichotte bezüglich* ‖ ⟨figf⟩ *abenteuerlich, ungereimt, lächerlich* ‖ **–tismo** *m (weltfremder bzw übertriebener bzw selbstloser) Idealismus* m ‖ → **quijotada** ‖ *übertrieben sittliches Gefühl* n ‖ *(lächerlich) übertriebener Stolz* m
quila *f* SAm *(Quila)Bambus* m (Chusquea quila)
quilar vi ⟨vulg⟩ *bumsen, vögeln, ficken*
quila|te *m Karat* n *(Edelsteine und°Gold)* ‖ *Karatgewicht* n ‖ ⟨fig⟩ *Feingehalt* m *(des Goldes)* ‖ ◆ por ~**s** ⟨figf⟩ *sehr spärlich* ‖ **–tera** *f Perlenprüfer* m
quilé *m* ⟨vulg⟩ *Schwanz* m *(Penis)*
quiliasta *m/f* ⟨Rel⟩ *Chiliast(in* f) m
△ **quilibén** *m Erklärung* f
Quilico *m* ⟨fam⟩ → **Casimiro** m
quilificación *f* ⟨Physiol⟩ *Chylusbildung* f
quiligua *f* Mex *Gemüse-, Wäsche|korb* m
quilillo *m (Finger)Ring* m
quilín *m* Chi *Borste* f
¹quilla *f* ⟨Mar⟩ *(Schiffs)Kiel* m
²quilla *f* ⟨V⟩ *Brustbein* n
△ **quillaba** *f Pflaume* f
quillango *m* Arg *Pelzdecke* f
quillay *m e–e Art Seifenbaum* (Quillaja saponaria), *der Panamarinde liefert*
Quillita *f* ⟨fam⟩ → **María**
quillotra *f* ⟨desp⟩ *Geliebte* f
quillo|trar vt ⟨fam⟩ *reizen* ‖ ⟨fam⟩ *jdn verliebt machen* ‖ ⟨fam⟩ *ver|führen, -locken* ‖ *überdenken* ‖ **~se** ⟨fam⟩ *s. herausputzen* ‖ *s. ver|lieben, -gaffen* ‖ **-narren** *s. beklagen* ‖ *jammern* ‖ **–tro** *m* ⟨fam⟩ *Reiz* m, *Reizung* f ‖ ⟨fam⟩ *Liebelei* f ‖ ⟨fam⟩ *Verliebtheit* f ‖ ⟨fam⟩ *Freund, Liebhaber* m ‖

⟨fam⟩ *Kummer, Gram* m ‖ ⟨fam⟩ *Schmuck, Putz* m
quilma *f* ⟨reg⟩ *(Getreide)Sack* m
¹quilo *m* ⟨Physiol Med⟩ *Chylus* m ‖ ◇ sudar *(od* echar*)* el ~ ⟨figf⟩ *s. das Herz aus dem Leib schwitzen* ‖ *s. abrackern*
²quilo *m Kilo(gramm)* n (→ **kilo–**)
³quilo- präf *kilo-* ‖ → **kilo**
quilombo *m* RPl *Bordell* n
quilómetro *m* → **kilómetro**
quilópodos mpl ⟨Zool⟩ *Chilopoden, Hundertfüß(l)er* mpl
quiltro *m* ⟨fam⟩ *kleiner Hund* m ‖ → **quidam**
quima *f* Sant Ast *Ast* m *e–s Baumes* (→ **¹rama**)
quimachi *m* Bol *Haarlocke* f (→ **rizo**)
¹quimba *f* Arg *Rüstigkeit* f ‖ Arg → **garbo** ‖ Col ⟨fig⟩ *Schuld* f
²quimba *f* Am *Sandale* f ‖ Col *Holzschuh* m
quimbear vi Ec *s. schlängeln*
△ **quimbila** *f Gesellschaft* f
quime *m* Chi → **afta**
quimera *f* ⟨Fi⟩ *Spöke, Seekatze* f, *Königsfisch* m (Chimaera monstrosa) ‖ ⟨fig⟩ *Chimäre* f, *Hirngespinst* n ‖ ◇ buscar ~ a alg. ⟨pop⟩ *mit jdm Händel anfangen*
Quimera *f* ⟨Myth⟩ *Chimäre* f
qui|mérico adj *schimärisch, absonderlich, fantastisch* ‖ *utopisch, trügerisch, illusorisch* ‖ **–merista** *m/f Grillenfänger(in* f) m, *Träumer(in* f) m
química *f Chemie* f ‖ ~ *de la alimentación Lebensmittelchemie* f ‖ *analítica analytische Chemie* f ‖ ~ *física physikalische Chemie* f ‖ ~ *fisiológica physiologische Chemie* f ‖ ~ *inorgánica anorganische Chemie* f ‖ ~ *nuclear Kernchemie* f ‖ ~ *orgánica organische Chemie* f ‖
quími|camente adv: ~ *puro chemisch rein* ‖ **–co** adj *chemisch* ‖ **~-técnico** *chemisch-technisch* ‖ ~ *m Chemiker* m
△ **quiminé** *m Schmiede* f
quimio|rresistencia *f Chemoresistenz* f ‖ **–rresistente** adj *chemoresistent* ‖ **–terapia** *f* ⟨Med⟩ *Chemotherapie* f ‖ **–tropismo** *m* ⟨Biol⟩ *Chemotropismus* m
quimismo *m* ⟨Physiol⟩ *Chemismus* m
quimista *m/f Alchimist(in* f) m
Quimito *m* ⟨fam⟩ → **Joaquín**
quimo *m* ⟨Physiol⟩ *Chymus* m
quimono *m Kimono* m
△ **quin** *m Honig* m
quina *f* ⟨Bot⟩ *China(rinden)baum* m (→ **quino**) ‖ *Fieber-, China|rinde* f ‖ ◇ tragar ~ ⟨figf⟩ *die bittere Pille* od *s–n Ärger schlucken*
quinaquina *f Chinarinde* f
△ **quinar** vt *kaufen*
quinario adj *fünfteilig* ‖ ~ *m Fünfergruppe* f ‖ ⟨Hist⟩ *Quinar* m *(altrömische Münze)*
quincajú *m* ⟨Zool⟩ *Wickelbär* m (Potos flavus)
quinca|lla *f Blechwaren* fpl ‖ *billige Metall- und Blech|ware* f ‖ **–llería** *f Blechwarenhandel* m ‖ **–llero** *m Blechwarenhändler* m
quin|ce num *fünfzehn* ‖ *fünfzehnte(r)* ‖ ~ *m Fünfzehn* f ‖ el ~ de enero *der fünfzehnte Januar* ‖ dentro de ~ días *in(nerhalb von) 14 Tagen* ‖ dar ~ y raya a alg. ⟨fam⟩ *jdm überlegen sein, es mit jdm aufnehmen können* ‖ **–ceabrileño** ⟨lit⟩ *fünfzehn Lenze zählend* ‖ una muchacha ~a ⟨fig⟩ *ein Mädchen von 15 Lenzen* ‖ **–ceavo** *m/*adj → **quinzavo** ‖ **–cena** *f fünfzehn Einheiten* fpl ‖ *vierzehn Tage* mpl ‖ *(alle vierzehn Tage ausgezahlter) Arbeitslohn* m ‖ **–cenal** adj *(m/f) zweiwöchentlich, halbmonatlich* ‖ *vierzehntägig* ‖ **–cenalmente** adv *alle vierzehn Tage* ‖ **–cenario** m *Halbmonatsschrift* f ‖ **–ceno** adj *fünfzehnte(r)*
quin|cha, –cho *m* Am *Lehmwand* f *(Flechtwerk mit Lehmbewurf)*

quincuagenario adj *fünfzigteilig* ‖ *fünfzigjährig* ‖ ~ *m Fünfzigjährige(r)* m
Quincua|gésima *f* ⟨Rel⟩ *Sonntag* m *vor Fastnacht (Aschermittwoch), Quinquagesima* f ‖ ⁼**gésimo** *m*/adj *Fünfzigstel* n
△ **quindale** *m Mai* m
quinde *m* Am ⟨V⟩ *Kolibri* m
quindécimo *m*/adj *Fünfzehntel* n
quindenio *m Zeitraum* m *von vierzehn Tagen*
△ ¹**quindia** *f Bohne* f
△ ²**quindia** *f Jüdin* f
quinesiterapia *f* ⟨Med⟩ *Kinesi-, Bewegungs|therapie* f
quingentésimo adj *fünfhundertste(-r, -s)* ‖ ~ *m Fünfhundertstel* n
quingos *m* Am *Zickzack(linie* f) m
quinguear vi Am *s. schlängeln (Fluss, Weg)*
quinie|la *f (Fußball)Totoschein* m ‖ *(Art) bask. Ballspiel* n ‖ ~ *hípica Pferdetoto* n ‖ ~**s** *fpl (Fußball)Toto* n ‖ –**lista** *m/f Totospieler(in* f) m
quinien|tista adj *(m/f) auf die Kunst, Literatur usw. des XVI. Jh. bezüglich* ‖ –**tos** num *fünfhundert* ‖ *fünfhundertste(r, -s)*
△ **quinimar** vt *beruhigen*
qui|nina *f* ⟨Chem Pharm⟩ *Chinin* n ‖ –**nismo** *m* ⟨Med⟩ *Chininvergiftung* f
Quinito *m* ⟨fam⟩ → **Joaquín**
quino *m* ⟨Bot⟩ *China(rinden)baum* m (Cinchona spp) ‖ *Chinarinde* f (→ **quina**)
quinola *f* ⟨fam⟩ *Seltenheit, Extravaganz* f ‖ ~**s** *fpl* ⟨Kart⟩ *Quinolaspiel* n
quinona *f* ⟨Chem⟩ *Chinon* n
quinqué *m Öl-, Petroleum|lampe* f ‖ ~ *de carburo Azetylen-, Karbid|lampe* f ‖ ◇ *tener mucho* ~ ⟨pop⟩ *sehr gerieben sein*
quinque|nal adj *(m/f) fünfjährig* ‖ *alle fünf Jahre stattfindend, fünfjährlich* ‖ –**nio** *m Zeitraum* m *von fünf Jahren*
quinqui *m* ⟨Abk⟩ von **quinquillero** (→ **quincallero**) ‖ p. ex ⟨pop⟩ *Strolch, Landstreicher* m ‖ ⟨pop⟩ *krimineller Penner* m
△ **quinquina** *f Küche* f
△ **quinquinibó** *m Koch* m
△ **quinqui|bia, -ria** *f Wanze* f
¹**quinta** *f Landhaus* n, *Villa* f ‖ *Landgut* n ‖ ⟨Hist⟩ *Pachtgut* n *(Pacht: 1/5 des Ernteertrags)*
²**quinta** *f* ⟨Mil⟩ *Jahrgang* m ‖ *Wehrerfassung* f ‖ ◇ *entrar en* ~(s) *einberufen werden* ‖ *einrücken dienstpflichtig werden* ‖ *soy de la* ~ *del 68 ich bin Jahrgang (19)68*
³**quinta** *f* ⟨Mus⟩ *Quinte* f ‖ ~ *remisa verminderte Quinte* f
quintacolumnista adj *(m/f)* ⟨Pol Mil⟩ *zur fünften Kolonne gehörig* ‖ ~ *m/f Angehörige(r* m) f *der fünften Kolonne*
quintaesen|cia *f Quintessenz* f (& fig) ‖ ⟨fig⟩ *(das) Beste, (das) Höchste* ‖ ⟨fig⟩ *(das) Wesentliche* ‖ –**ciar** vt *die Quintessenz ziehen (aus)* ‖ *aus|klügeln, -tüfteln*
quintal *m* [früher] *Zentner* m *(100 Pfund od Cast 46 kg)* ‖ ~ *métrico Doppelzentner* m ‖ ◇ *echar por* ~es ⟨pop⟩ *stark übertreiben*
quintana *f Landhaus* n, *Villa* f
quinta|ñón *m*/adj ⟨fam⟩ *Greis* m ‖ –**ñona** ⟨fig⟩ *alte Klatschbase* f
quintar vt *von fünf e–n wegnehmen bzw durchs Los bestimmen* ‖ ⟨Mil Hist⟩ *zum Kriegsdienst ausheben*
quintería *f Meierhof* m, *Meierei* f
quinteriano adj *auf die Bühnenautoren Joaquín (1873–1944) und Serafín (1871–1938) Álvarez Quintero bezüglich*
quintero *m Pächter* m *e–s Meierhofes* ‖ *Bauernknecht* m ‖ *Bauer* m

quinterón *m*/adj *Quinteron* m *(Mischling zwischen Weißen und Quarteronen)*
quin|teto *m* ⟨Poet⟩ *Strophe* f *von fünf Versen* ‖ ⟨Mus⟩ *Quintett* n ‖ –**tilla** *f* ⟨Poet⟩ *Strophe* f *von fünf Versen (meist Achtsilber)* ‖ *Quintille* f
quintillizos *mpl Fünflinge* mpl
quintillón *m Quintillion* f
Quintín np: *San* ~ *St. Quentin* n *in Frankreich* ‖ ◇ *allí se armó (od allí hubo) la de San* ~ ⟨fig⟩ *dort kam es zu e–m großen Streit,* ⟨fam⟩ *da gab es* ~–*n Riesenstunk*
¹**quinto** adj *fünfte(-r, -s)* ‖ ~a *parte Fünftel* n ‖ ◇ *mandar al* ~ *infierno* ⟨pop⟩ *zum Teufel schicken* ‖ ~ *m Fünftel* n ‖ *el* ~ *das fünfte Gebot* n ‖ ◇ *no hay* ~ *malo* ⟨pop⟩ *was spät kommt, ist immer gut (bes. Anspielung auf den fünften Stier bei e–m Stierkampf)* ‖ *vivir (bzw estar) en el* ~ *infierno (od pino od* ⟨vulg⟩ *carajo od* ⟨vulg⟩ *coño od* ⟨vulg⟩ *puñeta usw.) jwd (berlinerisch: janz weit draußen) wohnen (bzw liegen),* ⟨vulg⟩ *am Arsch der Welt wohnen (bzw liegen)*
²**quinto** *m* ⟨Mil⟩ *Rekrut* m ‖ ⟨pop⟩ *Tölpel, Einfaltspinsel* m ‖ ◇ *enamorarse como un* ~ *s. bis über beide Ohren verlieben*
quint.º ⟨Abk⟩ = **quintuplicado**
quintral *m* Chi ⟨Bot⟩ *Färbemistel* f (Loranthus spp) ‖ Chi *Rotschimmel* m *(der Melonen und Bohnen)*
quintuplicar [c/qu] vt *verfünffachen*
quintuplo adj/s *fünffach* ‖ *el* ~ *das Fünffache*
△ **quinugadoy** *m Schaltjahr* n
quinzavo *m*/adj *Fünfzehntel* n
quiñado adj Pe *blätternarbig*
quiñazo *m* ⟨fam⟩ Am *derber Stoß* m ‖ *Zusammenprall* m
quiñela *f* Arg *verbotenes Lotteriespiel* n *(unter Benutzung der öffentlichen Lose)*
¹**quiñón** *m Gewinnanteil* m ‖ ⟨reg⟩ *Wertpapier* n
²**quiñón** *m Stück* n *(Ackerland)* ‖ Fil *Flächenmaß von etwa 2,79 ha*
Quío *m* ⟨Geogr⟩ *Chios (Insel)*
quios|co *m* ⟨Zeitungs-, Musik⟩*Kiosk* m ‖ *Kioskbau, Pavillon* m ‖ *Musikpavillon* m ‖ ~ *de necesidad Bedürfnisanstalt* f ‖ ~ *de periódicos Zeitungskiosk* m ‖ ~ *de refrescos Erfrischungs-* od *Getränke|kiosk* m ‖ –**quero** *m* ⟨fam⟩ *Kiosk|verkäufer* bzw *-besitzer* m
qui|po(s) *m(pl)*, –**pu** *m Quip(p)u* n *(Knotenschrift der Inkas)*
quiquiriquí *[pl* ~**s**, ~**íes]** *m* [onom] *Kikeriki* n *(Krähen des Hahns)* ‖ ◇ *hacer* ~ ⟨fam⟩ *krähen (Hahn)* ‖ ⟨pop⟩ *Radau machen*
△ **quir** *m Butter* f
△ **quirá** *m Käse* m
quiragra *f* ⟨Med⟩ *Chiragra, Handgicht* f
△ **quirdaré** *m März* m
quirguiz adj *kirgisisch* ‖ ~ *m Kirgise* m ‖ *el* ~ *das Kirgisische*
△ **quiribé** *m Zaun* m
△ **quiribó** *m Gevatter* m
Quírico *m* np *span. Männername* ‖ ⁼ *m Ven Bote* m ‖ ⟨fig⟩ *Taugenichts* m ‖ *Dieb* m
quirle *m* → **kirie(s)**
quiriquiquí → **quiquiriquí**
quirite *m* ⟨Hist⟩ *Quirite* m *(römischer Vollbürger)*
△ **quirmó** *m Wurm* m
quiro(e)spasmo *m* ⟨Med⟩ *Chirospasmus, Schreibkrampf* m
quirófano *m* ⟨Med⟩ *Operationssaal* m
quirografario adj ⟨Jur⟩: *acreedor* ~ *Buchgläubige(r)* m ‖ *deudor* ~ ⟨Com⟩ *Buchschuldner* m
quirógrafo adj ⟨Jur⟩ *eigenhändig unterschrieben (ohne notarielle Beglaubigung)*

quiro|mancia, -mancía f Wahrsagerei aus den Linien der Hand, Chiromantie f ‖ **–mántico** adj Handlese- ‖ ~ m Wahrsager m (aus der Hand), Handleser, Chiromantiker m

quioprácti|ca f ⟨Med⟩ Chiropraktik f ‖ **–co** m/adj Chiropraktiker m

qui|róptero m ⟨Zool⟩ Fledermaus f ‖ **–ropterofilia** f ⟨Biol⟩ Bestäubung f durch Fledermäuse, Chiroptero|gamie, -philie f ‖ **–rópteros** mpl ⟨Zool⟩ Fledermäuse fpl (Chiroptera)

quiroteca f ⟨Med⟩ Verband m der Hand ‖ p.ex Handschuh m

quir|que m Chi ⟨Zool⟩ kleine Eidechse f ‖ **–quincho** m SAm ⟨Zool⟩ Gürteltier n (Dasypus spp) ‖ aus dem Panzer des Gürteltiers hergestellte Gitarre f

△ **quirsijimí** f Kirsche f

qui|rúrgico adj ⟨Med⟩ chirurgisch ‖ **–rurgo** m → **cirujano**

quis|ca f Chi großer Pflanzenstachel m ‖ **–co** m Arg Distel f ‖ **–cudo** adj stach(e)lig ‖ ⟨fig⟩ borstig

quise, quiso → **querer**

quisicosa f ⟨fam⟩ Rätsel n

quisling m ⟨Pol pej⟩ Quisling, Kollaborateur m

△ **quisobí** f Geldtasche f

quisque m ⟨lat⟩: cada ~ ⟨fam⟩ jeder (jede, jedes)

¹quisquilla f ⟨fam⟩ Lappalie f ‖ Spitzfindigkeit f ‖ ~s fpl ⟨pop⟩ Stichelreden, Neckereien fpl

²quisquilla f ⟨Zool⟩ Sandgarnele f (Crangon crangon) ‖ Krabbe f, Shrimp, Granat m (Bezeichnungen im Handel)

quisquilloso adj kleinlich, zimperlich ‖ kitz(e)lig, empfindlich ‖ spitzfindig ‖ kritt(e)lig

quistarse vr s. einschmeicheln (bei)

quiste m ⟨Med⟩ Zyste f ‖ ⟨Bot Zool⟩ Zyste f, kapselartiges Dauerstadium n (meist bei ungünstigen Lebensbedingungen) ‖ ~ sebáceo ⟨Med⟩ Talg(drüsen)zyste f

quisto pp/irr von **²querer** (nur mit bien und mal gebraucht, sonst veraltet) ‖ bien (mal) ~ gern (ungern) gesehen, (un)beliebt

¹quita f ⟨Jur⟩ Schuld(en)erlass, Erlass m der Schuld(en) ‖ ~ y espera Teilnachlass m und Stundung f (Vergleich)

²¡quita! → **quitar**

quita|barros m Kotabstreifer m ‖ **–camisa** f Cu ein Kartenspiel

quitación f ⟨Jur⟩ Erlass, Nachlass m (e–r Schuld) ‖ Be|zahlung, -soldung f

quita|cutículas m Nagelhautentferner m ‖ **–esmalte** m Nagellackentferner m

quitaguas m [veraltet] Regenschirm m

quitaipón m: de ~ abnehmbar ‖ auswechselbar ‖ Auf|satz-, -setz- ‖ ⟨fig⟩ improvisiert ‖ en casa del ~ ⟨pop⟩ im Versatzamt, ⟨fam⟩ bei der Tante ‖ ◇ llevar al ~ ⟨pop⟩ versetzen

quita|manchas m Flecken|reiniger, -entferner m ‖ Fleckenwasser n ‖ **–meriendas** fpl ⟨Bot⟩ Zeitlose f (Colchicum spp) ‖ **–miedos** m ⟨pop⟩ Sicherheitsvorrichtung f (z.B. Halteseil, Geländer usw.) ‖ **–motas, –pelillos** m ⟨figf⟩ liebedienerische Person f, Fuchsschwänzer m ‖ **–nieves** m Schneepflug m ‖ Schneeräumer m

quitanza f ⟨reg⟩ Quittung f

quita|pelillos m → **quitamotas** ‖ **–penas** m ⟨fam⟩ Alkohol m ‖ **–pesares** m ⟨fam⟩ Trost, ⟨fam⟩ Sorgenbrecher m ‖ ⟨fam⟩ Zeitvertreib m ‖ **–pesos** m Am ⟨fam⟩ Geldauspresser m ‖ **–piedras** m ⟨EB⟩ Bahnräumer m ‖ **–pinturas** m (Farben)Abbeizmittel n ‖ **–pón** m → **quitaipón**

quitar vt/i nehmen, weg-, fort|nehmen ‖ entfernen ‖ weg-, hinaus|schaffen ‖ stehlen, entwenden ‖ rauben, entreißen ‖ entziehen, (ab)nehmen ‖ s. entledigen (e–r Pflicht) ‖ abziehen (Nummer) ‖ abnehmen ‖ (ver)hindern ‖ aufheben, abschaffen (Gesetze, Ämter) ‖ vertreiben (Fieber) ‖ ausschließen, verbieten ‖ ablenken, parieren (im Fechten) ‖ ◇ ~ con ácido (mit Säure) wegätzen ‖ ~ el apetito den Appetit verderben ‖ me lo has quitado de la boca du hast mir das Wort aus dem Mund(e) genommen ‖ ~ la cabeza a alg. jdn köpfen ‖ ⟨figf⟩ jdn verrückt machen ‖ ~ la capa a alg. ⟨figf⟩ jdn bestehlen ‖ ¡no quite Vd. la cara! wenden Sie das Gesicht nicht ab! ‖ ~ la cáscara schälen (de algo et.) ‖ ~ con el cepillo abbürsten ‖ ~ la clientela ⟨Com⟩ die Kundschaft entziehen ‖ ~ la comunicación ⟨Tel⟩ das Gespräch unterbrechen ‖ ~ de delante aus dem Weg räumen ‖ ~ de encima algo a alg. jdn von et. befreien ‖ ⟨pop⟩ vom Halse schaffen ‖ eso me quita las ganas das verdirbt mir den Appetit ‖ das nimmt mir die (Arbeits)Lust ‖ me lo has quitado de los labios du hast mir das Wort aus dem Mund(e) genommen ‖ ~ con la lima abfeilen ‖ me quitas la luz du nimmst mir das Licht weg, du stehst mir im Licht ‖ ~ de en medio aus dem Weg(e) schaffen od räumen (bes. fig) ‖ ⟨fig⟩ beseitigen, ⟨fam⟩ umbringen ‖ ~ la mesa den Tisch abdecken ‖ ~ el pellejo a alg. ⟨pop⟩ jdm die Haut abziehen ‖ jdn verprügeln ‖ eso me quita la respiración das verschlägt mir den Atem ‖ eso me quita el sueño das lässt mich nicht schlafen, das raubt mir den Schlaf ‖ ~ las telarañas de las paredes Spinnweben von den Wänden beseitigen ‖ ~ la vida a alg. jdn töten od umbringen ‖ eso no quita para que … (subj) damit ist nicht gesagt, dass … ‖ bei alledem, trotzdem ‖ ¿quién lo quita? wer bezweifelt es? ‖ lo cortés no quita (a) lo valiente Tapferkeit schließt Höflichkeit nicht aus ‖ nadie le quita su mérito niemand spricht ihm (ihr) sein Verdienst ab ‖ ni quita ni pone ⟨pop⟩ er (sie, es) ist e–e Null, er (sie, es) hat nichts zu sagen ‖ una moza que quita el sentido od la cabeza ⟨pop⟩ ein entzückendes, reizendes Mädchen n ‖ de quita y pon → de quitaipón ‖ ¡quita! Unsinn! ‖ i wo! i bewahre! ‖ pfui! ‖ ¡quita allá! fort von hier! k–e Rede! woher! i wo (denn)! ‖ eso no hay quien lo quite das kann k–r verwehren ‖ quitando eso od quitando que … davon abgesehen, (dass …) ‖ übrigens … ‖ außer(dem) ‖ él me quitó de ir a paseo seinetwegen konnte ich nicht spazieren gehen ‖ reñir por un quítame allá esas pajas ⟨pop⟩ um des Kaisers Bart (od wegen nichts und wieder nichts) streiten ‖ en un quítame allá esas pajas ⟨pop⟩ im Nu, im Handumdrehen ‖ sin ~ ojo de ella ohne die Augen von ihr zu wenden ‖ sin ~ ni poner genau, gerecht ‖ unparteiisch ‖ ~se.

entfernen, s. zurückziehen ‖ aus dem Weg gehen, weggehen ‖ s. befreien, s. entledigen (de algo e–r Sache), s. losmachen (de von) ‖ ablegen (Mantel) ‖ ausziehen (Kleidungsstücke) ‖ abnehmen (Brille, Hut) ‖ ◇ ~ la careta s. demaskieren ‖ ~ una costumbre s. et. abgewöhnen ‖ ~ de delante aus dem Weg gehen ‖ ~ de encima a alg. ⟨fig⟩ s. jdn vom Hals(e) schaffen ‖ ~ de fumar ⟨fam⟩ s. das Rauchen abgewöhnen ‖ ~ el sombrero den Hut abnehmen od ziehen (vor jdm dat) ‖ ~ los vestidos s. ausziehen, s. entkleiden) ‖ ~ de … s. zurückziehen von … ‖ aufgeben (Beruf) ‖ no puedo quitarme eso de la cabeza ich werde d(ies)en Gedanken nicht los ‖ quitarle algo a alg. de la cabeza jdn von e–r Sache abbringen ‖ no se le quitaba del lado er (sie, es) wich ihm (ihr) nicht von der Seite ‖ ¡quítate de ahí! fort (mit dir) *von hier!* ‖ ¡quítate de la luz! *geh mir aus dem Licht!* ‖ ¡quítese Vd. de ahí! *treten Sie beiseite!* ‖ ⟨pop⟩ *Unsinn! k–e Rede!* ‖ ⟨pop⟩ *das machen Sie e–m anderen weis!*

quita|sol *m Sonnenschirm* m ‖ **–sueños** *m* ⟨fig⟩ *nagender Kummer* m *(der schlaflose Nächte verursacht)*

quita y pon → **quitaipón**

quite *m Abwendung* f ‖ *Parade* f *(beim Fechten)* (& *allg*) ‖ *Absprung* m ‖ ⟨Taur⟩ *Parade* f *(Ablenkung) im Stierkampf* ‖ ◇ acudir al ~ ⟨fig⟩ *herbeieilen* ‖ dar el ~ Mex *s. revanchieren, mit e–r Retourkutsche reagieren* ‖ estar al ~ *od* a los ~s *hilfsbereit sein* ‖ *aufpassen, um die Gelegenheit beim Schopf zu packen* ‖ el matador estuvo bien en los ~s ⟨Taur⟩ *der Matador führte glänzende Paraden mit dem Mantel aus* ‖ eso no tiene ~ ⟨fig⟩ *dem ist nicht abzuhelfen*

quiteño *adj/s aus Quito* (Ec) ‖ *auf Quito bezüglich*

quiti|na *f* ⟨Biol Chem⟩ *Chitin* n ‖ **–noso** *adj chitinös, chitinhaltig bzw aus Chitin bestehend* ‖ *chitinähnlich, chitinig*

quitón *m* ⟨Zool⟩ *Chiton* m *(Käferschnecke)*

quitrín *m* Am ⟨Hist⟩ *(Art) Kalesche* f *(Wagen)*

quiúlla *f* Chi *Lagune* f ‖ *morastiges Erdreich* n

quiwi *m* ⟨Bot⟩ → **kiwi**

quiyá *f* Am *(Art) Ferkelkaninchen* n

quiz *m Quiz* n

quizá(s) *adv vielleicht* ‖ ~ llueva mañana *vielleicht wird es morgen regnen* ‖ ~ lo robara *(od* haya robado) él *er wird es vielleicht gestohlen haben* ‖ ¡~ sí, ~ no! ⟨pop⟩ *je nachdem!* ‖ *vielleicht! mal sehen! es kommt darauf an!* ‖ (~ y) sin ~ *bestimmt, unter allen Umständen, auf alle Fälle*

quodlibet *m* ⟨Mus⟩ *Quodlibet* n ‖ → auch **cuodlibeto**

quórum [... un] *m Quorum* n, *Mindeststimmenzahl, Beschlussfähigkeit* f ‖ ◇ alcanzar el ~ *beschlussfähig sein*

quota litis ⟨lat⟩ *f* ⟨Jur⟩ *Erfolgshonorar* n

R

R, r _f_ [= Erre, erre, _pl_ Erres, erres] _R, r_ n ‖
RR, rr _f_ [= Erre doble, erre doble, _pl_ Erres
dobles, erres dobles] _das span._ Doppel-r
R. ⟨Abk⟩ = **radiograma** ‖ **real** ‖ **recibido**
(**recibimos, recibí**) ‖ **reprobado** _(Prüfungsnote)_ ‖
respuesta ‖ ⟨EB⟩ **restaurante** ‖ **reverendo** ‖
revisado ‖ **río**
r., r/ = **reflexivo** ‖ **remesa** ‖ **respuesta**
Ra ⟨Abk⟩ = ²**radio**
R. A. ⟨Abk⟩ = **Real Academia** ‖ **República
Argentina**
raba _f_ ⟨Fi⟩ _Köder_ m _aus Kabeljaurogen_ ‖
Fangarm m _(der Weichtiere)_ ‖ **~s** _fpl_ Sant
⟨Kochk⟩ _in Öl gebackene Fangarme_ mpl _des
Kalmars, des Tintenfisches und der kleinen
Kraken_
rabadán _m (Ober)Schäfer_ m
rabadilla _f_ **a)** ⟨V⟩ _Bürzel, Sterz_ m _(der Vögel)_
‖ **b)** ⟨An⟩ _Steißbein_ n
rabanal _m Rettichfeld_ n
raba|nera _f Rettichverkäuferin_ f ‖ ⟨Kochk⟩
kleine Schüssel f ‖ ⟨figf⟩ _unverschämtes, grobes
Weib(sstück)_ n ‖ **-nero** adj ⟨figf⟩ _unverschämt,
grob_ ‖ ⟨fig⟩ _sehr kurz (Kleid)_ ‖ ~ _m
Rettichverkäufer_ m ‖ **-neta** _m_ dim von **rábano** ‖
-nillo _m_ dim von **rábano** ‖ ⟨Bot Agr⟩ _Hederich_ m
(Raphanus raphanistrum) (Unkraut) ‖ ⟨figf⟩
(Wein)Stich m ‖ ~ (picante) _Radieschen_ n
(Raphanus sativus radicula) ‖ **-niza** _f
Rettichsamen_ m
rábano _m_ ⟨Bot Agr⟩ _Rettich_ m (Raphanus
sativus) ‖ _Rettichwurzel_ f ‖ ⟨figf⟩ _(Wein)Stich_ m ‖
⟨fig vulg⟩ _Schwanz_ m _(Penis)_ ‖ ~ picante
Meerrettich, Öst _Kren_ m (Armoracia rusticana) ‖
◇ _eso me importa un_ ~ _(fam) das ist mir
schnuppe_ od _piepe_ od _Wurs(ch)t_ ‖ _tomar el_ ~ _por
las hojas_ ⟨figf⟩ _das Pferd beim Schwanz
aufzäumen_ ‖ _no valer un_ ~ _völlig unnütz sein_ ‖
¡un ~! _denkste! i wo (denn)! k–e Rede!_
rabárbaro _m_ ⟨Bot⟩ → **ruibarbo**
rabassa _f:_ ~ _morta_ ⟨Cat⟩ ⟨Jur⟩ _Vertrag, bei
dem der Eigentümer den Grund gegen Zins zur
Bepflanzung mit Weinstöcken hingibt,
Vertragsdauer! bis zum Absterben der Weinstöcke_
‖ **-ire** _m_ ⟨Cat⟩ _Landpächter_ m _nach_ rabassa morta
△ **rabasunche** _m Fuchs_ m
rabazuz [_pl_ ~**ces**] _m Lakritze_ f (→ **regaliz,
orozuz**)
rabe|ar vi _(mit dem Schwanz) wedeln_ ‖ ⟨fig⟩
schwänzeln ‖ ⟨figf⟩ _(noch) am Leben sein_ ‖ ◇
todavía –a ⟨figf⟩ _das hat noch gute Weile, das
dauert noch_
rabel _m_ ⟨Mus⟩ _dreisaitige lautenförmige
(Hirten)Geige_ f ‖ _Sack-, Stock|geige_ f ‖ ⟨figf⟩
Gesäß n, _Po(po)_ m
△ **rabelar** vt _loben_
rabelejo dim von **rabel**
rabelesiano adj _auf den frz. Schriftsteller
François Rabelais (1494[?]–1553) bezüglich_
rabeo _m Wedeln, Schwänzeln_ n
rabera _f hinterer Teil_ m ‖ _Stiel, Griff_ m ‖ ⟨Mil⟩
Kreuzteil m _(des Mausergewehres)_
raberón _m (Baum)Gipfel_ m
rabí [_pl_ ~**íes**] _m Rabbi_ m ‖ → auch **rabino**
rabia _f_ ⟨Vet Med⟩ _(Toll)Wut_ f ‖ ⟨fig⟩ _Wut,
Raserei_ f, _Zorn_ m ‖ ~ _furiosa Tollwut_ f ‖ ◇ _me

tiene_ ~ _er (sie, es) ist wütend auf mich_ ‖ _er (sie,
es) kann mich nicht ausstehen_ ‖ _tener_ ~ contra
alg. auf jdn wütend sein ‖ _jdn nicht ausstehen_ od
⟨fam⟩ _nicht riechen können_
rabiar vt _toll, wütend sein_ ‖ ⟨Med Vet⟩ _an
Tollwut erkranken_ ‖ ⟨fig⟩ _wüten, toben, vor Zorn
rasen_ ‖ a ~ ⟨pop⟩ _ungemein viel, haufen-_ od
scheffel|weise, in Massen, en masse ‖ ◇ ~ _de
dolor starke Schmerzen haben_ ‖ ~ _de impaciencia
vor Ungeduld brennen_ ‖ _rabio de impaciencia por
terminar ich brenne darauf, fertig zu werden_ ‖ ~
por algo rasende Begierde nach et. (dat) od _auf
et._ (acc) _haben_ ‖ _sehr erpicht sein auf et._ (acc) ‖
_pica que rabia es brennt wahnsinnig (e–e scharfe
Speise)_ ‖ _es juckt ungemein (z. B. Mückenstich)_ ‖
_ser del tiempo del rey que rabió zu Olims Zeiten
s. zugetragen haben_
rabiatar vt _am Schwanz an-, fest|binden
(Tiere)_
rabiazorras _m_ ⟨Meteor⟩ → ²**solano**
rabi|caliente adj _(m/f)_ ⟨vulg⟩ _wollüstig, geil_ ‖
-cano, -cán adj/s _stichelhaarig (Pferd)_
rábico adj ⟨Met Vet⟩ _Tollwut-_
rabicorto adj _kurzschwänzig_
rábida _f Marr Einsiedelei_ f, _Kloster_ n
rabieta _f_ dim von **rabia** ‖ _(lächerlich
wirkender) Wutanfall_ m ‖ ⟨fam⟩ _Kinderzorn_ m
rabi|horcado _m_ ⟨V⟩ _Fregattvogel_ m (Fregata
magnificens) ‖ **-largo** adj _langschwänzig_ ‖ ~ _m_
⟨V⟩ _Blauelster_ f (Cyanopica cyanus)
rabillo _m_ dim von **rabo** ‖ ⟨Bot⟩ _Stiel, Stengel_
m ‖ ⟨Bot⟩ _Taumellolch_ m (→ **cizaña**) ‖ _Westen-
bzw Hosen|schnalle_ f ‖ ~ _del ojo_ ⟨fig⟩
Augenwinkel m ‖ ◇ _mirar por el_ ~ _del ojo aus
den Augenwinkeln (od heimlich) beobachten_
ra|binato _m Rabbinat_ m ‖ **-bínico** adj
rabbinisch, Rabbiner- ‖ **-binismo** _m Lehre_ f _der
Rabbiner_ ‖ **-bino** _m Rabbiner_ m ‖ _gran_ ~
Oberrabbiner m
rabión _m Stromschnelle_ f
rabioso adj/s _rasend, wütend, toll_ ‖ _zornwütig,
rabiat_ ‖ ⟨Met Vet⟩ _tollwütig_ ‖ ⟨fig⟩ _scharf
schmeckend_ ‖ _aggressiv (z. B. Werbung)_ ‖ ◆ _al
contado_ ~ _(fam) nur gegen Barzahlung_ ‖ ◇
volverse ~ ⟨fig⟩ _zornig werden_ ‖ _aufbrausen_ ‖
¡eso me pone ~! _(fam) das macht mich wütend!_
rabisalsera _f/adj kess und frech (Frau)_ ‖
vorwitzig, naseweis (Frau)
rabitojo _m_ ⟨V⟩: ~ _mongol
Stachelschwanzsegler_ m (Hirundapus caudacutus)
¹**rabiza** _f_ ⟨Fi⟩ _Spitze_ f _der Angelrute_ ‖ ⟨Mar⟩
Schieping f
△ ²**rabiza** _f Nutte_ f
rabo _m Schwanz, Schweif_ m ‖ ⟨Bot⟩ _Stiel,
Stängel_ m ‖ ⟨fig⟩ _Kometenschweif_ m ‖ ⟨fig⟩ _alles
Schwanzartige_ n ‖ ⟨fig vulg⟩ _Schwanz_ m _(Penis)_ ‖
⟨Taur⟩ _Schwanz_ m _(des getöteten Stieres, als
Ehrenpreis für den Matador)_ ‖ ~s _de gallo_
⟨Meteor⟩ _Feder-, Zirrus|wolke_ f ‖ ~ _del ojo_ ⟨fig⟩
Augenwinkel m (→ **rabillo**) ‖ ~ _de zorra_ ⟨Bot⟩
Fuchsschwanz m (Amarantus spp) ‖ ◇ _asir por el_
~ ⟨figf⟩ _ungeschickt anpacken_ ‖ _(ein Geschäft)
ungeschickt beginnen_ ‖ _todavía está_ od _falta el_ ~
por desollar → _todavía queda el_ ~ _por desollar_ ‖
_ir_ ~ _entre piernas_ ⟨fam⟩ _den Schwanz zwischen
die Beine nehmen_ ‖ _ir al_ ~ _de alg._ ⟨figf⟩ _jdm

nach dem Mund reden, jdm schmeicheln ‖ *mirar a uno de (od con el)* ~ *(od rabillo) del ojo* ⟨figf⟩ *jdn zornig, verächtlich, von der Seite ansehen* ‖ *todavía queda el* ~ *por desollar* ⟨figf⟩ *das Schwierigste steht noch bevor* ‖ ⟨fam⟩ *das dicke Ende kommt noch* ‖ *salir* ~ *entre piernas* → *ir* ~ *entre piernas* ‖ *aún le ha de sudar el* ~ ⟨figf⟩ *der wird noch viel schwitzen*

rabón adj *kurzschwänzig* ‖ *schwanzlos* ‖ Mex *kurz (Frauenrock)* ‖ Mex *elend, miserabel* ‖ *unbedeutend* ‖ Chi *nackt*

rabona *f:* ◇ *hacer (la)* ~ ⟨fam⟩ *die Schule schwänzen*

rabo|near vi *mit dem Schwanz kräftig wedeln* ‖ ⟨pop⟩ *die Schule schwänzen* ‖ ~ vt/i Am *(ein Vieh) am Schwanz packen, um (es) zu zähmen* ‖ **–nero** *m* ⟨pop⟩ *Schüler, der die Schule schwänzt, Schwänzer m*

rabopelado *m* ⟨Zool⟩ → **zarigüeya**

raboso adj *ausgefranst*

rabotada *f Schlag, Ruck m mit dem Schwanz* ‖ ⟨figf⟩ *freche, grobe Antwort od Bewegung f* ‖ ◇ *dar* ~s ⟨figf⟩ *s. frech benehmen*

rabo|tear vt *den Schwanz stutzen (den Lämmern)* ‖ **–teo** *m Schwanzstutzen n*

rabudo adj *langschwänzig*

rábula *m Rechtsverdreher, Rabulist m* ‖ ⟨pop⟩ *Krakeeler m*

¹rac *m* → **arac**

²rac, rac onom *quak! quak! (der Frösche)*

raca|near vi ⟨pop⟩ *faulenzen* ‖ **–neo** *m* ⟨pop⟩ *Faulenzen n, Müßiggang m*

rácano adj ⟨pop⟩ *faul* ‖ *arbeitsscheu* ‖ *geizig*

racconto *m* ⟨it⟩ ⟨Th⟩ *erzählende Partie f (in e–r Oper)*

racel *m* ⟨Mar⟩ *Piek f* ‖ ~ *de popa Vorpiek f* ‖ ~ *de proa Achterpiek f*

racémico adj ⟨Chem⟩ *razemisch*

racemoso adj ⟨Bot⟩ *raze|mos, -mös, traubenförmig*

racha *f Windstoß m* ‖ ⟨Mar⟩ *Bö(e) f* ‖ ⟨fig⟩ *Strudel m* ‖ ⟨fig⟩ *Serie, Reihe f* ‖ ◆ *después de una* ~ *de dificultades nach e–r Reihe Schwierigkeiten* ‖ *mala (buena)* ~ ⟨fam⟩ *Pech-, (Glücks)Strähne f*

rachar vt Ast Gal León Sal → **rajar**

rachear vi ⟨Meteor⟩ *böig wehen (Wind)*

△ **rachelar** vt *antreffen*

△ **rachí** *f Nacht f*

racial adj *(m/f) rassisch, Rassen-* ‖ → **racismo,** **¹raza**

raci|mo *m* ⟨Wein⟩*Traube f* ‖ ⟨Bot⟩ *Blütentraube f* ‖ *Büschel n (Kirschen, Pflaumen)* ‖ ⟨fig⟩ *Schwarm m, Schar f* ‖ **–moso** adj → **racemoso** ‖ **–mudo** adj *großtraubig* ‖ *mit vielen Trauben*

racioci|nar vi *schließen, urteilen* ‖ ⟨*nach*⟩*denken* ‖ *klügeln, vernünfteln* ‖ → auch ¹*Nachdenken n* ‖ *Gedankengang m* ‖ *Urteilsfähigkeit f* ‖ *Urteilskraft f* ‖ → auch **¹razonamiento**

ración *f Ration f* ‖ *Zuteilung f* ‖ *Portion f (von e–r Speise)* ‖ *(tägliche) Nahrungsmenge f* ‖ *(täglicher) Nahrungsbedarf m* ‖ *Kostgeld n* ‖ ⟨Rel⟩ *Pfründe f* ‖ *una* ~ *decente e–e anständige Portion f* ‖ ~ *de hambre Hungerration f* ‖ ◆ *a* ~ *genau, knapp abgemessen*

¹racional adj *(m/f) rational, vernünftig,* ⟨*Vernunfts-*⟩ ‖ ⟨Math⟩ *rational* ‖ ⟨fig⟩ *rationell, zweckmäßig bzw ordnungsmäßig* ‖ ⟨fig⟩ *sparsam, ökonomisch* ‖ (*ser*) ~ *vernunftbegabtes Wesen n*

²racional *m* ⟨Rel⟩ *Rationale n*

raciona|lidad *f Vernünftigkeit f* ‖ *Zweck- bzw Ordnungs|mäßigkeit f* ‖ **–lismo** *m Rationalismus, Vernunftglaube m* ‖ **–lista** adj *(m/f) rationalistisch*

‖ ⟨*Vernunft-*⟩ ‖ ~ *m/f Rationalist(in f) m* ‖ **–lización** *f Rationalisierung f (& Wir)* ‖ **–lizador** *m Rationalisator m* ‖ **–lizar** [z/c] vt *rationalisieren* ‖ *vereinheitlichen, normen*

raciona|miento *m Bewirtschaftung, Rationierung f* ‖ *Zuteilung, Ausgabe f der Rationen* ‖ **–r** vt *rationieren* ‖ ⟨Mil⟩ *die Rationen ausgeben* ‖ *abfüttern (Pferde usw.)*

racionero *m* ⟨Rel⟩ *(Kost)Pfründer m* ‖ *Kostverteiler m im Kloster*

racis|mo *m* ⟨Pol⟩ *Rassismus m* ‖ *(übersteigertes) Rassenbewusstsein n* ‖ *Rassen|gedanke m, -denken n* ‖ *Rassen|wahn m, -hetze f* ‖ **–ta** adj *(m/f) rassistisch* ‖ *rassisch* ‖ *rassenpolitisch* ‖ p.ex *völkisch, Volks-* ‖ ~ *m/f Rassist(in f), Verfechter(in f) m des Rassengedankens* ‖ *Rassenpolitiker(in f) m* ‖ *Rassenfanatiker(in f) m*

raclette *f* ⟨Kochk⟩ *Raclette f (& n)*

racor *m* ⟨Tech⟩ *Anschlussstutzen m mit Gewinde* ‖ *Verbindungsstück n*

rada *f* ⟨Mar⟩ *Reede f*

radar *m* ⟨Phys Mil⟩ *Radar m (& n)* ‖ *Radar-, Funkmess|gerät n* ‖ ~ *de acercamiento de gran precisión* ⟨Flugw⟩ *Präzisionsanflugsradargerät n* ‖ ~ *de grandes distancias Großraumübersichtsradargerät n* ‖ ~ *meteorológico y anticolisión* ⟨Flugw⟩ *Nebel- und Antikollisions|radar m (& n)*

¹radiación *f* ⟨Aus⟩*Strahlung f* ‖ ~ *de la antena* ⟨Radio⟩ *Antennenstrahlung f* ‖ ~ *atómica,* ~ *radiactiva radioaktive Strahlung f* ‖ ~ *cósmica kosmische Strahlung f* ‖ ~ *con lámpara de cuarzo* ⟨Med⟩ *Quarzlampenbestrahlung f* ‖ ~ *solar (terrestre) Sonnen-, (Erd)Strahlung f* ‖

radiaciones *fpl Strahlen mpl* ‖ → auch **¹rayo**

²radiación *f Am Aus-, Durch|streichen n* ‖ *Streichung f* ‖ ⟨Jur⟩ *Löschung f*

radiacti|vidad *f* ⟨Phys⟩ *Radioaktivität f* ‖ **–vo** adj ⟨Phys⟩ *radioaktiv*

¹radiado adj *strahl(enförm)ig, Strahlen-* ‖ ⟨Funk-⟩ ‖ **–s** *mpl* ⟨Zool⟩ *Strahlentiere npl (Radiata)*

²radiado adj Am *gestrichen, (aus-, durch)gestrichen*

radiador *m Heizkörper, Radiator m* ‖ ⟨Auto⟩ *Kühler m* ‖ ⟨Phys⟩ *Strahler m* ‖ ~ *de aletas* ⟨Auto⟩ *Lamellenkühler m* ‖ ~ *de calefacción Heizkörper m* ‖ ~ *eléctrico elektrischer Heizkörper, Elektroradiator m* ‖ ~ *integral* ⟨Phys⟩ *schwarzer Körper, Planckscher Strahler m* ‖ ~ *de panal* ⟨Auto⟩ *Wabenkühler m* ‖ ~ *tubular* ⟨Auto⟩ *Röhrenkühler m*

radial adj *(m/f) strahlig, speichenförmig* ‖ ⟨An Biol Math Tech⟩ *radial* ‖ (*músculo*) ~ *m* ⟨An⟩ *Speichenbeuger m (Muskel)*

radiancia *f* ⟨Phys⟩ *Strahldichte f*

radiante adj *(m/f) strahlend, glänzend* ‖ ⟨Strahlungs-⟩ ‖ ⟨fig⟩ *glückstrahlend* ‖ ~ *de alegría freudestrahlend* ‖ ~ *m* ⟨Math⟩ *Radiant m*

¹radiar vt *(ab-, aus)strahlen* ‖ ⟨Radio⟩ *funken, senden, ausstrahlen* ‖ ~ vi *glänzen, leuchten, strahlen*

²radiar vt Am *(aus-, durch)streichen (in e–r Liste usw.)* ‖ ⟨Jur⟩ *löschen*

radicación *f Wurzel|treiben n, -bildung f* ‖ *Ein-, Ver|wurzelung f (& fig)* ‖ ⟨Math⟩ *Wurzelziehung f*

radicado pp: estar ~ *liegen, gelegen sein (z. B. Grundstück)*

radi|cal adj *(m/f)* ⟨Bot⟩ *wurzelständig, Wurzel-* ‖ ⟨fig⟩ *radikal* ‖ ⟨fig⟩ *gründlich* ‖ *Grund-, Stamm-* ‖ ~ *m* ⟨Pol⟩ *Radikale(r) m* ‖ ⟨oft derб⟩ *Radikalinski, Chaot m* ‖ ~ *de derechas Rechtsradikale(r) m* ‖ ~ *de izquierdas Linksradikale(r) m* ‖ ⟨Gr⟩ *Wortwurzel f* ‖ ⟨Gr⟩

Radikal m ‖ *Stamm* m ‖ ⟨Math Chem⟩ *Radikal* n ‖ ⟨Math⟩ *Wurzelzeichen* n ‖ ~ socialista ⟨Pol⟩ **Radikalsozialist** m ‖ **–calismo** *m Radikalismus* m ‖ ~ de derechas *Rechtsradikalismus* m ‖ ~ de izquierdas *Linksradikalismus* m ‖ **–calización** *f Radikalisierung* f ‖ **–calizar** [z/c] vt *radikalisieren* ‖ *zuspitzen* ‖ **–calmente** adv *gründlich, von Grund auf* od *aus*
 radicando *m* ⟨Math⟩ *Radikand* m
 radi|car [c/qu] vi *wurzeln* ‖ *s–n Stammsitz haben* ‖ ⟨fig⟩ *beruhen* (en *auf* dat) ‖ *bestehen* (en *in* dat) ‖ ◇ *la ventaja principal radica en que ... der Hauptvorteil besteht darin, dass ...* ‖ ~se *Wurzel fassen* ‖ Am *s. ansässig machen* ‖ **–cela** *f* ⟨Bot⟩ *Wurzelfaser* f ‖ **–coso** adj *wurzelartig*
 radícula *f* ⟨Bot⟩ *Radikula, Keimwurzel* f *(der Samenpflanzen)* ‖ ⟨An⟩ *Nervenwurzel* f
 radieste|sia *f* ⟨Psychol⟩ *Radiästhesie* f ‖ **–sista** *m/f Wünschelrutengänger(in* f) m
 radiestésico adj *radiästhetisch, auf die Radiästhesie bezüglich*
 radífero adj *radiumhaltig*
 ¹radio m *Radius, Halbmesser* m *des Kreises* ‖ ⟨fig⟩ *Radius* m ‖ ⟨fig⟩ *Um|gebung* f, *-kreis* m ‖ ⟨An Tech⟩ *Speiche* f ‖ ~ de acción *Aktionsradius* m ‖ ~ de alcance *Reichweite* f ‖ ~ de giro ⟨Auto⟩ *Wendekreis* m ‖ ~ medular *Markstrahl* m *(des Holzes)* ‖ ~ de rueda, ~ tangente *Radspeiche* f
 ²radio *m* **(Ra)** ⟨Chem⟩ *Radium* n
 ³radio *m* Kurzform für **radiooperador**
 ⁴radio Arg Bol Chi Par Span Ur: *f*, sonst Am: *m Rundfunk* m, *Radio* n ‖ *Rundfunkgerät, Radio* n ‖ ~ para automóvil, ~ para auto, ~ del coche *Autoradio* n ‖ ~ a bordo ⟨Flugw⟩ *Bordfunk|er* m bzw *-anlage* f ‖ ~ de galena ⟨Hist⟩ *Kristallgerät* n, *(alter) Detektorempfänger* m ‖ ~ portátil *Kofferradio* n ‖ dirigido por ~ *funkgesteuert*
 radio adj → **errante**
 radio|activo adj → **radiactivo** ‖ **–aficionado** *m Funkamateur* m ‖ **–astronomía** *f Radioastronomie* f ‖ **–audición** *f Rundfunkhören* n ‖ *Rundfunk|darbietung* f bzw *-konzert* n ‖ **–baliza** *f* → **radiofaro** ‖ **–biología** *f Radiobiologie* f ‖ **–carbono** *m* ⟨Chem⟩ *Radiokohlenstoff* m ‖ **–casete** *m* (& *f*) *Radiorecorder* m ‖ *Radioklub* m ‖ **–comedia** *f Hörfunk(spiel)serie* f ‖ **–compás** *m* ⟨Flugw⟩ *Radiokompass* m ‖ **–comunicación** *f Funkbericht* m ‖ *Funkverkehr* m ‖ *Funkgespräch* n ‖ **–conductor** *m* ⟨El⟩ *Fritter, Kohärer* m ‖ ⟨Tel⟩ *Empfänger* m *(für drahtlose Telegrafie)* ‖ ~ control *Funksteuerung* f ‖ **–dermatitis** *f* ⟨Med⟩ *Röntgen-, Strahlen|dermatitis* f ‖ **–despertador** *Radiowecker* m ‖ **–diagnóstico** *m Röntgen|diagnose* bzw *-diagnostik* f ‖ **–difundir** vt *senden, übertragen* ‖ **–difusión** *f Rundfunk-, Funk|übertragung* f ‖ ~ sonora *Hör-, Ton|funk* m ‖ **–difusor** adj: estación ~a *Rundfunksender* m ‖ **–electricidad** *f Hochfrequenztechnik* f ‖ *(Rund)Funktechnik* f ‖ *Radioelektrizität* f ‖ **–eléctrico** adj *drahtlos* ‖ *radioelektrisch* ‖ **–elemento** *m* ⟨Atom⟩ *radioaktives Element, Radioelement* n ‖ **–emisión** *f (Rund)Funksendung* f ‖ **–emisora** *f (Rund)Funksender* m ‖ ~ clandestina *Schwarzsender* m ‖ ~ pirata *Piratensender* m ‖ **–enlace** *m Funkverbindung* f ‖ ~ dirigido *Richtfunkverbindung* f ‖ **–escucha** *m/f* → **radioyente** ‖ **–experimentador** *m* a) *Radiobastler* m ‖ b) *Funkamateur* m ‖ **–faro** *m Funk|bake* f, *-feuer, Richtfeuer* n ‖ **–fonía** *f Rundfunk* m ‖ → **radiotelefonía** ‖ **–fónico** adj *Rundfunk-, Sprechfunk-* ‖ **–fotografía** *f* a) *Schirmbildaufnahme* f ‖ b) *Funkbildübertragung* f ‖ *Radiofotografie* f ‖ **–frecuencia** *f Radiofrequenz*

f ‖ **–goniometría** *f Funkpeilung* f ‖ **–goniómetro** *m Funkpeilgerät* n ‖ **–grafía** *f* a) *Röntgenaufnahme* f ‖ *Röntgenbild* n ‖ b) *Radiofotografie* f ‖ **–grabadora** *f Radiorecorder* m ‖ **–grafiar** [pres ~ío] vt a) ⟨Med⟩ *röntgen, durchleuchten* ‖ b) *funken (Fernmeldewesen)* ‖ **–gráfico** adj a) *röntgenographisch, Röntgen-* ‖ b) *Funk-* ‖ **–grama** *m* ⟨Med⟩ *Radiogramm* n ‖ **–gramola** *f Musik|schrank* m, *-truhe* f ‖ **–guía** *m* → **radiofaro** ‖ **–isótopo** *m* ⟨Atom Chem⟩ *Radioisotop, radioaktives Isotop* n ‖ **–larios** *mpl* ⟨Zool⟩ *Strahlentierchen* npl (Radiolaria) ‖ **–lesión** *f* ⟨Med⟩ *Strahlenschädigung* f ‖ **–localización** *f Funkortung* f ‖ *Radar* m (& n) ‖ **–logía** *f* ⟨Med⟩ *Röntgenologie* f ‖ *Radiologie, Strahlenforschung* f ‖ **–lógico** adj *röntgenologisch, Röntgen-* ‖ *radiologisch*
 radiólogo *m Röntgenologe* m ‖ *Radiologe* m
 radio|mensaje *m Funkspruch* m ‖ *Rundfunkbotschaft* f ‖ **–meteorología** *f Radiometeorologie* f ‖ **–metría** *f Radiometrie, Strahlungsmessung* f ‖ *Funkmesstechnik* f
 radiómetro *m Radiometer* n ‖ →
 radiotelémetro
 radio|navegación *f* ⟨Flugw Mar⟩ *Funk|ortung, -navigation* f ‖ **–navegante** *m* ⟨Flugw⟩ *Bordfunker* m ‖ **–novela** *f Rundfunk(spiel)serie* f ‖ **–opaco** adj *strahlenundurchlässig* ‖ **–operador** *m Funker* m ‖ ⟨Flugw⟩ *Bordfunker* m ‖ **–patrulla** *f Funkstreife* f ‖ **–programa** *m Rundfunkprogramm* n ‖ **–química** *f Radiochemie* f ‖ **–recepción** *f Funkempfang* m ‖ **–receptor** *m (Rund)Funkempfänger* m ‖ **–rreportaje** *m Rundfunkreportage* f ‖ **–scopia** *f Durchleuchtung, Radioskopie, Untersuchung* f *durch Röntgenstrahlen* ‖ **–scópico** adj *Durchleuchtungs-, Röntgen-* ‖ **–sensibilidad** *f* ⟨Med⟩ *Strahlungs-, Strahlen|empfindlichkeit* f ‖ **–sensible** adj *(m/f) strahlungs-, strahlen|empfindlich*
 radioso adj *strahlend, leuchtend*
 radio|sonda *f* ⟨Meteor⟩ *Radiosonde* f ‖ **–taxi** *m Funk|taxe* f, *-taxi* n ‖ **–teatro** *m Hörspiel* n ‖ *Rundfunk|theater* n bzw *-bühne* f ‖ **–tecnia, –técnica** *f Funktechnik* f ‖ **–técnico** adj *funk-, radio|technisch* ‖ ~ m *Funk-, Radio|techniker* m ‖ **–telecomunicación** *f Funk(melde)wesen* n ‖ **–telefonía** *f drahtlose Telefonie* f, *Sprechfunk* m ‖ **–telefónico** adj *Funksprech-, radiotelefonisch* ‖ **–teléfono** *m Funksprechgerät, Sprechfunkgerät, Radiotelefon* n ‖ **–telegrafía** *f Funktelegrafie* f, *drahtlose Telegrafie* f ‖ *Funken* n ‖ **–telegrafiar** [pres ~ío] vt/i *funken* ‖ **–telegráfico** adj *funktelegrafisch, auf drahtlose Telegrafie bezüglich* ‖ **–telegrafista** *m Funker* m ‖ **–telegrama** *m Funk|telegramm* n, *-spruch* m ‖ **–telémetro** *m Funkmessgerät* n ‖ **–telescopio** *m Radioteleskop* n ‖ **–televisado** adj *über Funk und Fernsehen (übertragen)* ‖ **–televisión** *f Fernsehfunk* m ‖ =**televisión Española** (RTVE) *span. Rundfunk- und Fernsehgesellschaft* f ‖ **–terapia, –terapéutica** *f Röntgen-, Strahlen|behandlung* f ‖ **–transmisión** *f Funkübertragung* f ‖ **–transmisiones** *fpl Funkwesen* n ‖ **–transmisor** *m Funksender* m ‖ **–vector** *m* ⟨Math⟩ *Leitstrahl, Radiusvektor* m ‖ **–visión** *f* → **televisión**
 radioyente *m/f (Rund)Funkhörer(in* f) m ‖ ~ clandestino *Schwarzhörer(in* f) m
 radomo *m* ⟨El⟩ *Antennenkuppel* f, *Radom* n
 radón *m* **(Rn)** ⟨Chem⟩ *Radon* n
 rádula *f* ⟨Zool⟩ *Radula* f *(der Weichtiere)*
 R.A.E. ⟨Abk⟩ = **Real Academia Española**
 rae|dera *f Schabeisen* n ‖ *Schabemesser* n ‖ **–dura** *f Abschabsel* n ‖ *Schaben* n ‖ ~s de cuero *Leimleder* n ‖ ~s de hierro *Eisenfeilspäne* mpl

raer [pres raigo, pret rayó] vt *(ab)schaben,
abkratzen* ‖ ⟨fig⟩ *ausrotten, (aus)tilgen, vernichten*
‖ *abstreichen* (→ **rasar**) ‖ ◇ ~ *de la memoria*
⟨fig⟩ *aus dem Gedächtnis streichen* ‖ ~**se** *s.
abtragen (Kleider)*
  Rafael *m* np *Raphael* m ‖ *Raffael (it. Maler)* ‖
~**esco** adj ⟨Mal⟩ *in Raffaels Stil*
  ráfaga *f Windstoß, Stoßwind* m ‖ ⟨Mar⟩ *Bö(e)* f
‖ *plötzlicher Lichtstrahl* m ‖ ~s *de ametralladora
Maschinengewehrgarben* fpl ‖ *Feuerstöße* mpl ‖
~ *de luz Lichtzeichen* m, *Aufblitzen* n ‖ ♦ a ~s
⟨fig⟩ *stoßweise, in Stößen* ‖ *böig*
  rafal *m* Ar *Meierhof* m
  rafia *f Raphiabast* m *(aus der Palme Raphia
ruffia)*
  rafidia *f* ⟨Ins⟩ *Kamelhalsfliege* f (Raphidia sp)
  rafting *m* ⟨Sp⟩ *Rafting* n
  raga *f* Arg *Posse* f, *Spaß* m
  raglán *m Raglan, (Art) Mantel* m
  ragtime *m* ⟨Mus⟩ *Ragtime* m
  ragú *m* ⟨Kochk⟩ *Ragout* n
  rahez [pl ~ces] adj *gemein, verächtlich*
  rai m Marr *Schäfer* m
  rai|cilla, –ceja, –cita *f* dim von **raíz**
  raid *m* ⟨Sp⟩ *Raid, Flug* m ‖ ~ *aéreo Flug* m ‖
~ *de bombardeo Bomben|flug, -angriff* m ‖ ~ *
nocturno de bombardeo* ⟨Flugw⟩
Nachtbombenangriff m
  raído adj *ab|geschabt, -getragen,
fadenscheinig (altes Kleid)* ‖ ⟨fig⟩ *dreist,
unverschämt*
  rai|gal adj *(m/f)* ⟨Bot⟩ *wurzelständig* ‖
–gambre *f Wurzelgestrüpp* n ‖ ⟨fig⟩ *Verwurzelung*
f ‖ ♦ sin ~ *wurzellos (& fig)* ‖ ◇ ser de ~, tener
~ ⟨fig⟩ *verwurzelt sein*
  raigo → **raer**
  raigón *m* augm von **raíz** ‖ *Wurzel* f *e-s
Stockzahnes* ‖ *Zahnwurzel* f
  raigrás *m* ⟨Bot⟩ → **raygrás**
  raijo *m* Murc ⟨Bot⟩ *Schössling* m ‖ *neuer Trieb*
m ‖ → **brote, renuevo**
  rail, raíl *m* ⟨EB⟩ *Schiene* f *(auch: riel)*
  Raimundo *m* np *Raimund* m
  raíz *f* [pl ~ces] ⟨Bot⟩ *Wurzel* f *(& Gr Ling
Math)* ‖ ⟨fig⟩ *Wurzel, Grundlage* f ‖ ⟨fig⟩
Ursprung m ‖ *Zahn-* bzw *Haar-* bzw
Nagel|wurzel f ‖ ~ *aérea* ⟨Bot⟩ *Luftwurzel* f ‖
~cuadrada, cúbica *Quadrat-, Kubik|wurzel* f ‖ ~
de mandrágora *Alraunwurzel* f ‖ ~ *de ratania*
⟨Pharm⟩ *Ratanhiawurzel* f ‖ ♦ a ~ ⟨fig⟩ *ganz nahe,
streifend (an* acc) ‖ a ~ *de auf Grund von,
zufolge* ‖ *unmittelbar (bzw kurz) nach* ‖ de ~ *von
der Wurzel weg* ‖ *mit der Wurzel* ‖ ⟨fig⟩ *ganz und
gar, von Grund aus* ‖ a ~ *de mi regreso
unmittelbar nach m–r Rückkehr* ‖ ◇ *arrancar de*
~ *mit der Wurzel (od mit Stumpf und Stiel)
ausrotten* ‖ *raíces* fpl: echar ~ *Wurzel fassen (&
fig)* ‖ ⟨fig⟩ *s. niederlassen, sesshaft werden* ‖
parecía haber echado ~ *(en el suelo)* ⟨figf⟩ *er
(sie, es) stand wie angewurzelt da* ‖ tener ~ ⟨fig⟩
tief eingewurzelt sein
  raja *f Splitter, Span* m ‖ *Riss, Spalt* m, *Ritze,
Spalte* f ‖ *Sprung* m ‖ *Schnitte* f, *Schnittchen* n
(Melone, Käse usw.) ‖ *Scheibe* f *(Wurst)* ‖ ⟨vulg⟩
Möse, Muschi f, *Schlitz* m ‖ ◇ *hacerse* ~s ⟨figf⟩
in Stücke gehen ‖ ⟨fig⟩ *zerstört werden* ‖ *sacar* ~
⟨figf⟩ *Nutzen ziehen (de aus)*
  rajá [pl ~aes] *m Radscha* m *(indischer Fürst)*
  ¹rajada *f* Am *Rückzieher* m
  ²rajada *f* ⟨vulg⟩ *Möse, Muschi* f, *Schlitz* m
  raja|do adj *zersprungen, geborsten* ‖ *feig(e)* ‖
wortbrüchig ‖ ~ *m* ⟨fig⟩ *Feigling* m ‖
Wortbrüchige(r) m ‖ **–dor** *m Holzspalter* m ‖
–dura *f Sprung, Riss, Spalt* m ‖ *Spaltbildung* f ‖
⟨figf⟩ *Feigheit* f ‖ *Rückzieher* m

  rajar vt *(zer)spalten* ‖ *auseinander brechen* ‖
(ein)ritzen ‖ *schlitzen* ‖ Arg *abhauen* ‖ ◇ ~ *leña
Holz spalten* ‖ ~ vi ⟨figf⟩ *großtun* ‖ ⟨figf⟩
*plaudern, schwatzen, quatschen, quasseln,
plappern* ‖ ⟨figf⟩ *verleumden* ‖ ~**se** *rissig werden*
‖ *bersten, reißen, springen (Holz, Marmor)* ‖
⟨figf⟩ *e–n Rückzieher machen,* ⟨fam⟩ *kneifen* ‖ *s.
einschüchtern lassen* ‖ *den Mut verlieren* ‖ ◇ ~
por a/c ⟨pop⟩ *et. heiß begehren*
  rajatabla: a ~ adv *un|ausweichlich, -bedingt,
um jeden Preis* ‖ ◇ *cumplir a* ~ *unbarmherzig,
rigoros ausführen* ‖ ~s mpl Col *derber Verweis,*
⟨fam⟩ *Wischer* m
  ra|jón adj CR Salv *prunkhaft* ‖ ~ *m* CR Salv
Maulheld m ‖ Mex *(& reg) Feigling* m ‖ **–jonada**
f CR Salv *Angeberei, Prahlerei* f ‖ Mex
Rückzieher m
  rajuela *f* dim von **raja**
  rajuño *m* Am → **rasguño**
  △ **ralachar** vi *stolpern*
  raki *m* Raki m *(ein türk. Branntwein)*
  ralea *f* Art, Gattung, Sorte f ‖ *Natur,
Beschaffenheit* f ‖ ⟨desp⟩ *Brut, Sippschaft* f,
Gezücht n ‖ mala ~ *Ge|sindel, -lichter* n
  rale|ar vi *dünn werden* ‖ *dünn stehen (Saaten)*
‖ *s. lichten (Haare, Wald)* ‖ *ausfallen, weniger
werden (Zähne)* ‖ ◇ ir –ando *s. allmählich lichten
(Wald)* ‖ **–za** *f Dünnheit* f
  ralen|tí *m* ⟨Auto⟩ *Leerlauf* m ‖ ⟨Film⟩ *Zeitlupe*
f ‖ ◇ *trabajar al* ⟨fig⟩ *gemächlich, bedächtig od
ohne Hast arbeiten* ‖ **–tización** *f Verlangsamung* f
‖ *Abschwächung* f *(z.B. der Konjunktur)* ‖ **–tizar**
vt *verlangsamen* ‖ *abschwächen* ‖ ~se *langsamer
werden*
  rálidas fpl ⟨V⟩ *Rallen* fpl (Rallidae)
  ralla|dor *m Reibe* f, *Reibeisen* n *(Küchengerät)*
‖ *Raspel* f ‖ ⟨Tech⟩ *Reibstuhl* m ‖ **–dora, –dera** *f
Reibeisen* n ‖ **–dura** *f Raspelspäne* mpl
  rallar vt *(ab)raspeln, reiben* ‖ *zerreiben* ‖
aufrauhen ‖ ⟨fig⟩ *ärgern, belästigen, fuchsen,*
⟨fam⟩ *hochbringen, auf die Palme bringen* ‖
⟨Kochk⟩ *(auf dem Reibeisen) reiben*
  rallo *m Reibeisen* n ‖ *Raspel* f ‖ *Kühlgefäß*
n
  rally *m* ⟨Sp⟩ *Rallye* f (Schw n)
  ralo adj *dünn, licht (z.B. Bart)* ‖ *spärlich* ‖
dünn stehend (Saat)
  ¹rama *f Ast, Zweig* m ‖ *Propfzweig* m ‖ ⟨fig⟩
Abzweigung f ‖ *Fach* n, *Zweig* m *(e–r
Wissenschaft, e–s Gewerbes)* ‖ *Linie* f
(Stammbaum) ‖ → auch **ramo** ‖ *Watte* f ‖ ~s
desgajadas Windbruch m ‖ ~ *seca dürrer Ast* m ‖
~s secas *Reisig* n ‖ ♦ en ~ *roh, unbearbeitet
(Flachs, Hanf, Seide usw.)* ‖ *in losen Bogen, nicht
eingebunden (Buch)* ‖ en (la) ~ *paterna
väterlicherseits (Verwandtschaft)* ‖ ◇ *andarse por
las* ~s *abschweifen, vom Thema abkommen* ‖ *s. in
unnützen Dingen verlieren*
  ²rama *f* ⟨Typ⟩ *Rahmen* m ‖ ⟨Text⟩
Spannrahmen m
  ramada *f Gezweig* n
  ramadán *m* ⟨Rel⟩ *Ramadan* m *(islamischer
Fastenmonat)*
  rama|do adj *voller Äste* ‖ **–je** *m Astwerk,
Geäst* n ‖ *Gezweig* n ‖ *Reisig* n ‖ *Laubwerk* n
  ramal *m Draht, Strang* m, *Litze* f *(e–s Seiles)* ‖
⟨Bot⟩ *Ranke, Gabel* f ‖ *Abzweigung* f ‖ *Seitenweg*
m ‖ *Zuleitung* f *von Wasser* ‖ *Seitenarm* m *e–s
Flusses* ‖ *Seitenkanal* m ‖ ⟨EB⟩ *Zweigbahn,
Seitenlinie* f ‖ ⟨Arch⟩ *Treppenlauf* m ‖ ⟨Bgb⟩ *Ader*
f, *Gang* m ‖ ⟨Tech⟩ *Abzweigstutzen* m ‖
Zweigleitung f
  ramalazo *m Hieb, Schlag* m *mit e–m Strang* ‖
⟨fig⟩ *heftiger Schmerz, Stich* m ‖ *Anfall* m ‖
Striemen m ‖ ⟨fig⟩ *Aufwallung* f

ramazón *f abgehauene Zweige, Äste* mpl *(e–s Baum[e]s)* ‖ *Reisig* n ‖ ⟨fig⟩ *Hirschgeweih* n

rambla *f sandiger Taleinschnitt* m ‖ *breite, baumbestandene Straße, Rambla* f *(in katalanischen Städten)* ‖ ⟨Geol⟩ *Spülrinne, Regen|rille, -rinne, -furche,* Schw Südd *Runse* f

rambo *m Rambo* m

rameado adj *ge|zweigt, -blümt (Zeug)*

rame|ra *f Prostituierte, Hure* f ‖ **–ría** *f Hurenhaus* n ‖ *Hurerei* f

ramifi|cación *f Ver|äst(e)lung, -zweigung* f ‖ ⟨fig⟩ *Ver|zweigung, -wicklung* f ‖ **–carse** [c/qu] vr *s. ver|zweigen, s. -ästeln*

rámila *f* Ast Sant → **garduña**

rami|lla *f* dim von **¹rama** ‖ **–llete** *m (Blumen)Strauß* m ‖ ⟨fig⟩ *Tafelaufsatz* m ‖ ⟨fig⟩ *Blumenlese, Auswahl* f *von Gedichten* ‖ **–lletera** *f Blumen|mädchen* n, *-binderin* f ‖ **–lletero** *m Blumenbinder* m

ramio *m* ⟨Bot⟩ *Ramiepflanze* f (Boehmeria nivea)

Rami|ro [dim: **–rín**] *m* np *Ramiro* m

ramita *f* dim von **¹rama** ‖ **~-injerto** *Pfropf-, Edel|reis* n

ramiza *f Reisig* n ‖ *Gezweig* n ‖ *Geflochtene(s)* n *(aus Zweigen)*

ram|náceas *fpl* ⟨Bot⟩ *Kreuzdorngewächse* npl (Rhamnaceae) ‖ **–no** *m Kreuzdorn* m (Rhamnus spp)

ramo *m Zweig, Ast* m ‖ *Palmenzweig* m ‖ *(Blumen)Strauß* m ‖ *Bund* n, *Zopf* m *(Zwiebeln)* ‖ ⟨fig⟩ *Gebiet, Fach* m *(e–r Wissenschaft)* ‖ ⟨fig⟩ *Geschäftszweig* m ‖ *Branche* f ‖ *Warenartikel* m ‖ *~* de la construcción *Bau|gewerbe* n, *-industrie, -wirtschaft* f ‖ *~* especial *Spezialfach, Sondergebiet* n ‖ *~* industrial *Industriezweig* m ‖ *~* de negocios *Erwerbszweig* m ‖ ◇ *es propio de* su *~ das schlägt in sein (ihr) Fach* ‖ *ser del* *~* vom Fach sein ‖ ⟨pop⟩ *schwul bzw lesbisch sein* ‖ vender al *~* ⟨figf⟩ *Wein auszapfen* ‖ ¡esta flor le faltaba al *~*! ⟨pop⟩ *das hatte noch gerade gefehlt!*

ramojo *m Reisig* n

Ra|món *m* np *Raimund* m ‖ ⟨fam⟩ *Ramón Gómez de la Serna (span. Schriftsteller 1888–1963)* ‖ **–mona** *f* np *Ramona, Raimunde* f

ramone|ar vi *(Zweige) abäsen, verbeißen (Vieh, Wild)* ‖ *(Bäume) ausputzen* ‖ **–o** *m Abäsen* n, *Verbiss* m *(Vieh, Wild)*

ramoniano adj *auf Ramón Gómez de la Serna (1888–1963) bezüglich*

ramoso adj *astreich, mit vielen Zweigen, verzweigt*

¹rampa *f Rampe* f ‖ *Auffahrt* f, *An-, Ab|stieg* m ‖ ⟨EB⟩ *Rampe* f ‖ *~* de lanzamiento ⟨Mil⟩ *Abschussrampe* f *(für Raketen)*

²rampa *f* ⟨fam⟩ *Krampf* m

rampante adj *(m/f)* ⟨Her⟩ *springend, aufgerichtet (Löwe bzw Wappentier)*

ram|plón adj *grob gearbeitet, mit breiter, dicker Sohle (Schuhzeug)* ‖ ⟨fig⟩ *alltäglich, grob, un|geschliffen, -gehobelt* ‖ *pfuscherhaft* ‖ *~* m *Pfuscher* m ‖ *Stollen* m *(e–s Hufeisens)* ‖ **–plonería** *f pfuscherhafte, grobe Arbeit* f ‖ ⟨fig⟩ *Grobheit, Un|geschliffenheit, -gehobeltheit* f

rampo|jo *m* → **raspajo** ‖ **–llo** *m Schössling, Fechser* m

Ramsés *m* np ⟨Hist⟩ *Ramses* m

ramu|jos *mpl,* **–lla** *f Reisig(holz)* n

△ **ran** *m Elle* f ‖ *Maß* n

rana *f* **a)** ⟨Zool⟩ *Frosch* m ‖ ⟨fig⟩ *Froschspiel* n *(Kinderspiel)* ‖ ein Würfelspiel n ‖ ⟨Vet⟩ → **ránula** ‖ ⟨Tech⟩ *Froschklemme* f ‖ *~* buey → *~*-mugidora *~* campestre *Feld-, Moor|frosch* m (Rana arvalis) ‖ *~* común → *~* esculenta ‖ *~* cornuda *Hornfrosch* m (Certophrys cornuta) ‖ *~*

esculenta *Wasser-, Teich|frosch* m (R. esculenta) ‖ *~*-mugidora *Amerikanischer Ochsenfrosch* m (R. catesbeiana) ‖ *~* parda *Gras-, Land-, Tau|frosch* m (R. temporaria) ‖ *~* saltona, *~* saltadora *Springfrosch* m (R. dalmatina) ‖ *~* de San Antonio *Laubfrosch* m (Hyla arborea) ‖ *~* temporaria → *~* parda ‖ *~* verde → *~* esculenta ‖ *~* de zarzal → *~* de San Antonio ‖ ◇ cuando la(s) *~*(s) críe(n) pelo ⟨figf⟩ *am Sankt Nimmerleinstag, nie* ‖ resultar *od* salir *~* arg *enttäuschen* ‖ *s. als Null od Niete erweisen (Person), s. als Niete herausstellen (Person, Unternehmen)* ‖ no ser *~* ⟨figf⟩ *sehr aufgeweckt od geschickt sein* ‖ **b)** *~* marina, *~* pescadora ⟨Fi⟩ → **¹rape**

ranacuajo *m* → **renacuajo**

ranal *m* Murc → **ranero**

rancajo *m Splitter* m

rancha *f* Ec ⟨fam⟩ *Flucht* f

ranche|adero *m Lager-, Rast|platz* m ‖ **–ar** vt Am *feindliche Niederlassungen plündern* ‖ *~* vi *e–n gemeinschaftlichen Mittagstisch bilden* ‖ ⟨Mil⟩ *e–e Korporalschaft (⟨Mar⟩ e–e Backschaft) bilden* ‖ lagern ‖ **–ra** *f* Am *Name verschiedener Volks|tänze bzw -weisen* ‖ *Bewohnerin* f *e–s Rancho* ‖ ⟨Auto⟩ *Kombiwagen* m ‖ Am *Geländewagen* m ‖ *Ven Lieferwagen* m ‖ **–ría** *f Feld-, Zelt|lager* n ‖ *Hüttensiedlung* f ‖ *Gruppe* f *von Landhäusern, Ranchos* ‖ *Soldaten- bzw Gefängnis|küche* f ‖ **–ro** *m (Militär)Koch* m ‖ ⟨Mar⟩ *Backmeister* m ‖ Am *Bewohner, Pächter, Besitzer* m *e–s Rancho* ‖ p.ex *Landbewohner* m *(oft pej)*

ran|cho *m gemeinschaftliche Mahlzeit* f, *Kasernentisch* m ‖ ⟨Mil Mar⟩ *Mundvorrat* m *für die Mannschaft, Mannschaftskost, Verpflegung* f ‖ p.ex ⟨Mil⟩ *Korporal-,* ⟨Mar⟩ *Back|schaft* f ‖ *Feld-, Hirten-, Zigeuner|lager* n ‖ ⟨fam⟩ *Zusammenkunft* f ‖ Am *Rancho* m, *einzeln liegende (Lehm)Hütte* f *(bes. für Viehzucht)* ‖ Am *Viehfarm, Ranch* f ‖ Pe *Landhaus* n ‖ ⟨fam desp⟩ *(Schlangen)Fraß* m ‖ *~* (en) frío ⟨Mil⟩ *Kaltverpflegung* f ‖ ◇ alborotar el *~* ⟨figf⟩ *die Nachbarschaft in Aufruhr bringen* ‖ asentar el *~* ⟨figf⟩ *s–e Zelte aufschlagen, s–e Hütte bauen, Wurzel fassen, s. ansiedeln* ‖ comer el *~* ⟨Mil⟩ *zu Mittag essen* ‖ hacer el *~* ⟨Mil⟩ *(ab)kochen* ‖ hacer *~* aparte *s. absondern,* ⟨fam⟩ *e–e Extrawurst gebraten haben wollen* ‖ *~*s de la marinería *od* de la tripulación ⟨Mar⟩ *Mannschaftsräume* mpl ‖ augm: **–chón** *m*

ran|ciar, –cear vi, *~*se *ranzig werden* ‖ **–cidez** [pl **–ces**], **–ciedad** *f Ranzigkeit* f ‖ ⟨fig⟩ *Altüberkommene(s)* n ‖ *Alt|gewordene(s), -modische(s)* n ‖ **–cio** adj *ranzig* ‖ *überständig (Wein, Öl)* ‖ ⟨fig⟩ *alt(modisch)* ‖ ⟨fig⟩ *überholt, veraltet* ‖ ⟨fig⟩ *altad(e)lig* ‖ *~* linaje, *~* abolengo *altes Adelsgeschlecht* n, *Uradel* m ‖ ◇ oler a *~ ranzig riechen*

rand *m* [Währungseinheit] *Rand* m (R)

¹randa *f (gehäkelte) Spitze* f ‖ *(Spitzen)Besatz* m

²randa *m* ⟨fam⟩ *Gauner, Halunke, Schurke* m ‖ ⟨pop⟩ *Taschendieb* m

△ **randiñar** vi *arbeiten*

ranero *m Gelände* n, *wo viele Frösche leben* ‖ ⟨fam⟩ *Froschliebhaber* m

¹raneta *f* → **reineta**

△ **²raneta** *f Stäbchen* n

ranfla *f* Am *Abhang* m, *Rampe* f

ranfoteca *f* ⟨An V⟩ *Rhamphothek* f *(am Schnabel)*

ranglán *m* ⟨pop⟩ → **raglán**

ran|go *m Rang, Stand* m ‖ *Rangstufe* f ‖ *Ordnung, Klasse* f ‖ Col Ec *Schindmähre* f,

Klepper m ‖ ◇ *de alto* ~ *hohen Ranges* ‖ *hoch gestellt, angesehen* ‖ **–goso** adj Am *prächtig*
  rangua *f* → **²tejuelo**
  rani|forme adj *(m/f) froschartig* ‖ **–lla** *f* ⟨An⟩ *Frosch* m *am Huf der Pferde* ‖ ⟨Vet⟩ *Klauenseuche* f ‖ *(parasitäre) Darmkrankheit* f *der Rinder* ‖ *Räude* f *(an der Ferse der Maultiere)* ‖ **–no** adj *Frosch-*
  ránking m *Klassifi|kation, -zierung* f ‖ *Ranking* n
  rano m Ar *Kaulquappe* f ‖ ⟨reg, oft joc⟩ *männlicher Frosch* m
  ránula *f* ⟨Med⟩ *Froschgeschwulst, Ranula* f
  ra|nunculáceas *fpl* ⟨Bot⟩ *Hahnenfußgewächse* npl (Ranunculaceae) ‖ **–núnculo** m *Hahnenfuß* m, *Ranunkel* f (Ranunculus spp)
  ranura *f Falz* m, *Nute, Fuge, Rille* f ‖ *Schlitz* m ‖ *Kerbe* f *im Holz* ‖ *Einwurfschlitz* m *(der Parkuhren usw.)* ‖ ~ *del alza Visierkimme* f *(e–r Waffe)* ‖ ~**-guía** *f Führungs|nute* f, *-einschnitt* m ‖ ~ *del cerrojo Kammerbahn* f *(des Gewehrs)* ‖ **–r** vt *schlitzen, mit e–m Schlitz versehen* ‖ *nuten*
  raña *f* ⟨Bot Ökol Jgd⟩ *Buschwald* m ‖ *Macchia* f

  rap m ⟨Mus⟩ *Rap* m
  Ráp. ⟨Abk EB⟩ = **Rápido**
  ¹rapa *f Olivenblüte* f
  △ **²rapa** *f Falle* f
  rapabarbas *m* ⟨fam⟩ *Bart|kratzer, -scherer, Barbier* m
  rapa|cejo m dim von **rapaz** ‖ **–cería** *f Bubenstreich* m ‖ → **–cidad**
  rapaces mpl ⟨V⟩ *Greifvögel* mpl (Accipitres & Strigidae)
  rapa|cidad *f Raubgier* f ‖ *Raub* m ‖ **–cín** *m* dim von **rapaz**
  rapa|do adj *kurz geschnitten (Haar, Gras)* ‖ *schäbig (Kleidung)* ‖ *ab|genutzt, -getragen (Mantel)* ‖ ~ *m Skin(head)* m ‖ **–dor** *m* ⟨fam⟩ *Bart|kratzer, -scherer, Barbier* m ‖ **–gón** *m* ⟨fam⟩ *Milchbart* m ‖ **–miento** *m Scheren* n *der Haare*
  rapa|piés *m Schwärmer* m *(Feuerwerk)* ‖ **–polvo(s)** *m* ⟨fam⟩ *derber Verweis,* ⟨fam⟩ *Rüffel, Wischer, Anschnauzer* m, *Abkanzelung* f ‖ ◇ *echar a alg. un* ~ ⟨fam⟩ *jdn abkanzeln, jdm den Kopf waschen*
  rapar vt *rasieren, barbieren* ‖ *(das Kopfhaar) ganz kurz abschneiden* ‖ ⟨fig pop⟩ *rauben, mausen, klauen, stibitzen*
  rapa|terrones *m* ⟨pop desp⟩ *Bauernlümmel* m ‖ **–velas** *m* ⟨pop joc⟩ *Küster, Kirchendiener* m ‖ *Messdiener* m
  rapaz [*pl* ~**ces**] adj *(m/f) raubgierig* ‖ *räuberisch* ‖ ⟨fig⟩ *gewinn-, hab|süchtig* ‖ *(ave)* ~ *Greifvogel* m ‖ ~ *m Knabe, Junge, Bube* m
  rapa|za *f (kleines) Mädchen* n ‖ **–zada** *f Bubenstreich* m ‖ **–zuelo** *m* dim von **rapaz**
  ¹rape *m* ⟨Fi⟩ *Seeteufel* m (Lophius piscatorius)
  ²rape *m* ⟨fam⟩ *Bartkratzen* n, *schnelle Rasur* f ‖ ◆ *al* ~ *ganz kurz ge|schnitten, -schoren (Haar)* ‖ ◇ *cortar el pelo od pelar al* ~ *das Haar ganz kurz schneiden*
  rapé *m Schnupftabak* m ‖ ◇ *tomar* ~ *schnupfen*
  rapel *m* ⟨Sp⟩: *descenso en* ~ *Abseilen* n
  △ **rapela** *f Strick* m
  rápidamente adv *schnell, eilig* ‖ *vorübergehend, flüchtig* ‖ ◇ *pasar* ~ *vorbeisausen*
  rapidez [*pl* ~**ces**] *f (reißende) Schnelligkeit* f ‖ ◆ *con* ~ *schnell, eilig* ‖ *con una* ~ *vertiginosa mit rasender Schnelligkeit*
  rapidillo *adj* dim von **rápido** ‖ ~ *m* ⟨EB⟩ *Nahverkehrsschnellzug* m
  rápido adj *reißend, schnell* ‖ *rasch, flüchtig* ‖

schnell ver|fließend od -gehend ‖ *schnell vorübergehend* ‖ *reißend (Strömung)* ‖ *Schnell-* ‖ *(tren)* ~ → ~ *m* ‖ ◇ *tener* ~*a venta leicht verkäuflich sein (Ware)* ‖ ~ *m* **a)** *Stromschnelle* f ‖ **b)** *Schnellzug* m
  rapiego adj ⟨V⟩ *Greif-*
  rapingacho *m* Ec Pe *Käseomelett(e* f) n
  rapi|ña *f Raub* m ‖ **–ñar** vt ⟨fam⟩ *rauben, mausen, klauen*
  △ **rapipoche** *m Fuchs* m
  rapista *m* ⟨iron⟩ *Barbier* m
  rápita *f* → **rábida**
  ¹rapo *m Rübe* f *(nur die Wurzel)* → **remolacha**
  △ **²rapo** *m Falle* f
  rapónchigo *m* ⟨Bot⟩ *Rapunzel* f (Campanula rapunculus)
  rapo|sa *f Füchsin* f, *Fuchs* m (& fig) ‖ **–sera** *f Fuchsbau* m ‖ **–sero** adj: *perro* ~ *Dachshund* m ‖ **–so** *m Fuchs* m (& fig) ‖ (→ **¹zorra, ²zorro**)
  rapp|er *m* ⟨Mus⟩ *Rapper* m ‖ **–ing** *m Rapping* m
  rapso|da *m* ⟨Lit⟩ *griechischer Rhapsode* m ‖ ⟨fig⟩ *Dichter* m ‖ **–dia** *f Rhapsodie* f
  raptar vt *entführen* ‖ *rauben*
  ¹rapto *m Entführung* f ‖ *(Frauen)Raub* m ‖ ~ *de un niño Kindes|raub* m, *-entführung* f
  ²rapto *m* ⟨Med Psychol⟩ *Anfall, Raptus* m ‖ *Anflug* m ‖ ⟨Myst⟩ *Verzückung* f ‖ ~ *de celos Anfall* m *von Eifersucht* ‖ ~ *místico Verzückung* f ‖ ◆ *en un* ~ *de … hingerissen von …*
  raptor *m Entführer* m ‖ *Menschen-, Frauen-, Kinder|räuber* m
  ra|que *m* ⟨Jur Mar⟩ *Strandraub* m ‖ ◇ *ir al* ~ → **raquear** ‖ **–quear** vi *Strandraub treiben*
  Raquel f np *Rachel* f
  raquetero *m Strandräuber* m ‖ Sant *(am Hafen s. herumtreibender) Junge* m ‖ p. ex Sant *Straßen-, Gassen|junge* m ‖ Sant *Gauner* m
  ¹raque|ta *f* ⟨Sp⟩ *(Tennis)Schläger* m ‖ *Racket, Rakett* n ‖ ~ *de croupier Rechen* m ‖ ~ *de (od para la) nieve Schnee|reifen, -teller* m ‖ ◇ *es una magnifica* ~ ⟨Sp⟩ *er ist ein hervorragender Tennisspieler*
  ²raqueta *f* ⟨Bot⟩ → **jaramago**
  raquetazo *m Schlag* m *mit dem Schläger*
  raquídeo adj ⟨An⟩ *Rückgrats-, Spinal-*
  raquis *m* ⟨An⟩ *Rückgrat* n, *Wirbelsäule* f ‖ ⟨Bot⟩ *Spindel* f ‖ *Mittelrippe* f *e–s Blattes* ‖ ~ *genital* ⟨Zool⟩ *genitales Rachis* n *(der Stachelhäuter)*
  raquítico adj/s ⟨Med⟩ *rachitisch* ‖ ⟨fig⟩ *ver|kümmert, -krüppelt* ‖ ⟨fig⟩ *karg, knaus(e)rig*
  raquitismo m, **raquitis** *f* ⟨Med⟩ *Rachitis,* ⟨fam⟩ *englische Krankheit* f ‖ ⟨fig⟩ *Verkümmerung* f
  rara avis ⟨lat⟩ *f* ⟨fig⟩ *seltener Vogel, weißer Rabe* m ‖ *Seltenheit* f, *(et.) Seltenes*
  raramente adv *selten* ‖ *sonderbar*
  rare|facción *f Verdünnung* f ‖ ⟨Med⟩ *Rarefikation* f, *(Gewebs)Schwund* m ‖ **–facer** [def] vt *verdünnen* ‖ **–faciente** adj *(m/f) verdünnend* ‖ **–facto** pp/irr von **–facer**
  rareza *f Seltenheit* f ‖ *Rarität* f ‖ *Seltsamkeit, sonderbare Angewohnheit, Überspanntheit* f ‖ *Laune* f ‖ *Grille* f
  raridad *f Seltenheit* f
  rarifi|car [c/qu] vt ⟨Phys⟩ *verdünnen* ‖ **–cativo** adj ⟨Phys⟩ *verdünnend*
  raro adj *selten, rar* ‖ *knapp, spärlich* ‖ *selten vorkommend* ‖ *einzigartig* ‖ *über dem Durchschnitt* ‖ *außergewöhnlich, ausgezeichnet* ‖ *dünn, locker* ‖ ◆ *de* ~ *en* ~ *ab und zu* ‖ *que no es* ~ *tengan relación con … die nicht selten mit … in Verbindung stehen* ‖ ¡*qué* ~! ¡*(qué) cosa más* ~*a! wie seltsam! sonderbar! merkwürdig!*

⟨fam⟩ *ulkig!* ‖ ~as veces *selten* ‖ ~s mpl *wenige, nur einige* ‖ ~ son los que lo han notado *nur wenige haben es bemerkt*

¹ras m *ebene Fläche* f ‖ Marr *Bergspitze* f ‖ Marr *Flussquelle* f ‖ ~ con ~, ~ en ~ *waag(e)recht nebeneinander* ‖ *in gleicher Höhe* ‖ *bündig* ⟨& Zim⟩ ‖ ◆ al ~ *gestrichen voll* ‖ a ~ de tierra *dicht an der Erde* od *am Boden* ‖ ◇ volar a ~ de tierra *dicht am Boden fliegen (Vögel)*

²ras m ⟨Hist⟩ *Ras* m *(äthiopischer Titel)*

rasa f *Lichtung* f *im Wald* ‖ *kahle Hochfläche* f ‖ **–dura** f *Abstreichen* n (z.B. *e–s Kornmaßes)* ‖ ⟨fig⟩ *Ausradieren, Zerstören* n

rasan|cia f *Rasanz* f (e–r *Geschossbahn usw.)* ‖ **–te** adj *(m/f) rasant, flach (Geschossbahn)* ‖ *flach, streifend (Blick, Strahlen)* ‖ ~ f *Neigung* f *(Straßenbau)*

rasar vt *abstreichen (Kornmaß)* ‖ *streifen, leicht berühren* (z.B. *Kugel)* ‖ ⟨fig⟩ *ausradieren, zerstören* ‖ ◇ ~ la tierra *den Boden berühren* ‖ medida rasada *gestrichenes Maß* ‖ ~se s. *aufhellen (Himmel)*

¹rasca f ⟨fam⟩ *Hundekälte* f ‖ ⟨fam⟩ *Hunger* m

²rasca m/f Arg ⟨fam⟩ *armer Teufel* m

rascacielos m *Wolkenkratzer* m, *Hoch-, Turm|haus* n

rascacio m ⟨Fi⟩ *Meerkröte* f (Scorpaena porcus)

rasca|dera f, **–dor** m *Schab-, Kratz|eisen* n ‖ ⟨fam⟩ *Striegel* m ‖ **–dor** m *Schabeisen* n ‖ *Kopf-, Schmuck|nadel* f ‖ ⟨Zim⟩ *Ziehklinge* f ‖ ⟨Typ⟩ *Rakel(messer* n) f ‖ ⟨Agr⟩ *Rebler, Entkörner* m *(für Mais)* ‖ → auch **raspador** ‖ **–dura** f *Reiben, Kratzen, Schaben* n ‖ *Kratzwunde* f, *Kratzer* m ‖ *Abschabsel* n

rasca|moño m ⟨fam⟩ *Schmucknadel* f ‖ **–nubes** m ⟨Mar⟩ *Wolkenkratzer* m *(Segel)*

rascar [c/qu] vt *kratzen* ‖ *reiben, (zer)kratzen* ‖ *abschaben* ‖ ⟨Tech⟩ *ab-, auf|kratzen* ‖ *aufrauen* ‖ Arg *mit Mühe erreichen* ‖ ◇ ~ patatas *Kartoffeln reiben* ‖ ~ el violín ⟨figf⟩ *auf der Geige kratzen* ‖ ~ vi ⟨pop⟩ *kratzen, elend spielen* ‖ ~se s. *beschwipsen* ‖ ◇ ~ el bolsillo ⟨figf⟩ *ein Geizhals sein* ‖ *zahlen, den Beutel locker machen* ‖ ~ el cogote od la oreja s. *hinter dem Ohr kratzen* ‖ cada uno se rasca donde le pica *jeder kratzt s., wo es juckt*

rascatripas m/f *elende(r) Violinspieler(in* f) m

rascle m *Korallenfischgerät* n

rasco adj Chi *gewöhnlich, einfach*

△ **rascó** m *Krebs* m

¹rascón adj *herb, von rauem, scharfem Geschmack*

²rascón m ⟨V⟩ *Wasserralle* f (Rallus aquaticus)

rascuño m → **rasguño**

¹rasero m *(Ab)Streichholz* n (z.B. *zum Kornmessen)* ‖ ◇ medir (od llevar) por el mismo (od por un) ~ ⟨fam⟩ *über e–n Kamm scheren*

²rasero m ⟨Text⟩ *Halbatlas* m

rasga|do adj *geschlitzt* ‖ *weit offen (Fenster, Balkon)* ‖ *bis zum Fußboden reichend* (z.B. *Glastür)* ‖ ⟨figf⟩ *gerieben, schlau, pfiffig, clever, ausgefuchst* ‖ **–dura** f *Riss* m *(im Stoff)*

rasgar [g/gu] vt *zer-, durch|reißen* ‖ *auftun, schlitzen* ‖ → **rasguear**

rasgarse [g/gu] vr Am ⟨pop⟩ *krepieren, draufgehen* ‖ oft inc für **rascarse**

rasgo m *Federzug* m ‖ *Strich* m ‖ *Duktus* m, *Linienführung* f ‖ *Charakterzug* m, *Merkmal* n ‖ ⟨fig⟩ *edel-, groß|mütige Handlung* f ‖ ⟨fig⟩ *sinnreicher Einfall, witziger Gedanke* m ‖ ~ esencial *Grundzug* m ‖ ~ de pluma *Federstrich* m ‖ ~ de habilidad *Kunststück* n ‖ ~ de magnanimidad *großmütige Tat* f ‖ ~ transversal

⟨Typ⟩ *Querstrich* m ‖ ~s mpl *Gesichtszüge* mpl ‖ ~ de carácter *Charakterzüge* mpl ‖ ◇ a grandes ~ *in flüchtigen Umrissen* ‖ *in einigen Hauptzügen, in großen Zügen*

rasgón m *Riss* m *(in der Kleidung usw.)*

ras|guear vt ⟨Mus⟩ *(die Gitarrensaiten) leicht anreißen, arpeggieren* ‖ *(die Gitarre usw.) schlagen* ‖ ~ vi e–n *Federstrich machen* ‖ **–gueo** m *Arpeggieren* n *beim Gitarrenspiel*

rasgu|ñar vt *(zer)kratzen* ‖ *(auf)ritzen* ‖ ⟨Mal⟩ *flüchtig entwerfen, skizzieren* ‖ ~ vi *kratzen* ‖ **–ño** m *Kratzwunde, Schramme* f ‖ ⟨Mal⟩ *Skizze* f, *flüchtiger Entwurf* m ‖ *Streifschuss* m *(leichte Schusswunde)* ‖ **–ñuelo** m dim von **–ño**

¹rasilla f *Fliese* f ‖ *dünner Ziegelstein* m

²rasilla f ⟨Text⟩ *dünner Wollstoff* m

rasmillar vt/i Chi Ec *kratzen*

¹raso adj *flach, eben, glatt* ‖ *gestrichen voll* ‖ *klar, hell, wolkenlos (Himmel, Luft)* ‖ *schlicht* ‖ *flach, niedrig (Schiff)* ‖ *ohne Rücken (Stuhl)* ‖ ⟨Sp⟩ *nieder (Spiel)* ‖ ◆ a la helada ~a *im Frost* ‖ ◇ quedar ~ ⟨Meteor⟩ *aufklaren* ‖ quedarse a la ~a ⟨pop⟩ *auf dem Trocknen sitzen* ‖ ~ m *freier Platz* m ‖ *freies Feld* n ‖ *Durchsicht, Schneise* f ‖ ⟨Mil⟩ *Gemeine(r)* m ‖ ◆ al ~ *unter freiem Himmel* ‖ ◇ salir a lo ~ s. *ins Freie begeben*

²raso m ⟨Text⟩ *Atlas(stoff)* m ‖ ~ aterciopelado *Samtatlas* m

△ **³raso** m *Priester* m

¹raspa f *Granne* f, *Bart* m *(e–r Ähre)* ‖ *Obsthülle* f ‖ ⟨Bot⟩ *Spindel* f *der Gräser* ‖ ⟨Bot⟩ *Kelchspelze* f ‖ *Traubenkamm* m *Trauben-, Rosinen|stengel* m ‖ ⟨Fi⟩ *Mittelgräte* f ‖ Am ⟨figf⟩ *derber Verweis, Rüffel* m ‖ Mex ⟨figf⟩ *Unfug, Radau* m

²raspa f ⟨Mus⟩ *Raspa* f *(Tanz)*

³raspa f *Gesindel* n ‖ Mex *Taschendieb* m ‖ △ *Nutte* f ‖ ◇ ir a la ~ *auf Raub ausgehen*

raspa|dera f *Schabeisen* n ‖ **–do** m *ausradierte Stelle (in e–r Handschrift), Rasur* f ‖ *Raspeln, Schleifen* n *(Holz)* ‖ *(Ab)Schaben* n ‖ ⟨Med⟩ *Ab-, Aus|schabung, Auskratzung* f ‖ **–dor** m *Raspel* f ‖ *Schab-, Kratz|eisen* n ‖ *Radiermesser* n ‖ → auch

rascador **–dura** f *Abkratzen* n ‖ *(Aus)Radierung* f ‖ *Abschabsel* n ‖ ~s fpl *Feilstaub* m ‖ ~ de limón ⟨Kochk⟩ *geriebene Zitronenschale* f ‖ ~ de oro *Goldkrätze* f

raspajo m *(Trauben)Kamm* m

raspando adv *um Haaresbreite*

ráspano m Sant *Heidelbeere* f (→ **arándano**)

ras|par vt *ab|schaben, -kratzen* ‖ *raspeln* ‖ *aufrauen* ‖ *auskratzen, radieren (Schrift)* ‖ *ribbeln (Flachs)* ‖ ⟨pop⟩ *stehlen, mausen, stibitzen* ‖ *leicht berühren, streifen* ‖ ⟨Med⟩ *aus|kratzen, -schaben* ‖ Am jdm e–n *derben Verweis erteilen* ‖ ~ vi *kratzen* ‖ *prickeln (Wein)* ‖ **–pear** vi [veraltet] *spritzen, kratzen (Schreibfeder)* ‖ **–petón:** de ~ Am *(am) schräg*

raspilla f ⟨Bot⟩ *Vergissmeinnicht* n (→ **mioso|ta, –tis**)

raspón m Col *Strohhut* m *(der Landarbeiter)* ‖ Chi ⟨figf⟩ *derber Verweis*, ⟨fam⟩ *Wischer* m ‖ Arg *Kratzer* m

rasponazo m ⟨fam⟩ *Kratzer* m, *Schramme* f *(auf der Haut, am Wagen)* ‖ *Kratzwunde* f ‖ ⟨pop⟩ *Streifschuss* m (→ **rasguño**)

rasponera f Sant ⟨Bot⟩ *Heidelbeere* f (→ **arándano**)

rasqueta f *Schaber* m ‖ Am *Striegel* m ‖ ~ del limpiaparabrisas ⟨Auto⟩ *Scheibenwischerblatt* n

rasquiña f Col *Jucken, Brennen* n

rastacuero m *Neureiche(r)* m ‖ Am *ungebildeter, angebender Reiche(r)* m

rastel m ⟨reg⟩ *Gitter* m

△ **rastillado** adj *bestohlen*

△ **rastillo** *m Hand* f
rastra *f Rechen* m, *Harke* f ‖ ⟨Agr⟩ *Egge* f ‖
Schleppkarre f ‖ *Lastenschleife* f ‖ *geschleppte*
Last f ‖ *eingefädeltes Trockenobst* n ‖ ⟨Mar⟩
Dreggtau n ‖ ◆ a (la) ~, a ~s *schleppend* ‖ ⟨fig⟩
ungern, aus Zwang ‖ con el vientre a ~ *auf dem*
Bauch kriechend ‖ ◇ llevar a ~ *schleppen* ‖ salir
a ~ *herauskriechen*
  rastrallar vi ⟨pop⟩ → **restallar**
  rastreador adj: (perro) ~ *Spür-, Such|hund* m
‖ ~ *m Fährtensucher* m
  rastreaminas *m* ⟨Mar Mil⟩ *Minensuchboot* n
  rastrear vt/i *eggen* ‖ *rechen, harken* ‖ ⟨fig⟩
durchkämmen (Polizei) ‖ *nachspüren, der Spur*
folgen, nach et. forschen (dat) ‖ ⟨fig⟩ *(jdm)*
nachschleichen, (jdn) beschleichen ‖ ⟨fig⟩
ausfindig machen ‖ *schleppen (Netz)* ‖ *dicht über*
der Erde fliegen, am Boden entlang (Vögel) ‖
⟨Mar⟩ *dreggen* ‖ ⟨Mar⟩ *Minen suchen bzw*
räumen
  rastrel *m* → **ristrel**
  rastreo *m Nach|spüren bzw -schleichen* n ‖
Nach|forschen n, *-forschung* f ‖
Reihenuntersuchung f, *Screening* n ‖ ⟨Fi⟩
Fischerei mit dem Grundnetz
  rastrera *f* ⟨Mar⟩ *Unterleesegel* n
  rastrero adj/s *(nach)schleppend* ‖ *kriechend* ‖
dicht an der Erde fliegend (Vögel) ‖ ⟨fig⟩
nieder(trächtig), verächtlich ‖ *liebedienerisch* ‖
kriecherisch ‖ (perro) ~ ⟨Jgd⟩ *Spür-, Such|hund*
m ‖ ~ *m Trödler* m
  △ **rastrí** *f Hemd* n ‖ *Stute* f
  rastri|llada *f* ⟨Agr⟩ *Rechenvoll* m ‖ **–lladora** *f*
⟨Text⟩ *Hechelmaschine* f ‖ Am *Spur, Fährte* f ‖
–lladura *f,* **–llaje** *m Eggen* n ‖ *Harken* n ‖
Hecheln n ‖ **–llar** vt *hecheln (Flachs, Hanf)* ‖
eggen ‖ *rechen, harken* ‖ *von Gras säubern*
(Gartenwege) ‖ ⟨fig⟩ *(Gelände, Ort)*
durchkämmen (mit der Polizei, mit Truppen) ‖ Col
abfeuern (e–n Schuss) ‖ **–llo** *m (Hanf)Hechel* f ‖
Rechen m, *Harke* f ‖ *Fallgatter* n *(e–r Burg usw.)*
‖ p.ex *Gattertor* n ‖ ⟨Tech⟩ *Rechen* m *(am Einlauf*
e–s Wasserkraftwerks) ‖ ⟨Tech⟩ *Schlüsselbart* m ‖
~**(s)** *Egge* f
  ¹**rastro** *m Rechen* m, *Harke* f
  ²**rastro** *m* ⟨Jgd⟩ *Spur, Fährte* f *(& fig)* ‖ ⟨fig⟩
Spur, Folge f ‖ ~ *de sangre Blutspur* f ‖ ⟨Jgd⟩
Schweißspur f ‖ ◇ desaparecer sin dejar ~
spurlos verschwinden ‖ sentir el ~ *wittern, spüren*
(Hund)
  ³**rastro** *m* a) *Fleischmarkt* m ‖ *Schlachthaus* n
‖ b) *Trödel-, Floh|markt* m *(z.B. in Madrid)*
  rastro|jal *m* ⟨Agr⟩ *Stoppelfeld* n ‖ **–jar** vt
stoppeln ‖ **–jear** vt And *stoppeln* ‖ **–jera** *f*
Stoppelfeld n ‖ **–jo** *m Stoppeln* fpl ‖ *Stoppelfeld* n
  rasu|ra *f Rasieren* n ‖ *Radieren* n ‖
Weinsteinkruste f *(in den Weinfässern)* ‖ **–ración** *f*
Rasieren, Abscheren n ‖ **–rador** *m*
(Elektro)Rasierer m ‖ **–rar** vt *rasieren, barbieren*
‖ *(ab)schaben* ‖ *radieren* ‖ ◆ sin ~ *unrasiert*
  ¹**rata** *f* ⟨Zool⟩ *Ratte* f ‖ ~ *de agua Scher-,*
Moll|maus f *(Arvicola terrestris), (fam)*
Wasserratte f ‖ ~ *de alcantarilla* → ~ *de cloaca* ‖
~ *almizcleña Bisamratte* f *(Ondatra zibethica)* ‖
~ *de biblioteca* ⟨fig⟩ *Bücherwurm* m, *Leseratte* f
‖ ~ *de campo* → ~ *negra* ‖ ~ *de cloaca*
Wanderratte f *(Rattus norvegicus)* ‖ ~ *doméstica*
→ ~ *negra* ‖ ~ *de iglesia Kirchenmaus* f ‖ ~
negra Hausratte f *(Rattus rattus)* ‖ ~ *parda* → ~
de cloaca ‖ ~ *de sacristía* ⟨fig⟩ *Frömmlerin,*
Betschwester f ‖ ◆ *de piel de* ~ *stich-,*
grau|haarig (Pferd) ‖ *más pobre que una* ~ ⟨figf⟩
bettelarm, arm wie e–e Kirchenmaus ‖ ◇
escabullirse como una ~ ⟨figf⟩ *heimlich*
entwischen, s. heimlich davonmachen

²**rata** *m* ⟨fam⟩ *Dieb* m
³**rata** *f/*adj: ~ *por cantidad nach Verhältnis,*
verhältnismäßig ‖ ~ *parte* → **prorrata**
⁴**rata** *m* ⟨Flugw Hist fam⟩ *sowjetischer*
Kampfeinsitzer m *(U 16) (im span. Bürgerkrieg*
1936–1939 so genannt)
⁵**rata** *f* ⟨Mar⟩ *verborgene Klippe* f
  ratafía *f Ratafia* m *(Fruchtlikör)*
  ratán *m Rattan* n
  rataplán onom *bum, bum! (Trommelschlag)*
  ratatouille *f* ⟨Kochk⟩ *Ratatouille* f
  ¹**ratear** vt *nach Verhältnis ver-, auf|teilen*
  ²**ratear** vt *mausen, (weg)stibitzen*
  ³**ratear** vi *auf dem Bauch kriechen*
  ⁴**ratear** vi ⟨Auto⟩ *e–e Fehlzündung haben,*
aussetzen
  ¹**ratería** *f Mausen* n ‖ *kleiner Diebstahl* m
  ²**rate|ría** *f gemeine Gesinnung* f ‖ **–ro** adj
kriechend ‖ ⟨fig⟩ *niederträchtig* ‖ ~ *m Gauner,*
Taschendieb m ‖ ¡cuidado con los ~s! *vor*
Taschendieben wird gewarnt!
  rate|ruelo, –rillo *m* dim von **ratero**
  △ **ratí** *m Familie* f ‖ *Volk* n
  raticida *m Rattengift, Rattenbekämpfungsmittel* n
  ratifi|cación *f Be|stätigung, -kräftigung* f ‖
Genehmigung f ‖ ⟨Pol⟩ *Ratifizierung* f ‖ **–cador**
*m/*adj *Ratifizierende(r)* m ‖ **–car** [c/qu] vt
be|stätigen, -kräftigen, gutheißen ‖ *genehmigen*
(Vertrag) ‖ p.ex *vollziehen* ‖ ⟨Pol⟩ *ratifizieren* ‖
~**se** *rechtskräftig werden* ‖ ~ en algo ⟨fig⟩ *auf et.*
beharren (dat) ‖ **–catorio** adj *Bestätigungs-* ‖
Genehmigungs- ‖ *Ratifizierungs-, Ratifikations-*
  ratihabición *f* ⟨Jur⟩ *Genehmigung bzw*
Bestätigung f *des Handelns e–s Beauftragten*
  ratimago *m* ⟨fam⟩ *Kniff* m, *Arglist* f
  ratinado adj ⟨Text⟩ *ratiniert*
  rating *m* ⟨Psychol Soz TV⟩ *Rating* n
  ratino adj Sant *rattengrau, grauhaarig*
(Rindvieh)
  Ratisbo|na *f* [Stadt] *Regensburg* n ‖ **≈nense**
adj/s *(m/f) aus Regensburg, Regensburger, auf*
Regensburg bezüglich
  ratito *m* ⟨fam⟩ dim von **rato** ‖ *kurze Weile* f,
Weilchen n
  ratívoro adj *rattenfressend*
  ¹**rato** *m Augenblick, kurzer Zeitraum* m ‖ *Weile*
f ‖ buen ~ *längere Zeit* f ‖ *Behagen, Vergnügen* n
‖ mal ~ *Verdruss* m, *Unannehmlichkeit* f ‖ ◆ a
~s *mit Unterbrechungen* ‖ *von Zeit zu Zeit* ‖ al
cabo de un ~ *nach e–r Weile, kurz darauf* ‖ a
cada ~ *in jedem Augenblick, fortwährend* ‖ a ~s
perdidos *in den Mußestunden* ‖ *ab und zu* ‖ al
poco ~ *nach kurzer Zeit* ‖ *kurz darauf* ‖ de a ~s
Arg *hin und wieder* ‖ de ~ en ~ *von Zeit zu Zeit,*
mit Unterbrechungen ‖ dentro de un breve ~
bald, in Kürze, in kurzer Frist ‖ en poco ~
binnen kurzem ‖ ¡hasta otro ~! *auf Wiedersehen!*
‖ por un ~ *auf e–n Augenblick* ‖ todo el ~
andauernd, immer wieder ‖ ◇ hace un ~ *(que…)*
vor kurzem … ‖ vor e–r Weile … ‖ hace *(od*
hacía) largo ~ *seit langem* ‖ un ~ *einmal* ‖ hay
para ~ ⟨fam⟩ *das wird noch lange dauern* ‖
⟨iron⟩ *das wird (uns usw.) noch zu schaffen*
machen ‖ pasar el ~ ⟨fam⟩ *die Zeit vertreiben, s.*
zerstreuen ‖ *k–e ernsthaften Absichten haben*
(Liebhaber) ‖ pasar un buen ~ *e–n glücklichen*
Augenblick erleben ‖ pasar un mal ~ *et*
Unangenehmes durchmachen ‖ para pasar el ~
⟨fam⟩ *zum Zeitvertreib, zum Vergnügen*
²**rato** *m* ⟨reg⟩ *Maus* f ‖ ⟨reg fam⟩ *männliche*
Ratte f
  △ ³**rato** *m Polizist* m
  ⁴**rato** adj: matrimonio ~ *(y no consumado)*
⟨Jur⟩ *gültig geschlossene(, aber nicht vollzogene)*
Ehe f

¹ratón m ⟨Zool⟩ *Maus* f ⟨& Inform⟩ ‖ ~ de biblioteca ⟨fam⟩ *Bücherwurm* m, *Leseratte* f ‖ ~ blanco *weiße Maus* f ‖ ~ campestre *Waldmaus* f (Apodemus sylvaticus) ‖ ~ doméstico *Hausmaus* f (Mus musculus) ‖ ~ enano *od* espiguero *Zwergmaus* f (Micromys minutus) ‖ ◇ el hijo de la gata, ratones mata ⟨Spr⟩ *der Apfel fällt nicht weit vom Stamm*

²ratón m ⟨Mar⟩ *verborgene Klippe* f
△ **³ratón** m *feiger Dieb* m

ratona f ⟨fam⟩ *weibliche Maus* f ‖ ⟨fam⟩ *große Ratte* f

ratonar vt *benagen*

¹ratoncito m dim von **¹ratón** ‖ *Mäuschen* n

²ratoncito m Bol *Blindekuhspiel* n

ratonera f *Mause-, Ratten|falle* f ‖ *Mauseloch* n ‖ ⟨fig⟩ *Falle* f, *Hinterhalt* m ‖ ◇ caer en la ~ ⟨figf⟩ *auf den Leim gehen*

¹ratonero m ⟨V⟩ *Bussard* m ‖ ~ calzado *Raufußbussard* m (Buteo lagopus) ‖ ~ común *Mäusebussard* m (B. buteo) ‖ ~ moro *Adlerbussard* m (B. rufinus)

²rato|nero adj *Mäuse-* ‖ (perro) ~ m *Rattenfänger* m *(Hund)* ‖ **–nicida** m *Mäusevertilgungsmittel* n ‖ **–nil** adj *Mäuse-*

rau|dal m *Strom* m (& fig) ‖ *(Wasser)Flut* f ‖ *Gieß-, Sturz|bach* m ‖ *Hochwasser* n ‖ ⟨fig⟩ *Menge* f, *Strom, Schwall* m ‖ Guat *Stromschnelle* f ‖ ~ de palabras *Wort|fülle* f, *-schwall, Redefluss* m ‖ ◆ a ~es *in Hülle und Fülle* ‖ **–do** adj *schnell, reißend, ungestüm, wild*

Raúl m np *Raoul* m

rauta f ⟨fam⟩ *Weg* m

rauwolfia f ⟨Bot⟩ *Rauwolfia* f

Rave|na f [Stadt] *Ravenna* n ‖ ≠**nés** adj/s *aus Ravenna* ‖ *auf Ravenna bezüglich*

ravioles mpl ⟨Kochk⟩ *Ravioli* mpl

ravituallamiento m *Verproviantierung* f ‖ *Proviant* m

¹raya f *Strich* m, *Linie* f, *Streifen* m ‖ *Streifen* m *(im Stoff)* ‖ *Grenze* f ‖ *Scheitel* m *(im Haar)* ‖ *Brand-, Feuer|schneise* f *(im Wald)* ‖ *Punkt* m *im Spiel* ‖ ⟨Gr⟩ *Gedankenstrich* ‖ ⟨Mil⟩ *Zug* m *im Gewehrlauf* ‖ ~ de división ⟨Typ⟩ *Trennungslinie* f ‖ ~ puntillada *Punktlinie* f ‖ ~ transversal *Querstrich* m ‖ → auch **quince** ‖ ◇ abrirse la ~ → peinarse la ~ ‖ echar *(od* hacer) ~ ⟨fig⟩ *wetteifern* ‖ ⟨fig⟩ *s. hervortun* ‖ eso hace ~ en la historia ⟨fam⟩ *das ist epochemachend* ‖ hacerse la ~ → peinarse la ~ ‖ ¡eso pasa de la ~! ⟨pop⟩ *da hört (s.) doch alles auf!* ‖ ⟨pop⟩ *das geht über die Hutschnur!* ‖ peinarse *od* sacarse la ~ *das Haar scheiteln* ‖ tener a ~ ⟨fig⟩ *in den Schranken halten*

²raya f ⟨Fi⟩ *Rochen* m (Raja spp) ‖ ~ blanca *Weißrochen* m (R. lintea) ‖ ~ cardadora *Chagrinrochen* m (R. fullonica) ‖ ~ común *Dorn-, Nagel|rochen* m (R. clavata) ‖ ~ fillás *Fyllarochen* m (R. fyllae) ‖ ~ picuda *Spitzrochen* m (R. oxyrinchus) ‖ ~ radiada *Sternrochen* m (R. radiata)

³raya f Span *ein Sherrywein* m

raya|dillo m ⟨Text⟩ *gestreifter Baumwollstoff* m ‖ **–do** adj *gestreift* ‖ *gestrichelt* ‖ *schraffiert* ‖ *gezogen (Gewehrlauf)* ‖ ~ en diagonal *schräggestreift* ‖ ~ m *Gestreifte(s)* n *im Stoff* ‖ ⟨Text⟩ *Rayé* m ‖ *Lin(i)ierung* f *(des Schreibpapiers)* ‖ *Streifen* mpl ‖ *Ritzen* n ‖ *Züge* mpl, *Drall* m *(im Gewehrlauf)*

¹rayador m *Teigrädchen* n *(Küchengerät)*

²rayador m ⟨V⟩ *Scherenschnabel* m (Rhynchops melanura)

rayano adj *angrenzend* ‖ ~ en la imposibilidad *(od* en lo imposible) *an Unmöglichkeit grenzend,*

---

so gut wie unmöglich ‖ ~ en la locura *halbverrückt*

¹rayar vt *lin(i)ieren* ‖ *unterstreichen* ‖ *schraffieren* ‖ *aus-, durch|streichen* ‖ *(ein)ritzen* ‖ *riffeln* ‖ *mit Drall versehen (Gewehrlauf)* ‖ Mex ⟨fig⟩ *bezahlen, entlohnen* ‖ ~ vi *Linien ziehen* ‖ *anbrechen (Tag)* ‖ ⟨fig⟩ *s. hervortun* ‖ ~ muy alto *s. sehr hervortun* ‖ ~ en los cincuenta (años) *nahe an den Fünfzigern od an die Fünfzig sein* ‖ esto raya en la imposibilidad *das grenzt ans Unmögliche, das ist so gut wie unmöglich* ‖ ◆ al ~ el alba *od* el día *bei Tagesanbruch* ‖ ~**se** *Streifen bekommen (Spiegel)* ‖ ⟨Tech⟩ *(s. fest)fressen (Lager)*

²rayar vt Am *die Sporen geben (dem Pferd)* ‖ *zähmen, abrichten (Pferd)*

raygrás, ray-gras m ⟨Bot⟩ *Rai-, Ray|gras* n (→ **ballico**)

ráyidos mpl ⟨Fi⟩ *Echte Rochen* mpl (Rajidae)

rayita f dim von **¹raya**

rayito m dim von **¹rayo** ‖ ⟨figf⟩ *(mein) Sonnenschein, (mein) Schatz* m

¹rayo m *Strahl* m ‖ *Blitz* m ‖ *Blitzstrahl* m ‖ *Donnerschlag* m ‖ ⟨Phys⟩ *Strahl* m ‖ *Radspeiche* f ‖ ⟨fig⟩ *feuriger Mensch* m ‖ ⟨fig⟩ *unvermutetes Unglück* n ‖ ⟨fig⟩ *plötzlicher Schmerz* m ‖ ~ de calor *Wärmestrahl* m ‖ ~ incidente *einfallender Strahl* m ‖ ~ de leche *Milchstrahl* m *(beim Säugen bzw Melken)* ‖ ~ de luna *Mondschein* m ‖ *Mond(en)strahl* m ‖ ~ de luz *Lichtstrahl* m ‖ ⟨fig⟩ *(augenblickliche bzw unerwartete) Hoffnung* f ‖ ⟨fig⟩ *plötzliche Aufklärung* f ‖ ~ reflejo *Reflexstrahl* m ‖ ~ de rueda *Radspeiche* f ‖ ~ de sol *Sonnenstrahl* m ‖ *Sonnenschein* m (& fig) ‖ ◇ cayó un *od* el ~ (en una casa) *es hat eingeschlagen, der Blitz hat eingeschlagen* ‖ mal ~ me parta, si no … *mich soll der Schlag treffen, wenn nicht* … ‖ ¡un ~ no lo parte! ⟨pop⟩ *der ist unverwüstlich!* ‖ pasó como un ~ *es ist blitzschnell vergangen* ‖ con la rapidez de un ~ *blitzschnell* ‖ como si le tocara un rayo ⟨fig⟩ *wie vom Blitz getroffen* ‖ ~**s** mpl: ~ alfa *Alphastrahlen* mpl ‖ ~ anódicos *Anodenstrahlen* mpl ‖ ~ catódicos *Kathodenstrahlen* mpl ‖ ~ beta *Betastrahlen* mpl ‖ ~ gamma *Gammastrahlen* mpl ‖ ~ X, ~ (de) Roentgen *Röntgenstrahlen* mpl ‖ ~ los ~ solares *die Sonnenstrahlen* mpl ‖ ~ tangentes *Speichen* fpl (z. B. *am Fahrrad)* ‖ ~ ultravioletas *ultraviolette Strahlen* mpl ‖ ¡mil ~! *Donnerwetter! potz Blitz!* ‖ ◇ echar ~ (y centellas) ⟨fig⟩ *Funken sprühen,* ⟨fig⟩ *Gift und Galle speien*

△ **²rayo** m *Auge* n ‖ *Häscher* m

rayo-guía f ⟨Radio TV⟩ *Leitstrahl* m

rayó, ²rayo → **raer**

rayón m ⟨Text⟩ *Reyon* m (& n)

rayoso adj *gestreift, streifig*

rayuela f dim von **raya** ‖ *Münzenwurfspiel* n *(Kinderspiel)* ‖ ⟨Art⟩ *Hinkespiel* n *(Kinderspiel)*

rayuelo m ⟨V⟩ *Bekassine* f (→ **agachadiza**)

¹raza f ⟨Biol⟩ *Rasse* f ‖ *Zuchtart* f *(bei Zuchttieren)* ‖ *Stamm* m, *Geschlecht* n ‖ *Ab|stammung, -kunft* f ‖ p.ex ⟨lit⟩ *Volk* n ‖ ⟨fig⟩ *Rassigkeit* f ‖ ⟨oft desp⟩ *Sippe, Sippschaft* f ‖ (desp) *Gezücht* n ‖ ~ amarilla, blanca *weiße, gelbe Rasse* f ‖ ~ bovina *Rinderrasse* f ‖ ~ canina *Hunderasse* f ‖ ~ cobriza *rote Rasse* f ‖ ~ de color *farbige Rasse* f ‖ ~ equina *Pferderasse* f ‖ ~ felina ⟨fam⟩ *Katzengeschlecht* n ‖ ~ híbrida *hybride Rasse, Mischrasse* f ‖ ~ humana *Menschengeschlecht* n ‖ ~s humanas *Menschenrassen* fpl ‖ ~ mestiza *Mischrasse* f ‖ ~ porcina *Schweinerasse* f ‖ ~ primitiva *Urstamm* m ‖ ~ de víboras ⟨fig⟩ *Otterngezücht* n ‖ ◆ de ~ ⟨fig⟩ *rassig* ‖ de pura ~ *reinrassig*

²raza f Riss m, Spalte f ‖ (Licht)Strahl m (der durch e–n Spalt fällt) ‖ ⟨fig⟩ Fehler, Mangel m
razada f Am Menschenschlag m
razar [z/c] vt schaben, kratzen
razia f Razzia f
¹razón f Ver|nunft f, -stand m ‖ Recht n, Berechtigung f ‖ Rechtschaffenheit, Billigkeit f ‖ Ordnung, Methode f ‖ Ausdruck m, Äußerung f ‖ Grund m, Ursache f ‖ Beweg- bzw Beweis- bzw Zweck|grund m ‖ Anlass m ‖ ~ de cartapacio ⟨figf⟩ ausgeklügelter Grund m ‖ ~ contraria Gegengrund m ‖ ~ de Estado Staatsräson f ‖ ~ fuerte triftiger Grund m ‖ la ~ del más fuerte das Recht des Stärkeren ‖ ~ natural Mutterwitz m ‖ gesunder Menschenverstand m ‖ ~ de ser Daseinsberechtigung f ‖ ~ valedera triftiger Grund m ‖ ¡~ de más! um so mehr! ‖ ♦ con ~ mit Recht ‖ con ~ le sucede es geschieht ihm ganz recht ‖ con mucha ~ mit vollem Recht ‖ sehr richtig ‖ de buena ~ mit vollem Recht ‖ en ~ nach Recht und Billigkeit ‖ en ~ a ... od de ... in betreff ..., hinsichtlich ... ‖ dank dem Umstand, dass ... ‖ entre ~ y ~ zwischen jedem Wort ‖ por ~ wegen ‖ nach Verhältnis ‖ por una u otra ~ aus irgendeinem Grund ‖ la ~ por la que ... der Grund, warum ... ‖ sin ~ mit Unrecht, unrechtmäßig(erweise) ‖ ◇ le asiste la ~ er (sie, es) hat Recht ‖ cargarse de ~, llenarse de ~ ⟨fig⟩ alles gründlich durchdenken ‖ dar (la) ~ a uno jdm recht geben ‖ dar ~ recht geben ‖ dar ~ de sí (od de su persona) e–n gegebenen Auftrag pünktlich ausrichten ‖ von s. hören lassen ‖ entrar en ~ zur Einsicht kommen ‖ estar a ~ (od razones) (et.) besprechen ‖ hacer od meter en ~ a alg. jdn zur Vernunft bringen ‖ hacer la ~ a uno jdm Bescheid tun (beim Trinken) ‖ llevar la ~ de su parte das Recht auf s–r Seite haben ‖ perder la ~ wahnsinnig werden ‖ poner en ~ besänftigen ‖ zur Vernunft bringen ‖ ponerse en (la) ~ darauf eingehen, s. überzeugen lassen ‖ puesto en ~ vernünftig (geworden) ‖ berechtigt, wohl begründet ‖ recht und billig, angebracht ‖ privar de (la) ~ ⟨fig⟩ der Sinne berauben ‖ la ~ no quiere fuerza Recht geht vor Macht ‖ reducirse a la ~ zur Einsicht kommen ‖ es ~ es ist recht, es gebührt s. ‖ tener ~ Recht haben ‖ Grund haben ‖ tener mucha ~ vollkommen Recht haben ‖ no tener ~ Unrecht haben ‖ tomar la ~ Nachricht einziehen (de über acc) ‖ **razones** fpl Gründe, Einwände mpl ‖ Auseinandersetzungen fpl ‖ Erklärungen fpl ‖ ~ de Estado Staatsräson f, (innere) Staatsrücksichten fpl ‖ ~ en pro y en contra Gründe mpl für und wider ‖ ♦ en buenas ~ in kurzen Worten ‖ kurz und gut ‖ por ~ de facilidad der Einfachheit halber ‖ por ~ fundadas aus guten Gründen ‖ ◇ ahorrar(se) ~ Worte sparen ‖ alcanzar de ~ a uno ⟨fam⟩ jdn durch triftige Gründe zum Schweigen bringen od jdn überzeugen ‖ atravesar ~ s. in e–n Wortwechsel einlassen ‖ la carta contenía estas ~: der Brief besagte folgendes: ‖ envolver a uno en ~ ⟨fig⟩ jdn (mit s–r Argumentation) einwickeln od verwirren, stutzig machen ‖ sin exponer ~ ohne Angabe von Gründen ‖ ponerse a ~ con alg. s. mit jdm in e–n Wortwechsel einlassen ‖ venirse a ~ con alg. jdm beipflichten
²razón f Auskunft f ‖ Nachricht f ‖ Rechenschaft f ‖ Äußerung f ‖ ~ en la portería Näheres (zu erfragen) beim Pförtner ‖ ◇ dar ~ Auskunft geben, informieren, in Kenntnis setzen ‖ dar od enviar od pasar ~ a alg. jdm et. ausrichten lassen ‖ pedir (una od la) ~ s. erkundigen, s. informieren, (et.) fragen ‖ **razones** fpl: adquirir ~ Auskünfte einziehen
³razón f Verhältnis n ‖ ⟨Math⟩ Verhältnis n,

Proportion f ‖ ~ geométrica geometrisches Verhältnis n ‖ ◇ a ~ del cinco por ciento zu 5% ‖ ◇ asegurar algo a ~ de ... et. mit ... versichern ‖ el coche corre a ~ de ... der Wagen entwickelt e–e Geschwindigkeit von ...
⁴razón f ⟨Com⟩ (Handels)Firma f ‖ ~ social Firmenname m
razona|ble adj (m/f) vernünftig ‖ an|gemessen, -gebracht ‖ verständig ‖ gerecht ‖ ⟨fig⟩ anständig, ge|hörig, -ziemend ‖ ⟨fig⟩ annehmbar, erschwinglich (Preis) ‖ ◇ poner condiciones ~s vernünftige Bedingungen stellen ‖ adv: ~**mente** **–do** adj vernünftig ‖ (wohl) begründet ‖ wohl durchdacht ‖ systematisch, methodisch ‖ wissenschaftlich begründet ‖ **–miento** m Urteilen n ‖ Nachdenken n ‖ Gedankengang m ‖ Überlegung f ‖ Ausführung, Argumentation f ‖ Erörterungen fpl ‖ Beweisführung f
razonar vt be|legen, -weisen, -gründen ‖ mit Vernunftgründen erklären, vernünftig erörtern ‖ ~ vi (nach)denken ‖ vernünftig denken, urteilen ‖ s. auseinandersetzen (con alg. mit jdm) ‖ reden ‖ ◇ ~ sobre un asunto e–e Angelegenheit besprechen
razzia f Razzia f
Rb ⟨Abk⟩ = **rubidio**
R.ᵇⁱ ⟨Abk⟩ = **recibí**
Rbmos., Rbs. ⟨Abk⟩ = **recibimos**
R.C. ⟨Abk EB⟩ = **restaurante, cantina**
R.D. ⟨Abk⟩ = **Real Decreto**
Rda. M. ⟨Abk⟩ = **Reverenda Madre**
Rdo. P. ⟨Abk⟩ = **Reverendo Padre**
R.ᵉ ⟨Abk⟩ = **récipe**
re m ⟨Mus⟩ D n ‖ ~ bemol ⟨Mus⟩ Des n ‖ ~ sostenido ⟨Mus⟩ Dis n
re- Vorsilbe zur Bezeichnung der Wiederholung od Vergrößerung: zurück-, wieder-, neu-, Zurück-, Wieder-, Neu-, re-, Re-
Re ⟨Abk⟩ = **renio**
reabrir [pp/irr reabierto] vt wieder eröffnen
reabsor|ber vt wieder aufsaugen ‖ ⟨Med⟩ resorbieren ‖ **–ción** f ⟨Med⟩ Wiederaufsaugung, Resorption f
reac|ción f Gegen-, Rück|wirkung, Reaktion f (& Med Phys Chem) ‖ ⟨Med⟩ Probe f, Test m ‖ ⟨Pol⟩ Reaktion f ‖ ⟨Ethol Chem⟩ Verhalten n ‖ ⟨Ethol⟩ Verhaltensweise f ‖ ~ ácida ⟨Chem⟩ saure Reaktion f ‖ ~ alcalina od básica alkalische Reaktion f ‖ ~ en cadena Kettenreaktion f ‖ ~ del cohesor ⟨Radio⟩ Ansprechen n des Fritters ‖ ~ coloidal ⟨Med⟩ Kolloidreaktion f ‖ ~ cutánea ⟨Med⟩ Hautreaktion f ‖ ~ de defensa Abwehrreaktion f ‖ ~ exagerada Überreaktion f ‖ ~ focal ⟨Med⟩ Herd-, Fokal|reaktion f ‖ ~ secundaria Nebenwirkung f ‖ ~ térmica ⟨Chem⟩ Wärmereaktion f ‖ ~-testigo Kontroll|probe f, -test m ‖ ~ de la tuberculina ⟨Med⟩ Tuberkulinreaktion f ‖ ~ de Wassermann ⟨Med⟩ Wassermannsche Reaktion f ‖ ◇ entrar en ~ s. erwärmen (durch Händereiben, heiße Getränke usw.) ‖ experimentar una ~ e–e Rückwirkung erfahren ‖ producir una ~ e–e Reaktion hervorrufen ‖ **–cionar** vi reagieren f ‖ ⟨fig⟩ (auf jdn) einwirken ‖ ⟨fig⟩ ansprechen, antworten ‖ **–cionario** adj rückwärtsstrebend ‖ ⟨Pol⟩ reaktionär ‖ ~ m ⟨Pol⟩ Reaktionär m ‖ **–cionarismo** m reaktionäre Tendenzen fpl
reacio adj ab|hold, -geneigt (a dat) ‖ widerspenstig, halsstarrig ‖ unbeugsam
reactancia f ⟨El⟩ Reaktanz f, Blindwiderstand m ‖ Drosselung f
reac|tivar vt reaktivieren ‖ wieder in Dienst stellen ‖ ⟨Med⟩ → **reanimar** ‖ **–tividad** f ⟨Chem⟩ Reaktions|fähigkeit, -freudigkeit, Reaktivität f ‖ **–tivo** adj ⟨Chem⟩ reaktions|fähig, -freudig, reagierend ‖ ~ m ⟨Chem⟩ Reagens f ‖ ⟨fig⟩

Gegenwirkung f ‖ **–tor** *m* ⟨Atom Phys⟩ *Reaktor* m ‖ ⟨Flugw⟩ *Düsenflugzeug* n ‖ ⟨Flugw⟩ *Düsenantrieb* m ‖ *Strahl-, Schub-, Rückstoß\triebwerk* n ‖ ~ de agua hirviente *od* en ebullición *Siedewasserreaktor* m ‖ ~ de agua ligera *Leichtwasserreaktor* m ‖ ~ de agua pesada *Schwerwasserreaktor* m ‖ ~ de agua a presión *Druckwasserreaktor* m ‖ ~ experimental *Versuchsreaktor* m ‖ ~ de grafito *Grafitreaktor* m ‖ ~ de investigación *Forschungsreaktor* m ‖ ~ de potencia *Leistungsreaktor* m ‖ ~ regenerador *Brutreaktor, Brüter* m ‖ ~ superregenerador (rápido) *Schnellbrutreaktor, schneller Brüter* m ‖ ~ de alta temperatura *Hochtemperaturreaktor* m
  readap\tación *f (Wieder)Anpassung* f ‖ *Wiedereingliederung* f ‖ *Umschulung* f ‖ ~ social *Wiedereingliederung* f *in die Gesellschaft* ‖ **–tar** vt *wieder eingliedern* ‖ *umschulen*
  readmi\sión *f Wiederaufnahme* f ‖ *Wiederzulassung* f ‖ **–tir** vt *wieder aufnehmen* ‖ *wieder zulassen*
    readquirir vt *rückerwerben*
    reafilar vt *nach\schärfen, -schleifen*
    reafirmar vt [Haut] *straffen*
    reagravarse vr *s. wieder verschärfen, wieder schlimmer werden (z. B. Lage, Krankheit)*
    reagrupación *f Umgruppierung* f ‖ *Neu\einteilung, -ordnung* f ‖ ~ familiar *Familienzusammenführung* f
    reagudo adj *sehr schrill (Ton)*
    reajus\tar vt *wieder angleichen, wieder anpassen* ‖ *neu einstellen* ‖ *nachjustieren* ‖ **–te** m *Wiederanpassung* f ‖ *Neuanpassung* f ‖ *Nach\justieren, -stellen, -spannen, -ziehen* n ‖ ~ del gabinete *Kabinettsumbildung* f
  ¹real adj *(m/f)* wirklich, tatsächlich ‖ ⟨Philos⟩ *real* ‖ ⟨Math⟩ *reell* (& fig) ‖ ⟨Jur⟩ *dinglich, Sach-, Sachen-*
  ²real adj *(m/f)* königlich, Königs- ‖ ⟨fig⟩ *herrlich, prächtig* ‖ ~ m: los ~es die *Königlichen, die Royalisten (Partei)*
  ³real m (& pl) ⟨Mil⟩ *(Feld)Lager* n ‖ ⟨Mil⟩ *Hauptquartier* n ‖ el ~ (de la feria) der *Marktplatz* ‖ ◇ alzar el ~ *(od* los ~es) ⟨Mil⟩ *das Lager aufheben, abbrechen* ‖ asentar ~ ⟨Mil⟩ *das Lager aufschlagen* ‖ levantar el ~ → alzar el ~ ‖ sentar el ~ (los ~es) ⟨fig⟩ *s. (irgendwo) häuslich niederlassen*
  ⁴real m [frühere span. Münzeinheit] *Real* m (= 25 céntimos) ‖ un ~ sobre ~ ⟨figf⟩ *bis auf den letzten Pfennig* ‖ ◇ no valer (ni) un ~ *nicht viel wert sein,* ⟨fam⟩ *k–n Pfifferling wert sein*
    realce m *erhabene Arbeit* f ‖ ⟨fig⟩ *Ansehen* n, *hohe Achtung* f ‖ ⟨fig⟩ *Ruhm* m, *Ansehen* n, *Glanz* m ‖ ⟨Mal⟩ *aufgesetztes Licht* n ‖ ⟨Mal⟩ *Drucker* m ‖ ◇ bordar de ~ *erhaben sticken* ‖ dar ~ a algo ⟨fig⟩ *et. erhöhen* ‖ *et. betonen* ‖ *et. verschönern* ‖ eso le da ~ ⟨fig⟩ *das gibt ihm (ihr) Ansehen*
    realdad *f königliche Würde* f
    rea\lejo m *dim von* **⁴real** ‖ **–lengo** adj ⟨Hist⟩ *frei (nur dem König unterstellt)* ‖ *staatseigen, dem Staat gehörend, Staats-* ‖ Mex PR *herrenlos (Tier)* ‖ **–leza** *f königliche Würde* f ‖ ⟨fig⟩ *Pracht, Herrlichkeit* f
    realidad *f Wirklichkeit, Realität* f ‖ *Wahrheit* f ‖ *Tatsache* f ‖ *Red-, Ehr\lichkeit* f ‖ ~ virtual *virtuelle Realität* f ‖ ◆ en ~ *wahrhaftig, tatsächlich* ‖ *eigentlich, im Grunde* ‖ ◇ adquirir ~ *s. verwirklichen* ‖ *verwirklicht werden* ‖ *s. verkörpern* ‖ volver la espalda a la ~ *s. der Wirklichkeit verschließen*
  ¹realismo m *Königspartei* f, *Royalismus* m
  ²realismo m ⟨Film Lit Mal Philos⟩ *Realismus* m ‖ ~ socialista *sozialistischer Realismus* m (bes. Mal)

¹realista adj/s *königstreu, königlich gesinnt, royalistisch*
²realista adj *(m/f)* ⟨Film Lit Mal Philos⟩ *realistisch* ‖ ~ m/f *Anhänger(in* f) m *des Realismus* bzw *der realistischen Schule*
  realito m *dim von* **⁴real**
  realiza\ble adj *(m/f)* tunlich, durch-, aus\führbar, realisierbar ‖ tunlich ‖ erreichbar, möglich ‖ ⟨Com⟩ *verkäuflich* ‖ *verwertbar* ‖ **–ción** *f Verwirklichung, Realisierung* f ‖ *Aus-, Durch\führung* f ‖ *Bewerkstelligung* f ‖ *Verwertung, Begebung* f ‖ *Errungenschaft* f ‖ ⟨Com⟩ *Ausverkauf* m ‖ ⟨Psych⟩ *Selbsterfahrung* f ‖ ~ cinematográfica *Verfilmung* f ‖ *Film* m ‖ ~ de una esperanza *Erfüllung* f *e–r Hoffnung* ‖ ◇ ser de fácil (difícil) ~ *leicht (schwer) absetzbar sein (Ware)* ‖ **–dor** m ⟨Film TV⟩ *Regisseur, Spielleiter* m
  realizar [z/c] vt *verwirklichen, realisieren* ‖ *aus-, durch\führen* ‖ *bewerkstelligen* ‖ *verwerten, begeben, flüssig machen* ‖ ◇ hemos realizado los mayores esfuerzos para ... ⟨Com⟩ *wir haben unser Bestes getan, um zu ...* ‖ ~ un deseo *e–n Wunsch verwirklichen* ‖ ~ en dinero *verwerten* ‖ ~ una ganancia *e–n Gewinn erzielen* ‖ ~ un proyecto *e–n Plan ausführen* ‖ ~ un viaje *e–e Reise unternehmen* ‖ ~se *stattfinden* *abgehalten werden* ‖ *s. verwirklichen* ‖ *Wirklichkeit werden* ‖ *s. erfüllen, in Erfüllung gehen* ‖ *abgewickelt werden (Aufgabe, Arbeit)* ‖ ◇ nuestras esperanzas se han realizado *unsere Hoffnungen haben s. erfüllt od sind in Erfüllung gegangen*
    realmente adv *wirklich* ‖ *in der Tat, tatsächlich* ‖ *aufrichtig, offen gestanden*
    realojar vt *umquartieren*
    realqui\lado adj *untervermietet* ‖ ~ m *Untermieter* m ‖ **–lar** vt *untervermieten*
  realzar [z/c] vt *er\höhen, -heben* ‖ ⟨fig⟩ *erheben, rühmen* ‖ ⟨fig⟩ *ver\schönern, -herrlichen* ‖ ⟨Mal⟩ *Lichter aufsetzen (algo auf et.* acc) ‖ ~se *s. erheben* ‖ ⟨fig⟩ *zu Ruhm gelangen*
  reani\mación *f Neu-, Wieder\belebung* f ‖ *Schwung* m ‖ ⟨Med⟩ *Reanimation* f ‖ **–mar** vt *wieder zu Kräften bringen, wieder beleben* ‖ *neuen Mut einflößen (dat)* ‖ *wieder in Schwung bringen (Geschäft)* ‖ ⟨Med⟩ *reanimieren* ‖ *neu anfachen* ‖ ⟨fig⟩ *auffrischen* ‖ ~se *neu aufleben* ‖ ⟨fig⟩ *neuen Mut fassen*
  reanu\dación *f Wiederanknüpfung* f ‖ *Wiederaufnahme* f ‖ ~ de los negocios *Wiederbelebung* f *der Geschäfte* ‖ ~ de las relaciones (comerciales) *Wiederaufnahme* f *der Geschäftsverbindungen* ‖ ~ de las relaciones diplomáticas *Wiederaufnahme* f *der diplomatischen Beziehungen* ‖ **–dar** vt *wieder anknüpfen* ‖ *wieder aufnehmen* ‖ ◇ ~ la correspondencia *den Briefwechsel wieder aufnehmen* ‖ ~ las relaciones diplomáticas *die diplomatischen Beziehungen wieder aufnehmen*
  reapa\recer [-zc-] vi *wieder erscheinen, wieder zum Vorschein kommen* ‖ *erneut auftreten* ‖ **–rición** *f Wiedererscheinung* f ‖ ⟨Th⟩ *Wiederauftreten, Comeback* n ‖ ◇ hacer su ~ *wieder erscheinen* ‖ ⟨fam⟩ *wieder auftauchen*
  reapertura *f Wiedereröffnung* f ‖ *Wiederbeginn* m ‖ ⟨Jur⟩ *Wiederaufnahme* f *(e–s Verfahrens)* ‖ ~ de los cursos *Schulbeginn* m
  reargüir [-uy-, gu/gü] vi *versetzen (im Gespräch)*
  rear\mar vt *(Waffe) durchladen* ‖ *wieder bewaffnen* ‖ ~ vi *aufrüsten* ‖ **–me** m *(Wieder)Aufrüstung* f ‖ *Wiederbewaffnung* f ‖ *Durchladen* n *(e–r Waffe)*
  rease\gurar vt *wieder versichern* ‖

rückversichern ‖ **–guro** *m Rückversicherung, Reassekuranz* f
rea|sumir vt *wieder (auf)nehmen od aufgreifen* ‖ *wieder auf s. nehmen, übernehmen* ‖ *kurz zusammenfassen, in den Hauptpunkten wiederholen* ‖ **–sunción** *f Wiederaufnahme* f
rea|ta *f Koppelriemen* m ‖ *Koppel* f *(Saumtiere)* ‖ *Vorspannpferd* n ‖ ⟨Mar⟩ *Bezug* m ‖ ◆ de ~ *koppelweise (angespannt)* ‖ ⟨figf⟩ *blindlings gehorchend* ‖ ⟨figf⟩ *gleich darauf* ‖ **–tar** vt *wieder (an)binden* ‖ *aneinanderkoppeln (Saumtiere)*
reatino adj *reatinisch, aus Rieti (Italien)* ‖ ~ *m Reatiner* m
reato *m* ⟨Theol Jur⟩ *Schuld* f ‖ *Anklagezustand* m
reavivar vt → **reanimar** ‖ ~*se wieder zu s. kommen*
reba|ba *f Grat* m, ‖ *Guss|naht* f, *-bart* m ‖ *Krätze* f ‖ ⟨Typ⟩ *Achsel* f ‖ **–barse** vr ⟨Arch⟩ *vorspringen*
reba|ja *f Preisnachlass, Rabatt* m ‖ *Abzug* m ‖ *Ermäßigung* f ‖ *Preissenkung* f ‖ ~ *del descuento Diskontherabsetzung* f ‖ ~ *extraordinaria Extrarabatt* m ‖ ~ *de los precios Rückgang m der Preise* ‖ ~s *de verano Sommerschlussverkauf* m ‖ ◇ *conceder (od hacer) una* ~ *Rabatt gewähren* ‖ **–jamiento** *m* s *von* **–jar(se)** ‖ **–jar** vt *herabdrücken, platt drücken* ‖ ⟨Tech⟩ *ab|nehmen, -feilen, -hobeln, -schleifen* ‖ *abziehen (von e–r Summe)* ‖ ⟨fig⟩ *demütigen, beschämen* ‖ ⟨Mal Fot⟩ *abschwächen (& fig)* ‖ ⟨Mil⟩ *vom Dienst freistellen* ‖ ◇ ~ *el precio den Preis herabsetzen bzw ermäßigen, verbilligen, billiger gestalten* ‖ ~*se erkranken* ‖ ⟨fig⟩ *s. herabwürdigen* ‖ *s. demütigen* ‖ ◇ ~ *los callos s. die Hühneraugen schneiden* ‖ ~ *por enfermo* ⟨Mil⟩ *vom Dienst wegen Krankheit freistellen*
rebaje *m* ⟨Mil⟩ *Freistellung* f *vom Dienst*
¹rebajo *m Einschnitt, Falz* m ‖ *Abschrägung* f ‖ *Hohlkehle* f
²rebajo adj ⟨pop⟩ *sehr klein, sehr niedrig* ‖ *winzig*
rebalaje *m* ⟨reg⟩ *Stromschnelle* f
rebal|sa *f Lache, Pfütze* f ‖ *Stauwasser* n ‖ *Stockung, Stauung* f ‖ ⟨Med⟩ *Flüssigkeitsstauung* f *(in den Geweben)* ‖ **–sar** vt *stauen (Wasser)* ‖ *überlaufen (Flüssigkeit)* ‖ ⟨fig⟩ *hemmen, aufhalten* ‖ ~*se stocken, s. stauen (& fig)* ‖ **–se** *m Stauung* f *gestautes Wasser* n ‖ p. ex *Staubecken* n
reba|nada (dim: **–nadita**) *f (dünne) Schnitte* f ‖ *Schnitt* m ‖ *Scheibe* f ‖ ~ *de pan (con manteca) Brotschnitte* f *(Butterbrot)* ‖ ◇ *partir el pan en* ~s *das Brot schneiden* ‖ **–nar** vt *in dünne Schnitten schneiden* ‖ *ab-, durch-, zer|schneiden* ‖ ◇ ~ *el pan das Brot schneiden* ‖ ~ *la cabeza od el pescuezo* ⟨pop⟩ *den Kopf abschneiden*
rebañadera *f Brunnenhaken* m
rebañadura *f* ⟨pop⟩ *Menge* f *Buben* ‖ ~s *fpl (Speise)Reste* mpl
rebañar vt → **arrebañar** ‖ ⟨pop⟩ *auskratzen* (z. B. *e–e Kasserolle*) ‖ *austunken* (z. B. *Teller*)
reba|ño *m (Vieh)Herde* f (& fig) ‖ ⟨fig⟩ *Schar* f, *Haufen* m ‖ ~ *de carneros od ovejas Schafherde* f ‖ ~ *trashumante Wanderherde* f ‖ **–ñuelo** *m* dim *von* **–ño**
rebarba *f* → **rebaba**
rebasar vt/i *(e–e bestimmte Grenze) überschreiten* ‖ Mex ⟨StV⟩ *überholen* ‖ ⟨Glas⟩ *überlaufen (Flüssigkeit)* ‖ *über die Ufer treten (Fluss)* ‖ ⟨Mar⟩ *(Klippe) klaren, überwinden* ‖ ⟨Mil⟩ *stürmen, nehmen* (acc) ‖ ⟨Wir Com⟩ *überziehen (Konto usw.)* ‖ ◇ ~ *el límite* ⟨Com⟩ *das Limit überschreiten* ‖ ~ *los límites zu weit gehen* ‖ ~ *las murallas* ⟨Mil⟩ *die Grenzwälle*

stürmen ‖ *el enfermo no* ~*á este otoño* ⟨pop⟩ *der Kranke wird diesen Herbst nicht überleben* ‖ ~ *la treintena das 30. Jahr überschreiten*
rebatible adj *(m/f) bestreitbar, strittig* ‖ ⟨Tech⟩ *klappbar* ‖ *kippbar* ‖ *Klapp-*
rebatiña *f* → **arrebatiña** ‖ *andar a la* ~ ⟨fam⟩ *s. um et. reißen* ‖ *hablar a la* ~ ⟨pop⟩ *s. im Reden überstürzen*
rebatir vt *zurückschlagen* ‖ *von neuem schlagen, heftig schlagen, klopfen* ‖ *widerlegen (Argumentation)* ‖ *zurückweisen, bestreiten* ‖ ⟨fig⟩ *Einhalt tun* (dat) ‖ ⟨fig⟩ *von s. weisen* ‖ ◇ ~ *las costuras die Nähte glätten* ‖ ~ *una razón e–e Behauptung widerlegen (con durch)* ‖ ~ *una sospecha e–n Verdacht zurückweisen*
¹rebato *m Sturmläuten, Lärmschlagen* n ‖ *Alarm(glocke)* m ‖ ⟨Mil⟩ *plötzlicher Angriff, Überraschungsangriff* m ‖ *(Blut)Andrang* m ‖ ◆ de ~ ⟨figf⟩ *unvermutet* ‖ *plötzlich* ‖ ◇ *dar un* ~ ⟨Mil⟩ *plötzlich angreifen* ‖ *tocar a* ~ *Sturm läuten* ‖ ⟨fig⟩ *Alarm schlagen*
²rebato → **arrebato**
rebautizo *m Wiedertaufe* f ‖ *Umtaufen* n
rebaza *f* ⟨reg⟩ *Kleie* f
rebe|ber vt *ein-, auf|saugen* ‖ **–bido** adj *verblasst (Gemälde)*
Rebeca *f* np *Rebekka* f ‖ ~ *f Strick|jacke, -weste* f *(nach dem Kleidungsstück, das die Hauptdarstellerin des gleichnamigen Films, Joan Fontaine, trug)*
¹rebeco *m* ⟨Zool⟩ *Gemse* f (Rupicapra rupicapra)
²rebeco adj *störrisch, widerspenstig* ‖ Sant *spitzbübisch* ‖ *keck* ‖ *unartig (Kind)*
rebecú *m* Bol ⟨Mus⟩ *kleine Gitarre mit Drahtsaiten*
rebe|larse vr *s. empören* ‖ *s. auflehnen (contra gegen)* ‖ ◇ *eso se me –la das ekelt mich an* ‖ *das macht mich wütend*
rebel|de adj *(m/f) aufrührerisch* ‖ ⟨fig⟩ *ungehorsam, störrisch, widerspenstig* ‖ *hartnäckig (Krankheit)* ‖ *trotzig, hartnäckig (Person)* ‖ *ungezogen (Kind)* ‖ ⟨Jur⟩ *säumig, (vor Gericht) nicht erscheinend* ‖ ~ *a las arrugas* ⟨Text⟩ *knitterfest* ‖ ~ *m Aufständische(r), Rebell* m ‖ *Meuterer* m ‖ ⟨Jur⟩ *säumige Partei* f ‖ **–día** *f Widerspenstigkeit, Auf|sässigkeit* f, *-begehren* n ‖ *Rebellion* f ‖ *Unbotmäßigkeit* f ‖ ⟨Jur⟩ *Säumnis* f (& n), *Nichterscheinen* n *(vor Gericht)* ‖ ⟨Jur⟩ *Strafe f wegen Nichterscheinens* ‖ ◇ *condenar en* ~ ⟨Jur⟩ *in Abwesenheit verurteilen* ‖ *declarar en* ~ ⟨Jur⟩ *für säumig erklären*
rebe|lión *f Auf|ruhr, -stand* m, *Empörung* f ‖ *Rebellion* f ‖ → **revuelta** ‖ ◆ *en* ~ *aufständisch* ‖ **–lón** adj *störrisch (Pferd)*
reben|cazo *m Hieb* m *mit der Reitpeitsche* ‖ **–que** *m Ochsenziemer* m, *(Zucht)Peitsche* f ‖ ⟨Mar⟩ *Tauende* n ‖ Am *Peitsche* f ‖ Cu ⟨fig⟩ *schlechte Laune* f ‖ ◇ *tener* ~ Am ⟨fam⟩ *widerspenstig, halsstarrig sein* ‖ **–quear** vt Am ⟨pop⟩ *(durch)peitschen*
rebién adv ⟨fam⟩ *ausnehmend gut*
rebisabuelo *m* → **tatarabuelo**
△ **reblandañí** *f Stein* m
reblan|decer [-zc-] vt *erweichen* ‖ *auflockern* ‖ *weich machen* (& Chem) ‖ ~*se weich werden* ‖ ⟨fig⟩ *mürbe werden* ‖ ⟨pop⟩ *herunterkommen, verwahrlosen* ‖ **–decimiento** *m Auf-, Er|weichen* n ‖ *Auflockerung* f ‖ ⟨Med⟩ *Erweichung* f ‖ ⟨Med⟩ *Einschmelzung* f ‖ ~ *cerebral* ⟨Med⟩ *Gehirnerweichung* f ‖ ~ *de los huesos* ⟨Med⟩ *Knochenerweichung* f
△ **reble** *m Gesäß* n
△ **reblinar** vt *(hoch) achten*
rebobi|nado *m Rück-, Um|spulen* n ‖ ⟨El⟩

Neuwickeln n ‖ **–nar** vt *rück-, um|spulen* ‖
umwickeln ‖ ⟨El⟩ *neu wickeln*
  rebocillo *m* dim von **rebozo**
  rebolear vt Am *schwingen* (z.B. *Peitsche*)
  rebo|lledo *m Zerreichenwald* m ‖ **–llo** *m* ⟨Bot⟩
  Zerreiche f (Quercus cerris) ‖ Ast *Baumstamm* m
‖ **–lludo** adj *untersetzt, stämmig*
  rebombe *m Widerhall* m
  rebordar vt/i *übersticken*
  rebor|de *m Übersaum, hervortretender Saum*
m ‖ *Wulst* m ‖ ⟨Tech⟩ *Randleiste* f ‖ *Krempe* f ‖ ~
del tejado Dachrand m ‖ **–dear** vt *besetzen,*
säumen ‖ *(um)bördeln* ‖ *rollen (stanzen)*
  rebo|sadero *m Überlauf* m *(Wasser)* ‖ *Überlauf*
m *e–s Staubeckens* ‖ ⟨Met⟩ *Steiger, Steigetrichter*
m ‖ **–sadura** f, **–samiento** *m Über|laufen,*
-strömen n ‖ **–sante** adj *(m/f):* ~ *de salud vor*
Gesundheit strotzend ‖ *über|voll, -füllt* ‖ *bis an*
den Rand gefüllt (z.B. *Glas*) ‖ **–sar** vi/t
über|fließen, -laufen ‖ *über die Ufer treten* ‖ ⟨fig⟩
über|voll bzw -füllt sein, strotzen (de von dat) ‖
⟨fig⟩ *im Überfluss (vorhanden) sein* ‖
⋄ ~ *hiel* ⟨figf⟩ *sehr böswillig, neidisch sein* ‖
les –sa el dinero (pop) *sie sind steinreich* ‖
está –sando de salud er (sie, es) strotzt vor
Gesundheit
  rebo|tar vt *zurückschlagen, prellen (Ball)* ‖
aufrauen (Tuche) ‖ *um-, krumm|schlagen (Nägel)*
‖ ⟨fig⟩ *verärgern* ‖ Col Mex *trüben (Wasser)* ‖ ~
vi *zurückspringen, abprallen* (z.B. *Gummiball*) ‖
⟨Mil⟩ *abprallen (Schuss)* ‖ ~se ⟨fig⟩ *außer s.*
geraten ‖ *umschlagen (Wein)* ‖ *kollern (gärender*
Wein) ‖ *s. farben- bzw qualitäts|mäßig ändern* ‖ *s.*
sehr aufregen ‖ **–tazo** *m Rückprall* m ‖ **–te** *m*
Rückprall m ‖ *Zurückschnellen* n ‖ *Rückstoß* m ‖
⟨Mil⟩ *Querschläger* m ‖ *Abprall(er)* m ‖ ◆ *de* ~
im Zurückspringen (Ball) ‖ *durch Rückprall* ‖
⟨fig⟩ *als Folge, folglich*
  rebotica *f rückwärtiger Laden, Hinterladen* m,
Ladenstube f
  rebo|zadamente adv *heimlich, versteckt* ‖
verschämt ‖ *mit Angst* ‖ **–zado** adj *vermummt*
(Gesicht) ‖ ⟨fig⟩ *ver|schleiert, -hüllt* ‖
undurchsichtig ‖ ⟨fig⟩ *arglistig* ‖ ⟨Kochk⟩
überbacken ‖ *paniert* ‖ ~ *con chocolate* ⟨Kochk⟩
mit Schokolade übergossen ‖ **–zar** [z/c] vt
(Gesicht) vermummen ‖ *ver|schleiern, -hüllen* ‖
⟨Kochk⟩ *panieren, garnieren* ‖ *überbacken* ‖ *(mit*
Schokolade usw.) übergießen ‖ ⟨fig⟩ *gleisnerisch*
verhüllen ‖ ~se *s. das Gesicht bis unter die*
Augen verhüllen ‖ *s. vermummen* ‖ **–zo** *m*
Verhüllung f *des Gesichts* ‖ *Umschlagtuch* n ‖
⟨fig⟩ *Heuchelei, Maske* f ‖ ⟨fig⟩ *Bemäntelung* f ‖
◆ *de* ~ ⟨fig⟩ *heimlich, verstohlen* ‖ *sin* ~ ⟨fig⟩
offen, aufrichtig, (fam) *frei von der Leber weg*
  rebozuelo *m* [Pilz] *Pfifferling* m
  △ **rebridaque** *m Kompliment* n
  rebrillar vi *stark (er)glänzen*
  rebrote *m* → **retoño**
  △ **rebucharar** vt *trennen*
  rebu|diar vi *grunzen* (bes. *Wildschwein*) ‖ **–dio**
m Grunzen n
  rebueno adj (fam) *trefflich*
  rebu|far vi *vor Zorn schnaufen od schnauben* ‖
–fe m *Schnaufen, Schnauben* n *(des Stiers)* ‖ **–fo**
m Mündungswirbel m *beim Schießen (der*
Feuerwaffen)
  rebujar vt → **arrebujar**
  rebujo *m Ver|hüllung, -schleierung* f *(der*
Frauen) ‖ *unordentliches Bündel* n ‖ *Knäuel* m *(&*
n) ‖ ⟨Tech⟩ *Bolzentreiber* m ‖ ⟨fig⟩ *Unordnung,*
Verwirrung f ‖ ◆ *de* ~ ⟨fig⟩ *heimlich*
  rebu|llicio *m großer Lärm* m, *Getöse* n ‖
Radau, Tumult m ‖ **–llir** [pret ~lló] vi *s. rühren,*
s. bewegen ‖ *aufwallen* ‖ *(auf)sprudeln* ‖ *hin und*

her laufen ‖ *s. aufregen* ‖ **–llón** *m* ⟨pop⟩
Aufregung f
  rebumbar vt → **rimbombar**
  rebús *m Abfall* m
  rebus|ca *f Ährenlese* f ‖ *Nachlese* f ‖ ⟨fig⟩
Abfall, Ausschuss m ‖ ⟨fig⟩ *Nachforschung* f ‖
–cado adj *ge|künstelt, -sucht (Wort, Ausdruck)* ‖
–cadora *f Ährenleserin* f ‖ **–camiento** *m Nachlese*
f ‖ *Gesuchtheit, gekünstelte Art und Weise, Mache*
f *(im Stil, im Verhalten)* ‖ **–car** [c/qu] vt/i *(Ähren)*
lesen ‖ *Nachlese halten* ‖ ⟨fig⟩ *sorgfältig*
durchsuchen, (aus)stöbern, durchwühlen ‖ p.ex
sammeln ‖ **–co** m → **–ca** **–cón** *m* ⟨fam⟩
Herumstöberer m
  rebuz|nar vt *iahen, (iah) schreien (Esel)* ‖
⟨figf⟩ *grob, ungeschliffen sein* ‖ ⟨fig⟩ *ein Esel sein*
‖ ⋄ *ya rebuznó (otra vez) er (sie, es) hat (wieder)*
e–e Dummheit von s. gegeben (od Unsinn
geredet) ‖ **–no** *m Eselsgeschrei* n, *Iah* n
  recabar vt *erreichen (nach Bitten, Gesuchen)* ‖
er|flehen, -bitten ‖ *ansuchen (um)* ‖ *zustande (&*
zu Stande) bringen ‖ *für s. gewinnen*
(Parteigänger) ‖ ⋄ ~ *algo de alg. s–n Zweck od*
sein Ziel bei jdm erreichen ‖ ~ *el permiso de od*
con la autoridad die Erlaubnis von der Behörde
erreichen, erhalten
  △ **recabelar** vt *vorenthalten*
  reca|dera *f Botenfrau* f ‖ **–dero** *m*
Bote(ngänger), Dienstmann m ‖ *Postbote* m (bes.
für Paketzustellung)
  ¹recado *m Besorgung* f ‖ *Botschaft, Bestellung*
f, *Auftrag* m ‖ *Nachricht* f, *Bescheid* m ‖ *Vorsicht*
f ‖ *Sicherstellung* f ‖ *Einholbedarf, (Tages)Vorrat*
m ‖ *¡buen* ~! (pop) *schöne Bescherung!* ‖ *a*
(buen) ~ *wohlverwahrt* ‖ *mal* ~ *Schelmenstreich*
m ‖ *Fehler* m ‖ ⋄ *le llevaré od pasaré el* ~ *ich*
werde Ihnen (ihm, ihr) Bescheid sagen ‖ *ich*
werde Sie (ihn, sie) anmelden (beim Besuch) ‖
pasar ~ *ausrichten (lassen), bestellen* ‖ *sin pasar*
~ *ohne Anmeldung* ‖ *¡haga Vd. el favor de pasar*
~! *melden Sie mich bitte an!* ‖ *ir con un* ~ *e–e*
Botschaft ausrichten ‖ *poner a mal* ~ *schlecht*
verwahren ‖ *~s* mpl *Grüße* mpl, *Empfehlungen*
fpl ‖ (fam) *Besorgungen* fpl ‖ *Einkäufe* mpl ‖ ⋄
tengo que hacer unos ~ (fam) *ich muss einige*
Besorgungen machen ‖ *dar od enviar* ~ *Grüße*
senden ‖ *Empfehlungen bestellen*
  ²recado *m* ⟨lit⟩ *Aus|stattung, -rüstung* f ‖ Am
Reitzeug n ‖ Am *Ausrüstung* f *(Kleidung usw.) e–s*
Landarbeiters ‖ ~ *de cama Bettzeug* n ‖ ~ *de*
cocina Küchengerät n ‖ ~ *de escribir Schreibzeug*
n
  ³recado *m* ⟨Typ⟩ *Stehsatz* m
  recaer [irr → **caer**] vi *(wieder) fallen* ‖
zurück-, ver|fallen (en in acc) ‖ ⟨Med⟩ *e–n*
Rückfall erleiden ‖ ⟨Jur⟩ *rückfällig werden* ‖ ⋄ ~
en entfallen auf (acc) (z.B. *Erbschaft*) ‖
anheimfallen (dat) ‖ *(zurück)fallen an* (acc) ‖
entsprechen (dat) ‖ ~ *en alg. jdm zufallen*
(Erbschaft, Würde) ‖ ~ *sobre (od* en) *alg. auf jdn*
fallen (Gespräch, Verantwortung, Verdacht, Wahl)
‖ ⟨Jur⟩ *ergehen gegen jdm (Urteil)* ‖ ~ *en hembra*
an die weibliche Linie fallen (Thronfolge usw.) ‖
la conversación vino a ~ *sobre ... das Gespräch*
fiel (gerade) auf ...
  recaída *f* ⟨allg Jur⟩ *Rückfall* m ‖ ⟨Med⟩
Rückfall m, *Rezidiv* n ‖ ⋄ *tener una* ~ ⟨Med⟩ *e–n*
Rückfall erleiden
  reca|lada *f* ⟨Mar⟩ *Ansteuerung* f *(der Küste,*
des Landes) ‖ ⟨Mar⟩ *Aufenthalt* m *in e–m*
Zwischenhafen m ‖ **–lar** vi ⟨Mar⟩ *an|steuern,*
-laufen ‖ ⟨Mar⟩ *e–e Zwischenlandung machen* ‖
⟨fig⟩ *(endlich) landen, aufkreuzen, erscheinen* (en
bei, in dat) ‖ ~ vi *durch|tränken, -sickern durch*
(acc)

recalcada *f* ⟨Mar⟩ *Krängen* n
recalcadura *f* Am *Verstauchung* f
recalcar [c/qu] vt *zusammen|treten, -pressen* ‖
vollstopfen ‖ ⟨fig⟩ *betonen, (stark) unterstreichen*
‖ ⟨Tech⟩ *stauchen* ‖ ⟨Mar⟩ *(stark) krängen* ‖ ◇ ∼
*las palabras besonderen Nachdruck auf die Worte
legen* ‖ ∼**se** ⟨figf⟩ *s. bequem zurechtsetzen* ‖ ⟨figf⟩
s. immer wieder (genüsslich) wiederholen
recalci|trante adj *(m/f)* hartnäckig,
widerspenstig, störrich ‖ *verstockt* ‖ **–trar** vi
zurück|treten, -weichen ‖ ⟨fig⟩ *beharren, s.
widersetzen* ‖ *trotzig, starrköpfig sein* ‖ ◇ ∼ en
a/c ⟨fig⟩ *s. gegen et. sträuben*
recalen|tado adj *erhitzt* ‖ *vorgewärmt* ‖
aufgewärmt (Speise) ‖ **–tador** *m* Vorwärmer *m
(am Dampfkessel)* ‖ *Überhitzer* m ‖ **–tamiento** *m*
Überhitzung f ‖ *Erhitzung* f ‖ *Vorwärmung* f *(am
Dampfkessel)* ‖ ∼ *de la coyuntura
Konjunkturüberhitzung* f ‖ **–tar** [-ie] vt *wieder
erhitzen* ‖ *überhitzen* ‖ *vorwärmen
(Kesselspeisewasser)* ‖ *aufwärmen (Speise)* ‖ ⟨fig⟩
(Tiere) brünstig machen ‖ ⟨fig⟩ *sinnlich, sexuell
reizen* ‖ ∼**se** *s. überhitzen* ‖ *durch
Wärmeeinwirkung verderben (Obst, Lebensmittel)* ‖
brünstig werden (Tiere) ‖ *geil werden (Mensch)*
‖ ◇ ∼ *los hígados* ⟨fig⟩ *sehr hitzig werden*
recalescencia *f* ⟨Phys Chem⟩
*Wieder|erwärmung, -erhitzung (im kritischen
Bereich), Rekaleszenz* f
recalmón *m* ⟨Meteor⟩ *brütende Hitze* f ‖ ⟨Mar⟩
plötzliche Flaute f
recalvastro adj ⟨desp⟩ *völlig glatzköpfig*
recal|z(amient)o *m* ⟨Arch⟩ *Untermauerung* f ‖
–zar [z/c] vt ⟨Agr⟩ *häufeln* ‖ ⟨Arch⟩ *untermauern*
‖ ⟨Arch⟩ *stützen*
reca|mado *m erhabene Stickerei,
Reliefstickerei* f ‖ **–mar** vt *erhaben sticken*
¹recámara *f Kleiderkammer* f ‖
Ankleide|zimmer n, *-raum* m ‖ ⟨Mil⟩ *Ladungs-,
Kartusch|raum* m, *Patronenlager* n *(e–r Waffe)* ‖
⟨Bgb⟩ *Minenkammer* f ‖ Mex & MAm ⟨reg⟩
Schlafzimmer n
△ **²recámara** *f Gesäß* n
³¡recámara! int ⟨pop⟩ *Donnerwetter!*
recamarera *f* Mex *Kammerzofe* f ‖
Dienstmädchen n
recam|biable adj *(m/f) austauschbar* ‖
auswechselbar ‖ **–biar** vt *wieder umtauschen* ‖
austauschen ‖ *auswechseln (Maschinenteile)* ‖
–bio *m Umtausch* m ‖ ⟨Tech⟩ *Aus|tausch* m,
-wechs(e)lung f *(e–s Maschinenteiles)* ‖ *Ersatz* m
‖ ⟨Com⟩ *Rückwechsel* m ‖ ⟨Com⟩ *Delkredere* n
recamo *m* → **recamado**
recancanilla *f* ⟨fam⟩ *Hinken* n *(der Kinder als
Verstellung)* ‖ ⟨figf⟩ *Nachdruck* m,
(nachträgliche) Betonung f *(beim Sprechen)*
recanto *m* ⟨reg⟩ *Spitze, Kante* f
recantón *m Eck-, Prell|stein* m *(→
guardacantón)*
¡recaña! ⟨pop⟩ *Donnerwetter! (euph für
recoño)*
△ **recañí** *f (Fenster)Gitter* n
recapacitar vt *ins Gedächtnis zurückrufen* ‖ ∼
vi *(an et.) zurückdenken* ‖ ◇ ∼ *sobre nachdenken
über (acc)*
recapitu|lación *f kurze Wiederholung* f *(des
Hauptinhalts)* ‖ *Zusammenfassung, Rekapitulation*
f ‖ **–lar** vt *(nochmals) zusammenfassen, kurz
wiederholen, rekapitulieren*
△ **recardar** vt *schleppen*
recar|ga *f (Bei)Last* f ‖ *Nachfüllung* f ‖ ⟨El⟩
Wieder|aufladen n, *-ladung* f ‖ **–gable** adj *(m/f)
wiederaufladbar* ‖ **–gado** adj ⟨fig⟩ *überladen* ‖
übertrieben ‖ ∼ *m* ⟨Tech⟩ *Auftragung* f *(von
Material)* ‖ **–gar** [g/gu] vt *neu (be)laden* ‖

überladen ‖ *überlasten* ‖ *neu laden bzw
nachladen (Gewehr)* ‖ ⟨Com⟩ *auf den Preis
aufschlagen* ‖ *heraufsetzen* (z. B. *Steuern*) ‖
auftragen (Material) ‖ ⟨fig⟩ *überladen,
geschmacklos ausschmücken* ‖ ⟨fig⟩ *dick
auftragen* ‖ ◇ ∼ *los impuestos de algo et. hoch
besteuern* ‖ ∼ *las tintas* ⟨Mal⟩ *die Farben
überladen* ‖ ∼ vi *zunehmen, stärker werden
(Fieber)* ‖ **–go** *m neue Belastung* f ‖
Wiederbelastung f ‖ *Überladung* f ‖ *Auf-,
Zu|schlag* m ‖ ⟨Med⟩ *stärkerer Fieberanfall* m,
Fieberzunahme f ‖ ⟨Mil⟩ *zusätzliche Dienstzeit* f ‖
∼ *en los costes Kostenzuschlag* m ‖ ◇ *se
despacha sin* ∼ ⟨Th⟩ *Vorverkauf* m *ohne
Preiszuschlag* ‖ **–gue** *m* ⟨Tech⟩ → **–gado**
recata *f nochmaliges Kosten* od *Versuchen* n
recatado adj *vorsichtig, behutsam* ‖
zurückhaltend ‖ *ehrbar, züchtig, sittsam* ‖
bescheiden (bes. von Frauen)
¹recatar vt *wiederholt versuchen, nochmals
kosten*
²recatar vt *sorgfältig ver|bergen, -hehlen* ‖ ∼**se**
vorsichtig od *behutsam sein* ‖ *s. hüten, s.
vorsehen (de vor)* ‖ ⟨fig⟩ *s. schämen, s. scheuen* ‖
◇ *hablar sin* ∼ *sus pensamientos unverhohlen
reden*
recatear vt/i ⟨reg⟩ → **¹regatear**
△ **recateré** *m Augenlid* n
recato *m Vorsicht, Behutsamkeit* f ‖
Zurück|gezogenheit, -haltung f ‖ *Scheu* f ‖
Ehrbarkeit, Züchtigkeit, Sittsamkeit f ‖ ◆ sin ∼
(alguno) rücksichtslos, unverhohlen ‖ *frei-,
gerade|heraus*
recatolizar vt *für den kath. Glauben
zurückgewinnen, rekatholisieren*
recauchu|tado adj [Reifen] *runderneuert*,
⟨fam⟩ *vulkanisiert* ‖ ∼ *m Runderneuerung,* ⟨fam⟩
Vulkanisierung f ‖ **–tar** vt *runderneuern,* ⟨fam⟩
vulkanisieren
recau|dación *f Eintreibung der Steuern,
Steuereinziehung* f ‖ *Einziehung, Erhebung* f ‖
⟨Com⟩ *Eingang* m *(der Außenstände)* ‖ ∼ de
impuestos Steuereinnahme f ‖ *Steueramt* n ‖
–dador *m Steuer-, Gebühren|einnehmer* m ‖
Schatzmeister m ‖ **–dar** vt *ein|nehmen, -treiben,
-ziehen, erheben (Steuern, Gebühren)* ‖ *in
Sicherheit bringen, verwahren* ‖ ◇ ∼ *para la Cruz
Roja für das Rote Kreuz sammeln* ‖ **–datorio** adj:
oficina ∼a *Sammel-, Hebe-, Einnahme|stelle* f
recaudería *f* Mex *Spezereiladen* m
¹recaudo *m Steuer|erhebung, -eintreibung* f ‖
Vorsicht, Behutsamkeit f ‖ ⟨Jur⟩ *Sicherheit,
Bürgschaft* f ‖ ◆ a *(buen)* ∼ *wohlverwahrt* ‖ ◇
poner a buen ∼ *in Sicherheit bringen* ‖ *in
Verwahrung nehmen* ‖ p.ex *verstecken*
²recaudo *m* Mex *Gewürze* npl ‖ Chi Guat
Suppengrün n
recazo *m Degenblatt* n ‖ *Messerrücken* m
recebo *m feiner Schotter, feiner Steinkies* m
rececho *m* ⟨reg⟩ → **acecho** ‖ ⟨Jgd⟩ *Pirsch* f
recelador *m Probierhengst* m
rece|lar vt/i *(be)fürchten* ‖ *argwöhnen,
misstrauen* ‖ *vermuten* ‖ *(die Stute) probieren* bzw
(den Probierhengst) zur Stute bringen ‖ ◇ ∼ *de
alg. jdm nicht trauen* ‖ ∼**se:** ∼ *de algo et.
argwöhnen* ‖ *s. vor et. fürchten (dat)* ‖ **–lo** *m
Argwohn, Verdacht* m, *Misstrauen* n ‖ *Be|sorgnis,
-fürchtung* f ‖ ◇ *¿tiene Vd.* ∼ *de mí? trauen Sie
mir etwa nicht?* ‖ **–loso** adj *argwöhnisch,
misstrauisch* ‖ *besorgt* ‖ *schüchtern, scheu* ‖
ängstlich ‖ ◇ *hacer od traer* ∼ a *alg. jdn besorgt
machen*
recen|sión *f* ⟨Lit⟩ *Rezension* f ‖ **–sionar** vt
rezensieren ‖ **–sionista** *m/f Rezensent(in* f) m
recen|tal *(m/f),* **–tín** adj/s *(noch) saugend*

(Kalb, Lamm) ‖ **–tísimo** adj sup von **reciente** ‖
allerneuester
   receñir [-i-, pret ~ñó] *nochmals umgürten,
einschließen*
   recepción *f Empfang* m (& *Radio TV*) ‖
Aufnahme, Einführung f *(in e–e Gesellschaft)* ‖
diplomatischer Empfang m, *Audienz* f ‖ 〈Jur〉
Zeugenverhör n ‖ 〈Com〉 *Empfang, Erhalt* m ‖
〈Com〉 *Abnahme* f ‖ 〈Lit〉 *Rezeption* f ‖ *Rezeption*
f, *Empfang* m *(im Hotel)* ‖ ~ *ceremoniosa
feierlicher Empfang* m ‖ ~ *dirigida* 〈Radio TV〉
Richtempfang m ‖ ~ *de mercancías Empfang* m
von Waren
   recepcionista *m/f Empfangs|chef* m, *-dame* f ‖
[*im Flughafen*] *Bodenhostess* f
   recep|tación *f* 〈Jur〉 *Hehlerei* f
   receptáculo *m Sammelplatz* m ‖ *Behältnis* n,
Behälter m ‖ *Gefäß* n ‖ 〈Bot〉 *Blüten-,
Befruchtungs|boden* m ‖ 〈fig〉 *Zufluchtsort* m ‖ ~
seminal 〈Zool〉 *Receptakulum* n, 〈lat〉
*receptaculum seminis (bei weiblichen Glieder-,
Weich|tieren und Würmern)*
   receptar vt 〈Jur〉 *(ver)hehlen, verbergen* ‖ →
recibir
   recep|tividad *f Ansprechbarkeit* f ‖
Aufnahmefähigkeit f ‖ 〈Med〉 *Empfänglichkeit,
Anfälligkeit* f ‖ **–tivo** adj *ansprechbar,
aufnahmefähig, anfällig, empfänglich* ‖ **–to** *m
Zufluchts|ort* m, *-stätte* f ‖ **–tor** *m/*adj 〈El〉
Empfänger m, *Empfangs-, Rundfunk|gerät, Radio*
n ‖ 〈Tel〉 *Hörer* m, *Hörmuschel* f ‖ 〈Com〉
Empfänger m *(e–r Ware)* ‖ ~ *de coche
Autoempfänger* m ‖ ~ *heterodino
Überlagerungsempfänger* m ‖ ~ *local* 〈Radio〉
Ortsempfänger m ‖ ~ *de pila Batterieempfänger*
m ‖ ~ *portátil Kofferempfänger* m ‖ ~ *(de) radar
Radarempfänger* m ‖ ~ *selectivo trennscharfer
Empfänger* m ‖ ~ *de señales* 〈El〉
Zeichenempfänger m ‖ ~ *universal
Universalempfänger* m ‖ **–toría** *f Schatz|amt* n
bzw *-stelle* f
   rece|sión *f* 〈Wir〉 *Konjunkturrückgang* m,
Rezession f ‖ **–sionista** adj *(m/f) Rezessions-* ‖
–sividad *f* 〈Gen〉 *Rezessivität* f ‖ **–sivo** adj 〈Gen〉
*nicht in Erscheinung tretend, zurücktretend,
rezessiv (Erbfaktor)*
   receso *m Zurückweichen* n ‖ → **recesión**
   rece|ta *f Rezept* n, *Verschreibung,
Arzneiverordnung* f ‖ 〈Kochk〉 *Rezept* n ‖ 〈fig〉
Heilmittel, Rezept n, *Lösung* f ‖ ~ *culinaria
Küchenrezept* n ‖ ~ *médica Arzneiverordnung* f ‖
◆ *con* ~ 〈Pharm〉 *verschreibungs-,
rezept|pflichtig* ‖ 〈StV pop〉 *Knolle* f, *Knöllchen* n
(Strafzettel) ‖ ◇ *no tengo la* ~ *para resolver ese
problema* 〈figf〉 *ich habe kein Rezept zur Lösung
dieser Frage* ‖ **–tador** *m Rezeptaussteller* m ‖
–tar vt/i *verordnen, ärztlich verschreiben* ‖ 〈fig〉
pflegen (Arzt) ‖ ~ vi *Rezepte verschreiben* ‖
–tario *m Arzneibuch* n ‖ 〈Kochk〉
Rezeptsammlung f, p.ex *Kochbuch* n
   rechacista *m Neinsager* m
   △ **rechalar** vt/i *vorwärtskommen* ‖ *entfernen*
   rechasquido *m Knallen, Krachen* n
   recha|zar [z/c] vt *ab-, zurück|weisen* ‖
ablehnen ‖ 〈fig〉 *zurück|stoßen, -treiben* ‖ 〈fig〉
ver|scheuchen, -jagen (Hunde usw.) ‖ 〈Mil〉 *(den
Feind) abwehren, zurückstoßen* ‖ 〈Med〉 *abstoßen
(fremdes Gewebe)* ‖ 〈fig〉 *widerlegen* ‖ 〈fig〉
parieren (Hieb) ‖ 〈Sp〉 *(den Ball) zurück|schlagen,
-werfen* ‖ ◇ ~ *el agua das Wasser abstoßen,
wasserdicht sein (z. B. Schuhe)* ‖ ~ *un cheque
e–n Scheck zurückweisen* ‖ ~ *un golpe e–n
Schlag abwehren* ‖ ~ *un ofrecimiento e–n
Auftrag ablehnen* ‖ ~ *una proposición e–n
Vorschlag abweisen* ‖ ~ *de plano entschieden*

ablehnen ‖ ¡~*zad las imitaciones! vor
Nachahmung wird gewarnt!* ‖ **–zo** *m Zurück-,
Ab|prallen* n ‖ *Rückprall* m ‖ *Rückstoß* m ‖
Rückschlag m *(der Flamme)* ‖ 〈Med〉 *Abstoßung* f
(fremdes Gewebe) ‖ 〈fig〉 *Abwehr* f ‖ 〈fig〉
Zurückweisung f ‖ 〈pop〉 *Korb* m ‖ ◆ *con ademán
de* ~ *mit abweisender Gebärde* ‖ *de* ~
zurückprallend ‖ 〈fig〉 *durch Rückprall* ‖ 〈fig〉
indirekt ‖ 〈fig〉 *noch dazu, darüber hinaus,
zusätzlich* ‖ *gelegentlich, eventuell*
   △ **reché** *f,* **rechí** *m Rohr* n
   △ **rechibí** *f Netz* n
   rechifla *f* 〈fam〉 *Auspfeifen* n ‖ *Hohn, Spott* m
   rechi|namiento *m Knarren* n *(e–s Rades)* ‖
Quietschen n ‖ *Knirschen* n ‖ ~ *de dientes
Zähneknirschen* n ‖ ~**s** *mpl* 〈Radio〉 *Knirschen* n ‖
–nar vi/t *knarren (Rad, Tür)* ‖ *knirschen (Zähne)*
‖ *quietschen (Bremsen, Tür)* ‖ ◇ ~ *los dientes mit
den Zähnen knirschen* ‖ *el* ~ *de dientes das
Zähneklappern (Evangelium)* ‖ *está que –na* 〈fam〉
er (sie, es) ist sehr wütend ‖ ~*se Col Hond
anbrennen (Speise)* ‖ **–noso** adj *knirschend*
   △ **rechipote** adj *nackt*
   △ **rechirdar** vt *ausschneiden*
   rechistar vi → **chistar**
   rechocho adj *Am altersschwach*
   rechoncho adj 〈fam〉 *rundlich, dicklich, klein
und untersetzt,* 〈fam〉 *pummelig, mopsig, kugelig*
   rechupado adj 〈figf〉 *dünn (Mensch)*
   rechupe *m* 〈Met〉 *Lunker* m
   rechupete *m: de* ~ 〈fam〉 *ausgezeichnet,
famos, exquisit* ‖ ◇ *estar (bzw ser) de* ~ *prima,
klasse, toll sein* ‖ *köstlich sein (Speise)*
   reciamente adv *stark, heftig*
   reciario *m* 〈Hist〉 *Retiarius, Netzfechter* m
(Gladiatorengattung)
   reci|bí *[pl* ~**íes]** *m Quittung* f, *Empfangsschein*
m, *Öst Rezepisse* m (& f) ‖ *"~" „dankend
erhalten"* ‖ ◆ *con el* ~ *quittiert* ‖ **–bido** pp/adj:
"~" erhalten (auf Bestätigungen)
   recibi|dor *m Empfänger* m *(Person)* ‖
Vorzimmer n ‖ *Sprechzimmer* n *(e–s Internats)* ‖
Empfangszimmer n ‖ *Salon* m ‖ **–bimiento** *m
Empfang* m ‖ *Vorzimmer* n ‖ *Empfangszimmer* n
   reci|bir vt/i *empfangen, erhalten, bekommen* ‖
(an)nehmen ‖ *einnehmen (Geld)* ‖ *billigen* ‖ *(als
Mitglied) aufnehmen* ‖ *empfangen (e–n Gast)* ‖
annehmen (Gestalt, Form) ‖ *(er)leiden (Schaden,
Verlust)* ‖ *Sprechstunde halten od haben
(Rechtsanwalt, Arzt)* ‖ 〈Taur〉 *(den Stier) zum
Kampf herausfordern (um ihm den Todesstoß zu
geben)* ‖ ◇ ~ *además hinzubekommen* ‖
zusätzlich bekommen ‖ ~ *de camarero als Kellner
einstellen* ‖ ~ *una carta e–n Brief bekommen bzw
empfangen* ‖ ~ *la Comunión das heilige
Abendmahl einnehmen, die heil. Kommunion
empfangen* ‖ ~ *daño Schaden erleiden* ‖ ~ *dinero
Geld erhalten bzw einnehmen* ‖ ~ *a Dios* → ~ *la
Comunión* ‖ ~ *por esposa heimführen (als Gattin)*
‖ ~ *la Eucaristía* → ~ *la Comunión* ‖ ~ *en
retorno zurückempfangen* ‖ ~ *los sacramentos mit
den Sterbesakramenten versehen werden* ‖
"*habiendo recibido los Santos Sacramentos*"
(esquela) *„mit den Sterbesakramenten versehen"
(Todesanzeige)* ‖ *al Señor* → ~ *la Comunión* ‖
◆ *después de* ~ *nach Empfang* ‖ *dar una
estocada –biendo* 〈Taur〉 *(dem Stier) e–n direkten
(ungedeckten) Degenstich versetzen* ‖ *ser recibido
de miembro de una asociación als
(Vereins)Mitglied aufgenommen werden* ‖ *hoy me
toca* ~ 〈pop〉 *heute komme ich nicht mit heiler
Haut davon* ‖ *–bida su estimada carta del ... im
Besitz Ihres geschätzten Briefes od Schreibens
vom ...* ‖ ~*se e–n Anstellungstitel erwerben bzw
die Approbation erhalten* ‖ ◇ ~ *de licenciado die*

Lizentiatprüfung (das Staatsexamen) ablegen bzw
die Approbation erhalten
  recibo m Empfang m ‖ Empfangs\schein m,
-anzeige, Bescheinigung f ‖ Quittung f ‖
Empfangszimmer n ‖ Vorzimmer n ‖ ~ de abono
⟨Ztg⟩ Abonnementsquittung f ‖ ~ de entrega
Ablieferungsschein m ‖ ~ firmado por duplicado
doppelt für einfach quittiert ‖ ~ general
Generalquittung f ‖ ~ interino Zwischenquittung f
‖ ~ por saldo Generalquittung f ‖ ◆ al ~ de la
presente bei Empfang dieses Schreibens ‖
mediante ~ gegen Quittung ‖ ◇ acusar ~ den
Eingang bestätigen ‖ dar ~ de una suma den
Empfang e–r Summe bescheinigen ‖ dar od
extender un ~ por duplicado doppelte Quittung
ausstellen ‖ estar de ~ ⟨fig⟩ salonfähig sein ‖
hacer un ~ (a) quittieren ‖ ser od estar de ~
annehmbar, gut und billig sein
  reci\clado, –claje, –clamiento m
Wieder\aufbereitung, -verwertung f, Recycling n ‖
Umschulung f (e–r Person) ‖ **–clar** vt
wieder\aufbereiten, -verwerten ‖ umschulen
(Person)
  recidi\va f ⟨Med⟩ Rückfall m, Rezidiv n (& fig)
‖ **–var** vi rezidivieren
  reciedumbre f Heftigkeit, Wucht f ‖ Kraft f ‖
Stärke f ‖ ⟨fig⟩ Derbheit f ‖ ⟨fig⟩ Rauheit f
  recién adv neu, kürzlich, jüngst ‖ frisch ‖
soeben ‖ neu-, Neu-, frisch-, Frisch- ‖ Am
plötzlich, unerwartet ‖ Am erst ‖ los ~ casados
die Neuvermählten ‖ ~ caído frisch (Schnee) ‖ ~
cocido od hecho frisch gebacken (Brot) ‖ el ~
nacido das neugeborene Kind, das Neugeborene ‖
⟨fam⟩ der Neugebackene ‖ ~ ordeñada frisch von
der Kuh (Milch) ‖ la ~ parida ⟨pop⟩ die
Wöchnerin ‖ ¡~ pintado! frisch gestrichen! ‖ el ~
venido der Neuankömmling ‖ ~ empezaba ⟨Am⟩
er fing erst an ‖ ~ cuando ⟨Am⟩ gerade als ‖ ¿~
ahora vienes? Am erst jetzt kommst du? ‖ ¡~
puede mirar Vd.! Am sehen Sie nur zu!
  recien\te adj (m/f) neu(erlich), frisch ‖ jüngst
(geschehen) ‖ neuartig, modern ‖ ⟨Biol⟩ rezent ‖
◆ de fecha ~ unlängst geschehen, frisch ‖ de ~
publicación unlängst herausgegeben, soeben
erschienen (Buch) ‖ el ~ pasado die jüngste
Vergangenheit ‖ las ~s formas de cultura die
rezenten Kulturen fpl (Völkerkunde) ‖ **–temente**
adv vor kurzem, kürzlich, unlängst ‖ neuerdings,
neulich
  recinchar vt umreifen (z.B. Kisten)
  recinto m Um\fang, -kreis m ‖ umgrenzter
Platz m ‖ Umfassung f ‖ Einfriedung f, Raum m ‖
Grenze f ‖ Ausstellungsplatz m ‖ Gehege n (im
Zoo) ‖ ~ de la exposición Ausstellungsgelände n
‖ ~ de la feria od ferial Messegelände n ‖ ~
fortificado Wall m ‖ Umwallung f ‖ el sagrado ~
⟨poet⟩ die Kirche f ‖ der Tempel ‖ ~ universitario
Campus m
  recio adj/adv stark, kräftig ‖ steif, starr ‖ laut ‖
zäh(e), dick, fest ‖ ausdauernd ‖ heftig,
nachdrücklich ‖ hart, schwer, streng ‖ mürrisch,
rau ‖ rau, derb ‖ herb ‖ urwüchsig ‖ ungestüm,
reißend (Strömung) ‖ ◇ helaba ~ es fror heftig ‖
hablar ~ laut sprechen ‖ ◆ de ~ derb, tüchtig ‖
el ~ linaje, la ~a casta das harte Geschlecht
  récipe m ⟨fam⟩ Rezept n
  recipiendario m (in e–e Akademie usw.)
aufgenommenes (bzw zur Aufnahme anstehendes)
Mitglied n ‖ p.ex neues Mitglied, Neumitglied n ‖
Preisträger m
  ¹recipiente m Behälter, Gefäß n ‖ ~ de agua
Wasserbehälter m ‖ ~ florentino Florentiner
Flasche f ‖ ~ de gas Gasbehälter m
  ²recipiente m [Kunst, Kultur] Rezipient m
  recípro\ca f → reciprocidad ‖ ◆ a la ~

wechselseitig ‖ gegenseitig ‖ siempre muy
gustoso(s) a la ~ zu Gegendiensten stets gern
bereit ‖ **–camente** adv gegen-, wechsel\seitig ‖
beiderseitig ‖ ~ ventajoso beiderseitig vorteilhaft
  reciprocidad f Gegen- bzw Wechsel\seitigkeit f
‖ Gegendienst m ‖ Wechselbeziehung f ‖
Reziprozität f
  recíproco adj gegen- bzw wechsel\seitig ‖
Gegen-, Wechsel- ‖ ⟨Gr Math⟩ reziprok,
umgekehrt ‖ Kehr-
  reci\tación f Hersagung, Deklamation,
Rezitation f ‖ Vortrag m ‖ Erzählung f ‖ **–tado** m
⟨Mus⟩ Rezitativ n, Sprechgesang m ‖ **–tador** m
Erzähler, Deklamierende(r) m ‖ Vortragskünstler,
Rezitator m ‖ **–tal** m ⟨Mus⟩ Solokonzert n ‖ p.ex
Konzertabend m ‖ Dichterlesung f, Vortragsabend
m ‖ ~ de piano Klavierkonzert n ‖ **–tar** vt/i
hersagen, deklamieren, rezitieren ‖ erzählen ‖
vortragen ‖ ◇ ~ su lección ⟨Sch⟩ s–e Lektion
hersagen ‖ **–tativo** adj Rezitativ- ‖ ~ m →
recitado
  reciura f Stärke, Kräftigkeit f ‖ Derbheit f ‖
Heftigkeit f ‖ Rauheit f
  recla\mación f ⟨Jur⟩ Ein\spruch m, -rede f ‖
Beanstandung f ‖ Beschwerde f ‖ Anspruch m ‖
Reklamation f ‖ Zurückforderung f ‖ ~ por daños
y perjuicios Schaden(s)ersatzforderung f ‖ ◇
entablar una ~ e–e Forderung stellen ‖ hacer (od
presentar) una ~ s. beschweren (por wegen) ‖ e–e
Beschwerde anbringen ‖ e–n Anspruch erheben
bzw geltend machen ‖ vorstellig werden ‖
satisfacer una ~ e–r Reklamation gerecht werden
‖ **–maciones** fpl libro de ~ Beschwerdebuch n
(Hotel, Restaurant usw.) ‖ las ~ hay que
dirigirlas a … Beschwerden sind zu richten an …
(acc) ‖ no se admiten ~ (nachträgliche)
Beanstandungen werden nicht angenommen ‖
–mante m Zurückforderer m ‖ Beschwerdeführer m
  ¹reclamar vt/i (zurück)fordern, reklamieren ‖
verlangen, fordern ‖ (an)mahnen ‖ begehren ‖
⟨Jgd⟩ locken (Vögel) ‖ ⟨Jur⟩ gerichtlich
beanspruchen, in Anspruch nehmen ‖ (um Hilfe)
ersuchen ‖ ◇ ~ la atención Aufmerksamkeit
fordern, erheischen ‖ ~ contra … Einspruch
erheben gegen … ‖ ~ indemnización
Entschädigung verlangen ‖ ~ en juicio
gerichtlich fordern
  ²recla\mar vi ⟨Mar⟩ die Segel pressen ‖ **–me** m
⟨Mar⟩ Scheibengatt n
  ¹reclamo m ⟨Jgd⟩ Lockvogel m (& fig) ‖
Lockpfeife f ‖ Lockruf m ‖ ⟨Com⟩ Reklame,
Werbung f ‖ Einspruch m, Reklamation f ‖ ⟨fig⟩
Lockung, Lockspeise f ‖ ⟨fig⟩ Reiz m ‖ ~
excesivo Marktschreierei f ‖ ◇ acudir al ~ auf
den Leim gehen ‖ hacer ~ Reklame machen
  ²reclamo m Stichwort n ‖ ⟨Typ⟩ Kustos m
  ³reclamo m → reclamación
  △ **recle** m Hohlweg m
  recli\nar vt an-, zurück\lehnen ‖ (nieder)legen
‖ neigen, bücken ‖ ◇ –nado de codos en la
ventana aus dem Fenster lehnend ‖ **~se** s.
anlehnen ‖ s. stützen ‖ s. bücken, s. neigen ‖ ◇ ~
cómodamente in la butaca s. bequem im Sessel
ausstrecken ‖ **–natorio** m Armlehne f ‖ Bet\stuhl,
-schemel m
  recluir [-uy-] vt ein\schließen, -sperren ‖ **~se**
⟨fig⟩ s. vor der Welt zurückziehen
  reclu\sión f Ein\schließung, -sperrung f ‖ ⟨Jur⟩
Haft f ‖ ⟨fig⟩ Zurückgezogenheit, Einsamkeit f ‖
~ escolástica ⟨Hist⟩ Karzer m ‖ ~ mayor ⟨Span⟩
20–30 Jahre Zuchthaus ‖ ~ menor ⟨Span⟩ 12–20
Jahre Zuchthaus ‖ ~ militar Festungshaft f ‖
~ perpetua lebenslängliches Zuchthaus n ‖ **–so**
pp/irr von recluir ‖ ~ Sträfling m ‖ ⟨Hist Rel⟩
Rekluse, Inkluse m

¹recluta f ⟨Mil Hist⟩ *Aushebung, Werbung, Rekrutierung* f

²reclu|ta *m* ⟨Mil⟩ *Rekrut* m ‖ ⟨Hist⟩ *Ausgehobene(r), Neuangeworbene(r)* m ‖ p.ex *neuer, unerfahrener Soldat* m ‖ ~ *disponible Ersatzreservist* m ‖ ~ *del reemplazo de* ... ⟨Mil⟩ *Rekrut* m *des Jahrgangs* ... ‖ **–tador** *m* ⟨Mil Hist⟩ *Werber, Ausheber* m ‖ ⟨Mar⟩ *Heuerbaas* m ‖ p.ex *Anwerber* m *von Arbeitskräften* ‖ **–tamiento** *m* ⟨Mil⟩ *Rekrutierung, Rekruteneinstellung* ‖ *Musterung* f ‖ *Rekrutenjahrgang* m ‖ [veraltet] *Aushebung* f ‖ *Personalbeschaffung,* p.ex *Anwerbung* f *von Arbeitskräften* ‖ *sujeto a* ~ ⟨Mil⟩ *(ge)stellungspflichtig* ‖ **–tar** vt ⟨Mil⟩ *rekrutieren ‖ mustern ‖* [veraltet] *ausheben* ‖ ⟨Mar⟩ *anheuern ‖ anwerben (Arbeitskräfte)* ‖ Arg (Vieh) *zusammentreiben*

recobrar vt *wiedererlangen ‖ nachholen (Versäumtes) ‖ wieder einbringen (Verlust)* ‖ ◇ ~ *la acción* →˙ ~ *las fuerzas* ‖ ~ *el conocimiento wieder zu s. kommen (aus e–r Ohnmacht)* ‖ ~ *su dinero sein Geld zurückbekommen* ‖ ~ *las fuerzas (wieder) zu s. kommen ‖ wieder zu Kräften kommen* ‖ ~ *lo perdido das Versäumte einbringen* ‖ ~ *su sangre fría s–e Selbstbeherrschung wiedererlangen* ‖ ~ *el sentido* →˙ ~ *el conocimiento* ‖ ~ *la vista das Sehvermögen wiedererlangen* ‖ **~se** *s. erholen (von e–m Verlust, e–r Krankheit)* ‖ *s. schadlos halten (de für) ‖ wieder zu s. kommen (aus e–r Ohnmacht)* ‖ ~ *de un daño s. für erlittenen Schaden schadlos halten* ‖ ~ *de una enfermedad s. von e–r Krankheit erholen* ‖ →˙ auch **recuperar**

recocer [-ue-, c/z] vt *nochmals kochen ‖ verkochen ‖ auskochen ‖ durchbacken ‖ (aus)glühen (Metall) ‖ verarbeiten (Säfte) ‖ kühlen (Glas)* ‖ **~se** *übergar werden (Speise)* ‖ ⟨fig⟩ *s. abquälen, s. grämen*

recochi|nearse vr ⟨pop⟩ *s. lustig machen (de über* acc) ‖ **–neo** *m* ⟨pop⟩ *Spott* m ‖ *Spötterei* f ‖ *Spotten* n ‖ *Ulk* m

recocho adj *verkocht*

recoci|do adj/s *nochmals gekocht ‖ ausge-, ver|kocht ‖* ⟨Tech⟩ *(aus)geglüht ‖* ⟨fig⟩ *bewandert, erfahren (en* in dat) ‖ **–na** f *Nebenraum* m *der Küche, Kammer* f *neben der Küche*

reco|dadero *m Armlehne* f ‖ *Lehnstuhl* m ‖ *Federkissen* n ‖ **–dar(se)** vi/r *s. auf den Ellbogen stützen ‖ e–e Biegung machen (Weg, Fluss) ‖* **–do** *m Biegung, (Ein)Bucht(ung), Krümmung* f *(e–s Weges, e–s Flusses) ‖ Wegbiegung* f, *Winkel* m, *Knie* n ‖ ⟨StV⟩ *Kehre* f ‖ ◇ *doblar el* ~ *einbiegen*

recogedor adj *Auffang-, Sammel-, Fang-* ‖ ~ *m Fänger* m ‖ *(Gras)Fangbox* f *(am Rasenmäher)* ‖ *Sammler* m *(Person & Gerät) ‖ Kehrichtschaufel* f ‖ ~ *de (la) basura Müllwerker* m *(Mann) ‖ Kehricht-, Abfall|schaufel* f

recoge|gotas *m Tropfen|fänger, -schützer* m ‖ **–hojas** *m Laubsauger* m ‖ **–migas** *m Tischbesen* m ‖ **–pelotas** m/f ⟨Sp⟩ [Tennis] *Ball|junge* m, *-mädchen* m ‖ **–pliegos** *m* ⟨Typ⟩ *Bogenfänger* m

recoger [g/j] vt *wiedernehmen ‖ in Empfang nehmen ‖ aufnehmen ‖ abholen ‖ auffangen ‖ mitnehmen ‖ ergreifen ‖ aufgreifen, einfangen ‖ sammeln, zusammen|bringen, -nehmen, -fassen ‖ (zusammen)raffen (Vorhang) ‖ hochstecken (Haare) ‖ sammeln (Almosen) ‖ zusammenfassen ‖ zusammenziehen ‖ verengen, einziehen ‖ anziehen (Segel) ‖ einholen (Netz) ‖ einziehen (Bauch) ein|ziehen, -holen (Nachrichten, Auskünfte, Notizen) ‖ ernten, einsammeln ‖ auflesen, (vom Boden) aufheben ‖ pflücken (Obst) ‖ (jdn) (bei s.) aufnehmen, (jdm) Zuflucht bieten ‖ aufheben, verwahren ‖ aufnehmen (Gerät) ‖ abheben (Geld) ‖ abfahren (Müll) ‖ internieren (z.B. e–n*

Geisteskranken) ‖ beschlagnahmen (Buch, Zeitschrift) ‖ aus dem Dienst ziehen ‖ aufschürzen ‖ hochziehen (Hose) ‖ raffen (Kleid) ‖ ⟨Mil⟩ *zusammenziehen (Truppen) ‖ einsammeln, auflesen (Tote, Verwundete, Material) ‖ machen (Gefangene)* ‖ ~ *el aliento den Atem anhalten* ‖ ~ *cartas den Briefkasten leeren* ‖ ~ *la cosecha die Ernte einbringen* ‖ ~ *la costura zu nähen aufhören* ‖ ~ *los frutos die Feldfrüchte sammeln, ernten* ‖ ~ *informes (sobre) Nachfrage halten (nach), Auskünfte einziehen (über* acc) ‖ ~ *una letra e–n Wechsel einlösen (od annehmen) ‖* ~ *mercancías a domicilio Güter vom Haus abholen* ‖ ~ *los trabajos* ⟨Sch⟩ *die Schularbeiten einsammeln* ‖ ~ *velas* ⟨figf⟩ *s. davonmachen ‖ acude pronto, si quieres* ~ *la costura zu nähen komme bald, wenn du ihn noch am Leben antreffen willst* ‖ *de ello recojo que... daraus schließe ich, dass* ... ‖ *¡que Dios le recoja en su seno! Gott sei ihm gnädig!* ‖ ◇ *ir a* ~ *a* alg. (a od de la estación) *jdn (am od vom Bahnhof) abholen* ‖ *mandar* ~ *las mercancías die Waren abholen lassen* ‖ **~se** *s. zurückziehen ‖ s. zusammenziehen ‖ zusammenschrumpfen ‖ s. einschränken (in s–n Ausgaben) ‖ s. flüchten (a zu) ‖ s. zur Ruhe, zu Bett begeben ‖ (abends endgültig) nach Hause gehen ‖ s. in die Einsamkeit begeben ‖* ⟨Rel⟩ *s. sammeln (in Andacht, zum Beten) ‖* Am *s. (vor)bereiten ‖* ~ *temprano früh zu Bett gehen ‖ ¿a qué hora se recoge Vd.? wann gehen Sie schlafen?*

recogi|da f *Einsammeln* n, *Sammlung* f ‖ *Sammeln* n ‖ *Abholen* n ‖ ⟨fam⟩ *Schlafengehen* n ‖ ⟨Com⟩ *Abnahme* f *(von Waren) ‖ Entgegennahme* f *(e–r Sendung) ‖* ⟨Postw⟩ *Leerung* f *(des Briefkastens)* ‖ ~ *de la basura Müllabfuhr* f ‖ ~ *del correo Leerung* f *(des Briefkastens)* ‖ ~ *de firmas Unterschriftensammlung* f ‖ **–do** adj *ein-, zurück|gezogen ‖ nachdenklich, in s. gekehrt ‖ andächtig, gesammelt* ‖ ~ *en la estación* ⟨Com⟩ *ab Bahnhof* ‖ **–miento** *m (Ein)Sammlung* f ‖ *Eingezogenheit, einsame Lebensweise* f ‖ *Andacht, (innere) Sammlung, Rekollektion* f ‖ *Schlafenlegen, Zubettgehen* n ‖ *Bußkloster* n ‖ Am *Gemütlichkeit* f, *Behagen* n

reco|lección f *Sammlung* f ‖ *Sammeln* n ‖ *Sammelwerk* n ‖ *Ernte, Lese* f ‖ *Erntezeit* f ‖ *Bei-, Ein|treibung* f ‖ ⟨Rel⟩ *Sammlung, Andacht, Einkehr, Rekollektion* f ‖ ⟨fig⟩ *Folge* f, *Ergebnis* n ‖ **–lectar** vt *ernten, lesen ‖* **–lector** *m Sammler, Eintreiber* m ‖ ⟨Agr⟩ *Pflücker* m ‖ **–legir** [-i-, g/j] vt *(ein)sammeln ‖* **–le(c)to** adj ⟨fig⟩ *zurückgezogen ‖* ⟨Rel⟩ *beschaulich ‖* ⟨fig⟩ *schüchtern ‖* ⟨fig⟩ *still, einsam, ruhig ‖ abseits gelegen* ‖ ~ *m* ⟨Rel⟩ *Mönch* m *von strenger Regelbeobachtung (heute noch als Reformzweig der Augustiner)*

recomen|dable adj *(m/f) empfehlenswert ‖ ratsam ‖ löblich, schätzbar ‖ vertrauenswürdig ‖ zweckmäßig ‖* adv: **~mente** ‖ **–dación** f *(An)Empfehlung* f ‖ *Befürwortung* f ‖ *Rat(schlag)* m, *Empfehlung* f ‖ *Auftrag* m ‖ ⟨Rel⟩ *Sterbegebet* n ‖ *Gebet* n *für Verstorbene* ‖ ◆ *por* ~ *auf Empfehlung* ‖ **–dado** adj *empfohlen* ‖ Pe *eingeschrieben (Postsendung)* ‖ ~ *m! el* ~ *der Empfohlene* ‖ **–dante** *m der Empfehlende* ‖ **–dar** [-ie-] vt *(an)empfehlen ‖ auftragen, einschärfen ‖ loben, rühmen ‖* Pe *einschreiben (Postsendung)* ‖ ◇ ~ *a la atención de Beachtung (Aufmerksamkeit) empfehlen* ‖ ~ *encarecidamente warm empfehlen ‖ lo recomiendo a su consideración ich stelle es Ihnen anheim ‖* **~se** *s. empfehlen ‖* →˙ auch **encomendar**

recomenzar [-ie-, z/c] vt/i *wiederaufnehmen ‖ nochmals beginnen, erneut anfangen (a zu)*

recomer vt ⟨fig⟩ *innerlich verzehren, nagen* ‖ ◇ ~ su pena ⟨fig⟩ *sein Leid verbeißen, verbergen* ‖ ~se los hígados *od* la sangre ⟨figf⟩ *e–n tiefen Groll od Zorn empfinden*

recompen|sa *f Belohnung, Vergeltung* f ‖ *Entschädigung* f, *Ersatz* m ‖ ♦ en ~ *zum Ersatz, als Lohn* ‖ *dagegen* ‖ ¿es ésa la ~ de mi trabajo? *ist das der Dank für m–e Arbeit?* ‖ **–sación** *f* → **–sa** ‖ **–sar** vt *(be)lohnen, vergelten* ‖ *vergüten, ersetzen* ‖ *wiedergutmachen, entschädigen* ‖ *ausgleichen* ‖ ◇ ~ un beneficio con otro *Wohltat mit Wohltat vergelten* ‖ ~ de un daño *entschädigen*

recom|poner vt [irr → **poner**] *wieder zusammensetzen* ‖ *wieder in Ordnung bringen* ‖ *wiederherstellen, reparieren* ‖ *(wieder) instand (& in Stand) setzen* ‖ *umarbeiten* ‖ ⟨Typ⟩ *umsetzen* ‖ ◇ ~ su aspecto ⟨fig⟩ *s. zusammennehmen* ‖ **–posición** *f Wiederherstellung* f ‖ *Wiederzusammensetzung* f ‖ *Um–, Neu|bildung* f ‖ ⟨Typ⟩ *neuer Satz, Neusatz* m ‖ **–postura** *f Wiederherstellung, Reparatur* f

recompra *f* ⟨Com⟩ *Rückkauf* m

recompuesto pp/irr von **recomponer**

recóncavo *m* ⟨An⟩ *(Augen)Höhle* f

reconcen|tración *f höchste Konzentration* f ‖ *Sammlung* f *(& Kath & fig)* ‖ ⟨Wir⟩ *Rückverflechtung* f *(Konzern)* ‖ ~ de espíritu *Geistes|stärke, -gegenwart, Selbstbeherrschung* f ‖ **–trar** vt *auf e–n Punkt zusammendrängen* ‖ *konzentrieren* ‖ ⟨Wir⟩ *wieder verflechten (Konzern)* ‖ ~se *s. sammeln* ‖ ⟨fig⟩ *wieder zu s. kommen* ‖ *s. festsetzen (im Innern des Gemütes)* ‖ ⟨fig⟩ *in s. gehen, s. in Gedanken vertiefen*

¡reconcho! ⟨pop⟩ *Donnerwetter!*

reconci|liación *f Ver–, Aus|söhnung* f ‖ *Neuweihe* f ‖ *(erneutes) Beichten* n ‖ ~ de los pueblos *Völkerversöhnung* f ‖ **–liar** vt *ver–, aus|söhnen* ‖ *neu einweihen (Kirche)* ‖ ~se *s. aus–, ver|söhnen (con mit)* ‖ ⟨Kath⟩ *beichten gehen*

recon|comerse vr *(fam) s. innerlich verzehren* ‖ → **recomerse** ‖ **–comio** *m* ⟨fam⟩ *Kitzel* m, *Gelüst(e)* n ‖ *innerer Trieb* m, *innere Regung* f ‖ ⟨fig⟩ *Groll* m ‖ *Argwohn, Verdacht* m ‖ ⟨figf⟩ *innerer Gram, Kummer* m

reconditez [*pl* ~ces] *f (fam) et. Verborgenes* ‖ *Geheimnis* n

recóndito adj *geheim, verborgen* ‖ ♦ en lo más ~ de su alma *im Innersten s–r Seele*

recon|ducción *f* ⟨Jur⟩ *Verlängerung* f *e–s (Pacht)Vertrags* ‖ **–ducir** [-zc, pret ~je] vt *e–n (Pacht)Vertrag verlängern*

reconfor|tador, –tante adj *(m/f) stärkend, tröstend, belebend* ‖ ~ *m* ⟨Pharm⟩ *Stärkungsmittel* n ‖ **–tar** vt *(neu) stärken, trösten, beleben, Mut zusprechen, aufrichten*

reconocer [-zc-] vt/i *sorgfältig untersuchen, besichtigen* ‖ *durchsehen* ‖ *durchsuchen* ‖ *erforschen* ‖ ⟨Mil⟩ *spähen, (aus)kundschaften* ‖ *aufklären* ‖ ⟨Mar⟩ *sichten* ‖ ⟨Med⟩ *untersuchen* ‖ *überprüfen (Zoll)* ‖ *rekognoszieren, erkunden* ‖ *erkennen (Sprache, Zeichen usw.)* ‖ *wiedererkennen* ‖ *anerkennen (als)* ‖ *(mit Dank) anerkennen* ‖ *erkenntlich sein* ‖ *einsehen, erkennen, bemerken* ‖ *bekennen, zugeben, (ein)gestehen* ‖ *vermuten* ‖ *urteilen* ‖ *bescheinigen* ‖ ◇ ~ la exactitud de una cuenta *die Richtigkeit e–r Rechnung bescheinigen* ‖ ~ la legitimidad de una pretensión *die Berechtigung e–r Forderung anerkennen* ‖ ~ por causa *als od zur Ursache haben* ‖ ~ por dueño *als s–n Herrn anerkennen* ‖ ~ por hijo *an Kindes Statt anerkennen* ‖ ~ por verdadero *als Wahrheit anerkennen* ‖ reconózcame Vd. como su servidor [veraltet] *Ihr ergebenster Diener (Höflichkeitsfloskel)* ‖ ~se zu

erkennen sein (aus gewissen Anzeichen) ‖ *s. bekennen (als adj)* ‖ *s. s–s Wertes bewusst sein* ‖ ◇ ~ culpable *s. schuldig bekennen* ‖ ~ incompetente *s. als unzuständig bezeichnen, s–e Inkompetenz anerkennen* ‖ no ~ (a sí mismo) ⟨fig⟩ *s. (selbst) nicht mehr kennen*

recono|cible adj *(m/f) (er)kenntlich* ‖ *(er)kennbar* ‖ **–cidamente** adv *anerkanntermaßen* ‖ **–cido** pp/adj *dankbar, erkenntlich (por für)* ‖ ⟨Jur Pol⟩ *anerkannt* ‖ ⟨fig⟩ *untersucht (& Med)* ‖ *geprüft* ‖ ~ hábil, útil *(para el servicio militar)* ⟨Mil⟩ *für tauglich befunden* ‖ ◇ estar ~ *erkenntlich sein* ‖ **–cimiento** *m (Wieder)Erkennung* f ‖ *Erkennen* n ‖ *Anerkennung, Erkenntlichkeit, Dankbarkeit* f ‖ ⟨Jur Pol⟩ *Anerkennung* f ‖ *Untersuchung, Besichtigung* f ‖ ⟨Mil⟩ *Erkundung, Aufklärung* f ‖ ~ aéreo ⟨Mil⟩ *Luft|aufklärung, -erkundung* f ‖ ~ cercano ⟨Mil⟩ *Nahaufklärung* f ‖ ~ de deuda *Schuldanerkenntnis* n ‖ *Schuldschein* m ‖ ~ de facto ⟨Pol⟩ *De-facto-Anerkennung* f ‖ ~ de (la) firma *Anerkennung* f *der Unterschrift* ‖ *Unterschriftsbeglaubigung* f ‖ ~ de jure ⟨Pol⟩ *De-jure-Anerkennung* f ‖ ~ de larga distancia ⟨Mil⟩ *Fernaufklärung* f ‖ ~ local, ~ del lugar (del hecho) ⟨Jur⟩ *Lokal-, Ort|besichtigung* f ‖ *Lokaltermin* m ‖ *Augenschein* m ‖ ~ médico *ärztliche Untersuchung* f ‖ ~ de la paternidad *Vaterschaftsanerkennung* f ‖ ~ de los toros ⟨Taur⟩ *Sortierung* f *der Kampfstiere* ‖ ~ de la voz ⟨Inform⟩ *Spracherkennung* f ‖ el no ~ *die Nichtanerkennung* ‖ ♦ en ~ de … *zum Dank für …* ‖ ◇ practicar un ~ de algo *et. gerichtlich durchsuchen*

reconquis|ta *f Wiedereroberung* f ‖ *Rückgewinnung* f ‖ la ~ ⟨Hist⟩ *die Wiedereroberung Spaniens aus der Maurenherrschaft (718–1492)* ‖ **–tar** vt *wieder-, rück|erobern* ‖ ⟨fig⟩ *wiedergewinnen (Ruf, Liebe)*

reconsti|tución *f Wiederherstellung* f ‖ ⟨Med⟩ *Wiederaufbau* m ‖ ~ de los hechos ⟨Jur⟩ *Rekonstruktion* f *des Tatherganges* ‖ (→ **–tuyente**) ‖ **–tuir** [-uy-] vt *wiederherstellen* ‖ *wieder in Gang bringen* ‖ ⟨Med⟩ *kräftigen, stärken* ‖ ◇ ~ los hechos ⟨Jur⟩ *den Tathergang rekonstruieren* ‖ **–tuyente** *m/adj* ⟨Med⟩ *Kräftigungs-, Stärkungs|mittel* n

recons|trucción *f Wiederaufbau* m ‖ *Um-, Neu|bau* m ‖ ⟨fig⟩ *Wiederherstellung* f ‖ *Nachbildung* f ‖ ⟨allg⟩ *Rekonstruktion* f ‖ ~ económica *wirtschaftlicher Wiederaufbau* m ‖ **–truir** [-uy-] vt *wieder aufbauen* ‖ *um|bauen, -arbeiten* ‖ ⟨fig⟩ *wiederherstellen* ‖ *nachbilden* ‖ ⟨allg⟩ *rekonstruieren (& Jur)* ‖ ◇ ~ en su mente *im Geiste wieder aufleben lassen*

recontar [-ue-] vt *nachzählen* ‖ *nacherzählen* ‖ ⟨Pol⟩ *(Stimmen) zählen*

recontento adj *(fam) äußerst zufrieden*

¡recontra! int ⟨pop⟩ *Donnerwetter!*

reconvalecer vi *genesen, wieder gesund werden*

recon|vención *f Vorwurf* m ‖ *Verweis* m, *Rüge* f ‖ ~ áspera *derber Verweis* m ‖ ♦ de ~ ⟨Jur⟩ *Wider-, Gegen-* ‖ en tono de ~ *in vorwurfsvollem Ton* ‖ ◇ formular *od* elevar ~ *Gegenklage anstrengen od erheben* ‖ **–vencional** adj *(m/f)* ⟨Jur⟩ *Wider(klage)-* ‖ **–venido** adj ⟨Jur⟩: parte ~a *Widerbeklagte(r* m) f ‖ **–venir** [irr → **venir**] vt *überführen* ‖ *(jdn) zur Rede stellen* ‖ *(jdm et.) vorhalten* ‖ *tadeln (por, a causa de wegen)* ‖ ⟨Jur⟩ *Widerklage erheben* ‖ ◇ ~ a alg. (con, de, por, sobre) *jdm Vorwürfe machen (wegen)*

reconversión *f Wiederumwandlung* f *(en in acc)* ‖ *Umstellung* f ‖ ⟨Wir⟩ *Anpassung* f ‖ ~ de la economía *Wirtschaftsumstellung* f

¡recoño! int ⟨vulg⟩ *verdammt!* ‖ ⟨vulg⟩ *Scheiße!*

Recopa *f* ⟨Sp⟩ *Pokal(spiel* n) m *der Pokalsieger (im Fußball)*

recopilación *f Zusammentragung* f ‖ *Zusammenstellung* f ‖ *gedrängter Auszug* m ‖ *Sammlung* f *von Gesetzen* ‖ ⟨fig desp⟩ *zusammengestopeltes Buch* n

Recopilación *f* ⟨Jur Hist⟩ *Sammlung span. Gesetzestexte von 1567 (neunte Ausgabe 1775:* Nueva ~; *neu aufgelegt 1805:* Novísima ~)

recopi|lador *m Sammler, Rekopilator* m ‖ **–lar** vt *zusammenstellen* ‖ *zusammenschreiben* ‖ ⟨fam⟩ *zusammenstoppeln (lit. Werke)* ‖ *sammeln, in e–m Sammelwerk veröffentlichen* ‖ **–lativo** adj *abkürzend*

recoquín *m* ⟨fam⟩ *dicker Knirps* m

récord *m* ⟨Sp⟩ *Rekord* m, *Höchstleistung* f ‖ ⟨fig⟩ *Spitzenleistung* f ‖ ~ *de altura Höhenrekord* m ‖ ~ *de velocidad Geschwindigkeitsrekord* m ‖ ~ *mundial Weltrekord* m ‖ ◇ *batir el* ~ *den Rekord schlagen* ‖ *establecer od* marcar un ~ ⟨Sp⟩ *e–e Bestleistung, e–n Rekord aufstellen*

recor|dable adj *(m/f) denkwürdig* ‖ **–dación** *f* ⟨lit⟩ *Erinnerung* f ‖ *Gedenken* n ‖ ♦ *de feliz (oft altspanisch: de felice)* ~ *seligen Angedenkens (von Verstorbenen)* ‖ **–dar** [-ue-] vt *erinnern* ‖ *in Erinnerung od ins Gedächtnis bringen* ‖ *zurückrufen (ins Gedächtnis)* ‖ ◇ ~ *el pago a* alg. *jdn an die Zahlung erinnern* ‖ ~ *algo a* alg. *jdn an et. erinnern* ‖ *se lo* –daré a Vd. *ich werde Sie (wieder) daran erinnern* ‖ ~ vi ⟨fig⟩ *aufwachen* ‖ ⟨fig⟩ *zum Vorschein kommen* ‖ hacer ~ de *erinnern an* (acc) ‖ **~se** inc *s. erinnern* ‖ ⟨fig⟩ *aufwachen, erwachen (bes. Am)*

recorda|tivo adj *erinnernd, Erinnerungs-* ‖ ~ *m Erinnerungsmittel* n ‖ **–torio** *m Erinnerung* f ‖ *Mahnung* f ‖ *Lesezeichen* n ‖ *Gedächtnishilfe* f, *Aide-mémoire* n ‖ ⟨Kath⟩ *Totenzettel* m ‖ ~ de *primera comunión (Erst)Kommunionzettel* m *(mit Bild)*

recorrer vt *durch|laufen, -gehen* ‖ *durch-, be|reisen* ‖ *durchblättern, schnell durchlesen, überfliegen* ‖ *schnell durchsehen, überprüfen* ‖ ◇ ~ *el periódico die Zeitung schnell durchsehen* ‖ ~ *un trayecto e–e Strecke zurücklegen*

¹recorrido adj *durchlaufen, zurückgelegt (Strecke)* ‖ ~ *m zurückgelegte Strecke, Tour* f ‖ *zurückzulegende Strecke* f ‖ *Weg- bzw Fahr- bzw Bahn|strecke* f ‖ *Fahrt* f ‖ *Ausflug* m ‖ ⟨figf⟩ *derber Verweis, Wischer, Putzer* m ‖ ~ de fondo ⟨Sp⟩ [Ski] *Loipe* f ‖ ◇ dar un ~ a alg. (pop) *jdm den Kopf waschen* ‖ hacer un ~ *e–e Strecke zurücklegen*

²recorrido *m Ausbesserung* f ‖ ⟨Typ⟩ *Umbruch(korrektur* f) m

recor|table adj *(m/f) zum Ausschneiden geeignet* ‖ ~ *m Bild* n *bzw Figur* f *zum Ausschneiden* ‖ **–tado** adj *ausgeschnitten* ‖ ⟨Bot⟩ *ausgezackt, zackig* ‖ ⟨fig⟩ *zimperlich,* ⟨fam⟩ *pimpelig* ‖ **–tabordes** *m Rasentrimmer* m ‖ ~ *m ausgeschnittene Figur* f ‖ **–taduras** *fpl (Papier)Schnitzel* npl ‖ **–tar** vt *beschneiden* ‖ *zuschneiden (z. B. Haar, Bart)* ‖ *ausschneiden (Figuren aus Papier usw.)* ‖ *auszacken* ‖ *ab-, zu|schneiden (Haare, Wolle)* ‖ ◇ ~ *las uñas die Nägel schneiden* ‖ que se –tan sobre el fondo del cielo *deren Umrisse s. vom Himmel scharf abheben* ‖ **–tasetos** *m Heckenschere* f ‖ **–te** *m Abschneiden* n ‖ *Beschneiden* n ‖ *ausgeschnittene Figur* f ‖ *(Zeitungs)Ausschnitt* m ‖ *Abschnitt* m ‖ ⟨fig⟩ *rasche Ausweichbewegung* f ‖ ⟨Taur⟩ *(Art) (ausweichende,) rasche Kreisdrehung* f *des Stierkämpfers* ‖ ~ *salarial Lohnkürzung* f ‖ **~s** de

papel *Papierschnitzel* npl ‖ ◇ dar un ~ a algo ⟨pop⟩ *et. loswerden*

recorvar vt *krümmen, biegen*

reco|ser vt *flicken, ausbessern (Wäsche)* ‖ **–sido** *m Flicken* m ‖ *Flicken* n

recos|tadero *m Ruheplatz* m ‖ *Wegbiegung* f ‖ **–tado** adj *angelehnt, aufgestützt* ‖ *halb liegend* ‖ **–tar** [-ue-] vt *anlehnen, aufstützen* ‖ *zurücklehnen* ‖ *stützen, lehnen (Körper)* ‖ **~se** s. *(nieder)legen* ‖ ◇ ~ en s. *zurücklehnen, stützen auf* (acc)

recotín adj Chi *unruhig-flink, wusselig, stets in Bewegung*

¹recova *f* ⟨Jgd⟩ *Koppel* f *Jagdhunde*

²recova *f Ankauf von und Handel mit Landesprodukten (bes. Eier, Geflügel usw.)*

³recova *f And Schirm-, Wetter|dach* n

recoveco(s) *m(pl) Krümmungen, Biegungen* fpl *(e–s Weges)* ‖ ⟨fig⟩ *geheimer Kniff* m, *Tücke* f

recreación *f Er|holung, -götzung, Belustigung, Zerstreuung* f ‖ *Erquickung* f ‖ *Zeitvertreib* m ‖ *Entspannung* f ‖ *Unterhaltung* f ‖ ⟨Sch⟩ *Pause* f *(bes. Am)*

¹recrear vt *ergötzen, belustigen, amüsieren* ‖ *erheitern, erquicken* ‖ *entspannen, unterhalten, zerstreuen* ‖ **~se** s. *die Zeit vertreiben, s. zerstreuen* ‖ ◇ ~ *con los deportes die freie Zeit dem Sport widmen* ‖ ~ *con la vista de u/c s. an dem Anblick e–r Sache erfreuen* ‖ ~ *leyendo (od* en leer) s. *durch Lesen zerstreuen*

²recrear vt *wieder, neu erschaffen, erzeugen, schöpfen, hervorbringen*

recreativo adj *ergötzend, belustigend, unterhaltend* ‖ *Vergnügungs-, Geselligkeits-*

recrecer [-zc-] vi *zunehmen* ‖ *größer werden*

recreo *m Erholung, Zerstreuung* f ‖ *Entspannung* f ‖ *Unterhaltung* f ‖ *Erquickung* f ‖ ⟨Sch⟩ *Pause* f ‖ ♦ de ~ *Erholungs-, Vergnügungs-*

re|cría *f* ⟨Agr⟩ *(Auf)Zucht* f ‖ **–criar** [pres ~ío] vt *aufziehen*

recrimi|nación *f Beschuldigung, Verdächtigung* f ‖ *Gegen|beschuldigung, -klage* f ‖ **–nar** vt *beschuldigen* ‖ *Gegenbeschuldigungen erheben* ‖ p.ex *Vorwürfe machen*

recristali|zación *f Umkristallisierung* f ‖ **–zar** [z/c] vt *umkristallisieren*

recrude|cer(se) [-zc-] vi/r s. *(wieder) verschlimmern (Krankheit)* ‖ s. *verschärfen (Winterwetter)* ‖ *wieder aufleben (Gefechte)* ‖ **–cimiento** m, **–scencia** *f Wiederausbruch* m, *Verschlimmerung* f *(e–r Krankheit)*

recrujir vi *stark krachen, knirschen, knarren*

recta *f gerade Linie, Gerade* f ‖ ~ *final* ⟨Sp⟩ *Zielgerade* f ‖ ~ *vertical senkrechte Gerade* f

rectal adj *(m/f)* ⟨An⟩ *Mastdarm-, rektal*

rectamente adv *rechtschaffen, mit Redlichkeit* ‖ ◇ mirarse ~ en los ojos s. *gerade in die Augen schauen*

rectangular adj *(m/f) recht|eckig, -wink(e)lig*

rectángulo adj: triángulo ~ *rechtwink(e)liges Dreieck* n ‖ ~ *m Rechteck* n

rectifi|cación *f Berichtigung, Verbesserung* f ‖ *Begradigung (Kurve, Fluss)* ‖ ⟨Math⟩ *Rektifikation, Rektifizierung* f ‖ ⟨Chem⟩ *Rektifikation* f ‖ ⟨Radio TV⟩ *Demodulation, Gleichrichtung* f ‖ ⟨Tech⟩ *Schleifen* n ‖ *Schliff* m ‖ ~ de una cuenta *Berichtigung* f *e–r Rechnung* ‖ ◇ hacer un asiento de ~ *e–n Posten stornieren, tilgen* ‖ **–cado** adj ⟨Tech⟩ *geschliffen* ‖ ~ *m* ⟨Tech⟩ *(Ab)Schliff* m ‖ *Schliff* m ‖ **–cador** *m* ⟨Chem⟩ *Rektifikator* m *(Destillierapparat)* ‖ ⟨Radio⟩ *Gleichrichter* m ‖ **–cadora** *f* ⟨Tech⟩ *Schleifmaschine* f ‖ **–car** [c/qu] vt *berichtigen, richtig stellen, verbessern* ‖ *läutern, rektifizieren (Flüssigkeit)* ‖ *begradigen* ‖ ⟨Radio TV⟩ *entzerren*

‖ ⟨El⟩ *gleichrichten* ‖ ⟨Tech⟩ *schleifen* ‖ ◇ ~ *una cuenta e–e Rechnung berichtigen* ‖ ~ *una declaración e–e Aussage berichtigen* ‖ ~ *un error ein Versehen (wieder)gutmachen* ‖ ~ *la factura die Rechnung berichtigen*
recti|linear adj *(m/f) geradlinig* **–líneo** adj *geradlinig* ‖ ⟨fig⟩ *aufrichtig, rechtschaffen* ‖ **–nervio** adj ⟨Bot⟩ *parallelnervig (Blatt)* ‖ **–tud** *f gerade Richtung* f ‖ *Geradlinigkeit* f ‖ ⟨fig⟩ *Rechtschaffenheit, Aufrichtigkeit* f ‖ ⟨fig⟩ *Gerechtigkeit, Billigkeit* f
rec|to adj *gerade* ‖ *senkrecht* ‖ ⟨fig⟩ *rechtschaffen, redlich* ‖ ⟨fig⟩ *gerecht, billig* ‖ ⟨fig⟩ *richtig* ‖ (intestino) ~ ⟨An⟩ *Mastdarm* m ‖ (línea) ~a → **recta** ‖ ~a *acentuación richtige Betonung* f
rec|tor m *Rektor, Schulvorsteher* m ‖ *Obmann, Leiter* m ‖ *Rektor* m *(e–r Hochschule)* ‖ ⟨reg⟩ *Pfarrer* m ‖ ~ *magnífico Magnifizenz* f ‖ **–tora** *f Oberin, Leiterin* f ‖ **–torado** *m Rektorat* n ‖ **–toral** adj *(m/f):* salón ~ *Rektorsaal* m ‖ **–toría** *f Rektorwürde* f ‖ *Rektorat* n ‖ ⟨reg⟩ *Pfarramt* n
rectosco|pia *f* ⟨Med⟩ *Rektoskopie, Mastdarmspiegelung* f ‖ **–pio** *m Rektoskop* n
recua *f Zug* m, *Koppel* f *Lasttiere* ‖ ⟨figf⟩ *(Menschen)Menge* f
recua|drar vt *quadrieren* ‖ **–dro** *m* ⟨Math⟩ *Quadratur* f ‖ ⟨Typ⟩ *Linienumrandung* f ‖ *Schriftfeld* n ‖ Am *Quadrat* n
recu|bierto pp/irr von **recubrir** ‖ ~ adj ‖ *umsponnen (Draht)* ‖ ~ *de una capa de hielo zugefroren* ‖ ~ *de caucho mit Gummiüberzug, gummiüberzogen* ‖ ~ *de pecas voll(er) Sommersprossen* ‖ **–brir** vt *(nochmals) bedecken* ‖ *überziehen* ‖ *aus-, ver|kleiden (de, con mit)* ‖ *überdecken* ‖ *umspinnen*
recuelo *m geschlämmte Lauge* f ‖ *zweiter Aufguss* m ‖ *Nachguss* m ‖ ⟨fig⟩ *elendes Getränk,* ⟨vulg⟩ *Gesöff* n
recuento *m (Nach)Zählung, Nachrechnung* f ‖ ~ *de votos Stimmen(aus)zählung* f ‖ ◇ *hacer el* ~ *de algo et. nach|zählen, -rechnen* ‖ *nachprüfen*
¹recuerdo *m Erinnerung* f, *Andenken, Gedächtnis* n ‖ *Erwähnung* f ‖ ~ *de(l) viaje Reiseandenken, Souvenir* n ‖ ~ *vivo frische Erinnerung* f ‖ *lebendiges Andenken* n ‖ ♦ *en* ~, *como* ~ *zum Andenken* ‖ ◇ *me permito recomendarme a su buen* ~ *ich erlaube mir, mich Ihnen in Erinnerung zu bringen* ‖ *traer al* ~ *in Erinnerung bringen* ‖ ~s *mpl Grüße* mpl, *Empfehlungen* fpl ‖ *dar muchos* ~ *a alg. jdn grüßen lassen*
²recuerdo adj Col *wach, aufgewacht*
recuero *m Führer* m *e–r recua*
recues|tado adj ⟨reg⟩ *selbstbewusst, stolz* ‖ **–tar** vt *verlangen, beanspruchen* ‖ ◇ ~ *mujeres* ⟨pop⟩ *Frauen nachlaufen*
recuesto *m Abhang* m ‖ *abschüssiges Gelände* n
recu|lada *f Zurückweichen* n ‖ ⟨Mil⟩ *Rückprall* m *(Geschütz)* ‖ *Rückstoß* m *(Gewehr)* (→ **culatazo**) ‖ **–lar** vi *zurückweichen* ‖ ⟨Mil⟩ *zurückprallen (Geschütz)* ‖ *e–n Rückstoß verursachen (Waffe)* ‖ ⟨fig⟩ *nachgeben* ‖ ⟨fig⟩ *klein beigeben* ‖ ⟨fig⟩ *s. einschüchtern lassen* ‖ ◇ *hacer* ~ *zurückdrängen* ‖ ~se *zurücktreten*
¹reculo adj → **rabón** ‖ *schwanzlos (Hühnerrasse)*
²recu|lo *m* ⟨Mil⟩ *Rückprall* m ‖ **–lón** *m:* a *reculones* (fam) *zurückweichend* ‖ ⟨fig⟩ *im Krebsgang*
recupe|rable adj *(m/f) zurückgewinnbar, recycelbar* ‖ *wiedererlangbar* ‖ *erfassbar* ‖ *einziehbar (Schuld)* ‖ **–ración** *f Wieder|erlangung, -eroberung* f ‖ *Wieder|gewinnung, -beschaffung* f ‖ ⟨Mar⟩ *Bergung* f ‖ ⟨Tech⟩ *Rückgewinnung* f,

Recycling n ‖ ⟨Com⟩ *Wiederanziehen* n *(der Preise)* ‖ *Wieder|aufstieg* bzw *-aufbau* m ‖ *Erholung* f ‖ ~ *de calor Wärmerückgewinnung* f ‖ ~ *de fiestas Nacharbeit* f *(als Ausgleich für Feiertage)* ‖ **–rador** *m Rekuperator* m ‖ *Vorholer* m *(Geschütze)* ‖ **–rar** vt *wieder|erlangen, -bekommen, -gewinnen* ‖ *beitreiben* ‖ ⟨Com⟩ *wieder hereinholen (Kosten)* ‖ ⟨Tech⟩ *(zu)rückgewinnen, recyceln* ‖ *(wieder) verwerten* ‖ *aufarbeiten* ‖ *(wieder) ein- bzw nach|holen (Zeit)* ‖ ⟨Mil⟩ *wieder besetzen, zurückerobern* ‖ ⟨Mar⟩ *bergen* ‖ ◇ ~ *su dinero wieder zu s–m Geld kommen* ‖ ~ *una posición* ⟨Mil⟩ *e–e Stellung wieder|erobern, -besetzen, rückerobern* ‖ ~ *el tiempo (perdido) die (verlorene) Zeit wieder einbringen* ‖ ~**se** *s. (von e–m Schaden) erholen*
recu|rrente adj *(m/f) rückläufig* ‖ *rückfällig* ‖ *wiederholend* ‖ *wiederkehrend* ‖ ⟨wiss⟩ *rekursiv* ‖ ~ *m Rekursnehmer* m ‖ *Regressnehmer* m *(Wechsel)* ‖ **–rrir** vi *Rekurs, Rechtsmittel, Berufung einlegen* ‖ ⟨Jur⟩ *s–n Regress nehmen* ‖ ◇ ~ *a alg. zu jdm s–e Zuflucht nehmen, s. an jdn wenden* ‖ *s. an jdn halten* ‖ ~ *a la amabilidad de alg. jds Liebenswürdigkeit in Anspruch nehmen* ‖ ~ *a la apelación Berufung einlegen* ‖ ~ *a la justicia den Amtsweg beschreiten* ‖ ~ *a un medio zu e–m Mittel greifen* ‖ ~ *a todos los medios alle Hebel in Bewegung setzen* ‖ **–rsiva** *f* ⟨Phon⟩ *Knacklaut* m ‖ **–rsivo** adj *rekursiv*
¹recurso *m* ⟨Jur⟩ *Beschwerde, Klage* f ‖ *Gesuch* n, *Eingabe* f ‖ *Rekurs* m, *Berufung* f ‖ *Berufungsrecht* n ‖ *Rückanspruch, Regress, Rückgriff* m ‖ ⟨Verw⟩ *Eingabe* f ‖ ~ *de apelación Berufung* f ‖ ~ *de casación Kassations-, Nichtigkeits-, Revisions|klage* f ‖ ~ *contencioso administrativo verwaltungsgerichtliche Klage* f ‖ ~ *de contrafuero* ⟨Span⟩ *etwa: Verfassungsbeschwerde* f ‖ *Verwaltungsstreitverfahren* n ‖ ~ *de gracia Gnadengesuch* n ‖ ~ *de nulidad Nichtigkeits|beschwerde, -klage* f ‖ ~ *de queja Beschwerde* f ‖ *(Antrag* m *auf) Wiederaufnahmeverfahren* n ‖ ~ *de inconstitucionalidad Verfassungsbeschwerde* f ‖ ♦ *sin* ~ *ohne Obligo (auf Wechseln)* ‖ ◇ *entablar un* ~ *contra el endosante inmediato s. an s–n Vormann halten (Wechsel)* ‖ *interponer* ~ *de apelación Berufung einlegen* ‖ *perder el derecho de* ~ *des Regresses verlustig gehen (Wechsel)* ‖ *promover un* ~ *e–n Rekurs einlegen*
²recurso *m Zuflucht, Hilfe* f ‖ ⟨fam⟩ *Mittel* n, *Ausweg* m ‖ ~ *supremo* ⟨fig⟩ *Rettungsanker* m ‖ ~ *de urgencia* (Med od *bei Katastrophen) Notbehelf* m ‖ ♦ *sin* ~ *unwiederbringlich* ‖ ◇ *¿qué* ~ *queda? was bleibt (zu tun) übrig?* ‖ *no me queda otro* ~ *que … es bleibt mir nichts anderes übrig als …, ich habe k–e andere Wahl als …* ‖ ~s *mpl Hilfs|mittel* npl, *-quellen* fpl *(Geld)Mittel* npl ‖ *Ressourcen* fpl ‖ ~ *acuáticos Wasservorräte* mpl ‖ ~ *ajenos Fremdmittel* npl ‖ ~ *económicos od financieros Geldmittel* npl ‖ *Vermögensverhältnisse* npl ‖ ~ *fiscales Steuer|mittel* npl bzw *-quellen* npl ‖ ~ *limitados beschränkte (Geld)Mittel* npl ‖ ~ *pecuniarios →* ~ *económicos* ‖ ~ *públicos Staatsgelder, Gelder* npl *der öffentlichen Hand* ‖ ~ *no renovables nicht erneuerbare Ressourcen* fpl ‖ ♦ *sin* ~ *mittellos* ‖ ◇ *agotar los* ~ *die Mittel erschöpfen* ‖ *contar con muchos* ~ *sehr vermögend sein* ‖ *disponer de* ~ *über Mittel verfügen*
recu|sable adj *(m/f) ablehnbar* ‖ *verweigerungswürdig* ‖ *verwerflich* ‖ **–sación** *f Verweigerung* f ‖ *Ab|lehnung, -weisung, Zurückweisung* f ‖ ~ *por (sospecha de) parcialidad Ablehnung* f *wegen (Verdachts der)*

Befangenheit ‖ **–sar** vt *abweisen, verweigern, zurückweisen* ‖ ⟨Jur⟩ *(wegen Befangenheit) ablehnen*

¹red *f* allg *Netz* n ‖ *Netz, Garn* n ‖ *Fisch-, Vogel|netz* n ‖ *Netzgewebe* n ‖ ⟨Sp⟩ *Tor-, Tennis|netz* n ‖ *Haarnetz* n ‖ ⟨An⟩ *Netz, Geflecht* n ‖ ⟨EB⟩ *Gepäcknetz* n ‖ ⟨fig⟩ *Fallstrick* m ‖ ~ de alambre *Drahtgeflecht* n ‖ ~ del alumbrado *Beleuchtungs-, Licht|netz* n ‖ ~ de araña *Spinngewebe, Spinnennetz* n ‖ ~ de arrastre, ~ barredera *Schleppnetz* n ‖ ~ de camuflaje *Tarnnetz* n ‖ ~ de carreteras *Straßennetz* n ‖ ~ (od redecilla) para cazar *od* coger mariposas *Schmetterlingsnetz* n ‖ ~ de comunicaciones *Verkehrsnetz* n ‖ ⟨Postw⟩ *Post- und Fernmelde|netz* n ‖ ~ de coordenadas ⟨Geogr Top⟩ *Gitternetz* n *(e–s Plans, e–r Karte)* ‖ ~ de corriente ⟨El⟩ *Stromnetz* n ‖ ~ de datos *Datennetz* n ‖ ~ de deriva *Treibnetz* n ‖ ~ digital de servicios integrados (RDSI) *ISDN* n (aus dem Engl. integrated services digital network) ‖ ~ de enmascaramiento ⟨Mil⟩ *Tarnnetz* n ‖ ~ de espionaje *Spionage|netz* n, *-ring* m ‖ ~ de ferrocarriles, ~ ferroviaria *Eisenbahnnetz* n ‖ ~ frigorífica *Kühlnetz* n ‖ ~ de jorrar *Schleppnetz* n ‖ ~ de líneas aéreas *Fluglinienennetz* n ‖ ~ Nacional de Ferrocarriles Españoles (RENFE) span. *Staatsbahn* f ‖ ~ nerviosa ⟨An⟩ *Nervengeflecht* n ‖ ~ neuronal ⟨Physiol⟩ *neuronales Netz* n ‖ ~ de pescar *Fischernetz* n ‖ ~ protectora contra torpedos *Torpedoschutznetz* n ‖ ~ submarina ⟨Mar⟩ *U-Boot-Netz* n ‖ ~ telefónica *Telefonnetz* n ‖ ~ telefónica automática *(Selbst)Wählnetz* n ‖ ~ telegráfica *Telegrafennetz* n ‖ ~ de televisión ⟨TV⟩ *Fernsehnetz* n ‖ ~ de tierra ⟨El⟩ *Erd(ungs)netz* n ‖ ~ de tiro *Zugnetz* n ‖ ~ urbana ⟨Tel⟩ *Ortsnetz* n ‖ ~ viaria, ~ vial *Straßen- und Wege|netz* n ‖ ◇ caer en la ~ ⟨figf⟩ *ins Garn, in die Falle gehen* ‖ cazar con ~es *Netze stellen, mit Netzen jagen* ‖ cercar de ~es *umgarnen* ‖ *mit Netzen umgeben* ‖ echar (*od* tener) las ~es *Netze stellen, Netze aus|werfen, -spannen* (& fig)

²red *f Mantel* m

redac|ción *f (Ab)Fassung, Ausarbeitung* f ‖ *Aufsetzen* n, *Aufsatz|bung* f ‖ *Stilisierung* f, *Stil* m ‖ *Ausfertigung* f ‖ *Redaktion, Schriftleitung* f ‖ ~ de un contrato *Abfassung* f *e–s Vertrages* ‖ bajo la ~ de *herausgegeben von (Zeitschrift)* **–cional** adj *(m/f) redaktionell* ‖ **–tar** vt *abfassen, aufsetzen (Artikel)* ‖ *stilisieren* ‖ *redigieren, druckfertig machen* ‖ ◇ ~ un contrato *e–n Vertrag abfassen* ‖ ~ un documento *e–e Urkunde ausstellen* ‖ **–tor** *m Verfasser* m ‖ *Redakteur,* Schw *Redaktor* m ‖ *Schriftleiter* m ‖ *Herausgeber* m ‖ ~ deportivo *Sportberichterstatter* m ‖ ~ gráfico *Bildberichterstatter* m ‖ *Redakteur* m *für den Bildteil* ‖ ~ jefe, ~ principal *Chefredakteur* m ‖ *Hauptschriftleiter* m ‖ ~ responsable *verantwortlicher Redakteur* m ‖ *Schriftleiter* m

redada *f Fischzug* (& fig), *Zug* m *mit dem Netz* ‖ ⟨figf⟩ *Fang* m, *Beute* f ‖ ~ (policíaca, policial, de la policía) *Razzia* f ‖ ◇ caer en la ~ ⟨pop⟩ *auf den Leim gehen* ‖ coger una buena ~ *e–n guten Fang machen* (& fig) ‖ ⟨fig⟩ *gut abschneiden* ‖ preparar una ~ ⟨fig⟩ *e–e Falle stellen*

redán *m* ⟨gall⟩ → **rediente**

redaño *m* ⟨An⟩ *Gekrös(e)* n ‖ ⟨fig⟩ *Mut* m, *Tapferkeit* f ‖ *Entschlossenheit* f ‖ ◇ tener ~s ⟨figf⟩ *Mut haben, entschlossen sein*

redar vi *das Netz auswerfen*

redargüir [-uy-, gu/gü] vt *widerlegen* ‖ ⟨Jur⟩ *abweisen* ‖ ⟨fig⟩ *den Spieß umdrehen* ‖ ◇ ~ a alg. ⟨fig⟩ *jdn mit s–n eigenen Waffen schlagen*

redecilla *f* dim von **¹red** ‖ *Haarnetz* n, *Netzhaube* f ‖ *Netzgewebe* n ‖ *Netzarbeit* f ‖ *Haube* f, *Netzmagen* m *der Wiederkäuer* ‖ *Schmetterlingsnetz* n ‖ ~ para el equipaje ⟨EB⟩ *Gepäcknetz* n

redecir [irr → decir] vt *(mit Nachdruck) wiederholen*

rededor *m Umkreis* m ‖ ◇ al ~ (= alrededor), en ~ *(rings)herum*

reden|ción *f Befreiung, Freisprechung* f ‖ ⟨Com⟩ *Loskauf* m ‖ *Ablösung* f *e–s Kapitals* ‖ ⟨fig⟩ *Mittel* n, *Ausweg* m ‖ ⟨Rel⟩ *Erlösung* f *(des Menschengeschlechts)* ‖ ⟨fig⟩ *Hilfe* f, *Beistand* m ‖ ~ de una deuda *Ablösung* f *e–r Schuld* ‖ **–tor** *m Erlöser* m (divino) ‖ el ~ ⟨& fig⟩ *Retter* m ‖ ~ *der Erlöser, Heiland* ‖ **–torista** *m Redemptorist, Liguorianer* m

redero *m Vogelsteller* m ‖ *Netzknüpfer* m

redescontar vt ⟨Com⟩ *rediskontieren*

redescu|brimiento *m Wiederentdeckung* f ‖ **–brir** vt *wiederentdecken*

redescuento *m* ⟨Com⟩ *nachträglicher Preisnachlass* m ‖ *Rediskont* m *(e–s Wechsels)*

redhibi|ción *f* ⟨Jur⟩ *Wandlung, Rückgängigmachung* f ‖ **–torio** adj *zur Wandlung berechtigend, redhibitorisch* ‖ ◇ no ser ~ *kein Hindernis sein*

redicho adj ⟨fam⟩ *gekünstelt, affektiert (in der Aussprache, beim Reden)* ‖ *s. zierend*

rediente *m Stufe* f *(des Wasserflugzeugs)*

¡rediez! (Cat Val **¡redeu!**) int ⟨vulg⟩ *zum Teufel! verflixt od verdammt noch mal!*

redil *m Pferch* m, *Schafhürde* f ‖ ◇ volver al ~ ⟨fig⟩ *wieder auf den rechten Weg kommen* ‖ *heim|finden, -kehren*

redi|mible adj *(m/f) ablöslich, tilgbar, einlösbar* ‖ ⟨Rel⟩ *erlösbar* (& fig) ‖ **–mir** vt *loskaufen* ‖ *ablösen (Zins, Kapital)* ‖ *wieder einlösen* ‖ *(von e–r Verpflichtung) frei machen, befreien* ‖ ⟨Rel⟩ *erlösen* (& fig) ‖ ◇ ~ una deuda *e–e Schuld ablösen, zurückzahlen* ‖ **~se** ⟨fig⟩ *s. befreien od retten* ‖ ◇ ~ (del servicio) ⟨Mil Hist⟩ *s. loskaufen (vom Militärdienst)*

△ **redine** *m Rübe* f

redingote *m Redingote* f

¡rediós! int ⟨vulg⟩ → **¡rediez!**

rédito *m Zins(ertrag), Kapitalertrag* m ‖ *Rendite* f ‖ ◇ dar ~ *Zinsen bringen* ‖ poner a ~ *verzinslich anlegen (Geld)* ‖ tomar dinero a ~ *Geld auf Zinsen entleihen* ‖ **~s** mpl *Einkünfte* pl

reditua|ble adj *(m/f) zins-, ertrag|bringend* ‖ *einträglich* ‖ *nutzbringend* ‖ **–ción** *f Verzinsung* f ‖ *Zins, Ertrag* m

redi|tuar [pres ~úo] vt *Zinsen, Ertrag bringen* ‖ *einbringen (Nutzen)*

redivivo adj *redivivus, (wieder auf)erstanden*

redo|blado adj *(ver)doppelt* ‖ ⟨fig⟩ *kräftig und untersetzt* ‖ **–blamiento** *m Verdopp(e)lung* f ‖ **–blante** *m (Marsch)Trommel* f ‖ *Trommler, Trommelschläger* m ‖ **–blar** vt *verdoppeln* ‖ *wiederholen* ‖ ◇ ~ los esfuerzos *die Anstrengungen verdoppeln* ‖ **–blaremos** nuestro esmero *wir werden unsere Sorgfalt verdoppeln* ‖ ~ vi *(e–n) Trommelwirbel schlagen* ‖ *heftiger werden, zunehmen (Wind, Sturm)* ‖ **–ble** *m Verdopp(e)lung* f ‖ *Wiederholung* f ‖ ⟨Mil⟩ *Trommelwirbel* m ‖ **–blona** *f* Arg: hacer una ~ *zwei Fliegen mit e–r Klappe schlagen*

redolino, redolín *m* Ar *Loskugel, Kugel* f *zum Losen* ‖ Ar *Reihe(nfolge)* f

redolor *m Nachschmerz* m

redoma *f Phiole* f ‖ *Enghalskolben* m

redomado adj *äußerst schlau* ‖ *verschmitzt* ‖ *gerissen*

△ **redoma|ní** adj *(f)*, **–nó** adj *(m) schlau, gerieben, pfiffig*

redomón adj ⟨Mex⟩ *bäu(e)risch, ungeschliffen* ‖ Mex Chi *unerfahren* ‖ Am *halbwild (Rinder)* ‖ ~ *m angerittenes, noch halb wildes Pferd* n

redon|da *f Um|kreis* m, *-gegend* f ‖ p.ex *Weide* f ‖ ⟨Mus⟩ *ganze Note* f ‖ ⟨Typ⟩ *runde Schrift* f ‖ ◆ a la ~ *in der Runde, ringsherum* ‖ ◇ *no se le encontraría igual (en) diez leguas a la* ~ ⟨pop⟩ *es gibt niemanden wie ihn im weiten Umkreis; weit und breit gibt es niemanden wie ihn* ‖ **–deado** adj *abgerundet, rund(lich)* ‖ ⟨Gr⟩ *rillenförmig (Laut)* ‖ ~ *m* ⟨Tech⟩ *(Ab)Rundung* f ‖ **–dear** vt *(ab)runden* ‖ ~**se** ⟨fig⟩ *s–e wirtschaftlichen Verhältnisse regeln,* ⟨fam⟩ *s–e Finanzen sanieren* ‖ ⟨figf⟩ *sein Schäfchen ins Trockene bringen* ‖ **–del** *m* ⟨fam⟩ *Kreis* m, *runde Scheibe* f ‖ *runde Aushöhlung* f ‖ ⟨fam⟩ *Um|kreis, -fang* m ‖ ⟨fam⟩ *runder Mantel* m, *runde Capa* f, *rundes Cape* n ‖ *Arena* f *(Stierkampf)* ‖ ~**es** *mpl runde Flecke* mpl (z.B. *auf dem Tigerfell)* ‖ **–dez** *[pl* ~**ces]** *f Rundung, Runde* f ‖ *Um|kreis, -fang* m ‖ en toda la ~ de la tierra *auf dem ganzen Erdenrund* ‖ las ~ces de sus caderas *die Kurven ihrer Hüften* ‖ sus ~ces *ihre Kurven*

redondilla *f/*adj ⟨Poet⟩ *vierzeilige Strophe* f *(mit Doppelreim)* ‖ (letra) ~ *runde Schrift* f

redondillo adj ⟨Agr⟩ *rundkörnig (Weizenart)*

redondo adj *rund, abgerundet* ‖ *kugelförmig* ‖ ⟨fig⟩ *ausgemacht, vollkommen* ‖ ⟨fig⟩ *klar* ‖ ⟨fig⟩ *völlig reinblütig (Adliger)* ‖ *von rein ad(e)liger Herkunft* ‖ ⟨fig⟩ *glänzend, erträglich, glatt (Geschäft)* ‖ ⟨fig pop⟩ *bi(sexuell)* ‖ ◆ con los ojos muy ~s ⟨fig⟩ *große Augen machend* ‖ en ~ *im Umkreis* ‖ ⟨fig⟩ *rund, klar und genau* ‖ en suma ~a, en cifras ~as *rund* ‖ *ungefähr* ‖ 1000 euros en cifras ~as *rund 1000 Euro* ‖ ¡en ~, no! *ganz und gar nicht! klipp und klar! nein!* ‖ ◇ caer(se) ~ *der Länge nach hinfallen* ‖ ⟨figf⟩ *sprachlos sein* ‖ dar vueltas en ~ *kreisen* ‖ hacer un negocio ~ ⟨fig⟩ *ein glattes Geschäft machen,* ⟨fam⟩ *gut abschneiden* ‖ negarse en ~ s. *rundheraus weigern, et. rundweg abschlagen* ‖ ~ *m* ⟨StV fam⟩ *Kreisel* m ‖ ~s de acero *Rundstahl* m

redopelo *m Gegenstrich* m ‖ ⟨figf⟩ *Zank, Streit* m (bes. *unter Jungen od Kindern*) ‖ ◆ a(l) ~ *gegen den Strich, aufwärts* ‖ ⟨figf⟩ *verkehrt* ‖ *gegen den Strich, mit Gewalt* ‖ ◇ traer a alg. al ~ ⟨fam⟩ *jdn drangsalieren*

redor *m* ⟨poet⟩ → **rededor**

redro adv ⟨fam⟩ *zurück, rückwärts*

redrojo *m Spät|frucht* f, *-ling* m ‖ ⟨figf⟩ *Nest|häkchen, -küken* n, *Kümmerling* m *(Kind)* ‖ p.ex ⟨fam⟩ *Schwächling* m

redropelo *m* → **redopelo**

redruejo *m* → **redrojo**

¹reducción *f Reduktion* f ‖ *Zurückversetzung* f *in den vorigen Stand* ‖ *Ver|minderung, -ringerung, Herabsetzung* f ‖ *Abbau* m, *Minderung* f ‖ *Ver|kleinerung, -jüngung* f *(des Maßstabes, des Bilds)* ‖ *Rentenumwandlung* f ‖ *Um|wandlung, -rechnung* f ‖ *Ermäßigung* f ‖ *Rabatt, Nachlass* m ‖ *Zinsherabsetzung* f ‖ *Einschränkung, Kürzung* f ‖ ⟨Math⟩ *Kürzung* f *(von Brüchen)* ‖ *Vereinfachung, Reduzierung* f ‖ ⟨Chem⟩ *Reduktion* f ‖ ~ *del capital en acciones Herabsetzung* f *des Aktienkapitals* ‖ ~ en *od* de los costos *Kostensenkung* f ‖ ~ *del descuento Herabsetzung* f *des Diskonts* ‖ ~ *de la edad electoral pasiva Herabsetzung* f *des Wählbarkeitsalters* ‖ ~ *de la edad requerida para votar Herabsetzung* f *des Wahlalters* ‖ ~ *de personal Personalabbau* m ‖ ~ *del precio Preisermäßigung* f ‖ *Preisnachlass* m ‖ ~ *de (la) tarifa Tarifermäßigung* f ‖ ~ *del tipo de descuento Diskont(satz)senkung* f ‖ ~ *de las*

tropas *Truppenabbau* m ‖ ~ *por uso Nachlass* m *für Abnutzung* ‖ ◇ conceder *od* hacer una ~ *e–n Nachlass gewähren*

²reducción *f* ⟨Med⟩ *Ein|richten, -renken* n *(e–s verrenkten Gliedes, e–s Knochenbruchs), Reposition* f

redu|ccionismo *m Reduktionismus* m ‖ **–cible** adj *(m/f) zurückführbar* ‖ *zerlegbar* ‖ *reduzierbar, reduzibel* ‖ ⟨Math⟩ *aufheb-, kürz|bar, (Bruch)* ‖ **–cido** adj *klein, eng, gedrängt* ‖ *beschränkt* ‖ *gering(fügig)* ‖ *herabgesetzt* bzw *niedrig (Preis)* ‖ *ver|kleinert, -mindert* ‖ ~ a ceniza(s) *zu Asche verbrannt, eingeäschert* ‖ ~ al mínimum *auf das Mindestmaß herabgesetzt* ‖ lo ~ de los precios *die niedrigen Preise* mpl ‖ ◆ a precio ~ *zu ermäßigtem Preis* ‖ de peso ~ *von geringem Gewicht* ‖ en escala ~a *in verkleinertem Maßstab* ‖ **–cidor** *m* Arg *Hehler* m

¹reducir [-zc-, pret ~je] vt *reduzieren* ‖ *zurückversetzen (in den vorigen Zustand)* ‖ *zurückführen* (a *auf* acc) ‖ *verwandeln* (a *in* acc) ‖ *abbauen, verringern, ver|mindern, -kleinern, herabsetzen* ‖ *ein-, be|schränken, beschneiden* ‖ *(Farbe) verdünnen, abschwächen* ‖ *senken, ermäßigen, herabsetzen (Preise, Gebühren)* ‖ *um|wandeln, -rechnen* ‖ *kürzen (Gehalt, Bruch)* ‖ ⟨Fot⟩ *ver|kleinern, -jüngen (Maßstab)* ‖ *brechen (Widerstand)* ‖ *bekehren (Ungläubige)* ‖ ⟨Mus⟩ *bearbeiten* ‖ *abkürzen* ‖ *kurz wiedergeben (Erzählung)* ‖ *überreden, auf s–e Seite bringen* ‖ ◇ ~ a ceniza(s) *zu Asche verbrennen, einäschern* ‖ ~ el descuento *die Diskont herabsetzen* ‖ ~ a la desesperación *zur Verzweiflung treiben* ‖ ~ a dinero *zu Geld machen* ‖ ~ a la miseria *an den Bettelstab bringen* ‖ ~ a la mitad *halbieren, auf die Hälfte zurückschrauben* ‖ ~ a la obediencia *zum Gehorsam bringen* ‖ ~ a la tercera parte *dritteln, auf ein Drittel zurückschrauben* ‖ ~ a polvo *zu Pulver machen, zerpulvern, pulverisieren* ‖ *verpulvern* ‖ *völlig zerstören, vernichten* ‖ ~ el precio *den Preis herabsetzen* ‖ ~ al silencio *zum Schweigen bringen* ‖ ~el tipo de interés *den Zinssatz senken* ‖ ~**se** s. *zusammenziehen* ‖ s. *kurz fassen* ‖ s. *beschränken* (a *auf* acc) ‖ s. *einschränken (in den Ausgaben)* ‖ s. *fügen* ‖ *nur (noch) bestehen* (a *in* dat) ‖ ◇ ~ (en) los gastos *die Ausgaben beschränken* ‖ ~ a lo más preciso s. *auf das Notwendigste beschränken* ‖ s. *ganz kurz fassen* ‖ me he –cido a estar en casa *ich habe mich entschlossen, zu Hause zu bleiben*

²reducir [-zc-, pret ~je] vt ⟨Med⟩ *ein|richten, -renken (ein verrenktes Glied, e–n Knochenbruch), reponieren*

reductible adj *(m/f)* ⟨lit Wiss⟩ → **reducible**

reducto *m* ⟨Mil⟩ *Feldschanze* f ‖ *Kernwerk* n ‖ ⟨Mil⟩ *Blockhaus* n ‖ ~ *natural* ⟨Mil⟩ *Naturfestung* f *(im Bergland)*

reductor adj ⟨allg⟩ *reduzierend* ‖ ~ *m* ⟨Fot⟩ *Abschwächer, Verzögerer* m ‖ ⟨Med⟩ *Bruchband* n ‖ (Chem Pharm) *Reduktionsmittel* n ‖ ⟨Tech⟩ *Untersetzungsgetriebe* n

redun|dancia *f Überfluss* m ‖ *Wortschwall* m ‖ *Redundanz* f ‖ *Weitschweifig-, Langatmig|keit* f ‖ **–dante** adj *(m/f) überflüssig* ‖ *redundant* ‖ *übermäßig* ‖ *weitschweifig* ‖ *langatmig* ‖ *bombastisch, überschwänglich* ‖ **–dar** vi *über|laufen, -fließen* ‖ ◇ ~ en ganancia *als Gewinn ausfallen, schließlich ein Gewinn sein* ‖ ~ en pérdida *zum Verderben gereichen* ‖ ~ en provecho *zum Nutzen gereichen*

redupli|cación *f Verdopp(e)lung* f ‖ ⟨Biol Ling⟩ *Reduplikation* f ‖ **–car** [c/qu] vt *verdoppeln* ‖ *reduplizieren* ‖ **–cativo** adj *reduplikativ*

reduvio *m* ⟨Ins⟩ *Kotwanze* f *(Reduvius personatus)* ‖ p.ex *Raubwanze* f

reedición f Neu|auflage, -ausgabe f (e–s Buches)
reedifi|cación f Wiederaufbau m ‖ Neubau m ‖ **–car** [c/qu] vt wieder aufbauen
reeditar vt neu herausgeben, neu auflegen (Buch)
reeducación f Umschulung f ‖ Anlernung f (e–s Kriegsbeschädigten) zu e–m neuen Beruf ‖ ⟨Med⟩ Heilgymnastik f ‖ ⟨Pol⟩ Umerziehung f
reelaboración f Wiederverarbeitung f
reelección f ⟨Pol⟩ Wiederwahl f
reele|gibilidad f Wiederwählbarkeit f ‖ **–gible** adj (m/f) wiederwählbar ‖ **–gir** [-i-, g/j] vt ⟨Pol⟩ wieder wählen
reemba|laje m Wiederverpackung f ‖ **–lar** vt wieder verpacken
reem|barco, –barque m ⟨Mar⟩ Wiederverschiffung f
reembol|sable adj (m/f) aus-, ein|lösbar ‖ **–sar** vt (zu)rückzahlen, heimzahlen ‖ wiederbezahlen ‖ ◇ ~ a alg. de sus desembolsos jdm die Auslagen (zu)rückerstatten ‖ ~ acciones Aktien einlösen ‖ ~se s. erholen, s. bezahlt machen ‖ ◇ ~ (de una cantidad) sobre los géneros e–n Vorschuss auf die Ware entnehmen ‖ ~ de sus gastos s–e Auslagen entnehmen ‖ no nos hemos –sado aún ⟨Com⟩ wir sind noch immer ohne Deckung ‖ **–so** m Rückzahlung, Zurückerstattung f, Rembours m ‖ Nachnahme, Deckung f ‖ ~ de una deuda Tilgung od Rückzahlung f e–r Schuld ‖ ~ de un empréstito Tilgung f e–r Anleihe ‖ ~ de los gastos Spesennachnahme f ‖ ~ integral volle Rückzahlung f ‖ ◆ contra ~ gegen Nachnahme ‖ Kasse f bei Ablieferung ‖ ◇ efectuar el ~ die Rückzahlung leisten ‖ pedir ~ del capital das Kapital kündigen
reemisor m ⟨El⟩ Umsetzer m
reemplazante m/adj Ersatz|mann m bzw -person f
reempla|zar [z/c] vt ersetzen, ablösen ‖ (jdn) vertreten ‖ an die Stelle setzen bzw treten ‖ **–zo** m Ersetzung, Ablösung f ‖ ⟨Mil⟩ Ersatz m ‖ ⟨Mil⟩ Jahrgang m (von Rekruten) ‖ (soldado de) ~ ⟨Mil⟩ Ersatzmann, Reservist m ‖ ◆ de ~ zur Verfügung ‖ el último ~ ⟨Mil⟩ die letzte Ersatzreserve, das letzte Aufgebot
reempleo m Wiedereinstellung f
reemprender vt wieder aufnehmen (Tätigkeit usw.)
reencar|nación f Reinkarnation, Wiederverleiblichung f ‖ **–nar(se)** vi (vr) e–n neuen Leib annehmen
reencau|char vt Col → **recauchutar** ‖ **–che** m Col → **recauchutado**
reencau|zar [z/c] vt ⟨fig⟩ wieder ankurbeln ‖ **–ce** m Wiederankurbeln n
reencuadernar vt neu einbinden (Buch)
reencuentro m Wiedersehen n ‖ Begegnung f, Zusammentreffen n ‖ Zusammenstoß m ‖ ⟨Mil⟩ Treffen, Gefecht n
reengan|char vt ⟨Mil⟩ wieder anwerben ‖ **~se** ⟨Mil⟩ s. (freiwillig) weiterverpflichten ‖ ⟨Mil fam⟩ nachfassen (bei der Essensausgabe) ‖ ⟨allg fig⟩ sein Arbeitsverhältnis (bzw s–n Arbeitsvertrag) verlängern ‖ **–che** m ⟨Mil⟩ Wiederanwerbung f ‖ ⟨Mil fam⟩ Nachschlag m, zusätzliche Essensportion f ‖ Nachfassen n (bei der Essensausgabe)
reentrada f Wiedereintritt m
reenvase m Umpackung f
reen|viar [~ío] vt ⟨Com⟩ weiterbefördern ‖ **–vío** m Weiterversand m ‖ Rücksendung f ‖ Zurückschicken n
reenvite m ⟨Kart⟩ Überbieten n

reestre|nar vt ⟨Th⟩ wieder aufführen ‖ **–no** m ⟨Th⟩ Wiederaufführung f
reestructu|ración f Neu-, Um|strukturierung f ‖ **–rar** vt neu strukturieren, umstrukturieren
reexaminar vt noch einmal prüfen, überprüfen
reexpe|dición f ⟨Com⟩ Rücksendung f ‖ Weiterbeförderung f ‖ ◇ cuidar de la ~ die Weiterbeförderung besorgen ‖ **–dir** [-i-] vt weiterbefördern ‖ nach|senden, -schicken ‖ zurück|schicken, -senden ‖ ◇ reexpídase (a manos del interesado) bitte nachsenden (auf Briefen) ‖ para ser –dido (a) ⟨Com⟩ zur Weiterbeförderung (an, nach)
reexpor|tación f Wiederausfuhr f ‖ **–tar** vt wieder ausführen (eingeführte Waren)
ref. ⟨Abk⟩ = referencia ‖ referente
¹refacción f Imbiss m, kleine Zwischenmahlzeit f ‖ ◇ tomar una ~ e–e Kleinigkeit zu s. nehmen
²refac|ción f Zahlungsabzug, Nachlass m (vom Preis schadhafter Waren) ‖ ⟨fam⟩ Zugabe beim Kauf, Refaktie f ‖ Ant Mex Betriebskosten pl (z. B. für e–e Zuckerfabrik) ‖ **–cionario** adj ⟨Jur⟩ Aufbau- ‖ Förderungs- ‖ Reparatur- ‖ Finanz-
refa|jo m [früher] kurzer, hinten ausgeschürzter Rock m (der span. Bäuerinnen) ‖ Flanellrock m ‖ Unterrock m ‖ **–jona** adj/s mit kurzem Rock (Frau)
refa|lar vt Arg (jdm et.) wegnehmen ‖ **~se** ⟨fig⟩ ausgleiten ‖ ◇ ~ a … Am s. schlagen zu … ‖ ~ el abrigo Am den Mantel ablegen ‖ **–loso** adj Arg schlüpfrig
¹refección f Reparatur, Ausbesserung f
²refec|ción f Imbiss m ‖ kleine Mahlzeit f ‖ **–torio** m Refektorium n, Speisesaal m (in Klöstern) ‖ ~ mecánico Am Automatenrestaurant n
referen|cia f Erzählung f, Bericht m ‖ Bezug m, -nahme, Beziehung f ‖ Hinweis m ‖ Referenz, Erkundigung, Auskunft f, Gutachten n ‖ Referenz, Empfehlung f ‖ ~ bibliográfica Literaturangabe f ‖ ⟨Top⟩ Höhen|marke, -kote f ‖ ⟨Phys⟩ Bezugspunkt m ‖ ◆ con ~ a … mit Bezug auf … (acc) ‖ de ~ fraglich, in Frage kommend ‖ ◇ hacer ~ a algo bzw alg. s. auf et. (acc) bzw jdn beziehen ‖ servir de ~ als Referenz dienen ‖ **~s** fpl (gute) Referenzen fpl ‖ Gutachten n, Empfehlung f ‖ ~ bancarias Bankverbindungen fpl ‖ ~ de primer orden erstklassige, ausgezeichnete Referenzen fpl ‖ ~ a satisfacción befriedigende Auskünfte, gute Referenzen fpl ‖ ◇ dar ~ Referenzen (an)geben, beibringen ‖ indicar como ~ als Referenz angeben ‖ pedir las ~ de costumbre die üblichen Referenzen verlangen ‖ saber (de) algo por ~ et. nur vom Hörensagen kennen ‖ tener buenas ~ gute Referenzen haben ‖ **–cial** m ⟨Phys⟩ Bezugssystem n
referendario m → **refrendario**
referéndum m ⟨Pol⟩ Referendum n ‖ Volks|befragung bzw -abstimmung f bzw -entscheid m ‖ Ersuchen n um e–e neue Weisung (des Diplomaten) ‖ Urabstimmung f (Gewerkschaft) PL: referendos
refe|rente adj (m/f) bezüglich (a auf acc) ‖ ~ a algo bzw alg. mit Bezug auf et. bzw jdn, bezüglich e–r Sache bzw e–r Person ‖ **–rimiento** m Erzählung f, Bericht m ‖ **–rir** [-ie/i-] vt erzählen, berichten ‖ referieren ‖ sagen, erwähnen ‖ ◇ ~ historias Geschichten erzählen ‖ **~se** s. beziehen, Bezug haben (a auf acc) ‖ ◇ ~ a alg. s. auf jdn beziehen, berufen ‖ auf jdn anspielen ‖ no me refiero a Vd. Sie sind nicht gemeint ‖ refiriéndome a su anuncio insertado en … bezugnehmend (od unter Bezugnahme) auf Ihre Anzeige in … ‖ por lo que se refiere a … in Bezug auf … (acc)

referí [*pl* ~íes] *m* ⟨Sp⟩ *Referee, Schiedsrichter* m
refiado adj Mex *zu sehr vertrauend* ‖
leichtgläubig
refilón adv *schräg* ‖ *im Abprallen* ‖ ⟨fig⟩
schnell, im Vorbeigehen, leichthin ‖ ◆ *de* ~
beiläufig, nur nebenbei ‖ *flüchtig* ‖ ◇ *mirar de* ~
scheel ansehen
refi|nación *f Verfeinerung* f ‖ *Vered(e)lung* f ‖
⟨Met⟩ → **afino** ‖ ⟨Chem⟩ *Raffination* f ‖ **–nado**
adj/s *hochfein* ‖ ⟨fig⟩ *hervorragend* ‖ *raffiniert*
(Zucker usw.) ‖ ⟨fig⟩ *verschmitzt, schlau* ‖ ⟨fig⟩
raffiniert, gerissen ‖ **–nadura** *f Läuterung,*
Reinigung, Raffination f ‖ **–namiento** *m Feinheit*
f, *Raffinement* n ‖ ⟨fam⟩ *Raffinesse* f ‖
Raffiniertheit, Durchtriebenheit f ‖
Vered(e)lungsverfahren n ‖ ◆ *con todos los* ~*s de*
la elegancia mit tadelloser Eleganz ‖ *con* ~
femenino mit weiblicher Raffinesse
refinanciación *f Refinanzierung* f
refi|nar vt *verfeinern* ‖ ⟨Chem⟩ *raffinieren,*
reinigen, ver|feinern, -edeln ‖ ⟨fig⟩ *Manieren*
beibringen (dat) ‖ **–nería** *f Raffinerie* f ‖ ~ *de*
azúcar (petróleo) *Zucker- (Öl)raffinerie* f ‖ **–no**
adj *hochfein* ‖ *raffiniert* ‖ ~ *m Raffinade* f ‖
Raffination f ‖ *Schokoladen-, Kakao-,*
Zucker|börse f ‖ Mex *Branntwein* m
refistole|ría *f* Cu Mex PR *Dünkel* m ‖ Ven
Einbildung f ‖ *gespreiztes Gehabe* n ‖ Ven
Geschwätzigkeit f ‖ **–ro** m/adj Cu Mex PR *Geck,*
Stenz, Fatzke, feiner Pinkel m ‖ MAm Ven
Schwätzer m ‖ *Intrigant* m
refitolero *m Speisemeister* m (*in e–m Kloster*)
‖ ⟨figf⟩ *Topfgucker* m ‖ ⟨figf⟩ *Hansdampf* m (*in*
allen Gassen) ‖ ⟨figf⟩ *Geck, Stenz, Fatzke, feiner*
Pinkel m
reflector adj *reflektierend, (zurück)strahlend,*
zurückwerfend ‖ ~ *m Reflektor, Scheinwerfer* m
(& *fig*) ‖ *Lichtspiegel* m ‖ *Rückstrahler* m ‖ ~
frontal ⟨Med⟩ *Stirnreflektor* m
refle|jar vt *zurückwerfen, reflektieren*
(Strahlen) ‖ ⟨fig⟩ *kundgeben, verraten* ‖ ~ vi
(zu)rückstrahlen ‖ *spiegeln* ‖ ~**se** *s. ab-,*
wider|spiegeln (& *fig*) ‖ ⟨fig⟩ *zum Ausdruck*
kommen ‖ **–jo** adj *zurückstrahlend* ‖ ⟨fig⟩ *überlegt*
‖ ⟨Physiol⟩ *unwillkürlich, reflektorisch, Reflex-*
(Muskelbewegung) ‖ ⟨Gr⟩ → **reflexivo** ‖ ~ *m*
Abglanz, Widerschein, Reflex m ‖ *(Ab)Bild* n ‖
⟨Mal Physiol Med⟩ *Reflex* m ‖ ~*s condicionados*
de Pavlov Pawlowsche bedingte Reflexe mpl ‖ ~
grasiento fetter Glanz m (*am Kleid*) ‖ *un pálido* ~
ein schwacher Abglanz m ‖ ◇ *relucir al* ~ *de los*
rayos del sol im Widerschein der Sonnenstrahlen
erglänzen ‖ **–joterapia, –xoterapia** *f* ⟨Med⟩
Reflextherapie f
reflex: *aparato* ~ ⟨Fot⟩ *Spiegelreflexkamera* f ‖
montaje ~ ⟨Radio⟩ *Reflexschaltung* f
refle|xión *f Zurück|strahlung, -werfung (des*
Lichtes), Spiegelung, Reflexion f ‖ *Widerschein* m
‖ *Rückwirkung* f ‖ ⟨fig⟩ *Überlegung* f ‖ ⟨fig⟩
Nachdenken n, *Erwägung* f ‖ ⟨Mal Med⟩ *Reflex* m
‖ ~ *de la luz Lichtreflexion* f ‖ ~ *de ondas*
(Radio) Reflexion f *der Wellen* ‖ ◆ *tras madura* ~
nach reiflicher Überlegung ‖ ◇ *esto es digno de*
~ *das ist* od *wäre zu überlegen* ‖ *hacer*
reflexiones a alg. jdm zureden ‖ **–xionar** vt/i
überlegen, bedenken ‖ *erwägen* ‖ ◇ *tiempo para*
~ *Bedenkzeit* f ‖ ~ *sobre* od *en algo über et.*
(acc) *nachdenken* ‖ *–xionaba entre sí er (sie, es)*
dachte bei s. ‖ **–xivo** adj *nachdenkend,*
überlegend ‖ *nachdenklich* ‖ *bewusst* ‖ *überlegt* ‖
⟨Gr⟩ *rückbezüglich, reflexiv*
reflexógeno adj ⟨Med⟩ *reflexogen, durch*
Reflex entstanden
reflexo|logía *f* ⟨Med⟩ *Reflexologie* f ‖ **–terapia**
f Reflextherapie f

reflore|cer [-zc-] vi *wieder aufblühen* ‖
–cimiente *m Wiederaufblühen* n ‖ ⟨fig⟩ *neue*
Blütezeit f
reflotar vt *wieder flott machen*
refluir [-uy-] vi *zurück|fließen, -strömen* (& *fig*)
reflujo *m Rück|fluss, -strom* m ‖ ⟨Med⟩ *Reflux*
m ‖ ⟨Mar⟩ *Ebbe* f ‖ ~ *del dinero Rückfluss* m *des*
Geldes ‖ *flujo y* ~ *Ebbe und Flut* f, *Gezeiten* fpl
refocilar vt ⟨meist desp⟩ *belustigen* ‖
er|heitern, -götzen ‖ **–se** *s. amüsieren, s. ergötzen*
refores|tación *f (Wieder)Aufforstung* f (→
repoblación) ‖ **–tar** vt *(wieder) aufforsten*
refor|ma *f Umgestaltung, Verbesserung,*
Reform f ‖ *Umarbeitung* f ‖ ⟨Arch⟩ *Umbau* m ‖
⟨Rel⟩ *Reformation* f ‖ *reformierte Kirche* od
Konfession f ‖ ~ *agraria Agrar-, Boden|reform* f ‖
~ *educativa Bildungsreform* f ‖ *Schulreform* f ‖ ~
electoral Wahlreform f ‖ ~ *financiera*
Finanzreform f ‖ ~ *fiscal Steuerreform* f ‖ *la* ~
(*de* Lutero) *die Reformation* ‖ ~ *monetaria*
Währungsreform f ‖ ~ *de la ortografía*
Rechtschreibreform f ‖ ~ *rentística Rentenreform*
f ‖ ◇ *necesitar* od *precisar de* ~ *reformbedürftig*
sein ‖ **–mable** adj *(m/f) abzuändern(d)* ‖
reformierbar ‖ *erneuerungs- bzw*
verbesserungs|fähig ‖ **–mación** *f Verbesserung,*
Umgestaltung f ‖ *Umbau* m ‖ **–mado** adj
reformiert (Kirche) ‖ **–mador** *m Verbesserer* m ‖
Reformator, Kirchenverbesserer m ‖ *Reformer,*
Erneuerer m ‖ ⟨iron⟩ *Weltverbesserer* m ‖ **–mar**
vt *um|formen, -bilden, -gestalten* ‖ *reformieren* ‖
(ver)bessern ‖ *ausbessern, wiederherstellen, ab-,*
um|ändern ‖ ⟨Arch⟩ *umbauen* ‖ *auflösen (e–n*
Orden) ‖ *schmälern, vermindern* ‖ **~se** *s. bessern,*
sein Leben ändern ‖ ◇ ~ *en el vestir s. besser*
kleiden ‖ **–mativo** → **–matorio** adj *verbessernd* ‖
umgestaltend ‖ *neugestaltend* ‖ *reformatorisch* ‖
~ *m Besserungsanstalt* f ‖ **–mismo** *m*
Reformismus m, *Reformbewegung* f ‖
Reformfreudigkeit f ‖ **–mista** adj *(m/f) Reform-,*
reformistisch ‖ ~ *m/f Neuerer(in* f) m ‖
Reformer(in f), *Erneuerer(in* f) m
refor|zado adj *verstärkt* ‖ *zur Verstärkung*
ausgelegt (z. B. *mit Blech*) ‖ **–zador** *m* ⟨Fot⟩
Verstärker m ‖ **–zamiento** *m Verstärkung* f ‖
Versteifung f ‖ *Verstrebung* f ‖ *Befestigung* f ‖
–zar [-ue-, z/c] vt *verstärken* (& Fot) ‖ *versteifen*
‖ *verstreben* ‖ *befestigen* ‖ *(zur Verstärkung)*
auslegen (z. B. *mit Blech*) ‖ ⟨fig⟩ *er|mutigen,*
-muntern, bestärken, anspornen ‖ ⟨fig⟩ *betonen,*
unterstreichen ‖ **~se** *s. erholen* ‖ *Mut fassen*
refrac|ción *f* ⟨Phys⟩ *Refraktion,*
(Strahlen)Brechung f ‖ ~ *de la luz* ⟨Phys⟩
Lichtbrechung f ‖ ~ *del sonido* ⟨Ak⟩ *Brechung*
des Schalls, Schallbrechung f ‖ **–tar** vt ⟨Phys⟩
brechen ‖ **–tario** adj *widerspenstig, eigensinnig* ‖
abweisend, spröde ‖ ⟨Med⟩ *refraktär* ‖ ⟨Tech⟩
feuer|fest, -beständig ‖ *al fuego feuer|fest,*
-beständig ‖ **–tivo** adj ⟨Opt Phys⟩
strahlenbrechend ‖ **–tor** *m* ⟨Phys⟩ *Refraktor* m,
Linsenfernrohr n ‖ *(Flammen)Abweiser* m
refrán *m Sprichwort* n, *Spruch* m
refranero *m Sprichwörter|sammlung* f, *-buch* n
‖ ⟨fam⟩ → **refranista**
refrangible adj *(m/f)* ⟨Phys Opt⟩ *brech|bar,*
-fähig
refranista m/f *Zitierer(in* f) bzw *Erfinder(in* f)
m *von Sprichwörtern*
refre|gar [-ie-, g/gu] vt *(ab)reiben* ‖ ⟨figf⟩
vor|werfen, -halten ‖ ◇ ~ *por los hocicos* ⟨fig
pop⟩ *unter die Nase reiben* ‖ ~*se los ojos s. die*
Augen reiben ‖ **–gón** *m* ⟨fam⟩ *(Ab)Reiben* n,
Reibung f ‖ *(leichte) Berührung* f ‖ ⟨pop⟩ *Stoß,*
Schlag m ‖ ⟨pop⟩ *Wischer, derber Verweis* m ‖
⟨Mar⟩ *Bö(e)* f

refreír [irr → **freír**] vt *nochmals braten* ‖ *durchbraten* ‖ ⟨fig⟩ *(jdn) bis aufs Blut quälen*
refre|namiento *m Zügeln* n, *Bändigung, Bezähmung* f ‖ ⟨fig⟩ *Selbstbeherrschung* f ‖ **–nar** vt *zügeln, im Zaum halten* (& fig) ‖ **~se** *s. im Zaum halten, s. zügeln, s. zurückhalten*
refren|dar vt *gegenzeichnen, beglaubigen (Pass)* ‖ **–dario** *m Gegenzeichner* m ‖ **–do** *m Gegenzeichnung, Kontrasignatur* f ‖ el ~ *popular die Zustimmung des Volkes* (→ **referéndum**)
refres|cante adj *(m/f) erfrischend* ‖ *auffrischend* ‖ **–car** [c/qu] vt *erfrischen, (ab)kühlen* ‖ *auffrischen* (& fig) ‖ ⟨fig⟩ *erneuern* ‖ ◇ ~ la memoria *das Gedächtnis auffrischen* ‖ ~ con hielo *in Eis abkühlen* ‖ ~ vi *kühl werden, abkühlen (Luft)* ‖ *s. erfrischen* ‖ ⟨fig⟩ *wieder zu s. kommen* ‖ ◇ ha refrescado el tiempo *es ist kühler geworden* ‖ **~se** *s. erfrischen, s. abkühlen* ‖ Col *das Vesperbrot nehmen* ‖ **–cavinos** *m Weinkühler*
¹refresco *m Erfrischung* f, *kühlendes, erfrischendes Getränk* n ‖ *Imbiss, Snack* m ‖ **~s** gaseosos *Erfrischungsgetränke* npl *mit Kohlensäure* ‖ ◇ de ~ *als Erfrischung, Erfrischungs-*
²refresco *m* ⟨fam⟩ *Ergänzung, Zugabe* f ‖ *Auffrischung* f ‖ ◆ de ~ *als Ergänzung, als Zugabe* ‖ *neu hinzutretend* ‖ *Verstärkungs-, Ablösungs-, Ersatz-*
refresquería *f Am Erfrischungsstand* m
refriega *f* ⟨Mil⟩ *Treffen* n, *Kampf* m, *Plänkelei* f ‖ ⟨fam⟩ *Zank, Streit, Hader* m ‖ ~ callejera *Straßenschlacht* f
refrige|ración *f (Ab)Kühlung* f ‖ *Imbiss* m ‖ ~ (por circulación) de agua *Wasser(umlauf)kühlung* f ‖ ~ por aire *Luftkühlung* f ‖ **–rado** adj ⟨Tech⟩ *gekühlt* ‖ **–rador** *m Kühlvorrichtung* f ‖ *Kühler* m ‖ *Kühlschrank* m ‖ *Kälte-, Kühl|anlage* f ‖ ~ por absorción *Absorptionskühler* m ‖ ~ por compresión *Kompressionskühler* m ‖ **–rante** adj *(m/f) kühlend, Kühl-* ‖ ~ *m Kühlmittel* n ‖ **–rar** vt *(ab)kühlen, erfrischen* ‖ ⟨fig⟩ *erquicken* ‖ **~se** *(s.) abkühlen (Luft)* ‖ **–rio** *m Abkühlung, Erfrischung* f ‖ ⟨fig⟩ *Linderung* f ‖ ⟨fig⟩ *Imbiss* m
refrin|gencia *f* ⟨Opt⟩ *Lichtbrechung* f ‖ *Lichtbrechen* n ‖ *(Licht)Brechungsvermögen* n ‖ **–gente** adj *(m/f) licht-, strahlen|brechend* ‖ **–girse** [g/j] vr *s. brechen (Lichtstrahlen)* ‖ → auch **refractar**
¹refrito pp/irr von **refreír** ‖ ◇ eso me tiene ~ ⟨pop⟩ *das plagt mich sehr* ‖ *das macht mich wütend*
²refrito *m* ⟨meist desp⟩ *neubearbeitetes Werk* n *(Dichtkunst od Theater)* ‖ *modernisiertes Theaterstück* n ‖ ⟨desp⟩ *Abklatsch* m ‖ ◇ eso son ~s ⟨fam⟩ *das ist schon sehr alt,* ⟨fam⟩ *das sind olle Kamellen*
refuci|lar vi Am *wetterleuchten* ‖ *blitzen* ‖ Am → **refocilar** ‖ **–lo** *m Blitz* m
refuerzo *m Verstärkung* f ‖ *Versteifung* f ‖ *Verstrebung* f ‖ *Ausbesserung* f ‖ *Unterstützung* f ‖ ⟨Fot⟩ *Verstärkung* f ‖ ⟨Mil⟩ *Nachschub* m (& fig) ‖ ⟨Mil⟩ *Verstärkung* f ‖ ◆ con ~ de chapa mit *Blech ausgelegt* ‖ con ~s de hierro *bereift (Kiste)*
refu|giado *m/adj Flüchtling* m ‖ ⟨Pol⟩ *(auch:) Emigrant* m ‖ ~ económico *Wirtschaftsflüchtling* m ‖ **–giar** vt *aufnehmen, Zuflucht gewähren* ‖ **~se** *fliehen, flüchten* ‖ *s. flüchten, Zuflucht suchen* ‖ *s. in Sicherheit bringen* ‖ ⟨fig⟩ *Zuflucht nehmen* ‖ *s. unterstellen* ‖ **–gio** *m Zuflucht* f, *Zufluchtsort* m ‖ *Schirm, Schutz* m ‖ *Zufluchtsstätte* f ‖ *Asyl* n, *Freistatt* f ‖ ⟨StV⟩ *Verkehrsinsel* f ‖ ⟨Sp⟩ *(Touristen)Hütte* f ‖ ⟨fig⟩ *Rettungsanker* m ‖ ~ antiaéreo *Luftschutz|bunker, -raum* m ‖ ~ atómico *Atombunker* m ‖ ◆ de ~ *Not-, Schutz-*
reful|gencia *f Glanz* m ‖ **–gente** adj *(m/f)*

glänzend, schimmernd ‖ **–gir** [g/j] vi *glänzen, strahlen, schimmern*
refun|dición *f* ⟨Met⟩ *Um-, Nach|guss* m ‖ *Um-, Ein|schmelzen* n ‖ *Umgießen* n ‖ ⟨Lit Th⟩ *Neu-, Um-, Be|arbeitung* f *(e–s Buches)* ‖ *Umarbeitung* f *(Vortrag, Aufsatz)* ‖ **–didor** *m* ⟨fig⟩ *Bearbeiter* m ‖ **–dir** vt *umschmelzen, um-, nach|gießen* ‖ ⟨fig⟩ *neu bearbeiten* ‖ ⟨fig⟩ *umarbeiten* ‖ **~se** Guat *s. verirren* ‖ Am *abhanden kommen*
refunfu|ñar vi *(in den Bart) brummen, murren* ‖ **–ñón** *m Griesgram, Brummbär* m
refu|table adj *(m/f) widerlegbar* ‖ **–tación** *f Widerlegung* f ‖ **–tar** vt *widerlegen, bestreiten*
reg *m* ⟨Geogr⟩ *Reg* f
rega|dera *f Gießkanne* f ‖ *Brause* f, *Sprengkopf* m ‖ *Sprengwagen* m ‖ ⟨Med⟩ *Zerstäuber* m ‖ ⟨Agr⟩ *Gerinne* n ‖ *Bewässerungs-, Berieselungs|graben* m ‖ ◇ estar (como una) ~ ⟨figf⟩ *total verrückt sein* ‖ ser una ~ ⟨pop⟩ *sehr vergesslich sein* ‖ **–dío** adj/s *bewässerbar (Erdreich)* ‖ *bewässert (Boden)* ‖ ~ m *Bewässerung(sgelände* n*)* f ‖ *Bewässerungsgebiet* n ‖ **–dizo** adj *bewässerbar* ‖ **–jal, –jo** *m Pfütze* f ‖ *(angeschwollener) Bach* m
regala *f* ⟨Mar⟩ *Schandeckel* m ‖ *Dollbord* m
regalada *f königlicher Marstall* m ‖ *Pferde* npl *aus dem königlichen Marstall*
rega|lado adj *geschenkt* ‖ *herrlich, köstlich* ‖ *lieblich, anmutig* ‖ *ver|wöhnt, -zärtelt* ‖ *sorglos, flott (Leben)* ‖ *äußerst billig, weit unter Preis* ‖ **–lar** vt *schenken, geben* ‖ *be|schenken, -wirten* ‖ *pflegen* ‖ *liebkosen* ‖ *ergötzen, belustigen* ‖ ◇ ~ los oídos, ~ el oído *jdm schmeicheln, jdm nach dem Mund reden* ‖ **~se** *s. gütlich tun, genießen, sich's wohl sein lassen* ‖ ◇ ~ en dulces recuerdos *s. süßen Erinnerungen hingeben* ‖ **–lejo** *m dim von* **regalo**
¹regalía *f Regal, königliches Vorrecht* n ‖ *Privileg* n ‖ ⟨fig⟩ *Gehaltszulage* f *(einiger Beamter)* ‖ ⟨fig⟩ *Nebeneinnahmen* fpl
²regalía *f Arg Muff* m
regalillo *m dim von* **regalo** ‖ *Muff* m
regalito *m dim von* **regalo** ‖ valiente ~ *e–e schöne Bescherung* f
regaliz *f [pl* **–ces***]* ⟨Bot⟩ *Süßholz* n *(Glycyrrhiza glabra)* ‖ *Süßholzstrauch* m ‖ *Lakritze* f
regaliza *f* → **regaliz** ‖ Cu → **¹peonía**
rega|lo *m Geschenk, Präsent* n ‖ *Leckerbissen* m ‖ *Schmaus* m ‖ *Üppigkeit* f, *Wohlleben* n ‖ *Belustigung* f, *Vergnügen* n ‖ *Behaglichkeit* f ‖ *Wartung, Pflege* f ‖ ⟨Typ⟩ *Freiexemplar* n *(Buch)* ‖ ~ para bautismo *Taufgeschenk* n ‖ ~ de boda *Hochzeitsgeschenk* n ‖ ~ de cumpleaños *Geburtstagsgeschenk* n ‖ ~ de Navidad *Weihnachtsgeschenk* n ‖ ~ nupcial → ~ de boda ‖ ~ de tornaboda *Morgengabe* f ‖ ◇ enviar de ~ *zum Geschenk schicken* ‖ duerme que es un ~ *er (sie, es) schläft, dass es e–e Freude ist* ‖ el género está a precio de ~ *die Ware ist halb geschenkt* ‖ le hago ~ de ello *ich schenke es Ihnen* ‖ ser un ~ para el oído *ein Ohrenschmaus sein* ‖ vivir con ~ *ein flottes Leben führen*
rega|lón adj/s ⟨fam⟩ *verzärtelt, weichlich* ‖ *verwöhnt* ‖ **–lonear** vt *(ein Kind) verwöhnen*
regante *m Span Wässerungsberechtigte(r)* m
regañadientes: a ~ *zähneknirschend, wider|willig, -strebend, gezwungen*
regañado adj *aufgesprungen (Obst, Brot)* ‖ ⟨fam⟩ *verzogen, krumm (Mund)* ‖ *knurrend* ‖ ⟨fam⟩ *nicht ganz schließend (Auge)*
regañamañanas *m Morgenmuffel* m
rega|ñar vt ⟨fam⟩ *aus|schelten, -zanken* ‖ ◆ a regaña dientes → **regañadientes** ‖ ~ vi *die Zähne fletschen* ‖ *knurren* ‖ ⟨figf⟩ *murren, brummen* ‖

⟨fam⟩ *zanken, schelten* ‖ *aufspringen (Pflaumen, Kastanien)* ‖ *s. zerstreiten* ‖ **–ñina** *f Verweis* m, *Schelte* f
regañir [pret ~ñó] vi *stark heulen, bellen*
rega|ño *m mürrische Miene* f ‖ ⟨fam⟩ *Verweis* m, *Schelte* f ‖ ~**s** *mpl* ⟨fam⟩ *Geschimpfe* n ‖ **–ñón** m/adj ⟨fam⟩ *Griesgram, Brummbär* m
¹**regar** [-ie-, g/gu] vt *(be)netzen* ‖ *an-, be|feuchten* ‖ *(be)wässern, berieseln (Felder)* ‖ *be|sprengen, -gießen (Straßen)* ‖ *(Wäsche) einsprengen* ‖ *durchfließen (Fluss ein Land)* ‖ ⟨fig⟩ *bestreuen* ‖ ⟨fig⟩ *begießen, zum Essen trinken* ‖ ⟨pop⟩ *bitter beweinen*
△ ²**regar** [-ie-, g/gu] vt *waschen*
¹**regata** *f Regatta, Bootswettfahrt* f ‖ ~ de remos *Ruder|regatta, -wettfahrt* f ‖ ~ a vela *Segelregatta, -wettfahrt* f
²**regata** *f (kleiner) Bewässerungsgraben* m
regate *m rasche Seitenbewegung* f *(, um e–m Schlag auszuweichen)* ‖ ⟨Jgd⟩ *Haken* m ‖ ⟨fig⟩ *Ausflucht* f ‖ ◇ dar un ~ a alg. *jdm ausweichen*
regateador *m Feilscher* m
¹**regate|ar** vt/i *(ab)feilschen, (ab)handeln* ‖ *Ausweichbewegungen machen, den Körper seitlich bewegen* ‖ ⟨Sp⟩ *dribbeln* ‖ ◇ ~ (sobre) el precio *um den Preis handeln, feilschen* ‖ ~ las palabras ⟨fig⟩ *einsilbig, wortkarg sein* ‖ lograr *od* conseguir –ando *abhandeln*
²**regatear** vi *an e–r Regatta teilnehmen*
regateo *m Feilschen* n ‖ *Ausweichbewegung* f ‖ ⟨Sp⟩ *Dribbeln* n
regatista *m/f Teilnehmer(in* f) m *an e–r Regatta*
regato *m Rinnsal* n ‖ *tiefe Stelle* f *in e–m Bach* ‖ *(angeschwollener) Bach* m ‖ *Sturzbach* m ‖ dim: ~**uelo** *m*
¹**regatón** *m/adj Kleinhändler, Krämer* m
²**regatón** *m (Stock-, Lanzen)Zwinge* f ‖ *Ortband* n *(des Seitengewehrs)*
rega|zar [z/c] vt *auf|schürzen, -nehmen (Kleid)* ‖ **–zo** *m Schoß* m ‖ ⟨fig⟩ *Schutz* m ‖ ◆ en el ~ de la Iglesia *im Schoß der Kirche* ‖ ◇ tener un niño en el ~ *ein Kind auf dem Schoß haben*
regencia *f Regentschaft* f ‖ *Verwaltung, Leitung* f
regene|ración *f Wiedergeburt* f ‖ *Erneuerung* f ‖ *Auffrischung* f ‖ *Wiederherstellung* f ‖ *Erholung* f *(des Akkumulators)* ‖ ⟨Biol⟩ *Regeneration* f, *Ersatz* m *verlorengegangener Organe* ‖ ⟨Phys⟩ *Regeneration* f ‖ ⟨Tech⟩ *Regenerierung* f ‖ **–rador** *m regenerierender Faktor* m, *regenerierendes Mittel* n ‖ ⟨Tech⟩ *Regenerator* m ‖ ~ del cabello *Haarwuchsmittel* n ‖ **–rar** vt *wiederherstellen* ‖ ⟨fig⟩ *umformen* ‖ *erneuern, verjüngen* ‖ *regenerieren* ‖ ~**se** ⟨Med⟩ *nachwachsen* ‖ *s. erneuern* ‖ *regeneriert werden* ‖ **–rativo** adj *wiederherstellend* ‖ *verjüngend* ‖ *regenerativ*
regenta *f Regentin* f *(e–r Klosterschule)*
regen|tar vt *verwalten, leiten* ‖ *vorstehen (e–r Anstalt)* ‖ ~ vi ⟨fam⟩ *herumkommandieren, das (große) Wort führen* ‖ **–te** *m Regent, Reichsverweser* m ‖ *Studienrektor* m *(in e–m Kloster)* ‖ *Regens* m *(e–s Priesterseminars)* ‖ ~ (de imprenta) ⟨Typ⟩ *Faktor, Abteilungsleiter* m
regiamente adv *königlich* ‖ ⟨fig⟩ *fürstlich, großartig*
regi|cida *m/f Königsmörder(in* f) m ‖ **–cidio** *m Königsmord* m
regi|do adj: bien ~ *ordnungsliebend* ‖ **–dor** *m* Span ⟨Hist⟩ *Stadtrat, Ratsherr* m ‖ *Verwalter* m ‖ ⟨Hist⟩ *Vogt* m ‖ *Verwalter* m ‖ ⟨Th⟩ *Inspizient* m ‖ **–doría** f → **regiduría** ‖ **–duría** f *Stadtverordnetenamt* n
¹**régimen** *m [pl* **regímenes**] *Regime* n ‖ *Staats- bzw Regierungs-* bzw *Verwaltungsform* f ‖

Ordnung, Regelung f ‖ ⟨desp⟩ *Herrschaft* f, *System* n ‖ *Verhältnisse* npl ‖ *Stand* m ‖ *Zustand* m ‖ ~ autoritario *autoritäre Staatsform* f, *autoritäres Regime* n ‖ ~ de cárcel abierta *offener Strafvollzug* m ‖ ~ de caudillaje *Führerregime* n ‖ ⟨fam⟩ *Bonzentum* n ‖ ~ de compensación de ganancias *Zugewinngemeinschaft* f ‖ ~ de divisas *Devisenrecht* n ‖ ~ eclesiástico *Kirchenregiment* n ‖ ~ empresarial *Betriebs|ordnung, -verfassung* f ‖ ~ escolar *Schul|wesen, -system* n ‖ ~ feudal ⟨Hist⟩ *Feudalsystem, Lehnswesen* n ‖ ~ fiscal *Steuerwesen* n ‖ *Steuerordnung* f ‖ ~ de importación *Einfuhrregelung* f ‖ ~ de imposición *Besteuerungssystem* n ‖ ~ de intervención de divisas *Devisenbewirtschaftung* f ‖ ~ legal *gesetzliche Regelung* f ‖ ~ legal de bienes *gesetzlicher Güterstand* m ‖ ~ penitenciario *Strafvollzugssystem* n ‖ ~ policíaco *Polizeiregime* n ‖ *Polizeistaat* m ‖ ~ presidencial *Präsidialsystem* n ‖ ~ de separación de bienes *Gütertrennung* f
²**régimen** *m [pl* **regímenes**] ⟨Med⟩ *Diät* f ‖ *Lebensweise* f ‖ ~ de adelgazamiento *Abmagerungskur* f ‖ ~ alimenticio *Diät* f ‖ ~ crudo *Rohkost* f ‖ ~ desclorurado *salzlose Diät* f ‖ ~ de fruta *Obstkur* f ‖ ~ lácteo *Milchdiät* f ‖ ~ seco *trockene Diät* f ‖ ~ vegetal *Pflanzenkost, pflanzliche Ernährung* bzw *Diät* f ‖ ~ vegetariano *vegetarische Kost* f ‖ *vegetarische Lebensweise* f ‖ ◇ guardar ~ *Diät halten* ‖ poner a ~ a alg. *jdm Diät verschreiben*
³**régimen** *m [pl* **regímenes**] ⟨Tech⟩ *Funktions-, Betriebs|weise* f ‖ *Betriebsdaten* npl ‖ *Drehzahl* f
⁴**régimen** *m [pl* **regímenes**] ⟨Gr⟩ *Rektion* f ‖ *verlangte Präposition* f ‖ *verlangter Kasus* m ‖ el ~ del verbo "aspirar" es la preposición "a" *das Verb aspirar verbindet s. mit der Präposition a*
regi|mentar vt *beherrschen, regieren* ‖ *in ein Regiment eingliedern* ‖ **–miento** *m Ober|befehl* m, *-leitung* f ‖ ⟨Mil⟩ *Regiment* n ‖ *Stadtverordnete* mpl
Regina f np *Regina* f
Reginaldo m np *Reinhold* m
regio adj *königlich* ‖ ⟨fig⟩ *prächtig, großartig*
regiolecto m ⟨Ling⟩ *Regiolekt* m
regiomontano adj **a)** *aus Monterrey (Mexiko)* ‖ *auf Monterrey bezüglich* ‖ **b)** *aus Königsberg* ‖ *auf Königsberg bezüglich*
región *f Land* n, *Landschaft* f ‖ *Gegend* f, *Gelände* n ‖ *Himmels-, Welt|gegend* f ‖ *Erd-, Land|strich* m ‖ ⟨An⟩ *Gegend* f *(des Körpers)* ‖ ⟨Astr⟩ *Gegend, Region* f ‖ Span ⟨Geogr⟩ *Region* f ‖ ~ car|diaca, -díaca ⟨An⟩ *Herzgegend* f ‖ ~ escapular ⟨An⟩ *Schultergegend* f ‖ ~ frontal ⟨An⟩ *Stirngegend* f ‖ ~ fronteriza *Grenzgebiet* n ‖ ~ gluteal ⟨An⟩ *Gesäßgegend* f ‖ ~ ileocecal ⟨An⟩ *Blinddarmgegend* f ‖ ~ lumbar ⟨An⟩ *Lendengegend* f ‖ ~ militar ⟨Span Mil⟩ *Wehr|kreis, -bereich* m ‖ ~ neártica ⟨Geogr⟩ *nearktische Region, Nearktis* f ‖ ~ neotrópica ⟨Geogr⟩ *neotropische Region, Neotropis* f ‖ ~ paleártica ⟨Geogr⟩ *paläarktische Region, Paläarktis* f *(Tiergeographie)* ‖ ~ petrolífera *erdölreiche Gegend* f ‖ ~ pubiana, pudenda ⟨An⟩ *Schamgegend* f
regio|nal adj *(m/f) regional* ‖ *landschaftlich, Landes-* ‖ *landsmannschaftlich* ‖ *Volks-* (z. B. *Tracht od Tanz)* ‖ ⟨Med⟩ *regionär* ‖ **–nalismo** *m Regionalismus* m, *Sonderbestrebungen* fpl ‖ ⟨Lit⟩ *Beschreibung* f *des Provinzlebens* ‖ *Heimat|dichtung, -kunst* f ‖ **–nalista** *m/f Regionalist(in* f) m ‖ ⟨Lit⟩ *Heimatschriftsteller(in* f) m
regir [-i-, g/j] vt *regieren, beherrschen* ‖ *befehligen* ‖ *leiten, führen* ‖ *regeln* ‖ *verwalten* ‖

⟨Gr⟩ *s. verbinden (mit), regieren* ‖ ◇ ~ *bien bei Verstand sein, s–e Sinne beisammen haben* ‖ ... rige el dativo ⟨Gr⟩ ... *regiert den Dativ* ‖ ~ un complemento directo *den Akkusativ regieren (Verb)* ‖ ~ vi *gelten, herrschen, in Geltung sein* ‖ ◇ en el año que rige *im laufenden Jahr* ‖ ~se por ... *s. richten nach ...*
   regiro m ⟨Com⟩ *Rückwechsel* m ‖ giro(s) y ~(s) *Wechselreiterei* f
   registrado adj *eingetragen* (z.B. *Verein*)
   regis|trador adj *Registrier-* ‖ ~ m *Registrator, Registerbeamte(r)* m ‖ *Zollaufseher* m ‖ *Schreiber* m, *Registriergerät* n ‖ ~ de cartas (*od* correspondencia) *Briefordner* m ‖ **–trar** vt *untersuchen, registrieren* ‖ in ein *Register eintragen, registrieren* ‖ *auf-, ver|zeichnen* ‖ *aufnehmen, e–e Aufnahme machen* (algo) *von et.* ‖ *genau besichtigen, durchsuchen* ‖ (jdm) die *Taschen durchsuchen* ‖ *bezeichnen, vermerken* ‖ ◇ ~ el equipaje *das Gepäck untersuchen* ‖ ~ una marca de fábrica *e–e Fabrikmarke anmelden* ‖ ~ mercancías *Güter einschreiben* ‖ hacer ~ una razón social *e–e Firma eintragen lassen* ‖ ~se *s. anmelden* ‖ *s. (in ein Verzeichnis) einschreiben lassen* ‖ (fig) *zu verzeichnen sein, da sein, existieren bzw geschehen* ‖ ◇ un caso semejante no se ha registrado nunca *ein solcher Fall ist noch nie da gewesen*
   ¹registro m *Register* n, *-urkunde* f ‖ *amtliche Matrikel* (Öst *Matrik*) f ‖ *Protokoll* n ‖ *Registratur* f ‖ *Eintragung* f ‖ ⟨Radio TV⟩ *Auf|nahme, -zeichnung* f ‖ *Aufnahmegerät* n ‖ ⟨EB⟩ *Einschreiben* n (*des Gepäcks*) ‖ ⟨Mar⟩ *Manifest* n ‖ ⟨Mar⟩ *Schiffsregister* n ‖ *Zollregister* n ‖ *(Inhalts)Verzeichnis* n, *Index* m ‖ *Lesezeichen* n ‖ ⟨Mus⟩ *Stimmlage* f ‖ ⟨Sch⟩ *Versäumnisliste* f ‖ ~ de asistencia *Anwesenheitsliste* f ‖ ~ de asociaciones *Vereinsregister* n ‖ ~ bautismal *Taufregister* n ‖ ~ de buques *Schiffsregister* n ‖ ~ en cinta magnetofónica *Magnetbandaufnahme* f ‖ ~ civil *Standesamt* n ‖ *Personenstandsregister* n, *Matrik(el)* f ‖ ~ comercial, ~ de comercio → ~ mercantil ‖ ~ domiciliario *Haus(durch)suchung* f ‖ ~ de entradas y salidas *Warenein- und -aus|gangsbuch* n ‖ ~ de equipajes *Zollrevision* f ‖ *Gepäckkontrolle* f ‖ ~ mercantil → *Handelsregister* n ‖ ~ de nacimientos *Geburtenregister* n ‖ ~ parroquial *Kirchenbuch* n ‖ ~ de patentes *Patentregister* n ‖ ~ de pecados *Sündenregister* n ‖ ~ de la propiedad *Grundbuch* n ‖ ~ de la propiedad industrial *Patentregister* n ‖ ~ de viajeros *Zollrevision* f ‖ *Fremdenbuch* n (*Hotel*) ‖ 20000 toneladas de ~ bruto ⟨Mar⟩ *20000 Registertonnen* ‖ ◆ de ~ *zollpflichtig* ‖ ◇ echar todos los ~s (fig) *alle Hebel in Bewegung setzen* ‖ ¿dónde se hace el ~? *wo findet die Gepäckkontrolle statt?* ‖ inscrito en el ~ de comercio (*im Handelsregister*) *eingetragen* (*Firma*) ‖ tocar todos los ~s → echar todos los ~s
   ²registro m ⟨Typ⟩ *Vorder- und Rückseiten|register* n ‖ *Farb|passer* m, *-register* n
   ³registro m ⟨Tech⟩ *Schieber* m, *Klappe* f ‖ ⟨Tech⟩ *Schauloch* n ‖ ⟨Tech⟩ *Stellhebel* m ‖ ⟨Mus⟩ *(Orgel)Register* n ‖ ⟨Mus⟩ *Stimmlage* f ‖ Arg ⟨Text⟩ *Tuch-, Stoff|lager* n
   △ **⁴registro** m *Kneipe* f
   régium exequátur → exequátur
   ¹regla f *Regel* f ‖ *natürliche Ordnung* f ‖ *Grundsatz* m ‖ *Norm* f ‖ *Prinzip* n ‖ *Richtschnur* f ‖ *Lebensregel* f ‖ *Ordensregel* f ‖ *Mäßigung, Beherrschung* f ‖ ⟨Arch⟩ → **reglón** ‖ *Vorbild, Muster* n ‖ *Periode, Regel, Menstruation* f ‖ ~ de compañía ⟨Math⟩ *Gesellschaftsregel* f ‖ ~ conjunta *Kettenregel* f ‖ ~ empírica *Faustregel* f ‖ ~ de falsa posición *Regula* f *falsi* ‖ ~ general

Allgemeinregel f ‖ ~ monacal *Klosterregel* f ‖ ~ práctica → ~ empírica ‖ ~ de oro, ~ de proporción, ~ de tres ⟨Math⟩ *Regeldetri, Dreisatz|rechnung* f ‖ ~ de tres dedos ⟨El⟩ *Dreifingerregel* f ‖ ~s de trato social *gesellschaftliche Verhaltens|regeln* od *-normen* fpl ‖ ~ de la vida *Lebens|regel, -norm* f ‖ ◆ a ~ ⟨fig⟩ *vernunftgemäß* ‖ conforme a la ~ *regelrecht, der Regel gemäß* ‖ contrario a la(s) ~(s) *regelwidrig* ‖ de ~ *richtig, im richtigen Maß* ‖ in *Ordnung* ‖ de conformidad con la ~ → conforme a la ~ ‖ en (toda) ~ *regelrecht* ‖ por ~ *als Regel* ‖ por ~ general *gewöhnlich, im Allgemeinen* ‖ vorwiegend ‖ según la ~ *regelrecht* ‖ sin ~ *regellos* ‖ ◇ contravenir una ~ *gegen e–e Regel verstoßen* ‖ es una excepción de la ~ *es ist e–e Ausnahme von der Regel* ‖ estar en ~ con alg. *mit jdm einverstanden sein* ‖ seguir con una ~ *e–e Regel befolgen* ‖ tomar por ~ *zum Maßstab nehmen* ‖ no hay ~ sin excepción *k–e Regel ohne Ausnahme* ‖ la excepción confirma la ~ *Ausnahmen bestätigen die Regel* ‖ ~s fpl *Periode, Regel, Menstruation* f ‖ las cuatro ~ ⟨Math⟩ *die vier Grundrechnungsarten* fpl ‖ contra todas las ~ (del arte) *gegen alle Regeln (der Kunst)*
   △ **²regla** f ⟨Th⟩ *Souffleur* m
   reglaje m *Regelung* f ‖ *Einstellung* f ‖ ~ automático *Selbstregelung* f ‖ ~ del tiro ⟨Mil⟩ *Einschießen* n
   reglamen|tación f *Regelung* f ‖ *Ordnung* f ‖ **–tar** vt (*gesetzlich*) *regeln* ‖ in *Ordnung bringen* ‖ *durch Verordnung* (bzw *Vorschriften*) *bestimmen* ‖ **–tario** adj *vorschriftsmäßig* ‖ *ordnungsgemäß* ‖ *vorgeschrieben* ‖ **–to** m *Statut* n, *Ver|fügung, -ordnung* f ‖ *Dienstanweisung* f ‖ ⟨Mil⟩ *Dienstreglement* n ‖ ~ de aduanas *Zollordnung* f ‖ ~ de la bolsa *Börsenordnung* f ‖ ~ de (la) circulación *(Straßen)Verkehrsordnung* f ‖ ~ de edificación *Bauordnung* f ‖ ~ de los plazos de aborto ⟨Jur⟩ *Fristenregelung* f ‖ ~ procesal *Prozessordnung* f ‖ ~ de régimen interior *Geschäftsordnung* f ‖ ~ de servicio *Dienstvorschriften* fpl ‖ ~ suplementario *Zusatzbestimmung* f ‖ ~ de trabajo *Arbeitsordnung* f ‖ ◆ según el ~ *satzungsgemäß* ‖ ◇ estar sujeto a un ~ *e–r Verordnung unterliegen*
   ¹reglar adj ⟨Rel⟩ *Ordens-*
   ²reglar vt *lini(i)eren* ‖ *regeln, ordnen* ‖ *normen* ‖ *bestimmen, festsetzen* ‖ **–se** *s. richten* (por *nach*)
   reglazo m *Schlag* m *mit dem Lineal*
   regle|ta f ⟨Typ⟩ *Reglette* f (*Blindmaterial*) ‖ ⟨El TV Tel⟩ *Schiene, Leiste* f ‖ *Zunge* f (*des Rechenschiebers*) ‖ ~s fpl ⟨Typ⟩ *Durchschuss* m ‖ ◇ poner ~ ⟨Typ⟩ *Zeilen ausbringen* ‖ **–tear** vt ⟨Typ⟩ *durchschießen*
   reglón m augm von **¹regla** ‖ *großes Lineal* n ‖ ⟨Arch⟩ *Richtscheit* n, *Abgleich-, Zieh|latte* f ‖ ⟨Tech⟩ *Wange* f
   regnícola adj (m/f) *aus e–m Königreich stammend* ‖ ~ m/f *landeskundliche(r) Schriftsteller(in* f) m
   regoci|jado adj *erfreut* ‖ *fröhlich, vergnügt, heiter* ‖ adv: **~amente** ‖ **–jar** vt *erfreuen* ‖ *belustigen, ergötzen* ‖ *Freude bzw Spaß machen* ‖ **~se** *s. ergötzen* ‖ *Freude bzw Spaß haben* (con *an* dat) ‖ **–jo** m *Freude, Lust* f, *Vergnügen* n ‖ *Jubel* m ‖ *Lustbarkeit* f ‖ ◆ lleno de ~ *von Freude erfüllt* ‖ ◇ esperar con ~ *s. freuen auf* (acc)
   rego|dearse vr ⟨fam⟩ *Vergnügen finden, s. ergötzen* (con *an* dat), *sich’s wohl sein lassen* ‖ *s. gütlich tun* (con *an* dat) ‖ **–deo** m *Frohsinn* m, *Vergnügen, inneres Behagen* n ‖ *Lustbarkeit* f ‖ *Schäkerei* f ‖ ◆ con ~ *mit Schadenfreude*
   regoldar [-üe] vi ⟨pop⟩ *rülpsen*

regoldo m ⟨Bot⟩ *Rosskastanie* f (Aesculus hippocastanum) ‖ → **castaño**
regoldón m/adj *Rülpser* m
regol|far vi *zurückfließen (Strom)* ‖ *abgelenkt werden (Wind durch Hindernis)* ‖ **~se** s. *stauen (Strom, Gewässer)* ‖ **–fo** m ⟨Mar⟩ *(kleine) Meeresbucht* f ‖ ⟨allg⟩ *Stauung* f *(der Gewässer)*
regomeyo m And Murc *Unbehagen* n ‖ *Missstimmung* f ‖ *Kummer* m
regonzar [-üe-, z/c] vt/i ⟨reg⟩ *brummen, murren*
regordete, **~ta** adj/s ⟨fam⟩ *rundlich, klein und untersetzt*
regosto m *Begierde* f ‖ *Genuss* m
regre|sar vt Mex *zurück|geben, -schicken* ‖ Mex *zurückstellen (e–n Gegenstand an s–n Ort)* ‖ **~** vi *zurückkehren* ‖ ⟨Jur⟩ *(Recht, Pfründe usw.) wiedererlangen (kanonisches Recht)* ‖ **–sión** f *Rück|gang* m, *-kehr* f ‖ ⟨Biol Med Wiss Geol⟩ *Regression* f ‖ *Rückbildung* f *(& Ling)* ‖ **–sismo** m ⟨Pol⟩ *rückwärts gewandte Politik* f ‖ **–sista** adj *(m/f) rückwärts gewandt* ‖ *ewiggestrig* ‖ **–sivo** adj *regressiv* ‖ *rückläufig* ‖ *zurückbildend* ‖ *Rück-* ‖ *Rückbildungs-* ‖ **–so** m *Rück|kehr, -reise* f ‖ ⟨Jur⟩ *Rückanspruch, Regress* m ‖ **~** a su *(od* la*) casa Heimkehr* f ‖ ◇ *avisar el ~* s. *zurückmelden* ‖ *estar de ~ zurück(gekommen) sein*
regruñón m/adj ⟨pop⟩ *Brummbär* m
regüeldo m ⟨pop⟩ *Rülps* m, *Aufstoßen* n ‖ ⟨figf⟩ *Großtuerei* f
regüelto adj ⟨pop⟩ → **revuelto**
reguera f *Bewässerungsgraben* m ‖ **~** *de chimenea* ⟨Arch⟩ *Zementmörtelrand* m
reguerete m PR ⟨pop⟩ *Durcheinander* n, *Wirrwarr* m
reguero m *Rinne* f ‖ *Rinnsal* n ‖ *Spur* f *(von vergossenen Flüssigkeiten usw.)* ‖ **~ reguera** los **~s** *de la sangre* ⟨fig⟩ *das vergossene Blut* ‖ ◇ *extenderse od correr como un ~ de pólvora* ⟨fig⟩ *wie ein Lauffeuer um* s. *greifen*
regu|lable adj *(m/f) regulierbar* ‖ *regelbar* ‖ *(ein)stellbar* ‖ **–lación** f *Regelung, Regulierung* f ‖ *Einstellung* f ‖ *Ordnung* f ‖ **~** *del cambio Kursregulierung* f ‖ **~** *de la natalidad Geburtenregelung* f ‖ **~** *de los salarios, **~** salarial Lohnregelung* f ‖ **~** *del tráfico Verkehrsregelung* f ‖ ◆ *con (od de) **~** automática selbstregulierend* ‖ **–lado** adj *geregelt, vorschriftsmäßig* ‖ *gesteuert* ‖ *richtig* ‖ *no **~** ungeordnet* ‖ **–lador** adj *regelnd, regulierend* ‖ **~** m *Ordner* m ‖ ⟨Tech⟩ *Regler, Regulator* m ‖ *Richt-, Regler|uhr* f ‖ ⟨Mus⟩ *dynamisches Zeichen* n ‖ **~** *de aire Luftklappe* f *(Motor)* ‖ **~** *de amplificación Verstärkungsregler* m ‖ **~** *de bolas Fliehkraftregler* m ‖ **~** *de los espacios Zeilensteller* m *(Schreibmaschine)* ‖ **~** *de (la) velocidad Geschwindigkeitsregler* m ‖ *Drehzahlregler* m
¹regular adj *(m/f) regelmäßig* ‖ *regelrecht* ‖ *ordnungsgemäß* ‖ *gewöhnlich, normal* ‖ *fair* ‖ *geordnet* ‖ *regulär (& Mil)* ‖ ⟨fig⟩ *(mittel)mäßig* ‖ ◆ *de estatura **~** (von) mittlerer Gestalt, Figur (Mensch)* ‖ *de **~** tamaño (von) mittlerer Größe* ‖ *por lo **~** gewohntermaßen, üblicherweise, normal* ‖ *gewöhnlich* ‖ ◇ *salir(se) de lo **~*** ⟨fig⟩ s. *über den Durchschnitt erheben* ‖ *los **~es*** ⟨Mil⟩ *die Soldaten* mpl *der Linientruppen, die regulären Truppen* fpl ‖ **~** m ⟨Rel⟩ *Ordensgeistliche(r)* m ‖ *Mönch* m
²regular adv *regelmäßig* ‖ *mittelmäßig, leidlich* ‖ ⟨fam⟩ *soso, mäßig, nicht besonders* (z. B. *Befinden)* ‖ *befriedigend (Prüfungsnote)* ‖ *wahrscheinlich, vermutlich* ‖ ◇ *es **~** que venga hoy* ⟨Ar⟩ *wahrscheinlich kommt er (sie, es) heute*
³regular vt *regeln, ordnen* ‖ *normen* ‖ *abmessen, berichtigen* ‖ *anpassen* ‖ *einstellen,*

regeln, regulieren ‖ *ins Gleichgewicht bringen* ‖ ◇ **~** *los gastos die Ausgaben den Einnahmen anpassen*
regulari|dad f *Regelmäßigkeit* f ‖ *Gleichmäßigkeit* f ‖ *Ebenmaß* n ‖ *Richtigkeit* f ‖ *Ordnungsmäßigkeit* f ‖ *Pünktlichkeit* f ‖ *genaue Befolgung* f (z. B. *der Ordensregel, der Pflichten)* ‖ ◆ *con (toda) **~** (ganz) regelmäßig* ‖ **–zación** f *Regulierung, Reg(e)lung* f ‖ **–zar** [z/c] vt *regeln* ‖ *ordnen* ‖ *in Ordnung bringen* ‖ ⟨Com⟩ *regulieren* ‖ ◇ **~** *su situación s–e Verhältnisse ordnen*
regu|larmente adv *regelmäßig, gewöhnlich* ‖ *im Allgemeinen* ‖ *mittelmäßig* ‖ **–lativo** adj *regelnd* ‖ **~** m *Prinzip* n, *Norm* f, *Regulativ* n
¹régulo m ⟨Hist⟩ *Duodezfürst* m
²régulo m **a)** ⟨V⟩ → **²reyezuelo** ‖ **b)** *Basilisk* m *(Fabeltier)*
³régulo m ⟨Bgb⟩ *Regulus* m
Régulo m np ⟨Astr⟩ *Regulus* m
regurgi|tación f *(Wieder)Auswürgen* n ‖ *Würgbewegung* f ‖ **–tar** vt *wieder auswürgen*
¹regus|to m (dim: **–tillo**) m *Nachgeschmack* m (z. B. *des Weins)* ‖ *Beigeschmack* m *(& fig)*
²regusto m: *muy a ~* ⟨pop⟩ *herzlich gern(e)*
rehabili|tación f *Wiedereinsetzung* f ⟨fig⟩ *Ehrenrettung* f ‖ ⟨Sp Med Jur⟩ *Rehabilitierung* f ‖ **~** *de viviendas* ⟨Span⟩ *Sanierung* f *von Wohnungen* ‖ *Altbausanierung* f ‖ **–tar** vt *wieder in den vorigen Stand od in frühere Rechte einsetzen* ‖ *wieder befähigen* ‖ ⟨fig⟩ *wieder zu Ehren bringen* ‖ ⟨Com Jur Med Sp⟩ *rehabilitieren* ‖ **~se** *wieder zu Ehren kommen* ‖ s. *rehabilitieren*
rehacer [irr → **hacer**] vt *umarbeiten* ‖ *wiederherstellen* ‖ *noch einmal machen* ‖ *stärker, fester machen* ‖ *umschütteln (Matratze, Bett)* ‖ *umstecken (Frisur)* ‖ **~se** s. *erholen (& Com)* ‖ ◇ **~** *de un susto* s. *von e–m Schrecken erholen*
rehago → **rehacer**
rehala f *Sammelherde* f ‖ *Meute* f *(Hunde)*
rehar|tar vt *übersättigen* ‖ **–to** pp/irr von **–tar**
¹rehecho pp/irr von **rehacer**
²rehecho adj *gedrungen, stämmig*
³rehecho m ⟨Typ⟩ *Neusatz* m
rehechura f *Aufarbeitung* f ‖ ⟨allg⟩ *Reparatur* f
rehén m *Geisel* f ‖ ◆ *en rehenes als Unterpfand* ‖ ◇ *dar en ~ als Geisel geben*
rehenchir [irr → **henchir**] vt *auspolstern, nachstopfen (Stuhl, Sattel) (con mit)*
reherrar [-ie-] vt *neu beschlagen (Pferd)*
rehervir [ie/i] vt *nochmals kochen, nochmals sieden*
rehielo m ⟨Phys⟩ *Regelation* f
rehilandera f *Windrädchen* n *(Kinderspiel)* ‖ → *auch* **molinete**
rehilete m *Papierpfeil* m *(für Zielwurfspiele)* ‖ *Federball* m ‖ ⟨Taur⟩ *kleine Banderilla* f ‖ ⟨fig⟩ *Stichelei* f
rehílo m *(Opal)Glanz* m ‖ ⟨fig⟩ *Flattern, Zittern* n
rehogar [g/gu] vt *schmoren, dämpfen, dünsten*
¡rehostia! int ⟨vulg⟩ *verdammt (noch mal)!* ‖ **~** f ⟨vulg⟩: *¡eso es la ~ das ist (nun wirklich) die Höhe!*
rehuida f *Zurückscheuen* n ‖ *Abschlagen* n ‖ *Ekel* m ‖ *Widerwille* m
rehuir [-uy-] vt *fliehen, (ver)meiden* ‖ *verschmähen* ‖ *abschlagen, verweigern* ‖ *ablehnen* ‖ *umgehen* ‖ *zurückscheuen (vor dat)* ‖ ◇ **~** *la conversación das Gespräch meiden (con mit)* ‖ **~** *la responsabilidad* s. *der Verantwortung entziehen* ‖ **~se** s. *weigern*
rehumedecer [-zc-] vt *wieder anfeuchten*
rehundir vt *ein-, ver|senken* ‖ ⟨fig⟩ *verschwenden*

rehu|samiento m Verweigerung f ‖ Ablehnung f ‖ **–sar** vt/i abschlagen, verweigern ‖ ablehnen ‖ verschmähen ‖ [Reitkunst] verweigern, stehen bleiben (Pferd vor dem Hindernis) ‖ ◇ ~ la aceptación die Annahme verweigern (Wechsel) ‖ ~ reclamaciones Ansprüche zurückweisen ‖ –sa verme er weigert s., mich zu sehen ‖ **–so** m → **rehusamiento** ‖ [Reitkunst] Verweigern, Stehenbleiben n (des Pferdes vor dem Hindernis)

reíble adj (m/f) → **risible**

Reich 〈deut〉 m 〈Hist〉 Deutsches Reich n ‖ Gran ~ Alemán Großdeutsches Reich n ‖ el Tercer ~ das Dritte Reich

reide|ras fpl 〈pop〉 Veranlagung od Neigung f zum Lachen ‖ **–ro** adj 〈fam〉 (immer wieder) zum Lachen reizend ‖ lächelnd, lachend (z. B. Lippen)

reído adj Am lachend ‖ lächelnd

reidor adj gern lachend ‖ lächelnd (Mund) ‖ ~ m Lacher m

reimplan|tación f 〈allg〉 Wiedereinführung f ‖ 〈Med〉 Re(im)plantation f ‖ **–tar** vt 〈allg〉 wieder einführen ‖ 〈Med〉 reimplantieren

reim|portación f Wiedereinfuhr f ‖ **–portar** vt/i wieder einführen

reim|presión f 〈Typ〉 neue, unveränderte Auflage f, Wiederabdruck, Neudruck m ‖ Nachdruck m ‖ ~ clandestina, ~ pirata geheimer Nachdruck, Raubdruck m ‖ **–primir** vt [pp/irr **–preso**] wieder abdrucken, neu drucken ‖ nachdrucken

¹rei|na f Königin f (& als Kosewort) ‖ Dame f (Schach-, Karten|spiel) ‖ 〈Ins〉 Ameisen- bzw Bienen- bzw Termiten|königin f ‖ ~ de los ángeles, ~ del Cielo (od de los cielos) Himmelskönigin, Heilige Jungfrau f ‖ ~ del baile Ballkönigin f ‖ ~ de belleza Schönheitskönigin f ‖ ~ madre Königinmutter f ‖ ~ viuda Königinwitwe f

²reina f 〈Bot〉: ~ de los bosques → **mioso|ta, –tis** ‖ ~ claudia Reineclaude, Reneklode, Öst Ringlotte f ‖ ~ luisa → **hierba** luisa ‖ ~ de la noche Königin f der Nacht (Selenicereus grandiflora) ‖ verschiedene Kakteenarten ‖ ~ de los prados Mädesüß n (Filipendula vulgaris)

rei|nado m Regierung(szeit) f ‖ 〈fig〉 Ansehen n ‖ 〈fig〉 Macht, Herrschaft f ‖ **–nante** adj (m/f) regierend ‖ herrschend ‖ **–nar** vi regieren ‖ herrschen (& fig) ‖ Má nachdenken, grübeln ‖ ◇ ~na una costumbre es herrscht e–e Gewohnheit ‖ –na un fuerte viento es ist sehr windig ‖ el terror –na entre los habitantes der Schrecken herrscht unter den Bewohnern ‖ ~ sobre muchos pueblos viele Völker unter s–r Herrschaft haben

reinci|dencia f Rückfall m (in e–n Irrtum, in ein Delikt) ‖ ◆ en caso de ~ 〈Jur〉 im Rückfall, im Wiederholungsfall ‖ **–dente** adj (m/f) rückfällig ‖ ~ m Rückfällige(r) m ‖ Rückfalltäter m ‖ **–dir** vi rückfällig werden ‖ 〈Med〉 e–n Rückfall erleiden ‖ 〈allg〉 zurückfallen (en in acc) ‖ ◇ ~ en un crimen 〈Jur〉 in ein Verbrechen zurückfallen

reincorpo|ración f Wiedereinverleibung f ‖ **–rar** vt wiedereinverleiben ‖ wiedereingliedern ‖ ~se s. wieder eintragen lassen, wieder eintreten (en in acc)

reineta f Renette f, Reinettenapfel m

reinfección f 〈Med〉 Reinfektion f

reingre|sar vi wiedereintreten ‖ wieder aufgenommen werden (z. B. in e–n Verein) ‖ **–so** m Wiedereintritt m ‖ Wiederaufnahme f ‖ ~ a la atmósfera de la tierra 〈Flugw〉 Wiedereintritt in die Erdatmosphäre

reini|ciar vt wieder von vorn beginnen (lassen) ‖ **–cio** m Neubeginn m

reino m (König)Reich n ‖ Reichsstände mpl ‖ 〈fig〉 Bereich m ‖ ~ animal, mineral, vegetal Tier-, Mineral-, Pflanzen|reich n ‖ ~ de los cielos Himmelreich n ‖ el ~ de Dios das Reich Gottes ‖ ~ electoral Wahlreich n ‖ ~ de las sombras Schattenreich n ‖ el ~ Unido das Vereinigte Königreich, Großbritannien n

reinocu|lación f Nachimpfung f ‖ **–lar** vt nachimpfen

reinscri|pción f Wiedereintragung f ‖ **–bir** vt wieder eintragen

reinsta|lación f Wiedereinsetzung f ‖ **–lar** vt wieder einsetzen

reinstaurar vt wieder einrichten, konstituieren, neu errichten

reinte|gración f Wiedereinsetzung f (in e–n Besitz) ‖ (Schaden)Ersatz m (→ **indemnización**) ‖ **–grar** vt wieder einsetzen (in e–n Besitz) ‖ ergänzen ‖ rückvergüten ‖ zurückerstatten ‖ ersetzen, entschädigen ‖ ◇ ~ a uno en sus bienes jdn in den Besitz s–r Güter wieder einsetzen ‖ ~se: ~ de sus desembolsos s–e Auslagen zurückerhalten ‖ ~ de lo suyo wieder zu dem Seinigen kommen ‖ ~ (a) (wieder) zurückkehren (an, in acc, nach) ‖ ~ a su país in s–e Heimat zurückkehren ‖ **–gro** m → **–gración** ‖ Ersatz m der Kosten, Spesen ‖ Rück|erstattung od -zahlung f (des Loswertes bei der span. Lotterie)

reintro|ducción f Wiedereinführung f ‖ **–ducir** [-zc-, pret ~je] vt wieder einführen

reinventar vt neu erfinden

reinvertir vt wieder investieren

reír [-i-, pres río, pret reí, reíste, rió, ger riendo, pp reído] vt auslachen ‖ belachen ‖ mit Lachen aufnehmen, empfangen ‖ ◇ todos reían (con) sus chistes alle lachten über s–e Witze ‖ vi lachen ‖ scherzen ‖ ~ a boca llena von Herzen lachen ‖ ~ a carcajadas aus vollem Halse lachen ‖ ~ a mandíbula batiente 〈fam〉 s. kugeln vor Lachen ‖ dar que ~ a alg. jdn zum Lachen bringen, jdn erheitern ‖ echarse a ~ (laut) auflachen ‖ no me haga Vd. ~ machen Sie s. nicht lächerlich ‖ no es cosa de ~ es ist nicht (gerade) zum Lachen ‖ no tengo ganas de ~ mir ist nicht zum Lachen ‖ al freír será el ~ 〈Spr〉 etwa: es ist nicht alle Tage Sonntag ‖ ríe bien quien ríe el último 〈Spr〉 wer zuletzt lacht, lacht am besten ‖ ~se lachen ‖ s. (über jdn bzw et.) lustig machen ‖ ~ de alg. über jdn spotten, jdn ver|spotten, -lachen ‖ ~ de todo el mundo, 〈fam〉 ~ de todo cristiano auf die ganze Welt pfeifen ‖ no hay que ~ es ist nicht zum Lachen ‖ ¡ríete tú! 〈pop〉 das kannst du dir wohl denken! ‖ das steht einmal fest! ‖ me río de sus amenazas s–e Drohungen lassen mich kalt ‖ ¡me río de ello! 〈pop〉 ich pfeife darauf! ‖ esta chica tiene unos ojos que ¡ríete del sol! 〈fam〉 etwa: dieses Mädchen hat Augen, die mit der Sonne wetteifern können ‖ un cuarto que me río yo del palacio 〈fam〉 ein Zimmer, das prächtiger ist als ein Palast(zimmer) ‖ ¡ríase Vd. de la juventud! 〈pop iron〉 das nennen Sie jung?

reite|rar vt wiederholen ‖ erneuern ‖ ◇ ~ su demanda od ruego s–e Bitte erneuern ‖ me ~ro de Vd. affmo. y S.S. ich verbleibe mit vorzüglicher Hochachtung (veralteter Briefschluss) ‖ para ~ el testimonio de mi gratitud um m–n Dank zu wiederholen (Brief) ‖ –rándole la expresión de nuestra mayor consideración indem wir Sie unserer vorzüglichen Hochachtung versichern (veralteter Briefschluss) ‖ **–rativo** adj wiederholend, Wiederholungs-

reitre m 〈Hist〉 Reisige(r) m ‖ Reiter m

reivindi|cación f Zurückforderung f (z. B. der politischen Rechte seitens e–r Nation) ‖ Anspruch m, Forderung f ‖ 〈Jur〉 Rechtsanspruch m ‖ Rückforderung f ‖ 〈Com〉 Patentanspruch m ‖ ~

territorial ⟨Pol⟩ *Gebietsanspruch* m, *territoriale (Zurück)Forderung* f ‖ **–car** [c/qu] vt *zurückfordern* (z. B. *politische Rechte*) ‖ *fordern, beanspruchen, Anspruch erheben* (algo a. *auf et.* acc) ‖ *die Verantwortung übernehmen (für Terrorakte)* ‖ **–catorio** adj *beanspruchend* ‖ *(Rück)Forderungs-*
¹reja *f:* ~ de arado *Pflugschar* f
²reja *f Gitter* n ‖ *Fenstergitter* n ‖ ~s *fpl* ⟨figf⟩ *Gefängnis* n, ⟨fam⟩ *schwedische Gardinen* fpl ‖ ◇ estar entre ~ ⟨figf⟩ *hinter Gittern* od ⟨fam⟩ *schwedischen Gardinen sitzen*
    rejalgar m ⟨Min⟩ *Realgar* m, *Rauschrot* n ‖ ◇ saber a ~ ⟨fam⟩ *sehr schlecht schmecken*
    rejego adj Mex *eigensinnig, halsstarrig, dickköpfig,* ⟨fam⟩ *stur*
   △ **rejelendre** *m Sprichwort* n
   △ **rejí** *f Flaum* m
    rejilla *f Gitter* n ‖ *kleine Öffnungen* f *mit Schieber (in der Tür)* ‖ ⟨EB⟩ *Gepäcknetz* n ‖ *Strohgeflecht* n ‖ *Rechen* m *(Stauwerk)* ‖ ~-pantalla *Schirmgitter* n ‖ ◇ hacer od poner ~ a una silla *e–n Stuhl ausflechten lassen*
    rejo m *(Bienen)Stachel* m ‖ *Eisenstachel* m ‖ ⟨Bot⟩ *Wurzelkeim* m ‖ ⟨fig⟩ *Kraft, Stärke* f ‖ ⟨fig⟩ *Schneid* m ‖ Col *Peitsche* f ‖ ◇ dar ~ a algo Col *jdn auspeitschen* ‖ echar ~ Ven ⟨fig⟩ *e–e Schlinge legen* ‖ tener mucho ~ ⟨pop⟩ *ein zähes Leben haben* ‖ *schneidig sein*
   △ **rejochiqué** *m Zwischenstock* m
    rejón m *Spitze* f *(e–s Kreisels)* ‖ ⟨Taur⟩ *Stachel-, Wurf|spieß* m *des berittenen Stierkämpfers* ‖ ⟨fig⟩ *Stachel* m
    rejo|nazo m ⟨Taur⟩ *Stoß* m *mit dem Wurfspieß* ‖ **–neador** m *berittener Stierkämpfer* m ‖ **–near** vi *zu Pferd (gegen den Stier) kämpfen* ‖ **–neo** m *Stierkampf* m *zu Pferd*
    rejudo adj Col *zäh, dickflüssig*
    rejuela *f* dim von **reja**
   △ **rejunar** vt *aufschürzen*
    rejundí *f Kichererbse* f
    rejuntar vt ⟨Arch⟩ *aus-, ver|fugen* ‖ *vergießen*
    rejuvene|cedor adj *verjüngend* ‖ **–cer** [-zc-] vt *verjüngen* ‖ ~ vi *(wieder) jung werden* ‖ **–cimiento** *m Verjüngung* f
¹rela|ción *f Beziehung, Relation* f ‖ *Bezug* m ‖ *Entsprechung* f, *Verhältnis* n ‖ *Verwandtschaftsbeziehung* f ‖ *Zusammenhang* m ‖ *Verkehr* m, *Bekanntschaft* f ‖ ~ de causa y efecto, ~ de causalidad *ursächlicher Zusammenhang, Kausalzusammenhang* m ‖ ~ consanguínea *Blutsverwandtschaft* f ‖ ~ de dependencia *Abhängigkeitsverhältnis* n ‖ ~ de enlace ⟨Chem⟩ *Bindungsverhältnis* n ‖ ~ laboral *Arbeitsverhältnis* n ‖ ~ de mezcla *Mischungsverhältnis* n ‖ ~ numérica *Zahlenverhältnis* n ‖ ~ recíproca *Wechselbeziehung* f ‖ ~ de transmisión ⟨Tech⟩ *Übersetzungsverhältnis* n ‖ ◆ en ~ con … *bezüglich …, hinsichtlich …* ‖ *in Verbindung mit …* ‖ *in Bezug auf …* (acc) ‖ *im Verhältnis zu* ‖ ◇ estar en buena ~ con alg. *mit jdm auf gutem Fuß stehen* ‖ estar en ~ con alg. *mit jdm in Verbindung stehen* ‖ no estar en ~ a de … *s. verhalten wie …* ‖ guardar ~ *in Verbindung stehen* ‖ no guardar ~ con algo *in k–m Verhältnis zu et. stehen* ‖ poner en ~ *in Verbindung bringen* ‖ **–ciones** *fpl Beziehungen* fpl ‖ *Verbindungen* fpl ‖ *festes Verhältnis* n bzw *Verlobung* f ‖ ~ amistosas *od* de amistad *freundschaftliche Beziehungen* fpl ‖ ~ amorosas *Liebesverhältnis* n ‖ ~ de muchos años *langjährige Verbindungen* fpl ‖ ~ comerciales *Handelsbeziehungen* fpl ‖ ~ continuas ⟨Com⟩ *fortgesetzte Verbindungen* fpl ‖ ~ diplomáticas *diplomatische Beziehungen* fpl ‖

~ estrechas *enge Beziehungen* fpl ‖ ~ íntimas **a)** *enge Beziehungen* fpl ‖ **b)** *intime Beziehungen* fpl ‖ ~ de negocios *Geschäftsbeziehungen* fpl ‖ ~ de parentesco *Verwandtschaftsverhältnis* n ‖ ~ preconyugales *voreheliche Beziehungen* fpl ‖ ~ públicas *Public Relations* pl, *Öffentlichkeitsarbeit* f ‖ ~ recíprocas *Wechselbeziehungen* fpl ‖ ~ gegenseitige *Verbindungen* fpl ‖ ~ de ultramar *überseeische Verbindungen* fpl ‖ entre sus ~ *in s–r Bekanntschaft* bzw *Verwandtschaft* ‖ ◇ consolidar las ~ mutuas → estrechar las ~ mutuas ‖ cortar las ~ *die Beziehungen abbrechen* ‖ entablar ~ comerciales *in Handelsbeziehungen treten* ‖ entrar en ~ *in Verbindung treten* ‖ estar en ~ *ein ernsthaftes Liebesverhältnis haben* ‖ *verlobt sein* ‖ estrechar las ~ mutuas *die gegenseitigen Beziehungen befestigen* ‖ fomentar las ~ *den Geschäftsverkehr pflegen, fördern* ‖ interrumpir las ~ *die Verbindung unterbrechen* ‖ pedir ~ *s. ernsthaft um e–e Frau bewerben* ‖ ponerse en ~ (relación) con alg. *mit jdm in Verbindung treten* ‖ restablecer las ~ *die Verbindung wiederherstellen* ‖ romper las ~ *die Beziehungen abbrechen* ‖ tener muchas ~ *(gute) Beziehungen haben* ‖ tener e–n großen Bekanntenkreis haben ‖ tener ~ con una mujer *mit e–r Frau ein (Liebes)Verhältnis haben*
²relación *f Bericht* m *(& amtlich)* ‖ *Berichterstattung* f ‖ *Liste, Aufzählung* f, *Verzeichnis* n ‖ *Bankausweis* m ‖ ~ de ciego ⟨fam⟩ *Altweibergeschichte* f ‖ *Moritat* f ‖ ~ comercial *Handelsbericht* m ‖ ~ de viaje *Reise|bericht, -beschreibung* f ‖ ◇ hacer una ~ *e–n Bericht erstatten* ‖ hacer una ~ detallada *ausführlich berichten* ‖ nuestros gastos según ~ al pie *unsere unten vermerkten Spesen* pl
    relacio|nado adj: estar bien ~ *gute Beziehungen haben* ‖ un viajante bien ~ *ein gut eingeführter Geschäftsreisender (Vertreter)* ‖ **–nar** vt *in Verbindung bringen* (con *mit*) ‖ *in Zusammenhang setzen* (con *zu*) ‖ *berichten* ‖ ~se *in Verbindung treten* (con *mit*) ‖ *in Beziehung (zu einander) stehen* ‖ ⟨fam⟩ *viele* bzw *gute Beziehungen haben*
    relacion|ero m *Bänkelsänger* m ‖ **–nista** m/f *PR-Mann* m, *PR-Frau* f
   △ **relacrar** vt *verjüngen*
    rela|jación *f,* **–jamiento** m *Lockerung* f ‖ *Erschlaffung* f ‖ *Entspannung* f ‖ *Relaxation* f ‖ *Zügellosigkeit* f ‖ *Sitten-, Zucht|losigkeit* f ‖ ⟨Rel⟩ *Erlassung* f *(des Eides)* ‖ *Entlassung* f *(aus der Pflicht)* ‖ **–jado** adj *entspannt* (& fig) ‖ *schlaff, erschlafft* ‖ ⟨fig⟩ *ausschweifend, liederlich, zügellos* ‖ ⟨Phon⟩ *schwachtonig, reduziert (Vokal)* ‖ **–jar** vt *erschlaffen, abspannen* ‖ *entspannen* ‖ ⟨fig⟩ *zerstreuen, erholen* ‖ ⟨Jur⟩ *mildern (Strafe)* ‖ ⟨Hist⟩ *(den Schuldiggesprochenen) dem weltlichen Arm über|geben* bzw *-lassen (Inquisition)* ‖ ~se *erschlaffen, schlaff werden* ‖ s. *entspannen, s. entkrampfen* ‖ *bröckeln (Mauer)* ‖ *locker werden* (& fig) ‖ s. *lockern (& Sitten usw.)* ‖ ⟨fig⟩ *nachlassen (Zucht, Ordnung)* ‖ ⟨fig⟩ *zügellos, ausschweifend werden* ‖ **–jo** m Cu Mex PR *Wirrwarr* m, *Durcheinander* n, ⟨pop⟩ *Saustall* m ‖ Cu PR *Unsittlichkeit* f
   △ **relalá** *m Kohl* m
    rela|mbido adj ⟨reg⟩ → **relamido** ‖ **–mer** vt *(nochmals) lecken, ablecken* ‖ ~se s. *(die Lippen) ablecken* ‖ ⟨fig⟩ *angeben, prahlen, großtun* ‖ **–mido** adj *ge|leckt, -putzt* ‖ *affektiert, geziert* ‖ Cu *frech*
¹relámpago *m Blitz* m, *Wetterleuchten* n ‖ ⟨poet⟩ *Wetterstrahl* m ‖ *Prügel* pl
   △ **²relámpago** *m Schlag, Stoß* m ‖ *Prügel* mpl
    relampague|ar vt/i *(auf)blitzen* ‖

wetterleuchten ‖ ⟨fig⟩ *glänzen, funkeln* ‖ **–o** *m*
(Auf)Blitzen n ‖ ~ (de calor) *Wetterleuchten* n
relampuso adj Cu *frech*
relance *m zweiter Fischzug* m ‖ *Zurückwerfen*
n ‖ *erneuter Wurf* m ‖ ◆ de ~ *unerwartet* ‖ Am
bar *(zahlen)*
relancina *f* Ec *Zufall* m
relanzar [z/c] vt *zurückstoßen* ‖ *zurückwerfen* ‖
⟨fig⟩ *wieder beleben, wieder ankurbeln* (z. B.
Wirtschaft)
relapso adj/s *rückfällig (Verbrecher)* ‖
Rückfällige(r) m
relatar vt/i *erzählen* ‖ *berichten, Bericht*
erstatten
relati\vamente adv *mit Bezug* (a *auf*) ‖
beziehungsweise ‖ ~ poco *verhältnismäßig wenig*
‖ **–vidad** *f Relativität* f ‖ *Bedingtheit* f ‖ **–vismo** *m*
⟨Philos⟩ *Relativismus* m ‖ **–vista** adj *(m/f)*
relativistisch ‖ ~ *m/f Relativist(in* f) m ‖ **–vizar** vt
relativieren ‖ **–vo** adj *bezüglich* (a *auf* acc) ‖
bezogen (a *auf* acc) ‖ *abhängig* (de *von*) ‖
einschlägig ‖ *relativ* ‖ (pronombre) ~ ⟨Gr⟩
bezügliches Fürwort, Relativpronomen n ‖ ◇
reducir a la categoría de ~, considerar algo desde
el punto de vista de lo ~ *relativieren*
rela\to *m Erzählung* f ‖ *Bericht* m ‖
Schilderung f ‖ ◇ conocer sólo por ~s *nur vom*
Hörensagen kennen ‖ **–tor** *m Erzähler* m ‖ ⟨Jur
Pol⟩ *Berichterstatter, Referent* m ‖ **–toría** *f Amt,*
Referat n *e–s* relator
relax *m Entspannung* f ‖ ⟨Med⟩ *Relaxation* f
relé *m* ⟨El⟩ *Relais* n ‖ ~ de aviso *Melde-,*
Warn\relais n ‖ ~ cortacircuito *Trenn-,*
Abschalt\relais n ‖ ~ diferido *Verzögerungsrelais*
n ‖ ~ de máxima *Maximalrelais* n ‖ ~ de mínima
Minimalrelais n
releer [-ey-] vt *wieder lesen*
rele\gación *f Verbannung* f *(an e–n bestimmten*
Aufenthaltsort) ‖ *Landesverweisung* f ‖ ⟨fig⟩
Übergehung f ‖ ⟨fig⟩ *Beseitigung* f ‖ ⟨fig⟩
Kaltstellung f ‖ **–gar** [g/gu] vt *verbannen* ‖ *des*
Landes verweisen ‖ *übergeben* ‖ ⟨fig⟩ *beseitigen* ‖
⟨fig⟩ *kaltstellen* ‖ ◇ ~ a olvido *(fam) der*
Vergessenheit anheimgeben ‖ ~ a un rincón ⟨fig⟩
in e–n Winkel stellen
¹relej(e) *m Gleis* n, *Wagenspur* f ‖ *Fahrspur* f
²relej(e) *m Belag* m *(auf Zähnen od Lippen)*
³relej(e) *m* ⟨Arch⟩ *Verjüngung* f *e–r Mauer*
relente *m feuchte, kühle Abend-* bzw *Nacht\luft*
f ‖ *Abendkälte* f ‖ ⟨figf⟩ *Tücke* f ‖ ⟨fig⟩ *Frechheit*
f ‖ ~ de bodega *dumpfe Kellerluft* f
rele\vación *f Erleichterung* f ‖ *Entlassung,*
Freisprechung f ‖ *Ablösung* f ‖ *Entledigung* f ‖
⟨Jur⟩ *Befreiung, Enthebung* f ‖ *Relevanz* f ‖ **–vado**
adj *aufgestülpt (Lippe)* ‖ **–vador** *m* ⟨El⟩ → **relé** ‖
–vamiento *m* Cu *Entlassung (aus dem*
öffentlichen Dienst), Amtsenthebung f ‖ **–vancia** *f*
(lit wiss) Relevanz f ‖ *Stellenwert* m ‖ **–vante** adj
(m/f) vorzüglich, ausgezeichnet, hervorragend ‖
–var vt *ent\lasten, -binden* (de *von*) ‖ *(e–r Mühe)*
entheben ‖ *abhelfen* (dat) ‖ *erlassen (Schuld,*
Abgabe) ‖ ⟨Mil⟩ *ablösen* ‖ ◇ ~ de una obligación
e–r Verpflichtung entheben ‖ le –vo a Vd. de su
palabra *ich gebe Ihnen Ihr Wort zurück* ‖ **–vista**
m/f ⟨Sp⟩ *Staffelläufer(in* f) m ‖ **–vo** *m Ablösung* f
(Vorgang & Mil) ‖ *Vorspann* m ‖ ⟨Radio⟩
Relaisstation f ‖ ⟨Mil Sp⟩ *Ersatz* m ‖ ⟨Sp⟩ *Staffel*
f
relicario *m Reliquienschrein* m ‖
Reliquienkammer f ‖ ⟨reg⟩ *Medaillon* n
relicto adj *hinterlassen, Nachlass-* ‖ ~s *mpl*
(Biol Ökol) *Relikte* npl *(der Fauna, der Flora)*
△ **relichí** *m Netz* m
relieve *m* ⟨Arch⟩ *Relief* n ‖ alto, bajo ~ *Hoch-,*
Flach\relief n ‖ medio ~ *Mittelrelief* n ‖ un ser

sin ~ *ein Dutzendmensch* m ‖ ◆ de ~ *erhaben,*
Relief- ‖ *bedeutend, angesehen* ‖ *wichtig* ‖ ◇
poner de ~ ⟨fig⟩ *an den Tag legen* ‖
augenscheinlich dartun ‖ *betonen* ‖ *hervor\heben,*
-treten lassen ‖ ~s *mpl (Essen)Reste* mpl
reli\gión *f Religion* f ‖ *Gottes\glaube* m ‖
Frömmigkeit f ‖ *Konfession* f ‖
Orden(sgemeinschaft f) m ‖ ⟨fig⟩ *Glaube* m ‖
⟨fig⟩ *Gegenstand* m *der (größten) Verehrung* f ‖ ~
católica *katholische Religion* f ‖ ~ del Estado
Staatsreligion f ‖ ~ natural *Natur-,*
Vernunft\religion f ‖ ~ oficial *Staatsreligion* f ‖ ~
reformada → **protestantismo** ‖ ~ revelada
Offenbarungsreligion f ‖ ◆ sin ~ *glaubens-,*
religions\los ‖ *konfessionslos* ‖ entrar en ~ ⟨fig⟩
ins Kloster gehen ‖ *Mönch* bzw *Nonne werden* ‖
hacerse una ~ de la honradez *die Ehrlichkeit zum*
höchsten Wert erheben ‖ **–giosa** *f Nonne* f ‖
–giosidad *f Gottseligkeit, Frömmigkeit,*
Pünktlichkeit f ‖ **–gioso** adj *fromm, andächtig,*
gottesfürchtig ‖ *Ordens-* ‖ *gewissenhaft, pünktlich,*
genau ‖ *spärlich* ‖ ~ *m Mönch,*
Ordensgeistliche(r) m ‖ *Klosterbruder* m
relimpio adj *(fam) blitzsauber* ‖ *blitzblank*
relin\char vi *wiehern* ‖ **–cho** *m Wiehern,*
Gewieher n
relinga *f* ⟨Mar⟩ *Liek, Leik, Saumtau* n
reliquia *f* ⟨Rel⟩ *Reliquie* f (& fig) ‖ ⟨fig⟩
Heiligtum n ‖ ⟨fig⟩ *Spur* f ‖ ◇ guardar como una
~ *wie s–n Augapfel hüten* ‖ ~s *fpl* ⟨poet⟩
(Über)Reste mpl
rellamada *f* ⟨Tel⟩ *Wahlwiederholung* f
rella\nar vt *einebnen* ‖ ~se *s. bequem*
zurücklehnen ‖ **–no** *m Treppenabsatz* m ‖
Bergterrasse, Zwischenebene f *e–s Berghangs*
rellena *f* Col Mex *(Schweine)Wurst* f
relle\nado *m* ⟨Flugw⟩ *(Kraftstoff)Betankung* f ‖
–nar vt *nachfüllen* ‖ ⟨Kochk⟩ *füllen* ‖ *ausfüllen*
(Formular) ‖ *aus-, voll\stopfen* ‖ *auffüllen* ‖
polstern (Stühle) ‖ *zuwerfen (Graben)* ‖
ausbessern (Straßendecke) ‖ ~se *(figf) s. (mit*
Essen) vollstopfen ‖ **–ne, –no** *m Umfüllung* f *(bes.*
des Weines) ‖ *Aus-, Auf\füllung* f ‖
Erdauffüllung(sarbeit) f ‖ *Füllstoff* m ‖ *Polster* n ‖
–no adj *voll, angefüllt* ‖ ⟨Kochk⟩ *gefüllt* ‖ ~ *m*
⟨Kochk⟩ *Füllsel* n (& fig) ‖ *Einlage* f *(in e–r*
Zigarre) ‖ *Wickelblatt* n ‖ *Aus-, Auf\füllung* f ‖
⟨Bgb⟩ *Versatz* m
relocho m/adj Sant *Einfaltspinsel, Simpel* m
¹reloj *m Uhr* f ‖ *Uhrwerk* n ‖ ~ de agua
Wasseruhr f ‖ ~ de ajedrez *Schachuhr* f ‖ ~ de
áncora *(od* ancla) *Ankeruhr* f ‖ ~ de andén
Bahnsteiguhr f ‖ ~ de antesala *Standuhr* f ‖ ~
antichoque *stoßsichere Uhr* f ‖ ~ de aparcamiento
Park(zeit)uhr f (→ **parcómetro**) ‖ ~ de arena
Sanduhr f ‖ ~ atómico *Atomuhr* f ‖ ~ de bolsillo
Taschenuhr f ‖ ~ (de) brazalete *Armbanduhr* f ‖
~ broche *Broschenuhr* f ‖ ~ de caballero
Herrenuhr f ‖ ~ de caja *Kastenuhr* f ‖ ~ de
campana *Schlaguhr* f ‖ ~ de campanario *Turmuhr*
f ‖ ~ de cilindro *Zylinderuhr* f ‖ ~ de cocina
Küchenuhr f ‖ ~ de comprobación *Kontrolluhr* f ‖
~ de cuarzo *Quarzuhr* f ‖ ~ de cuclillo *od* (con
sonería) de cuco *Kuckucksuhr* f ‖ ~ despertador
Wecker m ‖ ~ digital *Digitaluhr* f ‖ ~ de época
Stiluhr f ‖ ~ de estación *Bahnhofsuhr* f ‖ ~ floral
Blumenuhr f ‖ ~ de joya *Schmuckuhr* f ‖ ~
luminoso *Leuchtuhr* f ‖ ~ de mesa *Tisch-,*
Stutz\uhr f ‖ ~ magistral *Hauptuhr* f ‖ ~ de
muñequera *Armbanduhr* f ‖ ~ de pared *Wanduhr*
f ‖ ~ de péndulo *od* péndola *Penduluhr* f ‖ ~ de
pesas *Wanduhr* f *mit Gewichten* ‖ ~ de pilas
Batterieuhr f ‖ ~ de precisión *Präzisionsuhr* f ‖
~ de pulsera *Armbanduhr* f ‖ ~ registrador
Registrieruhr f ‖ ~ de repetición *Repetieruhr* f ‖

~ de la Selva Negra *Schwarzwälder Uhr* f ‖ ~ de señora *Damenuhr* f ‖ ~ de sol, ~ solar *Sonnenuhr* f ‖ ~ sumergible *Taucheruhr* f ‖ ~ taxi *Taxameter* m ‖ ~ temporizador *Zeitschaltuhr* f, *Timer* m ‖ ~ timbre *Stempeluhr* f ‖ ~ de (la) torre *Turmuhr* f ‖ ~ de trinquete *Stoppuhr* f ‖ ~ vertical *Standuhr* f ‖ ♦ contra ~ ⟨figf⟩ *gegen die Uhr, gegen die Zeit* ‖ ◇ adelantar (atrasar) el ~ *die Uhr vorstellen (zurückstellen)* ‖ el ~ (se) adelanta *die Uhr geht vor* ‖ (hacer) arreglar el ~ *die Uhr reparieren (lassen)* ‖ el ~ (se) atrasa *die Uhr geht nach* ‖ dar cuerda al ~ *die Uhr aufziehen* ‖ el ~ da las dos *die Uhr schlägt 2 (Uhr)* ‖ el ~ no da la hora *die Uhr hat kein Schlagwerk* ‖ el ~ marca las tres *die Uhr zeigt drei (Uhr)* ‖ marchar en el sentido de (en sentido contrario a) las agujas del ~ *s. im (entgegen dem) Uhrzeigersinn drehen* ‖ parársele a u. el ~ ⟨figf⟩ *s. nicht weiterentwickeln, auf dem gleichen Stand bleiben* ‖ poner (en hora) el ~ *die Uhr stellen* (con *nach*) ‖ en mi ~ son las cinco en punto *nach m–r Uhr ist es Punkt 5* ‖ el ~ no tiene cuerda *die Uhr ist nicht aufgezogen*
²**reloj** m ⟨Ins⟩: ~ de la muerte *Totenuhr* f (Anobium punctatum)

relojes *mpl* ⟨Bot fam⟩ *Reiherschnabel* m (Erodium sp)

reloje|ra f *Uhrgehäuse* n ‖ *Uhrgestell* n ‖ *Uhrkissen* n ‖ **–ría** f *Uhrmacherhandwerk* n ‖ *Uhrmacher|ei, -werkstatt* f ‖ *Uhrengeschäft* n ‖ ♦ de ~ *mit Zeitschaltung* ‖ **–ro** m *Uhrmacher* m ‖ *Uhrenhändler* m

relu|ciente adj *(m/f)* *glänzend, strahlend, gleißend, glitzernd* ‖ ~ de limpio ⟨figf⟩ *blendend rein* ‖ **–cir** [-zc-] vi *glänzen, leuchten* ‖ *schimmern, strahlen* ‖ ◇ ~ (a través de) *durchschimmern (durch)* ‖ sacar a ~, salir a ~ (con) ⟨figf⟩ *herausrücken (mit)* ‖ *(alte Geschichten) wieder aufwärmen*

reluctancia f ⟨El Radio⟩ *Reluktanz* f *(magnetischer Widerstand)*

relum|brar vi *stark glänzen* ‖ *hell leuchten, strahlen* ‖ **–bre** m *Glanz, Schimmer* m ‖ **–s de** espejuelo *Flitterwerk* n *(& fig)* ‖ **–brón, –bro** m *Aufleuchten* n ‖ *heftiger Glanz, Schimmer* m ‖ *Flittergold* n ‖ ♦ de ~ ⟨fig⟩ *blendend, aber gehaltlos* ‖ vestido de ~ *in Flitter gekleidet* ‖ **–broso** adj *leuchtend* ‖ *blendend*

remacha|do adj *vernietet* ‖ *platt* ‖ ~ m ⟨Tech⟩ *(Ver)Nietung* f ‖ **–dora** f *Nietmaschine* f

rema|char vt/i *(ver)nieten* ‖ *platt schlagen* ‖ ⟨fig⟩ *(et.) mit Nachdruck, mit Hartnäckigkeit wiederholen* ‖ ◇ ~ el clavo ⟨fig⟩ *et. zum Schluss bringen* ‖ ⟨fig⟩ *auf e–r Behauptung hartnäckig bestehen* ‖ ~ las narices a alg. ⟨figf⟩ *jdm die Nase platt schlagen* ‖ **–che** m *Nieten* n ‖ *Niet* m ‖ Am *Hartnäckigkeit* f ‖ *Starrsinn* m ‖ ♦ de ~ → de **remate**

rema|da f *Ruderschlag* m ‖ **–dor** m *Ruderer* m ‖ → **remero**

remake m ⟨Film⟩ *Neuverfilmung* f ‖ ⟨engl⟩ *Remake* n

remallar vt *Laufmaschen aufnehmen*

remanen|cia f ⟨Physiol Radio⟩ *Remanenz* f ‖ **–te** m/adj *(Über)Rest* m ‖ *Restbetrag* m *e–r Rechnung*

remanga f ⟨Fi⟩ *Krabbennetz* n

remangar [g/gu] vt → **arremangar**

reman|sarse vr *s. (an)stauen (Fluss, & fig)* ‖ **–so** m *stilles Wasser, Stauwasser* n ‖ *ruhige Stelle* f *(in e–m Fluss)*

remante m *Ruderer* m

remar vi *rudern* ‖ ⟨fig⟩ *arbeiten, kämpfen,* ⟨fam⟩ *schuften*

△ **remarar** vt *abschließen*

remar|cable adj *(m/f)* → **notable** ‖ **–car** [c/qu] vt *nochmals (be)zeichnen* ‖ *hervorheben, betonen*

rema|tadamente adv *vollständig, gänzlich* ‖ **–do** adj ⟨pop⟩ *rettungslos verloren* ‖ ⟨Jur⟩ *unanfechtbar, rechtskräftig verurteilt* ‖ ⟨figf⟩ *vollendet* ‖ *fest* ‖ ◇ es un loco ~ ⟨fam⟩ *er ist vollkommen verrückt* ‖ ¡es ~! ⟨pop⟩ *das steht (einmal) fest!*

rematador m *Versteigerer, Auktionator* m

rema|tar vt *(voll)enden, beendigen, abschließen* ‖ *ausverkaufen, loswerden (Waren)* ‖ *zuschlagen (bei Versteigerungen)* ‖ ⟨Sp⟩ *parieren* ‖ ◇ ~ con un discurso *mit e–r Rede abschließen* (z. B. *Fest*) ‖ ~ a los heridos ⟨Mil⟩ *die Verwundeten (durch Gnadenschuss) töten* ‖ ~ en pública subasta *versteigern* ‖ ~ al toro ⟨Taur⟩ *dem Stier den Gnadenstoß geben* ‖ ~ ¡sólo eso faltaba para ~ la fiesta! ⟨fam⟩ *das hat gerade noch gefehlt!* ‖ *das ist (wirklich) das Letzte!* ‖ ~ vi *enden, ablaufen* ‖ ~ en punta *spitz auslaufen* ‖ ~se *zerstört bzw vernichtet werden* ‖ *zugrunde* (& *zu Grunde*) *gehen* ‖ **–te** m *Ende* n, *Ausgang, (Ab)Schluss* m, *Vollendung* f ‖ ⟨Sp⟩ *Torschuss* m ‖ *Ende* n, *Rand* m ‖ *Spitze* f, *Gipfel* m ‖ ⟨Arch⟩ *(Zier)Giebel* m ‖ *Zuschlag* m *(bei e–r Versteigerung)* ‖ Am *Versteigerung* f ‖ ♦ de ~ *vollständig* ‖ *hoffnungslos, unheilbar* ‖ loco de ~ *vollkommen verrückt* ‖ por (fin y) ~ *schließlich, zum Schluss* ‖ por ~ de desgracia *um das Unglück vollzumachen*

rembol|sar, –so → **reembol|sar, –so**

rembranesco adj ⟨Mal⟩ *auf Rembrandt (1606–1669) bezüglich*

remecer [c/z] vt *rühren, schütteln* ‖ Am *schwenken*

remedar vt *nachahmen* ‖ ⟨fam⟩ *nachäffen* ‖ ~ vi *ähneln*

reme|diable adj *(m/f)* *rettbar* ‖ *heilbar* ‖ *abzuhelfen(d)* ‖ ◇ no es ~ *dem ist nicht abzuhelfen* ‖ **=diadores** mpl ⟨Kath⟩ *Nothelfer* mpl *(14 Heilige)* ‖ **–diar** vt *abhelfen* (dat) ‖ *(ver)hindern* ‖ *abstellen* ‖ *(et.) wieder gutmachen* ‖ *(jdm) beistehen* ‖ *(ver)bessern* ‖ *vermeiden* ‖ ◇ ~ una injusticia *e–e Ungerechtigkeit (wieder) gutmachen* ‖ ~ una necesidad *e–r Not abhelfen* ‖ es fácil de ~ *dem ist leicht abzuhelfen* ‖ no se puede ~ *dem ist nicht abzuhelfen, da ist nichts zu machen*

remediavagos m ⟨fam⟩ *Eselsbrücke* f *(Repetitorium), Nürnberger Trichter* m

¹**remedio** m *(Ab)Hilfe* f ‖ *Behebung* f *e–s Fehlers* ‖ *Hilfsmittel* n ‖ *Verbesserung* f ‖ *Heilmittel* n ‖ *Rechtsmittel* n *(→ ¹recurso)* ‖ ~ casero *Hausmittel* n ‖ ~ heroico ⟨Med⟩ *sehr stark wirkendes, energisches, durchschlagendes Mittel (& fig)* ‖ ~ profiláctico *Vorbeugungsmittel* n ‖ ~ secreto *Geheimmittel* n ‖ ~ contra la tos *Hustenmittel* n ‖ ~ universal *Universal-, Allheil|mittel* n *(→ **panacea**)* ‖ ♦ sin ~ *unheilbar, aufgegeben (Kranker)* ‖ *rettungslos* ‖ *hoffnungslos* ‖ perdido sin ~ *hoffnungs- od rettungslos verloren* ‖ no hay (más) ~ *daran ist nichts mehr zu ändern, es gibt kein Mittel dagegen* ‖ no hay más ~ que ... *es gibt k–n Ausweg als ...* ‖ ¡qué ~ (queda)! ⟨pop⟩ *was ist da zu tun!* ‖ ◇ poner ~ a ... *abhelfen* (dat) ‖ no tengo más ~, no me queda otro ~ (que ...) *ich kann nicht umhin (zu ...), mir bleibt nichts anderes übrig als ...* ‖ no queda (*od* no se encuentra) para un ~ ⟨figf⟩ *es ist (fast) unmöglich, es aufzutreiben* ‖ no tener (*od* haber) para un ~ ⟨fig⟩ *ganz mittellos, ganz arm sein* ‖ no tiene ~ *es ist un|umgänglich od -vermeidlich od absolut notwendig* ‖ lo hecho no tiene ~ *geschehene Dinge sind nicht zu ändern* ‖

dem ist nicht abzuhelfen, da ist nichts zu machen
‖ poner ~ a a/c *e–r Sache abhelfen*
△ **²remedio** *m Verteidiger* m
Remedios *f np span. Frauenname* ‖ Nuestra
Señora de los ~ *(od* del Remedio) ⟨Kath⟩ *Mutter*
von der immer währenden Hilfe ‖ →
Remediadores
remedir [-i-] vt *nachmessen, neu messen*
remedo *m Nachahmung* f ‖ ⟨fam⟩ *Nachäffung* f
remejer vt ⟨reg⟩ *rühren, bewegen*
remembranza *f (Rück)Erinnerung* f
rememoración *f →* **remembranza**
rememorar vt *ins Gedächtnis zurückrufen* ‖
e–r Sache gedenken ‖ → **conmemorar**
remen|dar [-ie-] vt *flicken, ausbessern* ‖
(ver)bessern ‖ **–dería** *f* ⟨Typ⟩: *(trabajo de)* ~
Akzidenzdruck m ‖ **–dista** *m/f* ⟨Typ⟩
Akzidenz|setzer(in f) bzw *-drucker(in* f) m ‖ **–dón**
m Flicker, Ausbesserer m
remense adj *(m/f) aus Reims* (Fr) ‖ *auf Reims*
bezüglich
¹remera *f* ⟨V⟩ *Schwungfeder* f
²remera *f Arg T-Shirt* n
remero *m* ⟨Mar⟩ *Ruderer* m
remesa *f (Waren)Sendung* f ‖ *Rimesse,*
Geldsendung f ‖ ◇ hacer una ~ *Deckung*
beschaffen ‖ pedir ~ de fondos *Deckung*
verlangen
¹remesar vt *(die Haare) ausraufen*
²remesar vt ⟨Com⟩ *ver|senden, -schicken*
¹remesón *m Ausreißen* n *von Haaren* ‖ *Büschel*
n *ausgerissener Haare*
²remesón *m* ⟨Sp⟩ [Reitkunst] *Parade* f *im*
vollen Galopp ‖ [Fechtk] *Finte* f *beim Fechten,*
um den Gegner frei treffen zu können
remesonero adj *unregelmäßig galoppierend*
(Pferd)
remeter vt *wieder ein|stecken, -führen* ‖ *tiefer*
ein|stecken, -führen ‖ *in die richtige Lage*
schieben
remezón *m Ast Knirschen* n *(der Tür)* ‖ Am
leichtes Erdbeben n ‖ *heftiges Schütteln* n ‖ ◆ a
remezones Bol *von Zeit zu Zeit*
remiendo *m Flicken, Ausbessern* n ‖
oberflächliche Ausbesserung f ‖ *Flicklappen,*
Fleck m ‖ ⟨fig⟩ *Zusatz* m ‖ ◆ a ~s ⟨figf⟩
stückweise ‖ ~s *mpl* ⟨Typ⟩ *Akzidenzen fpl*
remil|gado adj *geziert, affektiert,* ⟨fam⟩
zimperlich ‖ ◇ hacerse la ~a *s. zieren,* ⟨fam⟩ *die*
Zimperliese spielen (Frau) ‖ **–go** *m Ziererei* f ‖
Zimperlichkeit f ‖ *Getue* n ‖ *Umstände mpl* ‖ ◇
hacer ~s *s. zieren* ‖ ¡déjate de ~s! *(fam) zier*
dich (doch) nicht so!
remilitari|zación *f Remilitarisierung* f ‖ **–zar**
[z/c] vt *remilitarisieren*
reminiscencia *f (Wieder)Erinnerung* f ‖ ⟨Lit
Mus⟩ *Reminiszenz* f, *Nachklang* m
remi|rado adj *bedächtig, umsichtig* ‖ *sehr*
aufmerksam ‖ *äußerst vorsichtig* ‖ **–rarse** vr
behutsam vorgehen ‖ *s. vorsehen*
remisamente adv *schwunglos* ‖ *nachlässig* ‖
mit Gleichgültigkeit
remi|sible adj *(m/f) erlässlich, verzeihlich* ‖
–sión *f Ver|gebung, -zeihung* f ‖ *Erlassung* f,
Erlass m *(e–r Strafe)* ‖ *Über-, Ver|sendung* f ‖
Zurücksendung f ‖ *Verweisung* f, *Hinweis* m ‖
Nachschlagewort n ‖ ⟨Med⟩ *Remission* f ‖ ~ de la
pena *Strafnachlass* m ‖ ~ de los pecados *Vergebung*
f *der Sünden* ‖ ~ de una suma *Erlass* m *e–r*
Summe ‖ ◆ sin ~ *unbarmherzig* ‖ *rettungslos* ‖
hoffnungslos ‖ *unausweichlich* ‖ *unvermeidlich* ‖
perdido sin ~ *unwiederbringlich verloren*
remiso adj/s *unentschlossen, zögernd* ‖
zaudernd ‖ *schlaff, nachlässig* ‖ ⟨Mus⟩ *vermindert*
remisor *m* Am *Absender* m *(→* **remitente**)

remi|te, –tente *m Absender* m *(e–s Briefes)* ‖
Wechselinhaber m ‖ **–tido** *m Zuschrift* f *(in der*
Zeitung) ‖ *Eingesandt* n *(in der Zeitung)* ‖ **–tir** vt
(zu)schicken, über-, ab-, ver|senden ‖ *überlassen,*
anheimstellen ‖ *erlassen, verzeihen* ‖ ◇ ~ el
importe *den Betrag einsenden* ‖ ~ a … *verweisen*
auf … (acc) ‖ para otros detalles –timos a Vd. a
… *wegen weiterer Einzelheiten verweisen wir Sie*
an … (acc) ‖ ~ vi *nachlassen* ‖ *aufhören*
(Blutung) ‖ ~se *s. fügen, s. bequemen* ‖ *s. berufen*
(a *auf* acc) ‖ *nachlassen* ‖ ◇ ~ a alg. *s. jdm*
anvertrauen ‖ ~ a un juicio *s. auf ein Urteil*
beziehen od verlassen
rémiz *f* ⟨V⟩ *Beutelmeise* f (Remiz pendulinus)
remo *m Ruder* m, *Riemen* m ‖ *Rudersport* m ‖
Rudern n ‖ ⟨fig⟩ *Galeerenstrafe* f ‖ ◆ a(l) ~
rudernd ‖ ◇ meter el ~ *(od* los ~s) ⟨pop⟩
reinfallen, s. blamieren ‖ pasar un río a(l) ~ *über*
e–n Fluss rudern ‖ tomar el ~ ‖ ⟨fig⟩ *die Führung*
übernehmen ‖ ~s *mpl Arme und Beine* pl ‖
Schwungfedern fpl der Vögel ‖ *Flügel mpl* ‖ ◇
hacer fuerza de ~ *aus allen Kräften rudern*
¹remoción *f Absetzung, Entfernung* f ‖
Abschaffung f ‖ *Beseitigung* f ‖ ⟨Verw⟩
Amtsenthebung f
²remoción *f:* ~ de tierras *Erdarbeiten* fpl
remode|lación *f Umgestaltung* f ‖ *Umbildung* f
(der Regierung) ‖ **–lar** vt *umgestalten* ‖ *(die*
Regierung) umbilden
remo|jar vt *anfeuchten, netzen, nass machen* ‖
einweichen ‖ *rösten (Hanf, Flachs)* ‖ *(aus)wässern*
(Stockfische) ‖ ◇ ¡vamos a ~lo! *(fig) das müssen*
wir feiern (fam begießen)! ‖ ~(se) el garguero *(el*
gaznate, las fauces) (fam) zechen, trinken ‖ **–jo** *m*
Einweichen, Wässern n ‖ Pe *Trinkgeld* n ‖ ◆ en
~ *eingeweicht* ‖ ◇ poner *od* echar a ~ *wässern*
lassen (Kichererbsen, Bohnen usw.) ‖ ponerse en
~ *aufquellen* ‖ **–jón** *m:* darse un ~ ⟨fam⟩
(klatsch)nass werden (vom Regen)
rémol *m* ⟨Fi⟩ *Glattbutt* m (Scophthalmus
rhombus)
remola|cha *f* ⟨Bot Agr⟩ *Rübe* f (Beta spp) ‖ ~
azucarera Zuckerrübe f (B. vulgaris saccharifera)
‖ ~ colorada, ~ roja, ~ de mesa *rote Rübe,*
⟨fam⟩ *rote Bete* f (B. v. rubra) ‖ ~ forrajera
Futterrübe f (B. v. rapa) ‖ **–chero** adj/s: industria
~a *Rübenindustrie* f
remolada *f* ⟨Kochk⟩ *Remoulade(nsauce)* f
remol|cador *m Schlepper, Schleppdampfer* m,
Schleppschiff n ‖ **–caje** *m* ⟨Auto⟩ *Abschleppen* n ‖
–car [c/qu] vt ⟨Mar⟩ *schleppen, bugsieren (& fig)*
‖ ⟨Auto⟩ *abschleppen*
remo|ler [-ue-] vt *fein(er) mahlen* ‖ Pe ⟨fig⟩
belästigen, plagen ‖ ~ vi *(fam) plaudern* ‖ *(fam)*
bummeln gehen ‖ **–lienda** *f (fam) Plauderzirkel* m
‖ Chi *lärmendes Vergnügen* n, *lustiger Rummel* m
remoli|nar vi *s. wirbelförmig (herum)drehen* ‖
e–n Wirbel bilden (Wasser) ‖ **–near** vt *wirbeln* ‖
quirlen ‖ **–no** *m Wirbel* m, *wirbelförmige*
Bewegung f ‖ *Wirbelwind* m ‖ *(Wasser)Strudel* m
‖ *Haarwirbel* m ‖ ⟨fig⟩ *Zusammenlaufen* n *der*
Leute ‖ ⟨fig⟩ *Unruhe, Verwirrung* f, ⟨figf⟩ *Wirbel*
m ‖ ~s de hojas *aufgewirbeltes Laub* n ‖ ~ de
viento *Wirbelwind* m
△ **remollar** vt *füttern* ‖ *besetzen*
△ **remollerón** *m Helm* m
¹remolón *m Hauer* m *(des Keilers)* ‖ *Höcker* m
(des Pferdezahns)
²remolón *m/adj Faulenzer* m ‖ *Drückeberger*
m ‖ ◇ hacerse el ~ ⟨fam⟩ *s. gütlich tun* ‖ ⟨fig⟩ *s.*
ducken
remolque *m* ⟨Mar⟩ *Bugsieren, Schleppen* n ‖
⟨Mar⟩ *Schlepptau* n ‖ ⟨Auto⟩ *Abschleppen* n ‖
(coche) ~ *Anhänger, Anhängewagen* m ‖ ~
articulado *Sattelschlepper* m ‖ ~ de camping

Wohn-, Camping\anhänger m ‖ ◆ a ~ ⟨Mar⟩ *ins Schlepptau genommen* ‖ ⟨fig⟩ *wider Willen, ungern, gezwungen* ‖ a ~ *de voluntad ajena* ⟨fig⟩ *fremdem Willen (blind) gehorchend* ‖ ◇ llevar a ~ *schleppen* ‖ ⟨fig⟩ *mitschleppen* ‖ llevar a alg. a ~ *jdn zu s–n Ideen bekehren,* ⟨fam⟩ *jdn ins Schlepptau nehmen* ‖ ~-**vivienda** *Wohnwagen* m
remonísimo adj ⟨pop⟩ *wunderhübsch*
¹**remonta** f ⟨Mil⟩ *Remonte* f ‖ *Remontierung* f ‖ *Pferdezucht* f ‖ ⟨Mil⟩ *Einkauf* m *von Hengsten* ‖ ⟨Mil⟩ *Ersatzpferde* npl
²**remonta** f *Besohlen* n ‖ *Aufpolstern* n *(Sattel)*
remontado adj *erhaben, schwülstig (Ausdruck)*
¹**remontar** vt ⟨Mil⟩ *mit frischen Dienstpferden versehen*
²**remontar** vt/i *ersteigen (e–e Höhe)* ‖ ⟨fig⟩ *erheben* ‖ ~ a *(zeitlich) zurückgehen auf* (acc) ‖ ~ *un río bergauf fahren*‖ ~**se** *s. emporschwingen* ‖ *emporfliegen (Flugzeug)* ‖ ⟨fig⟩ *aufbrausen, unruhig werden* ‖ ⟨fig⟩ *sehr weit zurückgreifen* ‖ ◇ ~ *por los aires emporfliegen, s. erheben* ‖ ~ *en alas de la fantasía s–r Einbildungskraft freien Lauf lassen* ‖ ~ *hasta od* al cielo *s. bis zum Himmel emporschwingen* ‖ *este autor se remonta hasta los tiempos prehistóricos dieser Schriftsteller greift bis in die vorgeschichtliche Zeit zurück*
¹**remonte** m ⟨Mil⟩ *Remonte* f
²**remonte** m *Remontespiel* n *(im bask. Ballspiel)* ‖ ⟨fig⟩ *Emporfliegen* n
¡**remoño!** int (euph) *Donnerwetter!*
remoquete m *Faustschlag* m *ins Gesicht* ‖ *Spitzname* m ‖ ⟨fig⟩ *Stichelei, Stichelrede* f ‖ ◇ dar ~ a alg. ⟨fig⟩ *gegen jdn sticheln*
rémora f ⟨Fi⟩ *Schiffshalter* m (Echeneis remora) ‖ ⟨fig⟩ *Hindernis* n ‖ ⟨fig⟩ *Last* f ‖ ⟨fig⟩ *Zeitverlust* m
remor\der [-ue-] vt *wiederholt beißen* ‖ *nachätzen (Stich)* ‖ ⟨fig⟩ *quälen, beunruhigen, ängstigen* ‖ ◇ *su acción le remuerde la conciencia er fühlt Gewissensbisse über s–e Tat* ‖ ~se *los labios de cólera s. vor Zorn in die Lippen beißen* ‖ –**dimiento** m *Reue* f ‖ ~s *de conciencia Gewissensbisse* mpl ‖ ◆ sin ~ *ohne Reue, reuelos*
remosquearse vr *(gegen Gehörtes od Gesehenes) misstrauisch werden*
remo\tamente adv *entfernt* ‖ ⟨fig⟩ *dunkel, vag(e), trüb, verwirrt* ‖ ◆ ni ~ *bei weitem nicht* ‖ *nicht im Traum* ‖ ◇ acordarse ~ *s. schwach erinnern* ‖ no lo piensa Vd. ni ~ *daran denken Sie gar nicht* ‖ no lo sé ni ~ *ich habe k–e Ahnung davon* ‖ no tengo ni ~ la idea de hacerlo *ich denke nicht im Entferntesten daran, es zu tun* ‖ –**to** adj *entfernt, abgelegen* ‖ ⟨fig⟩ *unwahrscheinlich* ‖ ⟨fig⟩ *vag(e), dunkel, verschwommen* ‖ ◆ desde épocas ~as *seit langem* ‖ ~a sospecha *vage Vermutung* f ‖ ni la más ~a idea *nicht einmal die leiseste Ahnung*
¹**remover** [-ue-] vt *umrühren* ‖ *umgraben* ‖ *quirlen* ‖ *einrücken* ‖ ⟨fig⟩ *aufregen, in Wallung bringen* ‖ ◇ ~ *los humores a alg.* ⟨fig⟩ *jdn aus der Ruhe bringen*
²**remover** [-ue-] vt *wegschaffen, entfernen* ‖ *wegräumen (Hindernis)* ‖ *absetzen (Beamte)* ‖ [in der Sektherstellung] *rütteln* ‖ ~ de … *verdrängen aus …* ‖ ~ obstáculos *Hindernisse beseitigen* ‖ ~ el sello de algo et. (amtlich) entsiegeln
removido m [in der Schaumweinherstellung] *Rütteln* n
remo\zamiento m *Verjüngung* f *Erneuerung, Renovierung, Auffrischung* f ‖ –**zar** vt *verjüngen* ‖ *erneuern, renovieren, auffrischen*
rempla\zante m/adj, –**zar** vt –**zo** m →
reempla\zante, –zar, –zo m
rempujar vt ⟨pop⟩ → **empujar**

¹**rempujo** m ⟨fam⟩ *Stoß* m
²**rempujo** m ⟨Mar⟩ *Segelhandschuh* m
rempujón m ⟨pop⟩ → **empujón**
remu\cho, –chísimo adv ⟨fam⟩ *sehr viel, riesig viel*
remuda f *Abwechslung* f ‖ *Ablösung* f *(Truppen)* ‖ *(Wäsche)Garnitur* f *(zum Wechseln)*
remudar vt *abwechseln* ‖ *ablösen (Truppen)* ‖ *umkleiden*
remugar vt/i *wiederkäuen (& fig)*
remullir [pret ~lló] vt *(sehr) auflockern*
remune\rable adj *(m/f) belohnenswert* ‖ –**ración** f *Vergütung* f ‖ *Entgelt* n ‖ *Belohnung* f ‖ *Lohn* m ‖ *Zugabe* f ‖ –**rador** adj/s: ◇ ser ~ *Gewinn bringend (& gewinnbringend), lohnend sein* ‖ *einträglich sein* ‖ –**rar** vt *belohnen, vergelten* ‖ *entlohnen* ‖ *entschädigen, vergüten* ‖ –**rativo** adj *lohnend, einträglich* ‖ *mündelsicher (Papiere)*
remurmujo m Má → **murmullo, murmuración**
remus\gar vi *(et.) wittern, (et.) ahnen, e–n Argwohn bzw e–e Vermutung haben* ‖ –**go** m *Argwohn* m ‖ p.ex *Ahnung, Vermutung* f ‖ *heftiger, kalter Wind(hauch)* m
rena\centista adj/s *(m/f) auf die Renaissance bezüglich, Renaissance-* ‖ –**cer** [-zc-] vi *neu aufleben* ‖ *wieder geboren werden* ‖ *wieder erstehen, zu neuem Leben erwachen* ‖ *neu aufblühen* ‖ *nachwachsen* ‖ ◇ ~ *a la vida neues Leben bekommen* ‖ ~ *de sus cenizas (fig) aus der Asche entstehen* ‖ –**cimiento** m *Wiedergeburt* f ‖ *Renaissance* f ‖ (estilo) ~ *Renaissancestil* m
renacuajo m ⟨Zool⟩ *(Kaul)Quappe* f ‖ ⟨fig⟩ *Knirps* m ‖ ⟨figf⟩ *kleines (freches) Kind* n
renal adj *(m/f)* ⟨An⟩ *Nieren-*
Renaldo m np *Reinhold* m
Rena\nia f ⟨Geogr⟩ *Rheinland* n ‖ *Rheingebiet* n ‖ ~-**Palatinado** m *Rheinland-Pfalz* n ‖ ~ del Norte/Westfalia f *Nordrhein-Westfalen* n ‖ =**no** adj *rheinisch, rheinländisch, Rhein-* ‖ ~ m *Rheinländer* m
△ **renaquelar** vt *wiederholen*
renci\lla f *Zwist* m ‖ *Hader* m ‖ *Groll* m ‖ –**lloso** adj *grollend* ‖ *streitsüchtig*
renco adj/s *kreuzlahm*
ren\cor m *Groll* m ‖ *Rachsucht* f ‖ ◇ guardar ~ a alg. *jdm et. nachtragen, jdm grollen (por wegen)* ‖ –**coroso** adj *grollend* ‖ *rachsüchtig* ‖ *unverträglich* ‖ *nachtragend* ‖ *ressentimentbeladen*
renda f ⟨Agr⟩ → **bina**
rendaje m *Zaumzeug* n
rendar vt ⟨Agr⟩ → ¹**binar**
△ **rendepe** adj *rund*
rendi\ción f *Übergabe* f *(e–r Festung)* ‖ *Ergebung, Kapitulation* f ‖ *Hingabe* f ‖ *Erschöpfung* f ‖ ~ de cuentas *Rechnungslegung* f ‖ *Abrechnung* f ‖ → **rendimiento** ‖ –**damente** adv *mit Hingabe, ergeben* ‖ –**do** adj *unter\tänig, -würfig, ehrerbietig* ‖ ⟨fig⟩ *ergeben, zugetan* ‖ *er\schöpft, -müdet* ‖ ◇ *todos bailaron hasta caer* ~s *alle tanzten bis zur Erschöpfung* ‖ estar ~ *erschöpft sein*
rendija f *Riss, Spalt* m ‖ *Ritze* f
¹**rendimiento** m *Ertrag* m ‖ *Leistung* f ‖ *Leistungsfähigkeit* f ‖ *Ausbeute* f ‖ *Ergebnis* n ‖ *Brauchbarkeit* f ‖ *(innerer) Wirkungsgrad* m ‖ *Nutzung* f ‖ ⟨Radio⟩ *Reichweite, Leistung* f ‖ ~ bruto ⟨Com⟩ *Bruttoertrag* m ‖ ~ de la cuenta *Rechnungslegung* f ‖ ~ máximo, máximo ~ *Höchstleistung* f ‖ ◆ conforme al ~ *leistungsgerecht* ‖ de gran ~ *hochwertig* ‖ ◇ obtener un ~ e–n *Ertrag erzielen* ‖ ~s mpl [im

Steuerwesen] *Einkommen* n ‖ ~ netos [im
Steuerwesen] *Einkünfte* pl
²rendimiento *m Hingabe, Neigung* f ‖ *Hang* m
‖ *Ergebung* f ‖ *Ehrfurcht* f ‖ *Unterwürfigkeit* f ‖
⟨fig⟩ *Erschöpfung* f
△ **rendiqué** *m Wache* f
¹rendir [-i-] vt/i *(über)geben* ‖ *zurück│geben,*
-erstatten ‖ *s. rentieren, s. bezahlt machen* ‖
erbringen (Beweis) ‖ *einbringen, Ertrag bringen* ‖
leisten (Organismus, Körper, Arbeit) ‖
leistungsfähig sein ‖ *erbrechen (Essen)* ‖
abstatten, bezeigen (Dank, Huldigung) ‖ ⟨Mil⟩
übergeben (& *Wache*) ‖ ◇ ~ *el alma den Geist*
aufgeben ‖ ~ *las armas* ⟨Mil⟩ *die Waffen strecken*
‖ ~ *beneficio Gewinn, Nutzen bringen* ‖ ~ *bien*
leistungsfähig sein ‖ ~ *cuenta Rechnung ablegen*
‖ *Rechenschaft ablegen* ‖ ~ *culto verehren* ‖ ~ *el*
espíritu → ~ *el alma* ‖ ~ *fruto Früchte geben* (&
fig) ‖ ~ *gracias Dank abstatten* ‖ ~ *homenaje a*
alg. *jdm huldigen* ‖ ~ *honor Ehre erweisen* ‖ ~
un informe Bericht erstatten ‖ ~ *su juicio (ante)*
s. überzeugen lassen, nachgeben ‖ ~**se** *s. ergeben*
‖ *s. unterwerfen* ‖ *nachgeben* ‖ *ermatten* ‖ ◇ ~ *de*
fatiga vor Müdigkeit umfallen ‖ ~ *a las lágrimas*
de alg. s. durch jds Tränen od Bitten erweichen
lassen ‖ ~ *a la razón s. überzeugen lassen* ‖ ~ *de*
trabajar demasiado s. überarbeiten
²rendir [-i-] vt *besiegen, überwinden* ‖
niederwerfen, zu Boden werfen ‖ *unterwürfig*
machen ‖ *s. zum Untertan machen* ‖ *beugen*
(Gemüt) ‖ *ermüden* ‖ *entkräften, erschöpfen* ‖
⟨pop⟩ *fertig machen* ‖ *zu Tode reiten (Pferd)* ‖ ◇
la fatiga la rindió die Müdigkeit überwältigte sie
rene│gado adj *abtrünnig* ‖ *schlecht, verderbt* ‖
⟨fig⟩ *schroff* ‖ ⟨fig⟩ *ketzerisch* ‖ ~ *m*
Abtrünnige(r), Renegat m (→ **apóstata**) ‖ ⟨fig⟩
Verräter m ‖ ⟨Kart⟩ → **tresillo** ‖ **–gar** [-ie-] vt
wiederholt ableugnen ‖ *abschwören* ‖
verabscheuen ‖ ~ vi *vom (christlichen) Glauben*
abfallen, abtrünnig werden ‖ ⟨Pol⟩ *abtrünnig*
werden (& fig) ‖ ⟨fig⟩ *schimpfen, fluchen* ‖ ◇ ~
de algo et. verleugnen ‖ *et. ver│fluchen,*
-wünschen ‖ ~ *de alg. s. von jdm lossagen, jdm*
untreu werden ‖ ~ *de la fe abtrünnig werden* ‖
–gón *m Meckerer, Nörgler, Quengler,* ⟨fam⟩
Meckerfritze m ‖ *Protester* m
rene│grear vt *stark schwärzen* ‖ **–grido** adj
schwärzlich
RENFE *f* ⟨Abk⟩ = **Red Nacional de**
Ferrocariles Españoles
ren│gadera *f* Sal → **cadera** ‖ **–gar** vt Sal →
derrengar
rengifero *m* ⟨Zool⟩ → **reno**
renglón *m Zeile* f ‖ *Reihe* f ‖ *Posten* m
(Buchführung) ‖ ⟨fig⟩ *Bestandteil* m ‖ ⟨fig⟩
Handelsartikel m (bes. Am) ‖ ♦ a ~ *seguido*
⟨fig⟩ *unverzüglich, gleich darauf* ‖ **renglones** mpl:
dejar entre los ~ ⟨fig⟩ (et.) *vergessen* ‖ *s. an et.*
nicht erinnern ‖ *ungesagt lassen* ‖ *escribir unos*
od cuatro ~ *ein paar Zeilen schreiben* ‖ *leer entre*
los ~ ⟨fig⟩ *zwischen den Zeilen lesen* ‖ *quedarse*
entre ~ ⟨fig⟩ *vergessen werden*
renglona│dura *f Lin(i)ierung* f ‖ **–r** vt
lin(i)ieren
rengo adj *kreuzlahm* ‖ ◇ *dar a alg. con la de*
~ *jdn (in s–n Hoffnungen) enttäuschen* ‖ *hacer la*
de ~ *den Lahmen* (p. ex *den Kranken*) *spielen,*
⟨fam⟩ *s. ducken*
renguear vi Arg → **renquear**
△ **renicar** [c/qu] vi = **renegar**
△ **renicle** *m Rübe* f
reniego *m Gotteslästerung* f ‖ *Verleugnung* f ‖
⟨fig⟩ *Fluchwort* n, *Fluch* m
renil adj *(m/f) unfruchtbar (Schaf)*
renio *m* **(Re)** ⟨Chem⟩ *Rhenium* n

reniten│cia *f Widersetzlichkeit, Renitenz* f ‖ **–te**
adj *(m/f) wider│setzlich, -spenstig, renitent* ‖
eigensinnig
reno *m* ⟨Zool⟩ *Ren(tier)* n (Rangifer tarandus)
renom│brado adj *berühmt* ‖ **–bre** *m Ruf, Ruhm*
m ‖ *Berühmtheit* f, *Renommee* n ‖ *Zu-, Bei│name*
m ‖ ♦ *de* ~ *mundial weltberühmt, von Weltruf* ‖
◇ *adquirir* ~ *berühmt werden* ‖ *gozar de*
merecido ~ *s. e–s wohlverdienten Ruhmes*
erfreuen
reno│vación *f Erneuerung* f ‖ *Umschwung* m ‖
Auffrischung f ‖ *Wiederbelebung* f ‖ *Renovierung*
f ‖ ~ *de abono* ⟨Th⟩ *neues Abonnement* n ‖ ~ *de*
una letra de cambio Prolongation f *e–s Wechsels*
‖ ~ *de los votos* ⟨Rel⟩ *Erneuerung* f *der Gelübde*
–vador adj *erneuernd* ‖ *auffrischend* ‖ ~ *m*
Erneurer m ‖ **–val** *m* ⟨Bot⟩ *Schonung* f
(Forstwirtschaft) ‖ **–var** [-ue-] vt *erneuern* ‖
wieder│herstellen, -beleben ‖ *durch Neues ersetzen*
‖ *auffrischen* ‖ ⟨figf⟩ *aufwärmen (alte*
Geschichten) ‖ *renovieren* ‖ *modernisieren* ‖
prolongieren (Wechsel) ‖ ◇ ~ *la amistad die*
Freundschaft erneuern ‖ ~ *viejas historias* ⟨figf⟩
alte Geschichten (wieder) aufwärmen ‖ ~ *la llaga*
⟨fig⟩ *die (alte) Wunde wieder aufreißen* ‖ ~**se** *s.*
erneuern
renque│ar vi *hinken* ‖ **–ra** *f* Am *Kreuzlähmung*
f ‖ *Hinken* n
renta *f Rente* f *(Kapitalertrag)* ‖ *(Kapital)Zins*
m ‖ *Mietzins* m ‖ *Pachtzins* m ‖ *Ertrag* m ‖ p. ex
Einkommen n ‖ *Staatsrente* f ‖ ~ *anual*
Jahresrente, Annuität f ‖ ~ *al 5 por 100 5%ige*
Rente ‖ ~ *per cápita Pro-Kopf-Einkommen* n ‖ ~
consolidada konsolidierte (Staats-)Rente f ‖ ~
disponible verfügbares Einkommen n ‖ ~ *del*
Estado Staatsrente f ‖ ~ *fija festes Einkommen* n
‖ ~ *imponible steuerpflichtiges Einkommen* n ‖ ~
nacional Volkseinkommen n ‖ ~ *perpetua*
unkündbare Rentenschuld f ‖ ~ *pública*
Staatsrente f ‖ ~ *vitalicia Leibrente* f ‖ ♦ a ~ *auf*
Pacht, ge│pachtet bzw -mietet ‖ *ver│pachtet bzw*
-mietet ‖ *de* ~ *fija festverzinslich* ‖ ◇ *amortizar la*
~ *die Rente amortisieren, tilgen* ‖ *invertir en* ~
in Renten anlegen (Kapital) ‖ *poner a* ~
ver│pachten bzw -mieten ‖ *tomar a* ~ *pachten* ‖
¿*cuál es la* ~ *de este piso? wie hoch ist die Miete*
für diese Wohnung? ‖ *vivir de sus* ~s (od de ~)
von s–n Zinsen leben, privatisieren ‖ dim: ~**illa** *f*
ren│tabilidad *f Rentabilität* f (& fig) ‖
Einträglichkeit f ‖ *Wirtschaftlichkeit* f ‖ **–table** adj
(m/f) rentabel (& fig) ‖ *wirtschaftlich* ‖
einträglich, lohnend ‖ ◇ *ser muy* ~ *s. gut*
rentieren ‖ ⟨fig⟩ *s. lohnen, der Mühe wert sein* ‖
–tado adj: *bien* ~ *gut bezahlt* ‖ *einträglich* ‖ **–tar**
vt *(Zins, Pacht usw.) ein│tragen, -bringen* ‖ ~ vi
s. rentieren, Ertrag bringen ‖ ⟨fig⟩ *s. lohnen* ‖
¿*cuánto (od qué) renta este piso? wie hoch ist die*
Miete für diese Wohnung? ‖ **–tero** *m Pächter* m ‖
Pachtbauer m ‖ → **tributario** ‖ **–tista** *m/f*
Rentenempfänger(in f), *Rentner(in* f) m ‖ *Rentier,*
Privatier m, *von eigenem Vermögen lebende*
Person f ‖ *Finanzexperte* m ‖ **–tístico** adj: *Renten-*
renuen│cia *f* ⟨fig⟩ *Weigerung,*
Widerspenstigkeit f ‖ *Widerwilligkeit* f ‖ **–te** adj
(m/f) widerspenstig ‖ *widerwillig* ‖ → *auch*
renitente
renuevo *m Schössling, Trieb, Setzling* m ‖
Erneuerung f
renun│cia *f Entsagung, Verzichtleistung* f,
Verzicht m ‖ *Abdankung* f ‖ ~ *tácita*
stillschweigender Verzicht m ‖ ~ *al uso de la*
fuerza ⟨Pol⟩ *Gewaltverzicht* m ‖ ~ *de sí mismo*
Selbstverleugnung f ‖ ~ *a la violencia*
Gewaltverzicht n ‖ ♦ *bajo* ~ *a … unter*
Verzicht(leistung) auf … (acc) ‖ ◇ *hacer* ~ *a algo*

auf et. verzichten (acc) ‖ presentar su ~ *abdanken* ‖ **–ciación** f, **–ciamiento** m → **–cia** ‖ **–ciar** vt/i *verzichten, Verzicht leisten* (a *auf* acc) ‖ *entsagen* (dat) ‖ *(et.) aufgeben, verlassen* ‖ *verschmähen, abweisen* ‖ *ausschlagen (Angebot)* ‖ ⟨Kart⟩ *nicht bedienen, passen* ‖ Am *niederlegen* ‖ ◇ ~ a su cargo *sein Amt niederlegen* ‖ ~ a un derecho *s. e–s Rechtes begeben* ‖ ~ en favor de alg.

zugunsten (& *zu Gunsten*) *jds Verzicht leisten* ‖ ~ a una pretensión *e–m Anspruch entsagen* ‖ *auf die Klage verzichten, Klageverzicht üben* ‖ **–ciatorio** m ⟨Jur⟩ *derjenige, zu dessen Gunsten die Verzichtleistung erfolgt*

    renuncio m ⟨Kart⟩ *Fehlfarbe, Renonce* f ‖ ⟨Kart⟩ *Passen* n ‖ ⟨fig⟩ *Lüge* f, *Schwindel* m ‖ ◇ coger a alg. en un ~ ⟨figf⟩ *jdn Lügen strafen*

    reñi|damente adv *hitzig, mit Ungestüm* ‖ **–dero** m *Kampfplatz* m ‖ ~ (de gallos) *Hahnenkampfplatz* m ‖ **–do** adj *entzweit, uneins* ‖ *widersprechend* ‖ *hitzig, heftig, erbittert (Krieg, Gefecht)* ‖ una ~a lucha, un ~ combate *ein heftiger, hitziger, harter Kampf* ‖ ◇ estar ~ con alg. *mit jdm verfeindet sein* ‖ estar ~ con la vida *lebensüberdrüssig sein* ‖ lo uno no está ~ con lo otro *das e–e schließt das andere nicht aus*

    reñir [-i-, pret ~ñó] vt *aus|zanken, -schelten* ‖ *führen, austragen (Kampf)* ‖ ~ vi *s. zanken* ‖ *streiten* (con, contra *mit*) ‖ *s. entzweien, s. verfeinden (mit)* ‖ ◇ ~ de bueno a bueno *fair streiten bzw kämpfen* ‖ no tengo ganas de ~ *ich bin nicht zum Streiten aufgelegt*

    △ **reño** m *Zeichen* n

    ¹reo m/adj *Schuldige(r), Missetäter* m ‖ ⟨Jur⟩ *Angeklagte(r), Beschuldigte(r)* m ‖ ~ de muerte *wegen e–s Mordes angeklagt* ‖ ~ (del crimen) de alta traición *Hochverräter* m

    ²reo m ⟨Fi⟩ *Meer-, Lachs|forelle* f (Salmo trutta)

    reoca f ⟨fam⟩: ¡eso es la ~! *das ist das Letzte! das ist allerhand!* ‖ *unglaublich!*

    reofilia f ⟨Ökol⟩ *Rheophilie, Bevorzugung* f *des strömenden Wassers (der Fließgewässer)*

    reóforo m ⟨Phys⟩ *Stromleiter* m ‖ *Sockelstift* m *(der Röhre)* ‖ *Anschlussklemme* f

    reojo m: mirada de ~ *(scheuer) Seitenblick* m ‖ ◇ mirar de ~ *verstohlen ansehen* ‖ ⟨fig⟩ *mit Verachtung od von oben herab ansehen*

    reología f *Rheologie* f

    reómetro m *Strömungsmesser* m

    reordenar vt *neu ordnen*

    reorgani|zación f *Neuordnung* f ‖ *Um-, Neu|gestaltung* f ‖ *Wiedereinrichtung* f ‖ *Reorganisation* f ‖ ~ de los barrios viejos *Altstadtsanierung* f ‖ ~ del suelo *Umlegung(sverfahren* n) f ‖ **–zar** [z/c] vt *umgestalten* ‖ *neu gestalten* ‖ *neu ordnen* ‖ *wieder einrichten* ‖ *reorganisieren*

    reorientar vt *neu orientieren, e–e neue Richtung geben*

    reóstato m ⟨El⟩ *Rheostat, Regelwiderstand* m ‖ ~ de arranque *Anlasswiderstand* m

    repanchigarse [g/gu] vr → **repantigarse**

    repanocha f: ¡esto es la ~! ⟨fam⟩ *das ist allerhand!* ‖ *das ist toll!*

    repantigarse [g/gu] vr *s. behaglich im Sessel zurücklehnen*

    △ **repañí** m *starker Branntwein* m

    △ **repañó** m *Wasserrübe* f

    repapilarse vr *s. gemütlich satt essen*

    repapo m: de ~ Ar *behäbig*

    repa|ración f *Ausbesserung* f ‖ *Reparatur* f ‖ *Ehrenerklärung, Genugtuung* f *(Ehrensache)* ‖ *Ersatz* m *(der Kriegsschäden)* ‖ *Wiedergutmachung* f ‖ ~ de una pérdida *Ersatz* m *e–s Verlustes* ‖ ◇ estar en ~ *in Reparatur sein* ‖

hacer una ~ *ausbessern* ‖ **-raciones** pl *Reparationen* fpl ‖ *Reparationszahlungen* fpl ‖ **–rado** adj: *versorgt* ‖ *verstärkt* ‖ *beschädigt* ‖ ~ de un ojo *einäugig* ‖ *schielend*

    repa|rador adj *verbessernd* ‖ *kräftigend, stärkend* ‖ *aufbauend (& Nahrung)* ‖ *ersetzend* ‖ *wieder gutmachend* ‖ *stärkend (Schlaf)* ‖ **–rar** vt *ausbessern, reparieren* ‖ *wiederherstellen* ‖ *(wieder) gutmachen* ‖ *verbessern* ‖ *abhelfen* (dat) ‖ *parieren (Schlag, Messerstich usw.)* ‖ ◇ ~ un daño *e–n Schaden ersetzen* ‖ ~ una pérdida *e–n Verlust gutmachen* ‖ ~ vi *Anstand nehmen, Bedenken tragen* ‖ ◇ ~ en algo *et. aufmerksam betrachten* ‖ *et. bemerken, et. wahrnehmen* ‖ *auf et. achten* ‖ *auf et. Rücksicht nehmen* ‖ no ~ en algo *k–n Anstand an et. nehmen* ‖ ~ en pelillos ⟨fig⟩ *s. an Kleinigkeiten stoßen* ‖ ~ en un riesgo *e–r Gefahr begegnen* ‖ no ~ en sacrificios *k–e Opfer scheuen* ‖ ~**se** *s. besinnen* ‖ *s. beherrschen* ‖ *s. versehen (de mit)* ‖ Am *s. bäumen (Pferd)* ‖ *auf ein Hindernis stoßen*

    reparcelar vt *neu parzellieren*

    ¹reparo m *Ausbesserung, Wiederherstellung, Reparatur* f ‖ *Umbau* m ‖ *(Ab)Hilfe* f

    ²repa|ro m *Bemerkung, Wahrnehmung* f ‖ *Bedenklichkeit* f ‖ *Bedenken* n, *Zweifel* m ‖ *Tadel* m, *Rüge* f ‖ *Parieren* n *(beim Fechten)* ‖ ◆ sin ~ alguno *ohne weiteres* ‖ *ohne Bedenken, anstandslos* ‖ ◇ poner ~ en … ⟨fig⟩ *s. stoßen an … (dat)* ‖ *einzuwenden haben, s–e Bedenken aussprechen gegen … (acc)* ‖ tengo ~ en (*od* me da ~) entrar *ich wage nicht einzutreten* ‖ no tengo ~ en decirlo *ich mache kein Hehl daraus* ‖ ¡no pongas tantos ~s! ⟨fam⟩ *lass doch mal d–e ewigen Einwände! sei (doch) kein Nörgler!* ‖ **–rón** m ⟨fam⟩ *Meckerer, Nörgler, Krittler* m

    repar|tición f *Verteilung* f ‖ *Austeilung* f ‖ *Zuteilung* f ‖ *Umlage* f ‖ **–tida** f ⟨fam⟩ → **reparto** ‖ **–tidor** m *Verteiler* m ‖ *Zeitungsträger* m ‖ *Zuteiler* m ⟨Tech⟩ *Verteiler* m ‖ *Setzhammer* m *(Schmiede)* ‖ **–tidora** f ⟨Agr⟩ *Streuer* m ‖ *Verteiler* m ‖ ~ de estiércol ⟨Agr⟩ *(Stall)Dungstreuer* m ‖ **–timiento** m *Aus-, Ein-, Ver|teilung* f ‖ *Einteilung* f ‖ **–tir** vt *ver-, aus-, zu|teilen* ‖ *einteilen* ‖ ⟨Postw⟩ *austragen* ‖ *(ins Haus) zustellen (Zeitung, Ware)* ‖ *verstauen (Ladung)* ‖ *ausschütten (z. B. Dividende)* ‖ *besetzen (die Rollen)* ‖ ◇ ~ acciones *Aktien zuteilen* ‖ ~ la correspondencia *die Briefe zustellen* ‖ ~ la ganancia *den Gewinn teilen* ‖ ~ los gastos *die Kosten verteilen* ‖ ~ golpes ⟨fam⟩ *Schläge austeilen* ‖ ~ limosnas *Almosen geben* ‖ ~ a *od* entre muchos *unter viele verteilen, an viele ausgeben* ‖ ~ la pérdida *den Verlust teilen* ‖ ~ en porciones iguales *gleichmäßig verteilen* ‖ ~ los premios *die (Ehren)Preise verteilen* (z. B. *in den Schulen*) ‖ ~ proporcionalmente *nach Verhältnis verteilen* ‖ **–to** m *Verteilung* f ‖ *Ausgabe* f ‖ *Lieferung* f ‖ *Zustellung* f *ins Haus (von Post, Waren)* ‖ *Austeilung* f *der Briefpost* ‖ *Bestellung* f *(der Briefe)* ‖ *Ausschüttung* f (z. B. *der Dividende)* ‖ *Um|legung, -lage* f ⟨Th⟩ *(Rollen)Besetzung* f ‖ ~ del dividendo *Ausschüttung* f *der Dividende* ‖ ~ de equipaje(s) *Gepäckausgabe* f ‖ ~ de la ganancia *Gewinnverteilung* f ‖ ~ de premios *Preisverteilung* f ‖ ~ proporcional *quotenmäßige Auf-, Ver|teilung* f ‖ ◆ de ~ *Liefer-* (z. B. *Wagen)* ‖ en ~ proporcional *nach Verhältnis* (*od* quotenmäßig) *verteilt*

    repasador m Arg Ur *Abtrockentuch* n

    repasadora f *Flickschneiderin* f

    repa|sar vt/i *nochmals durch|gehen, -sehen, -lesen* ‖ *flüchtig durch|sehen, -lesen* ‖ *ausbessern* ‖ *überprüfen* ‖ *wiederholen, überprüfen (Gelerntes)* ‖ *flicken, ausbessern (Wäsche)* ‖ ⟨Mus⟩

durchspielen ‖ ⟨Tech⟩ *nacharbeiten* ‖ *veredeln* ‖ ◇
~ *una cuenta e–e Rechnung nachprüfen,*
durchsehen ‖ ~ *la lección die Aufgabe*
wiederholen ‖ *die Aufgabe nochmals erklären* ‖ ~
la ropa blanca die Wäsche ausbessern od flicken ‖
◆ *al* ~ *mis libros* ⟨Com⟩ *bei Durchsicht m–r*
Bücher ‖ *–só la carta er überflog den Brief* ‖
segunda edición –sada y corregida zweite
durchgesehene und verbesserte Auflage
  repa|sata, –sada *f* ⟨fam⟩ *Rüffel, Anranzer* m
  repaso *m nochmalige Untersuchung bzw*
Überprüfung f ‖ *Durchsicht* f ‖ *Durchlesen* n ‖
Wiederholung f ‖ ~ *general* ⟨Auto Tech⟩
General-, Allgemein|überholung f
  repatear *vi* ⟨fam⟩ *sehr missfallen*
  repa|triación *f Rückkehr ins Vaterland,*
Rückführung, Repatriierung f ‖ ~ *de capitales*
Kapitalrückfluss m ‖ **–triados** *mpl Repatrianten*
mpl ‖ *in die Heimat zurückgeführte Kriegs- bzw*
Zivil|gefangene mpl ‖ *Heimkehrer* mpl ‖ ⟨Mil⟩ *in*
die Heimat beförderte Truppen pl ‖ **–triar** [*pres*
~*ío od* ~*io*] *vt heimschaffen* ‖ *in die Heimat*
entlassen (*Kriegs- bzw Zivil|gefangene*) ‖
repatriieren ‖ **~se** *heimkehren*
  repecho *m kurzer, steiler* (*Berg*)*Abhang* m ‖
Böschung f ‖ ◆ *a* ~ *bergauf*
  repegoso adj ⟨fam⟩ *zudringlich*
  repeinado adj *sehr sorgfältig gekämmt* ‖ ⟨fig⟩
ge|schniegelt und -bügelt
  ¹repelar *vt* (*zer*)*zausen, an den Haaren ziehen*
‖ ⟨fig⟩ *vermindern, beschneiden* (*z.B. Ausgaben*)
  ²repelar *vt Chi bereuen* ‖ *ärgern* ‖ Mex
auszanken
  ¹repelente adj (*m/f*) *abweisend* (*z.B. Wasser*) ‖
⟨fig⟩ *abstoßend, wider|lich, -wärtig,*
verabscheuenswert ‖ ⟨fig⟩ *gekünstelt, affektiert* ‖
⟨fig⟩ *besserwisserisch*
  ²repelente *m Insektenschutzmittel* n
  repe|ler *vt zurückstoßen* ‖ *zurücktreiben* ‖
zurückweisen ‖ ⟨Med Tech⟩ *abstoßen* (& fig) ‖
⟨figf⟩ *zuwider sein, widerstreben* ‖ ◇ *esa persona*
me –le dieser Mensch ist mir zuwider ‖ *me –le*
(*tener que*) *pedirle un favor es widerstrebt mir,*
ihn um e–n Gefallen bitten zu müssen ‖ **–lo** *m*
Gegenstrich m *des Haares* ‖ ⟨fig⟩ *Widerwille* m ‖
⟨fig⟩ *Unlust* f ‖ ◆ *a* ~ *gegen den Strich* ‖ ⟨fam⟩
mit Widerwillen, ungern ‖ ~ *de la uña Neider,*
Neidnagel m
  repelón *m Haarzupfer* m ‖ ⟨fig⟩ *plötzliches*
Vorpreschen n (*des Pferdes*) ‖ ⟨fig⟩ *abgezupftes*
Fetzchen n ‖ Mex *Rüffel, Verweis* m ‖ ◆ *a*
repelones ⟨figf⟩ *widerwillig, mit Widerwillen* ‖
⟨figf⟩ *mit großer Mühe,* ⟨fam⟩ *mit Hängen und*
Würgen ‖ *de* ~ *flüchtig, obenhin* ‖ ◇ *dar un* ~ *a*
alg. jdn stoßen, jdm e–n Stoß geben ‖ *ser más*
viejo que el ~ ⟨fig⟩ *abgedroschen, längst bekannt*
sein
  repe|luco *m,* ⟨fam⟩ **–lunco** *m,* ⟨fam⟩ **–lús** *m,*
⟨fam⟩ **–luzno** *m Schüttelfrost* m ‖ *Schauder* m
  repensar [-ie-] *vt nochmals überlegen* ‖ ◇
pensar y ~ *hin und her überlegen* ‖ **~se** *s. anders*
besinnen
  repen|te *m* ⟨fam⟩ *plötzliche, rasche Bewegung,*
Aufwallung f ‖ ◆ *de* ~ *plötzlich, un|vermutet,*
-versehens, -vermittelt, schlagartig ‖ *aus dem*
Stegreif ‖ ◇ *hablar de* ~ *aus dem Stegreif reden* ‖
morir de ~ *plötzlich sterben, wegsterben* ‖
–tinamente adv *plötzlich, un|vermutet, -verhofft* ‖
–tino adj *plötzlich, un|erwartet, -verhofft* ‖
improvisiert ‖ ◇ *experimentar un cambio* ~ *e–n*
plötzlichen Wandel od Umschwung erfahren (*z.B.*
Markt) ‖ **–tista** *m/f Improvisator*(*in* f) m ‖ **–tizar**
[z/c] *vi* ⟨Mus⟩ *vom Blatt spielen bzw singen* ‖
improvisieren
  repeor adj/adv ⟨fam⟩ *noch viel schlimmer*

  repercu|sión *f* ⟨Phys⟩ *Zurückwerfen* n ‖ ⟨allg⟩
Rück|prall, -stoß m ‖ ⟨fig⟩ *Rückwirkung* f ‖ ⟨fig⟩
Nebenwirkung f ‖ ⟨fig⟩ *Anklang* m ‖ ~ *del sonido*
Widerhall m ‖ ◇ *tener* ~ ⟨fig⟩ *Widerhall od*
Nachklang finden ‖ **–tir** *vt* ⟨Med⟩ *zurücktreiben*
(*Geschwulst*) ‖ ~ *vi zurückprallen* ‖ ⟨fig⟩
widerhallen, Nachklang finden ‖ *zurückwirken* ‖
⟨fig⟩ *s. auswirken* (en *auf* acc)
  reperpeo *m* Dom PR *Durcheinander* n,
Wirrwarr m
  repertorio *m Sammelwerk* n ‖ *Verzeichnis,*
Inventar n ‖ *Zusammenstellung* f (*von Texten*) ‖
Repertorium n ‖ ⟨Th⟩ *Spielplan* m, *Repertoire* n ‖
~ *de direcciones Adressentabelle* f
  repes (= *repetidos*) *mpl* Span ⟨fam⟩
Blindenlotterie f (*Blindenfürsorge*)
  repe|sar *vt nachwiegen* ‖ **–so** *m Nachwiegen* n
‖ *Waageamt* n ‖ ⟨Com⟩ *Gewichtsvergütung,*
Refaktie f ‖ *Gewichtskontrolle* f
  repes|ca *f Wiederholungsprüfung* f ‖ **–car** *vt*
[c/qu] *ein zweites Mal zu e–r Prüfung zulassen*
  repetición *f Wiederholung* f ‖ ⟨Jur⟩
Rückforderung f ‖ ⟨Mus⟩ *Wiederholungszeichen* n,
Repetition f ‖ *Schlagwerk* n *e–r Uhr* ‖ ~ *del*
dibujo Rapport m (*z.B. auf Tapeten*) ‖ ◆ *de* ~
Repetier- (*z.B. Uhr*) ‖ *en caso de* ~ *im*
Wiederholungsfall
  repe|tidamente adv *häufig, oft* ‖ **–tido** adj
wiederholt ‖ *häufig, mehrmalig* ‖ ~*as veces zu*
wiederholten Malen, mehrmals, des Öfter(e)n
  ¹repetidor *m Wiederholer* m ‖
Sitzengebliebene(r) (*Schüler, in Spanien auch:*
Student) ‖ *Repetitor, Hauslehrer* m
  ²repetidor *m* (Mar Flugw) (*Tochter*)*Kompass*
m *bzw Kreiseltochter* f ‖ ⟨TV⟩ *Relaisstation* f ‖
⟨Tel⟩ *Verstärker* m ‖ ⟨El⟩ *Rückmelder* m
  repetir [-i-] *vt/i wiederholen* ‖ *nochmals*
nehmen (*Essen, Speisen*) ‖ *repetieren* (& *Uhr*) ‖
⟨Mil⟩ → **reengancharse** ‖ ◇ *repito* od *si*
wiederhole, ‖ *sage ich* (*als Wiederholung der*
Eingangsworte nach langem Zwischensatz) ‖ *es,*
repito, un caso grave es ist, ich wiederhole, ein
schwerer Fall ‖ ~ *la demanda wieder od erneut*
ersuchen (*de um*) ‖ ~ *los pedidos*
Nachbestellungen machen ‖ ~ *la demanda*
neu(erlich) ersuchen (*de um*) ‖ ~ *vi aufstoßen*
(*vom Magen*) ‖ ◇ ~ *contra alg.* ⟨Jur⟩ *Rückgriff*
od gegen jdn Regress nehmen ‖ ~**se** *s.*
wiederholen ‖ *wiederkehren* ‖ *nochmals*
vorkommen ‖ ~ *me repito de Vd. affmo.* ... *ich*
verbleibe mit freundlichen Grüßen Ihr ...
(*Briefschluss*) ‖ ¡*que se repita! noch einmal!* ‖
⟨Mus⟩ *da capo!*
  repi|car [c/qu] *vt klein hacken* ‖ *zerstückeln* ‖
(*die Glocken*) *anschlagen, heftig läuten* ‖
aneinander schlagen (*Kastagnetten*) ‖ (*Hüte*)
aufkratzen ‖ Hond *züchtigen* ‖ ◇ *no se puede* ~ *y*
andar en la procesión ⟨Spr⟩ *man kann nicht*
(*gleichzeitig*) *auf zwei Hochzeiten tanzen* ‖ ~ *vi*
läuten, anschlagen (*Glocken*) ‖ *klappern*
(*Kastagnetten*) ‖ ~**se** (pop) *s. beleidigt od*
getroffen fühlen ‖ *angeben, prahlen, großtun* ‖
–coteo *m* (pop) *Stichelei, Stichelrede* f ‖ →
repiqueteo
  repinarse vr *s. emporschwingen*
  repintar *vt* ⟨Mal⟩ *übermalen, erneuern* ‖ ⟨Typ⟩
abschmieren ‖ ~**se** ⟨figf⟩ *s. stark schminken,*
⟨fam⟩ *s. anmalen*
  repipi adj/adv *gekünstelt, affektiert* ‖ ⟨fam⟩
schnippisch ‖ *dreist*
  △ **repipoche** *m Gefängniszelle* f
  repi|que *m Glockenläuten* n ‖ *Glockenspiel* n ‖
⟨figf⟩ *kleine Zänkerei* f ‖ **–quete** *m Läuten,*
Glockengebimmel n ‖ *Klappern* n (*Kastagnetten*) ‖
Gefecht, Scharmützel n ‖ ⟨Mar⟩ *kurzes Lavieren* n

‖ Col *Groll, Zorn* m ‖ ~**s** *mpl* Chi *Trällern, Zwitschern* n *(der Vögel)* ‖ ◇ dar ~ ⟨figf⟩ *s. herumzanken* ‖ **–quetear** vt/i *mit den Glocken läuten* ‖ *(mit Kastagnetten) klappern* ‖ ⟨fig⟩ *trippeln* (bes. *Kinder)* ‖ ~**se** ⟨figf⟩ *s. gegenseitig beschimpfen, s. zanken, streiten* ‖ **–queteo** m *(Glocken)Geläut(e), Gebimmel* n ‖ *Klappern* n *(der Kastagnetten)* ‖ ⟨fig⟩ *Streit* m, ⟨fam⟩ *Gezänk* n ‖ → auch **repiquete**

   repisa *f* ⟨Arch⟩ *Krag-, Trag\stein* m ‖ *erhöhter (Tisch)Rand* m ‖ *Konsole* f, *Spiegel-, Pfeiler\tischchen* n ‖ *Fensterbank* f ‖ *Abstellbord* n

   repisar vt *feststampfen* ‖ *wiederholt treten*
   repiso *m* *Tresterwein* m
   repizcar [c/qu] vt *kneifen*
   replana *f* Pe *peruanische Gaunersprache* f
   replanificación *f* *Umplanung* f
   replan\tación *f* *Neu-, Wieder\bepflanzung* f ‖ *Umpflanzung* f ‖ ⟨Med⟩ *Reimplantation* f ‖ **–tar** vt *wieder bepflanzen* ‖ *umpflanzen*
   replan\tear vt *nochmals entwerfen* ‖ ⟨Arch⟩ *trassieren* ‖ ⟨fig⟩ *wieder stellen* (z. B. *Frage)* ‖ **–teo** *m* ⟨Arch⟩ *Trassierung* f
   replantigarse [g/gu] vr Am → **repantigarse**
   repleción *f* *Überladung, Füllung* f (bes. *des Magens)* ‖ ⟨Med⟩ *Vollblütigkeit* f
   replegar [-ie-, g/gu] vt *(nochmals) zusammenfalten, umschlagen* ‖ ~**se** ⟨Mil⟩ *s. (in guter Ordnung) zurückziehen*
   reple\tar vt *(aus)füllen* ‖ *voll stopfen* ‖ **–to** adj *voll, angefüllt* ‖ ⟨fam⟩ *gesteckt voll* ‖ *überladen (mit Speisen)* ‖ *dick, beleibt* ‖ ~ de interés ⟨fam⟩ *höchst interessant* ‖ una bolsa bien ~a *e–e gespickte Börse* f ‖ ◇ estar ~ ⟨fam⟩ *s. voll gegessen haben* ‖ *überfüllt sein*
   réplica *f* ⟨Tech Jur⟩ *Replik* f ‖ *Gegendarstellung* f ‖ ⟨Jur⟩ *Gegenrede* f ‖ ⟨Jur⟩ *Einrede* f ‖ ⟨Mus⟩ *Wiederholung* f ‖ *Stichwort* n ‖ ⟨allg⟩ *Erwiderung* f ‖ *(Gegen)Antwort* f ‖ *Entgegnung* f ‖ *Einwendung, Widerrede* f ‖ ◇ tener siempre la ~ dispuesta *schlagfertig sein*
   repli\car [c/qu] vi *(schlagfertig) widersprechen* ‖ *erwidern* ‖ *entgegnen* ‖ **–cón** adj *stets widersprechend* ‖ *rechthaberisch* ‖ ~ m ⟨pop⟩ *Rechthaber, Widerspruchsgeist* m
   repliegue *m* *Krümmung, Biegung* f ‖ ⟨An⟩ *Falte* f ‖ *Knick* m ‖ ⟨Mil⟩ *Rückzug* m ‖ ~ nostálgico *nostalgisches In-sich-Gehen* n
   repo\blación *f* *Wiederbevölkerung* f ‖ ~ (forestal) *Neuaufforstung, neue Bewaldung, Wiederaufforstung* f ‖ ⟨Hist⟩ *Wiederbesiedlung* f *(im Laufe der Reconquista)* ‖ **–blar** [-ue-] vt *wieder bevölkern (Land)* ‖ *wieder aufforsten, neu aufforsten od bewalden* ‖ ◇ ~**se:** ~ de pelo *wieder Haare bekommen*
   repodar vt ⟨Agr⟩ *nachschneiden (Baum)*
   repodrir vt → **repudrir**
   repo\llar vi *Köpfe ansetzen (Kohl)* ‖ **–llo** *m* *Kohlkopf* m ‖ *Weißkohl* m ‖ *Kopfkraut* n ‖ *Kohl-, Salat\kopf* m ‖ **–lludo** adj *Kopf-* ‖ ⟨figf⟩ *kurz und dick, stämmig*
   ¹**reponer** [irr → **poner**] vt *wieder hin\stellen, -legen, -setzen* ‖ *ersetzen* ‖ *wieder einsetzen (in ein Amt)* ‖ ◇ ~ las existencias ⟨Com⟩ *das Lager ergänzen* ‖ ~**se** *s. erholen, wieder gesunden* ‖ *neuen Mut schöpfen* ‖ *s. (wieder) versehen* ‖ *s. (wieder) beleben (Börse)* ‖ ◇ ~ de una desgracia *s. von e–m Unglück erholen* ‖ el mercado se va reponiendo ⟨Com⟩ *der Markt erholt s. allmählich*
   ²**reponer** [irr → **poner**] vi *antworten, erwidern* ‖ *versetzen*
   repor\tación *f* *Zurückhaltung, Mäßigung* f ‖ **–tador** *m* *Reportnehmer* m *(Börse)*
   reportaje *m* *Reportage, Berichterstattung* f ‖

⟨Typ⟩ *Über-, Um\druck* m ‖ ~ cinematográfico *Filmbericht* m ‖ ~ gráfico *Bild\bericht* m, *-reportage* f ‖ ~ microfónico *Rundfunkbericht* m
   reportamiento *m* *Zurückhaltung* f
   ¹**reportar** vt *eintragen, bringen (Nutzen, Gewinn)* ‖ *erlangen, gewinnen* ‖ *belohnen* ‖ *in Kost nehmen*
   ²**reportar** vt *mäßigen, zurückhalten* ‖ *zügeln* ‖ ~**se** *s. mäßigen* ‖ *s. beherrschen*
   ³**reportar** vt ⟨Typ⟩ *überdrucken (Lithografie)*
   ¹**reporte** *m* *Bericht* m, *Nachricht* f ‖ *(üble) Nachrede* f, *Klatsch* m ‖ ~ obligatorio *Meldepflicht* f
   ²**reporte** *m* ⟨Typ⟩ *(lithografischer) Überdruck* m
   reportear vt Am *interviewen* ‖ Am *für e–n Bildbericht fotografieren*
   repor\terismo *m* *Reporter\tätigkeit* f bzw *-beruf* m ‖ *Berichterstattung* f ‖ **–tero** *m* *Berichterstatter* m ‖ *Reporter* m
   reportista *m/f* ⟨Typ⟩ *Lithofach\mann* m, *-frau* f *(Überdruck)*
   reposa\brazos *m* ⟨Auto⟩ *Armstütze* f ‖ **–cabezas** *m* ⟨Auto⟩ *Kopfstütze* f ‖ **–damente** adv *ruhig, gemächlich* ‖ *gelassen* ‖ *beherrscht* ‖ **–do** adj *ruhig, gelassen* ‖ *gesetzt* ‖ *abgelagert (Wein)* ‖ **–piés** *m* *Fußraste* f *(am Motorrad)*
   repo\sar vt *zur Ruhe bringen* ‖ ◇ ~ la comida *die Nachmittagsruhe halten* ‖ ~ vi *(aus)ruhen, rasten* ‖ ⟨fig⟩ *schlafen* ‖ *ruhen, im Grabe liegen* ‖ *s. ablagern (Wein)* ‖ ~**se** *s. setzen (Flüssigkeit)* ‖ **–sera** f Arg *Liegestuhl* m
   reposición *f* *Rückstellung* f ‖ *Wieder\setzen, -legen* n ‖ ⟨Physiol⟩ *Erholung* f ‖ ⟨Jur⟩ *(Wieder)Einsetzung* f *(in die Rechte)* ‖ *Ersetzung, Rückerstattung* f ‖ ⟨Th⟩ *Neuinszenierung* f ‖ ⟨Film⟩ *Wiederaufführung* f ‖ *Wiederbelebung* f *(Börse)* ‖ ⟨Com⟩ *Beruhigung, Erholung* f
   repositorio *m* *Aufbewahrungsplatz* m
   reposo *m* *Ruhe, Rast* f ‖ *Ausruhen* n, *Erholung* f ‖ *Ablagern* n *(des Weines)* ‖ *Ruhe, Gelassenheit* f ‖ ⟨fig⟩ *Beherrschung, Ausgeglichenheit* f ‖ *Schlaf* m ‖ *Stehenlassen* n *(e–r Flüssigkeit)* ‖ ~ en cama ⟨Med⟩ *Bettruhe* f ‖ ◇ no conocer (el) ~ ⟨fig⟩ *k–e Ruhe kennen* ‖ → ¹**descanso**
   repostada *f* Col Guat Hond *grobe Antwort* f
   repos\te *m* *Tanken* n ‖ **–tar** vt *(neue) Vorräte aufnehmen* ‖ *(nach)tanken* ‖ **–te** *m* Ar *Speisekammer* f ‖ **–tería** *f* *Konditorei* f *(Beruf, Laden)* ‖ *Konditor(ei)waren* fpl ‖ *Konfekt* n ‖ *Zuckerwerk* n ‖ *Anrichteraum* m, *Office* n ‖ *Silberkammer* f *(in vornehmen Häusern, in Palästen)* ‖ ⟨Mar⟩ *Pantry* f ‖ ◆ de ~ *kitschig (Verzierungen)*
   ¹**repostero** *m/adj* *Konditor* m ‖ *Küchenmeister* m ‖ ⟨reg⟩ *Delikatessenhändler* m ‖ Chi Pe *Speisekammer* f
   ²**repostero** *m* *Schabracke* f *(Pferd)* ‖ *Balkonbehang* m
   repoyar vt *ablehnen* ‖ *zurückweisen*
   reprehender vt → **reprender**
   repren\der vt *tadeln, rügen* ‖ *e–n Verweis erteilen* ‖ *missbilligen* ‖ *auszanken* ‖ *vorwerfen* ‖ ◇ ~ su conducta a alg. *jdm sein Benehmen vorhalten* ‖ **–sible** adj *(m/f) tadelnswert* ‖ *verwerflich* ‖ **–sión** *f* *Tadel* m, *Rüge* f ‖ *Verweis* m ‖ *Vorwurf* m ‖ **–sivo** adj *tadelnd*
   represa *f* *Stauung* f ‖ *Stauwasser* n ‖ ⟨fig⟩ *Groll* m ‖ ⟨fig⟩ *Unterdrückung* f *(e–r Leidenschaft)* ‖ ◇ moler de ~ ⟨figf⟩ *sehr eifrig arbeiten*, ⟨fam⟩ *s. abrackern* ‖ ⟨figf⟩ *schwungvoll an et. herangehen*
   repre\salia(s) *f(pl)* *Repressalien, Gegen-, Vergeltungs\maßnahmen* fpl ‖ ◇ adoptar ~, tomar ~, usar de ~ *Repressalien ausüben (contra gegen*

acc) ‖ **–sar** vt *stauen (Wasser)* ‖ *hemmen,*
aufhalten ‖ ⟨fig⟩ *Einhalt tun* (dat) ‖ ⟨Mar⟩ *e–e*
Prise befreien, s. (e–s gekaperten Schiffes) wieder
bemächtigen ‖ ◇ ~ *el aliento den Atem*
zurückhalten ‖ ~**se** ⟨fig⟩ *s. beherrschen*

represen|table adj *(m/f) aufführbar, zur*
Aufführung geeignet (Theaterstück) ‖ **–tación** *f*
Vor-, Dar|stellung f ‖ *Bitte, Eingabe* f ‖
Vorzeigung f ‖ *Abbildung, Darstellung,*
Schilderung f ‖ *Begriff* m, *Idee, Vorstellung* f,
Bild n ‖ ⟨fig⟩ *Sinnbild* n ‖ ⟨fig⟩ *Verkörperung* f ‖
(Stell)Vertretung f ‖ ⟨Com⟩ *Vertretung* f ‖
Repräsentation f, *würdige Vertretung* f ‖ *Achtung*
f, *Ansehen* n ‖ ⟨Th⟩ *Vorstellung, Aufführung* f ‖ ~
análoga analoge Darstellung ‖ ~ *comercial*
Handelsvertretung f ‖ ~ *consular konsularische*
Vertretung f ‖ ~ *corporativa Standesvertretung* f ‖
korporative Vertretung f ‖ ~ *digital digitale*
Darstellung f ‖ ~ *exclusiva* ⟨Com Pol⟩
Alleinvertretung f ‖ ~ *en el extranjero*
Auslandsvertretung f ‖ ~ *general*
Generalvertretung f ‖ ~ *nacional Volksvertretung*
f ‖ ~ *orgánica* ⟨Pol⟩ *Körperschafts-,*
Standes|vertretung f ‖ ~ *profesional*
Berufsvertretung f ‖ ~ *proporcional*
Verhältniswahl(system n) f ‖ ~ *sindical*
Gewerkschaftsvertretung f ‖ ~ *topográfica*
Geländedarstellung f ‖ ~ *visual Display* n ‖ ◇
encargarse de la ~ ⟨Com⟩ *die Vertretung*
übernehmen ‖ **–tada** *f* ⟨Com⟩ *vertretene Firma* f ‖
–tado pp/adj: ◇ *estar* ~ ⟨Com⟩ *vertreten sein* ‖
–tante *m (Stell)Vertreter* m ‖ *Handelsvertreter* m
‖ ⟨Th⟩ *Darsteller, Schauspieler* m ‖ *Agentur* f *(zur*
Vermittlung von Künstlern usw.) ‖ ~ *de comercio*
Handelsvertreter m ‖ ~ *diplomático*
diplomatischer Vertreter m (en, *cerca de bei*) ‖ ~
exclusivo Alleinvertreter m ‖ ~ *general*
Generalvertreter m ‖ ~ *permanente ständiger*
Vertreter m ‖ ~ *del pueblo Volksvertreter* m ‖ ◇
ser ~ *de una casa e–e Firma vertreten, die*
Vertretung e–r Firma haben ‖ **–tar** vt/i *vor-,*
dar|stellen ‖ *vertreten* ‖ *(e–e Firma) vertreten* ‖
bedeuten ‖ ⟨fig⟩ *ver|körpern, -sinnbildlichen* ‖
abbilden, bildlich darstellen ‖ *schildern,*
darstellen, berichten ‖ ⟨Th⟩ *aufführen, spielen,*
geben (ein Stück) ‖ *(jdm) Vorstellungen machen*
über (acc) ‖ *kundgeben, zeigen, an den Tag legen*
‖ *vergegenwärtigen* ‖ ◇ *diez cifras –tan una*
palabra zehn Ziffern gelten als ein Wort ‖ ~ *bien*
su papel ⟨Th⟩ *s–e Rolle gut spielen* ‖ ~ *al pueblo*
das Volk vertreten ‖ *tiene menos años de lo que*
–ta er (sie, es) ist nicht so alt, wie er (sie, es)
aussieht ‖ *–ta Vd. menos edad que yo Sie sehen*
jünger aus als ich ‖ *aquel hombre –tó para*
muchos un ideal jener Mann war für viele die
Verkörperung e–s Ideals ‖ ~**se** *s. darstellen, s.*
zeigen ‖ *s. (et.) vorstellen* ‖ *würdevoll auftreten* ‖
aufgeführt werden (Theaterstück, Oper) ‖ ◇ *se*
me –ta es fällt mir ein ‖ **–tatividad** *f*
repräsentativer Charakter m ‖
Vertretungsbefugnis f ‖ **–tativo** adj *vertretend* ‖
darstellend ‖ *typisch, charakteristisch* ‖
sinnbildlich, symbolisch ‖ *würdevoll* ‖
repräsentativ (bes. Pol)

repre|sión *f Unterdrückung, Niederhaltung* f ‖
Repression f (bes. Pol) ‖ *Hemmung* f ‖
Beschränkung f (bes. Pol) ‖ *Bekämpfung* f ‖
Abwehr f ‖ ~ *del comercio Handelsbeschränkung*
f ‖ ~ *de la criminalidad Bekämpfung* f *des*
Verbrechertums (od der Kriminalität) ‖ ~ *dura*
herber Verweis m ‖ *harte Repression* f ‖ **–sivo** adj
unterdrückend, niederhaltend ‖ *repressiv* ‖
beschränkend, eindämmend ‖ *Abwehr-* ‖ *Straf-* ‖
Unterdrückungs- ‖ *Eindämmungs-, Restriktions-,*
hemmend ‖ *blutstillend* ‖ **–sor** adj *unterdrückend* ‖

niederhaltend ‖ *einschränkend* ‖ ~ *m* ⟨Pol⟩
Unterdrücker m

repri|menda *f* ⟨fam⟩ *derber Verweis* m, ⟨fam⟩
Rüffel m ‖ ◇ *dar una* ~ *a alg.* ⟨fam⟩ *jdm den*
Kopf waschen ‖ **–mir** vt *nieder-, unter|drücken,*
dämpfen ‖ *mäßigen* ‖ *eindämmen, verdrängen* ‖
bekämpfen ‖ *niederkämpfen* ‖ *unter Strafe stellen*
‖ *bestrafen* ‖ ◇ *no pudo* ~ *una carcajada er (sie,*
es) konnte ein lautes Auflachen nicht
unterdrücken ‖ ~**se** *s. zurückhalten, s.*
beherrschen

¹reprise *f* ⟨Film Th⟩ *Wiederaufführung,*
Reprise f (→ **reestreno**)
²reprise *f* ⟨Auto⟩ *Beschleunigung* f

reprivati|zación *f Reprivatisierung* f ‖ **–zar**
[z/c] vt *reprivatisieren*

repro|bable adj *(m/f) verwerflich, tadelnswert*
‖ **–bación** *f Missbilligung* f ‖ *Verwerfung* f ‖
Zurückweisung f ‖ *strenger Tadel, Verweis* m ‖
–bado adj *verworfen* ‖ *unzulässig* ‖ *verdammt* ‖
verdammenswert ‖ *durchgefallen (in der Prüfung)*
‖ **–bador** adj *verwerfend* ‖ *missbilligend* ‖ *tadelnd*
‖ **–bar** [-ue-] vt *tadeln, rügen* ‖ *missbilligen* ‖
ver|werfen, -dammen (& Theol) ‖ *durchfallen*
lassen (bei e–r Prüfung) ‖ ◇ *ser od quedar –bado*
durchfallen ‖ *le han –bado en el examen er ist in*
der Prüfung durchgefallen

réprobo adj *ruchlos* ‖ *verdammt* ‖ ~ *m* ⟨Theol⟩
Verdammte(r) m ‖ ⟨fig⟩ *Ausgestoßene(r),* ⟨fig⟩
Paria m

reproce|samiento *m* ⟨Atom Tech⟩
Wiederaufbereitung f ‖ **–sar** vt *wieder aufbereiten*

repro|chable adj *(m/f) tadelnswert, verwerflich*
‖ **–char** vt *tadeln* ‖ *vor|werfen, -halten* ‖
zurückweisen ‖ **–che** *m Vorwurf, Tadel* m ‖ ◆ *en*
tono de ~ *in vorwurfsvollem Ton* ‖ *sin* ~ *ohne*
Tadel, tadellos

¹reproducción *f* ⟨Biol⟩ *Fortpflanzung,*
Reproduktion f ‖ *Zeugung* f ‖ *(Auf)*
(Vermehrungs)Zucht f ‖ *Nachwuchs* m ‖ ⟨Zool⟩
Neubildung f (von verlorengegangenen Organen)
‖ ~ *(a)sexual* ⟨Biol⟩ *(un)geschlechtliche*
Fortpflanzung, Reproduktion f
²repro|ducción *f Wiedererzeugung* f ‖
Nachwuchs m ‖ *Wiedergabe* f ‖ *(fotografische)*
Reproduktion f ‖ *Nachbildung* f ‖ *Nachdruck* m
(→ **reimpresión**) ‖ *Vervielfältigung* f ‖
Inhaltsangabe f ‖ *Nacherzählung* f ‖ ~
estereofónica Stereo(ton)wiedergabe f ‖ ~
fraudulenta Raubdruck, unberechtigter Nachdruck
m ‖ ~ *radiotelefónica Rundfunkübertragung* f ‖ ~
del sonido Schallwiedergabe f ‖ ~ *tricolor* ⟨Typ⟩
Dreifarbendruck m
¹reproducir [-zc-, pret ~je] vt ⟨Biol⟩
fortpflanzen, reproduzieren ‖ *erzeugen* ‖ *neu*
bilden (Organe) ‖ ~**se** *s. fortpflanzen, s.*
reproduzieren ‖ *s. neu bilden (Organe)*
²reproducir [-zc-, pret ~je] vt *wieder*
hervorbringen ‖ *reproduzieren* ‖ *wieder erzeugen* ‖
⟨fig⟩ *wiedergeben, nacherzählen* ‖ ⟨Typ⟩
nachdrucken ‖ ~**se** *s. fortpflanzen, s. vermehren* ‖
s. wiederholen ‖ ◇ ~ *en ... s. übertragen auf ...*
(acc)

reproduc|tivo adj *wiedererzeugend* ‖
reproduktiv ‖ *gewinn-, ertrag|bringend*
¹reproductor adj *fortpflanzend* ‖
Fortpflanzungs- ‖ *Zucht-* ‖ (animal) ~ *Zuchttier* n
‖ ~ *m* ⟨Biol Agr⟩ *männliches Zuchttier* n
²reproductor adj *Wiedergabe-* ‖ ~ *m:* ~ *de*
discos compactos CD-|Spieler, -Player m

repro|grafía *f* ⟨Typ⟩ *Reprografie* f ‖ **–gráfico**
adj *reprografisch*

repropio adj *störrisch (Pferd)*

reps *m* ⟨Text⟩ *Rips* m *(Gewebe)*

rep|tación *f* ⟨bes. Zool⟩ *Kriechen* n ‖ **–tante**

adj *(m/f) kriechend* || ⟨fig⟩ *robbend* ||**–tar** vi *kriechen* (& fig) || ⟨fig⟩ *robben* (& Mil) || **–til** *m Kriechtier, Reptil* n || ⟨fig pej⟩ *Kriecher, Gesinnungslump* m || ~**es** *mpl* ⟨Zool⟩ *Kriechtiere* npl (Reptilia) || **–tilario** *m Reptilienhaus* n

república *f* ⟨Philos Lit⟩ *Gemeinwesen* n, *Staat* m || ⟨Pol⟩ *Republik* f (& fig) || p.ex *Freistaat* m || la ~ *Argentina die Republik Argentinien* || ~ *bananera Bananenrepublik* f || ~ *Centroafricana f Zentralafrikanische Republik* f || ~ *Checa Tschechische Republik* f || ~ *Democrática Alemana* ⟨Hist⟩ *Deutsche Demokratische Republik* f || ~ *Dominicana Dominikanische Republik* f || ~ *federal föderative Republik, Bundesrepublik f, Föderativ-, Bundes|staat* m || ~ *Federal de Alemania Bundesrepublik* f *Deutschland* || la ~ *literaria die Gelehrtenwelt* || *die Welt der Literatur* || ~ *Oriental del Uruguay Uruguay* n || ~ *popular Volksrepublik* f || ~ *presidencialista Präsidialrepublik* f || ~ de *Weimar* ⟨Hist⟩ *Weimarer Republik* f *(1919–1933)*

republi|canismo *m republikanische Gesinnung* f || **–cano** adj *republikanisch* || ~ *m Republikaner* m

repúblico *m Staatsmann, Politiker* m || *Patriot* m

repuchar vt → **repudiar** || ~**se** *verzagen, den Mut verlieren, mutlos werden*

repu|diación *f* ⟨allg⟩ *Ablehnung* f || *Verstoßung* f *(der Ehefrau)* || *Ausschlagung f, Verzicht* m || ~ de *herencia Erbschaftsausschlagung, Ausschlagung* f *der Erbschaft* || **–diar** vt ⟨allg⟩ *ablehnen* || *verstoßen (Ehefrau)* || *ausschlagen, verzichten* || *verschmähen* || **–dio** ⟨allg⟩ *Ablehnung* f || *Verstoßung* f *(der Ehefrau)* || *Ausschlagung* f *(der Erbschaft)*

repudrir vt *die Fäulnis befördern, zum Faulen bringen* || ~**se** ⟨figf⟩ s. *grämen*

repuesto pp/irr von **reponer** || *wieder hingestellt* || *ersetzt* || ~ adj *zurückgezogen* || *entfernt, versteckt* || ~ *m Vorrat* m (bes. *von Nahrungsmitteln*) || *Vorratskammer* f || *Anrichtetisch* m || *Ersatz* m || ◆ de ~ *Ersatz-* || *zum Wechseln (Wäsche)*

repug|nancia *f Widerwille m, Abneigung* f || *Ekel* m || *Missbilligung* f || ⟨Philos⟩ *Widerstreit, Gegensatz* m, *Repugnanz* f || ◆ con ~ *mit Unlust* || ◇ causar ~ *Ekel erregen* || tener ~ a algo s. *vor et. (dat) ekeln* || *vor et. (dat) Abscheu haben* || **–nante** adj *(m/f) abstoßend, ekelhaft, Ekel erregend* || *wider|wärtig, -lich* || **–nar** vt/i *widerlich, zuwider sein* || *abstoßen* || *wider-, be|streiten* || *zuwiderlaufen* (a dat) || ◇ **–na** *es ist ekelhaft* || me **–na** su conducta *sein Benehmen stößt mich ab* || ~**se** *im Widerstreit liegen* || *in Gegensatz stehen*

repu|jado *m/adj Drücken n, getriebene Arbeit, Ziselierung* f || ~ al torno ⟨Met⟩ *Drücken* n || **–jar** vt *punzen (Leder)* || ⟨Met⟩ *drücken, treiben, ziselieren*

repul|gado adj ⟨fam⟩ *geziert* || *gekünstelt* || ⟨pop⟩ *aufgedonnert* || *überängstlich* || **–go** *m Saum* m

repulgo *m Saum* m || *überwendliche Naht* f || *(Pasteten-, Kuchen)Rand* m || ~s (de empanada) ⟨figf⟩ *Lappalien* fpl || ◇ no andar con ~s ⟨pop⟩ *k–e Umstände machen* || *k–e (übertriebenen) Bedenken haben*

repu|lido adj/s *nach|geglättet, -poliert* || ⟨figf⟩ *ge|ziert, -leckt; ge|schniegelt und -bügelt* || **–lir** vt *nach|glätten, -polieren* || ~**se** ⟨fam⟩ s. *herausputzen*

repullo *m Wurfpfeil* m || ⟨fig pop⟩ *Zuckung* f || → **repeluzno**

repul|sa *f Zurückweisung, Weigerung,*

Abweisung f || ⟨fam⟩ *Abfuhr f, Rüffel, derber Verweis* m || ⟨figf⟩ *Korb* m || ⟨Th⟩ *Durchfallen* n *(e–s Stückes)* || **–sar** vt *zurückweisen, abschlagen* || *verweigern* || ⟨pop⟩ *(jdm) e–n Korb geben* || **–sión** *f* ⟨Phys⟩ *Rückstoß* m || *Abstoßung* f || ⟨figf⟩ *Abneigung f, Widerwille* m || *Ekel* m || **–sivo** adj *zurück-, ab|stoßend* || ⟨fig⟩ *abstoßend, widerlich, ekelhaft* || **–so** pp/irr von **repeler**

repun|ta *f Landspitze* f, *Kap, Vorgebirge* n || ⟨fig⟩ *erstes Anzeichen* n || ⟨fig⟩ *Groll* m, *Zwistigkeit* f || **–tar** vi ⟨Mar⟩ *anfangen zu steigen* bzw *zu sinken (Wasser bei Ebbe bzw Flut)* || *sauer werden (Wein)* || ⟨figf⟩ *pikiert sein* || *Am zum Vorschein kommen, zutage (& zu Tage) treten* || *Am unerwartet erscheinen (Person)* || ~**se** *umschlagen, e–n Stich bekommen (Wein)* || ⟨figf⟩ s. *getroffen fühlen* || **–te** *m* ⟨Mar⟩ *Einsetzen* n *von Ebbe* bzw *Flut*

△ **repurelarí** *f Auferstehung* f

repu|tación *f (guter) Ruf, Name, Leumund* m || *Ansehen* n || ~*mundial od universal Weltruf* m || ◆ de buena ~ *in gutem Ruf (stehend)* || *angesehen* || de mala ~ *in schlechtem Ruf (stehend), berüchtigt* || ◇ acrecentar la ~ *den (guten) Ruf erhöhen* || adquirir ~ *e–n guten Ruf erwerben* || conservar la ~ *den (guten) Ruf aufrechterhalten* || gozar de buena ~ *s. e–s guten Rufes erfreuen* || perjudicar la ~ *dem Ruf schaden* || tener la mejor ~ *im besten Ruf stehen* || **–tado** adj: bien (mal) ~ *gut (übel) beleumundet* || **–tar** vt *(hoch) schätzen, (hoch) achten* || *schätzen, würdigen* || *schätzen, erachten* || ◇ ~ (por) *honrado für ehrlich halten* || ~ en mucho *hoch schätzen* || ~ posible *für möglich halten*

reque|brador *m Schmeichler* m || **–brar** [-ie-] vt/i *zerdrücken* || ⟨fig⟩ *(e–r Frau) schmeichelhafte Worte od Artigkeiten sagen, den Hof machen* || *Süßholz raspeln* || ⟨fig⟩ *schmeicheln* || ⟨fam⟩ *Komplimente machen*

reque|mado adj *angebrannt* || *schwärzlich* || *sonnenverbrannt* || **–mar** vt/i *ausbraten, übermäßig braten, rösten, anbrennen lassen* || *versengen* || *ausdörren (Pflanzen)* || *brennen, prickeln (Pfeffer)* || ◇ ~ la sangre ⟨fig⟩ *(das Blut) erhitzen, in Zorn bringen* || ~ vi *verdorren (Pflanzen)* || ~**se:** ~ de impaciencia ⟨fig⟩ *vor Ungeduld brennen od vergehen* || ~ (por dentro) s. *innerlich abzehren, s. grämen* || **–mazón** *f* → **resquemazón** || **–mo** *m And innere(r) Gram* m

requena *m Requenawein* m (P Val)

reque|rer → **–rir** || **–rido** adj *erforderlich, sehr gesucht (Ware)* || **–rimiento** *m Ersuchen* n, *Bitte* f || ⟨Jur⟩ *Ansuchen, Begehren* n || *Aufforderung, Mahnung* f || *Antrag* m || ~ de pago *Zahlungsaufforderung* f || ◆ a ~ de … *auf Verlangen od Ansuchen von …* || **–rir** [-ie/i-] vt *öffentlich kundgeben* || *besichtigen, untersuchen* || *(nach)prüfen* || *überreden* || *veranlassen* || *benötigen, erfordern, verlangen, ersuchen, notwendig machen* || ⟨Jur⟩ *anfordern, mahnen* || *steckbrieflich verfolgen* || ◇ ~ de amores a una mujer *e–r Frau e–n Liebesantrag machen* || ~ *toda la atención die ganze Aufmerksamkeit erfordern* || no ~ contestación *k–r Erwiderung bedürfen* || ~ la opinión de alg. *jdn um s–e Meinung fragen* || para (od en) eso se requiere *mucha experiencia dazu ist e–e große Erfahrung erforderlich* || requirió el abrigo y salió *er (sie, es) nahm den Mantel und ging fort* || en caso de que *requiera erforderlichenfalls* || que requiere *od supone mucho tiempo zeitraubend*

requesón *m Quark*, Öst *Topfen* m

requeté *m* Span *Angehörige(r)* m *des paramilitärischen Verbandes der Karlisten (Traditionalisten)*

requete- *als Verstärkungssilbe* ⟨fam⟩: **-bién** adv *ausgezeichnet, vortrefflich,* ⟨fam⟩ *super* ‖ **-feo** adj ⟨fam⟩ *erzhässlich*

¹requiebro *m zärtliche Redensart* f ‖ *Liebkosung, Schmeichelei* f*, Kompliment* n ‖ *Liebesantrag* m ‖ ◇ hacer ~s ⟨fam⟩ *Komplimente machen, Artigkeiten sagen* ‖ → **²piropo**

²requiebro *m* ⟨Tech⟩ *Feinzerkleinerung* f

réquiem [~en] *m Requiem* n ‖ *Trauergottesdienst* m

requiéscat in pace ⟨lat⟩ *er (sie, es) ruhe in Frieden!* ‖ ⟨fam⟩ *hin ist hin!*

requilorio *m Flitter(staat)* m ‖ ~s mpl *Um\schweife* pl, *-stände* mpl ‖ ⟨pop⟩ *Zeremonien* fpl

requin\tar vt ⟨Mus⟩ *(die Saiten) um e–e Quinte höher* bzw *tiefer stimmen* ‖ ⟨fig⟩ *sehr überlegen sein* ‖ s*. durchsetzen* ‖ Am ⟨fig⟩ *reizen* ‖ Col Mex ⟨fig⟩ *(e–e Sache) straff spannen* ‖ **-to** *m* ⟨Mus⟩ *Es-Klarinette* f ‖ *kleine Gitarrenart* f

requir(i)ente pp/irr von **requerir** ‖ el (la) ~ *der (die) Fordernde, Antragsteller(in* f) m

requi\sa f ⟨Mil⟩ *Requisition* f ‖ ⟨Verw⟩ *Inspektion* f ‖ *Untersuchung* f*, Rundgang* m ‖ **-sar** vt *sorgfältig untersuchen* ‖ ⟨Mil⟩ *beitreiben, requirieren, anfordern* ‖ **-sición** f ⟨Mil⟩ *Requisition, Anforderung* f ‖ *Erfordernis* n*, Forderung* f ‖ ⟨Jur⟩ → **requisitoria** ‖ **-sito** *m Erfordernis* n*, Forderung* f ‖ *Bedingung* f ‖ *Voraussetzung* f ‖ ⟨Jur Verw⟩ *Formalität* f ‖ los ~s *die Formalitäten* pl ‖ ◇ cumplir los ~s de la ley *od* legales *die gesetzlichen Erfordernisse erfüllen* ‖ llenar un ~ *e–e Formalität erfüllen* ‖ satisfacer ~s *den Erfordernissen entsprechen* ‖ **-sitoria** f *Ersuchen* n ‖ *Steckbrief* m ‖ **-sitorio** adj ⟨Jur⟩ *ansuchend* ‖ ~ *m Fahndungsblatt* n

¹res f *(Stück) Vieh* n ‖ p.ex *Stück* n *Schalenwild* ‖ *Schlachtvieh* n ‖ ⟨Taur⟩ *Kampfstier* m ‖ Am *Rind* n ‖ ~ de vientre *trächtiges Tier* n *(Vieh)* ‖ ~es vacunas *Rind- Horn\vieh* n ‖ ◇ criar ~es *Vieh* (bes. *Kampfstiere) züchten*

²res ⟨lat⟩ f ⟨Jur⟩ *Gegenstand* m*, Ding* n ‖ ~ judicata ⟨lat⟩ ⟨Jur⟩ *rechtskräftig, entschiedene Sache* f ‖ ~ nullius ⟨lat⟩ ⟨Jur⟩ *herrenlose Sache* f ‖ ~ pública ⟨lat⟩ *Gemeinwesen* n*, Staat* m (→ **república**)

resaber [irr → **saber**] vt *sehr gut wissen* od *verstehen*

resabiarse vr *schlechte Angewohnheiten entwickeln* ‖ *innerlich grollen* ‖ s*. laben (de an* dat)

resa\bidillo adj dim von **resabido** ‖ (niña) ~a ⟨fam⟩ *schnippische Göre* f ‖ **-bido** adj *überklug,* ⟨fam⟩ *neunmalklug* ‖ Am *lasterhaft*

resabio *m widriger Nachgeschmack* m ‖ *üble Angewohnheit* f*, Gewohnheitsfehler* m*, Laster* n ‖ ⟨fig⟩ *Anstrich* m*, Spur* f*, Zeichen* n ‖ ⟨fig⟩ *Anflug, Hang* m ‖ ⟨fig⟩ *Verdruss* m*, Ärgernis* n*, Groll* m

¹resaca f *Dünung* f (bes. *am Meeresufer)* ‖ p.ex *Brandung* f ‖ ⟨figf⟩ *Kater, Katzenjammer* m

²resaca f ⟨Com⟩ *Rückwechsel* m

resa\lado adj/s ⟨figf⟩ *anziehend, witzig, klug (von jungen Leuten)* ‖ ¡~! *Hübscher! mein Lieber!* ‖ ◇ ¿te la digo, ~? *soll ich dir die Zukunft sagen, mein Lieber? (übliche Ansprache der and. Zigeunerinnen und Handleserinnen)*

resalga f *Salzlake* f

resalir [irr → **salir**] vi *hervor\springen, -ragen*

resal\tado adj ⟨Arch⟩ *vorspringend* ‖ **-tar** vi *vor\springen, -stehen* ‖ *ab-, zurück\springen, -prallen* ‖ *abspringen (Lack, Farbe)* ‖ ⟨Arch⟩ *vorspringen, auskragen* ‖ ⟨fig⟩ s*. abheben, in die Augen springen* ‖ *einleuchten* ‖ ◇ hacer ~ *(ausdrücklich) betonen, hervorheben*

¹resal\to, -te *m* ⟨Arch⟩ *Risalit* m ‖ *Aus\ladung, -kragung* f ‖ *Vorsprung* m ‖ ◆ de ~ ⟨pop⟩ *auffällig*

²resalto *m Rückprall* m

resalu\do *m,* **-tación** f *Gegengruß* m

resar\cimiento *m Ersatz* m*, Entschädigung* f ‖ ~ (del daño) *Schadenersatz* m (→ **compensación**) ‖ **-cir** [c/z] vt *er\setzen, -statten* ‖ *ausbessern* ‖ (jdn) *entschädigen (de für)* ‖ ~**se:** ~ de un daño s*. schadlos halten* ‖ ~se de las fatigas s*. nach der Anstrengung erholen*

△ **resaromó** adj *billig*

resba\lada Am → **resbalón** ‖ **-ladero** adj → **resbaladizo** ‖ ~ *m schlüpfriger, glatter Ort* m ‖ *Schleif-, Rutsch\bahn, Glitsche, Schlitterbahn* f ‖ *Rutsche, Holzriese* f *(für geschlagene Baumstämme)* ‖ Am *Abhang* m ‖ **-ladizo** adj *rutschig, schlüpfrig, glitsch(er)ig* (& fig) ‖ **-ladura** f *Gleitspur* f ‖ **-lamiento** *m* → **-lón** ‖ **-lar** vi *gleiten* ‖ *ausgleiten, ausrutschen, ausglitschen* ‖ ⟨Auto⟩ *schleudern* ‖ ⟨Tech⟩ *Schlupf haben, schlüpfen* ‖ ⟨Flugw⟩ *abschmieren* ‖ ⟨fig⟩ *e–n Fehltritt tun* ‖ ◇ ~ de (entre) las manos *den Händen entgleiten* ‖ ~ con (od en, sobre) el hielo *auf dem Eis rutschen* ‖ ~ por la pendiente *den Abhang hinuntergleiten* ‖ la escalera –ló y él cayó *die Leiter rutschte, und er fiel* ‖ ~**se** *ausgleiten* ‖ *glitschen* ‖ **-lón** *(Aus)Gleiten* n ‖ ⟨fig⟩ *Fehltritt* m, ⟨figf⟩ *Entgleisung* f ‖ ⟨Auto⟩ *Rutschen* n ‖ ⟨Auto⟩ *Schleudern* n ‖ ⟨Tech⟩ *Drückerfalle* f *(im Schloss)* ‖ ⟨Tech⟩ *Schlupf* m ‖ ◇ dar un ~ *e–n Fehltritt tun* ‖ **-loso** → **-ladizo**

△ **resblañarar** vt *steinigen*

resca\tante *m* Col *(Tausch)Händler* m ‖ **-tar** vt *zurück-, los\kaufen* ‖ *(Gefangene) auslösen, freikaufen* ‖ *(Ware) eintauschen (Verlorenes) wieder finden* ‖ *bergen, retten (e–n Verunglückten)* ‖ *(er)retten (de aus)* ‖ ⟨fig⟩ *(Zeit) wiedergewinnen, einbringen (wollen)* ‖ SAm Ant *handeln (fahrender Händler)* ‖ ◇ ~ culpas viejas *alte Sünden gutmachen* ‖ ~ una deuda *e–e Schuld zurückbezahlen* ‖ ~ una prenda *ein Pfand einlösen* ‖ **-te** *m Loskauf* m*, Auslösung* f ‖ *Freikauf* m ‖ *Lösegeld* n ‖ ⟨Jur⟩ *Wieder-, Rück\kauf* m ‖ ⟨Jur⟩ *Ablösung* f ‖ *Einlösung* f ‖ *Bergung, Rettung* f *(e–s Verunglückten)* ‖ ⟨Rel⟩ *Erlösung, Rettung* f (& fig) ‖ ⟨fig⟩ *Befreiung* f ‖ ~ de la prenda *Pfandeinlösung* f ‖ ◆ con facultad de ~ ⟨Com⟩ *mit Rückkaufsrecht*

res\cindible adj *(m/f) kündbar (Vertrag)* ‖ **-cindir** vt *aufheben, umstoßen, ungültig machen, lösen (Vertrag)* ‖ *rückgängig machen* ‖ **-cisión** f ⟨Jur⟩ *Umstoßung, Aufhebung* f *(e–s Vertrags)* ‖ *Kündigung* f *(e–s Vertrags)* ‖ *Rücktritt* m ‖ ⟨Jur⟩ *Ungültigkeitserklärung* f ‖ ~ de un contrato *Vertrags\kündigung, -auflösung* f ‖ ◇ pagar la ~ *Reuegeld zahlen* ‖ **-cisorio** adj ⟨Jur⟩ *aufhebend, Aufhebungs-*

rescoldera f ⟨fam⟩ *Sodbrennen* n

rescoldo *m Loderasche* f ‖ ⟨fig⟩ *Bedenken* n ‖ *Besorgnis* f ‖ ⟨figf⟩ *Reue* f*, Gewissensbisse* mpl ‖ ~s mpl *wertlose Überreste* m

rescontrar [-ue-] vt ⟨Com⟩ *stornieren, rückgängig machen*

rescripto *m Erlass* m*, Verfügung* f ‖ *(päpstliches) Reskript, Breve* n ‖ ~ de gracia *Gnadenerlass* m

rescuentro *m* ⟨Com⟩ *Storno* m (& n), *Rechnungsausgleich* m ‖ *Abrechnung* f

¹resecadu adj *ausgetrocknet, dürr* ‖ ⟨fam⟩ *spindeldürr*

²resecado *m* → **resección**

¹resecar [c/qu] vt *stark austrocknen*

²resecar [c/qu] vt ⟨Med⟩ *operativ entfernen*

resecarse [c/qu] vr *stark abmagern*

resección f ⟨Med⟩ *Ablösung, operative
Entfernung, Resektion* f
  resecita f dim von **¹res**
  reseco adj *sehr trocken, dürr, ausgedörrt* ‖
abgemagert, ⟨fam⟩ *spindeldürr* ‖ ~ *m dürres
Gehölz* n ‖ ⟨fig pop⟩ *Lust* f *zum (Wein)Trinken* ‖
◇ tengo ~ ⟨fig pop⟩ *ich habe e–e trockene Kehle*
  rese|da (Am & **–dá**) f ⟨Bot⟩ *Rese|da, -de* f,
Wau m (Reseda spp) ‖ **–dal** *m mit Reseda
bepflanztes od bewachsenes Gebiet*
  resellar vt *nachprägen (Münzen)* ‖ *umstempeln*
‖ *wieder versiegeln*
  resembrar [-ie-] vt ⟨Agr⟩ *neu besäen* ‖
nachsäen
  resen|tido adj *nachtragend,
ressentimentbeladen* ‖ *empfindlich* ‖ *getroffen,
beleidigt* ‖ *erzürnt* ‖ **–timiento** *m Unwille,
Verdruss* m ‖ *Groll* m, *Ressentiment* n ‖ ⟨fig⟩
Empfindlichkeit f ‖ **–tirse** [ie/i] vr (& vt)
allmählich nachlassen ‖ *Spalten, Risse bekommen,
bersten (Mauer)* ‖ ◇ ~ con *od* contra alg. *jdm
böse sein* ‖ ~ de *od* por a/c et. *nachfühlen, et.
nachempfinden* ‖ *über et. unwillig sein* ‖ in et.
empfindlich sein ‖ ~ del *od* en el costado
Seitenstechen haben ‖ se –tirá de ello *das wird er
(sie, es) schon empfinden*
  ¹reseña f ⟨Mil⟩ *Heerschau, Musterung* f ‖
Personalbeschreibung f *(im Pass usw.)* ‖
Zusammenfassung f ‖ *Referat* n, *kritische
Besprechung* f, *Bericht* m, *Rezension* f ‖
Zeitungskritik f ‖ Am *Anzeige* f ‖ ◇ hacer una ~
de algo et. *kritisch besprechen* ‖ *über et.
berichten*
  ²reseña f Chi *Prozession* f *(des
Passionssonntags)*
  reseñar vt *(e–e Person) beschreiben* ‖ *kritisch
be|urteilen, -sprechen* ‖ *kurz berichten (algo über
et.* acc)
  resequido adj *eingetrocknet*
  resero m Arg *Vieh|treiber bzw -aufkäufer* m
  reserpina f ⟨Chem Pharm⟩ *Reserpin* n
  resertor m Am ⟨pop⟩ → **desertor**
  ¹reserva f *Ersatz* m, *Reserve* f (& Mil) ‖
⟨Com⟩ *Reserve, Rücklage* f ‖ *Bestand* m ‖
Ersatz|mann, ⟨Sp⟩ *-spieler* m ‖ *Reservierung* f
(Tisch, Platz) ‖ *(Tisch)Bestellung* f ‖ *Buchung* f ‖
⟨Bgb⟩ *Erzvorrat* m ‖ ⟨Jur⟩ *Altenteil,* ⟨reg⟩
Ausgedinge n ‖ ⟨Sp⟩ *Reserve* f ‖ ⟨Auto⟩
Reservetank m ‖ *Schutzgebiet, Reservat(ion* f) n ‖
~ de asiento *Platzreservierung* f ‖ ~ biológica
Naturschutzgebiet n ‖ ~ de canje
Umtauschvorbehalt m ‖ ~ de divisas
Devisen|reserve f, *-polster* n ‖ ~ en efectivo
Barbestand m ‖ ~ facultativa *freiwillige
Rückgabe* f ‖ ~ de flotabilidad ⟨Mar⟩
Reserveschwimmfähigkeit, Auftriebsreserve f,
Restauftrieb m ‖ ~ de habitación
Zimmer(vor)bestellung f ‖ ~ hereditaria ⟨Jur⟩
Sondererbfolge f ‖ ~ de indios
Indianerreservat(ion f) n (NAm) ‖ ~ metálica
Goldbestand m *(e–r Bank)* ‖ ~ natural
Naturschutzgebiet n ‖ ~ ornitológica
Vogelschutzgebiet n ‖ ~ de reemplazo ⟨Mil⟩
Ersatzreserve f ‖ ~ territorial ⟨Mil⟩ *Truppe* f *der
territorialen Verteidigung* ‖ *Landsturm* m ‖ ◆ en
~ vorrätig ‖ pasar a la ~ ⟨Mil⟩ *in die Reserve
übertreten* ‖ ~**s** fpl *Vorrat* m, *Reserven* fpl ‖ ⟨Mil⟩
Reserven, Ersatzmannschaften fpl ‖ ~ del banco
od bancarias *Bankreserven* fpl
  ²reserva f *Reserve, Zurückhaltung* f, *Takt* m ‖
Verschwiegenheit f ‖ *Ver|heimlichung,
-schweigung* f ‖ *Vorbehalt* m, *Reserve, Aus|nahme,
-bedingung* f ‖ ⟨Com⟩ *Zurückhaltung* f *(der
Käufer)* ‖ *Behut-, Acht|samkeit, Vorsicht* f ‖ ~ de
dominio ⟨Jur⟩ *Eigentumsvorbehalt* m ‖ ~ mental

⟨Jur⟩ *geheimer od stillschweigender Vorbehalt* m,
Mentalreservation f ‖ ◆ a ~ *geheim,
verschwiegen* ‖ bajo *od* con la ~ *acostumbrada od*
de costumbre *od usual* ⟨Com⟩ *unter üblichem
Vorbehalt* ‖ con la ~ de ... *mit der Absicht zu ...*
‖ con la ~ del cobro ⟨Com⟩ *vorbehaltlich des
(Geld)Eingangs* ‖ sin ~(s) *ohne Rückhalt* ‖
unverhohlen ‖ *unumwunden, frei(weg), frei-,
gerade|heraus* ‖ sin la menor ~ *unbedingt, ohne
jeglichen Vorbehalt* ‖ ◇ guardar la ~
verschwiegen sein, diskret sein ‖ *hacer uso de un
informe (comercial)* con la mayor ~ *von e–r
Auskunft mit größter Vorsicht Gebrauch machen* ‖
proceder con ~ *vorsichtig zu Werke gehen*
  ³reserva f ⟨Kath⟩ *Zudeckung* f *des
Allerheiligsten*
  reser|vación f *Vorbehalt* m ‖ *Reservierung* f ‖
Buchung f (Flugw Hotel, Schiff *usw.*) ‖ ~ de
pecados ⟨Rel⟩ *Vorbehalt* m *der Lossprechung von
Sünden* ‖ **–vada** adj/f *vertraulich (bei
Briefanfängen)* ‖ **–vadamente** adv *im Vertrauen* ‖
unter dem Siegel der Verschwiegenheit ‖ **–vado**
adj *zurückhaltend, verschwiegen* ‖ *vertraulich
(Brief)* ‖ *vorsichtig, achtsam, behutsam* ‖ *geheim,
verborgen* ‖ *taktvoll* ‖ *reserviert* ‖ ⟨Jur⟩
vorbehalten ‖ (quedan) –vados todos los derechos
alle Rechte vorbehalten ‖ ◇ mostrarse muy ~ *(od
–vadísimo) s. sehr zurückhaltend zeigen* ‖ ser ~
verschwiegen, diskret sein ‖ ~ *m
abgeschlossenes, reserviertes Zimmer* n ‖
Nebenraum m, *Séparée* n ‖ ⟨EB⟩ *Sonderabteil* n ‖
Indianerreservat(ion f) n (NAm) ‖ *Wildschonung*
f
  ¹reservar vt *auf|bewahren, -heben* ‖ *(für
später) zurückstellen* ‖ *vorausbestellen* ‖
vorbestellen (Zimmer) ‖ *bestellen (Tisch)* ‖
belegen (Platz) ‖ *(für jdn) ausschließlich
bestimmen* ‖ *vorbehalten* ‖ *behalten (beim
Rechnen)* ‖ *vorenthalten* ‖ *ausbedingen,
reservieren* ‖ *auf-, ver|schieben*
  ²reservar vt *verheimlichen, für s. behalten,
verschweigen* ‖ ~ de alg. *vor jdm geheim halten* ‖
~**se** s. *zurückhalten* ‖ *s. (et.) vorbehalten* ‖ *s.
schonen, s–e Kräfte schonen (für e–n späteren
Augenblick)* ‖ ◇ ~ del derecho de ... *s. das
Recht vorbehalten zu ...* (dat bzw inf) ‖ ~ de *s.
vorsehen, s. hüten vor* (dat)
  ³reservar vt ⟨Kath⟩ *(das Allerheiligste)
zudecken*
  reser|vativo adj *vorbehaltlich* ‖ *Reservats-* ‖
–vatorio *m Aufbewahrungs|ort, -raum* m ‖ **–vista**
m ⟨Mil⟩ *Reservist, Reservemann* m ‖ **–vón** adj/s
⟨fam⟩ *sehr schweigsam bzw sehr verschwiegen,*
⟨fam⟩ *zugeknöpft*
  reservorio m *Reservoir, Sammelbecken* n,
Wasserspeicher m ‖ *Behälter* m *(für Vorräte)*
  reset m ⟨Inform⟩ *Reset* m, *Rücksetzen* n ‖ **–ear**
vt *resetten, rücksetzen*
  res|friado adj *verschnupft* ‖ ◇ estar ~
Schnupfen haben, erkältet sein ‖ ~ m *Schnupfen*
m, *Erkältung* f ‖ ◇ coger *od* ⟨fam⟩ pillar un
(fuerte) ~ *s. (stark) erkälten, (starken) Schnupfen
kriegen, s. e–n (starken) Schnupfen holen* ‖
–friadura f ⟨Vet⟩ *Schnupfen* m ‖ **–friar** [pres
~ío] vt *abkühlen* ‖ ~ vi *kühl werden (Wetter)* ‖
~**se** e–n *Schnupfen bekommen, s. erkälten* ‖ ◇ ~
en la amistad ⟨fig⟩ *in s–r Freundschaft kühler
werden* ‖ **–frío** m bes. Am → **resfriado**
  resguar|dar vt *schützen, be-, ver|wahren* ‖
sicherstellen ‖ *schützen (de vor* dat) ‖ ~**se** s.
hüten (de vor dat) ‖ *s. schützen* ‖ *s. unterstellen* ‖
◇ ~ del frío s. *vor der Kälte schützen* ‖ ~ con
un muro *hinter e–r Mauer Schutz suchen* ‖ ~ los
ojos con la mano *die Augen mit der Hand
beschatten*

¹resguardo *m Sicher\heit, -stellung f* ‖ *Obdach* n ‖ *Schutz* m ‖ *sichere Aufbewahrung* f ‖ *Zollaufsicht f (Posten)*
²resguardo *m Quittung, Empfangsbestätigung* f ‖ *Schein* m *(Beleg)* ‖ ~ *de entrega Ablieferungsschein* m ‖ ~ *provisional* ⟨Com⟩ *Interimsschein* m
△ **resí** *f Wald* m ‖ *Weinstock* m
residen\cia *f Wohnsitz* m ‖ *Aufenthaltsort* m ‖ *Aufenthalt* m ‖ *Hoflager* n ‖ *Amts-, Wohn\sitz* m, *Stammhaus* n *(e–r Behörde)* ‖ *Residenz* f, *Gästehaus* n *(& für Priester)* ‖ ~ *de ancianos* → ~ *de la tercera edad* ‖ ~ *de estudiantes Studentenwohnheim* n ‖ ~ *principesca Fürstensitz* m ‖ ⟨fig⟩ *fürstliches Haus* n ‖ ~ *regia Königspalast* m ‖ *königliche Residenz* f ‖ ~ *señorial Herrenhaus* n ‖ ~ *de la tercera edad Senioren\heim* n, *-residenz* f ‖ ◇ *hacer* ~ *wohnen, s. aufhalten* (en *in* dat) ‖ **–duo** *adj (m/f) gehoben (Wohnviertel)* ‖ ~ *f Arg Chi (billige) Pension* f
resi\dente *adj (m/f) wohnhaft* (en *in* dat) ‖ *ansässig* ‖ ⟨Inform⟩ *resident (Programm usw.)* ‖ ~ *m Ansässige(r)* m ‖ *(Devisen)Inländer* m ‖ ⟨Pol Verw⟩ *Resident* m ‖ **–dir** *vi wohnen, ansässig sein* ‖ *residieren* ‖ *s. befinden, vorkommen* ‖ *fußen, gegründet sein* (en algo *auf* et. acc) ‖ ◇ *las facultades que en él –den die Fähigkeiten, die ihm innewohnen* ‖ ~ *en la capital in der Hauptstadt wohnen*
resi\dual *adj (m/f) Abfall-* ‖ *übrig bleibend Rest-* ‖ **–duo** *m Rest, Rückstand* m ‖ *Abfall* m ‖ *Ablagerung* f ‖ *Bodensatz* m ‖ *Warenrest* m ‖ ⟨Com⟩ *Restbetrag* m ‖ ⟨fig⟩ *Rest* m ‖ **~s** *mpl Ausschuss* m *(Ware)* ‖ ~ *radiactivos radioaktive Abfälle* mpl, *Atommüll* m ‖ ~ *tóxicos Giftmüll* m
resiega *f* ⟨Agr⟩ *Nachmahd* f
resiembra *f* ⟨Agr⟩ *zweite Saat, Nachsaat* f
resig\na *f Rücktritt* m, *Niederlegen* n *e–s Amtes, Resignation, Demission* f ‖ **–nación** *f Abtretung, Verzichtleistung* f ‖ *Amtsniederlegung, Demission* f ‖ *Verzicht* m ‖ ⟨fig⟩ *Ergebung, Resignation* f ‖ *Selbstverleugnung* f ‖ **–nado** *adj ergeben, resigniert* ‖ ~ *con su sino in sein Schicksal ergeben* ‖ ~ *a todo auf alles gefasst* ‖ **–nante** *m/f (& adj)* ⟨Jur⟩ *Verzichtende(r* m) f ‖ **–nar** *vt/i (et.) abtreten, (auf et.) verzichten* ‖ (ein Amt) *niederlegen* ‖ **~se** *s. ergeben, s. fügen* (in jds Willen) ‖ *resignieren* ‖ ◇ ~ *en la adversidad im Unglück nicht verzagen* ‖ ~ *con su suerte s. in sein Los fügen, s. mit s–m Schicksal abfinden* ‖ ~ *a la voluntad de alg. s. unter jds Willen beugen* ‖ **–natario** *m* ⟨Jur⟩ *derjenige, zu dessen Gunsten Verzicht geleistet wird*
resiliencia *f Rückfederung, Elastizität* f ‖ *Zähigkeit f (des Werkstoffs)*
△ **resimí** *f Seide* f
resi\na *f Harz* n ‖ *Geigenharz* n ‖ **–nación** *f Harzgewinnung* f ‖ **–nar** *vi harzen, Harz abzapfen (von* dat) ‖ **–nato** *m* ⟨Chem⟩ *Resinat* n ‖ **–nero** *adj: industria ~a Harzindustrie* f ‖ ~ *m Harz-, Pech\brenner* m ‖ **–nífero** *adj harzig, harzhaltig* ‖ **–nificarse** [c/qu] *vr verharzen* ‖ **–nigoma** *f* → *gomorresina* ‖ **–noso** *adj harzig*
resisten\cia *f Widerstand* m *(& Gerät)* ‖ *Widerstands\fähigkeit, -kraft* f ‖ *Widerspenstigkeit* f ‖ *Auflehnung* f *(contra gegen)* ‖ *Festigkeit, Haltbarkeit f (e–s Stoffes)* ‖ *Standhaftigkeit* f ‖ *Ausdauer* f ‖ ⟨Med⟩ *Resistenz* f *(Krankheitserreger)* ‖ ⟨El⟩ *Widerstand* m ‖ ⟨fig⟩ *Sträuben* n ‖ ⟨Pol⟩ *Widerstand(sbewegung* f) m ‖ ~ *a la abrasión Abriebfestigkeit* f ‖ ~ *a los ácidos Säurefestigkeit* f ‖ ~ *armada bewaffneter Widerstand* m ‖ ~ *al calor Hitzebeständigkeit* f ‖ ~ *de carga Belastungswiderstand* m ‖ ~ *a la corrosión Korrosionsbeständigkeit* f ‖ ~ *de*

choque Stoßfestigkeit f ‖ ~ *al desgaste Verschleißfestigkeit* f ‖ ~ *a la fatiga Dauer-, Ermüdungs\festigkeit* f ‖ ~ *a los golpes schlagfest* ‖ ~ *a la intemperie Wetterbeständigkeit* f ‖ **~pasiva** *Dienstverschleppung* f (& fig) ‖ ⟨Pol⟩ *passiver Widerstand* m ‖ ~ *a la presión Druckfestigkeit* f ‖ ~ *a la tracción Zugfestigkeit* f ‖ ♦ sin ~ *widerstandslos* ‖ *unweigerlich* ‖ ◇ *encontrar od hallar* ~ *auf Widerstand stoßen, Widerstand finden* ‖ *oponer* ~ *Widerstand bieten* ‖ *s. sträuben* ‖ *tropezar con* ~ → *encontrar* ~ ‖ **–te** *adj (m/f) widerstehend* ‖ *widerstandsfähig* ‖ *stark, kräftig* ‖ *dauerhaft* ‖ *standfest* ‖ *beständig* ‖ ⟨Med⟩ *resistent (Krankheitserreger)* ‖ ~ *a los ácidos säurefest* ‖ ~ *al desgaste verschleißfest* ‖ ~ *al fuego feuerfest* ‖ ~ *a la intemperie wetterfest* ‖ ~ *al lavado waschecht* ‖ ~ *a la luz lichtecht* ‖ ~ *m* ⟨Pol⟩ *Mitglied* n *e–r Widerstandsbewegung*
resistero *m Mittagshitze f (im Sommer)* ‖ *Brut-,* ⟨fam⟩ *Bullen\hitze* f ‖ ⟨fig⟩ *der Sonnenglut ausgesetzter Platz* m
resis\tible *adj (m/f) erträglich* ‖ ◇ *no es* ~ *es ist nicht auszuhalten* ‖ **–tir** *vt/i wider\stehen, -streben* (dat) ‖ *widersprechen* ‖ *standhalten* ‖ *bestreiten, hemmen, Einhalt tun* ‖ *aushalten, ertragen, (er)dulden, leiden* ‖ ◇ ~ *la comparación den Vergleich aushalten* ‖ ~ *mucho viel aushalten, widerstandsfähig sein* ‖ *no puedo –lo ich kann ihn nicht ausstehen* ‖ *ich kann es nicht (mehr) aushalten* ‖ *nadie puede –lo niemand kann ihm widerstehen* ‖ *niemand kann es ertragen* ‖ ~ *vi Widerstand leisten* ‖ *s. sträuben* ‖ **~se** *s. widersetzen* ‖ *s. weigern* ‖ *s. sträuben* ‖ Col *störrisch sein (Pferd)* ‖ ◇ *yo me –to a … ich weigere mich zu …*
resis\tividad *f* ⟨El⟩ *Widerstand* m ‖ ⟨Med⟩ *Widerstandsfähigkeit, Resistivität* f ‖ **–tivo** *adj widerstandsfähig* ‖ *widerstehend, hartnäckig*
resistor *m* ⟨El⟩ *Widerstand* m *(als Bauelement)*
resistrón *m* ⟨TV⟩ *Bildwandlerröhre* f
res\ma *f Ries* n *(Papier)* ‖ **–milla** *f kleines Ries* n *(Papier)*
resobado *adj abgegriffen* ‖ *abgedroschen*
resobri\na *f Großnichte* f ‖ **–no** *m Großneffe* m
resociali\zación *f* ⟨Soz⟩ *Resozialisierung* f, *Wiedereingliederung f (von Straffälligen od Asozialen)* ‖ **–zar** [z/c] *vt resozialisieren*
resol *m Abglanz, Widerschein* m ‖ *Abstrahlung* f *der Sonnenhitze*
resola\na *f große Hitze* f ‖ *Abstrahlung f der Sonnenhitze* ‖ **–no** *m/adj sonniger, (windgeschützter) Platz* m ‖ *Gluthitze* f
resollar [-ue-] *vi schnaufen, atmen* ‖ *Atem holen, Luft schöpfen* ‖ *verschnaufen, wieder zu Atem kommen* ‖ *keuchen* ‖ ⟨fig⟩ *ein Lebenszeichen (von s.) geben* ‖ ♦ sin ~ ⟨fam⟩ *ohne zu mucksen* ‖ ◇ *no se bebió sin* ~ *er (sie, es) trank es in e–m Zug aus* ‖ *lleva seis meses sin* ~ ⟨figf⟩ *er (sie, es) hat sechs Monate lang nichts von s. hören lassen*
resolu\ción *f Ent-, Be\schluss* m ‖ *Entscheidung* f ‖ *Entschlossenheit, Unerschrockenheit* f ‖ *Zuversicht* f ‖ *Entschlusskraft* f ‖ *Tatkraft, Energie* f ‖ *Lösung f (e–r Frage, e–r Rechenaufgabe)* ‖ *Auflösung* f (& Opt Med) ‖ ⟨Jur⟩ *Entscheidung* f ‖ *Beschluss* m ‖ ⟨Pol⟩ *Resolution* f ‖ *Ent\schluss* m, *-schließung* f ‖ ~ *cautelar* ⟨Jur⟩ *einstweilige Verfügung* f ‖ ~ *de conflictos Konfliktbeilegung* f ‖ ~ *inquebrantable felsenfester Entschluss* m ‖ ~ *provisional* → ~ *cautelar* ‖ ♦ *de* ~ *difícil schwer zu entscheiden(d)* ‖ en ~ *schließlich, kurz, überhaupt* ‖ *kurz und gut* ‖ ◇ *llegar a una* ~ *zu e–m Entschluss kommen* ‖ *tomar una* ~ *e–n Entschluss fassen, s. entschließen* ‖ **–tivo** *adj/s* ⟨Med⟩ *auflösend (Mittel)* ‖ ⟨Math⟩ *(Auf)Lösungs-* ‖ **–to**

pp/irr von **resolver** ‖ ~ adj *entschlossen, beherzt* ‖ *tatkräftig* ‖ *tüchtig* ‖ **–torio** adj *entscheidend* ‖ ⟨Jur⟩ *auf|hebend, -lösend*

resol|vente m/adj ⟨Med⟩ *auflösendes Mittel* n ‖ **–ver** [-ue-, pp resuelto] vt *entscheiden* ‖ *(auf)lösen (Zweifel)* ‖ *kurz zusammenfassen* ‖ *be|schließen, -stimmen (zu)* ‖ *auflösen, zerstören* ‖ ⟨Med Opt⟩ *auflösen* ‖ ◇ ~ una cuestión *e–e Frage lösen* ‖ ~ dificultades *Schwierigkeiten beheben* ‖ ~ una duda *e–n Zweifel beheben* od *klären* ‖ ~ un problema *ein Problem lösen* ‖ ~**se** *s. entschließen* (a zu dat bzw inf) ‖ *s. entscheiden* (por *für*) ‖ *s. auflösen, zergehen* ‖ ⟨Med⟩ *schwinden (Entzündung, Krankheit)* ‖ ◇ ~ a un sacrificio *s. zu e–m Opfer entschließen* ‖ ~ en vapor *in Dampf aufgehen, verdampfen* ‖ ~ por un partido *s. für e–e Partei erklären* ‖ ¿cómo se resuelve esto? *wo führt das hin?*

reso|nador m *Nach-, Wider|hall* m ‖ *Resonator* m ‖ **–nancia** f *Resonanz* f ‖ ⟨fig⟩ *Nachklang, Widerhall* m, *Echo* n ‖ **–nante** adj *(m/f) nachhallend, schallverstärkend* ‖ *mitschwingend* ‖ ⟨fig⟩ *andauernd, nachhaltig* ‖ *bedeutend (Geschehen)* ‖ ◆ con ~ éxito *mit glänzendem Erfolg* ‖ **–nar** [-ue-] vi/t *widerhallen* ‖ *(er)tönen, er|klingen, -schallen* ‖ *nachhallen* ‖ ◇ (en) las calles resuenan voces de júbilo *in den Straßen hallt Jubelgeschrei wider* ‖ la ciudad resuena en od con cánticos de gozo *in der Stadt erklingen überall Jubelgesänge*

reso|plar vi *schnauben* ‖ ◇ ~ de rabia *vor Wut schnauben* ‖ **–plido, –plo** m *Schnauben* n

resorber vt *wieder ein-, auf|saugen* ‖ ⟨Med⟩ *resorbieren*

resorcina f ⟨Chem⟩ *Resorzin* n

resorción f ⟨Med⟩ *Resorption* f

resor|tado adj *gefedert, elastisch* (& fig) ‖ **–te** m *(Spring)Feder, Spann-, Sprung-, Trieb|feder* f ‖ ⟨fig⟩ *Feder-, Schnell-, Spann|kraft* f ‖ ⟨fig⟩ *Triebfeder* f ‖ ~ de ballesta *Blattfeder* f ‖ ~ de compresión *Druckfeder* f ‖ ~ de contacto *Kontaktfeder* f ‖ ~ en espiral → ~ helicoidal ‖ ~ de flexión *Biegefeder* f ‖ ~ helicoidal *Schraubenfeder* f ‖ ~ de hoja → ~ de ballesta ‖ ~ de tracción *Zugfeder* f ‖ ◇ armar el ~ *die Feder spannen* ‖ aflojáronse los ~s de su voluntad ⟨fig⟩ *sein Wille erschlaffte* ‖ conocer los ~s del organismo humano ⟨fig⟩ *s. in den Menschen gut auskennen* ‖ tocar todos los ~s ⟨figf⟩ *alle Hebel in Bewegung setzen*

respal|dadamente adv *zurück-, an|gelehnt* ‖ ⟨fig⟩ *bequem, gemächlich* ‖ **–dado** adj *auf der Rückseite beschrieben* (bes. *Visitenkarte)* ‖ *bequem ausgestreckt (in e–m Lehnstuhl)* ‖ **–dar** m *Rückenlehne* f ‖ ~ vt *auf die Rückseite* (bes. *e–r Visitenkarte) schreiben* ‖ ⟨fig⟩ *(jdn) stützen, (jdm) helfen, beistehen, zur Seite stehen* ‖ *(jdm) den Rücken decken* (& fig) ‖ **–darse** vr: ~ con od contra la pared *s. an die Wand lehnen* ‖ ~ en el sillón *s. im Sessel zurücklehnen* ‖ **–do** m *Rückseite* f *(e–s Schriftstückes)* ‖ *Rückenlehne* f *(e–s Sessels)* ‖ ⟨fig⟩ *Rückendeckung* f ‖ *Stützung* f ‖ ~ de oro *Goldreserve* f ‖ ◆ al ~ *auf der Rückseite* ‖ **–dón** m augm von **–do**

respe m, Sant **résped** m ⟨Zool⟩ *Schlangenzunge* f ‖ *(Gift)Stachel* m *(der Biene, der Wespe usw.)* ‖ ⟨fig⟩ *giftige Zunge* f

respec|tar vi *betreffen, angehen, s. beziehen* (auf acc) ‖ ◇ por lo que –ta a eso *was das (an)betrifft od anlangt, in dieser Hinsicht* ‖ **–tiv(ament)e** adv *beziehungsweise* ‖ *jeweils* ‖ **–tivo** adj *be|treffend, -züglich* ‖ *verhältnismäßig* ‖ *verschieden, einzeln* ‖ *jeweilig* ‖ el importe ~ *der betreffende Betrag* ‖ sentados en sus ~s sitios *jeder auf s–m Platz sitzend*

respecto m/adv *Beziehung, Hinsicht* f, *Verhältnis* n ‖ ◇ al ~ de ... *im Verhältnis zu ...* ‖ a ese ~, (considerado) desde tal ~ *von diesem Gesichtspunkt aus betrachtet* ‖ *in dieser Hinsicht* ‖ (con) ~ a eso, a ese ~ *in dieser Hinsicht, diesbezüglich* ‖ (con) ~ a od de *hinsichtlich, betreffend, mit Rücksicht auf* (acc) ‖ en cierto ~ *in gewisser Beziehung* ‖ sozusagen ‖ en muchos ~s *in vieler Hinsicht* ‖ en todos ~s *in jeder Hinsicht* ‖ *entschieden*

respe|tabilidad f *Achtbarkeit* f ‖ *Ansehen* n ‖ **–table** adj *(m/f) achtbar, ehrwürdig* ‖ *an|gesehen, -sehnlich* ‖ *beträchtlich, ansehnlich, erheblich* ‖ *reell* (z. B. *Firma)* ‖ ~ m: el ~ ⟨pop⟩ *das Publikum* (bes. Taur) ‖ **–tar** vt *achten, respektieren* ‖ *(ver)ehren* ‖ *schonen, Rücksicht nehmen auf* (acc) ‖ ◇ ~ las leyes *die Gesetze (be)achten* ‖ no ~ a nadie *rücksichtslos zu Werk gehen* ‖ *auf niemanden Rücksicht nehmen* ‖ niemanden schonen ‖ ~ a los superiores *vor den Vorgesetzten Achtung haben* ‖ hacerse ~ *s. Respekt od Achtung verschaffen* ‖ *würdevoll auftreten* ‖ **–to** m *Achtung* f, *Respekt* m ‖ *Ehrfurcht* f ‖ *Ehrerbietung, Hochachtung* f ‖ *Rücksichtnahme* f (→ **consideración**) ‖ ◆ de ~ *Ersatz-, Not-* ‖ *Respekts-* ‖ *Gala-, Fest-, Ehren-* ‖ ◇ campar por su *(od por sus* ~s) ~ *anmaßend, rücksichtslos, willkürlich handeln od vorgehen* ‖ *nur auf s–n eigenen Nutzen bedacht sein* ‖ estar de ~ *zur Schau dienen* ‖ faltar al ~ *die Achtung (vor jdm) verletzen* ‖ *unanständig werden* ‖ imponer ~ *Respekt, Achtung erwecken* ‖ perder el ~ *die Achtung verlieren* ‖ ◆ sin ~ *respektlos, despektierlich* ‖ *rücksichtslos, unerbittlich* ‖ ~**s** humanos *Menschenfurcht* f (& Rel) ‖ *Anstandsregeln* fpl ‖ ◆ sin ~s humanos ⟨Rel & fig⟩ *ohne Menschenfurcht, ohne Furcht vor der Meinung der anderen* ‖ ¡mis ~s a su señora! *m–e Empfehlungen an Ihre Frau Gemahlin!* ‖ ¡preséntele Vd. mis ~s! *empfehlen Sie mich ihm (ihr)! (Höflichkeitsphrase)* ‖ ofrecer sus ~s a alg. *jdm s–e Aufwartung machen*

respetuo|samente adv *ehrerbietig, höflich* ‖ **–sidad** f *Ehrwürdigkeit, Würde* f ‖ **–so** adj *ehr|erbietig, -furchtsvoll* ‖ *höflich, anstandsvoll* ‖ *rücksichtsvoll*

réspice m ⟨fam⟩ *trockene, schroffe Antwort* f ‖ *Anranzer, Verweis, Rüffel* m, *Rüge* f

respigo m Sant *Wirsingsamen* m

respigón m *Nied-, Neid|nagel* m ‖ ⟨Vet⟩ *Steingalle* f

respigones mpl ⟨Bot⟩ *Kletten* fpl

respin|gado adj: nariz ~a *Stülpnase* f ‖ **–gar** [g/gu] vi ⟨fam⟩ *abstehen, nicht anliegen (Kleidungsstück)* ‖ ⟨figf⟩ *schmollen, s. sträuben* ‖ **–go** m *heftige Körperbewegung* f, *Ruck* m, *Auffahren* n ‖ *Aufbäumen, Bocken* n ‖ *abwehrende Geste* f ‖ ⟨fam⟩ *Widerspenstigkeit* f ‖ ◇ dar un ~ *aufspringen* ‖ ⟨fig⟩ *auffahren* ‖ **–gón** adj *bockig, störrisch (Tier)*

respi|rable adj *(m/f) atembar* ‖ **–ración** f *Atemholen, Atmen* n, *Atmung* f (& Tech) ‖ *Einatmen* n ‖ *Luftloch* n ‖ ⟨Mus⟩ *(Luft)Pause* f ‖ ~ abdominal ⟨Med⟩ *Zwerchfell-, Bauch|atmen* n ‖ ~ aparativa ⟨Med⟩ *apparative Beatmung* f ‖ ~ artificial *künstliche Atmung, (künstliche) Beatmung* f ‖ ~ boca a boca *Mund-zu-Mund-Beatmung* f ‖ ~ branquial ⟨Zool⟩ *Kiemenatmung* f ‖ ~ cutánea *Hautatmung* f ‖ ~ diafragmática *Bauchfellatmen* n ‖ ~ difícil *Atemnot* f ‖ ~ entrecortada *Kurzatmigkeit* f ‖ ~ traqueal ⟨Ins Zool⟩ *tracheale Atmung* f ‖ ~ a trompicones *stoßweises Atmen* n ‖ ◇ practicar la ~ artificial ⟨Med⟩ *künstlich beatmen* ‖ **–radero** m *Luft-, Lüftungs|loch* n ‖ *Dachluke* f ‖ *Kellerfenster* n ‖

Zugloch n *(an e–m Kamin)* ‖ ⟨fig⟩ *Atempause* f, *Ausruhen* n ‖ ⟨fam⟩ *Atmungsorgane* npl, *Luftröhre* f ‖ ⟨Sp⟩ *Schnorchel* m ‖ ⟨Met⟩ *(Entlüftungs)Steiger* m ‖ **–rador** m ⟨Med⟩ *Beatmungsgerät* n ‖ **–rar** vi *atmen* ‖ *einatmen* ‖ *duften* ‖ ⟨fig⟩ s. *erholen, verschnaufen* ‖ ⟨fig⟩ *aufatmen* ‖ ⟨fig⟩ *ausruhen* ‖ ◆ sin ~ ⟨fig⟩ *unablässig, ohne Atem zu holen, ohne auszuruhen* ‖ ⟨figf⟩ *ohne ein Sterbenswörtchen zu sagen* ‖ ◇ *todo –ra alegría alles atmet Freude* ‖ *ahora sé por dónde –ra* ⟨fig⟩ *jetzt kenne ich mich in ihm (ihr) aus* ‖ *no tener por donde* ~ ⟨fig⟩ *(auf e–e Beschuldigung) nichts zu antworten wissen* ‖ ~ vt *einatmen* ‖ **–ratorio** adj ⟨An⟩ *respiratorisch, Atmungs-* ‖ *Atem-* ‖ *Luft-* (z. B. *Luftwege*) ‖ **–ro** m *Atemholen* n ‖ *Atmen* n ‖ ⟨fig⟩ *Aufatmen* n ‖ ⟨fig⟩ *Pause* f ‖ *Schulpause* f ‖ ⟨fig⟩ *Ruhe* f ‖ ⟨fig⟩ *Zahlungsfrist* f ‖ ⟨Jur⟩ *Moratorium* n

resplan|decer [-zc-] vi *(er)glänzen* ‖ *funkeln, leuchten, schimmern, scheinen* ‖ ⟨fig⟩ *prangen* ‖ **–deciente** adj *(m/f) glänzend, leuchtend* ‖ **–dor** m *Glanz, Schimmer* m ‖ ⟨fig⟩ *Ruhm* m

¹respon|der *(be)antworten* ‖ *erwidern, entgegnen* ‖ s. *melden, antworten (beim Klopfen, beim Anruf)* ‖ *entsprechen, entgegenkommen (e–m Wunsch)* ‖ *widersprechen* ‖ ~ vi *antworten* ‖ s. *(jdm) dankbar zeigen* ‖ ⟨fig⟩ *rechthaberisch sein* ‖ *(e–r Bitte) Gehör schenken* ‖ *ergiebig, fruchtbar sein (Erdreich)* ‖ *entsprechen (dat), im Verhältnis stehen* (a *zu*) ‖ ~ a ... *beantworten* (acc), *antworten auf ...* (acc) ‖ s. *beziehen auf ...* (acc) ‖ ~ *a las esperanzas die Erwartungen erfüllen* ‖ ~ *a la necesidad dem Bedarf entsprechen* ‖ *por el nombre de ... auf den Namen od Ruf ... hören* (z. B. *Hund*) ‖ ~ *al objeto bezwecken* (de *zu*) ‖ ~ *a la pregunta auf die Frage antworten, die Frage beantworten* ‖ *no –de nadie niemand antwortet* ‖ *es meldet s. niemand* ‖ ~ *que sí (no) a una pregunta e–e Frage bejahen (verneinen)* ‖ ~ *a tiros mit Schüssen beantworten*

²respon|der vi *haften* ‖ *die Verantwortung tragen, verantwortlich sein* ‖ ~ *con algo et. verbürgen* ‖ ~ *de algo et. verantworten* ‖ *für et. haften* ‖ ~ *de las consecuencias die Folgen tragen* ‖ **–do** *de mis empleados ich hafte für m–e Angestellten* ‖ ~ *con toda su fortuna mit s–m ganzen Vermögen haften* ‖ ~ *por bürgen* ‖ **–do** *por él ich hafte für ihn* ‖ **–do** *de ello darauf können Sie s. (bzw kannst du dich) verlassen* ‖ *no –do de nada ich stehe für nichts* ‖ ~ *solidariamente* ⟨Com⟩ *gesamtschuldnerisch od gemeinschaftlich haften*

respondón adj/s *rechthaberisch* ‖ *widerspruchslustig* ‖ ⟨fam⟩ *schnippisch, kess, mit e–m losen Mundwerk*

respon|sabilidad f *Verantwortlichkeit* f ‖ *Verantwortung* f ‖ *Haftfähigkeit* f ‖ *Haftbarkeit* f ‖ *Haftung* f ‖ *Regresspflicht* f ‖ ~ *civil Haftpflicht* f ‖ ~ *colectiva Kollektivschuld* f ‖ ~ *común Gesamtverpflichtung* f ‖ ~ *sin culpa Haftung* f *ohne Verschulden* ‖ ~ *de (la) guerra Kriegsschuld* f ‖ ~ *solidaria Solidar|haftung, -verpflichtung, gesamtschuldnerische Haftung od Verpflichtung* f ‖ ~ *subsidiaria subsidiäre Haftung* f ‖ ◆ *bajo mi* ~ *auf m–e Verantwortung (hin)* ‖ ◇ *no acepto la* ~ *ich komme nicht (dafür) auf* ‖ *asumir (toda) la* ~ → *tomar (toda) la* ~ ‖ *declinar la* ~ *die Verantwortung ablehnen* ‖ *eximir de la* ~ *der Verantwortung entheben* ‖ *sustraerse a la* ~ s. *der Verantwortung entziehen* ‖ *tomar toda* ~ *die ganze Verantwortung auf s. nehmen* ‖ **–sabilizar** [z/c] vt *(jdm) die Verantwortung übertragen* ‖ *(jdm) die Verantwortung aufbürden* ‖ *(jdn) verantwortlich machen* ‖ **~se** *die Verantwortung übernehmen* ‖ *(für et.) einstehen* ‖ *die Haftung*

übernehmen (de für) ‖ **–sable** adj *(m/f) verantwortlich (de für)* ‖ *haftbar* ‖ ◇ *hacer* ~ *de algo für et. verantwortlich machen* ‖ *me hago* ~ *(de ello) ich übernehme die Verantwortung (dafür)* ‖ *ich verantworte (es)* ‖ *ser (od salir)* ~ *de algo für et. aufkommen* ‖ *Vd. es* (el) ~ *Sie haben die Verantwortung* ‖ ~ m *Verantwortliche(r)* m ‖ *Haftende(r)* m

responsar vi ⟨Kath⟩ *Respons beten* bzw *singen*
responsiva f *Mex Bürgschaft* f
respon|so m ⟨Kath⟩ *Responsorium* n *(für die Verstorbenen)* ‖ ◇ *echar un* ~ *a alg.* ⟨figf⟩ *jdn anschnauzen, jdn abkanzeln* ‖ *rezar un* ~ *Respons beten* ‖ **–sorio** m ⟨Rel⟩ *Responsorium* n
resp.ta ⟨Abk⟩ = **respuesta**
respuesta f *Antwort, Erwiderung* f ‖ *Beantwortung* f ‖ ⟨fig⟩ *Widerhall* m ‖ ~ *afirmativa bejahende Antwort* f, *Bejahung* f ‖ ~ *categórica bestimmte od entschiedene Antwort* f ‖ ~ *evasiva ausweichende Antwort* f ‖ ~ *negativa abschlägige od verneinende Antwort* f ‖ *Verneinung* f ‖ "~ *pagada*" ⟨Postw⟩ *„Rückantwort bezahlt"* ‖ ~ *telegráfica Drahtantwort* f ‖ ◆ *en* ~ (de) *als Antwort (auf* acc) ‖ *in Beantwortung* (gen) ‖ *sin* ~ *unbeantwortet* ‖ ◇ *dar una* ~ *negativa abschlägig (be)antworten* ‖ *no exigir* ~ *k–e Antwort erfordern* bzw *verlangen*
resquebra|ja)dura f, **–jo** m *Ritze* f, *Spalt, Riss, Sprung* m ‖ *Spalte* f ‖ *Rissbildung* f ‖ **–jadizo** adj *spröde (Holz usw.)* ‖ **–jado** adj *zerklüftet* ‖ *aufgesprungen (Frucht, Lippe, Hand)* ‖ *rissig (Leder)* ‖ **–jar** vt *leicht spalten* ‖ ~ vi *aufspringen* ‖ *Risse bekommen* ‖ **~se** s. *spalten, (auf)springen, Risse bekommen* ‖ *aufspringen (Haut)* ‖ **–joso** adj *rissig* ‖ *brüchig*
resque|mar vt/i *prickeln, brennen (Pfeffer usw.)* ‖ **~se** ⟨fig⟩ s. *abhärmen* ‖ s. *sehr ärgern* ‖ **–mazón** f, **–mo** m *prickelnder Geschmack* m, *Prickeln* n ‖ *Brennen* n ‖ *Jucken* n ‖ ⟨fig⟩ *Kummer* m ‖ **–mor** m *Kummer* m ‖ ⟨fig⟩ *bitterer Nachgeschmack* m
resquicio m *Spalte, Ritze* f ‖ ⟨fig⟩ *Spur* f ‖ ⟨fig⟩ *Hoffnung* f ‖ ⟨fig⟩ *gute Gelegenheit* f
resta f ⟨Math⟩ *Abziehen, Subtrahieren* n ‖ *(Über)Rest* m
restable|cer [-zc-] vt *wiederherstellen, in Gang bringen* ‖ *wieder einsetzen* ‖ ◇ ~ *la comunicación* ⟨Tel⟩, *la orden, las relaciones die Verbindung* ⟨Tel⟩, *die Ordnung, die Beziehungen wiederherstellen* ‖ **–cido** *el silencio nach Wiederherstellung der Ruhe* ‖ **~se** s. *wieder erholen* ‖ *(wieder) genesen,* [allmählich] *ir recuperando fuerzas* ‖ **–cimiento** m *Wiederherstellung* f ‖ *Genesung, Erholung* f ‖ *Gesundung* f (& fig) ‖ ⟨Jur⟩ *Wieder|einsetzung, -inkraftsetzung* f ‖ ~ *económico Gesundung* f *der Wirtschaft* ‖ *Sanierung* f
restado adj *kühn, verwegen*
resta|llar vi *knallen (Peitsche)* ‖ *klatschen (Geräusch)* ‖ *krachen, knacken* ‖ ◇ *hizo* ~ *el látigo er ließ die Peitsche knallen* ‖ **–llido** m *Peitschenknall* m
restante adj *(m/f) restlich, übrig bleibend* ‖ *übrig geblieben* ‖ ⟨Com⟩ *rückständig* ‖ *Rest-* ‖ ~ m *Rest* m ‖ *lo* ~ *der Rest, das Übrige*
restañadero m → **estuario**
restañador adj *blutstillend* ‖ ~ m *blutstillender Stift* m
¹restañar vt *neu verzinnen*
²restañar vt/i *(das Blut) stillen* ‖ ⟨allg⟩ *anstauen (Wasser, Flüssigkeit)* ‖ ⟨fig⟩ *unterbinden, aufhalten*
restañasangre m ⟨Min⟩ → **cornalina**
restaño m *Blutstillen* n ‖ *Anstauung* f

¹restar vt/i *ab|rechnen, -ziehen* ‖ *abziehen* ‖ *wegnehmen* ‖ ⟨Math⟩ *subtrahieren, abziehen* (de *von*) ‖ ◇ ~ *autoridad das Ansehen schmälern* ‖ ~ de una cantidad ⟨Math⟩ *von e–r Größe abziehen* ‖ ~ *méritos a* alg. *jdm das Verdienst absprechen (wollen)* ‖ ~ vi *übrig sein, übrig bleiben* ‖ ◇ ~ por pagar *noch zu (be)zahlen sein* ‖ lo que resta *das Restliche, der Rest* ‖ en todo lo que resta del año *bis zu Ende des laufenden Jahres* ‖ ~se años *s. für jünger ausgeben* ‖ *für jünger gelten wollen*

²restar vt *(den Ball) zurückschlagen (im Pelotaspiel)* ‖ ◇ la raqueta resta bien *der Schläger schlägt gut zurück (Tennis)*

restau|ración f *Wiederherstellung* f ‖ *Wiedereinführung* f *(von Gesetzen)* ‖ *Wiedereinsetzung* f *(auf den Thron)* ‖ *Restaurierung* f *(Kunst)* ‖ ⟨Pol⟩ *Restauration* f ‖ ~ de montes *Neuaufforstung* f ‖ *Bewaldung* f (→ **repoblación** forestal) ‖ **–rador** m *Wiederhersteller* m ‖ ⟨Mal⟩ *Restaurator* m

restaurante m *Restaurant, Gast|haus* n, *-stätte* f ‖ ~ automático *Automatenrestaurant* n, *Schnellgaststätte* f ‖ ~ de autopista *Raststätte* f ‖ ~ de autoservicio *Selbstbedienungsrestaurant* n ‖ ~ de universidad *Mensa* f ‖ ~ vegetariano *vegetarisches Restaurant* n

restaurar vt *wiederherstellen* (& Pol) ‖ *wieder einführen* ‖ *wieder einsetzen* ‖ *wieder auf den Thron setzen (e–e Dynastie)* ‖ *stärken, erquicken* ‖ ⟨Mal⟩ *restaurieren (Gemälde, Skulpturen usw.)* ‖ ◇ ~ sus fuerzas *wieder zu Kräften kommen* ‖ ~se *s. erholen, neue Kräfte sammeln* ‖ **–rativo** adj *wiederherstellend* ‖ ⟨Pol⟩ *restaurativ* ‖ ~ m *Stärkungsmittel* n

restin|ga f ⟨Mar⟩ *Untiefe, Sandbank* f ‖ **–gar** [g/gu] m ⟨Mar⟩ *Gebiet* n *voller Untiefen*

resti|tución f *Rückgabe* f ‖ *Rückerstattung* f ‖ *Herausgabe* f ‖ *Wiedereinsetzung* f ‖ *Ersatz* m ‖ *Wiederherstellung, Ergänzung* f *(e–s Textes)* ‖ *Umbildung, Entzerrung* f *(e–r Luftbildaufnahme)* ‖ ◇ pedir la ~ de algo *et. zurückverlangen* ‖ **–tuible** adj *(m/f) wiederherstellbar* ‖ *zu ersetzen(d), zurückerstatten(d)* ‖ *ersetzbar (Verlust)* ‖ **–tuir** [-uy-] vt *wiederherstellen* ‖ *ersetzen, zurückgeben* ‖ *wieder einsetzen* ‖ *wiedereinführen* ‖ *umbilden, entzerren (e–e Luftbildaufnahme)* ‖ ◇ ~ los derechos die Gebühren *(zu)rückerstatten* ‖ ~ a la realidad ⟨fig⟩ *die Augen öffnen* (dat) ‖ ~se *s. zurückbegeben* ‖ *s. erholen* ‖ ~ a su patria *in sein Vaterland zurückkehren* ‖ **–tutorio** adj *auf Erstattung bezüglich* ‖ *Rückerstattungs-, Restitutions-*

¹resto m *(Über)Rest* m ‖ los ~s de un buque *die Wracktrümmer* pl, *das Wrack e–s Schiffes* ‖ los ~s mortales *die sterbliche Hülle* f

²resto m ⟨Sp⟩ *Rückschlagen* n *(des Balles beim Pelotaspiel)*

³resto m ⟨Kart⟩ *(festgelegter) Gesamteinsatz* m ‖ ~ abierto *unbegrenzter Einsatz* m *(beim Spiel)* ‖ ◆ a ~ abierto ⟨figf⟩ *un|beschränkt, -behindert* ‖ ◇ echar *od* envidar el ~ ⟨figf⟩ *alles daransetzen, alles* od *das Letzte aufbieten* od *hergeben*

restre|gar [-ie-, g/gu] vt *heftig reiben, abreiben* ‖ ◇ le –gó la cara (con) *er beschmutzte ihm das Gesicht (mit)* ‖ ~se: ~ los ojos (con el dorso de la mano) *s. die Augen reiben (mit dem Handrücken)* ‖ el gato comenzó a ~ contra su falda *die Katze schmiegte s. an ihren Rock* ‖ –gándose las manos con satisfacción *s. vergnügt die Hände reibend* ‖ **–gón** m *heftiges Reiben* n ‖ ◇ dar un ~, dar restregones a alg. *jdn heftig reiben*

restric|ción f *Ein-, Be|schränkung* f ‖ *Restriktion* f ‖ ⟨fig⟩ *Einschränkung* f, *Vorbehalt* m ‖ ~ del comercio *Handelsbeschränkung* f ‖ ~ de créditos *Kreditbeschränkung* f ‖ *Kreditverknappung* f ‖ ~ de exportaciones *Ausfuhr-, Export|beschränkungen* fpl ‖ ~ mental ⟨Jur⟩ *geheimer (stillschweigender) Vorbehalt* m, *Mentalreservation* f ‖ ~ de la producción *Produktions|kürzung, -einschränkung* f ‖ ◆ con la ~ de que … *mit der Einschränkung, dass …* ‖ *vorbehaltlich* (gen) ‖ sin ~ *uneingeschränkt* ‖ *vorbehalt-, bedingungs-, rückhalt|los* ‖ *unbedingt* ‖ ◇ imponer (sufrir) restricciones *Beschränkungen auferlegen (erleiden)* ‖ estar sujeto *od* sometido a restricciones *Beschränkungen unterliegen* ‖ **–tivo** adj *ein-, be|schränkend, hemmend* ‖ ⟨Wir⟩ *restriktiv* ‖ **–to** adj *beschränkt* ‖ *begrenzt*

restrin|gir [g/j] vt *ein-, be|schränken* ‖ *kontrollieren, überwachen* ‖ ~ a … *beschränken auf …* (acc) ‖ en escala –gida *in beschränktem Maß*

restriñir [pret ~ñó] vt *zusammenziehen*

resuci|tación f *bes. Am Wieder|erweckung, -belebung* f ‖ ⟨Med⟩ *Wiederbelebung* f ‖ → **resurrección** ‖ **–tado** adj *von den Toten erweckt* ‖ ⟨fig⟩ *zu neuem Leben erwacht* ‖ ~ *Auferstandene(r) (Evangelium usw.)* ‖ **–tador** adj/s *auferweckend* ‖ ⟨fig⟩ *neu belebend* ‖ ~ m *Totenerwecker* m ‖ ⟨fig⟩ *Neubeleber* m ‖ ⟨Med⟩ *Beatmungsbeutel* m ‖ **–tar** vt *wieder auferwecken, vom Tode erwecken* ‖ ⟨fig⟩ *neu beleben* ‖ ⟨fig⟩ *wieder ins Leben rufen,* ⟨fam⟩ *wieder auf die Beine bringen* ‖ ~ vi *auferstehen, von den Toten auferstehen* ‖ ⟨fig⟩ *genesen* ‖ ⟨fig⟩ *wieder erwachen* ‖ el ⁼tado *der Auferstandene (Christus)*

resudar vi *(leicht) schwitzen*

¹resuello m *(lautes) Atmen, Atemholen* n ‖ *Keuchen, Schnauben* n ‖ ◇ conteniendo el ~ *mit verhaltenem Atem* ‖ echar el ~ *keuchen* ‖ le metió el ~ en el cuerpo ⟨figf⟩ *er schüchterte ihn ein,* ⟨fam⟩ *er setzte ihm e–n Dämpfer auf*
△ **²resuello** m *Geld* n

resuelto adj *entschlossen, beherzt, mutig, behend, hurtig* ‖ *resolut* ‖ *energisch, tatkräftig, zupackend* ‖ *firmemente ~* a *fest entschlossen (zu* inf *bzw* dat) ‖ ~ a *od* en *od* para defenderse *entschlossen, s. zu verteidigen* ‖ adv: ~**amente**

resul|ta f *Ergebnis* n, *Folge* f, *Erfolg* m ‖ ⟨Verw⟩ *frei werdende Planstelle* f ‖ **–tado** m *Ergebnis, Resultat* n ‖ *Ausgang, Erfolg* m ‖ *Folge* f ‖ ⟨Math⟩ *Ergebnis* n ‖ ~ del ejercicio ⟨Wir⟩ *Jahresergebnis* n *(Buchführung)* ‖ ~ de las elecciones *Wahlergebnis* n ‖ ~ del examen médico *Befund* m, *Untersuchungsergebnis* n ‖ ~ favorable *günstiges Ergebnis* n ‖ ~ final *Endergebnis* n ‖ ~ parcial (total) *Teil-, (Gesamt)Ergebnis* n ‖ ◆ sin ~ *erfolglos, zwecklos, unnütz* ‖ ◇ dar (buen) ~ *gelingen, einschlagen* ‖ *s. bewähren* ‖ dar mal ~ *misslingen* ‖ *fehlschlagen* ‖ *enttäuschen* ‖ dar ~ contrario *od* contraproducente *das Gegenteil bewirken* ‖ no me da ~ *es lohnt s. für mich nicht* ‖ llevar a buen ~ *glücklich beenden* ‖ *prometer (obtener) un ~ ventajoso ein vorteilhaftes Resultat versprechen (erzielen)* ‖ su partida tuvo por ~ que … *die Folge s–r (ihrer) Abfahrt war, dass …*

resultando m ⟨Jur⟩ *feststehende Tatsache* f *(im Urteil)* ‖ ~s mpl ⟨Jur⟩ *Tatbestand* m *(des Urteils)* ‖ *Entscheidungsgründe* mpl *(für das Urteil)*

resul|tante f ⟨Math⟩ *Resultante* f ‖ ⟨Phys⟩ *Resultierende* f ‖ **–tar** vi *s. ergeben, (er)folgen* ‖ *s. gestalten* ‖ *s. herausstellen (als), s. erweisen (als)* ‖ *s. bewähren* ‖ *einschlagen, gelingen* ‖ *taugen* ‖ *erscheinen als (oft als Ersatz von* ser, estar, quedar *usw.)* ‖ *s. útil* s. *als nützlich erweisen* od *herausstellen* ‖ *s. bewähren* ‖ *ventajoso vorteilhaft ausfallen, vorteilhaft sein* ‖

–ta que (pues) ... *folglich* ... ‖ *nun ist es so, dass* ... ‖ *es ergibt s., dass* ... ‖ *daraus folgt, dass* ... ‖ *daraus ist zu schließen od geht hervor, dass* ... ‖ de ello –ta un balance de ... ⟨Com⟩ *daraus ergibt s. ein Saldo von* ... ‖ no me –ta *es ist kein Vorteil für mich, das passt mir nicht* ‖ el piso nos –ta pequeño *die Wohnung ist uns zu klein* ‖ me –ta caro *das ist mir zu teuer* ‖ me va a ∼ caro ⟨fig⟩ *das kommt mich (mir) teuer zu stehen* ‖ si –ta wenn es gelingt ‖ *wenn es einschlägt* ‖ günstigenfalls ‖ de ello –tan muchos gastos *das zieht große Unkosten nach s.* ‖ la obra no –tó ⟨Th⟩ *das Stück ist durchgefallen* ‖ por fin, la señora –tó ser su hermana *es ergab s. schließlich, dass die Frau s–e (ihre) Schwester war* ‖ los esfuerzos –taron inútiles *die Bestrebungen haben s. als zwecklos erwiesen*

resumen *m kurze Zusammenfassung* f ‖ *gedrängter Auszug* m ‖ *Abriss* m ‖ *Übersicht* f ‖ *Resümee* n ‖ → auch **compendio** ‖ ∼ de la cuenta ⟨Com⟩ *summarischer (Rechnungs)Auszug* m ‖ el ∼ de las perfecciones ⟨fig⟩ *der Inbegriff der Vollendung* ‖ ◇ en ∼ *kurz gefasst* ‖ ⟨fam⟩ *kurz und gut, kurzum* ‖ *zusammen*‖*fassend, -gefasst* ‖ alles en allem ‖ **–midamente** *adv kurz, in e–m Wort*

resumidero *m* Am → **sumidero**

resu|mido *pp/adj zusammengefasst* ‖ *gekürzt (Ausgabe)* ‖ ♦ en ∼as cuentas ⟨figf⟩ *letzten Endes* ‖ *kurz und gut* ‖ **–mir** *vt (kurz) zusammenfassen* ‖ *resümieren* ‖ *knapp wiederholen* ‖ ∼se en *hinauslaufen auf (acc)* ‖ **–miendo** *zusammenfassend, kurz und gut*

△ **resuñar** *vi keuchen* ‖ *atmen*

resur|gimiento *m Wiederbeleben* n ‖ ∼ económico *wirtschaftlicher Wiederaufschwung* m ‖ ∼ nacional *nationale Wiedergeburt* f ‖ **–gir** [g/j] *vi auferstehen (bes. fig)* ‖ *wieder erscheinen*

resurrec|ción f ⟨Rel⟩ *Auferstehung* f (& fig) ‖ *Auferstehung* f *Christi* ‖ ⟨fig⟩ *Wiederaufleben* n ‖ ⟨fig⟩ *Wiederaufblühen* n ‖ **–to** *adj (lit Rel)* → **resucitado** ‖ **–tor** *adj (lit Rel)* → **resucitador**

resurtida f *Rückprall* m

retablo m *Retabel* n, *Altaraufsatz* m ‖ *Altar*‖*gemälde, -werk, -blatt* n ‖ ⟨pop⟩ *Grufti* m

reta|car *vt nachstoßen (Billardspiel)* ‖ **–cito** *m* dim von **–jo** ‖ **–co** *m Stutzen* m *(Gewehr)* ‖ *kurzer Billardstock* m ‖ p.ex ⟨figf⟩ *kleine, dickliche, untersetzte Person* f, ⟨fam⟩ *Stopfen* m

retacitos *mpl* Guat *Konfetti* n

retador *adj herausfordernd* ‖ ∼ m *Herausforderer* m

retaguar|dia, -da f ⟨Mil⟩ *Nach*‖*hut* f, *-trupp* m ‖ *Etappe* f ‖ ⟨fam joc⟩ *Hintern* m ‖ a ∼ ⟨Mil⟩ *rückwärts* ‖ ⟨fig⟩ *verspätet* ‖ ◇ *sorprender por la ∼ von hinten überfallen*

retahíla f *(lange) Reihe* f ‖ una ∼ de coches *e–e Reihe Wagen, e–e Wagenkolonne*

reta|jar *vt rund schneiden od schnitzen* ‖ **–jo** *m Schnitzel* m

retal *m Abfall* m *(beim Zuschneiden von Stoff)* ‖ un ∼ de tierra *ein Stück Land* ‖ **–es** *mpl* ⟨Com⟩ *Stoff-, Tuch*‖*reste* mpl *(bes. im Ausverkauf)* ‖ ∼ de guantería *Leimleder* n

reta|llecer [-zc-], **–llar** *vi neue Triebe bekommen*

retallón *m* Ven *Essensreste* mpl

reta|ma f *(Arg* **–mo** *m)* ⟨Bot⟩ *Ginster* m *(Genista)* ‖ ∼ de escobas, ∼ negra *Besenginster* m *(Cytisus scoparius)* ‖ ∼ de olor *Binsenginster, Wohlriechender Edelginster* m ‖ ∼ de los tintoreros *Färberginster* m *(Genista tinctoria)* ‖ **–mal, –mar** *m Ginsterfeld* n

retambufa f *Hintern* m

retar *vt (heraus)fordern* ‖ ⟨pop⟩ *(bes. Am)*

aus‖*schelten, -zanken* ‖ Chi *beschimpfen* ‖ ◇ ∼ a muerte *zum Kampf auf Leben und Tod herausfordern*

retar|dación f *Aufschub* m ‖ *Verzögerung* f ‖ ⟨Phys⟩ *Retardation* f ‖ **–dador** m *(allg) Verzögerungsvorrichtung* f ‖ ⟨Film⟩ *Zeitlupe* f ‖ ⟨Tech⟩ *Verzögerer* m ‖ ⟨Mar⟩ *Retarder* m ‖ **–dante** *adj (m/f) aufhaltend* ‖ **–dar** *vt aufschieben, ver*‖*zögern, -langsamen* ‖ *aufhalten* ‖ ⟨Pharm⟩ *protrahieren, verzögern* ‖ ◇ ∼ el pago mit der Zahlung warten ‖ *die Zahlung verschieben* ‖ *säumig zahlen* ‖ ∼ el reloj *die Uhr nach-, zurück*‖*stellen* ‖ ∼se *s. verspäten (Uhr)* (& vi) ‖ **–datriz** *[pl* ∼**ces]** *adj/f:* (fuerza) ∼ *Verzögerungskraft* f ‖ **–do** *m Verzögerung* f ‖ *Verlangsamung* f ‖ *Hemmung* f ‖ *Aufschub* m ‖ ∼ procesal ⟨Jur⟩ *Prozessverschleppung* f ‖ ◇ estar en ∼ *im Rückstand sein* ‖ *sufrir un ∼ e–e Verzögerung erfahren*

retasar *vt neu abschätzen*

reta|zar [z/c] *vt in Stücke schneiden* ‖ **–zo** m *Abfall* m *(beim Zuschneiden von Stoff)* ‖ *Stoffrest* m ‖ *(Baum)Stumpf* m ‖ ⟨fig⟩ *Fragment* n *(e–s Gedichtes usw.)* ‖ Chi *Stück* n ‖ Mex *Stück* n *Fleisch* ‖ ∼s de cuero *Lederabfälle* mpl ‖ ♦ a ∼s ⟨fig⟩ *stückweise*

rete-: **–bién** *adv (fam) sehr gut, ausgezeichnet* ‖ → auch **requete-**

retecho *m Dachvorsprung* m

retejar *vt (das Dach) neu decken bzw ausbessern, (das Haus) neu eindecken* ‖ ⟨fig⟩ *neu einkleiden bzw mit neuen Schuhen versorgen*

retejer *vt dicht zusammenweben*

retem|blar [-ie-] *vi er*‖*beben, -zittern* ‖ ◇ *hacer* ∼ el piso *den Boden erdröhnen machen (durch Stampfen usw.)* ‖ **–blido, (fam) –blor** *m Zittern, Beben* n

retemejor *adv (fam) viel besser*

¹**retén** *m (allg) Rücklage* f, *Ersatz* m ‖ ⟨Mil⟩ *Ersatztruppe, Feldwache* f ‖ *Brandwache* f ‖ *Polizeikontrolle* f

²**retén** *m* ⟨Tech⟩ *(Sperr)Klinke* f ‖ *Verriegelungseinrichtung* f ‖ *Dichtungsring* m *(für Wellen, Kugellager usw.)*

retención f *(Zurück)Behalten* n ‖ *Einbehaltung* f *(des Gehaltes, Lohnes)* ‖ *Beibehaltung* f *(e–s Amtes)* ‖ *Haft* f, *Aufenthaltsbeschränkung* f ‖ *Zurückhaltung, Mäßigung* f ‖ ⟨Med⟩ *Verhaltung, Retention* f ‖ ⟨Tech⟩ *Festhalten* n ‖ *Hemmung* f ‖ ∼ de orina ⟨Med⟩ *Harn*‖*verhaltung, -sperre* f ‖ ∼ placentaria ⟨Med⟩ *Plazenta*‖*verhaltung, -retention* f

rete|ner *[irr* → **tener]** *vt/i zurück-, inne-, bei*‖*behalten* ‖ *(auf)bewahren, aufheben* ‖ *verhaften, in Haft nehmen* ‖ ⟨Jur⟩ *s. (die Zuständigkeit) vorbehalten* ‖ ◇ ∼ el aliento *den Atem anhalten* ‖ ∼ sus lágrimas *s–e Tränen zurückhalten* ‖ ∼ en la memoria *im Gedächtnis behalten, s. (et.) merken* ‖ ∼ en su poder *bei s. behalten* ‖ ha sido –nido en la escuela ⟨Sch⟩ *er hat nachsitzen müssen* ‖ **–nida** f ⟨Mar⟩ *Halteleine* f, *Stopper* m ‖ ⟨Tech⟩ *Sperr*‖*ung, -kette* f ‖ ∼ del cargador *Rahmen-, Magazin*‖*halter* m ‖ **–nimiento** *m* → **retención**

reteno *m* ⟨Chem⟩ *Reten* n

retentar [-ie-] *vt* ⟨Med⟩ *drohen wiederzukehren, drohen zu rezidivieren (Krankheit, Schmerz)*

retentiva f *Gedächtnis(vermögen)* n

retentivo *adj behaltend* ‖ *zurückhaltend* ‖ *hemmend*

¹**reteñir** *[irr* → **teñir]** *vt auf-, um*‖*färben* ‖ *nachfärben (Haar)*

²**reteñir** *vi* → **retiñir**

retesar *vt steifen, steif machen*

Retia *f* ⟨Hist Geogr⟩ *Rätien* n
reticen|cia *f Verschweigung, absichtliche Übergehung* f ‖ *Verschwiegenheit* f ‖ *plötzliches Schweigen* n ‖ ⟨fig⟩ *Geheim(nis)tuerei* f ‖ **–te** *adj (m/f) verschwiegen* (fam → **reservón**) ‖ *dunkel anspielend*
rético *adj rätisch* ‖ el ~ *das Rätoromanische, das Rätische*
retícula *f* dim von ¹**red** ‖ ⟨Typ⟩ *Raster* m ‖ → **retículo**
reticu|lación *f* ⟨Biol⟩ *Netzwerk(bildung* f) n ‖ ⟨Fot Opt Typ⟩ *Rasterung* f ‖ **–lado** *adj netz|artig, -förmig, Netz-* ⟨Fot Opt Typ⟩ *gerastert* ‖ *Raster-* ‖ ~ *m* → **reticulación** ‖ → **retículo** ‖ **–lar** *adj retiku|lar, -lär, netz|artig, -förmig, Netz-*
retículo *m* ⟨Biol An⟩ *Netz|werk, -gewebe, Retikulum* n ‖ ⟨Gen⟩ *Retikulum, Netzwerk* n *der teilungsbereiten Zelle* ‖ *Netzmagen* m *(der Wiederkäuer)* ‖ ⟨Opt Mil⟩ *Faden|kreuz* bzw *-gitter* n ‖ ⟨Opt Typ⟩ *Raster* m
retiforme *adj (m/f) netzartig*
retín → **retintín**
retina *f* ⟨An⟩ *Netzhaut* f *(des Auges)*
retinencia *f gutes Gedächtnis, Erinnerungsvermögen* n
retin|glar *vi knallen* ‖ **–gle** *m Knall* m
retini|ano *adj Netzhaut-* ‖ **–tis** *f* ⟨Med⟩ *Entzündung der Netzhaut, Netzhautentzündung, Retinitis* f
retintín *m Geklirr* n ‖ *Klirren* n *(von Gläsern)* ‖ *Glockenschall* m ‖ *Klingklang* m ‖ ⟨figf⟩ *stichelnder Ton* m *(der Stimme)* ‖ ⟨figf⟩ *besonderer Nachdruck* m *(auf Gesagtes)* ‖ el ~ de las espuelas *das Sporengeklirr* ‖ ◆ *por vía de* ~ ⟨fig⟩ *um (ihn, sie usw.) zu reizen*
retinto pp/irr von **reteñir** ‖ ~ *adj/s schwarzbraun (Stier, Pferd)*
¡retiña! ⟨pop⟩ *Donnerwetter!*
retiñir [pret ~ñó] *vi klingen, klirren (Glocke, Metall usw.)*
retira|ción *f Zurücknahme* f ‖ ⟨Typ⟩ *Umschlagen* m ‖ ⟨Typ⟩ *Widerdruck* m ‖ **–da** *f Zurückziehung* f ‖ *Entzug* m ‖ *Rückzug* m (& fig) ‖ ⟨Mil⟩ *Zapfenstreich* m ‖ ⟨Mil⟩ *Rück|zug, -marsch* m ‖ *Absetzen* n ‖ ~ del carné de conducir *Führerscheinentzug* m ‖ ~ de un socio ⟨Com⟩ *Austritt* m *e–s Teilhabers* ‖ ◆ de ~ *auf dem Rückweg* ‖ ◇ cortar la ~ a alg. *jdm den Rückzug abschneiden* ‖ disponer la ~ de los géneros ⟨Com⟩ *die Waren zurückziehen* ‖ tocar la ~ ⟨Mil⟩ *zum Rückzug blasen* ‖ tocar ~ ⟨Mil⟩ *den Zapfenstreich blasen* ‖ **–damente** *adv insgeheim* ‖ **–do** *adj zurückgezogen, einsam* ‖ *abseits gelegen* ‖ *abgelegen, entfernt* ‖ *pensioniert* ‖ *außer Dienst* (Abk = a.D.) ‖ *emeritiert (Professor)* ‖ *in den Ruhestand versetzt (Beamter)* ‖ ~ del mundo *zurückgezogen* ‖ la suma ~a ⟨Com⟩ *der entnommene Betrag* ‖ **–miento** *m Zurückgezogenheit* f
reti|rar *vt zurück|ziehen, -nehmen* ‖ *herausziehen* ‖ *wegnehmen* ‖ *entziehen (Gunst, Führerschein, Vollmacht, Kredit)* ‖ *wegbringen, entfernen* ‖ *(Schüler von der Schule) wegnehmen* ‖ *verbergen, aufheben* ‖ *verweigern* ‖ *ver|jagen, -treiben* ‖ *einziehen (Kopf), zurückziehen (Körperteil)* ‖ *zurückziehen (Meldung, Angebot)* ‖ *abziehen (Kapital)* ‖ ⟨Com⟩ *zurücknehmen (Vollmacht, Waren, Auftrag)* ‖ ⟨Mil⟩ *abziehen, herausnehmen (Truppen)* ‖ ⟨Mil⟩ *aufheben (Posten)* ‖ ⟨Postw⟩ *abholen (Sendung)* ◇ ~ su asistencia *s–e Teilnahme absagen* ‖ ~ billetes de banco *Banknoten einziehen* ‖ ~ el carné de conducir *den Führerschein entziehen* ‖ ~ de la circulación *außer Kurs setzen (z.B. Geld)* ‖ *aus dem Verkehr ziehen* ‖ ~ la confianza a alg. *jdm*

das Vertrauen entziehen ‖ ~ el correo, ~ la correspondencia *die Post abholen* ‖ ~ el crédito a alg. *jdm den Kredit entziehen* ‖ ~ del fuego ⟨Kochk⟩ *vom Feuer weg|nehmen* od *-ziehen* ‖ ~ los intereses ⟨Com⟩ *die Zinsen abheben* ‖ ~ una letra *e–n Wechsel einlösen* ‖ ~ las mercancías *die Waren in Empfang nehmen* ‖ ~ una orden, ~ un pedido ⟨Com⟩ *e–n Auftrag widerrufen, stornieren* ‖ ~ la palabra *das Wort entziehen* ‖ ~ los poderes *die Vollmacht entziehen* ‖ ~ su promesa *sein Versprechen zurücknehmen* ‖ **~se** *s. zurückziehen (vom Verkehr, vom geselligen Umgang)* ‖ *s. wegbegeben, s. nach Hause begeben* ‖ *zu Bett gehen* ‖ *s. in Sicherheit bringen, flüchten* ‖ *(von e–m Plan, e–r Absicht) abstehen* ‖ *s–n Abschied nehmen (& Mil)* ‖ ⟨Com⟩ *(aus e–r Firma) austreten* ‖ ⟨Mil⟩ *s. zurückziehen, s. absetzen* ‖ ⟨Mar⟩ *zurücktreten (Flut)* ‖ ◇ ~ a hurtadillas *s. fortschleichen, s. unbemerkt davonmachen* ‖ ~ del mundo *s. von der Welt zurückziehen* ‖ ~ de los negocios *s. von den Geschäften zurückziehen, s. zur Ruhe setzen* ‖ ~ de una posición ⟨Mil⟩ *e–e Stellung räumen* ‖ ⟨fig⟩ *e–e Position aufgeben* ‖ ~ de una sociedad ⟨Com⟩ *von e–r Teilhaberschaft zurücktreten* ‖ ~ a la vida privada *s. ins Privatleben zurückziehen* ‖ ¡retírate! fort! ‖ ¡~! ⟨Mil⟩ *weggetreten!* ‖ **–ro** *m Zurückgezogenheit, Einsamkeit* f ‖ *einsamer, abgelegener Ort* m ‖ *Zufluchtsort* m ‖ *Schlupfwinkel, Unterschlupf* m (& Zool) ‖ *Einzelklausur* f *(in Nonnenklöstern)* ‖ *Pensionierung* f, *Abschied, Ruhestand* m *e–s Beamten* ‖ ⟨Mil⟩ *Abschied* m ‖ *(Alters)Pension* f (bes. Mil) ‖ *Sichzurückziehen* n ‖ *Entfernung* f ‖ ⟨Rel⟩ *Exerzitien* npl ‖ el ⟨Buen⟩ ~ *Park bei Madrid* ‖ ◆ en ~ *im Ruhestand (Beamter)* ‖ *außer Dienst* ‖ *pensioniert* ‖ ◇ cobrar ~ *Pension beziehen* ‖ **–rona** *f* ⟨fam⟩ *eiliger Rückzug* m
reto *m* ⟨Heraus⟩*Forderung* f *(zum Zweikampf)* (& fig) ‖ *Drohung* f, *prahlendes Herausfordern* n ‖ Am *Beschimpfung* f ‖ Arg Bol *(derber) Verweis* Arg *Anranzer, Rüffel* m ‖ ◇ echar ~s *drohen*
reto|bado *adj* → **retorcido** ‖ Pe *tückisch* ‖ Ec Mex MAm *rechthaberisch* ‖ *schnippisch* ‖ ~ *m* Col *Gauner, Preller* m
retobar *vt* Arg Pe Chi *(mit Leder) verpacken* ‖ Am *(Leder) in Streifen schneiden*
retobo *m* → **arpillera**
reto|cado *m* ⟨Mal⟩ *Ausbesserung, Retusche* f ‖ *Überarbeitung* f ‖ **–cador** *m* ⟨Fot Mal⟩ *Retuschierer* m ‖ **–car** [c/qu] *vt über-, nach|arbeiten* ‖ *auffrischen, restaurieren (Gemälde)* ‖ *vollenden, die letzte Hand anlegen an* (acc) ‖ ⟨Fot⟩ *retuschieren* ‖ ◇ ~ el estilo *e–e Stilkorrektur vornehmen*
retomar *vt* Am *wiederauf nehmen*
reto|ñar *vi wieder ausschlagen, wieder treiben, nachwachsen* ‖ ⟨fig⟩ *erneut ausbreiten, erneut zum Vorschein kommen* ‖ ◇ los primeros amores suelen ~ ⟨Spr⟩ *alte Liebe rostet nicht* ‖ **–ño** *m* ⟨Bot⟩ *Schössling, Trieb* m ‖ ⟨fig poet⟩ *Spross* m ‖ ⟨fig⟩ *Neuauftreten* n
retoque *m* ⟨Fot Mal⟩ *Ausbesserung, Retusche* f ‖ *letzte Durchsicht* f ‖ *Berichtigung* f ‖ *Überarbeitung* f ‖ ⟨Med⟩ *leichter Anfall* m *(e–r Krankheit)* ‖ *Änderung* f *(Anzug, Konfektion)* ‖ ~ de negativas *Negativretusche* f
retor *m* ⟨Text⟩ *dickes Zwirnzeug* n, *Zwil(li)ch* m
rétor *m Rhetor* m ‖ → **orador**
retor|cedora *f* ⟨Text⟩ *Zwirnmaschine* f ‖ **–cedura** *f* → **–cimiento** ‖ **–cer** [-ue-, c/z] *vt winden, (zusammen)drehen* ‖ *verbiegen* ‖ *krümmen* ‖ ⟨Text⟩ *zwirnen (Garn)* ‖ ⟨Tech⟩ *(ver)winden* ‖ ⟨fig⟩ *verdrehen (& Worte)* ‖ ◇ ~ el

argumento ⟨pop⟩ *Ausflüchte suchen* ‖ ~ el hocico
die Nase rümpfen ‖ ~ las manos *die Hände
ringen* ‖ ~ el pescuezo *den Hals umdrehen* (z. B.
dem Geflügel, & fig *als Drohung*) ‖ ~**se** s.
krümmen, s. winden ‖ ~ el bigote *s. den
Schnurrbart drehen* od *zwirbeln* ‖ ◇ ~ de dolor
s. vor Schmerz krümmen ‖ ~ de risa ⟨pop⟩ *s.
kranklachen* ‖ **–cido** adj *verdreht* ‖ *gekrümmt* ‖
⟨Text⟩ *gezwirnt* ‖ ⟨fig⟩ *falsch, hinterlistig
(Person)* ‖ ⟨fig⟩ *kompliziert (Mensch)* ‖
~ *m* ⟨Text⟩ *Zwirnen* n ‖ **–cimiento** *m Verdre|hen*
n bzw *-hung* f ‖ *Verwinden* n ‖ ⟨Tech⟩
Verwindung f
   retóri|ca *f Rhetorik, Redekunst* f ‖
Beredsamkeit f ‖ *Wortreichtum* m ‖ ⟨fam⟩
Redseligkeit, Geschwätzigkeit f ‖ ~**s** *fpl* ⟨fam⟩
Wortgeklingel n ‖ *Wortklauberei* f ‖ **–co** adj
rhetorisch ‖ *rednerisch* ‖ *beredt, eloquent*
   retor|nable adj *(m/f) Pfand-* ‖ **–nar** vt
zurück|geben, -stellen, -erstatten ‖ *zurücksenden* ‖
erwidern ‖ *drehen, biegen* ‖ ~ vi *zurückkehren* (&
vr)
   retornelo *m* ⟨Mus Lit⟩ *Ritornell* n
   retorno *m Rück|kehr, -reise, -fahrt* f ‖
Rück|sendung, -führung, -leitung f ‖ *Windung,
Krümmung* f ‖ *Erwiderung, Vergeltung* f ‖
Gegendienst m ‖ *Tausch, Wechsel* m ‖ ⟨Tech⟩
Rückstellung f ‖ ⟨Mar⟩ *Rückströmung* f ‖ ~ de
llama *Flammenrückschlag* m ‖ ♦ de ~ *auf der
Rückreise*
   retorro|mano, –mánico adj/s *rätoromanisch* ‖
~ m *Rätoromane* m ‖ el ~ *die rätoromanische
Sprache, das Rätoromanische*
   retorsi|ón *f Verdrehung* f ‖ *Krümmung* f ‖
Erwiderung f (& *Strafrecht*) ‖ *Retorsion* f *(im
diplomat. Verkehr)* ‖ ⟨fig⟩ *Vergeltung(smaßnahme)*
f ‖ **–vo** adj *verdrehend* ‖ *Erwiderungs-* ‖
Vergeltungs-
   retorta *f* ⟨Chem⟩ *Retorte* f
   retortero *m Umdrehen, Herumdrehen* n ‖ ♦ al
~ (de) *rings um* (dat *bzw* acc) ‖ ◇ andar (od ir)
al ~ *ruhelos hin und her laufen* ‖ traer al ~ a
alg. ⟨fam⟩ *jdn mit falschen Versprechungen
hinhalten*, ⟨fam⟩ *jdn an der Nase herumführen*
   retortijón *m Hinundherwinden* n ‖ ⟨Med⟩
spastischer Schmerz m *in der Darmgegend* ‖ ~
de vientre, ⟨pop⟩ ~ de tripas ⟨Med⟩ *Bauchweh* n,
Leibschmerzen mpl
   retostado adj *stark geröstet* ‖ *angebrannt* ‖
stark gebräunt (von der Sonne) ‖ *dunkelbraun*
   reto|zador adj *ausgelassen, schäkernd* ‖
mutwillig ‖ **–zar** [z/c] vt *kitzeln, necken* ‖ ~ vi
schäkern, neckische Späße machen ‖ *hüpfen* ‖
tollen ‖ *ausgelassen sein (Kinder)* ‖ ⟨pop⟩ s.
sexuell vergnügen ‖ *erotische Spiele treiben* ‖ ◇
la risa le –za en los labios ⟨fig⟩ *das Lächeln
spielt (ihm) ihr um die Lippen* ‖ **–zo** *m Schäkern*
n, *Mutwille* m ‖ *Hüpfen, munteres Springen* n ‖
Tollen n ‖ *Unfug* m, *Allotria* n ‖ **–zón** adj
mutwillig, schäkernd, ausgelassen ‖ *schelmisch*
(z. B. *Lachen*)
   retrac|ción *f Zurückziehen* n ‖
Zusammenziehung, Verkürzung, Schrumpfung
(bes. Med), ⟨Med⟩ *Retraktion* f ‖ **–tación** *f
Widerruf* m, *Zurücknahme* f ‖ **–tar** vt *widerrufen* ‖
zurücknehmen ‖ ~**se** *s–e Aussage widerrufen* ‖
das Gesagte od *sein Wort zurücknehmen* ‖ ◇ ~
de algo *et. widerrufen* ‖ ~ de la acusación ⟨Jur⟩
die Anklage von s. weisen ‖ ¡me –to! *ich nehme
das Wort zurück!*
   retráctil adj *(m/f) einziehbar*
   retracto *m* ⟨Jur⟩ *Rück-, Wieder|kauf* m ‖
Vorkauf m ‖ *Vorkaufsrecht* n ‖
Wieder|kaufsrecht n ‖ *Rücktrittsrecht* n (des
Mieters bzw *des Pächters*) ‖ ~ de abolengo *Ar*

Vorkaufsrecht n (*der Blutsverwandten am Hofe*) ‖
~ de sangre *Erblosung* f
   retraducir [-zc-, pret ~je] vt *rückübersetzen*
   retraer [irr → **traer**] vt *zurück-,
wieder|bringen* ‖ *wieder kaufen, einlösen* ‖
ab|bringen, -ziehen (von) ‖ *zurückziehen* ‖
vor|werfen, -halten ‖ *tadeln, rügen* ‖ ⟨Jur⟩
zurücknehmen ‖ *wieder kaufen* ‖ ◇ me retrae el
recuerdo de … *das erinnert mich an …* (acc) ‖ ~
vi *schwinden, schrumpfen* ‖ ~**se** *zurück|treten, s.
-ziehen* ‖ ◇ ~ a un lugar solitario *s. in die
Einsamkeit flüchten*
   retraído adj *die Einsamkeit liebend,
zurückgezogen* ‖ *schüchtern, scheu* ‖ ⟨Med⟩
verkürzt, geschrumpft ‖ ◇ ser ~ *zurückhaltend
sein*
   retraimiento *m Zurückgezogenheit* f ‖ ⟨fig⟩
Zurückhaltung f ‖ ⟨fig⟩ *Schüchternheit* f ‖ ~ de
los negocios ⟨Com⟩ *Stockung* f *der Geschäfte*
   ¹retranca *f Schweifriemen* m (*der Pferde*)
   ²retranca *And Am* (reg) *(Wagen)Bremse* f
And Hemmschuh m (*am Wagen*)
   retransmi|sión *f* ⟨Radio TV⟩ *Rück|sendung,
-übertragung* f ‖ ~ en directo ⟨Radio TV⟩
Direktübertragung, Live-Sendung f ‖ **–tir** vt
zurücksenden ‖ *weitersenden* ‖ *übertragen*
   retra|sado adj/s *zurückgeblieben* (& fig) ‖
geistig zurückgeblieben ‖ *verspätet* (z. B. *Zug*) ‖
im Rückstand ‖ **–sar** vt *aufhalten* ‖ *verzögern* ‖
auf-, hinaus|schieben ‖ ~ vi *zurückbleiben* ‖
zurückgehen ‖ *nachgehen (Uhr)* ‖ *zögern, zaudern*
‖ ~**se** *s. verzögern* ‖ *s. verspäten (Mensch)* ‖ ⟨EB⟩
s. verspäten, Verspätung haben (Zug) ‖ ⟨Com⟩ *im
Rückstand bleiben* ‖ ◇ estar –sado *im Rückstand
sein* ‖ *Verspätung haben (Zug)* ‖ llegar –sado (zu)
spät ankommen ‖ **–so** *m Verspätung* f ‖ ⟨EB⟩
Zugverspätung f ‖ *Verzögerung* f ‖ *Verzug* m (en
bei) ‖ *Rückgang* m ‖ *Rückstand* m ‖
Rückständigkeit f ‖ ◇ causar ~ *Verzögerung
verursachen* ‖ experimentar un ~ *e–e
Verzögerung erleiden* ‖ llegar con ~ *mit
Verspätung ankommen (Zug)* ‖ *verspätet
(an)kommen (Person)* ‖ saldar sus ~s ⟨Com⟩ *s–e
Rückstände begleichen* ‖ sufrir ~ *e–e
Verzögerung erleiden* ‖ tener ~ *s. verspäten* ‖
llegar con ~ *mit Verspätung ankommen (Zug)* ‖
verspätet (an)kommen (Person) ‖ el tren tiene od
⟨fam⟩ trae un ~ de … *der Zug hat e–e
Verspätung von …*
   retra|tar vt *abbilden, zeichnen, malen,
porträtieren* ‖ ⟨Fot⟩ *aufnehmen (Personen)* (sonst:
fotografiar) ‖ *nach|ahmen, -machen, schildern* (&
lit) ‖ ◇ hacerse ~ *s. fotografieren lassen* ‖ ¡hazte
~ (con eso)! ⟨pop⟩ *lass dich damit ausstopfen!* ‖
–tista *m/f Porträtmaler(in* f) m ‖
(Porträt)Fotograf(in f) m ‖ **–to** *m Bildnis, Bild* n ‖
Gemälde n, *Abbildung* f ‖ *Lichtbild* n ‖ ⟨fig⟩
Ebenbild n ‖ (fig Lit) *Schilderung* f ‖ ~ de busto
Brustbild n ‖ ~ de cuerpo entero ⟨Mal⟩ *Bildnis in
ganzer Figur, Vollbild* n ‖ ⟨Fot⟩ *Ganzaufnahme* f ‖
~ de medio cuerpo ⟨Mal⟩ *Bildnis in halber Figur,
Kniestück* n ‖ ⟨Fot⟩ *Brustbild* n ‖ ~ dedicado *Bild*
n *mit Widmung* ‖ ~ con exposición *Zeitaufnahme*
f ‖ ~ de miniatura *Miniaturbild* n ‖ ~ al óleo
Ölporträt n ‖ ~ de perfil *Profilbild* n ‖ ⟨Fot⟩
Profilaufnahme f ‖ ~ robot *Phantombild* n ‖ ~ de
tamaño natural *lebensgroßes Bild* n ‖ ◇ es el vivo
~ de su padre *er (sie, es) ist das Bild seines
(ihres) Vaters* ‖ ~**s** *mpl: álbum de od pas* ~
Bilderalbum n ‖ *Fotoalbum* n ‖ ~ en habitaciones
od interiores ⟨Fot⟩ *Zimmeraufnahmen* fpl ‖ sacar
~ ⟨fam⟩ *fotografieren, knipsen*
   △ **retré** adv *ringsherum*
   retreche|ría *f* ⟨fam⟩ *Drückebergerei* f ‖
Durchtriebenheit f ‖ *hinterlistige Schmeichelei* f ‖

Ven *Geiz* m ‖ **–ro** adj/s ⟨fam⟩ *gerissen,*
verschmitzt ‖ *tückisch, gerieben* ‖ ⟨fam⟩ *lockend,*
verführerisch (Blick, Frau) ‖ Ven *geizig,*
knaus(e)rig
     retrepa|do adj *zurückgelehnt* ‖ ⟨fig⟩ *steif, stolz*
‖ **–rse** vr → **repantigarse**
     △ **retreque** m *Ansteckung* f
     retreta f ⟨Mil⟩ *Zapfenstreich* m ‖ *lärmendes*
Nachtfest n ‖ Am ⟨Mil⟩ *Abendmusik* f ‖ Am
Reihe, Folge f ‖ la gran ~ Deut *der Große*
Zapfenstreich
     retrete m *Klo(sett)* n
     △ **retrí** adj → **retré**
     retri|bución f ⟨allg⟩ *Vergütung* f, *Entgelt* n ‖
Belohnung f, *Lohn* m ‖ *Honorar* n ‖ *Gratifikation*
f ‖ ♦ sin ~ *unentgeltlich, gratis* ‖ **–buir** [uy-] vt
vergüten ‖ *bezahlen* ‖ *belohnen* ‖ ◇ un puesto mal
–buido *e–e schlecht bezahlte Stelle* ‖ **–butivo** adj
lohnend ‖ *einträglich*
     retro: pacto de ~ ⟨Jur⟩ *Rückkaufvertrag* m
     retroacción f ⟨Jur Tech⟩ *Rückwirkung* f ‖
Anfechtungsklage f *(Konkurs)*
     retroacoplamiento m *Rückkopp(e)lung* f
     retroac|tividad f ⟨Jur⟩ *Rückwirkung* f ‖
rückwirkende Kraft f ‖ **–tivo** adj *rückwirkend* ‖ ♦
con efecto ~ *rückwirkend*
     retrocarga f ⟨Mil⟩ *Rückladung* f
     retro|ceder vi *zurückweichen* ‖ *zurücktreten* ‖
rückwärts gehen ‖ ⟨fig⟩ *rückwärts gehen* ‖ ~ vt
wieder abtreten (Ware) ‖ ◇ no poder ~ *nicht*
zurückkönnen ‖ **–cesión** f *Zurück|weichen, -gehen*
n ‖ ⟨Jur⟩ *Wieder-, Rück|abtretung* f ‖ **–ceso** m
Rückschritt m ‖ *Zurückweichen* n ‖ *Rück|schlag,*
-stoß m *(e–r Waffe beim Schießen)* ‖ ⟨Med⟩
Rückschlag m *(e–r Krankheit)* ‖ ⟨Mil⟩ *Rücklauf* m
‖ *Zurücklaufer* m *(Billardstoß)* ‖ ⟨Phys Tech⟩
Zurücklaufen n *(e–r Bewegung)* ‖ ⟨Tech⟩
Rückschlag m ‖ ◇ acusar ~ *e–n Rückgang zeigen*
‖ **–cohete** *m Rückkehrrakete* f ‖ *Bremsrakete* f ‖
–cuento m *Rückwärtszählen* n, *Countdown* n (& m)
     retrogradar vi *zurücklaufen, s. rückwärts*
bewegen ‖ ⟨Astr⟩ *s. scheinbar rückläufig bewegen*
     retrógrado adj *rückgängig* ‖ *rückläufig* (&
Ling) ‖ *rückschreitend* ‖ ⟨fig⟩ *rückschrittlich* ‖
⟨Wiss Med⟩ *retrograd* ‖ ~ m *Rückschrittler* m
     retrogresión f → **retroceso**
     retrogusto m *Nachgeschmack* m
     retromarcha f *Rückwärtsfahrt* f
     retronar vi [-ue-] *widerhallen (Donner)*
     retropropulsión f *Rückstoßantrieb* m ‖
Bremsraketenwirkung f
     retroproyector m *Overheadprojektor* m
     retrospec|ción, –tiva f *Rückschau* f ‖
Retrospektive f ‖ **–tivo** adj *(zu)rück|blickend,*
-schauend, retrospektiv ‖ *historisch*
     retrotraer [irr → **traer**] vt *rückwärts ziehen* ‖
rückbeziehen ‖ *rückdatieren*
     retro|vender vt ⟨Jur⟩ *wieder-, rück|verkaufen* ‖
–venta f ⟨Jur⟩ *Wieder-, Rück|verkauf* m
     retroversión f ⟨Med⟩ *Rückwärtsneigung* f
(z. B. der Gebärmutter)
     retrovirus m ⟨Med⟩ *Retrovirus* n *(fam* m)
     retrovisor m ⟨Auto⟩ *Rückspiegel* m ‖ ~
exterior Außenspiegel m
     retrucar [c/qu] vt/i *(den Ball) rückstoßen* ‖
⟨Kart⟩ *überbieten* ‖ ⟨reg fig⟩ *erwidern*
     retruécano m *Wortspiel* n ‖ *Kalauer* m
     retruque m *Rückstoß* m (z. B. *beim Billard*) ‖
⟨Kart⟩ *Überbieten* n ‖ ⟨reg fig⟩ *Erwiderung* f
     retuelle m Sant *(Art) Fischernetz* n
     retuer|to pp/irr von **retorcer** ‖ **–zo** m →
retorcer
     rétulo m ⟨pop⟩ → **rótulo**
     retum|bante adj *(m/f) schallend, dröhnend* ‖
geräuschvoll ‖ ⟨figf⟩ *bombastisch* ‖ **–bar** vi

widerhallen ‖ *dröhnen* ‖ *ertönen* ‖ ◇ sus pasos
retumbaban sobre el pavimento s–e Schritte
erdröhnten auf dem Pflaster ‖ **–bo** m *Widerhall* m
‖ *Dröhnen* n
     △ **retuñé** m *Loch* n
     reucliniano adj *reuchlinisch, nach Johannes*
Reuchlin (1455–1522)
     reu|ma, reú|ma m *Kurzform für* **reumatismo** ‖
Rheuma n ‖ **–mático** adj *rheumatisch* ‖ ~ m
Rheumatiker m ‖ **–matismo** m *Rheumatismus* m ‖
~ *alérgico allergischer Rheumatismus* m ‖ ~
articular Gelenkrheumatismus m ‖ ~ *muscular*
Muskelrheumatismus m ‖ **–matología** f
Rheumatologie f ‖ **–matológico** adj
rheumatologisch ‖ **–matólogo** m *Rheumatologe* m
     reunidora f ⟨Text⟩ *Doubliermaschine* f ‖
⟨Text⟩ *Wickelmaschine* f ‖ ⟨El⟩
Kabelverseilmaschine f
     reunifi|cación f *Wiedervereinigung* f (bes. Pol)
‖ ⟨Soz⟩ *Zusammenführung* f ‖ **–car** [c/qu] vt
wieder vereinigen ‖ *zusammenführen*
     reu|nión f *Vereinigung, Zusammenkunft* f ‖
An|sammlung, -häufung f ‖ *Versammlung* f ‖
Gesellschaft f ‖ *Tagung* f ‖ *Sitzung* f ‖
Gesellschaftsabend m ‖ ⟨Mil⟩ *Sammeln* n ‖ ~ de
los accionistas Versammlung f *der Aktionäre* ‖ ~
de acreedores Gläubigerversammlung f ‖ ~ *del*
consejo de ministros Kabinettssitzung f ‖ ~ (en)
cumbre Gipfeltreffen n ‖ ~ *ilegal verbotene*
Versammlung f ‖ ~ *musical Musikabend* m ‖ ~
no pacífica Zusammenrottung f ‖ ~ *del pleno*
Voll-, Plenar|versammlung f ‖ ~ *de tono feine*
Gesellschaft ‖ ◇ *aplazar una* ~ *e–e Versammlung*
vertagen ‖ *celebrar una* ~ *e–e Versammlung*
abhalten ‖ *la* ~ *se celebró ayer die Versammlung*
fand gestern statt ‖ *convocar una* ~ *e–e*
Versammlung einberufen ‖ **–nir** [pres reúno] vt
sammeln ‖ *ver|einigen, -sammeln* ‖ *an|sammeln,*
-häufen ‖ *zusammenbringen, auftreiben (Kapital)*
‖ ⟨Mil⟩ *sammeln (Truppen)* ‖ ⟨Text⟩ *(auf)wickeln* ‖
⟨Text⟩ *d(o)ublieren* ‖ ◇ ~ *todas las condiciones*
passend sein ‖ *alle Bedingungen erfüllen* ‖ *la*
fábrica reúne todos los adelantos modernos die
Fabrik ist den Anforderungen der Neuzeit
entsprechend eingerichtet ‖ **~se**
zusammenkommen ‖ *zusammentreten* ‖ *s. treffen* ‖
s. versammeln, tagen ‖ ◇ ~ a *alg. s. jdm*
anschließen ‖ *auf jdn zugehen* ‖ *nos* –*nimos a ella*
wir erreichten sie ‖ *ya es tiempo de que me reúna*
con mi madre es ist Zeit, dass ich zu m–r Mutter
gehe ‖ ¡~**se!** ⟨Mil⟩ *sammeln!*
     reusense adj/s *(m/f) aus Reus* (P Tarr) ‖ *auf*
Reus bezüglich
     reutili|zación f *Wiederbenutzung* f ‖ **–zar** vt
wieder benutzen
     revacu|nación f ⟨Med⟩ *nochmalige Impfung,*
Nachimpfung f ‖ **–nar** vt *nachimpfen*
     reválida f ⟨Jur⟩ *Berechtigung, Zulassung* f ‖
Span *(frühere) Abiturabschlussprüfung* f ‖ ⟨allg⟩
Schlussexamen n ‖ (examen de) ~
Zulassungsprüfung f *(z. B. für im Ausland*
approbierte Ärzte) ‖ → **revalidación**
     revali|dación f ⟨Jur⟩ *Wiedergültigmachen* n ‖
Bestätigung, Anerkennung f ‖ *Nostrifikation,*
Anerkennung f *(ausländischer Titel, akademischer*
Grade usw.) ‖ **–dar** vt ⟨Jur⟩ *wieder gültig machen*
‖ ⟨Jur⟩ *bestätigen, anerkennen* ‖ *nostrifizieren*
     revalori|zación f ⟨Com⟩ *(Wieder)Aufwertung* f
‖ *–monetaria Geld-, Währungs|aufwertung* f ‖
de las pensiones, pensión Rentenanpassung f ‖
–zar [z/c] vt *aufwerten* ‖ *anpassen (z. B. Rente)*
     revaluación f → **revalorización**
     revan|cha f → **desquite** ‖ **–chismo** m
Revanchismus m ‖ **–chista** adj *(m/f)*
revanchistisch ‖ ~ *m/f Revanchist(in* f) m

revegetación f Wiederbepflanzung f
reveje|cer [-zc-] vi vorzeitig altern ‖ **–cido** adj
früh gealtert
revela|ción f Ent\hüllung, -deckung f ‖
(göttliche) Offenbarung f ‖ ◇ es una ~ ⟨pop⟩ es
ist ein wahres Phänomen ‖ **–do** m ⟨Fot⟩
Entwicklung f ‖ ~ cromático od cromógeno
chromogene Entwicklung f ‖ **–dor** m adj
aufschlussreich ‖ enthüllend ‖ auf die Spur
führend ‖ ~ m ⟨Fot⟩ Entwickler m ‖ ~ rápido
Schnellentwickler m
revelar vt ent\hüllen, -decken (Geheimnis usw.)
‖ verkünden, kund\geben, -tun, -machen, bekannt
machen od geben ‖ ⟨Rel⟩ offenbaren ‖ ⟨Fot⟩
entwickeln ‖ ◇ hacer ~ entwickeln lassen ‖ ~se
s. erweisen ‖ s. enthüllen, s. offenbaren, s. outen
(als) ‖ an den Tag kommen
revellín m ⟨Mil⟩ Außen\werk n, -schanze f (e–r
Festung) ‖ Kaminsims m
revellón m Mitternachtsessen n (in der
Neujahrsnacht)
reven\dedor m Wiederverkäufer m ‖ Höker,
Trödler m ‖ Vorverkäufer m von Theaterkarten ‖
~ de periódicos Zeitungshändler m ‖ **–der** vt/i
wieder verkaufen ‖ weiterverkaufen ‖ im Kleinen
verkaufen
revenido m ⟨Met⟩ Anlassen n
revenir [irr → venir] vi: ¡revengamos sobre el
asunto! kommen wir zur Sache zurück! ‖ ~se
ein\schrumpfen, -gehen, verkümmern ‖ sauer
werden (Getränke, Konserven) ‖ Feuchtigkeit
abgeben, ausschwitzen (Mauerwerk usw.) ‖ ⟨fig⟩
s. e–s Besser(e)n besinnen ‖ ⟨fig⟩ nachgeben
reventa f Wieder-, Weiter\verkauf m ‖
Vorverkauf m (von Theaterkarten)
¹reventadero m ⟨fam⟩ unwegsames bzw steiles
Gelände n ‖ (pop fig) Hundearbeit, Plackerei f
²reventadero m Chi ⟨Mar⟩ → **quebranta** ‖ Col
sprudelnde Quelle f
reventado adj ge\borsten, -platzt ‖ ⟨pop⟩
kaputt, hin, völlig zerschmettert (Sache) ‖
erschossen, am Boden zerstört, hin (Person) ‖ ◇
estoy ~ ich bin total fertig, ich bin k.o.
¹reventador adj ⟨pop⟩ erschöpfend
²reventador m Person, die vorsätzlich stört
(im Theater, in e–r Versammlung usw.)
reven\tar [-ie] vt zer\reißen, -stören, ⟨fam⟩
kaputtmachen ‖ zu Tode jagen (ein Pferd) ‖ ⟨fig⟩
er\müden, -schöpfen ‖ ⟨figf⟩ belästigen,
langweilen ‖ ◇ ¡me has –tado! ⟨pop⟩ du hast
mich schön zugerichtet! ‖ ~ vi (zer)platzen,
bersten, zerspringen ‖ s. brechen (die Wellen am
Fels od Riff) ‖ aufplatzen (z.B. Kastanien beim
Rösten) ‖ springen, losgehen (Mine) ‖ ⟨figf⟩ vor
Ungeduld vergehen ‖ ⟨vulg⟩ krepieren ‖ ◇ ladraba
hasta ~ er bellte wie toll ‖ lleno hasta ~ ⟨pop⟩
gesteckt voll, gerammelt voll ‖ tosía hasta querer
~ er (sie, es) hustete bis zum Erbrechen ‖ ~ por
hablar ⟨pop⟩ es kaum abwarten können, bis man
zum Sprechen kommt ‖ ~ de risa ⟨pop⟩ vor
Lachen platzen ‖ las simientes están a punto de ~
die Samen werden bald aufgehen ‖ ¡que reviente!
⟨fam⟩ er (sie, es) soll platzen (vor Zorn) ‖ ha
–tado un neumático ein Reifen ist geplatzt, ⟨pop⟩
ich habe e–n Platten ‖ ~se zer\bersten, -platzen ‖
auf\springen, -platzen, bersten ‖ ⟨fig⟩ vor
Mattigkeit hinfallen ‖ ⟨pop⟩ kaputtgehen ‖ **–tón**
adj/s aufgeplatzt ‖ bald aufplatzend (Knospe,
Trieb) ‖ hervorquellend (Auge) ‖ ~ m Aufplatzen
n ‖ ⟨pop⟩ harte, anstrengende Arbeit f ‖ ⟨fig⟩ Not,
Bedrängnis f ‖ ⟨Auto fam⟩ Platzen n (e–s Reifens)
‖ ~ prematuro ⟨Mil⟩ Rohr\krepierer, -zerscheller,
-zerspringer m ‖ ◇ le di un ~ al caballo para
llegar a tiempo ich spornte das Pferd zu e–m
rasenden Galopp an, um rechtzeitig anzukommen

‖ he tenido un ~ ⟨Auto fam⟩ ich habe e–e
Reifenpanne
rever [irr → **ver**] vt wiedersehen ‖
(genau) untersuchen, durchsehen ‖ ⟨Jur⟩
revidieren
reverbe\ración f Rückstrahlung f, Widerschein
m (des Lichtes) ‖ ⟨Chem⟩ Kalzination f (im
Flammofen) ‖ ⟨Ak⟩ Nachhall m ‖ **–rante** adj (m/f)
zurückstrahlend ‖ nachhallend ‖ spiegelnd ‖ **–rar**
vt zurück\werfen (Strahlen), -strahlen ‖ ~ vi
zurückprallen, spiegeln (Strahlen, Licht) ‖ ◇ las
paredes –ran de blancas ⟨fam⟩ die Wände sind
strahlend weiß ‖ **–ro** m Hohl-, Licht\spiegel m ‖
Reflexlicht n ‖ Licht-, Schein\werfer m ‖
Straßenlaterne f ‖ Am (Spiritus)Kocher m
reverde|cer [-zc-] vi wieder (er)grünen
(Bäume, Felder) ‖ ⟨fig⟩ verjüngen ‖ **–cimiento** m
neues Ergrünen n ‖ ⟨fig⟩ Verjün\gung f, -gen n
reveren\cia f Ehr\furcht, -erbietung f ‖
Verbeugung f, ⟨desp iron⟩ Bückling m ‖ Vuestra
~ Euer Hochwürden (geistliche Anrede) ‖ ◇
hacer su ~ (a) ehrerbietig aufwarten (dat) ‖
–ciable adj (m/f) ‖ **–cial** adj (m/f) ‖ **–ciar** vt (ver)ehren, -disimo adj
ehrerbietig ‖ **–ciar** vt (ver)ehren ‖ **–dísimo** adj
sup von **reverendo** ‖ ~ Hochehrwürden (Titel
hochgestellter Geistlicher) ‖ **–do** adj ehr\würdig,
-erbietig ‖ verehrungswürdig ‖ ~ (Padre)
Ehrwürden (geistlicher Titel) ‖ **–te** adj (m/f)
ehrerbietig ‖ ehrfurchts-, respekt\voll ‖ ⟨pej⟩
unterwürfig
rever\sibilidad f Umkehrbarkeit, Reversibilität
f ‖ **–sible** adj (m/f) umkehr-, umdreh\bar ‖
umstellbar ‖ zurückzuerstatten(d) ‖ reversibel
(bes. Biol & Med) ‖ Wende- ‖ ~ m ⟨Text⟩
Reversible, Abseitenstoff m ‖ **–sión** f Rückstellung
f ‖ Umkehrung f ‖ ⟨Med⟩ Rückfall m ‖ ⟨Jur⟩
Rückgabe f ‖ Heimfall m ‖ ~ al Estado Heimfall
m an den Staat ‖ **–so** m Rückseite f ‖ Revers m,
Kehr-, Schrift\seite f (Münze) ‖ ⟨figf⟩ Rück-,
Kehr-, Schatten\seite f ‖ el ~ de la medalla ⟨fig⟩
die Kehrseite der Medaille (& fig) ‖ ◇ es el ~ de
la medalla de su padre er (sie, es) ist das ganze
Gegenteil s–s (ihres) Vaters ‖ **–ter** [-ie/i-] vt
über\fließen, -laufen ‖ **–tir** [-ie-i-] vi ⟨Jur⟩
heimfallen ‖ zurückfallen ‖ → **–ter**
rev\és m Rück-, Kehr-, Hinter\seite f ‖ Schlag
m mit der umgekehrten Hand ‖ p.ex ⟨fam⟩
Ohrfeige f ‖ Terz f (im Fechten) ‖ ⟨fig⟩ Unfall m ‖
Unannehmlichkeit, Widerwärtigkeit f, Ärgernis n ‖
⟨fig⟩ Missgeschick n ‖ ⟨Mil⟩ Rückschlag m ‖ ⟨Sp⟩
Rückhandschlag m ‖ → **reverso** ‖ ~ de fortuna
Schicksalsschlag m ‖ ◆ al ~ ver-, umge\kehrt ‖
auf der Rückseite ‖ de ~ → al ~ ‖ von links nach
rechts ‖ Rücken- ‖ el mundo al ~ die verkehrte
Welt ‖ ◇ calzárselas al ~ ⟨figf⟩ es verkehrt
machen ‖ contar al ~ zurückzählen ‖ dar de ~
⟨Mar⟩ umspringen (Wind) ‖ ponerlo todo al ~
alles verkehrt stellen ‖ puesto del ~ verkehrt
gestellt od gelegt ‖ **–eses** mpl ⟨fig⟩
Schicksalsschläge mpl
¹revesa f Mex Rückströmung f
²revesa f Betrag m
revesado adj ver\worren, -wickelt ‖ unleserlich
(Schrift) ‖ ungezogen, störrisch, wider\spenstig,
-borstig, dickköpfig (Kind)
revesino m ⟨Kart⟩ ein Kartenspiel n ‖ ◇ cortar
el ~ a alg. jdm den Weg abschneiden, ⟨fig⟩ jds
Pläne vereiteln
reves\timiento m Bekleidung f ‖ Verkleidung,
Ausmauerung f ‖ Überzug m ‖ Beschichtung f ‖ ~
interior ⟨Tech⟩ Innenwandung f ‖
Innenverkleidung f ‖ **–tir** [-i-] vt an\kleiden,
-ziehen ‖ (ein Kleid) über ein anderes Kleid an-,
über\ziehen ‖ versehen (de mit dat) ‖ ⟨Tech⟩ aus-,
be-, ver\kleiden ‖ belegen ‖ verschalen, mit

Brettern verkleiden ‖ *auslegen, beschlagen* ‖ *verblenden (Mauer)* ‖ ⟨Arch⟩ *aus|füttern, -mauern, ver-, be-, aus|kleiden* ‖ ⟨fig⟩ *ausschmücken* ‖ ⟨fig⟩ *bemänteln* ‖ ◇ ~ *cuerpo humano* ⟨fig⟩ *Menschengestalt annehmen* ‖ ~ *importancia von Wichtigkeit sein* ‖ ~ *interés interessant sein* ‖ ~ *de palabras in Worten ausdrücken* ‖ ~ *de poder(es)* ⟨Com⟩ *mit Vollmacht ausstatten* ‖ ~ *de prestigio zu Ehren bringen* ‖ ~ *de tablones verbohlen* ‖ ♦ *sin* ~ *ohne Bewurf (Mauer)* ‖ *~se die Amtstracht anlegen* ‖ ◇ ~ *con od de una dignidad e–e Würde, ein Amt annehmen* ‖ ~ *de paciencia s. mit Geduld wappnen*

revezar [z/c] *vt* ⟨*jdn*⟩ *ablösen*
reviejo *adj* ⟨pop⟩ *uralt, sehr alt, abgelebt*
revientapisos *m* ⟨pop⟩ *Einbrecher m (in e–r Wohnung)*
revindicar *vt Am* → **reivindicar**
revi|rada *f* ⟨Mar⟩ *Wendung f (des Schiffes)* ‖ **–rar** *vt* ⟨Mar⟩ *wenden*
revi|sar *vt nach-, durch|sehen* ‖ *nachprüfen, (über)prüfen* ‖ *revidieren* ‖ ⟨Tech⟩ *überholen* ‖ ~ *una cuenta e–e Rechnung prüfen* ‖ ♦ *al* ~ *nuestra contabilidad* ⟨Com⟩ *bei Durchsicht unserer Bücher* ‖ **–sión** *f Durchsicht, Revision f* ‖ *Zollrevision f* ‖ *Prüfung f (e–r Rechnung)* ‖ ⟨Auto⟩ *Inspektion f, Kundendienst m* ‖ ⟨Typ⟩ *Revision f* ‖ ⟨Tech⟩ *Überholung f* ‖ ⟨Jur⟩ *Wiederaufnahme(verfahren n) f* ‖ ~ *de equipajes Zollrevision f* ‖ ~ *general* ⟨Auto⟩ *Generalüberholung f* ‖ ~ *de las pruebas* ⟨Typ⟩ *Korrekturlesen n* ‖ **–sionismo** *m* ⟨Pol⟩ *Revisionismus m* ‖ **–sionista** *adj (m/f) revisionistisch* ‖ ~ *m/f Revisionist(in f) m* ‖ **–sor** *m Revisor, Prüfer m* ‖ *Kontrolleur m* ‖ ⟨EB⟩ *Schaffner m* ‖ ~ *de billetes (Fahrkarten)Kontrolleur m* ‖ ~ *de contabilidad Buch-, Rechnungs|prüfer, Bücherrevisor m* ‖ **–soría** *f Beruf m bzw Amt n e–s Revisors*
¹revista *f nochmalige, genaue Durchsicht f* ‖ *(behördliche) Revision, Inspektion f* ‖ ⟨Mil⟩ *Truppenbesichtigung f* ‖ *Musterung f* ‖ *Parade f* ‖ *Vorbeimarsch m* ‖ ◇ *pasar* ~ *(a)* ⟨Mil⟩ *(die Truppe) besichtigen* ‖ *(die Ehrenkompanie) abschreiten* ‖ *(et.) genau untersuchen* ‖ *(et.) in e–m Überblick zusammenfassen*
²revista *f Zeitschrift, Revue f* ‖ ⟨Th⟩ *Revue f* ‖ ~ *anual Jahresschrift f* ‖ ~ *bisemanal Halbmonatsschrift f* ‖ *~s del corazón Regenbogenpresse f* ‖ ~ *deportiva Sportzeitschrift f* ‖ ~ *especializada Fachzeitschrift f* ‖ ~ *humorística Witzblatt n* ‖ ~ *ilustrada Illustrierte, illustrierte Zeitschrift f* ‖ ~ *mensual Monatsschrift f* ‖ ~ *de modas Modezeitschrift f* ‖ ~ *pornográfica pornografische Zeitschrift f, Pornomagazin n* ‖ ~ *de prensa Presseschau f* ‖ ~ *quincenal Halbmonatsschrift f* ‖ ~ *de radio y televisión Rundfunk- und Fernsehzeitschrift f* ‖ ~ *satírica satirisches Blatt n* ‖ ~ *semanal Wochen|schrift f, -blatt n* ‖ ~ *taurina Stierkampfzeitschrift f* ‖ ~ *de corta tirada in wenigen Exemplaren od geringer Auflage erscheinende Zeitschrift f* ‖ ~ *trimestral Vierteljahresschrift f*
³revista *f* ⟨Jur⟩ *nochmalige Verhandlung f (e–s Prozesses)*
revistar *vt* ⟨Mil⟩ *(die Truppe) besichtigen* ‖ *(die Ehrenkompanie) abschreiten* ‖ *mustern, (et.) genau untersuchen* ‖ *(et.) in e–m Überblick zusammenfassen*
reviste|ra *f* ⟨Th⟩ *Revuegirl n* ‖ **–ril** *adj (m/f) Revue-* ‖ **–ro** *m* ⟨Th⟩ *Revueschreiber m* ‖ *Zeitungsschreiber m* ‖ ⟨Th⟩ *Revue|sänger, -tänzer usw.* ‖ *Zeitschriftenständer m*

¹revisto *pp/irr von* **rever** ‖ ~ *adj* ⟨pop⟩ *abgedroschen, trivial*
²revisto → **revestir**
revitalizar [z/c] *vt neues Leben (bzw neue Kräfte) geben (dat)*
revival *m Wiederbelebung, Erneuerung f, Revival n*
revi|vificar [c/qu] *vt wieder beleben (→* **reanimar)** ‖ **–vir** *vi wieder aufleben* ‖ *ins Leben zurückkehren* ‖ *auferstehen* ‖ ⟨fig⟩ *zu s. kommen (aus Ohnmacht, Scheintod)* ‖ ⟨fig⟩ *neu aufleben* ‖ ◇ *–vió la discordia der Streit brach von neuem aus* ‖ ~ *vt wieder beleben* ‖ *zu neuem Leben erwecken*
reviviscencia *f* ⟨Biol Psychol⟩ *Wiederaufleben n*
revo|cabilidad *f Widerruflichkeit f* ‖ **–cable** *adj (m/f) widerruflich* ‖ **–cación** *f Widerruf m* ‖ *Zurücknahme, Aufhebung f* ‖ *Zurückziehung f (e–r Vollmacht)* ‖ *Ab-, Zurück|berufung f* ‖ ~ *del auto de procesamiento* ⟨Jur⟩ *Zurücknahme f der Klage* ‖ ~ *de una orden* ⟨Com⟩ *Zurücknahme f e–s Auftrages* ‖ *Zurückziehung f e–r Lieferung*
revo|cador *m Gipser, Verputzer m*
¹revocar [c/qu] *vt wider-, zurück|rufen* ‖ *zurücknehmen, aufheben* ‖ *abberufen* ‖ *absagen* ‖ *ver-, aus|treiben (Rausch, Dunst)* ‖ ◇ ~ *una asamblea e–e Versammlung absagen* ‖ ~ *un pedido, ~ una orden e–e Bestellung, e–n Auftrag widerrufen* ‖ *stornieren* ‖ ⟨fig⟩ *verhehlen* ‖ ~ *vi abziehen (Rauch, Dunst)*
²revocar [c/qu] *vt* ⟨Arch⟩ *[Wand, Fassade] (neu) verputzen* ‖ *(neu) streichen* ‖ *kalken*
revocatorio *adj Widerrufs-* ‖ *Abberufungs-* ‖ *Aufhebungs-*
revoco *m* → **revoque**
revolar [-ue-] *vi herum|flattern, -fliegen (Haar)*
revol|cadero *m* ⟨Agr Zool Jgd⟩ *Saulache, Suhle f* ‖ **–car** [-ue-, c/qu] *vt zu Fall bringen* ‖ ⟨Taur⟩ *(den Stierkämpfer) zu Boden werfen (Stier)* ‖ ⟨figf⟩ *besiegen* ‖ ⟨figf⟩ *bewältigen* ‖ *~se s. (herum)wälzen* ‖ ⟨Zool⟩ *s. wälzen bzw s. suhlen* ‖ ◇ ~ *de risa* ⟨figf⟩ *s. vor Lachen wälzen* ‖ ~ *en algo* ⟨fig⟩ *hartnäckig auf et. bestehen* ‖ ~ *en el fango de las pasiones* ⟨fig⟩ *niederen Leidenschaften frönen* ‖ ~ *por el suelo s. auf dem Boden herumwälzen* ‖ **–cón** *m* ⟨fam⟩ *Herumwälzen n* ‖ *derber Stoß, Schlag m* ‖ ⟨Sch⟩ *Durchfall(en n) m (bei e–r Prüfung)*
revo|lear *vi herum|flattern, -fliegen* ‖ *Arg schwingen (Peitsche, Lasso)* ‖ **–leo** *And,* **–lisco** *m Cu PR Durcheinander n, Wirrwarr m*
revolo|tear *vi herum-, umher|flattern* ‖ *im Kreis fliegen* ‖ ~ *vt:* ~ *el látigo Am die Peitsche schwingen* ‖ **–teo** *m (Herum)Flattern n*
revol|tijo, –tillo *m wirrer Haufen m* ‖ *Durcheinander n* ‖ *Eingeweide n (der Schweine, der Rinder usw.)* ‖ **–tillo** *m* ⟨Kochk⟩ *in der Pfanne gebackenes Mischgericht n*
revoltoso *adj auf|rührerisch, -wieglerisch* ‖ *störrisch, wider|spenstig, -borstig, dickköpfig* ‖ *lärmend, ausgelassen* ‖ *ränkevoll* ‖ *ungezogen, schnippisch (Kind)* ‖ ~ *m* ⟨fig⟩ *Unruhestifter, Lärmmacher m*
revolu|ción *f Drehung, Wendung f* ‖ *Umwälzung, wesentliche Umgestaltung f* ‖ *Revolution f* ‖ *Aufstand m* ‖ *Staats|umwälzung f, -streich m* ‖ ⟨fig⟩ *Umschwung m* ‖ ⟨Astr⟩ *Umlauf m* ‖ *Umlaufszeit f* ‖ ⟨Tech⟩ *Um|drehung f, -lauf m, Tour f* ‖ ~ *alrededor del sol Umlauf m um die Sonne* ‖ ~ *de las costumbres Umwälzung f der Sitten* ‖ ~ *cultural* ⟨Hist⟩ *Kulturrevolution f (bes. der chinesischen Kommunisten)* ‖ ~ *francesa* ⟨Hist⟩ *Franz. Revolution f (1789)* ‖ ~ *industrial industrielle Revolution f* ‖ ~ *mundial*

Weltrevolution f ‖ ~ de octubre ⟨Hist⟩
Oktoberrevolution f *(1917)* ‖ ~ permanente ⟨Hist⟩
permanente Revolution f ‖ **–cionar** vt *aufwiegeln*
‖ *zum Aufstand bringen* ‖ *(die bestehende*
Ordnung) umstürzen ‖ *revolutionieren* ‖ *gänzlich*
umgestalten ‖ *e–e Empörung auslösen* ‖ **–cionario**
adj ⟨Pol⟩ *revolutionär (& fig)* ‖ ~ *m Revolutionär*
m ‖ *Umstürzler, Aufrührer* m
  revolvedero *m* → **revolcadero**
  revol|ver [-ue-, pp/irr revuelto] vt *wieder*
umkehren ‖ *(her)umdrehen* ‖ *umwenden* ‖ *hin und*
her bewegen ‖ *auf\lockern, -rütteln* (z.B. *Erde)* ‖
umpflügen ‖ *umgraben (Erdreich)* ‖ *trüben*
(Wasser) ‖ *in Unordnung bringen* ‖ *auf-, er\regen*
‖ *aufwiegeln, in Aufruhr bringen* ‖ *durch\wühlen,*
-stöbern, kramen (in dat) ‖ *durchblättern,*
nachschlagen (Bücher, Akten) ‖ *entzweien,*
verfeinden (con *mit)* ‖ *verwickeln* ‖ *ein\wickeln,*
-schlagen ‖ ⟨Agr⟩ *worfeln (Getreide)* ‖ *über\legen,*
-denken ‖ *umwälzen, (um)rühren* ‖ ◇ ~ *bien*
durchrühren ‖ ~ *cielo y tierra* (fig) *Himmel und*
Erde in Bewegung setzen, alle Kräfte aufbieten ‖
eso revuelve *el estómago das dreht e–m den*
Magen um, das ekelt e–n an ‖ ~ *algo en la mente*
über et. (acc) *nachdenken od grübeln* ‖ ~ *con el*
molinillo quirlen ‖ ~ *los papeles in den Papieren*
herumstöbern ‖ ~ *la* pasta *den Teig kneten* ‖ *algo*
entre sí → ~ *algo en la mente* ‖ **~se** *s. hin und*
her bewegen ‖ *s. drehen* ‖ *s. rühren* ‖ *s. hin und*
her (im Bett) wälzen ‖ ~ *contra el enemigo* ⟨Mil⟩
wieder auf den Feind losgehen ‖ *no puede uno* ~
aquí hier kann man s. nicht rühren ‖ *el tiempo se*
revuelve das Wetter schlägt um ‖ **–vimiento** *m*
Umkehren n
  revólver *m Revolver* m ‖ ~ *de barrilete*
Trommelrevolver m
  revoque *m* ⟨Arch⟩ *Verputz* m ‖ *Verputzen* n ‖
Putz m ‖ *[mit Kalkmörtel] Kalkbewurf* m ‖ ♦ *bajo*
~ ⟨El⟩ *unter Putz*
  revotarse vr *s–e Wahlstimme ändern*
  revuelco *m Herumwälzen* n ‖ *Umherwälzen* n ‖
Suhlen n *([Wild]Schweine usw.)* ‖ → **revolcar**
  revuelo *m Hinundher-, Zurück\fliegen* n ‖ ⟨fig⟩
Wirrwarr m ‖ ⟨fig⟩ *Aufruhr* m ‖ ⟨fig⟩ *Empörung* f
‖ ⟨fig⟩ *Skandal* m ‖ *Am Sporenhieb* m *(e–s*
Hahnes) ‖ ♦ *en* ~ *in Eile, rasch* ‖ *obenhin* ‖ *en*
un ~ *in e–m Zug*
  revuel|ta *f Revolte* f, *Aufruhr* m ‖ *Auf\regung,*
-geregtheit f ‖ ⟨fig⟩ *Streit* m ‖ *jähe Biegung,*
Richtungsänderung f ‖ *Abweg* m ‖ *Umweg* m ‖
Krümmung f *(e–s Flusses)* ‖ *Windung* f ‖
Heimkehr f ‖ ~ *palaciega* ⟨fig⟩ *Palastrevolution* f
‖ **~s** *fpl Umschweife* pl ‖ **–tamente** *adv*
durcheinander, kunterbunt ‖ **-to** pp/irr *von*
revolver ‖ ~ *adj unruhig, aufgeregt* ‖ *stürmisch* ‖
lärmend, hitzig ‖ *trübe* ‖ *durcheinander* ‖
verwickelt ‖ ◇ *pescar en río* ~ ⟨fig⟩ *im Trüben fischen*
  revul|sar vi *Pe erbrechen* ‖ **–sión** *f* ⟨Med⟩
Ableitung, Revulsion f ‖ **–sivo** adj/s *(heftig)*
ableitend
  ¹rey *m König* m *(& Schachspiel & fig)* ‖ ⟨fam⟩
Löwe m ‖ ~ *de armas Wappenkönig* m ‖ ~ *de*
baraja Kartenkönig m *(& fig)* ‖ ~ *de codornices*
⟨V⟩ → **³guión** *de codornices* ‖ ~ *constitucional*
konstitutioneller König m ‖ ~ *de Romanos* ⟨Hist⟩
Römischer König m *(ehem. in Deutschland)* ‖ ~
Sabio (fig) *Salomo(n)* m ‖ ~ *Alfonso el Sabio* ‖
el ~ *Sargento* ⟨Hist⟩ *der Soldatenkönig* m
(Friedrich Wilhelm I.) ‖ *en el tiempo del* ~ *que*
rabió, en tiempo del ~ *Perico* ⟨fam⟩ *ehemals, zu*
Olims Zeiten, anno Tobak ‖ ◇ *alzar* (por) ~ *zum*
König ausrufen ‖ *ni quitar, ni poner* ~ *s. nicht*
einmischen, unparteiisch od neutral bleiben ‖ *ser*
del tiempo del ~ *que rabió s. zu Olims Zeiten*

zugetragen haben ‖ *servir al* ~ ⟨fig⟩ *Soldat sein,*
dienen ‖ *no temer* ~ *ni roque* ⟨figf⟩ *weder Tod*
noch Teufel fürchten ‖ *tratar a cuerpo de* ~ ⟨fig⟩
wie e–n König bewirten ‖ *vivir a cuerpo de* ~
⟨figf⟩ *wie ein Fürst leben, wie Gott in Frankreich*
leben ‖ *cual el* ~, *tal la grey* ⟨Spr⟩ *wie der Herr,*
so der Knecht ‖ **~es** *mpl los* ~ *das Königspaar* ‖
los ~ *Católicos* ⟨Hist⟩ *die Katholischen Könige* ‖
los ~ *Magos od del Oriente* ⟨Rel⟩ *die Heiligen*
Drei Könige, die drei Weisen aus dem
Morgenland ‖ *nuevos* –es, *nuevas leyes neue*
Könige, neue Gesetze ‖ (fiesta de) ~es
Dreikönigsfest n
  △ **²rey** *m Hahn* m
  reyerta *f Streit, Zank* m
  ¹reyezuelo *m dim* ⟨desp⟩ *von* **¹rey** ‖
Stammeshäuptling m
  ²reyezuelo *m* ⟨V⟩ *Goldhähnchen* n (Regulus
spp) ‖ ~ *listado Sommergoldhähnchen* n (R.
ignicapillus) ‖ ~ *sencillo Wintergoldhähnchen* n
(R. regulus)
  reza|do adj: *misa* ~a ⟨Kath⟩ *stille Messe* f ‖ ~
m Brevier|beten bzw -gebet n ‖ **–dor** adj *viel*
betend ‖ *fromm* ‖ ⟨desp⟩ *frömmlerisch* ‖ ~ *m viel*
betender Mensch m ‖ ⟨desp⟩ *Betbruder, Frömmler*
m
  reza|gado *m/adj Nachzügler* m ‖ ◇ *quedarse*
muy ~ *ganz hinten bleiben* ‖ **–gar** [g/gu] vt
zurücklassen, hinter s. lassen ‖ *verzögern* ‖
aufschieben ‖ **-se** *zurückbleiben* ‖ **–go** *m*
Rückstand m
  rezandera *f* ⟨Ins⟩ *Gottesanbeterin* f (→
mantis)
  rezandero adj → **rezador**
  rezar [z/c] vt/i *beten* ‖ *(die Messe) lesen* ‖
hersagen ‖ *(be)sagen, enthalten, verkündigen*
(Text, Verordnung) ‖ *lauten (Text, Wortlaut e–r*
Verordnung usw.) ‖ *be\sprechen, -schwören* (z.B.
Krankheiten) ‖ ⟨fig⟩ *murren* ‖ ◇ ~ a alg. *zu jdm*
beten ‖ ~ *por alg. für jdn beten* ‖ ~ *por los*
difuntos für die Verstorbenen beten ‖ ~ *el rosario*
den Rosenkranz (ab)beten ‖ ~ *a los santos zu den*
Heiligen beten ‖ *según reza el texto wie der Text*
besagt ‖ *eso no reza conmigo* ⟨fam⟩ *das geht*
mich nichts an
  rezmila *f Ast Sant* → **garduña**
  ¹rezno **m a)** ⟨Ins Vet⟩ *Larve* f *der*
Pferdemagenbremse (Gastrophilus intestinalis) ‖
b) ⟨Zool⟩ *Holzbock* m, *Zecke* f
  ²rezno *m* ⟨Bot⟩ → **ricino**
  rezo *m (Tages)Gebet* n ‖ *Beten* n ‖
Tagesoffizium n
  rezón *m* ⟨Mar⟩ *Draggen* m
  rezon|gador, –gón *m/adj* ⟨fam⟩ *Murrkopf,*
Brummbär m ‖ **–gar** [g/gu] vi ⟨fam⟩ *brummen,*
murren ‖ *knurren (Katze)* ‖ *summen (Hummel)* ‖
◇ ~ *entre dientes* ⟨pop⟩ *in den Bart brummen* ‖
–gueo *m Am Gebrummel* n ‖ **–guero** adj *brummig*
‖ *missvergnügt*
  rezu|madero *m Leck* n, *lecke Stelle* f ‖ **–mar**
vi *aus-, durch\sickern* ‖ ⟨fig⟩ *strotzen* (de *vor* dat)
‖ ~ vt *ausschwitzen (Mauer, Gefäß)*
  rgdo. ⟨Abk⟩ = **registrado**
  Rh ⟨Abk⟩ = **²rodio**
  Rhesus: factor ~ ⟨Med Gen⟩ *Rhesusfaktor* m
  Rhin → **Rin**
  rho *f griech. ρ (P), Rho* n
  Rhodesia *f* ⟨Geogr⟩ (hoy **Zimbabwe**)
Rhodesien n (heute *Simbabwe*)
  ri- ⟨pop⟩ = **re-**
  ¹ría *f* ⟨Mar⟩ *buchtförmige Einfahrt* f ‖
Unterlauf m *(fjordähnliche) Flussmündung* f ‖
(tief eindringender) Meeresarm m ‖ *las* ~s
gallegas die Rias (fjordähnliche Mündungen der
Flüsse an der Atlantikküste in Galicien)

△ **²ría** *f Mädchen* n
ria|chuelo, –cho, –tillo *m dim von* **¹río** ‖ *Bach*
m ‖ *Flüsschen* n
riada *f Überschwemmung* f ‖ *Hochwasser* n ‖
Übertreten n *(des Flusses)* ‖ *Austreten* n *der*
Gewässer ‖ *(fig) Schwall* m ‖ ~ de lodo
Schlammlawine f
¹rial *m* ⟨pop⟩ → **real**
²rial *adj (m/f) Am schiffbar (Fluss)*
³rial *m* [Währungseinheit] *Rial* m *(Iran)* (Abk
= Rl.) ‖ ~ omaní *m Rial* m *Omani* (Abk = R.O.)
¹ríase *adj Am schiffbar (Fluss)*
²ríase → **reír**
riba *f* → **ribera** ‖ → **ribazo**
ribal|dería *f Schurkenstreich* m ‖ **–do** m/adj
Schelm, Schurke m
ribardense *adj (m/f) aus Ribardeo* (P Lugo) ‖
auf Ribardeo bezüglich
ribazo *m kleiner Abhang* m ‖ *Böschung* f ‖
Anhöhe f
ribe|ra *f (Fluss)Ufer* n ‖ *Gestade* n, *Strand* m ‖
Ufer-, Tal\landschaft f ‖ ◇ ser de monte y ~
(figf) *in allen Sätteln gerecht sein* ‖ **–reño** *adj*
Ufer-, Strand- ‖ ~ m *Ufer-, Strand\bewohner* m
ribe|resco, –rino *adj auf den span. Maler José*
Ribera (lo Spagnoletto, [1591–1652] bezüglich
ribe|te *m Saum, Besatz* m ‖ *Einfassung,*
Verbrämung f (an e–m Kleid) ‖ *Stulpe* f ‖ *Paspel* f
(& m) ‖ *(fig) Ausschmückung, Verzierung* f ‖ ◆
con ~ de … ⟨fam⟩ *mit Anzeichen von …* ‖ ◇
tener sus ~s de poeta ⟨fam⟩ *e–e dichterische*
Ader haben ‖ **–teado** *adj abgepasst (Kleid)* ‖ ⟨fig⟩
eingefasst ‖ *(fig) mit geröteten, entzündeten*
Augenlidern ‖ ~ de encarnado *rot gefasst od*
paspeliert ‖ **–tear** vt *ein\fassen, -säumen* ‖
umranden ‖ *paspelieren* ‖ *verbrämen (Kleid)* ‖ s:
~teo m
ribonu|cleasa *f* ⟨Biol⟩ ‖ **–cleico** adj: ácido ~
(ARN) ⟨Physiol⟩ *Ribonukleinsäure* f *(RNS)* ‖
ribo|sa *f* ⟨Physiol⟩ *Ribose* f ‖ **–soma** *m*
Ribosom n
rica *f reiche Frau* f ‖ ⟨fam⟩ *Schätzchen* n,
Schatz m *(Kosewort)*
rica|cho, –chón *m augm* ⟨desp⟩ *von* **rico** ‖
reicher Protz m ‖ **–dueña, –hembra** *f* ⟨Hist⟩
vornehme Dame f ‖ **–hombría** *f* ⟨Hist⟩ *Uradel* m
‖ **–mente** *adv reich, im Überfluss* ‖ *kostbar,*
ausgezeichnet ‖ *gemütlich*
Ricardo *m* np *Richard* m ‖ ~ Corazón de
León ⟨Hist⟩ *Richard Löwenherz*
ricazo *adj augm von* **rico**
△ **richanjé** *m Korkeiche* f
ricién *adv* ⟨pop⟩ Am & ⟨reg⟩ = **recién**
ricino *m* ⟨Bot Pharm⟩ *Rizinus, Wunderbaum* m
(Ricinus sp)
ricito *m dim von* **rizo**
rickettsias *fpl* ⟨Bact⟩ *Rickettsien* fpl
△ **riclar** vt *verschaffen*
rico *adj reich* ‖ *vermögend* ‖ *begütert* ‖
reichlich, ergiebig ‖ *einträglich* ‖ *ausgezeichnet,*
vortrefflich ‖ *fruchtbar* ‖ *prächtig, herrlich* ‖
köstlich ‖ *wohlschmeckend, schmackhaft,* ⟨fam⟩
lecker ‖ ⟨fam⟩ *niedlich, nett (Kosewort für*
Kinder) ‖ ~ de dotes *hoch begabt* ‖ ~ en frutas
obstreich (Bäume) ‖ ~ en hacienda *hochbegütert*
‖ una ~a moza *ein prächtiges Mädchen* ‖ ~
surtido ⟨Com⟩ *reichhaltiges Sortiment* n ‖ muy ~
⟨fig⟩ *steinreich* ‖ ~ m *Reiche(r)* m ‖ (fam)
Schätzchen n, *Schatz, Liebling* m *(Kosewort)* ‖
nuevo ~ *Neureiche(r), Emporkömmling* m
  rico|hombre *[pl* ricoshombres*]* m ⟨Hist⟩
Angehörige(r) des span. Uradels ‖ **–home** *m*
[altspanisch] → **ricohombre** ‖ **–te** *adj augm von*
rico ‖ ~ m ⟨pop⟩ *reicher Kauz* m
  rictus *m Zwangslachen* n ‖ ◇ su rostro se

contrajo en un ~ doloroso *sein Gesicht verzog s.*
zu e–m schmerzlichen Lächeln
  ricura *f Am* ⟨fam⟩ *Schätzchen* n, *Schatz* m
(Kosewort)
  ridi *adj Kurzform für* **ridículo** ‖ ◇ hacer el ~
⟨fam⟩ s. *albern benehmen* ‖ s. *lächerlich machen*
  ridicu|lez *[pl* ~ces*] f Lächerlichkeit* f ‖ ⟨fam⟩
Kleinigkeit f ‖ ⟨fam⟩ *Spottpreis* m ‖ **–lizar** [z/c] vt
lächerlich machen
¹ridículo *adj/s lächerlich* ‖ *verächtlich* ‖
gering, unbedeutend ‖ *erbärmlich* ‖ *läppisch,*
närrisch, albern ‖ *spottbillig, lächerlich (Preis)* ‖
◇ hacerse ~ ⟨fam⟩ s. *blamieren* ‖ poner en ~
lächerlich machen, bloßstellen, zum Gespött
machen ‖ *blamieren* ‖ quedar en ~ ⟨fam⟩ s.
blamieren, e–n Bock schießen
²ridículo *m Arbeitstäschchen, Ridikül* n ‖
Handtäschchen n
  riecito *m Am dim von* **río**
  riego *m Be\sprengung, -rieselung* f ‖
Be\wässerung, -regnung f ‖ ~ artificial *künstliche*
Beregnung f ‖ ~ asfáltico *Asphaltierung* f ‖ ~
sanguíneo ⟨Physiol⟩ *Durchblutung* f
¹riel *m (Metall)Barren* m ‖ ⟨EB⟩ *Bahnschiene* f
‖ ~es para cortinas *Gardinenstangen* fpl ‖ ~es
para ferrocarriles Eisenbahnschienen fpl
²riel *m* [Währungseinheit] *Riel* m (Abk = CR)
  rielar vi ⟨poet⟩ *glänzen, schimmern, flimmern*
(bes. *vom Mond auf den Gewässern, Regenbogen*
usw.) ‖ *glitzern* ‖ ⟨fig⟩ *durchschimmern*
  rienda *f Zügel* m ‖ ⟨fig⟩ *Zügel, Zaum* m ‖ ◆ a
media ~ *mit verkürztem Zügel* ‖ a ~ suelta *mit*
verhängtem od hingegebenem Zügel ‖ *im*
gestreckten Galopp ‖ ⟨fig⟩ *spornstreichs* ‖ ⟨fig⟩
zügellos ‖ a toda ~ *im Galopp* ‖ ◇ dar ~ suelta
(al llanto) ⟨fig⟩ *(s–n Tränen) freien Lauf lassen* ‖
llevar de ~ *am Zügel führen* ‖ ~s fpl: las ~ del
gobierno ⟨fig⟩ *die Zügel der Regierung* ‖ ◇
aflojar las ~ *die Zügel lockern* (& fig) ‖ ganar las
~ (jdm) *in die Zügel fallen* ‖ soltar las ~ *die*
Zügel hingeben ‖ *die Zügel schießen lassen* (&
fig) ‖ tener las ~ en la mano *die Zügel in der*
Hand haben (& fig) ‖ volver las ~ *umkehren*
  riente *(m/f),* **riendo** → **reír**
  riesgo *m Gefahr* f ‖ *Wagnis* n ‖ *Risiko* n ‖ ⟨fig⟩
Unsicherheit f ‖ ~ de guerra *Kriegsgefahr* f ‖ ~s
marítimos Seegefahr f ‖ ~ monetario
Währungsrisiko n ‖ ~ residual *Restrisiko* n ‖ ◆ a
~ *in Gefahr* ‖ a ~ de parecer presumido *auf die*
Gefahr hin, eingebildet zu erscheinen ‖ a todo ~
aufs Geratewohl ‖ contra todo ~ *gegen alle*
Gefahr od Risiken, ⟨Auto⟩ *Vollkasko-* ‖ por od de
su cuenta y ~ *auf eigene Rechnung und Gefahr* ‖
por od de cuenta y ~ del destinatario *für*
Rechnung und Gefahr des Bestellers bzw
Empfängers ‖ ◇ asumir el ~ *das Risiko*
übernehmen ‖ correr ~ *Gefahr laufen* ‖ exponerse
al ~ s. *der Gefahr aussetzen* ‖ poner a ~ su vida
s. *e–r Lebensgefahr aussetzen, sein Leben aufs*
Spiel setzen
  riesgoso *adj Pe* → **arriesgado**
  riestra *f Ast* → **ristra**
  ri|fa *f Verlosung* f ‖ *(Wohltätigkeits)Tombola* f ‖
⟨fig⟩ *Zank, Streit* m ‖ **–far** vt *verlosen* ‖ *aus-,*
ver\lassen ‖ ~ vi s. *zanken* ‖ s. *verfeinden,* ⟨fam⟩
s. *verkrachen* (con alg. *mit jdm)* ‖ **~se** (Mar)
zerreißen (Segel)
  rifeño *adj aus dem Rif* ‖ ~ m *Rifbewohner* m
△ **rifián** *m Gefahr* f
  rififí *m* ⟨pop⟩ *Rififi* n
  rifirrafe *m* ⟨fam⟩ *Streit* m, *Rauferei* f
  rifle *m Gewehr* n, *Büchse* f *(Feuerwaffe)* ‖ ~
de repetición *Repetiergewehr* n
  rigidez *[pl* ~ces*] f Starre, Starrheit* f ‖
Straffheit, Steifheit f ‖ ⟨fig⟩ *Strenge, Härte,*

Rigidität f ‖ ~ cadavérica *Leichenstarre* f ‖ ~ de *od* en la nuca *Genickstarre* f ‖ ~ del resorte ⟨Tech⟩ *Feder|härte, -steife* f

rígido adj *straff, steif, starr* ‖ *drall* ‖ ⟨fig⟩ *streng, hart, unbeugsam, rigid* ‖ ~ de carácter *von schroffer Gemütsart* ‖ adv: ~**amente**

  rigodón m *Rigaudon* m *(Tanz)*

  rigola f Dom → **acequia**

  ¹rigor m *Strenge* f ‖ *Härte* f ‖ *Strenge, Heftigkeit* f *(der Kälte, Hitze)* ‖ *Genauigkeit* f ‖ ⟨Med⟩ *Steifheit, Starre* f ‖ los ~es del invierno *die Strenge des Winters* ‖ ◆ de ~ *vorgeschrieben* ‖ *obligatorisch* ‖ en ~ *genau genommen* ‖ ◇ es de ~ *es ist unerlässlich* ‖ *es ist allgemein üblich* ‖ ser el ~ de las desdichas ⟨fig⟩ *ein Pechvogel sein*
  △ **²rigor** m *Staatsanwalt* m

  rigoris|mo m *übertriebene Sitten- bzw Glaubens|strenge* f ‖ *Unduldsamkeit* f ‖ *Rigorismus* m ‖ **-ta** adj *(m/f) (sitten)streng* ‖ *rigoristisch* ‖ *unduldsam* ‖ ~ m/f *(sitten)strenger Mensch* m, *Rigorist(in* f) m

  rigoroso adj (z. B. *von Ortega y Gasset gebraucht*) → **riguroso**

  riguro|samente adv *streng, hart* ‖ *streng genommen (Wortsinn)* ‖ **-sidad** f *(übermäßige) Strenge* f ‖ *Rigorismus* m ‖ **-so** adj *streng* ‖ *rau, hart, heftig* ‖ *unduldsam* ‖ *unerbittlich* ‖ *heftig (Sturm)* ‖ *rigoros* ‖ ◆ por ~ turno *streng der Reihe nach* ‖ ◇ puesto a dieta ~a ⟨Med⟩ *auf strenge Diät gesetzt*

  ¹rija f ⟨Med⟩ *Tränenfistel* f

  ²rija f *Streit, Zank, Zwist* m ‖ *Zerwürfnis* n ‖ ⟨pop⟩ *Radau* m
  △ **rijar** vt *trennen*
  △ **rijé** f *Angel* f

  ri|jo m *Geilheit, Brunst* f ‖ **-josidad** f *Geilheit* f ‖ *Sinnlichkeit* f ‖ **-joso** adj *geil, sinnlich* ‖ *brünstig (Tier)* ‖ *streit-, zank-, händel|süchtig*

  ¹rilar vi *zittern* ‖ *frösteln* ‖ **~se** *zittern, beben*
  △ **²rilar** vi *furzen*

  ¹rima f *(End)Reim* m ‖ *Assonanz* f ‖ *(lyrisches) Gedicht* n ‖ ~ aguda *einsilbiger (stumpfer, männlicher) Reim* m ‖ ~ alternante *Wechselreim* m ‖ ~ asonante *Assonanz* f ‖ ~ consonante *geschlossener Reim, Vollreim* m ‖ ~ doble *Schlagreim* m ‖ ~ encadenada *Binnenreim* m ‖ ~ esdrújula *dreisilbiger (gleitender) Reim* m ‖ ~ grave *zweisilbiger (klingender, weiblicher) Reim* m ‖ ~ imperfecta → ~ asonante ‖ ~ leonina *leoninischer Reim* m ‖ media → ~ asonante ‖ ~ pareada *Paarreim, gepaarter Reim* m ‖ ~ perfecta → ~ consonante ‖ ~ plana, ~ tronca *männlicher (weiblicher) Reim* m ‖ **~s** fpl *Verse* mpl ‖ *Dichterwerke* npl ‖ ~ cruzadas *Wechselreime* mpl

  ²rima f → **rimero**

  ³rima m *Brotbaum* m

  rima|do adj *gereimt* ‖ ~ m *Reimchronik* f ‖ **-dor** m *Reimschmied* m

  rimar vt/i *reimen* ‖ *Verse machen* ‖ *in Reime bringen* ‖ s. *reimen* (con *auf* acc)

  rimbom|bancia f *Widerhall* m ‖ *Bombast* m ‖ *Prunk* m ‖ **-bante** adj *(m/f) widerhallend, schallend* ‖ ⟨fig⟩ *hochtrabend* ‖ *prunkvoll, prächtig* ‖ *pomphaft, bombastisch* ‖ **-bar** vi *widerhallen* ‖ **-be, -bo** m *Widerhall* m

  rimero m *Lage, Schicht* f ‖ *Rolle* f *(Geld)*

  rímel m *Wimperntusche* f

  rimpuesta f ⟨pop⟩ → **respuesta**
  △ **¹rin** m *Göpelwerken*
  △ **²rin** m *Ven Felge* f

  Rin, Rhin m: el ~ *der Rhein* ‖ el Alto ~ *der Oberrhein* ‖ el Bajo ~ *der Niederrhein*

  rincocéfalos mpl ⟨Zool⟩ *Brückenechsen* fpl (Rhynchocephalia)

rin|cón m *Winkel* m, *Ecke* f ‖ *Schlupfwinkel* m ‖ ⟨fig⟩ *Rest* m ‖ ⟨figf⟩ *gemütliches Eckchen, stilles Plätzchen* n, *Heimstätte* f ‖ ◇ metido en un ~ ⟨fig⟩ *zurückgezogen* ‖ **-conada** f *Straßen-, Haus|winkel* m, *Ecke* f ‖ **-concito** m *dim von* **-cón** ‖ *Winkelchen* n ‖ **-conera** f *Ecktisch* m ‖ *Eckschrank* m ‖ *Eckbank* f

  rinche adj Chi *randvoll*

  rinde m Arg *Rendite* f

  ring m (Sp) *Ring* m (bes. *Boxring*)

  rin|gla, -gle, -glera f *Reihe(nfolge)* f ‖ ~ de libros *Bücherreihe* f ‖ ◆ en ~ *hintereinander* ‖ **-glero** m *Schreibzeile* f

  ringlete m Am *sehr aktive Person* f ‖ Col *Windmühlchen* n *(Spielzeug)*

  ringorrango m ⟨fam⟩ *großer Schnörkel* m *(beim Schreiben)* ‖ **~s** mpl ⟨fig⟩ *Flitterkram, Firlefanz, Plunder, Krimskrams* m

  ringrave m ⟨Hist⟩ *Rheingraf* m

  rinitis f ⟨Med⟩ *Schnupfen* m, *Coryza, Rhinitis* f

  rinoceronte m ⟨Zool⟩ *Nashorn* n ‖ ~ africano *Spitzmaulnashorn* n (Diceros bicornis) ‖ ~ indio *Indisches (Panzer)Nashorn* n (Rhinoceros unicornis)

  ri|nología f ⟨Med⟩ *Nasenheilkunde, Rhinologie* f ‖ **-nólogo** m *Nasenarzt, Rhinologe* m

  rino|plastia f ⟨Med⟩ *künstliche Nasenbildung, Rhinoplastik* f ‖ **-rragia** f *Nasenbluten* n, *Rhinorragie* f ‖ **-scopia** f *Nasenuntersuchung, Rhinoskopie* f

  ri|ña f *Zank, Streit* m ‖ *Zwist* m, *Zwistigkeit* f ‖ *Schlägerei* f ‖ ~ de gallos *Hahnenkampf* m ‖ **-ño** → **reñir**

  riñón m ⟨An⟩ *Niere* f ‖ *Nierenstück* n ‖ ⟨fig⟩ *Kern(punkt)* m ‖ ⟨fig⟩ *Innere(s)* n *e-s Landes* ‖ ~ artificial ⟨Med⟩ *künstliche Niere* f ‖ ~ contraído ⟨Med⟩ *Schrumpfniere* f ‖ ~ ectópico, ~ flotante ⟨Med⟩ *Wanderniere* f ‖ ~ lardáceo ⟨Med⟩ *Speckniere* f ‖ ~ migratorio → ~ ectópico ‖ ◇ costar un ~ ⟨figf⟩ *ein Heidengeld kosten* ‖ tener el ~ bien cubierto ⟨figf⟩ *gut betucht sein* ‖ venía del ~ de la provincia *er (sie, es) kam aus dem Inner(e)n des Landes* ‖ **riñones** mpl *Nierengegend* n ‖ ⟨poet⟩ *Lenden* fpl ‖ *Kreuz, Rückgrat* n ‖ ⟨Kochk⟩ *Nierengericht* n ‖ ⟨figf⟩ *Mut* m, *Tapferkeit* f ‖ (euph) → **cojones** ‖ ◇ me duelen los ~ *ich habe Nierenschmerzen* ‖ machacar los ~ a alg. ⟨pop⟩ *jdm hart zusetzen* ‖ *jdn tüchtig durchprügeln* ‖ quebrarse los ~ *lendenlahm werden* ‖ ⟨figf⟩ *unermüdlich arbeiten* ‖ tener ~ ⟨fig⟩ *stark, kräftig sein*

  riño|nada f ⟨Kochk⟩ *Nierengericht* n ‖ ⟨fam⟩ *Nierengegend* f ‖ **-nera** f *Gürteltasche* f

  ¹río m *Fluss, Strom* m ‖ ~ abajo *stromabwärts* ‖ ~ arriba *stromaufwärts* ‖ ~ de curso rápido *reißender Fluss* m ‖ ~ (de Janeiro) [Stadt] *Rio de Janeiro* n ‖ ~ de la Plata *Rio de la Plata* m *(Mündungstrichter von Paraná und Uruguay)* ‖ ~ perenne *Dauerfluss, permanenter Fluss* m ‖ ~ tributario *Nebenfluss* m ‖ ◇ allí va todo a ~ revuelto ⟨figf⟩ *dort herrscht die größte Verwirrung* ‖ ◆ ¡al ~! ⟨pop⟩ *weg damit!* ‖ a ~ revuelto, ganancia de pescadores ⟨Spr⟩ ⟨fig⟩ *im Trüben ist gut fischen* ‖ cuando el ~ suena, agua lleva ⟨Spr⟩ *an jedem Gerücht ist etwas Wahres* ‖ no llegará la sangre al ~ ⟨figf⟩ *es wird halb so schlimm werden* ‖ llevarse al ~ ⟨vulg⟩ *vögeln (e-e Frau)*

  ²río → **reír**
  △ **³río** m: irse al ~ *das Gestohlene verstecken*

  rioja m *Rioja(wein)* m ‖ ~ f → **La Rioja**

  riolada f *große Anzahl od Menge (Sachen bzw Personen)*

  rio|platense adj *(m/f) vom Rio de la Plata* ‖ ~ m *Einwohner* m *des La-Plata-Gebietes* ‖ **-sellano**

adj/s *aus Ribadesella* (P Ast) ‖ *auf Ribadesella bezüglich*
  riostra *f* ⟨Arch⟩ *Strebe, Spreize* f ‖ *Versteifung* f
  R.I.P. ⟨Abk⟩ = **requiéscat in pace**
  ripa *f* Ar *Abhang* m ‖ *(höhere) Böschung* f
  ri|pia *f (Futter)Brett* n ‖ *(Dach)Latte, (Dach-)Schindel* f ‖ (tablilla de) ~ *Schindel* f ‖ **–piar** vt *latten* ‖ *schindeln* ‖ Cu PR *zerstückeln* ‖ ~**se** Ant *verlieren*
  ripiento adj Chi *kiesig*
  ripiera adj Cu *pöbelhaft*
  ri|pio *m Bruchstück, Überbleibsel* n ‖ *Schotter* m, *Füllsteine* mpl ‖ *Steingrieß* m ‖ *Ziegelschutt* m ‖ *(Bau)Schutt* m ‖ ⟨fig⟩ *Lückenbüßer* m, *Flickwort* n ‖ *Trödelkram* m ‖ ◊ *meter* ~ ⟨fig⟩ *unnütze Zutaten einstreuen* ‖ *no perder* ~ *en algo* ⟨figf⟩ *s. nichts entgehen lassen* ‖ *sin perder* ~ *äußerst aufmerksam, ohne ein Wort zu verlieren* ‖ **–pioso** adj ⟨figf⟩ *voller Flickwörter*
  riqueza *f Reichtum* m (& fig) ‖ *Überfluss* m, *Hülle und Fülle* f ‖ *Ergiebigkeit* f ‖ *Reichhaltigkeit* f ‖ *Kostbarkeit, Pracht* f ‖ ~ *alcohólica Alkoholgehalt* m ‖ ~ *de expresión Ausdrucksvermögen* n ‖ ~ *forestal Waldreichtum* m ‖ ~ *maderable (de un país) Holzreichtum* m *(e–s Landes)* ‖ ~ *de palabra Wortreichtum* m ‖ ~**s** *fpl Schätze* mpl ‖ *Güter* npl ‖ ~ *mineras,* ~ *del subsuelo Bodenschätze* mpl
  riquísimo adj sup von **rico** ‖ *über-, stein|reich*
  riquito, riquín adj dim von **rico**
  risa *f Lachen* n ‖ *Gelächter* n ‖ ~ *de conejo* ⟨figf⟩ *gezwungenes, verstelltes Lachen* n ‖ ~ *convulsiva Lachkrampf* m ‖ ~ *de dientes* → ~ *de conejo* ‖ ~ *estridente schrilles Lachen* n ‖ ~ *falsa* → ~ *de conejo* ‖ ~ *homérica* ⟨fig⟩ *homerisches Gelächter* n ‖ ~ *sardónica sardonisches Lachen* n ‖ ~ *de teatro* ⟨fig⟩ *geziertes Lächeln* n ‖ ◆ *digno de* ~ *lächerlich* ‖ ◊ *caerse od desternillarse de* ~ ⟨figf⟩ *s. kranklachen* ‖ *llorar de* ~ *Tränen lachen* ‖ *mover a* ~ *zum Lachen reizen* ‖ ⟨vulg⟩ *mearse,* ⟨pop⟩ *mondarse, morirse,* ⟨pop⟩ *reventar de* ~ ⟨pop⟩ *s. krank-, tot-, kaputt|lachen* ‖ ¡*qué* ~! *wie köstlich! das ist gelungen!* ‖ *ser objeto de* ~ *zum Gespött dienen* ‖ *no es cosa de* ~ *das ist nicht zum Lachen* ‖ *soltar la* ~ *in ein Gelächter ausbrechen* ‖ *tomar algo a* ~ *et. nicht ernst nehmen* ‖ *über et. lachen*
  riscal *m felsiges Gelände* n
  ris|co *m Fels(en)* m ‖ *Klippe* f ‖ **–coso** adj *felsig* ‖ *klippig*
  risi|ble adj *(m/f) lächerlich* ‖ **–ca** *f* dim von **risa** ‖ *falsches, verstelltes Lachen* n ‖ **–ta** *f* (–lla dim von **risa**) *Lächeln* n
  risolé adj ⟨Kochk⟩ *rissolé*
  risorgimento ⟨it⟩ *m* ⟨Pol⟩ *Risorgimento* n
  riso|tada *f (schallendes) Gelächter* n ‖ ◊ *soltar una* ~ *in ein Gelächter ausbrechen* ‖ **–teo** *m schallendes Gelächter* n
  risotto *m* ⟨Kochk⟩ *Risotto* m (& n)
  ríspido adj *rau, barsch* ‖ Am *struppig*
  rispión *m* Sant *Stoppeln* n ‖ *Stoppelfeld* n ‖ *Brache* f
  risquería *f* Chi → **riscal**
  ristolero adj Ar Sal *fröhlich*
  ristra *f Zopf* m, *Bund* n *(Zwiebel)* ‖ *Bündel* n ‖ *eingefädeltes Trockenobst* n ‖ ⟨figf⟩ *Reihe(nfolge)* f ‖ ~ *de ajo Knoblauchzopf* m ‖ ◆ *en* ~ *aufgereiht*
  ris|tre *m Lanzenschuh* m ‖ ⟨Arch⟩ *Knagge* f ‖ ◆ *con la lanza en* ~ *mit eingelegter Lanze* ‖ **–trel** *m* ⟨Arch⟩ *(dicke) Holzleiste* f
  risueño adj *fröhlich, froh* ‖ *lächelnd* ‖ *heiter* ‖ *strahlend (Augen, Gesicht)* ‖ *freundlich* ‖ ⟨fig⟩ *lieblich, anmutig* ‖ ⟨fig⟩ *verheißungsvoll*

  Rita *f* → **Margarita** ‖ ¡*cuéntaselo a* ~! ⟨fam⟩ *mach(e) das d–r Großmutter weis!* ‖ ¡*que lo haga* ~! *ich nicht!*
  ritmar vt *rhythmisch gestalten* ‖ *skandieren* ‖ *rhythmisieren*
  rítmi|ca *f Rhythmik* f ‖ **–co** adj *rhythmisch, taktmäßig* ‖ *Ton-* (z. B. *Akzent*)
  ritmo *m Rhythmus* m ‖ *Redemaß* n ‖ *Tempo* n ‖ *Tonfall* m ‖ *Gleich-, Eben-, Zeit|maß* n ‖ ~ *car|diaco, -díaco* ⟨Physiol⟩ *Herzrhythmus* m
  rito *m* ⟨Rel⟩ *Ritus* m ‖ *Ritual* n ‖ ~**s** *de iniciación Initiationsriten* mpl
  ritornelo *m Ritornell* n
  ri|tual adj *(m/f) rituell, zum Ritus gehörend bzw durch den Ritus geboten* ‖ *ritual, den Ritus betreffend* ‖ ~ *m Kirchenordnung* f, *Ritual* n ‖ *Rituale, Ritualbuch* n ‖ **–tualidad** *f Förmlichkeit* f ‖ **–tualismo** *m* ⟨Rel⟩ *Ritualismus* m ‖ **–tualista** *m/f Ritualist(in* f) m ‖ ⟨pej⟩ *Formalist(in* f) m ‖ **–tualización** *f* (bes. Ethol) *Ritualisierung, Übersprungshandlung(en* fpl) f ‖ ⟨Ethol⟩ *Überspungsverhalten* n ‖ **–tualizar** [z/c] vt *ritualisieren*
  rival *m/adj Rivale* m ‖ *Nebenbuhler* m ‖ *Gegner, Widersacher* m ‖ *Wettbewerber* m ‖ ◊ *no tener* ~ ⟨fig⟩ *nicht seinesgleichen haben*
  rivali|dad *f Rivalität* f ‖ *Nebenbuhlerschaft* f ‖ *Wettstreit* m ‖ *Wetteifer* m ‖ **–zar** [z/c] vi *rivalisieren, wetteifern* (con *mit*)
  rivera *f Bach* m, *Flüsschen* n
  rivereño adj/s *aus Roa* (P Burg) ‖ *auf Roa bezüglich*
  rixdal *m* ⟨Hist⟩ *Reichstaler* m
  riyal *m* [Währungseinheit] *Riyal* m (Abk = Rl. und Zusatz je nach Land)
  ¹riza *f Stoppeln* fpl
  ²riza *f Ver|heerung, -wüstung* f ‖ ◊ *hacer* ~ *verwüsten* ‖ *massakrieren*
  riza|do adj *lockig, gekräuselt* ‖ *kraus* ‖ *gefältelt* ‖ ~ *m Fälteln* n ‖ *Kräuseln* n ‖ *Kräuselung* f ‖ *gekräuseltes, gelocktes Haar* ‖ **–dor** *m Kräusel-, Brenn|schere* f ‖ **–pestañas** *m Wimpernzange* f
  ri|zar [z/c] vt *kräuseln* ‖ *(das Haar) brennen* ‖ *fälteln (Wäsche, Papier)* ‖ ~ *el rizo* ⟨Flugw⟩ *s. mehrere Male überschlagen, mehrere Schleifen od Loopings hintereinander fliegen* ‖ ~ *agua –zada (por el viento) gekräuselte Wasseroberfläche* f ‖ ~**se** *s. locken, s. kräuseln* ‖ **–zo** adj *kraus* ‖ ~ *m (Haar)Locke* f ‖ *Falte, Krause* f ‖ ⟨Mar⟩ *Reff* n ‖ ⟨Flugw⟩ *Schleifenflug, Überschlag, Looping* m ‖ ~ *invertido* ⟨Flugw⟩ *Rückenüberschlag, umgekehrter Schleifenflug* m ‖ ~**s** *mpl lockiges Haar* n ‖ ⟨Mar⟩ *Reff* n ‖ ◊ *hacer* ~ *kräuseln, locken* ‖ *tomar* ~ ⟨Mar⟩ *die Segel reffen*
  ri|zófago adj ⟨Biol⟩ *wurzel(fr)essend* ‖ **–zoforáceas** *fpl* ⟨Bot⟩ *Mangrovenbaumgewächse* npl (Rhizophoraceae) ‖ **–zoide** adj/s *(m/f)* ⟨Bot⟩ *wurzelähnlich* ‖ (apéndice) ~ *m* ⟨Bot⟩ *Rhizoid* n *(bei Algen und Moosen)* ‖ **–zoma** *m* ⟨Bot⟩ *Wurzelstock* m, *Rhizom* n ‖ **–zopodo** *m/adj* ⟨Biol⟩ *Wurzelfüß(l)er, Rhizopode* m ‖ **–zosfera** *f* ⟨BK⟩ *Rhizosphäre* f
  rizoso adj *lockig, gelockt* ‖ *kraus*
  R.M. ⟨Abk⟩ = **Reverenda Madre**
  Rn ⟨Abk⟩ = **radón**
  △ **ro** *m Gatte* m
  R.O. ⟨Abk⟩ = **Real Orden**
  roanés adj/s *aus Rouen* (Ruán) ‖ *auf Rouen bezüglich*
  roano adj *(hell)rot, -grau und weiß (Pferd)* ‖ (caballo) ~ *Rotschimmel* m
  robacoches *m* ⟨fam⟩ *Autodieb* m
  roba|do adj *ge-, be|stohlen* ‖ ⟨fam⟩ *schlecht*

ausgestattet (Wohnung) ‖ **–dor** *m Dieb, Räuber* m ‖
Entführer m ‖ **–esteras** *m* Mancha ⟨pop⟩ *armer*
Teufel m ‖ **–jornales** *m* ⟨pop⟩ *schlechter Arbeiter* m
    róbalo *m* ⟨Fi⟩ *Wolf-, See|barsch* m (→ **lubina**)
    robaperas *m* bes. Nav *Gauner* m ‖ ⟨fam⟩
Strolch m ‖ ⟨fam⟩ *armer Teufel* od *Schlucker* m
    robar vt *(be)rauben* ‖ *(weg)stehlen, entwenden*
‖ *bestehlen* ‖ *entführen (e–e Frau)* ‖ ⟨fam⟩ *prellen*
‖ ⟨Kart⟩ *(Karten) kaufen, ziehen* ‖ ⟨fig⟩ *an s.*
reißen (Herz, Zuneigung) ‖ ◇ ~ *el color* ⟨Mal⟩
die Farbe abschwächen ‖ ~ *la tranquilidad a alg.*
⟨fig⟩ *jdn um s–e Ruhe bringen* ‖ *eso me roba*
mucho tiempo das ist sehr zeitraubend für mich
    robeco *m* Ast ⟨Zool⟩ → **¹rebeco**
    robellón *m* ⟨Bot⟩ *Reizker, Milchling* m
(Lactarius deliciosus)
    Roberto m np *Robert* m
    robezo *m* ⟨Zool⟩ → **¹rebeco**
    robín *m (Metall)Rost* m
    robinetería *f (Kessel-, Wasser-,*
Dampf-)Armaturen fpl
    robinia *f* ⟨Bot⟩ *Scheinakazie, Robinie* f
(Robinia pseudoacacia)
    Robin|son *m* np *Robinson* m ‖ **–soniano** adj
auf Robinson Crusoe bezüglich
    robiñano *m* → **fulano**
    roblar vt *(ver)nieten*
    ro|ble *m (Wald)Eiche* f ‖ *Eichbaum* m ‖
Eichenholz n ‖ ~ *albar Traubeneiche* f (Quercus
petraea) ‖ ~ *americano Roteiche* f (Q. rubra) ‖ ~
carrasqueño Steineiche f (Q. ilex) ‖ ~ *cerris*
Zerreiche f (Q. cerris) ‖ ~ *de Hungría*
Ungarische Eiche f (Q. frainetto) ‖ ~ *negral*
Pyrenäeneiche f (Q. pyrenaica) ‖ ~ *pubescente*
Flaumeiche f (Q. pubescens) ‖ ◆ *fuerte como un*
~ ⟨fig⟩ *(stein)fest, eisenhart* ‖ **–bledal** *m*
Eichenwald m ‖ **–bledo** *m Eichenhain* m ‖ **–blizo**
adj *kräftig, fest*
    ro|blón *m* ⟨Tech⟩ *Niete* f (fachspr.: *Niet* m) ‖
Verbindungsbolzen m ‖ **–blonar** vt *(ver)nieten*
    robo *m Raub* m ‖ *Räuberei* f ‖ *Diebstahl* m ‖
Gestohlene(s) n ‖ *Entführung* f ‖ ⟨Jur⟩ etwa:
schwerer Diebstahl m ‖ ~ *con escalo* od
escalamiento Einsteigediebstahl m ‖ ~ *con fractura*
Einbruch, Einbruch(s)diebstahl m ‖ ~ *con fuerza*
en las cosas etwa: *schwerer Diebstahl* m ‖
Diebstahl m *mit Einbruch* ‖ ~ *con homicidio*
Raubmord m ‖ ~ *a mano armada bewaffneter*
Raubüberfall m ‖ ~ *sacrílego Kirchenraub* m ‖ ~
de tienda Ladendiebstahl m ‖ ~ *con violencia o*
intimidación en las personas etwa: *schwerer Raub* m bzw
einfacher Raub m ‖ ◇ *ir al* ~ ⟨Kart⟩ *Karten*
kaufen ‖ *meter a* ~ *(aus)plündern* ‖ *¡es un* ~*! es*
ist unverschämt teuer! das ist glatter Diebstahl!
    robo|rante adj/s *(m/f)* ⟨Med⟩ *stärkend* ‖ **–rar**
vt ⟨lit Med⟩ *verstärken* ‖ → **corroborar**
    ro|bot *m [pl* ~s] *Roboter* m ‖ *Automat* m ‖ ~
industrial Industrieroboter m ‖ **–bótica** *f Robotik* f
‖ **–botización** *f Einsatz* m *von Robotern* ‖
–botizar [z/c] vt *Roboter einsetzen (una fábrica*
in e–r Fabrik)
    ro|bre *m* ⟨reg⟩ → **roble** ‖ **–bredal, –bredo** *m*
→ **robledal, robledo**
    robus|tecer [-zc-] vt *stärken* ‖ *kräftigen* ‖ *me*
–tece en mi opinión das bestärkt mich in m–r
Meinung ‖ *das bestätigt m–e Ansicht* ‖ **~se**
erstarken ‖ **–tecimiento** *m Kräftigung, Erstarkung*
f ‖ **–tez** *[pl* ~ces]*, **–teza** *f Kraft, Stärke* f ‖
Rüstigkeit f ‖ **–to** adj *stark, kräftig* ‖ *robust* ‖
hand-, kern|fest, rüstig ‖ ⟨fig⟩ *stämmig* ‖ *stramm,*
vierschrötig ‖ ⟨fig⟩ *schwerfällig*
    roca *f Fels(en)* m ‖ *Klippe* f ‖ *Stein(block)* m ‖
Felsen-, Berg|wand f ‖ ⟨Geol⟩ *Gestein* n ‖
~*-almacén f* ⟨Geol⟩ *Speichergestein* n ‖ ~s
erráticas Findlingsblöcke, erratische Blöcke,

Findlinge mpl ‖ ~ *eruptiva vulkanisches Gestein*
n ‖ ~ *granítica Granitgestein* n ‖ ~ *perpendicular*
steiler Fels m ‖ ~ *sedimentaria Sedimentgestein* n
‖ ◆ *de* ~ *steinern, Stein-* ‖ ⟨fig⟩ *steinhart* ‖ *firme*
como una ~ ⟨fig⟩ *wie ein Fels, felsenfest,*
unerschütterlich
    rocador *m* Sal *Kopfhaube* f *(der Bäuerinnen)*
    rocalla *f (Stein)Geröll* n ‖ *Steinsplitter* mpl ‖
Gestein n ‖ ⟨Arch⟩ *Muschelstil* m ‖ *Muschelwerk*
n, *Rocaille* n (& f)
    △ **rocambló** *m Freund* m
    rocambolesco adj *unglaublich, fantastisch* ‖
schwärmerisch ‖ *ausgefallen, extravagant, aus*
dem Rahmen fallend
    rocano *m Greis, alter Mann* m
    rocanrolero *m* Col *Halbstarke(r)* m
    roce *m Streifen* n, *Reibung* f ‖ *Geknister* n
(z. B. *der Seide*) ‖ ⟨fig⟩ *(häufiger) Verkehr,*
Umgang m ‖ ⟨fig⟩ *Reibfläche* f ‖ ⟨fig⟩ *Reiberei* f ‖
◆ *al* ~ *de ...* ⟨fig⟩ *unter dem Einfluss von ...*
    rocero adj Ar Nav *mit dem Pöbel verkehrend* ‖
p. ex *pöbelhaft, ordinär*
    rocha *f Rodung* f ‖ Bol Chi *Aufpassen* n ‖ ◇
hacer ~ Bol *die Schule schwänzen*
    rochabús *m* Pe *Wasserwerfer* m
    rochela *f* Am *(großer) Lärm, Radau* m
    Rochela *f* [Stadt]: La ~ *La Rochelle*
    rocho m: el ~ *der Vogel Rock (Märchentier)*
    rocia|da *f Be|sprengen, -netzen* n ‖ *Übergießen*
n ‖ *Tau* m ‖ *betautes Gras* n ‖ ⟨fig⟩ *Platzregen* m
‖ ⟨fig⟩ *Steinhagel* m ‖ ⟨fig⟩ *Menge* f, *Haufen* m ‖
⟨fig⟩ *Flut* f *(von Nachreden)* ‖ ⟨fig⟩ *Verlästerung* f
‖ ◇ *soltar* od *echar una* ~ *a alg.* (pop) *jdm e–n*
Rüffel geben od *erteilen* ‖ **–dera** *f Gießkanne* f ‖
–do adj *be|taut, -netzt* ‖ **–dor** *m Regner* m ‖
Brausekopf m ‖ *Sprengwedel* m (bes. *für die*
Wäsche) ‖ *Sprinkler(anlage* f) m ‖ **–dura** *f,*
–miento *m (Be)Sprengen* n ‖ *Berieselung* f
    rociar [pres ~ío] vt *(be)sprengen, benetzen* ‖
bespritzen ‖ *begießen* ‖ *bewässern (Wäsche)* ‖
besprengen ‖ *(be)streuen* ‖ ⟨fig⟩ *verlästern* ‖ ~ vi
nieseln ‖ *sprühen* ‖ *tauen* ‖ ◇ *está rociando es*
taut ‖ *es nieselt* ‖ ~**se** (fam) *s. beschwipsen*
    rocín *m alter Gaul* m, *Schindmähre* f ‖
Arbeitspferd n ‖ ⟨figf⟩ *Lümmel, Tölpel* m ‖ ~
matalón Schindmähre f, *elender Klepper* m ‖ ◇
venir de ~ *a ruin* ⟨figf⟩ *vom Pferd auf den Esel*
kommen
    roci|nal adj *(m/f) mährenartig* ‖ ~**nante** *m*
Rosinante f *(Pferd des Don Quijote)* ‖ ⟨fig⟩
Schindmähre f, *Klepper* m
    ¹rocío *m Tau* m ‖ *Wasserstaub, Gischt* m ‖
Sprühregen m ‖ ⟨fig⟩ *feine Besprengung* f, *Spray*
m (& n) ‖ ~ *matinal Morgentau* m ‖ ◆ *lleno od*
cubierto de ~ *taubedeckt* ‖ ◇ *cae* (el) ~ *es taut*
    ²rocío *m* ⟨Bot⟩: ~ *del sol Sonnentau* m
(Drosera spp)
    roción *m Spritzwasser* n *(von s. brechenden*
Meereswellen)
    rock (and roll) *m* ⟨Mus⟩ *Rock (and Roll)* m ‖
~ *duro Hard Rock* m ‖ **–anrolero** *m Rock-and-*
Roll-Tänzer m ‖ **–era** *f Rockerbraut* f ‖ **–ero** *m*
Rocker m
    rococó m/adj *Rokoko* n *(Stil)*
    rocón *m* augm von **roca**
    roda *f* ⟨Mar⟩ *Vor(der)steven* m ‖ ~ *de popa*
⟨Mar⟩ *Achter-, Hinter|steven* m
    rodaballo *m* ⟨Fi⟩ *Steinbutt* m (Psetta maxima =
Rhombus maximus) ‖ ⟨figf⟩ *gerissener Mensch,*
(fam) *Schlaumeier* ııı
    roda|china *f* Col *Rädchen* n ‖ **–da** *f Rad-,*
Wagen|spur f ‖ *(Fahr)Geleise* n ‖ ⟨Tech⟩ *Spur* f ‖
Arg Ec Mex *Sturz* m ‖ **–dero, –dizo** adj *leicht*
fortrollend, fahrend
    ¹rodado adj *Apfel- (Pferd)*

²roda|do adj *angeschwemmt (Gestein)* ‖ *s. (von selbst) ergebend* ‖ *glatt (Stil, Rede usw.)* ‖ ◇ *eso me viene ~* ⟨fam⟩ *das kommt wie gerufen* ‖ *la cosa vino ~a* ⟨figf⟩ *die Sache ergab s. (ganz) von selbst* ‖ **–dura** *f Rollen, Wälzen* n ‖ **–ja** *f Scheibe, runde Platte* f ‖ *Schnitte* f ‖ *Spornrädchen* n ‖ ⟨Tech⟩ *(Dreh)Rolle* f ‖ *Butzen* m ‖ **–je** *m Räderwerk* n *(Uhr)* ‖ *Radsatz* m ‖ *Wagenrollen* n ‖ *Wagengestell* n ‖ ⟨StV⟩ *Einfahren* n ‖ ⟨Film⟩ *Dreharbeiten* fpl ‖ *(Film) Rollen* n ‖ *~ de exteriores (interiores) Außen- (Innen)aufnahmen* fpl ‖ ◆ *en ~* ⟨Auto⟩ *wird eingefahren* ‖ ⟨Film⟩ *bei den Dreharbeiten* ‖ dim: **–juela**
   rodal *m Lichtung* f *im Walde* ‖ ⟨allg⟩ *Fläche* f, *die s. von der Umgebung abhebt*
   rodamiento *m* ⟨Tech⟩ *(Wälz)Lager* n ‖ *~ de agujas Nadellager* n ‖ *~ de bolas Kugellager* n ‖ *~ de rodillos Rollenlager* n ‖ *~ de rótula Pendelkugellager* n
   rodancha *f* ⟨reg⟩ *Scheibe* f ‖ *(runde) Schnitte* f
   Ródano *m* [Fluss]: *el ~ die Rhone*
   rodante adj *(m/f) rollend* ‖ p.ex *laufend*
   rodapié *m* ⟨Arch⟩ *Fußgestell* n *(e–r Säule)* ‖ *Fuß|kranz* m, *-brett, -teil* n ‖ *Fuß-, Scheuer|leiste* f

   rodar [-ue-] vt *(fort)rollen* ‖ *(um)wälzen* ‖ ◇ *~ un auto e–n Wagen einfahren* ‖ *~ una película e–n Film drehen* ‖ *~* vi *rollen, s. herumdrehen* ‖ *s. wälzen* ‖ *herunter|rollen, -fallen* ‖ ⟨fam⟩ *herunterpurzeln* ‖ *fahren, auf Rädern rollen* ‖ *rollen (Donner)* ‖ ⟨fig⟩ *reich fließen (Tränen)* ‖ ⟨fig⟩ *erfolgen, vorkommen* ‖ ⟨fig⟩ *verstreichen (Zeit)* ‖ ⟨fig⟩ *hin und her schwanken* ‖ *umherirren, s. herumtreiben* ‖ ◇ *~ por la cabeza im Kopf herumgehen* ‖ *van a ~ cabezas* ⟨fig⟩ *es werden Köpfe rollen* ‖ *~ por el mundo die Welt bereisen* ‖ *echarlo todo a ~* ⟨pop⟩ *alles zum Teufel schicken, alles über Bord werfen* ‖ *alles zum Scheitern bringen,* ⟨fam⟩ *die Sache vermasseln* ‖ *~ por tierra zu Boden fallen* ‖ *bajar rodando herunterrollen* ‖ *~ en torno de… s. herumdrehen um … ‖ s. drehen um* ‖ *la conversación rodaba sobre … das Gespräch drehte s. um …* ‖ *hacer ~ in Gang bringen* ‖ *la empresa fue a ~ das Unternehmen ging zugrunde (& zu Grunde)* ‖ *echar a ~ la vergüenza* ⟨figf⟩ *alle Scham beiseite lassen* ‖ *allí rueda el dinero* ⟨fam⟩ *dort rollt das Geld* ‖ *¡ruede la bola! lass gehen, wie's geht!*
   Rodas *f* ⟨Geogr⟩ *Rhodos* n
   rode|ar vt *um|gehen, -kreisen* ‖ *um|geben, -ringen, -zingeln* (con, de *mit*) ‖ *umwickeln* (con, de *mit*) ‖ *schwenken, drillen, tummeln (Pferde)* ‖ Am *(das Vieh) zusammentreiben* ‖ ◇ *~ con od de murallas mit Mauern umgeben* ‖ *la cabeza –ada con un pañuelo rojo mit rotem Kopftuch (Frau)* ‖ *la trenza –ada a la cabeza der um den Kopf geschlungene Zopf* ‖ *la reputación que le –a der Ruf, der ihn umgibt* ‖ *~* vi *e–n Umweg nehmen* bzw *machen* ‖ *Umschweife machen* ‖ ⟨fig⟩ *Umstände machen* ‖ **~se** *s. rühren* ‖ *s. tummeln* ‖ *s. hin und her bewegen*
   rode|la *f Rundschild* m ‖ *rund geschliffenes Glas* n (z.B. *e–r Brille)* ‖ Chi *Schnitte* f ‖ dim: **~leja**
   rodeno adj *rot, rötlich (Erde, Fels usw.)* ‖ *~ m rötlicher Boden* m
   △ **rodeño** *m Schutzmann* m
   rodenticida *m Rodentizid* n
   rodeo *m (Her)Umgehen* n *‖ Um-, Ab-, Neben|weg* m ‖ *Sammelplatz* m *des Weideviehs* ‖ *Standplatz* m *der Tiere (auf Viehmärkten)* ‖ ⟨fig⟩ *Umschreibung* f ‖ ⟨fig⟩ *Ausflucht* f, *Umschweif* m ‖ *Diebesbande* f ‖ Am *Rodeo* m (& n), *Zusammentreiben des Großviehs (zum Zählen* od *für den Verkauf)* ‖ *Rodeo* m (& n) *(Wettkampf im*

Reiten wilder Pferde od *Stiere)* ‖ ◆ *por ~* ⟨figf⟩ *durch die Blume* ‖ ◇ *dar un ~ (para ir a …) umgehen, e–n Nebenweg einschlagen (nach …)* ‖ *e–n Umweg machen* ‖ *~s mpl: por ~ auf Nebenwegen* ‖ ◇ *andar con ~ Umschweife machen* ‖ *sin andar con ~ ohne große Umstände, ohne weitere Umschweife, ohne viel Aufhebens* ‖ *buscar ~ leere Ausflüchte machen* ‖ *declarar sin ~ unumwunden erklären* ‖ *hablar sin ~ geradeheraus, freiheraus reden* ‖ *Tacheles reden*
   rodeón *m Kreiswendung* f
   rodera *f Radspur* f
   rodericense adj/s *(m/f) aus Ciudad Rodrigo* (P Sal) ‖ *auf Ciudad Rodrigo bezüglich*
   rodero adj *Rad-*
   ¹rodete *m (runder) Haarkranz* m *(der Frauen)* ‖ *Trag|polster* n, *-wulst* f, *Kopfring* m *(der Träger)*
   ²rodete *m* ⟨Tech⟩ *(Riemen)Rolle* f ‖ *Kreiselrad* n ‖ *Schaufelrad* n ‖ *Laufrad* n ‖ *Reif* m *(im Schloss)*
   rodezno *m Mühl-, Schaufel|rad* n ‖ *Laufrad* n *(e–r Turbine)*
   rodezuela *f* dim von **rueda**
   rodiar vt *rhodinieren*
   ¹rodilla *f Knie* n ‖ ◆ *a media ~ halb kniend* ‖ *de ~ kniend* ‖ *kniefällig (& fig)* ‖ ⟨fig⟩ *inständig (bitten)* ‖ ◇ *caer de ~s auf die Knie fallen* ‖ *doblar la ~ das Knie beugen* ‖ ⟨fig⟩ *s. erniedrigen, s. demütigen* ‖ *estar de ~s auf den Knien liegen (& fig)* ‖ *hincar la ~ (od las ~s), hincarse (od ponerse) de ~s niederknien* ‖ *subirse a las ~s de alg. zu jdm auf den Schoß kriechen (Kind)*
   ²rodilla *f (Ab)Wischtuch* n, *Scheuerlappen, Wischer* m ‖ *Trag|polster* n, *-wulst* m *(& f), Kopfring* m *(der Träger[innen])*
   rodi|llada *f Kniefall* m, *Niederknien* n ‖ → **–llazo** *m Stoß* m *gegen das Knie* ‖ *Stoß* m *mit dem Knie* ‖ ⟨Taur⟩ *Knieparade* f *(des Stierkämpfers)* ‖ **–llera** *f* ⟨Sp⟩ *Knie|schoner, -schützer* m ‖ *Knie-, Bein|leder* n ‖ *Stiefelstulpe* f ‖ *Kniewärmer* m ‖ *Kniestück* n *(an der Hose)* ‖ *Kniebeule* f *(e–r abgetragenen Hose)* ‖ *Knie|kachel* f, *-buckel* m *(Rüstung)* ‖ ⟨Vet⟩ *Knie|verletzung, -wunde* f *(von e–m Sturz)*
   rodi|llo *m Rolle, Walze* f ‖ *Acker-, Erd|walze* f ‖ *Straßenwalze* f ‖ *Schreibwalze* f *(e–r Schreibmaschine)* ‖ ⟨Tech Agr⟩ *Rolle* f ‖ *Rollholz* n ‖ *Nudel|holz* n, *-walze* f ‖ ⟨Com⟩ *Packrolle* f ‖ ⟨Tech⟩ *Wellbaum* m ‖ *~ de alisar Glättrolle* f ‖ *~ de avance Vorschubrolle* f ‖ *~ para pegar pruebas* ⟨Fot⟩ *Rollenquetscher* m ‖ *~ de (en)tintaje* ⟨Typ⟩ *Farbwalze* f ‖ *~ de transporte* ⟨Tech⟩ *Transportwalze* f ‖ **–lludo** adj *mit starken Knien*
   ¹rodio adj *rhodisch* ‖ *~,* **rodiota** *m Rhodier* m
   ²rodio *m* **(Rh)** ⟨Chem⟩ *Rhodium* n
   rodo *m* ⟨Metal⟩ *Schür|eisen* n, *-stange* f ‖ → **rodillo** ‖ ◆ *a ~ in Hülle und Fülle* ‖ *reichlich* ‖ ⟨pop⟩ *spornstreichs*
   rodocrosita *f* ⟨Min⟩ *Rhodochrosit* m
   rodo|dafne *f* ⟨Bot⟩ → **adelfa** ‖ **–dendro** *m Alpenrose* f, *Rhododendron* m *(& n) (Rhododendron spp)*
   rodol|fino adj ⟨Hist⟩ *rudolfinisch* ‖ **≈fo** *m* np *Rudolf* m
   rodomiel *m Rosenhonig* m
   rodomontada *f Groß|mäuligkeit, -sprecherei* f
   rodri|ga *f Rebenpfahl* m ‖ **–gar** [g/gu] vt *(Weinstöcke, Bäume) be-, anpfählen, -stocken* ‖ *abstecken* ‖ *(Hopfen) anstengeln*
   Ro|drigo *m* np *Rodrigo, Roderich* m ‖ *~ Díaz de Vivar* ⟨Hist Lit⟩ *der eigentliche Name des Cid*
   rodrigón *m Reben-, Schutz|pfahl* m ‖ *Hopfenstange* f *(& fig)* ‖ ⟨fam⟩ *Anstandsdame* f,

⟨fam⟩ *Anstandswauwau* m ‖ ◇ poner ~es a algo
et. anpfählen (z. B. *Weinstöcke*)
  Rodríguez *(span. Familienname):* ⟨fam⟩ ~
Strohwitwer m ‖ ◇ estar de ~ *Strohwitwer sein,*
meist: *die Freiheit e–s Strohwitwers genießen*
  roe|dor *adj nagend* (& *fig*) ‖ ~ *m Nagetier* n ‖
~es *mpl* ⟨Zool⟩ *Nagetiere* npl (Rodentia =
Simplicidentata) ‖ **–dura** *f (Be)Nagen* n
  roent|gen *m* (R) ⟨Phys⟩ *Roentgen* n ‖
–gen(o)grafía *f* ⟨Med⟩ *Röntgenographie* f ‖
–genólogo *m* → **radiólogo** ‖ **–genoscopia** *f* ⟨Med⟩
Röntgenuntersuchung, Durchleuchtung f ‖
–genoterapia *f* ⟨Med⟩ *Röntgentherapie,*
Strahlentherapie f *mit Röntgenstrahlen*
  roer [pres roo *od* royo, roigo, pret roí] vt/i
(be)nagen ‖ *zernagen, anfressen* [*ab-,*
be|knabbern, abnagen (Knochen) ‖ *aus-,*
zer|fressen (Rost) ‖ ⟨fig⟩ *nagen (an* dat) ‖ ⟨fig⟩
untergraben, zerstören ‖ ⟨fig⟩ *grämen* ‖ ⟨fig⟩
(be)reuen ‖ ◇ ~ huesos *Knochen abnagen* ‖ ~
libros ⟨fig⟩ *ein Bücherwurm sein* ‖ ~ la orilla *das*
Ufer abwaschen (Wasser) ‖ me roe *es wurmt mich*
‖ eso le roe las entrañas *od* el corazón ⟨figf⟩ *das*
grämt ihn (sie, es) bitter ‖ ha roído el anzuelo
⟨fig⟩ *er (sie, es) ist der Gefahr entgangen* ‖ ~se
los codos de hambre ⟨figf⟩ *am Hungertuch nagen*
‖ ~se las uñas *s. die Nägel abbeißen*
  roga|ción *f Bitten* n ‖ ⟨Rel⟩ *Bittgang* m ‖ ⟨Jur⟩
Antrag m ‖ **–ciones** *pl Bettage* mpl ‖ **–do** pp von
rogar ‖ ~ adj: ser muy ~ ⟨fam⟩ *s. stets sehr*
bitten lassen ‖ **–dor** *adj flehend, (demütig) bittend*
‖ ◆ con ojos ~es *mit flehendem Blick*
  rogar [-ue-, g/gu] vt *bitten* ‖ *anflehen* ‖ ◇ se
lo ruego *ich bitte Sie darum* ‖ rogándole se sirva
contestarme a vuelta de correo ⟨Com⟩ *mit der*
Bitte um postwendende Antwort ‖ ~ vi *bitten,*
beten (por für) ‖ ◇ hacerse de ~ ⟨fam⟩ *s. sehr*
bitten lassen ‖ no se haga Vd. ~ *lassen Sie s.*
nicht nötigen ‖ rogad por nos(otros) *bittet für uns*
(im Gebet)
  roga|tiva *f* ⟨Rel⟩ *Bittgebet* n ‖ ~s *fpl*
Bittprozession f ‖ *Kreuz-, Bitt-, Gang|woche* f ‖
–torio adj *Bitt-, Ersuchungs-*
  Rogelio *m* np *Roger* m
  ¹rogo *m* ⟨poet⟩ *Scheiterhaufen* m
  △ **²rogo** *m Horn* n
  △ **roi** *f Mehl* n
  roído pp von **roer** ‖ ~ adj ⟨figf⟩ *knaus(e)rig*
  roigo → **roer**
  △ **rom** *m Löffel* m
  roíya *f* ⟨pop⟩ → **rodilla**
  ro|jal adj/s *(m/f) rötlich (Boden)* ‖ **–jear** vt *ins*
Rote spielen ‖ *rot (durch)schimmern* ‖ *allmählich*
rot werden (reifendes Obst) ‖ ⟨Pol fam⟩ *zum*
Marxismus neigen, ⟨fam⟩ *rot angehaucht sein* ‖
ése –jea ⟨Pol fam⟩ *der ist rosarot* ‖ **–jete** *m Rot* n
(Schminke) ‖ **–jez** *[pl* ~ces] *f Röte* f
  roji|negro adj *rot und schwarz* ‖ la bandera ~a
die schwarzrote Fahne f (Hist in Spanien: *der*
Falange bzw der Anarchisten) ‖ **–llo** adj *rötlich* ‖
rot(gelb) ‖ Span ⟨Pol fam⟩ *rot angehaucht,*
rosarot ‖ los ~s Span ⟨fam⟩ *die Roten* pl (bes. *im*
span. *Bürgerkrieg 1936–1939)* ‖ **–zo** adj *rötlich*
  rojo adj *(hoch)rot* ‖ *rotgelb, fuchsrot* ‖
rothaarig ‖ *glühend* ‖ ⟨Pol⟩ *rot* ‖ ~ cereza
kirschrot ‖ ~ claro *hellrot* ‖ ~ rabioso *hoch-,*
grell|rot, ⟨fam⟩ *knallrot* ‖ ~ de vergüenza
schamrot ‖ ~ vivo *grellrot* ‖ ◆ de barba ~a
rotbärtig ‖ ◇ ponerse ~ *erröten* ‖ ~ *m rote*
Farbe f ‖ *Rot* n *(Schminke, Lippenstift)* ‖ ⟨Pol⟩
Rote(r), marxistisch bzw kommunistisch
Gesinnte(r m) ‖ ~ de cromo *Chromrot* n ‖ ~ de
escarlata Scharlachrot n ‖ ~ de granate *Granatrot*
n ‖ ~ de *od* para labios *Lippenstift* m ‖ ~ nuevo
Biebricher Scharlach m, *Neurot* n ‖ ~ oscuro

Dunkelrot n ‖ ~ pálido *Blassrot* n ‖ ~ sanguíneo
Blutrot n ‖ ~ subido *Hochrot* n ‖ ~ violeta
Dunkelviolett n ‖ ◆ al ~ glühend *rot* (z. B. *Eisen)*
‖ *außer s. vor Wut* ‖ ⟨fig⟩ *heikel, siedend, kritisch*
(Frage, Lage) ‖ (puesto) al ~ *blanco weiß*
glühend ‖ ◇ tenir de ~ *rot färben*
  rojo|amarillo adj *rotgelb* ‖ **–gualdo** adj *rot-*
gelb (span. Nationalfarben)
  rojura *f Röte* f
  ¹rol *m Liste* f, *Verzeichnis* n ‖ ⟨Mar⟩
Musterrolle, Mannschaftsliste f
  ²rol *m* (Film Th) *Rolle* f (& *fig*)
  Rolando *m* np *Roland* m
  Roldán *m* np: canción de ~ ⟨Lit⟩ *Rolandslied*
n
  roldana *f Rolle, Seilscheibe* f ‖ p. ex
Flaschenzug m
  rolde *m Kreis* m *von Leuten*
  ¹rolla *f Unterlage, Polsterung* f
  ²rolla *f* Col León Pal Vall Zam *Kindermädchen*
n
  ³rolla *f* Zam ⟨V⟩ → **tórtola**
  rollar vt *auf|rollen, -wickeln*
  rollete *m* dim von **rollo**
  rolli|to *m* dim von **rollo** ‖ *Röllchen* n ‖ ◇ es un
~ de manteca ⟨fam⟩ *es ist ein bildhübsches*
(pausbäckiges) Kind ‖ *es strotzt vor Gesundheit*
(Kind) ‖ ~ de primavera ⟨Kochk⟩ *Frühlingsrolle* f
‖ **–zo** adj *rundlich* ‖ ⟨fam⟩ *drall, stramm* ‖ ~ *m*
Rundholz n
  rollo *m Rolle, Walze* f ‖ *Rolle* f *(Papier, Tuch)*
‖ *Rolle* f *(Handschrift)* ‖ *Rundholz* n ‖ *(runder)*
Pfeiler m, *Säule* f ‖ *Rolle* f (z. B. *e–s*
Pianoautomaten) ‖ *Rollfilm* m ‖ ⟨figf⟩ *ermüdendes*
Gerede n, ⟨fam⟩ *alte Platte* f ‖ *langweiliger*
Vortrag m, ⟨fam⟩ *Schmarren, Schinken* m *(Film,*
Buch usw.) ‖ ⟨figf⟩ *erotische Beziehung* f ‖ ~ de
cinta engomada Kleberolle f ‖ ~ de cocina
Küchenpapier n ‖ ~ de música *Musikrolle* f ‖ ~
de papel *Rolle* f *Papier* ‖ ~ de película *Filmrolle*
f ‖ ~ de tabaco *Tabakrolle* f ‖ ◇ colocar un ~ a
alg. ⟨figf⟩ *jdm e–n Sermon halten* ‖ estar hecho
un ~ de manteca ⟨figf⟩ *vor Gesundheit strotzen*
(dickes Kind) ‖ hacer un ~ de algo *et.*
zusammenrollen ‖ poner en el ~ ⟨figf⟩ *bekannt*
geben od machen ‖ *verbreiten (Nachricht)* ‖
¡cambia de una vez de ~! ⟨figf⟩ *leg endlich mal*
e–e neue Platte auf! sprich endlich von et.
anderem!
  rollón *m Kleienmehl* n
  rollona *f* ⟨fam⟩ *Kindermädchen* n
  rolo *m* Am → **rodillo**
  △ **rom** *m Mensch* m ‖ *Ehemann* m
  Roma *f* [Stadt] *Rom* n ‖ ⟨fig⟩ *die Kirche* f ‖
⟨fig⟩ *die päpstliche Autorität* f ‖ la ~ antigua *das*
alte Rom ‖ la ~ imperial ⟨Hist⟩ *das kaiserliche*
Rom ‖ ¡a ~ por todo! ⟨pop⟩ *vorwärts! feste drauf!*
‖ ◇ por todas partes se va a ~ ⟨Spr⟩ *alle Wege*
führen nach Rom (& *fig*) ‖ (en) hablando del rey
od ruin de ~, luego asoma ⟨Spr⟩ *man soll den*
Teufel nicht an die Wand malen
  romadi|zado adj *verschnupft* ‖ **–zo** *m* ⟨Med
fam⟩ *(Stock)Schnupfen* m
  romaico *m/adj Neugriechisch* n
  Román *m* np *Roman(us)* m
  romana *f Schnell-, Laufgewichts|waage* f
  roman|ce adj *(m/f) romantisch* ‖ ⟨lit fig⟩
spanisch ‖ lenguas ~s *romanische Sprachen* (bes.
Spanisch, Italienisch und Französisch) ‖ ~ *m*
⟨Hist Lit⟩: el ~ ⟨poet⟩ *Romanze* f (& *fig*) ‖ el ~
⟨Hist Lit⟩ *das Spanische, die spanische Sprache* ‖
~ de ciego *Bänkelsängerlied* n, *Moritat* f ‖ ~
fronterizo ⟨Lit⟩ *Grenzromanze* f *(Grenze zwischen*
Mauren und Christen zur Zeit der Reconquista) ‖
~ de gesta *Heldenlied* n ‖ ◆ en ~ *in Versform* ‖

en buen ∼, en ∼ paladino ⟨fig⟩ *auf gut spanisch! deutlich, verständlich* ‖ ◇ hablar en ∼ *Spanisch reden* (& fig) ‖ poner en buen ∼ ⟨figf⟩ *richtig stilisieren* ‖ ∼s *mpl* ⟨fig⟩ *leeres Geschwätz* n ‖ ◇ ¡no me vengas con ∼! ⟨fam⟩ *erzähl mir k–e Märchen! mache mir k–e Dummheiten weis!* ‖ ¡son puros ∼! ⟨pop⟩ *das sind leere Ausflüchte!* ‖ **–cero** *m*/adj *Romanzen|dichter bzw -sänger* m ‖ *Romanzensammlung* f, *Romanzero* m ‖ ◇ ¡no sea Vd. ∼! ⟨pop⟩ *machen Sie k–e Umstände!* ‖ **–cesco** adj *romanhaft* ‖ *romantisch* ‖ **–cillo** *m dim von* **–ce** ‖ **–cista** adj *(m/f)* ⟨Hist⟩ *in e–r romanischen bzw in spanischer (d.h. nicht in lateinischer) Sprache schreibend* ‖ ∼ *(m/f) Romanzendichter(in* f) m ‖ **–che** *m*/adj *Rätoromane* m *(aus der Ostschweiz)* ‖ *(die) rätoromanische Sprache* (→ **rético**)
△ **romandi|ñado** adj/s *verheiratet* ‖ **–no** *m Heirat* f
roma|near vt *mit der Schnellwaage wiegen* ‖ **–neo** *m Wiegen* n *mit der Schnellwaage*
romaní *m/f Rom* m ‖ *Sinto* m ‖ *Zigeuner(in* f) m
románico adj *romanisch (Kunst, Sprache)*
romani|lla *f*, **–llo** *m* ⟨Typ⟩ *runde Schrift* f
roma|nista *m/f Romanist(in* f) *(Kenner(in) des römischen Rechts)* ‖ *Romanist(in* f) m *(Wissenschaftler(in) auf dem Gebiet der Romanistik)* ‖ **–nización** *f Romanisierung* f ‖ **–nizar** [z/c] vt *romanisieren* ‖ **–no** adj/s *römisch* ‖ *welsch* ‖ ◆ a la ∼ *nach römischer Art* ‖ *católico* ∼ *römisch-katholisch* ‖ ∼ m *Römer* m ‖ ∼ *rústico Vulgärlatein* n
romanticismo *m* [Kunst] *Romantik* f
romántico adj [Kunst] *romantisch* ‖ *romanhaft* ‖ *abenteuerlich* ‖ *romantisch, sentimental* ‖ *fantastisch, übertrieben* ‖ ∼ *m* [Kunst] *Romantiker* m ‖ *Träumer, Schwärmer, Fantast* m
romanza *f* ⟨Mus⟩ *Romanze, Arie* f ‖ ∼ *en tono menor Romanze* f *in Moll*
Romaña *f* ⟨Geogr⟩ la ∼ *die Romagna*
romaza *f* ⟨Bot⟩ *Ampfer* m *(Rumex spp)*
rombal adj *(m/f) rautenförmig*
rómbico adj → **romboidal**
¹**rombo** *m* ⟨Math⟩ *Rhombus* m, *Raute* f
²**rombo** *m* ⟨Fi⟩ *Glattbutt* m *(Scophthalmus rhombus)*
romboedro *m* ⟨Math⟩ *Rhomboeder* n ‖ **–boidal** adj *(m/f) rautenförmig, rhomboid, rhombisch* ‖ **–boide** *m Rhomboid* n ‖ **–boideo** adj → **romboidal**
Romeo y Julieta *Romeo und Julia (Shakespeare)* ‖ *(Art) feine span.-kubanische Zigarre* f
romeral *m Rosmarinfeld* n
romería *f Wall-, Pilger|fahrt* f ‖ *Kirmes, Kirchweih* f ‖ p.ex *Volksfest* n *(zu Ehren e–s Schutzheiligen bzw der Heiligen Jungfrau)* ‖ ◇ ir en ∼ *pilgern, wallfahren*
¹**romero** adj *pilgernd, Pilger-* ‖ ∼ *m Pilger, Wallfahrer* m
²**romero** *m* ⟨Bot⟩ *Rosmarin* m *(Rosmarinus officinalis)*
¹**romí** adj *Marr christlich*
△ ²**romí** *f Weib* n ‖ *Ehefrau* f
romo adj *stumpf* ‖ ∼ de espíritu ⟨fig⟩ *geistig abgestumpft*
rompe|balas *m* → **abridora** de balas ‖ **–cabezas** *m Totschläger* m *(Hiebwaffe)* ‖ ⟨figf⟩ *(schwieriges) Rätsel* n ‖ *Geduldsspiel* n ‖ *Puzzle(spiel)* n ‖ **–corazones** *m Herzensbrecher* m ‖ **–dero** adj *(leicht) zerbrechlich* ‖ ∼ *m:* ∼ (de cabeza) Sant ⟨fam⟩ *Besorgnis* f ‖ *Kummer* m ‖ *Problem* n ‖ → **rompecabezas** ‖ **–dor** adj *brisant, Brisanz-* ‖ *Spreng-* ‖ **–dura** *f Riss* m ‖ **–(e)squinas** *m* ⟨figf⟩ *Eisenfresser* m ‖ **–galas** *m/f schlecht bzw*

schlampig gekleideter Mensch m ‖ **–hielos** *m* ⟨Mar⟩ *Eisbrecher* m ‖ *Eissporn* m ‖ **–huelgas** *m Streikbrecher* m ‖ **–jetas** *m* ⟨vulg⟩ *Raufbold* m ‖ **–nueces** *m Nussknacker* m ‖ **–olas** *m* ⟨Mar⟩ *Wellenbrecher* m ‖ *Mole* f ‖ **–ollas, –pucheros** *m Topfschlagen* n *(Spiel)*
romper [pp/irr roto] vt *(zer)brechen* ‖ *abbrechen* ‖ *zer|reißen, -stören* ‖ *zer|sprengen, -schlagen* ‖ *zerreißen (Kleid, Kette)* ‖ *auseinander reißen* ‖ ⟨Mil Mar⟩ *durchbrechen (Blockade)* ‖ ⟨Mil⟩ *eröffnen (Feindseligkeiten, Feuer)* ‖ ⟨Agr⟩ *umreißen, urbar machen* ‖ ⟨Agr⟩ *roden (nieder-, ein|reißen)* ‖ *aufreißen* ‖ *spalten* ‖ *anbeißen (Brot)* ‖ *bahnen (Weg)* ‖ ⟨fig⟩ *durchbrechen* ‖ *erbrechen (Tür)* ‖ *durchdringen (Licht)* ‖ ⟨fig⟩ *brechen (Vertrag, Wort, Schweigen, Fasten)* ‖ *abbrechen (Beziehungen)* ‖ ◇ ∼ el aire *die Luft durchsausen* ‖ ∼ los cristales *die Fenster einschlagen* ‖ ∼ el encanto *den Zauber lösen* ‖ ∼ filas ⟨Mil⟩ *wegtreten* ‖ ¡rompan filas! ⟨Mil⟩ *weggetreten!* ‖ ∼ el fuego ⟨Mil⟩ *das Feuer eröffnen (sobre auf* acc) ‖ ∼ el hilo del discurso ⟨fig⟩ *den Faden des Gesprächs abschneiden* ‖ ∼ las hostilidades ⟨Mil⟩ *die Feindseligkeiten eröffnen* ‖ ∼ la marcha ⟨Mil⟩ *den Marsch eröffnen* ‖ ∼ las relaciones ⟨Com⟩ *die Beziehungen abbrechen, die Verbindungen abbrechen* ‖ ∼ el silencio *das Stillschweigen brechen* ‖ ∼ el vuelo s. *aufschwingen, auffliegen (Vogel)* ‖ ¡te ∼é el bastón en las costillas! *ich werde dir den Stock auf dem Rücken zerschlagen! (Drohung)* ‖ el que rompa, paga *wer bricht, der zahlt* ‖ ∼ vi *zer|brechen, -reißen* ‖ *auseinander gehen* ‖ *(zer)platzen* ‖ ⟨fig⟩ *hervorbrechen* ‖ ⟨fig⟩ *anbrechen (Morgenröte)* ‖ *plötzlich anfangen (a zu* inf) ‖ ⟨fig⟩ s. *plötzlich entschließen (a zu* inf) ‖ ⟨fig⟩ *aufbrechen, s. öffnen (Knospe)* ‖ ◇ ∼ a … *anfangen zu …, ausbrechen in …* (acc) ‖ ∼ a hablar *zu reden anfangen* ‖ ∼ a llorar *in Tränen ausbrechen* ‖ ∼ con alg. *mit jdm brechen* ‖ ∼ por todo s. *über alle Hindernisse hinwegsetzen* ‖ al ∼ el día *bei Tagesanbruch* ‖ ¡rompe de una vez! ⟨pop⟩ *sprich dich doch einmal aus! jetzt mal raus mit der Sprache!* ‖ ∼se *(entzwei)brechen* ‖ *zerbrechen* ‖ *zerspringen, platzen* ‖ *zerreißen* ‖ ◇ ∼ la cabeza s. *den Kopf aufschlagen* ⟨fig⟩ s. *den Kopf zerbrechen (con, sobre, acerca de über* acc) ‖ ∼ un diente s. *e–n Zahn ausbeißen* ‖ ∼ la mano (contra) s. *die Hand brechen (an* dat)
rompible adj *(m/f) brechbar* ‖ *zerbrechlich*
rompiente *m* ⟨Mar⟩ *Strandklippe* f ‖ *natürlicher Wellenbrecher* m ‖ *Brandung* f ‖ *Brecher* m *(Welle)*
rompilona *f*/adj ⟨pop⟩ *Mädchen* n, *das viel Geschirr zerbricht*
rompimiento *m* *(Zer)Brechen* n ‖ *Riss, Bruch* m ‖ *Aufbrechen* n *(des Bodens)* ‖ *Aufgang* m *(des Eises)* ‖ ⟨fig⟩ *Bruch* m ‖ ⟨Mal⟩ *Durchblick* m ‖ ⟨Th⟩ *Vorhang* m *(, der e–n Durchblick ermöglicht)* ‖ ∼ de las relaciones *Abbruch* m *der Beziehungen*
Romualdo *m* np *Romuald* m
Rómulo *m* np *Romulus* m
ron *m Rum* m ‖ ∼ de Jamaica *Jamaikarum* m
¹**ronca** *f (Art) Partisane* f, *Spieß* m *(Waffe)*
²**ronca** *f* ⟨Jgd Zool⟩ *Röhren* n ‖ ◇ echar ∼s *prahlerische Drohungen ausstoßen*
roncadera *f* → **roncadora**
roncador *m Schnarcher* m
roncadora *f Arg Bol Ec großräd(e)riger Sporn* m
¹**roncal** *m* ⟨V⟩ → **ruiseñor**
²**roncal** *m e–e Käsesart aus Navarra*
Ron|cal *m:* Valle del ∼ *Roncaltal* n *(P Hues)* ‖ ⁼**calés** adj/s *aus dem Roncaltal* ‖ *auf das Roncaltal bezüglich*

roncar [c/qu] vi *schnarchen* ‖ *brummen,
schnarren (Blasinstrument, Bassgeige, Kreisel)* ‖
schnurren (Räder) ‖ *knarren (Dielen)* ‖ *klappern
(Mühle)* ‖ *knistern (Feuer)* ‖ *brausen (Wellen)* ‖
sausen (Wind) ‖ *heulen (Sturm)* ‖ ⟨Jgd⟩ *röhren,
schreien (Hirsch)* ‖ ⟨figf⟩ *brummen, murmeln,
knurren, murren* ‖ ⟨figf⟩ *protzen*

ronce|ar vi/t *(ver)trödeln* ‖ *widerwillig
herangehen (algo an et.* acc), ⟨fam⟩ *lustlos
anpacken* ‖ ⟨fam⟩ *(jdn) beschwatzen* ‖ ⟨Mar⟩ *nur
langsame Fahrt machen* ‖ *Am leise schaukeln* ‖
–ría f *Trödelei* f ‖ *Unlust* f ‖ *widerspenstiges
Zögern* n ‖ ⟨fam⟩ *listige Schmeichelei* f ‖ ⟨Mar⟩
langsame Fahrt f ‖ **–ro** adj *trödelhaft* ‖
widerspenstig ‖ *tückisch schmeichelnd* ‖ *langsam
(Schiff)*

Roncesvalles m ⟨Geogr⟩ *Roncesvalles* n *(in
den Pyrenäen)*

¹roncha f *Schwellung* f ‖ *Quaddel* f ‖ *Beule,
Quetschung, Strieme* f ‖ ◇ *levantar* ~s *Quaddeln
erzeugen (Insektenstich)* ‖ ⟨figf⟩ *verletzen
(treffendes Wort)* ‖ augm: **ronchón** m

²roncha f *runde, dünne Schnitte* f

ronchar vt/i *(be)knabbern* ‖ ~ vi *knabbern,
knacken*

ronco adj *heiser* ‖ *brummend (Bassgeige usw.)*
‖ *dumpf, dröhnend* ‖ ⟨Med⟩ *brummend, rasselnd*

roncón m ⟨Mus⟩ *Schnurrpfeife, Schalmeiröhre*
f *(des Dudelsacks)*

△ **roncú** m *Geldschrank* m

ronda f *(Nacht)Runde* f ‖ *Streife, Patrouille* f ‖
Rundgang m ‖ *Rundgesang* m ‖ *(nächtliches)
Ständchen* n ‖ *(Gruppe* f *von) Rondasänger(n)*
mpl ‖ ⟨Kart⟩ *Ronde* f ‖ *Ringstraße* f ‖ ⟨Pol Wir⟩
Runde f *(Verhandlungen usw.)* ‖ ⟨fam⟩
freundschaftliche Bewirtung f ‖ ~ *de
conversaciones Gesprächsrunde* f ‖ ~ *tarifaria
Tarifrunde* f ‖ ◇ *andar de* ~ *in der Runde singen*
‖ *auf Liebesabenteuer ausgehen* ‖ *hacer la* ~ *a
alg.* ⟨fig⟩ *jdn begleiten* ‖ *(e–r Frau) den Hof
machen* ‖ ⟨Mil⟩ *die Posten abgeben* ‖ *pagar una*
~ *e–e Runde zahlen* od ⟨pop⟩ *schmeißen*

ronda|calles m *Nachtschwärmer, Bummler* m ‖
–dor m *Nachtschwärmer* m ‖ ⟨pop⟩ *Anbeter,
Freier* m ‖ **–lla** f *Märchen* n, *Lüge* f ‖
Straßenmusik f *(bes. Gitarren-, Mandolinen- und
Tamburin|musik)* ‖ *Musikanten und Sänger* mpl
der rondalla

rondana f Am ⟨barb⟩ → **roldana**

ron|dar vt/i *die Runde machen* ‖ *in der Runde
singen* ‖ *in der Nacht schwärmen, bummeln* ‖ *e–r
Frau (bes. in der Nacht) nachgehen (Liebhaber)* ‖
(um et.) herum|gehen, -fliegen ‖ ◇ *la mariposa
–da la luz der Schmetterling flattert um das Licht
herum* ‖ *¿qué te está –dando por el magín?* ⟨pop⟩
was geht dir schon wieder im Kopf herum? ‖ *–da
el precio de los mil euros es kostet um die
tausend Euro*

rondel m ⟨Lit Mus⟩ *Rondeau* n ‖ ⟨fig⟩
Haufe(n) m ‖ ⟨fig⟩ *Schwarm* m *(Vögel)*

ron|deña f *ein Tanz m (aus Ronda)* ‖ **–deno**
adj *aus Ronda* (P Má) ‖ *auf Ronda bezüglich*

¹rondín m *Wächter* m ‖ ⟨Mil⟩ *Kontrollgang* m

²rondín m Bol Ec Pe ⟨Mus⟩ *Harmonika* f

rondís m *Tafel* f *(e–s geschliffenen Edelsteins)*

rondó *[pl* ~oes*]* m ⟨Mus⟩ *Rondo* m

rondón m: *entrar* od *colarse de* ~ ⟨fam⟩ *dreist,
unvermutet eintreten*

ronque|ar vi *heiser sein* bzw *reden* ‖ **–cino** adj
Am *heiser* ‖ **–dad** f *Heiserkeit* f ‖ **–ra** f *Heiserkeit*
f ‖ ◇ *tener · heiser sein*

ronquido m *Schnarchen* n ‖ *Brausen* n *(des
Meeres)* ‖ *Klappern* n *(der Mühle)* ‖ *Knistern* n
(des Feuers) ‖ *Heulen* n *(des Sturmes), Sausen* n
(des Windes) ‖ *Brüllen, Toben* n *(Elemente)* ‖

Knarren n *(der Dielen)* ‖ *Brummen* n *(der
Bassgeige)* ‖ ⟨Jgd⟩ *Röhren* n *(des Hirsches)*

ron|rón m Am *Kinderschnarre* f ‖ **–ronear** vi
schnurren (Katze) ‖ **–roneo** m *Schnurren* n *(der
Katze)*

ronzal m *Halfterstrick* m ‖ ⟨Mar⟩ *Spiere* f

¹ronzar [z/c] vt *(mit den Zähnen) zermalmen,
knabbern* ‖ *geräuschvoll kauen*

²ronzar [z/c] vt ⟨Mar⟩ *hebeln*

ronzuella f Sant ⟨V⟩ *Eichelhäher* m (→
arrendajo)

ro|ña f *(Schaf)Räude* f ‖ ⟨Agr⟩ *Blasenrost* m
(Pflanzenkrankheit) ‖ *Schmutzkruste* f ‖ ⟨fig⟩
Unsauberkeit f ‖ ⟨fig⟩ *Geiz* m ‖ *Kiefernrinde* f ‖
–ñear vi *knausern* ‖ **–ñosería** f ⟨fam⟩ *Knauserei,
Filzigkeit* f ‖ **–ñoso** adj/s *räudig* ‖ *unflätig* ‖
schmutzig ‖ ⟨figf⟩ *karg, geizig, knaus(e)rig* ‖ *¡~!
Rotznase! (Schimpfwort)*

ropa f *Kleidung* f ‖ *Wäsche* f ‖ *Leibwäsche* f ‖
~ *de abrigo Winter-, warme Unter|wäsche* f ‖ ~
blanca Weißwaren fpl ‖ ~ *para caballeros
Herrenwäsche* f ‖ ~ *de cama Bett|wäsche* f, *-zeug*
n ‖ ~ *delicada Feinwäsche* f ‖ ~ *descuidada
ungepflegte Kleidung* f ‖ ~ *fina Feinwäsche* f ‖ ~
de gimnasia ⟨Sp⟩ *Turnanzug* m ‖ ~ *hecha
Fertigkleidung, Konfektion* f ‖ ~ *interior Unter-,
Leib|wäsche* f ‖ ~ *de invierno* → ~ *de abrigo* ‖
~ *ligera leichte (Sommer)Wäsche* f ‖ ~ *limpia
saubere Wäsche* f ‖ ~ *de mesa Tischwäsche* f ‖ ~
de noche Nachtzeug n ‖ ~ *de repuesto Wäsche* f
zum Wechseln ‖ ~ *sucia schmutzige Wäsche* f ‖ ~
de verano Sommerwäsche f ‖ ~ *vieja Altkleidung*
f ‖ *alte Kleider* npl ‖ *gebrauchte Kleidung* f ‖
⟨figf⟩ *ausgekochtes Suppenfleisch* n ‖ ◆ *a quema
od toca ropa aus unmittelbarer Nähe (abgefeuert)*
‖ ⟨fig⟩ *plötzlich, unvermutet* ‖ *ligero de* ~ *leicht
(an)gekleidet* ‖ *halb nackt* ‖
◇ *calandrar la* ~ *die Wäsche mange(l)n* ‖
cambiar la ~ *die Wäsche wechseln, s.* **umkleiden**
‖ *cambiar la* ~ *de cama das Bett frisch beziehen* ‖
¡hay ~ *tendida! (figf) Vorsicht, Feind hört mit!* ‖
hacer a toda ~ ⟨pop⟩ *alles ausplündern* ‖ *lavar la*
~ *sucia* ⟨fig⟩ *die schmutzige Wäsche waschen* ‖
mudar la ~ *s.* **umkleiden** ‖ *planchar la* ~ *plätten,
bügeln* ‖ *poner como* ~ *de pascua a alg.* ⟨figf⟩
jdn arg verleumden, herunterreißen ‖ *ponerse* ~
limpia frische Wäsche anziehen ‖ *quitarse la* ~ *s.
auskleiden* ‖ *tender la* ~ *die Wäsche aufhängen* ‖
torcer (sacudir) la ~ *die Wäsche (aus)wringen,
winden, schlenkern* ‖ *no tocar la* ~ *a alg. jdm
nicht im Geringsten nahe treten* ‖ ~s fpl
Gewänder npl ‖ ~ *hechas Fertigkleidung,
Konfektion* f ‖ ◆ *en* ~ *menores noch nicht ganz
angezogen* ‖ *in Unterhosen* ‖ *halb nackt* ‖ *im
Negligé*

ropa|je m *Kleidung* f ‖ *Amtstracht* f,
Staatskleid n ‖ *Robe* f ‖ *Behang* m, *Draperie* f ‖
⟨fig⟩ *Äußere(s)* n ‖ **–vejería** f *Trödelladen* m ‖
Trödelkram m ‖ *alte Kleider* npl ‖ **–vejero** m
Trödler m

rope|ría f *Kleiderhandel* m ‖ *Kleiderkammer* f
‖ ~ *de viejo* → **ropavejería** ‖ **–ro** m
Kleiderhändler m ‖ *Kleideraufseher* m ‖
Kleiderkammer f ‖ *Kleiderschrank* m ‖ *Altkleider-
Sammelstelle* f ‖ **–ta** f → **ropilla**

ropilla f dim von **ropa** ‖ *Jacke* f *(mit
hängenden Doppelärmeln)*

ropín f augm von **ropa** ‖ *langes (Über)Kleid* n
(der Frauen) ‖ Chi *Reitrock* m

roque m *Turm* m *(im Schachspiel)* ‖ ⟨Her⟩
Turm m ‖ ◇ *quedarse* ~ ⟨fam⟩ *einschlafen* ‖ *lo
mismo me da rey que* ~ ⟨pop⟩ *mir ist alles
schnuppe*

Roque m np *Rochus* m ‖ ◇ *no temer rey ni* ~
⟨figf⟩ *weder Tod noch Teufel fürchten*

roque|da f, **–dal** m felsiges Gelände n, felsiger Ort m ‖ **–do** m Felsen m ‖ Klippe f
roquefort m [Käse] Roquefort m
roqueño adj felsig ‖ felsenhart
roquera f → **rockera**
¹roquero adj Felsen-
²roquero m ⟨V⟩: ~ rojo Steinrötel m (Monticola saxatilis) ‖ ~ solitario Blaumerle f (M. solitarius)
³roquero m → **rockero**
roquete m ⟨Kath⟩ Rochett, Chorhemd n
rorar vt ⟨poet⟩ betauen
rorcual m ⟨Zool⟩ Finwal m (Balaenoptera physalus) ‖ ~ boreal Seiwal m (B. borealis)
rorro m ⟨pop⟩ Säugling m, Baby, Wiegen-, Wickel|kind n
ros m ⟨Mil⟩ Käppi m der span. Soldaten (nach General Ros de Olano, 1808–1886, benannt)
¹rosa adj (m/f) rosa ‖ ~ pálido blassrosa ‖ ◆ de color ~ rosa(farben) ‖ ~ f Rose f ‖ Röte f (auf der Haut) ‖ ⟨Arch⟩ (Decken)Rosette, Sternscheibe f ‖ Rosette f (Diamant) ‖ ⟨fig⟩ Feuer n (des Edelsteins) ‖ ⟨fig⟩ Schönheit f ‖ ~ amarilla Teerose f ‖ ~ de cien hojas, ~ centifolia Zentifolie, hundertblätt(e)rige Rose f ‖ ~ enredadera Kletterrose f ‖ ~ de Jericó Jerichorose f ‖ ~ musgosa Moosrose f ‖ Zentifolie f ‖ ~ de otoño Herbstrose f ‖ ~ de perro Hundsrose f ‖ ~ de pitiminí (Art) Pitimini-, Kletter|rose f ‖ ~ silvestre Heiderose f ‖ ~ de té Teerose f ‖ ◇ no hay ~ sin espinas ⟨Spr⟩ k–e Rose ohne Dornen
²rosa f ⟨Mar⟩: ~ náutica od de los vientos Wind-, Kompass|rose f ‖ ◆ en todas las direcciones de la ~ ⟨fig⟩ in allen Himmelsrichtungen
³rosa f ⟨Bot⟩ Safranblüte f
Rosa f np Rosa f
rosácea f ⟨Med⟩ Rosacea f
rosáceo adj rosenartig ‖ rosa|(farben), rötlich ‖ ~as fpl ⟨Bot⟩ Rosengewächse npl (Rosaceae)
rosacruz f [Geheimbund] Rosenkreuz n
rosada f ⟨Rau)Reif m
rosadelfa f ⟨Bot⟩ → **azalea**
rosado adj rosenrot, Rosa- ‖ rosenfarbig, rosa ‖ Am rot, marxistisch (→ **rojo**) ‖ ~ m Rosé(wein) m
rosal m Rosen|strauch, -stock m, -hecke f ‖ ~ silvestre wilder Rosen|busch od -strauch m
rosale|da, **–ra** f Rosen|pflanzung f, -garten m, Rosarium n ‖ Rosenallee f
Rosalía f np Rosalie f
rosanilina f ⟨Chem⟩ Rosanilin n
rosariero m Rosenkranzbehälter m
rosarino adj/s aus Rosario (Arg) ‖ auf Rosario bezüglich
¹rosario m Rosen|kranz m, -gebet n ‖ p.ex Rosenkranzbeter mpl ‖ ⟨figf⟩ Rückgrat n ‖ ⟨figf⟩ Reihe f, Aufzug m ‖ ⟨pop⟩ Sicherheitskette f (an e–r Tür) ‖ ~ de cuentas Rosenkranz m mit Kügelchen ‖ un ~ de desdichas ⟨figf⟩ ein Unglück nach dem anderen, e–e Kette von Unglücksfällen, (fam) Pech n am laufenden Band ‖ ~ de pleitos ⟨figf⟩ endlose Prozessfolge f ‖ ◇ acabar como el ~ de la aurora (fam) schlecht ausgehen
²rosario m ⟨Tech⟩ Schöpfwerk n ‖ Paternoster-, Umlauf|aufzug m ‖ ~ de cangilones Becherwerk n
¹Rosario m [Stadt] Rosario n (Arg)
²Rosario f np Rosalie f
rosbif m ⟨Kochk⟩ Roastbeef n
¹ros|ca f Gewinde n ‖ ⟨Tech⟩ Schnecke f ‖ Windung f (der Schlange) ‖ Kranzkuchen m, Schnecke (Gebäck), Brezel f ‖ ~ de Arquímedes

Archimedische Schraube f ‖ ~ a la derecha Rechtsgewinde n ‖ ~ exterior Außengewinde n ‖ ~ hembra → ~ interior ‖ ~ inglesa Zollgewinde n ‖ ~ interior Innengewinde n ‖ ~ macho → ~ exterior ‖ ~ métrica metrisches Gewinde n ‖ ◇ comerse una ~ ⟨pop⟩ mit Erfolg anbändeln (meist negativ gebraucht) ‖ ⟨allg⟩ Erfolg haben ‖ hacer la ~ a algo ⟨fig⟩ es auf et. abzielen ‖ hacer la ~ a alg. jdm schmeicheln, ⟨fam⟩ jdm Honig um den Bart streichen ‖ hacer la ~ a una mujer ⟨figf⟩ e–r Frau den Hof machen ‖ hacerse ~ (hacer la ~) s. kreisförmig zusammenlegen (Hund, Schlange, Katze) ‖ kreisen (Vogel) ‖ ⟨pop⟩ schlafen ‖ pasarse de ~ s. ausleiern (Schraube) ‖ ⟨figf⟩ zu weit gehen ‖ pasado de ~ ⟨pop⟩ ver|schroben, -rückt, ⟨pop⟩ übergeschnappt ‖ tirarse una ~ ⟨Sch⟩ durchfallen ‖ augm: **–cón**
²rosca f Bol Col → **camarilla**
ros|cado mit Gewinde versehen ‖ ~ m Gewindeschneiden n ‖ **–car** [c/qu] vt ein Gewinde schneiden ‖ **–co**, **–cón** m (Art) große, gewundene Brezel bzw Schnecke f (Gebäck) ‖ ~ de Reyes (Art) Kranzkuchen m zum Dreikönigsfest
△ **roscorré** m Lamm n
rose|ar vi ins Rosenfarbige spielen, rötlich (durch)schimmern ‖ **–dal** m → **rosaleda**
rosegar [g/gu] vt Ar schleppen
rosellonés adj/s aus dem Roussillon (Rosellón) (Frankreich) ‖ auf das Roussillon bezüglich
Rosendo m np Rosendo m
róseo adj rosafarbig, rosig
roséola f ⟨Med⟩ Roseo|la, -le f
rosero m Safranpflücker m
rose|ta f dim von **rosa** ‖ Röschen n ‖ Rosette f, Bandknoten m ‖ ⟨Arch⟩ Rosette f ‖ ⟨Mil⟩ Sternchen n (an der Uniform) ‖ Spornrädchen n ‖ Gießkannenbrause f ‖ **–tado** adj rosettenförmig ‖ **–tón** m augm von **–ta** ‖ ⟨Arch⟩ Ros(ett)enfenster n ‖ Fensterrose f ‖ Rosette f
¹rosicler m Morgenröte f ‖ Wangenröte f ‖ ~ de los Alpes Alpenglühen n
²rosicler m ⟨Min⟩ Arsensilberblende f, lichtes Rotgüldenerz n
rosicul|tor m Rosenzüchter m ‖ **–tura** f Rosenzucht f
rosi|gar [g/gu] vt Ar (ab)nagen ‖ **–go** m Ar Reisig n
rosi|llo adj/s dim von **roso** ‖ hellrot ‖ hellkupferrot (Pferd) ‖ **–ta** f dim von **rosa** ‖ Röschen n
Rosita f np Rosita f
rositas fpl ⟨Kochk⟩ Puffmais m ‖ ◆ de ~ ⟨pop⟩ gratis ‖ mühelos
rosmarino adj hellrot ‖ ~ m ⟨Bot⟩ Rosmarin m (Rosmarinus officinalis)
rosmaro m → **manatí**
roso adj haarlos ‖ ◆ a ~ y velloso ⟨pop⟩ völlig, gänzlich ‖ ⟨pop⟩ wie Kraut und Rüben
roso|li, **–lí** [pl ~**íes**] m Rosolio m (Likör)
rosque|ado adj schraubenförmig ‖ **–te**, **–ta** f (Art) dicke Brezel f
rosquetón adj Pe schwul, Schwulen-
rosqui|lla f dim von **rosca** ‖ Brezel f ‖ Kringel m ‖ Kranzkuchen m ‖ ◇ saber a ~s ⟨pop⟩ sehr erfreulich sein (Nachricht) ‖ **–llero** m Brezel|macher, -verkäufer m
rosti|cería f Chi Mex Grillhähnchen|laden, -stand m ‖ **–zado** adj gegrillt
ros|trado, **–tral**, **–triforme** adj (m/f) schnabelförmig
rostrillo m dim von **rostro** ‖ Samenperlen fpl
rostrituerto adj ⟨pop⟩ mürrisch, griesgrämig
¹rostro m ⟨An)Gesicht, Antlitz n ‖ ⟨fig⟩ Stirn f ‖ ⟨figf⟩ Unverschämtheit, Dreistigkeit f ‖ ~ adocenado ⟨fam⟩ Dutzendgesicht n ‖ ~ aguileño

langes, hageres Gesicht n ‖ ~ de azucena
unschuldiges Gesicht n ‖ ~ caballuno ⟨fig⟩
Pferdegesicht n ‖ ~ inmaterializado ⟨fig⟩
vergeistigtes Gesicht n ‖ ~ de Jano Januskopf m
(& fig) ‖ ~ lleno volles Gesicht n ‖ ~ pálido
[früher] Bleichgesicht n ‖ ~ patibulario
Galgen(vogel)gesicht n ‖ ~ sereno heitere Miene
f ‖ ~ torcido griesgrämiges Gesicht n ‖ ◇ dar en
~ a alg. ⟨fig⟩ jdm et. vorwerfen ‖ jdm die Stirn
bieten ‖ tener (mucho) ~ ⟨figf⟩ (sehr) dreist bzw
unverschämt sein, die Stirn haben ‖ torcer el ~
den Mund verziehen
  ²rostro m ⟨V⟩ Vogelschnabel m ‖ ⟨Mar⟩
Schiffsschnabel m
  ¹rota f ⟨Mil lit⟩ Niederlage f
  ²rota f ⟨Bot⟩ Rotangpalme f, Stuhlrohr,
Peddigrohr, Spanisches Rohr n (Calamus spp)
  Rota f: ~ de la nunciatura apostólica ⟨Span⟩
Rota f (höchstes kirchliches Appellationsgericht)
  rota|ble adj (m/f) drehbar ‖ –ción f
Kreisbewegung f ‖ ⟨Tech⟩ Achsendrehung f ‖
(Um)Drehung f ‖ ⟨Phys⟩ Rotation f (& fig) ‖ ~
de cultivos ⟨Agr⟩ Wechselwirtschaft f,
Fruchtwechsel m ‖ ~ de la tierra ⟨Astr⟩
Erddrehung f
  rotacismo m ⟨Ling⟩ Rhotazismus m,
fehlerhafte Aussprache des Buchstabens R ‖
Aussprache f des intervokalischen S wie R (z.B.
las dos = lardos)
  rotar vi → rodar ‖ rotieren (s. um e–e Achse
drehen)
  rotar vi Ar Ast → eructar
  rotario m/adj Rotarier m, Mitglied n des
Rotary Club
  rotati|va f ⟨Typ⟩ Rotations(druck)maschine f ‖
–vo adj Dreh- ‖ (máquina) ~a → rotativa ‖ ~ m
Rotations(druck)maschine f ‖ ⟨fig⟩ Zeitung f
  rotel m Rotel n
  roten m → ²rota
  rotería f Chi Pöbel m
  roterodamense adj (m/f) aus Rotterdam ‖ auf
Rotterdam bezüglich ‖ ~ m Rotterdamer m
  rotíferos mpl ⟨Zool⟩ Rädertiere npl (Rotatoria)
  rotiforme adj (m/f) radförmig
  rotisería f Delikatessen-, Delikatess|geschäft n
‖ Fleischgrill m
  ¹roto adj/s pp/irr von romper ‖ zerbrochen ‖
zersprungen ‖ entzwei, ⟨pop⟩ kaputt ‖ zer|lumpt,
-rissen ‖ ausschweifend, liederlich ‖ ausgelassen ‖
~ m Riss m (bes. in der Kleidung) ‖ ⟨fig⟩
liederlicher bzw abgerissener Kerl m ‖ Lump m ‖
◇ no falta un ~ para un descosido ⟨Spr⟩ gleich
und gleich gesellt s. gern ‖ no lo echó en saco ~
er nahm es s. zu Herzen (Mahnung usw.) ‖ s–e
Mühe war nicht umsonst
  ²roto m Chi Proletarier m (bes. als
Nachkomme der Araukaner) ‖ Chi Lümmel,
Landstreicher m ‖ Arg ⟨fam desp⟩ Spottname m
für Chilenen ‖ Ec Mischling m von Spanier und
Eingeborenen ‖ Mex feiner Lump m
  rotograbado m ⟨Typ⟩ Rotationstiefdruck m
  rotoide m ⟨Math⟩ Dreh-, Rotations|körper m
  rotonda f ⟨Arch⟩ Rotunde f, Rund|bau m,
-halle f ‖ runder Tempel m ‖ ⟨EB⟩ runder
Lokomotivschuppen m ‖ ⟨StV⟩ Kreisel m
  rotor m ⟨El⟩ Rotor, Läufer m ‖ ⟨Flugw⟩
Drehflügel, Rotor m ‖ Laufrad n (e–r Turbine)
  rotoso adj Am lumpig, zerlumpt
  rottweiler m [Hund] Rottweiler m
  rótula f ⟨An⟩ Kniescheibe f ‖ (Knie)Gelenk n
(& Tech) ‖ ⟨Tech⟩ Kugel|gelenk n, -schale f ‖
⟨Pharm⟩ Plätzchen n
  rotu|lación f Etikettenschreiben n,
Etikettierung f ‖ Beschriftung f ‖ ⟨Com⟩
Etikettieren n (der Ware) ‖ ⟨Film⟩ Einkopieren n

von Untertiteln ‖ –lado adj pp von –lar ‖ ~ m →
rotulación ‖ → rótulo ‖ –lador m Beschrifter m ‖
Filzschreiber m ‖ –lar vt mit e–r Aufschrift
versehen, beschriften ‖ betiteln ‖ etikettieren ‖
⟨Com⟩ mit Aufschriftzetteln versehen, etikettieren
‖ ⟨Film⟩ mit Untertiteln versehen ‖ –lista m/f
Schildermaler(in f) m ‖ Etikettierer(in f) m
  rótulo m Auf-, Über|schrift, Etikette f ‖
Firmenschild n ‖ Anschlag m ‖ Etikett n ‖ ⟨Film⟩
Untertitel m ‖ ~ esmaltado Emailschild n ‖ ~
luminoso Leucht|schild n bzw -reklame f ‖ ~ de
metal Metallschild n ‖ ◇ poner un ~ a algo et.
bezetteln, etikettieren ‖ ein Firmenschild
anbringen (an)
  rotunda f → rotonda
  rotundamente adv rund(weg), geradeheraus ‖
direkt, ohne Umschweife ‖ ◇ negar ~ rundweg
abschlagen
  rotun|didad f Rundung f ‖ ⟨fam⟩ Rundheit,
Beleibtheit f ‖ ⟨fig⟩ Bestimmtheit, Glattheit f (e–r
Äußerung usw.) ‖ –do adj rund ‖ ⟨fig⟩ abgerundet
(Stil) ‖ ⟨fig⟩ rund, entschieden, kategorisch ‖
durchschlagend (Erfolg) ‖ glatt (z.B. Sieg)
  △ rotuñ m Loch n ‖ Mund m
  rotu|ra f (Zer)Brechen n ‖ Bruch, Riss, Spalt m
‖ Abbruch m ‖ (Ab)Bruchstelle f ‖ Durchbruch m
‖ Umbrechung f ‖ Dammbruch m ‖ ⟨fig⟩ Bruch m,
Entzweiung f ‖ Sant urbar gemachter, gerodeter
Boden, Rod(ungs)acker m ‖ ~ del folículo ⟨Med
Physiol⟩ Follikel-, Ei|sprung m ‖ ♦ libre de ~,
sin ~ frei von Bruch, bruchfrei ‖ –ración f
Rodung, Urbarmachung f ‖ –rar vt umbrechen ‖
urbar machen, roden
  round m ⟨Sp⟩ Runde f
  rousseauniano adj auf den frz. Schriftsteller
J.J. Rousseau (1712–1778) bezüglich
  rovellón m → robellón
  roya f Rotfäule f (des Holzes) ‖ (Getreide)Rost
m (Puccinia spp) ‖ ~ amarilla Gelbrost m
(Puccinia glumarum) ‖ ~ del peral Gitterrost m
(Gymnosporangium sabinae)
  royalty [pl →is] m ⟨Com Tech⟩ Royalty,
Lizenzgebühr f
  ¹royo adj/s Ar rot(blond) ‖ León grün, noch
nicht reif (Obst)
  ²royo → roer
  royuno adj/s Am einohrig (Tier)
  ¹roza f ⟨Agr⟩ Rodung f ‖ Rod(ungs)acker m ‖
Durchhau m (im Walde) ‖ Ast Vizc Chi
Unterholz, Reisig n, bes. Ginster m (als Lager für
Vieh) ‖ Ast mit Gestrüpp bewachsenes Gelände n
‖ Má kleiner Sturzbach m
  ²roza f ⟨Bgb⟩ Schram m
  rozado adj abgetragen, fadenscheinig (Kleid)
  rozadora f ⟨Bgb⟩ Schrämmaschine f
  ¹rozadura f ⟨Med⟩ Schramme, Scheuer-,
Streif|wunde f ‖ ⟨fam⟩ Kratzer m
  ²rozadura f ⟨Agr⟩ (Aus)Roden n
  rozagante adj (m/f) ⟨lit⟩ prächtig (Kleidung) ‖
⟨lit⟩ sehr lang bzw mit e–r Schleppe versehen
(Kleid) ‖ ⟨fig⟩ prächtig, majestätisch
  rozamiento m Streifung, Reibung f (& Tech &
fig) ‖ Aneinanderreiben n ‖ leichte Berührung f ‖
Rascheln n ‖ ⟨fig⟩ leichtes Missverständnis n ‖ ~
de adherencia Haftreibung f
  ¹rozar [z/c] vt leicht berühren, streifen ‖
abkratzen ‖ abnützen, durchwetzen (Tuch) ‖ ⟨Bgb⟩
schrämen ‖ ~ vi (an)streifen ‖ ◇ ~ los
cincuenta nahe an den Fünfzigern sein, ⟨fam⟩ so
um die Fünfzig sein ‖ esto roza el insulto das
grenzt an Beleidigung ‖ ~se straucheln ‖ s.
durchwetzen (Kleid) ‖ s. streichen, s. treten
(Pferd) ‖ ⟨fig⟩ stammeln, stottern ‖ ⟨fig⟩ vertraut
werden ‖ Umgang haben (con mit) ‖ ◇ ~ los
codos s. die Ellenbogen (der Jacke) durchwetzen

‖ ~ (con) *s. reiben, anstoßen (gegen)* ‖ ⟨fig⟩
Ähnlichkeit haben (mit) ‖ ⟨fig⟩ *Bezug haben (auf*
acc) ‖ ~ en las palabras ⟨fig⟩ *in Wortwechsel*
geraten
  ²rozar [z/c] vt ⟨Bgb⟩ *schrämen*
  ³rozar [z/c] vt ⟨Agr⟩ *roden, Öst Südd reuten* ‖
ausjäten ‖ *(Bäume) putzen* ‖ *abgrasen, abrupfen*
(Tiere)
  △ **rozavillón** *m Faulenzer* m
  ¹roznar vt/i *geräuschvoll kauen*
  ²roz|nar vi → **rebuznar** ‖ **–no** *m Eselchen,*
Eselein n
  ¹rozo *m Ausroden* n ‖ *Unterholz, Reisig* n, bes.
Ginster m *(als Lager für Vieh)*
  △ **²rozo** *m Speise* f ‖ *Gerste* f
  rozón *m (Reut)Sichel* f
  Rp. ⟨Abk⟩ = **receta**
  R.P. ⟨Abk⟩ = **Reverendo Padre** ‖ **respuesta**
pagada
  r.p.m. ⟨Abk⟩ = **revoluciones por minuto**
  RR.PP. ⟨Abk⟩ = **Reverendos Padres**
  RTVE ⟨Abk⟩ = **Radiotelevisión Española**
  Ru ⟨Abk⟩ = **rutenio**
  ¹rúa f *Straße, Gasse* f ‖ *Fahrweg* m ‖
Karnevalsfest n, *Umzug* m *an Faschingstagen*
  △ **²rúa** f *Mädchen* n
  ruán *m* ⟨Text⟩ *feine Leinwand* f *(aus Rouen)*
  ruana f ⟨Text⟩ *Woll|gewebe* n, *-stoff* m ‖ Col
ponchoartiger Umhang m
  Ruanda f → **Rwanda**
  ¹ruano adj *rotgrau (Pferd)* ‖ ~ *m Rotschimmel* m
  ²ruano adj *rund(förmig)*
  ruar [pres rúo] vi *ein Rad schlagen (Pfau)*
  rubefaciente m/adj ⟨Med⟩ *Hautreizmittel* n
  rubelita f ⟨Min⟩ *Rubellit* m *(Turmalin)*
  Rubén *m* np *Ruben* m
  rubeno adj *aus El Rubio (P Sev)* ‖ *auf El*
Rubio bezüglich
  rúbeo adj *rötlich*
  rubéola f ⟨Med⟩ *Röteln* pl, *Rubeola* f
  rubescen|cia f *rote (rötliche) Färbung* f ‖ **–te**
adj *(m/f) rötlich*
  rubeta f ⟨Zool⟩ *Laubfrosch* m (Hyla arborea)
  rubí [pl ~íes] m/adj *Rubin* m *(Edelstein)* ‖
Lagerstein m *(Uhren usw.)* ‖ ~ oriental *roter*
Korund m ‖ ◆ de color de ~ *rubinrot*
  ¹rubia f ⟨Bot⟩ *(Färber)Krapp* m, *Färberröte* f
(Rubia tinctorum)
  ²rubia f *ein kleiner Flussfisch* m
  ³rubia f *Blondine* f ‖ ~ de frasco, ~ de agua
oxigenada ⟨fam⟩ *Waserstoffblonde* f
  ⁴rubia f ⟨Auto⟩ *Kombiwagen* m *(mit*
Holzkarosserie)
  rubial *m Krappfeld* n
  rubiales m/f ⟨fam⟩ *blonde(, junge) Person,*
Blondine f ‖ ◇ está loco por esa ~ ⟨fam⟩ *er ist in*
diese Blondine vernarrt
  rubicán adj *rot, stichelhaarig (Pferd)*
  rubicela f *heller Rubin* m
  Rubicón *m Rubikon* m *(Fluss)* ‖ ◇ pasar el ~
⟨Hist⟩ *den Rubikon überschreiten (& fig)*
  rubicun|dez [pl ~ces] f *Röte, Rötlichkeit* f ‖
–do adj *rötlich* ‖ *rotwangig, gerötet (Gesicht)* ‖
rotblond (Haar)
  rubidio *m* **(Rb)** ⟨Chem⟩ *Rubidium* n
  rubiel *m* Ast ⟨Fi⟩ *Rotbrasse(n* m) f (→ **pajel**)
  rubificar [c/qu] vt *röten, rot färben*
  rubiginoso adj *rostig*
  rubilla f ⟨Bot⟩ *Waldmeister* m (Gallum
odoratum = Asperula odorata)
  rubín *m* → **rubí** ‖ dim: *rubinejo*
  rubio adj *goldgelb, blond* ‖ *blondhaarig* ‖
flachsfarbig ‖ *goldgelb (Weizen)* ‖ *hell (Bier,*
Tabak) ‖ ~ apagado *asch-, blass|blond* ‖ ~
ceniciento od de ceniza aschblond ‖ ~ platino

platinblond ‖ ~ subido *sehr blond, rötlich-blond* ‖
◇ de pelo ~ *blondhaarig* ‖ ~ *m* ⟨Auto⟩
Kombiwagen m *(mit Holzkarosserie)* ‖ ~s mpl
⟨Taur⟩ *Mitte* f *des Stierrückens*
  rubión *m* Mancha ⟨Bot⟩ → **alforfón**
  rubita f dim von **³rubia**
  rublo *m* [Währungseinheit] *Rubel* m (Rbl und
Zusatz je nach Land)
  rubor *m tiefe Röte, Schamröte* f ‖ ⟨fig⟩
Scham|haftigkeit f, *-gefühl* n ‖ ◆ con ~ *beschämt*
‖ ◇ cubrirse de ~ *schamrot werden*
  rubo|rizar [z/c] vt *zum Erröten bringen* ‖ ~se
erröten ‖ *schamrot werden* ‖ **–roso** adj *scham|rot,*
-haft ‖ *leicht errötend*
  rúbrica f *(Unterschrifts)Schnörkel, Zug* m ‖
Namenszeichen n ‖ *Rubrik, Abteilung* f ‖ *Auf-,*
Über|schrift f ‖ *Klebezettel* m, *Etikett* n ‖
Rotgedruckte(s) n ‖ ⟨Kath⟩ *Rubrik* f ‖ ~ de
preguntas *Frage-, Brief|kasten* m *(Zeitung)* ‖
firma y *od con* ~ *(od firmado* y rubricado)
Unterschrift f *mit Schnörkel* ‖ ◆ de ~ *üblich* ‖
amtlich vorgeschrieben ‖ ◇ ser de ~ *üblich sein* ‖
amtlich vorgeschrieben sein
  rubri|cación f *Paraphierung* f *(Diplomatie)* ‖
–car [c/qu] vt *mit dem (Namens)Schnörkel*
versehen ‖ *unter|schreiben, -zeichnen, -fertigen* ‖
⟨fig⟩ *bekräftigen* ‖ *paraphieren (Diplomatie)* ‖
⟨Com⟩ *abzeichnen* ‖ ◇ ~ con su sangre ⟨fig⟩ *mit*
s–m Blut besiegeln
  rubro adj ⟨Wiss⟩ *rot* ‖ ~ *m* Am *Überschrift* f,
Titel m ‖ Am *Posten* m *(Buchführung)*
  ruca f Arg Chi *Hütte* f *(der Araukaner)* ‖ ◇ ir
a la ~ ⟨fam⟩ Chi *zu Bett gehen*
  rucar [c/qu] vt Ast León *knabbern*
  ruche, rucho *m* ⟨reg⟩ *Esel* m ‖ Ar ⟨fam⟩ *Geld*
n, ⟨fam⟩ *Moneten* pl, *Zaster* m, *Kohle* f ‖ ◇ estar
~ ⟨fam⟩ Extr Gran Murc Rioja Vall *blank* od
pleite sein
  rucio adj *grau(schimmelig) eselgrau (Tiere)* ‖
hellbraun (Tiere) ‖ ⟨fam⟩ *grau|gemischt, -meliert*
(Haar) ‖ Chi *blond (Mensch)* ‖ ~ *m*
Grauschimmel m ‖ ⟨reg⟩ *Esel* m, ⟨fam⟩ *Grautier*
n ‖ ~ rodado *Apfelschimmel* m
  ¹ruco adj Hond *schartig (Messer)*
  ²ruco *m* Am *Schindmähre* f
  ruda f ⟨Bot⟩ *(Garten)Raute* f (Ruta
graveolens) ‖ ◇ ser más conocido que la ~
⟨fam⟩ *überall bekannt sein*
  rudamente adv *roh, grob*
  rudbeckia f ⟨Bot⟩ *Rudbeck|ia, -ie* f, *Sonnenhut*
m (Rudbeckia sp)
  △ **rudelar** vt/i *antworten*
  rudeza f *Roheit, Grobheit* f ‖ *Rauheit* f ‖
Derbheit f ‖ *Ungeschicklichkeit, Plumpheit* f ‖
Stumpfsinn m ‖ ◆ con ~ *grob, rüde* ‖ *plump* ‖
ungeschlacht
  rudimen|tario, –tal adj *(m/f) rudimentär* ‖
unentwickelt ‖ *Elementar-, Grund-* ⟨fig⟩
verkümmert (& Biol) ‖ **–to** *m Rudiment* n ‖ *erster*
Anfang m ‖ *Ansatz, erster Umriss* m ‖ *Andeutung*
f ‖ ~s mpl *Anfangsgründe, Grundbegriffe* mpl
  rudo adj *roh, unbearbeitet* ‖ ⟨fig⟩ *roh, grob,*
rüde ‖ *klotzig, derb* ‖ *ungeschlacht* ‖ *ungebildet* ‖
⟨fig⟩ *stumpfsinnig*
  rueca f *Spinnrocken* m, *Kunkel* f
  ¹rueda f *Rad* n ‖ *Wagenrad* n ‖ *Pfauenrad* n ‖
Kreis m ‖ *Töpferscheibe* f ‖ *Runde* f ‖ *runde*
Schnitte, Scheibe f *(Braten, Fisch)* ‖ *Reihe(nfolge)*
f ‖ *Punktierrädchen* n ‖ *Runde* f *(im Billardspiel)*
‖ ⟨Typ⟩ *Rolle* f ‖ *Reigen* m *(Tanz)* ‖ ⟨Sp⟩
Radlänge f *(Rennen)* ‖ Ar *Schöpfrad* n ‖ ~ de
afilar Schleifstein m ‖ ~ de automóvil *Wagenrad*
n ‖ ~ de cadena *Kettenrad* n ‖ ~ dentada
Wagenrad n ‖ ~ catalina *Steigrad* n *(der Uhr)* ‖
~ cónica *Kegelrad* n ‖ ~ delantera *Vorderrad* n ‖

~ dentada *Zahnrad* n ‖ ~ elevadora *Schöpfrad* n ‖ ~ eólica *Windrad* n ‖ ~ de escape *Sperrrad* n *(der Uhr)* ‖ ~ excéntrica *Exzentrikrad* n ‖ ~ con fiador *Sperrrad* n ‖ ~ de la fortuna *Glücksrad* n ‖ ~ de fricción *Friktions-, Reib\rad* n ‖ ~ helicoidal *Schraubenrad* n ‖ ~ hidráulica *Wasserrad* n ‖ ~ de levas *Daumenrad* n ‖ ~ libre *Freilauf* m *(Fahrrad)* ‖ ~ de molino *Mühlrad* n ‖ ~ motriz *Antriebs-, Treib\rad* n ‖ ~ de prensa *Pressekonferenz* f ‖ ~ de pal(et)as *Schaufelrad* n ‖ ~ de presos *Identifizierungsparade* f ‖ ~ de recambio *Reserve-, Ersatz\rad* n ‖ ~ recta *Stirnrad* n ‖ ~ de repuesto → ~ de recambio ‖ ~ de Santa Catalina *Steigrad* n *(der Uhr)* ‖ ~ satélite ⟨Tech⟩ *Planetenrad* n ‖ ~ trasera *Hinterrad* n ‖ ~ de trinquete *Sperrrad* n ‖ ◆ en forma de ~ *radförmig* ‖ ◇ eso no anda *od* va ni con ~s ⟨figf⟩ *das ist e–e offensichtliche Lüge* ‖ chupar ~ ⟨Sp⟩ *im Windschatten fahren* ‖ dar en ~ *herumreichen* ‖ hacer (la) ~ *Rad schlagen (Pfau)* ‖ ⟨figf⟩ *s. aufplustern, s. brüsten* ‖ hacer la ~ a alg. ⟨fig⟩ *jdm nachgehen* ‖ *(e–r Frau) den Hof machen* ‖ dar en ~ *mit s. führen, im Gefolge haben* ‖ ~**s** fpl: ~ acopladas *Kuppelräder* npl ‖ ◇ las ~ rechinan *die Räder knarren*
²**rueda** f ⟨Fi⟩ *Mond-, Sonnen-, Klump\fisch* m (Mola mola)

Rueda: vino (blanco) de ~ *Weißwein* m *aus Rueda (Nordspanien)*

ruedamundos m ⟨pop⟩ *Welt(en)bummler* m
ruedeci|lla, –ta f dim von **rueda**
ruedo m *Um\drehen, -wälzen* n ‖ *Um\kreis, -fang* m ‖ *Umgebung* f ‖ *Saum, (Rund)Besatz* m ‖ *runde Matte* f ‖ ⟨Taur⟩ *Kampfplatz* m *(e–r Arena)* ‖ ◆ a todo ~ *auf alle Fälle, auf jede Gefahr hin* ‖ ◇ coger seis varas de ~ *sechs Klafter im Umkreis messen* ‖ saltar *od* lanzarse al ~ ⟨fig⟩ *eingreifen* ‖ *in den Ring steigen*
ruego m *Bitte* f ‖ *Gesuch* n ‖ *Ersuchen* n ‖ *Fürbitte* f ‖ *Gebet* n ‖ ◆ a ~ *auf Ersuchen* ‖ a sus ~s *auf s–e Bitte (hin)* ‖ ◇ acceder a un ~ *e–r Bitte entsprechen* ‖ conseguir a ~s *durch Bitten erreichen* ‖ *s. (et.) erbitten* ‖ elevar *od* formular *od* hacer un ~ *e–e Bitte stellen* ‖ ¡oye mis ~s! *erhöre m–e Bitten!*
ruejo m Ar *Mühlrad* n
ruello m Ar *Tennenwalze* f
rueño m Ast Sant *Trag\ring, -kranz* m
rufa f Pe *Straßenwalze* f
△ **rufar** vt *(er)wärmen*
rufeta f Sal *e–e edle Blautraubenart* f
rufián m ⟨Jur⟩ *Zuhälter* m ‖ p. ex *Kuppler* m ‖ ⟨vulg⟩ *Bordellwirt* m ‖ ⟨fig⟩ *Gauner, Lump* m ‖ Cu *Spaßmacher* m
rufia|nada f ⟨fig⟩ *Schurkenstreich* m ‖ **–nazo** m ⟨fig⟩ *Erzschurke* m ‖ **–n(e)ar** vi *Kuppelei treiben* ‖ **–nejo** m dim von **rufián** ‖ **–nería** f *Zuhälterei* f ‖ p. ex *Kuppelei* f ‖ ⟨vulg⟩ *Hurenwirtschaft* f ‖ *Gaunerei* f ‖ **–nesca** f *Zuhälterleben* n ‖ p. ex *Gaunerleben* n ‖ **–nesco** adj *Zuhälter-* ‖ *Gauner-* ‖ **–nismo** m ⟨Jur⟩ *Zuhälterei* f
Rufino m np *Rufinus* m
¹**rufo** adj *rot(haarig)* ‖ *krausköpfig* ‖ Ar *stattlich, prächtig* ‖ *munter*
△ ²**rufo** m *Kuppler* m ‖ *Gauner* m
ruga f ⟨reg⟩ → **arruga**
rugby m ⟨Sp⟩ *Rugby* n
Rugen m ⟨Geogr⟩ *Rügen* n
Rugero m np *Rüdiger* m
rugido m *Brüllen, Gebrüll* n *(von wilden Tieren)* ‖ ⟨fig⟩ *Brausen, Toben* n ‖ ⟨fig⟩ *Kollern, Knurren* n *(im Leib)*
rugiente adj *(m\f) brüllend* ‖ ⟨fig⟩ *tobend* ‖ ⟨fig⟩ *brausend*

rugimiento → **rugido**
ruginoso adj *rostig* ‖ *trüb (Wasser)*
rugir [g/j] vi *brüllen (Löwe)* ‖ *lärmen, grölen, krakeelen* ‖ *brausen (Meer)* ‖ *sausen (Wind)* ‖ ⟨fig⟩ *toben, wettern, zetern, (vor Wut) schnaufen* ‖ ⟨fig⟩ *kollern, knurren (im Leib)* ‖ ◇ está que ruge *er wütet* ‖ ~ *m:* ~ de tripas ⟨pop⟩ *Kollern* n
rugo|sidad f *Runz(e)ligkeit* f ‖ *Runzel* f ‖ ⟨Tech⟩ *Rauigkeit* f ‖ las ~es del camino *die Unebenheiten* fpl *des Weges* ‖ **–so** adj *runz(e)lig* ‖ *holp(e)rig* ‖ *uneben* ‖ *rau*
ruibarbo m ⟨Bot⟩ *Rhabarber* m (Rheum officinale)
rui|do m *Lärm* m ‖ *Geräusch* n ‖ *Getöse* n ‖ *Gepolter* n ‖ *Krach* m, *Krachen* n ‖ *Schall, Ton* m ‖ ⟨Radio TV⟩ *Rauschen* n ‖ ⟨fig⟩ *Streit, Zwist* m ‖ *Getümmel* n ‖ ⟨fig⟩ *Gerücht* n ‖ ⟨fig⟩ *Aufsehen* n ‖ ⟨fig⟩ *leerer Prunk* m ‖ ⟨Mus pop⟩ *Schlagwerk* n ‖ ~ ambiente *Geräusch-, Lärm\kulisse* f ‖ *Geräuschatmosphäre* f ‖ ~ atronador, ensordecedor ⟨fig⟩ *ohrenbetäubender Lärm, Heidenlärm* m, *Getöse* n ‖ ~s de fondo *Geräuschkulisse* f ‖ *Hintergrundrauschen* n ‖ *Eigengeräusch* n ‖ ~ infernal *Höllenlärm* m ‖ ~s parásitos ⟨Radio⟩ *Nebengeräusche* npl ‖ ~ de roce *Reibegeräusch* n ‖ ~ de sables ⟨fig⟩ *Säbelrasseln* n ‖ ~ sordo *dumpfes Geräusch, Rollen* n ‖ ◆ sin ~ *geräuschlos* ‖ ◇ armar *od* hacer *od* meter (mucho) ~ *lärmen, poltern* ‖ ⟨fig⟩ *Aufsehen erregen, Staub aufwirbeln*, (fam) *Furore machen* ‖ mucho ~, pocas nueces ⟨Spr⟩ *viel Lärm um nichts* ‖ **–doso** adj *lärmend, geräuschvoll* ‖ *Aufsehen erregend* ‖ *durchschlagend (Erfolg)* ‖ adv: ~**amente**
¹**ruin** adj/s *(m/f) schlecht, verächtlich* ‖ *niedrig, gemein* ‖ *niederträchtig* ‖ *verderbt (Sitten)* ‖ *gering, klein, unbedeutend* ‖ *geizig, schäbig, knaus(e)rig* ‖ *tückisch, böse (Tiere)* ‖ ~ m *Schuft, Schurke, Lump* m ‖ *Geizhals* m ‖ bes. Sant *Knirps* m ‖ *Schwächling* m ‖ ◆ a ~, ~ y medio ⟨Spr⟩ *auf e–n Schelmen anderthalbe* ‖ ◇ rogar a ~es ⟨figf⟩ *nutzlos bitten* ‖ adv: ~**mente**
²**ruin** m Al ⟨V⟩ → ²**reyezuelo**
ruina f *Einsturz, Zerfall* m ‖ *Trümmerstück* n ‖ *Ruine* f ‖ ⟨fig⟩ *Zerstörung, Vernichtung* f ‖ ⟨fig⟩ *Ver-, Zusammen\fall* m ‖ ⟨fig⟩ *Zusammenbruch, Ruin* m, *Verderben* n ‖ ⟨fig⟩ *Nieder-, Unter\gang* m ‖ ⟨fig⟩ *Unglück* n ‖ ⟨fig⟩ *vernichtete Existenz* f ‖ ⟨fig⟩ *Wrack* n ‖ ~s humeantes *rauchende Trümmer* pl ‖ ◇ amenazar ~ ⟨Arch⟩ *baufällig sein* ‖ batir en ~ ⟨Mil⟩ *in den Grund schießen* ‖ caer en ~ *in Trümmer gehen, zerfallen* ‖ causar la ~ de alg. *jdn ruinieren* ‖ estar en ~s in *Trümmern liegen* ‖ *zugrunde (& zu Grunde) gehen* ‖ este hombre está hecho una ~ ⟨figf⟩ *dieser Mann ist nur noch ein Wrack* ‖ ir a la ~ *dem Verfall entgegengehen* ‖ ¡es mi ~! *es ist mein Ruin!*
ruindad f *Schlechtigkeit, Gemeinheit, Niederträchtigkeit* f ‖ *Knaus(e)rigkeit, Schäbigkeit* f
ruinera f Av Sant Murc *Einsturz, Zerfall* m ‖ *Niedergeschlagenheit, Mutlosigkeit* f
ruinoso adj *baufällig* ‖ *trümmerhaft* ‖ ⟨fig⟩ *verderblich, schädlich* ‖ ⟨Com⟩ *ruinös, Verlust-* ‖ ◆ a precios ~s *zu Schleuderpreisen, spottbillig*
rui|ponce m ⟨Bot⟩ *Teufelskralle* f (Phyteuma spp) ‖ **–póntico** m ⟨Bot⟩ *Rhabarber* m (Rheum rhaponticum)
ruiseñor m ⟨V⟩ *Nachtigall* f ‖ ~ bastardo *Seidensänger* m (Cettia cetti) ‖ ~ común *Nachtigall* f (Luscinia megarhynchos) ‖ ~ ruso *Sprosser* m (L. luscinia)
△ **rujemar** vt *ausnützen* ‖ *nähern*
△ **rují** f *Lilie* f ‖ *Rose* f

ruji|ada f Ar *Regenguss* m ‖ **–ar** vt Ar *Murc*
⟨Nav⟩ → **rociar** ‖ → ¹**regar**
rula f Ast Má *Fischbörse* f ‖
Fischergenossenschaft f
rular vt → **rodar**
rulé m ⟨pop⟩ *Hintern* m
ruleta f *Roulett(e), Roulett(e)spiel* n ‖
Glücksrad n ‖ *Räderstempel* m ‖ ~ *rusa*
russisches Roulette n
rulete|ar vi Mex MAm *Taxi fahren* ‖ **–ro** m
Taxifahrer m
△ **rullipate** m *Rad* n
¹**rulo** m *(große) Kugel* f ‖ *(Straßen)Walze* f ‖
Nudel|holz n, *-walker* m ‖ *Haarrolle* f *(an den*
Schläfen), Lockenwickler m ‖ ◇ *extender con el*
~ *(aus)walken (Teig)*
²**rulo** m Chi *dürres Gelände* n
ruma f ⟨reg⟩ *Lage, Schicht* f ‖ Chi Ec Ven
Haufe(n) m
Ruma|nia f ⟨Geogr⟩ *Rumänien* n ‖ **≠no** adj
rumänisch ‖ ~ m *Rumäne* m ‖ *el* ~ *die*
rumänische Sprache, das Rumänische
rumantela f Sant *Schlemmerei* f ‖ *Bummel* m
rumazón f ⟨Mar⟩ → **arrumazón**
rumba f *Rumba* f *(Musik, Tanz)* ‖ ⟨fig⟩
ausgelassenes Feiern n ‖ ◇ *ir de* ~ *ausgelassen*
feiern ‖ *bummeln*
rumbar vi *Murc protzen*
rumbe|ador, –ro m Arg *Führer, Pfadfinder* m
(in den Pampas)
¹**rumbear** vi Arg *(s–n Weg) einschlagen* ‖ *den*
Weg suchen ‖ *s. orientieren*
²**rumbear** vi *Rumba tanzen* ‖ *ausgelassen*
feiern ‖ *bummeln*
rumbero adj *Rumba-* ‖ ~ m *Rumbatänzer* m
rumbo m ⟨Mar⟩ *Windstrich* m ‖ ⟨Mar⟩
Fahrtstrich, Kurs m, *Segellinie* f ‖ *Weg* m,
Wegrichtung f ‖ *Fahrtrichtung* f ‖ ⟨figf⟩ *Pracht* f,
Prunk m ‖ ⟨fig⟩ *freigebige Großmut* f ‖ ⟨fig⟩
verschwenderische Großzügigkeit f *(in*
Geldangelegenheiten) ‖ ⟨fig⟩ *Verlauf* m ‖ ~ *al*
mar seewärts ‖ ♦ *sin* ~ ⟨fig⟩ *auf Abwegen* ‖ ◇
cambiar el ~ *vom Weg abweichen* ‖ *e–n anderen*
Weg einschlagen ‖ *corregir el* ~ ⟨Mar⟩ *den Kurs*
berichtigen ‖ *dar otro* ~ *a la conversación dem*
Gespräch e–e andere Wendung geben, auf et.
anderes übergehen ‖ *hacer* ~ ⟨Mar Flugw⟩ *e–n*
(bestimmten) Kurs nehmen ‖ *perder el* ~ ⟨Mar*
*Flugw⟩ *vom Kurs abkommen* (& fig) ‖ ⟨Flugw⟩ *s.*
ver|fliegen, (fam) *s. -franzen* ‖ *tomar el* ~ *de ...*
in e–e bestimmte Richtung gehen ‖ *tomar un* ~
favorable ⟨fig⟩ *e–e günstige Wendung nehmen*
(z.B. Geschäft) ‖ *tomar otro* ~ ⟨fig⟩ *e–n neuen*
Kurs einschlagen (& Pol)
rumbón adj *großzügig, freigebig* ‖
großsprecherisch, protzig
rumboso adj *prächtig, pracht-, prunk|voll* ‖
großzügig, freigebig ‖ adv: ~**amente**
△ **rumejar** vt *ausnützen*
rumeliota adj/s ⟨Hist⟩ *rumelisch, aus Rumelien*
rumen m *Pansen* m *(der Wiederkäuer)*
△ **rumendiar** vt *schmeicheln*
ru|mí m *Christ* m *(bei den Mauren)* ‖ **–mia** f
Christin f
rumia|(dura) f *Wiederkäuen* n ‖ ⟨fig⟩
Nachdenken n ‖ **–dor, –nte** m/adj *Wiederkäuer* m
‖ **–ntes** mpl ⟨Zool⟩ *Wiederkäuer* mpl (Ruminantia
= Pecora)
rumiar [pres ~ío] vt/i *wiederkäuen* ‖ ⟨fig⟩
überlegen ‖ ⟨fig⟩ *nachdenken* ‖ ⟨figf⟩ *brummeln,*
murren
△ **ruminé** adj *weibisch*
rumor m *Gerücht* n ‖ *Gerede* n ‖ *Ge|murmel,*
-munkel n ‖ *Brausen* n ‖ ~ *lejano fernes*
Geräusch n ‖ *von weitem hörbares Geräusch* n ‖

~ *vago Gemunkel* n ‖ *Gerücht* n ‖ *el* ~ *del viento*
das Säuseln bzw *Sausen des Windes* ‖ ~ *de voces*
Stimmengewirr n ‖ *Gerede* n ‖ ♦ *sin* ~
geräuschlos ‖ ◇ *corre od circula el* ~, *corren*
~*es que ... es geht das Gerücht, dass ...*
rumo|r(e)ar vi ⟨poet⟩ *rauschen (Bäume)* ‖ ~
vt *munkeln* ‖ ~**se** *ruchbar werden* ‖ *gerüchteweise*
verlauten ‖ **–reo** m *(Waldes)Flüstern* n ‖ **–roso** adj
geräuschvoll ‖ *lärmend* ‖ *flüsternd, rauschend*
(Wald) ‖ *sausend* bzw *säuselnd (Wind)*
¹**runa** adj Ec *gemein*
²**runa** f *Rune* f
△ **runcalí** m *Wagen* m
rundún m Arg ⟨V⟩ *Kolibri* m
runfla(da) f ⟨fam⟩ *(lange) Reihe* f
runflante adj *(m/f)* Sant *stolz* ‖ *eingebildet* ‖
hochmütig ‖ *anmaßend*
runflar vi Sant → **resoplar** ‖ ◇ *el viento*
runfla der Wind rauscht
rúnico adj *runisch, Runen-*
ruñir vt Arg *nagen*
run|rún m ⟨fam⟩ *Gemurmel* n ‖ *Geräusch* n ‖
Ge|rücht, -rede n ‖ **–runear** vi *murmeln, säuseln,*
rauschen (Wind, Bäume, Bach) ‖ *summen*
(Bienen)
Ruperto m np *Rupert, Ruprecht* m
rupestre adj *(m/f) Fels(en)- ‖ Höhlen-(Malerei)*
‖ → auch **rupícola**
¹**rupia** f [Währungseinheit] *Rupie* f ‖ ~ *india*
indische Rupie f (iR) ‖ ~ *paquistaní pakistanische*
Rupie f (pR) ‖ ~ *de Sri Lanka Sri-Lanka-Rupie*
(S.L.Re) ‖ *Rupiah* f (Rp)
²**rupia** f ⟨Med⟩ *Rupia* f
rupi|capra, –cabra f *Gemse* f (Rupicapra
rupicapra)
rupícola adj *(m/f) Felsen-* ‖ *auf Felsen lebend,*
felsenbewohnend
ruptor m ⟨Auto⟩ *Unterbrecher(einrichtung* f)
m
ruptura f *Riss, Bruch* m ‖ *Abbruch* m ‖ ⟨Mil
Med⟩ *Durchbruch* m ‖ ⟨Med Geol⟩ *Ruptur* f ‖ ~
de hostilidades Eröffnung f *der Feindseligkeiten,*
Kriegsausbruch m ‖ ~ *de las relaciones (Pol)*
Abbruch m *der Beziehungen* ‖ *Trennung* f, ⟨fam⟩
Schlussmachen n *(bei Liebenden, Verlobten usw.)*
‖ ~ *de sellos* ⟨Jur⟩ *Siegelbruch* m
rural adj *(m/f) ländlich, Land-* ‖ *Acker-, Feld-*
‖ **–es** mpl Mex *Landpolizei* f
rurícola m ⟨poet⟩ *Landbewohner* m
rurrú m → **runrún**
rus m → **zumaque**
rusalca f ⟨Myth⟩ *(slawische) Wasserfee,*
Undine f
rusco m → ³**brusco**
rusel m ⟨Text⟩ *Serge* m
Rusia f ⟨Geogr⟩ *Russland* n ‖ ~ *Asiática*
Asiatisches Russland n ‖ ~ *Europea Europäisches*
Russland n
rusiente adj *(m/f) glutrot*
rusificar [c/qu] vt *russifizieren*
ru|sista m/f ⟨Ling Lit⟩ *Russist(in* f) m ‖
–sística f *Russistik* f
ruso adj *russisch* ‖ ~ m *Russe* m ‖ Arg ⟨pop⟩
Jude m ‖ *el* ~ *die russische Sprache, das*
Russische ‖ ◇ *es una cafetera* ~*a* (figf) *es ist für*
die Katz
ru|sofilia f *Russen-* bzw
Russland|freundlichkeit f ‖ **–sófilo** adj/s *russen-,*
russland|freundlich ‖ ~ m *Russen-,*
Russland|freund m ‖ **–sofobia** f *Russen-* bzw
Russland|feindschaft f ‖ **–sófobo** adj/s *russen-,*
russland|feindlich ‖ ~ m *Russen-,*
Russland|feind m
△ **ruspé** m *Wahrsager* m
rústica (Abk = **rúst.**) f: *en* ~ *broschiert* ‖ ◇

poner *od* encuadernar en ~ *broschieren, heften*
(Buch)
  rusti|cal adj *(m/f)* ⟨lit⟩ → **rural** ‖ **–car** [c/qu]
vi *auf dem Land(e) leben* ‖ **–cidad** *f (ländliche)*
Einfachheit f ‖ *bäu(e)risches Wesen* n ‖ *Derbheit* f
‖ *Roheit* f ‖ *Grobheit* f
  rústico adj *ländlich, Land-, Feld-* ‖ ⟨fig⟩
bäu(e)risch, Bauern- ‖ ⟨fig⟩ *einfach, schmucklos* ‖
⟨fig⟩ ⟨fig⟩ *grob* ‖ ⟨fig⟩ *ungebildet* ‖ *einfach,*
schmucklos ‖ ~ *m Landmann, Bauer* m ‖ adv:
~amente
  rustiquez [*pl* ~ces] *f* → **rusticidad**
  rustrir vt Ast *(das Brot) rösten* ‖ Ast
schneiden (Brot)
  Rut *f* → **Ruth**
  ruta *f Weg* m, *Wegrichtung,* ⟨bes. Mar Flugw⟩
Route f ‖ *Reiseplan* m ‖ ⟨Mil⟩ *Marsch(route* f) m
‖ ⟨fig⟩ *Richtschnur* f ‖ ~ *aérea Luftweg* m ‖ ~
bodeguil ⟨pop⟩ *Kneipentour* f ‖ ~ *jacobea* ⟨Rel⟩
Jakobsweg m *(Pilgerstraße nach Santiago de*
Compostela) ‖ ~ *marítima Seeweg* m ‖ ~
navegable Schifffahrtsstraße f ‖ ~ *por tierra*
Landweg m ‖ ◇ *seguir una* ~ *e–n Weg verfolgen*
‖ *tomar una* ~ *e–n Weg einschlagen*
  rutáceas *fpl* ⟨Bot⟩ *Rautengewächse* npl
(Rutaceae) (→ **ruda**)
  ¹rutar vi Sant *brummen, murren* ‖ *brummeln*
  ²rutar vi Sant ⟨pop⟩ *rülpsen*
  rutenio m (**Ru**) ⟨Chem⟩ *Ruthenium* n
  ruteno adj [früher] *ruthenisch* ‖ [heute]
ukrainisch ‖ ~ *m* [früher] *Ruthene* m ‖ [heute]
Ukrainer m
  rutero m ⟨Sp⟩ *Straßenrennfahrer* m
  Ruth *f* np *Ruth* f
  ruti|lante adj *(m/f)* ⟨poet⟩ *gold|schimmernd,*
-leuchtend, glänzend ‖ ~ *de estrellas* ⟨poet⟩
Sternen-, gestirnt (Himmel) ‖ **–lar** vi *(wie Gold)*
schimmern, glänzen
  rutilo m ⟨Min⟩ *Rutil* m
  rútilo adj *golden, goldig*
  ¹rutina *f Routine* f ‖ *Geübtheit* f ‖ *Geläufigkeit,*
Fertigkeit f ‖ *Schlendrian* m ‖ ⟨Inform⟩ *Routine* f
‖ ◆ *falto de* ~ *ohne Routine, ohne Praxis* ‖ ◇
tener ~ *routiniert sein*
  ²rutina *f* ⟨Chem⟩ *Rutin* n
  ruti|nario adj *routine-, gewohnheits|mäßig* ‖
–nero, –nario *m Gewohnheitsmensch* m ‖
Routinier m
  ru|tíos mpl Sant *Gebrumme* n ‖ *Brummen* n ‖
–tón adj *brummend* ‖ *brummig* ‖ ~ *m brummige*
Person f, ⟨fam⟩ *Brummbär* m
  ruzafa *f* And *(Lust)Garten* m
  Rwan|da *f* ⟨Geogr⟩ *Ruanda* n ‖ **≠dés** adj
ruandisch ‖ ~ *m Ruander* m

S

S, s *f* [= Ese, ese, *pl* Eses, eses] *S, s* n
S. ⟨Abk⟩ = **San(to)** ‖ **seguro** ‖ **servidor** ‖
sobresaliente *(Prüfungsnote)* ‖ **sociedad** ‖ **sur**
s. ⟨Abk⟩ = **según** ‖ **seguro** ‖ **servidor** ‖ **sin** ‖
sobre ‖ **solo** ‖ **su** ‖ **supra**
s': **s'ha** ⟨pop⟩ = **se ha**
s. a. ⟨Abk⟩ = **sin año**
S.ª ⟨Abk⟩ = **Señora**
S. A. ⟨Abk⟩ = **Su Alteza** ‖ **Sociedad Anónima**
△ **sá** *m Eisen* n
sáb. ⟨Abk⟩ = **sábado**
Saba, Sabá, Saaba *f:* la Reina de ~ *die*
Königin von Saba
sabadellense adj/s *(m/f) aus Sabadell* (P Barc)
‖ *auf Sabadell bezüglich*
saba|deño (Ast, León **–diego**) *m billige*
Presswurst f
sábado *m Sonnabend, Samstag* m ‖ *(jüdischer)*
Sabbat, Schabbes m ‖ ~ de Gloria, ~ Santo
Karsamstag m ‖ ~ inglés [veraltete Bezeichnung]
(teil)arbeitsfreier Samstag m ‖ todos los ~s *jeden*
Sonnabend, sonnabends
sábalo *m* ⟨Fi⟩ *Alse* f *Maifisch* m (Alosa alosa)
‖ *Finte* f (A. finta)
saba|na *f bes. Am Savanne, Gras|ebene,*
-steppe f ‖ **–nazo** *m* Cu *kleine Savanne* f
sábana *f Betttuch, (Bett)Laken, Leintuch* n ‖
[früher] ⟨pop⟩ *1000-Peseten-Schein* m ‖ ~ de
ajuste *Spannbetttuch* n ‖ ~s limpias *reine*
Bettwäsche f ‖ una ~ de nieve ⟨fig⟩ *e–e*
Schneedecke f ‖ ~ santa *Schweißtuch* n *(Christi)* ‖
◇ meterse entre ~s *s. ins Bett legen* ‖ pegársele a
alg. las ~s ⟨fig⟩ *nicht aus dem Bett* od ⟨fam⟩
den Federn kommen (können) ‖ *verschlafen* ‖ se le
han pegado las ~s ⟨fig⟩ *er hat verschlafen*
sabandija *f Gewürm, Ungeziefer* n ‖ ⟨fig⟩
hässlicher Mensch m ‖ ⟨fig⟩ *übel wollender*
Mensch m ‖ ⟨fig⟩ *Geschmeiß* n
sabanear vi Am *die Savannen durchstreifen*
sabanera *f* Ven ⟨Zool⟩ *e–e Savannenschlange* f
¹sabanero *m Savannenbewohner* m
²sabanero *m* (V) *Lerchenstärling* m (Sturnela
magna)
sabanilla *f* dim von **sábana** ‖ ⟨reg⟩ *Handtuch*
n ‖ Ar *weißes Kopftuch* n *(der Frauen)*
sabañón *m Frostbeule* f ‖ ◇ comer como un ~
⟨figf⟩ *gierig essen, schlingen, ein Vielfraß sein*
sabara *f* Ven *lichter Nebel* m
sabateño m Ven *Meilenstein* m
sabático adj *Sabbat-* ‖ → **año**
saba|tina *f* ⟨Kath⟩ *Samstagsgottesdienst* m bzw
Samstagsgebete npl ‖ **–tino** adj *Samstag(s)-* ‖
Sabbat- ‖ **–tizar** [z/c]vi *Sabbat|ruhe* od *-stille*
halten
sabaya *f* Ar *Dachboden* m
sabbat *m Sabbat, Schabbes* m *(der Juden)* ‖
Sabbat m *(verschiedener christlicher Sekten)* ‖ ~
de las brujas *Hexensabbat* m
sabedor adj *wissend* ‖ ~ del resultado *vom*
Ergebnis unterrichtet ‖ ◇ hacer ~
benachrichtigen (de von)
sabela *f* ⟨Zool⟩ *Pfauenfederwurm* m (Sabella
pavonina)
Sabela *f* → **Isabel**
sabelaria *f* ⟨Zool⟩ *Sandkoralle* f (Sabellaria
spp)

sabelia|nismo *m* ⟨Rel⟩ *Sabellianismus* m,
Lehre f *des Sabellius (3. Jh.)* ‖ **–no** *m*/adj
Sabellianist m
sabelotodo *m*/adj ⟨fam⟩ *Besserwisser,*
Naseweis m, *Neunmalkluge(r),* ⟨pop⟩
Klugscheißer m
¹saber [pres sć, subj pres sepa, fut sabré, pret
supe] vt/i *wissen,* ‖ *verstehen, kennen* ‖ *(tun)*
können ‖ *können, verstehen (gelernt haben)* ‖
fähig sein, imstande (& *im Stande) sein* (hacer
algo *et. zu tun*) ‖ *s. verstehen* (algo *auf et.* acc)
‖ *treffen, erreichen* ‖ *kennen, unterrichtet sein (von*
dat*)* ‖ *erfahren, in Erfahrung bringen* ‖ *kennen*
lernen ‖ ◇ ~ de memoria *auswendig wissen* ‖
~lo *todo alles wissen* ‖ *sehr gelehrt sein* ‖ ⟨fam⟩
rechthaberisch bzw *ein Besserwisser sein* ‖ ~las
todas, ~las muy largas ⟨fam⟩ *sehr verschmitzt*
sein ‖ ~ por la prensa *aus der Zeitung erfahren* ‖
y qué sé yo ⟨fam⟩ *und noch viel mehr,* ⟨fam⟩ *und*
was weiß ich noch, und so (weiter und so fort)
(bei Aufzählungen) ‖ que yo sepa *soweit* od *soviel*
ich weiß ‖ según yo sé *(besser:* según creo ~)
m–s Wissens ‖ como yo sé (muy bien) *wie ich*
sehr gut (od *ganz sicher) weiß* ‖ le sabía en casa
ich wusste, dass er zu Hause war ‖ sin ~lo *ohne*
es zu wissen ‖ sin ~lo yo *ohne mein Vorwissen* ‖
~ vi ge|lehrt, -schickt, klug sein ‖ *erfahren sein* ‖
Kenntnisse besitzen ‖ Arg ⟨barb⟩ *pflegen zu (statt*
soler*)* ‖ ◇ no ~ de u/c *nicht wissen, wo s. et.*
befindet ‖ *k–e Nachrichten haben von et.* ‖ no ~
nicht wissen, verkennen ‖ el señor no sé cuántos
⟨pop⟩ *(der) Herr Soundso* ‖ hacer ~ *zu wissen*
tun, (jdn et.) wissen lassen ‖ *(jdm et.) mitteilen* ‖
(jdn) benachrichtigen, (jdn über et.) unterrichten
‖ a ~ *und zwar, nämlich, das heißt, d.h., (bei*
Aufzählungen) ‖ ¡a ~! ⟨fam⟩ *wer weiß* (= ¡quién
sabe!) ‖ ¡a ~ cuándo vendrán! *wer weiß, wann*
sie kommen! ‖ no ~ cuántas son cinco ⟨figf⟩
blöd(e) sein, nicht bis drei zählen können ‖ no
sabe uno lo que se pesca ⟨pop⟩ *da kann man*
leicht hereinfallen ‖ ya se sabe *das versteht s. von*
selbst, das ist selbstverständlich ‖ nunca se sabe,
no se sabe nunca *man weiß nie, man kann nie*
wissen ‖ ¡vete *(od* vaya Vd.) a ~! *wer weiß!* ‖ *das*
ist schwer zu sagen! ‖ un no sé qué *das gewisse*
Etwas ‖ tiene un no sé qué de fascinador *er (sie,*
es) hat et. Anziehendes an s. ‖ y es de ~ que …
nun muss man wissen, dass… ‖ *es ist zu*
bedenken, dass … ‖ no ~ dónde meterse ⟨figf⟩
äußerst verschämt, verlegen sein ‖ no sé que le
diga ⟨fam⟩ *wie soll ich Ihnen sagen? (Ausdruck*
des Zweifels usw.) ‖ está por *(od* queda por *od*
falta*)* ~ *es fragt s. (noch), ob …* ‖ *todavía*
hay que ~ si … *es fragt s. noch, ob …* ‖ sabe
Dios *weiß Gott* ‖ ¡Dios sabe! *Gott weiß!* ‖ ya sabe
Vd. que … *Sie wissen ja, dass …* ‖ ya sabe (que)
es siempre su affmo … *ich verbleibe Ihr stets*
ergebener … (Briefschluss) ‖ no querer ~ nada
nichts (davon) wissen wollen ‖ ⟨fig⟩ *die kalte*
Schulter zeigen ‖ ¡quién sabe! *wer weiß!*
vielleicht! ‖ ¡qué sé yo! *(ich habe) k–e Ahnung!*
was weiß ich! ‖ ¡si lo sabré yo! *wem sagst du (od*
sagen Sie) das! und ob ich es weiß! ‖ *ich kann*
ein Lied davon singen! ‖ ¡sé de que va! *ich weiß*
Bescheid! ‖ no lo tienen que yo sepa *m–s Wissens*
haben sie es nicht ‖ no, que yo sepa *nicht, dass*

ich wüsste ‖ ¡sepamos! ⟨pop⟩ *heraus damit!* ‖ ¡para que lo sepas! *dass du es (ein für allemal) weißt!* ‖ ~**se:** ¿puede ~? ⟨fam⟩ *darf ich fragen? kann ich es erfahren?* ‖ venido no se sabe de dónde *unbekannter Herkunft* ‖ ⟨fam⟩ *Gott weiß woher* ‖ todo se sabe (al final), todo acaba por ~ ⟨Spr⟩ *es bleibt nichts verborgen* ‖ *Lügen haben kurze Beine* ‖ sabérselas todas ⟨fam⟩ *alles wissen,* ⟨fam⟩ *mit allen Wassern gewaschen sein, alle Kniffe* od *Schliche* od *Tricks kennen* ‖ *es faustdick hinter den Ohren haben, durchtrieben sein* ‖ sabérselo de carrerilla ⟨bes. Sch⟩ *in- und aus|wendig kennen,* ⟨fam⟩ *et. an den Fingern hersagen können, et. im Schlaf können* ‖ ¡ya se sabe! *wie jeder weiß* ‖ *bekanntlich* ‖ *selbstverständlich!*

²**saber** [def] *vi schmecken* (a *nach*) ‖ ~ bien *gut schmecken* ‖ no me sabe bien ⟨fig⟩ *das schmeckt* od *gefällt mir gar nicht* ‖ *das ärgert mich (sehr)* ‖ *es tut mir (wirklich) leid* ‖ ~ a gloria *herrlich gut schmecken* ‖ ~ mal *schlecht schmecken* ‖ me sabe mal → no me sabe bien ‖ ~ a menta *nach Pfefferminz schmecken* ‖ ~ a más ⟨fam⟩ *nach mehr schmecken* ‖ ~ a quemado *angebrannt* od *brenzlig schmecken* ‖ eso sabe a traición *das riecht nach Verrat*

³**saber** *m Wissen* n *Weisheit, Wissenschaft* f ‖ *Können* n, *Kenntnis* f ‖ ◇ *más vale ~ que haber* ⟨Spr⟩ *Wissen ist Macht* ‖ el ~ no ocupa lugar ⟨Spr⟩ *Wissen braucht k–n Raum* ‖ según (el bzw su bzw mi *usw.*) leal ~ y entender ⟨bes. Jur⟩ *nach bestem Wissen und Gewissen*

sabiamente *adv weislich* ‖ *verständnisvoll*
sabi|choso *adj Cu klug* ‖ **–cu** *m* ⟨Bot⟩ *Sabicu* m (Lysiloma sabicu) ‖ **–dilla** *f* ⟨fam⟩ *Blaustrumpf* m ‖ **–dillo** *adj/s* ⟨desp⟩ *s. gelehrt dünkend* ‖ **–do** *adj (viel) wissend* ‖ *gelehrt* ‖ *bekannt* ‖ *offen|bar, -sichtlich* ‖ es ~ (od ~ es) que ... *es ist bekannt, dass* ... ‖ es cosa ~a *das ist e–e alte Geschichte* ‖ *das ist e–e Selbstverständlichkeit, das ist selbstverständlich* ‖ lo tiene muy ~ *er (sie, es) weiß es sehr gut* ‖ se lo tiene muy ~ ⟨figf⟩ *er (sie, es) ist sehr stolz darauf* ‖ *er (sie, es) ist sehr eitel (d.h. er (sie, es) weiß ganz gut, wie schön, intelligent usw. er [sie, es]ist)* ‖ ¡para ~! ⟨pop⟩ *ja so!* ‖ **–duría** *f Weisheit, Klugheit* f ‖ *Gelehrsamkeit* f *Belesenheit* f ‖ *Wissen* n ‖ *Wissenschaft* f ‖ ~ pedantesca *Schulweisheit* f
sabiendas: a ~ *wissentlich, absichtlich* ‖ *mit Wissen und Willen, bewusst*
sabihon|da *f* ⟨fam⟩ *Blaustrumpf* m ‖ **–dez** [*pl* ~ces] *f* ⟨fam⟩ *Scheinweisheit* f, *Halbwissen* n ‖ **–do** *m/adj* ⟨fam⟩ *dünkelhafter Halbwisser* m ‖ *Besserwisser, Naseweis, Neunmalkluge(r),* ⟨pop⟩ *Klugscheißer* m
sábila *f* Ant ⟨Bot⟩ *Aloe* f (→ **áloe**)
¹**sabina** *f* ⟨Bot⟩ *Sadebaum* m (Juniperus sabina) ‖ ~ albar, ~ roma *Phönizische Zeder* f (J. phoenicea) ‖ ~ turífera *Weihrauchwacholder* m (J. thurifera)
²**sabi|na** *f Sabinerin* f ‖ **–no** *adj/s sabinisch; Sabiner* m
sabio *adj weise, gelehrt* ‖ *klug* ‖ *lehrreich* ‖ ~ en una ciencia *in e–r Wissenschaft sehr bewandert* ‖ ~ m *Weise(r)* m ‖ *Gelehrte(r)* m ‖ ⟨iron⟩ → **sabihondo** ‖ el ~ Salomo ‖ ~ despistado ⟨fam⟩ *zerstreuter Professor* m ‖ los siete ~s de Grecia *die Sieben Weisen Griechenlands*
sabiondo *adj* → **sabihondo**
sablazo *m Säbelhieb* m ‖ ⟨fam⟩ *Anpumpen* n, *Pump* m ‖ ⟨fam⟩ *Pumpversuch* m ‖ ◇ dar un ~ a alg. ⟨pop⟩ *jdn um Geld angehen, anpumpen* ‖ vivir de ~s ⟨pop⟩ *auf Pump leben*
¹**sable** *m Säbel* m ‖ ⟨fam⟩ *Geschicklichkeit* f

(beim Anpumpen) ‖ dim: ~**cito**
²**sable** *m/adj* ⟨Her⟩ *Schwarz* n
³**sable** *m* Ast León Sant *sandiger (Meeres)Strand* m ‖ *sandiges Flussufer* n
sablear *vi* ⟨fam⟩ *(an)pumpen* ‖ *schnorren*
sablera *f* Ast *sandiger Strand* m
sablista *m/f* ⟨pop⟩ *Nassauer(in* f) m, *Pumpgenie* n
sablón *m grober Sand* m
sablote *m augm* ⟨desp⟩ von **sable**
sabo|ga *f* ⟨Fi⟩ → **sábalo** ‖ **–gal** *m Alsennetz* n
sabonera *f* ⟨Bot⟩ → ²**sayón**
saboneta *f Taschenuhr* f *mit Sprungdeckel*
sabor *m Geschmack* m ‖ *Schmackhaftigkeit* f ‖ ⟨fig⟩ *Stich, Hauch* m ‖ ⟨fig⟩ *Würze* f ‖ ~ a ... *Geschmack nach ...* ‖ ~ agradable *Wohlgeruch* m ‖ ~ a quemado *Geruch* m *nach Angebranntem* ‖ ~ al terruño ⟨fig⟩ *lokale Färbung* f, *Lokalkolorit* n (z.B. *e–s Romans*) ‖ ~ ◆ a ~ *nach Wunsch, nach Belieben* ‖ de ~ romántico *romantisch angehaucht*
saborci|llo, –to *m dim* von **sabor** ‖ *leichter (Nach)Geschmack* m
sabo|rear *vt schmecken* ‖ *genießen* ‖ *schmackhaft machen* ‖ *Genuss finden* ‖ ~**se** (con) *Vergnügen finden* (con *an dat*) ‖ *s. laben an* (dat) ‖ **–reo** *m Genießen, Schmecken* n ‖ **–rete** *m dim* von **sabor** ‖ *leichter (Nach)Geschmack* m ‖ **–rizante** *adj (m/f) geschmackgebend*
sabo|taje *m Sabotage* f ‖ **–teador** *adj Sabotage-* ‖ ~ *m Saboteur* m ‖ **–tear** *vt sabotieren* (& fig) ‖ ⟨fig⟩ *vereiteln, hintertreiben*
Sabo|ya *f* ⟨Geogr Hist⟩ *Savoyen* n ‖ ²**yano** *adj savoyisch;* ~ *m Savoyarde* m
sabroso *adj schmackhaft, wohlschmeckend* ‖ *köstlich, lecker* ‖ *saftig (Obst)* ‖ ⟨fig⟩ *lieblich* ‖ *adv:* ~**amente**
sabu|cal, –gal *m Holunderbusch* m ‖ **–co, –go** *m* ⟨Bot⟩ *Holunder* m (→ **saúco**)
sabueso *m/adj Schweiß-, Lauf|hund* m ‖ ⟨fam⟩ *Schnüffler* m
sábulo *m* → **sablón** ‖ ⟨Med⟩ *Greiß* m
sabuloso *adj sandig, Sand-* ‖ ⟨Med⟩ *grießartig*
sabu|rra *f* ⟨Med⟩ *Magenverschleimung* f ‖ *Belag* m *(der Zunge)* ‖ **–rroso, (–rral)** *adj: estómago* ~ *verschleimter Magen* m ‖ *lengua* ~a *belegte Zunge* f
¹**saca** *f Heraus-, Ent|nahme* f ‖ *(Waren)Ausfuhr* f ‖ *Abschrift* f ‖ Arg *Loskauf* m ‖ ◆ de ~ Arg *mit Blitzesschnelle*
²**saca** *f großer Sack* m ‖ *Postsack* m *(für Briefpost)*
saca|balas *m* ⟨Mil⟩ *Kugelzieher, Krätzer* m ‖ **–basura** *m* Chi *Müllmann* m ‖ **–bocado(s)** *m Lochzange* f *Locheisen* n ‖ **–bolsas** *m* ⟨pop⟩ → **–cuartos** ‖ **–botas** *m Stiefelknecht* m ‖ **–buche** *m* ⟨Mar⟩ *Handpumpe* f ‖ ⟨pop⟩ *(Zug)Posaune* f ‖ ⟨pop⟩ *Knirps* m ‖ Mex *spitzes Messer* n ‖ **–clavos** *m Nagelzieher, Kistenöffner* m ‖ **–copias** *m Vervielfältiger* m ‖ **–corchazo** *m Ruck* m *mit dem Kork(en)zieher* m ‖ **–corcho(s)** *m Kork(en)-, Pfropfen|zieher* m ‖ ~ automático *Patentkork(en)zieher* m ‖ ◆ a ~ ⟨figf⟩ *mit großer Mühe* ‖ ◇ sacarle algo a alg. con ~ *et. aus jdm mit Mühe herausbringen, jdm die Würmer aus der Nase ziehen* ‖ **–cuartos** *m* ⟨pop⟩ *Bauernfänger, Nepper* m
sacada *f* Arg *Herausnahme* f
sacadera *f* Guat *Schwarzbrennerei* f
saca|dinero(s) *m* → **–cuartos** ‖ **–leche** *m* ⟨Med⟩ *Milchpumpe* f ‖ **–líneas** *m* ⟨Typ⟩ *Setzlinie* f
△ **sacafo|rano** *m Bewohner* m *von Sevilla* ‖ **–ro** *m Sevilla* n
△ **sacaí** *m Auge* n
sacaliña *f* → **socaliña**

saca|manchas *m* → **quitamanchas** ‖ **–mantas**
m ⟨pop⟩ *Steuereintreiber* m ‖ **–mantecas** *m* ⟨fam⟩
Bauchaufschlitzer m ‖ **–muelas** *m* ⟨fam⟩
Zahnklempner, Quacksalber m ‖ ⟨figf⟩ *Scharlatan*
m ‖ **–muestras** *m* ⟨Com⟩ *Probenehmer* m ‖ ~ de
núcleo ⟨MK⟩ *Bodenprobenauszieher* m ‖ **–pepitas**
m Obstentkerner m ‖ **–pliegos** *m* ⟨Typ⟩
Bogenausleger m ‖ **–potras** *m* ⟨pop⟩ *Kurpfuscher*
m ‖ **–prendas** *m* ⟨figf⟩ *Prellerei* f ‖ **–pruebas** *m*
⟨Typ⟩ *Abziehpresse* f ‖ **–puntas** *m Bleistiftspitzer*
m

　　sacar [c/qu] vt/i A) *(her)ausnehmen* ‖
(her)aus-, ab|ziehen ‖ *ausreißen* ‖ *ziehen (Zahn)* ‖
aus|ziehen, -pressen (Öl) ‖ *gewinnen (Erze)* ‖
abziehen (Wein) ‖ *ausgraben* ‖ *ausstoßen (ein*
Auge) ‖ *herausgeben (ein Buch)* ‖ *herauslocken* ‖
ablocken (Geld) ‖ *zeigen* ‖ *offenbaren, ans Licht*
bringen ‖ *aussinnen, erdenken* (z. B. *e–n*
Spottnamen) ‖ *entdecken, ausfindig machen,*
herausfinden ‖ *herausstrecken (Kopf, Zunge,*
Brust) ‖ *weg-, ab-, her|nehmen* ‖ *entfernen (de*
von) ‖ *entfernen, reinigen (Flecken)* ‖ *(Schlüsse)*
ziehen, schließen ‖ *erretten* (de *aus)* ‖ *(aus dem*
Gefängnis) holen ‖ *ziehen (Los)* ‖ ⟨Mal⟩ *treffen*
(Bild) ‖ *(Gedrucktes) abziehen* ‖ *(Wäsche) spülen* ‖
klären ‖ ⟨Jgd⟩ *(Wild) anjagen* ‖ ⟨Com⟩ *ausführen*
(Geld, Waren) ‖ ⟨Sp⟩ *(den Ball) herausspielen* ‖
Am ⟨fam⟩ *(jdm) schmeicheln*
　　a) ~ absuelto ⟨pop⟩ *freisprechen (bei Gericht)*
‖ ~ adelante *vorwärts bringen* ‖ *(jdm)*
emporhelfen ‖ ~ agua *Wasser schöpfen, holen* ‖
~ buenos alumnos ⟨pop⟩ *gut unterrichten*
(Lehrer) ‖ ~ el carné de conducir *den*
Führerschein machen ‖ ~ consecuencias
Schlussfolgerungen ziehen ‖ ~ copia de algo *et.*
abschreiben ‖ *e–e Kopie von et. machen* ‖ ~ una
copla, un cuento *ein (Spott)Lied, ein Märchen*
erfinden, ersinnen ‖ ~la cuenta *aus-, be|rechnen* ‖
s. et. überlegen ‖ ~ chispas *Funken schlagen*
(galoppierendes Pferd) ‖ ~ dinero a alg. *jdm*
Geld ablocken ‖ ~ la espada *den Degen ziehen* ‖
~ fruto de algo *aus et. Nutzen ziehen* ‖ ~ fuego
Feuer schlagen ‖ ~ a alg. fuera de sí *jdn ganz*
aus der Fassung bringen ‖ ~ los gastos *die*
Kosten wieder herein- od heraus|holen,
herausbringen ‖ ~ el gordo *den Hauptgewinn*
ziehen ‖ me saca de juicio *(od* de quicio) ⟨figf⟩ *er*
(sie, es) macht mich verrückt, er (sie, es) bringt
mich aus dem Häuschen od auf die Palme ‖ ~
lágrimas *zu Tränen rühren* ‖ ~ la lengua a alg.
jdm die Zunge herausstrecken ‖ *jdm die Zunge*
ausreißen (als Drohung) ‖ ~ manchas *Flecke*
entfernen ‖ ~ una moda *e–e Mode einführen,*
herausbringen ‖ ~ un mote a alg. *jdm e–n*
Spottnamen beilegen ‖ ~ muelas *(sin dolor)*
Zähne (schmerzlos) ziehen ‖ ~ muestras ⟨Com⟩
Proben (ent)nehmen ‖ no ~ la nariz ⟨fig⟩ *die*
Nase nicht vor die Tür stecken (wegen schlechten
Wetters) ‖ ~ notas *Be-, An|merkungen machen* ‖
~ novio ⟨fam⟩ *s. e–n Bräutigam od e–n Freund*
zulegen, ein Liebesverhältnis anknüpfen
(Mädchen) ‖ ~ un ojo a alg. *jdm ein Auge*
ausschlagen ‖ ~ el pecho ⟨fig⟩ *s. in die Brust*
werfen, s. aufplustern ‖ ~ pollos *Hühner ziehen* ‖
~ premio ⟨Sch⟩ *e–e Auszeichnung bekommen* ‖ ~
un premio de la lotería *e–n Gewinn erzielen*
(Lotterie) ‖ ~ una prenda *ein Pfand (wieder)*
einlösen ‖ ~ provecho *Nutzen ziehen* (de *aus)* ‖ ~
una prueba ⟨Typ Fot⟩ *e–n Abzug machen* ‖ ~
punta *(zu)spitzen (Bleistift)* ‖ ~ la raya *das Haar*
scheiteln od teilen ‖ yo no lo saco *ich bekomme*
es nicht heraus ‖ ¿qué has sacado? ⟨fam⟩ *was*
hast du davon? ‖ ¿de dónde lo has sacado? *wo*
hast du es her(genommen)?
　　b) in Verb. mit Ger: ~ cavando

herausgraben ‖ ~ meditando *aussinnen* ‖ ~
mendigando *erbetteln* ‖ ~ rascando *auskratzen*
　　B) in Verb. mit Präpositionen und
präpos. Adverbialverbindungen:
　　1. in Verb. mit **a:** ~ a bailar, ~ al baile
zum Tanz auffordern ‖ ~ a flote ⟨Mar⟩ *flott*
machen ‖ ~ a luz *ans Licht bringen, erscheinen*
lassen ‖ ~ algo a pulso *et. aus eigener Kraft*
erreichen, et. ohne fremde Hilfe schaffen ‖ ~ a
pulso (un dibujo) *freihändig zeichnen* ‖ ~ al sol
der Sonne aussetzen ‖ ~ a la superficie *an die*
Oberfläche bringen
　　2. in Verb. mit **con:** ~ con agua fuerte
wegätzen ‖ ~ con bien *glücklich beenden* ‖ ~ con
el pico *aushacken*
　　3. in Verb. mit **de:** ~ de un apuro *(jdm)*
aus der Not helfen ‖ *(jdn) aus der Klemme ziehen*
‖ ~ de la cama *aus dem Bett jagen* ‖ ~ a alg. de
sus casillas, ~ de madre a alg. ⟨figf⟩ *jdn aus dem*
Häuschen bringen ‖ ~ de paseo *spazieren führen*
‖ *mit jdm ausgehen* ‖ ~ de pila a alg. *jdn aus der*
Taufe heben, jds Taufpate sein ‖ ~ de su sitio
hervorholen ‖ ~ de la tierra *ausscharren* ‖ ~ de
tino ⟨fam⟩ *um den Verstand bringen* ‖ la pasión te
saca de ti *die Leidenschaft reißt dich hin*
　　4. in Verb. mit **en:** ~ en hombros *auf*
Schultern (hinaus)tragen ‖ ~ en claro *od* limpio
ins Reine bringen, klarstellen
　　5. in Verb. mit **para, por:** ~ para la
comida ⟨pop⟩ *s–n Lebensunterhalt (notdürftig)*
verdienen ‖ ~ por el color *an der Farbe erkennen*
　　C) —**se:** ~ la espina *den Dorn herausziehen*
　sacárico adj: ácido ~ ⟨Chem⟩ *Zuckersäure* f
　saca|rífero adj *zuckerhaltig* ‖ **–rificar** [c/qu] vi
s. in Zucker verwandeln, verzuckern ‖ **–rimetría** *f*
Sa(c)charimetrie f ‖ **–rímetro** *m Sa(c)charimeter*
n, *Zucker(gehalt)messer* m ‖ **–rina** *f* ⟨Chem⟩
Sa(c)charin n, *Süßstoff* m ‖ **–rino** adj: diabetes
~a ⟨Med⟩ *Zuckerkrankheit* f ‖ **–romicetos** mpl
⟨Bot⟩ *Hefepilze* mpl (Saccharomycetes) ‖ **–rosa** *f*
Sa(c)charose f, *Rohrzucker* m ‖ **–roso** adj ⟨Chem⟩
zuck(e)rig, zuckerhaltig
　saca|rremaches *m* ⟨Tech⟩ *Nietenzieher* m ‖
–rruedas *m* ⟨Auto⟩ *Radabzieher* m ‖ **–sillas** *m:* ~
y metemuertos ⟨pop⟩ *Bühnenarbeiter* m ‖ **–tapón**
m → **sacacorchos** ‖ **–tornillos** *m* ⟨Tech⟩
Schrauben|dreher, -zieher m (→ **destornillador**) ‖
–trapos *m* ⟨Mil⟩ *Krätzer, Kugelzieher* m ‖ Arg
Schwindler m
　sacerdo|cio *m Priester|amt* m, *-stand* m ‖
Priesterweihe f ‖ ⟨fig⟩ *Hingabe* f ‖ **–tal** adj *(m/f)*
priesterlich, Priester- ‖ **–te** *m Priester* m ‖ ~
obrero *Arbeiterpriester* m ‖ ~ secular
Weltpriester m ‖ sumo ~ *Hohepriester* m ‖ **–tisa** *f*
Priesterin f
　sácere *m* ⟨Bot⟩ → **arce**
　△ **saces** mpl *Handfesseln* fpl
　sa|char vt/i *(aus)jäten* ‖ **–cho** *m Jäteisen* n
　saciar vt *sättigen* ‖ ⟨fig⟩ *befriedigen* ‖ ◇ ~ su
rabia *s. austoben* ‖ no saciado *ungesättigt* ‖ ~se
satt bzw befriedigt werden ‖ ~ con poco *mit*
wenig verliebnehmen
　saciedad *f Sattheit* f ‖ *Sättigung* f ‖ ⟨fig⟩
Übersättigung f ◆ hasta la ~ ⟨fig⟩ *vollauf, bis*
zum Überdruss ‖ *unaufhörlich* ‖ ◇ repetir algo
hasta la ~ *et. bis zum Überdruss wiederholen*
　¹saco *m Sack* m ‖ *weite Jacke* f ‖ ⟨Am⟩ *Jackett*
n, *Jacke* f, *Sakko* m (& n) ‖ *loser Mantel* m ‖
Büßerkleid n ‖ *Ranzen* m ‖ *(Bett)Bezug* m, Öst
Südd *(Bett)Zieche* f ‖ ⟨Med⟩ *Eitersack* m ‖ ⟨Mar⟩
Einbuchtung f ‖ ⟨pop⟩ *(der) Hintere* ‖ ⟨pop desp⟩
dickes, unförmiges Weib n ‖ ~ de dormir
Schlafsack m ‖ ~ lagrimal ⟨An⟩ *Tränensack* m ‖
~ de lastre *Ballastsack* m ‖ ~ de mentiras ⟨fam⟩
Menge f *Lügen* ‖ ⟨figf⟩ *Erzlügner* m ‖ ~ de noche

→ ~ de dormir ‖ ~ de pan *Brotbeutel* m ‖ ~ terrero ⟨bes Mil⟩ *Erd-, Sand|sack* m ‖ ~ testicular ⟨An⟩ *Hodensack* m ‖ ~ de trigo *Sack* m *Weizen* ‖ ~ de yute *Jutesack* m ‖ ◇ no caer en ~ roto ⟨figf⟩ *Wirkung haben, nicht fehlschlagen* ‖ no echar algo en ~ roto ⟨figf⟩ *et. gut beachten, et. nicht außer Acht lassen* ‖ es un ~ roto ⟨figf⟩ *es ist ein Fass ohne Boden* ‖ meter en (otro) ~ *(um)sacken*
²saco m *Plünderung* f ‖ ◇ entrar a ~ *plündernd (und mordend) einfallen* ‖ meter *od* poner a ~ *(aus)plündern*
³saco m ⟨Sp⟩ → **saque**
△ **sacocha** f *(Rock)Tasche* f
△ **sacoíme** m *Hausverwalter* m
sacón m/adj Guat Hond *Schmeichler* m ‖ MAm *Denunziant, Spitzel* m ‖ *Petzer* m
saconería f Am *arglistige Schmeichelei* f
sacral adj *(m/f)* ⟨lit⟩ *sakral* ‖ **–ización** f *Heiligung* f, *Heiligen* n ‖ **–izar** vt *heiligen*
sacramen|tado adj *geweiht (Hostie)* ‖ *mit der Krankensalbung versehen* ‖ *Dios* ~, el Señor ~ *die geweihte Hostie* ‖ **–tal** adj *(m/f) sakramental, Sakraments-* ‖ ⟨fig⟩ *herkömmlich, üblich* ‖ ⟨fig⟩ *typisch* ‖ ~ f Span *Brüderschaft* f *(zur Beerdigung von Ordensbrüdern)* ‖ *e–r der vier Friedhöfe in Madrid (San Isidro, San Justo, S.ᵗᵃMaria, San Lorenzo)* ‖ **–talidad** f *sakramentale Eigenschaft* f ‖ **–talización** f *Darreichung* f *der Sakramente* ‖ **–tar** vt *(mit den Sterbesakramenten) versehen* ‖ *die Sakramente spenden* ‖ *(die Hostie bzw den Wein) konsekrieren* ‖ ⟨fig⟩ *verheimlichen* ‖ **–to** m *Sakrament* n ‖ *Monstranz* f ‖ ◆ con todos los ~s ⟨fig⟩ *in aller Form (Vertrag)* ‖ el ~ eucarístico *das hl. Abendmahl* ‖ el Santísimo ~ *das Hl. Sakrament, das Allerheiligste* ‖ ◇ administrar los ~s a alg. *jdm die (Sterbe)Sakramente reichen* ‖ recibir el ~ de la Eucaristía *das hl. Abendmahl empfangen*
sacratísimo adj (sup von **sagrado**) *hochheilig*
sacre m ⟨V⟩ *Würgfalke* m (Falco cherrug)
sacrifica|dero m *Schlachtplatz* m ‖ ⟨Hist⟩ *Opferstätte* f ‖ **–do** adj *aufopfernd, opferwillig* ‖ p. ex *selbstlos*
sacri|ficar [c/qu] vt/i *opfern, darbringen* ‖ *weihen, widmen* ‖ *daran-, hin|geben* ‖ *schlachten (Vieh)* ‖ ◇ ~ su tiempo *s–e Zeit opfern* ‖ ~ vida y hacienda *Gut und Blut opfern* ‖ **~se** ⟨fig⟩ *s. opfern* ‖ ~ por alg. *s. (für jdn) aufopfern* ‖ **–ficatorio** adj *zur Opferung geeignet* ‖ **–ficial** adj *(m/f) Opfer-* ‖ **–ficio** m *Opfer* n ‖ *Hingebung* f ‖ *Schlachtung* f ‖ ~ del altar → ~ el Santo ~ ‖ ~ clandestino *Schwarzschlachtung* f ‖ ~ expiativo, ~ de propiciación *Sühneopfer* n ‖ el Santo ~ *die heilige Messe, das Messopfer* ‖ ◇ hacer un ~ ⟨fig⟩ *s. opfern* ‖ hacer ~s *Opfer bringen* ‖ imponer ~s *Opfer auferlegen* ‖ no omitir ~s *k–e Opfer scheuen*
sacrilegio m *(Kirchen-, Tempel)Schändung* f ‖ *Kirchenraub* m ‖ *Ent|weihung, -heiligung* f ‖ ⟨fig⟩ *Gotteslästerung* f ‖ ⟨fig⟩ *Beleidigung, Freveltat* f ‖ ◇ cometer un ~ *e–n Kirchenraub begehen*
sacrílego adj *kirchenschänderisch* ‖ *gotteslästerlich* ‖ *ruchlos, schändlich* ‖ *frevelhaft, Frevel-* ‖ ~ m *Tempelschänder, Kirchenräuber* m ‖ *Ruchlose(r)* m ‖ *Frevler* m
sacris|tán m *Kirchen-, Altar|diener, Küster, Mesner, Sakristan* m ‖ ~ de amén ⟨figf⟩ *Jasager* m ‖ *Nach|plapperer, -beter* m ‖ ◇ ser un ~ de amén *zu allem ja und amen sagen* ‖ los dineros del ~, cantando se vienen y cantando se van ⟨Spr⟩ *wie gewonnen, so zerronnen* ‖ **–tana** f *Küstersfrau* f ‖ *Kirchendienerin* f ‖ **–tanía** f *Küsteramt* n ‖ **–tía** f *Sakristei* f ‖ → **–tanía**

sacro adj/s *heilig, geheiligt* ‖ *geistlich* ‖ *religiös (Kunst)* ‖ (hueso) ~ ⟨An⟩ *Kreuzbein* n ‖ **–santo** adj *hochheilig* ‖ *un|antastbar, -verletzlich* ‖ *sakrosankt (& fig)*
sacudi|da f *Erschütterung* f ‖ *Stoß, Ruck* m ‖ *Rütteln, Schütteln* n ‖ (fam) *Rüffel, Verweis* m ‖ ~ eléctrica *elektrischer Schlag* m ‖ ~ sísmica *Erd|erschütterung* f, *-stoß* m ‖ ◇ dar ~s *stoßen* ‖ *wackeln (Wagen)* ‖ **–do** adj ⟨pop⟩ *dreist, keck, kühn* ‖ *störrisch, unlenksam* ‖ **–dor** m ⟨Tech⟩ *Schüttelvorrichtung* f ‖ (Aus)*Klopfer* m *(Werkzeug)* ‖ *Teppich-* bzw *Kleider|klopfer* m ‖ **–dora** f ⟨Agr⟩ *Heuwender* m ‖ **–miento** m *(Aus)Klopfen* n ‖ → **–da**
sacu|dir vt/i *(aus-, ab-, durch)schütteln* ‖ *rütteln, zausen* ‖ *(aus)klopfen* ‖ *erschüttern* ‖ *stoßen (Wagen)* ‖ ⟨fig⟩ *von s. stoßen* ‖ *von s. weisen (Verdacht usw.)* ‖ ◇ ~ el agua *s. abschütteln (Hund)* ‖ ~ las alfombras *die Teppiche klopfen* ‖ ~ a alg. por los hombros *jdn an den Schultern rütteln* ‖ ~ el miedo *die Furcht abschütteln* ‖ ~ el pellejo a alg. ⟨figf⟩ *jdn durch-, ver|prügeln* ‖ ~ el polvo *aus-, ab|stauben* ‖ ~ el polvo a alg. → ~ el pellejo a alg. ‖ ~ el rabo *mit dem Schwanz wedeln (Hund)* ‖ ~ la ropa *Kleider klopfen* ‖ ~ el yugo ⟨fig⟩ *das Joch abschütteln* ‖ un estremecimiento le –dió el cuerpo *ein Schauern fuhr ihm (ihr) durch den Körper* ‖ **~se** *s. abschütteln (Hund, Vögel usw.)* ‖ ◇ ~ de *od* a alg. ⟨fig⟩ *jdn von s. weisen* ‖ **–dón** m ⟨fam⟩ *plötzliche, heftige Erschütterung* f ‖ *heftiger Stoß* m
sádico adj *sadistisch*
sadismo m *Sadismus* m
sadomaso|quismo m *Sadomasochismus* m ‖ **–quista** m/f *Sadomasochist*(in f) m
saduceos mpl ⟨Hist⟩ *Sadduzäer* mpl *(jüdische Religionspartei)*
sae|ta f *Pfeil* m ‖ (Uhr)*Zeiger* m ‖ *Magnetnadel* f ‖ And *Saeta* f *(kurzes Lied* n *in Form e–s Stoßgebets, das bei kirchlichen Umgängen gesungen wird)* ‖ ~s de hielo ⟨fig⟩ *schneidender, prickelnder Frost* m ‖ ◇ echar ~s ⟨figf⟩ *sticheln* ‖ **–tada** f, **–tazo** m *Pfeilschuss* m ‖ ⟨fig⟩ *Stichelei* f ‖ ◇ matar a ~s *durch Pfeilschüsse töten* ‖ **–tear** vt → **asaetear** ‖ **–tera** f *Schießscharte* f ‖ ⟨fig⟩ *Lichtscharte* f ‖ **–tero** m/adj *Pfeil-, Bogen|schütze* m (→ **sagitario**)
¹saetilla f ⟨Bot⟩ *Pfeilkraut* n (→ **sagitaria**)
²saetilla f dim von **saeta** ‖ ~ indicadora ⟨Typ⟩ *Richtpfeil* m (→)
¹saetín m *(Schuh)Zwecke* f
²saetín m *Wassergang* m *(e–r Mühle)* ‖ *(Wasser)Zuführungs|rinne* f, *-kanal* m
³sae|tín m dim von **saeta** ‖ **–tón** m augm von **saeta**
safa|ri m *Safari* f ‖ p. ex *Safarianzug* m ‖ ~ fotográfico *Fotosafari* f ‖ **–rista** m/f *Safariteilnehmer*(in f) m
safena adj: vena ~ ⟨An⟩ *Vena saphena* f
sáfico adj *sapphisch, auf Sappho* (Safo) *bezüglich* ‖ *lesbisch* ‖ ⟨Poet⟩ *(verso)* ~ *sapphischer Vers* m
safismo m *Sapphismus* m, *lesbische Liebe* f
△ **safo** m *Taschentuch* n
safre m *Zaffer, Saf(f)lor* m *(ein Röstprodukt)*
¹saga f *Zauberin, Hexe* f
²saga f *altnordische Sage, Saga* f ‖ ⟨fig⟩ *Saga, literarisch gestaltete Familiengeschichte* f
sagacidad f *Scharf|sinn, -blick* m, *Sagazität* f ‖ *Spürsinn* m ‖ *Klugheit* f *(der Tiere)* ‖ ~ rabínica *Rabbinerweisheit* f
sagar|dúa f Guip Nav Vizc *Apfelwein* m ‖ **–mín** f Al ⟨bask⟩ *wilder Apfel* m
sagarrera f Col *Zank, Streit* m
sagaz [pl ~ces] adj *scharfsinnig, scharf*

blickend ‖ *klug (auch von Tieren)* ‖ *geistreich* ‖
schlau, listig ‖ adv: ~**mente**
  sagi|ta *f* ⟨Math⟩ → **flecha** ‖ **-tado** adj ⟨Bot⟩
pfeilförmig ‖ **-tal** adj *(m/f)* ⟨Biol⟩ *parallel zur*
Mittelachse liegend, sagittal
  sagitaria *f* ⟨Bot⟩ *Pfeilkraut* n (Sagittaria spp)
  sagi|tario *m Bogenschütze* m ‖ ~ *m Schütze* m
(im Tierkreis) ‖ **-tifoliado** adj ⟨Bot⟩ *mit*
pfeilförmigen Blättern
  sagra|do adj *heilig, ehrwürdig (& fig)* ‖
geheiligt ‖ *unantastbar* ‖ la ⁼a Escritura *die*
Heilige Schrift ‖ ~ *m Weihestätte* f ‖ *geweihte*
Stätte f ‖ *Freistätte* f, *Zufluchtsort* m ‖ ◇ dar
sepultura en ~ a alg. *jdn christlich beerdigen* ‖
-rio *m* ⟨Kath⟩ *Sakramentshäuschen* n ‖
Tabernakel n (& m) (→ **tabernáculo**) ‖
Sanktuar(ium) n
  sagú [pl ~**úes**] *m Sago|palme* f, *-baum* m
(Metroxylon rumphii) *andere)* ‖ *Pfeilwurz* f
(Maranta arundinacea) ‖ *Sago* m, *Palmenstärke* f ‖
p.ex *Sago* m *aus Kartoffelstärke* ‖ ~ perlado
Perlsago m
  saguntino adj/s *saguntisch, aus Sagunt* (P Val)
‖ *auf Sagunt bezüglich*
  sah *m* ⟨Hist⟩ *Schah* m
  Sáhara, Sahara m ⟨Geogr⟩: el ~ *die Sahara*
(Wüste)
  saharau|i, -í adj *(m/f) auf Westsahara*
bezüglich ‖ ⟨Hist⟩ *auf Spanisch-Sahara bezüglich*
‖ ~ *m Bewohner* m *von Westsahara*
  saharia|na *f* ⟨Art⟩ *leichte Tropenjacke* f *(mit*
Gürtel) ‖ **-no** adj *auf die Sahara bezüglich* ‖
⟨Hist⟩ *auf Spanisch-Sahara bezüglich* ‖ ~ *m*
Bewohner der Sahara
  sahárico adj *auf die Sahara bezüglich*
  sahornarse vr *s. wund liegen, s. wund reiben*
(Körperteil)
  sahu|mado adj *geräuchert* ‖ *parfümiert* ‖ ⟨fig⟩
verbessert, auserlesen ‖ ⟨figf⟩ *mit Zinsen* ‖
-mador *m Räucherer* m ‖ *Riechstoffhändler* m ‖
Räucherfass m ‖ **-madura** *f* → **sahumerio** ‖ **-mar**
vt/i *(aus-, durch)räuchern* ‖ *beduften* ‖ **-merio,**
-mo *m (Durch)Räuchern* n ‖ *Beräucherung* f ‖
Weihrauch m ‖ *Räucherwerk* n ‖ ⟨Med⟩
Räucherkur f ‖ ◇ echar un ~ a algo *et.*
ausräuchern
  S. A. I. ⟨Abk⟩ = **Su Alteza Imperial**
  saiga *f* ⟨Zool⟩ *Saiga* f (Saiga tatarica)
  saín *m Tierfett* n ‖ *(Schweine)Schmalz* n ‖
Fettigkeit f, *Fettrand* m *(am abgetragenen*
Rockärmel od Hut od Kragen)
  △ **saina** *f* Barc *Brieftasche* f
  ¹**sainar** vi Pal Sal *bluten* (→ **sangrar**)
  ²**sainar** vt/i *(Tiere) mästen* ‖ ◇ ~ una oca *e–e*
Gans stopfen
  ¹**sainete** *m* ⟨Th⟩ *Sainete, Schwank* m, *leichtes*
Lustspiel n ‖ ⟨fig⟩ *Leckerbissen* m ‖ ⟨fig⟩
Wohlgeschmack m ‖ ⟨fig⟩ *(Lieb)Reiz* m,
Anziehung f ‖ *(im span. Theater) Sainete,*
Schwank m, *leichtes Lustspiel* n ‖ *(Nach)Spiel* n
mit Gesang ‖ ◆ de ~ *(fam) falsch, hohl*
  ²**sainete** *m* dim von **saín** ‖ *ein bisschen Fett* n ‖
⟨fig⟩ *Brühe, Würze* f
  saine|tero *m* → **-tista** ‖ **-tesco** adj *Schwank-* ‖
⟨fig⟩ *skurril* ‖ **-tista** *m/f Schwankdichter(in* f),
Verfasser(in f) m *von leichten Lustspielen*
  saíno *m* Am ⟨Zool⟩ *Pekari* m (Tayassu spp)
  Saint Kitts y Nevis *m* ⟨Geogr⟩ *St. Kitts und*
Nevis n
  Sajalín *m* ⟨Geogr⟩ *Sachalin* n
  sajar vt/i ⟨Med⟩ *schröpfen* ‖ *einschneiden*
  △ **sajo** *m Taschentuch* n
  sajón adj *sächsisch* ‖ ◆ a la ~a *auf sächsische*
Art ‖ ~ *m Sachse* m ‖ el ~ *die sächsische*
Mundart, das Sächsische

Sajonia *f* ⟨Geogr⟩ *Sachsen* n ‖ ~-Altenburgo
Sachsen-Altenburg n ‖ ~-Anhalt *Sachsen-Anhalt*
n ‖ ~-Coburgo-Gotha *Sachsen-Coburg-Gotha* n ‖
~-Weimar *Sachsen-Weimar* n ‖ Alta, Baja ~
Ober-, Nieder|sachsen n
  sajónico adj → **sajón, saxoniense**
  sake, saki *m Sake* m *(japanischer Reiswein)*
  ¹**sal** *f Salz* n ‖ ⟨fig⟩ *Würze* f ‖ ⟨fig⟩ *(feiner)*
Witz m ‖ ⟨fig⟩ *Witzigkeit* f ‖ ⟨fig⟩ *Mutterwitz* m ‖
⟨fig⟩ *Anmut, Grazie* f ‖ ~ de acederas *Kleesalz* n
(Kaliumtetraoxalat) ‖ ~ ácida ⟨Chem⟩ ‖ ~ amarga
Hydrogensalz, saures Salz n ‖ ~ amoniaca(l) *Ammoniaksalz* n ‖ ~
ática *attisches Salz* n *(geistreicher Witz)* ‖ ~
blanca → ~ común ‖ ~ de Carlsbad *Karlsbader*
Salz n ‖ ~ común *Koch-, Speise|salz* n ‖ ~
efervescente *Brausesalz* n ‖ ~ fijadora ⟨Fot⟩
Fixiersalz n ‖ ~ gema *Steinsalz* n ‖ ~ (amarga)
de Glauber *Glaubersalz* n ‖ ~ gorda ⟨fig⟩
plumper Humor m ‖ ~ de la Higuera (Span)
Bittersalz n *aus Fuente la Higuera*
(Magnesiumsulfat) ‖ ~ de Inglaterra *Bittersalz* n ‖
~ marina *Meersalz* n ‖ ~ neutra ⟨Chem⟩ ‖ ~
normales Salz n ‖ ~ y pimienta ⟨pop⟩ *Mutterwitz*
m ‖ ~ de plomo, ~ (de) Saturno *Bleizucker* m
(Bleidiazetat) ‖ ~ vegetal *Pottasche* f ‖ ~
virofijadora ⟨Fot⟩ *Tonfixiersalz* n ‖ ~ volátil
Riechsalz n ‖ ◆ sin ~ *ungesalzen* ‖ ⟨fig⟩ *witzlos,*
fad(e) ‖ ◇ echar ~ en la llaga ⟨fig⟩ *Öl ins Feuer*
gießen ‖ hacerse ~ y agua ⟨figf⟩ *zunichte werden*
‖ poner (demasiada) ~ a algo *et. versalzen* ‖ tener
poca ~ (en la mollera) ⟨pop⟩ *wenig Grütze im*
Kopf haben ‖ ¡~ quiere el huevo! ⟨figf⟩ *er (sie, es)*
fischt nach Komplimenten (bzw *nach Anerkennung)*
‖ ~**es** *fpl Riechsalz* n ‖ ~ de baño *Badesalz* n
  ²**sal** → **salir**
  Sal. ⟨Abk⟩ ⟨EB⟩ = **salida**
  ¹**sala** *f Saal, Raum* m ‖ *Sitzungssaal* m ‖
Empfangssaal m ‖ *(Gast)Zimmer* n ‖ ⟨Jur⟩
Kammer f, *Senat* m *(e–s Gerichts)* ‖ ~ de armas
Fechtsaal m ‖ *Waffensaal* m ‖ ~ de baile
Tanzsaal m ‖ ~ capitular *Kapitelsaal* m ‖ ~ de
casino *Kurhaussaal* m ‖ ~ del cine
Zuschauerraum m ‖ ~ de lo civil ⟨Jur⟩
Zivil|kammer f, *-senat* m ‖ ~ de clase *Klassen-,*
Schul|zimmer n ‖ ~ de comer *Speise|salz* m,
-zimmer n ‖ ~ de concierto *Konzertsaal* m ‖ ~ de
conferencias *Beratungszimmer* n ‖ *Konferenzsaal*
m ‖ ~ de lo criminal ⟨Jur⟩ *Straf|kammer* f, *-senat*
m ‖ ~ de dibujo *Zeichensaal* m ‖ ~ de equipajes
⟨EB⟩ *Gepäckraum* m ‖ ~ de esgrima *Fechtraum*
m ‖ ~ de espera ⟨EB⟩ *Wartesaal* m ‖ ~ de estar
Wohnzimmer n ‖ ~ de exposición
Ausstellungs|raum, -saal m ‖ ~ de fiestas
Vergnügungslokal n ‖ *Kabarett* n ‖ *Festsaal* m *mit*
Bühne ‖ ~ de fumar *Rauchzimmer* n ‖ ~ de
gimnasia *Turnhalle* f ‖ gran ~ *Festhalle* f ‖ ~ de
justicia *Gerichtssaal, Senat* m, *Kammer* f ‖ ~ de
máquinas *Maschinenraum* m ‖ ~ multipropósitos
Mehr-, Viel|zweckhalle f ‖ ~ de proyecciones
⟨Film⟩ *Vorführungssaal* m ‖ ~ de reanimación ⟨Med⟩ *Aufwachraum* m *(im Krankenhaus)* ‖ ~ de
recepciones *Empfangssaal* m ‖ ~ de recibir
Empfangszimmer n ‖ ~ de lo social (del Tribunal
Supremo) Span *Oberstes Sozialgericht* n ‖ *Senat*
m *für Arbeits- und Sozial|sachen (des Obersten*
Gerichtshofes) ‖ Deut etwa: *Bundessozialgericht* n
‖ ~ de togas ⟨Jur⟩ *Anwaltszimmer* n *(bei Gericht)*
‖ ~ de transmisión ⟨Radio⟩ *Senderaum* m ‖ ~ de
visitas *Empfangssaal* m ‖ ~ X *Pornokino* n ‖ ◇
hacer ~ *Sitzung halten*
  ²¡**sala!** int Am ⟨fam⟩ *Zuruf, um Hunde zu*
verscheuchen
  salacenco adj *aus dem Salazar-Tal* (P Nav) ‖
auf das Salazar-Tal bezüglich

salacidad *f Geilheit, Salazität* f
salacot *m [pl –cots] Tropenhelm* m
sala|damente adv ⟨fig⟩ *mit Grazie, mit Anmut* ‖ *mit Witz od Esprit*
sala|dar *m Salzsee* m ‖ *Salzwüste* f ‖ *Salzwerk* n ‖ **–dería** *f Pökelfleischfabrik* f ‖ *Pökelfleischindustrie* f ‖ **–dero** adj: *industria* ~*a Pökelindustrie* f ‖ ~ *m Pökelhaus* n ‖ *Pökel|platz, -raum* m (bes. Am) ‖ *Pökelfass* n ‖ Am *Salzfleischfabrik, Dörrfleischanstalt* f
¹saladilla *f gesalzene Mandel, Salzmandel* f (& *Erdnuss usw.*)
²saladilla *f* ⟨Bot⟩ *Obione, Salzmelde* f (Obione spp)
sala|dillo adj dim von **salado** ‖ *et. gesalzen* ‖ ~ *m Pökelfleisch* n ‖ → **¹saladilla** ‖ **–do** adj *gesalzen* ‖ *versalzen* ‖ Pe *unglücklich* ‖ *salzig* ‖ *eingepökelt, Pökel-* ⟨fig⟩ *geistreich, witzig* ‖ CR *unglücklich* ‖ Arg *teuer*, ⟨pop⟩ *gepfeffert* ‖ **–dura** *f (Ein)Salzen* n ‖ *Pökelfleisch* n
Salamanca *f* [Stadt und Provinz in Spanien] *Salamanca* n ‖ ~ *f* Arg *Taschenspielerei* f
¹salamandra *f* ⟨Zool⟩ *Salamander* m ‖ ~ *acuática Molch* m (→ **tritón**) ‖ ~ *de los Alpes od alpina Alpensalamander* m (Salamandra atra) ‖ ~ *común Feuersalamander* m (S. salamandra) ‖ ~ *ibérica Goldstreifsalamander* m (Chioglossa lustitania)
²salamandra *f Dauerbrandofen* m
salamandria *f* → **salamanquesa**
salaman|qués adj *aus Salamanca* ‖ *auf Salamanca bezüglich*
salamanquesa *f* ⟨Zool⟩ *Gecko* m ‖ ~ *de agua* ⟨inc⟩ → **tritón** ‖ ~ *de pared Mauergecko* m (Tarentola mauritanica)
salambinense adj/s *(m/f) aus Talobreña* (P Gran) ‖ *auf Talobreña bezüglich*
sala|me, –mi *m* ⟨reg⟩ *Salami(wurst)* f
△ **salamito** *m Arzt* m
salangana *f* ⟨V⟩ *Salangane* f (Collocalia)
¹salar vt *(ver)salzen* ‖ *(ein)salzen* ‖ *einpökeln* ‖ *einlegen (Gurken usw.)* ‖ ◇ ~ *demasiado versalzen*
²salar vi *lachen*
³salar *m* ⟨Geol⟩ *Salar* n ‖ Arg *Salzlagune* f ‖ *Salzwüste* f ‖ → **salina**
sala|rial adj *(m/f) Lohn-* ‖ **–rio** *m (Arbeits)Lohn* m ‖ ⟨Mil⟩ *Sold* m ‖ p. ex *Besoldung* f ‖ ~ *base Grund-, Eck|lohn* m ‖ ~ *a destajo Akkordlohn* m ‖ ~ *en especie Naturallohn* m ‖ ~ *de hambre Hungerlohn* m ‖ ~ *semanal, mensual Wochen-, Monats|lohn* m ‖ ◇ *cobrar* ~ *Lohn beziehen* ‖ *für Lohn arbeiten* ‖ *tener* ~ *fijo ein festes Gehalt beziehen*
salaz *[pl* ~*ces]* adj *(m/f) geil, lüstern, scharf*
salaz|ón *f Einsalzen* n ‖ *Pökeln* n ‖ **–ones** *fpl Salz-, Pökel|fleisch* n ‖ *gesalzene Fische, Salzfische* mpl ‖ *Pökelindustrie* f
salbadera *f Sand(streu)büchse* f
salbanda *f* ⟨Geol⟩ *Salband* n
sal|ce *m* ⟨Bot⟩ *Weidenbaum* m (→ **sauce**) ‖ **–cedo** *m Weidengebüsch* n
salchi|cha *f (Brüh)Wurst* f ‖ *Würstchen* n ‖ ⟨Arch⟩ *Faschinenwurst* f ‖ ~ *asada Bratwurst* f ‖ ~ *de hígado Leberwurst* f ‖ ~*s de Francfort Frankfurter Würstchen* npl ‖ ~ *tipo cóctel Cocktailwürstchen* npl ‖ ◇ *hacer* ~*s Wurst machen* ‖ **–chada** *f Wurstessen* n ‖ **–chería** *f Wurstwaren* fpl ‖ *Wurstküche* f ‖ *Wurstwarengeschäft* n ‖ *Wursterei* f ‖ *Wurstfabrik* f ‖ **–chero** *m Wurst|macher, -verkäufer* m ‖ **–chón** *m Hart-, Dauer|wurst* f ‖ ~ *ahumado Mett-, Zervelat|wurst* f ‖ ~ *de Vich Hartwurst* f *aus Vich* (P Barc)
salcochar vt *(nur) in Salzwasser kochen*

sal|dar vt/i ⟨Com⟩ *saldieren, abschließen* ‖ *begleichen* ‖ *verrechnen* ‖ *ausverkaufen, abstoßen (Ware)* ‖ ⟨fig⟩ *beilegen* (z. B. *Streit*) ‖ ◇ ~ *una cuenta ein Konto ausgleichen* ‖ *para* ~ *mi cuenta zur Deckung (Begleichung) m–r Rechnung* ‖ ~ *una deuda e–e Schuld bezahlen* ‖ **–dista** *m/f Restpostenhändler(in* f) m
saldo *m Rechnungsabschluss* m ‖ *Saldo, Rechnungs-, Kassen|überschuss* m ‖ *Restbetrag* m ‖ *Ausgleich* m ‖ *Partie-, Insolvenz|ware* f ‖ *(Waren)Ausverkauf* m ‖ *Räumungsausverkauf* m ‖ ~ *acreedor Habensaldo* m ‖ ~ *de compensación Abrechnungssaldo* m ‖ ~ *de (una) cuenta Restbetrag, Saldo* m ‖ ~ *a nueva cuenta Saldo|übertrag, -vortrag* m ‖ ~ *deudor Sollsaldo* m ‖ ◆ *por* ~ *de la factura (de la partida) zur Ausgleichung der Rechnung (des Postens)* ‖ ◇ *la cuenta cierra con un* ~ *de … a nuestro favor das Konto schließt mit e–m Saldo von … zu unseren Gunsten (ab)* ‖ *transportar el* ~ *den Saldo vortragen* ‖ **–s** *mpl (Räumungs)Ausverkauf* m ‖ ⟨fig⟩ *Ladenhüter* mpl
saldré → **salir**
saldubense adj/s *(m/f)* ⟨Hist Lit⟩ *aus Sálduba (heute Zaragoza)* ‖ *auf Sálduba bezüglich*
saledizo adj ⟨Arch⟩ *vor|springend, -ragend* ‖ ~ *m Stirn-, Trauf|brett* n ‖ *Vorbau* m
salegar vi *Salz lecken (Vieh)* ‖ ~ *m Salzlecke* f *(fürs Vieh)*
salep *m* ⟨Pharm⟩ *Salep* m
sale|ra *f Gefäß* n *für die Salzlecke* ‖ **–ro** *m/adj Salz|fass* n, *-büchse* f, *-streuer* m ‖ *Salzlager* n ‖ *Salzlecke* f ‖ ⟨figf⟩ *Anmut, Grazie* f, *reizendes, anziehendes Wesen* n (e–r *Frau*) (& *als Kosewort*) ‖ ⟨fam⟩ *Mutterwitz* m ‖ ⟨figf⟩ *witzige Person* f ‖ Am *Salzhändler* m ‖ ◇ *tener* ~ ⟨fam⟩ *witzig sein* ‖ *Mutterwitz haben* ‖ **–roso** adj ⟨fam⟩ *anmutig, geistreich, witzig* ‖ *reizend, charmant (Frau)*
sale|sa *f* ⟨Rel⟩ *Salesianernonne* f ‖ **–siano** adj *Salesianer-* ‖ ~ *m Salesianer* m
saleta *f* dim von **sala** ‖ *Vorzimmer* n ‖ ⟨Jur⟩ *Berufungsgericht* n
salga → **salir**
salgar vi *dem Vieh Salz geben*
salguera *f*, **salguero** *m* → **sauce**
salicáceas *fpl* ⟨Bot⟩ *Weidengewächse* npl (Salicaceae)
salicaria *f* ⟨Bot⟩ *Blutweiderich* m (Lythrum salicaria)
sali|cilato *m Salizylat* n ‖ **–cílico** adj: *ácido* ~ ⟨Chem⟩ *Salizylsäure* f
sálico adj *salisch*
sali|da *f Aus|gehen* n, *-gang* m ‖ *Aus|gang* m, *-fahrt* f, *Tor* n ‖ *Aus|tritt* m, *-fahrt* f ‖ *Ausgang* m, *Tür* f ‖ p. ex *Ausgang* m, *Vorfeld* n (e–r *Ortschaft*) ‖ *Ausgang* m (freier *Tag*) ‖ *Ab|fahrt, -reise* f ‖ *Aufbruch* m ‖ ⟨Inform⟩ *Ausgabe* f ‖ ⟨EB⟩ *Abfahrt(shalle)* f ‖ ⟨Mar⟩ *Absegeln* n ‖ *Ausrufpreis* m *(bei Auktionen)* ‖ *Austreten* n (e–s *Flusses*) ‖ *Aufgang* m (Gestirne, Sonne) ‖ *Durchbruch* m *(von Zähnen)* ‖ ⟨Com⟩ *Absatz, Verkauf* m (der *Ware*) ‖ *Absatzgebiet* n ‖ *Ausfuhr* f (der *Ware*) ‖ *Ausgabe* f (Buchführung) ‖ ⟨Arch⟩ *Vorsprung* m ‖ ⟨Typ⟩ *Aus|lage* f, *-leger* m ‖ *Anzug* m (Schach) ‖ ⟨Sp⟩ *Start* m ‖ ⟨Mil⟩ *Ausfall* m ‖ ⟨Mil⟩ *Ab|marsch* m, *-rücken* n ‖ ⟨Flugw⟩ *Abflug, Start* m ‖ ⟨fig⟩ *Aus|rede, -flucht* f ‖ ⟨fig⟩ *Erfolg, Ausgang* m ‖ ⟨fig⟩ *Abschluss* m ‖ *(Auf)Lösung* f ‖ ⟨figf⟩ *witziger Einfall* m ‖ ~ *de capitales Kapitalflucht* f ‖ ~ *de datos* (Inform) *Datenausgabe* f ‖ ~ *de dinero Kapitalflucht* f ‖ ~ *en hombros* ⟨Taur⟩ *Emporheben* n *auf die Schultern (e–n erfolgreichen Stierkämpfer)* ‖ ~ *lanzada* ⟨Sp⟩ *fliegender Start* m ‖ ~ *de pavana* ⟨fam⟩ *grobe Antwort* f ‖ ~ *del puente Brückenausgang* m ‖ ~

de seguridad (*od* socorro) *Notausgang* m ‖ ~ de
un socio ⟨Com⟩ *Austritt* m *e-s Teilhabers* ‖ ~ del
sol *Sonnenaufgang* m ‖ ~ de teatro
Theatermantel m ‖ ⟨Th⟩ *Auftreten* n ‖ ~ de tono
⟨figf⟩ *deplatzierte od unangebrachte Bemerkung* f
‖ *barsche Antwort* f ‖ ~ del tren *Zugabfahrt* f ‖ ~
de las tropas ⟨Mil⟩ *Abmarsch* m *der Truppen* ‖ ♦
a la ~ del teatro *nach Schluss der
(Theater)Vorstellung* ‖ de buena ~ *gangbar, gut
absetzbar, gut verkäuflich (Waren)* ‖ de lenta ~
schwer verkäuflich ‖ ¡buena ~! ⟨pop⟩ *ist das e–e
Idee!* ‖ primera ~ ⟨Th⟩ *erstes Auftreten* n ‖ (seña
de) ~ ⟨Th⟩ *Kontrollmarke* f *(zum Wiedereintritt)* ‖
◇ dar ~ a su dolor *(fig) s–m Schmerz Luft
machen* ‖ dar la ~ ⟨EB⟩ *das Signal zur Abfahrt
geben* ‖ ⟨Th⟩ *das Stichwort geben (Souffleur)* ‖
⟨Sp⟩ *das Startzeichen geben* ‖ estar de ~
reisefertig sein ‖ *im Begriff sein abzureisen* ‖ hizo
su primera ~ en … ⟨Th⟩ *er (sie) trat zuerst in
(Ort, Theater)* bzw *in der Rolle* (gen) … *auf* ‖
este artículo tiene buena ~ *dieser Artikel verkauft
s. gut* ‖ este artículo tiene pronta ~ *dieser Artikel
verkauft s. schnell* ‖ no tener ~ *unverkäuflich sein
(Ware)* ‖ tener la ~ *anziehen (Schach)* ‖ ~s *fpl
Absatzquellen* fpl ‖ tener buenas ~ *witzige
Einfälle haben* ‖ las ~s y las entradas ⟨Com⟩
Ausgaben und Einnahmen fpl

sali|dizo adj ⟨Arch⟩ *vorspringend* ‖ ~ m
Vorsprung, Erker m ‖ **–do** adj *vorspringend* ‖
hervorstehend ‖ *läufig (Hündin)* ‖ *brünstig (Tier)* ‖
vorquellend (Augen) ‖ *geil (Person)* ‖ *mannstoll
(Frau)* ‖ *Glotz- (Augen)*

saliente adj *(m/f) hervorstehend* ‖ *vorspringend*
(& Math) ‖ ⟨Pol⟩ *ausscheidend* ‖ ⟨Arch⟩
aus|ladend, -kragend ‖ *abstehend (z. B. Ohren)* ‖
(fig) hervorragend, bemerkenswert ‖ es la nota ~
del día *es ist das hervorragendste Ereignis der
Gegenwart* ‖ ~ m *Osten* m ‖ *Vorsprung* m ‖
Ausleger m *(am Kran)* ‖ *Nase* f ‖ ◇ formar ~
vorspringen

salífero adj → **salino**

salificación f *Salzbildung* f

salín m *Salz|kammer* f, *-lager* n

sali|na f *Saline* f ‖ *Salz(berg)werk* n ‖
Salzsiederei f ‖ **–nero** adj *salzhaltig* ‖ *Salinen-*
Salz- ‖ ⟨Agr⟩ *gesprenkelt (Vieh)* ‖ ~ m *Salz|sieder,
-händler* m ‖ *Salinenarbeiter* m ‖ Am → **salina** ‖
–nidad f *Salzgehalt* m ‖ ⟨Geol⟩ *Salinität* f ‖ **–no**
adj *salin* ‖ *salzig* ‖ *salzhaltig* ‖ Sal *gesprenkelt
(Vieh)*

△ **salipén** m *Gestank* m

salir [pres salgo, sales *usw.*, imp sal, fut
saldré] vi:
A) *aus-, weg-, hinaus-, heraus|gehen, -kommen* ‖
ab-, fort|gehen ‖ *aus-, spazieren|gehen* ‖
ab|reisen, -fahren, -dampfen ‖ ⟨EB⟩ *abgehen* ‖ *s.
entfernen* ‖ *ausrücken, fortziehen (Truppen)* ‖
⟨Mil⟩ *ab|marschieren, -rücken* ‖ ⟨Mar⟩ *auslaufen* ‖
⟨Flugw⟩ *abfliegen, starten* ‖ *aufbrechen, die Reise
antreten* ‖ *losgehen (Schuss)* ‖ *herauskommen
(Rechenaufgabe)* ‖ *austreten (aus e–r
Gesellschaft)* ‖ *keimen, hervorsprießen,
ausbrechen (Knospen)* ‖ *auslaufen (Flüssigkeiten)*
‖ *überlaufen (Flüssigkeiten)* ‖ *s. auszeichnen* ‖
hervorragen ‖ *s. herausheben* ‖ *s. heraushelfen
(de aus dat)* ‖ *s. befreien (von)* ‖ *herauskommen,
erscheinen (Bücher, Zeitungen)* ‖ ⟨Th⟩ *auftreten* ‖
*gehen (Junge mit e–m Mädchen od Mädchen mit
e–m Jungen)* ‖ *ausgehen, entstammen* ‖ *herrühren*
‖ *hervorgehen* ‖ *ent|springen, -quellen, sprudeln
(Fluss, Quelle)* ‖ *zu stehen kommen, kosten* ‖
aufgehen (Sonne, Gestirne) ‖ *Absatz finden
(Waren)* ‖ ⟨Kart⟩ *ausspielen* ‖ *(fig) gelingen,
geraten* ‖ ⟨Sp⟩ *starten* ‖ salió alcalde *er ist zum
Bürgermeister gewählt worden, er ist*

Bürgermeister geworden ‖ salió buen artista *aus
ihm ist ein guter Künstler geworden* ‖ ~ bien *gut
ablaufen, geraten* ‖ *gelingen, glücken* ‖ *gut
wegkommen (bei)* ‖ ~ bien (de un negocio) ⟨pop⟩
gut abschneiden ‖ salió bien *es ist gelungen* ‖ ~
fuera de tono *(fig) grob werden* ‖ ~ ganancioso
Nutzen davontragen ‖ ~ garante, ~ fiador *s.
verbürgen, einstehen (für)* ‖ ~ indemne, ~ ileso
unversehrt bleiben ‖ *k–n Schaden erleiden* ‖ ⟨pop⟩
mit heiler Haut davonkommen ‖ no ~ *nicht
aufgehen (Plan, Rechnung usw.)* ‖ ~ responsable
s. verbürgen (de für) ‖ ~ vencedor *den Sieg
davontragen, als Sieger hervorgehen, Sieger
werden, siegen* ‖ dejar ~ *(he)rauslassen* ‖ ◇
¡acaba de salir! *soeben erschienen!* ‖ hacer ~
wegbringen ‖ *herausschaffen* ‖ *hinausdrängen,
ausweisen* ‖ *aus|drücken, -pressen* ‖ no poder ~
nicht herauskönnen ‖ estar pronto para ~
reisefertig sein ‖ *versandbereit sein (Waren)* ‖
querer ~ *hinauswollen* ‖ al ~ *beim Weggehen* ‖
sale una buena ocasión *es bietet s. e–e gute
Gelegenheit* ‖ salió muy caro *es war* bzw *wurde
sehr teuer* ‖ no me sale *(fig) damit werde ich
nicht fertig* ‖ ¿quién sale? *wer fängt an? (Spiel)* ‖
¡eso te saldrá caro! *das wird dich (od dir) teuer
zu stehen kommen! (als Drohung)* ‖ ¡ya salió!
⟨pop⟩ *da haben wir's!* ‖ el número ha salido *die
(Lotterie)Nummer ist gezogen worden od
herausgekommen*
B) *in Verb. mit Gerundium:* ~
corriendo *(hin)auslaufen* ‖ pitando *(figf) wie
rasend davonlaufen* ‖ ~ rodando *herausrollen* ‖ ~
volando *herausfliegen* ‖ *fort|flattern, -fliegen* ‖
⟨fig⟩ *eiligst hinauslaufen*
C) *in Verb. mit pp (= resultar):* ~ mal
parado ⟨pop⟩ *übel wegkommen* ‖ ~ enganchado
od cogido *aufgespießt werden (Stierkämpfer)* ‖ ~
suspendido *durchfallen (Schüler)*
D) *in Verb. mit Präpositionen:*
1. *in Verb. mit* **a:** ~ a *hinauslaufen auf*
(acc) ‖ *hinausgehen auf* acc *(Zimmer)* ‖ *ähneln,
ähnlich sein od werden (dat)* ‖ la calle sale a la
plaza *die Straße mündet in den Platz ein* ‖ ~ a la
calle *auf die Straße treten* ‖ *auf die Straße gehen
(demonstrieren)* ‖ ~ al campo *aufs Land gehen* ‖
~ a dar una vuelta *ausgehen, spazieren gehen* ‖
~ al encuentro de alg. *jdm entgegengehen* ‖ ~ a
(la) luz *zur Welt kommen* ‖ *offenbar werden, ans
Licht treten* ‖ *erscheinen, herauskommen (Buch)* ‖
~ a lo mismo *auf eins hinauskommen* ‖ salió a su
padre *er (sie, es) ähnelt s–m (ihrem) Vater* ‖ ~ al
paso *(jdm) entgegengehen* ‖ me sale a 5000 euros
es kostet mich 5000 Euro ‖ ~ a rastras
hinauskriechen ‖ ~ a la superficie *auftauchen
(Tauchvogel, U-Boot)* ⟨fig⟩ *aus dem Gröbsten
heraussein* ‖ ~ a las tablas, ~ al público ⟨Th⟩ *zur
Bühne gehen*
2. *in Verb. mit* **con:** ~ con algo *(et.)
zuwege (& zu Wege), zustande (& zu Stande)
bringen, erreichen* ‖ ⟨pop⟩ *herausplatzen (mit)* ‖
~ con alg. *(fam) mit jdm gehen* ‖ ~ con una
pretensión *mit e–m Anspruch hervortreten* ‖ ~
con un suspenso ⟨Sch⟩ *durchfallen* ‖ ¿ahora sale
Vd. con eso? *das fällt Ihnen erst jetzt ein?* ‖
¡siempre sales con lo mismo! *immer hast du
dieselbe Antwort!*
3. *in Verb. mit* **de:** ~ de apuros *aus e–r
Schwierigkeit herauskommen* ‖ ~ de caja
ausgegeben werden (Geld) ‖ ~ de la cama *aus
dem Bett steigen* ‖ ~ del capullo *s. entpuppen* ‖ ~
de la carlinga ⟨Flugw⟩ *aus der Kanzel
herausklettern* ‖ ~ de casa *aus dem Haus
kommen* ‖ *ausgehen* ‖ ~ de casa de alg. *von jdm
kommen* ‖ ~ de caza *auf die Jagd gehen* ‖ ~ del
desmayo *zu s. kommen (Ohnmächtiger)* ‖ ~ de la

duda *s. Sicherheit verschaffen* ‖ ~ de una
enfermedad *e–e Krankheit überstehen* ‖ ~ del
huevo *aus dem Ei kriechen* ‖ ~ de juicio *den
Verstand verlieren* ‖ ~ de madre *austreten (Fluss)*
‖ *überfließen* ‖ ~ del paso *s. (über et.)*
hinweghelfen ‖ ~ de prisa, ~ con precipitación
hinauseilen ‖ ~ de la regla *e–e Ausnahme (von
der Regel) bilden* ‖ ~ de tino *den Verstand
verlieren* ‖ ~ de viaje *abreisen* ‖ eso no sale de él
⟨figf⟩ *das stammt nicht von ihm* ‖ los plátanos
salen de Tenerife *die Bananen kommen aus
Teneriffa* ‖ ¿de dónde sale Vd.? ⟨fam⟩ *wo (in aller
Welt) kommen Sie (denn) her?* ‖ ¡salga de ahí!
⟨pop⟩ *ist das e–e Idee!* ‖ ¡que no salga de
nosotros! *das muss unter uns bleiben!*
4. in Verb. mit **en:** ~ en coche *(hinaus-
)fahren* ‖ ~ en público ⟨fig⟩ *s. auf der Straße
zeigen* ‖ ~ en trineo *e–e Schlittenfahrt
unternehmen*
5. in Verb. mit **por, para, tras:** ~ por
alg. *für jdn gutstehen* ‖ ~ por fiador *für jdn
Bürgschaft leisten* ‖ salió de Madrid para
Barcelona *er (sie, es) ist von Madrid nach
Barcelona abgereist* ‖ ~ tras alg. *jdm nachlaufen,
jdn verfolgen*
E) ~**se** *hinaus-, heraus|gehen* ‖ *ausspringen*
(z.B. *Taste*) ‖ *hervorstehen* ‖ *auslaufen
(Flüssigkeiten)* ‖ *s. losmachen (von)* ‖ ~ con algo
et. zustande (& zu Stande) bringen ‖ ~ del
compás *aus dem Takt kommen* ‖ se ha salido la
leche *die Milch ist übergelaufen* ‖ ~ de la materia
→ ~ del tema ‖ se le sale a los ojos ⟨figf⟩ *man
sieht es ihm (ihr) gleich an* ‖ ~ de los rieles ⟨EB⟩
aus den Schienen springen, entgleisen ‖ ~ con la
suya ⟨figf⟩ *s–e Meinung durchsetzen, schließlich
Recht behalten* ‖ *s. behaupten* ‖ ~ del tema *vom
Thema abschweifen*
  salita *f* dim von **sala** ‖ ~ de higiene para
bebés *Wickelraum m (in Autobahnraststätten)*
  Salitas *m* np ⟨fam⟩ → **Francisco**
  sali|trado adj *mit Salpeter versetzt od gemischt*
‖ → **–troso** ‖ **–tral** *m*, **–trera** *f Salpetergrube f* ‖
–tre *m Salpeter m (althergebrachte Bezeichnung
für technisch wichtige Nitrate)* ‖ **–trería** *f
Salpeterwerk n* ‖ **–trero** adj *Salpeter-* ‖ **–troso** adj
salpeterhaltig, salpet(e)rig
  sali|va *f Speichel m* ‖ ◇ gastar ~ (en balde)
⟨figf⟩ *ins Blaue hinein reden, s. den Mund
fuss(e)lig reden* ‖ *s. umsonst bemühen* ‖ tragar ~
⟨figf⟩ *s–n Unwillen verbeißen* ‖ **–vación** *f
Speichelfluss m* ‖ *Speichelbildung f* ‖ **–vadera** *f
Arg Spucknapf m* ‖ **–val, –var** adj *(m/f) Speichel-*
‖ **–var** vi *Speichel bilden* ‖ *viel Speichel
absondern* ‖ ~ adj *Speichel-* ‖ **–vazo** *m Speichel
m, Spucke f* ‖ *Ausspucken n* ‖ ◇ *manchar od*
salpicar a ~s *bespucken* ‖ **–voso** adj *speichel|artig
bzw -reich* ‖ *Speichel-*
  sálix *m* ⟨Bot⟩ → **sauce**
  sa|llado *m* ⟨Agr⟩ Ast Sant Jäter m (→
escardador) ‖ **–llar** vt ⟨Agr⟩ *jäten* ‖ *(Holz auf
Balken) lagern (Holzlager)*
  △ **sallé** *m Tisch m*
  sallete *m Jäthacke f*
  salmanti|cense adj/s *(m/f)* ⟨lit Hist⟩ (bes. *in
der Kirchensprache*), **–no** adj *aus Salamanca,
salmantinisch* ‖ ~ *m Salmantiner m*
  salmear vi *Psalmen singen bzw beten*
  salmer *m* ⟨Arch⟩ *Kämpfer-, Widerlager|stein m*
‖ *Kämpfer m (e–s Bogens)*
  salmero adj → **aguja**
  salmerón adj: trigo ~ *großkörniger
Berberweizen m*
  salmis *m* ⟨Kochk⟩ *Wildgericht n mit e–r
besonderen Sauce*
  sal|mista *m/f Psalmist(in f) m*

Psalmen|dichter(in f), *-sänger(in f) m* ‖ el ~
⟨Bibl⟩ *der Psalmist, (der) König David* ‖ **–mo** *m
Psalm m* ‖ ~s penitenciales *Bußpsalmen mpl* ‖
–modia *f Psalmengesang m* ‖ ⟨figf⟩ *eintöniges
Geplärr(e) n* ‖ ⟨figf⟩ *Litanei f* ‖ **–modiar** vt
herunter|beten, -leiern
  salmón *m* adj *lachs|farben, -rosa* ‖ ~ *m* ⟨Fi⟩
Lachs, Salm m (Salmo salar)
  salmonado adj *lachsartig*
  salmone|las fpl ⟨Bact⟩ *Salmonellen fpl* ‖ **–losis**
f ⟨Med⟩ *Salmonellose f*
  salmo|nera *f Lachsnetz n* ‖ **–nete** *m* ⟨Fi⟩
Meerbarbe f (Mullus) ‖ ~ de fango *Gewöhnliche
Meerbarbe f* (Mullus barbatus) ‖ ~ de roca
Streifenbarbe f (M. surmuletus) ‖ **–nicultura** *f
Lachszucht f*
  salmónidos mpl ⟨Fi⟩ *Lachsfische, Salmoniden
mpl* (Salmonidae)
  △ **salmoní** *f Eile f*
  sal|morejo *m (Art) Gewürztunke, Beize f* ‖
⟨figf⟩ *Wischer, Rüffel m* ‖ And *(Art) kalte Suppe f*
‖ **–muera** *f Sole, Salzbrühe, Lake f* ‖ *Pökel m*
  Salo *m* np → **Simeón**
  salo|bral adj *(m/f) salzhaltig* ‖ *brackig* ‖ **–bre**
adj *(m/f) salzig, brackig* ‖ *Brack-* ‖ **–breño** adj
salzhaltig ‖ *brackig*
  salo|ma *f* ⟨Mar⟩ *Singsang m (Arbeitslied der
Seeleute)* ‖ **–mar** vi ⟨Mar⟩ *im Arbeitstempo
singen*
  Salo|món *m* np *Salomon m* ‖ ⟨Bibl⟩ *Salomo m*
(& figf) ‖ ≠**mónico** adj *salomonisch* ‖ ⟨fig⟩
gewunden (Säule)
  ¹**salón** *m* augm von **sala** ‖ *(großer) Saal,
Empfangssaal m (& Möbel npl)* ‖ *Salon m* ‖
Besuchszimmer n ‖ *gute Stube f* ‖ ⟨figf⟩
Wohnzimmer n ‖ ⟨figf⟩ *Wohnzimmermöbel npl* ‖
Ausstellung, Messe f ‖ *(Kunst)Galerie f* ‖ ~ de
actos *Sitzungssaal m* ‖ *Festsaal m* ‖ *Auditorium n
maximum, Aula f* ‖ ~ del automóvil
Automobil|ausstellung, -salon m ‖ ~ de baile
Tanzsaal m ‖ ~ de belleza *Schönheitsinstitut n* ‖
Frisiersalon m ‖ ~ de clase (Sch) *Klassenzimmer
n* ‖ ~ de conferencias *Saal m für Vorträge* ‖ ~ de
contrataciones *Börsensaal m* ‖ ~ de degustación
Probierstube f ‖ ~ de descanso
Unterhaltungsraum m ‖ ~ de estudio
Studierzimmer n ‖ ~ de fiestas *Festsaal m* ‖
limpiabotas *Schuhputz(er)laden m* ‖ ~ de masaje
Massagesalon m ‖ ~ de música *Musikzimmer n* ‖
~ de pinturas *Bildersaal m* ‖ ~ rectoral
Rektorsaal m ‖ ~ de té *Tea-room m, Teestube f
(Café), Konditoreicafé n*
  ²**salón** *m Salz|fleisch n bzw -fisch m*
  salonci|llo, -to *m* dim von **salón** ‖
Gesellschaftszimmer n (& Th) ‖ *Wohnzimmer n*
  Salónica *f* [Stadt] ⟨Geogr⟩ *Saloniki n*
  saloon *m Saloon m*
  salpa *f* ⟨Fi⟩ *Goldstriemen, Ulvenfresser m*
(Boops [= Box] salpa)
  salpicade|ra *f* Mex ⟨Auto⟩ *Kotflügel m* ‖ **–ro**
m ⟨Auto⟩ *Armaturenbrett n*
  salpi|cado adj *gesprenkelt* ‖ *meliert* ‖ ~ *m*
⟨Typ⟩ *(Blei)Spritzer m (Maschinensatz)* ‖ **–cadura**
f Bespritzen n ‖ *Spritzfleck m* ‖ ~ de barro
Schmutzspritzer m ‖ ~ de tinta *Tintenklecks m* ‖
–car [c/qu] vt *bespritzen (mit con, de)* ‖
beschmutzen (con, de mit) ‖ *anklecksen* ‖
verspritzen ‖ ⟨fig⟩ *bestreuen* ‖ ⟨fig⟩ *beflecken* ‖
⟨fig⟩ *würzen (Rede)* ‖ ◇ ~cado de barro *mit
Schlamm bespritzt* ‖ *schlammig* ‖ ~ ·de chistes
⟨fig⟩ *mit Witzen würzen* ‖ ~ con sangre *mit Blut
beflecken* ‖ ~ de tinta *beklecksen* ‖ un valle –cado
de caseríos *ein Tal mit hie und da verstreuten
Häusern*
  ¹**salpicón** *m Spritzfleck m*

²**salpicón** m ⟨Kochk⟩ *gehacktes Fleisch* n *(mit Salat)* ‖ *Fleischsalat* m ‖ *Sauerbraten* m ‖ *(Art) Nussgebäck* n ‖ Ec *Fruchtsaftkaltgetränk* n

salpi|mentar [-ie-] vt *mit Salz und Pfeffer bestreuen* ‖ ⟨fig⟩ *würzen* (con, de *mit) (Gespräch)* ‖ **–mienta** f *Pfeffer* m *und Salz* n *(Mischung)*

salpingitis f ⟨Med⟩ *Eileiterentzündung, Salpingitis* f

salpre|sar vt *ein|salzen, -pökeln* ‖ **–so** adj *einge|salzen, -pökelt*

salpullido m *Hautausschlag* m, *Hitzblattern* fpl ‖ *Flohstiche* mpl

△ **salquero** m *(Trink)Glas* n

¹**salsa** f *Sauce, Soße* f ‖ ⟨reg⟩ *Tunke* f ‖ *Brühe* f ‖ *Tunke, Soße* f, *Beiguss* m ‖ *Mehlschwitze* f ‖ ⟨fig⟩ *Würze* f ‖ ⟨fig⟩ *Reiz* m, *Anmut* f ‖ ⟨fig⟩ *Mutterwitz* m ‖ ~ *ajiaceite od alioli Aïolisauce* f ‖ ~ *de alcaparras Kapernsauce* f ‖ ~ *de anchoas Sardellensauce* f ‖ ~ *bearnesa Sauce béarnaise, Bearner Sauce* f ‖ ~ *bechamel od besamel(a) Béchamelsauce* f ‖ ~ *blanca weiße Sauce* f ‖ ~ *a la cazadora Jägersauce* f ‖ ~ *de cebolla Zwiebelsauce* f ‖ ~ *clara dünne Sauce* f ‖ ~ *clarete (Art) Weinsoße* f ‖ ~ *a la crema Rahmsauce* f ‖ ~ *al curry Currysauce* f ‖ ~ *espesa dicke Sauce* f ‖ ~ *espumosa Schaumsauce* f ‖ ~ *financiera Finanzmannsauce* f ‖ ~ *holandesa holländische Sauce* f ‖ ~ *de Madera Madeirasauce* f ‖ ~ *mahonesa od mayonesa Mayonnaise* f ‖ ~ *de mostaza Senfsauce* f ‖ ~ *picante pikante od scharfe Sauce* f ‖ ~ *de rábano picante Meerrettichsauce* f ‖ ~ *remolada Remoulade(nsauce)* f ‖ ~ *tártara Tatarensauce* f ‖ ~ *de tomates Tomatensauce* f ‖ ~ *de trufas Trüffelsauce* f ‖ ~ *verde grüne Mayonnaise* f ‖ ~ *vinagreta Vinaigrette* f ‖ ~ *de vino Weinsauce* f ‖ ~ *Worcester Worcestersauce* f ‖ ◇ *lo pusieron hecho una* ~ ⟨pop⟩ *man hat ihm tüchtig verprügelt bzw ihm tüchtig den Kopf gewaschen* ‖ *estar en su propia* ~ ⟨fig⟩ *in s–m Element, im eigenen Milieu sein* ‖ *ser la sal de todas las* ~s ⟨fig⟩ *zu allem zu gebrauchen sein* ‖ ⟨fam⟩ *ein Schnüffler sein* ‖ *tener* ~ ⟨pop⟩ *witzig, aufgeweckt, schlau sein*

²**salsa** f [Tanz] *Salsa* m

salse m ⟨Geol⟩ *Schlamm|vulkan, -sprudel* m

salsear vt ⟨Kochk⟩ *mit Sauce anrichten*

salsedumbre f *Salzigkeit* f

sal|sera f *Sauciere, Saucenschüssel* f ‖ **–sero** m/adj ⟨fam⟩ *Saucenliebhaber* m ‖ Nav Murc ⟨figf⟩ *Schnüffler* m ‖ Chi *Salzverkäufer* m

salsifí m ⟨Bot⟩ *Wiesenbocksbart* m (Tragopogon pratensis) ‖ ~ *negro* ⟨Bot Agr⟩ *Schwarzwurzel* f (Scorzonera hispanica)

salsilla f dim von **salsa**

salsoláceo adj ⟨Bot⟩ *salzkrautartig*

salsucho m ⟨fam⟩ *Sudelbrühe* f

salta|balcones m Am *Einbrecher, Fassadenkletterer* m ‖ **–banco(s)** m *Gaukler, Seiltänzer* m ‖ *Marktschreier* m ‖ ⟨figf⟩ *Springinsfeld* m ‖ **–bardales** m ⟨figf⟩ *Wagehals, Draufgänger* m ‖ **–barrancos** m ⟨figf⟩ *Sausewind, Springinsfeld* m ‖ **–cercas** m ⟨Ins⟩ *Mauerfuchs* m (Lasiommata megera)

salta|dero m *Absprungstelle* f ‖ *Sprungbrett* n ‖ *Tummelplatz* m *(für Kinder)* ‖ *Springbrunnen* m ‖ **–dizo** adj *abspringend* ‖ *elastisch* ‖ **–do** adj: *ojos* ~s *Glotzaugen, hervorstehende Augen* npl ‖ **–dor** m *Springer* m ‖ *Seiltänzer, Gaukler* m ‖ *Springseil* n ‖ *Heuschrecke* f ‖ ~ *de margen Randlöser* m *(Schreibmaschine)*

¹**saltamontes** m ⟨Ins⟩ *Heuschrecke* f, ⟨pop⟩ *Grashüpfer* m ‖ ~ *estridulador Schnarrheuschrecke* f

²**saltamontes** m ⟨Tech⟩ *fahrbares Förderband* n

salta|ojos m ⟨Bot⟩ → **peonía** ‖ **–pajas** Pal Rioja, **–prados** m Ast Sant ⟨Ins⟩ → ¹**–montes** ‖ **–paredes** m ⟨figf⟩ → **–bardales**

sal|tar vt *(hin)überspringen* ‖ *über|springen, -hüpfen* ‖ *(über)springen (beim Damespiel)* ‖ *be|schälen, -springen (Tiere)* ‖ *decken (Hündin)* ‖ ⟨fig⟩ *über|springen, -geben* ‖ ⟨fig⟩ *(bei e–r Beförderung) übergehen (Zwischenstufen überspringend)* ‖ *aus e–m Amt verdrängen* ‖ ◇ ~ *una comida e–e Mahlzeit überspringen* ‖ ~ *las muelas an alg. jdm die Zähne einschlagen* ‖ ~ *un ojo a alg. jdm ein Auge ausschlagen* ‖ ~ *un semáforo ein Haltesignal od Rotlicht überfahren* ‖ ~ *una zanja über e–n Graben springen* ‖ ~ vi *springen* ‖ *(auf)hüpfen, hopsen* ‖ *(her)abspringen* ‖ *abspringen (Ball, Funken, Lack)* ‖ *(zer)springen (Saite, Glas)* ‖ *platzen* ‖ *in die Luft springen, auffliegen (Mine)* ‖ *in die Luft fliegen, bersten* ‖ *spritzen (Schmutz)* ‖ *e–n Strich machen, springen (im Musikstück usw.)* ‖ ⟨Jgd⟩ *aufspringen (Hase)* ‖ *sprühen (Funken)* ‖ *reißen (Band)* ‖ *laufen (Masche)* ‖ *hervorbrechen* ‖ *hervor|sprudeln, -quellen* ‖ ⟨fig⟩ *ein Amt verlieren* ‖ ⟨fig⟩ *auffallen, in die Augen fallen* ‖ ⟨fig⟩ *auffahren, böse werden* ‖ ⟨fig⟩ *(auf jdn) losstürzen* ‖ ~ *al agua (de cabeza) (kopfüber) ins Wasser springen* ‖ ~ *a la cuerda über das Seil springen (Turnen)* ‖ *eso* ~ *a la vista od a los ojos das springt in die Augen, das ist augenscheinlich, klar* ‖ ~ *con un despropósito* ⟨fam⟩ *mit e–m Unsinn herausplatzen* ‖ ~ *de … abspringen von …* ‖ ~ *de alegría od Freude hüpfen, springen* ‖ ~ *en pedazos in Stücke zerspringen* ‖ ~ *en tierra ans Land steigen* ‖ ~ *por aros durch Reifen springen* ‖ ~ *por encima de a/c. et. überspringen* ‖ ~ *por la ventana zum Fenster hinausspringen* ‖ *hacer* ~ *in die Luft sprengen* ‖ ◇ *andar a la que salta* ⟨figf⟩ *auf gut Glück (hinaus)gehen* ‖ *k–e Gelegenheit verpassen* ‖ *auf jede günstige Gelegenheit lauern* ‖ *apartarse saltando fortspringen* ‖ *estar al que salta od salte* ⟨pop⟩ *s. mit dem ersten Besten abfinden (Mädchen)* ‖ ⟨hacer⟩ ~ *la banca die Bank sprengen (beim Spiel)* ‖ *haciendo* ~ *su mirada de un objeto a otro hin und her blickend* ‖ *irse –tando weghüpfen* ‖ *pasar –tando über-, durch|springen* ‖ *con unos guantes –tando de blanco* ⟨pop⟩ *mit blendend weißen Handschuhen* ‖ *que están –tando por …* ⟨pop⟩ *die nichts sehnlicher wünschen als …* ‖ *–tó tras él, le siguió –tando er (sie, es) sprang ihm nach* ‖ … *–tó diciendo Juan … fiel Juan plötzlich ein (im Gespräch)* ‖ *¡te van a* ~ *los sesos!* ⟨pop⟩ *der Kopf wird dir zerspringen! (vom Nachdenken usw.)* ‖ *¡ya –tó la punta! die (Bleistift)Spitze ist abgebrochen!* ‖ ~**se** *überspringen (z.B. Fragen, Seiten, Text)* ‖ *auslassen* ‖ ◇ ~ *la tapa de los sesos (de un pistoletazo)* ⟨figf⟩ *s.–e Kugel durch den Kopf jagen* ‖ *los ojos se le –taban de las órbitas* ⟨fig⟩ *ihm (ihr) quollen (vor Entsetzen, vor Überraschung) fast die Augen aus dem Kopf* ‖ *er (sie, es) war sprachlos vor Staunen* ‖ *las lágrimas se le –taban de los ojos* ⟨fig⟩ *die Tränen kamen ihm (ihr) in die Augen* ‖ ~ *(se) un renglón e–e Zeile überspringen*

saltarel(o) m *Saltarello* m *(alter span. Tanz)*

saltarín m/adj *Tänzer* m ‖ ⟨figf⟩ *Springinsfeld, Sausewind,* ⟨fam⟩ *Luftikus* m

saltarregla f *Schmiege* f, *Stellwinkel* m

saltatriz [pl ~**ces**] f *Seiltänzerin, Akrobatin* f

saltatumbas m ⟨desp⟩ *Friedhofgänger, armer Geistliche(r)* m

salteado adj/s ⟨Kochk⟩ *sautiert* ‖ *in der Pfanne gebacken (Nieren usw.)*

salteador (de caminos) m *Straßenräuber, Wegelagerer* m

¹**saltear** vt *überfallen*
²**saltear** vt ⟨Kochk⟩ *sautieren*
³**saltear** vt/i *(et.) mit Unterbrechungen tun*
salterio *m Psalter(ium* n*)* m ‖ *Choral-,*
Psalm|buch n ‖ *Psalter(ium* n*)* m
(Musikinstrument)
sal|tigallo *m* Sal Zam ⟨Ins⟩ → **saltamontes** ‖
–tígrado adj ⟨Zool⟩ *Spring-*
saltimban|qui, –co *m Gaukler, Seiltänzer,*
Komödiant m ‖ *Marktschreier* m ‖ ⟨pop⟩
Springinsfeld, Sausewind, ⟨fam⟩ *Luftikus* m
salti|lo, –llo *m* dim von **salto** ‖ ◇ *andar a* ~s
hüpfen (Kinder)
sal|to *m Sprung, Satz* m ‖ ⟨fig⟩ *Überspringen* n
(im Lesen) ‖ ⟨fig⟩ *Strich* m *(im Theaterstück)* ‖
An-, ber|fall m ‖ ⟨Mil⟩ *Ausfall* m ‖ *abschüssige*
Stelle f, *tiefer Absturz* m ‖ *Wasserfall* m ‖ *Sprung*
m *(Schachspiel)* ‖ ⟨fig⟩ *Beförderung* f *(unter*
Überspringen der Zwischenstufen) ‖ ~ *de agua*
Wasserfall m ‖ ~ *de altura*
⟨Sp⟩ *Hochsprung* m ‖ ~ *de anchura y altura* ⟨Sp⟩
[Reiten] *Hochweitsprung* m ‖ ~ *del ángel* ⟨Sp⟩
Kopfsprung m ‖ ~ *hacia atrás Rücksprung* m ‖ ~
de caballo Rösselsprung m *(beim Schachspiel)* ‖
⟨Sp⟩ *Pferdspringen* n ‖ ~ *de cama Morgenkleid* n
‖ ~ *de campana Purzelbaum* m ‖ ⟨Sp⟩
Kopfsprung m ‖ ~ *a distancia* ⟨Sp⟩ *Weitsprung* m
‖ ~ *en esquí(es) Skispringen* n ‖ *Skisprung* m ‖ ~
de la garrocha ⟨Taur⟩ *Sprung* m *über den Stier*
Am ⟨Sp⟩ *Stabhochsprung* m ‖ ~ *japonés* ⟨Sp⟩
Japanersprung m ‖ ~ *largo,* ~ *de longitud* ⟨Sp⟩
Weitsprung m ‖ ~ *de lobo Wolfsgrube* f ‖ ~ ~
mortal ⟨fig⟩ *Salto (mortale), Todessprung* m ‖ ~
en paracaídas Fallschirmabsprung m ‖ ~ *de od a*
percha od pértiga ⟨Sp⟩ *Stabhochsprung* m ‖ ~ *de*
tigre ⟨Sp⟩ *Hechtsprung* m ~ *de trampolín* ⟨Sp⟩
Trampolinsprung m ‖ *triple* ~ ⟨Sp⟩ *Dreisprung* m
‖ ~ *en el vacío* ⟨fig⟩ *Sprung* m *ins Ungewisse* ‖
~ *de valla* ⟨Sp⟩ *Aufsatzsprung* m ‖ ◆ a ~ *de*
mata ⟨figf⟩ *plötzlich, unerwartet* ‖ *schleunigst* ‖
ungereimt ‖ *behutsam, vorsichtig* ‖ a ~s
sprungweise, hüpfend, in Sprüngen ‖ *mit*
Unterbrechungen, sprungweise ‖ *de (un)* ~
plötzlich ‖ *en un* ~ *in e–m Sprung, blitzschnell* ‖
en dos ~s *estoy de vuelta* ⟨pop⟩ *ich komme*
gleich zurück ‖ ◇ *andar a* ~s *springen, s.*
sprungweise bewegen ‖ *apartarse de un* ~
wegspringen, beiseite springen ‖ *dar un* ~
aufspringen, e–n Sprung tun, ⟨fam⟩ *e–n Satz*
machen ‖ ⟨fig⟩ *rasch vorwärtskommen* ‖ *dar un* ~
atrás zurückspringen ‖ *voy a darme un* ~ *hasta tu*
casa ⟨fam⟩ *ich komme auf e–n Sprung bei dir*
vorbei ‖ *¡qué* ~ *me dio el corazón! welch e–e*
Freude erfüllte plötzlich mein Herz! ‖ *dar el* ~ →
hacer el ~ ‖ *dar* ~s *(umher)springen* ‖ *dar* ~s *de*
alegría (od de contento) ⟨figf⟩ *vor Freude*
hochspringen ‖ *dando un* ~ *de campana kopfüber*
‖ *ganar de un* ~ *in e–m Sprung erreichen* ‖
herbeispringen ‖ *hacer el* ~ ⟨pop⟩ *e–n*
Seitensprung machen ‖ *pasar a* ~(s) *überspringen*
‖ *pegar un* ~ *(fam)* → *dar un* ~ ‖ *a gran* ~, *gran*
quebranto ⟨Spr⟩ *Hochmut kommt vor dem Fall* ‖
–tómetro *m* ⟨Sp⟩ *Sprungständer* m
¹**saltón** adj *springend, hüpfend* ‖
herausspringend
²**saltón** Col adj *halbroh (Braten)*
³**saltón** *m* ⟨Ins⟩ *Larve* f *der Heuschrecke, junge*
Heuschrecke f
salto-viraje *m* ⟨Sp⟩ *Quersprung* m *(Skisport)*
salu|bre [sup: **–bérrimo**] adj *(m/f) gesund* ‖
heilsam, zuträglich ‖ **–brldad** *f Heilsamkeit* f ‖
Zuträglichkeit f
salucita *f* Am dim von **salud**
salud *f Gesundheit* f ‖ *Gesundheitszustand* m,
(Wohl)Befinden n ‖ *Gesundheitsverhältnisse* npl

Wohl n, *-fahrt* f ‖ ~ *del alma* ⟨Rel⟩ *Seelenheil* n
(→ **salvación**) ‖ ~ *pública (öffentliches)*
Gesundheitswesen n ‖ *Volksgesundheit(szustand*
m*)* f ‖ *nocivo od perjudicial para la* ~
gesundheitsschädlich ‖ *rebosante de* ~, *en plena*
od sana ~ *kerngesund* ‖ *¡*~*! Heil!* ‖ *Gesundheit!*
(Heilwunsch beim Niesen, worauf ¡gracias!
erwidert wird) ‖ *¡a su* ~*! auf Ihr Wohl!* ‖ ◇ *beber*
a la ~ *de alg. auf jds Wohl trinken* ‖ *estar con* ~,
estar bien de ~, *tener (buena)* ~ *gesund sein, s.*
wohl befinden ‖ *estar con mediana* ~ *s. nicht*
besonders wohl fühlen ‖ *gastar* ~ ⟨pop⟩ *s. wohl*
befinden ‖ *tener* ~ *gesund sein* ‖ *tener poca* ~
kränklich sein ‖ *hinsiechen* ‖ *vender* ~ ⟨figf⟩ *vor*
Gesundheit strotzen ‖ *¿cómo está de (od cómo le*
va) de ~*? wie geht es Ihnen gesundheitlich?* ‖
¿cómo va su (od esa) ~*? wie geht's mit Ihrer*
Gesundheit? ‖ *¡tenga Vd. mucha* ~*! bleiben Sie*
gesund!
Salud *f* np span. *Frauenname*
saludable adj *(m/f) gesund, heilsam* ‖ ⟨fig⟩
zuträglich, ersprießlich
salu|dador *m Grüßende(r)* m ‖ *Gesundbeter* m
‖ *Quacksalber* m ‖ **–dar** vt/i *(be)grüßen* ‖ *s–n*
Gruß entbieten (dat) ‖ ⟨Mil⟩ *grüßen, salutieren* ‖
⟨Mil⟩ *e–e Ehrenbezeigung machen* ‖
bewillkommnen ‖ ⟨Mar Mil⟩ *e–e Salve abgeben,*
mit Salutschüssen begrüßen ‖ ◇ ~ *a alg. jdn*
begrüßen ‖ *jdn grüßen lassen* ‖ *jdm e–n kurzen*
Besuch abstatten ‖ *gesundbeten* ‖ ~ *con la*
bandera ⟨Mar⟩ *die Flaggte dippen* ‖ ~ *con salvas,*
~ *con las salvas de ordenanza* ⟨Mil⟩ *Salut*
schießen ‖ *le –da afectuosamente su … es grüßt*
Sie herzlich Ihr … (Briefschluss) ‖ *¡salúdelo Vd.*
de mi parte! grüßen Sie ihn von mir! ‖ **–do** *m*
Gruß m, *Grüßen* n, *Begrüßung* f ‖ ⟨Mil⟩
Ehrenschuss, Salvengruß m ‖ *Abschiedsformel* f
(in Briefen) ‖ ◇ *hacer el* ~ *militar militärisch*
grüßen ‖ *con un cordial* ~ *quedo de Vd. … mit*
herzlichen Grüßen verbleibe ich Ihr … ‖ *dar od*
enviar ~s *Grüße senden* ‖ *Grüße ausrichten* ‖
(jdn) grüßen lassen ‖ *¡muchos* ~s *a su hermano!*
viele Grüße an Ihren Bruder!
salumbre *f* ⟨Min⟩ *Salzblüte* f
salurético *m* ⟨Pharm⟩ *Saluretikum* n
Salustio *m* np *Sallust(ius)* m
salutación *f Begrüßung* f, *Gruß* m ‖ ~
angélica, ~ *del Ángel a la Virgen Englischer*
Gruß m ‖ *Angelusgebet* n
salutífero adj *heil|sam, -bringend* ‖ *wohltuend*
salutista *m/f Heilsarmist(in* f*)* m, *Angehörige(r*
m*)* f *der Heilsarmee*
salva *f* ⟨Geschütz⟩*Salve* f ‖ *Gruß* m ‖
Bewillkommnung f ‖ ~ *de aplausos Beifallssturm*
m ‖ ~s *de ordenanza* ⟨Mil⟩ *Salutschüsse* mpl
salva|barros *m Spritzleder* n ‖ ⟨reg⟩ *Kot|flügel,*
-schützer m *(am Wagen, am Fahrrad)* (→
guardabarros) ‖ **–ble** adj *(m/f) errettbar* ‖
–bordillo *m* ⟨Auto⟩ *Bordsteinfühler* m ‖ **–ción** *f*
(Er)Rettung f ‖ *Erlösung* f ‖ *Seligkeit* f ‖
Seelenheil n ‖ ◇ *la* ~ *eterna die ewige Seligkeit* ‖
no hay ~ *para él er ist rettungslos verloren* ‖ *se*
desespera de su ~ *man zweifelt an s–m (ihrem)*
Aufkommen
salvada *f* Arg Cu PR → **salvación**
salvadera *f Streu(sand)büchse* f
salvado *m Kleie* f
salvador *m/adj (Er)Retter* m ‖ *Erlöser, Heiland*
m ‖ ~ *del mundo Heiland, Welterlöser* m ‖ → **El**
~
salvadore|nismo *m* nur im salvadorianischen
Spanisch vorkommende sprachliche Erscheinung ‖
–ño adj *aus El Salvador, salvadorianisch* ‖ ~ *m*
Salvadorianer m
salvaguar|dar vt *(be)wahren* ‖ *hüten* ‖

sicherstellen ‖ ◇ ~ los intereses del alg. *jds Interessen wahren, auf jds Wohl bedacht sein* ‖ ~ un derecho *ein Recht sicherstellen* ‖ **–dia** *m* ⟨Mil⟩ *Schutzwache* f ‖ *sicheres Geleit* n ‖ ~ *f Schutz-, Geleit(s)|brief* m ‖ ⟨fig⟩ *Schutz* m ‖ bajo la ~ del Estado *unter dem Schutz des Staates*

salva\jada *f Roheit* f ‖ *Greueltat* f ‖ ◇ hacer ~s *s. tölpisch benehmen* ‖ *Greueltaten begehen* ‖ **–je** adj *wild (Tiere, Pflanzen)* ‖ ⟨fig⟩ *roh, ungesittet* ‖ ⟨fig⟩ *ungesellig* ‖ ◇ hacerse ~, volver al estado ~ *verwildern* ‖ ~ *m Wilde(r)* m ‖ ⟨fig⟩ *roher Mensch, Rohling, Barbar* m ‖ **–jería** *f* → **–jada** ‖ **–jina** *f wildes Tier* n ‖ *Wild(bret)* n ‖ **–jino** adj *Wild-* ‖ **–jismo** *m Wildheit* f ‖ *Roheit* f ‖ *Vandalismus* m, *Zerstörungswut* f ‖ *Grausamkeit* f ‖ **–juelo** aj dim von **–je**

salvamano: a ~ → **mansalva**

salva\mento (–miento) *m Rettung* f ‖ ⟨Mar⟩ *Bergung* f ‖ ⟨fig⟩ *Zuflucht* f

salvapuntas *m Bleistift|hülle, -hülse* f, *Schoner* m

salvar vt *(er)retten* ‖ ⟨fig Rel⟩ *retten, erlösen, selig machen* ‖ *meiden (Gefahr)* ‖ *überschreiten* ‖ *absehen (von), ersparen, vermeiden* ‖ *ausweichen (e–m Hindernis)* ‖ *überqueren, zurücklegen (Weg, Strecke)* ‖ *be-, er\steigen (e–n Berg)* ‖ *überspringen (e–n Graben)* ‖ *übertragen, (die Umgebung) beherrschen* ‖ ⟨Jur⟩ *(Verbessertes) be\stätigen, -glaubigen, e–n Berichtigungsvermerk machen (in e–r Urkunde)* ‖ ⟨Mar⟩ *bergen* ‖ ~ vi ⟨Hist⟩ *vorkosten* ‖ ◇ ~ un foso *e–n Graben überspringen* ‖ ~ de un peligro *aus e–r Gefahr retten* ‖ ~ grandes distancias *große Strecken zurücklegen, durchfliegen* ‖ ~ el umbral *die Schwelle überschreiten* ‖ ~ de un salto *überspringen* ‖ de dos brincos salvó la escalera in zwei Sprüngen war er die Treppe hinauf ‖ ~se *s. retten* ‖ ⟨Rel⟩ *s. retten, bes. gerettet werden* ‖ ◇ ~ a nado *s. durch Schwimmen retten* ‖ ~ del peligro *der Gefahr entrinnen* ‖ ~ en una balsa *s. auf e–m Floß retten* ‖ ~ huyendo (pop por pies) *s. durch die Flucht retten* ‖ ¡sálvese quien pueda! *rette s., wer kann!*

salvarruedas *m Prellstein* m

salvataje *m* ⟨bes. Mar⟩ → **salvamento**

△ **salvatierra** *m Falschspieler* m

salvavidas adj: bote ~ *Rettungsboot* n ‖ cinturón ~ *Rettungsring* m ‖ chaleco ~ *Schwimmweste* f, *Rettungsgürtel* m ‖ tela ~ *Sprungtuch* n ‖ ~ *m* ⟨Mar⟩ *Rettungs\apparat, -gürtel* m ‖ ⟨StV⟩ *Fang-, Sicherheits\vorrichtung* f, *Fangkorb* m *(an Straßenbahnwagen)*

¡salve! (lat) *sei gegrüßt!* ‖ *Heil dir!* ‖ ~ *f* ⟨Kath⟩ *Salve Regina* n *(Grußgebet an die heilige Jungfrau)*

salvedad *f Vorbehalt* m ‖ ◇ hacer una ~ *e–e Ausnahme machen* ‖ la oferta se entiende con la ~ de que … ⟨Com⟩ *das Angebot versteht s. für den Fall (bzw mit dem Vorbehalt), dass …*

salvia *f* ⟨Bot⟩ *Salbei* m (& f) (Salvia spp) ‖ ~ amarilla *Klebriger Salbei* m (S. glutinosa) ‖ ~ noble *od* de jardín *Echter Salbei, Gartensalbei* m (S. officinalis) ‖ ~ ornamental de Brasil *Prächtiger Salbei* m (S. splendens) ‖ ~ de los prados *Wiesensalbei* m (S. pratensis)

salvilla *f Kredenz-, Präsentier\teller* m ‖ *Gläsergestell* n

¹salvo pp/irr von **salvar** ‖ ~ adj *unbeschädigt, heil, unverletzt* ‖ *sicher, außer Gefahr* ‖ sano y ~ *wohlbehalten, frisch und gesund* ‖ en ~ a sea la parte (~ sea el lugar) ⟨fam euph⟩ *auf den Allerwertesten, auf den Hintern, auf den Po(po)*

²salvo adv präp *außer, ausgenommen* ‖ *vorbehaltlich, unbeschadet* ‖ todos ~ yo *alle*

außer mir ‖ ~ buen cobro ⟨Com⟩ *Eingang vorbehalten* ‖ ~ buen fin (s. b. f.) *u. ü.V. (unter üblichem Vorbehalt)* ‖ ~ error u omisión (S. E. u. O.) *Irrtum (bzw Auslassung) vorbehalten* ‖ *ohne Gewähr* ‖ ~ el parecer de Vd. *unbeschadet Ihrer besseren Einsicht* ‖ ~ venta ⟨Com⟩ *freibleibend* ‖ ◆ a ~ *unbeschadet* ‖ a su ~ nach Belieben ‖ ◇ dejar a ~ *ausnehmen, vorbehalten* ‖ plantarse a ~ ⟨pop⟩ *ausreißen, abhauen* ‖ ponerse en ~ *s. in Sicherheit bringen* ‖ salir a ~ ⟨fig⟩ *glücklich ausfallen*

salvoconducto *m Passierschein* m ‖ *Schutz-, Geleit\brief* m ‖ ⟨fig⟩ *freie Hand* f

salvohonor *m* ⟨fam euph⟩ *Allerwerteste(r), Hintern, Po(po)* m

Salzbur\go *m* [Stadt] *Salzburg* n ‖ **=gués** *m/adj Salzburger* m

Sam *m:* el Tío ~ ⟨figf⟩ *Onkel Sam* m (= *die USA*)

sama *m* ⟨Fi⟩ → **pajel**

sámago *m Splint(holz* n) m ‖ *frostbeschädigtes Holz* n

samanta *f* Nav *Reisigbündel* n

sámara *f* ⟨Bot⟩ *Flügelfrucht* f

Samarcanda *f* [Stadt] *Samarkand* n

samario *m* (**Sm**) ⟨Chem⟩ *Samarium* n

samarío adj/s Col *aus Santa Marta*

samari\ta adj *(m/f) samaritisch, aus Samaria, samaritanisch* ‖ ~ *m/f Samariter(in* f) m ‖ **–tano** *m Samarit(an)er* m *(Evangelium)* ‖ el santo ~ *der Barmherzige Samariter*

samba *m* [Tanz] *Samba* f (& m)

sambambé *m* Dom *Streit, Zank* m

sambenito *m* ⟨Hist⟩ *Büßer\kleid, -hemd* n, *Schandkutte* f ‖ *Anschlag* m *mit Namen und Strafen des Verurteilten* ‖ ⟨fig⟩ *Schandfleck* m ‖ ◇ colgarle a alg. el ~ ⟨fig⟩ *jdm et. unterstellen*

sambista *m/f Sambatänzer(in* f) m

samblaje *m* → **ensamblaje**

sambo *m* Am → **²zambo**

sambra *f* ⟨pop⟩ → **zamba**

sambuca *f* ⟨Hist⟩ *Belagerungsmaschine* f

sambumbia *f* Am ⟨Art⟩ *Kühltrank* m ‖ Col *Maisbrei* m ‖ Mex Col ⟨desp⟩ *Mischmasch* m ‖ Mex *Gesöff* n

samio adj/s *von (der Insel) Samos*

Samoa *m* ⟨Geogr⟩ *Samoa* n

Samos *m* ⟨Geogr⟩ *Samos* n

Samotracia *f* ⟨Geogr⟩ *Samothrake* f

samovar *m Samowar* m *(russische Teemaschine)*

samoyedos *mpl Samojeden* mpl *(nordsibirischer Volksstamm)*

sampán *m Sampan* m *(chinesisches Hausboot)*

sampedrada *f* ⟨fam⟩ Ar Rioja *Sankt-Peter-Fest, Petrusfest* n

sámpler *m* ⟨Elektron⟩ *Sampler* m

sampsuco *m* ⟨Bot⟩ → **mejorana**

△ **sampuñí** *f Seife* f

Samuel *m* np *Samuel* m

samuga *f Damensattel* m

samuray *[pl* **–áis***] m Samurai* m

samu\rera *f* Ven *Schar* f *von Geiern* ‖ **–ro** *m* Col Ven ⟨V⟩ → **³aura**

San adj *(nur vor dem Namen von Heiligen, außer Tomás, Tomé, Toribio und Domingo, bei denen die Form* Santo *gebraucht wird) heilig* ‖ ~es *mpl:* ¡por vida de ~! ¡voto a ~! ⟨fam⟩ *bei allen Heiligen!*

Sana *f* np ⟨fam⟩ → **Susana**

sanable adj *(m/f) heilbar*

sanabrés adj/s *aus Sanabria* (P Zam) ‖ *auf Sanabria bezüglich*

sana\dor *m Heiler, Wunderheiler* m ‖ *Quacksalber* m ‖ **–lotodo** *m* ⟨pop⟩ *Allheilmittel* n

sanamente adv *gesund* || ⟨fig⟩ *aufrichtig, guten Glaubens*

sananica f León ⟨Ins⟩ *Marienkäfer* m (→ **mariquita**)

sanantona f Sal ⟨V⟩ *Bachstelze* f (→ ²**lavandera**)

sanar vt *heilen* || ⟨Rel⟩ *erlösen* || ⟨fig⟩ *ausbessern* || ◇ ~ *por ensalmo besprechen (Krankheit)* || ~ vi *genesen* || *zuheilen (Wunde)* || ⟨Rel⟩ *erlöst* od *gerettet werden* || ~ *de una enfermedad von e–r Krankheit genesen* || ~*se genesen*

sanatorio m *Sanatorium* n, *Heilanstalt* f || ~ *para tuberculosos,* ~ *antituberculoso Lungenheilstätte* f

San Bernardo *der heilige Bernhard* || (perro de) ~ ~ m *Bernhardiner(hund)* m

Sanchico m np ⟨fam⟩ → **Sancho**

sanchina f ⟨Zool⟩ Sal *Zecke* f (→ **garrapata**)

Sancho m np span. *Männername* || ~ *Panza Sancho Panza* (auch: *Sancho Pansa*), *der Schildknappe des Don Quijote de la Mancha* || ⟨fig⟩ *behäbiger, schlauer Materialist* m *(Gegenbild des naiven Idealismus von Don Quijote)* || ◇ *al buen callar llaman* ~ ⟨Spr⟩ *Reden ist Silber, Schweigen ist Gold*

sanchopancesco adj *auf Sancho Panza bezüglich* || ⟨fig⟩ *materialistisch, ohne den leisesten Hauch von Idealismus*

¹**sanción** f *Be|stätigung, -kräftigung* f || *Genehmigung, Billigung, Gutheißung* f || *gesetzliche Bestimmung* f || *Gesetz* n || *Statut* n || ~ *legislativa Gesetzeskraft* f || ◇ *prestar* ~ *a algo et. billigen, gutheißen*

²**sanción** f *Sanktion* f || *(Geld)Strafe* f || ◇ *aplicar una* ~ *a alg. jdm e–e Geldstrafe auferlegen* || *aplicar sanciones a un país e–m Land Sanktionen auferlegen, Sanktionen über ein Land verhängen*

¹**sancionar** vt *bestätigen, billigen, gutheißen* || *beschließen (Gesetz)* || *Gesetzeskraft geben* (dat) || *sanktionieren* || Am *erlassen (Gesetz)*

²**sancionar** vt *bestrafen, e–e Strafe verhängen über* (acc) || *ahnden*

sancirole m ⟨fam⟩ → **sansirolé**

sanco|char vt *ankochen, halb kochen, halb gar kochen (Fleisch)* || Col ⟨fig⟩ *(jdn) ärgern* || **–cho** m Am *halb gekochtes Fleisch* n || *Mischfleisch* n || Am *Suppenfleischeintopf* m || Cu *Speisereste* mpl

sanc|ta adj ⟨lat⟩: *gente non* ~ *elendes Volk* n, *Pöbel* m || **–tasanctórum** m ⟨Rel⟩ *Allerheiligste(s)* n (& fig) || **–tus** m ⟨lat⟩ *Sanctus* n *(Teil der Messe)*

sandalia f *Sandale* f || *Riemen-, Bänder|schuh* m

sándalo m ⟨Bot⟩ *Sandel(holzbaum)* m *(Santalum* spp) || → **hierbabuena** || *Sandelholz* n

sandar m ⟨Geol⟩ *Sander* m

sandáraca f *Sandarak* m, *Sandarakharz* n

san|dez *[pl ~ces]* f *Einfältigkeit, Dummheit* f || *Abgeschmacktheit* f || *Unsinn* m || *alberne Rede* f || ◇ *decir ~ces Unsinn* od ⟨fam⟩ *Quatsch reden*

sandía f ⟨Bot⟩ *Wassermelone* f *(Citrullus lanatus)* || ⟨figf⟩ *Kopf* m, ⟨figf⟩ *Birne* f

sandiego m ⟨Bot⟩ Cu *Kugelamarant* m *(Gomphrena globosa)*

sandinista m/f ⟨Pol⟩ *Anhänger(in* f) m *der Sandinistenbewegung*

sandio adj *einfältig, dumm, simpel*

¡Sandio! ⟨reg⟩ → **¡Santo Dios!**

sandun|ga f ⟨fam⟩ *(Lieb)Reiz* m, *Anmut* f || ⟨fam⟩ *(Mutter)Witz* m || Chi PR → **jarana** || Mex Guat *ein Tanz* m || Mex Guat *e–e Volksweise* f || **–guearse** vr ⟨fam⟩ Arg *mit den Hüften wackeln, s. in den Hüften wiegen* || **–guería** f ⟨fam⟩

aufreizendes Benehmen n *(e–r Frau)* || **–guero** adj *graziös* || *witzig* || *provozierend*

sandwich m *belegtes Brötchen, Sandwich* n || **–era** f *Sandwichbereiter* m || **–ería** f [bes. SAm] *Imbiss|lokal* n, *-stand* m

sane|ado adj *rein, lauter* || *hygienisch* || *flüssig, lastenfrei (Vermögen)* || *saniert* (bes. Com) || **–amiento** m *Gewähr(leistung)* f || *Schadloshaltung* f || *Melioration* f *(von Ländereien)* || ⟨Com Med⟩ *Sanierung* f (& fig) || *Entseuchung* f || *Entgasung* f || ~ *económico Gesundung der Wirtschaft, wirtschaftliche Sanierung* f || ~ *del (medio) ambiente Umweltsanierung* f || **–ar** vt *gewährleisten, bürgen (für* acc) || *herstellen* || *bessern (Wein)* || *meliorieren (Gelände)* || *sanieren* (z.B. *ein Unternehmen)* || ◇ ~ *los barrios viejos (od la parte vieja de la ciudad) die Altstadt sanieren*

sanedrín m ⟨Hist⟩ *Sanhedrin* m, *Synedrium* n, *der Hohe Rat zu Jerusalem* (& fig)

Sanes → **San**

sanfori|zado adj ⟨Text⟩ *sanforisiert* || **–zar** [z/c] vt *sanforisieren*

sanfrancia f ⟨fam⟩ *Streit* m

sanfrancisco m *Früchtecoctail* m *(Getränk)*

sangaliano adj/s *aus St. Gallen (Schweiz)* || *auf St. Gallen bezüglich*

sangarriana f Ar ⟨Zool⟩ *(Mauer)Eidechse* f (→ **lagartija**)

sangonera f Ar → **sanguijuela**

sangordilla f Nav ⟨Zool⟩ → **sangarriana**

sangra|dera f ⟨Hist⟩ *Aderlasseisen* n || ⟨Med⟩ *Schnepper, Schnäpper* m || *Gefäß* n *zur Blutaufnahme* || ⟨fam⟩ *Aderlass* m || ⟨Tech⟩ *Ab|lass, -zugsgraben* m || **–do** m *Blutung* f || *Ablassen* n *von Blut* || **–dor** m *Aderlasser, Bader* m || *Schnepper, Schnäpper* m || ⟨Typ⟩ *Zeilenausrichter* m *(bei Setzmaschinen)* || **–dura** f *Aderlass* m || *Armbeuge* f || *Abzapfung* f || *Ab|lass, -stich* m (z.B. *e–s Hochofens)*

san|grar vt *(zur) Ader lassen, (jdm) Blut ablassen* || ⟨fig⟩ *an|zapfen, -bohren* || *ab|zapfen, -ziehen (Teich)* || *abstechen (Schwein, Hochofen)* || ⟨Typ⟩ *(Druckzeilen) einrücken* || *(Bäume) harzen* || ⟨fig⟩ *ablocken, schröpfen (Geld)* || ~ vi *bluten* (& fig) || ◇ ~ *por las narices Nasenbluten haben* || *estar –grando (pop) noch ganz frisch sein* || **–graza** f *verdorbenes Blut* n

¹**sangre** f *Blut* n || ⟨fig⟩ *Geblüt* n, *Abstammung, Herkunft* f || ⟨fig⟩ *Verwandtschaft* f || ⟨fig⟩ *Blut, Gemüt* n || ⟨fig⟩ *Rasse* f || ⟨fig⟩ *Blutvergießen* n || ~ *azul* ⟨fig⟩ *Adel* m, ⟨fig⟩ *blaues Blut* n || ~ *caliente Leidenschaft(-lichkeit)* f || ⟨figf⟩ *Temperament* n || ~ *de chufa,* ~ *de horchata,* ~ *de pez* ⟨figf⟩ *Fischblut* n, *Temperamentlosigkeit, Apathie* f || ~ *fría Selbstbeherrschung, Kaltblütigkeit* f || ~ *generosa* ⟨fig⟩ *Idealismus* m, *Opferbereitschaft* f || ~ *negra,* ~ *venosa Venenblut* n || ~ *roja Arterienblut* n || ◆ a ~ ⟨Typ⟩ *angeschnitten, abfallend (Bilder)* || a ~ *fría* ⟨fig⟩ *kaltblütig* || *gelassen* || *mit Überlegung* || a ~ *y fuego mit Feuer und Schwert* || de ~ **a)** *Pferde-* (z.B. *Wagen)* || **b)** *von Geblüt (Adel)* || de ~ *azul* ⟨fig⟩ *blaublütig, ad(e)lig* || de ~ *caliente* ⟨Zool⟩ *warmblütig* || de ~ *fría* ⟨Zool⟩ *kaltblütig* || de ~ *pura ~ Vollblut-* || *sin derramamiento de* ~, *sin verter* ~ *unblutig* || *ohne Blutvergießen* || ◇ *bullirle a alg. la* ~ ⟨figf⟩ *in blühender Jugend stehen* || ⟨figf⟩ *vor Wut kochen* || ⟨figf⟩ *in Leidenschaft entflammen* || *chorreando ~ bluttriefend* || *chorrear* ~ ⟨figf⟩ *ganz neu, fabrikneu sein* || *chupar la* ~ *a alg.* ⟨fig⟩ *jdn schröpfen, jdn wie e–e Zitrone auspressen, jdn ausnützen* || *conservar su* ~ *fría* ⟨figf⟩ *s–e Beherrschung nicht verlieren, s–e Kaltblütigkeit bewahren* || *allí corrió* od *hubo*

mucha ~ *dort wurde viel Blut vergossen* ‖ dar la ~ de sus venas ⟨fig⟩ *zu jedem Opfer bereit sein* ‖ derramar ~ *Blut vergießen* ‖ echar ~ *bluten* ‖ echar ~ por la nariz *Nasenbluten haben, aus der Nase bluten* ‖ encenderle a alg. la → ⟨figf⟩ *jdn (ständig) plagen*, ⟨fam⟩ *jdn auf die Palme bringen* ‖ encendérsele la ~ a alg. ⟨figf⟩ *wütend werden* ‖ hacer ~ ⟨fam⟩ *verwunden* ‖ *Blut vergießen* ‖ ⟨fig⟩ *kränken* ‖ hacerse ~ ⟨fam⟩ *s. verletzen* ‖ hacerse mala ~ ⟨figf⟩ *s. schwere Sorgen machen* ‖ *s. ärgern* ‖ la ~ se me hiela en las venas ⟨fig⟩ *das Blut erstarrt in m–n Adern* ‖ hervirle a alg. la → bullirle a alg. la ~ ‖ lavar con ~ ⟨fig⟩ *mit Blut abwaschen, rächen* ‖ llegar la ~ al río ⟨figf⟩ *ausarten, schlimme Folgen haben (Streit)* ‖ manchado de ~ *blutbefleckt* ‖ se quedó sin ~ en las venas *der Atem stockte ihm (ihr) in der Kehle* ‖ quemarle a alg. la ~ → encenderle a alg. la ~ ‖ eso quema la ~ ⟨fig⟩ *das macht böses Blut* ‖ la ~ se le subió a la cabeza ⟨fig⟩ *das Blut stieg ihm (ihr) zu Kopf* ‖ sudar ~ *Blut schwitzen* ‖ tener la ~ gorda ⟨figf⟩ *schwerblütig, apathisch, phlegmatisch sein* ‖ tener ~ blanca *od* de chufa *od* de horchata *od* de pez ⟨figf⟩ *kein Temperament haben*, ⟨figf⟩ *Fischblut in den Adern haben* ‖ tener mala ~ ⟨figf⟩ *jähzornig sein* ‖ ⟨pop⟩ *hundsgemein sein* ‖ *fremden* (bzw *gemischten*) *Blutes sein* ‖ no tener ~ en las venas ⟨figf⟩ → tener ~ de horchata ‖ verter ~ *Blut vergießen*

²sangre f ⟨Bot⟩: ~ de drago *Drachenblutpalme* f (Daemonorops draco) ‖ ⟨Pharm⟩ *Drachenblut* n

sangrecilla f ⟨reg Kochk⟩ *Gericht* n *aus Tierblut*

sangredo m ⟨Bot⟩ *Sant Faulbaum* m (Rhamnus frangula) (→ **¹arraclán**) ‖ Ast → **aladierna**

sangría f *Aderlass* m ‖ ⟨fam⟩ *Schröpfen* n ‖ *Ab|leitung, -zapfung, Trockenlegung* f *(e–s Teiches)* ‖ ⟨Met⟩ *Ab|stechen* n, *-stich* m ‖ ⟨Typ⟩ *Einrücken* n *der Zeilen* ‖ ⟨fig⟩ *Rotweinbowle, Sangria* f ‖ ◇ hacer una ~ a alg. *jdn schröpfen, rupfen* (& fig)

sangricio m *Sant* ⟨Bot⟩ → **aladierna**

san|griento adj *blutig* ‖ *blutgierig* ‖ ⟨fig⟩ *scharf, beißend, hart* ‖ *verletzend* ‖ **–grigordo** adj *Ant lästig (Person)* ‖ **–griligero, –griliviano** adj *Am sympathisch* ‖ **–gripesado** adj *Am unsympathisch* ‖ **–griza** f ⟨fam⟩ *Monatsblutung* f ‖ **–grón** adj/s *Cu lästig (Person)*

sanguarana f *Pe ein Volkstanz* ‖ ~s fpl *Ec Pe* ⟨fig⟩ *Umschweife* pl

sangue pron → **vosotros**

sangüesa f ⟨Bot⟩ → **frambuesa**

sanguífero adj *Blut enthaltend*

sanguificación f *Blutbildung* f

sanguijuela f *Blutegel* m ‖ ⟨fig⟩ *(Geld)Erpresser*, ⟨fam⟩ *Geldschneider* m ‖ ⟨figf⟩ *Blutsauger* m ‖ ~ medicinal ⟨Zool⟩ *(medizinischer) Blutegel* m (Hirudo medicinalis) ‖ ~ del ganado ⟨Zool⟩ *Pferdeegel* m (Limnatis nilotica)

sanguina f ⟨Mal⟩ *Rotstift* m ‖ *Rotstift-, Rötel|zeichnung* f

¹sanguinaria f ⟨Bot⟩ *Vogelknöterich* m (Polygonum aviculare)

²sanguinaria f ⟨Min⟩ *Blutstein* m

sanguinario adj *blut|gierig, -dürstig* ‖ *grausam*

san|guíneo adj *vollblütig* ‖ *blutrot* ‖ *sanguinisch (Temperament)* ‖ rojo ~ *blutrot* ‖ ~ m *Sanguiniker (Temperament)* ‖ **–guino** adj → **–guíneo** ‖ ⟨pop⟩ *aggressiv, streitlustig* ‖ *León mit ausgeprägtem Familiensinn* ‖ **–guinolento** adj *blutig* ‖ *bluthaltig* ‖ *blutbefleckt* ‖ *blutrot* ‖ **–guinoso** adj *blutähnlich* ‖ → **–nario**

Sanguis ⟨lat⟩ m ⟨Rel⟩ *Christi Blut* n *(in der Eucharistie)*

sanguisorba f ⟨Bot⟩ *Wiesenknopf* m (Sanguisorba spp) ‖ ~ mayor *Großer Wiesenknopf* m (S. officinalis) ‖ ~ menor *Pimpernell* m (S. minor)

sanguja f → **sanguijuela**

sanícula f ⟨Bot⟩: ~ mayor, ~ hembra *Große Sterndolde* f (Astrantia major) ‖ ~ menor *Kleine Sterndolde* f (A. minor) ‖ ~ macho *Sanikel* m, *Heildolde* f (Sanicula europaea)

sani|dad f *Gesundheit* f ‖ *Gesundheitswesen* n ‖ ~ militar ⟨Mil⟩ *Sanitätswesen* n ‖ **–tario** adj/m *gesundheitlich* ‖ *Gesundheits- ‖ sanitär, Sanitäts-* ‖ ~ m ⟨Mil⟩ *Sanitäter* m ‖ ~s mpl *Sanitär|anlagen* fpl, *-artikel* mpl

sanisco m *Strafe* f

sanjaco m ⟨Hist⟩ *Sandschak* m

san jacobo m ⟨Kochk⟩ *Cordon bleu* n

sanjua|nada f ⟨pop⟩ *Johannisfeier* f ‖ **–nero** adj *Johannis-*

sanjuanista m *Johanniter, Ritter* m *des Johanniterordens*

sanjuanito m *Ec ein Volkstanz* (& Mus)

sanlló m *Fohlen* m

San Marino m ⟨Geogr⟩ *San Marino* n

sanmar|tín m, **–tinada** f *Schlachtzeit* f *des Schweines*

sanmartiniano adj *auf den General San Martín (den arg. Freiheitshelden) bezüglich* ‖ ~ m *Anhänger* m *San Martíns*

sano adj/s *gesund* ‖ *heilsam, zuträglich* ‖ *heil, gefahrlos* ‖ ⟨fig⟩ *un|versehrt, -beschädigt* ‖ ⟨fig⟩ *ehrlich* ‖ ~ de cuerpo *von gesundem Körper* ‖ ~ y salvo *frisch und gesund* ‖ ~ como una manzana *kerngesund* ‖ ◇ cortar por lo ~ ⟨figf⟩ *zu drastischen Mitteln greifen, das Übel an der Wurzel packen* ‖ no estar ~ de la cabeza ⟨pop⟩ *nicht ganz richtig im Oberstübchen sein* ‖ salir ~ y salvo *mit heiler Haut davonkommen*

sanote adj augm von **sano** ‖ *kerngesund*

sanqui m ⟨pop⟩ *Plattenbau* m

San Quintín: se va a armar la de ~ ~ *da wird es e–n Skandal geben!* ‖ ⟨fam⟩ *da wird es rundgehen! da wird es Rabatz geben!*

sanscritista m/f *Sanskritforscher(in* f) m

sánscrito adj (idioma) ~ *Sanskrit(sprache* f) n

sanse(a)cabó ⟨fam⟩ *Schluss! und Schluss damit! basta! Punktum!*

sansevier(i)a f ⟨Bot⟩ *Sansevieria* f (Sansevieria spp)

sansimo|niano adj *saintsimonistisch* ‖ ~ m *Anhänger Saint Simons, Saint-Simonist* m ‖ **–nismo** m *Saint-Simonismus* m

sansiro|lada f ⟨fam⟩ *Blöd-, Un|sinn* m ‖ **–lé** m/f ⟨fam⟩ *Einfaltspinsel, Simpel* m

Sansón m np *Simson* m ‖ ~ m *Kraft|mensch, -protz* m, *Muskelpaket* m

santa f *Heilige* f ‖ **–bárbara** f ⟨Mar⟩ *Pulverkammer* f ‖ **–fecino** adj/s *aus Santa Fe* (Arg) ‖ *auf Santa Fe bezüglich* ‖ **–fereño** adj/s *aus Santa Fe de Bogotá* ‖ *auf Santa Fe de Bogotá bezüglich* ‖ **–feseño** adj/s *aus Santa Fe* ‖ *auf Santa Fe bezüglich*

santaláceas fpl ⟨Bot⟩ *Sandelholzgewächse* npl (Santalaceae)

Santa Lucía f ⟨Geogr⟩ *St. Lucia* n

santande|reano adj/s *aus Santander* (Col) ‖ *auf Santander* (Col) *bezüglich* ‖ **–rino** adj/s *aus Santander* (Span) ‖ *auf Santander* (Span) *bezüglich*

Santángel, ~o: Castillo de ~ *Engelsburg* f *(Rom)*

Santa Sede f: la ~ ~ *der Heilige Stuhl*

santateresa f ⟨Ins⟩ *Gottesanbeterin* f (→ **mantis**)

Santa Teresa: ~ de Jesús *(die hl.) Theresia von Avila*

Santelmo, San Telmo np: (fuego de) ~ ⟨Mar⟩ *(St.-)Elmsfeuer, Elmsfeuer* n

sante|ra *f Heiligtumswächterin* f (z. B. *e–r Einsiedelei*) ‖ (figf) *Betschwester* f ‖ **–ría** *f* (fam) *Scheinheiligkeit* f ‖ **–ro** *m Heiligtumswächter* m ‖ *Mesner* m ‖ *Hersteller* od *Verkäufer* m *von Heiligenbildern* od *Devotionalien* ‖ ⟨fam⟩ *Betbruder, Frömmler, Scheinheilige(r)* m

Santiago *m* np *Santiago, Jakob(us)* m *(Patron von Span.)* ‖ ~ de Compostela *(span. Stadt, berühmter Wallfahrtsort)* ‖ ~ de Chile *(Hauptstadt von Chile)* ‖ ⁓ *m Angriff* m *(bei e–r Schlacht)*

¹santiagueño adj *kurz nach* od *vor Jakobi reifend (Früchte)*

²santia|gueño adj/s *aus Santiago de la Espada* (P Jaén) ‖ *auf S. de la Espada bezüglich* ‖ *aus Santiago del Estero* (Arg) ‖ *auf S. del Estero bezüglich* **–guero** adj/s *aus Santiago de Cuba* ‖ *auf S. de Cuba bezüglich* ‖ **–gués, –guesa** *m, f aus Santiago de Compostela* ‖ *auf S. de Compostela bezüglich* ‖ **–guino** adj/s *aus Santiago de Chile* ‖ *auf S. de Chile bezüglich*

santiaguista *m/f Sankt-Jakobs-Ritter* m ‖ *Jakobspilger(in* f) m

santiamén: en un ~ (figf) *im Nu, im Handumdrehen* ‖ *eso lo hago en un* ~ *das sitze ich auf e–r Backe ab, das mache ich mit links*

santi|dad *f Heiligkeit* f ‖ Su ⁓ *S–e Heiligkeit* f *(Titel des Papstes)* ‖ **–ficación** *f Heiligung* f ‖ *Heiligwerdung* f ‖ *Weihung* f ‖ *Heilighaltung* f ‖ *Heiligsprechung* f ‖ **–ficado** adj *geheiligt* ‖ **–ficador** adj/s *heilig machend* ‖ **–ficar** [c/qu] vt *heiligen* ‖ ⟨Gott⟩ *weihen, widmen* ‖ *heilig sprechen* ‖ (fig) *heilig halten (Festtag, Andenken)* ‖ ⟨reg⟩ *entschuldigen, rechtfertigen* ‖ ◇ ~ *las fiestas die Festtage heilig halten* ‖ **~se** *heilig werden* ‖ (fig) *beichten*

santi|guación, –guada *f Bekreuzigen* n ‖ *¡por mi* ~! *so wahr mir Gott helfe!* ‖ **–guador** *m*/adj *Besprecher (von Krankheiten), Gesundbeter* m ‖ **–guamiento** *m Bekreu|zigen* n, *-zigung* f ‖ **–guar** [gu/gü] vt *bekreuzen, segnen* ‖ ⟨pop⟩ *ohrfeigen* ‖ ~**se** s. *bekreuz(ig)en, das Kreuz schlagen* ‖ ◇ **¡–güémonos!** ⟨pop⟩ *unberufen!* ‖ *toi, toi, toi!* ‖ **–guo** *m* → **–guamiento** ‖ León → **santiamén**

¹santimonia *f Heiligkeit* f

²santimonia *f* ⟨Bot⟩ *Wucherblume* f (Chrysanthemum coronarium)

santísima adj/s: *armar la* ~ *Krawall machen* ‖ *se va a armar la* ~ *da wird es e–n Skandal geben* ‖ (fam) *da wird es rundgehen, da wird es Rabatz geben* ‖ *hacer la* ~ *a alg. jdn piesacken, jdn schikanieren*

santísimo adj/s sup von **santo** ‖ *heiligster, hochheilig* ‖ ⁓ *Padre Allerheiligster Vater* m *(Titel des Papstes)* ‖ ◇ *armar* od *hacer la* ~a ⟨vulg⟩ *Krawall schlagen* ‖ *wüten, toben* ‖ ⟨pop⟩ *(jdn) schikanieren* ‖ *el* ⁓ *die geweihte Hostie* f, *das Allerheiligste, das Sanktissimum* n ‖ p. ex *Monstranz* f

¹santo adj/s *heilig* ‖ p. ex *selig* ‖ *fromm* ‖ *heilsam* ‖ *heilkräftig* ‖ *unantastbar* ‖ (figf) *treuherzig, einfältig* ‖ ⁓a *Iglesia* (Católica) *katholische Kirche* f ‖ ~ *María* (Hist) *e–e der drei Karavellen des Kolumbus* ‖ *la* ~ *Sede* ⟨Kath⟩ *der Heilige Stuhl* ‖ ~ *Teresa de Jesús (die hl.) Theresia von Avila* ‖ ◆ *a lo* ~ *wie ein Heiliger* ‖ *todo el* ~ *día* (fam) *den lieben langen Tag* ‖ *¡* ⁓ *Dios! mein Gott!* ‖ *¡* ~ *y bueno! recht so! meinetwegen* ‖ ~as *y buenas tardes! grüß Gott! guten (Nachmit)Tag!* ‖ ◇ *vivir en* ~a *paz in Ruhe und Frieden leben* (con *mit*)

²santo *m Heilige(r)* m ‖ *Heiligen|bild* n, *-figur* f ‖ *Namenspatron* m *(e–r Person)* ‖ p. ex *Namenstag* m *(e–r Person)* ‖ ~ *y seña* ⟨Mil⟩ *Losungswort* m ‖ ~ *titular Schutzheilige(r)* m ‖ ◆ *a* ~ *tapado Extr insgeheim, heimlich* ‖ *¡por todos los* ~s (del cielo)! *(fam) um Gottes willen! (flehentliche Bitte)* ‖ *¿a* ~ *de qué? ¿a qué* ~? *unter welchem Vorwand? aus welchem Grund?* ‖ ◇ *no me acuerdo de él ni del* ~ *de su nombre* (figf) *nicht einmal im Traum denke ich an ihn!* ‖ *celebrar su* ~ *s–n (ihren) Namenstag feiern* ‖ *dar con el* ~ *en tierra* (figf) *(et.) fallen lassen* ‖ *se durmió como un* ~ (figf) *er schlief fest ein* ‖ *írsele el* ~ *al cielo plötzlich et. (bzw alles) vergessen, (fam) den Faden verlieren* ‖ *rogar como a un* ~ (figf) *himmelhoch bitten* ‖ *no saber a qué* ~ *encomendarse nicht aus noch ein wissen* ‖ *tener al* ~ *de cara* ⟨pop⟩ *Glück haben* ‖ *ein Glückskind sein* ‖ *tener al* ~ *de espaldas* ⟨pop⟩ *ein Pechvogel sein* ‖ *Pech, Unglück haben* ‖ *entre santa y* ~, *pared de cal y canto* ⟨Spr⟩ etwa: *das Liebesspiel ist gefährlich* ‖ ~**s** mpl ⟨pop⟩ *Bilder* npl, *Illustrationen* fpl

³santo m: *dar el* ~ ⟨pop⟩ *e–n Tip für e–n Einbruch usw. geben*

santolina *f* ⟨Bot⟩ *Heiligenkraut* n (Santolina chamaecyparissus)

santolio *m* ⟨pop⟩ (= santo óleo) ⟨Kath⟩ *Salböl* n

santomadero *m* Mex *Holzgefäß* n *für Pulque*

santón *m* ⟨Rel⟩ *mohammedanischer Heiliger (bzw Mönch)* m ‖ (fig) *Heuchler* m ‖ (figf) *einflussreiche Person* f, (fam) *Bonze* m

santónico *m* ⟨Bot⟩ *Beifuß* m (Artemisia cina)

san|toral *m Kirchenhandbuch* n ‖ *Chorbuch* n ‖ *Verzeichnis von Heiligennamen (in Kalendern)* ‖ *Heiligenlegenden(sammlung* f) fpl

Santo Tomé y Príncipe *m* ⟨Geogr⟩ *São Tomé und Principe* n

san|tuario *m Heiligtum* n ‖ *(kleiner) Tempel* m, *Kapelle* f ‖ (fig) *geweihte Stätte* f, *Sankuar(ium)* n ‖ *Altarraum* m ‖ **–tucho** *m Betbruder* m ‖ **–turrón** adj *frömmelnd, bigott* ‖ (fig) *scheinheilig* ‖ ~ *m Frömmler, Scheinheilige(r)* m

San Vicente y las Granadinas *pl* ⟨Geogr⟩ *St. Vincent und die Grenadinen* pl

sa|ña *f* (blinde) *Wut, Raserei* f ‖ *Grausamkeit* f ‖ *Erbitterung* f, *Groll* m ‖ **–ñudo** adj *rasend, grimmig* ‖ *wütend* ‖ *erbittert* ‖ *erbarmungs-, mitleids-, gnaden|los* ‖ *Tod-* (z. B. *Feind*)

sapayo *m* Arg → **zapallo**

sapidez *[pl* ~**ces**] *f Geschmack* m

sápido adj ⟨reg⟩ *schmackhaft* (& lit)

sapien|cia *f* → **sabiduría** ‖ **–cial** adj *(m/f) Weisheits-* ‖ **–te** adj *wissend* ‖ ~ *m Wissende(r)* ‖ **–tísimo** adj sup von **sapiente** ‖ *hochgelehrt* ‖ ⟨iron⟩ *allwissend*

sapindáceas fpl ⟨Bot⟩ *Seifenbaumgewächse* npl (Sapindaceae)

sapino *m* ⟨reg⟩ *Tannenbaum* m (→ **abeto**)

sapituntún *m* CR *ein Kinderspiel*

△ **sapla** *f Urteilsspruch* m

sapo *m* adj Am *schlau, gerissen* ‖ ~ *m* ⟨Zool⟩ *Kröte* f ‖ ⟨Zool⟩ *Unke* f ‖ (fam) *(hässliches) Tier, Gewürm* n ‖ (figf) *langsame, schwerfällige Person* f ‖ (figf) *verabscheuungswürdiger Mensch* m ‖ Chi Mex (fam) *Giftzwerg* m ‖ Am ⟨reg⟩ *Geschwulst* f ‖ *Keil* m ‖ Arg *ein Kinderspiel* ‖ ~ *calamita* ⟨Zool⟩ *Kreuzkröte* f (Bufo calamita) ‖ ~ *común* ⟨Zool⟩ *Erdkröte* f (Bufo bufo) ‖ ~ *marino* (Fi) ⟩ **rape** ‖ ~ *partero Geburtshelferkröte* f (Alytes obstetricans) ‖ ~s *y culebras* (fam) *unnützes Zeug* n, *Krimskrams* m ‖ ◇ *echar* ~s *y culebras* (figf) *Gift und Galle spucken, fluchen, wettern* ‖ *pisar el* ~ (figf) *spät aufstehen* ‖ *tragarse un* ~ (figf) *e–e Kröte schlucken*

sapo|naria f ⟨Bot⟩ *Seifenkraut* n (Saponaria spp) ‖ **–nificación** f *Verseifung* f ‖ *Seifen|bildung* bzw *-bereitung* f ‖ **–nificar** [c/qu] vt *verseifen* ‖ **–nina** f ⟨Chem⟩ *Saponin* n ‖ **–nita** f ⟨Min⟩ *Saponit* m

sapote m ⟨Bot⟩ → **zapote** ‖ augm von **sapo**
sa|prófago adj/s *saprophag (Pflanze, Tier)* ‖ **–prófito** m/adj ⟨Bot⟩ *Saprophyt* m ‖ **–prógeno** adj *saprogen, fäulnis|erregend, -bildend* ‖ **–prozoo** m ⟨Zool⟩ *Saprozoon* n

saque m ⟨Sp⟩ *Abstoß* m, *Ausschlagen* n *des Balles* ‖ *An|spielen* n, *-stoß* m *(Fußball)* ‖ *Aufschlag* m *(Tennis, Pelotaspiel usw.)* ‖ *Angeber, Spieler, der den Ball ausspielt* ‖ ⟨figf⟩ *Gefräßigkeit und Trinkfreudigkeit* f ‖ ~ de banda *Einwurf* m ‖ ~ de esquina *Eckstoß* m ‖ ~ inicial *Anstoß* m ‖ ~ libre *Frei-, Straf|stoß* m ‖ ~ de puerta *Abstoß* m ‖ ◇ hacer la jugada de ~ *ausspielen* ‖ tener buen ~, ser de buen ~ ⟨figf⟩ *sehr viel essen und trinken (können),* ⟨fam⟩ *tüchtig reinhauen*
saque|ador m *Plünderer* m ‖ **–ar** vt/i *(aus)plündern* ‖ **–o** m *(Aus)Plünderung* f
saque|ra f: (aguja) *Sack(näh)nadel* f ‖ *Sacknäherin* f ‖ **–ría** f, **–río** m *Sackzeug* n ‖ **–ro** adj/s *Sack- ‖ Sackmacher- ‖* ~ m *Sacknäher* m ‖ *Sackhändler* m ‖ **–te, saquito** m dim von **saco** ‖ *Säckchen* n
△ **sar** prep *mit*
S.A.R. ⟨Abk⟩ = **Su Alteza Real**
Sara f np *Sarah* f
saragüete m ⟨reg⟩ *Hausfest* n
saram|pión m ⟨Med⟩ *Masern* pl ‖ **–pionoso** adj *masernartig*
sarao m *Abendgesellschaft* f ‖ *Musikabend* m ‖ *Hausball* m, *Kränzchen* n
sarape m Mex Guat *Überwurf* m *(aus e–m Stück mit Öffnung für den Knopf)*
△ **sarapé** m *Schlange* f
sarasa m ⟨pop⟩ *Schwule(r)* m
Sarasate m: Pablo ~ *berühmter span. Geiger (1844–1908)* ‖ ◇ ser un ~ ⟨figf⟩ *ein glänzender Geigenspieler sein*
△ **sarbañí** f *Sardelle* f
sar|casmo m *Sarkasmus, bitterer Spott* m ‖ *Stichel-, Hohn|rede* f ‖ **–cástico** adj *sarkastisch* ‖ *spöttisch, höhnisch, beißend (Wort)*
sarcocele m ⟨Med⟩ *Hodengeschwulst, Sarkozele* f
sarcófaga f ⟨Ins⟩ → **¹mosca** de la carne
sarcófago m *Sarkophag, Stein-, Pracht|sarg* m ‖ *Grab* n, *Gruft* f
sarco|idosis f ⟨Med⟩ *Sarkoidose* f ‖ **–lema** m ⟨An⟩ *Sarkolemm* n, *Hülle* f *der Muskelfasern* ‖ **–ma** m ⟨Med⟩ *Sarkom* n, *bösartige Bindegewebsgeschwulst* f ‖ **–matosis** f ⟨Med⟩ *Sarkomatose, Sarkombildung* f ‖ **–matoso** adj ⟨Med⟩ *sarkomartig, sarkomatös*
sar|coptes m ⟨Zool Med⟩ *Krätzmilbe* f (→ **²arador**) ‖ **–cóptidos** mpl ⟨Zool Med⟩ *Lausmilben* fpl (Sarcoptidae)
sarcorranfo m ⟨V⟩ → **¹cóndor**
sardana f [katal. Reigentanz] *Sardana* f
sarda|napalesco adj *auf Sardanapal bezüglich* ‖ **=nápalo** m np *Sardanapal* m (& fig) ‖ ~ ⟨figf⟩ *Vielfraß* m
sardanés adj *aus der Cerdagne (Cerdaña)* ‖ *auf die Cerdagne bezüglich*
sardanista m/f *Sardana|spieler(in* f) bzw *-tänzer(in* f) m
sardesco adj ⟨pop⟩ *mürrisch, verdrießlich* ‖ *klein (Pferd, Esel)* ‖ *sardonisch (Lachen)*
sardi|na f ⟨Fi⟩ *Sardine* f (Sardina pilchardus = Clupea pilchardus) ‖ ~s en aceite *Ölsardinen* fpl ‖ ~ arenque *Hering* m (→ **arenque**) ‖ ~s en

conserva *Büchsensardinen* fpl ‖ ~s en escabeche *marinierte Sardinen* fpl ‖ ~s en lata → ~s en conserva ‖ ◆ como ~s en banasta *(od en conserva)* ⟨figf⟩ *gedrängt wie die Heringe (in der Tonne), (sehr eng) zusammengepfercht* ‖ ◇ arrimar al ascua su ~ ⟨figf⟩ *auf s–n Vorteil bedacht sein* ‖ **–nada** f *Sardinenessen* n ‖ **–nero** adj/s *Sardinen(fang)-* ‖ ~ m *Sardinenhändler* m ‖ **–neta** f (dim von **–na**) ‖ ⟨Mil⟩ *Doppeltresse* f *(der span. Unteroffiziere, Gefreiten usw. auf dem Ärmel)* ‖ ~ de la humedad Ar ⟨Ins⟩ → **lepisma** ‖ ~s fpl ⟨Mil⟩ *Doppel-, Zier|schnur* f *(an den Ärmeln der Uniform), Doppeltresse* f
△ **sardioque** m *Salz* m
sardo adj *sardi(ni)sch, aus Sardinien (Cerdeña)* ‖ ~ m *Sarde, Sardinier* m ‖ el ~ *die sardische Sprache, das Sardische*
sardonia f ⟨Bot Med⟩ *Gifthahnenfuß* m (Ranunculus sceleratus)
sardónice, –nica f ⟨Min⟩ *Sardonyx* m
sardónico adj *sardonisch (& Med)* ‖ ⟨fig⟩ *krampfhaft, verzerrt*
¹sarga f ⟨Text⟩ *Köperbindung* f ‖ *Serge* f *(Wollstoff)*
²sarga f ⟨Bot⟩ *Grauweide* f (Salix elaeagnos) ‖ **–dilla** f ⟨Bot⟩ *Gänsefuß(art* f) m (Chenopodium splendens)
sargazo m ⟨Bot⟩ *Beerentang* m
sargen|ta f ⟨fam⟩ *Mannweib* n ‖ ⟨joc⟩ *Küchendragoner* m ‖ **–tear** vi *als Feldwebel führen* bzw *kommandieren* ‖ p.ex ⟨fam⟩ *herumkommandieren* ‖ ⟨figf⟩ *das Regiment führen (Frau)*
¹sargento m ⟨Mil⟩ *Unteroffizier* m ‖ *Feldwebel* m ‖ (Mar) *Maat* m ‖ ~ primero *Ober-, Haupt|feldwebel* m
²sargento m *Schraubzwinge* f
sargen|tona f, **–tón** m ⟨fam⟩ *Mannweib* n ‖ ⟨fam⟩ *Küchendragoner* m
sargo m ⟨Fi⟩ *Weißbrasse, Große Geißbrasse* f (Diplodus sargus = Sargus rondeletii)
sari m *Sari* m *(Gewand der Inderin)*
sariga f Arg → **zarigüeya**
sarilla f → **mejorana**
sármata, sarmático adj *sarmatisch, aus Sarmatien (Sarmacia)* ‖ ~ m *Sarmate* m
sarmen|tera f *Reben-, Rebholz|schnitt* m ‖ *Schuppen* m bzw *Ecke* f *für das Rebholz* ‖ **–tillo** m dim von **sarmiento** ‖ **–toso** adj ⟨Bot⟩ *rankend* ‖ ⟨fig⟩ *sehnig (Arm)*
sarmiento m *Ranke, Rebe* f ‖ *Rebholz(reisig)* n
△ **sarmuño** adj *schnell, flink*
sar|na f *Krätze (bei Menschen), Räude* f *(bei [Haus]Tieren)* ‖ ~ de los barberos *Bartflechte* f (→ **sicosis**) ‖ ~ costrosa, ~ pustulosa, ~ de Noruega *Krustenkrätze, norwegische Krätze* f ‖ ◇ coger ~ *räudig werden* ‖ tener ~ *räudig sein* ‖ ser más viejo que la ~ ⟨figf⟩ *stein-, ur|alt sein* ‖ **–noso** adj/s *krätzig* ‖ *räudig*
sarong m *Sarong (Rock der Malaien)*
△ **sarplar** vt *verurteilen*
sarpullido m → **salpullido**
sarra|cénico adj *sarazenisch* ‖ **–ceno** adj *sarazenisch* ‖ *maurisch* ‖ *arabisch* ‖ ~ m *Sarazene* m ‖ **–cín** adj → **–ceno**
sarracina f *Getümmel* n ‖ *Schlägerei* f, *Krach, Radau* m ‖ *Massaker* n ‖ ◇ armar la ~ *Krach schlagen, Radau machen* ‖ s. toll amüsieren
sarracino adj → **sarraceno**
Sarre m ⟨Geogr⟩ *Saarland* n ‖ [Fluss] *Saar* f
sarrianés adj/s *aus Sarriá (P Barc)* ‖ *auf Sarriá bezüglich*
sarrillo m *(Todes)Röcheln* n
sarrio m Ar *Gemsbock* m (→ **¹rebeco**)
sa|rro m *Niederschlag* m, *Ablagerung* f ‖

Zahnstein m ‖ ⟨Med⟩ *Zungenbelag* m ‖
–rroso adj *belegt (Zunge, Zähne)* ‖ *brandig
(Getreide)*
   sarruján m Sant *Hirten|junge, -knecht* m (→
zagal)
   △ **sar|sa** prep *mit* ‖ **–salar** vt *begleiten* ‖ **–salé**
m *Begleitung* f
   sarta f *Schnur, Reihe* f ‖ *(Perlen)Kette* f ‖ *Serie*
f ‖ ~ *de disparates od desatinos* ⟨pop⟩ *Haufen* m
Unsinn ‖ ~ *de improperios Schimpfkanonade* f ‖
~ *de perlas Perlenschnur* f
   sar|tén f *Stielpfanne* f ‖ *Tiegel* m ‖ ~
antiadherente *(teflon)beschichtete Pfanne* f ‖ ◇
tener la ~ por el mango ⟨figf⟩ *das Heft in (den)
Händen haben, das Regiment führen* ‖ saltar de la
~ y dar en la(s) brasa(s) ⟨Spr⟩ *aus dem Regen in
die Traufe kommen* ‖ **–tenada** f *Pfannevoll* f ‖
–tenazo m *Schlag* m *mit der Pfanne*
   sartorio adj: (músculo) ~ ⟨An⟩
Schneidermuskel m
   S.A.S. ⟨Abk⟩ = **Su Alteza Serenísima** ‖ **su
atento servidor**
   sasafrás m ⟨Bot⟩ *Sassafras, Nelkenzimtbaum* m
(Sassafras sp)
   △ **sasí** f *Schwiegertochter* f
   △ **sasta** adv *wie, auf welche Art*
   △ **sastar** vt *retten* ‖ *heilen*
   △ **sasteja** f *Klage* f ‖ *Beschwernis* f
   △ **sasto** adj *hoch* ‖ *gesund*
   sas|tra (Ar Cat **–tresa**) f *Schneidersfrau* f ‖
Schneiderin f ‖ **–tre** m *Schneider(meister),
Kleidermacher* m ‖ ~ militar *Militärschneider* m
‖ ~ de señoras *Damenschneider* m ‖ ◇ me visto
en este ~ *ich lasse bei diesem Schneider arbeiten*
‖ entre ~s no se pagan hechuras ⟨Spr⟩ *e–e Krähe
hackt der anderen kein Auge aus* ‖ *e–e Hand
wäscht die andere*
   sastre|cito, –cillo m dim von **sastre** ‖ ⟨fam⟩
Flickschneider m ‖ **–ría** f *Schneiderei* f ‖ **–sa** f Ar
→ **sastra**
   △ **sasú** m *Schwiegersohn* m
   △ **sat** prep *mit*
   △ **sata** adv *wie* ‖ *als ob*
   Satanás, Satán m *Satan* m ‖ ~ en persona
⟨fig⟩ *der leibhaftige Satan* ‖ ◇ darse a ~ ⟨figf⟩
des Teufels werden
   satandera f ⟨Zool⟩ Al → **comadreja**
   sa|tánico adj *satanisch, teuflisch, höllisch* ‖
⟨fig⟩ *gräulich* ‖ **–tanismo** m *Satansanbetung* f,
Satanismus m (& Lit) ‖ ⟨fig⟩ *äußerste Bosheit* f ‖
Verderbtheit f ‖ **–tanista** m/f *Satansanbeter(in* f)
m ‖ **–tanizar** [z/c] vt *verteufeln*
   △ **satarré** m *(Huf)Schmied* m
   satélite m ⟨Astr⟩ *Satellit, Trabant* m ‖ ⟨Pol⟩
Satellit m (& fig) ‖ ⟨fig⟩ *Leibwächter* m ‖ ⟨fam⟩
Anhänger, Helfer m ‖ ~ artificial ⟨Astr⟩
künstlicher Satellit m ‖ ~ de comunicaciones →
~ de telecomunicaciones ‖ ~ espía
Aufklärungssatellit m ‖ ~ estafeta → ~ de
telecomunicaciones ‖ ~ estacionario *stationärer
Satellit* m ‖ ~ de investigación *Forschungssatellit*
m ‖ ~ observador *Beobachtungssatellit* m ‖ ~ de
reconocimiento *Aufklärungssatellit* m ‖ ~ de
telecomunicaciones *Nachrichtensatellit* m ‖
(rueda) → ⟨Tech⟩ *Planetenrad* n
   satelizar [z/c] vt *(e–n künstlichen Satelliten)
auf e–e Erdumlaufbahn bringen*
   satén m ⟨Text⟩ *Satin* m
   satín m → **satén**
   satina f ⟨Text⟩ *Atlas-, Satin|bindung* f
   sati|nado adj *satiniert* (z.B. *Papier*) ‖ ⟨fig⟩ *wie
Atlas glänzend* ‖ ~ m, **–nadura** f *Satinieren* n,
Satinage f ‖ **–nadora** f: (máquina) ~
Satiniermaschine f ‖ *Glättwalze* f ‖ **–nar** vt
glätten ‖ *kalandern, satinieren*

sátira f *Satire, Spott|schrift* f, *-gedicht, -lied* n
‖ *Spötterei* f
   satiriasis f ⟨Med⟩ *Satyriasis*, ⟨fam⟩
Weibstollheit f
   satírico adj *satirisch* ‖ *spöttisch-tadelnd,
beißend, bissig* ‖ ~ m *Satiriker* m
   satíridos mpl ⟨Ins⟩ *Augenfalter* mpl (Satyridae)
   satirio m ⟨Zool⟩ *(West)Schermaus* f (Arvicola
sapidus)
   satirión m ⟨Bot⟩ *Knabenkraut* n (Orchis spp)
   satirizar [z/c] vt/i *(be)spötteln, mit beißendem
Spott verfolgen* ‖ *satirisch angreifen*
   sátiro m ⟨Myth⟩ *Satyr* m *(Waldgott)* ‖ ⟨Zool⟩
Orang-Utan m (→ **orangután**) ‖ ⟨Ins⟩
Augenfalter m (Agapetes sp, Hipparchia sp, Dira
sp *usw.,* → **satíridos**) ‖ ⟨fig⟩ *Spötter* m ‖ ⟨fig⟩
geiler Lüstling, Lustmolch m
   satisfacción f *Genugtuung, Abfindung* f ‖
Ehrenerklärung, Satisfaktion f *(auch durch
Zweikampf)* ‖ *Befriedigung, Zufriedenstellung* f ‖
Zufriedenheit f, *Behagen* n ‖ *Vergnügen* n, *Freude*
f ‖ *Ersatz* m, *Vergütung, Bezahlung* f ‖
Selbstgenügsamkeit f, *Dünkel* m ‖ ⟨Rel⟩ *Buße* f ‖
propia ~, ‖ *sí mismo Selbstgefälligkeit* f ‖
Eigendünkel m ‖ la no ~ *die Nichtbefriedigung* ‖
♦ a ~ *zur Zufriedenheit* ‖ *nach Wunsch* ‖ ◇ dar
~ *Genugtuung od Satisfaktion geben, fordern
(por für)* ‖ dar cumplida ~ *volle Befriedigung
(bzw Ehrenerklärung) bieten* ‖ dar pública ~
öffentlich Abbitte tun ‖ demandar ~ *Genugtuung
od Satisfaktion fordern* ‖ hallar ~ *Befriedigung
finden* ‖ pedir ~ → demandar ~ ‖ tener mucha ~
de sí mismo *sehr eingebildet sein* ‖ tengo una
verdadera ~ en poder servirle *ich stehe Ihnen mit
Vergnügen zu Diensten* ‖ tomar ~ s. Genugtuung
verschaffen ‖ este sastre trabaja a mi entera ~
*dieser Schneider arbeitet zu m–r vollen
Zufriedenheit*
   satis|facer [irr → **hacer**, pres ~fago etc., imp
~faz *od* ~face] vt *genügen, Genugtuung leisten* ‖
befriedigen, zufrieden stellen ‖ *(jdm) gerecht
werden, (jdm) Genugtuung verschaffen* ‖
*befriedigen (Verlangen, Wunsch, Bedürfnis),
entsprechen (dat)* ‖ *(jdm) entgegenkommen* ‖
abfinden ‖ *nachkommen (Verbindlichkeiten,
Obliegenheiten)* ‖ *ab-, be-, zurück|zahlen (Schuld)*
‖ *entrichten, begleichen (Betrag)* ‖ *vergelten,
rächen (Beleidigung)* ‖ *sättigen, (den Hunger, den
Durst) stillen* ‖ ◇ ~ a los acreedores *die
Gläubiger befriedigen* ‖ para ~ su curiosidad *um
Ihre Neugierde zu befriedigen* ‖ ~ una demanda
e–r Anforderung (dat) entsprechen ‖ ~ la
demanda ⟨Com⟩ *den Bedarf decken, die
Nachfrage befriedigen* ‖ ~ un deseo *e–n
Wunsch(e) entsprechen* ‖ ~ una duda *e–n Zweifel
ausräumen* ‖ ~ enteramente (*od* del todo)
vollkommen, völlig befriedigen ‖ ~ las exigencias
den Ansprüchen genügen ‖ *den Anforderungen
entsprechen* ‖ ~ los gastos *die Kosten ersetzen* ‖
~ el hambre *den Hunger stillen* ‖ ~ una
necesidad *e–n Bedarf befriedigen* ‖ *e–m Bedürfnis
entgegenkommen* ‖ ~ el pago de algo *et. be-,
aus|zahlen* ‖ ♦ para (*od* a fin de) ~le *um Ihnen
entgegenzukommen* ‖ ~ vi *Genüge leisten* ‖
gerecht werden (a e–r Sache) ‖ *sättigen (Speise)* ‖
⟨Rel⟩ *Buße tun, büßen* ‖ ◇ ~ por las culpas, ~
por los pecados *für die Sünden büßen* ‖ ~se s.
Genugtuung verschaffen ‖ *s–e Wünsche (bzw
Bedürfnisse) befriedigen* ‖ *s. schadlos halten* ‖
den Durst, den Hunger stillen ‖ **–faciente** adj m/f
befriedigend ‖ **–factoriamente** adv *auf
befriedigende Art* ‖ **–factorio** adj *zufrieden
stellend* ‖ *befriedigend* ‖ *genügend, ausreichend*
(z.B. *Leistung, Prüfungsnote*) ‖ *erfreulich* ‖ ♦ de
manera ~a (de un modo ~) *in befriedigender*

Weise ‖ ◇ resultar ~ *befriedigend ausfallen* ‖ (no) ser ~ *(un)befriedigend sein* ‖ **–fecho** pp/irr von **–facer** ‖ sueldo ~ al personal *dem Personal ausgezahlter Lohn* m ‖ ~ adj *befriedigt* (de *über* acc) ‖ *zufrieden* (de *mit*) ‖ *dünkelhaft* ‖ *froh, erfreut* ‖ *satt* ‖ *ausgezahlt* (z. B. *Lohn*) ‖ ~ consigo (mismo), ~ de sí (mismo) *mit s. (selbst) zufrieden* ‖ ◇ darse por ~ *s. zufrieden* ‖ dejar ~ *zufrieden stellen* ‖ estar ~ *befriedigt sein* ‖ *satt sein* ‖ *zufrieden sein* (de *mit*) ‖ no estar ~ *unzufrieden sein* ‖ poner ~ *zufrieden stellen* ‖ no ~ *unbefriedigt* ‖ **–fizo** → **–facer**
sativo adj ⟨Bot⟩ *ange|pflanzt, -baut* ‖ *gesät* ‖ *Kultur (Pflanze)*
△ **sato** adv *wie*
sátrapa m/adj ⟨Hist⟩ *Satrap* m *(persischer Statthalter)* ‖ ⟨fig⟩ *Tyrann* m ‖ ⟨figf⟩ *Schlau|berger, -meier* m
satrapía f ⟨Hist⟩ *Satrapie* f
satsuma f *Satsuma* f
△ **satucue** pron → **contigo**
satu|ración f ⟨Chem Phys Com⟩ *Sättigung* f ‖ ~ del aire ⟨Meteor⟩ *Luftsättigung* f ‖ ~ del mercado *Sättigung des Marktes, Marktsättigung* f ‖ ~ publicitaria *Werbemüdigkeit* f ‖ **–rado** adj *gesättigt (Lösung, Markt usw.)* ‖ no ~ *ungesättigt* ‖ **–rar** vt *sättigen* ‖ *durchtränken* ‖ ⟨fig⟩ *(über)sättigen*
saturnales fpl *Saturnfeste* npl, *Saturnalien* pl *(im alten Rom)* ‖ ⟨fig⟩ *Orgien* fpl
saturnia f ⟨Ins⟩ *(Nacht)Pfauenauge* n (Saturnia spp) ‖ ~ del peral *Großes Nachtpfauenauge* n (S. pyri)
satúrnidos mpl ⟨Ins⟩ *Augenspinner* mpl (Saturnidae)
satur|nino adj ⟨Chem⟩ *bleifarben* ‖ ⟨fig⟩ *finster, mürrisch* ‖ **–nismo** m *Bleivergiftung* f, *Saturnismus* m ‖ **=no** m ⟨Astr Myth⟩ *Saturn* m (& fig) ‖ ~ m ⟨Chem⟩ *Blei* n
sauba f ⟨Ins⟩ *Blattschneiderameise* f (Atta spp)
saucano adj/m *aus Fuentesaúco* (P Zam) ‖ *auf Fuentesaúco bezüglich*
sau|ce m ⟨Bot⟩ *Weide* f, *Weidenbaum* m (Salix spp) ‖ ~ de Babilonia *Trauerweide* f (S. babylonica) ‖ ~ blanco *Silberweide* f (S. alba) ‖ ~ cabruno *Palm-, Sal|weide* f (S. caprea) ‖ ~ dafnoide *Reifweide* f (S. daphnoides) ‖ ~ enano *Krautweide* f (S. herbacea) ‖ ~ llorón → ~ de Babilonia ‖ ~ mimbrero *Korbweide* f (S. viminalis) ‖ ~ rastrero *Kriechweide* f (S. repens) ‖ **–ceda** f, **–cedal** m *Weidengebüsch* n
saucillo m ⟨Bot⟩ *Vogelknöterich* m (Polygonum aviculare)
saúco m ⟨Bot⟩ *Holunder* m (Sambucus spp) ‖ ~ enano *Zwergholunder* m (S. ebulus) ‖ ~ de montaña *Roter Holunder* m (S. racemosa) ‖ ~ negro *Schwarzer Holunder* m (S. nigra)
sau|dade ⟨port⟩ f *schmachtende Sehnsucht* f ‖ *Heimweh* n ‖ *romantische Träumerei* f ‖ **–dosismo** m ⟨Lit⟩ *port. Sehnsuchts|poesie* bzw *-dichtung* f ‖ **–doso** adj *sehnsüchtig, Sehnsuchts-*
Saúl, Saulo m np *Saul* m
△ **saullo** m *Fohlen* n
sauna f *Sauna* f
sauquillo m ⟨Bot⟩ *Zwergholunder* m
saurio m ⟨Zool⟩ *Saurier* m ‖ ~s mpl *Echsen* fpl (Sauria)
sauriópsidos mpl ⟨Zool V⟩ *Sauropsiden* pl *(systematische Bezeichnung für Vögel & Reptilien)*
sauvástica f *linksweisendes Hakenkreuz* n
sauz [*pl* **–ces**] m → **sauce**
sauzgatillo m ⟨Bot⟩ *Mönchspfeffer* m (Vitex agnus-castus)
Sava m [Fluss]: el ~ *Save, Sau* f

savia f *(Pflanzen-, Baum)Saft* m ‖ ⟨fig⟩ *Kraft* f, *Mark* n ‖ ⟨fig⟩ *Rüstigkeit* f ‖ ⟨fig⟩ *Kern, Gehalt* m
sáxeo adj *Stein-*
saxífraga f ⟨Bot⟩ *Steinbrech* m (Saxifraga spp) ‖ ~ musgosa *Moossteinbrech* m (S. muscoides)
saxifragáceas fpl ⟨Bot⟩ *Steinbrechgewächse* npl (Saxifragaceae)
saxifragia f → **saxífraga**
saxo m *Kurzform für* **saxófono**
saxofonista m/f *Saxofonist(in* f) m
saxófono, saxofón m ⟨Mus⟩ *Saxofon, Saxhorn* n
saxoniense m adj *(m/f)* ⟨Geol⟩ *saxonisch* ‖ ~ m ⟨Geol⟩ *Saxonien* n
sa|ya f *Frauen(unter)rock* m ‖ *Frauenüberrock* m *(der Bäuerinnen)* ‖ *Reitrock* m ‖ dim: **–yuela** ‖ **–yal** m ⟨Text⟩ *grobes Wolltuch* n ‖ *Loden* m ‖ *Kittel* m, *Wams* m
sayo m *langer Leibrock* m ‖ *(Bauern)Kittel* m, *Wams* n ‖ ⟨fam⟩ *Kleid* n ‖ ~ de penitente *Büßergewand* n ‖ ◇ cortar a alg. un ~ ⟨figf⟩ *über jdn herziehen* ‖ decir a *od* para su ~ ⟨figf⟩ *für s. sagen, bei s. denken* ‖ augm: **sayonazo**
¹**sayón** m ⟨Hist⟩ *Häscher* m ‖ ⟨Hist⟩ *Scharfrichter, Henker* m ‖ ⟨Rel⟩ *Büßer* m *(in Prozessionen)* ‖ ⟨figf⟩ *roher Mensch*, ⟨fam⟩ *Raufbold* m
²**sayón** m ⟨Bot⟩ *Obione, Salzmelde* f (Obione sp)
sayona f Ven *Nachtgespenst* n
sayugo m Sal → **saúco**
sazón f *Zeitpunkt* m ‖ *Reife* f ‖ *gelegene Zeit* f, *günstiger Augenblick* m ‖ *Würze*, *Schmackhaftigkeit* f ‖ ♦ a ~ *zu gelegener, zu rechter Zeit* ‖ a la ~ *damals, in jener Zeit* ‖ *zugleich, gerade (damals)* ‖ antes de ~ *vor der Zeit* ‖ con ~ *gelegen, rechtzeitig* ‖ en ~ *zur rechten Zeit* ‖ fuera de ~ *unzeitgemäß* ‖ ◇ llegar a la ~ *reifen* ‖ *die Reife erreichen* (& fig) ‖ (no) estar en ~ *(nicht) reif sein*
sazo|nadamente adv *schicklich, gelegen* ‖ **–nado** adj *zeitig, reif* ‖ *schmackhaft, würzig* ‖ ⟨fig⟩ *witzig* ‖ **–namiento** m *(Heran)Reifen* n ‖ *Würzen* n ‖ **–nar** vt *zur Reife bringen* ‖ *reifen lassen* ‖ *würzen, zurichten (Speise)* ‖ ⟨fig⟩ *würzen (Gespräch)* ‖ ~ vi *reifen* ‖ ~**se** *reifen*
Sb ⟨Abk⟩ = **antimonio**
s.b.f. ⟨Abk⟩ ⟨Com⟩ = **salvo buen fin** ‖ **supuesta buena fe**
s.b.r. (*od* c.) ⟨Abk⟩ = **salvo buen recibo** (*od* **cobro**)
S.ᵇʳᵉ ⟨Abk⟩ = **septiembre**
s/c, s.c., S.C. ⟨Abk⟩ = **su cargo** ‖ **su carta** ‖ **su casa** ‖ **su cuenta**
Sc ⟨Abk⟩ = **escandio**
S.C. ⟨Abk⟩ = **sociedad civil**
S. (en) C. ⟨Abk⟩ = **sociedad en comandita**
scanner m → **escáner**
scherzo ⟨it⟩ m ⟨Mus⟩ *Scherzo* n
s/ch ⟨Abk⟩ = **su cheque**
schilleriano adj *auf Friedrich Schiller (1759–1805) bezüglich*
schnauzer m [Hund] *Schnauzer* m ‖ ~ enano *Zwergschnauzer* m ‖ ~ gigante *Riesenschnauzer* m
schnorkel ⟨deut⟩ m ⟨Mar⟩ *Schnorchel* m *(der U-Boote)*
schop m Arg Chi *Fassbier* n
schopenhaueriano adj *auf Arthur Schopenhauer (1788–1860) bezüglich*
schopería f Arg Chi *Bierlokal* n
¡schsss! onom *pst! Stille!*
schubertiano adj *auf Franz Schubert (1797–1828) bezüglich*
schumaniano adj *auf Robert Schumann (1810–1856) bezüglich*

schuss m ⟨deut⟩ ⟨Sp⟩ *Schuss* m, *Schussfahrt* f
science-fiction f → **ciencia-ficción**
Scila → **Escila**
scoop m ⟨Ztg⟩ *Scoop* m
scooter m *Motorroller* m
score m ⟨Sp⟩ *(Spiel)Stand* m
scout m *Pfadfinder* m ‖ **–ismo** m
Pfandfinderbewegung f ‖ **–ista** m/f *Pfadfinder(in* f) m
  scrabble m *Scrabble* n
  scratch adj ⟨Sp⟩ *scratch*
  script-girl f ⟨Film⟩ *Ateliersekretärin* f, *Skriptgirl* n
s/cta ⟨Abk⟩ = **su cuenta**
s.d. ⟨Abk⟩ = **se despide**
S.D.M. ⟨Abk⟩ = **Su Divina Majestad**
S.D.N. ⟨Abk⟩ = **Sociedad de (las) Naciones**
sdo. ⟨Abk⟩ = **saldo**
s/e ⟨Abk⟩ = **su entrega**
Se ⟨Abk⟩ = **selenio**
se pron 1. *sich* ‖ *man* ‖ *él* ~ *lava er wäscht s.* ‖ no ~ comprende *es ist unbegreiflich, man kann das nicht begreifen* ‖ ~ dice, dícese *man sagt* ‖ veráse (= ~ verá) luego *man wird gleich sehen* ‖ no ~ oían cantos *man hörte k–n Gesang* ‖ ¡~ agradecc! ⟨pop⟩ *besten Dank!* ‖ ¡ya ~ sabe! ⟨pop⟩ *natürlich!* ‖ *wie immer*
2. *statt* le(s) *vor* pron acc: *ihm, ihr, ihnen, Ihnen* ‖ yo ~ lo *[statt* le(s) lo] dije (a él) *ich sagte es ihm* ‖ ¡díselo (a él)! *sage es ihm!* ‖ no puedo decírselo a él *ich kann es ihm nicht sagen* ‖ diciéndoselo *als er es ihm (ihr usw.) sagte* ‖ *wenn du es ihm (ihr usw.) sagst* ‖ puedes pedírselo *du kannst ihn (sie, er, sie* pl) *darum ersuchen*
3. *pleonastisch:* érase una vez *es war einmal (im Märchen)* ‖ (bes. pop *in* Vizc) ~ tiene mucho dinero *er hat viel Geld*
SE., S.E. ⟨Abk⟩ = **sudeste**
sé → **saber** (= *ich weiß*)
Seacabó: y San ~ ⟨pop⟩ *Schluss! und Schluss damit! Punktum!* (→ **sanseacabó**)
SEATO f ⟨Abk⟩ = *SEATO* f (**South East Asia Treaty Organization**)
  sebáceo adj *talgartig, Talg-*
  Sebastián m np *Sebastian* m ‖ San ~ [Stadt] *San Sebastián* n
  sebastianismo m ⟨Hist⟩ *Sebastianismus, Glaube* m *an die Wiederkehr des Königs Sebastian von Portugal (1554–1578)*
se|bero adj *Talg-* ‖ **–bo** m *Talg* m, *Unschlitt* n ‖ *Schmiere* f ‖ ~ para untar carros *Wagenschmiere* f ‖ ◇ untar con ~ *schmalzen* ‖ *schmieren (Wagen)*
  sebón adj Arg Guat *faul*
sebo|rrea f ⟨Med⟩ *Seborrhö(e)* f, *Schmerfluss* m ‖ **–boso** adj *talgig*
seca f ⟨pop⟩ *regenlose Zeit, Dürre* f (→ **sequía**) ‖ ⟨Mar⟩ *(über das Wasser ragende) Sandbank* f ‖ ◆ a gran ~, gran mojada ⟨Spr⟩ etwa: *unverhofft kommt oft*
seca|dal m *Geestland* n ‖ *trockenes Gelände* n ‖ **–dero** m *Trocken|platz* m, *-gestell* n ‖ *Trockenraum* m ‖ *Trockenanlage* f
  secadillo m ⟨Art⟩ *Mandeltorte* f
seca|do m *Trocknen* n ‖ *Trocknung* f ‖ ~ al horno *Ofentrocknung* f ‖ **–dor** m *Trockner* m ‖ ⟨Fot⟩ *Trockenständer* m ‖ ~ automático *Trockenautomat* m ‖ ~ de casco *Trockenhaube* f ‖ ~ de mano *Fön* m ‖ **–dora** f *Trockenmaschine* f ‖ ~ centrífuga *Wäscheschleuder* f ‖ **–firmas** m *Löschwiege* f, *Tintenlöscher* m ‖ **–je** m *Trocknen* n, *Trocknung* f ‖ **–manos** m *Handtrockner* m ‖ **–no** m ⟨Agr⟩ *unbewässertes Land* n ‖ *Geest(land* n) f ‖ ⟨Mar⟩ *(über das Wasser ragende) Sandbank* f
  secansa f ⟨Kart⟩ *Sequenz* f
  secante adj *(m/f) trocknend* ‖ ⟨Math⟩

schneidend ‖ *(aceite)* ~ *Trockenöl* n ‖ *(línea)* ~ ⟨Math⟩ *Schnittlinie* f ‖ *(papel)* ~ *Lösch-, Fließ|papier* n ‖ ~ m *Trockenstoff* m, *Sikkativ* n (& Mal) ‖ ⟨Sp⟩ *Deckungsmann* m ‖ ⟨Math⟩ *Sekans* m ‖ ⟨Math⟩ *Sekante* f
seca|pelo(s) m ⟨fam⟩ *Haartrockner, Fön* m ‖ **–platos** m *Geschirrtrockner* m
secar [c/qu] vt *(aus)trocknen* ‖ *dörren* ‖ *abtrocknen (Wasser, Schweiß)* ‖ ◇ ~ con la esponja *mit dem Schwamm abwischen* ‖ ~ a la estufa *od* horno *im* bzw *am Ofen trocknen* ‖ *darren (Obst)* ‖ ~ al sol *an der Sonne trocknen* ‖ dejar ~, poner a ~ *trocknen lassen* ‖ ~se *aus-, ein-, ver|trocknen* ‖ *verdorren* ‖ *dörren (Obst)* ‖ *versiegen (Quelle, Brunnen)* ‖ *verwelken* ‖ *abmagern* ‖ *s. abtrocknen* ‖ ⟨fig⟩ *verschmachten* ‖ ⟨fig⟩ *abmagern* ‖ ◇ ~ la boca *s. den Mund (ab)wischen* ‖ ~ de sed *vor Durst vergehen* ‖ ~ con la toalla *s. mit dem Handtuch abtrocknen*
secarral m Ar → **secadal**
seca|tintas m *Löschwiege* f, *Tintenlöscher* m ‖ **–tivo** m *Sikkativ* n, *Trockenstoff* m ‖ **–tura** f *Quälerei, Belästigung, Öst Sekkatur* f
¹sección f *Schnitt* m *(Zeichnung)* ‖ *Einschnitt* m ‖ *Schnittfläche* f ‖ *Abschnitt* m, *Abteilung* f ‖ ⟨Math⟩ *Durchschnitt* m ‖ *Querschnitt* m ‖ *Streckenabschnitt* m ‖ *Teilstrecke* f ‖ ⟨Med⟩ *Durchschneiden* n ‖ ⟨Med⟩ *Schnitt* m ‖ ⟨Sp⟩ *(Turner)Riege* f ‖ ~ áurea ⟨Math⟩ *Goldener Schnitt* m ‖ ~ cesárea ⟨Med⟩ *Kaiserschnitt* m ‖ ~ cónica ⟨Math⟩ *Kegelschnitt* m ‖ ~ horizontal *Grundriss* m ‖ ~ transversal *Querschnitt* m ‖ ~ de vía *Streckenabschnitt* m ‖ ◆ por secciones *in Abschnitten* ‖ *der Reihe nach*
²sección f *Abteilung* f ‖ ⟨Mil⟩ *Zug* m ‖ ~ de anuncios ⟨Ztg⟩ *Anzeigenteil* m ‖ ~ de cobranza *Inkassoabteilung* f ‖ ~ cultural *Kulturabteilung* f (z.B. *in e–r Botschaft)* ‖ ~ deportiva ⟨Ztg⟩ *Sportteil* m ‖ ~ española *spanische Abteilung* f (z.B. *in e–m Sprachinstitut)* ‖ ~ de noticias ⟨Ztg⟩ *Nachrichtenteil* m ‖ ~ de personal *Personalabteilung* f ‖ ~ de ventas *Verkaufs- od Vertriebs|abteilung* f
seccio|nador m ⟨El⟩ *Trennschalter* m ‖ **–nar** vt *(durch)schneiden* ‖ *in Stücke schneiden* ‖ *in Abschnitte einteilen* ‖ *im Schnitt darstellen* ‖ *unterteilen*
sece|sión f *Entfernung* f ‖ *Rücktritt* m *(vom öffentlichen Leben)* ‖ *Absonderung, Trennung* f ‖ [Kunst] *Sezession* f ‖ ⟨Pol⟩ *Trennung, Sezession* f ‖ ⟨Pol⟩ *Spaltung* f ‖ **–sionista** adj *(m/f) sezessionistisch, Sezessions-* ‖ ~ m *Sezessionist(in* f) m
seco adj *trocken* ‖ *getrocknet (Obst)* ‖ *gedörrt, Dörr- (Fleisch, Obst)* ‖ *ausge-, ver|trocknet* ‖ *welk* ‖ *dürr* ‖ *rau, hart (Stimme)* ‖ *mager, hager* ‖ *regenlos (Zeit, Wetter)* ‖ ⟨fig⟩ *frostig, trocken, wortkarg, einsilbig (Person)* ‖ ⟨fig⟩ *ohne Zutaten, bloß* ‖ ⟨Mus⟩ *kurz, jäh abgebrochen* ‖ ⟨fig⟩ *spröd(e)* ‖ ⟨fig⟩ *herb, trocken (Wein, Sekt)* ‖ ~ de carnes *mager, hager* ‖ ◆ a ~ *trockener Fußes* ‖ ~as *nur, lediglich* ‖ *ohne Verbrämung* ‖ *ohne Titel, schlechtweg* ‖ en ~ *auf dem Trockenen* ‖ ⟨fig⟩ *auf dem Trockenen* ‖ ⟨Mar⟩ *auf dem Lande, gestrandet* ‖ ⟨fig⟩ *auf einmal, plötzlich* ‖ ⟨fig⟩ *grundlos, unmotiviert* ‖ más ~ que (*od* tan ~ como) una pasa ⟨figf⟩ *sehr mager,* ⟨fam⟩ *spindeldürr* ‖ ◇ dar en ~ ⟨Mar⟩ *auflaufen (Schiff)* ‖ dejar a uno ~ ⟨pop⟩ *jdn mit e–m Schlag töten* ‖ jdn in Erstaunen versetzen, jdn verblüffen* ‖ ¡~a está la obra! ⟨pop⟩ *bitte um Trinkgeld!* ‖ parar(se) en ~ *plötzlich innehalten* ‖ poner en ~ *trockenlegen* ‖ quedar ~ ⟨pop⟩ *plötzlich sterben* *(vor Erstaunen od Entsetzen) sprachlos sein* ‖ varar en ~ → dar en ~

secón *m* Sal *Bienenwabe* f *ohne Honig*
secoya *f* ⟨Bot⟩ → **secuoya**
secráfono *m* ⟨Tel⟩ *Verschlüsselungsgerät* n
secre *f* Kurzform für **secretaria**
secre|ción *f Absonderung, Sekretion* f ‖ *Sekret*
n ‖ ⟨Med⟩ *Aus|scheidung* f, *-wurf* m ‖ ~ *interna*
Inkretion, innere Sekretion f
¹secreta *f* ⟨reg pop⟩ *Abort* m
²secreta *f* ⟨pop⟩ *Geheimpolizei* f
³secreta *f* ⟨Kath⟩ *Sekret* f, *Stillgebet* n
secretamente adv *insgeheim, heimlich*
secretar vi ⟨Physiol⟩ → **segregar**
secre|taria *f Sekretärin* f ‖ ~ *de dirección*
Direktions-, Chef|sekretärin f ‖ ~ *privada*
Privatsekretärin f ‖ **–taría** *f Sekretariat,*
Schriftführeramt n ‖ *Büro* n, *Geschäftsstelle* f ‖
–tariado *m Sekretariat* n *(Tagungen usw.)*
¹secretario *m Sekretär* m ‖ *Schriftführer* m ‖
Geschäftsführer m ‖ *Geschäftsstellenleiter* m ‖
Am *Minister* bzw *Staatssekretär* m ‖ ~ *de Estado*
Span *Staatssekretär* m ‖ USA *Außenminister* m ‖
(in manchen anderen Ländern) Minister m ‖ ~
general Generalsekretär m ‖ ~ *del juzgado*
Urkundsbeamte(r) m *e–s Gerichts* ‖ ~ *de*
legación Gesandtschaftssekretär m ‖ ~
parlamentario Geschäftsführer m *e–r*
parlamentarischen Fraktion ‖ *parlamentarischer*
Staatssekretär m ‖ ~ *particular, ~ privado*
Privatsekretär m
²secretario *m* ⟨V⟩ *Sekretär* m (Sagittarius
serpentarius)
secre|tear vi ⟨fam⟩ *flüstern, tuscheln* ‖
geheimnisvoll, wichtig tun (con mit) ‖ ◊ ~ *al*
oído ins Ohr raunen ‖ **–teo** *m* ⟨fam⟩ *Flüstern,*
Zischeln n ‖ *Getuschel* n ‖ *Geheim(nis)tuerei,*
Geheimniskrämerei f ‖ **–ter** *m Sekretär* m *(Möbel)*
‖ **–tillo, –tito** *m* dim von **–to** ‖ ⟨fam⟩ *süßes*
Geheimnis n ‖ ◊ *andar de* ~s → **–tear** ‖ **–tista**
m/f Geheimnis|krämer, -tuer m
secretivo m ⟨Physiol⟩ *sekretorisch,*
absondernd, Sekretions-
secre|to adj/s *geheim, heimlich* ‖ *verborgen* ‖
Geheim- ‖ ◆ *en ~ insgeheim, heimlich* ‖ ~ m
Geheimnis n ‖ *Heimlichkeit* f ‖ *Verschwiegenheit* f
‖ *Geheimhaltung* f ‖ *Geheimfach* n ‖ *Geheimmittel*
n ‖ *Hosentasche* f ‖ *Geheim-, Patent-,*
Vexier|schloss n ‖ ⟨pop⟩ *Geheimpolizei* m ‖ ⟨Mil*
Pol⟩ Geheimsache f ‖ ⟨Mus⟩ *Resonanzdecke* f
(Orgel, Klavier) ‖ ~ *comercial*
Geschäftsgeheimnis n ‖ ~ *de confesión*
Beichtgeheimnis n ‖ ~ *de la correspondencia* ~
→ *postal* ‖ ~ *de Estado Staatsgeheimnis* n ‖ ~
médico ärztliche Schweigepflicht f ‖ ~ *postal*
Brief-, Post|geheimnis n ‖ ~ *profesional*
Amtsgeheimnis n ‖ ~ *sacramental* → ~ *de*
confesión ‖ ~ *de telecomunicaciones*
Fernmeldegeheimnis n ‖ ~ *a voces offenes*
Geheimnis n ‖ ◆ *bajo el sello del ~ unter dem*
Siegel der Verschwiegenheit ‖ *con gran ~ sehr*
geheimnisvoll ‖ *unter größter Geheimhaltung* ‖ ◊
conocer el ~, estar en el ~ ⟨figf⟩ *s. auskennen* ‖
eingeweiht sein ‖ *dahinter gekommen sein* ‖
guardar un ~ ein Geheimnis bewahren ‖ *sonsacar*
un ~ a alg. jdm ein Geheimnis entlocken ‖ *revelar*
un ~ ein Geheimnis verraten ‖ **–s** *mpl*
Geheimnisse npl ‖ ⟨fam⟩ *Geheim(nis)tuerei* f ‖ ◊
no tengo ~ para tí ⟨fig⟩ *ich habe k–e*
Geheimnisse vor dir
sec|ta *f* ⟨Rel⟩ *Sekte* f (& fig) ‖ ⟨fig⟩ *Spaltung* f
‖ ⟨fig⟩ *Zunft* f ‖ **–tario** adj *sektiererisch* ‖ *Sekten-*
‖ ⟨fig⟩ *fanatisch* ‖ *radikal* ‖ *engstirnig* ‖ ~ m
Sektierer m ‖ ⟨fig⟩ *Abstrünnige(r)* m ‖ ⟨fig⟩
Fanatiker m ‖ ⟨fig⟩ *engstirniger Neuerer* m ‖
–tarismo *m Sektierertum* n ‖ *Sektenwesen* n ‖
(engstirniger) Radikalismus m

sector *m Kreis-, Kugel|ausschnitt* m ‖ ⟨fig⟩ *Teil*
m, *Abteilung* f ‖ ⟨fig⟩ *(Sach)Bereich, Zweig* m ‖
⟨fig⟩ *Gebiet* n ‖ ⟨Tech⟩ *Segment* n ‖ ⟨El⟩
(Leitungs)Netz n ‖ ⟨Mil⟩ *Frontabschnitt* m ‖ ~
esférico Kugelausschnitt m
se|cuaz *[pl ~ces]* adj *(m/f)* ⟨meist pej⟩
(leidenschaftlich) anhängend, zugetan ‖ ~ m
Parteigänger m ‖ *Anhänger* m ‖ ⟨fig⟩ *Trabant* m
secuela *f Nachspiel* n ‖ *Folgerung, Folge* f ‖
Schluss m, *Fortsetzung* f ‖ ⟨Med⟩
Folge(erscheinung) f ‖ ⟨Med⟩ *Nachwehen* pl
secuen|cia *f* ⟨Rel Mus⟩ *Sequenz* f ‖ ⟨Film⟩
Sequenz, Bildfolge f ‖ *Szene* f ‖ ~ *de fases* ⟨El⟩
Phasenfolge f ‖ **–cial** adj *(m/f) Serien-* ‖
sequentiell
secues|tración *f* ⟨Jur⟩ *Beschlagnahme* f ‖ →
–tro ‖ **–trador** *m Beschlagnahmende(r)* m ‖
Entführer, Kidnapper m ‖ **–trar** vt ⟨Jur⟩ *mit*
Beschlag belegen, beschlagnahmen, sequestrieren
‖ *widerrechtlich der Freiheit berauben* ‖
entführen, kidnappen ‖ *pfänden* ‖ **–tro** *m* ⟨Jur⟩
Beschlagnahme f ‖ *Freiheitsberaubung* f ‖
Entführung f ‖ *Menschenraub* m ‖ ⟨Med⟩
Sequester n ‖ ~ *aéreo Flugzeugentführung* f ‖ ◊
disponer od hacer el ~ de algo et. mit Beschlag
belegen ‖ *levantar el ~ die Beschlagnahme*
aufheben ‖ *poner bajo ~* ⟨Jur⟩ *unter*
Zwangsverwaltung stellen
¹secular adj *(m/f) hundertjährig* ‖
mehrhundertjährig ‖ ⟨Astr⟩ *sekulär* ‖ ⟨fig⟩ *uralt*
²secu|lar adj *(m/f) weltlich, Welt-* ‖ (sacerdote)
~ *Weltpriester* m ‖ **–larización** *f Säkularisierung,*
Säkularisation f ‖ *Verweltlichung* f (& fig) ‖
–larizar [z/c] vt *säkularisieren* ‖ *verweltlichen* ‖
(kirchlichen Besitz) in weltlichen Besitz
umwandeln ‖ *verstaatlichen (Kirchengüter,*
Unterricht)
secundar vt *(jdm) behilflich sein, helfen,*
beistehen ‖ *(jdn) unterstützen* ‖ *begünstigen* ‖
sekundieren ‖ ◊ ~ *los esfuerzos die Bemühungen*
unterstützen ‖ ~ *una opinión e–r Meinung*
beistimmen
secundario adj *nebensächlich* ‖ *zweiten*
Ranges, zweitrangig, nachgeordnet, sekundär ‖
Neben- ‖ ⟨El⟩ *sekundär, Sekundär-, induktiv* ‖ ◊
es ~ das ist Nebensache
secun|dinas *fpl* ⟨Med⟩ *Nachgeburt* f ‖ **–dípara**
*f/*adj *zum zweiten Mal gebärende Frau*
secuoya *f* → ⟨Bot⟩ *Sequoi|a, -e* f,
Mammutbaum m (Sequoiadendron giganteum)
secura *f* → **sequedad**
securizar vt *sichern*
sed *f Durst* m ‖ ⟨fig⟩ *brennendes Verlangen* n,
Drang m (de *nach*) ‖ ⟨pej⟩ *Sucht, Gier* f ‖ ~
ardiente brennender Durst m ‖ ~ *de gloria*
Ruhmbegier(de) f ‖ ~ *de sangre Blut|durst* m,
-rünstigkeit f ‖ ~ *de venganza Rachedurst* m,
Rachgier f ‖ ~ *de verdad y el deleite de mentir*
Drang nach Wahrheit und die Lust am Trug (aus
Faust) ‖ ◊ *apagar la ~ den Durst stillen* ‖ *arder*
de ~ vor Durst vergehen ‖ *eso da od excita od*
hace ~ das gibt od erregt Durst ‖ *matar la ~* →
apagar la ~ ‖ *morirse de ~ verdursten* ‖ ⟨fig⟩ *vor*
Durst umkommen ‖ *tener ~ durstig sein, dürsten*
seda *f* ⟨Text⟩ *Seide* f ‖ *Seidenstoff* m ‖
(Schweins)Borste f ‖ ~ *de acetato Azetatfaserstoff*
m ‖ ~ *artificial Kunstseide* f ‖ ~ *azache*
Florettseide f ‖ ~ *de bordar Stickseide* f ‖ ~
brillante Glanzseide f ‖ ~ *de capullos* → ~
azache ‖ ~ *cruda Rohseide* f ‖ ~ *dental*
Zahnseide f ‖ ~ *floja rohe, ungezwirnte Seide* f ‖
~ *joyante* → ~ *brillante* ‖ ~ *natural Naturseide* f
‖ ~ *en rama* → ~ *cruda* ‖ ~ *de vidrio Glasseide*
f ‖ ◆ *de ~ seiden* ‖ *de toda ~, de ~ pura*
Seiden-, reinseiden ‖ *de media ~ halbseiden* ‖

como ~ *seidenweich* ‖ como una ~ ⟨figf⟩ *schmiegsam, gefügig* ‖ ⟨figf⟩ *federleicht* ‖ ◇ andar (bzw ir) como una ~ ⟨fig⟩ *wie am Schnürchen laufen* ‖ hacer ~ ⟨fam⟩ *schlafen*

sedación *f Beruhigung, Linderung* (bes. Med), *Sedation* f

sedal *m Angelschnur* f ‖ ⟨Med Vet⟩ *Haarschnur* f ‖ ~ de zapatero *Pechdraht* m

sedalina *f* ⟨Text⟩ *halbseidener Stoff* m

Sedán *m* [Stadt] Sedan n ‖ *⁼* *m* ⟨Auto⟩ *Limousine* f

sedante *(m/f),* **sedativo** adj *schmerz|lindernd, -stillend, sedativ, beruhigend* ‖ ~ *m Beruhigungsmittel, Sedativ(um)* n

sede *f Sitz* m ‖ *Bischofssitz* m ‖ *⁼* Apostólica *Heiliger Stuhl* m ‖ ~ episcopal *Bischofssitz* m ‖ ~ del gobierno *Regierungssitz* m ‖ *⁼* Pontificia → *⁼* Apostólica ‖ la Santa ~ *der Heilige Stuhl* ‖ ~ vacante *Sedisvakanz* f

seden|tario adj *sesshaft* ‖ *alteingesessen* ‖ *ortsgebunden* ‖ *sitzend* ‖ *wenig ausgehend, häuslich* ‖ ⟨V⟩ *Jahres-, Stand-* ‖ **–tarismo** *m Sesshaftigkeit* f ‖ **–tarización** *f Sesshaft|machung* bzw *-werdung* f ‖ **–tarizar** vt *sesshaft machen* ‖ **–te** adj *(m/f) sitzend*

sede|ño adj *seiden(artig), Seiden-* ‖ **–ría** *f Seidenware(n)* f(pl) ‖ *Seidenfabrik* f ‖ *Seidenhandel* m ‖ **–ro** adj/s *Seiden-*

sedicente adj *(m/f) sogenannt* ‖ *angeblich* ‖ los ~s *sacerdotes die angeblichen Priester* mpl

sedi|ción *f Auf|ruhr, -stand* m, *Empörung, Meuterei* f ‖ **–cioso** adj *auf|rührerisch, -ständisch* ‖ ~ *m Auf|rührer, -ständische(r)* m

sediente adj *(m/f):* bienes ~s ⟨Jur⟩ *Liegenschaften* fpl, *unbewegliche Güter* npl, *Immobilien* fpl

sediento adj *durstig* ‖ ⟨fig⟩ *begierig* ‖ s. sehnend (de *nach*) ‖ ~ de amor s. *nach Liebe sehnend* ‖ ~ de sangre ⟨fig⟩ *blut|dürstig, -rünstig, -gierig*

sedilla *f* ⟨Text⟩ *Halbseide* f

sedimen|tación *f Niederschlag* m ‖ *Bodensatzbildung* f ‖ ⟨Geol Chem⟩ *Sedimentation, Ablagerung* f ‖ ~ de los glóbulos rojos ⟨Med⟩ *Blut(körperchen)senkung* f ‖ **–tario** adj *Ablagerungs-* ‖ *Niederschlags-* ‖ **–to** *m Bodensatz, Niederschlag* m ‖ *Ablagerung* f ‖ *Kesselsteinbelag* m ‖ *Sediment* n ‖ **–tología** *f* ⟨Geol⟩ *Sediment|petrographie, -ologie* f ‖ **–toso** adj *Niederschlag-* ‖ *Bodensatz-*

sedoso adj *seiden|artig, -weich, seidig*

seducción *f Ver|führung, -leitung* f ‖ *Verführungskunst* f ‖ *Verlockung* f ‖ *Versuchung* f ‖ ⟨fig⟩ *Reiz* m ‖ ⟨fig⟩ *Entehrung* f

sedu|cible adj *(m/f) verführbar* ‖ **–cir** [-zc-, pret ~je] vt *verführen* ‖ *verleiten* ‖ *ver|locken, -suchen* ‖ *bestechen* ‖ ⟨fig⟩ *reizen* ‖ ⟨fig⟩ *bezaubern* ‖ ⟨fig⟩ *gefangen nehmen, betören* ‖ ⟨fig⟩ *entehren* ‖ **–ctivo** adj *verführerisch, bezaubernd* ‖ **–tor** adj *(ver)lockend* ‖ *anziehend* ‖ *reizend, reizvoll, bezaubernd, entzückend* ‖ ~ *m Verführer* m

Sefar|ad *m Sepharad* (*jüdischer Name für die Iberische Halbinsel*) ‖ *⁼dí* [pl ~íes], **–dita** *sephardisch* ‖ ~ *m Sephar|dit, -de, Jude* m *aus Spanien* bzw *Portugal* ‖ ⟨Ling⟩ *das Sephardische* ‖ **–díes, –ditas** pl *Sephardim* pl

sega|ble adj *(m/f)* ⟨Agr⟩ *schnittreif (Getreide), mähbar* ‖ **–dera** *f Sichel* f ‖ **–dero** adj *mähbar*

¹segador *m Schnitter* m ‖ ⟨Gras⟩*Mäher* m

²segador *m* ⟨Zool⟩ *Weberknecht* m (Phalangium spp)

sega|dora *f* ⟨Agr⟩ *Mähmaschine* f ‖ **–dora-agavilladora** *f Selbstbinder* m ‖ **–dora-atadora** *f Mähbinder* m ‖ **–dora-trilladora** *f Mähdrescher* m

segar [-ie-, g/gu] vt/i *(ab)mähen* ‖ *(Futter) schneiden* ‖ ⟨fig⟩ *ab|hauen, -schneiden* ‖ ⟨fig⟩ *zerstören* ‖ ◇ ~ en flor ⟨fig⟩ *im Keim ersticken*

Segis *m* ⟨pop⟩ → **Segismundo** m

Segismundo *m* np *Siegmund, Sigismund* m

seglar adj *(m/f) weltlich (Geistlicher, Gerichtshof)* ‖ *Laien-* ‖ ~ *m Laie* m

segmen|tación *f* ⟨Gen⟩ *(Ei)Furchung, Teilung* f ‖ ⟨Zool⟩ *Segmentierung* f ‖ **–tado** adj ⟨Zool⟩ *in Segmente od Abschnitte gegliedert, segmentiert, segmentär* (z. B. *Insekt)*

segmen|tar vt *in Segmente (od Abschnitte) gliedern* ‖ **–to** *m* ⟨Math Zool Tech Li⟩ *Segment* n (& fig) ‖ ⟨Tech⟩ *Kolbenring* m ‖ *Lamelle* f ‖ ~ esférico *Kugelabschnitt* m, *Kalotte* f

Sego|via *f* [Stadt und Provinz in Spanien] *Segovia* n ‖ *⁼viano, ⁼viense* adj/s *(m/f) aus Segovia* ‖ *auf Segovia bezüglich*

segoviense adj/s *(m/f)* → **segoviano**

segre|gación *f Ausscheidung* f ‖ *Absonderung* f ‖ *Trennung* f ‖ ⟨Soz⟩ *Segregation* f ‖ ~ de los factores genéticos ⟨Gen⟩ *Aufspaltung* f *der Erbfaktoren* ‖ ~ racial *Rassentrennung* f ‖ **–gacionismo** *m Politik der Rassentrennung, Rassentrennungspolitik* f ‖ **–gacionista** adj *(m/f) Rassentrennungs-* ‖ ~ *m/f Verfechter(in* f) m *der Rassentrennung* ‖ **–gar** [g/gu] vt *ausscheiden* ‖ *absondern* ‖ *trennen* ‖ ⟨Soz⟩ *segregieren* ‖ ◇ ~ pus *Eiter absondern* ‖ ~se *auseinandergehen*

segue|ta *f Laubsäge* f ‖ *Laubsägeblatt* n ‖ **–tear** vi *Laubsägearbeiten machen*

segui|da *f Folge, Reihe* f ‖ ⟨Mus Hist⟩ *Suite* f ‖ ◆ de ~ *folglich* ‖ *nacheinander* ‖ *unverzüglich* ‖ en ~ (dim: en –dita) *sofort, gleich, unverzüglich* ‖ *nachher, hernach* ‖ ◇ vuelvo en ~ *ich bin gleich zurück*

seguidilla *f* ⟨Poet⟩ *Seguidilla* f *(aus 4 bzw 7 Versen bestehendes Gedicht)* ‖ *Seguidilla* f *(span. Tanz im 3/4- bzw 7/8-Takt mit Kastagnetten- und Gitarrenbegleitung)* ‖ ⟨fig pop⟩ *Durchfall* m

segui|dismo *m Ergebenheit, Anhänglichkeit* f ‖ *Gefolgschaftstreue* f ‖ **–dito** adv dim von **seguido** ‖ **–do** adj *fortlaufend, anhaltend, ununterbrochen* ‖ *der Reihe nach* ‖ punto ~ *Punkt und neuer Satz (beim Diktieren)* ‖ ⟨fig⟩ *sofort, gleich, unverzüglich* ‖ *immer geradeaus* ‖ dos veces ~s *zweimal hintereinander* ‖ tres días ~s *drei Tage nacheinander* ‖ ◇ tocar ~ *ohne Zwischenpause spielen* ‖ **–dor** *m*/adj *Verfolger* m ‖ *Liebhaber, Bewerber* m ‖ *Anhänger* m ‖ **–miento** *m Verfolgen* n ‖ *Verfolgung* f ‖ *Befolgung* f (z. B. *e-s Streikaufrufs)* ‖ ⟨Jur⟩ *Observierung, Beschattung* f ‖ *Gefolge* n ‖ *Gefolgschaft* f ‖ ⟨Tech⟩ *Nachlauf* m ‖ ◆ en ~ de alg. *hinter jdm her* ‖ ◇ ir en ~ de alg. *jdm nachsetzen* ‖ *jdn verfolgen*

seguir [-i-, g/g] vt/i 1. *folgen* ‖ *fortsetzen* ‖ *weiterführen* ‖ *(jdm) nach|gehen, -folgen* ‖ *(jdn) verfolgen* ‖ *(jdm) nachsetzen* ‖ *(jdn) begleiten* ‖ *verfolgen (e–n Weg)* ‖ *befolgen (Rat)* ‖ *nachahmen* ‖ *treiben (Handwerk, Kunst)* ‖ s. *widmen (e–m Erwerbszweig)* ‖ *führen (Prozess)* ‖ *angehören (e–r Partei)* ‖ ◇ ~ una carrera *e–e Laufbahn einschlagen* ‖ ~ las instrucciones *den (An)Weisungen folgen* ‖ ~ de lejos *von weitem verfolgen* ‖ ~ la moda s. *nach der Mode richten* ‖ ~ la pista *die Fährte verfolgen* ‖ ¡seguidme! *mir nach!*

2. ~ vi a) *fortfahren* ‖ *fortdauern* ‖ *(ver)bleiben* ‖ *erfolgen, geschehen* ‖ s. *befinden* ‖ ◇ ~ en coche *nachfahren* ‖ ~ en un empleo *e–e Stelle (weiter) behalten* ‖ ~ a galope *nachsprengen* ‖ *im Galopp verfolgen* ‖ ~ a gatas *nachkriechen* ‖ ~ con ímpetu a alg. *jdm nachstürmen* ‖ ~ en su intento *auf s–m Vorsatz beharren* ‖ ~ para Madrid *nach Madrid*

weiterfahren ‖ ~ con el negocio *das Geschäft*
weiterführen ‖ ~ en París *(weiter) in Paris
bleiben* ‖ siga Vd. por esta calle *gehen Sie diese
Straße hinauf (hinunter)* ‖ siga Vd. siempre
derecho, vaya Vd. seguido *gehen (bzw fahren)
Sie immer geradeaus* ‖ el enfermo sigue sin
mejorar *das Befinden des Kranken ist weiterhin
unverändert* ‖ hacer ~ *nachsenden* ‖ (no) poder ~
(nicht) nachkommen können ‖ punto y sigue *(od
punto y seguido) Punkt und neuer Satz (beim
Diktieren)* ‖ en lo que sigue *im Folgenden* ‖
¿cómo sigue Vd.? *wie geht es Ihnen?* ‖ ¡que siga
bien! *alles Gute! (Abschiedsgruß)*
  b) in Verb. mit Gerundium [=
continuar b)]: ~ escribiendo, ~ cantando, ~
hablando *weiter (noch immer) schreiben, singen,
sprechen (reden)* ‖ ~ ardiendo *fortglimmen* ‖ ~
marchando *weiter-, hinterher|marschieren* ‖ los
precios siguen subiendo *die Preise sind anhaltend
im Steigen, steigen noch immer*
  c) in Verb. mit Adj.: sigo bueno *ich
befinde mich wohl, es geht mir gut* ‖ el tiempo
sigue lluvioso *es herrscht noch (immer)
regnerisches Wetter* ‖ Pedro sigue soltero *Peter ist
noch (immer) ledig*
  3. ~**se** *(nach)folgen* ‖ *hintereinander,
aufeinander, nacheinander folgen* ‖ *die Folge sein
(von)* ‖ *herrühren (von), erfolgen* ‖ ◇ de ello se
sigue (síguese de ello) *daraus erhellt od folgt od
ergibt s.* ‖ *daraus lässt s. schließen* ‖ síguese a
ello *es folgt darauf*
  según a) prep *nach, gemäß, laut, zufolge* ‖
nach Maßgabe ‖ *wegen* ‖ *was … betrifft* ‖ ~
aviso (factura) *laut Bericht (Faktur)* ‖ ~ mi carta
laut m–m Brief ‖ ~ convenio *laut Übereinkunft* ‖
~ su deseo *Ihrem Wunsch gemäß, wunschgemäß* ‖
~ mi leal saber y entender *nach bestem Wissen
und Gewissen* ‖ *soweit ich weiß* ‖ ~ él *s–r
Meinung nach* ‖ ~ eso *demnach, daher* ‖ ~ la
regla *der Regel nach*
  b) in bindewörtlichen und adverbiellen
Verbindungen: *je nach(dem)* ‖ *soviel, soweit* ‖
sowie, sobald ‖ *so (wie)* ‖ ~ esté el tiempo *je
nachdem, wie das Wetter sein wird* ‖ ~ se desee
nach Wunsch, wunschgemäß ‖ ~ creo (saber)
soviel mir bekannt ist ‖ ~ lo que dicen *(od ~ se
dice) nach dem, was man sagt* ‖ *wie man sagt* ‖
todo queda ~ estaba *alles bleibt beim Alten* ‖
parecía un ángel, ~ eran rubios sus cabellos *mit
s–n (ihren) blonden Haaren sah er (sie, es) wie
ein Engel aus* ‖ ~ iba andando, su rostro se iba
encendiendo *während er (sie, es) ging, wurde sein
(ihr) Gesicht immer röter* ‖ ~ y como, ~ y
conforme *durchaus so wie* ‖ *je nachdem* ‖ voy
contigo o me quedo, ~ *eventuell (vielleicht) gehe
ich mir dir, oder ich bleibe da* ‖ ¿vas conmigo? –
¡~ (y cómo)! *gehst du mit? – wir werden sehen!
je nachdem!*
  segun|da *f zweites Umdrehen* n *(e–s
Schlüssels)* ‖ (Mus) *Sekund* f ‖ (Sch) *zweite
Klasse* f ‖ ⟨fig⟩ *Hintergedanke* m ‖ ~ de cambio
⟨Com⟩ *zweite Ausfertigung, Zweitausfertigung* f
e–s Wechsels, Sekundawechsel m ‖ un ~ para
Sevilla ⟨Eb⟩ *zweite Klasse nach Sevilla (am
Schalter)* ‖ ◇ hablar con ~ *doppelsinnig reden* ‖
~**s** *fpl* ⟨Typ⟩ *zweite Korrektur* f ‖ **–dar** vt
wiederholen ‖ ~ vi → **secundar**
  segundero *m Sekundenzeiger* m *(an der Uhr)*
  ¹**segundo** adj *der Zweite* ‖ *nach-, zweit|geboren*
‖ Felipe ~ *Philipp II.* ‖ cabo (de) ~a *(Mil)
Gefreite(r)* m ‖ ~a clase *zweite Klasse* ‖ ~a
dentición *Zahnwechsel* m ‖ ~a elección
Nachwahl f ‖ ~a intención *Hintergedanke* m ‖ ~a
potencia (Math) *Quadrat* n ‖ ~a prueba ⟨Typ⟩
zweite Korrektur f ‖ ◆ en ~ lugar *zweitens* ‖ por

~a vez *zum zweiten Mal* ‖ ~as partes nunca
fueron buenas ⟨Spr⟩ *etwa: die erste Wahl ist die
Beste*
  ²**segundo** adj *zweitens*
  ³**segundo** *m Zweite(r)* m ‖ *Sekundant* m *(beim
Zweikampf)* ‖ ⟨Mar⟩ *Schiffsadjutant* m ‖ *erster
Angestellter* m *nach dem Chef* ‖ ~ derecha
zweiter Stock rechts (Wohnungsangabe) ‖ ◆ sin ~
⟨fig⟩ *ohnegleichen*
  ⁴**segundo** *m Sekunde* f
  segun|dogénito adj *zweitgeboren* ‖ ~ *m
zweitgeborenes Kind* n ‖ **–dón** adj/s →
segundogénito ‖ p.ex *nachgeborenes Kind* n *e–s
Adelshauses*
  seguntino adj/s *aus Sigüenza* (P Guad) ‖ *auf
Sigüenza bezüglich*
  segur *f Beil* n, *Axt* f ‖ *Sichel* f ‖ ⟨Hist⟩
Liktorenbeil n (→ ¹**haz**)
  segu|ramente adv *wahrscheinlich* ‖ *vermutlich*
‖ *anzunehmen(d)* ‖ *sicher(lich), mit Sicherheit,
gewiss* ‖ *jawohl* ‖ ~ vendrá *(od viene ~) er (sie,
es) kommt bestimmt* ‖ *wahrscheinlich kommt er
(sie, es)* ‖ **–ridad** *f Sicherheit* f ‖ *Gefahrlosigkeit* f
‖ *Sorglosigkeit* ‖ *Gewissheit, Bestimmtheit* f ‖
Überzeugung f ‖ *Bürgschaft, Gewähr, Garantie* f ‖
Fassung, Gemütsruhe f ‖ *Sicherung* f *(der Waffen,
der Maschine)* ‖ ~ pública *öffentliche Sicherheit* f
‖ *Marktfriede* m ‖ ~ vial *Verkehrssicherheit,
Sicherheit* f *im Straßenverkehr* ‖ ◆ con ~ *gewiss,
sicher(lich), mit Sicherheit, zweifellos* ‖ con ~ de
servicio *(od funcionamiento, marcha)* ⟨Tech⟩
betriebssicher ‖ con toda ~ *ganz bestimmt, mit
absoluter Sicherheit* ‖ para mayor ~, por razones
de ~ *sicherheitshalber, der Sicherheit halber* ‖
para su ~ *zu Ihrer Sicherheit* ‖ poca ~
Un|sicherheit, -zuverlässigkeit f ‖ sin ninguna
clase de ~ *ganz unsicher* ‖ *ohne jede Garantie* ‖
◇ dar (la) ~ *die Zusicherung geben, zusichern* ‖
hacer perder la ~ *verunsichern* ‖ saber con ~
sicher, bestimmt wissen ‖ (no) tener ~ *(un)sicher
sein* ‖ con toda ~ *ganz bestimmt, mit absoluter
Sicherheit* ‖ tenga Vd. la ~ de que … *seien Sie
versichert, dass …* ‖ tengo la ~ de que Vd. …
Sie werden sicherlich … ‖ **–rizar** vt *sichern*
  ¹**seguro** adj *sicher, gefahrlos* ‖ *zuverlässig,
gewiss* ‖ *verlässlich* ‖ *fest, bestimmt* ‖ *haltbar* ‖
fest, unbeweglich ‖ ⟨fig⟩ *wascherht* ‖ poco ~
unsicher ‖ ~ de insidias *sicher vor
Nachstellungen* ‖ ~ en su opinión *sicher im
Urteil* ‖ ~ de que … *davon überzeugt, dass …* ‖
~ de vencer *siegesgewiss* ‖ ◆ poco ~ *unsicher* ‖
◇ andar ~ *sicher gehen od sicher sein* ‖ estar ~
(de [que …]) *sicher sein, überzeugt sein (von* dat,
[dass …]) ‖ *zuverlässig sein* ‖ *zählen können (auf*
acc*)* ‖ estar ~ de sí, ir sobre ~ *s–r Sache (gen)
sicher sein* ‖ estoy ~ de ello *ich weiß es ganz
bestimmt* ‖ estoy ~ de él *ich verlasse mich auf
ihn, er ist sehr zuverlässig* ‖ hacer negocios ~s
sichere Geschäfte machen ‖ obrar ~ de a/c *s. auf
et. verlassen* ‖ tener ~ despacho ⟨Com⟩ *sicheren
Absatz haben (Ware)*
  ²**seguro** adv *bestimmt, sicherlich* ‖ ¡~! *jawohl!*
  ³**seguro** *m Versicherung* f ‖ *Sicherheit,
Gewissheit* f ‖ *Geleitbrief* m ‖ ⟨Tech⟩
Sicherheitsvorrichtung f ‖ *Sicherung* f *(am
Gewehr, an Maschinen)* ‖ Mex *Sicherheitsnadel* f
‖ ~ contra accidentes *Unfallversicherung* f ‖ ~
contra accidentes de trabajo
Arbeitsunfallversicherung f *(für Arbeiter)* ‖ ~ del
od sobre el cargamento *Fracht-,
Ladungs|versicherung* f ‖ ~ de(l) casco ⟨Mar⟩
(See)Kaskoversicherung f (→ ~ contra todo
riesgo) ‖ ~ de deceso *Todesfallversicherung* f ‖ ~
de desempleo *Arbeitslosenversicherung* f ‖ ~ de
enfermedad *Krankenversicherung* f ‖ ~ de

equipaje(s) *Gepäckversicherung* f ‖ ~ contra el
granizo *Hagelversicherung* f ‖ ~ de guerra
Kriegsversicherung f ‖ ~ contra incendios *Feuer-,*
Brandschaden|versicherung f ‖ ~ de inmuebles
Gebäudeversicherung f ‖ ~ legal *gesetzliche*
Versicherung f ‖ ~ local de enfermedad etwa:
allgemeine Ortskrankenkasse f ‖ ~ marítimo
Seeversicherung f ‖ ~ mutuo *gegenseitige*
Versicherung, Versicherung f *auf Gegenseitigkeit*
‖ ~ obligatorio *gesetzliche Versicherung, Pflicht-,*
Zwangs|versicherung f ‖ ~ obrero
Arbeiterversicherung f ‖ ~ de ocupantes ⟨Auto⟩
Insassenversicherung f ‖ ~ contra el paro
Arbeitslosenversicherung f ‖ ~ de pensiones *od*
retiro *Renten-, Pensions|versicherung* f ‖ ~ a la
prima de … *Versicherung* f *zum Prämiensatz von*
… ‖ ~ de responsabilidad civil
Haftpflichtversicherung f ‖ ~ a (*od* contra) todo
riesgo ⟨Auto⟩ *(Voll)Kaskoversicherung* f ‖ ~
contra riesgos parciales *Teilkaskoversicherung* f ‖
~ contra el robo *Versicherung* f *gegen Diebstahl*
‖ ~ contra la rotura de cristales
Glas(scheiben)versicherung f ‖ ~ social
Sozialversicherung f ‖ ~ subsidiario
Rückversicherung f ‖ ~ terrestre
Landversicherung f ‖ ~ de transporte
Transportversicherung f ‖ ~ de vejez e invalidez
Alters- und Invaliden|versicherung f ‖ ~ de viaje
Reiseversicherung f ‖ ~ de vida
Lebensversicherung f ‖ ~ de viudedad y orfandad
Witwen- und Waisen|versicherung f ‖ ~ voluntario
freiwillige Versicherung f ‖ ◆ a buen ~, al ~, de
~ *sicher(lich), gewiss* ‖ en ~ *in Sicherheit* ‖ ◇
anular un ~ *e–n Versicherung auflösen* ‖
concertar, contraer, contratar un ~ *e–e*
Versicherung abschließen ‖ estoy en lo ~ *ich*
weiß es (ganz) bestimmt ‖ poner el ~ *sichern*
(Waffe) ‖ renovar un ~ *e–e Versicherung*
erneuern
 seibón *m* → **ceibón**
 seiches *fpl Seiches* pl *(Eigenschwingungen in*
Seen und abgeschlossenen Meeresteilen)
 seis num *sechs* ‖ *sechste(r)* ‖ ◆ a las ~ de la
tarde *um sechs Uhr nachmittags* ‖ ◇ han dado las
~ *es hat sechs Uhr geschlagen* ‖ levantarse a las
~ *um sechs Uhr aufstehen* ‖ ~ *m Sechs* f ‖ el ~
de agosto *der sechste August* ‖ ~ por ocho ⟨Mus⟩
Sechsachteltakt m
 seisavo *m*/adj *Sechstel* n
 seis|centista *m/f Schriftsteller(in* f) m *des*
17. Jhs. ‖ **–cientos** num *sechshundert*
 seise *m* ⟨reg⟩ *Chorknabe* m (bes. *der*
Kathedrale von Sevilla)
 seisillo *m* ⟨Mus⟩ *Sextole* f
 seísmo *m Erdbeben* n
 seismología *f* → **sismología**
 seje *m* Am *Butterpalme* f
 △ **sejonia** adv *jetzt*
 sekel *m* [Währungseinheit] *Schekel* m
(Abk = IS)
 selacio *m* ⟨Fi⟩ *Hai* m (→ **tiburón**) ‖ ~s *mpl*
⟨Fi⟩ *Haie* mpl (Selachii)
 selec|ción *f Auswahl* f ‖ *Auslese* f ‖ *Zuchtwahl*
f ‖ *Ausscheidung* f ‖ ⟨Com⟩ *Sortieren* n ‖ ⟨Sp⟩
Auswahl-, Länder|mannschaft f ‖ ⟨Radio⟩
Trennschärfe f ‖ ~ automática ⟨Tel⟩
Selbstwählferndienst m ‖ ~ nacional ⟨Sp⟩
National-, Länder|mannschaft f ‖ ~ natural ⟨Biol⟩
natürliche Auslese f *(Zuchtwahl)* ‖ ~ previa
Vorwahl f ‖ ◇ hacer una ~ *e–e Auswahl treffen* ‖
–cionado adj ⟨Sp⟩: equipo ~ *Auswahlmannschaft*
f ‖ ~ *m Ländermannschaftsspieler* m ‖ **–cionador**
m ⟨Sp⟩ *Trainer* m ‖ ~ nacional *Nationaltrainer* m
‖ Deut *Bundestrainer* m ‖ **–cionar** vt *aus|wählen,*
-lesen ‖ *aussortieren* ‖ *selekti(oni)eren (Viehzucht)*

‖ ⟨Radio TV⟩ *trennen, aussieben* ‖ **–cionismo** *m*
⟨Biol⟩ *Selektionstheorie* f ‖ **–tividad** *f* ⟨Radio TV⟩
Trennschärfe f ‖ *Scharfeinstellung* f ‖ *Selektivität*
f ‖ Span *Hochschulaufnahmeprüfung* f ‖ **–tivo** adj
selektiv, trenn-, abstimm|scharf ‖ **–to** adj
auserwählt ‖ *auserlesen* ‖ ~s *mpl e–e mittelfeine*
span. Zigarrensorte ‖ **–tor** adj *(aus)wählend* ‖ ~
m ⟨El⟩ *Wähler, Wahlschalter, Auswähler* m ‖ ~ de
cambio de marcha ⟨Auto⟩ *Gang|schalter, -wähler*
m *(bei Automatik)*
 selenauta *m Mondfahrer* m
 Selene *f* ⟨Myth⟩ *Selene* f *(Mondgöttin)* ‖ ⟨lit⟩
Selene f, *Mond* m
 selenio *m* (Se) ⟨Chem⟩ *Selen* n
 ¹selenita *m/f Mondbewohner(in* f) m
 ²selenita *f* ⟨Min⟩ *Selenit* m
 selenitoso adj *gipshaltig*
 selenología *f Mond|kunde* bzw *-forschung* f
 self-made-man *m Selfmademan* m
 self-service *m Selfservice* m, *Selbstbedienung* f
 sella|do adj *plombiert (Waren)* ‖ *versiegelt* ‖
gestempelt ‖ **–dura** *f (Ver)Siegelung* f
 se|llar vt *siegeln* ‖ *be-, ver-, zu|siegeln* ‖
(ab)stempeln ‖ ⟨fig⟩ *besiegeln (Schicksal)* ‖ ⟨fig⟩
be|endigen, -schließen ‖ ⟨fig⟩ *bekräftigen* ‖ ◇ ~
una carta *e–n Brief siegeln* (bzw *mit der*
Briefmarke versehen) ‖ ~ los labios *od* el labio
⟨fig⟩ *schweigen, verstummen* ‖ **–llera** *f*
Briefmarkenetui n
 sello *m Siegel, Petschaft* n ‖ *Stempel(abdruck)*
m ‖ *Stempelmarke* f ‖ *Briefmarke* f ‖
Beitragsmarke f ‖ ⟨Pharm⟩ *Oblate, Kapsel* f ‖
⟨fig⟩ *Gepräge* n ‖ ~ de alcance *Strafporto* n,
Zuschlagsmarke f ‖ ~ de la casa *Firmenstempel*
m ‖ ~ de correo *Brief-, Post-, Frei|marke* f ‖ ~
de cotización *Beitragsmarke* f ‖ ~ fiscal
Gebührenmarke f ‖ ~ de franqueo → ~ de correo
‖ ~ hermético *luftdicht abgeschlossener,*
geschliffener Deckel m *(e–s Glasgefäßes)* ‖ ~ de
lacre *Lacksiegel* n ‖ ~ de recibo *Quittungsstempel*
m ‖ ~ en seco *Hochdruckstempel* m ‖ ◆ bajo el
~ del secreto ⟨fig⟩ *unter dem Siegel der*
Verschwiegenheit ‖ bajo siete ~s ⟨fig⟩ *unter*
sieben Siegeln (verschlossen) ‖ sujeto al ~
stempelpflichtig ‖ ◇ arrancar el ~ *das*
(gerichtliche) Siegel abnehmen ‖ cerrar con ~
versiegeln ‖ echar el ~ → poner el ~ ‖ inutilizar
el ~ *den Stempel durchstreichen* ‖ *die Briefmarke*
abstempeln ‖ levantar el ~ *gerichtlich entsiegeln*
‖ poner el ~ a algo *et. (ver)siegeln* ‖ *stempeln* ‖
die Briefmarke aufkleben ‖ quitar el ~ → levantar
el ~
 Seltz: (agua de) ~ *m Selterswasser* n ‖ p.ex
Sodawasser n
 sel|va *f Wald, Forst* m ‖ ~ (virgen) *Urwald* m
‖ la ~ de Bohemia *der Böhmerwald* ‖ ~ (en)
galería *Galeriewald* m ‖ la ~ Negra *der*
Schwarzwald ‖ **–vático** adj *waldig* ‖ ⟨fig⟩ *wild* ‖
⟨fig⟩ *grob, ungeschlacht* ‖ **–vicultura** *f*
Forstwirtschaft f ‖ **–voso** adj *waldig* ‖ *waldreich*
 sema *m* ⟨Ling⟩ *Sem* n
 Sem [sen] *m* np *Sem* m
 sem., sems. ⟨Abk⟩ = **semana(s)**
 sema|fórico adj: señales ~as *Lichtzeichen* npl
‖ **–forización** *f Einrichtung* f *von Ampelanlagen*
 semáforo *m* ⟨StV⟩ *(Verkehrs)Ampel* f ‖
Zeichen-, Licht|mast m *(mit beweglichen Armen)* ‖
Signal|stange, -scheibe f ‖ ⟨Mar⟩ *optischer*
Küstentelegraf m ‖ ~ intermitente *Blinkampel* f
 sema|na *f Woche* f ‖ ⟨fig⟩ *Wochenlohn* m ‖ ~
inglesa [veraltete Bezeichnung] *Fünftagewoche* f
‖ la ~ pasada *die vergangene Woche* ‖ la ~
próxima *die nächste Woche* ‖ la ~ Santa *die*
Karwoche ‖ la ~ trágica *die blutige Woche*
(Revolution in Barcelona 1909, in Buenos Aires

1920) ‖ la mala ~ ⟨pop⟩ *die Tage* mpl, *das Unwohlsein (Menstruation)* ‖ cuatro veces por ~ *viermal wöchentlich* ‖ ◆ cada cuatro ~s *vierwöchentlich, alle vier Wochen* ‖ durante cuatro ~s *vierwöchig, vier Wochen lang* ‖ durante ~s (enteras) *wochenlang* ‖ entre ~ *in, während der Woche* ‖ por ~s *wochenweise* ‖ ◇ cobrar la ~ *den Wochenlohn empfangen* ‖ la ~ que no tenga viernes ⟨figf⟩ *am Nimmermehrstag, nie* ‖ **–nada** *f Wochenlohn* m ‖ **–nal** adj *(m!f) wöchentlich* ‖ adv: ~**mente** ‖ **–nario** m *Wochenschrift* f ‖ *Bettelreifen* m ‖ *Tagesangabe auf der Armbanduhr*
semantema m ⟨Ling⟩ *Sem(antem)* n ‖ *Lexem* n *als lexikalischer Inhaltsträger*
semántic|a f ⟨Ling⟩ *Semantik* f ‖ **–o** adj *semantisch*
semasiología f ⟨Ling⟩ *Semasiologie* f *(Terminus der älteren Sprachwissenschaft für Semantik)*
semblan|te m *Gesichtsausdruck* m ‖ *Gesicht* n, *Miene* f ‖ ⟨fig⟩ *An|sehen* n, *-schein* m ‖ ~ risueño *heitere Miene* f ‖ *strahlendes Gesicht* n ‖ ◆ con el ~ descompuesto *mit verzerrten od verstörten Gesichtszügen* ‖ ◇ hacer ~ de … *s. stellen od so tun, als ob …* ‖ el asunto presenta un buen ~ *die Sache sieht gut aus, die Sache steht gut, die Sache lässt s. gut an* ‖ **–za** f *Ähnlichkeit* f ‖ *Lebensbeschreibung* f
sembra|dera f ⟨Agr⟩ *Sämaschine* f ‖ ~ de hileras ⟨Agr⟩ *Drillmaschine* f ‖ ~ de vuelo (ancho) ⟨Agr⟩ *Breitsämaschine* f ‖ **–dío** adj *für e–e Bestellung geeignet* ‖ *Saat-, Acker-* ‖ **–do** m *Saat-, Acker|feld* n ‖ **–dor** adj *säend* ‖ ~ m *Sämann* m ‖ **–dora** f *Säerin* f ‖ *Sämaschine* f ‖ **–dura** f *Aussaat* f ‖ *Säen* n ‖ *Getreidebau* m
sembrar [-ie-] vt/i ⟨Agr⟩ *(be)säen, aussäen* (& fig) ‖ ⟨fig⟩ *hin und her werfen, ausstreuen* ‖ ⟨fig⟩ *bestreuen* (de *mit*) ‖ ⟨fig⟩ *verbreiten (Lehre)* ‖ ⟨fig⟩ *einflechten (Sprüche)* ‖ ◇ ~ de arena *mit Sand bestreuen* ‖ ~ en la arena ⟨fig⟩ *auf Sand bauen* ‖ ~ el camino de *od* con flores *den Weg mit Blumen überstreuen* ‖ ~ discordia *Zwietracht stiften* ‖ ~ el pánico *Schrecken verbreiten* ‖ quien bien siembra, bien recoge ⟨Spr⟩ *wie die Saat, so die Ernte*
semejan|te adj *(m!f) ähnlich* (a *dat*) ‖ *solch, so ein* ‖ *gleich* ‖ un caso ~ *ein ähnlicher, ein solcher Fall* ‖ nada ~ *nichts dergleichen* ‖ no valen ~s razones *solche Gründe gelten nicht* ‖ no se ha visto ~ desgracia *solch ein Unglück ist noch nicht da gewesen* ‖ ¡con una helada ~! *bei so e–m Frost!* ‖ ~ m *Nächste(r), Mitmensch* m ‖ *Artgenosse* m ‖ *Vergleich* m ‖ nuestros ~s *unser(e)sgleichen* ‖ sus ~s *seinesgleichen* ‖ **–za** f *Ähnlichkeit* f ‖ *Gleichheit* f ‖ ⟨fig⟩ *Parabel* f, *Gleichnis* n ‖ ~ de familia *Familienähnlichkeit* f ‖ ◆ a ~ de … *gleich wie … ‖ wie ‖ nach Art von* ‖ ◇ tener ~ con *ähnlich sein* (dat)
seme|jar vi *ähneln, ähnlich sein* (dat) ‖ *gleichen ‖ scheinen, aussehen wie* (nom) ‖ ◇ España semeja una piel de toro extendida *Spanien hat die Form e–r ausgebreiteten Stierhaut* ‖ ~se en algo a alg. *jdm in e–r Sache ähnlich sein* ‖ **–jos** mpl Col: darse ~ *ähneln*
semema m ⟨Ling⟩ *Semem* n
semen m *(menschlicher und tierischer) Same(n)* m ‖ ⟨Bot⟩ *Saat* f (& fig) ‖ → **semilla** ‖ **–contra** m ⟨Pharm⟩ *Wurmsame(n)* m
semen|tal m/adj *Zucht-, Vater|tier* n ‖ *(Deck)Hengst* m ‖ **–tar** [-ie-] vt *(be)säen* ‖ **–tera** f *Saat(zeit)* f ‖ *Saatfeld* n ‖ ⟨fig⟩ *Pflanzstätte* f *(des Lasters)* ‖ **–tero** m *Sätuch* n
semes|tral adj *(m!f) halbjährlich ‖ halbjährig, Halbjahr(e)s-, Semester-,* ‖ adv: ~**mente** ‖ **–tre** m *Halbjahr, Semester* n ‖ ◆ por ~s *halbjährlich* ‖ ~

de verano (invierno) *Sommer-, (Winter)|semester* n
semi-, semi *halb-, Halb-, Semi-* ‖ a ~ oscuras *im Halbdunkel*
semi|árido adj ⟨Geogr Ökol⟩ *semiarid, halbtrocken* ‖ **–automático** adj *halbautomatisch* ‖ **–bárbaro** adj *halbbarbarisch* ‖ **–breve** f ⟨Mus⟩ *Semibrevis, ganze Note* f ‖ **–cadáver** m *Halbtote(r)* m ‖ **–cilíndrico** *halbzylindrisch* ‖ **–circular** adj *halbkreisförmig* ‖ **–círculo** m *Halbkreis* m ‖ ◆ en ~ *halbkreisförmig* ‖ **–circunferencia** f *Halb-, Um|kreis* m ‖ **–conductor** m ⟨El⟩ *Halbleiter* m ‖ **–consciencia** f *Unterbewusstsein* n ‖ **–conserva** f *Halbkonserve, Präserve* f ‖ **–consonante** f *Halbvokal* m ‖ **–coque** m *Tieftemperatur-, Schwel-, Halb|koks* m ‖ **–corchea** f ⟨Mus⟩ *Sechzehntelnote* f ‖ **–culto** adj *halbgelehrt ‖ halbgebildet* ‖ **–cupio** m ⟨Med⟩ *Halb-, Sitz|bad* n ‖ **–dea** f ⟨Myth⟩ *Halbgöttin* f ‖ **–deo** m ⟨Myth⟩ *Halbgott* m ‖ **–desconocido** adj *wenig bekannt* ‖ **–desierto** m *Halbwüste* f ‖ **–desnudo** adj *halb nackt* ‖ **–destilación** f *Schwelen* n ‖ **–difunto** adj *halb tot* ‖ **–difuso** adj *halb zerstreut (Licht)* ‖ **–diós** m *Halbgott* m ‖ **–diosa** f *Halbgöttin* f ‖ **–dormido** adj *im Halbschlaf* ‖ **–dulce** adj *(m!f) halbsüß (Sekt, Wein)* ‖ *lieblich (Wein)* ‖ **–eje** m *Halbachse* f ‖ ⟨Auto⟩ *Achswelle* f ‖ **–elaborado** adj *halb bearbeitet (Werkstück) ‖ halb fertig (Ware)* (→ **–manufacturado**) ‖ **–esfera** f *Halbkugel* f ‖ **–esférico** adj *halbkugelförmig* ‖ **–estatal** adj *(m!f) halbstaatlich* ‖ **–final** f ⟨Sp⟩ *Vorschlussrunde* f, *Halbfinale* n ‖ **–finalista** m/f ⟨Sp⟩ *Halbfinalist(in* f) m ‖ **–fondo** m ⟨Sp⟩: carrera de ~ *Mittelstreckenlauf* m ‖ **–fusa** f ⟨Mus⟩ *Vierundsechzigstelnote* f ‖ **–graso** adj ⟨Typ⟩ *halbfett* ‖ **–hombre** m ⟨Myth⟩ *Halbmensch* m ‖ **–húmedo** adj ⟨Geogr Ökol⟩ *semihumid* ‖ **–lateral** adj *(m!f) halbseitig* ‖ **–líquido** adj *halbflüssig*
semi|lla f *Same(n)* m, *(Samen)Korn* n ‖ *Saat* f (& fig) ‖ ⟨fig⟩ *Keim* m ‖ ⟨fig⟩ *Grund* m, *Quelle* f ‖ **–s** fpl *Sämereien* fpl ‖ *Saatkorn* n ‖ ~ de césped *Grassamen* m ‖ ~ de flores *Blumensamen* m ‖ ~ de gusanos de seda ⟨fam⟩ *Seidenraupeneier* npl *(Eier* npl *des Seidenspinners)* ‖ **–llero** m *Baum-, Pflanz|schule* f ‖ *Schonung* f *(im Wald)* ‖ *Kamp* m ‖ ⟨fig⟩ *Brutstätte* f ‖ ~ del vicio ⟨fig⟩ *Brutstätte* f *des Lasters* ‖ → *auch* **sementera**
semi|loco adj *halb verrückt* ‖ **–lunar** adj *(m!f) halbmondförmig* ‖ **–lunio** m *Halbmond* m
semi|manufacturado adj: artículos ~s *Halbfabrikate* npl ‖ **–mínima** f → **semínima** ‖ **–muerte** f *Halb-, Schein|tod* m ‖ **–mucosa** f ⟨An⟩ *Halbschleimhaut* f
seminación f → **inseminación**
semi|nal adj *(m!f) Samen-* ‖ **–nario** m *Pflanz-, Baum|schule* f ‖ *Erziehungs-, Bildungs|anstalt* f ‖ *(Priester-, Lehrer-, Universitäts)Seminar* n ‖ ~ conciliar, ~ sacerdotal *Priesterseminar* n ‖ **–narista** m/f *Seminarist(in* f) m
seminegr|a f/adj ⟨Typ⟩ *halbfette Letter* f ‖ **–o** adj *halbschwarz, schwärzlich* ‖ ⟨Typ⟩ *halbfett*
seminífero adj ⟨Biol⟩ *samen|erzeugend bzw -tragend, Samen-*
semínima f ⟨Mus⟩ *Viertelnote* f
semi|nómada m/f *Halbnoma|de* m, *-din* f ‖ **–nublado** adj *halbbewölkt* ‖ **–nuevo** adj *fast neu* (z. B. *Kleid)* ‖ **–oficial** adj *(m!f) halbamtlich*
semiología f ⟨Med⟩ → **sintomatología**
semi|oruga f ⟨Auto⟩ *Halbkettenfahrzeug* n ‖ **–oscuridad** f *Halbdunkel* n
semióti|ca f ⟨Ling⟩ *Semiotik* f ‖ **–co** adj *semiotisch*
semi|penumbra f *Halb|dunkel* n, *-schatten* m ‖

–permeable adj *(m/f)* ⟨Phys Biol⟩ *halbdurchlässig, semipermeabel* ‖ **–pesado** ⟨Sp⟩ *halb schwer* ‖ **–plano** *m* ⟨Math⟩ *Halbebene* f ‖ **–pleno** adj *halb voll* ‖ **–poeta** *m* ⟨fam⟩ *Dichterling* m ‖ **–precioso** adj: *piedras ~as Halbedel-, Schmuck\steine* mpl ‖ **–producto** *m Halbfabrikat* n

Semíramis *f* np *Semiramis* f
semi\rrecto adj *halbrecht (Winkel von 45°)* ‖ **–rrefinado** adj *halb raffiniert (Zucker)* ‖ **–rremolque** *m* ⟨Auto⟩ *Sattel(schlepp)-, Einachsen\anhänger* m ‖ **–rrígido** adj *halbstarr* ‖ **–rrural** adj *(m/f) halb ländlich* ‖ **–sabio** m/adj *Halbgelehrte(r)* m ‖ **–seda** *f Halbseide* f ‖ **–soberanía** *f* ⟨Jur⟩ *Halbsouveränität* f ‖ **–soberano** adj: *estado ~ halbsouveräner Staat* m ‖ **–sótano** *m Halbsouterrain* n ‖ *Erdhaus* n *(e–r Gärtnerei u. ähnl.)* ‖ **–sueño** *m Halbschlaf* m
semita adj *semitisch*, p.ex *jüdisch* ‖ *~ m Semit* m ‖ p.ex *Jude* m
semitela *f Halbleinen* n
se\mítico adj *semitisch* ‖ p.ex *jüdisch* ‖ **–mitismo** *m semitisches Wesen* n ‖ *Semitismus* m ‖ → **sionismo** ‖ **–mitista** m/f *Semitist(in* f) m
semi\tono *m* ⟨Mus⟩ *halber Ton* m ‖ **–transparente** adj *(m/f) halb durchlässig (für das Licht)* ‖ *halb durchsichtig* ‖ **–vida** *f* ⟨Atom⟩ *Halbwertszeit* f ‖ **–vivo** adj *halblebend* ‖ **–vocal** *f* ⟨Gr⟩ *Halb\vokal, -lauter* m
sémola *f Grieß* m ‖ *Grütze* f ‖ *~ de avena mondada Hafergrütze* f ‖ *~ de cebada Gerstengrieß* m
semoviente adj *(m/f) s. selbst bewegend*
sempiterna *f* ⟨Bot⟩ → **siempreviva**
sempiterno adj *ewig* ‖ *immerwährend*
¹sen *m*, **¹sena** *f* ⟨Bot⟩ *Kassie* f (Cassia spp) ‖ *~ de Maryland Maryland-Kassie* f (C. marilandica)
²sen *m* [Münzeinheit] *Sen* m *(in Japan und Indonesien)*
△ **³sen** *m Schall* m
sena *f* → **¹sen** ‖ *Sechs* f *(Würfel)*
Sena *m* [Fluss]: el *~ die Seine*
sena\do *m Senat* m *(Ratsversammlung)* ‖ *Senat* m *(e–s Gerichtshofs)* ‖ *Senatsgebäude* n ‖ **–dor** *m Senator* m ‖ *Ratsherr* m ‖ *~ vitalicio auf Lebenszeit gewählter* bzw *bestimmter Senator* m ‖ **–duría** *f Sentoren\würde* f bzw *-amt* n
senario adj *sechsteilig* ‖ *sechszählig*
senato\rial *(m/f)*, **–rio** adj *senatorisch* ‖ *Senats-* ‖ *Senatoren-*
S. en C. ⟨Abk⟩ = **sociedad en comandita**
senci\llamente adv *einfach, schlecht\hin, -weg* ‖ *kurz und gut* ‖ **–llez** *[pl ~ces] f Einfachheit, Sc\bli\chtheit* f ‖ *Geradheit, Arglosigkeit, Redlichkeit* f ‖ *Einfalt* f ‖ *Ungezwungenheit f (des Stiles)* ‖ *~ de manejo* ⟨Tech⟩ *einfache Handhabung* f ‖ **–llo** adj *einfach* ‖ *schlicht, schmucklos* ‖ *einzeln* ‖ ⟨fig⟩ *schlicht, arglos, aufrichtig* ‖ ⟨fig⟩ *ehrlich, redlich* ‖ ⟨fig⟩ *einfältig* ‖ *schlicht (Stil)* ‖ (billete) *~ einfache Fahrkarte* f ‖ ◇ *no es tan ~ como parece es ist nicht so einfach, wie es aussieht* ‖ *es muy ~ das ist ganz einfach* ‖ ¡*no hay cosa más ~a! nichts einfacher als das!* ‖ *~ m* SAm *Kleingeld* n ‖ **–llote** adj *augm von* **–llo** ‖ *es muy ~* ⟨fam⟩ *er ist ein treuherziger, etwas einfältiger Bursche*
sen\da *f (Fuß)Pfad, Fuß\weg, -steig, Steg* m ‖ *Reitweg* m ‖ ⟨StV⟩ *Spur* f ‖ *~ trillada ausgetretener Pfad* (& fig) ‖ *la ~ de virtud* ⟨fig⟩ *der Pfad der Tugend* ‖ **–derismo** *m Jogging* n ‖ **–dero** *m* → **senda** ‖ dim: **–deruelo** *m*, **–derita** *f Pfädchen* n ‖ *~ Luminoso* Pe *Leuchtender Pfad* m
sendos, ~as adj/pl *je ein* ‖ *jeder Einzelne* ‖ *jeder für od an s.* ‖ ◇ *vaciamos ~ vasos de vino*

wir tranken jeder (s)ein Glas Wein (oft fälschlich im Sinne von „tüchtig, groß, mächtig" gebraucht)
Séneca *m* np *Seneca (Lucius Annaeus ~ d.J., 4 v.Chr.–65 n.Chr.)* ‖ *~* ⟨fig⟩ *weiser Mann* m ‖ → **senequismo**
senecio *m* ⟨Bot⟩ *Grau-, Greis-, Kreuz\kraut* n (Senecio spp) ‖ *Aschenpflanze* f (Cineraria senecio *usw.*)
senectud *f Greisenalter* n
Sene\gal *m* ⟨Geogr⟩ *Senegal* n ‖ **=galés** (**=galense**) adj *senegalesisch, vom Senegal* ‖ *~ m Senegalese* m
senequis\mo *m* ⟨Philos⟩ *(moralisch-philosophische) Lehre f Senecas* ‖ ⟨fig⟩ *stoische Haltung* f ‖ **–ta** adj *(m/f) auf die Lehre Senecas bezüglich* ‖ *~ m/f Anhänger(in* f) m *der Lehre Senecas*
senés adj/s *aus Siena* ‖ *auf Siena bezüglich*
senescal *m* ⟨Hist⟩ *Seneschall* m ‖ ⟨Hist⟩ *Truchsess, Oberhofmarschall* m ‖ ⟨Hist⟩ *Landvogt* m

senescen\cia *f* ⟨Med⟩ *Altern, Altwerden* n ‖ *Altersschwäche, Seneszenz* f ‖ *Vergreisung* f ‖ **–te** adj *(m/f) alternd*
se\nil adj *(m/f) greisenhaft, senil* ‖ *Alters-* ‖ **–nilidad** *f* ⟨Med⟩ *Greisenhaftigkeit, Senilität* f ‖ *~ precoz vorzeitiges Altern* n ‖ **–nior** *m Senior, Älteste(r)* m
seno *m* ⟨Aus⟩*Höhlung, Vertiefung* f ‖ ⟨An⟩ *Höhle* f ‖ *Busen* m, *Brust* f ‖ *Schoß* m ‖ *Mutterleib* m ‖ *Bucht* f, *Meerbusen* m ‖ *Sinus* m *(e–s Winkels od Bogens)* ‖ ⟨fig⟩ *Innere(s), Innerste(s)* n ‖ *el ~ de Abrahán Abrahams Schoß* m ‖ *~ esfenoidal* ⟨An⟩ *Keilbeinhöhle* f ‖ *~ frontal* ⟨An⟩ *Stirnhöhle* f ‖ *el ~ de la Iglesia der Schoß der Kirche* ‖ *~ maxilar* ⟨An⟩ *Kieferhöhle* f ‖ *~ primero Sinus* m *(e–s Winkels)* ‖ *~ segundo Kosinus* m ‖ ◆ *en el ~ de la familia im Familienkreis, im Schoß der Familie* ‖ ◇ *llevar en el ~ unter dem Herzen tragen* ‖ *sacar del ~ aus dem Busen ziehen (z.B. Geld)*
senoi\dal adj ⟨Math Phys⟩ *sinusförmig* ‖ *Sinus-* ‖ *tono ~ Sinuston* m *(elektronische Musik)* ‖ **–de** *f* ⟨Math Phys⟩ *Sinus\kurve, -linie* f
△ **senque** *m Zweig, Ast* m
sensa\ción *f Gefühl* n, *Empfindung* f ‖ *Sinneseindruck* m ‖ *Aufsehen* n, *Sensation* f ‖ *~ de angustia Angst(empfindung)* f ‖ *~ gustativa Geschmacksempfindung* f ‖ *~ olfactiva Geruchsempfindung* f ‖ *~ de plenitud* ⟨allg⟩ *Gefühl* n *der Vollkraft* bzw *der Reife* ‖ ⟨Med⟩ *Völlegefühl* n ‖ *~ táctil Tastempfindung* f ‖ *~ visual Sehempfindung* f ‖ ◇ *causar od producir ~ Aufsehen erregen* ‖ ⟨pop⟩ *Furore machen* ‖ **–cional** adj *(m/f) sensationell, aufsehenerregend* ‖ ⟨fam⟩ *epochal, epochemachend* ‖ ⟨fam⟩ *prima, ganz toll* ‖ *~ es una chica ~* ⟨fam⟩ *das ist ein tolles Mädchen* ‖ **–cionalismo** *m Sensations\gier, -lust* f ‖ **–cionalista** adj *(m/f) sensationslüstern*
sensa\tamente adv *mit Überlegung* ‖ **–tez** *[pl ~ces] f Verständigkeit, Besonnenheit* f ‖ **–to** adj *verständig, besonnen, klug, vernünftig*
sensibili\dad *f* ⟨allg⟩ *Empfindlichkeit* f ‖ *Empfindungs\vermögen* n, *-fähigkeit* f ‖ *Weichherzigkeit* f, *Mitgefühl, Gemüt* n ‖ *Erregbarkeit* f ‖ *Empfindsamkeit* f ‖ *Sensibilität* f ‖ *~ afectada vorgetäuschte Empfindlichkeit* f ‖ *~ alérgica* ⟨Med⟩ *allergische Empfindlichkeit* f ‖ *~ al calor Wärmeempfindlichkeit* f ‖ *~ a los colores* ⟨Fot⟩ *Farb(en)empfindlichkeit* f ‖ *~ a los choques Stoßempfindlichkeit* f ‖ *~ estética Schönheitssinn* m ‖ *Kunstsinn* m ‖ *~ al frío Kälteempfindlichkeit* f ‖ *~ a la luz* ⟨Fot Opt⟩ *Lichtempfindlichkeit* f ‖ ◆ *de alta od gran ~* ⟨Fot⟩ *hoch empfindlich* ‖ **–zación** *f Sensibilisierung* f (& Fot Med) ‖ **–zar**

[z/c] vt *sensibilisieren* (& Fot Med) ‖ *sinnlich wahrnehmbar machen, empfindlich machen*

sensi|ble adj *(m/f) empfindlich* ‖ *empfindsam, zart besaitet* ‖ *erregbar, reizbar, empfänglich* ‖ *fühlsam* ‖ *fühlbar* ‖ *gefühlvoll, mitleidig, weichherzig, zart* ‖ *schmerzlich, be|klagenswert, -dauerlich* ‖ *verdrießlich* ‖ ⟨Med⟩ *allergisch* (& fig) ‖ ⟨Fot⟩ *lichtempfindlich* ‖ ⟨allg⟩ *sinnlich wahrnehmbar* ‖ ~ al calor *wärme-, hitze|empfindlich* ‖ ~ a los colores *farb(en)empfindlich* ‖ ~ al frío *kälteempfindlich* ‖ ~ a la luz *lichtempfindlich* ‖ ~ a la percusión *schlagempfindlich* ‖ ◆ por ~ que sea la pérdida *so schmerzlich der Verlust auch ist* ‖ ◇ experimentar un cambio ~ *e–e fühlbare Veränderung erfahren* ‖ es muy ~ *es ist sehr zu bedauern* ‖ er (sie, es) ist sehr empfindlich bzw empfindsam ‖ me es muy ~ *es schmerzt mich sehr, es tut mir sehr leid* ‖ **–blemente** adv *schmerzlich, beklagenswert* ‖ *merklich, spürbar, augenscheinlich* ‖ ~ constante *annähernd gleich bleibend* ‖ **–blería** f ⟨fam⟩ *Empfindelei, übertriebene* bzw *falsche Empfindsamkeit, Sentimentalität* f ‖ **–blero** adj *übertrieben empfindsam, falsch sentimental, gefühlsduselig* ‖ ~ m ⟨fam⟩ *sentimentaler Schriftsteller* m

sensitiva f ⟨Bot⟩ *Mimose, Schamhafte Sinnpflanze* f (Mimosa pudica)

sensiti|var vt ⟨Fot⟩ *sensibilisieren* ‖ **–vo** adj *empfindungsfähig, sinnlich* ‖ *sensitiv* ‖ ⟨Physiol Med⟩ *sensibel (Nerv)* ‖ ⟨Med⟩ *feinnervig, empfindsam*

sensitómetro m ⟨Fot⟩ *Sensitometer* n

sensor m ⟨Tech⟩ *Sensor* m ‖ ~ de movimiento ⟨El⟩ *Bewegungsmelder* m

sen|sorio, –sorial adj *(m/f) senso|risch, -riell* ‖ *Sinnes-* ‖ *Empfindungs-* ‖ ⟨An⟩ *zu den Sensorien (der Großhirnrinde) gehörend* ‖ ~ m *Bewusstsein* n

sen|sual adj *(m/f) sinnlich* ‖ *Sinnen-* ‖ adv: ~mente ‖ **–sualidad** f *Sinnlichkeit* f ‖ **–sualismo** m *Neigung* f *zur Sinnlichkeit* ‖ *Sinnlichkeit* f ‖ ⟨Philos⟩ *Sensualismus* m *(von J. Locke)* ‖ **–sualista** adj *(m/f)* ⟨Philos⟩ *sensualistisch* ‖ ~ m/f *Sensualist(in* f) m, *Anhänger(in* f) des *Sensualismus*

senta|da f ⟨fam⟩ *Sitz(ung* f) m ‖ ⟨Pol Soz⟩ *Sit-in* n ‖ ◆ de una ~ ⟨pop⟩ *in e–m Ritt* ‖ *in e–m Zug* ‖ ◇ he leído ese libro de una ~ ⟨fam⟩ *ich habe dieses Buch in e–m Zug gelesen* ‖ **–dero** m *Sitzmöglichkeit* f *(irgendwelcher Art)* ‖ **–do** adj (dim: **–dito**) *sitzend* ‖ *gesetzt* ‖ ⟨Bot⟩ *ungestielt (Blatt)* ‖ ⟨fig⟩ *gesetzt, ruhig, bedächtig* ‖ ⟨fig⟩ *untersetzt* ‖ ~ (junto) a la chimenea *am Ofen sitzend* ‖ ◇ dar por ~ *als ausgemacht gelten lassen, als wahr annehmen* od *voraussetzen* ‖ lo dejo ~ aquí *ich lasse ihn hier sitzen* ‖ estar ~ sitzen ‖ allí se quedó ~ *dort blieb er (es) sitzen* ‖ ~a esta base ... *von dieser Voraussetzung aus ...*

△ **sentallí** f *Stirn* f

sentamiento m ⟨Arch⟩ *Setzen* n, *Setzung, Senkung* f ‖ *Absacken, Sacken* n

sentar [–ie–] vt *(hin)setzen* ‖ *(nieder)setzen* ‖ *Platz nehmen lassen* (a alg. jdn acc) ‖ *fest|setzen, -stellen, aufstellen* ‖ *(ein Lager) aufschlagen* ‖ *buchen, eintragen (Posten)* ‖ *(e–e Naht) glatt-, nieder|bügeln* ‖ Arg Col Chi Ec *parieren (Pferd)* ‖ ◇ ~ el crédito ⟨Com⟩ *s–n Kredit sichern, befestigen* ‖ ⟨fig⟩ s. *zur Geltung bringen* ‖ ~ al débito ⟨Com⟩ *in das Debet stellen* ‖ ~ en el (libro) mayor *ins Hauptbuch eintragen* ‖ ~le la mano a alg. ⟨fam⟩ *jdm zu Leibe gehen, rücken* ‖ la lluvia ha sentado el polvo *der Regen hat den Staub niedergeschlagen* ‖ ~ un principio *e–n Grundsatz aufstellen* ‖ ~ un sistema *ein System*

aufstellen ‖ ~ vi *aufsitzen, ruhen* (en *auf* dat) ‖ ⟨fig⟩ *(gut) bekommen, behagen* ‖ ⟨fig⟩ *sitzen, passen* ‖ ◇ ~ bien (mal) *gut (schlecht) bekommen (Speise)* ‖ *gut stehen (Kleid)* ‖ ⟨fig⟩ *gefallen* ‖ s. *ziemen* ‖ le ha sentado mal la comida *das Essen ist ihm (ihr) schlecht bekommen* ‖ te ha sentado mal el paseo *der Spaziergang hat dir geschadet* ‖ le sienta bien *es kommt ihm (ihr) zugute* ‖ er passt ihm (ihr) *(Rock)* ‖ ⟨fam⟩ *es geschieht ihm (ihr) recht* ‖ ~se s. *(nieder)setzen* ‖ s. *hinsetzen* ‖ s. *senken, s. setzen* ‖ *absacken, sinken, absenken* ‖ *ablagern (Wein, Bier)* ‖ s. *beruhigen, s. stabilisieren* ‖ ◇ ~ a la mesa s. *an den Tisch setzen* ‖ ~ en la silla s. *auf den Stuhl setzen* ‖ ~ encima s. *daraufsetzen* ‖ ¡siéntate aquí! *setz(e) dich her!*

senten|cia f *Lehr-, Sinn-, Denk|spruch* m, *Sentenz* f ‖ ⟨Jur⟩ *Urteils-, Richter|spruch* m ‖ *Urteil, Erkenntnis* n ‖ *Entscheidung* f, *Gutachten* n ‖ ~ absolutoria *Freispruch* m ‖ ~ arbitral *Urteils-, Schieds|spruch* m ‖ ~ arbitraria *willkürliches Urteil, Willkürurteil* n ‖ ~ capital *Todesurteil* n ‖ ~ condenatoria *Verurteilung* f, *Strafurteil* n ‖ ~ en contumacia *Versäumnisurteil* n ‖ ~ declarativa *Feststellungsurteil* n ‖ ~ definitiva, ~ final, ~ firme *Endurteil* n ‖ ~ de desahucio *Räumungsurteil* n ‖ ~ de muerte *Todesurteil* n ‖ ~ en rebeldía *Versäumnisurteil* n ‖ ◆ concluso od listo para la ~ *entscheidungsreif* ‖ ◇ dictar la ~ *das Urteil* od *den Spruch fällen* ‖ ejecutar una ~ *ein Urteil vollstrecken* ‖ fallar od pronunciar od fulminar la ~ → dictar la ~ ‖ dim: **–zuela** ‖ **–ciado** m/adj *Verurteilte(r)* m ‖ **–ciador** m/adj *urteilender Richter* m ‖ → **–oso** ‖ **–ciar** vt/i *Urteil sprechen (über)* ‖ *verurteilen* ‖ *entscheiden* ‖ ◇ ~ por estafa *wegen Betruges verurteilen* ‖ ~ en justicia *gerichtlich verurteilen* ‖ ~ a muerte *zum Tod(e) verurteilen* ‖ ~ un pleito *in e–m Rechtsstreit entscheiden* ‖ **–cioso** adj (iron) *schulmeisterlich, pedantisch, philisterhaft* ‖ *sentenzenreich, spruchartig, sentenziös*

senti|damente adv *gefühlvoll* ‖ *mit Bedauern* ‖ **–do** adj *innig, aufrichtig (Worte), tief empfunden* ‖ *schmerz|lich, -haft* ‖ *wehmütig* ‖ *empfindlich, reizbar* ‖ ~ m *Sinn* m ‖ ⟨bildliche⟩ *Bedeutung, Deutung* f ‖ ⟨fig⟩ *Einsicht, Urteilskraft* f ‖ ⟨fig⟩ *Verstand* m ‖ ⟨fig⟩ *Gefühl, Bewusstsein* n ‖ *Vernunft* f ‖ ⟨fig⟩ *Seite, Richtung* f ‖ ⟨fig⟩ *Ziel* n ‖ ⟨fig⟩ *Zweck* m ‖ ~ artístico *Kunst|sinn* bzw *-verstand* m ‖ ~ musische *Begabung* f ‖ ~ de los colores *Farbensinn (auch von Malern)* ‖ ~ común *gesunder Menschenverstand, Mutterwitz* m ‖ ~ cromático → ~ de los colores ‖ ~ equívoco *Doppelsinn* m, *Zweideutigkeit* f ‖ ~ del gusto *Geschmackssinn* m ‖ ~ de la marcha *Marsch-, Fahrt|richtung* f ‖ ~ de observación *Beobachtungssinn* m ‖ ~ del oído *Gehörsinn* m ‖ ~ del olfato *Geruchssinn* m ‖ ~ de la orientación *Orientierungs-, Orts|sinn* m (& Zool) ‖ ~ primitivo *Grundbedeutung* f ‖ ~ de la responsabilidad *Verantwortungs|gefühl, -bewusstsein* n ‖ ~ sexto → *sechster Sinn* m ‖ ~ del tacto *Tastsinn* m ‖ ~ del valor propio *Selbstwertgefühl* n ‖ ~ verbal *wörtliche Bedeutung* f ‖ ~ de la vista *Gesichtssinn* m ‖ ◆ con ~ *sinngemäß* ‖ *vernünftig* ‖ contrario al ~ *vernunftswidrig* ‖ en este ~ *in diesem Sinn(e)* ‖ in dieser Richtung, dergestalt ‖ *in dieser Hinsicht* ‖ derart, dergestalt ‖ en ~ amplio od lato *im erweiterten* od *weiteren Sinn* ‖ en ~ recto *geradeaus* ‖ *im eigentlichen Sinn* ‖ en ~ figurado *im übertragenen* od *bildlichen Sinn* ‖ en ~ inverso *in verkehrter Reihenfolge* ‖ *in umgekehrter Richtung* ‖ en pleno ~ (en el ~ riguroso) de la palabra *im vollen (wahren) Sinn* *des Wortes* ‖ *falto de* ~ *sinn-, zweck|los* ‖ *ziellos* ‖ *ungeordnet, durcheinander* ‖ ◇ *carecer de* ~, *no tener* ~ *sinnlos sein, k–n Sinn haben* ‖ *cuesta un* ~ ⟨fig⟩ *es kostet ein Heidengeld* ‖ *dar un* ~ *malo a algo et. übel auslegen, übel nehmen* ‖ *dar otro* ~ *a algo et. anders auslegen* ‖ *et. umdeuten* ‖ *leer con* ~ *mit Ausdruck lesen* ‖ *perder el* ~ *ohnmächtig werden* ‖ ⟨fig⟩ *den Kopf verlieren* ‖ *s–e Bedeutung (bzw s–n Sinn) verlieren* ‖ *bedeutungs- bzw zweck-, sinn|los werden* ‖ *no tener* ~ *sinnlos sein, k–n Sinn haben* ‖ *tomar en buen* ~ *im guten Sinn aufnehmen* ‖ **~s** *mpl: órganos de los* ~ ⟨An⟩ *Sinnesorgane npl* ‖ *los cinco* ~ *die fünf Sinne* ‖ ⟨fig⟩ *der gesunde Menschenverstand* ‖ ◆ *en todos los* ~ *in jeder Hinsicht* ‖ *überall* ‖ *nach allen Seiten* ‖ *privado (od falto) de los* ~ *ohnmächtig* ‖ *este vocablo tiene od admite varios* ~ *dieses Wort hat mehrere Bedeutungen*

senti|mental *adj/s (m/f) gefühlvoll, empfindsam, sentimental* ‖ ◇ *echarla de* ~ ⟨fam⟩ *den Empfindsamen spielen, empfindeln* ‖ ~ *m Gefühlsmensch m* ‖ ~ *f:* la ~ ⟨Th⟩ *die Sentimentale* f ‖ **–mentalismo** *m Empfindsamkeit, Sentimentalität* f ‖ *Empfindelei, falsche Sentimentalität* f ‖ **–miento** *m Gefühl n, Empfindung, Regung* f ‖ *Sinn m, Gesinnung* f ‖ *Groll m* ‖ *Bedauern, Leid n* ‖ *Beileid n* ‖ *Schmerz, Verdruss m* ‖ ~ *del deber Pflichtgefühl n* ‖ ~ *delicioso Wonnegefühl n* ‖ ~ *de inferioridad* ⟨Psychol⟩ *Minderwertigkeitsgefühl n* ‖ ~ *nostálgico Heimweh n* ‖ *Nostalgie* f ‖ ◆ *con* ~ *mit Gefühl* ‖ *con hondo (profundo)* ~ *mit tiefem Bedauern* ‖ ◇ *le acompaño (a Vd.) en el* ~ *ich sprehe Ihnen mein Beileid aus* ‖ *demostrar su* ~ *sein Bedauern aussprechen* ‖ *el* ~ *es mío das Bedauern ist ganz auf m–r Seite* ‖ *tener un* ~ *contra alg. jdm grollen* ‖ *tengo el* ~ *de participarle ich bedauere, Ihnen mitteilen zu müssen* ‖ **~s** *mpl Gesinnung* f ‖ *Edelmut m* ‖ ~ *de amistad freundschaftliche Neigung* f *od Gefühle npl* ‖ ~ *estrechos Engherzigkeit* f

sentina *f* ⟨Mar⟩ *Kielraum m, Bilge* f ‖ ⟨fig⟩ *Kloake* f, *Sumpf m* ‖ ~ *de vicios* ⟨fig⟩ *Sündenpfuhl m*

¹sentir [ie/i] *vt fühlen, empfinden* ‖ *(be)merken, wahrnehmen* ‖ *verspüren* ‖ *bedauern* ‖ *leiden unter* ⟨dat⟩ ‖ *meinen, dafürhalten* ‖ *richtig auffassen, vortragen usw.* ‖ ◆ *sin* ~ *unbewusst, ohne es zu merken* ‖ *ganz allmählich* ‖ ◇ ~ *muchísimo lebhaft bedauern* ‖ *lo siento mucho ich bedauere es sehr, es tut mir sehr leid* ‖ *(wie) schade!* ‖ *siento mucho alegría ich bin sehr erfreut* ‖ *siento mucho frío mich friert sehr, mir ist sehr kalt* ‖ *siento miedo ich habe Angst* ‖ *siento mucha sed ich habe großen Durst* ‖ *lo siento muy de veras (od en el alma) ich bedauere es aufrichtig* ‖ *su muerte fue muy sentida sein Tod wurde aufrichtig bedauert* ‖ *siento con él ich habe Mitgefühl mit ihm, ich kann es ihm nachfühlen* ‖ *digo lo que siento ich sage, was ich meine, ich sage es geradeheraus* ‖ *hacerse* ~ *s. fühlbar od spürbar machen* ‖ *fühlbar od spürbar werden* ‖ *le hizo* ~*lo er (sie, es) hat es ihn (sie) fühlen lassen* ‖ **~se** *s. fühlen, s. befinden (wohl, schlecht)* ‖ *nach et. schmecken* ‖ *Risse bekommen (Mauer)* ‖ ◇ ~ *enfermo od malo s. krank, unwohl fühlen* ‖ ~ *malo en la cabeza Kopfschmerzen haben* ‖ ~ *poeta s. zum Dichter berufen fühlen* ‖ ~ *con fuerzas od capaz de ... s. stark (genug) fühlen zu ... (inf)* ‖ *s. für befähigt halten zu ... (inf)* ‖ *ese lo dará que* ~ *das wird ihn (sie) teuer zu stehen kommen* ‖ *das wird er (sie, es) bereuen* ‖ *me siento impulsado a decirle ... es drängt mich, Ihnen zu sagen ...* ‖ *me siento*

muy obligado a Vd. ich bin Ihnen sehr verbunden od dankbar
²sentir *vt/i* ⟨reg⟩ *hören, vernehmen* (bes. Am) ‖ ◇ *se sienten pasos man hört Schritte*
³sentir *m Fühlen, Gefühl n* ‖ *Meinung, Ansicht* f ‖ ◆ *en mi* ~ *nach m–m Dafürhalten*

senyera f Cat → **señera**

¹seña *f* ⟨An⟩*Zeichen n* ‖ *Gebärde* f ‖ *Wink m* ‖ *Erkennungs-, Merk-, Kenn|zeichen, Merkmal n* ‖ *Parole f, Losungswort n* ‖ ⟨Mar⟩ *Signal n* ‖ ⟨pop⟩ *Anzahlung* f *(als Garantie für die Verwirklichung des Kaufs)* ‖ ~ *de salida* ⟨Th⟩ *Kontrollmarke f (zum Wiedereintritt)* ‖ **~s** *fpl Personenbeschreibung* f ‖ *Anschrift, Briefaufschrift, Adresse* f ‖ ~ *mortales* ⟨fig⟩ *untrügliche* ⟨An⟩*Zeichen npl* ‖ ~ *personales Personenbeschreibung* f ‖ *„besondere Kennzeichen"* *npl (Pass, Personalausweis usw.)* ‖ ◆ *a mis* ~ *an m–e Adresse* ‖ *por* ~ *durch Zeichen* ‖ *durch Gebärden (sprechen)* ‖ *por más* ~ ⟨fig⟩ *als nähere Angabe(n)* ‖ ⟨fam⟩ *noch dazu, außerdem* ‖ *por las* ~ *allem Anschein nach* ‖ ◇ *dar* ~ *(näher) angeben, beschreiben* ‖ *¡enviar a las nuevas* ~*! Nachsenden! (auf Postsendungen)* ‖ *hablar por* ~ *durch Zeichen sprechen* ‖ *hacer* ~ *a alg. jdm Zeichen od Gebärden machen* ‖ *jdm zuwinken* ‖ *poner las* ~ *die Adresse schreiben*
²seña, señá *f* ⟨pop⟩ → **señora**

señal *f* ⟨An⟩*Zeichen n* ‖ *Kennzeichen, Merkmal n* ‖ *(Geburts)Mal n* ‖ *Spur* f ‖ *Narbe f, Wundmal n* ‖ *Grenz-, Mark|stein m* ‖ *Zeichen n, Weisung f (Gottes)* ‖ *Handgeld n, Anzahlung* f *(als Garantie für die Verwirklichung des Kaufs)* ‖ *Kreuz n der Schreibunkundigen (an Stelle der Unterschrift)* ‖ *Lesezeichen n* ‖ ⟨Radio⟩ *Sendezeichen n* ‖ ⟨StV⟩ *(Verkehrs)Zeichen n* ‖ ~ *de alarma Alarmzeichen n* ‖ *Warn-, Not|signal n* ‖ ~ *de alto* ⟨StV⟩ *Haltesignal, Stoppzeichen n* ‖ ~ *de aviso Vorsignal n* ‖ ~ *con od de banderas* ⟨Mil Mar⟩ *Flaggensignal n* ‖ ~ *de confianza Zeichen n des Vertrauens* ‖ ~ *de la cruz Zeichen n des Kreuzes (bei den Christen)* ‖ ~ *de disco* ⟨EB⟩ *Scheibensignal n* ‖ ~ *distintiva Erkennungszeichen n* ‖ ~ *de división* ⟨Typ⟩ *Teilstrich m* ‖ ~ *de entrada Eingangssignal n* ‖ *Eingabesignal n* ‖ ~ *infalible untrügliches Anzeichen n* ‖ ~ *de infamia Schandmal n* ‖ ~ *informativa (indicadora)* ⟨StV⟩ *Hinweiszeichen n* ‖ ~ *interrogativa* ⟨Gr⟩ *Fragezeichen n* ‖ ~ *luminosa Lichtsignal n* ‖ ~ *de llamada* ⟨Tel⟩ *Rufzeichen n* ‖ *Anrufsignal n* ‖ ~ *para marcar* ⟨Tel⟩ *Freizeichen n* ‖ ~ *de marcha* → ~ *de salida* ‖ ~ *de obligación* ⟨StV⟩ *Gebotszeichen n* ‖ ~ *de ocupado* ⟨Tel⟩ *Besetztzeichen n* ‖ ~ *de pausa* ⟨Radio TV⟩ *Pausenzeichen n* ‖ ~ *de peligro Notsignal n* ‖ ⟨StV⟩ *Warnzeichen n* ‖ ~ *preceptiva* ⟨StV⟩ *Gebotszeichen n* ‖ ~ *de partida* → ~ *de salida* ‖ ~ *de prohibición* ⟨StV⟩ *Verbotszeichen n* ‖ ~ *de reconocimiento Erkennungszeichen n* ‖ ⟨Mar⟩ *Erkennungssignal n* ‖ ~ *de repetición Wiederholungszeichen n* ‖ ~ *de salida (partida, marcha)* ⟨EB⟩ *Ausfahrzeichen, Abfahrtssignal n* ‖ ~ *de salida (partida)* ⟨Sp⟩ *Startzeichen n* ‖ ⟨Mar⟩ *Abfahrtzeichen n,* ⟨fam⟩ *Blauer Peter m (mit den Flaggen)* ‖ *Ausgangssignal n* ‖ *Ausgabesignal n* ‖ ~ *de unión* ⟨Typ⟩ *Verbindungszeichen n* ‖ ◆ *en* ~ *als Beweis, als Probe* ‖ *en* ~ *de protesta als Ausdruck des Protestes* ‖ *ni* ~ ⟨fig⟩ *k–e Spur* ‖ ◇ *dejar (paga y)* ~ *anzahlen, e–e Anzahlung leisten* ‖ *hacer una* ~ *a alg, jdm ein Zeichen geben* ‖ *jdm zuwinken* ‖ *me ha hecho* ~ *de que sí er hat mir ein Ja zugewinkt* ‖ **~es** *fpl:* ~ *de camino Wegezeichen npl* ‖ ~ *de circulación* ⟨StV⟩ *Verkehrszeichen npl* ‖ ~ *horarias* ⟨Radio⟩ *Zeitzeichen npl* ‖ ~ *luminosas sincronizadas*

⟨StV⟩ *grüne Welle* f ‖ ~ precursoras *Vorzeichen* npl (& Med) ‖ *warnende Zeichen* ‖ ~ semafóricas ⟨StV⟩ *Lichtzeichen* npl ‖ ~ de tráfico →* ~ de circulación ‖ ~ de viruela ⟨Med⟩ *Pockennarben* fpl ‖ ◆ con pelos y ~ *eingehend, bis in alle Einzelheiten, haar|genau, -klein* ‖ ◇ no dar ~ de vida *kein Lebenszeichen (mehr) geben* ‖ hacer ~ ⟨Mar Mil⟩ *Flaggenzeichen geben, winken*

   señala Chi, **~da** *f* Arg *Viehmarkierung* f

   señala|damente adv *ausdrücklich, besonders* ‖ más ~ *ganz besonders* ‖ **–do** adj *ge-, be|zeichnet* ‖ *anberaumt, bestimmt (Tag)* ‖ *ausgezeichnet, hervorragend* ‖ *wichtig, bedeutend* ‖ *berühmt* ‖ ⟨fig⟩ *ver|rucht, -rufen (por wegen)* ‖ ~ con un asterisco ⟨Typ⟩ *mit e–m Sternchen versehen* ‖ lo más ~· de la sociedad ⟨figf⟩ *die Creme der Gesellschaft* ‖ en un día tan ~ *an e–m so denkwürdigen, wichtigen Tag* ‖ ◇ así me hará Vd. un ~ *favor so werden Sie mir e–n besonderen Gefallen erweisen* ‖ dejar a alg. ~ ⟨pop⟩ *jdn zeichnen, jdn verunstalten (z. B. mit e–r Stichwaffe)* ‖ **–dor** *m* (An)*Zeiger* m ‖ *Lesezeichen* n *(in Büchern)* ‖ ⟨Mil Mar⟩ *Winker* bzw *Blinker* m ‖ ⟨Mar⟩ *Signalgast* m ‖ **–miento** *m Bezeichnung* f ‖ *Markierung* f ‖ *Benennung* f ‖ ⟨Flugw⟩ *Signalisierung* f ‖ ⟨Jur⟩ *Anberaumung, Festsetzung, Bestimmung* f ‖ ⟨Jur⟩ *Termin(s)bestimmung, -festsetzung, Gerichtsverhandlung* f, *(Verhandlungs)Termin* m ‖ *Anweisung e–r Besoldung, Zuweisung* f ‖ ◇ para mañana se han efectuado los siguientes ~s *für morgen sind folgende Gerichtsverhandlungen anberaumt worden (Amtsstil)*

   seña|lar vt *kennzeichnen, markieren* ‖ *(be)zeichnen* ‖ *vormerken, aufzeichnen* ‖ *anzeigen* ‖ *andeuten* ‖ *melden* ‖ *hin|deuten, -weisen auf* (acc) ‖ *festsetzen, bestimmen* ‖ ⟨Jur⟩ *anberaumen* ‖ *anweisen, aussetzen (Besoldung)* ‖ *auszeichnen* ‖ *unter|zeichnen, -schreiben* ‖ *signalisieren* ‖ ⟨Tel⟩ *markieren, drehen (Nummern)* ‖ ⟨EB⟩ *Signale geben* ‖ ⟨fig⟩ *(jdn) brandmarken, zeichnen, verunstalten (durch e–n Hieb, Stoß)* ‖ ⟨Com⟩ *auszeichnen (Ware)* ‖ *anweisen (Besoldung)* ‖ ◇ ~ audiencia para el juicio ⟨Jur⟩ *ein Vorverhör anberaumen* ‖ ~ el camino *den Weg weisen* ‖ ~ con el dedo a alg. *mit dem Finger auf jdn deuten, zeigen* ‖ ~ con la marca de ¡frágil! *als „zerbrechlich“ bezeichnen (Inhalt e–r Kiste)* ‖ ~ el precio *den Preis angeben* ‖ *den Preis bestimmen* od *festsetzen* ‖ ~ el término *die Zeit od den Zeitpunkt od den Tag bestimmen od festsetzen* ‖ **~se** *s. auszeichnen, s. hervortun* ‖ ~ por prudente *s. durch Vernunft auszeichnen* ‖ **–leja** *f dim* von **señal**

   señali|zación *f* ⟨EB StV⟩ *Signalisierung* f ‖ *Signalisieren* n ‖ *Signalsystem* n ‖ *Beschilderung* f *(Straße)* ‖ *Verkehrsregelung f (mit Zeichen)* ‖ *Streckenmeldedienst* m ‖ ~ de *od* sobre la pista *Fahrbahnmarkierung* f ‖ ⟨Flugw⟩ *Start- und Landebahn-Befeuerung* f ‖ **–zar** [z/c] vt *mit (Verkehrs)Zeichen versehen*

   señera f: la ~ *die katalanische Flagge*

   ¹señero adj ⟨lit⟩ *einsam, abgelegen* ‖ ⟨fig⟩ *einzigartig*

   ²señero adj ⟨Hist⟩ *bannerführend (bei den Königsproklamationen)*

   ¹señor *m Herr, Besitzer* m ‖ *Gebieter, Vorgesetzte(r)* m ‖ *(wirklicher bzw vornehmer) Herr* m ‖ *Herr* m *(als Anrede od Titel)* ‖ *(Frei)Herr* m *(Adelstitel)* ‖ *Lehnherr* m ‖ ⟨reg fam⟩ *Schwiegervater* m ‖ ¡~! *(mein) Herr!* ‖ ¡~ Blanco! *Herr Blanco! (Anrede)* ‖ el ~ Blanco *Herr Blanco* ‖ (el) ~ Augusto ⟨pop⟩ *Herr August* (in der gehobenen Sprache vor dem Vornamen jedoch: don bzw Don) ‖ Muy ~ mío *Sehr*

geehrter Herr! (Briefanrede) ‖ ~ de la casa *Hausherr* m ‖ ~ y dueño *Herr und Gebieter* m (& joc iron) ‖ ~ de edad *älterer Herr* m ‖ ~ feudal ⟨Hist⟩ *Lehns-, Feudal|herr* m ‖ ~ de horca y cuchillo ⟨Hist⟩ *Herr m über Leben und Tod* ‖ *Lehnsherr* m *mit der Hoch- od (Hals)gerichtsbarkeit* ‖ ⟨fig⟩ *Despot, Tyrann* m ‖ su ~ padre *Ihr Herr Vater* ‖ ~ de sí ⟨fig⟩ *jd, der s. zu beherrschen weiß* ‖ un gran ~ *ein vornehmer Herr* m ‖ ◆ a tal ~, tal honor; a todo ~, todo honor ⟨Spr⟩ *Ehre, wem Ehre gebührt* ‖ sí, ~; no ~ *ja (mein Herr), nein (mein Herr) (höfliche Form der Bejahung od Verneinung)* ‖ sí, ~ ⟨fam⟩ *jawohl! (ja) doch!* ‖ [als Verstärkung e–r Aussage] era muy rico, sí ~ ⟨pop⟩ *er war bestimmt sehr reich* ‖ no eran pobres, no ~ ⟨pop⟩ *sie waren keineswegs arm* ‖ ataviado a lo ~ *vornehm gekleidet* ‖ ◇ descansar *od* dormir en el ~ ⟨fig⟩ *im Herrn entschlafen sein* ‖ echarla *od* dárselas de gran ~ ⟨pop⟩ *s. aufs hohe Ross setzen* ‖ hacer el ~ *den großen Herrn spielen* ‖ le llevaron el ~ ⟨fig⟩ *er (sie, es) wurde mit den Sterbesakramenten versehen* ‖ quedar ~ del campo (de batalla) *Herr des Schlachtfeldes bleiben* ‖ Vd. es ~ de hacer lo que le plazca *Sie können handeln, wie es Ihnen beliebt* ‖ ¡(pues) ~! ⟨pop⟩ *nanu! unglaublich!* ‖ pues ~, una vez había … es war einmal … *(Anfangsformel der [Kinder]Märchen)* ‖ **~es** *mpl Herrschaft* f *(Anrede seitens der Bediensteten)* ‖ *Herrschaften* pl ‖ ¡~as y ~! *m–e Damen und Herren!* ‖ los ~ de Castañeda *Herr und Frau Castañeda* ‖ *die Familie Castañeda* ‖ ◇ ninguno puede servir a dos ~ ⟨Spr⟩ *niemand kann zwei Herren dienen*

   ²señor adj ⟨fam⟩ *herrenmäßig, vornehm* ‖ ⟨fam⟩ *ordentlich, kapital* ‖ ⟨fam⟩ *gehörig, mächtig* ‖ un ~ disgusto ⟨fam⟩ *ein gehöriger Verdruss* ‖ una ~a herida ⟨fam⟩ *e–e tüchtige Wunde* ‖ ◇ le dieron una ~a paliza *man verprügelte ihn (sie, es) tüchtig*

   Señor *m*: el ~ *Gott* m *(der Herr)* ‖ Nuestro ~ (Jesucristo) *der Herr Jesus*

   seño|ra *f Dame, vornehme Frau* f ‖ *Herrin, Gebieterin* f ‖ *Ehefrau, Gemahlin* f ‖ *Frau, gnädige Frau f (als Anrede, Titel)* ‖ ⟨reg fam⟩ *Schwiegermutter* f ‖ ¡~! *m–e Dame!* ‖ *gnädige Frau!* ‖ ~ de (Am auch ohne de) Blanco *Frau Blanco* ‖ ~ Antonia ⟨pop⟩ *Frau Antonia* (in der gehobenen Sprache vor dem Vornamen jedoch: doña bzw Doña) ‖ Muy distinguida ~ mía *Sehr geehrte (od verehrte) gnädige Frau (Briefanrede)* ‖ su ~ (de Vd.) *Ihre Frau Gemahlin* f (Anmerkung: mi ~ *nur* ⟨pop⟩: sonst "mi mujer" *und unter Freunden auch* "tu mujer") ‖ ~ de compañía *Gesellschafts-, Begleit|dame* f ‖ ⟨fam⟩ *Anstandswauwau* m ‖ ~ de edad *bejahrte, ältere Frau* f ‖ una gran ~ *e–e vornehme Dame* f ‖ una auténtica ~ , una ~ en toda la extensión de la palabra *e–e wirkliche Dame* ‖ **~s** *Damen(toilette* f) *(Aufschrift)*

   Señora *f*: la ~, Nuestra ~ *die Jungfrau Maria* ‖ Nuestra ~ de la Esperanza *die hoffnungsreiche Mutter Gottes* ‖ Nuestra ~ de las Mercedes *die gnadenreiche Mutter Gottes* ‖ Nuestra ~ de Montserrat *die (schwarze) Muttergottes von Montserrat* ‖ Nuestra ~ del Mayor Dolor *die Jungfrau der Schmerzen, die Schmerzensreiche*

   señorazo *m* ⟨fam⟩ *großer* od *vornehmer Herr* m, ⟨pop⟩ *hohes Tier* n

   señoreaje *m* ⟨Hist⟩ *Münzregal* n

   seño|rear vt/i *(be)herrschen* ‖ *gebieten* ‖ *unterjochen, überwältigen* ‖ ⟨fig⟩ *überragen* ‖ ⟨fam⟩ *den Herrn spielen* ‖ *(jdn) mit señor (bes iron) anreden* ‖ ◇ **~se** de a/c *s. e–r Sache bemächtigen, (be)meistern* ‖ *et. meistern* ‖ *et. in*

Besitz nehmen ‖ **–rete** *m ⟨fam⟩ Herrchen* n ‖ **–ría** *f Gewalt* f ‖ ⟨Hist⟩ *(Standes)Herrschaft* f ‖ *Su* ~ *Euer (Ew.) bzw. Se. (Ihre) Hochwohlgeboren* m/f ‖ *Euer Gnaden* ‖ *Anrede für verschiedene Würdenträger in Spanien* ‖ **–rial** *adj (m/f) herrschaftlich, vornehm* ‖ **–ril** *adj (m/f) Herrschafts-* ‖ *vornehm, souverän, Herren-* ‖ **–río** *m Herrschaft, Gewalt* f ‖ *Rittergut* n, *Domäne* f ‖ ⟨fig⟩ *vornehme Haltung od Würde* f, *vornehmes Verhalten* n ‖ ⟨fig⟩ *Ansehen* n ‖ ⟨fig⟩ *vornehme Herrschaften* fpl ‖ **–rita** *f junge Dame* f, *Fräulein* n ‖ ⟨fam⟩ *Frau, gnädige Frau* f *(als Anrede von seiten der Bediensteten)* ‖ *(gnädiges) Fräulein!* ‖ ~ *de Solana Fräulein Solana* ‖ ~ *Pilar Solana Fräulein Pilar Solana (in Briefen)*
   señoritas *fpl kleine span. Zigarren* fpl ‖ *(Art) Zigarillos*
   seño|ritingo *m* ⟨desp⟩ *Herrchen* n ‖ *Stutzer, Geck* m ‖ **~a** *f* ⟨pop⟩ *verzärteltes Frauenzimmer* n ‖ **–ritismo** *m* ⟨pej⟩ *snobistisches Parasitentum* n *(bes. gewisse Kreise begüterter Schichten)* ‖ *Playboywesen* n ‖ **–rito** *m junger Mann* m *von Stand* ‖ ⟨fam⟩ *(junger) Herr* m *(Anrede seitens der Bediensteten)* ‖ ⟨fam⟩ *Stutzer, Geck* m ‖ **–rón** *m/adj* ⟨pop⟩ *hoher Herr* m, ⟨pop⟩ *hohes Tier* n ‖ **–rona** *f* ⟨pop⟩ *vornehme Frau* f ‖ **–rote** *m augm* ⟨desp⟩ *vornehmer señor*
   ¹**señuelo** *m* ⟨Jgd⟩ *Lockvogel* m *(& fig)* ‖ ⟨fig⟩ *Lockung* f, *Reizmittel* n ‖ ◇ *caer en el* ~ ⟨figf⟩ *auf den Leim od in die Falle gehen*
   ²**señuelo** *m Arg Bol Leit|ochse bzw -stier* m
   seo *f Ar Kathedrale* f, *Dom* m ‖ *Ar Hauptkirche* f
   seó, seor *m* ⟨fam⟩ → **señor**
   S.E.O.M. ⟨Abk⟩ **= salvo error u omisión mecanográficos**
   sepa → **saber**
   sépalo *m* ⟨Bot⟩ *Kelchblatt, Sepalum* n *(vgl* **pétalo***)*
   sepancuantos *m* ⟨fam⟩ *heftiger Hieb* m ‖ ⟨fam⟩ *derber Verweis* m
   sepa|rabilidad *f (Ab)Trennbarkeit* f ‖ **–rable** *adj (m/f) (ab)trennbar* ‖ *ablösbar (Kupon)* ‖ ⟨Chem⟩ *scheidbar* ‖ **–ración** *f (Ab)Trennung* f ‖ *Trennung, Scheidung* f ‖ *(Ehe)Trennung* f ‖ *Spaltung* f ‖ *Teilung, Absonderung* f ‖ *Austritt* m *(aus dem Dienst)* ‖ *Einsamkeit, Absonderung* f ‖ ⟨Bgb⟩ *Scheidung, Wäsche* f ‖ ~ *de bienes* ⟨Jur⟩ *Gütertrennung* f ‖ ~ *del cargo Amtsenthebung* f ‖ *p.ex Entlassung* f ‖ ~ *de cuerpos* ⟨Jur⟩ *Trennung* f *von Tisch und Bett* ‖ ~ *de fuerzas* ⟨Mil⟩ *Auseinanderrücken* n *der Streitkräfte,* *Truppenentflechtung* f ‖ *la* ~ *de la Iglesia y del Estado Trennung* f *von Kirche und Staat* ‖ ~ *por lavado Auswaschung* f *(z.B. Gold)* ‖ ~ *de mesa y lecho* → ~ *de cuerpos* ‖ ~ *de los poderes od de las potestades Gewalten|teilung,* *-trennung* f ‖ ~ *del servicio Austritt* m *aus dem (Militär)Dienst* ‖ ◇ *vivir en* ~ ⟨Jur⟩ *getrennt leben* ‖ **–radamente** *adv getrennt* ‖ ◇ *vender* ~ *einzeln verkaufen* ‖ **–rado** *adj/s getrennt* ‖ *auseinander liegend* ‖ *geschieden* ‖ *einzeln* ‖ *besonder(e, er, es)* ‖ *por* ~ *getrennt* ‖ *mit getrennter Post Extra-* ‖ ◆ *cargar por* ~ *extra berechnen* ‖ ◇ *vivir* ~*s* ⟨Jur⟩ *getrennt leben (Ehegatten)* ‖ **–rador** *m* ⟨Tech⟩ *Abscheider* m ‖ *Separator* m ‖ *Trenner* m ‖ *Abstreifer* m ‖ *p.ex Trennanlage* f ‖ *Zentrifugenanlage* f ‖ ⟨Radio TV⟩ *Trennstufe* f ‖ ~ *de aceite Entöler, Ölabscheider* m ‖ ~ *por aire Windsichter* m ‖ ~ *centrífugo Trennschleuder(maschine)* f
   sepa|rar *vt trennen, absondern* ‖ *abteilen* ‖ *aus|scheiden, -schalten* ‖ *sichten* ‖ *teilen* ‖ *auseinander nehmen* ‖ *loslösen* ‖ *(die Ehe) lösen* ‖ *ablösen, (ab)schneiden* ‖ *absprengen (Truppen)* ‖

auseinander halten (Begriffe) ‖ *ab|klappen, -stellen* ‖ ◇ ~ *las manos die (gefalteten) Hände trennen* ‖ ~ *a alg. de su empleo jdn s–s Amtes entsetzen, jdn aus dem Amt entlassen* ‖ ~ *el trigo de la cizaña die Spreu vom Weizen sondern (Evangelium)* ‖ ~*se s. absondern* ‖ *s. (ehelich) trennen* ‖ *auseinander gehen* ‖ ◇ ~ *de alg. s. von jdm lossagen* ‖ ~ *de una casa* ⟨Com⟩ *aus e–r Firma austreten* ‖ ~ *del servicio* ⟨Mil⟩ *den Dienst verlassen* **–rata** *f* ⟨Typ⟩ *Sonderdruck* m, *Separatum* m ‖ **–ratismo** *m* ⟨Pol⟩ *Separatismus* m ‖ **–ratista** *adj (m/f)* ⟨Pol⟩ *separatistisch* ‖ ~ *m/f Separatist(in* f) m ‖ **–rativo** *adj trennend, Trennungs-* ‖ ~ *m* ⟨Gr⟩ *Separativ* m
   separo *m Mex (Gefängnis)Zelle* f
   sep.[bre] ⟨Abk⟩ **= septiembre**
   sepedón *m* → **eslizón**
   sepe|lio *m Be|gräbnis, -stattung, -erdigung, Beisetzung* f ‖ ◇ *dar* ~ *a alg. jdn begraben* ‖ **–lir** *vt* ⟨lit⟩ → **sepultar**
   sepia *f* ⟨Zool⟩ *Sepi|a, -e* f, *Gemeiner Tintenfisch* m *(Sepia officinalis)* (→ **jibia**) ⟨Mal⟩ *Sepia* f
   sepiolita *f* ⟨Min⟩ → **espuma** de mar
   sep|sia, –sis *f* ⟨Med⟩ *Blutvergiftung, Sepsis* f
   sept., septbre ⟨Abk⟩ **= septiembre**
   septem|brino *adj September-* ‖ **–brista** *adj Septembristen-* ‖ ~ *m* ⟨Hist⟩ *Septembrist, Septemberverschwörer* m *(für die beabsichtigte Ermordung Bolivars am 25. September 1828)*
   septe|na *f sieben Stück* s ‖ **–nario** *adj siebenfach* ‖ ~ *m Zeitraum* m *von sieben Tagen* ‖ ⟨Kath⟩ *siebentägige Andacht* f *(vgl* **novenario***)* ‖ ⟨Poet⟩ *Septenar* m *(Versmaß)* ‖ **–nio** *m Zeitraum* m *von sieben Jahren* ‖ **–no** *adj* → **séptimo**
   septen|trión *m* ⟨Astr⟩ *Großer Wagen* m ‖ ⟨fig lit⟩ *Mitternacht* f, *Norden* m ‖ **–trional** *adj nördlich* ‖ ~ *m Nordländer* m
   septeto *m* ⟨Mus Poet⟩ *Septett* n
   septi|cemia *f* ⟨Med⟩ *Blutvergiftung, Septikämie* f ‖ **–cémico** *adj Blutvergiftungs-* ‖ **–cidad** *f septischer Charakter bzw Zustand* m
   séptico *adj* ⟨Med⟩ *septisch* ‖ *Klär- (Grube)*
   septillizos *mpl Siebenlinge* mpl
   septiembre *m September* m
   séptima *f* ⟨Mus⟩ *Septime, Sept* f ‖ ~ *aumentada, diminuta* ⟨Mus⟩ *übermäßige, verminderte Septime* f ‖ ~ *mayor, menor* ⟨Mus⟩ *große, kleine Septime* f
   séptimo *adj siebente(r, s)* ‖ *el* ~ *arte* ⟨fig⟩ *die Filmkunst* ‖ ~ *m Siebentel* n
   sep|timino, –tuor *m* ⟨Mus⟩ *Septett* n
   septingentésimo *adj der siebenhundertste* ‖ ~ *m Siebenhundertsel* n
   septo *m* → **septum**
   septua|genario *m/adj Siebzig|e(r), -jährige(r)* m ‖ ~ *adj siebzigjährig* ‖ **–gésimo** *adj siebzigste(r)* ‖ ~ *m Siebzigstel* n
   séptum *m* ⟨An⟩ *Scheide-, Trenn|wand* f, *Septum* n
   septupli|cación *f Versiebenfachung* f ‖ **–car** *[c/qu] vt versiebenfachen*
   séptuplo *adj siebenfach* ‖ *el* ~ *das Siebenfache*
   sepul|cral *adj (m/f) Grab(es)-, Toten-* ‖ **–cro** *m Grab* n, *-stätte* f ‖ *Gruft* f ‖ *Grablege* f ‖ *Grab(denk)mal* n ‖ *el Santo* ~ *das Heilige Grab (zu Jerusalem)* ‖ ~*s blanqueados* ⟨fig⟩ *(Jesus zu den Pharisäern:) Scheinheilige, Pharisäer* mpl ‖ ◇ *bajar al* ~ *in die Gruft senken* ‖ *ser un* ~ ⟨fig⟩ *verschwiegen sein wie ein Grab* ‖ *tener un pie en el* ~ ⟨fig⟩ *mit e–m Fuß im Grab stehen* ‖ **–tar** *be|graben, -statten, -erdigen, beisetzen* ‖ ⟨fig⟩ *vergraben* ‖ ⟨fig⟩ *totschweigen* ‖ ◇ **–**tado *en tristes pensamientos* ⟨fig⟩ *in trübe Gedanken versunken* ‖ **–**tado *en silencio od olvido in*

Vergessenheit versunken ‖ *–to* pp/irr von **sepelir**
od **–tar** ‖ *begraben* ‖ **–tura** *f Grab|stätte* f,
-gewölbe n ‖ *Grab* n ‖ *Gruft* f *(in Kirchen)* ‖
Beisetzung, Bestattung f ‖ *Begräbnis* n,
Grablegung f ‖ ~ *megalítica Megalithgrab* n ‖ ◆
hasta la ~ *bis ans Grab* (& fig) ‖ ◇ dar
(cristiana) ~ a alg. *jdm ein (christliches)*
Begräbnis gewähren ‖ **–turero** *m Totengräber* m
(& fig) ‖ *Leichenträger* m
　　seque|dad *f Trockenheit* f ‖ *Dürre* f ‖ ⟨fig⟩
Mangel m ‖ ⟨fig⟩ *Unfreundlichkeit* f ‖ ◆ con ~
⟨fig⟩ *unwirsch, barsch* ‖ **–dal, –ral** *m trockener*
Boden m, *trockenes Gelände* n ‖ → auch **secano**
　　sequía *f Dürre, regenlose Zeit* f ‖ And Arg Col
Durst, ⟨fam⟩ *Brand* m
　　sequillo *m Zuckerbrezel* f
　　sequío *m Geest* f ‖ → **secano**
　　sequísimo adj sup von **seco**
　　séquito *m Gefolge* n, *Begleitung* f ‖
Gefolgschaft f ‖ *Geleit* n ‖ *Zug* m
　　sequoia, sequoya *f* ⟨Bot⟩ → **secuoya**
　　sequizo adj *leicht austrocknend*
　　¹ser vi *sein* [ind pres soy, eres, es, somos, sois,
son; subj sea; imp sé, sed; imperf era, *pl* éramos;
pref fui, fuiste, fue, fuimos, fuisteis, fueron; perf
he sido]
　　A) s e l b s t ä n d i g e s Z e i t w o r t: dauernder
Zustand od Tatsache
　　a) absolut: soy yo *ich bin es* ‖ ¿eres tú? *bist du*
es? ‖ eres tú quien debe saberlo *du sollst es*
(doch) wissen ‖ es lo que yo quiero *das will ich*
eben ‖ es según *je nachdem, es kommt darauf an*
‖ es a saber, es decir *nämlich* ‖ eso fue ayer *das*
ist gestern geschehen ‖ ¿cómo es eso? *wie kommt*
das? ‖ *wie soll ich das verstehen?* ‖ era en
deberle (= le debía) *er schuldete ihm* ‖ ¡cómo ha
de ser! *wieso!* ‖ es que ... *die Sache ist die:...* ‖
sea como fuere *es sei, wie wolle* ‖ bien podría
~ que ... *es wäre wohl möglich, dass...* ‖ llegar a
~ *werden* ‖ no puede ~ *es ist unmöglich*
　　b) kopulativ (Gleichstellung od Gegensatz):
tiempo es dinero *Zeit ist Geld* ‖ la vida es sueño
das Leben ist ein Traum ‖ enfermar no es morir
erkranken heißt nicht sterben ‖ ¡esto no es vivir!
das ist (doch) kein Leben!
　　B) B e z e i c h n u n g b l e i b e n d e r,
i n n e w o h n e n d e r E i g e n s c h a f t e n o d
W e s e n(h e i t) (dagegen **estar** f ü r
v o r ü b e r g e h e n d e Z u s t ä n d e)
　　a) Dasein, Existenz, Vorhandensein, Werden: ~
o no ~ *sein oder nicht sein* ‖ soy hombre *ich bin*
Mensch ‖ soy mortal *ich bin sterblich* ‖ ¡sea la
luz! *es werde Licht!* ‖ son hombres muy valientes
es sind sehr tapfere Leute ‖ son muchos *es sind*
viele (beisammen) ‖ ~ muy otro ⟨fam⟩ *ein ganz*
anderer Mensch sein, s. ganz geändert haben
　　b) Beruf, Stellung, Nationalität, Konfession,
Zustand: es sastre, pero está sin trabajo *er ist*
Schneider (von Beruf), jedoch (augenblicklich) ist
er arbeitslos ‖ catedrático que fue *gewesener*
Professor ‖ será profesor *er wird Professor*
(werden) ‖ *er mag ein Professor sein* ‖ *es mag*
sein, dass er Professor ist ‖ quiere ~ médico *er*
will Arzt werden ‖ es católico *er ist katholisch* ‖
es ruso, siendo sus padres españoles *er ist Russe,*
obwohl s–e Eltern Spanier sind ‖ ~ (od estar)
casado *verheiratet sein* ‖ ~ obvio *einleuchten*
　　c) Alter, Gemütsart, Veranlagung, äußere
Lebensumstände (Glück, Vermögen usw.): es
joven (viejo) *er ist jung (alt)* ‖ dagegen: está
joven *er (sie, es) sieht jung aus* ‖ es triste *er (sie,*
es) ist traurig (von Natur aus) ‖ él es alegre, pero
está triste *er ist von heiterer Gemütsart (er ist*
sonst heiter), doch jetzt (augenblicklich) ist er
traurig ‖ es bueno, pero está malo *er ist ein guter*

Mensch, aber jetzt ist er krank ‖ está bueno y lo
es también *er befindet s. wohl und ist dabei auch*
gut ‖ es capaz de todo *er (sie) ist zu allem fähig* ‖
Ulrike es preciosa, pero Julia está preciosa ⟨fam⟩
Ulrike ist bildschön (immer), Julia aber sieht
(heute, im Augenblick) wunderbar aus (od *hat s.*
sehr hübsch gemacht) ‖ siendo rico, es infeliz
obwohl er reich ist, ist er unglücklich ‖ somos
pobres, pero dichosos *wir sind arm, aber*
glücklich ‖ fue en Madrid, cuando allí vivía
Antonio *es war* (od *geschah) in Madrid, als*
Antonio dort wohnte ‖ ayer fuimos demasiado
ingenuos *gestern waren wir zu naiv* ‖ (merke:)
ayer fuimos (von ir) al concierto *gestern gingen*
wir ins Konzert
　　d) Ort, Lage, Entfernung, Zeitangabe,
Herkunft, Ursprung: es aquí *hier ist es* ‖ es a dos
horas de aquí *es ist zwei Stunden von hier*
(entfernt) ‖ ¿qué día es (hoy)? *den Wievielten*
haben wir heute? was ist heute für ein Tag? ‖ hoy
es lunes *heute ist Montag* ‖ son las tres *es ist drei*
Uhr ‖ ¿qué hora es? *wie spät ist es?* ‖ es tarde *es*
ist (schon) spät ‖ es temprano (todavía) *es ist*
(noch) früh ‖ es berlinés *er ist Berliner* ‖ ¿es aquí
donde venden huevos? sí, aquí *es verkauft man*
hier Eier (od: werden hier Eier verkauft)? ja, hier
ist es
　　e) Stoff, Beschaffenheit, Eigenschaft: → D 2)
　　f) Wert, Preis: es caro, es barato *es ist teuer, es*
ist billig ‖ son cincuenta euros *es macht fünfzig*
Euro ‖ ¿a cómo es la fruta hoy? *wie teuer ist das*
Obst heute?
　　g) Ausdruck der Bejahung: ¡es así! *so ist es!* ‖
¡eso es! *jawohl, natürlich!* ‖ ¡que si lo es! *das*
glaube ich wohl! und ob es so ist! ‖ *und ob er*
(sie) es ist! (z. B. *schön*), *er (sie) ist es!*
(verstärkte Bejahung) ‖ claro que lo es *natürlich*
ist er (sie) es
　　h) pleonastisch: ¡buenos días sean! ⟨reg⟩ *guten*
Tag!
　　C) H i l f s z e i t w o r t (selten gebraucht) bei
der Bildung von Passivformen (dauernder
Zustand, das Geschehen selbst dagegen: estar +
pp = Ergebnis des Passivs, Abschluss des
Zustandes): la lana es lavada *die Wolle wird*
gewaschen (dagegen: está lavada *es ist gewaschen,*
rein) ‖ la librería es cerrada (üblicher: la librería
cierra) a las siete *die Buchhandlung wird (immer)*
um sieben geschlossen (aber: la librería está
cerrada *die Buchhandlung ist [heute,*
augenblicklich, ausnahmsweise, jetzt]
geschlossen] ‖ es amado por (od de) sus alumnos
er wird von s–n Schülern geliebt (geläufiger: sus
alumnos lo aman *usw.) ‖* ~ muy estimado *hoch*
angesehen sein (adjektivische Bedeutung) ‖
merece ~ visto *es ist sehenswert* ‖ su muerte fue
muy sentida *sein (ihr) Tod wurde sehr*
schmerzlich empfunden
　　D) in Verb. mit Präpositionen oder
adverbiellen Verbindungen:
　　1. in Verb. mit **con:** soy con Vd. (al
instante) *ich stehe gleich zu Ihrer Verfügung*
(wenn man jdn zu warten bittet)
　　2. in Verb. mit **de:** a) Besitz, Eigentum,
Zugehörigkeit, Beziehung, Herkunft, Ursprung: es
de mi padre *es gehört m–m Vater* ‖ es de la
Academia *er ist Mitglied der Akademie* ‖ no es de
él *es gehört nicht ihm* ‖ *er stammt nicht von ihm*
(z. B. *Artikel)* ‖ no es de creer *es ist*
unglaubwürdig ‖ *es steht nicht zu vermuten* ‖ no
es de mi incumbencia *das geht mich nichts an* ‖
dafür bin ich nicht zuständig ‖ ¿qué será de sus
hijos? *was wird aus s–n (ihren) Kindern werden?*
‖ ~ de ... *stammen* od *sein aus ... (Stadt, Land)* ‖
gehören zu ... (dat) ‖ *bestehen aus* (dat) ‖ ⟨lit⟩ *s.*

ziemen od *schicken für* ... ‖ *betragen* (acc) *(Rechnung, Summe)* ‖ ¿qué va a ~ de él? *was wird aus ihm werden?* ‖ ~ del pueblo *den unteren Volksschichten angehören* ‖ ¿de dónde es Vd.? *woher stammen* od *kommen Sie? aus welcher Stadt (bzw welchem Land) sind Sie?* ‖ soy de Berlín *ich bin Berliner(in)*
b) Art und Weise, Beschaffenheit, Eigenschaft: partitive Bedeutung: es de madera *es ist aus Holz (gemacht)* ‖ es de desear *es ist zu wünschen, es ist wünschenswert* ‖ es de pensar *es ist zu bedenken* ‖ man muss es reiflich überlegen ‖ es de saber que no ha venido *er ist nämlich nicht gekommen* ‖ ¿es de creer? *ist es zu glauben?* ‖ ¡era de oírle narrar! *wie er erzählte!* ‖ el balance es de ... *der Saldo beträgt* ... ‖ ¿que es de tí? *was ist mit dir (los)?* ‖ es de dos piezas *es besteht aus zwei Stücken* od *Teilen* ‖ no soy de los que mienten *ich bin kein Lügner* ‖ soy de su partido *ich gehöre zu s–r (ihrer) Partei* ‖ soy de la misma opinión *ich bin derselben Meinung*
3. in Verb. mit **para:** Brauchbarkeit, Verwendung, Bestimmung, Zweck: no soy yo para ello *ich tauge nicht dazu* ‖ dazu gebe ich mich nicht her ‖ no es para comer(lo) *es ist nicht genießbar* ‖ ~ bueno (para) *nützen, dienen (zu)* ‖ brauchbar sein (für) ‖ ~ para poco *wenig taugen* ‖ no era para menos *und es war auch so (Verstärkung e–r Bejahung, e–r Aussage)*
4. in Verb. mit **que:** si yo fuera tú *(üblicher:* yo que tú), lo haría *ich an d–r Stelle würde es tun*
E) in adverbiellen und bindewörtlichen Redensarten: a no ~ *así sonst, andernfalls* ‖ a no ~ por ello *wenn das nicht gewesen wäre* ‖ a no ~ que ... *wofern nicht* ... ‖ es sei denn, dass ... ‖ wenn nicht ... ‖ es decir ... *das heißt* ... (Abk *d.h.*) ‖ siendo así que ... *da doch* ..., *obschon* ..., *obgleich* ... ‖ un (sí) es, no es *etwas, ein wenig* ‖ sozusagen, *in gewissem Sinne* ‖ sea lo que fuere (*od* sea), sea como fuere *es sei, wie es wolle* ‖ *unter allen Umständen, auf alle Fälle* ‖ haga Vd. lo que sea *tun Sie, was Ihnen beliebt* ‖ sea que le hubiese oído, sea que se asustase, se puso pálida *sie wurde bleich, weil sie ihn gehört hatte oder weil sie erschrak* ‖ o sea *oder, mit anderen Worten, anders ausgedrückt* ‖ *das heißt* ‖ *nämlich* ‖ mire Vd. por todas partes, no sea que hayamos olvidado algo *sehen Sie überall nach, ob wir nichts vergessen haben* ‖ ... no sea que te eche de menos ... *sonst könnte er (sie, es) dich (zu sehr) vermissen* ‖ **~se** ⟨pop⟩ *sein, werden* ‖ érase (que se era) un rey *es war einmal ein König (Anfangsformel in Märchen)* ‖ sea la luz y la luz se hizo ⟨Bibl⟩ *es werde Licht, und es ward Licht*
²ser *m Sein* n ‖ *Wesen, Geschöpf* n ‖ *(wirklicher, innerer) Wert* m ‖ ⟨Philos⟩ *Dasein* n (→ **existencia**) ‖ ~ hechicero *Zauberwesen* n ‖ ~es inteligentes *vernunftbegabte Wesen* npl ‖ el ~ supremo *das höchste Wesen* ‖ ~es vivientes od vivos *Lebewesen* npl ‖ ~es vivos recientes ⟨Biol⟩ *rezente Lebensformen* fpl ‖ ◇ dar el ~ *das Leben schenken, zeugen* bzw *gebären* ‖ ⟨fig⟩ *schöpfen* ‖ ⟨fig⟩ *schaffen* ‖ tener razón de ~ *Daseinsberechtigung haben*
sera f ⟨reg⟩ *(Trag)Korb* m ‖ *Kiepe* f
seráfico adj *seraphisch, engelhaft* ‖ ⟨figf⟩ *arm, bescheiden*
serafín m *Seraph* m ‖ ⟨fig⟩ *Engel* m ‖ ~ m np *Seraphim* m
ser|ba f *Vogelbeere* f ‖ **–bal, –bo** m ⟨Bot⟩ *Eberesche* f, *Vogelbeerbaum* m ⟨Sorbus spp⟩ ‖ *Speierling, Spierapfel, Spierling* m (S. domestica) ‖ ~ de cazadores *Eberesche* f, *Vogelbeerbaum* m

(S. aucuparia) ‖ ~ de Suecia *Schwedische Mehlbeere, Oxelbeere* f (S. intermedia)
Ser|bia f ⟨Geogr⟩ *Serbien* n ‖ **–bio** adj *serbisch* ‖ ~ m *Serbe* m ‖ *serbische Sprache* f ‖ **–bocroata** adj *serbokroatisch* ‖ ~ m *Serbokroate* m ‖ el ~ *die serbokroatische Sprache, das Serbokroatische*
△ **serdañ** f *Messer* n
sere|na f ⟨fam⟩ *Abend-, Nacht|tau* m ‖ ◇ dormir a la ~ ⟨fam⟩ *unter freiem Himmel schlafen* ‖ ⟨Mus⟩ *Nachtlied* n ‖ **–namiento** m *Aufheiterung* f ‖ **–nar** vt *er-, auf|heitern* ‖ ⟨fig⟩ *be|sänftigen, -ruhigen* ‖ *aufhellen* ‖ ~ vi, **~se** *s. aufhellen (Wetter)* ‖ ⟨fig⟩ *s. beruhigen* ‖ *s. legen* (z. B. *Zorn, Aufregung)* ‖ ◇ tratar de ~ *s. zu fassen suchen*
serenata f *Serenade, Nachtmusik* f ‖ *(Abend-)Ständchen* n ‖ Pequeña ~ nocturna *Eine kleine Nachtmusik* f *(Mozart)* ‖ ◇ dar (una) ~ *ein Ständchen bringen* ‖ dar la ~ ⟨figf⟩ → dar la **lata**
serendipidad f *glücklicher Zufall* m
sere|nidad f *Heiterkeit* f ‖ *Gelassenheit* f ‖ *Gemütsruhe* f ‖ *Geistesgegenwart* f ‖ ~ de conciencia *Heiterkeit* f *des Gemütes* ‖ **–nísimo** (sup von **sereno**) *durchlauchtigst* ‖ ~ Señor *Hoheit* f, *Serenissimus* m *(ehem. Kronprinzentitel in Spanien)* ‖ **–no** adj *heiter, wolkenlos (Himmel)* ‖ *ruhig (Wetter)* ‖ *vergnügt, fröhlich, froh* ‖ *gefasst geistesgegenwärtig, gelassen* ‖ ◇ permanecer ~ *die Fassung bewahren* ‖ ~ m *Abend-, Nacht|tau* m ‖ Span *Nachtwächter,* ⟨Hist⟩ *Stundenrufer* m ‖ ¡las doce y ~! *Ruf* m *der span. Nachtwächter* ‖ ◆ al ~ *in der Nachtkälte, (nachts) im Freien*
serge m → **¹sarga**
seriable adj *(m/f)* ⟨Tech⟩ *serienreif*
serial m adj *(m/f)* ⟨Inform⟩ *seriell* ‖ ⟨Radio TV⟩ *Serie* f, *Fortsetzungsroman* m ‖ *Sendereihe* f ‖ **–izar** vt *in Serien ordnen* → **seriar** ⟨Radio TV⟩ *als Serie gestalten*
seriamente adv *ernst(lich), im Ernst* ‖ ◇ advertir ~ *ernstlich warnen, mahnen* ‖ perjudicar ~ *ernstlich schaden* (dat)
seriar vt *Serien bilden* bzw *zusammenstellen* ‖ *in Reihen anordnen*
serici|cultor m *Seidenbauer* m ‖ **–cultura** f *Seidenzucht* f
sericígeno adj ⟨Zool Ins⟩: glándulas ~as fpl *Spinndrüsen* fpl *(bes. der Spinnen) Raupen)*
¹sérico adj *seiden, Seiden-*
²sérico adj ⟨Med⟩ *Serum-*
serie f *Reihe, Folge(reihe), Serie* f ‖ *Reihenfolge* f ‖ *Abteilung, Rubrik* f ‖ ⟨Geol⟩ *Serie* f *(stratigraphischer Begriff)* ‖ ~ de números od cifras *Zahlenfolge* f ‖ ~ de tonos ⟨Mus⟩ *Tonfolge* f ‖ ◆ fuera de ~ *Sonder-* (z. B. *Anfertigung)* ‖ ⟨fig⟩ *außergewöhnlich,* ⟨fam⟩ *einsame Spitze, (ganz große) Klasse*
seriedad f *Ernst* m, *Ernsthaftigkeit* f ‖ *Strenge, Geradheit, Redlichkeit, Ehrlichkeit* f ‖ *Zuverlässigkeit* f ‖ *seriöse, reelle Geschäftsführung* f ‖ la ~ de la situación *der Ernst der Lage* ‖ ◆ con ~ *ernstlich*
seri|grafía f ⟨Typ⟩ *Siebdruck* m ‖ **–gráfico** adj *Siebdruck-* ‖ **–grafista** m/f *Siebdrucker(in* f) m
seri|jo, –llo m ⟨reg⟩ *kleiner Korb* m
serio adj/s *ernst, ernsthaft* ‖ *streng* ‖ *ernstlich, wirklich, wahrhaft* ‖ *feierlich, steif* ‖ *gesetzt* ‖ *schwer (Krankheit)* ‖ *böse* ‖ *seriös, reell (Firma)* ‖ *zuverlässig* (z. B. *Auskünfte)* ‖ ◆ en ~, por lo ~ *im Ernst* ‖ ◇ hablar en ~ *ernst sprechen* ‖ ponerse ~ *ernst werden* ‖ el asunto se pone ~ *die Sache wird ernst* ‖ no te pongas ~ conmigo ⟨fam⟩ *sei mir bitte nicht böse* ‖ tomar en ~ *ernst nehmen* ‖ ⟨fig⟩ *wörtlich nehmen* ‖ lo ~ (od las cosas ~as) de la vida *der Ernst des Lebens*

seriote adj ⟨fam⟩ *sehr ernst* ‖ *mürrisch, unfreundlich*
serir *m* ⟨Geol⟩ *Serir* m *(Kieswüste)*
Ser.ᵐᵒ ⟨Abk⟩ = **Serenísimo**
ser|món *m* *Predigt* f ‖ ⟨fig⟩ *Moralpredigt* f, *Verweis* m ‖ ⟨fam⟩ *Standpauke, Rede* f, ⟨desp⟩ *Sermon* m ‖ ~ *de la Montaña Bergpredigt* f *(Evangelien)* ‖ ◇ echar un ~ ⟨pop⟩ *e–e Predigt halten, predigen* (& fig) (→ **sermonear**) ‖ dim: ~**moncillo,** ~**monsito**
sermo|near vt ⟨fam⟩ *(jdm) die Leviten lesen,* ⟨fam⟩ *(jdm) e–e Standpauke halten* ‖ ~ vi *predigen* ‖ –**neo** *m Straf-,* ⟨fam⟩ *Gardinen|predigt, Standpauke* f, ⟨desp⟩ *Sermon* m
serna *f Feld|strich, -streifen* m
sero|albúmina *f* ⟨Physiol⟩ *Serumalbumin* n ‖ –**diagnóstico** ⟨Med⟩ *Serumdiagnostik* f
sero|ja *f,* –**jo** *m dürres Laub, Reisig(holz)* n
sero|logía *f* ⟨Med⟩ *Serologie* f ‖ –**lógico** adj *serologisch*
serón *m großer (Stroh)Korb* m *(zweiteilig, zum Transport auf Pferden od Eseln)*
serondo adj *spät reifend*
sero|negativo adj ⟨Med⟩ *seronegativ* ‖ –**positivo** adj *seropositiv* ‖ ~**reacción** *f Seroreaktion* f
sero|sa *f* ⟨An⟩ *seröse Haut, Serosa* f ‖ –**sidad** *f* ⟨Physiol⟩ *seröse Flüssigkeit* f, *Serum* n ‖ –**so** adj ⟨Physiol⟩ *serös* ‖ –**terapia** *f* ⟨Med⟩ *Serum|heilkunde, -therapie* f ‖ –**tonina** *f* ⟨Physiol⟩ *Serotonin* n
  △ **seroy** *m Soldat* m
serpear vi → **serpentear**
serpentaria *f* ⟨Bot⟩ *Drachenwurz* f (Dracunculus)
serpentario *m* ⟨V⟩ → ²**secretario** ‖ *Schlangenzuchtanstalt* f
serpen|teado adj *geschlängelt* ‖ –**tear** vi *s. schlängeln, s. winden (& Fluss, Weg, Schlucht, Straße)* ‖ –**teo** *m Schlängeln* n ‖ –**tín** *m Rohrschlange* f ‖ ~ *de calefacción Heizschlange* f ‖ ~ *refrigerante Kühlschlange* f
¹**serpentina** *f Schlangenlinie* f ‖ *Serpentine* f ‖ ~ *de papel Papierschlange* f
²**serpentina** *f* ⟨Min⟩ *Serpentin* m ‖ ⟨Chem⟩ *Serpentin* n
¹**serpentón** *m augm von* **serpiente**
²**serpentón** *m* ⟨Mus⟩ *Serpent* m, *Schlangenhorn* n
serpezuela *f dim von* **serpiente**
serpiente *f Schlange* f ‖ ⟨fig⟩ *Lästerzunge* f ‖ ⟨fig⟩ *böses Weib* n, ⟨fig⟩ *falsche Schlange* f ‖ ⟨fig⟩ *Schlange* f, *Teufel* m ‖ ~ *acuática,* ~ *de collar Ringelnatter* f (Natrix natrix) ‖ ~ *de anteojos Brillenschlange* f (→ **áspid, cobra, naja**) ‖ ~ *boa* → **boa** ‖ ~ *de cascabel Klapperschlange* f (Crotalus spp) ‖ ~ *ciega Blindschleiche* f (→ **lución**) ‖ ~ *de Esculapio Äskulapnatter* f (Elaphe longissima) ‖ ~**s marinas** ⟨Zool⟩ *Seeschlangen* fpl (Hydrophidae) ‖ ~ *monetaria* ⟨fig⟩ *Währungsschlange* f ‖ ~ *pitón* → ²**pitón** ‖ ~ *quebradiza* → *ciega* ‖ ~ *venenosa Giftschlange* f ‖ ~ *de verano* ⟨Radio TV Ztg⟩ ⟨figf⟩ *Sommerlochfüller* m ‖ ~ *de vidrio* → ~ *ciega*
serpigo *m* ⟨Med⟩ *kriechende Flechte, Borkenkrätze* f
ser|pol *m* ⟨Bot⟩ *Quendel, Feldthymian* m (Thymus serpyllum) ‖ –**pollo** *m Trieb* m *(aus e–r Schnittstelle)* ‖ *Schössling* m
serpúlidos *mpl* ⟨Zool⟩ *Serpuliden* pl (Serpulidae)
serradero *m* → **aserradero**
serra|dizo adj *sägbar, Säge-* ‖ *Schnitt-* ‖ –**dor** *m (Holz)Säger* m ‖ –**duras** *fpl Säge|mehl* n, *-späne* mpl

serrallo *m Serail* n, *Harem* m
¹**serrana** *f Gebirgsbewohnerin* f
²**serrana** *f* ⟨Poet⟩ *Serrana* f *(lyrisches Gedicht)*
serranía *f Gebirgsland* n ‖ *Gebirgsrücken* m
serránidos *mpl* ⟨Fi⟩ *Säge-, Zacken|barsche* mpl (Serranidae)
serraniego adj → ¹**serrano**
serranilla *f* ⟨Poet⟩ *lyrische Dichtungsform des 15. Jh.* ‖ *Lied (im Volkston)*
¹**serrano** adj *Berg-, Gebirgs-* ‖ ◇ jugar una partida ~a a alg. ⟨pop⟩ *jdm e–n bösen Streich spielen* ‖ ~ *m Bergbewohner, Gebirgler* m
²**serrano** *m* ⟨Fi⟩ *Sägebarsch* m (Serranus cabrilla) ‖ *Schriftbarsch* m (S. scriba)
serrar [-ie-] vt/i *(zer)sägen*
serrería *f Sägewerk* n
¹**serreta** *f dim von* ¹**sierra**
²**serreta** *f* ⟨V⟩ *Säger* m (Mergus spp) ‖ ~ *chica Zwergsäger* m (M. albellus) ‖ ~ *grande Gänsesäger* m (M. merganser) ‖ ~ *mediana Mittelsäger* m (M. serrator)
serrijón *m kleine Bergkette* f, *kleiner Bergrücken* m
serrín *m Säge|mehl* n, *-späne* mpl ‖ ~ *de corcho gemahlener Kork* m ‖ ◇ tener la cabeza (llena) de ~ ⟨figf⟩ *ein Hohlkopf sein*
serroján *m Sant Bergwohner* m
se|rrón *m Baumsäge* f ‖ –**rrote** *m Mex Handsäge* f ‖ –**rrucho** *m Handsäge* f ‖ *Fuchsschwanz* m
  △ **sersén** *m* (serseñ *f) Spanier(in* f) m
  △ **serta** *f Hemd* n
  △ **Serva** → **Sevilla**
serval *m* ⟨Zool⟩ *Serval* m (Leptailurus serval)
serventesio *m* ⟨Lit⟩ *Sirventes, Dienstlied* n *(Strophenform der Troubadoure)*
servi|ble adj *(m/f) brauchbar* ‖ –**centro** *m* Cu ⟨Auto⟩ *Servicestation* f ‖ –**cial** adj *(m/f) dienst|bereit, -willig, -fertig* ‖ *gefällig* ‖ *entgegenkommend, verbindlich* ‖ ♦ poco ~ *ungefällig* ‖ ~ *m Nacht|geschirr* n, *-topf* m ‖ ⟨Med⟩ *Einlauf* m
¹**servicio** *m Dienst, -zweig* m ‖ *Dienstzeit* f ‖ *Dienstleistung* f ‖ *Bedienung* f ‖ *Aufwartung* f ‖ *Handhabung* f ‖ *Betrieb* m ‖ *Militär-, Waffen|dienst* m ‖ ⟨Med⟩ *Station* f ‖ *Gesinde* n, *Dienerschaft* f ‖ *Bedienungspersonal* n ‖ ⟨Sp⟩ *Aufschlag* m ‖ ~ *de abastecimiento Verpflegungswesen* n ‖ ~ *activo aktiver Dienst* m ‖ ~ *de aduanas Zollwesen* n ‖ ~ *aéreo Flug|dienst* m, *-verbindung* f ‖ ~ *de alerta aérea Flugwarndienst* m ‖ ~ *de asesoramiento Beratungsdienst* m ‖ ~ *automático* ⟨Tel⟩ *Selbstwähl|betrieb, -verkehr* m ‖ ~ *civil Zivildienst* m ‖ ~ *a la clientela Kundendienst* m ‖ ~ *de comunicaciones Verkehrswesen* n ‖ ~ *de concentración parcelaria Umlegungsbehörde* f ‖ ~ *consular Konsulardienst* m ‖ ~ *de contraespionaje (Spionage)Abwehr* f ‖ ~ *corporal Frondienst* m ‖ ~ *de correos Post|betrieb, -dienst, -verkehr* m, *-wesen* n ‖ ~ *de créditos Kreditabteilung* f ‖ ~ *de cuartel Kasernendienst* m ‖ ~ *de día,* ~ *diurno Tagesdienst* m ‖ ~ *divino Gottesdienst* m ‖ ~ *doméstico Haus|bedienstete* mpl, *-personal* n ‖ ~ *a domicilio Lieferung* f *frei Haus* ‖ ~ *de escucha* ⟨Mil⟩ *Horchdienst* m ‖ ⟨Radio⟩ *Abhördienst* m ‖ ~ *esmerado* ⟨Com⟩ *aufmerksame, reelle Bedienung* f ‖ ~ *de espionaje Spionagedienst* m ‖ ~ *de expedición Versandabteilung* f ‖ ⟨Postw⟩ *ausgehende Post* f ‖ ~ *exprés (od rápido) Schnelldienst* m ‖ ~ *flaco* → *Bärendienst* m ‖ ~ *de fototelegrafía Bildtelegrafendienst* m ‖ ~ *en el frente Frontdienst* m ‖ ~ *general de explotación* ⟨EB⟩ *(Bahn)Betrieb* m ‖ ~ *de incendios Feuer|löschdienst* m, *-wehr* f ‖ ~ *incluido*

Bedienung inbegriffen ‖ ~ de informaciones, ~ informativo *Nachrichtendienst* m ‖ *Auskunft* f ‖ ~ informativo aeronáutico ⟨Flugw⟩ *Flugmeldedienst* m ‖ ~ de inteligencia *Nachrichtendienst* m ‖ ~ interbibliotecario *Fernleihe* f ‖ ~ en línea ⟨Inform⟩ *On-line-Betrieb* m ‖ ~ de mensajería *Paketdienst* m ‖ *Paketbeförderung* f ‖ ~ meteorológico *Wetter\dienst* bzw *-bericht* m ‖ ~ militar *Waffen-, Militär\dienst* m ‖ ~ militar obligatorio *Wehrpflicht* f ‖ ~ móvil *Bereitschaftsdienst* m (z.B. *der Polizei*) ‖ ~ naval *Seedienst* m ‖ ~ de noche, ~ nocturno *Nacht\dienst* bzw *-betrieb* m ‖ ~ de orden *Ordnungsdienst* m ‖ ~ permanente *Tag- und Nacht\dienst* m ‖ *Dauerbetrieb* m ‖ ~ de personal *Personal\dienst* m, *-abteilung* f, *-büro* n ‖ ~ postal → de correos ‖ ~ posventa *Kundendienst* m ‖ ~ de prensa *Presse\dienst* m, *-abteilung* f ‖ ~ de préstamo entre bibliotecas *Fernleihe* f ‖ ~ pronto *schnelle, prompte Bedienung* f ‖ ~ radiotelefónico *Funksprechdienst, Sprechfunk* m ‖ ~ radiotelefónico móvil *Mobilfunk* m ‖ ~ de rancho ⟨Mil⟩ *Backschaft* f ‖ ~ rápido *Schnelldienst* m ‖ ~ de remolque *Abschleppdienst* m ‖ ~ de salvamento *Rettungs-* bzw *Bergungs\dienst* m ‖ ~ sanitario *Gesundheitsdienst* m, *öffentliche Gesundheitspflege* f ‖ ~ telefónico *Fernsprechbetrieb* m ‖ *Fernsprechdienst* m ‖ ~ telefónico nocturno *telefonischer Nachtdienst* m ‖ ~ de tranvías *Straßenbahnbetrieb* m ‖ ~ de tren *Zugverkehr* m ‖ ~ urbano ⟨Tel⟩ *Ortsdienst* m ‖ ~ de vaivén *Pendel\verkehr, -betrieb* m ‖ apto para el ~ ⟨Mil⟩ *(dienst)tauglich* ‖ exento del ~ ⟨Mil⟩ *vom Wehrdienst befreit, nicht wehrpflichtig* ‖ sujeto al ~ ⟨Mil⟩ *wehrpflichtig* ‖ ◆ de ~ *diensthabend* ‖ por antigüedad de ~ *nach dem Dienstalter (Beförderung usw.)* ‖ ◇ estar en el ~ ⟨Mil⟩ *Militärdienst leisten* ‖ estar en *od* al ~ de *(od* en) ⟨Com⟩ *angestellt sein (bei)* ‖ estoy al ~ de Vd. *ich stehe Ihnen zu Diensten (Höflichkeitsformel)* ‖ hacer el ~ *den Dienst versehen* ‖ ⟨Mil⟩ *dienen* ‖ poner fuera de ~, retirar del ~ *außer Dienst stellen* ‖ prestar ~ (en) *angestellt sein (bei)* ‖ prestar un ~ *e–n Dienst leisten, erweisen* ‖ prestar el ~ de las armas ⟨Mil⟩ *dienen* ‖ rendir un ~ *e–e Gefälligkeit erweisen, e–n Gefallen tun* ‖ retirarse del ~ *in den Ruhestand treten* ‖ tener ~ *Dienst haben* ‖ ~s mpl ⟨euph⟩ *Toiletten* fpl ‖ ~ asistenciales *Pflegedienst* m ‖ ~ auxiliares *Hilfsdienste* mpl ‖ ~ públicos (Abk: S.P.) *öffentlicher Dienst* m ‖ ~ de sanidad *Sanitätsdienst* m ‖ ◇ hacerse ~ recíprocos *s. gegenseitig Dienste leisten* ‖ ofrecer sus ~ *s–e Dienste anbieten* ‖ prestar ~ *Dienste leisten* ‖ recurrir a los ~ de alg. *jds Dienste in Anspruch nehmen*

²servicio m *Tischgerät* n ‖ *Tischgedeck* n ‖ *Geschirr* n ‖ *Service* n ‖ *Garnitur* f ‖ *Nacht\geschirr* n, *-topf* m ‖ ⟨Med⟩ *Klistierspritze* f ‖ ~ de café *Kaffee\geschirr, -service* n ‖ ~ de manicura *Maniküre\etui* n, *-kassette* f, *Handpflegegarnitur* f ‖ ~ de mesa *Tischgeschirr* n ‖ *Essservice* n ‖ ~ de té *Tee\geschirr, -service* n ‖ ⟨Mil⟩ → **sirviente**

servi\do adj *abgetragen (Kleid)* ‖ ◇ ¡la comida está ~a! ¡los señores están ~s! *es ist angerichtet!* *es ist aufgetragen* ‖ su curiosidad estaba ~a *s–e Neugierde war befriedigt* ‖ ¡sea Vd. ~! *bitte, bedienen Sie s.!* ‖ ¡voy bien ~! ⟨iron⟩ *da bin ich schön hereingefallen!* ‖ **–dor** m *Diener* m *(bes. als veraltender Höflichkeitsausdruck)* ‖ *Bedienstete(r)* m ‖ *Bedienende(r)* f ‖ ⟨fig⟩ *Verehrer, Kavalier* m ‖ ⟨Inform⟩ *Server* m ‖ ⟨fam⟩ *Nachtstuhl* m ‖ *Baller, Werfer* m *(beim Kricket)* ‖ ⟨Mil⟩ → **sirviente** ‖ … le desea un ~ … *wünsche*

ich Ihnen (Höflichkeitsformel) ‖ *su seguro* ~ … (Abk = s.s.s.) *Ihr ergebener … (Briefschluss)* ‖ ¡~ de Vd.! *Ihr Diener!* ‖ un ~ ⟨pop⟩ *Ihr Diener* ‖ *m–e Wenigkeit* ‖ **–dora** f *Dienerin, Magd* f ‖ una ~ lo sabe ⟨pop⟩ *m–e Wenigkeit weiß es, ich weiß es (veraltende Höflichkeitsform statt* yo lo sé*)* ‖ **–dumbre** f *Dienst* m, *-kleidung* f ‖ ⟨Jur⟩ *Dienstbarkeit* f, *Servitut* n ‖ *Zwangsrecht* n *(Wasserrecht)* ‖ *Knechtschaft* f ‖ ⟨Hist⟩ *Lehnsdienst* m ‖ ⟨Hist⟩ *Frondienst* m ‖ *Dienerschaft* f, *Dienstleute* pl ‖ *Gesinde* n ‖ *Zwang* m, *Pflicht* f ‖ ~ de camino → ~ de paso ‖ ~ corporal *Hörigkeit* f ‖ ~ forzosa ⟨Jur⟩ *öffentliche Dienstbarkeit* f, *Zwangsservitut* n ‖ ~ de la gleba ⟨Hist⟩ *Schollen-, Grund\hörigkeit* f ‖ ~ inmobiliaria *Grunddienstbarkeit* f ‖ ~ de paso *Wege\recht* n, *-gerechtigkeit* f ‖ ~ de pasto *Weide\recht* n, *-gerechtigkeit* f ‖ ~ personal *Frondienst* m ‖ ~ de tránsito → ~ de paso ‖ ~ de vigilancia litoral Span *Gemeingebrauch* m *am Meeresstrand (6 m breit) und an schmalen Küstenstreifen für Überwachungsdienst* ‖ ~ de vía, ~ viaria → ~ de paso ‖ ~ de vistas *Aussichtsrecht* n ‖ ◇ establecer ~s en algo *et. mit Dienstbarkeiten belasten*

ser\vil adj *(m/f) bedientenhaft* ‖ *knechtisch, sklavisch* ‖ *kriechend, kriecherisch, servil, unterwürfig, liebedienerisch, ohne Rückgrat* ‖ *verächtlich, niedrig* ‖ *dienstbar* ‖ **–vilismo** m *knechtische Unterwürfigkeit, Liebedienerei, Willfährigkeit, Kriecherei* f ‖ **–vilón** adj/s augm ⟨desp⟩ *von* servil

serville\ta f *Mund-, Teller\tuch* n, *Serviette* f ‖ *Serviertuch* n ‖ ~ de papel *Papierserviette* f ‖ ◇ doblar la ~ *die Serviette zusammenlegen* f ⟨figf⟩ *sterben* ‖ **–tero** m *Servietten\ring* bzw *-ständer* m

servio adj/s *serbisch* ‖ → auch **serbio**

serviola f ⟨Mar⟩ *Davit, Boots-* bzw *Anker\kran* m ‖ *Wache* f *am Davit* ‖ ~ m *Wachmann* m *am Davit* ‖ ◇ estar de ~ *auf Wache am Davit stehen*

servir [-i-] vt/i a) *(be)dienen* ‖ *dienen, Dienste leisten* ‖ *auftragen, anrichten, servieren* ‖ *in (jds) Diensten stehen* ‖ *(e–e Zeit) abdienen* ‖ *(ein Amt) ver\sehen, -walten* ‖ *Waffen-, Kriegs\dienst leisten* ‖ *verehren (Gott)* ‖ *(e–r Frau) den Hof machen* ‖ *taugen* (para *zu* dat) ‖ *(jdm) nützlich, gefällig sein* ‖ *reichen, auskommen* *(Speisen, Getränke)* ‖ *auftragen, vorlegen, servieren* *(Getränke)* ‖ *einschenken, vorsetzen* ‖ *darreichen* *(bei Tisch)* ‖ *aufwarten* ‖ ⟨Com⟩ *(Waren) liefern* ‖ ⟨Sp⟩ *aufschlagen* *(den Ball) anspielen* bzw *zurückschlagen* ‖ ⟨Kart⟩ *Farbe bekennen, zugeben* ‖ ◇ ~ una batería ⟨Mil⟩ *e–e Batterie bedienen* ‖ ~ *(bien) taugen* ‖ *zustatten kommen* ‖ ~ cerveza *Bier ausschenken* ‖ ~ la mesa *anrichten* ‖ ~ una pieza ⟨Mil⟩ *ein Geschütz bedienen* ‖ ~ los platos *(die Speisen) auftragen* ‖ ~ vino *Wein auftragen* od *ausschenken* ‖ apto para ~ *dienstfähig, tauglich* ‖ ¡para ~le *(od* para ~ a Vd.)! *zu dienen!* ‖ ¿en qué puedo ~le? *womit kann ich dienen?* ‖ eso no me sirve *das kann ich nicht brauchen* ‖ si quieres ser bien servido, sírvete a tí mismo ⟨Spr⟩ *etwa: selbst ist der Mann* ‖ ¿le han servido a Vd. ya? *werden Sie (schon) bedient?* ⟨Geschäft, Laden⟩ b) in Verb. mit **a:** ~ a *bedienen, aufwarten* ‖ ~ a la patria *für das Vaterland dienen, dem Vaterland dienen* ‖ ¿a qué sirve todo eso? *wozu das (alles)?* c) in Verb. mit **de, en:** ~ de estímulo, de gobierno *als Ansporn, zur Richtschnur dienen* ‖ ~ de modelo *Modell sitzen, stehen* ‖ ⟨fig⟩ *als Vorbild dienen* ‖ ~ de adorno *zum Schmuck dienen* ‖ ~ de pretexto *zum Vorwand dienen* ‖ ~ de testigo *als Zeuge beiwohnen* ‖ todo ello no

sirvió de nada *all das war zwecklos* ‖ ~ en el
ejército, ~ en filas ⟨Mil⟩ *den Militärdienst leisten*
d) i n V e r b. m i t **para:** ~ *para dienen zu* ‖
taugen (für) ‖ ~ para un objeto *e–m Zweck
entsprechen, zweckdienlich sein* ‖ no ~ para nada
⟨fam⟩ *(zu) nichts taugen* ‖ *ganz unbrauchbar sein*
e) i n V e r b. m i t **por:** ~ por la comida *s.
fürs Essen verdingen*
   servirse vr *s. bedienen, zugreifen, zulangen
(bei Tisch)* ‖ ◇ ¡sírvase Vd.! *belieben Sie!* ‖ *bitte?
(Höflichkeitsformel)* ‖ i n V e r b. m i t **de** (gen):
~ de a&c *s. e–r Sache bedienen* ‖ *et. verwenden,
benutzen* ‖ ~ de sus fuerzas *s–e Kräfte anwenden*
‖ i n V e r b. m i t inf: *belieben, die Güte haben,
geruhen (zu)* ‖ ¡sírvase entrar! *herein, bitte!* ‖
¡sírvase Vd. decírmelo!* (le ruego se sirva …)
sagen Sie es mir bitte!
   servita m/f ⟨Kath⟩ *Servit(in* f) m *(des Ordens
der Diener Mariens,* Abk *OSM)*
   serv.⁰ ⟨Abk⟩ = **servicio**
   servo- präf ⟨Tech⟩ *servo-, Servo-*
   servo|accionado, –asistido adj *Servo-* ‖
   –accionamiento m *Servoantrieb* m ‖ **–dirección** f
Servolenkung f ‖ **–freno** m *Servobremse* f ‖
   –mando m *Servo|steuerung, -lenkung* f ‖ **–motor**
m *Servo-, Stell|motor* m ‖ **–rregulación** f
Servoregelung f
   serv.ᵒʳ ⟨Abk⟩ = **servidor**
   ses m → **sieso**
   sesada f *Hirn* n *(Gericht)* ‖ *Hirn* n *(e–s Tiers)*
   sésamo m ⟨Bot⟩ *Sesam* m (Sesamum indicum)
Sésamo: ¡~, ábrete! *Sesam, öffne dich! (aus
„Ali Baba und die vierzig Räuber“)*
   △ **Sesé** f *Spanien* n
   sese|ar vi *das* z *od* c *vor* e, i *wie* s *aussprechen*
(z.B. corazón *wie* corasón, z.B. *in* And & Am)
   sesen|ta num *sechzig* ‖ *sechzigste* ‖ el ~ m
Sechzig f ‖ ◇ tener los ~ corridos ⟨fam⟩ *ein
guter Sechziger sein* (→ **–tón)** ‖ **–tavo** m&adj
Sechzigstel n ‖ **–tena** f *sechzig Stück,* [veraltet]
Schock m ‖ **–tón** m/adj *Sechziger, sechzigjähriger
Mann* m
   seseo m *Aussprache* f *des* z *od* c *vor* e, i *wie* s
   sesera f *Hirnschale* f ‖ ⟨pop⟩ *Kopf* m
   ses|gado adj *schräg* ‖ *schief* ‖ **–gadura** f
schräger Schnitt m ‖ *Gehrung* f ‖ **–gar** [g/gu] vt/i
schräg herüberlegen ‖ *schief stellen* ‖ ⟨Mar⟩
lavieren ‖ ⟨Tech⟩ *auf Gehrung schneiden* ‖ **–go**
adj *schräg, schief* ‖ ~ m *Schräge* f ‖
Schrägschnitt m ‖ ⟨fig⟩ *Mittelweg, Kompromiss* m
‖ *Gang, Verlauf* m, *Entwicklung* f ‖ *Wende* f ‖
⟨Tech⟩ *Gehrung* f ‖ ◆ al ~, de ~ *schräg, schief
(über)* ‖ *(über)zwerch* ‖ *in der Quere, quer* ‖ ⟨fig⟩
heimlich ‖ ◇ los acontecimientos toman buen ~
*die Ereignisse nehmen e–n guten Verlauf bzw e–e
günstige Wende*
   sésil adj *(m/f)* ⟨Biol⟩ *festsitzend, sessil
(Benthos)* ‖ *festgewachsen* ‖ ⟨Bot⟩ *ungestielt,
stiellos (Blatt)*
   sesilidad f ⟨Biol⟩ *Sessilität, festsitzende
Lebensweise* f *(bes. im Wasser)* ‖ ⟨Bot⟩
Stiellosigkeit, Sessilität f
   sesión f *Sitzung, Beratung, Tagung, Session* f ‖
Konferenz f (→ **conferencia**) ‖ ⟨Mal⟩
Modellsitzen n ‖ ~ de cine *Kinovorstellung* f ‖ ~
continua *Dauervorstellung, Nonstopvorstellung* f
(Kino) ‖ ~ espiritista *spiritistische Sitzung,
Séance* f ‖ ‖ ~ plenaria, del pleno *Plenarsitzung* f
‖ ~ a puerta cerrada *nichtöffentliche Sitzung* f ‖
Geheimsitzung f ‖ ◇ abrir la ~ *die Sitzung
eröffnen* ‖ celebrar la ~ *die Sitzung abhalten,
tagen* ‖ clausurar la ~, dar por terminada la ~,
levantar la ~ *die Sitzung schließen*
   sesionar vi *e–e Sitzung abhalten* ‖ *an e–r
Sitzung teilnehmen*

¹seso m *Gehirn* n ‖ ⟨fig⟩ *Verstand* m ‖ **~s** mpl
Bregen m, *Hirn* n ‖ ~ de ternera *Kalbshirn* n ‖ ◇
calentarse *od* devanarse *od* estrujarse los **~s**
⟨figf⟩ *s. den Kopf zerbrechen, viel nachgrübeln* ‖
perder el ~ ⟨fig⟩ *den Kopf verlieren* ‖ perder el ~
por una mujer ⟨figf⟩ *s. in e–e Frau vernarren* ‖
tener **~s** de mosquito ⟨figf⟩ *ein Spatzenhirn
haben*
²seso m *Stein* m bzw *Eisen* n *zum Unterkeilen
des Kochtopfs (bei offenem Feuer)*
   sespiriano adj → **shakespeariano**
   sesqui- präf *anderthalb(fach)* ‖ ⟨Chem⟩
sesqui-, Sesqui-
   sesqui|centenario adj *hundertfünfzigjährig* ‖ ~
m *150-Jahr-Feier* f ‖ **–pedal** adj *anderthalbfüßig*
‖ **–plano** m ⟨Flugw⟩ *Anderthalbdecker* m ‖
–terpenos mpl ⟨Chem⟩ *Sesquiterpene* npl
   seste|adero m *Ruheplatz* m ‖ **–ar** vi
Mittagsruhe od Siesta halten ‖ *im Schatten ruhen
(Vieh auf der Weide)* ‖ ⟨fig⟩ *e–e Gelegenheit
versäumen*
   sestercio m ⟨Hist⟩ *Sesterz* m *(römische
Silbermünze)*
   sesudo adj *vernünftig, gesetzt*
   set m *Satz* m *(Tennisspiel)* ‖ ⟨Film⟩
Aufnahmeraum m *(bei Innenaufnahmen)*
   seta f ⟨Bot⟩ *Pilz, Schwamm* m ‖ ⟨fig vulg⟩
Möse, Muschi f ‖ ◇ crecer como **~s** *wie Pilze
aus der Erde* od *dem Boden schießen*
   setáceo adj *borstig* ‖ *borsten|ähnlich* bzw
-förmig
   setal m *Ort* m, *an dem Pilze wachsen* ‖ *Pilzgarten*
m
   set.ᵉ ⟨Abk⟩ = **setiembre**
   sete|cientos num *siebenhundert* ‖
siebenhunderte(r, s) ‖ ~ n *Siebenhundert* f ‖ el ~
der (die, das) siebenhundertste ‖ **–na** f *Siebenzahl*
f ‖ *Siebenfache(s)* n ‖ → **septena** ‖ **–nio** m →
septenio
   seten|ta num *siebzig* ‖ *siebzigste(r, s)* ‖ ~ m
Siebzig f ‖ el ~ *der (die, das) Siebzigste* ‖ **–tavo**
m/adj *Siebzigstel* n ‖ **–tón** m/adj *Siebziger,
siebzigjähriger Mann* m
   setiembre m *septiembre*
   sétimo → **séptimo**
   seto m *Hecke* f, *Zaun* m ‖ *Einzäunung* f ‖ ~
vivo Hecke f ‖ ◇ cercar con **~(s)** *einhegen*
   setter m [Hund] *Setter* m ‖ ~ inglés
Englischer Setter m ‖ ~ irlandés *Irischer Setter*
m
   SEU ⟨Abk Hist⟩ = **Sindicato Español
Universitario**
   seudo- präf *pseud(o)-, Pseud(o)-, falsch-,
Falsch-*
   seudo|científico adj *pseudowissenschaftlich* ‖
–chiste m ⟨pop⟩ *schlechter Witz* m ‖ **–escorpión**
m ⟨Zool⟩ *Afterskorpion* m ‖ ~ de los libros
Bücherskorpion m (Chelifer cancroides) ‖ ~ de
los musgos *(od del musgo) Moos-,
Rinden|skorpion* m (Obisium muscorum) ‖
–escorpiónídeos mpl ⟨Zool⟩ *Afterskorpione* mpl
(Pseudoscorpionida) ‖ **–hermafrodito** m/f ⟨Med⟩
Pseudohermaphrodit m ‖ **–hermafrodistismo** m
⟨Med⟩ *Pseudohermaphroditismus* m ‖ **–logia** f
⟨Med⟩ *krankhaftes Lügen* n, *Pseudologie* f ‖
–morfo adj ⟨Min Geol⟩ *pseudomorph*
   seudó|nimo adj *pseudonym* ‖ ~ m *Pseudonym*
n, *angenommener Name* m ‖ ◇ usar un ~ *unter
e–m Pseudonym schreiben* ‖ **–podo** m ⟨Biol⟩
Pseudopodium, Scheinfüßchen n *(mancher
Einzeller)*
   seudoprofeta m *Lügenprophet, falscher
Prophet* m
   Seúl m [Stadt] *Seoul* n

S. E. u. O. (s. e. u. o.) ⟨Abk⟩ = **salvo error u omisión**

Severa f np *Severa* f

seve|ramente adv *streng, mit Strenge* ‖ **–ridad** f *Strenge, Härte* f ‖ *Unnachsichtigkeit* f ‖ *Schärfe* f ‖ *Ernst* m, *Ernsthaftigkeit* f ‖ *Sittenstrenge* f ‖ ⟨fig⟩ *Einfach-, Schlicht|heit* f ‖ ⟨fig⟩ *Nüchternheit, Sachlichkeit* f ‖ **–ro** adj *streng, ernst* ‖ *hart, unnachsichtig* ‖ *ernsthaft* ‖ ⟨fig⟩ *einfach, schlicht (Stil, Lebensweise)* ‖ ⟨fig⟩ *nüchtern, sachlich* ‖ ~ de semblante *mit strenger Miene* ‖ ~ con (para, para con) alg. *streng zu jdm* ‖ ~ *m* np *Severus* m

sevicia f *Grausamkeit* f ‖ *Misshandlung* f

Sevi|lla f [Stadt und Provinz in Spanien] *Sevilla* n ‖ ◇ quien no ha visto ~, no ha visto maravilla ⟨Spr⟩ *wer Sevilla nicht gesehen hat, hat nichts gesehen* ‖ quien fue a ~, perdió su silla ⟨Spr⟩ etwa: *aus den Augen, aus dem Sinn* ‖ ~s fpl *mittelfeine span. Zigarren* fpl ‖ ⁼**llana** f *Sevillanerin* f ‖ *(Art) sevillanischer Tanz* m ‖ ⁼**llano** adj *sevillanisch, aus Sevilla* ‖ (duro) ~ *ehem. in Sevilla geprägtes Fünfpesetenstück* ‖ ⟨fig⟩ [früher] *falsches Fünfpesetenstück* n ‖ ~ *m Sevillaner* m

sexado m → **sexaje**

sexa|genario adj *sechzigjährig* ‖ ~ *m Sechziger, Sechzigjährige(r)* m ‖ **–gésimo** adj *sechzigste(r)* ‖ ~ *m Sechzigstel* n ‖ **–gonal** adj *(m/f) sechseckig*

sexaje m ⟨Agr⟩ *Geschlechtsbestimmung* f (bes. bei Küken)

sex-appeal m *Sex-Appeal* m

sexcentésimo adj/s *(der) sechshundertste*

sexe|nal adj *(m/f) Mex sechsjährlich, alle sechs Jahre* ‖ ~**nio** *m Jahrsechst* n

se|xería f *Sex|shop* m, *-boutique* f ‖ **–xismo** m *Sexismus* m ‖ **–xista** adj *(m/f) sexistisch* ‖ ~ *m/f Sexist(in* f) m

sexmo m *Gemeindeverband* m *mehrerer Dörfer od Ortschaften* ‖ *Anteil* m *e–s einzelnen am Gemeindeland*

sexo m *Geschlecht* n ‖ *Geschlechtsteile* n/mpl ‖ *Sex(us)* m ‖ el ~ débil, bello ~ (~ femenino) ⟨fig⟩ *das schwache, das schöne Geschlecht, die Frauenwelt* ‖ el ~ fuerte, ~ feo (~ masculino) ⟨fig⟩ *das starke Geschlecht, die Männer* ‖ **–adicción** f *Sexbesessenheit* f ‖ **–adicto** m *Sexbesessene(r)* m ‖ **–logía** f *Sexual|kunde, -wissenschaft, Sexologie* f ‖ **–lógico** adj *sexualkundlich*

sexólogo m *Sexual|forscher-, -kundler, -wissenschaftler* m

sex-shop m *Sexshop* m

sex|ta f *sechste Klasse od Stunde* f ‖ ⟨Mus⟩ *Sexte* f ‖ ~ aumentada, diminuta ⟨Mus⟩ *übermäßige, verminderte Sexte* f ‖ ~ mayor, menor ⟨Mus⟩ *große, kleine Sexte* f ‖ **–tante** m ⟨Astr Flugw Mar⟩ *Sextant* m ‖ **–teto** m ⟨Mus Poet⟩ *Sextett* n

sextiense adj/s *(m/f) aus Aix-en-Provence (Frankreich)* ‖ *auf Aix-en-Provence bezüglich*

sextilla, –na f ⟨Poet⟩ *Sestine* f *(Strophe u. Gedichtform)*

sextillizos mpl *Sechslinge* mpl

sexti|llo m → **seisillo** ‖ **–na** f ⟨Poet⟩ *Sextine* f ‖ *Sestine* f

sexto adj *(der) sechste* ‖ ~ *m Sechstel* n ‖ ~a rima ⟨Poet⟩ *Sestine* f *(Strophe und Gedichtform)*

séxtuplo adj *sechsfach* ‖ ~ *m (das) Sechsfache*

sexuado adj ⟨Biol⟩ *mit Geschlechtsorganen versehen* ‖ *geschlechtlich*

se|xual adj *(m/f) geschlechtlich, Geschlechts-, sexuell, Sexual-* ‖ **–xualidad** f *Geschlechtstrieb* m ‖ *Geschlechtsverhältnis* n ‖ *Geschlechtlichkeit, Sexualität* f ‖ **–xualismo** m *übertriebene Wertung*

f *des Geschlechtlichen, Sexualismus* m ‖ **–xualización** f *Sexualisierung* f ‖ **–xualizar** vt *sexualisieren*

sexy adj *sexy*

seya Am ⟨pop⟩ → **sea** (→ **ser**)

Seychelles mpl (Geogr) *Seychellen pl*

△ **seyo|rré** m (**–rrí** f) *Spanier(in)* m (f)

s/f ⟨Abk⟩ = **sin fecha**

s/fra ⟨Abk⟩ = **su factura**

sg. ⟨Abk⟩ = **singular**

s/g ⟨Abk⟩ = **su giro**

s. g. d. G. ⟨Abk⟩ = **sin garantía del Gobierno**

sg.te ⟨Abk⟩ = **siguiente**

sha(h) m *Schah* m *(ehemals in Persien)*

shakespeariano adj *auf William Shakespeare (1564–1616) bezüglich* (auch: **sespiriano**)

shawiano adj *auf den irischen Schriftsteller G.B. Shaw (1856–1950) bezüglich*

shed m ⟨Arch⟩ *Shed-, Säge|dach* n

sherardización f ⟨Tech⟩ *Sherardisieren* n *(Zink)*

sheriff m *Sheriff* m

sherpa m *Sherpa* m

sherry m → **jerez**

shiita m ⟨Rel⟩ *Schiit* m

shock m → ²**choque**

shorts mpl *Shorts* pl

show m *Show* f ‖ **--business** m *Showbusiness* n ‖ **--girl** f *Showgirl* n ‖ **--man** m *Showman* m

shrapnel m ⟨Mil⟩ *Schrapnell* n

shunt m ⟨Radio⟩ *Shunt, Nebenschluss(widerstand), Parallelwiderstand* m

¹**si** m ⟨Mus⟩ *H* n

²**si** conj: *wenn* ‖ *wenn auch* ‖ *ob* ‖ *wie (sehr)* ‖ *dass …, falls …* ‖ *sondern* ‖ *sonst, doch*

1. in Bedingungssätzen: a) reine Bedingung: ~ tienes tiempo, lo harás *wenn du Zeit hast, wirst du es tun* ‖ ~ tuvieras *(od* tuvieses) tiempo, lo harías *wenn du Zeit hättest, würdest du es tun* ‖ ~ hubieses *(od* hubieras) tenido tiempo, hubieras *(od* habrías) venido *wenn du Zeit gehabt hättest, wärest du gekommen* ‖ dijo que vendría, ~ tenía *(od* en caso de que tuviera) tiempo *er (sie, es) sagte, er (sie, es) werde kommen, wenn er (sie, es) Zeit habe* ‖ por ~ (no) vienes *für den Fall, dass du (nicht) kommst* ‖ ~ acaso … *wenn etwa* … ‖ por ~ acaso *für alle Fälle* ‖ ~ es que … *wofern …, wenn etwa …* ‖ ~ es que no puedes *wenn du etwa nicht kannst (verstärkte Bedingung)* ‖ ~ no *wo nicht* ‖ ~ no, ~ nicht, falls nicht ‖ außerdem ‖ → auch **sino** ‖ ~ a mano viene *wenn vielleicht, zufälligerweise* ‖ es valiente, ~ los hay *er ist tapfer wie kein anderer, er ist e–r der Tapfersten* ‖ b) Voraussetzung: ~ ayer pudiste hacerlo *¿por qué tardas ahora? wenn du es gestern tun konntest, warum zögerst du jetzt?* ‖ c) Dilemma (elliptisch): ~ no *wo nicht* ‖ ~ no, enmienda tu conducta: ~ no, no te ayudaré *bessere dich, sonst helfe ich dir nicht* ‖ d) disjunktiv: malo, ~ uno habla, ~ no habla, peor *es ist nicht ratsam zu sprechen, aber schweigen ist noch schlimmer* ‖ que ~ esto, que ~ lo otro … *bald dies, bald jenes …* ‖ *und so weiter, und so fort*

2. als indirekter Frage- od Objektsatz: a) (als Zweifel, Unsicherheit): ignoro ~ viene *ich weiß nicht, ob er (sie, es) kommt* ‖ no sé ~ (va a ser) por la mañana o por la tarde *ich weiß nicht, ob es vor- oder nachmittags sein wird* ‖ b) bes. als verstärkte Behauptung: verás ~ lo consigo *du wirst sehen, dass ich es erreiche* ‖ *und ob ich es erreiche!* ‖ tú sabes ~ lo quiero *du weißt, wie (sehr) ich ihn liebe*

3. Vergleich (como ~, que ~): hablaba
como ~ estuviera loco *er redete wie ein
Verrückter* ‖ se quedó más contento que ~ le
hubieran dado un millón *er freute s. mehr, als
wenn er eine Million bekommen hätte*
4. in Konzessivsätzen: ~ bien que ...
ob|wohl, -schon, ob-, wenn|gleich ... ‖ ¡no lo haré
ni (siquiera) ~ me matan! *(statt aunque me
maten)* ⟨pop⟩ *ich tue es nicht, und wenn es mich
auch das Leben kostete!*
5. in Wunschsätzen: ¡~ Dios quisiera
ayudarme! *wenn mir nur Gott helfen möchte!* ‖
¡~ viniera mi amigo! *wenn nur mein Freund
käme!*
6. Verstärkte Bejahung, Verneinung
oder Frage, pleonastisch: ¡~ viene hoy!
er (sie, es) kommt doch (bestimmt) heute! ‖ *und
ob er (sie, es) heute kommt!* ‖ ¡~ no lo quiere! *er
(sie, es) will es ja nicht!* ‖ ¡~ es hermosa! *und ob
sie schön ist!* ‖ *wie schön sie ist!* ‖ ~ ya dije que
mentías *ich sagte doch, dass du lügst* ‖ ~ quiero
preguntarte *ich will dich ja eben fragen* ‖ ¿que ~
es posible? *du fragst, ob es möglich ist?* ‖ ¿~
será cierto? *wäre es möglich?* ‖ *ist es doch wahr?*
‖ *ob es wahr ist?* ‖ apenas ~ se conocían (besser:
apenas se conocían) *sie kannten einander kaum,*
⟨fam⟩ *sie waren kaum miteinander bekannt*
¹sí pron *sich (nach Vorwörtern, außer* **con***):* a
~ *(zu) s.* ‖ alabarse a ~ mismo *s. selbst loben* ‖
dar de ~ *reichen, genügen* ‖ ⟨Text⟩ *s. ausdehnen,
s. weiten (Stoff)* ‖ dijo para ~ *er (sie, es) dachte
bei s.* ‖ estar sobre ~ *aufpassen,* ⟨fam⟩ *auf der
Hut sein* ‖ hablan entre ~ *sie reden untereinander*
‖ mirar por ~ *an s. (selbst) denken, auf s–n
Vorteil bedacht sein* ‖ tener para ~ que ... ⟨lit⟩
dafürhalten, dass ... ‖ ante ~ *vor s.* ‖ de ~ *von s.*
‖ *von s. aus* ‖ an s. ‖ (von) *selbst* ‖ de por ~ *für s.*
allein ‖ *an (und für) s.* ‖ *allein (genommen)* ‖
delante de ~ *vor s.* ‖ detrás de ~ *hinter s.* ‖ para
~ *für s.* ‖ zu od bei s. *selber* ‖ an s. *(selbst)
gerichtet* ‖ *für s. bestimmt* ‖ por ~ *selbst, allein* ‖
für s. allein ‖ *um seinetwillen*
²sí adv *ja(wohl)* ‖ *fürwahr, gewiss* ‖ *natürlich,
selbstverständlich, freilich* ‖ *wohl aber* ‖ *vielmehr*
‖ *zwar* ‖ a) ~, señor *(verstärkt:* ~, señor, ~*)
jawohl, natürlich* ‖ ~, en verdad *ach ja!* ‖ ~, por
cierto *ja doch! jawohl! bestimmt!* ‖ ~ tal *ja doch,
jawohl* ‖ él no viene, yo ~ *er kommt nicht, aber
ich (komme)* ‖ ¡pues ~! ⟨iron⟩ *ja freilich!* ‖ *das
fehlte gerade noch! das ist der Gipfel!* ‖ ¡pero ~!
aber gewiss ‖ decir que ~ *ja sagen* ‖ *einwilligen* ‖
¡~ y no! ⟨fam⟩ *wie man's nimmt!* ‖ *je nachdem!* ‖
zur Hälfte" teils, teils ‖ *einerseits, and(e)rerseits* ‖
por ~ o por no *auf alle Fälle* ‖ *vorsichtshalber* ‖
b) Verstärkung der Bejahung od
Verneinung: él ~ (que) lo hará ⟨pop⟩ *er wird
es bestimmt tun* ‖ ¿eso ~ que no! *das auf k–n
Fall! das bestimmt nicht!* ‖ ~ haré, ~, pero me
vengaré *ich werde es (wohl) tun, aber ich werde
mich rächen* ‖ es rica, ~, pero ... *sie ist wohl
reich, aber ...* ‖ es hermosa, eso ~ *sie ist wirklich
schön* ‖ ¡esto ~ que es bueno! *das ist der Gipfel!* ‖
wirklich gelungen! ‖ *das ist der Gipfel!* ‖ *das
fehlte gerade noch!* ‖ ⟨iron⟩ *wir sind (wirklich
gut) bedient!* ‖ ¡~, pero menos! *i wo (denn)!* ‖
wenn es mal stimmte!
³sí [*pl* **síes**] *m Jawort* n, *(das) Ja* ‖ ◇ dar el ~,
decir que ~ *das Jawort geben, einwilligen* ‖ no
decir un ~ ni un no ⟨figf⟩ *kein Sterbenswort
sagen* ‖ *ausweichend antworten* ‖ sin faltar un ~
ni un no ⟨fig⟩ *genau, pünktlich, umständlich* ‖
entre ellos no hay *(od* ellos no tienen) un ~ ni un
no *unter ihnen herrscht vollkommene
Einmütigkeit* ‖ ya tengo el ~ de mi padre *ich
habe schon die Erlaubnis m–s Vaters* ‖ ~ por ~,

o no por no *wahrhaftig, aufrichtig* ‖ un ~ es, no
es *ein bisschen, ein wenig, etwas* ‖ *sozusagen, in
gewissem Sinne* ‖ un ~ es, no es turbado *et.
betreten, ein bisschen verlegen* ‖ un ~ es, no es
nervioso *leicht nervös*
s/i ⟨Abk⟩ = **salvo imprevisto**
Si ⟨Abk⟩ = **silicio**
S.I. ⟨Abk⟩ = **Su Ilustrísima**
sial *m* ⟨Geol⟩ *Sial* n
sialorrea *f* ⟨Med⟩ *übermäßige Speichelbildung*
f, *Sialorrhö(e)*
siamés adj *siamesisch* ‖ ~ *m Siamese* m,
Siamesin f
△ **sibar** vt/i *nähen*
siba|rita adj → **sibarítico** ‖ ~ *m Sybarit* m
(aus Sybaris) ‖ ⟨fig⟩ *weichlicher Schwelger* m ‖
Schlemmer m ‖ *Wollüstling* m ‖ *Feinschmecker* m ‖
–rítico adj *sybaritisch (bes. fig)* ‖ ⟨fig⟩
genusssüchtig, sinnlich, weichlich ‖ *wollüstig* ‖
–ritismo *m Schwelgerei, Schlemmerei,
Genusssucht* f, *Sinnengenuss, Sybaritismus* m
Sibe|ria *f* ⟨Geogr⟩ *Sibirien* n ‖ ◇ mandar a (la)
~, deportar a (la) ~ *nach Sibirien schicken,
verbannen (Strafe)* ‖ es una ~ ⟨figf⟩ *es ist frostig,
es ist bitter od schneidend kalt (Zimmer, Wetter
usw.)* ‖ **=riano** adj *sibirisch* ‖ ~ *m Sibirier* m
sibil *m unterirdischer Frischhalteraum* m
sibila *f Sibylle, Sibylla, Wahrsagerin* f (& *fig*)
‖ ⟨fam⟩ *Hexe* f
sibilante adj *(m/f)* ⟨Gr⟩ *Zisch-* ‖ ⟨Med⟩ *pfeifend*
(& *allg*)
sibilino adj *sibyllinisch* ‖ ⟨fig⟩ *geheimnisvoll,
dunkel*
sic ⟨lat⟩ adv *so*
△ **sicabar(ar)** vi *fort-, aus|gehen*
sica|lipsis *f* ⟨fam⟩ *Pikanterie* f ‖ **–líptico** adj
pikant ‖ *unanständig, obszön*
sicamor *m* → **ciclamor**
sicario *m Killer* m
sicativo *m* → **secante**
△ **sicha|quilló, –guillo** *m Ministrant* m
△ **sichó** *m,* **sicha** *f Affe* m
sicigia *f* ⟨Astr⟩ *Syzygie* f
Sici|lia *f* ⟨Geogr⟩ *Sizilien* n ‖ **=liano** adj
sizilianisch ‖ ~ *m Sizilianer* m
siclo *m Sekel* m *(altbabylonische u. hebräische
Münz- u. Gewichtseinheit)*
sico- präf *(auch psico-)* ‖ → **psico-** bzw **psicó-**
für alle Zusammensetzungen ‖ *Syko-* ‖ *Psycho-*
△ **sicobar** vt *herausnehmen*
sicofante *m Angeber, Verleumder, Denunziant,
Sykophant* m
sicomoro, sicómoro *m Sykomore, Eselsfeige* f,
Maulbeerfeigenbaum m (Ficus sycomorus)
sicón *m* ⟨Zool⟩ *Sykonschwamm* m (Sycon
raphanus)
siconio, sícono *m* ⟨Bot⟩ *Sykonion* n *(Frucht,
z. B. die Feige)*
sicosis *f* ⟨Med⟩ *Bartflechte, Syko|se, -sis* f
sicrómetro *m* → **psicrómetro**
sículo adj *sizilisch* ‖ ~ *m Sizilianer* m
sida *f* ⟨Abk⟩ *Aids* n ‖ **–fobia** *f Angst* f *vor der
Aids-Erkrankung*
sidecar *m Beiwagen* m
sideración *f* ⟨Med⟩ *Zustand nach Schock,
Blitzschlag, Elektroschock usw., (Hirn)Schlag* m
sideral adj *(m/f) Stern(en)-, siderisch, sideral*
sidéreo adj ⟨poet⟩ *Sternen-, Himmels-* ‖
siderisch, sideral
side|rita, –rosa *f* ⟨Min⟩ *Siderit* m
side|rurgia *f Eisenhüttenkunde, Siderurgie* f ‖
–rúrgico adj *Eisenhütten-*
sidi *m Marr Sidi, Herr* m
Sidonio *m* np *Sidonius* m
Sidoro *m* ⟨pop⟩ → **Isidoro** *m*

sidoso adj *Aids-krank*
si|dra f *Apfelwein* m ‖ ~ (a)champañada *span.*
Apfelsekt m ‖ **–drería** f *Apfelweinausschank* m ‖
–drero adj: industria ~a *Apfelweinindustrie* f
 siega f *Mähen* n ‖ *Mahd* f ‖ *Ernte* f ‖ *Erntezeit*
f
¹siembra f *Säen* n, *Besämung, (Aus)Saat* f ‖
Saatzeit f ‖ *Saatfeld* n
²siembra → **sembrar**
siemens m (S) ⟨El⟩ *Siemens* n
siempre adv *immer(fort), all-, jeder|zeit, stets* ‖
von jeher ‖ *auf jeden Fall, jedenfalls* ‖ *doch*
immerhin ‖ *wenigstens* ‖ *immer|dar, -während* ‖ a
la hora de ~ *zur gewohnten Stunde, zu der*
üblichen Zeit, zu derselben Zeit ‖ como ~ *wie*
üblich ‖ *nach wie vor* ‖ *unverändert* ‖ ~ cuando
... stets wenn ... ‖ *wofern ..., wenn ...* ‖ ~ y
cuando que *... nur wenn ..., nur falls ..., wenn*
(nur) ..., wofern ... ‖ de ~ *von jeher* ‖ *wie einst* ‖
alt, langjährig (Freund, Liebe, Krankheit) ‖ para
~ *auf immer, auf ewig* ‖ *für immer* ‖ una vez para
~ *ein für allemal (endgültig)* ‖ por ~ *immerdar* ‖
auf immer, ewig ‖ ~ que *... wenn ..., wofern ...,*
unter der Bedingung, dass ... ‖ ◇ es lo de ~ *so*
geschieht es immer, ⟨fam⟩ *es ist die alte*
Geschichte od *Leier*
 siempre|tieso m *Stehauf(männ)chen* n
(Spielzeug) (→ **tentetieso**) ‖ **–viva** f ⟨Bot⟩ →
¹perpetua ‖ ⟨Bot⟩ *Haus|wurz* f, *-lauch* m
(Sempervivum spp)
 sien f *Schläfe* f ‖ ◆ con plateadas ~es *mit*
grauen Schläfen (→ **aladares**)
 Sie|na f [Stadt] *Siena* n ‖ ~ *Siena (braune*
Farbe) ‖ ~ adj siena ‖ **=nés** adj *aus Siena, Siena-,*
auf Siena bezüglich ‖ ~ m *Sieneser* m
 sienita f ⟨Geol⟩ *Syenit* m
 sierpe f ⟨lit poet⟩ *Schlange* f ‖ ⟨fig⟩ *böses Weib*
n ‖ p.ex *böse* bzw *gemeine* bzw *grausame Person*
f ‖ ⟨Bot⟩ *Wurzelspross* m ‖ ◇ criar la ~ en el
seno ⟨fig⟩ *die Schlange an s–m Busen nähren* ‖ ~
⟨fig⟩ *die Schlange, der Teufel*
 ¹sierra f *Säge* f ‖ ~ de agua *Sägemühle* f ‖ ~
(vertical) alternativa *Gatter* n, *-säge* f ‖ ~ de
arco, ~ bracera *Bogensäge* f ‖ ~ de ballesta, ~
de bastidor *Spannsäge* f ‖ ~ de carpintero
Tischlersäge f ‖ ~ de cinta, ~ continua *Bandsäge*
f ‖ ~ circular *Kreissäge* f ‖ ~ de costilla
Rückensäge f ‖ ~ curva *Bogensäge* f ‖ ~ sin fin
Bandsäge f ‖ ~ de hoja tensa *Spannsäge* f ‖ ~ de
inglete *Gehrungssäge* f ‖ ~ de leñador *Baumsäge*
f ‖ ~ para madera *Holzsäge* f ‖ ~ de mano
Handsäge f ‖ ~ de marquetería *Laubsäge* f ‖
Furniersäge f ‖ ~ mecánica *Motorsäge* f ‖
Sägemaschine f ‖ ~ para metales *Metallsäge* f ‖
~ de recortar *Ablängsäge* f ‖ ~ de vaivén
Stichsäge f ‖ ◇ dentar una ~ *die Zähne e–r Säge*
hauen ‖ triscar, alabear una ~ *e–e Säge*
schränken, aussetzen
 ²sierra f *Gebirge* n ‖ *Kammgebirge* n,
Gebirgskette f ‖ *Gebirgsrücken* m ‖ *Gebirgsland* n
‖ *Berge* mpl ‖ ~ Morena, ~ Nevada *span.*
Bergketten
 Sierra Leona f ⟨Geogr⟩ *Sierra Leone* n
 sier|va f *Dienerin, Magd* f ‖ *Sklavin* f ‖ **–vo** m
Diener m ‖ *Leibeigene(r), Knecht* m ‖ *Sklave* m ‖
~ de la gleba *Leibeigene(r)* m ‖ ~ de los siervos
de Dios *Knecht* m *der Knechte Gottes,* ⟨lat⟩
servus m *servorum Dei (Titel des Papstes in*
päpstlichen Urkunden)
 síes pl von **³sí** m
 sieso m ⟨An⟩ *Ende* n *des Rektums*
 siesta f *Mittags|stunde, -hitze* f ‖ *Siesta,*
Mittags|ruhe f, *-schlaf* m ‖ ◇ dormir la ~
Mittagsruhe halten ‖ *ein Schläfchen (nach Tisch)*
tun

 siete num *sieben* ‖ *sieb(en)te(r)* ‖ ◆ a las ~ de
la tarde *um sieben Uhr nachmittags* ‖ ◇ han dado
las ~ *es hat sieben Uhr geschlagen* ‖ levantarse a
las ~ *um sieben Uhr aufstehen* ‖ ~ m *Sieben* f ‖
el ~ de agosto *der sieb(en)te August* ‖ ⟨Kart⟩
Sieben f ‖ ⟨fam⟩ *Riss* m, *rechtwink(e)lig*
ausgerissenes Stück n *(an der Kleidung)* ‖ Arg
Hintern m, *Gesäß* n ‖ ~ y medio (Art)
Kartenspiel n ‖ ◇ comer por ~ ⟨fam⟩ *gierig*
essen ‖ hacerse un ~ en el pantalón ⟨pop⟩ *s. die*
Hose zerreißen
 siete|colores m Burg Pal ⟨V⟩ → **jilguero** ‖ Arg
Chi ⟨V⟩ *Siebenfarbentangare* f *(Tangara chilensis)*
 sietecueros m Col Chi Ec Hond
Fersenfurunkel m (& n) ‖ CR CU Pe *Panaritium*
n
 siete|mesino adj *siebenmonatig* ‖
Siebenmonats- ‖ p.ex *schwächlich,*
unterentwickelt ‖ ~ m *Siebenmonatskind* n ‖
⟨fam⟩ *schwächliches Kind* n ‖ ⟨fam⟩ *Milchbart,*
junger Geck m ‖ **–ñal** adj *(m/f) siebenjährig*
 sifílide f ⟨Med⟩ *syphilitischer Hautausschlag*
m, *Syphiloderma* n
 sifilis f ⟨Med⟩ *Syphilis, Lues* f
 sifilítico adj *syphilitisch* ‖ ⟨fig⟩
geschlechtskrank, angesteckt ‖ ~ m *Syphilitiker* m
 sifilo|dermia f ⟨Med⟩ → **sifílide** ‖ **–ide** m
Syphiloid n ‖ **–ma** m *Syphilom* n ‖ **–manía,**
–fobia f ⟨Psychol⟩ *Syphilomanie* f ‖ **–sis** f
Syphilose, syphilitische Erkrankung f
 sifón m *(Saug)Heber* m ‖ *Sodawasser-,*
Siphon|flasche f ‖ *Selbstschenker* m ‖ ⟨Arch⟩
Düker m ⟨Mar⟩ *Wasserhose* f ‖ ⟨Zool⟩ *Sipho* m
(Atemröhre der Schnecken, Muscheln &
Tintenfische) ‖ ~ *inodoro Geruchsverschluss* m
 sifonápteros mpl ⟨Ins⟩ → **afanípteros**
 sifonier m *Chiffoniere* f
 sifo|nóforos mpl ⟨Zool⟩ *Staatsquallen* fpl
(Siphonophora) ‖ **–nostoma** m ⟨Fi⟩ *Grasnadel* f
(Siphonostoma typhle)
 ¡siga! Col *ja, bitte! bitte eintreten! kommen Sie*
herein!
 Sigfredo, Sigfrido m np *Siegfried* m
 sigi|lar vt *(ver)siegeln* ‖ ⟨fig⟩ *verheimlichen* ‖
–lo m ⟨Hist⟩ *Siegel* n ‖ ⟨fig⟩ *Verschwiegenheit* f,
unverbrüchliches Geheimnis n ‖ ~ de confesión
→ ~ sacramental ‖ ~ médico *ärztliche*
Schweigepflicht f ‖ ~ profesional *Amts-,*
Berufs|geheimnis n ‖ ~ sacramental
Beichtgeheimnis n ‖ **–lografía** f *Siegelkunde,*
Sphragistik f ‖ **–loso** adj *verschwiegen* ‖
geheim(nisvoll) ‖ adv: ~**amente**
 sigla f *Sigel, Abkürzungszeichen* n *(bes. in der*
Kurzschrift)
 siglo m *Jahrhundert* n ‖ p.ex *Zeitalter* n ‖ *Welt*
f ‖ *weltliches Leben* n ‖ ⟨fam⟩ *lange Zeit,*
Ewigkeit f ‖ ⟨fig⟩ *Seligkeit* f, *Jenseits* n ‖ ~ de
oro, ~ dorado (de plata, de cobre, de hierro) *das*
Goldene (Silberne, Eherne, Eiserne) Zeitalter n ‖
el ~ de Oro ⟨Lit⟩ *das Goldene Zeitalter (das 17.*
Jh. in der span. Lit.) ‖ ~ de las luces *(Zeitalter* n
der) Aufklärung f ‖ ◆ hasta la consumación de
los ~s *bis an das Ende der Zeiten* ‖ por los ~s
de los ~s *von Ewigkeit zu Ewigkeit, in alle*
Ewigkeit ‖ ◇ dejar el ~ *der Welt entsagen, s. aus*
der Welt zurückziehen ‖ *ins Kloster gehen* ‖ eso
dura un ~ ⟨figf⟩ *das dauert (ja) e–e Ewigkeit* ‖ ir
od marchar con el ~ *mit der Zeit gehen* ‖ eso
tarda un ~ → eso dura un ~
 sigma f *griech.* σ, ς (Σ), *Sigma* n
 signar vt *zeichnen* ‖ *siegeln* ‖ *unter|zeichnen,*
-schreiben ‖ ◇ ~ con olio od óleo ⟨Rel⟩ *mit Öl*
salben ‖ ~**se** *s. bekreuzigen*
 signa|tario adj *Unterzeichner-, Signatar-* ‖ ~
m *Unterzeichner, Zeichnende(r)* m ‖ *Signatar* m

(bes. Pol) ‖ **–tura** *f Signatur* f *(Bezeichnung von Büchern)* ‖ ⟨Typ⟩ *Bogensignatur* f
signífero adj ⟨poet⟩ *zeichentragend*
signifi|cación *f (Wort)Bedeutung* f ‖ *Sinn* m ‖ *Andeutung* f ‖ [Statistik] *Signifikanz* f ‖ ⟨fig⟩ *Wichtigkeit* f ‖ **–cado** adj *bedeutend* ‖ *angesehen* ‖ *wichtig* ‖ ~ *m (Wort)Bedeutung* f ‖ *Sinn* m ‖ ⟨Ling⟩ *Bezeichnete(s), Signifikat* n *(Vorstellung)* ‖ ~ *primitivo Grundbedeutung* f ‖ ~ *secundario Nebenbedeutung* f ‖ **–cancia** *f Signifikanz, Wesentlichkeit* f ‖ **–cante** adj *(m/f) bedeutungsvoll* ‖ *bedeutend* ‖ *bezeichnend, charakteristisch* ‖ *signifikant* ‖ ~ *m* ⟨Ling⟩ *Bezeichnende(s), Signifikant* n *(Lautbild)* ‖ **–car** [c/qu] vt/i *bezeichnen, angeben* ‖ *be-, an|deuten, anzeigen* ‖ *vor-, dar|stellen* ‖ *be|deuten, -sagen* ‖ *kundgeben, zum Ausdruck bringen* ‖ ◇ ¿qué –ca eso? *was bedeutet das?* ‖ *was soll das heißen?* ‖ eso no –ca nada *das ist belanglos* ‖ *das ist unwichtig* ‖ ~se *s. auszeichnen* ‖ Am *s. bloßstellen* ‖ **–cativo** adj *bedeutsam, viel|sagend, -bedeutend* ‖ *ausdrucksvoll* ‖ *bezeichnend, charakteristisch* ‖ ⟨fig⟩ *wichtig* ‖ ◇ es muy ~ para él *das hat für ihn e–e große Bedeutung* ‖ *das ist ihm sehr wichtig*
signo *m (Wahr)Zeichen* n ‖ *(An)Zeichen, Merkmal* n ‖ *Erkennungszeichen* n ‖ *Sinnbild* n ‖ *Lautzeichen* n ‖ *Vorzeichen* n ‖ ⟨Typ⟩ *Sigel* n ‖ *Sigle, Abkürzung* f ‖ *Schriftzeichen* n *(Schreibmaschine)* ‖ ~ de adición *Pluszeichen* n (+) ‖ ~ de admiración *Ausrufungszeichen* n (¡!) ‖ ~ de aproximación *Näherungs-, Ungefähr|zeichen* n (≈) ‖ ~s convencionales *Signatur* f ‖ *Zeichen, Symbole* npl *(auf Karten, Plänen usw.)* ‖ ~ diacrítico *diakritisches Zeichen* n ‖ ~ de división *Divisions-, Teilungs|zeichen* n (:) ‖ ~ de ecuación *Gleichheitszeichen* n (=) ‖ ~ fonético ⟨Gr⟩ *Lautschriftzeichen* n ‖ ~ de igualdad *Gleichheitszeichen* n (=) ‖ ~ de infamia *Schandmal* n ‖ ~ de interrogación *Fragezeichen* n (¿?) ‖ ~ lingüístico ⟨Ling⟩ *sprachliches Zeichen* n ‖ ~ de mando *Steuerzeichen* n ‖ ~ de multiplicación *Multiplikations-, Mal|zeichen* n (×) ‖ ~ negativo *(od ~ menos) Minuszeichen* n (–) ‖ ~s patológicos ⟨Med⟩ *Krankheitszeichen* npl ‖ ~ positivo *(od ~ más) Pluszeichen* n (+) ‖ ~s precursores *Vor|zeichen* npl, *-boten* mpl ‖ ~ de puntuación ⟨Gr⟩ *Satz-, Interpunktions|zeichen* n ‖ ~ de suspensión *Auslassungszeichen* n ‖ ~ de sustracción *Minuszeichen* n (–) ‖ ◇ hacer(se) el ~ de la cruz *s. bekreuzigen* ‖ ⟨fig⟩ *s. vor Verwunderung nicht fassen können* ‖ hacer ~s a alg. *jdm zuwinken* ‖ hacer ~s afirmativos *Zeichen der Zustimmung geben*
△ **sigo** adv *schnell*
sig.ᵗᵉ ⟨Abk⟩ = **siguiente**
siguiente adj *(m/f) (nach)folgend, nachstehend* ‖ el ~ *der Folgende, der Hintermann* ‖ lo ~ *das Folgende* ‖ *folgendes* ‖ ¡el ~! *der nächste, bitte!* ‖ el *(od* al) día ~ *am folgenden Tag* ‖ en la forma ~, del modo ~ *folgendermaßen* ‖ las condiciones son las ~s: ... *die Bedingungen sind wie folgt: ...*
sigún Am ⟨pop⟩ → **según**
sil *m* ⟨Min⟩ *Ocker* m
Sila *m* np ⟨Hist⟩ *Sulla* m
sílaba *f Silbe* f ‖ ~ abierta *offene Silbe* f ‖ ~ acentuada, aguda *betonte Silbe* f ‖ ~ átona *unbetonte Silbe* f ‖ ~ breve *kurze Silbe* f ‖ ~ cerrada *geschlossene Silbe* f ‖ ~ larga *lange Silbe* f ‖ ~ tónica *Tonsilbe* f ‖ ♦ por ~s *silbenweise* ‖ ¡ni una ~ más! ⟨figf⟩ *kein Wort mehr!*
sila|bario *m Abc-Buch* n, *Fibel* f ‖ **–b(e)ar** vt/i *syllabieren, nach Silben* (od *Silbe für Silbe) sprechen* ‖ ⟨fig⟩ *buchstabieren* ‖ **–beo** *m Syllabieren* n

silábico adj *silbisch, Silben-*
sílabo *m Syllabus, Katalog* m ‖ → **Syllabus**
silano *m* ⟨Chem⟩ *Silan* n
sil|ba *f Aus|zischen, -pfeifen* n ‖ ◇ recibir una ~ *ausgepfiffen werden* ‖ **–bador** adj → **silbante** ‖ ~ *m Pfeifer, Zischer* m ‖ **–bante** adj *(m/f) pfeifend (& Wind, Vogel usw.)* ‖ *sausend (Wind)* ‖ *zischend (Schlange)* ‖ → **sibilante** ‖ ~ *m* ⟨fig pop⟩ *armer Schlucker* m ‖ **–bar** vt/i *pfeifen* ‖ ⟨fig⟩ *aus|pfeifen, -zischen* ‖ ~ vi *pfeifen* ‖ *zischen* ‖ *sausen (Wind)* ‖ *heulen (Sirene)* ‖ ⟨fig⟩ *zischen* (z. B. *im Theater)* ‖ **–bato** *m Pfeife* f ‖ ⟨fig⟩ *feiner Riss* m bzw *kleines Loch* n *(aus dem Luft* od *Flüssigkeit entweicht)* ‖ Am → **silbido** ‖ ~ de lengüeta *Zungenpfeife* f ‖ ◇ tocar el ~ *pfeifen* ‖ **–bido** *m Pfiff* m ‖ *Pfeifen, Zischen* n *(Schlange)* ‖ *Sausen* n *(des Windes)* ‖ *Heulen* n *(Sirene)* ‖ ~ de oídos *Ohrensausen* n ‖ **–bo** *m Pfiff* m ‖ *Pfeife* f ‖ *Zischen* n *der Schlange* ‖ *Sausen* n *des Windes* ‖ *Span (Sp fam) Schiedsrichter* m
silbón *m* ⟨V⟩ *Pfeifente* f (Anas penelope)
silboso adj → **silbante**
silen|ciado adj *totgeschwiegen* (→ **–ciar**) ‖ **–ciador** *m Schalldämpfer* m ‖ ~ (de escape) ⟨Auto⟩ *Auspufftopf* m ‖ **–ciar** vt *verschweigen* ‖ *geheim halten* ‖ *dämpfen* ‖ *totschweigen (unbequemes Buch, unerwünschten Autor)* ‖ zum *Schweigen bringen* ‖ p. ex *umbringen, töten* ‖ **–cio** *m (Still)Schweigen* n ‖ *Verschwiegenheit* f ‖ ⟨fig⟩ *Ruhe, Stille, Geräuschlosigkeit* f ‖ *Silentium* n ‖ ⟨fig⟩ *Totschweigen* n ‖ ⟨Mus⟩ *Pause* f ‖ ~ de las armas *Waffenruhe* f ‖ ~ conventual *klösterliche Stille* f ‖ ~ de corchea, de negra ⟨Mus⟩ *Achtel-, Viertel|pause* f ‖ ~ de muerte *Totenstille* f ‖ ~ sepulcral *Grabesstille* f ‖ ¡~! *Ruhe! Stille!* ‖ ♦ en *od* con ~ *in der Stille* ‖ ◇ guardar ~ *Stillschweigen bewahren* ‖ *still sein, schweigen* ‖ imponer ~ *Schweigen gebieten* ‖ observar ~ *Stillschweigen bewahren* ‖ pasar en ~ *mit Stillschweigen übergehen* ‖ ⟨fig⟩ *unerwähnt lassen* ‖ ⟨fig⟩ *totschweigen* ‖ reducir al ~ *zum Schweigen bringen* ‖ romper el ~ *das Schweigen brechen, zu reden anfangen* ‖ sufrir en ~ *stillschweigend leiden* ‖ **–ciosamente** adv *stillschweigend* ‖ *geheim* ‖ **–cioso** adj *schweigsam, stumm* ‖ *geräusch|arm, -los, still* ‖ ~ *m Schalldämpfer* m ‖ ⟨Auto⟩ *Auspufftopf* m
Sileno *m* ⟨Myth⟩ *Silen* m
silente adj *(m/f)* ⟨lit poet⟩ → **silencioso**
si|lepsis *f* ⟨Gr Rhet⟩ *Syllepse* f *(Form der Ellipse)* ‖ **–léptico** adj *sylleptisch*
silería *f Siloanlage* f
Silesia *f* ⟨Geogr⟩ *Schlesien* n ‖ Alta, Baja ~ *Ober-, Nieder|schlesien* n
silesi(an)o adj *schlesisch* ‖ ~ *m Schlesier* m
sílex, sílice *m Feuerstein, Silex* m
silfa *f* ⟨Ins⟩ *Aaskäfer* m (Silpha spp) ‖ → **sílfidos**
sílfide *f* ⟨Myth⟩ *Sylphide* f, *weiblicher Luftgeist* m ‖ ⟨fig⟩ *leichtfüßiges Mädchen* n
sílfidos mpl ⟨Ins⟩ *Aaskäfer* mpl (Silphidae)
silfo *m* ⟨Myth⟩ *Sylphe, Luftgeist* m
silgado adj Ec *hager* ‖ *sehr dünn*
silicagel *m* ⟨Chem⟩ *Silicagel* n
silicato *m Silikat* n
sílice *m Kiesel* m ‖ *Siliziumdioxid* n, *(reine) Kieselerde* f
sili|ceo adj *kieselerdehaltig* ‖ *kieselig* ‖ **–cico** adj: ácido ~ ⟨Chem⟩ *Kieselsäure* f
sili|cio *m* (Si) ⟨Chem⟩ *Silizium* n ‖ **–ciuro** *m Silizid* n
siliconas fpl ⟨Chem⟩ *Silikone* pl
silicosis fpl ⟨Med⟩ *(Stein)Staublunge, Silikose* f
silicua *f* ⟨Bot⟩ *Schote, Hülse* f *(Fruchtart)*
silificación *f Verkieselung, Silifikation* f

△ **silisqué** *m Schloss* n, *Burg* f
silla *f Stuhl* m ‖ *(Bischofs)Sitz* m ‖ *(Reit)Sattel*
m ‖ ⟨figf⟩ *Hintern* m ‖ ⟨Tech⟩ *Sattelplatte,*
Auflage f ‖ ~ acolchada *Polsterstuhl* m ‖ ~ de
brazos *Armstuhl* m ‖ ~ de buque ⟨Mar⟩ *Deckstuhl*
m ‖ ~ de cana *Rohrstuhl* m ‖ ~ de cubierta
Deckstuhl m ‖ ~ curul (Hist) *kurulischer Stuhl* m
‖ ~ eléctrica *elektrischer Stuhl* m ‖ ~ (forrada)
de cuero *Lederstuhl* m ‖ ~ giratoria *Dreh\sessel,*
-stuhl m ‖ ~ de jardín *Gartenstuhl* m ‖ ~ de
mano(s) *Sänfte* f, *Tragstuhl* m ‖ ~ metálica
Metallstuhl m ‖ ~ de mimbre *Korbstuhl* m ‖ ~ de
montar *(Reit)Sattel* m ‖ ~ de oficina *Bürostuhl* m
‖ ~ de paja *Rohrstuhl* m ‖ ~ plegable *Klappstuhl*
m ‖ ~ poltrona *Arm-, Lehn\stuhl* m ‖ (fam)
Großvaterstuhl m ‖ ~ portátil *Trag-, Klapp\stuhl*
m ‖ ~ de posta(s) (Hist) *Post\kutsche* f, *-wagen*
m ‖ ~ de rejilla *Stuhl mit geflochtenem Sitz,*
Rohrstuhl m ‖ ~ de ruedas *Rollstuhl* m ‖ ~ de
señora *Damensattel* m ‖ ~ de tapicería
Polsterstuhl m ‖ ~ de tijera *Klapp\stuhl,*
-schemel, -sitz m ‖ *Feldstuhl* m ‖ ~ de Vitoria
Span *massiver Stuhl* (bes. *mit hoher Rückenlehne)*
‖ ◆ de ~ a ~ ⟨figf⟩ *unter vier Augen* ‖ ◇
pegársele a uno la ~ ⟨figf⟩ *s. nicht vom Stuhl*
rühren (*lästiger Besucher*) ‖ *ser hombre a todas*
od ambas ~s ⟨figf⟩ *in allen Sätteln gerecht sein*
sillar *m/adj Quader(stein), Werkstein* m ‖
Sattelrücken m ‖ dim: ~**ejo** ‖ augm: ~**ón**
¹sillería *f Gestühl* n ‖ *Chorgestühl* n *(in der*
Kirche) ‖ *Stühle* mpl, *Möbelstücke* npl ‖ *Sattlerei*
f, *Sattlergeschäft* n ‖ *Sattlerarbeit* f
²sillería *f* ⟨Arch⟩ *Quadersteine* mpl ‖
Quaderbau m, *Quaderung* f
sille\ro *m Sattler* m ‖ *Stuhl\macher, -flechter* m
‖ (caney) ~ Mex *Geschirrkammer* f ‖ **–ta** *f* dim
von **silla** ‖ *Stühlchen* n ‖ *Nachtstuhl* m ‖
Stechbecken n *(für Kranke)* ‖ ⟨Tech⟩ *Bock* m *(für*
Lager) ‖ Am *Sessel* m ‖ ¡~! (pop) *Donnerwetter!*
‖ **–tazo, sillazo** *m Hieb* m *mit e–m Stuhl* ‖ **–tero**
m Am *Sänftenträger* m ‖ *Sattler* m
sillico *m Nachtstuhl* m
sillín *m leichter Sattel* m ‖ *Kammkissen* n ‖
kleiner Sitz m ‖ *Fahrrad-* bzw *Motorrad\sattel* m
‖ ~ plegable → **sillita**
sillita *f* dim von **silla** ‖ *Stühlchen* n ‖ ~
plegable *Klapp-, Falt\hocker* m *(Camping)*
△ **sillo\fil, -fí** *f Dorn* m
sillón *m* augm von **silla** ‖ *Armsessel, Lehnstuhl*
m ‖ ~ académico, ~ de la Academia *Sitz* m *als*
Mitglied e–r Real Academia ‖ ~ de coro
Chorstuhl m ‖ ~ de dirección *Chefsessel* m ‖ ~
frailero od frailuno *Armsessel* m *mit Ledersitz*
und großen Nägeln ‖ ~ de hamaca Am
Schaukelstuhl m ‖ ~ de orquesta ⟨Th⟩
Orchestersitz m ‖ ~ de playa *Strandkorb* m ‖ ~
presidencial ⟨Pol⟩ *Präsidentenstuhl* m ‖ ~ de
ruedas *Rollstuhl* m
silo *m Silo, Bunker, Getreide\keller, -speicher* ‖
Kornkeller m ‖ ~ para cereales *Kornsilo* m ‖ ~
para forraje(s) *Futtersilo* m
silo\gismo *m Syllogismus* m ‖ **–gístico** adj
syllogistisch
silue\ta *f Silhouette* f, *Schatten\riss* m, *-bild* n ‖
⟨Mal⟩ *Entwurf* m ‖ (fig) *Gestalt, Figur, Silhouette*
f ‖ **–tar** vt *abschatten* ‖ *e–e Silhouette (von jdm)*
zeichnen ‖ *silhouettieren* ‖ ⟨fig⟩ (knapp) *umreißen,*
in knappen Zügen darstellen (z. B. *Biografie*)
siluriano, silúrico adj ⟨Geol⟩ *silurisch, Silur-* ‖
(período) ~ *m Silur* n
silu\ro *m* ⟨Fi⟩ *Wels, Katzenfisch* m (Silurus
spp) ‖ **–roideos** mpl *Welse, Katzenfische* mpl
(Filuroidea)
silva *f Blütenlese* f, *Sammelwerk* n ‖ *Sylve* f
(Versmaß, Dichtform)

silvano *m* ⟨Zool⟩ *Magot, Berberaffe* m
(Macaca = Simia sylvanus) ‖ ⟨Myth fig⟩ *Waldgott*
m
silvestre adj *(m/f)* ⟨Bot⟩ *wild wachsend* ‖ ⟨Bot
Zool⟩ *wild, Wild-*
Silvestre *m* np *Silvester* m
silvícola adj *(m/f) waldbewohnend* ‖ ~ *m/f*
Waldbewohner(in f) m
silvi\cultor *m Waldbauer* m ‖ *Forstkundige(r)*
m ‖ *Forstwissenschaftler* m ‖ **–cultura** *f Waldbau*
m ‖ *Forstwirtschaft* f ‖ *Forstwissenschaft* f
silvoso adj *waldreich*
sima *f Abgrund, Schlund* m ‖ *Erdloch* n ‖
⟨Geol⟩ *Sima* n
△ **simach\é** *m, -í f Zeichen* n
simaruba *m* Arg ⟨Bot⟩ *Bitteresche* f,
Bitterholzbaum m (Simaruba sp)
simbi\onto *m* ⟨Biol⟩ *Symbiont* m *(Pflanze od*
Tier) ‖ **–óntico** adj → **–ótico** ‖ **–osis** *f Symbiose* f
‖ ~ social *soziale Symbiose* f ‖ **–ótico** adj
symbio(n)tisch, in Symbiose lebend
simbléfaron *m* ⟨Med⟩ *Symblepha\ron* n, *-rose*
f, *Verwachsung* f *der Augenlider mit dem*
Augapfel
simbólico adj *sinnbildlich, symbolisch*
simbo\lismo *m* ⟨Lit⟩ *Symbolismus* m ‖
Symbolik f ‖ *Sinnbildlichkeit* f ‖ **–lista** *m/f*
Symbolist(in f) m ‖ *Symboliker(in* f) m ‖ **–lización**
f Versinnbildlichung f ‖ *Symbole* npl *auf*
Zeichnungen ‖ **–lizar** [z/c] vt *symbolisieren,*
versinnbildlichen
símbolo *m Sinnbild, Symbol* n ‖ p. ex *Zeichen* n
‖ *Wahrzeichen* n ‖ *Wahlspruch* m ‖
Glaubensformel f ‖ ⟨Chem⟩ *chemisches Zeichen,*
Symbol n ‖ ~ de los Apóstoles ⟨Rel⟩
Apostolisches Glaubensbekenntnis, Apostolikum n
‖ ~ de categoría social *Statussymbol* n ‖ ~ de
soberanía *Hoheitszeichen* n ‖ ~ solar *Sonnenrad* n
simbología *f Symbolkunde* f ‖ ~ cromática
Farbensymbolik f
Simeón *m* np *Simeon* m
simetría *f Eben-, Gleich\maß* n, *Symmetrie* f
simétrico adj *symmetrisch*
simia *f Äffin* f
simien\te *f Same* m ‖ *Saatgut* n ‖ *Samen-,*
Saat\korn n ‖ ⟨fig⟩ *Ursache* f ‖ p. ex *Eier* npl *des*
Seidenspinners ‖ ~ de adormidera *Mohnkorn* n ‖
◇ echar ~ *säen* ‖ nadie queda para ~ de rábanos
⟨Spr⟩ *jeder muss sterben* ‖ **–za** *f Säen* n ‖ *Aussaat* f
simiesco adj *affenartig* ‖ *affenähnlich* ‖ *äffisch*
símil adj *(m/f) ähnlich, gleichartig* ‖ ~ *m*
Parabel f, *Gleichnis* n ‖ *Vergleich* m
similar adj *(m/f) gleichartig* ‖ *ähnlich*
similicuero *m Kunstleder* n
similitud *f Ähnlichkeit* f ‖ *Gleichartigkeit* f
similor *m Similor* n *(Goldimitation)* ‖ ◆ de ~
falsch, unecht, Talmi-
simio *m* ⟨Zool⟩ *Affe* m ‖ **~s** mpl ⟨Zool⟩ *Affen*
mpl (Simiae)
Simón *m* np *Simon* m ‖ ~ *m/adj Madr*
Droschke f, (fam) *Fiaker* m
simo\nía *f* ⟨Rel⟩ *Simonie* f, *Ämterschacher* m ‖
–níaco, –niaco, –niático adj *simonisch*
simoun → **simún**
simpatectomía *f* ⟨Med⟩ *Sympathektomie* f
sim\patía *f Mit\gefühl, -empfinden* n ‖ *Geistes-,*
Seelen\verwandtschaft f ‖ *Übereinstimmung* f ‖
wechselseitige Zuneigung f ‖ *Sympathie* f ‖ ⟨Med⟩
Mitleidenschaft f *von Organen* ‖ ◇ *gozar de*
general ~ *allgemein beliebt sein* ‖ tener ~ *beliebt*
sein ‖ *Sympathie fühlen* (por *fur*) ‖ **–pático** adj
sympathisch ‖ *seelenverwandt, mitfühlend* ‖ *lieb,*
nett, anziehend, reizend ‖ ~ *m:* gran ~ ⟨An⟩
Sympathikus m *(Nerv)*
simpa\tiquísimo adj sup von **simpático** ‖

–tizante adj *(m/f)* sympathisierend ‖ *Gesinnungs-*
‖ ~ *m/f Gesinnungsgeno|sse* m, *-ssin* f ‖
Sympathisant(in f), Sympathisierende(r m) f ‖
–tizar [z/c] *sympathisieren (con mit), Teilnahme
zeigen* ‖ *mit|empfinden, -fühlen* ‖ *zueinander
hinneigen (zwei Personen)* ‖ ◇ no tardamos en ~
bald wurden wir gute Freunde

sim|ple adj *(m/f) einfach, bloß* ‖ *schlicht, ohne
Zutat* ‖ *unvermischt, lauter* ‖ *fass|lich, -bar, klar* ‖
natürlich, ungekünstelt, schmucklos, schlicht ‖
⟨fig⟩ *arglos, aufrichtig* ‖ ⟨fig⟩ *einfältig, dumm,
simpel* ‖ *einflüg(e)lig (Tür)* ‖ ♦ a ~ vista *mit
bloßem Auge* ‖ con suela ~ *einsohlig* ‖ por
partida ~ *einfach (Buchführung)* ‖ ◇ desmejoraba
a ~ vista *sein Gesundheitszustand verschlechterte
s. zusehends* ‖ ~ m *einfältiger, dummer Mensch,*
⟨fam⟩ *Einfaltspinsel, Simpel* m ‖ ⟨Sp⟩
Einzel(spiel) n ‖ augm: **–plazo** m ‖ **–plemente**
adv *bloß, schlechtweg* ‖ *kurz und gut*

símplex m ⟨Math⟩ *Simplex* n ‖ ⟨Tel⟩ *Zweiweg-,
Simplex|schaltung* f ‖ *Simplexbetrieb* m ‖ ⟨Ling⟩
Simplex, einfaches Wort n

simpleza f *Einfalt* f ‖ *Einfältigkeit* f ‖
Dummheit f ‖ *dummes Zeug* n ‖ *Plumpheit,
Unverfänglichkeit* f ‖ *Seichtheit* f

simpli|cidad f *Einfachheit* f ‖ *Schlichtheit* f ‖
Arglosigkeit, Einfalt f ‖ *Einfältigkeit* f ‖ *Dummheit*
f ‖ ≈**cio** m np *Simplizius* m ‖ ⟨fam joc⟩ → **simple**
‖ ◇ ¡no seas ~! *(fam joc) sei nicht (so) albern!* ‖
–císimo adj sup von **simple** ‖ *äußerst einfach,
einfachst* ‖ **–cista** adj/s *(m/f)* → **simplista** ‖
–ficación f *Vereinfachung* f ‖ ⟨Math⟩ *Kürzen bzw
Einrichten* n ‖ **–ficador** adj *vereinfachend* ‖ ~ m
Vereinfacher m (auch pej) ‖ **–ficar** [c/qu] vt
vereinfachen ‖ ⟨Math⟩ *(e–n Bruch) heben, kürzen*
‖ **–ficativo** adj *vereinfachend*

simplísimo adj sup von **simple** ‖ *äußerst
dumm, strohdumm* ‖ ⟨fam⟩ → **simplicísimo**

simplista adj *(m/f) (grob) vereinfachend* ‖
einseitig ‖ ~ *m/f (grober) Vereinfacher(in f)* m

sim|plón, –plote m/adj augm von **simple** ‖
großer Einfaltspinsel, ⟨fam⟩ *Gimpel* m

Simplón m ⟨Geogr⟩ *Simplon m (Pass)*

simposio m *Sympo|sion, –sium* n

△ **simuchí** *m Affe* m

simu|lación f *Vorspiegelung* f ‖ *Vorstellung* f ‖
⟨Med⟩ *Vortäuschung* f, *Simulieren* n ‖ ⟨Tech⟩
Nachbildung, Simulation f ‖ **–lacro** m *Schein-,
Trug|bild* n ‖ *Götzenbild* n ‖ ⟨fig⟩ *Vorbild* n ‖ ~
de combate ⟨Mil⟩ *Scheingefecht* n ‖
Gefechtsübung f ‖ **–lado** adj *vorgetäuscht,
erdichtet* ‖ *Schein-* ‖ **–lador** m/adj *Simulant,
vorgebliche(r) Kranke(r)* m ‖ *Betrüger* m ‖
Simulator m *(Gerät)* ‖ **–lar** vt *(er)heucheln,
vorspiegeln* ‖ *vortäuschen* ‖ ⟨Med Tech⟩
simulieren ‖ ◇ ~ pobreza *s. arm stellen* ‖
simulaba saberlo *er stellte s., als ob er es wüsste;
er gab vor, es zu wissen* ‖ **–lativo** adj *heuchelnd,
vorspiegelnd*

simul|táneamente adv *zu gleicher Zeit* ‖
zugleich ‖ ◇ cantar ~ *mitsingen* ‖ **–tanear** vt *s.
et. gleichzeitig vornehmen* ‖ *gleichzeitig besuchen
od mitmachen (zwei Lehrgänge)* ‖ *gleichzeitig
betreiben* ‖ **–taneidad** f *Gleichzeitigkeit* f ‖
Simultaneität f ‖ **–táneo** adj *gleichzeitig* ‖
Simultan-

simún m ⟨Meteor⟩ *Samum m (Wüstenwind)*

sin prep *ohne (zu)* ‖ *außer, ausgenommen* ‖ *un-*
1. in V e r b. mit s od adj: ~ ayuda *hilflos*
‖ ~ color *farblos* ‖ ~ competencia *konkurrenzlos*
‖ ~ demora, ~ dilación *unverzüglich* ‖ ~ dolor
schmerzlos ‖ ~ falta *tadellos* ‖ *makellos (& fig)* ‖
einwandfrei ‖ *unfehlbar* ‖ *sicherlich* ‖ *unbedingt* ‖
~ fiebre *fieberfrei* ‖ ~ gusto *geschmacklos* (&
fig) ‖ *fad(e)* ‖ ~ igual *sondergleichen* ‖

unvergleichlich ‖ *unerreicht* ‖ ~ *motivo
unbegründet* ‖ ~ reposo *ruhelos, unruhig* ‖ ~
salario *unbesoldet* ‖ los ~ trabajo die Arbeitslosen
mpl ‖ cargar ~ bala *blind laden (Gewehr)*
2. in V e r b. mit inf: ~ cocer *ungekocht,
ohne zu kochen* ‖ ~ comer *ohne zu essen* ‖ ~
cortar ⟨Buchb⟩ *unbeschnitten (fachspr. intonso)* ‖
~ decírnoslo *ohne es uns zu sagen* ‖ cama ~
hacer *nicht gemachtes Bett* ‖ película ~
impresionar ⟨Fot⟩ *unbelichteter Film* m ‖ noble ~
serlo *natürlichen Adel besitzend* ‖ ¡diez años ~
venir! *zehn Jahre (ist er) ausgeblieben!* ‖ ~ haber
comido *ohne gegessen zu haben* ‖ ~ haberlo visto
ohne ihn (es) gesehen zu haben ‖ ~ querer
ungewollt ‖ *unbeabsichtigt, unabsichtlich;
absichtslos* ‖ *unwillkürlich* ‖ ⟨fig⟩ *(ganz)
allmählich*
3. in V e r b. mit que: ~ que ... (subj) *ohne
dass (auch nur)* ... ‖ ~ que lo sepa *ohne es zu
wissen* ‖ ~ que me hubiera dicho una sola palabra
ohne mir ein Sterbenswörtchen gesagt zu haben ‖
~ qué ni por qué *für nichts und wieder nichts* ‖
todo terminó ~ accidentes que lamentar *alles
ging ohne Unfall (bzw Zwischenfälle) ab, alles
ging glatt ab*
4. in a d v e r b i e l l e r od
b i n d e w ö r t l i c h e r Verb.: ~ embargo *dessen
ungeachtet* ‖ *trotzdem* ‖ *nichtsdesto|weniger, -trotz*
‖ *aber, jedoch* ‖ *ander(e)nteils* ‖ ~ embargo de
eso *trotzdem* ‖ ~ embargo que ... (subj) *obgleich
...* ‖ ~ embargo vencimos *und wir haben doch
gesiegt* ‖ ~ más *ohne weiteres* ‖ ~ más ni más
ohne viele Umstände ‖ mir nichts, dir nichts ‖ ~
más por hoy, ~ otra cosa *ohne mehr für heute,
ohne mehr*

sinagoga f ⟨Rel⟩ *Synagoge* f

sinaíta m&adj *Bewohner* m *des Sinai*

sinalagmático adj ⟨Jur⟩ *synallagmatisch,
zwei-, doppel-, gegen|seitig*

sinalefa f ⟨Poet⟩ *Synalöphe* f

sinalgia f ⟨Med⟩ *Synalgie* f

△ **sinandó** *m Ort* m, *Stelle* f

si|nándrico adj *synandrisch* ‖ **–nandrio** m
Synandrium n

sinántropo, sinantropo m ⟨Paläont⟩
Sinanthropus, Chinamensch m

sinapismo m ⟨Med⟩ *Senf|pflaster* n, *-umschlag*
m ‖ ⟨figf⟩ *lästiger Mensch* m, ⟨fam⟩ *Wanze* f

sinapsis m ⟨An⟩ *Synapse* f

△ **sinar** vi → **ser, estar**

sinartrosis f ⟨Med⟩ *feste Knochenverbindung,
Synarthrose* f

△ **sinas|trar** vt *festnehmen, packen* ‖ **–tró** m
Sträfling m

△ **sincai** *m Geist* m

sin|carpia f ⟨Bot⟩ *Synkarpie* f ‖ **–carpo** adj
⟨Bot⟩ *synkarp (Gynäzeum)*

since|rador adj *rechtfertigend* ‖ **–ramente** adv
aufrichtig ‖ *offen* ‖ *ehrlich* ‖ ◇ hablando ~ *offen
gestanden, offen gesagt* ‖ **–rar** vt *entschuldigen,
rechtfertigen* ‖ ~**se:** ~ ante od con alg. *s. bei od
vor jdm entschuldigen (de wegen)* ‖ *s. mit jdm
aussprechen* ‖ **–ridad** f *Aufrichtigkeit,
Offenherzigkeit* f ‖ *Ehrlichkeit, Rechtschaffenheit*
f ‖ **–ro** adj *aufrichtig, offen(herzig), gerade* ‖
arglos ‖ *ehrlich, rechtschaffen*

sinclinal adj *(m/f)* ⟨Geol⟩ *synklinal* ‖ ~ m
Synklin(al)e, Mulde f

síncopa f (Gr Mus) *Synkope* f

¹**sincopado** adj ⟨Mus⟩ *synkopiert* ‖ *synkopisch,
Synkopen-* ‖ **–par** vt ⟨Gr Mus⟩ *synkopieren*

²**sincopado** adj ⟨Med⟩ *ohnmächtig, kollabiert*

síncope m ⟨Med⟩ *Synkope* f

sincotilia f ⟨Bot⟩ *Einkeimblättrigkeit,
Synkotylie* f

sin|crético adj ⟨Philos Rel⟩ *synkretistisch* ‖
–cretismo *m* ⟨Philos Rel Ling⟩ *Synkretismus* m ‖
–cretista *m/f Synkretist(in* f) m
  sincristalización *f* ⟨Min⟩ *Mischkristallbildung* f
  sincrociclotrón *m* ⟨Phys⟩ *Synchrozyklotron* n
  sincronía *f* ⟨Ling⟩ *Synchronie* f ‖ →
sincronismo
  sincrónico, síncrono adj *gleichzeitig* ‖
synchron
  sincro|nismo *m Gleichzeitigkeit* f,
Synchronismus m ‖ ⟨Tech⟩ *Gleich|lauf, -takt,
Synchronismus* m ‖ **–nización** *f Übereinstimmung*
f *von Bild und Wort (Sprechfilm),
Gleichschaltung, Synchroni|sation, -sierung* f ‖
Synchronisierung f ‖ **–nizado** adj
gleichgeschaltet, synchronisiert ‖ *aufeinander
abgestimmt* ‖ ⟨Film⟩ *synchronisiert* ‖ *totalmente ~*
⟨Auto⟩ *vollsynchronisiert (Getriebe)* ‖ **–nizar**
[z/c] *vt aufeinander abstimmen* ‖ *gleichschalten* ‖
⟨Film⟩ *synchronisieren* ‖ ~ vi *zeitlich
zusammen|fallen, -laufen*
  sincronoscopio *m* ⟨El Radio TV⟩
Synchronoskop n
  sincrotrón *m* ⟨Phys⟩ *Synchrontron* n
  △ **sinchitar** vt *legen, setzen*
  △ **sinchullí** *f Zikade* f
  sin|dactilia *f* ⟨Zool Med⟩ *Syndaktylie* f ‖
–dáctilo adj *syndaktyl*
  sindéresis *f Urteils|kraft* f, *-vermögen* n ‖
Vernunft f ‖ *gesunder Menschenverstand* m ‖
⟨Rel⟩ *Synteresis* f
  sindético adj ⟨Gr⟩ *syndetisch*
  sindeticón *m Syndetikon* n *(Warenzeichen),
Fischleim* m ‖ p.ex ⟨fam⟩ *Klebstoff* m
  △ **sindicaba|lar** vt/i *schwören* ‖ **–netó** *m Eid,
Schwur* m
  sindi|cación *f Zusammenschluss* m *in
Gewerkschaften* bzw *Syndikaten* ‖ *Beitritt* m *zu
e–m Syndikat* bzw *zu e–r Gewerkschaft* ‖ *~
obligatoria Zwangsmitgliedschaft* f *(in e–r
Gewerkschaft, in e–m Syndikat)* ‖ **–cado** adj
gewerkschaftlich organisiert ‖ ◇ *estoy ~ ich bin
Syndikats- bzw Gewerkschafts|mitglied* ‖ *~ m
Anwaltschaft* f ‖ *Anwaltskonsortium* n ‖ **–cal** adj
(m/f) Syndikats-, Fachschafts- ‖ *Gewerkschafts-* ‖
Syndikus- ‖ **–calismo** *m Syndikalismus* ‖
Gewerkschafts|organisation bzw *-bewegung* f ‖
–calista adj *(m/f) gewerkschaftlich* ‖
syndikalistisch ‖ ~ *m/f Gewerkschaft(l)er(in* f) m
‖ *Anhänger(in* f) m *des Syndikalismus* ‖
Syndikalist(in f) m ‖ **–car** [c/qu] vt *ver-,
an|klagen* ‖ *verdächtigen* ‖ *zu e–r Gewerkschaft*
bzw *e–m Syndikat zusammenschließen* ‖ *~se ein
Syndikat bilden* ‖ *e–m Syndikat* bzw *e–r
Gewerkschaft beitreten* ‖ **–cato** *m Syndikat,
(Verkaufs)Kartell, Konsortium* n ‖ *Berufsverband*
m ‖ *Anwaltskammer* f ‖ *Syndikat* n, *Gewerkschaft*
f *(Arbeitnehmervereinigung)* ‖ *~ amarillo
arbeitgeberhörige Gewerkschaft* f ‖ *~ del crimen
Am Verbrechersyndikat* n ‖ *~ de empleados
Angestelltengewerkschaft* f ‖ *~ obrero
Arbeitergewerkschaft* f ‖ *~ de regantes
Bewässerungsgenossenschaft* f ‖ *~ único
Einheitsgewerkschaft* f
  síndico *m Syndikus, Rechtsbeistand* m ‖
Bevollmächtigte(r) m ‖ *Sachverwalter* m ‖ ⟨Jur⟩
Verwalter m *der Insolvenzmasse* ‖ *~ de la quiebra
Insolvenzverwalter* m
  sindiós adj → **ateo**
  Síndone *f* ⟨Rel⟩ *Grabtuch* n *Christi*
  síndrome *m* ⟨Med⟩ *Krankheitsbild, Syndrom* n,
Symptomenkomplex m ‖ *~de abstención
Entzugserscheinungen* fpl ‖ *~ de
inmunodeficiencia adquirida (SIDA) erworbenes
Immundefektsyndrom (AIDS)* n ‖ *~ tóxico*

*Vergiftungserscheinungen nach dem Genuss von
gefälschtem Speiseöl*
  △ **sinebo** num *dreißig*
  sinécdoque *f* ⟨Gr⟩ *Synekdoche* f
  sinecia *f* ⟨Ökol⟩ *Synö|zie, -kie* f
(Zusammenhausen, bes. *bei Termiten u. Ameisen)*
  sinecología *f Synökologie, Bio|zönologie,
-zönotik* f ‖ *Synechologie* f *(Lehre von Raum, Zeit
und Materie, von Herbart)*
  sinectria *f* ⟨Ins⟩ *Synechtrie* f
  sinecura *f Sinekure, Pfründe* f ‖ ⟨fam⟩ *Ruhe-,
Druck|posten* m
  sinedrio *m* → **sanhedrín**
  sine ira et studio ⟨lat⟩ *unbedingt sachlich (und
ohne Hass)*
  △ **sinelar** vi *sein* ‖ *bleiben*
  sine qua non ⟨lat⟩: *condición ~ unerlässliche
Bedingung* f, ⟨lat⟩ *conditio sine qua non*
  sinéresis *f* ⟨Gr Chem⟩ *Synärese* f
  si|nergia *f* ⟨Physiol⟩ *Synergie* f *(& fig)* ‖
–nérgico adj *synerg(et)isch* ‖ *synergistisch* ‖
–nergismo *m Synergismus* m, *Zusammenwirken* n
‖ ⟨Theol⟩ *Synergismus* m
  sinesis *f* ⟨Gr⟩ *Synesis, sinngemäß richtige
Wortführung* f
  sinestesia *f* ⟨Psychol Poet⟩ *Synästhesie* f
  sinfilia *f* ⟨Ökol⟩ *Symphilie* f
  sinfín *m Unmenge, Masse* f ‖ *un ~ de cosas
unendlich viel, e–e Riesenmenge* ‖ *un ~ de
obstáculos unzählige, unendliche Hindernisse* mpl
‖ *un ~ de veces unzählige Male*
  sínfisis *f* ⟨An⟩ *Symphyse* f ‖ *~ pubiana
Schambeinfuge* f
  sínfito *m* ⟨Bot⟩ → **consuelda**
  sinfo|nía *f* ⟨Mus⟩ *Sinfonie, Tondichtung* f ‖
⟨Mus⟩ *Vorspiel* n *(zu Theaterstücken)* ‖ ⟨fig⟩
(großartige) Harmonie f ‖ *~ de colores* ⟨fig⟩
Farbensinfonie f ‖ *~ en re mayor D-Dur-Sinfonie*
f ‖ *la Novena (~) die Neunte Sinfonie
(Beethovens)* ‖ *~ del Nuevo Mundo (Dvořáks)
Sinfonie Aus der Neuen Welt* ‖ *~ Pastoral
Pastoralsinfonie* f ‖ *la ~ Patética die Pathétique*
  sinfónico adj *sinfonisch* ‖ *Sinfonie-*
sinfonista *m/f Sinfoniker(in* f) m *(Tondichter)*
m ‖ *Sinfoniker(in* f) m *(Orchestermitglied)*
  sinfonola *f Musik-, Juke|box* f
  sinforismo *m* ⟨Zool⟩ *Symphorismus* m
  △ **singa** *f Musik* f ‖ *Lied* n
  singani *m Bol Traubenschnaps* m
  Singapur *m* ⟨Geogr⟩ *Singapur* n
  singenético adj ⟨Biol Geol⟩ *syngenetisch,
gleichzeitig entstanden*
  sin|gladura *f* ⟨Mar⟩ *(Schiffs)Tagereise* f, *Etmal*
n ‖ ⟨fig⟩ *Kurs* m ‖ *~s fpl* ⟨fig lit⟩ *Wechselfälle*
mpl *(des Schicksals)* ‖ *Erfahrungen* fpl ‖
Erlebnisse npl ‖ **–glar** vi *segeln* ‖ *Kurs halten*
  ¹single *m* [kl. Schallplatte] *Single* f
  ²single *m* ⟨Sp⟩ [Tennis] *Single* n
  △ **singó** *m Eile, Hast* f
  singu|lar adj *(m/f) einzig(artig)* ‖ *einzeln* ‖
sonderbar, eigen(tümlich) ‖ *vorzüglich,
ausgezeichnet* ‖ *merkwürdig* ‖ *wunderlich, seltsam*
‖ *fremdartig* ‖ *(número) ~* ⟨Gr⟩ *Einzahl* f ‖ *~
batalla Zweikampf* m ‖ ◆ *en ~ besonders,
insbesondere* ‖ ⟨Gr⟩ *im Singular* ‖ *~m Einzahl* f,
Singular m ‖ **–laridad** *f Eigen|art, -heit,
-tümlichkeit* f ‖ *Seltsamkeit, Sonderbarkeit* f ‖
Wunderlichkeit f ‖ *Einzigartigkeit, Singularität* f ‖
–larizar [z/c] vt *auszeichnen* ‖ *absondern* ‖
herausheben ‖ ⟨Gr⟩ *in der Einzahl gebrauchen* ‖
~se s. auszeichnen ‖ *s. absondern* ‖ *s. auffällig
verhalten* ‖ *aufzufallen versuchen* ‖ **–larmente**
adv *besonders, vor allem*
  singulto *m Schlucken* n ‖ *Schluchzen* n
  sinhueso *f:* *la ~* ⟨pop⟩ *die Zunge, das*

Mundwerk ‖ ◇ soltar la ~, sacar a pasear la ~ ⟨pop⟩ *schwatzen* ‖ ⟨pop⟩ *sein Lästermaul aufreißen, s. das Maul zerreißen*
sínico adj *chinesisch, China-* ‖ → auch **⁴sino**
siniestra *f linke Hand, Linke* f ‖ ◆ a la ~ *links*
sinies|trado adj *von e–m Unfall betroffen* ‖ *abgebrannt* ‖ *ausgebombt* ‖ *verunglückt* ‖ *geschädigt* bzw *beschädigt (& Versicherungswesen)* ‖ **–tralidad** *f Unfall|quote, -rate* f ‖ no ~ ⟨Auto⟩ *Unfallfreiheit* f ‖ **–tro** adj *link(s)* ‖ *verkehrt* ‖ ⟨fig⟩ *unheil|verkündend, -voll, gräulich* ‖ *unheimlich* ‖ *verhängnisvoll* ‖ ◆ a diestro ~ ⟨figf⟩ *aufs Geratewohl, blindlings, drauflos, kreuz und quer, wirr durcheinander* ‖ ~ *m Unglück* n, *Katastrophe* f ‖ *Brand* m ‖ *Unfall* m ‖ *Schaden, Verlust* m ‖ *Schadensfall* m *(Versicherung)* ‖ ~ marítimo *Seeunfall* m ‖ ~ total *Totalschaden* m ‖ ◇ dar aviso del ~ *den Schadensfall melden*
sinificar ⟨pop⟩ → **significar**
△ **sinisar** vt *erraten, lösen*
sinistró|giro adj *linksläufig (Schrift)* ‖ **–rsum** ⟨lat⟩ adv *linksläufig, nach links drehend*
sinistrosis *f* ⟨Med Psychol⟩ *Sinistrose, Neurose* f *der Unfallgeschädigten*
Sinmiedo m: Juan ~ ⟨Hist⟩ *Johann Ohnefurcht*
sinnúmero *m Unzahl, (Un)Menge, Masse* f ‖ → auch **sinfín**
¹sino *m Schicksal, Geschick, Verhängnis* n
²sino m ⟨pop⟩ → **signo**
³sino conj advers *od* prep *sondern (auch)* ‖ *außer (als)* ‖ *nur* ‖ *sonst* ‖ *oder aber* ‖ *wenn nicht, wo nicht* ‖ no lo hiciste tú, ~ él *nicht du hast es getan, sondern er* ‖ no quiero que venga, ~ al contrario *(od* antes bien) que se quede allí *ich wünsche nicht, dass er (sie, es) zurückkommt, sondern vielmehr, dass er (sie, es) dort bleibt* ‖ nadie lo sabe ~ tú *niemand weiß es außer dir (od als du)* ‖ no son ~ excusas *es sind lauter (od nur) Ausreden* ‖ no te pido ~ u/c *ich bitte dich nur um eins* ‖ no he venido ~ por eso *ich bin nur deswegen gekommen* ‖ no llega ~ mañana *er (sie, es) kommt erst morgen an* ‖ eso no es ~ lo justo *das ist nicht mehr als billig* ‖ no sólo …, ~ también *nicht nur, nicht allein …, sondern auch* ‖ no sólo erudito, ~ (también) virtuoso *nicht nur gebildet, sondern auch tugendhaft* ‖ no quiero ~ trabajar tranquilo *ich will ruhig arbeiten, sonst nichts* ‖ ~ que … *sondern (auch) …* ‖ *sondern (dass) … ‖ es sei denn, dass …* ‖ ~ que temo que … *nur fürchte ich, dass …* (→ auch **si** no)
⁴sino- präf *chinesisch-, Chinesisch-, sino-, Sino-*
sinodal adj *(m/f) synodal, Synodal-* ‖ ~ *m Synodale* m ‖ *Synodalbeschluss* m
sínodo *m* ⟨Rel⟩ *Synode* f, *Kirchenrat* m ‖ *Konzil* n ‖ el Santo ~ *der Heilige Synod der russ.-orthodoxen Kirche*
sinoico adj ⟨Biol Ökol⟩ *synoik* (→ auch **sinecia**)
si|nología *f Sinologie* f ‖ **–nológico** adj *sinologisch* ‖ **–nólogo** *m Sinologe* m
si|nonimia *f Synonymie* f ‖ *Synonymik* f ‖ **–nónimo** adj *synonym* ‖ ~ *m Synonym* n
sinople m/adj ⟨Her⟩ *Grün* n
si|nopsis *f Über|sicht, -schau* f ‖ *Zusammen|schau, -fassung* f ‖ *Synop|se, -sis* f ‖ ⟨Theol⟩ *Synopsis* f ‖ **–nóptico** adj *kurzgefasst, übersichtlich (zusammengestellt), synoptisch, Übersichts-* ‖ ⟨Theol⟩ *synoptisch* ‖ ~**s** mpl *Synoptiker* mpl *(die Evangelisten Matthäus, Markus und Lukas)*
sino|via *f* ⟨An⟩ *Gelenkschmiere, Synovia* f ‖ **–vial** adj *(m/f) Gelenk-, synovial* ‖ **–vialoma** *m*

⟨Med⟩ *bösartige Gelenkgeschwulst* f, *Synovialom* n ‖ **–vitis** *f* ⟨Med⟩ *Gelenkentzündung, Synovitis* f
sin|razón *f Un|recht* n, *-gerechtigkeit* f ‖ *Un-, Wider|sinn* m ‖ *Unvernunft* f ‖ **–sabor** *m Geschmacklosigkeit, Fadheit* f ‖ ⟨fig⟩ *Kummer, Verdruss, Ärger* m ‖ ⟨fig⟩ *Unannehmlichkeit* f ‖ **–sentido** *m Sinnlose(s)* n ‖ **–silico** adj *Mex dumm, einfältig* ‖ **–sombrerista** adj/m (joc) *(grundsätzlich, aus Prinzip) barhäuptig, k–n Hut tragend*
sinsonte *m* ⟨V⟩ *Spottdrossel* f *(Mimus polyglottus)* ‖ Cu → **tonto**
sin|sorgo adj/s Al Vizc Murc *unzuverlässig* ‖ *unbesonnen* ‖ **–sustancia** m/adj ⟨fam⟩ *alberne, dumme Person* f ‖ *haltloser Mensch* m ‖ ⟨fam⟩ *doofer Kerl* m
sin|táctico adj ⟨Gr⟩ *syntaktisch, Syntax-* ‖ **–tagma** *m* ⟨Ling⟩ *Syntagma* n ‖ **–taxis** *f Syntax* f, *Satz|bau* m, *-lehre* f
sinteri|zación *f* ⟨Met⟩ *Sinterung* f, *Sintern* n ‖ **–zar** [z/c] vt *sintern*
síntesis *f Synthese, Zusammenfassung* f ‖ *Aufbau* m ‖ ⟨fig⟩ *Inbegriff* m ‖ ⟨Philos⟩ *Synthese (z. B. bei Hegel), Synthesis* f *(bei Kant)* ‖ ◆ en ~ *kurzgefasst, zusammenfassend, kurzum* ‖ *insgesamt*
sin|tético adj *synthetisch* ‖ *zusammenfassend* ‖ *zusammensetzend* ‖ *künstlich, Kunst-* ‖ **–tetizable** adj *(m/f) zusammenfassbar* ‖ ⟨Tech Chem⟩ *(künstlich) auf|baubar, -zubauen(d)* ‖ **–tetizador** *m* ⟨Mus⟩ *Synthesizer* m ‖ **–tetizar** [z/c] vt/i *zusammenfassen* ‖ *zusammenstellen* ‖ *umfassen, in s. begreifen* ‖ ⟨fig⟩ *verkörpern, Inbegriff sein* (gen) ‖ ⟨Chem⟩ *synthetisch aufbauen, (künstlich) herstellen* ‖ *synthetisieren*
sínteton *m* ⟨Ling⟩ *Syntheton* n
△ **sintirí** *f Fichte* f
sintoís|mo *m* ⟨Rel⟩ *Schintoismus* m ‖ **–ta** adj *(m/f) schintoistisch* ‖ ~ *m/f Schintoist(in* f) m
síntoma *m Symptom, Krankheits|zeichen* n, *-erscheinung* f ‖ ⟨fig⟩ *(An)Zeichen* n, *Vorbote* m ‖ ~ cardinal *Leitsymptom* n ‖ ~ carencial ⟨Med⟩ *Mangelerscheinung* f ‖ ~ concomitante ⟨Med⟩ *Begleiterscheinung* f *(& fig)* ‖ ~ diacrítico *diakritisches Symptom* n ‖ ~ morboso, patológico *krankhafte Erscheinung* f ‖ ~ prodromal ⟨Med⟩ *Prodromalsymptom* n ‖ ~ de vejez *Alterserscheinung* f
sinto|mático adj ⟨Med⟩ *symptomatisch, bezeichnend* ‖ **–matología** *f* ⟨Med⟩ *Semio|logie, -otik* f ‖ *Symptomlehre* f ‖ *Krankheitsbild* n ‖ → **síndrome**
sintonía *f* ⟨Radio TV⟩ *Abstimmung* f *(als Zustand)*
sin|tónico adj ⟨Radio⟩ *abgestimmt, syntonisch* ‖ **–tonizador** *m Tuner* m ‖ **–tonizador** *m Timer* m ‖ **–tonización** *f Abstimmung, Syntonisierung* f ‖ **–tonizar** [z/c] vt ⟨Radio TV⟩ *abstimmen, syntonisieren* ‖ *einstellen (Programm)* ‖ ⟨Phys⟩ *(verschiedene Systeme) in einheitliche Schwingung setzen* ‖ están Vds. –tonizando Radio … *(hier spricht) Radio …*
sinuo|sidad *f Gewundenheit* f ‖ *Krümmung, (Schlangen)Windung* f ‖ *Kurve, (Ein)Biegung* f ‖ *Einbuchtung* f ‖ ⟨fig⟩ *Schlauheit, Verschmitztheit, Gerissenheit* f ‖ **–so** adj *ge|wunden, -krümmt* ‖ *s. schlängelnd* ‖ *geschlängelt* ‖ ⟨fig⟩ *gewunden* ⟨fig⟩ *gerieben, schlau*
sinuria *f* ⟨Med⟩ *Synurie* f
sinusitis *f* ⟨Med⟩ *Nebenhöhlenentzündung, Sinusitis* f ‖ ~ frontal *Stirnhöhlenentzündung* f
sinusoi|dal adj *(m/f)* ⟨Math Wiss⟩ *sinusförmig* ‖ *Sinuslinien-* ‖ **–de** adj *(m/f) sinusartig, Sinus-* ⟨Math⟩ *f Sinuslinie* f

sinventura *f*/adj *Un\glück, -heil* n ‖ el ~ Juan
der unglückliche Johann
sinver\goncería, –güencería, –güenzada (Am
–güenzura) *f* ⟨fam⟩ *Unverschämtheit* f ‖
Dreistigkeit f ‖ **–gonzón** *m* augm von **–güenza** ‖
–güenza adj *(m/f) unverschämt, dreist* ‖ ~ *m/f*
unverschämte Person f bzw *unverschämter Kerl*
m bzw *unverschämtes Weib(stück)* n
siñora *f* ⟨pop⟩ → **señora**
Sión *f* ⟨Hist⟩ *Zion* n
sionis\mo *m* *Zionismus* m ‖ **–ta** adj *(m/f)*
zionistisch ‖ ~ *m/f* *Zionist(in* f) m
sique- präf → **psique-** für alle
Zusammensetzungen
Siquén *m* ⟨Geogr Hist⟩ *Sichem* n (Judäa)
siqui- präf → **psiqui-** bzw **psíqui-** *für alle*
Zusammensetzungen
¹siquiera adv *wenigstens* ‖ ni tú ~ *(od* ni ~
tú) has venido *nicht einmal du bist gekommen* ‖
¡ven tú ~! *komm(e) wenigstens du!* ‖ ni ~ (⟨pop⟩
ni tan ~) *nicht einmal* ‖ ni ~ la mitad *nicht*
einmal die Hälfte
²siquiera conj *wenn auch* ‖ ¡ayúdame, ~ sea la
última vez! *hilf mir, und wenn es auch das letzte*
Mal ist! ‖ ~ venga, ~ no venga *er mag kommen*
oder nicht
sir (engl) *m (mein) Herr* m *(Anrede)*
siracusano adj/s *aus Syrakus, Syrakuser,*
syrakusisch
△ **siras** pron *sie* (fpl)
sir\ca *f* Chi *Erzader* f ‖ **–car** [c/qu] vt Chi
(Erz) läutern
sire ⟨frz⟩ *m:* ~! *Sire! (Eure) Majestät!*
(Anrede)
sire\na *f* ⟨Myth⟩ *Sirene* f (& fig) ‖ *Sirene* f ‖
⟨Mar⟩ *Nebelhorn* n ‖ *(Auto)Hupe* f ‖ *Martinshorn*
n ‖ ~ antiaérea *Luftschutzsirene* f ‖ ◇ tocar la ~
Sirenenalarm auslösen ‖ **–nazo** *m* *Sirenen\ton* m,
-geheul n
sire\nia *f*, **–nio** *m* ⟨Zool⟩ *Seekuh, Sirene,*
Seejungfer f
sirénidos *mpl* ⟨Zool⟩ *Seekühe, Sirenen,*
Seejungfern fpl (Sirenia)
sírfidos *mpl* ⟨Ins⟩ *Schwebfliegen* fpl
(Syrphidae)
sir\ga *f* ⟨Mar⟩ *Schlepptau* n ‖ ◆ a la ~ ⟨Mar⟩
im Schlepp ‖ **–gador** *m* *Treidler* m ‖ **–gar** [g/gu]
vt ⟨Mar⟩ *bugsieren, schleppen* ‖ *treideln*
sir\go, –guero *m* ⟨V⟩ → **jilguero**
△ **siri** *m* *Knoblauch* m
Siria *f* ⟨Geogr⟩ *Syrien* n
siriaco adj ⟨Hist⟩ (sonst: **sirio**) *syrisch* ‖ ~ *m*
Syr(i)er m ‖ *syrische Sprache* f
sirícidos *mpl* ⟨Ins⟩ *Holzwespen* fpl (Siricidae)
sirimiri *m* ⟨reg⟩ bes. Al Nav Vizc *Nieselregen*
m (→ **llovizna, calabobos**)
¹siringa *f* (poet) *Syrinx, Panflöte* f
²sirin\ga *f* Am ⟨Bot⟩ *(Art) Kautschukbaum* m
(Hevea spp) ‖ *Kautschuk* m ‖ **–gal** *m Wald* m *von*
Kautschukbäumen
siringe *m* ⟨V⟩ *Syrinx* f *(der Vögel)*
siringuero *m* Am *Kautschukgewinner* m
sirio adj *syrisch* ‖ ~ *m Syrer* m ‖ ~ *m* ⟨Astr⟩
Sirius m
si\riología *f* ⟨Lit Hist⟩ *Syrologie* f ‖ **–riólogo** *m*
Syrologe m
siripita *f* Bol ⟨Ins⟩ *Grille* f ‖ ⟨figf⟩ *lästiger*
Knirps m
sirle *m* *Schaf-, Ziegen\kot, -mist* m
△ **siró** pron *sie* (f)
siroco *m* ⟨Meteor⟩ *Schirokko* m *(Südostwind)*
sirope *m* *Sirup, eingedickter Fruchtsaft* m
sirria *f* → **sirle**
sirtaki *m* (griech. Tanz) *Sirtaki* m
sirte *f* ⟨Mar⟩ *Syrte, Sandbucht* f ‖ *Sandbank* f

siruposo adj *sirupartig*
sirventés, sirvente *m* → **serventesio**
sirvien\ta *f (Dienst)Magd* f, *Dienstmädchen* n ‖
Haus\gehilfin, -angestellte f ‖ ~ de ropa afuera
Tag(es)mädchen n ‖ **–te** *m Diener, Bursche* m ‖
⟨Mil⟩ *Bedienende(r) (an Waffe od Gerät)* ‖ ~ de
ametralladora *Maschinengewehrschütze* m ‖ ~ de
una pieza (de artillería) *Kanonier* m ‖ **~s** *mpl*
⟨Mil⟩ *Bedienungsmannschaft* bzw
Geschützbedienung f
△ **sirvisalerar** vi → **servir**
¹sisa *f Ausschnitt* m *(e–r Weste usw.)* ‖ ⟨pop⟩
Schmu(geld) m) m *(beim Einkaufen für andere)* ‖
◇ hacer ~s *Schmugeld abzweigen*
²sisa *f Grundiermittel* n *(bei Hand- und*
Press\vergoldung)
Sisa *f* ⟨pop⟩ → **Luisa** *f*
sisal *m* ⟨Bot⟩ *Sisal(hanf)* m (Agave sisalana)
sisallo *m* → **¹caramillo**
sisar vt/i *ausschneiden (Ärmelloch usw. beim*
Zuschnitt) ‖ *Schmugeld abzweigen (beim*
Einkaufen) für andere ‖ *betrügen, unterschlagen* ‖
⟨pop⟩ *unbemerkt schmälern*
△ **sisastrar** vt/i *lernen*
△ **sisca\bañi** *f Unterricht* m ‖ △ **–bar** vt
unterrichten ‖ △ **–bén** *m Wissen* n
△ **sisconché** [f ~í] adj *böse, erbost*
△ **siscundé** *m Mittwoch* m
sise\ar vt/i *(aus)zischen, (aus)pfeifen* (bes. Th)
‖ **–o(s)** *m(pl) (Aus)Zischen* n ‖ *Gezisch* n
Sísifo *m* np *Sisyphus, Sisyphos* m ‖ ~ *m* ⟨Ins⟩
Kleiner Pillendreher m (Sisyphus schaefferi)
sisimbrio *m* ⟨Bot⟩ → **jaramago**
△ **sis\la, –lí** *f Stärke* f
△ **sislique** *m Festung* f
sismar vi Ur *überlegen, s. den Kopf*
zerbrechen
sísmico adj *seismisch, Erdbeben-*
sismo *m Erdbeben* n
sismógrafo *m* ⟨Phys⟩ *Seismograph,*
Erdbebenanzeiger m
sismo\grama *m Seismogramm* n ‖ **–logía** *f*
Erdbebenkunde, Seismik f ‖ **–lógico** adj
erdbebenkundlich
sismómetro *m Erdbebenmesser* m
sismorresistente adj *(m/f) erdbebensicher*
△ **sisní** *f Straße* f ‖ *Sturzbach, Strom* m
¹sisón adj/s ⟨fam⟩ *beim Einkauf betrügend,*
⟨fam⟩ *Schmu(geld) machend (bes. von*
Bediensteten)
²sisón *m* ⟨V⟩ *Zwergtrappe* f (Otis tetrax)
△ **sista** *f Bild* n
△ **sistano** *m Ort* m
△ **sistar** adj/s *vier*
siste\ma *m System* n ‖ *Zusammenstellung* f ‖
Lehrgebäude n ‖ *Lehrbegriff* m ‖ *Plan* m,
Methode f ‖ *Planmäßigkeit* f ‖ *Verfahren* n,
Arbeitsmethode f ‖ *systematische (An)Ordnung,*
Gliederung f ‖ *Regierungsform* f ‖ ⟨Geol⟩
Formation f, *System* n *(stratigraphischer Begriff)*
‖ ⟨Mus⟩ *Notensystem* n ‖ ⟨Tech⟩ *Vorrichtung* f ‖ ~
del abate Kneipp ⟨Med⟩ *Kneippsches*
Heilverfahren n ‖ ~ aduanero *Zollsystem* n ‖ ~
de alarma *Alarm\vorrichtung,*
-anlage f ‖ ~ antibloqueo de frenos ⟨Auto⟩
Antiblockiersystem n *(ABS)* ‖ ~ arancelario → ~
aduanero ‖ ~ de aterrizaje por instrumentos
⟨Flugw⟩ *Instrumentenlandesystem* n ‖ ~ bancario
Bank\wesen bzw *-system* n ‖ ~ bicameral(ista)
⟨Pol⟩ *Zweikammersystem* n ‖ ~ binario ⟨Chem⟩
Zweistoffsystem n ‖ ⟨Math⟩ *Dual-, Binär-,*
Zweier\system n ‖ ~ cegesimal [veraltet] *CGS-*
System n *(Zentimeter-Gramm-Sekunden-System)* ‖
~ comunista ⟨Pol⟩ *kommunistisches System* n ‖ ~
de contabilización ⟨Com⟩ *Buchführungssystem* n ‖

~ de coordenadas *Koordinatensystem* n ‖ ~
copernicano ⟨Astr⟩ *kopernikanisches System* n ‖
~ de cubicación ⟨Arch⟩ *Ausmessungssystem* n ‖
~ de cuotas *Quotenregelung* f ‖ ~ decimal
Dezimalsystem n ‖ ~ digestivo ⟨An⟩
Verdauungsapparat m ‖ ~ educativo
Erziehungssystem n ‖ *Erziehungswesen* n ‖ ~
federativo ⟨Pol⟩ *Bundesverfassung* f ‖
bundesstaatliches System n ‖ ~ filosófico
philosophisches System od *Lehrgebäude* n ‖ ~
fiscal *Steuerwesen* n ‖ ~ fonético ⟨Gr⟩
Lautsystem n ‖ ~ gremial *Innungs-, Zunft|wesen* n
‖ ~ inmunológico ⟨Physiol⟩ *Immunsystem* n ‖ ~
linfático ⟨An⟩ *Lymphgefäßsystem* n ‖ ~
memorístico *Memorier|system* n, *-methode* f ‖ ~
mercantil *Merkantilsystem* n ‖ ~métrico
metrisches System n ‖ ~ monetario
(Geld)Währung f ‖ *Währungssystem* n ‖
Münzwesen n ‖ ~ monetario internacional
internationales Währungssystem n ‖ ~
multipartidista ⟨Pol⟩ *Mehrparteiensystem* n ‖ ~
muscular ⟨An⟩ *Muskelsystem* n ‖ ~ nervioso ⟨An⟩
Nervensystem n ‖ ~ nervioso central (SNC) ⟨An⟩
Zentralnervensystem n (ZNS) ‖ ~ de ondas
⟨Radio TV⟩ *Wellensystem* n ‖ ~ operativo
⟨Inform⟩ *Betriebssystem* n ‖ ~ orográfico ⟨Geogr⟩
Gebirgssystem, orographisches System n ‖ ~ óseo
⟨An⟩ *Knochensystem* n ‖ ~ de partido único ⟨Pol⟩
Einparteiensystem n ‖ ~ pedagógico
Erziehungssystem n ‖ ~ penitenciario
Strafvollzugssystem n ‖ ~ periódico ⟨Chem⟩
periodisches System n ‖ ~ planetario ⟨Astr⟩
Planetensystem n ‖ ~ de poleas ⟨Tech⟩
Flaschenzug m ‖ ~ preferencial ⟨Com Wir Pol⟩
Meistbegünstigungssystem n ‖ ~ presidencialista
⟨Pol⟩ *Präsidial|system* n, *-verfassung* f ‖ ~
prohibitivo ⟨Wir⟩ *Prohibitivsystem* n ‖ ~ de
puntería ⟨Mil⟩ *Richtverfahren* n ‖ ~ SI (sistema
internacional de unidades) *SI-System* n
(internationales Einheitensystem) ‖ ~ de
tributación, ~ tributario *Steuersystem* n ‖ ~
unitario *Einheitssystem* n ‖ ~ del universo
Weltgebäude n ‖ ~ vascular ⟨An⟩ *Gefäßsystem* n ‖
◆ con ~ *systematisch, plangemäß, planmäßig* ‖
falto de ~, sin ~ *planlos* ‖ ◇ adoptar *od* seguir
un ~ *ein System anwenden (verfolgen)* ‖ carecer
de ~ *planlos sein* ‖ introducir ~ en algo *et.*
planmäßig anordnen, aufbauen ‖ **–mático** adj
systematisch, folgerecht ‖ *wissenschaftlich*
(geordnet) ‖ *methodisch, planmäßig* ‖ *zielbewusst*
‖ *System-* ‖ **–matización** f *Systematisierung* f ‖
Systematik f ‖ **–matizar** [z/c] vt *in ein System*
bringen, nach bestimmten Grundsätzen ordnen
bzw einteilen bzw behandeln ‖ *systematisieren*
sistémico adj ⟨Biol Med⟩ *systemisch*
sister-ship m ⟨Mar⟩ *Schwesterschiff* n
¹sístole f ⟨Physiol⟩ *Systole* f
²sístole f ⟨Gr⟩ *(Silben)Verkürzung, Systole* f
sistólico adj *systolisch*
sistro m *Sistrum* n, *Klapper* f *(der alten*
Ägypter)
sitácidos mpl ⟨V⟩ → **psitácidos**
sitgetano adj/s *aus Sitges* (P Barc) ‖ *auf Sitges*
bezüglich
sitia|do m *Belagerte(r)* m ‖ **–dor** m *Belagerer*
m
sitial m *Ehren-, Amts|stuhl* m ‖ *Thronsessel* m ‖
Chorstuhl m ‖ *Prachtsitz* m
sitiar vt ⟨Mil⟩ *belagern (& fig)* ‖ ⟨fig⟩
um|zingeln, -ringen, einschließen ‖ ⟨fig⟩ *(jdn)*
belästigen, s. (jdm) aufdrängen ‖ ◇ ~ *por*
hambre aushungern (z.B. *Festung*) ‖ ⟨fig⟩ *(jdn)*
durch Not zwingen
sitibundo adj ⟨poet⟩ *dürstend* ‖ *lechzend* (de
nach)

¹sitio m *Lage* f, *Ort* m, *Stätte, Gegend* f, *Platz*
m ‖ *Platz, Raum* m ‖ *Sitz(platz)* m ‖ *Land|sitz* m,
-haus n *(der Könige, des Adels)* ‖ ~ preferente, ~
de preferencia *Rangsitz* m *(⟨Th⟩ usw.)* ‖ el Real ~
de Aranjuez *das königliche Schloss von Aranjuez*
‖ ~ de recreo *Erholungs-, Vergnügungs|ort* m ‖ ~
reservado *reservierter Platz* m ‖ ◆ en ningún ~
nirgends ‖ en diferentes ~s *an verschiedenen*
Stellen ‖ *hier und da* ‖ en todos los ~s *überall* ‖
◇ dejar a uno en el ~ ⟨figf⟩ *jdn mit e–m Schlag*
töten ‖ dejar las cosas en su ~ ⟨figf⟩ *et.*
berichtigen, et. richtig stellen ‖ ya no hay ~ →
ya no queda ~ ‖ no moverse de su ~ *auf s–m*
Platz bleiben ‖ poner las cosas en su ~ → dejar
las cosas en su ~ ‖ ya no queda ~ *es ist kein*
Platz mehr ‖ quedar(se) en el ~ ⟨fig⟩ *plötzlich*
umkommen ‖ *(in e–r Schlacht) fallen* ‖ tener los
sesos en su ~ ⟨figf⟩ *das Herz auf dem rechten*
Fleck haben
²sitio m ⟨Mil⟩ *Belagerung* f ‖ ◇ levantar el ~
die Belagerung aufheben ‖ poner ~ → **sitiar,**
asediar (& fig)
sito adj *gelegen, befindlich* ‖ ◇ ~ en la costa
an der Küste gelegen
situ: in ~ ⟨lat⟩ *an Ort und Stelle*
situa|ción f *(örtliche) Lage* f ‖ *(Sach)Lage* f,
Zustand m ‖ *äußere Lage, gesellschaftliche*
Stellung f ‖ *Lebensstellung* f ‖
(Vermögens)Verhältnisse npl ‖ *Umstände* mpl ‖
Situation f ‖ ⟨fig⟩ *Stimmung* f, *Gemütszustand* m ‖
⟨Mar⟩ *Position* f ‖ ⟨Mar⟩ *Besteck* n ‖ ⟨Mil Flugw
Mar⟩ *Standort* m ‖ ~ abracabrante *schleierhafte*
Lage, rätselhafte Situation, völlig verworrene
Lage f ‖ ~ activa, ~ en activo *(aktive) Dienstzeit*
f ‖ ~ de ánimo *Geistesverfassung* f ‖ ~ apretada
schwierige od verzwickte Lage f ‖ ~ apurada, ~
de apuro *Notlage* f ‖ ~ de combate ⟨Mil⟩
Gefechtslage f ‖ ~ comprometedora *heikle* od
diffizile Lage f ‖ *kompromittierende Lage* f ‖ ~
del consumo ⟨Com⟩ *Verbrauchskonjunktur* f ‖ ~
demográfica *Bevölkerungslage* f ‖ ~ desfavorable
ungünstige Lage f ‖ ~ económica *wirtschaftliche*
Lage f ‖ *Vermögenslage* f ‖ ~ de efectivos ⟨Mil⟩
Stärke f ‖ ~ elevada *hohe (gesellschaftliche)*
Stellung f ‖ ~ estratégica ⟨Mil⟩ *Kriegslage* f ‖ ~
estrecha *beschränkte Lage* f ‖ ~ favorable
günstige Lage f ‖ ~ financiera *Finanzlage* f ‖ ~
geográfica de la producción *Standort* m *der*
Produktion f ‖ ~ goniométrica *Peilbesteck* n ‖ ~
límite ⟨Psychol⟩ *Grenzsituation* f ‖ ~ del mercado
Marktlage f ‖ ~ política *politische Lage* f ‖ ~
precaria *kritische Lage, Notlage* f ‖ una ~
puñetera (vulg) *e–e beschissene Situation* f ‖ ◆
en ~ desahogada *wohlhabend* ‖ en ~ apurada *in*
bedrängter Lage ‖ ◇ no encontrarse en ~ (de)
nicht in der Lage sein (zu) ‖ estar en ~ de …
Gelegenheit haben (zu … inf, zum … bzw zur …
dat) et. können ‖ estoy en ~ de esperar *ich kann*
warten ‖ fijar la ~ ⟨Mar⟩ *die Position bestimmen*
‖ *das Besteck gissen bzw machen* ‖ ⟨Flugw⟩ *den*
Kurs absetzen ‖ **–cionismo** m *Anpassung* f *an die*
(jeweilige) Situation ‖ Arg ⟨Pol⟩ *Establishment* n ‖
–cionista adj *situations|bedingt, -abhängig* ‖ **–do**
adj *liegend, gelegen, befindlich* ‖ ⟨Soz Wir⟩
situiert ‖ ⟨Sp⟩ *platziert* ‖ ~ a *od* hacia la derecha
rechts gelegen ‖ bien ~ *wohlhabend, gut situiert* ‖
◇ estar ~ sobre el río *am Fluss liegen* ‖ ~ m
Rente (auf e–e landwirtschaftliche Produktion)
situar [pres ~úo] vt *legen, stellen* ‖ *versetzen* ‖
⟨Mil⟩ *(Truppen) (ver)legen (en nach)* ‖ ⟨Wir⟩
verlegen (Geld) ‖ ◇ eso me sitúa en la
imposibilidad de … das versetzt mich in die
Unmöglichkeit zu … ‖ ~**se** *e–n Platz einnehmen* ‖
⟨fig⟩ *s. versorgen* ‖ *e–e gute Stellung bekommen* ‖
⟨fig⟩ *stattfinden* ‖ ⟨Mar⟩ *s–e Position ausmachen* ‖

⟨Sp⟩ *s. platzieren* ‖ ◇ ~ *en primer plano* ⟨fig⟩ *s. in den Vordergrund spielen*
sítula *f* ⟨Hist⟩ *Situla* f *(aus der Eisenzeit)*
siútico adj/s Chi *kitschig*
siutiquería *f* Chi *Modenarrheit* f ‖ *Kitsch* m
siux *m Sioux(indianer)* m
Siva *m* np ⟨Rel⟩ *Schiwa* m ‖ ⁼**ísmo** *m Schiwaismus* m
Sixto *m* np *Sixtus* m
sizigia *f* → **sicigia**
sk... → auch **esk...**
skateboard *m* ⟨Sp⟩ *Skateboard, Rollerbrett* n
skeleton *m* ⟨Sp⟩ *Skeleton* m *(Schlitten)*
sketch *m* ⟨Film Th⟩ *Sketch* m
ski *m* → **esquí**
skinhead *m Skinhead* m
sl... → auch **esl...**
s/l, s/L ⟨Abk⟩ = *su letra*
s.l. ⟨Abk⟩ = **sin lugar**
slálom *m* → **eslálom**
sleeping *m* → ¹**coche**-cama
sleigh *m (Rodel)Schlitten* m
slip *m* → **eslip**
S.l.n.a. ⟨Abk⟩ = **sin lugar ni año**
slogan *m* → **eslogan**
sloop *m* ⟨Mar⟩ *Sloop* f
slums *mpl Slums* mpl
sm... → auch **esm...**
s/m ⟨Abk⟩ = **sobre mí** ‖ **según modelo** ‖ **según muestra**
Sm ⟨Abk⟩ = **samario**
S.M. ⟨Abk⟩ = **Su Majestad**
S.M.A. (B., C., F., I.) ⟨Abk⟩ = **Su Majestad Apostólica (Británica, Católica, Fidelísima, Imperial)**
smash *m* ⟨Sp⟩ *Schmetterball* m
SME ⟨Abk⟩ = **sistema monetario internacional**
s/m/g ⟨Abk⟩ = **sin mi garantía**
Smo. ⟨Abk⟩ = **Santísimo**
smog *m* ⟨Ökol⟩ *Smog* m
smoking *m* → **esmoquin**
s/m/r ⟨Abk⟩ = **sin mi responsabilidad**
sn... → auch **esn...**
S.ⁿ ⟨Abk⟩ = **San**
s/n ⟨Abk⟩ = **sobre nosotros** ‖ **sin número**
Sn ⟨Abk⟩ = **estaño**
S.N. ⟨Abk⟩ = ⟨Hist⟩ **Sociedad de (las) Naciones**
snack-bar *m Imbissstube, Snackbar* f
s.n.g.n.r. ⟨Abk⟩ = **sin ninguna garantía ni responsabilidad**
snob *m* → **esnob**
snorkel *m* → **esnórquel**
s/o ⟨Abk⟩ = **según orden** ‖ **su orden**
s.º ⟨Abk⟩ = **saldo** ‖ **solo**
¹**so** prep *unter* ‖ ~ *capa,* ~ *pretexto (de) unter dem Vorwand* (gen) ‖ ~ *color (de) unter dem Deckmantel* (Gen) ‖ ~ *pena (de) bei Strafe* (Gen)
²**so** int *brr! hü! halt! (Halteruf für Zugtiere)*
³**so, (so-)** ⟨pop⟩ *Verstärkungswort bei span. Schimpfwörtern* ‖ ¡~ *bribón!* ¡~ *tunante! du Gauner!* ¡~ *bruja! du Teufelshexe!* ‖ ¡~ *mocoso! du Spitzbube!*
SO ⟨Abk⟩ = **sudoeste**
soasar vt *halb durch-, an|braten*
soba *f Befühlen* n ‖ *(Durch)Kneten* n ‖ ◇ *dar una* ~ *(od* ~s*) a alg.* ⟨fam⟩ *jdn durchprügeln,* ⟨fam⟩ *jdm das Fell gerben, e–e Tracht Prügel verabreichen*
△ **sobachata** vt *biegen*
soba|co *m Achsel(höhle)* f ‖ ◇ *debajo del* ~ *unter dem Arm* ‖ ◇ *coger por los* ~s *unter den Armen fassen* ‖ –**cuno** adj *nach Achselschweiß riechend*

soba|do adj *abgegriffen (Buch, Banknote)* ‖ ⟨fig⟩ *abgedroschen (Wort, Redewendung, Formel)* ‖ *ge|striegelt, -leckt (Haar)* ‖ ⟨fam⟩ *trivial, gewöhnlich* ‖ ~ *m Kneten* n ‖ *Walken* n *der Felle* ‖ –**dor** *m Kneter, Walker* m ‖ *Walke* f *(der Gerber)*
△ **soba|ja** f *Kuppelei* f ‖ –**jano** *m Kuppler* m ‖ –**jañí** *f Kupplerin* f
soba|jar vt ⟨pop⟩ *plump betasten* ‖ *kräftig (durch-)kneten* ‖ *p.ex zerknüllen*
soba|quera *f Schweiß-, Arm|blatt* n ‖ *Achselunterlage* f ‖ *Ärmel|ausschnitt* m, *-loch* n ‖ *Pistolenhalfter* f ‖ Mex → –**quina** ‖ –**quina** *f Achselschweiß(geruch)* m
sobar vt/i *(durch)kneten* ‖ *walken (Fell)* ‖ ⟨fig pop⟩ *be|fummeln, -tatschen* ‖ ⟨fig⟩ *befühlen* ‖ ⟨fig⟩ *(ver)prügeln,* ⟨fam⟩ *(jdm) das Fell gerben* ‖ ⟨fig⟩ *(jdn) belästigen* ‖ Am *einrenken (Knochen)* ‖ Mex Ec Pe ⟨fig⟩ *(vor jdm) den Kotau machen, (vor jdm) katzbuckeln* ‖ ◇ ~ *(las costillas) a alg.* ⟨fig⟩ *jdn (durch)prügeln*
sobar|ba *f Kehlriemen* m ‖ *Doppelkinn* n ‖ –**bada** *f Ruck* m *am Zügel* ‖ ⟨figf⟩ *Rüffel, derber Verweis* m
sobarcar [c/qu] vt *unter dem Arm tragen* ‖ *bis unter die Achseln aufheben (Kleid, Mantel)*
sobeo *m* ⟨pop⟩ *Kneten* n ‖ *Knautschen* n ‖ ⟨pop fig⟩ *Befummeln* n
sobera|namente adv *äußerst* ‖ *höchst* ‖ *überaus* ‖ ⟨fam⟩ *riesig, mächtig* ‖ ◇ *se aburrió* ~ ⟨fam⟩ *er hat s. riesig gelangweilt* ‖ –**near** vi ⟨fam⟩ *den Herrn spielen* ‖ –**nía** *f Oberhoheit, Ober-, Schutz|herrschaft, Landeshoheit* f ‖ *Souveränität, unabhängige Staatsgewalt* f ‖ *Hoheit(srecht* n*)* f ‖ ⟨fig⟩ *Hochmut* m ‖ ⟨fig⟩ *Erhabenheit* f ‖ ~ *aduanera Zollhoheit* f ‖ ~ *aérea Lufthoheit* f ‖ ~ *feudal* ⟨Hist⟩ *Souveränität* f ‖ ~ *fiscal Finanzhoheit* f ‖ ~ *judicial Justizhoheit* f ‖ ~ *jurídica Rechtsvorrang* m ‖ ~ *militar Wehrhoheit* f ‖ ~ *monetaria Währungs-, Geld|hoheit* f ‖ ~ *nacional Staatshoheit* f ‖ ~ *territorial Gebiets-, Territorial|hoheit* f ‖ –**no** adj *oberherrlich* ‖ *allerhöchst (im Kanzleistil)* ‖ *hoch, erhaben* ‖ *souverän, Hoheits-* ‖ ⟨pop⟩ *kolossal, riesig* ‖ ~a *providencia göttliche Vorsehung* f ‖ *una* ~a *paliza* ⟨fam⟩ *e–e ordentliche Tracht Prügel* ‖ ~ *m Landesherr, Herrscher, Souverän* m ‖ ⟨fig⟩ *König* m
soberao *m* Sant → **desván**
sober|bia *f Hochmut* m, *Hoffart* f ‖ *p.ex Stolz* m ‖ *Eigendünkel* m ‖ *Herrlichkeit* f ‖ *Pracht* f ‖ *Empörung* f ‖ –**bio, –bioso** adj *hochmütig* ‖ *dünkelhaft, anmaßend* ‖ *hochfahrend, trotzig* ‖ *p.ex stolz* ‖ ⟨fig⟩ *prächtig, prachtvoll* ‖ *vorzüglich, ausgezeichnet* ‖ ⟨figf⟩ *groß, riesig* ‖ *una* ~a *paliza* ⟨fam⟩ *e–e ordentliche Tracht Prügel* ‖ *un* ~ *perro ein Prachthund* m, *ein Prachtexemplar n von Hund* ‖ adv: ~**amente**
sobina *f Holznagel* m
△ **sobindoy** *m Schlaf* m
sobo *m Betastung* f
sobón adj/s ⟨fam⟩ *lästig (fallend)* ‖ ⟨fam⟩ *arbeitsscheu, faul* ‖ *flegelhaft* ‖ ◇ *dar sobones a alg. jdn (derb) be|tasten, -tatschen, -fühlen* ‖ *ser un* ~ ⟨fam⟩ *ein (lästiger) Fummler sein*
sobordo *m Frachtliste* f
sobor|nable adj *(m/f) bestechlich* ‖ –**nar** vt *bestechen,* ⟨fam⟩ *schmieren* ‖ *erkaufen (Zeugen)* ‖ *verführen* ‖ –**no** *m Bestechung* f ‖ *p.ex Verführung* f
sobra *f Über|schuss, -rest* m ‖ *Übermaß* n ‖ ◆ *de* ~ *im Überfluss, übergenug* ‖ ◇ *dc - lo sé das weiß ich allzu gut* ‖ *aquí estoy de* ~ *hier erübrigt s. m–e Anwesenheit,* ⟨fam⟩ *hier bin ich überflüssig od fehl am Platz* ‖ ~s *fpl Überbleibsel* npl ‖ ~ *de la comida Speisereste* mpl

sobradamente adv *übergenug, zuviel* || *in Hülle und Fülle* || *nur allzu gut*

sobradillo m *Schutz-, Wetter|dach* n

sobrado adj/adv *übrig (bleibend)* || *übermäßig* || ⟨fig⟩ *kühn, verwegen* || ~ *de bienes od recursos sehr wohlhabend* || ◇ *hay tiempo* ~ *es ist noch Zeit genug* || ~ m *(Dach)Boden* m || ~s *fpl* Arg *Speisereste* mpl

sobran|cero adj *überzählig* || ~ *m Gelegenheitsarbeiter* m || ⟨desp⟩ *Tagedieb* m || **-te** adj *übrig (bleibend)* || *überzählig* || *überflüssig* || ~ m *Über|schuss, -rest* m || ⟨Com⟩ *Saldo, Restbetrag* m || ⟨fig⟩ *Übermaß* m

sobrar [Am pop & -ue-] vt/i *übrig sein, übrig bleiben* || *überflüssig sein* || *unnötig bzw nicht mehr nötig sein* || ◇ *aquí sobra* Vd. *hier haben Sie nichts zu suchen, hier sind Sie fehl am Platz* || *le sobra tiempo para todo er hat zu allem Zeit* || *me sobra el abrigo ich brauche den Mantel nicht (mehr)* || *ich brauche im Augenblick k–n Mantel* || *tienes razón que te sobra du hast mehr als recht* || *aquí sobran palabras hier ist jedes Wort überflüssig* || *estar sobrando überflüssig sein*

sobrasada f ⟨Kochk⟩ *gewürzte, feine Paprikastreichwurst* f *(aus Mallorca)*

¹sobre prep *auf* || *über* || *mehr als* || *etwas mehr als, etwa* || *außer* || *in Betreff* || *vor, bei, an* || *gegen, wider* || *unter* || *nach, gemäß*

1. räumlich: auf (Bedeutung des Höherseins): ~ *la mesa auf dem Tisch* || *auf den Tisch* || *mano* ~ *mano* ⟨fig⟩ *mit gekreuzten Händen, müßig* || *poner una pierna* ~ *otra die Beine übereinander schlagen* || vgl **encima (de)**

2. über (mit od ohne Berührung): extenderse ~ *a/c s. über et. verbreiten* || *escribir* ~ *papel auf Papier schreiben* || *estar suspendido* ~ *a/c über e–r Sache schweben* || *estar* ~ *sí* ⟨fig⟩ *auf der Hut sein* || *das geistige Gleichgewicht bewahren* || vgl **encima (de), acerca de**

3. außer: ~ *este importe außer diesem Betrag* || ~ *eso,* ~ *esto außerdem* || ~ *caro, es feo es ist nicht nur teuer, sondern auch hässlich* || vgl **además**

4. ungefähr, etwa, gegen: ~ *mil euros ungefähr, etwa tausend Euro* || ~ *poco más o menos ungefähr* || *vino* ~ *las once er kam ungefähr um, gegen 11 Uhr* || vgl **aproximadamente, hacia, ²poco** más o menos

5. vor, bei, an (örtlich): ~ *las riberas del Tajo am Tajo* || *tener dinero* ~ *sí Geld bei s. haben* || *murió* ~ *Gibraltar er starb od fiel vor Gibraltar* || vgl **con, ante, delante de, en**

6. über, vor (Überlegenheit): *no tengo poder* ~ *él ich habe k–e Macht über ihn* || *reinó* ~ *mares y tierras er (sie, es) herrschte über Land und Meer* || ~ *manera ausnehmend, ungemein* || ~ *todas las cosas vor allen Dingen* || ~ *todo vor allem* || *besonders* || *el sol hermoso* ~ *el sol schöner als die Sonne* || vgl **sobremanera**

7. auf (Pfand): *préstame cien euros* ~ *este anillo borge mir hundert Euro auf diesen Ring*

8. auf (Wechsel, Scheck): *giro* ~ *Berlín Scheck, Wechsel auf Berlin* || *cambio* ~ *plaza Platzwechsel* m

9. gegen, auf (Richtung): *el ejército avanza* ~ *París das Heer rückt gegen (od auf) Paris vor* || *dieron* ~ *el enemigo sie warfen s. auf den Feind* || *te lo digo* ~ *mi conciencia ich sage es dir auf mein Gewissen* || vgl **contra, hacia**

10. auf, über (Beziehung): *impuesto* ~ *tabaco Tabaksteuer* f || *beneficio* ~ *cambio Kursgewinn* m

11. nach (zeitlich): ~ *comida nach dem Essen* || ~ *esto hierauf* || ~ *lo cual wonach, worauf* || vgl **después de, además**

12. auf (Wiederholung, Anhäufung): *desgracia* ~ *desgracia Unglück auf Unglück*

13. in Verb. mit inf: ~ *haberme insultado, Juan no me pagó abgesehen davon, dass Hans mich beschimpft hatte, bezahlte er mich nicht* || vgl **además (de), encima (de)**

²sobre m *Brief|umschlag* m, *-hülle* f, *Kuvert* n || *Umschlag* m || *Aufschrift* f || *Adresse* f || ~ *franqueado frankierter Umschlag* m || ~ *monedero Geldbrief* m || ◆ *en* ~ *aparte unter besonderem Umschlag* || ◇ *poner bajo* ~ *in den Umschlag stecken*

sobre|abundancia f *Überfülle* f || ⟨fig⟩ *Überschwang* m || **–agudo** adj/s ⟨Mus⟩ *sehr hoch (gestimmt)* || **–alimentación** f *Überernährung* f || **–alimentar** vt *überernähren,* ⟨fam⟩ *überfüttern* || ⟨Auto Flugw⟩ *laden* || **–asada** f inc → **sobrasada** || **–ático** m ⟨Arch⟩ *Penthouse* n || **–barato** adj *ausnehmend billig* || **–barrer** vt *leicht (aus)fegen* || **–calentamiento** m *Überhitzung* f || **–calentar** vt *überhitzen* || **–cama** f *(obere) Bettdecke* f *Überbett* n || *Steppdecke* f

sobre|carga f *Überladung, Mehrbelastung* f || *Überlast* f (& El) || **–cargar** [g/gu] vt *überladen, übermäßig beladen* || *über|laden, -bürden, -lasten* || ◇ ~ *el mercado con géneros den Markt mit Waren überschwemmen* || ~ *de trabajo mit Arbeit überhäufen* || ~se *s. (den Magen) voll propfen* || ◇ *está –cargado de deudas er steckt tief in den Schulden* || *está –cargado de trabajo er hat zuviel Arbeit, er ist überlastet* || **–cargo** m ⟨Mar⟩ *Ladungsoffizier* m || *Superkargo* m || *Proviant-, Zahl|meister* m

sobre|carta f ⟨reg⟩ *Briefumschlag* m || **–cejo** m *Stirnrunzeln* n || ◇ *mirar de* ~ *a alg. jdn finster anblicken* || **–cena** f *Nachtisch* m || **–cerrado** adj *sehr gut verschlossen* || **–cincha** f *Übergurt* m (am Sattel)

sobrecito m dim von **sobre** || *kleiner Umschlag* m *(Papier)Beutel* m *(für Gewürze usw.)* || ~ *con la paga Lohntüte* f

sobre|cogedor adj *erschreckend* || *höchst überraschend, erstaunlich* || **–coger** [g/j] vt *be-, über|fallen* || *erschrecken* || *überraschen* || ~se *erschrecken* || *auffahren* || *staunen*

sobre|congelación f *Schnell-, Tief|kühlung* f || **–contratación** f *Überbuchung* f || **–coser** vt *aufnähen* || **–cubierta** f *Über-, Ober|decke* f || ⟨Buchb⟩ *Schutzumschlag* m || **–cuello** m *steifer Halskragen* m *(der Geistlichen)* || **–demanda** f ⟨Com⟩ *mehr Nachfrage als Angebot, Übernachfrage* f || **–dicho** adj *oben erwähnt, genannt* || **–dividendo** m *Super-, Zusatz|dividende* f, *Bonus* m || **–dorar** vt *vergolden* (bes. Silber) || ⟨fig⟩ *(et.) beschönigen, (et.) mit vorgeschobenen Argumenten verschleiern*

sobre|dosificación f ⟨Med⟩ *Überdosierung* f || **–dosis** f *Überdosis* f

sobre|edificar vt *überbauen* || **–entender** vt → **sobrentender** || **sobreentrenado** adj → **sobrentrenado** || **–esdrújulo** || **sobresdrújulo** || **–estar** vi → **sobrestar** || **–esti|mación** f *Überschätzung, zu hohe Schätzung* f || **–mar** vt *überschätzen, zu hoch schätzen*

sobre|excitación f *Überreizung* f *(große) Aufregung* f || ⟨Radio TV⟩ *Übersteuerung* f || **–excitar** vt *übermäßig erregen, über|erregen, -reizen* || *aufregen* || ⟨Radio TV⟩ *übersteuern* || **–exponer** vt ⟨Fot⟩ *überbelichten* || **–exposición** f *Überbelichtung* f

sobre|expresado adj *oben erwähnt* || **–expuesto** adj *oben erwähnt* || ⟨Fot⟩ *überbelichtet* || **–falda** f *Frauenüberrock* m || **–faz** [pl –ces] f *Oberfläche* f || **–fino** adj ⟨Com⟩ *extrafein* || *hyperfein (Struktur)* || **–flete** m *Überfracht* f || **–fusible** adj

(m/f) unterhalb des Schmelzpunktes schmelzbar ‖
–fusión *f* ⟨Phys⟩ *Unterkühlung* f ‖ **–hueso** *m*
⟨Med⟩ *Überbein* n ‖ **–humano** adj
übermenschlich
   sobre|impresión *f* ⟨Fot⟩ *Doppel- bzw*
Mehrfach\belichtung f ‖ *mehrfach belichtete*
Aufnahme f ‖ ⟨TV⟩ *Einblenden* n ‖ **–impresionar**
vt *doppelt bzw mehrfach belichten* ‖ ⟨TV⟩
einblenden
   sobre|imprimir vt/i ⟨Typ⟩ *ein-, über\drucken* ‖
–infección *f* ⟨Med⟩ *Superinfektion* f
   sobre|industrialización *f*
Überindustrialisierung f ‖ **–industrializar** [z/c] vt
überindustrialisieren
   sobrellave *f Doppel-, Sicherheits\schlüssel* m
   sobre|llenar vt *überfüllen* ‖ **–lleno** adj *übervoll*
‖ *übermäßig gefüllt*
   sobre|llevar vt *(mit Geduld) ertragen,*
aushalten ‖ *erleichtern (Last)* ‖ **–maduro** adj
überreif ‖ **–manera** adv *ausnehmend, übermäßig,*
überaus ‖ *außerordentlich* ‖ **–mangas** fpl *Schutz-,*
Ansteck\ärmel, Ärmelschoner mpl ‖ **–mesa** *f*
Tischdecke f ‖ (de) ~ *nach Tisch* ‖ **–mesana** *f*
⟨Mar⟩ *Kreuzmarssegel* n
   sobre|modo adv *in hohem Maße* ‖ *höchst* ‖
äußerst ‖ **–moldear** vt *von e–m Abguss abformen*
   sobre|nadante *m* ⟨Chem⟩ *Überstehende(s)* n ‖
–nadar vi *obenauf schwimmen*
   sobre|natural adj *(m/f) übernatürlich* ‖ ⟨fig⟩
wunderlich ‖ **–nombre** *m Bei-, Zu-, Spitz\name* m
   sobren|tender [-ie-] vt *zu verstehen geben,*
stillschweigend mit einbegreifen od voraussetzen,
mit darunter verstehen ‖ ~**se**: *eso se –tiende das*
ist selbstverständlich, das versteht s. von selbst ‖
queda –tendido, se –tiende es ist
selbstverständlich
   sobrentrenado adj *übertrainiert*
   sobre|paga *f Mehrzahlung* f ‖ *(Gehalts)Zulage*
f ‖ **–paño** *m Einschlag* m *(auf e–m Stoff)* ‖ **–parto**
m Wochen-, Kind\bett n ‖ ◇ *morir de* ~ *im*
Wochenbett sterben
   sobre|pasado adj *überholt* ‖ *veraltet* ‖ **–pasar**
vt/i *übertreffen, -bieten* ‖ *übersteigen* ‖ *überziehen*
‖ *überholen* ‖ *hinausgehen* ‖ *(jdm) über sein* ‖ ◇
eso –pasa mis esperanzas das übersteigt m–e
Erwartungen ‖ ~ *a sí mismo s. selbst übertreffen*
(besser: *superarse*) ‖ **–paso** *m Am leichter Trab* m
   sobre|pelliz *[pl* ~**ces**] *f* ⟨Kath⟩ *Superpelliceum*
n *(weitärmeliger Chorrock)* ‖ **–peso** *m*
Übergewicht n ‖ **–población** *f Überbevölkerung* f
   sobre|poner [irr → **poner**] vt *über od auf et.*
(acc) *setzen od stellen, (auf)legen* ‖ *hinzufügen* ‖
~**se** *s. hinwegsetzen* (a *über* acc) ‖ ⟨fig⟩ *die*
Oberhand gewinnen (über acc), *(jdn) übertreffen* ‖
◇ *me –pongo a todo eso ich setze mich über all*
das hinweg ‖ **–porte** *m Frachtzuschlag* m ‖
–precio *m Mehr-, Über\preis* m ‖ *Preisaufschlag*
m ‖ **–producción** *f Überproduktion* f ‖ **–puerta** *f*
Tür\sturz, -sims m ‖ *Türvorhang* m ‖ *Sopra-,*
Supra\porte f ‖ **–puesto** adj *auf-, ein\gesetzt* ‖ ~
m Überlage f ‖ ⟨fig⟩ *Anschein* m ‖ ~**pujar** vt/i
über\treffen, -bieten (en in dat) ‖ *über\steigen,*
-ragen ‖ ⟨fig⟩ *überstrahlen* ‖ *(jdm) den Rang*
ablaufen
   sobrequilla *f* ⟨Mar⟩ *Kielschwein* n
   ¹sobrero *m Sal* ⟨bot⟩ *Korkeiche* f (→
alcornoque)
   sobrero adj *über\flüssig bzw -zählig* ‖ *Ersatz-* ‖
(toro) ~ ⟨Taur⟩ *Ersatzstier* m
   sobre|salado adj *mit hohem Salzgehalt* (z.B.
Salzsee) ‖ **–salario** *m Überlohn* m ‖ *Lohnzulage* f
   sobre|salienta *f* ⟨Th⟩ *Ersatzschauspielerin* f ‖
–saliente adj *(m/f) herausragend* ‖ ⟨fig⟩
hervorragend, ausgezeichnet ‖ *bedeutsam* ‖ ⟨Bot⟩
überragend ‖ ⟨Typ⟩ *überhängend (Buchstabe)* ‖

sehr gut (Prüfungsnote) ‖ ~ *m überzählige(r)*
Beamte(r) m ‖ *Stellvertreter* m ‖ ⟨Taur⟩
Stellvertreter m *des Stierkämpfers* ‖ ⟨Taur Th⟩
Ersatzmann m ‖ *Note f sehr gut* ‖ *vorzüglicher*
Schüler m ‖ ~ *con tres eses* ⟨fig joc⟩
durchgefallener Schüler m ‖ **–salir** [irr → salir] vi
hervor-, hinaus\ragen ‖ *herausragen (Ladung)* ‖
◇ ~ *por su elocuencia s. durch Beredsamkeit*
auszeichnen ‖ ~ *en talento an Begabung*
herausragen
   sobresal|tado adj *erschrocken, ängstlich* ‖ ◇
se despertó ~ *er fuhr aus dem Schlaf auf* ‖ **–tarse**
vr *bestürzt sein, erschrecken* ‖ ~ *con (od de, por)*
erschrecken (über acc) ‖ **–to** *m (plötzlicher)*
Schrecken m, *Erschrecken* n ‖ *Bestürzung* f ‖ ♦
con ~ *bestürzt, erschrocken* ‖ *de* ~ *jählings,*
(ur)plötzlich ‖ ◇ *me dio od tuve un* ~ *ich fuhr*
erschreckt zusammen
   sobresatu|ración *f* ⟨Chem Com⟩ *Übersättigung*
f ‖ **–rar** vt *übersättigen*
   sobres|cribir [pp/irr –cri(p)to] vt
(über)schreiben auf (acc) ‖ *mit Aufschriften*
versehen (Briefumschläge) ‖ **–crito** *m Auf-,*
Über\schrift f ‖ *Adresse* f
   sobresdrújulo adj ⟨Gr⟩ *auf der viertletzten*
Silbe betont (Wort) ‖ (voz) ~a *auf der viertletzten*
Silbe betontes Wort n (z.B. *difícilmente,*
entrégamelo)
   sobre|seer [-ey-] vt/i ⟨Jur⟩ *nicht betreiben,*
aussetzen bzw aufschieben od vertagen (Prozess,
Verfahren) ‖ *einstellen (Verfahren)* ‖ ◇ ~ *en el*
pago die Zahlungen einstellen ‖ ~ *el*
procedimiento das Verfahren einstellen ‖ ~**se**
eingestellt werden ‖ *s.* (z.B. *durch Verjährung)*
erledigen
   sobreseguro adv *mit aller Sicherheit* ‖ ~ *m*
⟨Com⟩ *Überversicherung* f ‖ *Rückversicherung* f ‖
Sicherung f *(am Gewehr)*
   sobre|seído adj *aufgeschoben, vertagt* ‖
–seimiento *m* ⟨Jur⟩ *Einstellung* f *(e–s Verfahrens)*
‖ *Aufschub* m, *Vertagung* f ‖ *Stundung* f ‖
Erledigung f (z.B. *durch Verjährung)* ‖ ~
definitivo endgültige Einstellung f
   sobresello *m Doppelsiegel* n
   sobrestadía *f Mar Überliege\zeit* f, *-tage* mpl
   sobrestante *m Aufseher* m ‖ *Polier* m ‖ ⟨EB⟩
Leiter m *e–r Bahnmeisterei* ‖ ~ *de turno*
Schichtmeister m
   sobrestar [irr → **estar**] vt/i *(in jdn) dringen* ‖
hartnäckig bestehen auf (dat) ‖ *fortbestehen*
   sobresti|mación f → **sobreestimación** ‖ **–mar**
vt → **sobreestimar**
   sobre|sueldo *m Lohn- bzw Gehalts\zulage* f ‖
Über-, Neben\besoldung f ‖ **–tara** *f* ⟨Com⟩
Übertara f ‖ **–tarde** *f Abendzeit* f ‖ **–tasa** *f*
Sondertaxe f ‖ *Straf\porto* n, *-gebühr* f ‖
Extrasteuer f ‖ ~ *del transporte Frachtzuschlag*
m ‖ **–tensión** *f Überspannung* f ‖ **–tiesto** *m*
Übertopf m ‖ **–todo** *m Über\rock, -zieher* m ‖ ~ *–*
de verano leichter Überzieher m ‖ ◇ *ir en* ~ *den*
Überzieher anhaben ‖ **–tono** *m* ⟨Abk⟩ *Oberton* m
‖ **–trabajo** *m Überstunden(arbeit* f) pl
   sobre|venir [irr → **venir**] vi/t *dazu-,*
hinzu\kommen ‖ *(plötzlich) auftreten, vorkommen*
‖ *unvermutet ankommen* ‖ *befallen (Sturm)* ‖
befallen (Krankheit) ‖ **–veste** *f Überkleid* n ‖
–vidriera *f Drahtgitter* n *(Glasschutz)* ‖ **–vienta** *f*
heftiger Windstoß m ‖ ⟨fig⟩ *Überraschung* f ‖ ♦ *a*
~ *plötzlich, unvermutet* ‖ **–vista** *f Helm\gitter,*
-visier n
   sobrevi|vencia *f Überleben* n ‖ **–viente** *m/f*
Überlebende(r m) f ‖ **–vivir** vt *überleben* ‖ ~ vi
am Leben bleiben, überleben ‖ *weiter-, fort\leben*
(en in dat) ‖ ◇ ~ *en el recuerdo de los suyos im*
Andenken der Angehörigen fortleben

sobre|volar [-ue-] vt *überfliegen* ‖ **–voltaje** m
→ **sobretensión**
sobrex|ceder vt *übertreffen* ‖ ~**se** *ausschweifen*
sobrexci|tabilidad f *(krankhafte)*
Übererregbarkeit f ‖ **–tación** f *Über|reizung,*
-reiztheit f ‖ *übermäßige Aufregung* f ‖ **–tar** vt
überreizen ‖ *übermäßig erregen* bzw *aufregen*
sobriedad f *Genügsamkeit* f ‖ *Mäßigkeit* f ‖
Nüchternheit f ‖ *Besonnenheit, Zurückhaltung* f ‖
(Wort)Knappheit f ‖ *Schlichtheit,*
Schmucklosigkeit f (z. B. *des Stils)*
sobri|na f *Nichte* f ‖ **–nazgo** m
Vetternwirtschaft f, *Nepotismus* m ‖ **–no** m *Neffe*
m ‖ ~ *carnal Neffe* m *(Sohn des Bruders* bzw *der*
Schwester) ‖ ~ *nieto Großneffe* m ‖ ~ *segundo*
Neffe m *im zweiten Verwandtschaftsgrad (Sohn*
des Vetters bzw *der Kusine)* ‖ ~**s** mpl
Geschwisterkinder npl, *Neffen* mpl *und Nichten* fpl
sobrio adj *nüchtern, mäßig* ‖ *schlicht,*
schmucklos ‖ *besonnen, zurückhaltend* ‖ ⟨fig⟩
einfach, trocken ‖ ~ *en la bebida mäßig im*
Trinken ‖ ~ *de palabras wortkarg* ‖ ~ *en el vestir*
(immer) schlicht gekleidet
△ **soca** m *Gauner* m
△ **socabar** vt *sein* ‖ *(ver)bleiben*
socai|re m ⟨Mar⟩ *Leeseite* f ‖ ◆ *al* ~ ⟨fig⟩ *im*
Schutz (de gen bzw *von)* ‖ *al* ~ *de una tapia von*
e–r Mauer geschützt ‖ **–rero** adj *arbeitsscheu*
(Matrose)
socali|ña f *Schwindelei* f ‖ *Gaunerei* f ‖
Prellerei f ‖ **–ñar** vt *prellen* ‖ *(jdm) et.*
ab|gaunern, -listen ‖ **–ñero** adj *betrügerisch* ‖
gaunerhaft ‖ ~ m *Schwindler, Gauner* m
socapa f *Vorwand* m ‖ ◆ *a* ~ *heimlich,*
insgeheim ‖ ◇ *reír a* ~ *verstohlen, leise lachen*
socarrar vt *(ab)sengen, (an)brennen* (z. B.
Geflügel) ‖ *halb rösten, halb braten* ‖ ~**se**
anbrennen (Fleisch, Speise)
socarrén m ⟨Arch⟩ *Vordach* n
socarrina f *(fam) Schlägerei* f
soca|rrón adj *schlau, gerieben, verschmitzt* ‖
ironisch ‖ ~ m *Schelm, Schalk, Schlaukopf* m ‖
Duckmäuser m ‖ augm: **–rronazo** m ‖ **–rronería** f
Verschlagenheit, Tücke, Geriebenheit f ‖
Schelmerei f
soca|va f *Untergraben* n ‖ **–var** vt
unter|graben, -höhlen ‖ *unterschneiden* ‖
unterminieren (& *fig)* ‖ **–vón** m ⟨Bgb⟩ *Stollen* m,
Galerie f ‖ ⟨StV⟩ *tiefes Schlagloch* n
sochantre m *Vorsänger, Kantor* m *(in e–r*
Kirche)
soche m *(West)Mex* ⟨V⟩ *Eule* f (→ **¹lechuza**)
socia f *Gefährtin* f ‖ ⟨Com⟩ *Teilhaberin* f ‖
⟨desp⟩ *Frauenzimmer* m ‖ *(desp) Flittchen* n
socia|bilidad f *Geselligkeit, Umgänglichkeit* f ‖
Leutseligkeit f ‖ *Ansprechbarkeit* f ‖
Kontaktfähigkeit f ‖ **–ble** adj *(m/f) gesellig,*
umgänglich ‖ *ansprechbar* ‖ *kontakt-* bzw
gemeinschafts|fähig ‖ *leutselig* ‖ *verträglich* ‖
poco ~ *ungesellig* ‖ *unleutselig* ‖ *menschenscheu*
social adj *(m/f) gesellschaftlich, sozial* ‖
Gesellschafts-, sozial-, Sozial- ‖ *gesellig* (& *Zool)*
social|democracia f ⟨Pol⟩ *Sozialdemokratie* f ‖
–demócrata adj *(m/f) sozialdemokratisch* ‖ ~ *m/f*
Sozialdemokrat(in f) m
socialero m/adj ⟨desp⟩ *Sozi* m
socia|lismo m *Sozialismus* m ‖ ~
(inter)nacional (inter)nationaler Sozialismus m ‖
~ *de estado Staatssozialismus* m ‖ **–lista** adj *(m/f)*
sozialistisch ‖ ~ m/f *Sozialist(in* f) m ‖ *jóvenes*
~**s** *(Deut) Jungsozialisten* mpl *(Jusos)* ‖ **–lización**
f *Sozialisierung* f ‖ *Vergesellschaftung* f ‖
Verstaatlichung f ‖ **–lizar** [z/c] vt *sozialisieren* ‖
vergesellschaften ‖ *verstaatlichen* ‖ ~**se** *s.*
zivilisieren, feinere Sitten annehmen

sociata m ⟨pop desp⟩ *Sozi* m
sociedad f *Gesellschaft* f ‖ *Körperschaft* f,
Verein m ‖ *Handelsgesellschaft* f ‖ ⟨fig⟩ *Umgang,*
Verkehr m ‖ ⟨allg⟩ *Gemeinschaft* f ‖ ⟨Zool⟩
Tiergesellschaft f ‖ ⟨Ins⟩ *Insektenstaat* m ‖ ~
abierta offene Gesellschaft f ‖ ~ *accidental*
⟨Com⟩ *Partizipationsgesellschaft* f ‖ ~ *por*
acciones → ~ *anónima* ‖ *la alta* ~ *die oberen*
Zehntausend, die High-Society ‖ ~ *anónima*
Aktiengesellschaft f *(AG)* ‖ ~ *armadora Reederei*
f ‖ ~ *de autores Schriftstellerverband* m ‖ ~ *de*
beneficencia Wohltätigkeitsverein m ‖ ~ *bíblica*
Bibelgesellschaft f ‖ ~ *de bienestar*
Wohlstandsgesellschaft f ‖ ~ *de canto Liedertafel*
f ‖ ~ *capitalista* ⟨Wir Com⟩ *Kapitalgesellschaft* f
‖ *(Pol) kapitalistische Gesellschaft* f ‖ ~ *sin*
clases klassenlose Gesellschaft f ‖ ~ *colombófila*
Verein m *für Taubenzucht* ‖ *Taubenzüchterverein*
m ‖ ~ *comanditaria,* ~ *en comandita*
Kommanditgesellschaft f *(KG)* ‖ ~ *comanditaria*
por acciones Kommanditgesellschaft f *auf Aktien*
(KGaA) ‖ ~ *comercial Handelsgesellschaft* f ‖ ~
consumista Konsumgesellschaft f ‖ ~ *de consumo*
Konsumverein m ‖ *Konsumgesellschaft* f ‖ ~
cooperativa Genossenschaft f ‖ *Konsumverein* m ‖
~ *coral Chor* m ‖ *Gesangverein* m ‖ ~ *de cuenta*
en participación → ~ *accidental* ‖ ~ *deportiva*
Sport|club, -klub, -verein m ‖ ~ *distribuidora*
⟨Com⟩ *Vertriebsgesellschaft* f ‖ ~ *docta gelehrte*
Gesellschaft f ‖ ~ *de estudiantes Studentenverein*
m, *-verbindung* f ‖ ~ *fiduciaria*
Treuhandgesellschaft f ‖ ~ *filantrópica*
philanthropische Gesellschaft f ‖ ~ *filarmónica*
Musikverein m ‖ *Philharmonie* f ‖ ~ *de*
financiación, ~ *financiera*
Finanzierungsgesellschaft f ‖ ~ *financiera de*
cartera Anlage-, Holding-, Investment|gesellschaft
f ‖ *Investitionsbank* f ‖ ~ *francmasónica*
Freimaurerloge f ‖ ~ *de ganancias*
Errungenschaftsgemeinschaft f ‖ ~ *gimnástica*
Turnverein m ‖ ~ *de inversión mobiliaria*
Investmentgesellschaft f ‖ *la* ~ *de Jesús der*
Jesuitenorden m ‖ ~ *literaria literarischer Verein*
m ‖ ~ *en masas Massengesellschaft* f ‖ *la* ~ *de*
(las) Naciones ⟨Hist⟩ *der Völkerbund* m ‖ ~ *de*
navegación Schifffahrtsgesellschaft f ‖ ~ *opulenta*
Wohlstandsgesellschaft f ‖ ~ *pluralista*
pluralistische Gesellschaft f ‖ ~ *primitiva*
Urgesellschaft f ‖ ~ *de prosperidad*
Wohlstandsgesellschaft f ‖ ~ *protectora de*
animales Tierschutzverein m ‖ ~ *recreativa*
Vergnügungs-, Geselligkeits|verein m ‖ ~ *de*
rendimiento Leistungsgesellschaft f ‖ ~ *de*
responsabilidad limitada Gesellschaft f *mit*
beschränkter Haftung (GmbH) ‖ ~ *secreta*
geheime (politische) Vereinigung f ‖ *Geheimbund*
m ‖ ~ *de seguros mutuos*
Versicherungsgesellschaft f *auf Gegenseitigkeit* ‖
~ *de socorros mutuos Unterstützungsverein* m *auf*
Gegenseitigkeit ‖ ~ *de templanza Temperenzler-,*
Mäßigkeits|verein m ‖ ~ *de utilidad pública*
gemeinnütziger Verein m, *gemeinnützige*
Gesellschaft f ‖ ◆ *en* ~ *beisammen* ‖ ◇ *disolver*
(od liquidar) una ~ *e–e (Handels)Gesellschaft*
auflösen ‖ *formar, establecer una* ~ *e–e*
Gesellschaft gründen ‖ *retirarse de una* ~ *von e–r*
Gesellschaft zurücktreten
societario adj *Gesellschafts-* ‖ *Vereins-* ‖
Arbeitervereins-
sociniano m ⟨Rel⟩ *Sozinianer* m *(Mitglied der*
polnischen antitrinitarischen Sonderbewegung)
socio m *Gesellschafter* m ‖ *Genosse* m ‖ ⟨Com⟩
Teilhaber m ‖ *Mitbesitzer, Teilnehmer* m ‖ *(pop)*
Kumpel m ‖ ~ *activo aktives, wirkendes Mitglied*
n ‖ ~ *adherente beitragendes Mitglied* n ‖ ~

capitalista *Geldgeber, stiller Teilhaber* m *mit Kapitaleinlage* ‖ ~ comanditario *stiller Gesellschafter, Kommanditär* m ‖ ~ correspondiente *korrespondierendes Mitglied* n ‖ ~ extraordinario *außerordentliches Mitglied* n ‖ ~ fundador *Gründungsmitglied* n ‖ ~ general *unbeschränkt haftender Gesellschafter, Komplementär* m ‖ ~ de honor, ~ honorario *Ehrenmitglied* n ‖ ~ de número, ordinario *ordentliches Mitglied* n ‖ ~ transeúnte *vorübergehendes, zeitweiliges Mitglied* n ‖ ~ vitalicio *Mitglied* n *auf Lebenszeit* ‖ ◇ admitir un ~ *e–n Teilhaber aufnehmen* ‖ entrar como ~ *als Teilhaber eintreten*

socio|biología f *Soziobiologie* f ‖ **–cultural** adj *(m/f) soziokulturell* ‖ **–económico** adj *sozioökonomisch* ‖ **–grafía** *Soziographie* f ‖ **–grama** m *Soziogramm* n ‖ **–lecto** m *Soziolekt* m ‖ **–lingüista** m/f *Soziolinguist(in* f) m ‖ **–lingüística** f *Soziolinguistik* f ‖ **–lingüístico** adj *soziolinguistisch* ‖ **–logía** f *Soziologie* f ‖ *Sozialwissenschaft* f ‖ **–lógico** adj *soziologisch* ‖ **–logismo** m *Soziologismus (Überbewertung der Soziologie)*

sociólogo m *Soziologe* m
socio|metría f *Soziometrie* f ‖ **–métrico** adj *soziometrisch* ‖ **–patía** f *(Med) Soziopathie* f ‖ **–político** adj *sozialpolitisch*

¹soco adj/s Chi → **manco**
²soco m MAm *Betrunkene(r)* m
³soco m SAm *Baum- bzw Gliedstumpf* m
socolor adv *unter dem Vorwand* ‖ → **so**
socollada f ⟨Mar⟩ *Killen* n *(der Segel)* ‖ *plötzliches Stampfen* n *(des Schiffs)*
△ **soconó** m *Diebstahl* m
soconusco m *Schokolade* f *(in der Tasse) (meist joc bzw lit)*
soco|rrer vt *(jdm) helfen, beistehen, (jdn) unterstützen* ‖ *(jdm) zu Hilfe kommen* ‖ ⟨Mil⟩ *(Festung) entsetzen* ‖ ◇ ~ con algo *mit et. aushelfen* ‖ ~ con víveres *mit Lebensmitteln versehen* ‖ **–rrido** adj *hilfsbereit* ‖ ⟨fig⟩ *abgedroschen, trivial* ‖ ⟨fig⟩ *viel gepriesen (Mittel)* ‖ **–rrismo** m *Rettungs- und Erste- Hilfe-Dienst* m ‖ *Rettungswesen* n (z.B. *am Strand*) ‖ **–rrista** m/f *Angehörige(r* m) f *e–s Rettungs- und Erste-Hilfe-Dienstes* ‖ *Rettungsschwimmer(in* f) m ‖ **–rro** m *Hilfe* f, *Beistand* m ‖ *Rettung* f ‖ *Unterstützung* f ‖ *(Geld)Vorschuss* m ‖ ⟨Mil⟩ *Entsatz* m ‖ ~ a los huelguistas *Streikunterstützung* f ‖ ~ de indigentes *Armenfürsorge* f ‖ ¡~! *zu Hilfe!* ‖ ◇ acudir en ~ de alg. *jdm zu Hilfe eilen* ‖ pedir ~ *um Hilfe rufen* ‖ *um Hilfe bitten*

Socorro f np span. *Frauenname*
socrático adj *sokratisch, auf Sokrates bezüglich* ‖ ~ m ⟨Philos⟩ *Sokratiker* m
△ **socretería** f *Synagoge* f
socucho m Am *Schlupfwinkel* m ‖ *elende Bude* f, ⟨fam⟩ *Loch* n
soda f ⟨Chem⟩ *Soda* f ‖ *Soda(wasser)* n ‖ *Limonade* f ‖ inc für **sosa**
sódico adj ⟨Chem⟩ *Natrium-*
△ **sodimiar** vi *schwitzen*
sodio m **(Na)** ⟨Chem⟩ *Natrium* n
sodoku m ⟨Med⟩ *Rattenbisskrankheit* f
Sodo|ma f ⟨Hist⟩ *Sodom* n ‖ ⁼**mía** m *Analverkehr* m ‖ ⁼**mita** adj *der Analverkehr ausübt* ‖ ⁼**mítico** adj *den Analverkehr betreffend, Analverkehr-* ‖ ⁼**mizar** [z/c] vt: ~ a alg. *mit jdm den Analverkehr ausüben*

soez [pl ~**ces**] adj *(m/f) vulgär* ‖ *zotig* ‖ *obszön* ‖ *niederträchtig, schändlich*
sofá m *Sofa* n, *Diwan* m ‖ ~-cama *Schlafsofa* n, *Bettcouch* f

sofaldar vt *(Kleider) aufschürzen*
Sofía f np *Sophie* f ‖ [Stadt] *Sofia* n
sofión m ⟨Mil Hist⟩ *Stutzbüchse* f ‖ ⟨fig⟩ *derber Verweis, An\raunzer, -schnauzer, Rüffel* m
sofis|ma m *Spitzfindigkeit* f, *Sophismus* m ‖ *Trugschluss* m ‖ **–mo** m → **sufismo** ‖ **–ta** adj *(m/f) sophistisch, verfänglich* ‖ ~ m/f *Sophist(in* f) m ‖ **–tería** f *Spitzfindigkeit, Tüftelei, Sophisterei* f ‖ **–ticación** f *Verfälschung* f ‖ *Affektiertheit* f, *gekünsteltes Auftreten* n (bes. *von Frauen*) ‖ ⟨Philos⟩ *Sophistikation* f ‖ **–ticado** adj *verfälscht* ‖ *gekünstelt, affektiert* ‖ *spitzfindig (Argument)* ‖ *hochentwickelt, mit allen Rafinessen ausgestattet, durchkonstruiert (Gerät, Maschine)* ‖ **–ticar** vt [c/qu] *(durch Trugschlüsse) verfälschen* ‖ *verdrehen* ‖ *spitzfindig argumentieren, klügeln*
sofístico adj *sophistisch, spitzfindig* ‖ *trüglich, Trug-* ‖ *Schein-*
sofito m ⟨Arch⟩ *Untersicht* f ‖ *Deckengetäfel* n ‖ *Windbrett* n *(am Giebel)*
sofla|ma f *dünne Flamme* ‖ *rückstrahlende Glut* f ‖ *(fliegende) Röte* f *(im Gesicht)* ‖ ⟨fig⟩ *Schmus* m ‖ ⟨fig⟩ *Fopperei* f ‖ ⟨fig⟩ *derber Verweis, Anraunzer, Rüffel* m ‖ ⟨fig⟩ *Nasenrümpfen* n ‖ **–mar** vt *aufziehen, foppen* ‖ ⟨fig⟩ *beschämen, erröten machen* ‖ *absengen (Geflügel)* → **socarrar** ‖ ~**se** → **socarrarse** ‖ **–mería** f ⟨fam⟩ *Schmus* m ‖ **–mero** m/adj ⟨fam⟩ *Schmusmacher* m
sofo|cación f *Erstickung* f ‖ *Atemnot* f ‖ ⟨fig⟩ *Beschämung* f ‖ **–cante** adj *(m/f) erstickend* ‖ ⟨fig⟩ *beschämend, peinlich* ‖ **–car** [c/qu] vt *ersticken* ‖ *den Atem od die Luft nehmen* (a alg. *jdm*) ‖ ⟨fig⟩ *dämpfen, ersticken, hemmen, unterdrücken (Feuer, Aufstand)* ‖ ⟨fig⟩ *beschämen* ‖ ◇ ~ un incendio *e–n Brand unter Kontrolle bringen* ‖ *e–n Brand löschen* ‖ ~ la risa *das Lachen unterdrücken* ‖ ~**se** ⟨fig⟩ *den Atem verlieren* ‖ ⟨fig⟩ s. *schämen* ‖ ⟨fig⟩ *aufbrausen, in Zorn geraten*
sofocleo adj *sophokleisch, auf Sophokles bezüglich*
sofo|co m *Erstickung* f ‖ *Ersticken* m, *Erstickungsanfall* m ‖ ⟨fig⟩ *Ärger, Verdruss* m ‖ ◇ le dio un ~ *er (sie, es) bekam e–n Erstickungsanfall* ‖ **–cón** m ⟨fam⟩ *großer Verdruss* m
sofómetro m *Psophometer* n, *Geräusch(spannungs)messer* m
sofoquina f → **sofocón**
sofreír [irr → **freír**] vt *leicht rösten, braten*
sofre|nada f, **–nazo**, **–nón** m *Zügelruck* m ‖ ⟨fig⟩ *Denkzettel* m ‖ **–nar** vt *zügeln* (& fig) ‖ ⟨fig⟩ *(jdm) e–n Verweis erteilen*
sofro|logía f ⟨Med⟩ *Sophrologie* f ‖ **–lógico** adj *sophrologisch*
sofrólogo m ⟨Med⟩ *Sophrologe* m
Sofrosina f *Sophrosyne* f *(antike Tugend der Selbstbeherrschung)*
software m ⟨Inform⟩ *Software* f
¹soga f *(Esparto)Seil* n, *Strick* m ‖ ⟨Art⟩ *Längenmaß* n ‖ ~ de ahorcado *Galgenstrick* m ‖ ⟨fig⟩ *unverkäufliche Ware* f, ⟨pop⟩ *Ladenhüter* m ‖ ◇ dar ~ *ein Seil langsam loslassen* ‖ dar ~ a alg. ⟨figf⟩ *jdn lange reden lassen* ‖ ⟨figf⟩ *jdn prellen* ‖ echar ~ *Am das Lasso werfen* ‖ echar la ~ tras el caldero ⟨figf⟩ *die Flinte ins Korn werfen* ‖ donde va la ~ va el caldero ⟨Spr⟩ *(dort sind) die Unzertrennlichen* ‖ *diese zwei sind ein Herz und e–e Seele* ‖ estar con la ~ al cuello ⟨fig⟩ *das Messer an der Kehle haben* ‖ → **ahorcado**
²soga m ⟨pop⟩ *Schlaukopf*, ⟨fam⟩ *Strick* m
³soga f ⟨Arch⟩ *Verblendseite* f *(der Ziegel)*
sogalinda f ⟨Zool⟩ *Eidechse* f (→ **lagartija**)
sogue|ría f *Seilerei* f ‖ **–ro** m *Seiler* m

soguilla *f* dim von **soga** ‖ ~ *m Laufbursche, Paketträger* m

soirée *f Abendgesellschaft* f ‖ *Abendvorstellung* f ‖ *Soiree* f

sois → **ser**

soja *f* ⟨Bot Agr⟩ *Soja(bohne)* f (Glycine max)

sojuz|gar [g/gu] vt *unter|jochen, -werfen* ‖ *–gado de los poderosos unter dem Joch der Mächtigen*

soka-tira *m* ⟨Sp⟩ *Tauziehen* n

¹**sol** *m Sonne* f (& fig) ‖ *Sonnenschein* m ‖ ⟨Taur⟩ *Sonnenseite* f *(in der Arena)* ‖ ⟨figf⟩ *(mein) Schatz* m *(als Anrede)* ‖ *Schönheit* f, *Pracht-, Gold|stück* n *(als Kompliment)* ‖ ~ *naciente aufgehende Sonne* f (& fig) ‖ *Sonnenaufgang* m ‖ ⟨fig⟩ *Osten* m ‖ ◆ a pleno ~ *mitten in der Sonne* ‖ *como* el ~ *que nos alumbra wie das Amen in der Kirche* ‖ con ~ *bei Tage* ‖ de ~ a ~, de ~ a *sombra von morgens bis abends* ‖ ◇ *aún anda el* ~ *las bardas* ⟨figf⟩ *noch ist nicht aller Tage Abend* ‖ *arrimarse al* ~ *que más calienta* ⟨figf⟩ *ein Opportunist sein* ‖ *s. stets nach s–m Vorteil richten* ‖ *coger* el ~ ⟨pop⟩ *s. e–n Sonnenbrand holen* ‖ *me ha cogido el* ~ ⟨fam⟩ *ich habe e–n Sonnenbrand (bekommen)* ‖ el ~ *se deja caer* ⟨fig⟩ *es ist sehr heiß* ‖ *no dejar a* ~ *ni a sombra a uno* ⟨figf⟩ *jdm k–e Ruhe lassen, jdm auf den Fersen sein* ‖ *allí nunca entra el* ~ *dort scheint die Sonne nie hinein* ‖ *exponer(se)* al ~ *(s.) sonnen* ‖ *hace* ~ *die Sonne scheint, es ist sonnig* ‖ *ser más claro que el* ~ *sonnenklar sein* ‖ *tomar* el ~ *s. sonnen* ‖ *s. von der Sonne bräunen lassen* ‖ ~**es** *mpl:* dos ojos como dos ~ ⟨fig⟩ *ein paar bildschöne Augen*

²**sol** *m* ⟨Mus⟩ *g, G* n *(Note)* ‖ ~ *bemol Ges* n ‖ ~ *bemol mayor Ges-Dur* ‖ ~ *mayor G-Dur* n ‖ ~ *natural g* n *ohne Vorzeichen* ‖ ~ *sostenido* ⟨Mus⟩ *Gis* n

³**sol** *m* ⟨Chem⟩ *Sol* n *(kolloide Lösung)*

⁴**sol** *m* [Währungseinheit] *Sol* m (S/)

sol. ⟨Abk⟩ = **soluble**

sola *f:* ~ de cambio ⟨Com⟩ *Solawechsel* m

solacear vt *ergötzen* ‖ → auch **solazar**

sola|da *f (Boden)Schatz* m ‖ **–do** *m*, **–dura** *f (Fliesen)Boden* m ‖ *Belegen* n *(des Fußbodens)* ‖ *Estrich* m ‖ ~ *flotante schwimmender Estrich* m ‖ **–dor** *m Fliesen-, Platten|leger* m

solajar vi *fluchen*

solamente adv *nur, lediglich, bloß* ‖ *wenigstens* ‖ ~ *que … wenn nur …* ‖ no ~ *eso nicht nur das* ‖ *sólo … sondern auch*

solana *f sonniger Platz* m ‖ *Südseite* f ‖ *Glaserker* m *(an der Südseite)* ‖ *Wintergarten* m

solanáceas *fpl* ⟨Bot⟩ *Nachtschattengewächse* npl (Solanaceae)

solanina *f* ⟨Bot⟩ *Solanin* n

¹**solano** *m* ⟨Bot⟩ *Schwarzer Nachtschatten* m (Solanum nigrum)

²**solano** *m Sonnenseite* f *(des Berges)* ‖ *Ostwind* m ‖ Al Burg Guip Vizc *glühend heißer Wind* m

sola|pa *f Auf-, Um|schlag, Revers* m, *Klappe* f *(an e–m Kleid)* ‖ *Aufschlag, Spiegel* m (z. B. *am Smoking)* ‖ *Klappe* f ‖ ⟨Buchb⟩ *(Buch-, Um|schlag)Klappe* f ‖ ⟨Tech⟩ *Überlappung* f ‖ ⟨fig⟩ *Vorwand* m ‖ ◆ de ~ ⟨fig⟩ *heimlich* ‖ ◇ *sacudir a uno por las* ~**s** ⟨pop⟩ *jdn am Kragen packen* ‖ **–padamente** adv *hinterlistigerweise* ‖ **–pado** adj ⟨fig⟩ *heimtückisch, verschlagen* ‖ *arglistig* ‖ *verräterisch* ‖ **–par** vt *übereinander schlagen, überschlagen* ‖ *(be)decken* ‖ *überlappen* ‖ *übereinander, aufeinander legen (Dachziegel)* ‖ ⟨fig⟩ *bemänteln* ‖ ◇ *este chaleco* –pa *bien diese Weste passt gut* ‖ **–pe** *m* → **solapa**

¹**solar** adj *(m/f) Sonnen-*

²**solar** adj *(m/f) auf ein Grundstück bezüglich* ‖

~ *m Bau|platz* m, *-stelle* f, Öst *Grund* m ‖ *Heimat* f, *Heim* n

³**solar** [-ue-] vt *mit Platten, Fliesen belegen*

⁴**solar** [-ue-] vt *(be)sohlen (Schuhe)*

solariego adj *altad(e)lig* ‖ *Stamm-* ‖ ~ *m (Erb)Gutsbesitzer* m ‖ *Erb-, Stamm|gut* n

so|lario, –lárium *m Sonnenterrasse* f ‖ *Solarium* n

solarización *f* ⟨Fot⟩ *Solarisation* f

solaz [*pl* –**ces**] *m Er|holung, -quickung* f ‖ *Labsal* n ‖ *Vergnüglichkeit* f ‖ *Ergötzung, Lust* f ‖ *Wonne* f ‖ *un verdadero* ~ *e–e wahre Wonne* f

solazar [z/c] vt *ergötzen* ‖ *er|holen, -quicken* ‖ *laben* ‖ *zerstreuen* ‖ **–se** *s. ergötzen, s. belustigen* ‖ *s. erholen* ‖ ◇ ~ *con música s. an Musik ergötzen*

solazo *m* ⟨fam⟩ *brennende Sonne(nhitze), Sonnenglut* f ‖ ¡qué ~! *welche Hitze!* ‖ **–so** adj *erquicklich* ‖ *wonnig*

△ **solche** *m Soldat* m

solda|da *f Lohn* m, *Gehalt* n ‖ *Sold, Lohn* m ‖ ⟨Mil⟩ *Wehrsold* m ‖ **–dera** *f* Mex ⟨pop⟩ *Soldatenfrau* f *(die mit der Truppe zieht)* ‖ *Soldatendirne* f ‖ **–desca** *f Soldatenleben* n ‖ *(zügelloses) Kriegsvolk* n, *Soldateska* f ‖ **–desco** adj *Soldaten-* ‖ ◆ a la ~**a** *nach Soldatenart* ‖ **–dito** *m von –do* ‖ ~**s** *de plomo Blei-* od *Zinn|soldaten* mpl ‖ **–do** *m Soldat* m ‖ ⟨fig⟩ *Kämpfer* m ‖ ⟨fig⟩ *Krieger* m ‖ ~ *bisoño Rekrut* m ‖ ~ *de caballo berittener Soldat, Reiter* m ‖ ~ *de muchas campañas altgedienter Soldat, Veteran* m ‖ ~ *de carrera Berufssoldat* m ‖ ~ *de cuota* ⟨Hist⟩ span. *Soldat mit erkaufter Dienstzeit* ‖ ~ *cumplido Reservist* m ‖ ~ *de guardia Gardesoldat* m ‖ ~ *montado* ~ *a caballo* ‖ ~ *de a pie Infanterist* m ‖ ~**s** *de a pie Fußtruppen* fpl, *Infanterie* f ‖ ~ *de primera etwa: Gefreite(r)* m ‖ ~ *raso (einfacher) Soldat* m ‖ ~ *de reemplazo Ersatzmann, Reservist* m ‖ ~ *de termes* ⟨Ins⟩ *Termiten|soldat* od *-krieger* m ‖ ~ *veterano ausgedienter Soldat* m ‖ los ~**s** *das Militär* ‖ ◇ *hacerse* ~ *Soldat werden* ‖ *ser* ~ *dienen*

solda|dor *m Lötkolben* m *(Gerät)* ‖ *Schweißer* m *(Person)* ‖ **–dora** *f Schweißmaschine* f ‖ **–dura** *f (Zusammen)Lötung* f ‖ *Lötzeug* n ‖ *Lötstelle* f ‖ *Löttechnik* f ‖ *Schweißtechnik* f ‖ *Schweißung* f ‖ *Schweißstelle* f ‖ ~ *autógena Autogenschweißung* f ‖ ~ *blanda (fuerte) Weich- (Hart)Lot* n ‖ ~ *por fusión Schmelzschweißung* f ‖ ~ *por resistencia Widerstandsschweißung* f ‖ ◇ *eso no tiene* ~ ⟨figf⟩ *damit ist es aus*

soldanela *f* ⟨Bot⟩ *Soldanella* f, *Alpenglöckchen* n, *Troddelblume* f (Soldanella)

soldar [-ue-] vt *(zusammen)löten* ‖ *(ver)schweißen* ‖ *verkleben* ‖ *verschmelzen* ‖ *(ver)kitten* ‖ ⟨fig⟩ *wieder gutmachen* ‖ *wieder in Ordnung bringen* ‖ **–se** *zusammelzen* ‖ *verkleben* ‖ *zusammenheilen (Wunde)*

soleá *f* → ²**soledad** ‖ **soleares**

Soleá *f* And → **Soledad**

sole|ado *m/adj sonnig (Tag)* ‖ **–ar** vt *sonnen* ‖ *bleichen (Wäsche in der Sonne)* ‖ **–se** *s. sonnen*

soleares fpl *(Art) and. Tanz* m *und Musik* f

△ **solebá** *m Strumpf* m

solecismo *m Solözismus* m *(grober Verstoß geen die Regeln des Sprachgebrauchs)*

¹**soledad** *f Einsamkeit* f ‖ *Vereinsamung* f ‖ *Zurückgezogenheit* f ‖ *Verlassenheit* f ‖ *Schwermut* f ‖ *Einöde, Wüste* f

²**soledad** *f* ⟨Mus⟩ *andalusischer Klagegesang im ³/₈-Takt (& Tanz)*

Soledad *f* np span. *Frauenname*

sole|doso adj *(Am & –dano)* → ¹**solitario**

solejar *m sonniger Ort* m

solejo m Sal *Schote* f
solem|ne adj *(m/f) feierlich, festlich* ‖ *Feier-, Fest-* ‖ *stattlich, pomphaft* ‖ *ernst, gemessen* ‖ *förmlich* ‖ *formgebunden* ‖ ⟨fam⟩ *offiziell* ‖ *erhaben, majestätisch* ‖ ⟨fam⟩ *groß, ungeheuer* ‖ ◆ en este momento ~ *in diesem erhebenden Augenblick* ‖ ◇ es una ~ mentira *das ist e–e große Lüge* ‖ llevarse un ~ chasco ⟨pop⟩ *gründlich hereinfallen* ‖ **–nemente** adv *feierlich* ‖ ⟨pop⟩ *tüchtig* ‖ ◇ prometer ~ *angeloben* ‖ **–nidad** f *Feierlichkeit* f ‖ *Festlichkeit* f ‖ ⟨Kirchen⟩Fest n ‖ *Förmlichkeit* f ‖ **–nizar** [z/c] vt *feiern, feierlich begehen* ‖ *(lob)preisen*
solenguana f Sant → **envidia**
solenoide m ⟨Radio⟩ *Solenoid* n, *Zylinderspule* f
sóleo m ⟨An⟩ *Schollenmuskel, Soleus* m
¹soler [def -ue-] vi *(mit inf) pflegen, gewohnt sein (zu)* ‖ ◇ como suele decirse *wie man zu sagen pflegt* ‖ *wie man gewöhnlich sagt* ‖ como se suele hacer *wie es üblich ist* ‖ *wie man es zu tun pflegt* ‖ suelo escribir *ich pflege zu schreiben* ‖ suele ocurrir que ... *es geschieht oft, dass ...*
²soler m ⟨Mar⟩ *Bodenbelag* m *(des Kielraums)*
¹solera f ⟨Arch⟩ *Träger* m, *-platte* f ‖ *Unterlage* f ‖ *(unterer) Mühlstein* m ‖ ⟨Arch Tech⟩ *Boden* m ‖ ⟨Bgb⟩ *Sohle* f
²solera f *Weinhefe* f ‖ *älterer Wein zur Mischung mit dem Sherry* ‖ *Fass* n, *in dem der Sherry altert* ‖ ⟨fig⟩ *Tradition* f, *Alter* n ‖ ⟨fig⟩ *Althergebrachte(s)* n
solero m And *(unterer) Mühlstein* m
soleta f *(Strumpf)Sohle* f ‖ *Füßling* m ‖ ◇ apretar *od* picar de ~, tomar ~ ⟨fam⟩ *s. davonmachen, ausreißen,* ⟨pop⟩ *verduften*
solete m dim von **¹sol** ‖ ⟨fam⟩ *mein Schatz, mein Liebling* m
solfa f ⟨Mus⟩ *Solmisieren* n ‖ ⟨Mus⟩ *Solfeggien* npl, *Gesang(s)übungen* fpl ‖ ⟨fig⟩ *Musik* f ‖ ◆ en ~ *in Noten gesetzt* ‖ ◇ dar (una) ~ a alg. ⟨pop⟩ *jdn verprügeln* ‖ ⟨figf⟩ *ordentlich und kunstgerecht erledigen* ‖ poner en ~ *in Musik setzen* ‖ ⟨figf⟩ *ins Lächerliche ziehen* ‖ *(et. bzw jdn) nach allen Regeln der Kunst erledigen*
solfatara f ⟨Geol⟩ *Solfata|ra, -re* f
solfear vt/i ⟨Mus⟩ *solmisieren* ‖ *nach Noten singen* ‖ *Tonleitern üben, solfeggieren* ‖ ⟨figf⟩ *(durch)prügeln* ‖ *(jdm) e–n Denkzettel verabreichen,* ⟨fam⟩ *(jdm) den Marsch blasen* ‖ ◇ quedar –feando Hond ⟨fam⟩ *an den Bettelstab kommen* ‖ **–feo** m ⟨Mus⟩ *Solmisieren, Solfeggieren* n ‖ *Singen* n *nach Noten* ‖ ⟨figf⟩ *Durchprügeln* n, *Schläge* mpl, *Tracht* f *Prügel* ‖ *Hader, Streit* m
△ **solibar** m *Zaum* m
solici|tación f *Ansuchen* n ‖ *dringende Bitte* f ‖ *Bewerbung* f ‖ ⟨Jur⟩ *Betreibung* f ‖ ⟨Phys Tech⟩ *Beanspruchung* f ‖ **–tador** m *Bittsteller, Bewerber* m ‖ **–tante** m *Bewerber* m ‖ *Antragsteller* m ‖ *Bittsteller* m ‖ ~ de asilo *Asylbewerber* m ‖ **–tar** vt *begehren, verlangen* ‖ *erbitten, beantragen* ‖ *werben, s. bewerben (um)* ‖ *(um Liebe) werben* ‖ ⟨fig⟩ s. *(et.) angelegen sein lassen, (et.) betreiben* ‖ *trachten (nach), suchen* ‖ ⟨Phys⟩ *anziehen (& fig)* ‖ ⟨Tech⟩ *(statisch bzw auf Druck, Zug usw.) beanspruchen* ‖ ◇ ~ con insistencia *dringend bitten* ‖ ~ la mano (de una muchacha) *(um ein Mädchen) werben* ‖ ~ el médico *nach dem Arzt verlangen* ‖ ~ el pago *um Zahlung ersuchen* ‖ ~ pedidos *Aufträge erbitten* ‖ ~ permiso *um (die) Erlaubnis bitten (para für acc, zu inf)* ‖ ~ una plaza (un empleo, un puesto) s. *um e–e Stelle bewerben* ‖ –tó su ayuda *er bat ihn (sie) um Hilfe* ‖ estar –tado *gesucht sein* ‖ *guten Absatz haben, Mode sein, gängig sein, verlangt werden (Ware)* ‖ ser poco –tado *schwer verkäuflich sein (Ware)* ‖

María está (siendo) muy ~ a ⟨fig⟩ *Maria ist (jetzt) sehr begehrt*
solícito adj *sorgsam, betriebsam, (emsig) besorgt* ‖ *eifrig (bemüht)* ‖ *emsig, fleißig, gewissenhaft* ‖ *bereitwillig, zuvorkommend* ‖ *dienst|fertig, -bereit* ‖ adv: **–amente**
solicitud f *Sorgfalt* f, *Eifer* m ‖ *Gewissenhaftigkeit* f ‖ *Fürsorge* f ‖ *Fleiß* m, *Emsigkeit* f ‖ *(dringendes) Gesuch, Anliegen* n ‖ *Gesuch* n, *Bittschrift, Eingabe* f ‖ *Antrag* m ‖ *Beantragung* f ‖ *Angelegenheit* f ‖ ~ de asilo *Asylantrag* m ‖ ~ de colocación,~ de empleo *Bewerbung(sschreiben* n) f ‖ ~ de gracia *Gnadengesuch* n ‖ ~ de moratoria ⟨Com⟩ *Bitte* f *um Zahlungsaufschub* ‖ ~ de patente *Patentanmeldung* f ‖ ◇ acceder a una ~ *e–m Gesuch nachkommen* ‖ apoyar una ~ *ein Gesuch unterstützen* ‖ cursar, elevar, dirigir una ~ *e–n Antrag stellen, ein Gesuch einreichen* ‖ dar curso favorable a una ~ *ein Gesuch günstig erledigen* ‖ desestimar una ~ *ein Gesuch abschlagen* ‖ despachar una ~ *ein Gesuch bearbeiten bzw erledigen*
solidar vt *ver|dichten, -stärken* ‖ ⟨fig⟩ *erhärten, bekräftigen*
solida|riamente adv *solidarisch* ‖ *alle für e–n und e–r für alle, solidarisch* ‖ ◇ responder ~ *solidarisch od gesamtschuldnerisch haften (de für)* ‖ **–ridad** f *Solidarität* f ‖ *Gesamthaftung* f ‖ *Gemeinsamkeitsgefühl* n ‖ *Gemeinschaftsgeist* m ‖ *Mannschafts- bzw Korps|geist* m ‖ **–rio** adj *solidarisch od gesamtschuldnerisch (haftend)* ‖ *mitverantwortlich (de für)* ‖ ◇ hacerse ~ s. *solidarisch verpflichten* ‖ s. schlagen (con zu) ‖ **–rismo** m ⟨Soz Pol⟩ *Solidarismus* m ‖ **–rizarse** [z/c] vr s. *solidarisch erklären (con mit),* s. schlagen (con zu)
solideo m ⟨Kath⟩ *Soli Deo* m *(die nur vor dem Allerheiligsten abgenommene Kalotte)* ‖ *runde Priestermütze* f
soli Deo gloria (S. D. G.) ⟨lat⟩ „*Gott allein die Ehre" (Inschrift auf Kirchen)*
soli|dez [pl **–ces**] f *Festigkeit, Haltbarkeit* f ‖ *Stichhaltigkeit* f ‖ *Derbheit, Festigkeit* f ‖ *Gründlichkeit* f ‖ *Zuverlässigkeit, Solidität* f ‖ ~ de los colores ⟨Text⟩ *Farb|echtheit, -beständigkeit* f ‖ ~ de la moneda *Währungsfestigkeit* f ‖ falto de ~ *kraftlos, schlaff* ‖ [Mensch] *gebrechlich, entkräftet* ‖ [Haus] *baufällig* ‖ **–dificación** f *Verdichtung, (Ver)Festigung, Erstarrung* f ‖ **–dificar** [c/qu] vt *verdichten, festigen* ‖ **~se** *fest werden* ‖ *zu Eis werden, vor Kälte erstarren, gefrieren* ‖ *gerinnen*
sólido adj/s *fest, dicht (Stoffe)* ‖ *fest, haltbar* ‖ ⟨fig⟩ *solid(e), gründlich, zuverlässig* ‖ *tüchtig, gediegen* ‖ *stichhaltig, echt, beständig (Farbe)* ‖ (cuerpo) ~ ⟨Phys⟩ *(fester) Körper* m ‖ ⟨Math⟩ *Körper* m ‖ ◆ en ~ ⟨Jur⟩ *solidarisch*
solifacio m Pe ⟨fam⟩ → **⁴sol**
soli|fuga f ⟨Zool⟩ *Walzenspinne* f ‖ **–fúgidos** mpl *Walzenspinnen* fpl (Solifuga)
solilo|quiar vi *Selbstgespräche führen* ‖ **–quio** m *Selbstgespräch, Soliloquium* n
solimán m ⟨Chem⟩ *Quecksilbersublimat* n
Solimán np Sp *Soliman* m
solimitano adj/s *aus Jerusalem* ‖ *auf Jerusalem bezüglich*
solio m *Thron* m *(mit Himmel)*
solípedos mpl ⟨Zool⟩ *Einhufer* mpl
solipsismo m ⟨Philos⟩ *Solipsismus* m
solisombra f *Halbschatten* m
solista m/f ⟨Mus⟩ *Solist(in* f) m
Solita f np ⟨fam⟩ → **Soledad**
solita|ria f ⟨Zool Med⟩ *Bandwurm* m ‖ ~ del ganado vacuno *Rinder(finnen)bandwurm* m

(Taeniarhynchus saginatus) ‖ ~ del pescado *Fisch-, Grubenkopf\bandwurm* m (Diphyllobothrium latum) ‖ ~ del puerco *Schweine(finnen)bandwurm* m (Taenia solium)

¹solitario adj *einsam* ‖ *zurückgezogen* ‖ *einsam lebend, einsiedlerisch* ‖ *allein (stehend)* ‖ ⟨Wiss Ins⟩ *solitär* ‖ ~ m *Einsiedler, Klausner* m (& fig)

²solitario m *großer (einzeln gefasster) Brillant, Solitär* m

³solitario m ⟨Zool⟩ *Einsiedlerkrebs, Eremit* m (Eupagarus bernardus)

⁴solitario m ⟨Kart⟩ *Patiencespiel* n ‖ ◇ hacer ~(s) *Patiencen legen*

solito adj (dim von **solo**) ‖ *ganz allein,* ⟨fam⟩ *mutterseelenallein*

sólito adj *gewohnt* ‖ *gewöhnlich* ‖ *üblich* ‖ como es ~ *wie es üblich ist*

soli|viantar vt *auf\regen, -reizen* ‖ *aufhetzen* ‖ ~se s. *empören* ‖ **–viar** vt *auf-, empor\heben* ‖ ~se s. *halb aufrichten (von e–m Sitz)* ‖ **–vio** m *Anheben* n

solla f ⟨Fi⟩ *Scholle* f, *Goldbutt* m (Pleuronectes platessa)

sollamar vt *(ver)sengen* ‖ *(ab)sengen (Geflügel)*

sollastre m *Küchenjunge* m ‖ ⟨fig⟩ *Schelm* m

sollisparse vr And *misstrauisch, gewitzigt werden*

sollo m ⟨Fi⟩ *Stör* m (→ **esturión**) ‖ ⟨reg⟩ *Hecht* m (→ **lucio**) ‖ ~ perca *Zander* m (→ **lucioperca**)

sollo|zar [z/c] vi *schluchzen* ‖ **–zo** m *Schluchzen* n ‖ ~s mpl *Geschluchze* n ‖ ◇ deshacerse en ~ *bitterlich weinen* ‖ estallar en ~ *in Schluchzen ausbrechen, bitterlich zu weinen anfangen*

¹solo adj *allein(ig)* ‖ *allein, einzeln, einzig* ‖ *verlassen, einsam* ‖ *allein stehend* ‖ ◆ de a ~ *nur unter s.* ‖ por sí ~ *aus eigenen Stücken* ‖ *von selber* ‖ la ~a idea *der bloße Gedanke, schon der Gedanke (de an* acc) ‖ una ~a persona *e–e Einzelperson* f ‖ una ~a vez *nur einmal* ‖ a mis (tus, sus) ~as *einsam, zurückgezogen, allein* ‖ *für s.* ‖ estar ~ *allein, ohne Begleitung sein* ‖ *einsam, verlassen sein* ‖ s. *einsam fühlen* ‖ es hábil como él ~ ⟨pop⟩ *er ist riesig geschickt, tüchtig,* ⟨fam⟩ *er ist gewandt wie nur e–r* ‖ ayer tuvo una suerte como él ~ ⟨pop⟩ *gestern hatte er ein Glück, wie nur er es haben kann* ‖ tuve un disgusto, como para mí ~ ⟨pop⟩ *ich habe e–n ungeheueren Ärger gehabt* ‖ bien vengas, mal, si vienes ~ ⟨Spr⟩ *ein Unglück kommt selten allein*

²solo m *Solo, Einzel\spiel* n, *-gesang* m, *-stück* n ‖ *Solotanz* m ‖ ⟨Kart⟩ *Solospiel* n ‖ un ~ de flauta *ein Flötensolo* n

sólo adv *nur, lediglich, bloß* ‖ *außer, ausgenommen* ‖ ~ ahora *erst jetzt* ‖ ~ que ... *nur, bloß (dass ...)* ‖ tan ~ *wenigstens, zumindest* ‖ Am *kurz und bündig* ‖ no ~ ..., *sino (también) nicht nur ..., sondern auch* ‖ el pensarlo me irrita *schon der Gedanke (daran) empört mich*

solomillo m *Lendenstück, Filet* n ‖ ~ de ternera *Kalbsfilet* n

solomo m → **solomillo**

Solón m np *Solon* m

solsticio m ⟨Astr⟩ *Sonnenwende* f ‖ ~ hiemal *Wintersonnenwende* f ‖ ~ estival *od vernal od* de verano *Sommersonnenwende* f

sol|tar [-ue-, pp & irr suelto] vt *los\machen, -binden, -lassen* ‖ *abschnallen* ‖ *freilassen, in Freiheit setzen* ‖ *loslassen, fallen lassen* ‖ *abschießen (Pfeil)* ‖ *ausgeben (Geld)* ‖ *auslassen, ausgehen lassen* ‖ *lockern, nachlassen (Wasser)* ‖ *fahren, gehen lassen* ‖ *erlassen (Schuld)* ‖ *lösen (Rätsel, Bremse, Zweifel, Aufgabe)* ‖ *verhängen (Zügel)* ‖ ⟨fam⟩ *herausplatzen (mit)* ‖ ⟨fam⟩ *von s. geben* ‖ ⟨fam⟩ *ausstoßen (Flüche usw.)* ‖ ◇ ~ una

carcajada *laut auflachen* ‖ ~ una dificultad *e–e Schwierigkeit beheben* ‖ ~ una especie ⟨figf⟩ *e–e unauffällige Bemerkung machen, um e–e fremde Meinung zu erforschen* ‖ ~ con fuerza *losreißen* ‖ *juramentos schimpfen, schelten, Flüche ausstoßen* ‖ ~ (el) llanto *in Tränen ausbrechen* ‖ ~ los perros ⟨Jgd⟩ *die Hunde loslassen* ‖ ~ piropos ⟨fam⟩ *Komplimente machen* ‖ ~ los prisioneros de guerra *die Kriegsgefangenen freilassen* ‖ ~ la risa *(laut) auflachen* ‖ ~ una sandez ⟨figf⟩ *mit e–m Unsinn herausplatzen* ‖ ~ tacos (derb) *fluchen, Flüche ausstoßen* ‖ ~ el trapo ⟨figf⟩ *s. ganz hingeben* (dat) ‖ ⟨pop⟩ *laut auflachen* ‖ ~ la voz *die Stimme erheben* ‖ ~se *s. losmachen* ‖ s. *befreien* ‖ *losgehen (Schnalle)* ‖ ⟨fig⟩ s. *aufraffen* ‖ *aufgehen (Strumpfmaschen)* ‖ ⟨fig⟩ *Fertigkeit, Gewandtheit erlangen (en in* dat) ‖ ◇ ~ a andar *die ersten selbständigen Schritte tun (Kind)* ‖ ~ a hablar ⟨fig⟩ *allmählich zu reden, zu sprechen anfangen* ‖ ~ la lengua ⟨fam⟩ *(et.) ausplaudern* ‖ ~ la mosca (pop) *bezahlen* ‖ ~ el pelo *selbständig werden* ‖ s. *abnabeln* ‖ alle *Hemmungen fallen lassen* ‖ se le ha –tado la sangre *er (sie, es) hat e–n Blutsturz, e–e starke Blutung* ‖ se le –tó esta palabra *dieses Wort ist ihm (ihr) entfahren od entschlüpft*

solte|ra f *ledige, unverheiratete Frau* f ‖ **–ría** f *eheloser Stand* m, *Ehelosigkeit* f ‖ *Junggesellenstand* m ‖ *Ledigen- od* [veraltet] *Jungfrauen\stand* m ‖ **–ro** adj *ledig, unverheiratet, ehelos* ‖ ~ estar ~ *(noch) ledig sein* ‖ quedó ~a *sie ist unverheiratet geblieben* (⟨pop⟩ *sitzen geblieben)* ‖ ~ m *Junggeselle* m ‖ ◆ de ~ *als Lediger* ‖ *in s–r Junggesellenzeit* ‖ **–rón** m/adj *alter Junggeselle, Hagestolz* m ‖ **–rona** f *ledige (ältere) Frau* f ‖ ⟨fam⟩ *alte Jungfer* f

soltura f *Loslassung, Lösung* f ‖ ⟨fig⟩ *Behändigkeit, Gewandtheit* f ‖ ⟨fig⟩ *Fertigkeit* f ‖ ⟨fig⟩ *Geschicklichkeit* f ‖ ⟨fig⟩ *Zwanglosigkeit, Ungezwungenheit* f ‖ ◇ bailar con ~ *leicht, gut tanzen* ‖ escribir con ~ *e–n flüssigen Stil haben* ‖ hablar con ~ *geläufig sprechen*

solu|bilidad f *Löslichkeit* f ‖ **–bilizar** [z/c] vt *löslich machen* ‖ *auflösen* ‖ **–ble** adj *(m/f) (auf)löslich* ‖ ⟨fig⟩ *lösbar* ‖ ~ en agua, en alcohol *wasser-, alkohol\löslich* ‖ **–ción** f ⟨Phys⟩ *Lösung* f ‖ p.ex *Lösung* f *(des Knotens, e–r Aufgabe, e–s Rätsels, Zweifels)* ‖ ⟨fig⟩ *Ausgang* m ‖ *Solution, Lösung* f *(Arznei)* ‖ ~ acuosa *wäss(e)rige Lösung* f ‖ ~ amigable *gütliches Abkommen* n ‖ ~ cero *Nulllösung* f ‖ ~ concentrada *konzentrierte Lösung* f ‖ ~ de continuidad *Unterbrechung, Lücke* f ‖ ~ de una dificultad *Lösung* f *e–r Schwierigkeit* ‖ ~ de escaparate *Scheinlösung* f ‖ ~ fisiológica ⟨Med⟩ *physiologische Kochsalzlösung* f ‖ ~ de fortuna *Notlösung* f ‖ ~ de goma *Gummilösung* f ‖ ~ matriz ⟨Chem⟩ *Stammlösung* f ‖ ~ molar *Molarlösung* f ‖ ~ normal ⟨Chem⟩ *Normallösung* f ‖ ~ nutritiva ⟨Med⟩ *Nährlösung* f ‖ ~ tampón ⟨Chem⟩ *Pufferlösung* f ‖ ~ vehículo ⟨Chem⟩ *Trägerlösung* f ‖ ~ de yodo *Jodlösung* f ‖ ◆ de ~ difícil *schwer zu lösen* ‖ sin ~ de continuidad *ohne Unter\brechung* f, *-lass* m ‖ ◇ no hay más *od* no hay otra ~ *es muss so sein, es gibt k–n anderen Ausweg, es bleibt nichts anderes übrig* ‖ conducir (llegar) a una ~ *zu e–r Lösung führen (gelangen)* ‖ dejar sin ~ *ungelöst lassen* ‖ dahingestellt sein lassen ‖ encontrar ~ a algo *e–r Sache abhelfen* ‖ **–cionar** vt *lösen* (→ **resolver**) ‖ *erledigen* ‖ **–tivo** adj/s *(auf)lösend (Mittel)*

solvatación f ⟨Chem⟩ *Solvatation, Solvatisierung* f

solven|cia f *Solvenz, Zahlungsfähigkeit* f ‖ *Kredit\fähigkeit, -würdigkeit* f ‖ p.ex

Vertrauenswürdigkeit f ‖ **–tar** *vt lösen,
entscheiden* ‖ *begleichen (Schuld, Rechnung)* ‖ ◇
es preciso ~ *esa cuestión diese Angelegenheit ist
(unbedingt) in Ordnung zu bringen*
¹solvente adj/s *(m/f) solvent, zahlungsfähig* ‖
kredit|fähig, -würdig ‖ *vertrauenswürdig,
zuverlässig* ‖ ◇ *considerar* ~ *für solvent halten* ‖
ser ~ *solvent sein*
²solvente *m* → **disolvente**
soma|li [*pl* ~**íes**] adj *(m/f) somalisch* ‖ ~ *m
Somalier m* ‖ **˭lia** *f* ⟨Geogr⟩ *Somalien n*
somanta *f Tracht f Prügel*
soma|tén *m Sturm|glocke f, -läuten n* ‖ *Cat*
⟨Hist⟩ *ständige, bewaffnete Bürgerwehr f* ‖ *Cat*
⟨figf⟩ *Radau, Krawall m* ‖ **–tenista** *m/f Cat
Mitglied n der Bürgerwehr*
so|mático adj *somatisch, körperlich* ‖
–matógeno adj *somatogen, körperlich bedingt
(Krankheit)* ‖ **–matología** *f Somatologie f* ‖
–matoterapia *f Somatotherapie f* ‖ **–matotrofina**
f ⟨Physiol⟩ *Somatotropin n*
sombra *f Schatten m* ‖ *Überschattung f* ‖
Schattenbild, Gespenst n ‖ *Dunkelheit f* ‖ ⟨fig⟩
(An-) Schein m (von) ‖ ⟨fig⟩ *Hauch m (von et.)* ‖
⟨Taur⟩ *Schattenseite f (in der Arena)* ‖ ⟨Mal⟩
Schattierung f ‖ ⟨fig⟩ *Obdach n* ‖ ⟨fig⟩ *Makel m* ‖
⟨fam⟩ *Witzigkeit f, Witz m* ‖ *Anmut, Grazie f* ‖ ~
para párpados Lidschatten m ‖ ~ *proyectada*
⟨Opt⟩ *Schlagschatten m* ‖ ◇ *dejar de hacer* ~
⟨pop⟩ *sterben, das Zeitliche segnen* ‖ *estar a la* ~
im Schatten sein, stehen, liegen ‖ ⟨figf⟩ *im Knast
od hinter schwedischen Gardinen sitzen* ‖ *hablar
con* ~ ⟨fam⟩ *geistreich od witzig, interessant
reden* ‖ *hacer* ~ *Schatten werfen* ‖ *hacer* ~ *a alg.*
⟨figf⟩ *jdn in den Schatten stellen* ‖ *hacerse od
darse* ~ *con la mano en od a los ojos s. die
Augen mit der Hand schirmen, beschatten* ‖ *poner
a la* ~ ⟨fam⟩ *ein|kerkern, -sperren, (jdn)
einlochen* ‖ *ser desconfiado hasta de su* ~ ⟨pop⟩
äußerst misstrauisch sein, k–m Menschen trauen ‖
no es ni ~ *de lo que era* ⟨fig⟩ *er (sie, es) ist
längst nicht mehr das, was er (sie, es) früher war*
‖ *er (sie, es) ist nur noch ein Schatten s–r (ihrer)
selbst* ‖ *tener (buena)* ~ ⟨figf⟩ *Geist, Anmut
haben* ‖ ⟨fam⟩ *Glück haben* ‖ *tener mala* ~
zuwider sein ‖ *geistlos sein* ‖ *plump od lästig
wirken* ‖ ⟨figf⟩ *ein Pechvogel sein* ‖ *no tener (ni)*
~ *de vergüenza* ⟨fig⟩ *höchst unverschämt sein* ‖
eso no tiene ni ~ *de verosimilitud das ist höchst
unwahrscheinlich* ‖ *¡ni por* ~*! nicht im Traum!* ‖
~**s** *fpl Finsternis f* ‖ ~ *chinescas chinesisches
Schattenspiel n* ‖ *las* ~ *de la noche die finstere
Nacht* ‖ **–je** *m Sonnenschutz m (aus Zweigen, im
Schatten von Bäumen usw.)*
sombre|ado *m/adj Beschattung f* ‖
(Schräg)Bedampfung f (Elektronenmikroskopie) ‖
⟨Mal⟩ *Schattierung f* ‖ **–ar** *vt (be)schatten* ‖ ⟨Mal⟩
schattieren bzw schraffieren ‖ ~ *vi Schatten
werfen* ‖ ◇ ~ *con tinta china* ⟨Mal⟩ *(an)tuschen* ‖
~*(se) los párpados s. die Augenlider scharf
untermalen (schminken)*
sombre|rada *f:* *una* ~ *ein Hutvoll m* ‖ ⟨fam⟩
flüchtiger Gruß m ‖ **–razo** *m großer Hut m* ‖
Schlag mit dem Hut ⟨fam⟩ *flüchtiger Gruß
durch Ziehen des Hutes* ‖ ◇ *prodigar (los)* ~*s oft
bzw nach allen Seiten grüßen*
¹sombrerera *f Hut-, Putz|macherin f* ‖
Hut|koffer m, -schachtel f
²sombrerera *f* ⟨Bot⟩ *(Gemeine) Pestwurz f
(Petasites hybridus)*
sombre|rería *f Hut|macherei f, -geschäft n* ‖
–rero *m Hut|macher, -händler m* ‖ **–rete** *m dim
von* **–ro** ‖ ⟨Bot⟩ *Hut m (der Pilze)* ‖ ⟨Arch⟩
Wetterhaube f (auf Schornsteinen) ‖ ⟨Tech⟩
Lagerdeckel m

¹sombrerillo *m Hütchen n*
²sombrerillo *m* ⟨Bot⟩ → **sombrerete** ‖ ⟨Bot⟩
Venusnabel m
sombre|ro *m Hut m* ‖ ⟨fig⟩ *Deckel m, Dach n* ‖
~ *de candil,* ~ *de tres candiles Dreispitz m* ‖ ~
castoreño Biber-, Kastor|hut m ‖ ⟨Taur⟩ *Hut m
des Picadors* ‖ ~ *clac Chapeau claque, Klapphut
m* ‖ ~ *cordobés Kordobeser Hut m* ‖ ~ *de copa
(alta) Zylinderhut m* ‖ ~ *chambergo, a la
chamberga* → **chambergo** ‖ ~ *de la chimenea
Schornsteinaufsatz m, Wetterhaube f* ‖ ~ *de
fieltro Filzhut m* ‖ ~ *flexible, weicher (Filz)Hut
m* ‖ ~ *gacho Schlapphut, Kalabreser m* ‖ ~
hongo Bowler, steifer Filzhut m, ⟨fam⟩ *Melone f* ‖
~ *de jipijapa Panamahut m* ‖ ~ *mejicano
Sombrero m* ‖ ~ *de muelles Chapeau claque,
Klapphut m* ‖ ~ *de paja Strohhut m* ‖ ~ *de playa
Strandhut m* ‖ ~ *de tres picos Dreispitz m* ‖ ~
del púlpito Kanzeldach n ‖ ~ *de señora
Damenhut m* ‖ ~ *de teja Schaufelhut m
(Priesterhut)* ‖ ~ *de terciopelo Velourhut m* ‖ ~
tieso harter Hut m ‖ ◇ *calar(se) el* ~ *den Hut ins
Gesicht drücken* ‖ *colgar el (figf)* ~*n Beruf
aufgeben* ‖ *poner(se) el* ~ *den Hut aufsetzen* ‖
quitarse el ~ *den Hut abnehmen, ziehen, sein
Haupt entblößen* ‖ *este* ~ *me es (od viene)
demasiado ancho (estrecho) dieser Hut ist mir zu
weit (eng)* ‖ augm: **–rón, –razo** *m*
som|bría *f schattiger Platz m* ‖ **–brilla** *f dim
von* **sombra** ‖ *Sonnenschirm m* ‖ ~ *de jardín
Gartenschirm m* ‖ **–brillazo** *m Schlag m mit dem
Sonnenschirm* ‖ **–brío** adj *schattig* ‖ *dunkel* ‖ ⟨fig⟩
düster, schwermütig ‖ **–broso** adj *schattig*
somelier *m Weinkellner m*
somero adj *oberflächlich, flüchtig* ‖ ⟨fig⟩ *seicht*
‖ adv: ~**amente**
some|ter vt *unterwerfen, bezwingen* ‖ *vorlegen,
unterbreiten (Angebot)* ‖ *anheim stellen* ‖ ◇ ~ *al
arbitraje e–m Schiedsgericht unterbreiten* ‖ ~ *a la
aprobación zur Genehmigung unterbreiten
(Vorschlag)* ‖ *lo* ~*to a su consideración ich stelle
es Ihnen anheim* ‖ *lo* ~*to a su decisión ich mache
es von Ihrer Entscheidung abhängig* ‖ ~ *a un
detenido examen e–r gründlichen Untersuchung
unterziehen* ‖ ~ *una oferta e–e Offerte
unterbreiten, machen* ‖ *el asunto quedará* –*tido a
los Tribunales die Sache wird gerichtlich
entschieden werden* ‖ ~**se** *s. unterwerfen* ‖ *s.
fügen (a dat)* ‖ *s. unterziehen (a dat)* ‖ ~ *al
dictamen de alg. s. der Weisung jds fügen* ‖ ~ *a
(un) examen médico s. e–r ärztlichen
Untersuchung unterziehen* ‖ ~ *al fallo de los
peritos s. dem Urteil der Sachverständigen
unterwerfen* ‖ –*tido a prisión incondicional in
unbedingte Haft genommen* ‖ –*tido a régimen de
incomunicación in Einzelhaft*
somier *m Sprungfedermatratze f*
somnámbula *f Nachtwandlerin f*
somnam|búlico adj → **sonambúlico** ‖
–bulismo *m* → **sonambulismo**
somnámbulo *m* → **sonámbulo**
somní|fero *m Schlafmittel n* ‖ **–locuo** adj/s *im
Schlaf redend*
som|nolencia *f Schläfrigkeit f* ‖ ⟨Med⟩
Somnolenz, Schlafsucht f ‖ **–noliento** adj →
soñoliento
somonte: *de* ~ ⟨reg⟩ *roh, unbearbeitet*
somorgujar vt *(unter)tauchen* ‖ ~ vi *tauchen*
somor|gujo, –gujón, –mujo *m* ⟨V⟩ *Taucher m
(Podiceps spp)* ‖ ~ *cuellirojo Rothalstaucher m
(P. griseigena)* ‖ ~ *lavanco Haubentaucher m (P.
cristatus)*
somos → **ser**
¹son *m Klang, Schall, Laut, Ton m* ‖ ⟨fig⟩
Gerücht n ‖ ⟨fig⟩ *Vorwand m* ‖ *Am Tanzweise f*

(Volkstanz) ‖ *Sound* m ‖ ♦ a ~ de guitarra *mit Gitarrenbegleitung* ‖ al ~ de campana *unter Glockengeläut(e)* ‖ en ~ de ... *auf die Art wie ...* ‖ *als wenn ...* ‖ en ~ amistoso *auf freundschaftlichem Weg(e)* ‖ en ~ de elogio *lobend* ‖ en ~ de mofa *spöttisch* ‖ en ~ de reproche *vorwurfsvoll* ‖ sin ~ ⟨figf⟩ *ohne Grund* ‖ sin ton ni ~ ⟨figf⟩ *in die Kreuz und Quere* ‖ sinnlos ‖ ⟨pop⟩ *wie verrückt* ‖ ¿a ~ de qué? ⟨figf⟩ *weshalb? warum?* ‖ ◇ bailar al ~ que tocan ⟨figf⟩ *s. nach der Decke strecken* ‖ ⟨figf⟩ *nach der Pfeife der anderen tanzen* ‖ lo tomó en ~ de broma *er nahm es als Scherz hin*

²son → **ser**
sonadero m ⟨reg⟩ *Schnupf-, Taschen\|tuch* n
sonado adj *berühmt* ‖ *ruchbar* ‖ *aufsehenerregend* ‖ *vernehmlich* ‖ la ~a ocasión ⟨pop⟩ *die einzige Gelegenheit, die s. darbietet* ‖ hacer una que sea ~a ⟨fam⟩ *viel von s. reden machen* ‖ a los 50 años bien ~s ⟨pop⟩ *weit über die Fünfzig*
¹sonador adj *tönend, klingend, hallend*
²sonador m ⟨reg⟩ *Schnupf-, Taschen\|tuch* n
△ **sonague** m *Geld* n
sona\|ja f *Trommelschelle* f ‖ *Tamburinschelle* f ‖ ⟨Mus⟩ *Schellenrassel* f ‖ ◇ ser una ~ ⟨fig⟩ *ein lachendes Gemüt haben*, ⟨fam⟩ *dauernd kichern (Mädchen)* ‖ dim: → **–juela** ‖ **–jero** m *Rassel* f ‖ *Kinderklapper* f
sonam\|búlico adj *schlafwandlerisch* ‖ **–bulismo** m *Nachtwandeln* n, *Mondsüchtigkeit* f
sonámbulo m *Nachtwandler* m ‖ ♦ con seguridad de ~ *mit nachtwandlerischer Sicherheit*
sonan\|ta f ⟨pop⟩ *Gitarre* f ‖ ⟨pop⟩ *Prügel* pl ‖ **–te** adj *(m/f) klangreich* ‖ ~ m ⟨Phon⟩ *Sonant* m
¹sonar m *Sonargerät* n ‖ *Sonarortungssystem* n
²sonar [-ue-] vt ⟨Mus⟩ *(ein Instrument) spielen* ‖ *mit dem Tamburin rasseln* ‖ ~ vi *(er)tönen, (er)klingen* ‖ *(er)schallen* ‖ *schellen, klingeln* ‖ *läuten* ‖ ⟨Mus⟩ *tönen (Instrument, Stimme)* ‖ *schmettern (Trompete)* ‖ ◇ ~ bien *gut klingen* ‖ ~ mal *misstönen* ‖ ~ a a/c *wie etwas klingen* ‖ ⟨fig⟩ *auf et. anspielen* ‖ ~ a hueco *hohl klingen* ‖ ~ a metal *metallenen Klang haben* ‖ eso me suena a engaño *das riecht (mir) ganz nach Betrug* ‖ sonó una descarga cerrada ⟨Mil⟩ *e–e Salve krachte* ‖ ¡así como suena! ⟨pop⟩ *so wie ich es sage, buchstäblich! (bei Beteuerungen)* ‖ hacer ~ *ertönen lassen* ‖ *spielen (ein Instrument)* ‖ hacer ~ el dinero *das Geld klimpern lassen* ‖ ha sonado el timbre *es hat ge\|klingelt od -läutet* ‖ no me suena ⟨fam⟩ *es kommt mir ganz unbekannt vor* ‖ se suena *es verlautet*
³sonar [-ue-] vt *s. (die Nase) schneuzen od putzen* ‖ ~se *s. schneuzen*
△ **sonaray** m *Gold* n
sona\|ta f ⟨Mus⟩ *Sonate* f ‖ ~ en Do menor *c-Moll-Sonate* f ‖ la ~ del Claro de Luna *(Beethovens) Mondscheinsonate* f ‖ la ~ a Kreutzer *die Kreutzersonate* ‖ ~ patética *pathetische Sonate* f ‖ **–tina** f ⟨Mus⟩ *Sonatine* f
sonda f *Sonde* f ‖ ⟨Med⟩ *Sonde* f, *Katheter* m ‖ ⟨Mar⟩ *(Blei)Lot, Senkblei* n ‖ ~ acanalada ⟨Med⟩ *Hohlsonde* f ‖ ~ acústica ⟨Mar⟩ *Echolot* n ‖ ~ de botón ⟨Med⟩ *Knopfsonde* f ‖ ~ lunar ⟨Astr⟩ *Mondsonde* f
Sonda f ⟨Geogr⟩ Las Islas de la ~ *die Sundainseln* fpl
son\|dable adj *(m/f) auslotbar* ‖ ⟨Med⟩ *sondierbar* ‖ **–dador** m ⟨Mil Mar⟩: ~ acústico *Schallmessgerät* n ‖ **–daleza** f ⟨Mar⟩ *Lot\|schnur, -leine* f ‖ **–dar** vt/i *sondieren* ‖ ⟨Med⟩ *katheterisieren* ‖ → **–dear** ‖ **–deador** m *Sondiergerät* n ‖ *Sonde* f ‖ ~ del mercado *Marktforscher* m ‖ **–d(e)ar** vt/i *sondieren,*

untersuchen ‖ ⟨Med⟩ *katheterisieren* ‖ ⟨Bgb⟩ *bohren* ‖ ⟨Mar⟩ *loten* ‖ ⟨fig⟩ *(jdn) (ausf)orschen,* ⟨fam⟩ *(jdm) auf den Zahn fühlen* ‖ **–deo** m *Sondieren* n *(& fig)* ‖ *Lotung* f ‖ ⟨Bgb⟩ *Aufschlussbohrung* f ‖ ⟨fig⟩ *Stichprobe* f ‖ ⟨fig⟩ *Befragung, Umfrage* f ‖ ⟨fig⟩ *Erhebungen* fpl ‖ ~ del mercado ⟨Com⟩ *Markt\|erkundung, -forschung* f ‖ ~ de (la) opinión ⟨Soz Pol Wir⟩ *Meinungsforschung* f ‖ *Meinungsumfrage* f ‖ ~ positivo *fündige Bohrung* f ‖ **–deo-flash** m *Blitzumfrage* f
sone\|cillo m dim von **¹son** ‖ **–ría** f *Läutewerk* n ‖ *Glockenspiel* n
sone\|tista m/f *Sonettdichter(in* f) ‖ **–to** m *Sonett* n
songa f Am *(versteckte) Ironie* f, *(versteckter) Spott* m ‖ Mex *derber Scherz* m
sónico adj *die Schallgeschwindigkeit betreffend* ‖ *mit Schallgeschwindigkei*
sonidista m/f *Tontechniker(in* f) m
sonido m *Ton* m ‖ *Schall, Klang, Laut* m ‖ *Klingen, Getön* n ‖ *Klangfarbe* f ‖ *Lautwerk* m ‖ ⟨Mar⟩ *Windstoß* m ‖ ~ articulado ⟨Phon⟩ *Sprech-, Sprach\|laut, artikulierter Laut* m ‖ ~ aspirado ⟨Phon⟩ *Hauchlaut* m ‖ ~ dorsal ⟨Phon⟩ *Dorsal* m ‖ ~ estereofónico ⟨Ak Radio⟩ *Stereo-, Raum\|ton* m ‖ ~ fricativo ⟨Phon⟩ *Reibelaut, Frikativ* m ‖ ~ gutural ⟨Phon⟩ *Kehllaut, Guttural* m ‖ ~ labial ⟨Phon⟩ *Lippenlaut, Labial* m ‖ ~ nasal ⟨Phon⟩ *Nasenlaut, Nasal* m ‖ ~ sibilante ⟨Phon⟩ *Zischlaut* m ‖ ~ silencioso *Ultraschall* m ‖ ◇ pasar od rebasar od vencer la barrera del ~ *die Schallmauer überwinden od durchbrechen*
soniquete m ⟨desp⟩ von **¹son** ‖ → **sonsonete**
sonoboya f ⟨Mar⟩ *Heulboje* f
sonochada f *Nachtwachen* n
sono\|grafía f ⟨Med Tech⟩ *Sono-, Echo\|graphie* f ‖ **–grama** m ⟨Med Tech⟩ m *Sonogramm* n ‖ **–metría** f ⟨Ak⟩ *Schallstärkemessung* f ‖ **sonó\|metro** m *Schallmesser* m, *Sonometer* n ‖ **–rico** adj: potencia ~a ⟨Radio⟩ *Schallstärke* f ‖ **sono\|ridad** f *Wohlklang* m ‖ *Tonstärke* f ‖ *Klangfülle* f ‖ *Klanghaftigkeit* f ‖ **–rización** f ⟨Radio⟩ *Beschallung* f ‖ ⟨Film⟩ *Vertonung, Tonuntermalung* f ‖ ⟨Phon⟩ *Sonorisierung* f ‖ **–rizar** [z/c] vt ⟨Radio⟩ *beschallen* ‖ ⟨Film⟩ *vertonen* ‖ ⟨Phon⟩ *sonorisieren* ‖ ~se ⟨Phon⟩ *stimmhaft werden* ‖ **–ro** adj *(wohl)klingend, (wohl)tönend, klangreich* ‖ *volltönend, laut* ‖ *akustisch (Theater, Gewölbe)* ‖ *klingend (Laut)* ‖ ⟨Phon⟩ *stimmhaft* ‖ ⟨fig⟩ *wohlklingend (Verse)* ‖ **–tone** m *Hörgerät* n
son\|reír(se) [irr → **reír**] vi(r) *lächeln, still lachen* ‖ *(jdn) belächeln* ‖ ⟨fig⟩ *lachen* ‖ ◇ ~ forzadamente *gezwungen lächeln* ‖ le –rió *sie lächelte ihn an* ‖ **–río** diciendo *er sagte lächelnd* ‖ **–riente** adj *(m/f) lächelnd* ‖ ⟨fig⟩ *heiter, fröhlich, strahlend* ‖ **–risa** f *Lächeln* n ‖ *Schmunzeln* n ‖ *Grinsen* n ‖ *de condescencia beifälliges Lächeln* n ‖ ~ forzada *gezwungenes Lächeln* n
sonro\|jar vt *erröten machen, beschämen* ‖ ~se *erröten, schamrot werden* ‖ **–jo** m *Erröten* n ‖ *Schamröte* f ‖ *Beschämung* f, *Schimpf* m ‖ ⟨fig⟩ *Schande* f ‖ **–sado** adj *rosenfarbig, rötlich* ‖ **–s(e)ar** vt *röten* ‖ ~se *rosenrot werden (Wolken, Wangen)*
sonsa\|car [c/qu] vt *entlocken, heimlich entwenden, stehlen* ‖ *(jdn) aus\|forschen, -fragen* ‖ ⟨fig⟩ *(jdm et.) abschwatzen* ‖ ⟨fam⟩ *herüberziehen (z. B. Klubmitglieder)*
△ **sonsí** f *Lippe* f ‖ *Mund* m ‖ *Schweigen* n
△ **sonsi\|belar** vi *schweigen* ‖ **–rre** m *Schweigen* n
sonso adj Am → **zonzo**
sonso\|nete m *taktmäßiges Getrommel* n ‖

Singsang, Klingklang m, *Geklingel* n ‖ *Geklapper* n ‖ ⟨fig⟩ *langweiliges Geräusch* n ‖ ⟨fig⟩ *spöttisches Lächeln* n
soña|ción *f:* ni por ~ ⟨fam⟩ *nicht im Traum* ‖ **–do** adj: jamás ~ *nie erträumt, nie erhofft (Glück)* ‖ **–dor** adj *träumend, träumerisch* ‖ ~ m ⟨fig⟩ *Träumer, Fantast, Schwärmer* m
so|ñar [-ue-] vt/i *träumen* ‖ ◊ –ñé con un palacio *mir träumte von e–m Palast* ‖ ~ con *od* en *od* de alg. *von jdm träumen* ‖ ~ contigo *von dir träumen* ‖ mit dir zusammen *träumen* ‖ ~ de *od* con muertos *von Toten träumen* ‖ ~ en voz alta *im Schlaf reden, laut träumen* ‖ ~ despierto ⟨fig⟩ *ein Träumer sein* ‖ pasó la noche –ñando *er (sie, es) hat die ganze Nacht verträumt* ‖ ¡ni ~lo (siquiera)! ⟨pop⟩ *nicht im Traum!*
so|ñarrera *f* ⟨fam⟩ *dumpfer Schlaf, Halbschlaf* m ‖ ⟨fam⟩ *Schlaflust* f ‖ **–ñera** *f* ⟨fam⟩ *Schlaf|lust* bzw -*sucht* f
soño|lencia *f* → **somnolencia** ‖ **–liento** adj *schläfrig, schlaf|trunken, -süchtig* ‖ *verschlafen* ‖ ⟨Med⟩ *somnolent* ‖ ⟨fig⟩ *träge, schlaff, müßig*
¹sopa *f Stück* n *Brot (zum Einbrocken)* ‖ *eingetunktes Stück* n *Brot*
²sopa *f Suppe, Fleisch-, Gemüse|suppe* f ‖ *Brot|suppe, -tunke* f ‖ *Brühe* f (→ **caldo, consomé**) ‖ ~ de ajo *Knoblauchsuppe* f ‖ ~ de albondiguillas *Suppe* f *mit Fleischklößchen* ‖ ~ de almendras *Mandelsuppe* f *(span. Weihnachtssuppe)* ‖ ~ de arroz *Reissuppe* f ‖ ~ de boba *Kloster-, Armen-, Wasser|suppe* f ‖ ~ borracha *Weinsuppe* f *(mit Zucker, Zimt)* ‖ ~ de caldo (de gallina) *(Hühner)Brühe* f ‖ ~ de cebolla *Zwiebelsuppe* f ‖ ~ clara *klare Suppe* f ‖ ~ de copos de avena *Hafer|flockensuppe, -schleimsuppe* f ‖ ~ del día *Tagessuppe* f ‖ ~ espesa *legierte Suppe* f ‖ ~ de fideos *Nudelsuppe* f ‖ ~ de grelos Gal *(Art) Gemüsesuppe* f ‖ ~ de guisantes *(durchgeschlagene) Erbsensuppe* f ‖ ~ de guisantes (secos) *Erbsensuppe* f ‖ ~ de hierbas *Kräutersuppe* f ‖ ~ de huevos *Eiersuppe* f ‖ ~ juliana *Julienne(Suppe)* f ‖ ~ de leche *Milchsuppe* f ‖ ~ de lentejas *Linsensuppe* f ‖ ~ madrileña *Brotsuppe* f *mit Ei* ‖ ~ de mejillones *Muschelsuppe* f ‖ ~ de pan *Brotsuppe* f ‖ ~ de patatas *Kartoffelsuppe* f ‖ ~ de perifolio *Kerbelsuppe* f ‖ ~ de pescado *Fischsuppe* f ‖ ~ de rabo de buey *Ochsenschwanzsuppe* f ‖ ~ de sémola *Grieß-, Grütz|suppe* f ‖ ~ de setas *Pilzsuppe* f ‖ ~ de sobre *Tütensuppe* f ‖ ~ socarrada *eingebrannte Suppe* f ‖ ~ de tapioca *Sagosuppe* f ‖ ~ de tomate *Tomatensuppe* f ‖ ~ de tortuga *Schildkrötensuppe* f ‖ ~ de verdura(s) *Gemüsesuppe* f ‖ ~ vegetal *Gemüse-, Kräuter|suppe* f ‖ ~ de viernes, ~ de vigilia *Fastensuppe* f ‖ ~ de vino *Weinsuppe* f ‖ borracho como una ~ ⟨pop⟩ *sternhagelvoll, stockbesoffen* ‖ ◊ andar a la ~ *boba, comer la* ~ *boba auf Kosten anderer leben, nassauern, schnorren* ‖ dar ~ con honda *s–e Überlegenheit zeigen* ‖ encontrar a alg. hasta en la ~ ⟨figf⟩ *jdn überall antreffen* ‖ ¡te encuentro hasta en la ~! ⟨figf⟩ *du bist überall und nirgends!* ‖ estar hecho una ~ ⟨figf⟩ *bis aufs Hemd durchnässt sein,* ⟨fam⟩ *pudelnass sein* ‖ ⟨fam⟩ *be|schwipst* bzw -*trunken sein*
sopalancar vt *e–n Hebel unterlegen (beim Anheben von Lasten) (algo unter acc)*
sopanda *f Stützbalken* m ‖ Am *Sprungfedermatratze* f
sopa|pear vt ⟨fam⟩ *ohrfeigen* ‖ **–pina** *f* ⟨fam⟩ *Ohrfeigensalve* f ‖ **–po** *m* ⟨Faust⟩*Schlag* m *unter das Kinn* ‖ ⟨fam⟩ *Ohrfeige* f ‖ ◊ atizar un ~ a alg. *jdm e–e Ohrfeige geben*

sop(e)ar vt → **ensopar**
sopena adv → **¹so** pena
sopeña *f Höhle* f bzw *Platz* m *unter e–m Fels*
sope|ra *f Suppenschüssel* f ‖ augm: **–rón** *m* ‖ **–ro** adj *Suppen-* ‖ (plato) ~ *Suppenteller* m ‖ ~ *m* ⟨fam⟩ *Suppenliebhaber* m
sopesar vt *in der Hand abwiegen* ‖ ⟨fig⟩ *abwägen* ‖ ◊ ~ los pros y los contras *das Für und das Wider abwägen*
sope|tear vt *(jdn) misshandeln* ‖ *(immer wieder) in die Suppe stippen* ‖ **–teo** *m* ⟨fam⟩ *Eintunken* n
¹sopetón *m heftiger Schlag* m, *derbe Ohrfeige* f ‖ ◆ de ~ ⟨fam⟩ *plötzlich, unver|sehens, -hofft, jählings* ‖ *mir nichts, dir nichts*
²sopetón *m* ⟨Kochk⟩ *in Öl getunktes Röstbrot* n
sopicaldo *m klare Brühe* f *mit Brotwürfeln*
sopié *m* ⟨Auto⟩ *Radneigung* f, *Sturz* m
so|pista *m/f Bettler(in* f) m ‖ ⟨Hist⟩ *Student(in* f) m, *der (die) auf Kosten von Wohlfahrtsvereinen lebt(e)* ‖ **–pita** *f* dim von **–pa**
sopla|da *f* ⟨Mar⟩ *Windstoß* m ‖ **–dero** *m Lüftungsloch* n ‖ **–do** adj ⟨fam⟩ *aufgeblasen* ‖ ⟨figf⟩ *be|schwipst* bzw -*trunken* ‖ ⟨figf⟩ *eingebildet* ‖ ◆ como ~ *wie angehaucht (Farben)* ‖ **–dor** adj *Blas-* ‖ ~ m ⟨fig⟩ *Hetzer, Rädelsführer, Wühler* m ‖ *Zuträger,* ⟨fam⟩ *Ohrenbläser* m ‖ ⟨Tech⟩ *Gebläse* n ‖ Ec ⟨Th⟩ *Souffleur* m ‖ *(Glas)Bläser* m ‖ **–dura** *f Blasen* n ‖ ⟨Met⟩ *Blase* f ‖ *Lunker* m
sopla|gaitas *m/*adj *Trottel* m ‖ **–mocos** *m* ⟨figf⟩ *Nasenstüber* m ‖ *Ohrfeige* f ‖ **–pitos** *m* Cu *Müßiggänger* m ‖ **–pollez** [*pl* **–ces**] *f Blöd-, Schwach|sinn* m
soplar vt/i *(ein-, an-, aus-, fort)blasen* ‖ *(ein)hauchen* ‖ ⟨figf⟩ *(vor der Nase) weg|schnappen, -stibitzen* ‖ ⟨figf⟩ *(Braut, Freundin) ausspannen* ‖ *(Stein im Damespiel) wegnehmen,* ⟨fig⟩ *wegschnappen* ‖ ⟨fig⟩ *entfachen, schüren (Feuer, Zwist)* ‖ *den Blasebalg treten* ‖ ⟨fig⟩ *(jdm et.) ein|geben, -reden* ‖ ⟨fig⟩ *angeben, heimlich anzeigen* ‖ ⟨fig⟩ *eingeben, inspirieren (z. B. die Musen)* ⟨Sch⟩ *ein-, vor|sagen* ‖ ⟨vulg⟩ *bumsen, vögeln, ficken* ‖ ◊ le ha soplado la suerte ⟨pop⟩ *das Glück ist über ihn gekommen* ‖ ~ vi *blasen* ‖ *keuchen, schwer atmen* ‖ *aufwirbeln, verwehen, pfeifen, sausen, säuseln, wehen (Wind, Brise)* ‖ ⟨Mus⟩ *blasen (Bläser)* ‖ ⟨fig pop⟩ *schlingen* ‖ ◊ ~ (de firme) *ein guter Trinker sein* ‖ quitar soplando *wegblasen* ‖ ¡sopla! *potztausend! nanu!* ‖ ~**se** ⟨figf⟩ *stark trinken od essen,* ⟨pop⟩ *(hinunter)schlingen* ‖ ⟨figf⟩ *s. aufblasen* ‖ ◊ ~ las manos *s. in die Hände blasen (bei Kälte)* ‖ ⟨fig⟩ *in s–r Absicht getäuscht werden* ‖ *den Kürzeren ziehen*
sopleque adj Arg *eingebildet, arrogant*
soplete *m Gebläse* n ‖ *Lötrohr* n ‖ *Schmelz-, Blase|röhrchen* n ‖ *(Schweiß)Brenner* m ‖ *Luftrohr* n *(des Dudelsacks)* ‖ ~ de cortar *Schneidbrenner* m ‖ ~ oxhídrico *Knallgasgebläse* n ‖ ~ de plasma *Plasmabrenner* m ‖ ~ de soldar *Schweißbrenner* m ‖ *Lötkolben* m
sopli|do *m Blasen* n ‖ *Hauch(en* n) m ‖ *Wehen* n *(des Windes)* ‖ ⟨Radio TV⟩ *Rauschen* n
¹soplillo *m* dim von **soplo** ‖ *Feuerfächer, kleiner Blasebalg* m
²soplillo *m* ⟨Kochk⟩ *(Art) feines Schaumgebäck* n
³soplillo *m* ⟨Text⟩ *sehr leichter Stoff* m
soplo *m Hauch* m ‖ *Blasen* n ‖ *Wehen, Säuseln* n *(des Windes)* ‖ ⟨Radio⟩ *Rauschen* n ‖ ⟨fig⟩ *Anzeige, Zuträgerei* f ‖ ⟨figf⟩ *Hinweis, Wink, Tipp* m ‖ ◊ dar un ~ a *(od apagar de un* ~*) la vela die Kerze aus|blasen, -löschen* ‖ lo derriba un ~ de aire ⟨pop⟩ *der geringste Windhauch bläst ihn um*

so|plón *m* ⟨fam⟩ *Zu-, Zwischen|träger* ‖ *Hinterbringer* m ‖ ⟨fam⟩ *(Polizei)Spitzel, Denunziant* m ‖ ⟨Sch⟩ *Petzer* m ‖ **–plonería** *f* ⟨fam⟩ *Zuträgerei, Spitzelei* f ‖ *Denunziantentum* n ‖ ⟨Sch⟩ *Petzerei* f
sopón *m* augm von **¹sopa** ‖ ⟨fam⟩ *Bettler* m
soponcio *m* ⟨fam⟩ *(plötzlicher) Kummer, Gram* m ‖ ⟨fam⟩ *Ohnmacht* f ‖ *Ohnmachtsanfall* m
so|por *m tiefer Schlaf* m ‖ *Schläfrigkeit* f ‖ ⟨Med⟩ *starke Benommenheit* f, *Sopor* m ‖ ◇ *caer en ~ tief einschlafen* ‖ **–porífero** adj *einschläfernd, Schlaf-* ‖ ⟨figf⟩ *äußerst langweilig,* ⟨pop⟩ *stinklangweilig* ‖ **–poroso** adj *schlafsüchtig, soporös* ‖ *~ m starkes Schlafmittel* n
soportable adj *(m/f) erträglich, annehmbar* ‖ *leidlich* ‖ *zulässig*
soportal *m Vorhalle* f ‖ *gedeckter Hauseingang* m ‖ *(Haus)Tor* n ‖ *Säulenvorbau* m ‖ *~es mpl Kolonnaden* fpl ‖ *Laub-, Bogen|gang* m, *Bogenlaube* f *(e–r Häuserreihe)*
soportalibros *m Bücherstütze* f
sopor|tar vt *stützen, tragen, halten* ‖ *ertragen, aushalten, dulden* ‖ ◇ *~ la pérdida, los gastos den Verlust, die Kosten tragen* ‖ *no lo puedo ~ ich kann ihn nicht ausstehen* ‖ *ich kann es nicht aushalten* ‖ *eso no lo –to das lasse ich mir nicht gefallen, das verbitte ich mir* ‖ **–te** *m Stütze* f ‖ *Unterlage* f ‖ *Unterstützung* f ‖ *Ständer* m ‖ ⟨Fot⟩ *Schichtträger* m ‖ ⟨Tech⟩ *Auflager* n ‖ *Träger* m ‖ *Stütz|balken, -pfeiler* m ‖ *Papierstütze* f *(der Schreibmaschine)* ‖ *eiserner Träger* m ‖ *~ de la antena Antennenträger* m ‖ *~ para bicicletas Fahrradständer* m ‖ *~ de datos* ⟨Inform⟩ *Datenträger* m ‖ *~ para negativas* ⟨Fot⟩ *Ständer* m *für Negative* ‖ *~ de puente Brückenlager* n ‖ *~ de retocado* ⟨Fot Mal⟩ *Retuschierpult* n ‖ *~ para tubos de ensayo* ⟨Chem⟩ *Reagenzglasgestell* n ‖ *~ de válvula* ⟨El⟩ *Röhren|fassung* f, *-sockel* m
soprano *m/f* ⟨Mus⟩ *Sopran* m, *-stimme* f ‖ *Sopransänger* m, *Sopranistin* f ‖ *~ dramática Opern-, Helden|sopranistin* f, ⟨fam⟩ *Hochdramatische* f ‖ *~ ligera Soubrette* f
sopuntar vt *Punkte setzen (algo unter et.* acc)
soquete *m* SAm *Socke* f
soquetear vt Col PR *misshandeln*
sor *f (Kloster)Schwester, Nonne* f ‖ *Schwester* f *(als Anrede)* ‖ *~ Beatriz Schwester Beatrix*
△ **sora|bé** *(f –bí)* adj *schwächlich* ‖ *fein*
sorabo *m* → **sorbio**
△ **sora|lé** *(f –llí)* adj *hart*
sorber vt *(ein)schlürfen* ‖ *ausschlürfen (Gefäß, Ei)* ‖ *einsaugen* ‖ ⟨figf⟩ *ver|schlingen, -schlucken* ‖ ⟨fig⟩ *begierig aufnehmen* ‖ *schnupfen (Tabak)* ‖ ⟨fig⟩ *trinken (& lit)* ‖ ◇ *sorbiendo (golosamente) su soconusco* ⟨lit⟩ *s–e Tasse Schokolade (genüsslich) trinkend* ‖ *~ por la nariz durch die Nase einziehen* od *schniefen* ‖ **–se** ⟨fig⟩ *s. verringern* ‖ *~ los mocos rotzen, schnüffeln (von Kindern)* ‖ *~ los vientos por alg.* ⟨figf⟩ *in jdn sehr verliebt sein* ‖ *se lo sorbe* ⟨fam⟩ *er (sie, es) ist ihm in allem überlegen* ‖ *er (sie, es) steckt ihn in die Tasche* ‖ *se lo sorbió de un trago* ⟨fam⟩ *er (sie, es) leerte es in e–m Zug*
sorbe|te *m Sorbet(t)* m *(& n), Kühltrank* m ‖ *Gefrorene(s), (Speise)Eis* n ‖ PR Ur *Trinkhalm* m ‖ Mex ⟨fam⟩ *Zylinderhut* m ‖ *~ de vainilla Vanilleeis* n ‖ ◇ *estar hecho un ~ vor Kälte erstarrt sein, ein Eiszapfen sein* ‖ **–tera** *f* → **heladora** ‖ **–tón** *m* ⟨fam⟩ *tüchtiger Schluck* m ‖ ◆ *a –tones in großen Schlucken (trinken)*
sorbillo *m* dim von **sorbo**
sorbio adj *sorbisch, wendisch* ‖ *~ m Sorbe, Wende* m ‖ *el ~ die sorbische* od *wendische Sprache, das Sorbische* od *Wendische*
sor|bito *m* dim von **–bo** ‖ ◆ *a ~s in kleinen*

Schlucken, schluckweise ‖ ◇ *tomar el café a ~s den Kaffee schlürfen, schluckweise trinken*
sorbitol *m* ⟨Chem Physiol⟩ *Sorbit(ol)* m
sorbo *m (Ein)Schlürfen* n ‖ *Mundvoll, Schluck* m ‖ ⟨fig⟩ *bisschen* n ‖ ◇ *beber* od *tomar a ~s langsam (aus)schlürfen, schluckweise trinken*
Sorbona *f Sorbonne* f *(Pariser Universität)*
sorche *m* ⟨fam⟩ *Rekrut* m
sorda *f* ⟨V⟩ *Bekassine* f (→ **agachadiza**)
sordamente adv ⟨fig⟩ *heimlich, still, leise*
sordera *f* ⟨Med⟩ *Taubheit* f ‖ *Schwerhörigkeit* f ‖ *~ (sensitiva) súbita Hörsturz* m
sordidez *[pl –ces] f Schmutz* m, *Unflätigkeit* f ‖ *schmutziger Geiz* m, *Schäbigkeit* f ‖ ◆ *con ~ schäbig* ‖ *knauserig*
sórdido adj *schmutzig, schäbig* ‖ *dreckig, schmierig* ‖ *gemein* ‖ *geizig, knaus(e)rig*
sordina *f* ⟨Mus⟩ *Sordine* f, *(Ton)Dämpfer* m ‖ *~ de ébano Ebenholzdämpfer* m ‖ *~ metálica Metalldämpfer* m ‖ ◆ *a la ~* ⟨fig⟩ *heimlich, leise, sachte* ‖ *con ~* ⟨Mus⟩ *gedämpft* ‖ ◇ *poner la ~ den Dämpfer aufsetzen (Geiger)* ‖ *poner ~ a algo et. dämpfen, et. mäßigen* ‖ *(in) et. zurückstecken* ‖ *poner ~ a su indignación s–n Zorn dämpfen* ‖ *quitar la ~ den Dämpfer abnehmen (Geige)* ‖ *reír a la ~* ⟨pop⟩ *s. ins Fäustchen lachen* ‖ *tocar a la ~* ⟨Mus⟩ *leise spielen*
△ **sordindoy** *m Schlaf* m
sordo adj/s *taub, gehörlos* ‖ *schwerhörig* ‖ *geräuschlos, still, leise* ‖ *dumpf, klanglos* ‖ *schalltot* ‖ ⟨fig⟩ *taub (a gegen)* ‖ ⟨fig⟩ *gefühllos, unempfindlich, kalt* ‖ *unbestimmt, vag(e)* ‖ *stumpf (z.B. Schmerz)* ‖ *dumpf (z.B. Schlag, Lärm)* ‖ ⟨Gr⟩ *stumm (Laut)* ‖ *~ a los consejos auf k–n Rat hörend* ‖ *~ de un oído auf e–m Ohr taub* ‖ *a la ~a* ⟨fig⟩ *heimlich* ‖ ◇ *hacerse ~ (a) s. taub verhalten (gegenüber dat)* ‖ *hacer oídos ~s a algo* ⟨fig⟩ *von et. nichts hören* od *wissen wollen* ‖ *~ como una tapia, más ~ que una campana* ⟨pop⟩ *stocktaub* ‖ *~ m Taube(r)* f (m) ‖ ◇ *predicar a los ~s* ⟨figf⟩ *tauben Ohren predigen* ‖ *no hay peor ~ que el que no quiere oír* ⟨Spr⟩ *Eigensinn ist taub*
sordomu|dez *[pl –ces] f Taubstummheit* f ‖ **–do** adj *taubstumm* ‖ *~ m Taubstumme(r)* m
soredio *m* ⟨Bot⟩ *Soredium, Keimhäuschen* n *der Flechten*
sorel *m* ⟨Fi⟩ → **¹jurel**
sorgo *m* ⟨Bot⟩ *Mohrenhirse* f *(Sorghum vulgare* ‖ *S. spp)*
sorgui|na, –ña *f* ⟨Myth⟩ *bask. Nymphe* f ‖ *Hexe* f
△ **sorí** *f Freude* f
Soria *f* [Stadt und Provinz in Spanien] *Soria* n ‖ **⁼no** adj/s *aus Soria* ‖ *auf Soria bezüglich*
soriasis *f* ⟨Med⟩ → **psoriasis**
△ **sorimbo** adj *ernst*
sorites *m* ⟨Log⟩ *Kettenschluss, Sor(e)ites* m
sorna *f (spöttisches) Phlegma* n ‖ *Ironie* f ‖ *Spott* m
△ **sor|nar** vi *ruhen, schlafen* ‖ **–nibar** vt *einschläfern* ‖ **–nindoy** *m Ruhe* f
soro *m* ⟨Bot⟩ *Sorus, Sporenbehälter* m *der Farne* ‖ *~s mpl Sori* mpl ‖ **–sis** *f* ⟨Bot⟩ *Sorose* f *(Fruchtart)*
△ **soró** adj *bitter*
soro|charse vr Am *von der Berg-* od *Soroche|krankheit befallen werden, bergkrank werden*
¹soroche *m Soroche* m, *Bergkrankheit* f *(beklemmendes Angstgefühl) infolge der dünnen Luft in den Anden* ‖ Am *Grubengas* n
²soroche *m* Am *Schamröte* f ‖ *Erröten* n
sorocho adj *unreif (Frucht, Obst)*
sorollesco adj *auf den span. Maler Sorolla y Bastida (1863–1923) bezüglich*

△ **soronjé** m *Gefühl* n
sóror f *(Kloster)Schwester* f ‖ → auch **sor**
sororicidio m *Schwestermord* m
sorpren|dente adj *(m/f) überraschend, auffällig* ‖ *erstaunlich* ‖ *seltsam* ‖ *verwunderlich* ‖ ◆ *de un parecido* ~ *auffallend ähnlich* ‖ *es* ~ *que … (subj) es ist auffällig, dass …* ‖ **–der** vt *überraschen* ‖ *ertappen* ‖ *in Erstaunen (ver)setzen* ‖ *befremden, verblüffen* ‖ *über|fallen, -rumpeln* ‖ *überlisten* ‖ ~ *la buena fe de alg. jds Vertrauen missbrauchen* ‖ *jdn anführen* ‖ ~ *en el hecho od in fraganti auf frischer Tat ertappen* ‖ *me –de es befremdet mich* ‖ ~**se** *(er)staunen, stutzen* ‖ **–dido** adj *überrascht, erstaunt, verdutzt, bestürzt* ‖ ~ *de od con ello erstaunt darüber* ‖ ◇ *quedo* ~ *ich staune*
sorpre|sa f *Überraschung* f ‖ *Verwunderung, Bestürzung* f, *Staunen* n ‖ *Über|fall, -rump(e)lung* f ‖ ⟨fig⟩ *(unerwartetes) Geschenk* n ‖ ◆ *con gran* ~ *zum großen Erstaunen* ‖ ◇ *coger de* ~ *überraschen* ‖ *überfallen* ‖ *dar una* ~ *desagradable a alg. jdn unangenehm überraschen* ‖ *experimentar viva* ~ *sehr bestürzt sein* ‖ *eso me toma de* ~ *(bes. Am) das überrascht mich, das verdutzt mich* ‖ *veo con gran od la mayor* ~ *que … zu m–m großen od größten Erstaunen od Befremden sehe ich, dass …* ‖ **–sivo** adj Am →
sorprendente
sorra f ⟨Mar⟩ *Kiessand, Sandballast* m
sorrajar vt Mex *schlagen* ‖ *verletzen*
sorrostrada f ⟨fam⟩ *Dreistigkeit, Unverschämtheit* f ‖ *Respektlosigkeit* f
sort m ⟨Inform⟩ *Sortierung* f
sorte|able adj *(m/f) aus-, ver|losbar* ‖ **–ar** vt *aus-, ver|losen* ‖ ⟨fig⟩ *aus dem Weg gehen, ausweichen* (dat) *(Gefahr, Schwierigkeit)* ‖ *umgehen* ‖ ◇ ~ *toda clase de obstáculos* ⟨fig⟩ *s. über allerhand Hindernisse geschickt hinwegsetzen* ‖ ~ vt/i *losen* ‖ *das Los entscheiden lassen (über* acc) ‖ ⟨Taur⟩ *mit dem Stier (zu Fuß) kämpfen* ‖ ~**se** *gezogen werden (Los)*
sorteo m *(Aus-, Ver)Losen* n ‖ *Aus-, Ver|losung* f ‖ *Ziehung* f ⟨Lotterie⟩ ‖ ~ *de Navidad span. Weihnachtslotterie* f ‖ ◆ *por* ~*(s) durchs Los* ‖ *mañana hay* ~ *morgen ist Ziehung (Lotterie)* ‖ ◇ *reembolsar por* ~ *durch Auslosung zurückzahlen*
sorti|ja f *(Finger)Ring* m ‖ *Locke, Haar-, Ringel|locke* f ‖ ~ *de oro Goldring* m ‖ dim: **–jilla, –juela** f ‖ augm: **–jón** ‖ ◇ *correr* ~*s* ⟨Sp⟩ *am Ringreiten od Ringelstechen teilnehmen*
sortilegio m *Wahrsagerei* f ‖ *Zauberei, Hexerei* f ‖ *Zaubermittel* n ‖ ⟨fig⟩ *Zauber* m ‖ ◇ *hacer* ~ *wahrsagen* ‖ *zaubern* ‖ *hexen*
sortílego adj *Zauber-* ‖ ~ m *Wahrsager* m ‖ *Zauberer* m
¹sos Am ⟨pop⟩ → **sois** ‖ *tú* ~ *Arg = tú eres*
△ **²sos** conj *wie (als)* ‖ *dass* ‖ *weil* ‖ *wieviel*
SOS ⟨Abk engl⟩ *SOS* n *(internationales Seenotzeichen)*
¹sosa f *Natron* n ‖ *Soda* f (& n) ‖ ~ *cáustica kaustische Soda* f, *Ätznatron* n
²sosa f ⟨Bot⟩ *Salzkraut* n (Salsola soda) ‖ *Salzkrautasche* f
sosada f ⟨fam⟩ → **soser(í)a**
sosaina m/f ⟨fam⟩ *langweilige, fade Person* f ‖ ⟨pop⟩ *Schlafmütze* f
△ **sosclayar** vt *erweichen*
△ **soschí** f *Lebhaftigkeit* f
sose|gado adj *gelassen, ruhig, friedlich, still* ‖ *sanft, gelassen* ‖ **–gar** [-ie-, g/gu] vt *be|ruhigen, -sänftigen, stillen* ‖ *beschwichtigen* ‖ ~ vi *(aus)ruhen* ‖ *schlafen* ‖ ~**se** *s. beruhigen* ‖ *artig sein (Kinder)*
sose|ras m/f *Langweiler(in* f) m ‖ **–r(í)a** f *Albernheit, Fadheit, Langweiligkeit* f ‖ *abgeschmacktes Zeug* n ‖ *Abgeschmacktheit* f

△ **sosí** f *Landgut* n
sosia m/f *Doppelgänger(in* f) m
sosiego m *Gelassenheit* f ‖ *Ruhe, Stille* f ‖ *Gemütsruhe* f
△ **sosimbo** m *Herd* m
△ **sosimbre** m *Augenbraue* f
△ **sosinga** f *Gürtel* m
sosla|yar vt/i *abschrägen* ‖ *schief, schräg machen, legen, ziehen bzw halten* ‖ ⟨fig⟩ *fallen lassen, hinwerfen (im Gespräch)* ‖ ⟨fig⟩ *s. ausweichend ausdrücken* ‖ ◇ ~ *una dificultad s. über e–e Schwierigkeit hinwegsetzen, e-r Schwierigkeit ausweichen, e-e Schwierigkeit umgehen bzw aus dem Weg räumen* ‖ **–yo** adj/s *schräg, schief* ‖ ◆ *al* ~ *schräg* ‖ *de* ~ *schräg, schief, quer* ‖ *flüchtig* ‖ ◇ *mirar de* ~ *a alg. jdn schief ansehen* ‖ *jdm zublinzeln* ‖ *el sol le hería el rostro de* ~ *die Sonnenstrahlen fielen ihm (ihr) schräg ins Gesicht*
△ **sosna** f *Ruhe* f
soso adj *fad, schal* ‖ *ungesalzen* ‖ ⟨fig⟩ *abgeschmackt, albern* ‖ ⟨fig⟩ *langweilig, fad(e) (Person)* ‖ ◇ *la sopa está* ~*a die Suppe ist nicht gesalzen*
sosobre m ⟨Mar⟩ *Royal-, Sky|segel* n
sosón adj/s augm von **soso**
sospe|cha f *Verdacht, Argwohn* m ‖ *Mutmaßung, Vermutung, Ahnung* f ‖ *Misstrauen* n ‖ ~ *de … Verdacht auf … (acc)* ‖ ◇ *caer en* ~ *in Verdacht kommen* ‖ *concebir* ~*s Verdacht schöpfen* ‖ *incurrir en* ~ *caer en* ~ *inspirar* ~*, levantar* ~ *Verdacht erregen* ‖ *tener* ~ *de alg. gegen jdn e–n Verdacht hegen* ‖ **–chable** adj *(m/f) Verdacht erregend, verdächtig* ‖ **–char** vt *Verdacht schöpfen gegen (acc)* ‖ *(jdn) verdächtigen* ‖ ~ vi *argwöhnen* ‖ *vermuten, Vermutungen hegen, mutmaßen, ahnen* ‖ *misstrauen, misstrauisch sein* ‖ ◇ *se sospecha de él er wird verdächtigt* ‖ *nunca –chado nie geahnt* ‖ *era de* ~ *es war zu vermuten* ‖ **–choso** adj *verdächtig (de gen)* ‖ *Verdacht erregend, Misstrauen erweckend* ‖ *zweifelhaft* ‖ *argwöhnisch, misstrauisch* ‖ ~ *por su conducta wegen s–s Benehmens verdächtig* ‖ ~ *de estafa des Betrugs verdächtig* ‖ ~ *de herejía der Ketzerei verdächtigt* ‖ ◇ *lo hago* ~ *ich verdächtige ihn* ‖ *ich lehne ihn wegen Befangenheit ab* ‖ *hacerse* ~ *(de algo) s. e–m Verdacht (wegen e–r Sache) aussetzen* ‖ *Misstrauen einflößen* ‖ ~ m *Verdächtige(r)* m
sospesar vt → **sopesar**
△ **sosque** adv *wie* ‖ *wo* ‖ *weil*
sosquín m *Schlag* m *aus dem Hinterhalt* ‖ ◆ *de od en* ~ *schräg, quer*
sostén m *Stütze* f ‖ *Stützpunkt* m ‖ ⟨fig⟩ *Schutz* m ‖ *Büstenhalter,* ⟨fam⟩ *BH* m ‖ ~ m ⟨Tech⟩ *Träger* m (→ **soporte**) ‖ ~ *de la vejez Stütze* f *des Alters* ‖ ~ *sin tirantes schulterfreier Büstenhalter,* ⟨fam⟩ *trägerloser BH* m
soste|ner [irr → **tener**] vt/i *halten, tragen, stützen* ‖ *unterstützen* ‖ *erhalten* ‖ *aufrechterhalten* ‖ *(jdn) aus-, unter|halten, beköstigen* ‖ *ver|teidigen, -fechten (Standpunkt, Meinung)* ‖ *behaupten* ‖ *durchführen, zur Geltung bringen* ‖ ⟨fam⟩ *be|schützen, -günstigen* ‖ *helfen, beistehen (a alg. jdm)* ‖ ◇ ~ *correspondencia con alg. mit jdm im Briefwechsel stehen* ‖ ~ *una lucha e–n Kampf bestehen* ‖ ~ *una tesis e–e These verfechten* ‖ *sostiene que … er (sie, es) behauptet, dass …* ‖ *no se puede* ~ *es ist unhaltbar* ‖ ~**se** *s. aufrecht halten* ‖ *s. erhalten, fortdauern* ‖ *s. halten (Kurs, Preise)* ‖ *Bestand haben* ‖ *s. gegenseitig unterstützen* ‖ ◇ ~ *sobre agua s. über Wasser halten (& fig)* ‖ ~ *en el aire schweben* ‖ ~ *derecho s. aufrecht halten* ‖ *el mercado se sostuvo firme* ⟨Com⟩ *die Haltung des*

Marktes war fest ‖ *los precios se sostienen die Preise halten s.* ‖ **–nido** adj ⟨Mus⟩ *erhöht* ‖ ⟨Com⟩ *fest (Markt)* ‖ fa ~ ⟨Mus⟩ *Fis* n ‖ fa doble ~ ⟨Mus⟩ *Fisis* n ‖ ~ *m* ⟨Mus⟩ *Kreuz, Erhöhungszeichen* n ‖ doble ~ ⟨Mus⟩ *Doppelkreuz* n ‖ **–nimiento** *m Stützung* f ‖ *Unterstützung* f ‖ *Erhaltung* f ‖ *Unterhalt* m ‖ *Aufrechterhaltung* f ‖ *Behauptung* f ‖ ⟨Tech⟩ *Wartung, Unterhaltung* f ‖ **–nuto** adj ⟨it⟩ ⟨Mus⟩ *getragen*

¹sota *f* ⟨Kart⟩ *Bube, Unter, Bauer* m ‖ ⟨figf⟩ *freches Weibsstück* n ‖ *Nutte* f

²sota *m* ⟨Sch⟩ *Hilfslehrer* m ‖ ⟨fig⟩ *untergeordnete Person* f ‖ Chi *Vorarbeiter, Werkmeister* m

sota|banco *m* ⟨Arch⟩ *Giebelzinne* f ‖ *Giebelwohnung* f ‖ *Balkenträger* m ‖ **–barba** *f Doppelkinn* n ‖ **–cola** *f Schweifriemen* m *(des Pferdes)*

¹sota|na *f* ⟨Kath⟩ *Soutane* f ‖ ⟨fig⟩ *Priester|würde* bzw *-berufung* bzw *-pflicht* f ‖ dim: **–nilla**

²sotana *f* ⟨fam⟩ → **somanta**

sótano(s) *m(pl) Keller* m ‖ *Kellergeschoss* n ‖ *Kellerwohnung* f ‖ ⟨Th⟩ *Unterbühne* f

sotanudo *m* Arg ⟨pop desp⟩ *Pfarrer* m

sotavento *m* ⟨Mar⟩ *Lee(seite)* f ‖ ◆ a ~ ⟨Mar⟩ *in Lee, im Windschatten*

sotechado *m überdeckter Raum, Schuppen* m

sotera *f* Ar *(Art) Haue* f (→ **azada**)

soterraño adj ⟨lit⟩ → **subterráneo**

sote|rrar [-ie-] vt *ver|graben, -scharren* ‖ *verschütten* ‖ *unter der Erde verlegen* (& Tech Arch)

sotileza *f* → **sutileza** ‖ Sant *dünnster Teil* m *der Angelschnur*

sotillo *m Hain* m, *Wäldchen* n

soto *m Gebüsch* n ‖ *Gestrüpp, Dickicht* n ‖ ◇ batir el ~ *den Wald durchstreifen* ‖ **–bosque** *m Unterholz* n

sotreta *f* Arg Bol *Schindmähre* f ‖ ⟨fig⟩ *miese Sache* f ‖ ¡~! Am *Donnerwetter!*

sotto voce ⟨it⟩ ⟨Mus⟩ *leise, gedämpft* ‖ ⟨fig⟩ *heimlich*

sotuer *m* ⟨Her⟩ *Schrägkreuz* n *(im Wappen)*

sotuto *m* Bol ⟨Ins⟩ → **nigua**

soufflé *m* ⟨Kochk⟩ *Soufflé* n

soul *m* ⟨Mus⟩ *Soul* m

soutache *m* → **sutás**

so|viet *m* ⟨Hist⟩: ⁓ supremo *Oberster Sowjet* m ‖ los ⁓s *die Sowjets* ‖ **–viético** adj/s *sowjetisch* ‖ *Sowjet-, Räte-* ‖ **–vietización** *f Sowjetisierung* f ‖ **–vietizar** [z/c] vt *sowjetisieren*

sovoz: a ~ *mit leiser, gedämpfter Stimme*

soy → **ser**

soya *f* → **soja**

sp… → auch **esp…**

s. p. ⟨Abk⟩ = sin precio

s/P ⟨Abk⟩ = su pagaré

S.P. ⟨Abk⟩ = servicios públicos

spaccato *m* → **espaccato**

spaghetti *m* → **espagueti**

spanglish *m* ⟨fam joc⟩ *Spanglisch* m *(mit englischen Sprachelementen durchsetztes Spanisch)*

spencer *m* ⟨Text⟩ *Spen|ser, -zer* m

spin *m* → **¹espín**

Spitzberg *m* ⟨Geogr⟩ *Spitzbergen* n

spleen *m* → **esplín**

spoiler *m* → **espoiler**

sport *m* → **esport**

spot *m* → **espot**

S.P.Q.R. ⟨Abk lat⟩ = Senatus Populusque Romanus

spray *m* → **espray**

spre. ⟨Abk⟩ = siempre

sprint *m* → **esprint**

sprínter *m* → **esprínter**

sputnik *m* ⟨Astr⟩ *Sputnik* m

squash *m* ⟨Sp⟩ *Squash* n

squatter *m Squatter, Hausbesetzer* m

s/r ⟨Abk⟩ = su remesa

Sr ⟨Abk⟩ = estroncio

Sr., S.ʳ ⟨Abk⟩ = Señor ‖ **Sr.D.** ⟨Abk⟩ = Señor Don *(Adresse od höfl. Anrede)*

Sra., Sras. ⟨Abk⟩ = Señora(s) ‖ **Sra. D.ᵃ** ⟨Abk⟩ = Señora Doña

S.R.C. ⟨Abk⟩ = se ruega contestación *um Antwort wird gebeten (u.A.w.g.)*

s.ʳᵉ, sre. ⟨Abk⟩ = sobre

Sres., S.ʳᵉˢ ⟨Abk⟩ = Señores

S.R.I. ⟨Abk⟩ = Santa Romana Iglesia

Sría., s. ⟨Abk⟩ = Secretaría ‖ Señoría

Sri Lanka *f* ⟨Geogr⟩ *Sri Lanka* n

srilanqués *m f Srilanker(in* f) m

s.ʳⁱᵒ ⟨Abk⟩ = secretario

S.R.L. ⟨Abk⟩ = Sociedad de Responsabilidad Limitada

S.R.M. ⟨Abk⟩ = Su Real Majestad

Sr.ᵗᵃ, Srta. ⟨Abk⟩ = Señorita

S.S ⟨Abk⟩ = Su Santidad ‖ Su Señoría ‖ seguro servidor

s.ˢ ⟨Abk⟩ = sacos

S.S.ᵃ ⟨Abk⟩ = Su Señoría

SS.AA. ⟨Abk⟩ = Sus Altezas

SSE. ⟨Abk⟩ = sudsudeste

SS.MM. ⟨Abk⟩ = Sus Majestades

SS.ᵐᵒ P. ⟨Abk⟩ = Santísimo Padre

SSO. ⟨Abk⟩ = sudsudoeste

S.S.S., s.s.s. ⟨Abk⟩ = su seguro servidor

SS.SS.SS., Ss.Ss.Ss., ss.ss.ss. ⟨Abk⟩ = sus seguros servidores

SSW ⟨Abk⟩ = sudsudoeste

s/t, s/T ⟨Abk⟩ = su talón

Sta. ⟨Abk⟩ = Santa ‖ Señorita

Stábat máter (lat) *m* ⟨Kath⟩ *Stabat mater* n *(Anfang und Bezeichnung e–r kath. Hymne bzw Sequenz)*

staccato *m* ⟨it⟩ ⟨Mus⟩ *Stakkato* n ‖ ~ adv *staccato*

stádium *m* → **¹estadio**

stagflación f ⟨Wir⟩ *Stagflation* f

stali|nismo *m* → **estalinismo** ‖ **–nista** *m/f* → **estalinista**

stand *m* → **estand**

standing *m Stand, Rang* m ‖ *Ausstattung* f, *Komfort* m *(meist von e–r Wohnung)* ‖ ◆ de alto ~ *anspruchsvoll* ‖ *(von) gehobener Klasse*

standar|d *m* → **estándar** ‖ **–dización** *f* → **estandarización** ‖ **–dizar** [z/c] vt → **estandarizar**

star *m/f* ⟨Film⟩*Star* m

starlet *f* → **estárlet**

start *m* ⟨Sp⟩ *Start* m

START ⟨Abk⟩ = Tratado sobre Reducción de Armas Estratégicas

statu quo (lat) *m bisheriger Zustand,* ⟨lat⟩ *Status quo* m

steeple-chase *f Steeplechase* f

stick *m* ⟨Sp⟩ *Hockeyschläger* m ‖ ⟨Kosm⟩ *Stift* m

Sto. ⟨Abk⟩ = Santo

stock *m* → **estoc**

stop *m* → **estop**

stradivarius *m* ⟨Mus⟩ *Stradivarius* f

st. ⟨Abk⟩ = septiembre

streak|er *m Flitzer, Blitzer* m ‖ **–ing** *m Flitzen, Blitzen* n

stress *m* → **estrés**

stretch adj ⟨Text⟩ *Stretch-*

strip-tease m → **estriptis**
¹**su** prep insep → **sub**
²**su** pron *sein, s–e* ‖ *ihr, ihre* ‖ *Ihr, Ihre* ‖ ~ hija
(de Vd.) *Ihre Tochter* ‖ por ~ causa *seinethalben*
‖ ~s *pl seine* ‖ *Ihre* ‖ *ihre*
   Sua|bia f ⟨Geogr⟩ *Schwaben* n ‖ ꞊**bo** adj
schwäbisch ‖ ~ m *Schwabe* m ‖ *(das)
Schwäbisch(e)*
   suahili m *Suaheli* m ‖ el ~ *die suahelische
Sprache, das Suaheli*
   suarda f ⟨Text⟩ → **juarda**
   suar(ec)ismo m ⟨Philos⟩ *Lehre* f *des span.
Jesuiten Francisco Suárez (1548–1617)*
   suasorio adj *Überzeugungs-* ‖ *Überredungs-*
   suástica f → **svástica**
   suave adj *(m/f) fein, glatt* ‖ *sanft (anzufühlen),
weich* ‖ *lieblich* ‖ *mild* (z.B. *Käse, Schinken,
Wein*) ‖ *geschmeidig* ‖ ⟨fig⟩ *sanft, gelind(e), lind* ‖
nachgiebig, lenksam ‖ ⟨fig⟩ *ruhig, gelassen* ‖ dim:
~**cito** ‖ adv: ~**mente**
   suavi|dad f *Geschmeidigkeit* f ‖ *Weichheit,
Lieblichkeit* f ‖ *Sanftmut, Milde* f ‖ ◆ con ~
sanft, milde ‖ **–ficar** [c/qu] vt → **–zar**
   suavio adj → **suebo**
   suavi|zador m *Abzieh-, Streich|riemen* m,
-leder n ‖ **–zante** m *Weichspüler* m ‖ **–zar** [z/c] vt
geschmeidig machen ‖ *mildern, lindern* ‖
besänftigen, abschwächen ‖ ◇ ~ *una navaja ein
Rasiermesser abziehen* ‖ ~**se** *geschmeidig werden*
‖ *s. besänftigen* ‖ *s. einlaufen (Maschine)* ‖
nachlassen (Kälte) ‖ *s. legen (Wind)* ‖ *s. mäßigen
(Ausdrucksweise)*
   sub- (vor f, g, p, z *oft* **su-**) präf *sub-, Sub-,
unter, unterhalb, von oben heran*
   suba f *Arg Steigen* n *(des Gewichts, der
Preise)*
   sub|ácido adj *säuerlich* ‖ **–acuático** adj *unter
Wasser befindlich* ‖ *subaquatisch* ‖ ⟨Biol Med⟩
subaqual ‖ *Unterwasser-* ‖ **–ácueo** adj →
–acuático ‖ **–aéreo** adj ⟨Biol⟩ *subaerisch* ‖
–afluente m *Nebenfluss* m *e–s Nebenflusses* ‖
–agencia f *Neben-, Unter|stelle, -agentur* f ‖
–agudo adj ⟨Med⟩ *subakut* ‖ **–alcalde** m →
teniente de alcalde ‖ **–alimentación** f
Unterernährung f ‖ **–alpino** adj *am Fuß der Alpen
liegend* ‖ *subalpin* ‖ **–alterno** adj/s *untergeordnet*
‖ *subaltern* ‖ **–andino** adj *am Fuß der Anden
liegend* ‖ *subandinisch* ‖ **–antártico** adj
subantarktisch ‖ **–apenino** adj *am Fuß der
Apenninen liegend* ‖ *subapenninisch* ‖
   subarren|dador m *Weiter-, Unter|vermieter*
bzw *-verpächter* m ‖ **–dar** [-ie-] vt *unter-,
weiter|vermieten* bzw *-verpachten* ‖ **–datario** m
Unter|pächter bzw *-mieter* m
   subarriendo m *Weiter-, Unter|vermietung* bzw
-pacht f
   subártico adj *subarktisch*
   subas|ta f *Versteigerung, Auktion* f ‖
Ausschreibung f ‖ *Zwangsveräußerung* f ‖ ◆ en ~
judicial gerichtlich versteigert (werdend) ‖ ◇
asistir a una ~ e–r Auktion beiwohnen ‖ *comprar
en ~ in der Auktion kaufen* ‖ *hacer una ~ e–e
Auktion abhalten* ‖ *sacar a ~ ausschreiben* ‖
versteigern (lassen), zur Versteigerung bringen ‖
*sacar a pública ~ öffentlich versteigern, zur
öffentlichen Versteigerung bringen* ‖ ⟨figf⟩
hinausposaunen, unter die Leute tragen ‖ *vender
en pública ~ in öffentlicher Auktion verkaufen,
öffentlich versteigern* ‖ **–tador** m *Versteigerer,
Auktionator* m ‖ **–tar** vt *(öffentlich) versteigern* ‖
ausschreiben ‖ ◇ ~ *al mayor postor meistbietend
versteigern*
   sub|atómico adj ⟨Phys⟩ *subatomar* ‖
–campeón m ⟨Sp⟩ *Vizemeister* m ‖ **–central** f
Nebenzentrale f ‖ **–cinericio** adj *in der Asche*

gebacken (Brot) ‖ **–clase** f ⟨Wiss Biol⟩
Unterklasse f *(Subclassis)* ‖ ~ *marsupiales* ⟨Zool⟩
Unterklasse f *Beuteltiere* ‖ **–clínico** adj ⟨Med⟩
subklinisch ‖ **–comisión** f *Unterausschuss* m ‖
–consciencia f *Unterbewusstsein* n ‖ **–consciente**
adj *(m/f) unterbewusst* ‖ lo ~ *das Unterbewusste*
n ‖ **–consumo** m *Unterverbrauch* m ‖ **–continente**
m ⟨Geogr⟩ *Subkontinent* m ‖ **–cultura** f ⟨Soz⟩
Subkultur f ‖ **–cutáneo** adj *sub|kutan, -dermal* ‖
–delegación f *Unterbevollmächtigung* f ‖ ⟨Verw⟩
Subdelegation f ‖ **–delegado** m
Unter|abgeordnete(r), -bevollmächtigte(r) m ‖
–desarrollado adj *unterentwickelt* ‖ *Entwicklungs-*
‖ **–diácono** m *Subdiakon* m ‖ **–director** m
Unterdirektor, zweiter Leiter m
   súbdito m/adj *Untertan* m ‖ *Staats|bürger,
-angehörige(r)* m ‖ ~ *extranjero Ausländer* m ‖
sub|dividir vt *unterteilen* ‖ ~ *en partes
Unterabteilungen machen* ‖ **–división** f
Unter(ein)teilung f ‖ *Unterabteilung* f ‖
Aufspaltung f ‖ *Zerlegung* f ‖ p. ex *Abteilung* f ‖
–dominante f ⟨Mus⟩ *Unterdominante* f ‖
–ducción f ⟨Geol⟩ *Subduktion* f ‖ **–entender** vt →
sobrentender
   sube|rización f ⟨Bot Chem⟩ *Verkorkung* f ‖
–roso adj *korkig, korkartig*
   sub|especie f ⟨Biol⟩ *Unterart* f *(Subspecies)* ‖
–estación f ⟨El Tel⟩ *Unterwerk* n ‖ **–estándar** adj:
película ~ *Schmalfilm* m ‖ **–estimar** vt *nicht
genügend schätzen* ‖ *unter Wert schätzen* ‖
–estructura f *Unterbau* m ‖ ⟨Geol⟩ *Sockel* m ‖
–exposición f ⟨Fot⟩ *Unterbelichtung* f ‖
–expuesto adj ⟨Fot⟩ *unterbelichtet* ‖ **–familia** f
⟨Biol⟩ *Unterfamilie* f *(Subfamilia)* ‖ **–febril** adj
(m/f) ⟨Med⟩ *subfebril* ‖ **–fósil** adj *(m/f)* ⟨Biol⟩
subfossil ‖ **–fusil** m *Maschinenpistole* f ‖ **–género**
m ⟨Biol⟩ *Untergattung* f *(Subgenus)* ‖ **–glacial** adj
(m/f) ⟨Geol⟩ *subglazial* ‖ **–gobernador** m
Vizegouverneur m
   subibaja m *(Kinder)Wippe* f ‖ Cu *Butterbrot* n
   subi|da f *Steigen* n ‖ *Hinauf-, An-,
Empor|steigen* n ‖ *Auf|fahrt* f, *-stieg* m ‖
(Berg)Abhang m ‖ *Anhöhe, Steigung* f ‖
Preis|erhöhung f, *-anstieg* m ‖ ⟨fig⟩ *Erhöhung,
Vermehrung* f ‖ ~ *del agua Schwellen* n *des
Wassers* ‖ *Überschwemmung* f, *Hochwasser* n ‖ ~
al cielo Himmelfahrt f ‖ ~ *al monte Bergaufstieg*
m ‖ ~ *al poder Antritt* m *(e–r Regierung)* ‖ ~
Machtübernahme f ‖ ~ *del precio Preis|erhöhung*
f, *-anstieg* m ‖ ~ *de sueldo Gehaltserhöhung* f ‖
~ *al tranvía Einsteigen* n *in die Straßenbahn* ‖ ~
al trono Thronbesteigung f ‖ cuanto mayor es la
~, tanto mayor es la descendida *(od de gran ~,
gran caída)* ⟨Spr⟩ *wer hoch steigt, kann tief fallen*
‖ *je höher der Berg, desto tiefer das Tal* ‖
Hochmut kommt vor dem Fall ‖ **–do** adj *hoch* bzw
gestiegen (Preis) ‖ *teuer* ‖ *lebhaft, kräftig, intensiv
(Farbe)* ‖ *stark (Geruch)* ‖ ~ de color
farbfreudig, farbenfroh, in grellen Farben ‖ *sehr
laut, lauter* ‖ ⟨fig⟩ *pikant, schlüpfrig* ‖ ◆ a precio
~ *zu erhöhtem Preis* ‖ con el cuello ~ *mit
aufgeschlagenem Rockkragen*
   sub|inquilino m *Untermieter* m ‖ **–inspector** m
Unteraufseher m ‖ **–interventor** m *Unterrevisor* m
   subir vt *hinauf|tragen, -bringen, -heben,
-holen, -schicken* ‖ *auf-, empor|heben* ‖ *auf-,
hoch|schlagen* ‖ *erklimmen, besteigen* ‖ ⟨Arch⟩
erhöhen, höher machen ‖ *steigern, erhöhen
(Preis)* ‖ *aus-, hoch|fahren (Leiter, Antenne usw.)* ‖
◇ ~ *el alquiler die Miete erhöhen* ‖ ~ *el color
die Farbe verstärken* ‖ ⟨fig⟩ *übertreiben* ‖ ~ *una
cuesta e–n Berg ersteigen* ‖ ~ *la escalera die
Treppe* (Öst Südd *Stiege*) *hinaufgehen* ‖ ~ *a un
niño en brazos ein Kind in die Arme nehmen* ‖ ~
una pared e–e Mauer erhöhen, höher machen ‖ ~

las pesas de un reloj *e–e (Gewicht)Uhr aufziehen* ‖ ~ el precio *den Preis erhöhen* ‖ ~ vi *steigen* ‖ *an-, (hin)auf\steigen* ‖ *hinauf\gehen, -kommen* ‖ *hinauf\fahren, -reiten, -klettern, -klimmen* ‖ *einsteigen* (a *in* acc) ‖ ⟨Mus⟩ *auf-, empor\steigen* ‖ *wachsen, steigen (Fluss, Meeresflut)* ‖ *im Preis steigen* ‖ *aufgehen (Teig)* ‖ *(in e–e höhere Klasse, Amtsstellung) versetzt werden* ‖ *aufrücken (im Dienstgrad)* ‖ *steigen (Fieber)* ‖ *zunehmen, s. weiterverbreiten, s. ausdehnen (Epidemie)* ‖ ◇ la marea sube ⟨Mar⟩ *es ist Flut* ‖ el pan ha subido *das Brot ist im Preis gestiegen* od *hat aufgeschlagen* ‖ el precio sube *der Preis wird erhöht, man erhöht den Preis* ‖ el río sube *das Wasser (im Fluss) steigt* ‖ hacer ~ *hinauftreiben* ‖ *hinaufschicken* ‖ *erheben* ‖ *heraufholen* ‖ ~ y bajar *auf- und nieder\gehen* ‖ el termómetro ha subido *das Thermometer ist gestiegen* ‖ ¡suba Vd.! *bitte, kommen Sie herauf! (in e–e Wohnung)* ‖ *bitte steigen Sie ein!* bzw *bitte, einsteigen! (in e–n Bus, in e–n Zug usw.)* ‖ ~ corriendo *hinauflaufen* ‖ ~ trepando *hinauf\klimmen, -klettern*

in Verbindung mit Präpositionen:
1) in Verb. mit **a:** ~ al caballo *auf das Pferd steigen* ‖ ~ a caballo *hinaufreiten* ‖ ~ al cielo *gen Himmel fahren* ‖ ~ al monte *den Berg besteigen* ‖ ~ al trono *den Thron besteigen* ‖ la cuenta sube a … *die Rechnung beträgt, beläuft s. auf …* (acc) ‖ los colores le suben a la cara ⟨fig⟩ *er (sie, es) wird schamrot* ‖ las lágrimas se le subían a los ojos *die Tränen traten ihm (ihr) in die Augen* ‖ la sangre me sube a la cabeza *das Blut steigt mir zu Kopf,* ⟨fig⟩ *ich werde wütend*

2) in Verb. mit **de, en:** ~ de precio *e–e Preiserhöhung erfahren, teurer werden* ‖ *mehr bieten (Auktion)* ‖ ~ de tono *lauter werden* ‖ *zotig* bzw *un\anständig* bzw *-verschämt (beim Reden) werden* ‖ la fiebre sube de dos grados ⟨Med⟩ *das Fieber steigt um zwei Grad* ‖ ~ en … *s. erhöhen um …* ‖ ~ en latitud ⟨Mar⟩ *Breite machen*

3) in Verb. mit **sobre:** ~ sobre *od* a la silla *auf den Sessel (hinauf)steigen* ~**se** *(hinauf)steigen* ‖ ⟨fig⟩ *s. aufwerfen* ‖ ◇ el niño se le subió a las rodillas *das Kind kroch ihm (ihr) auf die Knie*

súbitamente adv *plötzlich, auf einmal, unver\sehens, -hofft*

subitáneo adj *plötzlich, jäh*

súbito adj *plötzlich, un\erwartet, -vermittelt, jäh* ‖ ⟨fig⟩ *heftig, ungestüm* ‖ ♦ de ~ *plötzlich, auf einmal*

subjefe *m Unter\chef, -leiter* m

subjeti\var vt *subjektivieren* ‖ **–vidad** f *Subjektivität* f ‖ *persönlicher Standpunkt* m, *persönliche Meinung* f ‖ ⟨pej⟩ *Unsachlichkeit, Parteilichkeit* f ‖ **–vismo** ⟨Philos⟩ *Subjektivismus* m ‖ **–vista** adj *(m/f) subjektivistisch* ‖ ~ *m/f Subjektivist(in* f) m ‖ **–vo** adj *subjektiv, persönlich* ‖ ⟨pej⟩ *unsachlich, parteiisch*

subjuntivo adj/s: (modo) ~ ⟨Gr⟩ *Sub-, Kon\junktiv* m, *Möglichkeitsform* f ‖ ~ presente, ~ pretérito perfecto *(od imperfecto, pluscuamperfecto), futuro perfecto (od imperfecto)* ⟨Gr⟩ *Konjunktiv* m *der Gegenwart, der Vergangenheit, der Zukunft*

suble\vación f *Auf\stand, -ruhr* m, *Empörung* f ‖ *Erhebung* f ‖ ~ de los campesinos *Bauernaufstand* m ‖ **–vado** adj *auf\rührerisch, -ständisch* ‖ ~ m *Aufständische(r)* m ‖ **–var** vt *aufwiegeln* ‖ *empören* ‖ ◇ ~ las masas populares *die Volksmassen zur Empörung bringen* ‖ eso me –va ⟨fig⟩ *das empört mich* ‖ ~**se** *s. erheben, rebellieren, s. auflehnen* (contra *gegen*)

subli\mación f ⟨Psychol Chem⟩ *Sublimierung* f ‖ *Sublimation* f ‖ ⟨fig⟩ *Er\hebung, -höhung* f ‖ ⟨fig⟩ *Vergeistigung* f ‖ *Überhöhung* f ‖ **–mado** m ⟨Chem⟩ *Sublimat* n ‖ ~ (corrosivo) *Ätzsublimat* n ‖ **–mar** vt ⟨Chem Psychol⟩ *sublimieren* ‖ ⟨fig⟩ *überhöhen, vergeistigen, erheben* ‖ **–me** adj *erhaben, hoch* ‖ *erhebend, feierlich* ‖ *sublim* ‖ lo ~ *das Erhabene, das Sublime* ‖ el actor estuvo ~ *der Schauspieler spielte glänzend* ‖ **–midad** f *Erhabenheit, Hoheit* f

sublimi\nal, –nar adj *(m/f)* ⟨Psychol Med⟩ *unterschwellig, subliminal*

sublimizar [z/c] vt → **sublimar** ⟨fig⟩

sub\lingual adj *(m/f)* ⟨An⟩ *sublingual, unter der Zunge (befindlich)* ‖ **–lunar** adj *(m/f) sublunarisch, unter dem Mond (befindlich), irdisch* ‖ el mundo ~ *die Erdenwelt*

sub\marinismo m *Unterwassersport* m ‖ **–marinista** *m/f* (& adj) *Sporttaucher(in* f) m ‖ **–marino** adj *unterseeisch* ‖ *submarin* (& Biol) *Untersee-, Unterwasser-* ‖ ~ m *Unterseeboot, U-Boot* n ‖ ~ atómico *Atom-U-Boot* n ‖ ~ fondeador *Minenunterseeboot* n ‖ ~ mercante *Handels-U-Boot* n

sub\maxilar adj *(m/f)* ⟨An⟩ *Unterkiefer-* ‖ **–mental**, *unter dem Kinn (gelegen)* ‖ **–múltiplo** m ⟨Math⟩ *Untereinheit* f ‖ **–normal** adj *(m/f) unter der Norm (liegend)* ‖ ⟨Med⟩ *geistig zurückgeblieben* od *behindert* ‖ ~ m *geistig Behinderte(r)* m ‖ ~ f ⟨Math⟩ *Subnormale* f ‖ **–nota** f ⟨Typ⟩ *Nebennote* f ‖ **–ocupación** f *Unterbeschäftigung* f ‖ **–oficial** m ⟨Mil⟩ *Unteroffizier* m

suborden f ⟨Biol⟩ *Unterordnung* f *(Subordo)*

subordina\ción f *Unter\ordnung, -stellung* f ‖ *Unterwürfigkeit* f ‖ *Disziplin, Zucht* f ‖ *Subordination, (Dienst)Gehorsam* m ‖ ⟨Gr⟩ *Abhängigkeitsverhältnis* n ‖ **–do** adj *untergeordnet (Beamter)* ‖ *nachgeordnet (Stelle)* ‖ *unterstellt* ‖ estar ~ a alg. *jdm unterstehen, jdm unterstellt sein* ‖ está ~ a él *er ist ihm unterstellt* ‖ ~ m *Untergebene(r)* m ‖ *(untergeordneter, subalterner) Beamte(r)* m ‖ **–r** vt *unter\ordnen, -stellen* ‖ ~**se** *s. unterordnen, s. fügen*

sub\panel m ⟨Radio⟩ *Seiten(schalt)platte* f ‖ **–partida** f *Unterposition* f *(Buchhaltung)* ‖ **–polar** adj *(m/f) nahe (unter) dem Pol (liegend)* ‖ *subpolar* ‖ **–prefecto** m *Unterpräfekt* m ‖ **–producto** m *Neben\erzeugnis, -produkt* n ‖ **–proletariado** m ⟨Soz⟩ *Lumpenproletariat* n ‖ **–rayar** vt/i *unterstreichen* ‖ ⟨fig⟩ *(ausdrücklich) betonen, besonders hinweisen (auf* acc) ‖ ⟨fig⟩ *erhöhen (Stille, Ruhe)* ‖ ⟨fig⟩ *hervorheben* ‖ **–reino** m ⟨Biol⟩ *Unterreich* n *(Subregnum)*

sub\repción f ⟨Jur⟩ *Erschleichung* f ‖ **–repticio** adj ⟨Jur⟩ *erschlichen* ‖ *heimlich, heimtückisch*

subro\gación f *Einsetzung* f *in e–s anderen Rechte* ‖ **–gar** [g/gu] vt *in e–s anderen Rechte einsetzen*

subrutina f ⟨Inform⟩ *Unterprogramm* n

subs- präf → auch **sus-**

subsana\ble adj *(m/f) wieder gutzumachen(d), behebbar* ‖ **–ción** f *Behebung, Wiedergutmachung* f ‖ → auch **reparación**

subsanar vt *(e–n Schaden, Fehler) beheben, (wieder)gutmachen* ‖ *(e–n Missbrauch) abstellen* ‖ ◇ ~ un vicio od una falta ⟨Jur⟩ *e–n Mangel heilen* ‖ para ~ el error cometido *um den begangenen Irrtum wieder gutzumachen*

sub\scribir vt → **suscribir** ‖ **–scripción** f → **suscripción** ‖ **–scri(p)to** pp & irr → **suscrito** ‖ **–scriptor** m → **suscriptor**

sub\secretaría f *Unterstaatssekretariat* n ‖ *Staatssekretärbüro* n ‖ **–secretario** m *Unterstaatssekretär* m ‖ Span *Staatssekretär* m

sub|secuente adj *(m/f)* → **subsiguiente** ‖ **–seguir** [-i-, g/gu] vi *nachfolgen, daraus folgen* ‖ **~se** *aufeinander folgen, nacheinander folgen* ‖ de ello *–sigue daraus ergibt s.*

subsidencia *f* ⟨Geol⟩ *Senkung* f

subsidiariedad *f Subsidiarität* f ‖ **–diario** adj *subsidiarisch, subsidiär* ‖ *unterstellt, Hilfs-* ‖ *Zuschuss-, Hilfs-*

subsidio *m (Bei-, Aus)Hilfe* f ‖ *Unterstützung, Beisteuer* f, *Beitrag* m ‖ *Zuschuss* m ‖ *Zulage* f ‖ ~ de alquiler *Mietbeihilfe* f ‖ *Wohnungsgeld* n ‖ ~ por dureza *Härtebeihilfe* f ‖ ~ de enfermedad *Krankengeld* n ‖ ~ a la enseñanza *Ausbildungsbeihilfe* f ‖ ~ de escolaridad Span *Schülerhilfe* f ‖ ~ de estudios *Studienbeihilfe* f ‖ ~ familiar *Familien|beihilfe, -zulage* f ‖ ~ a los gastos de entierro *Zuschuss* m *zu den Begräbniskosten (Versicherung)* ‖ ~ a los gastos de representación *Aufwandsentschädigung* f ‖ ~ por hijos *Kindergeld* n ‖ ~ de invalidez *Invaliditätsgeld* n ‖ ~ de vejez *Alters|rente, -beihilfe* f ‖ **~s** mpl *Zuschüsse* mpl, *Hilfsgelder* npl ‖ ~ a los parados *Unterstützung* f *der Arbeitslosen, Arbeitslosenunterstützung* f

subsiguiente adj *(m/f) nach-, darauf|folgend, nächst* ‖ *subsequent*

subsis|tencia *f (Fort)Bestand* m, *(Fort)Dauer* f ‖ *Da-, Vorhanden|sein* n ‖ *Verpflegung* f ‖ *(Lebens)Unterhalt* m ‖ *Subsistenz* f ‖ **~s** fpl *Lebensmittel* npl ‖ las ~ van subiendo *das Leben wird immer teurer* ‖ **–tente** adj *(m/f) (noch) bestehend* ‖ *anhaltend, dauernd* ‖ **–tir** vi *(fort)bestehen, (weiter) bestehen* ‖ *fortdauern* ‖ *(noch) in Kraft sein* bzw *bleiben* (z. B. *Gesetz*) ‖ *verbleiben* ‖ *leben, s–n Unterhalt haben* ‖ *sein Leben fristen* ‖ *lebensfähig sein* ‖ Ec *ausbleiben, fehlen (Soldat)* ‖ ◇ ~ con *od* del auxilio ajeno *von fremder Hilfe abhängen*

subsónico adj ⟨Ak Flugw⟩ *Unterschall-, subsonisch*

sub specie aeternitatis ⟨lat⟩ *unter dem Gesichtspunkt der Ewigkeit*

substa…, substi…, substr… → **susta…, susti…, sustr…**

sub|suelo *m Untergrund* m ‖ *Erdinnere(s)* n ‖ **–sumir** vt *subsumieren* ‖ **–te** *m* ⟨fam⟩ *Kurzform für* **subterráneo** ‖ Arg *U-Bahn* f ‖ **–tender** vt ⟨Math⟩ *durch e–e Sehne verbinden* ‖ **–teniente** *m* ⟨Mil⟩ [früher:] *Leutnant* m (heute: **alférez**) ‖ **–terfugio** *m Vorwand* m ‖ *Ausflucht, (listige) Ausrede* f ‖ **–terráneo** adj *unterirdisch* ‖ ~ *m unterirdischer (od unter dem Boden gelegener) Platz* m ‖ *Kellergeschoss* n ‖ Am *Untergrundbahn* f ‖ **–titular** vt ⟨Film⟩ *mit Untertiteln versehen* ‖ **–título** *m Unter-, Neben|titel* m ‖ ⟨Film⟩ *Fuß-, Unter|titel* m ‖ **–tribu** *f* ⟨Biol⟩ *Untergattungsgruppe* f *(Subtribus)* ‖ **–tropical** adj *(m/f) subtropisch*

súbula *f* ⟨Bot⟩ *Pfriemen* m

△ **subumí** *f* ⟨Kaffee⟩*Tasse* f

subur|bano, –bial adj *(m/f) vorstädtisch, Vorstadt-* ‖ ~ *m Vorstädter* m ‖ **–bio** *m Vor|stadt* f, *-ort* m

suburense adj/s *(m/f)* aus *Subur* (heute *Sitges*, P *Barc,* → **sitgetano**)

subvalo|ración *f Unterbewertung* f ‖ *Unterschätzung* f ‖ **–rar** vt *unter|bewerten, -schätzen*

subvenci|ón *f Subvention, Geldunterstützung* f ‖ *Staatszuschuss* m ‖ *Beihilfe* f ‖ ~ para los gastos de viaje *Reisekostenzuschuss* m ‖ ◇ acordar *od* conceder una ~ *e–e (Geld)Unterstützung gewähren* ‖ **–onado** adj: (por el Estado) *(staatlich) unterstützt od subventioniert* ‖ *mit Staatszuschüssen* ‖ *auf Staatskosten* ‖ ~ *m*

Zuschuss-, Beihilfe|empfänger m ‖ **–onar** vt *mit e–r (Geld)Beihilfe unterstützen* ‖ *subventionieren, bezuschussen*

subvenir [irr → **venir**] vt/i *(jdm) beistehen* ‖ *(jdm) aushelfen, (jdn) unterstützen* ‖ ◇ ~ a los gastos *die Kosten bestreiten*

subver|sión *f Umsturz* m, *Subversion* f ‖ *Zer|störung, -rüttung* f ‖ **–sivo** adj *subversiv, umstürzlerisch, Umsturz-* ‖ *zerrüttend* ‖ **–sor** *m Umstürzler* m ‖ **–tir** [-ie/i-] vt *um|stürzen, -stoßen* ‖ *zerrütten* (bes. *sittlich*)

sub|yacente adj *(m/f) liegend (unter), darunter liegend* ‖ **–yugación** *f Unterjochung* f ‖ **–yugar** [g/gu] vt *unter|jochen, -drücken, bezwingen*

△ **sucar** vt *verwunden*

△ **sucarro** *m Diener, Knecht* m

succe- → **suce-**

succino *m Bernstein* m (→ auch **ámbar**)

suc|ción *f (An-, Ein-, Aus)Saugen* n ‖ *Saugwirkung* f ‖ *Sog* m ‖ ◇ adherirse por ~ *s. ansaugen (Blutegel)* ‖ extraer por ~ *aussaugen* ‖ **–cionar** vt *saugen* ‖ *an-, ein|saugen*

suce|dáneo adj *als Ersatz dienend, Ersatz-* ‖ ~ *m Ersatz(stoff)* m, *-mittel, -produkt, Surrogat* n ‖ ~ de café *Kaffee|surrogat* n, *-ersatz* m

¹suce|der vi/t *folgen auf* (acc) ‖ *(jds) Nachfolger werden* ‖ *(nach)folgen (auf* acc*)* ‖ *folgen (im Amt, in der Regierung)* ‖ *(be)erben, jds Erbschaft antreten* ‖ ◇ ~ a uno en el empleo *in jds (Amts)Stelle einrücken* ‖ le –dió en el trono *er folgte ihm auf dem Thron*

²suce|der vi *geschehen, s. ereignen, passieren* ‖ *zustoßen* ‖ *widerfahren* ‖ *s. abspielen, vor s. gehen* ‖ ◇ –dió que … *es traf s., dass …* ‖ le –dió una desgracia *ihm (ihr) ist ein Unglück widerfahren* ‖ –de lo de siempre *es ist immer dieselbe Geschichte* ‖ –de con frecuencia *es kommt oft vor* ‖ –da lo que –da *es mag geschehen, was (da) wolle* ‖ *um jeden Preis* ‖ ¿qué –de? *was ist (los)?* ‖ **~se** *miteinander abwechseln* ‖ *nacheinander folgen*

sucedido *m/*adj *(fam) Geschehnis, Ereignis, Vor|kommnis* n, *-fall* m ‖ *(wahre) Geschichte, Anekdote* f ‖ ◆ después de lo ~ *nach diesem Ereignis* ‖ *unter solchen Umständen*

suce|sible adj *(m/f) erblich* ‖ *vererbbar* ‖ **–sión** *f (Nach)Folge* f ‖ *Aufeinanderfolge* f ‖ *Reihenfolge* f ‖ *Amtsfolge* f ‖ *Erb-, Thron|folge* f ‖ *Nachlass* m, *Hinterlassenschaft, Erbschaft* f, *Anfall* m ‖ *Nachkommenschaft* f ‖ ~ a la corona *Thronfolge* f ‖ ~ cronológica *Zeitfolge* f ‖ ~ en derechos *Rechtsnachfolge* f ‖ ~ hereditaria *Erbfolge* f ‖ ~ intestada *nichttestamentarische od testamentslose Erbfolge, gesetzliche Erbfolge* f (→ **abintestato**) ‖ ~ legítima *gesetzliche Erbfolge* f ‖ *gesetzliches Erbrecht* n ‖ ~ testada, ~ testamentaria *testamentarische od gewillkürte Erbfolge* f ‖ ~ del tiempo *Zeitfolge* f ‖ ~ a título lucrativo *von Gegenleistungen freie Erbschaft* f ‖ ~ a título oneroso *mit Gegenleistungen verbundene Erbschaft* f ‖ ~ (a título) universal *Gesamt-, Universal|nachfolge* f ‖ ~ al trono *Thronfolge* f ‖ **–sivamente** adv *allmählich, nach und nach, nacheinander* ‖ y así ~ *und so weiter (und so fort)* ‖ **–sivo** adj *(nach)folgend* ‖ *aufeinander folgend* ‖ *künftig* ‖ *ununterbrochen, allmählich* ‖ cuatro horas ~as *vier Stunden nacheinander* ‖ ◆ en lo ~ *für die Folge, von nun an, in Zukunft* ‖ *künftig(hin)* ‖ *hernach* ‖ para lo ~ *für die Zukunft, künftig* ‖ **–so** *m Geschehnis, Ereignis, Vorkommnis* n, *Vorfall* m, *Begebenheit* f ‖ *Verlauf, Fortgang* m ‖ *Erfolg, Ausfall* m ‖ Buen ~ Madr *Kirche* f *der Gnadenmutter* ‖ **–sor** *m/*adj *(Amts)Nachfolger* m ‖ *Erbe* m ‖ *Nachkomme* m ‖ ~es de Hernando (& Hernando ~es [Abk Sucs.])

Hernando Nachf. (Firma) ‖ ~ *al trono*
Thronfolger m ‖ **–sorio** adj *Nachfolge-, Erb-,*
Erbfolge-
  ¹suche adj Ven *sauer, herb*
  ²suche *m* Arg *Finnen, Pusteln* fpl ‖ Chi
unbedeutender Mensch m, ⟨fam⟩ *Null* f
  sucho adj Ec *lahm, krüppelhaft*
  suciamente adv *schmutzig, un|sauber, -reinlich*
‖ ⟨fig⟩ *unflätig* ‖ ⟨fig⟩ *ungenau* ‖ ⟨fig⟩ *hinterlistig,*
gemein ‖ ⟨fig⟩ *unlauter* ‖ ◇ *jugar* ~ ⟨Sp⟩ *unfair*
spielen (& fig)
  suciedad *f Schmutz* m, *Un|sauberkeit,*
-reinlichkeit f ‖ *Verschmutzung* f ‖ *Unflat, Dreck* m
‖ ⟨fig⟩ *Zote* f ‖ ⟨fig⟩ *Gemeinheit* f, *übler Streich* m
  sucinda *f* Sal ⟨V⟩ *Lerche* f (→ **alondra**)
  sucin|tamente adv *kurz (gefasst)* ‖ **–to** adj *kurz*
(gefasst), bündig, gedrängt ‖ Am ⟨barb⟩
umständlich
  ¹sucio adj/s *schmutzig, schmierig, un|sauber,*
-reinlich ‖ *unflätig, garstig, unanständig (Wort,*
Tat) ‖ ⟨fig⟩ *ungenau* ‖ *unrein (Ausführung,*
Zeichnung) ‖ ⟨Med⟩ *belegt (Zunge)* ‖ ◆ *en* ~ *im*
Konzept ‖ *im Rohzustand (Wolle)* ‖ ⟨fig⟩ *als*
Entwurf ‖ *gris* ~ *schmutzig grau* ‖ ~ *por* od *de*
las moscas von (den) Fliegen beschmutzt ‖ ◇
tener las manos ~*as schmutzige Hände haben* (&
fig)
  ²sucio adv (→ **suciamente**): *jugar* ~ ⟨Sp⟩
unfair, ⟨fam⟩ *holzen, ruppig spielen* ‖ *tocar* ~
⟨Mus⟩ *unrein, nachlässig spielen*
  ¹suco *m Saft* m
  △ **²suco** adj *hoch*
  sucoso adj *saftig*
  sucre *m* [Währungseinheit] *Sucre* m (s/.)
  suc.ˢ, Sucs. ⟨Abk⟩ = *sucesores*
  sucu *m* Vizc ⟨Kochk⟩ *(Mais)Milchbrei* m
  súcubo *m* ⟨Rel⟩ *Sukkubus, weiblicher*
Buhlteufel m
  suculen|cia *f Saftigkeit* f ‖ *Schmackhaftigkeit* f
‖ ⟨Bot⟩ *Sukkulenz, Verdickung* f *durch*
Wasserspeicherung ‖ **–to** adj *saftig, fleischig* ‖
⟨fig⟩ *nahrhaft, kräftig* ‖ *reichlich, schmackhaft,*
lecker (Speise)
  sucumbir vi *unterliegen* ‖ *s. ergeben* ‖
erliegen, sterben ‖ *verlieren, unterliegen (in e–m*
Rechtsstreit) ‖ ◇ ~ *a la tentación* ⟨fig⟩ *der*
Versuchung unterliegen (od nicht widerstehen
[können])
  sucursal *f*/adj *Zweig-, Filial-, Neben-* ‖ (casa)
~ *Zweig|geschäft* n, *-niederlassung, Filiale* f ‖ ~
de banco Zweig-, Filial|bank f ‖ ~*es en el*
extranjero Auslandsfilialen fpl ‖ ◇ *establecer una*
~ *ein Zweiggeschäft gründen* od *eröffnen* ‖ **–ismo**
m Filialwesen n ‖ **–ista** m/f *Filialist(in* f) m
  sucusumucu: a lo ~ Cu *heimlich, hinterlistig*
‖ *mir nichts, dir nichts*
  sud *m* (bes. Am), **sur** ‖ *América del* ~ ⟨Am⟩
Südamerika n
  sud- präf *süd-, Süd-*
  sudaca m/f ⟨pop desp⟩ *Südamerikaner(in* f) m
  suda|ción *f* ⟨Med⟩ *Schwitzen* n (& Bot) ‖
–deras fpl *Schweiß-, Arm|blätter* npl ‖ **–dero** *m*
Schweißtuch n ‖ *Schwitzraum* m *(in Bädern)* ‖
Schwitz-, Dampf|bad n ‖ *Abtraufstelle* f ‖
Satteldecke f ‖ *Schweißblatt* n *(unter den Achseln)*
‖ **–do** adj *schweißtriefend* ‖ ⟨fam⟩ *ärmlich*
  Sud|áfrica *f* ⟨Geogr⟩ *Südafrika* n ‖ **≠africano**
adj *südafrikanisch* ‖ ~ *m Südafrikaner* m ‖
–américa *f* ⟨Geogr⟩ *Südamerika* n ‖ Centro- y
-américa *Mittel- u. Süd|amerika* n ‖ **≠americano**
adj *südamerikanisch* ‖ ~ *m Südamerikaner* m
  Sudá|n *m* ⟨Geogr⟩: el ~ *der Sudan* ‖ **≠nés** adj
sudanesisch, aus dem Sudan (Sudán) ‖ ~ *m*
Sudanese m
  sudar vt/i *(aus)schwitzen* ‖ *Schweiß treiben* ‖

durchnässen ‖ ⟨fig⟩ *schwitzen (feuchte Früchte,*
Wänder, Fässer, Bäume) ‖ ⟨figf⟩ *schwitzen, s. sehr*
anstrengen ‖ ⟨fig⟩ *ungern hergeben,*
herausschwitzen (Geld) ‖ ◇ ~ *la gota gorda,* ~
el quirlo ⟨figf⟩ *schuften, wie ein Neger arbeiten* ‖
~ *sangre Blut schwitzen* ‖ *hacer* ~ *a alg.* ⟨figf⟩
jdm derb zusetzen ‖ *hacer* ~ *la prensa* ⟨Typ⟩ ⟨fig⟩
viel drucken lassen ‖ *eso me hace* ~ *tinta* ⟨figf⟩
das ist e–e Hundearbeit ‖ *das hängt mir zum*
Hals(e) raus ‖ *sudando a mares* ⟨fam⟩ *Ströme von*
Schweiß vergießend ‖ ⟨figf⟩ *Blut schwitzend* ‖
estoy sudando como un pato ⟨pop⟩ *ich schwitze*
entsetzlich od ⟨pop⟩ *wie ein Schwein*
  sudario *m Schweißtuch* n ‖ *Grab-,*
Leichen|tuch n ‖ *el Santo* ~ *das Leichentuch*
Christi
  sudatinta *m* ⟨figf⟩ *Vielschreiber, Schmierer* m
  Sudermania *f* ⟨Geogr⟩ *Södermanland* n
(Schweden)
  sudestada *f* Arg ⟨Meteor⟩ *Südostwind* m *mit*
Stromregen
  sudeste *m Südosten* m ‖ ⟨Meteor⟩ *Südostwind*
m ‖ ◆ *al* ~ *südöstlich*
  Sudetes: los (Montes) ~ ⟨Geogr⟩ *die Sudeten*
pl ‖ los ~ *das Sudetenland*
  sudista adj *(m/f) aus den Südstaaten (der USA)*
‖ ~ *m/f Südstaatler(in* f) m *(in den USA)*
  sudoeste *m Südwesten* m ‖ ⟨Meteor⟩
Südwestwind m ‖ ◆ *al* ~ *südwestlich*
  sudor *m Schweiß* m ‖ *Schwitzen* n ‖
Schweißausbruch m ‖ ⟨Med⟩ *Sudor* m ‖ ~ *mortal,*
~ *de muerte Todesschweiß* m ‖ ~ *de sangre,* ~
sanguíneo blutiger Schweiß m ‖ *bañado en* ~,
chorreando ~ *schweißtriefend, nass vom Schweiß*
‖ *en* od *con el* ~ *de su frente* od *rostro* ⟨fig⟩ *im*
Schweiße s–s Angesichts ‖ ~**es** mpl *Schwitzen* n ‖
starker Schweißausbruch m ‖ ⟨Med⟩ *Schwitzkur* f
‖ ⟨figf⟩ *Drangsal, Mühsal, Strapaze* f ‖ ~
nocturnos ⟨Med⟩ *nächtliches Schwitzen* n,
Nachtschweiß m ‖ ◇ *me ha costado muchos* ~
⟨fig⟩ *es hat mich viel Schweiß gekostet* ‖ *pasar*
muchos ~ ⟨figf⟩ *viel durchmachen (müssen)*
  sudo|ración *f Schweißbildung* f ‖
Schweißausbruch m ‖ **–riento** adj *schweißtriefend*
‖ *schweißnass* ‖ *Schweiß-* ‖ **–rífico, –rifero** m/adj
schweißtreibendes Mittel n ‖ **–ríparo** adj
schweißabsondernd ‖ **–roso** adj *schwitzig,*
schwitzend ‖ *schweißbedeckt*
  sud|sudeste *m* ⟨Meteor⟩ *Südsüdost(wind)* m ‖
–sudoeste *m Südsüdwest(wind)* m
  sudueste *m* → **sudoeste**
  Suebia *f* → **Suabia**
  sueca *f Schwedin* f ‖ Span ⟨fam⟩ *allgemeine*
Bezeichnung für die junge, schlanke, blonde
Ausländerin (meist *Touristin*)
  Sue|cia *f* ⟨Geogr⟩ *Schweden* n ‖ **≠co** adj
schwedisch ‖ ~ *m Schwede* m ‖ ~ *die*
schwedische Sprache, das Schwedische ‖ ◇
hacerse el ~ ⟨pop⟩ *s. unwissend stellen, (et.)*
nicht verstehen wollen, ⟨fam⟩ *den Dummen*
spielen
  sue|gra *f Schwiegermutter* f ‖ ◇ ~, *ni aun de*
azúcar es buena ⟨Spr⟩ *e–e Schwiegermutter ist*
bitter, und wäre sie auch von Zucker ‖ ¡cuénteselo
a su ~! ⟨pop joc⟩ *das machen Sie e–m anderen*
weis! ‖ **–gro** *m Schwiegervater* m ‖ ~**s** mpl
Schwiegereltern pl
  ¹suela *f (Schuh)Sohle* f ‖ *Sohlenleder* n ‖
Lederkappe, Queuespitze f *(Billard)* ‖ ⟨Arch⟩
(Saum)Schwelle f ‖ ◆ *de tres (od cuatro, siete)*
~**s** ⟨figf⟩ *stark, fest, haltbar* ‖ ◇ *poner media* ~
al zapato den Schuh besohlen ‖ *no llegarle a uno*
a la ~ *del zapato* ⟨fam⟩ *jdm nicht das Wasser*
reichen können
  ²suela *f* ⟨Fi⟩ *Seezunge* f (→ **lenguado**)

sueldo *m Gehalt* n ‖ *Entlohnung* f ‖ *Sold* m ‖ *Belohnung* f ‖ ⟨Hist⟩ *altrömischer Goldsolidus* m ‖ ~ *fijo festes Gehalt* n ‖ ~ *de hambre*, ~ *irrisorio* ⟨fig⟩ *Spott-, Hunger|lohn* m ‖ ~ *mensual Monatsgehalt* n ‖ ~ *de príncipe*, ~ *de rey* ⟨fig⟩ *fürstlicher, königlicher Lohn* m ‖ ~ *tope Spitzengehalt* n ‖ ◆ a ~ *gegen Entlohnung* ‖ a ~ *fijo mit festem Gehalt* ‖ a medio ~ ⟨Mil⟩ *auf Halbsold* ‖ *auf Wartegeld (Beamter)* ‖ ◇ cobrar ~ *Gehalt beziehen* ‖ augm: ~**azo** *m* ⟨fam⟩ *königliches Gehalt* n

suelear vt Arg *werfen*, ⟨fam⟩ *schmeißen*

suelo *m (Erd-, Fuß)Boden* m ‖ *Diele* f ‖ *Boden* m, *Land, Gebiet* n ‖ *Pflaster* n ‖ *Grund und Boden* m ‖ ⟨Agr⟩ *Erde* f, *Land* n ‖ ⟨fig⟩ *Boden, Grund* m ‖ ⟨fig lit⟩ *Scholle* f ‖ *(Boden)Satz* m ‖ *(Pferde)Huf* m ‖ ~ *alto Dachgeschoss* n ‖ ~ *arable* ⟨Agr⟩ *Ackerboden* m ‖ ~ *arcilloso Lehmboden* m ‖ ~ *calcáreo*, ~ *calizo Kalkboden* m ‖ ~ *entarimado Parkettfußboden* m ‖ ~ *guijarroso Kiesboden* m ‖ ~ *(de) mosaico Mosaikfußboden* m ‖ ~ *nacional Staatsgebiet* n ‖ *Vaterland* n ‖ ~ *natal*, ~ *nativo Heimat-, Vater|land* n, *Heimatboden* m ‖ ~ *pantanoso Sumpfboden* m ‖ ~ *patrio* → ~ *natal* ‖ ~ *turboso Moorboden* m ‖ ◆ en ~ *español auf spanischem Boden* ‖ en el ~ *auf dem Boden (liegend, sitzend)* ‖ sin ~ ⟨fig⟩ *ohne Grund und Boden* ‖ ◇ arrastrarse por el ~ ⟨fig desp⟩ *s. wegwerfen* ‖ ⟨fig desp⟩ *kriecherisch handeln, kriechen* ‖ besar el ~ ⟨figf⟩ *aufs Gesicht fallen* ‖ colocar en el ~ *auf den Boden setzen* ‖ dar consigo en el ~ *auf den Boden fallen, zu Boden stürzen* ‖ echar al ~ *auf den Boden werfen* ‖ echarse por los ~s → arrastrarse por los ~s ‖ estar por los ~s ⟨fig⟩ *im Schmutz liegen* ‖ faltarle a uno el ~ ⟨fig⟩ *straucheln, e–n Fehltritt tun* ‖ irse por el ~ ⟨fig⟩ *zunichte werden, fehlschlagen* ‖ medir el ~ ⟨fig⟩ *s. auf den Boden hinstrecken* ‖ ⟨figf⟩ *der Länge nach hinfallen* ‖ mirar al ~ *auf den Boden blicken* ‖ poner por los ~s a alg. ⟨figf⟩ *jdn arg verleumden* ‖ ⟨pop⟩ *jdn durch den Dreck ziehen* ‖ recoger del ~ *(wieder) aufheben* ‖ no salir alg. del ~, no vérsele a alg. en el ~ *sehr klein sein* ‖ venir(se) al ~ *zu Boden fallen, einstürzen (Gebäude)* ‖ ⟨fig⟩ *misslingen, fehlschlagen* ‖ ¡del ~ no se cae *(od no pasa)!* ⟨joc⟩ *tiefer fällt's nicht mehr! alle neune! (wenn et. fällt)*

Suelo *f* ⟨pop⟩ → **Consuelo**

suel|ta *f Loslassung* n ‖ *Loslassen* n *(& der Hunde)* ‖ *Freilassung* f ‖ *Spannstrick* m ‖ *Auflassen* n *(von Tauben)* ‖ *Abbrennen* n *(e–r Rakete)* ‖ *Abschuss* m *(e–s Böllers)* ‖ ◇ dar ~ a algo bzw alg. *et. bzw jdn loslassen* ‖ ⟨fig⟩ *jdn befreien, entlassen* ‖ ⟨fam⟩ *e–r Sache freien Lauf lassen* (dat) ‖ ⟨fig⟩ *jdn zu Atem kommen lassen* ‖ dar ~ a la lengua ⟨figf⟩ *kein Blatt vor den Mund nehmen* ‖ **–tamente** adv *flink, behänd(e)* ‖ *freiwillig* ‖ *ungezwungen*

¹suelto pp/irr von **soltar** ‖ ~ adj *losgelassen* ‖ *lose, losgelöst, getrennt* ‖ *offen, aufgeknöpft (Jacke)* ‖ *zwanglos, un|geniert, -gebunden* ‖ *ungezogen, ausgelassen, zügellos (Kind)* ‖ *flink, behänd(e), hurtig, fix* ‖ *ge|wandt, -schickt* ‖ *flüssig, leicht (Stil, Rede)* ‖ *ungefasst (Edelstein)* ‖ *dünn(flüssig)* ‖ *locker, auseinander gehend* ‖ *einzeln* ‖ *reimlos (Vers)* ‖ ⟨Mal⟩ *leicht hingeworfen* ‖ *de lengua* ⟨figf⟩ *schmähsüchtig* ‖ con el cabello *od* pelo ~ *mit fliegenden Haaren* ‖ el diablo anda ~ ⟨figf⟩ *der Teufel ist los*

²suelto *m kurzer Artikel* m, *Tagesnachricht* f, *kleiner Bericht* m *(in e–r Zeitung)* ‖ *Kleingeld* n ‖ ◇ no tengo ~ *ich kann nicht herausgeben, ich habe kein Kleingeld*

sueño *m Schlaf* m ‖ *Schläfrigkeit* f ‖ *Traum* m ‖ ⟨fig⟩ *Träumerei* f ‖ ~ *color rosa* ⟨figf⟩ *rosiger Traum* n ‖ ~ *crepuscular* ⟨Med Psychol⟩ *Dämmerschlaf* m ‖ ~ *eterno ewiger Schlaf*, ⟨fig⟩ *Tod* m ‖ ~ *(invernal) Winterschlaf* m *(der Tiere)* ‖ ~ *ligero leichter Schlaf* m ‖ ~ *de muerte* ⟨fig⟩ *Todesschlaf* m ‖ ~ *de una noche de verano (ein) Sommernachtstraum* ‖ ~ *pesado schwerer Schlaf* m ‖ ~ *profundo tiefer Schlaf* m ‖ ~ *reparador stärkender Schlaf* m ‖ ~ *en vigilia*, ~ *vigil* ⟨Med Psychol⟩ *Wachtraum* m ‖ ◆ como un ~ *traumhaft, wie ein Traum* ‖ ¡ni por ~! ⟨figf⟩ *nicht einmal im Traum!* ‖ ◇ caerse de ~ ⟨figf⟩ *schläfrig sein, vor Müdigkeit umfallen* ‖ coger *od* conciliar el ~ *einschlafen* ‖ descabezar *od* echar un ~ ⟨figf⟩ *ein Schläfchen tun* ‖ despertar del ~ *vom Schlaf erwachen* ‖ dormí en un ~ *toda la noche ich habe die ganze Nacht durchgeschlafen* ‖ tener ~ *schläfrig sein* ‖ ~**s** *mpl Träumen* n ‖ *Träumerei* f ‖ ◆ en ~ *im Schlaf* ‖ entre ~ *im Halbschlaf* ‖ ◇ estar en siete ~ ⟨figf⟩ *in tiefem Schlaf liegen* ‖ los ~, ~ son *(od* ~ son vientos) ⟨Spr⟩ *Träume sind Schäume* ‖ dim: **sueñecito**

suero *m* ⟨Med⟩ *(Blut)Serum* n ‖ *Heilserum* n ‖ *Molke* f ‖ ~ *(anti)alérgico (anti)allergisches Serum* n ‖ ~ *anti|ofídico*, ~ *-ponzoñoso Schlangenserum* n ‖ ~ *antirrábico Tollwutserum* n ‖ ~ *antitetánico Tetanus-, Wundstarrkrampf|serum* n ‖ ~ *antituberculoso Tuberkuloseserum* n ‖ ~ *fisiológico physiologische Kochsalzlösung* f ‖ ~ *inmunizante Immunserum* n ‖ ~ *de (la) leche Molke(n)* f(pl) ‖ ~ *de manteca Buttermilch* f ‖ ~ *sanguíneo*, ~ *de la sangre Blutserum* n ‖ ~ *de la verdad Wahrheitsserum* n ‖ ~**so** adj → **seroso**

sueroterapia *f* ⟨Med⟩ *Sero-, Serum|therapie* f

suer|te *f Zufall* m ‖ *Glücksfall* m ‖ *Schicksal, Los* n ‖ *Glück* n ‖ *Lotterielos* n ‖ *Anteilschein* m *(e–s Lotterieloses)* ‖ *Gattung, Art, Sorte* f ‖ *Art und Weise* f ‖ *Zustand* m, *Lage* f ‖ Span ⟨Mil Hist⟩ *Auslosung* f *der Dienstpflichtigen* ‖ ⟨Taur⟩ *Gang* m, *Phase* f *im Stierkampf (zu Fuß oder zu Pferd)* ‖ ~ *adversa Missgeschick* n ‖ ~ *de banderillas* ⟨Taur⟩ *Gang* m *mit den Banderillas (zweiter Teil des Stierkampfes)* ‖ ~ *de caballos* → ~ *de varas* ‖ ~ *de capa* ⟨Taur⟩ *Gang* m *mit der Capa* ‖ ~ *humana Menschenlos* n ‖ ~ *loca fabelhaftes*, ⟨fam⟩ *tolles Glück* n ‖ ~ *de matar* ⟨Taur⟩ *Degengang* m *(dritter Teil des Stierkampfes)* ‖ ~ *negra böses Geschick* ‖ ~ *suprema* → ~ *de matar* ‖ ~ *de varas Gang* m *mit der Lanze (erster Teil des Stierkampfes)* ‖ ◇ caer en ~ *zuteil werden* ‖ echar a ~(s) *aus-, ver|losen* ‖ la ~ está echada *die Würfel sind gefallen*, ⟨lat⟩ *alea jacta est* ‖ elegir por ~ *auslosen, durchs Los bestimmen* ‖ entrar en ~ *verlost werden* ‖ ignoro cual será mi ~ *ich weiß nicht, was mir das Schicksal bringen wird* ‖ mejorar su *od* la ~ *s–e Lage verbessern* ‖ sacar por ~ *das Los ziehen, auslosen* ‖ ser hombre de ~ ⟨fig⟩ *ein Glückskind sein* ‖ tener mala ~ *kein Glück haben*, ⟨fam⟩ *Pech haben, ein Pechvogel sein* ‖ tener (buena) ~ *Glück haben, ein Glückskind sein* ‖ tener la ~ *de … das Glück haben zu …* ‖ yo siempre tengo una ~ *negra ich habe immer Pech, an mir klebt das Pech* ‖ ¡~ que tiene uno! ⟨pop⟩ *Glück ist Glück!* ‖ ◆ a la ~ *auf gut Glück* ‖ de baja ~ *von niederem Stand od von gemeiner Herkunft* ‖ de esta *od* tal ~ *auf diese Art, derart, so* ‖ de ninguna ~ *durchaus nicht, unter k–n Umständen* ‖ de otra ~ *sonst, außerdem* ‖ de primera ~ *erstklassig (Ware usw.)* ‖ de ~ que … *derart, dass …* ‖ por ~ *zufälligerweise* ‖ *etwa, vielleicht* ‖ *glücklicherweise* ‖ ¡~¡, ¡buena ~¡, ¡que haya ~! *viel Glück!, Glück zu!* ‖ ¡Dios te dé ~! *Gott stehe dir bei!* ‖ ~**s** *fpl:* de todas ~ *allen-, jeden|falls* ‖

◇ echar ~ *losen* ‖ dim: ~**cita** ‖ **–toso, –tudo** adj *vom Glück begünstigt* ‖ ~ m *Glückskind* n

suestada *f* Arg → **sudestada**

sueste *m* ⟨Mar⟩ *Südwester* m *(Seemannshut)* ‖ Am *Schwips* m

suéter *m* *Pullover* m

△ **suetí** *m* *Leute* pl ‖ *Welt* f

suevo adj ⟨Hist⟩ *swebisch, aus Swebien* ‖ ~s *mpl Sweben* mpl

Suez *m* [Stadt] *Suez* n ‖ el Canal de ~ *der Suezkanal*

suf. ⟨Abk⟩ = **suficiente** ‖ **sufijo**

suficien|cia *f Hin-, Zu|länglichkeit* f, *Genügen* n ‖ *Befähigung, Eignung* f ‖ *Tüchtigkeit, Brauchbarkeit* f ‖ *Selbst|genügsamkeit, -zufriedenheit* f ‖ *Eigendünkel* m ‖ ♦ a ~ *zur Genüge* ‖ con ~ *hinlänglich* ‖ *befriedigend* ‖ **–te** adj/adv *(m/f) hin|länglich, -reichend* ‖ *genügend, ausreichend* ‖ *fähig, geeignet, tauglich* ‖ lo ~ *hinlänglich, zur Genüge* ‖ ♦ de un modo ~ *in hinreichender, befriedigender Weise* ‖ ◇ disponer de fondos ~s *über hinreichende (Geld)Mittel verfügen* ‖ ser ~ *hin-, aus|reichen* ‖ no es ~ *es reicht nicht (hin), es ist nicht genug* ‖ su preparación no es ~ *er ist nicht genügend vor|bereitet od -gebildet* ‖ ¡hay espacio ~! *es ist Platz genug!* ‖ poseer capital(es) ~(s) *genügend Kapital besitzen* ‖ tener ~ *genug haben* ‖ **–temente** adv *hinlänglich, genug* ‖ ◇ conocer ~ *genügend kennen* ‖ *gut beherrschen* ‖ no es ~ aplicado *er ist nicht fleißig genug*

sufi|jación *f* ⟨Gr⟩ *Suffigierung, Versehung* f *mit e–r Nachsilbe* ‖ **–jo** *m* ⟨Gr⟩ *Suffix* n, *Nachsilbe* f

sufis|mo *m* ⟨Rel⟩ *Sufismus* m *(islamische Mystikrichtung)* ‖ **–ta** *m/f Sufist(in* f) m

sufocar vt → **sofocar**

sufra|gáneo adj ⟨Rel⟩ *untergeordnet, Suffragan-* ‖ (obispo) ~ *Weihbischof* m ‖ **–gar** [g/gu] vt *(jdm) helfen, (jdn) unterstützen* ‖ *(jdm) aushelfen od beistehen* ‖ ◇ ~ los gastos *die Kosten bestreiten* ‖ ~ vi Am *wählen (por acc)* ‖ **–gio** *m Beistand* m ‖ ⟨Rel⟩ *Fürbitte* f *(für die Seelen der Verstorbenen)* ‖ ⟨Pol⟩ *Wahlrecht* n ‖ *(Wahl)Stimme* f ‖ ~ directo *direktes Wahlrecht* n ‖ ~ femenino *Frauenwahlrecht* n ‖ ~ restringido *beschränktes Wahlrecht* n ‖ ~ secreto *geheimes Wahlrecht* n ‖ ~ universal *allgemeines Wahlrecht* n ‖ ◇ tener ~ *wahlberechtigt sein* ‖ **–gismo** *m* ⟨Pol⟩ *Frauenwahlrechts|system* n *bzw -bewegung* f ‖ **–gista** *f* ⟨Hist⟩ *Sufragette* f *(& desp)* ‖ *Stimmrechtler(in* f) m

sufrelotodo *m* ⟨figf⟩ *Prügelknabe, Sündenbock* m ‖ (fig) *Aschen|brödel, -puttel* n

sufrible *(m/f)*, **–dero** adj *erträglich* ‖ *tolerierbar*

sufridera *f* ⟨Tech⟩ *Gegen-, Vor|halter* m

sufri|do adj *geduldig, ergeben* ‖ *zäh(e)* ‖ ~ *m/adj (fam desp) nachsichtiger Ehemann, Hahnrei* m ‖ **–miento** *m Geduld, Nachsicht* f ‖ *Leiden, Erdulden* n, *Pein* f ‖ *Leidensgeschichte* f

sufrir vt *leiden, dulden* ‖ *erleiden (Strafe)* ‖ *ertragen* ‖ *erleben (Unglück)* ‖ *erlauben, gestatten, zulassen* ‖ *erfahren (Änderung)* ◇ ~ un aumento *e–e Erhöhung erfahren (Preis)* ‖ ~ avería ⟨Mar⟩ *Havarie erleiden* ‖ *beschädigt werden (Ware)* ‖ ~ un cambio brusco (inesperado) *e–e plötzliche (unverhoffte) Änderung erfahren* ‖ ~ daño *Schaden erleiden* ‖ *beschädigt werden* ‖ ~ una desgracia *von e–m Unglück betroffen werden* ‖ ~ un examen *e–e Prüfung machen, s. prüfen lassen* ‖ ~ extravío *verloren gehen* ‖ *tief zerrüttet bzw verwirrt sein* ‖ *(sittlich) entarten* ‖ ~ un golpe duro *von e–m harten Schlag getroffen werden* ‖ ~ interrupción *unterbrochen werden* ‖ no ~ oposición *k–n*

Widerstand dulden ‖ ~ con paciencia *mit Geduld ertragen* ‖ ~ una pérdida *von e–m Verlust betroffen werden* ‖ ~ (un) retraso *s. verzögern, e–e Verzögerung erleiden* ‖ *una revisión revidiert werden* ‖ eso no se lo sufro *das lasse ich ihm (ihr) nicht durchgehen* ‖ ich dulde das von ihm (ihr) nicht ‖ *ich bin entschieden dagegen* ‖ no poder ~ a alg. *jdn nicht ausstehen können* ‖ ~ vi: sufro al verlo *der Anblick ist mir peinlich* ‖ sin ~ schmerzlos ‖ ¡no sufras! ⟨fam⟩ *heitere dich auf!* ‖ ¡no me hagas ~! *quäle mich nicht!*

sufusión *f* ⟨Med⟩ *Suffusion* f

suge|rencia *f Vorschlag* m, *Anregung, Empfehlung* f ‖ **–rente** adj *(m/f) anregend* ‖ ⟨fig⟩ *aufreizend, die Fantasie anregend* ‖ **–rir** [-ie/i-] vt *ein|flößen, -geben, -flüstern* ‖ *anraten* ‖ *vorschlagen* ‖ *nahelegen* ‖ in *Erinnerung bringen, erinnern* (algo *an* et. acc) ‖ ◇ ~ un plan a alg. *jdm e–n Plan unterbreiten* ‖ para ~ le otros pensamientos *um ihn (sie, es) auf andere Gedanken zu bringen* ‖ eso me sugiere que … *das bringt mich auf den Gedanken, dass …* ‖ este paisaje me sugiere el Norte de España *diese Landschaft erinnert mich an die Nordspaniens* ‖ me ha –rido una buena idea *er (sie, es) hat mich auf e–e gute Idee gebracht* ‖ ¿qué te ha –rido? *was hat er (sie, es) dir in den Kopf gesetzt?*

suges|tibilidad *f* ⟨Med⟩ *Empfänglichkeit* f *für Suggestionen* ‖ *Beeinflussbarkeit, Suggestibilität* f ‖ **–tión** *f Eingebung, Beeinflussung, Anregung* f ‖ *Einflüsterung* f ‖ *Anstiftung* f ‖ *Erinnerung* f ‖ *Ein|wirkung* f, *-druck* m ‖ *Empfehlung* f, *(leiser) Wink* m ‖ ⟨Med⟩ *Suggestion* f ‖ ~ colectiva, ~ de masas *Massensuggestion* f ‖ ~ mental *Gedankenübertragung* f ‖ bajo la ~ de … *unter dem Einfluss von …* ‖ las sugestiones del demonio *die Eingebungen des Bösen* ‖ ◇ dar sugestiones *Winke geben* ‖ **–tionable** adj *(m/f) für Suggestionen empfänglich, suggestibel, beeinflussbar* ‖ *leicht zu lenken(d), gefügig* ‖ **–tionar** vt *(seelisch) beeinflussen, eingeben, suggerieren* ‖ ◇ ~ a alg. *jdm e–n Gedanken aufdrängen* (dat) ‖ **–tivo** adj *eingebend, anregend* ‖ *suggestiv* ‖ ⟨fig⟩ *lockend* ‖ ⟨fig⟩ *fesselnd, spannend* ‖ ⟨fig⟩ *aufreizend*

suici|da adj *(m/f) selbstmörderisch (& fig)* ‖ ~ *m/f Selbstmörder(in* f) m ‖ **–darse** vr *Selbstmord begehen, s. umbringen, Hand an s. selbst legen* ‖ **–dio** *m Selbstmord, Freitod* m, *Suizid* m (& n) ‖ ~ frustrado *vereitelter Selbstmordversuch* m ‖ ~ por hambre *Selbstmord* m *durch Hunger* ‖ ~ moral *Selbstaufgabe* f ‖ ◇ cometer ~ *Selbstmord begehen* ‖ recurrir al ~ *den Freitod wählen*

suich *m* Mex *Schalter* m

suidos *mpl* ⟨Zool⟩ *Schweine* npl (Suidae)

sui géneris *(lat) durch s. selbst e–e Art bildend* ‖ *einzig(artig), besonders*

suite *f* ⟨Mus⟩ *Suite* f ‖ *Suite* f *(in e–m Hotel)*

Sui|za *f* ⟨Geogr⟩: (la) ~ *die Schweiz* ‖ la ~ (Alemana) Sajona *die Sächsische Schweiz* ‖ la ~ Española ⟨fig⟩ *Galicien* n *(span. Region)* ‖ la ~ Francesa *die französische Schweiz* ‖ **═zo** adj *schweizerisch, Schweizer* ‖ ~ m *Schweizer* m ‖ (Hist fig) *Schweizer(gardist)* m *(des Vatikans)* ‖ ⟨Kochk⟩ *Schokolade* f *mit Sahne* ‖ ⟨Kochk⟩ *ein ovales, lockeres Gebäck* n

sujeción *f Be|wältigung, -zwingung* f ‖ *Abhängigkeit(sverhältnis* n) f ‖ *Unter|tänigkeit, -würfigkeit* f ‖ *Dienstbarkeit* f ‖ *Unterwerfung* f ‖ *Gehorsam* m ‖ *Gebundensein* n, *Bindung* f ‖ *Zwang* m, *Band* n ‖ *Befestigung, Zusammenhaltung* f ‖ *Halterung* f ‖ ⟨Rhet⟩ *Subjektion* f ‖ ♦ con ~ a … *laut, gemäß, nach …* ‖ con ~ a la(s) ley(es) *laut Gesetz* ‖ falto de ~ *ungebärdig* ‖ *unbändig* ‖ *ungebändigt*

sujeta|cables *m Kabel|klemme, -schelle* f ‖
–corbata(s) *m Schlips-, Krawatten|halter* m ‖
–dor *m Büstenhalter,* ⟨fam⟩ *BH* m ‖ *Clip, Klipp,
Klips* m ‖ *Halter* m ‖ *Spanner* m ‖ *Papier|halter,
-bügel* m ‖ ~ *de corbatas Schlips-,
Krawatten|halter* m ‖ ~ *de manteles* → **–mantel** ‖
–libros *m Buchstütze* f ‖ **–mantel** *m
Tischtuchklammer* f ‖ **–mayúsculas** *m Feststeller*
m, *Umschaltfeststelltaste* f *(der Schreibmaschine)*
‖ **–papel(es)** *m Brief|halter, -beschwerer* m
sujetar [pp & irr sujeto] vt *unterwerfen* ‖ ⟨fig⟩
bezwingen, bändigen ‖ *anhalten* ‖ *festhalten* ‖
befestigen, festbinden, anbringen ‖ *ergreifen,
packen* ‖ ⟨fig⟩ *fesseln (Aufmerksamkeit)* ‖ ◇ ~ *a*
alg. *por la mano jdn an der Hand fassen* bzw
festhalten ‖ ~ *con (od por medio de) tornillos
verschrauben, mit Schrauben befestigen* ‖ ~**se** *s.
unterwerfen, nachgeben, s. ergeben* ‖ *s. fügen* ‖ ~
*a las condiciones s. nach den Bedingungen
richten*
sujetatetas *m* ⟨vulg⟩ *BH* m
¹sujeto pp/irr von **sujetar** ‖ ~ adj *unterworfen,
untertänig* ‖ *dienstbar* ‖ ~ *(a) abhängig (von)* ‖
befestigt (a *an* dat) ‖ ~ *a arancel zollpflichtig* ‖ ~
a cambios Änderungen unterworfen ‖ *veränderlich*
‖ ~ *a confirmación* ⟨Com⟩ *freibleibend* ‖ ~ *a
errores Irrtümern ausgesetzt* ‖ ~ *a franqueo,* ~ *al
porte portopflichtig* ‖ ~ *al pago de los derechos
zollpflichtig* ‖ *gebührenpflichtig* ‖ ~ *a
reglamentación Bestimmungen unterworfen* ‖ ~
a(l) *servicio dienstpflichtig* ‖ *estar* ~ *a aumento
de precio, a continuas fluctuaciones e–r
Preiserhöhung, ständigen Schwankungen
unterworfen sein* ‖ ~ *con alfileres angesteckt* ‖ ~
con clavos angenagelt
²sujeto *m Mensch* m, *Person* f, *Individuum* n ‖
Subjekt, Ding n ‖ ⟨Gr⟩ *Subjekt* n ‖ *Stoff* m ‖ ⟨Mal⟩
Entwurf m, *Idee* f ‖ ~ *del delito* ⟨Jur⟩ *Täter* m ‖
~ *de derecho,* ~ *jurídico Rechtssubjekt* n ‖ ~ *de
derechos y obligaciones Träger* m *von Rechten
und Pflichten* ‖ ~ *de experimentación
Versuchsperson* f *(& Med)* ‖ *un* ~ *sospechoso*
⟨fam⟩ *ein verdächtiges Individuum* n
¹sula *f* ⟨V⟩ *Basstölpel* m (→ **¹alcatraz**)
²sula *f Sant* ⟨Fi⟩ *Ährenfisch* m (Atherina sp)
△ **sulastraba** *f Kette* f
sulfamida *f* ⟨Chem Med⟩ *Sulfonamid* n
sulfa|tado adj ⟨Chem⟩ *sulfatisiert* ‖
schwefelsauer ‖ **–tar** vt/i *schwefeln (Rebe, Holz)* ‖
sulfatisieren ‖ *mit Schwefel düngen* ‖ **–to** *m*
⟨Chem⟩ *Sulfat* n
sulf|hidrato *m* ⟨Chem⟩ *Sulfhydrat* n ‖ **–hídrico**
adj: *ácido* ~ *Schwefelwasserstoff* m
sulfito *m* ⟨Chem⟩ *Sulfit* n
sulfo|ácido *m* ⟨Chem⟩ *Sulfonsäure* f ‖ **–cianato**
m Thiozyanat n ‖ **–nación** *f Sulfonierung,
Sulfurierung* f ‖ **–namida** *f* → **sulfamida**
sulfu|ración *f Schwefelung, Sulfuration* f ‖
–rado adj *schwefelhaltig* ‖ *sulfuriert, geschwefelt*
‖ ⟨fig⟩ *aufgebracht, zornig* ‖ ⟨fig⟩ *stocksauer* ‖
–rar vt ⟨Chem⟩ *mit Schwefel verbinden,
sulfurieren* ‖ ⟨fig⟩ *aufbringen, erzürnen,* ⟨fam⟩ *auf
die Palme bringen* ‖ ◇ ¡no me –res! ⟨fam⟩ *reize
mich nicht! bring mich nicht auf die Palme!*
sulfú|reo adj *schwefel|haltig, -artig* ‖ **–rico** adj
⟨Chem⟩ *Schwefel-*
sulfu|ro *m* ⟨Chem⟩ *Sulfid* n ‖ ~ *de arsénico
Arsensulfid* n ‖ ~ *de calcio Kalziumsulfid* n ‖ ~
de hierro Eisensulfid n ‖ ~ *de mercurio
Quecksilbersulfid* n ‖ **–roso** adj ⟨Chem⟩
schwefelhaltig ‖ *schwef(e)lig (Säure)*
sulky *m Sulky* n *(zweirädriger leichter Wagen)*
sulla *f* ⟨Bot Agr⟩ → **zulla**
△ **sulopia** *f Vorzimmer* n
Sulpicio *m* np *Sulpitius* m

sul|tán *m Sultan* m ‖ *el Gran* ~ *der
Großsultan* ‖ **–tana** *f Sultanin* f ‖ ⟨pop⟩ *Geliebte* f
(& als Kosename) ‖ **–tanato** *m,* **–tanía** *f Sultanat*
n
suma *f (Geld)Summe* f ‖ *Betrag* m ‖ *Addition,
Zusammenzählung* f ‖ *Menge* f, *Haufe(n)* m ‖
Abriss, Hauptinhalt m ‖ *Lehrbuch* n, *Abriss* m ‖
⟨Philos Theol⟩ *Summa* f *(Scholastik)* ‖ ~ *anterior*
⟨Com⟩ *Vortrag* m *(von der vorhergehenden Seite)*
‖ ~ *asegurada Versicherungssumme* f ‖ *la* ~
debida die geschuldete Summe ‖ ~ *exorbitante
ungeheuer hohe Summe* f ‖ ~ *fuerte große Summe*
f ‖ ~ *global Globalsumme* f, *Pauschalbetrag* m ‖
~ *insignificante unbedeutende Summe* f ‖ ~
mayor, ~ *máxima Höchstbetrag* m ‖ ~ *media
Durchschnitts-* ‖ ~ *mínima Mindestbetrag* m ‖ ~
restante, ~ *sobrante Restbetrag* m ‖ "~
teológica" ⟨Theol⟩ „*Summa theologiae" des
Thomas von Aquin* ‖ ~ *y sigue* ⟨Com⟩ *Übertrag*
m ‖ ~ *total Gesamtsumme* f ‖ ~ *de ventas
Umsatz* m ‖ ♦ *en* ~ *kurz, kurzum, mit e–m Wort* ‖
⟨pop⟩ *kurz und gut* ‖ *hasta la* ~ *de ... bis zum
Betrag von ...* ‖ ◇ *hacer la* ~ *addieren* ‖ *hacer
efectiva una* ~ *e–e Summe bar auszahlen* ‖
redondear una ~ *e–e Summe abrunden*
sumadora *f:* (máquina) ~ *Addier-, Additions-,*
p. ex *Rechen|maschine* f
sumamente adv *äußerst, überaus* ‖ *in hohem
Grad(e), höchst* ‖ ~ *caro riesig teuer* ‖ ~ *difícil
ungeheuer schwer* ‖ ~ *fácil spielend leicht* ‖ ~
ridículo äußerst lächerlich ‖ ◇ *le aprecio a* Vd.
~ *ich schätze Sie aufs höchste, ich schätze Sie
sehr*
sumando *m* ⟨Math⟩ *zu addierende Zahl* f,
Summand m
sumar vt *zusammen|zählen, -rechnen,
hinzurechnen, addieren, summieren* ‖
zusammenfassen ‖ *s. belaufen auf* (acc), *betragen,
ausmachen (Summe)* ‖ *kürzer fassen* ‖ ◇ *todo
sumado alles in allem gerechnet* ‖ *la cuenta suma
cuatro mil euros die Rechnung beläuft s. auf
viertausend Euro* ‖ ~**se** a alg. *s. zu jdm schlagen*
‖ *s. jdm anschließen* ‖ *zusammenkommen, s.
summieren*
suma|ria *f* ⟨Jur⟩ *Voruntersuchung* f ‖ *kurzes
(Prozess)Protokoll* n ‖ **–rio** adj ⟨Jur⟩ *summarisch,
kurz gefasst, abgekürzt* ‖ ⟨Mil⟩
Kriegsgericht(sverfahren) n ‖
Schnell(gerichts)verfahren n ‖ ~ *m* ⟨Jur⟩
Zusammenstellung f, *Abriss* m ‖ ⟨Jur⟩
Ermittlungsverfahren n ‖ *Kapitelinhalt* m,
Inhaltsverzeichnis n ‖ *Inhaltsangabe* f *(auf Akten)*
‖ adv: **–amente:** ◇ *anotar* ~ *summarisch buchen*
‖ **–rísimo** adj sup von **–rio**
△ **sumbaló** *m Fingerhut* m
△ **sumera** *f Frau* f
sumercé Am → **su merced**
sumer|gible adj *(m/f) tauchfähig, Tauch-* ‖ ~
m Unterseeboot n (→ *auch* **submarino**) ‖ **–gido**
adj *getaucht* ‖ *unter Wasser (befindlich)* ‖ ⟨Mar⟩
blind (Riff) ‖ **–gir** [g/j] vt *untertauchen* ‖
(hin)eintauchen ‖ *unter Wasser setzen* ‖ *versenken*
(en *in* acc) ‖ *über|schwemmen, -fluten* ‖ ~**se**
unter-, ver|sinken ‖ *tauchen* ‖ ⟨fig⟩ *s. stürzen* (en
in acc) ‖ *s. vertiefen* (en *in* acc) ‖ **–sión** *f,*
–gimiento *m Untertauchung* f, *Tauchen,
Eintauchen* n ‖ *Untersinken* n ‖ *Untergang* m *(e–s
Schiffes)*
sumidad *f höchster Gipfel* m, *Spitze* f
sumi|dero *m Abzugsgraben* m ‖ *Abzugsloch* n ‖
Abfluss m ‖ *Schlammfang* m ‖ *Gully* m (& n) ‖
–do adj *versunken (in Elend)* ‖ *ein-,
zusammen|gefallen (Mund alter Leute)* ‖ ~ *en
reflexiones,* ~ *en pensamientos grübelnd, in
Gedanken versunken*

sumiller *m Weinkellner* m ‖ ~ de la cava
Kellermeister m *(Hofbeamte[r])* ‖ ~ de corps
Oberkammerherr m
suminis|trador adj *Liefer-* ‖ ~ *m Lieferant* m ‖
–trar vt *an-, ver|schaffen, besorgen* ‖ *liefern* ‖
dar-, verab|reichen, geben ‖ ◊ ~ *informes*
Informationen liefern, Hinweise geben,
Erkundigungen weiterleiten ‖ ~ *medicamentos*
Arzneien verabreichen ‖ ~ *provisiones a alg.* *jdn*
verproviantieren ‖ **–tro** *m (An)Lieferung* f ‖
Anschaffung f ‖ *Versorgung* f ‖ *Verproviantierung*
f ‖ ~ de aguas *Wasserversorgung* f ‖ ~ de datos
Datenbeschaffung f ‖ ~ de energía eléctrica ⟨El⟩
Stromversorgung f ‖ ~ de madera(s)
Holzlieferung f ‖ ~ preferencial, ~ prioritario
Prioritätslieferung, bevorzugte Lieferung f ‖ ◊
hacer el ~ *liefern* ‖ ~s *mpl Naturalverpflegung* f
‖ ⟨Com⟩ *Gesamtlieferung* f
sumir vt *versenken* ‖ *(ein-, unter)tauchen* ‖
⟨fig⟩ *stürzen (in Laster)* ‖ ⟨Kath⟩ *(die Heilige*
Hostie) zu s. nehmen (Zelebrant) ‖ ◊ ~ el
resuello a alg. Am *jdn abmurksen* ‖ ~se *versinken*
‖ *einfallen (Augen, Mund)* ‖ ⟨fig⟩ *s. stürzen (in*
Laster, in Verzweiflung) ‖ ~ en un mar de
confusiones *völlig verwirrt werden* ‖ ~ en
meditaciones *s. in Überlegungen verlieren*
sumi|samente adv *auf demütige Art* ‖
ehrerbietig ‖ **–sión** *f Unterwerfung* f ‖
Unter|würfigkeit, -tänigkeit f ‖ *Ehrerbietung* f ‖
Demut f ‖ *Folgsamkeit, Ergebenheit* f, *Gehorsam*
m ‖ ~ a la voluntad de Dios *Ergebung* f *in den*
göttlichen Willen ‖ **–so** adj *unterworfen* ‖
unter|würfig, -tan, dienstbar ‖ *folgsam, gehorsam*
‖ *ehrerbietig* ‖ *demütig, bescheiden* ‖ *leise*
(Stimme)
sumista *m* ⟨Theol⟩ *Summenschreiber* m ‖
⟨iron⟩ *Theologe* m, *der die Theologie nur aus*
Büchern kennt
summa summarum ⟨lat⟩ *alles in allem* ‖ ~
theologiae → **suma**
súmmum ⟨lat⟩ *m (das) Höchste, (der) Gipfel* ‖
~ adj → **sumo** ‖ ~ jus summa injuria ⟨lat⟩
höchstes Recht, größtes Unrecht n
¹**sumo** adj *höchst, äußerst* ‖ ~a necesidad
äußerste Not f ‖ el ~ *Pontífice der Heilige Vater*
‖ ◆ a lo ~ *letzten Endes* ‖ *höchstens, allenfalls* ‖
vielleicht ‖ a lo ~ 19 años *höchstens 19 Jahre* ‖
en ~ grado *im höchsten Maß(e)* ‖ *überaus, sehr* ‖
höchst ‖ confiado hasta lo ~ *bis zum Äußersten*
vertrauend
²**sumo** *m* ⟨Sp⟩ *Sumo* n
sumparal adv/prep *herum* ‖ *bei*
súmulas *fpl* dim von **suma** ‖ *Abriss* m *der*
Logik
△ **sun** pron → **su**
△ **suna|co** *m (–quí f) Ahne* m
△ **suncaí** *f Sinn* m
△ **suncaló** *m Verräter* m ‖ *Heuchler* m
△ **sundache** *m Welt* f
△ **sunde** *m* ⟨Th⟩ *Auspfeifen* n
△ **sunga|ló** [f: **–llí**] adj *falsch*
△ **sun|geló** *m* (Barc **–dela** *f) Gestank* m
sunco adj Chi *einarmig*
sungo *m/*adj Col Ven *Neger* m ‖ ⟨fig⟩
Sonnengebräunte(r) m
sunita *m* ⟨Rel⟩ *Sunnit* m
sun|tuario adj *Luxus-* ‖ *Pracht-* ‖ **–tuosidad** *f*
Pracht f, *Aufwand, Prunk, Luxus* m ‖ **–tuoso** adj
prächtig, prunkhaft, luxuriös ‖ *Aufwand liebend*
sup. ⟨Abk⟩ = **superior** ‖ **súplica** ‖ **suposición**
supe → **saber**
supedáneo *m* ⟨Rel⟩ *Suppedaneum, Stützbrett* n
(am Kreuz) ‖ *oberste Altarstufe* f
supedi|tación *f Unterwerfung* f ‖
Abhängigkeit(sverhältnis n) f ‖ **–tar** vt

unter|jochen, -werfen ‖ *in Abhängigkeit bringen* (a
von) ‖ *niedertreten*
super- präf *über-, Über-, super-, Super-* ‖ →
hiper-, sobre-, supra-
súper adj/adv ⟨pop⟩ *super, prima, toll, famos* ‖
~ *m* → **supercarburante**
superable adj *(m/f) überwindbar* ‖
übersteigbar (& fig)
superabun|dancia *f Überfülle* f ‖
Überschwänglichkeit f ‖ *Überfluss* m ‖ ◆ en ~ *in*
Hülle und Fülle ‖ **–dante** adj *(m/f) überreichlich* ‖
–dantemente adv *in Hülle und Fülle* ‖ *im*
Überfluss ‖ **–dar** vi *reichlich* od *im Überfluss*
vorkommen
superacabar vt ⟨Met⟩ *kurzhubhonen,*
feinstziehschleifen
superación *f Überwindung* f ‖ *Bewältigung* f ‖
~ del pasado *Vergangenheitsbewältigung*
superaerodinámica *f* ⟨Flugw⟩
Superaerodynamik f
superalimentación *f Überernährung* f
supe|rar vt *überwinden, bewältigen* ‖
über|treffen, -ragen ‖ ◊ ~ las esperanzas *die*
Erwartungen übersteigen ‖ ~ la marca ⟨Sp⟩ *den*
Rekord schlagen od *brechen* ‖ ~ los medios *die*
Mittel überschreiten ‖ ~ todos los obstáculos *alle*
Hindernisse überwinden ‖ eso –ra mis cálculos
das geht über m–e Berechnungen ‖ eso –ra mi
comprensión *das geht über m–n Verstand* ‖ eso
–ra mis fuerzas *das geht über m–e Kräfte* ‖ no
puede ser –rado *es ist nicht zu übertreffen* ‖ no
(od jamás) –rado unübertroffen ‖ **–rávit** *m* (lat)
Überschuss, Rückstand m, *Plus, Mehreinkommen*
n *(in der Bilanz)* ‖ ~ presupuestario
Haushaltsüberschuss m, *Mehreinkommen* n
super|carburante *m* ⟨Auto⟩ *Superkraftstoff* m,
⟨fam⟩ *Super* n ‖ **–caza** ⟨Mil Flugw⟩
Überschalljäger m ‖ **–ciliar** adj *(m/f)* ⟨An⟩
Augenbrauen-
superclase adj ⟨fam⟩ *außerordentlich,*
ungewöhnlich, ⟨fam⟩ *prima, großartig* ‖ ~ *m*
⟨fam⟩ *Superklasse* f ‖ ⟨Sp⟩ *Spitzensportler* m
super|conductividad *f* → **supraconductividad**
‖ **–conductor** m → **supraconductor**
superche|ría *f Hinterlist, Berückung* f ‖ *Betrug*
m ‖ **–ro** adj/s *hinterlistig, betrügerisch*
super|dimensionado adj *überdimensioniert* ‖
–directa *f* ⟨Auto⟩ *Schnellgang* m ‖ **–dotado** *hoch*
begabt ‖ **–ego** *m* ⟨Psychol⟩ *Über-Ich* n ‖ **–elástico**
adj *hochelastisch* ‖ **–eminente** adj *(m/f)*
außergewöhnlich, äußerst hervorragend, ganz
vortrefflich ‖ **–estatal** adj *(m/f) überstaatlich* ‖
–estrella *m/f Superstar* m ‖ **–estructura** *f* ⟨Tech⟩
Oberbau m ‖ ⟨Soz⟩ *Überbau* m ‖ ~(s) *f(pl)* ⟨Mar⟩
Aufbau(ten) m(pl) ‖ **–fecundación** *f* ⟨Med⟩
Überschwängerung f ‖ **–ferolítico** adj ⟨fam joc⟩
ge|spreizt, -stelzt, affektiert, preziös ‖ **–fetación** *f*
⟨Med⟩ *Überbefruchtung* f
superfi|cial adj *(m/f) oberflächlich* ‖ *an der*
Oberfläche (befindlich) ‖ *Oberflächen-* ‖
oberflächlich (Verletzung) ‖ ⟨fig⟩ *seicht,*
oberflächlich, gehaltlos ‖ adv: ~**mente**
–cialidad *f Oberflächlichkeit* f ‖ **–ciario** *m* ⟨Jur⟩
Nutznießer m *e–r Bodenfläche* ‖ **–cie** *f*
(Ober)Fläche f ‖ ⟨Math⟩ *Ausdehnung* f ‖
Flächeninhalt m ‖ *Baufläche* f ‖ ~ de apoyo
Auflage-, Stütz|fläche f ‖ ~ cilíndrica
Zylinderfläche f ‖ ~ cultivable ⟨Agr⟩ *Anbaufläche*
f ‖ ~ esférica *Kugeloberfläche* f ‖ ~ de fricción,
~ de frotamiento *Reib(ungs)fläche* f ‖ ~ plana
⟨Math⟩ *Ebene, ebene Fläche* f ‖ ~ de revolución
Rotationsfläche f ‖ ~ de la tierra *Erdoberfläche* f
super|fino adj ⟨Com⟩ *hoch-, extra|fein* ‖
–fluencia *f reichliches Vorkommen* n, *Über|fülle* f,
-fluss, -schuss m ‖ **–fluidad** *f Über|fülle* f, *-maß*

n, *-fluss* m ‖ *Entbehrlichkeit* f ‖ *Überflüssige(s)* n ‖ **–fluidez** *f [pl* ~**ces]** ⟨Phys⟩ *Supra-, Super\flüssigkeit* f ‖ **–fluo** adj *überflüssig, unnötig* ‖ *zwecklos, unnütz, entbehrlich* ‖ ◇ *hacer trabajo ~ s. umsonst bemühen* ‖ ¡es ~! *es hat k–n Zweck!* ‖ **–fosfato** m ⟨Chem⟩ *Superphosphat* n ‖ **–héroe** m *Superheld* m ‖ **–heterodino** adj/s ⟨Radio⟩: *receptor ~ Überlagerungs-, Superhet\empfänger, Superhet* m ‖ **–hombre** m *(Nietzsches) Übermensch* m ‖ **–infección** *f* ⟨Med⟩ *Superinfektion* f ‖ **–intendencia** *f Superintendentur* f ‖ **–intendente** m *Oberaufseher* m ‖ *Superintendent* m

¹**superior** adj *(m/f) höher (gelegen, stehend)* ‖ *höchst, Höchst-* ‖ *ober, Ober-* ‖ ⟨fig⟩ *vorzüglich, hervorragend, ausgezeichnet* ‖ ~ *a … mehr wert, besser als …* ‖ ~ *a sus compañeros s–n Kameraden überlegen* ‖ ~ *a toda ponderación über alle Erwartungen, in jeder Hinsicht vollkommen* ‖ *sería* ~ *a mis fuerzas das würde über m–e Kräfte gehen* ‖ ~ *en od por su talento an Begabung überlegen* ‖ ◆ *de calidad* ~ ⟨Com⟩ *erstklassig, prima* ‖ *muy* ~ *ganz hervorragend*

²**superior** m *Vorgesetzte(r)* m ‖ ⟨Kath⟩ *Superior, (Ordens)Obere(r)* m ‖ *Vorsteher* m ‖ **supe\riora** *f* ⟨Kath⟩ *Oberin* f *(e–s Klosters)* ‖ *Vorsteherin* f ‖ **–riorato** m ⟨Kath⟩ *Superiorat* n, *Würde* f *e–s (Kloster)Vorstehers bzw e–r Oberin* ‖ *Superioratszeit* f ‖ **–rioridad** *f Über\legenheit* f, *-gewicht* n ‖ *Vor\trefflichkeit, -züglichkeit* f ‖ *Obrigkeit* f ‖ *Übermacht, Obergewalt* f ‖ ⟨fig⟩ *Vorgesetzte* mpl ‖ ~ *aérea* ⟨Mil⟩ *Luftüberlegenheit* f ‖ ~ *numérica* ⟨Mil⟩ *Überzahl, zahlenmäßige Überlegenheit od Übermacht* f *(& allg)* ‖ ◆ *de reconocida* ~ *von anerkannt ausgezeichneter Beschaffenheit (Waren)* ‖ **–riormente** adv *vortrefflich, meisterhaft*

superla\tivamente adv *äußerst, im höchsten Grad(e)* ‖ **–tivo** adj *vor\trefflich, -züglich, hervorragend, ausnehmend* ‖ ⟨Gr⟩ *superlativisch* ‖ *Superlativ-* ‖ ◆ *en grado* ~ *im höchsten Grad(e), äußerst* ‖ ~ m ⟨Gr⟩ *Superlativ* m ‖ ~ *absoluto* ⟨Gr⟩ *Elativ* m ‖ ~**s** mpl ⟨fig⟩ *Lobpreisungen* fpl ‖ *Übertreibung* f ‖ *Schmeicheleien* fpl

super\lubrificante m *Hochleistungsschmierstoff* m ‖ **–mercado** m *Supermarkt* m ‖ **–microscopio** m *Übermikroskop* n ‖ **–naturalismo** m ⟨Rel⟩ *Supranaturalismus, Offenbarungsglaube* m ‖ **–nova** *f* ⟨Astr⟩ *Supernova* f ‖ **–numerario** adj *überzählig* ‖ *außerplanmäßig* ‖ *außerordentlich (Professor, Mitglied e–r Akademie)* ‖ ~ m *Anwärter, unbesoldete(r) Beamte(r)* m ‖ **–oferta** *f Überangebot* n ‖ **–petrolero** m (Mar) *Supertanker* m ‖ **–población** *f Übervölkerung* f ‖ **–poblado** adj *übervölkert* ‖ **–poner** [irr → **poner**] vt *über od auf et. legen od setzen* ‖ ⟨Radio TV⟩ *überlagern* ‖ **–posición** *f Übereinanderlegen* n ‖ *Aufschichtung, Übereinanderlagerung* f ‖ *Überlappung* f ‖ *Überlagerung* f ‖ ⟨Film⟩ *Überblendung* f ‖ **–potencia** *f Supermacht* f ‖ **–producción** *f* ⟨Com⟩ *Über\produktion, -erzeugung* f ‖ ⟨Film⟩ *Groß-, Monumental\film* m, ⟨pop⟩ *Monsterfilm* m ‖ **–puesto** pp/irr von **–poner** ‖ *übereinander liegend* ‖ ⟨Radio⟩ *überlagert*

super\realismo m ⟨Kunst⟩ *Surrealismus* m ‖ **–realista** adj *(m/f) surrealistisch* ‖ ~ m/f *Surrealist(in* f) m

superregional adj *(m/f) überregional*

super\saturación *f Übersättigung* f ‖ **–saturar** vt *übersättigen*

supersónico adj *Überschall-*

supersti\ción *f Aberglaube* m ‖ **–cioso** adj *abergläubisch* ‖ ~ m *Abergläubische(r)* m

supérstite adj *(m/f)* ⟨Jur⟩ *überlebend,*

hinterblieben ‖ ~ m *Überlebende(r), Hinterbliebene(r)* m

superstrato m ⟨Ling⟩ *Superstrat* n

supersuministro m ⟨Com⟩ *Überbelieferung* f

super\valoración *f Überbewertung* f ‖ *Überschätzung* f ‖ **–valorar** vt *überbewerten*

super\visar vt *beaufsichtigen, überwachen* ‖ **–visión** *f Aufsicht, Überwachung, Beaufsichtigung* f ‖ **–visor** *Aufsichtführende(r), Beaufsichtiger* m

supervi\vencia *f Überleben* n ‖ *Anwartschaft* f ‖ ~**s** fpl ⟨Wiss⟩ *Überbleibsel* npl, *Survivals* pl *(heutige Reste untergegangener Kulturformen)* ‖ **–viente** adj *(m/f) überlebend* ‖ ~ m *Überlebende(r)* m ‖ *Hinterbliebene(r)* m ‖ **–vir** vi → **sobrevivir**

superyó m → **superego**

supi\nación *f* ⟨Med⟩ *Rückenlage* f *(e–s Kranken)* ‖ **–no** adj *auf dem Rücken liegend* ‖ ~ m ⟨Gr⟩ *Supinum* n

súpito adj ⟨reg⟩ → **súbito**

suplan\tación *f Verdrängung* f, *Ausstechen* n ‖ *Ersatz* m ‖ **–tar** vt *(jdn) verdrängen od ausstechen* ‖ *(jdn) ersetzen* ‖ *(jdn) aus dem Amt verdrängen* ‖ *fälschen (durch Einschübe) (Urkunden)*

suplefaltas m ⟨fam⟩ *Lückenbüßer* m ‖ ⟨fam⟩ *Sündenbock* m

suplemen\tario adj *Ergänzungs-* ‖ *ergänzend, zusätzlich* ‖ *Zuschlag-* ‖ ◇ *cursar un pedido* ~ *nachbestellen* ‖ *hacer un pago* ~ *nachzahlen* ‖ **–tar** vt *ergänzen* ‖ **–tero** m *Am Zeitungsjunge* m ‖ **–to** m *Ergänzung* f, *Nachtrag* m ‖ *Supplement* n ‖ *Beilage* f ‖ *Ergänzungsband, Anhang* m ‖ *Extra-, Bei\blatt* n ‖ *Zu\schuss, -schlag* m, *Nachzahlung* f ‖ ⟨EB⟩ *Zuschlagkarte* f ‖ ⟨Math⟩ *Supplement-, Neben\winkel* m ‖ ~ *por calidad Qualitätszuschlag* m ‖ ~ *de carestía Teuerungszuschlag* m ‖ ~ *de coste* ⟨Com⟩ *Mehrkosten* pl ‖ ~ *de expreso* ⟨EB⟩ *Expressgebühr* f ‖ ~ *literario* ⟨Ztg⟩ *Literaturbeilage* f ‖ ~ *musical* ⟨Ztg⟩ *Musikbeilage* f ‖ ~ *de precio Zuschlagpreis* m ‖ *Preisaufschlag* m ‖ ~ *de velocidad* ⟨EB⟩ *Schnellzugzuschlag* m ‖ ◆ *sin* ~ *zuschlagfrei* ‖ ◇ *pagar un* ~ *(e–n) Zuschlag zahlen* ‖ *nachzahlen*

suplen\cia *f Stellvertretung* f ‖ *Vertretungs\dauer, -zeit* f ‖ **–te** adj *(m/f) stellvertretend* ‖ *Ersatz-* ‖ *(profesor)* ~ *Hilfslehrer,* Öst *Supplent* m ‖ ~ m *Stellvertreter, Ersatzmann* m ‖ *Hilfslehrkraft* f ‖ ⟨Sp⟩ *Ersatzspieler* m

supletivo adj → **supletorio**

supletorio adj *ergänzend, zusätzlich* ‖ *stellvertretend* ‖ *supplet\orisch, -iv* ‖ *Ergänzungs-* ‖ ~ m ⟨Tel⟩ *Nebenapparat* m

súplica *f Bitt\schrift* f, *-schreiben* n, *Eingabe* f, *Gesuch* n ‖ *(Stellen)Gesuch* n ‖ ⟨fig⟩ *(inständige) Bitte* f ‖ ⟨Jur⟩ *Klageantrag* m ‖ ◇ *conseguir a fuerza de* ~**s** *durch Bitten erreichen* ‖ *er\bitten, –flehen*

suplicación *f Bitte* f, *Anliegen* n ‖ ~ *a … zur freundlichen Übergabe an … (auf Briefadressen)*

supli\cante m/f *Bittsteller(in* f) m ‖ **–car** [c/qu] vt/i *anflehen, (demütig, inständig) bitten, ersuchen* ‖ ~ *por alg. für jdn bitten* ‖ ◇ ¡se lo –co! *ich bitte Sie darum!* ‖ *se –ca no fumar bitte nicht rauchen!* ‖ *se –ca cerrar la puerta bitte Tür schließen!* ‖ **–catoria** *f* ⟨Jur⟩ *Rechtshilfeersuchen* n ‖ *schriftliche Einwendung* f ‖ **–catorio** adj/s *Bitt-* ‖ ~ m → **–catoria**

supli\ciar vt *hinrichten* ‖ **–cio** m *Todesstrafe* f ‖ *körperliche Strafe* f ‖ *Marter, Folter* f *(& fig)* ‖ *Folterbank* f ‖ *Schafott* n ‖ ⟨fig⟩ *Pein, Qual* f ‖ ~ *del palo Spießen, Pfählen* n ‖ ~ *de Tántalo Tantalusqualen* fpl ‖ *el último* ~ *die Todesstrafe* ‖ ◇ *dar* ~ *a alg. jdn foltern, jdn martern*

suplir vt/i *ergänzen, vervollständigen* ‖ *ersetzen, vertreten* ‖ *übersehen (Fehler)* ‖ ⟨Gr⟩ *ergänzen* ‖ ◇ ~ en el *(od* en actos del) *servicio im Dienst vertreten* ‖ ~ por alg. *jds Stelle vertreten* ‖ le suplió en el empleo *er trat an s–e Stelle* ‖ su hermosura suple a su ignorancia *die Schönheit ersetzt bei ihm (ihr) den Mangel an Bildung* ‖ la suma suplida *die aufgelegte Summe* ‖ súplase: *zu ergänzen: (in Fußnoten)*
supl.ᵗᵉ ⟨Abk⟩ = **suplente** ‖ **suplicante**
supo *m* Kurzform für **supositorio**
supón → **suponer**
supo|ner [irr → **poner**] vt/i *voraussetzen, annehmen, vermuten, meinen* ‖ *den Fall setzen* (que … *dass …)* ‖ *für ausgemacht annehmen* (que … *dass …)* ‖ *fälschlich vor-, an|geben* ‖ *Achtung genießen, angesehen sein* ‖ *halten für* ‖ ◇ como era de ~ *wie vorauszusehen war* ‖ supongo que sí *ich glaube ja* ‖ te supongo mal informado *ich nehme an, dass du nicht richtig informiert bist* ‖ eso se –ne, eso es de ~ *das ist zu erwarten, das ist natürlich, selbstverständlich* ‖ esta obra –ne mucho trabajo *dieses Werk ist die Frucht langer Arbeit* ‖ *dies ist e–e zeitraubende Arbeit* ‖ tal negocio –ne muchos gastos *ein solches Geschäft ist sehr kostspielig* ‖ lo –nía en París *ich glaubte, er wäre in Paris* ‖ no te –nía con tanta ignorancia *(od* tan ignorante) *ich hielt dich nicht für so unwissend* ‖ ~ *m* ⟨pop⟩ → **suposición** ‖ es un ~ *setzen wir voraus, zum Beispiel*
sup.ᵒʳ ⟨Abk⟩ = **superior**
supos. ⟨Abk⟩ = **supositorio**
suposi|ción *f Voraussetzung, Annahme* f ‖ *Vermutung, Meinung* f ‖ *Unterstellung* f ‖ *Erdichtung, falsche Angabe* f ‖ ~ de nombre ⟨Jur⟩ *Führen* n *e–s falschen Namens* ‖ ~ de profesión ⟨Jur⟩ *unberechtigte Berufsausübung* f ‖ ◆ bajo la ~ que … *vorausgesetzt, dass …* ‖ ◇ eso es, pura y simplemente, una ~ *das ist e–e bloße Vermutung* ‖ **–tivo** adj *mutmaßlich*
supositorio *m* ⟨Pharm⟩ *Zäpfchen, Suppositorium* n
supra ⟨lat⟩: ut ~ *wie oben*
supra|conductividad *f* ⟨El⟩ *Supraleitfähigkeit* f ‖ **–conductor** *m* ⟨El⟩ *Supraleiter* m ‖ **–dicho** adj *obenerwähnt, besagt (*→ **susodicho**) ‖ **–nacional** adj *supranational* ‖ **–natural** adj → **sobrenatural** ‖ **–naturalismo** *m Offenbarungsglaube, Supranaturalismus* m ‖ **–partidista** adj *(m/f) überparteilich*
supra|rrealismo *m* → **surrealismo** ‖ **–rrealista** adj *(m/f)* → **surrealista**
supra|rregional adj *(m/f) überregional* ‖ **–rrenal** adj *(m/f)* ⟨An⟩ *suprarenal, Nebennieren-* ‖ **–sensible** adj *(m/f) übersinnlich* ‖ ⟨Fot⟩ *hochempfindlich* ‖ **–terrestre** adj *(m/f) überirdisch* ‖ *himmlisch*
supre|macía *f Überlegenheit* f ‖ *Führerschaft* f ‖ *Vorrang* m ‖ *Vorherrschaft* f ‖ *(Ober)Hoheit* f ‖ (fig) *Leitung* f ‖ ~ marítima *Seeherrschaft* f ‖ ~ radiofónica *Funkhoheit* f ‖ ◇ tener la ~ *die Oberhand haben* ‖ **–mamente** adv *höchst, im höchsten Grad(e), äußerst* ‖ *zuletzt* ‖ **–mo** adj *oberste(r), höchste(r)* ‖ *äußerste(r)* ‖ *Hoch-, Ober-* ‖ ~ esfuerzo *äußerste Anstrengung* f ‖ ◆ en grado ~ *im höchsten Grade* ‖ comandante ~ ⟨Mil⟩ *oberster Befehlshaber* m ‖ (Tribunal) ~ *Oberster Gerichtshof* m ‖ *Kassationshof* m
supre|sión *f Unterdrückung, Aufhebung, Abschaffung* f ‖ *Auslassung, Verschweigung* f ‖ *Streichung* f ‖ *Wegfall* m, *Verschwindenlassen* n ‖ *Abbau* m *(Stelle)* ‖ ~ de las barreras aduaneras *od* de los aranceles *Abbau* m *der Zollschranken* ‖ ~ de una lista *Löschung, Streichung* f *aus e–r Liste*

‖ ~ del menstruo ⟨Med⟩ *Ausbleiben* n *der Regel* ‖ supresiones en el servicio de trenes *Ausfall* m *von Zügen* ‖ **–sivo** adj *unterdrückend* ‖ **–so** pp/irr von **suprimir** ‖ **–sor** *m:* ~ de ruidos parásitos ⟨Radio⟩ *Nebengeräuschunterdrücker* m
supri|mible adj *(m/f) abstellbar* ‖ **–mir** vt *unterdrücken* ‖ *ab|schaffen, -bauen, aufheben* ‖ *verdrängen* ‖ *(die Herausgabe) verbieten, einstellen* ‖ *übergehen, verschweigen (aus-, weg)streichen, weglassen (Zeile, Wort)* ‖ *sparen (Ausgaben, Kosten)* ‖ ⟨Med⟩ *vertreiben* ‖ ⟨pop⟩ *umbringen, kaltmachen,* ⟨pop⟩ *abmurksen* ‖ ◇ ~ un artículo ⟨Com⟩ *e–n Artikel aus dem Verkauf nehmen* ‖ ~ la carne *kein Fleisch (mehr) essen* ‖ ~ una escena ⟨Th⟩ *e–e Szene streichen* ‖ ~ nuevas expediciones ⟨Com⟩ *weitere Sendungen einstellen* ‖ ~ una fiesta *ein Fest abschaffen* ‖ ~ un impuesto *e–e Steuer abschaffen* ‖ ~ pormenores *s. nicht mit Kleinigkeiten aufhalten (bei e–r Erzählung)* ‖ **–mido** por la censura *von der Zensur gestrichen* bzw *unterdrückt*
supl.ᵗᵉ ⟨Abk⟩ = **suplente**
¹supuesto pp/irr von **suponer** ‖ ~ adj/s *vor|ausgesetzt, -geblich* ‖ *ver|mutlich, -meintlich, mutmaßlich* ‖ *angeblich* ‖ el ~ culpable *der vermeintlich Schuldige* ‖ ◇ eso lo doy por ~ *das halte ich für selbstverständlich* ‖ ~ que … *vorausgesetzt, dass …* ‖ *da (ja), weil* ‖ *indem* ‖ en el ~ de que … *im Falle, dass …* ‖ por ~ *natürlich, selbst|verständlich, -redend, freilich,* ⟨fam⟩ *klar*
²supuesto *m Voraussetzung, Vermutung, Annahme* f ‖ *angenommener Fall* m ‖ ~ de hecho ⟨Jur⟩ *Tatbestand* m ‖ ◆ en este ~ *unter dieser Voraussetzung, in diesem angenommenen Fall*
supu|ración *f* ⟨Med⟩ *Eiterung, Eiterbildung, Suppuration* f ‖ **–rar** vi *eitern* ‖ **–rativo** adj/s *die Eiterung fördernd* ‖ *eiternd, eit(e)rig, suppurativ*
supu|tación *f Berechnung* f, *Überschlag* m ‖ *Schätzung* f ‖ *Annahme* f ‖ **–tar** vt *berechnen, überschlagen* ‖ *an|muten, -nehmen* ‖ *schätzen*
sur *m Süd(en)* m ‖ ⟨Meteor⟩ *Südwind* m ‖ *Mittag* m ‖ ⟨Mar⟩ *Mauer* f ‖ el ~ de Alemania *der südliche Teil Deutschlands* ‖ ◆ al ~ *süd|lich, -wärts (Richtung)* ‖ al ~ *südlich (de gen od von) (Ortsangabe)* ‖ del ~ *südlich* ‖ *Süd-* ‖ *Südländer* m ‖ en el ~ *im Süden (de von od gen)* ‖ hacia el ~ *südwärts*
¹sura *f* ⟨Rel⟩ *Sure* f *(Kapitel des Korans)*
²sura *f Wade* f (→ **pantorrilla**)
surá *f* ⟨Text⟩ *Surah* m *(Seidenköper)*
sural adj *(m/f)* ⟨An⟩ *Waden-*
Sur|américa *f* Am ⟨Geogr⟩ *Südamerika* n ‖ **=americano** adj Am *südamerikanisch* ‖ ~ *m Südamerikaner* m
surazo *m* augm *(fam)* von **sur** ‖ ⟨Meteor⟩ *starker Südwind* m
surcado adj ⟨fig⟩ *runz(e)lig (Stirn)*
surcaño *m* Rioja *Grenz|weg, -pfad* m ‖ *Grenze* f *zwischen Landgütern*
sur|car [c/qu] vt *(durch)furchen* ‖ *rippen, streifen* ‖ ⟨fig⟩ *furchen (von Runzeln)* ‖ ⟨fig⟩ *durch|fliegen, -schiffen, -schneiden* ‖ ◇ ~ el océano (poet) *die See pflügen (Schiff)* ‖ **–co** *m (Acker)Furche* f ‖ ⟨fig⟩ *Falte, Runzel* f ‖ ⟨An⟩ *Furche* f ‖ *Rille, Tonspur* f *(der Schallplatte)* ‖ ⟨allg⟩ *Rille, Rinne* f ‖ lleno de –s *runz(e)lig (z. B. Stirn)* ‖ ◇ abrir un ~ *e–e Furche ziehen* ‖ echarse al ~ ⟨figf⟩ *aufgeben,* ⟨fam⟩ *schlappmachen, die Flinte ins Korn werfen* ‖ ⟨figf⟩ *s. gehen lassen*
surcu|lado, –loso adj ⟨Bot⟩ *einstielig*
súrculo *m* ⟨Bot⟩ *Pflanzen|stängel, -stiel* m *ohne Schösslinge*
△ **surdán** *m Welt* f

△ **surdi|nar** vt *(empor)heben* ‖ **–ñí** *f Grazie, Anmut f*

sure|ño Chi, **–ro** Arg Bol adj *aus dem Süden* ‖ ~ *m Mann* m, *aus dem Süden* ‖ *Südstaatler* m *(in den USA)* ‖ ⟨Meteor⟩ *(viento)* ~ *Südwind* m

surf *m* ⟨Sp⟩ *Surf|en, -ing* n

surfactivo *m* ⟨Chem⟩ *grenzflächenaktiver Stoff* m

sur|fing *n* ⟨Sp⟩ *Surfing, Surfen* n ‖ **–fista** *m/f Surfer(in* f) m

surgir [g/j] vi *hervor|quellen, -sprudeln* ‖ ⟨fig⟩ *auftauchen, erscheinen, hervortreten* ‖ ⟨fig⟩ *s. erheben* ‖ ⟨Mar⟩ → **fondear** ‖ ◇ ~ *del lecho* ⟨poet⟩ *(vom Bett) aufstehen* ‖ *si surge alguna dificultad falls s. e–e Schwierigkeit ergibt* ‖ *así surgen nuevos gastos dadurch entstehen neue Kosten* ‖ *hacer* ~ *entstehen lassen, ins Leben rufen*

¹suri *m* Pe *hochwertige Wolle* f

²suri *m* → **ñandú**

suricata *f* ⟨Zool⟩ *Surikate* f (Suricata suricata)

Suriname *m* ⟨Geogr⟩ *Suriname* n

suripanta *f* ⟨Th desp⟩ *Choristin* f ‖ ⟨fam desp⟩ *verkommenes Weibsstück* n ‖ *Nutte* f

surmena|je, –ge *m Über|arbeitung, -anstrengung* f ‖ *Managerkrankheit* f

surmoluqueño adj *südmolukkisch* ‖ ~ *m Südmolukker* m

suroeste *m* → **sudoeste**

surrealis|mo *m* ⟨Lit Mal⟩ *Surrealismus* m ‖ **–ta** adj *(m/f) surrealistisch* ‖ ~ *m/f Surrealist(in* f) m

sursueste *m* → **sudsudeste**

sursum corda! ⟨lat⟩ *„erhebet die Herzen!"* *(im Gottesdienst)*

sursuncorda *m* ⟨pop⟩ *Kaiser* m *von China* ‖ ◇ *no iré aunque me lo mande el (mismo)* ~ *ich gehe nicht hin, und wenn es Gott weiß wer von mir verlangt*

surtida *f* ⟨Mil⟩ *heimlicher Ausfall* m *(der Belagerten)* ‖ ⟨Mil⟩ *Ausfalltor* n ‖ ⟨fig⟩ *Geheim-, Tapeten|tür* f ‖ ⟨Mar⟩ *Stapelplatz* m

surtidero *m Abzugsgraben* m

surtido adj *sortiert* ‖ *gemischt (Ware)* ‖ *bien* ~ *mit großer Auswahl, gut sortiert* ‖ ~ *m* ⟨Com⟩ *Sortiment* n, *Auswahl* f ‖ *Sortierung* f ‖ *Ausmusterung* f ‖ *Vorrat* m ‖ *Ergänzung* f *(des Lagers)* ‖ *Satz* m (z. B. *Werkzeuge*) ‖ ~ *de géneros* ⟨Com⟩ *Lagerbestand* m ‖ *gran (escaso)* ~ ⟨Com⟩ *reiche (beschränkte) Auswahl* f ‖ *un variado* ~ *de e–e reichhaltige Auswahl* f ‖ ◇ *tener en* ~ *auf Lager haben*

¹surtidor *m Springbrunnen* m ‖ *Wasserstrahl* m, *Springquelle* f ‖ *Fontäne* f

²surtidor *m* ⟨Auto⟩ *Vergaserdüse* f ‖ *Tankstelle* f ‖ *Zapfsäule* f

sur|tir vt *liefern (Waren)* ‖ *ver|sehen, -sorgen* (de *mit*) ‖ *ergänzen (Lager)* ‖ ◇ ~ *efecto s–e Wirkung tun, wirken* ‖ ~ *el efecto deseado den gewünschten Erfolg haben* ‖ ~ *de géneros mit Waren ausstatten (Lager)* ‖ ~ *el mercado den Markt versehen od versorgen* ‖ ~ *de víveres verproviantieren* ‖ vi *(hervor)quellen, sprudeln (Wasser)* ‖ ⟨Mar⟩ *ankern* ‖ **~se** *s. versehen* (de *mit*) ‖ ◇ ~ *de lo necesario s–n Bedarf decken* ‖ **–to** pp/irr von **surgir** ‖ ~ adj *vor Anker liegend, ankernd* ‖ *los buques* ~*s en el puerto die im Hafen liegenden Schiffe*

surucucú *m* Am ⟨Zool⟩ *Buschmeister* m (Lachesis muta) *(Giftschlange)*

surum|pe *m* Pe, **–pí** *m* Bol *Schneeblindheit* f

¹¡sus! *wohlan! frischauf! auf geht's!* ‖ ◇ *sin decir* ~ *ni mus* ⟨figf⟩ *mir nichts, dir nichts*

²sus pl von **su** ‖ *de quien* ~ ⟨pop⟩ → **cuyos, cuyas**

³sus Am ⟨pop⟩ → **(se) os**

Susana *f* np *Susanne* f

suscepción *f An-, Auf|nahme* f ‖ *Übernahme* f, *Empfang* m

susceptancia *f* ⟨Radio⟩ *Suszeptanz* f

suscep|tibilidad *f Empfindlichkeit, Reizbarkeit* f ‖ *Empfänglichkeit* f ‖ *Anfälligkeit* f ‖ *Aufnahmefähigkeit* f ‖ ⟨El⟩ *Suszeptibilität* f ‖ **–tible** adj *(m/f) empfindlich, reizbar* ‖ *empfänglich, anfällig, aufnahmefähig* ‖ *fähig* (de *gen*) ‖ *imstande (& im Stande)* (de *zu*) ‖ ~ *de cambio* → ~ *de modificaciones* ‖ ~ *de enmienda besserungsfähig* ‖ ~ *de mejora verbesserungsfähig* ‖ ~ *de modificaciones Änderungen vorbehalten (im Prospekt)* ‖ *veränderungsfähig* ‖ *zu verändern(d)* ‖ ◇ *ser* ~ *de … fähig sein zu …* ‖ *ser* ~ *de producir* ⟨Com⟩ *leistungsfähig sein*

susci|tación *f Aufreizung* f ‖ *Anregung* f ‖ *Erregung* f ‖ *Hervorrufung* f ‖ *Anstiftung* f ‖ *Erwecken* n ‖ **–tante** adj *(m/f) anregend* ‖ *anstiftend* ‖ *erweckend* ‖ **–tar** vt *aufreizen, erregen, her|beiführen, -vorrufen (Streit, Aufstand)* ‖ *auf-, er|wecken* ‖ ⟨fig⟩ *anregen* ‖ ◇ ~ *dificultades Hindernisse in den Weg legen* ‖ ~ *discordias Zwistigkeiten verursachen, Zwietracht säen* ‖ ~ *discusiones zu Streitigkeiten Anlass geben* ‖ *se* –tó *una reñida discusión es kam zu e–m heftigen Streit*

suscri|bir [pp/irr suscrito] vt *unter|schreiben, -zeichnen* ‖ *zeichnen (Beträge)* ‖ *bestellen, beziehen, abonnieren (Zeitungen, Zeitschriften usw.)* ‖ *subskribieren* ‖ ◇ ~ *acciones, un empréstito, un capital Aktien, e–e Anleihe, ein Kapital zeichnen* ‖ *eso no lo* –bo ⟨figf⟩ *dafür komme ich nicht auf* ‖ *damit bin ich nicht einverstanden* ‖ *el que suscribe der Unterzeichnete (Formel)* ‖ **~se** *s. abonnieren* (a *auf* acc) *subskribieren (Beitrag, Anleihe)*

suscrip|ción *f (Unter)Zeichnung* f ‖ *Bestellung* f, *Abonnement* n ‖ *Zeichnen* n bzw *Bezug* m *(von Wertpapieren)* ‖ *gezeichnete Summe* f ‖ *Abonnentenzahl* f *(e–s Druckerzeugnisses)* ‖ *Subskription* f ‖ ~ *de acciones Aktienzeichnung* f ‖ ◇ *abrir od hacer una* ~ *(a favor de) e–e Subskription eröffnen (für et.)* ‖ *hacer una* ~ *abonnieren*

suscri|to pp/irr von **suscribir** ‖ *el capital* ~ *das gezeichnete Kapital* ‖ **–tor** *m Unterzeichner* m ‖ *Abonnent* m ‖ *Zeichner* m *(von Aktien)* ‖ *Bezieher* m *(e–r Zeitung)* ‖ *Subskribent* m (z. B. *e–r Büchersammlung)*

susidio *m* ⟨fig⟩ *Unruhe* f ‖ *Angst* f ‖ *Sorge* f

suso adv *(weiter) oben, aufwärts*

susodicho adj *obengenannt, obig, erwähnt*

suspender [pp & irr suspenso] vt *(auf)hängen* (de, por *an* acc) ‖ *anhängen (an* acc) ‖ ⟨fig⟩ *unterbrechen, (vorläufig) einstellen, zurückhalten* ‖ *aufschieben* ‖ *zeitweilig absetzen, des Amtes entheben, suspendieren (Beamte)* ‖ *(vorläufig) außer Kraft setzen (Erlass)* ‖ *aussetzen (Urteilsvollstreckung)* ‖ *hemmen (Fristen)* ‖ ⟨fig⟩ *in Erstaunen (ver)setzen, verlegen machen, verdutzen* ‖ ⟨fig⟩ *durchfallen lassen, (bei e–r Prüfung)* ‖ ◇ ~ *de un aro an e–n Ring hängen* ‖ ~ *el canto zu singen aufhören* ‖ ~ *por los cabellos an den Haaren aufhängen* ‖ ~ *de empleo y sueldo s–s Amt(e)s und Gehalt(e)s entheben* ‖ ~ *las garantías (constitucionales) das Standrecht erklären* ‖ *die verfassungsmäßigen Rechte außer Kraft setzen* ‖ ~ *su juicio mit s–r Meinung zurückhalten* ‖ ~ *los pagos die Zahlungen einstellen* ‖ ~ *la publicación (Zeitung, Zeitschrift) das Erscheinen einstellen* ‖ ~ *las relaciones diplomáticas die diplomatischen Beziehungen unterbrechen* ‖ ~ *la respiración den Atem*

anhalten ‖ ~ la sesión *die Sitzungen aufheben* ‖
~ el tráfico *den Verkehr sperren* ‖ lo han
suspendido en dos asignaturas ⟨Sch⟩ *er ist in zwei
Fächern durchgefallen* ‖ ~**se** *hängen* ‖ *s.
aufhängen*
  suspendido adj *hängend, (über den Boden)
schwebend* ‖ *aufgehoben* (z. B. *Abonnement*) ‖
durchgefallen (Schüler) ‖ abono ~ ⟨Th⟩
aufgehobenes Abonnement n ‖ ◆ como ~ entre
cielo y tierra *wie zwischen Himmel und Erde
schwebend* ‖ ◇ estar ~ de un hilo *an e–m Faden
hängen*
  suspense m [Acad: **suspensión**] ⟨Film Lit⟩
Spannung f ‖ ◇ es una película con mucho ~ *das
ist ein sehr spannender Film*
  ¹**suspensión** f *Unterbrechung, (plötzliche)
Einstellung* f ‖ *Stillstand* m, *Ruhe* f ‖ *Einstellung* f
‖ *Sperre, Aufhebung* f, *(vorübergehendes) Verbot*
n ‖ *Verzug* m ‖ *Schwebe* f ‖ *Schwebezustand* m ‖
Aufschub m, *Verschiebung* f ‖ *zeitweilige
Amtsenthebung* f ‖ *Un|schlüssigkeit, -
entschlossenheit* f ‖ *Verwunderung* f, *Erstaunen* n
‖ ⟨Rhet⟩ *Innehalten* n ‖ ⟨Mus⟩ *Aushalten* n *(e–r
Note)* ‖ ⟨Film Lit⟩ *Spannung* f (→ **–se**) ‖ ~ de
todo alimento *Aussetzen* n *jeglicher Nahrung* ‖ ~
de las garantías (constitucionales) *Standrecht* n ‖
Aufhebung f *der verfassungsmäßigen Rechte* ‖ ~
del fuego, ~ de (las) hostilidades ⟨Mil⟩
Waffen|ruhe f, *-stillstand* m, *Feuereinstellung* f ‖
~ de la inmunidad parlamentaria *Aufhebung* f *der
parlamentarischen Immunität* ‖ ~ de los negocios
Geschäftsstockung f ‖ ~ de pagos
Zahlungseinstellung f ‖ ~ de (la ejecución de) la
pena ⟨Jur⟩ *Straf|aufschub* m, *-aussetzung* f ‖ ~ de
la respiración ⟨Med⟩ *Atemstillstand* m ‖ ~ de un
señalamiento ⟨Jur⟩ *Terminaufhebung* f ‖ ~
temporal (p. ej. del uso del carné de conducir)
(Führerschein)Entzug m *auf Zeit* ‖ ~ de trabajo
Arbeits|niederlegung, -einstellung f
  ²**suspensión** f *(Auf)Hängen* n ‖ *Hoch|hängen,
-lagern* n ‖ *Aufhängung* f (& Auto) ‖ ⟨Auto⟩
Federung f, *(die) Federn* fpl ‖ *Hänge-,
Trag|riemen* m *(an e–r Kutsche)* ‖ ~ cardán
Kardanaufhängung f ‖ ~ delantera
Vorder(rad)aufhängung f ‖ ~ elástica *federnde
Aufhängung* f ‖ ~ independiente *Einzelfederung* f
‖ ~ telescópica *Teleskopfederung* f *(Motorrad)* ‖
~ trasera *Hinterradaufhängung* f
  ³**suspensión** f ⟨Chem Phys⟩ *Suspension* f ‖
⟨Pharm⟩ *Aufschwemmung* f
  suspensivo adj *aufschiebend, suspensiv*
  suspen|so pp/irr von **–der** ‖ ~ adj *aufgehängt
(in der Schwebe)* ‖ *unschlüssig* ‖ *verblüfft,
erstaunt* ‖ *durchgefallen (Prüfling)* ‖ ◇ quedar *od*
salir ~ *nicht bestehen, durchfallen (Prüfling)* ‖
eso me deja ~ *das macht mich stutzig* ‖ *das
verdutzt mich* ‖ ◆ en ~ *unentschlossen* ‖
unbestimmt ‖ *offen, ungelöst (Frage)* ‖ ~ m *Note
„ungenügend" (bei der Prüfung)* ‖ ◇ sacar un ~
durchfallen (bei e–r Prüfung) ‖ ayer salieron *od*
resultaron muchos ~s *gestern sind viele Prüflinge
durchgefallen* ‖ **–sores** mpl SAm *Hosenträger* mpl
‖ **–sorio** adj: (vendaje) ~ ⟨Med⟩ *Tragband* n ‖
Tragverband m ‖ ~ m ⟨Med⟩ *Suspensorium* n,
Tragbeutel m
  suspi|cacia f *Argwohn, Verdacht* m ‖
Misstrauen n ‖ *argwöhnische Wesensart* f ‖ ◆ con
~ *misstrauisch* ‖ **–caz** [pl ~ces] adj *argwöhnisch,
misstrauisch*
  suspi|rado adj ⟨fig⟩ *ersehnt, sehnlichst begehrt*
‖ *erträumt* ‖ el ~ momento *der ersehnte
Augenblick* ‖ **–rar** vi *(auf)seufzen* ‖ ◇ ~ por alg.
⟨fig⟩ *in jdn sehr verliebt sein* ‖ ~ por a/c ⟨fig⟩ *s.
sehnen, zurücksehnen nach et.* ‖ et. *ersehnen*
  ¹**suspiro** m *Seufzer* m ‖ ⟨Art⟩ *Zuckerwerk* n ‖

⟨Mus⟩ *kleine Glasflöte* f ‖ ⟨Mus⟩ *kurze
(Luft)Pause* f ‖ Cu *ovale Meringe* f ‖ Mex *ovales,
dünnes Brötchen* n ‖ ~amoroso *Liebesseufzer* m ‖
un hondo ~ *ein Stoßseufzer* m ‖ ~s de Granada
⟨Art⟩ *Windbeutel* mpl *(Gebäck)* ‖ ~s de monja
⟨Art⟩ *Zuckergebäck* n ‖ ◇ dar un ~ *e–n Seufzer
ausstoßen, (auf)seufzen* ‖ dar el postrer ~ ⟨fig⟩
den Geist aufgeben, sterben ‖ recoger el postrer
~ de alg. *jdm in der Todesstunde beistehen* ‖ esto
es mi último ~ ⟨pop⟩ *das ist mein endgültiger
Ruin od Untergang*
  ²**suspiro** m And ⟨Bot⟩ *Stiefmütterchen* n (&
Am) ‖ Arg *Purpurprunkwinde* f (Ipomoea
purpurea)
  suspi|rón adj/s *der (die) viel seufzt* ‖ **–roso** adj
schweratmig
  sustan|cia f *Substanz* f, *Stoff* m (& Philos) ‖
Wesen n, *Substanz* f ‖ *Inhalt, Gehalt* m ‖ ⟨fig⟩
Mark n, *Kraft* f, *Kern* m ‖ ⟨fig⟩ *Wesen|tliche(s),
-hafte(s)* n ‖ ⟨Kochk⟩ *Lebens-, Nahrungs|mittel* n ‖
(herzhafter) Geschmack m ‖ ~ activa *Wirkstoff* m
‖ ~ aromática *Aromastoff* m ‖ ~ atractiva ⟨Biol⟩
Lockstoff m ‖ ~ contagiosa ⟨Med⟩
Ansteckungsstoff m ‖ ~ de crecimiento ⟨Biol⟩
Wachstumsstoff m ‖ ~ excitante *Reizstoff* m ‖
~ luminosa *Leuchtstoff* m ‖ ~ de lastre
Ballaststoff m ‖ ~ luminosa *Leuchtstoff* m ‖ ~
natural *Naturstoff* m ‖ ~ nutri|cia, –tiva *Nährstoff*
m ‖ ~ seca *Trockenstoff* m ‖ ~ suspendida
Schwebstoff m ‖ ~ para templar ⟨Met⟩ *Härtestoff*
m ‖ ◆ de ~ *gehaltvoll* ‖ *inhaltsreich* ‖ *wesentlich*
‖ *wichtig* ‖ *grundlegend* ‖ en ~ *eigentlich* ‖ *im
Wesentlichen* ‖ *kurz gefasst* ‖ sin ~ *gehalt- bzw
inhalts|los* ‖ *geistlos* ‖ *unwesentlich* ‖ *leer* ‖ ◇
despojar de ~ *aushöhlen* ‖ ~s fpl: ~ alimenticias
Nahrungsmittel npl ‖ ~ fecales *Fäkalien* pl, *Kot*
m, *Exkremente* npl ‖ **–ciación** f ⟨Philos⟩
Substanziierung f ‖ ⟨Jur⟩ *Betreiben, Durchführen*
n ‖ ⟨Jur⟩ *Spruchreifmachung* f ‖ ⟨Jur⟩ *Erledigung*
f ‖ **–cial** adj *(m/f) substanziell* ‖ *wesentlich,
gehaltvoll, inhaltsreich* ‖ *nahrhaft* ‖ *ausgiebig* ‖
⟨fig⟩ *derb* ‖ **–cialidad** f *Substanzialität* f ‖ ⟨fig⟩
Wesentlichkeit f ‖ *Substanzsein* n ‖ **–cialismo** m
⟨Philos Psychol⟩ *Substanzialismus* m ‖ **–cialista**
adj *(m/f) substanzialistisch* ‖ ~ m/f
Substanzialist(in f) m ‖ **–cialmente** adv *im
Wesentlichen* ‖ *hauptsächlich* ‖ **–ciar** vt ⟨Philos⟩
*substanziieren, als Substanz unterlegen bzw
begründen* ‖ *begründen* ‖ ⟨Jur⟩ *betreiben bzw zur
Entscheidungsreife führen (Verfahren,
Rechtssache)* ‖ ~ un proceso *e–n Prozess
betreiben* ‖ *ein Verfahren erledigen* ‖ **–cioso** adj
nahrhaft, kräftig ‖ *substanzreich* ‖ *wesentlich* ‖
gehaltvoll, inhaltsreich ‖ *wichtig, bedeutend* ‖
–tivación f ⟨Gr⟩ *Substantivierung* f ‖ **–tival** ⟨Gr⟩
adj *(m/f) substantivisch, zum Hauptwort gehörig* ‖
–tivamente adv ⟨Gr⟩ *substantivisch, als
Hauptwort* ‖ **–tivar** vt ⟨Gr⟩ *hauptwörtlich
gebrauchen, substantivieren* ‖ **–tividad** f ⟨Gr⟩
hauptwörtliche Bedeutung f, *substantivischer
Charakter* m ‖ **–tivo** adj ⟨Gr⟩ *selbständig, für s.
bestehend, Substanz-, Wesens-* ‖ ⟨Gr⟩
hauptwörtlich, substantivisch ‖ ~ m: (nombre) ~
⟨Gr⟩ *Substantiv, Hauptwort* n
  susten|table adj *(m/f) haltbar* ‖ **–tación** f
Unterhalt m, *Ernährung* f ‖ *Stütze* f ‖
Schwebefähigkeit f ‖ *Auftrieb* m (& Flugw) ‖ ~
congrua *standesgemäßer Unterhalt* m ‖ ⟨Rhet⟩ →
¹**suspensión** ‖ **–táculo** m *Stützpunkt* m ‖
Untergestell n ‖ *Unterlager* n ‖ **–tante** adj *(m/f)
tragend* ‖ ~ m *tragendes Bauelement* n ‖ ⟨fig⟩
Ver|teidiger, -fechter m (& Jur) ‖ **–tar** vt *stützen* ‖
tragen ‖ *er|halten, -nähren, beköstigen* ‖
unterhalten ‖ *behaupten* ‖ *verteidigen (e–e Lehre)*

‖ Am *halten (Vorlesung)* ‖ ◇ ~ a una familia *e–e Familie unterhalten* ‖ ~**se** *s. erhalten* ‖ *s. ernähren* ‖ *leben* ‖ *s. tragen* ‖ ~ del aire ⟨figf⟩ *von der Luft leben* ‖ ~ de esperanzas ⟨fig⟩ *s. eitlen Hoffnungen hingeben* ‖ **–to** *m Stütze* f ‖ *Lebensunterhalt, Broterwerb* m ‖ *Nahrung* f
△ **sustilar** vt *festnehmen*
△ **sustiñar** vt *(auf)heben*
△ **sustirí** *f Los* n ‖ *Geschick* n
susti|tución *f Einsetzung* f *(an Stelle e–s anderen)* ‖ *Ersetzung* f, *Ersatz* m ‖ *Austausch* m ‖ *Amts-, Stell|vertretung* f ‖ ⟨Chem⟩ *Ersetzung* f ‖ ⟨Math⟩ *Aus-, Ver|tauschen* n ‖ ~ fideicomisaria ⟨Jur⟩ *Nacherbschaft, Einsetzung als Nacherbe, fideikommissarische Substitution* f ‖ Ar *Vorerbeneinsetzung* f ‖ ~ de niño(s), ~ de hijo(s) *Kindesunterschiebung* f ‖ ♦ en ~ de... *als Ersatz für* ... ‖ *in Vertretung von* ... ‖ **–tuible** adj *(m/f) er-, ein|setzbar* ‖ *austauschbar* ‖ **–tuir** [-uy-] vt *ersetzen* ‖ *einsetzen* (por *für* acc) ‖ *ablösen* *(im Amt) vertreten* ‖ *an die Stelle setzen* ‖ ⟨Jur⟩ *als Nacherben einsetzen* ‖ ⟨fig⟩ *unter-, ein|schieben* ‖ ◇ ~ por *(od* en lugar de) alg. *an jds Stelle einsetzen* ‖ ~ por *od* con *ersetzen durch* (acc) ‖ lo –tuyó en su cargo *er trat in s–e Stelle ein* ‖ *er löste ihn im Amt ab* ‖ *er trat als Ersatzmann für ihn ein* ‖ **–tutivo** adj *Ersatz-* ‖ *Vertretungs-* ‖ ~ *m Ersatz* m ‖ ⟨Chem⟩ *Austauschmaterial* n, *Ersatzstoff* m, *Surrogat* n ‖ **–tuto** pp/irr von **–tuir** ‖ ~ *m (Amts)Vertreter* m ‖ *Stellvertreter* m ‖ *Ersatzmann* m ‖ ⟨Mil⟩ *Einsteher* m
susto *m Schrecken* m ‖ *Angst* f ‖ *Besorgnis* f ‖ ◇ causar (un) ~, dar (un) ~ a alg. *jdn erschrecken, jdn in Schrecken versetzen* ‖ *jdm Furcht einjagen* ‖ eso no me coge de ~ *das überrascht mich nicht* ‖ *damit habe ich gerechnet* ‖ dar un ~ al miedo ⟨fam⟩ *abstoßend od grundhässlich sein* ‖ estar curado de ~s ⟨figf⟩ *kein Angstmeier sein* ‖ ⟨figf⟩ *sehr erfahren sein, kein Neuling sein, s. auskennen* ‖ no ganar para ~ ⟨fam⟩ *aus den (bösen) Überraschungen nicht herauskommen* ‖ ¡qué ~! *schrecklich!* (& joc) ‖ pasar un ~ *erschrecken* ‖ pegar un ~ a alg. →
causar un ~ a alg.
sus|tracción *f Entziehung* f ‖ *Unterschlagung, Entwendung* f ‖ ⟨Math⟩ *Abziehen* n, *Subtraktion* f ‖ ~ de valores *od* fondos *Geldunterschlagung* f ‖ **–traendo** *m die abzuziehende Zahl, Abziehzahl* f, *Subtrahend* m ‖ **–traer** [irr → **traer**] vt *entziehen* ‖ *hinterziehen, unterschlagen, entwenden* ‖ ⟨Math⟩ *subtrahieren, abziehen* ‖ ◇ ~ a fondos *Geld unterschlagen* ‖ ~ a *od* de la obediencia *der Botmäßigkeit entziehen* ‖ ~**se** *s. entziehen* ‖ *s. zurückziehen* ‖ ~ a una obligación, al pago *s. e–r Pflicht, der Zahlung entziehen*
sustrato *m* ⟨Philos Gr Bot⟩ *Substrat* n ‖ *Unter-, Grund|lage* f ‖ ⟨Fot⟩ *Haftschicht* f
susunga *f* Col *Schaumlöffel* m
susu|rración *f heimliches Flüstern* n ‖ *Munkeln* n ‖ → **–rro** ‖ **–rrante** adj *(m/f) murmelnd (Bach usw.)* ‖ *flüsternd* ‖ *säuselnd* ‖ los campos ~s *die wogenden Felder* npl ‖ **–rrar** vi *murmeln, flüstern, leise reden* ‖ *munkeln* ‖ *säuseln, murmeln (Wind, Bach)* ‖ *summen, girren (Turteltaube)* ‖ ◇ –rra el agua *das Wasser rauscht* ‖ ~ al oído *ins Ohr raunen* ‖ se –rra *man munkelt, man raunt, es geht das Gerücht (um), dass* ... ‖ **–rrido** *m* → **–rro** ‖ **–rro** *m Murmeln, Gemurmel* n ‖ *Säuseln, Gesäusel* n ‖ *Rauschen* n ‖ ~ del bosque *Waldesflüstern* n ‖ ~ de las hojas *Rascheln* n *des Laubes* ‖ **–rrón** *m/*adj *Klatschmaul* n ‖ **–rrona** *f/*adj *(fam) Klatsch|base, -tante* f
sutás *m* ⟨Text⟩ *Soutache* f
sute ~ adj Col Ven *schwächlich* ‖ *verkümmert* ‖ ~ *m* Col *Schwein* n

sutil (inc **sútil**) adj *(m/f) dünn, fein, zart* ‖ ⟨fig⟩ *scharfsinnig, spitzfindig* ‖ *subtil* ‖ adv: ~**mente**
suti|leza, –lidad *f Fein-, Dünn-, Zart|heit* f ‖ ⟨fig⟩ *Scharfsinn* m, *Spitzfindigkeit* f ‖ ⟨fig⟩ *List* f, *Kunstgriff* m ‖ ⟨fig⟩ *Grübelei, Klügelei, Tüftelei, Haarspalterei* f ‖ *Subtilität* f ‖ **–lezas** *fpl* ⟨fig⟩ *Kniffe, Tricks* mpl
sutili|zación *f Grübelei, Tüftelei* f ‖ **–zador** *m Grübler* m ‖ ⟨desp⟩ *Spinner* m ‖ ⟨desp⟩ *Wortklauber, Tüftler* m ‖ **–zar** [z/c] vt/i *verfeinern* ‖ ⟨fig⟩ *schärfen (den Geist)* ‖ *ausfeilen, vervollkommnen* ‖ ⟨fig⟩ *(aus)grübeln, (aus)tüfteln* ‖ *ausfindig machen* ‖ ◇ ¡no –cemos! *lassen wir uns nicht in Tüfteleien ein!* ‖ *wir wollen k–e Haarspaldereien treiben!*
su|torio adj: arte ~ *Schusterhandwerk* n ‖ **–tura** *f* ⟨An Med⟩ *Naht* f ‖ ♦ sin ~ *nahtlos* ‖ **–turar** vt *(zusammen)nähen*
suyo, ~a pron *sein(ige), ihr(ige), Ihr(ige)* ‖ ◇ este libro es ~ *dieses Buch gehört ihm (ihr, ihnen, Ihnen), (aber:* es su libro *es ist sein (usw.) Buch)* ‖ no es ~ *das gehört ihm (usw.) nicht* ‖ ⟨fig⟩ *das hat er (usw.) nicht aus s. heraus, das hat er nicht selbst erfunden,* ⟨fam⟩ *das ist nicht auf s–m (usw.) Mist gewachsen* ‖ un amigo ~ (= uno de sus amigos) *e–r s–r (usw.) Freunde* ‖ es tan ~ que ... *es ist ihm (ihr) so eigen, dass* ... ‖ lo ~ *das Seinige (Ihrige)* ‖ *das Zugehörige* ‖ *sein (usw.) Eigentum* n ‖ *s–e (usw.) Eigentümlichkeit* f ‖ *s–e (usw.) Schuld* f ‖ *s–e (usw.) Verpflichtung* f ‖ de ~ *aus freien Stücken, von selbst* ‖ *an und für s. von Natur aus* ‖ *eigentlich* ‖ *im Grunde od streng genommen* ‖ elegante de ~ *von angeborener Eleganz* ‖ insignificante de ~ *an und für s. belanglos* ‖ a cada uno lo ~ *Ehre, wem Ehre gebührt* ‖ gastar lo ~ y lo ajeno ⟨figf⟩ *alles verprassen* ‖ hacer ~ *s. (et.) aneignen* ‖ hacer una de las ~as *(od* hacer la ~a) ⟨fam⟩ *s–m Kopf folgen, sein (Un)Wesen treiben* ‖ ⟨fam⟩ *e–n s–r (ihrer) gewohnten Streiche vollführen* ‖ no llegar a la ~a *den Kürzeren ziehen, übel davonkommen* ‖ quedo de Vd. muy ~ *(od* ~ atto. y S.S.) *ich verbleibe Ihr sehr ergebener (Briefschluss)* ‖ salir(se) con la ~a ⟨fam⟩ *s–n Willen durchsetzen* ‖ los ~s mpl *die Seinigen*
△ **suzarro** *m Diener, Knecht* m
suzón *m* → **zuzón**
s/v ⟨Abk⟩ = **sobre vagón**
svástica, swástica *f* → **esvástica**
SW ⟨Abk⟩ = **sudoeste**
swap *m* ⟨Com⟩ *Swap* m *(Devisenaustauschgeschäft)*
Swazilandia *f* ⟨Geogr⟩ *Swasiland* n
sweater *m* = **suéter**
swing *m* ⟨Mus⟩ *Swing* m ‖ ⟨Com⟩ *Swing* m, *Swinggrenze* f
swinging *m Swinging* n, *Gruppensex* m
switch *m* ⟨Com⟩ *Switch* m
Syllabus *m* ⟨Kath⟩ *Syllabus* m *(Zusammenfassung der kirchlich verurteilten Lehren 1864 & 1907)*
symposium *m* → **simposio**

T

T, t *f* [= Te, te, *pl* Tes, tes] *T, t* n
t. ⟨Abk⟩ = **también** ‖ **tarde** ‖ **telegrama** ‖
terminación ‖ **tiempo**
T. ⟨Abk⟩ = **talón** ‖ **tara** ‖ **temperatura** ‖
telegrafía, telegrama ‖ **tensión** ‖ **título** ‖ **tomo** ‖
trabajo ‖ **traductor** ‖ **tren**
¹ta int *halt! Achtung! ‖ weh! ach! ‖ ¡∼,∼! ei,
was! ‖ poch! poch! (Klopfen)*
²ta, tá ⟨pop⟩ = **está**
³ta ⟨pop⟩ = **hasta**
t.ª ⟨Abk⟩ = **tarifa**
Ta ⟨Abk⟩ = **tántalo**
taba *f Sprungbein* n ‖ *Taba-, Knöchel\spiel* n ‖
◇ mover *od* ⟨pop⟩ menear las ∼s ⟨figf⟩ *schnell
gehen,* (fam) *die Beine unter die Arme nehmen,*
⟨pop⟩ *(die Keulen) wetzen* ‖ calentársele a uno las
∼s Chi ⟨figf⟩ *es eilig mit dem Heiraten haben,
heiratslustig sein*
taba\cá *f:* echar una ∼ (P Má) *s. e–e
genehmigen, e–e rauchen* ‖ **–cal** *m
Tabakpflanzung* f ‖ **–calera** *f staatliche span.
Tabakfabrik* f ‖ *span. Tabakregie* f ‖ *And
Tabakarbeiterin* f ‖ **–calero** adj *Tabak(s)- ‖ ∼ m
Tabak\bauer bzw -händler* m ‖ **–cazo** *m* Chi
Tabak\lauge, -brühe f *(als giftiges Getränk)*
¹tabaco *m (Rauch)Tabak* m ‖ *Tabak(pflanze* f)
m (Nicotiana tabacum) ‖ *Zigarette, Zigarre* f ‖ ∼
de calidad *feiner Tabak* m ‖ ∼ capero
Deckblatttabak m ‖ ∼ colorado *heller, bleicher
Tabak* m ‖ ∼ de contrabando *Schmuggeltabak* m ‖
∼ cucarachero *roher, unversetzter Schnupftabak*
m ‖ ∼ fino *feiner (Havanna)Tabak* m ‖ ∼ flojo
schwacher Tabak m ‖ ∼ fuerte *starker Tabak* m ‖
∼ de *od* para fumar *Rauchtabak* m ‖ ∼ habano
Havannatabak m ‖ ∼ de hebra *e–e fas(e)rige
Tabaksorte* ‖ ∼ en hojas *Blättertabak* m ‖ ∼ de
(od para) mascar *Kau-, Priem\tabak* m ‖ ∼ negro
schwarzer Tabak m ‖ ∼ ordinario *gemeiner Tabak*
m ‖ ∼ de pacotilla *minderwertiger Rauchtabak* m
‖ ∼ picado *geschnittener Tabak* m ‖ *Feinschnitt* m
‖ ∼ de pipa *Pfeifentabak* m ‖ ∼ en *od* de polvo,
∼ (de) rapé *Schnupf-, Puder\tabak* m ‖ ∼ en rama
Rohtabak m ‖ ∼ de regalía *Regaliatabak* m
(feinste Tabaksorte) ‖ ∼ en rollos *Roll-,
Strang\tabak* m ‖ ∼ rubio *heller Tabak* m ‖ ∼
suave *milde Tabaksorte* f ‖ ∼ de Virginia
Virginiatabak m ‖ ◇ se le acabó el ∼ *das Geld
ist ihm (ihr) ausgegangen,* ⟨fam⟩ *bei ihm (ihr) ist
Ebbe* ‖ dar para ∼ a alg. ⟨figf⟩ *jdn tüchtig
durchprügeln* ‖ mascar ∼ *Tabak kauen, priemen* ‖
tomar ∼ *(Tabak) schnupfen* ‖ ⟨pop⟩ *rauchen*
²tabaco *m* ⟨Agr⟩ *Rotfäule* f *(des Baumes)*
tabacosis *f* ⟨Med⟩ *Tabakstaublunge, Tabakose* f
¹tabacoso adj ⟨fam⟩ *stark schnupfend* ‖ *voll
Tabak* ‖ *voller Tabakflecken*
²tabacoso adj ⟨Agr⟩ *von Rotfäule befallen
(Baum)*
tabacuno adj: voz ∼a *Raucherstimme* f
tabal *m* Sant Ast And *(Sardinen)Tonne* f
taba\lada *f* ⟨fam⟩ *Fall* m *(auf den Hintern)* ‖
Ohrfeige f ‖ **–lear** vt *hin und her bewegen,
schaukeln* ‖ ∼ vi *(auf den Tisch) trommeln (mit
den Fingern)*
tabanazo *m* ⟨fam⟩ *Ohrfeige* f ‖ ⟨fam⟩ *Schlag* m
(mit der Hand)
tabanco *m (Straßen)Bude* f ‖ Am *(Dach)Boden* m

tabanera *f Ort* m *voller Bremsen*
tábano *m* ⟨Ins⟩ *Bremse* f (Tabanus spp) ‖ ⟨figf⟩
lästige Person f, ⟨fam⟩ *aufdringlicher Kerl* m,
⟨fam⟩ *Nervensäge* f
¹tabanque *m Tretrad* n *der Töpferscheibe*
²tabanque *m (Blumen)Körbchen* n ‖ ⟨pop⟩
Bude f ‖ ◇ levantar el ∼ ⟨pop⟩ *sein Bündel
packen*
tabaque *m Zwecke* f ‖ *Nagel* m *mit breitem
Kopf* ‖ → auch **²tabanque**
tabaque\ra *f Tabaksdose* f ‖ *Tabaksbeutel* m ‖
Pfeifenkopf m ‖ *Tabakarbeiterin* f ‖
Tabakhändlerin f ‖ **–ría** *f Tabak\laden* m,
-geschäft n, Öst *-trafik* f ‖ *Zigarrengeschäft* n ‖
Mex *Tabakfabrik* f ‖ → **²estanco** ‖ **–ro** adj
Tabak(s)- ‖ ∼ m *Tabakhändler* m ‖ Ven ⟨pop⟩
Schnupftuch n
tabaquillo *m Stäubling, Staubpilz* m ‖ Am
Benennung verschiedener Pflanzen
taba\quismo *m* ⟨Med⟩ *Tabak-,
Nikotin\vergiftung* f ‖ *Tabakmissbrauch* m ‖
–quista *m/f Tabakkenner(in* f) m ‖ ∼ *starke(r)
Raucher(in* f) bzw *Schnupfer(in* f) m
tabardillo *m* ⟨fam⟩ *Sonnenstich* m (→
insolación) ‖ ⟨pop⟩ *Typhus* m (→ **tifus**) ‖ ⟨figf⟩
lästige, aufdringliche Person, ⟨fam⟩ *Nervensäge* f
tabardo *m* ⟨Art⟩ *Mantel* m *der Bauern, Hirten
usw.* ‖ ⟨Her⟩ *Tappert, Heroldsmantel, Wappenrock*
m
tabarra *f* ⟨fam⟩ *Zudringlichkeit* ‖ f ⟨fam⟩
Schwarte f ‖ ◇ dar la ∼ a alg. *jdn belästigen* ‖
jdm auf den Wecker fallen
tabarro *m* ⟨Ins reg⟩ *Bremse* f (→ **tabano**)
tabasco *m Tabasco(sauce* f) m
△ **tabastorre** adj *(auf)recht*
taberna *f (Wein)Schenke, Kneipe, Taverne* f ‖
Gast-, Bier\haus n ‖ *Branntweinschank* m ‖ ◇
frecuentar ∼s *kneipen, bummeln* ‖ ser un poste de
∼ ⟨fam⟩ *ein Zechbruder sein*
tabernáculo *m* ⟨Rel⟩ *Stiftshütte* f *(der Juden)* ‖
Tabernakel, Sakramentshäuschen n ‖ ⟨lit fig⟩
weibliche Scham f ‖ ⟨joc⟩ *Kneipe* f
tabernario adj ⟨fig desp⟩ *kaschemmenartig* ‖
niedrig, gemein ‖ *Sauf-*
¹tabernero *m Schank-, Kneipen\wirt, Kneipier*
m ‖ *Inhaber* m *e–r Kneipe*
²tabernero *m* ⟨Fi⟩ *Klippenbarsch* m
(Ctenolabrus rupestris)
taber\nil adj *(m/f)* ⟨fam⟩ → **–nario** ‖ **–nilla** *f*
dim von **–na** ‖ **–nucho** *m elende Kneipe,
Winkelschenke, Spelunke, Kaschemme* f
tabes *f* ⟨Med⟩ *Darre, Abzehrung* f,
(Hirn)Schwund m ‖ ∼ dorsal
Rückenmark(s)schwindsucht, ⟨lat⟩ *Tabes* f *dorsalis*
tabético *m* adj ⟨Med⟩ *tab(et)isch, tabeskrank* ‖
∼ m *Tab(et)iker, Tabeskranke(r)* m
tabicar [c/qu] vt ⟨Arch⟩ *zumauern, verschalen*
‖ ⟨fig⟩ *sperren*
tabicón *m Scheide-, Trenn-, Zwischen\wand* f
tabilla *f* dim von **taba**
tabique *m Fach-, Backstein\wand* f ‖ *Verschlag*
m, *Scheide-, Trenn-, Zwischen\wand* f ‖
Lehmmauer f ‖ *Brandmauer* f ‖ ∼ corredizo
Schiebewand f ‖ ∼ nasal ⟨An⟩ *Nasenscheidewand*
f
¹tabla *f (Tisch)Platte* f ‖ *(Ess)Tisch* m,

Speisetafel f ‖ *Fleischbank* f ‖ *Anschlagtafel* f ‖ *schwarzes Brett* n ‖ *Brett* n, *Diele* f ‖ *seichte Stelle* f *(im Fluss)* *Gemälde* n (bes. *auf Holz)* ‖ *Bildfläche* f *(Perspektive)* ‖ *Kellerfalte* f, *Blatt* n *(e–s Kleides)* ‖ *(Garten)Beet* n, *Rabatte* f ‖ ⟨Med⟩ *Schiene* f ‖ ~ *de la cama Bettlade* f ‖ ~ *de dibujo Reißbrett* n ‖ ~ *de entarimado Holzdiele* f ‖ ~ *de Grecia* (Mal) *Ikon(e* f) n ‖ ~ *hawaiana Surfbrett* n ‖ ~ *de lavar Reibbrett* n *(der Wäscherinnen)* ‖ ~ *de picar* ⟨Kochk⟩ *Hack-, Schneide|brett* n ‖ ~ *de quesos* ⟨Kochk⟩ *Käseplatte* f ‖ ~ *redonda Tafelrunde* f ‖ ~ *de salvación* ⟨fig⟩ *Rettung* f, *Rettungsanker* m ‖ ~ *votiva* ⟨Rel⟩ *Votivtafel* f ‖ ◆ *a la* ~ *del mundo* ⟨fig⟩ *vor aller Augen, öffentlich* ‖ *a raja* ~ ⟨figf⟩ *unnachgiebig* ‖ *koste es, was es wolle* ‖ *mit allen Kräften* ‖ ◇ ~ *rasa* (de) *algo s. über et. hinwegsetzen,* ⟨lat⟩ *tabula rasa* od ⟨fam⟩ *reinen Tisch machen* ‖ *ser de* ~ *gang und gäbe sein* ‖ ~s *fpl Schach-, Dame|brett* n ‖ *las* ~ ⟨fig⟩ *die Bühne* ‖ ◆ *en* ~ *auf der Bühne* ‖ *por* ~ ⟨figf⟩ *wie durch ein Wunder* ‖ ◇ *estar en* ~ ⟨allg⟩ *s. in e–r Pattsituation befinden* ‖ *hacer* ~ *patt sein (im Schach)* ‖ *quedar* ~ *patt bleiben (im Schach)* ‖ *salir a las* ~ ⟨fig⟩ *auftreten, die Bühne* od *die Bretter betreten*
²tabla *Tabelle, Tafel* f, *Register* n ‖ *Inhaltsverzeichnis* n ‖ ~ *de códigos* ⟨Inform⟩ *Code|tabelle, -übersicht* f ‖ ~ *de conversión Umrechnungstabelle* f ‖ ~ *de decisión* ⟨Inform⟩ *Entscheidungstabelle* f ‖ ~ *de direcciones* ⟨Inform⟩ *Adressenregister* n ‖ ~ *de direcciones simbólicas* ⟨Inform⟩ *Register* n *symbolischer Adressen* ‖ ~ *de dividir Divisionstabelle* f ‖ ~ *de intereses Zins(berechnungs)tabelle* f ‖ ~ *de materias Inhalts-, Sach|verzeichnis* n ‖ ~ *de mortalidad Mortalitätstafel, Sterblichkeitstabelle* f ‖ ~ *de multiplicar Einmaleins* n ‖ ~ *de salarios Lohntabelle* f ‖ ~ *sinóptica Übersichtstabelle* f ‖ *Diagramm* n ‖ ~s *fpl: las* ~ *alfonsinas* ⟨Hist Astr⟩ *die Alfonsinischen Tafeln fpl* ‖ *las* ~ *de la Ley* ⟨Rel⟩ *die Gesetzestafeln (Mosis)* ‖ ~ *logarítmicas* ⟨Math⟩ *Logarithmentafeln fpl* ‖ ~ *trigonométricas* ⟨Math⟩ *trigonometrische Tafeln*
tabla|do m *(Bretter)Gerüst* n ‖ *Podium, Parkett* n ‖ *(Schau)Bühne, Tribüne* f ‖ *Bettgestell* n ‖ ⟨Hist⟩ *Schafott* n ‖ **–je** m *Bretterwerk* n, *Bretter* npl ‖ **–jería** f *Fleischbank* f ‖ **–jero** m *Zimmermann* m ‖ *Metzger* m ‖ **–o** m (fam von **tablado**): ~ *flamenco Flamencobühne* f ‖ **–zo** m *lange, seichte Wasserstrecke* f ‖ **–zón** f *Bretterhaufen* m ‖ *Bretter* npl ‖ ⟨Mar⟩ *Plankenwerk* n
tableado adj: *falda* ~a *Faltenrock* m ‖ ~ m *Falten* fpl *(am Kleid)*
tablear vt *in Bretter schneiden (Stämme)* ‖ *in Beete abteilen* ‖ ◇ ~ *un vestido in ein Kleid Falten einnähen*
△ **tablenar** vt *erreichen*
tablero m *(Marmor)Platte* f ‖ *Tafel* f ‖ *Tisch|blatt* n, *-platte* f ‖ *Arbeits-, Werk|tisch* m ‖ *Zuschneidetisch* m ‖ *Auslege-, Laden|tisch* m ‖ ⟨Zim⟩ *Füllung* f ‖ ⟨Arch⟩ *Säulenplatte* f ‖ *Tafelfläche* f ‖ ⟨Arch Tech⟩ *Feld* n ‖ *Spiel-, Würfel-, Dame-, Schach|brett* n ‖ *Spiel|bank, -hölle* f ‖ *Spieltisch* m ‖ *Nummernschild* n ‖ *(hölzerne) Wand-, Schul|tafel* f ‖ ⟨Agr⟩ *Beete* npl ‖ ~ *de ajedrez Schachbrett* n ‖ ~ *de anuncios Anschlagbrett* n ‖ *schwarzes Brett* n ‖ ~ *contador Rechenbrett* n ‖ ~ *de damas Damebrett* n ‖ ~ *de dibujo Zeichen-, Reiß|brett* n ‖ ~ *de instrumentos Armaturenbrett* n (& *Flugw*) ‖ ~ *de mando Schalt|brett* n, *-tafel* f ‖ ~ *de virutas Holzspanplatte* f ‖ ~s *mpl* ⟨Taur⟩ → **barrera**
tablestacado m ⟨Arch⟩ *Spundwand* f
table|ta f dim von **tabla** ‖ *(Parkett)Diele* f ‖

(Schokoladen)Täfelchen n bzw *-Tafel* f ‖ ⟨Pharm⟩ *Tablette* f ‖ ⟨Med⟩ *Beinschiene* f ‖ ~ *de aspirina Aspirintablette* f ‖ ~ *de chocolate Schokoladentafel* f ‖ ~s *de los leprosos,* ~s *de San Lázaro* ⟨Hist⟩ *Klapper* f *der Aussätzigen* ‖ ~ *de sacarina Saccharintablette* f ‖ **–teado** m *Geklapper* n ‖ **–teante** adj *(m/f) klappernd, lärmend, krachend* ‖ *stürmisch (Beifall)* ‖ **–tear** vi *klappern* ‖ *krachen (Donner)* ‖ *knattern (Maschinengewehr usw.)* ‖ **–teo** m *Geklapper* n ‖ *Geknatter* n ‖ ~ *del trueno Krachen* n *des Donners*
tabli|lla f dim von **tabla** ‖ *(Schokoladen)Täfelchen* n ‖ ⟨Pharm⟩ *Pastille* f ‖ ⟨Med⟩ *Beinschiene* f ‖ *Bruchschiene* f ‖ *Ankündigungstafel* f, *Anschlagbrett* n ‖ *Namenverzeichnis, Register* n ‖ ~ *de precios Preis|verzeichnis* n, *-liste* f ‖ ~ *de ripia Schindel* f ‖ ~s *de San Lázaro* → **tableta** ‖ ◇ *poner una* ~ *e–e Bekanntmachung anschlagen* ‖ **–ta** f dim von **tabla**
tabloide m *Boulevardzeitung* f
tablón m *Bohle, Diele* f, *starkes Brett* n ‖ Am *(Blumen)Beet* n ‖ ◇ *coger un* ~ ⟨pop⟩ *s. be|trinken,* ⟨pop⟩ *s. -saufen* ‖ → **tablero**
tabloncillo m ⟨Taur fam⟩ *oberster Sitzplatz* m *(in der Stierkampfarena)* ‖ ⟨pop⟩ *Abortsitz* m
tabor m ⟨Hist⟩ *marokkanische Truppeneinheit* f *des span. Heeres*
tabora f Sant *Moor* n, *Morast, Sumpf* m (→ **cenagal**)
taborita m/adj ⟨Rel⟩ *Taborit* m *(Hussitensekte)*
tabú [pl **–úes**] m *Tabu* n (& *fig*) ‖ ◆ *sin* ~es *tabulos* ‖ ◇ *declarar* ~ *tabuisieren*
tabuco m *elende Bude* f, ⟨fam⟩ *Loch* n
tabui|zación f *Tabuisierung* f ‖ **–zar** [z/c] vt *tabuisieren*
tabula|dor m ⟨Inform⟩ *Tabulator* m (& *an der Schreibmaschine)* ‖ **–dora** f ⟨Inform⟩ *Tabelliereinrichtung* f ‖ *Tabelliermaschine* f *(Lochkartentechnik)*
¹tabular adj *(m/f) brettförmig* ‖ ⟨Min⟩ *taf(e)lig*
²tabular vt *tabellieren*
tabulatura f ⟨Mus⟩ *Tabulatur* f
taburete m *runder (niedriger) Sessel, Schemel, Hocker* m ‖ Schw *Taburett* n ‖ ~ *de barra,* ~ *del bar Barhocker* m ‖ ~ *eléctrico* ⟨Phys⟩ *Isolierschemel* m ‖ ~ *giratorio Drehschemel* m ‖ ~ *de piano Klavierstuhl* m ‖ ~ *plegadizo, plegable, de tijera Klappstuhl* m
tac, tac onom *tack, tack*
¹taca f *kleiner Wandschrank* m ‖ *Gussplatte* f ‖ *Fleck(en)* m
²taca f Chi ⟨Zool⟩ *(essbare) Venusmuschel* f *(Venus dombeyi)*
tacado m ⟨Sp⟩ *Stoß* m *mit dem Billardstock*
taca|ñear vi *knausern, knickern* ‖ **–ñería** f *Knauserei* f ‖ **–ño** adj *hinterlistig* ‖ *geizig, knaus(e)rig, knick(e)rig, karg* ‖ ~ m *Knauser, Knicker, Geizhals* m
taca|tá, –taca m ⟨fam⟩ *Laufstühlchen* n *(für Kinder)*
¹tacha f *Fehler* m, *Gebrechen* n, *Unvollkommenheit* f ‖ *Tadel* m, *Rüge* f ‖ *Anschuldigung* f ‖ ◆ *sin* ~ *tadel-, makel|los* ‖ ◇ *poner* ~ *a algo et. auszusetzen haben (an dat)*
²tacha f *kleiner Nagel* m ‖ *großer Reißnagel* m
tacha|do adj *gestrichen* ‖ *getadelt* ‖ ⟨fig⟩ *übel beleumdet* ‖ **–dura** f *Ausstreichen* n ‖ *Streichung* f
¹tachar vt *(aus)streichen* ‖ *auslöschen*
²tachar vt *bemängeln, aussetzen (Fehler)* ‖ *vorwerfen, tadeln* ‖ ⟨fig⟩ *beschuldigen, rügen* ‖ ⟨Jur⟩ *ablehnen (Zeugen)* ‖ *beanstanden* ‖ ◇ ~ *de ligero a alg. jdn als leichtsinnig rügen*
tachero m Am *Spengler* m

△ **tachescar** [c/qu] vt *werfen*
tachis|mo m ⟨Mal⟩ *Tachismus* m ‖ **–ta** m/f
Tachist(in f) m
tacho m Am *Blechtopf, Kessel* m ‖ *Sudpfanne* f
(der Zuckersiedereien) ‖ Am *Blech* n ‖ Arg Pe
Mülleimer m ‖ ◇ echar al ~ Arg ⟨pop⟩ *zum
Teufel schicken*
¹**tachón** m ⟨Text⟩ *Tresse, Borte* f
²**tachón** m *Polster- bzw Zier|nagel* m
³**tachón** m *(Durch)Strich* m ‖ → **tachadura** ‖
⟨Typ⟩ *Gedankenstrich* m
tacho|nar vt *mit (Gold)Tressen besetzen* ‖ *mit
Ziernägeln beschlagen* ‖ –nado de estrellas
sternbesät (Himmel) ‖ **–so** adj *fehlerhaft*
tachuela f *Zwecke* f, *Reißnagel* m ‖
Schuhnagel m ‖ *Tapezier-, Zier|nagel* m ‖ ⟨figf⟩
Knirps m
tacín m *Wäschekorb* m
tacita f dim von **taza** ‖ *Tässchen* n ‖ *como una
~ de plata* ⟨fig⟩ *blitzsauber* ‖ ⟨fig⟩ *sehr nett,
niedlich, rein*
Tacita f: *la ~ de Plata* = **Cádiz**
táci|tamente adv *still* ‖ ◇ reconocer ~
stillschweigend anerkennen ‖ **–to** adj *still, ruhig,
schweigsam* ‖ ⟨Jur⟩ *stillschweigend (Bedingung)*
Tácito m np *Tacitus* m
tacitur|nidad f *Schweigsamkeit,
Verschlossenheit* f ‖ **–no** adj *schweigsam,
wortkarg, verschlossen* ‖ ⟨fig⟩ *trübsinnig, düster,
schwermütig*
taco m *Pflock, Stock, Zapfen* m ‖ *Dübel* m ‖
Billardstock m, *Queue* n (& m) ‖ ⟨Mil⟩ *Ladestock*
m ‖ *Knall-, Holunder|büchse* f *(der Kinder)* ‖
Fassspund m ‖ *Papierblock* m *(e–s
Abreißkalenders)* ‖ *Schuhabsatz* m ‖ ⟨Sp⟩ *Stollen*
m ‖ Mex ⟨Kochk⟩ *zu e–r Tasche gefaltete Tortilla*
f ‖ ⟨fig⟩ *leichter Imbiss* m ‖ ⟨fam⟩ *Fluch* m ‖
⟨fam⟩ *Wirrwarr* m ‖ ◇ soltar un ~ *e–n Fluch
ausstoßen* ‖ ~ de salida ⟨Sp⟩ *Startblock* m ‖
~s mpl ⟨pop⟩ (oft:) = **tacones** ‖ ◇ echar ~
⟨figf⟩ *fluchen, schelten* ‖ ⟨pop⟩ *neue Absätze
anbringen*
tacó|grafo m *Tachograph, Fahrt(en)schreiber*
m ‖ **–metro** m *Tachometer* m (& n) ‖
Drehzahlmesser m
tacón m *(Schuh, Stiefel)Absatz* m, *Hacke* f ‖ *~
de aguja Pfennigabsatz* m ‖ *~ alto hoher Absatz,
Damenabsatz* m ‖ *tacones de medio lado abge-,
ver|tretene Absätze* mpl ‖ *~ de señora
Damenabsatz* m
taco|nazo m *Fußtritt* m ‖ ⟨Mil⟩
Zusammenschlagen n *der Hacken* ‖ ◇ dar un ~
⟨Mil⟩ *die Hacken zusammenschlagen* ‖ **–near** vi
(mit dem Absatz) auf|stampfen, stark auftreten ‖
–neo m *Aufstampfen* n *(beim Tanzen, beim
Gehen)*
tacotal m CR Nic *dichtes Gestrüpp* n
tac|tación f ⟨Med⟩ *(Be)Tasten, Austasten
Touchieren* n ‖ **–tar** vt *(be)tasten, austasten,
touchieren*
táctica f *Taktik* f (& fig) ‖ ⟨fig⟩ *Verfahren,
Vorgehen* n ‖ ⟨fig⟩ *Vorsicht, Politik* f ‖ *~ aplicada
angewandte Taktik* f ‖ *~ de avestruz Vogel-
Strauß-Politik* f ‖ *~ dilatoria Verzögerungs-,
Verschleppungs|taktik, -politik* f ‖ *~ naval* ⟨Mar⟩
Seetaktik f ‖ ◇ obrar con *~ vor-, um|sichtig
vorgehen* ‖ ⟨fam⟩ *diplomatisch handeln*
táctico adj ⟨Mil⟩ *taktisch* ‖ *~ m* ⟨Mil⟩ *Taktiker*
m ‖ ⟨fig⟩ *(geschickter) Diplomat* m
táctil adj *(m/f) befühl-, betast|bar* ‖ *taktil, Tast-*
tactismo m ⟨Biol⟩ *Reaktionsbewegung* f *(auf
äußeren Reiz)*
tacto m *Gefühl* n, *Gefühls-, Tast|sinn* m ‖
Be|fühlen, -tasten n ‖ ⟨Med⟩ *Austasten,
Touchieren* n ‖ ⟨fig⟩ *Takt* m, *Anstandsgefühl* n ‖ ◆

con ~ *taktvoll* ‖ sin ~, desprovisto de ~, falto de
~ *taktlos*
tacuacín m MAm Mex ⟨Zool⟩ → **zarigüeya**
tacuaco adj Chi *klein und untersetzt (Person)*
tacuara, tacuará f: (caña) ~ Arg ⟨Bot⟩ *(Art)
Riesenbambusrohr* n (Chusquea tacuara) ‖
Bambusstab m *der Gauchos*
△ **tacue** pron *du* ‖ *dir* ‖ *dich*
tacurú m Arg Par ⟨Ins⟩ *(Art) kleine Ameise* f ‖
(alter) Ameisen|haufen, -hügel m
taday Sant ⟨pop⟩ = **quita de ahí**
Tad|jikistán, –zikistán m ⟨Geogr⟩ →
Tayikistán
taekwondo m ⟨Sp⟩ *Taekwondo* n
TAF ⟨Abk⟩ = **Tren Automotor Fiat**
tafanario m ⟨fam⟩ *Hintern* m
tafe|tán m ⟨Text⟩ *Taft* m ‖ *~ inglés Englisch-,
Heft|pflaster* n ‖ **–tanes** mpl ⟨figf⟩ *festliche
Damenkleidung* f
tafia f *Zuckerrohrschnaps* m
tafilete m → **marroquín**
tafo m Al León Rioja Zam *Gestank* m
tafuería f → **tahurería**
tagalo adj *tagalisch* ‖ *~ m Tagale* m
tagarete m Arg *Bächlein* n
tagarnina f ⟨fam⟩ *schlechte Zigarre* f, ⟨joc⟩
Stinkadores f
tagarno m Mex ⟨Mil⟩ *Kommissbrot* n
tagarote m ⟨pop⟩ *großer, langer Mann* m,
⟨fam⟩ *Hopfenstange* f, ⟨fam⟩ *langer Lulatsch* m ‖
⟨fam⟩ *ad(e)liger Hungerleider* m ‖ ⟨fam⟩
(Notar)Schreiber m
△ **tagelar** vt *zer|reißen, -fetzen*
¹**tagua** f ⟨Bot⟩ *Steinnusspalme* f (Phytelephas
macrocarpa) ‖ *Steinnuss* f
²**tagua** f Chi ⟨V⟩ *Chilenisches Blässhuhn* n
(Fulica chilensis)
¹**tahalí** [pl ~íes] m ⟨Mil⟩ *Wehrgehänge* n ‖
Säbel-, Degen|koppel n/f ‖ *Schulter|riemen* m,
-gehenk n
²**tahalí** [pl ~íes] m ⟨Kath⟩ *ledernes
Reliquienkästchen* n
taheño adj *m rot|bärtig, -haarig*
Tahití m ⟨Geogr⟩ *Tahiti* n
taho|na f *Bäckerei* f, *Bäckerladen* m ‖ Am
Pochwerk n ‖ **–nero** m ⟨Sp⟩ *Bäcker* m
tahúr m *(Gewohnheits)Spieler* m ‖
Falschspieler m
tahurería f *Spielhölle* f ‖ *Betrug* m *(im Spiel),
Mogelei* f ‖ *Spielwut* f *(der Glücksspieler)*
taifa f *Partei(ung)* f ‖ ⟨figf⟩ *Bande* f, *Gesindel,
Pack* n ‖ *¡qué ~! ⟨fam⟩ was für ein Pack!* ‖ *~s*
fpl Span ⟨Hist⟩ *Teilreiche* npl *der Taifas (nach
1301)*
taiga f ⟨Geogr⟩ *Taiga* f *(Waldgebiete südlich
der Tundra)*
tailan|dés adj *thailändisch* ‖ *~ m Thailänder*
m ‖ ≠**dia** f ⟨Geogr⟩ *Thailand* n
tai|mado adj/s *(hinter)listig, ver|schmitzt,
-schlagen, schlau, gerieben* ‖ **–mería** f
*Schlauheit, Abgefeimtheit, Geriebenheit,
Verschmitztheit* f
tai|ta [dim: **–tita**] m ⟨fam⟩ *Vati, Papi, Paps* m
‖ *~ cura* ⟨Arg pop⟩ *Herr Pfarrer* m ‖ **–tón** m Cu
Großvater m
Taiwán m ⟨Geogr⟩ *Taiwan* n
¹**taja** f *(Ein)Schnitt* m ‖ *Schild* m
²**taja** f León *Reibbrett* n *(der Wäscherinnen)*
taja|da f *Schnitz* m, *Schnitte, Scheibe* f
(Fleisch, Melone usw.) ‖ ⟨fam⟩ *Rausch* m,
Trunkenheit f, ⟨fam⟩ *Blausein* n ‖ *~ de jamón, ~
de tocino Schinken-, Speck|schnitte* f ‖ *media ~*
⟨figf⟩ *Schwips* m ‖ ◇ cortar *~s de algo et. in
Scheiben schneiden* ‖ *hacer ~s a uno* ⟨pop⟩ *jdn in
Stücke hauen (als Drohung)* ‖ **–dera** f

Wiegenmesser, (Käse)Messer n ‖ **–dilla** *f* dim von
–da ⟨fam⟩ *Schwips* m ‖ *(Zitronen)Scheibe* f ‖
⟨Kochk⟩ *kalter Aufschnitt* m ‖ **–dor** *m Hackklotz*
m ‖ *Schneidegerät* n ‖ **–dora** *f Hack-,*
Fleisch\messer n ‖ *Schrothammer* m ‖ **–duras** *fpl*
Schnitzel npl
    tajamar *m* ⟨Mar⟩ *Schaft, Schegg* m ‖
Wellenbrecher (der Brücke), Brückeneisbrecher,
Pfeilerkopf m ‖ Chi *Uferdamm, Kai* m ‖ Arg
Schleuse f ‖ Arg *Stauwasser* n
    tajante adj *(m/f) schneidend, bissig, scharf*
(Wort) ‖ *endgültig, resolut, kategorisch* ‖ Am
spitz, scharf (Nase) ‖ *~ m* ⟨reg⟩ *Schlachter* m
    tajar vt *(ab)schneiden* ‖ *durch-, auf-, zu-,*
ein\schneiden ‖ *(auf)hauen (Feilen)*
    tajaraste *m* Can *(Art) Volkstanz* m
    tajear vt Am → **tajar**
    ¹tajo *m (Ein)Schnitt* m ‖ ⟨Fecht⟩ *Hieb* m *(von*
rechts nach links) ‖ *Hiebwunde* f ‖ *Narbe* f ‖
⟨Stud⟩ *Schmiss* m ‖ *Schmarre* f ‖
(Messer)Schneide f ‖ *Holz-, Hack-, Fleisch\klotz*
m ‖ *Hackbrett* n ‖ ⟨Hist⟩ *Richtblock* m ‖
dreibeiniger Schemel m ‖ ◇ dar *~s Hiebe*
austeilen
    ²tajo *m Arbeit* f, *Tagewerk* n ‖ *(Arbeits)Schicht*
f ‖ ⟨fam⟩ *Job* m ‖ ⟨fam⟩ *Arbeit, Aufgabe* f ‖ ◇
estar en el *~ bei der Arbeit sein,* ⟨fam⟩ *schaffen* ‖
ir al *~ arbeiten od zur Arbeit gehen* ‖ volver al
~ die Arbeit wieder aufnehmen
    ³tajo *m steiler Fels* m ‖ *Steilhang* m ‖ *Klippe* f,
Felsenriff n ‖ *Schlucht* f ‖ *(Gelände)Einschnitt* m
‖ ⟨Arch⟩ *Baugrube* f ‖ ⟨Bgb⟩ *Abbau* m ‖ Col Ven
Saumpfad m Am *Grube, Höhle* f ‖ Col Ven
Saumpfad m
    ⁴tajo *m* ⟨fam⟩ *Wasch-, Reib\brett* n *(der*
Wäscherinnen)
    Tajo *m* **a)** [Fluss]: el *~ der Tajo* ‖ **b)** *Schlucht*
f *in Ronda* (P Má)
    tajón *m* augm von **tajo** ‖ *Hackklotz* m *(für*
Fleisch)
    tajue\la *f* ⟨reg⟩ *Waschbank* f
    ¹tajuelo *m* dim von **tajo**
    ²tajuelo *m (Sitz)Schemel, Dreifuß* m
    tajugo *m* Ar ⟨Zool⟩ *Dachs* m *(→ tejón)*
    △ **tajuñí** *f Kiste* f ‖ *Kästchen* n
    taju\rear vi/t PR *betrügerisch handeln* ‖ ⟨fam⟩
übers Ohr hauen ‖ **–reo** *m* PR *Betrug* m, *List* f
    taka *m* [Währungseinheit] *Taka* m (Abk = Tk.)
    ¹tal adj/adv (& s) *solcher, solche, solches* ‖ *der*
und der, soundso ‖ *gewisse(r, s)* ‖ *besagt, derartig,*
dergleichen, so groß usw.
    a) k o r r e l a t i v: *~ cual hie und da e–r* ‖ *hie*
und da e–e, einige, wenige ‖ *(eben)so wie* ‖ *soso,*
mittelmäßig ‖ *~ cual es so, wie er (sie, es) ist* ‖
~ cual vez ⟨Am⟩ *ab und zu* ‖ acabará *~ cual*
había vivido *er (sie, es) wird so enden, wie er*
(sie, es) gelebt hat ‖ *~ para cual* ⟨pop⟩ *e–r (e–e)*
wie der (die) andere ‖ *~ por cual mehr oder*
weniger, annähernd
    b) G l e i c h h e i t, Ä h n l i c h k e i t, G r ö ß e:
~ cosa no se ha visto nunca et. Derartiges od
dergleichen ist noch nie dagewesen ‖ *~ falta no*
la puede cometer un hombre ~ e–n so großen
Fehler kann ein Mensch nicht begehen
    c) a n n ä h e r n d e A n g a b e, A u s d r u c k
d e r V e r l e g e n h e i t: a *~ y ~ unter der und*
der Bedingung ‖ *~ y ~ dies und das* ‖ y *~ y ~*
und so und so ‖ *und so weiter, und so fort* ‖ *~es*
y *~es die und die* ‖ *allerhand* ‖ hemos visto *~es*
y *~es cosas wir haben dies und jenes gesehen* ‖
~ vez venga vielleicht kommt er (sie, es) ‖ *(es)*
mag sein, dass er (sie, es) kommt ‖ en *~ parte da*
und da, irgendwo ‖ en *~es condiciones unter*
solchen Bedingungen ‖ *wenn die Lage so ist* ‖ in
e–r solchen Situation ‖ como si *~ cosa mir*

nichts, dir nichts ‖ *mit äußerster Leichtigkeit* ‖ *mit*
der größten Gelassenheit
    d) d e m o n s t r a t i v: *~ hombre so ein Mensch*
‖ *~ cosa so etwas* ‖ *~ fin tuvo su vida ein*
solches Ende nahm sein (ihr) Leben ‖ no haré yo
~ das werde ich nicht tun ‖ no conozco a *~*
hombre *d(ies)en Mann kenne ich nicht* ‖ el *~ der*
erwähnte, der besagte, dieser ‖ *jener, gedachte(r)*
‖ *ein solcher, e–r* ‖ una *~ e–e gewisse* ‖ ⟨euph⟩
„so e–e", e–e von der gewissen Sorte
(Prostituierte) ‖ ese *~ derselbe* ‖ con una
vehemencia *~ que … so heftig, dass …* ‖ de *~*
modo *solchergestalt* ‖ en *~ caso in diesem Fall* ‖
por *~ deswegen* ‖ no hay *~ dem ist nicht so, das*
stimmt nicht ‖ ⟨fam⟩ *k–e Spur* ‖ para convencerlo,
no hay *~ como halagarlo Schmeicheln ist der*
beste Weg, um ihn zu überzeugen
    e) u n b e s t i m m t e s F ü r w o r t: *~ habrá que*
lo diga *es wird viele geben, die so sagen* ‖ uno
…, otro …, *~ otro … der e–e …, der andere …,*
der Dritte …
    f) e u p h e m i s t i s c h: ¡hijo de *~*! *für* ¡hijo de
puta!
    g) b e i E i g e n n a m e n: un *~ Ferrer ein*
gewisser Ferrer ‖ fulano, de *~*, el señor *~ Herr*
Soundso, Herr Dingsda ‖ fulano de *~ y zutano de*
cual ⟨fam⟩ *Herr X und Herr Y*
    h) Verstärkung der Aussage: sí *~ jawohl* ‖ no *~*
mitnichten, keineswegs ‖ *das (wohl) nicht* ‖ *nein!* ‖
y *~ natürlich!* ‖ *das glaube ich!* ‖ *das will ich*
meinen! ‖ *und so weiter, und so fort*
    i) in b i n d e w ö r t l i c h e n Verb.: con *~*
(de) que … vorausgesetzt, dass … ‖ *unter der*
Bedingung, dass … ‖ *wenn nur* ‖ con *~* (de) que
no lo digas a nadie, te lo revelaré *unter der*
Bedingung, dass du es niemandem sagst, werde
ich es dir verraten ‖ *~ que* (subj) ⟨pop⟩ *als ob*
    ²tal adv *so, auf diese Weise, derartig* ‖ ⟨lit⟩ *wie*
(bei Vergleich) ‖ *~ me habló que no supe qué*
responderle *er (sie, es) sprach so zu mir, dass ich*
nicht wusste, was ich antworten sollte ‖ *~ se me*
figura, *~ tengo para mí es kommt mir so vor* ‖ *~*
se me antoja *es kommt mir so vor* ‖ *das will ich*
(haben) ‖ *~ y como tú quieres genau so, wie du*
willst ‖ así como …, *~ … so wie…, so (auch) …*
(bei Vergleich) ‖ ¿qué *~* (su hermano)? *wie geht's*
(Ihrem Bruder)? ‖ ¡qué *~*! ⟨pop⟩ *so ist es!* ‖ ¿qué
~ le parece la función? wie gefällt Ihnen die
Vorstellung?
    ¹tala *f Fällen, Schlagen* n *(der Bäume)* ‖
(Holz)Schlag m ‖ *Ab\schlag, -hieb* m *(im Wald)* ‖
Beschneiden n *(der Bäume)* ‖ *Tala-, Klipper\spiel*
n *(der Kinder)* ‖ *Holzschlegel* m ‖ ⟨Mil⟩
Baumsperre f ‖ *~ indiscriminada Raubbau* m *(in*
der Forstwirtschaft)
    ²tala *f* Arg ⟨Bot⟩ *Zürgel-, Tala\baum* m (Celtis
tala)
    ³tala *m* [Währungseinheit] *Tala* m
(Abk = WS$)
    talabar\te *m (Degen)Koppel* n *(Öst & f)* ‖
Wehrgehänge n ‖ *Leibriemen* m ‖ **–tería** *f* ⟨reg⟩
Sattlergeschäft n, *Sattlerei* f ‖ **–tero** *m Sattler* m
    talabricense adj/s *(m/f) aus Talavera de la*
Reina (P Tol) ‖ *auf Talavera de la Reina*
bezüglich
    talacho *m* Mex *Hacke* f *(→ auch* **azada**)
    talador *m Holzfäller* m
    tala\drado *m* ⟨Tech⟩ *Bohren* n ‖ **–drador** *m*
Bohrarbeiter, Bohrer m ‖ *Bohrer* m *(Gerät)* ‖
–dradora *f Bohrmaschine* f ‖ *~ automática*
Bohrautomat m ‖ *~ de columna*
Säulenbohrmaschine f ‖ *~ neumática*
Pressluftbohrmaschine f ‖ *~ portátil*
Handbohrmaschine f ‖ **–drante** adj *(m/f)*
schneidend, schrill (Ton) ‖ ⟨Med⟩ *bohrend*

(Schmerz) ‖ *scharf (Blick)* ‖ **–drar** vt
(durch)bohren ‖ *lochen, bohren* ‖ ⟨fig⟩
durchschauen (Problem, Absicht) ‖ ◇ ~ el billete
die Fahrkarte lochen ‖ ~ los oídos ⟨fig⟩ *den
Ohren weh tun (ein schriller Ton)* ‖ **–drina** *f*
⟨Tech⟩ *Bohr|öl* n bzw *-flüssigkeit* f
¹taladro *m* ⟨Tech⟩ *Bohrer* m *(Gerät)* ‖
Bohrloch n ‖ ~ de pecho *Brust|leier* f, *-bohrer* m
‖ ~ percutor *Schlagbohrer* m
²taladro *m* ⟨Ins⟩ *Borken-* bzw *Bohr-* bzw
Holz|wurm m (Ips spp, Xyleborus spp,
Blastophagus spp)
¹talaje *m* Arg *abgeweidetes Gelände* n ‖ Chi
Weiden n ‖ Chi *Weidegeld* n
²talaje *m* ⟨Zool⟩ *parasitäre Milbe* f
(Ornithodorus talaje)
¹tálamo *m* ⟨lit⟩ *Braut-, Ehe|bett* n ‖ *Ehe* f ‖
Eheband n
²tálamo *m* ⟨An⟩ *Sehhügel, Thalamus* m
³tálamo *m* ⟨Bot⟩ *Blüten-, Frucht|boden,
Thalamus* m
 talán *m: ¡~!* ¡*~! bim, bam! (Glockengeläute)*
 talanquera *f* ⟨Taur⟩ *Bretterwand* f ‖ *Bretter-,
Planken|zaun* m ‖ *Schranke* f, *Schutz* m ‖ ⟨fig⟩
Zuflucht(sort m) f ‖ ♦ de(sde) la ~ ⟨figf⟩ *vom
sicheren Ort aus*
 talante *m Art und Weise, Beschaffenheit* f ‖
Wesen n ‖ *Charakter* m ‖ *Zustand* m ‖ *Laune,
(Gemüts)Stimmung* f ‖ *Aussehen, Äußere(s)* n ‖ ◇
estar de buen (mal) ~ *gut (schlecht) gestimmt,
gelaunt sein* ‖ respondió de mal ~ *er antwortete
barsch*
 ¹talar vt *fällen (Bäume)* ‖ *beschneiden,
ausästen (Bäume)* ‖ *(Äste) abschlagen* ‖ *ab|holzen,
-forsten (Gelände)* ‖ ⟨fig⟩ *ver|heeren, -wüsten* ‖
⟨fig⟩ *niederwalzen*
 ²talar adj *(m/f) hau-, schlag|bar (Wald)*
 ³talar adj *(m/f): lang, schleppend (Kleid)* ‖
(alas) ~es ⟨Myth⟩ *Fersenflügel, Flügelschuhe*
mpl *(Merkurs)* ‖ (traje) ~ *Talar* m
 ⁴talar *m* Arg *Wald* m *von Talabäumen* (→ **²tala**)
 △ **talarar** vt *kleiden* ‖ *anziehen*
 talasemia *f* ⟨Med⟩ *Thalassämie* f
 talaso|cracia *f* ⟨Geol⟩ *Thalassokratie* f ‖
–fobia *f* ⟨Psychol⟩ *Thalassophobie* f ‖ **–terapia** *f*
⟨Med⟩ *Thalassotherapie, Behandlung* f *durch
Seebäder*
 Talavera: artículos de ~ *Porzellanwaren* fpl
aus Talavera de la Reina (P Tol) ‖ **~no** adj →
talabricense
 talaya *f* León ⟨Bot⟩ *Jungeiche* f
 talayotes *mpl balearische Megalithdenkmäler*
npl, *Talayots* pl
 ¹talca *f* Chi *Donner* m
 ²talca *f:* ~ cahuate Mex → **cacahuete**
 talco *m Talk(stein)* m ‖ *Schneiderkreide* f ‖ ◇
espolvorear con ~ *talkumieren*
 talcualillo adj/adv *(fam) mittelmäßig, soso* ‖ *so
lala, einigermaßen* ‖ ◇ *ando* ~ ⟨figf⟩ *es geht mir
(gesundheitlich) nicht sehr gut,* ⟨fam⟩ *es geht mir
so lala*
 taled *m* ⟨Rel⟩ *Tallit* m *(jüdischer
Gebetsmantel)*
 tale|ga *f Beutel* m ‖ ⟨Hist⟩ *Haarbeutel* m ‖
⟨fig⟩ *Reichtum* m, *Vermögen, Geld* n ‖ ⟨figf Kath⟩
zu beichtende Sünden fpl ‖ **–gada** *f Sackvoll* m ‖
Al Nav ⟨fig⟩ → **–gazo** (fig) ‖ **–gazo** *m Schlag* m
mit e–r talega ‖ ⟨figf⟩ *Hinschlagen* n, ⟨fam⟩
Plumps m ‖ **–go** *m (Leinwand)Sack* m ‖ *Geldsack*
m ‖ ~ de dormir Col *Schlafsack* m ‖ ⟨fig⟩
plumper Mensch m
 ¹tale|guilla *f* dim von **–ga** ‖ ~ de la sal ⟨fam⟩
Geld n *für die tägliche Ausgaben*
 ²taleguilla *f* ⟨Taur⟩ *(Parade)Hose* f *des
Stierkämpfers*

 talen|tazo *m* augm von **–to** ‖ ⟨pop⟩
Riesentalent n ‖ **–to** *m Begabung* f, *Talent* n,
Geistesgabe f ‖ *(Natur)Anlage, Fähigkeit,
Befähigung* f ‖ ⟨Hist⟩ *Talent* n *(Münze &
Gewicht)* ‖ ~ artístico *Kunstsinn* m ‖ ~ mímico
Darstellungsgabe f ‖ ~ musical *Musiktalent* n,
musikalische Begabung f ‖ ~ natural *Naturtalent*
n ‖ ~ oratorio *Rednergabe* f ‖ ◇ dotado de ~
talentiert, begabt ‖ tener ~ para la música
musikalisch (begabt) sein ‖ no tiene ~ para ello
er hat kein Talent dazu ‖ **–toso, –tudo** adj *begabt,
talentvoll, talentiert*
 △ **talequillo** *m Schlange* f
 tale|razo *m* Arg *Peitschenhieb* m ‖ **–ro** *m* Arg
kurze, dicke Peitsche f
 tálero *m* ⟨Hist⟩ *Taler* m *(Münze)*
 talético adj *auf den Philosophen Thales
bezüglich*
 TALGO ⟨Abk⟩ **= Tren Articulado Ligero
Goicoechea Oriol**
 Talia *f* np ⟨pop⟩ → **Natalia**
 Talía *f* np ⟨Myth⟩ *Thalia* f *(Muse)*
 talidad *f* ⟨Philos⟩ *So-Sein* n
 talidomida *f* ⟨Pharm Med⟩ *Thalidomid* n
 talín *m* Sant (V) *Zeisig* m (→ **lugano**)
 talingo *m* Pan *Neger* m
 talio *m* **(Tl)** ⟨Chem⟩ *Thallium* m
 talión *m* ⟨Jur⟩ *Vergeltung* f *von Gleichem mit
Gleichem* ‖ ⟨Hist⟩ *Talion* f *("ojo por ojo y diente
por diente" „Auge um Auge, Zahn um Zahn")*
 talismán *m Talisman* m
 ¹talla *f Schnitzwerk* n, *Bildhauerarbeit* f ‖
Holzbildhauerei f ‖ *Schneiden* n *(z. B. von
Zahnrädern)* ‖ *Schleifen* n *(von Edelsteinen)* ‖ ♦
dulce *Kupferstich* m ‖ media ~ *Halbrelief* n ‖ ♦
de ~ *geschnitzt (Figur)*
 ²talla *f (Körper)Wuchs* m, *Figur* f, *Statur,
Gestalt, Größe* f ‖ *Größe* f *(Konfektionsmaß)* ‖
Prägemaß m, *Münzfuß* m ‖ *Veranlagung* f ‖ ⟨fig⟩
Gewinn, Nutzen m ‖ ~ de granadero ⟨Hist⟩
Gardemaß n *(& fig)* ‖ ⟨fig⟩ *stattlicher Wuchs* m ‖
◇ a media ~ ⟨fig⟩ *oberflächlich* ‖ de ~ ⟨fig⟩
groß, hervorragend ‖ de poca *od* escasa ~ *von
kleinem Wuchs (Person)* ‖ ⟨fig⟩ *unbedeutend
(Person)* ‖ de la ~ de ... *so groß wie ...* ‖ dar la
~ ⟨Mil⟩ *tauglich sein* ‖ ⟨figf⟩ *geeignet sein, die
notwendigen Voraussetzungen erfüllen (Person)* ‖
poner ~ a alg. *(auf jds Kopf) e–n Preis setzen*
 ³talla *f* And *(Kühl)Krug* m
 ⁴talla *f* ⟨Mar⟩ *Talje* f, *Flaschenzug* m,
Hebezeug n
 talla|do pp/adj *geschnitzt* ‖ *geschnitten* ‖
gemeißelt ‖ *ge|wachsen, -baut* ‖ bien (mal) ~ *gut
(schlecht) gewachsen, schön (schlecht) gebaut* ‖
~ en mármol *in Marmor gemeißelt* ‖ ~ *m
Schnitz|arbeit* f, *-werk* n ‖ *Schneiden* n *(z. B. von
Zahnrädern)* ‖ **–dor** *m Kupferstecher, Graveur* m
‖ *Schnitzer* m ‖ **–dura** *f Einkerbung* f
 ¹tallar vt/i *(in Holz) schnitzen* ‖ *einschneiden* ‖
einkerben ‖ *stechen, radieren (in Kupfer usw.)* ‖
schleifen (Edelsteine) ‖ ⟨Kart⟩ *abziehen* ‖ *die
Bank halten* ‖ ◇ ~ en piedra *in Stein meißeln* ‖
~ piedras preciosas *Edelsteine schleifen* ‖ ~
roscas *Gewinde schneiden*
 ²tallar vt *(ab)schätzen, (be)werten* ‖ *jds
(Körper)Größe messen* ‖ *(ab)messen (die Höhe)* ‖
⟨Mil⟩ *unter das Maß stellen*
 ³tallar vi Arg Chi *plaudern*
 ⁴tallar adj *schlag|bar, -reif (Wald)* ‖ ~ *m
Holzschlag* m, *Gehau* n, *Lichtung* f ‖ *Plenterwald*
m ‖ *Hauwald* m ‖ ¡otro ~! ⟨pop⟩ *jetzt habe ich es
satt!*
 tallarín *m Bandnudel* f ‖ tallarines verdes
grüne Bandnudeln fpl
 talle *m (Leibes)Gestalt* f, *Wuchs* m, *Figur* f ‖

Taille f, *Gürtel(teil)* m, *-linie* f || *Gürtel\weite* f, *-maß* n || ⟨fig⟩ *Gestalt, Form, Art, Beschaffenheit* f || ⟨fig⟩ *Sitz* bzw *Schnitt* m *(e–s Anzugs, e–s Kleides)* || ~ de avispa, ~ delgado *Wespentaille* f, *schlanker Wuchs* m || *(anliegender) Schnitt* m *(e–s Kleides)* || ~ suelto *schlanker Wuchs* m || largo de ~ *lang (Rock)* || ⟨figf⟩ *reichlich* || dos horas largas de ~ ⟨pop⟩ *zwei volle Stunden* || ◆ en ~ de … (inf) ⟨pop⟩ *bereit zu … || als ob* || ◇ tenía cincuenta años largos de ~ ⟨fam⟩ *er (sie) war reichlich fünfzig Jahre alt, er war ein guter Fünfziger* || tomar *od* coger por el ~ *um die Taille fassen (Mädchen)*
tallecer [-zc-] vi → **entallecer**
tallecillo *m* dim von **talle**
taller *m Werk\statt, -stätte* f || *Betrieb* m || *Fabrik* f || ⟨Fot Mal⟩ *Atelier* n, *Arbeitsraum* m || *Workshop* m, *Seminar* n || ~ cinematográfico *(Film)Atelier* n || ~ de composición ⟨Typ⟩ *Setzerei* f || ~ de embalaje *Packraum* m || ~-escuela *Lehrwerkstatt* f || ~ fotográfico *Fotoatelier* n || ~ de fundición *Gießerei* f || ~ (tipo)gráfico *Druckerei* f || ~ de zurcido *Kunststopferei* f
táller *m* → **tálero**
tallista *m/f (Bild)Schnitzer(in* f) m || *Bildhauer(in* f) m || *Kupferstecher(in* f) m || *Kunststecher(in* f), *Graveur(in* f) m || *Steinmetz* m
tallo *m* ⟨Bot⟩ *Stängel, Stiel* m || *Keim, Spross* m || *Schössling, Trieb* m || ◇ echar ~ *keimen* || *e–n Stiel bekommen* || dim: ~**uelo** *m*
talludo adj ⟨Bot⟩ *dick-* bzw *lang\stielig* || ⟨fig⟩ *groß gewachsen* || ⟨fig⟩ *ältlich, verblüht (Mensch)* || ⟨fig⟩ *eingewurzelt*
talma *f (Art) Palatine* f, *Frauenmantel* m || *Pelz-, Feder\umhang* m || *(Art) Herrenpaletot* m
talmente adv *dergestalt, so(lcherart)* || *sozusagen* || *genau, gleich* || *vielleicht* || ¡~ su madre!* ⟨pop⟩ *(ganz) das Ebenbild s–r Mutter!*
Tal\mud *m* ⟨Rel⟩ *Talmud* m || ⁼**múdico** adj *talmudisch* || ⁼**mudista** adj *(m/f) talmudistisch* || ⟨fig pej⟩ *buchstabengläubig, am Wortlaut klebend* || ~ *m/f Talmudist(in* f), *Kenner(in* f) m *des Talmuds*
¹**talo** *m* ⟨Bot⟩ *Thallus* m
²**talo** *m* Al Nav Sant Vizc ⟨Kochk⟩ *Maisfladen* m
talocha *f* ⟨Arch⟩ *Reibebrett* n
talofitas *fpl* ⟨Bot⟩ *Lagerpflanzen* fpl, *Thallophyten* mpl (Thallophyta)
¹**talón** *m Ferse* f || *(Strumpf)Ferse* f || *(Hinter)Kappe* f *(Schuh)* || *(Schuh)Absatz* m || *Hufknorpel* m || *Frosch* m *(am Geigenbogen)* || ⟨Arch⟩ *Kehlleiste* f || ⟨Agr⟩ *Sohle, Nase* f *(am Pflug)* || ⟨Auto⟩ *Reifenwulst* m (& f) || ~ de Aquiles ⟨fig⟩ *Achillesferse* f || **talones** *mpl:* apretar *od* levantar *od* mostrar los ~ *Fersengeld geben, abhauen* || no llegar a los ~ de alg. ⟨figf⟩ *jdm nicht das Wasser reichen können* || pisar los talones de alg. (figf) *jdm auf den Fersen sein*
²**talón** *m* ⟨Com⟩ *Talon, Kupon* m || *Zinsabschnitt* m || *Gepäck-, Güteraufgabe\schein* m || *Span* ⟨fam⟩ *Scheck* m || ~ de almacén *Lagerschein* m || ~ de contrato *Schlussschein* m *(Börse)* || ~ de entrega *Lieferschein* m || ~ de embarque *Schiffszettel* m || ~ de equipaje *Gepäckschein* m || *Anlieferungsschein* m || ~ de hipoteca *Pfandbrief* m || ~ de imposición *Einzahlungsschein* m
³**talón** *m Währung* f || *Währungstyp, Standard* m || ~ metálico (bes. Am) *Metallwährung* f
talo\nario adj *Kupon-* || *Quittungs-* || *Abreiß-* || (libro) ~ *Kuponheft* n || ~ m *Quittungs-, Kupon\buch* n || *Scheckheft* n || *Abschnitt-, Abreiß\block* m || *Stamm\register* n, -block m || ~

de bonos *Zinsschein-, Kupon\bogen* m || ~ de cheques *Scheckheft*, n || ~ de entrega *Lieferscheinbuch* n || ~ de letras *Wechselkopierbuch* n || ~ de recibos *Quittungs\block* m, -buch n
talonazo *m Schlag* m *mit der Ferse*
talonear vi ⟨fam⟩ *rasch gehen* || *(ziellos) umherirren* || ~ vt *(das Pferd) mit den Fersen antreiben*
talonera *f Fersenverstärkung* f *(am Schuh)*
talpa *f wiss. Name des Maulwurfs* (→ **topo**)
talpa(ria) *f* ⟨Med⟩ *Speckbeule* f *am behaarten Kopf*
¹**talque** *m (feuerfeste) Töpfererde* f
²**talque** pron indef ⟨reg⟩ *jemand* (= ²**alguno**)
taltu\sa, –za *f* Am ⟨Zool⟩ *Taschenratte* f (Geomys spp)
talud *m Böschung, Abdachung* f || *Rampe* f || ⟨Hydr⟩ *Dammbrust* f || ~ interior (de revés) ⟨Mil Fort⟩ *Schult(Rücken)Wehr* f
talvina *f Mandelmilchbrei* m
talweg *m* ⟨Geol⟩ *Talweg* m
tamal *m* Am *(Art) Maispastete* f || ⟨fig⟩ *Wirrwarr* m, *Durcheinander* n || ⟨fig⟩ *Ränke* mpl, *Intrigen* fpl || **–ada** *f (Gericht* n *aus) Maispasteten* fpl || **–ear** vt Mex *Maispasteten zubereiten* bzw *essen* || Mex *(fig pop) befummeln* || **–ería** *f* Am *Maispasteten\bäckerei* f bzw *-verkauf* m || **–ero** *m Maispastetenhändler* m || Mex SAm ⟨fig⟩ *Intrigant* m || Chi ⟨fig⟩ *Mogler* m *(beim Spielen)*
tamandúa *m* Am ⟨Zool⟩ *Tamandua* m (Tamandua tetradactyla) (→ **oso** hormiguero)
tama\ñamente adv *dermaßen, so* || *ebenso viel wie* || **–ñito** adj dim von **–ño** || ◇ dejar ~ a alg. ⟨fig⟩ *jdn sehr einschüchtern* || quedar ~ ⟨fig⟩ *sprachlos sein* || **–ño** adj *solch, so groß, so klein* || ~ como huevos de gallina *hühnereigroß* || ¡~a vergüenza! *so e–e Schande!* || ◇ abrió unos ojos ~s (pop) *er (sie, es) machte große Augen* || ~ m *(Größen)Format* n, *Größe* f || *Buch-, Papier\format* n || ⟨Typ⟩ *Druckformat* n || ~ de bolsillo *Taschenformat* n || ~ de gabinete *(Fot) Kabinettformat* n || ~ colosal *Riesengröße* f || ~ natural *in natürlicher Größe, natürliche Größe* f || *lebensgroß* || ⟨pop joc⟩ *sehr groß* od *riesig* || ~ postal *Postkartenformat* n || ◆ de ~ regular, de medio ~ *mittelgroß* || del ~ de un guisante *erbsengroß* || del ~ de un puño *faustdick* || ◇ aumentar de ~ *an Größe zunehmen* || era de un ~ así *(mit Gesten begleitet) es war etwa so groß*
támara *f* ⟨Bot⟩ *Kanarische Palme* f || *Palmenhain* m || *Datteln* fpl *in Büscheln* || *Abfallholz, Reisig* n
tamaricáceas *fpl* ⟨Bot⟩ *Tamariskengewächse* npl (Tamaricaceae)
tama\rindo *m* ⟨Bot⟩ *Tamariske* f (Tamarix gallica; T. africana) || *Tamarinde* f (Tamarindus indica) || *Indische Dattel, Tamarinde* f *(Frucht)* || **–risco, –riz** *[pl* ~**ces]** *m Tamariske* f (→ **tamarindo**)
tamarrizquito adj ⟨fam⟩ *winzig klein*
△ **tamba** *f (Bett)Decke* f
tamba\lear(se) vi/r *(hin und her) schwanken, schaukeln* || *(hin und her) taumeln* || *baumeln* || **–leo** *m (Hin- und Her)Schwanken, Taumeln* n || ⟨fig⟩ *unsicherer Gang* m || *Gang* m *e–s Betrunkenen*
tambar vt Col *verschlingen, fressen*
tambarimba *f* Sal *Zank* m || *Prügelei* f
tam\barria *f* Chi *Winkelkneipe* f (→ **tabernucho**) || Col Ec Hond Pe → **juerga** || **–bero** *m* Am *Gastwirt* m
tambesco *m* Burg Sant → **columpio**
también conj *auch, ebenfalls, desgleichen* || *doch* || *(eben)so* || *gleichwohl* || ¡~! Am *nun gut!*

meinetwegen! ‖ un día sí y otro ~ ⟨fam⟩ *alle Tage* ‖ *immer* ‖ *lo veo ~ ich sehe ihn (es) auch* ‖ yo creo ~ *ich glaube auch* ‖ no sólo …, sino ~ *nicht nur …, sondern auch* ‖ *sowohl … als auch*

¹tambo *m* Am *Wirtshaus* n ‖ Arg *Molkerei* f, *Viehzuchtbetrieb* m ‖ Col *einsam gelegenes Gehöft* n

²tambo *m* Chi *Bordell* n

tambocha *f* Col ⟨Ins⟩ *sehr giftige Ameisenart*

tambona *f Liege* f

tambor *m Trommel* f ‖ *Trommler, Tambour* m (& Arch) ‖ *runder Stickrahmen* m ‖ ⟨Tech⟩ *Trommel, Walze* f ‖ ⟨Tech⟩ *Radkasten* m ‖ (Hydr) *Sammelkasten* m ‖ ⟨pop⟩ *Dickwanst* m ‖ ~ cargador ⟨Mil⟩ *Ladetrommel* f *(e–r Waffe)* ‖ ~ de criba *Siebtrommel* f ‖ ~ de dirección ⟨Mil⟩ *Teiltrommel* f *(für Richtkreiseinteilung)* ‖ ~ mágico *Guckkasten* m ‖ ~ mayor ⟨Hist⟩ *Regimentstambour* m ‖ ~ de tostar café *Kaffeebrenner* m ‖ pífanos y ~es *Spielmannszug* m ‖ ◆ a *(od* con*)* ~ batiente ⟨Mil⟩ *mit klingendem Spiel* ‖ *unter Trommelwirbel* ‖ sin ~ ni trompeta ⟨pop⟩ *mir nichts, dir nichts* ‖ ◇ pregonar algo a ~ batiente ⟨fig⟩ *et. ausposaunen* ‖ tocar el ~ *trommeln*

tambo|ra *f große Trommel, Pauke* f ‖ **–rada** *f Trommelumzug* m ‖ **–rear** vi → **tamborilear** ‖ **–rete** *m* dim von **tambor** ‖ **–ril** *m Tamburin* n, *Hand-, Schellen|trommel* f ‖ *Heroldstrommel* f

tambori|lada *f,* **–lazo** *m* ⟨pop⟩ *heftiger Fall, Schlag,* ⟨fam⟩ *Plumps* m

tambori|lear vt ⟨fam⟩ *aus|trommeln, -posaunen* ‖ ⟨Typ⟩ *(die Form) klopfen* ‖ ~ vi *das Tamburin schlagen* ‖ *klopfen, trommeln (Regentropfen usw.)* ‖ ◇ ~ con los dedos (sobre la mesa) *mit den Fingern auf den Tisch trommeln* ‖ **–leo** *m Trommeln* n ‖ **–lero** *m (Schellen)Trommelschläger* m ‖ **–lete** *m* dim von **tamboril** ‖ ⟨Typ⟩ *Klopfholz* n ‖ **–lillo** *m* dim von **tamboril**

tambo|rín, –rino *m* → **–ril**

tamborito *m* Pan *ein Volkstanz*

tamborón *m* augm von **tambor**

tamborrada *f* ⟨reg⟩ *Trommelumzug* m

Támesis *m* [Fluss]: el ~ *die Themse*

△ **tamí** conj *jedoch* ‖ *sondern*

tamién ⟨pop⟩ → **también**

ta|miz [*pl* **–ces**] *m (dichtes Draht)Sieb* n ‖ ◇ pasar por el ~ *durch|sieben, -seihen* (& fig) ‖ ⟨fig⟩ *(ganz) genau überprüfen, (unter) die Lupe nehmen* ‖ ~ fino *Haarsieb* n ‖ **–mizado** adj *gesiebt* ‖ *überprüft* ‖ *gedämpft* (z. B. *Licht*) ‖ **–mizar** [z/c] vt *fein (durch)sieben, sichten* ‖ ⟨fig⟩ *klären* ‖ ⟨fig⟩ *(peinlichst od peinlich genau) überprüfen*

tamo *m Spreu* f *(auf der Tenne)* ‖ *Abfall* m, *Fasern* fpl *(beim Flachsbrechen usw.)* ‖ *Staubflocken* fpl *(unter Möbeln)*

tampoco adv *auch nicht* ‖ *ebensowenig* ‖ yo ~ *ich auch nicht* ‖ ◇ ~ quiero ofenderlo *(aber: no quiero ofenderlo ~) ich will ihn (Sie) auch nicht beleidigen* ‖ no es fea ~ *(aber: ~ es fea) sie ist auch nicht hässlich*

tam|pón *m Stempelkissen* n ‖ ⟨Med⟩ *Tampon* m ‖ *Tupfer* m ‖ *(Watte)Bausch* m, *Watterolle* f ‖ ⟨fig⟩ *Puffer* m (& Tech Chem) ‖ estado ~ ⟨Pol fig⟩ *Pufferstaat* m ‖ **–ponaje** *m* ⟨El⟩ *Pufferung* f *(e–r Batterie)* ‖ **–ponar** vt *(ab)stempeln* ‖ ⟨Med⟩ *tamponieren*

△ **tampuñí** adj *gleich*

tam-tam [tantán] *m* ⟨Mus⟩ *Tamtam* n ‖ *Gong* m

tamu|ja *f dürre Nadeln* fpl *des tamujo* ‖ **–jo** *m* ⟨Bot⟩ *ein Wolfmilchgewächs* (Colmetroa buxifolia)

¹tan adv (→ auch **tanto**) *so, ebenso* ‖ *dermaßen* ‖ *so sehr* ‖ un trabajo ~ difícil *e–e so schwere Arbeit* ‖ ~ malo es el uno como el otro *sie sind beide gleich schlecht* ‖ ¡~ famoso! *so berühmt!* ‖ ⟨fam⟩ *ganz vortrefflich! (Antwort auf die Frage nach dem Befinden)* ‖ ¡y ~ amigos! *(nach e–r Auseinandersetzung!) (und) nichts für ungut! (das heißt: wir bleiben Freunde nach wie vor)* ‖ ¡y ~ bueno que es! ⟨fam⟩ *und wie gut der (es) ist* ‖ ¿es seguro? ¡y ~ seguro! *ist es sicher? und ob es sicher ist! natürlich ist es sicher! das will ich meinen!* ‖ quedarse ~ tranquilo ⟨fam⟩ *s. nicht aus der Ruhe bringen lassen* ‖ *ganz gleichgültig bleiben* ‖ ~ siquiera *wenigstens* ‖ *zumindest* ‖ ni ~ siquiera *nicht einmal* ‖ ¡no ~ pronto! ⟨fam⟩ *noch lange nicht!* ‖ ~ … como, ~ … cuan *ebenso wie* ‖ no va ~ bien como tú *es geht ihm (ihr) nicht so gut wie dir*

²tan adv ⟨fam⟩ → **tanto** ‖ en ~ (y mientras) ⟨pop⟩ *inzwischen, einstweilen* ‖ *während, solange* ‖ ~ fue así que … ⟨fam⟩ *es kam so weit, dass …*

³tan *m Steineichenrinde* f

tan, tan onom *Trommelschlag* m ‖ *Geläute* n ‖ *Klopfen* n

tanaca *f* Bol *schlampiges Weib* n, *Schlampe* f

tanaceto *m* ⟨Bot⟩ *Rainfarn* m (Tanacetum = Chrysanthemum vulgare)

¹tanagra *f Tanagrafigur* f

²tanagra *f* ⟨V⟩ *Tangare* f (→ **tangáridos**)

tanate *m* Mex MAm *Körbchen* n ‖ *Tasche* f ‖ MAm *Bündel* n

tana|tismo *m* ⟨Philos⟩ *Thanatismus* m, *Lehre f von der Sterblichkeit der Seele* ‖ **–tofobia** *f* ⟨Psychol Med⟩ *Thanatophobie, krankhafte Angst* f *vor dem Tod* ‖ **–torio** *m Leichenhalle* f

△ **tanca** *f Geldbeutel* m

tanda *f Reihe, Schicht, Lage* f ‖ *Partie, Serie* f ‖ *Tagewerk* n ‖ *Trupp* m *Arbeiter* ‖ *Schicht* f, *Turnus* m ‖ *Zahl* f *der Stiche (beim Spiel)* ‖ ⟨Mus⟩ *Suite* f ‖ Arg *schlechte Gewohnheit* f ‖ Chi *kurzes Theaterstück, Lustspiel* n ‖ *Serienvorstellung* f ‖ ~ de azotes ~ de palos ‖ ~ de baile *Tanzsuite* f ‖ ~ de palos ⟨pop⟩ *Tracht* f *Prügel* ‖ ~ de riego ⟨Agr⟩ *Bewässerungsturnus* m ‖ ~ de rosales *Reihe* f *Rosenstöcke* ‖ ~ de valses ⟨Mus⟩ *Walzersuite* f ‖ ◆ en ~ *der Reihe nach* ‖ ◇ ahora estás de ~ *jetzt ist die Reihe an dir* ‖ ⟨pop⟩ *jetzt kommst du dran*

△ **tandal** *m* ⟨Haus⟩*Hof* m

tandem [..en] *m Tandem* n ‖ ⟨fig⟩ *Junktim* n

tanga *m Tanga* m

tangana *f* Pe *großes Ruder* n

tángana *f* PR *Streit* m, *heftige Auseinandersetzung* f

tanganillas: en ~ ⟨fam⟩ *wankend, wackelnd* ‖ *unsicher, wack(e)lig*

tanganillo *m Stütze* f ‖ Pal Seg Vall ⟨fig⟩ *(Art) kleine Schlackwurst* (→ **longaniza**)

¹tángano adj Mex *klein, untersetzt*

²tángano *m Wurfscheibe* f ‖ Burg Sal *trockener Baum|ast, -zweig* m ‖ *Reisig* m

Tangañ|ica, –yika *m* ⟨Geogr⟩ *Tanganjika* n ‖ el ~ *der Tanganjikasee* m

tan|gará *m* Arg ⟨V⟩ *Tangare* f ‖ **–gáridos** *mpl* ⟨V⟩ *Tangaren* fpl (Thraupidae)

tangen|cia *f* ⟨Math Wiss⟩ *Berührung* f ‖ **–cial** adj *(m/f)* *Tangential- ‖ Berührungs-* ‖ **–te** adj *(m/f) berührend* ‖ ~ *f* ⟨Math⟩ *Berührungslinie, Tangente* f (& allg) ‖ ◇ escaparse *od* irse *od* salir por la ~ ⟨figf⟩ *s. geschickt aus der Schlinge ziehen* ‖ *ausweichen, s. ducken*

tangerino adj/s *aus Tanger (Marokko)* ‖ *auf Tanger bezüglich*

tangible adj *(m/f) berührbar* ‖ *fühlbar*

tan|go *m* ⟨Mus⟩ *Tango* m (& *Tanz*) ‖ *Klipper-,*

Taba|spiel n ‖ Am *Volksfest* n ‖ Hond *(Art)*
Trommel f ‖ Col *gerolltes Tabakblatt* n ‖ Mex
Dickwanst m ‖ ~ *argentino*, ~ *criollo*, ~ *milonga*
arg. Tangoweisen fpl *(Tänze)* ‖ ◇ bailar el ~
Tango tanzen **–guear** vi *Tango tanzen* ‖ Ec
torkeln (Betrunkener) ‖ Chi *schlingern (Schiff)* ‖
–guista *m/f Tango|tänzer(in* f) bzw *-sänger(in* f)
m ‖ *(figf) unsolide Person* f
 tánico adj: *ácido* ~ ⟨Chem⟩ *Gallusgerbsäure* f
 tanino *m* ⟨Chem⟩ *Tannin* n
 tano adj Arg ⟨desp⟩ *italienisch* ‖ ~ *m Italiener,*
⟨desp joc⟩ *Itaker* m
 Tano *m* np ⟨fam⟩ → **Cayetano**
 ¹tanque *m Tank, Behälter* m ‖ *Kanister* m (→
bidón) ‖ Am *Teich* m ‖ ~ *séptico Faul|grube,*
-kammer f, *Abwasserfaulraum* m
 ²tanque *m* ⟨Mil⟩ *Tank, Panzerkampfwagen* m ‖
→ auch **³carro** ‖ ⟨joc desp⟩ *Fass* n *(dicker*
Mensch)
 ³tanque *m* → **propóleos**
 tanrec *m* ⟨Zool⟩ *Tanrek, Borstenigel* m
(*Centetes = Tenrec ecaudatus*)
 tantalio, tántalo *m* ⟨Chem⟩ *Tantal* n
 Tántalo *m* ⟨Myth⟩: *suplicio de* ~
Tantalusqualen fpl
 tantán *m,* **tanta(ran)tán** *m Trommelschlag* m ‖
⟨fam⟩ *heftiger Schlag* m ‖ ⟨fam⟩ *Anfall* m ‖
Schlägerei f ‖ → auch **tam-tam**
 tante|ador *m* ⟨Sp Kart⟩ *Markör, Punktezähler*
m ‖ ⟨Sp⟩ *Toranzeiger* m ‖ ⟨Sp⟩ *Anzeigetafel* f ‖
–ar vt/i *berechnen, überschlagen, abschätzen* ‖
ausmessen ‖ *abtasten* ‖ *(fig) überlegen, erwägen* ‖
⟨fig⟩ *(über)prüfen, untersuchen, sondieren* ‖ ⟨Jur⟩
zurückkaufen ‖ ⟨Jur⟩ *ablösen* ‖ ◇ ~ a alg. *(figf)*
jdm auf den Zahn fühlen ‖ ~ el suelo *mit dem*
Stock auf dem Boden tasten (Blinder) ‖ ~ el
terreno das Gelände sondieren ‖ ⟨fig⟩ *die Lage*
sondieren ‖ **–o** *m Über-, Voran|schlag* m,
(Vor)Berechnung f ‖ *Schätzung* f ‖ *Erwägung,*
Prüfung f ‖ ⟨Jur⟩ *Rückkauf* m ‖ ⟨Jur⟩ *Ablösung* f ‖
⟨Sp Kart⟩ *Punktzahl* f ‖ ⟨Sp⟩ *Torzahl* f ‖ ◇ al ~
Am *aufs Geratewohl*
 tanti|co, –to adv dim von **tanto** ‖ *sehr gering* ‖
~ *m ein bisschen*
 ¹tanto adj/s *so groß* ‖ *soviel, so viel* ‖ *sehr*
groß ‖ *so und so hoch (Preis)* ‖ *so manche(r)* ‖ ¡~
bueno! ‖ ⟨pop⟩ *viel Glück!* ‖ *grüß Gott!* ‖ ¡~
bueno por aquí! *nett* od *fein, dich (Sie) hier zu*
sehen! ‖ ~a(s) *cosa(s) soviel* ‖ por ~ *daher,*
deshalb ‖ por lo ~ *darum, daher, also, folglich* ‖
eben deswegen ‖ por ~a *lluvia como cae* ⟨pop⟩
wegen so starken Regens ‖ **~s** mpl *einige, etliche*
‖ ~ *otros viele (bzw wieder) andere* ‖ *sesenta* y ~
kilómetros über sechzig Kilometer ‖ ~as veces *so*
oft ‖ a las ~as (de la noche) *sehr spät (in der*
Nacht)
 ²tanto adv *der|gestalt, -maßen, so* ‖ *so sehr* ‖
so viel ‖ *soviel* ‖ *so lange* ‖ *so weit* ‖ *so schnell* ‖
ebenso|sehr, -wohl ‖ ~ ... *como* ... *so viel* ... *wie*
‖ *sowohl* ... *als auch* ‖ ~ *cuanto* ... *so sehr als* ...
‖ ~ *más um so mehr* ‖ ~ *más (cuanto) que* ... *um*
so mehr, als ... ‖ con ~ *mayor rapidez desto*
schneller ‖ ~ *mejor um so besser* ‖ ~ *menos (que*
...) *um so weniger(, als* ...) ‖ ¡~ *monta! es ist*
einerlei! ‖ ~ *que* ... *so viel, dass* ... ‖ = luego
que ‖ con ~ que ... conj *wenn nur*... (= con tal
de que ...) ‖ *cuanto más* ..., ~ *más je mehr* ...,
desto mehr ‖ *dos veces* ~ *zweimal so viel* ‖ ~ y
cuanto soundso viel ‖ en(tre) ~ *inzwischen, in-,*
unter-, während|dessen ‖ en ~ *que* ... *insofern* ...
‖ *solange als* ... ‖ *während(dessen)* ‖ en ~ ..., y
en ~ ... *bald*..., *bald* ... ‖ hasta (~) *que* ... *bis*
... ‖ ni ~, ni tan poco *(od* ni ~, ni tan calvo)
weder zu viel noch zu wenig ‖ *es wird wohl nicht*
so schlimm sein! ‖ ⟨pop⟩ *nur k–e Übertreibung!* ‖

no cuesta ~ *es kostet nicht so viel* ‖ *es ist nicht*
so schwer ‖ lo quería ~ y cuanto ⟨pop⟩ *er (sie,*
es) liebte ihn unsäglich ‖ no puedo esperar ~ *ich*
kann nicht so lange warten ‖ no puedo subir ~
ich kann nicht (so hoch) hinaufsteigen ‖ de ~ que
he trabajado *da ich so viel gearbeitet habe, vom*
vielen Arbeiten ‖ no sé ~ *como tú ich weiß nicht*
so viel wie du ‖ ¡~ como eso, no! ⟨pop⟩ *(also)*
das auf k–n Fall! ‖ ~ *vales cuanto tienes (fig)*
man wird nach dem Geldbeutel geschätzt ‖ hast
du was, bist du was ‖ ¡esté Vd. al ~! *sehen Sie s.*
vor! ‖ *passen Sie auf!* ‖ ¡ni ~ así *(mit Gesten*
begleitet) ⟨pop⟩ *k–e Spur!* ‖ ha sufrido ~ y ~
⟨pop⟩ *er hat riesig viel gelitten* ‖ ¡y ~! *(na,) und*
ob! ‖ *das kannst du (können Sie) mir glauben!*
das will ich meinen!
 ³tanto *m e–e gewisse, bestimmte Menge,*
Summe f ‖ ⟨Com⟩ *Anteil* m, *Teilsumme* f ‖ ⟨Sp⟩
Punkt, Stich m ‖ ⟨Sp⟩ *Tor* n ‖ *Spielmarke* f,
Zahlpfennig m ‖ *Abschrift, Kopie* f ‖ ~ *por ciento*
Prozentsatz m ‖ *Tantieme* f ‖ ~ *por palabra*
Wort|taxe, -gebühr f ‖ algún ~, un ~, (un) ~
cuanto ein wenig, etwas ‖ otro ~ *noch einmal so*
viel ‖ *dasselbe, ein gleiches* ‖ *ebensoviel* ‖ un *(od*
algún) ~ *más etwas mehr* ‖ tres ~ *(od* ~s) *más*
dreimal so viel ‖ ◆ de ~ en ~ *von Zeit zu Zeit* ‖
por el ~ *(fig) eben deshalb, gerade deswegen* ‖
◇ yo daré otro ~ *ich werde auch so viel geben* ‖
estar al ~ de algo *über et.* (acc) *auf dem*
Laufenden od *unterrichtet sein* od *Bescheid*
wissen ‖ *auf et.* (acc) *aufpassen* od *Acht geben* ‖
s. *vor et. vorsehen* ‖ ¡no hay para ~! ⟨fam⟩ *es ist*
nicht so schlimm od ⟨fam⟩ *wild!* ‖ quisiera hacer
otro ~ *ich wollte dasselbe tun, ich möchte es*
auch tun ‖ no llegué a ~ *so weit habe ich es*
nicht gebracht ‖ marcar un ~ ⟨Sp⟩ *ein Tor*
schießen ‖ pagar a ~ la hora *stundenweise*
bezahlen ‖ poner al ~ de alg. *jdn unterrichten*
(von) ‖ *jdn einweihen (in* acc) ‖ ponerse al ~
⟨pop⟩ *dahinterkommen* ‖ s. *einarbeiten* ‖ quedar al
~ → estar al ~ ‖ no es para ~ → no hay para ~
‖ ~s mpl: ~ de ~ *soundso viele* ‖ a ~ de julio
am soundsovielten Juli ‖ tres ~ de arena *drei*
Teile Sand ‖ ◇ *apuntar* od *marcar los* ~ ⟨Sp⟩ *die*
Punkte zählen ‖ *venció por* 7 ~ a 0 ⟨Sp⟩ *er (sie,*
es) siegte 7 : 0
 tántum ergo *m* ⟨Kath lat⟩ *Tantum ergo* n
(Anfang der 5. Strophe des Kreuzeshymnus
„Pange lingua") ‖ ◇ llegar al ~ *(figf) zu spät*
(od zum Schluss) kommen
 tanza *f* Sant ⟨Fi⟩ *Angelschnur* f
 Tanza|nía *f* ⟨Geogr⟩ *Tansania* n ‖ **–niano** adj
tansanisch ‖ ~ *m Tansanier* m
 tañedor *m* ⟨Mus⟩ *Spieler* m
 tañer [pret ~ñó] vt *spielen (Geige, Flöte)* ‖ ◇
~ *una campana (e–e Glocke) läuten* ‖ ~ vi *läuten*
(Glocken) ‖ ◇ ~ a muerto *die Totenglocke läuten*
 tañi|do *m Schall, Ton* m *(e–s*
Musikinstruments, e–r Glocke) ‖ *Spiel(en)* n ‖ ~
de campanas *Glocken|geläut(e)* n, *-klang* m ‖ ~
de cascabeles *Schellengeklingel* n ‖ ~ a muerto
Sterbeglöckchen n ‖ **–miento** *m (lit) Spielen* n
(Musik)
 ¹tao *m* ⟨Her⟩ *Antoniter-* bzw *Johanniter|kreuz* n
 ²tao *m* ⟨Philos⟩ *Tao* n
 tao|ísmo *m* ⟨Rel⟩ **–ísta** adj *(m/f) taoistisch* ‖
~ *m/f Taoist(in* f) m
 tapa *f Deckel* m ‖ *Buchdeckel* m ‖ *Deckel* od
Boden m *(e–r Geige, Zither usw.)* ‖ *Abdeckung* f ‖
Verschluss m ‖ *Gehirnschale* f ‖ *Ofenklappe* f ‖
Col *Schleuse* f ‖ → auch **–s** ‖ ~ de ataúd
Sargdeckel m ‖ ~ *para encuadernación* (Buchb)
Einbanddecke f ‖ ~ de pipa *Pfeifendeckel* m ‖ ~
del radiador ⟨Auto⟩ *Kühlerdeckel* m ‖ ~ de los
sesos *Hirnschale* f ‖ ¡~ arriba! *nicht stürzen! (auf*

Kisten) ‖ ◇ levantar la ~ *den (Topf)Deckel abnehmen* ‖ *~s fpl Appetithappen* mpl *(meist zu Getränken gereicht)* ‖ *~ de becerro Kalb(s)ledereinband* m *(e–s Buches)* ‖ *~ de corona* ⟨Am⟩ *Kronenkorken* mpl ‖ ◇ *poner ~ a un libro ein Buch einbinden*

tapa|agujeros *m* → **tapagujeros** ‖ **–barro** *m* → **guardabarros** ‖ **–boca(s)** *m Hals|wärmer* m, *-tuch* n, *Schal* m ‖ ⟨Mil⟩ *Mündungsschoner* m, *Mundstück* n *(e–r Feuerwaffe)* ‖ ⟨figf⟩ *schroffe Antwort* f ‖ ⟨pop⟩ *Maulschelle* f ‖ **–camino** *m* Arg Bol ⟨V⟩ ⟨Art⟩ *Ziegenmelker* m (Hydropalis segmentata) ‖ **–cojones** *m* ⟨vulg⟩ → **taparrabo(s)** ‖ **–costuras** *m Nahtabdeckung* f ‖ **–cubos** *m* ⟨Auto⟩ *Rad-, Zier|kappe* f ‖ **–culo** *m* ⟨pop⟩ *Hagebutte* f *(Frucht)*

tapada *f verschleierte Frau* f ‖ ◆ *a la ~ Am blindlings* ‖ ◇ *dar una ~ a* alg. Mex *jdn Lügen strafen*

¹tapadera *f Topfdeckel* m ‖ *Brunnendeckel* m ‖ *Klosettdeckel* m ‖ *Ofen-, Kamin|blech* m ‖ *Haube* f ‖ ⟨fig⟩ *Strohmann* m ‖ ⟨fig⟩ *Tarnung* f ‖ ⟨fig⟩ *Vorwand* m ‖ ⟨figf⟩ *Aushängeschild* n ‖ ⟨pop⟩ *Hehler*(in f) m ‖ *~ aislante Isolierkappe* f ‖ *~ corrediza Schiebedeckel* m ‖ *~ rebatible Klappdeckel* m ‖ *~ roscada Schraubdeckel* m ‖ ◇ *no ser bueno para ~ de horno* ⟨pop fig⟩ *zu nichts taugen*

²tapadera *f* ⟨Fi⟩ *Haarbutt* m (Zeugopterus punctatus)

tapadero *m Pfropf(en), Stöpsel* m

tapadillo *m Ver|schleierung, -mummung* f *(der Frau)* ‖ ⟨Mus⟩ *gedecktes Register* n ‖ *gedämpfter Orgelton* m ‖ ⟨pop⟩ *verrufenes Haus* n ‖ ◆ *de ~ verschleiert* ‖ ⟨figf⟩ *heimlich, verstohlenerweise* ‖ ⟨pop⟩ *unehelich (Kind)* ‖ ◇ *andar de ~, andar con ~s* ⟨figf⟩ *Heimlichkeiten (bes. heimliche Liebesverhältnisse) haben*

tapadizo *m* ⟨reg⟩ *Deckel* m ‖ *Brunnendeckel* m

¹tapado *adj gedeckt* ‖ *ver-, be|deckt* ‖ *zugedeckt* ‖ *gedämpft (Schall, Ton)* ‖ ⟨fig⟩ *geheim* ‖ Arg Chi *einfarbig, von gleichfarbigem Haar (Pferd, Vieh)* ‖ Am ⟨fig⟩ *dumm, einfältig*

²tapado *m* Arg ⟨Art⟩ *Frauen-, Kinder|mantel* m

³tapado *m* Arg *vergrabener Schatz* m

⁴tapado *m* Mex *unvorschriftsmäßiger Hahnenkampf* m

⁵tapado *m* Col *Feld-, Stein|ofen* m

tapa|dor *m Deckel* m ‖ *Propf(en), Stöpsel* m ‖ ⟨fig⟩ *Hehler* m ‖ **–dura** *f Bedeckung* f ‖ *Zudecken* n

tapa|fugas *m* ⟨Tech⟩ *(Ab)Dichtung* f ‖ **–gujeros** *m stümperhafter Maurer* m ‖ ⟨fig⟩ *Lückenbüßer* m ‖ **–juntas** *m* ⟨Arch⟩ *Dichtungsleiste* f ‖ **–llamas** *m* ⟨Mil⟩ *Mündungsdämpfer* m ‖ **–ojos** *m* Col [am Zaumzeug] *Augenklappe* f

tapar *vt ab-, be-, zu|decken* ‖ *ver-, ein|hüllen* ‖ *ver-, zu|stopfen* ‖ *abdichten (Fugen)* ‖ *zu|machen, -schließen* ‖ ⟨fig⟩ *ver|bergen, -decken, -hehlen, -tuschen (Fehler)* ‖ Chi *plombieren (Zähne)* ‖ ◇ *~ la boca a* alg. ⟨figf⟩ *jdm den Mund stopfen, jdn zum Schweigen bringen* ‖ *~ el camino den Weg (ver)sperren* ‖ *~se s. bedecken* ‖ *s. zudecken* ‖ *s. verhüllen* ‖ *s. verschleiern (Frau)* ‖ ⟨Taur⟩ *s. ungünstig stellen (Kampfstier vor dem Matador)* ‖ ◇ *~ los oídos s. die Ohren zustopfen* ‖ ⟨fig⟩ *nicht(s) hören wollen*

tapara *f* Am *Kürbisflasche, Kalebasse* f *(aus der Frucht des Kalebassenbaumes)* ‖ *Kürbis* m *des Kalebassenbaumes*

tápara *f* ⟨Bot⟩ *Kaper(nstrauch* m) f ‖ Ar *Kaper* f *(Frucht)*

taparo *m* ⟨Bot⟩ *Kalebassenbaum* m (Crescentia cujete)

taparrabo(s) *m Lendenschurz* m *(der Naturvölker)* ‖ ⟨pop⟩ *kurze Schwimm-, Bade|hose* f

tapas *fpl Appetithappen* mpl *(meist zu Getränken gereicht)*

tapasol *m* Am: *hacerse ~ s. gegen das Sonnenlicht schützen*

tapatío *adj/s aus Guadalajara (Hauptstadt von Jaslisco, Mex)* ‖ *auf Guadalajara bezüglich*

tapayagua *f* Hond Mex *Sprühregen* m

¹tape *m* ⟨pop⟩ (bes. Ar) → **tapa, tapón**

²tape *m* Am *Indianer* m *aus den früheren Jesuitenmissionen von Paraná und Uruguay*

³tape *f* SAm *Trümmer, Ruinen* pl *(von Häusern, Siedlungen, Dörfern)*

taperujo *m* ⟨fam⟩ *ungeschickte Verschleierung* f

tapetado *adj/s* Am *dunkel(farbig), schwarz (Leder)*

tapete *m Tischdecke* f ‖ *(kleiner) Teppich* m ‖ *Fußteppich* m ‖ *~ verde* ⟨fig⟩ *Spieltisch* m ‖ *~ de hule Wachsleinwand* f ‖ ◇ *poner sobre el ~* ⟨fig⟩ *aufs Tapet* od *zur Sprache bringen* ‖ *quedar sobre el ~* ⟨fig⟩ *un|erörtert* bzw *-gelöst bleiben*

tapeteado *adj* Ec *launisch* ‖ *störrisch*

tapetusa *m* Col *geschmuggelter Schnaps* m

¹tapia *f Lehm|wand, -mauer* f ‖ *Umfassungsmauer* f *(e–s Gartens, e–s Hofes, e–s Friedhofs)* ‖ *Zwischenwand* f ‖ *Stampfbau* m ‖ *más sordo que (od sordo como) una ~* ⟨figf⟩ *stocktaub*

△ **²tapia** *m (Diebes)Hehler* m

tapial *m Riegel-, Fach|werk* n ‖ *Lehm|mauer, -wand* f ‖ *Lehmmauerverschalung* f

tapiar *vt zu-, um-, ver|mauern* ‖ ◇ *~ una puerta e–e Tür zumauern*

tapice|ría *f Tapeten* fpl, *Wandteppiche* mpl ‖ *Vorhänge* mpl, *Draperie* f, *Behang* m ‖ *Raumkunsttextilien* pl ‖ *Tapezierkunst* f ‖ *Tapezierarbeit* f ‖ *Tapezierladen* m ‖ *Tapisseriewaren* fpl ‖ **–ro** *m Teppichwirker* m ‖ *Tapezierer (für Möbel), Polsterer, Dekorateur* m ‖ *Teppichleger* m

tapín *m* Ast León *Rasenplatte, Plagge* f

△ **tapiña** *f Hehler* m

tapioca *f Tapioka(sago* f), *Maniokmehl* n (→ auch **mandioca**)

tapir *m* ⟨Zool⟩ *Tapir* m ‖ *~ de la India Schabrackentapir* m (Tapirus indicus) ‖ *~ sudamericano Flachlandtapir* m (T. terrestris)

tapis|ca *f* Mex MAm *Maisernte(zeit)* f ‖ **–car** [c/qu] *vi Mais ernten*

△ **tapiña** *vt essen* ‖ *trinken*

tapiz [pl **~ces**] *m (Wand)Teppich, Gobelin* m ‖ *Stofftapete* f ‖ *~ de bombas* ⟨fig⟩ *Bombenteppich* m ‖ *~ persa Perserteppich* m

tapi|zado *pp/adj gepolstert (Möbel)* ‖ ⟨fig⟩ *belegt (mit Schimmel, Staub usw.)* ‖ *~ de luto schwarz behängt* ‖ *~ m Polstern* n ‖ **–zar** [z/c] *vt tapezieren* ‖ *überziehen, polstern (Möbel)* ‖ *bedecken* ‖ ⟨fig⟩ *be|hängen, -legen* ‖ ⟨fig⟩ *bestreuen (de mit)*

¹tapón *m Stöpsel, Pfropf(en), (Flaschen)Kork* m ‖ *(Gär)Spund* m ‖ *Zapfen* m ‖ ⟨Tech⟩ *Verschluss(schraube* f) m ‖ *Dichtung* f ‖ ⟨El⟩ *Sicherungsstöpsel* m, *Stöpselsicherung* f ‖ ⟨figf⟩ *kleiner, dicklicher Mensch* m ‖ *~ de cerumen, ~ ceruminoso (del oído) Ohrschmalzpfropf* m ‖ *~ de corcho Korken, Korkstöpsel* m ‖ ⟨pop⟩ *Dummkopf* m ‖ *~ (de) corona Kronenkorken* m ‖ *~ de desagüe Ablassstopfen* m ‖ *~ esmerilado de vidrio geschliffener Glasstopfen* m ‖ *~ de madera Holzspund, Zapfen* m ‖ *~ del objetivo (Fot) Objektivdeckel* m ‖ *~ del radiador* ⟨Auto⟩ *Kühlerverschluss* m ‖ *~ roscado*

Schrauben\stöpsel, -verschluss m ‖ ~ en el (*od
de*) *tráfico* ⟨StV⟩ *Verkehrsstauung* f, *Stau* m ‖ ~
vaginal ⟨Med⟩ *vaginaler Pfropf* m ‖ ◇ *sacar el* ~
(*de una botella e–e Flasche*) *entkorken*
²tapón m ⟨Med⟩ *Wattebausch* m ‖ *Tampon* m ‖
Scharpie f, *Zupflinnen* n
tapo\nadora f *Pfropfenmaschine* f ‖
Korkenverschließmaschine f ‖ *Spundbohrer* m
(*der Böttcher*) ‖ **–namiento** m *Verstöpselung* f ‖
Verspundung f ‖ *Zustopfen* n ‖ *Abdichten* n ‖
⟨Med⟩ *Tampo\nade* f bzw *-nieren* n ‖ ⟨StV⟩
Verkehrsstauung f ‖ **–nar** vt *zustöpseln* ‖ *pfropfen,
(ver)korken* ‖ *abdichten* ‖ *verstopfen (Loch)* ‖
⟨Med⟩ *tamponieren* ‖ ⟨StV⟩ *e–n Stau verursachen*
‖ **–nazo** m *Knall* m (*e–s Sektpfropfens*) ‖ **–nería** f
Stöpselfabrik f ‖ *Pfropfen-, Stöpsel\geschäft* n ‖
Korkindustrie f ‖ **–nero** adj *Kork-, Pfropf-*
tapora f Bol ⟨V⟩ *Haubenhuhn* n
tapu\jar vt *ver\hüllen, -mummen* ‖ ⟨fig⟩
heimlich tun ‖ **~se** ⟨fam⟩ s. *einhüllen* ‖ **–jo** m
Ver\hüllung, -mummung f ‖ *Verheimlichung* f ‖
⟨figf⟩ *Heimlichtun* n ‖ ♦ *sin* ~ *unverhohlen,
freiheraus, klar und deutlich,* ⟨fam⟩ *klipp und klar*
‖ ◇ *andar con* ~s ⟨figf⟩ *heimlich tun* ‖
Heimlichkeiten haben
taque m *Zuschnappen* n (*Türschloss*) ‖
Geräusch n (*e–r Feder*) ‖ *Anklopfen* n *an der Tür*
taqué m ⟨Tech Auto⟩ *Stößel* m
¹taquear vi *zuschnappen (Türschloss)* ‖ Am
Billard spielen ‖ Arg Chi → **taconear**
²taquear vi Cu s. *übertrieben kleiden,* ⟨fam⟩ s.
aufdonnern
taquera f *Queueständer* m, *Gestell* n (*für die
Billardstöcke*)
taquería f Cu *übertriebene od zu betonte
Eleganz* f ‖ Cu *Unbefangenheit, Dreistigkeit* f ‖
Cu *Niederträchtigkeit, Gemeinheit* f
¹taqui m Chi *Zecherei* f
²taqui m ⟨fam⟩ *Kurzform für* **taquígrafo**
taquia f Bol Pe *Lamamist* m (*Brennstoff*)
taquicardia f ⟨Med⟩ *beschleunigter
Herzschlag* m, *Herzjagen* n, *Tachykardie* f
taqui\grafía f *Stenografie, Kurzschrift* f ‖
⟨Hist⟩ *Tachygrafie* f (*des griechischen Altertums*)
‖ **–grafiar** [pres ~ío] vt/i *stenografieren* ‖
–gráficamente adv *in Kurzschrift* ‖ **–gráfico** adj
kurzschriftlich ‖ **–grama** m *Stenogramm* n
taquígraf\o m *Stenograf* m ‖ f: **-a**
taqui\lla f ⟨Th EB *usw.*⟩ (*Karten*)*Schalter* m ‖
Kartenverkauf m ‖ *Papier-, Akten\schrank* m ‖
⟨Mar⟩ *Kammer* f, *Kasten* m ‖ ⟨fig⟩
Tages\einnahme, -kasse f ‖ **–llero** adj *Erfolgs-* ‖ ~
m *Schalterbeamte(r)* m ‖ ⟨Th⟩ *Kartenverkäufer* m
taquimeca f ⟨fam⟩ *Kurzform für*
taquimecanógrafa ‖ **–nógrafa** f *Stenotypistin* f
taqui\metría f ⟨Top⟩ *Tachymetrie* f ‖ **–métrico**
adj *tachymetrisch*
taquímetro m ⟨Top⟩ *Tachymeter* n ‖ →
tacómetro
tar ⟨pop⟩ → **estar**
¹tara f *Tara(gewicht* n) f, *Gewichtsabzug* m,
Verpackungsgewicht n ‖ *Leergewicht* n ‖ ~ *media
Durchschnittstara* f ‖ ~ *neta,* ~ *real Nettotara* f ‖
~ *usual Usancetara* f ‖ ◇ *descontando la* ~
abzüglich Tara
²tara f ⟨Gen Med⟩ *Belastung* f ‖ ⟨fig⟩ *Mangel,
Fehler* m ‖ ~ *hereditaria erbliche Belastung* f ‖ ♦
sin ~s *fehlerfrei, untadelig, fehler-, tadel-,
makel\los*
³tara f → **¹tarja**
¹tarabilla f (*Mühl*)*Klapper* f ‖ *Fensterwirbel* m
‖ *Knebel* m ‖ *Spannholz* n (*e–r Säge*) ‖ ⟨fig⟩
Geschwätzigkeit, ⟨fam⟩ *Faselei* f ‖ ⟨figf⟩
Plappermaul n
²tarabilla f ⟨V⟩ *Schwarzkehlchen* n (Saxicola

torquata) ‖ ~ *norteña Braunkehlchen* n (S.
rubetra)
tarabita f *Schnallendorn* m
tara\cea f *Einlege-, Mosaik\arbeit, Intarsie* f ‖
–cear vt *einlegen (Mosaikarbeit)*
△ **tarachí** f *Nacht* f
taracú [pl **~úes**] m Bol *Stirnband* n (*für
Frauen*)
tarado adj (*erb*)*belastet* ‖ *erbkrank* ‖ ⟨fig⟩
fehler-, mangel\haft ‖ ⟨figf⟩ *entartet, degeneriert* ‖
Arg *dumm, idiotisch*
△ **tarafada** f *Betrug, Kniff* m
△ **tarafana** f *Zollamt* n
△ **tarafe** m (*Spiel*)*Würfel* m
△ **taragoza** f *Dorf* n ‖ **–jida** f *Stadt* f
tarambana m/f (& adj) ⟨fam⟩ *leichtsinnige,
läppische Person* f ‖ ⟨fam⟩ *unzuverlässiger Kerl*
m ‖ *Windbeutel* m
tarambuco m (pop) *Gummizelle* f (*in der
Heilanstalt*)
tarando m ⟨Zool⟩ *Ren* n (→ **reno**)
¹taranta f Alm Murc *Taranta* f (*e–e
Volksweise*)
²taranta f ⟨Zool⟩ → **tarántula**
³taranta f Arg *plötzliche Aufwallung* f ‖ Mex
Rausch m
tarantán onom *tralala*
taran\tela f *Tarantella* f (*ital. Tanz*) ‖ ⟨figf⟩
plötzlich auftretende, unbegründete Lust zu et. ‖
–tismo m → **tarantulismo**
Taranto m [Stadt] *Tarent* n
tarántula f ⟨Zool⟩ *Tarantel* f (*Wolfsspinne*) ‖
inc *Busch-, Würg\spinne* f (Theraphosa spp) ‖ ~
de la Apulia Apulische Tarantel f (Hogna
tarentula) ‖ ~ *española Spanische Tarantel* f (H.
hispanica) ‖ ~ *picado de la* ~ *von der Tarantel
gestochen* ‖ ⟨figf⟩ *heftig, ungestüm* ‖ ⟨figf⟩
geschlechtskrank ‖ **~s** fpl ⟨Zool⟩ inc bes. Am
Vogelspinnen fpl (Mygalomorphae)
tarantulismo m ⟨Med⟩ *Tarantismus* m
tarar vt *tarieren* ‖ *ausgleichen* ‖ *eichen
(Instrumente)*
tara\ra, –rá m onom *Trompetensignal* n,
Fanfare f ‖ ⟨fam⟩ *Trara* m ‖ **–rear** vt/i *trällern* ‖
leise vor s. hin singen ‖ **–reo** m *Geträller* n ‖ **–rí**
adj: *estar* ~ *betrunken sein* ‖ **–rira** f ⟨fam⟩
lustiger Rummel m ‖ onom *Trara* n ‖ onom
tralala ‖ ¡**~**! ⟨pop⟩ *ja, morgen!*
taras\ca f *Schlangen-, Drachen\bild* n ‖ ⟨fig⟩
böses, freches, widerspenstiges Weib n, ⟨figf⟩
Drachen m, *Xanthippe* f ‖ **–cada** f *Biss* m ‖ ⟨figf⟩
barsche, derbe Antwort f ‖ ◇ *soltar una* ~ ⟨figf⟩
mit e–r Grobheit herausplatzen ‖ **–car** [c/qu] vt
beißen ‖ ⟨figf⟩ *anschnauzen*
tarasconada f fig → **tartarinada**
taray m ⟨Bot⟩ (*Französische*) *Tamariske* f
(Tamarix gallica) ‖ → **tamarindo**
tarazana f → **atarazana**
tara\zar [z/c] vt *mit den Zähnen zerreißen* ‖
(*ab*)*beißen* ‖ ⟨fig⟩ *ärgern, belästigen* ‖
erzürnen ‖ **–zón** m *abgeschnittenes Stück* n ‖
Brocken m
tarbus m *Tarbusch* m (*orientalische
Kopfbedeckung*)
tarca f Bol ⟨Mus⟩ *quadratische Flöte* f *der
Indianer*
tardanza f (*Ver*)*Zögerung* f ‖ *Verspätung* f ‖
Aufschub m ‖ *Saumseligkeit* f ‖ *Wartezeit* f ‖ ♦
sin ~ *unverzüglich*
tar\dar vi a) *zögern, säumen* ‖ *auf s. warten
lassen* ‖ s. *aufhalten, irgendwo lange verweilen* ‖
(*lange*) *ausbleiben* ‖ *später erfolgen* ‖ *a más* ~
spätestens ‖ *no puede* ~ *mucho es kann nicht
(mehr) lange dauern* ‖ *er (sie, es) muss jeden
Augenblick da sein* ‖ ¡*no –des!* ‖ *bleibe nicht*

lange aus! ‖ *halte dich nicht auf!* ‖ *komm(e) bald!* ‖ ¡vuelve pronto, no –des! *komm bald zurück! beeile dich!* ‖ ¡cuánto –das! *wie spät du kommst!* ‖ ¿cuánto –dará? *wie lange dauert es?* ‖ *wann wird er (sie, es) zurück sein?*

b) in Verb. mit **en:** –dó en contestar *er (sie, es) zögerte mit der Antwort, er (sie, es) antwortete nicht gleich* ‖ ~ en hacer a/c *mit et. lange nicht fertig werden; zögern, et. zu tun* ‖ no –dó en presentarse *er (sie, es) stellte s. bald od kurz darauf ein* ‖ –daremos bastante tiempo en terminarlo *wir werden es nicht so bald beend(ig)en* ‖ –dará una hora en volver *er (sie, es) wird (erst) in e–r Stunde zurückkommen* ‖ ¡cuánto tardas en volver! *wie spät du zurückkommst!*

~**se** *zögern, zaudern* ‖ *s. verspäten* ‖ ◇ hoy se –da *heute dauert es (zu) lange* ‖ se me –da en verle *ich bekomme ihn lange nicht zu sehen*

¹tarde adv *spät* ‖ *zu spät* ‖ *mit Verspätung, verspätet* ‖ ~ o temprano *früher oder später* ‖ de ~ en ~ *von Zeit zu Zeit, ab und zu, bisweilen* ‖ (mucho) más ~ *(viel) später* ‖ (todo) lo más ~ *spätestens* ‖ lo más ~ a las 4 *spätestens um 4 Uhr* ‖ muy ~ *sehr spät* ‖ *zu spät* ‖ muy de ~ en ~ *sehr selten* ‖ *nur vereinzelt* ‖ ◇ es ~ *(ya) es ist (schon) spät* ‖ para luego es ~ ⟨fam⟩ *es ist kein Augenblick zu verlieren* ‖ *los!* ‖ *ran an den Feind!* ‖ hacer ~ *s. verspäten, spät kommen* ‖ se hace (od se va haciendo) ~ *es wird (schon) spät* ‖ es ist schon (höchste) Zeit ‖ se me hace ~ *ich habe es sehr eilig* ‖ *es wird mir zu spät* ‖ *es dauert mir zu lange* ‖ haber nacido ~ *noch zu unerfahren sein,* ⟨fam⟩ *noch zu grün sein* ‖ volver ~ *spät(abends) heimkommen* ‖ más vale ~ que nunca ⟨Spr⟩ *besser spät als nie* ‖ ⟨fam⟩ *endlich kommst du (kommt ihr, kommen Sie)!*

²tarde f *Nachmittag* m ‖ *Spätnachmittag* m ‖ *(früher) Abend* m, *-zeit* f ‖ aquella ~ *an jenem Nachmittag* ‖ *damals* ‖ ~ de asueto *schulfreier Nachmittag* m ‖ ♦ ayer por la ~ *gestern nachmittag* ‖ esta ~ *heute nachmittag* ‖ por od a la ~ *nachmittags* ‖ *frühabends* ‖ Ar *abends* ‖ hacia la ~ *gegen Abend* ‖ ¡buenas ~s! *guten Tag!* *(von 12 Uhr an bzw nach dem Mittagessen)* ‖ *guten Abend!* ‖ ♦ de la ~ *Nachmittags- bzw Abend- (Vorstellung, Gebet usw.)* ‖ ◇ dar las buenas ~s *guten Abend od Tag wünschen* ‖ *grüßen*

tarde|cer [-zc-] v. impers *Abend werden* (= **atardecer**) ‖ ◇ ya –ce *es wird schon Abend* ‖ **–cica, –cita** f *Spätnachmittag* m, *Abenddämmerung* f ‖ *Dämmerstunde* f ‖ **–mente** adv *zu spät*

tardígrados mpl ⟨Zool⟩ *Bärtierchen* npl (Tardigrada) ‖ *Faultiere* npl (Bradypodidae)

tardí|o adj *spät reifend, Spät-* ‖ *verspätet* ‖ *zögernd, zaudernd, saumselig, langsam* ‖ *Nach-* (z. B. *Winter*) ‖ ~ m *Spätsaat* f ‖ Sal Sant *Herbst* m (→ **otoñada**) ‖ **–simo** adv sup von **tarde** ‖ *sehr spät*

tar|do adj *langsam* ‖ *schwerfällig* ‖ *gemächlich, behäbig* ‖ *träg(e), faul* ‖ ~ en comprender *schwer von Begriff* ‖ ~ de oído *schwerhörig* ‖ *taub* ‖ ◇ ser ~ en trabajar *langsam arbeiten* ‖ **–dón** adj *(immer) spät kommend bzw arbeitend usw.* ‖ *träg(e)* ‖ ~ m ⟨fam⟩ *langsamer Mensch* m ‖ *träge Person* f ‖ ⟨pop⟩ *Faulpelz* m ‖ *Zauderer* m

tarea f *Arbeit* f, *Werk* n ‖ *Tagewerk* n, *Aufgabe* f ‖ ⟨fig⟩ *Mühe* f ‖ su ~ literaria *s–e (ihre) schriftstellerische Tätigkeit* ‖ ~s de redacción *redaktionelle Arbeiten* fpl ‖ *Aufgaben* fpl *der Schriftleitung* ‖ las ~s *die (Schul)Aufgaben* fpl ‖ ◇ es una ~ ingrata *es ist e–e undankbare Arbeit*

tarentino adj *tarentinisch, aus Tarent* ‖ ~ m *Tarenter* m

targui [pl **tuareg**] m *Targi* m *(Angehöriger der Tuareg)* ‖ pl *Tuareg* mpl

tárgum m ⟨Rel⟩ *Targum* n *(aramäische Thora- und Bibelübersetzung)*

tari|fa f *Tarif, (Gebühren)Satz* m ‖ *Gebühr* f ‖ *Preis|aufstellung, -liste* f ‖ *Zoll|tarif, -satz* m ‖ *Fahrpreis* m (EB *usw.*) ‖ ~ de carga *Frachtsatz, Gütertarif* m ‖ ~ cero *Nulltarif* m ‖ ~ diferencial *Differentialtarif* m ‖ ~ de ferrocarriles *Eisenbahntarif* m ‖ ~ fija *fester Tarif* m ‖ ~ de fletes *Frachtsatz* m ‖ ~ máxima *Maximaltarif* m ‖ ~ de mercancía *Gütertarif* m ‖ ~ mínima *Minimaltarif* m ‖ ~ móvil *Staffeltarif* m ‖ ~ postal *Posttarif* m ‖ ~ progresiva *progressiver Tarif* m ‖ ~ protectora *Schutzzolltarif* m ‖ ~ de publicidad ⟨Ztg⟩ *Anzeigen|tarif* m, *-preise* mpl ‖ ~ reducida *ermäßigter Tarif* m ‖ ~ sencilla *einfache Taxe* f ‖ ~ telefónica *Fernsprech-, Telefon|gebühr(en)* fpl, *Sprechgebühr* f ‖ ~ de transporte *Gütertarif, Frachtsatz* m ‖ ~ única *Einheitstarif* m ‖ ~ vigente *gültige Taxe* f ‖ ~ por zonas *Zonentarif* m ‖ ♦ según ~ *tarifmäßig* ‖ **–far** vt *(Tarif) berechnen* ‖ *(Preise) festsetzen* ‖ *tarifieren, den Tarif anwenden* (algo *für et.*) ‖ ~ vi *s. verfeinden,* ⟨fam⟩ *Krach machen, s. verkrachen* (con alg. *mit jdm*) ‖ **–fario** adj *tarifarisch* ‖ *Tarif-*

tarifeño adj/s *aus Tarifa* (P *Cád*) ‖ *auf Tarifa bezüglich*

tarima f *Fenstertritt, Auftritt* m *am Fenster* ‖ *Fuß|schemel* m, *-bank* f ‖ *Podium* n ‖ ⟨Mus⟩ *Resonanzpodium* n ‖ ⟨Tech⟩ *Palette* f ‖ dim: **–ita** ‖ augm: **–ón**

tarimera f Cu *Kupplerin* f (→ **alcahueta**)

tarín m Sant Nav ⟨V⟩ *Zeisig* m (→ **lugano**)

△ **taripe** m *Stern* m

△ **tarique** m *Ebene* f

¹tarja f ⟨Hist⟩ *Kerb|holz* n, *-stock* m ‖ ⟨figf⟩ *Hieb, Schlag* m ‖ ⟨figf⟩ *Prügel* m ‖ ◇ beber sobre ~ ⟨figf⟩ *auf Pump trinken, anschreiben lassen*

²tarja f Murc Am *Visiten-, Besuchs|karte* f

³tarja f ⟨Hist⟩ *Tartsche* f *(der Ritter)*

tarjar vt *an|schreiben, -kreiden* ‖ ⟨Hist⟩ *ankerben* ‖ ⟨Chi⟩ *ausstreichen*

tarje|ta f ⟨Arch⟩ *Schildtafel* f ‖ *Visiten-, Besuchs|karte* f ‖ *Preiszettel* m *(auf Waren)* ‖ *Aufschrift* f, *Titel* m ‖ ~ amarilla ⟨Sp⟩ *gelbe Karte* f ‖ ~ comercial *Geschäftskarte* f ‖ ~ de compras *Einkaufskarte* f ‖ ~ de crédito *Kreditkarte* f ‖ ~ electrónica ⟨Inform⟩ *Chipkarte* f ‖ ~ de embarque ⟨Flugw⟩ *Bordkarte* f ‖ ~ de entrada *Eintrittskarte* f ‖ ~ de expositor *Messe-, Aussteller|ausweis* m ‖ ~ de felicitación *Glückwunschkarte* f ‖ ~ de identidad *Kennkarte* f ‖ *Personal-, Dienst|ausweis* m ‖ ~ de invitación *Einladungskarte* f ‖ ~ de luto *Trauerkarte* f ‖ ~ neumática *Rohrpostkarte* f ‖ ~ perforada ⟨Inform⟩ *Lochkarte* f ‖ ~ postal *Postkarte* f ‖ ~ (postal) ilustrada (od con vista(s)) *Ansichtskarte* f ‖ ~ postal internacional *Weltpostkarte* f ‖ ~ postal con respuesta pagada *Postkarte* f *mit bezahlter (Rück)Antwort* ‖ ~ de propaganda *Reklamekarte* f ‖ ~ de racionamiento Cu *Lebensmittelkarte, Bezugsschein* m ‖ ~ roja ⟨Sp⟩ *rote Karte* f ‖ ~ telefónica *Telefonkarte* f ‖ ~ de tercera edad *Seniorenpass* m ‖ ~ tubular → ~ neumática ‖ ~ de visita *Visiten-, Besuchs|karte* f ‖ *Geschäftskarte* f ‖ **–tazo** m ⟨figf⟩ *Abgabe* f *e–r Besuchskarte* ‖ **–tearse** ⟨fam⟩ *einander Karten schreiben* ‖ **–tero** m *Karten|schale* f, *-täschchen* n ‖ *Kofferanhänger* m ‖ **–tón** m augm von **tarjeta**

tarlatana f ⟨Text⟩ *Tarlatan* m

(Baumwollgewebe) ‖ *Steifgaze* f ‖ ⟨Buchb⟩
Heftgaze f
  taro(co) *m* ⟨Kart⟩ *Tarock* n (& m)
  taropé *m* Arg Par ⟨Bot⟩ *Königliche Seerose* f
(Victoria amazonica = V. regia)
  tarpán *m* ⟨Zool⟩ *Tarpan* m, *Europäisches
Urwildpferd* n (Equus ferus)
  △ **tarpia** *f Brieftasche* f
  △ **tarpe** *m Höhe* f ‖ *Himmel* m
  tarpeyo adj: (Roca) =a *Tarpejischer Fels(en)*
m
  tarpón *m* ⟨Fi⟩ *Tarpon* m (Megalops atlanticus)
  tarquín *m Regen-, Teich|schlamm* m ‖
Flussgeröll n
  tarquina adj/s ⟨Mar⟩: (vela) ~ *Sprietsegel* n
  tarqui|nada *f* (fam) *Vergewaltigung* f ‖ =n(i)o
np *Tarquin(ius)* m
  tarquino adj Arg *reinrassig, von guter Rasse
(Rindvieh)*
  tarra *m/f Greis(in* f) m
  tarraconense adj/s *(m/f) aus Tarragona* ‖ *auf
Tarragona bezüglich* ‖ ⟨Hist⟩ *aus Tarraco
(Hauptstadt der Hispania Tarraconensis)*
  tarrago *m* ⟨Bot⟩ *Wiesensalbei* m (& f) (Salvia
pratense)
  Tarragona *f* [Stadt und Provinz in Spanien]
Tarragona n
  tarraja *f* → **terraja**
  tarrasense adj/s *(m/f) aus Tarrasa* (P Barc) ‖
auf Tarrasa bezüglich
  ta|rreñas *fpl* (Art) *Kastagnetten* fpl ‖ **–rriza** *f*
Ar Sor → **¹barreño**
  tarrina *f Becher* m *(für Joghurt usw.)*
  ¹tarro *m irdener Topf, Tiegel* m ‖ *Einmachglas*
n ‖ *Melkkübel* m ‖ *Milchtopf* m ‖ ~ de unto *Tiegel*
m *mit Wagenschmiere* ‖ Pe *Zylinderhut* m ‖ ~**s**
mpl Hörner npl (bes. euph fig)
  ²tarro *m* ⟨V⟩: ~ *blanco Brandente* f (Tadorna
tadorna) ‖ ~ *canelo Rostgans* f (T. ferruginea)
  társidos *mpl* ⟨Zool⟩ *Finger- und Gespenst|tiere*
npl (Tarsidae)
  tarsio *m* ⟨Zool⟩ *Gespensttier* n, *Koboldmaki* m
(Tarsius spectrum = T. tarsius)
  tarso *m* ⟨An⟩ *Fußwurzel* f ‖ *Vorfuß* m *des
Vogels* ‖ *Kniebeuge* f ‖ *Tarsus* m *(des
Insektenbeines)*
  tarta *f Torte* f ‖ ~ *de chocolate
Schokoladentorte* f ‖ ~ *de manzanas Apfelkuchen*
m ‖ ~ *nupcial Hochzeitstorte* f
  tartagazo *m* PR fam → **lingotazo**
  tártago *m* ⟨Bot⟩ *Kreuzblättrige Wolfsmilch* f
(Euphorbia lathyris) ‖ ⟨figf⟩ *böser Streich* m ‖
⟨figf⟩ *Verdruss, Ärger* m, *unglückliches Ereignis* n
‖ ⟨figf⟩ *plumper Scherz* m
  tarta|ja adj/s *(m/f)* (fam) → **–joso** ‖ **–jear** vi
stottern, stammeln ‖ **–joso** adj/s *stotternd,
stammelnd*
  tartalear vi (fam) *hin und her|wackeln,
wanken, schwanken*
  tartaleta *f Törtchen, Tortelett* n
  tarta|mudear vt/i *stottern, stammeln* ‖ **–mudeo**
m Stottern, Stammeln n *(Vorgang, Tun)* ‖ **–mudez**
[pl ~**ces**] *f Stottern, Stammeln* n *(Zustand)* ‖
–mudo adj *stotternd, stammelnd* ‖ ~ *m Stotterer,
Stammler* m
  tarta|na *f* ⟨Mar⟩ *Tartane* f *(kleines
Fischerfahrzeug)* ‖ *zweiräd(e)riger (Plan)Wagen*
m ‖ Span *Tartane, Landkutsche* f, *Kremser* m ‖
⟨Auto desp⟩ *Klapperkasten* m
  tártano *m* Al Vizc *Honigwabe* f
  Tartaria *f* ⟨Geogr⟩ *Tatarei* f
  tartárico adj ⟨Chem⟩ → **tártrico**
  tartari|nada *f* ⟨pop⟩ *Streich* m *e–s Großtuers* ‖
–nesco adj ⟨fig⟩ *großtuerisch, angeberisch*

*(übertreibend) (Ansp. auf Daudets Tartarin de
Tarascon)*
  Tártaro *m* ⟨Myth Lit⟩ *Tartarus* m, *Unterwelt* f
‖ *Hölle* f
  ¹tártaro adj *tatarisch* ‖ ~ *m Tatar* m
  ²tártaro *m* ⟨Chem⟩ *Weinstein* m ‖ p.ex
Kaliumhydrogentartrat n ‖ ⟨Tech⟩ →
incrustación ‖ ⟨Med⟩ *Zahnstein* m ‖ ~ *emético
Brechweinstein* m
  tartaruga *f* Bol → **tortuga**
  tartera *f (Koch)Topf* m ‖ *Essglocke* f ‖ →
fiambrera ‖ *Torten-, Back|form* f ‖ ⟨pop fig⟩
Mütze f
  tartesio adj ⟨Hist⟩ *tartessisch* ‖ ~ *m Tartesser* m
  tartita *f* dim von **tarta** ‖ *Törtchen* n
  tartrato *m* ⟨Chem⟩ *Tartrat* n
  tártrico adj *Weinstein-*
  tartrífugo m/adj *Kesselsteingegenmittel, Mittel*
n *gegen Kesselsteinbildung* f
  tartu|fería *f Scheinheiligkeit, Heuchelei,
Gleisnerei* f ‖ =**fo** *m Tartüff, Scheinheilige(r),
Heuchler* m *(Ansp. auf Molières Tartuffe)*
  tarugada *f* (fam) *Dummheit, Albernheit* f (&
Mex)
  tarugo *m Zapfen, Pflock* m ‖ *kleiner
(Holz)Klotz* m ‖ *Geldrolle* f ‖ *Holzwürfel* m *zum
Pflastern* ‖ ⟨figf⟩ *Tölpel, Dummkopf* m ‖ Mex
⟨fig⟩ *Gauner, Preller* m
  tarugueo *m* ⟨pop⟩ *Beamtenkorruption* f ‖
Schmiergeld n *(für Beamte)*
  tarumba: ◇ *volver* ~ a alg. (fam) *jdm den
Kopf wirr machen* ‖ *jdn verblüffen* ‖ (fam) *jdn
ganz od total od absolut verrückt machen* ‖
volverse ~ (fam) *nicht wissen, wo e–m der Kopf
steht* ‖ *sprachlos werden*
  tas *m* ⟨Tech⟩ *Einsteckamboss, Stöckel* m
  tasa *f (Ab)Schätzung* f ‖ *Taxe* f ‖ *Gebühr* f ‖
Tax-, Schätzungs|preis m ‖ *Abgabe* f ‖
Steuerauflage f ‖ *Zinsfuß* m ‖ *Prozentsatz* m ‖
Rate f ‖ ⟨fig⟩ *Richtschnur* f, *Maß* n ‖ ~ *adicional*
→ ~ *suplementaria* ‖ ~ *anual Jahresrate* f ‖ ~ *de
compensación Ausgleichs|steuer bzw -abgabe* f ‖
~ *de crecimiento Wachstums-, Zuwachs|rate* f ‖
~ *de encarecimiento Teuerungsrate* f ‖ ~ *de
desempleo Arbeitslosenquote* f ‖ ~ *de escolaridad
Prozentsatz* m *der eingeschulten schulpflichtigen
Bevölkerung* ‖ ~ *de inflación Inflationsrate* f ‖ ~
*de mortalidad Sterbe|rate, -ziffer,
Sterblichkeitsquote* f ‖ ~**s** *de televisión
Fernsehgebühr* f ‖ ~ *postal Postgebühr* f ‖ ~
suplementaria Zuschlagtaxe f ‖ *(Steuer)Zuschlag*
m ‖ ~ *sobre el volumen de negocios
Umsatzsteuer* f ‖ ◇ *derrochar sin* ~ ⟨figf⟩ *maßlos
verschwenden* ‖ *fijar una* ~ *e–e Steuer auferlegen*
‖ *poner* ~ *a algo et. bewerten od abschätzen* ‖
⟨fig⟩ *et. richtig beurteilen* ‖ ⟨fig⟩ *et. beschränken* ‖
poner a ~ ⟨fig⟩ *be|herrschen, -zähmen*
  △ **tasabela(d)or** *m Henker* m
  tasa|ble adj *(m/f) taxierbar* ‖ *abschätzbar* ‖
–ción *f (Ab)Schätzung* f ‖ *Besteuerung* f ‖
Veranschlagung f ‖ *Gebührenberechnung,
Taxierung* f ‖ *Taxe* f ‖ ~ *de averías* ⟨Mar⟩
Havarieaufmachung f ‖ ~ *pericial Schätzung* f
durch Sachverständige ‖ **–dor** *m (amtlicher)
Taxator, (Ab)Schätzer* m ‖ ~ *de averías
Havariekommissar* m
  tasajo *m Dörr- bzw Selch|fleisch* n ‖ *Schnitte* f
(gedörrtes, geräuchertes Salz)Fleisch
  △ **tasala** *f Abend* m
  tasar vt/i *(ab)schätzen, taxieren* ‖ *(zur Steuer)
veranlagen, anschlagen* ‖ *mit Gebühren belegen* ‖
festsetzen, bestimmen (Abgabe, Preis) ‖ *ein-,
be|schränken* ‖ ◇ ~ *la avería* ⟨Mar⟩ *die Havarie
aufmachen* ‖ ~ *la comida al enfermo dem
Kranken die Diät festsetzen*

△ **tasarba** *f Morgen* m
tasca *f* ⟨fam⟩ *Kneipe* f, *Pinte*, Öst *Beize* f ‖
Spielhölle f ‖ Pe *Brandung* f
tascador *m* ⟨Agr⟩ *Hanfbreche* f
tascar [c/qu] vt *brechen, schwingen (Flachs)* ‖
das Futtergras zerknacken (Weidetiere) ‖ ◇ ~ el
freno *auf dem Gebiss kauen (Pferd)* ‖ ⟨fig⟩ *s–n
Ärger verbeißen, überwinden*
tascón *m* Sant *Heu|boden, -schober* m (→
pajar)
tasiano adj *auf den it. Dichter Torquato Tasso
(1544–1595) bezüglich*
Tasmania *f* ⟨Geogr⟩ *Tasmanien* n
tas|quear vi ⟨pop⟩ *von Kneipe zu Kneipe
ziehen, e–e Kneipentour machen*
tasquera *f* ⟨fam⟩ *Zank* m, *Rauferei* f
tassiano adj → **tasiano**
¹**tastana** *f* ⟨Agr⟩ *(durch Dürre eingetretene)
Verkrustung* f *des Bodens*
²**tastana** *f* ⟨Bot⟩ *Scheidewand* f *(bei einigen
Früchten)*
tasto *m ranziger (Nach)Geschmack* m
tasugo *m* Sant ⟨Zool⟩ *Dachs* m (& reg) (→
tejón)
tata *m* ⟨fam⟩ *Kindermädchen* n ‖ Ar
(Kosename für) kleine Schwester f ‖ Murc Am
Vater, Papa m *(in Am oft auch Respektanrede)*
tata|bra *f*, **–bro** *m* Col ⟨Zool⟩ → **pécari**
tatami *m* ⟨Sp⟩ *Judo- bzw Karate|matte* f
tatara|buelo *m*, **~a** *f Ururgroß|vater* m,
-mutter f ‖ **–nieto** *m*, **~a** *f Ururgroßenkel(in* f) m
tatarear vi inc → **tararear**
tatas: ◇ andar a ~ ⟨fam⟩ *schwankende
Gehversuche machen (Kind)* ‖ ⟨fam⟩ *auf allen
vieren kriechen*
¹**tate** *m* [in der Drogenszene] *Haschisch* n (&
m)
¡²**tate!** *halt! sachte! ‖ ei, sieh da! da schau
her!* ‖ ⟨pop⟩ *ja freilich!*
tatemar vt Mex *braten* (→ **asar**)
△ **tatí** *f Fieber* n
tatito *m* Am ⟨fam⟩ *Vater, Papa* m ‖ Span *Opa*
m
¹**tato** adj *stotternd, das c und s wie t
aussprechend*
²**ta|to** *m* [Kindersprache] *großer Bruder* bzw
(–ta) *große Schwester* f ‖ *Kindermädchen* n ‖ Ar
Rioja Chi *Kosename* m *für e–n kleinen Bruder* od
ein kleines Kind
△ **tato** *m Brot* n
tatú [*pl* **~úes**], **tato** *m* Am *Gürteltier* n
(Dasypus spp) ‖ ~ canasta Arg, ~ canastra Bras
Riesengürteltier n (Priodontes giganteus)
tatu|aje *m Tätowierung, Tatauierung* f ‖ **–ar** vt
tätowieren, tatauieren
tatusa *f* Arg Bol *Mädchen, (Kosename) Kind* n
‖ ⟨desp⟩ *Dirne* f
tatusia *f* Am ⟨Zool⟩ *Gürteltier* n
tau *f griech.* τ (T), *Tau* n ‖ ~ *m hebräisches Ta*
‖ → auch **tao**
tauca *f* Bol Ec Pe *Haufe(n)* m
taujel *m (Holz)Leiste* f *(meistens mit
Trapezquerschnitt)*
tauma|turgia *f Wundertätigkeit* f ‖ **–túrgico**
adj *wundertätig* ‖ **–turgo** *m Wundertäter,
Thaumaturg* m
táurico adj *Stier-*
taurino adj *Stier(kampf)-*
¹**Tauro** *m* ⟨Astr⟩ *Stier* m (& *Tierkreiszeichen*)
²**Tauro** *m* ⟨Geogr⟩ *Taurus(gebirge* n) m
tauró|filo *m/adj Stierkampfliebhaber, Freund* m
von Stierkämpfen ‖ **–maco** adj → **tauromáquico** ‖
~ *m Stierkampfexperte, Kenner* m *von
Stierkämpfen* ‖ **–mano** *m/adj leidenschaftlicher
Freund* m *von Stierkämpfen, Stierkampffan* m

tauro|maquia *f Stierkämpferkunst* f ‖
Stierkampf m ‖ **–máquico** adj *auf Stierkämpfe
bezüglich, Stierkampf-*
tauto|logía *f* ⟨Rhet⟩ *Tautologie, (unnötige)
Wiederholung* f (→ **énfasis, redundancia**) ‖
–lógico adj *tautologisch*
tautómero adj ⟨Chem⟩ *tautomer*
taxáceas fpl ⟨Bot⟩ *Eiben* fpl (Taxaceae) ‖
taxativo adj ⟨Jur⟩ *beschränkend*
taxi *m* Kurzform für **taxímetro** ‖ *Taxi* n (Schw:
m), *Taxe, (Kraft)Droschke* f ‖ ⟨pop fig⟩ *Pferdchen*
n (*e–s Zuhälters*) ‖ ~ *aéreo Lufttaxi* n ‖ ~ *con
bicho* ⟨pop fig⟩ *besetztes Taxi* n ‖ ◇ *hacer el* ~
⟨pop fig⟩ *auf den Strich gehen* ‖ *tomar un* ~ *ein
Taxi nehmen*
taxider|mia *f Ausstopfen* n *von Tieren,
Taxidermie* f ‖ **–mista** *m/f Taxidermist(in* f),
Präparator(in f) m
taxímetro *m Taxameter, Fahrpreisanzeiger* m ‖
→ **taxi**
taxista *m/f Taxifahrer(in* f) m ‖ ⟨pop fig⟩
Zuhälter m
taxo|nomía *f* ⟨Wiss Biol⟩ *Taxonomie* f ‖
–nómico adj *taxonom(isch), systematisch* (bes.
Biol)
Tayikistán *m* ⟨Geogr⟩ *Tadschikistan* n
taylorismo *m* ⟨Wir⟩ *Taylorismus* m,
Taylorsystem n
tayra *m* ⟨Zool⟩ *Tayra* m (Eira barbata)
taz: ~ a ~ *Tausch um Tausch (ohne Zugabe)* ‖
gleich
taza *f Tasse* f ‖ *(Trink)Schale* f ‖ *Tassevoll* f ‖
Becher m ‖ *Suppennapf* m ‖ *Degengefäß* n ‖
Brunnenbecken n ‖ *Klosett- bzw Pissoir|becken* n
‖ Chi *Waschbecken* n ‖ *una* ~ *de café, té e–e
Tasse Kaffee, Tee* ‖ ~s *para café Kaffeetassen* fpl
tazaña *f Drachenbild* n (→ **tarasca**)
tazón *m* augm von **taza** ‖ *große Tasse* f ‖ *Napf*
m ‖ *Wasch-, Hand|becken* n
tazuela *f* dim von **taza**
Tb ⟨Abk⟩ = **terbio**
tb(c), Tb(c) ⟨Abk⟩ = **tuberculosis**
TBO *m e–e alte span. Kinderzeitschrift* (→
tebeo)
t. c. ⟨Abk⟩ **tarifa común** (*od* **corriente**)
Tc ⟨Abk⟩ = **tecnecio**
¹**te** *f t* n
²**te** pron *dir* ‖ *dich* ‖ ~ *lo digo ich sage es dir* ‖
está busca que ~ *busca* ⟨pop⟩ *er sucht (ihn, sie,
es) fortwährend* ‖ *¿qué* ~ *haces?* ⟨pop⟩ *was
machst du denn?* ‖ *¡que* ~ *llaman a vos!* ⟨Am
pop⟩ *man ruft dich!* ‖ *¡vete! geh!* ‖ *¡tranquilízate!
beruhige dich!* ‖ *ruégote* (= te ruego) *ich bitte
dich* ‖ *quiero decírtelo ich will es dir sagen* ‖
quiero verte ich will dich sehen
³**te** *f T-Stück* n *(Fitting)* ‖ ⟨Flugw⟩ *Landekreuz*
n
Te ⟨Abk⟩ = **telurio**
té *m* ⟨Bot⟩ *Tee(strauch)* m (Thea sinensis) ‖
Tee m ‖ *Teegesellschaft* f ‖ ~ *de abedul Birkentee*
m ‖ ~ *de Ceilán Ceylontee* m ‖ ~ *danzante
Tanztee,* (frz) *Thé dansant* m ‖ ~ *fuerte starker
Tee* m ‖ ~ *flojo schwacher, dünner Tee* m ‖ ~ *de
los jesuitas,* ~ *del Paraguay* Am *Mate,
Paraguaytee* m ‖ ~ *de tila Lindenblütentee* m ‖ ◇
dar el ~ a alg. ⟨pop⟩ *jdn belästigen, plagen* ‖
tomar una taza de ~ *e–e Tasse Tee trinken*
tea *f Kien(span)* m ‖ *Kien-, Brand|fackel* f ‖
⟨fig⟩ *Fackel* f
team *m Team* n ‖ *Arbeitsgruppe* f ‖ *Mannschaft*
f (& Sp)
teatino *m* ⟨Rel⟩ *Theatiner(mönch)* m
tea|trillo *m:* ~ *de tercera Schmiere* f ‖ **–tral**
adj *(m/f) bühnenmäßig, theatralisch, Theater-* ‖
⟨fig⟩ *geziert* ‖ *affektiert, schauspielerhaft,*

theatralisch ‖ **–tralería** ⟨fig pej⟩ *Pòse* f, *geziertes Wesen* n ‖ **–tralidad** *f Gespreiztheit, Theatralik* f ‖ **–tralizar** [z/c] vt *für das Theater bearbeiten, auf die Bühne bringen* ‖ ⟨fig⟩ *theatralisch darstellen* bzw *erzählen* ‖ ~ vi *Theater machen, s. theatralisch aufführen* ‖ **–tro** m *Theater, Schauspielhaus* n ‖ *(Schau)Bühne, Szene* f ‖ *Schauspiel-, Bühnen|kunst* f ‖ *Theaterkenntnis* f ‖ *dramatische Begabung* f ‖ *dramatische Literatur* f ‖ ⟨fig⟩ *Schauplatz* m ‖ ⟨fig⟩ *Theater, Getue* n, *Vortäuschung* f ‖ ~ de aficionados *Liebhaberbühne* f ‖ ~ al aire libre *Freilichtbühne* f ‖ ~ ambulante *Kirmestheater* n, *Wanderbühne* f ‖ ~ de ballet *Baletttheater* n ‖ el ~ de Calderón *Calderons dramatische Werke* ‖ ~ cinematográfico *Film-, Lichtspiel|theater* n ‖ ~ de comedia *Schauspielhaus* n ‖ ~ de diletantes *Liebhaberbühne* f ‖ ~ escuela *Theaterschule* f ‖ ~ de feria *Kirmestheater* n ‖ el ~ de la guerra *der Kriegsschauplatz* ‖ ~ (de) guiñol *Kasperle-, Marionetten-, Puppen|theater* n ‖ ~ infantil *Kindertheater* n ‖ ~ lírico →• ~ de ópera ‖ el ~ del mundo ⟨fig⟩ *die Weltbühne, das Forum der Öffentlichkeit* ‖ ~ de muñecas →• ~ guiñol ‖ ~ de ópera *Opernbühne* f ‖ ~ provincial *Landestheater* n ‖ ~ de (la) provincia *Provinztheater* n ‖ ~ simultáneo *Simultanbühne* f ‖ ~ de títeres →• ~ guiñol ‖ ~ de vanguardia *avantgardistisches Theater* n ‖ ~ de variedades *(od* variétés) *Varieté(theater), Tingeltangel* n ‖ ~ de verano *Sommertheater* n *(& fig)* ‖ ~ de verso *Schauspielhaus* n ‖ ~ de la Zarzuela *ein volkstümliches Theater in Madrid* ‖ abandonar, dejar el ~ *s. von der Bühne zurückziehen (Schauspieler)* ‖ dedicarse al ~ *Schauspieler werden od sein* ‖ hacer ~ *Theater machen* ‖ *s. theatralisch aufführen* ‖ ir al ~ *ins Theater gehen* ‖ llevar al ~ *auf die Bühne bringen (literarisches Werk)* ‖ **–tromanía** *f Theatromanie* f ‖ **–trucho** m ⟨desp⟩ von **–tro**
△ **teazo** m *Dolchstich* m
tebaico adj/s ⟨Hist⟩ *aus Theben od Thebais (in Oberägypten)* ‖ *auf Theben bezüglich*
tebano adj *thebanisch* ‖ ~ m *Thebaner* m *(Griechenland)*
¹**tebeo** m p.ex ⟨fam allg⟩ *Bilderzeitschrift* f *für Kinder* ‖ ◊ ése está más visto que el ~ ⟨figf⟩ *der ist bekannter als ein bunter Hund* ‖ ~s *mpl* p.ex *Comics* pl
²**tebeo** adj/s →• **tebano**
△ **teble(s)quero** m *Gott* m
¹**teca** *f* ⟨Bot⟩ *Teakbaum* m (Tectona grandis) ‖ *Teak(holz)* n
²**teca** *f* ⟨Bot⟩ *Theke* f, *Staubbeutel* m
³**teca** *f* ⟨An Zool⟩ *Theka* f, *Büchschen* n
techa|do m *Dach(werk)* n ‖ *Bedachung* f ‖ *Dachdeckerarbeit* f ‖ **–dor** m *Dachdecker* m
techar vt *bedachen* ‖ *(Dächer) decken*
△ **techaro** adj *frei* ‖ *sicher*
te|cho m *Dach* n, *Bedachung* f ‖ *(Zimmer)Decke* f ‖ ⟨fig⟩ *Haus, Heim* n ‖ ⟨fig⟩ *Obdach* n ‖ ⟨Auto Flugw⟩ *Dach* n, *Decke* f ‖ ⟨fig⟩ *Höchstgrenze* f ‖ ⟨Flugw fig⟩ *Gipfel-, Steig|höhe* f ‖ ~ arrollable ⟨Auto⟩ *Rolldach* n ‖ ~ de bálago *Strohdach* n ‖ ~ corredizo *Schiebedach* n ‖ ~ de estuco *Stuckdecke* f ‖ ~ de paja, ~ pajizo *Strohdach* n ‖ ~ paternal ⟨fig⟩ *Vaterhaus* n ‖ ~ de pizarra *Schieferdach* n ‖ ~ de plomo *Bleidach* n ‖ ~ práctico ⟨Flugw fig⟩ *Dienst-, Arbeits|gipfelhöhe* f ‖ ~ de ripio(s) *Schinkeldach* n ‖ ~ solar *Sonnendach* n ‖ ~ de tejas *Ziegeldach* n ‖ ~ de vidrio *Glasdach* n ‖ ~ de vigas aparentes *(Einschub)Decke* f *mit sichtbaren Balken* ‖ ◊ vivir bajo el mismo ~ *unter demselben Dach wohnen* ‖ ◆ sin ~ ⟨fig⟩ *obdachlos (Mensch)* ‖

–chumbre *f Dach(werk)* n, *Bedachung* f ‖ *Dächer* npl (z.B. *e–r Stadt*) ‖ ~ de cuelmo *Strohdach* n
teckel m [Hund] *Dackel, Teckel, Dachs|hund, -fänger* m ‖ ~ de pelo duro *Rauhaardackel* m ‖ ~ de pelo largo *Langhaardackel* m ‖ ~ de pelo liso *Kurzhaardackel* m
tec|la *f Taste* f ‖ *Klinke* f ‖ *Klappe* f ‖ ⟨fig⟩ *Triebfeder* f ‖ ⟨fig⟩ *heikle Angelegenheit* f ‖ ⟨fig⟩ *(Einfluss)Mittel* n ‖ ~ de espaciación ⟨Typ⟩ *Ausschlusstaste* f ‖ ~ de marfil *Elfenbeintaste* f ‖ ~ marginal *Randauslösetaste* f *(Schreibmaschine)* ‖ ~ (de) mayúsculas *Umschalttaste* f *(Schreibmaschine)* ‖ ~ muerta *Leertaste* f *(Schreibmaschine)* ‖ ◊ dar en la ~ ⟨figf⟩ *das Richtige treffen,* ⟨fig⟩ *den Nagel auf den Kopf treffen* ‖ tocar una ~ *e–e Taste anschlagen* ‖ ⟨figf⟩ *e–e Frage aufwerfen* ‖ tocar todas las ~s ⟨fam⟩ *Mädchen für alles sein* ‖ ⟨figf⟩ *alle Hebel in Bewegung setzen, alle Register ziehen* ‖ ⟨fig⟩ *alle Möglichkeiten ausschöpfen, nichts unversucht lassen* ‖ **–lado** m ⟨Mus⟩ *Klaviatur, Tastatur* f ‖ ⟨Mus⟩ *Manual* n *(der Orgel)* ‖ ⟨Mus⟩ *Keyboard* n ‖ *Tastatur* f *(der Geräte)* ‖ *Tastenfeld* n *(Schreibmaschine)* ‖ ~ doble ⟨Mus⟩ *Doppelmanual* n ‖ ~ de entrada ⟨Inform⟩ *Eingabetastatur* f ‖ ~ expresivo ⟨Ak⟩ *Schwellkasten* m ‖ ~ de órgano ⟨Mus⟩ *Manual* n ‖ ~ de pedales ⟨Mus⟩ *Pedalwerk* n *(e–r Orgel)* ‖ ~ sleep *Standbytaste* f ‖ ~ transpositor ⟨Mus⟩ *Transpositionsklaviatur* f ‖ ~ universal *Universal-Tastatur* f *(Schreibmaschine)*
Tecla *f* np *Thekla* f
¹**tecle** m ⟨Mar⟩ *Talje* f, *Flaschenzug* m *(mit e–r einzigen Rolle)*
²¹**tecle** adj/s *(m/f)* Chi *kränklich, schwächlich*
tecle|ar vi/t *die Tasten anschlagen, klimpern* ‖ *Klavier, Orgel spielen* ‖ *trommeln (Finger, fallender Regen)* ‖ ⟨figf⟩ *alle Mittel versuchen* ‖ **–o** m *Klimpern* n ‖ p.ex ⟨fig⟩ *Klavierspiel* n
teclista *m/f* ⟨Mus⟩ *Keyboardspieler(in* f) m
tecnecio m ⟨Te⟩ ⟨Chem⟩ *Technetium* n
técnica *f Technik* f ‖ *Verfahren* n ‖ ⟨Mus⟩ *Fingerfertigkeit* f
tecnicismo m *Fachausdrucksweise* f ‖ *technischer Ausdruck, Fachausdruck, Terminus, Technizismus* m ‖ ⟨fig⟩ *Formalismus* m, *Pedanterie* f
técnico adj *technisch* ‖ *fachlich, sachkundig, Fach-* ‖ *kunstmäßig, gewerblich* ‖ *kunstgerecht* ‖ ◆ de índole ~a *technischer Art* ‖ aprovechado en materia ~a *technisch begabt (Schüler)* ‖ ~ m *Techniker, Fachmann, Gewerbesach-, Kunst|verständige(r)* m ‖ ~ aeronáutico *Flugtechniker* m ‖ ~ dentista *Zahntechniker* m ‖ ~ publicitario *Werbefachmann* m ‖ ~ de(l) sonido *Tontechniker* m ‖ ~s *mpl Fachleute* pl ‖ *Experten* mpl
tecnicoeconómico adj *technisch-ökonomisch, wirtschaftstechnisch*
tecnicoformal adj *formaltechnisch*
tecnicolor m ⟨Film⟩ *Technicolor* n *(Farbfilmverfahren – Warenzeichen)*
tecnifi|cación *f Technifizierung* f ‖ **–car** [c/qu] vt *technifizieren*
tecno adj ⟨Mus⟩ *Techno-*
tec|nocracia *f Technokratie* f ‖ *Herrschaft* f *der Technik* ‖ **–nócrata** *m/f Technokrat(in* f) m ‖ **–nocrático** adj *technokratisch*
tecno|lecto m ⟨Ling⟩ *Fachsprache* f, *Technolekt* m
tecno|logía *f Technologie* f ‖ *Fachwissen* n ‖ *technische Ausdrucksweise, Fachsprache* f ‖ alta ~, ~ de punta *high technologie* f, *High-Tech* n *(& f)* ‖ **–lógico** adj *technologisch* ‖ *technisch*
teco m Guat *Betrunkene(r)* m

tecolines *mpl* Mex ⟨fam⟩ *Moneten, Piepen* pl
tecolero *m* Mex *Stallbursche* m
tecolote *m* Mex MAm ⟨V allg⟩ *Eule* f
tec|togénesis *f Tektogenese* f ‖ **–tónica** *f* ⟨Geol⟩ *Tektonik* f (& Arch Rhet) ‖ **–tónico** adj *tektonisch*
tectrices *fpl* ⟨V⟩ *Tectrices* (lat), *Deckfedern* fpl
Tedéum, tedéum *m* [...un] *Tedeum* n *(Lobgesang)*
tediar vt *verabscheuen* ‖ *Abneigung haben* (algo *gegen et.*)
tedio *m Langeweile* f ‖ *Unlust, Lustlosigkeit* f ‖ *Abneigung* f, *Widerwille* m ‖ *Über|druss* m, *-sättigung* f ‖ *Ekel* m ‖ ◆ *por* ~ *de la vida aus Lebensüberdruss* ‖ **–dioso** adj *langweilig* ‖ *fad(e)* ‖ *zuwider, ekelhaft* ‖ *überdrüssig* ‖ **–dium vitae** (lat) *Lebens|überdruss* m, *-müdigkeit* f
teflón *m* ⟨Ku⟩ *Teflon* n *(Warenzeichen)*
tegui *m* ⟨pop⟩ *Autodieb* m
tegumento *m* ⟨An Ins Zool⟩ *Haut|decke, -hülle* f, *Tegment* n ‖ ⟨Bot⟩ *Knospenschuppe, Deck-, Sonnen|haut* f, *Tegment* n
teína *f* ⟨Chem⟩ *Koffein, T(h)ein* n *(ein Purinalkaloid)*
teís|mo *m* ⟨Philos Rel⟩ *Theismus* m ‖ **–ta** adj *(m/f) theistisch* ‖ ~ *m/f Theist(in* f) m
teja *f (Dach)Ziegel* m ‖ ⟨fig⟩ *Priester-, Schaufel|hut* m ‖ ~ *acanalada doppelter Hohlziegel* m, *Dachpfanne, Hohlpfanne* f ‖ ~ *árabe* → ~ *hueca* ‖ ~ *castor* → ~ *plana* ‖ ~ *de encaje Falzziegel* m ‖ ~ *flamenca Hohl-, Dach|pfanne* f ‖ ~ *de hormigón Beton(dach)stein* m ‖ ~ *hueca Hohlziegel* m ‖ ~ *plana Biberschwanz, Flachziegel* m ‖ ~ *vana* → ~ *hueca* ‖ ◆ *a* ~ *vana unter dem Dach* ‖ ⟨fig⟩ *un|haltbar, -begründet* ‖ *a toca* ~ ⟨fam⟩ *gegen Barzahlung* ‖ ~*s fpl:* *cubierta de* ~ *Ziegeldach* n ‖ *lo de* ~ *abajo* ⟨fam⟩ *die Welt, das Irdische, die irdischen Regionen* ‖ *lo de* ~ *arriba* (fam) *der Himmel, die (göttliche) Vorsehung* ‖ ◇ *poner* ~ *das Dach aufsetzen*
teja|dillo *m* dim von **–do** ‖ *Schutz-, Vor-, Schirm-, Wetter|dach* n ‖ *Kutschenhimmel* m ‖ **–do** *m (Ziegel)Dach* n ‖ *Bedachung* f, *Dachwerk* n ‖ ~ *doble Doppeldach* n ‖ ~ *jardín Dachgarten* m ‖ → *auch techo* ‖ ◇ *la pelota está en el* ~ ⟨fig⟩ *die Sache ist noch nicht entschieden,* ⟨fig⟩ *die Würfel sind noch nicht gefallen, es ist noch alles in der Schwebe* ‖ **–dor** *m Dachdecker* m
tejano adj *aus Texas* ‖ *auf Texas bezüglich* ‖ ~ *m Texaner* m ‖ ~*s mpl Jeans* f
¹tejar *m Ziegel(brenner)ei* f
²tejar vt *mit Ziegeln decken* ‖ ⟨allg⟩ *decken, bedachen*
tejaroz *[pl* ~*ces] m Dachvorsprung* m
Tejas *m* ⟨Geogr⟩ *Texas* n
tejavana *f Schuppen* m (→ **cobertizo, teja**)
¹tejedor *m Weber* m ‖ ⟨fig⟩ *Ränkeschmied* m
²tejedor *m* ⟨Ins⟩ *Wasserläufer* m (Hygrotrechus conformis)
³teje|dor *m* ⟨V⟩ *Weber(vogel)* m (Textor spp ‖ Ploceus spp) ‖ **–dores** *mpl Webervögel* mpl (Ploceidae)
tejedora *f* ⟨Ins⟩ *Taumelkäfer* m (Gyrinus natator)
teje|dura *f Weben* n ‖ *Webart* f ‖ *Gewebe* n ‖ **–duría** *f Weberhandwerk* m ‖ *Webkunst* f ‖ *Weberei* f
tejemaneje *m* ⟨fam⟩ *Schick* m ‖ *Geschicklichkeit* f ‖ *Ränke* mpl, *Intrigen, Machenschaften* fpl
tejer vt/i *weben, wirken* ‖ *flechten (Körbe, Kränze, Seile)* ‖ ⟨fig⟩ *planen, schmieden* ‖ ⟨fig⟩ *anzetteln* ‖ ⟨fig⟩ *Ränke schmieden* ‖ ◇ ~ (la) *calceta* ⟨reg⟩ *stricken* ‖ ~ *comentarios* ⟨fig⟩ (bes. Am) *Gerüchte in die Welt* od *Umlauf setzen* ‖ ~

vi *spinnen (Raupe e–s Spinners, Spinne usw.)* ‖ ◆ *sin* ~ *ungewebt* ‖ ~*se s. verschlingen (Äste, Hände)*
teje|r(í)a *f Ziegelei* f ‖ *Grobkeramik* f ‖ **–ro** *m Ziegelbrenner* m
¹tejido *m Webe|art, -arbeit* f ‖ *Gewebe, Zeug* n, *Stoff* m ‖ ~ *de algodón Baumwollgewebe* n ‖ ~ *elástico Trikotware* f ‖ ~ *esponja Frotteeware* f, *Frottiergewebe* n ‖ ~ *de estambre Kammgarn* n ‖ ~ *estampado bedrucktes Gewebe* n ‖ ~ *filtrante Filtertuch* n ‖ ~ *impregnado imprägniertes Gewebe* n ‖ ~ *de lana Wollstoff* m ‖ ~ *de lino Leinen* n ‖ ~ *metálico (Metall)Drahtgewebe* n ‖ *Drahtgeflecht* n ‖ ~ *de mezcla Halbwollgewebe* n ‖ ~ *de papel Papiergewebe* n ‖ ~ *reticular Netzgewebe* n ‖ ~ *de seda Seidenstoff* m ‖ ~ *tubular Hohlgewebe* n ‖ ~*s mpl Textilien* pl
²tejido *m* ⟨An⟩ *Gewebe* n ‖ *Gefüge* n ‖ ~ *adiposo Fettgewebe* n ‖ ~ *cartilaginoso Knorpelgewebe* n ‖ ~ *cavernoso* → ~ *eréctil* ‖ ~ *conectivo,* ~ *conjuntivo Bindegewebe* n ‖ ~ *epitelial Epithelgewebe* n ‖ ~ *eréctil Schwellgewebe* n ‖ ~ *fibroso Fasergewebe* n ‖ ~ *glandular Drüsengewebe* n ‖ ~ *muscular Muskelgewebe* n ‖ ~ *óseo Knochengewebe* n ‖ ~ *de sostén Stützgewebe* n
¹tejo *m Klipper-* bzw *Beilke|spiel* n ‖ *Münzplatte* f ‖ *Goldbarren* m
²tejo *m* ⟨Bot⟩ *Eibe* f (Taxus baccata) ‖ *Eibenholz* n
Tejo *m* [Fluss] ⟨port⟩ → **Tajo**
tejoleta *f Ziegelstück* n ‖ ~*s fpl* ⟨fam⟩ *Klamotten* fpl ‖ → **tarreñas**
te|jón *m* ⟨Zool⟩ *Dachs* m (Meles meles) ‖ **–jonera** *f Dachsbau* m
tejuela *f* dim von **teja** ‖ *Ziegelstück* n, *Dachziegel* m ‖ *Schaft* m *(des Sattelgestells)*
¹tejuelo *m* dim von **¹tejo** ‖ ⟨Buchb⟩ *Rückentitel* m *(Schildchen)*
²tejuelo *m* ⟨Tech⟩ *Axial-, Längs-, Spur-, Stütz|lager* n
³tejuelo *m* ⟨Vet⟩ *Hufbein* n *(der Pferde, Esel usw.)*
tela *f Stoff* m, *Gewebe* n ‖ *Leinen* n ‖ *Leinwand* f ‖ *Laken* n ‖ *Aufzug* m, *Kette* f *(Weberei)* ‖ *Spinn(en)gewebe* n ‖ ⟨Bot⟩ *Schalhaut* f, *Häutchen* n ‖ *Kahm, Schimmel* m ‖ ⟨An⟩ *Gehirn-, Herz|haut* f ‖ ⟨Med⟩ *Wolke* f, *Hornhautfleck* m *auf dem Auge* ‖ *Häutchen* n *(auf Flüssigkeiten)* ‖ ⟨pop⟩ *Moneten* pl ‖ ⟨figf⟩ *Gesprächsstoff* m ⟨figf⟩ *Thema* n ‖ ⟨figf⟩ *Lüge* f ‖ ⟨figf⟩ *Intrigen, Machenschaften* fpl ‖ ⟨Jgd⟩ *Jagdtuch* n ‖ ~ *abrasiva Schleif-, Schmirgel|leinen* n ‖ ~ *aislante* ⟨El⟩ *Isoliertuch* n ‖ ~ *de araña telaraña* ‖ ~ *para camisas Hemdenstoff* m ‖ ~ *de cebolla Zwiebelhaut* f ‖ *hauchdünnes Gewebe* n, *hauchdünner Stoff* m ‖ ~ *de cedazo Siebboden* m ‖ ~ *(cortada)* ⟨fam⟩ *Gesprächsstoff* m ‖ ~ *a cuadros karierter, gewürfelter Stoff* m ‖ ~ *de embalar Pack|leinen* n, *-leinwand* f ‖ ~ *encerada Wachstuch* n ‖ ~ *engomada gummiertes Gewebe* n ‖ ~ *escocesa Schotten(stoff), gewürfelter Stoff* m ‖ ~ *de esmeril Schmirgelleinwand* f ‖ ~ *de luto Trauerstoff* m ‖ ~ *metálica Draht|netz, -gewebe, -geflecht* n ‖ *Fliegengitter* n ‖ ~ *de punto (elástico) Trikotstoff* m ‖ ~ *salvavidas Sprungtuch* n ‖ ~ *de tienda (de campaña) Zeltleinwand* f ‖ ◇ *estar en* ~ *de juicio* ⟨fig⟩ *k–e Sicherheit haben, unsicher sein* ‖ *hay* ~ *para rato* ⟨pop⟩ *das nimmt kein Ende, das geht (ja) endlos weiter* ‖ *das (Gesprächs)Thema ist sehr ergiebig* ‖ *poner en* ~ *de juicio* (fig) *in Abrede stellen, bestreiten* ‖ (fig) *aufs Tapet bringen* ‖ *quedar en* ~ *de juicio* → *estar en* ~ *de juicio* ‖ *sacudir od soltar la* ~ ⟨pop⟩ *zahlen,* ⟨pop⟩ *blechen* ‖ *ya tiene*

Vd. ~ para rato ⟨fam⟩ *damit werden Sie nicht so
bald fertig werden*
telabrejo *m* SAm ⟨fam⟩ *Krimskrams* m,
Klamotten fpl, *Gerümpel* n
telamón *m* ⟨Arch⟩ → **atlante**
△ **telané** *m Abt* m
telántropo *m* ⟨Anthrop⟩ *Telanthropus,
südafrikanischer Frühmensch* m
¹telar *m* ⟨Text⟩ *(Web)Stuhl* m ‖ *Heftlade* f *(des
Buchbinders)* ‖ ~ *automático Webautomat* m ‖ ~
circular Rund(web)stuhl m ‖ ~ *Jacquard
Jacquardstuhl* m ‖ dim: ~**ejo**
²telar *m* ⟨Th⟩ *Schnürboden* m ‖ ⟨Film⟩
Beleuchtungsbühne f
³telar *m* ⟨Arch⟩ *Tür-, Fenster|einfassung* f ‖
⟨Mal⟩ *Blindrahmen* m
telara|ña *f Spinn(en)gewebe* n, *Spinnwebe* f ‖
◇ *tener* ~s *en los ojos* ⟨figf⟩ *nur flüchtig
hinsehen* ‖ ⟨fig⟩ *verblendet sein* ‖ **–ñoso** adj *voller
Spinn(en)gewebe*
telarquía *f* ⟨Biol⟩ *Thelarche* f
¹tele- präf *tel(e)-, Tel(e)-, fern-, Fern-*
²tele *f* Kurzform für **televisión**
tele|adicto adj *fernsehsüchtig* ‖ **–anemómetro**
m ⟨Flugw⟩ *Fernwindmesser* m ‖ **–angiectasia** *f*
⟨Med⟩ *Besenreiser* mpl, *Erweiterung der
Kapillaren (auf der Haut), Teleangiektasie* f,
Gefäßreiser mpl ‖ **–arrastre** *m Schlepplift* m ‖
–banco *m Telebanking* n ‖ **–brújula** *f
Fernkompass* m ‖ **–cabina** *f Kabinen|bahn* f, *-lift*
m ‖ **–cámara** *f* ⟨Film Fot⟩ *Fernkamera* f ‖
–cargar vt ⟨Inform⟩ *fernladen* ‖ **–cine** *m*
Kurzform für **telecinema** ‖ **–cinema** *m Fernkino*
n ‖ **–cinesia** *f* → **telequinesia** ‖ **–comedia** *f
Fernsehspiel* n ‖ **–compra** *f Teleshopping* n ‖
–comunicación *f,* **–comunicaciones** *fpl
Fernverbindung* f ‖ *Fernmeldewesen* n ‖ *Correos
y Telecomunicaciones Post- und Fernmeldewesen*
n
tele|conectar vt *fernschalten* ‖ **–conector** *m
Fernschalter* m ‖ **–conexión** *f Fernschaltung* f ‖
–conferencia *f Konferenzschaltung* f ‖ **–control** *m
Fernkontrolle* f ‖ **–copia** *f Fernkopie* f ‖ **–cracia** *f
Telekratie* f
tele|diario *m* ⟨TV⟩ *Tages|nachrichten* fpl,
-schau f ‖ **–difusión** *f Drahtfunk* m ‖ **–dinamia,
–dinámica** *f* ⟨Phys⟩ *Fernwirkung* f ‖
Kraftübertragung f ‖ **–dirección** *f Fern|lenkung,
-steuerung* f ‖ **–dirigido** adj *fern|gelenkt,
-gesteuert, Fernlenk-* ‖ **–documentación** *f
Fernsehdokumentation* f ‖ **–emisora** *f* ⟨TV⟩
Fernsehsender m ‖ **–enseñanza** *f
Fern(seh)unterricht* m ‖ **–esquí** *m* → **telesquí** ‖
–fax *m Telefax* n ‖ **–férico** *m Seilschwebebahn* f ‖
Drahtseilbahn f ‖ **–filme** *m Fernsehfilm* m ‖
–fonazo *m* ⟨fam⟩ *Anruf* m, *Telefonat* n ‖ ◇ *dame
un* ~ *ruf(e) mich (mal) an!*
telefo|near vt/i *anrufen, telefonieren* ‖ **–nema**
m ⟨Post⟩ *telefonische Nachricht* f, *Ferngespräch,
Telefonat* n ‖ **–nera** *f Telefontischchen* n ‖ **–nía** *f
Fernsprechwesen* n, *Telefonie* f ‖ ~ *automática
Selbstwähl|verfahren* n bzw *-verkehr* m ‖ ~ *sin
hilos,* ~ *inalámbrica drahtlose Telefonie,
Radiotelefonie* f ‖ ~ *móvil Mobilfunk* m
telefónico adj *telefonisch* ‖ *fernmündlich,
Fernsprech-* ‖ ◇ *s. (telefonisch) vermitteln lassen*
‖ *e–e Telefonverbindung anmelden* ‖ adv:
~**amente**
tele|fonillo, –fonín *m Haustelefon* n ‖ **–fonista**
m/f Telefonist(in f) m
teléfono *m Telefon* n, *Fernsprecher* m ‖ ~
automático Selbstwählanschluss m ‖ ~ *de casco*
⟨Luftw⟩ *Kopf(fern)hörer* m ‖ ~ *erótico Sextelefon*
n ‖ ~ *fijo Festanschlusstelefon* n ‖ ~ *
leitungsgebundenes Telefon* n ‖ ~ *inalámbrico*

schnurloses Telefon n ‖ ~ *móvil Mobiltelefon,
Handy* n ‖ ~ *de* (sobre)*mesa Tischtelefon* n ‖ ~
de pared Wandapparat m ‖ ~ *privado
Haustelefon* n ‖ ~ *público öffentliche
Fernsprechstelle* f ‖ ~ *supletorio,* ~ *en
derivación,* ~ *conectado (con otro)
Neben|anschluss* m, *-stelle* f ‖ ~ *de teclas
Tastentelefon* n ‖ ◇ *llamar por* ~ *anrufen* ‖
pedir por ~ *telefonisch anfragen* ‖ *telefonisch
bestellen*
telefoto *m,* **–grafía** *f Bild|funk* m, *-übertragung*
f ‖ *Tele-, Fern|fotografie, Fernaufnahme* f
telegénico adj ⟨TV⟩ *telegen*
telegobernado adj → **teledirigido**
telegonia *f* ⟨Gen⟩ *Telegonie,
Keimbeeinflussung* f *(durch den zuerst
Begattenden)*
tele|grafía *f Telegrafie* f ‖ ~ *de imágenes
Bild|telegrafie* f, *-funk* m ‖ ~ *sin hilos,* ~
inalámbrica (T.S.H.) *drahtlose Telegrafie* f ‖
–grafiar [pres ~ío] vt *telegrafieren, drahten* ‖
–gráfico adj *telegrafisch* ‖ adv: ~**amente** ‖
–grafista *m/f Telegrafist(in* f) m ‖ ⟨Mar Mil
Flugw⟩ *Funker* m
telégrafo *m Telegraf* m ‖ ~ *impresor
Schreibtelegraf* m ‖ ~ *Morse Morse|telegraf,
-apparat* m
tele|grama (inc und Am & telégrama) *m
Telegramm* n ‖ ~ *cifrado verschlüsseltes* od
chiffriertes Telegramm n ‖ ~ *de felicitación
Glückwunschtelegramm* n ‖ ~ *para el interior
Inlandstelegramm* n ‖ ~ *de lujo
Schmucktelegramm, Telegramm* n *in der
Ausfertigung auf Schmuckblatt* ‖ ~ *oficial
Diensttelegramm* n ‖ ~ *urgente dringendes
Telegramm* n ‖ ◇ *enviar* od *poner un* ~ *ein
Telegramm aufgeben* od *absenden* ‖ *mutilar un* ~
ein Telegramm verstümmeln ‖ *recibir un* ~ *ein
Telegramm empfangen* od *bekommen* ‖ **–guiado**
adj → **teledirigido** ‖ **–impresor** *m Fernschreiber*
m ‖ **–impulsión** *f Fernantrieb* m ‖ **–indicador** *m
Fernanzeiger* m ‖ **–informática** *f Teleinformatik* f
‖ **–interruptor** *m* ⟨El Radio⟩ *Fern(aus)schalter* m
△ **telejení** *f Matte* f
telele *m* ⟨fam⟩ *Ohnmachtsanfall* m ‖ ⟨fam⟩
Schwächeanfall m *(vor Hunger)*
telelectura *f Fernablesung* f
Telémaco *m* np *Telemach* m
tele|mando *m Fern|betätigung, -bedienung,
-steuerung* f ‖ *Fernantrieb* m ‖ ⟨TV⟩
Fernbedienung f ‖ **–manipulador** *m Manipulator*
m, *Fernbedienungsgerät* n ‖ **–mática** *f
Tele|informatik, -matik* f ‖ **–metría** *f
Entfernungsmessung* f ‖ *Fernmesstechnik* f ‖
–métrico adj *fernmesstechnisch*
telémetro *m Entfernungsmesser* m
telemisora *f* ⟨TV⟩ → **teleemisora**
tele|novela *f* ⟨TV⟩ *Fernsehspiel(serie)* n ‖
–objetivo *m* ⟨Fot⟩ *Teleobjektiv* n
teleo|logía *f* ⟨Philos⟩ *Teleologie* f ‖ ⟨fig⟩ *Zweck*
m, *Ziel* n ‖ **–lógico** adj *teleologisch*
teleósteos *mpl* ⟨Fi⟩ *Knochenfische* mpl
(Teleostei)
telépata *m* ⟨Psychol⟩ *Telepath* m
tele|patía *f Telepathie* f ‖
Gedankenübertragung f ‖ **–pático** adj *telepathisch*
tele|proyectil *m* ⟨Mil⟩ *Ferngeschoss* n ‖
–procesamiento *m* ⟨Inform⟩: ~ *de datos
Datenfernverarbeitung* f ‖ **–quinesia** *f* ⟨Psychol⟩
Telekinese f
tele|ra *f Lenkscheit* n *(am Wagen, am Pflug)* ‖
⟨Mil⟩ *Lafettenriegel* m ‖ *Plankenpferch* m *(für
Vieh)* ‖ ⟨Tech Buchb⟩ *Backe* f *(e–r Zwinge),* **–ro**
m Leiterwagensprosse f ‖ *Runge* f
tele|rreportaje *m Fernseh|bericht* m,

-reportage f ‖ **–rruta** *f* Span *telefonischer Straßenzustandsbericht* m
   tele|scopia *f Teleskopie* f ‖ **–scópico** adj *ausziehbar* ‖ *Teleskop-* ‖ **–scopio** *m* ⟨Astr Opt⟩ *(Spiegel)Fernrohr, Teleskop* n ‖ ~ binocular *Doppelfernrohr* n ‖ ~ de puntería para el lanzamiento de bombas ⟨Flugw⟩ *Bombenzielfernrohr* n ‖ ~ de reflexión *Spiegelteleskop* n
   Telesforo *m* np *Telesphor* m
   tele|serie *f Fernsehserie* f ‖ **–silla** *m Sessellift* m
   telesis *f* ⟨Soz⟩: ~ social *gesellschaftliche Planung* f (→ **planificación**)
   tele|spectador *m* ⟨TV⟩ *Fernseh|zuschauer* bzw *-teilnehmer* m ‖ **–squí** *m* ⟨Sp⟩ *Schi-, Ski|lift* m ‖ **–studio** *m* ⟨TV⟩ *Tele-, Fernseh|studio* n
   teleta *f* ⟨reg⟩ *Löschblatt* n
   tele|teatro *m Fernsehtheater* n ‖ **–técnica** *f Fernwirktechnik* f ‖ **–termómetro** *m Fernthermometer* n ‖ **–texto** *m Fernschreiben* n ‖ ⟨TV⟩ *Bildschirmtext* m ‖ **–tipo** *m Fernschreiber* m ‖ **–tonta** *f* ⟨joc⟩ *Glotze* f, *Pantoffelkino* n ‖ **–trabajo** *m Telearbeit* f ‖ **–transmisión** *f Fernübertragung* f ‖ **–trineo** *m Schlittenlift* m ‖ **–venta** *f Teleshopping* n ‖ **–vidente** *m* →
   telespectador ‖ **–vigilancia** *f Teleüberwachung* f ‖ **–visar** vt *durch Fernsehen übertragen, im Fernsehen bringen* ‖ ~ vi ⟨fam inc⟩ *fernsehen* ‖ **–visión** *f Fernsehen* n ‖ *Fernbildübertragung* f ‖ ~ por cable *Kabelfernsehen* n ‖ ~ en color(es) *Farbfernsehen* n ‖ ~ educativa *od* escolar *Schulfernsehen* n ‖ ~ de pago codificado *Pay-TV* n ‖ **–visionitis** *f* ⟨joc⟩ *Fernsehsucht* f ‖ **–visivo** adj *Fernseh-* ‖ **–visor** *m* ⟨TV⟩ *Fernseh|empfänger* m, *-gerät* n ‖ **–visora** *f Zentralstelle* f *für Fernbildübertragung*
   télex *m Fernschreiben, Telex* n ‖ *Fernschreibverkehr* m
   telilla *f* dim von **tela** ‖ *Kahm, Schimmel* m, *Häutchen* n
   telina *f* ⟨Zool⟩ *Tellmuschel* f (Tellina nitida)
   telliz *[pl* **–ces***] m Pferdedecke, Schabracke* f
   telliza *f Bettüberdecke* f
   △ **tellore** *m Geistliche(r)* m
   Telmo *m* np *Telmus* m
   telón *m* ⟨Th⟩ *Vorhang* m ‖ ~ de acero ⟨Pol Hist⟩ *Eiserner Vorhang* m ‖ ⟨Th⟩ *eiserner Vorhang* m ‖ ~ de bambú *Bambusvorhang* m (& Pol) ‖ ~ de boca, ~ de foro ⟨Th⟩ *Haupt-, Zwischen|vorhang* m ‖ ~ metálico *Metall-Rollladen* m ‖ ⟨Th⟩ *eiserner Vorhang* m ‖ ◇ sube (baja) el ~ *der Vorhang geht auf (fällt)*
   telson *m* ⟨Zool⟩ *Telson* n *(Endsegment von Gliederfüßern)*
   telúrico adj *tellurisch, die Erde betreffend*
   telurio *m* ⟨Te⟩ ⟨Chem⟩ *Tellur* n ‖ ⟨Astr⟩ *Tellurium* n
   telurismo *m Tellurismus* m ‖ *Erdabhängigkeit* f ‖ *Erdhaftigkeit* f (& fig)
   ¹tema *m* *(Grund)Satz* m ‖ *Stoff, Gegenstand* m, *Thema* n ‖ ⟨Gr⟩ *Thema* n, *Verbalstamm* m, *Stammform* f ‖ ⟨Sch⟩ *(Übersetzungs)Aufgabe* f *(in die Fremdsprache)* ‖ *Preisaufgabe* f ‖ ⟨Mus⟩ *Thema, Motiv* n ‖ ~ principal ⟨Mus⟩ *Hauptmotiv* n ‖ ~ con variaciones ⟨Mus⟩ *Thema* n *mit Variationen*
   ²tema *f fixe Idee* f ‖ *Starrsinn* m, *Hartnäckigkeit* f ‖ ⟨fig⟩ *Steckenpferd* n ‖ ⟨fig⟩ *Schrulle* f ‖ ~ picante *pikantes Thema* n ‖ *Pikanterie, Anzüglichkeit* f ‖ ◆ a ~, por ~ *aus Trotz* ‖ ◇ tomar ~ *s. et. in den Kopf setzen* ‖ tener *od* tomar ~ contra alg. (fam) *jdn nicht mögen,* (fam) *jdn nicht riechen können* ‖ → **loco**
   temario *m Themen|kreis* m, *-liste* f ‖ *Sitzungsprogramm* n

   temáti|ca *f Thematik* f ‖ **–co** adj *thematisch* ‖ *halsstarrig, eigensinnig* ‖ *Thema-, Themen-* ‖ ⟨Gr⟩ *Stamm-*
   tematizar vt *thematisieren*
   ¹tembladera *f* ⟨Fi⟩ *Zitterrochen, Torpedofisch* m (Torpedo marmorata)
   ²tembladera *f* ⟨Bot⟩ *Zittergras* n (Briza maxima)
   ³tembladera *f* ⟨Hist⟩ *Tummler* m *(Becher)* ‖ *Zitternadel* f *(als Kopfputz)*
   ⁴tembladera *f* Arg ⟨Vet⟩ *Zitterkrankheit* f
   tembladero *m Zitterboden* m
   ¹temblador adj *zitternd, bebend* ‖ ~ *m Zitterer* m
   ²temblador *m* ⟨Rel⟩ *Quäker* m
   temblar [-ie-] vi *(er)zittern* ‖ *(er)beben* ‖ ⟨fig⟩ *s. fürchten* ‖ *Ängste ausstehen, in Ängsten schweben, bangen* ‖ ~ de frío *vor Kälte zittern* ‖ como una liebre *wie Espenlaub zittern* ‖ ~ de susto *vor Schrecken zittern* ‖ ◇ hacer ~ a alg. *jdm Furcht einjagen* ‖ no hay que ~ *es ist nichts zu befürchten* ‖ quedar temblando (fam) *fast leer bleiben (Glas nach e–m tüchtigen Schluck)* ‖ tiemblo por su vida *ich bange um sein Leben*
   ¹tembleque adj *(m/f)* → **tembloroso** ‖ ~ *m Zittern* n
   ²tembleque *m* Col PR *Süßigkeit* f *aus Kokosraspeln, Reis und Milch*
   temble|quear vi (fam) *ständig zittern, schauern,* ⟨fam⟩ *schwabbeln, bibbern* ‖ **–queo** *m*, **–quera** *f Zittern,* ⟨fam⟩ *Schlottern* n ‖ **–tear** vi → **–quedar**
   ¹temblón adj *zitternd* ‖ ⟨fam⟩ *furchtsam*
   ²temblón *m* ⟨Bot⟩: (álamo) ~ *Zitterpappel, Espe* f (→ **álamo**)
   tem|blor *m Zittern, Beben* n ‖ *Schauder* m, *Gezitter* n ‖ ~ de tierra *Erdbeben* n ‖ **–blo(ro)so** adj *zitt(e)rig, ständig zitternd*
   teme|dero adj *zu fürchten(d)* ‖ **–dor** adj/s *fürchtend* ‖ *ängstlich*
   temer vi *befürchten* ‖ vt/i *fürchten, scheuen* ‖ *Ehrfurcht haben (vor* dat) ‖ ~ a alg. *s. vor jdm fürchten* ‖ ~ a Dios *Gott fürchten* ‖ temo por su vida *ich fürchte für sein (ihr) Leben* ‖ temo que (no) venga *ich fürchte, dass er (sie, es) (nicht) kommt* ‖ yo temía (que) *te hubiese pasado alguna desgracia ich fürchtete, es könnte dir ein Unglück geschehen sein* ‖ temido de todos *allgemein ge-* bzw *be|fürchtet* ‖ ~se vr (pop) *fürchten*
   teme|rario adj/s *ver|wegen, -messen, (toll)kühn, waghalsig, todesmutig* ‖ *gewagt, vor|schnell, -eilig (Behauptung, Urteil)* ‖ ⟨Jur⟩ *leicht|fertig, -sinnig (den Prozess führend)* ‖ **–ridad** *f Ver|wegenheit, -messenheit, Tollkühnheit, Waghalsigkeit* f ‖ *äußerst voreilige (bzw höchst leichtfertige) Behauptung* f ‖ ⟨Jur⟩ *leichtsinnige Prozessführung* f ‖ ◇ conducir con ~ ⟨StV⟩ *grob fahrlässig fahren* ‖ **–roso** adj *furchtsam, schüchtern, zaghaft* ‖ *feig(e)* ‖ *ängstlich, bange* ‖ ~ de Dios *gottesfürchtig* ‖ ~ del peligro *Gefahr fürchtend*
   temible adj *(m/f) bedenklich, zu befürchten(d)* ‖ *ängstlich* ‖ *furchtbar, fürchterlich* ‖ ~ para sus enemigos *von s–n Feinden gefürchtet*
   Temis *f* ⟨Myth⟩ *Themis* f *(Göttin)*
   Temístocles *m* np *Themistokles* m
   temor *m Furcht, Angst* f ‖ *Scheu* f ‖ *Befürchtung* f ‖ *Ahnung* f, *Argwohn* m ‖ *Besorgnis* f ‖ ~ al castigo *Furcht f vor der Strafe* ‖ ~ de Dios *Gottesfurcht* f ‖ *–es infundados unbegründete Besorgnisse od Ängste* ‖ ~ de la *od* a la muerte *Furcht* f *vor dem Tod(e)* ‖ ~ reverencial *Ehrfurcht* f ‖ con ~ *ängstlich* ‖ *verlegen* ‖ por ~ de … *aus Furcht vor …* (dat) ‖ sin ~ *unverzagt, mutig* ‖ ◇ desechar todo ~

mutig zu Werke gehen ‖ disipar el ~ *die
Befürchtung zerstreuen*
  temoso adj *starrköpfig, eigensinnig, halsstarrig*
  tempa|nador m ⟨Agr⟩ *Zeidelmesser* n *(der
Imker)* ‖ **–nar** vt *(Bienenstock) abdecken* ‖
(Boden) einsetzen (bei Fässern)
  ¹témpano m *Trommel, Pauke* f ‖ *gespanntes
Trommelfell* n ‖ ⟨Arch⟩ *Tympanon, Bogenfeld* n
(→ **tímpano**)
  ²témpano m ⟨Agr⟩ *Abdeckung* f *(der
Bienenstöcke)* ‖ *Fass|deckel bzw -boden* m
  ³témpano m *Scholle* f ‖ ⟨fig⟩ *Seite* f *Speck* ‖ ~
(de hielo) Eis|zapfen m, *-scholle* f
  témpera f → **temple**
  tempe|ración f *Mäßigung* f ‖ **–rado** adj
gemäßigt ‖ ⟨fig⟩ *ausgeglichen*
  tempe|ramental adj *(m/f) temperamentvoll* (→
apasionado) ‖ *Temperaments-* ‖ *Charakter-* ‖
–ramento m *Temperament* n ‖ *(Körper)Anlage* f,
Beschaffenheit f ‖ *Gemüts|art, -stimmung* f ‖
Charakter, Hang m ‖ ⟨Mus⟩ *Temperierung* f ‖ ~
bilioso cholerisches, reizbares Temperament n
  tempe|rancia m *Mäßigung* f ‖ **–rante** adj/s
(m/f) mäßigend, mildernd, lindernd ‖ ~ m
Linderungsmittel n ‖ **–rar** vt *mäßigen,
(ab)schwächen* ‖ *mildern, lindern* ‖ ~ vi Am *e–n
Luftwechsel vornehmen, in die Sommerfrische
gehen*
  temperatura f *Temperatur* f ‖ *Wetter* n,
Witterung f ‖ *Witterungsverhältnisse* npl ‖ ⟨fam⟩
Fieber n ‖ ⟨fig⟩ *Leidenschaft* f ‖ ~ *absoluta
absolute Temperatur, Absoluttemperatur* f ‖ ~ *del
aire Lufttemperatur* f ‖ ~ *alta hohe Temperatur* f
‖ ~ *ambiente Raum-, Orts-, Umgebungs- bzw
Zimmer|temperatur* f ‖ ~ *baja niedrige
Temperatur* f ‖ ~ *de congelación Gefrierpunkt* m
‖ ~ *de ebullición Siedetemperatur* f ‖ ~ *elevada
hohe Temperatur* f ‖ ~ *máxima, mínima
Maximal-, Minimal|temperatur* f ‖ ◊ *tiene algo de
~* ⟨fam⟩ *er (sie, es) hat et. Fieber*
  tempe|rie f *Witterung* f ‖ **–ro** m ⟨Agr⟩ *günstige
Saatzeit* f *(nach den Regenfällen)*
  tempestad f *stürmisches Wetter* n ‖ *Sturm* m ‖
(Un)Gewitter, Unwetter n ‖ *Seesturm* m ‖ ⟨fig⟩
Aufregung f ‖ ⟨fig⟩ *scharfe Auseinandersetzung* f,
heftiger Streit m ‖ ⟨fig⟩ *Hagel* m *(Beleidigungen)*
‖ ~ *de aplausos* ⟨fig⟩ *stürmischer Beifall,
Beifallssturm* m ‖ ~ *de arena Sandsturm* m ‖ ~
de nieve Schneesturm m ‖ ~ *de protestas
Proteststurm* m ‖ ◊ *la ~ se desencadenó das
Gewitter brach los* ‖ *levantar ~es* ⟨fig⟩ *Unruhe
stiften*
  tempestear vi *gewittern* ‖ ⟨fig⟩ *(heftig)
schimpfen*
  tempesti|vidad f *Schicklichkeit, Rechtzeitigkeit*
f ‖ **–vo** adj *gelegen, schicklich, zur rechten Zeit*
  tempestuoso adj *gewitt(e)rig* ‖ *stürmisch* ‖
Sturm-
  ¹templa f ⟨Mal⟩ *Tempera(farbe)* f
  ²templa f Cu *Rohrzuckersirup* m
  templa|bilidad f ⟨Tech⟩ *Härtbarkeit* f ‖ **–dero**
m *Kühlkammer* f *(Glasherstellung)*
  templado adj/s *mäßig, enthaltsam* ‖ *maßvoll* ‖
gemäßigt (Luft) ‖ *mild, gemäßigt (Witterung,
Klima)* ‖ *lau, überschlagen (Getränke)* ‖ ⟨Mal⟩
harmonisch ‖ ⟨Mus⟩ *gestimmt (Instrument)* ‖
⟨fam⟩ *tapfer, kühn* ‖ ⟨fam⟩ *beschwipst* ‖ ⟨Tech⟩
gehärtet ‖ Bol Col Chi *verliebt* ‖ Mex MAm
geschickt, klug ‖ Col Ven *streng* ‖ ◊ *estar bien
(mal) ~* ⟨figf⟩ *gut (schlecht) gelaunt, aufgelegt
sein* ‖ *ser muy ~ sehr tapfer, sehr beherzt sein*
  templador m ⟨Mus⟩ *Stimmhammer* m
  ¹templadura f *Mäßigung* f ‖ ⟨Mus⟩ *Stimmen* n
  ²templadura f ⟨Met⟩ *Härten* n ‖ *Kühlung* f
(Glas) ‖ ~ *por soplete Brennstrahlhärtung* f

  templanza f *Mäßigung* f ‖ *Mäßigkeit,
Enthaltsamkeit* f ‖ ⟨Mal⟩ *Farbenharmonie* f ‖
⟨Mus⟩ *Tonharmonie* f
  ¹templar vt *mäßigen, mildern, besänftigen,
lindern* ‖ *temperieren* ‖ *abstehen lassen* ‖
*abkühlen (heißes Wasser) bzw anwärmen (kaltes
Wasser, kalte Speise usw.)* ‖ *(im Wasser)
abschrecken* ‖ ⟨Met⟩ *härten* ‖ ⟨fig⟩ *regeln* ‖ ⟨Mus⟩
stimmen ‖ ⟨Mal⟩ *gegeneinander ab|töten,
-stimmen (Farben)* ‖ ⟨Tech⟩ *(ein)stellen
(Schraube)* ‖ *mäßig spannen (Seil)* ‖ ⟨Mar⟩ *(dem
Wind entsprechend) einrichten (Segel)* ‖ **~se** ⟨fig⟩
s. mäßigen, s. beherrschen ‖ Bol Col Chi *s.
verlieben* ‖ Mex Cu *fliehen* ‖ ◊ ~ *en comer
mäßig essen*
  ²templar vt ⟨Met⟩ *härten* ‖ *(in Wasser)
abschrecken* ‖ *kühlen (Glas)*
  templario m ⟨Hist⟩ *Templer* m
  templas fpl *Schläfen* fpl
  ¹temple m *ehem. Tempelkirche* f ‖ *el ~ der
Templerorden*
  ²temple m *Witterung* f ‖ *Temperatur* f ‖
(normaler) körperlicher Zustand m ‖ *Stimmung,
Gemütsstimmung, Veranlagung* f ‖ ⟨Mus⟩
Stimmung f ‖ *mal ~* ⟨fig⟩ *Missstimmung* f ‖ ◊
estoy de mal ~ ⟨fam⟩ *ich bin schlecht gelaunt*
  ³temple m ⟨Met⟩ *Härtung* f, *Härten* n ‖
Kühlung f, *Kühlen* n *(Glas)*
  ⁴temple m ⟨Mal⟩ *Tempera* f ‖ *(pintura al) ~
Temperamalerei* f
  templete m *dim von* **templo** ‖ *Tempelchen* n ‖
Pavillon m ‖ ~ *(de música) Konzertpavillon* m
  templista m/f *Temperamaler(in* f) m
  templo m *Tempel* m ‖ *Kirche* f ‖ *Gotteshaus* n ‖
Götzentempel m ‖ ~ *monóptero (antiker)
Rundtempel, Monopteros* m ‖ ~ *de las musas* ⟨lit⟩
Musentempel m ‖ ~ *parroquial Pfarrkirche* f ‖ ~
protestante protestantische Kirche f ‖ ◆ *como un
~* ⟨figf⟩ *riesengroß* ‖ ◊ *¡esa chica está como un
~! (figf) das ist ein Klasseweib!*
  Témpora(s) f(pl) *Quatember(fasten)* n) m ‖ *las
cuatro ~s der Quatember*
  temporada f *Zeitraum* m ‖ *Zeit* f ‖ *Kurzeit,
Saison* f ‖ ~ *alta Hochsaison* f ‖ ~ *baja Vor- bzw
Nach|saison* f ‖ ~ *de baños,* ~ *del balneario
Badesaison, Kurzeit* f ‖ ~ *de estío od estival
Sommer|zeit od -saison* f ‖ ~ *de ferias Messezeit* f
‖ ~ *de invierno od invernal Winter|zeit od -saison*
f ‖ ~ *de lluvias Regenzeit* f ‖ ~ *muerta stille
Geschäftszeit* f, ⟨fam⟩ *Sauregurkenzeit* f ‖ ~ *de
nieves Zeit* f *der Schneefälle* ‖ ~ *taurina
Stierkampfsaison* f ‖ ~ *de teatro Theatersaison* f ‖
~ *de verano Sommer|zeit od -saison* f ‖ ◆ *a ~s
von Zeit zu Zeit* ‖ *de ~, por ~s zeit-, saison|weise*
‖ ◊ *la ~ está ya demasiado adelantada (para …)
die Jahreszeit ist schon zu weit vorgerückt(, um
zu … inf)*
  ¹temporal adj *(m/f) Zeit-* ‖ *zeit|lich, -weilig,
vergänglich* ‖ *augenblicklich* ‖ *weltlich, zeitlich*
(hueso) ~ ⟨An⟩ *Schläfenbein* n ‖ *lo ~ y lo eterno
das Zeitliche und das Ewige* ‖ adv: ~**mente**
  ²temporal m *Sturm* m ‖ *Sturmwetter, Gewitter*
n ‖ *Regenzeit* f ‖ ~ *de nieve Schneesturm* m ‖ ◊
aguantar un ~ ⟨Mar⟩ *e–m Sturm widerstehen (&
fig)* ‖ **–azo** m *augm von* **–ral**
  tempo|ralidad f *Zeit-, Welt|ichkeit* f ‖ ~**es** fpl
Bezüge mpl *der Geistlichen* ‖ **–ralizar** [z/c] vt
vergänglich machen ‖ *verweltlichen* (→
secularizar) ‖ **–ralmente** adv *vorübergehend* ‖
vorläufig ‖ **–rario, –ráneo** adj *zeitweilig* ‖
vorübergehend ‖ *einstweilig*
  témpora f *Quatember(fasten)* n) m
  témporas fpl ⟨An⟩ *Schläfen* fpl
  temporejar vt ⟨Mar⟩ *beidrehen (bei Sturm)*
  tempo|rero m/adj *auf Zeit Angestellte(r)* m ‖

Saisonarbeiter m ‖ **–ril** *m/f* And *Saisonarbeiter(in*
f) m ‖ **–rizar** [z/c] vi *die Zeit verbringen* ‖ *s.*
fügen, s. bequemen ‖ *die Zeit einstellen* ‖ ~ vt
⟨El⟩ *verzögern*
 tempra|nal adj/s *(m/f) frühzeitig tragend,*
Früh- ‖ ~ *m* ⟨Agr⟩ *Frühkultur* f ‖ **–nero** adj
früh(zeitig) ‖ *frühreif* ‖ *Früh-* ‖ ~ *m*
Frühaufsteher m ‖ **–nillo** *m*/adj *Traubensorte* f,
aus der zum Teil die rote Rioja gekeltert wird ‖
Frühtraube f ‖ **–no** adj *früh(zeitig)* ‖ *frühreif(end)*
‖ ~ adv *früh(zeitig), bald* ‖ *(allzu)früh* ‖ *voreilig,*
vor der Zeit ‖ *Früh-* (z.B. *Obst, Gemüse*) ‖ *tarde*
o ~ *früher* od *später* ‖ *más* ~ *früher* ‖ *lo más* ~
möglichst früh ‖ *frühestens* ‖ muy ~ *sehr bald* ‖
todavía es ~ *es ist noch (zu) früh* ‖ *cuanto más*
~, mejor *je eher, je lieber* ‖ ◇ comer ~ *früh*
essen ‖ *levantarse* ~ *früh aufstehen* ‖ *llegar* ~
(zu) früh kommen, s. (zu) früh einstellen ‖ adv:
~**amente** ‖ dim: ~**ito**
 temulento adj *be|rauscht, -trunken*
 ¹ten → **tener**
 ²ten *m:* ~ con ~ ⟨fam⟩ *Zurückhaltung* f, *Takt*
m ‖ ◇ *tener mucho* ~ con ~ ⟨fam⟩ *taktvoll bzw*
sehr umsichtig sein
 △ **³ten** *m Tee* m
 tena|cear vt → **atenacear** ‖ ~ vi: ~ *en algo*
auf et. bestehen od *beharren* ‖ **–cidad** *f Zähigkeit*
f ‖ *Reißfestigkeit* f ‖ *(fig) Hartnäckigkeit,*
Beharrlichkeit f ‖ *Ausdauer* f ‖ *(fig) Starrsinn* m ‖
♦ con ~ *hartnäckig, starrköpfig* ‖ *mit*
Beharrlichkeit ‖ **–cillas** *fpl* dim von **–zas** ‖
Licht(putz)schere f ‖ *Zucker-, Obst|zange* f ‖
Kräuselzange f, *Brenneisen* n *(für das Haar)* ‖
Scheren fpl *(der Krebse)* ‖ ~ *para azúcar*
Zuckerzange f ‖ ~ *(eléctricas) Frisierstab* m ‖ ~
para el pelo Lockenschere f
 tenada *f* Ast León *Heuboden* m ‖ → *auch*
tinada
 tenaja *f* ⟨pop⟩ → **tinaja**
 tenante *m* ⟨Her⟩ *Schildhalter* m
 tenantita *f* ⟨Min⟩ *Tennantit* m *(Fahlerz)*
 tenaz *[pl* ~**ces]** adj *(m/f) zäh(e)* ‖ *beharrlich,*
starrköpfig, hartnäckig ‖ *eigensinnig, störrisch* ‖
karg, geizig ‖ *ausdauernd* ‖ *(fig) zielbewusst* ‖
adv: ~**mente**
 tena|za(s) *f(pl) Zange* f ‖ *(Beiß-, Kneif)Zange* f
‖ *Feuerzange* f ‖ *Kohlen-, Ofen|zange* f ‖
Fangzähne mpl ‖ *Scheren* fpl *(der Krebse)* ‖ ~
articulada(s) Hebelzange f ‖ **–zada** *f Fassen* n *mit*
der Zange ‖ *(fig) starkes Zubeißen* n
 tenazón *m:* de ~ *(fam) aufs Geratewohl,*
blindlings
 tenazuelas *fpl* dim von **tenazas** ‖
Enthaarungspinzette f
 tenca *f* ⟨Fi⟩ *Schlei(e)* m (f) (Tinca tinca) ‖ Chi
⟨fig⟩ *Lüge* f, *Schwindel* m
 tendajo *m* → **tendejón**
 ten|dal *m Schirm-, Zelt-, Sonnen|dach* n ‖
Zelt|stock m, *-stange* f ‖ ⟨Agr⟩ *Auffangtuch* n
(beim Olivenabschlagen) ‖ Arg *flaches Gelände* n
‖ Arg *Scherplatz* m *(für Schafe)* ‖ Chi *Textil|laden*
m, *-geschäft* n ‖ **–dalero** *m* → **tendedero** ‖ **–dear**
vi Chi *(fam) e–n Laden- und*
Schaufenster|bummel machen, Shopping n
 tende|dera *f* Am *Wäscheleine* f ‖ **–dero** *m*
Wäsche|trockner, -ständer m ‖ *Trockenplatz* m ‖ ~
con alas *Flügelwäschetrockner* m
 tendejón *m* ⟨desp⟩ von **tienda** ‖ *elende*
Baracke, Bude f
 tendel *m* ⟨Arch⟩ *Messschnur* f *(der Maurer)* ‖
Mörtelschicht f *(zwischen Backsteinlagen)*
 tenden|cia *f Hang* m ‖ *(Hin)Neigung* f ‖
Bestrebung f ‖ *Tendenz* f, *Streben* n (a *nach*) ‖ ~
al alza od *alcista Auftriebstendenz,*
Haussestimmung f ‖ *preissteigernde Tendenz* f ‖

~ a la baja *od bajista Abwärtsbewegung, fallende*
Tendenz f *(Börse, Preise)* ‖ *Abwärtstrend* m ‖ ~ a
comprar (Börse) lebhafte Tendenz, Kauflust f ‖ ~
de la coyuntura *Konjunkturtrend* m ‖ ~ *electoral*
Wählertrend m ‖ ~ *inflacionista*
Inflations|neigung f, *-trend* m ‖ ~ al juego *Hang*
m *zum Spiel* ‖ ~s *reformistas*
Reformbestrebungen fpl ‖ ◇ la ~ de la Bolsa era
firme die Börse zeigte e–e feste Tendenz ‖ una
nariz fina, con ~ a *formar arco e–e feine, kaum*
merklich gebogene Nase ‖ *los cursos cierran con*
~ *muy débil die Kurse schließen sehr schwach*
(Börse) ‖ *tener* ~ al alza *steigende Tendenz*
haben, e–e Aufwärtsbewegung aufweisen (Kurse)
‖ *tiene* ~ a *creer lo que le agrada(ría) er neigt*
dazu, das zu glauben, was er möchte ‖ **–cial** adj
(m/f) tendenziell ‖ **–cioso** adj *Tendenz-* ‖
tendenziös, gefärbt ‖ *befangen* ‖ *mit*
Hintergedanken ‖ *engagiert* (→ **²comprometido**)
‖ *parteiisch* ‖ **–te** adj *(m/f) tendierend* (a *nach*),
hinzielend (a *auf* acc) ‖ *abgezielt (auf* acc)
 ten|der *[-ie-]* vt *aufhängen (Wäsche)* ‖
ausziehen, in die Länge ziehen ‖ *ausbreiten* ‖
aus-, auf|spannen (Segel) ‖ *ausbreiten* ‖ *auslegen*
‖ *(Leitung) verlegen, (Kabel) legen, spannen* ‖
umher|streuen, -werfen (Stricke) ziehen ‖ *(den*
Bogen) spannen ‖ *aus-, entgegen-, hervor|strecken*
‖ ⟨Arch⟩ *bewerfen* ‖ *tünchen (Mauer)* ‖ ⟨Agr⟩
(aus)streuen ‖ ◇ ~ a ... *abzielen auf* ... (acc) ‖
~ *un cable a alg.* ⟨fig⟩ *jdm behilflich sein* ‖ ~ el
lazo a alg. ⟨fig⟩ *jdm e–e Falle stellen* ‖ ~ la
mano die Hand aufhalten ‖ ~ la mano a alg. *jdm*
die Hand reichen ‖ *(fig) jdm behilflich sein* ‖ ~
un puente e–e Brücke schlagen (& fig) ‖ ~ las
redes die Netze auswerfen (& fig) ‖ ~ la ropa
Wäsche zum Trocknen aufhängen ‖ ~ (al suelo)
zu Boden strecken ‖ ~ vi *(auf et.) ab-, hin|zielen,*
e–n Hang haben (zu) ‖ *neigen* (a *zu*) ‖ *streben* (a,
hacia nach) ‖ ◇ ~ a la baja *nach unten tendieren,*
nachgeben (Kurse) ‖ ~ a *mejorar auf dem Weg(e)*
zur Besserung sein ‖ *todos los esfuerzos tienden a*
ello alle Bemühungen sind darauf gerichtet ‖ ~**se**
s. hinlegen, s. ausstrecken ‖ *s. (um)legen (Gras,*
Getreide usw. nach e–m Gewitter) ‖ *(figf)*
faulenzen, die Arbeit vernachlässigen
 ténder *m* ⟨EB⟩ *Tender* m
 tende|ra *f Krämerin, Hökerin* f ‖
Ladenbesitzerin f ‖ **–rete** *m Marktzelt* n ‖
Verkaufsstand m ‖ ⟨Kart⟩ *Krämerspiel* n ‖ **–ro** *m*
Krämer, Höker m ‖ *Schnittwarenhändler* m ‖
Kleinhändler m ‖ ⟨pop⟩ *Budiker* m ‖
Laden|besitzer, -verkäufer m *Zeltmacher, Zeltner*
m ‖ ~ *detallista Kleinhändler* m ‖ **–zuela** *f* dim
von **tienda**
 ¹tendido adj *liegend, hingestreckt* ‖ *ausgedehnt*
‖ *weitläufig, ausführlich* ‖ ♦ a vuelo ~ *im vollen*
Fluge ‖ ◇ *hablar largo* y ~ *(fam) viele Worte*
machen ‖ *quedar* ~ *liegen bleiben* ‖ ~ *m*
Aufhängen n *(Wäsche)* ‖ *Ausbreiten* n ‖ ⟨El Tel⟩
Verlegung f *(von Leitungen)* ‖ ⟨Arch⟩ *Bewurf* m ‖
Mörtelschicht f ⟨EB⟩ *Anlage* f *der Strecke*
 ²tendido *m* ⟨Taur⟩ *Sperrsitzabteilung* f *in der*
Arena ‖ *bedeckter Sperrsitz* m ‖ ~ de sol *bzw*
sombra Sperrsitz m *auf der Sonnen- bzw*
Schatten|seite f
 ³tendido *m* Am *Bettwäsche* f
 tendinoso adj *sehnig*
 ¹tendón *n* ⟨An⟩ *Sehne, Flechse* f ‖ ~ de
Aquiles Achillessehne f ‖ *(fig) Achillesferse* f
 ²tendón *m* Col *Erdstrich* m
 tendovaginitis *f* ⟨Med⟩
Sehnenscheidenentzündung, Tendovaginitis f
 tendré → **tener**
 tendu|cha *f*, **–cho** *m* ⟨desp⟩ von **tienda**
 tenebrario *m* ⟨Kath⟩ *Teneberleuchter* m

tene|brio *m* ⟨Ins⟩ *Mehlkäfer* m (Tenebrio molitor) ‖ **–briónidos** *mpl* ⟨Ins⟩ *Dunkel-, Schwarz|käfer* mpl (Tenebrionidae)
tenebro|sidad *f* Finsternis f ‖ **–so** adj *finster, dunkel, düster* (& fig) ⟨fig⟩ *nebelhaft* ‖ *geheimnis|voll, -umgeben*
tenedero *m* ⟨Mar⟩ *Ankergrund* m
¹tenedor *m* Besitzer, Inhaber m ‖ Wechselinhaber m ‖ ~ anterior *Vordermann* m *(Wechsel)* ‖ ~ de acciones, ~ de fondos públicos *Aktien-, Fonds|inhaber m* ‖ el ~ legal *der rechtmäßige Besitzer, Inhaber* m ‖ ~ de libros *Buch|halter, -führer* m
²tenedor *m* (Ess)Gabel f
teneduría *f:* ~ de libros *Buch|haltung, -führung* f ‖ ~ de libros por partida sencilla (simple), doble *einfache, doppelte Buchführung* f
¹tenencia *f* Besitz m ‖ Innehaben n ‖ ~ de animales *Tierhaltung* f ‖ ~ (ilícita) de armas *(unerlaubter) Waffenbesitz* m ‖ ~ de drogas *Drogenbesitz* m ‖ ~ material *tatsächliches Innehaben* n
²tenencia *f* ⟨Mil⟩ *Leutnantsstelle* f ‖ ~ de alcaldía *Bezirksbürgermeisteramt, Amt n des Zweiten Bürgermeisters*
tener [pres tengo, tienes etc, imp ten, fut tendré, pret tuve] I. vt/i als selbständiges Zeitwort *(verbunden fast durchweg mit präpositionslosem Akkusativ)*
1. *(fest)halten* ‖ *fassen, ergreifen, nehmen* ‖ *tragen* ‖ *(ent)halten, in s. fassen* ‖ *(e–n Raum) einnehmen* ‖ ~ a cuestas *auf dem Rücken haben od tragen* ‖ ~ fuerte ⟨fam⟩ *festhalten*
2. *haben, besitzen* ‖ *innehaben, genießen* ‖ *verfügen (über* acc), *zur Verfügung halten, bereithalten* ‖ *aufrechterhalten* ‖ *in der Gewalt, in Händen haben* ‖ *be|herrschen,* ⟨lit⟩ *-meistern* ‖ *verwalten, leiten, führen* ‖ *(auf)bewahren* ‖ *bekommen* ‖ *erzielen* ‖ *führen (Waren)* ‖ *behaftet sein (mit)* ‖ *leiden an* (dat) ‖ ~ años *bejahrt sein* ‖ ~ 10 años *10 Jahre alt sein* ‖ ~ brazo e–n *starken Arm haben* ‖ ~ la caja *die Kasse führen* ‖ ~ calentura *Fieber haben* ‖ tengo calor *mir ist warm* ‖ ~ cara de ... *aussehen wie ...* ‖ no ~ competidor *konkurrenzlos dastehen* ‖ *unübertrefflich sein* ‖ ~ sus cosas ⟨figf⟩ *grillenhaft sein, s–e Schrullen haben* ‖ *launisch sein* ‖ *(auch) s–e schlechten Seiten haben* ‖ ~ cuerda *aufgezogen sein (Uhr)* ‖ ~ cuidado (de) *Acht geben, aufpassen* ‖ *Sorge tragen (für)* ‖ *s. hüten (vor* dat) ‖ eso me tiene con mucho cuidado *ich bin darüber sehr beunruhigt* ‖ ~ curso gangbar sein (Münze) ‖ ¡dificultades tenemos! ⟨pop⟩ *es gibt also Schwierigkeiten, wie ich sehe!* ‖ ~ a disposición de alg. *zu jds Verfügung halten* ‖ ~ disponible *verfügbar* (bzw *noch zur Verfügung) haben* ‖ ~ espíritu *geistreich sein* ‖ *Unternehmungsgeist haben* ‖ ~ éxito *Erfolg erzielen od haben* ‖ tengo frío *mir ist kalt* ‖ ~ gana(s) *Appetit haben* ‖ *Lust haben* ‖ es un hombre que tiene ⟨pop⟩ *er ist ein wohlhabender Mann* ‖ ~ la mano manca ⟨figf⟩ *karg, filzig sein* ‖ ~ las manos largas ⟨figf⟩ *streitsüchtig sein* ‖ ~ mano con alg. ⟨fig⟩ *bei jdm viel vermögen* ‖ ~ mano en algo ⟨fig⟩ *die Finger in et.* (dat) *haben* ‖ ~ muchas manos ⟨fig⟩ *sehr ge|wandt, -schickt sein* ‖ ~ a mano ⟨fig⟩ *(jdn) im Zaum halten* ‖ *zur Hand haben* ‖ ~ algo entre manos ⟨fig⟩ *et. in Arbeit haben, an et.* (dat) *arbeiten* ‖ ~ miedo *Angst haben, s. fürchten* ‖ ~ necesidad de algo *et. benötigen, e–r Sache bedürfen* ‖ ~ en pie *aufrechterhalten* (& fig) ‖ ~ presente *gegenwärtig halten, s. vergegenwärtigen* ‖ *im Sinn haben, denken an* (acc) ‖ ~ pronto *bereithalten* ‖ *bald bekommen* ‖ ~ una gran satisfacción *sehr erfreut*

sein (en *zu* inf) ‖ ~ trato(s) con alg. *mit jdm verkehren* ‖ ~ trazas de ... *aussehen, als ob ...* ‖ ~ vergüenza *Scham- bzw Anstands|gefühl haben* ‖ *s. schämen* ‖ no ~ vergüenza *unverschämt bzw unanständig sein* ‖ ~ un vicio *mit e–m Fehler, Laster behaftet sein* ‖ *mangelhaft sein* ‖ le tengo voluntad *ich habe ihn gern* ‖ aquí me tiene Vd. que ... ⟨pop⟩ *so wie Sie mich hier sehen, ...* ‖ tendremos lluvia *wir werden Regen bekommen* ‖ ¡tenga Vd.! *da haben Sie! bitte nehmen Sie! bitte greifen Sie zu!* ‖ ¡tened y tengamos! ⟨figf⟩ *leben und leben lassen!*
3. *zurück-, inne|halten* ‖ *in Schranken halten* ‖ ~ la lengua *schweigen, nicht weitersprechen,* ⟨fam⟩ *s–e Zunge im Zaum halten, den Mund halten* ‖ ~ la mano ⟨fig⟩ *s. beherrschen* ‖ *mit Vorsicht vorgehen* ‖ ~ a raya *in Schranken halten* ‖ *in Schach halten* ‖ ~ la risa *das Lachen unterdrücken*
4. *(ein)halten (Wort, Versprechen):* ~ la palabra *das Wort halten* ‖ ~ la promesa *sein Versprechen halten*
5. *unter-, aus|halten* ‖ *be|köstigen, -wirten* ‖ *beherbergen* ‖ *unterstützen* ‖ [veraltet] *pflegen, sorgen für* ‖ [veraltet] *(be)schützen, verteidigen* ‖ ~ sobre sí a alg. ⟨fig⟩ *für jds Unterhalt und Fortkommen zu sorgen haben* ‖ me tienen como a un príncipe ⟨fig⟩ *sie bewirten mich fürstlich*
6. *(ab)halten (Rat, Sitzung)* ‖ *vor-, zu|bringen* ‖ *verleben* ‖ ~ un día aburrido *s. den ganzen Tag langweilen* ‖ ~ fiesta *feiern, nicht arbeiten* ‖ *freihaben (Schulkinder)* ‖ ahora tenemos las fiestas *jetzt gibt es Feiertage* ‖ tuvimos las fiestas en Madrid *wir verbrachten die Feiertage in Madrid* ‖ ¡tengamos la fiesta en paz! *lassen wir das lieber!* ‖ bitte, k–n Streit (vom Zaune brechen!)
7. *dafürhalten, meinen, glauben* ‖ *schätzen*
a) in Verb. mit **a:** ~ a halten für ‖ *ansehen als* (acc) ‖ ~ a bien *gut aufnehmen* ‖ *für gut befinden* ‖ *belieben, geruhen* ‖ ~ a mal a alg. *jdm et. übel (auf)nehmen, verübeln* ‖ ~ a menos *verschmähen* ‖ *verachten* ‖ lo tengo a gran honra *es ist e–e große Ehre, für mich*
b) in Verb. mit **de:** ¿qué tiene Vd. de ello? *was halten Sie davon?*
c) in Verb. mit **en:** ~ en bien *für gut befinden* ‖ ~ en mas *höher achten* ‖ *vorziehen* ‖ ~ en menos, ~ en poco *gering schätzen, verachten* ‖ ~ en (od a) mucho *hoch schätzen*
d) in Verb. mit **para:** ~ para sí *dafürhalten, meinen, der Meinung sein* ‖ yo tengo para mí que ... *ich bin (fest) überzeugt, dass ...* ‖ m–e persönliche Meinung ist, dass ...
e) in Verb. mit **por:** ~ por bien *für ratsam halten* ‖ ~ por bobo *für dumm halten* ‖ ~ por delante *vor s. haben* ‖ ~ por objeto *bezwecken* ‖ lo tengo por terminado *ich halte es für abgeschlossen* ‖ *für mich ist es so gut wie fertig* ‖ ruin sea que por ruin se tiene ⟨Spr⟩ etwa: *schlecht von s. selbst reden heißt schlecht sein*
8. mit Objektsinfinitiv
a) in Verb. mit **que:**
1. ~ que ... *müssen, genötigt sein zu ...* ‖ *sollen* ‖ ~ que decir *zu sagen haben* ‖ ~ que ver con una mujer *ein Liebesverhältnis mit e–r Frau haben* ‖ tengo que verlo *ich muss ihn sehen od besuchen* ‖ tengo que advertirle *ich muss Sie darauf aufmerksam machen* ‖ tengo que pedirle un favor *ich muss Sie um etwas bitten* ‖ ¿tengo que venir? *soll ich kommen?* ‖ tiene que ser muy interesante *es ist gewiss sehr interessant* ‖ tendría que marcharme *ich sollte eigentlich fortgehen*
2. no ~ que ...: a) *nicht brauchen zu ...* ‖ no ~ más que ... *nur zu ...* (inf) *brauchen* ‖ no

tengo que preguntar *ich brauche nicht zu fragen* ‖
no tienes más que decírmelo *du brauchst es mir
nur zu sagen* ‖ ¡ni que decir tiene! ⟨fam⟩
selbstverständlich! ‖ *das fehlte gerade noch!* ‖
und ob! ‖ b) no tengo nada que hacer *ich habe
nichts zu tun* ‖ *ich kann nichts dafür* ‖ eso no
tiene que ver nada con el asunto *das hat mit der
Angelegenheit nichts zu tun*
    b) mit vorangehender Präposition,
vor **quien** od **qué:** no tengo con quien hablar
ich weiß nicht, an wen ich mich wenden soll ‖ *ich
habe k–e Gesellschaft* ‖ no ~ de qué pagar *kein
Geld haben* ‖ *nicht soviel besitzen, als zur
Bezahlung (e–r Sache) nötig ist* ‖ no ~ sobre qué
caerse muerto *bettelarm sein*
    c) in Verb. mit **de:** ¡tengo de hacer un
escarmiento! *ich muss ein abschreckendes
Beispiel geben!* ‖ ¡tengo de (od que) matarlo! *ich
muss ihn totschlagen! (in Drohungen)*
    9. pleonastisch: ¡(tenga Vd.) muy buenos
días! *(ich wünsche Ihnen e–n) guten Morgen!*
    10. in sonstigen Redewendungen:
~las con alg. ⟨pop⟩ *mit jdm anbinden* ‖ *jdn nicht
ausstehen od ⟨pop⟩ riechen können* ‖ no ~ todas
consigo ⟨figt⟩ *Angst haben, ängstlich sein* ‖ *bange
Ahnungen haben* ‖ ~ lugar *stattfinden* ‖
vorkommen, s. ereignen ‖ *abgehalten werden
(Fest usw.)* ‖ ~ a la mira *im Auge behalten* od
haben ‖ ~ a algo entre ojos ⟨figt⟩ *ein Auge auf
jdn haben* ‖ ~la de poeta ⟨fam⟩ *e–e dichterische
Ader haben* ‖ ~ a la vista *vor Augen haben*
    II. als Ersatz des Hilfszeitwortes
haber:
    a) in Verb. mit veränderlichem pp
(abgeschlossene Handlung, Vollendetsein,
Ausdruck des Endzustandes, vgl auch **dejar,
llevar, traer)** ‖ ya tengo escrita la carta *ich habe
den Brief schon (fertig) geschrieben* ‖ todos estos
libros los tengo leídos *alle diese Bücher habe ich
(aus)gelesen (jedoch:* he leído ...*)* ‖ según le
tengo (*statt* he) dicho *wie ich Ihnen schon
(wiederholt) gesagt habe* ‖ según tengo entendido
wie es mir auffasse ‖ *m–s Erachtens* ‖ *soweit ich
weiß* ‖ lo tengo muy oído *das habe ich schon oft
gehört* ‖ *das kommt mir sehr bekannt vor (z. B.
Melodie)* ‖ ~ atravesado a uno (en la garganta)
⟨fig⟩ *jdn im Magen haben, jdn nicht leiden
können* ‖ tengo andados 10 kilómetros *ich habe
10 Kilometer zurückgelegt* ‖ ¡qué olvidados nos
tienes! *wie wenig denkst du an uns!* ‖ *du hast uns
längst vergessen!* ‖ me tiene muy asombrado *ich
staune sehr darüber* ‖ me tiene Vd. muy intrigado
*od curioso ich bin sehr gespannt, ich bin sehr
neugierig, was Sie mir sagen!* ‖ eso me tiene muy
preocupado *das macht mir große Sorgen* ‖ tenía
trabada amistad con él *ich war mit ihm
befreundet, ich stand in e–m freundschaftlichen
Verhältnis mit ihm* ‖ ~ puesto el sombrero *den
Hut auf|haben, -behalten*
    b) im zusammengesetzten
Imperativ: ¡tenme bien informado de todo!
halte mich stets auf dem Laufenden! ‖ ¡tenme
pronto preparada la cena! *halte mir das
Abendessen bald bereit!*
    III. in Verb. mit Ger. od Adj.: allí lo
tengo trabajando *dort ist er angestellt* ‖ aquí me
tienes defendiendo tu causa *hier bin ich, um d–e
Interessen zu wahren* ‖ eso me tiene muy nervioso
*das geht mir an die Nerven, das macht mich
nervös, das regt mich auf* ‖ eso me tiene tranquilo
das beunruhigt mich nicht ‖ ⟨fam⟩ *das ist mir
einerlei*
    IV. ~se s. *(an)halten, s. fest halten (um nicht
zu fallen)* ‖ *fest stehen* ‖ *innehalten, stehen
bleiben* ‖ *zusammenhalten* ‖ *haften bleiben, nicht*

auseinander gehen ‖ *s. widersetzen, widerstehen,
Widerstand leisten* ‖ *s. halten, standhalten* ‖ *nicht
zurückweichen, nicht nachlassen* ‖ *halten (zu
jdm), s. schlagen (zu jdm)* ‖ *innehalten,
stillstehen, stehen bleiben* ‖ ~ bien a caballo *e–e
gute Haltung auf dem Pferd haben* ‖ *ein guter
Reiter sein* ‖ ~ por listo *s. für klug halten, s. auf
s–e Klugheit et. einbilden* ‖ ~ por bien pagado *s.
für hinreichend belohnt erachten* ‖ ~ en mucho
sehr von s. eingenommen sein ‖ ¡tente! *bleib(e)
stehen!* ‖ *halt ein!* ‖ ~ en pie *s. aufrecht halten* ‖
está que no se tiene (en pie) de cansancio ⟨fam⟩
er (sie, es) fällt fast um vor Müdigkeit ‖ ~ fuerte
en ... *hartnäckig bestehen auf ... (dat)* ‖
standhalten (dat) ‖ ~las (*od* tenérselas) tiesas a
(od con) ⟨figt⟩ *jdm Trotz bieten, auf s–r Meinung
fest bestehen* ‖ ~ tieso ⟨figt⟩ *auf s–m Vorsatz
beharren*
    teneres *mpl* Dom *Vermögen, Geld* n
    tenería *f* (*Loh*)*Gerberei* f
    tenerifeño *adj/s aus Teneriffa (Insel)* bzw
Santa Cruz de Tenerife (Stadt) ‖ *auf Teneriffa* bzw
Santa Cruz de Tenerife bezüglich
    tenesmo *m* ⟨Med⟩ *Tenesmus, Stuhl-,
Darm|zwang* m ‖ ~ vesical *Harnzwang* m
    tengo → **tener**
    tengue *m* Cu ⟨Bot⟩ *e–e Art Akazie*
    tenguerengue *adv wack(e)lig, instabil*
    tenia *f* ⟨Zool Med⟩ *Bandwurm* m (→ **solitaria)**
‖ **–sis** *f* ⟨Med⟩ *Täniase, Taeniasis* f,
Bandwurmleiden n
    tenida *f Sitzung* f *(der Freimaurer)* ‖ Chi Mex
Ven *Sitzung* f ‖ Chi *Kleidung* f
    ¹teniente *adj (m/f) unreif (Frucht)* ‖ *noch nicht
ganz gar (Kichererbsen usw.)* ‖ ⟨fam⟩
schwerhörig, taub ‖ ⟨fig⟩ *filzig, geizig* ‖ ◇ está
completamente ~ ⟨fam⟩ *er ist stocktaub*
    ²teniente *m Stellvertreter m (im Amt)* ‖ ⟨Mil⟩
Oberleutnant m ‖ ~ de alcalde *Stellvertreter m
des Bürgermeisters, zweiter Bürgermeister* m ‖ ~
coronel ⟨Mil⟩ *Oberstleutnant* m ‖ ~ de fragata
⟨Mar⟩ *Fregattenleutnant* m ‖ ~ general ⟨Mil⟩
Deut *Generalleutnant* m ‖ Öst Schw *General* m ‖
~ de navío *Kapitänleutnant* m
    tenífugo *m/adj* ⟨Med⟩ *Tänifugum, Mittel* n
gegen den Bandwurm
    tenis *m* ⟨Sp⟩ *Tennis(spiel)* n ‖ ~ de mesa
Tischtennis, Pingpong n
    tenista *m/f Tennisspieler(in* f) m
    tenístico *adj Tennis-*
    tenno *m Tenno* m *(Titel des japanischen
Kaisers)*
    ¹tenor *m Inhalt, Wortlaut, Tenor* m *(e–s
Schriftstückes)* ‖ *Art und Weise, Beschaffenheit* f ‖
~ literal *voller Wortlaut* m ‖ ◆ a ~ (de), al ~
laut Inhalt, gemäß ‖ a este ~ *auf solche Art* ‖ ◇
ser del mismo ~ *gleich lautend sein* ‖ vestía al
mismo ~ *er war ganz ähnlich gekleidet*
    ²tenor *m* ⟨Mus⟩ *Tenor|stimme* f bzw *-sänger,
Tenorist, Tenor* m ‖ ~ bufo *komischer Tenor,
Tenorbuffo* m ‖ ~ dramático *Heldentenor* m ‖ ~
lírico *lyrischer Tenor* m ‖ primer ~ *erster Tenor* ‖
~ solista *Tenor, Solosänger* m
    tenora *f* Cat ⟨Mus⟩ *Tenora* f *(oboeartiges
Musikinstrument der Sardanaspieler)*
    tenorino *m Falsettenor* m
    tenorio *m* ⟨fig⟩ *Don Juan, Frauenverführer* m
(Anspielung auf Don Juan Tenorio von Zorrilla) ‖
◇ es un ~ *er ist ein Don Juan, er ist ein
Casanova*
    tenorita *f* ⟨Min⟩ *Tenorit* m
    teno|sinovitis *f* ⟨Med⟩
Sehnenscheidenentzündung f ‖ **–tomía** *f
Sehnendurchschneidung, Tenotomie* f
    tensar *vt spannen, straffen*

tensioactivo adj *oberflächen-, grenzflächen|aktiv*

ten|sión f *Spannung* f (& fig El) ‖ *Spannkraft* f ‖ *Straffung* f, *Zug* m ‖ ⟨Phys⟩ *Druck* m, *Tension* f ‖ ⟨Med⟩ *Blutdruck* m ‖ ⟨fig⟩ *geistige Anspannung* f ‖ alta ~ ⟨El⟩ *Hochspannung* f ‖ ~ de ánodo ⟨El⟩ *Anodenspannung* f ‖ ~ arterial *(arterieller) Blutdruck* m ‖ baja ~ ⟨El⟩ *Niederspannung* f ‖ ~ de rejilla ⟨El⟩ *Gitterspannung* f ‖ ◆ en ~ *gespannt, straff* ‖ sin ~ *schlaff* ‖ *entspannt* ‖ **–sional** adj *(m/f) Bluthochdruck-* ‖ **–so** adj *gespannt* ‖ *prall*

tensón m ⟨Lit⟩ *Tenzone* f *(provenzalischer Wettgesang)*

tensor adj *Spann-* ‖ (músculo) ~ ⟨An⟩ *Spannmuskel, Spanner* m ‖ ~ m ⟨Tech⟩ *(Riemen)Spanner* m ‖ *Spannvorrichtung* f ‖ *Spannschloss* n ‖ *Spanneisen* n ‖ *Spannschraube* f

tensorial adj *(m/f):* cálculo ~ *Tensorkalkül* m (& n)

tentabuey m Al ⟨Bot⟩ *Hauhechel* f, *Hechelkraut* n (Ononis spinosa)

tentación f *Versuchung* f ‖ *Anfechtung, Lockung* f ‖ ◇ la ~ era *(bzw* fue) *demasiado grande die Versuchung war zu groß* ‖ caer en la ~ ⟨fig⟩ *in Versuchung fallen*

ten|taculado adj ⟨Zool⟩ *mit Fühlern versehen* ‖ ~s mpl ⟨Zool⟩ *Kranzfühler* mpl (Tentaculata) ‖ **–tacular** adj *(m/f) Fühler-* ‖ *Fühlhorn-* ‖ *Fangarm-* ‖ ⟨bes. fig⟩ *polypenartig s–e Arme ausstreckend* ‖ ⟨fig⟩ *alles erfassend bzw erdrückend* ‖ **–táculo** m ⟨Zool Ins⟩ *Fühler* m ‖ ⟨Zool⟩ *Fühlhorn* n *(der Schnecken)* ‖ *Fangarm* m *(der Polypen usw.)*

tentadero m ⟨Taur⟩ *Probeplatz* m *für Jungstiere*

tenta|dor adj *verführerisch, (ver)lockend, Ver|suchungs-, -führungs-* ‖ ~ m *Ver|sucher, -führer* m ‖ **–tadura** f ⟨fam⟩ *Tracht* f *Prügel* ‖ ⟨Bgb⟩ *Silberprobe* f *(Erzstück und Versuch)*

tentar vt [-ie-] *be|fühlen, -tasten* ‖ *untersuchen, prüfen* ‖ ⟨fig⟩ *auf die Probe stellen* ‖ ⟨fig⟩ *erproben, probieren* ‖ *suchen, trachten (zu)* ‖ ⟨fig⟩ *ver|suchen, -locken, in Versuchung führen* ‖ ⟨fig⟩ *(an)locken* ‖ ◇ ~ a Dios *Gott versuchen* ‖ ~ la paciencia de alg. *jds Geduld auf die Probe stellen* ‖ ~se: ~ con los codos *s. mit den Ellenbogen stoßen*

tentativa f *Versuch* m, *Probe* f ‖ ⟨Jur⟩ *Versuch* m ‖ ~ de conciliación *Schlichtungs-, Sühne|versuch* m ‖ ~ consumada *vollendeter Versuch* m ‖ ~ de robo *versuchter Diebstahl* m ‖ ◇ *hacer una ~ e–n Versuch machen*

ten.ᵗᵉ ⟨Abk⟩ = **teniente**

tente|bonete! ◇ comer a ~ ⟨pop⟩ *s. voll essen* ‖ **–mozo** m *Strebe, Stütze* f ‖ *Bodenstütze* f *(e–s stehenden Wagens)* ‖ *Stehaufmännchen* n

tentempié m ⟨fam⟩ *leichtes Frühstück* n, *Imbiss* m, *Stärkung* f ‖ *Snack* m ‖ ⟨fam⟩ *Stehbier* n ‖ *Stehaufmännchen* n

¹tentenelaire (= tente en el aire) m Am *Mischling* m *(Kinder von Mischlingen in verschiedenen Einstufungen)*

²tentenelaire m Arg Pe ⟨V⟩ → **colibrí**

tentenublo m Logr *Glockengeläut* n *(zur Gebetsstunde)*

tentetieso m *Stehaufmännchen* n

△ **tentisarar** vt = **tentar**

tenue adj *(m/f) (sehr) dünn, fein, zart* ‖ *schwach, leise (Stimme)* ‖ *schlicht* ‖ *geringfügig*

tenuidad f *Dünne, Fein-, Zart|heit* f ‖ *Schwäche* f

tenuta f ⟨Jur⟩ *(vorläufiges) Nießbrauchrecht* n *(bis zur Gerichtsentscheidung)*

tenzón m → **tensón**

teña f Rioja *Unterstand* m *für das Vieh*

teñir [-i-, pret ~ñó] vt *färben* ‖ *(ab)tönen* ‖ ⟨Her⟩ *tingieren* ‖ ⟨fig⟩ *beflecken* ‖ ⟨fig⟩ *beschönigen* ‖ ◇ ~ de od en negro *schwarz färben* ‖ ~se el pelo od cabello *s. das Haar färben*

teobro|ma m ⟨Bot⟩ → **cacao** ‖ **–mina** f ⟨Chem⟩ *Theobromin* n *(Alkaloid der Kakaobohnen)*

teocali m *Tempelpyramide* f *(in den altamerikanischen Kulturen)*

teo|céntrico adj ⟨Rel⟩ *theozentrisch* ‖ **–centrismo** m *Theozentrismus* m ‖ **–cracia** f ⟨Rel⟩ *Gottesherrschaft, Theokratie* f ‖ **–crático** adj *theokratisch*

teodicea f ⟨Rel Philos⟩ *Theodizee* f

teodolito m ⟨Top⟩ *Theodolit* m

Teodorico m np ⟨Hist⟩ *Theoderich* m

Teodoro m np *Theodor* m

teofilina f ⟨Chem⟩ *Theophyllin* n

Teófilo m np *Gottlieb, Theophil* m

teogonía f ⟨Rel⟩ *Theogonie* f

teolo|gal adj *(m/f)* ⟨Rel⟩ *theologisch* ‖ **–gía** f *Theologie* f ‖ *Glaubenslehre* f ‖ ~ escolástica *scholastische Theologie* f ‖ ~ de la liberación *Theologie* f *der Befreiung* ‖ ~ mística *mystische Theologie* f ‖ ◇ no meterse en ~s ⟨figf⟩ *nicht über Dinge sprechen, von denen man nichts versteht*

teológico adj ⟨Rel⟩ *theologisch*

teologizar vi ⟨Rel⟩ *theologisieren*

teólogo m ⟨Rel⟩ *Theologe* m

teomal m Mex *Agavenart, aus der man den besten Pulque gewinnt*

teo|manía f ⟨Med⟩ *Theomanie* f, *religiöser Wahn* m ‖ **–maníaco, –mánico** adj *theomanisch*

teo|rema m *Theorem* n, *Lehrsatz* m ‖ ~ del binomio ⟨Math⟩ *binomischer Lehrsatz* m ‖ ~ de Pitágoras *pythagoreischer Lehrsatz* m ‖ **–rético** adj → **teórico** ‖ **–ría** f *Theorie, Lehre* f ‖ *Lehrgebäude, System* n ‖ ⟨Mus⟩ *Theorie* f ‖ ⟨fig⟩ *(lange) Reihe* f ‖ ~ de la causalidad *Kausalitätstheorie* f ‖ ~ del conocimiento ⟨Philos⟩ *Erkenntnis|lehre, -theorie* f ‖ ~ cuántica ⟨Phys⟩ *Quantentheorie* f ‖ ~ fundamental del Estado ⟨Jur⟩ *allgemeine Staatslehre* f ‖ ~ de la herencia (biológica) ⟨Gen⟩ *Vererbungslehre* f ‖ ~ de la relatividad *(Einsteins) Relativitätstheorie* f ‖ una ~ de vehículos *e–e lange Reihe Kraftwagen,* ⟨fam⟩ *e–e Autoschlange* f ‖ ~ de la voluntariedad ⟨Philos Pol⟩ *Willenstheorie* f

teórico adj *theoretisch, lehrgemäß* ‖ *spekulativ, vernunftmäßig* ‖ *gedanklich* ‖ *unpraktisch, nicht praktisch* ‖ ~ m *Theoretiker* m ‖ ◇ es un ~ *er ist ein Theoretiker* ‖ *er ist ein (völlig) unpraktischer Mensch*

teori|zante adj *(m/f) theoretisierend* ‖ *spekulierend* ‖ *s. in theoretische Gedankengänge verlierend* ‖ ~ m → **teórico** ‖ **–zar** [z/c] vt/i *Theorien od Lehren aufstellen* ‖ *theoretisieren* ‖ *spekulieren* ‖ *s. in theoretische Gedankengänge verlieren*

teo|sofía f *Theosophie* f ‖ **–sófico** adj *theosophisch*

teósofo m *Theosoph* m

tepalcate m Mex Salv Guat *Scherbe* f ‖ *Krimskrams* m

tepalcatero m Mex → **alfarero**

tepe m *Rasenplatte, Plagge* f

teperete adj/s Mex Guat *un|besonnen, -überlegt*

tepidario m ⟨Hist⟩ *Tepidarium* n

¹tepocate adj *(m/f)* Mex *dicklich*

²tepocate m Guat *Kaulquappe* f (→ **renacuajo**)

tequila f [Getränk] *Tequila* m
ter. ⟨Abk⟩ = **terapéutico**
△ **terablar** vt = **tener**
tera|peuta m ⟨Med⟩ *Therapeut, (behandelnder) Arzt* m ‖ ⟨Hist Rel⟩ *Therapeut* m ‖ **–péutica** f *Therapeutik, Lehre* f *von der Behandlung der Krankheiten* ‖ *Therapie, Heilbehandlung* f ‖ *Heilverfahren* n ‖ ~ *sexual Sexualtherapie* f ‖ **–péutico** adj *therapeutisch* ‖ **–pia** f (jedoch meist als Suffix, z.B. diabetoterapia = *Diabetestherapie*) ‖ *Therapie, Heilbehandlung* f
teratismo m ⟨Med⟩ *Teratismus* m, *Missbildung* f

teratogénesis f ⟨Med⟩ *Teratogenese* f
teratógeno adj ⟨Med⟩ *teratogen, Missbildungen verursachend*
terato|logía f ⟨Med⟩ *Teratologie* f ‖ **–lógico** adj *teratologisch* ‖ **–ma** m ⟨Med⟩ *Teratom* n, *angeborene Mischgeschwulst* f ‖ **–sis** f →
teratismo
terbio m ⟨Tb⟩ ⟨Chem⟩ *Terbium* n
tercer adj *(vor Hauptwörtern)* → **tercero** ‖ el ~ *día am dritten Tage* ‖ en ~ *lugar drittens* ‖ el *primero y el* ~ *piso das erste und das dritte Stockwerk* ‖ el ~ *hombre der dritte Mann* m ‖ el ~ *Reich* ⟨Pol Hist⟩ *das Dritte Reich*
¹tercera f ⟨Mus Fecht⟩ *Terz* f ‖ ~ *mayor, menor* ⟨Mus⟩ *große, kleine Terz* f ‖ ~ *aumentada, disminuída* ⟨Mus⟩ *übermäßige, verminderte Terz* f
²tercera f *Vermittlerin* f ‖ *Kupplerin* f
³tercera f ⟨Auto⟩ *dritter Gang* m ‖ ⟨EB⟩ *dritte Klasse* f ‖ ⟨Sch⟩ *dritte Klasse* f
tercería f *Vermittlung* f ‖ ⟨fig⟩ *Kuppelei* f
tercerilla f ⟨Poet⟩ *Terzerille* f *(dreizeiliges Gedicht)*
tercermundista adj *(m/f) auf die dritte Welt bezüglich*
tercero adj *dritte(r, s)* ‖ *vermittelnd* ‖ ~a *clase* ⟨Sch⟩ *dritte Klasse* f ‖ ~a *persona dritte (unbeteiligte) Person* f, *Dritter* m ‖ ~a *potencia* ⟨Math⟩ *dritte Potenz* f ‖ ◆ *por cuenta de* (un) ~ *für fremde Rechnung* ‖ ~ adv *drittens* ‖ ~ m *Vermittler, Mittelsmann* m ‖ *Schiedsrichter* m ‖ *Kuppler* m ‖ ⟨Kath⟩ *Terziar, Tertiarier* m *(Angehöriger e–s Dritten Ordens)* ‖ *Dritte(r)* m, *dritte (unbeteiligte) Person* f ‖ *Drittberechtigte(r)* m ‖ ~ *en discordia Mittelsmann, Schlichter* m ‖ ⟨fig⟩ *lachender Dritter* m ‖ ◆ *por orden de* ~ *im Auftrag e–s Dritten*
¹tercerola f *kurzer Karabiner* m ‖ *Terzerol* n *(kleine Pistole)*
²tercerola f ⟨Mus⟩ *Terzerolflöte* f ‖ ⟨fig joc⟩ *Wagen* bzw *Fahrkarte* f *dritter Klasse (in der Eisenbahn)*
tercerón m *Terzerone* m *(Mischling aus e–m Weißen und e–r Mulattin bzw umgekehrt)*
terceto m ⟨Mus⟩ *Terzett, Trio* n ‖ ⟨Poet⟩ *Terzett* n ‖ *Terzine* f *(dreizeilige Strophe)*
tercia f *Drittel* n ‖ *Drittelelle* f *(Maß)* ‖ ⟨Mus⟩ *Terz* f ‖ ⟨Kath⟩ *Terz* f *(Stundengebet)*
tercia|do adj: *azúcar* ~ *brauner Farinzucker* m ‖ ~ *en faja* ⟨Her⟩ *zweimal geteilt* ‖ ~ *en pala* ⟨Her⟩ *zweimal gespalten* ‖ **–dor** m *Mittelsmann* m ‖ **–na** f ⟨Med⟩ *dreitägiges Wechselfieber, Tertiana-, Terzian|fieber* n ‖ ◇ *temblar como acometido de* ~s *heftig zittern,* ⟨fam⟩ *schlottern, wie Espenlaub zittern*
tercianela f ⟨Text⟩ *doppelter Taft* m
¹terciar vt *dritteln, dreiteilen* ‖ *(Felder) dreibrachen, dreiern* ‖ *(zu)stutzen (Sträucher)* ‖ *zum dritten Mal behacken (Weinberg)* ‖ ~ *la leche (el vino)* Am *die Milch (den Wein) pan(t)schen*
²terciar vt *quer um|hängen, -legen (Schärpe usw.)* ‖ *umnehmen (z.B. Mantel)* ‖ *quer aufsetzen*

(Hut) ‖ ~ *el fusil das Gewehr quer umhängen* od *schultern* ‖ ~ vi *vermitteln* ‖ *s. beteiligen* ‖ *eingreifen* (en *in* acc) ‖ ◇ *si se tercia, se lo diré ich werde es ihm (ihr) gelegentlich sagen* ‖ ~ *en la conversación s. in das Gespräch einschalten*
ter|ciaria f ⟨Kath⟩ *Terziarin* f *(Angehörige e–s Dritten Ordens)* ‖ **–ciario** adj *tertiär: die dritte Stelle einnehmend* ‖ ⟨Geol⟩ *Tertiär-* ‖ ~ m ⟨Kath⟩ *Terziar, Tertiarier* m *(Angehöriger e–s Dritten Ordens)* ‖ ⟨Geol⟩ *Tertiär* n ‖ **–ciazón** f ⟨Agr⟩ *Dreibrachen* n
¹tercio adj *dritte(r)* (→ **tercero**) ‖ ~ m *Drittel* n ‖ ⟨Kath⟩ *Drittel* n *des Rosenkranzes* ‖ ⟨Com⟩ *Länge* f *(e–s Strumpfes)* ‖ ⟨Taur⟩ *Arenadrittel* n ‖ ⟨Taur⟩ **~ suerte** ⟨Sp⟩ *Spieldrittel* n *(z.B. beim Eishockey)*
²tercio m Span ⟨Mil⟩ *Fremdenlegion* f ‖ Span *Truppenabteilung* f *der* Guardia Civil ‖ *(Freiwilligen)Legion* f ‖ ⟨Hist⟩ *Tercio* m *(16. und 17. Jh.)* ‖ ~ *naval* ⟨Mil Mar⟩ *(Kriegs)Marineabteilung* f
³tercio m ⟨Mar⟩ *Fischer- und Eigner|innung* f *(e–s Hafens)*
⁴tercio m And ⟨Mus⟩ *Flamencovers* m
⁵tercio m Am **a)** *Bündel* n *(Holz)* ‖ *Ballen* m ‖ *Pack(en)* n ‖ **b)** *Kerl, Bursche* m ‖ ◇ *hacer buen* ~ *a alg. jdm förderlich sein* ‖ *hacer mal* ~ *a alg. jdm hinderlich sein* ‖ *tener buenos* ~s ⟨pop⟩ *starke Arme* bzw *Beine haben*
terciopelo m *Samt* m ‖ *Velours* m ‖ ~ *de lana Wollsamt* m ‖ ~ *para muebles Veloursmöbelstoff* m ‖ ◆ *de* ~ *samten*
terco adj/s *halsstarrig, eigensinnig, starrköpfig* ‖ *trotzig* ‖ ⟨fig⟩ *hart, zäh* ‖ → auch **tenaz**
△ **Terebidero** m *Gott* m
terebinto m *Terebinthe* f, *Terpentin|baum* m, *-pistazie* f *(Pistacia terebinthus)*
terebintos mpl ⟨Ins⟩ *Schlupfwespen* fpl *(Terebrantes = Parasitica)* ‖ → **²icneumón**
tere|brante adj *(m/f)* ⟨Med⟩ *bohrend (Schmerz)* ‖ **–brar** vi *bohren (Schmerz)*
terebrátula f ⟨Zool⟩ *Terebratula* f *(Terebratula vitrea)*
teredo m ⟨Zool⟩ *Schiffsbohrwurm* m *(Teredo navalis)*
△ **terelar** vt = **tener**
terenciano adj *terenzisch, auf den römischen Schriftsteller Terenz (Terencio) bezüglich*
tereré m RPl *bitterer Matetee* m
teresa f ⟨Kath⟩ *Karmeliterin* f *(nach der Reform durch die hl. Theresia von Ávila)* ‖ *Theresianerin, Theresianernonne* f
Teresa f np *Therese* f ‖ *Santa* ~ *de Jesús hl. Theresia von Jesus (Theresia von Ávila)*
¹teresiana f ⟨Mil⟩ *(Art) Käppi, Schiffchen* n
²teresia|na f ⟨Kath⟩ *Theresianernonne* f ‖ **–no** adj *theresianisch*
terete adj *(m/f)* ⟨reg⟩ *rund, feist*
Terete f np → **Teresa**
tergal m ⟨Ku⟩ *Tergal* n
tergito m ⟨Zool⟩ *Tergit* n
tergiver|sación f *(Wort)Verdrehung* f ‖ *Ausflucht* f ‖ *Winkelzug* m ‖ **–sar** vt/i *verdrehen (Worte, Tatsachen)* ‖ *Winkelzüge machen* ‖ ◇ ~ *la verdad die Wahrheit verdrehen*
tergo m ⟨Zool Ins⟩ *Tergum* n
teriaca f ⟨Pharm⟩ *Theriak* m (→ **triaca**)
terliz [pl ~ces] m ⟨Text⟩ *(kräftiger) Drillich, Drilch* m (→ **dril**)
ter|mal adj *(m/f) Thermal-* ‖ *Bäder-* ‖ **–malista** m/f *Thermalbad(kur)gast* m ‖ **–mas** fpl *warme Bäder* npl, *Thermen* fpl ‖ *Thermal|quellen* fpl, *-brunnen* mpl

termes m *(pl inv)* ⟨Ins⟩ *Termite* f *(Termes* spp) ‖ ~ *(sud)europeo Mittelländische Termite* f

(Reticulitermes lucifugis) ‖ ~ de cuello amarillo *Gelbhalstermite* f (Calotermes flavicollis) ‖ →
termitera
termia f (th) ⟨Phys⟩ *Thermie* f *(franz. Einheit der Wärmemenge)*
térmica f ⟨Phys⟩ *Thermik* f
termicidad f ⟨Phys⟩ *Wärmeinhalt* m
térmico adj *thermisch*
termidor m ⟨Hist⟩ *Thermidor, Hitzemonat* m *(im frz. Revolutionskalender)*
termina\cho, –jo m ⟨pop⟩ *derber, gemeiner Ausdruck* m ‖ *falsch verwendetes bzw verstümmeltes Wort* n
terminación f *Beendigung* f, *Schluss* m, *Ende* n ‖ ⟨Gr⟩ *Endung, Endsilbe* f ‖ ⟨Arch Com⟩ *Verarbeitung* f ‖ [bei Lotterie] *Endziffer* f ‖ ~ *nerviosa* ⟨An⟩ *Nervenendigung* f ‖ ~ *del plazo Ablauf* m *der Frist* ‖ ~ *del plural* ⟨Gr⟩ *Pluralendung* f ‖ ◆ *a la* ~ (de) *zum Schluss*
terminal adj *(m/f) Schluss-, End-* ‖ *Grenz-* ‖ *endständig* ‖ ⟨Bot⟩ *gipfelständig (Blüte)* ‖ ~ *m* ⟨Tech⟩ *End-, Abschluss|stück, Ende* n ‖ *Löt|öse* f, *-stift* m ‖ ⟨El⟩ *Kabel-, Pol|schuh* m ‖ ⟨Inform⟩ *Terminal* m (& n) ‖ ⟨Flugw⟩ *Terminal* m (& n), *Abfertigungshalle* f ‖ *Frachthof* m *(in Bahnhöfen und Häfen)* ‖ *Endhaltestelle* f
termi\nante adj *(m/f) entscheidend, endgültig (Erklärungen)* ‖ *eindeutig* ‖ *unwiderruflich* ‖ *ausdrücklich (Gesetze, Verordnungen)* ‖
–nantemente adv *ausdrücklich, unzweideutig, ganz entschieden* ‖ *absolut* ‖ ◇ *queda ~ prohibido, se prohibe* ~ *es ist strengstens verboten*
termi\nar vt *(be)endigen, vollenden* ‖ *(ab)schließen, zu Ende führen* ‖ *erledigen, fertigstellen* ‖ *beilegen, schlichten (Streit)* ‖ ◇ ~ *una carta e–n Brief schließen, zu Ende schreiben* ‖ ~ *la construcción de algo et. zu Ende bauen, ausbauen* ‖ ~ *la impresión ausdrucken (Buch)* ‖ ~ *su papel s–e Rolle beenden* ‖
~ vi: a) *zu Ende gehen, end(ig)en, ausgehen* ‖ *ab\laufen, -schließen (Frist, Jahr)* ‖ *endigen (con mit dat)* ‖ *abklingen (Schmerz)* ‖ *verklingen (Ton, Musik)* ‖ ⟨Gr⟩ *endigen, ausgehen* (en *auf* acc) ‖ ◆ *al* ~ *el año am Ende des Jahres* ‖ ◇ *mañana –na el plazo (el contrato) morgen läuft die Frist (der Vertrag) ab* ‖ *la emisión termina con …* ⟨Radio TV⟩ *die Sendung klingt aus mit …* (dat) ‖ *dejar sin* ~ *unbeendigt hinterlassen (Werk)* ‖ *nicht beenden* ‖ *para* ~ *hemos de advertir schließlich möchten wir bemerken* ‖ *–nó diciendo er (sie, es) sagte zum Schluss* ‖ *–né director ich wurde schließlich Direktor* ‖ *ich beendete m–e Laufbahn als Direktor* ‖ *–nó tercera* ⟨Sp⟩ *sie kam als Dritte an* (od *ins Ziel*) ‖ *–nó el paseo muy cansada am Ende des Spaziergangs war sie sehr müde* ‖ ¡*–na pronto! beeile dich!*
b) *in* Verb. *mit* **a, con, de, en, por:** *la riña (se) –nó a palos der Streit endete mit e–r Prügelei* ‖ → *auch* **acabar** ‖ ~ *de leer un libro ein Buch auslesen* ‖ ~ *en punta spitz auslaufen* ‖ *–nó por reconocerlo er erkannte es schließlich (an)* ‖ ~**se** *end(ig)en* ‖ *ausgehen* ‖ *zu Ende sein* ‖ ◇ *todo (se) ha –nado alles ist aus*
terminativo adj ⟨Gr⟩ *End-*
terminista m/f *der (die) gern gekünstelte* od *gesuchte Wörter* (bzw *Redewendungen) benutzt* ‖ ⟨Rel⟩ *Terminist(in* f) m
¹término m *Ziel, Ende* n ‖ *End-, Ziel|punkt* m ‖ *(Ab)Schluss* m ‖ *Grenze, Schranke* f ‖ *Grenz-, Mark|stein* m ‖ ⟨Sp⟩ *Mal* n ‖ ◆ *sin* ~ *end-, grenzen|los* ‖ *dar* ~ *a un asunto e–e Sache abschließen* od *beenden* ‖ *e–e Sache aus der Welt schaffen* ‖ *llegar a* ~ *ein Ende nehmen* ‖ *abgeschlossen werden* ‖ *ablaufen (Frist)* ‖ *llegar a*

feliz ~ *ein glückliches Ende nehmen* ‖ *llegar a* ~*de … so weit kommen, dass …* ‖ *llevar a* ~ *zu Ende führen* ‖ *zustande* (& *zu Stande) bringen* ‖ *vollenden* ‖ *bewerkstelligen* ‖ *llevar a buen* ~ *zu e–m guten Ende führen* ‖ *llevar a mal* ~ *zu e–m schlechten Ende führen* ‖ *poner* ~ *a algo et. beend(ig)en* od *abschließen* ‖ *e–r Sache Einhalt gebieten*
²término m *Zeitpunkt* m ‖ *Termin* m, *Ziel* n ‖ *Frist* f ‖ *Zahlungsfrist* f ‖ ~ *de emplazamiento* ⟨Jur⟩ *Einlassungsfrist* f ‖ ~ *fatal* ⟨Jur⟩ *Notfrist* f ‖ ~ *de gracia* ⟨Jur⟩ *Karenztage* mpl (& Com) ‖ ~ *perentorio* → ~ *fatal* ‖ ~ *resolutorio* ⟨Jur⟩ *auflösende Frist* f ‖ ~ *de señalamiento* ⟨Jur⟩ *Verhandlungstermin* m ‖ ◆ *antes del* ~ *vorzeitig* ‖ *en primer* ~ ⟨Th⟩ *im ersten Rang* ‖ *vorrangig* ‖ *im Vordergrund* ‖ *in erster Linie, an erster Stelle, vorerst* ‖ *en el* ~ *de una semana binnen acht Tagen* ‖ *en el* ~ *de tres días binnen drei Tagen, binnen dreier Tage* ‖ ◇ *corre el* ~ *die Frist läuft ab* ‖ *cumplir* od *guardar un* ~ *e–n Termin* od *e–e Frist einhalten* ‖ *fijar un* ~ *e–n Termin festsetzen* ‖ *cuando haya expirado* od *transcurrido el* ~ *wenn die Frist abgelaufen ist, nach Ablauf der Frist* ‖ *señalar un* ~ → *fijar un* ~
³término m *Wort* n, *Ausdruck* m ‖ *Fachausdruck, Terminus* m ‖ ⟨Ling⟩ *(syntaktisches) Glied* n ‖ ⟨Log Philos⟩ *Satz* m, *Glied* n ‖ *Begriffswort* n ‖ ⟨Log⟩ *Satz* m, *Glied* n *(e–r Schlussfolgerung)* ‖ ⟨Math⟩ *Ausdruck* m, *Glied* n ‖ ~ *de comparación Vergleichsbegriff* m ‖ *Vergleichspunkt* m ‖ *Maßstab* m ‖ *forense juristischer Ausdruck* od *Begriff* m ‖ ~ *de marina Seemannsausdruck* m ‖ *mayor* ⟨Log⟩ *Obersatz* m ‖ ~ *medio Durchschnittszahl* f ‖ *Mittel* m ‖ *Mittelweg* m ‖ ⟨Log⟩ *Mittelbegriff* m ‖ ~ *menor* ⟨Log⟩ *Untersatz* m ‖ ~ *técnico Fachausdruck, Terminus* m *technicus* ‖ ◆ *por* ~ *medio im Durchschnitt, durchschnittlich* ‖ *sin* ~ *de comparación unvergleichlich* ‖ ◇ *me falta el* ~ *de comparación ich habe k–n Maßstab, mir fehlt die Vergleichsmöglichkeit* ‖ ~**s** mpl (fig) *Beziehungen* fpl, *Verhältnis* n ‖ *Zustand* m, *Situation, Lage* f ‖ ~ *contractuales Vertragsbestimmungen* fpl ‖ ◇ *en* ~ *de no poder … so dass man nicht … kann* ‖ *en buenos* ~ *in gutem Einvernehmen* ‖ *im wahren Sinne des Wortes* ‖ *anders gesagt* ‖ *höflich ausgedrückt* ‖ *en propios* ~ *genau, richtig ausgedrückt* ‖ *en tales* ~ *unter solchen Umständen* od *Bedingungen* ‖ *por todos* ~ *durchgängig* ‖ ◇ *confundir los* ~ *die Begriffe verwechseln* ‖ *contestar en malos* ~ *schroff antworten* ‖ *le contestó en estos* ~ *er (sie, es) antwortete mit folgenden Worten, wie folgt* ‖ *dejar algo en sus justos* ~ *et. richtig stellen, et. ins rechte Licht rücken*
⁴término m *Gemarkung* f, *Weichbild* n ‖ *Bezirk* m, *Gebiet* n ‖ *Landschaft* f ‖ ⟨fig⟩ *Ort, Bereich* m ‖ ~ *municipal Gemeindebezirk* m, *Stadtgebiet* n
termino\logía f *Terminologie* f ‖ ~ *forense juristische Terminologie, Terminologie* f *des Rechts* ‖ ~ *técnica Fachwortschatz* m, *(technische) Terminologie* f ‖ **–lógico** adj *terminologisch* ‖ *fachsprachlich* ‖ **–te** m augm von *³término gesuchtes Wort* n bzw *gekünstelter Ausdruck* m ‖ → **terminacho**
ter\miones mpl *Thermionen* npl ‖ **–miónica** f *Thermionik* f ‖ **–miónico** adj *thermionisch*
¹termita f *Thermit* n *(Schweißmasse)*
²termi\ta, –te m *Termite* f (→ **termes**) ‖ **–tera** f, **–tero** m *Termitennest* n ‖ *Termiten|nest* n bzw *-bau* m bzw *-burg* f, *Termitarium* n
¹termo- präf *thermo-, Thermo-, wärme-, Wärme-*

²termo m *Thermosflasche* f ‖ → **termosifón**
termo|acumulador m *Wärmespeicher* m ‖
–aislante adj *wärmeisolierend* ‖ **–barómetro** m
Thermobarometer n ‖ **–cauterio** m ⟨Med⟩ *Brenn-,
Galvanokauter* n ‖ **–cromía** f *Thermochromie* f ‖
–detector m ⟨Radio⟩ *Thermodetektor* m ‖
–dinámica f *Thermodynamik* f ‖ **–elasticidad** f
Thermoelastizität f
termo|electricidad f *Wärme-,
Thermo|elektrizität* f ‖ **–eléctrico** adj *wärme-,
thermo|elektrisch*
termoelemento m *Thermoelement* n
termo|estabilidad f *Wärmebeständigkeit,
Thermostabilität* f ‖ **–estable** adj *(m/f)
hitzebeständig, thermostabil* ‖ ⟨Ku⟩ *duroplastisch*
ter|mófilo adj *wärmeliebend* ‖ **–mofilia** f
Thermophilie, Bevorzugung f *warmer
Lebensräume*
termo|génesis f ⟨Physiol⟩ *Thermogenese,
Wärmeerzeugung* f (z. B. *des Körpers*) ‖ **–grafía** f
Thermographie f
termo|iones mpl → **termiones** ‖ **–iónica** f →
termiónica ‖ **–iónico** adj → **termiónico**
termo|lábil adj *(m/f) wärme-, hitze|unbeständig*
‖ **–labilidad** f *Wärme-, Hitze|empfindlichkeit* f
termólisis f *Thermolyse* f, *Zerfall* m *durch
Wärmeeinwirkung*
termo|logía f *Wärmelehre* f ‖ **–luminescencia** f
‖ **–metría** f *Temperaturmessung, Thermometrie* f ‖
–métrico adj *thermometrisch* ‖ *Thermometer-*
termómetro m *Thermometer* n, Öst Schw m,
Temperaturmessgerät n ‖ ~ **de aire**
Luftthermometer n ‖ ~ **centígrado** *Celsius-
Thermometer* n ‖ ~ **clínico** *Fieberthermometer* n
‖ ~ **de máxima(s) y mínima(s)** *Maximum-
Minimum-Thermometer* n ‖ ~ **registrador**
Registrierthermometer n ‖ ◇ **poner** (mirar, leer) el
~ *das Thermometer anlegen (ablesen)*
termonuclear adj *(m/f) thermonuklear, Atom-,
Kern-*
Termópilas fpl ⟨Geogr⟩ *die Thermopylen* pl
termo|pegado m *Heißkleben* n ‖ **–plástico** adj
⟨Ku⟩ *Thermoplast-, in erwärmtem Zustand
formbar, thermoplastisch* ‖ ~ m *Thermoplast* m ‖
–química f *Thermochemie* f ‖ **–rregulador** m
Temperaturregler m ‖ **–rresistente** adj *(m/f)* →
termoestable ‖ **–sensible** adj *(m/f)* → **termolábil**
termos m *Thermosflasche* f
termo|sifón m *Boiler, Warmwasserbereiter* m ‖
Warmwasserheizung f ‖ **–stato** m *Thermostat* m ‖
–tecnia, –técnica f *Wärmetechnik* f ‖ **–terapia** f
⟨Med⟩ *Wärme|behandlung, -therapie* f ‖
–ventilador m *Heizlüfter* m
terna f *Dreiervorschlag* m *(zu e–m Amt)* ‖
Dreitreffer m, *Terne* f, Öst *Terno* m ‖ ⟨fig⟩
Dreigespann, Triumvirat m (→ **triunvirato**)
ternario adj *dreizählig* ‖ *aus drei Elementen
bestehend* ‖ *dreifüßig* (Vers) ‖ ⟨Chem⟩ *ternär,
Dreistoff-, dreistoffig* ‖ (compás) ~ ⟨Mus⟩
dreiteiliger Takt m ‖ ~ m ⟨Kath⟩ *dreitägige
Andacht* f
ternasco m Ar *(noch) saugendes Lamm,* p. ex
Lämmchen n ‖ ⟨Kochk⟩ *dessen Fleisch* n ‖ Nav
Zicklein n
¹terne, –jal adj *(m/f)* ⟨fam⟩ *mutig, beherzt* ‖
⟨fam⟩ *beharrlich, eigensinnig, unnachgiebig* ‖
⟨fam⟩ *kräftig, stramm* ‖ ⟨fam pej⟩ *angeberisch,
großtuerisch*
²terne m Am *großes Gürtelmesser* n *(der
Gauchos)*
terne|cito, –cico adj dim von **tierno**
terne|ra f *Kalbe, Färse* f ‖ *Kalb* n ‖
Kalbfleisch n ‖ ~ **asada** *Kalbsbraten* m ‖ ~
estofada *gedämpftes Kalbfleisch* n ‖ ~ **mechada**
gespicktes Kalbfleisch n ‖ **–raje** m Am *Kälber* npl

–ro m *(Stier)Kalb* n ‖ ~ **recental** *(noch)
saugendes Kalb* n ‖ dim: **–rillo, –ruelo** m
terne|rón adj/s *(fam) rührselig* ‖ **–za** f *Zartheit*
f ‖ *Zärtlichkeit* f ‖ *Sanftheit* f ‖ *Empfindsamkeit* f ‖
~**s** pl *Zärtlichkeiten, Liebkosungen* fpl ‖
Schmeichelworte, Komplimente npl (& iron) ‖
–zuelo adj dim von **tierno**
terni|lla f *(Muskel)Knorpel* m ‖ **–lloso** adj
knorp(e)lig
ternísimo adj sup von **tierno**
¹terno m *Dreizahl* f ‖ *Terne* f, *Dreitreffer,* Öst
Terno m ‖ *(dreiteiliger) Anzug* m *(Rock, Weste
und Hose)* ‖ ◇ **echar** (od **soltar**) ~**s** ⟨pop fig⟩
fluchen, wettern
²terno m Cu *Schmuck* m
³terno Col *Tasse* f *mit Untertasse*
△ **ternoro** m *Esel* m
ternura f *Zartheit* f ‖ *Sanftheit* f ‖ *Zärtlichkeit*
f ‖ *Innigkeit* f ‖ *Freundlichkeit* f ‖ *Rührung* f ‖
⟨pej⟩ *Schmeichelei* f, *Schmeichelwort* n ‖ ◆ **con** ~
zärtlich, liebevoll ‖ ~**s** fpl *Liebkosungen* fpl
tero m → **²teruteru**
△ **teroné** adj *ganz* ‖ *mutig*
terpeno m ⟨Chem⟩ *Terpen* n
Terpsícore f np ⟨Myth⟩ *Terpsichore* f *(Muse)* ‖
⟨fig⟩ *gewandte Tänzerin* f
terque|dad, –ría, –za f *Hartnäckigkeit* f,
Starr-, Eigen|sinn m ‖ *Rechthaberei* f ‖ ◆ **con** ~
eigensinnig, hartnäckig
△ **terqueloy** m *Trinkspruch* m
terracota f *Terrakotta* f *(gebrannter Ton)* ‖
Terrakottafigur f
terrado m *Plattform* f *(auf e–m Dach)* ‖ Span
(Dach)Boden m ‖ *flaches Dach* n, *Söller* m ‖
Terrasse f
terra|ja f *(Schneid)Kluppe* f *(zum
Gewindeschneiden)* ‖ ⟨Arch⟩ *Ziehlatte,
Schablone(nbrett* n) f ‖ ~ **de anillo**
(Schneid)Kluppe f ‖ **–jar** vt/i ⟨Tech⟩ *Gewinde
schneiden (mit der Kluppe)*
terral m ⟨Meteor⟩ *Landwind* m *(an der span.
Mittelmeerküste)*
terramicina f ⟨Pharm⟩ *Terramycin* n
terra|nova m [Hund] *Neufundländer* m ‖
≈nova f ⟨Geogr⟩ *Neufundland* n
terra|plén m *Hinter|mauerung, -füllung* f ‖
Erd|aufwurf, -damm m ‖ *Bahn|körper, -damm* m ‖
Esplanade f ‖ ⟨Mil⟩ *Binnenraum* m *(e–r
Verschanzung)* ‖ ⟨Mil⟩ *Wallgang* m ‖ ⟨Bgb⟩
Versatz m ‖ **–plenar** vt *mit Erde auffüllen* ‖ *auf-
bzw zu|schütten*
terráqueo adj *irdisch* ‖ *Erd-* ‖ ~ m
Erdbewohner m (→ **terrícola**)
terrario m *Terrarium* n
terrateniente m/f (& adj) *(Groß)Land-,
Grund|besitzer(in* f) m
¹terra|za f *Terrasse* f ‖ *Balkon* m ‖
(Garten)Beet n ‖ *Altan* m, *Plattform* f ‖ *Teil* n *des
Straßencafés im Freien* ‖ dim: **–zuela**
²terraza f *zweihenk(e)liges, glasiertes
Tongefäß* n
terraz|go m *Stück* n *Ackerland* ‖ *dessen
Pachtzins* m ‖ **–guero** m *(Erbzins)Pächter* m
¹terrazo m ⟨Mal⟩ *Gelände-, Erd|partie* f *(e–s
Gemäldes)*
²terrazo m ⟨Arch⟩ *Terrazzo* m
terre|moto m *Erdbeben* n ‖ **–nal** adj ⟨lit⟩ →
–no ‖ **–no** adj *Erden-* ‖ *irdisch, weltlich* ‖ ~ m
Erd|reich n, *-strich, Boden, Grund* m ‖
Grundstück n ‖ *Landschaft, Gegend* f ‖ ⟨Mil
Auto⟩ *Gelände* n ‖ ⟨Geol⟩ *Schicht, Formation* f ‖
⟨fig⟩ *Bereich, Boden* m ‖ ⟨fig⟩ *Wirkungskreis* m ‖
~ **de acarreo** *Schwemmland* n ‖ ~ **arcilloso**
Kreideboden m ‖ ~ **arenisco** *Sandboden* m ‖ ~
bajo *Niederung* f (& fig) ‖ ~ **de combate** ⟨Mil⟩

Kampfgebiet n ‖ ~ cultivable *anbaufähiger Boden*
m ‖ ~ cultivado *Kultur\boden* m, *-land* n ‖
bestellter Boden m ‖ ~ devónico ⟨Geol⟩
Devonschicht f ‖ ~ edificable *Bauland* n ‖ ~
edificado *bebautes Land* n ‖ ~ de (la) exposición
Ausstellungsgelände n ‖ ~ de juego ⟨Sp⟩
Spielfeld n ‖ ~ llano *Flachland* n ‖ *ebenes*
Gelände n ‖ ~ montañoso *Gebirgsland* n ‖ ~s
fiscales *Staatsländereien* fpl ‖ ~ palúdico, ~
pantanoso *Morast* m, *Sumpfland* n ‖ ~ pizarroso
Schieferboden m ‖ ~ triguero *(guter)*
Weizenboden m ‖ ~ turbáceo *Torfland* n ‖ ~
yermo *Ödland* n ‖ *Brachfeld* n ‖ ◆ en este ~ *in*
dieser Beziehung, auf diesem Gebiet ‖ sobre el ~
an Ort und Stelle ‖ *vor Ort* ‖ ◇ descubrir ~ ⟨fig⟩
vorsichtig (aus)forschen ‖ disputarse el ~ ⟨fig⟩ *s.*
das Feld streitig machen ‖ estar en su propio ~
⟨fig⟩ *(in e–m Thema od auf e–m Gebiet) zu*
Hause sein, s. (in *e–m Thema* od *Gebiet) bestens*
auskennen ‖ ganar ~ ⟨Mil⟩ *Gelände gewinnen* ‖
⟨fig⟩ *Boden gewinnen* od *gutmachen* ‖
vorwärtskommen ‖ *s. ausbreiten* ‖ *um s. greifen* ‖
medir el ~ ⟨fig⟩ *die Schwierigkeiten (e–s*
Unternehmens) berechnen od *abwägen* ‖ minar el
~ ⟨Mil⟩ *das Gelände verminen* ‖ ⟨fig⟩ *(jdm) den*
Boden untergraben ‖ perder ~ ⟨fig⟩ *Boden*
verlieren ‖ preparar el ~ ⟨fig⟩ *das Terrain* od *den*
Boden vorbereiten ‖ reconocer el ~ ⟨Mil⟩
auskundschaften, das Gelände erkunden ‖ ⟨fig⟩
die Lage sondieren ‖ sé el ~ que piso ⟨fig⟩ *ich*
kenne mich schon aus ‖ *ich weiß, was hier zu tun*
ist ‖ ⟨fam⟩ *ich bin doch nicht von gestern!* ‖
tantear el ~ ⟨fig⟩ *das Terrain sondieren,* ⟨fam⟩
die Lage peilen

   térreo adj *erdig, erdartig* ‖ *erd\grau, -farben* ‖
irden, Ton-

   ¹terrera *f abschüssiges Erdreich* n ‖
Kahlfläche f

   ²terrera *f* ⟨V⟩ *Lerche* f (Calandrella spp) ‖ ~
común *Kurzzehenlerche* f (C. cinerea) ‖ ~
marismeña *Stummellerche* f (C. rufescens)

   terrero adj *irdisch, zur Erde gehörig* ‖ *niedrig*
fliegend (Vögel) ‖ *niedrig (Vogelflug)* ‖ *niedrig*
gehend (Reittier) ‖ ⟨fig⟩ *niedrig, niederträchtig* ‖
~ *m* → **terrado** ‖ *Erd\haufen, -schutt* m,
Aufschüttung f ‖ *Gemeindeplatz* m ‖
Schwemmland n ‖ *Korb* m *(zum Fortschaffen von*
Erde) ‖ *Wurfziel* n ‖ *Kugelfang* m ‖ ⟨Bgb⟩ *taubes*
Gestein n ‖ ⟨reg⟩ *Ziel* n, *-scheibe* f

   terrería *f* Am *schreckliche Drohung* f

   terrestre adj *(m/f) irdisch, Erd-* ‖ *weltlich,*
zeitlich ‖ *terrestrisch*

   terretremo *m* Murc *Erdbeben* n

   terrezuela *f* dim ⟨desp⟩ von **tierra** ‖ *schlechter*
Boden m

   terri\ble [sup: **–bilísimo**] adj *(m/f)*
(er)schrecklich, furchtbar, fürchterlich ‖ *grässlich,*
entsetzlich ‖ ⟨fam⟩ *arg, gewaltig, riesig,*
erstaunlich ‖ adv: **~mente**

   terrícola adj *(m/f) erdbewohnend* ‖ ⟨Zool⟩ *auf*
dem Boden bzw unterirdisch lebend ‖ ~ *m/f*
Erdbewohner(in f) m

   terrier *m* [Hund] *Terrier* m

   terrífico adj *schreckenerregend* ‖ → auch
terrorífico

   terrígeno adj ⟨lit poet⟩ *erdgeboren* ‖ ⟨Geol⟩
terrigen ‖ ~ *m Erdensohn* m

   terrina *f* ⟨Kochk⟩ *Terrine* f ‖ *Pastete* f

   terrino adj *irden*

   territo\rial adj *(m/f) zu e–m Gebiet gehörig,*
örtlich ‖ *Land-, Bezirks-, Gebiets-* ‖ ⟨Ethol Jur⟩
territorial, Territorial- ‖ ⟨Jur⟩ *Hoheits-* ‖ *Grund-* ‖
Revier- (z. B. *Wild)* ‖ **–rialidad** *f Zugehörigkeit zu*
e–m Staatsgebiet, Territorialität f ‖ ⟨Zool V⟩
Territorialität, Revierabhängigkeit f ‖ **–rio** *m*

Territorium, (Staats)Gebiet n ‖ *Landstrich* m ‖
Boden, Sprengel m ‖ *Gerichts\sprengel, -bezirk* m
‖ *Gegend* f, *Bezirk* m ‖ ⟨Zool V⟩ *Revier,*
Territorium n ‖ Arg *Gebiet* n *e–s Gouverneurs* ‖
~ federal *Bundesgebiet* n ‖ *Bundesstaatsgebiet* n
‖ ~ bajo fideicomiso *Treuhandgebiet* n ‖ ~ bajo
mandato *Mandatsgebiet* n ‖ ~ de soberanía
Hoheits-, Staats\gebiet n ‖ ~ bajo tutela
Treuhandgebiet n ‖ ~s vírgenes *noch nicht*
erschlossene Gebiete npl

   terrón *m (Erd)Klumpen* m ‖ *(Acker)Scholle* f ‖
Öltrester mpl ‖ ~ de azúcar *Stück* n, *Würfel* m
Zucker ‖ ~ de sal *Klumpen* m *Salz* ‖ ◆ a rapa ~
⟨pop⟩ *von Grund aus* ‖ ◇ segar a rapa ~ *dicht*
über dem Boden abmähen ‖ **terrones** mpl ⟨reg⟩
Grundstücke npl ‖ ⟨reg⟩ *(kleines) Stück* n *Acker*

   terror *m Schrecken* m ‖ *Entsetzen* n ‖ *Terror* m
(& Pol) ‖ ~ pánico *wilder Schrecken* m ‖ *Panik,*
blinde Angst f ‖ ◇ hacer reinar el ~ *Schrecken*
verbreiten ‖ ¡va a ser un ~! ⟨pop⟩ *das wird*
schrecklich sein!

   terro\rífico adj *Schrecken erregend* ‖
schrecklich ‖ *Angst einflößend, Terror verbreitend*
‖ ⟨Sp⟩ *kräftig (Schuss)* ‖ **–rismo** *m Terrorismus* m,
Schreckensherrschaft f ‖ ~ (p)sicológico
Psychoterror m ‖ ~ telefónico *Telefonterror* m ‖
~ verbal *Verbalterrorismus* m ‖ **–rista** adj *(m/f)*
terroristisch, Terror- ‖ ~ *m/f Terrorist(in* f) m

   terroso adj *erdig, erdhaltig* ‖ *erdfarben* ‖
erdgrau ‖ ⟨fig⟩ *blass (Gesicht)*

   terruño *m (Acker) Boden* m, *Erdreich* n ‖
Erdstrich m ‖ *Bodenbeschaffenheit* f ‖ ⟨fig⟩
Heimaterde f ‖ ⟨fig⟩ *Scholle* f ‖ ⟨fig⟩ *engere*
Heimat f (= *patria chica)* ‖ ◇ apegado al ~ ⟨fig⟩
an die Scholle gebunden

   ter\sar vt *glätten* ‖ *polieren* ‖ **–so** adj *glatt,*
glänzend ‖ *runzelfrei* ‖ ⟨fig⟩ *nett, zierlich (Stil)* ‖
geschliffen (Sprechweise) ‖ **–sura, –sidad** *f*
Glattheit f ‖ *Glanz* m ‖ *Glätte, Politur* f ‖ ⟨fig⟩
Anmut, Zierlichkeit f ‖ ⟨fig⟩ *Geschliffenheit* f
(Sprache, Stil)

   tertu\lia *f geselliges (Stamm)Treffen* n ‖
Gesprächs\runde f, *-zirkel* m ‖ *Stammtisch* m ‖
Spieler\gruppe f, *-zirkel* m ‖ ~ literaria
literarischer Zirkel m ‖ ~ televisada *Talk-Show* f
‖ **–liano** (Arg & **–liante**) m/adj *Teilnehmer* m *e–r*
tertulia ‖ **–liar** vi Am *plaudern* ‖ *an e–r tertulia*
teilnehmen ‖ **–lio** *m* → **–liano**

   Teruel *m* [Stadt und Provinz in Spanien]
Teruel n

   ¹teruteru *m* ⟨V⟩ *Cayenne-Kiebitz* m
(Belonopterus cayennensis)

   ²teruteru adj MAm *schlau, aufgeweckt* ‖
gerieben

   terzuelo *m* ⟨V⟩ *Falken\männchen* n, *-hahn* m
(Falknerei)

   t. es. ⟨Abk⟩ = tarifa especial

   Tesa\lia *f* ⟨Geogr⟩ *Thessalien* n ‖ **≈liense,**
≈li(an)o adj/s *thessalisch* ‖ **–lónica** *f* [Stadt]
Saloniki n ‖ **≈lonicense** *(m/f)*, **≈lónico** adj *aus*
Saloniki ‖ *auf Saloniki bezüglich* ‖ ~ *m* ⟨Hist⟩
Thessalonischer m *(in der Bibel)*

   tesar vt ⟨Mar⟩ *straffen, steifholen* (→ **tensar**) ‖
~ vi *rückwärts gehen (Ochsen unter dem Joch)*

   tesau\rismosis *f* ⟨Med⟩ *Thesaurismose,*
Speicherkrankheit f ‖ **–rizar** [z/c] vt *thesaurieren*
‖ **–ro** *m* ⟨Ling⟩ *Thesaurus, Wort-, Sprach\schatz* m
‖ △ **teschari** *f Beil* ‖ *Axt* f

   tesela *f Mosaikstein(chen* n) m ‖
Marmorbodenplatte f

   Teseo *m* ⟨Myth⟩ *Theseus* m

   tésera *f* ⟨Hist⟩ *Tessera* f

   tesina *f Diplomarbeit* f

   tesis *f These* f, *Streitsatz* m ‖ *Behauptung* f ‖
⟨Mus⟩ *Niederschlag, guter Taktteil* m ‖ ~

(doctoral) *Dissertation, Doktorarbeit* f ‖ ♦ de ~
⟨Lit Th⟩ *engagiert, Tendenz-, Thesen-*
tesitura *f geistige Anlage, Beschaffenheit* f ‖
Stimmung f ⟨Mus⟩ *Stimmlage* f
teso adj *stramm, straff* ‖ ~ *m* ⟨reg⟩ *Anhöhe* f,
Hügel m ‖ Tol *Viehmarktplatz* m
te|són *m Beharrlichkeit, Standhaftigkeit* f ‖
Starrsinn m, *Unbeugsamkeit* f ‖ *Hartnäckigkeit* f ‖
♦ con ~ *eigensinnig, hartnäckig, halsstarrig,*
dick-, starr|köpfig ‖ *unnachgiebig* ‖ *beharrlich* ‖
–sonero adj *beharrlich* ‖ *unbeugsam* ‖
unnachgiebig ‖ *stetig*
tesore|ría *f Schatz|amt* n, *-kammer* f ‖
Zahlmeisteramt n ‖ *Kasse* f (*e–r Körperschaft,*
e–s Vereins usw.) ‖ **–ro** *m Schatz-, Zahl|meister* m
‖ *Kassenwart* m (*in e–m Verein*) ‖ ~ *mayor*
Hauptkassier(er) m
tesoro *m Schatz* m ‖ *Schatz|amt* n, *-kammer* f,
Staatsschatz m, *Ärar* n ‖ ⟨fig⟩ *Schatz* m,
Fundgrube f ‖ ⟨fig⟩ *Thesaurus, Sprach-,*
Wort|schatz m ‖ *reichhaltiges Sammelwerk* n ‖
⟨Her⟩ *Thesaurus* m ‖ el ~ *público der Fiskus, die*
Staatskasse ‖ ◇ *este hombre vale un* ~ ⟨fig⟩
dieser Mann ist Gold wert ‖ ¡~! *(mein) Schatz!*
(Kosewort)
tespíades *fpl* ⟨Myth⟩ *Musen* fpl
tespi|o adj *thespisch, auf Thespis* (Tespis)
bezüglich ‖ ⁼s: *carro de* ~ ⟨Th⟩ *Thespiskarren* m
△ **tesquelá** *f Großmutter* f
△ **tesquera** *f Stirn* f
test *m Test* m ‖ ~ *del alce* ⟨Auto⟩ *Elchtest* m ‖
~ *de alcoholemia (Blut)Alkoholtest* m ‖ ~ *de*
aptitudes Leistungstest m ‖ ~ *del embarazo*
Schwangerschaftstest m ‖ ~ *de inteligencia*
Intelligenztest m ‖ ~ *de personalidad*
Persönlichkeitstest m ‖ → *auch* **ensayo, prueba**
test. ⟨Abk⟩ = **testamento** ‖ **testigo**
testa *f Kopf* m, *Haupt* n ‖ *Stirn* f ‖ ⟨fig⟩
Verstand m, *(fam) Köpfchen* n ‖ ~ *canosa weißes,*
graues Haupt n ‖ ~ *coronada gekröntes Haupt* n
‖ ~ *de ferro* → **testaferro** ‖ ♦ a la ~ ⟨fig⟩ *an der*
Spitze stehend ‖ *vorangehend*
testáceos *mpl* ⟨Zool⟩ *Schalamöben* fpl
(Testacea)
testada *f* → **testarada**
testa|do adj ⟨Jur⟩ *mit Hinterlassung e–s*
Testaments (Erbschaft) ‖ **–dor** *m Erblasser* m ‖
–ferro *m* ⟨fig⟩ *Strohmann, Namenleiher* m ‖ ◇
utilizar a alg. como ~, ⟨fam⟩ *tener a alg. de* ~
jdn vorschieben, jdn als Alibi benutzen
testal *f* Mex *Maisteigkugel* f
testamen|taría *f* ⟨Jur⟩ *Testamentsvollstreckung*
f ‖ *Erbteilungsverfahren* n ‖ **–tario** adj *letztwillig,*
testamentarisch ‖ **–tifacción** *f* ⟨Jur⟩
Testamentserrichtung f, *Testieren* n ‖ **–to** *m*
Testament n, *letztwillige Verfügung* f ‖ el *Antiguo*
(*od Viejo*) ~ *das Alte Testament* ‖ el *Nuevo* ~
das Neue Testament ‖ ~ *abierto öffentliches*
Testament n ‖ ~ *cerrado ge-, ver|schlossenes*
Testament n ‖ ~ *común,* ~ *mancomunado*
gemeinschaftliches Testament n ‖ ~ *marítimo*
Seetestament n ‖ ~ *militar Militärtestament* n ‖ ~
ante notario notarielles Testament n ‖ ~
nuncupativo mündliches, vor Zeugen errichtetes
Testament n ‖ ~ *ológrafo eigenhändiges,*
holographisches Testament n ‖ ~ *político* ⟨fig⟩
politisches Vermächtnis n ‖ ~ *en tiempo de*
epidemia Seuchentestament n ‖ ◇ *hacer (ordenar,*
otorgar) su ~ *letztwillig verfügen* ‖ *quebrantar el*
~ ⟨Jur⟩ *das Testament umstoßen*
¹testar vt/i *vermachen, letztwillig hinterlassen*
‖ *ein Testament machen od errichten, testieren*
²testar vt *aus-, durch|streichen*
(Geschriebenes) ‖ Ec ⟨fam⟩ *unterstreichen*
testa|rada *f*, **–razo** *m Stoß* m *mit dem Kopf* ‖

→ **–rudez** ‖ **–rudez** [*pl* ~**ces**] *f Starr|köpfigkeit* f,
-sinn m ‖ *Trotz(igkeit* f) m ‖ *Beharrlichkeit* f ‖
Rechthaberei f ‖ *Stetigkeit* f ‖ **–rudo, –rrón** adj/s
eigensinnig, hartnäckig, halsstarrig, dick-,
starr|köpfig ‖ ⟨fam⟩ *störrisch, bockbeinig*
teste|ra *f,* **–ro** *m Vorder-, Stirn|seite* f ‖
Vordersitz m (*in der Kutsche*) ‖ *Kopfende* n (*des*
Bettes) ‖ *Kopf|gestell, -stück* n (*am Zaumzeug*) ‖
–rada *f,* **–razo** *m* ⟨fam⟩ inc → **testarada**
tes|ticulamen *m:* el ~ *die Eier* npl (Hoden) ‖
–ticular adj *Hoden-* ‖ **–tículo** *m* ⟨An⟩ *Hoden*
(selten: *Hode* f), *Testikel* m
testifi|cación *f Be|zeugung, -scheinigung* f ‖
–cal adj (*m/f*) *Zeugen-* ‖ **–car** [c/qu] vt *be|zeugen,*
-kunden ‖ *als Zeuge aussagen* ‖ *Zeugnis ablegen*
(*von*) ‖ ⟨fig⟩ *bezeigen, an den Tag legen, dartun* ‖
◇ *negarse a* ~ *die Aussage verweigern* ‖ **–cativo**
adj *bezeugend* ‖ *beweisend*
testigo *m/f Zeuge* m, *Zeugin* f ‖ ⟨fig⟩
beweiskräftiges Zeichen n ‖ ⟨Sp⟩ *Staffelstab* m ‖
⟨Med⟩ *Kontrolltier* n ‖ ⟨Bgb⟩ *Bohrprobe* f ‖
Bohrkern m ‖ ~ *auricular Ohrenzeuge* m ‖ ~ *de*
cargo Belastungszeuge m ‖ ~ *de defensa, de*
descargo Entlastungszeuge m ‖ ~ *falso falscher*
Zeuge m ‖ ~s *de Jehová* ⟨Rel⟩ *Zeugen* mpl
Jehovas ‖ ~ *ocular* → ~ *presencial* ‖ ~ *de oídas*
→ ~ *auricular* ‖ ~ *presencial Augenzeuge* m ‖ ~
principal Hauptzeuge m ‖ ~ *de vista* → ~
presencial ‖ ◇ *deponer como* ~ *als Zeuge*
aussagen ‖ *hacer* ~s → *presentar* ~s ‖ *llamar a*
Dios por ~ *Gott zum Zeugen anrufen* ‖ *oír* ~s
Zeugen verhören ‖ *poner a Dios por* ~ → *llamar*
a Dios por ~ ‖ *lo pongo por* ~ *er kann es*
bezeugen ‖ *presentar (od hacer)* ~s *Zeugen stellen*
‖ *recusar un* ~ *e–n Zeugen ablehnen* ‖ *ser bzw*
haber sido ~ *de algo et. bezeugen können* ‖ ⟨fig⟩
et. miterlebt haben, bei et. dabei gewesen sein
testimo|nial adj (*m/f*) *als Zeugnis zu*
bewerten(d) ‖ *Zeugen-* ‖ **–niale** *f/pl vom Bischof*
ausgestelltes Führungszeugnis n ‖ **–niar** vt
bezeugen ‖ *als Zeuge aussagen* ‖ ⟨fig⟩ *kundgeben*
‖ **–niero** *m falscher Zeuge* m ‖ **–nio** *m Zeugnis* n ‖
Zeugenaussage f ‖ *Bescheinigung* f ‖ ⟨fig⟩ *Beweis*
m ‖ ~ *de adhesión Vertrauenskundgebung* f ‖ ♦
en ~ (de) *zum Zeugnis, als Beweis* (gen) ‖ *en* ~
de lo cual … ⟨Jur⟩ *zu Urkund dessen* …,
urkundlich dessen … ‖ ◇ *dar* ~ *Zeugnis ablegen*
(de *von*)

test.ᵐᵗᵒ ⟨Abk⟩ = **testamento**
test.º ⟨Abk⟩ = **testigo**
testosterona *f* ⟨Physiol⟩ *Testosteron* n
testudíneo adj *schildkrötenähnlich*
¹testudo *m* ⟨Hist Mil⟩ *Schilddach* n
²testudo *f* ⟨Zool Wiss⟩ *Gattungsname einiger*
Schildkröten (→ **tortuga**)
testuz [*pl* ~**ces**] *m Stirn* f *bzw Nacken* m
(*einiger Tiere, bes. des Stieres*)
tesura *f* → **tiesura**
teta *f Euter* n ‖ *Saug-, Brust|warze,* ⟨fam⟩ *Zitze*
f ‖ ⟨pop⟩ *Titte* f ‖ ◇ *dar* (la) ~ ⟨pop⟩ *stillen, (dem*
Kind) die Brust geben ‖ *quitar la* ~ (a un bebé)
(ein Baby) entwöhnen
Teta *f* ⟨pop⟩ → **Teresa**
tetamen *m* ⟨pop⟩ *Titten* fpl
te|tania *f* ⟨Med⟩ *Tetanie, Starrkrampf* m ‖
–tánico adj *tetanisch, Tetanus-* ‖ **–tanismo** *m* →
tetania ‖ **–tanizado** adj ⟨fig⟩ *erstarrt*
tétano(s) *m* ⟨Med⟩ *Wundstarrkrampf, Tetanus*
m
tetar vt Ar ⟨pop⟩ (*an der Mutterbrust*) *saugen*
¹tetera *f Teekanne* f ‖ *Teekessel* m
²tetera *f* (vulg) *die Titten*
tetero *m* Col *Saugflasche* f (*für Babys*)
teti|erguida, –enhiesta adj/*f* (lit) *hochbrüstig*
(*Frau*) ‖ **–lla** *f* dim *von* **teta** ‖ *männliche*

Brustwarze f ‖ *Sauger* m *(an der Saugflasche)* ‖
–na *f Sauger* m *(an der Saugflasche)*
Tetis *f* ⟨Myth⟩ *Thetis* f ‖ *~* ⟨Geol⟩ *Tethys* f
(breite Zone von Meeresbildungen)
　tetón *m* augm von **teta** ‖ Rioja *Ferkel* n
　teto|na adj/s ⟨pop⟩ *vollbusig, stark-,
voll|brüstig (Frau)* ‖ **–rra** *f* ⟨pop⟩ → **tetona** ‖ **~s**
fpl ⟨pop⟩ *Mordsbusen* m
　tetra|ciclina *f* ⟨Pharm⟩ *Tetrazyklin* n ‖
–cloruro *m:* ~ de carbono ⟨Chem⟩
Tetrachlorkohlenstoff m ‖ **–edro** *m Vierflächner*
m, *Tetraeder* n ‖ **–gonal** adj *(m/f) tetragonal,
viereckig* ‖ **–grama** *m* ⟨Mus⟩ *Vierliniensystem* n
(der Gregorianik) ‖ **–grá(m)maton** *m* ⟨Rel⟩
Tetragramm(aton) n ‖ **–logía** *f* ⟨Th⟩ *Tetralogie* f
(& Med) ‖ la ~ de los Nibelungos (El oro del
Rin, La Valquira, Sigfrido, El crepúsculo de los
dioses) *Der Ring der Nibelungen (Das Rheingold,
Die Walküre, Siegfried, Die Götterdämmerung)* ‖
tetra|motor adj *viermotorig* ‖ ~ *m* ⟨Flugw⟩
viermotoriges Flugzeug n ‖ **–plejía** *f* ⟨Med⟩
Tetraplegie f
　tetrápodos *mpl* ⟨Zool⟩ *Vierfüßer* mpl
　tetrar|ca *m* ⟨Hist⟩ *Tetrarch* m ‖ **–quía** *f
Tetrarchie, Vier(fürsten)herrschaft* f
　tetrarreactor *m* ⟨Flugw⟩ *vierstrahliges
Düsenflugzeug* n, *Vierdüsenmotor(flugzeug* n) m
　tetrasílabo *m*/adj ⟨Poet⟩ *viersilbig(er Vers* m)
　tetrástrofo *m* ⟨Poet⟩: ~ *monorrimo vierzeilige
einreimige Strophe des „mester de clerecía" od
„cuaderna vía"*
　tetravalente adj *(m/f)* ⟨Chem⟩ *vierwertig*
　tétrico adj *trüb|sinnig, -selig, düster, finster* ‖
unheimlich
　tetrodo *m* ⟨Radio TV⟩ *Tetrode* f
　tetuaní [*pl* ~**íes**], **tetuán** adj/s *aus Tetuan*
(Tetuán) ‖ *auf Tetuan bezüglich*
　tetuda adj *groß-, stark|brüstig, vollbusig
(Frau)*
　teucrio *m* ⟨Bot⟩ *Gamander* m (Teurcrium sp)
　teucro *m*/adj *Teukrer, Trojaner* m ‖ *~* ⟨Myth⟩
Teukros m
　te|úrgia *f* ⟨Rel⟩ *Theurgie* f ‖ **–úrgico** adj
theurgisch ‖ **–úrgo** *m Theurg, heidnischer
Zauberpriester* m
　Teutoburgo *m* ⟨Hist⟩: batalla de ~
Hermannsschlacht f
　teu|tón adj *teutonisch* ‖ *(lit) deutsch (& fam,
oft desp)* ‖ *~ m Teutone* m ‖ ⟨fam⟩ *Deutsche(r)* m
(& fam, oft desp) ‖ **–tónico** adj *teutonisch* ‖ *(lit)
deutsch (& fam, oft desp)*
　Te|xas → **–jas** ‖ **≠xano** adj/s *aus Texas,
Texaner* ‖ *auf Texas bezüglich*
　textema *m* ⟨Ling⟩ *Textem* n
　textil adj/s *(m/f) Textil-* ‖ los ~es *die Textil-,
Web|waren* fpl, *die Textilien* pl
　texto *m Text, Wortlaut* m ‖ *Original* n,
Urschrift f ‖ *Zitat* n ‖ *Bibelspruch* m ‖ *Lehr-,
Fach|buch* n ‖ ⟨Typ⟩ *Tertia* f *(Schriftgrad)* ‖ ~ del
asiento ⟨Com⟩ *Buchungstext* m ‖ ~ cifrado
chiffrierter Text m ‖ ~ no cifrado *Klartext* m ‖ ~
integral *ungekürzte Ausgabe* f ‖ ~ legal
Gesetzestext m ‖ ~mutilado *verstümmelter Text* m
‖ ~ original *Originaltext* m, *Urschrift* f, *Urtext* m
‖ ~ publicitario *Werbe-, Reklame|text* m ‖ ~
refundido *Neufassung* f ‖ ◇ poner el ~ *(figf) das
Wort führen*
　textual adj *(m/f) text|gemäß, -getreu* ‖ *wörtlich,
buchstäblich* ‖ **–mente** adv *wortgetreu* ‖ *wörtlich*
　textu|ra *f Gewebe* n, *Faserung, Textur* f ‖
Weben n ‖ ⟨Geol Tech⟩ *Textur* f ‖ *(fig) Struktur* f,
Gefüge n, *Aufbau* m, *Zusammenhang* m ‖
Anordnung f ‖ **–turar** vt ⟨Text⟩ *texturieren*
　tez [*pl* ~**ces**] *f Gesichts-, Haut|farbe* f, *Teint* m
‖ ◆ de ~ morena *von brauner Gesichtsfarbe*

tezontle *m* Mex *Art roter Tuff(stein)* m
tf. ⟨Abk⟩ = **telefonema**
t. g. ⟨Abk⟩ = **tarifa general**
Th ⟨Abk⟩ = **torio**
thalweg *m* → **talweg**
theta *f griech.* ϑ *(Θ), Theta* n
thriller *m* ⟨Film Lit TV⟩ *Thriller* m
ti pron *dich, dir* ‖ de ~ *von dir* ‖ a ~ te lo doy
dir gebe ich es ‖ por ~ *deinetwegen* ‖ hoy por ~
y mañana por mí *heute dir, morgen mir*
Ti ⟨Abk⟩ = **titanio**
tía *f Tante* f ‖ ⟨fam⟩ *Tante* f, ⟨desp⟩
Weib(sstück) n ‖ ⟨pop⟩ *Schachtel* f ‖ *(fam euph)
Nutte* f ‖ ~ abuela *Großtante* f ‖ ~ carnal
leibliche Tante f ‖ esa tía ⟨pop⟩ *die da (ohne
nähere Angabe)* ‖ ~ segunda *Schwipptante* f
(Tante zweiten Grades) ‖ ⟨reg⟩ *Stiefmutter* f ‖
⟨reg⟩ *Schwiegermutter* f ‖ ◇ ¡eso cuéntaselo a tu
~! *(figf) das mache e–m anderen weis!* ‖ no hay
tu ~ ⟨pop⟩ *dem ist nicht abzuhelfen* ‖ *da gibt es
kein Pardon!* ‖ *nichts zu machen!* ‖ *kommt nicht
in Frage!* ‖ quedar(se) para ~ ⟨figf⟩ *e–e alte
Jungfer werden, sitzenbleiben*
　tia|lina *f* ⟨Physiol⟩ *Ptyalin* n ‖ **–lismo** *m* ⟨Med⟩
Ptyalismus m, *Sialorrhö* f
　tianguis *m* Mex *(Wochen)Markt* m
　tiara *f* ⟨Kath⟩ *Tiara* f *(dreifache Krone des
Papstes)* ‖ ⟨fig⟩ *Papstwürde* f
　tiarro *m* ⟨desp⟩ von **tío**
　tiazina *f* ⟨Chem⟩ *Thiazin* n
　tibaldo adj ⟨reg⟩ *feig(e)*
　tibante adj *(m/f)* Col *protzig, hochtönend,
überheblich*
　△ **tibao** adj *steif*
　tiberino adj *zum Tiberfluss gehörig*
　tiberio *m* ⟨fam⟩ *Radau, Krach, Wirrwarr* m,
Durcheinander n ‖ *lustiger Rummel* m
　Tiberio *m* np *Tiberius* m
　Tíbet *m* ⟨Geogr⟩ *Tibet* n
　tibetano adj *tibet(an)isch* ‖ ~ *m Tibet(an)er* m
　¹**tibia** *f* ⟨Mus⟩ *Flöte* f
　²**ti|bia** *f* ⟨An⟩ *Schienbein* n ‖ **–bial** adj *(m/f)
Schienbein-*
　tibieza *f Lauheit* f ‖ *(fig) Lauheit, Lässigkeit* f
⟨fig⟩ *Behaglichkeit, Gemütlichkeit, Häuslichkeit* f
　tibi|o adj/s *lau(warm)* ‖ *(fig) lau, lässig* ‖
gemütlich, behaglich ‖ ◇ poner ~ a alg. *jdn
abkanzeln, jdn herunterputzen* ‖ *kein gutes Haar
an jdm lassen* ‖ dim: **–ecito**
　tibor *m große chinesische (Zier)Vase* f ‖ ⟨reg⟩
Kübel m ‖ Cu *Nachttopf* m
　Tíbulo *m* np *Tibullus* m
　Tiburcio *m* np *Tiburtius* m
　tiburón *m* ⟨Fi⟩ *Hai(fisch)* m ‖ *(fig) Hai* m ‖ ~
boreal *Grönlandhai* m (Somniosus
microcephalus) ‖ ~ financiero ⟨fig⟩ *Finanzhai* m
　tic [*pl* tics] *m* ⟨Med⟩ *Tic, Tick* m *(Zuckung)*
　ticiano adj *tizianisch* ‖ *tizianrot*
　ticket *m* → **tique**
　tico adj/s MAm ⟨fam⟩ *aus Costa Rica*
　tic-tac, tictac *m Ticktack* n *(Gang e–r Uhr)* ‖
◇ hacer ~ *ticken*
　tictaquear vi *ticken*
　tié ⟨pop⟩ → **tiene**
　tiebreak *m* ⟨Sp⟩ [Tennis] *Tiebreak* m
　tiemblo *m* ⟨Bot⟩ *Zitterpappel, Espe* f (Populus
tremula)
　tiempla *f* Col ⟨fam⟩ *Schwips, Rausch* m
　tiemple *m* Chi *Verliebtheit* f
　tiempo *m Zeit* f ‖ *Zeitdauer* f ‖ *Zeit|raum,
-abschnitt* m ‖ *Zeitalter* n ‖ *Zeitpunkt* m ‖ *Alter* m
(bes. *von Kindern*) ‖ *Frist* f ‖ *Jahreszeit* f ‖ *Wetter*
n, *Witterung* f ‖ *Abschnitt* m, *Phase* f ‖ *Takt* m
(Motor) ‖ ⟨Mus⟩ *Takt* m, *Tempo* n ‖ ⟨Mus⟩ *Satz* m
‖ *Taktteil* m ‖ ⟨Gr⟩ *Zeit(form)* f ‖ ~ de actuación

Einwirkungszeit f ‖ ~ actual *Jetztzeit, heutige Zeit* f ‖ ~ asignado a cada orador *Redezeit* f ‖ ~ de asimilación (al alta de la Seguridad Social) *Ersatzzeit* f *(in der Sozialversicherung)* ‖ buen ~ *gutes Wetter* n ‖ (un) cierto ~ *e–e Zeitlang* ‖ ~ del bocadillo 〈fam〉 *Frühstückspause* f ‖ ~ de coagulación *Gerinnungszeit* f ‖ ~ de combustión *Brennzeit* f *(Rakete)* ‖ ~ compartido 〈Inform〉 *Time-Sharing* n ‖ ~ compuesto 〈Gr〉 *zusammengesetzte Zeitform* f ‖ ~ de conversación 〈Tel〉 *Gesprächszeit* f ‖ ~ dedicado, ~ empleado *Zeitaufwand* m ‖ ~ de demora (*od* estadía) 〈Mar〉 *Liegezeit* f ‖ ~ de descarga 〈Mar〉 *Löschzeit* f ‖ ~ de ensayo *Probezeit* f ‖ ~ de entrega *Lieferzeit* f ‖ ~ estival *Sommerzeit* f ‖ *Sommerwetter* n ‖ ~ de exposición 〈Fot〉 *Belichtungszeit* f ‖ ~ en filas 〈Mil〉 *Wehrdienstzeit* f ‖ ~ futuro 〈Gr〉 *Zukunft* f, *Futurum* n ‖ ~ improductivo *Leerzeit* f ‖ ~ de instrucción *Ausbildungszeit* f ‖ ~ intermedio *Zwischenzeit* f ‖ ~ invernal *Winterzeit* f, *Winterwetter* n ‖ largo ~ *lange Zeit, lange* ‖ ~ libre *Freizeit* f ‖ ~ límite *Höchstzeit* f ‖ 〈Sp〉 *Zeitlimit* n ‖ ~ lluvioso *Regenwetter* n ‖ mal ~ *schlechtes Wetter* n ‖ medio ~ *Zwischenzeit* f ‖ mucho ~ *lange Zeit, lange* ‖ ~ muerto 〈Sp〉 *Auszeit* f ‖ ~ de nieve *Schneewetter* n ‖ ~ otoñal *Herbstzeit* f ‖ *Herbstwetter* n ‖ ~ perdido *verlorene Zeit* f ‖ ~ de perros *Hundewetter*, 〈pop〉 *Sauwetter* n ‖ ~ predeterminado *Vorgabezeit* f *(REFA)* ‖ ~ presente *Jetztzeit, Gegenwart* f ‖ 〈Gr〉 *Gegenwart* f, *Präsens* n ‖ ~ pretérito 〈Gr〉 *Vergangenheit* f, *Präteritum* n ‖ ~ primaveral *Frühlingswetter* n ‖ primer ~ 〈Sp〉 *erste Spielhälfte, erste Halbzeit* f ‖ ~ de pruebas *Probezeit* f ‖ ~ propicio *günstige Zeit* f ‖ *günstiges Wetter* n ‖ ~ récord *Rekordzeit* f ‖ ~ riguroso *rauhes Wetter* n ‖ ~ ruin *elendes Wetter* n ‖ ~ seco *trockenes Wetter* n ‖ ~ de servicio *Dienstzeit* f ‖ ~ sideral 〈Astr〉 *Sternzeit* f ‖ ~ de (la) siega *(die) Erntezeit, (die) Mahdzeit* f ‖ ~ simple 〈Gr〉 *einfache Zeitform* f ‖ ~ solar 〈Astr〉 *Sonnenzeit* f ‖ ~ tempestuoso, ~ tormentoso *stürmisches Wetter, Sturmwetter* n ‖ ~ de trabajo *Arbeitszeit* f ‖ ~ tranquilo *ruhiges Wetter* n ‖ *Windstille* f ‖ ~ transcurrido *abgelaufene Zeit* f ‖ ~ útil *Nutzungszeit* f 〈Verw〉 *anrechnungsfähige Zeit* f ‖ ~ de veda 〈Fi Jgd〉 *Schonzeit* f ‖ ~(s) venidero(s) *Zukunft* f ‖ *Folgezeit* f ‖ *kommende Zeit(en)* f(pl) ‖ un ~ de la vida *ein Lebensabschnitt* m ‖ ◆ a ~, a buen ~ *beizeiten* ‖ *zur rechten Zeit, rechtzeitig* ‖ a mal ~, buena cara 〈fig〉 *gute Miene zum bösen Spiel (machen)* ‖ a su ~ *im geeigneten Augenblick* ‖ *seinerzeit* ‖ a un ~, al mismo ~ *zu gleicher Zeit, zugleich, gleichzeitig* ‖ al ~ de … *im Augenblick …* (gen) ‖ a ~ que … *als …, während …* ‖ muy a ~ *noch zur rechten Zeit* ‖ antes de ~ *vorzeitig* ‖ cada poco ~ *alle Augenblicke* ‖ con ~ *in aller Ruhe* ‖ *rechtzeitig, früh genug* ‖ con el ~ *mit der Zeit, späterhin* ‖ de ~ en ~ *von Zeit zu Zeit* ‖ *mitunter, dann und wann* ‖ de aquel ~ *damalig* ‖ demasiado ~ *allzulange* ‖ de poco ~ *jung* ‖ de poco ~ a esta parte *seit kurzem, kürzlich* ‖ dentro de poco ~ *in kurzer Zeit, bald* ‖ desde este ~ *von der Zeit an* ‖ desde hace ~ *seit einiger Zeit* ‖ desde hace mucho (poco) ~ *seit langer (kurzer) Zeit* ‖ después de algún ~ *nach einiger Zeit* ‖ durante algún ~ *e–e Zeitlang* ‖ en ~ (oportuno) *zur rechten Zeit, zu gegebener Zeit* ‖ *rechtzeitig* ‖ en ~ determinado *zu bestimmter Zeit* ‖ en otro ~ *ehemals, vordem* ‖ *einmal, einst* ‖ en poco ~ *bald, in Bälde* ‖ en su ~ *zu s–r Zeit, seinerzeit* ‖ en todo ~ *jederzeit, stets* ‖ fuera de ~ *zur Unzeit, un|zeitig, -gelegen* ‖ por ~ *auf gewisse Zeit* ‖ por más ~ *länger* ‖ sin pérdida de ~ *od* sin perder ~

ohne *Zeit zu verlieren, unverzüglich* ‖ todo el ~ *die ganze Zeit (über), ständig* ‖ todo el ~ que … *so lange, als …* ‖ ¿(para) cuánto ~? *(auf) wie lange?* ‖ ◇ acordarse del ~ del rey que rabió 〈figf〉 *sehr alt sein, aus uralten Zeiten od Olims Zeiten sein od stammen* ‖ andar con el ~ 〈fig〉 *mit der Zeit gehen* ‖ ahorrar ~ *Zeit sparen* ‖ andando el ~ *mit der Zeit, allmählich* ‖ dar ~ a alg. *jdm Zeit geben od lassen* ‖ dar ~ al ~ *die Zeit für s. arbeiten lassen* ‖ *s. Zeit lassen* ‖ nichts *überstürzen* ‖ el ~ se va despejando *das Wetter heitert s. (allmählich) auf* ‖ desperdiciar el ~ *die Zeit (unnütz) vertrödeln* ‖ *unnütz arbeiten* ‖ durar mucho ~ *lange dauern* ‖ ahora estás a ~ *jetzt hast du noch Zeit* ‖ exceder el ~ *die Zeit überschreiten* ‖ exigir mucho ~ *sehr zeitraubend sein* ‖ ganar ~ *Zeit gewinnen* ‖ gastar el ~ *die Zeit verschwenden* ‖ hacer ~ *s. die Zeit zu vertreiben suchen* ‖ hacer economía de ~ *Zeit sparen* ‖ hace algún ~, ~ ha *vor einiger Zeit* ‖ einst ‖ hace mucho ~ que no le he visto *ich habe ihn (schon) lange nicht gesehen* ‖ hace poco ~ *vor kurzem* ‖ hace ya ~ *es ist schon lange her* ‖ ya se va haciendo ~ *es wird schon allmählich Zeit* ‖ hay ~ (todavía) *es ist noch Zeit* ‖ no hay ~ que perder *es ist k–e Zeit zu verlieren* ‖ ir con el ~ 〈fig〉 *mit der Zeit gehen* ‖ interponer en (debidos) ~ y forma 〈Jur〉 *frist- und form|gerecht einlegen (Berufung usw.)* ‖ llegar a ~ *rechtzeitig (an)kommen* ‖ matar el ~ 〈fig〉 *die Zeit vertreiben* ‖ 〈fam〉 *die Zeit totschlagen* ‖ pasado (*od* transcurrido) este ~ *nach Ablauf dieser Zeit* ‖ para pasar el ~ *zum Zeitvertreib* ‖ pasar el ~ *die Zeit (unnütz) vertrödeln* ‖ pasar el ~ charlando *die Zeit verplaudern* ‖ perder (el) ~ *Zeit verlieren* ‖ eso es perder el ~ *das ist (reine) Zeitverschwendung* ‖ requerir *od* suponer mucho ~ *sehr zeitraubend sein* ‖ ser del ~ del rey que rabió 〈figf〉 *sehr alt sein, aus uralten Zeiten sein od stammen, s. zu Olims Zeiten zugetragen haben* ‖ es ~ *es ist Zeit* ‖ es ~ de obrar *jetzt muss man handeln* ‖ es ~ que venga *es ist (höchste) Zeit, dass er (sie, es) kommt, jetzt müsste er (sie, es) kommen* ‖ es cuestión de ~ *es ist (nur) e–e Frage der Zeit* ‖ ya es ~ de … & inf *es ist Zeit zu …* & inf ‖ ya es ~ de que … & subj *es ist Zeit, dass … & ind* ‖ no tuve ~ de esperar *ich konnte nicht länger warten* ‖ tengo el ~ muy limitado *m–e Zeit ist sehr begrenzt* (od knapp) ‖ tomarse ~ (para) *s. Zeit lassen (zu)* ‖ el ~ es oro 〈Spr〉 *Zeit ist Geld* ‖ cada cosa en su ~ (y los nabos en adviento) 〈Spr〉 *alles zu s–r Zeit*

~s *mpl* *Zeiten* fpl, *Zeitläuf(t)e* mpl ‖ ~ difíciles *harte, schwere Zeiten* fpl ‖ ~ futuros *kommende Zeiten* fpl ‖ ~ de guerra *Kriegszeiten* fpl ‖ los ~ heroicos *das Heldenzeitalter* ‖ los ~ primitivos *die Urzeit* ‖ ◆ a ~ *ab und zu* ‖ desde ~ inmemoriales *seit uralter, undenklicher Zeit* ‖ en los ~ actuales *in der heutigen Zeit, heutzutage* ‖ en ~ de … *zur Zeit …* (gen) ‖ en ~ de Maricastaña *od* del rey Perico 〈figf〉 *anno Dazumal, anno Tobak, zu Olims Zeiten* ‖ en otros ~ *vorzeiten* ‖ *ehemals* ‖ *früher, sonst* ‖ en ~ pasados *in früheren Zeiten* ‖ en sus buenos ~ 〈fig〉 *in s–r (ihrer) Jugendzeit* ‖ en los buenos ~ *in der guten alten Zeit* ‖ interponer en (debidos) ~ y formas 〈Jur〉 *frist- und form|gerecht einlegen (Berufung usw.)*

¹tienda f *Laden* m, *Geschäft* n ‖ *Marktbude* f, *Stand* m Arg Cu Chi Ven *Stoffgeschäft* n ‖ ~ acreditada *renommiertes Geschäft* n ‖ ~ bien (mal) surtida *Laden mit großer (spärlicher) Auswahl* ‖ ~ de comestibles *Lebensmittelgeschäft* n ‖ ~ de comestibles finos *Feinkost-, Delikatessen|geschäft* n ‖ ~ de confecciones

Konfektionsgeschäft n ‖ ~ ecológica *Ökoladen* m ‖ ~ de modas *Modengeschäft* n ‖ ~ de tejidos *Stoffgeschäft* n ‖ ~ de ultramarinos Span *Kolonialwarengeschäft* n ‖ *Lebensmittelgeschäft* n ‖ ~ de vecindad *Tante-Emma-Laden* m ‖ ◇ abrir una ~ *e–n Laden eröffnen* ‖ cerrar una ~ *e–n Laden aufgeben od schließen* ‖ ir de ~s ⟨figf⟩ *e–n Schaufenster- bzw Einkaufs|bummel machen* ‖ poner una ~ → abrir una ~ ‖ quien tiene ~, que (la) atienda ⟨Spr⟩ etwa: *jeder walte s–s Amtes* ‖ *jeder tue s–e Pflicht* ‖ dim: ~**ezuela**, ~**ecita**

²**tienda** *f Zelt* n ‖ *(Wagen)Plane* f ⟨Mar⟩ *Sonnensegel* n ‖ ~ de campaña *Zelt* n ‖ ~ de oxígeno ⟨Med⟩ *Sauerstoffzelt* n ‖ ◇ abatir una ~ *ein Zelt abreißen* ‖ alzar *od* levantar una ~ *ein Zelt abschlagen* ‖ montar una ~ *ein Zelt aufschlagen*

tiene(n) → **tener**

tienta *f* ⟨Taur⟩ *Aussuchen* n *von Kampfstieren (unter den Jungstieren)* ⟨Med⟩ *Sonde* f ‖ ⟨fig⟩ *Schlauheit, Pfiffigkeit* f ‖ ◆ a ~s ⟨fig⟩ *blindlings* ‖ *aufs Geratewohl* ‖ *heimtückisch* ‖ ◇ andar *(od* ir) a ~s *(umher)tappen* ‖ ⟨fig⟩ *im Dunkeln tappen*

¹**tiento** *m Be|fühlen, -tasten* n ‖ *Stock* m *des Blinden* ‖ *Balancierstange* f *(Seiltänzer)* ‖ ⟨Zool⟩ *Fühler* m ‖ *Fangarm* m *(z. B. e–s Polypen)* ‖ ⟨Mal⟩ *Malerstock* m ‖ ⟨Mus⟩ *Stegreifspielen* n ‖ ⟨figf⟩ *Schluck* m ‖ ⟨fig⟩ *Behutsamkeit, Umsicht* f ‖ ◆ a ~ *tappend, tastend, blindlings* (& fig) ‖ con ~ *mit Vorsicht, vorsichtig* ‖ *sachte, behutsam* ‖ por el ~ *durch das Gefühl* ‖ sin ~ *unvorsichtig* ‖ ◇ dar un ~ ⟨figf⟩ *vorfühlen, sondieren, auf den Zahn fühlen* (a alg. *jdm)* ‖ *e–n Schluck tun* ‖ ~**s** *mpl* ⟨Art⟩ *Volksgesänge mpl* (meist *aus dem Stegreif gesungen)* ‖ ⟨pop⟩ *Prügel pl, Schläge mpl*

²**tiento** *m* Arg PR *Imbiss* m, *Erfrischung* f

³**tiento** *m* Am bes Mex Ven *Sattelriemen* m ‖ Chi PR *(meist) ungegerbter Riemen* m

tierno adj *zart, weich* ‖ *mürbe, weich (Fleisch, Obst, Brot, Käse)* ‖ *jung (Gemüse)* ‖ Chi Ec *unreif (Obst)* ‖ ⟨fig⟩ *zärtlich, gefühlvoll* ‖ ⟨fig⟩ *weinerlich* ‖ ~ (de corazón) ⟨fig⟩ *weichherzig, rührselig* ‖ la ~a edad ⟨fig⟩ *die Kindheit* ‖ adv: ~**amente** ‖ dim: ~**ecito** (→ auch **ternecito)**

tierra *f Erde* f ‖ *Erdkugel* f, ⟨poet⟩ *Erdenrund* n ‖ *Welt* f ‖ *(Erd)Boden, Grund* m, *(Erd)Reich* n ‖ *Land* n ‖ *Ackerland, Feld* n ‖ *Landgut* n ‖ *Grund|stück* n, *-besitz* m ‖ *Gebiet* n, *Ort* m ‖ *Heimat* f, *Vaterland* n ‖ ⟨fig⟩ (in der Drogenszene) *minderwertiges Haschisch* n ‖ ~ adentro *landeinwärts* ‖ *im In-, Binnen|land* ‖ ~ arable *Ackerboden* m ‖ ~ arcillosa *Ton|erde* f, *-boden* m ‖ ~(s) arrendada(s) *Pachtland* n ‖ ~ baja *Niederung* f ‖ *Tiefland* n ‖ ~ baldía *Ödland, unbebautes Land* n ‖ ~ de barbecho *Brache* f, *Brachland* n ‖ ~ de batán *Walkerde* f ‖ ~ del boquerón ⟨pop⟩ *Málaga* n ‖ ~ de campal *ebenes und baumloses Gelände* n ‖ ~ de Campos *fruchtbarster Teil Altkastiliens* ‖ ~ del chavico ⟨pop⟩ *Granada* f ‖ ~ del cipote (vulg) *Córdoba* n ‖ ~ cocida *Terrakotta* f ‖ ~ colorante *Farberde* f ‖ ~ cultivable *anbaufähiger od kulturfähiger Boden* m ‖ ~ diatomácea, ~ de diatomeas *Diatomeenerde, Kieselgur* f ‖ ~ de(s)colorante *Bleicherde* f ‖ ~ de España *span. (Schlämm)Kreide* f ‖ ~ del esparto ⟨pop⟩ *Almería* n ‖ ~ extraña *fremde Gegend* f ‖ *Ausland* n ‖ ~ firme *fester Boden* m, *festes Land* n ‖ *Festland* n ‖ ~ de Francisco José ⟨Geogr⟩ *Franz-Joseph-Land* n ‖ ~ del Fuego ⟨Geogr⟩ *Feuerland* n ‖ ~ de labor *od* laborable → ~ de cultivo ‖ ~ del Labrador ⟨Geogr⟩ *Labrador* ‖ la ~ de María Santísima ⟨fam⟩ *Andalusien* n ‖ ~ medicinal *Heilerde* f ‖ ~ de moldeo *Formerlehm* m ‖ ~ de

nadie *Niemandsland* n ‖ ~ negra *Humus* m ‖ ~ de pan llevar *fruchtbares Getreidegebiet* n, bes. *als Bezeichnung für die Tierra de Campos* (P Pal und P León) *der „Kornkammer" Spaniens* ‖ ~ de pastos *Weide-, Grün|land* n ‖ ~ del pijo ⟨vulg⟩ *Almería* n ‖ ~ del pipiripao ⟨fam⟩ *Schlaraffenland* n ‖ la ~ Prometida, la ~ de Promisión *das Gelobte Land* n (& fig) ‖ ~ refractaria *feuerfester Ton* m, *Schamotte* f ‖ ~ de regadío *Bewässerungsland* n ‖ la ~ Santa *das Heilige Land* ‖ ~ de secano *unbewässertes Land* n ‖ ~ de sembradura *Ackerland* n ‖ ~ sulfúrea *Schwefelerde* f ‖ ~ vegetal *Mutter|boden* m, *-erde* f ‖ ~ virgen *Neuland* n ‖ ◆ ¡a ~! ⟨Mil⟩ *abgesessen!* (Reiterei) ‖ bajo ~ *unter (der) Erde* ⟨Bgb⟩ *unter Tage* ‖ de la ~ *einheimisch, Inland(s)-, inländisch* ‖ en ~ *auf dem (Fest)Land* ‖ ⟨fig⟩ *da(r)nieder* ‖ hacia la ~ *landwärts* ‖ por ~ *zu Lande, auf dem Landweg* ‖ *Land-* ‖ por debajo de ~ ⟨fig⟩ *heimlich, verstohlen* ‖ besar la ~ ⟨joc⟩ *hinfallen, auf die Nase,* ⟨pop⟩ *auf die Schnauze fallen* ‖ caer a ~ *zu Boden fallen, hinfallen* ‖ caer por ~ ⟨fig⟩ *einstürzen, zunichte werden* ‖ dar en ~ *niedersinken* ‖ dar en ~ con algo *et. zu Boden werfen* ‖ ⟨fig⟩ *et. umstoßen, zunichte machen* ‖ dar ~ a algo ⟨fig⟩ *et. nähren, unterstützen* ‖ echar ~ *aufhäufeln* (z. B. *Weinstöcke)* ⟨fig⟩ *e–e Sache begraben, Gras über et. wachsen lassen* ‖ echar por ~ ⟨fig⟩ *zerstören, umstoßen, zunichte machen, vereiteln* ‖ echar ~ a los ojos de alg. ⟨figf⟩ *jdm Sand in die Augen streuen* ‖ ¡echemos ~ sobre el asunto! ⟨pop⟩ *Schwamm drüber!* ‖ echarse a *od* en, por ~ ⟨fig⟩ *klein beigeben, s. in den Staub werfen, s. demütigen* ‖ echarse (la) ~ a los ojos *s. ins eigene Fleisch schneiden* ‖ establecer el contacto con la ~ ⟨El⟩ *erden* ‖ estar comiendo *od* ⟨pop⟩ mascando la ~ ⟨figf⟩ *ins Gras gebissen haben* ‖ ganar ~ ⟨fig⟩ *Boden gewinnen* ‖ irse a ~ → venirse a ~ ‖ morder la ~ ⟨fig⟩ *ins Gras beißen* ‖ perder ~ *den Boden unter den Füßen verlieren* (& fig) ‖ *ab-, aus|rutschen* ‖ poner ~ en *od* por medio ⟨figf⟩ *s. aus dem Staub machen* ‖ davonrennen ‖ ponerse en ~ *s. zu Boden strecken* ‖ sacar algo de debajo de la ~ ⟨figf⟩ *et. aus der Erde stampfen* ‖ tomar ~ ⟨Mar Flugw⟩ *landen* ‖ ⟨fig⟩ *Fuß fassen* ‖ se lo tragó la ~ ⟨figf⟩ *er (es) ist wie vom Erdboden verschwunden* ‖ unir a ~ ⟨El⟩ *erden* ‖ venirse a ~ ⟨fig⟩ *zugrunde (& zu Grunde) gehen, zunichte werden* ‖ viajar por ~ *zu Lande od auf dem Landweg reisen* ‖ en ~ de ciegos, el tuerto es rey ⟨Spr⟩ *im Reich der Blinden ist der Einäugige König* ‖ ~**s** *fpl Ländereien fpl, Güter npl* ‖ ⟨lit⟩ *Lande npl* ‖ ⟨Chem⟩ *Erden fpl* ‖ ~ bajas *Niederungen fpl* ‖ *Tief|land* n, *-ebene* f ‖ ~ raras ⟨Chem⟩ *Seltenerden, seltene Erden fpl* ‖ ◇ ver ~ *s. die Welt ansehen* ‖ de luengas ~, luengas mentiras ⟨Spr⟩ *ferne Länder, große Lügen*

tierrafría *m* Col *Hochlandbewohner* m

tie|rrecilla *f* dim von **–rra** ‖ **–rroso** adj Am *schmutzig, schlammig* ‖ **–rruca** *f* dim von **–rra** ‖ *Ländchen* n ‖ *Heimat* f ‖ la ~ ⟨Sant⟩ *die Montaña, die span. Provinz Santander*

tieseci|llo, –to adj dim von **tieso**

tieso adj *steif, starr* ‖ *fest, hart, spröde* ‖ *straff, stramm, gespannt* ‖ ⟨fig⟩ *mutig, wacker* ‖ ⟨fig⟩ *starrsinnig, hartnäckig, eigenwillig* ‖ ⟨fig⟩ *lächerlich steif, hölzern,* ⟨pop⟩ *offiziell* ‖ ~ como un huso *od* una vela *od* ⟨fam⟩ un ajo *kerzengerade* ‖ *stocksteif* ‖ ◇ dar ~ *fest zuschlagen* ‖ dejar ~ a alg. ⟨pop⟩ *jdn töten, abmurksen* ‖ poner cara ~a *steif,* ⟨fam⟩ *offiziell werden* ‖ poner ~as las orejas *die Ohren spitzen (Pferd)* ‖ ponerse ~ *steif werden (männliches*

Glied) ‖ tenerse ~ ⟨pop⟩ *auf s–r Meinung beharren* ‖ tenérselas ~as a alg. *jdm die Stirn bieten* ‖ tenérselas ~as con alg. *mit jdm auf gespanntem Fuß stehen* ‖ yo me las tendré ~as con él ⟨fam⟩ *ich werde mich ihm gegenüber zu behaupten wissen*
¹tiesto *m Scherbe* f ‖ *Blumentopf* m ‖ ⟨figf⟩ *Dummkopf* m ‖ ◇ mear fuera del ~ ⟨fig vulg⟩ *an der Sache vorbeireden* ‖ *ins Blaue (hinein)reden* ‖ *s. danebenbenehmen* ‖ *aus der Rolle fallen* ‖ hacer ~s ⟨pop⟩ *kaputtmachen*
²tiesto adj ⟨reg⟩ → **tieso** ‖ ⟨fig⟩ *einfältig*
tiesura *f Stramm-, Straff|heit* f ‖ *Steifheit* f (& fig) ‖ *Starre* f
tífico adj *typhös, Typhus-* ‖ ~ *m Typhuskranke(r)* m
tiflosis *f* ⟨Med⟩ *Blindheit* f
¹tifo adj ⟨fam⟩ *satt*
²tifo *m* ⟨Med⟩ → **tifus** ‖ ~ de América *gelbes Fieber, Gelbfieber* n
tifoideo adj ⟨Med⟩: fiebre ~a *Typhus* m
tifón *m* ⟨Mar⟩ *Taifun* m ‖ ⟨Mar⟩ *Wind-, Wasser|hose* f
tifoso *m* ⟨Sp⟩ *Tifoso* m
tifus *m* ⟨Med⟩ *Fleck|fieber* n, *-typhus* m ‖ ~ exantemático → **tifus**
tigo: sin ~ ⟨pop reg⟩ *ohne dich (analog zu* contigo)
ti|gra *f* → **tigresa** ‖ **–gre** *m* ⟨Zool⟩ *Tiger* m (Panthera tigris) ‖ ⟨fig⟩ *Wüterich, brutaler Kerl* m ‖ Am *Jaguar* m (→ **jaguar, puma**) ‖ Ec ⟨V⟩ *Tigervogel* m ‖ ~ de papel ⟨fig⟩ *Papiertiger* m (& Pol) ‖ ~ real *od* de Bengala *Königstiger, Bengalischer Tiger* m ‖ ~ de Siberia, ~ siberiano *Sibirischer Tiger* m
tigré *m Tigre* n *(e–e äthiopische Sprache)*
ti|grero *m* Am *Tigerjäger* m ‖ **–gresa** *f Tigerweibchen* m ‖ ⟨pop fig⟩ *attraktive, aufreizende Frau* f ‖ **–grezno** *m Tigerjunge(s)* n ‖ **–grillo** *m* Am ⟨Zool⟩ → **ocelote** *(und verschiedene andere Langschwanzkatzen)* ‖ **–grino** adj *tigerartig*
tigrito *m* Col Ven *Kerker* m
tigrón *m Nachkomme* m *von Tiger und Löwin*
tiíta *f* dim von **tía** ‖ *Tantchen* n *(Kosewort)*
tija *f Schlüssel|rohr* n, *-stiel, -schaft* m
tije|ra *f Schere* f ‖ *Schermesser* n ‖ *Rüst-, Säge|bock* m ‖ *Abzugs|röhre* f, *-graben* m ‖ ⟨fig⟩ *Verleumder* m ‖ ⟨fig⟩ *Plauderei* f ‖ ⟨Jgd⟩ *Schwungfeder* f *(e–s Vogels)* ‖ ~ circular *Kreisschere* f ‖ buena ~ ⟨fig⟩ *starker Esser* m ‖ *Verleumder* m ‖ de media ~ ⟨fam⟩ *mittelmäßig* ‖ ◇ cortado por la misma ~ ⟨fig⟩ *wie aus dem Gesicht geschnitten, sehr ähnlich* ‖ cortar de ~ *(Kleider) zuschneiden* ‖ ~s *fpl Schere* f ‖ ~ de bolsillo *Taschenschere* f ‖ ~ para cartón *Pappschere* f ‖ ~ cortaalambres *Drahtschere* f ‖ ~ para esquilar *Schaf-, Woll|schere* f ‖ ~ de jardinero *Hecken- bzw Baum|schere, Gartenschere* f ‖ ~ para (cortar) papel *Papierschere* f ‖ ~ de peluquero *Haarschere* f ‖ ~ para podar → de jardinero ‖ ~ de sastre *Schneiderschere* f ‖ ~ para las uñas *Nagelschere* f
tijeral *m* Chi ⟨Arch⟩ *Kreuzbalken* m
¹tijereta *f* dim von **tijera**
²tijereta *f* ⟨Ins⟩ *Ohrwurm* m (Forficula auricularia)
tijeretas *fpl* (Reb)Ranken fpl ‖ ◇ decir ~ ⟨fam⟩ *um des Kaisers Bart streiten*
tije|r(et)eada *f*, **–retazo** *m Schnitt* m *(mit der Schere)* ‖ **–retear** vt/i *(mit der Schere) (zer)schneiden, schnippeln, schnitzeln* ‖ ⟨figf⟩ (bes. Am) *kritisieren, bekritteln* ‖ **–reteo** *m Schneiden* n *(mit der Schere)* ‖ *Scherengeklapper* n ‖ ⟨fig⟩ *willkürliche Einmischung* f *in fremde*

Angelegenheiten ‖ Am *Bekritteln, Schlechtmachen* n ‖ **–ruela** *f* dim von **–ra**
tijuy *m* Ven *Teufel* m
¹tila *f Linde(nblüte)* f ‖ (té de) ~ *Lindenblütentee* m ‖ → **¹tilo**
²tila *f* (in der Drogenszene) *Marihuana* n
Tila *f* ⟨pop⟩ → **Otilia** ‖ → **Concepción**
tílburi *m Tilbury* m *(leichter, einspänniger, offener Wagen)*
tilcuas *fpl Lumpen* mpl
til|dar vt/i ⟨Gr⟩ *mit e–r Tilde (bzw e–m Akzent) versehen* ‖ *aus-, durch|streichen* ‖ bezeichnen (de *als* acc) ‖ ⟨fig⟩ *tadeln, rügen* ‖ *beschuldigen* ‖ ◇ ~ de traidor *des Verrates beschuldigen* ‖ **–de** *f* (selten: *m*) ⟨Gr Typ⟩ *Tilde* f *(~ über dem Buchstaben* n) ‖ p.ex *Akzent* m ‖ *Makel* m ‖ *Kleinigkeit, Lappalie* f ‖ *bisschen* n ‖ ⟨fig⟩ *Tadel* m ‖ ♦ en una ~ ⟨fig⟩ *im Nu, im Handumdrehen*
tildón *m* augm von **tilde** ‖ *Strich* m ‖ *Ausstreichen* n
tiliáceas *fpl* ⟨Bot⟩ *Lindengewächse* npl (Tiliaceae)
tilico adj Mex *schwächlich, kränklich*
tiliches *mpl* MAm Mex *Sachen* fpl ‖ *Plunderkram* m ‖ *Scherben* fpl
tilín *m Klingkling, Geklingel* n ‖ ◇ hacer ~ *klirren (Glas usw.)* ‖ ⟨figf⟩ *Anklang finden, Gefallen erregen* ‖ ⟨figf⟩ *anlocken* ‖ ⟨figf⟩ *anziehen* ‖ ⟨figf⟩ *gefallen* ‖ ♦ en un ~ Col Chi *im Nu, im Handumdrehen* ‖ (no) me hace ~ *es gefällt mir (nicht)* ‖ tener ~ ⟨figf⟩ *anziehend, attraktiv sein*
tillado *m Dielenboden* m ‖ *Parkett(ierung* f) n
tilma *f* Mex *Bauernmantel* m
¹tilo *m* ⟨Bot⟩ *Linde* f, *Lindenbaum* m (Tilia spp) ‖ *Lindenholz* n ‖ ~ centenario *Dorf-, Gemeinde|linde* f ‖ ~ común *Sommerlinde* f (T. platiphylla) ‖ ~ de Holanda *Holländische Linde* f (T. europaea) ‖ ~ péndulo *Hängezweigige Linde* f (T. petiolaris) ‖ ~ plateado *Silberlinde* f (T. tormentosa)
²tilo *m* Col *Maisblüte* f
tima|do *m Opfer* n *e–s Betrügers* ‖ **–dor** *m Betrüger, Preller, Gauner* m ‖ *Bauernfänger* m
timar vt/i *ab|schwindeln, -gaunern* ‖ *betrügen, prellen* ‖ *be|schwindeln, -gaunern* ‖ **~se** (fam) *s. zuzwinkern* ‖ *(miteinander) flirten*
¹timba *f Glücksspiel* n ‖ *Glücksspieler* mpl ‖ *Spielhölle* f ‖ MAm Mex *Bauch,* (fam) *Wanst* m ‖ △ **²timba** *m Taschendieb* m
¹timbal *m (Kessel)Pauke* f ‖ *kleine Trommel* f ‖ *Kindertrommel* f ‖ ◇ tocar el ~ *die Pauke schlagen* ‖ **~es** *mpl* (fig vulg) *Eier* npl *(Hoden)*
²timbal *m* ⟨Kochk⟩ *Fleischpastete* f
timbalero *m Paukenschläger* m
timbar vi ⟨pop fam⟩ *Glücksspiel spielen* ‖ **~se** el dinero *sein Geld verspielen*
timbeque *m* Cu *ein Negertanz* m ‖ Cu ⟨fig⟩ *Skandal* m
¹timbiriche *m* Mex ⟨Bot⟩ *Wilde Ananas* f (Bromelia sp) (→ **piña**) ‖ Cu Mex „*Timbiriche*"-*Wein* m
²timbi|riche *m* Mex *Kneipe* f ‖ *Bude* f ‖ **–rimba** *f* ⟨fam⟩ *Glücksspiel* n ‖ *Glücksspieler* mpl ‖ *Spielhölle* f
timbo *m* Col *Neger, Schwarze(r)* m ‖ ♦ del ~ al tambo ⟨fam⟩ *von Pontius zu Pilatus*
timbó *m* ⟨Bot⟩ *ein am. Baum* m (Enterolobium sp) ‖ ⟨Bot⟩ (Pithecellobium sp)
¹timbrado adj *mit Steuermarke(n) versehen* ‖ *Stempel-*
²timbrado adj *klangvoll, wohlklingend (Stimme)*
timbrador *m Stempler* m ‖ *Stempeleisen* n

¹**timbrar** vt *(ab)stempeln* ‖ ◇ ~ *cartas Briefe abstempeln* ‖ ~ *una letra de cambio e–n Wechsel stempeln*
²**timbrar** vi Arg *klingeln*
timbrazo *m starkes Klingeln* n ‖ ◇ *dar un* ~ *stark klingeln*
¹**timbre** *m (Trocken)Stempel* m ‖ *Stempel- bzw Steuer\marke, Abgaben-, Gebühren\marke* f ‖ *Am & Briefmarke* f ‖ ⟨Tech⟩ *Schild* n *an Dampfkesseln (zur Anzeige des zulässigen Dampfdrucks)* ‖ *Arbeitsdruck, zulässiger Kesseldruck, Genehmigungsdruck m (Dampfkessel)* ‖ ⟨Her⟩ *Wappenspruch oberhalb des Wappens* ‖ *Adelsinsignie* f ‖ ⟨fig⟩ *rühmliche Tat* f ‖ ~ *de caucho* → ~ *de goma* ‖ ~ *de comercio Handelsstempel* m ‖ ~ *de correo Poststempel* m ‖ ~ *de goma Gummistempel* m ‖ ~ *de gloria rühmliche Tat* f ‖ ~ *móvil Stempelmarke* f, *Stempel* m ‖ ~ *postal* → ~ *de correo* ‖ ~ *de sellar Siegelstock* m ‖ ◆ *exento de* ~ *stempel-, steuer\frei* ‖ *sujeto al* ~ *stempelsteuerpflichtig* ‖ ◇ *hay un sello que monta sobre el* ~ *y dice: die Stempelmarke (e–r Urkunde) ist mit folgendem Text überdruckt:*
²**timbre** *m (Tür)Klingel, Glocke* f ‖ *(Signal)Klingel* f ‖ *Fahrradklingel* f ‖ *Telefonklingel* f ‖ ⟨EB⟩ *Läutewerk* n ‖ ⟨fig⟩ *Klangfarbe* f ‖ ⟨fig⟩ *Klang* m, *Timbre* n *(Stimme, Instrument)* ‖ ~ *de alarma Alarm\klingel, -glocke* f ‖ *Alarmknopf* m ‖ ⟨EB⟩ *Notbremse* f ‖ ~ *eléctrico elektrische Klingel* f ‖ ~ *de llamada Rufklingel* f ‖ ~ *de mesa Tischglocke* f ‖ ~ *nocturno Nachtglocke* f ‖ ~ *de la voz Klangfarbe* f *od Timbre* n *der Stimme* ‖ ◇ *tocar el* ~ *klingeln*
timbusca *f Col Suppe, Brühe* f
timer *m Timer* m
timidez [*pl* ~**ces**] *f Furchtsamkeit* f ‖ *Schüchternheit, Zaghaftigkeit* f ‖ ⟨Th⟩ *Lampenfieber* n ‖ ◆ *con* ~ *ängstlich* ‖ ◇ *vencer la* ~ *die Schüchternheit ablegen*
tímido *adj furchtsam, ängstlich* ‖ *schüchtern, zaghaft, scheu* ‖ *blöd(e)* ‖ adv: ~**amente**
¹**timo** *m:* (glándula) ~ ⟨An⟩ *Thymusdrüse* f ‖ *Bries* n *(bei Schlachttieren)* ‖ ~ *de ternera* ⟨Kochk⟩ *Kalbs\milch* f, *-brieschen* n
²**timo** *m (fam) Betrug, Schwindel* m, *Prellerei* f ‖ *Gaunertrick* m ‖ ~ *del entierro (Span) Bauernfängerei* f *(unter dem Vorwand e–s verborgenen Schatzes)* ‖ ◇ *dar un* ~ *a alg. jdn betrügen, jdn prellen,* ⟨fam⟩ *jdn übers Ohr hauen*
timo\cracia *f* (Pol) *Timokratie* f ‖ **–crático** adj *timokratisch*
timol *m* ⟨Chem⟩ *Thymol* m ‖ **–ado** adj: *agua* ~**a** *Thymolwasser* n
ti\món *m* ⟨Flugw Mar⟩ *Ruder, Steuer, Steuerruder* n ‖ *Deichsel* f *am Wagen* ‖ *Baum* m *(am Pflug)* ‖ Col ⟨Auto⟩ *Lenkrad* n ‖ ⟨fig⟩ *Staats-, Geschäfts\ruder* n, *Leitung* f ‖ ~ *de altura* ⟨Flugw⟩ *Höhensteuer* n ‖ ~ *de dirección* ⟨Flugw⟩ *Seiten\ruder, -leitwerk* n ‖ ~ *de profundidad* ⟨Flugw⟩ *Höhen-, bzw (& U-Boot) Tiefen\ruder* n ‖ ◇ *empuñar el* ~ ⟨fig⟩ *das Steuer in die Hand nehmen* ‖ *llevar el* ~ ⟨fig⟩ *am Ruder sitzen* ‖ **–monaje** *m* ⟨Mar⟩ *Steuerung* f ‖ **–mones** *mpl* ⟨Flugw⟩ *Leitwerk* n
timo\near vi ⟨Mar⟩ *steuern* ‖ **–nel** *m Steuermann, Ruder\gänger, -gast* m ‖ **–neras** *fpl Schwanzfedern fpl (der Vögel)*
timorato adj/s *ängstlich, furchtsam, schüchtern* ‖ *unschlüssig (als Charaktereigenschaft)* ‖ *gottesfürchtig*
Timoteo *m np Timotheus* m
timpani\tis *f* ⟨Med⟩ *Trommel-, Bläh\sucht* f ‖ **–zado** adj *auf\gebläht, -getrieben* ‖ **–zarse** [z/c] vr *s. aufblähen (Leib)*

tímpano *m* ⟨Mus⟩ *Handpauke* f ‖ *Zimbel* f *(Schlagwerkzeug)* ‖ *Hackbrett, Zimbal* n ‖ ⟨An⟩ *Paukenhöhle* f ‖ *Trommelfell* n ‖ ⟨Arch⟩ *Bogenfeld, Tympanon* n ‖ ⟨Typ⟩ *Handpressenrahmen* m ‖ *Pressdeckel* m ‖ *Fass\deckel bzw -boden* m
△ **timujanó** *m Wahrsager* m
△ **timunó** (f: ~**i**) adj *gleich*
ti\na *f Kufe, Bütte* f, *Bottich, Kübel, Zuber* m, *Schaff* n ‖ *Trog* m ‖ *Farbenküpe* f, *Farbkessel* m ‖ *Wasch-, Bade\wanne* f ‖ *Flüssigkeitsmaß* = ½ *bota = 16 cántaras = 258 Liter* ‖ ~ *para azul Blauküpe* f *(Färberei)* ‖ ~ *de cinc Zinkwanne* f ‖ ~ *de clarificación Klär-, Läuter\bottich* m *(z. B. Brauerei)* ‖ ~ *de colada Laugen\fass* n, *-wanne* f ‖ ~ *de chapa Blechwanne* f ‖ ~ *de fermentación Gär\bottich* m, *-bütte* f ‖ **–naco** *m kleiner Holzkübel* ‖ *Öl\hefe* f, *-trester* m
tinada *f Holzstoß* m ‖ *Pferch* m
tina\ja *f großer, bauchiger Tonkrug* m ‖ *irdener Behälter* m ‖ **–jero** *m Krugtöpfer* m ‖ *Böttcher* m ‖ *Ort* m *zur Aufbewahrung von Tonkrügen* ‖ *Krug\schrank* m, *-gestell* n ‖ **–jón** *m augm von* **–ja** ‖ **–juela** *f dim von* **–ja**
tinapá *m Fil getrockneter, geräucherter Fisch* m
tincal *m Tinkal* m *(Borax)*
tincazo *m Arg Nasenstüber* m
tinción *f* ⟨Chem Med Text⟩ *Färbung* f
tinerfeño adj/s Can ⟨Geogr⟩ *aus Teneriffa* ‖ *auf Teneriffa bezüglich*
tineta dim von **tina**
tingible adj *(m/f)* ⟨Chem Med Text⟩ *färbbar*
tingitano adj/s ⟨Hist lit⟩ *aus Tanger* ‖ *auf Tanger bezüglich*
tingla\dillo *m dim von* **–do** ‖ ⟨Mar⟩ *dachziegelförmig verlegtes Plankenwerk, Dachziegelwerk* n ‖ **–do** *m (Bretter)Schuppen* m ‖ *offener Schuppen* m ‖ *Lager-, Güter\schuppen* m *(bes. am Hafen)* ‖ *Zolllagerhaus* n ‖ *Bretterbude* f ‖ *Brettergerüst* n ‖ *Bretterbühne* f ‖ ⟨figf⟩ *Intrigen, Machenschaften fpl* ‖ ⟨fig⟩ *Klüngel* m ‖ ⟨figf⟩ *(Krämer)Laden,* ⟨fam⟩ *Schuppen* m ‖ *¡cualquiera se conoce en este* ~*! kein Mensch kennt s. in diesen Machenschaften aus!*
tingle *m (& f) Glasermesser* m
tinguitanga *f Am* (pop) *Radau, Krach, Lärm* m
tinieblas *fpl Finsternis, Dunkelheit, Nacht* f *(& fig)* ‖ ⟨fig⟩ *Umnachtung* f ‖ ⟨Rel⟩ *Rumpel-, Pumper\mette* f *(in der Karwoche)* ‖ ◇ *cubrir de* ~ *umnachten*
¹**tino** *m scharfes Urteilsvermögen* n ‖ *(Fein)Gefühl, Fingerspitzengefühl* n ‖ *Geschick* n, *Takt* m ‖ *Ziel\bewusstsein* n, *-sicherheit* f ‖ *Treffsicherheit* f *(bes. beim Schießen)* ‖ ◆ *con tal* ~ *que ... so geschickt, dass ...* ‖ ◇ *gastar sin* ~ *ohne Maß und Ziel od maßlos verschwenden* ‖ *obrar con* ~ *behutsam zu Werke gehen* ‖ *perder el* ~ *aus der Fassung geraten* ‖ *sacar de* ~ *aus der Fassung bringen, verwirren*
²**tino** *m* → **tina** ‖ *bes. Farbenküpe* f, *Farbkessel* m ‖ *Weichfass* n *(der Gerber)* ‖ ⟨reg⟩ → **lagar**
³**tino** *m* ⟨Bot⟩ *Hartriegel* m, *Kornelkirsche* f *(Cornus spp)* → ²**durillo**
Tino *m* ⟨pop fam⟩ → **Faustino** ‖ **Constantino** ‖ **Celestino**
tinta *f Tinte* f ‖ *(flüssige) Farbe* f ‖ *(Misch)Farbe* f ‖ *Färbung* f, *Farbton* m ‖ ~ *comunicativa,* ~ *de (od para) copiar Kopiertinte* f ‖ ~ *china Tusche* f ‖ ~ *encarnada rote Tinte* f ‖ ~ *estilográfica Füllhaltertinte* f ‖ ~ *hectográfica Hektografentinte* f ‖ ~ *de imprenta od impresión* ⟨Typ⟩ *Druckerschwärze, Druckfarbe* f ‖ ~

indeleble *unauslöschbare Tinte* f ‖ ~ opaca
Deckfarbe f ‖ ~ roja →̇ ~ encarnada ‖ ~
simpática *Geheimtinte, sympathetische Tinte* f ‖ ~
de timbrar *Stempelfarbe* f ‖ ~ tipográfica →̇ ~ de
imprenta ‖ ◇ saber de buena ~ ⟨figf⟩ *aus guter*
od *sicherer Quelle haben* ‖ la ~ corre *die Tinte
zerfließt* ‖ ~s *fpl Farb\|töne* mpl, *-nuancen* fpl ‖
las ~ de la aurora ⟨poet⟩ *die Morgenröte* ‖
medias ~ ⟨Mal⟩ *Halbtöne* mpl ‖ ◇ recargar las ~
⟨fig⟩ *übertreiben, dick auftragen* ‖ sudar ~ ⟨figf⟩
schuften, s. abrackern ‖ tomar unas ~ ⟨pop⟩ *ein
paar Glas (Rot)Wein trinken* od *heben*
   tintaje *m* ⟨Typ⟩ *Einfärbung* f
   ¹tintar vt *färben*
   ²tintar vi *tönen (Glas)*
   tinte *m Färben* n, *Farbtränkung, Färbung* f ‖
Farbe f, *Farbstoff* m, *Färbemittel* n ‖ *Färberei* f ‖
⟨fam⟩ *chemische Reinigung* f ‖ ⟨fig⟩ *An\|flug,
-strich* m ‖ ⟨fig⟩ *Schein, Anhauch* m ‖ ~ para el
cabello *od* pelo *Haarfärbemittel* n
   tinte\|razo *m Wurf* m *mit dem Tintenfass* ‖
–rillo *m* Am ⟨fam⟩ *Winkeladvokat* m ‖ **–ro** *m
Tintenfass* n ‖ ⟨Typ⟩ *Farbkasten* m ‖ *Farbwerk* n ‖
◇ dejarse en el ~ a/c ⟨figf⟩ *et. übergehen, et.
nicht erwähnen, et. vergessen*
   tinti\|lla *f (Art) Rotwein* m ‖ ~ de Rota
berühmter Rotwein m *aus Rota* (P Cád) ‖ **–llo** adj:
(vino) ~ *Wein* m *von blassroter Farbe* ‖ ~ *m
leichter Rotwein* m
   tin\|tín *m* onom *Klingklang* m, *Geklingel,
Klingeln* n ‖ *Geläute* n ‖ *Geklirr, Klirren* n *(von
Geschirr usw.)* ‖ ◇ hacer ~ *klirren* ‖ *klingeln* ‖
–tin(e)ar vi *klingeln* ‖ *läuten* ‖ *klirren* ‖ *klingen* ‖
–tineo *m Geklingel* n ‖ *Geklirr* n ‖ *Klingen* n
   △ **tintirí** *m Tintenfass* n
   tintirintín *m* onom *Trompetenklang* m
   tinto adj/s pp/irr von **teñir** ‖ *(dunkel)rot (Wein,
Trauben)* ‖ (vino) ~ *Rotwein* m ‖ Col *schwarz
(Kaffee)* ‖ ~ en sangre *blutbefleckt* ‖ *blutig*
   tintóreo adj: madera ~a *Farbholz* n
   ¹tintorera *f Färberin* f ‖ *Färbersfrau* f
   ²tintorera *f* ⟨Fi⟩ *Blauhai* m (Prionace glauca) ‖
Am *Haiweibchen* n
   tintore\|ría *f Färberei* f ‖ *chemische Reinigung*
f ‖ **–ro** *m Färber* m
   tintorro *m* ⟨fam⟩ *Rotwein* m ‖ ◇ darle al ~
⟨fam⟩ *gern e–n trinken* od *heben*
   tintur\|a *f Färben* n ‖ *Färbemittel* n ‖ *Schminke*
f ‖ ⟨Pharm⟩ *Tinktur* f *(Arznei)* ‖ ⟨fig⟩
oberflächliche Kenntnis f, *Schimmer* m ‖
Halbwissen n ‖ ~ de árnica *Arnikatinktur* f ‖ ~
para el cabello *od* pelo *Haarfärbemittel* n ‖ ~ de
yodo *Jodtinktur* f ‖ **–ar** vt →̇ **teñir** ‖ ⟨fig⟩
oberflächlich unterrichten ‖ **–se** *s. oberflächliche
Kenntnisse* od *ein Halbwissen aneignen*
   ti\|ña *f (Kopf)Grind* m, *Krätze* f ‖ ⟨figf⟩
Schäbigkeit, Knauserei f ‖ ~ fávica *od* favosa
Favus, Erb-, Kopf\|grind m ‖ ¡~! ⟨pop⟩
Donnerwetter! ‖ **–ñoso** adj *grindig* ‖ ⟨figf⟩
schäbig knaus(e)rig, knick(e)rig ‖ ~ m *Grindkopf*
m ‖ ⟨figf⟩ *Knicker, Knauser* m
   tío m *Onkel*, [veraltet] *Oheim, Ohm* m ‖
Gevatter, Vetter m (& *Anrede*) ‖ ⟨fig pop⟩ *Kerl,
(seltsamer) Kauz* m, *Type* f ‖ ⟨fam reg⟩ *Stiefvater*
m ‖ ⟨reg⟩ *Schwiegervater* m ‖ Arg *alter Neger* m ‖
~ abuelo *Großonkel* m ‖ ~ carnal *leiblicher
Onkel* m ‖ ~ materno *Onkel* m *mütterlicherseits* ‖
~ Sam *Uncle Sam* m ‖ ~ segundo, tercero *Onkel*
m *zweiten, dritten Grades* ‖ ~ vivo →̇ **tiovivo** ‖
◆ en casa del ~ ⟨pop⟩ *verpfändet* ‖ ¡qué ~!
⟨pop⟩ *ist das ein Kerl!* *(anerkennend* od *abfällig)*
‖ ¡qué ~ (más) fresco ⟨fig pop⟩ *was für ein
frecher Kerl!* ‖ ◇ es un ~ comiendo ⟨fam⟩ *er ist
ein tüchtiger Esser* ‖ es un ~ con toda la barba
⟨figf⟩ *er ist ein ganzer Kerl* ‖ ser un ~ flojo ⟨fam

pop⟩ *e–e Flasche* od *Memme sein* ‖ ¡vaya (un) ~!
ein ganzer od *toller Kerl!* *so ein Kerl!*
   tio- pref ⟨Chem⟩ *Thio-*
   tiocol *m* ⟨Chem⟩ *Thiokol* n
   tiorba *f* ⟨Mus⟩ *Theorbe* f *(Basslaute)*
   tiosulfato *m* ⟨Chem⟩ *Thiosulfat* n
   tiovivo *m Karussell* n ‖ ◇ dar más vueltas que
un ~ *von Pontius zu Pilatus laufen* ‖ *s. die
Hacken ablaufen (por nach)*
   tiparraco *m* ⟨desp⟩ *Kerl* m
   tipejo *m* ⟨desp⟩ von **tipo** ‖ ⟨fam⟩ *Sonderling,
komischer Kauz, seltener Vogel* m
   tiperrita *f* Cu ⟨fam⟩ *Tipp\|mamsell* f
   tipi *m Tipi, Indianerzelt* n
   tipiadora *f* →̇ **máquina** de escribir ‖ →̇
mecanógrafa
   tipi\|cidad *f* ⟨Jur⟩ *Tatbestandsmäßigkeit* f ‖
Typizität f ‖ **–cismo** *m* →̇ **tipismo**
   típico adj *typisch, eigentümlich, bezeichnend,
kennzeichnend, unverkennbar, charakteristisch* ‖
⟨Jur⟩ *Tatbestands-* ‖ ◇ es muy ~ para él *es ist
sehr bezeichnend für ihn*, ⟨pop⟩ *typisch er*
   tipifi\|cación *f Typisierung, Standardisierung,
Vereinheitlichung* f ‖ ⟨Jur⟩ *Typifizierung,
Tatbestandsdarstellung* f ‖ **–car** vt *typisieren* ‖
⟨Jur⟩ *den Tatbestand darstellen*
   tipismo *m Eigentümlichkeit, typische Eigenart*
f ‖ *Folklore* f
   ¹tiple *m* ⟨Mus⟩ *Diskant-, Sopran\|stimme* f ‖
⟨Mus⟩ *Hals-, Kopf\|stimme* f
   ²tiple *f Sopranistin* f ‖ Am *(Art) Gitarre* f *(mit
hoher Stimmung)* ‖ dramática *Opern-,
Helden\|sopranistin* f ‖ ~ ligera *Soubrette* f ‖
primera ~ *Primadonna* f
   △ **³tiple** *m Wein* m ‖ una de ~ *ein Glas
Schnaps*
   ¹tipo *m* ⟨allg⟩ *Typ(us)* m ‖ *Ur-, Vor-,
Muster\|bild* n ‖ *Grundform* f ‖ *Sinnbild* n ‖ *Art,
Gattung* f ‖ *Körperbau* m ‖ *Konstitutionstyp* m ‖
Wuchs m, *Figur* f ‖ ⟨pop⟩ *Kerl* m, *Individuum* n ‖
⟨fam desp⟩ *Sonderling, (seltsamer) Kauz* m, *Type*
f ‖ ⟨Tech⟩ *Muster, Modell* n, *Bauart* f ‖ ⟨Jur⟩
Tatbestand m ‖ ~ flamenco *brauner, kräftiger
Menschenschlag* m ‖ ~ de lujo
Sonderausführung, Luxusmodell n ‖ ~ normal
Durchschnittsmensch m ‖ ⟨Tech⟩ *normale Bauart*
f, *Standardmodell* n ‖ ~ objetivo (subjetivo) ⟨Jur⟩
objektiver (subjektiver) Tatbestand m ‖ ~ de
torero ⟨fam⟩ *schlanker, strammer Bursche* m ‖ ~
único ⟨figf⟩ *Unikum* n *(Person)* ‖ ◇ es el ~ de un
usurero *es ist ein typischer Wucherer* ‖ no es mi
~ ⟨pop⟩ *das ist nicht mein Geschmack* ‖ *er (sie)
ist nicht mein Typ* ‖ jugarse el ~ ⟨figf⟩ *das Leben
riskieren* ‖ *alles aufs Spiel setzen* ‖ quitar el ~ a
alg. ⟨vulg⟩ *jdn abmurksen* ‖ tener buen (mal) ~
gut (schlecht) gewachsen sein
   ²tipo *m* ⟨Com Wir⟩ *Kurs* m ‖ *Satz* m ‖ ~
bancario *Banksatz* m ‖ de(l) cambio
Wechselkurs m ‖ ~ de conversión
Umstellungs\|kurs, -satz m ‖ ~ de descuento
Diskontsatz m ‖ ~ de emisión *Emissions-,
Ausgabe\|kurs* m ‖ ~ de extracción
Ausmahlungsgrad m (z. B. *des Mehls*) ‖ ~ fijo
fester Zins\|satz, -fuß m ‖ ~ de interés *Zins\|satz,
-fuß* m ‖ ~ legal *gesetzlicher Zins\|satz, -fuß* m ‖
~ máximo *Höchstkurs* m ‖ ~ medio *Mittelkurs* m
‖ ~ mínimo *Mindestkurs* m ‖ ~ oficial *amtlicher
(Wechsel)Kurs* m ‖ ~ oro *Goldstandard* m ‖ ~ de
rescate *Rückkaufswert* m ‖ ~ de suscripción
Zeichnungskurs m ‖ ~ único *einfache Währung* f
‖ ~ variable *variabler Zins\|satz, -fuß* m ‖ ◇
elevar el ~ de interés *den Zinssatz erhöhen* ‖
reducir el ~ de interés *den Zinssatz herabsetzen*
od *senken* ‖ vender al ~ más favorable
bestmöglich verkaufen

³**tipo** m ⟨Typ⟩ *Letter, Drucktype* f ‖ ~ de escritura *od* de letra *Schriftart* f ‖ *Letter, Drucktype* f ‖ *Handschrift* f *(e–r Person)* ‖ ~ grueso *Fettschrift* f ‖ ~ movible *od* móvil *bewegliche Letter* f

tipogénesis f ⟨Biol⟩ *Typogenese* f

tipo|grafía *Hoch-, Buch|druck* m ‖ *(Buch)Druckerei* f ‖ *Typografie* f ‖ **–gráfico** adj *typografisch* ‖ *Buchdrucker-* ‖ *drucktechnisch*

tipógrafo m *(Buch)Drucker, Typograf* m ‖ *Typograf* m *(Setzmaschine)*

tipo|logía f ⟨wiss⟩ *Typologie, Typenlehre* f ‖ **–lógico** adj *typologisch*

tipómetro m ⟨Typ⟩ *Typometer* n

típula f ⟨Ins⟩ *Kohlschnake* f (Tipula oleracea)

tique, tíquet m *Schein, Abschnitt, Kupon* m ‖ *Kassen|zettel, -bon* m ‖ *Eintrittskarte* f ‖ *Fahrkarte* f ‖ *Ticket* n

Tiquicia f MAm ⟨joc⟩ → **Costa Rica**

△ **tiquinó** adj *kurz*

tiquismiquis mpl ⟨fam⟩ *leerer Wortkram* m ‖ *alberne Bedenken* pl ‖ ⟨fam⟩ *Fisimatenten* pl ‖ ⟨fam⟩ *Getue* n ‖ ⟨fam⟩ *(dummes) Gezänk* n ‖ ◇ andar con ~ ⟨fam⟩ *alberne Bedenken haben* ‖ ser un ~ *ein Umstandskrämer sein*

¹**tira** f *Streifen* m ‖ *Band* n ‖ *Lasche* f *(zum Ziehen bzw Aufreißen)* ‖ *Schleife* f ‖ ⟨reg⟩ *Strick, Strang* m ‖ ⟨Typ⟩ *Papierrolle* f ‖ △ *Weg* m ‖ △ *Schuld* f ‖ ⟨Ztg⟩ *Bilderserie* f, *Comic strip* m ‖ ~ m: ~ y afloja *Bänderspiel* n *(ein Pfandspiel)* ‖ △ ~ angosta *Kegelspiel* n ‖ ~ de goma *Gummiband* n ‖ ~de papel *Papier|streifen* m bzw *-bahn* f ‖ ~ perforada *Lochstreifen* m ‖ ◇ hacerse ~s la carne ⟨pop⟩ *s. abrackern* ‖ sacar ~s a alg. ⟨pop⟩ *jdm derb zusetzen, jdm an den Kragen gehen*

²**tira** f ⟨fam⟩ *Unmenge* f *(Geld)*, ⟨fam⟩ *Heidengeld* n ‖ ◇ eso cuesta la ~ *das kostet e–e Stange Geld*

tira|bala m *Knallbüchse* f *(der Kinder)* ‖ △ **–bañí** f *Schuh* m ‖ **–botas** m *Stiefelknecht* m ‖ **–brasas** m ⟨reg⟩ *Schüreisen* n ‖ **–buzón** m *Korkenzieher* m ‖ ⟨Flugw⟩ *Trudeln* n ‖ ⟨fig⟩ *Korkenzieherlocke* f *(Haar)* ‖ ~ chato *Flachtrudeln* n ‖ ◇ hay que sacarlo con ~ ⟨figf⟩ *es ist nicht so leicht (herauszubekommen)* ‖ **–col** m, **–cuello** m → ¹**tahalí** ‖ **–cuero** m ⟨desp⟩ *(Flick)Schuster* m ‖ **–chinas** m ⟨fam⟩ *(Stein)Schleuder, Gummi-, Gabel|schleuder* f

¹**tirada** f *Werfen* n, *Wurf* m ‖ *Ziehen* n, *Zug* m ‖ *Schub* m ‖ *Strecke* f *Weges* ‖ *Abstand* m ‖ *Zeitraum* m, *(Zwischen)Zeit* f ‖ *Tirade, Folge* f *(von Versen usw.)* ‖ ◇ beber a largas ~s *in langen Zügen trinken*

²**tirada** f ⟨Typ⟩ *Druck* m ‖ *Drucken* n ‖ *Auflage(nhöhe)* f ‖ ~ aparte *Sonder(ab)druck* m ‖ ~ en blanco *Schöndruck* m ‖ ~ global *Gesamtauflage* f ‖ ~ en masa *Massenauflage* f ‖ ~ de prueba *Korrekturabzug* m ‖ ◆ de corta ~ *in wenigen Exemplaren od geringer Auflage erscheinend* ‖ de *od* en una ~ ⟨fig⟩ *in e–m Zug* ‖ ◇ hacer una ~ especial *e–e Sonderausgabe drucken*

tiradera f *langer Pfeil* m *der Indianer* ‖ Cu MAm Chi → **tirantes**

tiradero m ⟨Jgd⟩ *Anstand* m

tirado adj *lang, (aus)gedehnt* ‖ ⟨fig⟩ *gespannt, streng* ‖ ⟨fig⟩ *billig, geschenkt* ‖ ~ m ⟨Tech⟩ *Drahtziehen* n ‖ ⟨Typ⟩ *Abzug* m

¹**tirador** m *Schütze* m *(& Mil)* ‖ ⟨Fecht⟩ *Fechter* m ‖ *(Gabel)Schleuder* f ‖ ~ de ametralladora ⟨Mil⟩ *Maschinengewehrschütze, MG-Schütze* m ‖ ~ de arco *Bogenschütze* m ‖ ~ de carro de combate *Panzerschütze* m ‖ ~ escogido → ~ de precisión ‖ ~ de espada, ~ de florete ⟨Fecht⟩ *Degen-, Florett|fechter* m ‖ ~ de

fusil *Gewehrschütze* m ‖ ~ de goma *Gummischleuder* f ‖ ~ de pistola *Pistolenschütze* m ‖ ~ de precisión *Scharfschütze* m ‖ ~ de sable *Säbelfechter* m ‖ ~ selecto → ~ de precisión ‖ ~ tanquista → ~ de carro de combate ‖ ~es mpl Arg *Hosenträger* m

²**tirador** m ⟨Tech⟩ *(Draht)Zieher* m

³**tirador** m *Glocken-, Klingel|schnur* f ‖ *Schellenzug* m ‖ *Griff* m *(an e–r Schublade od* ⟨allg⟩ *zum Ziehen)* ‖ *Türknopf* m ‖ Am *Schublade* f

⁴**tirador** m ⟨Typ⟩ *Drucker* m

⁵**tirador** m *Reißfeder* f, *Linienzieher* m

⁶**tirador** m Arg *breiter Schmuckgürtel* m *(der Gauchos)*

tira|fondo m *große Holzschraube* f ‖ *Schraubenbolzen* m ‖ ~ de vía *Schienen-, Schwellen|schraube* f ‖ ⟨Med⟩ *(Art) Kugelzange* f ‖ **–frictor** m ⟨Mil⟩ *Abriss|schnur* f *(Handgranate), -leine* f *(Geschütz)* ‖ **–gomas** m *Gummi-, Gabel-, Stein|schleuder* f

△ **tira|jay, –jaiche** m *Schuh* m

tiraje m Am ⟨Typ⟩ → **tirada** ‖ ⟨Fot⟩ *Bodenauszug* m ‖ ⟨Fot⟩ *Kopieren* n

tira|lanzas m *Speerschleuder* f ‖ **–levitas** m/f *Schmeichler(in* f*),* ⟨pop⟩ *Speichellecker* m ‖ **–líneas** m *Reiß-, Zieh|feder* f ‖ *Linienzieher* m ‖ *Lineal* n

tiramiento m *Ziehen* n ‖ *Zug* m ‖ *Spannen, Strecken* n

tiramira f *schmale Gebirgskette* f ‖ ⟨fam⟩ *(lange) Reihe, Kette* f

tiramisú m ⟨Kochk⟩ *Tiramisu* n

tira|na f *Tyrannin* f *(& als Kosewort)* ‖ **–nía** f *Tyrannei, Gewaltherrschaft* f *(& fig)* ‖ ~ de la moda ⟨fig⟩ *Diktat* n *der Mode* ‖ **–nicida** m *Tyrannenmörder* m ‖ **–nicidio** m *Tyrannenmord* m ‖ **tiránico** adj *tyrannisch, Tyrannen-* ‖ *Zwangs-* ‖ **tiránidos** mpl ⟨V⟩ *Tyrannen* mpl (Tyrannidae) ‖ **tira|nización** f *Tyrannisierung* f ‖ **–nizar** [z/c] vt *tyrannisieren* ‖ ⟨fig⟩ *unterdrücken, grausam behandeln, schinden*

¹**tirano** adj *tyrannisch* ‖ ~ m *Tyrann, Gewaltherrscher* *(& fig)* ‖ ⟨Hist⟩ *Zwingherr* m

²**tirano** m ⟨V⟩ *Tyrann* m

¹**tirante** adj *(m/f) gespannt, straff* ‖ *prall* ‖ ⟨fig⟩ *gespannt (Beziehungen)* ‖ ~ m ⟨Arch⟩ *Dachbinder* ‖ *Binde-, Zug|balken* m ‖ *Zuganker* m, *-stange* f ‖ *Hemmkette* f ‖ *Zug|tau* n, *-leine* f ‖ *Zugriemen* m *(am Wagen)* ‖ *Tragriemen* m ‖ *Schulterriemen* m ‖ *Stiefelstrippe* f ‖ *Steigriemen* m ‖ *Träger* m *(an Unterwäsche, Kleidern usw.)* ‖ ⟨Flugw⟩ *Abstandsstrebe* f ‖ ~s mpl: ~ (elásticos) *Hosenträger* mpl *(mit Gummizug)* ‖ ⟨Med⟩ *Geradehalter* m

△ ²**tirante** m *Stock* m

tirantez [pl **–ces**] f *(An)Spannung* f *(& fig)* ‖ *Gespanntheit* f *(& fig)* ‖ *Straffheit* f ‖ *Längsausdehnung, Länge* f ‖ ~ de la ~ de las relaciones ⟨fig⟩ *die gespannten Beziehungen*

tirapié m *Knieriemen* m *(der Schuhmacher)*

tirapo m Dom *Spielpistole* f

tirar A) vt *an-, ab-, fort-, her(unter)|ziehen* ‖ *weg-, fort|ziehen* ‖ *ziehen, zupfen (de, por an dat)* ‖ *ausziehen, (aus)spannen* ‖ *ziehen (Messer, Waffe)* ‖ *(über jdn) herziehen* ‖ *werfen, schleudern* ‖ *(jdm) zuwerfen* ‖ *(als unbrauchbar) wegwerfen* ‖ *ab-, nieder|reißen (ein Gebäude)* ‖ *um|stürzen, -werfen, zu Boden werfen* ‖ *(e–n Baum) fällen* ‖ *(e–n Schuss) abgeben* ‖ *(ab)schießen, (ab)feuern* ‖ *aufreißen, ziehen (Linien, Kreise)* ‖ ⟨Tech⟩ *Draht ziehen* ‖ ⟨Typ⟩ *abziehen, Abzüge machen* ‖ ⟨Typ⟩ *drucken* ‖ ⟨reg⟩ *beziehen (Lohn)* ‖ ⟨fig⟩ *ver|geuden, -prassen* ‖ ⟨fig⟩ *anziehen, anziehend sein* ‖ ⟨fig⟩ *ver|leiten, -führen* ‖ ◇ ~ abajo *nieder|ziehen, -reißen* ‖ ~ al aire *hochwerfen, in*

die Höhe werfen ‖ ~ *alambre Draht ziehen* ‖ ~
besos a alg. ⟨fam⟩ *jdm Kusshände zuwerfen* ‖ ~ a
la calle ⟨figf⟩ *verschleudern, durchbringen* ‖ ~
(de) la campan(ill)a *läuten, klingeln* ‖ ~ un
cañonazo, un cohete *e–n Kanonenschuss, e–e
Rakete abfeuern* ‖ ~ la casa por la ventana ⟨figf⟩
s. verausgaben, (übertrieben) gastfreundlich sein
‖ *sein Geld verschwenden, das Geld zum Fenster
hinauswerfen* ‖ ~ su dinero ⟨figf⟩ *sein Geld zum
Fenster hinauswerfen* ‖ ~ fotos (Fot fam)
Aufnahmen machen, ⟨fam⟩ *knipsen, schießen* ‖ ~
los guantes *die Handschuhe abstreifen* ‖ ~ de la
lengua a alg. ⟨fam⟩ *jdm ein Geheimnis
abzulocken suchen* ‖ ~ líneas *Linien ziehen* ‖ ~
la mercancía *die Ware verschleudern, spottbillig
verkaufen* ‖ ~ un mordisco *zuschnappen (Tier)* ‖
~ la oreja a Jorge ⟨pop⟩ *Karten spielen* ‖ ~ oro
(en hebras) *Goldfäden ziehen* ‖ ~ piedras *mit
Steinen werfen* (a *nach*) ‖ ~la de rico ⟨fam⟩ *den
reichen Mann spielen* od *markieren* ‖ ~ tiros
schießen, feuern ‖ me tira la pintura *ich schwärme
für die Malerei* ‖ eso no me tira ⟨fig⟩ *das zieht
bei mir nicht, das lässt mich kalt* ‖ el comercio no
me tira *der Kaufmannsberuf lockt mich nicht*
   B) ~ vi *schießen, feuern* (contra, a *gegen, auf*
acc) (a, con *mit*) ‖ *fechten* ‖ *ziehen, Zugkraft
haben (Zugtiere, Magnet, Kamin, Zigarette usw.)*
(& fig)
   1. ◇ ~ fuerte *fest ziehen* ‖ ~ largo *(zu) weit
schießen* ‖ ⟨fig⟩ *zu weit gehen* ‖ ~ mal *schlecht
zielen* ‖ ~ más allá del blanco *über das Ziel
hinausschießen* (& fig) ‖ este abrigo tirará todavía
otro invierno ⟨figf⟩ *dieser Mantel hält* od ⟨fam⟩
tut es noch e–n Winter ‖ el cigarro (la estufa) no
tira *die Zigarre (der Ofen) zieht nicht)* ‖ a todo ~
⟨fig⟩ *höchstens, bestenfalls* ‖ ir tirando ⟨figf⟩ *sein
(dürftiges) Auskommen haben* (con *mit*) ‖ *sein
Leben fristen* ‖ ⟨fam⟩ *s. (so) durchschlagen* ‖
(nur) *mit Mühe vorankommen* ‖ *s. hinschleppen* ‖
el enfermo va tirando *der Kranke schleppt s. so
hin* ‖ ¡~! *ziehen! (Tür)*
   2. in Verb. mit Präpositionen oder
präpositionalen
Adverbialverbindungen:
   a) in Verb. mit **a:** ~ a ... *schießen mit ...*
bzw *auf* ... ‖ *ähneln* (dat), *schlagen, arten nach* ‖
hinneigen, Neigung haben (zu) ‖ *et. erstreben,
hinarbeiten auf* (acc) ‖ *spielen, übergehen (Farbe)*
‖ ~ al aire *in die Luft schießen* ‖ ~ al blanco *aufs
Ziel schießen* ‖ ~ a la espada *(mit dem Degen)
fechten* ‖ ~ a la izquierda (derecha) *nach links
(rechts) einbiegen* od *gehen* ‖ ~ a matar (bzw a
dar) *gezielt* od *scharf schießen* ‖ ~ al monte
⟨figf⟩ *Heimweh haben* ‖ ~ a la pistola *mit der
Pistole schießen* ‖ tirando a pobre *ärmlich, arm
aussehend* ‖ ~ a verde *ins Grüne spielen (Farbe)*
‖ ~ a viejo *ältlich aussehen* ‖ de estatura
mediana, tirando a corta *von mittlerem, eher
kleinerem Wuchs* ‖ más bien tira a su padre *er
(sie, es) ist mehr nach s–m (ihrem) Vater geartet* ‖
Pedro tira a ser diputado *Peter arbeitet auf ein
Abgeordnetenmandat hin*
   b) in Verb. mit **con:** ~ con bala *scharf
schießen* (& fig) ‖ ~ con (cartuchos de) pólvora
(od con pólvora sola, sin bala) *blind schießen*
   c) in Verb. mit **de:** ~ del carro en
Wagen (bzw *die Karre) ziehen* (& fig) ‖ ~
demasiado de la cuerda ⟨figf⟩ *über Gebühr
beanspruchen* ‖ *es zu weit treiben* ‖ *den Bogen
überspannen* ‖ ~ de od por largo ⟨fam⟩
ver|schwenden, -geuden (Vermögen) ‖ ⟨figf⟩
übertreiben ‖ ~ de la manga *am Ärmel zupfen* ‖
~ de navaja *das Messer ziehen*
   d) in Verb. mit **para:** ~ para loco ⟨fam⟩
nicht ganz richtig im Kopf sein

   e) in Verb. mit **por:** ~ por alto *in die
Höhe werfen* ‖ ~ por un camino *e–n Weg
einschlagen*
   tirarse vr *s. stürzen* (a *in, auf* acc), *s. hinaus-,
hinunter|stürzen* ‖ *s. hin-, nieder|werfen* ‖ *s.
(zu)werfen* ‖ ◇ ~ al agua *ins Wasser springen* ‖
~ de la cama ⟨fam⟩ *aus dem Bett springen* ‖ ~ la
gorra sobre los ojos *s. die Mütze tief in die Stirn
drücken* ‖ ~ una mujer ⟨vulg⟩ *e–e Frau vögeln* ‖
~ una plancha ⟨pop⟩ *s. blamieren, hereinfallen* ‖
~ a od sobre alg. *auf jdn losstürzen* ‖ ~ al suelo
s. auf den Boden werfen ‖ ~ de la ventana *s. aus
dem Fenster stürzen* ‖ ~ en paracaídas (Flugw)
mit dem Fallschirm abspringen ‖ ¡tírese! ⟨Typ⟩
druckfertig!
   tiratira f Chi ⟨V⟩ *Austernfischer* m (Haematopus
sp)
   tiratrón m ⟨El⟩ *Thyratron* n *(Triode)*
   tiricia f ⟨pop⟩ → **ictericia**
   tirilla f dim von **tira** ‖ *Hemdbund* m
   tirillento adj Chi *zerlumpt, abgerissen*
   tirio adj ⟨Geogr⟩ *tyrisch, aus Tyrus* (Tiro) ‖ ~
m *Tyrer* m ‖ ~s y troyanos ⟨fig⟩ *Vertreter* mpl
entgegensetzter Meinungen bzw *Interessen*
   tirirú m Bol → **orinal**
   tirita f ⟨Pharm⟩ *Heftpflaster* n ‖
Schnellverband m
   tiritaña f ⟨Text⟩ *dünner Seidenstoff* m ‖ ⟨fig⟩
Geringfügigkeit f
   tiri|tar vi *frösteln, zittern* ‖ ~ de frío *vor Kälte
zittern* ‖ **–tera** f → **tiritona** ‖ **–tón** m *heftiger
Frost-, Kälte|schauer* m ‖ ◇ dar *–tones frösteln* ‖
–tona f ⟨fam⟩ *Frösteln, Schaudern* n ‖ ◇ hacer la
~ ⟨pop⟩ *s. ängstlich stellen*
   ¹tiro m *Wurf* m ‖ *Schießen* n ‖ *Schuss* m ‖
Beschuss m ⟨Mil⟩ *Feuer* n ‖ *Schussrichtung* f ‖
Schuss-, Wurf|weite f ‖ *Schieß|platz, -stand* m ‖
(in der Drogenszene) *Schuss* m ‖ ⟨fig⟩ *Streich* m ‖
⟨fig⟩ *bissiges Wort* n ‖ ⟨fig⟩ *Seitenhieb* m ‖ ⟨fig⟩
(schwerer) Schlag m ‖ Sant *Kegelbahn* f ‖ ~ al
aire *Warn-, Schreck|schuss* m ‖ ~ de
aniquilamiento *Vernichtungsfeuer* n ‖ ~ al arco
Bogenschießen n ‖ ~ con bala *Scharfschuss* m ‖
~ sin bala *blinder Schuss* m ‖ ~ al blanco
Scheibenschießen n ‖ ~ al cesto ⟨Sp⟩ *Korbwurf* m
‖ ~ de combate *Gefechts-, Scharf|schießen* n ‖ ~
de concentración *Punktfeuer* n ‖ ~ con efecto
⟨Sp⟩ *Effektschuss* m ‖ ~ por elevación
Bogenschuss m ‖ ~ errado, ~ fallado *Fehlschuss,
Ausreißer* m ‖ ⟨fig⟩ *Fahrkarte* f *(beim
Scheibenschießen)* ⟨Sp⟩ *Fehlwurf* m ‖ ~ de
flanco *Flankenfeuer* n ‖ ~ de gracia
Gnadenschuss m ‖ *Fangschuss* m ‖ ~ libre ⟨Sp⟩
Freiwurf m ‖ ~ magistral *Meisterschuss* m ‖ ~ en
la nuca *Genickschuss* m ‖ ~ oblicuo → ~ de
flanco ‖ ~ de pichón, ⟨Am⟩ ~ a la paloma
Taubenschießen n ‖ ~ de piedra *Steinwurf(weite*
f) m ‖ ~ de pistola *Pistolenschuss* m ‖ ~ al plato
Wurf-, Ton|taubenschießen n ‖ ~ de pólvora sola
blinder Schuss m ‖ ~ a portería ⟨Sp⟩ *Torwurf* m ‖
~ potente ⟨Sp⟩ *Scharfschuss* m ‖ ~ de precisión
Präzisionsschießen n ‖ ~ rápido *Schnellfeuer* n ‖
~ rasante *rasantes Feuer, Strichfeuer* n ‖ ~ de
rebote *Prellschuss* m ‖ ~ de revés *Rückenschuss*
m ‖ ~ de revólver *Revolverschuss* m ‖ ~ tangente
Streifschuss m ‖ ~ en el vientre *Bauchschuss* m ‖
♦ a ~ *auf Schussweite* ‖ ⟨fig⟩ *in Reichweite* ‖ a
~ hecho ⟨fig⟩ *treffsicher* ‖ al ~ Chi *sogleich* ‖ a
un ~ de piedra *e–n Steinwurf entfernt, nicht sehr
weit* ‖ de ~ ⟨Am⟩ *verstohlenerweise* ‖ fuera de ~
außer Schussweite ‖ ◇ acertar ~ *treffen* ‖ ⟨fig⟩
s–n Zweck erreichen ‖ corregir el ~ s.
einschießen ‖ dirigir el ~ *zielen* (a *auf* acc) ‖ sin
disparar un ~ *kampflos* ‖ errar el ~
danebenschießen, fehlen, nicht treffen ‖ ⟨fig⟩ *e–n*

Missgriff tun ‖ estar fuera del ~ ⟨Mil⟩ *außer Schussweite sein* ‖ le hicieron un ~ de mil euros ⟨pop⟩ *man hat ihm 1000 Euro gestohlen* ‖ pegarse un ~ *s. e–e Kugel durch den Kopf jagen* ‖ estuvo como para pegarle un ~ ⟨pop⟩ *er spielte ganz miserabel (Schauspieler)* ‖ ponerse a ~ *auf Schussweite herankommen* ‖ → **culata** ‖ marrar el ~ → *errar el* ~ ‖ le va *od* le sienta como un ~ ⟨pop⟩ *es steht ihm wie dem Affen ein Schlips* ‖ venir a ~ hecho ⟨figf⟩ *in die Schusslinie kommen* ‖ ¡mal ~! *fehlgeschossen!* ‖ ¡mal ~ te peguen! ⟨vulg⟩ *verrecken sollst du!* ‖ ~**s** *mpl* Arg *Hosenträger* mpl ‖ ◆ ni a ~ ⟨figf⟩ *um k–n Preis, unter k–n Umständen, nicht um alles in der Welt,* ⟨vulg⟩ *nicht ums Verrecken* ‖ de ~ largos ⟨figf⟩ *piekfein* ‖ de seis ~ *sechsschüssig* ‖ ◇ acribillado a ~ ⟨fig⟩ *von Geschossen durchsiebt* ‖ ir a ~ *s. herumschießen* ‖ liarse a ~ ⟨fam⟩ *s. e–e Schießerei liefern* ‖ matar a ~ *erschießen* ‖ muerto a ~ *od* de un tiro *erschossen* ‖ pegarle a uno cuatro ~ ⟨pop⟩ *jdn erschießen*
²**tiro** *m (Luft)Zug* m ‖ *Zugluft* f ‖ ~ de chimenea *Schornsteinzug* m ‖ ◇ la estufa no tiene ~ *der Ofen zieht nicht*
³**tiro** *m Gespann* n, *Zug* m *(e–s Wagens)* ‖ *Zug\strang* m, *-leine* f ‖ *Zugseil* n *(für Lasten)* ‖ ◇ poner el ~ *(die Pferde) anspannen*
⁴**tiro** *m Schritt(weite)* f m *(e–r Hose)* ‖ *Breite* f *(e–s Stoffes)* ‖ *Schulterbreite* f *(Kleidung)*
⁵**tiro** *m Treppen\arm, -lauf* m
⁶**tiro** *m* ⟨Bgb⟩ *(Boden)Schacht* m ‖ *Schachttiefe* f
⁷**tiro** *m* Am ⟨Typ⟩ *Auflage* f
⁸**tiro** *m* ⟨Vet⟩ *Verbeißen* n *(des Pferdes)* ‖ ~ aerófago *Koppen* n
tiroi|deo adj ⟨An⟩ *Schilddrüsen-* ‖ **–des** adj/s ⟨An⟩: (cartílago) ~ *Schildknorpel* m ‖ (glándula) ~ *Schilddrüse* f ‖ **–ditis** f ⟨Med⟩ *Thyreoditis* f
Ti|rol *m:* el ~ ⟨Geogr⟩ *Tirol* n ‖ **⁼rolés** adj *tirol(er)isch* ‖ ~ *m Tiroler* m ‖ → *auch* **quincallero**
¹**tirón** *m Zug, Ruck* m ‖ *heftiges Ziehen, Zerren* n ‖ ⟨pop⟩ *Trinkgeld* n ‖ ⟨pop⟩ *Prellerei* f ‖ ◆ de un ~ ⟨pop⟩ *in e–m Zug, ohne abzusetzen, hintereinander* ‖ ◇ se lo bebió de un ~ *er trank es in e–m Zug aus* ‖ dar un ~ de oreja a alg. *jdn bei den Ohren nehmen* ‖ dormí diez horas de un ~ ⟨pop⟩ *ich schlief volle zehn Stunden* ‖ **tirones** *mpl* ⟨fig⟩ *Reißen, Ziehen* n ‖ ◆ a dos ~ ⟨pop⟩ *im Handumdrehen* ‖ ni a dos *(od* tres) ~ ⟨figf⟩ *um k–n Preis, unter k–n Umständen, nicht um alles in der Welt,* ⟨vulg⟩ *nicht ums Verrecken* ‖ con ~ de enfado *mit zornigem Zucken* ‖ ◇ dar ~ ziehen (a an dat) ‖ el estómago me da ~ *ich fühle ein Reißen im Magen* ‖ siento ~ en el pecho *ich fühle ein Ziehen in der Brust*
²**tirón** *m* ⟨lit⟩ *Neuling, Anfänger* m
tironero *m* ⟨pop⟩ *Handtaschenräuber* m
tironiano adj: ⟨Hist Lit⟩ notas ~as *Tironische Noten* fpl
tirote|ar vi ⟨Mil⟩ *beschießen* ‖ ~**se** *s. gegenseitig beschießen* ‖ ⟨fig⟩ *hadern* ‖ **–o** *m* ⟨Mil⟩ *Gewehrfeuer* n ‖ *Schießerei* f ‖ ~ (de palabras) ⟨fig⟩ *Wortwechsel, Hader, Zank* m
tiro|tóxico adj *thyreotoxisch* ‖ **–toxicosis** f ⟨Med⟩ *Thyreotoxikose* f ‖ **–trópico** adj *thyreotrop* ‖ **–tropina** f ⟨Physiol⟩ *Thyreotropin* n ‖ **–xina** f ⟨Physiol⟩ *Thyroxin* n
tirreno adj: el Mar ~ *das Tyrrhenische Meer*
tirria f ⟨fam⟩ *Widerwille, Groll* m ‖ *Voreingenommenheit* f ‖ ◇ tener ~ a alg. *jdn auf dem Kieker haben* ‖ tomar ~ *s. heftig erbittern* (a *über* acc)
tirso *m Thyrsos, Thyrsus(stab)* m
tirulo *m Windung* f *e–r Zigarre*

tisana f *Aufguss, Kräuter-, Heil\tee* m ‖ *kalte Ente, Bowle* f ‖ ~ pectoral *Brusttee* m
tisanuros *mpl* ⟨Ins⟩ *Borstenschwänze* mpl (Thysanura)
tísico adj ⟨Med⟩ *schwindsüchtig* ‖ ~ *m Phthisiker, Schwindsüchtige(r)* m ‖ ◇ estar ~ *schwindsüchtig sein* ‖ morir ~ *an Schwindsucht sterben*
tisiología f ⟨Med⟩ *Phthiseologie* f
tisiólogo *m* ⟨Med⟩ *Phthiseologe* m
tisis f ⟨Med⟩ *Schwindsucht, Phthisis* f ‖ *Lungenschwindsucht, Tuberkulose* f ‖ ~ galopante *galoppierende Schwindsucht* f ‖ ~ pulmonar *Lungenschwindsucht* f
¹**tiste** *m* MAm Mex Ven *Maiskakaogetränk* n (Erfrischung)
²**tiste** *m* MAm *entzündete erhabene Stelle, durch e–n Dorn der* tuna *verursacht*
tisú *[pl* ~**ués** *od* ~**ús**] *m Gold-, Silber\stoff, Brokat* m ‖ *Lamé* m ‖ ~ de plata *Silberdamast* m
tít.º, tít. (Abk) = **título**
tita f ⟨fam⟩ → **tiíta**
Tit(it)a f ⟨fam⟩ → **Margarita**
titán *m* ⟨Myth⟩ *Titan(e), Riese* m (& fig)
titánico adj *titanisch, titanenhaft* ‖ ⟨fig⟩ *riesenhaft, ungeheuer* ‖ ◇ hacer ~s esfuerzos *s. riesig anstrengen*
titanio *m* ⟨Ti⟩ ⟨Chem⟩ *Titan* n
titanomaquia f ⟨Myth⟩ *Kampf* m *der Titanen gegen Zeus, Titanomachie* f
Titay f ⟨reg⟩ → **María**
titear vi ⟨V⟩ *rufen (Rebhuhn die Küken)*
titeo *m* RPl *Hohn, Spott* m
títere *m Gliederpuppe* f ‖ *Marionette* f (& fig) ‖ *Hampelmann* m (& fig) ‖ ⟨fig⟩ *kleiner Knirps* m ‖ ⟨figf⟩ *beschränkter Mensch, Trottel* m ‖ ⟨fig⟩ *fixe Idee* f ‖ ◇ no dejar ~ con cabeza ⟨figf⟩ *alles kurz und klein schlagen, zerstören* ‖ (allí) no quedó ~ con cabeza ⟨figf⟩ *es blieb nichts unversehrt* ‖ ~**s** *mpl Kasperle-, Puppen-, Marionetten\theater* n ‖ ⟨pop⟩ *Varietévorstellung, Volksbelustigung, bunte Bühne* f
titerero *m* → **titiritero**
titi f ⟨pop⟩ *junge Frau* f, *junges Mädchen* n
tití *m* ⟨Zool⟩ *Krallenäffchen* n (Callithrix spp *und andere)* ‖ *Spring-, Witwen\äffchen* n, *Titi* m (Callicebus spp) ‖ *Seidenäffchen* n (Cebuella spp)
titi|lar vi *leise zittern, beben* ‖ *flackern, schimmern (Licht, Feuer)* ‖ ◇ el **–lante** centelleo de los astros *das glitzernde Funkeln der Sterne* ‖ **–leo** *m Flackern, Schimmern* n ‖ *Kitzeln* n (z. B. im Rachen)
titipuchal *m* Mex *(Menschen)Menge, Schar* f
titiritaina f ⟨fam⟩ *Katzenmusik* f
titiritero *m Puppen-, Marionetten\spieler* m ‖ *Akrobat* m
titirrute *m* Chi ⟨vulg⟩ *Möse, Muschi* f
¹**tito** *m* Platterbse f
²**tito** *m* Murc *junges Huhn* n
³**tito** *m* dim von **tío**
Tito *m* np *Titus* m
titoís|mo *m* ⟨Pol Hist⟩ *Titoismus* m ‖ **–ta** adj (m/f) *titoistisch* ‖ ~ *m/f Titoist(in* f) m
titube|ar vi *wanken, schwanken* ‖ ⟨reg⟩ *stottern, stammeln* (→ **tartamudear**) ‖ ⟨fig⟩ *unschlüssig sein, zaudern* ‖ ◇ no –a en afirmarlo *er wagt es zu behaupten* ‖ **–o** *m Schwanken* n (& fig) ‖ ⟨reg⟩ *Stottern, Stammeln* n (→ **tartamudeo**)
¹**titulación** f ⟨Chem⟩ *Titration, Titrierung, Maßanalyse* f
²**titulación** f ⟨Jur⟩ *Erteilung* f *e–s Rechts* ‖ *Rechtstitel* m
titu|lado *m Inhaber e–s (akademischen) Titels, Diplomierte(r)* m ‖ *Träger* m *e–s Adelstitels* ‖ ⟨Typ⟩ *Betitelung, Überschrift* f ‖ **–ladora** f ⟨Film⟩

Titelgerät n ‖ **–laje** *m* ⟨Typ⟩ (bes. Am) *Betitelung, Überschrift* f
¹titular adj *(m/f) betitelt* ‖ *e–n Titel führend, Titular-* ‖ ~ *m/f* ⟨Ztg⟩ *Überschrift, Schlagzeile* f ‖ *Aufmacher* m ‖ ⟨Sp⟩ *Stammspieler* m ‖ ⟨Jur⟩ *Inhaber(in* f), *Träger(in* f) m, *Berechtigte(r* m) f ‖ ~ *de un cargo Amtsinhaber* m ‖ ~ *de una cátedra Lehrstuhlinhaber* m ‖ ~ *de una cuenta Kontoinhaber* m ‖ ~ *de un derecho Rechts\inhaber, -träger* m ‖ *Anspruchsberechtigte(r)* m ‖ ~ *de un derecho sucesorio Erbberechtigte(r)* m ‖ ~ *de una licencia Lizenzinhaber* m ‖ ~ *del premio Nobel Nobelpreisträger* m ‖ ~ *de un vehículo Fahrzeughalter* m ‖ *anterior* ~ *de un derecho* ⟨Jur⟩ *Rechtsvorgänger* m ‖ *los* ~*es die Ordinarien* mpl ‖ ◇ *figurar en los* ~*es de los periódicos Schlagzeilen machen*
²titu\lar vt *betiteln, titulieren* ‖ *(be)nennen, überschreiben* ‖ *(jdm) e–n Titel verleihen* ‖ ~ vi *e–n (Adels)Titel erhalten*
³titular vt ⟨Chem⟩ *titrieren*
titu\laridad *f* ⟨Jur⟩ *Berechtigung, Rechtsinhaberschaft* f ‖ **–larizar** [z/c] vt *zum ordentlichen Inhaber e–r Stelle ernennen* ‖ *zum Ordinarius (Titularbischof usw.) ernennen* ‖ ~**se** *e–n Titel erlangen* ‖ *e–n akademischen Grad erwerben* ‖ *s. betiteln* ‖ **–lillo** *m dim von* **título** ‖ ~**s** mpl ⟨fig⟩ *Kleinigkeiten, Lappalien* fpl
¹título *m Überschrift* f, *Titel* m ‖ *Titelblatt* n ‖ *Buch-, Film\titel* m ‖ ⟨fig⟩ *Buch, Werk* n ‖ *Kapitel* n, *Abschnitt* m (z. B. *e–s Gesetzbuches) (Berufs-, Ehren-, Adels)Titel* m ‖ *Benennung* f ‖ *Diplom* n, *Bestallungsurkunde* f ‖ *Rang* m, *Eigenschaft* f ‖ *Name(n)* m ‖ *Adelstitelträger, Ad(e)lige(r)* m ‖ ~ *académico Hochschultitel, akademischer Grad* m ‖ ~ *de bachiller Abitur-, Reife\zeugnis* n ‖ ~ *de columna* ⟨Typ⟩ *Kolumnentitel* m ‖ ~ *nobiliario,* ~ *de nobleza Adelstitel* m ‖ *Adelsbrief* m ‖ ~ *del Reino span. Adelstitel* m ‖ *Ad(e)lige(r)* m ‖ ~ *universitario akademischer Grad* m ‖ *Universitätsdiplom* n ‖ ◆ *sin* ~ *titel-, namen\los* ‖ ◇ *sacar un* ~ *e–n Titel erlangen* ‖ *e–n akademischen Grad erwerben* ‖ ~**s** mpl *Titelei* f *(e–s Buches)* ‖ ⟨Film⟩ *Vorspann* m
²título *m* ⟨Jur⟩ *Rechtsanspruch* m ‖ *Rechtstitel* m, *Anrecht* n ‖ *Urkunde* f, *Beweisstück* n ‖ ~ *de adquisición Erwerbs\grund, -titel* m ‖ ~ *de constitución de hipoteca Hypothekenbrief* m ‖ ~ *legal Rechtstitel* m ‖ ~ *de propiedad Eigentumsrecht* n ‖ ~*s transferibles übertragbare Papiere* npl
³título *m* ⟨Com⟩ *Wertpapier, Stück* n ‖ *Renten-, Schuld\schein* m ‖ ~ *nominativo Namenspapier* n ‖ ~ *al portador Inhaber-, Order\papier* n ‖ ~**s** mpl *Effekten* pl, *(Börsen)Stücke* npl ‖ ~ *amortizables kündbare Werte* mpl ‖ ~ *de la deuda Staatspapiere* npl ‖ ~ *privilegiados Prioritätspapiere* npl
⁴título *m Feingehalt* m *(e–r Münze)* ‖ ⟨Text⟩ *Feinheitsgrad* m *(Titer)* ‖ ~ *alcohólico Alkoholgrad* m ‖ ~ *legal gesetzlicher Feingehalt* m *(e–r Münze)*
⁵título *m Grund* m, *Veranlassung* f ‖ *Vorwand* m ‖ ◆ *a* ~ *(de) auf Grund* (gen) ‖ *in der Eigenschaft (als)* ‖ *unter dem Vorwand* (gen) ‖ *a* ~ *de anticipo vorschussweise* ‖ *a* ~ *de indemnización als Entschädigung* ‖ *a* ~ *de liberalidad, a* ~ *gratuito unentgeltlich* ‖ *a* ~ *oneroso entgeltlich* ‖ *a* ~ *de prueba zur Probe, probe-, versuchs\weise* ‖ *¿a* ~ *de qué? aus welchem Grund od Anlass? warum?* ‖ *mit welcher Berechtigung?* ‖ *con justo* ~ *mit voller Berechtigung, wohlberechtigt* ‖ ~**s** mpl ⟨fig⟩ *Fähigkeiten* fpl, *Befähigung* f

titulomanía *f Titelsucht* f
tixotropía *f* ⟨Phys⟩ *Thixotropie* f
tiza *f Kreide* f ‖ *Billardkreide* f ‖ *Schul-, Schreib-, Tafel\kreide* f ‖ *Putzpulver* n ‖ ~ *en polvo Schlämmkreide* f ‖ ◇ *marcar con* ~ *ankreiden*
·**Tiziano** *m* np *Tizian* m
tiz\na *f Schwärze* f ‖ **–nado** adj *verrußt* ‖ *schmutzig, beschmutzt* ‖ MAm Arg Chi *betrunken* ‖ *la* ~*a* ⟨fam⟩ *der Tod* ‖ **–nadura** *f Anrußen* n ‖ *Beschmutzen* n ‖ *Schwärze* f ‖ **–najo, –nón** *m Rußfleck* m ‖ *Fingerspur* f ‖ **–nar** vt *mit Ruß beschmutzen, schwärzen* ‖ ⟨Tech⟩ *tuschieren* ‖ ⟨fig⟩ *anschwärzen* ‖ ~ vi *abfärben, die Farbe verlieren* ‖ ~**se** *verrußen* ‖ *s. beschmutzen* ‖ MAm Arg Chi *s. betrinken* ‖ **–ne** m (& *f) Ruß* m ‖ ~ *m Feuerbrand* m ‖ **–nón** *m Rußfleck* m
¹tizo *m halbverbranntes, qualmendes Scheit* n ‖ *Rauchkohle* f
△ **²tizo** *m Schutzmann* m
¹tizón *m halbverbranntes Scheit* n ‖ *Feuerbrand* m *(Scheit)* ‖ ⟨fig⟩ *Schandfleck* m ‖ *más negro que un* ~ ⟨pop⟩ *pechschwarz* ‖ dim: **tizoncillo**
²tizón *m* ⟨Agr⟩ *Getreide-, Korn\brand* m *(Ustilago* spp) ‖ ~ *del trigo (Weizen)Stein, Stink\brand* m *(Tilletia caries)*
³tizón *m* ⟨Arch⟩ *Binderstein* m
tizona *f* ⟨figf⟩ *Schwert* n, *Degen* m *nach dem Schwert des Cid*
tizo\nazo *m,* **–nada** *f* ⟨figf⟩ *Höllenpein* f *(im Jenseits)*
tizo\near vi/t *das Feuer schüren* ‖ **–nera** *f (Kohlen)Meiler* m
Tl ⟨Abk⟩ = **talio**
tlaco *m:* ◇ *no valer (un)* ~ Mex ⟨pop⟩ *k–n Heller wert sein*
tlacote *m* Mex *Furunkel* m (& n)
tlacoyo *m* Mex ⟨Kochk⟩ *hohe, gefüllte Tortilla* f
tlapalería *f* Mex *Farbengeschäft* n
tlaxalteca, tlascalteca adj Mex *tlaxcaltekisch* ‖ ~ *m Tlaxcalteke* m
Tm ⟨Abk⟩ = **tulio**
tmesis *f* ⟨Gr⟩ *Trennung, Tmesis* f
T.N.T. → **trinitrotolueno**
¹;to! int *aha!* ‖ *nanu!* ‖ *¡*~*! ¡*~*!* ⟨Jgd⟩ *Fass! (zu Hunden)*
²to, tó, too ⟨pop⟩ = **todo**
t.º ⟨Abk⟩ = **tomo**
T.º ⟨Abk⟩ = **teléfono**
toa *f* Am ⟨Mar⟩ *(Dregg)Tau* n
toa\lla *f Handtuch* n ‖ ~ *esponja,* ~ *rusa,* ~ *para frotar Frottiertuch* n ‖ ◇ *arrojar la* ~ ⟨fig⟩ *das Handtuch werfen* ‖ *enjugarse od secarse con la* ~ *s. mit dem Handtuch abtrocknen* ‖ *tirar la* ~ → *arrojar la* ~ ‖ **–llero** *m Handtuch\ständer, -halter* m ‖ ~ *adosado a la pared Wandhalter* m *für Handtücher* ‖ **–lleta** *f dim von* **–lla** *kleines Handtuch* n ‖ *Serviette* f ‖ **–llita** *f dim von* **–lla** ‖ ~ *húmeda Feuchtreinigungstuch* n ‖ ~ *limpialentes Brillenputztuch* n ‖ ~ *refrescante Erfrischungstuch* n
toar vt ⟨Mar⟩ *schleppen* ‖ *bugsieren* ‖ → *auch* **atoar**
¹toba *f Tuff(stein)* m
²toba *f Zahn\stein, -belag* m
³toba *f* ⟨Bot⟩ *Wegedistel* f
△ **⁴toba** *f Stiefel* m ‖ *Schuh* m
⁵toba *m/adj* Arg *Toba-Indianer* m
Tobal(ito) *m* ⟨reg⟩ → **Cristóbal**
toballa *f* ⟨reg⟩ → **toalla**
tobera *f Düse* f ‖ ⟨Met⟩ *(Blas)Form* f *(Hochofen)* ‖ ~ *anular Ringdüse* f ‖ ~ *de aspiración Saugdüse* f ‖ ~ *de chorro Strahldüse* f

‖ ~ de propulsión *Treibdüse* f ‖ *Schubdüse* f *(bei Raketen)* ‖ ~ pulverizadora *Spritz-, Zerstäuber\düse* f ‖ ~ de vapor *Dampfdüse* f
△ **toberjelí** *f Wald* m
Tobías *m* np *Tobias* m
tobi\llera *f Knöchelschutz* m ‖ *Fußkett\e* f, -*chen* n ‖ **-llero** adj ⟨pop⟩ *stramm* ‖ ⟨Text⟩ *knöchellang* ‖ **-llo** *m* ⟨An⟩ *(Fuß)Knöchel* m ‖ hasta los ~s *knöchellang (Kleid)* ‖ *knöcheltief (Schlamm usw.)*
tobogán *m Rodelschlitten* m ‖ *Wendelrutsche, Schurre* f ‖ *Wasserrutschbahn* f ‖ *(pista de)* ~ *Rodelbahn* f ‖ *Rutschbahn* f ‖ ~ de emergencia ⟨Flugw⟩ *Notrutsche* f
toboseño adj ⟨Geogr⟩ *aus El Toboso (P Tol)* ‖ *auf El Toboso bezüglich*
toboso adj *aus Tuffstein*
toca *f Haube* f *(der Frauen)* ‖ *Nonnen\haube* f, -*schleier* m ‖ *Schwesternhaube* f ‖ *Witwenschleier* m ‖ ~ holandesa *Haube* f *der Holländerinnen* ‖ ~s *fpl (Art) Witwen-* bzw *Waisen\geld* n
tocable adj *(m/f) berührbar* ‖ *spielbar*
tocacintas *m* Am *Kassettenrecorder* m
tocadillo *m* dim von **toca(do)** *Tokadille* n *(Brettspiel)*
tocadiscos *m Plattenspieler* m ‖ ~ portátil *Phonokoffer* m
¹tocado adj *berührt (Reliquie, Heiligenbild)* ‖ *et. angefault (Obst)* ‖ ~ de la curiosidad *voll Neugierde* ‖ ~ de viruelas *pockennarbig* ‖ ~ por muchas manos *stark abgegriffen (z. B. Banknote)* ‖ ◇ está ~ de la cabeza *(pop) er ist nicht ganz richtig im Kopf, bei ihm ist e–e Schraube locker* ‖ estar ~ de una enfermedad *mit e–r Krankheit behaftet sein* ‖ ¡~! *(Fecht) getroffen!*
²tocado *m Kopf\bedeckung* f, -*putz* m ‖ *(Damen)Frisur* f ‖ *Haarkrause* f
³tocado *m* ⟨Fecht⟩ *Treffer* m
¹tocador *m* ⟨Mus⟩ *Spieler, Musiker* m ‖ ~ de guitarra *Gitarrenspieler* m
²tocador *m Frisier-, Toiletten\tisch* m ‖ *Toilette(nraum* m) f ‖ *Necessaire (& Nessesär)* n ‖ ~ de bolsillo *Taschen\necessaire, -nessesär* n
tocamiento *m Berührung* f ‖ ~s deshonestos, ~s lascivos ⟨Kath⟩ *unsittliche Berührungen* fpl
tocante adj: (en lo *od* por lo) ~ a *in Bezug auf (acc), bezüglich (gen), was … (acc) betrifft* ‖ ~ a eso *in dieser Hinsicht*
tocaor *m* And (→ **tocador**) ‖ *Gitarrenspieler* m *(beim Flamenco)*
¹tocar [c/qu] A) vt/i *an-, be\rühren, antasten* ‖ *rühren an* (dat) ‖ *be\tasten, -fühlen* ‖ *an\fassen, -rühren (Kapital)* ‖ *in Berührung kommen (mit)* ‖ *treffen (beim Werfen)* ‖ [Reitkunst] *touchieren* ‖ *berühren, einsegnen lassen (Heiligenbild, Rosenkranz)* ‖ ⟨fig⟩ *rühren, bewegen* ‖ ⟨fig⟩ *s. befassen, zu tun haben (mit)* ‖ *(auf jdn) entfallen (bei e–r Teilung)* ‖ ⟨Mus⟩ *spielen, blasen, schlagen (Instrumente)* ‖ *(Glocken) läuten* ‖ *(die Stunden) schlagen* ‖ *probieren (Gold, Silber)* ‖ ⟨Med⟩ *touchieren* ‖ ⟨Mar⟩ *(e–n Hafen) anlaufen* ‖ ⟨fig⟩ *antasten (die Ehre)* ‖ ⟨fig⟩ *verletzen, beleidigen* ‖ ⟨fig⟩ *kosten (e–e Speise)* ‖ ⟨fig⟩ *anstecken (mit)* ‖ ⟨fig⟩ *erwähnen, berühren (im Gespräch)* ‖ ⟨fam⟩ *touchieren* ‖ ◇ ~ la bocina *hupen* ‖ ~ la caja *die Trommel schlagen* ‖ ~ la(s) campana(s) *die Glocke(n) läuten, anschlagen* ‖ ~ el capital *das Kapital angreifen* ‖ ~ de cerca *(fig) bewandert sein (in e–m Fach, Geschäft)* ‖ ⟨fig⟩ *(mit jdm) nahe verwandt sein* ‖ eso me toca muy de cerca *das geht besonders mich an* ‖ ~ las consecuencias *die Folgen spüren, büßen* ‖ ~ (la) generala ⟨Mil⟩ *Alarm schlagen* ‖ ~ ligeramente *leicht berühren* ‖ *streifen* ‖ ⟨fam⟩ *(an)tippen* ‖ le toca la mitad *ihm (ihr) steht die*

Hälfte zu ‖ ~ el piano (a cuatro manos) *(vierhändig) Klavier spielen* ‖ ~ bien el piano *ein guter (e–e gute) Klavierspieler(in) sein* ‖ ~ un punto ⟨fig⟩ *e–e Frage aufwerfen* ‖ ~ todos los registros ⟨fig⟩ *alle Register ziehen, alle Hebel in Bewegung setzen* ‖ ~ el tambor *die Trommel schlagen* ‖ ~ el timbre *klingeln, läuten, schellen* ‖ ~ la trompa *das (Wald)Horn blasen* ‖ ¡eso le toca a Vd.! *das ist auf Sie gemünzt!* ‖ se lo tocaré ⟨Mus⟩ *ich werde es Ihnen vorspielen* ‖ ¿cuándo nos toca (la vez *od* el turno)? *wann sind wir an der Reihe? (fam) wann sind wir dran?* ‖ me ha tocado el gordo ⟨fig⟩ *ich habe den Haupttreffer (od das Große Los) gewonnen!* ‖ ¡toca esos cinco! ¡tócala! *schlag ein! topp! die Hand drauf!* ‖ no tocamos este artículo *wir führen diesen Artikel nicht*

B) ~ vi (& impers): a) *läuten (Glocke)* ‖ *die Reihe sein an* (dat) ‖ ⟨fam⟩ *verwandt sein* (a mit) ‖ ⟨Mar⟩ *leicht den Grund berühren* ‖ ◇ tocan *es läutet (Türklingel, Glocken)* ‖ ¡no tocar! *nicht berühren!* ‖ ¡toquemos! *die Hand drauf! abgemacht!*

b) in Verb. mit Präpositionen oder präpositionalen Adverbialverbindungen:
1. in Verb. mit **a:** ~ a degüello ⟨Mil⟩ *zum Angriff blasen* (& fig) ‖ ~ a su fin → ~ a su término ‖ ~ a fuego *Feueralarm geben od auslösen,* [früher] *die Feuerglocke läuten* ‖ ~ a gloria *den Ostersamstag einläuten* ‖ ~ a marcha ⟨Mil⟩ *zum Abmarsch blasen* ‖ ~ a misa *zur Messe läuten* ‖ ~ a muerto *die Totenglocke läuten, zu Grabe läuten* ‖ ~ a oración *zum Gebet läuten* ‖ ~ a su término *zu Ende gehen, enden* ‖ a ti te toca obedecer *du musst gehorchen* ‖ ahora me toca a mí *jetzt bin ich an der Reihe* ‖ *jetzt ist es an mir* ‖ en cuanto toca a mí *was mich angeht* ‖ ¿a quién (le) toca? *wer ist an der Reihe?* ‖ tocan a pagar ⟨fam⟩ *jetzt geht es ans Zahlen* ‖ ¿a morder tocan? ⟨fam⟩ *du beißt also?* (z. B. zum Hund) ‖ Vd. tocará a poca *Sie werden schlecht wegkommen* ‖ por lo que toca a … *was … (acc) angeht*
2. in Verb. mit **con:** ~ con la mano *mit der Hand berühren* ‖ ⟨fig⟩ *sehr nahe daran sein (zu)*
3. in Verb. mit **en:** ~ en el corazón *zu Herzen gehen, (tief) rühren* ‖ Dios le tocó en el corazón *Gott hat sein Herz (zum Guten) gewandt, Gott hat ihn (es) geläutert* ‖ el buque no toca en este puerto *das Schiff legt in diesem Hafen nicht an* ‖ le tocó en suerte *es wurde ihm (ihr) zuteil*
C) ~**se** *s. berühren, zusammenstoßen, aneinander stoßen* ‖ *aneinander grenzen* ‖ *anliegen an* (acc) ‖ tocárselas ⟨figf⟩ *Reißaus nehmen* ‖ los extremos se tocan ⟨fig⟩ *die Gegensätze berühren s.*
²tocar [c/qu] vt *zurechtmachen, kämmen (Haar)* ‖ ~**se** *s. e–n Schleier, e–e Haube, e–n Hut aufsetzen* ‖ *s. das Haar zurechtmachen, s. frisieren*
△ **³tocar** [c/qu] vt *betrügen, prellen, begaunern*
tocata *f* ⟨Mus⟩ *Tokkata* f ‖ *Eröffnungsstück, kurzes Musikstück* n ‖ *Tusch* m ‖ ⟨figf⟩ *Prügel* pl ‖ ⟨figf⟩ *Rüffel, Wischer* m ‖ ¡siempre la misma ~! ⟨fam⟩ *immer dieselbe Leier!*
tocateja: a ~ *(in) bar, auf die Hand*
tocayo *m Namensvetter, Gleichnamige(r)* m ‖ ◇ es mi ~ *er ist mein Namensvetter, er hat den gleichen Namen wie ich*
tochada *f* Sant *Dummheit* f, *Blödsinn* m
¹tocho adj *plump, grob, roh* ‖ Sant *dumm, blöd* ‖ ~ *m* Sant ⟨fam⟩ *Einfaltspinsel, Trottel* m
²tocho *m* ⟨Met⟩ *vor\gewalzter od*

-geschmiedeter Block m ‖ *dicker Ziegelstein* m ‖ ⟨figf⟩ *Wälzer* m *(dickes Buch)*
toci|nería f *Speckladen* m ‖ *Schweinemetzgerei* f ‖ *Wurstmacherei* f ‖ *Fettware* f ‖ **–nero** m/adj *Speckhändler* m ‖ *Schweinemetzger* m ‖ **–no** m *Speck* m ‖ *Speckseite* f ‖ Ar *Schwein* n ‖ ~ de cielo, ~ *entreverado durchwachsener Speck* m ‖ ~ *gordo Speck* m ‖ ◇ confundir la velocidad con el ~ (y la gimnasia con la magnesia) ⟨fam⟩ *die Begriffe völlig verwechseln* ‖ *schwer von Begriff sein* ‖ **~s** mpl ⟨pop⟩ *Prügel* pl
¹toco m Arg *Stück* n
²toco m Arg ⟨Bot⟩ *(e–e Art) Zeder* f
³toco m Bol *Hocker* m
tococó m Col Ven *ein Volkstanz* m
toco|ginecología f ⟨Med⟩ *Frauenheilkunde und Geburtshilfe* f ‖ **–ginecólogo** m *Arzt* m *für Frauenheilkunde und Geburtshilfe* ‖ **–logía** f *Geburtshilfe* f
tocólogo m *Geburtshelfer* m
tocón adj Col *schwanzlos (Hund)* ‖ ~ m *(Baum)Stumpf* m ‖ *Gliedstumpf, Stummel* m ‖ ⟨fig pop⟩ *der gerne Frauen betatscht, Grapscher* m
tocororo m Cu ⟨V⟩ *Tokororo* m *(Trogon temnurus)*
tocotoco m ⟨V⟩ Ven *Pelikan* m (→ **pelícano**)
tocto m Col ⟨Kochk⟩ *Fleischgericht* n *mit Reis*
tocuno m SAm ⟨Text⟩ *grober Baumwollstoff* m
todabuena, todasana f ⟨Bot⟩ *Johanniskraut* n (Hypericum)
todavía adv *noch, noch immer, immer noch* ‖ *jedoch, immerhin* ‖ *doch, dennoch* ‖ *trotzdem* ‖ ~ hay tiempo *(od hay tiempo ~) es ist noch Zeit (genug)* ‖ ~ hoy *noch heute* ‖ *gleich heute* ‖ ~ más *noch mehr* ‖ ~ más difícil, más difícil ~ *noch schwieriger* ‖ ~ no *noch nicht* ‖ está lloviendo ~ *es regnet noch immer* ‖ ¿no ha venido ~? *ist er noch nicht gekommen?* ‖ ¡y ~! ⟨Am⟩ *das glaube ich!* ‖ *das will ich meinen!*
todito adj ⟨fam⟩ dim von **todo**
¹todo adj *ganze(r, -s)* ‖ *jede(r, -s)* (vgl **cada**) ‖ *alle(s), gesamt* ‖ *lauter, nur, nichts als* ‖ a) ~ **el:** ~ el (santo) día *den lieben langen Tag* ‖ ~ el hombre *jeder (Mensch), alle (Menschen)* ‖ ~ hombre, el hombre ~ *der ganze Mensch* m ‖ ~ el mundo *die ganze Welt* ‖ *jeder(mann)* ‖ ~**s:** ~ los días *alle Tage, jeden Tag* ‖ *täglich* ‖ por ~ los aspectos *in jeder Hinsicht* ‖ ~ los meses *alle Monate, jeden Monat* ‖ ~ los Santos *Allerheiligen* n
b) ~ **un:** ~ un año *ein ganzes Jahr* ‖ ~ un hombre *ein ganzer Mann,* ⟨fam⟩ *ein ganzer Kerl* ‖ es ~ un sabio ⟨fam⟩ *er ist ein grundgelehrter Mann*
c) ~ **lo:** ~ lo bueno *alles Gute* ‖ ~ lo bien que puedas *so gut, wie du nur kannst* ‖ ~ lo contrario *ganz im Gegenteil* ‖ él es ~ lo contrario de su hermano *er ist das genaue Gegenteil s–s Bruders* ‖ ~ lo más *höchstens, alleräußerst* ‖ *allenfalls* ‖ ~ lo que quieras *alles, was du willst* ‖ nach d–m Belieben ‖ hacer ~ lo posible para … *alles aufbieten, um zu …* ‖ hago ~ lo que puedo *ich tue, was ich (nur) kann* ‖ no es ~ lo aplicado que debiera *er (sie, es) könnte noch (viel) fleißiger sein* ‖ quien ~ lo niega, ~ lo confiesa ⟨Spr⟩ *wer alles leugnet, macht s. verdächtig*
d) ohne Artikel: ~ alumno (= ~s los alumnos) *jeder Schüler, alle Schüler* ‖ ~ blanco *ganz weiß* ‖ *blendend* ‖ ~a clase de … *alle Art von …* (dat) ‖ *alles Mögliche, allerhand, allerlei* ‖ ~a Europa *ganz Europa* ‖ ~ hombre *jeder Mensch, alle Menschen* ‖ ~ sudoroso *(od sudando) ganz verschwitzt* ‖ ~ sumado *eins ins andere gerechnet, summa summarum* ‖ *kurz und gut* ‖ ~ cuanto …, ~ lo que … *alles, was …* ‖ ~

eso *all(es) dies(es)* ‖ ~ junto *(ins)gesamt* ‖ *alles zusammen* ‖ el árbol está ~ en flor *der Baum steht in voller Blüte* ‖ ~a precaución es poca *man kann nicht vorsichtig genug sein* ‖ este pez ~ es espinas *dieser Fisch ist voller Gräten* ‖ ~ es uno *es ist (doch) alles dasselbe* (vgl **todos**) ‖ era ~ valor y nobleza *er war voll Tapferkeit und Edelmut*
e) in präpositionalen Verb.:
1. in Verb. mit **a:** a ~ correr *in vollem Lauf* ‖ a ~a costa *um jeden Preis* ‖ *koste, was es wolle* (bes. fig) ‖ a ~ costo *ohne Rücksicht auf die Kosten* ‖ a ~ esto *darauf, außerdem* ‖ *inzwischen, indessen* ‖ a ~as horas *zu jeder (Tages- und Nacht)Zeit, immer* ‖ a ~ más *höchstens* ‖ a ~ momento *alle Augenblicke* ‖ a ~as partes, a ~a prisa *in voller Eile* ‖ a ~ pulmón *aus voller Brust* ‖ *aus vollem Hals(e) (schreien)* ‖ a ~a vela *mit vollen Segeln*
2. in Verb. mit **con:** △ con las ~s *um 12 Uhr* ‖ con ~a el alma *mit ganzer Seele* ‖ con ~ esto *(od eso) dennoch, trotzdem, nichtsdestoweniger*
3. in Verb. mit **de:** de ~a clase *od especie allerart, allerhand, allerlei* ‖ de ~ el corazón *von Herzen (gern)* ‖ *vom Grund der Seele* ‖ de ~s modos *jedenfalls* ‖ *auf alle Fälle* ‖ de ~as partes *allerseits* ‖ *aus allen Richtungen* ‖ *von überall her* ‖ por *(od en)* ~as partes *überall*
4. in Verb. mit **en, por:** en ~ caso *auf alle Fälle* ‖ (en) ~ Madrid *(in) ganz Madrid* ‖ por ~as partes *überall* ‖ por ~a respuesta se puso a llorar *statt zu antworten, brach er (sie, es) in Tränen aus* ‖ tenía una mesa por ~ ajuar *s–e ganze Einrichtung war ein Tisch*
²todo adv/s *ganz, gänzlich, völlig* ‖ vaya Vd. ~ derecho *gehen Sie geradeaus!* ‖ así y ~ *trotz alledem, dennoch, doch, immerhin* ‖ con dinero y ~ *sogar mit Geld* ‖ *nicht einmal mit Geld, trotz allen Geldes* ‖ rico y ~, nada conseguirás *trotz d–s Reichtums wirst du nichts erreichen* ‖ si vas tú, iré yo y ~ *wenn du gehst, werde ich auch gehen* ‖ volcó el carro con mulas y ~ *der Wagen stürzte samt den Maultieren um* ‖ tener ~as las de perder ⟨pop⟩ *großes Pech haben* ‖ *ein Pechvogel sein*
³todo m *Ganze(s)* n ‖ el ~ *das Ganze* ‖ *die Gesamtheit* ‖ ◇ acabar del ~ *ganz beend(ig)en* ‖ ~ se acabó *nun ist alles aus* ‖ no lo entiendo del ~ *ich verstehe es nicht ganz* ‖ estar en ~ s. um *alles kümmern, für alles sorgen* ‖ *alles verstehen* ‖ *überall präsent sein* ‖ ¡~ está dicho! *alles ist gesagt!* ‖ *kein Wort mehr darüber!* ‖ ⟨fam⟩ *alles klar!* ‖ hacer cara a ~ *auf alles gefasst sein* ‖ jugar(se) el ~ por el ~ ⟨fig⟩ *alles aufs Spiel setzen* ‖ perderlo ~ *alles verlieren* ‖ lo sé ~ *ich weiß alles* ‖ ser el ~ en un asunto *die Haupt|person bzw -sache in e–r Angelegenheit sein* ‖ no es del ~ malo *er (sie, es) ist nicht ganz schlecht* ‖ eso es para mí el ~ del ~ ⟨fam⟩ *das ist e–e Lebensfrage für mich* ‖ no es seguro del ~ *es ist nicht ganz sicher* ‖ ser sordo del ~ *stocktaub sein*
in Verb. mit Präpositionen: a ~ *mit aller Gewalt* ‖ ante ~ *vor allen Dingen, vor allem, in erster Linie* ‖ *zuallererst, vorab* ‖ *insbesondere* ‖ antes que ~ *an erster Stelle* ‖ *vor allen Dingen* ‖ con ~ *trotz alledem* ‖ *jedoch, dennoch* ‖ *nichtsdestoweniger* ‖ *allenfalls* ‖ de ~ en ~ *völlig, vollständig, durchaus, durch und durch* ‖ del *(od en)* ~ *ganz und gar, gänzlich, völlig, durchaus, durchgängig, ohne Ausnahme* ‖ después de ~ *schließlich* ‖ *trotz allem* ‖ *kurz und gut* ‖ im Großen und Ganzen ‖ *immerhin* ‖ en ~ y por ~ *in jeder Hinsicht, ganz und gar, absolut* ‖

auf alle Fälle ‖ *durchweg* ‖ en un ~ *überhaupt* ‖ *ganz und gar, absolut* ‖ por ~, por ~as *im Ganzen, insgesamt* ‖ sobre ~ *vor allem, vor allen Dingen* ‖ *besonders, insbesondere* ‖ *vorzugsweise, hauptsächlich* ‖ *überhaupt* ‖ *vornehmlich*
~s *mpl* alle(samt) ‖ jeder(mann) ‖ ~ juntos, ~ a una *alle zusammen, alle miteinander, sämtliche* ‖ ~ y cada uno *alle(samt und sonders)* ‖ amigo de ~ *Allerweltsfreund* m ‖ asequible a ~ *allgemein zugänglich* ‖ contra ~ *gegen Freund und Feind* ‖ conocido *od* sabido de ~ *allgemein bekannt* ‖ all-, welt\bekannt ‖ ~ somos unos *wir sind alle gleich* ‖ ~ son unos ⟨figf⟩ *es ist alles dieselbe Bande, die sind alle gleich* (& *desp*)
todopoderoso adj *allmächtig* ‖ ~ m: el ~̇ *der Allmächtige (Gott)*
todoterreno adj *geländegängig* ‖ ~ m *Geländefahrzeug* n
tofana f: agua ~ *starkes arsenhaltiges Gift* n
tofe m *Toffee* n
¹tofo m *Gichtknoten, Tophus* m
²tofo m Chi *Schamotte* f
toga f *Toga* f ‖ *Talar* m ‖ *Robe* f ‖ *Amtstracht* f ‖ Arg ⟨figf⟩ *Dünkel* m ‖ ~ de abogado *Anwaltsrobe* f
togado m/adj *Talar-, Roben\träger* m ‖ *Amtsperson* f ‖ *Richter* m
Togo m ⟨Geogr⟩ *Togo* n ‖ ≠lés adj *togoisch* ‖ ~ m *Togoer* m
toilette f *Toilette* f (→ ²tocado) ‖ → **traje, atavío**
toisón m: ~ de oro ⟨Myth⟩ *Goldenes Vlies* n
tojal m *Ginster\feld* n, -heide f
¹tojo m ⟨Bot⟩ *Stechginster* m (Ulex spp)
²tojo adj Bol *Zwillings-*
tojos\a f/adj Cu ⟨V⟩: (paloma) ~ *Zwergtäubchen* n (Columbigallina minuta) ‖ –ita f *Sperlingstäubchen* n (Columba passerina)
Tokay: vino de ~ *(ungarischer) Tokaier(wein)* m
Tokio n [Stadt] *Tokio* n
tokiota m/adj *Tokio(t)er* m
¹tolanos mpl *Nackenhaare* npl
²tolanos mpl ⟨Vet⟩ *Zahnfleischfäule* f
tol\da f → **toldo** ‖ **–dadura** f *Sonnendach* n ‖ **–dilla** f dim von **–da** ‖ ⟨Mar⟩ *Hütte* f
tol\dillo m dim von **–do** ‖ *bedeckte Tragsänfte* f ‖ **–do** m *Sonnendach* n, *Markise* f ‖ ⟨Mar⟩ *Sonnensegel* n ‖ *Zeltdach* n ‖ *Regen-, Wetter\dach* n ‖ *Vordach* n ‖ *zeltartig überdachter Tanzplatz* m ‖ *Strandzelt* n ‖ *(Wagen)Plane* f ‖ Arg Chi *Indianerhütte* f ‖ PR *Moskitonetz* n ‖ ⟨fig⟩ *Hoffart* f
¹tole m ⟨pop⟩ *Zetergeschrei* n ‖ *allgemeine (lautstarke) Ablehnung* f (z.B. *e–s Gesetzes*) ‖ ◇ coger *od* tomar el ~ ⟨fam⟩ *fliehen, ausreißen*
²tole m: ~, tole *Gerücht* n ‖ ◇ corre un ~ que … *man munkelt, dass* …
Tole\do m [Stadt und Provinz in Spanien] *Toledo* n ‖ ≠dano adj *toledanisch, aus Toledo* ‖ ⟨fig⟩ *schlaflos (Nacht)* ‖ ~ m *Toledaner* m
tolemaico adj → **ptolemaico**
tolena f Ast *Tracht* f *Prügel*
tole\rable adj *(m/f)* *erträglich, annehmbar* ‖ *leidlich* ‖ *zulässig* ‖ ◇ no es ~ *es ist nicht auszuhalten* ‖ adv: **~mente** ‖ **–rado** adj *zulässig* ‖ ~ para menores *(Film usw.) jugendfrei* ‖ **–rancia** f *Duldung, Duldsamkeit* f ‖ *Nachsicht* f ‖ *Toleranz* f (& Com Tech) ‖ ⟨Pharm⟩ *Verträglichkeit* f ‖ *Spielraum* m ‖ *zulässige Abweichung* f ‖ *zulässiges Abmaß* n ‖ *Remedium* n *(Münzwesen)* ‖ **–rante** adj *(m/f)* *duldsam* ‖ *tolerant* ‖ *nachsichtig* ‖ **–rantismo** m ⟨Pol Rel⟩ *Toleranz* f ‖ *Duldsamkeit* f ‖ *Religionsfreiheit* f ‖ *Toleranzpolitik* f ‖ **–rar** vt *dulden, zulassen, gestatten, erlauben, geschehen*

(bzw durchgehen) lassen ‖ *(mit jdm) Nachsicht haben* ‖ *aus\halten, -stehen, ertragen* ‖ *vertragen (Speise, Medikament)* ‖ *tolerieren* ‖ ◇ eso no se puede ~ *das ist nicht auszuhalten* ‖ *das kann man nicht durchgehen lassen* ‖ no –raré semejante conducta *das lasse ich mir nicht bieten* ‖ *das werde ich nicht hinnehmen*
tolete m *Dolle* f *(Ruderboot)*
toletear vt Col *in Stücke schlagen*
tolili adj ⟨fam⟩ *dumm, blöd(e)*
¹tolla f *Moor, Ried* n
²tolla f Cu *Tränkkübel* m, *Tränke* f
tollina f ⟨fam⟩ *Tracht* f *Prügel*
¹tollo m ⟨Fi⟩ *Dornhai* m (Squalus acanthias) ‖ *Katzenhai* m (Scylliorhinus canicula)
²tollo m ⟨Jgd Kochk⟩ *Filetstück* n *(vom Hirsch)*
³tollo m *Moor, Ried* n ‖ Ar *Pfütze, Lache* f ‖ León Sal *Schlamm, Morast* m ‖ ⟨Jgd⟩ *Jagdschirm, versteckter Anstand* m (z.B. *Erdloch*)
tollón m *Engpass* m
tolmo m *kegelförmiger, einzelstehender Fels* m
Tolomeo m np ⟨Hist⟩ *Ptolemäus* m
Tolón m [Stadt] *Toulon* n
tolon\do, –drón m *Beule* f
tolonés adj *aus Toulon* (Tolón) ‖ *auf Toulon bezüglich*
tolosano adj/s *aus Tolosa* (Tolosa) *in Spanien* ‖ *aus Toulouse* (Tolosa) *in Frankreich* ‖ *auf Tolosa bzw Toulouse bezüglich*
tolstoiano, tolstoyano adj *auf den russischen Schriftsteller L.N. Tolstoi (1828–1910) bezüglich*
tolteca adj Mex *toltekisch* ‖ ~ m *Tolteke* m
Tolú m [Stadt] *Tolú* n *(in Kolumbien)* ‖ *bálsamo de* ~ ⟨Pharm⟩ *Tolubalsam* m
tolueno m ⟨Chem⟩ *Toluol* m
tol\va f *Mühltrichter* m ‖ *Einwurf-, Füll\trichter* m ‖ *trichterförmiger Bunker* m ‖ ~ de *alimentación Einlauftrichter* m ‖ ~ de carga *Aufgabetrichter, Beschickungssilo* m ‖ *Belade\trichter* m, -sieb n ‖ ~ colectora *Sammeltrichter* m ‖ ~ móvil *fahrbarer Silo, Fahrsilo* m ‖ **–vanera** f *Staub\wirbel* m, -wolke f
tom. ⟨Abk⟩ = **tomo(s)**
toma f *(Weg)Nehmen* n ‖ ⟨Mil⟩ *Einnahme, Eroberung* f ‖ *Übernahme* f ‖ *Entnahme* f ‖ *Dosis, (Arznei)Gabe* f ‖ *Prise* f ⟨Tech Ing⟩ *Entnahme(stelle)* f ‖ *Anschluss* m ‖ ⟨Film⟩ *Aufnahme* f ‖ ~ Guat *Bach, kleiner Fluss* m ‖ ~ de agua ⟨EB⟩ *Wassereinnehmen* n ‖ ~ de antena ⟨Radio⟩ *Antennenanschluss* m ‖ ~ por asalto *Erstürmung* f ‖ ~ de conciencia ⟨Pol Soz⟩ *Bewusstwerdung* f ‖ *Bewusstseinsbildung* f ‖ ~ de corriente *Steckdose* f ‖ ~ de declaración ⟨Jur⟩ *Vernehmung* f ‖ ~ a distancia ⟨Film⟩ *Fernaufnahme* f ‖ ~ de hábito *Einkleidung* f *(von Ordensmitgliedern)* ‖ ~ de partido *Parteinahme* f ‖ *Entschluss* m ‖ ~ del poder ⟨Pol⟩ *Macht\übernahme* bzw *-ergreifung* f ‖ ~ de posesión *Inbesitznahme, Besitzergreifung* f ‖ una ~ de rapé *e–e Prise Schnupftabak* ‖ ~ de rehenes *Geiselnahme* f ‖ ~ de sonido *Tonaufnahme* f ‖ ~ de la temperatura *Messen* n *der Temperatur, Fiebermessen* n ‖ ~ de tierra **a)** ⟨El⟩ *Erd\anschluss* m, *-leitung* f ‖ **b)** *Landung* f, *Aufsetzen* n *(e–s Flugzeugs)* ‖ ~(s) *Stillung* f, *Stillzeiten* fpl *(der Säuglinge)* ‖ → **tomar**
tomacorriente m ⟨El⟩ *Stromabnehmer* m ‖ *Anschlussdose* f ‖ *Steckdose* f
toma\da f *Einnahme, Eroberung* f ‖ Am ⟨El⟩ *Steckdose* f ‖ **–dero** m *Griff* m ‖ *Henkel* m ‖ *Abstich* m *(bei e–m Gewässer)* ‖ **–do** adj *benommen* ‖ *belegt (Stimme)* ‖ *angelaufen, blind (z.B. Spiegel)* ‖ *betrunken* ‖ ~ del francés *dem Französischen entlehnt (Wort)* ‖ ~ (de orín)

rostig, verrostet ‖ ~ de polvo *staubig* ‖ ~ de la
vida *aus dem Leben gegriffen* ‖ ◇ estar ~a
aufgenommen haben (Stute) ‖ la tiene ~a
conmigo ⟨fam⟩ *er (sie, es) kann mich nicht
riechen* ‖ **–dor** adj *Arg Chi trunksüchtig* (perro)
~ ⟨Jgd⟩ *Fanghund* m ‖ ~ m *Nehmer* m ‖
Entnehmer m ‖ ⟨pop⟩ *Dieb* m ‖ *Wasserfang* m ‖
⟨Com⟩ *Wechselnehmer, Remittent* m ‖ ⟨Mar⟩
Seising m ‖ *Arg Chi Trinker* m ‖ ~ de cocaína
Kokainist m (→ **cocainómano**) ‖ ~ de dos
Taschendieb m(, *der geschickt mit nur zwei
Fingern stiehlt)* ‖ ~ de tiempo *Zeitnehmer* m ‖
–dura f *(Weg)Nehmen* n ‖ *Dosis, Arzneigabe* f ‖
~ de pelo ⟨figf⟩ *Neckerei* f, *Aufziehen* n,
Fopperei f ‖ *Schwindel* m ‖ *Ausnutzung* f,
Missbrauch m
  tomahawk *m Tomahawk* m
  tomajón adj/s ⟨fam⟩ *dreist zugreifend*
  tomaína f ⟨Med Chem⟩ → **ptomaína**
  tomamuestras *m Proben|zieher, -nehmer* m
  tomante *m* ⟨vulg⟩ *passiver Homo* m
  tomar vt *nehmen* ‖ *an-, ab-, ein-, ent-, hin-,
mit-, über|nehmen* ‖ *wegnehmen* ‖ *einnehmen, zu
s. nehmen* ‖ *einnehmen (Medikament)* ‖ *verzehren
(Mahlzeit)* ‖ *trinken (Kaffee, Tee usw.)* ‖
aufnehmen (Feuchtigkeit) ‖ *(auf-, ab)fangen (Ball)*
‖ *einnehmen, erobern (Festung)* ‖ *erhalten,
beziehen* ‖ *entlehnen (Wort)* ‖ *(in Dienst) nehmen,
einstellen* ‖ *nehmen, behalten* ‖ *kaufen* ‖ *lösen
(Fahrkarte)* ‖ *mieten* ‖ *aufnehmen (Darlehen)* ‖
versperren (Weg, Zugang) ‖ *verstopfen (Loch)* ‖
nehmen (Zug, Flugzeug usw.) ‖ *einschlagen (Weg)*
‖ *tanken, zapfen (Kraftstoff)* ‖ *ereilen, einholen* ‖
treffen (Vorkehrungen, Maßnahmen) ‖ *befallen,
anwandeln (Ohnmacht, Furcht)* ‖ *fassen (e–n
Entschluss)* ‖ *s. aneignen (Eigenschaften, Stil)* ‖
⟨Zool⟩ *decken (Weibchen)* ‖ ⟨Kart⟩ *e–n Stich
machen, gewinnen* ‖ *Am s. betrinken* ‖ *gern
trinken* ‖ (fig) *auslegen, auffassen* ‖ *(auf)nehmen* ‖
halten (por für) ‖ ~ vi *e–n Weg einschlagen*
  ◇ ~ aborrecimiento a algo et. *verabscheuen* ‖
~ agua *Wasser schöpfen* ‖ ⟨Mar Tech⟩ *Wasser
einnehmen od fassen* ‖ ~ aliento *Atem holen od
schöpfen (& fig)* ‖ ~ altura ⟨Flugw⟩ *steigen* ‖ ~
la altura ⟨Mar⟩ *peilen* ‖ ~ ánimo *Mut schöpfen* ‖
~ los antecedentes *die Personalien aufnehmen* ‖
~ un baño (caliente) *(warm) baden* ‖ ~ un billete
e–e Fahrkarte *lösen* ‖ ~ café *Kaffee trinken* ‖ ~
un camino *e–n Weg einschlagen* ‖ ~ carbón
⟨Mar⟩ *kohlen* ‖ ~ cariño a alg. *jdn lieb gewinnen*
‖ ~ carnes *dick werden, zunehmen* ‖ ~ el coche
den Wagen nehmen ‖ ~ color *Farbe annehmen od
bekommen* ‖ *s. färben (Früchte)* ‖ ~ la comida
essen ‖ ~ conciencia de a/c *s.–r Sache bewusst
werden* ‖ ~ confesión a alg. *jdm die Beichte
abnehmen* ‖ ~ confianza *Zutrauen fassen* ‖ ~
consejo *s. Rat holen* ‖ *s. beraten* ‖ ~ cuentas
Rechenschaft abnehmen ‖ ~ a cuestas *auf den
Rücken nehmen* ‖ ~ una curva *e–e Kurve nehmen*
‖ ~ una decisión *e–n Entschluss fassen* ‖ ~ un
dependiente *e. e–n Angestellten nehmen* ‖ ~ (el)
desayuno *frühstücken* ‖ ~ disposiciones
Maßnahmen treffen ‖ ~ estado *e–n Beruf
ergreifen* ‖ *e–n Hausstand gründen, heiraten* ‖ ~
la fresca *frische Luft schöpfen* ‖ ~ fuerza *Kraft
schöpfen* ‖ ~ gasolina *(Benzin) tanken* ‖ ~ el
gusto a algo et. *lieb gewinnen* ‖ ~ un (mal)
hábito *e–e (üble) Gewohnheit annehmen* ‖ ~ (el)
ímpetu *Anlauf nehmen* ‖ ~ informes *Auskunft
einholen, s. erkundigen* ‖ ~ la lección (a) *die
Lektion abfragen (e–n Schüler)* ‖ ~ lecciones con
alg. *bei jdm Stunden nehmen* ‖ ~ la mar ⟨Mar⟩ *in
See stechen* ‖ ~ marcaciones ⟨Mar⟩ *peilen* ‖ ~
(la) medida *Maß nehmen (Schneider)* ‖ ~
medidas *Maßnahmen ergreifen* ‖ ~ la mercancía

die Ware über-, ab|nehmen ‖ les tomó la noche *sie
wurden von der Nacht überrascht* ‖ ~ (buena)
nota *Notiz nehmen (de von)* ‖ ~ odio a alg. *gegen
jdn Hass empfinden, jdn hassen* ‖ ~ la palabra
das Wort ergreifen ‖ ~ la palabra a alg. *jdn beim
Wort nehmen* ‖ ~ parte (en) *teilnehmen (an dat)* ‖
beteiligt sein (an dat) ‖ ~ el mejor partido *das
Beste auswählen* ‖ hay que ~ un partido *man
muss s. entschließen, man muss Stellung nehmen* ‖
~ a pecho → ¹**pecho** ‖ ~le el pelo a alg. *jdn auf
den Arm nehmen, jdn zum Besten halten, s. über
jdn lustig machen* ‖ *jdn anführen, jdn hereinlegen*
‖ ⟨pop⟩ *jdn prellen, jdn anführen* ‖ ~ posesión de
algo *von et. Besitz ergreifen* ‖ ~ precauciones
Vorkehrungen treffen ‖ ~ un préstamo *ein
Darlehen aufnehmen* ‖ ~ puerto ⟨Mar⟩ *in e–n
Hafen einlaufen* ‖ ~ la puntería *zielen* ‖ ~ razón
eintragen, vermerken, registrieren ‖ ~ una
resolución *e–n Entschluss fassen* ‖ ~ soleta ⟨pop⟩
Reißaus nehmen ‖ le tomó el sueño *er wurde vom
Schlaf übermannt* ‖ ~ tabaco *Tabak rauchen od
schnupfen* ‖ ~ taquigráficamente *in Kurzschrift
aufnehmen, mitstenografieren* ‖ ~ tierra *landen,
aufsetzen (Flugzeug)* ‖ ~ un vicio *s. ein Laster
angewöhnen* ‖ ~ vida *(wieder) aufleben* ‖ *hacer
~ beibringen* ‖ *geben (Arzneien)* ‖ ~ las de
Villadiego *(figf) s. aus dem Staub machen, die
Flucht ergreifen* ‖ ~le a uno *la vez jdm
zuvorkommen* ‖ *jdm den Rang ablaufen* ‖ ~la con
alg. ⟨pop⟩ *s. mit jdm verfeinden* ‖ *s. mit jdm
anlegen* ‖ *mit jdm anbinden* ‖ ¡toma! ⟨fam⟩ *hm!
(Gleichgültigkeit)* ‖ ⟨fam⟩ *ach so!* ‖ *freilich! ganz
natürlich!* ‖ ⟨fam⟩ *das ist gelungen!* ‖ *nanu!* ‖
¡toma si purga! ⟨pop⟩ *das ist nicht mehr
auszuhalten!* ‖ ¡tómate ésa! *da hast du's! nimm
das hin!* ‖ más vale un toma que dos te daré ⟨Spr⟩
besser ein Habich als zwei Hättich
  in Verb. mit Präpositionen:
  1. in Verb. mit **a:** ~ a bien *gut od
wohlwollend aufnehmen* ‖ ~ algo a su cargo et.
übernehmen ‖ ~ a la ligera *leicht (od auf die
leichte Schulter) nehmen* ‖ ~ algo a mal *od en
mala parte od en mal sentido et. übel nehmen, et.
ver|übeln, -denken* ‖ ~ a pecho *s. zu Herzen
nehmen* ‖ ~ a risa *als Scherz auffassen*
  2. in Verb. mit **en:** ~ en arrendamiento
pachten ‖ *mieten* ‖ ~ en broma *als Scherz
auffassen* ‖ ~ en consideración *berücksichtigen* ‖
~ en serio *ernst nehmen*
  3. in Verb. mit **por, sobre:** ~ por culto
für gebildet halten ‖ ~ por *od* hacia la derecha
(izquierda) *rechts (links) gehen (laufen, fahren
usw.)* ‖ ~ sobre sí (fig) *auf s. nehmen,
übernehmen* ‖ → **asalto**
  ~se *s. nehmen* ‖ *rostig werden* ‖ ~ con alg.
⟨fam⟩ *mit jdm anbinden* ‖ ~ una copa *ein
Gläschen trinken* ‖ ~ interés por alg. *bzw algo s.
für jdn bzw et. interessieren* ‖ *an jdm bzw et.
Anteil nehmen* ‖ ~ la libertad (de) *s. die Freiheit
nehmen (zu)* ‖ ~ libertades *s. Freiheiten
herausnehmen* ‖ ~ la molestia (de) *s. die Mühe
nehmen (zu)* ‖ ~ de orín *rostig werden* ‖ ~ de
polvo *staubig werden* ‖ ~ (del vino) ⟨pop⟩ *s.
bezechen, s. beschwipsen*
  Tomás m np (dim **Toma|sín, –sito**) *Thomas* m
‖ *Santo* ~ *St. Thomas* ‖ *Santo* ~ de Aquino
Thomas von Aquin
  tomata f *Col* ⟨fam⟩ *Spott, Spaß* m
  toma|tada f ⟨Kochk⟩ *Tomatengericht* n ‖ **–tal**
m *Tomatenpflanzung* f ‖ **–tazo** m *augm von* **–te** ‖
–te m *Tomate* f, Öst *auch Paradeiser* m (Solanum
lycopersicum) ‖ (figf) *Loch* n *in der Strumpfferse,*
⟨fam⟩ *Kartoffel* f ‖ (pop fig) *die Tage
(Menstruation)* ‖ (figf) *dumme, unangenehme
Situation* f ‖ *unklare Lage* f ‖ ~s en conserva

Büchsentomaten fpl ‖ ~s en rama *Strauchtomaten* fpl ‖ ◇ hubo mucho ~ ⟨figf⟩ *da war allerhand los* ‖ *es gab e–e Menge Arbeit* ‖ poner como un ~ a alg. ⟨fam⟩ *jdn tüchtig durchprügeln* ‖ ponerse como un ~ ⟨fam⟩ *feuerrot werden* ‖ **–tera** f ⟨Bot⟩ *Tomatenstaude* f ‖ **–tero** m *Tomaten\händler, -züchter* m ‖ **–tesa** f Mex → **tomatera**
tomaticán m Chi ⟨Kochk⟩ *Tomaten\gericht* n bzw *-sauce* f
¹**tomatillo** m dim von **tomata**
²**tomatillo** m Zam ⟨fam⟩ *feine Weichselkirsche* f
tomavistas m/adj (aparato *od* máquina) ~ *Filmkamera* f, *Film(aufnahme)apparat* m ‖ ~ submarino *Unterwasserkamera* f
△ **tomayona** m *Gauner* m
tómbola f *Tombola* f ‖ ~ benéfica *Wohltätigkeitstombola* f
Tomé m → **Tomás**
tomen\to m *Hanfwerg* m ‖ ⟨Bot⟩ *Flaum(haar n)* m *der Pflanzen* ‖ **–toso** adj *pelzig, wollig*
tomi\llar m *Thymianfeld* n ‖ **–llo** m *Thymian* m (Thymus spp)
tomín m *früheres span. Gewicht* (= ¹/₃ adarme = 596 Milligramm)
tomísidas fpl ⟨Zool⟩ *Krabbenspinnen* fpl (Thomisidae)
tomis\mo m ⟨Philos Rel⟩ *Thomismus* m, *Lehre* f *des Thomas von Aquin* ‖ **–ta** adj *(m/f) thomistisch* ‖ ~ *m/f Thomist(in* f) m
tomiza f *(Esparto)Strick* m
tomo m *Band* m, *Buch* n ‖ ~ en cuarto (mayor) *(Groß)Quartband* m ‖ ~ en folio *Foliant* m ‖ ~ de muestra *Probeband* m ‖ ~ suelto *Einzelband* m *(aus e–m Werk)* ‖ ~ suplementario *Supplement-, Ergänzungs\band* m ‖ ◆ de *(od* en) dos tomos *zweibändig (Werk)* ‖ de ~ y lomo ⟨figf⟩ *wuchtig, umfangreich* ‖ ⟨figf⟩ *bedeutend, wichtig* ‖ *ganz und gar*
tomografía f ⟨Med⟩ *Tomographie* f
ton m (von **tono**): sin ~ ni son ⟨fam⟩ *ohne Grund; mir nichts, dir nichts* ‖ ⟨pop⟩ *wie verrückt!* ‖ ◇ ¿a qué ~ viene eso? ⟨fam⟩ *was soll das (bedeuten)?*
ton. ⟨Abk⟩ = **tonelada**
tona\da f *(Sing)Weise* f, *Lied* n ‖ Am *Sprachmelodie* f, *melodischer Akzent* m ‖ **–dilla** f *Liedchen* n ‖ *heiteres Lied, Couplet* n ‖ *(Art) Singspiel* n ‖ **–dillera** f *Lieder-, Couplet\sängerin* f ‖ *Chansonette* f ‖ **–lidad** f ⟨Mus⟩ *Tonart* f ‖ ⟨Mal⟩ *Tönung, Schattierung* f
ton\ante adj *(m/f)* ⟨poet⟩ *donnernd* ‖ **–ar** [-ue-] vi ⟨poet⟩ *donnern*
tondero m Pe *ein Volkstanz* m
tonel m *Tonne* f, *Fass* n ‖ ◇ el vino huele a ~ *der Wein riecht nach Fass* ‖ poner en (el) ~ *aufs Fass füllen (Wein, Bier)* ‖ estar hecho un ~ ⟨figf⟩ *dick od rund wie ein Fass sein* ‖ *voll wie ein Fass sein, völlig betrunken sein*
tone\lada f *Tonne(nlast)* f ‖ ⟨Mar⟩ *Gewichtstonne* f ‖ ⟨Mar⟩ *Fässervorrat* m *an Bord* ‖ ~ de arqueo *od* de registro bruto ⟨Mar⟩ *Bruttoregistertonne* f ‖ ~ métrica *Metertonne* f ‖ **–laje** m *Tonnengehalt* m, *Tonnage* f ‖ *Ladegewicht* n
tone\lería f *Fassbinderei, Böttcherei* f ‖ *Fässer-, Tonnen\vorrat* m ‖ **–lero** m/adj *Fassbinder, Böttcher, Küper* m ‖ **–lete, –lillo** m dim von **tonel** ‖ *kurzes Röckchen* n
Tonga m ⟨Geogr⟩ *Tonga* n
△ **tongeleto** m *Wanderer* m
¹**tongo** m ⟨Sp pop⟩ *Schiebung* f
²**tongo** m Chi Pe *Melone* f *(Hut)*
tongone\arse vr Am ⟨fam⟩ → **contonearse** ‖ **–o** m Am fam → **contoneo**

tónica f ⟨Mus⟩ *Tonika* f, *Grundton* m ‖ ⟨Gr⟩ *Tonsilbe* f ‖ ⟨fig⟩ *Grundcharakter* m ‖ ⟨fig⟩ *Richtschnur, Regel, Norm* f
tonicidad f ⟨Med⟩ *Tonus* m, *Spannung(szustand* m) f
tónico adj ⟨Mus⟩ *tonisch, Ton-* ‖ ⟨Gr⟩ *betont, Ton-, Betonung(s)-* ‖ ⟨Med⟩ *stärkend, tonisch* ‖ (agua) tónica *Tonic Water* n ‖ (nota) ~a ⟨Mus⟩ *Grundton* m, *Tonika* f ‖ ~ m ⟨Med⟩ *Stärkungsmittel, Tonikum* n ‖ ~ car\diaco, -díaco *Herzmittel* n ‖ ~ circulatorio *Kreislaufmittel* n ‖ ~ facial *Gesichtswasser* n ‖ ~ nervioso *nervenstärkendes Mittel* n
tonificar [c/qu] vt ⟨Med⟩ *stärken, tonisieren*
tonillo m dim von **tono** ‖ *Tonfall* m ‖ *eintöniger Tonfall* m ‖ ~ irónico *ironischer Unterton* m
tonina f *(frischer) Tunfisch* m ‖ ⟨reg⟩ *Delfin* m (→ ¹**delfín**)
tonito m Ec ⟨Art⟩ *Volksmusik* f
¹**tono** m *Ton, Laut, Klang* m ‖ ⟨Mus⟩ *Tonart* f ‖ *Stimm-, Ton\fall* m ‖ ⟨Mal⟩ *(Farb)Ton* m ‖ *Farbschattierung* f ‖ ⟨Mus⟩ *Tonleiter* f ‖ ⟨Mus⟩ *Stimmung* f ‖ *Weise* f, *Lied* n ‖ ⟨fig⟩ *Ab\tönung, -stufung* f ‖ ⟨fig⟩ *Kraft, Energie* f ‖ ⟨fig⟩ *Takt* m, *Benehmen* n ‖ ⟨fig⟩ *Redeweise* f ‖ ⟨fig⟩ *Stil(ebene* f) m ‖ ~ brillante ⟨Mus⟩ *hohe Stimmung* f ‖ el buen ~ *der gute Ton, der Anstand* ‖ ~s car\diacos, -díacos ⟨Physiol⟩ *Herztöne* mpl ‖ ~s desmayados ⟨Mal⟩ *gedämpfte Farben* fpl ‖ ~ enfático *hochtrabender (Rede)Ton* m ‖ ~ familiar *vertraulicher Ton* m ‖ ~ interrogativo *Frageton, fragender Ton* m ‖ ~ mayor ⟨Mus⟩ *Dur-Tonart* f ‖ ~ menor ⟨Mus⟩ *Moll-Tonart* f ‖ ~ profesoral *schulmeisterlicher Ton* m ‖ ~ secundario ⟨Phon⟩ *Nebenton* m ‖ ~ sensible ⟨Mus⟩ *empfindlicher Ton* m ‖ bajo de ~ ⟨Mus⟩ *tief gestimmt* ‖ ◆ a este ~ *auf diese od solche Art* ‖ ◆ de buen ~ *fein, geschmackvoll* ‖ de gran ~ ⟨pop⟩ *vornehm, fein* ‖ de mal ~ *un\gebührlich, -gehörig, geschmacklos* ‖ en medios ~s (= intertonal) ⟨Mus⟩ *Halbton(Musik)* ‖ ◇ bajar el *od* de ~ ⟨fig⟩ *den Ton mäßigen* ‖ *gelindere Saiten aufziehen* ‖ dar (el) ~ ⟨Mus⟩ *stimmen* ‖ ⟨fig⟩ *den Ton angeben* ‖ ⟨fig⟩ *Ansehen verleihen* ‖ ⟨fig⟩ *Schick verleihen* ‖ darse ~ ⟨fig⟩ *s. wichtig machen* ‖ *protzen* ‖ darse ~ de ... *s. aufspielen als ...* (nom) ‖ estar a ~ ⟨fig⟩ *s. wohl fühlen* ‖ ⟨fig⟩ *gelegen sein, passen* ‖ mudar de ~ ⟨fig⟩ *e–n anderen Ton anschlagen* ‖ *andere Saiten aufziehen* ‖ poner a ~ ⟨fig⟩ *abstimmen* ‖ ⟨fig⟩ *auf das richtige Maß zurückführen* ‖ poner en *od* a ~ *stimmen (Klavier usw.)* ‖ ponerse a ~ ⟨fig⟩ *s. anpassen, s. in die richtige Lage versetzen* ‖ ⟨fam⟩ *in Stimmung kommen* ‖ no es de ~ *es gehört s. nicht, es ist unpassend* ‖ subir(se) de ~ ⟨fig⟩ *stärkere Saiten aufziehen*
²**tono** m ⟨Physiol⟩ *Tonus* m, *Spannung* f ‖ *Spannkraft* f ‖ ⟨fig⟩ *Kraft, Energie* f ‖ ~ muscular *Muskeltonus* m
³**tono** m ⟨Mus⟩ *Krummbogen* m *(Einsatzstück von Blasinstrumenten)*
tonómetro m ⟨Med⟩ *Blutdruckmesser* m
ton.ˢ ⟨Abk⟩ = **toneles**
tonsi\la f ⟨An⟩ *Tonsille, (Gaumen-, Rachen)Mandel* f ‖ **–lar** adj *(m/f)* ⟨An⟩ *Mandel-* ‖ **–lectomía** f ⟨Med⟩ *Tonsillektomie* f ‖ **–litis** f ⟨Med⟩ *Tonsilitis, (Gaumen)Mandelentzündung* f ‖ **–lotomía** f ⟨Med⟩ *Tonsillotomie* f ‖ **–lótomo** m ⟨Med⟩ *Mandelmesser* m
tonsu\ra f *Scheren* n, *Schur* f ‖ *Tonsur* f *(der Priester und Mönche)* ‖ **–rado** m ⟨fig⟩ *kath. Geistliche(r)* m
ton\tada f *Albernheit* f ‖ **–taina** m/f ⟨fam⟩ *dumme Person* f, *Dummkopf, Dummerjan* m ‖

–tazo adj/s *erzdumm* ‖ **–tear** vi *Dummheiten begehen* ‖ *witzeln, blödeln, flachsen*

tontera *f* ⟨fam⟩ → **tontería**

tontería *f Dummheit, Albernheit* f ‖ ⟨fig⟩ *Kleinigkeit, Lappalie* f (& iron) ‖ ◇ *cuesta una ~ es ist ,spottbillig* (& iron) ‖ ¡no digas ~s! *sei nicht albern!* ‖ ¡qué ~! *was für e–e Dummheit!* ‖ *wie albern!*

tontillo *m Kleider-, Hüften|wulst* m *(früher an Damenkleidern)* ‖ *Reifrock* m, *Krinoline* f

tontiloco adj ⟨pop⟩ *halb verrückt* ‖ ⟨fam⟩ *doof*

ton|tín *m* ⟨fam⟩ *Dummerchen* n ‖ **–to** adj *dumm, albern, einfältig, töricht, borniert* ‖ ◆ a ~as y a locas *ohne Sinn und Verstand* ‖ *in den Tag hinein* ‖ *ohne Überlegung* ‖ ~ *m Dummkopf, Tölpel* m ‖ ⟨pop⟩ *Hanswurst, Clown* m ‖ ~ de capirote *od* de remate ⟨fam⟩ *Erztölpel* m ‖ ◇ hacer el ~ *s. dumm benehmen, s. wie ein Narr aufführen* ‖ *s. blamieren* ‖ hacerse el ~ ⟨fam⟩ *den Dummen spielen, s. dumm stellen* ‖ **–tolaba** adj ⟨pop⟩ *saudumm* ‖ **–tontol|carajo, –culo, –pijo** adj ⟨vulg⟩ *saudumm*

Tontón *m* ⟨fam⟩ → **Antonio**

ton|tón, –tucio adj/s augm von **–to** ‖ **–tuelo** *m*/adj dim von **tonto** ‖ ⟨fam⟩ *Dummerchen* n ‖ **–tuna** *f* ⟨fam⟩ → **tontería**

¹toña *f* ⟨pop⟩ *Faustschlag* m ‖ *heftiger Schlag* m

²toña *f* ⟨pop⟩ *Rausch* m, *Trunkenheit* f, ⟨pop⟩ *Affe* m

toñazo *m* ⟨pop⟩ *heftiger Schlag* m

Tón(ic)o *m* fam → **Antonio**

to, tó, too ⟨fam⟩ → **todo**

top *m* ⟨Text⟩ *Top* n

¡top! ⟨Mar⟩ *halt!*

topacio *m Topas* m ‖ ~ ahumado, ~ tostado *Rauchtopas* m

topa|da *f* → **topetada** ‖ **–dor** adj *stößig* ⟨Böcke⟩ ‖ ~ *m* ⟨fam⟩ *Glücksspieler* m

topadora *f* ⟨Tech⟩ *Planierschild* m ‖ *Planiergerät* n *mit Schild, Bulldozer* m

topar vt *zusammenstoßen* ‖ *stoßen (mit dem Kopf, mit den Hörnern)* ‖ *stoßen (auf* acc) ‖ *(auf)finden, antreffen* ‖ ⟨Mar⟩ *zusammensetzen (Mast)* ‖ Am *(Hähne od andere Tiere) zur Probe miteinander kämpfen lassen* ‖ ~ vi *stoßen (Hornvieh)* ‖ ⟨figf⟩ *gelingen, gut ausfallen* ‖ ◇ ~ con a/c ⟨fig⟩ *an et. anstoßen* (z. B. *an ein Hindernis), auf bzw gegen et. stoßen* ‖ ~ con alg. *jdn treffen, jdm (zufällig) begegnen* ‖ ~ en … ⟨fig⟩ *stoßen (gegen …, auf …* acc) ‖ *por si topa* ⟨figf⟩ *für alle Fälle* ‖ tope donde tope ⟨figf⟩ *aufs Geratewohl* ‖ en esto topa la dificultad *darin liegt die Schwierigkeit* ‖ ~**-se** (con) *s. treffen* (con *mit*), *s. begegnen* ‖ *(mit den Hörnern) aufeinander losgehen (Tiere)*

topazolita *f* ⟨Min⟩ *Topazolith* m

¹tope *m höchste Spitze* f, *Gipfel* m, *Ende* n ‖ ⟨fig⟩ *Höchstgrenze, obere Grenze* f, *Plafond* m ‖ *Höchst-* ‖ *Vorderkappe* f *(am Schuh)* ‖ ⟨Tech⟩ *Halter* m *(an Werkzeugen)* ‖ ⟨Tech⟩ *Anschlag* m, *Arretierung* f ‖ ⟨EB⟩ *Puffer* m ‖ ⟨EB⟩ *Prellbock, Pufferständer, Gleisabschluss* m ‖ ⟨Mar⟩ *Mastspitze* f, *Topp* m ‖ ⟨Mar⟩ *Ausguck(posten)* m ‖ ~ de arrastre *Mitnehmer(anschlag)* m ‖ ~ fijo ⟨EB⟩ *Prellbock* m ‖ ~ marginal *Rand|steller, -auslöser* m *(an Schreibmaschinen)* ‖ ~ de parada ⟨Tech⟩ *Anschlagstift* m ‖ ~ de resorte *Federpuffer* m ‖ ~ de retenida *Haltestollen* m *(am Gewehr)* ‖ ◆ de ~ a ~ *von e–m Ende (bis) zum anderen* ‖ hasta los ~s ⟨fig⟩ *bis obenan (voll gefüllt)* ‖ *ganz und gar* ‖ ◇ estar hasta los ~s ⟨figf⟩ *genug haben* (de *von* dat) ‖ *es satt haben* ‖ estar a ~ ⟨pop⟩ *rundum zufrieden sein* ‖ ir a ~ *bis auf den letzten Platz besetzt sein* (z. B. *Bus*)

²tope *m* ⟨Horn⟩*Stoß* m ‖ *An-, Zusammen|stoß* m ‖ ⟨fig⟩ *Streit* m

topear vt Chi ⟨Sp⟩ *stoßen, anrennen* (contra *gegen) (um den anderen Reiter aus dem Sattel zu heben)* ‖ ~ vi Arg → **topar**

topera *f Maulwurfs|haufen, -hügel* m, *-loch* n ‖ *Maulwurfsbau* m ‖ ~ de nieve ⟨reg⟩ *Schneegrube* f

tope|tada *f*, **–tazo** *m* ⟨Horn⟩*Stoß* m ‖ ⟨figf⟩ *(Kopf)Stoß* m ‖ **–tar** vt/i *stoßen, (mit Hörnern od Kopf) (an)stoßen* ‖ *stolpern, straucheln* ‖ **–tón** *m (Zusammen)Stoß* m ‖ → **topetada** ‖ **–tudo** adj *stößig (Hornvieh)*

tópica *f* ⟨Rhet⟩ *Topik* f

¹tópico adj *topisch, örtlich* (bes. Med) ‖ ~ *m* ⟨Med⟩ *örtliches Heilmittel* n

²tópico *m Gemeinplatz* m ‖ *Topos* m ‖ ⟨Jur⟩ *unbestrittener Rechtssatz* m ‖ Am *Gegenstand* m, *Thema* n

topillo *m* ⟨Zool⟩: ~ campesino *Feldmaus* f (Microcotus arvalis)

topinada *f* ⟨fam⟩ *Unbeholfenheit, Schwerfälligkeit* f ‖ ⟨fam⟩ *Missgriff* m

topinambur *m* ⟨Bot⟩ *Erdbirne* f, *Topinambur* m/f (Helianthus tuberosus)

topinera *f* → **topera**

top-less adj *oben ohne, busenfrei*

top-model *f Topmodel* n

topo adj *blind* ‖ *dumm* ‖ ~ *m* ⟨Zool⟩ *Maulwurf* m (Talpa europaea) ‖ ⟨figf⟩ *Tölpel, Dummkopf* m ‖ ~ ciego ⟨Zool⟩ *Blindmaulwurf* m (T. caeca) ‖ ⟨fig⟩ *más ciego que un* ~ *blind wie ein Maulwurf, stockblind*

topo|grafía *f Orts|beschreibung, -kunde, Topographie* f ‖ **–gráfico** adj *topographisch* ‖ *Orts-*

topógrafo *m Topograph* m

topolino *m* ⟨Auto fam⟩ *kleiner Zweisitzer* m

topo|logía *f Topologie* f ‖ **–nimia** *f Ortsnamen* mpl ‖ *Ortsnamenkunde* f ‖ **–nímico** adj *Ortsnamen-*

topónimo *m Ortsname* m

toque *m Berührung* f, *Anrühren, Be|tasten, -streichen* n ‖ *(leichter) Schlag, Stoß* m ‖ *Schlag* m *(der Uhr)* ‖ *Touch* m ‖ *Läuten, (Glocken)Geläut(e)* n ‖ *Signal* n ‖ *Tusch* m ‖ *Prüfen* n *der Edelmetalle* ‖ ⟨figf⟩ *Prüfung, Probe* f ‖ ⟨fig⟩ *Warnung* f ‖ ⟨fig⟩ *wesentlicher od springender Punkt* m ‖ ⟨Mal Med⟩ *Pinselstrich, Tupfer* m ‖ ⟨Med⟩ *Betupfen* m ‖ ~ del alba *Morgengeläut(e)* n ‖ ~ de alarma *Alarmzeichen* n ‖ *Warnung* f ‖ ~ del ángelus *Angelusläuten* n ‖ ~ de ánimas *Sterbegeläut(e)* n ‖ *Abendläuten* n ‖ ~ de asamblea *Sammeln* n *(Signal)* ‖ ~ de atención ⟨Mil⟩ *Warnsignal* n ‖ ⟨fig⟩ *Warnung, Mahnung* f ‖ ~ de cese de alarma *Entwarnung* f ‖ ~ de diana ⟨Mil⟩ *Weckblasen, militärisches Wecken* n ‖ ~ de fuego *Feueralarm* m ‖ ~ de luz ⟨Mal⟩ *Schlaglicht* n ‖ *(aufgesetzte) Lichter* npl ‖ ~ de muertos *od* a muerto *Toten-, Trauer|geläut(e)* n ‖ ~ de oraciones *Gebetläuten* n ‖ ~ de queda ⟨Mil⟩ *Zapfenstreich* m ‖ *Sperrstunde* f ‖ ~ a rebato *Sturmläuten* n ‖ ~ de silencio ⟨Mil⟩ *Ruheblasen* ‖ ~ de tambor *Trommelschlag* m ‖ ~ de trompeta *Trompetensignal* n ‖ ◆ al ~ de campana *mit dem Glockenschlag* ‖ al ~ de las doce *Schlag 12 Uhr* ‖ con un solo ~ *mit e–m einzigen Griff* ‖ para ~s ⟨Med⟩ *zum Betupfen* ‖ ◇ dar el ~ (de cese) de alarma *(ent)warnen* ‖ dar un ~ a alg. ⟨figf⟩ *jdm auf den Zahn fühlen* ‖ ⟨pop⟩ *(jdn) anrufen* ‖ dar en el ~ ⟨pop⟩ *den Nagel auf den Kopf treffen* ‖ dar el último ~ a u/c ⟨fig⟩ *e–r Sache den letzten Schliff geben* ‖ *letzte Hand an et.* (acc) *legen* ‖ darse unos ~s ⟨fig⟩ *s. zurechtmachen, Toilette machen* ‖ ⟨Med⟩ *s. betupfen* (de, con *mit*) ‖ dim: **toquecillo**

toqueado m *(regelmäßiges) (Auf)Stampfen* n (bes. *beim Tanz)*
toquera f *Haubenmacherin* f
toquetear vt *be\tasten, -fummeln, neugierig untersuchen* || *hin und her stampfen*
¹**toquilla** f dim von **toca** || *(Hut)Schleier* m || *Hut\band* n, *-schnur* f || *Kopftuch* n
²**toquilla** f Bol Ec Pan ⟨Bot⟩ *Panama(hut)palme, Jipijapa-Palme* f (Carludovica palmata) || *Stroh* n *dieser Palme für Panamahüte*
Tora f ⟨Rel⟩ *Thora* f, *jüdisches Gesetzbuch* n
torácico adj: **caja** ~a ⟨An⟩ *Brust\korb, -kasten* m
toracoplastia f ⟨Med⟩ *Thorakoplastik* f
torada f *Stierherde* f
toral adj *(m/f):* **arco** ~ ⟨Arch⟩ *Haupt-, Schwib\bogen* m || *Form* f *für Kupferbarren* || *Kupferbarren* m
tórax m ⟨An⟩ *Brust\korb, -kasten* m || *Brust(höhle)* f || *Thorax* m (& Zool, Ins) || ~ **de pichón** *Hühnerbrust* f || **el ancho del** ~ *die Brustweite*
△ **torbejelí** f *Feld* n
torbellino m *Wirbel, Strudel* m || *Wirbelwind* m || *Windhose* f || ⟨figf⟩ *Windkopf* m
torca f ⟨Geol⟩ *Doline* f
torcaz [pl ~**ces**] adj/s *(m/f):* (paloma) ~ *Ringeltaube* f
torcecuello m ⟨V⟩ *Wendehals* m (Jynx torquilla)
torcedero adj *verdreht*
¹**torcedor** m/adj *Spindel* f || ⟨fig⟩ *Kummer, Verdruss* m || Arg *Maulzwinge* f
²**torcedor** m ⟨Agr Ins⟩ *Wickler* m || ~ **de la vid** ⟨Bot⟩ *Bekreuzter Traubenwickler* m (Lobesia botrana) (→ **torticidas**)
torcedora f *(Wäsche)Schleuder* f
torcedura f *(Ver)Drehen* n, *Drehung* f || *Wringen* n || *Verwindung, Krümmung* f || *Drehverformung* f || *Trester-, Nach\wein* m || ⟨Med⟩ *Verrenkung* f || *Zerrung* f
torcer [-ue-, c/z] vt/i *(ver)drehen* || *wenden, winden* || *krümmen, (ver)biegen* || *drehverformen* || *überdrehen (Schraube)* || ⟨Text⟩ *zwirnen, drehen* || *drehen, wickeln (Zigarre)* || *auswringen (Wäsche)* || *ver\renken, -stauchen (Glieder)* || ⟨fig⟩ *verdrehen, falsch deuten (Sinn, Worte)* || ⟨fig⟩ *ändern (Meinung)* || ⟨fig⟩ *abbringen (von et.)* || ◇ ~ **la boca** *den Mund verziehen* || ⟨fam⟩ *die Nase rümpfen* || *schmollen* || ~ **su camino** *vom Weg abkommen* (& fig) || **el camino tuerce a la derecha** (izquierda) *der Weg biegt nach rechts (links) ab* || ~ **el cuello a alg.** *jdm den Hals umdrehen* || ~ **el curso de su razonamiento** s–m *Gedankengang* e–e *andere Richtung geben* || ~ **el gesto** ⟨fig⟩ *ein saures Gesicht machen* || ~ **hilo** *zwirnen* || ~ **el hocico** → ~ **el morro** || ~ **las manos** *die Hände ringen* || ~ **el morro** ⟨pop⟩ e–e *saure Miene ziehen, die Nase rümpfen* || ⟨fig⟩ *schmollen* || ~ **los ojos** *die Augen verdrehen* || ~ **el pescuezo a alg.** *jdm den Hals umdrehen* || ~ **su ruta** → ~ **su camino** || ~ **el sentido de las palabras** *den Worten* e–e *falsche Deutung geben, den Sinn (der Worte) verdrehen* || ~ **la vara de la justicia** *das Recht beugen* || ~ **la voluntad de alg.** ⟨fig⟩ *jds Willen brechen* || **jdn von** s–r **Meinung abbringen** || ~ **el vuelo** *die Flugrichtung ändern (Vogel)* || ~**se** s. *krümmen, s. winden* || s. *verbiegen* || s. *verdrehen* || s. **werfen** *(Holz)* || ⟨fig⟩ *sauer werden, umschlagen (Wein)* || ⟨fig⟩ *gerinnen (Milch)* || ⟨fig⟩ *anderen Sinnes werden* || ⟨fig⟩ *vom Pfad (der Tugend) abweichen* || ⟨fig⟩ *misslingen*, ⟨fam⟩ *schiefgehen* || ◇ ~ **un brazo** s. e–n *Arm verrenken* || ~ **el pie** s. *den Fuß vertreten* od *verstauchen*
torcida f *(Lampen)Docht* m

torcidamente adv ⟨fig⟩ *falsch, hinterlistig*
torcidillo m ⟨Text⟩ *gezwirnte Seide* f || *Knopflochseide* f
torcido adj *krumm, gewunden* || *verdreht* || *verbogen* || *schief* || ⟨fig⟩ *verkehrt* || ⟨fig⟩ *falsch, hinterlistig* || ~ **de gesto** ⟨fig⟩ *mit finsterer Miene* || ~ **por la punta** *mit krummer Spitze* || ◇ **estar** *(od andar)* ~ (con) ⟨figf⟩ *auf gespanntem Fuß(e) leben (mit)* || ~ m *Drehen, Winden* n || *Zwirnen* n || **p. ex** *Zwirn* m || *Wachsstock* m || *gewundenes Backwerk* n || *Tresterwein* m || Arg *gedrehter Lasso* m
torcijón m ⟨reg⟩ *Bauch\weh, -grimmen* n
torcimiento m *Drehung, Verdrehung* f || *Krümmung, Windung* f || ⟨fig⟩ *Abweichung* f || ⟨fig⟩ *Umschweife* mpl
torcretar vt ⟨Arch⟩ *torkretieren*
tórculo m ⟨Typ⟩ *Handpresse* f
tordancha f Nav ⟨V⟩ → **estornino** a)
tordella f ⟨V⟩ *Misteldrossel* f (Turdus viscivorus) || *Wacholderdrossel* f, *Krammetsvogel* m (T. pilaris)
tórdiga f → **túrdiga**
tordi\llo, –llejo adj *apfel-, drossel\grau (Pferde)* || ~ m *Grauschimmel* m
¹**tordo** adj/s → **tordillo** || (caballo) ~ *Apfelschimmel* m
²**tordo** m ⟨V⟩ *Drossel* f (→ **zorzal**) || ⟨reg⟩ *Krammetsvogel* m (→ **tordella**) || Am ⟨V⟩ *Nordamerikanischer Kuhstärling* m (Molothrus ater) || ⟨Agr V⟩ Chi *Ani* m (Crotophaga ani) || ~ **de Castilla** Vizc *Star* m (→ **estornino**)
³**tordo** m ⟨Fi⟩: ~ **roquero** *Goldmaid* f (Crenilabrus melops)
tore\ador m Am ⟨Taur reg⟩ → **torero** || **–ar** vt ⟨Taur⟩ *den Stier reizen* || ⟨fig⟩ (jdn) *nasführen, (jdn) zum Besten haben, hänseln* || ⟨fig⟩ (jdn) *plagen, (jdn) belästigen* || ⟨fig⟩ (e–e Sache) *geschickt umgehen* || ~ vi *mit dem Stier kämpfen, als Stierkämpfer auftreten* || *den Stier zur Deckung der Kuh lassen* || Am *bellen (Hund)* || **–ra** f ⟨Text⟩ *(Art) Bolero* m || **–o** m *Stier\kampf(el), -gefecht* n || *Stierkampfkunst* f || ⟨fig⟩ *Hänselei* f || *(Art) Bolero* m || ⟨pop⟩ *Nutte* f || **–ria** f *Stierkämpfer* mpl || Am *Mutwille, (Buben)Streich* m || **–ro** adj (sup ⟨pop⟩ **–rísimo**) *Stierkampf-* || *Stierkämpfer-* || ◆ **a la** ~ *nach Art* e–s *Stierkämpfers* || ◇ **tener sangre** ~**a** *sehr temperamentvoll sein* || ~ m *Torero, Stierkämpfer* m *(zu Fuß)* || ⟨pop⟩ *Freier* m *(e–r Nutte)* || ~ **bufo** ⟨Taur⟩ *komischer Stierkämpfer* m || ~ **de cartel** *berühmter Stierkämpfer* m || ~ **de invierno** ⟨pop⟩ *Stümper* m
torete m dim von ¹**toro** || *Jungstier* m || ⟨figf⟩ *kräftiges Kind,* ⟨fam⟩ *strammes Kerlchen* m || ⟨figf⟩ *schwierige Angelegenheit* f
toréutica f *Toreutik* f
toriar vt ⟨Tech⟩ *thorieren*
Toribio m np *Toribius* m
toril m ⟨Taur⟩ *Stall der (Kampf)Stiere, Stierzwinger* m
¹**torillo** m dim von ¹**toro** || ⟨V⟩ *Laufhühnchen* n (Turnix sylvatica) || ⟨figf⟩ *übliches Gesprächsthema*
²**torillo** m ⟨Fi⟩ *Stachelrücken* m (Chirolophis ascanii)
torina f ⟨Chem⟩ *Thoriumoxid* n
Torino m [Stadt] *Turin* n
torio m **(Th)** ⟨Chem⟩ *Thorium* n
torito m dim von **toro** || ⟨Ins⟩ *Hornkäfer* m *(verschiedene Arten)* || *Mondhornkäfer* m (Copris spp) || *Stier-, Dreihornmist\käfer* m (Typhoeus typhoeus)
torloroto m ⟨Mus reg⟩ *hakenförmiges Krummhorn* n *(Art Hirtenflöte)*

tormen|ta *f Sturm* m (& fig) || *Gewitter* n || *Unwetter* n || ⟨fig⟩ *Unheil* n || ⟨fig⟩ *heftige Anwandlung* f, *Ausbruch* m || ⟨fig⟩ *heftiger Streit* m || ⟨fig⟩ *politische Unruhe* f || ~ en un vaso de agua *Sturm* m *im Wasserglas* || ◇ ya pasó la ~ *der Sturm ist schon vorüber* (& fig)

tormentila *f* ⟨Bot⟩ *Tormentill* m, *Blutwurz* f (*Potentilla erecta*)

tormen|to *m Folter, Marter, Pein, Qual* f || *Angst* f || *Kummer, Gram* m || *Plage* f || ~ de cuerda *Strickfolter* f || ~ de fuego *Feuerprobe* f || ~ de garrucha *Wippgalgen* m || ♦ mi adorado ~ ⟨pop⟩ *mein liebes Ding, mein Liebchen, m–e Geliebte* || ◇ dar ~ a alg. *jdn foltern* || ⟨fig⟩ *jdn plagen, jdn martern* || poner en el ~ *auf die Folter spannen* || **–toso** adj *stürmisch, Sturm-*

tormo *m kegelförmiger, einzeln stehender Fels* m || (*Erd*)*Klumpen* m

torna *f Rückgabe* f || ⟨lit⟩ *Rückkehr* f || ⟨Agr⟩ *Ableitungsvorrichtung* f (*bei e–m Wasserlauf*) || Ar *Stauwasser* n || ~**s** *fpl* ⟨fig⟩ *Vergeltung* f || ◇ volver las ~ ⟨fig⟩ *Gleiches mit Gleichem vergelten* || ⟨fig⟩ *um|kehren, -satteln* || se han vuelto las ~ ⟨fig⟩ *das Glück od das Blatt hat s. gewendet*

tornaatrás *m/f* → **tornatrás**

tornaboda *f Tag* m *nach der Hochzeit* △ **tornacibé** *f Wut* f

torna|da *f* (*nochmalige*) *Rückkehr* f || *Rückweg* m || **–dera** *f* ⟨Agr⟩ *Wende-, Heu|gabel* f || **–dizo** adj/s *wetterwendisch, wankelmütig* || *abtrünnig* (*Christ*)

tornado *m* ⟨Meteor⟩ *Tornado, Wirbelsturm* m

torna|dura *f Rückerstattung* f || *Rückkehr* f || **-guía** *f Rückzoll-, Passier|schein* m

tornamesa *f* Chi ⟨EB⟩ *Drehscheibe* f

tornapunta *f* ⟨Arch⟩ *Strebe, Stütze* f

tornar vt/i *zurück|geben* || *umkehren* || *verwandeln, machen* (*zu*) || ◇ ~ a hacer (= volver a hacer) a/c *et. nochmals tun* || ~ del viaje *von der Reise zurückkehren* || ~ en sí *wieder zu s. kommen* || ~ por alg. *jdn abholen gehen* || ~**se** *umkehren* || *s. verwandeln* (en *in* acc) || ◇ ~ encarnado *rot werden*

¹tornasol *m* ⟨Bot⟩ *Sonnenblume* f (*Helianthus annuus*)

²tornasol *m Schillern* n || *Changieren* n || *Schimmer,* (*Ab*)*Glanz* m || ⟨Chem⟩ *Lackmus* m (& n)

tornasolada *f* ⟨Ins⟩ *Großer Schillerfalter* m (*Apatura iris*) || ~ chica *Kleiner Schillerfalter* m (*A. ilia*)

torna|solado adj *schillernd* || *changierend* || **-solar** v/i *schillern*

tornátil adj (*m/f*) s. *schnell drehend* || ⟨fig⟩ *gedrechselt* || *wetterwendisch, unstet*

tornatrás *m/f Mischling* m *mit erbbiologischer Dominanz e–r s–r Abstammungsrassen*

tornavía *f* ⟨EB⟩ *Drehscheibe* f

tornaviaje *m Rück|reise, -fahrt* f || *Rückreisegepäck* n

tornavoz *m Schalltrichter* m || *Kanzeldach* n || ⟨Th⟩ *Souffleurkasten* m

torneado *m Drehen* n, *Drehbearbeitung* f (*Metall*) || *Drechseln* n (*Holz*) || ~ cónico *Kegel-, Konisch|drehen* n || ~ copiador *Kopierdrehen* n || ~ excéntrico *Unrunddrehen* n || ~ de precisión *Präzisionsdrehen* n || ~ entre puntas *Spitzendrehen* n

torneador *m Turnierkämpfer* m || → **tornero**

tornea|dura *f Drehspan* m || **-near** vt *drehen* (*Metall*) || *drechseln* (*Holz*) || ~ cónico *kegelig od konisch drehen* || ~ piezas perfiladas *form-, profil|drehen* || ~ plano *plandrehen* || ~ vi s. *drehen* || ⟨fig⟩ *sinnieren, s–e Gedanken kreisen lassen*

¹torneo *m Turnier* n (& Hist) || *Wettkampf* m || △ *Folter* f || ~ de ajedrez *Schachturnier* n || ~ de tenis *Tennisturnier* n

²torneo *m* ⟨Vet⟩ → **²modorra**

tornera *f* ⟨Rel⟩ (*Kloster*)*Pförtnerin* f

torne|ría *f Dreherei* f (*Metall*) || *Drechslerei* f (*Holz*) || **-ro** *m Dreher* m (*Metall*) || *Drechsler* m (*Holz*)

tornés adj/s *in Tours geprägt* (*Münze*)

torni|llazo *m* (*Kehrt*)*Wendung* f (*des Pferdes*) || ⟨fam⟩ *Fopperei* f || ⟨fam⟩ *Fahnenflucht* f || **–llero** *m* ⟨fam⟩ *Ausreißer, Fahnenflüchtige(r)* m

tornillería *f* ⟨allg⟩ *Schrauben* fpl

¹tornillo *m Schraube* f || ⟨Mil figf⟩ *Fahnenflucht* f || ~ de ajuste, ~ de apriete, ~ de sujeción *Stell-, Klemm|schraube* f || ~ de Arquímedes *archimedische Schraube* f || ~ avellanado *Senkschraube* f || ~ de cabeza *Kopfschraube* f || ~ sin cabeza *Madenschraube* f || ~ calibrado *Passschraube* f || ~ de cojinete *Lagerschraube* f || ~ cuadrado *Vierkantschraube* f || ~ embutido *Versenkschraube* f || ~ sin fin *endlose Schraube, Schnecke* f || ~ graduable *Nachstellschraube* f || ~ hexagonal *Sechskantschraube* f || ~ para madera *Holzschraube* f || ~ de mariposa *Flügelschraube* f || ~ micrométrico *Messschraube* f || ◇ apretarle a uno los ~s ⟨figf⟩ *jdn in die Enge treiben, jdn unter Druck setzen* || le falta un ~ ⟨figf⟩ *od tiene flojos los ~s bei ihm (ihr) ist e–e Schraube locker*

²tornillo *m Schraubstock* m || ~ de banco *Bankschraubstock* m || ~ de curvar *Biegeschraubstock* m || ~ paralelo *Parallelschraubstock* m || ~ rápido *Schnellschraubstock* m

torniquete *m Dreh|kreuz* n, *-tür* f || Am *Spannschloss* n || ⟨Med⟩ *Aderpresse* f, *Tourniquet* n

torniscón *m* ⟨fam⟩ *Ohrfeige* f (*mit dem Handrücken*)

torno *m Umdrehen* n, *Kreisbewegung* f || *Winde, Haspel* f || *Welle, Spindel* f || *Drehmaschine* f || *Dreh|bank, -scheibe* f || *Drechselbank* f || *Schraubstock* m || *Dreh|lade* f, *-fenster* n (*in e–m Nonnenkloster, in e–m Esszimmer*) || *Dreh|tür* f, *-kreuz* n || *Tretrad* n || *Töpferscheibe* f || *Spinnrad* n || *Handbremse* f (*an Fuhrwerken*) || *Flussbiegung* f || ~ al aire *Plandrehmaschine* f || ~ de copiar *Kopierdrehmaschine* f || ~ revólver *Revolverdrehmaschine* f || ~ vertical *Karusselldrehmaschine* f || ♦ en ~ *ringsherum* || dagegen, dafür || en ~ a *über* (acc), von (dat) || en ~ de él (*od* en ~ suyo) *um ihn herum* || uno en ~ del otro *umeinander* || ◇ trabajar a ~ *drehen* (*Metall*) || *drechseln* (*Holz*)

¹toro *m Stier, Bulle* m || ⟨Zool⟩ *Rind* n (*Bos taurus*) || ⟨fig⟩ *kräftiger, starker Mann,* ⟨fam⟩ *Bulle* m || ~ del aguardiente *Stier, der bei Volksfesten früh am Morgen gehetzt wird* || ~ de casta *angriffslustiger Stier* m || ~ gacho *Stier* m *mit nach unten zeigenden Hörnern* || ~ de intención *bösartiger Stier* m || ~ de buena *od* bonita lámina *schöner, stattlicher Stier* m || ~ de lidia *Kampfstier* m || ~ mexicano → **bisonte** || ~ de muerte → ~ de lidia || ~ padre *Zucht|stier, -bulle* m || ~ de muchos pies *kampflustiger, flinker Stier* m || ~ de muchos pitones *Stier* m *mit gefährlichem Gehörn* n || ~ sobrero *Ersatzstier* m (*beim Stierkampf*) || ~ terciado *mittelgroßer* (*Jung*)*Stier* m || ◇ coger *od* tomar al toro por las astas *od* por los cuernos *den Stier bei den Hörnern packen* (& fig) || dejar en las astas del ~ ⟨fig⟩ *im Stich lassen* || echarle el ~ a alg. *den*

Stier auf jdn loslassen ‖ ⟨fig⟩ *jdm e–e Abfuhr erteilen* ‖ hecho un ~ ⟨figf⟩ *wütend* ‖ ponerse como un ~ ⟨figf⟩ *wütend werden* ‖ ser un ~ corrido ⟨fig⟩ *ein alter Fuchs sein* ‖ ¡otro ~! ⟨pop⟩ *das ist nicht mehr anzuhören!* ‖ *wechseln wir das Thema!* ‖ ~**s** *mpl* (corrida de) ~ *Stierkampf* m ‖ ◇ correr *od* lidiar ~ *Stierkämpfe veranstalten* ‖ ir a los ~ *zum Stierkampf gehen* ‖ mirar *od* ver los ~ desde la talanquera *od* barrera ⟨pop⟩ *e–r Gefahr vom sicheren Ort aus zusehen* ‖ ¡ciertos son los ~! ⟨pop⟩ *sicher ist sicher!* ‖ *es ist nun einmal so!*

²toro m ⟨Arch Math⟩ *Torus* m ‖ ⟨Arch⟩ *Wulst* m ‖ ⟨Inform⟩ *Ringkern* m

toroadicto m *Stierkampffan* m

toroidal adj *(m/f) Ring-*

toron|ja f ⟨allg⟩ *Orange, Apfelsine* f (→ **naranja**) ‖ *Pampelmuse* f (→ **pomelo**) ‖ ~**s** *fpl* (fig lit) *Busen* m ‖ **–jil** m, **–jina** f ⟨Bot⟩ *(Zitronen)Melisse* f (Melissa officinalis)

torozón m ⟨Vet⟩ *Darm|entzündung bzw -kolik* f *(der Pferde)* ‖ ⟨fig⟩ *Unruhe* f, *Verdruss* m

torpe adj *(m/f) schwerfällig, langsam, plump* ‖ *un|geschickt, -beholfen, -gelenk, linkisch* ‖ *steif, eckig, hölzern* ‖ *erstarrt, eingeschlafen (Gliedmaße)* ‖ *stumpfsinnig, dumpf* ‖ *unwissend, geistlos* ‖ *un|sittlich, -züchtig* ‖ *schändlich, schmachvoll* ‖ *hässlich* ‖ *klobig* ‖ ◇ ser ~ *s. plump benehmen*

torpe|deamiento m ⟨Mil Mar⟩ *Torpedierung* f *(& fig)* ‖ **–dear** vt ⟨Mil Mar⟩ *torpedieren (& fig)* ‖ **–deo** m *Torpedieren* n ‖ **–dero** *m/adj Torpedoboot* n ‖ **–dista** m *Torpedoschütze* m

¹torpedo m ⟨Mil⟩ *Torpedo* m ‖ ~ *automático*, ~ de choque *Berührungstorpedo* m ‖ ~ *fijo*, ~ de fondo *Grund-, See|mine* f ‖ ~ *flotante Treibmine* f

²torpedo m ⟨Fi⟩ *Zitterrochen, Torpedofisch* m (Torpedo spp) ‖ ~ *marmóreo Marmorrochen* m (Torpedo marmorata)

torpe|mente adv *auf plumpe Art* ‖ *unzüchtig* ‖ **–za** f *Un|geschicklichkeit, -beholfenheit, Plumpheit* f ‖ *Schwerfälligkeit* ‖ *Steifheit* f ‖ *Stumpfsinn* m ‖ *Unwissenheit, Geistlosigkeit* f ‖ *Hässlichkeit* f ‖ *Un|züchtigkeit, -zucht* f ‖ *Schändlichkeit, Schmach* f ‖ ~ de oído *Schwerhörigkeit* f ‖ ◆ con ~ *plump, unbeholfen*

torpor m ⟨Med⟩ *Torpor* m ‖ *Betäubung, Erstarrung* f ‖ *Einschlafen* n *(e–s Gliedmaße)*

Torquemada np span. *Großinquisitor (1420–1498)* ‖ ⟨fig⟩ *gefühlloser, grausamer Mensch* m

torr m ⟨Phys⟩ [früher] *Torr* n *(inkohärente Einheit des Druckes)*

torra|do m *geröstete Kichererbse* f ‖ **–r** vt *rösten*

torre f *Turm* m ‖ *Glocken-, Kirch|turm* m ‖ *Turm* m *(im Schachspiel)* ‖ *Mast* m ‖ ⟨Chem⟩ *Turm* m ‖ ⟨Mar⟩ *Turm* m, *Kastell* n ‖ ⟨reg, bes. Cat⟩ *Villa* f, *Landhaus* n ‖ △ *Gefängnis* n, *Kerker* m ‖ ~ acorazada → ~ blindada ‖ ~ de agua *Wasserturm* m ‖ ~ antiaérea ⟨Mil⟩ *Flakturm* m ‖ ~ de los árbitros ⟨Sp⟩ *Kampfrichterturm* m ‖ ~ de Babel *der Babylonische Turm* ‖ *der Turm zu Babel* ‖ ⟨figf⟩ *Verwirrung* f ‖ ⟨figf⟩ *Wirrwarr* m, *Durcheinander* n ‖ ~ blindada ⟨Mil⟩ *Panzerturm* m ‖ ~ central ⟨Arch⟩ *Vierungsturm* m ‖ ~ de control *Kontrollturm, Tower* m ‖ la ~ Eiffel *der Eiffelturm* ‖ ~ de escalones *Stufenturm* m ‖ ~ de extracción ⟨Bgb⟩ *Förderturm* m ‖ ~ de graduación salinera *Gradierwerk* n ‖ ~ humana *Pyramide* † *(von Menschen)* ‖ ~ de mando *Kommandoturm* m ‖ ~ de marfil *Elfenbeinturm* m ‖ ~ de montacargas *Aufzugsmast* m ‖ ~ de perforación ⟨Bgb⟩ *Bohrturm* m ‖ ~ de petróleo

⟨Bgb⟩ *Erdölbohr-, Förder|turm* m *zur Erdölgewinnung* ‖ ~ del pozo → ~ de extracción ‖ ~ de prácticas *Übungsturm* m *(z. B. der Feuerwehr)* ‖ ~ de refrigeración *Kühlturm* m ‖ ~ de televisión *Fernsehturm* m ‖ ~(s) de viento ⟨fig⟩ *Luftschlösser* npl ‖ ~ de vigía *Wachtturm* m ‖ ~ de vigilancia *Kontrollturm* m ‖ *Wachtturm* m ‖ **–cilla** f dim von **torre**

torrefacción f *Rösten* n, *Röstung* f ‖ *Dörren* n ‖ *Kaffeerösterei* f ‖ **–factar** vt *rösten (Kaffee, Tabak usw.)* ‖ **–facto** adj *geröstet* ‖ **–factor** m *(Kaffee)Röster* m

torrejón m augm von **torre**

torren|cial adj *(m/f) sturzbachähnlich* ‖ *strömend, sintflutartig (Regen)* ‖ **–tada** f *Sturzbach* m ‖ *Schlucht* f, *Hohlweg* m ‖ ⟨fig⟩ *Flut* f, *Strom* m ‖ **–te** m *(Berg)Strom* m ‖ *Gieß-, Sturz-, Wild|bach* m ‖ *Wildwasser* n ‖ ⟨fig⟩ *Flut* f, *Strom, Schwall* m ‖ ~ de lava *Lavastrom* m ‖ ~ de personas *Menschenstrom* m ‖ el ~ de su voz ⟨fig⟩ *s–e mächtige Stimme* ‖ ◇ ceder al ~ ⟨fig⟩ *mit dem Strom treiben* ‖ **–tera** f *Bergwasserschlucht, Klamm* f ‖ *Sturzbachbett* n

torre|ón m augm von **torre** ‖ ⟨Mil⟩ *(Festungs)Turm* m ‖ Ven *Fabrikschornstein, Schlot* m ‖ ~ de homenaje ⟨Hist⟩ *Bergfried, Hauptturm* m ‖ **–ro** m ⟨Mar⟩ *Turmwächter* m ‖ *Leuchtturmwärter* m ‖ **–ta** f *kleiner Turm* m ‖ ⟨Mil⟩ *Geschütz- bzw Panzer|turm* m ‖ ~ de mando *Kommandoturm* m ‖ ~ de salida ⟨Sp⟩ *Startturm* m

torreznada f ⟨Kochk⟩ *gebratene Speckscheiben* fpl

torreznero *m/adj Faulenzer* m ‖ *Stubenhocker* m

torrezno m ⟨Kochk⟩ *gebratene Speckscheibe* f

tórrido adj *brennend bzw tropisch heiß*

torrija f ⟨Kochk⟩ *(Art) Tunkschnitte* f ‖ ~**s** *fpl arme Ritter* mpl *(Gebäck)*

torron|tero m, **–tera** f *kleine Anhöhe* f ‖ **–tés** adj: uva ~ *weiße, feinschalige und daher leicht faulende Traube*

tórsalo m MAm ⟨Ins Med Vet⟩ *(schmarotzerische) Larve* f *verschiedener Hautdasseln und Dasselfliegen*

tor|sión f *(Ver)Drehung, (Ver)Windung, Torsion* f ‖ *Drall* m ‖ ~ del cable ⟨Tech Text⟩ *Seil|schlag, -drall* m ‖ ~ cruzada *Kreuzschlag* m ‖ ~ hacia la izquierda *Linksdrall* m ‖ ~ de(l) tronco ⟨Sp⟩ *Rumpfdrehen* n ‖ ~ por unidad de superficie *Torsions-, Verdrehungs|spannung* f ‖ **–sional** adj *(m/f) Torsions-* ‖ *Verwindungs-* ‖ **–so** m *Torso, Rumpf* m *(Standbild)*

¹torta f *Kuchen* m ‖ *Torte* f ‖ *Fladen* m ‖ *Stollen* m ‖ *flacher Kuchen* m, *Gebäck* n ‖ ⟨Tech⟩ *Kuchen* m ‖ ~ de coque *Kokskuchen* m ‖ ~ de chocolate *Schokoladenkuchen* m ‖ ~ helada *Eistorte* f ‖ ~ de hormigón ⟨Arch⟩ *Betonkuchen* m ‖ ~ de nata *Rahmkuchen* m ‖ ~ de reyes *Dreikönigskuchen* m *(mit Glücksbohne)* ‖ ~ de pasas *Rosinengebäck* n ‖ ◇ costar la ~ un pan *teuer zu stehen kommen* ‖ no entender una *od* ni ~ ⟨pop⟩ *kein Wort verstehen* ‖ es ~**s** *(od* tortitas) y pan pintado ⟨pop⟩ *es ist (im Vergleich zu et. anderem) das reinste Honigschlecken* ‖ *es ist sehr leicht* ‖ a falta de pan buenas son las ~**s** ⟨Spr⟩ *in der Not frisst der Teufel Fliegen*

²torta f *Ohrfeige* f, *Schlag* m ‖ ◇ pegar una ~ a alg. *jdm e–e Ohrfeige verpassen*

³torta f ⟨Typ⟩ *Paket* n *Schriften*

tortada f *große Pastete* f ‖ *Torte* f ‖ ⟨Arch⟩ *Mörtelschicht* f

tortazo m *Schlag, Stoß* m ‖ ◇ liarse a ~**s** *s. prügeln* ‖ pegarse un ~ *(mit dem Auto usw.) gegen et. fahren, verunglücken*

tortellini *mpl* ⟨Kochk⟩ *Tortellini* mpl
¹tortera *f Kuchenform* f ‖ *Kuchenblech* n ‖
Pastetenform f
²tortera *f* ⟨Text⟩ *Haspel* f *(an der Spindel)*
tortero *m*/adj *Kuchen-, Zucker|bäcker* m ‖
Kuchendose f
torticidas *fpl* ⟨Ins⟩ *Wickler* mpl (Tortricidae)
(→ **²torcedor**)
tor|ticolis, –tícolis *m* ⟨Med⟩ *Halsstarre, steifer
Hals* m
tortilla *f* ⟨Kochk⟩ *Omelett(e* f) n, *Eierkuchen*
m ‖ ‖ Am *(Mais) Fladen* m ‖ ~ (a la) francesa
Omelette f *nature* ‖ ~ de bonito, ~ de escabeche
Tunfischomelett n ‖ ~ con *(od* de) jamón
Schinkenomelett n ‖ ~ de patatas, ~ a la española
Kartoffelomelett n ‖ ◇ hacer ~ ⟨figf⟩ *in kleine
Stücke schlagen* ‖ se volvió la ~ ⟨figf⟩ *das Blatt
(Glück) hat s. gewendet*
tortillera *f* ⟨vulg⟩ *Lesbe* f
tortille|ría *f* Guat Mex *(Mais)Fladen|bäckerei*
f, *-stand* m ‖ **-ro** *m (Mais)Fladen|bäcker,
-händler* m
tortita *f* dim von **torta** ‖ *Törtchen* n
tórto|la *f* ⟨V⟩ *Turtel|taube* f, *-täubchen* n
(Streptopelia turtur) ‖ ~ senegalesa *Palmtaube* f
(S. senegalensis) ‖ ~ turca ⟨V⟩ *Türkentaube* f
(S. decaocto) ‖ **-lo** *m Turteltäuberich* m ‖ ⟨figf⟩
verliebter Mensch m ‖ Col ⟨fig⟩ *Dummkopf* m ‖
~s *mpl* ⟨figf⟩ *Turteltauben* fpl *(sehr verliebtes
Paar)*
tortuga *f Schildkröte* f (Testudo spp) ‖
Schilddach n *(der Römer)* ‖ ~ carey
Karettschildkröte f (Eretmochelys imbricata) ‖ ~
gigante *Riesenschildkröte* f (T. gigantea) ‖ ~
marina *Seeschildkröte* f
tortugo *m* Mex *Wasserträger* m
tortuo|sidad *f Krümmung, Windung* f,
krummer Lauf m ‖ **-so** adj *krumm, ge|schlängelt,
-wunden* ‖ ⟨fig⟩ *verworren, wirr* ‖ *undurchsichtig*
‖ *heimtückisch*
tortu|ra *f Folter* f ‖ ⟨fig⟩ *Tortur, Pein, Marter,
(Seelen)Qual* f ‖ **-rador** adj *folternd, marternd* ‖
peinigend, qualvoll ‖ ~ *m Folterknecht* m ‖ **-rar**
vt *foltern, quälen, peinigen, martern (& fig)* ‖
~**se** *s. abhärmen, s. plagen*
torunda *f* ⟨Med⟩ *Wundbausch* m ‖ *Tupfer* m
torva *f Regensturm* m ‖ *Schneegestöber* n ‖
Schneesturm m
torvo adj *scheußlich (anzuschauen),
fürchterlich, schrecklich* ‖ *unheimlich* ‖ ◆ con
mirada ~a *mit finsterem Blick*
torzal *m (gedrehte) Schnur* f ‖ *Zwirn* m ‖ *Näh-,
Kordonett|seide* f ‖ *Strohband* n
torzón *m* ⟨Vet⟩ → **torozón**
△ **torzuelo** *m (Finger)Ring* m
tos *f Husten* m ‖ ~ cavernosa *hohl klingender
Husten* m ‖ ~ convuls(iv)a, ~ espasmódica
Krampfhusten m ‖ ~ ferina *Keuchhusten* m ‖ ~
irritativa *Reizhusten* m ‖ ~ seca *trockener Husten*
m ‖ ◇ tener (mucha) ~ *(stark) husten*
tosca *f Tuff(stein)* m
toscano adj *m toskanisch* ‖ ~ *m Toskaner* m ‖
(Art) Virginiazigarre f
tosco adj *roh, un|bearbeitet, -behauen* ‖ *rau,
grob, plump* ‖ *un|geglättet, -gefeilt* (Vers) ‖ ⟨fig⟩
roh, un|geschliffen, -gehobelt ‖ ⟨fig⟩ *un|gesittet,
-wissend* ‖ adv: ~**amente**
tosecilla *f* dim von **tos** ‖ *Hüsteln* n, *affektierter
bzw verstellter Husten* m
toser vi *husten* ‖ *(verstellt) hüsteln* ‖ ◇ a mí
nadie me tose ⟨fig⟩ *ich lasse mir von niemandem
et. gefallen* ‖ no hay quien le tosa *niemand kann
s. mit ihm messen* ‖ ~ mucho *stark husten*
tósigo *m Gift* n ‖ ⟨fig⟩ *Qual* f
¹tosigoso adj *giftig* ‖ *vergiftet*

²tosi|goso adj/s *an Husten leidend* ‖ **–quear** vi
hüsteln
tosquedad *f Plumpheit, Unschlachtheit* f ‖
Grobheit f ‖ *Roheit, Unwissenheit* f
tostación *f* ⟨Chem Met⟩ *Rösten* n ‖ *Darren* n ‖
Kalzinieren n
tosta|da *f geröstete Brotschnitte* f, *Toast* m ‖ ~
hawai ⟨Kochk⟩ *Hawaiitoast* m ‖ ~ con
mantequilla *Buttertoast* m ‖ ◇ olerse la ~ ⟨figf⟩
den Braten riechen ‖ pegar *(od* dar) una ~ a alg.
⟨figf⟩ *jdn prellen* ‖ **–dero** *m* ⟨Met⟩ *Röstofen* m ‖
Rösterei f ‖ ⟨fig⟩ *Brutkasten* m ‖ ~ de café
Kaffeerösterei f ‖ **–do** adj *geröstet* ‖
sonnenbrannt, braun ‖ *braungelb,
dunkel(farbig)* ‖ Mex ⟨fig⟩ *belästigt* ‖ ~ por el sol
braungebrannt (Mensch) ‖ ~ *m Rösten* n ‖ Ec
gerösteter Mais m
Tostado *m:* haber leído más que el ~
*unendlich viel gelesen haben, sehr belesen sein,
(fam) ein Bücherwurm sein*
tosta|dor *m Röster* m ‖ *Röstblech* n ‖ *Darre* f ‖
Kaffeeröster m ‖ ~ de pan *Brotröster, Toaster* m ‖
–dura *f Rösten* n ‖ *Röstung* f
tostar vt *rösten* ‖ *bräunen* ‖ *an|braten,
-brennen* ‖ ⟨fig⟩ *übermäßig (er)wärmen* ‖ *bräunen
(Sonnenhitze)* ‖ Ar ⟨fig⟩ *(durch)prügeln* ‖ ~**se**
rösten ‖ *(durch Rösten) braun werden* ‖
durchbraten ‖ ◇ ~ al sol ⟨figf⟩ *s. von der Sonne
bräunen lassen* ‖ me estoy tostando ⟨figf⟩ *ich
vergehe vor Hitze*
tostelería *f* PR *Konditorei* f
¹tostón *m geröstete Kichererbse* f ‖ *geröstetes
Brot* n *bzw gerösteter Brotwürfel* m ‖ *gebratenes
Spanferkel* n ‖ *Ölsuppe* f *mit geröstetem Brot* ‖ *zu
stark Geröstete(s) od Gebratene(s)* n ‖ ⟨figf⟩ *et.
Sterbens-,* ⟨pop⟩ *Stink|langweiliges, et.
Unausstehliches* n ‖ *langweiliger Schmarren od
Schinken* m *(Buch, Film usw.)* ‖ ⟨fig⟩ *langweilige
Schwarte f (Buch)* ‖ *langweiliger Mensch* m ‖ And
zudringlicher Mensch m, ⟨pop⟩ *Wanze* f
²tostón *m port. und mex. Silbermünze = 100
Reis bzw 50 Centavos*
¹total adj *(m/f) ganz, gänzlich, völlig, total,
Gesamt-, Total-* ‖ ◆ hasta el pago ~ *bis zur
vollständigen Bezahlung*
²total adv *im Ganzen* ‖ *alles in allem* ‖ *kurz
und gut* ‖ *also* ‖ *nur, lediglich* ‖ *eigentlich* ‖ y ~
¿qué? was ist schließlich daran? ‖ *das ist (doch)
nicht so schlimm!*
³total *m (das) Ganze* ‖ *Gesamt|betrag* m,
-summe f ‖ *Endbetrag* m ‖ ~ de depósitos
Einlagenbestand m ‖ ~ de ventas *Gesamtumsatz*
m ‖ ◆ en ~ *zusammen, im Ganzen, insgesamt*
totali|dad *f Gesamt|heit, -zahl* f ‖ la ~ de la
población *die gesamte Bevölkerung* f ‖ ◆ en (su) ~
alles zusammen ‖ *durchweg* ‖ *im Ganzen,
insgesamt* ‖ **–tario** adj *totalitär* ‖ **–tarismo** *m*
⟨Pol⟩ *Totalitarismus* m ‖ **–zación** *f Totalisierung* f
‖ *Vervollständigung* f ‖ **–zador** *m Zählwerk* n ‖
Summenzähler m ‖ *Totalisator* m ‖ **–zar** [z/c] vt
zusammen|zählen, -fassen ‖ ~**se** *s. insgesamt
belaufen auf …*
totalmente adv *gänzlich, ganz und gar, völlig* ‖
~ hidráulico *vollhydraulisch* ‖ ~ idiota ⟨pop⟩
total verblödet ‖ ◇ quedar ~ arruinado *an den
Bettelstab kommen*
tótem *m Totem* n
totémico adj *Totem-*
tote|mismo *m Totemismus* m ‖ **–mista** adj *(m/f)
totemistisch*
totolear CR *verwöhnen (Kind)*
totorecada *f* MAm *Dummheit, Blödsinn* f
totovía ⟨reg: **tova**⟩ *f* ⟨V⟩ *Heidelerche* f
(Lullula arborea)
totuma *f* Am ⟨Bot⟩ *Kalebassenbaum* m

(Crescentia cujete) ‖ *Frucht des Kalebassenbaumes* ‖ *Kürbisgefäß* n
totumo m → **totuma**
tour m *Tour* f
tournedó m ⟨Kochk⟩ *Tournedos* n
tournée f *Rundreise* f ‖ ⟨Th *usw.*⟩ *Tournée, Gastspielreise* f ‖ ⟨Pol⟩ *Wahlreise* f
touroperador m *Reiseveranstalter* m
toxemia f ⟨Med⟩ *Blutvergiftung, Toxämie* f
toxicidad f ⟨Med⟩ *Giftigkeit, Toxizität* f
tóxico adj *giftig, toxisch* ‖ *vergiftet* ‖ ~ m *Gift* n
toxi|cología f ⟨Med⟩ *Toxikologie* f ‖ **–cológico** adj *toxikologisch* ‖ **–cólogo** m ⟨Med⟩ *Toxikologe* m ‖ **–comanía** f *Rauschgiftsucht* f ‖ **–cómano** adj *(rauschgift)süchtig* ‖ ~ m *(Rauschgift)Süchtige(r)* m ‖ **–cosis** f ⟨Med⟩ *Toxikose* f ‖ **–na** f ⟨Med⟩ *Toxin* n, *Giftstoff* m
toxoplasmosis f ⟨Med⟩ *Toxoplasmose* f
toza f ⟨reg⟩ *Stück* n *Baumrinde* ‖ Ar *Baumstumpf* m
tozal m Ar *kleiner Hügel* m
tozar vi Ar *stoßen (Bock)* ‖ ⟨figf⟩ *bocken, bockig* od *bockbeinig sein*
tozo adj *klein und untersetzt*
tozu|dez [*pl* ~ces] f *Starrsinnigkeit* f ‖ **–do** adj *starrköpfig, starr-, eigen|sinnig* ‖ **–elo** m *dicker Nacken* m
t. p.¹ ⟨Abk⟩ = **tarjeta postal**
tpo. ⟨Abk⟩ = **tiempo**
tr. ⟨Abk⟩ = **transitivo** ‖ **transporte**
¹traba f *Verbindung* f ‖ *Band* n, *Fessel* f, *Strick* m, *Kette* f ‖ *Spannstrick* m *bzw Fußfessel* f *(für Pferde)* ‖ *Bremsklotz* m ‖ *Hemmschuh* m (& fig) ‖ ⟨Arch⟩ *Binderschicht* f ‖ ⟨fig⟩ *Hindernis, Hemmnis* n ‖ ◇ *poner* ~s a alg. *jdn fesseln* ‖ ⟨fig⟩ *Hindernisse* npl *in den Weg legen, hemmen, jdm in den Arm fallen*
²traba f *Vorhaben* n ‖ △ *Idee* f
trabacuenta f *Rechenfehler* m ‖ ⟨fig⟩ *Streit* m
traba|jado adj *abgearbeitet, ermattet, entkräftet* ‖ *notleidend* ‖ ⟨fig⟩ *durchgearbeitet* (z. B. *Stil*) ‖ ⟨Tech⟩ *bearbeitet* ‖ ~ m ⟨Tech⟩ *Bearbeitung* f ‖ *Verarbeitung* f ‖ **–jador** adj *arbeitsam, fleißig, emsig* ‖ ~ m *Arbeiter, Arbeitnehmer* m ‖ *Werktätige(r* m) f ‖ ~ *agrícola Landarbeiter* m ‖ ~ a destajo *Akkordarbeiter* m ‖ ~ a domicilio, ~ domiciliario *Heimarbeiter* m ‖ ~ estacional *Saisonarbeiter* m ‖ ~ eventual *Gelegenheitsarbeiter* m ‖ ~ extranjero *ausländischer Arbeiter* m ‖ *Gastarbeiter* m ‖ ~ fronterizo *Grenzgänger* m ‖ ~ industrial *Industriearbeiter* m ‖ ~ huésped *Gastarbeiter* m ‖ ~ intelectual *Geistesarbeiter* m ‖ ~ de media jornada *Halbtagsarbeiter* m ‖ ~ de jornada reducida *Kurzarbeiter* m ‖ ~ manual *Handarbeiter* m ‖ ~ del metal *Metallarbeiter* m ‖ ~ portuario *Hafenarbeiter* m ‖ ~ temporero → ~ estacional ‖ → auch **obrero, productor** ‖ **–jar** vt *aus-, be-, ver|arbeiten* ‖ *verfestigen* ‖ *machen* ‖ *zureiten (ein Pferd)* ‖ *nach|streben, -gehen* (dat) ‖ ⟨fig⟩ *plagen, quälen* ‖ ~ el arco ⟨Mus⟩ *Bogenübungen machen* ‖ ~ un artículo ⟨Com⟩ *e-e Ware* od *e–n Artikel (als Vertreter) verkaufen, e-e Ware* od *e–n Artikel vertreten* ‖ ~ la muñeca ⟨Mus⟩ *Handgelenkübungen machen* ‖ ~ la pasta *den Teig kneten* ‖ ♦ sin ~ *unbearbeitet* ‖ ~ vi *arbeiten, schaffen* ‖ ⟨fig⟩ *arbeiten, gehen, in Gang sein (Maschine)* ‖ *gären (Wein)* ‖ *arbeiten, s. werfen, s. verziehen (Holz usw.)* ‖ *capaz de ~ arbeitsfähig* ‖ *flojo en ~ flau, träge* ‖ *harto de ~ arbeitsmüde* ‖ *los que quieren ~ die Arbeitswilligen* mpl ‖ ◇ *con ahínco eifrig arbeiten* ‖ ~ a comisión *auf Provisionsbasis arbeiten* ‖ ~ a destajo *im Akkord(lohn)* od *im*

Stücklohn arbeiten ‖ ~ a jornal *im Tagelohn arbeiten* ‖ ~ con pérdida *mit Verlust arbeiten* ‖ *consumirse* –jando *s. abarbeiten* ‖ ~ en ... *arbeiten an ... (dat)* ‖ *s. Mühe geben mit ...*
traba|jina f ⟨fam⟩ *harte Arbeit* f ‖ **–jo** m *Arbeit* f ‖ *Beschäftigung* f ‖ *Tätigkeit* f (& Chem Med) ‖ *Tat* f, *Werk* n ‖ *Bearbeitung* f ‖ *Verarbeitung* f ‖ *(Hand)Arbeit* f ‖ *Ausführung* f ‖ ⟨Lit⟩ *Arbeit, Schrift* f, *Werk* n ‖ *Gang* m *(e–r Maschine)* ‖ ⟨fig⟩ *Mühe, Anstrengung* f ‖ ⟨fig⟩ *Schwierigkeit* f, *Hemmnis* n ‖ ~ *agrícola Feldarbeit* f ‖ *Ackerbau* m ‖ ~ *artístico Kunstwerk* n ‖ ~ calificado *Facharbeit* f ‖ ~ en casa *Heimarbeit* f ‖ ~ clandestino *Schwarzarbeit* f ‖ ~ colectivo *Gemeinschafts-, Gruppen|arbeit* f ‖ ~ corporal *körperliche Arbeit* f ‖ ~ a destajo *Akkordarbeit* f ‖ ~ de día, ~ diurno *Tag|arbeit, -schicht* f ‖ ~ en días festivos *Feiertagsarbeit* f ‖ ~ a domicilio *Heimarbeit* f ‖ ~ en od de equipo *Teamarbeit* f ‖ ~ por equipos → por turnos ‖ ~ espiritual *geistige Arbeit* f ‖ ~ estacional *Saisonarbeit* f ‖ ~ físico *körperliche Arbeit* f ‖ ~ ilícito → ~ clandestino ‖ ~ infantil *Kinderarbeit* f ‖ ~ intelectual → *geistige Arbeit* f ‖ ~ de media jornada *Halbtagsarbeit* f ‖ ~ ímprobo *äußerst ermüdende Arbeit* f ‖ ~ (hecho) a mano, ~ manual *Handarbeit* f ‖ ~ de marquetería *Laubsägearbeit* f ‖ ~ de menores *Kinderarbeit* f ‖ ~ mental → ~ intelectual ‖ ~ de mujer od para mujeres *Frauenarbeit* f ‖ ~ muscular *Muskelarbeit* f ‖ ⟨Physiol⟩ *Muskeltätigkeit* f ‖ ~ de noche, ~ nocturno *Nachtarbeit* f ‖ ~(s) de oficina *Büroarbeit(en)* f(pl) ‖ ~ oficinesco ⟨desp⟩ *Schreiberlingarbeit* f ‖ un ~ no pequeño *e–e nicht geringe Mühe* ‖ ~ pesado *mühevolle Arbeit* f ‖ *Schwerarbeit* f ‖ ~ profesional *Berufsarbeit, berufliche Tätigkeit* f ‖ ~ a reglamento *Dienst* m *nach Vorschrift* ‖ ~ remunerado, ~ retribuido *Erwerbsarbeit* f ‖ ~ de sastre *Schneider-, Maß|arbeit* f ‖ ~ sedentario *Arbeit* f *im Sitzen, sitzende Tätigkeit* f ‖ ~ en serie *Serienarbeit* f ‖ ~ de Sísifo *Sisyphusarbeit* f ‖ ~ de sondeo ⟨Bgb⟩ *Bohrarbeit* f ‖ ~ de temporada → ~ estacional ‖ ~ por turnos *Schichtarbeit* f ‖ ~ útil *nützliche Arbeit* f ‖ ⟨Phys Tech⟩ *Nutzarbeit* f ‖ ~ de zapa ⟨fig⟩ *Wühlarbeit* f ‖ ⟨fig⟩ *heimtückisches Vorgehen* n ‖ ⟨fig⟩ *Geheimnis|tuerei, -krämerei* f ‖ *inútil para el trabajo arbeitsunfähig* ‖ *los sin ~ die Arbeitslosen* mpl ‖ ♦ *con sumo ~ mit großer Mühe*
◇ *abandonar el ~* → *suspender el ~* ‖ *abrumar de ~ mit Arbeit überhäufen* ‖ *buscar ~ Arbeit suchen* ‖ *estar sin ~ arbeitslos sein* ‖ *hacer un ~ útil e–e nützliche Arbeit verrichten* ‖ *reanudar el ~, reintegrarse al ~ die Arbeit wiederaufnehmen (Streikende)* ‖ *suspender el ~ die Arbeit einstellen* ‖ *tomarse el ~ de ... s. die Mühe nehmen zu ...* ‖ *vivir de su ~ von s–r Hände Arbeit leben* ‖ ~s mpl *Mühsal, Not* f, *Leiden* n, *Entbehrungen* fpl ‖ ~ forzados *(od forzosos) Zwangsarbeit* f ‖ ~ preparatorios *Vorarbeiten* fpl ‖ ~ de salvamento *Rettungsaktion* f ‖ ◇ *pasar muchos ~ en esta vida viel mit-* od *durch|machen müssen* ‖ **–joso** adj *müh|sam, -selig* ‖ *umständlich* ‖ *langwierig* ‖ *notleidend*
trabalenguas m *Zungenbrecher* m
trabamiento m *Ver|bindung, -knüpfung, -kettung* f ‖ *Verstrickung* f ‖ *Festbinden, Fesseln* n ‖ *Hemmen* n
¹trabar vt *verbinden, zusammenfügen* ‖ *miteinander verknüpfen* ‖ *verkoppeln* ‖ *fest-an|binden, hemmen* ‖ ⟨Mar⟩ *spleißen* ‖ ⟨Jur⟩ *beschlagnahmen* ‖ *pfänden* ‖ ⟨Kochk⟩ *eindicken* ‖ ⟨fig⟩ *anfangen, beginnen, anknüpfen* ‖ ⟨fig⟩ *hindern, hemmen* ‖ ◇ ~ batalla *e–e Schlacht*

liefern ‖ ~ conversación *ein Gespräch anknüpfen*
‖ ~ disputa *Streit anfangen* ‖ ~**se** *s. verfangen, s.*
verheddern ‖ *hängen bleiben* ‖ *dick werden*
(Flüssigkeit) ‖ ⟨fig⟩ *anfangen (& Gefecht)* ‖ ◇ la
lengua se le traba, se traba de lengua *er (sie, es)*
kann nicht sprechen, er (sie, es) stammelt, er (sie,
es) stottert ‖ ~ con alg. *s. mit jdm anlegen* ‖ *mit*
jdm handgemein werden ‖ ~ de palabras ⟨fig⟩ *in*
e–n Wortwechsel geraten ‖ *aneinander geraten* ‖
~ los pies *s. mit den Füßen verfangen (in* acc)
²trabar vt *schränken (Säge)*
  trabazón *f Aneinanderfügung, Verbindung* f ‖
⟨Arch⟩ *Verband* m ‖ ⟨Zim⟩ *Splissung* f ‖ ⟨fig⟩
Verkettung f, *Zusammenhang* m ‖ *Einheitlichkeit* f
‖ *Gefüge* n ‖ ⟨Chem Kochk⟩ *Eindickung* f ‖ ~
cristalina ⟨Min⟩ *kristallinisches Gefüge* n ‖ ~ de
pilares ⟨Arch⟩ *Pfeilerverband* m
  trabe *f* ⟨reg⟩ *Balken* m
  trabilla *f Steg* m *(an Hosen* od *Gamaschen)* ‖
Halteriemen m
  △ **trabojo** *m Haufe(n)* m
  trabón *m* augm von **traba** ‖ *(Fuß)Ring* m *(der*
Pferde)
  trabu|ca *f Knallfrosch* m *(Feuerwerkskörper)*
  trabucaire *m* Cat ⟨Hist⟩ *Freischärler* m *(im*
Unabhängigkeitskrieg gegen die Franzosen)
  trabucar [c/qu] vt *in Unordnung bringen,*
durcheinander bringen, verwirren ‖ ⟨fig⟩
verwechseln (Begriffe, Worte) ‖ ⟨fig⟩ *außer*
Fassung bringen ‖ ~**se** ⟨fig⟩ *s. versprechen, s.*
verhaspeln
  trabu|cazo *m Schuss* m *mit dem Stutzen* ‖ ⟨fig⟩
unvermuteter Schreck m ‖ **–co** *m Steinschleuder* f
(frühere Kriegsmaschine) ‖ *Stutzen* m, *Bombarde,*
Donnerbüchse f ‖ And *Knallbüchse* f *(Spielzeug)* ‖
⟨fig⟩ *Durcheinander* n ‖ ~ naranjero
Blunderbüchse f, ⟨pop⟩ *Räuberpistole* f *(Stutzen*
mit glockenförmiger Laufmündung) ‖ *e–e*
Zigarrenart ‖ **–quete** *f* ⟨Hist⟩ *Wurfmaschine* f
  trac *m* ⟨Th⟩ *Lampenfieber* n, ⟨fam⟩ *Bammel* m
  traca *f Kette* f *von Feuerwerkskörpern* ‖ ⟨Mar⟩
Plankenreihe f ‖ ~**s** *fpl* Val p. ex *Volksfest* n *mit*
Feuerwerk (am 19. März)
  trácala *f* Mex PR ⟨fam⟩ *Schwindel, Betrug* m ‖
Ec → **tracalada**
  traca|lada *f* Arg Col Mex *Menge* f, ⟨fam⟩
lustiger Rummel m ‖ **–manada** *f Menschenmenge* f
  tracamundana *f* ⟨fam⟩ *Schacher* m,
Schacherei f, *Hausierhandel* m ‖ ⟨fam⟩ *Wirrwarr,*
Lärm m
  tracatrá *m Geknatter, Rattern* n ‖ [verhüllend]
Geschlechtsverkehr m
  tracción *f (An)Ziehen* n, *Zug* m ‖ *Antrieb* m ‖
~ animal *Betrieb* m *durch Zugtiere* ‖ ~ delantera
Vorderrad-, Front|antrieb m ‖ ~ eléctrica
elektrischer Betrieb m ‖ ~ cuatro ruedas
Vierradantrieb m ‖ ~ de sangre → ~ animal ‖ ~
trasera *Hinterradantrieb* m ‖ ~ por vapor
Dampf|betrieb-, -antrieb m ‖ (fuerza de) ~ ⟨Tech⟩
Zugkraft f
  Tra|cia *f* ⟨Geogr Hist⟩ *Thrakien* n ‖ ≠**co** adj
thrakisch ‖ ~ *m Trazier, Thraker* m
  tracoma *f* ⟨Med⟩ *Trachom* n, *Ägyptische*
Körnerkrankheit f
  tracto *m Strecke* f, *Trakt* m ‖ *Zeitraum* m ‖ ~
digestivo ⟨An⟩ *Verdauungstrakt* m ‖ ~
gastrointestinal *Magen-Darm-Trakt* m
  trac|tocamión *m Sattelschlepper* m ‖ **–tor** *m*
Traktor, Trecker m, *Zugmaschine* f ‖ *Schlepper* m
‖ ~ agrícola *Ackerschlepper* m ‖ ~ cortacésped
Rasentraktor m ‖ ~ oruga *Raupenschlepper* m ‖
~ semirremolque *Sattelschlepper* m ‖ ~ universal
Universalschlepper m ‖ **–torada** *f Demonstration*
f *mit Traktoren* ‖ **–torista** *m/f Traktorfahrer(in* f),
Traktorist(in f) m

tractriz *f* ⟨Math⟩ *Traktrix, Schleppkurve* f
  trad. ⟨Abk⟩ = **traducción** ‖ **traductor**
  tradi|ción *f Tradition, Überlieferung* f ‖
hergebrachte Sitte f, *Brauch* m ‖ ⟨alte⟩ *Sage* f ‖
⟨Jur⟩ *Übergabe, Auslieferung* f ‖ ~ escrita
schriftliche Überlieferung f ‖ ~ oral *mündliche*
Überlieferung f ‖ **–cional** adj *(m/f)* *überliefert* ‖
(alt)herkömmlich, traditionell ‖ **–cionalismo** *m*
Traditionsbewusstsein n ‖ *Traditionsgebundenheit*
f ‖ *(politischer* od *religiöser) Traditionalismus* m
‖ Span ⟨Hist⟩ *Karlismus* m ‖ **–cionalista** adj *(m/f)*
traditionsbewusst ‖ *traditionsgebunden,*
konservativ ‖ ~ *m/f Traditionalist(in* f) m ‖
traditionsgebundener Mensch m ‖ *Anhänger(in* f)
m *des Traditionalismus* ‖ *Konservative(r* m) f ‖
Karlist(in f) m
  traducción *f Über|setzung, -tragung* f ‖
Deutung, Auslegung f ‖ ~ ex abrupto
Stegreifübersetzung f ‖ ~ al alemán *Übersetzung*
ins Deutsche, Verdeutschung f ‖ ~ autorizada
autorisierte Übersetzung f ‖ ~ deficiente *fehler-*
od *mangel|hafte Übersetzung* f ‖ ~ exacta *genaue*
Übersetzung f ‖ ~ improvisada
Stegreifübersetzung f ‖ ~ interlineal *zwischen-,*
wechsel|zeilige Übersetzung f ‖ ~ inversa
Hinübersetzung f ‖ ~ libre *freie Übersetzung* f ‖
~ a libro abierto *Stegreifübersetzung* f ‖ ~ literal
wörtliche Übersetzung f ‖ ~ a máquina
maschinelle Übersetzung f ‖ ~ oral *mündliche*
Übersetzung f ‖ ~ políglota *mehrsprachige*
Übersetzung f ‖ ~ técnica *Fachübersetzung* f ‖ ~
verbal → ~ oral ‖ ~ en verso, ~ versificada
Versübersetzung f
  traducianismo *m* ⟨Theol⟩ *Traduzianismus* m
  tradu|cible adj *(m/f)* *übersetzbar* ‖ **–cir**
[-zc-, pret ~je] vt *über|setzen, -tragen* ‖
ausdrücken, zum Ausdruck bringen ‖ *ver|wandeln,*
-ändern ‖ *zurückführen* (auf acc) ‖ ⟨fig⟩
deuten, auslegen ‖ ~ del español al alemán *vom*
Spanischen ins Deutsche übersetzen ‖ ~ en
francés *französisch wiedergeben* ‖ ~**se** (en) *s.*
ausdrücken, s–n Ausdruck finden (in dat) ‖ *s.*
auswirken (in dat) ‖ *zurückgeführt werden können*
(auf acc)
  traduc|tor *m Übersetzer* m ‖ ⟨fig⟩ *Dolmetsch,*
Interpret m ‖ ⟨Inform⟩ *Übersetzer* m ‖ ~
autorizado *ermächtigter Übersetzer* m ‖ ~
judicial *Gerichtsübersetzer* m ‖ ~ jurado *be-,*
ver|eidigter Übersetzer m ‖ ~ técnico ⟨allg⟩
Fachübersetzer m ‖ *technischer Übersetzer* m
  traedor *m (Über)Bringer* m
  traer [pres traigo, traes etc perf traje, ger
trayendo, pp traído] vt *(her)bringen* ‖ *mit-,*
über|bringen ‖ *herbeischaffen* ‖ ⟨Jgd⟩ *apportieren*
‖ *tragen, anhaben, an s. haben (Kleid, Waffe)* ‖
bei s. tragen ‖ *bei s. führen, bei s. haben* ‖
nötigen, zwingen, dahinbringen, bewegen ‖
(her)anziehen, an s. ziehen ‖ *beibringen, anführen*
(Gründe) ‖ ⟨fig⟩ *herbeiführen* ‖ *mit s. bringen,*
nach s. ziehen ‖ *ver|anlassen, -ursachen*
  ~ beneficio *Nutzen bringen, von Nutzen sein* ‖
~ algo siempre en la boca ⟨fig⟩ *immer und*
immer wieder von demselben reden ‖ lo traigo en
el bolsillo *ich habe es in der Tasche* ‖ ~ cola
(unangenehme) Folgen haben ‖ eso trae malas
consecuencias *das hat schlimme (üble) Folgen* ‖
~ consigo *mit (s.) bringen* ‖ *nach s. ziehen* ‖ ~ a
cuento ⟨fam⟩ *aufs Tapet* od *zur Sprache bringen* ‖
~ un ejemplo *ein Beispiel anführen* ‖ ~ y llevar
hin und her tragen ‖ ⟨figf⟩ *klatschen (über jdn*
reden) ‖ ~ algo entre manos *et. vorhaben* ‖ ~
origen de … *entspringen aus …* ‖ ~ puesto
anhaben, tragen (Kleidung) ‖ ~ perjuicio
schädlich sein ‖ ¿qué trae Vd. de nuevo? *was*
bringen Sie Neues? ‖ ¿qué te trae por aquí? ⟨fam⟩

was führt dich her? ‖ ⟨fam⟩ *was willst du (denn) hier? wie kommst du (hier)her?*
in Verb. mit Präpositionen:
1. in Verb. mit **a:** ~ a camino ⟨fig⟩ *auf den rechten Weg bringen* ‖ ~ a la desesperación *in Verzweiflung stürzen* ‖ ~ a uno a mal ⟨fam⟩ *jdn misshandeln* ‖ *plagen, quälen* ‖ ~ a la mano *herbei|bringen, -schaffen* ‖ ~ a la memoria *ins Gedächtnis zurückrufen, in Erinnerung bringen, erinnern (an* acc) ‖ ~ a uno a partido *jdn überreden (od überzeugen)* ‖ *jdn zur Besinnung bringen* ‖ *jdn zum Einlenken bewegen* ‖ ~ a uno al retortero (od *de acá para allá)* ⟨figf⟩ *jdm k–e Ruhe lassen*
2. in Verb. mit **entre, por:** ~ por adorno *als Schmuck tragen* ‖ ~ por consecuencia *zur Folge haben* n ‖ ~ entre manos u/c ⟨fig⟩ *et. in den Händen haben* ‖ *et. im Schilde führen* ‖ ~ entre ojos ⟨fig⟩ *scharf im Auge haben*
in Verb. mit pp, als Ergebnis e–r vergangenen Handlung [→ **llevar** 2., **dejar** B)] ‖ lo traigo terminado *ich bringe es fertig mit* ‖ *ich bin damit fertig* ‖ lo traigo bien estudiado *ich habe es gründlich durchgenommen, ich kann es, ich beherrsche es gut* ‖ eso me trae preocupado *das macht mir Sorgen* ‖ eso me trae convencido *das wirkt auf mich überzeugend* ‖ eso se lo trae perdido *das richtet ihn zugrunde (& zu Grunde)* ‖ esa mujer le trae perdido ⟨fam⟩ *diese Frau hat ihn ganz bestrickt*
in Verb. mit adj: *machen* ‖ lo trae loco *er (sie, es) macht ihn verrückt* ‖ lo trae nervioso od ⟨fam⟩ *frito er (sie, es) macht ihn nervös od geht ihm auf die Nerven*
~**se** *s. kleiden* ‖ *s. betragen* ‖ *beabsichtigen, vorhaben* ‖ *bezwecken* ‖ ese asunto se las trae ⟨fam⟩ *diese Sache hat es in s.* ‖ *das ist e–e verflixte Geschichte* ‖ es un hombre que se las trae ⟨fam⟩ *mit dem ist nicht zu spaßen* ‖ es una pieza que se las trae ⟨fam⟩ *es ist ein ganz schön* od ⟨pop⟩ *verdammt schweres Stück (Musik)* ¿qué se traerá ese hombre? *was mag dieser Mensch im Schilde führen?*

traeres *mpl Kleidung* f, *Kleider* npl
tráfago m *Handel* m ‖ *(Geschäfts)Gewühl* n, *Betrieb, Rummel* m ‖ ⟨fig⟩ *Mühe, Plage* f
trafagón adj *geschäftig, betriebsam* ‖ ~ m ⟨fam⟩ *Arbeitstier* n, *Wühler* m
trafi|cante m *Händler* m ‖ ⟨desp⟩ *Händler, Krämer* m ‖ *Schwarz-, Schleich|händler, Schieber* m ‖ ~ de drogas, ~ de estupefacientes *Rauschgifthändler, Dealer* m ‖ **–car** [c/qu] vt/i *handeln, Handel treiben* ‖ ⟨desp⟩ *schachern* ‖ ◇ ~ en granos, en caballerías *Getreide-, Pferde|handel treiben* ‖ ~ ilícitamente *schieben, Schwarzhandel treiben* ‖ *schachern*
tráfico m *Handel* m (oft desp) ‖ *Schwarz-, Schleich|handel* m ‖ ⟨desp⟩ *Schacher* m ‖ *Verkehr* m ‖ ~ aéreo *Luftverkehr* m ‖ ~ de blancas *Mädchenhandel* m ‖ ~ callejero *Straßenverkehr* m ‖ ~ comercial *Handelsverkehr* m ‖ ~ de contrabando *Schmuggelhandel* m ‖ ~ a corta distancia *Nahverkehr* m ‖ ~ a larga distancia *Fernverkehr* m ‖ ~ (ilegal) de divisas *Devisenschiebung* f ‖ ~ de drogas, ~ de estupefacientes *Rauschgifthandel* m ‖ ~ ferroviario *Bahn-, Schienen|verkehr* m ‖ ~ fronterizo *(kleiner) Grenzverkehr* m ‖ ~ ilícito *Schleich-, Schwarz|handel* m, *Schiebung* f ‖ ~ de indulgencias ⟨Hist ⟩ *Ablasshandel* m ‖ ~ interurbano *Überland-, Fern|verkehr* m ‖ ~ local *Ortsverkehr* m ‖ ~ marítimo *Seeverkehr* m ‖ ~ de mercancías *Güterverkehr* m ‖ ~ de negros ⟨Hist⟩ *Neger-, Sklaven|handel* m ‖ ~ de pasajeros *Personenverkehr* m ‖ ~ pesado *Schwerverkehr* m

‖ ~ postal *Postverkehr* m ‖ ~ sobre rieles *Schienenverkehr* m ‖ ~ rodado *Fahrverkehr* m ‖ ~ terrestre *Landverkehr* m ‖ ~ urbano *Stadtverkehr* m ‖ ~ de vaivén *Pendel|verkehr, -betrieb* m ‖ ~ de viajeros *Personenverkehr* m ‖ *Reiseverkehr* m ‖ ◇ colapsar el ~ *den Verkehr zum Erliegen bringen* ‖ dirigir el ~ *den (Straßen)Verkehr regeln (Verkehrspolizist)*
trafulla f ⟨fam⟩ *List* f, *Kniff* m
tragabolas m *Kugelschlucker* m *(Spielzeug)*
tragabasuras m *Müllschlucker* m
traga|canto m, **–canta** f ⟨Bot⟩ *Tragant* m (Astragalus tragacantha) ‖ *Tragantgummi* n
traga|deras fpl *Schlund* m ‖ ◇ tener buenas ~ ⟨figf⟩ *ein tüchtiger Esser sein* ‖ ⟨fig⟩ *leichtgläubig sein, alles schlucken* ‖ ⟨fig⟩ *ein weites Gewissen haben* ‖ **–dero** m *Schlund* m ‖ **–dor** m ⟨fam⟩ *Fresser* m ‖ ~ de leguas ⟨figf⟩ *Kilometerfresser* m
traga|gigantes, –hombres m *Großmaul, Angeber* m
tragahúmos m *Rauchabzug* m
trágala m Span *Spottlied* n *(der Liberalen auf die Absolutisten i.J. 1834)*
tragaldabas m/f ⟨fam⟩ *Vielfraß* m ‖ ⟨fam⟩ *Einfaltspinsel* m
traga|leguas m/f ⟨fam⟩ *Kilometerfresser* m ‖ **–libros** m/f *Bücherwurm* m ‖ **–luz** [pl ~ces] m *Halb-, Giebel-, Dach|fenster* n ‖ *Keller|loch, -fenster* n ‖ *Luke* f ‖ ⟨Mar⟩ *Bullauge* n ‖ **–mallas** m/f *gefräßige Person* f ‖ **–millas** m/f →
tragaleguas
△ **tragandil** m Barc *Zigarre* f
traga|nieves m *Schneeräumer* m ‖ **–níqueles** m Nic → **tragaperras**
tragante m ⟨Met⟩ *Gicht* f
tragan|tón m ⟨fam⟩ *Fresser* m ‖ **–tona** f ⟨fam⟩ *Fresserin* f ‖ *Schmauserei, Fresserei* f
tragaperras m *Spielautomat* m ‖ *Musikautomat* m
tragar [g/gu] vt/i *(ver)schlucken, (ver)schlingen* ‖ *hinunterschlucken* ‖ ⟨figf⟩ *gierig essen, schlingen* ‖ ⟨fig⟩ *verschlingen (Meer, Abgrund)* ‖ ⟨fig⟩ *(herunter)schlucken, einstecken (e–e Beleidigung)* ‖ ⟨fig⟩ *ertragen* ‖ ⟨fig⟩ *leichtsinnig glauben* ‖ ◇ ~ millas od kilómetros ⟨pop⟩ *Kilometer fressen, rasend schnell fahren od laufen* ‖ ~las ⟨pop⟩ *s. anführen lassen, auf den Leim gehen* ‖ no poder ~ a alg. ⟨figf⟩ *jdn nicht ausstehen können* ‖ ~**se:** ~ a/c ⟨figf⟩ *et. schlucken, leicht hinnehmen* ‖ ◇ eso se traga toda mi fortuna ⟨figf⟩ *dafür geht mein ganzes Vermögen drauf* ‖ él se lo ha tragado todo *er hat alles aufgegessen* ‖ ⟨figf⟩ *er hat s. das alles aufbinden lassen* ‖ como si la tierra se lo hubiera tragado ⟨fig⟩ *wie wenn ihn die Erde verschlungen hätte* ‖ *(hinunter)schlucken*
traga|santos m ⟨fam desp⟩ *Frömmler* m ‖ **–venado** m ⟨Zool⟩ *Boa* f, *Abgott-, Königs|schlange* f (Boa constrictor) ‖ **–vientos** m ⟨Mar⟩ *Windfänger* m ‖ **–vino** m *Trichter* m
tragazón f ⟨fam⟩ *Gefräßigkeit* f
tragedia f *Trauerspiel* n, *Tragödie* f (& fig) ‖ *Trauergesang* m ‖ ◇ parar en ~ ⟨fig⟩ *e–n unglücklichen Ausgang nehmen*
trágico adj *tragisch* ‖ ⟨fig⟩ *traurig, erschütternd* ‖ *Trauer-* ‖ ◇ ¡no te pongas (tan) ~! *stell dich nicht so an! (nun) tu bloß nicht so!* ‖ tomarlo por lo ~ *es tragisch nehmen* ‖ ~ m *Tragiker, Tragödiendichter* m ‖ *Tragödie* f, *Tragödienspieler* m
tragi|comedia f *Tragikomödie* f (& fig) ‖ **–cómico** adj *tragikomisch*
tra|go m *Schluck* m ‖ *Drink* m ‖ ⟨fig⟩ *Leidenskelch* m ‖ ⟨fig⟩ *Unannehmlichkeit* f,

Kummer, Ärger m ‖ Ec ⟨pop⟩ *Branntwein* m ‖ ◆ a
~s ⟨fam⟩ *schluckweise* ‖ ⟨fig⟩ *nach und nach* ‖ de
un ~ *mit e–m Schluck, in e–m Zug* ‖ *ohne*
abzusetzen ‖ ⟨fig⟩ *auf einmal* ‖ ◇ beber a largos
~s *in langen Zügen trinken* ‖ echar un ~ *e–n*
Schluck nehmen ‖ pasar la vida a ~s ⟨figf⟩ *die*
Arbeit mit Erholung abwechseln lassen ‖ *das*
Leben in vollen Zügen genießen ‖ **–gón** adj ⟨fam⟩
gefräßig ‖ ~ m ⟨pop⟩ *Fresser* m ‖ **–gonería,**
–gonía f ⟨fam⟩ *Gefräßigkeit* f

trai|ción f *Verrat* m ‖ *Treulosigkeit, Untreue* f ‖
Falschheit, Tücke f ‖ alta ~ *Hochverrat* m ‖ ~ a
la patria *Landesverrat* m ‖ ◆ a ~
verräterisch(erweise), durch Verrat ‖ con ~
verräterisch, treulos ‖ ◇ matar a ~ *meuchlings*
ermorden ‖ **–cionar** vt *verraten* ‖ **–cionero** adj
verräterisch ‖ *treulos, falsch* ‖ *heimtückisch* ‖ ~
m *Verräter* m

trai|da f *Überbringung* f ‖ *(Her)Bringen* n ‖ ~
de aguas *Wasser|zufuhr, -leitung* f ‖ **–do** adj
gebraucht ‖ *getragen* ‖ *abgetragen*
(Kleidungsstück) ‖ bien ~ ⟨figf⟩ *passend, treffend*
‖ ~ de los cabellos ⟨fig⟩ *an den Haaren*
herbeigezogen

traidor adj *verräterisch* ‖ *treulos* ‖ *falsch,*
tückisch (bes. *von Tieren*) ‖ adv: ~**amente** ‖ ~ m
Verräter m ‖ *Treulose(r)* m

traigo → *traer*

△ **traíl** m *Spur, Fährte* f

trailer m *Anhänger* m ‖ *Vorspann* m *(Film)* ‖
→ *avance*

¹**traílla** f ⟨Jgd⟩ *Koppel-, Leit|riemen* m ‖
Peitschenschnur f ‖ ⟨Jgd⟩ *Koppel, Meute* f (& fig)
‖ *Hundekoppel* f

²**traílla** f ⟨Agr⟩ *(Art) Egge* f ‖ *Schrappkübel,*
Schrapper m

traillar vt *eggen*

traína f *Schleppnetz* n (bes. *für den*
Sardinenfang)

△ **trainel** m *Hurenknecht* m

trainera f *Schleppnetzboot* n ‖ *Sardinenkutter*
m

trajano adj *trajanisch, den Kaiser Trajan*
(Trajano) *betreffend*

△ **traja|ta** f *Falle, Schlinge* f ‖ △ **–toy** adj
lästig

tra|je m *(Herren)Anzug* m ‖ *Kleid* n ‖ *Kleidung*
f ‖ *Tracht* f ‖ Cu *Leibchen* n ‖ ~ de abrigo
warmer Anzug m ‖ ~ de amianto *Asbestanzug* m
‖ ~ de arlequín ⟨fam⟩ *grellbuntes Kleid* n ‖ ~ de
baile *Ballkleid* n ‖ ~ de baño *Badeanzug* m ‖ ~
de calle *Straßenanzug* m ‖ ~ de caballero
Herrenanzug m ‖ ~ casero, ~ de casa *Hausanzug*
m ‖ ~ de caza *Jagdkleidung* f, *-anzug* m ‖ ~
ceñido (al cuerpo) *enganliegendes Kleid* n ‖ ~ de
ceremonia *Staatskleid* n ‖ *Festkleidung* f ‖
Amtstracht f ‖ *Gesellschaftsanzug* m ‖ ~s
confeccionados *Konfektion(skleidung)* f ‖ ~
cruzado *Zweireiher* m ‖ ~ chaqueta *Jackenkleid* n
‖ ~ dominguero *od* de domingo *Sonntags|kleid* n
bzw *-anzug* m ‖ ~ de esgrima *Fechtanzug* m ‖ ~
espacial *Raum(fahrer)anzug* m ‖ ~ de etiqueta
Gesellschaftsanzug m ‖ ~de faralaes
Flamencokleid n ‖ ~ de fatiga Am *Felduniform* f
‖ ~ una fila *Einreiher* m ‖ ~ de frac *Frack* m ‖
~ de gala *Galaanzug* m ‖ ~ hecho
Konfektionsanzug m ‖ ~ de hilo *Leinenanzug* m ‖
~ de invierno *Winteranzug* m ‖ ~ de luces ⟨Taur⟩
Stierkämpfertracht f ‖ ~ de madera (joc pop)
Sarg m ‖ ~ de (Am & sobre) medida *Maßanzug*
m ‖ ~ de minero *Bergmannstracht* f ‖ ~ de
montar *Reitdress* m ‖ ~ nacional *Landes-,*
Volks|tracht f ‖ ~ de noche *Abendkleid* n ‖ ~
pantalón *Hosenanzug* m ‖ ~ de penado
Sträflingsanzug m ‖ ~ de playa *Strandanzug* m ‖

~ princesa *Prinzesskleid* n ‖ ~ de punto
Strickkleid n ‖ ~ regional *Trachten|kostüm, -kleid*
n ‖ *Volkstracht* f ‖ ~ de salir *Ausgeh-,*
Straßen|anzug m ‖ ~ sastre *(Damen)Kostüm* n ‖
~ de señora *Damen|kleid, -kostüm* n ‖ ~ de serio
schwarzer Anzug m ‖ ~ de servicio
Dienstkleidung f ‖ ~ de sociedad
Gesellschaftsanzug m ‖ ~ de medio tiempo
Übergangsanzug m ‖ ~ típico *(Volks)Tracht* f ‖ ~
de trabajo *Arbeitsanzug* m ‖ ~ de verano
Sommeranzug m ‖ ◇ cambiar de ~ *s. umziehen* ‖
cortar un ~ ⟨fig⟩ *klatschen* ‖ hacerse un ~ *s. e–n*
Anzug machen (lassen) ‖ llevando ~ de gala
festlich gekleidet ‖ **–jeado** adj: bien (mal) ~ *gut*
(schlecht) gekleidet ‖ **–jear** vt *(ein)kleiden*

△ **trajelar** vt = *tragar*

tra|jín m *(Güter)Beförderung* f ‖ ⟨fig⟩ *lebhafter*
(Strecken)Verkehr m ‖ ⟨fig⟩ *Hin- und Her|laufen*
n, *Lauferei* f, *Betrieb* m ‖ ⟨fig⟩ *Gewühl* n,
Wirrwarr m ‖ **–jinante, –jinero** m *Fuhr|mann,*
-werker m ‖ **–jinar** vt *(Güter) befördern* ‖ *(auf*
Lasttieren) fortbringen ‖ ~ a alg. ⟨fam⟩ *auf jdn*
einwirken, jdn bearbeiten ‖ ~ vi *(handelnd)*
umherziehen ‖ ⟨figf⟩ *hin und her laufen, sehr*
geschäftig sein ‖ ⟨fig⟩ *mit viel Aufwand arbeiten* ‖
herumwirtschaften ‖ **–jinería** f *Fuhrwesen* n

tra|lla f *(Peitschen)Strick* m, *Seil* n ‖
Peitsche(nschnur) f ‖ **–llazo** m *Peitschen|hieb,*
-knall m ‖ ⟨fig⟩ *Rüffel, Wischer* m ‖ **–lleta** f dim
von *tralla*

¹**trama** f ⟨Text⟩ *(Durch)Schuss* m ‖ p.ex
Tramseide f ‖ ⟨fig⟩ *Komplott* n ‖ *abgekartetes*
Spiel n ‖ ⟨fig⟩ *Knoten* m *(Drama)* ‖ *Plan* m,
Anlage f (z.B. *e–s Romans*) ‖ ⟨Film Typ⟩ *Raster*
m ‖ ~ de bordado *Stickfaden* m ‖ ~ de colores
⟨Typ⟩ *Farbraster* m ‖ ⟨TV⟩ *Raster* n

²**trama** f ⟨Agr⟩ *Baumblüte* f (bes. *der*
Olivenbäume)

tramador m ⟨fig⟩ *Anstifter* m

¹**tramar** vt/i *ein|schlagen, -schießen* ‖ ⟨fig⟩
an|stellen, -zetteln, -stiften ‖ ⟨Text⟩ *einfädeln* ‖ ~
traición *Verrat schmieden* ‖ no se qué está
tramando *ich weiß nicht, was er (sie, es) im*
Schilde führt

²**tramar** vi ⟨Agr⟩ *blühen* (bes. *Olivenbäume*)

△ **trambarén** adv *so groß*

tramilla f → ¹*bramante*

trami|tación f *Verhandlung, amtliche*
Erledigung f, *Formalitäten* fpl ‖ *Dienst-,*
Amts|weg m, *Fortgang* m (z.B. *e–s Gesuches*) ‖
⟨Jur⟩ *Instanzen|gang, -weg, -zug* m ‖ **–tar** vt/i
⟨Verw⟩ *weiter|leiten, -geben* ‖ *(amtlich) erledigen,*
bearbeiten ‖ ⟨fig⟩ *in die Wege leiten*

trámite m *Übergang, Weg* m ‖ *Verfahrensweg*
m ‖ *Geschäftsgang* m ‖ *Erledigung, Bearbeitung* f
‖ *Formalitäten* fpl ‖ *(Fort)Gang* m *e–r*
Rechtssache f ‖ ⟨Jur⟩ *Instanzen|gang, -weg, -zug* m
‖ ~s de exportación *Ausfuhrformalitäten* fpl ‖ los
~s de rigor *die vorgeschriebenen od*
vorschriftsmäßigen Verfahren npl ‖ ◇ activar el
~ *den amtlichen Dienstgang beschleunigen*

tramo m *Stück* n *Land* ‖ *Abschnitt* m
(Weg)Strecke f ‖ *Treppen|lauf, -arm* m ‖ ⟨Arch⟩
Stütz-, Spann|weite f ‖ ~ de cable *Kabelstrang* m
‖ ~ de carretera *Straßenabschnitt* m ‖ ~ de
ensayo *Versuchsstrecke* f ‖ ~ de vía
Schienenstrang m

tramojo m *Stroh-, Garben|band* n ‖ ⟨fam⟩ *Not,*
Plage f

tramon|tana f ⟨Meteor⟩ *Tramontana,*
Tramontane f *(Nordwind im Mittelmeer)* ‖ *Norden*
m ‖ ⟨fig⟩ *Eitelkeit* f ‖ ◇ perder la ~ ⟨figf⟩ *den*
Kopf verlieren ‖ **–tano** adj *jenseits des Gebirges* ‖
–tar vt *(das Gebirge) überschreiten* ‖ *(e–m*
Gefangenen) zur Flucht verhelfen ‖ ~ vi

untergehen (Sonne hinter den Bergen) ‖ ~**se** ⟨fig⟩
entfliehen ‖ **-te** *m Untergang* m *(der Sonne hinter den Bergen)*

tramo\|ya *f* ⟨Th⟩ *Bühnen\|maschinerie* f, *-gerät*
n ‖ ⟨fig⟩ *tückischer Anschlag* m ‖ ◇ *armar una ~
intrigieren* ‖ **–yista** *m/f Bühnenarbeiter(in* f) m

tramp *m Trampschiff* n

tram\|pa *f Falle* f (& fig) ‖ *Wildgrube,
(Fuchs)Falle* f ‖ *Wolfsgrube* f ‖ ⟨Jgd⟩ *Bärenfang*
m ‖ *Fallstrick* m ‖ *Falltür* f ‖ *Bodenklappe* f ‖
⟨Com⟩ *Ladentischklappe* f ‖ *Streif* m *am
Hosenlatz* ‖ *Kohlengitter* n ‖ ⟨fig⟩ *Betrug,
Schwindel, Kunstgriff, Kniff* m *(bes. im Spiel)* ‖ ~
de iones ⟨TV⟩ *Ionenfalle* f ‖ ~ *legal erlaubte
Täuschung* f ‖ *Rechtskniff* m ‖ ♦ *sin ~* ⟨fig⟩
redlich ‖ ◇ *armar ~ e–e Falle stellen* (& fig) ‖
caer (od dar, dejarse coger) en la ~ ⟨figf⟩ *in die
Falle, auf den Leim gehen* ‖ *coger en la ~* ⟨figf⟩
auf frischer Tat ertappen ‖ *poner ~ → armar ~* ‖
hecha la ley, hecha la ~ ⟨Spr⟩ *jedes Gesetz hat
e–e Hintertür* ‖ ~**s** *fpl (betrügerische) Schulden*
fpl ‖ ◇ *hacer ~* ⟨fig⟩ *mogeln, schwindeln* ‖ *poner
~* ⟨fig⟩ *Fallstricke legen* ‖ ⟨Mal⟩
Trompe-l'œil m ‖ **–pear** vt ⟨fam⟩ *überlisten,
anführen* ‖ ⟨fam⟩ *(jdm et.) abschwindeln* ‖ ~ vi
⟨fam⟩ *betrügerisch Schulden machen* ‖ *schwindeln*
‖ ⟨fam⟩ *das Leben fristen* ‖ ◇ *va –peando (im)
er (sie, es) schleppt s. so hin (von e–m Kranken)*
‖ **–pero** *m Trapper, Pelztierjäger* m ‖ **–pilla** *f dim
von* **trampa** ‖ *Guckloch* n ‖ *Bodenklappe* f ‖
Hosenlatz m ‖ *Ofentür* f ‖ ~**s** *fpl abklappbare
Seitenwände* fpl *(am Lastkraftwagen)* ‖ **–pista**
adj/s *(m/f)* → **–poso**

trampolín *m* ⟨Sp⟩ *Sprungbrett* n *(Turnen,
Schwimmen)* (& fig) ‖ *Trampolin* n ‖
Sprungschanze f ‖ ~ *de los tres metros
Dreimeterbrett* n *(im Schwimmbad)*

tramposo adj *betrügerisch* ‖ ~ *m Betrüger,
Schwindler* m ‖ *Falschspieler* m

△ **tran** adv = **tan**

tran\|ca *f dicke Stange* f, *Knüppel* m ‖
Torriegel, Sperrbaum m ‖ *(eiserne) Querstange* f
‖ ⟨figf⟩ *Rausch, Schwips* m ‖ ♦ *a* ~**s** *y barrancas
mit Ach und Krach* ‖ **–cada** *f langer Schritt* m ‖
♦ *en dos* ~**s** ⟨figf⟩ *im Handumdrehen, im Nu* ‖
–canil *m* ⟨Mar⟩ *Stringer* m ‖ **–car** f [c/qu] vt *ver-,
zu\|riegeln (mit e–r Querstange)* ‖ ~ vi ⟨fam⟩
lange Schritte machen ‖ **–cazo** *m Stoß* m *mit e–r
(Quer)Stange, mit e–m Knüppel* ‖ ⟨pop⟩ *Grippe,
Influenza* f

trance *m entscheidender, kritischer Augenblick*
m ‖ *Trance* f *(Hypnose)* ‖ ⟨fig⟩ *Todesstunde* f ‖
⟨Jur⟩ *Zwangsver\|steigerung* f, *-kauf* m ‖ ~
apretado heikler, kitzliger Fall m ‖ ~ *de armas
Gefecht* n, *Kampf* m ‖ ~ *mortal Todes\|stunde* f,
-kampf m ‖ ♦ *a todo ~ auf jeden Fall, um jeden
Preis, unbedingt* ‖ *komme, was wolle* ‖ ◇ *hallarse
en un ~ difícil* ⟨fig⟩ *in e–r Klemme sein od
stecken*

tranco *m großer Schritt* m ‖ ♦ *a* ~**s** ⟨figf⟩ *in
der Eile, flüchtig* ‖ *en dos* ~**s** ⟨figf⟩ *im
Handumdrehen, im Nu* ‖ ◇ *andar a* ~**s** *tüchtig
ausschreiten* ‖ *subir la escalera a* ~**s** *die Treppe
hinaufstürmen*

¹**tranco** *m* ⟨Agr⟩ *Strich, Sensenhieb* m

²**tranco** *m (Tür)Schwelle* f

tranchete *m* → **chaira**

△ **tranflima** conj *auch nicht*

tranquear vi ⟨fam⟩ *große Schritte machen*

tranquera *f (Latten)Zaun* m ‖ *Bretterwand* f

△ **tranquia** *f (Wein)Traube* f

tranquil *m* ⟨Arch⟩ *Senkrechte* f, *Lot* n ‖ *arco
por ~* ⟨Arch⟩ *Ruhebogen* m

tranquilamente adv *in od mit aller Ruhe* ‖
friedlich

tranquilar vt ⟨Com⟩ *(Posten) abstreichen
(Buchhaltung)*

tranqui\|lidad *f Ruhe, Stille* f, *Friede* m ‖
Gelassenheit f ‖ *Beruhigung* f ‖ ◇ *recobrar la ~
s. (wieder) beruhigen* ‖ **–lizador** adj/s *beruhigend*
‖ **–lizante** *m* ⟨Pharm⟩ *Beruhigungsmittel* n,
Tranquilizer m ‖ **–lizar** [z/c] vt *beruhigen* ‖
beschwichtigen ‖ ~**se** *s. beruhigen* ‖ ¡**–lícese** Vd!
beruhigen Sie s.!

tranqui\|lla *f dim von* **tranca** ‖ *Stellstift* m ‖
Riegel m ‖ ⟨fig⟩ *Fallstrick* m ‖ ⟨fig⟩ *Hintergehung*
f ‖ **–llo** *m* ⟨reg⟩ *Türschwelle* f ‖ ⟨fig⟩ *Kniff, Dreh*
m ‖ ◇ *coger el ~* ⟨figf⟩ *dahinterkommen, den
Dreh heraushaben*

tranquilo adj/s *ruhig, still* ‖ *sanft* ‖ *friedlich* ‖
gelassen ‖ ⟨fam⟩ *zufrieden, sorglos* ‖ ⟨fam⟩
rücksichtslos, dreist! ‖ ◇ *¡déjame ~! lass mich in
Ruhe!* ‖ *puedes quedarte ~ du brauchst dir k–e
Sorgen zu machen* ‖ *¡tranquilos!* [als
Aufforderung] *nur langsam! keine Aufregung!
immer mit der Ruhe! nicht so hastig!*

tranquiza *f* Mex ⟨fam⟩ *Tracht* f *Prügel*

trans- *präf hindurch, hinüber, jenseits,
jenseitig* ‖ *über … hinaus* ‖ *Trans-* ‖ → *auch* **tras**

trans. ⟨Abk⟩ = **tránsito**

transacción *f Vergleich* m, *Übereinkommen* n ‖
Vertrag m, *Übereinkunft* f ‖ *Geschäftsabschluss*
m, *Geschäft* n, *Transaktion* f ‖ ~ *bancaria
Bankgeschäft* n ‖ ~ *comercial Handelsgeschäft* n

transacciones *pl Geschäfte* npl ‖ *Umsatz* m ‖
~ *financieras od monetarias Geldgeschäfte* npl ‖
~ *con prima Prämiengeschäfte* npl *(Börse)*

trans\|alpino adj *transalpinisch, jenseits der
Alpen (gelegen)* ‖ **–andino** adj Am
transandinisch, jenseits der Anden (gelegen) ‖
(ferrocarril) ~ m (Trans)Andenbahn f *(Buenos
Aires–Valparaíso)* ‖ **– atlántico** adj *überseeisch,
transatlantisch (vapor) ~ Ozeandampfer* m ‖
Liner m ‖ *Fahrgastschiff* n *für den Atlantikdienst*

transbor\|dador *m Fährschiff* n, *Fähre* f ‖
Umladebrücke f ‖ *Schiebebühne* f ‖ *Verladekran*
m ‖ ~ *funicular Seil-, Schwebe\|bahn* f ‖ **–dar** vt
umladen ‖ *umschlagen (Güter)* ‖ *über\|fahren,
-setzen (über ein Gewässer)* ‖ ~ vi ⟨EB⟩
umsteigen ‖ **–do** *m Umladung* f ‖
(Güter)Umschlag m ‖ *Umsteigen* n ‖ ♦ *sin ~
ohne Umladen* ‖ ◇ *aquí hay ~ hier muss man
umsteigen* ‖ *¡~! Umsteigen!*

Trans\|caucasia *f* ⟨Geogr⟩ *Transkaukasien* n ‖
–caucásico adj *transkaukasisch* ‖ *jenseits des
Kaukasus (gelegen)*

trans\|conexión *f* ⟨Tel⟩ *Durchschaltung* f ‖
–continental adj *(m/f) transkontinental*

tran\|scribir vt *ab-, um-, über\|schreiben* ‖
schreiben ‖ *zitieren, entnehmen (ein Zitat)* ⟨Lit⟩
transkribieren ‖ ⟨Mus⟩ *bearbeiten, arrangieren* ‖
~ *para orquesta* ⟨Mus⟩ *für Orchester bearbeiten* ‖
–scripción *f Abschrift* f ‖ *Umschrift* f ‖ ⟨Lit⟩
Transkription f ‖ ⟨Mus⟩ *Bearbeitung* f ‖ ~ *para
piano Klavierbearbeitung* f *(e–s Musikstückes)* ‖
–scri(p)to pp/irr von **transcribir**

transculturación *f Transkulturation,
Kulturübernahme* f

trans\|currir vi *ver\|streichen, -gehen (Zeit)* ‖ ◇
–currido *este tiempo nach Ablauf dieser Zeit* ‖
*han –currido ya muchos años (desde entonces) es
ist (seitdem schon) viele Jahre her* ‖ **–curso** *m
Verlauf* m *(der Zeit)* ‖ ♦ *con el ~ del tiempo im
Laufe der Zeit*

trans\|cutáneo adj ⟨Med⟩ *trans-, per\|kutan* ‖
–danubiano adj *jenseits der Donau (gelegen)*

transductor *m* ⟨El⟩ *Transduktor* m

transepto *m* ⟨Arch⟩ *Transept* m (& n)

transeúnte adj *(m/f) vorübergehend* ‖ ⟨Philos⟩
transeunt ‖ ~ *m/f Vorübergehende(r* m) f,

Fußgänger(in f) m, *Passant(in* f) m ‖
Durchreisende(r m) f ‖ (socio) ~ *Gastmitglied* n
(e–s Vereins)
tran|sexual adj *(m/f) transsexuell* ‖ ~ *m/f*
Transsexuelle(r m) f ‖ **–sexualidad** *f*,
–sexualismo *m Transsexualismus* m
 transfe|rencia *f Über|tragung, -eignung,*
Abtretung f ‖ (Com) *Überweisung* f ‖ *Transfer* m
‖ *Begebungsvermerk* m *(im Wechsel)* ‖ ~ de
acciones Übertragung f *von Aktien* ‖ ~ *bancaria*
Banküberweisung f ‖ ~ *cablegráfica* (Com)
Kabel|überweisung, -auszahlung f ‖ ◇ *hacer una*
~ (Com) *übertragen (in den Büchern)* ‖
–ribilidad *f Übertragbarkeit* f ‖
Übertragungsfähigkeit f ‖ *Transferierbarkeit* f ‖
–rible adj *(m/f) übertragbar* ‖ *überweisbar* ‖
transferierbar ‖ (Com) *begebbar* ‖ ~ *por endoso*
(Com) *indossierbar, durch Indossament*
übertragbar (Wechsel) ‖ **–ridor** *m* (Com) *Girant,*
Indossant, Begebende(r) m ‖ **–rir** [ie/i] vt *(Jur)*
über|tragen, -eignen ‖ *überschreiben* ‖ (Com)
überweisen ‖ *transferieren* ‖ *ver|legen, -schieben*
(e–n Termin) ‖ *über|setzen, -tragen* ‖ (Tel)
umlegen, umschalten (Anruf) ‖ ◇ ~ en ...
*übertragen auf ... (*acc) ‖ *abtreten (*dat) ‖ ~
mediante endoso (Com) *durch Giro übertragen* ‖
~ *los negocios das Geschäft übertragen* ‖ ~ *la*
propiedad, un derecho das Eigentum, ein Recht
übertragen
 trans|figuración *f Verwandlung, Umgestaltung*
f ‖ *Verklärung (Christi), Transfiguration* f ‖
Muerte y ~ (Mus) *Tod und Verklärung (Richard*
Strauss) ‖ **–figurar** vt *verwandeln, umgestalten* ‖
verklären ‖ ~*se s. verwandeln* ‖ *verklärt werden*
 trans|fijo adj *durch|stochen, -bohrt* ‖ **–fixión** *f*
Durch|stechung, -stoßung, -bohrung f ‖ (fig)
durchbohrende Schmerzen mpl
 trans|flor *m* (Mal) *Metallmalerei* f ‖ **–florar** vt
(Mal) *durchzeichnen* ‖ ~ vi *durch|scheinen,*
-schimmern ‖ **–florear** vt *auf Metall malen*
 transfluencia *f* (Geol) *Transfluenz* f *(von*
Gletschern)
 transfluxor *m* (El) *Transfluxor* m
 transfor|mación *f Transformation, Umbildung,*
Umgestaltung f ‖ *Umformung* f ‖ *Umwandlung* f ‖
Verwandlung f ‖ *Wandel* m ‖ *Ab-, Ver|änderung* f
‖ *Verarbeitung* f *(e–s Produktes)* ‖ (El)
Um|formung, -spannung f ‖ (Chem) *Umsetzung* f
‖ ~ *regresiva Rückbildung* f ‖ ~ *en sociedad*
(Com) *Umwandlung* f *in e–e Gesellschaft* ‖
–macional adj *(m/f):* gramática generativa ~
generative Transformationsgrammatik f ‖ **–mador**
adj: industria ~a *Verarbeitungsindustrie* f ‖ ~ *m*
(El) *Transformator, Trafo, Spannungsumwandler*
m ‖ ~ *de alimentación Netz(anschluss)-,*
Speise|transformator m ‖ **–mar** vt *um|formen,*
-bilden, -gestalten ‖ *verwandeln (*en in acc) ‖
verarbeiten (Produkt) ‖ (El) *um|formen, -spannen*
‖ (Chem) *umsetzen* ‖ (fig) *(sittlich) umbilden* ‖
~*se s. verändern, s. verwandeln (*en in acc) ‖
–mativo adj *umgestaltend* ‖ **–mismo** *m* (Biol)
Transformismus m *(Abstammungslehre von*
Lamarck bzw Darwin) ‖ **–mista** *m/f Anhänger(in*
f) m *des Transformismus* ‖
Verwandlungskünstler(in f) m
 tránsfu|ga, –go *m* (Mil) *Fahnenflüchtige(r),*
Überläufer, Deserteur m ‖ (fig) *Abtrünnige(r)* m
 trans|fundir vt *um-, über|gießen, umfüllen* ‖ ◇
~ *sangre* (Med) *Blut übertragen* ‖ ~**se**
überströmen ‖ **–fusión** *f Umfüllen* n ‖
Hinüberleitung f ‖ ~ *de sangre,* ~ *sanguínea*
(Med) *Blut|transfusion,*
-übertragung f ‖ ~ *de sangre ajena*
Fremdblutübertragung f ‖ **–fusor** adj: aparato ~
Umfüll-, Transfusions|gerät n

 transgénico adj *transgen*
 trans|gredir vt/i *(Gesetze) übertreten* ‖
–gresión *f Über|tretung* f, *-schreiten,*
Zuwiderhandeln n ‖ (Geol) *Transgression* f
(Vorrücken des Meeres) ‖ ~ *de la ley Übertretung*
f *des Gesetzes* ‖ **–gresivo** adj *transgressiv,*
Übertretungs- ‖ **–gresor** *m Übertreter* m
 transhumancia *f* → **trashumancia**
 transiberiano adj: ferrocarril ~
Transsibirische Eisenbahn f, *Transsib* f
 transición *f Übergang* m *(zu)* (& Pol) (Pol)
etwa: *Wende* f ‖ *politische Übergangszeit* f ‖
(Mus) *Modulation* f ‖ (Flugw) *Transition* f ‖ ◆ ...
de ~ *Übergangs-* ‖ en estado de ~ *im*
Übergangsstadium ‖ sin ~ *übergangslos* ‖ ◇
sufrir una ~ *brusca umschlagen*
 transido adj *erstarrt, starr* ‖ p.ex *erschöpft* ‖
(fig) *knaus(e)rig* ‖ ~ *de frío vor Kälte erstarrt* ‖
erfroren
 transi|gencia *f Nachgiebigkeit* f ‖ *Duldsamkeit*
f ‖ *Versöhnlichkeit* f ‖ **–gente** adj *(m/f)*
versöhnlich ‖ *nachgiebig* ‖ **–gir** [g/j] vt
vergleichen, beilegen ‖ ~ *n Vergleich*
schließen ‖ *s. aus-, ver|gleichen (*con mit*)* ‖ *s.*
fügen, s. abfinden, nachgeben ‖ dispuesto a ~
kompromissbereit ‖ ◇ ~ *con vergonzosas*
*claudicaciones (*bes. Pol*) auf beschämende*
Bedingungen eingehen
 transilva|no *m Siebenbürger, Bewohner* m *von*
Siebenbürgen ‖ **=nia** *f* (Geogr) *Siebenbürgen* n
 transistor *m* (Radio) *Transistor* m ‖ p.ex
Transistor(gerät n) m ‖ **–izar** [z/c] vt
transistor(is)ieren
 transi|tabilidad *f Befahrbarkeit* f ‖
Passierbarkeit f ‖ **–table** adj *(m/f) gangbar,*
begehbar, be-, durch|fahrbar, passierbar (Weg) ‖
–tar vi *verkehren* ‖ *durch|gehen, -ziehen, -reisen,*
-fahren ‖ ◇ ~ *por las calles auf den Straßen*
verkehren, durch die Straßen gehen ‖ **–tario** *m*
(Com) *Durchfuhrspediteur* m ‖ *Transiteur* m ‖
Transithändler m ‖ **–tivo** adj *Übergangs-* ‖ (Gr)
transitiv (Verb)
 tránsito *m Über|gang* m, *-fahrt* f ‖ *Durch|zug,*
-marsch m ‖ *(Waren)Verkehr* m, *Durchfuhr* f,
Transit m ‖ *Überlandverkehr* m ‖
Straßen|durchgang, -verkehr m ‖ *Hin|gang* m,
-scheiden n, *Tod* m ‖ ~ *pesado* (StV)
Schwerverkehr m ‖ ◆ de ~ *auf der Durchfahrt,*
auf der Durchreise ‖ *vorübergehend (Aufenthalt)* ‖
hacer ~s *Rast machen (auf e–r Reise)*
 Tránsito *f* np span. *Frauenname* ‖ el ~ de la
Virgen (Kath) *Mariä Himmelfahrt* f
 transitoriedad *f vorübergehende Geltung* f ‖
Vergänglichkeit f
 transitorio adj *vorübergehend, nicht beständig*
‖ *einstweilig* ‖ *Übergangs-, Überbrückungs-* ‖
vergänglich ‖ adv: **–amente**
 trans|jurano adj *jenseits des Juragebirges*
(gelegen) ‖ **–lación** *f* → **traslación** ‖ ~
correccional Strafversetzung f ‖ **–limitación** *f*
(fig) *Übertretung* f *(der Grenzen)* ‖
Zuwiderhandlung f
 translite|ración *f* (Lit) *Transliteration* f ‖ **–rar**
vt *transliterieren*
 trans|lucidez *[pl* ~*ces] f Durchscheinen* n ‖
Lichtdurchlässigkeit f ‖ *Durchschimmern* n ‖
–lúcido adj *trans|luzent, -luzid, durchscheinend,*
lichtdurchlässig ‖ **–marino** adj *überseeisch*
 trans|migración *f Übersied(e)lung* f ‖
Auswanderung f ‖ ~ *de las almas,* ~ *pitagórica*
Seelenwanderung f ‖ ~ *de las gentes*
Völkerwanderung f ‖ **–migrar** vi *(aus)wandern*
 transmi|sible adj *(m/f) übertragbar* ‖ *erblich* ‖
(Med) *ansteckend* ‖ **–sión** *f* (Jur) *Übertragung* f ‖
Überlassung f ‖ (Tech) *Kraftübertragung,*

Transmission f ‖ *Übersetzung* f ‖ *Getriebe,*
Vorgelege n ‖ ⟨Biol Phys⟩ *Übertragung,*
Fortleitung f ‖ ⟨El⟩ *Sendung, Übertragung* f ‖ ~
por cable *Seilübertragung* f ‖ ~ por cadena
Ketten|übertragung f, *-antrieb* m ‖ ~ de
conceptos *Gedankenüber|mittlung, -tragung* f ‖ ~
en directa ⟨Radio TV⟩ *Direktübertragung, Live-*
Sendung f ‖ ~ eléctrica *elektrischer Antrieb* m ‖
~ por engranajes *Zahnradübertragung* f ‖ ~ de
estímulos ⟨Biol⟩ *Reizleitung* f ‖ ~ flexible
Gelenkantrieb m ‖ ~ flexible (de Bowden), ~
tubular *Bowdenkabel* n ‖ ~ de fuerza
Kraftübertragung f ‖ ~ de ideas → ~ de
conceptos ‖ ~ inalámbrica *Funkübertragung,*
drahtlose Übertragung f ‖ ~ de movimiento
Bewegungsübertragung f ‖ ~ por radio
Rundfunkübertragung f ‖ ~ reversible
Umkehrvorgelege n ‖ ~ térmica
Wärmeübertragung f ‖ **–siones** *fpl* ⟨Mil⟩
Nachrichtentruppe f ‖ **–sor** adj: faro ~
Seefunkstation f ‖ mecanismo ~ *Getriebe* n,
Transmission f ‖ ~ m *Übermittelnde(r)* m ‖
Zustellende(r) m ‖ *Absender* m ‖ *Übertrager,*
Geber m ‖ *Messwandler* m ‖ ⟨Radio⟩ *Sende|r* m,
-gerät n ‖ *Übertragungsgerät* n ‖
Fernsprechmuschel f ‖ **–tir** vt *über|tragen, -geben*
‖ *übermitteln, weitergeben* ‖ *übersenden* ‖ ⟨Jur⟩
übertragen, abtreten ‖ *überlassen* ‖ *fortpflanzen,*
überliefern (Meinungen) ‖ ◇ ~ un concierto *ein*
Konzert übertragen ‖ ~ un pedido *e–e Bestellung*
einsenden ‖ ~ por teléfono *telefonisch*
übermitteln
   transmu|dar vt *ver-, um|wandeln* ‖ →
trasladar ‖ **–table** adj *(m/f) umwandelbar* ‖
–tación f *Ver|wandlung, -änderung* f ‖ ⟨Biol⟩
Transmutation f ‖ ⟨Atom⟩ *(Kern)Umwandlung* f ‖
–tar vt *ver-, um|wandeln, umändern* ‖ **–tativo,**
–tatorio adj *ver-, um|wandelnd*
   trans|oceánico adj *überseeisch* ‖ *jenseits des*
Ozeans (gelegen) ‖ **–pacífico** adj: buque ~
Ozeandampfer m *im Stillen Ozean* ‖ **–padano** adj
→ *Transpadanisch* ‖ **–paleta** f *Palette* f *(Lademittel)*
   transparen|cia f *Durchsichtigkeit* f ‖
Lichtdurchlässigkeit f ‖ *Transparenz* f ‖ **–tarse** vr
durchscheinen (& fig) ‖ **–te** adj *(m/f)*
durch|sichtig, -scheinend (& fig) ‖ *durchlässig* ‖
transparent ‖ ⟨fig⟩ *arglos, schlicht* ‖ ~ m
Transparent n ‖ *Leucht|gemälde, -bild* n ‖
Spruchband n
   transpasar → **traspasar**
   transpi|ración f *Transpiration* f ‖
(Haut)Ausdünstung f ‖ *(Aus)Schwitzen* n ‖
Schweiß m ‖ **–rar** vi/t *ausdünsten* ‖ *(aus-*
)schwitzen ‖ *durchsickern* (& fig)
   transpirenaico adj/s *jenseits der Pyrenäen*
(gelegen) ‖ *über die Pyrenäen führend (Bahn)* ‖
auf die Länder jenseits der Pyrenäen bezüglich
(Handel)
   transponer [irr → **poner**] vt/i *verlegen* ‖
ver|setzen, -pflanzen ‖ *übersteigen, durchqueren*
(ein Gebirge, e–n Wald) ‖ *zurücklegen (Strecke,*
Weg) ‖ *hinübergehen (über e–e Straße)* ‖ ◇ ~
una esquina *hinter e–r Ecke verschwinden* ‖ ~ el
umbral *die Schwelle überschreiten (bes. fig)* ‖
~**se** *verschwinden, untergehen (Sonne, Gestirne)*
‖ *(hinter e–r Ecke) verschwinden* ‖ ⟨fig⟩
einschlummern
   transpor|table adj *(m/f) transportfähig* ‖
tragbar (z.B. Schreibmaschine) ‖ *transportabel* ‖
–tación f *Über|tragung, -bringung* f ‖
Beförderung f
   transportado adj *entzückt, außer s.* ‖
hingerissen ‖ ~ de alegría ⟨fig⟩ *in e–m*
Freudentaumel
   transpor|tador adj *(be)fördernd, Förder-* ‖ ~

m ⟨Tech⟩ *Förderer* m, *Fördergerät* n ‖ ⟨Math⟩
Transporteur, Winkelmesser m ‖ *Transporteur,*
Zubringer m *(z.B. an Nähmaschinen)* ‖ *Schwebe-,*
Seil|bahn f ‖ ~ de cinta ⟨Tech⟩ *Bandförderer* m,
Förderband n ‖ ~ sin fin *Förderschnecke* f ‖ ~
de rodillos *Rollen|förderer* m, *-bahn* f, *Rollgang*
m ‖ **–tar** vt *fort|schaffen, -bringen* ‖ *befördern,*
transportieren ‖ *versenden (Waren)* ‖ *hinreißen,*
begeistern (Leidenschaft) ‖ ⟨Com⟩ *vortragen*
(Saldo) ‖ ⟨Mus⟩ *transportieren* ‖ ◇ ~ a cuenta
nueva ⟨Com⟩ *auf neue Rechnung vortragen* ‖ ~
por buque *ver|schiffen, -laden*
   transportarse vr ⟨fig⟩ *außer s. geraten* ‖ *in*
Entzücken geraten ‖ ◇ ~ de alegría *vor Freude*
außer s. sein
   transpor|te m *Fort|bringung, -schaffung* f ‖
Überführung f ‖ *Abfuhr* f *(Waren)* ‖ *Beförderung*
f, *Transport* m ‖ ⟨Bgb Tech⟩ *Förderung* f ‖ ⟨Mar⟩
(Truppen)Transporter m ‖ ⟨Com⟩ *Übertrag* m,
Umbuchung f ‖ ⟨Mus⟩ *Transponieren* n ‖ ⟨fig⟩
Verzückung, Begeisterung f ‖ ⟨fig⟩
leidenschaftliche Regung f ‖ ~ aéreo *Beförderung*
f *auf dem Luftweg* ‖ ~ por agua *Beförderung* f
auf dem Wasserweg ‖ ~ de alegría *Freudentaumel*
m ‖ ~ de cartas *Beförderung* f *von Briefen* ‖ ~ a
distancia ⟨EB StV⟩ *Fernverkehr* m ‖ ~ a corta
distancia ⟨EB StV⟩ *Nahverkehr* m ‖ ~ ferroviario
Bahnbeförderung f ‖ ~ fluvial *Beförderung* f *auf*
dem Flussweg ‖ ~ marítimo *od* por mar
Beförderung f *auf dem Seeweg* ‖ ~ de mercancías
Güter|beförderung, -transport m ‖ ~ del papel
Papiervorschub m ‖ ~ de pasajeros *Fahr- bzw*
Flug|gastbeförderung f ‖ ~ suburbano
Nahverkehr m ‖ ~ por tierra *od* terrestre
Beförderung f *auf dem Landweg* ‖ ~ de viajeros
Personenbeförderung f ‖ *Beförderung* f *von*
Reisenden ‖ ◇ indicar las condiciones de ~ *die*
Transportbedingungen angeben ‖ ~**s** *mpl Verkehr*
m, *Verkehrswesen* n ‖ *Verkehrsgewerbe* n ‖ ~
colectivos *öffentliche Verkehrsmittel* npl ‖ ~ y
comunicaciones *Verkehrs- und Nachrichten|wesen*
n ‖ ~ públicos *öffentlicher Verkehr* m ‖ **–tista** m/f
Transportunternehmer(in f), *Spediteur(in* f) m ‖
Verkehrsträger(in f) m
   transposi|ción f *Übertragung, Versetzung* f ‖
(Wort)Versetzung, Umstellung f ‖ ⟨Mus⟩
Trans|ponieren n, *-position* f ‖ ⟨Chem⟩
Umlagerung f ‖ **–tivo** adj *umstellungsfähig,*
Umstellungs- ‖ **–tor** adj ⟨Mus⟩ *transponierend*
(z.B. Klarinette, Horn)
   trans|puesto pp/irr von **–poner** ‖ **–renano** adj
links- bzw rechtsrheinisch, jenseits des Rheins
(gelegen) ‖ **–tiberino** adj *jenseits des Tiber*
(gelegen) ‖ **–tigritano** adj *jenseits des Tigris*
(gelegen)
   transt.º ⟨Abk⟩ = **transitorio**
   transtornar vt → **trastornar**
   transu(b)stan|ciación f ⟨Rel⟩
Transsubstantiation f ‖ **–cial** adj *(m/f)*
verwandelnd (im mystischen Sinne)
   transuranio m ⟨Chem⟩ *Transuran* n
   trans|vasar vt *um-, ab|füllen* ‖ *umgießen* ‖
–verberar vt *durchbohren*
   transver|sal adj *(m/f) schräg, quer* ‖ *seitlich* ‖
Quer- ‖ *transversal* ‖ **–so** adj *schräg, quer, Quer-*
‖ *schief*
   transves|tido m/adj ⟨Psychol Med⟩ *Transvestit*
m ‖ **–tismo** m *Transves(ti)tismus* m
   tran|vía m *Straßenbahn,* Südd *Trambahn* f ‖
Straßenbahnwagen m ‖ ~ de circunvalación
Ringbahn f ‖ ~ eléctrico *elektrische Straßenbahn*
f ‖ ~ de sangre ⟨Hist⟩ *Pferdebahn* f ‖ ~ urbano
städtische Straßenbahn f ‖ ◇ tomar el ~ *mit der*
Straßenbahn fahren ‖ **–viario, –viero** m/adj
Straßenbahnschaffner m ‖ *Straßenbahner* m

¹trapa *f* ⟨Mar⟩ *Halteleine* f ‖ *~s fpl Bootsbefestigung* f *(auf dem Schiff)*
²trapa: ~ ~ ⟨onom⟩ *Getrampel* n ‖ p. ex *Stimmengewirr* n
Trapa *f* ⟨Rel⟩: *(orden de) la* ~ *Trappistenorden* m
trapa|cear *vi schwindeln, hintergehen* ‖ **–cería** *f Betrügerei, Schwindelei* f ‖ **–cero** adj *(m)*, **–cista** adj *(m/f) betrügerisch* ‖ ~ *m/f Betrüger(in* f), *Schwindler(in* f) m
trapa|jo *m Lumpen, alter Fetzen* m ‖ **–joso** adj *zerlumpt, abgerissen* ‖ *stotternd, radebrechend*
¹trápala *f*/adj *(fam) Schwatzsucht* f ‖ ~ *m/f* ⟨figf⟩ *Schwätzer(in* f) m ‖ ⟨figf⟩ *Lügner(in* f), *Betrüger(in* f) m
²trápala *f Getrappel* n ‖ *Hufschlag* m ‖ *Lärm* m, *Getöse* n
△ **³trápala** *f Gefängnis* n
¹trapalear *vi/t plappern, schwatzen* ‖ *(jdm et.) vorlügen*
²trapalear *vi trampeln, stampfen (mit den Füßen)*
trapalón *m*/adj *(fam) Lügner, Schwindler* m
△ **trápana** *f Gefängnis* n
trapatiesta *f* ⟨fam⟩ *Zank, Streit, Krawall* m ‖ *Radau* m ‖ *Wirrwarr* m ‖ ◇ *armar una* ~ *krakeelen* ‖ *e–e Keilerei beginnen*
trapaza *f Betrug* m, *Schwindelei* f
trape *m* Chi *Wollstrick* m
trapear vt Am *scheuern, abwischen (Fußboden)*
trape|cial adj *(m/f)* ⟨Math⟩ *trapezförmig* ‖ *Trapez-* ‖ **–ciforme** adj *(m/f) trapezförmig* ‖ **–cio** *m* ⟨Math Sp⟩ *Trapez* n ‖ ⟨An⟩ *Trapezbein, Großes Vielecksbein* n ‖ *Kapuzenmuskel* m ‖ **–cista** *m/f Trapezkünstler(in* f) m ‖ *Turner(in* f) m *am Trapez*
trapense adj *(m/f)* ⟨Rel⟩ *trappistisch* ‖ ~ *m Trappist* m *(Mönch)*
trapera *f* Arg *hinterhältiger Dolchstoß* m
trape|ría *f Lumpen|handel, -kram* m ‖ **–ro** *m Lumpensammler* m
trapezoide *m* ⟨Math⟩ *Trapezoid* n ‖ ⟨An⟩ *Trapezoidbein, Kleines Vielecksbein* n
trapicha *m* ⟨pop⟩ *Drogenhändler, Dealer* m
trapiche *m Zucker-, Oliven|mühle* f ‖ Arg Chi ⟨Bgb⟩ *Pochwerk* n ‖ Am *Zuckersiederei* f
trapi|chear *vi (fam) spintisieren, tüfteln, klügeln* ‖ ⟨fam⟩ *schmieden* ‖ *(fam) schachern* ‖ **–cheo** *m* ⟨fam⟩ *Klügeln, Spintisieren* n ‖ ⟨fam⟩ *Intrige* f ‖ *(fam) Schacher* m
trapichero *m* Am *Arbeiter* m *in e–r Zuckersiederei* f
trapillo *m* dim von **trapo** ‖ ◆ *de* ~ ⟨figf⟩ *im Hauskleid*
¹trapío *m* ⟨Mar⟩ *Segelwerk* n
²trapío *m selbstbewusst-anmutiges Auftreten* n *(bes. der Frau)* ‖ ⟨Taur⟩ *gutes Aussehen* n *e–s Stiers* ‖ ◇ *tener* ~ ⟨Taur⟩ *kampflustig sein (Stier)*
trapison|da *f (fam) Zank* m, *Schlägerei* f, *Krawall* m ‖ ⟨fig⟩ *Verwirrung* f ‖ *Ränke* pl, *Intrigen* fpl ‖ **–dear** *vi* ⟨fam⟩ *krakeelen* ‖ *Ränke schmieden* ‖ **–dista** *m/f* ⟨fam⟩ *Krakeeler(in* f), *Krawallmacher(in* f) m ‖ *Ränkeschmied, Intrigant(in* f), *Wühler(in* f) m
trapito *m* dim von **trapo** ‖ *Fetzen* m ‖ ⟨figf⟩ *Fähnchen* n ‖ *los* ~s *de cristianar* ⟨fam⟩ → *los trapos de cristianar*
Trapizonda *f* ⟨Geogr⟩ *Trapezunt (Trabzon)* n
trapo *m Lumpen, Lappen, Fetzen* m ‖ ⟨Mar⟩ *Segel(werk)* n ‖ ⟨fam⟩ *Mantel* m bzw *rotes Tuch* n *des Stierkämpfers* ‖ *los* ~s *de cristianar (pop) der Sonntagsstaat* ‖ *(fam) die feine Kluft* ‖ ◆ *a todo* ~ ⟨Mar⟩ *mit vollen Segeln* ‖ ⟨figf⟩ *aus allen Kräften* ‖ ~s *(Damen)Kleider* npl ‖ ◇ *poner a*

uno *como un* ~ ⟨figf⟩ *jdn derb ausschelten,* ⟨fam⟩ *jdn herunterputzen,* ⟨pop⟩ *jdn zur Schnecke machen* ‖ *sacar (todos) los* ~s *a la colada od a relucir* ⟨figf⟩ *die schmutzige Wäsche waschen, auspacken* ‖ *soltar el* ~ ⟨figf⟩ *in Lachen* bzw *in Weinen ausbrechen*
traque *m Knall* m ‖ *Geknatter* n ‖ ◆ *a* ~ *barraque* ⟨fam⟩ *jeden Augenblick*
tráquea *f* ⟨An⟩ *Trachea, Luftröhre* f ‖ ⟨Zool Ins⟩ *Trachee* f *(Atmungsorgan der meisten Gliedertiere)* ‖ ⟨Bot⟩ *Trachee* f
traque|al adj *(m/f) Luftröhren-* ‖ ⟨Zool Ins⟩ *Tracheen-* ‖ **–itis** *f* ⟨Med⟩ *Luftröhrenentzündung, Tracheitis* f ‖ **–otomía** *f* ⟨Med⟩ *Tracheotomie* f
traquete|ar vt *(geräuschvoll) schütteln, rütteln (bes. Flüssigkeiten)* ‖ ⟨figf⟩ *abknutschen* ‖ ~ *vi krachen, knallen, knattern* ‖ *rattern* ‖ **–o** *m Rütteln, Schütteln* n ‖ *Rattern* n ‖ *Ge|knatter, -prassel* n
traquido *m (Schuss)Knall, Krach* m ‖ *Knistern, Knacken, Knarren* n
traquita *f* ⟨Geol⟩ *Trachyt* m *(Ergussgestein)*
¹tras prep *nach* ‖ *hinter* ‖ ~ *este tiempo nach dieser Zeit* ‖ ~ *mucho tiempo nach langer Zeit* ‖ ~ *(de) sí hinter s.* ‖ ~ *de … hinter …* ‖ *(mit* inf) *abgesehen davon, dass …* ‖ *nicht nur …, sondern auch* ‖ ~ *de venir tarde, molesta a los demás erst kommt er (sie, es) zu spät, und dann belästigt er (sie, es) auch noch die übrigen* ‖ *uno* ~ *otro nacheinander, e–r hinter dem anderen* ‖ *andar* ~ *algo e–r Sache nachstreben, s. um et. bewerben* ‖ *andar* ~ *de alg. hinter jdm hergehen, jdm nachgehen, jdm nachlaufen* ‖ ~ *m* ⟨fam⟩ → **trasero**
²tras- präf *durch-, über-, um-, trans-* ‖ → auch **trans-**
³tras, tras ⟨onom⟩ *klapp, klapp* ‖ *poch, poch (Klopfen, Anschlagen, Trampeln)*
tras|abuelo *m* → **tatarabuelo** ‖ **–alcoba** *f Bettnische* f *(in e–m Schlafgemach)* ‖ *Hinterkammer* f ‖ △ **–aldaba** *f Strumpf* m
trasante|anoche adv *vorvorgestern abend* ‖ **–ayer** (pop **trasantier**) adv *vorvorgestern*
△ **trasardó** *m Dach* n
trasbocar [c/qu] vt/i Am *s. erbrechen*
trascantón *m* Am *Eck-, Prell|stein* m ‖ *Gelegenheitsarbeiter, Eckensteher* m ‖ ◇ *dar* ~ *a uno* ⟨fig⟩ *jdm entwischen*
trascen|dencia *f* ⟨Philos⟩ *Transzendenz* f ‖ *Übersinnlichkeit* f ‖ *Scharfsinn, Verstand* m, *hohe Überlegenheit* f ‖ *Bedeutung, Wichtigkeit, Tragweite* f ‖ ◇ *ser de gran* ~ *von großem Belang sein* ‖ **–dental** adj *(m/f)* ⟨Philos⟩ *transzendental* ‖ *übersinnlich* ‖ ⟨fig⟩ *von Belang, weitgreifend, weitreichend* ‖ *überaus wichtig* ‖ *bedeutend* ‖ *folgenschwer* ‖ ⟨fam⟩ *welterschütternd (& iron)* ‖ **–dentalismo** *m Transzendentalismus* m ‖ **–dente** adj *(m/f) transzendent* ‖ **–der** [-ie-] vt *ergründen, ausfindig machen* ‖ ~ *vi durchdringen (Geruch)* ‖ *übergehen (a auf* acc) ‖ *hinübergehen (a zu)* ‖ *bekannt werden, ruchbar werden* ‖ *um s. greifen* ‖ ⟨Philos⟩ *transzendieren*
tras|cordarse [-ue-] vr *s. nicht mehr genau erinnern (de gen)* ‖ **–coro** *m Platz* m *hinter dem Chor* ‖ **–cribir** vt → **transcribir** ‖ **–cuenta** *f* → **trabacuenta** ‖ **–dós** *m* ⟨Arch⟩ *Bogenrücken* m ‖ *Wandpfeiler* m *(hinter e–r Säule)* ‖ → auch **¹extradós** ‖ **–dosear** vt ⟨Arch⟩ *an der Rückseite verstärken*
trasechar vt *jdm e–e Falle stellen, nachstellen, Schlingen* fpl *legen*
trasegar [-ie-, g/gu] vt *um|kehren, -stürzen* ‖ *ab|füllen, -lassen, umfüllen (Wein)*
traseñalar vt *umzeichnen (Ware)*

trase|ra *f Rückseite* f ‖ **-ro** adj *hinter(e), rückwärtig* ‖ *Hinter-* ‖ *zurückbleibend* ‖ ◆ *en la parte* ~*a hinten* ‖ ~ *m Gesäß* n, *Hinte|re, -rn* m
trasf- = transf-
trasfollo *m* ⟨Vet⟩ *Galle* f
trasfondo *m Hintergrund* m
trasg- → transg-
tras|go *m Kobold* m ‖ *Troll* m ‖ *Poltergeist* m ‖ ⟨fig⟩ *ausgelassenes, ungezogenes Kind* n ‖ **-guear** vi *poltern (wie ein Kobold), den Poltergeist spielen* ‖ *spuken*
tras|hoguero adj/s ⟨figf⟩ *ofenhockerisch* ‖ **-hojar** vt *flüchtig lesen*
trashu|mación *f Wandern* n *der Schafherden* ‖ **-mancia** *f Transhumanz* f ‖ *Weidewechsel* m ‖ *Wanderschäferei* f ‖ **-mante** adj *(m/f): rebaño* ~ *Wanderherde* f ‖ **-mar** vi *wandern (Herde)*
trasiego *m Abfüllen, Um|gießen, -füllen* n
trasijado adj *mit eingefallenen Flanken* ‖ ⟨fig⟩ *sehr mager, dürr*
trasl- → transl-
trasla|ción *f Fortschaffung, Beförderung* f ‖ *(Parallel)Ver|schiebung , -legung, Translation* f ‖ *Überführung* f ‖ *Über|setzung, -tragung, Translation* f *(in e–e andere Sprache)* ‖ *Übertragung* f *der Wortbedeutung* ‖ ⟨Rhet⟩ *Metapher* f ‖ **-dar** vt *ver|setzen, -legen* ‖ *verschieben* ‖ *überführen, bewegen* ‖ *(dienstlich) versetzen* ‖ *über|setzen, -tragen (in e–e andere Sprache)* ‖ *abschreiben, übertragen* ‖ ⟨Com⟩ *übertragen (Buchhaltung)* ‖ ~**se** *s. (an e–n anderen Ort) begeben* ‖ *die Wohnung wechseln, umziehen, übersiedeln* ‖ *verlegt werden (Truppen)* ‖ **-do** *m Verschiebung* f ‖ *Verrücken* n ‖ *Verlegung* f ‖ *[im Reiseverkehr] Transfer* m ‖ *Übersetzung* f ‖ *(genaue) Abschrift* f ‖ *Versetzung* f *(e–s Beamten)* ‖ *Umzug* m, *Übersied(e)lung, Wohnungswechsel* m ‖ *Überführung* f ‖⟨Com⟩ *Übertrag* m ‖ *(Kosten)Überwälzung* f ‖ ~ *de población Umsied(e)lung* f
traslapo *m Überlappung* f
trasla|ticio adj *übertragen, metaphorisch* ‖ **-tivo** adj ⟨Jur⟩ *übertragend, Übertragungs-*
traslu|ciente *(m/f)*, **traslúcido** adj →
translúcido ‖ **-cir** [-zc-] vt ⟨fig⟩ *ahnen* ‖ ~ vi *durchscheinen* ‖ ⟨fig⟩ *ans Licht treten*
tras|lumbrar vt *(ver)blenden* ‖ **-luz** *[pl* ~**ces]** *m Schimmer, Schein* m ‖ *durchscheinendes Licht* n ‖ *Durchlicht* n ‖ *Widerschein* m ‖ ◇ *dibujar al* ~ *durchpausen* ‖ *mirar algo a(l)* ~ *et. gegen das Licht ansehen*
trasmañanar vt *von e–m Tag auf den anderen verschieben*
△ **trasmito** conj *auch*
trasno|chada *f vergangene Nacht* f ‖ *Nachtwache* f ‖ *schlaflose Nacht* f ‖ ⟨Mil⟩ *nächtlicher Angriff* m ‖ **-chado** adj *übernächtigt* ‖ ⟨fig⟩ *veraltet, überholt* ‖ ⟨fig⟩ *kränklich, siech (Person)* ‖ **-chador** *m Nachtschwärmer* m ‖ ⟨fam⟩ *Bummler* m ‖ **-char** vi *die Nacht schlaflos zubringen, Nachtwache halten* ‖ ⟨fam⟩ *bummeln* ‖ *übernachten*
tras|nombrar vt *(die Namen) verwechseln* ‖ **-oír** *[irr →* **oír**] vt/i *falsch, hören, s. verhören* ‖ **-ojado** adj *hohläugig* ‖ **-papelar** vt *ver|legen, -kramen (Papiere usw.)* ‖ *durcheinander bringen, falsch einordnen (Papiere)* ‖ ~**se** *abhanden kommen (Papiere)*
traspadano adj *transpadanisch, jenseits des Pos liegend (von Rom aus gesehen)*
trapaís *m* ⟨Geogr⟩ *Hinterland* n
traspalar vt *umladen*
traspapelar vt *(Unterlagen, Papiere) verlegen, nicht mehr finden*
traspa|sado adj: ~ *de angustia* ⟨fig⟩

angsterfüllt ‖ **-sar** vt/i *hinüberschaffen, übertragen* ‖ *tragen, bringen, befördern* ‖ *überschreiten* ‖ *durchwaten* ‖ *übertreten (Gesetze)* ‖ *durch|bohren, -stechen, -stoßen, -schneiden* ‖ ⟨Com⟩ *übergeben, abgeben* ‖ *ablösen* ‖ ⟨Jur⟩ *über|tragen, -lassen, abtreten* ‖ ◇ ~ *los límites die Grenze überschreiten (& fig)* ‖ ~ *un negocio ein Geschäft übertragen* od *abtreten* ‖ ~ *con la espada (jdn) mit dem Degen durchbohren* ‖ *se traspasa una tienda céntrica ein Laden in zentraler Lage ist abzugeben (Anzeige)* ‖ **-sarse** vr *zu weit gehen (en in dat)* ‖ **-so** *m Überschreitung* f ‖ *Übertretung* f *(e–s Gesetzes)* ‖ ⟨Jur⟩ *Überlassung, Abtretung* f ‖ *Abtreten* n *(e–s Geschäftes, e–r Wohnung usw.)* ‖ *Abstandssumme* f ‖ *Durchbohrung* f ‖ ⟨fig⟩ *Kummer* m ‖ ~ *mediante endoso Übertragung* f *durch Indossament* ‖ ◇ *adquirir mediante* ~ *auf Grund e–r Abstandssumme erwerben* ‖ *hacer el* ~ *de las cuentas* ⟨Com⟩ *abrechnen* ‖ *pagar* ~ *Abstandsgeld zahlen* ‖ *pedir* ~ *Abstandsgeld fordern* od *verlangen*
tras|patio *m Am Hinterhof* m ‖ **-peinar** vt *nachkämmen* ‖ **-pié** *m Fehltritt* m ‖ *Stolpern, Straucheln, Ausgleiten* n ‖ *Beinstellen* n ‖ ◇ *dar un* ~ *straucheln, e–n Fehltritt tun* ‖ *dar* ~*s taumeln (wie ein Betrunkener)* ‖ *dar a uno un* ~ *jdm ein Bein stellen*
trasplan|table adj *(m/f) verpflanzbar* ‖ ⟨Med⟩ *überpflanzbar* ‖ **-tación** *f =* **-te** ‖ **-tar** vt *umpflanzen* ‖ *verpflanzen (& fig)* ‖ *versetzen* ‖ ⟨Med⟩ *überpflanzen, transplantieren* ‖ **-te** *m Verpflanzung* f ‖ ⟨Biol Med⟩ *Transplantation* f ‖ ⟨fig⟩ *Übersied(e)lung* f ‖ ~ *de(l) corazón,* ~ *car|diaco, -díaco* ⟨Med⟩ *Herz|verpflanzung, -transplantation* f
tras|puesta *f Fortschaffung* f ‖ *Sichthindernis* n *im Gelände* ‖ *Flucht* f ‖ *Hintergebäude* n ‖ **-puesto** pp/irr *von* **tra(n)sponer** ‖ **-punte** *m* ⟨Th⟩ *Inspizient* m ‖ **-puntín** *m Klapp-, Not|sitz* m ‖ ⟨fam⟩ *Hinterteil* n, *Hinte|re, -rn* m
trasqui|la *f →* **trasquiladura** ‖ **-lador** *m (Schaf)Scherer* m ‖ **-ladura** *f Scheren* n, *Schur* f
trasqui|lar vt *(Schafe) scheren* ‖ ⟨figf⟩ *beschneiden, abzwacken* ‖ **-limocho** adj ⟨fam⟩ *kahl (geschoren)* ‖ **-lón** *m: a* ~*es* ⟨fig⟩ *unordentlich, flüchtig*
trastabillar vi *Am stolpern, stolpernd gehen*
tras|tada *f böser, dummer Streich* m ‖ **-tazo** *m* ⟨fam⟩ *derber Schlag, Hieb* m
traste *m* ⟨Mus⟩ *Griff* m *(an der Gitarre usw.)* ‖ ◇ *dar al* ~ *con algo et. zerstören* od *zunichte machen* od *verderben* ‖ ⟨fam⟩ *et. kaputtmachen*
¹**trastear** vi/t ⟨Mus⟩ *Griffbrettleisten* fpl *anbringen* ‖ *in die Saiten greifen*
²**trastear** vt ⟨Taur⟩ *(den Stier) mit dem roten Tuch hetzen* ‖ *geschickt ausführen (Geschäft)* ‖ *hin und her rücken, durcheinander werfen* ‖ ⟨fig⟩ *durchstöbern, kramen* ‖ ~ vi *hin und her laufen s. tummeln*
trastejar vt *das Dach ausbessern* ‖ ⟨figf⟩ *reparieren*
traste|ra *f Rumpelkammer* f ‖ *Abstell-, Geräte|kammer* f, *Abstellraum* m ‖ **-ría** *f Gerümpel* n, *Kram* m ‖ *Trödelladen* m ‖ **-ro** adj: *cuarto* ~ *Rumpelkammer* f ‖ *Abstellraum* m ‖ ~ *m Trödler* m
trastienda *f Raum* m *hinter e–m (Verkaufs)Laden* ‖ ⟨figf⟩ *Hintergedanke* m ‖ ⟨pop⟩ *Hinte|re, -rn* m ‖ ◆ *de* ~ *heimtückisch* ‖ ◇ *tener mucha* ~ *es faustdick hinter den Ohren haben*
trasto *m Hausgerät* n ‖ *altes Gerümpel* n, *Plunder(kram)* m ‖ *(altes) Möbelstück* n ‖ ⟨fig⟩ *unbrauchbarer Mensch* ‖ ~**s** mpl *Handwerkszeug* n ‖ *Gerät* n ‖ ⟨Taur⟩ *Gerät* n *des Stierkämpfers* ‖

◇ tirar los ~ ⟨figf⟩ *den (ganzen) Kram hinschmeißen* ‖ tirarse los ~ a la cabeza ⟨figf⟩ *e–n Riesenkrach haben*
trastor|nar vt *um|stürzen, -kehren, -stoßen* ‖ *über den Haufen werfen* ‖ *verwirren, in Unordnung bringen* ‖ ⟨fig⟩ *(jdn) betäuben* ‖ ◇ ~ el juicio a alg. *jdn verrückt machen* ‖ ⟨fam⟩ *jdm den Kopf verdrehen* ‖ *jdn der Sinne berauben* ‖ ~**se** ⟨fig⟩ *verrückt werden* ‖ *s. verrückt machen* ‖ –**no** *m gänzliche Umkehrung f, Umsturz m* ‖ *Verwirrung, Unordnung f* ‖ *Störung f* ‖ *Schaden m* ‖ ~ circulatorio ⟨Med⟩ *Kreislaufstörung f* ‖ ~ digestivo ⟨Med⟩ *Verdauungsstörung f* ‖ ~ de irrigación sanguínea ⟨Med⟩ *Durchblutungsstörung f* ‖ ~ del lenguaje ⟨Med⟩ *Sprachstörung f* ‖ ~ mental ⟨Med⟩ *Geistesstörung f* ‖ ~s políticos *politische Unruhen od Wirren* ‖ ◇ ocasionar un ~ *störend wirken* ‖ ¡qué ~! *welch e–e Unannehmlichkeit! wie unangenehm!*
tras|trabarse vr *anstoßen (beim Reden)* ‖ –**trabillar** vi *stolpern* ‖ *taumeln* ‖ *stammeln, stottern* ‖ –**trás** *m* ⟨fam⟩ *(der) Vorletzte (bei Kinderspielen)* ‖ –**trigo** *m:* buscar pan de ~ ⟨figf⟩ *Unmögliches verlangen*
tras|trocamiento *m* → **trastrueco** ‖ –**trocar** [-ue-] vt *ver|wechseln, -tauschen, -kehren* ‖ ⟨fam⟩ *(alles) auf den Kopf stellen, verdrehen* ‖ –**trueco, –trueque** *m Ver|wechs(e)lung, -tauschung f* ‖ *Um|wälzung, -kehrung f*
trastuelo *m* dim von **trasto**
trasu|dación *f leichtes Schwitzen* n ‖ ⟨Med⟩ *Transsudation f* ‖ –**dado** adj/s *leicht verschwitzt* ‖ ~ *m* ⟨Med⟩ *Transsudat* n ‖ –**dar** vt/i *leicht schwitzen* ‖ *ausschwitzen* ‖ *durchsickern*
trasun|tar vi *(wider)spiegeln, wiedergeben* ‖ –**to** *m Abschrift f* ‖ *Nachbildung f* ‖ *Abbild* n
trasvasar vt → **transvasar**
tras|venarse vr *s. ergießen, verrinnen (Blut)* ‖ *durchsickern* ‖ –**volar** [-ue-] vt/i *(hin)überfliegen*
trata *f Neger-, Sklaven|handel* m ‖ ~ de blancas *Mädchenhandel* m
tratable adj *(m/f) fügsam, gefügig* ‖ *leutselig, gefällig, umgänglich*
tratadista *m/f Verfasser(in f)* m *von Abhandlungen, Essayist(in f)* m
¹**tratado** *m Abkommen* n, *Pakt* m, *Übereinkunft* f ‖ *(Staats)Vertrag* m ‖ ~ de asistencia (mutua) *Beistandsvertrag* m ‖ ~ con cláusula de nación más favorecida *Meistbegünstigungsvertrag* m ‖ ~ comercial *Handelsvertrag* m ‖ ~ de extradición ⟨Jur⟩ *Auslieferungsvertrag* m ‖ ~ de paz *Friedensvertrag* m ‖ ~ del Atlántico Norte (OTAN) *Nordatlantikpakt* m *(NATO)* ‖ ~ de Letrán *Lateranverträge* mpl ‖ ~ de no diseminación de armas atómicas *Atomsperrvertrag* m ‖ ~ de renuncia a la violencia *Gewaltverzichtsvertrag* m ‖ el ~ de Versalles ⟨Hist⟩ *der Vertrag von Versailles, der Versailler Vertrag* ‖ ◇ denunciar un ~ *e–n Vertrag kündigen* ‖ firmar, ratificar, rescindir un ~ *e–n Vertrag unterzeichnen, genehmigen, (auf)lösen* ‖ → **acuerdo, contrato, convención, convenio, pacto**
²**tratado** *m Hand-, Lehr|buch* n ‖ *Abhandlung f* ‖ ~ de urbanidad *Benimmbuch* n, *Knigge* m
¹**tratamiento** *m* ⟨Med Tech⟩ *Behandlung f* ‖ *Empfang* m, *Aufnahme f* ‖ *Bearbeitung f* ‖ ~ ambulatorio *ambulante Behandlung f* ‖ ~ causal *kausale Behandlung f* ‖ ~ por choque *Schockbehandlung f* ‖ ~ dietético *diätetische Behandlung f* ‖ ~ electroterápico *Elektrotherapie f* ‖ ~ de excepción *Vorzugsbehandlung f* ‖ ~ hidroterápico *Wasserkur f* ‖ ~ medicamentoso *medikamentöse Behandlung, Arzneibehandlung f* ‖ ~ médico *ärztliche Behandlung f* ‖ ~ obligatorio

Behandlungszwang m ‖ ~ con ondas cortas *Kurzwellenbehandlung* f ‖ ~ preventivo *Präventivbehandlung* f ‖ ~ previo *Vorbehandlung* f ‖ ~ sintomático *symptomatische Behandlung f* ‖ ~ supersónico *Ultraschallbehandlung* f ‖ ~ ulterior *Nachbehandlung* f ‖ ◇ someter al ~ *in Behandlung nehmen (Kranke)*
²**tratamiento** *m Anrede f* ‖ *Titel* m ‖ *Titulierung f* ‖ ~ de tú *Duzen* n ‖ ~ afrentoso *od* ultrajante *schmähliche Behandlung f* ‖ ~ de usted *Siezen* n ‖ ◇ dar ~ a alg. *jdn mit dem ihm gebührenden Titel anreden* ‖ tener ~ *e–n Titel führen*
tratante *m Händler, Handelsmann* m ‖ ◆ ~ en caza, ~ en ganado *Wild-, Vieh|händler* m
tratar vt *handhaben, behandeln* ‖ *umgehen mit* ‖ *behandeln (schriftlich, im Verkehr)* ‖ *verhandeln, abschließen (Geschäft)* ‖ *(mit jdm) umgehen, zu tun haben* ‖ *(ver)pflegen* ‖ *(Fragen) erörtern, besprechen* ‖ *(auf et.) zu sprechen kommen* ‖ ◇ ~ a alg. *mit jdm umgehen, verkehren* ‖ *mit jdm zu tun, zu schaffen haben* ‖ ~ a alg. con rigor *jdn streng behandeln* ‖ ~ por *(od* con*) ácidos* ⟨Chem⟩ *mit Säuren behandeln* ‖ ~ mal *misshandeln* ‖ ~ vi *handeln, Handel treiben* ‖ ~ con alg. *mit jdm verhandeln* ‖ *mit jdm verkehren* ‖ *s. mit jdm beschäftigen* ‖ tener que ~ con alg. *mit jdm zu tun haben* ‖ ~ de ... *unterhandeln wegen ..., sprechen über ...* (acc) ‖ ~ de conseguir algo *et. zu erreichen (ver)suchen* ‖ ~ en ganado *Viehhandel treiben* ‖ ~ de hacer a/c *et. vorhaben, s. et. vornehmen* ‖ *versuchen et. zu tun* ‖ trato de terminarlo *ich bin bestrebt, es zu beendigen* ‖ el libro trata acerca de ... *od de ... od sobre ... das Buch handelt von ...* (dat), *über ...* (acc) ‖ ~**se** *Umgang (miteinander) haben* ‖ *s. in Behandlung begeben* ‖ ◇ ~ bien ⟨figf⟩ *es s. gut sein lassen* ‖ *s. pflegen* ‖ no se puede tratar de ello *davon kann nicht die Rede sein* ‖ cuando se trata de trabajar, él no falla *wenn es aufs Arbeiten ankommt, versagt er nicht* ‖ ¿de qué trata? *worum handelt es s.? worum ist die Rede?* ‖ se trata de ... *es handelt s. um ...* (acc)
¹**trato** *m Behandlung, Aufnahme f* ‖ *Betragen* n, *Aufführung f* ‖ *Umgang, Verkehr* m ‖ *Handel(sverkehr)* m ‖ *Ehrenbenennung, Anrede f* ‖ ~ amable *liebenswürdige Behandlung f* ‖ ~ de excepción → ~ preferencial ‖ ~ familiar *vertraulicher Umgang* m ‖ malos ~s *Misshandlung(en)* f(pl) ‖ ~ preferencial *Vorzugsbehandlung f* ‖ ◇ dar buen ~ a alg. *jdn gut behandeln* ‖ tener ~s con alg. *mit jdm Umgang haben, mit jdm verkehren*
²**trato** *m Vereinbarung, Abmachung, Übereinkunft f* ‖ p.ex *Vertrag* m ‖ ~ hecho *o.k., einverstanden* ‖ ◇ cerrar ~s *(od* un ~*) e–n Vertrag schließen, e–e Übereinkunft treffen* ‖ estar, entrar en (con) *od in Unterhandlung stehen, treten (mit)*
trattoria *f Trattoria f*
trauma *m* ⟨Psychol Med⟩ *Trauma* n
trau|mático adj ⟨Psychol Med⟩ *traumatisch* ‖ –**matismo** *m Trauma* n, *Wundverletzung f* ‖ –**matizar** [z/c] vt *e–n Schock versetzen* ‖ –**matología** *f Traumatologie f* ‖ –**matólogo** *m Traumatologe* m
travelling, travelín *m* ⟨Film⟩ *Fahraufnahme f* ‖ *Kamerafahrt f*
tra|versa *f Querbalken* m, *Traverse f* ‖ ⟨Mar⟩ *Stag* n ‖ –**vés** *m Schräge, Quere f* ‖ ⟨Zim⟩ *Quer|balken* m, *-holz, -stück* n ‖ ⟨fig⟩ *Missgeschick* n ‖ ⟨fig⟩ *Widerwärtigkeit f* ‖ ◆ a(l) ~, de ~ *quer(durch), in die Quere, in der Quere, schräg* ‖ a(l) ~ de la historia *in* od *im Verlauf der Geschichte* ‖ al ~ ⟨Mar⟩ *dwars* ‖ ◇ dar al ~

⟨Mar⟩ *stranden* ‖ ⟨fig⟩ *misslingen, scheitern* ‖ *dar al ~ con algo* ⟨fig⟩ *et. zunichte machen, et. zerstören* ‖ *mirar de ~ scheel (an)blicken* ‖ *poner de ~ schränken*

trave\saño *m Quer\balken, -riegel* m, *-holz* n ‖ ⟨Sp⟩ *Querlatte* f ‖ *großes (Kopf)Kissen* n ‖ (poet) *Pfühl* m ‖ *Sprosse* f *(an Wagenleitern)* ‖ **–sar** [-ie-] vi (= **atravesar**) *durchqueren* ‖ *durchgehen* ‖ **–sear** vi *Mutwillen treiben, schäkern (Kinder)* (→ **retozar, triscar**)

¹travesero adj *Quer-*
²travesero *m Kopfkissen* n ‖ *Keilkissen* n
travesía *f Quere* f, *Querschnitt* m ‖ *Durchkreuzen* n ‖ *Überfahrt, Durchquerung* f ‖ *Überquerung* f ‖ *Seereise* f ‖ *Querstraße* f ‖ *Übergangspunkt* m ‖ *Entfernung* f ‖ *~ de recreo, ~ de placer* ⟨Mar⟩ *Kreuzfahrt* f ‖ ◇ *hacer la ~ die Überfahrt machen* ‖ *e–e Strecke durchqueren (Schiff)*

traves\tir [-i-] vt *travestieren* ‖ **–tí** *m Transvestit* m
travesura *f Neckerei, Schelmerei, Schäkerei* f *(der Kinder)* ‖ *Keckheit* f ‖ ⟨fig⟩ *schelmischer, lustiger Streich* m ‖ ◇ *hacer ~s schäkern, lustige Streiche vollführen (Kinder)*

Traviata *f* (it): *la ~ La Traviata* f *(Oper von Giuseppe Verdi)* ‖ ~ *p. ex* (fam) *Frau* f *von leichtem Lebenswandel*

¹traviesa *f Quere* f ‖ *Querbaum* m ‖ *Dachbalken* m ‖ ⟨Arch⟩ *tragende Wand* f ‖ ⟨EB⟩ *(Bahn)Schwelle* f ‖ ⟨EB⟩ *Querholm* m *(der Wagen)* ‖ ⟨Bgb⟩ *Querschlag* m ‖ *~ de madera, de acero Holz-, Stahl\schwelle* f ‖ **–so** adj *schräg, quer* ‖ ⟨fig⟩ *ausgelassen, mutwillig* ‖ *unartig (Kind)*

²traviesa *f* ⟨Kart⟩ *Einsatz* m *e–s Nichtspielers für e–n Spieler*
△ **travo** *m Fechtmeister* m
trayec\to *m Überfahrt* f ‖ *Strecke* f, *Weg* m ‖ *Flug-, Wurf-, Kugel\bahn* f ‖ ◇ *recorrer un ~ e–e Strecke zurücklegen* ‖ **–toria** *f Wurf-, Flug-, Kugel\bahn* f (& fig) ‖ ⟨fig⟩ *Lebensweg, Werdegang* m ‖ *Laufbahn* f ‖ ⟨Astr Phys⟩ *Trajektorie, Bahnkurve* f ‖ *~ de balizas, ~ balizada* ⟨Mar Flugw⟩ *markierter Kurs* m ‖ *~ de burbujas* ⟨Mar Flugw⟩ *Blasenbahn* f ‖ *~ de la coyuntura* ⟨Com⟩ *Konjunkturverlauf* m ‖ *~ de estabilización* ⟨Flugw⟩ *Beruhigungsstrecke* f ‖ *~ del viento Windbahn* f ‖ *~ (de vuelo)* ⟨Flugw⟩ *Flug\bahn, -kurve* f

tra\za *f Bau\riss, -plan* m ‖ *Strecke, Trasse* f ‖ *Streckenführung* f ‖ ⟨Math⟩ *Schnitt* m *(mit e–r Projektionsebene)* ‖ ⟨fig⟩ *Entwurf, Plan* m ‖ ⟨fig⟩ *Anschein* m, *Äußere(s)* n ‖ *por las ~s wie es scheint, allem Anschein nach* ‖ ◆ *hombre pobre, todo es ~s* ⟨Spr⟩ *Not macht erfinderisch* ‖ ◇ *darse ~s (para)* ⟨figf⟩ *Mittel und Wege finden (um zu* inf) ‖ *geschickt sein* ‖ *llevar buena ~ guten Fortgang nehmen* ‖ *eso no tiene ~(s) de acabar das scheint unendlich zu sein* ‖ *das nimmt kein Ende* ‖ **–zado** adj: *bien ~ wohlgestaltet (Person)* ‖ *~ m Plan, Entwurf* m ‖ *Trassenführung, Trassierung* f *(Straße usw.)* ‖ *~ grafológico Duktus* m ‖ *~ de la vía* ⟨EB⟩ *abgesteckte Bahn\linie, -trasse* f ‖ → auch **traza** ‖ **–zador** *m Planzeichner* m ‖ ⟨Arch Tech⟩ *Anreißer* m ‖ *Reißnadel* f ‖ ⟨Chem Med Ökol⟩ *Tracer* m ‖ ⟨Mil⟩ *Rauchspurvorrichtung* f *(e–s Geschosses)* ‖ ⟨Atom⟩ *Tracer, Indikator* m ‖ *~ de gráficos Plotter* m ‖ **–zadora** *f Anreißerin* f ‖ ⟨Mil⟩ *Leuchtspur* f

tra\zar [z/c] *(Umrisse) zeichnen* ‖ *umschreiben (Kreis)* ‖ *ziehen (Kreis, Linie)* ‖ *trassieren (Straße)* ‖ ⟨EB Flugw⟩ *abstecken* ‖ ⟨Arch⟩ *(den Grundriss) entwerfen, anreißen* ‖ ⟨fig⟩ *entwerfen,*

ausdenken ‖ ⟨fig⟩ *anordnen* ‖ ◇ *~ un círculo e–n Kreis ziehen, umschreiben* ‖ *~ un plan e–n Plan entwerfen* ‖ **–zo** *m Zeichnung* f, *(Um)Riss* m ‖ *Strich* m, *Linie* f ‖ *(Schrift)Zug* m ‖ *~ fino Haarstrich* m ‖ *~ grueso dicker Strich* m ‖ *~ y raya langer und kurzer Strich* m ‖ ◇ *~ en ~s gestrichelt* ‖ ◇ *marcar con un trazo anstreichen, markieren* ‖ *~s mpl* ⟨Mal⟩ *Falte* f *(der Gewandung), Faltenwurf* m

trazumar vi → **rezumar**
trébede f (& m) *Wohnung* f bzw *Zimmer* n *mit Unterfußbodenheizung* (bes. *in alten Ortschaften Altkastiliens*) ‖ *~s fpl Dreifuß* m
trebejar vi *schäkern (Kinder)*
trebejo *m Gerät, Handwerkzeug* n ‖ *Geschirr* n ‖ *Spielzeug* n ‖ *Schachfigur* f ‖ dim: *~***uelo**
Trebisonda *f* ⟨Geogr⟩ *Trapezunt (Trabzon)*
trébol *m* ⟨Bot⟩ *Klee* m *(Trifolium spp)* ‖ ⟨StV⟩ *Kleeblatt* n ‖ *~ de cuatro hojas vierblätt(e)riger Klee, Glücksklee* m
trebolar *m Kleefeld* n
△ **trebu** *m Lockmittel* n
trece num *dreizehn* ‖ *dreizehnte(r)* ‖ *Alfonso ~ Alfons XIII.* ‖ *~ m Dreizehn* f ‖ *~ de noviembre 13. November* ‖ *estar od mantenerse od quedar od seguir en sus ~* ⟨figf⟩ *hartnäckig sein, nicht nachgeben, auf et. bestehen, stur bleiben* ‖ **–avo** adj *dreizehntel* ‖ *~ m Dreizehntel* n ‖ **–mesino** adj *dreizehnmonatlich* ‖ **–nario** *m dreizehntägige Andacht* f ‖ **–no** adj → **tredécimo**
trecen\tésimo *m/*adj → **trescentésimo** ‖ **–tista** adj/s *(m/f) zum 14. Jh. gehörig, auf das 14. Jh. bezüglich*
trecha *f* (fam) *Kniff, Trick* m, *List* f
trecho *m Strecke* f, *Stück* n *Weges* ‖ ⟨fig⟩ *Zeit-, Zwischen\raum* m ‖ *un ~ de la vida* ⟨fig⟩ *ein Lebensabschnitt* m ‖ ◆ *a ~s hie und da* ‖ *von Zeit zu Zeit* ‖ *de ~ a ~, de ~ en ~ von Strecke zu Strecke, streckenweise* ‖ ◇ *andar un buen ~ ein hübsches Stück (Weges) zurücklegen*
tredécimo adj/s *(der) dreizehnte*
trefe adj *flexibel, nachgiebig, weich*
trefi\lar vt *ziehen (Draht)* ‖ **–lería** *f Drahtzieherei* f
tregua *f* ⟨Mil⟩ *Waffenruhe* f (vgl **armisticio**) ‖ ⟨fig⟩ *Rast, Erholung* f ‖ ⟨fig⟩ *Frist* f ‖ *~ de armamento Rüstungspause* f ‖ *~ de Dios* ⟨Mil Hist⟩ *Gottesfrieden* m, ⟨lat⟩ *Treuga* f *Dei (des Mittelalters)* ‖ ◆ *sin ~ ni paz ohne Rast und Ruh* ‖ ◇ *dar ~s* ⟨fig⟩ *nachlassen, aussetzen (Schmerz)* ‖ *no darse ~ s. k–e Ruhe gönnen* ‖ *unermüdlich weiterarbeiten*
trein\ta num *dreißig* ‖ *el ~ de enero der 30. Januar* ‖ *~ y cuarenta m* ⟨Art⟩ *Roulettespiel* n ‖ ◆ *de ~ años dreißigjährig* ‖ **–tañal** adj *dreißigjährig* ‖ **–tavo** *m/*adj *Dreißigstel* n ‖ **–tena** *f dreißig Stück* n ‖ *halbes Schock* n ‖ *Dreißigstel* n ‖ **–teno** adj → **trigésimo**
△ **trejú** *m Kreuz* n
△ **trejunó** *m Lernen, Studium* n
trekking *m Trekking* n
trematodos mpl ⟨Zool Med⟩ *Saugwürmer* mpl *(Trematodes)*
tremebundo adj *fürchterlich, schrecklich, entsetzlich*
tremedal *m Zitterboden* m, *sumpfiger, unter den Füßen einsinkender (Moor)Boden* m
tremen\dismo *m* ⟨Lit⟩ *Schule* f *des erschütternd Schrecklichen, des unerbittlichen Realismus* ‖ **–dista** adj *(m/f) gern Schreckensnachrichten verbreitend* ‖ *~ m/f der (die) gern Schreckensnachrichten verbreitet* ‖ **–do** adj/s *fürchterlich, schrecklich* ‖ (figf) *ungeheuer groß, kolossal, riesig* ‖ (fam) *toll, prima, fantastisch* ‖ *un tío ~* ⟨pop⟩ *ein prima*

Kerl m ‖ ◇ echar por la ~a ⟨fam⟩ *rücksichtslos,*
unbarmherzig vorgehen ‖ es un ~ ⟨fam⟩ *er ist ein*
unverbesserlicher Mensch
   ¹tremente adj *(m/f) zitternd*
   ²tremente m ⟨Typ⟩ *Wellenlinie* f
   trementina f *Terpentin(öl)* n
   tremesino adj *dreimonatlich, Dreimonats-*
   tremielga f ⟨Fi⟩ *Zitterrochen, Torpedofisch* m
   (→ ²**torpedo**)
   tremó m *Trumeau, Pfeiler-, Wand\spiegel* m ‖
   Spiegeltischchen n
   tre|**mol, –molín** m Ar *Zitterpappel, Espe* f
   tre|**molar** vt *schwingen, flattern lassen*
   (Fahnen) ‖ ~ vi *flattern (Fahne)* ‖ *flackern*
   (Licht) ‖ ⟨Mus⟩ *tremolieren* ‖ **–molina** f
   Wirbel(wind) m ‖ *Brausen* n *(des Windes)* ‖ ⟨figf⟩
   Lärm m ‖ *Radau, Krawall* m ‖ *armar la* ~ *e–n*
   Riesenkrach machen ‖ **–molita** f ⟨Min⟩ *Tremolit*
   m
      trémolo m ⟨Mus⟩ *Tremolo, Zittern* n *(der*
      Stimme)
      tremor m *Zittern* n ‖ *Schauder* m
      trémulo adj *zitternd, bebend* ‖ *flackernd*
      (Licht) ‖ ◆ *con voz* ~a *mit zitternder Stimme*
      ¹tren m *(Eisenbahn)Zug* m ‖ ⟨StV⟩
   Autokolonne f ‖ ~ *aéreo Hochbahn* f ‖ ~
   articulado Gliederzug m ‖ ~ *ascendente* ⟨Span⟩
   Bahnverbindung f *von der Küste nach Madrid* ‖
   ~ *de barcazas* ⟨Mar⟩ *Bootsflottille* f ‖ ~ *blindado*
   ⟨Hist⟩ *Panzerzug* m ‖ ~ *botijo* ⟨fam⟩ *Bummelzug*
   m ‖ ~ *correo Postzug* m ‖ ~ *descendente* Span
   Bahnverbindung f *zwischen Madrid und der*
   Küste ‖ ~ *directo direkter Zug* m ‖ *D-Zug* m ‖ ~
   discrecional nach Bedarf haltender Zug m ‖ ~
   especial Sonderzug m ‖ ~ *expreso Schnell-,*
   Express\zug m (Span: *langsamer als* ~ *rápido)* ‖
   ~ *fantasma,* ~ *del infierno Geisterbahn* f *(bei*
   Volksfesten) ‖ ~ *hospital Lazarettzug* m ‖ ~
   interregional Interregio m ‖ ~ *de juguete*
   Spielzeugeisenbahn f ‖ ~ *de la mañana Frühzug*
   m ‖ ~ *de mercancías Güterzug* m ‖ ~ *mixto*
   gemischter Zug m *(Personenzug mit*
   Güterbeförderung) ‖ ~ *de noche Nachtzug* m ‖ ~
   ómnibus Personen-, Bummel\zug m ‖ ~ *ordinario*
   Personenzug m ‖ ~ *de pasajeros Personenzug* m ‖
   ~ *rápido Schnellzug* m ‖ ~ *de recreo*
   Vergnügungszug m ‖ *Partyzug* m ‖ ~ *rodante*
   rollendes Material n ‖ ~ *sanitario Sanitätszug* m ‖
   ~ *Talgo* → **TALGO** ‖ ~ *de la tarde Abendzug* m
   ‖ ~ *tranvía Bummelzug* m ‖ ~ *de viajeros*
   Personenzug m ‖ ◆ *a todo* ~ *mit*
   Höchstgeschwindigkeit ‖ ◇ *coger, perder el* ~
   den Zug erreichen, versäumen ‖ *tomar el* ~ *mit*
   dem Zug fahren ‖ *el* ~ *llega (para la(s)) ... der*
   Zug kommt um ... an (fährt um ... ab) ‖ *el* ~
   tiene (od llega con) retraso, se ha descarrilado der
   Zug hat Verspätung, ist entgleist ‖ *estar como un*
   ~ ⟨figf⟩ *ein Klasseweib sein* ‖ ~**es** *mpl:* *formar*
   ~ ⟨EB⟩ *rangieren* ‖ *salida (llegada) de* ~
   Zug\abfahrt (-ankunft) f
      ²tren *Reise\gerät, -gepäck* n ‖ ⟨Mil⟩ *Feld\gerät,*
   -gepäck n ‖ ⟨Mil⟩ *Tross* m ‖ ⟨fig⟩ *Gefolge* n, *Zug*
   m, *Geleit* n ‖ ⟨fig⟩ *großer Aufwand* m, *Gepränge*
   n ‖ ◇ *llevar od tener un gran* ~ *e–n großen*
   Haushaltsstand führen ‖ *auf großem Fuß leben* ‖ *su* ~
   de vida es muy superior a sus recursos er lebt
   weit über s–e Mittel od Verhältnisse (hinaus)
      ³tren m *Werk* n ‖ *Aggregat* n ‖ *Straße* f (z. B.
   zum Walzen) ‖ ~ *de aterrizaje* ⟨Flugw⟩ *Fahr-,*
   Lande\gestell n, *Fahrwerk* n ‖ ~ *de embalaje*
   Verpackungsstraße f ‖ ~ *de engranajes*
   Zahnradgetriebe n ‖ ~ *de fabricación*
   Fertigungsstraße f ‖ ~ *de flotador* ⟨Flugw⟩
   Schwimmwerk n ‖ ~ *laminador od de laminación*
   Walzstraße f ‖ ~ *de lavado* ⟨Auto⟩ *Waschstraße* f

‖ ~ *de montaje Montagestraße* f ‖ ~ *de ondas*
⟨El⟩ *Wellenzug* m
   ⁴tren m *Guat Verkehr* m ‖ *Handel* m
   ¹trena f *Wehrgehänge* n ‖ *Gürtel* m ‖
   gebranntes Silber n
   △ **²trena** f *Gefängnis* n
   ¹trencilla f *dim von* **trenza**
   ²trencilla m ⟨Sp pop⟩ *Schiedsrichter, Schiri* m
   treno m *Klagelied* n ‖ ~**s** *de Jeremías*
   Klagelieder des (Propheten) Jeremia (→
   jeremiada, Jeremías)
   trente(s) *m(pl)* Sant ⟨Agr⟩ *(Kartoffel)Forke* f
   Trento m [Stadt] *Trient* n ‖ → **concilio**
   tren|**za** f *Flechte* f, *Geflecht* n ‖ *(Haar)Zopf* m
   ‖ *Tresse* f *(am Kleid)* ‖ ⟨Tech⟩ *Geflecht* n ‖
   geflochtene Schnur f ‖ ◇ *llevar* ~s *Zöpfe tragen* ‖
   –zado adj ⟨Text⟩ *gezwirnt* ‖ ~ m *Flechten* n ‖
   (geflochtener) Zopf m ‖ *Flechtwerk* n,
   Umflechtung f ‖ ⟨fig⟩ *Verflechtung* f ‖ *(Art)*
   Sprungschritt m *(beim Tanz)* ‖ **–zadora** f
   Flechtmaschine f ‖ **–zar** [z/c] vt *(ein)flechten* ‖ ~
   vi *tänzeln (Pferde)* ‖ *Sprungschritte machen (beim*
   Tanzen)
   trepa *m/f* Kurzform für **trepadora** ‖ ⟨fam⟩
   Karrierist(in f) m
   trepadera f *Steigeisen* n
   trepado adj *zurückgelehnt* ‖ *kräftig und klein*
   (Tier) ‖ ~ m *Tresse, Falbel, Borte* f ‖
   Perforierung, Zähnung f *(der Briefmarken)*
   ¹trepador adj ⟨Bot⟩ *kletternd, Kletter- (Vogel,*
   Pflanze) ‖ (plantas) ~as *Kletter-, Schling\pflanzen*
   fpl ‖ ~ m *Kletterer* m ‖ *Klettervogel* m ‖ ⟨fig⟩
   (rücksichtsloser) Streber m ‖ ⟨fig⟩ *ehrgeiziger*
   Karrieremacher m ‖ *Steigeisen* n
   ²trepador m ⟨V⟩ *Kleiber* m ‖ ~ *azul Kleiber*
   m (Sitta europaea) ‖ ~ *corso Korsenkleiber* m
   (S. whiteheadi) ‖ ~ *de Krüper Krüperkleiber* m
   (S. krueperi) ‖ ~ *rupestre Felsenkleiber* m
   (S. neumayer)
   trepa|nación f ⟨Med⟩ *Schädelbohrung,*
   Trepanation f ‖ **–nar** vt *trepanieren* ‖ ◇ ~ *con*
   escoplo aus-, auf\meißeln
   trépano m ⟨Med⟩ *(Schädel)Bohrer, Trepan* m ‖
   ⟨Bgb⟩ *Tiefbohrgerät* n, *Bohrer, Meißel* m ‖ ~ *de*
   sondeo Bohrmeißel, Bohrer m
   ¹trepar vt/i *(er)klettern, (er)klimmen* ‖ *(e–e*
   Treppe) hinaufsteigen ‖ *s. hinaufwinden*
   (Schlingpflanzen) ‖ ⟨figf⟩ *s. skrupellos s–n Weg*
   (in der Gesellschaft) bahnen, ⟨fam⟩ *hochklettern* ‖
   ◇ ~ *(od subir trepando) a un árbol auf e–n Baum*
   (hinauf)klettern ‖ *la hiedra trepa por la pared der*
   Efeu schlingt s. an der Mauer empor
   ²trepar vt *(durch)bohren* ‖ *mit Falbeln*
   besetzen (Kleid)
   treparriscos m ⟨V⟩ *Mauerläufer* m
   (Tichodroma muraria)
   trepatroncos m ⟨V⟩ → **herrerillo**
   trepe m ⟨fam⟩ *Verweis* m ‖ ◇ *echar un* ~ *a*
   alg. ⟨fam⟩ *jdm den Kopf waschen*
   trepi|dación f *Beben, Zittern* n ‖ *Stampfen* n ‖
   Erschütterung, Vibration f ‖ **–dante** adj *(m/f)*
   zitternd, bebend ‖ **–dar** vi *zittern, beben* ‖ *klirren*
   ‖ *wackeln* ‖ *stampfen*
   treponema f ⟨Med⟩ *Treponema* n
   treque adj Chi *witzig*
   △ **treque|janó** m *Student* m ‖ △ **–jenar** vt/i
   studieren
   tres num *drei* ‖ *dritte(r)* ‖ ◆ *a las* ~ *de la*
   tarde um drei Uhr nachmittags ‖ *de* ~ *años*
   dreijährig ‖ *de* ~ *clases dreierlei* ‖ ◇ *han dado*
   las ~ *es hat drei Uhr geschlagen* ‖ *levantarse a*
   las ~ *um drei Uhr aufstehen* ‖ ~ m *Drei* f ‖
   Dreier m ‖ *el* ~ *de agosto der dritte August* ‖ △
   ~ *de menor Esel* m ‖ ~ *y más* ⟨fam⟩ *noch viel*
   mehr (Verstärkung) ‖ *ni a la de* ~ *überhaupt*

nicht, unter k–n Umständen, nicht um alles in der Welt ‖ ~ en raya *Mühle* f *(Spiel)* ‖ como ~ y dos son cinco ⟨figf⟩ *so sicher wie zweimal zwei vier ist,* ⟨fam⟩ *todsicher*
tres|albo adj *mit drei weißen Füßen (Pferd)* ‖ **–añal** adj *dreijährig* (bes. *Wein*)
tresbolillo *m:* a(l) ~ *schachbrettartig versetzt* ‖ *auf Lücke* ‖ *im Viereck (gepflanzt)*
tres|céntesimo *m*/adj *Dreihundertstel* n ‖ **–cientos** num *dreihundert* ‖ ~ *m Dreihundert* f ‖ **–doblar** vt *verdreifachen* ‖ *dreimal falzen*
tresi|llista *m* ⟨Kart⟩ *Tresillospieler* m ‖ **–llo** *m* ⟨Kart⟩ *Tresillo* m *(e–e Art Lomberspiel)* ‖ *Gruppe* f *von drei Edelsteinen (als Schmuck)* ‖ *Couch-, Sofa|garnitur* f ‖ ⟨Mus⟩ *Triole* f
tres|mesino adj *dreimonatlich* ‖ **–milésimo** *m*/adj *Dreitausendstel* n
tresnal *m* ⟨Agr⟩ *Schober* m ‖ *Garbenhocke* f
trespeleque *m* Mex *pöbelhafter Mensch* m
trestanto adv/s *dreimal soviel*
treta *f* ⟨Fecht⟩ *Finte, List* f ‖ *Kriegslist* f ‖ ⟨allg⟩ *Kniff, Trick* m
treudo *m* Ar ⟨Jur⟩ → **enfiteusis**
Tréveris *m* [Stadt] *Trier* n
△ **treza** *f Vieh* n
trezavo *m*/adj *Dreizehntel* n
tría *f Aussuchen* n, *Wahl* f ‖ *Sortierung* f ‖ ◇ hacer la ~ (de algo *et.*) *sortieren*
triaca *f* ⟨Pharm⟩ *Theriak* m ‖ ⟨fig⟩ *Gegengift* n
triache *m minderwertiger Kaffee* m
tría|da *f,* **–de** *f Dreiheit, Trias* f
triálogo *m Dreiergespräch* n
Triana *f ein populäres Stadtviertel in Sevilla* ‖ *Gitanillo de* ~ *berühmter span. Stierkämpfer* (†*1931*)
△ **trianda** num *dreißig*
triane|rías *fpl and. (sevillanische) Tanzweisen* fpl ‖ **–ro** adj/s *auf das Sevillaner Viertel Triana bezüglich*
triangulación *f* ⟨Math Top⟩ *Triangulierung* f ‖ *Triangulation, trigonometrische Vermessung* f
¹triangular *(m/f),* **¹triángulo** adj *dreieckig, Dreieck(s)-* ‖ *dreikantig, Dreikant-* ‖ adv: ~**mente**
²triangular vt/i ⟨Arch⟩ *in Dreiecken entwerfen* ‖ *trigonometrisch (aus)messen*
triángulo *m Dreieck* n ‖ ⟨Mus⟩ *Triangel* m ‖ ⟨Auto⟩ *Querlenker* m ‖ ⟨fig bes. lit⟩ *Dreieck(sverhältnis)* n, *Ehe* f *zu dritt* ‖ ~ de averías ⟨StV⟩ *Warndreieck* n ‖ ~ acutángulo, curvilíneo, equilátero, escaleno *spitzwink(e)liges, krummseitiges, gleichseitiges, ungleichseitiges Dreieck* n ‖ ~ de las Bermudas ⟨Geogr⟩ *Bermudadreieck* n ‖ ~ esférico, ~ isóceles, ~ oblicuángulo, ~ obtusángulo *sphärisches, schiefwink(e)liges, gleichschenk(e)liges, stumpfwink(e)liges Dreieck* n ‖ ~ de peligro ⟨StV⟩ *Warndreieck* n ‖ ~ rectángulo, ~ rectilíneo *rechtwink(e)liges, geradseitiges Dreieck* n
triar [pres trío] vt *aussuchen, (aus)wählen ‖ sortieren* ‖ ~ vi *stetig aus-, ein|fliegen (Bienen)* ‖ ~**se** *durchsichtig werden (Taschentuch, Tischdecke)*
triario *m* ⟨Hist⟩ *Triarier* m *(altrömischer Legionsveteran)*
trías *m* ⟨Geol⟩ *Trias* f
triásico adj ⟨Geol⟩ *triassisch, Trias-* ‖ (terreno) ~ *Triasschicht* f ‖ (período) ~ *Trias* f ‖ ~ *m Trias* f
triat|leta *m/f* ⟨Sp⟩ *Triathlet(in* f) m ‖ **–lón** *m Triatlon* n
tríbada *f Lesbierin* f
tribadismo *m Tribadie, lesbische Liebe* f
tribal adj *(m/f) Stammes-* ‖ **–ismo** *m* [Völkerkunde] *Tribalismus* m
tribásico adj ⟨Chem⟩ *dreibasisch*

tribo|electricidad *f* ⟨Phys⟩ ‖ **–luminiscencia** *f* ⟨Phys⟩ *Tribolumineszenz* f
tribraquio *m* ⟨Poet⟩ *Tribrachys* m *(Versfuß)*
tribu *f (Volks)Stamm* m ‖ ⟨figf⟩ *Familie, Sippe, Sippschaft* f, *Anhang, Klan* m ‖ ~s indias *Indianerstämme* mpl ‖ ~s nómadas *Wandervölker* npl, *Nomadenstämme* mpl
tribulación *f Drangsal, Trübsal* f, *Leiden* n ‖ *Widerwärtigkeit* f
tríbulo *m* ⟨Bot⟩ → **¹abrojo**
tribu|na *f (Redner)Bühne* f ‖ *Empore* f, *Kirchenstuhl* m ‖ *Tribüne, Zuschauerbühne* f ‖ ~ de la prensa *Pressetribüne* f ‖ **–nado** *m Tribunat* n ‖ **–nal** *m Gerichtshof* m ‖ *Gericht* n ‖ ⟨fig⟩ *Richterstuhl* m ‖ *Schiedsgericht* n *(bei Wettbewerben usw.) Prüfungskommission* f ‖ el ~ de las Aguas Span *Wassergericht* n *zur Befolgung der Bewässerungsvorschriften in der Huerta* ‖ ~ accesorio *Beigericht* n ‖ ~ de apelación *Berufungsgericht* n ‖ ~ de arbitraje *Schiedsgericht* n ‖ ~ de asuntos de seguridad social *Sozialgericht* n ‖ ~ calificador *Prüfungskommission* f ‖ ~ colegiado *Kollegialgericht* n ‖ ~ comercial *Handelsgericht* n ‖ ~ competente *zuständiges Gericht* n ‖ ~ de conciliación *Schiedsgericht* n ‖ ~ contencioso-administrativo *Verwaltungsgericht* n ‖ ~ de lo criminal *Strafkammer* f ‖ ~ de cuentas *Rechnungshof* m ‖ ~ electoral *Wahlgericht* n ‖ ~ de escabinos *Schöffengericht* n ‖ ~ (examinador) ⟨Sch⟩ *Prüfungskommission* f ‖ ~ de excepción *Ausnahmegericht* n ‖ ~ de guerra *Kriegsgericht* n ‖ ~ de honor *Ehrengericht* n ‖ ~ de jurados *Schwurgericht* n ‖ ~ laboral *Arbeitsgericht* n ‖ ~ marítimo *Seeamt* n ‖ ~ de menores *Jugendgericht* n ‖ ~ de oposiciones *Prüfungskommission* f *(für Auswahlprüfungen)* ‖ ~ de orden público *Gericht* n *für politische Strafsachen* ‖ ~ de policía correccional *Rügegericht* n ‖ ~ provincial, ~ de la provincia *Landesgericht* n ‖ ~ Supremo *Oberster Gerichtshof* m ‖ *Kassationshof* m ‖ ~ de trabajo *Arbeitsgericht* n ‖ ~ tutelar *Vormundschaftsgericht* n ‖ ◇ llevar un caso ante los ~es *e–n Prozess anhängig machen* ‖ comparecer ante el ~ *vor Gericht erscheinen* ‖ vacan los ~es *es sind Gerichtsferien* ‖ → auch **juzgado, audiencia**
tribuno *m Tribun* m ‖ ⟨fig⟩ *Volksredner* m ‖ ~ de la plebe *Volkstribun* m *(in Altrom)*
tribu|tación *f Abgabe, Steuer* f ‖ *Steuersystem* n ‖ ~ graduada (progresiva, regresiva) *abgestuftes (progressives, regressives) Steuersystem* n ‖ sujeto a ~ *steuerpflichtig* ‖ **–tante** *m Steuerpflichtige(r)* m ‖ **–tar** vt/i *(als) Steuer zahlen* ‖ *entrichten (Steuer)* ‖ ⟨Hist⟩ *Tribut zahlen (& fig)* ‖ ◇ ~ agradecimiento, ~ gratitud *Dank zollen* ‖ ~ ovaciones a alg. *jdm Ovationen darbringen* ‖ **–tario** adj/s *steuerpflichtig, Steuer-* ‖ *zinspflichtig* ‖ ⟨Hist⟩ *tributpflichtig* ‖ ~ *m Nebenfluss* m
tributo *m Steuer, Abgabe* f ‖ ⟨fig⟩ *Pflicht, Schuldigkeit* f ‖ ◇ pagar ~ de admiración a alg. *jdm Bewunderung zollen*
tricéfalo adj *dreiköpfig*
tri|centenario *m Zeitraum* m *von drei Jahren* ‖ *Dreihundertjahrfeier* f ‖ **–centésimo** *m*/adj *Dreihundertstel* n
tríceps *m* ⟨An⟩ *Trizeps, dreiköpfiger Muskel* m
tri|césimo adj/s → **–gésimo** ‖ **–ciclo** *m Dreirad* n ‖ **–cípite** adj *dreiköpfig* ‖ **–cloretileno** *m* ⟨Chem⟩ *Trichloräth(yl)en* n
tricoglosos *mpl* ⟨V⟩ *Loris, Pinselpapageien* mpl (Trichoglossidae = Loridae)
tri|color adj *(m/f) dreifarbig, trikolor* ‖ (cinta, bandera) ~ *Trikolore* f ‖ **–comía** *f* ⟨pop⟩ →

–cromía ‖ –comoniasis *f* ⟨Med⟩ *Trichomon(i)asis* f ‖ –cornio *m Dreispitz* m *(Hut)* ‖ *Dreispitz* m *der* guardia civil ‖ △ *Gendarm* m
  tricot *m Trikot* m (& n) *(Stoff)* ‖ *Trikot* n *(Kleidungsstück)* ‖ –tar vt/i *stricken*
  tricotomía *f* ⟨Philos Wiss⟩ *Dreiteilung, Trichotomie* f
  tricotosa *f* ⟨Text⟩ *Strickmaschine* f
  tri|cromía *f Dreifarbendruck* m ‖ *Dreifarbenfotografie* f ‖ –cúspide *f* ⟨An⟩: (válvula) ~ *Trikuspidalklappe* f ‖ –dente *m*/adj *Dreizack, Trident* m
    tridentino adj *tridentinisch* ‖ → Concilio ~
    tridimensional adj *(m/f) dreidimensional*
    tri|duo *m dreitägige Andacht* f ‖ –edro *m* ⟨Math⟩ *Dreiflächner* m
  trie|nal adj *(m/f) dreijährig* ‖ *dreijährlich* ‖ –nio *m Zeitraum* m *von drei Jahren*
    triestino adj *aus Triest* ‖ *auf Triest bezüglich* ‖ ~ *m Triester* m
    trifásico adj ⟨El⟩ *dreiphasig, Dreiphasen-, Dreh-*
  tri|filar adj *(m/f)*, antena ~ ⟨Radio⟩ *Dreidrahtantenne* f ‖ –folio *m (Dreiblatt)Klee* m (→ trébol) ‖ ⟨Arch⟩ *Dreipass* m ‖ –forio *m* ⟨Arch⟩ *Triforium* n *(in Kirchen)* ‖ –forme adj *(m/f) dreigestaltig, trimorph*
    trifulca *f* ⟨Tech⟩ *Gebläse* n *(Verdichter)* ‖ ⟨figf⟩ *Durcheinander* n ‖ *Streit, Zank* m ‖ ◇ armar una ~ ⟨fam⟩ *e–n Streit anfangen*
    trifurcación *f dreifache Gabelung* f
    △ trifusco *m Friede* m
    triga *f Dreigespann* n, *Triga* f
    trigal *m*/adj *Weizenfeld* n
  tri|gémino adj *Drillings-* ‖ ~ *m Trigeminus* m ‖ –gésimo adj *der dreißigste* ‖ ~ *m Dreißigstel* n
    triglicérido *m* ⟨Chem⟩ *Triglyzerid* n
    triglifo *m* ⟨Arch⟩ *Triglyph* m, *Triglyphe* f *(am Fries)*
    trigo *m* ⟨Bot⟩ *Weizen* m (Triticum spp) ‖ *Weizenkorn* n ‖ ~ almidonero *Emmer* m (T. dicoccon) ‖ ~ blando, ~ candeal, ~ común *Weich-, Saat|weizen* m (T. aestivum) ‖ ~ duro *Hart-, Glas|weizen* m (T. durum) ‖ ~ fanfarrón *Berberweizen* m ‖ ~ de invierno *Winterweizen* m ‖ ~ marzal *Sommerweizen* m ‖ ~ mor(un)o *Berber-, Hart|weizen* m (T. durum) ‖ ~ otoñal → ~ de invierno ‖ ~ polaco *Gommer, Polnischer Weizen* m (T. polonicum) ‖ ~ sarraceno *Buchweizen* m ‖ ~ tierno → ~ blando ‖ ~ triturado *Weizenschrot* m ‖ ◇ no ser ~ limpio ⟨figf⟩ *nicht ganz in Ordnung,* ⟨fam⟩ *nicht ganz sauber sein (Handlung, Verhalten usw.)* ‖ ~s mpl *Saatfelder* npl ‖ ◇ echar por esos ~ *(od* por los ~ de Dios) ⟨figf⟩ *die Richtschnur, den Halt verlieren* ‖ llevar ~ a Castilla *Eulen nach Athen tragen*
    trígono adj ⟨Bot⟩ *dreiseitig* ‖ ~ *m* ⟨Astr Math⟩ *Trigon* n ‖ ⟨An⟩ *Trigonum* n
    trigono|metría *f* ⟨Math⟩ *Trigonometrie* f ‖ ~ esférica *sphärische Trigonometrie* f ‖ ~ plana *od* rectilínea *ebene Trigonometrie* f ‖ –métrico adj *trigonometrisch*
    trigueño adj *bräunlich* ‖ *halbbrünett (Gesichtsfarbe)* ‖ *dunkelblond*
  ¹triguero adj *Weizen-,* p.ex *Getreide-* ‖ ~ *m Kornsieb* n
  ²triguero *m* ⟨V⟩ *Grauammer* f (Emberiza calandra)
    triguillo *m* dim von trigo
    △ trigul *m Kreuz* n
  tri|látero adj *dreiseitig* ‖ –lero *m betrügerischer Hütchen-, Karten- od Würfelspieler* m ‖ –lingüe adj *(m/f) dreisprachig* ‖ –lingüismo *m Dreisprachigkeit* f ‖ –lobites mpl

Trilobiten mpl *(urweltliche Krebstiere)* ‖ –lobulado adj *dreilappig* ‖ *kleeblattförmig* ‖ –logía *f* ⟨Th Lit⟩ *Trilogie* f
  ¹trilla *f Dreschen* n, *Drusch* m ‖ *Druschzeit* f ‖ Cu *Pfad* m ‖ Col *Tracht* f *Prügel*
  ²trilla *f* ⟨Fi⟩ → salmonete
  trilla|dera *f Dreschflegel* m ‖ –do adj *ausgedroschen* ‖ ⟨fig⟩ *abgedroschen, trivial, alltäglich* ‖ –dor *m Drescher* m ‖ –dora *f*/adj (máquina) ~, ~ mecánica *Dreschmaschine* f
    trillar vt *(aus)dreschen* ‖ ⟨fig⟩ *immer wieder betreiben* ‖ ⟨fig⟩ *misshandeln* ‖ ◇ acabado de ~ *frisch gedroschen* ‖ a medio ~ *halb gedroschen*
    trillizos mpl *Drillinge* mpl
    trillo *m* ⟨Agr⟩ *Dresch|brett, -holz* n ‖ *Dreschflegel* m ‖ Cu *Fußweg* m
    trillón *m Trillion* f
    trimarán *m* ⟨Mar⟩ *Trimaran* m
    trimensual adj *(m/f) dreimal im Monat (erscheinend, geschehend usw.)*
  trimes|tral adj *(m/f) dreimonatlich* ‖ *Dreimonats-* ‖ *drei Monate dauernd* ‖ –tre *m Vierteljahr, Quartal* n ‖ *Trimester* n ‖ *Vierteljahreszahlung* f ‖ *Vierteljahresmiete* f ‖ ◇ cobrar ~s ⟨Th Lit⟩ *Tantiemen beziehen* ‖ pagar por ~s anticipados *(die Miete) vierteljährlich im Voraus zahlen*
    trímetro *m* ⟨Poet⟩ *Trimeter* m *(Vers)*
    trimielga *f* ⟨Fi⟩ *Zitterrochen, Torpedofisch* m (→ ²torpedo)
    trimmer *m* ⟨Radio⟩ *Trimmer* m
    trimorfo adj *dreigestaltig, trimorph*
    trimotor adj: (avión) ~ *Dreimotorenflugzeug, dreimotoriges Flugzeug* n
    trimurti *f* ⟨Rel⟩ *Trimurti* f *(im Hinduismus)* ‖ △ trin num *drei*
    trin, tran onom *hopp, hopp (Schaukelbewegung)*
  tri|nado *m* ⟨Mus⟩ *Triller* m ‖ *Läufer* m, *Verzierung* f ‖ *Koloratur* f ‖ → ²trino ‖ –nar vi ⟨Mus⟩ *trillern* ‖ ⟨fig⟩ *Koloraturen singen* ‖ ⟨fig⟩ *zwitschern* bzw *tirilieren* bzw *trillern (Vögel)* ‖ ◇ está que ~na ⟨figf⟩ *er ist wütend*
  ¹trinca *f Dreier|gruppe* f, *-vorschlag* m *(bei Stellenbesetzungen)* ‖ ⟨joc⟩ *Kleeblatt* n
  ²trinca *f:* jugador de ~ *Mogler* m ‖ nuevo de ~ ⟨Barc⟩ *funkelnagelneu*
    trincapiñones *m* ⟨pop⟩ *Sausewind, Springinsfeld* m
  ¹trincar [c/qu] vt *zer|brechen, -bröckeln*
  ²trincar [c/qu] vt *stark anbinden, festmachen* ‖ *packen* ‖ Sant *klauen, stibitzen* ‖ △ *festnehmen, einkerkern*
  ³trincar [c/qu] vi ⟨Mar⟩ *beilegen* (→ pairar)
  ⁴trincar [c/qu] vt ⟨pop⟩ *trinken,* ⟨pop⟩ *s. e–n hinter die Binde gießen*
    trincha *f Hosenbund* m ‖ *Schelle* f
    trinchacarnes *m Fleischwolf* m
    trinchante *m*/adj *Vorlege-, Tranchier|messer* n ‖ *Vorschneider, Tranchierer* m ‖ *Spitzhammer* m *(für Steinhauer)* ‖ ⟨Hist⟩ *Truchsess* m ‖ –char vt *vorschneiden, zerlegen, tranchieren (Speisen)* ‖ –che *m* Col *(Ess)Gabel* f
  ¹trinchera *f* ⟨Mil⟩ *Schützen-, Lauf|graben* m ‖ *Verschanzung* f ‖ ~ de combate *Kampfgraben* m ‖ ~s de primera línea *vordere Gräben* mpl ‖ ◇ abrir ~s ⟨Mil⟩ *Laufgräben eröffnen*
  ²trinchera *f Trenchcoat* m
    trinchero adj/s: plato ~ *Vorlegeteller* m ‖ ~ *m Vorlegetisch* m
    trinchete *m Schusterkneif* m ‖ Am *Tischmesser* n
    △ trinchó *(f:* ~í) adv *so viel*
    △ trindeque num *dreizehn*
    trineo *m Schlitten* m ‖ *Bergschlitten* m, *Rodel* f

‖ ⟨Tech⟩ *Gleitstück* n, *Schlitten* m ‖ ~ de alquiler *Mietschlitten* m ‖ ~ automóvil, auto-~ *Motorschlitten* m ‖ coche-~ *Schlittenwagen* m ‖ ◇ dar un paseo en ~ *e–e Schlittenfahrt machen* ‖ ir en ~ *Schlitten fahren* ‖ *rodeln*
trinidad *f* (Am auch *m*) ⟨Rel⟩ *Drei|einigkeit, -faltigkeit, Trinität* f (Padre, Hijo y Espíritu Santo *Gott Vater, Sohn und Heiliger Geist*) ‖ ⟨fig⟩ *Dreieinigkeit,* ⟨desp⟩ *Dreierclique* f
Trinidad *f* (Am & *m*) np *span. Frauen- bzw Männer|name*
Trinidad y Tabago *f* ⟨Geogr⟩ *Trinidad und Tobago* n
trinitaria *f* ⟨Bot⟩ *Stiefmütterchen* n (→ **²pensamiento**) ‖ ⟨Bot⟩ *(Behaarte) Drillingsblume* f (Bougainvillea spectabilis)
trinitario *m* ⟨Rel⟩ *Trinitarier(mönch)* m
trinitrotolueno *m* ⟨Chem⟩ *Trinitrotoluol, Trotyl* n *(Sprengstoff)*
¹trino adj *dreigeteilt* ‖ *dreifach* ‖ *dreizählig* ‖ ⟨Rel⟩ *dreieinig* ‖ *dritte(r)*
²trino *m* ⟨Mus⟩ *Triller* m ‖ *Trillern* bzw *Tirilieren* od *Zwitschern* n *(Vögel)* ‖ ~ doble *Doppeltriller* m ‖ un ~ de risa ⟨figf⟩ *ein helles, klingendes Lachen* ‖ ~s *mpl Trillern* n ‖ ⟨Mus⟩ *Koloratur* f ‖ los ~ de los pájaros *das Gezwitscher der Vögel* ‖ ◇ echar ~ ⟨pop⟩ *gottlos fluchen*
trinomio *m* ⟨Math⟩ *Trinom* n
trinque *m* ⟨pop⟩ *Getränk* n *Wein* m ‖ Am Can *Schnaps* m
△ **trinquelar** vt *packen, nehmen*
¹trinquete *m* ⟨Mar⟩ *Fock* f
²trinquete *m* ⟨Sp⟩ *Triquetspiel* n *(Ballspiel)* ‖ *(Tennis)Hallenspiel, (Hallen)Ballspiel* n
³trinquete *m* ⟨Tech⟩ *(Sperr)Klinke* f, *Gesperre* n ‖ *Sperrkegel* m *(an der Uhr)*
⁴trinquete *m leichter Knall* m ‖ ♦ a cada ~ ⟨figf⟩ *jeden Augenblick* ‖ *alle Augenblicke*
trinquetilla *f* ⟨Mar⟩ *Stagflock* f
trinquiforte *m* Chi ⟨fam⟩ *kräftiger Schluck* m *(Schnaps usw.)*
trinquis *m* ⟨fam⟩ *Schluck* m *(Wein)* ‖ *Trinkspruch* m
trío *m* *Trio* m *(& fig), Dreigesang* m ‖ ⟨pop⟩ *Trio* n *(Geschlechtsverkehr zu dritt)* ‖ ~ arbitral ⟨Sp⟩ *Schiedsrichtergespann* n ‖ ~ de cuerda ⟨Mus⟩ *Streichtrio* n ‖ ~ con piano *Klaviertrio* n
triodo *m* ⟨Radio TV⟩ *Triode* f
Triones *mpl* ⟨Astr⟩ *Großer Wagen* m
trióxido *m* ⟨Chem⟩ *Trioxyd* (fachspr.: *Trioxid*) n
trip *m* [in der Drogenszene] *Trip* m
tripa *f* *Darm* m ‖ *Gedärm(e)* n ‖ *Bauch, Wanst* m ‖ *Bauch* m *e–r Flasche* ‖ *Winkel* m ‖ *Einlage* f *e–r Zigarre* ‖ ◇ echar ~ ⟨pop⟩ *Bauch ansetzen* ‖ hacerle ~ a una mujer ⟨vulg⟩ *e–r Frau ein Kind machen* ‖ sacar la ~ de mal año ⟨fam⟩ *s. den Bauch voll stopfen* ‖ ¿qué ~ se te ha roto? ⟨pop⟩ *(meist unhöflich od grob) was hast du denn auf einmal? was ist denn nun schon wieder mit dir los?* ‖ ~s *fpl Eingeweide* npl ‖ *Kaldaunen, Kutteln* fpl ‖ ⟨fig⟩ *Innere(s)* n ‖ ◇ abrir *(od sacar)* las ~ a alg. *jdm den Bauch aufreißen (Drohung)* ‖ me duelen las ~ ⟨pop⟩ *ich habe Bauchschmerzen* ‖ echar las ~ ⟨figf⟩ *s. heftig erbrechen* ‖ es para echar las ~ ⟨figf⟩ *das ist äußerst ekelhaft* ‖ hacer de ~ corazón ⟨figf⟩ *aus der Not e–e Tugend machen* ‖ *s. nicht unterkriegen lassen* ‖ *s. ein Herz nehmen* ‖ a este cojín le salen las ~ *dieses Kissen ist aufgerissen*
△ **tripamuló** *m Totengräber* m
tripaso|ma *m* ⟨Zool Med⟩ *Trypanosoma* n ‖ **–miasis** *f* ⟨Med⟩ *Trypano(so)miase, Schlafkrankheit* f

tripartidismo *m* ⟨Pol⟩ *Dreiersystem, Dreiparteiensystem* n
triparti|to, –do adj *dreigeteilt* ‖ *Dreier-*
△ **tripasarí** *f Bewunderung* f
tripe *m* ⟨Text⟩ *Trippsamt, Plüsch* m *(für Teppiche)*
tri|pero *m Kuttler, Kaldaunenhändler* m ‖ ⟨fam⟩ *Leibbinde* f ‖ **–picallos** *mpl Kutteln, Kaldaunen* fpl ‖ **–pita** *f dim* ⟨fam⟩ *von* **tripa** ‖ *Bäuchlein* n ‖ ⟨pop⟩ *Schwangerschaft* f ‖ ◇ salir con ~ ⟨pop⟩ *dick (schwanger) werden*
tri|plano *m/adj* ⟨Flugw Hist⟩ *Dreidecker* m ‖ **–plazas** *m* ⟨Flugw⟩ *Dreisitzer* m ‖ **–ple** *(m/f)*, **–plo** adj *dreifach* ‖ ~ m: el ~ *das Dreifache* ‖ adv: ~**mente**
triplete *m* ⟨Opt Phys⟩ *Triplett* n
tríplica *f* Ar ⟨Jur⟩ *Triplik, Antwort* f *auf die Duplik*
tripli|cado adj *verdreifacht* ‖ ♦ por ~ *in dreifacher Ausfertigung* ‖ ~ m *Drittausfertigung* f ‖ **–car** [c/qu] vt *verdreifachen* ‖ número 12 –cado *Nummer 12c (bei Hausnummern)* ‖ **–cidad** *f Dreifachheit* f
triplo adj/m → **triple**
tripocho adj/s Ven → **trillizos**
trípode *m (& f) Dreifuß* m ‖ *dreibeiniger Stuhl* m ‖ ~ m ⟨Fot⟩ *Stativ, Dreibeinstativ* n ‖ plegable *Schnappstativ, ausziehbares Stativ* n
tripolar adj *(m/f)* ⟨El⟩ *dreipolig, Dreipol-*
trípoli(i) *m* ⟨Min⟩ *Tripel* m *(Saug-, Polier|schiefer)*
tripoli(ta)no adj *aus Tripolis (Trípoli)* ‖ *auf Tripolis bezüglich* ‖ ~ m *Tripolitaner* m
tri|pón adj/s ⟨fam⟩ *dickbäuchig* ‖ **–poso** m ⟨fam⟩ *guter Esser* m ‖ **–pote** *m* Nav *Blutwurst* f (→ **morcilla**)
tripsina *f* ⟨Physiol⟩ *Trypsin* n
¹tríptico *m* ⟨Mal⟩ *Triptychon, dreiteiliges (Altar)Bild* n
²tríptico *m* *Trip|tyk, -tik* n
triptongo *m* ⟨Gr⟩ *Triphthong, Dreilaut* m
tripudo adj/s ⟨pop⟩ *dickbäuchig*
tripu|lación *f (Schiffs)Mannschaft, Crew, Be|satzung, -mannung* f ‖ ⟨Flugw⟩ *Flugmannschaft, (Flug)Besatzung, Crew* f ‖ ~ de combate ⟨Flugw⟩ *Kampfbesatzung* f ‖ ~ de un dirigible *Besatzung* f *e–s (lenkbaren) Luftschiffes* ‖ ♦ sin ~ *unbemannt* ‖ **–lante** *m Matrose, Mann* m *der Besatzung* ‖ ~ de un avión *Mitglied* n *der Besatzung e–s Flugzeuges* ‖ *Flieger* m
¹tripular vt *bemannen* ‖ *steuern (Flugzeug usw.)*
²tripular vt Chi ⟨fam⟩ *pan(t)schen*
tripulina *f* Arg Chi → **tremolina**
¹trique *m onom Knall* m ‖ *Knacken* n ‖ ♦ a cada ~ ⟨figf⟩ *jeden Augenblick* ‖ ~s *mpl* Mex *Krimskrams* m
²trique *m* Chi ⟨Bot⟩ *Purgierschwertel* n (Libertia coerulescens)
³trique *m* Chi *grob gemahlenes Mehl* n, *Kleie* f
△ **⁴trique** *m Taschentuch* n
triquin *m grobes Mehl* n
triquina *f* ⟨Zool Med⟩ *Trichine* f (Trichinella spiralis) ‖ ~ enquistada *eingekapselte Muskeltrichine* f
triquinear vt Chi *plagen, belästigen*
triqui|niasis, –nosis *f* ⟨Med⟩ *Trichino|se, -sis, Trichinenkrankheit* f
triquiñuela *f* ⟨fam⟩ *Ausflucht* f ‖ *Trick, Kniff* m, *List* f ‖ un tío ~s ⟨fam⟩ *ein Kleinigkeitskrämer* m
triquitraque *m Knall* m ‖ *Ge|rassel, -klirr, -klapper* n ‖ *(Knall)Frosch* m *(Feuerwerk)* ‖ ◇ hacer ~ *(er)klirren*

trirreme *m* ⟨Mar Hist⟩ *Triere, Trireme* f,
Dreiruderer m
  tris *m Geklirr* n ‖ *Knacks* m ‖ ◆ *en un ~*
⟨figf⟩ *im Nu, im Handumdrehen* ‖ ◇ *estar en un*
~, por un ~ beinahe ‖ *estuvo en od no faltó un*
~ um ein Haar wäre es geschehen ‖ **¡~, trás!**
onom *bums! knacks! (Schlag)* ‖ *~ m trippelndes*
Geräusch n
  trisa *f* ⟨Fi⟩ → **sábalo**
  trisagio *m* ⟨Rel⟩ *Trisagium, Trishagion* n
(Gebet bzw Gesang mit dreimaliger Anrufung
Gottes)
  trisca *f Knacks* m, *Knacken* n *(der Nüsse)* ‖
⟨fig⟩ *Lärm, Radau* m ‖ ⟨pop⟩ *Prügelei* f ‖ *Tracht* f
Prügel ‖ *Am Spaß* m
  tris|cador *m Schränkeisen* n ‖ **–car** [c/qu] vt
schränken (e–e Säge) ‖ ⟨fig⟩ *durcheinander*
bringen ‖ Col *verleumden* ‖ *~ vi* ⟨reg⟩ *(bes.* Sant)
herumspringen, hüpfen, tollen ‖ *trampeln,*
stampfen ‖ ⟨figf⟩ *schäkern, herumalbern,*
Mutwillen treiben
  tri|sección *f Dreiteilung* f *(e–s Winkels)* ‖
–semanal adj *(m/f) dreiwöchentlich* ‖ **–sílabo** adj
dreisilbig ‖ *~ m dreisilbiges Wort* n
  trismo *m* ⟨Med⟩ *Mund-, Kiefer|sperre,*
Kieferklemme f, *Trismus* m
  Tristán *m* np *Tristan* m ‖ *~ e Isolda (od* Iseo)
Tristan und Isolde (Wagners Oper) bzw *die*
Gestalten der Sage von Gottfried von Straßburg
usw.
  ¹triste adj *(m/f) traurig, betrübt,*
niedergeschlagen ‖ *trübsinnig* ‖ *düster* ‖
betrübend, schmerzlich ‖ *kläglich, erbärmlich,*
jämmerlich, traurig ‖ *armselig* ‖ *öd(e), trost-,*
freud|los, trist ‖ ⟨fig⟩ *schwermütig* ‖ ⟨fig⟩ *dunkel,*
finster ‖ *~ desenlace trauriger Ausgang* m, ⟨fig⟩
Tod m ‖ *~ resultado trauriger Erfolg* m,
jämmerliches Ergebnis n ‖ *ni un ~ libro* ⟨fig⟩
nicht einmal ein (elendes) Buch ‖ ◆ *de ambiente*
~ traurig gestimmt, von trauriger Stimmung (bes.
Mus) ‖ ◇ *está ~ er ist traurig (gestimmt)* ‖ *esas*
flores están (od empiezan a ponerse) ~s (fam)
diese Blumen lassen die Köpfe hängen od *fangen*
an zu welken ‖ *es muy ~ das ist traurig* ‖ *ponerse*
~ traurig, betrübt werden
  ²triste *m* Am *(Art) melancholischer Gesang* m
  tristemente adv *traurig*
  ¹tristeza *f Traurigkeit, Betrübnis* f ‖
Betrübtheit, Tristesse f ‖ *Trübseligkeit* f ‖
Trübsinn m ‖ *Schwermut* f ‖ ◆ *con ~ traurig* ‖ ◇
desechar la ~ s. aufmuntern
  ²tristeza *f* RPl *Rinderpest* f
  △ **³tristeza** *f Todesurteil* n
  tristón adj *et. traurig* ‖ *schwermütig*
  trítico *m* → **tríptico**
  tritio *m* ⟨Chem⟩ *Tritium* n ($^3_1$=1H)
  ¹tritón *m* ⟨Zool⟩ *(Wasser)Molch* m ‖
Trompetenschnecke f, *Tritonshorn* n (Tritonium
nodiferum) ‖ *~ alpino Bergmolch* m (Triturus
alpestris) ‖ *~ común Teichmolch* m (T. vulgaris) ‖
~ crestado Kammmolch m (T. cristatus) ‖ *~*
marmóreo Marmormolch m (T. marmoratus)
  ²tritón *m* ⟨Atom⟩ *Triton* n *(Kern des Tritiums)*
  Tritón *m* ⟨Myth⟩ *Triton* m
  tritu|ración *f Zer-, Ver|reibung, Zer|malmung,*
-kleinerung f ‖ *Zermahlen* n ‖ ⟨Med Pharm⟩
Verreibung, Trituration f ‖ **–rador** *m/*adj *Brecher*
m ‖ *~ de basura Müllzerkleinerer* m ‖ *~ de*
forraje Häckselmaschine f ‖ **–radora** *f Brecher* m,
Zerkleinerungsmaschine f ‖ ⟨Bgb⟩ *Stampfwerk* n ‖
~ cónica Kegelbrecher m ‖ *~ de mandíbulas*
Backenbrecher m ‖ **–rar** vt *zer|reiben, -malmen,*
-kleinern ‖ *zerquetschen* ‖ *kauen* ‖ ⟨fig⟩ *plagen* ‖
⟨fig⟩ *vernichten* ‖ ⟨Pharm⟩ *verreiben* ‖ ⟨Tech⟩
brechen

  triun|fador adj *siegreich* ‖ *~ m Triumphator,*
Sieger m ‖ **–fal** adj *(m/f) sieghaft* ‖ *herrlich* ‖
triumphal ‖ *Triumph-, Sieges-* ‖ **–falismo** *m*
Selbstgefälligkeit f ‖ ⟨Pol Rel⟩ *(offizieller)*
Zweckoptimismus, „Triumphalismus" m,
Schönfärberei f ‖ *Hurrapatriotismus* m ‖ **–fante**
adj *(m/f) sieg|reich, -strahlend* ‖ *triumphierend (&*
pej) ‖ *la Iglesia ~* ⟨Rel Theol⟩ *die triumphierende*
Kirche f ‖ **–far** vi *(ob)siegen, den Sieg*
davontragen ‖ *frohlocken, jubeln* ‖ *s. brüsten (con*
mit) ‖ *triumphieren (& pej)* ⟨Kart⟩ *Trümpfe*
ausspielen ‖ ◇ *~ de alg., ~ sobre alg. über jdn*
Herr werden, jdn bezwingen ‖ *~ de su adversario*
über s–n Gegner siegen ‖ *~ en toda la línea* ⟨fig⟩
auf der ganzen Linie od *glatt siegen* ‖ **–fo** *m*
Triumph(zug), Siegeszug m ‖ *Sieg* m ‖
Frohlocken n, *Jubel* m ‖ ⟨Kart⟩ *Trumpf* m ‖ Arg
ein Volkstanz m ‖ ◇ *coronado de ~ mit Erfolg*
gekrönt ‖ *cosechar grandes ~s große Erfolge*
erzielen
  triungulino *m* ⟨Ins⟩ *Dreiklauer, Triungulinus*
m, *Triungulinuslarve* f *(erste Larve des Ölkäfers)*
  triun|virato *m Triumvirat* n,
Drei(männer)herrschaft f ‖ **–viro** *m Triumvir* m
  trivalen|cia *f* ⟨Chem⟩ *Dreiwertigkeit* f ‖ **–te** adj
(m/f) dreiwertig, trivalent
  tri|vial adj *(m/f) platt, abgedroschen,*
alltäglich, gemein, trivial ‖ **–vialidad** *f Plattheit* f
‖ *Alltäglichkeit* f ‖ *Abgedroschenheit* f ‖ *Trivialität*
f ‖ *abgedroschene Redensart* f, *Gemeinplatz* m ‖
–vializar [z/c] vt/i *banalisieren, ins Triviale*
ziehen
  trivio *m Dreiweg, dreifacher Kreuzweg* m ‖
⟨Hist⟩ *Trivium* n *(ehem. Bildungsstufe)*
  triza *f Stückchen* n ‖ *ein bisschen* ‖ *Fetzen* m ‖
~s fpl Scherben fpl ‖ ◇ *hacer ~* ⟨pop⟩ *zer|fetzen,*
-stückeln, -schlagen ‖ *hecho ~ zer|schlagen,*
-stört ‖ ⟨pop⟩ *kaputt*
  Tróade *f Troas* f
  troca|da: a la *~ verkehrt* ‖ **–damente** adv
verkehrt ‖ **–dilla:** a la *~* → **trocada** ‖ **–do** adj
verwechselt ‖ *verkehrt* ‖ **–dor** *m (Um)Tauscher* m
  trocaico adj ⟨Poet⟩ *trochäisch* ‖ *(verso) ~*
Trochäus m *(→ **troqueo**)*
  trocánter *m* ⟨An⟩ *Rollhügel, Trochanter* m
  ¹trocar *m* ⟨Med⟩ *Trokar* m
  ²trocar [-ue-, c/qu] vt *(ver-, um-, ein)tauschen*
‖ *(aus-, ein)wechseln* ‖ *(ver)wechseln* ‖ *verändern*
‖ *verwandeln* ‖ ◇ *~ por dinero gegen Geld*
einwechseln ‖ *~ en lucro in Gewinn verwandeln* ‖
~se s. ändern ‖ *s. wenden* ‖ ⟨fig lit⟩ *s.*
verwandeln (en in acc)
  troce|ar vt *in Stücke teilen* ‖ **–o** *m Teilung in*
Stücke, Zerstückelung f
  trocha *f Fußsteig* m ‖ *Pfad, Steg* m ‖ Am ⟨EB⟩
Spurweite f (Span = ancho de vía)
  trochemoche: a *~ (fam) aufs Geratewohl* ‖
kreuz und quer
  tro|cisco *m Plätzchen* n, *Pastille* f ‖ **–cito** *m*
dim von **–zo** ‖ *Stückchen* n
  trocla *f* ⟨Tech⟩ → **polea**
  troclo *m* ⟨Fi⟩ *Mond-, Sonnen-, Klump|fisch* m
(Mola mola = Orthagoriscus mola)
  trocoide *f* ⟨Math⟩ *Trochoide* f
  trócolo *m* [in der Drogenszene] *Haschisch-* od
Marihuana|zigarette f
  trofeo *m Trophäe* f ‖ *Siegeszeichen* n ‖
Siegerpreis m (bes. Sp) ‖ ⟨fig⟩ *Sieg, Triumph* m ‖
~ de tiro Schützenpreis m ‖ *~s mpl*
Waffenschmuck m
  trófico adj ⟨Physiol⟩ *trophisch, Ernährungs-*
  tro|fismo *m* ⟨Physiol⟩ *Trophik* f ‖ **–foneurosis** *f*
⟨Med⟩ *Trophoneurose* f
  ¹troglodita *m/f Höhlenmensch* m *der Eiszeit* ‖
p.ex *Höhlenbewohner* m ‖ ⟨fig⟩ *Barbar* m ‖ ⟨fig⟩

Rückschrittler m ‖ ⟨fig⟩ *ungeselliger Mensch* m ‖ ⟨figf⟩ *Vielfraß* m *(Person)*
²troglodita *m* ⟨V⟩ *Zaunkönig* m (Troglodytes spp)
   troglodítico adj *Troglodyten-* ‖ ⟨fig⟩ *rückschrittlich* ‖ *barbarisch* ‖ *ungesellig*
   troica *f Troika* f (& fig Pol)
   troj *f Scheune, Scheuer* f ‖ *Getreide-, Korn\kammer* f ‖ *Olivenkammer* f
   ¹trola *f (fam) Betrug* m*, Lüge, Ente* f
   ²trola *f Col Scheibe* f *Schinken*
   trolas *fpl* Chi *Hoden* mpl
   trole *m Stromabnehmer* m *(an Straßenbahnwagen)* ‖ **–bús** *m Trolleybus, Obus (= Oberleitungsomnibus)* m
   trolero *m*/adj ⟨fam⟩ *Lügner, Schwindler* m ‖ ⟨fam⟩ *Großsprecher* m
   tromba *f* ⟨Mar⟩ *Wasserhose* f ‖ ◆ en ~ ⟨fig⟩ *wie ein Wirbelwind*
   trombi\dios *mpl* ⟨Zool⟩ *Laufmilben* fpl (Trombidiidae) ‖ **–diosis** *f* ⟨Agr⟩ *Ernte-, Heu\krätze, Trombidiose* f *(durch die Herbst- od Ernte\milbe Trombicula autumnalis verursacht)*
   trombina *f* ⟨Biol Chem⟩ *Thrombin* n
   trombo *m* ⟨Physiol Med⟩ *Thrombus, Blutpfropf* m ‖ **–cito** *m* ⟨An⟩ *Thrombozyt* m*, Blutplättchen* n ‖ **–flebitis** *f* ⟨Med⟩ *Thrombophlebitis* f
   trombón *m* ⟨Mus⟩ *Posaune* f ‖ *Posaunen-, Piston\bläser, Posaunist* m ‖ ~ de pistones *Ventilposaune* f ‖ ~ de varas *Zugposaune* f ‖ ◇ tocar el ~ *die Posaune blasen*
   trombosis *f* ⟨Med⟩ *Thrombose* f
   ¹trom\pa *f* ⟨Mus⟩ *Jagd-, Wald\horn* n ‖ *Trompete* f ‖ *(Automobil)Hupe* f ‖ ~ de Eustaquio ⟨An⟩ *Eustachische Röhre* f ‖ ~s de Falopio ⟨An⟩ *Fallopio-Tuben* fpl ‖ ~ gallega *Brummeisen* n ‖ ~ de pistones *Ventilhorn* n ‖ ~ *m/f Waldhornbläser(in* f)*, Hornist(in* f) m
   ²trompa *f Rüssel* m *(des Elefanten, des Tapirs)* ‖ *(Saug)Rüssel* m *(der Insekten)* ‖ ⟨fig⟩ *Schmollmund* m ‖ △ *Nase* f*, Zinken* m
   ³trompa *f Hohl-, Brumm\kreisel* m ‖ → **tromba** ‖ ⟨pop⟩ *Rausch* m*, Trunkenheit* f*,* ⟨pop⟩ *Affe* m ‖ ◇ agarrar *od* coger una ~ ⟨pop⟩ *s. besaufen* ‖ tener una ~ *e–n Affen od e–n sitzen haben*
   trom\pada *f,* **–pazo** *m* ⟨fam⟩ *(Zusammen)Stoß* m *(& mit dem Wagen)* ‖ ⟨figf⟩ *Faustschlag* m*, Stoß* m *(& mit dem Wagen)* ‖ ⟨figf⟩ *Faustschlag* m*, Ohrfeige* f ‖ *derber Stoß* m ‖ ⟨Mar⟩ *Rammstoß* m
   trompearse Am *s. prügeln*
   trompero adj *betrügerisch, täuschend* ‖ *Schein-* ‖ → auch **trolero**
   trompe\ta *f* ⟨Mus⟩ *Trompete* f ‖ *Flügelhorn* n ‖ ~ de orden *Signaltrompete* f ‖ ◆ al son de ~ *bei Trompetenschall* ‖ ¡~s! ⟨pop⟩ *Unsinn!* ‖ ~ *m Trompeter* m ‖ tocar la ~ ⟨fig joc⟩ *die Flasche ansetzen* ‖ **–tazo** *m Trompeten\blasen, -geschmetter* n ‖ ⟨pop⟩ *starker Schlag* m ‖ ⟨pop⟩ *große Dummheit* f ‖ **–tear** vi ⟨fam⟩ *trompeten* ‖ **–teo** *m Trompeten* n ‖ **–tería** *f Trompetenregister* n *(der Orgel)* ‖ *Trompeten\schall* m*, -geschmetter* n
   ¹trompetero *m Trompeter* m ‖ *Trompetenmacher* m
   ²trompetero *m* ⟨Fi⟩ *Eberfisch* m (Capros aper)
   △ **³trompetero** *m Stock* m
   trompetilla *f* dim von **trompeta** ‖ *Hörrohr* n
   trompeto *m*/adj Mex *Betrunkene(r)* m
   trompi\car [c/qu] vi *oft und heftig straucheln* ‖ *stolpern* ‖ ~ vt *stolpern lassen* ‖ **–cón** *m (häufiges) Strauchseln* n ‖ *Stoß* m ‖ *Stolpern* n ‖ ◇ dar –cones *straucheln* ‖ *stolpern*
   trompis *m* ⟨fam⟩ *(Faust)Schlag* m ‖ *Zusammenstoß* m

¹trompo *m (Holz)Kreisel* m ‖ *Hohl-, Brumm\kreisel* m ‖ ◇ jugar al ~ *Kreisel spielen* ‖ ponerse hecho *od* como un ~ ⟨figf⟩ *s. voll stopfen (mit Essen), s. volllaufen lassen (beim Trinken)*
   ²trompo *m* ⟨Zool⟩ *Kreiselschnecke* f (Gibbula spp) ‖ *Spitzkreiselschnecke* f (Zizyphinus granulatus)
   trompón *m* augm von **trompo** ‖ ◆ a ~ ⟨fam⟩ *unordentlich, liederlich*
   ¹trona *f* ⟨Min⟩ *Trona* f *(Abart der Soda)*
   ²trona *f hoher Kinderstuhl* m
   △ **³trona** *f Pistole* f
   trona\da *f Donnerwetter* n ‖ *Gewitter* n ‖ **–do** adj ⟨fam⟩ *elend, miserabel* ‖ ⟨fig⟩ *heruntergekommen* ‖ ⟨fig⟩ *abgebrannt* ‖ ◇ andar ~ ⟨figf⟩ *pleite sein*
   tronante adj *(m/f):* voz ~ *dröhnende Stimme, Donnerstimme* f
   tronar [-ue-] vi/impers *donnern* ‖ ⟨fig⟩ *wettern* (contra *gegen*) ‖ ⟨figf⟩ *brüllen* ‖ *knallen, krachen (Feuerwaffe)* ‖ ◇ ~ con alg. ⟨figf⟩ *s. mit jdm verkrachen* ‖ ~ contra alg. ⟨figf⟩ *gegen jdn los\donnern* ‖ truena *es donnert* ‖ ~ vt Mex Guat ⟨fam⟩ *erschießen* ‖ **~se** ⟨fig⟩ *(gesellschaftlich) herunterkommen* ‖ *Pleite machen*
   tron\cal adj *(m/f) Stamm- ‖ Haupt-* ‖ *(in) gerader Linie* ‖ **–co** *m (Baum)Stamm, Stumpf* m ‖ *Klotz* m*, Scheit* n ‖ ⟨An⟩ *Rumpf* m ‖ *(Deichsel)Gespann* n *(Pferde, Maultiere)* ‖ ⟨fam⟩ *Trinkgeldbüchse* f ‖ ⟨fig⟩ *Klotz* m ‖ ⟨Gr Ling⟩ *Stamm* m ‖ ⟨fig⟩ *Ursprung* m ‖ ⟨fig⟩ *Herkunft, Abstammung* f ‖ ~ arterial ⟨An⟩ *Arterienast* m ‖ ◇ dormir como un ~ ⟨figf⟩ *wie ein Murmeltier schlafen*
   troncha *f* Am *Schnitte* f *(Fleisch)* ‖ Am ⟨fam⟩ *Sinekure* f
   tronchado adj ⟨Her⟩ *Schräg(rechts)-*
   tronchar vt *(Bäume) ab\reißen, -brechen (bes. vom Wind)* ‖ ⟨fig⟩ *zerbrechen* ‖ **~se** *zerbrechen* ‖ ◇ es para ~ de risa ⟨pop⟩ *es ist zum Kranklachen* ‖ ¡ay, que me –cho! ⟨pop⟩ *das ist zum Kugeln!*
   ¹troncho *m* ⟨Bot⟩ *Stängel, (Pflanzen)Stiel* m *(Kohl)Strunk* m
   △ **²troncho** *m Genick* n
   △ **³troncho** *m schlechter Schauspieler* m
   tronchudo adj *strunkig*
   troncónico adj *kegelstumpfförmig*
   troncudo adj *dickstämmig*
   ¹tronera *f* ⟨Mil⟩ *Schießscharte* f ‖ ⟨Mar⟩ *Geschützluke* f ‖ p. ex *(Dach)Luke* f ‖ *Billardloch* n ‖ *Klatsche* f*, Schlagschwärmer* m *(Kinderspielzeug)*
   ²tronera *m* ⟨figf⟩ *leichtlebiger Mensch, Bruder Leichtfuß, Windhund* m
   △ **tronfaró(n)** *m Rumpf* m
   △ **tronga** *f Geliebte* f
   tronido *m Donner(schlag)* m ‖ ⟨fig⟩ *Ruin* m*,* ⟨fam⟩ *Pleite* f
   tronío *m* ⟨pop⟩ *Ruhm* m ‖ *Stolz* m ‖ *Pracht* f ‖ *Herrlichkeit* f ‖ *Angabe* f ‖ *verschwenderische Großzügigkeit* f *(in Geldangelegenheiten)*
   △ **tronitis** adj/s *zerlumpt*
   tronitoso adj ⟨fam⟩ *donnernd*
   trono *m Thron* m *(& fig)* ‖ ◇ abdicar el ~ dem Thron entsagen, die Krone, das Zepter niederlegen ‖ ◇ subir al ~, ocupar el ~ den Thron besteigen ‖ **~s** mpl *Throne* mpl *(Engelordnung)*
   tronquillo *m* dim von **tronco** ‖ *Trinkgeldbüchse* f
   tron\zador *m Ablängsäge* f ‖ **–zar** [z/c] vt *zerbrechen* ‖ *brechen* ‖ *fälteln (Stoff)* ‖ ⟨Zim Tech⟩ *ablängen* ‖ ⟨fig⟩ *mürbe machen, zermürben*

troostita *f* ⟨Met⟩ *Troostit* m *(Perlit)*
tropa *f (Reiter)Trupp* m, *Rotte* f ‖ *Truppe* f,
Mannschaft f ‖ ⟨fig⟩ *Trupp* m ‖ *Haufen* m ‖ △
Menschenmenge f ‖ RPl *(Wander)Herde* f ‖ Arg
Zug m *(Lasttiere)* ‖ ~s *fpl* ⟨Mil⟩ *Truppen* fpl ‖ ~
activas *stehendes Heer* n ‖ ~ aerotransportadas
Luftlandetruppen fpl ‖ ~ coheteriles
Raketentruppen fpl ‖ ~ de élite *Elitetruppen* fpl ‖
~ escogidas *Elitetruppen* fpl ‖ ~ liberadoras
Befreiungstruppen fpl ‖ ~ de línea *Linientruppen*
fpl ‖ ~ mercenarias *Söldnertruppen* fpl ‖ ~ de
ocupación *Besatzungstruppen* fpl ‖ ~ de refresco
Ersatztruppen fpl ‖ ~ selectas →~ escogidas ‖
~ de socorro →~ de refresco ‖ ~ de tierra
Landstreitkräfte fpl ‖ ◆ en ~ *rotten-,*
haufen|weise
tro|pel *m Volkshaufe* m ‖ *(Menschen)Menge,*
Schar f (bes. *in Bewegung)* ‖ *Getrappel, Trappeln*
n ‖ *Hast, Über|eilung, -stürzung* f ‖ *Wirrwarr* m,
wirres Durcheinander n ‖ ◇ en ~ *scharen-,*
haufen|weise
△ **tropel** *m Gefängnis* n
△ **tropelero** *m Straßenräuber* m
tropelía *f Hast, Über|eilung, -stürzung* f ‖
Gewalt-, Frevel|tat f ‖ *Gewaltstreich* m ‖
Betörung, Überlistung f
tropelista *m/f Gaukler(in* f) m
tropeña *f*/adj Ec *(mit den Truppen ziehende)*
Soldatenfrau f
tropéolo *m* ⟨Bot⟩ → **¹capuchina**
tropera *f*/adj Guat Ven → **tropeña**
tropero *m* RPl *Führer (e–r Wanderherde usw.)*
trope|zar [-ie-, z/c] *vi/t stolpern, straucheln* ‖
stoßen (con, en *auf* acc) ‖ *anstoßen (mit der*
Zunge), stottern ‖ ⟨fig⟩ *e–n Fehltritt tun* ‖ ~ con
alg. ⟨fam⟩ *auf jdn stoßen, jdn (unvermutet)*
antreffen, jdm (zufällig) begegnen ‖ ~ con
dificultades, ~ con obstáculos *auf*
Schwierigkeiten, auf Hindernisse stoßen ‖ ~ en
(od contra) *stolpern über* (acc), *anstoßen an* (acc)
‖ ◆ sin ~ *ohne Anstoß* ‖ *unbehindert* ‖ ~**se** *s.*
streichen, s. treten (Pferde & andere Tiere) ‖ ◇ ~
a alg. (figf) *jdm (zufällig) begegnen* ‖ **–zón** *m*
Straucheln, Stolpern n ‖ *Fehltritt* m ‖ ◇ dar un ~
straucheln, stolpern ‖ ⟨fig⟩ *e–n Fehltritt begehen,*
entgleisen ‖ **–zones** *mpl:* a ~ *stolpernd* ‖ (figf)
mühsam ‖ ◇ dar ~ *al hablar, dar* ~ *hablando*
stottern
tropezones *mpl* ⟨Kochk fam⟩ *Fleisch-,*
Wurst|stückchen (in der Suppe, im Eintopf)
tropical adj *(m/f) tropisch, Tropen-*
tropicalización *f* ⟨Tech⟩ *Tropen|schutz* m,
-ausführung f
trópico adj *tropisch* ‖ ~ m: ~ de Cáncer, ~
de Capricornio ⟨Astr⟩ *Wendekreis* m *des Krebses,*
des Steinbocks ‖ ◇ cortar el ~ ⟨Mar⟩ *die Linie*
passieren
tropiezo *m Hindernis* n, *Anstand* m ‖ ⟨fig⟩
Schwierigkeit f ‖ ⟨fig⟩ *Anstoß* m ‖ ⟨fig⟩
Unannehmlichkeit f ‖ ⟨fig⟩ *Fehltritt* m,
Entgleisung f ‖ ⟨fig⟩ *Zwist* m, *Reibung* f ‖ ◇ dar
un ~, dar ~s *straucheln, stolpern (& fig)*
tropismo *m* ⟨Biol⟩ *Tropismus* m
tropo *m* ⟨Rhet⟩ *Trope* f, *Tropus* m
tropología *f bildliche Ausdrucksweise* f ‖ *mit*
Tropen überladene Sprache
tropo|pausa *f* ⟨Meteor⟩ *Tropopause* f ‖ **–sfera** *f*
Troposphäre f
troquel *m (Münz)Stempel, Punzen* m ‖
Stanzwerkzeug n ‖ **–ado** *m*/adj *Stanzen* m ‖ **–adora**
f Stanzmaschine f ‖ *Prägepresse* f *(für Münzen*
usw.) ‖ **–ar** vt *(präge)stanzen* n, *(loch)stanzen*
troqueo *m* ⟨Poet⟩ *Trochäus* m *(Vers)*
trota|calles *m/f* ⟨fam⟩ *Müßiggänger(in* f) m ‖
–conventos *f* ⟨fam⟩ *Kupplerin* f

trotador *m*/adj *Traber* m *(Pferd)* ‖ ~ Orlow
Orlowtraber m
trotamundos *m/f* ⟨fam⟩ *Weltenbummler(in* f) m
tro|tar vi *(dahin)traben, trotten (& fig)* ‖ **–te** *m*
Trab m ‖ ⟨fig⟩ *Lauferei, Hetzerei* f ‖ ~ alargado
starker Trab m ‖ ~ levantado *Leichttraben* n ‖ ~
reunido *versammelter Trab* m ‖ ~ sentado
Aussitzen n *(Trab)* ‖ ◆ a(l) ~ *im (vollen) Trab* ‖
⟨fig⟩ *eilig* ‖ de mucho ~ ⟨fig⟩ *sehr*
widerstandsfähig (Stoff usw.) ‖ para todo ~ ⟨fam⟩
zum Alltagsgebrauch ‖ ◇ alejarse al ~ *forttraben*
‖ amansar el ~ (figf) *s. mäßigen* ‖ ir al ~ *traben*
(Pferd) ‖ *Trab reiten* ‖ ⟨fig⟩ *s. beeilen, rennen*
(Mensch) ‖ pasar a ~ *vorübertraben* ‖ **–tinar** vi
Mex Guat CR → **trotar** ‖ **–tón** *m Traber* m
(Pferd) ‖ Am *Klepper* m
trotona *f* ⟨fam⟩ *Gesellschaftsdame* f ‖ ⟨pop
desp⟩ *Nutte* f
trots|kismo *m* ⟨Pol⟩ *Trotzkismus* m *(nach L.D.*
Trotzki-Bronštejn, 1879–1940) ‖ **–kista** adj *(m/f)*
trotzkistisch ‖ *m/f Trotzkist(in* f) m
troupe *f* ⟨Th⟩ *Truppe* f, *Ensemble* n
trousseau *m* [veraltet] *Aus|steuer, -stattung* f
(→ **ajuar**)
tro|va *f (Lit Poet) Trove* f, *Gedicht, Lied* n ‖
–vador *m Troubadour* m *(provenzalischer*
Minnesänger) ‖ **–vadoresco** adj *Troubadour-* ‖
–var vi *Gedichte nach Art der Troubadours*
schreiben, Troven verfassen ‖ **–vero** *m Trouvère* m
(frz. Minnesänger) ‖ **–vo** *m (altspanisches)*
Liebeslied n
troy *m Troysystem* n ‖ *Troygewicht* n *(in GB*
und in den USA)
Tro|ya *f Troja* n ‖ ◇ aquí *od* ahí *od* allí fue ~
⟨pop⟩ *da liegt der Hase im Pfeffer* ‖ ⟨fam⟩ *dann*
kam das Schlimmste! ‖ *da haben wir die*
Bescherung! ‖ ¡arda ~! ⟨pop⟩ *nun kann's*
losgehen! und wenn alles in Scherben fällt! ‖
≠yano adj *trojanisch* ‖ ~ *m Trojaner* m
troza *f* ⟨Mar⟩ *Rack* n ‖ *Rundholz* n
trozar vt → **trocear** ‖ *ablängen (Baumstamm)*
trozo *m (Bruch)Stück* n ‖ ~ de camino *Stück* n
Weges ‖ ~ de óperas ⟨Mus⟩ *Opernstücke* npl ‖
◆ a ~s *stückweise* ‖ *auszugsweise* ‖ ◇ falta
buen ~ *todavía es fehlt noch ein beträchtliches*
Stück
trúa *f* Arg *Rausch* m ‖ ◇ estar en ~ ⟨fam⟩ *e–n*
Affen haben
△ **Trubián** *m Aragonien* n
trucaje *m* ⟨Fot Film⟩ *Trick(aufnahme* f) m ‖
Fotomontage f
△ **trucán** *m* = **truján**
trucar vt *(ver)fälschen* ‖ *türken* ‖ ⟨Auto⟩
frisieren
trucha *f* ⟨Fi⟩ *(Bach)Forelle* f ‖ ⟨fig⟩ →
truchimán ‖ ~ (de río) *(Bach)Forelle* f (Salmo
trutta fario) ‖ ~ arco-iris *Regenbogenforelle* f (S.
irideus) ‖ ~ asalmonada *Lachsforelle* f (S. trutta
trutta) ‖ ~ lacustre *Seeforelle* f (S. lacustris) ‖ ~
de mar, ~ marina *Meerforelle* f (= ~
asalmonada) ‖ ◇ no se cogen ~s a bragas enjutas
⟨Spr⟩ *ohne Fleiß kein Preis* ‖ ~ m: ser un ~
⟨pop⟩ *sehr schlau, gerieben sein*
truchimán *m* ⟨fam⟩ [veraltet] *Dolmetsch(er),*
Dragoman m ‖ *Vermittler* m ‖ (figf) *geriebener,*
skrupelloser Kerl, schlauer Fuchs m
trucho adj Arg *gefälscht gestohlen*
truchuela *f* ⟨Fi Kochk⟩ *dünner Stockfisch* m
(→ **¹bacalao**)
truco *m Trick, Kniff, Kunstgriff* m ‖ (juego de)
~s ⟨Art⟩ *Billardspiel* n ‖ ◇ coger(le) el ~ a algo
den Dreh bei e–r Sache herausfinden ‖ como si
dijeran ~ ⟨fam⟩ *egal, was man sagt, mir ist es*
einerlei
truculen|cia *f Grausamkeit* f ‖

Schauergeschichte f ‖ *Moritat* f ‖ **–to** adj *grausig, grimmig, schaurig*
trueno m *Donner(schlag)* m ‖ *Knall, Krach* m ‖ ⟨figf⟩ *Bummler* m ‖ el ~ *gordo* ⟨pop⟩ *das Allerwichtigste, der Hauptpunkt* ‖ *die Katastrophe* ‖ ⟨fam⟩ *der Riesenskandal* ‖ ⟨fam⟩ *der Knüller* m ‖ ◇ *dan od hay od se oyen* ~s *der Donner rollt, es donnert* ‖ ir de ~ ⟨pop⟩ *bummeln gehen*
trueque m *(Um-, Aus)Tausch* m ‖ *Tauschhandel* m ‖ ◆ a ~ de, en ~ *zum Tausch (im Austausch, gegen, für), dafür*
¹**trufa** f ⟨Bot⟩ *Trüffel* f (Tuber spp) ‖ ⟨figf⟩ *Lüge, Flause* f ‖ *falsa* ~ ⟨Bot⟩ *Kartoffelbovist* m (Scleroderma sp)
²**trufa** f *Nase* f *(des Hundes)*
trufado adj ⟨Kochk⟩ *Trüffel-* ‖ *getrüffelt*
trufador m ⟨fam⟩ *Lügner, Schwindler* m ‖ *Flunkerer, Aufschneider* m
tru|far vt ⟨Kochk⟩ *trüffeln, mit Trüffeln füllen* bzw *zubereiten* ‖ **–ficultura** f *Trüffelzucht* f
tru|hán m *Gauner, Spitzbube* m ‖ *Possenreißer* m ‖ **–hanería** f *Gaunerei* f ‖ *Gesindel* n ‖ **–hanesco** adj *spitzbübisch* ‖ *gaunerhaft* ‖ *possenhaft, kurzweilig*
tru|ja f *Olivenkammer* f *der Ölmühlen* ‖ **–jal** m *Ölpresse* f ‖ ⟨reg⟩ *Weinkelter* f ‖ → *auch* **almazara**
tru|jamán, –jimán m → **truchimán**
△ **tru|ján** m *Tabak* m ‖ △ **–jandí** m *Zigarre* f
¹**truje** ⟨pop⟩ = **traje** (→ **traer**)
△ ²**truje** m *Türklopfer* m
△ **trujilí, trujulí** f *Aal* m
trujillano adj/s *aus Trujillo* (P Các, Pe, Ven) ‖ *auf Trujillo bezüglich*
trujillense adj/s *(m/f) aus Trujillo* (Ven) ‖ *auf Trujillo bezüglich*
△ **trujipar** vt *nehmen, packen*
trujo ⟨pop⟩ = **trajo** (→ **traer**)
△ **trujún** m *Kreuz* n
¹**trulla** f *Maurerkelle* f
²**trulla** f ⟨pop⟩ *Lärm* m, *Getöse* n
¹**trullo** m ⟨reg⟩ *Kelter* f
△ ²**trullo** m *Gefängnis* n
△ ³**trullo** m ⟨EB⟩ *Zug* m
trumó m → **tremó**
trun m Chi ⟨Art⟩ *Klette* f
¡**trun!** onom *puff! bum!*
trun|cado adj *zerbrochen* ‖ *verstümmelt* ‖ **–car** [c/qu] vt *ab-, weg|schneiden* ‖ *(ab)stutzen* ‖ *zerbrechen* ‖ ⟨Min⟩ *abbrechen* ‖ ⟨fig⟩ *verstümmeln, entstellen* ‖ ◇ ~ *las esperanzas en flor* ⟨fig⟩ *die Hoffnungen im Keim ersticken* ‖ ~ *un texto e–n Text verstümmeln*
△ **trunchá** m *Nabel* m
trunco adj *verstümmelt* ‖ *zerbrochen*
trunfo m ⟨pop⟩ inc = **triunfo**
trupial m ⟨V⟩ *Trupial* m (Icterus spp) ‖ ~ de *Baltimore Baltimoretrupial* m (I. galbula) ‖ ~ de *Jamaica Orangentrupial* m (I. jamaicaii)
△ **trúpita** f *Rausch* m, *Trunkenheit* f
△ **trupo** m *Körper, Leib* m
truque m ⟨Kart⟩ *Truquespiel* n
△ **trusí** f *Baumwolle* f
trust m ⟨Com⟩ *Trust* m ‖ **–ificar** [c/qu] vt *vertrusten, e–n Trust bilden* ‖ ◇ *formar un* ~ → **trustificar**
△ **trutar** vi *zurückkehren*
tsetsé, tse-tsé f ⟨Ins Med⟩ *Tsetsefliege* f (Glossina spp)
T.S.H. ⟨Abk⟩ = **telegrafía sin hilos**
T-shirt m ⟨Text⟩ *T-shirt* n
tsuga f ⟨Bot⟩ *Hemlocktanne* f (Tsuga spp) ‖ ~ del Canadá *Kanadische Hemlocktanne* f (T. canadensis) ‖ ~ *heterofila Westamerikanische Hemlocktanne* f (T. heterophylla)

tú pron *du* ‖ yo de *(od que)* ~ *ich an d–r Stelle* ‖ ◇ *hablar od tratar de* ~ a alg. *jdn duzen* ‖ ⟨fig⟩ *mit jdm vertraut sein* ‖ ¡~ *con tus historias! du und d–e od mit d–n Geschichten!* ‖ → *auch* **yo**
tu pron poss *dein(e)* ‖ el ~ ⟨reg⟩ = **tu** (z. B. el ~ *libro dein Buch* ‖ la ~ *madre d–e Mutter*)
tuaregs (inc *für* **tuareg**) mpl *Tuareg* pl *(Berberstamm)* → **targui**
tuatara f *Tuatera, Brückenechse* f (Sphenodon punctatus = Hatteria punctata)
tuáutem [… en] m ⟨lat⟩ ⟨fam⟩ *Hauptperson* f ‖ *Wichtigtuer* m
¹**tuba** f ⟨Mus⟩ *(Bass)Tuba* f
²**tuba** f Fil *Palmwein* m
tubaje m → **entubación**
tubario adj: *soplo* ~ ⟨Med⟩ *Röhren-, Bronchial|atmen* n
tubercu|lar adj *(m/f) Tuberkel-* ‖ **–lina** f ⟨Med⟩ *Tuberkulin* n ‖ ~ *antigua,* ~ *nueva (de Koch) Kochs Alt-, Neu|tuberkulin* n ‖ **–linización** f *Tuberkulinprobe* f ‖ **–linizar** [z/c] vi *die Tuberkulinprobe machen* (a *an* dat) ‖ **–lización** f *Tuberkelbildung* f ‖ **–lizar** [z/c] vt *tuberkulisieren*
tubérculo m *(kleiner) Höcker, Vorsprung* m ‖ *kleine Knolle* f, *Knöllchen* n ‖ ⟨Med⟩ *(Tuberkulose)Knötchen* n ‖ ⟨Bot⟩ *(Wurzel)Knolle* f ‖ *Knollenfrucht* f (z. B. *Kartoffel*) ‖ ⟨Med⟩ *Tuberkel* m, Öst & n
tuberculo|sis f *Tuberkulose* f (Abk = Tb, Tbc) ‖ ~ *abierta offene Tuberkulose* f ‖ ~ *intestinal Darmtuberkulose* f ‖ ~ *laríngea Kehlkopftuberkulose* f ‖ ~ *miliar Miliartuberkulose* f ‖ ~ *ósea Knochentuberkulose* f ‖ ~ *pulmonar Lungentuberkulose* f ‖ **–so** adj *tuberkulös, lungenschwindsüchtig* ‖ *mit Tuberkeln durchsetzt* ‖ ~ m *Schwindsüchtige(r)* m ‖ *an Tuberkulose Erkrankte(r)* m
tubería f *Rohr-, Röhren|leitung* f ‖ *Wasserleitung* f ‖ *Röhren* fpl ‖ ~ a *gran distancia Rohrfernleitung* f ‖ ~ *enterrada unterirdische Rohrleitung* f ‖ ~ de *gas Gasleitung* f
tuberosa f ⟨Bot⟩ *Tuberose* f (Polianthes tuberosa)
tubero|sidad f ⟨Med⟩ *Knolle(nbildung)* f ‖ *Höcker* m ‖ **–so** adj *knollig, knollenförmig* ‖ *knollentragend* ‖ *holp(e)rig (Gelände)*
tubiforme adj *röhrenförmig*
Tubinga f [Stadt] *Tübingen* n
tubo m ⟨allg⟩ *Rohr* n ‖ ⟨El Radio TV⟩ *Röhre* f ‖ ⟨Leitungs⟩Rohr n, *Röhre* f ‖ ⟨Wein⟩Schlauch m ‖ *Lampenzylinder* m ‖ *Lampenglocke* f ‖ ⟨Mal⟩ *Tube* f (& *für Zahnpasta usw.*) ‖ ⟨Opt⟩ *Tubus* m ‖ ⟨pop⟩ *Angströhre* f, *Zylinderhut* m ‖ ~ *acodado Knierohr* n, *(Rohr)Krümmer* m ‖ ~ *acústico Schall-, Sprech|rohr* n ‖ ~ *amplificador* ⟨Radio TV⟩ *Verstärkerröhre* f ‖ ~ *aspirante Ansaugstutzen* m ‖ *Saugrohr* n ‖ ~ de *avenamiento Dränagerohr* n ‖ ~ *bajante Fallrohr* n ‖ ~ de Braun ⟨Phys⟩ *Braunsche Röhre* f ‖ ~ de *caldera Kesselrohr* n ‖ ~ del *cáliz* ⟨Bot⟩ *Kelchrohr* n ‖ ~ *capilar Kapillare* f, *Kapillarrohr* n ‖ ~ de *conjugación* ⟨Bot⟩ *Konjugations-, Befruchtungs|rohr* n ‖ ~ *con costura Nahtrohr* n ‖ ~ de *cristal Glasröhre* f ‖ ~ de *chimenea Ofenröhre* f ‖ *Rauchrohr* n ‖ ~ *digestivo* ⟨An⟩ *Verdauungs|kanal, -trakt* m ‖ ~ de *enfoque* ⟨Opt⟩ *Einstelltubus* m ‖ ~ de *ensayo Reagenzglas* n ‖ ~ de *escape* ⟨Auto⟩ *Auspuffrohr* n ‖ ⟨Tech⟩ *Ablassrohr* n ‖ ~ de *fecundación* → ~ de *conjugación* ‖ ~ *fluorescente Leuchtstoffröhre* f ‖ ~ de *gas Gasrohr* n ‖ ~ de Geissler *Geißlersche Röhre* f ‖ ~ de *goma Gummischlauch* m ‖ ~ *graduado* ⟨Chem⟩ *Messglas* n ‖ ~ *hervidor Siederohr* n ‖ ~ *intestinal* ⟨An⟩ *Darmtrakt* m ‖ ~ de *lámpara Lampen|glocke* f, *-glas* n ‖ ~

lanzatorpedos *Torpedo(ausstoß)rohr* n ‖ ~ de
neón *Neonröhre* f ‖ ~ de nivel *Wasserstandsglas*
n ‖ ~ respiratorio *Atemschlauch* m ‖ ⟨Sp⟩
Schnorchel m ‖ ~ en T *T-Rohr, Dreischenkelrohr*
n ‖ ~ de unión *Anschlussrohr* n ‖ ~ de vapor
Dampfrohr n ‖ ~ de vidrio *Glasröhre* f ‖
Lampenzylinder m ‖ ~s *mpl:* ~ comunicantes
⟨Phys⟩ *kommunizierende Röhren* fpl ‖ ~ de
órgano ⟨Mus⟩ *Pfeifenwerk* n
  tubuladura *f Rohrstutzen* m
  tubular adj *(m/f) Rohr-, röhren|förmig*
  túbulo *m Röhrchen, Kanälchen* (bes. An) ‖ ~
colector ⟨An⟩ *Sammelrohr* n ‖ ~ renal ⟨An⟩
Nierenkanälchen n
  tucán *m* ⟨V⟩ *Tukan, Pfefferfresser* m ‖ ~
gigante *Riesentukan* m (Rhamphastos toko) ‖
–idos *mpl Tukane, Pfefferfresser* mpl
(Rhamphastidae)
  tucía *f* → **atutía**
  Tucídides *m* np ⟨Hist⟩ *Thukydides* m
  tuciorismo *m* ⟨Rel Philos⟩ *Tutiorismus* m
  △ **tucue** pron *du* ‖ *mit dir*
  tucumano adj/s *aus Tucumán* (Arg) ‖ *auf*
Tucumán bezüglich
  tucuso *m* Ven ⟨V⟩ *(Art) Kolibri* m
  ¹tucutuco *m* MAm ⟨Zool⟩ *(Art) Maulwurf* m
  ²tucutuco *m* Col PR *Schreck* m
  tudel *m* ⟨Mus⟩ *Röhrenstück* n *e–s*
Blasinstrumentes (zum Aufsetzen des Mundstücks)
  tudelano adj/s *aus Tudela* (P Nav) ‖ *auf Tudela*
bezüglich
  tudense adj/s *(m/f) aus Tuy* (P Pont) ‖ *auf Tuy*
bezüglich
  tudesco adj *(alt)deutsch, germanisch* ‖ ⟨fig⟩
deutsch (& desp) ‖ ~ *m Germane* m ‖ ⟨fig⟩
Deutsche(r) m (& desp) ‖ ◇ comer, beber como
un ~ ⟨figf⟩ *übermäßig essen, trinken* ‖ → **teutón**
  △ **tue** pron *du*
  tuerca *f Schraubenmutter* f ‖ ~ de mariposa,
~ de palomillas *Flügelmutter* f ‖ ◇ apretar las
~s *in die Enge treiben, unter Druck setzen*
  tuercebotas *m* ⟨Sp⟩ [im Fußball] *Holzhacker,*
unfairer Spieler m
  tuerto pp/irr von *torcer* ‖ ~ adj *krumm, schief*
‖ *einäugig* ‖ *blind (Fensterhälfte)* ‖ ⟨figf⟩ *scheel*
(z. B. *Wagen mit nur e–m Schweinwerfer*) ‖ ◇ ser
~ del ojo izquierdo *nur mit dem rechten Auge*
sehen ‖ ~ *m Einäugige(r)* m ‖ *Un|recht* n, *-bill* f ‖
♦ a ~ o a derecho (a ~as o a derechas) *mit*
Recht oder Unrecht ‖ ◇ deshacer od enderezar
~s od entuertos *Unrecht wiedergutmachen*
(*Rittertugend, z. B. des Don Quijote*)
  tueste *m* ⟨pop⟩ *Rösten* n ‖ *Bräunen* n
  tuétano *m (Knochen)Mark* n ‖ ♦ hasta los ~s
⟨figf⟩ *bis aufs Mark* ‖ ◇ enamorado hasta los ~s
⟨figf⟩ *bis über beide Ohren verliebt*
  tufarada *f* ⟨fam⟩ *durchdringender Geruch* m ‖
~ a ajo *Hauch* m *von Knoblauch,*
Knoblauchfahne f ‖ ~ a od de sudor ⟨fam⟩
Schweißwolke f ‖ ~ a vino *Hauch* m *von Wein,*
⟨fam⟩ *Weinfahne* f
  tufi|llas *m/f* ⟨fam⟩ *leicht aufbrausender*
Mensch m
  tufillo *m* dim von *tufo* ‖ ⟨fam⟩ *prickelnder*
Geruch m ‖ ⟨fam⟩ *feiner Küchengeruch* m
  ¹tufo *m Dampf, Qualm* m ‖ ⟨fam⟩ *übler*
Geruch m ‖ *Kohlendunst* m ‖ *Kohlengas* n (&
Bgb) ‖ ~ a col *Kohlgeruch* m ‖ ~s *mpl* ⟨fig⟩
Dünkel m ‖ ⟨figf⟩ *Vermutung* f ‖ ⟨fam⟩ *Riecher* m
‖ *(Spür)Nase* f
  ²tufo *m* ⟨Min⟩ *Tuff(stein)* m
  ³tufo *m Stirn-, Schläfen|locke* f
  tugrik *m* [Währungseinheit] *Tugrik* m (Abk =
Tug.)
  tugurio *m kleine (Hirten)Hütte* f ‖ ⟨fig⟩

erbärmliche Wohnung f, ⟨fam⟩ *Loch* n, *Spelunke* f
‖ ⟨figf⟩ *elende Kneipe,* ⟨pop⟩ *Kaschemme* f
  tui|ción *f* ⟨Jur⟩ *Schutz* m ‖ **–tivo** adj *schützend,*
Schutz-
  tuito adj Am ⟨pop⟩ → **todito**
  △ **tujoy** *m Kopf* m
  tul *m* ⟨Text⟩ *Tüll* m
  Tula, Tulita *f* ⟨pop⟩ → **Gertrudis**
  tulio *m* ⟨Tm⟩ ⟨Chem⟩ *Thulium* n
  tulipa *f (Glas)Tulpe, Birne* f ‖ *Lampenglocke* f
  tuli|pán *m* ⟨Bot⟩ *Tulpe* f (Tulipa spp) ‖
–p(an)ero *m Magnolie* f (Magnolia) ‖ ~ de
Virginia *Tulpenbaum* m (Liriodendron tulipifera)
  tullecer [-zc-] vt *lahm machen* ‖ ~ vi
erlahmen
  Tullerías: las ~ *die Tuilerien* pl
  tulli|do adj *lahm, gelähmt* ‖ ~ *m Lahme(r),*
Gelähmte(r) m ‖ *Krüppel* m ‖ **–r** vt *lähmen* ‖ ◇ te
voy a ~ a palos *ich werde dich zum Krüppel*
schlagen, ich schlage dich zum Krüppel ‖ ~**se**
erlahmen, lahm werden ‖ *zum Krüppel werden*
  ¹tumba *f Grab(mal)* n, *Grabstätte* f ‖ ⟨Kath⟩
Tumba f ⟨fig⟩ *Tod* m ‖ ⟨fig⟩
verschwiegener Mensch m ‖ ◇ correr a ~ abierta
⟨pop⟩ *wie ein Henker fahren, e–n Affenzahn*
draufhaben ‖ lanzarse a ~ abierta *s. blindlings*
(*in et.*) *stürzen* ‖ le odia hasta más allá de la ~
⟨fig⟩ *er hasst ihn tödlich* od *bis über das Grab*
hinaus ‖ ser una ~ ⟨fig⟩ *verschwiegen wie ein*
Grab sein
  ²tumba *f Purzelbaum* m, *Rolle* f ‖ dar ~s
Purzelbäume schlagen
  tumbacuartillos *m* ⟨fam⟩ *Zechbruder,*
Trunkenbold m
  tumbado adj *liegend* ‖ ⟨Typ⟩ *schief (Satz)*
  tumbadora *f* Cu *kleine Trommel* f
  tumba|ga *f,* Arg Col **–go** *m Tombak* m ‖ **–gón**
m Armreif m *aus Tombak*
  tumbal adj *(m/f) Grab-*
  tumbaollas *m/f* ⟨fam⟩ *Vielfraß* m *(Mensch)*
  tumbar vt *nieder-, um|werfen, umstoßen* ‖ *zu*
Boden werfen ‖ *fällen (Bäume)* ‖ ⟨fig⟩ *zum*
Einstürzen bringen ‖ ⟨Mar⟩ *kielholen (Schiff)* ‖
⟨pop⟩ *(e–e Frau) aufs Kreuz legen* ‖ ~ vi
hinpurzeln ‖ ~**se** ⟨fam⟩ *s. niederlegen, s.*
überschlagen ‖ *s. hinlegen* ‖ ⟨figf⟩ *nachlässig (in*
der Arbeit) werden, nachlassen
  △ **tumbardó** *m Fegefeuer* n
  tumbavasos *m* ⟨fam⟩ → **tumbacuartillos**
  tumbilla *f Bettwärmer* m
  tum|bo *m Fall, Sturz* m ‖ *Purzelbaum* m ‖ ◇
dar un ~ *zu Boden fallen* ‖ *stolpern* ‖ dar ~s
stolpern ‖ *taumeln* (z. B. *Betrunkener*) ‖ ir dando
~ por la vida ⟨figf⟩ *planlos leben* ‖ *es im Leben*
zu nichts bringen ‖ **–bona** *f Liegestuhl* m ‖ **–bón**
m ⟨fam⟩ *Faulenzer, Faulpelz* m
  tume|facción *f* ⟨Med⟩ *Schwellung* f ‖ ~
glandular *Drüsenschwellung* f ‖ **–facto** adj
geschwollen
  tumescen|cia *f* ⟨Med⟩ *(An)Schwellung* f ‖ **–te**
adj *(m/f) (an)schwellend*
  túmido adj *geschwollen* ‖ ⟨fig⟩ *schwülstig*
  tu|mor *m* ⟨Med⟩ *Geschwulst* f, *Tumor* m ‖ ~
adiposo *Fettgeschwulst* f, *Lipom* n ‖ ~ benigno
gutartige Geschwulst f ‖ ~ canceroso
Krebsgeschwulst f ‖ ~ cerebral *Hirngeschwulst* f
‖ ~ maligno *bösartige Geschwulst* f, *Malignom* n
‖ **–moración** *f Tumorbildung* f ‖ **–moral** *(m/f),*
–moroso adj *Geschwulst-, Tumor-*
  tumula|r *(m/f),* **–rio** adj *Grab-*
  túmulo *m Grabhügel* m ‖ *Grabmal* n ‖ → auch
catafalco
  tumul|to *m Auf|stand, -ruhr* m ‖ *Krawall* m ‖
Getümmel n, *Tumult* m ‖ *Menschenauflauf* m ‖
(Sturm)Toben n ‖ **–tuario** adj ⟨bes. Jur⟩

aufrührerisch ‖ **–tuoso** adj *aufrührerisch* ‖
lärmend, tosend ‖ *stürmisch*
  △ **tun** pron *du*
  ¹tuna *f* ⟨Bot⟩ *Opuntie* f, *Feigenkaktus* m
(Opuntia spp)
  ²tuna *f Müßiggang* m ‖ *Studenten\kapelle,*
-gesangsgruppe f (→ **estudiantina**) ‖ ◇ *correr la*
~ ⟨fam⟩ *dem Müßiggang frönen*
  tunan\tada *f Gaunerei* f ‖ **–te** *m Gauner* m ‖
Ganove m ‖ *Faulenzer, Müßiggänger* m ‖ ⟨fam⟩
Spitzbube m *(& Kosewort)* ‖ **–tear** vi *ein*
Lotterleben führen, dem Müßiggang frönen ‖
faulenzen ‖ **–tería** *f Spitzbüberei* f ‖ **–tuelo** *m* dim
tunante
  tunar vi *umherstrolchen, faulenzen, gammeln*
  tunco adj Guat Hond Mex *verkrüppelt* ‖
einarmig
  tunco *m* Mex *Schwein* n
  ¹tunda *f Tuchscheren* n
  ²tunda *f* ⟨fam⟩ *Tracht* f *Prügel*
  tun\didor *m Tuchscherer* m ‖ **–didora** *f*
Schermaschine f ‖ *Rasenmäher* m ‖ **–dir** vt
scheren (Tuch) ‖ *schneiden (Rasen)*
  tundra *f* ⟨Geogr⟩ *Tundra* f
  tunduque *m* Chi ⟨Zool⟩ *Andenmaus* f
(Ctenomys maulinus)
  tunear vi *umherstrolchen*
  tune\cino, –cí [pl ~íes] adj *aus Tunis,*
tunesisch ‖ ~ *m Tunesier* m
  túnel *m* ⟨EB⟩ *Tunnel* m ‖ ~ aerodinámico
Windkanal m (für Versuche) ‖ ~ de lavado ⟨Auto⟩
Waschstraße f ‖ ~ de montaña *Gebirgs-,*
Berg\tunnel m ‖ ~ de peatones *Fußgängertunnel*
m ‖ ~ subfluvial *Flussuntertunnelung* f ‖
Unterwassertunnel m
  tunes mpl Col: ◇ hacer ~ *anfangen zu gehen*
(von Kindern)
  Túnez *m* ⟨Geogr⟩ *Tunesien* n ‖ [Stadt] *Tunis* n
  túngaro *m* Col ⟨Zool⟩ *Riesenkröte* f (Bufo
marinus)
  tungo *m* Chi ⟨fam⟩ *dicker Nacken* m
  tungsteno *m* (W) ⟨Chem⟩ *Wolfram* n
  tungstita *f* ⟨Min⟩ *Tungstit* m
  △ **tuní** *f (Kauf)Laden* m
  túnica *f Tunika* f ‖ *langes, weites Oberkleid* n,
Leibrock m ‖ ⟨Biol⟩ *Häutchen* n ‖ la Sagrada ~
de Tréveris *der Heilige Rock von Trier*
  tunicados mpl ⟨Zool⟩ *Manteltiere* mpl
(Tunicata)
  tunicela *f* ⟨Kath⟩ *Tunizella* f *(Obergewand des*
Subdiakons)
  Tunicia *f* ⟨Geogr⟩ *Tunesien* n
  ¹tuno *m* And Col Cu → **tuna**
  ²tuno m/adj *Gauner, Spitzbube* m ‖ ⟨fam joc⟩
Mitglied n *e–r* tuna ‖ ◇ ser muy ~ *sehr gerieben*
sein ‖ → **tunante**
  tun\tún *m* onom *Getrommel* n ‖ ◆ al (buen) ~
⟨fam⟩ *aufs Geratewohl, ins Blaue hinein* ‖ **–tuna** *f*
ein bask. Musikinstrument n
  tupamaro *m* Ur *Tupamaro* m *(Stadtguerilla)*
  tupé *m Stirn\haar* n, *-locke* f ‖ *Schopf* m ‖
Toupet n ‖ ⟨figf⟩ *Frechheit, Dreistigkeit* f ‖ ⟨fig⟩
Stirn f
  tupí *m* Tupi(-Indianer) m
  tupido adj *dicht* ‖ *eng gewebt, engmaschig* ‖
un ~ bosque *ein dichter Wald*
  tupillar vt *antreffen*
  tupinambo *m* → **aguaturma**
  ¹tupir vt *fest zusammenpressen* ‖ (et.) dicht
machen, abdichten ‖ **~se** ⟨fig⟩ s. voll stopfen
(beim Essen) ‖ s. voll laufen lassen (beim
Trinken)
  △ **²tupir** vi/t *stehlen*
  tupitaina *f* Extr Sal ⟨fam⟩ *Fresserei* f
  △ **tuques** = **tú**

  △ **tura** *f Mütze* f ‖ Barc *Dach* n
  turanio adj/s *turanisch* ‖ ~ *m Turanier* m ‖
⟨Ling⟩: el ~ *das Turanische*
  ¹turba *f Menge* f, *Schwarm* m ‖ ⟨desp⟩ *Pöbel*
m, *Gesindel* n, *Mob* m
  ²turba *f Torf(ziegel)* m ‖ *Torfdüngermischung* f
  tur\bación *f Verwirrung* f ‖ *Bestürzung,*
Verlegenheit f ‖ *Unruhe* f ‖ **–bado** adj *bestürzt,*
unruhig ‖ **–bador** adj *aufregend* ‖ *bestürzend* ‖
beunruhigend ‖ ~ *m Störenfried, Störer* m ‖
Ruhestörer m ‖ *Unruhestifter* m
  turbal *m* → **turbera**
  turbamulta *f* ⟨fam⟩ *Gewühl, großes Gedränge*
n ‖ *Menschenmenge* f ‖ ⟨fam⟩ *Pöbel* m, *Gesindel*
n, *Mob* m
  turbante *m Turban* m
  turbar vt *verwirren, zerrütten* ‖ *trüben*
(Wasser) ‖ ⟨fig⟩ *aus der Fassung bringen* ‖ ⟨fig⟩
bestürzen ‖ ⟨fig⟩ *stören, beunruhigen* ‖ **~se**
bestürzt werden ‖ *in Verlegenheit* (bzw
Aufregung) geraten
  turbelarios mpl ⟨Zool⟩ *Strudelwürmer* mpl
(Turbellaria)
  turbera *f Torfmoor* n ‖ *Torf\grube* f, *-stich* m
  turbiedad *f Trübheit* f
  turbina *f* ⟨Tech⟩ *Turbine* f ‖ ~ de admisión
total *Vollturbine* f ‖ ~ de gas *Gasturbine* f ‖ ~
hidráulica *Wasserturbine* f ‖ ~ de vapor
Dampfturbine f
  turbinto *m* ⟨Bot⟩ *Peruanischer Pfefferbaum* m
(Schinus molle)
  turbio adj *trüb(e), unklar* ‖ ⟨fig⟩ *dunkel,*
verworren ‖ ⟨fig⟩ *unruhig* ‖ ⟨fig⟩ *schwach, getrübt*
(Sehkraft) ‖ ⟨fig⟩ *schmutzig (Geschäfte)*
  turbión *m* ⟨Meteor⟩ *Platzregen, Regenguss* m ‖
Wolkenbruch m ‖ ⟨fig⟩ *Hagel* m
  turbo\alternador *m* ⟨El⟩ *Turbogenerator* m
(für Wechselstrom) ‖ **–bomba** *f Turbopumpe* f ‖
–compresor *m Turbogebläse* n ‖ **–generador** *m*
Turbogenerator m ‖ **–hélice** *f* → **turbopropulsor**
‖ **–motor** *m Turbomotor* m
  turbonada *f* ⟨Meteor⟩ *Regenbö(e)* f ‖ Arg
Sturmwind m
  turbo\propulsión *f Turboantrieb* m ‖
–propulsor *m* PTL-*Triebwerk* n, *Propellerturbine*
f ‖ **–rreactor** *m* TL-*Triebwerk* n
  turbulen\cia *f Trübung* f ‖ ⟨fig⟩ *Verwirrung* f ‖
⟨fig⟩ *Unruhe* f ‖ *Ungestüm, lärmendes Wesen* n ‖
⟨Tech⟩ *Turbulenz, Wirbelung* f ‖ **~s** políticas
politische Wirren pl ‖ **–to** adj *trüb(e)* ‖ ⟨fig⟩
verwirrt ‖ ⟨fig⟩ *aufrührerisch* ‖ ⟨fig⟩ *wild,*
ungestüm ‖ ⟨fig⟩ *stürmisch, turbulent*
  turca *f Türkin* f ‖ ⟨fam⟩ *Rausch* m, *Trunkenheit*
f, ⟨fam⟩ *Affe* m ‖ ◇ coger *od* pescar una ~ ⟨pop⟩
s. *betrinken*
  turco adj *türkisch* ‖ ◆ a la **~a** *nach türkischer*
Art ‖ ~ *m Türke* m ‖ Am p.ex *auch Levantiner* m ‖
Arg *Händler, Krämer* m ‖ el ~ *die türkische*
Sprache, das Türkische ‖ el gran ~ ⟨Hist⟩ *der*
Großtürke m
  turcófilo m/adj *Türkenfreund* m
  turcomanos mpl *Turkmenen* mpl *(Volk)*
  turcople m/adj *Mischling* m *(aus türkischem*
Vater und griechischer Mutter)
  túrdiga *f Leder\riemen, -streifen* m ‖ ⟨fam⟩
Rausch m ‖ Am *Fetzen* m ‖ ◇ sacar a **~s** el
pellejo *Riemen schneiden*
  Turena *f* ⟨Geogr⟩ *die Touraine (Frankreich)*
  turf *m Pferde\rennen* n, *-rennbahn* f
  turge\ncia, –scencia *f* ⟨Med⟩ *Turgeszenz,*
Anschwellung f ‖ *Blutreichtum* m ‖ p.ex
Geschwulst f ‖ *Schwellung* f ‖ *Wölbung* f ‖ ⟨fig⟩
(Frauen)Brust f ‖ **–nte** adj *(m/f) schwellend,*
strotzend ‖ ⟨Med⟩ *turgeszent*
  turgidez [pl **~ces**] *f Erhabenheit* f, *Schwulst* m

túrgido adj ⟨poet⟩ *erhaben, schwülstig* ‖ ~
seno *feste (Frauen)Brust* f
turgor *m* ⟨Biol Med⟩ *Turgor* m
turiferario *m Rauchfassträger* m ‖ ⟨fig⟩
schmeichlerisch
Turin|gia *f* ⟨Geogr⟩ *Thüringen* n ‖ **–gio** *m*/adj
Thüringer m
turismo *m Fremdenverkehr, Tourismus* m ‖
Touristik f, *Wandersport* m ‖ *Reisesport* m ‖ ~ de
masas *Massentourismus* m ‖ ~ rural *Ferien* pl *auf
dem Bauernhof* ‖ ~ sensacionalista
Sensationstourismus m ‖ ~ sexual *Sextourismus*
m ‖ (automóvil de) ~ *m Personenwagen* m (Abk
= *Pkw*)
¹turista adj *(m/f)* *touristisch, Fremdenverkehrs-*
‖ ~ *m/f Tourist(in* f) m ‖ *Ausflügler(in* f) m
²turista *m/f* ⟨fig reg⟩ → **tunante**
turístico adj *touristisch, Fremdenverkehrs-*
Turkmenistán *m* ⟨Geogr⟩ *Turkmenistan* n
△ **turlerín** *m Dieb* m
turma *f* ⟨An⟩ *Hode(n)* m
turmalina *f* ⟨Min⟩ *Turmalin* m
turnar vt/i *abwechseln* (con *mit*) ‖ ~**se** *s.
ablösen*
turné *f* → **tournée**
turnedó *m* → **tournedó**
△ **turni** *f Höhle* f
turnio adj/s ⟨reg⟩ *schielend* ‖ ⟨fig⟩ *düster, trübe*
turno *m Reihe, Ordnung* f ‖ *Reihenfolge* f ‖
Ablösung f *(im Dienst, bei der Arbeit)* ‖ *Schicht* f,
Arbeitsgang m ‖ *Wahlgang* m ‖ ~ de día
Tagschicht f ‖ ~ de noche *Nachtschicht* f ‖
Nachtdienst m (z. B. *im Krankenhaus)* ‖ ◆ de ~
diensttuend ‖ por (su) ~ *der Reihe nach* ‖ ◇
esperar el ~ *warten, bis die Reihe an e–n kommt*
‖ ⟨fam⟩ *Front stehen* ‖ estar de ~ *an der Reihe
sein* ‖ cuando le llegue el *od* su ~ *wenn die Reihe
an Sie kommt, wenn Sie dran sind* ‖ todavía no ha
llegado mi ~ *ich bin noch nicht an der Reihe* ‖
~-s perdidos, ~s no trabajados *Schichtausfälle*
mpl, *Feierschichten* fpl
△ **turnó** *m Fremdling* m
turolense adj/s *(m/f) aus Teruel* (Stadt und
Provinz in Spanien) ‖ *auf Teruel bezüglich*
turón *m* ⟨Zool⟩ *Iltis* m (Putorius putorius) ‖ →
hurón
turonense adj/s *(m/f) aus Tours (Frankreich)* ‖
auf Tours bezüglich
turoperador *m* → **touroperador**
△ **turonijén** *m Dunkelheit* f
turpial *m* ⟨V⟩ → **trupial**
Turpín *m* np ⟨Lit⟩ *Turpin* m
¹turquesa *f* ⟨Min⟩ *Türkis* m
²turquesa *f (Gieß)Form* f
tur|quesco adj *türkisch* ‖ ⁼**questán** *m* ⟨Geogr⟩
Turkestan n ‖ **–quí** adj *(m/f)* [veraltet] *türkisch* ‖
azul ~ *türkisblau* ‖ ⁼**quía** *f* ⟨Geogr⟩ *(die) Türkei* f
△ **turrá** *m Nagel* m
turrar vt *in der Glut rösten* od *braten*
turro adj/s ⟨pop reg⟩ *blöd, dumm*
¹turrón *m Turron* m *(typische Süßigkeit für die
Weihnachtszeit mit e–r Vielfalt von Sorten)* ‖ ⟨fig
pop⟩ *Staatsamt* n ‖ ~ de Alicante *Turron* m *aus
Alicante (harte Turronsorte)* ‖ ~ de Jijona *Turron*
m *aus Jijona (weichere Sorte)*
△ **²turrón** *m Stein* m
turronero *m Turronhändler* m
turulato adj ⟨fam⟩ *verblüfft, außer s.* ‖ ◇ dejar
a uno ~ ⟨fam⟩ *jdn verblüffen, verdutzen, stutzig
machen* ‖ quedar ~ ⟨fam⟩ *sprachlos sein*
turuleque *m* ⟨fam⟩ *Durchschnittsmensch* m
turullo *m Hirtenhorn* n
tururú *m* ⟨Kart⟩ *Dreiertrumpf* m ‖ ¡~! ⟨pop⟩
Quatsch! Unsinn! ‖ ◇ estar ~ **a)** *e–n Schwips
haben* ‖ **b)** *nicht ganz dicht sein*

¹turuta adj *(m/f)* ⟨pop⟩ *halb verrückt, nicht
ganz dicht*
²turuta *m* ⟨Mil Hist⟩ *Kornett* m
¡tus! int *hierher! (Ruf für Hunde)* ‖ ◇ sin decir
~ ni mus ⟨figf⟩ *ohne ein Sterbenswörtchen zu
sagen*
¹tusa *f* SAm PR *Maisspindel* f *(entkörnter
Kolben)* ‖ MAm Cu *Maishülse* f ‖ And Cu
Maisstrohzigarette f ‖ Chi *Bart* m *des
Maiskolbens* ‖ ⟨figf⟩ *ungeschickte Person* f,
Tollpatsch m ‖ MAm Cu ⟨fig⟩ *leichtes Mädchen*
n, *Nutte* f ‖ Ec ⟨fig⟩ *Sorge* f, *Kummer* m
²tusa *f (gestutztes) Mähnenhaar* n *(des
Pferdes)*
³tusa *f* Col *Pocken-, Blatter|narbe* f
tusar vt Am *stutzen, scheren (Haar der Tiere)*
‖ ⟨figf⟩ *schlecht schneiden (Haar des Menschen)*
tusculano adj *aus Tuskulum* (Túsculo) ‖ *auf
Tuskulum bezüglich*
tu|se, –so *m* Arg *Mähne* f *des Pferdes*
tusilago, tusílago *m* ⟨Bot⟩ *Huflattich* m
(Tussilago farfara)
¹tuso *m* (fam) *Hund,* ⟨fam⟩ *Köter* m ‖ ¡~! int
hierher!, weg, da! pfui! (Ruf für Hunde)
²tuso adj Col *pocken-, blatter|narbig* ‖ PR
kurz-, stummel|schwänzig
tusturrar vt *in der Glut rösten* od *braten*
tuta *f* Col: llevar a ~ *huckepack tragen*
tute *m* ⟨Kart⟩ *Tute-, Lomber|spiel* n ‖ ⟨figf⟩
Arbeit, Mühe f ‖ ◇ dar un ~ a algo *et.
verschleißen* ‖ darse un ~ ⟨figf⟩ *s. (e–e Zeitlang)
abrackern* ‖ ~ arrastrado ⟨Kart⟩ *Tutespiel* n, *bei
dem man die Farbe bekennen muss*
tutear vt *duzen*
tute|la *f Vormundschaft* f ‖ *Bevormundung* f *(&*
fig) ‖ *Amt* n *des Vormunds* ‖ ⟨Pol⟩ *Treuhandschaft*
f ‖ ⟨fig⟩ *Schutz* m ‖ ◇ poner bajo ~ *unter
Vormundschaft stellen* ‖ *entmündigen* ‖ sometido a
~ *unter Vormundschaft* ‖ *entmündigt* ‖ **–lar** adj
(m/f) vormundschaftlich, Vormundschafts- ‖
schützend, Schutz- ‖ ⟨Pol⟩ *Treuhänder-* ‖ Santo ~
Schutzheiliger m
tuteo *m Duzen* n
△ **tuti, tute** pron *dich* ‖ *du*
tutía *f* ⟨fam⟩: aquí no hay ~ *da ist nichts zu
machen, da ist der Ofen aus* ‖ → **atutía**
tutilimundi *m Guckkasten* m
tutiplén: a ~ ⟨fam⟩ *vollauf*
tuto adj ⟨reg⟩ *sicher*
tuto|r *m Vormund* m ‖ *Beschützer* m ‖ ⟨Agr⟩
Stütze, Stütz|stange f, *-pfahl* m, *Spalierstange* f
(Gärtnerei) ‖ ~ dativo ⟨Jur⟩ *eingesetzter Vormund*
m ‖ ~ fiscal *gerichtlich eingesetzter Vormund,
Gegenvormund* m ‖ ~ testamentario
testamentarisch bestellter Vormund m ‖ ◇
nombrar ~ *zum Vormund bestellen* ‖ **–ría** *f
Vormundschaft* f
tuttifrutti *m* ⟨Kochk⟩ *Tuttifrutti* n
tutú *m Tutu* n *(Röckchen der
Balletttänzerinnen)*
△ **tutún** *m Wolf* m
tuturuto adj Am *beschwipst* ‖ *ver|wirrt, -blüfft,
-dutzt* ‖ *faselig, zerstreut* ‖ ~ *m* Chi *Kuppler* m
tuturutú *m* onom *Tätärätä* n
Tuvalu *m* ⟨Georg⟩ *Tuvalu* n
tuve → **tener**
tuya *f* ⟨Bot⟩ *Lebensbaum* m (Thuja spp) ‖ ~
gigante *Riesenlebensbaum* m (T. plicata) ‖ ~ de
Occidente *Abendländischer Lebensbaum* m (T.
occidentalis)
△ **tuya|ló** *(f –llí)* adj *schädlich*
tuyísimo pron sup *von* tuyo ‖ ... ~ N.N. *dein
sehr Deiniger* (joc *als Abschiedsformel)*
tuyo, tuya pron poss *dein, d–e* ‖ lo ~ *das
Dein(ig)e* ‖ los ~s *die Deinigen, d–e Angehörigen*

tuyu *m* Chi → **ñandú**
tuza *f* Am ⟨Zool⟩ *Taschenratte* f (Geomys spp)
‖ ~ real Mex ⟨Zool⟩ → **agutí**
TV ⟨Abk⟩ = **televisión**
TVE ⟨Abk⟩ = **Televisión Española**
tweed *m* ⟨Text⟩ *Tweed* m
twist *m* ⟨Mus⟩ *Twist* m *(Tanz)*
tychismo *m* ⟨Philos⟩ *Tychismus* m *(Lehre von der Herrschaft des Zufalls im Weltgeschehen)*

U

U, u *f* [= U, u, *pl* Úes, úes] *U, u* n ‖
~ consonante = **v** ‖ ~ valona = **w** ‖ en forma de
U *U-förmig*
  u conj *oder (statt o vor e–m mit o od ho
beginnenden Wort)*; este ~ otro, mujer ~ hombre
‖ ⟨pop⟩ *auch in anderen Fällen (bes. in
affektierter Sprache)*
  u. ⟨Abk⟩ = **urgente** ‖ **uso**
U ⟨Abk⟩ = **uranio**
U. ⟨Abk⟩ = **unión** ‖ **universal** ‖ **úsase** ‖ **Usted**
uapití *m* ⟨Zool⟩ *Wapiti* m (Cervus elaphus
canadensis)
  Ubaldo *m* np *Ubald* m
  ubaque *m* Col ⟨Meteor⟩ *Südwind* m
  Úbeda *f* → **¹cerro**
  ubérrimo adj sup *sehr fruchtbar, äußerst
ertragreich* ‖ *überreich(lich)*
  ubetense adj *(m/f) aus Úbeda* (P Jaén) ‖ *auf
Úbeda bezüglich*
  ubi|cación *f Vorhandensein* n ‖ *Anwesenheit* f ‖
Lage f ‖ *Standort* m ‖ ⟨Arch⟩ *Grundriss,
Lageplan* m ‖ Am *Beherbergung, Unterbringung* f
‖ Am *Lokalisierung* f ‖ **–cado** part: estar ~
gelegen sein, liegen ‖ **–car** [c/qu] vt *(jdm) e–n
Wohnsitz anweisen, (jdn) unterbringen* ‖
ansiedeln, errichten, aufstellen ‖ ⟨Auto⟩ *parken* ‖
ausfindig machen, lokalisieren ‖ Chi ⟨Pol⟩
aufstellen (für e–n Wahlkreis) ‖ **~se** s.
niederlassen ‖ *logieren* ‖ *s. befinden* ‖ Arg *e–e
Anstellung finden, angestellt werden* ‖ **–cuidad** *f
Allgegenwart* f ‖ **–cuo** adj *allgegenwärtig (& fig)*
  ubio *m Joch* n
  ubre *f Zitze* f *(der Tiere)* ‖ *Euter* n
  ucase *m* ⟨Hist⟩ *Ukas* m *(ehem. Erlass des
Zaren)* ‖ ⟨fig⟩ *Ukas* m
  △ **uchabar** vt/i *gebären* ‖ *decken*
  △ **uchar** vt *zeigen*
  △ **uchara(ra)r, uchubelar** vt *verbergen*
  △ **ucharelar** vt *füllen*
  △ **uchargañí** *m Stern* m
  △ **uchuá** *f Spitze* f, *Rand* m
  △ **uchubal(ich)ó** *m Igel* m
  △ **uchular** vt *stützen*
  △ **uchurgañí** *m Stern* m
  △ **uchusén** *m (Waren)Lager* n
  UCI ⟨Abk⟩ = **unidad de cuidados intensivos**
  Ucra|nia *f* ⟨Geogr⟩ *Ukraine* f ‖ **–ni(an)o** adj
ukrainisch ‖ ~ *m Ukrainer*
  ucumari *m* ⟨Zool⟩ *Anden-, Brillen|bär* m
(Tremarctos ornatus)
  Ud., Uds. ⟨Abk⟩ = **usted, ustedes**
  Udalri|co *m* np *Ulrich* m ‖ **–ca** *f* np *Ulrike* f
  UEO ⟨Abk⟩ = **Unión de Europa Occidental**
  ueste *m* → **oeste**
  ¡uf! int *ach! uff! puh! (Müdigkeit, Ekel,
Unwille)*
  ufa|narse vr *stolz werden, s. aufblähen* ‖ ~
con od de algo s. mit et. brüsten ‖ **–nía** *f
Hochmut* m, *Aufgeblasenheit* f ‖ *Freudigkeit* f ‖
–no adj *über-, hoch|mütig, stolz* ‖ *selbstgefällig,
eingebildet* ‖ *selbstbewusst* ‖ *freudig, vergnügt*
  ufo: a ~ *un|gebeten, -gerufen* ‖ *von selbst*
  ufo|logía *f Ufologie* f ‖ **–lógico** adj *ufologisch*
  ufólogo *m Ufologe* m
  Ugan|da *f* ⟨Geogr⟩ *Uganda* n ‖ **=dés, esa** adj
ugandisch ‖ ~ *m Ugander* m
  ugetista *m/f* Span *Mitglied* n *der UGT*

  ugrio adj *ugrisch* ‖ ~ *m Ugrier* m
  ugrofinés adj *finnisch-ugrisch*
  UGT ⟨Abk⟩ Span = **Unión General de
Trabajadores**
  UI ⟨Abk⟩ = **Unidad Internacional**
  △ **uja|r(el)ar** vt/i *hoffen* ‖ *aufbewahren* ‖
  △ **–ripén** *m Hoffnung* f
  △ **ujarré** *m Vöglein* n
  ujier *m Tür|hüter, -steher* m ‖ *Saaldiener* m ‖
Amts-, Gerichts|diener m ‖ ~ de sala, ~ de
vianda ⟨Hist⟩ *ehem. Vorschneider* m *bei der
königlichen Tafel*
  △ **ujurí** *f Sparbüchse* f
  ukase *m* → **ucase**
  ukelele *m* ⟨Mus⟩ *Ukelele* f (& n)
  △ **ulagoné** *m Ziegel* m
  ¡ulalá! ⟨pop⟩ *nanu!*
  ulano *m* ⟨Mil Hist⟩ *Ulan* m
  △ **ulaque** *m Fest* n
  úlcera *f* ⟨Med⟩ *Geschwür* n, *Ulcus* m ‖ ~
cancerosa *Krebsgeschwür* n ‖ ~s de decúbito
Druckbrand, Dekubitus m ‖ ~ del estómago, ~
gástrica *Magengeschwür* n ‖ ~ varicosa
Krampfader-, Unterschenkel|geschwür n
  ulce|ración *f Geschwürbildung, Ulzeration* f ‖
Schwären n ‖ **–rado** adj *geschwürig, ulzeriert* ‖
–rar vt/i *zur Geschwürbildung führen, schwären
(machen)* ‖ *anfressen* ‖ ⟨fig⟩ *kränken* ‖ **–se**
*geschwürig od schwärig werden, schwären,
ulzerieren* ‖ **–rativo** adj *schwärend* ‖ **–roso** adj
geschwürig, schwärend, ulzerös
  ulema *m Ulema* m *(islamischer Rechts- und
Gottesgelehrter)*
  ulexita *f* ⟨Min⟩ *Ulexit* m
  Ulfi|las *m* np *Ulfilas* m
  △ **ulicha** *f Gasse, Straße* f
  uliginoso adj *feucht, sumpfig* ‖ ⟨Bot⟩ *Sumpf-*
  △ **Ulilla, Ulya** *f Sevilla* n
  △ **uliquín** *m Lärm* m
  Ulises *m* np ⟨Lit⟩ *Ulixes, Ulysses, Odysseus* m
  △ **ullé** *m*, **ullí** *f Zucker* m
  Ulma *f* [Stadt] *Ulm* n
  ulmáceas *fpl* ⟨Bot⟩ *Ulmengewächse* npl
(Ulmaceae)
  Ulrico *m* np *Ulrich* m ‖ **~a** *f Ulrike* f
  últ., últ.º ⟨Abk⟩ = **último**
  ulterior adj *jenseitig* ‖ *Hinter-* ‖ *ferner, weiter* ‖
anderweitig, sonstig ‖ *später* ‖ *nachträglich,
Nach-* ‖ ◇ *favorecer con encargos* ~es ⟨Com⟩ *mit
weiteren Aufträgen beehren* ‖ **–mente** adv *ferner,
außerdem* ‖ *später, nachher* ‖ *nachträglich*
  ultílogo *m* ⟨Lit⟩ *Nachwort* n *(Buch)*
  última *f* ⟨Gr⟩ *letzte Silbe* f ‖ mi ~ ⟨Com⟩ *mein
letztes Schreiben* ‖ las ~s ⟨fam⟩ *die letzten
Stunden (vor dem Tod)*
  ultimación *f (Ab)Schluss* m, *Beendigung* f
  ultimador *m* Am *Mörder* m
  últimamente adv *schließlich, zuletzt* ‖ *neulich,
unlängst, in letzter Zeit*
  ulti|mar vt *vollenden, abschließen, beend(ig)en*
‖ *hinrichten* ‖ *ermorden, umbringen* ‖ ◇ ~ la
orden *den Auftrag fertig stellen* ‖ ~ los
preparativos *die letzten Vorbereitungen treffen* ‖
alles vorbereiten ‖ **–mátum** [...un] *m Ultimatum* n
  último adj *letzte(r), äußerste(r)* ‖ *hinterste(r),
entfernteste(r)* ‖ el ~ objeto *od* fin *das Endziel,
der Endzweck* ‖ el ~ de *od* entre todos *der*

Allerletzte ‖ ~ precio *äußerste(r), niedrigste(r)
Preis* ‖ lo ~ de la temporada ⟨Com⟩ *die letzte
Neuheit* od ⟨fam⟩ *der letzte Schrei der Saison* ‖ el
~ del turno *der Letzte in der Reihe* ‖ ~a voluntad
letzte(r) Wille ‖ es lo ~ *das ist der äußerste Preis*
‖ ⟨fam⟩ *das ist das Letzte* ‖ ◆ a ~a hora, en el ~
momento *im letzten Augenblick* ‖ *zuletzt* ‖
schließlich ‖ a la ~a (moda) *nach der letzten
Mode* ‖ a ~s de marzo *Ende März* ‖ en ~ lugar,
en ~ término *zuallerletzt* ‖ *letzten Endes* ‖ hasta
el ~ hombre *bis auf den letzten Mann* ‖ por ~
zuletzt ‖ *endlich, schließlich* ‖ por ~a vez *zum
letzten Mal* ‖ ◇ apelar al ~ recurso *zum
äußersten Mittel greifen* ‖ estar a la ~a *auf dem
neuesten Stand sein* ‖ estar en las ~as ⟨fam⟩ *in
den letzten Zügen liegen* ‖ ⟨figf⟩ *auf* od *aus dem
letzten Loch pfeifen* ‖ llegar el ~ *zuletzt
ankommen* ‖ reirá bien quien ría el ~ ⟨Spr⟩ *wer
zuletzt lacht, lacht am besten*
ultra a) prep *außer, nebst* ‖ ~ eso *außerdem* ‖
~ que ... *außer dass ...* ‖ *abgesehen davon, dass
...* ‖ b) adv *außerdem* ‖ ~ m ⟨Pol fam⟩
(Rechts)Extremist, Ultra m
ultra- präf *ultra-, Ultra-* ‖ *über-, Über-* ‖
äußerst ‖ *jenseits*
ultra|barato adj *sehr billig, spottbillig* ‖
–centrífuga, –centrifugadora *f* ⟨Phys Tech⟩
Ultrazentrifuge f ‖ **–corrección** *f* ⟨Ling⟩
Hyperkorrektion f ‖ **–correcto** adj ⟨Ling⟩
hyperkorrekt, überhochsprachlich ‖ ⟨fig⟩
übertrieben korrekt ‖ **–corto** adj: ondas ~as
⟨Radio⟩ *Ultrakurzwellen* fpl *(UKW)* ‖ **–derecha** *f*
extreme Rechte, Ultrarechte f ‖ **–derechismo** *m*
Rechtsextremismus m ‖ **–derechista** adj *(m/f)*
rechtsextrem ‖ *rechtsradikal* ‖ ~ *m/f*
Rechtsextremist(in f) m ‖ *Rechtsradikale(r* m) f ‖
–filtro *m Ultrafilter* n ‖ **–fino** adj *überfein* ‖
–forzado adj ⟨Tech⟩ *höchstbeansprucht*
ultraís|mo *m Ultraismus* m *(Kunstströmung)* ‖
–ta *m/f Anhänger(in* f) m *des Ultraismus*
ultraizquier|da *f extreme Linke, Ultralinke* f ‖
–dismo *m Linksextremismus* m ‖ **–dista** adj *(m/f)*
linksextrem, linksradikal ‖ ~ *m/f Linksextremist(in*
f) m ‖ *Linksradikale(r* m) f
ultra|jador, –jante adj *(m/f) beleidigend* ‖
ehrenrührig ‖ **–jador** *m Beleidiger* m ‖ *Schänder*
m ‖ **–jamiento** *m Schmähung, Kränkung* f ‖ **–jar**
vt *schmähen, kränken* ‖ *beschimpfen, (gröblich)
beleidigen* ‖ ⟨lit⟩ *vergewaltigen (Frau)* ‖ ◇ ~ en
la honra de alg. *jdn an der Ehre kränken* ‖ ~ de
palabra *mit Worten beleidiĝen* ‖ **–je** *m
Beleidigung* f, *Schimpf* m, *Beschimpfung,
Schmach* f ‖ ~ carnal ⟨lit⟩ *Vergewaltigung* f ‖
–joso adj *schimpflich, schmählich* ‖ *ehrenrührig*
ultra|liberal adj *(m/f)* ⟨Pol⟩ *ultraliberal* ‖
–lírico adj *übertrieben lyrisch*
ultra|mar *m Übersee* f ‖ **–marino** adj
überseeisch ‖ ~ *m Ultramarin* n ‖ **–s** *mpl
Kolonialwaren* fpl ‖ ⟨fam⟩ *Kolonialwarengeschäft*
n ‖ **–microscopio** *m Ultramikroskop* n ‖
–moderno adj *ultra-, hoch|modern* ‖
–montanismo *m* ⟨Pol⟩ *Ultramontanismus* m ‖
–montano adj *jenseits der Berge (wohnend)* ‖
⟨Pol⟩ *ultramontan* ‖ ~ *m* ⟨Pol⟩ *Ultramontane(r),
Römling* m ‖ **–mundano** adj ⟨lit⟩ *überweltlich* ‖
–mundo *m* ⟨lit⟩ *jenseitige Welt* f
ultranza: a ~ *auf Leben und Tod* ‖ *jeder
Gefahr trotzend* ‖ *aufs äußerste* ‖ *kompromiss-,
schranken|los* ‖ *bis zum letzten*
ultra|pasar vt *zu weit gehen, über das Ziel
hinausschießen* ‖ **–pesado** adj ⟨Tech Mil⟩
überschwer ‖ *Schwerst-* ‖ **–pirenaico** adj *jenseits
der Pyrenäen (gelegen)* ‖ **–puertos** *m jenseits e–s
Gebirgspasses gelegenes Gebiet* n ‖ **–rradiación** *f*
⟨Phys⟩ *Ultrastrahlung* f ‖ **–rrápido** adj *äußerst*

schnell ‖ *überschnell* ‖ **–rrevolucionario** *m*/adj
fanatischer Umstürzler m ‖ **–rrojo** adj ⟨Phys⟩ →
infrarrojo ‖ **–sensible** adj *(m/f)*
höchstempfindlich ‖ *überempfindlich* ‖ **–solar** adj
(m/f): espacio ~ *Ultrasolarraum* m ‖ **–sónico** adj
⟨Phys⟩ *Ultra-, Über|schall-* ‖ **–sonido** *m* ⟨Phys⟩
Ultra-, Über|schall m ‖ **–sonografía** *f* ⟨Phys⟩
Ultraschallsonographie f ‖ **–sonoro** adj: ondas
~as ⟨Phys⟩ *Ultraschallwellen* fpl ‖ **–sonoterapia**
f ⟨Med⟩ *Ultraschalltherapie* f ‖ **–terreno** adj
überirdisch ‖ **–tumba** adv *übers Grab hinaus* ‖ el
mundo de ~ *das Jenseits* ‖ ~ *f Jenseits* n ‖
–violado, –violeta adj *(m/f) ultraviolett (Strahlen)*
‖ **–virus** *n* ⟨Biol⟩ *Ultravirus* n
△ **uluga** *f Ruhm* m
úlula *f Zwergohreule* f ‖ ⟨V⟩ → **¹autillo**
ulu|lar vi *heulen, schreien* ‖ ◇ **–laba** el viento
der Wind heulte ‖ **–lato** *m Ge|heul, -schrei* n
△ **ulu|lé** *(f –llí)* adj *erzürnt*
△ **uluyiliá** *f Familie* f
umbe|la *f* ⟨Bot⟩ *(Blumen)Dolde* f ‖ **–lífero,
–lado** adj ⟨Bot⟩ *doldentragend* ‖ **–líferas** fpl ⟨Bot⟩
Doldengewächse npl (Umbelliferae)
umbili|cado adj *nabelförmig* ‖ **–cal** adj *(m/f)
Nabel-*
umbráculo *m geflochtene* od *aus Zweigen
gefertigte Sonnenschutzmatte* f ‖ *luftdurchlässiges
Sonnendach* n
umbral *m (Tür)Schwelle* f ‖ ⟨Arch⟩
Fenstersturz m ‖ ⟨fig⟩ *Schwelle* f ‖ ~ de
audibilidad, ~ *auditivo* ⟨Ak Physiol⟩ *Hörschwelle*
f ‖ ~ de la conciencia *Bewusstseinsschwelle* f ‖ ~
de excitabilidad, ~ de perceptibilidad, ~ de
percepción ⟨Physiol Psychol Med⟩ *Reizschwelle* f
‖ ◆ en los ~es ⟨fig⟩ *an der Schwelle* ‖ ◇
atravesar od pisar el ~ od los ~es ⟨fig⟩ *die
Schwelle betreten, über die Schwelle treten*
um|brático adj *schattenspendend* ‖ *Schatten-* ‖
–brátil adj *(m/f) schattig*
umbría *f Schattenseite* f (z. B. *e–s Tals*) ‖
Nordhang m
Um|bría *f* ⟨Geogr⟩ *Umbrien* n ‖ ¹⁼**brío** adj/s
umbrisch
²**um|brío** adj *schattig, dunkel, finster* ‖
–brófilo adj ⟨Bot⟩ *schattenliebend* ‖ **–broso** adj
schattig, schattenspendend, ‖ *kühl*
umiak *m* (Mar) *Umiak* m (& n)
△ **umu** *m Wand, Mauer* f
un *statt* **uno:** *vor männlichen Substantiven* (od
weiblichen mit betontem [h]*a-Anlaut*) od
*hauptwörtlich gebrauchten anderen Ausdrücken
(m/f)* od *art indef ein* ‖ ~ (buen) alma *e–e
(gute) Seele* ‖ ~ amigo mío *e–r m–r Freunde* ‖ ~
buen chico *ein guter Junge* ‖ ni ~ solo día *nicht
einmal e–n (einzigen) Tag* ‖ ~ seis cilindros
⟨Auto⟩ *ein Sechszylinder* m ‖ ◇ es ~ gigante *er
ist ein wahrer Riese* ‖ he comprado ~ Murillo *ich
habe e–n Murillo gekauft* ‖ no puede compararse
con ~ Cervantes *er ist mit Cervantes nicht zu
vergleichen* ‖ ~ no sé qué *ein gewisses Etwas* ‖ ~
si es no es confuso *etwas, gewissermaßen, ein
wenig verlegen* ‖ tener (~) gran talento *sehr
begabt sein* ‖ ~ otro (reg) = otro ‖ ~ su hermano
⟨pop⟩ = uno de sus hermanos
una *f:* ~ y ~ PR *ein Bauerntanz*
una → **uno**
unamunesco adj *auf den span. Schriftsteller
Miguel de Unamuno (1864–1936) bezüglich*
unánime adj *ein|mütig, -stimmig, -hellig* ‖ adv:
~**mente**
unanimidad *f Einstimmig-, Einmütig-,
Einhellig|keit, Einigkeit* f ‖ ◆ por ~ *einstimmig* ‖
◇ hay ~ sobre eso *jedermann ist damit
einverstanden* ‖ *darüber herrscht nur e–e
Meinung, darüber ist man (s.) einig*

uncial adj *(m/f)*: escritura ~ *Unzialschrift, Unziale f*
unciforme adj *(m/f) hakenförmig*
¹**unción** *f (Ein)Salbung* f ‖ ⟨Med⟩ *Ein|salbung, -reibung* f ‖ ⟨Kath⟩ *Krankensalbung* f ‖ *Eingebung* f *des heiligen Geistes* ‖ ⟨fig⟩ *Salbung* f ‖ ⟨fig⟩ *Inbrunst, Hingabe* f ‖ la extrema ~ *die Krankensalbung, das Sterbesakrament* ‖ ◆ con ~ *salbungsvoll* ‖ *ehrfurchtsvoll* ‖ *hingebungsvoll, inbrünstig* ‖ lleno de ~ *salbungsvoll, ehrfurchtsvoll* ‖ *mit ganzer* od *voller Hingabe* ‖ lleno de ~ *religiosa ganz für die Religion eingenommen, salbungsvoll* ‖ *weihevoll, fromm*
²**unción** *f* ⟨Mar⟩ *Notsegel* n *(am Vorderkastell)*
uncir [c/z] vt *ein-, an|spannen* ‖ *anjochen* ‖ ◇ ~ al carro *anspannen* (z. B. *Ochsen*)
unde ⟨pop⟩ = **donde**
△ **Undebel** *m Gott* m
undecágono *m Elfeck* n
undé|cimo adj/s *elfte(r)* ‖ ~, ~a parte *Elftel* n ‖ **–cuplo** m/adj *elffach*
underground adj *Untergrund-*
undí|sono adj ⟨poet⟩ *plätschernd (Woge), rauschend (Wasser)* ‖ **–vago** adj ⟨poet⟩ *wogend, wallend*
undoso adj *wellig, wallend* ‖ *gewellt (Haar)*
undu|lación *f Wallen, Wogen* n ‖ ⟨Phys⟩ *Wellenbewegung* f ‖ **–lado** adj *wellig* ‖ *wellenförmig* ‖ **–lante** adj *(m/f) wogend* ‖ **–lar** vi *wogen, wallen, Wellen schlagen* ‖ *flattern (Flagge)* ‖ **–latorio** adj: movimiento ~ *Wellenbewegung f*
△ **unga** adv/conj *sonst* ‖ *wenn*
ungi|do *m:* el ~ del Señor *der Gesalbte des Herrn* ‖ **–miento** *m Salbung* f
ungir [g/j] vt/i *(ein)salben, ölen* ‖ *(be)schmieren* ‖ ~ por rey *zum König salben*
ungüento *m Salbe* f ‖ *Einreibemittel* n ‖ ⟨fig⟩ *Balsam* m, *Linderung* f ‖ ~ bórico *Borsalbe* f ‖ gris *Quecksilber|pomade, -salbe, graue Salbe* f ‖ ~ para los labios *Lippensalbe* f ‖ ~ mejicano ⟨fam⟩ *Geld* n ‖ ~ mercurial *Quecksilbersalbe* f ‖ ~ para sabañones *Frostsalbe* f ‖ ◇ poner(se) ~ *(s.) einsalben*
unguiforme adj *(m/f) klauenförmig*
unguis *m* ⟨An⟩ *Tränenbein* n
ungu|lado adj *hufig* ‖ ~s mpl ⟨Zool⟩ *Huftiere* npl (Ungulata) ‖ **–lar** adj*(m/f)* ⟨An⟩ *Nagel-*
uni = präf *ein-, Ein-* ‖ *uni-, Uni-* ‖ Kurzform für **universidad**
uni|alado adj *einflügelig* ‖ **–angular** adj *(m/f) einwink(e)lig*
uniato adj/s ⟨Rel⟩ *uniert* ‖ ~ m *Unierte(r)* m
uniáxico adj *einachsig* (z. B. *Kristalle*)
unible adj *(m/f) vereinigungsfähig* ‖ *vereinbar*
únicamente adv *nur, bloß, lediglich* ‖ *einzig und allein*
unicameralismo *m* ⟨Pol⟩ *Einkammersystem* n
unicelular adj *(m/f)* ⟨Bot⟩ *einzellig*
unicidad *f Einzigkeit* f ‖ *Einmaligkeit* f
único adj *einzig, allein(ig)* ‖ *einzeln* ‖ *Einheits-* ‖ *Einzel-* ‖ ⟨fig⟩ *einzigartig, einmalig, unvergleichlich* ‖ ◆ bajo la ~a condición (de que …) *nur unter der Bedingung(, dass …)* ‖ ~ en su clase *einzig in s–r Art* ‖ ~ entre todos *der Einzige von allen*
uni|color adj *(m/f) einfarbig* ‖ **–cornio** *m* ⟨Myth⟩ *Einhorn* n ‖ ⟨Zool⟩ *Nashorn* n (→ **rinoceronte**) ‖ ~ de mar, ~ marino *Narwal, Einhornwal* m (Monodon monoceros)
uni|dad *f Einheit* f *(& Pharm Phys Tech)* ‖ *Einzigkeit* f ‖ *Einigkeit, Einmütigkeit, Übereinstimmung* f ‖ *Einheitlichkeit* f ‖ ⟨Inform⟩ *Laufwerk* n ‖ ⟨Math⟩ *Einer* m ‖ ⟨Mil⟩ *Einheit, Truppenabteilung* f ‖ ~ de acción, de lugar, de

tiempo ⟨Th⟩ *Einheit* f *der Handlung, des Ortes, der Zeit* ‖ ~ de cálculo ⟨Inform⟩ *Rechenwerk* n ‖ ~ de calor *Wärmeeinheit* f ‖ ~ de conmutación ⟨Inform⟩ *Schaltwerk* n ‖ ~ de cuenta *(Ver)Rechnungseinheit* f ‖ ~ de cuidados intensivos ⟨Med⟩ *Intensivstation* f ‖ ~ de cultivo ⟨Agr⟩ *(Boden)Bewirtschaftungseinheit* f ‖ ~ de disquete(s) ⟨Inform⟩ *Diskettenlaufwerk* n ‖ ~ de entrada ⟨Inform⟩ *Eingabegerät* n ‖ ~ de fuerza *Krafteinheit* f ‖ ~ Internacional ⟨Pharm⟩ *Internationale Einheit* f ‖ ~ de longitud *Längeneinheit* f ‖ ~ de medida *Maßeinheit* f ‖ ~ monetaria *Währungseinheit* f ‖ ~ móvil ⟨Radio TV⟩ *Übertragungswagen* m (Kurzform: *Ü-Wagen*) ‖ ~ de peso *Gewichtseinheit* f ‖ ~ de resistencia *Widerstandseinheit* f ‖ ~ de salida ⟨Inform⟩ *Ausgabegerät* n ‖ ~ de tiempo *Zeiteinheit* f ‖ ~ de vigilancia intensiva → ~ de cuidados intensivos ‖ ~ de volumen *Raumeinheit* f ‖ ◆ con ~ *einheitlich* ‖ por ~ *per Stück (Preis)* ‖ sin ~ *uneinheitlich* ‖ ◇ carecer de ~ *nicht einheitlich sein* ‖ tener ~ *einheitlich sein* ‖ **–damente** adv *in Einigkeit*
uni|dentado adj *einzahnig* ‖ **–dimensional** adj *(m/f) eindimensional* ‖ **–direccional** adj *(m/f) einseitig (Richtung)*
unido adj *ver|bunden, -ein(ig)t* ‖ *angeschlossen* ‖ *einheitlich* ‖ ~s *entre sí miteinander verbunden* ‖ ◇ enviar ~ *a la factura gleichzeitig mit der Rechnung senden*
unifamiliar adj *(m/f) Einfamilien-*
unifi|cable adj *(m/f) was vereinheitlicht werden kann* ‖ *vereinigungsfähig* ‖ **–cación** *f Vereinheitlichung* f ‖ *Gleichschaltung* f ‖ *Einswerden* n ‖ *Vereinigung* f *Zusammenschluss* m ‖ *Einigung* f ‖ **–cador** adj/s *vereinheitlichend* ‖ *vereinigend* ‖ ~ m *Einiger* m ‖ **–car** [c/qu] vt *vereinheitlichen* ‖ *gleichschalten* ‖ *verein(ig)en, zusammen|schließen, -fügen* ‖ ~**se** *s. zusammenschließen*
uni|filar adj *(m/f) Einfaden-* ‖ *eindrahtig* (z. B. *Radioantenne*) ‖ **–foliado** adj ⟨Bot⟩ *einblätt(e)rig*
unifor|mado adj *in Uniform, in Amtstracht* ‖ los ~s *das Militär* ‖ **–mador** adj *vereinheitlichend, zur Vereinheitlichung (geeignet)* ‖ **–mar** vt *ein-, gleich|förmig machen* (a, con *mit*) ‖ *einheitlich gestalten* ‖ *vereinheitlichen* ‖ *einheitlich kleiden* ‖ *uniformieren* ‖ ~**se** *einheitlich werden* ‖ **–me** adj *(m/f) gleich|artig, -förmig, -mäßig* ‖ *einheitlich* ‖ *Einheits-, einförmig* ‖ ⟨fig⟩ *eintönig, langweilig* ‖ ~ *m Uniform* f ‖ *Dienstkleidung* f ‖ *Amtstracht* f ‖ *Livree* f ‖ ~ de diario *Dienst|anzug* m, *-uniform* f ‖ ~ de enfermera *Schwesterntracht* f ‖ ~ de gala *Galauniform* f ‖ ~ militar *Militäruniform* f ‖ ◇ quitarse el ~ ⟨fig⟩ *aus dem Dienst ausscheiden* ‖ **–memente** adv *gleichförmig* ‖ **–midad** *f Gleich|förmigkeit, -mäßigkeit* f ‖ *Einheitlichkeit* f ‖ *Einmütigkeit, Eintracht* ‖ *Eintönigkeit* f
uni|génito adj *einzig (Kind)* ‖ el ~ *der eingeborene Sohn Gottes* ‖ **–lateral** adj *(m/f) einseitig* ‖ *teilweise* ‖ **–lateralidad** *f Einseitigkeit* f ‖ ⟨fig⟩ *Voreingenommenheit, Parteilichkeit* f ‖ **–lingüismo** *m Einsprachigkeit* f ‖ **–nucleado** adj ⟨Biol⟩ *einkernig*
unión *f Vereinigung* f *(& Biol)* ‖ *Verbindung* f ‖ *Zusammenschluss* m ‖ *Einigkeit, Eintracht* f ‖ *Verein* m ‖ *Verband* m ‖ *Bund* m, *Bündnis* n, *Union* f ‖ *eheliche Verbindung* f, *Ehebund* m ‖ *Heirat* f ‖ *doppelter (Finger)Ring* m ‖ ⟨Med⟩ *Zusammenfügung, Fuge* f ‖ ⟨Med⟩ *Vernarbung, Zusammenheilung* f ‖ ⟨Bot⟩ *Verwachsung* f ‖ ⟨Tech Zim⟩ *Verbindung* f ‖ *Anschluss* m ‖ *Stoß* m ‖ ~ aduanera *Zollunion* f ‖ ~ aduanera alemana ⟨Hist⟩ *Deutscher Zollverein* m ‖ ~ articulada

⟨Tech⟩ *Gelenkverbindung* f ‖ ~ atornillada
Verschraubung f ‖ ~ de barras ⟨Tech⟩
Stabanschluss m ‖ ~ conyugal *Ehe(bund* m) f ‖
Heirat f ‖ ~ con cubrejunta ⟨Tech⟩ *Laschenstoß*
m ‖ ~ de charnela ⟨Tech⟩ *Scharnierverbindung* f
‖ ~ con chaveta ⟨Tech⟩ *Keilverbindung* f ‖ ~
económica *wirtschaftliche Vereinigung* f ‖
Wirtschaftsunion f ‖ ~ Europea *Europäische
Union* f *(EU)* ‖ ~ de Europa Occidental (UEO)
Westeuropäische Union f *(WEU)* ‖ ~ de fases
⟨El⟩ *Phasenverkettung* f ‖ ~ por ganchos
Klammerverbindung f ‖ ~ Internacional de
Telecomunicaciones (UIT) *Internationale
Fernmelde-Union (IFU)* ‖ ~ mística ⟨Rel⟩
mystische Einung f ‖ ~ por pasador ⟨Zim⟩
Splintverbindung f ‖ ~ Patriótica ⟨Pol Hist⟩ Span
(Regierungs)Partei f *(unter General Primo de
Rivera)* ‖ ~ personal *Personalunion* f ‖ ~ Postal
Universal *Weltpostverein* m ‖ La ~ Protestante y
la Liga Católica ⟨Hist⟩ *Union u. Liga f (1608/09)*
‖ ~ con remaches, ~ remachada *Nietverbindung,
Vernietung* f ‖ ~ de Repúblicas Socialistas
Soviéticas, ~ Soviética ⟨Hist⟩ *Union f
der Sozialistischen Sowjetrepubliken, Sowjetunion*
f *(UdSSR)* ‖ ~ Sudafricana ⟨Hist⟩ *Südafrikanische
Union* f ‖ ~ por soldadura ⟨Tech⟩ *Verschweißung*
f ‖ ~ de tubos *Rohrverbindung* f ‖ ◇ carecer de
~ *nicht einheitlich sein* ‖ la ~ es la fuerza ⟨Spr⟩
Einigkeit macht stark
   unionista *m/f* (& adj) ⟨Pol⟩ *Unionist(in* f) m
   unipartidismo *m* ⟨Pol⟩ *Einparteiensystem* n
   unípede adj *(m/f) einfüßig*
   uni|personal adj *(m/f) aus e–r Person
bestehend* ‖ ⟨Gr⟩ *unpersönlich* ‖ **–polar** adj *(m/f)
einpolig, Einpol-*
   unir vt *ver|ein(ig)en, -binden* (a, con *mit)* ‖
zusammenfügen ‖ *zusammensetzen, (ver)mischen* ‖
(Worte) zusammenrücken ‖ *verheiraten, trauen* ‖
⟨Zim⟩ *falzen* ‖ ◇ ~ entre sí *miteinander
verbinden* ‖ ~ por tornillos *verschrauben* ‖ ~se
vereinigen, s. zusammenschließen ‖ *s. verbünden* ‖
s. ver|heiraten, s. -mählen ‖ ⟨Med⟩ *vernarben,
zusammenheilen* ‖ ◇ ~ a alg. *s. jdm anschließen*
‖ ~ en matrimonio *s. ehelich verbinden*
   unirrefringente adj *(m/f)* ⟨Phys⟩
einfachbrechend
   unisex *m*/adj *Unisex* m
   unisexual adj *(m/f)* ⟨Bot⟩ *eingeschlechtig*
   unisón adj → **unísono**
   unisonancia f ⟨Mus⟩ *Einstimmigkeit* f ‖ *Ein-,
Gleich|klang* m ‖ *monotoner Gleichklang* m,
Litanei f ‖ ⟨fig⟩ *Übereinstimmung* f
   unísono adj ⟨Mus⟩ *ein-, gleich|stimmig* ‖
⟨fig⟩ *eintönig* ‖ ◆ al ~ *einstimmig, unisono*
(& fig)
   uni|tario adj *einheitlich, Einheits-* ‖ ⟨Math⟩
unitär ‖ ~ m ⟨Pol Rel⟩ *Unitarier* m ‖ **–tarismo** m
⟨Pol Rel⟩ *Unitarismus* m ‖ **–tivo** adj *vereinigend* ‖
Binde-
   uni|valente adj *(m/f)* ⟨Chem⟩ *einwertig* ‖
–valvo adj/s ⟨Zool⟩ *einschalig (Muscheltier)*
   univer|sal adj *(m/f) allgemein* ‖ *universal* ‖
weltumfassend, Welt- ‖ *universell* ‖ *all|seitig,
-umfassend* ‖ *vielseitig, kenntnisreich (Person)* ‖
⟨Tech⟩ *vielseitig verwendbar, Mehrzweck-,
Universal-* ‖ ◆ de fama *od* renombre ~
weltberühmt ‖ ◇ hacerse ~ *s. verallgemeinern* ‖
s. allgemein einbürgern ‖ **–salidad** f
Allgemeinheit f ‖ *allgemeine Verbreitung* f ‖
Allgemeingültigkeit f ‖ *Viel-, All|seitigkeit* f ‖
Universalität f ‖ ⟨Jur⟩ *Gesamtheit* f ‖ la ~ de sus
conocimientos *s–e vielseitigen Kenntnisse* fpl ‖
–salismo *m Universalismus* m ‖ **–salista** *m/f
Universalist(in* f) m ‖ **–salizar** [z/c] vt
verallgemeinern ‖ **–salmente** adv *allgemein* ‖ ~

conocido *welt|bekannt, -berühmt* ‖ **–siada** f ⟨Sp⟩
Universiade f
   universi|dad f *Universität, Hochschule* f ‖
Allgemeinheit f ‖ *Gesamtheit* f ‖ ~ autónoma *freie
Universität* f ‖ la ~ Central *die Universität
Madrid* ‖ ~ comercial *Handelshochschule* f ‖ la
~ Complutense *die Universität Madrid* ‖ ~
laboral Span *Fachhochschule* f *(für die
Ausbildung von Facharbeitern und
Handwerksmeistern)* ‖ ~ popular *Volkshochschule*
f ‖ ~ de verano *Feriensommerkurse* mpl *(für
Ausländer und Einheimische)* ‖ **–tario** adj
Universitäts-, akademisch ‖ ~ m *Akademiker* m ‖
(Universitäts)Student m
   universo adj *allgemein* ‖ *Welt-* ‖ *Gesamt-* ‖ ~
m *Weltall* n, *Welt* f, *Universum* n ‖
Grundgesamtheit, Grundmasse f *(Statistik)* ‖ ~
imaginario *Traumwelt* f
   univitelino adj ⟨Biol⟩ *eineiig (Zwillinge)*
   univo|cación f ⟨Philos⟩ *Eindeutigkeit* f ‖ **–tario**
Einnamigkeit f ‖ **–carse** [c/qu] vr *eindeutig sein* ‖
gleichbedeutend sein ‖ **–cidad** f *Einstimmigkeit* f
   unívoco adj *eindeutig* ‖ *einnamig* ‖ *univok* ‖
⟨Gr⟩ *gleichlautend*
   ¹uno adj/s *e–r, e–e, eins* ‖ *der-, die-, das|selbe*
‖ *einzig* ‖ *einheitlich* ‖ ~ mismo *ein(er) und
derselbe* ‖ ~a cosa *etwas* ‖ de ~a (sola) clase
einklassig (z. B. *Schule)* ‖ entre ~a cosa y otra
eins ins andere gerechnet ‖ es ~a y la misma
cosa *es läuft auf eins hinaus, es ist ein und
dasselbe* ‖ no se mueve ~a hoja ⟨fig⟩ *kein
Lüftchen regt s.* ‖ ~a vez *einmal* ‖ ~a vez
terminado el trabajo *wenn die Arbeit fertig ist* ‖
als die Arbeit fertig war ‖ de ~ vez, (fam) de ~
mit einem Mal, auf einmal ‖ *ein für alle Mal* ‖ ni
~a sola vez *nicht ein einziges Mal* ‖ **~s** mpl
einige, etliche, welche ‖ *gewisse* ‖ ~ cuantos
einige, mehrere, verschiedene ‖ ~ doscientos
(alumnos) *etwa 200 (Schüler)* ‖ ~ veinte
ungefähr zwanzig ‖ ~ visitantes *einige Besucher*
mpl ‖ ~as dos horas *etwa, ungefähr, vielleicht
zwei Stunden* ‖ ~as veces sí, otras no *einmal ja,
das andere Mal nicht* ‖ *bald ja, bald nein* ‖ →
auch **un**
   ²uno m *Eins* f, *Einser, Eine(r)* m ‖ *ein gewisser*
‖ *jemand* ‖ *man* ‖ cada ~ *jeder, jedermann* ‖ ~ a
~, ~ por ~ *einzeln* ‖ *eine(r) nach dem
ander(e)n, der Reihe nach* ‖ *Stück für Stück* ‖
getrennt ‖ *Mann für Mann* ‖ ir a ~a
gemeinschaftlich handeln ‖ *in Einklang stehen* ‖
~(s) con otro(s) *miteinander* ‖ *eins ins andere
gerechnet* ‖ *durchschnittlich* ‖ ~a de dos: o … o
eins von beiden: entweder … oder ‖ ~ de sus
hijos *e–r s–r Söhne* ‖ de tantos ⟨fam⟩
alltäglich, gewöhnlich ‖ *Alltags-, Dutzend|mensch*
m ‖ ¡~a de protestas que hubo! *wie man da
protestierte!* ‖ *es hagelte Proteste!* ‖ ~ se dice
man sagt s. ‖ ~a *gemeinsam* ‖ *zugleich,
gleichzeitig* ‖ de ~a (vez) *mit einem Mal, auf
einmal* ‖ *ein für alle Mal* ‖ *gleich* ‖ de ~ en ~
eine(r), eins nach dem andern, getrennt ‖ en ~
zugleich, vereint ‖ *einstimmig* ‖ tres en ~
dreieinig ‖ ~ que otro *mancher, manch e–r* ‖ *hie
und da e–r* ‖ *mehrere* ‖ ~ sobre (otro)
aufeinander ‖ ~ tras otro *hintereinander* ‖ ~a y
no más ⟨Santo Tomás⟩ *einmal und nicht wieder* ‖
~ y otro *beide* ‖ ~ sí y otro no *e–r um den
ander(e)n* ‖ *abwechselnd* ‖ es la ~a (en punto) *es
ist (Punkt) 1 Uhr* ‖ a la ~a ⟨y media, menos
cuarto⟩ *um 1 (1½, ¾1) Uhr* ‖ hasta la ~a *bis 1
Uhr* ‖ ~a no es ninguna ⟨Spr⟩ *einmal ist keinmal*
‖ (todo) es ~ ⟨fig⟩ *es ist völlig einerlei* ‖ el ~ lo
aprueba, el otro protesta *der eine heißt es gut, der
andere lehnt es ab* ‖ lo ~ …, lo otro … *einesteils
…, anderfeils …* ‖ ¡y ¡váyase lo ~ por lo otro!

⟨pop⟩ *und damit sind wir quitt!* ‖ y ~a de reír, y ~a de bailar ⟨pop⟩ *und das Lachen und Tanzen nahm kein Ende* ‖ entrar yo y abalanzarse ellos contra mí, todo fue ~ *in dem Augenblick, wo ich eintrat (sobald ich eintrat), stürzten sie s. auf mich (fielen sie über mich her)* ‖ ~ (bzw ~a) no sabe qué partido tomar *man weiß nicht, wie man s. entschließen soll* ‖ ~ ha entrado *jd ist eingetreten* ‖ ~ y ninguno, todo es ~ *etwa: e–e Hand wäscht die andere* ‖ *Einigkeit macht stark* ‖ lo dijeron ~s *jd hat es gesagt*
¡unjú! PR Ven int *nicht möglich!*
un|tada *f* ⟨reg⟩ *(mit Butter usw.) bestrichenes Brot* n ‖ **–tadura** *f (Ein)Schmieren* n ‖ **–tar** vt *(be-, ein)schmieren* ‖ *(ein)salben, ölen* ‖ *einreiben* ‖ *bestreichen (con, de mit)* ‖ ◇ ~ el carro, ~ la mano ⟨fig⟩ *bestechen, schmieren* ‖ ~ con *(od de)* grasa *mit Fett (ein)schmieren* ‖ *abschmieren* ‖ *einfetten* ‖ **~se** *s. einsalben, s. einreiben* (con, de mit) ‖ *s. beschmieren* ‖ *s. beklecker*n ‖ ⟨figf⟩ *s. bereichern, beiseite schaffen* ‖ **–to** m *Schmiere* f ‖ *(Tier)Fett* n ‖ *Salbe* f ‖ ⟨fig⟩ *Bestechung* f, *Schmieren* n ‖ Chi *Schuhcreme, Wichse* f ‖ ~ de carro *Wagenschmiere* f ‖ ~ de México, ~ de rana ⟨figf⟩ *Geld* n ‖ *Bestechungs-, Schmier|gelder* npl ‖ ◆ a buen ~ carro ligero ⟨Spr⟩ *wer gut schmiert, der gut fährt*
untu|osidad *f Fettigkeit, Schmierigkeit* f ‖ *Geschmeidigkeit, Schlüpfrigkeit* f ‖ **–oso** adj *fettig, schmierig, ölig* ‖ *geschmeidig, schlüpfrig* ‖ *salbungsvoll* ‖ *mit Ölglanz (Haar)* ‖ **–ra** *f Einfetten, (Ein)Schmieren* n ‖ *Einreiben* n ‖ *Salbe* f ‖ ~ para el masaje *Einreibungsmittel* n
△ **unumincar** [c/qu] vt/i *beichten*
¹uña *f (Finger-, Zehen)Nagel* m ‖ *Klaue, Kralle* f (& fig) ‖ *Huf* m *der Tiere* ‖ *(Skorpion)Stachel* m ‖ ⟨Tech⟩ *(Greif)Klaue* f ‖ *Kerbe* f, *Kerbschnitt, Falz* m ‖ ⟨Tech⟩ *Finger* m ‖ ⟨Mar⟩ *Flunke* f ‖ ~ encarnada *eingewachsener Nagel* m ‖ ~ de gato ⟨Mar⟩ *Ankerflunke* f ‖ ~ de trinquete *Sperrklinke* f ‖ ~ de vaca ⟨Kochk⟩ *Kalbs-, Ochsen|fuß* m ‖ ni un bicho ~ ~ ⟨pop⟩ *nicht ein bisschen* ‖ ◆ a ~ de caballo *mit Höchstgeschwindigkeit, pfeilschnell, wie der Blitz* ‖ ◇ descubrir *od* enseñar *od* mostrar *od* sacar la ~ ⟨figf⟩ *s–e Krallen zeigen* ‖ sacar con la(s) ~(s) auskratzen ‖ ser ~ y carne ⟨figf⟩ *ein Herz u. e–e Seele sein, dicke Freunde sein* ‖ tener a/c en la ~ ⟨fam⟩ *et. im kleinen Finger haben* ‖ *et. aufs I-Tüpfelchen verstehen* ‖ *et. an den Fingern hersagen können* ‖ ~s fpl ⟨figf⟩ *lange Finger* mpl ‖ ~ frágiles *brüchige Nägel* mpl ‖ ~ de gavilán *lange, ungeschnittene Nägel* mpl ‖ ◇ de ~ ⟨figf⟩ *feindselig* ‖ *wütend, wild* ‖ largo de ~ *Langfinger, Dieb* m ‖ ◇ comerse las ~ ⟨figf⟩ *(vor Verdruss) an den Nägeln kauen* ‖ cortarse las ~ *s. die Nägel schneiden* ‖ dejarse las ~ en algo *s. bei e–r S. ganz besonders anstrengen* ‖ estar de ~ con alg. ⟨figf⟩ *mit jdm auf gespanntem Fuß stehen* ‖ llevar *od* tener las ~ de luto ⟨figf⟩ *Fingernägel mit Trauerrand haben* ‖ mirarse las ~ ⟨figf⟩ *müßig dastehen, nichts tun, faul sein* ‖ ponerse de ~ ⟨figf⟩ *s. hartnäckig widersetzen, s. sträuben* ‖ quedarse soplando las ~ ⟨figf⟩ *den Kürzeren ziehen* ‖ tener las ~ afiladas *od* largas ⟨figf⟩ *ein gewandter Dieb sein* ‖ caer en *od* entre las ~ de alg. ⟨figf⟩ *jdm in die Hände fallen* ‖ verse en las ~ del lobo ⟨figf⟩ *in großer Gefahr schweben*
²uña *f* ⟨Zool⟩ **a)** *Stein-, Meer|dattel* f (Lithofaga lithofaga) ‖ **b)** *Schwarze Witwe* f (Latrodectus mactans)
³uña *f* ⟨Bot⟩: **a)** ~ de caballo *Huflattich* m (Tussilago farfara) ‖ **b)** ~ de gato *Fetthenne* f (Sedum spp)
△ **⁴uña** *f Diebstahl* m

⁵uña *f* ⟨Typ⟩ *Greifer* m *(an Druckmaschinen)*
uña|(ra)da *f Kratzwunde* f, *Kratzer* m ‖ ◇ arrancar *od* sacar a ~s *(her)auskratzen* ‖ **–te** *m Stecknadelspiel* n *(Kinderspiel)* ‖ **–za** *f* augm von **uña**
¹uñero *m Nagelentzündung* f ‖ *Nagelgeschwür* n ‖ *eingewachsener Nagel* m ‖ *Niednagel* m
²uñero *m* ⟨Typ⟩ *Daumenregister* n
¹uñeta *f* dim von **¹uña** ‖ *Münzwerfen* n *(Spiel)*
²uñeta *f Schlageisen* n *(der Steinmetzen)* ‖ ⟨Tech⟩ *Dollierwerkzeug* n ‖ *Greifer* m
³uñeta *f* Chi ⟨Mus⟩ *Plektron* n
uñetas *m* Col ⟨fam⟩ *Dieb, Langfinger* m
uñí *m* ⟨Bot⟩ Chi *Ugni, Chilenische Guava* f (Ugni molinae)
uñón *m* augm von **¹uña**
uñoso adj *mit langen Nägeln, Krallen*
uñuela *f* dim von **¹uña**
Uodalrico → **Udalrico** ‖ → **Ulrico**
¹¡upa! int *auf! los!* ‖ *hopp!*
² △ **upa** *f Ohrfeige* f
upar vt *hochnehmen* ‖ *emporhelfen*
upas *m Upas* n *(Pfeilgift)*
uperi|zación *f Uperisation, Ultrapasteurisation* f ‖ **–zar** [z/c] vt *uperisieren, ultrapasteurisieren*
uppercut *m* ⟨Sp⟩ *Uppercut, Aufwärtshaken* m *(Boxen)*
△ **upre** adv *oben*
upuga *f* ⟨V⟩ *Wiedehopf* m (→ **abubilla**)
uragogo *m* ⟨Med⟩ *diuretisches Mittel, Diuretikum* n
uralaltaico adj *uralaltaisch*
Urales (Montes ~): los ~ mpl *der Ural, das Uralgebirge*
uranato *m* ⟨Chem⟩ *Uranat* n
Urania *f* np ⟨Myth⟩ *Urania* f *(Muse)*
ura|nífero adj *uranhaltig* ‖ *Uran-* ‖ **–ninita** *f* ⟨Min⟩ *Uraninit* m *(Uranpecherz)* ‖ **–nio** *m* (U) ⟨Chem⟩ *Uran* n
Urano *m* ⟨Astr⟩ *Uranus* m
urano|grafía *f Himmelsbeschreibung* f ‖ **–lito** *m Meteorstein* m
uranoplastia *f* ⟨Med⟩ *Gaumen-, Urano|plastik* f
urao *m* → **¹trona**
urape *m* ⟨Bot⟩ Ven *Bauhinia* f (Bauhinia spp)
urato *m* ⟨Chem⟩ *Urat* n *(Salz der Harnsäure)*
urbanícola *m/f*/adj ⟨fam joc⟩ *Stadtbewohner(in* f)·m
urbanidad *f Höflichkeit* f ‖ *feines Benehmen* n ‖ *Gewandtheit* f
urba|nismo *m Städtebau* m ‖ *Städteplanung* f ‖ **–nística** *f Städtebauwesen* n, *Urbanistik* f ‖ **–nístico** adj *städtebaulich* ‖ tendencias ~as actuales *augenblickliche Tendenzen* fpl im *Städtebau* ‖ **–nización** *f Verstädterung* f ‖ *Bebauung* f *(e–s Stadtviertels)* ‖ *Erschließung* f ‖ *Städteplanung* f ‖ *Siedlungs-, Bau|erschließungsgebiet* n ‖ *Wohnsiedlung* f ‖ *Villenkolonie* f ‖ *Urbanisation* f ‖ ⟨fig⟩ *Verfeinerung* f *der Sitten* ‖ ~ turística *Erschließung* f *e–s Gebietes für den Fremdenverkehr* ‖ *Touristensiedlung* f ‖ **–nizable** adj *(m/f) erschließbar* ‖ **–nizar** [z/c] vt *urbanisieren, städtisch machen, verstädtern, bebauen, erschließen* ‖ ⟨fig⟩ *die Sitten verfeinern* ‖ **–no** adj *städtisch, Stadt-, Orts-* ‖ ⟨fig⟩ *höflich, gesittet* ‖ ⟨fig⟩ *wohlerzogen, anständig* ‖ adv: **~amente** ‖ ~ m np *Urban* m
ur|be *f moderne Stadt, Großstadt* ‖ *Weltstadt* f ‖ **~** *f Rom* n ‖ gran ~ *Großstadt* f ‖ **–bícola** *m/f* (& adj) *Stadtbewohner(in* f), *Städter(in* f) m
urchilla *f* → **orchilla**
urcitano adj/s ⟨Hist⟩ *aus Almería (Stadt und Provinz in Spanien)* ‖ *auf Almería bezüglich*

urdemalas *m* (Pedro de ~) *Intrigant,*
Ränkeschmied m
△ **urdiblar** vt *anzünden*
urdi|do *m,* **–dura** *f* ⟨Text⟩ *Zetteln* n ‖ **–dor** *m*
Schär-, Zettel|maschine f ‖ ⟨fig⟩ *Anstifter* m ‖
–dora *f Haspelmaschine* f ‖ *Schär-,*
Zettel|maschine f
△ **urdifi(el)ar** vt *anzünden*
urdimbre *f* ⟨Text⟩ *(Web)Kette* f, *Zettel, Aufzug*
m ‖ ⟨fig⟩ *Intrige* f, *Komplott* n ‖ ~ *de fantasía*
gemusterte Kette f
△ **urdiñí** *f Fantasie* f
urdir vt ⟨Text⟩ *schären, (an)zetteln* ‖ ⟨fig⟩
an|zetteln, -stiften ‖ ◇ ~ *la treta* ⟨pop⟩ *die Sache*
einfädeln
△ **urdón** *m* ⟨EB⟩ *Wagen* m
ure|a *f* ⟨Chem⟩ *Harnstoff* m ‖ **–mia** *f* ⟨Med⟩
Urämie, Harnvergiftung f
urémico adj *urämisch*
urente adj *(m/f) brennend, sengend, Brenn-*
ureoplasto *m* ⟨Chem⟩ *Karbamid-,*
Harnstoff|harz n
uréter *m* ⟨An⟩ *Harnleiter, Ureter* m
ure|tra *f* ⟨An⟩ *Harnröhre, Urethra* f ‖ **–tral** adj
(m/f) urethral ‖ **–tritis** *f* ⟨Med⟩
Harnröhrenentzündung, Urethritis f
uretro|scopio *m* ⟨Med⟩ *Urethroskop* n ‖
–stenosis *f Harnröhren|stenose, -verengung* f ‖
–tomía *f Harnröhrenschnitt* m
urgen|cia *f Dringlichkeit, dringende Not* f ‖
Drang m ‖ *Anliegen* n ‖ ◆ con ~ *dringend* ‖ en
caso(s) de ~ *in dringenden Fällen* ‖ *im Notfall,*
notfalls ‖ ◇ es de ~ *es ist eilig* ‖ dar agua de ~ a
alg. *jdn mit Wasser besprengen* (z. B.
Ohnmächtige) ‖ **–s** *fpl dringende*
Angelegenheiten fpl ‖ **–te** adj *(m/f) dringend,*
dringlich, unaufschiebbar ‖ *urgent* ‖ *eilig* ‖
unumgänglich, dringend notwendig ‖ ¡~! *eilt!*
(auf Briefen) ‖ ◇ es ~ *es drängt* ‖ no es ~ *es eilt*
nicht, es hat Zeit (genug) ‖ tener necesidad ~ de
u/c *et. dringend brauchen* ‖ **–temente** adv
dringend, unumgänglich ‖ *flehentlich*
urgir [g/j] v. impers *dringend sein* ‖ ◇ el
tiempo urge *die Zeit drängt* ‖ *es ist höchste Zeit* ‖
urge hacerlo *es muss schnellstens gemacht werden*
‖ me urge partir *ich muss unbedingt verreisen* ‖
nos urge saberlo *wir müssen es unbedingt wissen*
‖ no me urge *ich habe es nicht eilig (damit)* ‖
¿(le) urge? *eilt es (Ihnen)?*
△ **urguiñar** vt/i *leiden*
Urías np *Urias* m
úrico adj: ácido ~ ⟨Chem⟩ *Harnsäure* f ‖
cálculo ~ *Harnstein* m
uri|nal adj *(m/f) Harn-* ‖ **–nario** adj *Harn-* ‖ ~
m Pissoir n ‖ **–nífero** adj: tubos ~s ⟨An⟩
Harnkanälchen npl ‖ **–nocultivo** *m* ⟨Med⟩
Harnkultur f
urna *f Urne* f ‖ *Vitrine* f ‖ ~ cineraria
Totenurne f, *Aschenkrug* m ‖ ~ electoral
Wahlurne f ‖ ◇ concurrir *od* ir a las ~s
an der Wahl teilnehmen, zur Wahl gehen,
wählen
uro *m* ⟨Zool⟩ *Ur, Auerochse* m (Bos
primigenius)
urobilina *f* ⟨Chem Physiol⟩ *Urobilin* n
urogallo *m* ⟨V⟩ *Auerhuhn* n (Tetrao urogallus)
‖ *Auerhahn* m
urogenital adj *(m/f):* aparato ~ ⟨An⟩
Urogenitalapparat m, *Harn- u.*
Geschlechts|organe npl
uro|lito *m* ⟨Med⟩ *Harnstein* m ‖ **–lógico** adj
urologisch ‖ **–logía** *f Urologie* f
uró|logo *m* ⟨Med⟩ *Urologe, Facharzt* m *für*
Erkrankungen der Harnorgane ‖ **–metro** m
Harnwaage f

uropigi|ano adj ⟨V⟩ *Bürzel-* ‖ **–o** *m* ⟨V⟩
Uropygium n, *Bürzel* m
uroscopia *f Harnuntersuchung, Uroskopie* f
urpila *f* Arg ⟨V⟩ *(Art) kleine Taube* f
urraca *f* ⟨V⟩ *Elster* f (Pica pica) ‖ ~ azul ⟨V⟩
Blauelster f (→ **rabilargo**) ‖ ◇ hablar más que
una ~ ⟨figf⟩ *ununterbrochen, wie ein Wasserfall*
reden
Urraca *f* ⟨pop⟩ →* **María**
△ **urró** adv *nach innen*
úrsidos *mpl* ⟨Zool⟩ *Bären* mpl
URSS ⟨Abk⟩ = **Unión de Repúblicas**
Socialistas Soviéticas
Ursula *f* np *Ursula, Ursel* f
ursulina *f* ⟨Kath⟩ *Ursulinernonne, Ursulinerin*
f ‖ ⟨fig⟩ *prüde Frau*
urti|cáceas *fpl* ⟨Bot⟩ *Nesselpflanzen* fpl
(Urticaceae) →* ¹**ortiga** ‖ **–cante** adj *(m/f)*
Brennen verursachend, stechend ‖ *Nessel-, Brenn-*
‖ **–caria** *f* ⟨Med⟩ *Nessel|ausschlag* m, *-fieber* n,
-sucht f
urú, uru *m* Arg ⟨V⟩ *Zahnwachtel* f
(Odontophorus sp)
urubú *m* Mex →* **zopilote**
△ **urucal** *m Olivenhain* m
Uru|guay *m* ⟨Geogr⟩: (el) ~ *Uruguay (Staat*
bzw Strom) ‖ =**guayismo** *m Uruguayismus* m *(e–e*
nur im uruguayischen Spanisch vorkommende
sprachliche Erscheinung) ‖ =**guayo** adj
uruguayisch ‖ ~ *m Uruguayer* m
△ **urujánza** *f Atem* m
urundey, urunday *m* Arg *(Art) Terpentinbaum*
m
urutú *m* Am *(Art) Schlange* f
ús. ⟨Abk⟩ = **úsase**
usa|damente adv *gewohnheitsmäßig* ‖ **–do** adj
gebraucht, abgenutzt ‖ *abgetragen (Kleid)* ‖
antiquarisch (Buch) ‖ *gebräuchlich, üblich* ‖ ◆ al
~ ⟨Com⟩ *nach Uso*
usagre *m* ⟨Med⟩ *Milchschorf* m ‖ ⟨Vet⟩
(Hals)Räude f
usanza *f Brauch, Gebrauch* m, *Sitte,*
Gewohnheit, Mode f ‖ ◆ a ~ campesina *nach*
Bauernart ‖ según *od* a ~ (de) *nach Art (gen)* ‖
~ a la vieja *nach alter Sitte, nach altem Brauch*
usar vt/i *(ge)brauchen* ‖ *benutzen, anwenden* ‖
tragen ‖ *s. bedienen* (gen) ‖ ◇ ~ gafas *e–e Brille*
tragen ‖ ~ perfumes *s. parfümieren* ‖ no ~
sombrero *ohne Hut gehen* ‖ ~ un lenguaje
ordinario *s. gewöhnlich ausdrücken* ‖ la solicitud
que con él usaba *die Dienstfertigkeit, die er (sie,*
es) ihm gegenüber entwickelte ‖ ◆ en disposición
de ~lo *gebrauchsfähig* ‖ ~ vi *zu tun pflegen* ‖ ◇
~ de a/c *s. e–r Sache bedienen, et. gebrauchen,*
et. benützen ‖ ~ de su derecho ⟨Jur⟩ *sein Recht*
geltend machen ‖ ~ de severidad con alg. *gegen*
jdn, mit jdm streng sein ‖ uso de (= suelo,
acostumbro) comer temprano *ich pflege zeitig zu*
essen ‖ ~**se** *gebraucht werden* ‖ *üblich,*
gebräuchlich sein ‖ *s. abnutzen (Kleid)* ‖ ◇ ya no
se usa *es ist nicht mehr modern, es wird nicht*
mehr getragen (z. B. *Kleid)*
usarcé, usarced *(aus* vuestra merced) *Euer*
Gnaden, Sie (in der Anrede)
△ **us|chó** *(f –chí)* adj *erhaben*
usencia (= vuestra reverencia) [veraltet] *(Euer)*
Ehrwürden
useñoría *(aus* vuestra señoría) [veraltet] *Ew.*
Hochwohlgeboren
usgo *m Ekel* m
usía *f (aus* vuestra señoría) [veraltet] *Ew.*
Gnaden (Anrede hochgestellter Persönlichkeiten,
(bes. Pol od Jur)) ‖ ⟨Taur pop⟩ *Vorsitzende(r)* m
des Stierkampfes
usina *f* Am *Fabrik* f ‖ Arg *Haltestelle* f *(der*

Straßenbahn) ‖ ~ eléctrica Arg *Elektrizitätswerk,*
E-Werk n ‖ ~ de gas Arg *Gas|werk* n, *-anstalt* f
usitado adj [veraltet] *ge|bräuchlich, -läufig*
uso *m Gebrauch* m, *Benutzung* f ‖ *Ver-,*
An|wendung f ‖ *Sitte* f, *Brauch* m ‖ *Gewohnheit* f
‖ *Usance* f (bes. Com) ‖ *Herkommen* n, *Gebrauch*
m ‖ *Mode* f ‖ *Abnutzung* f, *Gebrauch* m ‖ *Zustand*
m *(von Gebrauchtem)* ‖ *Ausübung* f *(e–s Rechts)* ‖
⟨Com⟩ *Wechsel|uso* m, *-frist* f ‖ ⟨Jur⟩
Nutzungsrecht n, *Nießbrauch* m ‖ ~ comercial
Handelsbrauch m ‖ ~ de la fuerza armada
Anwendung f *von Waffengewalt* ‖ ~ personal
persönlicher Gebrauch m ‖ ~ de razón *Gebrauch*
m *der Vernunft* ‖ *vernünftiges Alter* n *(bei*
Kindern) ‖ ◆ al ~ *dem Brauch, der Mode gemäß*
‖ al ~ español *nach span. Art* (od *Sitte)* ‖ al od
para (el) ~ escolar, al ~ de las clases, al ~ de la
enseñanza *zum Schulgebrauch, zu*
Unterrichtszwecken ‖ *Schul-, Unterrichts-* ‖ de ~
general *allgemein üblich* ‖ en ~ de su derecho *in*
Ausübung s–s Rechts ‖ en pleno ~ de sus
facultades mentales *im Vollbesitz s–r geistigen*
Kräfte ‖ fuera de ~ *außer Gebrauch* ‖ *nicht mehr*
gebräuchlich ‖ *nicht mehr zeitgemäß* od *aktuell* ‖
veraltet ‖ para ~ externo (interno) ⟨Pharm⟩ *zur*
äußerlichen (innerlichen) Anwendung, äußerlich
(innerlich) (Hinweis bei Medikamenten) ‖ para ~
propio od *personal für den eigenen* od
persönlichen Gebrauch ‖ según ~ *usancemäßig* ‖
según (el) ~ *del lugar ortsüblich* ‖ ◇ estar en ~
üblich, geläufig sein ‖ *gelten, gültig sein* ‖ estar
en buen ~ *gut erhalten, in gutem Zustand sein*
(Gebrauchtes) ‖ hacer ~ de … *Gebrauch machen*
von … ‖ hacer ~ de la palabra *das Wort ergreifen*
‖ poner fuera de ~ *außer Gebrauch* (bzw *Betrieb)*
setzen ‖ *aus dem Verkehr ziehen* ‖ *abschaffen* ‖ el
~ hace maestro ⟨Spr⟩ *Übung macht den Meister* ‖
sentimos no poder hacer ~ de su oferta *wir*
bedauern, von Ihrem Angebot k–n Gebrauch
machen zu können ‖ ser de ~ *üblich, geläufig,*
gebräuchlich sein ‖ tener ~ *gebräuchlich sein* ‖
ya te viene el ~ de la razón *es wird schon*
vernünftig (ein Kind) ‖ *~s mpl:* ~ bancarios
Bankpraxis f, *Bankusancen* fpl ‖ ~ bursátiles
Börsenusancen fpl ‖ ~ comerciales
Handels|bräuche mpl, *-usancen* fpl ‖ ~ y
consumos Span *Verbrauchssteuer* f ‖ ~ y
costumbres *Sitten* fpl *und Gebräuche* mpl,
Brauchtum n ‖ los ~ de guerra *der Kriegsbrauch*
△ **usoripa** *f Holz* n
usté ⟨pop⟩ →* **usted**
usted (Abk Vd., V., U., Ud. = *vuestra merced)*
Sie (Anrede) ‖ el od su padre de ~ *Ihr Vater* ‖
¡perdone (~)! *verzeihen Sie!* ‖ como ~ quiera *wie*
Sie möchten, nach Ihrem Belieben ‖ ~ dirá *Sie*
haben die Wahl, es liegt bei Ihnen ‖ *Sie haben*
das Wort ‖ ¿es ~? *sind S i e es?* ‖ ¿~ aquí? *S i e*
sind (also) hier? ‖ ¿~ cree? *so? glauben Sie?* ‖
más de lo que ~ cree *mehr als Sie glauben* ‖
tratar de ~ *mit Sie anreden, siezen* ‖ ¿verdad ~?
meinen Sie nicht? (höfliche Frage) ‖ *~es* los
hombres *ihr Männer*
△ **ustib(el)ar** vt *verschlingen*
ustilagináceas *fpl* ⟨Bot⟩ *Brandpilze* mpl
(Ustilaginales)
△ **ustilar** vt *nehmen, packen*
ustión *f (Aus)Brennen* n
△ **usti|ró** m, *-rí f Galgen* m
ustorio adj *brennend*
usual adj *(m/f) ge|wöhnlich, -bräuchlich* ‖
üblich ‖ *ge-, land|läufig* ‖ *herkömmlich* ‖ adv:
~mente
usu|ario *m Benutzer* m ‖ ⟨Jur⟩
Nutzungsberechtigte(r) m ‖ ⟨Jur⟩ *Nutznießer* m ‖
Verkehrsteilnehmer m ‖ **–capión** *f* ⟨Jur⟩ *Ersitzung*

f ‖ **–capir** def vt ⟨Jur⟩ *ersitzen* ‖ **–fructo** m
Nießbrauch m, *Nutznießung* f ‖ *Nutzen, Ertrag* m
‖ ~ legado *Nießbrauchsvermächtnis* n ‖ ~ legal
gesetzliches Nießbrauchrecht n ‖ ~ vitalicio
lebenslänglicher Nießbrauch m ‖ ◇ constituir un
~ *e–n Nießbrauch bestellen* ‖ dejar en ~ *zur*
Nutznießung überlassen ‖ **–fructuar** vt/i *mit e–m*
Nießbrauch belasten, e–n Nießbrauch bestellen
(an dat) ‖ *die Nutznießung* od *den Ertrag haben*
von (dat) ‖ *Ertrag* od *Nutzen bringen* ‖
–fructuario adj *Nießbrauchs-, Nutznießungs-* ‖ ~
m Nießbraucher, Nutznießer m
usu|ra *f Wucher* m ‖ *Wucherzins* m ‖ ◇ pagar
od recompensar con ~ ⟨fig⟩ *mit Zinsen vergelten*
(empfangene Wohltat) ‖ prestar con od a ~ *auf*
Wucherzins leihen ‖ **–rario** adj *wucherisch,*
Wucher-, ‖ **–r(e)ar** vi *Wucher treiben, wuchern* ‖
–rero *m Wucherer* m ‖ ⟨fam⟩ *Halsabschneider* m
usur|pación *f Usurpation* f ‖ *widerrechtliche*
Besitzergreifung od *Aneignung* f ‖ *Anmaßung* f ‖
Thronraub m ‖ ~ de derechos *Rechtsanmaßung* f
‖ ~ de funciones *Amtsanmaßung* f ‖ ~ de títulos
unbefugtes Führen n *von Titeln* ‖ ◆ como una ~
de nuestros derechos *als Eingriff in unsere Rechte*
‖ **–pador** *m Usurpator* m ‖ *(widerrechtlicher)*
Besitzergreifer m ‖ *Thronräuber* m ‖ **–par** vt
usurpieren ‖ *s. widerrechtlich aneignen* ‖ *s.*
anmaßen, erschleichen ‖ *vorenthalten* ‖ ◇ ~ el
poder *die Macht (widerrechtlich) an s. reißen* ‖
–patorio adj *usurpatorisch* ‖ *widerrechtlich*
usuta *f SAm Indianerschuh* m, *(Art) Sandale* f
u.t.c. ⟨Abk⟩ = **úsase también como**
utensilio *m Gerät* n ‖ *Werkzeug* n ‖ *~s mpl*
Utensilien npl ‖ *Handwerkszeug* n ‖ ~ de cocina
Küchengerät n ‖ ~ domésticos
Haushaltsgeräte npl ‖ ~ para escribir
Schreib|zeug, -material n ‖ ~ para iglesias
Kirchengeräte npl
uterino adj ⟨An⟩ *Gebärmutter-, Uterus-*
útero *m* ⟨An⟩ *Gebärmutter* f, *Uterus* m
¹útil adj *(m/f) nützlich, nutzbringend,*
(zweck)dienlich, zweckmäßig ‖ *vorteilhaft* ‖
ersprießlich ‖ *brauchbar* ‖ *nutzbar, tauglich* ‖
geeignet, fähig ‖ *dienst|tauglich, -fähig* ‖
arbeitsfähig ‖ ◇ resultar ~ *s. als nützlich*
erweisen ‖ ser ~ *nützlich sein* ‖ unir lo ~ con lo
agradable *das Angenehme mit dem Nützlichen*
verbinden
²útil adj: día ~ *Werktag* m
³útil *m Werkzeug* n ‖ *Gerät* n ‖ ~ de metal
duro *Hartmetallwerkzeug* n ‖ ~es de labranza
Ackergerät n ‖ ~es de minero ⟨Bgb⟩ *Gezähe* n
△ **utilde** adj/s *gefangen*
utilería *f Arg Col Cu* ⟨Th⟩ *Requisitenkammer* f
utili|dad *f Nutzen, Vorteil* m ‖ *Gewinn* m ‖
Nützlichkeit, Dienlichkeit f ‖ *Zweckmäßigkeit* f ‖
Brauchbarkeit f ‖ *Tauglichkeit* f ‖ *Nutzbarkeit* f ‖
◆ de mucha ~ *sehr brauchbar, nützlich* ‖ de poca
~ *wenig* od *geringem Nutzen* ‖ de ~ pública
gemeinnützig ‖ sin (ninguna) ~ *(ganz) nutz-,*
zweck|los ‖ ◇ sacar ~ de … *Nutzen ziehen aus*
… ‖ ser de ~ *von Nutzen, nützlich sein* ‖ *~es fpl*
Einkommen n ‖ *Einkünfte* pl ‖ ◇ hacer
declaración de ~ *die Einkommensteuererklärung*
erstellen od *abgeben* ‖ **–tario** adj *Nutz-*
Nützlichkeits- ‖ ~ *m Nützlichkeitsmensch* m ‖
–tarismo *m Utilitarismus* m ‖ *Nützlichkeitsprinzip*
n ‖ **–tarista** adj *(m/f) utilitaristisch* ‖ ~ *m/f*
Utilitarist(in f) m ‖ **–zable** adj *(m/f) brauchbar* ‖
verwendbar ‖ *nutzbar* ‖ *verwertbar* ‖ **–zación** *f*
Benutzung f ‖ *Verwendung* f ‖ *Gebrauch* m ‖
Einsatz m ‖ *Inanspruchnahme, Beanspruchung* f ‖
Nutzung f ‖ *Ausnutzung* f ‖ *Auslastung* f ‖
Nutzbarmachung f ‖ *Verwertung* f ‖ ~ de crédito
Kreditaufnahme f ‖ ~ excesiva de la capacidad

Überbeanspruchung f *der Kapazität* ‖ ~ pacífica de la energía nuclear *friedliche Verwendung* od *Nutzung* f *der Atomenergie* ‖ ~ de reservas *Reserveeinsatz* m ‖ **–zador** adj/s *(be-, aus)nutzend* ‖ ~ m *(Be)Nutzer* m ‖ **–zar** [z/c] vt *benutzen, gebrauchen* ‖ *an-, ver|wenden* ‖ *betreiben* ‖ *in Anspruch nehmen, Gebrauch machen von* ‖ *(aus)nutzen* ‖ *nutzbar machen* ‖ *verwerten* ‖ *auswerten* ‖ ◇ ~ los restos *die Reste verwerten* ‖ ~ con ventaja *nutzbringend verwenden* ‖ ~se con ... od de ... od en ... *Nutzen ziehen aus ...*
utillaje m *(gesamtes) Werkzeug* n, *Werkzeugausstattung* f ‖ *Ausrüstung* f
útilmente adv *nützlich, nutzbringend* ‖ *gewinnbringend (& Gewinn bringend), lohnend*
uto|pía, –pia f *Utopie* f ‖ *Unmögliche(s)* n ‖ *Wunschtraum* m, *Hirngespinst* n
utópico adj *utopisch* ‖ *fantastisch*
uto|pismo m *Utopismus* m ‖ *(Zukunfts)Träumerei, Schwärmerei* f ‖ **–pista** m/f (& adj) *Utopist(in* f) m ‖ *(Zukunfts)Träumer(in* f), *Schwärmer(in* f), *Weltverbesserer(in* f) m ‖ *Chaot(e)* m, *Chaotin* f
utraquista adj *(m/f)* ⟨Rel Hist⟩ *utraquistisch* ‖ ~ m/f *Utraquist(in* f) m *(Hussit)*
Utre|ra m np: más feo que el sargento ~ ⟨pop⟩ *hässlich wie die Nacht* ‖ **–rano** adj/s *aus Utrera* (P Sev) ‖ *auf Utrera bezüglich*
utrero m *zweijähriges Kalb* n ‖ → auch **novillo**
utrículo m ⟨Biol⟩ *Utrikulus* m, *kleines, sack-, bzw schlauchförmiges Gebilde* n
utsupra ⟨lat⟩ adv: fecha ~ *Datum wie oben*
UU. ⟨Abk⟩ = **ustedes**
¹uva f *(Wein)Traube* f ‖ ~ (al)arije *e–e rote Traubenart* f ‖ ~ albilla *Gutedeltraube* f ‖ ~ de Almería *Almeriatraube* f ‖ ~ blanca *weiße* od *helle Traube* f ‖ ~ de Corinto *Korinthe* f ‖ ~ de embarque *Versandtraube* f ‖ ~ hebén *(Art) weiße Muskatellertraube* f ‖ ~ de mesa *Tafeltraube* f ‖ ~ moscatel *Muskatellertraube* f ‖ ~ pasa *Rosine* f ‖ ~ tempran(ill)a *Frühtraube* f ‖ ~ tinta *dunkle, blaue Traube* f ‖ ~ torrontesa *weiße, feinschalige und daher leicht faulende Traube* ‖ ~ verga →
acónito ‖ ◇ entrar por ~s ⟨figf⟩ s. *heranwagen* (an acc) ‖ estar de mala ~ ⟨pop⟩ *schlechte Laune haben*, ⟨pop⟩ e–e *Saulaune haben* ‖ tener mala ~ ⟨pop⟩ *böswillig sein* ‖ *schlechte Absichten haben* ‖ estar hecho una ~ ⟨figf⟩ *stark betrunken sein*, ⟨fam⟩ *blau* (od *sternhagelvoll) sein* ‖ pisar las ~s die Trauben *treten* ‖ ponerse como una ~ ⟨fam⟩ *viel trinken* ‖ con el tiempo maduran las ~s ⟨Spr⟩ *Zeit bringt Rosen* ‖ de ~s a peras *in großen Zeitabständen, sehr selten*
²uva f ⟨Bot⟩: ~ crespa, ~ espina *Stachelbeere* f (Ribes glossularia) ‖ ~ de gato *Hauswurz* f (Sempervivum tectorum) ‖ *Scharfer Mauerpfeffer* m (Sedum acre) ‖ ~ lupina *Eisenhut* m, *Akonit* n (Aconitum spp) ‖ ~ marina *Meerträubel* n (Ephedra distachya) ‖ ~ de oso, ~ de pájaro *Bärentraube* f (Arctostaphylos spp) ‖ ~ de playa *Strandtraube, Beere* f *der Seetraube* f ‖ ~ de raposa, ~ de zorro *Einbeere* f (Paris quadrifolia)
uvada f *große Menge* f *Weintrauben* ‖ *reiche Weinernte* f, *Traubensegen* m
uvaduz f ⟨Bot⟩ *Bärentraube* f (Arctostaphylos spp)
uval adj *(m/f) trauben|ähnlich, -artig*
uvate m *eingemachte Trauben* fpl
uve f *V, v* n *(Name des Buchstabens)* ‖ ~ doble *W, w* n
¹uvero adj *Trauben-* ‖ ~ m *(Wein)Traubenhändler* m
²uvero m ⟨Bot⟩ Am *Seetraube* f (Coccoloba uvifera)

UVI ⟨Abk⟩ = **unidad de vigilancia intensiva**
uviforme adj *(m/f) traubenförmig*
úvula f ⟨An⟩ *Zäpfchen* n *(im Hals)*
uvu|lar adj *(m/f)* ⟨An Phon⟩ *Zäpfchen-, uvular* ‖ ⟨Phon⟩ R ~ f *Zäpfchen-R* n ‖ **–litis** f ⟨Med⟩ *Zäpfchenentzündung* f
uxorici|da m *Mörder der Ehefrau, Gattenmörder* m ‖ **–dio** m *Mord an der Ehefrau, Gattenmord* m
¡uy! int *nanu!* ‖ *oh! ach!* ‖ *k–e Rede!* ‖ *unglaublich!*
Uzbe|kistán m ⟨Geogr⟩ *Usbekistan* n ‖ **–ko** adj *Usbeke* m

V

V, v f [= Uve, uve, *pl* Uves, uves] *U, u* n ‖ ~ doble, ~ valona *W* n
v. ⟨Abk⟩ = **vagón** ‖ **vapor** ‖ **véase** ‖ **velocidad** ‖ **verbo** ‖ **vez, veces** ‖ **villa** ‖ **vista** ‖ **vuelva**
v ⟨Abk⟩ = **valor** ‖ **vista** ‖ **vuestro**
V ⟨Abk⟩ = **vanadio** ‖ **voltio(s)**
V. ⟨Abk⟩ = **Usted (usted)** ‖ **vale** ‖ **vapor** ‖ **véase** ‖ **venerable** ‖ **versículo** ‖ **visto** ‖ **viuda** va → ir
V.ª ⟨Abk⟩ = **vigilia** ‖ **viuda**
V. A. ⟨Abk⟩ = **Vuestra Alteza**
¹vaca f *Kuh* f ‖ *Rind(fleisch)* n ‖ *Rind(s)leder* n ‖ *Einsatz* m *(Spiel)* ‖ ⟨figf desp⟩ *dicke Frau* f ‖ ~ asada *Rinderbraten* m ‖ ~ cocida *Suppenfleisch* n ‖ ~ estofada *geschmortes Rindfleisch* n ‖ ~ lechera, ~ de leche *Milchkuh* f ‖ ~ loca ⟨fam⟩ *von BSE befallenes Rind* ‖ ~ reproductora, ~ abierta *Zuchtkuh* f ‖ las ~s flacas (gordas) ⟨fig⟩ *die mageren (fetten) Jahre* ‖ ◇ hacerse la ~ ⟨figf⟩ Pe *die Schule schwänzen* ‖ ser la ~ de la boda ⟨figf⟩ *die melkende Kuh sein* ‖ más vale ~ en paz, que pollos con agraz *besser Armut im Frieden als Reichtum im Krieg* ‖ *lieber ein Spatz in der Hand als e–e Taube auf dem Dach*
²vaca f: **a)** ~ de San Antón ⟨Ins⟩ *Marienkäfer* m (→ **mariquita**) ‖ **b)** ~ marina ⟨Zool⟩ *Seekuh* f (→ **manatí**)
vacaburra m ⟨pop⟩ *unangenehmer Mensch* m ‖ *Mensch* m *mit unangenehmen Manieren*
vaca|ción f *Ruhezeit* f ‖ → **vacancia** ‖ →
vacante ‖ **–ciones** fpl *Ferien* pl ‖ *Urlaub* m ‖ ~ académicas *Hochschulferien* pl ‖ ~ activas *Aktivurlaub* m ‖ ~ (laborales) anuales *Jahresurlaub* m ‖ ~ de canícula *Hitzeferien* pl ‖ ~ de descanso *Erholungsurlaub* m ‖ ~ (generales od colectivas) de la empresa *Betriebsferien* pl ‖ ~ escolares *Schulferien* pl ‖ ~ judiciales ⟨Jur⟩ *Gerichtsferien* pl ‖ ~ de Pascuas *Osterferien* pl ‖ ~ pagadas, ~ retribuidas *bezahlter Urlaub* m ‖ ~ de recreo → ~ de descanso ‖ ~ universitarias *Hochschulferien* fpl ‖ ◇ estar de ~ *in Ferien sein, in* od *im Urlaub sein* ‖ irse de ~ *in (die) Ferien fahren, e–e Urlaubsreise machen*
vacada f *Rinderherde* f
vacan|cia f *freie, unbesetzte Stelle, Vakanz* f ‖ *Arbeits-, Dienst|losigkeit* f ‖ **–te** adj *(m/f) unbesetzt, erledigt, offen, frei, vakant (Stelle, Amt)* ‖ *frei, leer (stehend) (Wohnung)* ‖ ◇ está todavía ~ *(die Stelle, das Amt usw.) ist noch offen, unbesetzt* ‖ dejar ~ *e–e Stelle (ein Amt usw.) nicht mehr besetzen* ‖ ~ f *freie Stelle* f ‖ *Amtserledigung* f ‖ ◇ cubrir una ~ *e–e freie Stelle (ein Amt usw.) besetzen* ‖ ocupar una ~ *e–e Stelle (ein Amt usw.) einnehmen* ‖ producirse una ~ *frei werden (Stelle, Amt)*
vacar [c/qu] vi *offen, unbesetzt sein (Stelle)* ‖ *erledigt sein (Amt)* ‖ *leer stehen (Wohnung)* ‖ *Ferien haben (Gericht)* ‖ *frei bleiben (Zeit)* ‖ *ermangeln, fehlen* ‖ *die Arbeit einstellen, vorübergehend s–r Arbeit nicht nachgehen* ‖ ◇ no ~ de interés *nicht uninteressant sein,* ~ interessieren ‖ ~ a algo, ~ en algo *s. um et. bemühen* od *kümmern* ‖ *sorgen für* ‖ *s. widmen* (dat) ‖ *nachgehen (e–r Arbeit)*
vacarí [*pl* ~íes] adj/s *aus Rind(s)leder*

vacatura f *Zeit der Amtsverwaisung, Vakanzzeit* f
vacia|dero m *Abfluss, Ausguss* m ‖ *Ausgussschale* f ‖ **–dizo** adj *(ab)gegossen*
¹vaciado adj *ent-, ausge|leert, ausgeräumt* ‖ ~ m *Aus|schachten, -heben* n ‖ *Entleerung, Ausräumung* f
²vaciado adj *abgeformt, gegossen (in Metall, Gips usw.)* ‖ ~ m *(Gips)Abguss, Guss* m ‖ *Modellierung, Abformung* f ⟨Arch⟩ *Säulenrille* f ‖ ~ en yeso *Gipsabguss* m
³vaciado adj *geschliffen (Messer usw.)* ‖ ~ m *Schleifen, Schärfen* n ‖ ~ hueco *Hohlschliff* m
¹vaciador m *Entleerer* m ‖ ~ de basura(s) *Müllschlucker* m
²vaciador m *(Gips)Gießer* m (auch *Werkzeug*) ‖ *Gießkelle* f
³vaciador m *Schleifer, Schärfer* m
vaciadura f *Ausleerung* f
vaciante f *Ebbe* f
¹vaciar [pres ~ío] vt *aus-, ent|leeren (aus)* ‖ *abfüllen, aus|gießen, -schütten* ‖ *ausschöpfen (aus)-, (ab)|gießen* ‖ *aushöhlen* ‖ *ablassen (Wasser)* ‖ *abzapfen (Fass)* ‖ ⟨Taur⟩ *(den Stier) mit der Muleta vorbeischießen lassen* ‖ ⟨wiss⟩ *exzerpieren* ‖ ⟨fig⟩ *gründlich untersuchen* ‖ ◇ ~ agua en la calle *Wasser auf die Straße aus|gießen, -schütten* ‖ ~ con bomba *leer-, aus|pumpen* ‖ ~ su buche ⟨pop⟩ → el costal ‖ ~ una copita *ein Gläschen leeren, trinken* ‖ ~ el costal ⟨figf⟩ *alles heraussagen, was man auf dem Herzen hat; sein Herz ausschütten* ‖ ~ dinero sobre la mesa *Geld (aus der Geldbörse) auf den Tisch ausschütten* ‖ ~ la pipa *die Pfeife ausklopfen* ‖ ~ vi *s. ergießen, münden (Ströme)* ‖ **~se** *s. (ent)leeren* ‖ *s. verausgaben (z. B. bei der Arbeit)* ‖ *abfließen* ‖ *auslaufen* ‖ ~ (de todo) ⟨fig⟩ *alles heraussagen, sein Herz ausschütten* ‖ *s. verplappern* ‖ ◇ ~ por la lengua ⟨pop⟩ *e–e lose Zunge haben* ‖ ~ un ojo *s. ein Auge ausschlagen* ‖ se le vació la sangre *er verblutete*
²vaciar [pres ~ío] vt *abformen, (ab)gießen* ‖ ~ en yeso *in Gips abgießen*
³vaciar [pres ~ío] vt *schleifen, schärfen (Messer usw.)* ‖ *hohlschleifen (Rasiermesser)*
vaciedad f *Leere* f ‖ ⟨pop⟩ *Albernheit* f
vaci|lación f *Wanken, Schwanken* n ‖ *Wackeln* n ‖ *Flackern* n *(Licht)* ‖ ⟨fig⟩ *Wankelmut* m, *Unschlüssigkeit* f ‖ **–lante** adj *(m/f) wankend, schwankend (& fig)* ‖ *taumelnd, torkelnd* ‖ *wack(e)lig* ‖ *flackernd (Licht)* ‖ ⟨fig⟩ *unbeständig, wankelmütig, labil* ‖ Mex *s. vergnügen* ‖ *un|schlüssig, -sicher* ‖ ⟨fig⟩ *schimmernd* ‖ ♦ a pasos ~s *mit wankenden Schritten, wankend,* [stärker:] *taumelnd, torkelnd* ‖ ◇ caminar *od* andar ~ *taumelnd Gang* m ‖ **–lar** vi *wanken, schwanken (& fig)* ‖ *wackeln* ‖ *taumeln* ‖ *flackern (Licht)* ‖ ⟨fig⟩ *un|schlüssig, -entschlossen sein, zaudern* ‖ sin ~ *ohne zu zaudern* ‖ *geradeheraus, gerade(n)wegs* ‖ *ohne Bedenken* ‖ ~ en hacer u/c *zögern, et. zu tun* ‖ ~ en la resolución *unschlüssig sein* ‖ sin ~ *unbeanstandet* ‖ *ohne Bedenken* ‖ no –la ante nadie *er nimmt es mit jedem auf*
vaci|le m ⟨pop⟩ *Spötter* m ‖ *Aufziehen* n, *Fopperei* f ‖ **–lón** adj *witzig* ‖ *spöttisch*

vacinostilo m ⟨Med⟩ *Impfzette* f
¹vacío *adj leer* ‖ *hohl* ‖ *unbesetzt* ‖ *unbewohnt* ‖
leer (stehend) ‖ *müßig, unbeschäftigt* ‖
unausgefüllt ‖ *nicht trächtig (Schaf usw.)* ‖ *taub
(Gestein)* ‖ ⟨fig⟩ *eitel, hochmütig, überheblich* ‖
⟨fig⟩ *bedeutungslos, nichtig* ‖ ⟨fig⟩ *nichtssagend* ‖
⟨fig⟩ *inhaltslos* ‖ ~ de aire *luftleer* ‖ ~ de
entendimiento *geistig beschränkt* ‖ ◆ de ~ *leer,
unbeladen* ‖ *unbesetzt* ‖ *arbeitslos* ‖ en ~ *ins
Leere* ‖ *vergeblich* ‖ ◇ andar en ~, marchar en ~
leer laufen (Maschine) ‖ dar en ~ ⟨fig⟩ *s–n
Zweck verfehlen* ‖ estar de ~ ⟨fam⟩ *kein Geld
haben, blank sein* ‖ irse de ~ *leer ausgehen,
unverrichteter Dinge abziehen (müssen)* ‖ regresar
de ~ *leer od unbeladen zurückkommen* ‖ venirse
od volver de ~ *unverrichteter Dinge
zurückkehren*
²vacío m *Leere* f ‖ ⟨Phys⟩ *Vakuum* n ‖
Zwischen-, Hohl|raum m ‖ *Lücke* f ‖ ⟨Tech Zim⟩
Aussparung f ‖ ⟨An⟩ *Seite, Weiche, Flanke* f ‖
gewisser (Tanz)Schritt m ‖ ⟨fig⟩ *Lücke* f ‖ ⟨fig⟩
Mangel m ‖ ⟨fig⟩ *Leere, Öde* ‖ ⟨fig⟩ *Nichtigkeit* f
‖ ~ de Torricelli *Torricellische Leere* f ‖ ◆ con la
mirada puesta en el ~ *ins Leere schauend od
starrend, mit geistesabwesendem Blick* (& fig) ‖
◇ caer en el ~ *k–n Widerhall finden* ‖ dejar un ~
⟨fig⟩ *e–e (bedauerliche) Lücke reißen od
hinterlassen* ‖ hacer el ~ a alg. *jdn ins Abseits
stellen* ‖ colmar *od* llenar un ~ *e–e Lücke
ausfüllen* (& fig)
△ va|có (f –quí) *adj ängstlich*
vacuidad f *Leere, Leerheit* f
vacuímetro m → **vacuómetro**
vacu|na f ⟨Med⟩ *Impfstoff* m, *Vakzine* f ‖ ⟨Med
Hist⟩ *Kuhpocken(lymphe)* pl(f) ‖ *Impfung* f ‖ ~
anticolérica *Choleraschutzimpfung* f ‖ ~
antidiftérica *Diphtherieschutzimpfung* f ‖ ~
anti(para)tífica *(Para)Typhusschutzimpfung* f ‖ ~
antipolio(mielítica) *Poliomyelitisschutzimpfung* f ‖
~ antirrábica *Tollwutschutzimpfung* f ‖ ~
antitetánica *Tetanusschutzimpfung* f ‖ ~
antituberculosa *Tuberkuloseschutzimpfung* f ‖ ~
antivariólica *Pockenschutzimpfung* f ‖ **–nación** f
⟨Med⟩ *(Schutz)Impfung* f ‖ → **vacuna** ‖ ~
obligatoria *Impf|pflicht* f, *-zwang* m ‖ ~ por vía
bucal *od* oral *orale Schutzimpfung,
Schluckimpfung* f ‖ **–nado** m *Impfling* m ‖ **–nador**
m *Impfarzt* m ‖ **–nal** *adj (m/f) Impf-, vakzinal* ‖
–nar vt *(ein)impfen* ‖ ⟨fig⟩ *immun machen (contra
gegen)*
vacuno *adj/s Rind(s)-, Rinder-*
vacunoterapia f ⟨Med⟩ *Vakzine|therapie,
-behandlung* f
vacuo *adj leer* ‖ ⟨fig⟩ *hohl* ‖ ~ m *Vakuum* n ‖
Lücke f
vacuola f ⟨Biol⟩ *Vakuole* f
vacuómetro m ⟨Phys Tech⟩ *Vakuummeter* n
vade m *Schul|mappe* f, *-ranzen* m ‖
Schreibmappe f ‖ *Notizblock* m
vade|able *adj (m/f) durchwatbar* ‖ *seicht (Furt,
Fluss)* ‖ ⟨fig⟩ *überwindbar* ‖ **–ador** m
Furten|kenner, -kundige(r), *Führer* m *durch
Furten* ‖ **–ar** vt/i *durchwaten (Fluss)* ‖ ⟨fig⟩
überwinden ‖ ⟨fam⟩ *(jdm) auf den Zahn fühlen* ‖
~se → **manejarse**
vademécum […un] m *Notiz-, Taschen|buch* n ‖
Handbuch n, *Leitfaden* m, *Vademekum* n ‖
Schulmappe f
vadera f *breite Furt* f
vade retro ⟨lat⟩ *hebe dich hinweg! weiche von
mir!*
vado m *Furt, Durchwatstelle* f ‖ *Zufahrt* f *(zu
e–r Gebäudeeinfahrt)* ‖ ⟨fig⟩ *Ausweg* m, *Mittel* n ‖
~ permanente *Halteverbot* m *(vor e–r Zufahrt zu
e–r Gebäudeeinfahrt)* ‖ ◆ a ~ *(durch)watend* ‖ ◇

dar ~ a algo *et. in Gang bringen, ausführen, in
die Tat umsetzen, realisieren* ‖ ⟨figf⟩ *freien Lauf
lassen* (dat) ‖ atravesar *od* pasar a ~ *durchwaten
(e–n Fluss)* ‖ pasar el ~ *durch die Furt gehen* ‖
(e–n Fluss) *durchwaten* ‖ tentar el ~ ⟨figf⟩ *auf
den Busch klopfen, sondieren* ‖ **–so** *adj seicht
(Fluss, See)* ‖ ⟨Geol⟩ *vados (Grundwasser)*
vagabun|daje m → **–deo** ‖ **–dear** vi
*herumlungern, umherstrolchen, stromern,
vagabundieren, s. herumtreiben* ‖ ⟨fig⟩ *schweifen,
umherwandern (Gedanken)* ‖ **–deo** m, **–dería**,
–dez [pl ~ces] f *Landstreicherei, Herumtreiberei*
f ‖ *Gammeln* n ‖ **–do** *adj umher|streifend,
-schweifend, vagabundierend, unstet, ruhelos* ‖
⟨El⟩ *vagabundierend* ‖ ~ m *Vagabund, Land-,
Stadt|streicher, Stromer*, ⟨fam⟩ *Tippelbruder* m
vaga|mente *adv un|deutlich, -bestimmt,
verschwommen, vage* ‖ **–mundear** vi →
vagabundear ‖ **–mundo** m → **vagabundo**
vagan|cia f *Müßiggang* m ‖ *Faulenzerei* f ‖ **–te**
adj (m/f) umher|schweifend, -streifend ‖ ~ m
⟨Hist⟩ *Vagant* m ‖ *Landstreicherleben* n
¹vagar [g/gu] vi *umherstreichen,
herum|lungern, -ziehen, -strolchen* ‖ *herumirren* ‖
⟨fig⟩ *mit den Gedanken umherstreifen*
²vagar [g/gu] vi *müßig gehen, faulenzen*, Öst
vazieren ‖ ~ m *Muße* f ‖ *Fahrlässigkeit* f ‖ ◇
andar *od* estar de ~ *müßig gehen, nichts zu tun
haben* ‖ a más prisa más ~ ⟨Spr⟩ *eile mit Weile*
vagaroso *adj* ⟨poet⟩ *umherschweifend, unstet* ‖
⟨fig⟩ *langsam, trödelnd, träge*
vagido m *Wimmern, Schreien* n *(der
Neugeborenen)* ‖ *Kindergeschrei* n ‖ el primer ~
der erste Schrei (des Neugeborenen)
vagi|na f ⟨An⟩ *Scheide, Vagina* f ‖ **–nal** *adj*
⟨An⟩ *Scheiden-, vaginal* ‖ **–nismo** m ⟨Med⟩
Vaginismus, Scheidenkrampf m ‖ **–nitis** f ⟨Med⟩
Scheidenentzündung f
vagir [g/j] vi [selten] *wimmern (Kind)*
vagneriano m ⟨Mus⟩ *Wagnerianer* m
¹vago *adj umherschweifend* ‖ *unstet, flüchtig* ‖
un|ruhig, -beständig ‖ *unbestimmt, schwankend* ‖
*verschwommen, un|klar, -deutlich, vag(e) (Umriss,
Idee)* ‖ *unbeschäftigt, berufslos* ‖ *müßig, faul* ‖ Ar
Nav *öd(e), brach, unbebaut (Land)* ‖ (nervio) ~
⟨An⟩ *Vagusnerv* m (Nervus vagus) ‖ ◆ con ~
acento mit Gleichgültigkeit ‖ en ~ *ohne Stütze* ‖
wackelnd, wack(e)lig (z. B. Stuhl) ‖ ⟨fig⟩
vergeblich ‖ ◇ tengo una ~a idea de ello *ich
habe e–e schwache Ahnung davon* ‖ *es schwebt
mir dunkel vor*
²vago m *Herumtreiber* m ‖ *Landstreicher,
Penner, Stromer* m ‖ *Bummler, Nichtstuer,
Faulpelz* m ‖ *Asoziale(r)* m ‖ ◇ hacer el ~ *nichts
tun, müßig gehen, faulenzen*
vagón m *(Eisenbahn)Wagen, Waggon* m (bes.
Güterwagen) ‖ → auch **¹coche** ‖ ~ basculante, ~
de báscula *Kipp|wagen, -waggon, Kipper* m ‖ ~
basculante lateralmente *Seitenkipper* m ‖ ~ de
gran cabida *Großraumwagen* m ‖ ~-cama
Schlafwagen m ‖ ~ de carga *Güterwagen* m ‖ ~
cerrado *gedeckter Wagen* m ‖ ~ de cine
Filmvorführwagen m ‖ ~ cisterna *Kesselwagen* m
‖ ~ cocina *Küchenwagen* m ‖ ~ de cola *Stoß-,
Schluss|wagen* m ‖ ~ dormitorio Am → ~-cama ‖
~ frigorífico *Kühlwagen* m ‖ ~ funerario
Leichenwagen m ‖ ~ para ganado *Viehwagen* m ‖
~ grúa *Kranwagen* m ‖ ~ isotérmico *Isolier-,
Kühl|wagen* m ‖ ~ jaula ⟨EB⟩ *Gitter-,
Käfig|wagen* m ‖ ~ de mercancías *Güterwagen* m
‖ ~ panorámico *Aussichtswagen* m ‖ ~ de
pasajeros *Personenwagen* m ‖ ~ de pasillo
Durchgangswagen m ‖ ~ (de) plataforma *offener
Güterwagen, Plattformwagen* m ‖ ~ quitanieves
Schneepflug m ‖ ~ restaurante *Speisewagen* m ‖

~ tanque *Kesselwagen* m ‖ ~ tolva *Trichter-,*
Bunker|wagen m ‖ ~ zaguero *letzter Wagen* m ‖
◆ ⟨Com⟩ franco sobre ~ *frei Waggon* ‖ ◇ el ~
bambolea *der Wagen schleudert*
  vagonada *f Wagen-, Waggon|ladung* f
  vagoneta *f Lore* f, *Kippwagen* m ‖ ⟨Bgb⟩ *Lore*
f, *Förderwagen, Hund* m ‖ ⟨EB⟩ *Draisine* f,
Bahnmeisterwagen m
  vagoroso adj *un|bestimmt, -sicher* ‖ →
vagaroso
  vagotonía *f* ⟨Med⟩ *Vagotonie* f
  vaguada *f* ⟨Geogr⟩ *(Tal)Sohle* f
  vague|ar vi *umher|schweifen, -irren* ‖
herumstrolchen, s. herumtreiben ‖ *faulenzen* ‖
–dad *f Unbeständigkeit* f ‖ *Un|gewissheit,*
-bestimmtheit, -klarheit, Verschwommenheit f ‖
Muße f
  vaguido adj *schwind(e)lig* ‖ ~ *m* → **vahído**
  váguido *m* Am → **vahído**
  vaha|je *m* ⟨Mar⟩ *Brise* f ‖ **–rada** *f Atem,*
Hauch m ‖ *Dunst|wolke, -schicht* f ‖ *Schwaden* m
  vaharera *f* ⟨Med⟩ *Ausschlag* m *an den*
Mundwinkeln (bei Kindern)
  vaharina *f Ausdünstung* f ‖ *Dampfwolke* f ‖
Nebel m
  va|hear vi/t *dampfen, dunsten* ‖ *Schwaden*
bilden ‖ *aus|dünsten, -strömen, von s. geben* ‖
–hído *m Be|täubung, -nommenheit* f, ⟨fam⟩ *Dusel*
m ‖ *Schwindel* m, *(Anwandlung von) Ohnmacht* f
‖ ◇ *le dio un* ~ *es wurde ihm schwind(e)lig* ‖ *er*
wurde ohnmächtig ‖ *tener* ~s *Schwindelanfälle*
haben ‖ **–ho** *m Dampf, Dunst* m, *Ausdünstung* f ‖
⟨Med⟩ *Blähung* f ‖ *el* ~ *de las respiraciones der*
dampfende Atem
  vai ⟨reg pop⟩ = **ve ahí**
  △ **Vai** *f* np *Eva* f
  ¹vaído adj: *bóveda* ~a ⟨Arch⟩ *Tonnengewölbe*
n
  ²vaído *m* ⟨pop⟩ → **vahído**
  ¹vaina *f (Degen)Scheide* f ‖ *(Messer)Scheide* f
‖ *Futteral* n ‖ *(Samen)Hülse, Schote* f ‖ *Flaggen-,*
bzw *Segel|saum* m *(durch den die Leinen gezogen*
werden) ‖ ⟨Mil⟩ *(Patronen)Hülse* f ‖ MAm SAm
⟨fig⟩ *Unannehmlichkeit* f ‖ ~ *tendinosa* ⟨An⟩
Sehnenscheide f ‖ ◇ *echar una* ~ ⟨vulg⟩ *bumsen,*
vögeln, ficken ‖ *salirse uno de la* ~ ⟨Arg Mex⟩
aus der Fassung geraten, die Beherrschung
verlieren ‖ *ser un(a)* ~ Ant MAm Ven *ein übler*
Kerl bzw *ein Nichtsnutz sein*
  △ **²vaina** *m Dummkopf* m
  vainazas *m* ⟨pop⟩ *schlaffer Mensch, Flasche* f,
Schlappschwanz m
  vainica *f Hohlsaum* m
  vaini|lla *f* dim von **vaina** ‖ *Vanille* f ‖ **–llar** vt
mit Vanille würzen ‖ **–llera** *f* ⟨Bot⟩ *Vanille* f
(Vanilla planifolium) ‖ **–llina** *f* ⟨Chem⟩ *Vanillin* n
‖ **–ta** *f* dim von **vaina** ‖ Am *grüne Bohne* f
  vais → **ir**
  vaivén *m Hin- und Herbewegung* f, *Hin und*
Her, Auf und Ab, Geschaukel n ‖ ⟨Tech⟩ *Rütteln* n
des Eisenbahnwagens ‖ ⟨Text⟩ *Fadengang* m ‖
⟨fig⟩ *Wandelbarkeit, Unbeständigkeit* f ‖ *el tenue*
~ *de los árboles das leise Rauschen der Bäume* ‖
el ~ *de las circunstancias die Wandelbarkeit der*
Verhältnisse ‖ ~ *de cuna wiegende Bewegung* f ‖
Wiegen n ‖ *los vaivenes de la muchedumbre das*
Hin- und Her|wogen der Menge ‖ ~ *de péndulo*
Pendelbewegung f ‖ ⟨fig⟩ *wack(e)liger,* [stärker:]
taumelnder, torkelnder Gang m ‖ ◇ *movía la*
cabeza con ligero ~ *er schüttelte (bzw wiegte)*
den Kopf leicht hin und her
  vaivo|da, –de *m* ⟨Hist⟩ *Woiwode* m *(Fürst)*
  vajilla *f Tafel-, Tisch|geschirr* n ‖ ~ *de cocina*
Küchengeschirr n ‖ ~ *esmaltada Emailgeschirr* n
‖ ~ *de loza Steingut|ware* f, *-geschirr* n ‖ ~ *de*

peltre Zinngeschirr n ‖ ~ *de porcelana*
Porzellangeschirr n ‖ ~ *de vidrio Glasgeschirr* n
  ¹val *m* Kurzform für **valle**
  ²val. ⟨Abk⟩ = **valenciano** ‖ **valor** ‖ **valuta**
  △ **Val** *f* np *Eva* f
  vala ⟨pop⟩ = **valga** (→ **valer**)
  valaca *f* Col *Haarband* n
  valaco adj *walachisch* ‖ ~ *m Walache* m
  válame ⟨pop⟩ = **válgame** (→ **valer**)
  valar adj *Zaun-* ‖ *Wall-*
  valdense adj *(m/f)* ⟨Rel⟩ *waldensisch* ‖ ~ *m/f*
Waldenser(in f) m *(Mitglied e–r*
Laienpredigerbewegung)
  valdepeñas *m Rotwein* m *aus Valdepeñas* (P
CReal)
  valdeteja *m ein Ziegenkäse aus Valdetejas* (P
León)
  valdré → **valer**
  ¹vale *m Gutschein, Bon* m ‖ *(Geld)Anweisung* f
‖ *Schuldschein* m ‖ *Bezug(s)schein* m ‖ *Freikarte* f
‖ Am ⟨pop⟩ *Freund, Kamerad, Kumpan* m ‖ ~
bancario Bankanweisung f ‖ ◇ *recoger un* ~ *e–n*
Zahlungsschein einlösen
  ²vale ⟨lat⟩ *m* ⟨lit⟩ *Lebewohl* n ‖ *lebe wohl!*
  ³¡vale! ⟨fam⟩ *einverstanden! o.k.! gut! (geht)*
in Ordnung! ‖ ⟨Typ⟩ *gilt! (auf Korrekturen)*
  vale|cito *m* Am dim von **vale** ‖ **–dero** adj
(rechts)gültig, verbindlich ‖ *in Kraft, in Geltung,*
geltend ‖ ◇ *ya no es* ~ *es gilt nicht mehr* ‖ ~ *m*
Beschützer, Gönner m ‖ **–dor** *m*/adj *Beschützer,*
Gönner m ‖ Am ⟨pop⟩ *Kamerad, Freund, Kumpan*
m ‖ **–dura** *f* Mex *Gefälligkeit, Hilfe* f
  valencia *f* ⟨Biol Chem⟩ *Wertigkeit, Valenz* f
  Valen|cia *f* [Stadt, Provinz und historische,
heute autonome Region in Spanien] *Valencia* n ‖
=cianismo *m valencianische Redewendung* od
Redensart f ‖ **=ciano** adj *aus Valencia* ‖ ~ *m*
Valencianer m ‖ *valencianische Variante* f *des*
Katalanischen
  valentía *f Tapferkeit* f ‖ *Mut* m ‖ *mutige Tat,*
Heldentat f ‖ *Prahlerei, Aufschneiderei* f ‖
künstlicher Schwung m ‖ *Verve* f
  Valentín *m* np *Valentin* m
  valentinita *f* ⟨Min⟩ *Valentinit* m
  valen|tísimo adj sup von **valiente** ‖ *äußerst*
mutig, äußerst tapfer ‖ *ausgereift, vollendet,*
perfekt (Künstler) ‖ **–tón** adj *großmäulig* ‖ ~ *m*
Aufschneider, Prahlhans m, *Groß|maul* n, ⟨fam⟩
-schnauze f ‖ *Raufbold* m ‖ **–tona(da)** *f*
Angeberei, Aufschneiderei, Prahlerei f
  valeo *m* nic für **baleo** (→ d)
  ¹valer [irr pres valgo, imp val(e), fut valdré]
vt/i *ein|tragen, -bringen (Geld, Erfolg, Nutzen,*
Schwierigkeiten, Sorgen usw.) ‖ (bes. fig) *nützen* ‖
~ vi *gelten, wert sein* ‖ *gültig sein* ‖ *gelten*
(Münze) ‖ *kosten (Waren), betragen, s. belaufen*
auf (acc) *(Rechnung)* ‖ *(aus)machen (Betrag)* ‖
den Wert haben von ‖ *wert sein* ‖ *nützen* ‖ *helfen* ‖
(be)schützen, bewahren ‖ *taugen, tauglich sein,*
brauchbar sein ‖ *überlegen sein, über-,*
vor|wiegen ‖ *von Bedeutung sein, bedeuten* ‖ ◇ ~
un dinaral (fam) ein Heidengeld kosten ‖ ~ *por*
dos soviel wert sein wie zwei ‖ ~ *mucho viel wert*
sein ‖ *wertvoll* od *kostbar sein* ‖ *sehr tüchtig sein*
(Person) ‖ *no* ~ *nada nichts wert sein* ‖ *wertlos*
sein ‖ *ungültig sein* ‖ *nichts gelten* ‖ *zu nichts*
taugen (& Person) ‖ ~ *el precio den Preis wert*
sein ‖ ~ *con alg.* (fig) *auf jdn Einfluss haben, bei*
jdm et. durchsetzen od *erreichen (können)* ‖
¿cuánto vale? wieviel kostet es? was macht es? ‖
eso no me vale nada das nützt mir nichts ‖ *esta*
moneda no vale diese Münze ist ungültig ‖ *no*
valgo lo que tú ich bin nicht so tüchtig wie du ‖
este mapa no vale para nada diese Landkarte
taugt gar nichts ‖ ⟨fig⟩ *sabe lo que vale er (sie,*

es) ist s. s–s (ihres) Wertes bewusst ‖ *~* el precio
den Preis wert sein ‖ hacer *~ geltend machen,
zur Geltung bringen* ‖ más vale ... & inf *es ist
besser zu ...* & inf ‖ más vale un "por si acaso"
que un "¿quién pensara?" ⟨Spr⟩ *Vorsicht ist
besser als Nachsicht* ‖ más valiera ... *es wäre
besser ...* ‖ valdría más que lo dejaras *du solltest
lieber davon ablassen, du solltest es lieber
(unter)lassen* ‖ vale más que lo dejes *lass es
lieber sein!* ‖ ¡(así) vale más! *so ist es besser! um
so besser!* ‖ ¿no vale más? *k–r bietet mehr? (bei
Versteigerungen)* ‖ lo mismo vale de ... *das
gleiche gilt von ...* ‖ ¡aquí no vale perder el
tiempo! *hier ist k–e Zeit zu verlieren!* ‖ aquí no
valen bromas *damit ist nicht zu spaßen* ‖ ¡eso no
vale! *so geht es nicht!* ‖ das gilt nicht (z.B. beim
Spiel)* ‖ el uno vale tanto como el otro *der eine ist
so gut wie der andere* ‖ más vale tarde que nunca
⟨Spr⟩ *besser spät als nie* ‖ ⟨fam⟩ *endlich (kommen
Sie bzw kommt ihr bzw kommst du)!* ‖ lo que
mucho vale, mucho cuesta ⟨Spr⟩ *was viel wert ist,
kostet viel* ‖ ¡vale! → **¡vale!** ‖ Vale *der Obige (in
Nachschriften)* ‖ ¡válgame Dios! *Gott steh' mir
bei!* ‖ *Gott behüte!* ‖ *was sagen Sie da!* ‖
¡válganos el cielo! *möge uns der Himmel
bewahren!* ‖ valga lo que valiere ⟨fig⟩ *komme,
was da wolle* ‖ *um jeden Preis, auf alle Fälle* ‖
eso me valió un gran disgusto *deswegen hatte ich
e–e große Unannehmlichkeit* ‖ tanto vales cuanto
tienes ⟨Spr⟩ *Geld regiert die Welt* ‖ no es
literatura ni cosa que lo valga ⟨pop⟩ *das ist alles
andere als Literatur* ‖ no le valdrán excusas *k–e
Ausreden werden ihm (ihr) helfen* ‖ *~***se:** *~* de a/c
s. e–r Sache bedienen ‖ *zu et.* (dat) *greifen* ‖ von
et. (dat) *Gebrauch machen, et. benutzen* ‖ *~* de
alg. *zu jdm s–e Zuflucht nehmen* ‖ *bei jdm Hilfe
suchen* ‖ ¡de ello se vale! *das ist s–e (ihre)
Ausrede!* ‖ valiéndose de amenazas *durch
Drohungen* ‖ *~* de astucia *List gebrauchen* ‖ *~* de
un derecho *von e–m Recht Gebrauch machen* ‖ *~*
de llaves falsas *s. falscher Schlüssel bedienen,
Nachschlüssel verwenden* ‖ *~* de todos los
medios ⟨fig⟩ *alle Hebel in Bewegung setzen* ‖ *~*
de medios ilícitos *s. unerlaubter Mittel bedienen,
zu unerlaubten Mitteln greifen* ‖ *~* de los
servicios de alg. *jds Dienste benutzen* ‖ *~* de un
título falso *s. e–s falschen Titels bedienen, e–n
falschen Titel führen* ‖ no poder *~ s. nicht helfen
(od nicht bewegen) können*
²valer *m Wert, Verdienst* m ‖ *Einfluss* m ‖
Tüchtigkeit f ‖ ◆ de mucho *~ sehr einflussreich* ‖
→ auch **valor**
valeri|ana *f* ⟨Bot⟩ *Baldrian* m *(Valeriana* spp) ‖
~ de huerta *Feldsalat* m ‖ **–ánico** *adj:* ácido *~*
⟨Chem⟩ *Baldrian-, Valerian|säure* f
Valeriano *m* np *Valerian(us)* m
vale|rosidad *f Tapferkeit* f ‖ *Tüchtigkeit* f ‖
–roso *adj tapfer, wacker, brav* ‖ *reich, mächtig* ‖
→ **valioso**
valet *m* ⟨Kart⟩ *Bube* m
valetudinario *adj kränklich, schwächlich,
siech* ‖ *anfällig* ‖ *~ m Rekonvaleszent* m
valga → **valer**
Valhala *f* ⟨Myth⟩ *Walhall(a)* n
valí [*pl ~íes*] *m* ⟨Hist⟩ *Wali* m *(noch in der
Türkei)*
valía *f Wert* m ‖ *Gunst* f ‖ *Ansehen* n, *Einfluss*
m ‖ mayor *~ Werterhöhung* f ‖ *Mehrwert* m ‖ ◇
es un médico de gran *~ er ist ein
ausgezeichneter Arzt*
valichú *m* RPl *böser Geist* m *(bei den
Indianern)*
vali|dación *f Gültigmachung* f ‖
Gültigkeitserklärung f ‖ *amtliche Bestätigung* f ‖
⟨Jur⟩ *Rechtsgültigkeit* f ‖ **–dar** *vt gültig machen* ‖

für gültig erklären ‖ *amtlich bestätigen* ‖ **–dez**
[*pl ~ces*] *f Geltung, Gültigkeit* f ‖
Rechts\gültigkeit, -wirksamkeit f ‖ *~ general
Allgemeingültigkeit* f ‖ ◆ en *~ in Kraft* ‖ falto de
~, sin *~ ungültig* ‖ ◇ tiene *~ hasta ... es bleibt
in Kraft, es gilt bis ...*
valido *adj in Gunst stehend, begünstigt* ‖
angesehen ‖ *~* de ... *gestützt auf ...* (acc) ‖ *~ m
Günstling, Schützling, Liebling* m ‖ ⟨Pol⟩ *Favorit*
m *(e–s Herrschers)*
válido *adj geltend* ‖ *gültig* ‖ *rechts\gültig,
-wirksam* ‖ *gesund, kräftig,* (fam) *mobil, auf der
Höhe* ‖ *tauglich, arbeitsfähig* ‖ ◇ ser *~ gelten,
gültig sein, in Geltung, in Kraft sein* ‖ dejar de
ser *~ die Gültigkeit verlieren* ‖ *verjähren*
valiente *adj (m/f) tapfer, mutig, kühn, beherzt,
furchtlos* ‖ *tüchtig, bedeutend, hervorragend* ‖
vor\trefflich, -züglich ‖ *gehörig, tüchtig* ‖ *heftig
(Kälte, Hitze)* ‖ ⟨iron⟩ *nett, schön, so ein(e) ...!* ‖
¡*~* sorpresa! (iron) *e–e schöne Überraschung!* ‖
¡*~* amigo eres tú! (iron) *du bist mir ein schöner
Freund!* ‖ ¡*~* sin vergüenza! ⟨pop⟩ *so ein
unverschämter Kerl!* ‖ *~ m Held, Recke* m ‖
(iron) *Prahlhans, Wichtigtuer, Schaumschläger,
Gernegroß* m ‖ *adv:* ~**mente**
vali|ja *f Handkoffer* m, *Reisetasche* f (bes. Am)
‖ *Postbeutel* m ‖ p. ex *Kurier* m ‖ *~* diplomática
Diplomaten\koffer m, *-gepäck* n ‖ *Kuriergepäck* n
–jero *m Landbriefträger* m ‖ *Kurier* m ‖ **–jón** *m
augm von* **valija**
valimiento *m Gönner\schaft* f, *-tum* n ‖ *Schutz*
m ‖ *Rückhalt* m ‖ *Fürsprache* f ‖ *Gunst* f ‖ ◇
tener *~ einflussreich sein* ‖ tener *~* con alg. *bei
jdm in Gunst stehen*
valioso *adj wertvoll, kostbar, prächtig, tüchtig*
‖ *reich, vermögend*
valisoletano *adj/s* → **vallisoletano**
valkirias *fpl* → **valquirias**
valla *f Verschanzung* f, *Pfahlwerk* n ‖ *Palisade*
f ‖ *Zaun* m, *Umzäunung, Einfriedung* f ‖ *Wall* m
f ‖ *Zaun* m, *Umzäunung, Einfriedung* f ‖ *Wall* m
f ‖ *Planke* f ‖ *Hecke* f, *Heckenzaun* m ‖ *Hürde* f ‖
⟨Taur⟩ *hölzerne Brüstung* f *(in der Arena)* ‖ ⟨fig⟩
Hürde f, *Hindernis* n ‖ Cu PR *Platz* m *für
Hahnenkämpfe* ‖ *~* protectora ⟨StV⟩ *Leitplanke* f
‖ *~* publicitaria *Werbebande* f ‖ ◇ poner una *~*
⟨fig⟩ *e–e Schranke errichten* ‖ romper *od* saltar la
~ ⟨fig⟩ *das Eis brechen* ‖ *rücksichtslos vorgehen*
valla|dar *m Verschanzung* f, *Wall* m ‖
Umzäunung f ‖ ⟨fig⟩ *Bollwerk* n ‖ **–do** *m
Einzäunung* f, *Zaun* m ‖ *Heckenzaun* m ‖
Valladolid *m* [Stadt und Provinz in Spanien]
Valladolid n
vallar *vt mit e–m Wall umgeben* ‖ *einzäunen* ‖
einfried(ig)en ‖ *adj Zaun-* ‖ *Wall-*
valle *m Tal* n ‖ *Flussbett* n ‖ *Tal\gebiet* n,
-landschaft f ‖ *~* de los Caídos Span *Tal* n *der
Gefallenen (des Bürgerkrieges 1936–1939)* ‖ *~*
colgado *~* suspendido ‖ ◇ *fluvial Flusstal* n ‖
el *~* de lágrimas ⟨fig⟩ *(das irdische) Jammertal*
n, *die böse Welt* ‖ *~* de potencial ⟨Phys⟩
Potenzialmulde f ‖ *~* suspendido ⟨Geol⟩ *Hängetal*
n *(Seitental, dessen Sohlenniveau bei der
Einmündung höher als dasjenige des Haupttales
liegt)* ‖ *~* en U *Trogtal, U-Tal* n ‖ *~* en V
(encajado) *Kerbtal, V-Tal* n ‖ ◆ *~* abajo
talabwärts ‖ por montes y *~s über Berg und Tal* ‖
–cito, –j(ue)o *dim von* **valle**
vallisnera *f* ⟨Bot⟩ *Vallisneria, Sumpfschraube*
f (Vallisneria)
vallisoletano *adj/s aus Valladolid* ‖ *auf
Valladolid bezüglich*
¹vallista *m/f* ⟨Sp⟩ *Hürdenläufer(in* f) m
²vallista *m/f* Am *Talbewohner(in* f) m
valón *adj wallonisch* ‖ *~ m Wallone* m ‖ el *~
das Wallonische*

valones *mpl Pluderhosen* fpl
¹valona *f* Col Ec Ven *gestutzte Mähne* f *(der Reittiere)*
²valona *f* Mex → **valimiento** ‖ Mex ⟨Mus⟩ *e–e Volksweise (dem cante flamenco ähnlich)*
valonar vt Col Ec Ven *stutzen (Mähne)*
valonear vi MAm *s. vorbeugen (beim Reiten, um et. zu (er)greifen)*
valor *m Wert* m ‖ *(Geld)Betrag* m ‖ *Währung, Valuta* f ‖ *Sinn* m, *Bedeutung* f, *Gehalt* m ‖ *Belang* m ‖ *Mut* m, *Tapferkeit, Kraft, Stärke* f ‖ *Ansehen* n, *Einfluss* m ‖ *Dreistigkeit, Frechheit* f ‖ ⟨Mus⟩ *Dauer, Gültigkeit* f *(e–r Note)* ‖ *~ de adquisición Anschaffungswert* m ‖ *~ afectivo, ~ de aficionado Liebhaberwert* m ‖ *~ alimenticio* ⟨Physiol⟩ *Nährwert* m ‖ *~ de apreciación (Ab)Schätzungswert* m ‖ *~ de aproximación od aproximativo Näherungswert* m ‖ *~ calórico Kalorienwert* m ‖ *~ cívico Bürgermut* m, *Zivilcourage* f ‖ *~ de compra* ⟨Com⟩ *Anschaffungswert* m ‖ *~ de cotización* ⟨Com⟩ *Kurswert* ‖ *~ al contado Wert* m *in bar* ‖ *~ en cuenta Wert* m *in Rechnung* ‖ *~ de chatarra Schrottwert* m ‖ *~ efectivo Effektivwert* m ‖ *Barwert* m ‖ *~ en efectivo Wert* m *in bar* ‖ *~ emocional Gemütswert* m ‖ *~ entendido* ⟨Com⟩ *Wert verstanden* ‖ *~ equivalente Gegenwert* m ‖ *~ estimado od estimativo Schätzwert* m ‖ *~ fonético* ⟨Phon⟩ *Lautwert* m ‖ *~ en géneros* ⟨Com⟩ *Wert in Waren* ‖ *~ intrínseco innerer Wert, Gehalt* m ‖ *~ de inventario Inventarwert* m ‖ *~ límite Grenzwert* m ‖ *~ máximo Höchstwert* m ‖ *~ medio Durchschnitts-, Mittel\wert* m ‖ *~ en mercancías* → *~ en géneros* ‖ *~ mínimo Mindestwert* m ‖ *~ nominal* ⟨Com⟩ *Nenn-, Nominal\wert* m ‖ *~ nutritivo* ⟨Physiol⟩ *Nährwert* m ‖ *~ oro* ⟨Com⟩ *Goldwert* m ‖ *Goldwährung* f ‖ *~ real Istwert* m ‖ ⟨Com⟩ *Barwert* m ‖ *Sachwert* m ‖ *Selbstkostenpreis* m ‖ *~ recibido* ⟨Com⟩ *Wert erhalten (Valutaklausel)* ‖ *~ recíproco* ⟨Math⟩ *Kehrwert* m ‖ *~ recreativo Freizeitwert* m ‖ *~ de rendimiento Nutzungs-, Ertrags\wert* m ‖ *~ de reventa Wiederverkaufswert* m ‖ *~ teórico theoretischer Wert, Sollwert* m ‖ *~ total Gesamtwert* m ‖ *~ umbral Schwellenwert* m ‖ *~ útil Nutz(ungs)wert* m ‖ ◆ *como ~ declarado* ⟨Postw⟩ *mit Wertangabe* ‖ *de igual ~, del mismo ~ gleichwertig* ‖ *de poco ~, de escaso ~ von geringem Wert* ‖ *minderwertig* ‖ *por ~ de … im Wert von …* ‖ *sin ~ wertlos* ‖ *nicht stichhaltig* (z. B. *Argument*) ‖ ◇ *aumentar el ~ den Wert erhöhen* ‖ *aumentar de ~ im Wert zunehmen* ‖ *carecer de ~ wertlos sein* ‖ *cobrar ~ Mut gewinnen od fassen* ‖ *declarar el ~ den Wert deklarieren* ‖ *disminuir de ~ im Wert sinken* ‖ *an Wert verlieren* ‖ *perder en* (su) *~ an Wert verlieren* ‖ *ser de gran* (od *mucho*) *~ sehr kostbar, sehr wertvoll sein* ‖ *großen Wert haben* ‖ *tener ~ para hacer a/c den Mut haben, et. zu tun* ‖ p. ex *die Dreistigkeit haben, et. zu tun* ‖ *no tener ~ nicht gelten, ungültig sein (od Münze)* ‖ *no tener ningún ~ ganz wertlos sein* ‖ *~es mpl Werte* mpl, *Wertpapiere* npl, *Effekten* pl ‖ *~ admitidos (a negociación en bolsa)* ⟨Com⟩ *börsenfähige Wertpapiere* npl ‖ *~ de banco Bank\werte* mpl, *-papiere* npl ‖ *~ de bolsa, ~ bursátiles Börsen\werte* mpl, *-papiere* npl ‖ *~ en cartera Effektenbestand* m, *Portefeuille* n ‖ *~ en caución zur Sicherheit dienende Wertpapiere* ‖ *~ declarados* ⟨Postw⟩ *Wert\sendung* f, *-brief* m ‖ *~ de dividendo Dividendenpapiere* npl ‖ *~ de especulación Spekulationspapiere* npl ‖ *~ del Estado Staatspapiere* npl ‖ *~ extranjeros ausländische Papiere* npl od *Effekten* pl ‖ *Devisen* fpl ‖ *~ fiduciarios mündelsichere Papiere* npl ‖ *~*

industriales Industriepapiere npl ‖ *~ de inversión Anlagewerte* mpl ‖ *~ a la orden Orderpapiere* npl ‖ *~ al portador Inhaberpapiere* npl ‖ *~ poco seguros unsichere Papiere* npl
valo\ración *f Ab-, (Ein)Schätzung* f ‖ *Bewertung* f ‖ *Wertbestimmung, Wertung* f, *Anschlag* m, *Veranschlagung* f ‖ *Auswertung* f ‖ **–rar** vt *(ver)anschlagen, (ab)schätzen* ‖ *bewerten, taxieren* ‖ *beurteilen* ‖ ⟨Math⟩ *(Kurve) auswerten* ‖ ⟨Com⟩ *valutieren* ‖ **–ría** *f (Schätzungs)Wert* m
valorem [… en] (lat): *derechos ad ~ Wertzölle* mpl
valori\zación *f Schätzung, (Be)Wertung* f ‖ *Aufwertung* f ‖ *Valorisierung* f ‖ Am *Ausverkauf* m ‖ **–zar** [z/c] vt → **valorar, evaluar** ‖ *aufwerten, den Wert anheben* ‖ *valorisieren* ‖ Am *ausverkaufen, flüssig machen* ‖ *~se im Wert steigen, an Wert gewinnen*
Valparaíso *m* [Stadt] *Valparaiso* n
valquirias *fpl* ⟨Myth⟩ *Walküren* fpl
vals *m Walzer* m ‖ *~ bóston Bostonwalzer* m ‖ *~ jota Walzer* m *im Tempo e–r Jota* ‖ *~ lento langsamer Walzer* m ‖ *~ vienés Wiener Walzer* m
valsa\dor *m Walzertänzer* m ‖ **–r** vi *(Walzer) tanzen*
valuación *f* → **valoración**
valuar [pres ~úo] vt → **valorar**
valuta *f* ⟨Com⟩ *Valuta* f *(Währungsgeld)*
valva *f (Muschel)Klappe* f
válvula *f* ⟨Tech⟩ *Klappe* f, *Schieber* m ‖ *Ventil* n ‖ ⟨An⟩ *Klappe* f ‖ ⟨Radio⟩ *Röhre* f ‖ ⟨Auto⟩ *Schlauchventil* n *(für Luftreifen)* ‖ *~ de admisión* ⟨Tech⟩ *Einlassventil* n ‖ *~ de aire (no viciado) (Frisch)Luftklappe* f ‖ *~ de alimentación Speiseventil* n *(an Dampfmaschinen)* ‖ *~ aórtica* ⟨An⟩ *Aortenklappe* f ‖ *~ de aspiración Saugventil* n ‖ *~ de bola Kugelventil* n ‖ *~ car\diaca, -díaca* ⟨An⟩ *Herzklappe* f ‖ *~ de cierre Absperrventil* n ‖ *~ de cierre automático Selbstschlussventil* n ‖ *~ de cierre instantáneo Schnellschlussventil* n ‖ *~ de charnela Klappenventil* n ‖ *~ de descarga Ablassventil* n ‖ *~ electrónica Elektronenröhre* f ‖ *~ emisora* ⟨Radio⟩ *Senderöhre* f ‖ *~ de escape Auslassventil* n ‖ *Auspuffklappe* f ‖ ⟨fig⟩ *Aus\weg* m, *-flucht* f ‖ *~ de estrangulación Drosselklappe* f ‖ *~ de inundación* ⟨Mar⟩ *Flutklappe* f *(U-Boot)* ‖ *~ de mariposa* ⟨Auto⟩ *Drosselklappe* f ‖ *~ mitral* ⟨An⟩ *Mitralklappe* f ‖ *~ de neumático* ⟨Auto⟩ *Schlauchventil* n ‖ *~ de paso Absperrventil* n ‖ *~ de presión Druckventil* n ‖ *~ reguladora Regelventil* n ‖ *~ de salida* → *~ de descarga* ‖ *~ de seguridad Sicherheitsventil* n ‖ *~ de sobrepresión Überdruckventil* n ‖ *~ de transmisión* ⟨Radio⟩ *Senderöhre* f
valvu\lar adj *(m/f)* ⟨An Med Tech⟩ *Klappen-* ‖ ⟨Tech⟩ *Ventil-* ‖ **–litis** *f* ⟨Med⟩ *Herzklappenentzündung* f
vamos → **ir**
vam\p, **-piresa** *f Vamp* m ‖ **–pírico** adj *Vampir-* ‖ *blutsaugerisch (& fig)* ‖ **–pirismo** *m* ⟨lit Med⟩ *Vampirismus* m ‖ *Vampirglaube* m ‖ **–piro** *m Vampir* m ‖ ⟨Zool⟩ *Vampir* m, *Spießblattnase* f *(Vampyrus spectrum)* ‖ ⟨Zool⟩ *Blutsauger* m *(Desmodus spp)* ‖ ⟨fig⟩ *Blutsauger* m
¹van → **ir**
²van *m* ⟨Auto⟩ *Van* m ‖ *Kastenfahrzeug* n ‖ *Kofferfahrzeug* n ‖ *Pferdetransporter* m
vanadio *m* **(V)** ⟨Chem⟩ *Vanadin, Vanadium* n
vanaglo\ria *f Ruhmsucht* f ‖ *Dünkel* m, *Eitelkeit* f ‖ **–riarse** vr *prahlen, s. brüsten* ‖ *~ de od por su rango s. auf s–e Stellung viel einbilden* ‖ **–rioso** adj/s *ruhmsüchtig* ‖ *angeberisch* ‖ *dünkelhaft, überheblich, eitel, arrogant*
vanamente adv *ver\gebens, -geblich, umsonst* ‖ *grundlos, ohne triftigen Grund* ‖ *eingebildet, eitel*
van\dalaje *m* Am → **vandalismo** ‖ **–dálico** adj

wandalisch, vandalisch ‖ **–dalismo** *m* ⟨fig⟩
Wandalismus, Vandalismus m, *barbarische*
Zerstörungswut f ‖ ⟨fig⟩ *Roheit* f
vándalo adj ⟨Hist⟩ *wandalisch, vandalisch* ‖ ~
m Wandale, Vandale m (& fig)
vandeano adj/s *aus der Vendée* ‖ *auf die*
Vendée bezüglich
Vandoma *f* ⟨Geogr⟩ *Vendôme* f
vanear vi *faseln*
vanesa *f Falter, Schmetterling* m ‖ ~ atalanta
Admiral m (Vanessa atalanta) ‖ ~ de los cardos
Distelfalter m (Cynthia cardui)
vanguar|dia *f* ⟨Mil Sp⟩ *Vorhut* f ‖ ⟨fig⟩
Avantgarde f, *Vorkämpfer* mpl ‖ La ~ *in*
Barcelona erscheinende span. Tageszeitung ‖ ◇ ir
a *od* en ~ *voraus-, voran|gehen* ‖ **–dismo** *m*
Avantgardismus m ‖ **–dista** adj *(m/f)*
avantgardistisch ‖ ~ *m/f Avantgardist(in* f) m
vani|dad *f Eitelkeit* f, *Dünkel* m,
Überheblichkeit f ‖ *Hoffart, Großtuerei* f ‖
Gehaltlosigkeit, Nichtigkeit f ‖ *leere Einbildung* f
‖ ◇ ajar la ~ *de alg.* ⟨figf⟩ *jds Stolz demütigen* ‖
hacer ~ *de algo s. et. einbilden (auf)* ‖ **–doso** adj
eitel, selbstgefällig ‖ *eingebildet* ‖ ~ *m*
eingebildeter Mensch, Geck m
vanilo|cuencia *f Geschwätzigkeit* f ‖ **–cuente**
(m/f), **vanílocuo** adj *geschwätzig* ‖ ~ *m*
Schwätzer m ‖ **–quio** *m Geschwätz* n, *Faselei* f
vanistorio *m* ⟨fam⟩ *Aufschneiderei* f ‖ *Geck, Laffe*
m
vano adj *eitel, gehaltlos, leer* ‖ *vergänglich,*
nichtig ‖ *taub, hohl (Frucht)* ‖ *unnütz, vergeblich*
‖ *eitel, dünkelhaft, überheblich, eingebildet* ‖
hochmütig, stolz ‖ *grundlos, leer (Furcht,*
Hoffnung) ‖ ◆ en ~ *umsonst, vergeb|ens, -lich* ‖
nutzlos ‖ *ohne Grund* ‖ no en ~ *nicht umsonst,*
mit Recht ‖ ◇ tomar el nombre de Dios en ~ *den*
Namen Gottes missbrauchen ‖ ~ *m*
Zwischenraum m ‖ ⟨Arch⟩ *lichte Weite* f ‖
Öffnung f, *Durchbruch* m
vánova *f* Ar *Bettdecke* f
Vanuatu *m* ⟨Geogr⟩ *Vanuatu* n
¹vapor *m* ⟨Mar⟩ *Dampfer* m, *Dampfschiff* n ‖
~ de altura, ~ de alta mar *Hochseedampfer* m ‖
~ correo *Postdampfer* m ‖ ~ costero
Küstendampfer m ‖ ~ frutero *Obstdampfer*, ⟨fam⟩
Bananendampfer m ‖ ~ de hélice
Schraubendampfer m ‖ ~ de lujo *Luxusdampfer*
m ‖ ~ de pesca, ~ pesquero *Fischdampfer* m ‖ ~
piloto Lotsendampfer m ‖ ~ rápido
Schnelldampfer m ‖ ~ de recreo *Vergnügungs-,*
Ausflugs|dampfer m ‖ ~ de ruedas *Raddampfer* m
‖ ◇ enviar por ~ *per Dampfer befördern*
²vapor *m Dampf* m ‖ *Dunst* m ‖ *Ausdünstung* f
‖ ~ de agua, ~ acuoso *Wasserdampf* m ‖ ~ de
alquitrán Teerdampf m ‖ ~ caliente *Heißdampf* m
‖ ~ de escape *Abdampf* m ‖ ~ de alta (baja)
presión Hoch-, (Nieder)druckdampf m ‖ ~
recalentado überhitzter Dampf, Heißdampf m ‖ ~
saturado Satt-, Nass|dampf m ‖ ◆ al ~ ⟨figf⟩ *mit*
Dampf, rasch, schnell ‖ a todo ~ *mit Volldampf*
(& fig) ‖ por ~ *mit Dampfkraft* ‖ ◇ emitir ~
dampfen ‖ ~*es* mpl *Dämpfe* mpl ‖ *Dünste* mpl ‖
Schwaden npl
³vapor *m* [selten] *Schwindel-,*
Ohnmachts|anfall m ‖ ⟨fig⟩ *Grille* f ‖ ◇ le dan
~es *er (sie, es) bekommt od hat*
Ohnmachtsanfälle
vapo|ración *f* → *evaporación* ‖ ⟨Text⟩
Dämpfen n, *Dampfbehandlung* f ‖ **–rario** *m*
Dampfbad n ‖ **–r(e)ar** vt → *evaporar* ‖ ⟨Text⟩
dämpfen ‖ vi *ausdünsten* ‖ **–reta** *f Dampfreiniger*
m *(für Teppiche und Teppichböden)* ‖ **–rífero** adj
dampfhaltig, Dampf- ‖ **–rizable** adj *(m/f)*
verdampfbar ‖ **–rización** *f Verdampfung* f ‖

Verdunstung f ‖ *Verflüchtigung* f ‖ *Zerstäubung* f ‖
⟨Text⟩ *Dämpfung* f ‖ ⟨Med⟩ *Dampfbehandlung* f ‖
–rizado *m Dämpfen* n ‖ ⟨Text⟩ *Dämpfen* n,
Dampfbehandlung f *(der Gewebe)* ‖ *Zerstäuben* n ‖
–rizador *m Verdampfer* m ‖ *(Parfüm)Zerstäuber*
m ‖ **–rizar** [z/c] vt ⟨Chem⟩ *ver-, ein|dampfen* ‖
verdunsten lassen ‖ *zerstäuben* ‖ ~*se verdampfen*
‖ *verdunsten* ‖ *s. verflüchtigen* ‖ **–roso** adj *dunstig*
‖ ⟨fig⟩ *leicht, luftig (bes. von Kleidern)*
vapu|l(e)ar vt *(durch)peitschen* ‖ ⟨pop⟩
(ver)prügeln ‖ **–leo, vápulo** *m (Durch)Peitschen* n
‖ ⟨pop⟩ *Prügel* pl, *Hiebe* mpl
vaque|ra *f Kuhhirtin* f ‖ *Sennerin* f ‖ **–ría** *f*
Kuhstall m ‖ *Rinderherde* f ‖ *Milch|geschäft* n,
-wirtschaft f ‖ Ven *Jagd* f *mit e–m Lasso* ‖ ~
suiza Sennerei, Molkerei f *mit Rinderzucht* ‖ **–riza**
f Kuhstall m ‖ **–rizo** adj *Rinder-* ‖ ~ *m Kuh-,*
Rinder|hirt m ‖ **–ro** adj *Rinderhirten-* ‖ ~ *m*
Kuhhirt m ‖ *Senn(e)* m ‖ *Viehtreiber* m ‖ Am
Vaquero, Cowboy, Rinderhirt m ‖ ~ de alzada Ast
Almkuhhirte m ‖ ~*s* mpl *Bluejeans, Jeans* pl ‖ **–ta**
f Vachetteleder n ‖ *Juchtenleder* n
vaquetón adj Mex *plump, schwerfällig* ‖ Cu
Mex *dreist, unverschämt*
△ **vaquí** adj *ängstlich*
vaqui|lla *f* dim von **vaca** ‖ *junge Kuh, Färse* f
‖ **–llona** aququó von **vaca** (bes. Am)
váqui|ra *f,* **–ro** *m* ⟨Zool⟩ Ven → **pécari** (& *als*
Schimpfwort)
vaquita *f:* ~ de San Antón *Marienkäfer* m ‖ →
mariquita
V. A. R. ⟨Abk⟩ = **Vuestra Alteza Real**
¹vara *f Gerte, Rute* f ‖ *dünner Stock, Stab* m,
Stange f ‖ ⟨Taur⟩ *Lanze e–s Picadors, Pike* f ‖
p. ex *Lanzenstoß* m ‖ p. ex *Picador* m ‖ *Amtsstab*
m (bes. *e–s span. Alcalden*) ‖ *Stabträger* m ‖ ⟨fig⟩
Züchtigung, Strafe f ‖ *Elle* f *(Maß)* ‖ *Ellenmaß* n ‖
Deichsel, Gabel f *(am Wagen)* ‖ *Blütenstängel* m ‖
~ argentina Arg *Elle* f *(0,866 m)* ‖ ~ de Burgos,
~ de Castilla *span. Elle* f *(0,8359 m)* ‖ ~ de
cortina *Vorhangstange* f ‖ ~ cuadrada
Quadratelle f ‖ ~ cubana *kubanische Elle* f
(0,848 m) ‖ ~ divinatoria *Wünschelrute* f ‖ ~ de
Esculapio *Äskulapstab* m ‖ ~ de Inquisición
⟨Hist⟩ *Abgesandte(r)* m *der Inquisition* ‖ ~ larga
⟨Taur⟩ *Lanze des Picadors, Pike* f ‖ ~ de medir
Ellen|stab m, *-maß* n ‖ ~ oriental *Längenmaß* n
in Uruguay (0,859 m) ‖ ~ de premio Arg
Kletterstange f *(bei Volksfesten)* ‖ ◆ con media ~
de cuello ⟨pop⟩ *mit sehr langem Hals* ‖ ◇ doblar
la ~ de la justicia ⟨fig⟩ *das Recht beugen* ‖
medirlo todo con la misma ~ ⟨fig⟩ *alles über e–n*
Leisten schlagen ‖ picar de ~ larga ⟨figf⟩ *auf*
Nummer Sicher gehen ‖ tener alta ~ *in algo auf*
et. großen Einfluss haben ‖ ~*s* fpl *Schwungbäume*
mpl *(am Wagen)* ‖ ◇ poner ~ al toro ⟨Taur⟩ *den*
gehetzten Stier gegen die Lanze anrennen lassen ‖
tomar ~ ⟨Taur⟩ *gegen die Lanze rennen (Stier)* ‖
⟨figf⟩ *leicht unterliegen*
²vara *f* ⟨Bot⟩ ~ de Aarón *Aronstab* m (Arum
maculatum) ‖ ~ de Jesé *Tuberose (Polianthes*
tuberosa) ‖ ~ de oro *Goldrute* f (Solidago spp)
³vara *f Schweineherde* f *(40–50 Tiere)*
¹varada *f Stranden* n, *Strandung* f ‖ *Auflaufen*
n, *Strandungsfall* m
²varada *f* Zam *Schweineherde* f *(40–50 Tiere)*
‖ (reg) *Akkordarbeit* f
varadero *m* ⟨Mar⟩ *Stapel* m ‖ *Ablaufbahn* f ‖
~ de carena *Reparaturdock* n
varado adj Am *steif, (er)starr(t)* ‖ Chi *ohne*
feste Beschäftigung ‖ ◇ allí quedó ~ Am *dort*
blieb er stecken
varadura *f* ⟨Mar⟩ *Strandung* f ‖ *Aufschleppen*
n *e–s Schiffes*
varal *m lange, dicke Stange* f ‖ *Schwungbaum*

m *(an Kutschen)* ‖ ⟨figf⟩ *Hopfenstange, lange Latte* f ‖ Arg *Gestell* n *zum Dörren des Fleisches* ‖ ⟨Mar⟩ *Ablaufbahn* f
△ **varandia** f *Rücken* m
varano m ⟨Zool⟩ *Waran* m (Varanus)
varapalo m *lange Stange* f, *Stecken, Stab* m ‖ *Schlag* m *mit e–r Stange bzw mit e–r Rute* ‖ *Tracht* f *Prügel* ‖ ⟨figf⟩ *Rüffel, Anschnauzer* m ‖ ⟨figf⟩ *Verlust, Schlag* m ‖ ⟨fig⟩ *heftiger Verdruss, Ärger, Unmut* m, *Missfallen* n
varar vi/t ⟨Mar⟩ *stranden, auf|laufen, -setzen (Schiff)* ‖ *an Land ziehen, auf Strand setzen (Schiff)* ‖ ⟨fig⟩ *ins Stocken geraten (Geschäft)*
varaseto m *Pfahlzaun* m
varazo m *Gerten-, Ruten|hieb* m ‖ ⟨reg⟩ *Schwips, Rausch* m ‖ ◇ dar ~s a alg. *jdn prügeln* od *schlagen*
△ **varda** f *Wort* n
vardasca f → **verdasca**
vare|ar vt *(Früchte) von den Bäumen abschlagen* ‖ *klopfen (Wolle)* ‖ *(Kleider, Möbel) ausklopfen* ‖ *(Ochsen) antreiben* ‖ ⟨Taur⟩ *(den Stier) mit der Lanze verwunden* ‖ ⟨pop⟩ *prügeln* ‖ RPl *(Pferd) zureiten für Rennen* ‖ ~**se** ⟨fig⟩ → **enflaquecer** ‖ **–jón** m And SAm *Gerte, Rute* f
varenga f ⟨Mar⟩ *Bodenwrange* f
vare|o m *Abschlagen* n *der Baumfrüchte* ‖ **–ta** f dim von **vara** ‖ *kleiner Stab* m ‖ *kleiner Spieß* m ‖ *Leimrute* f ‖ ⟨Text⟩ *Streifen* m *(im Gewebe)* ‖ ⟨fig⟩ *Anspielung, Stichelei* f ‖ ◇ echar ~s ⟨fig⟩ *Anspielungen machen, sticheln* ‖ irse od estar de ~ ⟨figf⟩ *Durchfall haben* ‖ **–tazo** m ⟨Taur⟩ *seitlicher Hornstoß* m *des Stiers* ‖ **–tón** m ⟨Jgd⟩ *Spießer* m *(Hirsch)*
varga f *steilster Teil e–r Steigung*
Vargas np: ¡averígüelo ~! ⟨pop⟩ *daraus mag der Teufel klug werden! (Ansp. auf den Bürgermeister Francisco de Vargas, Vertrauensmann der Königin Isabella der Katholischen)*
vargueño m → **bargueño**
vari m ⟨Zool⟩ *Vari* m (Lemur variegatus)
varia ⟨lat⟩ *pl* Varia pl, *Verschiedene(s)* n
varia|bilidad f *Veränderlichkeit* f ‖ ⟨Biol⟩ *Variabilität* f *(& Statistik)* ‖ **–ble** adj/s *(m/f) veränderlich* ‖ *wandelbar* ‖ *wechselnd* ‖ *schwankend* ‖ *variabel* ‖ *wechselvoll, unbeständig* ‖ *wankelmütig, unstet* ‖ ⟨Tech⟩ *verstellbar* ‖ ~ f ⟨Math⟩ *veränderliche Größe, Variable, Veränderliche* f ‖ ~ aleatoria od estocástica *Zufallsvariable* f ‖ **–ción** f *Veränderung* f, *Wechsel* m ‖ *Abwandlung* f ‖ *Abweichung, Schwankung* f ‖ *Abwechslung* f ‖ ⟨Mus Biol Math⟩ *(Phys) Deklination* f ‖ ◆ sin ~ *ein|tönig, -förmig* ‖ variaciones sobre el mismo tema ⟨figf⟩ *immer dieselbe Geschichte* ‖ ◇ en la ~ está el gusto ⟨figf⟩ *Abwechslung erfreut* od *ergötzt,* ⟨lat⟩ *varietas delectat* ‖ **–damente** adv *abwechselnd* ‖ *auf verschiedene Weise* ‖ **–do** adj *verschiedenartig* ‖ *vielfältig, mannigfaltig* ‖ *abwechselnd* ‖ *abwechslungsreich, reichhaltig* ‖ *vielseitig* ‖ *bunt(farbig)* ‖ ◆ de colores ~s *bunt(farbig)* ‖ **–dor** m ⟨Tech⟩ *Regelgetriebe* n ‖ ~ de velocidad *Geschwindigkeitsregler* m
variancia f [Statistik] *Varianz* f
variante adj/s *(m/f) wechselnd* ‖ ~ f *Variante, Abwandlung* f ‖ *abweichende Lesart, Variante* f *(e–s Textes)* ‖ ⟨Biol⟩ *Ab-, Spiel|art* f
varianza f → **variancia**
variar [pres ~ío] vt *ver-, ab|ändern* ‖ *abwandeln* ‖ *verschiedenartig gestalten* ‖ *Abwechslung bringen (in)* ‖ *variieren (& Mus)* ‖ ◇ ~ la fecha *das Datum ändern* ‖ ~ vi *verschieden sein* ‖ *(ab)wechseln* ‖ *s. ändern, s. wandeln* ‖ *s. nicht gleichbleiben* ‖ *abweichen,*

variieren ‖ *schwanken (Kurs)* ‖ ◇ ~ de plan *s–n Plan ändern* ‖ ~ de precio *im Preis verschieden sein* ‖ esto le hizo ~ de propósito *das brachte ihn auf e–e andere Idee* ‖ eso varía *(por completo) das ist et. (ganz) anderes* ‖ el mundo ha variado mucho *die Welt ist ganz anders geworden* ‖ para ~ od por ~ *zur Abwechslung*
varice, várice f ⟨Med⟩ *Krampfader, Varix, Varize* f
varicela f ⟨Med⟩ *Windpocken* fpl
vari|cocele m ⟨Med⟩ *Varikozele* f, *Krampfaderbruch* m ‖ **–coso** adj/s *varikös* ‖ *Krampfader-* ‖ *mit Krampfadern behaftet*
variedad f *Vielfalt, Mannigfaltigkeit* f ‖ *Verschiedenartigkeit* f ‖ *Abwechslung* f ‖ *Wandelbarkeit, Unbeständigkeit* f ‖ ⟨Bot Zool⟩ *Ab-, Spiel|art, Varietät* f ‖ ⟨Agr Com⟩ *Sorte* f ‖ ~ de los programas *Programmwechsel* m *(z. B. im Kino)* ‖ ◇ en la ~ está el gusto *in der Abwechslung liegt das Vergnügen, Abwechslung erfreut* od *ergötzt,* ⟨lat⟩ *varietas delectat* ‖ *(teatro de)* ~es *Varieté(theater)* n
variegado adj *buntscheckig (Tier)*
varietés fpl *Varieté(vorstellung* f) n
vari|larguero m *Ochsentreiber* m ‖ ⟨Taur⟩ *Picador* m ‖ **–lla** f dim von **vara** ‖ *(dünne) Gerte, Rute* f ‖ *(dünne) Stange* f ‖ *Stab* m ‖ *Leiste* f ‖ *Vorhangstange* f ‖ *Fächer-, Schirm|stab* m ‖ ~ (a)divinatoria → **varita** ‖ ~ de ballena *Fischbein(stäbchen)* n ‖ ~ de cristal *Glasstab* m ‖ ~ elástica *Stabfeder* f ‖ ~ mágica → **varita** ‖ ~ pasapurés *Passierstab* m ‖ ~ roscada *Gewindestift* m ‖ ~ de tope *Anschlagstange* f ‖ ~ de vidrio → ~ de cristal ‖ de virtudes → **varita** ‖ ~s fpl *Gestänge* n ‖ **–llaje** m *Gestänge* n ‖ *Fächerstäbchen* npl ‖ *Fächer-, Schirm|gestell* n ‖ ~ de dirección ⟨Auto⟩ *Lenkgestänge* n
varillar vt Am *abrichten, einreiten (Pferd)*
varillero m Mex *Hausierer* m
vario adj/s *verschieden, unterschiedlich* ‖ *mannigfaltig* ‖ *veränderlich, wechselhaft, unstet* ‖ *abwechselnd* ‖ *bunt, vielfarbig* ‖ ~s mpl *einige, mehrere, manche, verschiedene* ‖ *viele* ‖ ~as veces *mehrere Male, mehrmals, öfters* ‖ ~ artículos *verschiedene Artikel* mpl ‖ ◆ a ~ precios *zu verschiedenen Preisen* ‖ de ~ colores *bunt(farbig)* ‖ de ~ modos *auf verschiedene Art u. Weise* ‖ de ~as clases *verschiedenartig* ‖ ~ veces *mehrere Male, mehrmals, öfter(s)*
vario|loide f ⟨Med⟩ *Variolois* f ‖ **–loso** *Pocken-* ‖ *pockenkrank* ‖ ~ m *an Pocken Erkrankte(r)* m
variómetro m ⟨El Flugw Phys Radio⟩ *Variometer* n
variopinto adj *bunt*
varisco adj ⟨Geol⟩ *variszisch, variskisch*
varita f *kleiner Stab* m ‖ ~ (a)divinatoria *Wünschelrute* f ‖ ~ untada con liga ⟨Jgd⟩ *Leimrute* f ‖ ~ mágica, ~ de virtudes *Zauberstab* m ‖ *Wünschelrute* f
variz [pl ~ces] → **várice**
varón m *Mann* m, *männliches Wesen* n ‖ *Kind* n *männlichen Geschlechts* ‖ buen ~ *erfahrener, kluger Mann* m ‖ ⟨iron⟩ *einfältiger Tropf* m ‖ ~ de Dios, santo ~ *frommer, gottesfürchtiger Mann* m ‖ ⟨fig⟩ *grundgütiger, herzensguter Mann* m ‖ ⟨fig⟩ *treuherziger, et. einfältiger Mann* m ‖
varones mpl: los tres ~ en el horno ardiendo *die drei Männer im Feuerofen (Bibel)* ‖ los hijos ~ *die Söhne* mpl ‖ ◇ tiene cinco hijos, dos ~ y tres hembras (Am & mujeres) *er hat fünf Kinder, zwei Jungen und drei Mädchen*
varo|na, –nesa f (bes. Am) *Frau* f ‖ *Mannweib* n ‖ **–nía** f *Abstammung* f *in männlicher Linie* ‖ *Mannhaftigkeit, Tapferkeit* f ‖ **–nil** adj *(m/f) männlich* ‖ *Mannes-* ‖ *mannhaft* ‖ *tapfer, mutig* ‖

tüchtig, stark ‖ → auch **¹viril** ‖ **–nilidad** *f*
Mannhaftigkeit f
   varraco *m* → **verraco**
   varraquera *f* ⟨fam⟩ *Greinen, dauerndes*
Weinen, [stärker:] *Plärren* n *(e–s Kindes)*
   Varso|via *f* [Stadt] *Warschau* n ‖ ᵘ**viana** *f*
⟨Mus⟩ *Varsovienne* f *(Tanz)* ‖ ᵘ**viano** adj *aus*
Warschau ‖ *auf Warschau bezüglich* ‖ ~ *m*
Warschauer m
   vas → **ir**
   vasa|llaje *m* ⟨Hist⟩ *Lehnsverhältnis* n ‖
Lehnspflicht f ‖ *Vasallentum* n (& fig) ‖ *Lehnszins*
m ‖ *Frondienst* m ‖ ⟨fig⟩ *Unterwürfigkeit,*
Abhängigkeit f ‖ *Unterordnungsverhältnis* n ‖ p.ex
Knechtschaft f ‖ vgl **¹dependencia, esclavitud,**
servidumbre ‖ **–llo** adj ⟨Hist⟩ *lehnspflichtig* ‖
Vasallen- ‖ ~ *m Lehnsmann, Vasall, Hörige(r)* m
‖ ~ *de sus pasiones* ⟨fig⟩ *Sklave* m *s–r*
Leidenschaft ‖ p.ex *Knecht* m (& fig)
   vasar *m Küchen|bord, -regal* n *(für Geschirr)*
△ **vasca** *f Menschenmenge* f
   vas|co adj *baskisch* ‖ ~ *m Baske* m ‖ el ~ *die*
baskische Sprache, das Baskische ‖ **–cófilo** *m*/adj
Baskenfreund m ‖ *Kenner* m *der baskischen*
Sprache ‖ **–cón** adj/s ⟨Hist⟩ *aus dem alten*
Baskenland (Vasconia) *auf das alte Baskenland*
bezüglich ‖ **–congado** adj *baskisch* ‖ ~ *m Baske*
m ‖ el ~ *die baskische Sprache, das Baskische* ‖
(Provincias) ~as *Baskische Provinzen* fpl *(Álava,*
Guipúzcoa und Vizcaya) ‖ **–conia** *f das alte*
Baskenland ‖ **–cónico** adj *altbaskisch, vaskonisch*
‖ **–cuence** adj *(m/f) baskisch (Sprache der*
baskischen Provinzen, Navarras und des
französisch-baskischen Gebiets) ‖ ~ *m die*
baskische Sprache, das Baskische f ⟨fig⟩
Kauderwelsch, unverständliches Zeug n
   vascu|lar adj ⟨An⟩ *Gefäß-* ‖ **–larización** *f*
Gefäßbildung f ‖ **–loso** adj *Gefäß-*
   vase von *irse* (→ **ir**)
   vasectomía *f* ⟨Med⟩ *Vasektomie, Vasoresektion*
f
   vaseli|na *f* ⟨Pharm⟩ *Vaseline* f ‖ **–noso** adj
⟨figf⟩ *schmalzig, schnulzig*
   vasera *f* → **vasar** ‖ *Gläserkorb* m *der*
Wasserträger
   vasija *f Gefäß* n ‖ Al Nav SAnt *Geschirr* n ‖
Zuber m ‖ ~ *de barro Tongefäß* n
   vasillo *m Wabenzelle* f *der Bienen*
   vasito *m* dim von **vaso** ‖ ~ *para licor*
Likörgläschen n
   vaso *m Gefäß* n ‖ *(Trink)Glas* n ‖
(Trink)Becher m ‖ *Wein-, Bier|glas* n ‖ *Glasvoll* n
‖ *(Blumen)Vase* f ‖ *Nachtgeschirr* n ‖ ⟨An⟩ *Gefäß*
n ‖ ~ *de asa Henkelglas* n ‖ ~ *de beber*
Trinkgefäß n ‖ ~ *de bolsillo Taschenbecher* m ‖
~ *de cartón Pappbecher* m ‖ ~ *de elección* ⟨Rel⟩
Auserwählte(r) des Herrn ‖ ~ *excretorio*
Nachttopf m ‖ *Schieber* m, *Bettpfanne* f ‖ ~ *de*
noche Nachtgeschirr n ‖ ~ *plegable Klappbecher*
m ‖ ~ *de vidrio (Trink)Glas* n ‖ *Glasgefäß* n ‖ un
~ *de vino ein Glas n Wein* ‖ un ~ *para vino ein*
Weinglas n ‖ ~**s** *mpl:* ~ *aferentes* ⟨An⟩
zuführende Gefäße npl ‖ ~ *capilares* ⟨An⟩ *Haar-,*
Kapillar|gefäße npl ‖ ~ *comunicantes* ⟨Phys⟩
kommunizierende Röhren fpl ‖ ~ *coronarios* ⟨An⟩
Herzkranzgefäße npl, *Koronarien* pl ‖ ~ *eferentes*
⟨An⟩ *ableitende Gefäße* npl ‖ ~ *linfáticos* ⟨An⟩
Lymphgefäße npl ‖ ~ *sanguíneos* ⟨An⟩ *Blutgefäße*
npl ‖ ◆ a ~ *glasweise*
   vaso|constricción *f* ⟨Physiol Med⟩
Gefäßverengung f ‖ **–constrictor** adj ⟨Physiol
Med⟩ *gefäßverengend* ‖ **–dilatación** *f* ⟨Physiol
Med⟩ *Gefäßerweiterung* f ‖ **–dilatador** adj
⟨Physiol Med⟩ *gefäßerweiternd* ‖ ~**-medida** *m*
Messbecher m ‖ **–motor** adj ⟨Physiol Med⟩

vasomotorisch ‖ **–plejía** *f* ⟨Med⟩ *Gefäßlähmung* f
‖ **–presina** *f* ⟨Physiol⟩ *Vasopressin* n
   vástago *m* ⟨Bot⟩ *Schoss, Schössling, Trieb* m ‖
⟨fig⟩ *Sprössling, Sohn* m ‖ ⟨Tech⟩ *Schaft* m ‖
Zapfen m ‖ *Stab* m ‖ *Stange* f ‖ ~ *de(l) émbolo*
Kolbenstange f ‖ ~ *rastrero* ⟨Bot⟩ *Fechser* m ‖ ~
del remache Nietschaft m ‖ ~ *de rotación*
Drehzapfen m
   vas|tedad *f Ausdehnung, Weite, Geräumigkeit* f
‖ **–to** adj *weit, geräumig* ‖ *ausgedehnt* ‖ *vielseitig*
‖ *umfassend, weit|gehend, -reichend* ‖ *großartig*
(Plan) ‖ ~s *conocimientos umfassende Kenntnisse*
fpl ‖ los ~s *campos die weiten, die unendlichen*
Felder npl
   vataje *m* ⟨El⟩ *Wattzahl* f
   vate *m Wahrsager, Seher* m ‖ ⟨fig Lit⟩ *Dichter* m
   váter *m WC* n ‖
   vatica|nista adj *(m/f) auf die Politik des*
Vatikans bezüglich ‖ *die Politik des Vatikans*
verfechtend ‖ ~ *m/f Anhänger(in* f) *m (der*
Politik) des Vatikans ‖ **–no** adj *vatikanisch* ‖
päpstlich ‖ ~**no** *m Vatikan* m ‖ el ~ ⟨fig⟩ *der*
Heilige od *Päpstliche Stuhl*
   vatici|nador *m*/adj *Wahrsager, Prophet* m ‖
–nar vt *wahrsagen, prophezeien, vorher-,*
voraus|sagen ‖ **–nio** *m Wahrsagung,*
Prophezeiung, Voraussage f
   vatímetro *m* → **vatiómetro**
   vatio *m* (W) ⟨El⟩ *Watt* n ‖ ~-*hora f Wattstunde*
f ‖ ~-*segundo m Wattsekunde* f
   vatiómetro *m* ⟨El⟩ *Leistungsmesser* m,
Wattmeter n
   ¹vaya *f Spaß, Scherz, Witz* m ‖ *Spott* m,
Spötterei f ‖ ◇ dar ~ a alg. ⟨fam⟩ *jdn necken, jdn*
aufziehen ‖ *jdn anführen, jdn foppen*
   ²vaya → **ir**
△ **vayunca** *f Kneipe, Schenke* f
   V.B. ⟨Abk⟩ = **Visto bueno**
   V.B.ᵈ ⟨Abk⟩ = **Vuestra Beatitud**
   v/c ⟨Akb⟩ = **valor en cuenta** ‖ **vuelta de**
correo
   Vd., Vds. ⟨Abk⟩ = **usted, ustedes**
   V.ᵈᵃ ⟨Abk⟩ = **Viuda**
   ve *f V* n ‖ ~ *de Valencia* ⟨pop⟩ = **v** ‖ ~ *de*
Barcelona ⟨pop⟩ = **b**
   V.E. ⟨Abk⟩ = **Vuestra Excelencia, Vuecencia**
   ve, vé, véase → **ver**
△ **vea** *f Gartenland* n
△ **vear** vt *erklären* ‖ *gestehen*
   vecera *f* ⟨Agr⟩ *Gemeindeherde* f
(Schweineherde e–r Dorfgemeinde)
   vecero *m Stellvertreter* m *(in e–m Amt)* ‖
(Stamm)Kunde m *(e–s Geschäftes)*
   veci|na *f Nachbarin* f ‖ *Einwohnerin* f ‖
Bürgerin f ‖ **–nal** adj *(m/f) nachbarlich,*
angrenzend ‖ *Gemeinde-*
   vecin|dad *f Nachbarschaft* f ‖ *Nachbarn,*
Mitbewohner mpl *(e–s Hauses bzw Viertels)* ‖
Nähe, Umgebung f ‖ *Gemeindebürgerrecht* n ‖
⟨fig⟩ *Nähe, Verwandtschaft* f ‖ **–dario** *m*
Nachbarn, Bürger mpl ‖ *Einwohnerschaft* f ‖
Bevölkerung, Einwohnerzahl f ‖
Einwohnerverzeichnis n ‖ *Dorfgemeinde* f
   vecino adj *benachbart, nachbarlich* ‖ *Nachbar-*
‖ *ansässig, wohnhaft* ‖ ⟨fig⟩ *ähnlich* ‖ *nahe,*
verwandt ‖ ~ *de ... ansässig, wohnhaft in ...*
(dat) ‖ *calle, casa* ~a *Neben|straße* f, *-haus* n ‖ ~
m Nachbar m ‖ *An-, Ein-, Be|wohner* m ‖ *Bürger*
m ‖ ~ *de mesa Tischnachbar* m ‖ *cada hijo de* ~
⟨pop⟩ *jedermann* ‖ los ~s *die Nachbarschaft*
   vector *m* ⟨Math Phys⟩ *Vektor* m ‖ **–ial** adj
vektoriell, Vektor-
   veda *f (Jagd)Verbot* n ‖ ◇ *levantar la* ~ *das*
(Jagd)Verbot aufheben ‖ ⟨fig⟩ *das (bisher)*
Verbotene erlauben

Veda *m* ⟨Rel⟩ *Weda* m *(der Brahmanen)*
ve|dado *m* ⟨Jgd⟩ *Gehege* n ‖ *Schonung* f ‖ ~
de caza *Gehege* n, *Jagd(revier* n) f ‖ **–dar** vt
verbieten, untersagen ‖ *(ver)hindern* ‖ Sal
entwöhnen (säugendes Tier) ‖ ◇ está –*dado es ist*
verboten ‖ ~ la caza *die Jagd untersagen, hegen*
vedegambre *m* ⟨Bot⟩ → **veratro**
△ **vedelarse** vr *aufstehen*
vedette *f Star* m ‖ ~ de revista *Revuestar* m
védico adj ⟨Rel⟩ *wedisch* ‖ *Weden-*
vedi|ja *f Wollflocke* f ‖ *Haarbüschel* n ‖ ~ de
humo *feine Rauchwolke* f ‖ **–joso, –judo** adj
flockig (Haar) ‖ *mit wirrem Haar* ‖ **–juela** dim
von **vedija**
△ **vedilla** *f wollene Bettdecke* f
vee|dor *m*/adj *Aufseher, Aufsichtsbeamte(r),
Inspektor, Kontrolleur* m ‖ **–duría** *f Aufseheramt* n
vega *f* Span *Aue, weite, fruchtbare Ebene, Flur*
f ‖ *Uferwiese* f *(zum Gemüse- und Obst|bau
bestimmtes Land)* ‖ Cu *Tabakpflanzung* f ‖ Chi
fruchtbares Sumpfland n
vege|table adj *(m/f)* → **vegetal** ‖ **–tación** *f
Pflanzenwuchs* m ‖ *Pflanzenreichtum* m ‖
Pflanzenwelt, Flora, Vegetation f ‖ ~ exuberante
üppiger Pflanzenwuchs m ‖ ~ herbácea *Graswuchs*
m
vegetaciones *fpl* ⟨Med⟩ *Wucherungen* fpl
vegetal adj *(m/f) pflanzlich, vegetabil(isch)* ‖
Pflanzen- ‖ ◆ de origen ~ *pflanzlichen
Ursprungs* ‖ ~ m *Pflanze* f ‖ ~**es** *mpl
Vegetabilien* pl
vegetar vi *wachsen* ‖ ⟨fig⟩ *(dahin)vegetieren,
sein Leben fristen, ein kümmerliches Dasein
führen*
vegetar(ian)ismo *m Vegetarismus* m
vege|tariano (–talista) adj *vegetarisch* ‖ ~ *m
Vegetarier* m ‖ **–tativo** adj *wachsend* ‖ ⟨Med⟩
vegetativ ‖ ⟨fig⟩ *(dahin)vegetierend*
vegue|río *m* Cu *Tabakpflanzung* f ‖ **–ro** adj
Vega-, Flur- ‖ ~ *m Flurarbeiter, Bauer* m *e–r
Vega* ‖ Cu *Tabakpflanzer* m ‖ ⟨pop⟩ *gewöhnliche
Zigarre* f
vehemen|cia *f Heftigkeit, Hitze* f, *Ungestüm* n
‖ *Kraft, Vehemenz* f, *Nachdruck* m ‖ ⟨fig⟩ *Feuer* n
(im Ausdruck) ‖ ◆ con ~ *heftig* ‖ *feurig* ‖ **–te** adj
(m/f) heftig, hitzig, ungestüm ‖ *vehement,
leidenschaftlich, feurig, kraftvoll* ‖ *(sehr) wirksam*
‖ ⟨Jur⟩ *begründet (Verdacht)*
vehicular vt *befördern* ‖ *vermitteln*
¹vehículo *m Fahrzeug* n ‖ *Beförderungsmittel* n
‖ *Fuhrwerk* n, *Wagen* m ‖ ~ acuático
Wasserfahrzeug n ‖ ~ aerodeslizante
Luftkissenfahrzeug n ‖ ~ anfibio
Amphibienfahrzeug n ‖ ~ para aterrizaje lunar
Mondlandefahrzeug n ‖ ~ automóvil
Kraftfahrzeug, (Abk *Kfz)* n, *Kraftwagen* m ‖ ~
barredor *Kehrmaschine* f ‖ ~ blindado
Panzerfahrzeug n ‖ ~ de carretera
Straßenfahrzeug n ‖ ~ sobre carriles
Schienenfahrzeug n ‖ ~ espacial *Raumfahrzeug* n
‖ ~ industrial *Nutzfahrzeug* n ‖ ~ lunar
Mondfahrzeug n ‖ ~ de motor *Kraft-,
Motor|fahrzeug* n ‖ ~ de *od* sobre orugas
Raupenfahrzeug n ‖ ~ sobre rieles → ~ sobre
carriles ‖ ~ (para) todo terreno *Geländefahrzeug,
geländegängiges Fahrzeug* n ‖ ~ de tracción
animal *Fuhrwerk* n ‖ ~ utilitario *Nutzfahrzeug* n ‖
~ zeta (fam) *Polizeiwagen* m
²vehículo *m Mittel* n ‖ *Vermittler* m ‖ *Boden* m
‖ *Träger, Vehikel* m ‖ ⟨Pharm⟩ *Lösungsmittel,
Vehikel* n ‖ *(Farb)Bindemittel* n ‖ ⟨Med⟩
Überträger m
veía → **ver**
veimarés adj *aus Weimar* ‖ *auf Weimar
bezüglich* ‖ ~ *m Weimarer* m

vein|tavo *m*/adj *Zwanzigstel* n ‖ **–te** num
zwanzig ‖ *zwanzigste(r)* ‖ Juan ~ *Johannes XX.* ‖
◆ a las ~ *um zwanzig Uhr* ‖ ~ m *Zwanzig* f ‖ ~
de agosto *20. August* ‖ ◆ de ~ años
zwanzigjährig ‖ **–teañero** adj *zwanzigjährig* ‖
–tena *f (etwa) zwanzig Stück* npl ‖ **–tenario** adj/s
zwanzigjährig ‖ **–teno** adj *zwanzigste(r)* ‖ ~ *m
Zwanzigstel* n ‖ **–teñal** adj *(m/f) zwanzig Jahre
dauernd* ‖ **–tésimo** adj/s → **vigésimo** ‖ **–ticinco**
num *fünfundzwanzig* ‖ → **alfiler** ‖ **–ticuatro** num
vierundzwanzig ‖ **–tidós** num *zweiundzwanzig* ‖
–tinueve num *neunundzwanzig* ‖ **–tiocho** num
achtundzwanzig ‖ **–tipico** adj Am ⟨pop⟩ (= –te y
pico) *etwas über zwanzig* ‖ **–tiséis** num
sechsundzwanzig ‖ **–tisiete** num *siebenundzwanzig*
‖ **–titrés** num *dreiundzwanzig* ‖ **–tiún** num
einundzwanzig (vor Hauptwörtern) ‖ ◇ tener ~
años *21 Jahre alt sein* ‖ **–tiuno** num
einundzwanzig
veja|ción *f Drangsal, Bedrängnis* f ‖ *Verdruss*
m ‖ *Schikane, Quälerei* f ‖ *Bedrückung* f ‖
Plackerei, Schererei f ‖ **–dor** adj *quälend,
drückend* ‖ *ärgerlich* ‖ **–men** m ⟨lit⟩ → **–ción** ‖
beißende Stichelei f
vejancón adj augm von **viejo** ‖ ⟨fam⟩ *sehr alt,
abgelebt* ‖ *steinalt* ‖ ~ *m* ⟨pop⟩ *Mummel-,
Tatter|greis, alter Knacker* m *(bes. als
Schimpfwort)*
vejar vt *plagen, quälen* ‖ *schikanieren* ‖
vexieren ‖ *bespötteln*
vejarrón *m*/adj ⟨fam desp⟩ → **vejancón**
vejatorio adj *quälend, drückend*
vejazo adj/s ⟨fam⟩ *steinalt*
vejestorio *m* ⟨pop desp⟩ *alter Knacker, alter
Krauter, Mummel-, Tatter|greis* m ‖ ⟨pop desp⟩
alte Schachtel, alte Tunte, alte (Schreck)Schraube
f ‖ ⟨pop desp⟩ *alter Plunder, Trödelkram, Ramsch,
Schund* m
ve|jete adj *(m/f)* dim von **viejo** ‖ ⟨fam⟩ *alt,
verkrüppelt* ‖ ~ *m* ⟨fam⟩ *altes (kleines) Männchen*
n ‖ ~ gruñón *alter Brummbär, alter Griesgram* m
‖ **–jez** *[pl* ~**ces]** *f (Greisen)Alter* n ‖ *Lebensabend*
m ‖ *Altersbeschwerden* fpl ‖ ⟨fig⟩ *alte,
abgedroschene Geschichte* f ‖ ⟨figf⟩ *alter Kohl* m
‖ ◆ a la ~, viruelas ⟨Spr⟩ *Alter schützt vor
Torheit nicht; je krummer, desto schlimmer* ‖ ◇
coleccionar vejeces Am *Antiquitäten sammeln* ‖
dar buena ~ a sus padres *die Eltern im Alter gut
behandeln* ‖ sus vejeces ⟨fam⟩ *s–e alten Tage* ‖
–jezuelo adj/s dim von **viejo** ‖ *ältlich*
veji|ga *f* ⟨An Med⟩ *Blase* f ‖ *(Haut)Bläschen* n,
Blatter f ‖ ⟨reg⟩ *Lederflasche* f ‖ ~ de la bilis
Gallenblase f ‖ ~ de cerdo *Schweinsblase* f ‖ ~
de la hiel → ~ de la bilis ‖ ~ irritable ⟨Med⟩
Reizblase f ‖ ~ natatoria *Schwimm-, Fisch|blase* f
‖ ~ nerviosa → ~ irritable ‖ ~ de la orina, ~
urinaria *Harnblase* f ‖ ◇ levantar ~s *Blasen
bilden od ziehen* (z. B. *Haut bei Verbrennungen)* ‖
–gatorio *m* ⟨Med⟩ *Zug-, Blasen|pflaster* n ‖ **–gazo**
m Schlag m *mit e–r Blase* ‖ ⟨pop⟩ *Prellerei* f ‖
Hond *derber Schlag* m ‖ **–gón** m augm von **–ga** ‖
–goso adj *Blasen-* ‖ *voller Blasen* ‖ **–güela,
–guilla** *f* dim von **–ga**
vejote adj/s ⟨desp⟩ *von* **viejo** ‖ ⟨pop desp⟩ *alter
Lümmel* m
¹vela *f Kerze* f, *Licht* n ‖ ⟨Taur⟩ *Horn* n *des
Stieres* ‖ ~ de estearina *Stearinkerze* f ‖ ~ de
sebo *Talglicht* n ‖ *derecho como una* ~
kerzengerade ‖ ◇ la ~ se acaba *das Licht geht
aus* (& *fig)* ‖ apagar la ~ *die Kerze od das Licht
auslöschen* ‖ encender la ~ *die Kerze od das
Licht anzünden* ‖ encender *(od poner)* una ~ a
San Miguel *od* a Dios y otra al diablo ⟨figf⟩ *auf
zwei Sätteln reiten* ‖ *auf zwei Pferde setzen* ‖ estar
a dos ~s ⟨figf⟩ *kein Geld haben,* ⟨fam⟩ *pleite od*

blank sein ‖ tener la ~ a alg. ⟨fig⟩ *jds
Helfershelfer, Komplice sein* ‖ *jdm in s–n
Liebesnöten helfen* ‖ tener una ~ encendida por si
otra se apaga ⟨figf⟩ *zwei Eisen im Feuer haben* ‖
tú no tienes ~ en este entierro ⟨pop⟩ *du hast hier
nichts zu suchen* ‖ ~s *fpl* ⟨figf⟩ *Rotz* m, *Kerzen*
fpl *(der Kinder)* ‖ ◆ entre cuatro ~ ⟨fig⟩ *tot (im
Sarg)*
²**vela** *f Wachen* n ‖ *Nachtwache* f ‖ ⟨Kath⟩
Anbetung und Wache vor dem Allerheiligsten ‖
⟨Mil⟩ *Nacht|posten* m, *-wache* f ‖ *Nachtarbeit* f ‖
◆ en ~ *wach(end)*, *schlaflos* ‖ ◇ pasar la noche
en ~ *die Nacht durchwachen* ‖ *die (ganze) Nacht
nicht schlafen (können)* ‖ *e–e schlaflose Nacht
verbringen*
³**vela** *f* ⟨Mar⟩ *Segel* n ‖ *Sonnensegel* n ‖ ⟨fig⟩
Segelschiff n ‖ *Segler* m ‖ ~ de abanico
Sprietsegel n ‖ ~ de batículo *Treiber(segel* n) m ‖
~ de cruz *Rahsegel* n ‖ ~ cuadra *Quersegel* n ‖
~ de cuchillo *Flattersegel* n ‖ ~ latina
Lateinsegel n ‖ ~ mayor *Großsegel* n ‖ ~
suplementaria *Beisegel* n, *Spinnaker* m ‖ ~
tarquina *Sprietsegel* n ‖ ~ de temporal *Sturmsegel*
n ‖ ~ al tercio *Luggersegel* n ‖ ~ de trinquete
Focksegel n ‖ ◇ arriar ~ *die Segel reffen od
streichen* ‖ ⟨fig⟩ *die Segel streichen, nachgeben,
klein beigeben* ‖ estar a la ~ ⟨fig⟩ *vorbereitet,
bereit sein* ‖ hacer(se) a la ~, hacer ~, largar las
~s, dar (la) ~ *unter Segel gehen, in See stechen,
absegeln* ‖ ir *od* navegar a toda ~ *mit vollen
Segeln fahren* ‖ ~s *fpl*: izar ~ *das (die) Segel
hissen* ‖ alzar ~, levantar ~ ⟨Mar⟩ *Segel setzen* ‖
s. segelfertig machen ‖ ⟨fig⟩ *(plötzlich)
aufbrechen* ‖ recoger ~ *die Segel streichen (&
fig)* ‖ tender (las) ~ *die Segel in den Wind
spannen* ‖ ⟨fig⟩ *die Gelegenheit nutzen (& fig)* ‖
◆ a todas ~, a ~ desplegadas, a ~ llenas, a ~
tendidas *mit vollen Segeln (& fig)*
⁴**vela** *f* And *Purzelbaum* m
¹**velación** *f* → ³**vela**
²**velación** *f* ⟨Kath⟩ *Bedeckung* f *des
Brautpaares mit dem Schleier als Symbol der
ehelichen Bindung (feierliches
Trauungszeremoniell)*
    velaciones *fpl kirchliche Trauung, Vermählung*
f ‖ ◇ se abren, se cierran las ~ *die (kirchliche)
Trauzeit wird eröffnet, geschlossen*
¹**velada** *f Nachtwache* f, *Aufbleiben* n ‖
Abendveranstaltung f ‖ *Abendgesellschaft, Soiree*
f ‖ *(geselliger) Abend* m ‖ *Tanzvergnügen* n ‖ ~
literaria *Leseabend* m ‖ ~ musical *Musikabend* m,
Konzert n ‖ ~ poética *Dichterabend* m
²**velada** *f verschleierte Frau* f ‖ [veraltet]
Ehefrau f
    velado adj *verschleiert* ‖ ⟨fig⟩ *verborgen,
geheim* ‖ *blind (Wein)* ‖ ⟨Fot⟩ *verschleiert* ‖
[veraltet] ~ m *Ehemann* m
    velador adj *wachend* ‖ *wachsam* ‖ ~ m
(Leichen)Wächter, Hüter m ‖ *(hölzerner) Leuchter*
m ‖ *Nachttischlampe* f ‖ *Nachttischchen* n ‖
Leuchtertisch m
    veladora *f* Am *Kerze* f
    veladura *f Schleier, Schatten* m (bes. fig) ‖
⟨Mal⟩ *Lasur(farbe)* f
    vela|je, –men m ⟨Mar⟩ *Segelwerk* n
¹**velar** vt *(be)wachen* ‖ ⟨fig⟩ *genau beobachten*
‖ ◇ ~ a un difunto *bei jdm Totenwache halten* ‖
~ a un enfermo *bei e–m Kranken wachen* ‖ ~ vi
wachen ‖ *nachts aufbleiben* ‖ ⟨Kath⟩ *vor dem
Allerheiligsten Wache od Andacht halten* ‖ ⟨Mar⟩
aus dem Wasser ragen (z.B. Klippe, Riff) ‖ ⟨Mar⟩
über Nacht anhalten (Wind) ‖ *bei Nacht arbeiten*
‖ ◇ ~ por … *wachen über …* ‖ *Sorge tragen,
besorgt sein um* … ‖ ~ por que se cumplan las
leyes *die Einhaltung der Gesetze überwachen* ‖ ~

sobre … *genau achtgeben auf* … (acc) ‖ ~ en
defensa de sus derechos *s–e Rechte wahren*
²**velar** vt *ver|schleiern, -hüllen (& fig)* ‖ ⟨fig⟩
bemänteln ‖ ⟨Kath⟩ *trauen, einsegnen (ein
Brautpaar)* ‖ ⟨Fot⟩ *durch Lichteinfall
unbrauchbar machen* ‖ ⟨Mal⟩ *lasieren* ‖ ~se *s.
verschleiern* ‖ *getraut werden* ‖ ⟨Fot⟩ *s.
verschleiern* ‖ *Schleier aufweisen*
³**velar** vt *schneiden*
⁴**velar** adj *(m/f)* ⟨Phon⟩ *velar, Gaumensegel-,
Hintergaumen-* ‖ ~ m *Velar, Gaumensegel-,
Hintergaumen|laut* m ‖ **–izar** [z/c] vt *velarisieren*
    velatorio m *Toten-, Leichen|wache* f
    ¡velay! = velo ahí ‖ int ⟨reg⟩ *jawohl!
natürlich!* ‖ Arg Bol = **he aquí**
    velazqueño adj *auf den span. Maler Velázquez
(1599–1660) bezüglich*
    veld(t) m ⟨Geogr⟩ *Veld* n *(südafrikanische
Steppenlandschaft)*
    velei|dad *f Anwandlung, Laune* f, *Gelüst(e)* n ‖
⟨fig⟩ *Wankelmut* m ‖ *Laune(nhaftigkeit)* f ‖ **–doso**
adj *wankelmütig* ‖ *launisch, unbeständig, labil*
¹**velería** *f Kerzengeschäft* n ‖ *Kerzengießerei* f
²**velería** *f* ⟨Mar⟩ *Segelmacherwerkstatt* f
¹**velero** *m Kerzengießer* m ‖ *Kerzenhändler* m
²**velero** *m* ⟨Kath⟩ *Teilnehmer* m *an der Wache
(vela) vor dem Allerheiligsten* ‖ *Wallfahrer* m
³**velero** *m* ⟨Mar⟩ *Segelmacher* m ‖ ⟨Flugw⟩
Segelflugzeug n, *Segler* m ‖ ⟨Mar⟩ *Schnellsegler,
Klipper* m ‖ ~ de dos palos *Zweimaster* m
    veleta *f Wind-, Wetter|fahne* f, *Wetterhahn* m ‖
⟨Mil⟩ *Lanzenwimpel* m ‖ ⟨fig⟩ *wankelmütiger
Mensch, Flattergeist* m ‖ *Schwimmer* m *(an der
Angelschnur)* ‖ el ~ *ein Berggipfel in der Sierra
Nevada* ‖ ~ de campanario *Wind-, Wetter|fahne* f
‖ ◇ ser una ~ *wankelmütig sein* ‖ *s–n Mantel
nach dem Wind hängen*
    ¡veley! int Chi → **¡velay!**
    velico adj *Segel-*
    velillo *m* ⟨Text⟩ *feiner Flor* m
    velintonia *f* ⟨Bot⟩ *Mammutbaum* m (Sequoia
wellingtonia)
    veliplancha *f* ⟨Sp⟩ *Surfbrett* n
    velívolo adj ⟨poet⟩ *im Fluge dahinsegelnd
(Schiff)*
    veliz [pl ~ces] *m* Mex *Handkoffer* m
    △ **vellida** *f wollene Bettdecke* f ‖ *Mantel* m
    vello m *(Haar)Flaum* m, *Flaumhaar* n ‖
Milch-, Flaum|bart m ‖ *Flaum* m *(an Früchten
und auf Pflanzen)* ‖ *Körperhaar* n ‖ ~ pubiano
Schamhaare npl
    vellocino m *Schaffell, Vlies* n ‖ el ~ de oro
⟨Myth⟩ *das Goldene Vlies*
¹**vellón** m *Vlies* n ‖ *Schurwolle* f ‖ *Wollflocke* f
‖ **velloncito** *m* dim von **vellón**
²**vellón** m: real de ~ *ehem. span. Kupferreal* m
(Scheidemünze)
    vellonera *f* PR Dom *Musik-,
Schallplatten|automat* m, ⟨fam⟩
Groschengrammophon n
    vellorita *f* ⟨Bot⟩ *(Art) Maßliebchen* n (Bellis
spp) ‖ *Schlüsselblume* f (Primula spp)
    vellosa *f Bettdecke* f
    vellosidad *f (Körper)Behaarung* f ‖
(Körper)Haar n ‖ ~ pubiana *Schamhaare* npl
    vellosilla *f* ⟨Bot⟩ *Habichtskraut, Mäuseöhrchen*
n (Hieracium pilosella)
¹**velloso** adj *behaart* ‖ *wollig, haarig, zottig* ‖
~ en los brazos *mit behaarten Armen* ‖ ◆ a roso
y ~ ⟨figf⟩ *wie Kraut und Rüben*
    △ ²**velloso** m *grober Mantel* m ‖ *Haarfilz* m
    vellu|dillo *m* ⟨Text⟩ *Baumwollsamt, Velvet* m ‖
–do adj *stark behaart* ‖ *zottig* ‖ ~ m → ¹**felpa,
terciopelo** **–tero** *m* ⟨Text⟩ *Samtwirker* m
    velo m *Schleier(stoff)* m ‖ *Gesichts-,*

Hut|schleier m ‖ *Nonnenschleier* m ‖ *Stirnschleier* m *an der span.* Mantille ‖ ⟨Kath⟩ *Trauschleier* m *(beim Trauungszeremoniell)* ‖ ⟨Kath⟩ *Velum* n *(Schultertuch des Priesters)* ‖ ⟨Zool⟩ *Velum* n, *Wimpernkranz* m *der Schneckenlarve* ‖ ⟨Zool⟩ *Velum* n, *Randsaum* m *der Quallen* ‖ ⟨Bot⟩ *Velum* n, *Schleier* m *(vieler Blätterpilze)* ‖ ⟨Fot⟩ *Schleier(bildung* f) m ‖ ⟨Text⟩ *Voile* m ‖ *Flor* m ‖ ⟨An⟩ *Velum, Segel* n ‖ ⟨fig⟩ *Deckmantel, Vorwand* m ‖ ~ dicroico ⟨Fot⟩ *dichroitischer Schleier* m ‖ ~ de desposorio *Hochzeitsschleier* m ‖ ~ de luto *Trauerschleier* m ‖ ~ de novia *Brautschleier* m ‖ ~ del paladar, ~ palatino ⟨An⟩ *Gaumensegel* n ‖ ~ rojo *Rotschleier* m ‖ ~ de viuda *Witwenschleier* m ‖ ◇ correr el ~ ⟨fig⟩ *den Schleier lüften, enthüllen* ‖ ⟨fig⟩ correr un (tupido) ~ sobre algo ⟨fig⟩ *über et. e–n Schleier breiten, et. bemänteln* ‖ cubrir con ~ *ver|schleiern, -hängen* ‖ descorrer el ~ → correr el ~ ‖ echar un (tupido) ~ sobre algo → correr un (tupido) ~ sobre algo ‖ ponerse el ~ *s. verschleiern* ‖ tener un ~ ante los ojos ⟨fig⟩ *e–n Schleier vor den Augen haben* ‖ tomar el ~ ⟨fig⟩ *Nonne werden, ins Kloster gehen*

velocidad f *Schnelligkeit, Geschwindigkeit* f ‖ ~ acelerada *Beschleunigung* f ‖ ~ aconsejada → ~ guía ‖ ~ de aterrizaje *Landegeschwindigkeit* f ‖ ~ de caída *Fallgeschwindigkeit* f ‖ ~ circular *Kreisbahngeschwindigkeit* f *(e–s Raumflugkörpers)* ‖ ~ de crucero *Reisegeschwindigkeit* f ‖ ~ final *Endgeschwindigkeit* f ‖ ~ guía *Richtgeschwindigkeit* f ‖ ~ inicial *Anfangsgeschwindigkeit* f ‖ ~ loca ⟨fam⟩ *Höllentempo* n, *Affenzahn* m ‖ ~ de marcha *Marschgeschwindigkeit* f ‖ ⟨Auto⟩ *Fahrgeschwindigkeit* f ‖ ~ máxima *Höchstgeschwindigkeit* f ‖ ~ media *Durchschnittsgeschwindigkeit* f ‖ ~ de rotación *Umdrehungsgeschwindigkeit* f ‖ ~ de sedimentación globular od sanguínea ⟨Med⟩ *Blutsenkungsgeschwindigkeit* f ‖ ~ supersónica *Überschallgeschwindigkeit* f ‖ ~ tope → ~ maxima ‖ ◆ a toda ~ *in vollem Tempo* ‖ schnellstens ‖ de cuatro ~es *Viergang-* ‖ por od a gran (pequeña) ~ *als Eilgut (Frachtgut)* ‖ ◇ confundir la ~ con el tocino (y la gimnasia con la magnesia) ⟨fam⟩ *die Begriffe völlig verwechseln* ‖ *schwer von Begriff sein*

velocímetro m *Geschwindigkeitsmesser* m ‖ ⟨Mar⟩ *Fahrtmesser* m ‖ ⟨Auto⟩ *Tacho* m, *Tachometer* m *(& n)*

veloci|pédico adj [veraltet] *Veloziped-, Hochrad-* ‖ *Fahrrad-* ‖ **–pedismo** m [veraltet] *Veloziped-, Hochrad|sport* m ‖ *Rad(fahr)sport* m ‖ **–pedista** m/f [veraltet] *Veloziped-, Hochrad|fahrer(in* f) m ‖ *Radfahrer(in* f) m

velocípedo m [veraltet] *Veloziped, Hochrad* n ‖ *Fahrrad* n

velocísimo adj sup von **veloz**

velocista m/f ⟨Sp⟩ *Sprinter(in* f) m

velódromo m *Velodrom* n, *Radrennbahn* f

velo|mar m *Tretboot* n ‖ **–motor** m *Motorfahrrad, Mofa* n

velón m augm von **vela** ‖ *(mehrflammige) Öllampe* f

velorio m *abendliches Dorfvergnügen* n ‖ *Totenwache* f *(bes. bei e–m Kind)* ‖ ⟨Kath⟩ *Ablegung* f *des Ordensgelübdes e–r Klosterfrau* ‖ Am *langweilige Veranstaltung* f

veloz [pl ~ces] adj *(m/f) schnell, geschwind, rasch* ‖ *hurtig, behend(e), flink* ‖ adv: ~mente

veluca f dim ⟨pop⟩ von **vela**

veludo m → **velludo**

¹ven → **venir**

△ **²ven** m *Winter* m

vena f ⟨An⟩ *Vene, Blutader* f ‖ *(Holz-, Erz-, Stein)Ader* f ‖ ⟨Bot⟩ *Ader, Rippe* f *(am Blatt)* ‖ ⟨fig⟩ *Ader* f ‖ ~ de agua *Wasserader* f ‖ ~ cava ⟨An⟩ *Hohlvene* f ‖ ~ de poeta, ~ poética ⟨fig⟩ *dichterische Ader* f ‖ ~ porta ⟨An⟩ *Pfortader* f ‖ ~ yugular ⟨An⟩ *Drosselader* f *(am Hals)* ‖ ◆ con ~s geädert *(Marmor),* gemasert *(Holz)* ‖ cruzado de ~s azules *blaugeädert* ‖ en ~ de charlar ⟨pop⟩ *zum Plaudern aufgelegt* ‖ ◇ les dio la ~ de … & inf *sie kamen auf den verrückten Einfall* (od *auf die verrückte Idee) zu …* & inf ‖ estar en od de ~ ⟨figf⟩ *dichterisch entflammt sein* ‖ *gut aufgelegt sein, in der rechten Stimmung sein* ‖ *Glück haben* ‖ no estar en ~ de od para … & inf *nicht in der rechten Stimmung sein zu …* & inf ‖ tener ~ de a/c *e–e Ader* od *Begabung für et. haben* ‖ tiene ~ de loco ⟨figf⟩ *er (sie, es) ist übergeschnappt,* ⟨pop⟩ *bei dem (der) rappelt es, er (sie, es) ist nicht ganz bei Trost*

venable adj *(m/f)* → **¹venal**

venablo m *Wurf-, Jagd|spieß* m ‖ ◇ echar ~s ⟨fig⟩ *Gift und Galle speien*

vena|da f Am *Hirschkuh* f ‖ **–dero** m ⟨Jgd⟩ *Lager* n *des Hochwilds* ‖ *in der Hochwildjagd eingesetzter Jagdhund* m ‖ **–do** m *Hirsch* m ‖ *Hochwild, Rotwild* n ‖ *Wild-, Hirsch|leder* n ‖ **–dor** m *Jäger* m

venaje m *Wasseradern von Quellen e–s Flusses*

¹venal adj *(m/f) käuflich* ‖ ⟨fig⟩ *bestechlich*

²venal adj *(m/f)* ⟨An⟩ *Ader-*

venalidad f *Käuflichkeit* f ‖ ⟨fig⟩ *Bestechlichkeit* f

Venancio m np *Venantius* m

△ **venar** vt *verkaufen*

ve|nate m ⟨pop⟩ *tolle Idee* f ‖ **–nático** adj/s *(fam) halbverrückt, übergeschnappt,* ⟨fam⟩ *behämmert, meschugge*

venatorio adj ⟨Lit⟩: escena ~a ⟨Mal⟩ *Jagdszene* f

vencedero adj ⟨Com⟩ *fällig, fällig werdend*

vencedor adj *siegreich* ‖ m *(Be)Sieger* m ‖ ~ olímpico *Olympiasieger* m ‖ ◇ salir ~ *den Sieg davontragen* ‖ salir ~ por tres goles od tantos a dos ⟨Sp⟩ *mit 3:2 (Toren) siegen*

¹vencejo m *Band* n, *Strick* m ‖ *Garbenband, Strohseil* n ‖ *Gurtriemen* m

³vencejo m ⟨V⟩ *Mauersegler* m (Apus apus) ‖ ~ culiblanco *Weißbürzel-, Haus|segler* m (A. affinis) ‖ ~ pálido *Fahlsegler* m (A. pallidus) ‖ ~ real *Alpensegler* m (A. melba)

vencer [c/z] vt *besiegen* ‖ *siegen (über)* ‖ *bezwingen* ‖ *überwältigen* ‖ *überwinden* (z. B. *Hindernis)* ‖ *meistern* (z. B. *Schwierigkeiten)* ‖ *schlagen* (& Mil Sp) ‖ ~ a od con, por engaños *durch List (be)siegen* ‖ ~ a fuerza de ruegos *durch Bitten rühren* ‖ ~ en buena lucha im *redlichen Kampf besiegen* ‖ les venció el sueño *der Schlaf übermannte sie* ‖ ~ vi *siegen* ‖ *Sieger bleiben* ‖ *verfallen* ‖ *fällig werden* od *sein (Wechsel)* ‖ *ablaufen (Frist, Vertrag, Garantie)* ‖ no dejarse ~ *nicht nachgeben* ‖ seguro de ~ *sieges|bewusst, -gewiss* ‖ ~se s. beherrschen ‖ ◇ ~ a sí mismo s. *selbst beherrschen* od *überwinden*

Venceslao (pop **Vences**) m np *Wenzel* m

vencétigo m ⟨Bot⟩ *Schwalbenwurz* f (Vincetoxicum hirundinaria od officinalis = Cynachum vincetoxicum)

venci|ble adj *(m/f) besiegbar* ‖ *überwindlich* ‖ **–da** f ⟨fam⟩ *Sieg* m ‖ ◇ ir de ~ ⟨fam⟩ *besiegt, geschlagen werden* ‖ ⟨fig⟩ *zu Ende gehen, abflauen* ‖ *ablaufen* ‖ ⟨fig⟩ *nachgeben* ‖ *llevar de*

~ a alg. 〈pop〉 *(jdn) besiegen* ‖ a la tercera *(od* a la de tres)* va la ~ *beim dritten Mal klappt es* ‖ *aller guten Dinge sind drei* (bes. *als Drohung* od *Warnung)* ‖ **–do** adj *besiegt* ‖ *fällig (Betrag)* ‖ *schief* ‖ ~a la tarde *in der Abenddämmerung* ‖ ◇ darse por ~ *s. (für) besiegt erklären* ‖ *s. geschlagen geben* ‖ *s. ergeben* ‖ pagadero por meses ~s *zahlbar (jeweils) am Monatsende* ‖ ~ *m Besiegte(r)* m ‖ **–miento** *m Überwindung* f ‖ 〈bes. Com〉 *Ablauf* m *(e–r Frist), Verfall(zeit* f) m, *Fälligkeit* f, *Fälligkeits|tag* m, *-datum* n ‖ ~ del contrato *Ablauf* m *des Vertrages* ‖ el próximo ~ 〈Com〉 *das nächste Ziel* ‖ ◆ a ~ fijo *auf bestimmten Verfall* ‖ antes, después del ~ *vor, nach Verfall* ‖ de *od* a ~ corto, ~ largo 〈Com〉 *kurz-, lang|fristig* ‖ ◇ pagar al ~ *bei Verfall zahlen* ‖ *einlösen, honorieren (Wechsel)*
venct.º 〈Abk〉 = **vencimiento**
venda *f* 〈Med〉 *Binde* f ‖ 〈Hist〉 *Diadem, Stirnband* n *(als Zeichen der Königswürde)* ‖ ~ enyesada, ~ escayolada 〈Med〉 *Gipsbinde* f ‖ ~ de gasa 〈Med〉 *Mullbinde* f ‖ ~ de goma 〈Med〉 *Gummibinde* f ‖ ~ higiénica *Damen-, Monats|binde* f ‖ ~ umbilical 〈Med〉 *Nabelbinde* f ‖ ◇ arrancar la ~ de los ojos de alg. 〈fig〉 *jdm die Augen öffnen* ‖ se le cayó la ~ de los ojos 〈fig〉 *es fiel ihm wie Schuppen von den Augen* ‖ tener una ~ en los ojos 〈fig〉 *mit Blindheit geschlagen sein*
¹vendaje *m* 〈Med〉 *(Wund)Verband* m ‖ *Bandage* f ‖ ~ abdominal *Leibbinde* f ‖ ~ circular *Wickelverband* m ‖ ~ compresivo *Druckverband* m ‖ ~ contentivo *Stützverband* m ‖ ~ enyesado *od* de yeso *Gipsverband* m ‖ ~ de extensión *Streckverband* m ‖ ~ hernial *Bruchband* n ‖ ~ provisional *Notverband* m ‖ ~ protector *Schutzverband* m ‖ ~ suspensorio *Tragband* n ‖ *Tragverband* m ‖ ~ de urgencia *Not-, Schnell|verband* m ‖ ◇ aplicar (quitar) un ~ *e–n Verband anlegen (abnehmen)*
²vendaje *m* 〈reg〉 *Provision* f ‖ SAm *Zu-, Drein|gabe* f *(beim Kauf)*
vendar vt *(e–e Wunde) verbinden* ‖ *bandagieren* ‖ 〈fig〉 *(ver)blenden* ‖ ◇ ~ los ojos 〈fig〉 *s–e Augen vor der Wirklichkeit verschließen*
vendaval *m Südwest-, Strich|wind* m ‖ p.ex *Sturm* m ‖ ◇ pasar como un ~ 〈fig〉 *rasend dahinsausen*
vendeano adj/s *aus der Vendée (Frankreich)*
vende|dor *m/*adj *Verkäufer* m ‖ *Händler, Krämer* m ‖ ~ de almacén *Ladenkäufer* m ‖ ~ ambulante *Straßenhändler* m ‖ *fliegender Händler* m ‖ *Hausierer* m ‖ ~ callejero *Straßen|händler, -verkäufer* m ‖ ~ clandestino *Schmuggler* m ‖ ~ comisionista *Verkaufskommissionär* m ‖ ~ a domicilio *Hausierer* m ‖ ~ de helados *Eis|verkäufer,* 〈fam〉 *-mann* m ‖ ~ de indulgencias *Ablasskrämer* m ‖ ~ de periódicos *Zeitungs|verkäufer, -träger* m ‖ **–húmos** *m/f* 〈fam〉 *Großsprecher(in* f), *Schaumschläger(in* f) m
vendeja *f* 〈reg〉 *Marktware* f
vendepatria *m/f* Am *Landesverräter(in* f) m
ven|der vt *verkaufen* ‖ *ab-, um|setzen* ‖ *veräußern* ‖ *vertreiben, führen (Waren)* ‖ *ausschenken (Getränke)* ‖ 〈fig〉 *verraten, überliefern* ‖ ◇ ~a crédito *auf Kredit verkaufen* ‖ ~ al detall(e) → ~ (al) por menor ‖ ~ humos *protzen, großtun* ‖ *mit s–n (guten) Beziehungen angeben* ‖ ~ en cien euros *für hundert Euro verkaufen* ‖ ~ (al) por mayor *en gros verkaufen, im Großhandel ver|kaufen* od *-treiben* ‖ ~ (al) por menor *im Detail verkaufen, im Kleinhandel ver|kaufen* od *-treiben* ‖ ~ con pérdida, ~ perdiendo *mit Verlust verkaufen* ‖ ~ a plazos *auf Raten verkaufen* ‖ ~ a bajo precio *billig*

verkaufen ‖ ~ a cualquier *od* vil precio *verschleudern* ‖ ~ salud 〈pop〉 *vor Gesundheit strotzen* ‖ difícil de ~ *schwer absetzbar (Ware)* ‖ sin ~, no –dido *unverkauft* ‖ se vende(n) *zu verkaufen* ‖ ~se *Absatz finden* ‖ *verkauft werden* ‖ *s. verkaufen, s. bestechen lassen* ‖ 〈fig〉 *s. ausgeben (por als)* ‖ 〈fig〉 *s. verraten* ‖ ~ por amigo 〈fig〉 *s. als Freund ausgeben* ‖ ~ caro 〈figf〉 *s. teuer verkaufen* ‖ *s. sehr bitten lassen* ‖ ~ fácilmente *od* con facilidad *leicht verkäuflich, absetzbar sein (Ware)* ‖ ~ lentamente *od* con dificultad *schwer verkäuflich sein* ‖ estar –dido 〈fig〉 *verraten und verkauft sein* ‖ todo está –dido *alles ist ausverkauft*
vendetta f *Vendetta, (Blut)Rache* f
ven|dí *m Verkaufsbescheinigung* f ‖ **–dible** adj *(m/f) verkäuflich* ‖ *absatzfähig (Ware)*
véndico adj *wendisch, Wenden-*
vendija *f* → **vendeja**
¹vendimia *f Weinlese* f ‖ *Zeit* f *der Weinlese, Traubenzeit* f ‖ 〈fig〉 *reicher Gewinn* m, *Ernte* f ‖ ~ fraccionada *Auslese, Vorlese* f
²vendimia *f* Ec 〈pop〉 *Ware* f
vendi|miador *m Weinleser, Winzer* m ‖ **–miar** vt *Weinlese halten* ‖ 〈fig〉 *den Gewinn einstecken, ernten* ‖ 〈figf〉 *töten*
vendimiario *m* 〈Hist〉 *Vendemiaire, Weinmonat* m *(im frz. Revolutionskalender)*
¹vendo *m Salband* n, *Tuchleiste* f
²vendo adj *wendisch, Wenden-* ‖ ~ m *Wende, Lausitzer Sorbe* m ‖ el ~ *das Wendische, das Lausitzische*
vendré → **venir**
vendu|ta *f* Am *Versteigerung* f ‖ Cu → **vendulería** ‖ **–tero** *m* Am *Auktionator* m
Vene|cia *f* [Stadt] *Venedig* n ‖ **=ciano** adj *venezianisch* ‖ ~ m *Venezianer* m
veneficio *m* 〈Hist Med〉 *Giftmord* m, 〈lat〉 *Veneficium* n
venencia f *Probetasse* f *(für Wein)*
vene|nífero adj 〈poet〉 *giftig, Gift enthaltend* ‖ **–no** *m Gift* n (& fig) ‖ 〈fig〉 *Bosheit* f ‖ 〈fig〉 *Groll* m ‖ ◇ echar ~ 〈fig〉 *Gift und Galle speien* od 〈fam〉 *spucken* ‖ **–nosidad** *f Giftigkeit* f ‖ **–noso** adj *giftig*
¹venera f 〈Zool〉 *Jakobsmuschel* f *(Pecten jacobeus)* ‖ *Pilger-, Kamm|muschel* f *(Pecten maximus)* ‖ ◇ empeñar la ~ *nichts unversucht lassen* ‖ *alles daransetzen* ‖ no se le caerá la ~ 〈figf〉 *es wird ihm kein Stein aus der Krone fallen*
²venera f *Wasserquelle* f ‖ 〈Bgb〉 → **venero**
³venera f 〈Hist〉 *Ehrenkreuz* n *(e–s Ritterordens)*
venera|bilidad *f Ehrwürdigkeit* f ‖ **–ble** (sup **–bilísimo)** adj *(m/f) ehr-, verehrungs|würdig* ‖ **–ción** *f Verehrung, Ehrerbietung, Ehrfurcht* f ‖ *Anbetung* f ‖ 〈fig〉 *heilige Scheu* f ‖ ~ de los santos *Heiligenverehrung* f ‖ **–dor** *m Verehrer, Anbeter* m
vene|rando adj *ehrwürdig (& als Titel)* ‖ **–rar** vt *(ver)ehren* ‖ *anbeten*
venéreo adj 〈Med〉 *Geschlechts-* ‖ *venerisch*
venereología *f* 〈Med〉 *Lehre von den Geschlechtskrankheiten, Venerologie*
venero *m* 〈Bgb〉 *Erz|gang* m, *-ader* f, *Flöz* n ‖ *Wasserquelle* f ‖ *unterirdischer Wasserlauf* m ‖ *Schattenstrich* m *(an der Sonnenuhr)* ‖ 〈fig〉 *Quelle* f ‖ 〈fig〉 *Fundgrube* f ‖ ~ de ciencia 〈fig〉 *Urquell* m *der Wissenschaft*
veneruela *f* dim von **²venera**
véneto *m/*adj *Veneter* m ‖ *Venezianer* m
vene|zolanismo *m Venezolanismus* m *(e–e nur im venezolanischen Spanisch vorkommende sprachliche Erscheinung)* ‖ **–zolano** adj *aus*

Venezuela, venezolanisch ‖ ~ *m Venezolaner* m ‖
=zuela *f* ⟨Geogr⟩ *Venezuela* n
venga|dor adj/s *rächend, Rächer* m ‖ (espíritu)
~ *Rachegeist* m ‖ **–dora** *f Rächerin* f ‖
(divinidad) ~ ⟨Myth⟩ *Rachegöttin* f
△ **vengainjurias** *m Staatsanwalt* m
ven|ganza *f Rache* f ‖ *Rach|sucht, -gier* f ‖ ~
de (la) sangre *Blutrache* f ‖ ◇ clamar ~ *nach
Rache schreien* ‖ **–gar** [g/gu] vt *rächen, ahnden,
strafen* ‖ ◇ ~se en ... *od* de ... *s. rächen an ...*
(dat), *Rache nehmen, Vergeltung üben* ‖ ~se de
... *s. rächen wegen ...* ‖ se ha –gado de mí *er hat
s. an mir gerächt* ‖ **–gativo** adj *rach|süchtig,
-gierig* ‖ la justicia ~a *die strafende
Gerechtigkeit*
ven|go, –ga → **venir**
venia *f Erlaubnis, Genehmigung* f ‖ *Verzeihung*
f ‖ *Verbeugung* f ‖ ¡con su ~! *mit Verlaub!* ‖ ◇
dar ~ *erlauben* ‖ ⟨Mil⟩ → auch **permiso**
venial adj *(m/f) verzeihlich* ‖ *lässlich (Sünde)* ‖
–idad *f Verzeihlichkeit* f ‖ *Lässlichkeit* f *(e–r
Sünde)*
veni|da *f Ankunft* f ‖ *Rückkehr* f ‖ *Steigen* n
des (Hoch)Wassers ‖ ⟨fig⟩ *Ungestüm* n ‖ ~ del
Espíritu Santo *Ausgießung* f *des Heiligen Geistes*
‖ ~ de Jesucristo *Erscheinung* f *Christi* ‖ ♦ a la
~ de la noche *bei Anbruch der Nacht* ‖ bien ~ →
bienvenida ‖ idas y ~s *Hin und Her, Hin- und
Hergehen* n ‖ *Auf und Ab, Auf- und Abgehen* n ‖
–dero adj *(zu)künftig, kommend* ‖ ♦ en lo ~ *in
Zukunft* ‖ *künftighin* ‖ próximo ~ ⟨Com⟩ *nächsten
Monats* ‖ los ~s *die Nachkommen* mpl ‖ *die
künftigen Geschlechter* npl ‖ **–do** adj: bien ~ →
bienvenido ‖ ¡sea Vd. bien ~! *seien Sie
willkommen!* ‖ ~ a menos ⟨pop⟩
heruntergekommen
venimecum [...un] *m* → **vademécum**
venir vi [irr, pres vengo, vienes, viene,
venimos, venís, vienen, imp sg ven, fut vendré,
pret vine]:
A) *(an-, her)kommen* ‖ *(einher)gehen* ‖ *fahren,
reisen* ‖ *erscheinen, s. einstellen* ‖ *einfallen
(Gedanke)* ‖ *(auf et.) zurückkommen* ‖ *abstammen
(de von)* ‖ *herrühren* (de *von*) ‖ *entstehen* ‖ *s.
ereignen, geschehen* ‖ *(jdn) anwandeln, befallen* ‖
gedeihen, wachsen ‖ *s. schicken, passen* ‖ ⟨vulg⟩
kommen (den Orgasmus haben) ‖ ◇ ~ bien
sitzen, passen, gut stehen (Kleidung) ‖ *passen,
entsprechen* ‖ no me viene bien *das passt mir
nicht* ‖ viene borracho *er ist ganz betrunken* ‖
verlas ~ ⟨pop⟩ *leidenschaftlicher (Karten)Spieler
sein* ‖ hacer ~ *kommen lassen, herbeischaffen* ‖
holen lassen ‖ *(jdn) rufen lassen, vorladen* ‖ hacer
~ de España *aus Spanien bestellen* ‖ el año que
viene *nächstes Jahr* ‖ viene en el diario *es steht
in der Zeitung* ‖ me viene gana *ich bekomme
Appetit, Lust* ‖ ni va ni viene ⟨fig⟩ *er (sie, es) ist
ganz unschlüssig* ‖ vino la mañana *der Morgen
brach an* ‖ al ~ él *bei seiner Ankunft* ‖ estar *od*
quedarse a ver ~ el resultado *das Ergebnis
abwarten* ‖ venga lo que venga *(od* ⟨lit⟩ lo que
viniere) komme, was da wolle *od was auch
(immer) kommen mag* ‖ *unter allen Umständen* ‖
auf jeden Fall ‖ ir y ~ *hin und her gehen* ‖
spazieren ‖ ¡ven acá! *komm her!* ‖ *hör einmal!* ‖
¡venga! *kommen Sie her!* ‖ ¡los! ‖ *her damit!* ‖ *nun
gut! meinetwegen!* ‖ *auf! nur zu!* ‖ ¡venga esta
carta! *gib (geben Sie) mir diesen Brief!* ‖ *her mit
diesem Brief!* ‖ ¡venga esa mano! *vengan esos
cinco! gib (geben Sie) mir die Hand!* ‖(fam)
schlag ein! topp! ‖ ¡venga vino! *Wein her!* ‖ ¡que
venga! *er (sie, es) soll kommen*
B) in Verb. mit Präpositionen *(od*
präpositionalen
Adverbialverbindungen):

1. in Verb. mit **a** (Bedeutung des
Zieles)
a) ~ a buscar *holen* ‖ vino a mi casa *er (sie,
es) kam zu mir* ‖ ¡vengamos al caso! *(kommen
wir) zur Sache!* ‖ le diré lo que viene al caso *ich
werde ihm (ihr) (schon) das Richtige sagen* ‖ ⟨fig⟩
ich werde kein Blatt vor den Mund nehmen ‖ me
viene a contrapelo *es geht mir gegen den Strich,
es passt mir nicht* ‖ ~ a cuentas *zur Abrechnung
kommen, abrechnen* ‖ ~ a mejor fortuna *in
bessere (Vermögens)Verhältnisse kommen* ‖ vino a
od en ello gustoso *er (sie, es) ging bereitwilig
darauf ein* ‖ ~ a la memoria *einfallen* ‖ ~ al
mundo *zur od auf die Welt kommen, geboren
werden* ‖ ~ a menos *s. verringern, abnehmen* ‖
⟨fig⟩ *heruntergekommen* venido a menos ⟨fig⟩
herabgekommen ‖ *verarmt* ‖ ~ a pie *zu Fuß
kommen* ‖ le hicieron ~ al suelo *sie streckten ihn
nieder* ‖ ¿a qué viene eso? *worauf zielt das ab?
was soll das?*
b) in Verb. mit **a** & inf (bes. als
Abschluss *od* Ergebnis der Handlung): vino a
colocarse allí *zum Schluss stellte er (sie, es) s.
dorthin* ‖ vine a conocerlo allí *dort habe ich ihn
kennengelernt* ‖ ~ en conocimiento de algo *et. in
Erfahrung bringen, et. erfahren* ‖ por fin vino a
conseguirlo *er (sie, es) hat es endlich erreicht,
endlich gelang es ihm (ihr)* ‖ eso viene a costar
mucho *das kommt teuer zu stehen* ‖ viene a costar
treinta marcos *es kostet ungefähr dreißig Mark* ‖
vengo a decir que ... *ich möchte beinahe
behaupten, dass ...* ‖ es ist sozusagen ... ‖ vino a
parar en mis manos *es kam mir gerade od zufällig
in die Hände* ‖ vino a saberse en toda la aldea *es
wurde im ganzen Dorf bekannt* ‖ ~ a ser algo *et.
werden* ‖ *zu et. werden* ‖ viene a ser lo mismo *es
läuft auf dasselbe hinaus* ‖ *es ist ungefähr
dasselbe* ‖ *das ist ganz einerlei* ‖ venir a verle a
alg. *jdn aufsuchen, jdn besuchen* ‖ vendré a verte
pronto *ich werde dich bald besuchen* ‖ vino a
verme *er war bei mir*
2. in Verb. mit **con:** ¡no me vengas con
bromas! *(lass den) Spaß beiseite!* ‖ *mit mir ist
nicht zu spaßen!* ‖ vienen con él *sie kommen mit
ihm* ‖ *sie stehen auf s–r Seite*
3. in Verb. mit **de:** a) vengo de Madrid
ich komme aus Madrid ‖ de ello viene *daraus
folgt, daraus ergibt s.* ‖ ⟨Typ⟩ viene de la página
5 *Fortsetzung von Seite 5* ‖ ¡venga de ahí! ⟨pop⟩
immer feste drauf! ‖ *na los!* ‖ *auf! Mut!*
in Verb. mit **de** + inf:
a) (ursprünglich räumliche Bedeutung): ~ de
hacer a/c *soeben et. getan haben* ‖ vengo de
hablar con él *ich habe soeben od gerade jetzt mit
ihm gesprochen*
b) y venga de reír y más reír ⟨pop⟩ *und das
Lachen nahm kein Ende*
4. in Verb. mit **en:**
a) ~ en auto *od* coche *(an)gefahren kommen* ‖
~ en ayuda *zu Hilfe kommen* ‖ ~ en barco *mit
dem Schiff kommen* ‖ vino en constituirse en ...
daraus wurde od entstand schließlich ... ‖ no me
viene en gana ⟨fam⟩ *das fällt mir nicht ein, k–e
Rede!* ‖ cuando le venga en gana *wann es Ihnen
beliebt* ‖ ~ en una idea *auf e–e Idee verfallen*
b) in Verb. mit **en** + inf: vengo en
conferir ... *ich verleihe (hiermit) ... (Formel)* ‖
vinieron en declarar que ... *sie erklärten zum
Schluss, dass ...* ‖ la ley viene en decretar ... *das
Gesetz bestimmt ...*
5. in Verb. mit **por:**
~ por *od* a por a/c *et. (ab)holen wollen* ‖ ~
por avión *per Flugzeug kommen* ‖ ~ por carretera
mit dem Wagen, per Achse kommen ‖ vengo por
los libros *ich komme die Bücher abholen* ‖ ~ por

mar *auf dem Seeweg kommen* ‖ la República por
~ *die künftige Republik, die Republik der Zukunft*
‖ vengo por Vd. *ich komme Ihretwegen* ‖ *ich will
Sie abholen* ‖ ¡venga por acá! *kommen Sie
(hier)her!* ‖ ◆ en lo por ~ *künftig*
6. i n V e r b. m i t **sobre, tras:** el granizo
vino sobre los campos *der Hagel ging über die
Felder nieder* ‖ una desgracia vino sobre él *ein
Unglück brach über ihn herein* ‖ vino tras él *er
(sie, es) folgte ihm nach* ‖ *er (sie, es) kam ihm
hinterher*
C) i n V e r b. m i t G e r u n d i u m:
a) als Bezugnahme auf die Vergangenheit und
Fortsetzung e–r vergangenen Handlung: ~
haciendo a/c *(seit längerer Zeit) et. tun* od *getan
haben* ‖ según vengo (= estaba y estoy) diciendo
*wie ich immer sage, wie ich schon öfters gesagt
habe* ‖ eso vengo diciendo *darauf ziele ihn ab* od
hin ‖ *das ist eben m–e Absicht* ‖ *wie ich eben
sage, wie ich es eben meine*
b) ~ corriendo *herbeilaufen, angerannt
kommen* ‖ ~ volando *angeflogen kommen*
D) i n V e r b. m i t pp/adj: abgeschlossene
Handlung der Vergangenheit, mit Bezugnahme
auf die Gegenwart: ~le ancha u/c a alg. *e–r
Sache nicht gewachsen sein* ‖ no ~ bien con alg.
s. mit jdm nicht gut vertragen ‖ viene cansado *er
(sie, es) ist müde* ‖ eso me viene clavado ⟨figf⟩
*das kommt mir wie gerufen, das kann nicht
gelegener kommen* ‖ *es passt mir wie angegossen*
‖ el traje te viene estrecho *das Kleid ist dir zu eng*
‖ vengo herido *ich bin verwundet (worden)* ‖
vengo molido ⟨pop⟩ *ich bin todmüde* ‖ ~ rodado
⟨pop⟩ *wie gerufen kommen* ‖ ~**se** *kommen, gehen*
‖ *aufgehen, in die Höhe gehen (Sauerteig)* ‖ *in
Gärung übergehen (Most)* ‖ ~ a alg. *auf jdn
losgehen* ‖ ~ a tierra, ~ abajo *ein‖fallen, -stürzen*
‖ la sala se venía abajo ⟨fig⟩ *der Saal erdröhnte
von stürmischem Beifall* ‖ ~ a buenas *s. gütlich
vergleichen* ‖ ~ cayendo *beinahe gefallen sein* ‖
~ durmiendo *nahe daran sein einzuschlafen* ‖ se
nos vino encima la guerra *der Krieg brach über
uns herein* ‖ se le venían lágrimas a los ojos
Tränen kamen in s–e (ihre) Augen ‖ hacer ~ al
suelo *zu Fall bringen* ‖ ~→ auch **ir, andar**
    venirse vt ⟨vulg⟩ *kommen (den Orgasmus
haben)*
    venoso adj *ad(e)rig, äd(e)rig* ‖ ⟨Med⟩ *Venen-*
venös
¹**venta** *f Ver‖kauf, -trieb* m ‖ *Absatz* m *(der
Ware)* ‖ *Ausschank* m ‖ ~ ambulante
Straßenverkauf bzw *Verkauf* m *bei
Sportveranstaltungen usw.* ‖ ~ anticipada
Vorverkauf m ‖ ~ cargada en cuenta
Kreditverkauf m ‖ ~ en comisión *Verkauf auf
Kommission, Kommissionsverkauf* m ‖ ~ al
contado *Barverkauf, Verkauf* m *gegen Barzahlung*
‖ ~ por correspondencia *Versand‖handel* m,
-geschäft n ‖ ~ a crédito *Kredit(verkaufs)geschäft*
n, *Verkauf* m *auf Kredit* ‖ ~ difícil *schleppender
Absatz* m ‖ ~ en gran escala *Massen‖absatz,
-vertrieb* m ‖ ~ en exclusiva *Allein‖verkauf,
-vertrieb* m ‖ ~ en la fábrica *Fabrikverkauf* m ‖
~fácil *flotter Absatz* m ‖ ~ forzada, ~ forzosa
⟨Jur⟩ *Zwangsverkauf* m ‖ ~ franco domicilio
Verkauf m *frei Haus* ‖ ~ ad gustum ⟨lat⟩ *Kauf* m
auf Probe ‖ ~ judicial *gerichtliche Versteigerung*
f ‖ ~ al por mayor *Verkauf im Großhandel,
Engrosverkauf* m ‖ ~ al por menor *Verkauf im
Einzelhandel, Detailverkauf* m ‖ ~ en partida
Partieverkauf m ‖ ~ a plazo *Terminverkauf* m ‖
~ a plazos *Verkauf auf Raten(zahlung),
Teilzahlungsverkauf* m, *Raten-,
Abzahlungs‖geschäft* n ‖ ~ con receta médica
verschreibungs-, rezept‖pflichtig (Hinweis bei

Medikamenten) ‖ ~ simulada *Scheinverkauf* m ‖
~ total *Ausverkauf* m ‖ ~ voluntaria *freiwilliger
Ausverkauf* m ‖ ◆ de ~ fácil *leicht verkäuflich,
leicht absetzbar, leicht abzusetzend(d)* ‖ de ~
difícil, de poca ~ *schwer verkäuflich, schwer
absetzbar, schwer abzusetzen(d)* ‖ ◇ aumentar la
~ *den Verkauf erhöhen, die Verkaufszahlen* od
den Umsatz steigern ‖ efectuar la ~ *den Verkauf
durchführen* ‖ estar a la ~ *verkäuflich sein,
vorrätig sein, erhältlich sein* ‖ estar de ~ *zum
Verkauf bestimmt sein, zu haben sein* ‖ facilitar la
~ *den Verkauf erleichtern* od *ermöglichen* ‖ no
hallarse ya a la ~ *nicht mehr vorrätig sein
(Artikel)* ‖ ofrecer a la ~, poner en *od* a la ~ *zum
Verkauf anbieten* ‖ *in den Handel bringen* ‖
puesto en ~ *zu haben, erhältlich* ‖ tener la
exclusiva de ~ *(od* venta exclusiva) *den
Alleinvertrieb haben* ‖ tener *od* ser de buena ~
absatzfähig sein ‖ ~**s** *fpl Umsatz* m ‖ ~ anuales
Jahresumsatz m ‖ ~ en gran escala, ~ masivas
Massen‖absatz, -vertrieb m ‖ ~ en el mercado
nacional *Inlandsabsatz* m ‖ ~ en los mercados
extranjeros *Auslandsabsatz* m ‖ ~ a prima
Differenzgeschäfte npl
    ²**venta** *f Schänke* f, *Krug* m ‖ *(Dorf)Gast-,
Wirts‖haus* n ‖ ⟨figf⟩ *unwirtliche Gegend, Einöde* f
    ventada *f Windstoß* m
    venta‖ja *f Vor‖teil, -zug* m ‖ *Überlegenheit,
Oberhand* f ‖ *Begünstigung* f ‖ *Nutzen, Gewinn* m
‖ *Plus* n ‖ *Vorrecht* n ‖ *Lohnzulage* f ‖ ⟨Kart Sp⟩
Vorgabe f ‖ ~ fiscal *Steuervergünstigung* f ‖ ~
patrimonial *Vermögensvorteil* m ‖ ◇ buscar su ~
auf s–n Vorteil bedacht sein ‖ conceder una ~
e–n Vorteil zugestehen ‖ dar ~ a alg. *jdm e–e
Vergünstigung gewähren* ‖ *jdm e–n Vorsprung
geben, vorgeben (beim Spielen)* ‖ llevar ~ *im
Vorteil sein, Vorteil haben (sobre vor)* ‖ ⟨Sp⟩
Vorsprung haben ‖ obtener una ~ *e–n Vorteil
erzielen* ‖ eso redunda en su ~ *das ist vorteilhaft
für ihn* ‖ sacar ~ *Nutzen ziehen* (de, a *aus)* ‖ tener
~ → llevar ~ ‖ **–jero** *m* Chi *Gauner* m ‖ **–jismo**
m skrupellose Geschäftemacherei f ‖ **–jista** m/f
skrupellose(r) Geschäftemacher(in f) m ‖
Falschspieler(in f) m ‖ **–joso** adj *vorteilhaft,
zuträglich* ‖ *günstig* ‖ *einträglich, lohnend,
Gewinn bringend*
    ventalla *f* ⟨Bot⟩ *Klappe* f, *Fall-,
Schließ‖häutchen* n *(e–r Fruchtkapsel)*
    ventalle *m* ⟨reg⟩ *Fächer* m
    venta‖na *f Fenster* n ⟨& Inform⟩ ‖ *Sichtglas* n
(an Taucherhelm, Gasmaske usw.) ‖ ~ de
acordeón *Faltfenster* n ‖ ~ arqueada *Bogenfenster*
n ‖ ~ basculante *Kippfenster* n ‖ ~ de batientes
Flügelfenster n ‖ ~ de buhardilla *Giebelfenster* n
‖ ~ caediza *Fallfenster* n ‖ ~ corrediza, ~ (de)
corredera *Schiebefenster* n ‖ ~ doble
Doppelfenster n ‖ ~ de emergencia ⟨Flugw⟩
Notausstieg m ‖ ~ enrejada *Gitterfenster,
vergittertes Fenster* n ‖ ~ de fuelle
Kippflügelfenster n ‖ ~ de fuelle y basculante
Dreh-Kipp-Flügelfenster n ‖ ~ giratoria
Drehfenster n ‖ ~ de guillotina *Schiebe-,
Fall‖fenster* n ‖ ~ de dos hojas *zweiflüg(e)liges
Fenster* n ‖ ~ (de arco) ojival *Spitzbogenfenster* n
‖ ~ de medio punto *Bogenfenster* n ‖ ~ redonda
Rundfenster n ‖ ~ de sótano *Kellerfenster* n ‖ ~
de ventilación *Lüftungs‖fenster* n, *-klappe* f ‖ ◇
arrojar por la ~ → tirar por la ~ ‖ asomarse a *od*
por la ~ *s. aus dem Fenster lehnen, zum Fenster
hinausschauen* ‖ estar asomado a buena ~ ⟨fam⟩
gute Aussichten haben ‖ hacer ~ ⟨fam⟩
Fensterparade machen, im Fenster liegen ‖ tener
~(s) a la calle *Aussicht auf die Straße haben
(Haus)* ‖ tirar a ~ conocida *od* señalada ⟨figf⟩ *e–e
versteckte Anspielung (auf jdn) machen* ‖ tirar por

la ~ *zum Fenster hinauswerfen* (& fig) ‖ ⟨fig⟩ *ver\geuden, -jubeln, -prassen, -schleudern (Vermögen)* ‖ las ~s de la nariz ⟨An⟩ *die Nasenlöcher* npl ‖ **–nal** m *Kirchenfenster* n ‖ *Treppenhausfenster* n ‖ **–nazo** m augm von **–na** ‖ *Zuschlagen* n *e–s Fensters* ‖ ◇ dar un ~ *das Fenster zuschlagen* ‖ **–near** vi ⟨fam⟩ *Fensterparade machen, im Fenster liegen* ‖ **–nilla** f dim von **–na** ‖ *Fensterchen* n ‖ *Fenster* n *(an Fahrzeugen)* ‖ *Schalter(fenster* n) m ‖ ~ del banco *Bankschalter* m ‖ ~ de correos *Postschalter* m ‖ ~ giratoria ⟨Auto⟩ *Ausstellfenster* n ‖ las ~s de la nariz ⟨An⟩ *die Nasenlöcher* npl ‖ ~ roja ⟨Fot⟩ *Kontrollfenster* n *(der Filmnummern an e–r Kamera)* ‖ ~ trasera ⟨Auto⟩ *Heckfenster* n ‖ **–nillo** m dim von **–na** ‖ **–no** m *Fensterchen* n ‖ **–nucho, –nuco** m (fam desp) *kleines, elendes Fenster* n

ventar [-ie-] vt/i ⟨reg⟩ *lüften* ‖ *(Getreide) worfeln* ‖ *wehen (Wind)* ‖ → **ventear**
venta\rrón, –zo m augm von *viento* ‖ *Windstoß* m ‖ ⟨Mar⟩ *Wirbelwind* m
venteadura f *Windspalt* m *im Holz*
vente\ar [-ie-] vt/i ⟨Jgd⟩ *(aus)wittern, winden, schnuppern (Hunde)* ‖ *lüften* ‖ *schwingen (Korn)* ‖ *wehen (Wind)* ‖ ⟨fig⟩ *ausspähen, (herum)schnüffeln* ‖ ◇ **–a** *fuertemente es ist sehr windig* ‖ ~**se** *(auf)springen, rissig werden, Sprünge od Risse bekommen* ‖ *Blasen werfen (Keramik, Ziegel)* ‖ *unter Lufteinfluss verderben* ‖ → **ventosear** ‖ s: ~**o** m ‖ **–cillo, –cito** m dim von *viento*
vente\ra f *(Schank)Wirtin* f ‖ **–ril** adj ⟨fam⟩ *kneipenmäßig, Schank-*
¹ventero m *(Schank)Wirt* m
²ventero m/adj *Spür-, Fährten\hund* m
venti\lación f *(Aus-, Ent)Lüftung, Belüftung, Ventilation* f ‖ ⟨Bgb⟩ *Bewetterung, Wetterführung* f ‖ *Luftloch* n ‖ ~ *por aspiración Abluftventilation* f ‖ *Saugbewetterung* f ‖ ~ *forzada Zwangslüftung* f ‖ **–lador** m *Ventilator, Lüfter* m ‖ ⟨Tech⟩ *Gebläse* n ‖ ⟨Tech⟩ *Windrädchen* n ‖ *Luftloch* n ‖ ~ *aspirante Sauglüfter* m ‖ ~ *centrífugo Kreisellüfter* m ‖ ~ *helicoidal Schraubengebläse* n ‖ *Schraubenventilator* m ‖ ~ *impelente Blaslüfter* m ‖ ~ *rotativo Rotationsgebläse* n ‖ ~ de techo *Deckenventilator* m ‖ **–lar** vt/i *aus-, ent-, be\lüften, lüften* ‖ ⟨Bgb⟩ *bewettern* ‖ ⟨fig⟩ *erörtern, ventilieren, anregen* ‖ ◇ ~ *una cuestión e–e Frage erörtern od ventilieren*
ventis\ca f *Schnee\sturm* m, *-gestöber* n ‖ **–car** [c/qu], **–quear** v. impers *schneien und stürmen, stöbern (Schnee)* ‖ **–coso** adj: *tiempo* ~ *Schnee\wetter, -gestöber* n ‖ **–quero** m *Schneegestöber* n ‖ *Schneeberg* m ‖ *Nährgebiet* n *des Gletschers* ‖ *Schnee\schlucht, -grube* f, *-loch* n
vento\lada f PR *starker Wind, Sturmwind* m ‖ **–lera** f *Windstoß* m ‖ *Windmühlchen* n *(Kinderspiel)* ‖ ⟨figf⟩ *verrückter, toller Einfall* m ‖ Mex (fam) *Wind* m, *Blähung* f ‖ ◇ le dio la ~ *por casarse er hat es s. in den Kopf gesetzt zu heiraten* ‖ **–lina** f ⟨Mar⟩ *leichter Wind* m ‖ Chi (fam) *Wind* m, (vulg) *Furz* m
ventor adj/s: (perro) ~ → **²ventero**
vento\rero m *windiger Ort* m ‖ **–rillo, –rro** m ⟨desp⟩ *Dorfkneipe, Spelunke* f
¹ventosa f *Wind-, Luft\loch* n *(zum Belüften)* ‖ *Entlüftungsventil* n ‖ *Saugnapf* m *(& Zool)* ‖ ⟨Med⟩ *Schröpfkopf* m ‖ ◇ echar ~s ⟨pop⟩ → poner ~s ‖ pegar una ~ a alg. ⟨figf⟩ *jdn schröpfen* ‖ poner ~s *Schröpfköpfe aufsetzen, schröpfen*
△ **²ventosa** f *Fenster* n
vento\sear vi *Winde streichen lassen*, ⟨pop⟩ *furzen* ‖ **–sidad** f ⟨Med⟩ *Blähung* f ‖ ⟨fam⟩ *Wind* m

¹ventoso adj *windig* ‖ ⟨Med⟩ *blähend*
²ventoso m ⟨Hist⟩ *Ventose, Windmonat* m *(im frz. Revolutionskalender)*
△ **³ventoso** m *Fenster-, Kletter\dieb* m ‖ *Fassadenkletterer* m
ventral adj *(m/f)* ⟨An⟩ *Bauch-*
ventrecillo m dim von *vientre* ‖ *Bäuchlein* n
ventregada f ⟨Zool⟩ *Wurf* m *(Tiere)*
ventrera f *Leibbinde* f ‖ *Bauch\riemen, -gurt* m
ventrezuelo m dim von *vientre*
ventrículo m ⟨An⟩ *Höhlung* f, *Ventrikel* m ‖ *Magen* m ‖ ~ del cerebro, ~ del encéfalo *(Ge)Hirnkammer* f ‖ ~ del corazón ⟨An⟩ *Herzkammer* f
ventril m ⟨Agr⟩ *Richtbalken* m *e–r Ölmühle*
ven\trílocuo m/adj *Bauchredner* m ‖ **–triloquia** f *Bauchrednerkunst* f
ventrisca f ⟨Fi⟩ *Fischbauch* m
ven\trón m augm von *vientre* ‖ **–troso, –trudo** adj *bauchig, dickbäuchig*
ventura f *Glück* n ‖ *glückliches Ereignis* n ‖ *Glücksfall, glücklicher Zufall* m ‖ *Wagnis* n ‖ ⟨Mar⟩ → **¹aventura** ‖ buena ~ → **buenaventura** ‖ mala ~ *Unglück, Missgeschick*, (fam) *Pech* n ‖ ♦ a la (buena) ~ *aufs Geratewohl, auf gut Glück* ‖ por ~ *vielleicht, etwa* ‖ *glücklicherweise* ‖ sin ~ *ohne Glück, unglücklich* ‖ la sin ~ ⟨lit⟩ *die Unglückliche* ‖ ◇ decir la buena ~ *(aus der Hand) wahrsagen* ‖ poner en ~ *aufs Spiel setzen* ‖ probar ~ *sein Glück versuchen* ‖ viene la ~ a quien la procura ⟨Spr⟩ *hilf dir selbst, so hilft dir Gott*
Ventura m ⟨pop⟩ → **Buenaventura** m
ventu\rado adj → **–roso** ‖ **–ranza** f *Glückseligkeit* f ‖ **–rero** m/adj *Abenteurer* m ‖ *Hochstapler* m ‖ **–rina** f → **aventurina** ‖ **–ro** adj *(zu)künftig* ‖ **–roso** adj *glücklich* ‖ *günstig* ‖ *stürmisch (Wetter)* ‖ un ~ *porvenir e–e glückliche Zukunft*
Venus f ⟨Myth Astr⟩ *Venus* f ‖ ⟨fig⟩ *Schönheit* f ‖ *Zauberweib* n ‖ ⸗**ino** adj *Venus-, auf Venus bezüglich*
venus\te [*pl* **–ces**] f *Anmut* f ‖ *vollkommene Schönheit* f ‖ **–to** adj *anmutig, schön* ‖ ⟨fig⟩ *geil, wollüstig*
¹ver vt/i [pres veo, imp ve, pret vi, pp visto]:
A) *sehen, erblicken* ‖ *zu Gesicht bekommen* ‖ *erleben* ‖ *auf-, be\sehen, anschauen* ‖ *sehen (nach), nach-, durch\sehen* ‖ *untersuchen* ‖ *wahrnehmen, bemerken, gewahr werden* (gen od acc) ‖ *einsehen, verstehen* ‖ *ansehen, auffassen* ‖ *be-, auf\suchen* ‖ ⟨Jur⟩ *(Prozess, Fall) verhandeln, führen* ‖ ⟨Zeugen⟩ *(an)hören, vernehmen*
1. ‖ *bien gut sehen* ‖ ⟨fig⟩ *e–e Angelegenheit wohlwollend betrachten* ‖ ~ la causa ⟨Jur⟩ *die Gerichtsverhandlung führen* ‖ no lo veo bien claro ⟨fam⟩ *es ist mir nicht (ganz) klar* ‖ *ich verstehe das nicht ganz* ‖ ~ las estrellas ⟨pop⟩ *Sterne vor den Augen tanzen sehen (vor Schmerz)* ‖ ~ *mal schlecht sehen* ‖ ⟨fig⟩ *e–e Angelegenheit übel wollend betrachten* ‖ ~ *mundo s. in der Welt umsehen, Reisen unternehmen* ‖ vea Vd. su reloj *sehen Sie einmal nach Ihrer Uhr* ‖ no lo veré yo en mi vida *das werde ich nicht mehr erleben* ‖ no puede ~lo *er kann (ihn) nicht sehen* ‖ ⟨fig⟩ *er kann ihn nicht ausstehen* ‖ aquí donde Vd. lo ve, es un buen muchacho ⟨pop⟩ *so wie er dasteht, ist er ein guter Kerl* ‖ lo creo como si lo viera ⟨fig⟩ *das glaube ich aufs Wort* ‖ es como si lo viera *es ist, als ob ich es vor mir sähe* ‖ *ich kann es mir ganz deutlich vorstellen* ‖ ni quien tal vio *Verstärkung e–r Negation: no es rico ni quien tal vio* ⟨pop⟩ *er ist weit entfernt davon, reich zu sein* ‖ *darse a* ~ *s. kurz blicken lassen* ‖ (no) dejarse ~ *s. (nicht) blicken lassen, s. (nicht) zeigen* ‖

hacer ~ *sehen lassen* ‖ *(vor)zeigen* ‖ *schließen
lassen auf* ‖ *deutlich machen* ‖ *dartun, erklären* ‖
¡hágame ~lo! *zeigen Sie es mir!* ‖ donde fueres,
haz como vieres ⟨Spr⟩ *andere Länder andere
Sitten* ‖ ir *od* venir a ~ *besuchen* ‖ *besichtigen,
ansehen* ‖ volveré a verlo mañana *morgen sehe
ich ihn wieder* ‖ ¡vea Vd. si …! *sehen Sie zu,
dass …!* ‖ ¡si te he visto, no me acuerdo! ⟨figf⟩
etwa: *aus den Augen, aus dem Sinn!* ‖
sin más ver *ohne weitere Untersuchung* bzw
Besichtigung
2. in Verb. m i t inf *od* ger: lo vi correr *od*
corriendo *ich sah ihn (fort)laufen* ‖ los vi entrar
ich sah sie eintreten ‖ le vi pintar *ich habe ihn
malen sehen (ich habe gesehen, wie er malte od
wie er gemalt wurde)* ‖ ~ venir u/c *et. kommen
sehen* ‖ *et. abwarten, aufpassen auf* ⟨acc⟩ ‖ *auf
der Lauer liegen* ‖ ~las venir (fam Kart)
leidenschaftlicher (Karten)Spieler sein ‖ ⟨figf⟩ *et.
(voraus)ahnen* ‖ ¡te veo (~)! (fam) *ich
durchschaue dich!* *ich sehe schon, welche
Absichten du hast* ‖ le veo trabajando *ich sehe ihn
arbeiten (od bei der Arbeit)*
3. in Verb. m i t con: tener que ~ con …
*Zusammenhang haben mit …, mit … zu tun
haben* ‖ ¿qué tiene que ~ lo uno con lo otro? *was
hat das e–e mit dem andern zu tun?* ‖ no tiene
nada que ~ (con ello) *es hat damit nichts zu tun* ‖
das macht nichts
B) ~ vi *(nach)sehen* ‖ *trachten, bestrebt sein* ‖
¡a ~! *lass sehen! lassen Sie sehen!* ‖ *mal sehen!* ‖
⟨pop⟩ *her damit!* ‖ *zeigen, bitte!* ‖ *herzeigen!*
hergeben! ‖ *ei, wie schön!* ‖ *nanu! was Sie sagen!*
(Staunen) ‖ ¡vamos a ~! *wir wollen mal sehen!
sehen wir einmal zu!* ‖ a ~ si lo sabes tú (fam)
mal sehen, ob du es weißt (bzw kannst) ‖ ¡a ~,
veamos! (fam) *wir wollen sehen* ‖ ¡veremos!
⟨fam⟩ *(im ausweichenden Sinn) das werden wir
noch sehen!* ‖ *warten wir es ab!* ‖ ⟨fam⟩ *gut denn!
(halbe Zustimmung)* ‖ *das möchte ich gerne
sehen! (Ausdruck des Zweifels)* ‖ allá veremos
⟨fam⟩ *wir werden schon sehen!* ‖ ya (lo) veremos!
wir wollen sehen! ‖ *abwarten!* *es ist nicht so
eilig!* ‖ *wir werden es (schon od noch) erleben!* ‖
es de ~, es para ~ *es ist merkwürdig* ‖ sería de
~ que … *es wäre interessant, wenn …* ‖ era
(muy) de ~ ⟨pop⟩ *das war (sehr) sehenswert* ‖
veré de hablarle *ich werde versuchen, ihn zu
sprechen* ‖ bien se echa de ~ que … *man sieht
gleich, dass …* ‖ está por ~ *es ist noch
zweifelhaft* ‖ ¡hay que ~! ⟨pop⟩ *es ist kaum zu
glauben!* ‖ *hört, hört!* ‖ … que no había más que
~ ⟨pop⟩ … *(es war) et. ganz Merkwürdiges* ‖
¡pues tendría que ~! ⟨pop⟩ *das würde noch
fehlen!* ‖ sin más ~ *ohne nähere Untersuchung* ‖
tengo un sueño que no veo ⟨fam⟩ *ich bin zum
Umfallen müde* ‖ ¡vieras qué risa! (fam) *da
würdest du einmal lachen!*
C) ~se *erscheinen, s. zeigen* ‖ *zu sehen sein* ‖
augenscheinlich sein, einleuchten ‖ *s. befinden
(oft für estar, hallarse usw.)* ‖ *s. sehen* ‖ *einander
besuchen* ‖ ~ obligado a … (~ en el caso de …)
s. gezwungen sehen, nicht umhinkönnen zu … ‖
siento verme en el caso de … *ich bin leider
genötigt zu …* ‖ se vio (= estuvo) bien recibido *er
wurde gut aufgenommen* ‖ las paredes se veían
bien adornadas *die Wände waren schön
(aus)geschmückt* ‖ siempre se le ve a Vd. con
gusto *Sie sind immer willkommen* ‖ a lo que se ve
allem Anschein nach ‖ me veo negro para
conseguirlo ⟨figf⟩ *das wird e–e harte Nuss für
mich sein* ‖ se ve que … *man sieht, dass …* ‖ es
ist klar, dass …* ‖ ¡ya se ve! *freilich! allerdings!* ‖
~ *pobre arm sein* ‖ *(plötzlich) verarmen* ‖ ~ en
un apuro *s. in e–r misslichen Lage befinden* ‖ ~

al espejo *s. im Spiegel betrachten* ‖ ~ con alg.
mit jdm zusammenkommen ‖ *s. mit jdm
besprechen* ‖ ~ con u/c *s. im Besitz e–r Sache
befinden* ‖ ¡nos veremos las caras! ⟨figf⟩ *wir
sprechen uns noch! (Drohung)* ‖ va a vérselas
sólo con él *er wird mit ihm allein fertig werden* ‖
tuvo que ~ y desearse para vencerle ⟨pop⟩ *nur
mit größter Mühe konnte er ihn bewältigen* ‖ caso
nunca visto *nie dagewesener Fall* ‖ ¡habráse
visto! *ist es zu glauben? unerhört! unfassbar!
noch nie da gewesen!* ‖ ¡se ha visto granuja!
⟨pop⟩ *gibt es e–n größeren Gauner?* ‖ véase
(más) abajo *siehe unten!*
²ver m *Sehen* n ‖ *Gesichtssinn* m ‖ *Aussehen,
Äußere(s)* n ‖ a mi (modo de) ~ *m–r Meinung
nach, m–s Erachtens* ‖ de buen ~ *gut aussehend* ‖
¡a *od* hasta más ~! *auf Wiedersehen!* ‖ ◇ tener
buen ~ *gut, hübsch aussehen*
vera f *Rand, Saum* m ‖ ⟨Mal⟩ *Sockel* m ‖ ⟨reg⟩
rechte Seite f ‖ ◆ a la ~ de … ⟨bes. poet⟩ *neben*
‖ a la ~ del río *am Ufer des Flusses* ‖ a su ~
neben ihm (ihr) ‖ no se movió de mi ~ *er (sie,
es) wich nicht von m–r Seite*
veracidad f *Wahrhaftigkeit* f ‖ *Wahrheitsliebe* f
‖ *Richtigkeit* f *(Aussage)*
veracruzano adj/s *aus Veracruz* (Mex) ‖ *auf
Veracruz bezüglich*
veralca f Chi *Guanakofell* n *(als Decke od
Teppich)*
verana|da f ⟨Agr⟩ *Zeit* f *der Sommerweide* ‖
–dero m *Sommerweide* f
veranda f ⟨Arch⟩ *Veranda* f
verane|ante *(m/f) Sommerfrischler* m ‖ **–ar** vi
*in der Sommerfrische sein, den Sommer(Urlaub)
verbringen* ‖ ◇ ir a ~ *in die Sommerfrische
gehen* ‖ **–o** m *Sommer|aufenthalt* m, *-frische* f ‖
Sommerwohnung f ‖ ◇ estar de ~ *in der
Sommerfrische sein*
¹veranero adj Am → **veraniego**
²veranero m *Sommerweide* f
³veranero m Ec → **²pardillo**
vera|niego adj *sommerlich* ‖ *Sommer-* ‖ ⟨fig⟩
oberflächlich ‖ *unbedeutend* ‖ **–nillo** m dim von
–no ‖ *Nachsommer* m ‖ ~ de San Martín *Spät-,
Nach-, Altweiber|sommer* m ‖ **–nito** m Am: ~ de
San Juan *Spät-, Nach-, Altweiber|sommer* m ‖ **–no**
m *Sommer* m ‖ ~ indio *Spät-, Nach-,
Altweiber|sommer* m ‖ ◆ ¡de ~! ⟨pop⟩ *lass mich
in Ruhe!* ‖ en ~ *im Sommer* ‖ ◇ pasar como una
nube de ~ ⟨fig⟩ *rasch verfliegen (Leidenschaft,
Begeisterung usw.)* ‖ pasar el ~ *en el campo den
Sommer auf dem Land verbringen* ‖ ponerse de ~
s. sommerlich kleiden
veras fpl *Wahrh(aftigk)eit* f, *Ernst* m ‖ ◆ de ~
im Ernst, Scherz beiseite! ‖ *wirklich, in der Tat* ‖
ernsthaft ‖ *aufrichtig* ‖ ¿de ~? *ist es möglich?
tatsächlich? stimmt das auch?* ‖ de todas ~ *ganz
ernstlich* ‖ bueno de ~ *wirklich gut* ‖ un hombre
de ~ *ein ganzer Mann,* ⟨fam⟩ *ein ganzer Kerl* m
‖ entre burlas y ~ *halb im Ernst, halb im Scherz* ‖
→ **burla** ‖ ◇ tomar de ~ *ernst nehmen*
verascopio m ⟨Fot⟩ *Veraskop* n
veratro m ⟨Bot⟩ *Germer* m (Veratrum spp)
veraz [pl **–ces**] adj *(m/f) wahrheitsliebend* ‖
wahr ‖ ◇ era ~ *er (sie, es) hatte recht*
ver|ba f (fam) *Gesprächigkeit* f ‖
Geschwätzigkeit f ‖ ⟨pop⟩ *Mundwerk* n ‖ **–bal** adj
(m/f) mündlich ‖ *wörtlich* ‖ ⟨Gr⟩ *verbal, Verbal-,
Verb-* ‖ adj: **–mente** ⟨Gr⟩ *mündlich* ‖ **–balismo** m *Verbalismus* m
‖ *Vorherrschaft* f *des Wortes statt der Sache* (z. B.
im Unterricht) ‖ ⟨desp⟩ *Wortklauberei* f ‖ **–balista**
adj *(m/f) auf den Verbalismus bezüglich* ‖ *zum
Verbalismus neigend* ‖ ~ *m/f Verbalist(in* f) m ‖
⟨desp⟩ *Wortklauber(in* f) m ‖ **–balizar** vt *mit
Worten ausdrücken*

verbasco *m* ⟨Bot⟩ *Königskerze* f (→
gordolobo)
¹**verbena** *f* ⟨Bot⟩ *Verbene* f, *Eisenkraut* n
(Verbena spp)
²**verbena** *f* Span *Verbena* f *(Volksfest), Kirmes*
f ‖ p.ex *(Sommernachts)Ball* m ‖ ~ de la Paloma
typisches Volksfest in Madrid ‖ *bekannte Zarzuela
von Tomás Bretón (1850–1923)*
verbenáceas *fpl* ⟨Bot⟩ *Eisenkrautgewächse* npl
(Verbenaceae)
verbe|near *vi an e–r Verbena teilnehmen* ‖
⟨fig⟩ *schäkern* ‖ ⟨fig⟩ *wimmeln* ‖ ⟨fig⟩ *s. schnell
vermehren* ‖ **–nero** *adj auf die Verbena bezüglich*
    verberar *vt geißeln, peitschen* ‖ ⟨fig⟩ *peitschen
(Wellen, Wind)*
    verbigracia, ⟨lat⟩ **verbi gratia** adv/s *zum
Beispiel, z.B.*

    verbo *m Wort* n ‖ *Ausdruck* m ‖ ⟨Gr⟩
Tätigkeits-, Zeit|wort, Verb(um) n ‖ ~ *activo* → ~
transitivo ‖ ~ *auxiliar Hilfsverb* n ‖ ~ *defectivo
defektives Verb* n ‖ ~ *frecuentativo frequentatives
Verb* n ‖ ~ *impersonal unpersönliches Verb* n ‖ ~
intransitivo intransitives Verb n ‖ ~ *irregular
unregelmäßiges Verb* n ‖ ~ *modal Modalverb* n ‖
~ *pronominal* → ~ *reflexivo* ‖ ~ *recíproco
reziprokes Verb* n ‖ ~ *reflexivo rückbezügliches*
od *reflexives Verb* n ‖ ~ *regular regelmäßiges
Verb* n ‖ ◆ en un ~ ⟨reg⟩ *im Nu* ‖ ◇ echar ~s
⟨pop⟩ *fluchen*
    Verbo *m* ⟨Rel⟩: el ~ ⟨Rel⟩ *das Wort, der
Logos* ‖ *Jesus Christus* m ‖ el ~ *Divino das
göttliche Wort, das Gotteswort* ‖ *Jesus Christus* m
verbo|rragia, –rrea *f* ⟨fam⟩ *Wortschwall* m ‖
Geschwätzigkeit f ‖ **–sear** *vi* ⟨fam⟩ *schwätzen* ‖
–sidad *f Wortschwall* m ‖ *Geschwätzigkeit* f ‖ **–so**
adj wortreich ‖ *schwülstig* ‖ *geschwätzig,
schwatzhaft*
    verdá *f* ⟨pop⟩ → **verdad**
    verdad *f Wahrheit* f ‖ *Tatsache, Wirklichkeit* f ‖
Wahrheitsliebe f ‖ la ~ *desnuda die nackte* (od
ungeschminkte) Wahrheit ‖ ~ *de a folio lautere,
volle Wahrheit* f ‖ ~ *lisa y llana volle Wahrheit* f
‖ ~ a medias *Halbwahrheit* f ‖ ~ *de Perogrullo
Binsenwahrheit* f ‖ ~ *pura y limpia reine
Wahrheit* f ‖ ~ *seca nackte Wahrheit* f ‖ ~ *trivial*
→ ~ *de Perogrullo* ‖ ◆ a la ~ *in der Tat* ‖ *zwar* ‖
a decir ~, a la ~ *offen gestanden* ‖ *eigentlich* ‖
wahrhaftig ‖ conforme a la ~ *wahrheitsgemäß* ‖
contrario a la ~, ajeno de (la) ~ *wahrheitswidrig,
unwahr* ‖ de ~ *wahrhaftig, wirklich* ‖ *unverfälscht*
‖ *offen gestanden* ‖ *im Ernst, ernst gemeint* ‖ en
~ *wahrhaftig, wirklich* ‖ *wahrlich* ‖ *tatsächlich* ‖
in Wahrheit ‖ *zwar, wohl* ‖ si voy a decir la ~
wenn ich die Wahrheit sagen soll ‖ ◇ decir toda
la ~ *die volle Wahrheit sagen* ‖ (no) es ~ *es ist
(nicht) wahr* ‖ *das stimmt (nicht)* ‖ la ~, no lo
entiendo *ich verstehe es tatsächlich* od *wirklich
nicht; ehrlich gesagt, ich verstehe es nicht* ‖ es
una ~ *como un templo (figf) es ist e–e
unumstößliche Wahrheit* ‖ ¿(no es) ~? (pop ¿no
~?) *nicht wahr?* ‖ *ist es nicht so?* ‖ ~ *es que* ...
(od ~ que ...) *zwar, freilich* ‖ *wohl, allerdings* ‖
einerseits ‖ bien es ~ (od ~ es que) ... *pero* ...
zwar ..., *aber* ... ‖ faltar a la ~ *lügen* ‖ *no hay
una palabra de* ~ en ello *es ist kein wahres Wort
daran* ‖ ~es *fpl:* ~ *crueles bittere, unangenehme
Wahrheiten* fpl ‖ ~ *como puños,* ~ *evidentes*
⟨figf⟩ *handgreifliche Wahrheiten* ‖ ◇ decir (od
cantar) cuatro ~ (od las ~ *del barquero) a* alg.
⟨pop⟩ *jdm die Wahrheit ins Gesicht sagen* ‖ ⟨figf⟩
jdn herunterputzen ‖ ⟨figf⟩ *mit jdm Tacheles reden*
    verdade|ramente adv *wahrhaftig, in der Tat* ‖
offen gestanden ‖ **–ro** *adj wahr(haftig), wirklich,
tatsächlich* ‖ *echt* ‖ *wahrheitsliebend* ‖ el ~
motivo der eigentliche Grund ‖ ◇ es la verdad

~a *es ist die reinste Wahrheit* ‖ la sospecha
resultó ~a *der Verdacht hat s. bestätigt*
    verdagueri(a)no *adj auf den katalanischen
Dichter M.J. Verdaguer (1845–1902) bezüglich*
    verdal *adj (m/f) grünlich (Frucht und Pflanze)*
    verdas|ca *f Gerte, Rute* f ‖ **–cano** *m:* dar ~s a
alg. ⟨pop⟩ *jdn verprügeln*
    verde *adj (m/f) grün* ‖ *grün, unreif (Früchte,
Holz)* ‖ ⟨fig⟩ *jung, kräftig* ‖ ⟨fig⟩ *jung, unerfahren,
unreif* ‖ *herb (Most)* ‖ *frisch (Gemüse)* ‖ ⟨fig⟩
schlüpfrig, pikant (Wort, Rede) ‖ ⟨fig⟩ *geil,
wollüstig* ‖ los ~s años *die Jugend(zeit)* ‖ viejo ~
⟨fig⟩ *Lust|greis, -molch* m ‖ ◇ estar ~ *e–n
grünen Schimmer haben, ins Grüne spielen* ‖
unreif sein ‖ ⟨fig⟩ *jung, unerfahren sein* ‖ ¡están
~s! (fam) *die Trauben sind mir zu sauer!* ‖ *das
wird wohl kaum gehen! das ist e–e harte Nuss!*
*(Ansp. auf die Fabel „Der Fuchs und die
Trauben")* ‖ dagegen: ser ~ *grün sein, grüne
Farbe haben* ‖ poner ~ a alg. (figf) *jdm gehörig
den Kopf waschen, jdn herunterputzen, jdn zur
Schnecke* od ⟨vulg⟩ *zur Sau machen* ‖ ~ *m Grün*
n *(grüne Farbe)* ‖ *(das) Grüne, (die) Natur* ‖
Laub n ‖ ⟨Agr⟩ *Grüne(s), Grünfutter* n ‖ Sant Arg
Weide(land n) f ‖ Arg Ur *Mate* m ‖ ~ *aceituna
Olivgrün* n ‖ ~ *amarillo Gelbgrün* n ‖ ~
azul(ado) Blaugrün n ‖ ~ *botella flaschengrün* ‖
~ *cardenillo Giftgrün* n *(Grünspan)* ‖ ~ *claro
Hellgrün* n ‖ ~ *de cromo Chromgrün* n ‖ ~
esmeralda Smaragdgrün n ‖ ~ *malaquita
Malachitgrün* n ‖ ~ *mar See-, Meer|grün* n ‖ ~
(de) *montaña* ⟨Min⟩ *Berg-, Stein|grün* n *(alter
Name für lebhaft grüne erdige kupferhaltige
Mineralien)* ‖ ~ *musgo Moosgrün* n ‖ ~ *oliva
Olivgrün* n ‖ ~ *oscuro Dunkelgrün* n ‖ ~ *de
Schweinfurt Schweinfurter Grün, Uraniagrün* n ‖
~ *sólido Echtgrün* n ‖ ◆ en ~ *noch grün, jung
(Saat)* ‖ *roh (Haut)* ‖ consumo en ~ *Verbrauch* m
als Obst (z.B. *von Weintrauben)* ‖ ◇ darse un ~
⟨pop⟩ *einmal ausspannen, einmal verschnaufen* ‖
pintar de ~ *grün anstreichen*
    verde|ar *vi ins Grüne spielen* ‖ *(er)grünen,
sprießen (Saaten, Felder)* ‖ ~ *vt (für den Handel)
pflücken (Trauben, Oliven)* ‖ **–azul** *adj (m/f)
blaugrün* ‖ **–celedón** *adj blassgrün* ‖ **–cer** [-zc-] *vi
grünen*
    verdecillo *m* ⟨V⟩ *Girlitz* m (Serinus serinus)
    verdegambre *m* ⟨Bot⟩ *Weißer Germer* m
(Veratrum album)
    verde|gay *adj hell-, papagaien|grün* ‖ **–guear**
vi → **verdear** ‖ **–jo** *adj grünlich* ‖ **–mar** *adj (m/f)
meergrün* ‖ **–oscuro** *adj dunkelgrün*
    verde|rol, -rón *m* ⟨V⟩ *Grün|ling, -fink* m
(Carduelis chloris) ‖ ~ *serrano* ⟨V⟩
Zitronen|zeisig, -girlitz m (Serinus citrinella)
    verde|te *m Grünspan, Kupferrost* m ‖ ⟨Mal⟩
Spangrün n ‖ ◇ criar ~ *Grünspan ansetzen* ‖
–zuelo *adj dim von* **verde** ‖ *grünlich* ‖ ~ m ⟨V⟩
→ **–cillo**
    verdi|azul *adj (m/f) blaugrün* ‖ **–claro** *adj
hellgrün* ‖ **–moreno, –negro, –oscuro** *adj
dunkelgrün*
    ver|dín *m grünlicher Schimmer* m *auf
sprießenden Pflanzen* ‖ *erstes zartes Grün* n ‖
Grünspan n ‖ *Wasserfäden* mpl *in stehenden
Gewässern* ‖ *Mauerschimmel* m ‖ *Moosbezug* m
    verdipardo *adj braungrün*
    verdolaga *f* ⟨Bot⟩ *Portulak* m (Portulaca)
¹**verdón** *m* ⟨V⟩ → **verderol**
△ ²**verdón** *m Saatfeld* n
    verdor *m (Pflanzen)Grün* n ‖ ⟨fig⟩
(Jugend)Kraft f
¹**verdoso** *adj grünlich* ‖ gris ~ *graugrün*
△ ²**verdoso** *m Feige* f
    verdoyo *m* → **verdín**

verdugada f ⟨Arch⟩ → ³verdugo
¹verdugo m Reis n, Schössling, Trieb m
²verdugo m Rute f, Gerte f ‖ Peitsche, Geißel f
‖ Peitschenhieb m ‖ (Peitschen)Strieme f ‖ ⟨fig⟩
Henker, Scharfrichter m
³verdugo m ⟨Arch⟩ Ziegelreihe f (zwischen
anderem Mauerwerk)
⁴verdugo m ⟨V⟩ → alcaudón
verdugón m augm von ¹verdugo ‖
(Peitschen)Strieme f ‖ ⟨fig⟩ Riss m in der
Kleidung
¹verduguillo m dim von ¹verdugo
²verduguillo m (Hohl)Leiste f ‖ schmales
Rasiermesser n ‖ Ohrring m ‖ ⟨El⟩
Regulationsring m (e–r Bogenlampe)
verdule|ra f Gemüse|frau, -händlerin f ‖
Marktfrau f ‖ ⟨figf⟩ Marktweib n ‖ **–ría** f Obst-
und Gemüsegeschäft n ‖ ⟨fig⟩ Anzüglichkeit f ‖
Schlüpfrigkeit f
Ver|dún m [Stadt] Verdun n ‖ **=dunense** adj
(m/f) aus Verdun ‖ auf Verdun bezüglich
verdunización f Wasserreinigung f durch
Chloren
verdura f Grün n ‖ Laub n, Belaubung f ‖
Gemüse, Grünzeug n ‖ Suppenkraut n ‖ ⟨Mal⟩
Verdure f (Gobelin) ‖ ⟨figf⟩ Anstößigkeit,
Schlüpfrigkeit f ‖ ⟨fig⟩ Pikanterie f ‖ ⟨fig⟩
Obszönität f
ver|dusco, –duzco adj grünlich
verecun|dia f ⟨lit⟩ Schamhaftigkeit, Scheu f ‖
–do adj schamhaft
vereda f Pfad, Fußweg m ‖ Neben-, Seiten|weg
m ‖ Schneise f ‖ Viehtrift f (Weideweg der
Wanderherden) ‖ SAm Bürgersteig m ‖ ◇ hacer
entrar en ~ a alg., meter en ~ a alg. (figf) jdn
auf den rechten Weg bringen, jdn zur Erfüllung
s–r Pflichten anhalten
veredicto m ⟨Jur⟩ Spruch m (der
Geschworenen), Verdikt n (& fig) ‖ ⟨fig⟩ Urteil n,
Meinung f ‖ ~ de inculpabilidad Freispruch m ‖
◇ dar od pronunciar el ~ das Urteil fällen
¹verga f ⟨Mar⟩ Rahe, Segelstange f
²verga f männliches Glied n ‖ Rute f
³verga f Bogen m der Armbrust
vergajo m Ochsenziemer m ‖ Rute f
vergé adj papel ~ Vergépapier, geripptes
Papier n
vergel m Blumen-, Obst-, Haus|garten m
vergencia f ⟨Geol Opt⟩ Vergenz f
vergeteado adj ⟨Her⟩ mit mehrfachen Fäden
vergon|zante adj (m/f) schamhaft, verschämt ‖
Am verschämt ‖ Pe ruiniert, verarmt
vergonzosa f ⟨Bot⟩ Mimose, Schamhafte
Sinnpflanze f (Mimosa pudica)
¹vergonzoso adj beschämend ‖ schändlich,
schimpflich ‖ schamhaft, verlegen ‖ ~ de … s.
schämend, beschämt über … (acc) ‖ ~ m
Schüchterne(r) m
²vergonzoso m ⟨Zool⟩ ⟨Art⟩ Gürteltier n
¹vergüenza f Scham(haftigkeit) f ‖
Beschämung f ‖ Verschämtheit, Schüchternheit,
Zaghaftigkeit f ‖ Schande, Schmach f ‖ Schimpf m
‖ Schandfleck m ‖ Schandpfahl, Pranger m ‖ ~
para la civilización Kulturschande f ‖ ◆ sin ~
schamlos, unverschämt, → auch **sinvergüenza** ‖
◇ me da ~ su conducta ich schäme mich für sein
(ihr) Benehmen ‖ ¡da ~! es ist beschämend! ‖ es
una ~ es ist e–e Schande ‖ perder la ~ od die
Schüchternheit ablegen ‖ rücksichtslos vorgehen ‖
unverschämt, dreist werden ‖ sacar a la ~ an den
Pranger stellen ‖ tener ~ s. schämen ‖
schüchtern sein ‖ tener ~ torera Standesgefühl
haben (Stierkämpfer) ‖ no tener ~
unverschämt, schamlos sein ‖ las ~s die
Schamteile pl

△ **²vergüenza** f (Frauen)Haube f
vergueta f (Reit)Gerte f
vericueto m steiniger, bergiger, unwegsamer
Weg m
verídico adj wahr(haft) ‖ wahrheitsliebend ‖ ◇
ser ~ der Wahrheit entsprechen
verifi|cación f (Nach-, Über)Prüfung,
Kontrolle f ‖ Be|stätigung, -wahrheitung f ‖ Aus-,
Voll-, Durch|führung, Verwirklichung f ‖ Be-,
Nach|weis m, Feststellung f ‖ ~ de cuentas
Rechnungsprüfung f ‖ ~ de pabellón Feststellung
f der Nationalität (e–s Schiffes) ‖ ~ del poder
Prüfung f der Vollmacht ‖ **–cador** m Prüfer (&
Gerät), Kontrolleur, Aufseher m ‖ ~ de
contadores Zählerprüfer, Kontrolleur m für
(Gas)Uhren usw. ‖ ~ de interrupciones ⟨Tel⟩
Störungssucher m ‖ ~ de presión de aire ⟨Auto⟩
Luftdruckprüfer m ‖ ~ de alta tensión
Hochspannungsprüfer m ‖ **–car** [c/qu] vt (nach-,
über)prüfen, kontrollieren, untersuchen ‖
be|stätigen, -urkunden, -glaubigen ‖ bewähren ‖
dartun, beweisen, feststellen ‖ aus-, voll-,
durch|führen, verwirklichen ‖ zustande (& zu
Stande) bringen ‖ abhalten (Sitzung) ‖ ◇ ~ un
adelantamiento ⟨Auto⟩ überholen ‖ ~ al azar e–e
Stichprobe machen ‖ ~ pronto la entrega ⟨Com⟩
bald liefern ‖ ~ la firma die Unterschrift prüfen ‖
~ el pago die Zahlung vornehmen, zahlen ‖ ~se
zustande (& zu Stande) kommen, erfolgen,
stattfinden ‖ abgehalten werden (Sitzung) ‖ s.
bewahrheiten ‖ nachgewiesen od bestätigt werden
‖ **–cativo** adj be|stätigend, -urkundend ‖
beweisend
verija f Schamgegend f ‖ Am Weichen fpl (des
Pferdes)
verijón adj Mex faul, träge
veril m ⟨Mar⟩ Rand m e–r Untiefe ‖ **–ear** m
⟨Mar⟩ an e–r Untiefe entlangfahren
verin|go adj Col nackt ‖ **–guearse** vr s. (ganz)
ausziehen od entkleiden
verisímil adj (m/f) → verosímil
veris|mo m [Kunst Lit] Verismus m ‖ **–ta** adj
(m/f) veristisch ‖ ~ m/f Verist(in f) m
verja f (Eisen)Gitter, Gatter n ‖ Gatter|tor n,
-tür f ‖ Zaun|tür f, -gitter n ‖ Fenstergitter n
verjel m → vergel
verlainiano, verleniano adj auf den franz.
Dichter Paul Verlaine (1844–1896) bezüglich
verme m Wurm m ‖ ~s intestinales
Eingeweidewürmer mpl
vermeil m [Kunst] Vermeil n
ver|micida adj (m/f) ⟨Med⟩ wurm|abtreibend,
-tötend, vermizid ‖ ~ m Wurmmittel n ‖ **–micular**
adj (m/f) wurmartig, Wurm- ‖ **–mículo** m
Würmchen n ‖ **–miforme** adj (m/f) wurmförmig ‖
–mífugo adj wurmabtreibend, vermifug ‖ ~ m
Wurmmittel n
vermú [pl ~s], **vermut** [pl -mús] m
Wermut(wein) m
vernáculo adj einheimisch ‖ ⟨fig⟩ von lokaler
Bedeutung ‖ einheimisch (& Sprache)
vernal adj (m/f) Frühlings- ‖ **–ización** f
Kältebehandlung, Vernalisation f ‖ **–izar** [z/c] vt
⟨bes. Agr⟩ vernalisieren
vernier m ⟨Math Tech⟩ Nonius, Vernier m
vernissage m Vernissage f
vero m Feh-, Zobel|pelz m ‖ ⟨Her⟩ Eisenhutfeh
n ‖ Hermelin m
vero|nense (od **–nés**) adj (m/f) aus Verona ‖
veronesisch ‖ ~ m/f Veroneser(in f) m
¹verónica f das Schweißtuch Christi ‖ ⟨Taur⟩
rotes Tuch n (des Stierkämpfers) ‖ Chi schwarzes
Umhängetuch n (der Frauen) ‖ ◇ dar una ~ →
veroniquear
²verónica f ⟨Bot⟩ Ehrenpreis m (Veronica spp)

veroniquear vt ⟨Taur⟩ *(dem Stier) das rote Tuch nach e–r bestimmten Vorschrift vorhalten* **vero|símil** adj *(m/f) wahrscheinlich* ‖ *glaub|haft, -würdig* ‖ adv: ~**mente** ‖ –**similitud** *f Wahrscheinlichkeit* f
¹verraco adj Pe *blond(haarig) und mit blauen Augen*
²verra|co *m Eber, Keiler* m ‖ *Col Widder* m ‖ Arg *(Art) Wollhase* m ‖ –**quear** vi ⟨figf⟩ *grunzen, knurren, murren* ‖ ⟨figf⟩ *heulen, plärren (Kinder)* ‖ –**quera** *f Wutgeheul, Geplärr* n *(Kinder)* ‖ Cu *Rausch, Schwips* m
verrion|dez [*pl* ~**ces**] *f Brunst(zeit)* f ‖ –**do** adj *brünstig (Eber)* ‖ *welk (Gemüse)* ‖ *halb gar (Gemüse)*
verrón *m* → **²verraco**
verrucoso adj ⟨Wiss Med⟩ *warzenförmig, verrukös* ‖ *warzig*
verruga *f Warze* f ‖ ⟨figf⟩ *lästige Person,* ⟨pop⟩ *Wanze* f ‖ ~ *de corcho* ⟨Bot⟩ *Korkwarze* f
verrugo *m* ⟨fam⟩ *Geizhals* m
verrugoso adj *warz(enart)ig*
△ **verruguetear** vt/i ⟨Kart⟩ *mogeln*
vers. ⟨Abk⟩ = **versículo**
versado adj *be|wandert, -schlagen, geübt, erfahren, versiert* ‖ *eingeweiht* (en *in* acc) ‖ ~ en *la pintura geübt im Malen* ‖ ~ en *las lenguas sprachgewandt* ‖ ◇ *estar* ~ en ... *bewandert sein in* ...
ver|sal adj *(m/f): (letra)* ~ ⟨Typ⟩ *Groß-, Versal|buchstabe* m ‖ –**salilla, –salita** *f/*adj *Versal* m [*pl -ien*] ‖ *(in runden Schriften) Kapitälchen* n
Versa|lles *m* [Stadt] *Versailles* n ‖ ⁼**llesco** adj *auf Versailles bezüglich* ‖ ⟨fig⟩ *(übertrieben) höflich, galant* ‖ *geziert*
versar vt/i *(herum)drehen* ‖ *studieren, (e–n Lehrgang) mitmachen* ‖ *obwalten* ‖ ◇ ~ *sobre (od acerca de) a/c handeln von* ‖ *conferencia que versará sobre el tema* ... *Vortrag über* ... ‖ ~**se** *s. üben* (en *in* dat)
ver|sátil adj *(m/f) drehbar* ‖ *Mehrzweck-* ‖ ⟨fig⟩ *wankelmütig* ‖ ⟨fig⟩ *versatil* ‖ –**satilidad** *f Wankelmut* m, *Unbeständigkeit, Sprunghaftigkeit* f ‖ *Vielseitigkeit* f *(bes. Tech)*
ver|sear vi ⟨desp⟩ *Verse schmieden* ‖ –**secillo** *m dim von* **verso**
versicolor adj *(m/f) bunt(farbig)*
versículo *m Bibelspruch* m ‖ *Gesangbuchvers* m
versifi|cación *f Versbau* m ‖ *Verskunst* f ‖ *Übertragung* f *in Versen* ‖ –**cador** *m Versemacher, Verskünstler,* ⟨fam⟩ *Reimschmied* m ‖ –**car** [c/qu] vt/i *in Verse bringen* ‖ *Verse machen* ‖ *reimen, dichten*
¹versión *f Über|setzung, -tragung* f *(bes. aus e–r Fremdsprache)* ‖ *Version, Fassung* f ‖ *Darstellung* f ‖ *Auffassung* f ‖ *Lesart* f ‖ ~ *cinematográfica Verfilmung, Filmbearbeitung* f *(z. B. e–s literarischen Werkes)* ‖ ⟨Inform⟩ *Version* f ‖ ◆ *(en)* ~ *original con subtítulos* ⟨Film⟩ *(in) Originalfassung mit Untertiteln*
²versión *f* ⟨Med⟩ *Wendung* f *(in der Geburtshilfe)*
versista *m/f Verskünstler(in* f) m, ⟨fam⟩ *Reimschmied* m ‖ *Gelegenheitsdichter* m
¹verso *m Vers* m ‖ *Gedicht* n ‖ *Bibel|vers, -spruch* m ‖ ~ *acataléctico akatalektischer Vers* m ‖ ~ *adónico adonischer Vers* m ‖ ~ *agudo,* m *llano männlicher, weiblicher Vers* m ‖ ~ *alejandrino Alexandriner* m ‖ ~ *asclepiadeo mayor Asclepiadeus maior* m ‖ ~ *blanco Blankvers* m ‖ *freier Vers* m ‖ ~ *burlesco Knittel-, Knüttel|vers* m ‖ ~ *cataléctico katalektischer Vers* m ‖ ~ *cojo hinkender Vers* m ‖ ~ *dactílico daktylischer Vers* m ‖ ~ *encadenado Kettenvers* m

‖ ~ *esdrújulo daktylisch endender Vers* m ‖ ~ *espondaico spondeischer Vers* m ‖ ~ *libre reimloser, freier Vers* m ‖ *Blankvers* m ‖ *Knittel-, Knüttel|vers* m ‖ ~**s** *pareados Verspaare* npl ‖ ~ *quebrado Halbvers* m ‖ ~ *sáfico sapphischer Vers* m ‖ ~**suelto** → ~ *libre* ‖ ~ *trocaico trochäischer Vers* m, *Trochäus* m ‖ ~ *yámbico jambischer Vers* m ‖ ◆ *en* ~ *in Gedichtform* ‖ *arte de hacer* ~**s** *Verskunst* f ‖ ◇ *el* ~ *corre der Vers ist fließend*
²verso *m/*adj *Verso* n, *Rückseite* f *e–s Blattes* ‖ ⟨Typ⟩ *gerade (linke) Seite* f ‖ ◇ *véase al* ~ *siehe Rückseite, bitte wenden*
³verso *m* ⟨Mil Hist⟩ *Feldschlange* f *(Geschütz)*
versolari *m* Ar Bask *improvisierender Dichter* m
versta *f (russische) Werst* f *(1067 Meter)*
vértebra *f* ⟨An⟩ *Wirbel* m ‖ ~ *cervical Halswirbel* m ‖ ~ *dorsal Brustwirbel* m ‖ ~ *lumbar Lendenwirbel* m
verte|brados *mpl* ⟨Zool⟩ *Wirbeltiere* npl *(Vertebrata)* ‖ –**bral** adj ⟨An⟩ *Wirbel-*
vertedera *f* ⟨Agr⟩ *Streichbrett* n *am Pflug*
verte|dero *m Müll-, Schutt|abladeplatz* m, *(Müll)Deponie* f ‖ *Müllgrube* f ‖ *Müllkasten* m ‖ *Ablaufrinne* f ‖ *Über|lauf, -fall* m *(an e–m Wehr)* ‖ –**dor** *m Ablauf-, Abzugs|rinne* f ‖ ⟨Mar⟩ *Wasserschaufel* f
¹verter [-ie-] vt/i *(aus)gießen, ausschütten* ‖ *(ein)gießen, ein|schütten, -füllen* ‖ *ausstreuen* ‖ *auskippen* ‖ *abladen* ‖ *ver|gießen, -schütten* ‖ *abgießen* ‖ *herunter-, hinab|fließen* ‖ *s. ergießen, münden* (en *in* acc) ‖ ◇ ~ *salud* ⟨figf⟩ *vor Gesundheit strotzen* ‖ ~ *sangre Blut vergießen* ‖ *el sol vierte llamas* ⟨fig⟩ *die Sonne brennt glühend heiß* ‖ ~ *al suelo auf den Boden schütten, gießen* ‖ ~**se** *aus|fließen, -laufen*
²verter [-ie-] vt *über|setzen, (in e–e andere Sprache) -tragen* ‖ ~ *al od en francés ins Französische über|setzen od -tragen*
vertible adj *(m/f)* ⟨fig⟩ *unbeständig* ‖ *veränderlich*
vertical adj/s *(m/f) senk-, lot|recht, vertikal* ‖ *(línea)* ~ *Senk-, Lot|rechte, Vertikale* f *(recta)* ~ *senkrechte Gerade* f ‖ ◆ *en sentido od en posición* ~ *senkrecht* ‖ ~ *f Senk-, Lot|rechte, Vertikale* f ‖ ⟨Astr⟩ *Vertikal(kreis)* m ‖ –**idad** *f senkrechte Stellung* f *(bzw Richtung* f) ‖ *lotrechter Verlauf* m
vértice *m Scheitel, (Kopf)Wirbel* m ‖ ⟨Math⟩ *Scheitel(punkt)* m ‖ ⟨An⟩ *Spitze* f ‖ ⟨fig⟩ *Höhepunkt* m ‖ ~ *del pulmón* ⟨An⟩ *Lungenspitze* f
verticidad *f Beweglichkeit, Drehbarkeit* f
vertido *m Ab|lassen, -senken, Entleeren* n ‖ ~**s** *mpl Abfallstoffe* mpl, *Abfallprodukte* npl ‖ ~ *industriales Industrieabfälle* mpl
vertiente adj *(m/f) herabströmend (Wasser)* ‖ ~ *f Dachneigung, Abdachung* f ‖ *Abfall* m *(e–s Gebirges)* ‖ *Gefälle* n, *(Berg)Abhang, Hang* m ‖ Am *Quelle* f ‖ ⟨fig⟩ *Aspekt* m, *Facette* f
vertiginoso adj *schwindelerregend (& fig)* ‖ *schwind(e)lig* ‖ ◆ *con* ~**a** *rapidez mit rasender od atemberaubender Schnelligkeit, rasend schnell*
vértigo *m Schwindel, Taumel,* ⟨fam⟩ *Dusel* m ‖ *Koller* m *(der Pferde)* ‖ ⟨fig⟩ *Taumel, Rausch* m ‖ ◆ *de* ~ ⟨fig⟩ *rasend (Geschwindigkeit)* ‖ *atemberaubend* ‖ ◇ *causar* ~**s** *Schwindel erregen* ‖ *padecer* ~**s** *Schwindelanfälle bekommen* ‖ *tengo* ~**s** *mir schwindelt*
vertimiento *m Aus|gießen, -schütten* n ‖ *Ver|gießen, -schütten* n ‖ *Ergießen* n
vesania *f Sinnesstörung* f, *Irrsinn* m
vesánico adj/s *irrsinnig*
vesi|cación *f* ⟨Med⟩ *Blasenbildung* f ‖ –**cal** adj *(m/f)* ⟨An⟩ *Blasen-* ‖ –**cante** adj/s *(m/f)* ⟨Med⟩ *blasenziehend (Mittel)* ‖ ~ *m Vesikatorium* n

vesícula f ⟨An Med⟩ *Bläschen* n, *Blase* f ‖ ~ biliar *Gallenblase* f ‖ ~ germinativa *Keimbläschen* n ‖ ~s seminales *Samenbläschen* npl
vesita f ⟨pop⟩ → **visita**
vespasiano m Arg Chi *Pissoir* n ‖ Pe *Nachtstuhl* m
vespertilio m ⟨Zool⟩ *Zweifarbige Fledermaus* f (Vespertilio murinus) ‖ p.ex → **murciélago** ‖ **–liónidos** mpl ⟨Zool⟩ *Glattnasen* fpl (Vespertilionidae)
△ **¹vespertina** f *Straßendirne, Hure* f
²vespertina f Am *Abendvorstellung* f
¹vespertino adj *abendlich, Abend-*
△ **²vespertino** m *Nachtschwärmer, Bummler* m
véspidos mpl ⟨Ins⟩ *Faltenwespen* fpl (Vespidae) (→ **avispa**)
Vespucio: Américo ~ ⟨Hist⟩ *Amerigo Vespucci (1451–1512)*
vestal adj *(m/f)* ⟨Myth⟩ *die Göttin Vesta betreffend* ‖ ~ f *Vestalin* f
veste f ⟨poet⟩ *Kleidung* f, *Kleid* n
Vestfalia f ⟨Geogr⟩ *Westfalen* n ‖ ≈**faliano** adj *westfälisch* ‖ ~ m *Westfale* m
vestíbulo m *Vorhalle* f ‖ *Hausflur* m ‖ *Diele* f, *Flur* m ‖ ⟨Th⟩ *Foyer* n ‖ *Empfangshalle* f ‖ ⟨An⟩ *Vorhof* m (z.B. *des Ohres*) ‖ *Warteraum* m *(Arztpraxis)* ‖ ~ de la estación *Bahnhofsvorhalle* f
¹vestido adj *(an)ge-, be\kleidet* ‖ ~ de luto *in Trauerkleidung* ‖ ~ de musgo ⟨fig⟩ *moosbedeckt* ‖ ~ de negro *schwarz gekleidet, in schwarzem Anzug* ‖ bien ~ *gut gekleidet, gut angezogen* ‖ ◇ irse al cielo ~ y calzado *bestimmt od geradewegs in den Himmel kommen*
²vestido m *Kleid* n ‖ *Damenkleid* n ‖ *Kleidung* f ‖ *Gewand* n ‖ ~ de calle *Straßenkleid* n ‖ ~ de casa, ~ de cada día *Haus-* n, *Alltags\kleid* n ‖ ~ de caza *camisero Hemdblusenkleid* n ‖ ~ de caza *Jagdanzug* m ‖ ~ ceñido *eng anliegendes Kleid* n ‖ ~ de ceremonia *Amts- bzw Fest\tracht* f ‖ ~ cerrado *(hoch)geschlossenes Kleid* n ‖ ~ de cóctel *Cocktailkleid* n ‖ ~ corto *kurzes Kleid* n ‖ ~ de cumplido *langes, weites Kleid* n ‖ ~ de domingo, ~ dominguero *Sonntagskleid* n ‖ ~ de entretiempo *Übergangskleid* n ‖ ~ escotado *dekolletiertes Kleid* n ‖ ~ de media estación Am → ~ de entretiempo ‖ ~ de etiqueta *Gesellschaftsanzug* m ‖ ~ de fiesta *Fest-, Sonntags\kleid* n ‖ ~ de gala *Fest-, Gala\kleid* n ‖ ~ de invierno *Winterkleid* n ‖ ~ largo *langes Kleid* n ‖ ~ lavable *Waschkleid* n ‖ ~ de lentejuelas *Paillettenkleid* n ‖ ~ de novia, ~ nupcial *Brautkleid* n ‖ ~ de paisano *Zivilkleidung* f ‖ ~ playero *Strandkleid* n ‖ ~ premamá *Umstandskleid* n ‖ ~ princesa *Prinzesskleid* n ‖ ~ de señora *Damenkleid* n ‖ ~ serio → ~ de etiqueta ‖ ~ de medio tiempo → ~ de entretiempo ‖ ~ de verano *Sommerkleid* n ‖ ◇ encargar od hacerse un ~ *s. ein Kleid machen lassen* ‖ llevar ~ largo (corto) *ein langes (kurzes) Kleid tragen* ‖ los ~s dan honor ⟨Spr⟩ *Kleider machen Leute* ‖ **–dora** f a) *Ankleidespiegel* m ‖ b) *Leichenfrau* f ‖ **–dura** f *Gewand* n ‖ ~s litúrgicas, ~s sacras od sagradas *liturgische Gewänder* npl ‖ ~s sacerdotales *Priestergewänder* npl
vestigio m *Spur, Fährte* f ‖ ⟨fig⟩ *Spur* f, *Anzeichen* n ‖ ◇ sin dejar ~ *spurlos*
vestiglo m *Scheusal, Gespenst* n ‖ *Monster* n
vestimenta f *Kleidung* f ‖ *Gewandung* f ‖ ~s (sacerdotales) *Priestergewänder* npl ‖ ⟨joc⟩ *geschmacklose Kleidung* f, *Aufzug* m
¹vestir [-i-] vt *(an-, be-, ein)kleiden* ‖ *anziehen* ‖ *anhaben, tragen (Kleid)* ‖ *verkleiden, schmücken* (z.B. *mit Teppichen*) ‖ *beziehen* (z.B. *Sessel*) ‖

⟨Arch⟩ *verkleiden* ‖ *(für jdn) arbeiten (Schneider)* ‖ ⟨fig⟩ *bemänteln, ver\brämen, -hüllen, -schleiern* ‖ ⟨fig⟩ *beschönigen* ‖ ◇ ~ el altar *den Altar schmücken* ‖ ~ el hábito (sacerdotal) *Priester sein* ‖ ~ el rostro de severidad *e–e strenge Miene aufsetzen* ‖ me viste un buen sastre *ich habe e–n guten Schneider* ‖ eso le viste ante los demás *das gibt ihm Ansehen bei den anderen* ‖ quedar(se) para ~ imágenes od santos ⟨figf⟩ *e–e alte Jungfer werden, sitzen bleiben* ‖ vísteme despacio, que tengo prisa ⟨Spr⟩ *eile mit Weile!* ‖ ~ vi *s. kleiden* ‖ (gut) kleiden, stehen ‖ ◇ ~ de blanco *s. weiß kleiden* ‖ ~ de corto *kurze Kleider tragen, kurz tragen* ‖ ~ de máscara *ein Maskenkostüm anhaben, kostümiert gehen* ‖ ~ a la moda *s. nach der Mode kleiden* ‖ ~ de paisano *Zivilkleidung tragen, in Zivil gehen* ‖ ~ de uniforme *Uniform tragen* ‖ el color negro viste mucho *Schwarz kleidet sehr gut* ‖ de mucho ~ *sehr kleidsam* ‖ Juan viste bien *Hans kleidet s. gut* ‖ el mismo que viste y calza ⟨pop⟩ *eben der, er selbst, kein anderer*
~se *s. anziehen, s. (an)kleiden* ‖ *s. überziehen, s. bedecken* (de *mit*) ‖ ◇ ~ a la moda *s. nach der Mode kleiden* ‖ ~ con lo ajeno ⟨fig⟩ *s. mit fremden Federn schmücken* ‖ se viste con la mejor modista *sie lässt ihre Kleider bei der besten Schneiderin arbeiten* ‖ ~ de la autoridad *s. ein Ansehen geben* ‖ e–e *Amtsmiene aufsetzen* ‖ el cielo se vistió de nubes *der Himmel hat s. mit Wolken überzogen*
²vestir m *Kleidung* f ‖ gusto en el ~ *Geschmack* m *im Anziehen* ‖ **–tón** m *Jacke* f *(des Anzugs)* ‖ **–tuario** m *Kleidung* f, *Kleidungsstücke* npl ‖ *Ankleidezimmer* n ‖ *Umkleidekabine* (& Sp), *Garderobe* f ‖ *(Künstler)Garderobe* f ‖ *Kleiderkammer* f (& Mil) ‖ ⟨Th⟩ *Kostüme* npl, *Ausstattung* f, *Kostümfundus* m\
Vesubio m ⟨Geogr⟩ *Vesuv* m
¹veta f *Maser, Faser* f *(im Holz)* ‖ *Ader* f *(im Marmor)* ‖ ⟨Bgb⟩ *Gang* m, *Flöz* n, *Erzader* f ‖ *Erdschicht* f ‖ *(bunter) Streifen* m *(im Stoff)* ‖ ~ de magro en el tocino *Streifen* m *mageren Specks im fetten Speck*
△ **²veta** f: tirar de ~ *bumsen, vögeln, ficken*
vetar vt *sein Veto einlegen (gegen)*
vete → **ir(s)e**
veteado adj *geädert* ‖ *marmoriert* ‖ *ge\masert, -fasert (Holz)* ‖ ~ de sangre ⟨fig⟩ *blutunterlaufen (Augen)* ‖ **–ar** vt *masern* ‖ *marmorieren*
veteranía f *Veteranenschaft* f ‖ ⟨fig⟩ *Erfahrenheit* f ‖ **–rano** adj/s *altgedient* ‖ ~ m *ausgedienter Soldat, Veteran* m ‖ *Kriegsteilnehmer* m ‖ ⟨Auto⟩ *Oldtimer* m, ⟨fam⟩ *Schnauferl* m ‖ ⟨fig⟩ *erfahrener Mensch*, ⟨fam⟩ *alter Hase* m ‖ ~ del servicio *im Dienst Ergraute(r)* m
veterinaria f *Veterinär-, Tier\medizin, Tierheilkunde* f ‖ **–nario** m/adj *Tierarzt, Veterinär* m
veto m *Veto* n, *Einspruch(srecht* n) m ‖ ◇ poner el ~ a algo *gegen et. Einspruch erheben,* (bes. Pol) *sein Veto gegen et. einlegen* (& allg)
vetustez [pl ~ces] f *(Greisen)Alter* n ‖ **–to** adj *alt(ertümlich)* ‖ *sehr alt, gebrechlich*
vez [pl ~ces] f *Mal* n ‖ *Reihe(nfolge)* f ‖ *Wechsel* m, *Abwechslung* f ‖ → **vecera** ‖ ♦ a la ~ *auf einmal, zugleich, gleichzeitig* ‖ todos a la ~ (od de una ~) *alle auf einmal, alle zugleich* ‖ largo a la ~ que aburrido *lang und dabei langweilig* (z.B. *Buch*) ‖ a su ~ *seinerseits* ‖ *für s.* ‖ in *s–r Art* ‖ yo a mi ~ *ich meinerseits* ‖ alguna ~ *manchmal, bisweilen* ‖ alguna que otra ~ *das e–e oder andere Mal* ‖ ab und zu, hin und wieder ‖ *gelegentlich, bisweilen* ‖ cada ~

jedesmal, allemal ‖ cada ~ más *immer mehr* ‖ cada ~ menos *immer weniger* ‖ cada ~ que … *jedesmal, wenn* … ‖ *so oft, als* … ‖ cada ~ peor *immer schlimmer; je länger, je schlimmer* ‖ de una ~ *auf einmal* ‖ *einmalig* ‖ *mit einemmal* ‖ *zugleich* ‖ de una ~ (para siempre), una ~ por todas *ein für allemal* ‖ de ~ en cuando *hin und wieder, gelegentlich* ‖ en ~ de *(an)statt, anstelle von* ‖ en ~ de callar *statt zu schweigen* ‖ esta ~ *diesmal* ‖ de esta ~ *diesmalig* ‖ ninguna ~ *in k–m Fall, nie* ‖ otra ~ *noch-, aber|mals, noch einmal* ‖ *ein andermal* ‖ *wieder* ‖ la otra ~ *das vorige Mal, neulich* ‖ *damals* ‖ ¡no y otra ~ no! ⟨pop⟩ *nein und nochmals nein!* ‖ por ~ *der Reihe nach* ‖ por primera ~, por ~ primera *das erste Mal, zum ersten Mal* ‖ por enésima ~ *zum x-ten Mal* ‖ rara ~ *selten, kaum* ‖ tal ~ *vielleicht, etwa* ‖ *wahrscheinlich* ‖ *wohl* ‖ tal cual ~ *selten, kaum* ‖ todo de una ~ *alles auf einmal* … ‖ una ~ *einmal* ‖ *irgendwann* ‖ una ~ más *noch einmal* ‖ *wieder* ‖ una ~ que … ⟨fam⟩ ⟨mit inch⟩ *da, demnach, weil* ‖ ⟨mit subj⟩ *sobald* ‖ *wenn erst einmal* ‖ una y otra ~ *wiederholt, mehrmals* ‖ una ~ para siempre *ein für alle Mal* ‖ una que otra ~, una ~ que otra *ab und zu, manchmal* ‖ una ~ u otra *irgendwann* ‖ *einmal* ‖ la única ~ *das einzige Mal*

◇ para decirlo todo de una ~ ⟨pop⟩ *kurz und gut* ‖ es mi ~ *die Reihe ist an mir, jetzt bin ich an der Reihe,* ⟨fam⟩ *ich bin dran* ‖ érase una ~, una ~ había *es war einmal (Anfangsformel der Märchen)* ‖ ~ hubo en que no comió nada *einmal hatte er (sie, es) nichts gegessen* ‖ le llegó la ~ (de cantar) *er (sie, es) war an der Reihe (zu singen)* ‖ pedir la ~ *die Reihennummer verlangen (bei großem Andrang)* ‖ quitar la ~ al delantero *den Platz s–s Vordermannes einnehmen* ‖ tomar *od* coger la ~ *an jds Stelle treten* ‖ tomarle a uno la ~ ⟨fam⟩ *vor jdm den Vorrang gewinnen*

    veces *fpl:* a (las) ~ *manchmal, zuweilen* ‖ con diez ~ más de vino *mit der zehnfachen Menge Wein* ‖ algunas ~ *zuweilen, gelegentlich* ‖ diez ~ (tanto) *zehnmal (so viel), das Zehnfache* ‖ más ~ *mehrere Male* ‖ *öfter(s)* ‖ las más (de las) ~ *am häufigsten, fast immer* ‖ la mayoría de las ~ *in den meisten Fällen* ‖ muchas ~ *oft* ‖ pocas *od* raras ~ *selten* ‖ tantas ~ *so oft* ‖ varias ~ *mehrmals, mehrfach, verschiedentlich* ‖ ¿cuántas ~? *wie oft?* ‖ todas las ~ que … ⟨ind⟩ *immer wenn* … ‖ *jedesmal, wenn* … ‖ ⟨subj⟩ *sobald* ‖ ◇ hacer las ~ de … jds Stelle vertreten ‖ *jdn ersetzen* ‖ hacer las ~ de padre con alg. *bei jdm Vaterstelle vertreten* ‖ ~ hay en que miente *manchmal lügt er auch* ‖ *es kommt auch vor, dass er lügt* ‖ ¡las ~ que se lo tengo dicho! *wie viele Male od wie oft habe ich es ihm (ihr) (schon) gesagt!* ‖ quien da luego *od* primero, da dos ~ ⟨Spr⟩ *wer schnell gibt, gibt doppelt*

    veza f ⟨Bot⟩ *Wicke* f (Vicia spp)
    vezar [z/c] vt *(an)gewöhnen*
    vg., vgs. ⟨Abk⟩ = **virgen, vírgenes**
    vg., Vg., vgr., v. gr. ⟨Abk⟩ = **verbigracia**
    ¹vi (ví) → **ver**
    ²vi Am ⟨pop⟩ → **voy**
    ¹vía f *Weg* m ‖ *Bahn* f ‖ *Straße* f ‖ ⟨EB⟩ *Bahn* f ‖ *Strecke* f ‖ *Gleis* n, *Schienenstrang* m ‖ *Spur* f ‖ ⟨Auto⟩ *Spur(weite)* f ‖ ⟨fig⟩ *Handlungsweise* f ‖ ⟨fig⟩ *Weg* m, *Verfahren* n (bes. Verw) ‖ ⟨fig⟩ *Mittel* n ‖ ⟨An⟩ *Gang, Weg, Kanal* m, *Bahn* f ‖ ~ de acceso *Zugang(sweg* m) f ‖ *Zufahrt(sweg)* m ‖ ~ administrativa *Verwaltungsweg* m ‖ ~ aérea *Luftweg* m ‖ *Hängebahn* f ‖ *Hochbahn* f ‖ *Schwebebahn* f ‖ ~ de agua ⟨Mar⟩ *Leck* n ‖ ~ ancha ⟨EB⟩ *Breitspur* f ‖ (~ de) apartadero ⟨EB⟩ *Abstellgleis* n ‖ ~ de cinta (transportadora)

⟨Tech⟩ *Bandstraße* f ‖ ~ colgante →· ~ aérea ‖ ~ de comunicación *Verkehrsweg* m ‖ *Verbindungsweg* m ‖ ~ contenciosa ⟨Jur⟩ *Prozessweg* m ‖ ~ crucis ⟨lat⟩ ⟨Rel⟩ *Kreuzweg* m, -andacht f ‖ ⟨fig⟩ *Leidensweg* m, *Qual, Drangsal* f ‖ ~ ejecutiva ⟨Jur⟩ *Vollstreckungsverfahren* n ‖ ~ de empalme ⟨EB⟩ *Anschlussgleis* n ‖ *Gleisanschluss* m ‖ ~ estrecha ⟨EB⟩ *Schmalspur* f ‖ ~ de fábrica ⟨EB⟩ *Werksbahn* f ‖ ~ férrea *Eisenbahn* f ‖ *Bahnstrecke* f ‖ *Schienenweg* m ‖ →· auch **ferrocarril** ‖ ~ fluvial *Binnenwasserweg* m ‖ ~ de fuga *Fluchtweg* m ‖ ~ gubernativa *Verwaltungsweg* m ‖ ~ húmeda ⟨Chem⟩ *Nassverfahren* n ‖ ~ industrial ⟨EB⟩ *Werksbahn* f ‖ ~ jerárquica *Dienstweg* m ‖ ~ judicial, ~ jurídica *Rechtsweg* m ‖ ~ láctea f ⟨Astr⟩ *Milchstraße, Galaxis* f ‖ ~ lateral ⟨EB⟩ *Nebengleis* n ‖ *Zweigstrecke* f ‖ *Zweigbahn* f ‖ ¡~ libre! *freie Fahrt!* ‖ ~ de maniobras ⟨EB⟩ *Rangiergleis* n, *Verschiebekopf* m ‖ ~ marítima *Seeweg* m ‖ ~ de mina ⟨Bgb⟩ *Grubenbahn* f ‖ ~ muerta ⟨EB⟩ *totes Gleis* n ‖ *Abstellgleis* n ‖ ~ navegable, ~ de navegación *Schifffahrts|straße, -weg* m, *schiffbare Wasserstraße* f ‖ ~ (de ancho) normal ⟨EB⟩ *Normalspur* f ‖ ~ oficial *Amtsweg* m ‖ ~ portátil ⟨EB⟩ *Feldbahn* f ‖ ~ pública *öffentliche Straße* f, *öffentlicher Weg, Verkehrsweg* m ‖ ~ sacra →· ~ crucis ‖ ~ de salida ⟨EB⟩ *Ausfahrgleis* n ‖ *Abfahrtsgleis* n ‖ ~ sanguínea ⟨An⟩ *Blutbahn* f ‖ ~ seca ⟨Chem⟩ *Trockenverfahren* n ‖ ~ de varias sendas *mehrspurige Fahrbahn* f ‖ ~ sensitiva ⟨An⟩ *Gefühlsbahn, sensible Bahn* f ‖ ~ de un solo sentido *Einbahnstraße* f ‖ ~ sumaria ⟨Jur⟩ *summarisches, abgekürztes Verfahren, Schnellverfahren* n ‖ ~ suspendida →· ~ aérea ‖ ~ terrestre *Landweg* m ‖ ~ transferidora, ~ de transferidoras ⟨Tech⟩ *Transferstraße* f ‖ ◆ de doble ~ *doppel-, zwei|gleisig* ‖ de una ~ *eingleisig* ‖ de ~ normal *voll-, normal|spurig (Geleise)* ‖ por ~ de … *in s–r (ihrer) Eigenschaft als* … ‖ por la ~ acostumbrada →· por la ~ usual ‖ por ~ aérea *auf dem Luftweg* ‖ *mit od per Luftpost* ‖ por ~ diplomática *auf diplomatischem Weg* ‖ por ~ de elección *durch Wahl* ‖ por ~ de ensayo *probeweise* ‖ por ~ de excusa *zur Entschuldigung* ‖ por ~ de Francia *über Frankreich* ‖ por ~ interna *innerlich (Arznei)* ‖ por ~ jerárquica *auf dem Dienstweg* ‖ por ~ judicial *auf dem Rechtsweg* ‖ por ~ legal *gesetzmäßig* ‖ *auf legalem Weg* ‖ por ~ marítima *auf dem Seeweg, über See, per See* ‖ por ~ oral *zum Einnehmen, oral (Hinweis bei Medikamenten)* ‖ por ~ postal *auf dem Postweg* ‖ por ~ rectal *rektal anzuwenden (Hinweis bei Medikamenten)* ‖ por ~ terrestre *auf dem Landweg* ‖ por la ~ más económica ⟨Com⟩ *auf billigstem Weg(e)* ‖ por la ~ usual *auf dem üblichen Weg* ‖ ◇ atenerse a la ~ oficial *den Amtsweg einhalten* ‖ enviar por ~ … ⟨Com⟩ *via* … *(zu)senden* ‖ hacer de una ~ dos mandados ⟨figf⟩ *zwei Fliegen mit e–r Klappe schlagen* ‖ hacer el ~ crucis ⟨pop⟩ *von Kneipe zu Kneipe ziehen, e–e Kneipentour machen* ‖ poner en la ~ ⟨fig⟩ *ins Geleise bringen* ‖ prescindir de la ~ oficial *den Amtsweg nicht einhalten* ‖ ~s *fpl:* ~ de igual categoría *gleichrangige Straßen* fpl ‖ ~ digestivas ⟨An⟩ *Verdauungs|wege* mpl, -trakt m ‖ ~ de hecho ⟨Jur⟩ *Tätlichkeiten* fpl ‖ ~ respiratorias, urinarias ⟨An⟩ *Atmungs-, Harn|wege* mpl ‖ ◆ en ~ de … *im Begriff zu* … ‖ por ~ de hecho *wirklich, tatsächlich* ‖ *tätlich*
    ²vía adv *über, via* ‖ ~ Madrid *über od via Madrid* ‖ ~ recta *gerade(s)wegs*
    viá Am ⟨pop⟩ = **voy** a (→ **ir**)

via\bilidad *f Lebensfähigkeit* f ‖ ⟨fig⟩
Durchführbarkeit f ‖ *Befahr-, Begeh\barkeit* f ‖ ~
financiera *Finanzierbarkeit* f ‖ **–bilizar** [z/c] vt
ermöglichen
¹**viable** adj *(m/f) lebensfähig*
²**viable** adj *(m/f) begeh-, befahr\bar* ‖ ⟨fig⟩
durch-, aus\führbar, realisierbar ‖ ⟨fig⟩ *gangbar,*
annehmbar, möglich ‖ la única solución ~ *die*
einzig gangbare Lösung
vía crucis *m* → ¹**vía**
viador *m* ⟨Theol⟩: el ~ *der Erdenwanderer* m
viaducto *m Land-, Tal\brücke* f ‖ ⟨EB⟩
Überführung f, *Viadukt* m
via\jada *f Am Reise* f ‖ **–jado** adj *bereist,*
weit-, viel\gereist ‖ **–jador** *m Reisende(r)* m ‖
–jante *m (Geschäfts)Reisende(r)* m ‖ ~ de
comercio *Handlungsreisende(r), Handels-,*
Reise\vertreter m ‖ ~ comisionista
Kommissionsreisende(r) m ‖ **–jar** vi *reisen* ‖ ~
por auto-stop, ~ a dedo *per Anhalter reisen* ‖ ~
en avión *fliegen* ‖ ~ sin billete *schwarzfahren* ‖
~ incógnito *inkognito reisen* ‖ ~ a pie *wandern* ‖
pasar –jando *durchreisen* ‖ –jando se aprende
mucho *Reisen bildet* ‖ **–jata** *f (fam) (kurze)*
Vergnügungsreise f
viaje *m Reise* f ‖ *Bereisung* f ‖ *Reisen* n ‖
Fahrt f ‖ *Wanderung* f ‖ *Reiseweg* m ‖ *Gang,*
Arbeitsweg m ‖ *Reise\beschreibung* f, *-bericht* m,
-schilderung f ‖ [in der Drogenszene] *Trip* m ‖ ~
con actividades *od* diversiones programadas
Erlebnisreise f ‖ ~ aéreo, ~ en avión *Flugreise* f
‖ ~ de bodas *Hochzeitsreise* f ‖ ~ circular
Rundreise f ‖ ~ colectivo *Gesellschaftsreise* f ‖ ~
continental *Landreise* f ‖ ~ comercial
Geschäftsreise f ‖ ~ de ensayo *Probefahrt* f ‖ ~
de estudio(s) *Studienreise* f ‖ ~ de exploración,
~ explorativo *Forschungs-, Entdeckungs\reise* f ‖
~ a forfait *Pauschalreise* f ‖ ~ de (ida y) vuelta
(Hin- und) Rückreise f ‖ ~ de inauguración, ~
inaugural *Jungfernfahrt* f ‖ ~ de inspección
Inspektionsreise f ‖ ~ de instrucción *Bildungs-,*
Studien\reise f ‖ ~ interplanetario *Raumfahrt* f ‖
~ interurbano *Überlandfahrt* f ‖ ~ por mar, ~
marítimo *Seereise* f ‖ ~ alrededor del mundo
Reise f *um die Welt* ‖ ~ de negocios
Geschäftsreise f ‖ ~ de novios, ~ nupcial
Hochzeitsreise f ‖ ~ oficial *Dienstreise* f ‖ ~ (de)
a pie *Fußwanderung* f ‖ ~ de placer
Vergnügungsreise f ‖ ~ de prueba *Probefahrt* f ‖
~ de recreo *Erholungs-, Vergnügungs\reise* f ‖ ~
redondo *Rundreise* f ‖ ~ de regreso *Rückreise* f ‖
~ relámpago *Blitzreise* f ‖ ~ de retorno *Rückreise*
f ‖ ~ de servicio *Dienstreise* f ‖ ~ sorpresa *Fahrt*
f *ins Blaue* ‖ ~ por tierra *Landreise* f ‖ ~ en tren
Bahnfahrt f ‖ ~ de vuelta *Rückreise* f ‖ ¡buen ~!
glückliche Reise! ‖ ◇ ¹*acortar,* ²*interrumpir,*
³*prolongar,* ⁴*proseguir,* ⁵*terminar* el ~ *die Reise*
¹*abkürzen,* ²*unterbrechen,* ³*verlängern,*
⁴*fortsetzen,* ⁵*beenden* ‖ hacer *od* emprender un ~
e–e Reise unternehmen, reisen ‖ estar de ~ *auf*
Reisen, verreist, unterwegs sein ‖ irse *od* partir *od*
salir de ~ *auf die Reise od auf Reisen gehen,*
abreisen ‖ regresar *od* volver del ~ *von der Reise*
zurückkehren
viajero *m*/adj *Reisende(r)* m ‖ *Fahrgast* m ‖
Passagier m ‖ *Wanderer* m ‖ ~ sin billete
Schwarzfahrer m ‖ ~ clandestino *blinder*
Passagier m ‖ ~ del puente ⟨Mar⟩ *Deckpassagier*
m ‖ ~ vendedor *Geschäftsreisende(r)* m ‖
¡señores ~s, al tren! ⟨EB⟩ *einsteigen, bitte!* ‖
~-kilómetro *Personenkilometer* m
¹**vial** adj/s *(m/f) Straßen-, Wege-, Schienen-* ‖
~ m (Baum)Allee f ‖ ⟨EB⟩ *Schiene* f
²**vial** *m* ⟨Pharm⟩ *Ampullenflasche* f
vialidad *f Straßenbau- und Verkehrswesen* n

vianda *f Speise, Nahrung* f ‖ ~s *fpl Esswaren*
fpl, *Lebensmittel* npl
viandante *m Wanderer, Reisende(r)* m ‖
Fußgänger m
viaraza *f* ⟨Med⟩ *Durchfall* m ‖ *Col Wutanfall*
m ‖ *Arg unüberlegte Handlung* f
viario adj *auf den Straßenbau bezüglich* ‖
Straßen-
viaticar [c/qu] vt *(jdm) die heilige Wegzehrung*
spenden ‖ ~se *mit den Sterbesakramenten*
versehen werden
viático *m Reise\geld* n, *-kosten* pl ‖
Wegzehrung f ‖ el ~ *die heilige Wegzehrung* ‖ ◇
dar el ~ (a) *mit den Sterbesakramenten versehen*
‖ ~s *mpl Reise\gelder* npl, *-spesen* pl
víbora *f* ⟨Zool⟩ *Viper* f ‖ *(Kreuz)Otter* f ‖ ⟨fig⟩
Giftschlange f ‖ ~ de cascabel *Am*
Klapperschlange f ‖ ~ común *Kreuzotter* f
(Vipera berus) ‖ ~ cornuda *Horn-, Sand\otter,*
Sandviper f ‖ ~ de la cruz *Am*
Halbmondsandotter f (Bothrops alternatus) ‖ ~
serrana *Mex Texasklapperschlange* f (Crotalus
atrox)
viborez\no *m,* **–na** *f junge Viper od Natter* f
vibra\ción *f* ⟨Phys⟩ *Schwingung,*
Erschütterung, Vibration f ‖ ⟨Mus Radio⟩
Summen n ‖ *Einrütteln* n *(Beton)* ‖ ⟨Film⟩
Flimmern n ‖ ⟨fig⟩ *(Massen)Bewegung* f ‖ libre de
vibraciones *schwingungsfrei* ‖ **–dor** *m* ⟨Med Phys
Tech⟩ *Vibrator* m ‖ ⟨Tech⟩ *Rüttler* m ‖ ⟨Auto El⟩
Summer m ‖ ⟨Radio⟩ *Zerhacker* m ‖ ⟨Tel⟩ *Ticker,*
Schwingungshammer m ‖ *Vibrator* m,
Vibrationsgerät n *(Massage)* ‖ *Massagestab* m
vibrante adj *(m/f)* ⟨Phys Tech⟩ *schwingend* ‖
rüttelnd ‖ *vibrierend* ‖ *klang-, kraft\voll (Stimme)*
‖ ⟨fig⟩ *schwungvoll, begeisternd, mitreißend* ‖
⟨fig⟩ *flott, rasant, schneidig*
vibrar vt/i *schwingen* ‖ *vibrieren* ‖ *zittern,*
beben ‖ *rütteln*
vibrátil adj *(m/f):* epitelio ~ ⟨An⟩
Flimmerepithel n ‖ pestañas ~es ⟨Biol⟩
Flimmerhärchen npl
vibra\to *m* ⟨Mus⟩ *Vibrato* n ‖ **–torio** adj
schwingend, vibrierend
vi\brión *m* ⟨Biol⟩ *Vibrio* m *(Gattung*
kommaförmiger Spirillen) ‖ ~ del cólera, colérico
⟨Med⟩ *Vibrio* m *cholerae, Choleraerreger* m
vibrisas *fpl* ⟨An⟩ *Nasenhärchen* npl
vi\brógrafo *m* ⟨Phys⟩ *Vibrograph,*
Schwingungsschreiber m ‖ **–bromasaje** *m* ⟨Med⟩
Vibrations-, Vibro\massage f
viburno *m* ⟨Bot⟩ *Schneeball* m (Viburnum spp)
vica\ria *f* ⟨Kath⟩ *Vikarin, zweite Oberin* f ‖
–ría *f Pfarrverweserstelle* f ‖ *Hilfs\Pfarrei* f ‖
Pfarramt, Vikariat n ‖ **–rial** adj *(m/f) Vikar-* ‖
–riato *m Pfarrverweserstelle* f, *Vikariat* n ‖ **–rio**
m Vikar, Pfarrverweser m ‖ *Hilfsgeistliche(r)* m ‖
⟨fig⟩ *Stellvertreter* m ‖ ~ de Jesucristo *Statthalter*
m *Christi (Titel des Papstes)* ‖ ~ general
Generalvikar m
vice, vice- präf *stellvertretend, Vize-, Unter-* ‖
~ versa *umgekehrt* ‖ versa → **viceversa**
vice\almirante *m Vizeadmiral* m ‖ **–canciller** *m*
Vizekanzler m ‖ **–cónsul** *m Vizekonsul* m ‖
–decano *m Prodekan* m ‖ **–gerente** *m*
stellvertretender Geschäftsführer m ‖
–gobernador *m Vizegouverneur, stellvertretender*
Gouverneur m
vicenal adj *(m/f) zwanzigjährig*
vicense adj/s *(m/f) aus Vich* (P Barc) ‖ *auf Vich*
bezüglich
Vicen\ta *f* np *Vinzenta* f ‖ **–te** *m* np *Vinzenz* m ‖
San ~ *Ferrer der hl. Vinzenz Ferrer*
vice\presidencia *f stellvertretender Vorsitz* m ‖
–presidente *m Vizepräsident, stellvertretender od*

zweiter Vorsitzende(r) m ‖ **–rrector** *m Prorektor*
m *(e–r Universität)* ‖ *Konrektor* m *(e–r Schule)* ‖
–secretaría *f Vizesekretariat* n ‖ **–secretario** *m*
zweiter Sekretär (od *Geschäftsführer*) m
    vicésimo adj *(der) zwanzigste* ‖ ~ *m*
Zwanzigstel n
    vicetiple *f Revue-, Chor|girl* n ‖ *Ballettratte* f
    viceversa adv: y ~ *und umgekehrt*
    vichador *m* RPl *Spion* m
    vicia *f* ⟨Bot⟩ *Wicke* f (Vicia spp)
    vici|ado adj *verdorben* ‖ *verbraucht, schlecht*
(Luft) ‖ *fehler-, mangel|haft* ‖ **–ar** vt *verderben* ‖
verführen ‖ *verfälschen* ‖ *verdrehen (Text)* ‖ ⟨Jur⟩
ungültig machen ‖ **~se** *verderben* ‖ *sittlich*
verkommen ‖ *e–m Laster verfallen* ‖ *schadhaft,*
brüchig, defekt werden
    ¹vicio *m Fehler, Mangel, Defekt* m ‖ *Laster* n ‖
schlechte Angewohnheit, Untugend f ‖ *Unart* f ‖
Verzärtelung f ‖ ~ *de conformación* ⟨Med⟩
Missbildung f, *organischer Fehler* m ‖ ~ *de*
consentimiento ⟨Jur⟩ *Willensmangel* m ‖ ~ *de*
construcción Konstruktionsfehler m ‖ ~ *de od en*
la cosa ⟨Jur⟩ *Sachmangel* m ‖ ~ *de forma* ⟨Jur⟩
Form|fehler, -mangel m ‖ ~ *del material*
Materialfehler, Werkstoffehler m ‖ ~ *principal od*
fundamental Hauptmangel m ‖ *Grundübel* n ‖ ~
de procedimiento ⟨Jur⟩ *Verfahrens|fehler, -mangel*
m ‖ ~ *redhibitorio* ⟨Jur⟩ *Gewährsmangel* m ‖ ~
del vino Laster n *des Trunks* ‖ *Trunksucht* f ‖ ~
de la voluntad ⟨Jur⟩ *Willensmangel* m ‖ ◆ *de od*
por ~ *aus bloßer Gewohnheit* ‖
gewohnheitsmäßig ‖ ◇ *contraer un* ~ *e–e*
schlechte Angewohnheit annehmen ‖ *hablar de* ~
⟨fam⟩ *ein Schwätzer sein* ‖ *los sembrados llevan*
mucho ~ *die Saaten wachsen zu üppig* ‖ *llorar de*
~ *ohne Anlass weinen (verhätscheltes Kind)* ‖
quejarse de ~ *s. über jede Kleinigkeit beklagen* ‖
quitar un ~ *a alg. jdm ein Laster abgewöhnen* ‖
no se le puede quitar este ~ *er ist von diesem*
Laster nicht abzubringen ‖ *tiene el* ~ *del vino er*
ist ein Gewohnheits(wein)trinker ‖ *er ist*
Alkoholiker
    ²vicio *m Sal Dünger* m
    vicio|sidad *f Lasterhaftigkeit* f ‖ **–so** adj/s
fehler-, mangel|haft ‖ *schadhaft, defekt* ‖
verdorben ‖ *lasterhaft* ‖ *geil, üppig (Pflanzen)* ‖
ver|wöhnt, -hätschelt (Kind)
    vicisitud *f Wechsel(fall), Um|schlag, -schwung*
m ‖ *Abwechs(e)lung* f ‖ *Unbestand* m ‖ *las* ~*es de*
la vida die Wechselfälle, die Schicksalsschläge,
das Auf und Ab des Lebens ‖ **–inario** adj
wechselvoll
    viclefi(s)ta *m/f Anhänger(in* f) m *des engl.*
Reformators John Wyclif in England (im 14. Jh.),
Wiklifit m
    víctima *f* ⟨Rel⟩ *Opfer* n *(Mensch, Tier)* ‖ ⟨fig⟩
Opfer n ‖ ⟨fig⟩ *Ge-, Be|schädigte(r)* m ‖ ⟨fig⟩
Betroffene(r) m ‖ ~ *de la guerra Kriegsopfer* n ‖
~ *propiciatoria Sühneopfer* n *(Mensch, Tier)* ‖ *la*
~ *del robo der Bestohlene* ‖ ◇ *no hay* ~*s (que*
lamentar) ⟨Ztg⟩ *es ist niemand verunglückt, es*
sind k–e Opfer zu beklagen
    victimar vt Am *töten* ‖ *opfern* ‖ **–io** *m*
Opferpriester m *(Heidentum)* ‖ p. ex *Mörder* m
    victimología *f* ⟨Jur⟩ *Viktimologie* f
    Víctor *m* np *Viktor* m
    victorhuguesco adj *auf den frz. Dichter Victor*
Hugo (1802–1885) bezüglich
    ¹victoria *f Sieg* m ‖ ~ *aérea Luftsieg* m ‖ ~
decisiva, aplastante entscheidender, erdrückender
Sieg, Kantersieg m ‖ ~ *por knock-out* ⟨Sp⟩
K.-o.-Sieg m ‖ ~ *de od por escaso margen* ⟨Sp⟩
knapper Sieg m ‖ ~ *pírrica Pyrrhussieg* m ‖ ~
por puntos ⟨Sp⟩ *Punktsieg* m (& fig) ‖ ~ *rotunda*
→ ~ *aplastante* ‖ ◇ *cantar* ~ ⟨fig⟩ *Viktoria*

singen od *rufen, Siegeshymnen anstimmen* ‖ *no*
cantemos ~ *antes de tiempo wir wollen nicht zu*
früh jubeln ‖ *conseguir od ganar una* ~ *e–n Sieg*
erringen od *davontragen* ‖ *llevar(se) la* ~ *den*
Sieg davontragen ‖ ¡~! *Viktoria! der Sieg ist*
unser!
    ²victoria *f (Art) Sommerwagen* m, *Viktoria* f ‖
Victoria *f np Viktorine* f
    victoria|no adj: *la era* ~*a das Viktorianische*
Zeitalter (Zeitalter der engl. Königin Viktoria I.) ‖
–nismo *m* [Kunst Lit] *Viktorianismus* m
    Victorina *f* np *Viktorine* f
    victorioso adj *siegreich*
    victrola *f* Am *Plattenspieler* m *(ursprünglich*
der Firma Victor Talking Machines Co.)
    vicuña *f* ⟨Zool⟩ *Vikunja* n (& f) *(Lama*
vicugna) ‖ ⟨Text⟩ *Vigognestoff* m
    vid *f Weinstock* m, *(Wein)Rebe* f (Vitis
vinifera) ‖ ~ *silvestre* ⟨Bot⟩ *Wilder Wein* m (V. v.
sylvestris)
    vid. ⟨Abk lat⟩ = **vide, véase** *(siehe)*
    vida *f Leben* n ‖ *Dasein* n ‖ *Lebenskraft* f ‖
Lebendigkeit f ‖ *Lebhaftigkeit* f ‖ *Lebens|zeit,*
-dauer f ‖ *Lebens|wandel* m, *-art, -führung,*
-haltung f ‖ *Lebensunterhalt* m ‖ *Lebens|lauf* m,
-geschichte, -beschreibung f ‖ ~ *accidentada*
bewegtes Leben n ‖ ~ *activa aktives Leben* n ‖
Erwerbsleben n ‖ ~ *afectiva Gemüts-,*
Gefühls|leben n ‖ ~ *agitada bewegtes Leben* n ‖
~ *airada Lotterleben* n ‖ ~ *alegre flottes Leben* n
‖ ~ *ancha lockeres Leben* n ‖ ~ *andante unstetes*
Leben n ‖ ~ *apostólica heiliges Leben* n ‖ ~
arrastrada elendes, ärmliches Leben n ‖ ~
bohemia Bohemeleben n ‖ *flottes Künstlerleben* n
‖ ~ *callejera Straßenleben* n ‖ ~ *del campo od*
campesina od campestre Landleben n ‖ ~ *de*
canónigo geruhsames Dasein, gemächliches
Leben n ‖ ~ *capulina Mex* → ~ *de canónigo* ‖ ~
de cenobita klösterliches Leben n ‖
zurückgezogenes, asketisches Leben n ‖ ~
claustral, ~ *de clausura Klosterleben* n (& fig) ‖
zurückgezogenes Leben n ‖ ~ *la* ~ *cochina das*
verdammte od verfluchte Leben ‖ ~ *comercial*
Geschäftsleben n ‖ *la* ~ *cotidiana der Alltag, das*
Alltagsleben n ‖ ~ *de cuartel Kasernenleben* n ‖ ~
deportiva sportliches Leben n ‖ ~ *económica*
Wirtschaftsleben n ‖ ~ *eremítica Einsiedler|leben*
od -dasein n ‖ ~ *escolar Schulleben* n ‖ ~
espiritual Geistesleben n ‖ ~ *de estudiante(s)*
Studentenleben n ‖ ~ *familiar Familienleben* n ‖
Häuslichkeit f ‖ *la* ~ *futura das (Leben im)*
Jenseits ‖ ~ *humana Menschenleben* n ‖ ~
interior Innen-, Seelen|leben n ‖ ~ *íntima*
Intim|leben, ~ *-sphäre* f ‖ ~ *intrauterina Leben* n
im Mutterleib ‖ ~ *marinera Seemannsleben* n ‖ ~
marital eheliches Leben n ‖ *eheähnliches*
Zusammensein n ‖ ~ *de menaje (Am) häusliches*
Leben n ‖ ¡~ *mía!* ¡mi ~! ⟨fam⟩ *mein Herz! mein*
Schatz! mein Liebling! ‖ ~ *y milagros de alg. jds*
Leben n *und Taten* fpl, *jds Lebenslauf* m ‖
~*monacal Klosterleben* n ‖ ~*nómada*
Wanderleben n ‖ *la otra* ~ *das (Leben im)*
Jenseits ‖ ~ *parasitaria Schmarotzerleben* n ‖ *la*
~ *pasada de alg. jds (nicht ganz einwandfreie)*
Vergangenheit f ‖ ~ *de perro(s)* ⟨figf⟩
Hundeleben n ‖ ~ *de príncipe* ⟨fig⟩ *Fürstenleben,*
(ein) Leben n *wie Gott in Frankreich* ‖ ~ *de*
privaciones dürftiges, karges Leben n ‖ ~ *privada*
Privatleben n ‖ ~ *profesional Berufsleben* n ‖ ~
prosaica das Alltagsleben, der Alltag m ‖ ~ *del*
pueblo Volksleben n ‖ *la* ~ *puta* ⟨vulg⟩ *das*
Hundeleben n ‖ ~ *regalada sorgloses, flottes Leben*
n ‖ ~ *religiosa Klosterleben* n ‖ ~ *rural,* ~ *rústica*
Landleben n ‖ ~*s de santos Heiligengeschichten*

fpl ‖ ~ sedentaria *sitzende Lebensweise* f ‖ ~
sexual *Sexual-, Geschlechts|leben* n ‖ ~ social
Gesellschaftsleben n ‖ ~ solitaria *Einsiedlerleben*
n ‖ ~ tabernaria *od* de taberna *Wirtshausleben* n ‖
~ teatral *Theaterleben* n ‖ ~ terrenal *irdisches
Leben* n ‖ ~ viciosa *lasterhaftes Leben* n ‖
cansado *od* harto de la ~ *lebensmüde* ‖ contento
de la ~ *lebensfroh* ‖ toda la ~ *das ganze Leben
lang* ‖ ¡la bolsa o la ~! *Geld oder Leben!* ‖ ◆ a
~ o muerte *auf Leben und Tod* ‖ con ~ *am Leben*
‖ de por ~ *auf Lebenszeit, zeitlebens* ‖ de larga ~
von langer Lebensdauer (auch z.B. Maschine) ‖
durante la ~ *zeitlebens* ‖ *bei Lebzeiten* ‖ en la ~,
en mi ~ (he hecho tal cosa) *[verstärkte
Verneinung] noch nie in m–m Leben (habe ich so
etwas getan)* ‖ en ~ *bei Lebzeiten* ‖ en mi ~ *zeit
m–s Lebens* ‖ entre la ~ y muerte *in
Lebensgefahr* ‖ ¡por ~! *um alles in der Welt! um
Gottes willen!* ‖ ¡por ~ mía! *so wahr ich lebe!* ‖
por ~ de tu madre *um d–r Mutter willen (bei
Beschwörungen)* ‖ por *od* para toda la ~
zeitlebens ‖ ◇ buscar(se) la ~ *für s–n
Lebensunterhalt sorgen* ‖ complicarse la ~ *s. das
Leben (selbst) schwer machen* ‖ consumir la ~ a
alg. jdn langsam zugrunde (& zu Grunde) richten
‖ ¡aunque me cueste la ~! *und sollte es mich
auch das Leben kosten!* ‖ dar mala ~ a *alg. jdm
das Leben schwer machen, jdn schlecht
behandeln* ‖ dar *(od* poner, sacrificar) la ~ por …
s. aufopfern für … ‖ darse buena ~ *es s. gut
gehen lassen* ‖ no dar señales de ~ *kein
Lebenszeichen (von s.) geben* ‖ dejar con ~ *am
Leben lassen* ‖ echarse a la ~ ⟨fig⟩ *der
Prostitution nachgehen,* ⟨pop⟩ *auf den Strich
gehen* ‖ enterrarse en ~ ⟨fig⟩ *völlig
zurückgezogen leben* ‖ escapar con ~ ⟨pop⟩ *mit
heiler Haut davonkommen* ‖ estar con ~ *am
Leben sein* ‖ ganar(se) la ~ *s–n Lebensunterhalt
verdienen* ‖ gastar la ~ *sein Leben zubringen* ‖
gastó(se) la ~ en balde *er hat umsonst gelebt* ‖
hacer ~ común *zusammenleben* ‖ hacer por la ~
⟨pop⟩ *essen* ‖ le va la ~ en este asunto *diese
Angelegenheit ist für ihn lebenswichtig* ‖ en eso
va mi ~ *davon hängt mein Leben ab* ‖ pasar la ~
s–n Lebensunterhalt verdienen ‖ *(gerade so)
auskommen* ‖ *s. ausleben* ‖ pasar la ~ a tragos
⟨figf⟩ *das Leben fristen* ‖ pasar a mejor ~ ⟨pop⟩
sterben ‖ perder la ~ *ums Leben kommen,
umkommen* ‖ poner la ~ por … *s. aufopfern für
…* ‖ quedar con ~ *am Leben bleiben* ‖ lo que me
queda de ~ *der Rest m–s Lebens* ‖ ¿qué es de tu
~? *wie geht es dir?* ‖ sacrificar la ~ por … *s.
aufopfern für …* ‖ ser de ~ *noch zu retten sein
(Kranker)* ‖ ser de la ~ *Prostituierte sein* ‖ tiene
(od está con) la ~ en un hilo ⟨figf⟩ *sein Leben
hängt an e–m seidenen Faden* ‖ tener una ~ muy
dura *es sehr schwer im Leben haben* ‖ tener siete
~s (como los gatos) ⟨figf⟩ *ein zähes Leben haben*
‖ no tener ~ ⟨fig⟩ *nicht lebensfähig sein* ‖ ⟨fig⟩
kein Temperament haben ‖ vender (bien) cara la
~ ⟨fig⟩ *sein Leben teuer verkaufen (im Kampf)* ‖
volver a la ~ *(jdn) ins Leben zurückbringen* ‖
wieder zu s. kommen (& fig) ‖ tal ~, tal muerte
⟨Spr⟩ *wie gelebt, so gestorben*

vidalita f ⟨Mus⟩ Arg *schwermütiges Volkslied* n
¹vide ⟨lat⟩ ⟨Typ⟩ *siehe*
²vide ⟨pop⟩ = **vi** (→ *ser*)
vidente m *(Hell)Seher, Prophet* m
video m *Video* n ‖ **–arte** m *Videokunst* f ‖
–cámara f *Videokamera* f ‖ **–casete** m (& f)
Videokassette f ‖ **–cinta** f *Videoband* n ‖ **–clip** m
Videoclip m ‖ **–club** m *Videoklub* m ‖
–conferencia f *Videokonferenz* f ‖ **–consola**
Videokonsole f ‖ **–control** m *Videoüberwachung* f
‖ **–disco** m *Videoplatte* f ‖ **–filme** m *Videofilm* m

videófono m *Video|phon, -telefon* f
video|frecuencia f *Videofrequenz* f ‖
–grabación f *Videoaufzeichnung* f ‖ **–juego** m
Videospiel n ‖ **–teca** f *Videothek* f ‖ **–técnica,
–tecnia** f *Videotechnik* f ‖ **–teléfono** m *Bild-,
Video|telefon* n ‖ **–terminal** m *Bildschirm* m ‖
–tex m, **–texto** m *Bildschirmtext* m *(Btx)* ‖
–vigilancia f *Videoüberwachung* f
vidita f dim von **vida** f (bes. *als
Koseausdruck)*
vido|rra f ⟨figf⟩ *behagliches, geruhsames
Leben* n ‖ **–rria** f Am ⟨fam desp⟩ *Hundeleben* n
vidriado adj *glasiert* ‖ *glasartig* ‖ *spiegelglatt* ‖
~ m *glasiertes Geschirr* n ‖ *Glasur* f
vidriar vt *glasieren (Keramik)* ‖ ◆ sin ~
unglasiert (Topf) ‖ ~**se** *glasig werden* ‖ *gläsern
und starr werden, brechen (Augen e–s
Sterbenden)*
vidrie|ra f *Glasfenster* n ‖ *Glastür* f ‖ *(große)
Glas-, Fenster|scheibe* f ‖ *Glasdach* n ‖
Kirchenfenster n ‖ (bes. Am) *Schaufenster* n ‖ ~
de colores *buntes Glasfenster (in Kirchen)* ‖ ~
emplomada *(Tech) Bleiverglasung* f ‖ doble ~
Doppelfenster n ‖ **–ría** f *Glaserei* f, *Glas|hütte,
-fabrik* f ‖ *Glasbläserei* f ‖ *Glaswaren* fpl ‖ **–ro**
m/adj *Glaser* m ‖ *Glas|macher, -arbeiter* m ‖
Glasbläser m
vidrio m *Glas* n ‖ *Glas-, Fenster|scheibe* f ‖
⟨fig⟩ *sehr empfindliche Person* f ‖ ¡~!
zerbrechlich! (auf Kisten) ‖ ~ armado *Drahtglas*
n ‖ ~ biselado →¹ ~ tallado ‖ ~ catedral
Kathedralglas n ‖ ~ de color *Buntglas* n ‖ ~
comprimido *Pressglas* n ‖ ~ curvado *gebogenes
Glas* n ‖ ~ decorado *verziertes Glas* n ‖ ~ dúplex
Zweischichtenglas n ‖ ~ esmerilado *Mattglas* n ‖
~ de espejo *Spiegelglas* n ‖ ~ estriado *Riffelglas*
n ‖ ~ fundido *Glasschmelze* f *(Masse)* ‖ ~ hueco
Hohlglas n ‖ ~inastillable *splitterfreies Glas* n ‖
~ labrado →¹ ~ tallado ‖ ~ mate *Mattglas* n ‖ ~
molido *Glasmehl* n ‖ ~ opaco *Mattglas* n ‖ ~
opalino *Milchglas* n ‖ ~ orgánico *organisches
Glas* n ‖ ~ ornamental *Ornamentglas* n ‖ ~ plano
Flach-, Tafel|glas n ‖ *Glasscheibe* f ‖ ~ de plomo
Bleiglas n ‖ ~ prensado *Pressglas* n ‖ ~ a prueba
de tiros *Panzerglas* n ‖ ~ de seguridad
Sicherheitsglas n ‖ ~ soluble *Wasserglas* n ‖ ~
soplado *Hohlglas* n ‖ ~ tallado *geschliffenes Glas*
n ‖ ◆ de ~ *gläsern* ‖ ~**s** mpl *Glaswaren* fpl ‖ ◇
pagar los ~ rotos ⟨figf⟩ *es ausbaden müssen, die
Zeche bezahlen müssen* ‖ soplar ~ ⟨pop⟩ *e–n
heben* ‖ dim: ~**ecito**
vidriola f *Sparbüchse* f
vidrioso adj *glasartig, glasig* ‖ *spröde,
zerbrechlich* ‖ ⟨fig⟩ *(spiegel)glatt* ‖ ⟨fig⟩ *heikel* ‖
⟨fig⟩ *reizbar, empfindlich* ‖ ⟨fig⟩ *starr, glasig
(Augen)*
vidual adj *(m/f) Witwen-*
vieira f ⟨Zool⟩ *Jakobsmuschel* f (Pecten
jacobaeus)
¹vieja f *alte Frau, Alte, Greisin* f ‖ ⟨pop⟩ *Alte* f
(Mutter) ‖ ◇ ser una ~ Mex *e–e Memme sein* ‖
poco a poco hila la ~ el copo ⟨Spr⟩ *Geduld und
Ausdauer führen zum Ziel*
²vieja f Chi *Schwärmer* m *(Feuerwerk)* ‖ Mex
Zigarrenstummel m
vie|jarrón adj/s → **vejarrón** ‖ **–jazo** m augm
von **–jo** ‖ **–jecito, –jezuelo** adj/s dim von **–jo** ‖
–jito m Am dim von **–jo** ‖ (bes. *als
Koseausdruck)*
vie|jo adj *alt, bejahrt* ‖ *langjährig* (z.B.
Freund) ‖ *veraltet, altmodisch, unmodern, out,
antiquiert* ‖ *ab|genutzt, -getragen, verbraucht* ‖
aus|gedient, -rangiert ‖ son cuentos ~**s** ⟨pop⟩ *das
sind alte Geschichten!* ‖ el ~ Testamento *das Alte
Testament* ‖ el más ~ *der älteste* (od *ältere)* ‖ dos

años más ~ que yo *zwei Jahre älter als ich* ‖ ◊
hacerse, volverse ~, ir para ~ *altern, (anfangen)*
alt (zu) werden ‖ ~ *m alter Mann, Alter, Greis* m
‖ ⟨pop⟩ *Alter (Vater)* ‖ los ~s ⟨pop⟩ *die Alten (die*
Eltern) ‖ ~ de Pascua Am *Weihnachtsmann* m ‖
~ ridículo ⟨Th⟩ *komische(r) Alte(r)* m ‖ ~ verde
⟨fig⟩ *Lust|greis, -molch* m ‖ ¡mi ~! Am *mein*
Freund! *(Kosewort)* ‖ del ~, el consejo, y del
rico, el remedio ⟨Spr⟩ *vom Alten den Rat, vom*
Reichen die Tat ‖ **–juca** f dim von **–ja**
   Viena f [Stadt] *Wien* n *(in Österreich)* ‖ *Vienne*
n *(in Frankreich)*
   ¹vie|nense adj/s *(m/f) aus Vienne, auf Vienne*
bezüglich ‖ **²–nense, –nés** adj *(m/f) wienerisch,*
aus Wien ‖ *auf Wien bezüglich* ‖ ~ m *Wiener* m
   vienteci|llo, –to m dim von **viento** ‖ *Lüftchen* n
   ¹viento m *Wind* m ‖ *Luft* f ‖ ⟨Jgd⟩ *Witterung* f,
Wind m ‖ ⟨fam⟩ *Blähung* f, *Wind* m ‖ *Abspannseil*
n ‖ ⟨Mar⟩ *Fahrtrichtung* f ‖ ⟨fig⟩ *Eitelkeit* f,
Eigendünkel m ‖ ⟨fig⟩ *Aufschneiderei* f ‖ ⟨fig⟩
Gerücht n ‖ ~ en altura *Höhenwind* m ‖ ~
ascendente *Aufwind* m ‖ ~ atemporalado
Sturmwind m ‖ ~ cálido del Sur *Föhn* m ‖ ~ de
cara *Gegenwind* m ‖ ~ de cola *Rückenwind* m ‖
~ contrario *Gegenwind* m ‖ ~ de costado
Seitenwind m ‖ ~ encañonado *starker Zugwind* m
‖ ~ favorable ⟨Mar⟩ *Fahrtwind* m ‖ ~ flojo
leichter Wind m ‖ ~ de frente *Gegenwind* m ‖ ~
frescachón *steifer Wind* m ‖ ~ fresco *frischer*
Wind m ‖ ~ huracanado *orkanartiger Wind* m ‖ ~
marero *vom Meer wehender Wind* m ‖ ~ en popa
Rückenwind m ‖ ~ terral *vom Land her wehender*
Wind m ‖ ~ de tormenta *Sturmwind* m ‖ ◆ como
el ~ *mit Windeseile, pfeilschnell* ‖ contra ~ y
marea ⟨fig⟩ *allen Widerständen zum Trotz* ‖
Cuatro ~s *Flugplatz bei Madrid*
   ◊ el ~ se va afirmando *der Wind nimmt an*
Stärke zu ‖ aflojarse el ~ *nachlassen (Wind)* ‖ el
~ se va cargando → el ~ se va afirmando ‖ cesar
el ~ *aufhören (Wind)* ‖ el ~ corre *der Wind weht*
‖ correr como el ~ *wie der Wind rennen* ‖ correr
tras el ~ ⟨figf⟩ *Luftschlösser bauen* ‖ no corre ni
un soplo de ~ *es weht kein Lüftchen* ‖ echarse el
~ *nachlassen (Wind)* ‖ hace ~ *es ist windig, der*
Wind weht ‖ ir ~ en popa ⟨fig⟩ *Glück haben* ‖
largarse con ~ fresco ⟨pop⟩ *s. davonmachen, das*
Weite suchen ‖ el ~ se lo llevó ⟨pop⟩ *es ist beim*
Teufel ‖ picar el ~ ⟨Mar⟩ *an den Wind holen* ‖ es
mero ~ ⟨figf⟩ *das hat nichts zu bedeuten* ‖ el ~
sopla *der Wind weht* ‖ tener ~ *Witterung, Nase*
haben (Hund) ‖ ⟨Jgd⟩ *den Wind holen* ‖ tomar ~
⟨pop⟩ *Reißaus nehmen* ‖ ¿qué ~ te trae por aquí?
⟨pop⟩ *wie kommst du hierher?* ‖ ~s mpl: ~
etesios ⟨Meteor⟩ *Etesien* pl ‖ a los cuatro ~ ⟨fig⟩
nach allen Richtungen, nach allen Seiten (hin) ‖
◊ anunciar a los cuatro ~ ⟨fig⟩ *in die od in alle*
Welt posaunen ‖ beber los ~ por alg. ⟨fig⟩ *in jdn*
(un)sterblich verliebt sein, nach jdm verrückt sein
‖ corren malos ~ ⟨fig⟩ *die Zeit ist ungünstig* ‖
dejar atrás los ~ ⟨fig⟩ *schneller als der Wind sein*
‖ moverse a todos ~ ⟨fig⟩ *wetterwendisch sein* ‖
publicar a los cuatro ~ → anunciar a los cuatro
~ ‖ quien siembra ~, recoge tempestades ⟨Spr⟩
wer Wind sät, wird Sturm ernten ‖ tener buenos ~
e–e gute Nase haben (Hund) ‖ tomar ~ ⟨Am⟩
Atem holen
   △ **²viento** m *Spion* m
   vientre m *Bauch* m ‖ *(Unter)Leib* m ‖ ⟨pop⟩
Wanst m ‖ *Mutterleib* m ‖ ⟨fig⟩ *Höhlung,*
Ausbauchung f ‖ ⟨Met⟩ *Kohlensack* m *(des*
Hochofens) ‖ ⟨Med⟩ *Stuhlgang* m ‖ ⟨Phys⟩
Wellen-, Schwingungs|bauch m ‖ bajo ~ ⟨An⟩
Unterleib m ‖ ~ de batracio ⟨Med⟩ *Froschbauch*
m ‖ ~ caido, ~ colgante, ~ péndulo *Hängebauch*
m ‖ ~ materno *Mutterleib* m ‖ ~ suelto ⟨fam⟩

Durchfall m ‖ ◆ desde el ~ de su madre ⟨fig⟩
von s–r Geburt an ‖ ◊ constiparse *od* estreñirse
el ~ ⟨Med⟩ *Verstopfung bekommen* ‖ descargar *od*
exonerar el ~, hacer de ~ *Stuhlgang haben* ‖
llenarse el ~ *s. e–n Bauch anessen* ‖ ⟨fam⟩ *s. den*
Bauch voll schlagen ‖ el ~ rige bien *der*
Stuhlgang ist regelmäßig ‖ ~ ayuno no oye a
ninguno *(od* el ~ no tiene orejas) ⟨Spr⟩ *Not kennt*
kein Gebot ‖ sacar el ~ de mal año ⟨figf⟩ *s. satt*
essen ‖ *s. herausfuttern* ‖ servir al ~ ⟨Theol⟩ *s.*
der Völlerei ergeben ‖ *tüchtig schlemmen*
   viernes m *Freitag* m ‖ (todos) los ~ *jeden*
Freitag, freitags ‖ ~ Santo *Karfreitag* m ‖ ◊
comer de ~ *Fastenspeisen essen* ‖ *fasten* ‖ la
semana que no tenga ~ ⟨figf⟩ *am*
Nimmer|mehrstag, -leinstag
   vierteaguas m *Regenleiste* f ‖ ⟨Auto⟩
Wasser(führungs)rinne, Regenrinne f
   Vietnam m ⟨Geogr⟩ *Vietnam* n ‖ =**ita** adj
vietnamesisch ‖ ~ m *Vietnamese* m ‖ =**ización** f
Vietnamisierung f *(des Krieges – bis Frühjahr*
1975)
   viga f *Balken* m ‖ *Träger* m ‖ *Kelter-,*
Press|balken m ‖ ~ de acero *Stahlträger* m ‖ ~
de anclaje *Verankerungsträger* m ‖ ~ de
armadura *Rüstbalken* m ‖ ~ de celosía
Fachwerk-, Gitter|träger m ‖ ~ de hormigón
armado *Stahlbetonträger* m ‖ ~ madre, ~
maestra ⟨Zim⟩ *Haupt|balken, -träger, Unterzug* m
‖ *Mauerlatte, Fußlatte* f ‖ ~ metálica *Stahlträger*
m ‖ ~ en T *T-(Eisen)Träger* m ‖ ~s *fpl*
Balkenwerk, Gebälk n ‖ ◊ estar contando las ~
⟨figf⟩ *ins Leere starren, gaffen*
   vigen|cia f ⟨Jur⟩ *Rechtskraft* f ‖
(Rechts)Gültigkeit, Geltung f ‖ **–te** adj *(m/f)*
rechtskräftig, in Kraft, gültig, geltend ‖ ◆ según
las leyes ~s *nach dem Gesetz, nach den*
geltenden Bestimmungen
   vigerrense adj *(m/f) aus Villena* (P Ali) ‖ *auf*
Villena bezüglich
   vi|gesimal adj *(m/f) Zwanziger-* ‖ **–gésimo** adj
der zwanzigste ‖ ~ m *Zwanzigstel* n
   vigi m ⟨pop⟩ → **vigilante**
   vigía f *Wacht-, Wart|turm* m, *Warte* f ‖ *Wache* f
‖ ⟨Mar⟩ *über die Wasseroberfläche ragende*
Klippe f ‖ ~ m *(Turm)Wächter, Wachhabende(r)*
m ‖ ⟨Mar⟩ *Ausguck(posten)* m ‖ *Schiffswache* f
   vigi|lancia f *Wachsamkeit* f ‖ *Be-,*
Über|wachung f ‖ *Beaufsichtigung, Aufsicht* f ‖
⟨Tech⟩ *Wartung* f *(e–r Maschine)* ‖ (puesto) bajo
la ~ de la policía *unter Polizeiaufsicht (gestellt)* ‖
◊ ejercer ~ (sobre algo) *(et.) überwachen* ‖
–lante adj *(m/f) wachsam, umsichtig, aufmerksam*
‖ ~ m *Wächter* m ‖ *Aufseher* m, *Aufsichtsperson* f
‖ *Überwacher* m ‖ Am *Polizist, Schutzmann* m ‖
~ de caminos *Straßenwärter* m ‖ ~ nocturno
Nachtwächter m ‖ ~ de piscina *Bademeister* m ‖
~ de vía ⟨EB⟩ *Streckenwärter* m ‖ **–lar** vt *über-,*
be|wachen, aufpassen (auf acc) ‖ *beachten* ‖ ◊ ~
la ejecución del pedido ⟨Com⟩ *die Ausführung*
des Auftrages überwachen ‖ ~ vi *wachen* ‖ *Acht*
geben, aufpassen (auf acc) ‖ ◊ ~ por el bien
público *auf das öffentliche Wohl bedacht sein* ‖
–lado por la policía *unter Polizeiaufsicht* ‖ **–lativo**
adj *wach (er)haltend*
   vigilia f *Nachtwache* f ‖ ⟨fig⟩ *geistige*
Nachtarbeit f ‖ ⟨Rel⟩ *Vorabend* m *(e–s Festes),*
Vigil f ‖ *Festabend* m ‖ *Fasten* n ‖ *Fastenspeise,*
fleischlose Kost f ‖ ⟨fig⟩ *Vorbote* m ‖ ~ de bodas
Vorabend der Hochzeit ‖ *Polterabend* m ‖ ~ de
Navidad *Weihnachtsabend* m ‖ ◆ de la ~ *vom*
Vorabend, gestrig ‖ ◊ comer de ~ *fasten*
   vigitano adj/s *aus Vich* (P Barc) ‖ *auf Vich*
bezüglich
   △ **vigolero** m *Henkersknecht* m

vigor *m Kraft, Stärke, Energie, Rüstigkeit* f ||
Nachdruck m, *Festigkeit* f || ⟨Jur⟩ *Gültigkeit,*
Geltung f || *Gesetzeskraft* f || ⟨fig⟩ *Kraft* f,
Ausdruck m || ◆ *con* ~ –▸ **vigoroso** || *sin* ~
kraftlos, entkräftet, matt, schlapp || ◇ *carecer de*
~ *energielos sein, k–e Tatkraft besitzen* || ⟨Fot⟩
flau sein (Negativ) || *entrar en* ~ *in Kraft treten*
(Gesetz usw.) || *poner en* ~ *in Kraft setzen*
vigo|r(iz)ar [z/c] vt *stärken, kräftigen* || ⟨fig⟩
beleben || **–rosidad** *f Rüstigkeit, Stärke* f ||
Heftigkeit f || **–roso** *adj stark, kräftig, kraftvoll,*
rüstig || *kernig, markig* || *heftig* || *fest,*
nachdrücklich, energisch || *kernig, ausgiebig*
(Wein)

vigota *f* ⟨Mar⟩ *Klampbock* m

viguería *f* ⟨Arch⟩ *Balkenwerk, Gebälk* n

vigués *adj/s aus Vigo* (P Pont) || *auf Vigo*
bezüglich

vigueta *f* ⟨Arch⟩ *dim von* **viga** || *kleiner Balken*
m || *Träger* m || **–je** *m Träger mpl* || *Gebälk* n

¹vihuela *f* ⟨Mus⟩ *(lautenförmige) Gitarre,*
Laute f

²vihuela *f Presse* f *der Falschmünzer*

vihuelista *m/f Gitarren-, Lauten|spieler(in* f) m

△ **vijilé** *m Henkersknecht* m

vijúa *f* Col *Steinsalz* m

vikingo *m* ⟨Hist⟩ *Wikinger* m

vil *adj/s gemein* || *niedrig* || *schlecht* || *elend,*
niederträchtig, schändlich || *treulos, verräterisch* ||
~ *ingratitud schnöder Undank* m || ◆ *a* ~ *precio*
spottbillig, zu e–m Spottpreis || *adv:* ~**mente**

△ **vilagómez** *m Schmarotzer* m

vilano *m* ⟨Bot⟩ *Feder|krone* f, *-kelch* m (z. B.
vom Löwenzahn)

vilayato *m Wilajet* n *(türkischer*
Verwaltungsbezirk, türkische Provinz)

vileza *f Gemeinheit* f || *Niederträchtigkeit,*
Schlechtigkeit, Schändlichkeit f

△ **vilhorro** *m Fliehende(r)* m

vilipen|diar *vt gering schätzen* ||
verunglimpfen, verächtlich behandeln ||
verleumden || **–dio** *m Geringschätzung* f ||
Verleumdung f || **–dioso** *adj verächtlich* ||
verleumderisch

villa *f Villa* f || *Marktflecken* m || *Kleinstadt* f,
Städtchen n *(größer als aldea, lugar)* || *Stadt* f || *la*
~ *y Corte* = Madrid || ~ *miseria* ⟨Arg⟩
Elendsviertel n || ~ *olímpica olympisches Dorf* n
|| *la* ~ *del Oso y del Madroño* = Madrid

Villadiego *m* [Stadt] *Villadiego* n (P Burg) || ◇
tomar (od coger) las de ~ ⟨figf⟩ *s. aus dem Staub*
machen, Reißaus nehmen, abhauen, die Flucht
ergreifen

villafran|queño *adj/s aus Villafranca de*
Córdoba (P Córd) || **–quero** *adj/s aus Villafranca*
de los Caballeros (P Tol) || **–qués** *adj/s aus*
Villafranca (P Guip, Nav, Bad, Barc) || **–quino** *adj*
aus Villafranca de Duero (P Vall) || *aus*
Villafranca del Cid (P Castellón) || *jeweils: auf*
Villafranca ... bezüglich

villaje *m Städtchen* n || *kleiner Ort* m

villa|nada *f Bauernstreich* m || ⟨fig⟩ *Schurkerei*
f || **–naje** *m Bauern|volk* n, *-schaft* f

villan|cico (–cejo, –cete) *m (Volks)Lied* n || ~
(de Navidad) *Weihnachtslied* n || Am *auch:*
Wiegenlied n || **–chón** *m/adj* ⟨fam⟩ *Flegel,*
Lümmel, Grobian m

villa|nesca *f Bauern|lied* n, *-tanz* m || **–nesco**
adj bäu(e)risch, Bauern- || **–nía** *f niedrige Abkunft*
f || ⟨fig⟩ *Niederträchtigkeit, Gemeinheit,*
Schurkerei f || *Zote* f || **–no** *adj* ⟨Hist⟩
nichtad(e)lig, bürgerlich || ⟨fig⟩ *bäu(e)risch, grob*
|| *gemein, niederträchtig, schändlich* || ~ m
Dorfbewohner m || ⟨Hist⟩ *Nichtad(e)lige(r)* m ||
⟨fig⟩ *grober Mensch* m || *ein altspan. Volkstanz*

(16. Jh.) || ~ *por los cuatro costados* ⟨fig⟩ *übler*
Bursche m || ~ *en su rincón* ⟨fig⟩ *ungeselliger*
Mensch || ~ *harto de ajos* ⟨figf⟩ *ungeschlachter*
Bauernlümmel m

villa|novense *adj/s (m/f) aus Villanueva del*
Rey (P Córd) || **–nuevero** *adj/s aus Villanueva de*
Alcardete (P Tol) || **–nuevés** *adj/s aus Villanueva*
de Arosa (P Pont) || **–nuevicano** *adj/s aus*
Villanueva de los Caballeros (P Vall) || *jeweils:*
auf Villanueva ... bezüglich

villar *m kleiner Ort* m

villa|rejano *adj/s aus Villarejo del Valle* (P Av)
|| **–rejeño** *adj/s aus Villarejo de Fuentes* (P
Cuenca) || **–rejero** *adj/s aus Villarejo del Salvanés*
(P Madr) || *jeweils: auf Villarejo ... bezüglich*

villa|reño *adj/s aus Las Villas* (Cuba) || *auf Las*
Villas bezüglich || **–riego** *adj/s aus Los Villares*
(P Jaén) || *auf Los Villares bezüglich* || **–riniense**
adj/s (m/f) aus Villarino (P Sal) || *auf Villarino*
bezüglich || **–rino** *adj/s aus Villar* (P Vall) || *auf*
Villar bezüglich

villa|renco *adj/s aus Villar de Arnedo* (P Logr) ||
–renco *adj/s aus Villar de Arzobispo* (P Val) ||
jeweils: auf Villar ... bezüglich

villería *f Sant* ⟨Zool⟩ –▸ **comadreja**

villero *adj/s aus Orotava* (P Can) || *auf*
Orotava bezüglich

villo|ría *f Meierei* f || *Landhaus* n || **–rrio** (Am
dim **–rico**) *m* ⟨desp⟩ *kleines, elendes Nest,* ⟨fam⟩
Kaff n

vilo *m:* en ~ *schwebend, in der Schwebe, in*
der Luft || ⟨fig⟩ *unsicher, schwankend* || ◇ *estar en*
~ ⟨fig⟩ *im Ungewissen sein, in Ungewissheit*
schweben || *levantar en* ~ *in die Höhe heben, in*
der Schwebe halten || *llevar en* ~ *in den Armen*
tragen || *poner en* ~ ⟨fig⟩ *aufbringen* || *quedar en*
~ *in der Luft schweben (& fig)* || *vivir en* ~ ⟨fig⟩
in Ungewissheit leben

vilordo *adj faul, träge*

vilorta *f Zwinge* f, *Eisenring* m *(an Wagen od*
Pflug) || *Fass-, Holz|reif* m

vilorta *f* ⟨Sp⟩ *Schlagballspiel* n *(mit e–m*
Holzball)

¹vilorto *m* ⟨Bot⟩ *(e–e Art der) Waldrebe* f

²vilorto *m* ⟨Sp⟩ *Ballschläger* m *(im*
Vilortaspiel)

vilote *adj (desp von* **vil**) Arg *feige*

viltrotero *adj/s liederlich*

vina|grada *f Essigwasser* n *mit Zucker*
(erfrischendes Getränk) || **–gre** *m Essig* m || ⟨figf⟩
Griesgram m || ~ *de hierbas Kräuteressig* m || ~
de madera Holzessig m || ~ *de sidra Obst-,*
Apfelwein|essig m || ~ *de vino,* ~ *vínico*
Weinessig m || ◇ *hacer cara de* ~ ⟨figf⟩ *ein*
langes Gesicht machen || *hacer tragar* ~ *a alg.*
⟨figf⟩ *jdm das Leben verbittern* || **–grera** *f*
Essighändlerin f || *Essigflasche* f || Am
Sodbrennen n || ~**s** *fpl Essig- und Öl|gestell* n,
Menage f || ⟨pop⟩ *Messkännchen npl* || **–grero** *m*
Essighändler m || **–greta** *f* ⟨Kochk⟩ *Vinaigrette,*
Essig|sauce, -tunke f || **–grillo** *m dim von* **–gre** ||
wohlriechende Essigmischung f || **–grón** *m*
umgeschlagener Wein || **–groso** *adj essigsauer* ||
⟨figf⟩ *sauertöpfisch, griesgrämig, grantig,*
miesepetrig

vinajera *f* ⟨Kath⟩ *Messkännchen* n

vinal *m* Arg ⟨Bot⟩ *(Art) Johannisbrotbaum* m

vinal *adj (m/f) Wein-*

vinapón *m* Pe *Maisbier* n

vinar *adj (m/f) Wein-*

vina|riego *m Winzer, Wein|bauer, -gärtner* m ||
–tería *f Weinhandel* m || *Weinhandlung* f ||
vina|tero *adj Wein-* || ~ m *Weinhändler* m ||
–za *f Tresterwein* m || ~**s** *fpl Schlempe* f || **–zo** *m*
⟨fam⟩ *dicker Wein* m

vinca *f* Am ⟨Bot⟩ → **nopal** ‖ ~**(pervinca)** *f* ⟨Bot⟩ *Singrün, Immergrün* n (Vinca spp)
vincha *f* Bol Pe *Haarband* n ‖ Arg *(Art) Kopftuch* n
vinchuca *f* Am ⟨Ins⟩ *(Art) Feldwanze* f (Reduvius infestans)
vincu|lable adj *(m/f) vinkulierbar* ‖ *fideikommissbar* ‖ **–lación** *f enge Verbindung* f ‖ *Verknüpfung* f ‖ *Gebundenheit* f ‖ ⟨Com⟩ *Vinkulation, Sperre* f ‖ **–lante** adj *(m/f) ver|bindlich, -pflichtend* ‖ **–lar** vt *(miteinander) verbinden, binden* ‖ *(ver)knüpfen* ‖ *verpflichten* ‖ *in (enge) Verbindung bringen* (a *mit)* ‖ ⟨Com⟩ *vinkulieren, sperren* ‖ ⟨Jur⟩ *unveräußerlich machen* ‖ ◇ *sus esperanzas a ... s–e Hoffnungen knüpfen an ...* (acc)
vínculo *m Verbindung* f ‖ *(fig) Band* n, *Bindung* f ‖ *Bindeglied* n ‖ ⟨Jur⟩ *Bindung, Verpflichtung* f ‖ ⟨Jur⟩ *Sicherheitsklausel* f ‖ ⟨Jur⟩ *Fideikommiss, unveräußerliches Erbgut* n ‖ *cortar los* ~s *die Verbindung abbrechen* ‖ *los* ~s *del matrimonio das eheliche Band* ‖ *los* ~s *de sangre Blutsbande* npl ‖ *unidos por* ~s *de amistad* ⟨fig⟩ *durch Freundschaft(sbande) verbunden*
vindi|cación *f Rache, Vergeltung* f ‖ *Genugtuung, Sühne* f ‖ *Verteidigung, Rechtfertigung* f ‖ ⟨Jur⟩ *Zurückforderung* f ‖ **–cador** *m Rächer* m ‖ **–car** [c/qu] vt *rächen (Schmach, Beleidigung)* ‖ *verteidigen, rechtfertigen* ‖ *wieder zu Ehren bringen* ‖ ⟨Jur⟩ *zurückfordern* ‖ ◇ ~se *de ... s. rächen für ...* ‖ **–cativo** adj *rachsüchtig* ‖ *rächend* ‖ *ehrenrettend (Rede, Schrift)* ‖ **–catorio** adj *Sühne-* ‖ *Rache-* ‖ *verteidigend (gegen Verleumdung)*
vindicta *f Rache, Sühne* f ‖ ~ *pública gerichtliche Verfolgung* f ‖ → auch **venganza**
vindobonense adj/s *(m/f) wienerisch*
vine → **venir**
vinería *f* Am *Weinhandlung* f
vínico adj: *ácido* ~ ⟨Chem⟩ *Weinsäure* f ‖ *alcohol* ~ *Äthanol* n, *Äthylalkohol* m
vinícola adj *(m/f): país, región* ~ *Wein|land* n, *-gegend* f *bzw -(an)baugebiet* n ‖ ~ *m* →
vini|cultor *m Winzer, Wein|bauer, -gärtner* m ‖ **–cultura** *f Weinbau* m
vinífero adj: *región* ~a *Wein|gegend* f, *-(an)baugebiet* n
vinifica|ción *f Weinbereitung* f ‖ ~ *en tinto Rotweinbereitung, Maischegärung* f ‖ **–car** vt *zu Wein verarbeiten*
vi|nílico adj ⟨Chem⟩ *Vinyl-* ‖ **–nilo** *m Vinyl* n
vinillo *m* dim von **vino** ‖ *schwacher Wein* m
vino *m Wein* m ‖ ~ *abocado halbsüßer Wein* m ‖ ~ *agrio saurer Wein* m ‖ ~ *aguado, bautizado ge|wässerter, -taufter Wein* m ‖ ~ *ajerezado herber Wein* m *mit Jerezgeschmack* ‖ ~ *albillo Gutedelwein* m ‖ ~ *amontillado feiner, heller Sherry* m *(nach Art des Montilla* P *Córd)* ‖ ~ *de añada Jahrgangswein* m ‖ ~ *añejo alter, abgelagerter Wein* m ‖ ~ *aromático Bukettwein* m ‖ ~ *arropado eingekochter Wein* m ‖ ~ *artificial Kunstwein* m ‖ ~ *atabernado Schankwein* m ‖ ~ *barbera* Arg *herber Rotwein* m ‖ ~ *de barrica Barriquewein* m ‖ ~ *blanco Weißwein* m ‖ ~ *de Borgoña Burgunderwein* m ‖ ~ *de Burdeos Bordeauxwein* m ‖ ~ *caliente Glühwein* m ‖ ~ *de cebada* ⟨reg⟩ *Bier* n ‖ ~ *clarete Rosé(wein)* m ‖ ~ *Weißherbst* m ‖ ~ *corriente (od común) Tischwein* m ‖ ~ *de cosecha propia Eigenbau(wein)* m ‖ ~ *de cuerpo Wein* m *mit Körper* ‖ ~ *(de) champaña Champagner, Sekt* m ‖ ~ *de dos orejas hervorragender Wein* m ‖ ~ *dulce Süßwein* m ‖ ~ *embotellado Flaschenwein* m ‖ ~ *encabezado verschnittener Wein* m ‖ ~ *sin encabezar*

unverschnittener Wein m ‖ ~ *espumoso Schaumwein* m ‖ ~ *ferruginoso (de quina) Eisen(china)wein* m ‖ ~ *flojo dünner Wein* m ‖ ~ *fuerte starker Wein* m ‖ ~ *de garrote Scheiterwein* m ‖ ~ *generoso Edel-, Tafel|wein* m ‖ ~ *de gota Ausbruch, Vorlauf* m ‖ ~ *de dos (tres) hojas zweijähriger (dreijähriger) Wein* m ‖ ~ *de Jerez Jerez(wein), Sherry* m ‖ ~ *joven en fermentación Federweiße(r)* m ‖ ~ *de lágrima Ausbruch, Vorlauf* m ‖ ~ *ligero (picante) leichter (prickelnder) Wein* m ‖ ~ *de Madera Madeirawein* m ‖ ~ *de Málaga Malaga(wein)* m ‖ ~ *de marca Markenwein* m ‖ ~ *medicamentoso,* ~ *medicinal Medizinal-, Arznei|wein* m ‖ ~ *meridional Südwein* m ‖ ~ *de mesa Tischwein* m ‖ ~ *mezclado Verschnittwein* m ‖ ~ *de misa* ⟨Rel⟩ *Messwein* m ‖ ~ *moro (joc) ungetaufter Wein* m ‖ ~ *moscatel Muskatellerwein* m ‖ ~ *de Mosela Moselwein* m ‖ ~ *natural Naturwein, naturreiner Wein* m ‖ ~ *nuevo junger Wein* m ‖ ~ *de Oporto Portwein* m ‖ ~ *de origen* → ~ *natural* ‖ ~ *del país einheimischer Wein, Landwein* m ‖ ~ *de palma Palmwein* m ‖ ~ *pardillo halbdunkler Wein* m ‖ ~ *de pastizal,* ~ *de pasto Tischwein* m ‖ ~ *peleón ganz gewöhnlicher Wein,* ⟨fam⟩ *Krätzer* m ‖ ~ *en pipas Fasswein* m ‖ ~ *de postre Dessertwein* m ‖ ~ *de pulso kräftiger Wein* m ‖ ~ *de quina Chinawein* m ‖ ~ *rancio alter Wein, Firnwein* m ‖ ~ *rascón (fam) Krätzer* m ‖ ~ *raspante herber, spritziger Wein* m ‖ ~ *de relleno Füllwein* m ‖ ~ *renano,* ~ *del Rin Rheinwein* m ‖ ~ *rosado Rosé(wein)* m ‖ ~ *seco herber Wein* m ‖ *trockener Wein* m ‖ ~ *semiseco halbtrockener Wein* m ‖ ~ *con sifón Weinschorle* f ‖ ~ *tintillo Wein* m *von blassroter Farbe* ‖ ~ *tinto Rotwein* m ‖ ~ *tónico Nerven- und Kraft|wein* m ‖ ~ *triscado gepan(t)schter Wein* m ‖ ~ *verde* Cue *herber Most* m *ein portugiesischer Rotwein* m *(aus unreifen Trauben hergestellt)* ‖ ~ *de yema Vorlauf* m ‖ ◆ *abundante en* ~ *weinreich* ‖ *año abundante en* ~ *Weinjahr* n ‖ ◇ *adulterar el* ~ *den Wein verfälschen* od *bautizar* od *cristianar el* ~ ⟨fig⟩ *den Wein taufen* ‖ *dormir el* ~ *s–n (Wein)Rausch ausschlafen* ‖ *encabezar el* ~ *den Wein verschneiden* ‖ *tener mal* ~ ⟨pop⟩ *krakeelen, spektakeln, randalieren (Betrunkener)* ‖ *tomarse del* ~ ⟨fig⟩ *s. beschwipsen*
vinolen|cia *f Unmäßigkeit* f *(beim Weintrinken)* ‖ *Trunksucht* f ‖ **–te** adj *(m/f) unmäßig im Trinken*
vino|sidad *f Weingehalt* m ‖ *Weinartigkeit* f ‖ **–so** adj *weinartig* ‖ *weinreich* ‖ *weinrot* ‖ ◇ *de color (de)* ~ *wein|rot* bzw *-farbig*
vin|tén, –tón *m* Ur *e–e Nickelmünze*
vinterana *f* ⟨Bot⟩ *Zimtrinden-, Weißer Kaneel|baum* m (Canella winterana)
¹viña *f Weinberg* m ‖ *Weinstock* m ‖ ⟨fig⟩ *Sinekure, Pfründe* f ‖ ◇ *es una* ~ ⟨fig⟩ *das ist e–e Goldgrube* ‖ ◆ *de mis* ~s *vengo (fig) ich habe mit der Sache nichts zu tun* ‖ *mein Name ist Hase* ‖ *en la* ~ *del Señor* ⟨Rel⟩ *im Weinberg des Herrn* ‖ *de todo hay en la* ~ *del Señor (Spr) etwa: nichts ist vollkommen* ‖ *es gibt solche und solche*
△ **²viña** *f:* tomar las ~s *(fig) Reißaus nehmen, abhauen*
viña|dero *m Weinbergaufseher* m ‖ **–dor** (SAm **–tero**) *m Winzer*
viñedo *m Wein|berg, -garten* m
viñe|ta *f* ⟨Typ⟩ *Vignette, Zier-, Schmuck|leiste* f ‖ *Vignette* f *(als Gebührenquittung für Straßenbenutzung)* ‖ ~ *de título Titelvignette* f ‖ **–tero** *m* ⟨Typ⟩ *Vignettenschrank* m
viñuela *f* dim von **viña**
¹viola *f* ⟨Mus⟩ *Viola, Bratsche* f ‖ Arg *Gitarre* f

‖ ~ de amor ⟨Mus⟩ *Viole d'amour, Liebesgeige* f
‖ ~ m ⟨Mus⟩ *Bratschenspieler, Bratschist* m
²vio|la f ⟨Bot⟩ *Veilchen* n (→ **violeta**) ‖
Stiefmütterchen n (→ **²pensamiento**) ‖ Ar *Levkoje*
f ‖ **–láceas** fpl ⟨Bot⟩ *Veilchengewächse* npl ‖
–láceo adj *veilchenartig* ‖ *violett* ‖ *rojo* ~
rotviolett
violación f *Schändung* f ‖ *Vergewaltigung* (&
fig), *Notzucht* f ‖ *Verletzung* f ‖ *Übertretung* f ‖
Verstoß m (de *gegen*) ‖ ~ de la Constitución
Verfassungsbruch m ‖ ~ de contrato
Vertragsbruch m ‖ ~ del espacio aéreo *Verletzung*
f *des Luftraumes* ‖ ~ de frontera(s)
Grenzverletzung f ‖ ~ de la integridad del
territorio nacional *Verletzung* f *des Staatsgebietes*
‖ ~ de un juramento *Eidesbruch* m ‖ ~ de la ley
Gesetzesverletzung f ‖ ~ de la neutralidad
Neutralitätsverletzung f ‖ ~ de la paz
Friedensbruch m ‖ ~ del secreto postal, ~ (del
secreto) de la correspondencia *Verletzung* f *des*
Briefgeheimnisses ‖ ~ de sepultura(s)
Grabschändung f ‖ *Störung* f *der Totenruhe*
¹violado adj *vergewaltigt* ‖ ~ m ⟨Jur⟩
Notzuchtopfer n
²violado adj *veilchenblau, violett*
violador m *Übertreter* m ‖ *Schänder* m ‖
Notzuchtverbrecher, Vergewaltiger m
¹violar m *Veilchenbeet* n
²violar vt *vergewaltigen* ‖ *verletzen, übertreten*
(Gesetz) ‖ *schänden, notzüchtigen, entehren* ‖
entheiligen, schänden (Kirche) ‖ ◇ ~ la
correspondencia *das Briefgeheimnis verletzen* ‖ ~
la ley *das Gesetz übertreten, gegen das Gesetz*
verstoßen
violen|cia f *Heftigkeit* f, *Ungestüm* n, *Wucht* f ‖
Gewalt(samkeit), Gewalttätigkeit, Tätlichkeit f ‖
Zwang m ‖ *Notzucht* f ‖ ⟨fig⟩ *Widerwille* m ‖ ~
callejera Straßengewalt f ‖ ◆ con ~ *mit Gewalt,*
gewaltsam ‖ *heftig, ungestüm* ‖ no ~
Gewaltlosigkeit f ‖ sin ~ *gewaltlos* ‖ ◇ cerrar
con ~ *zuschlagen (Tür)* ‖ costar ~ *Überwindung*
kosten ‖ emplear (la) ~ *Gewalt anwenden* ‖
tätlich werden ‖ hacer ~ a alg. *jdm Gewalt antun*
‖ hacerse ~ ⟨fig⟩ s. *Gewalt antun, s. zwingen, s.*
überwinden ‖ **–tar** vt *Gewalt antun, gewalttätig*
behandeln ‖ *vergewaltigen* ‖ *zwingen* ‖
aufbrechen, sprengen (Schublade, Tür) ‖ ⟨fig⟩
verdrehen, entstellen ‖ ◇ ~ una casa *in ein Haus*
einbrechen ‖ ~ en (od a) *hineinzwängen in* (acc)
‖ **~se** ⟨fig⟩ s. *Gewalt antun, s. zwingen, s.*
überwinden ‖ **–tismo** m Chi *(ausgeübte) Gewalt,*
Neigung f *zur Gewalt* ‖ **–tista** m/f *Gewalttäter(in*
f) m ‖ **–to** adj *heftig, gewaltig* ‖ *wuchtig* ‖
stürmisch ‖ *gewaltsam* ‖ *gewalttätig* ‖ *ge-,*
er|zwungen ‖ *wild* ‖ *ungestüm* ‖ *jähzornig* ‖
⟨fig⟩ *widerrechtlich* ‖ *unwillig* ‖ ◇ ⟨fig⟩
estar od sentirse ~ s. *gehemmt fühlen (in e–r*
Umgebung)
viole|ta adj *veilchenblau, violett* ‖ ~ f ⟨Bot⟩
(Duft)Veilchen n (Viola odorata) ‖ ~ africana
Usambaraveilchen n (Saintpaulia jonantha) ‖ ~ m
Violett n *(Farbe)* ‖ (de) color ~ *veilchenblau,*
violett ‖ **–tal** m *Veilchenbeet* n ‖ **–tera** f
Veilchenverkäuferin f ‖ **–tero** m *Veilchenvase* f
¹violín m ⟨Mus⟩ *Geige, Violine* f ‖ *Geiger* m ‖ ~
concertino ⟨Mus⟩ *Konzertmeister* m ‖ ~ de Ingres
Steckenpferd, Hobby n ‖ ~ de marca *Meistergeige*
f ‖ primer ~ ⟨Mus⟩ *erster Geiger* m ‖ ~ a la
sordina *Geige* f *mit Dämpfer* ‖ ◇ *embolsar el* ~
⟨figf⟩ Arg s. *blamieren, hereinfallen* ‖ tocar el ~
die Geige spielen, geigen
²violín m Ven *Mundgeruch* m
violina f ⟨pop⟩ *Rausch* m ‖ *Schwips* m
violinista m/f *Geig(enspiel)er(in* f) m ‖ (~)
virtuoso *Geigenvirtuose(r)* m

¹violón m *Bassgeige* f, *Kontrabass* m ‖
Bassgeiger m
△ **²violón** m *Gefängnis* n
violonc(h)e|lista m/f *Cellist(in* f) m,
Cellospieler(in f) m ‖ **–lo** m *Violon(cello)* n ‖
Cellist m
vípera f → **víbora**
viperino adj *Viper(n)-, Otter(n)-* ‖ *otternartig* ‖
⟨fig⟩ *lästernd* ‖ *verleumderisch*
vira f *dünner, spitzer Pfeil* m ‖ *Brandsohle* f
viracocha m ⟨Hist⟩ *Bezeichnung der*
peruanischen Indianer für die Konquistadoren
virada f ⟨Mar⟩ *Wenden, Drehen* n
virador m/adj ⟨Fot⟩ *Tonbad* n, *Toner* m
virago f *Mannweib* n
viraje m *Wendung, Drehung, Schwenkung* f (&
fig) ‖ *Kurve, Kehre, Schleife, (Straßen)Biegung* f ‖
⟨Sp⟩ *Wende* f ‖ ⟨Fot⟩ *Tonung* f ‖ ⟨Flugw⟩
Bahnkrümmung, Kurve f ‖ ⟨fig⟩ *Umschwung* m ‖
~ en sepia ⟨Fot⟩ *Sepiatönen* n ‖ un ~ difícil *e–e*
gefährliche Kurve ‖ ◇ hacer od dar un ~ *e–e*
Kurve nehmen (Auto)
viral adj *(m/f) Virus-, viral*
¹virar vi/t *drehen, wenden* (& Sp), *schwenken*
‖ *e–e Kurve nehmen, kurven* ‖ ⟨Flugw Mar⟩
abdrehen ‖ ⟨Fot⟩ *tönen* ‖ ⟨fig⟩ *umschwenken, s–e*
Meinung ändern ‖ ◇ ~ a la derecha (a la
izquierda) *nach rechts (links) ausweichen* ‖ ~ en
redondo ⟨Mar⟩ *rundwenden* ‖ ⟨fig⟩ *e–e*
Kehrtwendung machen
²virar vi/t Chi ⟨reg⟩ → **ver**
virazón f *regelmäßig wechselnder Seewind* m
(tagsüber) und Landwind m *(nachts)* ‖ Sant
plötzliches Umschlagen des Windes (bes. *von*
Süd auf Nordwest) ‖ ⟨fig⟩ *plötzlicher Umschwung*
m ‖ *Kurs|änderung* f, *-wechsel* m ‖ Col ⟨figf⟩
flinke, fleißige Person f
△ **virbirecha** f → **víbora**
¹virgen f *[pl* **vírgenes**] *Jungfrau* f ‖ p. ex
Marien|bild, -gemälde n, *-statue* f ‖ la ~̃ (María
od la Santísima ~̃) ⟨Rel⟩ *Maria, die Heilige*
Jungfrau f ‖ ¡~̃ santa (od santísima)! int *Heilige*
Mutter Gottes! du liebe Güte! ‖ (un) viva la ~
(ein) Luftikus, (ein) Leichtfuß, (ein) Windhund,
ein unzuverlässiger Mensch m
²virgen adj *(m/f) jungfräulich* ‖
⟨fig⟩ *rein, un|berührt, -schuldig, -gebraucht* ‖
gediegen (Metall) ‖ *unbelichtet (Film)* ‖
Ur-, Roh-
³virgen f *Richtbalken* m (*e–r Kelterei* od
Ölmühle)
virgiliano adj *vergilisch, nach der Weise*
Vergils (Virgilio)
vir|ginal *(m/f),* **-gíneo** adj *jungfräulich* ‖ ⟨fig⟩
keusch, rein ‖ *un|berührt, -befleckt*
virginiano adj/s *aus Virginia* ‖ *auf Virginia*
bezüglich
virginidad f *Jungfräulichkeit* f ‖ ⟨fig⟩ *Reinheit,*
Unberührtheit f
virgitano adj/s *aus Berja* (P Alm) ‖ *auf Berja*
bezüglich
virgo m *Jungfernschaft* f ‖ *Hymen* n ‖ ◇ quitar
el ~ a alg. ⟨vulg⟩ *jdn entjungfern* ‖ quitar el ~ a
algo ⟨figf⟩ et. *entweihen* ‖ ~ m ⟨Astr⟩ *Jungfrau* m
(im Tierkreis)
vírgs. ⟨Abk⟩ = **vírgenes**
virguería f ⟨pop⟩ *(unnötige) Verzierungen* fpl,
(zuviel) Drum und Dran n, *Flitterkram* m
vírgula f *Gerte* f ‖ *Stäbchen* n ‖ ⟨Gr⟩ *Komma*
n, *Beistrich* m ‖ (bacteria) ~ ⟨Med⟩
Kommabazillus m ‖ → **vibrión**
virgulilla f *kleiner, feiner Strich* m ‖ ⟨Gr⟩
(Bei)Strich m *(wie Akzent, Apostroph, Cedille,*
Komma und Tilde)
¹viril adj *(m/f) männlich, mannhaft*

²viril *m Glas|gehäuse* n, *-sturz* m, *-glocke* f ‖ *kleine gläserne Monstranz, Lunula* f

viri|lidad *f Männlichkeit* f ‖ *Mannbarkeit* f ‖ *Manneskraft* f ‖ *Mannesalter* n ‖ ⟨fig⟩ *männliches Glied* n ‖ ⟨fig⟩ *Kraft* f ‖ ◇ quitar la ~ a alg. *jdm die Mannheit nehmen, jdn entmannen* ‖ **–lismo** *m* ⟨Med⟩ *Virilismus* m, *Vermännlichung* f *der Frau* ‖ **–lización** *f* ⟨Med⟩ *Virilisierung* f ‖ *Vermännlichung* f *(der Frau)*

viripo|tencia *f Mannbarkeit* f ‖ **–tente** adj *mannbar (Frau)*

virofijador *m/*adj ⟨Fot⟩: (baño) ~ *Tonfixierbad* n

virol *m* ⟨Her⟩ *Horn* n ‖ *Eisenring* m, *Zwinge* f *(um Trompete od Jagdhorn)*

virola *f* ⟨Tech⟩ *Zwinge* f ‖ *Ring* m ‖ *End-, Schrumpf|ring* m ‖ ~ de caldera *Kesselschuss* m

virolento adj *pocken-, blatter|narbig* ‖ ~ *m Pockenkranke(r)* m

vi|rología *f* ⟨Med⟩ *Virologie, Virus|kunde* bzw *-forschung* f ‖ **–rólogo** *m Virologe, Virusforscher* m ‖ **–rosis** *Virose, Viruserkrankung* f

virotada *f Ven Albernheit* f

virote *m Pfeil* m *mit Eisenbeschlag* ‖ *Armbrustbolzen* m ‖ ⟨fig⟩ *junger Müßiggänger, Tunichtgut* m ‖ ⟨fig⟩ *lächerlich-ernster Mensch* m ‖ Am ⟨pop⟩ *Dummkopf* m ‖ ◇ mirar por el ~ ⟨figf⟩ *aufpassen, Acht geben*

virotillo *m* ⟨Text⟩ *Heckstützen* fpl *am Webstuhl* ‖ ⟨Zim⟩ *Stuhlsäule* f

virrei|na *f Vizekönigin* f ‖ **–nal** adj *(m/f) Vizekönigs-* ‖ **–n(at)o** *m Vizekönig|tum, -reich* n ‖ *Regierungszeit* f *e–s Vizekönigs*

virrey *m Vizekönig* m

vir|tual adj *(m/f) wirkungsfähig* ‖ ⟨Inform Phys Psychol⟩ *virtuell* ‖ *der Kraft od Möglichkeit nach (vorhanden), anlagemäßig, scheinbar* ‖ *wesentlich* ‖ *stillschweigend inbegriffen* ‖ **–tualidad** *f innewohnende Kraft od Möglichkeit* f, *Wirkungsvermögen* n, *Virtualität* f ‖ **–tud** *f (wirkende) Kraft, Fähigkeit* f ‖ *Vermögen* n ‖ *Eigenschaft* f ‖ *(Heil)Kraft* f ‖ *Wirksamkeit* f ‖ ⟨fig⟩ *Vorzug* m ‖ *Tugend* f ‖ *Sittsamkeit* f ‖ *Rechtschaffenheit* f ‖ ~ curativa *Heilkraft* f ‖ ~ estomacal ⟨fam joc⟩ *Esstüchtigkeit* f ‖ ~ preservadora *schützende Kraft od Macht* f ‖ ♦ en ~ *de vermöge, kraft, auf Grund, mittels* (gen) ‖ en ~ de lo cual *demzufolge* ‖ ◇ hacer de necesidad ~ ⟨fig⟩ *aus der Not e–e Tugend machen* ‖ lleno de ~es *sehr tugendhaft* ‖ ⟨fig⟩ *mit vielen Vorzügen* ‖ seguir el camino od la senda de la ~ ⟨fig⟩ *den Weg der Tugend wandeln* ‖ tener ~ *Wirkung haben, wirken* ‖ ~es fpl: *es cardinales Haupt-, Kardinal|tugenden* fpl ‖ ~ castrenses, ~ militares *soldatische Tugenden* fpl ‖ ~ teologales ⟨Rel⟩ *theologische Tugenden* fpl *(Glaube, Liebe, Hoffnung)*

virtuo|sidad *f Tugendhaftigkeit* f ‖ →

virtuosismo ‖ **–sismo** *m Virtuosität, hohe Kunstfertigkeit, meisterhafte od perfekte Beherrschung* f *(e–s Instrumentes, e–s Faches usw.)* ‖ **–so** adj *tugendhaft* ‖ *fromm* ‖ *(heil)kräftig, wirksam* ‖ *virtuos, meisterhaft* ‖ ~ *m* ⟨Mus⟩ *Virtuose* m ‖ ~ del balón ⟨Sp⟩ *Ballartist* m

viruela *f* ⟨Med⟩ *Pocken, Blattern* fpl ‖ *Pocke, Blatter, Pustel* f ‖ ~ loca *Windpocken* fpl ‖ ~ negra, ~ maligna *Schwarze Blattern* fpl ‖ ~s fpl *Blattern, Pocken* fpl ‖ picado de ~ *pockennarbig* ‖ ~ coherentes, ~ confluentes *zusammen|hängende, -fließende Blattern* fpl

virulé: a la ~ oben *zusammengerollt (Strümpfe)* ‖ ⟨fig⟩ *verrutscht, schief* ‖ ⟨fig⟩ *kaputt* ‖ ◇ le pusieron un ojo a la ~ ⟨fig⟩ *sie schlugen ihm (ihr) ein blaues Auge* ‖ tener la cabeza a la ~ ⟨fig⟩ *nicht ganz bei Trost sein*

virulen|cia *f* ⟨Med⟩ *Ansteckungsfähigkeit, Virulenz* f ‖ *Giftigkeit* f ‖ ⟨fig⟩ *Boshaftigkeit, Bissigkeit* f ‖ *Heftigkeit* f *(von Krankheitserregern)* ‖ **–to** adj *giftig* (& fig) ‖ *ansteckend, aktiv, virulent* ‖ *eiternd (Wunde)* ‖ ⟨fig⟩ *boshaft, beißend* ‖ *heftig*

virus *m* ⟨Med⟩ *Virus* ⟨Wiss⟩ n, sonst & m (& fig und Inform) ‖ ~ gripal, ~ de la gripe *Grippevirus* n ‖ ~ informático *Computervirus* n ‖ ~ de inmunodeficiencia humana *menschliches Immundefektvirus, Aids-Virus* n ‖ ~ rábico *Tollwutvirus* n

viruta *f Span* m ‖ ~s fpl *Hobel-, Bohr|späne* mpl ‖ *Holzwolle* f ‖ ⟨joc⟩ *Schreiner* m ‖ ~ de acero *Stahlwolle* f *(zum Schleifen)* ‖ ~ de fundición *Gussspäne* mpl ‖ ~ de madera *Holzspäne* mpl ‖ ~ de sierra *Sägespäne* mpl

¹vis *f:* ~ cómica *Komik* f, *die Kraft* f *des Komischen* ‖ ~ major ⟨lat⟩ ⟨Jur⟩ *höhere Gewalt* f

²vis Am ⟨pop⟩ = viste (→ ver)

visa *f*, **–do** *m Sichtvermerk* m, *Visum* n ‖ ~ consular *Konsulatsvisum* n ‖ ~ de entrada *Einreisevisum* n ‖ ~ de pasaporte *Passvisum* n ‖ ~ de salida *Ausreisevisum* n ‖ ~ de tránsito *Transit-, Durchreise|visum* n ‖ ~ turístico *Touristenvisum* n

△ **visaba** *f Fehler* m, *Sünde* f

visa|je *m Grimasse, Fratze, Faxe* f ‖ ◇ hacer ~s *Grimassen schneiden, e–e Fratze machen* ‖ **–jero** adj *(gern) Grimassen schneidend* ‖ ~ *m Grimassen-, Fratzen|schneider* m ‖ **–jista** *m/f* ⟨Kosm⟩ *Visagist(in* f) m

△ **visante** *m Auge* n

¹visar vt *visieren, beglaubigen, mit e–m (Sicht)Vermerk bzw Visum versehen* ‖ *abzeichnen* ‖ ◇ ~ el pasaporte *den Reisepass mit e–m Visum versehen*

²visar vt/i *zielen* ‖ *einstellen (Lupe)*

vis-a-vis adv ⟨gall⟩ *gegenüber*

visceral adj *(m/f)* ⟨An⟩ *Eingeweide-, viszeral* ‖ ⟨fig⟩ *irrational*

víscera(s) *f(pl)* ⟨An⟩ *Eingeweide* npl, *Weichteile* pl

visco *m Vogelleim* m

viscosa *f* ⟨Ku⟩ *Viskose, Kunstseide* f

viscosidad *f Klebrigkeit* f ‖ *Zähflüssigkeit* f ‖ *Viskosität* f

viscosilla *f* ⟨Ku⟩ *Zellwolle* f

visco|símetro *m Viskosimeter* n ‖ **–so** adj *klebrig, zäh(flüssig), viskos* ‖ *schleimig* ‖ *sülzig* ‖ ⟨fig⟩ *schlüpfrig, schmierig*

visera *f* ⟨Hist⟩ *(Helm)Visier* n ‖ ⟨Mil⟩ *Seh-, Beobachtungs|schlitz* m *(e–s Panzers)* ‖ *(Mützen)Schirm* m ‖ *Blende* f ‖ ~ antideslumbrante *Blendschutzschirm* m ‖ ◇ calar(se) la ~ *das Visier niederschlagen* ‖ ~s fpl Cu *Scheuklappen* fpl *(der Pferde)*

visi|bilidad *f Sichtbarkeit* f ‖ *Sicht(weite), Sichtigkeit* f ‖ **–bilizar** [z/c] vt *sichtbar machen* (z. B. *durch Färbung)* ‖ **–ble** adj *(m/f) sichtbar, wahrnehmbar* ‖ *augenscheinlich, offenbar, offensichtlich, klar* ‖ ~ a todos *(von) allen sichtbar* ‖ **–blemente** adj *sichtbar, offenbar* ‖ *zusehends*

visi|godo adj *westgotisch* ‖ ~ *m Westgote* m ‖ *(die) westgotische Sprache, (das) Westgotische* ‖ **–gótico** adj *westgotisch*

visillo *m Scheibengardine* f ‖ *Vitrage* f ‖ *Store* m

visiófono *m* ⟨Tel⟩ *Bildtelefon* n

visión *f Sehen* n ‖ *(An)Schauen* n ‖ ⟨Med⟩ *Sehvermögen* n ‖ ⟨Med Opt⟩ *Sicht* f ‖ *geistiges Schauen* n ‖ *Vision* f, *Gesicht* n ‖ *Erscheinung* f ‖ *Traumbild* n ‖ *Hirngespinst* n‖ ⟨fig⟩ *Vorstellung* f ‖ ⟨figf⟩ *lächerliche Figur, Vogelscheuche* f ‖ ~

beatífica ⟨Rel⟩ *Anschauung* f *Gottes* ‖ ~ de
conjunto *Über|blick* m, *-sicht* f, *Gesamtbild* n ‖ ~
espacial *räumliches Sehen* n ‖ ~ del mundo
Weltanschauung f ‖ ◆ con certera ~ ⟨fig⟩ *mit
sicherem Blick* ‖ ◇ quedarse como viendo
visiones ⟨figf⟩ *s–n Augen nicht trauen, sprachlos
sein* ‖ ver visiones *Gespenster sehen,* ⟨fam⟩
spinnen
   visionar vt *s. e–n Film ansehen*
   visionario adj *visionär* ‖ *schwärmerisch,
träumerisch, fantastisch* ‖ ~ m *Visionär* m ‖
Seher m ‖ *Schwärmer, Träumer, Fantast* m
   visir m ⟨Hist⟩ *Wesir* m ‖ el Gran ~ *der
Großwesir* ‖ **-ato** m *Wesirat* m
   visi|ta f *Besuch* m ‖ *Besuch(er)* m ‖
Krankenbesuch m, *Visite* f *(e–s Arztes)* ‖
Besichtigung f ‖ *Beschau* f ‖ *Untersuchung* f ‖
Inspektion f ‖ *Visitation* f ‖ ~ de aduana
Zoll|inspektion, -revision f ‖ ~ de condolencia
Beileidsbesuch m ‖ ~ de cárceles
Gefängnisinspektion f ‖ ~ de cortesía
Höflichkeitsbesuch m ‖ ~ de cumplido, ~ de
cumplimiento *Anstands-, Höflichkeits|besuch* m ‖
~ de despedida *Abschiedsbesuch* m ‖ ~ a
domicilio *Hausbesuch* m *(Arzt, Vertreter)* ‖ ~
domiciliaria ⟨Jur⟩ *Haus(durch)suchung* f ‖ ⟨Med⟩
Hausbesuch m ‖ ~ de duelo *Beileidsbesuch* m ‖
~ de galleta Cu *(fam) lästiger Besuch* m ‖ ~
guiada *Führung* f ‖ ~ del médico *Kranken-,
Haus|besuch* m, *Visite* f *(bes. im Krankenhaus)* ‖
~ de médico ⟨figf⟩ *Stippvisite* f ‖ ~ oficial
offizieller Besuch m ‖ ⟨Pol⟩ *Staatsbesuch* m ‖ ~
pastoral ⟨Rel⟩ *Visitation* f ‖ ~ de pésame
Beileidsbesuch m ‖ primera ~ *Antrittsbesuch* m ‖
~ relámpago *Blitzbesuch* m (& Pol) ‖ ~ de
sanidad ⟨Mar⟩ *amtsärztliche Besichtigung* f *(von
Schiffen)* ‖ ◇ devolver *od* pagar la ~ *den Besuch
erwidern* ‖ estar de ~ (en casa de alg.) *zu Besuch
(bei jdm) sein* ‖ hacer una ~ *e–n Besuch machen*
(od abstatten) ‖ llevar de ~s a alg. *jdn mit auf
Besuch nehmen* (a *zu*) ‖ pagar la ~ → devolver la
~ ‖ tener ~ *Besuch haben* ‖ tener la ~ ⟨pop⟩ *ihre
Tage haben (Frau)* ‖ **-table** adj [Stadt, Museum
usw.] *sehenswert, e–n Besuch wert* ‖ **-tación** f
Untersuchung, Besichtigung f ‖ ~ (de Nuestra
Señora) ⟨Kath⟩ *(Fest) Mariä Heimsuchung (2.
Juli)* ‖ *span. Frauenname*
   visita|dor m/adj *(häufiger) Besucher* m ‖
Besichtiger m ‖ *Kontrollbeamte(r), Inspektor* m ‖
Fürsorgebeamte(r) m ‖ ⟨Rel⟩ *Visitator* m ‖ ~
médico *Ärztebesucher, Pharmareferent* m
   ¹visitadora f: ~ social *Sozialfürsorgerin* f
   ²visitadora f Hond Ven *Klistier* n
   visi|tante m/f *Besuch* m ‖ ⟨V⟩ *Gast* m ‖ ~
invernal ⟨V⟩ *Wintergast* m ‖ ~ pesado *od* molesto
lästiger Besucher m ‖ ~ transitorio *Passant,
Durchreisende(r)* m ‖ **-tar** vt/i *be-, auf|suchen* ‖
(jdm) *e–n Besuch abstatten, (bei jdm)
vorsprechen* ‖ *besichtigen, in Augenschein
nehmen* ‖ *untersuchen, inspizieren, kontrollieren,
prüfen* ‖ *zollamtlich untersuchen und besichtigen*
‖ *e–n Krankenbesuch* od (bes. *im Krankenhaus)
Visite machen* ‖ *(kirchlich) visitieren* ‖ ⟨Rel⟩
heimsuchen ‖ *befliegen (Blüten)* ‖ ~ tabernas
kneipen, bummeln ‖ dejar de ~ *nicht mehr
besuchen* ‖ volver a ~ *nochmals besuchen* ‖ **~se**
einander besuchen, Gegenbesuch machen ‖ **-teo**
m *(häufiges) Besuchen* n ‖ **-tero** m/adj *(fam)
häufiger* od *lästiger Besucher* m ‖ **-tón** m augm
von **visita** ‖ ⟨fam⟩ *langer, lästiger Besuch* m
   visivo adj: potencia **~a** *Seh|kraft* f, *-vermögen*
n
   vislum|brar vt *nicht deutlich sehen, kaum
sehen* ‖ ⟨fig⟩ *mutmaßen, vermuten, ahnen* ‖
wittern ‖ ◇ hacer ~ *ahnen lassen* ‖ **-bre** f

Schimmer, Abglanz, Schein m ‖ ⟨fig⟩ *Mutmaßung,
Vermutung, Ahnung* f ‖ ◇ no tener ni una ~
(siquiera) de algo *von et. k–n blassen Schimmer*
od *Dunst haben* ‖ **~s** fpl *Funkeln* n *(der
Edelsteine)*
   Vis|nú m ⟨Rel⟩ *Wischnu* m *(höchste Gottheit
des Hinduismus)* ‖ **=nuismo** m *Wischnuismus* m
   viso m *(schillernder) Glanz, Schimmer* m ‖
Schillern, Changieren n *(des Stoffes)* ‖ *unterlegter,
durchschimmernder Futterstoff* m ‖
Aussichtspunkt m ‖ ⟨fig⟩ *An|schein, -strich, -flug*
m ‖ *Vorwand* m ‖ ⟨fig⟩ *Gesichtspunkt* m ‖ ~ de
altar ⟨Kath⟩ *And Tabernakelabdeckung* f ‖ ◆ de
~ *angesehen* ‖ ◇ mirar al ~ *von der Seite
ansehen (Stoffe usw.)* ‖ **~s** mpl: a dos ~ ⟨fig⟩
doppelzüngig, falsch ‖ ◇ hacer ~ *schillern,
changieren (Stoffe)* ‖ tener ~ de … ⟨fig⟩
aussehen, e–m vorkommen wie … ‖ no tener ~ de
acabar ⟨pop⟩ *kein Ende nehmen wollen*
   visogodo adj → **visigodo**
   visón m ⟨Zool⟩ *Nerz, Nörz, Sumpf-, Krebs|otter*
m (Mustela lutreola) ‖ *Mink, Amerikanischer Nerz*
m (M. vison) ‖ *Nerz(fell* n) m
   visontino adj/s *aus Vinuesa* (P Sor) ‖ *auf
Vinuesa bezüglich*
   visor m ⟨Fot⟩ *(Bild)Sucher* m ‖ ⟨Opt Mil⟩
Visier n ‖ ~ de bombardeo ⟨Mil⟩
Bombenzielgerät n ‖ ~ brillante, ~ claro
Aufsicht-, Brillant|sucher m ‖ ~ brillante de
espejo giratorio *drehbarer Brillantsucher* m ‖ ~
directo *Durchsichtsucher* m ‖ ~ iconométrico
Rahmensucher m ‖ ~ de reflexión *Reflexsucher* m
‖ ~ reversible *Klappsucher* m ‖ ◇ observar *od*
mirar a través del *od* por el ~ *durch den Sucher
suchen* ‖ subir el ~ *den Sucher aufklappen*
   visorio adj *Gesichts-, Seh-*
   víspera f *Vorabend* m (z. B. *e–s Festes)* ‖ p.ex
Vortag m ‖ ⟨fig⟩ *Vorbote* m ‖ la ~ *am Tag vorher*
‖ ◇ lo que había dicho la ~ *was er am Tag
vorher (gestern) gesagt hatte* ‖ **~s** fpl *Vesper* f,
Nachmittagsgottesdienst m ‖ ~ sicilianas ⟨Hist⟩
Sizilianische Vesper f ‖ ◆ en ~ de … ⟨fig⟩ *kurz
vor …* ‖ *im Begriff, nahe daran zu …* ‖ en ~ de
la boda *kurz vor der Hochzeit* ‖ como tonto en ~
⟨figf⟩ *verblüfft dastehend* ‖ la cosecha en ~ *die
bevorstehende Ernte* ‖ ◇ estar en ~ de … *im
Begriff sein zu …*
   ¹vista f *Gesicht, Sehen* n ‖ *Gesichtssinn* m,
Seh|kraft f, *-vermögen* n, *Auge(n)* n(pl),
Augenlicht n ‖ *Be-, An|sehen* n ‖ *Blick* m ‖
Anblick m ‖ *An-, Aus-, Ein-, Über|sicht* f
‖ *Voraussicht* f, *Scharfblick* m ‖ *(An)Schein* m ‖
Sicht f (bes. Com) ‖ ⟨Fot⟩ *Aufnahme, Ansicht* f ‖
⟨Jur⟩ *Gerichtsverhandlung* f ‖ ⟨Jur⟩
Verhandlungstag m ‖ ⟨Jur⟩ *Haussuchung* f ‖ ⟨fig⟩
Absicht f, *Ziel* n ‖ ~ aérea *Luft|aufnahme* f, *-bild*
n ‖ ~ de águila ⟨fig⟩ *Adler|blick* m, *-auge(n)* n(pl)
‖ ~ de atrás, ~ por atrás *Rückansicht* f ‖ ~
cansada *Weitsichtigkeit* f ‖ ~ de cara
Vorderansicht f ‖ ~ de una causa
Gerichtsverhandlung f ‖ *Hauptverhandlung* f ‖ ~
de conjunto *Gesamtansicht* f ‖ *Gesamt|überblick*
m, *-übersicht* f, *-bild* n ‖ ~ corta *Kurzsichtigkeit* f
‖ ¡~ a la derecha! ¡ar! ⟨Mil⟩ *Augen – rechts!* ‖ ~
doble ⟨Med⟩ *Doppelsehen* n, *Diplopie* f ‖ ~
exterior *Außenansicht* f ‖ ~ de frente, ~ frontal
Vorderansicht f ‖ ~ general → ~ de conjunto ‖ ~
interior *Innenansicht* f ‖ ¡~ a la izquierda! ¡ar!
⟨Mil⟩ *die Augen – links!* ‖ ~ lateral *Seitenansicht*
f ‖ ~ de lince ⟨fig⟩ *Luchsauge(n)* n(pl) ‖ ~
panorámica *Rundblick* m ‖ ~ parcial *Teilansicht* f
‖ ~ del pleito ⟨Jur⟩ *(Gerichts)Verhandlung* f ‖ ~
trasera *Rückansicht* f ‖ ◇ corto de ~ *kurzsichtig*
(& fig)
   ◆ a ~, a la ~ ⟨Com⟩ *bei* od *auf Sicht* ‖ *Sicht-*

‖ ⟨fig⟩ *sogleich, sofort* ‖ ⟨Mar⟩ *in Sicht* ‖ a la ~ de … *beim Anblick* (gen) ‖ al alcance de la ~ *in Sichtweite* ‖ *im Blickfeld* ‖ *in Gegenwart, im Beisein* (de *von*) ‖ *in Anbetracht, angesichts* ‖ *in der Nähe, bei der Hand, gegenüber* ‖ *unter Aufsicht* ‖ a corta (larga) ~ ⟨Com⟩ *auf kurze (lange) Sicht* ‖ a 60 días ~ *60 Tage Sicht* ‖ a tres meses ~ *drei Monate nach Sicht (Wechsel)* ‖ a *od* por ~ de ojos *mit eigenen Augen* ‖ *durch Augenschein* ‖ a ~ de pájaro *aus der Vogelschau* (od *Vogelperspektive*) ‖ a media ~ *obenhin, halbwegs* ‖ a ~ perdida, a pérdida de ~ *unabsehbar* ‖ a primera ~ *auf den ersten Blick* ‖ a simple ~ *nach Augenmaß, mit bloßem Auge* ‖ de ~ *von Ansehen, vom Sehen (her)* ‖ de *od* a corta (larga) ~ *auf kurze (lange) Sicht* ‖ de mucha ~ *sehr auffallend, effektvoll (Artikel, Kleid)* ‖ en ~ de … *hinsichtlich …, im Hinblick auf …, in Anbetracht …* ‖ *infolge …* ‖ ⟨Mar⟩ *in Sicht, angesichts* ‖ en ~ de ello *daraufhin* ‖ *unter solchen Umständen* ‖ en ~ de que … *angesichts des Umstandes, dass …* ‖ *weil, da* ‖ ¡hasta la ~! *auf Wiedersehen! adieu!*

◇ aguzar la ~ ⟨fig⟩ *den Blick schärfen* ‖ apartar la ~ ⟨fig⟩ *das Gesicht abwenden, wegsehen* ‖ bajar la ~ ⟨fig⟩ *die Augen niederschlagen, den Blick senken* ‖ *zu Boden blicken* ‖ cantar de ~ *vom Blatt singen* ‖ clavar la ~ en … ⟨fig⟩ *den Blick heften auf …* (acc) ‖ ⟨jdn⟩ *unverwandt ansehen* ‖ se la comía con la ~ ⟨figf⟩ *er verschlang sie mit den Augen* ‖ conocer de ~ *von Ansehen od vom Sehen kennen* ‖ desviar la ~ *wegsehen* ‖ dirigir la ~ a … *den Blick richten auf …* (acc), *jdn anblicken* ‖ echar la ~ a ~ a alg. *od* algo ⟨fig⟩ *sein Auge(nmerk) auf et.* od *jdn richten* ‖ como le eche a ése la ~ encima, *va a ver lo que es bueno* ⟨fam⟩ *wenn ich den zu Gesicht bekomme, wird er sein blaues Wunder erleben!* ‖ estar a la ~ *in Sicht sein* ‖ *sichtbar sein* ‖ *in die Augen springen, auf der Hand liegen, klar sein* ‖ estar a la ~ de a/c *auf et. aufpassen* ‖ hacer la ~ gorda ⟨fam⟩ *tun, so als sähe man nichts; ein Auge zudrücken* ‖ irse de ~ *aus den Augen verschwinden* ‖ se me va la ~ *es flimmert mir vor den Augen* ‖ ¡márchate de mi ~! *geh mir aus den Augen!* ‖ perder de ~ *aus den Augen verlieren* ‖ perderse de ~ ⟨figf⟩ *hervorragend sein (& iron)* ‖ *sehr schlau, gerieben sein* ‖ pasar la ~ por un escrito *ein Schriftstück flüchtig durchlesen* ‖ saltar a la ~ ⟨fig⟩ *in die Augen springen* ‖ tener ~ *gut aussehen, s. gut ausnehmen* ‖ tener (mucha) ~ ⟨figf⟩ *schlau sein* ‖ tener ~ para … ⟨fig⟩ *ein Auge haben für …* (acc) ‖ tener buena (mala) ~ *gute (schlechte) Augen haben, gut (schlecht) sehen* ‖ tener a la ~ *im Auge behalten* ‖ tenemos a la ~ su estimada carta … ⟨Com⟩ *Ihr geschätztes Schreiben … liegt uns vor* ‖ torcer la ~ ⟨fig⟩ *die Augen verdrehen* ‖ volver la ~ *den Blick wenden* ‖ *s. umschauen* ‖ volver la ~ atrás ⟨fig⟩ *den Blick wenden* ‖ *s. umschauen* ‖ ⟨fig⟩ *den Blick zurückwandern lassen, an et. zurückdenken*

~s *fpl Aussicht* f ‖ ♦ a ojos ~ *offensichtlich, zusehends, immer mehr* ‖ ◇ tener ~ (od vista) a la calle *Aussicht auf die Straße haben (Haus)* ‖ tomar ~ ⟨Film⟩ *Aufnahmen drehen, Aufnahmen machen*

²vista *m Zollbeamte(r)* m ‖ ~ de aduanas *Zollbeamte(r)* m

vistazo *m:* dar *od* echar un ~ a algo *e–n flüchtigen Blick auf et.* (acc) *werfen* ‖ *(ein Buch) flüchtig durchlesen, durchblättern*

vistillas *fpl:* ⟨fam⟩ *irse a las ~* ⟨fam⟩ *in fremde Karten schauen*

¹visto *pp/irr von* **ver** ‖ *gesehen* ‖ ⟨fig⟩ *überholt* ‖ digno de ser ~ *sehenswert* ‖ está ~ que … *man*

sieht, dass …, es ist offensichtlich, dass … ‖ ~ que … *in Anbetracht dessen, dass …* ‖ *da ja nun einmal* ‖ bien (mal) ~ *(un)gern gesehen* ‖ *(un)beliebt* ‖ nunca ~, jamás ~ ⟨fig⟩ *unerhört, noch nie dagewesen* ‖ ¡cosa nunca ~a! *unerhört!* ‖ por lo ~ *wie man sieht, offenbar, offensichtlich, allem Anschein nach, wahrscheinlich* ‖ ni ~ ni oído *blitzschnell* ‖ *fix, flott* ‖ *im Nu* ‖ ~ bueno (V.°B.°) *gesehen und genehmigt* ‖ *Visum* n ‖ ~ y no ~ *blitzschnell (verschwunden)* ‖ ⟨figf⟩ *aus den Augen, aus dem Sinn* ‖ → *auch* **ver** *sin ser ~ ungesehen*

²visto *m Genehmigungszeichen, Visum* n ‖ *(Rechts)Grund* m ‖ ◇ dar *od* poner el ~ bueno *mit dem Sichtvermerk versehen, vidieren, visieren* ‖ ⟨Typ⟩ *das Imprimatur erteilen*

vistosidad *f Pracht, Herrlichkeit* f ‖ *Aufmachung* f

¹vistoso *adj ansehnlich* ‖ *auffällig, effektvoll* ‖ *gut wirkend* ‖ *prächtig, herrlich*

△ **²vistoso** *m Auge* n ‖ *Rock* m, *Wams* m

Vístula *m* [Fluss]: el ~ *die Weichsel*

visu ⟨lat⟩ *adv:* de ~ *durch den Augenschein* ‖ ◇ conocer de ~ *vom Sehen (her) kennen*

¹visual *adj (m/f) Seh-, Gesichts-*

²visual *f Gesichts-, Seh|linie* f

visuali|dad *f gewinnende Erscheinung* f ‖ *prächtiger Anblick* m, *Pracht* f ‖ **–zar** [z/c] *vt sichtbar machen* ‖ *veranschaulichen* ‖ *visualisieren* ‖ *anzeigen, darstellen* ‖ *grafisch darstellen*

visuria *f visuelle Prüfung* f ‖ *Inaugenscheinnahme* f

vital *adj (m/f) Lebens- ‖ vital* ‖ ⟨fig⟩ *dynamisch (Person)* ‖ ◇ agotar sus energías *od* fuerzas ~es *s. ausleben*

vita|licio *adj/s lebenslänglich (Amt, Rente)* ‖ *auf Lebenszeit gewählt od ernannt* ‖ *Leib(Rente)* m ‖ **–lidad** *f Lebensfähigkeit* f ‖ *Lebenskraft* f ‖ *Vitalität* f ‖ ⟨fig⟩ *Dauer(haftigkeit)* f ‖ **–lismo** *m* ⟨Philos⟩ *Vitalismus* m ‖ **–lista** *adj (m/f) vitalistisch* ‖ ~ *m/f Vitalist(in* f) m ‖ **–lizar** [z/c] *vt beleben* ‖ *lebensfähig machen*

vita|mina *f Vitamin* n ‖ pobre en ~s *vitaminarm* ‖ **–minado** *adj mit Vitaminzusatz, vitaminhaltig* ‖ **–mínico** *adj Vitamin-* ‖ **–min(iz)ar** ([z/c]) *vt mit Vitaminen anreichern* ‖ *vitamin(is)ieren* ‖ **–minoterapia** *f* ⟨Med⟩ *Vitamin|behandlung, -therapie* f

vitando *adj verabscheuungswürdig, abscheulich* ‖ ~ *m* ⟨Rel⟩ *mit dem Bann Belegte(r)*

vitela *f Kalbleder* n ‖ *Velin* n

vitelo *m Eidotter* m (& n)

viticola *adj (m/f) Weinbau-* ‖ ~ *m/f Winzer(in* f), *Wein|bauer* m, *-bäuerin* f, *-gärtner(in* f) m

viticul|tor *m Winzer, Wein|bauer, -gärtner* m ‖ **–tura** *f Weinbau* m

vitiligo *m* ⟨Med⟩ *Scheckhaut, Vitiligo* f *(Pigmentmangel)*

vitivi|nícola *adj (m/f) auf Weinbau und Weinherstellung bezüglich* ‖ **–nicultor** *m Winzer, Wein|bauer, -gärtner* m ‖ **–nicultura** *f Weinbau* m *und Weinherstellung* f

vito *m and. Tanz* m *(im ³/₄-Takt)*

Vito *m np Veit* m

vitola *f* ⟨Mil⟩ *Kaliberlehre* f ‖ *Bauchbinde* f *(Zigarre)* ‖ ⟨fig⟩ *Aussehen, Äußere(s)* n ‖ ⟨An⟩ *Größe* f, *Maß* n

vitolfilia *f Sammeln* n *von Zigarrenbauchbinden*

vítor *m Hochruf* m ‖ ◇ dar ~es a alg. *jdn hochleben lassen* ‖ *jdm Beifall zujubeln*

vitorear *vt (jdn) hochleben lassen* ‖ *(jdm) Beifall zujubeln*

Vitoria *f* [Stadt und Provinz in Spanien]

Vitoria n ‖ ⁼**no** adj/s *aus Vitoria* ‖ *auf Vitoria bezüglich*
vitral *m Kirchenfenster* n
vítreo adj *Glas-, gläsern* ‖ *glasartig*
vitri|ficable adj *(m/f) verglasbar* ‖ **–ficación** *f Verglasung, Glasbildung* f ‖ *Sinterung* f *(Keramik usw)* ‖ **–ficar** [c/qu] vt *verglasen* ‖ *sintern* ‖ *glasieren* ‖ ~**se** *verglasen* ‖ **–na** *f Vitrine* f ‖ *Glas|schrank, -kasten* m ‖ ⟨Com⟩ *Auslage-, Schau|fenster* n ‖ **–nista** *m/f* Am *Schaufensterdekorateur(in* f) m
vitriolo *m* ⟨Chem Hist⟩ *Vitriol* n ‖ ~ *azul,* ~ *de cobre Kupfervitriol* n ‖ ~ *blanco Zinkvitriol* n ‖ ~ *de hierro,* ~ *verde Eisenvitriol* n
vitrocerámica *f Glaskeramik* f
vitua|llar vt *ver|pflegen, -proviantieren* ‖ **–lla(s)** *f(pl) Lebensmittel* npl ‖ ⟨Mil⟩ *Proviant* m, *Verproviantierung* f
vítulo *m:* ~ *marino* m ⟨Zool⟩ *Seehund* m →
foca
vitupe|rable adj *(m/f) tadelnswert* ‖ *ver|werflich, -ächtlich* ‖ **–rar** vt *tadeln, rügen* ‖ **–rio** *m Tadel* m ‖ *Rüge* f ‖ *Schmähung* f, *Schimpf* m ‖ ◇ *colmar de* ~s *mit Schmähungen überhäufen* ‖ **–r(i)oso** adj *schimpflich, schmähend*
¹viuda *f Witwe* f ‖ ~ *de guerra Kriegerwitwe* f ‖ ~ *verde lustige Witwe* f ‖ *quedar(se)* ~ *verwitwen* ‖ ~**s** *fpl:* ~ *y huérfanos de guerra Kriegshinterbliebene(n)* mpl
²viuda *f* ⟨V⟩ *Witwe* (Vidua spp) ‖ ⟨Zool⟩: ~ *negra Schwarze Witwe* f (Latrodectus mactans)
³viuda *f* Cu *(Art) Papierdrache* m
△ **⁴viuda** *f Galgen* m
viu|dal adj *(m/f) Witwen-* ‖ **–dedad** *f Witwen|geld* n, *-rente* f ‖ Am → **–dez** ‖ **–dez** [*pl* ~**ces**] *f Witwer-, Witwen|stand* m
¹viudita *f* dim von **viuda** ‖ *junge, (oft lebenslustige) Witwe* f
²viudita *f* Arg Chi ⟨V⟩ *Nonnenpapagei* m
viudo adj *verwitwet* ‖ ~ *m Witwer* m ‖ ~ *de pega* ⟨pop⟩ *Strohwitwer* m ‖ ◇ *quedar(se)* ~ *verwitwen (vom Mann)*
viva ¡~! *hoch! hurra!* ‖ ¡~ *el rey! es lebe der König!* ‖ ~ *m Hoch* n, *Hochruf* m ‖ ◇ *dar* ~s *a alg. auf jdn Hochrufe ausbringen* ‖ *jdm Beifall zurufen, jdn hochleben lassen*
vivac *m* → **vivaque**
vivacidad *f Lebhaftigkeit* f ‖ *Lebendigkeit* f ‖ *Feuer* n ‖ *(Lebens)Kraft* f ‖ *Geistesschärfe, Aufgeweckheit, Regsamkeit* f ‖ ◆ *con* ~ *sehr lebhaft*
vivalavirgen *m* ⟨fam⟩ *Luftikus, Leichtfuß, Windhund, unzuverlässiger Mensch* m
vivales *m:* ◇ *ser un* ~ ⟨fam⟩ *ein schlauer Bursche sein*
vivamente adv: *lo siento* ~ *ich bedaure es lebhaft* od *herzlich*
vivandera *f* ⟨Mil⟩ *Marketenderin* f ‖ *Hond Marktfrau* f
viva|que *m* ⟨Mil⟩ *Feld(nacht)lager, Biwak* n ‖ **–quear** vi ⟨Mil⟩ *biwakieren, im Freien lagern* od *übernachten*
vivar *m* a) *Gehege* n *für Kaninchenzucht* ‖ b) *Fisch|teich, -weiher* m
vivaracho adj ⟨fam⟩ *sehr munter, rührig*
vivareño adj/s *aus Vivar del Cid* (P Burg) ‖ *auf Vivar del Cid bezüglich*
vivario *m Vivarium* n ‖ *Brut-, Fisch|teich* m ‖ → auch **vivero**
vi|vaz [*pl* ~**ces**] adj *(m/f) lebhaft, feurig* ‖ *stark, lebenskräftig, langlebig* ‖ ⟨Bot⟩ *ausdauernd, Dauer-* ‖ *scharfsinnig* ‖ **–vencia** *f Erlebnis* n *(& Philos Psychol)* ‖ **–vencial** adj *(m/f) Erlebnis-* ‖ **–venciar** vt *erleben*

viveño adj/s *aus Ibahernando* (P Các) ‖ *auf Ibahernando bezüglich*
vive|ra *f* → **vivar** ‖ **–ral** *m Baumschule* f
vive|rense adjs *(m/f) aus Viver* (P Castellón) ‖ *auf Viver bezüglich* ‖ **–reño** adj/s *aus Viveros* (P Alb) ‖ *auf Viveros bezüglich*
víveres mpl *Lebens-, Nahrungs|mittel* pl, *Mundvorrat, Proviant* m ‖ ◇ *proveer de* ~ ⟨Mil⟩ *verproviantieren*
vivero *m Baumschule* f ‖ ⟨Jgd⟩ *(Wild)Gehege* n ‖ *Brutteich, Fisch|weiher, -behälter* m ‖ *And kleiner Sumpf* m ‖ ⟨fig⟩ *Brutstätte* f ‖ ⟨fig⟩ *Fundgrube* f ‖ *los* ⁼**s** *Stadtpark in Valencia*
vi|verra *f Zibetkatze* f (→ **civeta**) ‖ **–vérridos** mpl ⟨Zool⟩ *Schleichkatzen* fpl (Viverridae)
viveza *f Lebhaftigkeit, Munterkeit, Rührigkeit* f ‖ *Heftigkeit* f ‖ *Geistesschärfe* f ‖ *Scharfsinn* m ‖ *Witzwort* n ‖ ⟨pop⟩ *schnippische Antwort* f ‖ ◆ *con* ~ *lebhaft* ‖ *falto de* ~ ⟨fig⟩ *leblos*
vivi|dero adj *bewohnbar* ‖ *lebensfähig* ‖ **–dizo** *m*/adj Mex ⟨fam⟩ *Schmarotzer* m ‖ **–do** adj *erlebt*
vívido adj ⟨poet⟩ *lebhaft, lebendig, beschwingt* ‖ *kräftig, heftig, feurig, vif* ‖ *scharfsinnig, hellsichtig*
vividor adj *lebensfähig* ‖ *dauerhaft* ‖ *fleißig* ‖ *haushälterisch* ‖ *Lebensunterhalt bietend (z. B. e–e Großstadt)* ‖ ~ *m guter Haushalter* m ‖ ⟨pop⟩ *Lebemann, Genussmensch* m ‖ *Nassauer, Schnorrer* m
vivienda *f Wohnung, Wohnstätte* f ‖ *Behausung* f ‖ *Quartier* n ‖ (bes. Am) *Lebensweise* f ‖ ~ *para obreros bzw para el personal Werkswohnung* f ‖ ~ *en propiedad Eigentumswohnung* f ‖ ~ *de protección oficial* (VPO) *Sozialwohnung* f ‖ ~ *provisional Behelfsheim* n ‖ ~ *de régimen libre frei finanzierte Wohnung* f ‖ ~ *de alto standing Wohnung für gehobene Ansprüche, Luxuswohnung* f
viviente adj/s *(m/f) lebendig, lebend, am Leben* ‖ ◇ *allí no quedó alma* ~ *dort blieb kein lebendes Wesen übrig*
vivifi|cador, –cante adj *(m/f) belebend* ‖ **–car** [c/qu] vt *beleben* ‖ *lebendig machen, mit Leben erfüllen, beseelen* ‖ *kräftigen, stärken* ‖ **–cativo** adj *belebend, stärkend, kräftigend*
vivífico adj ⟨lit⟩ *lebend(ig)*
vivijagua *f* ⟨Ins⟩ → **bibijagua**
viviparidad ⟨Zool Bot⟩ *Viviparie* f ‖ → auch **oviparidad, ovoviviparidad**
vivíparo adj ⟨Biol⟩ *lebendgebärend, vivipar*
¹vivir vt *leben, er-, ver-, durch|leben* ‖ [selten] *bewohnen* ‖ ~ vi *leben* ‖ *wohnen, wohnhaft sein* (en *in* dat) ‖ *s. ernähren* ‖ *dauern, währen* ‖ (im *Gedächtnis) fortleben* ‖ ⟨fig⟩ *bestehen, (da) sein* ‖ ◇ ~ *del aire (figf) von der Luft leben* ‖ ~ *amancebado in eheähnlicher Gemeinschaft (früher: in wilder Ehe) f) leben, (fam) zusammenleben* ‖ ~ *de caridad auf Almosen angewiesen sein* ‖ *vom Betteln leben* ‖ ~ *en un castillo in e–m Schloss leben* ‖ ~ *despreocupado sorglos* od *in den Tag hinein leben* ‖ ~ *en estrechez* → ~ *pobremente* ‖ ~ *al día in den Tag hinein leben* ‖ ~ *von der Hand in den Mund leben* ‖ ~ *a lo grande auf großem Fuß leben* ‖ ⟨pop⟩ *in Saus und Braus leben* ‖ ~ *a su gusto behaglich, gemächlich leben* ‖ ~ *en paz friedlich* od *ruhig leben* ‖ ~ *pobremente ärmlich* od *in ärmlichen Verhältnissen leben* ‖ *s. kümmerlich durchschlagen* ‖ ~ *de prisa* (fig) *rasch leben* ‖ ~ *retirado zurückgezogen leben* ‖ ~ *a lo que salga* ⟨pop⟩ *in den Tag hinein leben* ‖ ~ *de su trabajo von s–r (Hände) Arbeit leben* ‖ ~ *y dejar* ~ ⟨Spr⟩ *leben und leben lassen* ‖ *viviendo me harte bei Lebzeiten m–s Vaters* ‖ ¡viva! *er lebe (hoch)!* (→ **viva**) ‖ ¡*vive Dios! m–r Treu!* ‖ ¡~ *para ver!*

⟨pop⟩ *das möchte ich einmal sehen!* ‖ ⟨pop⟩ *wer hätte das geglaubt!* ‖ ¡esto es ~! *das heißt leben! so lässt sich's aushalten!* ‖ ⟨iron⟩ *und das nennt man nun Leben!* ‖ me gustaría ~ *para verlo* ⟨pop⟩ *das möchte ich einmal erleben* ‖ ¡vive quien vende! ⟨pop⟩ *nur dem Starken soll man folgen!* ‖ ¿quién vive? ⟨Mil⟩ *wer da?* ‖ dar el quién vive *anrufen (Posten)* ‖ ir a ~ *a otra casa die Wohnung wechseln* ‖ se vino a ~ *con nosotros er (sie, es) ist zu uns gezogen* ‖ esta chica está que no vive ⟨fam⟩ *das Mädchen ist zum Sterben verliebt* ‖ ⟨fam⟩ *das Mädchen ist ganz hin* ‖ no se vive más que una vez ⟨Spr⟩ *man lebt nur einmal* ‖ tener apenas para ~ *kaum das Notwendigste zum Leben haben* ‖ tener con qué ~ *sein Auskommen haben* ‖ ¡y a ~! *und nun hinein ins volle Leben!* ‖ *und damit Schluss!*

²vivir *m Leben n, Lebenswandel m* ‖ *Leben, Auskommen n* ‖ un mal ~ *ein elendes Leben* ‖ ◇ tener un modesto ~ *ein bescheidenes Auskommen haben*

  visisec|ción *f* ⟨Med⟩ *Vivisektion f* ‖ **–cionar, –tar** *vt vivisezieren* ‖ **–tor** *m Vivisezierende(r) m*

  vivis|mo *m Vivismus m (philos System des* span. Humanisten Luis Vives, 1492–1540) ‖ **–ta** adj *(m/f) auf L. Vives bezüglich* ‖ ~ *m Anhänger(in f) m des L. Vives*

  vivito adj dim von **vivo** ‖ ~ y coleando *gesund und munter* ‖ ⟨Com⟩ *lebendfrisch (Fisch)*

  ¹vivo adj *lebend(ig)* ‖ ⟨fig⟩ *lebhaft, munter* ‖ *lebhaft, frisch, glänzend, leuchtend (Farben)* ‖ *heftig, stark, kräftig* ‖ *rasch, schnell, behend, flink* ‖ *scharfsinnig, witzig, aufgeweckt, gescheit* ‖ *schlau, gerissen* ‖ *scharf (Kante)* ‖ *spitz (Winkel)* ‖ *ungelöscht (Kalk)* ‖ *noch nicht gebrochen (Stein, Fels)* ‖ ~ de genio *temperamentvoll, rührig* ‖ herido en lo más ~ ⟨figf⟩ *tief gekränkt* ‖ ◇ a lo ~, al ~ *heftig, kräftig* al ~ *nach dem Leben (ge|schildert, -zeichnet)* ‖ a ~a *fuerza mit Gewalt* ‖ con ~ *anhelo sehr eifrig* ‖ de ~a voz *mündlich* ‖ von Mund zu Mund ‖ como de lo ~ a lo pintado ⟨figf⟩ *wie Tag und Nacht, grundverschieden* ‖ ni ~ ni muerto (ni muerto ni ~) ⟨fig⟩ *gänzlich verloren, verschollen* ‖ ◇ dar en lo ~ den wunden Punkt berühren ‖ (jdn) empfindlich beleidigen ‖ enterrar ~ *lebendig begraben* ‖ estar ~ am Leben sein, leben ‖ ⟨fig⟩ *in Kraft sein (Gesetz)* ‖ herir en lo ~, llegar a lo ~ → dar en lo ~ llorar a lágrima ~a *bittere Tränen vergießen* ‖ quedar ~ am Leben bleiben ‖ ser muy ~ ⟨fig⟩ *sehr gerieben sein* ‖ es mi ~ deseo que … (subj) *ich wünsche lebhaft, dass …* ‖ tocar en lo ~ → dar en lo ~ ‖ vender en ~ *lebend verkaufen (Vieh)*

  ²vivo *m Lebende(r) m* ‖ ⟨Arch⟩ *scharfe Kante f* ‖ ◇ es un ~ ⟨fam⟩ *er ist ein schlauer, geriebener Kerl*

  ³vivo *m* ⟨Mil⟩ *Biese f (an Uniform)*

  vizcacha *f* ⟨Zool⟩ *Viscacha f (Lagostomus spp)* ‖ *Hasenmaus, Große Chinchilla f (Lagidium viscaccia)*

  viz|cainada *f* ⟨fam⟩ *biskayischer Ausdruck od Streich m* ‖ ⟨fig⟩ *kopfloses Reden n* ‖ **–caíno** *(oft* vizcaino *ausgesprochen) adj/s biskayisch* ‖ ⟨figf⟩ *ver|wirrt, -worren* ‖ ~ *m Biskayer m* ‖ *biskayische Mundart f des Baskischen* ‖ **–caitarra** *m/f (& adj)* ⟨Hist⟩ *Anhänger(in f) m der Unabhängigkeitspartei in der Provinz Vizcaya* ‖ **=caya** *f* [Stadt und Provinz in Spanien] *Vizcaya n*

  vizcon|dado *m Vizegrafschaft f* ‖ *Titel m e–s Vicomte* ‖ **–de** *m Vicomte m* ‖ **–desa** *f Vizegräfin f* ‖ *Gemahlin f e–s Vicomte*

  Vladislao *m np Vladislaus, Ladislaus m*

  vl.ʳ ⟨Abk⟩ = **valor**

V.M. ⟨Abk⟩ = **Vuestra Majestad**

Vmd. ⟨Abk⟩ = **vuestra merced**

V.ºB.º ⟨Abk⟩ = **Visto bueno**

vobulador *m* ⟨Elektron⟩ *Wobbler m*

  voca|blo *m Wort n* ‖ *Ausdruck m* ‖ *Vokabel f* (Öst & n) ‖ ◇ jugar del ~ ⟨fig⟩ *Wortspiele machen* ‖ **–bulario** *m Wörterverzeichnis, Vokabular n* ‖ *Wortschatz m* ‖ *Terminologie f (e–r Wissenschaft)* ‖ *Ausdrucks-, Rede|weise f* ‖ ~ básico *Grundwortschatz m* ‖ ◇ no necesitar de ~ ⟨figf⟩ *k–n Ausleger brauchen* ‖ **–bulista** *m/f Wortschatzforscher(in f) m* ‖ *Verfasser(in f) m e–s Wörterverzeichnisses*

  vocación *f Berufung f* ‖ *Bestimmung f* ‖ *Hang m, Neigung f (zu e–m Beruf od Stand)* ‖ ◇ errar la ~ *s–n Beruf verfehlen* ‖ sentir ~ *artística s. zur Kunst berufen fühlen* ‖ tener ~ *berufen sein (de zu dat)* ‖ *zum Priester(amt) berufen sein*

  ¹vocal *adj (m/f) mündlich* ‖ *Stimm-* ‖ ⟨Mus⟩ *Gesang-, Sing-, Vokal-*

  ²vocal *m stimmberechtigtes Mitglied n* ‖ *Ausschussmitglied n* ‖ *Vorstandsmitglied n* ‖ ~ del jurado *de empresa Betriebsratsmitglied n*

  ³vocal *f* ⟨Gr⟩ *Vokal, Selbstlaut m* ‖ ~ abierta, (cerrada) *offener (geschlossener) Vokal m* ‖ ~ breve (larga) *kurzer (langer) Vokal m* ‖ ~ final *vokalischer Auslaut m* ‖ ~ inicial *vokalischer Anlaut m* ‖ ~ nasal *Nasalvokal m*

  vocálico *adj vokalisch, Vokal-*

  voca|lismo *m Vokalismus m, Vokalsystem n* ‖ **–lista** *m/f* ⟨Mus⟩ *(Refrain)Sänger(in f) m* ‖ **–lización** *f* ⟨Gr⟩ *Vokalisation f* ‖ *Vokalisierung f* ‖ ⟨Mus⟩ *Solfeggieren n* ‖ **–lizar** *[z/c] vt vokalisieren* ‖ ⟨Mus⟩ *solfeggieren, Stimmübungen machen* ‖ **–tivo** *m* ⟨Gr⟩ *Vokativ m*

  voce|ador *m Schreier m* ‖ *Ausrufer m* ‖ *Am Zeitungsverkäufer m (auf der Straße)* ‖ **–ar** *vt/i (an)rufen* ‖ *aus|rufen, -schreien (zum Verkauf usw.)* ‖ ⟨figf⟩ *aus|posaunen, -trompeten, an die große Glocke hängen* ‖ ⟨figf⟩ *s. lauthals s–r (guten) Taten rühmen* ‖ ◇ la sangre de Abel vocea el delito de Caín *das Blut Abels verkündet das Verbrechen Kains (Bibel)* ‖ ~ *vi schreien, kreischen* ‖ *zanken, keifen* ‖ **–jón** *m* ⟨desp⟩ *von* **voz** ‖ *raue, heisere Stimme f* ‖ **–o** *m Ge|rufe, -schrei n* ‖ *Straßenrufe mpl* ‖ **–ras** *m* ⟨pop⟩ *Schreihals m* ‖ **–río** *m Geschrei n* ‖ **–ro** *m Sprecher m (z.B. e–r Regierung)*

  voces *pl von* **voz** ‖ ◇ dar ~ *schreien*

  vocifera|ción *f Schreien, Brüllen, Kreischen, Zetern n* ‖ **–dor** *m Schreier, Schreihals m* ‖ **–ante** *adj (m/f) schreiend, brüllend* ‖ **–r** *vi schreien, brüllen*

  vocin|glear *vi schreien* ‖ **–glería** *f Ge|schrei, -kreisch, -gröle n* ‖ **–glero** *m/adj Schreihals m* ‖ *Schwätzer m*

  vodevil *m* ⟨Th⟩ *Vaudeville n*

  vodka *m Wodka m*

  vodú *m* → **vudú**

  voime ⟨pop⟩ = **me voy** (→ **ir**)

  voivode *m Woiwode m (Fürst)*

  vol. ⟨Abk⟩ = **volumen**

  ¹volada *f (Auf)Flug m* ‖ Ec ⟨fam⟩ *Prellerei f* ‖ RPl ⟨pop⟩ *Gelegenheit f* ‖ ◆ a las ~s ⟨fig⟩ *im Fluge*

  ²volada *f* ⟨Arch⟩ *Auskragung f*

  voladera *f Radschaufel f (Wasserrad)*

  voladero *adj flügge* ‖ ⟨fig⟩ *flüchtig* ‖ ~ *m Ab|sturz, -grund m*

  voladizo adj ⟨Arch⟩ *vorspringend, überkragend* ‖ ~ *m vorspringender Teil m (e–s Gebäudes), Auskragung f* ‖ *Vorsprung m* ‖ *Überhang m*

  ¹volado adj: letra ~a *hochgestellter, kleiner Buchstabe m (z.B. in* Cⁱᵃ, *V.ºB.º usw.)* ‖ Am

jähzornig ‖ ◇ estar ~ ⟨figf⟩ *außer s. sein* ‖ ~ *m*
Mex *Bild-* od *Schrift-Spiel* n
²volado adj [in der Drogenszene] *unter*
Drogeneinfluss, high
³volado *m* Arg *Volant, Besatz* m *(an*
Damenkleidern)
volador adj *fliegend* ‖ ~ *m Schwärmer* m,
Rakete f
voladora *f (oberer) Mühlstein, Läufer* m
voladura *f Sprengung* f
△ **volanda** *f* Barc *Bluse* f, *Kittel* m
volan|das, –dillas *fpl:* en ~ ⟨fig⟩ *in größter*
Eile, im Flug ‖ en andas y en ~ ⟨fig⟩ *im Nu*
volandear vi *in der Luft flattern*
volandera *f (oberer) Mühlstein, Läufer* m ‖
⟨fig⟩ *Lüge, Ente* f
volandero adj *flatternd* ‖ *flügge (Vogel)* ‖ ⟨fig⟩
unstet, flüchtig
volan|ta, –te *f* Am *(Art) Kalesche* f
¹volante adj *(m/f) fliegend* ‖ *(umher)irrend* ‖ ~
m Volant, Besatz m *(an Damenkleidern)* ‖ ⟨Typ
Com⟩ *Flugblatt* n ‖ *Begleitschein* m ‖ *Beleg* m ‖
Lauf-, Hand|zettel m ‖ ~ de asistencia médica
Krankenschein m
²volante *m* ⟨Auto⟩ *Lenk-, Steuer|rad, Steuer* n
‖ ⟨Tech⟩ *Schwungrad* n ‖ *Unruh* f *(e–r Uhr)* ‖ ~
de maniobra *Hand-, Bedienungs|rad* n ‖ ~ de
sierra *Bandsägenrolle* f ‖ ◇ tomar el ~ ⟨Auto⟩ *s.*
ans Steuer setzen
³volante *m* ⟨Sp⟩ *Federballspiel* n ‖ ⟨Fecht⟩
Wurfstoß m
volantería *f* Cu *Wagenschmiede* f
volantín *m Wurfangel(schnur)* f ‖ Am
Papierdrache m *(der Kinder)* ‖ Am *Purzelbaum*
m ‖ Bol *Rakete* f, *Feuerwerkskörper* m
volan|tón adj *flügge (Vogel)* ‖ ~ *m flügger*
Vogel m ‖ Ec ⟨fig⟩ *Herumtreiber* m ‖ **–tuzo** *m* Pe
Geck, Stutzer m
volapié *m:* a ~ *hüpfend und flatternd (Vogel)* ‖
de un ~ ⟨pop⟩ *im Nu* ‖ ◇ matar a ~ ⟨Taur⟩ *(dem*
ruhig stehenden Stier) aus dem Lauf heraus den
Degenstoß versetzen ‖ pasar un río a ~
schwimmend und watend e–n Fluss durchqueren
volapuk *m Volapük* n *(Welthilfssprache)*
¹volar [–ue–] vt *aufjagen (Federwild)* ‖
aufsteigen lassen (Drachen) ‖ ⟨Typ⟩ *hochstellen* ‖
⟨fig⟩ *in die Luft sprengen* ‖ ⟨fig⟩ *erbittern,*
aufbringen ‖ ◇ ~ con pólvora *mit Pulver*
sprengen ‖ ~ vi *fliegen* ‖ *auf-, weg|fliegen* ‖ ⟨fig⟩
eilen ‖ ⟨fig⟩ *in die Luft fliegen* ‖ *verfliegen (die*
Zeit) ‖ *verfliegen, s. verflüchtigen* ‖ p. ex
verschwinden ‖ ◇ ~ en astillas *zersplittern* ‖ ~ al
cielo *in den Himmel fliegen* ‖ ⟨fig⟩ *sterben* (bes.
von Kindern) ‖ ~ *encima emporfliegen* ‖ ~ *sobre*
überfliegen ‖ ~ en tirabuzón ⟨Flugw⟩ *trudeln* ‖ ~
sin visibilidad *od* con instrumentos ⟨Flugw⟩ *blind*
fliegen ‖ ¡vuela! *verschwinde!*, ⟨fam⟩ *verdufte!* ‖
echar *od* sacar a ~ *fliegen lassen* ‖ ⟨fig⟩
verbreiten, unter die Leute bringen ‖ echarse a ~
auf-, weg|fliegen ‖ ⟨fig⟩ *flügge werden* ‖ *s. auf die*
eigenen Füße stellen ‖ ~ a vuela pluma ⟨fig⟩
flüchtig, hastig ‖ el pájaro ya voló ⟨fig⟩ *der Vogel*
ist ausgeflogen ‖ vuelvo volando ⟨pop⟩ *ich bin im*
Nu zurück ‖ entrar volando *hineinfliegen* ‖ partir
volando *davonfliegen* ‖ pasar volando *überfliegen* ‖
vorbeifliegen ‖ salir volando *herausfliegen* ‖ ⟨fig⟩
eiligst herauslaufen ‖ ~se davon-, fort|fliegen ‖
Am *in Zorn geraten, aufbrausen* ‖ ◇ ~ los sesos
⟨pop⟩ *s. e–e Kugel durch den Kopf jagen*
△ **²volar** [-ue] vt *mitgehen lassen*
△ **volata** *m Dachbodendieb* m
volate|ría *f Vogelfang* m, *Beizjagd* f ‖ *Geflügel*
n ‖ ◆ ~ de *wie im Flug(e), rein zufällig* ‖ **–ro** *m*
Am *Schwärmer* m *(Feuerwerk)*
volátil adj *(m/f) fliegend, flugfähig* ‖ ⟨Chem⟩

flüchtig ‖ ⟨fig⟩ *unbeständig, unstet, flatterhaft,*
oberflächlich ‖ ~ *m Geflügel* n ‖ *Stück* n *Geflügel*
vola|tilidad *f* ⟨Chem⟩ *Flüchtigkeit* f ‖
–tilización *f Verflüchtigung* f ‖ **–tilizar** [z/c] vt
ver|dampfen, -flüchtigen ‖ *vergasen* (z. B. *ein*
Pflanzenschutzmittel) ‖ ~se *s. verflüchtigen* ‖
⟨figf pop⟩ *ver|duften, s. -dünnisieren*
vola|tín *m Seiltänzerkunststück* n ‖ **–tinero** *m*
Seiltänzer m
vol-au-vent *m* ⟨Kochk⟩ *Blätterteigpastete* f
volavérunt ⟨lat⟩ (joc) *die Vögel sind*
ausgeflogen
volcador adj *Kipp-, Kipper-* ‖ ~ *m Kipper* m,
Kippanlage f
vol|cán *m Vulkan, feuerspeiender Berg* m ‖ ~
activo, ~ en actividad *Vulkan* m *in Tätigkeit* ‖ ~
apagado →・ ~ extinguido ‖ ~ en erupción →・ ~
activo ‖ ~ extinguido *od* extinto *erloschener*
Vulkan m ‖ ◇ estar sobre un ~ ⟨figf⟩ *auf e–m*
Pulverfass sitzen ‖ **–canejo, –cancito** *m* dim von
volcán ‖ **–cánico** adj *vulkanisch* ‖ **–canismo** *m*
⟨Geol⟩ *Vulkanismus* m ‖ **–canología** *f*
→・ **vulcanología** ‖ **–canólogo** m →・
vulcanólogo
volcar [-ue-, c/qu] vt *um|werfen, -stürzen,*
um(kippen), kanten ‖ *um|kehren, -wenden,*
-drehen, -stülpen, -stürzen ‖ *hinabschleudern* ‖
¡no ~! *nicht stürzen! (Aufschrift auf Kisten)* ‖
⟨fig⟩ *benommen machen (Geruch)* ‖ ⟨fig⟩ jdn
umstimmen ‖ ⟨fig⟩ *jdn in Wut bringen* ‖ ~ vi
um|fallen, -stürzen, -kippen ‖ ~se *ab-, um-,*
über|kippen ‖ ⟨figf⟩ *sein Möglichstes tun, sein*
Letztes geben ‖ se volcaron en atenciones (para
conmigo) ⟨figf⟩ *sie überschlugen s. fast vor*
Liebenswürdigkeit (mir gegenüber) ‖ ~ con alg. *s.*
um jdn reißen
volea *f Ortscheit* n *(am Wagen)*
△ **voleador** *m Marktdieb* m
volear vt ⟨Sp⟩ *(den Ball) im Flug schlagen* ‖
(den Ball) volley nehmen od *spielen*
voleibol *m* ⟨Sp⟩ *Volleyball* m
volemia *f* ⟨Med⟩ *Volämie* f
voleo *m Volley, Flugball* m ‖ *Schlag* m
(Ballspiel) ‖ *kräftige Ohrfeige* f ‖ ◆ al ~ *volley* ‖
en un ~ *im Nu* ‖ del primer ~ ⟨figf⟩ *beim ersten*
Anlauf ‖ ◇ empalmar de ~ *(den Ball) volley*
nehmen od *spielen*
volframi|o *m* (W) ⟨Chem⟩ *Wolfram* n ‖ **–ta** *f*
⟨Min⟩ *Wolframit* n
Volga m [Fluss]: el ~ *Wolga* f
volición *f* ⟨Philos⟩ *Wollen* n, *Willensäußerung* f
vo|lido *m* Am: de un ~ *im Flug, im Nu* ‖ **–lín:**
de ~, de volán ⟨fam⟩ *im Flug*
Voli|nia *f* ⟨Geogr⟩ *Wol(h)ynien* n ‖ **=nio** adj/s
wol(h)ynisch
volitar vi →・ **revolotear**
volitivo adj: potencia ~a *Willenskraft* f
vollén *m* Chi *(Art) Rosenbaum* m
volley-ball *m* ⟨Sp⟩ *Volleyball* m
volován m →・ **vol-au-vent**
volovelis|mo *m* ⟨Flugw⟩ *Segel|flugwesen,*
-fliegen n ‖ p. ex *Segelflug* m ‖ **–ta** *m/f*
Segelflieger(in f) m
volque|arse vr *s. wälzen* ‖ **–o** *m* ⟨Tech⟩ *Kippen*
n ‖ **–te** *m Kipp|wagen, -karren* m, **–lore** f ‖ **–tero**
m Kippwagenfahrer m
vols. ⟨Abk⟩ = **volúmenes**
volscos *mpl* ⟨Hist⟩ *die Volsker (Volk)*
volt *m* →・ **voltio**
Vol|ta np: pila de ~ ⟨Phys⟩ *Voltasäule* f ‖
=taico adj ⟨Phys⟩ *voltaisch, galvanisch* ‖ **=taje** *m*
⟨El⟩ *Spannung* f ‖ **=támetro** *m Voltameter* n ‖
△ **voltañar** vi →・ **volver**
voltario adj *wankelmütig* ‖ Chi *launisch* ‖ Chi
geschniegelt, herausgeputzt

volteada *f* Arg *Abtrennung* f *e–s Teiles der Viehherde, indem man mitten hindurch reitet* **volteado** *m* Col *Überläufer, Fahnenflüchtige(r)* m **¹volteador** *m Voltigeur, Luftakrobat,* Am *Kunstreiter* m **²voltea|dor** *m* ⟨Tech⟩ *Wendevorrichtung* f, *Wender* m ‖ **–dora** ⟨Agr⟩ *Heuwender* m **voltear** *vt (her)umdrehen* ‖ *umkehren* ‖ *(fort)rollen* ‖ *durch die Luft wirbeln (Person)* ‖ Am *um|kippen, -stürzen* ‖ Am *drehen (Kopf)* ‖ Am → **volver** ‖ Arg PR *herumschnüffeln* ‖ ◇ ~ *la campana die Glocke läuten, schwingen* ‖ ~ *la espalda a alg.* Am *jdm den Rücken zudrehen* ‖ ~ *la soga od el lazo* Am *das Lasso schwingen* ‖ ~ *vi s. (herum)drehen* ‖ *s. herumwälzen, s. überschlagen* ‖ Am *abbiegen* ‖ *voltigieren* ‖ ~**se** Am → **chaquetear** **volte|jear** *vt (um)wenden, (um)drehen* (bes. Mar) ‖ ⟨Mar⟩ *aufkreuzen* ‖ **–o** *m Umdrehen, Wenden* n ‖ ⟨Tech⟩ *Kippen* n ‖ *Luftsprung* m ‖ *el ~ del molino das Klappern der Mühle* ‖ ~ *de tigre* ⟨Sp⟩ *Hechtrolle* f ‖ **–(re)ta** *f Luftsprung* m ‖ *Purzelbaum* m, *Rolle* f ‖ ◇ *dar* ~*s Purzelbäume schlagen* **volteriano** adj *auf Voltaire bezüglich* ‖ ⟨fig⟩ *aufklärerisch, ungläubig, kirchenfeindlich* ‖ ~ *m Anhänger* m *Voltaires (1694–1778)* **voltezuela** *f* dim von **vuelta** **voltigeante** adj *wimmelnd (Menschenmenge)* **vol|tímetro** *m* ⟨El⟩ *Voltmeter* m, *Spannungsmesser* m ‖ **–tio** *m* ⟨V⟩ ⟨El⟩ *Volt* n △ **voltisarar** *vt verbreiten* **voltizo** adj *verwickelt* ‖ ⟨fig⟩ *wankelmütig, unstet, wetterwendisch* **volu|bilidad** *f Leichtigkeit* f ‖ ⟨fig⟩ *Wankelmut* m, *Un|beständigkeit, -berechenbarkeit* f ‖ **–ble** adj *(m/f) leicht beweglich* ‖ ⟨fig⟩ *wankelmütig, un|beständig, -berechenbar, wetterwendisch* ‖ *unausgeglichen, flatterhaft* ‖ ⟨Bot⟩ *Schling-* **¹volumen** [*pl* **volúmenes**] *m Umfang* m, *Menge, Größe* f ‖ *Aufkommen* n ‖ *Rauminhalt* m, *Fassungs|vermögen* n, *-raum* m, *Kapazität* f ‖ *Volumen* n ‖ ⟨Radio⟩ *Ton-, Laut|stärke* f ‖ ~ *de ahorro Spareinlagenaufkommen* n ‖ *Sparleistung* f *(der Sparer)* ‖ ~ *atómico* ⟨Phys⟩ *Atomvolumen* n ‖ ~ *comercial* ⟨Com⟩ *Handelsvolumen* n ‖ ~ *de construcción Bau|volumen* n, *-leistung* f ‖ ~ *de contratación* ⟨Com⟩ *Börsenumsatz* m ‖ ~ *de esfera* ⟨Math⟩ *Kugelinhalt* m ‖ ~ *por latido* ⟨Med⟩ *Herzschlagvolumen* n ‖ ~ *minuto* ⟨Med⟩ *Herzminutenvolumen* n ‖ ~ *monetario Geld|volumen* n, *-menge* f ‖ ~ *de negocios Absatz-, Umsatz|volumen* n, *(Geschäfts-), (Waren)Umsatz* m ‖ ~ *de pedidos* ⟨Com⟩ *Auftragseingang* m ‖ ~ *de tránsito Verkehrsaufkommen* n ‖ ~ *de ventas* → ~ *de negocios* ‖ ♦ *de mucho od gran* ~ *umfangreich, viel Raum einnehmend* ‖ *sehr dick (Buch)* **²volumen** *m Band* m, *Buch* n ‖ ♦ *de muchos volúmenes vielbändig (Werk)* **volu|metría** *f* ⟨Phys⟩ *Rauminhaltslehre* f ‖ ⟨Chem⟩ *Volumetrie* f ‖ **–métrico** adj *volumetrisch* **voluminoso** adj *umfangreich, voluminös* ‖ *dick (Buch)* ‖ *sperrig* **voluntad** *f Wille* m ‖ *Belieben* n ‖ *freie Wahl* f, *freier Wille* m ‖ *Willkür* f ‖ *Wohlwollen* n ‖ *Zuneigung* f ‖ *Begierde, Lust* f ‖ *Absicht* f ‖ ~ *criminosa,* ~ *delictiva verbrecherischer Vorsatz bzw Wille* m ‖ ~ *férrea,* ~ *de hierro* ⟨fig⟩ *eiserner Wille* m ‖ ~ *de negocio* ⟨Jur⟩ *Geschäftswille* m ‖ ~ *de triunfo,* ~ *de victoria Siegeswille* m ‖ ~ *de vivir Lebenswille* m ‖ *buena* ~ *guter Wille* m ‖ *Bereitwilligkeit* f ‖ *Wohlwollen* n ‖ *Zuneigung* f ‖ *mala* ~ *Böswilligkeit* f ‖

Abneigung f ‖ *propia* ~ *freier Wille, Eigenwille* m ‖ *última* ~ *Testament* n, *Letzter Wille* m ‖ ♦ *a* ~ *nach Belieben* ‖ *a* ~ *del comprador* ⟨Com⟩ *nach Wunsch des Käufers* ‖ *contra mi* ~ *gegen m–n Willen* ‖ *de (buena)* ~ *freiwillig* ‖ *por propia od libre* ~ *aus eigenem Antrieb* ‖ *aus freiem Willen* ‖ *aus freien Stücken* ‖ ◇ ~ *es vida* ⟨Spr⟩ *des Menschen Wille ist sein Himmelreich* ‖ *captar la* ~ *de alg. jdn für s. einnehmen* ‖ *ganar la* ~ *de alg.* ⟨fig⟩ *jdn für s. gewinnen* ‖ *hacer su* ~ *s–n Willen durchsetzen* ‖ *quitarle la* ~ *a alg. jdm die Lust nehmen, jdn (von et.) abbringen, jdm (et.) ausreden* ‖ *poner mucha* ~ *en algo s. et. sehr angelegen sein lassen* ‖ *zurcir* ~*es* ⟨fig⟩ *(ver)kuppeln, Kuppelei treiben* **volun|tariado** *m Freiwilligendienst* m ‖ **–tariamente** adv *freiwillig, aus freien Stücken* ‖ **–tariedad** *f Freiwilligkeit, freie Entschließung* f ‖ *Willkür* f ‖ ⟨Jur⟩ *(rechtsgeschäftlicher) Wille* m ‖ **–tario** adj *freiwillig* ‖ *willkürlich* ‖ *wankelmütig* ‖ ~ *m Freiwillige(r)* m ‖ ~ *de un año* ⟨Hist Mil⟩ *Einjährig-Freiwillige(r)* m ‖ ~ *en países en desarrollo Entwicklungshelfer* m ‖ **–tarioso** adj *eigenwillig, launenhaft* ‖ *willig* ‖ **–tarismo** *m* ⟨Jur Philos⟩ *Willenstheorie* f, *Voluntarismus* m **volup|tad** *f Wollust, (Sinnen)Lust* f ‖ **–tuosidad** *f Wollust, Wollüstigkeit* f ‖ *Sinnlichkeit* f ‖ **–tuoso** adj *sinnenfreudig, sinnlich* ‖ *wollüstig* ‖ *üppig* ‖ ~ *m Wollüstling* m **voluta** *f* ⟨Arch⟩ *Volute* f *(am Kapitell)* ‖ *Schneckengehäuse* n ‖ ⟨Tech⟩ *Spirale* f, *Spiralgehäuse* n ‖ ~ *de humo Rauchspirale* f **volve|dera** *f* Seg ⟨Agr⟩ *Wendegabel* f, *Garbenwender* m ‖ **–dor** *m* ⟨Tech⟩ *Wind-, Wende|eisen* n ‖ *Kanter* m *(an Walzstraßen)* ‖ Cu *Wendemaschine* f *(in Zuckerfabriken)* **volver** [-ue-, pp/irr **vuelto**] A) vt *(um)drehen, (um)wenden, (um)kehren* ‖ *(um)lenken* ‖ *wenden, richten* (a, *hacia gegen*) ‖ *wälzen, (fort)rollen* ‖ *(ver)ändern* ‖ *(um)wenden (Tuch)* ‖ *umpflügen (Acker)* ‖ *zurück-, wieder|geben* ‖ *zurück|zahlen, -bringen* ‖ *herausgeben (beim Geldwechseln)* ‖ *zurück|schicken, -senden (Ware)* ‖ ⟨Phys⟩ *zurückwerfen, reflektieren (die Lichtstrahlen)* ‖ *zurückschlagen (den Ball)* ‖ *erwidern* ‖ *speien, erbrechen* ‖ *über|setzen, -tragen* ‖ *verwandeln (en in* acc) ‖ *(& adj) machen (zu)* ‖ ◇ ~ *ancas* → ~ *atrás* ‖ ~*lo de arriba abajo* ⟨fig⟩ *das Unterste zuoberst kehren, alles auf den Kopf stellen* ‖ ~ *atrás kehrtmachen, umkehren* ‖ ~ *de canto hochkant stellen* ‖ ~ *la cara s. umsehen* ‖ *s. umdrehen* ‖ ~ *la comida das Gegessene erbrechen* ‖ ~ *la espada a la vaina den Degen wieder einstecken* ‖ ~ *de espaldas auf den Rücken legen* ‖ ~ *la(s) espalda(s) a alg. jdm den Rücken zukehren* ‖ *eso me vuelve furioso das macht mich wütend* ‖ ~ *la hoja das Blatt wenden (& fig)* ‖ ~ *loco a alg.* ⟨fig⟩ *jdn zur Verzweiflung bringen* ‖ ⟨fig⟩ *jdm den Kopf verdrehen* ‖ ~ *mal por mal Böses mit Bösem vergelten* ‖ *no tener adónde* ~ *los ojos* ⟨fig⟩ *ganz hilflos dastehen* ‖ ~ *de plano flach legen* ‖ ~ *al revés völlig umkehren* ‖ *umstülpen* ‖ ~ *el rostro s. umsehen* ‖ *s. umdrehen* ‖ ~ *tonto dumm machen, verdummen* ‖ ~ *un vestido ein Kleid wenden* B) ~ *vi umkehren* ‖ *zurück|kehren, -kommen* ‖ *zurückfahren* ‖ *wieder zu s. kommen (von e–r Ohnmacht)* ‖ *zurückkommen* (a *auf* acc) ‖ *s. (rechts, links) wenden, abbiegen (an Weg)* ‖ ⟨Phys⟩ *zurückprallen (Lichtstrahlen)* a) ~ *atrás um-, zurück|kehren* ‖ ~ *hacia atrás zurück|drehen, -wenden* ‖ ~ *al* ~ *auf der Rückreise* ‖ ~ *a un* ~ *de cabeza* ⟨fig⟩ *im Handumdrehen, im Nu* ‖ *volveré otra vez ich werde nochmals vorsprechen* ‖ *desear* ~ *zurückverlangen* ‖ *le ha* vuelto la calentura *das Fieber hat s. bei ihm (ihr) wieder eingestellt, er (sie, es) hat wieder Fieber* b) *mit* ger: ~ andando *zu Fuß zurückkommen* ‖ ¡vuelvo volando! *(fam) ich bin im Nu wieder zurück! ich bin gleich wieder da!* C) in Verb. mit Präpositionen od präpositionalen Adverbialverbindungen: 1. in Verb. mit **a:** a) **a** + s: ~ a las andadas *(fig) in e–e schlechte Gewohnheit zurückfallen* ‖ *(fam) wieder sündigen* ‖ ~ a caballo *zurückreiten* ‖ ~ a casa *heimkehren, nach Hause kommen* ‖ ~ al buen camino *(fig) den Weg der Tugend einschlagen* ‖ ~ a la par *(Com) wieder pari stehen* ‖ volviendo al caso *um auf die Sache zurückzukommen* ‖ volviendo a lo de antes *um (nochmals) auf das Vorhergehende zurückzukommen* b) **a** + inf: *wiederum, noch einmal, nochmals, von neuem et. tun, wieder-* ‖ ~ a apretar *nachziehen (Schraube)* ‖ ~ a asegurar *nochmals versichern od beteuern* ‖ *(Com) wieder versichern* ‖ *rückversichern* ‖ ~ a cantar *wieder (zu) singen (anfangen), nochmals singen* ‖ ~ a contar *nachzählen* ‖ ~ a decir *wiederholen* ‖ ¡(eso) no lo vuelvas a decir! *sage es nicht (od nie) wieder!* ‖ ~ a embarcar *wieder ein-, ver|schiffen* ‖ ~ a empezar *wieder anfangen, von neuem anfangen* ‖ ~ a encender *wieder anmachen (Feuer)* ‖ ~ a pedir la dimisión *das Rücktrittsgesuch erneuern (z. B. Minister)* ‖ ~ a ver *wiedersehen* ‖ ~ a traer *zurückbringen* ‖ hoy he vuelto a nacer *(fam) heute bin ich e–r Todesgefahr entgangen* 2. in Verb. mit **de:** no ~ de su asombro *aus dem Staunen nicht herauskommen* ‖ vuelvo de hablar con él *ich habe soeben mit ihm gesprochen* ‖ vuelvo de jugar *ich komme vom Spiel, ich habe soeben gespielt* 3. in Verb. mit **en:** ~ en sí *wieder zu s. kommen* ‖ *die Besinnung wiedererlangen* ‖ *s. anders bedenken* ‖ ~ en su acuerdo *wieder zu s. kommen* 4. in Verb. mit **por:** ~ por alg. *s. jds annehmen* ‖ *s. um jdn kümmern* ‖ ~ por sí *s. verteidigen* ‖ ~ por los fueros de su honra *(fig) s–e Ehre verteidigen bzw wieder herstellen* 5. in Verb. mit **sobre:** ~ sobre *verweisen auf (acc)* ‖ *zurückkommen auf (acc)* ‖ ~ sobre sí *(fig) in s. gehen, s. besinnen* ‖ *s. erholen, zu s. kommen* ‖ ~ sobre el asunto *auf die Sache zurückkommen* ‖ ~ sobre sus pasos *wieder zurückgehen* ~**se** *s. wenden* ‖ *(s.) (um)drehen* ‖ *zurückkehren* ‖ *s. verwandeln, werden* ‖ *umschlagen (Wein)* ‖ *starr werden, einschlafen (Glieder)* ‖ ◇ ~ atrás *(fig) wortbrüchig werden* ‖ ~ atrás de un contrato *von e–m Vertrag zurücktreten* ‖ ~ a casar *s. wieder verheiraten, wieder heiraten* ‖ me he vuelto a dormir *ich bin wieder eingeschlafen* ‖ ~ loco *verrückt werden* ‖ ~ loco buscando algo *(figf) et. wie verrückt suchen* ‖ es para ~ loco *es ist zum Verrücktwerden* ‖ ~ contra uno *s. gegen jdn wenden, jdn angreifen* ‖ *jdn verfolgen* ‖ *s. mit jdm verfeinden* ‖ todo se me vuelve del revés *(od en contra) (figf) alles geht mir schief*

volvo, vólvulo *m* ⟨Med⟩ *Darm|verschluss* m, *-verschlingung* f, *Ileus* m

vómer *m* ⟨An⟩ *Pflugscharbein* n

vómico adj: *nuez* ~a ⟨Med⟩ *Brechnuss* f ‖ ⟨Bot⟩ *Brechnussbaum* m (Strychnos nux-vomica)

vomi|tado adj *(fig) abgezehrt, ausgemergelt* ‖ ◇ tiene cara de ~ *(fig) er sieht sehr schlecht od* ⟨fam⟩ *hundeelend aus,* ⟨pop⟩ *er sieht aus wie*

gekotzt ‖ ~ *m Erbrechen* n ‖ **–tador** *m* ⟨Arch⟩ *Speier* m ‖ **–tar** vt/i *(er)brechen, s. erbrechen, s. übergeben* ‖ ⟨fig⟩ *(aus)speien (Feuer, Steine, Asche)* ‖ ⟨fig⟩ *ausstoßen (Schimpfworte)* ‖ ⟨fig⟩ *von s. geben,* ⟨fam⟩ *herausrücken (mit)* ‖ ◇ ~ sangre *Blut speien* ‖ tengo ganas de ~ *mir ist sehr übel,* ⟨fam⟩ *mir ist speiübel* ‖ **–tera** *f* ⟨fam⟩ *Erbrechen* n ‖ **–tivo** m/adj ⟨Med⟩ *Brechmittel* n

vómito *m (Er)Brechen* n ‖ *Erbrochene(s)* n ‖ ~ del embarazo *Schwangerschaftserbrechen* n ‖ ~ negro ⟨Med⟩ *Gelbfieber* n ‖ ~ de sangre *Bluterbrechen* n ‖ *Blutsturz* m ‖ ◇ provocar (a) ~ *Übelkeit hervorrufen bzw erregen (& fig)*

vomi|tón adj *(fam) zum Erbrechen neigend* ‖ **–tona** *f* ⟨fam⟩ *heftiges Erbrechen* n ‖ **–torio** *m* ⟨Arch⟩ *Vomitorium* n *(in römischen Arenen, Theatern usw.)*

voquible *m* ⟨fam⟩ → **vocablo**

voracidad *f Gefräßigkeit* f ‖ la ~ del fuego ⟨fig⟩ *das verzehrende Feuer*

vorágine *f Wirbel, Strudel* m

voraginoso adj *voller Wirbel, Strudel* ‖ ⟨fig⟩ *turbulent*

vorahunda *f* ⟨reg⟩ → **baraunda**

voraz [pl **–ces**] adj *(m/f) gefräßig* ‖ ⟨fig⟩ *verzehrend (Feuer)*

vórtice *m Wirbel, Strudel* m ‖ *Windhose* f ‖ ⟨An⟩ *Wirbel, Vortex* m

vorticela *f Vorticella* f *(ein Glockentierchen)*

¹vos pron *Ihr (an e–e einzelne Person gerichtet)* ‖ tratar de ~ *mit vos anreden*

²vos pron Am: Verwendung in der zweiten Person Sing. statt tú usw. bei verschiedenen Verbmodi ‖ a ~ te hablo *ich rede zu dir*

vo|sear vt *jdn mit vos ("Ihr") anreden* ‖ **–seo** *m Anrede mit vos ("Ihr")*

Vos|gos mpl ⟨Geogr⟩: los ~ *die Vogesen* ‖ ≈**guiense** adj *(m/f) vogesisch*

vos|otros, –otras pron *Ihr, Sie (an mehrere Personen gerichtet, bes. wenn man sie duzt)*

V. O. T. ⟨Abk⟩ = **Venerable Orden Tercera**

vota|ción *f Abstimmung, Stimmabgabe, Wahl* f ‖ ~ a mano alzada *Abstimmung f durch Erheben der Hand (od durch Handzeichen)* ‖ ~ por carta, ~ por correo, ~ por correspondencia *Briefwahl* f ‖ ~ de desempate *Stichwahl* f ‖ ~ por llamamiento, ~ nominal *namentliche Abstimmung, Abstimmung f durch Namensaufruf* ‖ ~ por poderes *Abstimmung f in Vertretung* ‖ ~ secreta *geheime Abstimmung* f ‖ ◇ someter a ~ *zur Abstimmung bringen* ‖ *über et. abstimmen lassen* ‖ **–dor, votante** *m Abstimmende(r)* m ‖ *Stimmberechtigte(r)* m ‖ *Votant* m

votar vt *abstimmen über (acc)* ‖ *(durch Abstimmung) genehmigen, bewilligen* ‖ *verabschieden (Haushalt, Gesetz)* ‖ ◇ ~ el presupuesto *den Haushalt(splan) verabschieden* ‖ ~ vi *geloben* ‖ *fluchen, lästern* ‖ *stimmen, s–e Stimme abgeben* ‖ ◇ ¡voto a Cristo! ¡voto a Dios! *bei Gott! (bes. als Drohung)* ‖ ¡voto a tal! ¡voto va! *(pop) Donnerwetter! (Ausdruck des Zornes, der Drohung, der Überraschung od Bewunderung)* ‖ ~ levantando la mano *durch Handaufheben (od durch Handzeichen) abstimmen* ‖ ~ por aclamación *durch Zuruf od Akklamation wählen*

votivo adj *(an)gelobt* ‖ *Votiv-*

¹voto *m* ⟨Pol⟩ *Stimme, Abstimmung* f, *Votum* n ‖ *Stimmrecht* n ‖ *Wunsch* m, *Begehren* n ‖ *Fluch* m ‖ *Urteil* n ‖ ~ por aclamación *Abstimmung* f *durch Zuruf od Akklamation* ‖ ~ activo *aktives Stimmrecht* n ‖ ~ de calidad *Stichentscheid* m ‖ ~ de censura *Misstrauensvotum* n ‖ ~ de confianza *Vertrauensvotum* n ‖ ~ consultivo *beratende Stimme* f ‖ ~ en contra → ~ negativo ‖ ~ por carta, ~ por correo, ~ por correspondencia *Briefwahl* f ‖ ~ a favor *Jastimme* f ‖ ~ negativo *Neinstimme* f ‖ ~ nulo *ungültige Stimme* od *Stimmabgabe* f ‖ ~ obligatorio *Stimm-, Wahl|zwang* m ‖ ~ pasivo *passives Stimmrecht* n ‖ ~ popular *Volksabstimmung* f ‖ ~ en pro →̇ ~ a favor ‖ ~ de reata 〈figf〉 *blinde Bejahung* f ‖ ◇ dar su ~ *s–e Meinung äußern* (sobre *über* acc) ‖ emitir *od* depositar el ~ *die Stimme abgeben (bei Wahlen)* ‖ tener (derecho de) ~ *stimmberechtigt sein* ‖ no tener ~, no ser ~ 〈fig〉 *kein Urteil haben* (en *in* dat) ‖ tener voz y ~ *Sitz und Stimme haben (in e–r Versammlung)* ‖ ~s *mpl:* ~ dispersos *zersplitterte Stimmen* fpl ‖ ~ emitidos a favor (en contra) de alg. *abgegebene Stimmen* fpl *für (gegen) jdn* ‖ ◆ por diez ~ contra cinco con dos abstenciones *mit zehn gegen fünf Stimmen bei zwei (Stimm)Enthaltungen* ‖ por (simple) mayoría de ~ *mit (einfacher) Stimmenmehrheit* ‖ ◇ aprobado por mayoría de ~ *durch Stimmenmehrheit angenommen* ‖ recoger los ~ *die Stimmen sammeln*

²**voto** m *Gelübde* n ‖ *kirchliches Gelöbnis, Gelübde* n ‖ *Votiv|bild* n, *-tafel* f ‖ *Weih|gabe* f, *-geschenk* n ‖ ~ de amén 〈figf〉 *blinde Bejahung* f ‖ ~ de castidad *Keuschheitsgelübde* n ‖ ~ solemne *feierliches Gelübde* n ‖ ~s *mpl Ordensgelübde* npl ‖ ◇ echar *od* soltar ~ *Flüche, Verwünschungen ausstoßen* ‖ hacer los ~ *das Ordensgelübde ablegen* ‖ haciendo ~ por su pronto restablecimiento *indem ich Ihnen e–e baldige Genesung wünsche (in Briefen)* ‖ renovar los ~ *das Ordensgelübde erneuern*

voy →̇ **ir**

voyeur m *Voyeur, Spanner* m ‖ **–ismo** m *Voyeurismus* m

¹**voz** [*pl* ~**ces**] f *Stimme* f ‖ *Laut, Ton, Schall* m ‖ *Ruf* m ‖ *Schrei* m ‖ 〈fig〉 *Gerücht* n ‖ 〈Mus〉 *Ton, Klang* m ‖ 〈Gr〉 *(einzelnes) Wort* n, *Vokabel* f ‖ *Ausdruck* m ‖ *Form* f *des Verbs* ‖ beratende *Stimme* f ‖ 〈fig〉 *Stimme* f, *Votum* n ‖ ~ activa 〈Gr〉 *Aktiv* n ‖ ~ acaponada *Kastraten-, Fistel|stimme* f ‖ ~ afeminada *weibliche Stimme (e–s Mannes), Fistelstimme* f ‖ ~ aguardentosa 〈pop〉 *Säuferstimme* f ‖ ~ aguda *scharfe* od *schrille Stimme* f ‖ 〈Gr〉 *auf der letzten Silbe betontes Wort, Oxytonon* n ‖ *Scharf* n, 〈lat〉 *Vox acuta* f *(Orgelstimme)* ‖ ~ argentada, ~ argentina 〈fig〉 *silberhelle Stimme* f ‖ ~ atenorada *Tenorstimme* f ‖ ~ de cabeza 〈Mus〉 *Fistel-, Kopf|stimme* f ‖ ~ cantante 〈Mus〉 *Sing-, Haupt|stimme* f ‖ ~ de carretero 〈figf〉 *grobe Stimme* f ‖ ~ cascada *gebrochene, matte, farblose Stimme* f ‖ ~ cavernosa *Grabesstimme* f ‖ ~ del cielo 〈lat〉 *Vox celestis* f *(Orgelstimme)* ‖ 〈fig〉 *die Stimme Gottes* ‖ ~ de la conciencia 〈fig〉 *Gewissensbisse* mpl ‖ ~ ejecutiva 〈Mil〉 *Ausführungskommando* n ‖ ~ empañada 〈fig〉 *belegte Stimme* f ‖ ~ esdrújula 〈Gr〉 *auf der drittletzten Silbe betontes Wort, Proparoxytonon* n ‖ ~ expletiva 〈Gr〉 *Füllwort* n ‖ ~ familiar *umgangssprachlicher Ausdruck* m ‖ *vertraulicher Ausdruck* m ‖ ~ guía *Leit-, Stich|wort* n (z. B. *im Wörterbuch*) ‖ ~ humana *Menschenstimme* f ‖ 〈lat〉 *Vox humana* f *(Orgelstimme)* ‖ ~ de mando *gebieterischer Ton* m ‖ 〈Mil〉 *Kommando* n, *Befehl* m ‖ ~ media 〈Gr〉 *Medium* n ‖ ~ opaca 〈fig〉 *belegte Stimme* f ‖ ~ pasiva 〈Gr〉 *Passiv* n ‖ ~ de pecho *Bruststimme* f ‖ ~ potente *mächtige, kräftige Stimme* f ‖ ~ preventiva 〈Mil〉 *Ankündigungskommando* n ‖ ~ primitiva 〈Gr〉 *Stamm-, Wurzel|wort* n ‖ ~ pública, ~ del pueblo *Volksstimme, Stimme* f *des Volkes* ‖ ~ del pueblo, ~ del cielo *od* de Dios 〈Spr〉 *Volkes Stimme, Gottes Stimme* f ‖ ~ quebrada →̇ ~ cascada ‖ ~

radical 〈Gr〉 *Stammwort* n ‖ ~ ronca *heisere, raue Stimme* f ‖ la ~ de la sangre 〈fig〉 *die Stimme des Blutes* ‖ ~ seca *raue Stimme* f ‖ ~ sepulcral *Grabesstimme* f ‖ ~ simple 〈Ling〉 *einfaches Wort, Simplex* n ‖ ~ sobre(e)sdrújula 〈Gr〉 *auf der viertletzten Silbe betontes Wort* n ‖ ~ tabacuna *Raucherstimme* f ‖ ~ técnica *Fachausdruck* m ‖ ~ de tiple *Sopranstimme* f ‖ ~ tomada *belegte Stimme* f ‖ ~ tronante, ~ de trueno *dröhnende Stimme, Donner-, Löwen|stimme* f ‖ ~ varonil *männliche Stimme* f ‖ mala ~ 〈fig〉 *übler Ruf* m ‖ primera (segunda) ~ 〈Mus〉 *erste (zweite) Stimme* f ‖ ◆ a ~ en cuello, a ~ en grito *lauthals, aus vollem Hals(e)* ‖ a media ~ *halblaut, mit gedämpfter Stimme* ‖ a una ~ 〈fig〉 *einstimmig* ‖ de viva ~ *mündlich* ‖ 〈fig〉 *ausdrücklich* ‖ con ~ entera *mit fester, entschlossener Stimme* ‖ en ~ mündlich ‖ en alta ~ *laut, mit lauter Stimme* ‖ en ~ baja *leise, mit leiser Stimme* ‖ sin ~ *stimmlos* ‖ ◇ aclararse la ~ *s. räuspern* ‖ ahuecar la ~ *mit hohler, tiefer, stärkerer Stimme sprechen* ‖ alzar la ~ *die Stimme erheben* ‖ *lauter sprechen* ‖ alzarle la ~ a alg. 〈fig〉 *jdm gegenüber e–n ungebührlichen Ton anschlagen, zu jdm unverschämt werden* ‖ se le anudó la ~ 〈fig〉 *er konnte vor Aufregung nicht sprechen, die Stimme versagte ihm* ‖ apagar la ~ *die Stimme (bzw den Klang) dämpfen (& Mus)* ‖ corre la ~ *man munkelt* ‖ dar la ~ 〈Mil〉 *anrufen (Posten)* ‖ dar una ~ a alg. *jdm zurufen* ‖ decir en ~ baja a alg. *jdm et. zu|flüstern, -raunen* ‖ estar en (buena) ~ 〈Mus〉 *bei Stimme sein* ‖ leer en ~ alta *vorlesen* ‖ levantar la ~ →̇ alzar la ~ ‖ levantarle la ~ a alg. →̇ alzarle la ~ a alg. ‖ llevar la ~ cantante 〈figf〉 *den Ton angeben, die erste Geige spielen, das Regiment führen* ‖ poner mala ~ a alg. *jdn in Verruf bringen* ‖ ponerse en ~, romper la ~ *s. einsingen (Sänger)* ‖ tener ~ (en) *beratende Stimme haben (bei)* ‖ tener (buena) ~ 〈Mus〉 *e–e gute Stimme haben* ‖ tomar ~ 〈bes. Mil〉 *Erkundigungen einziehen* ‖ **voces** fpl *Geschrei* n ‖ ~ raíces *Grund-, Stich|wörter* npl ‖ ~ de socorro *Hilferufe* mpl ‖ ◆ de cuatro ~ *vierstimmig* ‖ ◇ dar ~ *rufen* ‖ *schreien* ‖ *um Hilfe rufen* ‖ dar ~ al viento *od* en desierto 〈fig〉 *tauben Ohren predigen, in den Wind reden* ‖ estar pidiendo a ~ 〈figf〉 *schreien nach, (et.) dringend haben wollen*

△ ²**voz** f *Trost* m

vozarrón m *kräftige, laute Stimme* f

v. p. 〈Abk〉 = **vicio propio** *(von beschädigten Waren)*

V.P. 〈Abk〉 = **vale por** ‖ **Vuestra Paternidad**

V.R. 〈Abk〉 ‖= **Vuestra Reverencia**

v/r 〈Abk〉 = **valor recibido**

v.ʳ 〈Abk〉 = **valor**

vra., vro., vras., vros. 〈Abk〉 = **vuestra, ~o, ~as, ~os**

V.S.(I.) 〈Abk〉 = **Vueseñoría, Usía (Ilustrísima)**

v.ᵗᵃ 〈Abk〉 = **vuelta** ‖ **venta**

v.ᵗᵒ 〈Abk〉 = **vuelto**

v.ᵗʳᵒ 〈Abk〉 = **vuestro**

vual m 〈Text〉 *Voile* m

vuchén m *Chi unehelicher Sohn* m

vudú m 〈Rel〉 *Wodu-, Voodoo|(kult)* m

Vuecelencia = Vuestra Excelencia

Vuecencia = Vuestra Excelencia

vuela f →̇ **vual**

vuelapié m →̇ **volapié**

vuelcavagonetas f 〈Tech〉 *Wagen-, Waggon|kipper* m

vuelco m *Um|werfen, -kippen* n ‖ *Überschlag* m (& Auto Flugw) ‖ ~ lateral *Seitenkippung* f ‖ ~ trasero *Rückwärtskippung* f ‖ ◆ a ~ de dado

⟨fig⟩ *aufs Geratewohl, auf gut Glück* ‖ ◇ dar un
~ *s. überschlagen*
vuelillo *m* ⟨Text⟩ *Manschettenspitze* f
¹vuelo *m Flug* m, *Fliegen* n ‖ *Flügel* m,
Schwinge f ‖ *Schwungfeder* f ‖ ⟨fig⟩ *(Auf)Schwung*
m ‖ ~ acrobático *Kunstflug* m ‖ ~ en ala delta
Drachenfliegen n ‖ ~ de altura *Höhenflug* m ‖ ~
de aproximación *Anflug* m ‖ ~ bajo, ~ a baja
cota *Tiefflug* m ‖ ~ ciego, ~ a ciegas *Blindflug* m
‖ ~ chárter *Charterflug* m ‖ ~ deportivo
Sportflug m ‖ ~ de entrenamiento *Trainings-,
Übungs|flug* m ‖ ~ de estudios *Übungsflug* m ‖ ~
sin escala *Nonstopflug* m ‖ ~ espacial (tripulado)
(bemannter) Weltraumflug m ‖ ~ exhibitorio
Schauflug m ‖ ~ en formación ⟨Mil⟩
Verbandsflug m ‖ ~ inclinado *Gleitflug* m ‖ ~
individual *Alleinflug* m ‖ ~ con instrumentos
Instrumenten-, Blind|flug m ‖ ~ interplanetario →
~ espacial ‖ ~ largo *Fern-, Dauer|flug* m ‖ ~ de
línea *Linienflug* m ‖ ~ sin motor *Segelflug* m ‖ ~
nocturno *Nachtflug* m ‖ ~ nupcial ⟨Ins⟩
Hochzeitsflug m *(Ameisen, Bienen, Termiten)* ‖ ~
en picado *Sturzflug* m ‖ ~ planeado *Gleitflug* m ‖
~ de polen *Pollenflug* m ‖ ~ de prácticas
Übungsflug m ‖ ~ rasante *Tiefflug* m ‖ ~ de
reconocimiento *Erkundungsflug* m ‖ ~ regular
Linienflug m ‖ ~ de salvamento *Rettungsflug* m ‖
~ simulado *Flugtraining* m *im Simulator* ‖ ~
supersónico *Überschallflug* m ‖ ~ transatlántico
Atlantikflug m ‖ ~ a vela *Segelflug* m ‖
Segelfliegen n ‖ ~ sin visibilidad *Blindflug* m ‖ ◆
a(l) ~ *im Flug* ‖ ⟨fig⟩ *schnell, geschwind* ‖ de
(un) ~, en un ~ ⟨fig⟩ *flugs, eiligst* ‖ de alto ~
hochfliegend ‖ ⟨fig⟩ *hochtrabend* ‖ ◇ abatir el ~
s. niederlassen (Vogel) ‖ alzar el ~ *auf-,
empor|fliegen* ‖ ⟨fig⟩ *abhauen, Reißaus nehmen* ‖
coger ~ ⟨fig⟩ *wachsen, zunehmen* ‖ coger al ~ *im
Flug(e) auffangen* ‖ ⟨fig⟩ *zufällig erhaschen* ‖
cogerlas od cazarlas al ~ ⟨figf⟩ *alles sofort
begreifen* od *mit|bekommen, -kriegen,* ⟨fam⟩
kapieren, checken, schnell von Kapee sein ‖ *sehr
aufgeweckt sein* ‖ emprender el ~ *ab-,
weg|fliegen* ‖ huye a ~ tendido ⟨figf⟩ *er (sie, es)
läuft eiligst davon* ‖ levantar el ~ → alzar el ~ ‖
pasar a ~ *überfliegen* ‖ reanudar el ~ (en
dirección a) ⟨Flugw⟩ *den Flug fortsetzen,
weiterfliegen (nach)* ‖ tirar al ~ *im Flug(e)
schießen* ‖ ⟨fig⟩ *stolz, eingebildet sein* ‖ tomar ~
s. aufschwingen ‖ ⟨fig⟩ *sehr zunehmen, s. gut
entwickeln, gedeihen* ‖ ~s *mpl Schwungfedern* fpl
(der Vögel) ‖ ◇ cortar los ~ a alg. ⟨fig⟩ *jdm die
Flügel beschneiden* od *stutzen* ‖ levantar los ~
⟨fig⟩ *s. höheren Dingen zuwenden* ‖ *stolz,
eingebildet werden*
²vuelo *m* ⟨Arch⟩ *Vorsprung* m, *Aus|ladung,
-kragung* f, *Überhang* m ‖ ⟨fig⟩ *Weite* f *(Rock,
Ärmel)* ‖ *Spitzenmanschette* f
³vuelo *m Hochwald* m
vuelta *f (Her)Umdrehen* n ‖ *(Um)Drehung* f *(&
Tech)* ‖ *kreisförmige Bewegung* f ‖ ⟨Tech⟩ *Umlauf*
m ‖ *Krümmung, Windung* f *(& Tech)* ‖ *Wende,
Wendung* f *(& Tech)* ‖ *Windung* f *(Spirale)* ‖
Wegkrümmung, Kehre f ‖ *Flusswindung* f ‖ ⟨Mil⟩
Schwenkung f ‖ *Wiederkehr* f ‖ *Heim-, Rück|kehr* f
‖ *Rück|fahrt, -reise* f ‖ *Rückflug* m ‖ *Runde* f,
Rundgang m ‖ *(Spazier)Gang, Bummel* m ‖
(Spazier)Fahrt f ‖ *(Geschäfts)Reise* f ‖ ⟨fam⟩
Umweg m ‖ *Rückgabe* f ‖ *Herausgabe* f ‖
herausgegebenes Wechselgeld n ‖ *Erwiderung,
Vergeltung* f ‖ *Gegendienst* m ‖ *Purzelbaum* m ‖
Kehr-, Rück|seite f ‖ *Aufschlag* m *(Kleidung)* ‖
Hutstulp m ‖ *Stiefelstulp* m ‖ *Maschenreihe* f
(beim Stricken) ‖ ⟨Agr⟩ *Brachen, Umpflügen* n ‖
⟨Sp⟩ *Runde* f, *Durchgang* m ‖ ⟨Sp⟩ *Rundfahrt* f ‖
⟨Sp⟩ *Kehre* f *(Turnen)* ‖ ⟨Sp⟩ *Felge* f *(Reck)* ‖

⟨Sp⟩ *Volte* f *(Reiten)* ‖ ⟨fig⟩ *Änderung, Wendung* f
‖ ⟨fig⟩ *Tracht* f *Prügel* ‖ ⟨fig⟩ *derbes Anfahren* n ‖
~ del año *Jahreswechsel* m ‖ *Neujahr* n ‖ ~ de
campana *Überschlag, Salto* m ‖ ~ en coche
Heimfahrt f *im Auto* ‖ *Spazierfahrt* f *im Wagen* ‖
~ helicoidal *Schrauben-, Schnecken|windung* f ‖
~ de honor ⟨Sp⟩ *Ehrenrunde* f ‖ ~ de llanos
glatte Maschenreihe f *(beim Stricken)* ‖ ~ al
mundo *Reise* f *um die Welt* ‖ ~ del pantalón
Hosenaufschlag m ‖ ~ en redondo
(Kehrt)Wendung f ‖ ⟨fig⟩ *Um|schwung, -schlag* m
‖ ~ al ruedo ⟨Taur⟩ *Rundgang* m *um die Arena
(Parade des Stierkämpfers)* ‖ ~ al trabajo
Wiederaufnahme f *der Arbeit* ‖ ~ del trabajo
Rückkehr f *von der Arbeit* ‖ ~ a la vida ⟨Med⟩
Wiederbelebung f ‖ otra ~ ⟨Am⟩ *wieder,
nochmals* ‖ *ein anderes Mal* (= otra vez) ‖ ¡otra
~! *kehrum!* ‖ *schon wieder!* ‖ ⟨fam⟩ *immer
dieselbe Leier!* ‖ ¡aun otra ~! *noch einmal
herum!* ‖ primera ~ ⟨Sp⟩ *Vorrunde* f ‖ segunda ~
⟨Sp⟩ *Rückrunde* f ‖ ◆ a ~ *bei der Rückkunft* ‖
ungefähr *zugleich mit* ‖ a ~ de correo
postwendend ‖ a ~ de dado ⟨fig⟩ *aufs
Geratewohl, auf gut Glück* ‖ a la ~ de la esquina
⟨fam⟩ *ganz in der Nähe* ‖ *gleich um die Ecke* ‖ a
~ de Navidad *um, nahe an Weihnachten* ‖ a ~ de
ojo ⟨fig⟩ *mit Blitzesschnelle* ‖ a la ~ *bei der
Rückkehr* ‖ *auf der Rück|fahrt, -reise* ‖ *auf der
Rückseite, umseitig, umstehend* ‖ ⟨Com⟩ *Übertrag*
m *(auf Rechnungen)* ‖ ¡a la ~! *bitte wenden!* ‖ a
la ~ de … *nach* … ‖ a la ~ de pocos años *nach
wenigen Jahren* ‖ a la ~ de la esquina ⟨fig⟩
gleich um die Ecke ‖ ⟨fig⟩ *in nächster Nähe* ‖ a la
~ encontrará Vd. … *umstehend finden Sie* … ‖ ¡a
la ~ te espero! ⟨fam⟩ *wir sehen uns bald wieder!*
‖ a mi ~ *bei m–r Rückkehr* ‖ de ~ *auf der
Rück|reise* bzw *auf dem -flug* ‖ de la ~ ⟨Com⟩
Am Über-, Vor|trag m ‖ ¡hasta la ~! *(bis) auf
Wiedersehen!* ‖ sin ~ de hoja ⟨fig⟩ *unumkehrbar,
endgültig* ‖ ¡~ a empezar! *nochmals angefangen!*
‖ ¡~ a *od* con lo mismo! ⟨fam⟩ *immer dasselbe,
immer dasselbe Lied!* ‖ ¡~ al estribillo! ⟨pop⟩
immer dieselbe Leier! ‖ ¡media ~ …, ar! ⟨Mil⟩
kehrt … Marsch! ‖ ◇ dar la ~ ⟨Auto⟩ *s.
überschlagen* ‖ dar(se) una ~ *e–n (kurzen)
Spaziergang machen, spazieren gehen* ‖ *e–e kurze
Reise machen* ‖ dar una ~ ⟨fig⟩ *s. verändern* ‖ dar
la ~ a algo *et. um|drehen, -wenden, -kehren* ‖ dar
la ~ a alg. *jdm den Rücken zukehren* ‖ dar una ~
a alg. *jdm e–e Tracht Prügel geben* ‖ dar la ~ a
un país *ein Land bereisen* ‖ dar una ~ con la
bicicleta *e–e Spazierfahrt mit dem Fahrrad
unternehmen* ‖ dar ~ al caballo *das Pferd wenden*
‖ dar una ~ de campana *e–n Salto* od *Überschlag
machen* ‖ *s. überschlagen* (z. B. *Auto*) ‖ dar una ~
a la llave *den Schlüssel im Schloss einmal
umdrehen, das Schloss zuschließen* ‖ dar media ~
s. umdrehen, kehrtmachen ‖ dar ~
herausgeben (Geld) ‖ le doy diez euros de ~ *ich
gebe Ihnen 10 Euro heraus* ‖ encontrar la ~ ⟨figf⟩
den richtigen Dreh finden ‖ estar de ~
zurück(gekehrt) sein ‖ ⟨figf⟩ *Bescheid wissen*,
wissen, wie die Sache läuft ‖ *(schon) im Bilde
sein* ‖ ya estoy de ~ *ich bin schon zurück* ‖
enseguida estoy de ~ *ich komme gleich zurück* ‖
poner a uno de ~ y media ⟨figf⟩ *jdn
herunter|putzen, -machen* ‖ ¡quédese con la ~!
behalten Sie den Rest! (als Trinkgeld) ‖ no tener
~ *nicht herausgeben können (Wechselgeld)* ‖ no
tiene ~ de hoja, ya no tiene ~ ⟨figf⟩ *das ist nicht
(mehr) zu ändern* ‖ *dem ist nicht abzuhelfen* ‖
⟨pop⟩ *hin ist hin!* ‖ ~s *fpl*: número de ~ ⟨Tech⟩
Dreh-, Touren|zahl f ‖ ◆ a ~s ⟨fam⟩ *ab und zu* ‖
zuweilen ‖ a ~ de … *außer* (dat), *ausgenommen*
… ‖ *ungefähr* ‖ a pocas ~ ⟨fig⟩ *in kurzer Zeit* ‖

ohne viel Umstände ‖ ◇ andar a ~ ⟨pop⟩ *streiten,
rechten, hadern* ‖ andar en ~ y revueltas ⟨fig⟩
allerhand Um|wege, -schweife machen ‖ andar a
~ con *od* para *od* sobre ... ⟨fig⟩ *mit e–r
schwierigen Angelegenheit beschäftigt sein* ‖ *s.
nicht zu helfen* od *raten wissen mit ..., ratlos
dastehen* ‖ ⟨fig⟩ *(über et.) nachgrübeln* ‖ andar a
las ~ de alg. ⟨fig⟩ *jdm folgen* ‖ andar en ~ ⟨fig⟩
Ausflüchte suchen ‖ buscarle a uno las ~ ⟨figf⟩
*die Gelegenheit abwarten, um jdm eins
auszuwischen, jdn auf dem Kieker haben* ‖ coger
las ~ a alg. ⟨figf⟩ *jds Pläne durchschauen* ‖ ⟨figf⟩
jdn zu nehmen verstehen ‖ dar ~ *s. drehen* ‖ *s.
herumwälzen* ‖ dar dos ~ a algo *et. zweimal
umdrehen* ‖ dar ~ a un asunto ⟨fig⟩ *über et.
nachdenken, nachgrübeln* ‖ dar ~ por una calle *in
e–r Straße herumlaufen* ‖ dar ~ a la manivela
⟨Tech⟩ *die Kurbel drehen* ‖ dar cien ~ a uno
⟨figf⟩ *jdm weit* od *haushoch überlegen sein* ‖ no
hay que darle ~ ⟨figf fam⟩ *das ist nun einmal so*
‖ la cabeza me da ~ *mir schwindelt der Kopf, mir
ist schwind(e)lig* ‖ guardar las ~ ⟨figf⟩ *auf der
Hut sein* ‖ ser de muchas ~ *viele Tricks
beherrschen, viele Schliche kennen* ‖ tener ~ ⟨fig⟩
launisch sein
  vuel|tecita *f* dim von **–ta** ‖ ◇ dar una ~ *e–n
kleinen Spaziergang machen* ‖ **–to** adj pp/irr von
volver ‖ *ver-, umge|kehrt* ‖ ◇ tener ~ el juicio
⟨figf⟩ *verrückt sein* ‖ → auch **volver** ‖ ~ *m* Am
herausgegebenes Wechselgeld n
  vueludo adj *weit, lose (Kleid)*
  vuelvepiedras *m* ⟨V⟩ *Steinwälzer* m (Arenaria
interpres)
  vuestro pron *euer, ihr* ‖ *Ihr* ‖ ~a Majestad *Ew.
(Eure) Majestät* ‖ ~a Santidad *Ew. (Eure)
Heiligkeit*
  vulca|nismo *m* ⟨Geol⟩ *Vulkanismus* m ‖
Plutonismus m ‖ **–nista** *m* ⟨Hist⟩ *Anhänger(in* f)
des Plutonismus, Plutonist(in f) m
  vulca|nización *f* ⟨Tech⟩ *Vulkanisierung* f ‖
–nizar [z/c] vt *vulkanisieren*
  Vulcano *m* np ⟨Myth⟩ *Vulcanus* m *(röm. Gott
des Feuers)*
  vulca|nología *f Vulkanologie, Vulkankunde* f ‖
–nólogo *m Vulkanologe* m
  vul|gacho *m* ⟨desp⟩ *Pöbel, Mob* m, *Gesindel* n,
Plebs m ‖ **–gar** adj/s *pöbel-, rüpel|haft, ruppig,
ungehobelt* ‖ *gewöhnlich, alltäglich, trivial* ‖
allgemein (bekannt) ‖ *dem Volk eigen*
  vulga|ridad *f Gemeinheit, Pöbelhaftigkeit* f ‖
Alltäglichkeit, Trivialität f ‖ *Gemeinplatz* m ‖ ◇
decir ~es ⟨pop⟩ *dummes Zeug reden* ‖ **–rismo** *m
der derben Volkssprache angehörender Ausdruck*
‖ *pöbelhafte Redensart* f, *vulgärer Ausdruck* m ‖
–rización *f Verallgemeinerung* f ‖
Popularisierung f ‖ **–rizador** *m
Populärwissenschaftler* m ‖ **–rizar** [z/c] vt
bekannt machen, verbreiten ‖ *zum Gemeingut
machen* ‖ *popularisieren, populär machen,
allgemein verständlich machen, volkstümlich
darstellen*
  Vulgata *f* ⟨Rel⟩ *Vulgata* f *(Bibelübersetzung)*
  ¹vulgo *m einfaches Volk* n, *breite
Volksschichten* fpl ‖ *Laien* mpl ‖ *Pöbel, Mob* m,
Gesindel n, *Plebs* m
  ²vulgo adv *allgemein, gemeinhin, gewöhnlich*
  △ **³vulgo** *m Puff* m, *Bordell* n
  vulne|rabilidad *f Ver|wundbarkeit, -letzlichkeit*
f ‖ **–rable** adj *(m/f) ver|wundbar, -letzlich* ‖
empfänglich, anfällig ‖ **–ración** *f Ver|wundung,
-letzung* f ‖ **–rar** vt *ver|wunden, -letzen* (& fig)
  vulneraria *f* ⟨Bot⟩ *Wundklee* m (Anthyllis
vulneraria)
  vulnerario *m/*adj *Wundmittel* n
  vul|pécula, –peja *f Füchsin* f, *Fuchs* m (→

²zorro) ‖ **–pino** adj *Fuchs-* ‖ ⟨fig⟩ *gerieben,
schlau*
  vultuoso adj ⟨Med⟩ *entzündet, verquollen
(Gesicht)*
  vultúridos *mpl* ⟨V⟩ *Geier, geierartige Vögel*
mpl (Vulturidae)
  vulturín *m* Ar ⟨Fi⟩ → **²buitrón**
  vul|va *f* ⟨An⟩ *weibliche Scham, Vulva* f ‖ **–var**
adj ⟨An⟩ *Scham-* ‖ **–vitis** *f* ⟨Med⟩ *Vulvitis* f ‖
–vovaginal adj *(m/f)* ⟨An⟩ *vulvovaginal*
  vúmetro *m* ⟨Radio⟩ *VU-Meter* n
  △ **vuque** *m Rand* m ‖ *Ende* n
  vurzita *f* ⟨Min⟩ *Wurtzit* m
  vuta *f* Chi *(Art) Zauberwesen* n
  v. v. ⟨Abk⟩ = **varias veces**
  VV., V. V. ⟨Abk⟩ = **ustedes**
  v. V. l. h. ⟨Abk⟩ = **vuelva Vd. la hoja** *(bitte
wenden, b. w.)*

W

W, w *f* [= Uve *bzw* uve doble *od* valona, pl Uves *bzw* uves dobles *od* valonas] *W, w* n
W ⟨Abk⟩ = **tungsteno, volframio**
W. ⟨Abk⟩ = **Oeste**
wagneriano adj ⟨Mus⟩ *Wagner-* ‖ *auf Richard Wagner (1813–11883) bezüglich* ‖ *wagnerisch (Stil)* ‖ ~ *m Wagnerianer* m
wagón *m* → **vagón**
walhalla *m Walhall(a)* f
walkie-talkie *m Walkie-talkie* n
walkirias *fpl* → **valquirias**
walkman *m Walkman* m
walón m → **valón**
Walpur|ga, –gis *f Walpur|ga, -gis* f
Wamba *m* np *Wamba* m *(westgotischer König* m *in Span. im 7. Jh.)* ‖ en tiempo(s) del rey ~ ⟨fig⟩ *zu Olims Zeiten*
wapití *m* → **uapití**
warrant *m* ⟨Com⟩ *Warrant* m *(Verpfändungsschein über lagernde Ware; Orderlagerschein)*
Wartburgo *m* ⟨Geogr⟩ *Wartburg* f
washingtionano adj *aus Washington* ‖ *auf Washington bezüglich*
wastiano adj *auf den arg. Schriftsteller Hugo Wast (Martínez Zuviría) (1883–1962) bezüglich*
watt *m* ⟨El⟩ → **vatio**
water(-closet) *m* (Abk **W.C.**) *Klosett, WC* n, meist **wáter**
water|polista *m/f Wasserballspieler(in* f) m ‖ **–polo** *m* ⟨Sp⟩ *Wasserball* m
weberiano adj *auf den deutschen Komponisten Carl Maria von Weber (1786-1826) bezüglich*
week-end *m Wochenende, Weekend* n
weigelia *f* ⟨Bot⟩ *Weigelie* f *(Weigela spp)*
Wenceslao *m* np *Wenzel, Wenzeslaus* m
wendo adj → **²vendo**
wertheriano adj ⟨Lit⟩ *nach Werthers Art, Werther-*
western *m* ⟨Film⟩ *Western* m ‖ espaguetti-~ ⟨joc⟩ *bzw* ⟨desp⟩ *Spaghetti-Western* m
westfaliano adj → **vestfaliano**
whig *m* ⟨Pol⟩ *Whig* m *(engl. Liberaler)*
whisk(e)y *m Whisk(e)y* m ‖ ~ con soda *Whisky-Soda* m
whist *m Whist(spiel)* n
wigwam [... an] *m Indianerhütte* f, *Wigwam* m
Wilfredo *m* np *Wilfried* m
winchester *m* Am *(Winchester)Gewehr* n
windsurf *m* ⟨Sp⟩ *Surfbrett* n ‖ *(Wind)Surfing* n ‖ **–ing** *m (Wind)Surfing* n ‖ **–ista** *m/f Surfer(in* f) m
W.L. ⟨Abk⟩ (frz wagon-lit) → **coche cama**
wobulador *m* → **vobulador**
wodka *m* → **vodka**
wolfram(io) *m* = **volframio**
wolfsbergita *f* ⟨Min⟩ *Wolfsbergit* m
won *m* [Währungseinheit] *Won* m (Abk = **W**)
wulfenita *f* ⟨Min⟩ *Wulfenit* n
Wurtemberg *m* ⟨Geogr⟩ *Württemberg* n
wurtembergués adj *württembergisch* ‖ ~ *m Württemberger* m
Wurtzburgo *m* [Stadt] *Würzburg* n

X

X, x *f* [= Equis, equis, *pl* Equis, equis] *X, x* n ‖
~ bable *weiches X (wie französisch „chien"*
ausgesprochen)
X *f: römische Zahl = 10* ‖ ◆ en ~ *X-förmig*
xalonero adj *aus Jalón* (P Ali) ‖ *auf Jalón*
bezüglich
xana *f* [ʃkana] Ast *Brunnen-, Wasser/holde* f ‖
Nixe f ‖ *Bergnymphe* f ‖ → **jana** ‖ *Bergnymphe* f
(im asturischen Volksglauben)
xantato *m* ⟨Chem⟩ *Xanthat* n
xantina *f* ⟨Chem⟩ *Xanthin* n
xanto|fila *f* ⟨Bot⟩ *Xanthophyll* n ‖ **–ma** *m*
⟨Med⟩ *Xanthom* n, *Gelbknoten* m ‖ **–psia** *f* ⟨Med⟩
Xanthopsie f, *Gelbsehen* n
Xantipa *f* np *Xanthippe* f
¡xau! [ʃkau] ⟨reg⟩ *ho! he!*
Xe ⟨Abk⟩ = **xenón**
xenocracia *f* ⟨Pol⟩ *Fremdherrschaft* f
xenodiagnosis *f* ⟨Med⟩ *Xenodiagnose* f
xe|nofilia *f Vorliebe* f *für Fremde* ‖ **–nófilo** adj
ausländer-, fremden/freundlich ‖ **–nofobia** *f*
Ausländer-, Fremden/feindlichkeit f ‖ **–nófobo** adj
ausländer-, fremden/feindlich
Xenofonte *m* np → **Jenofonte**
xenogamia *f* ⟨Bot⟩ *Xenogamie* f
xenón *m* (**Xe**) ⟨Chem⟩ *Xenon* n
xerif(e) *m* → **jerife**
xeroco|pia *f Xerokopie* f ‖ **–piar** vt
xerokopieren
xe|rodermia *f* ⟨Med⟩ *Xerodermie* f ‖ **–rofilia** *f*
⟨Ökol⟩ *Xerophilie* f, *Bevorzugung* f *der*
Trockenheit ‖ **–rófilo** adj ⟨Ökol⟩ *xerophil, die*
Trockenheit liebend ‖ **–rofitas** *fpl* ⟨Bot Ökol⟩
Xerophyten mpl, *Trocken(heits)pflanzen* fpl
xeroftalmía *f* ⟨Med⟩ *Xerophthalmie* f,
Xerophthalmus m, Augendarre f
xero|grafía *f* ⟨Typ⟩ *Xerographie* f ‖ **–grafiar** vt
xerographieren ‖ **–gráfico** adj *xerographisch*
xeromorfo adj ⟨Bot Ökol⟩ *xeromorph*
xerosis *f* ⟨Med⟩ *Xero/se, -sis* f
xi *f griech. ξ, (Ξ), Xi* n
xifoi|deo adj ⟨An⟩ *Schwertfortsatz-* ‖ **–des** *m*
⟨An⟩ *Schwertfortsatz* m (→ **apófisis**)
xi|íes *mpl* → **xiitas** ‖ **–ismo** *m* ⟨Rel⟩ *Schiismus*
m ‖ **–itas** *mpl Schiiten* mpl
xileno *m* ⟨Chem⟩ *Xylol* n
xilidina *f* ⟨Chem⟩ *Xylidin* n
xi|lofagia *f* ⟨Zool⟩ *Xylophagie* f, *Holzfressen* n
‖ **–lófago** adj *xylophag, holzfressend*
xi|lofón, –lófono *m* ⟨Mus⟩ *Xylofon* n ‖
–lofonista *m/f Xylofonspieler(in* f) m
xilógeno *m* ⟨Chem⟩ *Xylogen* n
xi|lografía *f Xylografie* f ‖ *Holzschneidekunst* f
‖ *Holzschnitt* m ‖ **–lográfico** adj *xylografisch* ‖
–lógrafo *m Xylograf, Holz/schneider,*
-schnittkünstler m
xilo|l *m* ⟨Chem⟩ *Xylol* n ‖ **–lita** *f Xylolith* m
(Kunststein) ‖ **–protector** adj *Holzschutz-* ‖ **–sa** *f*
⟨Chem⟩ *Xylose* f, *Holzzucker* m
X.ᵐᵒ ⟨Abk⟩ = **diezmo** ‖ **décimo**
Xpo, Xp.ᵗᵒ ⟨Abk⟩ = **Cristo**
Xp(t)iano ⟨Abk⟩ = **cristiano**
Xptóbal ⟨Abk⟩ = **Cristóbal**
△ **xuquel** *m* [ʃkuke'l] = **chuquel**

Y

Y, y *f* = [i griega *od* ye, *pl* i griegas *od* yes] *Y,
y* n
y conj *und* ‖ *und zwar* ‖ diez ~ seis (=
dieciséis) *sechzehn* ‖ yo ~ tú *ich und du* ‖ *zur
Verwendung von e statt* y → **²e** ‖ días y días *Tag
um Tag* ‖ *tagelang* ‖ hablando más ~ más *immer
mehr redend* ‖ es una novedad ~ grande *es ist
e–e Neuigkeit, und zwar e–e große* ‖ tengo que
acompañarle, ~ que no sea más de cinco minutos
*ich muss Sie begleiten, und wäre es auch nur für
5 Minuten* ‖ ~ eso que … *obwohl …, trotzdem
dass …* ‖ ¡~ eso! ⟨reg fam⟩ *was Sie nicht sagen!*
‖ *nanu!* ‖ ¡~ tal! ⟨fam⟩ *natürlich! das glaub' ich!
(Beipflichtung)* ‖ ~ tal *und so weiter (usw.)*
Y ⟨Abk⟩ = **itrio**
¹ya adv *schon, bereits* ‖ *(so)gleich, sofort* ‖
jetzt ‖ *ein andermal* ‖ *endlich (einmal)* ‖ *noch* ‖
eben, wohl, gerade ‖ *natürlich, jawohl* ‖ ◇ ~ es
preciso decidirse *man muss s. einmal od endlich
entschließen* ‖ si ~ te lo he dicho *ich habe es dir
doch schon gesagt* ‖ ~ entiendo *ich verstehe
schon* ‖ *natürlich* ‖ ~ me lo figuraba *das habe ich
mir doch gleich gedacht* ‖ ~ es hora de
marcharme *es wird Zeit, dass ich gehe* ‖ ~ lo
sabes *du weißt ja (schon)* ‖ ~ nos veremos *wir
sehen uns bald wieder, bis bald!* ‖ ¡~ voy! *ich
komme gleich!* (z. B. *Antwort des Kellners*) ‖ ~
no (no ~) *nicht mehr* ‖ *nicht nur* ‖ no ~ …, sino
… *nicht nur …, sondern auch (od vielmehr)* ‖ ~
no puedo más (no puedo ~ más) *ich kann nicht
mehr* ‖ ~ muy poco *(jetzt) nur noch wenig* ‖ ~
apenas *kaum noch* ‖ ~ nadie piensa en ti *niemand
denkt mehr an dich* ‖ iba muy bien vestida,
elegante ~ *sie war sehr gut gekleidet, sogar
elegant* ‖ desde ~ se lo prometo *ich verspreche
es Ihnen jetzt schon* ‖ traigo una sed que ~, ~ …
⟨pop⟩ *ich habe e–n riesigen Durst*
¡~! ⟨fam⟩ *ja, ach ja! ach so!* ‖ ⟨fam⟩ *ıch
verstehe schon! so ist es!* ‖ *jawohl! natürlich!
freilich!* ‖ ¡~, ~! ⟨iron joc⟩ *soso!* ‖ ¡ah ~! *ja so!*
‖ ¡pues ~! ⟨fam⟩ *ja freilich! klarer Fall! jawohl!*
(bes. iron) ‖ ¡~ lo creo! *das will ich meinen!* ‖ ¡~
vendrá! *er wird schon kommen!* ‖ ¡~ verás! ⟨fam⟩
pass auf! nimm dich in Acht! (Drohung) ‖ ¡~ verá
Vd.! ⟨fam⟩ *das ist so, die Sache verhält s. so (bei
Auseinandersetzungen, Erklärungen)* ‖ ¡~ está!
der Fall ist erledigt! Schluss! ‖ *fertig!* ‖ ¡~ va!
⟨pop⟩ *es ist schon recht! einverstanden!* ‖ ¡~ se
ve! *man sieht es ihm (ihr) gleich an!* (& iron) ‖
das ist begreiflich! ‖ ¿para qué ~? *warum denn?*
(bes. Am)
in bindewörtlichen Verbindungen: ~ que … *da
(ja), da (nämlich), zumal* ‖ *weil* ‖ *wofern* ‖
wenngleich, wenn auch, obschon ‖ ~ que no *da
(ja) nicht* ‖ ~ que no lo quieres *da du es nicht
willst* ‖ si ~ *wenn nur, falls* ‖ *unter der
Bedingung, dass…* ‖ si ~ no … *es wäre denn …*
3. korrelativ: ~ …, ~ … bald …, bald … ‖
entweder … oder …
△ **²ya = de la**
ya- ⟨pop⟩ → auch **lla-**
yaacabó *m* SAm ⟨V⟩ *ein insektenfressender
Vogel (gilt im Volksglauben als Unglücksvogel)*
(Accipiter bicolor)
yaba *f* Cu ⟨Bot⟩ *Yababaum* m (Andira excelsa)
yabirú *m* ⟨V⟩ *Jabiru* m (Jabiru mycteria)

yabuna *f* Cu ⟨Bot⟩ *Yabunagras* n *(gefürchtete
Schmarotzerpflanze)*
yac *m* ⟨Zool⟩ *Jak, Yak* m (Bos grunniens
mutus)
yacal *m* Fil ⟨Bot⟩ *(Art) Bauholzbaum* m
yacamí *f Gallapfel* m ‖ *Mandel* f
yacaranda *m* → **jacarandá**
yacaré *m* SAm ⟨Zool⟩ *Kaiman* m ‖ → auch
jacaré
yacedero *m Ruhestätte* f
yacedor *m Pferdeknecht* m, *der die Tiere auf
die Nachtweide treibt, Nachthirt* m
yacente adj *(m/f) liegend, ruhend* ‖ ~ *m* ⟨Bgb⟩
Liegende(s) n
yacer vi def [1. pres yazgo, yazco *od* yago]
⟨lit⟩ *liegen* ‖ *begraben sein* ‖ *sein, s. befinden
(örtlich)* ‖ *den Beischlaf ausüben* ‖ *auf der
Nachtweide sein (Pferde)* ‖ ◇ aquí yace … *hier
ruht … (Grabschrift)* ‖ quien mala cama hace, en
ella se yace ⟨Spr⟩ *wie man s. bettet, so schläft
man*
yacht *m* → **yate** ‖ ~**ing** *m Segelsport* m,
Segeln n ‖ ~ sobre hielo *Eissegeln* n
yaci|ja *f Lager, Bett* n, *Lagerstätte* f ‖
ärmliches Lager n ‖ *Grabstätte* f ‖ **–miento** *m*
⟨Bgb Geol⟩ *(Ab)Lagerung, Lagerstätte* f,
Vorkommen n, *Fundort* m ‖ *Fund|ort* m, *-stelle* f
(Fossilien) ‖ *Schicht* f, *Flöz* n ‖ ~ carboníferos
Kohlenlager n ‖ ~diamantíferos
Diamantenlagerstätte f ‖ ~ de oro *Gold|lager* n,
-grube f ‖ ~s petrolíferos *Erdölvorkommen* npl
yacio *m* ⟨Bot⟩ Am *Gummibaum* m (Hevea
guyanensis)
yack *m* ⟨Zool⟩ → **yac**
yacú *m* RPl ⟨V⟩ *Schaku|huhn* n, *-pemba* f
(Penelope superciliaris)
△ **yacunó** *m Sommer* m
yacutas *mpl Jakuten* pl *(nordsibirischer
Volksstamm)*
yacuzzi *m* → **jacuzzi**
yago → **yacer**
yagua *f* Ant Ven ⟨Bot⟩ *Königspalme* f
(Roystonea sp) ‖ Am *Name verschiedener Palmen*
‖ Am *rote Yaguafarbe* f
yagual *m* Mex *Trag-, Kopf|ring* m *(der
Lastträger)*
yaguané *m* RPl ⟨Zool⟩ → **²mofeta**
yaguareté *m* ⟨Zool⟩ RPl *Jaguar* m (→ **jaguar**)
yaguasa *f* Ant Col Hond Ven ⟨V⟩ *Gelbe
Baumente, Baumpfeifgans* f (Dendrocygna
bicolor) ‖ *Witwenente, Nonnenpfeifgans* f (D.
viduata)
yaguré *m* Am → **²mofeta**
yahuilma *f* Chi ⟨V⟩ *Keilschwanzsittich* m
(Conurus spp)
yaichihue *m* ⟨Bot⟩ Chi *e–e bromelienartige
Pflanze* (Tillandsia spp)
yak *m* ⟨Zool⟩ → **yac**
yal *m* ⟨V⟩ Chi *ein Kegelschnäbler (Singvogel)*
(Chlorospiza aldunate)
Yalta *f* ⟨Geogr⟩ *Jalta* n
△ **yamaduré** *m* ⟨Bot⟩ *Maulbeerbaum* m (→
³moral)
yámbico adj ⟨Poet⟩: (verso) ~ *jambischer Vers*
m
¹yambo *m* ⟨Poet⟩ *Jambus* m *(Versfuß)*

²**yambo** *m* ⟨Bot⟩ Cu *Rosenapfel, Jambos,*
Jambobaum m (Syzygium jambos)
yanacona *m* ⟨Hist⟩ *indianischer Diener* m *der*
span. Eroberer
yanca adj → Nic **yanqui**
yangada *f* Am *Floß* n
Yan|quilandia *f* ⟨joc⟩ *USA* ‖ ⁼**qui** (dim Am
⁼**quicito**) adj *nordamerikanisch, Yankee-* ‖ ~ *m*
Yankee, Nordamerikaner m
yantar vt/i ⟨lit⟩ *essen, speisen* ‖ *zu Mittag*
essen ‖ ~ *m Essen* n, *Speise* f
ya|pa *f* Am *Beigabe, Zugabe* f *(bei Käufen)* ‖
Trinkgeld n ‖ ◆ de ~ *als Zugabe* ‖ *außerdem* ‖
–**par** vt Arg *hinzugeben*
yapides *mpl Japiden* mpl *(ehem. keltischer*
Volksstamm in Iberien)
△ **yaque** *m Feuer* n
yáquil *m* ⟨Bot⟩ Chi *Seifenbaum* m (Colletia
ferox)
yara|rá, –raca *f* Arg Bol Par ⟨Zool⟩
Schararaka f (Bothrops jararaca) *(e–e sehr giftige*
Vipernart)
yaraví *m* Arg Bol Pe *ein indianisches*
Klagelied
yarda *f Yard* n *(0,9144 m)*
yarey *m* Cu ⟨Bot⟩ *Zwergpalme* f (Chamaerops
sp)
yaro *m* ⟨Bot⟩ *Aronstab* m (→ ²**aro**)
yarquen, yarquén *m* Chi ⟨V⟩ *Eule* f (→
lechuza)
yatagán *m Jatagan* m *(türkischer*
Krummsäbel)
yátaro *m* Col → **tucán**
yatay *m* Arg ⟨Bot⟩ *Yataypalme* f (Butia yatay)
yate *m* ⟨Mar⟩ *Jacht* f ‖ ~ *de recreo*
Vergnügungsjacht f ‖ ~ *de regata Rennjacht* f
yatrógeno adj ⟨Med⟩ *iatrogen*
Ya|vé, –veh *m* ⟨Rel⟩ → **Jehová**
¹**yaya** *f* ⟨reg⟩ *Großmutter,* ⟨fam⟩ *Oma* f
²**yaya** *f* Ant Cu PR Ven ⟨Bot⟩ *Yayabaum* m
(Asimina triloba *und andere Gattungen*)
³**yaya** *f* Col → ²**llaga** ‖ ◇ dar ~ a alg. Cu *jdn*
verprügeln
yayero adj Cu *naseweis*
yayo *m* ⟨reg⟩ *Großvater* m, ⟨fam⟩ *Opa*
yazgo, yasco → **yacer**
Yb ⟨Abk⟩ = **iterbio**
yds. ⟨Abk⟩ = **yardas**
¹**ye** *f das span. konsonantische Y*
²**ye** = **de él, del**
³**ye** ⟨reg⟩ = **es** (→ **ser**)
ye- → auch **hie-, lle-**
yeco *m* ⟨V⟩ *Wasserrabe* m (Graculus
brasilianus)
yedra *f* → **hiedra**
¹**yegua** adj CR PR *dumm, tölpelhaft* ‖ Chi
mächtig, ungeheuer ‖ ~ *f (Zucht)Stute* f,
Mutterpferd n ‖ ~ *caponera Leitstute* f ‖ ~ *de*
vientre Zucht-, Mutter|stute f ‖ ◇ *el que desecha*
la ~, *ése la lleva* ⟨Spr⟩ *wer tadelt, der will*
kaufen
²**yegua** *f* MAm *Zigarren-, Zigaretten|stummel*
m, ⟨pop⟩ *Kippe* f
ye|guada *f Pferdeherde* f ‖ –**guar** adj *Stuten ...*
‖ –**güería** *f Pferdeherde* f ‖ –**güerizo** adj →
yeguar
yegüe|r(iz)o *m Stuten|wärter, -hirt* m ‖ –**zuela** *f*
dim von **yegua**
yeís|mo *m regionale Aussprache* f *des* ll *wie* y
(gaína, chiquiyo *statt* gallina, chiquillo) ‖ –**ta**
adj/s *(m/f)* wer ll *wie* y *ausspricht*
△ **yejala** *f Frau, Herrin* f
yelmo *m* *(Topf)Helm* m ‖ *Sturmhaube* f ‖ ~
alado geflügelter Helm m
yema *f Knospe* f ‖ *Auge* n *(an e–r Rebe)* ‖

Ei(Dotter) m (& n), *Eigelb* n ‖ ⟨fig⟩ *(das) Beste,*
das Feinste ‖ ⟨figf⟩ *das Gelbe vom Ei* ‖ *(die)*
Mitte, (der) Kern ‖ *Süßigkeit* f *aus Eidotter u*
Zucker (meist in Kugelform) ‖ ~ *de coco*
Kokosfleisch n ‖ ~ *(del dedo)* ⟨An⟩ *Finger|kuppe,*
-spitze f ‖ ~ *doble Zuckerwerk* n *aus Eidotter und*
Zucker ‖ ~ *escarchada mit Zucker geschlagenes*
Eigelb n ‖ ~ *de huevo Eidotter* m ‖ ~ *mejida mit*
Zucker und warmem Wasser od *Milch*
geschlagenes Eigelb n *(Schnupfenmittel)* ‖ ~ *del*
ojo ⟨An⟩ *fleischiger Teil* m *des Auges (oberhalb*
des oberen Lides) ‖ ~ *real* Cu *Eidotterschnitte* f
(Zuckerwerk) ‖ ◆ en ~ *vor der Blütezeit*
(Pflanze) ‖ en la ~ *del invierno* ⟨fig⟩ *mitten im*
Winter ‖ dar en la ~ ⟨figf⟩ *den Nagel auf den*
Kopf treffen ‖ –**s** *fpl:* ~ de pino *Fichtennadeln*
fpl ‖ –**ción** *f* ⟨Biol Gen⟩ → **gemación**
Yemen *m* ⟨Geogr⟩ *Jemen* m
yeme|ní, meist –**nita** adj *jemenitisch* ‖ ~ *m*
Jemenit(e) m
yen *m* [*Währungseinheit*] *Yen* m (Abk = ¥)
yen|do → **ir** ‖ –**te** adj *(m/f) gehend* ‖ ~s y
vinientes pl Gehende und Kommende pl
yepero, yepesino adj/s *aus Yepes* (P Tol) ‖ *auf*
Yepes bezüglich
△ **yeque** *(f:* ~**i**) adj *ein(er)*
yeral *m Ervenlinsenfeld* n
yer|ba *f* (bes. Am) → **hierba** ‖ ~ (mate)
Matestrauch m, *Mate* f ‖ *Mate(tee)* m ‖ –**bajo** *m*
⟨desp⟩ *Kraut* n ‖ –**bal** *m* Am *Matepflanzung* f ‖
–**batero** m Am *Matesammler* m ‖ *Kräutersammler*
m ‖ → **curandero** ‖ –**bazal** *m* Am *Grasebene* f ‖
–**bazgo** *m* Am *Gras* n ‖ –**bera** *f* Arg *Mategefäß* n
‖ –**boso** adj → **herboso**
yergue → **erguir**
△ **yerí** *f Wölfin* f
yer|mar vt *veröden lassen* ‖ *entvölkern* ‖ –**mo**
adj *unbewohnt, öd(e), wüst* ‖ *Brach-* ‖ ~ *m*
Wüste, Einöde f ‖ *Brachfeld* n
yer|na *f* Am → **nuera** ‖ –**no** *m Schwiegersohn*
m ‖ los ~s *die Schwiegerkinder* npl ‖ –**nocracia** *f*
⟨fam⟩ *Vetternwirtschaft* f, *Protektionswesen* n ‖
Nepotismus m
yero(s) *m(pl) Erve, Linsenwicke* f (Vicia ervilia)
yerra *f* Am *Zeichnen* n *der Viehherden mit*
dem Brandeisen, Brandmarken n
△ **yerrán** *m Stock* m, *Gerte* f
¹**yerro** *m Fehler* m, *Vergehen* n ‖ *Irrtum,*
Missgriff m, *Versehen* n ‖ *Fehltritt* m ‖ ~ *de*
cuenta od *cálculo Rechenfehler* m ‖ ~ *de*
imprenta ⟨Typ⟩ *Druckfehler* m ‖ ◇ *deshacer un*
~ *e–n Fehler wieder gutmachen*
²**yerro** → **errar**
△ **yerrumbró** *m Hausierer* m
yér|sey, –si *m* Am → **jersey** ‖ *feine Strickware*
f
yer|tez [*pl* ~**ces**] *f Steifheit, Starre* f ‖ ⟨fig⟩
lächerliche Steifheit f ‖ ⟨fig⟩ *großer Schrecken* m
‖ –**to** adj *steif, starr* (z. B. *Toter*) ‖ *erstarrt (vor*
Kälte) ‖ ◇ *estoy* ~ *de frío ich bin ganz steif vor*
Kälte ‖ *quedarse* ~ *erstarren* ‖ ⟨fig⟩ *starr werden*
(vor Schreck)
△ **yerú** *m Wolf* m
yervo *m* → **yero**
△ **yes** → ²**ye**
ye|sal, –sar *m Gipsgrube* f
△ **yesanó** *m Schwein* n
yesca *f Feuer-, Zunder|schwamm, Zunder* m ‖
⟨fig⟩ *Reiz, Antrieb* m ‖ ~**s** *fpl* ⟨Hist⟩ *Feuerzeug* n
(Stein, Stahl und Zunder)
△ **yescaliche** *m Treppe* f ‖ *Leiter* f
△ **yescotria** adv *sogleich* ‖ *dann*
△ **yesdeque** num *elf*
yeseo adj/s *aus Yeste* (P Alb) ‖ *auf Yeste*
bezüglich

yese|ra *f Gipsgrube* f || **–ría** *f Gipserei* f,
Gips|brennerei f, *-werk* n || *Gipsarbeit* f || **–ro**
Gips- || *~ m Gips|brenner, -arbeiter, Gipser* m
yesífero adj *gipshaltig, Gips-*
ye|so *m Gips* m || *Gipsmörtel* m || *Gipsarbeit* f
|| *Gips|abguss* m, *-figur* f || *(Schul-, Tafel)Kreide* f
|| ~ *amasado Gipsbrei* m || ~ *blanco Weißgips* m
|| ~ *cocido Gipskalk* m || ~ *de estucar Stuckgips*
m || ~ *para fines dentales Dentalgips* m || ~
negro Mörtelgips m || ◇ *lavar de ~ mit Gips*
anstreichen || *vaciar en ~ in Gips gießen* || **–són**
m abgefallener Gips, Gipsbrocken m || **–soso** adj
gips|artig, -haltig
¹yesque *m Col kleine Gabel* f
△ **²yesque** *m Hintere(r)* m
yesquero *m/*adj *Arg Feuerstahl* m
△ **yesqui** adv *bis*
yeta *f* ⟨it⟩ *Arg Unglück,* ⟨fam⟩ *Pech* n || **–r** vt
⟨it⟩ *Arg mit dem bösen Blick verhexen* || **–tore** *m*
⟨it⟩ *Arg böser Blick* m
yeti *m Yeti, Schneemensch* m *(des*
Himalaya[s])
△ **yetrujacay** *f Kreuzweg* m
yeyé adj: *niña* ⟨*od* chica⟩ ~ *etwa:*
Modemädchen n *(der zweiten Hälfte der sechziger*
Jahre)
yeyuno *m* ⟨An⟩ *Jejunum* n *(mittlerer*
Dünndarmabschnitt)
yezgo *m* ⟨Bot⟩ *Zwergholunder, Attich* m
(Sambucus ebulus)
yiddish adj *jiddisch* || ~ *m Jiddisch(e)* m
yihad *m* ⟨arab⟩ *Dschihad* m
yinyerel *m* → **ginger-ale**
yipe *m Jeep* m *(Geländekraftwagen)*
yiu-yitsu *m* → **jiu-jitsu**
ylang-ylang *m* ⟨Bot⟩ *Ylang-Ylang-Baum* m
(Canauga odorata)
yo pron *ich* || *el* ~ *das Ich, die Ichheit* || ＝ *el*
Rey Unterschriftsformel f *der span. Könige* || ~
mismo ich selbst || ⟨Tel⟩ *„(selbst) am Apparat"* ||
~ *que tú ich an d–r Stelle* || *entre tú y* ~
zwischen dir und mir, zwischen uns beiden || *unter*
uns beiden || *wir beide (zusammen)* || *contra él y*
~ *gegen ihn und mich*
yo- ⟨pop⟩ → *auch* **llo-**
yoda|do adj *jodhaltig* || **–to** *m* ⟨Chem⟩ *Jodat* n
yod|hidrato *m* ⟨Chem⟩ *Jodhydrat* n || **–hídrico**
adj: *ácido* ~ ⟨Chem⟩ *Jodwasserstoff* m
yódico adj: *ácido, éter* ~ ⟨Chem⟩ *Jod|säure* f,
-äther m
yo|dífero adj *jodhaltig* || **–dismo** *m* ⟨Med⟩
Jodismus m || *Jodvergiftung* f || **–do** *m* **(I)** ⟨Chem⟩
Jod n || ◇ *poner* ~ *a algo (pincelar algo con* ~)
et. mit Jod bestreichen
yodo|cloruro *m* ⟨Chem⟩ *Jodchlorid* n ||
–formizar [z/c] vt ⟨Med⟩ *jodoformieren* ||
–formado adj: *gasa* ~ *Jodoformgaze* f || **–formo**
m ⟨Chem⟩ *Jodoform* n
yodo|metría *f* ⟨Chem⟩ *Jodometrie* f || **–sulfuro**
m ⟨Chem⟩ *Jodschwefel* m || **–terapia** *f* ⟨Med⟩
Behandlung mit Jodpräparaten, Jodbehandlung f
yodu|rar vt *jodieren* || **–ro** *m* ⟨Chem⟩
Jodverbindung f || *Jodid* n
yoga *m Joga, Yoga* m
yoglar *m* → **juglar**
yogui *m Jogi, Yogi* m
yogur *m Joghurt* m || **–tera** *f Joghurtbereiter* m
yohimbina *f* ⟨Pharm⟩ *Yohimbin* n
yoi *m* [in der Drogenszene] *Joint* m
(Haschisch- od Marihuana|zigarette)
Yokohama *f* [Stadt] *Yokohama, Jokohama* n
yola *f* ⟨Mar⟩ *Jolle* f
yon|kie, –qui *m* [in der Drogenszene] *Junkie,*
Drogenabhängige(r), Rauschgiftsüchtige(r) m
yoquey *m* → **jockey**

△ **yorbo** *m Ulme* f || *Birke* f
York: *Nueva* ~ *f* [Stadt] *New York* n
yotacismo *m* ⟨Gr⟩ *Jota-, Ita|zismus* m
yo|yo, –yó *m Jo-Jo, Yo-Yo* n *(Spiel)*
yperita *f* ⟨Chem⟩ → **iperita**
ypsilon *f* → **ípsilon**
yterbio *m* ⟨Chem⟩ → **iterbio**
ytrio *m* ⟨Chem⟩ → **itrio**
yu- ⟨pop⟩ → *auch* **llu-**
yuan *m* [Währungseinheit] *Yuan* m (RMB Y)
yubarta *f* ⟨Zool⟩ *Buckel-, Langflossen|wal* m
(Megaptera novae-angliae)
¹yuca *f Palmlilie, Yucca* f (Yucca spp) || *Mehl*
n *aus der Yuccawurzel* || *Name verschiedener*
Maniokarten
²yuca adj *Cu* ⟨fam⟩ *hervorragend, vortrefflich*
yucal *m Yuccafeld* n
yuca|teco adj/s *aus Yukatan* (Yucatán) || **–yo**
*m/*adj *Bewohner* m *der Bahamainseln*
yudo *m* ⟨Sp⟩ → **judo** || **–gui** *m* → **judogui** ||
–ca *m* → **judoka**
yugada *f Gespann* n *(Ochsen)* || *Feldmaß:*
Joch, Tagewerk n *(für ein Gespann Ochsen)* ||
⟨reg⟩ *Flächenmaß (50 fanegas)*
yuglandáceas *fpl* ⟨Bot⟩ *Walnussgewächse* npl
(Juglandaceae)
yugo *m Joch* n *(für Ochsen, Maultiere usw.)* ||
Glocken|joch n, *-stuhl* m || ⟨fig⟩ *Ehejoch* n || *el* ~
opresor ⟨fig⟩ *das Joch der Bedrückung* || ◇
sacudir el ~ ⟨fig⟩ *das Joch abschütteln* || *sujetarse*
al ~ ⟨fig⟩ *s. unter das Joch beugen*
Yugo(e)sla|via *f Jugoslawien* n || ＝**vo** adj
jugoslawisch || ~ *m Jugoslawe* m
yuguero *m* ⟨reg⟩ *Ackerknecht* m
¹yugular adj *(m/f) Kehl …* || (vena) ~ *f* ⟨An⟩
Drosselader f
²yugular vt *(jdm) die Kehle durchschneiden,*
köpfen || ⟨fig⟩ *unterbinden, vereiteln,*
niederschlagen, ⟨fam⟩ *abwürgen*
yugurtino adj ⟨Hist⟩ *jugurthinisch,*
Jugurthinisch, auf den numidischen König
Jugurtha (Yugurta) *bezüglich*
yule *m:* ◇ *estar en su* ~ *CR* ⟨fam⟩ *s–n Willen*
durchsetzen || *starrköpfig sein*
△ **yulí** *m/f* → **julí**
yumbo *m/*adj *Ec Indianer* m *(aus Ost-Quito)*
△ **yumerí** *m Brot* n
yungas *fpl Pe Bol die heißen Talniederungen*
der Anden || *Nebelwälder* mpl
yungla *f* → **jungla**
yunque *m Amboss* m || *Spitzamboss* m || ⟨An⟩
Amboss m *im Ohr* || ⟨fig⟩ *geduldiger,*
ausdauernder Mensch m || ⟨fig⟩ *Arbeits|tier,*
-pferd n || ◇ *hacer de* ~ ⟨figf⟩ *s. mit Geduld*
wappnen || *geduldig ertragen*
yun|ta *f Gespann, Joch* n || ⟨reg⟩ *Joch* n
(Tagewerk) || **–tar** vt → **juntar** || **–tería** *f*
Gespanne npl || *Stall* m *für das Ackervieh bzw die*
Gespanne || **–tero** *m Ackerknecht* m || **–to** adj →
junto: ◇ *arar* ~ *dicht pflügen*
yupe *m Chi Meerigel* m *(*→ **¹erizo** *de mar)*
yuppie *m Yuppie* m
yuquerí *m Arg e–e Mimosenart*
yuquí *m Arg Gürtel(riemen)* m *(der*
Pampaindianer)
yu|quilla *f Sago* m *(Stärkemehl aus der*
Sagopalme) || ⟨Bot⟩ *Sagopalme* f (Metroxylon sp)
|| *Ven* ⟨Bot⟩ *Pflanze der Gattung Ruellia* || *Ant CR*
⟨Bot⟩ *Safranwurz* f (Curcuma spp) || *Cu* →
arrurruz
yuquisé *m Am gegorenes Getränk aus*
Palmsaft
yuraguano *m Cu* → **miraguano**
yuré *m CR* ⟨V⟩ *Inkatäubchen* n (Scardafella
inca)

yurta *f Jurte* f *(Wohnzelt mittelasiatischer Nomaden)*

yuruma *f* Ven *Palmmehl* n

yurumí [*pl* ~**íes**] *m* Am ⟨Zool⟩ *Ameisenbär* m (→ **oso** hormiguero)

yus adv = **yuso** ‖ ni tan ~, ni tan sus ⟨fam⟩ *auf k–n Fall, nicht im Traum*

yusera *f (liegender) Mühlstein* m *(in Ölmühlen)*

yuso adv *abwärts, hinunter* ‖ *unten*

Yuste: Monasterio de ~ *Kloster in der* P Các *(letzter Aufenthaltsort Karls V. [†1558])*

△ **yustiñi** *f Gürtel* m

△ **yustique** *m Mauer* f

¹yuta *f* Chi *Nacktschnecke* f ‖ ◇ hacer la ~ Arg ⟨fam⟩ *die Schule schwänzen*

²yuta *m Utahindianer* m

yute *m* ⟨Text⟩ *Jute* f ‖ *Jute|gewebe* n, *-stoff* m

yutín *m* ⟨Zool⟩ MAm *Puma* m

yuxtalineal adj *(m/f) mit Gegenüberstellung der Zeilen* (z.B. *Original und Übersetzung)*

yuxtapo|ner [irr → **poner**] vt *nebeneinander setzen, stellen, legen* ‖ **–sición** *f Nebeneinanderstellung* f ‖ *Aneinander|setzen* n, *-reihung* f ‖ ⟨Chem Geol⟩ *Anlagerung* f

¡**yuy**! int → ¡**huy**!

yuyal *m* RPl *Unkrautacker* m

¹yu|yo, –yu *m* Arg Bol Chi *Unkraut* n ‖ *Gestrüpp* n ‖ SAm *Kräutersoße* f ‖ Ec Pe *Gemüse* n

²yu|yo, –yu *m* MAm *Blasen* fpl *zwischen den Zehen*

yuyuba *f* ⟨Bot⟩ *Jujube, Brustbeere* f (Ziziphus jujuba)

yuyuscar vt Pe *Unkraut jäten* od *herausreißen*

Z

Z, z f [= zeta, zeda, *pl* zetas, zedas] *Z, z* n
¡za! int *pfui! (um Hunde usw. zu verjagen)*
zabacequia *m* Ar → **acequiero**
zabajón *m* Col *Eierlikör* m
zabarcera *f* ⟨reg⟩ *Obst- und
Lebensmittelkleinhändlerin, Hökerin* f
zabazoque *m* → **almotacén**
zabi|da, –la *f* ⟨Bot⟩ *Aloe* f (→ **áloe**)
zabor|da *f* ⟨Mar⟩ *Strandung* f ‖ **–dar** vi ⟨Mar⟩
stranden ‖ **–do** *m* → **–da**
zaborra *f* And *Splitt* m ‖ *Sand* m ‖ Nav *Rest*
m‖ *Rückstand* m ‖ *Abfall* m ‖ Ar Murc *Kiesel* m ‖
Kies m
zaborrero adj Al Nav *pfuscherhaft* ‖ ~ *m
Pfuscher* m
¹zaborro *m* ⟨reg pop⟩ *Dickwanst* m
²zaborro *m* Ar *Gipsbrocken* m
zaboyar vt Ar *vergipsen*
zabullir vt → **zambullir**
zabulón *m* ⟨fam⟩ *Teufelskerl* m
zacapela *f* ⟨pop⟩ *Schlägerei* f
Zacarías *m* np *Zacharias* m
zaca|tal *m* MAm Fil Mex *Weide* f (→ **pastizal**)
‖ MAm Mex = **breñal** ‖ **–te** *m* MAm Fil Mex
Rasen m ‖ *Gras* m ‖ *Grünfutter* n ‖ Mex
Futterstroh n ‖ Mex → **estropajo**
zacateca *m* Cu *Totengräber* m ‖ *Vertreter* m
e–s Beerdigungsinstituts
zacatecas mpl Mex *ein Indianerstamm* m
zaca|tillo *m* CR ⟨fam⟩ *Geld* n, ⟨fam⟩ *Moneten*
fpl, *Zaster* m, *Marie* f ‖ **–tín** *m* ⟨reg⟩ *Flohmarkt* m
△ **zache** (*f:* ~**i**) adj *glücklich*
△ **zacolme** *m* (treuer) Diener* m
zacuto *m* Ar Nav *Beutel* m
zade *m* Sal *(Art) Binsenrohr* n
zafa *f* Alb Gran Murc → **jofaina**
zafacoca *f* And Am *Streit, Zank* m ‖ Mex
Tracht f *Prügel*
zafacón *m* *Abfall-, Müll|eimer* m ‖ ⟨fig⟩
schlampiger Mensch m
zafado adj/s Am *dreist* ‖ RPl *munter,
aufgeweckt (Kind)* ‖ Col *verrückt*
zafadura *f* Am *Verrenkung* f
zafaduría *f* Arg Chi PR Ur *Dreistigkeit,
Frechheit, Unverschämtheit* f ‖ *Ungezogenheit* f ‖
Unanständigkeit f
zafanarse vr MAm *s. befreien*
¹zafar vt *(auf)putzen, schmücken* ‖ *ausstatten*
²zafar vt ⟨Mar⟩ *flottmachen (Schiff)* ‖
klarmachen (Schiff) ‖ p.ex *befreien, frei machen* ‖
◇ ~ *el seguro entsichern (Feuerwaffe)* ‖ ~**se**
ent|fliehen, -weichen ‖ *ausweichen* (dat) ‖ *s.
drücken* ‖ ⟨Mar⟩ *freikommen (Schiff)* ‖ Chi *s.
verrenken* ‖ ◇ ~ de alg. ⟨fam⟩ *s. jdn vom Hals
schaffen* ‖ se zafó la cuestión *die Angelegenheit
wurde niedergeschlagen*
³zafar *m* *zweiter Monat des
mohammedanischen Jahres*
zafareche *m* Ar → **estanque**
zafariche *m* Ar → **cantarera**
zafarrancho *m* ⟨Mar⟩ *Klar|machen, -schiff* n ‖
⟨figf⟩ *Durcheinander* n ‖ ⟨figf⟩ *Verheerung* f ‖
⟨figf⟩ *Streit, Zank* m, *Handgemenge* n ‖ ~ de
combate ⟨Mar⟩ *Klarmachen* n *zum Gefecht* ‖ ¡~!
⟨Mil⟩ *klar zum Gefecht!* ‖ ~ (de limpieza) ⟨Mil⟩
Revier- und Stuben|reinigen n

zafarriño adj/s *aus Zafarraya* (P Gran) ‖ *auf
Zafarraya bezüglich*
za|fiedad *f* *Ungeschliffenheit* f ‖ *Roheit* f ‖
Plumpheit f ‖ **–fio** adj/s *grob, ungeschliffen* ‖
plump ‖ Pe *herz-, gewissen|los*
zafíreo, zafíreo, zafirino adj *saphir-,
himmel|blau*
zafirina *f* ⟨Min⟩ *Saphirin* m
zafir(o) *m* *Saphir* m ‖ (aguja de) ~ *Saphir* m
(des Plattenspielers)
zafo adj ⟨Mar⟩ *gefechtsklar (Schiff)* ‖ ⟨fig⟩ *frei*
‖ ⟨fig⟩ *unversehrt*
¹zafra *f (metallener) Ölbehälter* m ‖
Abtropfgefäß n *(für Öl)*
²zafra *f* *Zucker(rohr)ernte* f ‖
Zuckerrohrkampagne f
³zafra *f* ⟨Bgb⟩ *taubes Gestein* n ‖ *Abraum* m
zafrán *m* → **¹azafrán**
zafre *m* → **safre**
zaga *f* *Hinter|teil* m, *-seite* f ‖ *Hinterlast* f ‖
⟨Mil⟩ *Nachtrab* m ‖ ⟨Sp⟩ *Hintermann* m ‖ ♦ a
(la) ~, en ~ *hinten, hinterher* ‖ *hintenan* ‖
hinterdrein ‖ *zurückbleibend* ‖ ◇ ir a la ~
zurückbleiben ‖ no le va en ~, no se queda en *od*
a la ~ ⟨figf⟩ *er (sie, es) steht ihm (ihr) nicht nach*
‖ no van a la ~ de nadie *sie bleiben hinter k–m
zurück* ‖ no hace más que irle a la ~ ⟨pop⟩ *er
läuft ihr fortwährend nach (e–r Frau)* ‖ venir a la
~ *nachkommen*
zagal *m* *kräftiger, strammer (Bauern)Bursch(e)*
m ‖ *Schafknecht, Hirtenjunge* m ‖ ⟨Mil⟩
Stangenreiter m ‖ **–a** *f* *Mädchen* n ‖
Hirtenmädchen n ‖ León Sant *Kindermädchen* n
¹zaga|lejo, –lillo *m* dim von *zagal* ‖ *junger
Bursche* m
²zagal(ejo) *m* *kurzer, hinten aufgeschürzter
Rock* m ‖ *Unterrock* m *der Bäuerinnen*
zagalón *m* *stattlicher Bursche* m
zagua *f* ⟨Bot⟩ *Salzkraut* n (Salsola spp)
zagual *m* (Kanu)Paddel* n
zaguán *m* *Hausflur* m, *Diele* f ‖ *Vorhalle* f
zaguero adj *zurückbleibend* ‖ *hinterlastig* ‖ ~
m ⟨Sp⟩ *Hilfsspieler* m *(im bask. Ballspiel)* ‖
Hintermann, Verteidiger m, *Abwehr* f *(im
Fußballspiel)* ‖ ~**s** mpl ⟨Sp⟩ *Hintermannschaft* f,
Abwehrspieler mpl
zahareño adj/s ⟨Jgd⟩ *scheu (Vogel)* ‖ ⟨fig⟩
störrisch, halsstarrig ‖ *spröd(e), rau* ‖ *mürrisch,
barsch*
zaharrón *m* *Hanswurst, Narr* m
zahe|rimiento *m* *Tadel* m, *Rüge* f ‖ **–río** →
–rimiento ‖ **–rir** [ie/i] vt *tadeln, rügen* ‖
aus|zanken, -schelten ‖ ⟨fam⟩ *herunterputzen* ‖
plagen, ärgern, belästigen ‖ ◇ ~le a alg. con u/c
jdm et. vorhalten
zahína *f (Art) Mohrenhirse* f (Sorghum spp) ‖
~**s** fpl And *dünner Mehlbrei* m
zahón *m* *(meist pl* **zahones**) *seitwärts offene
Lederhose* f ‖ *Schutz-, Über|hosen* fpl,
hosenartiger Lederschutz m
zahonado adj *mit andersfarbigen Füßen (Vieh)*
zahondar vt *aus-, um|graben* ‖ *einsinken (mit
den Füßen)*
zahor|a *f* Mancha *Essgelage* n ‖ **–ar** vi
Mancha *schmausen, schlemmen*
zahorí *m* [*pl* ~**íes**] *m/f* *Wahrsager(in* f),

Hellseher(in f) m ‖ *Hexe* f (bes. And) ‖
Wünschelrutengänger(in f) m ‖ ⟨fig⟩ *Schlaukopf* m
zahorra f ⟨Mar⟩ *Ballast* m
zahumar vt → **sahumar**
zahúrda f *Schweinestall* m (& fig) ‖ *ärmliche
Behausung* f, ⟨desp⟩ *Loch* n
zahúrna f Col *Durcheinander* n ‖ *Lärm*, ⟨fam⟩
Radau m
zaida f ⟨V⟩ *Jungfernkranich* m (Anthropoides
virgo)
△ **zaina** f *Geldbeutel* m
zaino adj ⟨pop⟩ *falsch, hinterlistig, tückisch* ‖
(einfarbig) dunkelbraun (Pferd) ‖ *(pech)schwarz
(Rind)* ‖ ◇ *mirar de* ~ *od* a lo ~ *von der Seite,
scheel ansehen*
Zaire m ⟨Geogr⟩ (hoy **Congo**) *Zaire* n (heute
Kongo)
zajones mpl → **zahones**
zalá [pl ~**aes**] f *Salem, Selam* m *(Grußwort
der Mohammedaner)* ‖ ◇ *hacer la* ~ a alg. (figf)
*jdm den Hof machen, jdn umschmeicheln, jdn
bitten*
zalagarda f ⟨Mil⟩ *Hinterhalt* m ‖ ⟨Mil⟩
Scharmützel n ‖ ⟨fig⟩ *Schlinge, Falle* f ‖ *Intrige* f,
Ränke pl
zala|ma f *tiefe Verbeugung* f, *Bückling* m (→
zalema) ‖ –**mería** f *übertriebene Höflichkeit* f ‖
⟨pop⟩ *Schöntuerei, Schmeichelei* f ‖ –**mero** adj
schmeichelnd, schmeichlerisch ‖ *auf-, zu|dringlich*
‖ ~ m *Schmeichler* m
zálamo m Can Extr *Beißkorb* m *(der Hunde)*
zale|a f *Schaf|fell* n, *-pelz* m ‖ *Fell, Pelzwerk* n
‖ *Pelzjacke* f ‖ –**ar** vt *hin und her zerren* ‖
beschädigen ‖ *verjagen (Hunde usw.)*
zalema f ⟨fam⟩ *Bückling* m ‖ ◇ *hacer* ~s s.
ehrerbietig verbeugen (bes. von Mauren) ‖ ⟨fig⟩
schmeicheln, katzbuckeln
zalenco adj Ven *krummbeinig* ‖ Col
gebrechlich, behindert, hinkend
zalenquear vi Col *hinken*
zallar vt ⟨Mar⟩ *rücken, schieben*
zaloma f → **saloma**
zalona f And *Tongefäß* n
zamacuco m ⟨fam⟩ *Dummkopf, Gimpel* m ‖
Schlaufuchs m ‖ ⟨pop⟩ *Schwips, Rausch* m
zamacueca f → **cueca**
zamanca f → **somanta**
¹**zamarra** f *Pelz|weste, -jacke* f ‖ *Schaf-,
Lamm|fell* n
²**zamarra** f ⟨Met⟩ *Luppe* f
zamarrada f ⟨pop⟩ *Tölpelei* f ‖ *listiger Streich*
m
zama|rrear vt *herumzerren* ‖ *hin und her
schütteln* ‖ ⟨figf⟩ *in die Enge treiben* ‖ –**rreo** m
Zerren n ‖ *Schütteln* n
zamarrico m *Proviant- bzw Umhänge|tasche* f
aus Schaffell
zamarrilla f ⟨Bot⟩ *Marienkraut* n,
Poleigamander m (Teucrium polium)
¹**zamarro** m *Pelz* m, *Pelzjacke* f *(der Bauern
und Hirten)* ‖ *Schaffell* n ‖ ⟨fig⟩ *Tölpel, Trottel* m
²**zamarro** m Am *Gauner* m
zamarros mpl Col *Art Überhose* m *zum Reiten*
zamarrón m augm von ¹**zamarra**
zamarronear → **zamarrear**
zamba f SAm → **cueca** ‖ Bras → **samba**
zambacueca f → **cueca**
zambaigo m/adj Am *Abkömmling* m *e–s
Negers und e–r Indianerin od umgekehrt* ‖ Mex
Abkömmling m *e–s chino und e–r Indianerin od
umgekehrt*
zambardo m ⟨Agr⟩ *Brustriemen* m *der
Zugtiere* ‖ *Riemen* m *mit Schnalle*
zambardo m Chi → ¹**avería** ‖ Arg *Glücksfall*
m (bes. *beim Spiel*)

zambear vi *X-beinig sein*
zambeque adj *(m/f)* Cu ⟨fam⟩ *dumm, einfältig*
‖ ~ m Cu Ven *Lärm* m, *Getöse* n
Zambia f ⟨Geogr⟩ *Sambia* n ‖ ≠**no** adj
sambisch, aus Sambia ‖ ~ m *Sambier* m
¹**zambo** adj *krummbeinig, X-beinig* ‖ ~ m
X-Beinige(r) m
²**zambo** m Am *Zambo, Mischling* m *von Neger
und Indianerin od umgekehrt*
³**zambo** m Am ⟨Zool⟩ *Schwarzer Klammeraffe*
m (Ateles paniscus)
zamboluto m Arg *lieblos zubereitete Speise* f,
⟨fam⟩ *Schlangenfraß* m
zambom|ba f *Hirtentrommel* f
(Lärminstrument der and. Hirten) ‖ *aufgeblasene
Schweinsblase* f ‖ ¡~! ⟨fam⟩ *Donnerwetter!* ‖
–**bazo** m *Schlag, Puff* m ‖ ⟨fam⟩ *Knall* m ‖ –**bo** m
⟨pop⟩ *Tölpel, Trottel* m
zambo|rondón, –r(r)otudo adj *rundlich, dick* ‖
ungeschlacht, grob, plump ‖ ~ m *plumper Kerl* m
‖ ⟨fig⟩ *Stümper, Pfuscher* m
zambra f *(Tanz)Fest* n *der andalusischen
Zigeuner* ‖ ⟨figf⟩ *lustiger Rummel, Trubel* m ‖
Klamauk m
zambrera f Ve *Streit* m ‖ *Streiterei, Schlägerei*
f
zambu|car [c/qu] vt ⟨fam⟩ *rasch verbergen,
schnell verschwinden lassen, wegzaubern* ‖ –**co**
⟨fam⟩ *Verschwindenlassen, Wegzaubern* n
zambu|llida f *(Unter)Tauchen* n, *Kopfsprung* m
‖ ◇ *dar una* ~ *untertauchen, e–n Kopfsprung
machen* ‖ –**llimiento** m *(rasches) Ein- bzw
Unter|tauchen* n ‖ –**llir** [pret ~lló] ‖ vt/i *(rasch)
unter-, ein|tauchen* ‖ *gründeln (von Wasservögeln)*
‖ *ins Wasser werfen, stoßen* ‖ ◇ ~ *en la cárcel*
⟨pop⟩ *einlochen* ‖ ~**se** *untertauchen* ‖ ⟨fig⟩ s.
verkriechen ‖ ⟨figf⟩ *untertauchen* ‖ ⟨figf⟩ s. *(in et.)
stürzen*
¹**zambullo** m *Nachtstuhl* m ‖ *großer Nachttopf*
m *(für Kranke)* ‖ *Abort* m *(im Gefängnis)*
²**zambullo** m Am *Müll|eimer* m, *-tonne* f ‖
Abfall, Müll m
³**zambullo** m Sal *Wilder Ölbaum* m
zambumbia f Mex *Mischmasch* m
¹**Zamora** f [Stadt und Provinz in Spanien]
Zamora n ‖ ◇ *no se ganó* ~ *en una hora* ⟨Spr⟩
Rom ist nicht an e–m Tag erbaut worden
²**Zamora: Ricardo** ~ ⟨Sp⟩ *berühmter span.
Torwart in den dreißiger Jahren* ‖ ◇ *ser un* ~
⟨pop⟩ *ein hervorragender Fußballspieler sein*
zamorano adj *aus Zamora* ‖ *auf Zamora
bezüglich*
zampa f *(Ramm)Pfahl* m
zampabodigos m/f ⟨fam⟩ → **zampatortas**
zampa|bollos m/f ⟨fam⟩ *Fresser(in* f), *Vielfraß*
m ‖ ◇ *tener cara de* ~ *Pausbacken haben* ‖
–**cuartillos** m/f ⟨fam⟩ *Säufer(in* f) m ‖ –**dor** m
⟨fam⟩ *Fresser* m ‖ –**limosnas** m/f ⟨fam⟩
zudringliche(r), Bettler(in f), *Fechtbruder* m ‖
–**palo** m/f ⟨fam⟩ → **zampatortas**
zam|par vt/i *et. rasch und geschickt verstecken*
‖ ⟨pop⟩ *mitgehen lassen, mausen* ‖ *(ver)schlingen,
fressen* ‖ ◇ *se lo zampó en un instante* ⟨pop⟩ *er
verschlang es im Handumdrehen* ‖ ~**se**
hineintappen (z. B. *Pfütze*) (& fig) ‖ *plötzlich
erscheinen, hereinschneien* ‖ *ver-,
hinunter|schlingen* ‖ –**patortas** m/f ⟨fam⟩
Fresser(in f), *Schlemmer(in* f) m ‖ ⟨figf⟩ *Tölpel,
Flegel* m
zampea|do m ⟨Arch⟩ *Pfahldamm* m ‖
Pfahlwerk n, *-gründung* f ‖ –**r** vt *verpfählen*
zampón adj ⟨fam⟩ *gefräßig* ‖ ~ m *Schlemmer,
Vielfraß* m
zampoña f ⟨Mus⟩ *Schalmei, Hirtenflöte* f *(Art
Panflöte)* ‖ *Halmpfeife* f ‖ ⟨figf⟩ *Albernheit* f

zampullín *m* ⟨V⟩ *Taucher* m (Podiceps spp) ‖ ~ cuellinegro *Schwarzhalstaucher* m (P. nigricollis) ‖ ~ cuellirrojo *Ohrentaucher* m (P. auritus) ‖ ~ chico, ~ común *Zwergtaucher* m (P. ruficollis)

zampu|zar [z/c] *vt in-, unter|tauchen* ‖ ⟨figf⟩ *rasch und geschickt verstecken* ‖ ⟨pop⟩ *mitgehen lassen, mausen* ‖ **~se** *untertauchen* ‖ *s:* **–zo** *m*

zamueco adj Ven *sehr schmackhaft*

zamuro *m* Ven ⟨V⟩ *(Art) Geier* m

zanahoria *f Mohrrübe, Möhre, Gelbe Rübe, Karotte* f ‖ Arg ⟨pop⟩ *Tölpel* m

zanca *f Ständer, Fuß* m *(e–s Vogels)* ‖ ⟨figf⟩ *(langes) Bein* n, *Stelze* f ‖ *Treppenwange* f ‖ ◆ *por* ~s *o por barrancas* ⟨figf⟩ *mit Ach und Krach* ‖ ◇ *andar en* ~s *de araña* ⟨figf⟩ *Ausflüchte machen*

zanca|da *f langer, weiter Schritt* m ‖ ◆ *en dos* ~s ⟨pop⟩ *in sehr kurzer Zeit* ‖ ◇ *dar* ~s *mit langen Schritten hin und her gehen* ‖ **–dilla** *f Beinstellen* n ‖ ⟨figf⟩ *listiger Kniff* m ‖ ◇ *echar od poner la (od una)* ~ *a alg. jdm ein Bein (od* ⟨fig⟩ *e–e Falle) stellen* ‖ ⟨figf⟩ *jdn aus dem Sattel heben* ‖ **–dillador** *m* ⟨fam⟩ *Preller, Gauner* m ‖ **–dillear** vt ⟨Sp⟩ *(jdm) ein Bein stellen*

zancado adj: *salmón* ~ ⟨Fi⟩ *(abgelaichter) Magerlachs* m

zanca|jada *f* → **zancada** ‖ → **zancadilla** ‖ **–jear** vi *geschäftig hin und her eilen* ‖ *herumrennen* ‖ ⟨fam⟩ *s. abrackern* ‖ **–jera** *f Trittbrett* n, *Wagentritt* m ‖ **–jiento** adj → **–joso** ‖ **–jo** *m Fersenbein* n ‖ *Ferse* f, *Hacken* m ‖ ⟨fig⟩ *(Strumpf)Ferse, (Schuh)Kappe* f ‖ ⟨figf⟩ *großer, abgenagter Knochen* m ‖ ⟨fig⟩ *Knirps* m ‖ ◇ *darle al* ~ *(los)rennen, die Beine unter die Arme nehmen* ‖ *no le llega a los* ~s *(od al* ~*)* ⟨pop⟩ *er (sie, es) kann s. mit ihm (ihr) bei weitem nicht messen, er (sie, es) kann ihm (ihr) nicht das Wasser reichen* ‖ *roer a alg. los* ~s *über jdn lästern* ‖ **–joso** adj *krumm-, säbel|beinig* ‖ *mit Löchern an der Ferse (Schuh, Strumpf)*

zancarrón *m* ⟨fam⟩ *großer, abgenagter Knochen* m ‖ ⟨figf⟩ *magerer, hässlicher Mensch, hässlicher Vogel* m ‖ ⟨figf⟩ *dilettantischer Schulmeister* m

zancazo *m* Col *langer Schritt* m ‖ *Stoß* m *mit dem Bein*

zan|co *m Stelze* f ‖ ⟨Mar⟩ *Wimpelstock* m ‖ → **zanca** ‖ ◇ *andar od ir en od sobre* ~s *auf Stelzen gehen* ‖ *andar od estar en* ~s *sozial aufgestiegen sein* ‖ *ponerse od subirse en* ~s *sozial aufsteigen, es zu et. bringen,* ⟨fam⟩ *auf der Erfolgsleiter höher klettern* ‖ **–cón** adj/s ⟨fam⟩ *stelz-, lang|beinig* ‖ Col Ven Guat *zu kurz (Kleid)*

zancu|das *fpl* ⟨V⟩ *Schreit-, Stelz|vögel* mpl (Gressores) ‖ **–do** adj *stelz-, lang|beinig* ‖ (araña) ~a *Weberknecht* m (Spinne) ‖ ~ *m* → **típula** ‖ Am *Stechmücke* f, *Moskito* m

zandía *f* → **sandía**

zandunga *f* → **sandunga**

zanfonía *f* ⟨Mus⟩ *Dreh-, Bauern-, Rad|leier* f

zanga *f Kartenspiel* n *zu viert*

zangaburra *f* Sal *Schwengel* m *(am Ziehbrunnen)*

zanga|manga *f* ⟨fam⟩ *List* f, *Trick, Kniff* m

zángana *f* ⟨pop⟩ *linkische, ungeschickte Frau*

zanganada *f* ⟨fam⟩ *Frechheit* f ‖ *Dummheit* f, *Blödsinn* m

zangan|dongo, –dullo, –dungo *m* ⟨fam⟩ *linkischer Mensch* m ‖ *Faulpelz, Nichtsnutz* m

zanga|near vi ⟨fam⟩ *herum|lungern, -schlendern* ‖ **–nería** *f,* **–neo** *m* ⟨fam⟩ *Müßiggang* m

zángano *m* ⟨Ins⟩ *Drohne* f *(& fig)* ‖ ⟨figf⟩ *Müßiggänger, Faulenzer, Schmarotzer* m ‖ ⟨fam⟩

alberne Person f ‖ ⟨fam⟩ *unbesonnener Mensch,* ⟨fam⟩ *Schussel* m ‖ ⟨fam⟩ *Taugenichts* m ‖ MAm *Gauner* m

zangarilleja *f* ⟨fam⟩ *schlampiges, verwahrlostes Mädchen* n, *Herumtreiberin* f

zangarrear vi ⟨fam⟩ *herumklimpern (auf der Gitarre)*

[1]zangarriana *f* ⟨Vet⟩ *Wassersucht* f *der Schafe* ‖ ⟨figf⟩ *leichte, häufig wiederkehrende Krankheit* f ‖ ⟨pop⟩ *Wehwehchen* n ‖ ⟨figf⟩ *Kopfhängerei, Niedergeschlagenheit* f ‖ Cue Nav *Faulheit, Trägheit* f ‖ *Nachlässigkeit* f

[2]zangarriana *f* ⟨reg⟩ → **lagartija**

zangarro *m* Mex *Kramladen* m, *Bude* f

zangarullón *m* ⟨fam⟩ → **zangón**

zangolo|tear vt/i ⟨fam⟩ *heftig hin und her bewegen, schütteln* ‖ ⟨fig⟩ *umherbummeln* ‖ **~se** ⟨fam⟩ *locker sein, schlottern, schlackern, wackeln (z. B. Fensterflügel)* ‖ *s:* **–teo** *m*

zangoloti|na *f* ⟨fam⟩ *kindisches Mädchen* n ‖ **–no** adj: ◇ (niño) ~ ⟨fam⟩ *Junge* m, *der s. für jünger ausgibt, als er ist*

zangón *m* ⟨fam⟩ *fauler Kerl, Flegel* m

zan|gorrear vi Chi → **–garrear** ‖ **–gotear** vt/i → **zangolotear**

zanguan|ga *f* ⟨fam⟩ *Vortäuschen* n *e–r Krankheit, Drückebergerei* f ‖ ◇ *hacer la* ~ *s. krank stellen, simulieren* ‖ ⟨fam⟩ *Schmeichelei* f ‖ **–go** *m*/adj ⟨fam⟩ *Faulenzer, Drückeberger* m

zanguayo *m* ⟨figf⟩ *Drückeberger* m

zan|ja *f Graben* m, *Grube* f ‖ ⟨Arch⟩ *Bau|grube* f, *-grund* m, *Gründung* f ‖ ⟨fig⟩ *Grundlage* f ‖ Am *Bachbett* n ‖ ~ *de comunicaciones* ⟨Mil⟩ *Lauf-, Verbindungs|graben* m ‖ ~ *cortafuegos Feuergraben* m ‖ ~ *de desagüe Abzugsgraben* m ‖ ~ *de deslinde* ⟨Agr⟩ *Grenzgraben* m ‖ ◇ *abrir una* ~ *e–n Graben ziehen, e–e Grube ausheben* ‖ *abrir las* ~ *den Grund legen (& fig)* ‖ **–jadora** *f Grabenbagger* m ‖ *Grabenziehmaschine* f ‖ **–jar** vt *graben (e–n Graben, e–e Grube)* ‖ *(den Grund) legen* ‖ ⟨fig⟩ *aus dem Weg räumen, beseitigen (Hindernisse)* ‖ *lösen (Problem)* ‖ *bereinigen (strittige Frage)* ‖ *beilegen (Meinungsverschiedenheit, Streit)* ‖ **–jear** vt Cu Col Guat → **–jar** ‖ **–jón** *m tiefer Graben* m ‖ *tiefes (Bach)Bett* n ‖ Arg Chi *Abgrund* m ‖ ◇ *echar al* ~ Cu ⟨figf⟩ *in der Versenkung verschwinden lassen*

zanque|ador adj *spreiz-, breit|beinig* ‖ ~ *m passionierter Fußgänger* m ‖ **–amiento** *m Spreizen* n *der Beine* ‖ *Ausholen* n *(beim Gehen)* ‖ **–ar** vi *die Beine spreizen (beim Gehen)* ‖ ⟨fig⟩ *herumrennen* ‖ ⟨pop⟩ *s. abrackern*

zanqui|largo adj/s ⟨fam⟩ *lang-, stelz|beinig* ‖ **–lla, –ta** *m* dim von *zanca* ‖ **–lla(s)** *m* ⟨figf⟩ *Mensch* m *mit kurzen dünnen Beinen* ‖ *Knirps* m ‖ **–tuerto** adj/s ⟨fam⟩ *krummbeinig* ‖ **–vano** adj/s ⟨fam⟩ *lang-, dürr-, spindel|beinig*

zanuyo adj/s *aus Azanuy (P Hues)* ‖ *auf Azanuy bezüglich*

Zanzíbar *m* ⟨Geogr⟩ *Sansibar* n

[1]zapa *f Grabscheit* n, *Spaten* m *(der Pioniere)* ‖ *Schippe, Schaufel* f ‖ ⟨Mil⟩ *Sappe* f, *Laufgraben* m ‖ ⟨Mil Bgb⟩ *Stollen* m

[2]zapa *f Haifischhaut* f *(zum Schmirgeln)* ‖ *Art Chagrinleder mit körnigem Narben* ‖ *Metallarbeit* f *mit chagrinlederartig bearbeiteter Oberfläche*

zapador *m* ⟨Mil⟩ *Pionier* m ‖ ~ *pontonero Brückenpionier* m

zapa|llito *m* Arg ⟨Bot⟩ *Zucchino* m ‖ **–llo** *m* Am ⟨Bot⟩ *Kalebassenbaum* m (Crescentia sp) ‖ ⟨allg⟩ *Kürbis(pflanze)* f m ‖ Arg Chi ⟨figf⟩ *Glückstreffer* m, *Schwein* n ‖ Ec ⟨fig⟩ *Fettwanst* m ‖ **–llón** adj/s Am ⟨fam⟩ *dick und untersetzt, pummelig*

zapapico *m Pick-, Kreuz\hacke, Picke* f, *Pickel* m
zapar vi *mit dem Grabscheit arbeiten, graben*
‖ ⟨Mil⟩ *schanzen, Laufgräben ausheben*
zaparrada *f* → **zarpazo**
zaparras\trar vi: ◇ ir –*trando* ⟨pop⟩ *die
Kleider (durch den Schmutz) nachschleppen*
zaparrazo *m* ⟨fam⟩ → **zarpazo**
zapata *f Halbstiefel* m ‖ ⟨Tech⟩ *Keil* m,
Unterlage f ‖ *Hemmschuh, Brems\klotz* m, -*backe*
f ‖ ⟨Arch⟩ *Kragstein* m ‖ ⟨Mar⟩ *Ankerschuh* m
zapatabús *m:* en ~ ⟨joc⟩ *auf Schusters
Rappen*
zapatas *fpl* Al ⟨Bot⟩ *Huflattich* m (Tussilago
farfara)
zapatazo *m Schlag od Tritt* m *mit e–m Schuh* ‖
⟨fig⟩ *heftiger Schlag* m ‖ ⟨fig⟩ *plötzlicher Fall* m
‖ ⟨Mar⟩ *Killen* n *der Segel* ‖ ◇ tratar a ~s a alg.
⟨figf⟩ *jdn roh od wie den letzten Dreck behandeln*
zapate\ado *m span. Tanz* m *(im ³/₄-Takt)* ‖ **–ar**
vt *mit e–m Schuh schlagen* ‖ ⟨figf⟩ *schlecht
behandeln, schikanieren, piesacken* ‖ ~ vi
trampeln, stampfen ‖ *im Takt der Musik mit dem
Fuß aufstampfen* ‖ *beim Tanzen den Takt
abwechselnd mit den Händen und auf den
Schuhsohlen schlagen* ‖ Cu *den zapateo tanzen* ‖
tänzeln (Pferd) ‖ *s. treten, s. verfangen (Reittier)* ‖
trommeln (Hase, Kaninchen) ‖ ⟨Mar⟩ *killen,
anschlagen (Segel)* ‖ **~se** ⟨fig⟩ *die Stirn bieten,*
⟨fam⟩ *s. auf die Hinterbeine stellen*
zapateo *m* Cu *ein (alter) kreolischer Tanz*
zapate\ra *f Schustersfrau* f ‖ **–ría** *f
Schuhmacherwerkstatt* f ‖ *Schuh\laden, -geschäft*
n ‖ *Schuhmacherhandwerk* n ‖ ~ *de viejo
Schuhreparaturwerkstatt* f ‖ **–ril** *(m/f)*, **–resco** adj
⟨bes. joc⟩ *schustermäßig, Schuster-*
¹zapatero adj *verdorben, angestochen (Frucht)*
‖ *durch übermäßiges Kochen hart geworden
(Kochgut)* ‖ ⟨fig⟩ *enttäuscht* ‖ ◇ quedarse ~
⟨Kart fam⟩ *k–n Stich machen*
²zapatero *m Schuhmacher, Schuster* m ‖
Schuhschrank m ‖ ~ *de portal,* ~ *de viejo
Flickschuster* m (& desp) ‖ ◇ ¡~, a tus zapatos!
⟨Spr⟩ *Schuster, bleib bei d–m Leisten!*
³zapatero *m* ⟨Ins⟩ *Wasserläufer* m (Gerris
lacustris) ‖ Al ⟨Zool⟩ *Kaulquappe* f (→
renacuajo) ‖ Nav ⟨Ins⟩ *Käfer* m (→ **¹escarabajo**)
zapa\teta *f Sprung* m *mit gleichzeitigem Schlag
auf den Schuh* ‖ ◇ dar *od* pegar ~s *Luftsprünge
machen* ‖ ¡~! *Donnerwetter!* ‖ **–tilla** *f Hausschuh,
Pantoffel* m ‖ *leichter Schuh* m ‖ *Kinderschuh* m ‖
Lederspitze f *am Billardstock* ‖ *Knopf* m *am
Florett* ‖ *Klappenleder* n *an Musikinstrumenten* ‖
~ *de ballet Ballettschuh* m ‖ ~ *de baño
Badeschuh* m ‖ ~ *de gimnasia Turnschuh* m ‖
–tillazo *m Tritt, Schlag* m *mit e–m Pantoffel*
zapatiesta *f* ⟨fam⟩ → **trapatiesta**
zapa\to *m Schuh* m ‖ ⟨fig⟩ *Unbeholfenheit* f ‖
~ *de baile Ballschuh* m ‖ ~ *bajo Halbschuh* m ‖
flacher Schuh m ‖ ~ *botín Halbstiefel* m ‖ ~ *de
caballero Herrenschuh* m ‖ ~ *de clavos,* ~
claveteado Nagelschuh m ‖ ~ *de cordones
Schnürschuh* m ‖ ~ *de charol Lackschuh* m ‖ ~
de deportes Sportschuh m ‖ ~ *de fieltro
Filzschuh* m ‖ ~ *de goma Gummischuh* m ‖ ~ *de
hebilla Schnallenschuh* m ‖ ~ *de lazo(s)
Schnürschuh* m ‖ ~ *de lona Segeltuchschuh* m ‖
~ *de noche Abendschuh* m ‖ ~ *de oreja
Schnallenschuh* m ‖ ~s *playeros Strandschuhe*
mpl ‖ ~ *de punta Schnabelschuh* m ‖ ~ *de señora
Damenschuh* m ‖ ~ *para tenis Tennisschuh* m ‖ ~
de tacón alto Schuh m *mit hohem Absatz* ‖ ◇
andar en ~s *de fieltro* ⟨fig⟩ *auf leisen Sohlen
einhergehen* ‖ *unbemerkt, still und leise et. tun* ‖
vorsichtig taktieren ‖ meter en un ~ a alg. ⟨figf⟩
jdn ins Bockshorn jagen ‖ poner como un ~ a

alg. ⟨pop⟩ *jdn herunterputzen* ‖ no le llega ni a la
suela del ~ ⟨figf⟩ *er kann ihm nicht das Wasser
reichen* ‖ saber alg. dónde le aprieta el ~ ⟨fam⟩
Bescheid wissen ‖ *gut informiert sein* ‖ ¡~! ⟨pop⟩
Donnerwetter! ‖ **–tón** *m* MAm *Gummistiefel* m ‖
–tudo adj *starkhufig (Tier)*
zape *m* ⟨pop⟩ *Schwule(r)* m
¡za\pe! int ⟨fam⟩ *fort! (um Katzen zu
(ver)scheuchen)* ‖ *Gott bewahre!* ‖ *nanu!* ‖
unglaublich!
za\pear vi ⟨TV⟩ *zappen* ‖ ~ vt *scheuchen
(Katzen)* ‖ ⟨figf⟩ *ver\scheuchen, -jagen* ‖ ⟨Kart⟩
nicht bedienen ‖ **–peo** *m* ⟨TV⟩ *Zapping* n
zaperoco *m* Ven *Wirrwarr* m, *Verwirrung* f ‖
Radau m
zapote *m* ⟨Bot⟩ *Sapotillbaum* m (Manilkara
sapota) ‖ *Breiapfel* m, *Sapot(ill)e* f *(Frucht)*
zapotecas *mpl Zapoteken, einheimische
Bewohner* mpl *von Mexiko*
zapotillo *m Art (moosfarbiger) Sapotillbaum* m
zapoyol *m* CR Hond Nic *Stein* m *der
Sapotillfrucht*
zapoyolito *m* MAm ⟨V⟩ *Schmalschnabelsittich*
m (Brotogeris spp)
zapupe *m* Mex ⟨Bot⟩ → **agave**
zapuzar [z/c] vi → **chapuzar**
zaque *m kleiner Weinschlauch* m ‖ ⟨figf⟩
Säufer, Saufsack m
Zaqueo *m* np *Zachäus* m
zaquizamí *[pl* ~**íes***] m Dach\stube, -kammer,
Bodenkammer* f ‖ *oberster Dachboden* m ‖ ⟨fig⟩
kleines Zimmer n, ⟨pop⟩ *Loch* n, *elende Bude* f
zar *m Zar* m
zara *f* ⟨reg⟩ *Mais* m
zarabanda *f* ⟨Mus⟩ *Sarabande* f *(Tanz im
³/₄-Takt)* ‖ ⟨fig⟩ *Lärm, Trubel* m
△ **zaracatán** *m Schneider* m
zara\galla *f* Ar *Haufen* m *Buben* ‖ **–gata** *f*
⟨fam⟩ *Streit, Zank, Radau* m ‖ **–gate** *m* MAm
Mex Pe Ven *Gauner, Spitzbube* m ‖ Col *Tölpel* m
‖ Cu *Schmeichler* m ‖ **–gatero** adj/s ⟨fam⟩
lärmend, streitsüchtig
zaragatona *f* ⟨Bot⟩ *Wegerich* m (Plantago sp)
Zaragoza *f* [Stadt und Provinz in Spanien]
Saragossa n *(auch Zaragoza)* ‖ **⸗zano** adj *aus
Saragossa* ‖ *auf Saragossa bezüglich* ‖ ~ *m
Saragossaner* m
zaragüelles *mpl* Murc Val *kurze, seitwärts
geschlitzte Pluderhosen* fpl *der span. Bauern* ‖
⟨figf⟩ *schlecht geschneiderte, breite und lange
Hose* f ‖ Ar *weiße Unterhose* f, *deren Falten
unter den* zaragüelles *bauschförmig
hervorschauen*
zaragu\tear vt ⟨fam⟩ *verwirren* ‖ *verwickeln* ‖
~ vi Ven *vagebundieren, s. herumtreiben* ‖ **–tero**
m/adj ⟨fam⟩ *Wirrkopf* m
zaramagullón *m* ⟨V⟩ → **somorgujo**
zarambeque *m* Am ⟨Art⟩ *Negertanz* m
zaramullo *m* Pe Ven → **zascandil** ‖ Hond
zimperlicher Mensch m ‖ Bol *Dummheit* f, *Unsinn*
m
zaranda *f* Sieb n, *(Getreide- od Obst)Sieb* n ‖
Ven *Brummkreisel* m
zarandajas *fpl Überbleibsel* npl ‖ *Plunder* m ‖
⟨figf⟩ *Nebensächlichkeiten, Lappalien* fpl ‖ Ar
Schlachtabfälle mpl
zaran\dar vt *(Getreide, Obst) sieben* ‖ ⟨fig⟩ *die
Spreu vom Weizen trennen* ‖ **–dear** vt *(Getreide)
sieben* ‖ *durchseihen (Obstsaft)* ‖ ⟨figf⟩ *rütteln,
schütteln* ‖ ⟨fig⟩ *(jdn) hin und her hetzen,
Spießruten laufen lassen* ‖ **~se** ⟨figf⟩ *s. abmühen*
‖ And Pe PR Ven *s. in den Hüften wiegen (beim
Gehen)*
△ **zarandela** *f Unterrock* m
zarandeo *m Rütteln, Schütteln* n

zarandilla *f* Rioja *Eidechse* f
zaran|dillo *m kleines Sieb* n ‖ *Futterschwinge* f
‖ ⟨figf⟩ *unruhiger Mensch* m, ⟨pop⟩ *Quecksilber* n
‖ ◇ traerle a uno como un ~ ⟨figf⟩ *jdn hin u. her
hetzen, herumjagen* ‖ **–do** adj/s Ven ⟨fam⟩
leichtfertig, unbesonnen
   zarapallón *m*/adj ⟨fam⟩ *liederlicher Mensch* m
   △ **zarapia** *f Aussatz* m, *Lepra* f
   zarapito *m* ⟨V⟩ *Brachvogel* m (Numenius spp)
‖ ~ fino *Dünnschnabel-Brachvogel* m (N.
tenuirostris) ‖ ~ real *Großer Brachvogel* m
(N. arquata) ‖ ~ trinador *Regenbrachvogel* m
(N. phaeopus)
   zarapón *m* Al *Klettenlabkraut* n (Galium
aparine)
   zaratán *m* ⟨Med reg⟩ *Brustkrebs* m ‖ Hond
Trichine f
   ¹zaraza *f* ⟨Text⟩ *Kattun* m
   ²zaraza *f* And ⟨fam⟩ *Memme* f
   zarazas *fpl Rattengift* n ‖ *Gift* n *(für Hund, Katze
usw.)*
   zarazo adj And SAm *halbreif (Frucht)*
   zarcear vi *stöbern, herumsuchen* ‖
herumschnüffeln
   zarceño adj *Busch-*
   ¹zarcero *m*/adj *Stöberhund* m
   ²zar|cero *m* ⟨V⟩ *Spötter* m (Hippolais spp) ‖ ~
común *Orpheusspötter* m (H. polyglotta) ‖ ~
grande *Olivenspötter* m (H. olivetorum) ‖ ~
icterino *Gelbspötter* m (H. icterina) ‖ ~ pálido
Blassspötter m (H. pallida) ‖ **–ceta** *f* ⟨V⟩ →
cerceta
   zarci|llitos *mpl* ⟨Bot⟩ *Zittergras* n (Briza spp)
(→ **²tembladera**)
   ¹zarcillo *m Ohrring* m ‖ ⟨Bot⟩ *Ranke* f ‖ Arg
Ohrschnitt m *(Zeichen des Besitzers beim Vieh)*
   ²zarcillo *m* ⟨Agr⟩ *Jäthacke* f
   zarco adj *hellblau (Wasser, Auge)* ‖ Arg Chi
trüb(e), weißlich (Auge der Tiere)
   △ **zardioquí** *f Anmut, Grazie* f
   za|revitz, –revitch *m* ⟨Hist⟩ *Zarewitsch* m
(russischer Kronprinz) ‖ **–riano** adj *Zaren-*
   zarigüeya *f* ⟨Zool⟩ *Opossum* n (Didelphys spp)
‖ **~s** *fpl Beutelratten* fpl (Didelphyidae)
   za|rina *f Zarin* f ‖ **–rismo** *m Herrschaft* f *der
Zaren, Zarismus* m ‖ **–rista** *m*/f (& adj)
Anhänger(in f) m *des Zarismus*
   zaroche *m* Am → **¹soroche**
   zar|pa *f Klaue, Kralle, Tatze, Pfote, Pranke* f
(& fig) ‖ *Schlammspritzer* m ‖ ⟨Mar⟩ *Ankerlichten*
n ‖ ◇ echar la ~ *(jdn) mit der Klaue packen* ‖
⟨fig⟩ *(zu)packen*, ⟨fam⟩ *graps(ch)en* ‖
wegschnappen ‖ *s. unter den Nagel reißen*, ⟨fam⟩
klauen ‖ **–pada** *f Klauen-, Tatzen-, Pranken|hieb*
m ‖ *heftiger Schlag, Klatsch* m
   zarpar vi ⟨Mar⟩ *die Anker lichten* ‖ *in See
stechen, auslaufen* ‖ ◇ el buque zarpó para
Lisboa *das Schiff ist nach Lissabon ausgelaufen*
   zar|pazo m → **–pada**
   zar|pear vt CR *mit Schlamm od Schmutz
bespritzen* ‖ **–poso** adj *schlammig, schmutzig,
beschmutzt*
   zarraca|tería *f Schöntuerei, Speichelleckerei* f
‖ **–tero** *m* ⟨pop⟩ *arglistiger Schmeichler* m ‖ **–tín**
m ⟨fam⟩ *geriebener Trödler* m
   zarrampín *m* ⟨Bot⟩ Al → **acedera**
   zarramplín *m* ⟨fam⟩ *Stümper, Pfuscher* m ‖
armer Schlucker m
   zarrapas|trón *m*/adj ⟨fam⟩ *zerlumpter,
verwahrloster Kerl* m ‖ **–troso** adj ⟨fam⟩
schmutzig, zerlumpt, schlampig, verwahrlost
   ¹zarria *f Riemen* m *am Bauernschuh*
   ²zarr|ia *f Schmutz(fleck), Schmutzspritzer* m ‖
Fetzen, Lumpen m ‖ **–iento** adj *schmutzig,
(schmutz)bespritzt*

   zarrio adj And *bäu(e)risch, grob*
   zarza *f Brombeerstrauch* m (Rubus fruticosus)
‖ *Dornbusch* m ‖ la ~ ardiente *der feurige Busch
(Bibel)*
   zarzagán *m* ⟨Meteor⟩ *kalter Nordostwind* m
   zarzal *m Brombeergebüsch* n ‖ *Dorn|busch* m,
-gestrüpp n
   zarza|mora *f Brombeere* f ‖ (→ **zarza**) ‖
–moral *m Brombeergebüsch* n
   zarza|parrilla *f* ⟨Bot⟩ *Sarsaparille,
Sarsaparillawurzel* f (Smilax utilis) ‖
erfrischendes Getränk n *mit Sarsaparillesaft* ‖
–perruna *f Hundsrose* f (Rosa canina) ‖ **–rrosa** *f
Heckenrose, wilde Rose* f *(Blüte)*
   zarzo *m Hürde* f, *Weiden-, Rohr|geflecht* n ‖
Zuchthürde f *für Miesmuscheln*
   zarzoso adj *voller Brombeersträucher* bzw
Dornengestrüpp
   ¹zarzuela *f* dim von **zarza**
   ²zarzuela *f* ⟨Mus Th⟩ *Zarzuela* f *(span.
volkstümliches Singspiel* n *komischen od ernsten
Inhalts)* ‖ ~ del género chico *Zarzuela* f *in e–m
Akt* ‖ ~ del género grande *zwei- und mehr|aktige
Zarzuela* f ‖ *Text* m *und Musik* f *der Zarzuela*
   ³zarzuela *f* ⟨Kochk⟩ *Gericht* n *aus
verschiedenen Meeresfrüchten und Fischarten*
   zarzuel|ero adj *Zarzuela-* ‖ ⟨fam⟩ *possenhaft* ‖
–ista *m*/f *Librettist(in* f) m *e–r Zarzuela* ‖
Komponist(in f) m *e–r Zarzuela*
   ¡zas! int *peng! zack! paff! plumps! klatsch!* ‖
¡~, ~! *tapp, tapp!*
   zascandil *m* ⟨fam⟩ *unruhiger Mensch,
G(e)schaftlhuber* m ‖ ⟨fam⟩ *Leichtfuß,
unbesonnener Mensch* m ‖ *Intrigant,
Ränkeschmied* m ‖ *Gauner, Schwindler* m
   zata(ra) *f Floß* n
   ¹zato *m Stück* n *Brot*
   ²zato adj Ven *gedrungen (Tier)*
   zaya *f* León *Mühlgerinne* n
   zazo(so) adj *stotternd* ‖ *lispelnd*
   zebra *f* → **cebra**
   zebú *m* → **cebú**
   ze|da *f (der) Buchstabe Z nach s–r Aussprache*
‖ **–dilla** *f (das) geschwänzte C* (Ç, ç) ‖ *die
Cedille, das Häkchen am* Ç *(ç)*
   Zeferino *m* np *Zeferin* m
   zéjel *m* ⟨Poet⟩ *Gattung der hispano-arabischen
Volkslyrik*
   zelkova *f* ⟨Bot⟩ *Zelkove* f (Zelkowa spp)
   zelota *m* ⟨Hist⟩ *Zelot* m
   Zembla *f* ⟨Geogr⟩: Nueva ~ *Nowaja Semlja* n
   zen *m* ⟨Rel⟩ *Zen* n
   Zen|dawesta, zendavesta *m* ⟨Hist Rel⟩ *Awesta*
n *(heilige Schriften der Parsen)* ‖ **=do** adj/s
zendisch (Sprache)
   zenit *m* ⟨Astr⟩ → **cenit**
   zenónico adj ⟨Philos⟩ *der Lehre des Zeno(n)*
(Zenón) *gemäß*
   zeñó *m* And ⟨pop⟩ → **señor**
   zep(p)elín *m Starrluftschiff* n *(mit e–m
Metallgerüst), Zeppelin(luftschiff* n) m
   △ **zerma|nelar** vt *verfluchen* ‖ △ **–ña** *f
Fluchwort* n ‖ △ **–ñar** vi *fluchen*
   zeta *f* griech. ζ (Z), *Zeta* n ‖ → **zeda**
   △ **zetalla** *f Olive* f
   zeu(g)ma *f* ⟨Rhet⟩ *Zeugma* n
   Zeus *m* ⟨Myth⟩ *Zeus, Jupiter* m
   zibcay *m* Mex ⟨Zool⟩ *Delphin* m (Delphinus
delphis) (→ **¹delfín**)
   zigo|ma *m* ⟨An⟩ *Joch* n ‖ **–mático** adj *Joch-* ‖
–morfo adj ⟨Bot⟩ *zygomorph* ‖ **–spora** *f* ⟨Bot⟩
Zygospore f ‖ **–te, –to** *m* ⟨Biol Gen⟩ *Zygote* f
   zigurat *m* ⟨Hist⟩ *Zikkur(r)at* f
   zig|zag *[pl ~ues* od *~s] m Zickzack* m ‖ ⟨fig⟩
Blitz m ‖ ◆ en ~ *zickzackförmig, im Zickzack* ‖

◇ andar en ~ *hin und her torkeln (Betrunkener)* ‖
–zagueante adj *(m/f):* política ~ *Zickzackkurs* m
‖ **–zaguear** vi *s. im Zickzack bewegen, im
Zickzack gehen (bzw fahren)* ‖ *hin und her
taumeln, torkeln (Betrunkener)* ‖ **–zagueo** *m
Zickzackbewegung* f ‖ *Zickzack|gehen, -laufen,
-fahren* n
△ **zimalí** adv *wirklich*
zimasa *f* ⟨Chem Physiol⟩ *Zymase* f
Zimbabwe *m* ⟨Geogr⟩ *Simbabwe* n
zi|mología *f Zymologie, Gärungslehre* f ‖
–motecnia *f Zymo-, Gärungs|technik* f ‖ **–mótico**
adj *zymotisch, Gärung bewirkend*
zin|c *m* [θin, *pl* **zines**] **(Zn)** ⟨Chem⟩ *Zink* n ‖ ~
colado bajo presión Zinkspritzguss m ‖ ~ *para
galvanización Verzinkereizink* n ‖ ~ *de obra,* ~ *de
trabajo Werkzink* n ‖ **–cado** *m Verzinken* n
△ **zincaló** *(f:* ~**llí)** *m Zigeuner* m
zin|car vt *verzinken* ‖ **–cografía** *f
Chemiegraphie* f ‖ **–cógrafo** *m Chemigraph* m
zíngaro *m/*adj *Zigeuner* m
zingiberáceas *fpl* → **cingiberáceas**
zinguizarra *f* Ven *Streit* m, *Keilerei* f
zíper *m* Mex *Reißverschluss* m
zipizape *m* ⟨fam⟩ *lärmender Streit, Radau* m ‖
Schlägerei f
zircón *m* ⟨Min⟩ *Zirkon* m
△ **ziriardé** *(f* ~**í)** adj *dünn, schwach*
ziridaña *f* And *übertriebene Schmeichelei* f ‖
And *Anführen, Foppen* n ‖ And *Lappalie* f
△ **ziro** *m Hanf* m
¡zis, zas! *tapp, tapp!*
¹zisgás *m* ⟨figf⟩ *Lärm, Radau* m
²zisgás *m* → **zigzag**
zloty *m* [Währungseinheit] *Zloty* m (Zl)
Zn ⟨Abk⟩ = **cinc, zinc**
zoantropía *f Wahnvorstellung* f, *in ein Tier
verwandelt zu sein,* ⟨Wiss⟩ *Zoanthropie* f
¹zoca *f Marktplatz* m
²zoca *f* Ar Nav *Weinstock* m
zócalo *m* ⟨Arch⟩ *Sockel* m *(unterer Mauerteil
od Unterbau e–r Säule, Plastik)* ‖ ~ *continental*
⟨Geol MK⟩ *Festland(s)sockel* m ‖ ~ *de una
máquina Maschinensockel* m ‖ *Schabotte* f ‖ ~ *de
válvula* ⟨El⟩ *Röhrensockel* m
zoca|tearse vr *mürbe, teigig werden,
einschrumpfen (Obst)* ‖ **–to** adj *überreif, morsch,
teigig (Obst)* ‖ ⟨fam⟩ *link(s)* (→ **zurdo**)
zoclo *m Holzschuh* m ‖ *Überschuh* m
¹zoco adj ⟨fam⟩ *link* ‖ Col *einarmig* ‖ ~ *m*
Salv *Heiserkeit* f
²zoco *m Holzschuh* m ‖ ⟨Arch⟩ *Sockel,
Untersatz* m ‖ ◇ *(andar) de* ~s *en colodros* ⟨figf⟩
immer schlechter (werden), ⟨fig⟩ *vom Regen in
die Traufe (kommen)*
³zoco *m* Marr *Markt(platz)* m
zocolar vt Ec *roden*
zodiacal ⟨Astr⟩ adj *(m/f) Tierkreis-*
zo|díaco, –diaco *m* ⟨Astr⟩ *Tierkreis* m ‖
signos del ~ *die Zeichen* npl *des Tierkreises*
(Carnero, Toro, Gemelos, Cáncer *od*
**Cangrejo, León, Virgen, Balanza,
Escorpión, Sagitario, Capricornio, Acuario,
Peces)**
zofra *f maurischer Teppich* m
Zoilo *m* np *Zoilos (gr. Sophist)* ‖ ~ ⟨figf⟩
kleinlicher Kritiker, Krittler m
zoisita *f* ⟨Min⟩ *Zoisit* m
zolesco, zoliano adj *auf den franz.
Romanschriftsteller Emile Zola (1840–1902)
bezüglich* ‖ ⟨fig⟩ *naturalistisch*
zolocho adj ⟨fam⟩ *einfältig, dumm* ‖ ~ *m
Einfaltspinsel, Simpel* m
zombi(e) *m Zombie* m ‖ ◇ *estar* ~ ⟨pop⟩
verrückt sein

zompancle *m* Mex *Korallenstrauch* m
(Erythrina sp)
zompo adj/s → **zopo**
¹zompopo adj MAm *einfältig, dümmlich,
simpel, tolpatschig*
²zompopo *m/*adj MAm Mex ⟨Ins⟩ *e–e
Blattschneiderameise* f (Atta [Oecodoma]
cephalotes)
¹zona *f Gürtel* m, *Binde* f ‖ *(gürtelähnlicher)
Streifen* m ‖ *Erd|gürtel, -strich* m ‖ *Zone* f ‖
Landstrich m ‖ *Gebiet* n, *Bereich, Bezirk* m ‖
Raum m ‖ ~ *de abastecimiento Versorgungsgebiet*
n *(auch Energiewirtschaft)* ‖ ~ *de acción* ⟨Mil⟩
Gefechtsstreifen m ‖ ~ *aérea prohibida
Luftsperrgebiet* n ‖ ~ *ajardinada Gartenzone* f ‖
~ *de ataque* ⟨Sp⟩ *Angriffshälfte* f ‖ ~ *de
aterrizaje* ⟨Flugw⟩ *Landezone* f ‖ ~ *de audibilidad*
⟨Physiol⟩ *Hör|weite* f, *-bereich* m ‖ ~ *azul* ⟨StV⟩
blaue Zone, Kurzparkzone f ‖ ~ *batida* ⟨Mil⟩
bestrichener (od *unter Beschuss liegender) Raum*
m ‖ ~ *de bloqueo Blockierungs-, Sperr|gebiet* n ‖
~ *cálida* ⟨Geogr⟩ *heiße Zone* f ‖ ~ *de combate*
⟨Mil⟩ *Kampfgebiet* n ‖ ~ *de concentración
parcelaria Flurbereinigungs-, Umlegungs|gebiet* n
‖ ~ *de conflicto* ⟨Pol⟩ *Konfliktzone* f ‖ ~
contigua angrenzende Zone, Anschlusszone f ‖ ~
costera Küstengebiet n ‖ ~ *deformable* ⟨Auto⟩
Knautschzone f ‖ ~ *desatomizada
atomwaffenfreie Zone* f ‖ ~ *desmilitarizada
entmilitarisierte Zone* f ‖ ~ *desnuclearizada
atomwaffenfreie Zone* f ‖ ~ *del dólar
Dollar|raum, -block* m ‖ ~ *de ensanche
Erweiterungs-, Ausbau|gebiet* n *(Städtebau usw)* ‖
~ *erógena erogene Zone* f ‖ ~ *esférica* ⟨Math⟩
Kugelzone f ‖ ~ *de explotación* (Bgb)
Abbaugebiet n ‖ ~ *franca Freizone* f, *zollfreies
(Grenz)Gebiet* n ‖ ~ *fronteriza Grenzgebiet* n ‖ ~
fría ~ *glacial,* ~ *helada* ⟨Geogr⟩ *kalte Zone* f ‖ ~
de fumadores Raucherzone f ‖ ~ *de no fumadores
Nichtraucherzone* f ‖ ~ *industrial Industriegebiet*
n ‖ ~ *de influencia Einfluss|bereich* m, *-sphäre* f
‖ *Interessensphäre* f ‖ ~ *intermedia Zwischenzone*
f ‖ *Grauzone* f ‖ ~ *intertropical* ⟨Geogr⟩ *heiße
Zone* f ‖ ~ *de libre cambio,* ~ *de libre comercio
Freihandelszone* f ‖ ~ *limítrofe Grenzbereich* m ‖
~ *de lluvias Niederschlagsgebiet* n ‖ ~ *de (las)
tres millas Dreimeilenzone* f ‖ ~ *minada* ⟨Mil⟩
Minenfeld n ‖ ~ *monetaria Währungs|gebiet* n,
-raum m ‖ ~ *de ocupación Besatzungszone* f ‖ ~
(no) ocupada (un)besetztes Gebiet n ‖ ~ *de
operación Tätigkeitsfeld* n ‖ ~ *de operaciones*
⟨Mil⟩ *Operationsgebiet* n ‖ ~ *peatonal,* ~ *de
peatones Fußgängerzone* f ‖ ~ *de peligro,* ~
peligrosa Gefahrenzone f ‖ ~ *de perceptibilidad*
⟨Phys Physiol⟩ *Wahrnehmungsbereich* m ‖ ~ *de
pesca Fischerei|gebiet, -revier* n ‖ ~ *portuaria
Hafengebiet* n ‖ ~ *de precipitaciones
Niederschlagsgebiet* n ‖ ~ *prohibida* ⟨Mil⟩
Sperrgebiet n ‖ ~ *de recreo Erholungsgebiet* n ‖
~ *residencial Wohngebiet* n ‖ ~ *roja* ⟨StV⟩ *rote
Zone, Langparkzone* f ‖ ~ *de rotura* ⟨Tech⟩
Bruchzone f ‖ ~ *de silencio* ⟨Radio TV⟩ *tote
Zone* f, *Funkschatten* m ‖ ⟨StV⟩ *hupfreie Zone* f ‖
~ *templada* ⟨Geogr⟩ *gemäßigte Zone* f ‖ ⟨lit⟩
milder Himmelsstrich m ‖ ~ *tórrida* ⟨Geogr⟩
heiße Zone f ‖ ~ *tropical* ⟨Geogr⟩ *Tropenzone* f ‖
~ *de venta Absatzgebiet* n ‖ ~ *verde grüne Zone*
f *(in der Stadt)* ‖ ◆ *por* ~s *strichweise* ‖
stellenweise ‖ *nach Gebieten*
²zona *f* ⟨Med⟩ *Gürtelrose* f
zonación *f* [Biogeographie] *Zonierung* f
zonal adj *(m/f) Zonen-, zonal*
zoncer(í)a *f* Am *Albernheit* f ‖ *Fadheit,
Geschmacklosigkeit* f ‖ *Dummheit* f
zoncho *m* Sant *(Obst)Korb* m

zonda *m* Am ⟨Meteor⟩ *heißer Andenwind* m
△ ¡**zoniche!** *still!*
zon|zear *vi* Arg *blödeln* ‖ **–zo** adj/s
geschmacklos ‖ *fad(e), reizlos, langweilig
(Person)* ‖ Am *dumm, simpel, einfältig* ‖ ◇
hacerse el ~ *s.* *dumm stellen* ‖ **–zorrión** adj/s
⟨fam⟩ *erzdumm,* ⟨pop⟩ *saudumm*
¹zoo *m* ⟨fam⟩ *zoologischer Garten, Zoo* m
²zoo- *präf Tier-, Zoo-*
zoófago adj ⟨Biol⟩ *fleischfressend, zoophag*
zoófito *m* ⟨Biol⟩ *Pflanzentier* n, *Zoophyt* m/n
zoo|geografía *f Zoo-, Tier|geographie* f ‖
–grafía *f Tierbeschreibung, Zoographie* f ‖
–latría *f Tier|anbetung* f, *-kult* m, *Zoolatrie* f ‖
–logía *f Zoologie* f ‖ **–lógico** adj *zoologisch*
zoólogo *m Zoologe* m
zoom *m* ⟨Film⟩ *Zoomobjektiv* n *(Gummilinse)*
zoo|nosis *f* ⟨Med⟩ *Zoonose* f ‖ **–parásito** *m in*
od *auf Tieren lebender Schmarotzer, Zooparasit* m
(→ **endo-**, **exo|parásito**) ‖ **–plancton** *m* ⟨Zool⟩
Zooplankton n ‖ **–spermo** *m* ⟨Biol⟩ *Samentierchen*
n ‖ (→ **espermatozoides**) ‖ **–spora** *f* ⟨Bot⟩
Zoospore f ‖ **–tecnia** *f Tierzucht(lehre)* f ‖ ~
menor *Kleintierzucht* f ‖ **–técnico** adj *auf
Tierzucht bezüglich, tierzüchterisch* ‖ **–tecnista**
m/f Tierzüchter(in f), *Zootechniker(in* f) m ‖
–tomía *f Tieranatomie, Zootomie* f
zopas *m/f* ⟨fam⟩ *stark lispelnde Person* f
zope *m* Am ⟨V⟩ *Hokko(huhn)* n ‖ → *auch*
zopilote
zopenco *m/adj* ⟨fam⟩ *Tölpel, Dummkopf,
Trottel, Tollpatsch* m
zopilote *m* ⟨V⟩ Mex *Truthahngeier* m
(*Cathartes aura*) ‖ Mex *Rabengeier* m (*Coragyps
atratus*) ‖ ◇ hacer las del ~ Mex ⟨fam⟩ *auf
Nimmerwiedersehen verschwinden*
zopitas *m/f* ⟨fam⟩ → **zopas**
zopo adj/s *krüppelhaft, verkrüppelt (an Hand*
od *Fuß*) ‖ ⟨fig⟩ *sehr plump, ungeschickt*
zoque *m (Fleisch)Klotz* m
zoqueta *f* ⟨Agr⟩ *Fingerschutz* m *der Mäher*
¹zoquete *m* Ant MAm Mex *(Körper)Schmutz*
m (*bes. der Füße*) ‖ *Schmutz, Dreck* m ‖ Arg
Menschenkot m
²zoquete *m* Arg Chi *Söckchen* n
³zoque|te *m Holzklötzchen* n, *(Abfall)Klotz* m ‖
p. ex ~ (*de pan*) *Stück* n od *Brocken* m *Brot* ‖
⟨figf⟩ *ungeschlachter Kerl, Klotz* m ‖ *Tölpel,
Simpel, Tolpatsch* m ‖ **–tero** *m (Brot)Bettler* m ‖
–tudo adj *grob, roh* ‖ *plump, ungehobelt (Person)*
zorcico *m* ⟨Mus⟩ *baskischer Nationaltanz
(im ⁵/₈-Takt)*
zorenco adj MAm → **soso, tonto**
zorito adj → **zurito**
zoro|ástrico adj *zoroastrisch, Zoroastrisch* ‖
–astrismo *m* ⟨Rel⟩ *Lehre* f *Zarathustras* ‖ **⁼astro**
m np *Zoroaster, Zarathustra* m
zorocho adj Ven → **zorollo**
zorollo adj Agr *halbreif geschnitten (Weizen)*
zorongo *m* Ar Nav *Kopfbinde* f *(der Bauern)* ‖
breiter, flacher Haar|wulst bzw *-knoten* m *(der
Frauen)* ‖ *ein andalusischer Volkstanz* m
¹zorra *f* ⟨Zool⟩ *Fuchs* m (→ **²zorro**) ‖ *Füchsin*
f ‖ ⟨figf⟩ *schlauer Fuchs* m ‖ ⟨vulg⟩ *Nutte* f,
Freudenmädchen n ‖ Arg ⟨vulg⟩ *Fotze* f ‖ ⟨figf⟩
Rausch, Schwips m ‖ ◇ dormir *od* desollar la ~
⟨fam⟩ *s–n Rausch ausschlafen* ‖ pillar una ~
⟨pop⟩ *s. betrinken,* ⟨pop⟩ *s. besaufen* ‖ no es la
primera ~ que ha desollado ⟨figf⟩ *er ist darin
bewandert (und geübt)* ‖ tener ~ ⟨fam⟩ *e–n
schweren Kopf haben,* ⟨pop⟩ *e–n Brummschädel
haben* ‖ a la ~, candilazo ⟨Spr⟩ *List wider List,
auf e–n Schelmen anderthalben* ‖ la ~ mudará los
dientes, mas no las mientes ⟨Spr⟩ *der Fuchs
wechselt den Balg, aber nicht den Schalk* ‖ mucho

sabe la ~, pero más quien la toma ⟨Spr⟩ *den
Fuchs muss man mit den Füchsen fangen*
²zorra *f Block-, Roll|wagen* m ‖ Arg
Kippwagen m, *Lore* f
zorral adj *(m/f)* MAm Col *lästig, aufdringlich*
‖ Ec *starrköpfig, halsstarrig*
zorrastrón *m/adj* ⟨fam⟩ *Schlau|kopf, -berger* m
¹zorrear *vi* Chi *den Fuchs mit Hunden jagen,
e–e Fuchsjagd veranstalten* ‖ ⟨fig⟩ *gerissen
handeln*
²zorrear *vi* ⟨vulg⟩ *auf den Strich gehen* ‖
huren
¹zorrera *f Fuchs|bau* m, *-höhle* f ‖ ⟨figf⟩
verräucherter Raum m, *Räucherbude* f
²zorrera *f* ⟨pop⟩ *Schwere* f *im Kopf* ‖
Katzenjammer m
zorrería *f* ⟨fig⟩ *Verschmitztheit, Schlauheit* f ‖
Geriebenheit f
¹zorrero adj: (perro) ~ ⟨Jgd⟩ *Fuchsstöber-,
Dachs|hund* m
²zorrero adj ⟨Mar⟩ *schwerfällig fahrend
(Schiff)* ‖ ⟨figf⟩ *zurückbleibend,
hinterdreingehend, nachhinkend* ‖ p. ex *langsam,
schwerfällig*
zorri|lla *f* dim von **zorra** ‖ Col Pan → **–llo**
zorrillesco adj *auf den span. Dichter José
Zorrilla (1817–1893) bezüglich*
zorrillo *m* Am ⟨Zool⟩ *Weißrückenskunk,
Surilho* m (*Conepatus mesoleucus*)
zorrino *m* RPl → **zorrillo**
¹zorro adj ⟨fig⟩ *schlau, gerieben, arglistig*
²zorro *m* ⟨Zool⟩ *Fuchs* m ‖ *Fuchs|balg, -pelz*
m ‖ *Fuchsschwanz* m ‖ ⟨figf⟩ *Schlauberger,
schlauer Fuchs* m ‖ Arg → **zorrillo** ‖ ~ argentado
→ ~ plateado ‖ ~ azul *Blaufuchs* m *(Varietät des
Alopex lagopus)* ‖ ~ común *Rotfuchs* m (*Vulpes
vulpes*) ‖ ~ del desierto *Großohr-, Wüsten|fuchs*
m (*Fennecus, Otocyon und andere*) ‖ ⟨Hist⟩
„*Wüstenfuchs*" m *(Spitzname des Feldmarschalls
Erwin Rommel)* ‖ ~ de Magallanes
Magellanfuchs m (*Pseudalopex magellanicus*) ‖ ~
plateado, ~ polar *Weiß-, Eis-, Polar|fuchs* m
(*Alopex lagopus*) ‖ ~ volador ⟨Zool⟩ →
²bermejizo ‖ ◇ ser un ~ viejo *ein alter Fuchs
sein*
³zorro *m/adj* ⟨fam⟩ *fauler, arbeitsscheuer
Mensch* m ‖ ◇ hacerse el ~ ⟨figf⟩ *den Dummen
spielen* ‖ *den Unwissenden* od *Zerstreuten spielen*
‖ *s. ducken*
zorrocloco *m Vater* m *im Männerkindbett* ‖
Schlauberger, geriebener Bursche m ‖ p. ex ⟨fam⟩
arglistige Schmeichelei f
zorroclocos *mpl* Alb Murc ⟨Kochk⟩ *Art
Mandelgebäck* n
zorrón *m* augm von **zorro**
zorrona *f* ⟨pop⟩ *Nutte, Freudenmädchen* n
zorronglón adj/s ⟨fam⟩ *brummig,
missvergnügt, widerwillig, faul, träge*
zorros *mpl Abstaubwedel, Klopfer* m *(aus
Lederstreifen)* ‖ ◇ estar hecho unos ~ ⟨fam⟩
völlig ermüdet sein, restlos od *total fertig sein,
ganz schlapp sein*
zorruela *f* dim von **zorra**
zorruno adj *Fuchs-* ‖ *fuchsartig*
zortzico *m* → **zorcico**
¹zorza|l *m* ⟨V⟩ *Drossel* (Turdus spp) *f* ‖ ⟨fig⟩
verschmitzter Mensch m ‖ ⟨fig⟩ *Schlaukopf* m ‖
Chi ⟨fig⟩ *Einfaltspinsel* m ‖ ~ alirrojo *Rotdrossel*
f (T. iliacus) ‖ ~ americano *Wanderdrossel* f ‖ ~
común *Singdrossel* f (T. philomelos) ‖ ~ charlo
Misteldrossel f (T. viscivorus) ‖ ~ dorado
Erddrossel f (Zoothera dauma) ‖ ~ eunomo
Rostflügeldrossel f (T. eunomus) ‖ ~ de Naumann
Naumanndrossel f (T. naumanni) ‖ ~ papinegro
Schwarzkehldrossel f (T. ruficollis) ‖ ~ real

Wacholderdrossel f (T. pilaris) ‖ ~ *rojigrís*
Weißbrauendrossel f (T. obscurus) ‖ ~ *siberiano*
Sibirische Drossel f (T. sibiricus) ‖ ~ *ustulado*
Zwergdrossel f (Catharus ustulatus)
²zorzal *m* ⟨Fi⟩ → **merlo**
zorza|leada *f* Chi *Dummheit, Albernheit* f ‖
–lear vt ⟨fam⟩ Chi *anpumpen* ‖ *übers Ohr hauen*
zorzaleño adj Am *prächtig, rüstig*
¹zorzalero adj Chi *schmarzotzer|isch, -haft* ‖
müßig
²zorzalero *m Drosseljäger* m
zoster *m* ⟨Med⟩ *Gürtelrose* f
zote adj *(m/f) dumm, begriffsstutzig* ‖ ~ *m*
Dummkopf, Tölpel m
△ **zoy** num *sechs*
zozo adj/s *das span.*
zozo|bra *f* ⟨Mar⟩ *Scheitern* n ‖ *Kentern* n ‖
Sturmwind m ‖ ⟨fig⟩ *Besorgnis, Unruhe,*
Betrübnis, Angst f, *Kummer* m ‖ **–brar** vi ⟨Mar⟩
scheitern, kentern ‖ ⟨fig⟩ *scheitern (Plan)* ‖ ⟨fig⟩
s. zerschlagen (Unternehmung, Hoffnung) ‖ ⟨fig⟩
zugrunde (& zu Grunde) gehen ‖ ⟨fig⟩ *s.*
ängstigen ‖ ⟨fig⟩ *unschlüssig sein* ‖ ~ vt *(Schiff)*
zum Kentern bringen ‖ ⟨fig⟩ *vereiteln, zum*
Scheitern bringen ‖ **–broso** adj *be|ängstigt, -sorgt*
Zr ⟨Abk⟩ = **circonio**
zúa *f* → **zuda**
zuavo *m*/adj ⟨Hist⟩ *Zuave* m
zubia *f Wasserfang* m
zucería *f* Ar *Konditorei* f
zuda *f (Fluss)Wehr* n
zueco *m Holzschuh* m ‖ *Schuh* m *mit Holz- od*
Kork|sohle ‖ *Gummi-, Über|schuh* m
zufariense adj *(m/f) aus Zuera* (P Zar) ‖ *auf*
Zuera bezüglich
Zuing|li(o) *m* np *Zwingli* m ‖ **⁼liano** adj/s
Zwingli- ‖ *zwinglianisch* ‖ ~ *m Anhänger der*
Lehre Zwinglis (1484–1531), Zwinglianer m
△ **zuje|mía** *f Blüte* f ‖ △ **–mó** *(f ~í)* adj
blühend
zulacar → **zulaquear**
zulaque *m Teer|kitt* m, *-werg* n *(für*
Rohrleitungen usw) ‖ **–ar** vt *mit Teerwerg*
abdichten
¹zulla *f* ⟨Bot Agr⟩ *Süßklee* m (Hedysarum spp)
²zu|lla *f* ⟨pop⟩ *Menschenkot* m ‖ **–llarse** vr
⟨pop⟩ *in die Hosen machen* ‖ *e–n (Wind) streichen*
lassen, ⟨vulg⟩ *furzen*
zullón, zullenco *m*/adj ⟨fam⟩ *Schleicher,*
geräuschloser Wind m ‖ ⟨vulg⟩ *alter Furzer* m
zulo *m Versteck* m *(im Haus)* ‖ *Geheimzimmer*
n ‖ p.ex *Waffenversteck* m (bes. *der ETA*)
zuloaguino adj *auf den span. Maler Ignacio*
Zuloaga (1870–1945) bezüglich
zulú *[pl ~úes] m*/adj *Zulu* m ‖ *Zulusprache* f ‖
⟨fig⟩ *roher, ungeschliffener Mensch* m
Zululandia *f* ⟨Geogr⟩ *Zululand* n
zum *m* → **zoom**
zumaque *m* ⟨Bot⟩ *Gerbersumach* m (Rhus
coriaria) ‖ ⟨pop⟩ *Wein* m ‖ ~ *del Japón Japanlack*
m
zumaya *f* ⟨V⟩ *Zwergohreule* f (→ **¹autillo**) ‖
⟨V⟩ *Ziegenmelker* m (→ **chotacabras**) ‖ ⟨V⟩
Nachtreiher m (→ **¹martinete**)
zum|ba *f große Viehglocke* f (bes. *des*
Leittiers) ‖ *Hirten-, Kinder|schnarre* f ‖ ⟨fig⟩
Neckerei, Stichelei f ‖ Am ⟨fig⟩ *Tracht* f *Prügel* ‖
Am ⟨fig⟩ *Rausch* m ‖ ¡~! int Col *pfui (zum*
Verjagen der Hunde) ‖ dar ~ a alg. ⟨fam⟩ *jdn*
necken, verulken
¹zumbador adj *brummend* ‖ *surrend* ‖
schnurrend ‖ *schnarrend* ‖ *sausend* ‖ ~ *m* ⟨El
Radio Tel⟩ *Summer* m ‖ Col *Kinderschnarre* f
²zumbador *m* Ant Mex ⟨V⟩ *Kolibri* m
zumbar vi/t *brummen* ‖ *summen* ‖ *surren* ‖

schnurren ‖ *schnarren* ‖ *sausen* ‖ *brausen* ‖
schwirren ‖ *Schlag versetzen,* ⟨fam⟩
herunterhauen (z. B. e–e Ohrfeige) ‖ Am
verprügeln ‖ *(jdn) necken, (jdn) aufziehen* ‖
sticheln ‖ Col *(Hunde) verscheuchen* ‖ Col Mex
PR *(weg)werfen, hinauswerfen* ‖ ◇ llegar
zumbando heranschwirren (z. B. Pfeil) ‖ pasar
zumbando vorbeibrausen (Wagen, Zug) ‖ no tiene
aún sesenta años, pero le zumban ⟨fam⟩ *er ist*
noch nicht 60 Jahre alt, aber es fehlt sehr wenig
dazu ‖ me zumban los oídos *ich habe*
Ohren|sausen, -klingen ‖ ~le una bofetada a alg.
jdm e–e (Ohrfeige) herunterhauen od verpassen ‖
~se ⟨fam⟩ Col Cu *heimlich verschwinden* ‖ ◇ ~
con alg. *s. mit jdm prügeln* ‖ ~ de alg. *jdn*
verspotten
zumbel *m Kreiselschnur* f ‖ ⟨fam⟩ *Stirnrunzeln*
n ‖ *verkniffener Gesichtsausdruck* m ‖ *finstere*
Mine f
△ **zumbí** *f Nadel* f
zumbido *m Summen* n ‖ *Brummen* n ‖ *Sausen*
n ‖ *Stimmgewirr* n *(Menge)* ‖ *Dröhnen* n *(Motor)*
‖ ⟨El Radio⟩ *Summen* n ‖ *Summton* m ‖ ⟨fam⟩
Stoß, Schlag m ‖ ~ *(de oídos) Ohren|sausen,*
-klingen n
zum|bo *m* → **zumbido**
zumbón adj ⟨pop⟩ *spöttisch* ‖ ~ *m laut*
klingende Viehglocke f ‖ ⟨figf⟩ *Spottvogel, Spötter*
m
zumeles *m* Chi *Lederstiefel* mpl *der Araukaner,*
(Art) Gauchostiefel mpl
△ **zumí** *f Suppe* f
zumiento adj *saftig, safthaltig*
zu|mo *m (Obst)saft* m ‖ ⟨fig⟩ *Nutzen, Vorteil* m
‖ ~ de cepas → ~ de parras ‖ ~ de frambuesas
Himbeersaft m ‖ ~ de frutas *Fruchtsaft* m ‖ ~ de
limón *Zitronensaft* m ‖ ~ de manzana *Apfelsaft* m
‖ ~ de naranja *Orangensaft* m ‖ ~ de parras
Rebensaft, Wein m ‖ ~ de uva *Traubensaft* m ‖ ~
de verdura(s) *Gemüsesaft* m ‖ ~ de zanahoria
Möhrensaft m ‖ **–moso** adj *saftig*
¹zuna *f* Marr *Mohammeds Gesetz* n
²zuna *f* Ast Sant *Falschheit, Tücke* f
zun|chado *m* ⟨Tech⟩ *Klammerung, Halterung* f
‖ *Aufschrumpfung* f ‖ **–char** vt *klammern* ‖
auf|schrumpfen, -ziehen ‖ *umreifen* ‖ **–cho** *m*
(Eisen)Klammer f ‖ *Metall|ring, -bügel* m ‖
Zwinge f
zungo *m* Col *Neger* m
zunteco *m* Hond ⟨Ins⟩ *(Art) Wespe* f
zunzún *m* Cu ⟨Art⟩ *Schimmerkolibri* m
zuño *m Stirnrunzeln* n (→ auch **¹ceño**)
zupia *f Weinhefe* f ‖ *trüber Wein* m ‖ ⟨desp⟩
Gesöff m ‖ Ven *Fusel* m ‖ ⟨figf⟩ *(nutzlose)*
Überreste mpl ‖ *alter Schund* m ‖ ⟨fig⟩ *Abschaum*
m, *Hefe* f, *Pöbel* m
zuque *m* Col *Schlag, Stoß* m
zurb(ar)anesco adj *auf den span. Maler*
Francisco de Zurbarán (1598–1664) bezüglich
zurci|dera *f* → **–dora** ‖ **–do** *m Stopf-, Flick|art*
f ‖ *gestopfte Stelle* ‖ *Flick|naht, -stelle* f ‖ **–dor** *m*
Flicker m ‖ **–dora** *f Flickerin, (Kunst)Stopferin* f
‖ ~ de voluntades ⟨figf⟩ *Kupplerin* f ‖ **–dura** *f*
Stopfnaht f
zurcir [c/z] vt/i *flicken, stopfen* ‖ ⟨fig⟩ *fein*
zusammenfügen ‖ ⟨fig⟩ *lügen, aufschneiden*
zur|dear vi *s. der linken Hand bedienen* ‖
–der(i)a *f Linkshändigkeit* f ‖ ⟨fig⟩ *Plumpheit* f ‖
–do adj *link* ‖ *linkshändig* ‖ ⟨fig⟩ *linkisch,*
ungeschickt ‖ ♦ a ~as ⟨figf⟩ *verkehrt* ‖ *kopflos* ‖
◇ éste no es ~ ⟨figf⟩ *der ist nicht auf den Kopf*
gefallen, der hat etwas los ‖ ~ *m Linkshänder* m
zureo *m (Trauben)Girren, Gurren* n
zuriguense adj *(m/f) aus Zürich* (Zurich) ‖ *auf*
Zürich bezüglich ‖ ~ *m Zür(i)cher* m

zurito adj: (paloma) ~a *Wildtaube* f (→
paloma) ‖ Al *Turteltaube* f (→ **tórtola**)
zuriza f ⟨fam⟩ *Zank, Streit* m
zuro adj *wild (Taube)* ‖ ~ m *entkörnter
Maiskolben* m ‖ Ar *Kork* m
¹**zurra** f *Gerben* n ‖ ⟨figf⟩ *Tracht* f *Prügel* ‖
Stockschläge mpl ‖ ⟨figf⟩ *Radau* m, *heftige
Schlägerei* f ‖ **–do** m ⟨fam⟩ *Handschuh* m ‖ **–dor**
m *Gerber* m
²**zurra** f CReal Tol *Sangria* f
zurrapa f ⟨figf⟩ *Ausschussware* f, *Schund* m ‖
~**s** fpl *Bodensatz* m, *Hefe* f ‖ ♦ con ~ ⟨pop⟩ *auf
liederliche Art*
zurrapelo m ⟨fam⟩ *Rüffel, Anschnauzer* m
zurra|piento, –poso adj *trüb(e), dick
(Flüssigkeit)* ‖ ⟨fig⟩ *schlampig, liederlich (Person)*
zurrar vt/i *gerben, stollen, zurichten* ‖ ⟨figf⟩
prügeln, züchtigen ‖ ⟨pop⟩ *(jdn) anschnauzen* ‖
~**se** ⟨pop⟩ *vor Angst in die Hosen machen* ‖ ⟨figf⟩
große Angst haben ‖ Arg ⟨fam⟩ *e–n
(geräuschlosen Wind) streichen lassen*
¹**zurriaga** f → **zurriago**
²**zurriaga** f And *Lerche* f
zurria|gar [g/gu] vt *peitschen* ‖ **–gazo** m
Peitschenhieb m (& fig) ‖ ⟨fig⟩
(Schicksals)Schlag, Hieb m ‖ **–go** m *Peitsche* f ‖
Kreiselpeitsche f *(der Kinder)*
zurri|banda f ⟨fam⟩ *Tracht* f *Prügel* ‖ ⟨fam⟩
lärmende Schlägerei f ‖ **–burri** m ⟨fam⟩ *Gauner,
Lump* m ‖ ⟨fam⟩ *Gesindel* n ‖ ⟨pop⟩ *Wirrwarr,
Radau* m, *Durcheinander* n
¹**zurrido** adj ⟨fam⟩ *hart, zäh, an Strapazen
gewöhnt* ‖ *widerstandsfähig* ‖ ~ m ⟨fam⟩ *Hieb* m,
(Stock)Schlag m
²**zurrido** m *Brummen, Summen* n ‖ *Surren* n ‖
verworrenes, undeutliches Getöse n ‖ ⟨Med⟩
Sausen n
zurrir vi *brummen, summen* ‖ *surren* ‖ ~ vt
⟨fam⟩ *schlagen*
¹**zurrón** m *Hirtentasche* f, *Brotbeutel* m *der
Schäfer* ‖ *(Leder)Tasche* f ‖ *Sack, Beutel* m
²**zurrón** m ⟨An⟩ *Frucht-, Ei|blase* f
zurrona f ⟨pop⟩ *Luder* n, *Schlampe* f ‖
gerissene Dirne f
zurrumbera f Al *Kinderschnarre* f
zurruscarse [c/qu] vr ⟨fam⟩ → **zurrarse**
zurrusco m ⟨fam⟩ → **churrusco** ‖ Murc
schneidender Wind m
zurullo m ⟨fam⟩ *Klumpen* m *(in Brei, Teig
usw.)* ‖ *Nudelwalze* f ‖ ⟨pop⟩ *Haufen* m *Kot,
(Exkrementen)Wurst* f
zurumbático adj ⟨pop⟩ *verblüfft* ‖ Am
beschwipst, ange|säuselt, -heitert, -dudelt
zurupeto m ⟨fam⟩ *Winkelmakler* m *(Börse)*
zutano m *ein gewisser Herr X* ‖ *fulano,* ~ y
*mengano der und der (wenn von mehreren
Männern zugleich die Rede ist)*
¡zuzo! int *husch! pfui!*
zuzón m ⟨Bot⟩ *Skabiose* f *(Scabiosa sp)* ‖
Greis-, Kreuz|kraut n *(Senecio sp)*
zwingliano m → **zuingliano**